Oxford–Paravia

Italian Dictionary

English–Italian • Italian–English

Oxford-Paravia

Il dizionario

Inglese Italiano • Italiano Inglese

Oxford-Paravia Italian Dictionary

English–Italian • Italian–English

Second edition

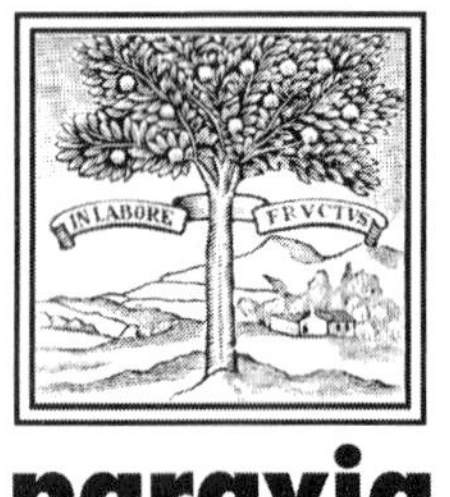

paravia

Oxford-Paravia

Il dizionario

Inglese Italiano • Italiano Inglese

Seconda edizione aggiornata

paravia

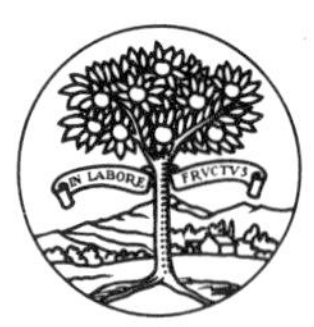

Il testo inglese della sezione inglese-italiano è basato, su licenza della Oxford University Press, su OXFORD-HACHETTE FRENCH DICTIONARY *Third edition © Oxford University Press 1994, 1997, 2001, con materiale inglese aggiuntivo © Oxford University Press 1995-2005*

Collaboratori della prima edizione:

Note grammaticali e lessicali: Giovanni Iamartino

Redazione: Cristina Bareggi (*caporedattore*); Luisa Bozzo, Katia Brocanelli, Daniela Cendron, Emanuele Giaccardi, Aurelia Martelli, Silvia Migliorero, Fiorenza Mileto, Nicola Poeta, Silvia Porporato, Alessandra Seita, Sara Selvaggio, Alessia Turin; Grazia Toschino (*inserimento dati*)

Revisione: Sarah Birdsall, Silvia Dafarra, Margaret Greenhorn, Kathryn G. Metzger, Guido Montegrandi, Silvia Maglioni; Nadia Sanità (*linguaggi specialistici*)

Consulenza di madrelingua inglese: Andrew M. Garvey (*supporto alla redazione e ricerche terminologiche*), Steven Nestor

Supervisione editoriale e lessicografica: Fabrizio Cicoira

Seconda edizione a cura della redazione lessicografica Paravia, in collaborazione con Oxford University Press

Coordinamento redazionale: Cristina Bareggi

Redazione Oxford University Press: Joanna Brough

Fotocomposizione e impaginazione: Satiz MSX International

Copertina e cofanetto: zero21, Torino

Stampato per conto della casa editrice da
Legoprint, Lavis, Trento

Seconda edizione
Ristampa
0 1 2 3 4 5

Anno
06 07 08 09 10

OXFORD
UNIVERSITY PRESS

Oxford is a trade mark of Oxford University Press

The *Oxford 3000*™ © 2005 Oxford University Press English Language Teaching

ISBN 978-0-19929774-0 (World excluding Italy and the USA)
ISBN 978-0-19929775-7 (US edition)

NOTA DELL'EDITORE

Il nuovo dizionario inglese **Oxford-Paravia** intende caratterizzarsi in virtù di un profilo di moderno dizionario generale, valido sia come sussidio didattico sia come strumento professionale, che permetta di affrontare la lingua contemporanea nei suoi diversi registri, dal colloquiale al letterario, e che riservi tutta la necessaria attenzione ai linguaggi specifici delle attività tecniche, economiche e culturali, in cui l'inglese si è imposto ormai come lingua planetaria.

È un dizionario bilingue che si presenta come prodotto nativamente internazionale, essendo stato sviluppato sulla base di prezioso materiale linguistico fornito dalla prestigiosa Oxford University Press, che già ne ha fatto uso per realizzare qualche anno fa il suo *Oxford-Hachette French Dictionary*, riconosciuto come uno dei migliori e più attuali lessici bilingui oggi esistenti. La fraseologia che l'editore inglese ha ricavato da un vasto *corpus* di testi trattati elettronicamente è confluita nella sezione inglese-italiano di questo dizionario, garantendole ricchezza esemplificativa, trattazione approfondita delle espressioni idiomatiche e soprattutto autenticità dei contesti e quindi piena aderenza alla realtà dell'inglese del nostro tempo.

L'attualità dei contenuti è stata oggetto di cure speciali anche nella selezione delle entrate lessicali, per far sì che il dizionario rispecchiasse adeguatamente le incalzanti innovazioni culturali e tecniche sulla soglia del nuovo millennio; il lemmario è quindi insieme ampio e aggiornatissimo nel seguire i linguaggi specialistici, soprattutto per discipline in rapida evoluzione come l'informatica, e altrettanto nel documentare la lingua parlata e informale contemporanea, con attenta distinzione delle varietà britannica e americana.

L'intera struttura del dizionario è stata studiata in modo da conseguire la massima immediatezza e funzionalità informativa, con una serie di accorgimenti fra i quali è utile ricordare i più significativi e qualificanti:

- Un'estrema chiarezza **grafica**, in una pagina che, pur con la necessaria densità, assicura elevata leggibilità e immediata accessibilità delle informazioni, ponendo in primo piano ciò che più serve al lettore, e cioè le frasi e le strutture reali delle due lingue, e poi distinguendo visivamente tutte le diverse componenti del testo, quelle di pertinenza grammaticale come quelle che invece interessano l'aspetto semantico. Il tutto con la massima evidenza, tanto che è sufficiente consultare "a colpo d'occhio" la *Guida grafica* all'interno della copertina, senza neppure ricorrere alle più dettagliate *Avvertenze per la consultazione*, per poter sfruttare a fondo l'ampia gamma di informazioni che il dizionario racchiude.
- Una **struttura lessicografica** d'avanguardia, che sfrutta largamente precisi indicatori di significato, e che per la prima volta per un dizionario d'inglese in Italia introduce accanto alle traduzioni i *collocatori*, cioè parole con cui il lemma si associa di frequente, formando quelle combinazioni tipiche che il parlante di madrelingua avverte come "naturali". Distinguendo le accezioni con gli indicatori semantici e contestualizzando i traducenti con i collocatori, questo dizionario consente al lettore di individuare con sicurezza la traduzione più corretta ed efficace.

PUBLISHER'S NOTE

This brand new English-Italian Italian-English dictionary is designed to serve as an up-to-date and comprehensive resource for both language learning and professional purposes. It covers contemporary English and Italian in all its registers, from colloquial to literary, and gives particular focus to the language of technical, economic, and cultural spheres.

This dictionary has international origins. It has been developed by Paravia from a wide range of Italian language sources and uses a wealth of English language data furnished by Oxford University Press from their highly-acclaimed bilingual dictionary range. The examples given in the English-Italian section come from OUP's vast electronic text corpus; this guarantees an abundance of up-to-date, completely natural examples, thorough treatment of idiomatic expressions, and above all, authentic contextualizations that fully reflect real, contemporary English. The wordlist and examples in the Italian-English section are backed by over ten years of experience and research involved in preparing the innovative Italian dictionary edited by Tullio De Mauro and published by Paravia in 2000.

Careful attention has been paid to the selection of entries to ensure that the wordlist covers the steady stream of today's cultural and technical innovations. The treatment of specialist vocabulary, especially from rapidly evolving fields such as information technology, is thus both far-reaching and extremely up-to-date. The same selection criteria have also been applied to the coverage of spoken and informal language, with warnings included to alert users to potential problems of register.

The overall structure of the dictionary has been organized to provide maximum ease of access to the full richness of information it contains. Some of the most important ways in which this is done are outlined below:

- Extreme clarity in the **page layout** ensures readability and immediate access, despite the necessary concentration of information on each page. Those details that are most useful to the reader, such as the everyday expressions and structures of the two languages, stand out clearly. The various components of the text - be they grammatical or semantic - are easily distinguishable. Everything is so clearly presented that a quick glance at the *Explanatory Chart* on the inside cover is all that is needed to get started. The more detailed *Guide to the Use of the Dictionary* shows how to make the most of the wide range of information contained in the dictionary.
- An innovative **lexicographical structure** provides specific sense indicators throughout the dictionary. In addition, for the first time in an English-Italian dictionary, the translations are accompanied by *collocates*, words that frequently appear together with the headword, thereby forming typical combinations that a native speaker would consider 'natural'. By distinguishing the various meanings with the sense indicators and by contextualizing the translations with the collocates, the dictionary helps the reader to identify the most suitable translation.

- Un ampio corredo di **note informative** di supporto alla consultazione, poste come inserti all'inizio delle voci o accanto ad esse, per chiarire e approfondire tutti gli aspetti complessi dei lemmi di interesse grammaticale, o raccolte in coda alle due sezioni, e connesse alle voci pertinenti con rimandi numerici, per illustrare e specificare le modalità d'uso di intere categorie di parole, come nomi di professioni o di entità geografiche, misure, colori o lingue. Un repertorio di materiali aggiuntivi che si presenta come strumento efficace per risolvere problemi traduttivi, ma che si propone anche agli insegnanti con evidenti potenzialità didattiche.
- Un impianto generale **bidirezionale**, che assicura una sostanziale parità di accesso alle voci del dizionario per il lettore italiano come per quello anglofono, con tutti gli indicatori sia semantici sia collocazionali sempre nella lingua del lemma (rispettivamente l'inglese o l'italiano nelle due sezioni), nell'ottica di offrire innanzitutto il massimo supporto alle scelte lessicali (e grammaticali e sintattiche) di quell'utente, dell'una o dell'altra madrelingua, che deve esprimersi – produrre – nella lingua seconda.

Luglio 2001

- Ample **informative notes** further assist the dictionary user. Some notes appear at the beginning of the entries or next to them and are there to clarify or expand upon the more complex grammatical aspects of the words. Others are located at the end of each section, and cross-references are given at all relevant entries. These notes illustrate the usage of entire categories of words, including for instance professions, geographical locations, measurements, colour terms and languages. The notes offer a body of additional material that will be effective not only in resolving problems linked to translation, but also for teachers in search of classroom material.
- A **bidirectional** layout ensures the same accessibility to the dictionary entries for Italian and English-speaking users. The sense indicators and the collocates are always presented in the language of the headwords (English and Italian respectively in the two sections). The primary aim is to provide the utmost support in the lexical, grammatical and syntactic choices made by native speakers of one of the two languages who have to express themselves in the other language.

July, 2001

La **SECONDA EDIZIONE AGGIORNATA** introduce un gran numero di neologismi e di espressioni e accezioni nuove. Inoltre si arricchisce di due importanti novità: la marcatura del **vocabolario di base** dell'inglese, con le 3000 parole fondamentali e altre 4000 di alta frequenza; e un'ampia serie di **note di civiltà** sulla Gran Bretagna e gli Stati Uniti, che informano sulla società, la cultura e le istituzioni. In più, il repertorio di lettere-modello in inglese, articolato in una gamma di tematiche private, formali e commerciali, entra a far parte di una pratica **Guida alla comunicazione**, che spazia dalla forma epistolare al telefono, agli e-mail e agli SMS.

Marzo 2006

L'Editore

The **SECOND EDITION** of the **Oxford-Paravia Italian Dictionary** includes hundreds of new words and meanings. This updated edition also contains several innovations: firstly, the marking of Italian **core vocabulary**, subdivided into 3,000 foundation words and another 4,000 high-frequency words; and secondly, the addition of a wealth of cultural notes on Italian society, institutions and culture. Finally, a new **Guide to Effective Communication** has been added, offering examples that range from traditional personal, formal, and business correspondence to email, text messaging, and using the telephone.

March, 2006

The Publisher

ABBREVIAZIONI / ABBREVIATIONS

ABBIGL. abbigliamento / clothing
accorc. accorciamento di / short for
AE American English
AER. aeronautica / aeronautics
AFRIC. africano / African
agg. aggettivo / adjective
AGR. agricoltura / agriculture
ALCH. alchimia / alchemy
ALLEV. allevamento / livestock farming
ALP. alpinismo / alpinism
AMM. amministrazione / administration
ANAT. anatomia / anatomy
ANT. voce o accezione antica o antiquata / obsolete or dated word or meaning
ANTROP. antropologia / anthropology
ARALD. araldica / heraldry
ARCH. architettura / architecture
ARCHEOL. archeologia / archaeology
ARM. armi, armamenti / arms, armaments
ARRED. arredamento / furnishings
ART. arte / art
artc. articolo / article
artc.det. articolo determinativo / definite article
artc.indet. articolo indeterminativo / indefinite article
artcl. articolato / with article
ARTIG. artigianato / handicraft
assol. assoluto / absolute
ASTR. astronomia / astronomy
ASTROL. astrologia / astrology
aus. ausiliare / auxiliary
AUSTRAL. australiano / Australian
AUT. autoveicoli / motor vehicles
attrib. attributivo / attributive
avv. avverbio / adverb
BANC. bancario / banking
BE British English
BIBL. biblico / biblical
BIBLIOT. biblioteconomia / library science
BIOL. biologia / biology
BOT. botanica / botany
BUROCR. linguaggio burocratico / bureaucratic
C numerabile / countable
CART. tecnica cartaria / paper industry
CHIM. chimica / chemistry
CHIR. chirurgia / surgery
CINEM. cinema / cinematography
COLLOQ. colloquiale, lingua parlata / informal
COMM. commercio / commerce
compar. comparativo / comparative
CONC. conceria / tannery
cong. congiunzione / conjunction
contr. contrazione / contraction
COREOGR. danza, coreografia / choreography
COSMET. cosmesi / cosmetics
determ. determinante / determiner
dimostr. dimostrativo / demonstrative
DIPL. diplomazia / diplomacy
DIR. diritto / law
ECON. economia / economics
EDIL. edilizia / building industry
EL. elettricità / electricity
ELETTRON. elettronica / electronics
ENOL. enologia / oenology
ENTOM. entomologia / entomology
EQUIT. equitazione / equitation
esclam. esclamativo / exclamatory
ETNOL. etnologia / ethnology
EUFEM. eufemistico / euphemistic
f. sostantivo femminile, femminile / feminine noun, feminine
FAL. falegnameria / carpentry
FARM. farmacia / pharmacy
FERR. ferrovie / railway
FIG. figurato / figurative
FILOL. filologia / philology
FILOS. filosofia / philosophy
FIS. fisica / physics
FISIOL. fisiologia / physiology
FON. fonetica / phonetics
FORM. formale / formal
FOT. fotografia / photography
GASTR. gastronomia / gastronomy
GB Gran Bretagna / Great Britain
gener. generalmente / generally
GEOGR. geografia / geography
GEOL. geologia / geology
GERG. gergale / slang
GIOC. giochi / games
GIORN. giornalistico / journalistic
IDR. idraulica / hydraulics
impers. verbo impersonale / impersonal verb
IND. industria / industry
indef. indefinito / indefinite
INDIAN. indiano / Indian
inf. infinito / infinitive
INFANT. linguaggio infantile / baby talk
INFORM. informatica / information technology
ING. ingegneria /engineering
inter. interiezione / interjection
interr. interrogativo / interrogative
intr. verbo intransitivo / intransitive verb
INTRAD. intraducibile / untranslatable
inv. invariabile / invariable
IRLAND. irlandese / Irish
IRON. ironico / ironic
ITTIOL. ittiologia / ichthyology
LETT. letterario (registro) / literary (style)
LETTER. letteratura, teoria letteraria / literature, literary theory
LING. linguistica / linguistics
m. sostantivo maschile, maschile / masculine noun, masculine
MAR. marineria / nautical
MAT. matematica / mathematics
MECC. meccanica / mechanics
MED. medicina / medicine
METALL. metallurgia / metallurgy
METEOR. meteorologia /meteorology
METR. metrica / metrics
METROL. metrologia / metrology
MIL. militare / military
MIN. miniere, minerario / mining
MINER. mineralogia / mineralogy
MITOL. mitologia / mythology
mod. verbo modale / modal verb
modif. modificatore / modifier
MOT. motori, motoristica / engines
MUS. musica / music
n. nome / noun
n.pr. nome proprio / proper noun
NUCL. ingegneria nucleare / nuclear engineering
NUMISM. numismatica / numismatics
ORNIT. ornitologia / ornithology
OTT. ottica / optics
part.inf. particella infinitiva / infinitive particle
pass. passato / past
PED. pedagogia / pedagogy
pers. personale / personal
PESC. pesca / fishing
PITT. pittura / painting
pl. plurale / plural
POL. politica / politics
POP. popolare / very informal
poss. possessivo / possessive

p.pass.	participio passato / past participle
prep.	preposizione / preposition
pres.	presente / present
pron.	pronome / pronoun
pronom.	verbo pronominale / pronominal verb
PROV.	proverbio / proverb
PSIC.	psicologia / psychology
quantif.	quantificatore / quantifier
qcn.	qualcuno
qcs.	qualcosa
RAD.	radiofonia / radio
RAR.	voce o accezione rara / rare word or meaning
REGION.	regionale / regional
rel.	relativo / relative
RELIG.	religione / religion
RET.	retorica / rhetoric
rifl.	verbo riflessivo / reflexive verb
SART.	sartoria / tailoring
sb.	somebody
SCHERZ.	scherzoso / humorous
SCOL.	scuola / school
SCOZZ.	scozzese / Scottish
SCULT.	scultura / sculpture
sing.	singolare / singular
SOCIOL.	sociologia / sociology
SPORT	sport, sportivo / sport
SPREG.	spregiativo / derogatory
STATIST.	statistica / statistics
sth.	something
STOR.	storia / history
superl.	superlativo / superlative
TEATR.	teatro / theatre
TECN.	tecnica / technology
TEL.	telefonia / telephony
TELEV.	televisione / television
TEOL.	teologia / theology
TESS.	industria tessile / textiles
TIP.	tipografia / printing
TOPOGR.	topografia / topography
tr.	verbo transitivo / transitive verb
U	non numerabile / uncountable
UNIV.	università / university
US	Stati Uniti / United States
VENAT.	caccia / hunting
VETER.	veterinaria / veterinary medicine
VOLG.	volgare / vulgar
ZOOL.	zoologia / zoology
®	marchio registrato / trade mark

Le abbreviazioni riportate qui in MAIUSCOLETTO, esattamente come nel testo del dizionario, indicano registri espressivi, linguaggi settoriali e delimitazioni locali; le altre, che nel dizionario compaiono in vari tipi di carattere, sono relative a categorie e altre specificazioni grammaticali.

The abbreviations given in SMALL CAPITAL letters here, as in the rest of the dictionary, indicate register, subject-field jargon and regional usage; the others, which appear in various fonts, are related to grammatical categories and other information.

AVVERTENZE PER LA CONSULTAZIONE

THE GUIDE TO THE USE OF THE DICTIONARY

Le entrate del dizionario sono disposte in **ordine alfabetico** stretto, ignorando iniziali maiuscole, trattini, spazi, puntini, accenti, diacritici ed apostrofi, in una serie unica che comprende anche - per maggiore comodità di consultazione - sigle e abbreviazioni, toponimi e nomi propri di persona, che in altri dizionari sono invece elencati in sezioni distaccate.

Nelle coppie di lemmi distinti soltanto dalla presenza, in uno dei due, delle particolarità grafiche sopra elencate, il lemma con iniziale maiuscola segue quello con la minuscola, il lemma con accento segue quello senza, il lemma terminante con puntino segue quello privo di puntino, e così via. Le entrate composte da più parole sono ordinate alfabeticamente come se fossero scritte unite.

I **lemmi** sono riportati per esteso, anche nel caso dei composti inglesi, e compaiono sempre all'inizio di una riga nuova. I verbi **frasali** inglesi figurano come sotto-lemmi autonomi: sono ordinati alfabeticamente in coda al rispettivo verbo principale, e introdotti da un quadratino nero:

The entries in the dictionary are arranged in strict **alphabetical order**, regardless of initial capital letters, hyphens, spaces, full stops, diacritics and apostrophes. They also include - for easier access - acronyms, abbreviations, place names and proper names for people, which in other dictionaries are listed in separate sections.

For those headwords which can be written differently (those mentioned above), an entry which begins with a capital letter follows the one in small case, an entry with an accent follows the one without, an entry which ends with a full stop follows the one without a full stop, and so on. Compound words are in alphabetical order as if they were written as one single word.

Headwords are written out in full, even for English compound words, and always appear at the beginning of a new line. English **phrasal verbs** are shown as separate sub-entries: they are arranged alphabetically following the main verb, and preceded by a small black square:

▷ **2.auction** /'ɔ:kʃn, 'ɒkʃn/ tr. mettere, vendere all'asta, all'incanto; ***they have ~ed their house*** hanno venduto la loro casa all'asta.
■ **auction off:** *~ [sth.] off, ~ off [sth.]* mettere, vendere all'asta, all'incanto.

Gli **omografi** sono contrassegnati da numeri arabi che li precedono, con l'interposizione di un puntino.

Arabic numerals followed by a full stop identify **homographs.**

1.abseil /'æbseɪl/ n. BE calata f. a corda doppia.
2.abseil /'æbseɪl/ intr. BE calarsi a corda doppia (**from** da); ***to ~ down sth.*** calarsi da qcs. a corda doppia.
1.affluente /afflu'ɛnte/ m. GEOGR. tributary.
2.affluente /afflu'ɛnte/ agg. [*ceto, società*] affluent.

Lemmi alfabeticamente contigui che siano tra loro varianti oppure sinonimi vengono dati come un'entrata unica, separati da una virgola e muniti, ove necessario, delle rispettive trascrizioni fonetiche e specificazioni grammaticali e morfologiche. In particolare, nella sezione inglese-italiano vengono indicate varianti grafiche britanniche e americane dello stesso lemma facendole seguire dalle sigle BE e AE.

Variants and synonyms of headwords are listed alphabetically and are shown as one single entry if alphabetically contiguous. They are separated by a comma and, where necessary, their phonetic transcriptions and morphological and grammatical specifications are given. In particular, in the English-Italian section British and American spellings of the same headword are marked by the abbreviations BE and AE.

aberrance /ə'berəns/, **aberrancy** /ə'berənsɪ/ n. aberrazione f., deviazione f.
armoury BE, **armory** AE /'ɑ:mərɪ/ n. **1** MIL. *(array, collection, store)* armeria f. **2** FIG. *(store, resources)* arsenale m. (**of** di).
attaccamani /attakka'mani/ m.inv., **attaccamano** /attakka'mano/ m. catchweed, cleavers, goosegrass.
acicolare /atʃiko'lare/, **aciculare** /atʃiku'lare/ agg. acicular.

Quando due varianti differiscono solo per un breve segmento, possono essere riportate con un unico lemma, isolando con parentesi tonde il segmento in questione:

When only a small segment of the two variants is spelled differently, the headword may be shown only once, enclosing the segment in question in round brackets.

aesthetic(al) /i:s'θetɪk(l)/ agg. **1** [*sense, appeal*] estetico **2** [*design, arrangement*] estetico, armonioso.
acciai(u)olo /attʃa'j(w)ɔlo/ m. → **acciaino.**

In questi casi in un unico lemma sono incluse le due varianti *aesthetic* e *aesthetical*, *acciaiolo* e *acciaiuolo*.

In these cases one single headword includes the two variants *aesthetic* and *aesthetical*, *acciaiolo* and *acciaiuolo*.

Un triangolo immediatamente prima del lemma contrassegna, in entrambe le sezioni, le 7000 parole del **vocabolario di base**, cioè il nucleo di lessico con più alta frequenza d'uso, rispettivamente dell'inglese e dell'italiano. Le 3000 parole di altissima frequenza - o fondamentali - sono contrassegnate da un triangolo nero, le restanti 4000 da un triangolo vuoto.

La selezione del vocabolario di base dell'inglese è stata operata riferendosi a *The Oxford 3000*, una lista delle parole inglesi più frequenti creata e brevettata dall'English Language Teaching Department dell'Oxford University Press, e all'*Oxford English Corpus*, una banca dati di milioni di parole che rispecchiano l'uso di tutto il mondo anglofono. Per l'italiano la selezione fa riferimento alla lista del *vocabolario di base* elaborata da Tullio De Mauro (Università di Roma La Sapienza) e utilizzata nei dizionari da lui diretti, il

In both sections, a triangle before the headword marks the 7,000 words belonging to the **core vocabulary** of the language, that is those words which occur most frequently in English and Italian respectively. The most frequent 3,000 words are marked with a black triangle, and the remaining 4,000 words with a white triangle.

The English core vocabulary words have been carefully selected using both *The Oxford 3000*, a list of the most common English words identified and patented by Oxford's English Language Teaching Department, and the *Oxford English Corpus*, a vast database of millions of words covering English from all parts of the world. The Italian core vocabulary is based on the *vocabolario di base* list, compiled by Tullio De Mauro (University of Rome, La Sapienza), and used in his Italian dictionaries, the *Grande dizionario ita-*

Grande dizionario italiano dell'uso (Utet), e il *Dizionario della lingua italiana* (Paravia).

liano dell'uso (Utet), and the *Dizionario della lingua italiana* (Paravia).

▶ **2.abandon** /ə'bændən/ **I** tr. **1** abbandonare, lasciare [*person, car, town, activity*] (**to** a); abbandonare [*animal, hope, game*]; rinunciare a [*claim, idea*]; ***to ~ the attempt to do*** rinunciare a fare; ***~ ship!*** abbandonare la nave! ***to ~ play*** SPORT interrompere il gioco **2** sospendere [*strike*] **3** DIR. desistere da [*prosecution*]; rinunciare a, recedere da [*trial*] **II** rifl. ***to ~ oneself*** abbandonarsi (**to** a).

▷ **abandoned** /ə'bændənd/ **I** p.pass. → **2.abandon II** agg. **1** [*person, animal, place*] abbandonato **2** *(licentious)* [*behaviour*] licenzioso, dissoluto **3** *(wild)* [*dance, music*] sfrenato.

▶ **abitare** /abi'tare/ [1] **I** tr. ~ ***una casa*** to inhabit a house; ***la foresta è abitata da animali feroci*** the forest is inhabited by wild animals **II** intr. (aus. *avere*) *(risiedere)* to live; ***~ a Torino*** to live in Turin;...

▷ **abitazione** /abitat'tsjone/ f. **1** *(l'abitare)* living; ***locali a uso ~*** purpose-built apartment; ***diritto d'~*** DIR. right of occupancy **2** *(costruzione)* house; AMM. dwelling.

Tutti i lemmi, compresi i composti, derivati e forme irregolari inglesi, sono dotati di **trascrizione fonetica**, riportata tra barrette diagonali, con la sola eccezione delle sigle inglesi e delle abbreviazioni (vedi sotto) e di varianti e forme che rinviano con freccia ad altro lemma di cui condividono la pronuncia. Per le trascrizioni sono adottati i simboli dell'AFI (Alfabeto Fonetico Internazionale), di cui si veda la tabella in queste pagine preliminari. La trascrizione rende anche conto, in forma abbreviata, delle uscite del femminile e del plurale riportate subito dopo i lemmi italiani, ove queste comportino scarti sensibili della pronuncia:

All headwords, including compounds, derivatives and English irregular forms, are given **phonetic transcription**, placed between diagonal lines. The only exceptions are English acronyms and abbreviations (see below), as well as variants and forms whose transcription can be found after another headword with the same pronunciation. The symbols of the IPA (International Phonetic Alphabet) are used for the transcription of pronunciation, and can be found in the table on the introductory pages. The transcription also shows, in short form, the feminine and plural forms after the Italian headword, where there is a notable difference in pronunciation:

antifrastico, pl. **-ci**, **-che** /anti'frastiko, tʃi, ke/ agg. antiphrastic.

Viene anche fornita la trascrizione, limitata al tratto finale, della forma femminile dei sostantivi maschili italiani, riportata in parentesi subito dopo la qualifica grammaticale, anche in questo caso solo ove questa comporti scarti sensibili della pronuncia:

In addition, the transcription of the final part of feminine forms of masculine nouns is shown in round brackets immediately after the grammatical category, when there is a notable difference in pronunciation:

argentatore /ardʒenta'tore/ m. (f. **-trice** /tritʃe/) silver plater.

Per i lemmi inglesi, in mancanza di particolari segnalazioni la pronuncia si intende standard; diversamente si distingue la pronuncia britannica o quella americana marcandola con l'usuale sigla BE o AE, eventualmente riportando solo la parte che comporta variazioni.

For English headwords, unless otherwise marked, the pronunciation is considered standard; in other cases British pronunciation is distinguished from American pronunciation and marked with the usual abbreviations BE or AE, showing only the part of the word pronounced differently.

arduous /'ɑːdjʊəs, AE -dʒʊ-/ agg. [*path, journey, task*] arduo, difficile; [*climate, winter*] rigido.

Ove necessario viene specificata la forma debole e quella forte.

Where it is necessary, weak and strong forms are indicated.

▶ **at** /*forma debole* ət, *forma forte* æt/ prep. **1** *(place, distance etc.)* a; ***~ school, the airport*** a scuola, all'aeroporto; ***~ the end of the...***

Possibilità di pronunce alternative possono essere indicate ponendo tra parentesi un elemento omissibile oppure riportando di seguito le due alternative complete:

Alternative pronunciations may be indicated by placing an element which can be omitted between round brackets, or by showing two complete alternatives:

anamnesi /anam'nɛzi, a'namnezi/ f.inv. **1** *(reminiscenza)* anamnesis*, reminiscence **2** *(storia clinica)* anamnesis*, case history, medical history ◆◆ ***~ familiare*** family history.

La pronuncia dei forestierismi inclusi nel lemmario italiano è di norma adattata secondo la fonetica italiana: per il fatto stesso di essere inclusi in un dizionario di questa portata, i termini stranieri presenti vanno ritenuti assimilati nell'uso italiano, anche quindi per la pronuncia. La trascrizione fonetica dei forestierismi nelle due lingue non è accompagnata dall'indicazione di una lingua straniera d'origine; con questo si sottolinea che gli esotismi inclusi in questo dizionario fanno ormai parte, a molteplici livelli di integrazione, del lessico delle rispettive lingue.

La **categoria grammaticale** compare subito dopo la trascrizione fonetica (preceduta eventualmente da un numero romano, e costantemente, per i verbi italiani, dal rimando numerico alle tavole di coniugazione). Essa è data in forma abbreviata e

The pronunciation of words borrowed from foreign languages included in the Italian word list follows the norms of Italian phonetics: the very fact that they are included in a dictionary of this size indicates that the foreign words present should be considered fully integrated in the Italian language, and consequently, their pronunciation follows Italian rules. The phonetic transcription of foreign words in both languages is not followed by the indication of the original language; in this way it is emphasized that the foreign words included in this dictionary are now part, at many levels of integration, of the lexis of the respective languages.

The **grammatical category** immediately follows the phonetic transcription (and may be preceded by a Roman numeral; Italian verbs are always preceded by a number which refers to

in lingua italiana in ambedue le parti del dizionario: l'elenco delle abbreviazioni, in queste pagine introduttive, contiene comunque gli scioglimenti sia in lingua italiana sia in lingua inglese.

Nei verbi intransitivi italiani la qualifica grammaticale è seguita dall'indicazione, tra parentesi tonde, dell'ausiliare (se necessario specificato nelle singole accezioni)

the conjugation tables). This is given in abbreviated form and in Italian in both parts of the dictionary: in any case, the list of abbreviations, in these introductory pages, contains their meaning in both Italian and English.

For Italian intransitive verbs an indication of the auxiliary verb to use, enclosed in round brackets, follows the grammatical category. When necessary it is specified for each meaning.

ambiare /am'bjare/ [1] intr. (aus. *avere*) [*cavallo*] to (go* at an) amble.

La categoria grammaticale può non essere riportata quando il lemma compare sempre ed esclusivamente all'interno di locuzioni cristallizzate, al di fuori delle quali non ha uso né senso autonomo. Inoltre non viene data per le abbreviazioni, di cui lo speciale segno ⇒ introduce direttamente lo scioglimento.

I verbi frasali non presentano una categoria grammaticale propria: là dove essa non è ovvia, viene sostituita da un costrutto, in carattere neretto corsivo sottolineato, che indica sia la valenza sintattica sia la posizione dell'oggetto.

It is also possible that the grammatical category not be shown when the headword always and exclusively appears in set phrases, and in other situations does not make sense. In addition, it is not given for abbreviations; the special sign ⇒ sends the reader directly to the full form.

Phrasal verbs have no grammatical category of their own: where it is not obvious, it is substituted by a phrasal verb pattern, in bold underlined italics, which indicates its syntactic valency as well as the position of the object.

■ **add in:** ***~ [sth.] in, ~ in [sth.]*** aggiungere [qcs.] a, includere [qcs.] in.
■ **add on:** ***~ [sth.] on, ~ on [sth.]*** aggiungere [qcs.] a; ***to ~ on an extra room*** aggiungere una stanza.

Quanto alle informazioni **morfologiche**, per i sostantivi inglesi viene indicato il plurale quando è irregolare o presenta più forme; viene sempre riportato il plurale dei nomi in -o.

As for **morphological** information, the plural forms of English nouns are indicated when they are irregular or if there is more than one inflection. The plural of nouns ending in -o is always shown.

adman /'ædmən/ ➧ ***27*** n. (pl. **-men**) COLLOQ. pubblicitario m.
angelfish /'eɪndʒl,fɪʃ/ n. (pl. ~, **~es**) pesce m. angelo.
baked potato /,beɪktpə'teɪtəʊ/ n. (pl. **baked potatoes**) GASTR. = patata cucinata al forno con la buccia.

I sostantivi maschili italiani che presentano anche una forma femminile sono registrati così:

Masculine Italian nouns which also present a feminine form are recorded as follows:

anticipatore /antitʃipa'tore/ m. (f. **-trice** /tritʃe/) forerunner.

Se però la forma femminile è lemma, in quanto presenta un traducente inglese diverso dal maschile, l'indicazione del femminile non viene data.

If, however, the feminine form is a headword, and has an English translation which is different from the masculine form, the feminine form is not indicated.

▶ **attore** /at'tore/ ➧ ***18*** m. **1** *(di cinema)* actor; *(di teatro)* actor, player; ***fare l'~*** to be an actor; ***mestiere di ~*** acting (profession)...
▷ **attrice** /at'tritʃe/ ➧ ***18*** f. actress.

Dei sostantivi e aggettivi italiani si dà il plurale quando presenta qualsiasi irregolarità o particolarità difficile per l'utente inglese: in particolare per le uscite in *-co* e *-go* (di cui viene specificato anche il plurale femminile) e in *-ca* e *-ga*, in *-io* e *-aio*, *-chio*, *-cio* e *-gio*, *-cia* e *-gia*. Per i sostantivi sovrabbondanti nel plurale le forme plurali vengono anche specificate, ove necessario, accezione per accezione. Quando il lemma è o è anche sostantivo maschile e femminile oppure maschile con forma femminile, dei plurali riportati si specifica anche il genere; nel caso degli aggettivi, invece, le forme del plurale maschile e femminile sono date di seguito, precedute dall'abbreviazione pl.:

The plural forms of Italian nouns and adjectives are given when there is any irregularity or difficulty for the English user: in particular, the endings *-co* and *-go* (the feminine plural form is also specified) and *-ca* and *-ga*, and *-io* and *-aio, -chio, -cio* and *-gio*, *-cia* and *-gia* are shown. For those nouns with multiple plural forms, the plural forms are also specified for each meaning where necessary. When the headword is or is also a masculine and feminine noun or masculine with a feminine form, the gender is also given of the plural. For adjectives, on the other hand, the masculine and feminine plural forms follow, preceded by the abbreviation pl.:

allarmista, m.pl. **-i**, f.pl. **-e** /allar'mista/ m. e f. alarmist, scaremonger.
allarmistico, pl. **-ci**, **-che** /allar'mistiko, tʃi, ke/ agg. alarmist...
arcolaio, pl. **-ai** /arko'lajo, ai/ m. winder.
allocco, pl. **-chi** /al'lɔkko, ki/ m. **1** ORNIT. brown owl, tawny owl...
ambio, pl. **-bi** /'ambjo, bi/ m. amble; ***andare d'~*** to (go at an) amble.
amaca, pl. **-che** /a'maka, ke/ f. hammock.
allunaggio, pl. **-gi** /allu'naddʒo, dʒi/ m. moon landing, lunar landing.
▷ **alga**, pl. **-ghe** /'alga, ge/ f. alga* ◆◆ ***~ marina*** seaweed; ***~ rossa...***
▶ **arancia**, pl. **-ce** /a'rantʃa, tʃe/ f. orange; ***succo d'~*** orange juice...
acquaragia, pl. **-gie**, **-ge** /akkwa'radʒa, dʒe/ f. turpentine...

Degli aggettivi inglesi vengono indicate le forme irregolari del comparativo e del superlativo.

The irregular forms of the comparative and superlative adjectives are given.

▶ **1.bad** /bæd/ **I** agg. (compar. **worse**; superl. **worst**) **1** *(poor, inferior, incompetent, unacceptable)* [*harvest, eyesight, memory, cook, father, management*] cattivo; [*answer, decision, idea*] brutto...

Per i verbi inglesi vengono indicate le forme irregolari e l'eventuale raddoppiamento consonantico della forma in -ing, tra parentesi, all'inizio della voce o di ciascuna sezione introdotta da numero romano.

The irregular forms of English verbs, as well as the doubling of the consonant in the -ing form are given in round brackets, at the beginning of the entry or of each section introduced by a Roman numeral.

▶ **admit** /əd'mɪt/ **I** tr. (forma in -ing ecc. **-tt-**) **1** *(accept)* ammettere, riconoscere [*mistake, fact*]; ***to ~ that*** ammettere *o* riconoscere che; ***it is annoying, I (must, have to) ~*** è fastidioso, devo ammetterlo...
...(**to** a, in) **5** DIR. ***to ~ sth. in evidence*** ammettere qcs. come prova **II** intr. (forma in -ing ecc. **-tt-**) *(allow)* **~ *of*** FORM. ammettere.

Per i verbi italiani le informazioni coniugazionali vanno ricercate nelle tabelle finali: un sistema di rimandi numerici, costituiti da cifre racchiuse tra parentesi quadre collocate subito dopo la trascrizione fonetica, collega ciascun verbo col relativo schema coniugazionale.

Per i sostantivi inglesi viene indicata, ove contrastivamente necessario, la **numerabilità** o **non numerabilità**, con i simboli **C** e **U**, riferiti, a seconda della posizione, all'intera voce o a una sua singola accezione.

Information on conjugation of Italian verbs can be found in the tables at the end of the dictionary: a system of numeric cross-references, shown as numbers in square brackets located immediately after the phonetic transcription, directs the user to the verb's relative conjugation table.

Where it is necessary for contrast, the **countability** or **uncountability** of English nouns is indicated with the symbols **C** and **U**, which refer, depending on where it is located, to the entire entry or a single meaning.

1.accession /æk'seʃn/ n. **1 U** *(to power, throne)* ascesa f. (**to** a); *(to estate, title)* accessione f. (**to** di); *(to treaty, organization)* adesione f. (**to** a) **2 C** *(book, exhibit)* (nuova) acquisizione f., accessione f.
▷ **ammunition** /ˌæmjʊ'nɪʃn/ n. **U 1** MIL. munizioni f.pl. **2** FIG. argomenti m.pl.; ***to give sb. ~*** aggiungere frecce all'arco di qcn.

Una serie di **etichette**, sotto forma di abbreviazioni in speciale carattere maiuscoletto (se ne veda l'elenco con gli scioglimenti in italiano e in inglese) forniscono informazioni su varie restrizioni d'uso e particolarità di lemmi, esempi e locuzioni. Le etichette di **registro** (o "stilistiche") identificano i livelli espressivi che più nettamente si discostano dalla lingua standard, come ad esempio LETT. letterario e poetico, COLLOQ. colloquiale ovvero familiare. Le indicazioni retoriche come FIG., SCHERZ., EUFEM., IRON. denotano invece modalità espressive particolari. In generale, comunque, è con la scelta di opportuni traducenti, prima ancora che con l'introduzione di marcatori, che il dizionario tende a garantire una effettiva parità di registro tra la lingua di partenza e quella d'arrivo.

Le etichette di **delimitazione geografica** (come BE, AE, SCOZZ., AUSTRAL., e REGION. per l'Italia) segnalano la pertinenza di lemmi inglesi ad ambiti specifici, o li riferiscono, per quanto riguarda l'italiano, a un uso regionale non ulteriormente specificato; conta, in questa sede, evidenziare la non appartenenza della voce o dell'accezione alla lingua standard: ma è poi al dizionario monolingue che l'utente dovrà fare eventualmente riferimento per una esatta localizzazione.

Va notato che le etichette di **linguaggio settoriale** (ad esempio DIR., MED. o INFORM.) non hanno lo scopo di marcare la totalità dei lessici specialistici all'interno del dizionario, ma sono introdotte esclusivamente nei casi in cui è opportuno disambiguare un'accezione, un'epressione oppure un omografo rispetto ad altra accezione, espressione, omografo. Quando un lemma è monosemico e il suo traducente appartiene unicamente e inconfondibilmente allo stesso linguaggio specialistico l'etichetta, superflua, non viene introdotta.

Le etichette possono essere talora riferite alla lingua d'arrivo, al fine di differenziare tra loro due o più traducenti: in questo caso vengono posposte al traducente di cui specificano la pertinenza a un linguaggio settoriale, a un ambito geografico o a un livello stilistico particolare.

A series of **labels**, in abbreviated forms in small capitals (see the list with the full forms in both Italian and English) gives information on various restrictions of usage and the peculiarities of headwords, examples and phrases. The **register** labels (or "style ") identify the levels of expression which clearly differ from usage in standard language, for example LETT. literary and poetic or COLLOQ. colloquial or familiar. The rhetorical indications like FIG., SCHERZ., EUFEM., IRON., on the other hand, denote particular expressive modalities. In general, however, it is the choice of suitable translations, even more than the use of markers, which allows the dictionary to ensure that the target language transmits the same register as the original language.

The labels for **geographical restrictions** (like BE, AE, SCOZZ., AUSTRAL., and REGION. for Italy) indicate English headwords which are used in specific geographic areas, or in the case of Italian headwords, they denote a non-specified regional use. In this dictionary it is important to show that the entry or meaning deviates from standard usage: a monolingual dictionary can then be consulted to determine more precisely where the word is used.

It should be noted that field labels for **specialist terms** (for example DIR., MED. or INFORM.) are not given to all specialist terms in the dictionary. They are used exclusively, when necessary, to differentiate one meaning, expression or homograph from another meaning, expression or homograph. When a headword is monosemic and its translation clearly belongs to only specialist terminology the label is redundant and not given.

The labels may refer to the target language in order to clarify the difference between two or more translations: in this case they are placed after the translation and identify the semantic field, geographical area or particular stylistic level they belong to.

air-traffic controller /ˌeə'træfɪkkənˌtrəʊlə(r)/ ♦ ***27*** n. controllore m. di volo, uomo radar m. COLLOQ.
▷ **aeroplano** /aero'plano/ m. aircraft*, aeroplane BE, airplane AE.

L'**articolazione** interna delle voci è realizzata con numeri romani per segnalare sezioni che identificano categorie gram-

The **structure** of the entries: Roman numerals mark sections which identify different grammatical categories and Arabic

matical diverse, e con numeri arabi che distinguono ambiti semantici, introducendo di solito uno o più traducenti specifici.

I verbi pronominali italiani vengono registrati all'interno del verbo attivo corrispondente, ove questo sussista: sono introdotti da un numero romano, e sono riportati nello speciale carattere neretto.

numerals distinguish between semantic areas, offering, as usual, one or more specific translations.

Italian pronominal verbs are found under the entry for the corresponding active verb, where this exists: they are preceded by a Roman number, and are shown in special bold characters.

ammogliare /ammoʎ'ʎare/ [1] **I** tr. to wed*, to marry **II** **ammogliarsi** pronom. to take* a wife.

Nello stesso carattere neretto possono essere riportate, all'interno della voce, introdotte da numero arabo, locuzioni particolarmente cristallizzate (e per l'italiano i verbi procomplementari come *avercela, cavarsela, fregarsene*).

Nelle voci polisemiche le diverse accezioni sono specificate, oltre che dalle eventuali etichette di linguaggio settoriale, da **discriminatori di significato** sotto forma di **glosse**. Queste compaiono prima del traducente (o della traduzione dell'esempio) entro parentesi tonde, in corsivo chiaro e nella lingua del lemma, supponendosi che servano innanzitutto a indirizzare chi deve produrre nella lingua straniera. Le glosse possono essere costituite da un sinonimo del lemma, oppure possono consistere in un commento di tipo semantico o grammaticale-sintattico.

Phrases or expressions that are particularly common (and in Italian also verbs like *avercela, cavarsela, fregarsene*) are shown in the same bold character, and are preceded by an Arabic number.

In polysemic entries the various meanings are indicated, not only by field labels for specialist terms, but also by **sense indicator glosses**. These appear before the translation (or the translation of the example) between round brackets, in clear italics and in the language of the headword, since they will be especially useful to the reader who needs express himself in a foreign language. The glosses may consist of a synonym of the headword, or a semantic or grammatical-syntactic explanation.

1.approach /ə'prəʊtʃ/ n. **1** *(route of access) (to town, island)* accesso m., via f. d'accesso; ***all the ~es to the city have been sealed off*** tutte le vie di accesso alla città sono state chiuse; ***the ~ to the house*** l'accesso alla casa **2** *(advance) (of person, of season, old age)* (l')avvicinarsi, (l')approssimarsi **3** *(way of dealing)* approccio m.; ***an ~ to teaching, advertising*** un modo di insegnare...

abbattimento /abbatti'mento/ m. **1** *(di edificio)* demolition; *(con esplosivi)* blasting **2** *(di alberi)* cutting down, felling; *(di animali)* putting down **3** *(avvilimento)* dejection, despondency; ***essere in preda a un profondo ~*** to be deeply despondent **4** ECON. *(di costi)* lowering.

I **collocatori**, parole con cui il lemma si associa di frequente, formando combinazioni tipiche (anche se non obbligate, come nel caso delle espressioni idiomatiche) che il parlante nativo avverte come "naturali", sono disposti accanto ai traducenti, entro parentesi quadre e in uno speciale carattere corsivo, per contestualizzarli; essi si combinano con le glosse, o talora le sostituiscono, consentendo all'utente di individuare con sicurezza la traduzione opportuna, o di verificarne l'effettiva copertura semantica. Sono scritti nella lingua del lemma, sempre privilegiando un'ottica produttiva, e figurano in posizioni fisse, disponendosi per lo più in naturale contesto rispetto al traducente.

The translations are accompanied by **collocates**, words that frequently appear together with the headword, thereby forming typical combinations (even if they are not obligatory, as with idiomatic expressions) considered "natural" by native speakers. They are shown between square brackets and in special italics. They can be combined with glosses, or replace them, allowing the user to identify the most suitable translation or to verify the semantic correspondence. They are written in the same language as the headword, and always keep in mind the need for the user to express himself in a foreign language. They appear in a fixed position, arranged in the most natural context for the translation.

▶ **attract** /ə'trækt/ tr. **1** attirare, attrarre [*person, animal, students, buyers, custom, investment, criticism etc.*]; ***to ~ attention*** attirare l'attenzione; ***to ~ sb.'s attention*** attirare l'attenzione di qcn. (**to** su); ***he was very ~ed to her*** era molto attratto da lei **2** ECON. [*account, sum*] comportare [*interest rate*].

▶ **attractive** /ə'træktɪv/ agg. [*person*] attraente, affascinante; [*child, place, design, music, feature, plant*] bello; [*offer, idea, rate*] allettante, interessante (**to** per); [*food*] invitante; ***he's, she's very ~*** è molto attraente.

attractively /ə'træktɪvlɪ/ avv. [*furnished, arranged*] in modo gradevole; [*dressed*] in modo attraente, seducente; ***~ priced*** che ha un prezzo interessante.

affievolire /affjevo'lire/ [102] **I** tr. to reduce, to weaken [*capacità*]; to dull [*sentimenti*]; to sap [*forza*] **II** **affievolirsi** pronom. [*suono, voce, conversazione*] to trail off, to tail away, to fade; [*luminosità*] to grow* dim, to fade; [*rumore*] to grow* fainter, to fade; [*sentimento, volontà*] to get* weaker, to weaken; [*memoria*] to fail; [*attenzione, interesse, entusiasmo, passione, ardore*] to wane; [*speranza*] to dim; [*odio*] to abate.

attraente /attra'ɛnte/ agg. [*donna*] attractive, charming, enticing, seductive; [*offerta*] attractive, enticing; [*proposta*] attractive, seductive, tempting; [*lettura*] appealing.

Lemmi verbali e aggettivali hanno per collocatori dei sostantivi, mentre gli avverbi possono avere per collocatori verbi e/o aggettivi. I lemmi sostantivali non hanno collocatori, ma solo glosse; all'interno di un sostantivo una locuzione verbale o

Headwords that are verbs and adjectives have nouns as collocates, while collocates for adverbs may be either verbs or adjectives. Noun headwords do not have collocates, but only glosses: a verb or adjective phrase which uses a noun, howev-

aggettivale che lo contiene può però avere i propri collocatori. Il collocatore di un verbo può essere un suo soggetto tipico, e allora precede il traducente, oppure, per un transitivo, il suo oggetto tipico, nel qual caso segue il traducente. Di norma il collocatore di un aggettivo precede sempre il traducente.

Talora la traduzione di verbi transitivi può presentare, oltre ai collocatori posposti, anche l'indicazione [qcn.] [qcs.] o [sb.] [sth.], che segnala la posizione sintatticamente corretta dell'oggetto.

er, may have its own collocates. The collocate of a verb may be its typical subject, and as such precedes its translation, or, for a transitive verb, its typical object, in which case, it follows its translation. The collocate of an adjective always comes before its translation. At times the translation of transitive verbs may show, in addition to the collocates which follow the verb, the indication [sb.] [sth.] or [qcn.] [qcs.], which marks the correct syntactic position of the object.

■ **bang out:** ~ ***[sth.] out***, ~ ***out [sth.]*** strimpellare [qcs.], suonare [qcs.] alla bell'e meglio [*song*].

I **traducenti** sostantivi sono seguiti dall'indicazione abbreviata del genere nella sezione inglese-italiano, e del numero in entrambe le sezioni quando questo è diverso da quello del lemma. Nella sezione italiano-inglese i traducenti (verbi e sostantivi) che presentano irregolarità o peculiarità della flessione sono contrassegnati con un asterisco. Una parte del traducente, di solito quando questo è costituito da un'espressione, può essere racchiusa tra parentesi tonde, per indicare che è possibile ometterla.

In alcuni casi il traducente è introdotto dal segno di uguale: esso sta ad indicare che ciò che segue non rappresenta un equivalente, bensì una spiegazione del significato del lemma. Si ricorre a tale espediente nei casi in cui è impossibile fornire come traduzione un singolo termine della lingua d'arrivo, che rispecchi adeguatamente il carattere peculiare del lemma di partenza: in luogo di un equivalente impreciso o sviante, si propone all'utente un'informazione esplicativa che questi potrà utilizzare variamente.

The noun **translations** are followed by a brief indication of the gender in the English-Italian section, and whether the translation is singular or plural when it differs from the headword. In the Italian-English section the translations (verbs and nouns) which have irregular or peculiar inflections are marked with an asterisk. A part of the translation, usually when this is an expression, may be enclosed in round brackets, to show that it is possible to omit it.

In some cases there is an equals sign before the translation. This indicates that it is not the equivalent word, but rather an explanation of the meaning of the headword. Such explanations are used when it is impossible to give a direct translation in the target language which adequately reflects the peculiar nature of the headword of the original language. Instead of an imprecise or misleading translation, the user is offered explicit information which will help him to use it in various manners.

access course /'ækses,kɔ:s/ n. GB UNIV. = corso che permette a candidati che non possiedono i necessari requisiti scolastici di accedere all'università.

abrogazionista, m.pl. **-i**, f.pl. **-e** /abrogattsjo'nista/ m. e f. = a person who aims at the repeal of a law.

Un principio analogo è alla base dell'impiego della marca INTRAD., che segnala i lemmi delle due lingue che il dizionario consiglia di mantenere immutati, nella forma originale: si tratta innanzitutto di termini gastronomici o enologici o legati a usanze locali; ne viene comunque fornita una spiegazione fra parentesi tonde, che l'utente potrà utilizzare ove non voglia mantenere il termine della lingua di partenza. Nella sezione inglese-italiano, inoltre, viene indicato in forma abbreviata, dopo la marca, il genere con cui la parola inglese viene usata in italiano.

The abbreviation INTRAD. is used in a similar way. It indicates those headwords in both languages that the dictionary suggests using in their original form. For the most part the words are related to gastronomy, oenology or local traditions. In any case, an explanation enclosed in round brackets is given if the user chooses not to maintain the original term. In addition, in the English-Italian section after INTRAD., an abbreviated form of the gender that the English word takes in Italian is indicated.

bannock /'bænək/ n. SCOZZ. INTRAD. m. (focaccia rotonda e piatta di farina d'avena o d'orzo).

abbacchio, pl. **-chi** /ab'bakkjo, ki/ m. GASTR. INTRAD. (butchered suckling lamb).

I traducenti sono molto spesso seguiti da **frasi esemplificative**, introdotte e separate fra loro da un punto e virgola. Gli esempi mostrano i traducenti in contesti significativi dal punto di vista collocazionale, grammaticale, pragmatico e del registro espressivo. In alcuni casi propongono traducenti diversi rispetto a quelli dati all'inizio della voce o dell'accezione, la validità dei quali è ristretta a contesti particolari. A volte le accezioni sono costituite unicamente da uno o più esempi, non preceduti da traducenti: questo avviene di solito quando il lemma può comparire soltanto o compare quasi sempre all'interno di una locuzione.

In una frase esemplificativa e/o nella sua traduzione possono essere accorpate per brevità più espressioni: in questo caso la presenza di una "o" segnala elementi sinonimicamente intercambiabili, mentre una virgola indica possibili alternative.

The translations are very often followed by **examples**, preceded and separated by semi-colons. The examples show the translation in meaningful contexts in terms of collocation, grammar, pragmatics and stylistic register. In some cases translations which differ from the one at the beginning of the entry or meaning are offered. Their meaning is limited to those particular contexts. At times the meanings contain only one or more examples and have no translation: this usually occurs when the headword only appears, or almost always appears in a specific expression.

For the sake of brevity, in one example and/or in its translation various expressions may be incorporated. In this case the presence of an "o" marks synonymous elements which can be interchanged, whereas a comma indicates possible alternatives.

2.above /ə'bʌv/ **I** agg. ***the ~ names, items*** i nomi, gli oggetti sunnominati *o* di cui sopra **II** pron. ***the ~*** *(person)* il suddetto, la suddetta; ***the ~ are all witnesses*** i suddetti sono tutti testimoni; ***the ~ are all stolen vehicles*** i suddetti sono tutti veicoli rubati.

▷ **absorbed** /əb'zɔ:bd/ **I** p.pass. → **absorb II** agg. assorbito (**in**, **by** da); ~ ***in a book, one's work*** immerso in un libro, assorbito dal proprio lavoro; ***to get*** *o* ***become ~ in sth.*** immergersi *o* essere assorto in qcs.

amatore /ama'tore/ m. (f. **-trice** /tritʃe/) **1** SCHERZ. *(seduttore)* ***un grande ~*** a Don Juan **2** *(appassionato)* connoisseur, lover; ***prezzo da ~*** collector's price; ~ ***d'arte, di antiquariato*** art, antiques connoisseur *o* collector **3** *(dilettante)* amateur.

Nell'esemplificazione il lemma, quando ricorre in forma invariata, è sostituito per brevità da una tilde (ma se in qualche espressione l'iniziale diventa maiuscola è dato per esteso); in forma flessa il lemma (a meno che non si tratti di un verbo) è dato per lo più in forma abbreviata, ove la tilde sostituisce una parte omessa che coincida esattamente col lemma, mentre un trattino sostituisce una parte omessa che non coincida col lemma. I verbi pronominali italiani all'infinito sono sempre abbreviati in *-rsi*.

Il segno speciale ◆ indica l'inizio dell'eventuale sezione della voce che contiene le **locuzioni idiomatiche**. Tra esse figurano anche i proverbi, introdotti dalla marca PROV.; essi vengono resi, ove possibile, tramite un proverbio equivalente (anche se formalmente diverso); altrimenti, sono tradotti alla lettera oppure spiegati (col segno =). Dal momento che in un dizionario bilingue la sovrabbondanza risulta opportuna per l'utente, non si è esitato a presentare e tradurre le locuzioni idiomatiche anche sotto più d'uno dei loro componenti: se ne è così senz'altro incrementata la reperibilità.

For brevity, in the examples a swung dash is used to replace the headword when it is unchanged (if, however, in an expression the first letter becomes capitalized, it is then written out). In an inflected form (unless it is a verb) an abbreviated form is used, and the swung dash is used to represent the part which is identical to the headword, while a hyphen is used to indicate the part which is not the same as the headword. Italian pronominal verbs in the infinitive are always abbreviate in *-rsi*.

Where there are sections containing **idiomatic expressions** under an entry they are marked with the special symbol ◆. These also include proverbs, preceded by the label PROV.; they are translated, wherever possible, with an equivalent proverb (even if formally different); otherwise, they are translated literally or explained (with the symbol =). Since more is better than less to a user of a bilingual dictionary, translations of idiomatic expressions can be found under more than one of its components in order to make them easier to find.

▶ **absence** /ˈæbsəns/ n. **1** *(of person)* assenza f. (anche SCOL.); ***in, during sb.'s ~*** in assenza *o* durante l'assenza di qcn. **2** *(of thing)* mancanza f.; ***in the ~ of*** in mancanza di [*alternative, cooperation, evidence, assurances etc.*] ◆ ***~ makes the heart grow fonder*** PROV. = la lontananza rafforza i legami profondi; ***to be conspicuous by one's ~*** IRON. brillare per la propria assenza.

▷ **acciuga**, pl. **-ghe** /atˈtʃuga, ge/ f. **1** anchovy; ***pasta d'-ghe*** anchovy paste; ***filetto d'~*** anchovy fillet **2** FIG. *(persona magra)* ***essere un'~*** to be as thin as a rake *o* lath ◆ ***essere magro come un'~*** to be as thin as a rake *o* lath; ***essere stretti come -ghe*** to be packed *o* squashed (in) like sardines.

Nell'italiano-inglese il segno ◆◆ introduce l'eventuale sezione finale riservata alle **locuzioni sostantivali fisse** italiane, registrate sempre e soltanto sotto il lemma che costituisce il loro primo elemento, e ordinate fra di loro, quando più d'una, in ordine alfabetico in base al secondo elemento pieno (aggettivo o sostantivo, cioè senza tenere conto di preposizioni interposte); tutte le locuzioni in cui il lemma compare invariato figurano, in sequenza alfabetica, prima di tutte quelle in cui il lemma è flesso, o eventualmente scritto con l'iniziale maiuscola.

In the Italian-English section the symbol ◆◆ can be found at the bottom of the entry reserved for Italian **set noun phrases,** always listed under the first headword in the phrase. When there is more than one, they are arranged in alphabetical order based on the second full component (adjective or noun, exclusive of prepositions in between them). All expressions in which the headword is not inflected are shown, in alphabetical sequence, before those in which the headword is inflected, or written with an initial capital letter.

atlante /aˈtlante/ m. **1** GEOGR. atlas **2** ANAT. atlas **3** ARCH. telamon ◆◆ ***~ automobilistico*** motoring atlas ***~ geografico*** (geographical) atlas; ***~ linguistico*** linguistic atlas; ***~ storico*** historical atlas; ***~ stradale*** road atlas.

aberrazione /aberratˈtsjone/ f. **1** *(deviazione)* aberration, aberrance **2** ASTR. FIS. OTT. MED. aberration ◆◆ ***~ cromatica*** chromatic aberration; ***~ cromosomica*** chromosome aberration; ***~ sferica*** spherical aberration.

I **rimandi** da una voce all'altra sono segnalati da una freccia; il lemma che rimanda è solitamente dotato di informazioni come trascrizione e qualifica grammaticale quando queste divergono da quelle del lemma a cui si rinvia. I rimandi possono anche essere collocati all'interno della sezione dedicata alle locuzioni sostantivali fisse italiane, ove rinviano da una locuzione a un'altra contenuta nella stessa sezione, oppure all'interno di un'accezione, e rinviano allora al traducente o ai traducenti contenuti in un'altra voce.

Cross references to other entries are indicated with an arrow. The headword which is directed to another entry is usually complete with information such as transcription and grammatical category if these are different from what is found in the entry indicated. Cross references can also be made within the section dedicated to Italian set noun phrases, where one expression is directed to another in the same section, or within a meaning which directs the user to the translation or translations contained in another entry.

aunty → **auntie.**
acclaimed /əˈkleɪmd/ **I** p.pass. → **2.acclaim II** agg. acclamato.
acclimate /ˈæklɪmeɪt, əˈklaɪ-/ AE → **acclimatize.**
amfetamina → **anfetamina.**
anco /ˈanko/ ANT. → **anche.**

Delle **abbreviazioni** si dà direttamente lo scioglimento, subito dopo il lemma, introdotto dalla speciale freccia ⇒. Segue la relativa traduzione, a cui può far seguito, tra parentesi, l'abbreviazione equivalente nella lingua d'arrivo.

Abbreviations are written out in their full forms, immediately after the headword, which is preceded by the special arrow ⇒. The relative translation follows, and between round brackets the equivalent abbreviation in the target language may follow.

AD ⇒ Anno Domini dopo Cristo (d.C.).
a. ⇒ anno year (y.).

Le **sigle** sono invece trattate secondo la loro reale funzione nella lingua, e cioè per lo più come sostantivi: se ne indica quindi la categoria grammaticale. Le sigle inglesi sono dotate

Acronyms, on the other hand, are treated according to their real function in the language, and usually that is as nouns: thus, the grammatical category is given. English acronyms are given

di trascrizione fonetica solo quando non vengono lette, come di norma, lettera per lettera, mentre le sigle italiane ne sono sempre fornite. Lo scioglimento, tra parentesi, introdotto dalla speciale freccia ⇒, precede la traduzione o più spesso la spiegazione, aperta dal segno =.

a phonetic transcription only when they are not read, as they normally are, letter by letter. Italian acronyms are always given a transcription. The full form, in round brackets, preceded by the special arrow ⇒, comes before the translation, or more often the explanation, preceded by the symbol =.

AA n. **1** GB AUT. (⇒ Automobile Association) = associazione per l'assistenza agli automobilisti corrispondente all'ACI italiano **2** (⇒ Alcoholics Anonymous Alcolisti Anonimi) AA m.pl. **3** US UNIV. (⇒ Associate in Arts) = diploma universitario in discipline umanistiche (conseguito dopo corso biennale).
ANSA /'ansa/ f. (⇒ Agenzia nazionale stampa associata) = Italian national press agency.

Lemmi che costituiscono forme accorciate di altre parole comprendono, prima del traducente, l'indicazione tra parentesi della forma estesa da cui derivano, introdotta dall'abbreviazione accorc.

Headwords which are shortened forms of other words include, before the translation, the indication in round brackets of its original full form, preceded by the abbreviation accorc.

▷ **ad** /æd/ n. (accorc. advertisement) **1** GIORN. (anche **small** ~) pubblicità f., inserzione f., annuncio m. (**for** di) **2** RAD. TELEV. pubblicità f. (**for** di).
▶ **bici** /'bitʃi/ f.inv. COLLOQ. (accorc. bicicletta) bike, cycle; ***in*** ~ on a, by bike; ***sai andare in ~?*** can you ride a bike? ***va a scuola in ~*** he rides his bike to school ◆◆ ~ ***da corsa*** racer; ~ ***da strada*** roadster.

Non si è ritenuto opportuno includere nel dizionario gli affissi (come auto-, -logo, -ology, -osis) che entrano a far parte di parole composte: se infatti è ovvia la loro inclusione in un vocabolario monolingue, che ne discute ed esemplifica il valore semantico, in un bilingue questo tipo di informazione assume un carattere astratto, ben poco utile ai fini della traduzione, spesso sottilmente mutevole di composto in composto. Si è quindi preferito registrare e tradurre nel dizionario un buon numero di composti, piuttosto che fornirne i componenti, che in molti casi solo un utente molto esperto sarebbe in grado di maneggiare correttamente.

Note grammaticali, **semantiche e d'uso**, riferite a lemmi specifici e scritte nella lingua del lemma, possono comparire, se brevi, all'inizio della voce, in un carattere speciale con fondo grigio, se più ampie, in un riquadro collocato in prossimità della voce stessa. Esse forniscono utili informazioni a commento, integrazione e chiarimento della voce rispettiva, rivolte in primo luogo a chi deve produrre nella lingua straniera, quindi in un'ottica opportunamente contrastiva.

Il dizionario include inoltre un ricco corredo di **note di civiltà**, riguardanti aspetti salienti della società, delle istituzioni e della cultura britannica, americana e italiana. Esse sono collocate alfabeticamente all'interno del lemmario, così da fornire ulteriori informazioni laddove una semplice traduzione sia impossibile o non possa comunque convogliare tutte le connotazioni legate a un dato termine. Le note sono in italiano nella sezione inglese e in inglese nella sezione italiana, essendo le informazioni fornite utili più alla comprensione che alla produzione da parte dell'utente del dizionario.

L'indice completo delle note di civiltà si trova alla fine del dizionario.

Un ampio apparato di **note lessicali**, organizzato in una serie numerata, è invece inserito alla fine di ciascuna delle due sezioni del dizionario. Tali note, scritte nella lingua di partenza della rispettiva sezione, forniscono all'utente informazioni che riguardano intere categorie di parole (ad es. nazionalità, lingue, colori, giorni della settimana ecc.), presentando fenomeni sintattici comuni a tutta la categoria, così da integrare il contenuto di un gran numero di singole voci. Il rimando da queste ultime alla nota lessicale pertinente è espresso con il segno ➧ seguito dal numero (in neretto corsivo) che contrassegna la nota stessa nell'apparato finale.

It was not considered advantageous to include affixes (like auto-, -logo, -ology, -osis) in the dictionary although they are included in compound words: if in fact it is obvious that they should be included in a monolingual dictionary, which discusses and exemplifies the semantic value, in a bilingual, this type of information becomes abstract, quite useless for translation, and often its meaning changes subtly from compound to compound. Thus, a good number of compounds were chosen and translated in this dictionary, rather than offering their components, which in many cases, only a very experienced user would be able to handle correctly.

Grammatical, **semantic and usage notes** which refer to specific headwords are written in the language of the headwords. They may appear, if short, at the beginning of the entries, in a special font on a grey background; if longer, in a box next to the entry itself. They clarify or expand on the information given in the relative entry and are primarily intended for people seeking to express themselves in a foreign language; thus, they are appropriately contrastive.

The dictionary also incorporates a wide variety of **cultural notes**, covering aspects of British, American and Italian society, institutions and culture. These are conveniently located at the relevant alphabetical position in the wordlist to provide additional information on a term where a translation is impossible or cannot convey enough information on its own. The notes are in Italian in the English section and in English in the Italian section.

A full list of these notes is also provided at the end of the book for reference.

A wide selection of **lexical notes** is organized numerically and can be found at the end of each section of the dictionary. These notes, written in the original language of each section, offer the user information on entire categories of words (for ex. nationalities, languages, colour terms, days of the week, etc.), presenting syntactic facts that are common to most members of the category, and thus supplementing the coverage of individual entries. The cross reference of the latter to the relevant lexical usage note is indicated with the symbol ➧ followed by a number (in bold italics) which marks the note itself in the final section.

air officer /'eər,ɒfɪsə(r)/ ➧ ***23*** n. ufficiale m. d'aviazione.
airsickness /'eəsɪknɪs/ ➧ ***11*** n. mal m. d'aria.
Abissinia /abis'sinja/ ➧ ***33*** n.pr.f. Abyssinia.
abissino /abis'sino/ ➧ ***25*** **I** agg. Abyssinian **II** m. (f. **-a**) Abyssinian.

SIMBOLI FONETICI / PHONETIC SYMBOLS

Simbolo Symbol	Esempio Example	Trascrizione Transcription	Simbolo Symbol	Esempio Example	Trascrizione Transcription
/a/	gatto	/ˈgatto/	/g/	get	/get/
/ʌ/	cup	/kʌp/		gara	/ˈgara/
/ɑː/	arm	/ɑːm/	/h/	how	/haʊ/
/æ/	hat	/hæt/	/j/	yes	/jes/
/e/	ten	/ten/		ieri	/ˈjɛri/
	verde	/ˈverde/	/k/	cat	/kæt/
/ɛ/	letto	/ˈlɛtto/		caro	/ˈkaro/
/ɜː/	first	/fɜːst/	/l/	leg	/leg/
/ə/	about	/əˈbaʊt/		lana	/ˈlana/
/i/	vino	/ˈvino/	/ʎ/	figlio	/ˈfiʎʎo/
/iː/	see	/siː/	/m/	man	/mæn/
/ɪ/	bit	/bɪt/		mano	/ˈmano/
/o/	monte	/ˈmonte/	/n/	not	/nɒt/
/ɔ/	corpo	/ˈkɔrpo/		notte	/ˈnɔtte/
/ɔː/	saw	/sɔː/	/ŋ/	sing	/sɪŋ/
/ɒ/	hot	/hɒt/	/ɲ/	gnocco	/ˈɲɔkko/
/œ/	boxeur	/bokˈsœr/	/p/	pen	/pen/
/ø/	chartreuse	/ʃarˈtrøz/		porta	/ˈpɔrta/
/u/	luna	/ˈluna/	/r/	red	/red/
/uː/	too	/tuː/		re	/re/
/ʊ/	put	/pʊt/	/s/	sad	/sæd/
/y/	würstel	/ˈvyrstel/		sella	/ˈsɛlla/
/aɪ/	five	/faɪv/	/ʃ/	shop	/ʃɒp/
/aʊ/	now	/naʊ/		scena	/ˈʃɛna/
/eə/	hair	/heə(r)/	/t/	tea	/tiː/
/eɪ/	page	/peɪdʒ/		torre	/ˈtorre/
/əʊ/	home	/həʊm/	/θ/	thin	/θɪn/
/ɪə/	near	/nɪə(r)/	/ð/	then	/ðen/
/ɔɪ/	join	/dʒɔɪn/	/ts/	zappa	/ˈtsappa/
/ʊə/	pure	/pjʊə(r)/	/tʃ/	chin	/tʃɪn/
/b/	bad	/bæd/		cena	/ˈtʃena/
	barca	/ˈbarka/	/v/	voice	/vɔɪs/
/d/	did	/dɪd/		vero	/ˈvero/
	dono	/ˈdono/	/w/	wet	/wet/
/dz/	zaino	/ˈdzaino/		fuori	/ˈfwɔri/
/dʒ/	jam	/dʒæm/	/x/	loch	/lɒx/
	gente	/ˈdʒɛnte/	/z/	zoo	/zuː/
/f/	fall	/fɔːl/		rosa	/ˈrɔza/
	faro	/ˈfaro/	/ʒ/	vision	/ˈvɪʒn/
				jihad	/ʒiˈad/

L'accento principale e quello secondario sono indicati rispettivamente dai segni ˈ e ˌ premessi alla sillaba accentata; the primary and the secondary stress are shown respectively by the signs ˈ and ˌ in front of the stressed syllable.

Inglese
Italiano

English
Italian

Non-alphabetical entries

000 /ˌtrɪpl'əʊ/ n. = in Australia, numero di emergenza, usato per chiamare la polizia, il servizio ambulanze o i pompieri.

0800 number /ˌəʊeɪt'hʌndrədˌnʌmbə(r)/ n. GB TEL. = 800, numero verde.

1040 form /ˌten'fɔːtɪfɔːm/ n. US = modulo per la dichiarazione dei redditi.

18-wheeler /ˌeɪtiːn'wiːlə(r), AE -'hwiːlə(r)/ n. AE = autoarticolato a 18 ruote.

20/20 vision /ˌtwentɪtwentɪ'vɪʒn/ n. *(eyesight)* ***to have*** ~ avere dieci decimi.

2.1 /ˌtuː'wʌn/ n. UNIV. = in Gran Bretagna e Australia, votazione di laurea intermedia tra first e 2.2.

2.2 /ˌtuː'tuː/ n. UNIV. = in Gran Bretagna e Australia, votazione di laurea immediatamente inferiore a 2.1.

.22 /ˌpɔɪnttuː'tuː/ n. *(gun)* calibro 22 f.

24-hour clock /ˌtwentɪfɔːaʊə'klɒk/ n. = modo di indicare le ore da 0 a 24, anziché ripetendo due volte la sequenza da 0 a 12.

24/7 /ˌtwentɪfɔː'sevn/ avv. COLLOQ. *(all the time)* ventiquattr'ore al giorno, sette giorni su sette; ***he's with her all the time,*** ~ è continuamente con lei.

3-D /ˌθriː'diː/ **I** agg. in 3D **II** n. ***in*** ~ in 3D.

3g → third-generation di terza generazione (3g).

.38 /ˌθɜːtɪ'eɪt/ n. *(gun)* calibro 38 f.

4x4 /ˌfɔːbaɪ'fɔ(r)/ n. AUT. 4x4 f.

.45 /ˌfɔːtɪ'faɪv/ n. *(gun)* calibro 45 f.

4-F /ˌfɔːr'ef/ agg. AE MIL. riformato.

4-H club /ˌfɔːr'eɪtʃˌklʌb/ n. US = associazione facente capo al ministero dell'agricoltura, che ha lo scopo di educare i ragazzi delle zone rurali.

4WD n. AUT. (→ four-wheel drive trazione integrale) 4x4 f.

$64,000 question /ˌsɪkstɪfɔːˌθaʊzndˌdɒlə'kwestʃən/ n. COLLOQ. domanda f. da un milione di dollari.

800 number /ˌeɪt'hʌndrədˌnʌmbə(r)/ n. US TEL. = 800, numero verde.

911 /ˌnaɪnwʌn'wʌn/ n. US = numero di emergenza, usato per chiamare la polizia, il servizio ambulanze o i pompieri.

999 /ˌnaɪnnaɪn'naɪn/ n. GB = numero di emergenza, usato per chiamare la polizia, il servizio ambulanze o i pompieri.

a

1.a, A /eɪ/ n. **1** *(letter)* a, A m. e f.; ***from A to Z*** dalla A alla Z; ***the A to Z of cooking*** la cucina dalla A alla Z **2 A** MUS. la m. **3 A** *(place)* ***how to get from A to B*** come arrivare da un punto a un altro, da un posto all'altro **4 A** BE *(for national roads)* ***on the A7*** sulla statale A7 **5 A** GB SCOL. = voto massimo.
▶ **2.a** /*forma forte* eɪ, *forma debole* ə/ (davanti a vocale o "h" muta **an** /*forma forte* æn, *forma debole* ən/) determ. un, uno, una.
A-1 /ˌeɪ'wʌn/ agg. COLLOQ. in gran forma.
A2 (level) /ˌeɪ'tu:(levl)/ n. GB SCOL. = esame, successivo all'AS level, che è necessario sostenere al termine dell'ultimo anno di scuola superiore per ottenere l'A level.
AA n. **1** GB AUT. (⇒ Automobile Association) = associazione per l'assistenza agli automobilisti corrispondente all'ACI italiano **2** (⇒ Alcoholics Anonymous Alcolisti Anonimi) AA m.pl. **3** US UNIV. (⇒ Associate in Arts) = diploma universitario in discipline umanistiche (conseguito dopo corso biennale).
AAA n. **1** GB (⇒ Amateur Athletics Association) = associazione dilettantistica di atletica **2** US AUT. (⇒ American Automobile Association) = associazione automobilistica americana corrispondente all'ACI italiano.
Aachen /'ɑ:kən/ ♦ ***34*** n.pr. Aquisgrana f.
AAM n. MIL. (⇒ air-to-air missile) = missile aria-aria.
aardvark /'ɑ:dvɑ:k/ n. AFRIC. formichiere m. africano, oritteropo m.
aardwolf /'ɑ:dwʊlf/ n. (pl. **-wolves**) AFRIC. protele m. crestato.
Aaron /'eərn/ n.pr. Aronne.
Aaron's beard /'eərnzbɪəd/ n. erba f. di san Giovanni, iperico m.
Aaron's rod /'eərnzrɒd/ n. tassobarbasso m., verbasco m.
AAUP n. US UNIV. (⇒ American Association of University Professors) = associazione americana dei docenti universitari.
AB n. **1** MAR. (⇒ able-bodied seaman) = marinaio comune di prima classe **2** US UNIV. (⇒ Artium Baccalaureus, Bachelor of Arts) = (diploma di) dottore in discipline umanistiche e altre materie (conseguito con un corso di studi di tre o quattro anni).
ABA n. GB (⇒ Amateur Boxing Association) = associazione pugili dilettanti.
abaci /'æbəsaɪ/ → **abacus**.
aback /ə'bæk/ avv. ***to be taken ~ by*** essere colto di sorpresa, alla sprovvista da [*remark, proposal, experience*]; ***I was somewhat, totally taken ~ by it*** la cosa mi ha un po', completamente colto alla sprovvista.
abacus /'æbəkəs/ n. (pl. **~es, -i**) abaco m. (anche ARCH.).
Abaddon /ə'bædn/ n. **1** = l'angelo dell'abisso, il diavolo **2** LETT. = l'inferno.
abaft /ə'bɑ:ft, AE ə'bæft/ **I** avv. a poppa **II** prep. a poppa di.
abalone /ˌæbə'ləʊnɪ/ n. orecchia f. di mare.
1.abandon /ə'bændən/ n. abbandono m. (anche FIG.); ***with gay ~*** con bella disinvoltura.
▶ **2.abandon** /ə'bændən/ **I** tr. **1** abbandonare, lasciare [*person, car, town, activity*] (**to** a); abbandonare [*animal, hope, game*]; rinunciare a [*claim, idea*]; ***to ~ the attempt to do*** rinunciare a fare; ***~ ship!*** abbandonare la nave! ***to ~ play*** SPORT interrompere il gioco **2** sospendere [*strike*] **3** DIR. desistere da [*prosecution*]; rinunciare a, recedere da [*trial*] **II** rifl. ***to ~ oneself*** abbandonarsi (**to** a).
▷ **abandoned** /ə'bændənd/ **I** p.pass. → **2.abandon II** agg. **1** [*person, animal, place*] abbandonato **2** *(licentious)* [*behaviour*] licenzioso, dissoluto **3** *(wild)* [*dance, music*] sfrenato.
abandonment /ə'bændənmənt/ n. **1** abbandono m. **2** *(of strike)* sospensione f.
abase /ə'beɪs/ rifl. FORM. ***to ~ oneself*** abbassarsi, umiliarsi, degradarsi (**before** davanti a).
abasement /ə'beɪsmənt/ n. umiliazione f., degradazione f.
abash /ə'bæʃ/ tr. confondere, imbarazzare, mettere in imbarazzo.
abashed /ə'bæʃt/ **I** p.pass. → **abash II** agg. confuso, imbarazzato (**at** da, per; **by** da).
abashment /ə'bæʃmənt/ n. confusione f., imbarazzo m.
abate /ə'beɪt/ **I** tr. FORM. **1** ridurre, fare diminuire [*noise, pollution*] **2** DIR. *(end)* ***to ~ a nuisance*** annullare un danno, eliminare una molestia **3** DIR. *(cancel)* annullare, cassare [*writ, sentence*] **II** intr. [*flood, wind, fever*] abbassarsi, calare; [*storm, rage*] placarsi; [*shock*] ridursi, attenuarsi.
abatement /ə'beɪtmənt/ n. *(of storm, wind)* (il) placarsi; *(of fever, noise)* abbassamento m., diminuzione f.; *(of feelings)* affievolimento m., (il) venir meno.
abattoir /'æbətwɑ:(r), AE ˌæbə'twɑ:r/ n. BE mattatoio m., macello m.
abaxial /æb'æksɪəl/ agg. abassiale.
abb /æb/ n. **1** filo m. di trama **2** AE filo m. di ordito di lana di qualità scadente.
abbacy /'æbəsɪ/ n. dignità f. abbaziale.
abbatial /ə'beɪʃəl/ agg. abbaziale.
abbess /'æbes/ n. badessa f.
abbey /'æbɪ/ n. abbazia f.
abbot /'æbət/ n. abate m.
abbreviate /ə'bri:vɪeɪt/ tr. abbreviare (**to** in, con).
abbreviation /əˌbri:vɪ'eɪʃn/ n. **1** *(short form)* abbreviazione f. (**for** di) **2** *(process)* riduzione f., accorciamento m.
▷ **ABC** n. **1** *(alphabet)* alfabeto m. **2** *(basics)* abbicci m.; ***the ~ of*** l'abbicci di [*cooking, photography etc.*] **3** US TELEV. (⇒ American Broadcasting Company) = una delle maggiori emittenti televisive americane ◆ ***as easy as ~*** facile come bere un bicchier d'acqua, facilissimo.
ABD n. US UNIV. (⇒ all but dissertation) = studente che ha superato tutti gli esami di dottorato ma non ha ancora presentato la tesi.
abdicate /'æbdɪkeɪt/ **I** tr. rinunciare a [*power, right, responsibility*]; ***to ~ the throne*** abdicare (al trono) **II** intr. abdicare (**from** a).
abdication /ˌæbdɪ'keɪʃn/ n. *(royal)* abdicazione f.; *(of responsibility)* rinuncia f. (**of** a).
abdomen /'æbdəmən/ n. addome m.
▷ **abdominal** /æb'dɒmɪnl/ agg. addominale.
abdominous /æb'dɒmɪnəs/ agg. RAR. [*person*] panciuto.
abducens /əb'dju:sns, AE -'du:-/ n. (pl. **-tes**) (nervo) abducente m.
abducent /əb'dju:snt, AE -'du:-/ agg. abducente.
abducentes /ˌəb'dju:sntəz, AE -'du:-/ → **abducens**.

abduct /əb'dʌkt/ tr. **1** rapire [*person*] **2** [*muscle*] abdurre [*leg, arm*].
abduction /əb'dʌkʃn/ n. **1** *(of person)* rapimento m., ratto m. **2** *(of muscles)* abduzione f.
abductor /əb'dʌktə(r)/ n. **1** *(kidnapper)* rapitore m. (-trice) **2** (anche ~ **muscle**) (muscolo) abduttore m.
Abe /eɪb/ n.pr. diminutivo di **Abraham**.
abeam /ə'bi:m/ avv. MAR. AER. **1** al traverso **2** ~ ***of*** al traverso di.
abecedarian /ˌeɪbi:si:'deərɪən/ **I** agg. **1** ordinato alfabeticamente **2** FIG. elementare **II** n. AE **1** scolaro m. (-a) che impara l'alfabeto; FIG. principiante m. e f. **2** maestro m. (-a) che insegna l'alfabeto.
abed /ə'bed/ avv. LETT. ***to be*** ~ essere a letto; ***to lie*** ~ giacere a letto.
Abel /'eɪbl/ n.pr. Abele.
Abelard /'æbɪˌlɑ:d/ n.pr. Abelardo.
abele /ə'bi:l, 'eɪbl/ n. pioppo m. bianco, gattice m.
abelmosk /'eɪbəlmɒsk/ n. abelmosco m.
Aberdeen /ˌæbə'di:n/ ◆ ***34*** n.pr. Aberdeen f.
aberdevine /ˌæbədə'vaɪn/ n. lucherino m.
Aberdonian /ˌæbə'dəʊnɪən/ **I** agg. di Aberdeen **II** n. nativo m. (-a), abitante m. e f. di Aberdeen.
aberrance /ə'berəns/, **aberrancy** /ə'berənsɪ/ n. aberrazione f., deviazione f.
aberrant /ə'berənt/ agg. [*behaviour, nature*] aberrante; [*result*] anomalo.
aberration /ˌæbə'reɪʃn/ n. **1** *(deviation)* aberrazione f. **2** *(lapse)* ***in a moment of*** ~ in un momento di follia.
abet /ə'bet/ tr. (forma in -ing ecc. **-tt-**) essere complice di [*lawbreaker*]; rendersi complice di [*crime*]; ***to aid and*** ~ ***sb. in doing sth.*** rendersi complice *o* essere correo di qcn. nel fare qcs.; ***to be accused of aiding and*** ~***ting*** essere accusati di correità.
abetment /ə'betmənt/ n. *(in a crime)* correità f.
abetter, **abettor** /ə'betə(r)/ n. correo m. (-a).
abetting /ə'betɪŋ/ n. → **abetment**.
abeyance /ə'beɪəns/ n. FORM. ***in*** ~ [*matter, situation*] in sospeso; [*law*] giacente; ***to fall into*** ~ non essere più in vigore; ***to hold an estate in*** ~ mantenere una successione vacante.
abhor /əb'hɔ:(r)/ tr. (forma in -ing ecc. **-rr-**) aborrire [*violence, injustice*]; detestare [*person, opinion, task*] ◆ ***nature*** ~***s a vacuum*** la natura ha orrore del vuoto.
abhorrence /əb'hɒrəns, AE -'hɔ:r-/ n. orrore m.; ***to have an*** ~ ***of*** avere orrore di; ***to hold sth. in*** ~ avere in orrore qcs.
abhorrent /əb'hɒrənt, AE -'hɔ:r-/ agg. odioso, detestabile; ***to be*** ~ ***to sb.*** essere odioso a qcn.
abidance /ə'baɪdəns/ n. *(of rules)* osservanza f., rispetto m.
abide /ə'baɪd/ **I** tr. (pass., p.pass. **abode** o ~**d**) ***I can't*** ~ ***sth., doing*** non sopporto qcs., di fare **II** intr. (pass., p.pass. **abode** o ~**d**) ***to*** ~ ***by*** osservare, rispettare [*rule*]; rispettare, attenersi a [*decision*]; tener fede a [*statement*].
abiding /ə'baɪdɪŋ/ agg. [*image, memory*] durevole; [*love*] duraturo.
Abigail /'æbɪˌgeɪl/ n.pr. Abigail (nome di donna).
▶ **ability** /ə'bɪlətɪ/ **I** n. **1** *(capability)* capacità f. (**to do** di fare); ***(the)*** ~ ***to pay*** DIR. (la) solvibilità; ECON. (la) capacità contributiva; ***to the best of one's*** ~ al meglio delle proprie possibilità; ***within the limits of one's*** ~ [*contribute*] nei limiti delle proprie possibilità **2** *(talent)* abilità f., talento m.; ***someone of proven*** ~ qualcuno di provata capacità; ***his*** ~ ***as*** la sua abilità di **II abilities** n.pl. *(skills)* capacità f.; SCOL. *(of pupils)* attitudine f.sing.; ***mental abilities*** capacità intellettuali; ***musical abilities*** doti musicali, talento musicale.
abiogenesis /ˌeɪbaɪəʊ'dʒenəsɪs/ n. (pl. **-es**) abiogenesi f.
abiogenetic /ˌeɪbaɪəʊdʒɪ'netɪk/ agg. abiogenetico.
abiotic /eɪbaɪ'ɒtɪk/ agg. abiotico.
abject /'æbdʒekt/ agg. **1** [*state, conditions*] miserabile; [*failure*] completo; ~ ***poverty*** estrema povertà **2** [*coward*] vile; [*slave*] abietto **3** [*apology*] meschino.
abjection /æb'dʒekʃn/ n. abiezione f.
abjectly /'æbʒektlɪ/ avv. **1** [*live, subsist*] miserevolmente **2** [*behave, apologize*] meschinamente.
abjuration /ˌæbdʒʊ'reɪʃn/ n. FORM. *(of right, title, claim)* rinuncia f. (**of** a); *(of religion)* abiura f. (**of** di); *(of vice)* (il) rinnegare.
abjure /əb'dʒʊə(r)/ tr. FORM. rinunciare a [*rights, claims*]; abiurare [*religion*]; rinnegare [*vice*].
ablactation /æblæk'teɪʃn/ n. ablattazione f.
ablate /æb'leɪt/ tr. MED. asportare mediante ablazione.
ablation /æb'leɪʃn/ n. MED. ablazione f.
ablative /'æblətɪv/ **I** n. LING. ablativo m.; ***in the*** ~ all'ablativo; ~ ***absolute*** ablativo assoluto **II** agg. LING. [*ending*] dell'ablativo; [*noun*] all'ablativo; ~ ***case*** caso ablativo.
ablator /æb'leɪtə(r)/ n. MED. ablatore m.
ablaut /'æblaʊt/ n. apofonia f.
ablaze /ə'bleɪz/ agg. **1** *(alight)* [*building, town*] in fiamme; ***to set sth.*** ~ dare alle fiamme qcs. **2** *(lit up)* ***to be*** ~ ***with*** risplendere di [*lights*]; essere illuminato da [*candles, fireworks*]; essere acceso di [*rage, excitement*].
▶ **able** /'eɪbl/ *To be able to* meaning *can* is usually translated by the verb *potere*: *I was not able to go* = non ci sono potuto andare; *I was not able to help him* = non ho potuto aiutarlo. - The main exception to this occurs when *to be able to* implies the acquiring of a skill, when *sapere* is used: *he's nine and he's still not able to read* = ha nove anni e ancora non sa leggere. - Note that *to be able to* in the past is translated by *riuscire*, especially when some effort is implied: compare *He could swim very well* = sapeva nuotare benissimo, and *he was able to swim ashore before he fainted* = riuscì a nuotare fino a riva prima di svenire. - For more examples and other uses, see the entry below. agg. **1** *(having ability to)* ***to be*** ~ ***to do*** potere fare, saper fare, essere capace di fare, riuscire a fare; ***he was, wasn't*** ~ ***to read it*** era, non era in grado di leggerlo; ***she was*** ~ ***to play the piano at the age of four*** sapeva suonare il piano a quattro anni; ***I'll be (better)*** ~ ***to give you more information after the meeting*** potrò darti maggiori informazioni dopo la riunione **2** *(skilled)* [*lawyer, teacher etc.*] abile, capace; *(gifted)* [*child*] dotato.
able-bodied /ˌeɪbl'bɒdɪd/ agg. **1** di sana e robusta costituzione, robusto **2** MIL. abile, idoneo.
able rating /ˌeɪbl'reɪtɪŋ/ n. → **able seaman**.
able seaman /ˌeɪbl'si:mən/ ◆ ***23*** n. (anche **able-bodied seaman**) (pl. **able seamen**) marinaio m. comune di prima classe.
abloom /ə'blu:m/ agg. ***to be*** ~ essere in fiore *o* fiorito.
ablush /ə'blʌʃ/ agg. ***to be*** ~ essere soffuso di rossore.
ablutions /ə'blu:ʃnz/ n.pl. FORM. abluzioni f.; ***to perform one's*** ~ fare le proprie abluzioni.
ably /'eɪblɪ/ avv. [*work, write*] abilmente, con competenza; ~ ***assisted by his colleagues*** validamente assistito dai suoi colleghi.
ABM n. MIL. (⇒ anti-ballistic missile) = missile antimissile.
abnegate /'æbnɪgeɪt/ tr. rinunciare a, abnegare [*rights, privileges, pleasures*].
abnegation /ˌæbnɪ'geɪʃn/ n. FORM. **1** *(of rights, privileges, pleasures)* rinuncia f. (**of** a) **2** (anche **self-**~) abnegazione f.
abnormal /æb'nɔ:ml/ agg. anormale, anomalo (anche INFORM.).
abnormality /ˌæbnɔ:'mælətɪ/ n. **1** *(feature)* anomalia f. **2** *(state)* anormalità f.
abnormally /æb'nɔ:məlɪ/ avv. [*high, low, slow, difficult*] più del normale; [*behave, react, develop*] in modo anomalo.
abnormity /æb'nɔ:mɪtɪ/ n. RAR. → **abnormality**.
abo /'æbəʊ/ n. (pl. ~**s**) AUSTRAL. SPREG. (accorc. aborigine) aborigeno m. (-a).
▷ **aboard** /ə'bɔ:d/ **I** avv. [*take, live*] a bordo; ***to go*** o ***climb*** ~ salire a bordo, imbarcarsi; ***all*** ~***!*** MAR. tutti a bordo! FERR. in vettura! **II** prep. a bordo di [*ship, plane, coach, train*]; ~ ***ship*** a bordo **III** agg. ***to be close*** ~ [*ships*] essere accostate.
1.abode /ə'bəʊd/ pass., p.pass. → **abide**.
2.abode /ə'bəʊd/ n. **1** FORM. *(home)* dimora f.; ***my humble*** ~ SCHERZ. la mia umile dimora; ***X, of no fixed*** ~ FORM. X, senza fissa dimora **2** DIR. *(residence)* ***his place of*** ~ il suo domicilio legale; ***the right of*** ~ il diritto di domicilio.
aboil /ə'bɔɪl/ agg. ***to be*** ~ essere in bollore *o* bollente.
▷ **abolish** /ə'bɒlɪʃ/ tr. abolire [*law, right, tax, subsidy, allowance*]; annullare [*penalty*]; sopprimere [*service*].
abolition /ˌæbə'lɪʃn/ n. *(of law, right, tax, subsidy, allowance)* abolizione f.; *(of penalty)* annullamento m.; *(of service)* soppressione f.
abolitionism /ˌæbə'lɪʃənɪzəm/ n. abolizionismo m.
abolitionist /ˌæbə'lɪʃənɪst/ n. abolizionista m. e f. (anche US STOR.).
abomasum /ˌæbə'meɪsm/ n. (pl. **-a**) abomaso m.
abominable /ə'bɒmɪnəbl/ agg. [*crime, practice, system, conditions, behaviour*] abominevole; [*food*] disgustoso; [*weather*] orrendo; ***the*** ~ ***snowman*** l'abominevole uomo delle nevi.
abominably /ə'bɒmɪnəblɪ/ avv. [*treat, behave*] in modo abominevole, detestabile; [*play, perform*] in modo orrendo; [*rude, arrogant*] tremendamente; [*hot, cold*] terribilmente.
abominate /ə'bɒmɪneɪt, AE -mən-/ tr. avere in abominio, in odio [*hypocrisy, terrorism*]; SCHERZ. aborrire, detestare [*homework, vegetables*].
abomination /əˌbɒmɪ'neɪʃn, AE -mən-/ n. abominio m. (**of** per); ***what an*** ~***!*** che abominio!
aboriginal /ˌæbə'rɪdʒənl/ **I** agg. **1** [*inhabitant*] aborigeno, indigeno **2** [*plant, species*] autoctono **II** n. *(native)* aborigeno m. (-a), indigeno m. (-a).

Aboriginal /ˌæbəˈrɪdʒənl/ **I** agg. aborigeno (d'Australia) **II** n. aborigeno m. (-a) (d'Australia).
aborigine /ˌæbəˈrɪdʒənɪ/ n. aborigeno m. (-a), indigeno m. (-a).
Aborigine /ˌæbəˈrɪdʒənɪ/ n. aborigeno m. (-a) (d'Australia).
1.abort /əˈbɔːt/ **I** tr. **1** fare abortire [*mother*]; provocare l'aborto di [*foetus*] **2** *(interrupt)* interrompere [*mission, launch, plan, trial, pregnancy*] **3** INFORM. *(abandon)* sospendere l'esecuzione di [*program, operation*] **II** intr. **1** [*mother, embryo, animal*] abortire **2** [*plan, launch, mission, attack*] fallire **3** INFORM. [*program*] arrestarsi.
2.abort /əˈbɔːt/ n. AE **1** *(of missile)* partenza f. non riuscita; *(of flight)* missione f. non portata a termine **2** INFORM. arresto m. di procedura.
abortifacient /əˌbɔːtɪˈfeɪʃənt/ agg. abortivo.
abortion /əˈbɔːʃn/ **I** n. **1** *(termination)* aborto m.; ***back-street ~*** aborto clandestino; ***to perform*** o ***carry out an ~ on sb.*** praticare un aborto su qcn.; ***~ on demand, ~ on request*** aborto libero; ***to have an ~*** abortire **2** FIG. *(monstrosity)* aborto m. **II** modif. [*law, debate*] sull'aborto; [*rights*] d'aborto; [*pill*] abortivo.
abortionist /əˈbɔːʃənɪst/ n. abortista m. e f.; ***backstreet ~*** = chi pratica aborti clandestini.
abortive /əˈbɔːtɪv/ agg. **1** attrib. *(unsuccessful)* [*attempt, scheme, project*] abortito, fallito; [*coup, raid, attack*] fallito **2** MED. abortivo.
abortiveness /əˈbɔːtɪvnɪs/ n. insuccesso m.
aboulia → **abulia**.
abound /əˈbaʊnd/ intr. abbondare (**in, with** di).
abounding /əˈbaʊndɪŋ/ agg. che abbonda, ricco (**in, with** di).
▶ **1.about** /əˈbaʊt/ *About* is used after certain nouns, adjectives and verbs in English (*information about, a book about, curious about, worry about* etc.); for translations, consult the appropriate entry (**information**, **book**, **curious**, **worry** etc.). - *About* often appears in British English as the second element of certain verb structures (*move about, rummage about, lie about* etc.); for translations, consult the relevant entries (**move**, **rummage**, **lie** etc.). - Please note that *circa*, the Italian translation of *about* meaning *approximately*, can either precede or follow the expression it modifies: *at about 6 pm* = alle 18 circa / circa alle 18; *about 25 students* = 25 studenti circa / circa 25 studenti. **I** avv. **1** *(approximately)* circa, pressappoco, quasi; ***it's ~ the same as yesterday*** è pressappoco come ieri; ***at ~ 6 pm*** alle 18 circa; ***it's ~ as useful as an umbrella in a hurricane*** IRON. = è completamente inutile **2** *(almost)* quasi; ***to be (just) ~ ready*** essere quasi pronto; ***that seems ~ right*** sembra che vada bene *o* dovrebbe andar bene; ***I've had just ~ enough of her!*** ne ho proprio abbastanza di lei! ***I've had ~ as much as I can take!*** ne ho abbastanza! non ne posso più! **3** *(in circulation)* ***there was no-one ~*** non c'era nessuno in giro; ***there are few people ~*** c'è poca gente in giro; ***there is a lot of food poisoning ~*** ci sono molti casi di intossicazione alimentare in giro; ***there's a lot of it ~*** ce n'è in giro molto *o* ne circola molto **4** *(in the vicinity)* ***to be somewhere ~*** essere nei dintorni; ***she must be somewhere ~*** deve essere nei paraggi *o* da queste parti **5** *(indicating reverse position)* ***the other way ~*** al contrario **II** prep. **1** *(concerning, regarding)* ***a book, film ~ sb., sth.*** un libro, film su qcn., qcs.; ***to talk ~*** parlare di [*problem, subject*]; ***what's it ~?*** *(of book, film etc.)* di che cosa parla? ***it's ~...*** parla di...; ***may I ask what it's ~?*** potrei sapere di che cosa si tratta? ***I'm ringing ~ my results*** telefono per i miei risultati; ***it's ~ my son's report*** riguarda la pagella di mio figlio; ***~ your overdraft...*** per quanto riguarda il *o* a proposito del suo scoperto di conto... **2** *(in the nature of)* ***there's something weird, sad ~ him*** c'è qualcosa di strano, di triste in lui; ***there's something ~ the place that intrigues me*** c'è qualcosa in questo posto che mi affascina; ***what I like ~ her is*** ciò che mi piace di lei è **3** *(bound up with)* ***business is ~ profit*** negli affari ciò che conta è il profitto; ***teaching is all ~ communication*** insegnare vuol dire comunicare; ***that's what life is all ~*** così è la vita **4** *(occupied with)* ***to know what one is ~*** sapere che cosa si fa; ***mind what you're ~!*** BE fa' attenzione a quel che fai! ***while you're ~ it...*** già che ci sei...; ***and be quick ~ it!*** e fai alla svelta! **5** *(around)* ***to wander, run ~ the streets*** girare, correre per le strade; ***strewn ~ the floor*** sparpagliati sul pavimento **6** *(in invitations, suggestions)* ***how, what ~ some tea?*** che ne diresti *o* dici di un tè? ***how ~ going into town?*** che ne diresti di andare in città? ***how ~ it?*** che ne dici? ***how ~ you?*** e tu? **7** *(when soliciting opinions)* ***what ~ the transport costs?*** che ne pensi delle spese di trasporto? ***what ~ us?*** e noi? ***"what ~ the dinner?" - "what ~ it?"*** "e la cena allora?" - "e la cena cosa?" ***what ~ you?*** e tu? ***what ~ Natasha?*** e Natasha? **8** FORM. *(on)* ***hidden ~ one's person*** [*drugs, arms*] nascosto sulla propria persona; ***to have, keep (all) one's wits ~ one*** essere attento e pronto ad agire, conservare la propria presenza di spirito **9** BE *(surrounding)* intorno a; ***there were trees ~ the house*** c'erano alberi intorno alla casa **III** agg. **1** *(expressing future intention)* ***to be ~ to do*** essere sul punto di fare *o* stare per fare **2** *(rejecting course of action)* ***I'm not ~ to do*** non ho intenzione di fare **3** *(awake)* in piedi; ***you were (up and) ~ early this morning*** eri in piedi presto questa mattina ◆ ***it's ~ time (that)*** sarebbe ora (che); ***~ time too!*** era ora! ***that's ~ it*** *(that's all)* è tutto; *(that's the situation)* le cose stanno più o meno così.
2.about /əˈbaʊt/ tr. fare virare di bordo.
about-face /əbaʊtˈfeɪs/ → **1.about-turn, 2.about-turn.**
1.about-turn /əbaʊtˈtɜːn/ n. BE MIL. dietro front m. (anche FIG.); ***the government has done an ~*** il governo ha fatto dietro front *o* un voltafaccia.
2.about-turn /əbaʊtˈtɜːn/ intr. BE MIL. fare dietro front (anche FIG.).
▶ **1.above** /əˈbʌv/ **I** prep. **1** *(vertically higher)* sopra, al di sopra di; ***to live ~ a shop*** abitare sopra un negozio; ***your name is ~ mine on the list*** il tuo nome è prima del mio nell'elenco; ***the hills ~ Monte Carlo*** le colline sopra Monte Carlo **2** *(north of)* ***~ this latitude*** oltre questa latitudine **3** *(upstream of)* a monte di **4** *(morally)* ***she's ~ such petty behaviour*** è al di sopra di un comportamento così meschino; ***they're not ~ cheating, lying*** non disdegnano di imbrogliare, mentire; ***he's not ~ lending us a hand*** non esiterà a darci una mano **5** *(in preference to)* più di; ***to admire sth. ~ all others*** ammirare una cosa più di ogni altra; ***~ all*** soprattutto, più di tutto; ***~ all else*** più di tutto il resto *o* più di ogni altra cosa; ***to value happiness ~ wealth*** considerare la felicità superiore alla ricchezza **6** *(superior in status, rank)* superiore a, al di sopra di; ***a general is ~ a corporal*** un generale è superiore (per grado) a un caporale; ***to be ~ sb. in the world rankings*** essere davanti a qcn. nelle classifiche mondiali; ***he thinks he's ~ us*** si crede superiore a noi **7** *(greater than)* al di sopra di, oltre; ***~ average*** al di sopra della media; ***~ the limit*** oltre il limite; ***children ~ the age of 12*** bambini sopra i 12 anni; ***to rise ~*** superare [*amount, percentage, limit, average*]; ***over and ~ that*** oltre a ciò; ***over and ~ the minimum requirement*** ben oltre i requisiti minimi **8** *(transcending, beyond)* ***~ suspicion*** al di sopra di ogni sospetto; ***she's ~ criticism*** è al di sopra di ogni critica; ***~ reproach*** ineccepibile, irreprensibile **9** *(too difficult for)* ***to be ~ sb.*** [*subject, book*] essere troppo difficile per qcn. **10** *(higher in pitch)* più alto di **11** *(over)* ***I couldn't hear him ~ the sound of the drill*** non riuscivo a sentirlo a causa del rumore del trapano; ***a shot was heard ~ the shouting*** uno sparo sovrastò il grido **II** avv. **1** *(higher up)* ***a desk with a shelf ~*** una scrivania con al di sopra uno scaffale; ***the noise from the apartment ~*** il rumore proveniente dall'appartamento di sopra; ***the view from ~*** la vista dall'alto; ***an order from ~*** un ordine dall'alto; ***ideas imposed from ~*** idee imposte dall'alto **2** *(earlier in the text)* ***see ~*** vedi sopra; ***as stated ~*** come detto sopra **3** *(more)* ***children of 12 and ~*** bambini di 12 anni e oltre; ***tickets at £ 10 and ~*** biglietti a partire da dieci sterline; ***those on incomes of £ 18,000 and ~*** le persone con reddito di 18.000 sterline e oltre **4** *(in the sky)* ***the sky up ~ was clear*** il cielo lassù era sereno; ***look up at the stars ~*** guarda le stelle lassù (nel cielo); ***the powers ~*** le potenze celesti; ***in Heaven ~*** in cielo, nei cieli ◆ ***to be a cut ~ sb.*** *(be superior, better)* essere uno scalino più su di qcn.; ***to get ~ oneself*** montarsi la testa.
2.above /əˈbʌv/ **I** agg. ***the ~ names, items*** i nomi, gli oggetti sunnominati *o* di cui sopra **II** pron. ***the ~*** *(person)* il suddetto, la suddetta; ***the ~ are all witnesses*** i suddetti sono tutti testimoni; ***the ~ are all stolen vehicles*** i suddetti sono tutti veicoli rubati.
aboveboard /əˌbʌvˈbɔːd/ agg. ***to be ~*** essere corretto, leale.
above-ground /əˌbʌvˈgraʊnd/ agg. SCHERZ. ***to be ~*** essere fuori terra *o* in superficie; *(alive)* essere ancora sulla faccia della terra *o* fra i vivi.
above-mentioned /əˌbʌvˈmenʃənd/ agg. suddetto, summenzionato.
above-named /əˌbʌvˈneɪmd/ agg. sunnominato.
abracadabra /ˌæbrəkəˈdæbrə/ inter. abracadabra.
abrade /əˈbreɪd/ tr. **1** GEOL. [*element*] abradere, erodere [*rock*] **2** TECN. [*sandpaper*] abradere, raschiare [*wood, surface*].
Abraham /ˈeɪbrəˌhæm/ n.pr. Abramo.
abranchial /əˈbræŋkɪəl/ agg. abranchiato.
abranchiate /əˈbræŋkɪˌeɪt/ agg. → **abranchial**.
abrasion /əˈbreɪʒn/ n. **1** *(on skin)* abrasione f., escoriazione f. **2** *(from friction)* *(of rock, paint, metal)* abrasione f.
abrasive /əˈbreɪsɪv/ **I** agg. **1** [*substance*] abrasivo **2** [*person, manner*] irritante; [*style, tone*] irritante, caustico **II** n. abrasivo m.

abrasively /əˈbreɪsɪvlɪ/ avv. [*say, reply, write*] in modo irritante, caustico.
abrasiveness /əˈbreɪsɪvnɪs/ n. *(of remark, criticism, tone)* causticità f.
abreaction /ˌæbrɪˈækʃn/ n. abreazione f.
abreast /əˈbrest/ avv. **1** *(side by side)* fianco a fianco; ***cycling three ~*** andando in bicicletta affiancati per tre; ***in line ~*** allineati e coperti; ***to be, come ~ of*** [*vehicle, person*] essere affiancato a, affiancarsi a **2** *(in touch with)* ***to keep ~ of, to keep sb. ~ of*** tenersi aggiornato su, tenere qcn. aggiornato su [*developments, current affairs*]; ***to keep ~ of the times*** andare al passo coi tempi.
abridge /əˈbrɪdʒ/ tr. ridurre, abbreviare.
abridged /əˈbrɪdʒd/ **I** p.pass. → **abridge II** agg. ***~ edition*** edizione ridotta.
abridg(e)ment /əˈbrɪdʒmənt/ n. **1** *(version)* riduzione f., versione f. ridotta **2** *(process)* abbreviazione f.
abroach /əˈbrəʊtʃ/ agg. ***to set a cask ~*** spillare una botte.
▶ **abroad** /əˈbrɔːd/ avv. **1** [*be, go, live, work, travel*] all'estero; ***imported from ~*** importato; ***news from home and ~*** notizie dall'interno e dall'estero **2** *(in circulation)* ***there is a rumour ~ that...*** corre voce che...; ***there is a new spirit ~*** tira un'aria nuova; ***there is a feeling ~ that...*** c'è la sensazione che... **3** RAR. *(outside)* fuori, all'aperto.
abrogate /ˈæbrəgeɪt/ tr. FORM. abrogare.
abrogation /ˌæbrəˈgeɪʃn/ n. FORM. abrogazione f.
abrupt /əˈbrʌpt/ agg. **1** *(sudden)* [*end, change etc.*] inaspettato, subitaneo; ***to come to an ~ end*** finire all'improvviso **2** *(curt)* [*manner, person, tone, remark*] brusco **3** *(disjointed)* [*speech, style*] sconnesso **4** *(steep)* scosceso.
▷ **abruptly** /əˈbrʌptlɪ/ avv. **1** *(suddenly)* [*end, change, resign, leave*] inaspettatamente, all'improvviso **2** *(curtly)* [*speak, behave, gesture*] bruscamente **3** *(steeply)* [*rise, fall, drop*] a picco.
abruptness /əˈbrʌptnɪs/ n. **1** *(in manner)* asprezza f. **2** *(suddenness)* subitaneità f.
Abruzzian /əˈbrʌtsɪən/ **I** agg. abruzzese **II** n. abruzzese m. e f.
abs /æbz/ n.pl. COLLOQ. *(muscles)* addominali m.
ABS I n. AUT. (⇒ anti-lock braking system = sistema frenante antibloccaggio) ABS m. **II** modif. ***~ brakes*** freni con ABS.
Absaalom /ˈæbsələm/ n.pr. Assalonne.
abscess /ˈæbses/ n. ascesso m.
abscissa /əbˈsɪsə/ n. (pl. **~s, -ae**) ascissa f.
abscission /əbˈsɪʒn/ n. **1** MED. escissione f. **2** BOT. abscissione f.
abscond /əbˈskɒnd/ intr. [*criminal*] sfuggire (**from** a); fuggire, scappare (**from** da; **with** con); rendersi latitante, darsi alla latitanza.
absconder /əbˈskɒndə(r)/ n. fuggiasco m. (-a), latitante m. e f.
absconding /əbˈskɒndɪŋ/ n. latitanza f., fuga f.
1.abseil /ˈæbseɪl/ n. BE calata f. a corda doppia.
2.abseil /ˈæbseɪl/ intr. BE calarsi a corda doppia (**from** da); ***to ~ down sth.*** calarsi da qcs. a corda doppia.
abseil device /ˌæbseɪldɪˈvaɪs/ n. BE discensore m.
abseiling /ˈæbseɪlɪŋ/ ♦ ***10*** n. BE discesa f. a corda doppia; ***to go ~*** scendere a corda doppia.
▶ **absence** /ˈæbsəns/ n. **1** *(of person)* assenza f. (anche SCOL.); ***in, during sb.'s ~*** in assenza *o* durante l'assenza di qcn. **2** *(of thing)* mancanza f.; ***in the ~ of*** in mancanza di [*alternative, cooperation, evidence, assurances etc.*] ♦ ***~ makes the heart grow fonder*** PROV. = la lontananza rafforza i legami profondi; ***to be conspicuous by one's ~*** IRON. brillare per la propria assenza.
▷ **1.absent** /ˈæbsənt/ agg. **1** *(not there)* [*person*] assente (**from** da); ***to be conspicuously ~*** IRON. brillare per la propria assenza; ***"(to) ~ friends!"*** *(as toast)* "alla salute degli assenti!" **2** [*thing*] mancante **3** [*emotion*] assente; ***any sign of remorse was ~ from the killer's face*** non vi era alcuna traccia di rimorso sul volto dell'assassino **4** MIL. ***to be, go ~ without leave*** essere assente, assentarsi senza permesso **5** *(preoccupied)* [*look*] assente.
2.absent /əbˈsent/ rifl. FORM. ***to ~ oneself*** assentarsi (**from** da).
absentee /ˌæbsənˈtiː/ n. assente m. e f. (anche SCOL.).
absentee ballot /ˌæbsəntiːˈbælət/ n. voto m. per corrispondenza.
absenteeism /ˌæbsənˈtiːɪzəm/ n. assenteismo m.
absentee landlord /ˌæbsəntiːˈlændlɔːd/ n. = proprietario terriero che non risiede nei propri possedimenti e non se ne occupa.
absentee voter /ˌæbsəntiːˈvəʊtə(r)/ n. elettore m. (-trice) per corrispondenza.
absently /ˈæbsəntlɪ/ avv. [*muse, stare*] con aria assente; [*say*] distrattamente, senza pensarci.
absent-minded /ˌæbsəntˈmaɪndɪd/ agg. distratto.
absent-mindedly /ˌæbsəntˈmaɪndɪdlɪ/ avv. [*behave, speak*] distrattamente; [*stare*] con aria assente.
absent-mindedness /ˌæbsəntˈmaɪndɪdnɪs/ n. distrazione f.
absinth(e) /ˈæbsɪnθ/ n. assenzio m.
▷ **absolute** /ˈæbsəluːt/ **I** n. **1** ***the ~*** l'assoluto **2** *(rule, principle)* verità f. assoluta; ***rigid ~s*** postulati **II** agg. **1** *(complete)* [*certainty, discretion, minimum*] assoluto; [*proof*] inoppugnabile; [*right*] incontestabile; ***~ beginner*** principiante assoluto **2** POL. [*power, monarch*] assoluto; ***~ majority*** maggioranza assoluta **3** *(emphatic)* [*chaos, disaster, idiot, scandal*] vero **4** FIS. CHIM. [*humidity, scale, temperature, zero*] assoluto **5** [*alcohol*] puro **6** DIR. *(divorce)* ***decree ~*** sentenza definitiva, irrevocabile; ***the decree was made ~*** la sentenza è passata in giudicato **7** LING. [*ablative, construction*] assoluto **8** FILOS. MAT. [*term, value etc.*] assoluto.
absolute discharge /ˌæbsəluːtˈdɪstʃɑːdʒ/ n. BE DIR. rilascio m. incondizionato, assoluzione f.
▶ **absolutely** /ˈæbsəluːtlɪ/ avv. **1** *(totally)* [*certain, right*] assolutamente; [*mad*] completamente; [*refuse, believe*] in modo assoluto **2** POL. [*rule*] assolutisticamente **3** *(emphatic)* ***this hotel is ~ the most expensive I know*** questo hotel è senza dubbio il più caro che io conosca; ***I ~ adore opera!*** vado pazzo per l'opera! **4** *(certainly)* senz'altro; ***~ not!*** assolutamente no! **5** LING. in senso assoluto.
absoluteness /ˈæbsəluːtnɪs/ n. assolutezza f.
absolute pitch /ˌæbsəluːtˈpɪtʃ/ n. MUS. orecchio m. assoluto.
absolution /ˌæbsəˈluːʃn/ n. assoluzione f. (**from** da).
absolutism /ˈæbsəluːtɪzəm/ n. **1** POL. assolutismo m. **2** RELIG. predestinazione f.
absolutist /ˈæbsəluːtɪst/ **I** agg. assolutista, assolutistico **II** n. assolutista m. e f.
absolutize /ˈæbsəluːtaɪz/ tr. assolutizzare.
absolutory /æbˈsɒljʊtərɪ, AE -tɔːrɪ/ agg. assolutorio.
absolve /əbˈzɒlv/ tr. *(clear, forgive)* ***to ~ sb. from, of sth.*** assolvere qcn. da qcs.
▷ **absorb** /əbˈzɔːb/ tr. **1** assorbire [*liquid, drug, oxygen, heat, sound*] **2** FIG. assorbire [*attention, costs, profits, business, village, region, people*]; assimilare [*facts*] **3** *(withstand)* reggere [*impact, force*]; assorbire, ammortizzare [*shock, jolt*]; incassare [*punch, blow, insult*]; sostenere [*pressure*].
absorbability /əbzɔːbəˈbɪlətɪ/ n. capacità f. di assorbimento.
absorbable /əbˈzɔːbəbl/ agg. assorbibile.
absorbance /əbˈzɔːbəns/ n. assorbenza f.
▷ **absorbed** /əbˈzɔːbd/ **I** p.pass. → **absorb II** agg. assorbito (**in**, **by** da); ***~ in a book, one's work*** immerso in un libro, assorbito dal proprio lavoro; ***to get*** o ***become ~ in sth.*** immergersi *o* essere assorto in qcs.
absorbedly /əbˈzɔːbɪdlɪ/ avv. in modo assorto.
absorbency /əbˈzɔːbənsɪ/ n. assorbenza f.; ***a high-~ material*** un materiale ad alta assorbenza.
absorbent /əbˈzɔːbənt/ **I** n. *(substance)* assorbente m. **II** agg. assorbente.
absorbent cotton /əbˌzɔːbəntˈkɒtn/ n. AE cotone m. idrofilo.
absorber /əbˈzɔːbə(r)/ n. **1** CHIM. FIS. colonna f. di assorbimento, torre f. di assorbimento **2** ELETTRON. assorbitore m.
absorbing /əbˈzɔːbɪŋ/ agg. avvincente, appassionante.
absorption /əbˈzɔːpʃn/ n. **1** *(of nutrients, liquid, minerals)* assorbimento m., assimilazione f. **2** FIG. *(of people)* assimilazione f., integrazione f. **3** *(of business, costs, profits)* assorbimento m., fusione f. **4** *(of shock, impact)* assorbimento m. **5** *(in activity, book)* (l')essere assorto (**in** in).
absorptive /əbˈzɔːptɪv/ agg. assorbente.
abstain /əbˈsteɪn/ intr. astenersi (**from** da; **from doing** dal fare).
abstainer /əbˈsteɪnə(r)/ n. **1** *(teetotaller)* ***he's a total ~*** è completamente astemio **2** POL. *(in vote)* astenuto m. (-a).
abstemious /æbˈstiːmɪəs/ agg. [*person*] sobrio, morigerato; [*habits, diet*] frugale; ***you're being very ~!*** sei davvero morigerato!
abstemiously /æbˈstiːmɪəslɪ/ avv. [*live, eat*] morigeratamente, frugalmente.
abstemiousness /æbˈstiːmɪəsnɪs/ n. *(of person)* morigeratezza f., sobrietà f.; *(of habits, diet)* frugalità f.
abstention /əbˈstenʃn/ n. **1** POL. *(from vote)* astensione f. (**from** da) **2** *(abstinence)* astinenza f. (**from** da).
absterge /əbˈstɜːdʒ/ tr. ANT. astergere, detergere.
abstergent /əbˈstɜːdʒənt/ agg. ANT. astersivo, detergente.
abstersion /əbˈstɜːʃən/ n. ANT. astersione f., detersione f.
abstinence /ˈæbstɪnəns/ n. astinenza f. (**from** da).
abstinency /ˈæbstɪnənsɪ/ n. RAR. → **abstinence**.
abstinent /ˈæbstɪnənt/ agg. [*person*] astinente, sobrio; [*habits*] morigerato, frugale.
1.abstract /ˈæbstrækt/ n. **1** *(theoretical)* ***the ~*** l'astrazione; ***in the ~*** in astratto, in teoria **2** *(summary)* riassunto m., compendio m. **3** ECON. DIR. estratto m. **4** ART. opera f. astratta.

▷ **2.abstract** /'æbstrækt/ agg. **1** *(theoretical)* astratto, teorico **2** ART. astratto **3** LING. [*noun, verb*] astratto.

3.abstract /əb'strækt/ **I** tr. **1** ***to ~ sth. from*** estrarre, trarre qcs. da [*documents, data*] **2** FORM. *(remove)* sottrarre (**from sb.** a qcn.; **from sth.** da qcs.) **3** *(theorize)* ***to ~ sth. from sth.*** astrarre qcs. da qcs. **II** rifl. ***to ~ oneself from sth.*** sottrarsi a qcs.

abstracted /əb'stræktɪd/ agg. [*gaze, expression, smile*] distratto, assente; ***he seemed rather ~*** aveva un'aria piuttosto assente.

abstractedly /əb'stræktɪdlɪ/ avv. distrattamente.

abstractedness /əb'stræktɪdnɪs/ n. distrazione f.; astrattezza f.

abstraction /əb'strækʃn/ n. **1** *(idea)* astrazione f., idea f. astratta; ***to talk in ~s*** parlare astrattamente **2** *(abstract quality)* astrazione f. **3** ART. *(tendency)* astrazione f.; *(work)* opera f. astratta **4** *(vagueness)* distrazione f.; ***an air of ~*** un'aria distratta **5** FORM. *(of property, money)* sottrazione f. (**from** da).

abstractionism /əb'strækʃəˌnɪzəm/ n. astrattismo m.

abstractionist /əb'strækʃənɪst/ n. astrattista m. e f.

abstruse /əb'stru:s/ agg. astruso.

abstruseness /əb'stru:snɪs/ n. astruseria f., astrusità f.

▷ **absurd** /əb'sɜ:d/ **I** n. ***the ~*** FILOS. TEATR. l'assurdo m. **II** agg. [*act, appearance, idea*] assurdo; ***it was ~ (of sb.) to do*** è stato assurdo (da parte di qcn.) fare; ***it is ~ that*** è assurdo che.

absurdity /əb'sɜ:dətɪ/ n. assurdità f.; ***the height of ~*** il colmo dell'assurdità; ***to the point of ~*** ai limiti dell'assurdo.

absurdly /əb'sɜ:dlɪ/ avv. [*wealthy*] spaventosamente; [*expensive*] assurdamente; [*behave*] in modo assurdo, ridicolo.

ABTA /'æbtə/ n. GB (⇒ Association of British Travel Agents) = associazione delle agenzie di viaggi britanniche.

abulia /ə'bu:lɪə/ n. abulia f.

abulic /ə'bu:lɪk/ agg. abulico.

▷ **abundance** /ə'bʌndəns/ n. abbondanza f. (**of** di); ***in ~*** in abbondanza.

▷ **abundant** /ə'bʌndənt/ agg. abbondante; ***to be ~ in*** essere ricco di.

abundantly /ə'bʌndəntlɪ/ avv. **1** *(in large quantities)* abbondantemente **2** ***to be ~ clear, ~ obvious*** essere chiarissimo, più che ovvio; ***to make sth. ~ clear (to sb.)*** fare capire qcs. (a qcn.) in modo chiarissimo.

▶ **1.abuse** /ə'bju:s/ n. **1** *(maltreatment)* maltrattamento m.; *(sexual)* violenza f. (carnale); ***child ~*** violenza su minori **2** *(misuse) (of hospitality, position, power, trust)* abuso m.; ***drug ~*** uso di stupefacenti; ***alcohol ~*** abuso di alcolici **3** *(insults)* ingiurie f.pl.; insulti m.pl.; ***a stream of ~*** una sfilza, sequela di insulti; ***a term of ~*** un insulto.

▶ **2.abuse** /ə'bju:z/ tr. **1** *(hurt)* maltrattare; *(sexually)* abusare di, usare violenza a [*woman, child*] **2** *(misuse)* fare uso di [*drug*]; abusare di [*hospitality, position, power, trust*] **3** *(insult)* insultare.

abuser /ə'bju:zə(r)/ n. (anche **sex ~, sexual ~**) persona f. che usa violenza; ***child ~*** reo di abusi sessuali a danni di minori.

abusive /ə'bju:sɪv/ agg. **1** *(rude)* [*person*] offensivo (**to** nei confronti di) **2** *(insulting)* [*words*] ingiurioso, oltraggioso **3** *(improper)* [*use*] illecito **4** *(violent)* [*person*] violento; [*relationship*] basato sulla violenza.

abusively /ə'bju:sɪvlɪ/ avv. oltraggiosamente.

abusiveness /ə'bju:sɪvnɪs/ n. oltraggiosità f.

abut /ə'bʌt/ **I** tr. (forma in -ing ecc. **-tt-**) **1** [*building*] essere contiguo a, confinare con **2** fare combaciare [*wallpaper, wood*] **II** intr. (forma in -ing ecc. **-tt-**) **1** *(adjoin)* essere contiguo (**onto** a) **2** *(be supported)* poggiare (**against** contro, su).

abutment /ə'bʌtmənt/ n. ARCH. appoggio m.; *(on bridge)* spalla f.

abuttal /ə'bʌtl/ n. → **abutment.**

abutter /ə'bʌtə(r)/ n. DIR. confinante m. e f.

abuzz /ə'bʌz/ agg. ***to be ~*** essere tutto un fermento (**with** di; **about, over** per, a causa di).

abysm /ə'bɪzəm/ n. LETT. abisso m.

abysmal /ə'bɪzml/ agg. **1** abissale (anche FIG.) **2** *(very bad)* spaventoso, terribile.

abysmally /ə'bɪzməlɪ/ avv. spaventosamente, terribilmente.

abyss /ə'bɪs/ n. abisso m. (anche FIG.).

abyssal /ə'bɪsl/ agg. abissale.

Abyssinia /ˌæbɪ'sɪnɪə/ ➧ ***6*** n.pr. STOR. Abissinia f.

Abyssinian /ˌæbɪ'sɪnɪən/ ➧ ***18*** STOR. **I** agg. abissino **II** n. abissino m. (-a).

Abyssinian cat /ˌæbɪ'sɪnɪənˌkæt/ n. gatto m. abissino.

a/c ⇒ account conto (c.to).

AC ⇒ alternating current corrente alternata (c.a.).

acacia /ə'keɪʃə/ n. acacia f.

Acad ⇒ Academy accademia.

academe /'ækədi:m/ n. LETT. mondo m. accademico; ***the halls, groves of ~*** l'ambiente universitario.

academia /ˌækə'di:mɪə/ n. università f., ambiente m. universitario.

▶ **academic** /ˌækə'demɪk/ **I** agg. UNIV. **1** *(in college, university)* [*career, life, post, teaching, work*] universitario, accademico; [*year*] accademico; ***~ course*** corso universitario; ***~ adviser*** docente incaricato di seguire e consigliare gli studenti; ***~ freedom*** libertà d'insegnamento **2** *(scholarly)* [*background*] scolastico; [*achievement*] negli studi; [*child*] studioso; ***she's not very ~*** non è molto portata allo studio **3** [*reputation*] di studioso; [*school*] prestigioso **4** *(educational)* [*book*] *(for school)* scolastico; *(for university)* universitario **5** *(theoretical)* [*debate, exercise, question*] accademico; ***to be a matter of ~ interest*** essere una questione puramente accademica **6** ART. LETTER. [*painter, writer*] accademico **II** n. accademico m. (-a).

academically /ˌækə'demɪklɪ/ avv. [*qualified, minded*] intellettualmente; [*able, excellent, interesting, respectable*] sul piano intellettuale, dal punto di vista accademico.

academicals /ˌækə'demɪklz/ n.pl. BE UNIV. → **academic dress.**

academic dress /ækə'demɪkˌdres/ n. **U** UNIV. toga f. e tocco m. accademici; ***in ~*** in toga e tocco.

academician /əˌkædə'mɪʃn, AE ˌækədə'mɪʃn/ n. *(member of an academy)* accademico m. (-a).

academy /ə'kædəmɪ/ n. **1** SCOL. accademia f.; ***military, naval ~*** accademia militare, navale; ***~ of music*** conservatorio; ***~ of art*** accademia di belle arti **2** *(learned society)* accademia f. (**of** di).

Academy Award /ə'kædəmɪə'wɔ:d/ n. CINEM. Oscar m.

> **Academy Awards** Riconoscimento attribuito ai migliori film e talenti cinematografici dall'*Academy of Motion Picture Arts and Sciences* che, in una cerimonia annuale a Los Angeles, consegna i premi, le famose statuette dette Oscar. Si pensa che tale nome derivi da un commento fatto da uno dei primi membri della giuria che, vedendo la statuetta, avrebbe detto: *"He reminds me of my uncle Oscar"* ("Mi ricorda mio zio Oscar").

acajou /'ækəʒu:/ n. acagiù m., anacardio m.

acanthus /ə'kænθəs/ n. (pl. **~es, -i**) acanto m.

acari /'ækəraɪ/ → **acarus.**

acarpous /ə'kɑ:pəs/ agg. acarpo.

acarus /'ækərəs/ n. (pl. **-i**) acaro m.

Acas, ACAS n. GB (⇒ Advisory Conciliation and Arbitration Service) = servizio governativo di consulenza per la conciliazione e l'arbitrato (comitato che si occupa delle dispute fra datori e prestatori di lavoro).

acaudal /eɪ'kɔ:dl/ agg. acaudato.

acaulous /æ'kɔ:ləs/ agg. acaule.

accede /ək'si:d/ intr. FORM. **1** *(to request, suggestion, wish)* accedere (**to** a) **2** POL. *(to treaty, agreement, congress)* aderire (**to** a) **3** *(to post)* accedere (**to** a); *(to throne)* salire (**to** a).

▷ **accelerate** /ək'seləreɪt/ **I** tr. FIG. accelerare [*decline, growth*] **II** intr. **1** AUT. accelerare; ***to ~ away*** partire sparato, in tromba (**from** da); ***to ~ from 0-60 mph*** accelerare da 0 a 100 km/h **2** FIG. [*decline, growth*] accelerare, accelerarsi.

acceleration /əkˌselə'reɪʃn/ n. *(all contexts)* accelerazione f.; ***~ time*** AUT. tempo di accelerazione.

accelerative /ək'selərətɪv/ agg. accelerativo.

accelerator /ək'seləreɪtə(r)/ n. AUT. CHIM. FIS. FISIOL. acceleratore m.; ***to step on the ~*** AUT. premere sull'acceleratore; ***to let up on the ~*** AUT. mollare l'acceleratore.

▷ **1.accent** /'æksent, -sənt/ n. LING. MUS. accento m. (anche FIG.); ***in, with a French ~*** con accento francese; ***to put the ~ on sth.*** mettere l'accento su qcs.; ***with the ~ on quality*** mettendo in primo piano la qualità.

2.accent /æk'sent/ tr. **1** LING. MUS. accentare **2** FIG. accentuare, mettere in evidenza [*issue, point*].

accented /'æksentɪd, -sənt-/ agg. [*speech*] con (un) accento; ***he speaks a heavily ~ English*** parla un inglese molto marcato.

accentual /ək'sentjʊəl/ agg. accentuativo.

accentuate /æk'sentʃʊeɪt/ tr. **1** accentuare, sottolineare (**by** per mezzo di, tramite) **2** MUS. accentare.

accentuation /ækˌsentʃʊ'eɪʃn/ n. accentazione f.

▶ **accept** /ək'sept/ tr. **1** *(take, receive)* accettare [*gift, offer, suggestion, apology, candidate, money*] **2** *(resign oneself to)* accettare [*fate, situation*] **3** *(tolerate)* ammettere, accettare [*behaviour, immigrant, new idea*]; ***it is generally ~ed that*** si ammette *o* accetta comunemente che **4** *(take on)* assumere [*task, role, function*].

acceptability /əkˌseptə'bɪlətɪ/ n. accettabilità f.

▷ **acceptable** /ək'septəbl/ agg. 1 *(welcome)* [*gift, money*] gradito, ben accetto 2 *(agreeable)* [*idea, offer*] accettabile, soddisfacente (**to** per) 3 *(allowable)* [*behaviour, risk*] accettabile, ammissibile; ***to be ~ to do*** essere accettabile fare; ***it is ~ that*** è ammissibile che; ***to an ~ level*** a un livello accettabile; ***within ~ limits*** entro limiti accettabili.

acceptably /ək'septəblɪ/ avv. 1 [*express, introduce etc.*] in modo accettabile 2 [*good, high, low etc.*] ragionevolmente.

▷ **acceptance** /ək'septəns/ n. 1 *(of offer, invitation, fate, limitations)* accettazione f. (**of** di); ***a letter of ~*** una lettera d'accettazione 2 *(of plan, proposal, bill, policy)* approvazione f. (**of** di); ***to meet with, find ~*** incontrare, trovare il consenso; ***to gain ~*** ottenere l'approvazione *o* il consenso 3 COMM. *(of goods)* accettazione f., ricevimento m.

acceptance house /ək'septəns,haʊs/ n. GB casa f. di accettazione.

acceptance trials /ək'septəns,traɪəlz/ n.pl. MAR. prove f. di collaudo.

acceptation /,æksep'teɪʃn/ n. LING. accezione f.

accepted /ək'septɪd/ I p.pass. → **accept** II agg. [*behaviour, fact, definition*] accettato; ***in the ~ sense of the word*** nel senso (più) comune del termine.

acceptor /ək'septə(r)/ n. 1 COMM. accettante m. e f. 2 FIS. (atomo) accettore m.

▶ **1.access** /'ækses/ I n. 1 *(means of entry)* accesso m.; ***pedestrian, wheelchair ~*** accesso pedonale, facilitato per disabili; ***~ to the centre is from the street*** si accede al centro dalla strada; ***to gain ~ to sth.*** ottenere l'accesso a qcs.; ***"No ~"*** *(on signs)* "Divieto di accesso" 2 *(ability to obtain, use)* accesso m. (**to** a); ***to have ~ to information, education, a database*** avere accesso a informazioni, all'istruzione, a un database; ***open ~*** libero accesso 3 DIR. *(right to visit)* ***right of ~*** diritto di visita; ***to have ~ (to one's children)*** avere il diritto di visitare (i propri figli); ***to grant, deny ~*** accordare, negare il diritto di visita; ***right of ~ to prisoners*** diritto di visitare i carcerati 4 INFORM. accesso m. (**to** a) 5 FORM. *(attack)* accesso m., attacco m.; ***an ~ of rage, remorse*** un accesso di rabbia, un impeto di rimorso II modif. 1 *(entry)* [*control, door, mode, point*] d'accesso 2 *(visiting)* [*rights*] di visita.

2.access /'ækses/ tr. accedere, avere accesso a [*database, information, machine*].

accessary DIR. → **accessory**.

access course /'ækses,kɔːs/ n. GB UNIV. = corso che permette a candidati che non possiedono i necessari requisiti scolastici di accedere all'università.

accessibility /ək,sesə'bɪlətɪ/ n. *(all contexts)* accessibilità f. (**of** di; **to** a).

▷ **accessible** /ək'sesəbl/ agg. 1 *(easy to reach)* [*place, education, file, information*] accessibile (**to** a); [*person*] disponibile 2 *(easy to understand)* [*art, novel, writer, style*] accessibile (**to** a) 3 *(affordable)* [*car, holiday*] alla portata (**to** di); [*price*] accessibile (**to** a).

1.accession /æk'seʃn/ n. 1 U *(to power, throne)* ascesa f. (**to** a); *(to estate, title)* accessione f. (**to** di); *(to treaty, organization)* adesione f. (**to** a) 2 C *(book, exhibit)* (nuova) acquisizione f., accessione f.

2.accession /æk'seʃn/ tr. aggiungere in catalogo [*book, exhibit*].

accession number /æk'seʃn,nʌmbə/ n. numero m. di collocazione.

accessorial /,ækse'sɔːrɪəl/ agg. 1 *(supplementary)* accessorio 2 DIR. ***~ crime*** reato di complicità.

accessorize /ək'sesəraɪz/ tr. accessoriare, dotare di accessori; ***~ your car with...*** dotate la vostra auto di...

▷ **accessory** /ək'sesərɪ/ I n. 1 AUT. ABBIGL. accessorio m.; AUT. *(luxury item)* optional m. 2 DIR. complice m. e f. (**to** di); ***~ before, after the fact*** istigatore, favoreggiatore, mandante, committente II modif. ANAT. accessorio; AUT. [*market*] degli accessori.

access provider /'æksesprə,vaɪdə(r)/ n. INFORM. → **provider**.

access road /'æksesrəʊd/ n. *(to building, site)* strada f. d'accesso; *(to motorway)* raccordo m. autostradale.

access television programme /,ækses'telɪvɪʒn,prəʊgræm/ n. GB TELEV. programma m. dell'accesso.

access time /'æksestaɪm/ n. INFORM. tempo m. d'accesso.

accidence /'æksɪdəns/ n. morfologia f. flessionale.

▶ **accident** /'æksɪdənt/ I n. 1 *(mishap)* incidente m. (**with** con); ***by ~*** per disgrazia; ***car, road ~*** incidente d'auto, stradale; ***industrial ~*** infortunio sul lavoro; ***~s in the home*** incidenti domestici; ***to have an ~*** avere, fare un incidente; ***to meet with an ~*** rimanere vittima di un incidente; ***~ and emergency service*** *(in hospital)* servizio di pronto soccorso; ***I had an ~ with the teapot*** ho combinato un disastro con la teiera; ***I'm sorry, it was an ~*** mi spiace, è stato un incidente; ***~s will happen!*** sono cose che succedono! ***the baby's had a little ~*** EUFEM. il bambino l'ha fatta; ***a chapter of ~s*** una serie di imprevisti 2 *(chance)* caso m.; ***by ~*** per caso, accidentalmente; ***it is no ~ that...*** non è un caso che...; ***he is rich by an ~ of birth*** il caso ha voluto che nascesse ricco; ***it was more by ~ than design*** è stato più per caso che per scelta II modif. [*figures, statistics*] relativo agli incidenti; [*protection*] contro gli incidenti; ***(personal) ~ insurance*** assicurazione contro gli infortuni; ***~ prevention*** *(at work)* prevenzione degli incidenti sul lavoro; *(on road)* prevenzione degli incidenti stradali; ***~ victim*** vittima di un incidente.

▷ **accidental** /,æksɪ'dentl/ I agg. 1 *(by accident)* [*death*] accidentale 2 *(by chance)* [*meeting, mistake*] casuale, fortuito 3 *(incidental)* [*effect*] secondario, accessorio II n. MUS. accidente m.

▷ **accidentally** /,æksɪ'dentəlɪ/ avv. 1 *(by accident)* per disgrazia 2 *(by chance)* accidentalmente, per caso; ***to do sth. ~ on purpose*** IRON. = fare qualcosa di proposito fingendo che accada per caso.

accidental point /æksɪ'dentl,pɔɪnt/ n. punto m. di fuga.

Accident and Emergency Unit /,æksɪdəntənɪ'mɜːdʒənsɪjuːnɪt/ n. squadra f. di pronto soccorso.

accident-prone /'æksɪdəntprəʊn/ agg. ***to be ~*** essere soggetto a frequenti incidenti.

▷ **1.acclaim** /ə'kleɪm/ n. 1 *(praise)* acclamazione f., plauso m.; ***to win ~*** avere successo 2 *(cheering)* acclamazioni f.pl.; ***roars of ~*** fragorose acclamazioni.

2.acclaim /ə'kleɪm/ tr. 1 acclamare, applaudire (anche FIG.); ***to be ~ed by the critics*** essere acclamato dalla critica; ***to be ~ed by the public*** essere applaudito dal pubblico; ***the new system was ~ed as a technological breakthrough*** il nuovo sistema venne salutato come una conquista della tecnica 2 *(proclaim)* ***to ~ sb. (as) sth.*** acclamare qcn. qcs.

acclaimed /ə'kleɪmd/ I p.pass. → **2.acclaim** II agg. acclamato.

acclamation /,æklə'meɪʃn/ n. acclamazione f.; ***by, with ~*** per acclamazione.

acclimate /'æklɪmeɪt, ə'klaɪ-/ AE → **acclimatize**.

acclimation /,æklaɪ'meɪʃn/ AE → **acclimatization**.

acclimatizable /ə'klaɪmə,taɪzəbl/ agg. acclimatabile.

acclimatization /ə,klaɪmətaɪ'zeɪʃn, AE -tɪ'z-/ n. acclimatazione f., acclimazione f. (**to** a) (anche FIG.).

acclimatize /ə'klaɪmətaɪz/ I tr. acclimatare, acclimare (**to** a); ***to get, become ~d*** acclimatarsi II intr. acclimatarsi III rifl. ***to ~ oneself*** acclimatarsi (**to** a).

acclivity /ə'klɪvɪtɪ/ n. erta f., pendio m.

accolade /'ækəleɪd, AE -'leɪd/ n. 1 *(specific honour)* onorificenza f.; ***the highest ~*** la massima onorificenza 2 *(praise)* ***to receive*** o ***win ~s from all sides*** ottenere elogi da ogni parte 3 *(on being knighted)* accollata f.

▷ **accommodate** /ə'kɒmədeɪt/ I tr. 1 *(provide room, space for)* [*person, hotel*] alloggiare, ospitare; [*vehicle, room, public building, site*] contenere; ***how many cars will the car park ~?*** quante auto può contenere il parcheggio? ***I can't ~ a freezer*** non ho lo spazio per un congelatore 2 *(adapt to)* adattarsi a [*change, idiosyncrasy, view*] 3 *(reconcile)* conciliare [*objection, role*] (**with** con) 4 *(satisfy)* soddi-sfare [*need, request, wish*] 5 *(meet request)* FORM. ***I think I can ~ you*** penso di poter soddisfare le vostre richieste; ***to ~ sb. with sth.*** fornire qcs. a qcn. [*required item*]; accordare qcs. a qcn. [*loan, credit terms*] II rifl. ***to ~ oneself to*** adattarsi a [*change, different viewpoint*].

accommodating /ə'kɒmədeɪtɪŋ/ agg. [*attitude, person*] accomodante (**to** verso).

accommodatingly /ə'kɒmədeɪtɪŋlɪ/ avv. [*say*] con tono conciliante; [*act*] in modo accomodante.

▷ **accommodation** /ə,kɒmə'deɪʃn/ n. 1 (anche **~s** AE) *(living quarters)* sistemazione f., alloggio m.; ***hotel, overnight ~*** sistemazione in albergo, per la notte; ***living ~*** abitazione; ***private ~*** sistemazione presso privati; ***student ~*** alloggio per studenti; ***"~ to let"*** BE "affittasi"; ***office ~*** locali uso ufficio 2 *(adjustment)* adattamento m.; FISIOL. *(of eye)* accomodazione f. 3 ECON. COMM. *(loan)* prestito m. (di favore).

accommodation address /ə,kɒmə'deɪʃnə,dres, AE -,ædres/ n. GB = recapito postale utilizzato da chi non desidera o non può fornire un indirizzo permanente.

accommodation bill /ə,kɒmə'deɪʃnbɪl/ n. cambiale f. di favore, di comodo.

accommodation bureau BE, **accommodations bureau** AE /ə,kɒmə'deɪʃn(z),bjʊərəʊ, AE -bjʊə,rəʊ/ n. = ufficio che si occupa della sistemazione di studenti universitari fuorisede.

accommodation ladder /ə,kɒmə'deɪʃn,lædə/ n. barcarizzo m.

accommodation officer BE, **accommodations officer** AE /əˌkɒməˈdeɪʃn(z)ˌɒfɪsə(r)/ ▸ *27* n. = persona che si occupa della sistemazione di studenti universitari fuorisede.

accommodation road /əˌkɒməˈdeɪʃnˌrəʊd/ n. strada f. d'accesso.

accommodation train /əˌkɒməˈdeɪʃnˌtreɪn/ n. US FERR. locale m.

accommodative /əˈkɒmədeɪtɪv/ agg. RAR. accomodante, conciliante.

accommodator /əˈkɒmədeɪtə/ n. conciliatore m. (-trice).

accompaniment /əˈkʌmpənɪmənt/ n. accompagnamento m. (anche MUS.) (**to** a); ***as an ~ to*** come accompagnamento di [*food, dish*]; ***with piano ~*** con accompagnamento di pianoforte; ***to the ~ of soft music*** con l'accompagnamento di una musica dolce.

accompanist /əˈkʌmpənɪst/ n. MUS. accompagnatore m. (-trice).

▶ **accompany** /əˈkʌmpənɪ/ **I** tr. accompagnare (anche MUS.); ***to be accompanied by sb. on the piano*** essere accompagnato da qcn. al pianoforte **II** intr. MUS. eseguire l'accompagnamento.

accomplice /əˈkʌmplɪs, AE əˈkɒm-/ n. complice m. e f., correo m. (-a) (**in, to** di).

▷ **accomplish** /əˈkʌmplɪʃ, AE əˈkɒm-/ tr. compiere, ultimare; realizzare [*objective*].

▷ **accomplished** /əˈkʌmplɪʃt, AE əˈkɒm-/ **I** p.pass. → **accomplish II** agg. **1** [*performer, sportsperson*] abile; [*performance*] valido; ***highly ~*** consumato; ***an ~ fact*** un fatto compiuto **2** [*young lady*] compito, di buone maniere.

▷ **accomplishment** /əˈkʌmplɪʃmənt, AE əˈkɒm-/ n. **1** *(act of accomplishing)* compimento m., realizzazione f. **2** *(thing accomplished)* risultato m.; ***that's no mean, small ~!*** non è cosa da poco! **3** *(skill)* qualità f., talento m.

▷ **1.accord** /əˈkɔːd/ n. accordo m., intesa f. (**on** su); ***in ~ with sth.*** in accordo, in conformità con qcs.; ***to be in ~ with sb.*** essere d'accordo con qcn.; ***of my own ~*** di mia iniziativa, spontaneamente; ***with one ~*** di comune accordo, all'unanimità; ***to reach an ~*** raggiungere un accordo.

2.accord /əˈkɔːd/ **I** tr. accordare, concedere (**sth. to sb.** qcs. a qcn.) **II** intr. ***to ~ with*** accordarsi, concordare con.

▷ **accordance** /əˈkɔːdəns/ **in accordance with 1** *(in line with)* [*act*] in conformità con, conformemente a [*rules, wishes*]; ***in ~ with your instructions, I have...*** conformemente alle vostre istruzioni, ho...; ***to be in ~ with*** essere in conformità con [*law, agreement, requirement*]; ***in ~ with her principles*** secondo i suoi principi **2** *(proportional to)* secondo, a seconda di; ***taxes levied in ~ with the individual's ability to pay*** tasse riscosse secondo la capacità contributiva individuale.

accordant /əˈkɔːdnt/ agg. **1** ANT. concorde, conforme **2** GEOL. concordante.

▶ **according** /əˈkɔːdɪŋ/ **I according to 1** *(in agreement with)* [*act*] secondo, conformemente a [*law, regulations, principles*]; ***~ to plan*** secondo i piani **2** *(by reference to)* secondo [*newspaper, person, thermometer*] **II according as** FORM. a seconda che, secondo che.

▷ **accordingly** /əˈkɔːdɪŋlɪ/ avv. *(all contexts)* di conseguenza.

accordion /əˈkɔːdɪən/ ▸ *17* n. fisarmonica f.; ***~ door*** porta a soffietto.

accordionist /əˈkɔːdɪənɪst/ ▸ *17, 27* n. fisarmonicista m. e f.

accordion pleat /əˌkɔːdɪənˈpliːt/ n. piega f. a fisarmonica.

accost /əˈkɒst/ tr. abbordare, avvicinare; importunare; *(for sexual purpose)* adescare.

accostable /əˈkɒstəbl/ agg. accostabile, abbordabile.

accouchement /ˌækuːʃˈmɒŋ/ n. ANT. parto m.; degenza f. per parto.

▶ **1.account** /əˈkaʊnt/ **I** n. **1** AMM. ECON. *(money held at bank)* conto m. (**at, with** a, presso); ***to open, close an ~*** aprire, chiudere un conto; ***in my, his ~*** sul mio, suo conto; ***I'd like to know the balance on my ~*** vorrei sapere qual è il saldo del mio conto **2** COMM. *(credit arrangement)* conto m.; INFORM. *(with an Internet provider)* account m.; ***to have an ~ at a shop*** avere un conto aperto presso un negozio; ***an ~ with the baker*** un conto dal panettiere; ***to charge sth. to, put sth. on sb.'s ~*** addebitare, mettere qcs. sul conto di qcn.; ***on ~*** *(as part payment)* in acconto; ***£ 100 on ~ and the rest in May*** 100 sterline in, di acconto e il resto a maggio; ***to settle an ~*** saldare un conto; ***to settle ~s*** FIG. fare, regolare i conti **3** AMM. *(client)* cliente m.; ***the Fiat ~*** il cliente Fiat **4** *(financial record)* rendiconto m. (finanziario) **5** *(bill)* fattura f.; ***electricity ~*** bolletta della luce **6** BE *(on the stock exchange)* ***the ~*** il termine **7** *(consideration)* ***to take sth. into ~, to take ~ of sth.*** prendere qcs. in considerazione, tener conto di qcs.; ***to fail to take sth. into ~*** trascurare qcs. *o* non tenere conto di qcs.; ***this aspect has not been taken into ~*** questo aspetto non è stato preso in considerazione **8** *(description)* resoconto m., relazione f.; ***to give an ~ of sth.*** fare un resoconto di qcs.; ***for his ~ of what happened*** secondo il suo resoconto di quanto accaduto, secondo la sua versione dei fatti; ***by all ~s, from all ~s*** a quanto si dice, a detta di tutti; ***by his own ~*** a sentire lui stesso **9** ***to call, bring sb. to ~*** *(bring to book)* chiedere conto a qcn.; ***she was called, brought to ~ for these complaints, for failing to finish the job*** fu chiamata a rendere conto di queste lamentele, del fatto che non avesse *o* di non aver terminato il lavoro **10** *(impression)* ***to give a good ~ of oneself*** dare buona prova di sé (**in** in); ***they gave a good ~ of themselves in the match*** hanno fornito una buona prova nella partita **11** *(indicating reason)* ***on ~ of sth., sb.*** a causa, per via di qcs., qcn.; ***on this, that ~*** per questo, quel motivo; ***on no ~*** per nessuna ragione; ***on no ~ must you open the door*** non devi aprire la porta per nessun motivo! ***on my, his ~*** a causa mia, sua; ***don't change the date on my ~!*** non cambiare la data per me, a causa mia! **12** *(advantage, benefit)* ***on my, his ~*** a mio, suo vantaggio; ***don't come on my ~!*** non venire apposta per me! ***she was worried on her own ~*** era preoccupata per se stessa; ***to act on one's own ~*** agire di propria iniziativa; ***to set up business on one's own ~*** mettersi in proprio; ***to put, turn sth. to (good) ~*** trarre profitto da qcs. **13** *(importance)* ***to be of little ~, some ~*** essere di poco conto, di una certa importanza (**to sb.** per qcn.); ***it's of no ~ to them whether he's dead or alive*** non ha nessuna importanza per loro che sia vivo o morto **II accounts** n.pl. **1** AMM. *(records)* contabilità f.sing., scritture f. contabili; ***to keep the ~s*** tenere la contabilità; ***the party ~s*** la contabilità del partito; ***the ~s show a profit*** i conti indicano un profitto, un utile **2** *(department)* reparto m.sing. contabilità, contabilità f.sing. **III accounts** modif. [*staff*] contabile; [*department*] contabilità.

▶ **2.account** /əˈkaʊnt/ tr. FORM. *(regard as)* considerare, ritenere ***he was ~ed a genius*** era considerato un genio.

■ **account for ~ for [sth., sb.]** **1** *(explain)* rendere conto di, giustificare [*events, fact, behaviour, expense*] (**to sb.** a qcn.) **2** *(identify status of)* ritrovare, rintracciare [*missing people, vehicle*] **3** *(represent, make up)* rappresentare [*proportion, percentage*]; ***exports ~ for 10% of their trade*** le esportazioni rappresentano il 10% dei loro affari **4** *(destroy, kill)* distruggere [*vehicle, plane*]; abbattere [*animal*]; uccidere [*soldier, attacker*] **5** GIORN. SPORT mettere in fuorigioco [*player*].

▷ **accountability** /əˌkaʊntəˈbɪlətɪ/ n. responsabilità f. (**to** di fronte a).

▷ **accountable** /əˈkaʊntəbl/ agg. responsabile; ***to be ~ to sb.*** rendere conto a qcn. (**for** di); ***to hold sb. ~ for sth.*** ritenere qcn. responsabile di qcs.; ***to make sb. ~ to sb. else*** rendere qcn. responsabile di fronte a qcn. altro.

accountancy /əˈkaʊntənsɪ/ **I** n. *(profession, studies)* ragioneria f., contabilità f.; ***to go into ~*** intraprendere la professione di ragioniere **II** modif. [*course, degree, exam*] di ragioneria; [*training*] da, come ragioniere, contabile; [*department, firm*] di contabilità.

▷ **accountant** /əˈkaʊntənt/ ▸ *27* n. ragioniere m. (-a), contabile m. e f.

accountantship /əˈkaʊntəntʃɪp/ n. *(profession)* ragioneria f., contabilità f.

account book /əˈkaʊntˌbʊk/ n. libro m. contabile.

account day /əˈkaʊntˌdeɪ/ n. ECON. giorno m. di liquidazione, di paga.

account executive /əˈkaʊntɪgˌzekjʊtɪv/ ▸ *27* n. account executive m. e f.

account holder /əˈkaʊntˌəʊldə(r)/ n. *(with bank, building society, credit company)* titolare m. e f. di un conto; *(with shop, business)* = persona che ha un conto aperto.

▷ **accounting** /əˈkaʊntɪŋ/ **I** n. contabilità f. **II** modif. [*method, procedure, period, year, standards*] contabile; [*department*] (di) contabilità.

account manager /əˈkaʊntˌmænɪdʒə(r)/ n. account manager m. e f.

account number /əˈkaʊntˌnʌmbə(r)/ n. numero m. di conto.

accoutre, accouter AE /əˈkuːtə(r)/ tr. equipaggiare, attrezzare.

accoutrements /əˈkuːtrəmənts/ n.pl. equipaggiamento m.sing., attrezzatura f.sing. (anche SCHERZ.).

accredit /əˈkredɪt/ tr. **1** *(appoint)* accreditare [*official, representative, journalist*] **2** *(approve)* accreditare, riconoscere [*institution, qualification, professional*] **3** POL. accreditare [*ambassador*] **4** *(credit)* attribuire [*quality, belief*] (**to** a); ***he was ~ed with inventing it*** gli fu attribuito il merito di averlo inventato, dell'invenzione.

accreditation /əˌkredɪˈteɪʃn/ n. **1** *(of official, representative, journalist)* accreditamento m. **2** *(of institution, qualification, professional)* accreditamento m., riconoscimento m.

accredited /əˈkredɪtɪd/ **I** p.pass. → **accredit II** agg. **1** [*journalist, representative, professional*] accreditato, [*institution*] riconosciuto

2 AGR. VETER. ~ ***herd*** = bestiame che si certifica non essere affetto da tubercolosi.

accrete /əˈkriːt/ **I** tr. RAR. accrescere, aggregare **II** intr. RAR. concrescere, aggregarsi.

accretion /əˈkriːʃn/ n. **1** *(process) (of substance)* concrezione f.; DIR. *(of wealth, inheritance)* accrescimento m., fruttiferazione f. **2** *(substance) (soot, dirt)* accumulo m.; BIOL. *(plants)* accrescimento m.; GEOL. *(deposits, lava)* accumulo m.

accrual /əˈkruːəl/ n. ECON. accumulazione f., maturazione f.

accrue /əˈkruː/ intr. **1** ECON. accumularsi; maturare; ***the interest accruing to my account*** l'interesse che matura sul mio conto **2** [*advantages*] provenire, derivare (**to** a); [*power, influence*] accumularsi, concentrarsi (**to sb.** nelle mani di qcn.).

accrued /əˈkruːd/ **I** p.pass. → **accrue II** agg. [*interest, dividends*] maturato, accumulato; [*wealth, charges, expenses*] accumulato.

acculturate /əˈkʌltʃəreɪt/ **I** tr. acculturare **II** intr. acculturarsi.

acculturation /əˌkʌltʃəˈreɪʃn/ n. acculturazione f.

accumulate /əˈkjuːmjʊleɪt/ **I** tr. accumulare, ammassare [*possessions, money, wealth*]; mettere insieme, radunare [*evidence, information*]; accumulare [*debts, losses*] **II** intr. *(all contexts)* accumularsi.

accumulated /əˈkjuːmjʊleɪtɪd/ **I** p.pass. → **accumulate II** agg. [*anger, tension, frustration*] accumulato.

accumulation /əˌkjuːmjʊˈleɪʃn/ n. *(process) (of wealth, objects, detail, problems, dirt, rubbish)* accumulazione f., (l')accumularsi; *(quantity) (of wealth, objects, detail, problems, dirt, rubbish)* (ac)cumulo m.

accumulative /əˈkjuːmjʊlətɪv, AE -leɪtɪv/ agg. **1** [*effect, result*] cumulativo **2** [*person, society*] accumulatore **3** ECON. → **cumulative**.

accumulator /əˈkjuːmjʊleɪtə(r)/ n. **1** EL. INFORM. accumulatore m. **2** SPORT *(bet)* scommessa f. multipla.

▷ **accuracy** /ˈækjərəsɪ/ n. *(of figures, estimate, data, diagnosis, forecast)* esattezza f.; *(of translation, translator)* accuratezza f.; *(of map, instrument, watch, aim, description)* precisione f.

▷ **accurate** /ˈækjərət/ agg. [*figures, estimate, diagnosis, forecast*] esatto; [*translation, translator*] accurato; [*map, instrument, watch, aim, reports, description, information, assessment*] preciso.

▷ **accurately** /ˈækjərətlɪ/ avv. [*calculate, assess, estimate, remember, describe, report*] esattamente, con precisione; [*translate, measure*] accuratamente.

accursed /əˈkɜːsɪd/ agg. FORM. [*person, exam*] maledetto.

accusable /əˈkjuːzəbl/ agg. accusabile.

accusal /əˈkjuːzl/ n. → **accusation**.

▷ **accusation** /ˌækjuːˈzeɪʃn/ n. accusa f., imputazione f., denuncia f., incriminazione f. (**of** di; **against** contro; **that** secondo cui); ***to make an ~*** fare, muovere un'accusa; ***to reject, refute an ~*** rifiutare, confutare un'accusa.

accusative /əˈkjuːzətɪv/ **I** n. LING. accusativo m.; ***in the ~*** all'accusativo **II** agg. LING. [*ending*] dell'accusativo; [*noun*] all'accusativo; ~ ***case*** caso accusativo.

accusatorial /əˌkjuːzəˈtɔːrɪəl/ agg. accusatorio.

accusatory /əˈkjuːzətərɪ, AE -tɔːrɪ/ agg. accusatorio.

▶ **accuse** /əˈkjuːz/ tr. accusare, incriminare (**of** di; **of doing** di avere fatto); ***he ~d me of stealing his pen*** mi ha accusato di aver rubato la sua penna; ***to stand ~d of sth.*** essere accusato di qcs.

▷ **accused** /əˈkjuːzd/ n. DIR. ***the ~*** *(one)* l'imputato; *(several)* gli imputati.

accuser /əˈkjuːzə(r)/ n. accusatore m. (-trice).

accusing /əˈkjuːzɪŋ/ agg. accusatore.

accusingly /əˈkjuːzɪŋlɪ/ avv. [*say*] in tono d'accusa; [*look, point*] in modo accusatorio.

accustom /əˈkʌstəm/ **I** tr. ***to ~ sb. to sth., to doing*** abituare qcn. a qcs., a fare **II** rifl. ***to ~ oneself to sth., to doing*** abituarsi a qcs., a fare.

▷ **accustomed** /əˈkʌstəmd/ **I** p.pass. → **accustom II** agg. **1** ***to be ~ to sth., to doing*** essere abituato a qcs., a fare; ***to become ~ to sth., to doing*** abituarsi a qcs., a fare **2** [*manner, greeting, route*] abituale, consueto.

AC/DC I n. (⇒ alternating current/direct current corrente alternata/corrente continua) c.a./c.c. **II** agg. COLLOQ. *(bisexual)* bisex.

ace /eɪs/ **I** n. **1** *(in cards)* asso m. **2** FIG. *(trump)* atout m., carta f. vincente **3** *(in tennis)* ace m. **4** *(expert)* asso m.; ***a flying ~*** un asso dell'aviazione; ***to be an ~ at doing sth.*** essere un asso a *o* essere imbattibile nel fare qcs. **II** agg. COLLOQ. *(great)* eccezionale; ***an ~ driver, skier*** un asso del volante, un campione dello sci ◆ ***to have an ~ up one's sleeve, in the hole*** avere un asso nella manica; ***to hold all the ~s*** avere tutte le carte migliori; ***to be within an ~ of sth.*** essere a un soffio da qcs.; ***to play one's ~*** giocare la propria carta migliore.

Ace bandage® /ˌeɪsˈbændɪdʒ/ n. US = fascia elastica per il contenimento di distorsioni.

acephalous /əˈkefələs, əˈse-/ agg. acefalo.

acerbic /əˈsɜːbɪk/ agg. *(all contexts)* acerbo.

acerbity /əˈsɜːbətɪ/ n. acerbità f.

acerose /ˈæsərəʊs/ agg. aceroso, aghiforme.

acervate /əˈsɜːvɪt/ agg. acervato.

acescence /əˈsesəns/ n. acescenza f.

acescent /əˈsesənt/ agg. acescente.

acetabulum /ˌæsɪˈtæbjʊləm/ n. (pl. **~s, -a**) acetabolo m.

acetaldehyde /ˌæsɪˈtældɪˌhaɪd/ n. acetaldeide f.

acetamide /ˌæsɪˈtæmaɪd/ n. acetammide f.

acetate /ˈæsɪteɪt/ n. acetato m.

acetated /ˈæsɪteɪtɪd/ agg. trattato con acido acetico.

acetic acid /əˌsiːtɪkˈæsɪd/ n. acido m. acetico.

acetification /əsetɪfɪˈkeɪʃn/ n. acetificazione f.

acetify /əˈsetɪfaɪ/ **I** tr. acetificare **II** intr. acetificarsi.

acetimeter /æsɪˈtɪmɪtə(r)/ n. acetimetro m.

acetone /ˈæsɪtəʊn/ n. acetone m.

acetous /ˈæsɪtəs/ agg. acetificante.

acetyl /ˈæsɪtɪl, -ˌtaɪl/ n. acetile m.

acetylene /əˈsetɪliːn/ n. acetilene m.

acetylene burner /əˈsetɪliːnˌbɜːnə(r)/ n. → **acetylene torch**.

acetylene lamp /əˈsetɪliːnˌlæmp/ n. lampada f. ad acetilene.

acetylene torch /əˈsetɪliːnˌtɔːtʃ/ n. cannello m. ossiacetilenico.

acetylene welding /əˈsetɪliːnˌweldɪŋ/ n. saldatura f. ossiacetilenica, ossidrica.

Achaea /əˈkiːə/ n.pr. Acaia f.

Achaean /əˈkiːən/ **I** agg. acheo **II** n. acheo m. (-a).

▷ **1.ache** /eɪk/ n. **1** *(physical)* dolore m., male m. (**in** a); ***~s and pains*** dolori *o* acciacchi **2** *(emotional)* dolore m., sofferenza f.

▷ **2.ache** /eɪk/ intr. **1** *(physically)* [*person*] avere male; [*limb, back*] fare male, dolere; ***to ~ all over*** essere tutto indolenzito, avere male dappertutto **2** LETT. *(suffer emotionally)* ***to ~ with*** soffrire per [*humiliation, despair*]; ***my heart ~s for the refugees*** mi si stringe il cuore al pensiero dei profughi **3** *(yearn)* desiderare ardentemente (**to do** fare) ◆ ***to laugh till one's sides ~*** ridere a crepapelle.

achene /əˈkiːn/ n. achenio m.

Acheron /ˈækərɒn/ n.pr. Acheronte m.

achievable /əˈtʃiːvəbl/ agg. **1** [*aim, objective*] raggiungibile **2** [*result*] ottenibile, realizzabile.

▶ **achieve** /əˈtʃiːv/ **I** tr. **1** *(reach)* raggiungere [*aim, objective, perfection, balance*] **2** *(obtain)* ottenere [*consensus, success, victory*]; ottenere, conseguire [*result*]; realizzare [*ambition*]; ***to ~ something in life*** ottenere qualcosa nella vita; ***to ~ nothing*** non ottenere nulla **II** intr. riuscire, farcela.

▶ **achievement** /əˈtʃiːvmənt/ n. **1 C** *(accomplishment)* riuscita f., conquista f. (**in sth.** in qcs.); ***her many ~s*** i suoi numerosi successi **2 U** *(performance)* successo m.; ***to recognize sb. for his, her ~*** riconoscere i successi di qcn. **3 U** *(realization)* ***the ~ of*** la realizzazione di [*ambition, goal*]; ***a sense of ~*** un senso di realizzazione; ***what is necessary for the ~ of peace*** ciò che è necessario per raggiungere la pace.

achiever /əˈtʃiːvə(r)/ n. (anche **high ~**) persona f. di successo.

Achilles /əˈkɪliːz/ n.pr. Achille.

Achilles' heel /əˌkɪliːzˈhiːl/ n. tallone m. d'Achille, punto m. debole.

Achilles' tendon /əˌkɪliːzˈtendən/ ➧ ***11*** n. tendine m. d'Achille.

aching /ˈeɪkɪŋ/ agg. **1** *(physically)* [*limb*] dolorante, che fa male **2** LETT. [*heart*] in pena; [*beauty*] dolente; [*emotion*] struggente; ***an ~ void*** un grande vuoto.

achromatic /ˌækrəʊˈmætɪk/ agg. acromatico.

achromatism /əˈkrəʊməˌtɪzəm/ n. acromatismo m.

achromatopsia /ˌeɪkrəʊməˈtɒpsɪə/ ➧ ***11*** n. acromatopsia f.

acicular /əˈsɪkjʊlə/ agg. acicolare, aciculare.

▷ **acid** /ˈæsɪd/ **I** n. **1** CHIM. acido m. **2** COLLOQ. *(drug)* acido m. **II** modif. ~ ***content*** contenuto di acido; ~ ***level*** grado di acidità **III** agg. **1** *(sour)* [*taste, rock, soil*] acido **2** FIG. [*tone*] aspro, acido; [*remark*] acido, caustico.

acid drop /ˈæsɪdˌdrɒp/ n. caramella f. agli agrumi.

acid green /ˈæsɪdˌgriːn/ **I** n. verde m. acido. **II** agg. verde acido.

acid head /ˈæsɪdˌhed/ n. POP. chi si fa di acido, impasticcato m. (-a).

acid house party /ˌæsɪdhaʊsˈpɑːtɪ/ n. BE festa f. acid house.

acidic /əˈsɪdɪk/ agg. acido.

acidification /əˌsɪdɪfɪˈkeɪʃn/ n. acidificazione f.

acidifier /ə'sɪdɪfaɪə(r)/ n. acidificante m.
acidify /ə'sɪdɪfaɪ/ **I** tr. acidificare **II** intr. acidificarsi.
acidimetry /æsɪ'dɪmətrɪ/ n. acidimetria f.
acidity /ə'sɪdətɪ/ n. **1** CHIM. acidità f. **2** FIG. *(of tone, remark)* acidità f., causticità f.
acidity regulator /ə'sɪdətɪˌregjʊleɪtə(r)/ n. CHIM. regolatore m. di acidità.
acidosis /ˌæsɪ'dəʊsɪs/ ➧ **11** n. (pl. **-es**) acidosi f.
acid radical /ˌæsɪd'rædɪkl/ n. CHIM. radicale m. acido.
acid rain /ˌæsɪd'reɪn/ n. **U** pioggia f. acida, piogge f.pl. acide.
acid rock /ˌæsɪd'rɒk/ n. = rock psichedelico.
acid stomach /ˌæsɪd'stʌmək/ ➧ **11** n. acidità f., bruciore m. di stomaco.
acid test /ˌæsɪd'test/ n. **1** prova f. dell'acidità, prova f. con la cartina al tornasole **2** FIG. prova f. del nove, del fuoco (**of** di; **for** per).
acidulate /ə'sɪdjʊˌleɪt/ tr. acidulare.
acidulous /ə'sɪdjʊləs, AE -dʒʊl-/, **acidulent** /ə'sɪdjʊlənt, AE -dʒʊl-/ agg. acidulo.
aciform /'æsɪfɔːm/ agg. aghiforme.
acini /'æsɪnaɪ/ → **acinus**.
aciniform /æ'sɪnɪfɔːm/ agg. aciniforme.
acinose /'æsɪnəʊs/ agg. acinoso.
acinus /'æsɪnəs/ n. (pl. **-i**) acino m.
ack-ack /ˌæk'æk/ n. **1** *(weapons)* contraerea f. **2** *(weaponfire)* sbarramento m. antiaereo.
▶ **acknowledge** /ək'nɒlɪdʒ/ tr. **1** *(admit)* ammettere [*fact*]; ammettere, riconoscere [*error*]; ***to ~ that*** ammettere che; ***to ~ to oneself*** ammettere a se stesso (**that** che) **2** *(recognize)* riconoscere [*ability, problem, authority, claim*]; ***to be ~d as, to be an excellent lawyer, doctor*** essere riconosciuto come un ottimo avvocato, medico; ***to ~ sb. as leader*** riconoscere qcn. come capo; ***this opera is ~d as, to be one of his greatest works*** questa opera è riconosciuta come uno dei suoi lavori migliori **3** *(express thanks for)* esprimere gratitudine per [*gift, help*]; rispondere a [*applause*]; ***to ~ one's sources*** *(in book)* citare le proprie fonti **4** *(confirm receipt of)* accusare ricevuta di [*letter, parcel*] **5** *(show recognition of)* riconoscere; ***he ~d them with a wave*** fece loro (un) cenno con la mano; ***she didn't even ~ me, my presence*** non si è neppure accorta di me, della mia presenza.
acknowledged /ək'nɒlɪdʒd/ **I** p.pass. → **acknowledge II** agg. [*leader, champion, expert*] riconosciuto, indiscusso; [*writer, artist*] riconosciuto, noto.
▷ **acknowledgement** /ək'nɒlɪdʒmənt/ **I** n. **1** *(admission) (of fact, problem, authority, claim)* riconoscimento m. (**of** di; **that** che); *(of error, guilt)* riconoscimento m., ammissione f. (**of** di; **that** che); ***in ~ that*** riconoscendo che; ***in ~ of sth.*** in segno di riconoscenza per qcs.; come riconoscimento di qcs. **2** *(confirmation of receipt)* avviso m. di ricevimento **3** *(recognition of presence)* cenno m. (di riconoscimento) **II acknowledgements** n.pl. *(in book etc.)* ringraziamenti m.
aclinic /ə'klɪnɪk/ agg. ***~ line*** linea acline.
acme /'ækmɪ/ n. ***the ~ of*** l'acme, il culmine di.
acne /'æknɪ/ ➧ **11** n. acne f.
acock /ə'kɒk/ avv. *(hat)* sulle ventitré.
acolyte /'ækəlaɪt/ n. RELIG. accolito m. (anche FIG.).
aconite /'ækənaɪt/ n. aconito m.
aconitine /ə'kɒnɪˌtiːn/ n. aconitina f.
acorn /'eɪkɔːn/ n. ghianda f.
acorn shell /'eɪkɔːnʃel/ n. ZOOL. balano m.
acotyledon /əˌkɒtɪ'liːdn/ n. acotiledone f.
acotyledonous /əˌkɒtɪ'liːdənəs/ agg. acotiledone.
▷ **acoustic** /ə'kuːstɪk/ **I** agg. **1** [*effect, problem, instrument*] acustico; [*tile, material*] fonoassorbente **2** MIL. [*detonator*] acustico **II** n. + verbo pl. *(properties)* acustica f.
acoustically /ə'kuːstɪklɪ/ avv. acusticamente.
acoustic coupler /əˌkuːstɪk'kʌplə(r)/ n. INFORM. accoppiatore m. acustico.
acoustic guitar /əˌkuːstɪkgɪ'tɑː(r)/ ➧ **17** n. chitarra f. acustica.
acoustic hood /əˌkuːstɪk'hʊd/ n. INFORM. *(for printers etc.)* copertura f. fonoassorbente.
acoustic phonetics /əˌkuːstɪkfə'netɪks/ n. + verbo sing. fonetica f. acustica.
acoustics /ə'kuːstɪks/ n. **1** *(science)* + verbo sing. acustica f. **2** *(properties)* + verbo pl. acustica f.
ACPO n. GB (⇒ Association of Chief Police Officers) = associazione degli ufficiali superiori della polizia.
acquaint /ə'kweɪnt/ **I** tr. ***to ~ sb. with sth.*** informare qcn. di qcs., mettere qcn. al corrente di qcs. **II** rifl. ***to ~ oneself with sth.*** informarsi su qcs., imparare qcs.
▷ **acquaintance** /ə'kweɪntəns/ n. **1** *(friend)* conoscenza f., conoscente m. e f.; ***an ~ of mine*** un mio conoscente; ***a French ~*** un conoscente francese **2** *(knowledge)* conoscenza f. (superficiale) (**with** di); ***to have a nodding, passing ~ with sb., sth.*** conoscere qcn., qcs. superficialmente; ***he improves on ~*** a conoscerlo bene ci guadagna **3** *(relationship)* conoscenza f.; ***to make sb.'s ~*** fare la conoscenza di qcn.; ***to renew ~ with sb.*** rinnovare la conoscenza con qcn.; ***to strike up an ~ with sb.*** fare la conoscenza di qcn. in modo casuale; ***on closer, further ~*** con una conoscenza più approfondita.
acquaintanceship /ə'kweɪntənʃɪp/ n. conoscenza f.
acquainted /ə'kweɪntɪd/ **I** p.pass. → **acquaint II** agg. ***to be ~*** conoscersi; ***to get, become ~ with sb.*** fare la conoscenza di qcn.; ***to get, become ~ with sth.*** venire a conoscenza di qcs.
acquest /æ'kwest/ n. **1** acquisto m., acquisizione f. **2** DIR. beni m.pl. acquisiti (non ereditati).
acquiesce /ˌækwɪ'es/ intr. **1** *(concede, accept)* acconsentire (**in** a) **2** *(collude)* ***to ~ in sth.*** adeguarsi a qcs., non opporsi a qcs.
acquiescence /ˌækwɪ'esns/ n. **1** *(agreement)* acquiescenza f., tacito consenso m. **2** *(collusion)* ***~ in sth.*** acquiescenza a qcs.
acquiescent /ˌækwɪ'esnt/ agg. **1** *(in agreement)* acquiescente **2** *(unassertive)* condiscendente, compiacente.
acquirable /ə'kwaɪərəbl/ agg. acquisibile, acquistabile.
▶ **acquire** /ə'kwaɪə(r)/ tr. acquisire [*skill, knowledge, experience, information, habit*]; acquistare [*house, painting, company, shares etc.*]; assumere [*meaning, nuance*]; IRON. procurarsi [*husband, lover*]; ***to ~ a taste for sth.*** prendere gusto a qcs.
▷ **acquired** /ə'kwaɪəd/ **I** p.pass. → **acquire II** agg. [*characteristic, knowledge*] acquisito; ***it's an ~ taste*** è una cosa che bisogna imparare ad apprezzare.
acquirement /ə'kwaɪəmənt/ n. acquisizione f.
acquirer /ə'kwaɪərə(r)/ n. acquisitore m. (-trice).
acquis /ɑː'kiː/ n. *(in EU)* acquis m.; ***Community ~*** acquis comunitario.
▷ **acquisition** /ˌækwɪ'zɪʃn/ n. **1** *(object bought)* acquisto m. **2** ECON. *(company)* acquisizione f. **3** *(process)* acquisizione f.
acquisitive /ə'kwɪzətɪv/ agg. **1** [*person, society*] = avido di beni materiali **2** ECON. [*company, conglomerate*] = che segue una politica di acquisizioni.
acquisitiveness /ə'kwɪzətɪvnɪs/ n. = (l')essere avido di beni materiali.
acquit /ə'kwɪt/ **I** tr. (forma in -ing ecc. **-tt-**) **1** DIR. assolvere, prosciogliere; ***to ~ sb. of (doing) sth.*** prosciogliere qcn. dall'accusa di (aver fatto) qcs.; ***to be ~ted of murder, of murdering sb.*** essere assolto dall'accusa di omicidio volontario, di assassinio volontario **2** COMM. saldare, pagare **II** rifl. (forma in -ing ecc. **-tt-**) ***to ~ oneself well, badly in*** cavarsela, non cavarsela bene in [*interview, examination*]; ***she ~ted herself well in the competition*** ha dato buona prova di sé nella gara.
acquittal /ə'kwɪtl/ n. DIR. assoluzione f., proscioglimento m.
acquittance /ə'kwɪtns/ n. **1** *(payment)* saldo m., pagamento m. **2** *(release in writing)* quietanza f.
▷ **acre** /'eɪkə(r)/ ➧ **31 I** n. acro m. **II acres** n.pl. ***~s of*** ettari di [*woodland, grazing*]; COLLOQ. ***~s (and ~s) of room*** un sacco di spazio.
acreage /'eɪkərɪdʒ/ n. superficie f. in acri.
acrid /'ækrɪd/ agg. **1** [*fumes, smell*] acre **2** [*remark, tone*] pungente.
acridity /'ækrɪdɪtɪ/ n. acredine f.
acrimonious /ˌækrɪ'məʊnɪəs/ agg. [*tone, argument, debate, divorce, dispute*] acrimonioso.
acrimony /'ækrɪmənɪ, AE -məʊnɪ/ n. acrimonia f.
acrobat /'ækrəbæt/ ➧ **27** n. acrobata m. e f.
acrobatic /ˌækrə'bætɪk/ agg. [*feat, skill, dancer*] acrobatico.
acrobatics /ˌækrə'bætɪks/ n. **1** *(art)* + verbo sing. acrobazia f. **2** *(movements)* + verbo pl. acrobazie f.
acrobatism /ˌækrə'bætɪzəm/ n. acrobatismo m.
acronym /'ækrənɪm/ n. acronimo m.
Acropolis /ə'krɒpəlɪs/ n.pr. Acropoli f.
▶ **across** /ə'krɒs/ *Across* frequently occurs as the second element in certain verb combinations (*come across, run across, lean across* etc.); for translations, look at the appropriate verb entry (**come**, **run**, **lean** etc.). - Note that *attraverso* can be the Italian translation of both *across* and *through*. **I** prep. **1** *(from one side to the other)* ***to go, travel ~ sth.*** attraversare qcs.; ***to run, hurry ~ the room*** attraversare la stanza di corsa, in fretta; ***to travel ~ country, town*** attraversare la campagna, la città; ***a journey ~ the desert*** un viaggio attraverso il deserto; ***the bridge ~ the river*** il ponte sul, che attraversa il fiume; ***to be lying ~ the bed*** essere coricato di traverso sul letto; ***the line ~ the page*** la linea che attraversa

la pagina; ~ ***the years*** nel corso degli anni; ***she leaned ~ the table*** si allungò sul tavolo; ***the scar ~ his face*** la cicatrice che gli solca il volto; ***his hair fell ~ his face*** i capelli gli ricadevano sul volto; ***he wiped his hand ~ his mouth*** si è pulito la bocca con la mano; ***the light flickered ~ the carpet*** (un riflesso di) luce tremolava sul tappeto; ***the plane flew ~ the sky*** l'aereo attraversava il cielo **2** *(to, on the other side of)* dall'altra parte di; ***he lives ~ the street, square*** abita dall'altra parte della strada, della piazza; ***he sat down ~ the desk, room (from me)*** si è seduto dall'altro lato della scrivania, della stanza (rispetto a me); ***the shops ~ town*** i negozi dall'altra parte della città; ***he looked ~ the lake to the boathouse*** guardò la rimessa per le barche sull'altra riva del lago; ***she shouted ~ the room to them*** li chiamò gridando dall'altro lato della stanza **3** *(all over, covering a wide range of)* ~ ***the world*** in tutto il mondo, da un capo all'altro della terra; ~ ***the country, region*** in tutto il paese, in tutta la regione; ***there is anger right ~ the industry*** c'è rabbia in tutto il settore industriale; ***scattered ~ the floor, the square*** sparpagliati su tutto il pavimento, per tutta la piazza; ***cultural links ~ borders*** FIG. legami culturali che superano le frontiere **II** avv. **1** *(from one side to the other)* ***the lake is two miles ~*** il lago misura due miglia in larghezza; ***to help sb. ~*** aiutare qcn. ad attraversare **2** *(on, to the other side)* ***to go ~ to sb.*** attraversare per andare da qcn.; ***to look ~ at sb.*** guardare dall'altra parte verso qcn.; ***he called ~ to her*** la chiamò **3 across from** di fronte a.

across-the-board /əˌkrɒsðə'bɔːd/ **I** agg. **1** *(affecting all levels)* [*increase, cut*] generale **2** AE EQUIT. ***to put on an ~ bet*** puntare su un piazzato **II across the board** avv. *(affecting all levels)* a tutti i livelli.

acrostic /ə'krɒstɪk/ n. acrostico m.

acrylate /'ækrɪleɪt/ n. acrilato m.

acrylic /ə'krɪlɪk/ **I** n. **1** TESS. acrilico m. **2** ART. (anche ~ **paint**) colore m. acrilico **II** modif. [*garment*] in acrilico.

▶ **1.act** /ækt/ n. **1** *(action, deed)* atto m., azione f.; ***in the ~ of doing*** nell'atto di fare; ***an ~ of cruelty, kindness*** un atto di crudeltà, di gentilezza; ***it was the ~ of a madman*** è stato il gesto di un pazzo **2** DIR. *(law)* (anche **Act**) legge f.; ***Act of Parliament, Congress*** legge *o* atto *o* decreto parlamentare, atto del Congresso **3** TEATR. atto m.; ***a play in five ~s*** un'opera in cinque atti **4** *(entertainment routine)* numero m.; ***song and dance ~*** numero di canto e ballo; ***to put on an ~*** FIG. SPREG. fare, recitare la commedia; ***it's all an ~*** è tutta scena; ***to get in on the ~*** = essere coinvolto in un'attività in particolare agendo per proprio beneficio o profitto; ***their company started the trend and now all their rivals want to get in on the ~*** la loro ditta ha inaugurato la nuova tendenza e ora tutti i concorrenti vogliono mettersi nella sua scia ♦ ***to be caught in the ~*** essere colto sul fatto, in flagrante; ***to get one's ~ together*** organizzarsi; ***it will be a hard ~ to follow*** sarà difficile da eguagliare.

▶ **2.act** /ækt/ **I** tr. TEATR. recitare [*part, role*]; ***he ~ed (the part of) the perfect host*** FIG. ha recitato la parte del perfetto padrone di casa **II** intr. **1** *(take action)* agire; ***we must ~ quickly*** dobbiamo agire prontamente; ***she still believes she was ~ing for the best*** crede ancora di aver agito per il meglio; ***they only ~ed out of fear*** hanno agito così soltanto per paura; ***to ~ for sb., to ~ on behalf of sb.*** agire per conto di qcn. **2** *(behave)* agire, comportarsi; ***to ~ aggressively towards sb.*** comportarsi in modo aggressivo nei confronti di qcn. **3** TEATR. recitare, fare teatro; FIG. *(pretend)* recitare la commedia, fare finta, fingere; ***she can't ~!*** TEATR. non sa recitare! **4** *(take effect)* [*drug, substance*] agire, fare effetto **5** *(serve)* ***to ~ as*** [*person, object*] fungere da; ***he ~ed as their interpreter*** ha fatto loro da interprete.

▪ **act on:** ~ **on** [**sth.**] ~ ***on information*** agire in base a informazioni; ~ ***on sb.'s advice*** seguire i consigli di qcn.; ***acting on a warning, he fled across the border*** seguendo un avvertimento, fuggì oltre confine.

▪ **act out:** ~ **out** [**sth.**] recitare [*role, part*]; rappresentare [*event*]; realizzare, mettere in atto [*fantasy*]; PSIC. esternare, manifestare [*impulse, feeling*].

▪ **act up** COLLOQ. *(misbehave)* [*person*] comportarsi male, fare i capricci; *(malfunction)* [*machine*] fare le bizze.

ACT n. US UNIV. (⇒ American College Test) = esame d'ammissione all'università.

▷ **acting** /'æktɪŋ/ **I** n. CINEM. TEATR. *(performance)* recitazione f., interpretazione f.; *(occupation)* mestiere m. di attore; ***have you done any ~?*** hai già recitato? **II** modif. CINEM. TEATR. [*style*] di recitazione; [*talent, skill*] di attore **III** agg. [*director, inspector etc.*] facente funzione di, le veci di.

acting profession /ˌæktɪŋprə'feʃn/ n. **1** CINEM. TEATR. *(occupation)* mestiere m. di attore **2** *(actors collectively)* attori m.pl.

actinia /æk'tɪnɪə/ n. (pl. **~s**, **-ae**) attinia f.

actinic /æk'tɪnɪk/ agg. attinico.

actinism /'æktɪˌnɪzəm/ n. attinicità f.

actinium /æk'tɪnɪəm/ n. attinio m.

▶ **action** /'ækʃn/ n. **1 U** azione f.; *(to deal with situation)* provvedimenti m.pl., misure f.pl.; ***freedom of ~*** libertà d'azione; ***to take ~*** agire, prendere provvedimenti (**against** contro); ***to take ~ to do*** prendere provvedimenti per fare; ***drastic ~*** misure drastiche, provvedimenti drastici; ***the situation demands immediate ~*** la situazione richiede un'azione immediata; ***a man of ~*** un uomo d'azione; ***day of ~*** = il giorno cruciale; ***to push, drive sb. into ~*** spingere qcn. ad agire; ***to put a plan, an idea into ~*** mettere in atto un progetto, un'idea; ***to get into ~*** entrare in azione; ***to put sth. out of ~*** mettere qcs. fuori uso; ***his accident put him out of ~ for three months*** l'incidente lo ha messo fuori combattimento per tre mesi; ***to be out of ~*** [*machine*] essere fuori uso, non funzionare; [*person*] essere fuori combattimento; ***you should see her in ~!*** dovresti vederla in azione, all'opera! (anche IRON.); ***to be back in ~*** essere ritornato (in attività); ***for ~ please*** *(on memo)* da fare **2** *(deed)* azione f., atto m.; ***to judge sb. by their ~s*** giudicare qcn. per le sue azioni; ***he defended his ~ in sacking them*** ha difeso il fatto di averli licenziati; ***~s speak louder than words*** i fatti contano più delle parole **3** *(fighting)* azione f., combattimento m.; ***to see (some) ~*** combattere; ***to go into ~*** entrare in azione, in combattimento; ***to be killed in ~*** essere ucciso in combattimento; ***killed by enemy ~*** ucciso dal nemico **4** CINEM. TEATR. azione f., vicenda f.; ***the ~ takes place in Beirut*** l'azione si svolge a Beirut; ***~!*** azione! ciac, si gira! **5** COLLOQ. *(excitement)* ***to be at the centre of the ~*** essere al centro degli avvenimenti; ***I don't want to miss out on the ~*** non voglio perdermi quello che succede; ***that's where the ~ is*** è lì che c'è vita, movimento; ***they want a piece of the ~*** *(want to be involved)* vogliono essere coinvolti; *(want some of the profits)* vogliono una fetta di guadagno **6** DIR. azione f. legale, processo m.; ***to bring an ~ against sb.*** querelare qcn., fare causa a qcn.; ***libel ~*** querela per diffamazione **7** *(movement) (of body)* movimento m.; ***wrist ~*** movimento del polso **8** TECN. *(in machine, piano)* meccanismo m. **9** CHIM. azione f. ♦ ***~ stations!*** MIL. (ai) posti di combattimento! (anche FIG.).

actionable /'ækʃənəbl/ agg. [*remark, offence*] perseguibile in giudizio.

action committee /'ækʃnkəˌmɪtɪ/ n. comitato m. d'azione.

action film /'ækʃnˌfɪlm/ n. film m. d'azione.

action group /'ækʃngruːp/ n. gruppo m. d'azione.

actionist /'ækʃənɪst/ n. = sostenitore dell'azione diretta.

Action on Smoking and Health /'ækʃnɒnˌsməʊkɪŋənˌhelθ/ n. GB = associazione per la lotta contro il fumo.

action-packed /'ækʃnpækt/ agg. [*film*] pieno d'azione; [*weekend, holiday*] avventuroso.

action painting /'ækʃnˌpeɪntɪŋ/ n. action painting f.

action replay /ˌækʃn'riːpleɪ/ n. BE TELEV. replay m.; ***to show an ~ of a goal*** far vedere il replay di un gol.

action shot /'ækʃnʃɒt/ n. FOT. istantanea f.

▷ **activate** /'æktɪveɪt/ tr. **1** azionare [*machine, system, button, switch*]; attivare [*alarm*]; avviare [*procedure*]; stimolare [*brain, memory*] **2** NUCL. CHIM. attivare **3** AE MIL. allestire [*unit*].

activated carbon /'æktɪveɪtɪdˌkɑːbən/ n. CHIM. carbone m. attivo.

▷ **activation** /ˌæktɪ'veɪʃn/ n. **1** *(of machine, system)* azionamento m.; *(of alarm)* attivazione f.; *(of procedure)* avvio m.; *(of brain, memory)* stimolazione f. **2** NUCL. CHIM. attivazione f. **3** AE MIL. allestimento m.

activator /'æktɪveɪtə(r)/ n. CHIM. attivante m., attivatore m.

▶ **active** /'æktɪv/ agg. **1** [*person, life, mind, member, resistance, campaign*] attivo; [*debate*] vivace; [*volcano*] attivo, in attività; ***to be ~ in*** essere un membro attivo di [*party, organization*]; ***to be ~ in doing*** essere attivamente impegnato a fare; ***to play an ~ role, part in sth.*** avere un ruolo attivo, parte attiva in qcs.; ***to take an ~ interest in sth.*** interessarsi attivamente a qcs. **2** MIL. [*unit*] attivo **3** LING. [*voice, verb*] attivo **4** ECON. [*trading, dealing*] attivo **5** INFORM. [*file, window*] attivo **6** DIR. [*law*] in vigore.

active citizen /ˌæktɪv'sɪtɪzn/ n. GB = cittadino che partecipa attivamente alla vita politica e sociale della comunità.

active duty /ˌæktɪv'djuːtɪ/ n. → **active service**.

active ingredient /ˌæktɪvɪn'griːdɪənt/ n. principio m. attivo.

active list /ˌæktɪv'lɪst/ n. MIL. = lista degli ufficiali in servizio permanente effettivo; ***to be on the ~*** essere in servizio attivo.

▷ **actively** /'æktɪvlɪ/ avv. attivamente; ***to be ~ considering doing*** prendere seriamente in considerazione di fare.

active service /ˌæktɪv'sɜːvɪs/ n. servizio m. attivo, servizio m. permanente effettivo.

active vocabulary /ˌæktɪvvəˈkæbjʊlərɪ, AE -lerɪ/ n. vocabolario m. attivo, lessico m. attivo.
activism /ˈæktɪvɪzəm/ n. attivismo m.
activist /ˈæktɪvɪst/ **I** agg. attivistico **II** n. attivista m. e f.
▶ **activity** /ækˈtɪvətɪ/ n. *(all contexts)* attività f.; ***business activities*** attività commerciali; ***brain ~*** attività cerebrale.
activity holiday /ækˌtɪvətɪˈhɒlədeɪ/ n. BE = vacanza sportiva.
act of contrition /ˌæktəvkənˈtrɪʃn/ n. atto m. di dolore, di contrizione.
act of faith /ˌæktəvˈfeɪθ/ n. atto m. di fede.
act of God /ˌæktəvˈgɒd/ n. calamità f. naturale.
act of war /ˌæktəvˈwɔː(r)/ n. atto m. di guerra.
▶ **actor** /ˈæktə(r)/ ➧ **27** n. attore m.; *(woman)* attrice.
▶ **actress** /ˈæktrɪs/ ➧ **27** n. attrice f.
Acts of the Apostles /ˌæktsəvðɪəˈpɒslz/ n.pl. Atti m. degli Apostoli.
ACTT n. GB (⇒ Association of Cinematographic, Television and Allied Technicians) = associazione dei tecnici cinematografici e televisivi.
▶ **actual** /ˈæktʃʊəl/ agg. **1** *(real, specific)* reale, effettivo; ***I don't remember the ~ words, figures*** non ricordo le parole, le cifre esatte; ***in ~ fact*** in realtà; ***it has nothing to do with the ~ problem, work*** non ha nulla a che fare con il problema, il lavoro in sé **2** *(genuine)* ***this is the ~ room that Shakespeare worked in*** questa è proprio la stanza in cui lavorò Shakespeare **3** *(as such)* vero e proprio; ***he didn't give me an ~ cheque but...*** non mi ha dato un assegno vero e proprio ma...
actuality /ˌæktʃʊˈælətɪ/ n. realtà f.
actualization /ˌæktʃʊəlaɪˈzeɪʃn, AE -lɪˈz-/ n. **1** *(of idea, hope)* realizzazione f. **2** *(of crime)* ricostruzione f.
actualize /ˈæktʃʊəlaɪz/ tr. **1** *(make real)* realizzare **2** *(represent realistically)* ricostruire.
▶ **actually** /ˈæktʃʊəlɪ/ avv. **1** *(contrary to expectation)* in realtà, di fatto; ***their profits have ~ risen*** in realtà, i loro profitti sono aumentati; ***he's ~ a very good driver*** in realtà guida molto bene **2** *(in reality)* veramente; ***yes, it ~ happened!*** sì, è successo veramente! **3** *(as sentence adverb)* a dire il vero; ***~, I'm not at all surprised*** a dire il vero, non sono affatto sorpreso; ***no, she's a doctor, ~*** no, a dire il vero è una dottoressa; ***~, I don't feel like it*** a dire il vero non ne ho voglia; ***they didn't ~ complain*** non si sono propriamente lamentati **4** *(exactly)* esattamente; ***what ~ happened?*** che cosa è successo esattamente? ***what time did they ~ leave?*** a che ora sono partiti di preciso? **5** *(expressing indignation)* senza mezzi termini; ***she ~ accused me of lying!*** mi ha accusato di mentire senza mezzi termini! **6** *(expressing surprise)* ***she ~ thanked me*** mi ha addirittura ringraziato.
actuarial /ˌæktʃʊˈeərɪəl/ agg. [*calculation*] attuariale; [*training*] di attuario.
actuary /ˈæktʃʊərɪ, AE -tʃʊerɪ/ ➧ **27** n. ECON. attuario m. (-a).
actuate /ˈæktʃʊeɪt/ tr. **1** TECN. mettere in moto [*machine*]; azionare [*system, device*]; attivare [*alarm*] **2** *(motivate)* motivare, spingere all'azione.
actuation /ˌæktʃʊˈeɪʃn/ n. **1** TECN. *(of machine)* messa f. in moto; *(of system, device)* azionamento m.; *(of alarm)* attivazione f. **2** *(motivation)* motivazione f., spinta f.
acuity /əˈkjuːətɪ/ n. FORM. acuità f.
aculeate /əˈkjuːlɪeɪt/ agg. **1** aculeato **2** FIG. pungente.
aculeus /əˈkjuːlɪəs/ n. (pl. **-i**) aculeo m.
acumen /ˈækjʊmən, əˈkjuːmən/ n. acume m.; ***business ~*** senso degli affari.
1.acuminate /əˈkjuːmɪnət/ agg. BOT. acuminato.
2.acuminate /əˈkjuːmɪneɪt/ tr. acuminare.
acupressure /ˈækjʊpreʃə(r)/ n. digitopressione f.
▷ **acupuncture** /ˈækjʊpʌŋktʃə(r)/ n. agopuntura f.
acupuncturist /ˈækjʊpʌŋktʃərɪst/ ➧ **27** n. agopuntore m. (-trice).
▷ **acute** /əˈkjuːt/ agg. **1** *(intense)* [*grief, remorse*] acuto; [*anxiety*] vivo; [*boredom*] insopportabile; ***to cause sb. ~ embarrassment*** mettere qcn. in grande imbarazzo **2** MED. [*illness, symptom*] acuto; [*condition*] grave; ***~ patient*** urgenza; ***~ care*** cure d'urgenza; ***~ hospital*** = ospedale specializzato nelle cure d'urgenza **3** *(grave)* [*crisis, shortage, situation*] grave **4** *(keen)* [*person, mind, intelligence*] acuto; ***to have ~ eyesight, hearing*** avere la vista acuta, l'udito fine; ***to have an ~ sense of smell*** avere l'odorato fine.
acute accent /əˌkjuːtˈæksent/ n. accento m. acuto.
acute angle /əˌkjuːtˈæŋgl/ n. angolo m. acuto.
acute-angled /əˌkjuːtˈæŋgld/ agg. acutangolo.
acutely /əˈkjuːtlɪ/ avv. **1** *(intensely)* [*suffer*] acutamente, intensamente; [*embarrassed, sensitive*] estremamente; ***I am ~ aware of these problems*** sono profondamente consapevole di questi problemi; ***here the need for more funding is felt most ~*** qui la necessità di ulteriori finanziamenti si avverte in modo estremamente intenso **2** *(shrewdly)* [*observe*] acutamente.
acuteness /əˈkjuːtnɪs/ n. **1** *(sharpness) (of mind, judgment)* acutezza f. **2** *(of pain)* intensità f. **3** MED. *(of disease)* stadio m. acuto; *(of condition)* gravità f. **4** *(seriousness) (of shortage, crisis)* gravità f.
acute respiratory disease /əˌkjuːtˈrɪspɪrətrɪdɪˌziːz, AE əˌkjuːt ˈrɪspɪrətɔːrɪdɪˌziːz/ ➧ **11** n. malattia f. respiratoria acuta.
acyclic /eɪˈsaɪklɪk/ agg. aciclico.
▷ **ad** /æd/ n. (accorc. advertisement) **1** GIORN. (anche **small ~**) pubblicità f., inserzione f., annuncio m. (**for** di) **2** RAD. TELEV. pubblicità f. (**for** di).
AD ⇒ Anno Domini dopo Cristo (d.C.).
A/D agg. (⇒ analogue-digital) = analogico-digitale.
Ada /ˈeɪdə/ n.pr. Ada.
adage /ˈædɪdʒ/ n. adagio m., massima f. (**that** secondo cui).
adagio /əˈdɑːdʒɪəʊ/ **I** n. (pl. **~s**) MUS. adagio m. **II** modif. ***~ passage*** adagio **III** avv. adagio.
Adam /ˈædəm/ n.pr. Adamo ◆ ***I don't know him from ~*** non lo conosco affatto.
adamant /ˈædəmənt/ agg. categorico, irremovibile (**about** su); ***to be ~ that*** *(regarding past and future events)* essere categorico sul fatto che; ***to remain ~*** rimanere irremovibile.
adamantine /ædəˈmæntaɪn/ agg. adamantino.
adamantly /ˈædəməntlɪ/ avv. [*opposed*] categoricamente; [*say, oppose*] in modo categorico.
Adamic /əˈdæmɪk/ agg. adamico.
Adamite /ˈædəmaɪt/ n. **1** *(human being)* discendente m. e f. di Adamo **2** adamita m. e f.
Adam's apple /ˌædəmzˈæpl/ n. pomo m. d'Adamo.
▷ **adapt** /əˈdæpt/ **I** tr. adattare (**to** a; **for** per; **from** da) **II** intr. adattarsi (**to** a) **III** rifl. ***to ~ oneself*** adattarsi (**to** a).
adaptability /əˌdæptəˈbɪlətɪ/ n. **1** *(of person) (flexibility)* spirito m. di adattamento; *(ability to change)* adattabilità f. (**to** a) **2** ***~ to TV, the stage*** *(of book, film)* (il) prestarsi all'adattamento televisivo, teatrale (**to** per) **3** *(of machine, system, vehicle)* adattabilità f. (**to** a).
adaptable /əˈdæptəbl/ agg. [*person, organization*] adattabile; ***to be ~ for TV, the screen*** [*book, play*] prestarsi all'adattamento televisivo, cinematografico; ***to be ~ to sth.*** [*system, machine*] essere adattabile a qcs.
▷ **adaptation** /ˌædæpˈteɪʃn/ n. *(all contexts)* adattamento m.
adapter /əˈdæptə(r)/ n. **1** EL. MECC. adattatore m. **2** *(person)* riduttore m. (-trice).
adapter ring /əˈdæptərɪŋ/ n. → **adapter tube**.
adapter tube /əˈdæptətjuːb, AE -tuːb/ n. FOT. anello m. universale.
adaptor → **adapter**.
ADC n. (⇒ analogue-digital converter convertitore analogico-digitale) ADC, DAC.
▶ **add** /æd/ tr. **1** aggiungere (**onto, to** a); ***to ~ that*** aggiungere che; ***I've nothing to ~*** non ho nulla da aggiungere **2** MAT. (anche **~ together**) addizionare, sommare; ***to ~ sth. to*** sommare qcs. a [*figure, total*]; ***~ the two figures (together)*** addizionare le due cifre.
■ **add in:** ~ [sth.] in, ~ in [sth.] aggiungere [qcs.] a, includere [qcs.] in.
■ **add on:** ~ [sth.] on, ~ on [sth.] aggiungere [qcs.] a; ***to ~ on an extra room*** aggiungere una stanza.
■ **add to:** ~ to [sth.] **1** aggiungersi a [*problems, costs, income, total*]; (fare) aumentare, accrescere [*irritation, tension, confusion*] **2** ingrandire [*house*].
■ **add up:** ~ up [sth.], ~ [sth.] up addizionare, sommare [*cost, numbers, totals*]; ~ up [*facts, figures*] tornare, quadrare; ***it doesn't ~ up*** i conti non tornano (anche FIG.); ***it all ~s up!*** *(accumulate)* tutto fa! FIG. *(make sense)* tutto quadra! i conti tornano! ***to ~ up to*** [*total*] ammontare a [*amount, number*]; [*factors*] contribuire a [*success, disaster, result*]; ***his achievements ~ up to very little*** non ha concluso molto.
▷ **added** /ˈædɪd/ **I** p.pass. → **add II** agg. supplementare, in più; ***~ to which...*** in aggiunta a ciò...
addend /əˈdend/ n. addendo m.
addendum /əˈdendəm/ n. (pl. **-a**) aggiunta f., appendice f. (**to** a).
1.adder /ˈædə(r)/ n. *(snake)* vipera f.
2.adder /ˈædə(r)/ n. INFORM. addizionatore m.
▷ **1.addict** /ˈædɪkt/ n. **1** *(drug-user)* tossicomane m. e f.; ***coffee ~*** COLLOQ. SCHERZ. *(person)* caffettiera **2** FIG. *(enthusiast)* fanatico m. (-a); ***telly ~*** COLLOQ. teledipendente.

▷ **2.addict** /æ'dɪkt/ **I** tr. indurre, spingere [*person*] (**to** a) [*vice*] **II** rifl. ***to ~ oneself*** abituarsi, darsi (**to** a).

addicted /ə'dɪktɪd/ **I** p.pass. → **2.addict II** agg. ***to be, become ~*** avere, acquisire dipendenza (**to** da); FIG. essere, diventare fanatico (**to** di).

▷ **addiction** /ə'dɪkʃn/ n. **1** *(to alcohol, drugs)* dipendenza f. (**to** da); ***drug ~*** tossicodipendenza; ***tobacco ~*** dipendenza da tabacco **2** FIG. *(to music, chocolate)* passione f. (**to** per).

addictive /ə'dɪktɪv/ agg. **1** [*drug, substance*] che dà dipendenza; ***tobacco is ~*** il tabacco dà dipendenza **2** FIG. ***to be ~*** [*chocolate, power*] essere (come) una droga.

adding machine /ˌædɪŋmə'ʃi:n/ n. (macchina) addizionatrice f.

Addis Ababa /ˌædɪs'æbəbə/ ➧ ***34*** n.pr. Addis Abeba f.

▶ **addition** /ə'dɪʃn/ n. **1** *(person or thing added) (to text, list, house)* aggiunta f.; *(to team, range)* (ultimo) acquisto m.; *(to corporation, company)* acquisto m., acquisizione f.; ***the latest ~ to the family*** l'ultimo nato della famiglia **2 U** *(process of adding)* addizione f., somma f. (**of** di) (anche MAT.) **3 in addition** in aggiunta, inoltre **4 in addition to** in aggiunta a, oltre a.

▶ **additional** /ə'dɪʃənl/ agg. addizionale, aggiuntivo, supplementare, accessorio; ***~ charge*** spesa extra, supplemento.

▷ **additionally** /ə'dɪʃənəlɪ/ avv. *(moreover)* in più, inoltre; *(also)* in più; ***~, there was a risk of fire*** inoltre, c'era rischio di incendio; ***we ~ offer private tuition*** in aggiunta offriamo corsi individuali.

additive /'ædɪtɪv/ n. additivo m.

additivity /ˌædɪ'tɪvətɪ/ n. additività f.

1.addle /'ædl/ agg. ANT. → **addled**.

2.addle /'ædl/ **I** tr. confondere [*brain*] **II** intr. [*egg*] andare a male.

addled /'ædld/ **I** p.pass. → **2.addle II** agg. [*egg*] marcio; FIG. [*brain*] confuso.

• **addle-headed** /ˌædl'hedɪd/ agg. COLLOQ. svampito, sciocco.

add-on /'ædɒn/ **I** n. accessorio m. **II** agg. accessorio.

▶ **1.address** /ə'dres, AE 'ædres/ n. **1** *(place of residence)* indirizzo m.; ***to change (one's) ~*** cambiare indirizzo **2** *(speech)* discorso m. (to a); ***to give, deliver an ~*** fare, pronunciare, rivolgere un discorso **3** *(as etiquette)* ***form of ~ (for sb.)*** formula con cui ci si rivolge (a qcn.) **4** INFORM. indirizzo m.

▶ **2.address** /ə'dres/ **I** tr. **1** *(write address on)* indirizzare [*parcel, letter*]; ***to ~ sth. to sb.*** indirizzare qcs. a qcn.; ***to be wrongly ~ed*** avere l'indirizzo sbagliato **2** *(speak to)* rivolgersi, indirizzarsi a [*group, person*]; ***Mr X will now ~ the meeting*** il signor X si rivolgerà ora all'assemblea **3** *(aim)* rivolgere [*remark, complaint*] (**to** a) **4** *(tackle)* affrontare, occuparsi di [*question, issue, problem*]; occuparsi di [*needs*] **5** *(use title of)* ***to ~ sb. as*** rivolgersi a qcn. chiamandolo **6** *(in golf)* prepararsi a colpire [*ball*] **II** rifl. ***to ~ oneself to sth.*** dedicarsi a, occuparsi di [*question, issue, problem, task, job*]; occuparsi di [*needs*].

address book /ə'dresbʊk, AE 'ædres-/ n. rubrica f. (degli indirizzi).

addressee /ˌædre'si:/ n. destinatario m. (-a).

addresser /ə'dresə(r), AE 'ædresə(r)/ n. mittente m. e f.

addressing /ə'dresɪŋ, AE 'ædresɪŋ/ n. INFORM. indirizzamento m.

addressing machine /ə'dresɪŋməˌʃi:n, AE 'ædresɪŋ-/ n. adrematrice f., macchina f. stampa-indirizzi.

Addressograph® /ə'dresəʊgrɑ:f, AE 'ædresəʊgræf/ n. adrematrice f.

adduce /ə'dju:s, AE ə'du:s/ tr. FORM. addurre [*evidence, reason*]; citare [*fact*].

adducent /ə'dju:sənt, AE -'du:-/ agg. adduttore.

adducible /ə'dju:səbl, AE -'du:-/ agg. adducibile, citabile.

adduct /ə'dʌkt/ tr. FISIOL. addurre.

adduction /ə'dʌkʃn/ n. **1** FISIOL. adduzione f. **2** RAR. citazione f.

adductor /ə'dʌktə(r)/ n. (anche **~ muscle**) (muscolo) adduttore m.

Adela /'ædɪlə/ n.pr. Adele.

Adelaide /'ædəleɪd/ ➧ ***34*** n.pr. **1** *(town)* Adelaide f. **2** *(first name)* Adelaide.

adenitis /ædɪ'naɪtɪs/ ➧ ***11*** n. adenite f.

adenoidal /ædɪ'nɔɪdl, AE -dən-/ agg. adenoideo.

adenoids /'ædɪnɔɪdz, AE -dən-/ n.pl. adenoidi f.

adenoma /ˌædɪ'nəʊmə/ ➧ ***11*** n. (pl. **~s, -ata**) adenoma m.

adenopathy /ædɪ'nɒpəθɪ/ ➧ ***11*** n. adenopatia f.

adept I /ə'dept/ agg. [*cook, gardener*] esperto, abile; ***to be ~ at sth., at doing*** essere esperto in qcs., nel fare **II** /'ædept/ n. esperto m. (-a).

adequacy /'ædɪkwəsɪ/ n. **1** *(of sum)* adeguatezza f. **2** *(of description, explanation, theory)* adeguatezza f. **3** *(of person) (for job, task)* competenza f.

▷ **adequate** /'ædɪkwət/ agg. **1** [*funds, supply, staff, insurance, parking*] sufficiente (**for** a, per; **to do** a, per fare) **2** [*punishment, care, arrangements*] adeguato, opportuno **3** [*description, explanation, performance*] soddisfacente; ***an ~ range of options*** un'adeguata gamma di possibilità **4** ***to be ~*** [*person*] essere adatto (**to** a), essere all'altezza (**to** di).

▷ **adequately** /'ædɪkwətlɪ/ avv. **1** [*pay, compensate, insure, describe, explain, perform*] adeguatamente **2** [*prepared, equipped, educated*] adeguatamente, sufficientemente; ***this ~ meets our needs*** questo soddisfa le nostre esigenze in modo adeguato.

adhere /əd'hɪə(r)/ intr. **1** aderire (**to** a) **2** FIG. ***to ~ to*** aderire a, essere fedele a [*belief, ideology, opinion, policy, plan*]; attenersi a, osservare, rispettare [*rule, commitment*]; attenersi a [*standards*]; rispettare [*deadlines*].

adherence /əd'hɪərəns/ n. *(to belief, ideology)* fedeltà f.; *(to policy, plan, method)* adesione f. (**to** a); *(to rule)* osservanza f. (**to** di); *(to deadline, commitment)* rispetto m. (**to** di).

adherent /əd'hɪərənt/ n. *(of party, plan, policy, doctrine)* aderente m. e f.; *(of cult, religion)* fedele m. e f.

adhesion /əd'hi:ʒn/ n. aderenza f. (anche MED.).

adhesive /əd'hi:sɪv/ **I** agg. adesivo; [*stamp*] gommato; ***~ tape*** nastro adesivo, Scotch®; ***self-~*** autoadesivo **II** n. adesivo m.

adhesiveness /əd'hi:sɪvnɪs/ n. adesività f.

adhibit /əd'hɪbɪt/ tr. RAR. applicare, somministrare [*remedy*].

ad hoc /ˌæd'hɒk/ **I** agg. ad hoc; ***on an ~ basis*** a seconda dei casi, caso per caso **II** avv. [*do*] ad hoc.

adiabatic /ˌeɪdaɪə'bætɪk/ agg. adiabatico.

adiantum /ˌædɪ'æntəm/ n. adianto m.

adieu /ə'dju:, AE ə'du:/ **I** n. (pl. **~s, ~x**) addio m.; ***to bid sb. ~*** dire addio a qcn. **II** inter. addio.

ad infinitum /ˌædˌɪnfɪ'naɪtəm/ avv. [*continue, extend*] all'infinito.

ad interim /ˌæd'ɪntərɪm/ **I** agg. [*measure*] ad interim **II** avv. [*arrange*] ad interim.

adipic /ə'dɪpɪk/ agg. adipico.

adipose /'ædɪpəʊs/ agg. adiposo.

adiposity /ˌædɪ'pɒsətɪ/ n. adiposità f.

adit /'ædɪt/ n. **1** *(of mine)* galleria f. di accesso **2** RAR. adito m., accesso m.

adjacence /ə'dʒeɪsns/, **adjacency** /ə'dʒeɪsnsɪ/ n. adiacenza f.

▷ **adjacent** /ə'dʒeɪsnt/ agg. **1** [*buildings, gardens, fields*] adiacente; ***~ to sth.*** adiacente a qcs. **2** MAT. [*angle*] adiacente.

adjectival /ˌædʒək'taɪvl/ agg. aggettivale.

adjectivally /ˌædʒək'taɪvəlɪ/ avv. [*function*] aggettivalmente.

adjective /'ædʒɪktɪv/ n. aggettivo m.

adjective law /'ædʒɪktɪvˌlɔ:/ n. diritto m. processuale, codice m. di procedura.

adjoin /ə'dʒɔɪn/ **I** tr. [*room, building*] essere contiguo, attiguo a, confinare con; [*land*] confinare con **II** intr. [*rooms, buildings*] confinare, essere contigui, attigui; [*land*] confinare.

adjoining /ə'dʒɔɪnɪŋ/ agg. [*building, room, office*] contiguo, confinante; [*land, state, province*] confinante.

adjourn /ə'dʒɜ:n/ **I** tr. aggiornare, rinviare [*session, trial, meeting*] (**for** per; **until** a); ***to ~ sentence*** DIR. rinviare una sentenza; ***the session was ~ed*** la seduta è stata aggiornata **II** intr. **1** *(suspend proceedings)* aggiornarsi (**for** per) (anche DIR.); ***the session ~s*** la seduta è tolta; ***Parliament ~ed*** *(for break)* il Parlamento ha sospeso la seduta, i lavori; *(at end of debate)* il Parlamento ha chiuso la seduta, i lavori **2** SCHERZ. *(move on)* trasferirsi, spostarsi (**to** a, in).

adjournment /ə'dʒɜ:nmənt/ n. *(of trial, session)* aggiornamento m., rinvio m.; *(of debate)* rinvio m., sospensione f.

adjournment debate /ə'dʒɜ:nməntdɪˌbeɪt/ n. BE POL. = seduta conclusiva.

adjudge /ə'dʒʌdʒ/ tr. DIR. **1** *(decree)* dichiarare, sentenziare, giudicare (**that** che); ***the court ~d him (to be) guilty*** la corte lo dichiarò colpevole; ***to be ~d as*** essere dichiarato; ***he is ~d to have done*** è stato giudicato colpevole di aver commesso il fatto **2** *(award)* imputare [*costs*]; accordare [*damages*].

adjudgement /ə'dʒʌdʒmənt/ n. DIR. **1** giudizio m., sentenza f. **2** *(of costs)* imputazione f.

adjudicate /ə'dʒu:dɪkeɪt/ **I** tr. fare da giudice in [*contest*]; comporre [*dispute*]; giudicare [*case, claim*] **II** intr. **1** decidere (**between** tra); ***to ~ on sth.*** pronunciarsi, emettere una sentenza su qcs. **2** *(in chess)* = determinare il possibile risultato di una partita analizzando il valore dei pezzi, la loro posizione, ecc.

adjudication /əˌdʒu:dɪ'keɪʃn/ n. **1** *(of contest)* (il) fare da giudice **2** DIR. giudizio m., sentenza f., assegnazione f., delibera f.; ***under ~*** all'esame del giudice.

adjudication of bankruptcy /əˌdʒu:dɪ'keɪʃnəvˌbæŋkrʌpsɪ/ n. sentenza f. dichiarativa di fallimento.

adjudication of order /əˌdʒuːdɪˈkeɪʃnəvˌɔːdə(r)/ n. → **adjudication of bankruptcy**.
adjudication panel /əˌdʒuːdɪˈkeɪʃnˌpænl/ n. AMM. COMM. comitato m. decisionale; *(of contest)* giuria f.
adjudicative /əˈdʒuːdɪkeɪtɪv/ agg. aggiudicativo.
adjudicator /əˈdʒuːdɪkeɪtə(r)/ n. giudice m.
adjunct /ˈædʒʌŋkt/ **I** agg. AE [*teacher, professor*] associato **II** n. **1** *(addition)* aggiunta f. (**of** di, **to** a) **2** *(person)* subalterno m. (-a) (**of**, **to** di) **3** AE *(part-time role)* impiegato m. (-a) aggiunto (-a) **4** LING. attributo m.
adjuration /ˌædʒʊəˈreɪʃn/ n. **1** imposizione f. sotto giuramento **2** *(entreaty)* supplica f., implorazione f.
adjure /əˈdʒʊə(r)/ tr. **1** *(put on oath)* imporre sotto giuramento a [*person*] (**to do** di fare) **2** *(entreat)* supplicare, implorare [*person*] (**to do** di fare).
▷ **adjust** /əˈdʒʌst/ **I** tr. **1** regolare [*level, position, speed, control*]; mettere a punto, registrare [*fitting, machine, component*]; variare, mo-dificare [*amount, price, rate, timetable*]; modificare [*terms, arrangements*]; aggiustarsi [*clothing*]; rettificare [*figures, statistics*]; ***to ~ sth. to sth.*** adattare qcs. a qcs.; ***to ~ [sth.] upwards, downwards*** aumentare, diminuire [*salary, sum*] **2** [*insurance company*] liquidare, conciliare [*claim*] **II** intr. **1** *(adapt)* [*person*] adattarsi (**to** a) **2** *(be adaptable)* [*component, fitting, machine*] adattarsi (**to** a); [*seat*] essere regolabile; ***to ~ to sth.*** [*machine, component, fitment, control*] adattarsi a qcs.
adjustability /əˌdʒʌstəˈbɪlətɪ/ n. **1** *(of machine, appliance)* regolabilità f. **2** *(of rate)* modificabilità f.
adjustable /əˈdʒʌstəbl/ agg. **1** [*appliance, fitting, level, position, seat, speed*] regolabile; ***tilt, height ~*** AUT. a inclinazione, ad altezza variabile **2** [*timetable, rate*] variabile, modificabile **3** [*loss, claim*] liquidabile.
adjustable spanner /əˈdʒʌstəblˌspænə(r)/, **adjustable wrench** /əˈdʒʌstəblrentʃ/ n. chiave f. registrabile; *(a punta)* chiave f. regolabile.
adjuster /əˈdʒʌstə(r)/ n. liquidatore m. (-trice).
▷ **adjustment** /əˈdʒʌstmənt/ n. **1** ECON. *(of rates, charges)* variazione f., modifica f. (**of** di) **2** TECN. *(of control)* regolazione f. (**of** di); *(of fitting, machine)* messa f. a punto, registrazione f., regolazione f. (**of** di) **3** *(modification)* modifica f. (**to** di); ***to make ~s to*** apportare modifiche a [*strategy, system, machine, arrangements, lifestyle*]; aggiustare [*garment*] **4** *(mental, physical)* adattamento m. (**to** a); ***to make the ~ to*** adattarsi a [*culture, lifestyle*] **5** *(of claim)* liquidazione f.
adjutage /ˈædʒʊtɪdʒ/ n. tubo m. di efflusso.
adjutancy /ˈædʒʊtənsɪ/ n. MIL. **1** *(office)* ufficio m. di aiutante **2** *(rank)* grado m. di aiutante.
adjutant /ˈædʒʊtənt/ ➧ **23** n. MIL. *(officer)* aiutante m.; ***~ general*** aiutante maggiore.
adjutant bird /ˈædʒʊtəntˌbɜːd/ n. → **adjutant stork**.
adjutant stork /ˈædʒʊtəntˌstɔːk/ n. marabù m., cicogna f. gozzuta.
adjuvant /ˈædʒʊvənt/ **I** agg. ausiliario **II** n. **1** coadiutore m. (-trice) **2** FARM. coadiuvante m.
1.ad-lib /ˌædˈlɪb/ **I** n. *(on stage)* improvvisazione f.; *(witticism)* arguzia f. **II** agg. [*comment, line, performance*] improvvisato, estemporaneo; [*comedian*] estemporaneo **III** avv. [*perform, speak*] improvvisando, a braccio.
2.ad-lib /ˌædˈlɪb/ **I** tr. (forma in -ing ecc. **-bb-**) improvvisare [*speech*] **II** intr. (forma in -ing ecc. **-bb-**) improvvisare.
ad-libbing /ˌædˈlɪbɪŋ/ n. **U** improvvisazione f.
ad libitum /ˌædˈlɪbɪtəm/ agg. e avv. ad libitum (anche MUS.).
adman /ˈædmən/ ➧ **27** n. (pl. **-men**) COLLOQ. pubblicitario m.
admass /ˈædmæs/ BE **I** n. = massa di consumatori facilmente influenzabile dalla pubblicità **II** modif. [*culture*] di massa; [*society*] dei consumi.
admeasure /ədˈmeʒə(r)/ tr. ANT. ripartire, spartire.
admeasurement /ədˈmeʒəmənt/ n. ANT. ripartizione f., spartizione f.
admen /ˈædmen/ → **adman**.
admin /ˈædmɪn/ **I** n. BE COLLOQ. (accorc. administration) amministrazione f. **II** agg. BE COLLOQ. (accorc. administrative) amministrativo.
adminicle /ədˈmɪnɪkl/ n. **1** ANT. aiuto m. **2** DIR. prova f. imperfetta.
▷ **administer** /ədˈmɪnɪstə(r)/ tr. **1** (anche **administrate**) *(manage)* amministrare, gestire [*company, affairs, estate, funds, territory*]; gestire [*project, policy*] **2** *(dispense)* infliggere [*punishment*]; somministrare [*medicine, treatment*]; amministrare [*justice*]; RELIG. amministrare [*sacrament*]; DIR. ***~ a caution*** diffidare, ammonire.
administrable /ədˈmɪnɪstrəbl/ agg. amministrabile.
administrate /ədˈmɪnɪstreɪt/ tr. (anche **administer**) *(manage)* amministrare, gestire [*company, affairs, estate, funds, territory*]; gestire [*project, policy*].
administration /ədˌmɪnɪˈstreɪʃn/ n. **1** *(of business, funds)* amministrazione f., gestione f. **2** *(of hospital, school, territory)* amministrazione f. **3** DIR. *(of company)* curatela f.; ***to go into ~*** essere soggetti a commissariamento **4** *(of justice)* amministrazione f. **5** *(government)* **C** amministrazione f., governo m. **6** *(paperwork)* attività f. amministrativa, amministrazione f.
administration building /ədˌmɪnɪˈstreɪʃnˌbɪldɪŋ/, **administration block** /ədˌmɪnɪˈstreɪʃnˌblɒk/ n. uffici m.pl. amministrativi.
administration costs /ədˌmɪnɪˈstreɪʃnˌkɒsts/, **administration expenses** /ədˌmɪnɪˈstreɪʃnɪkˌspensɪz/ n.pl. spese f. di amministrazione.
administration order /ədˌmɪnɪˈstreɪʃnˌɔːdə(r)/ n. ordine m. di liquidazione.
▷ **administrative** /ədˈmɪnɪstrətɪv, AE -streɪtɪv/ agg. amministrativo; ***~ tribunal*** tribunale amministrativo.
administratively /ədˈmɪnɪstrətɪvlɪ, AE -streɪtɪvlɪ/ avv. [*complex, convenient, impossible*] dal punto di vista amministrativo, amministrativamente.
▷ **administrator** /ədˈmɪnɪstreɪtə(r)/ ➧ **27** n. **1** COMM. amministratore m. (-trice) (**for**, **of** di); ***sales ~*** direttore delle vendite **2** *(of hospital, school, theatre)* amministratore m. (-trice) **3** DIR. ECON. *(of will)* curatore m. (-trice) testamentario (-a); *(of firm)* commissario m. (-a).
administratorship /ədˈmɪnɪstreɪtəʃɪp/ n. **1** *(function)* amministrazione f. **2** DIR. ECON. curatela f. testamentaria.
administratrix /ədˈmɪnɪstreɪtrɪks/ ➧ **27** n. (pl. **-ces**) amministratrice f.
admirable /ˈædmərəbl/ agg. ammirevole.
admirably /ˈædmərəblɪ/ avv. ammirevolmente, in modo ammirevole.
admiral /ˈædmərəl/ n. **1** ➧ **23** MIL. MAR. ammiraglio m.; ***fleet ~*** AE, ***~ of the fleet*** BE Grande Ammiraglio **2** ZOOL. ninfalide f.
admiralship /ˈædmərəlʃɪp/ n. *(rank of admiral)* ammiragliato m.
admiralty /ˈædmərəltɪ/ n. **1** MIL. *(rank of admiral)* ammiragliato m. **2** GB STOR. ammiragliato m. (ministero della Marina).
Admiralty Board /ˈædmərəltɪˌbɔːd/ n. GB stato m. maggiore della Marina.
▷ **admiration** /ˌædməˈreɪʃn/ n. ammirazione f. (**for** per); ***to be the ~ of sb.*** essere oggetto dell'ammirazione di qcn.; ***to look at sb., sth. with, in ~*** guardare qcn., qcs. con ammirazione.
▷ **admire** /ədˈmaɪə(r)/ tr. ammirare [*person, painting, quality*]; ***he ~s her for her courage*** l'ammira per il suo coraggio; ***to ~ sb. for doing*** ammirare qcn. per aver fatto; ***to be ~d by sb.*** essere ammirato da qcn.
admirer /ədˈmaɪərə(r)/ n. **1** ammiratore m. (-trice); ***you have an ~!*** SCHERZ. hai un ammiratore! **2** *(lover)* corteggiatore m. (-trice).
admiring /ədˈmaɪərɪŋ/ agg. ammirativo, pieno di ammirazione.
admiringly /ədˈmaɪərɪŋlɪ/ avv. [*look, say*] con ammirazione.
admissibility /əˌdmɪsəˈbɪlətɪ/ n. ammissibilità f. (anche DIR.).
admissible /ədˈmɪsəbl/ agg. ammissibile (anche DIR.).
▷ **admission** /ədˈmɪʃn/ **I** n. **1** *(entry)* ammissione f., entrata f., ingresso m.; ***~ to a country, an organization*** ingresso in un paese, ammissione in un'organizzazione; ***to refuse sb. ~*** vietare l'ingresso a qcn.; ***to gain ~*** ottenere l'ammissione (**to** a); ***"~ by ticket only"*** "ingresso riservato ai possessori di biglietto"; ***no ~*** ingresso vietato (**to** a) **2** *(fee charged)* ingresso m.; ***to charge £ 5 ~*** fare pagare l'ingresso 5 sterline **3** *(confession)* ammissione f., confessione f.; ***his ~ that...*** la sua ammissione di...; ***by your, his, her etc. own ~*** come tu stesso hai ammesso, come lui stesso, lei stessa ha ammesso, ecc.; ***an ~ of*** un'ammissione di [*guilt, failure, weakness*] **II admissions** n.pl. **1** UNIV. iscrizioni f. **2** MED. ricoveri m.
admissions office /ədˈmɪʃnzˌɒfɪs, AE -ˌɔːf-/ n. UNIV. = ufficio iscrizioni.
admissions officer /ədˈmɪʃnzˌɒfɪsə(r), AE -ˌɔːf-/ ➧ **27** n. UNIV. = responsabile dell'ufficio iscrizioni.
admissions procedure /ədˈmɪʃnzprəˌsiːdʒə(r)/ n. UNIV. procedura f. d'iscrizione.
▶ **admit** /ədˈmɪt/ **I** tr. (forma in -ing ecc. **-tt-**) **1** *(accept)* ammettere, riconoscere [*mistake, fact*]; ***to ~ that*** ammettere *o* riconoscere che; ***it is annoying, I (must, have to) ~*** è fastidioso, devo ammetterlo; ***he would never ~ that...*** non ammetterebbe mai che...; ***it is generally ~ted that*** è opinione generale che; ***to ~ defeat*** accettare la sconfitta **2** *(confess)* confessare [*crime, wrongdoing*]; ammettere, confessare, riconoscere [*guilt*]; ***to ~ that one has done*** ammettere di aver

fatto; ***to ~ to sth., doing*** ammettere, riconoscere qcs., di fare, aver fatto **3** *(allow to enter)* [*person, authority*] ammettere [*person*] (**into** in, a); ***this ticket ~s two (people)*** questo biglietto è valido per due persone; ***"this ticket ~s you to the house and gardens"*** "questo biglietto permette di accedere alla casa e ai giardini"; ***"dogs not ~ted"*** "vietato l'ingresso ai cani"; ***to be ~ted to hospital*** essere ricoverato **4** *(allow to become a member)* ammettere [*person*] (**to** a, in) **5** DIR. ***to ~ sth. in evidence*** ammettere qcs. come prova **II** intr. (forma in -ing ecc. **-tt-**) *(allow)* ~ ***of*** FORM. ammettere.

■ **admit to:** ~ ***to [sth.]*** ammettere, riconoscere [*error, mistake, fact*]; ~ ***to doing*** ammettere, riconoscere di fare, di aver fatto; ***he ~s to making a mistake*** riconosce di aver fatto un errore, di essersi sbagliato; ***she ~s to feeling angry*** ammette di sentirsi in collera.

admittable /əd'mɪtəbl/ → **admissible.**

admittance /əd'mɪtns/ n. ammissione f., entrata f., ingresso m.; ***to gain ~*** ottenere l'ammissione; ***to refuse sb. ~*** vietare l'ingresso a qcn.; ***no ~*** ingresso vietato.

▷ **admittedly** /əd'mɪtɪdlɪ/ avv. ***~, he did lie but...*** bisogna ammettere che ha mentito, ma..., è vero, ha mentito, ma...; ***~, the salary was not wonderful, but...*** certo lo stipendio non era granché, ma...

admix /æd'mɪks/ **I** tr. mescolare **II** intr. mescolarsi.

admixture /æd'mɪkstʃə(r)/ n. FORM. **1** *(mixing)* mescolanza f. (**of** di) **2** *(added element, ingredient)* ingrediente m. (**of** di).

admonish /əd'mɒnɪʃ/ tr. FORM. **1** *(reprimand)* ammonire, richiamare (anche DIR.) (**for** per; **for doing** per aver fatto) **2** *(advise)* ammonire.

admonishment /əd'mɒnɪʃmənt/ n. → **admonition.**

admonition /ˌædmə'nɪʃn/ n. FORM. **1** *(reprimand)* ammonizione f., ammonimento m., riprensione f. (anche DIR.) **2** MIL. *(warning)* ammonizione f., richiamo m.

admonitory /æd'mɒnɪtrɪ, AE -tɔ:rɪ/ agg. FORM. **1** *(warning)* [*letter, speech*] ammonitorio, di richiamo **2** *(disapproving)* [*remark, tone, look*] ammonitorio.

ad nauseam /ˌæd'nɔ:zɪæm/ avv. [*discuss, repeat, practise, hear, endure*] fino alla nausea.

adnominal /ˌæd'nɒmɪnl/ agg. adnominale.

ado /ə'du:/ n. ***without more, further ~*** senza ulteriori indugi ◆ ***much ~ about nothing*** molto rumore per nulla.

adobe /ə'dəʊbɪ/ **I** n. *(brick, material)* adobe m. **II** modif. [*house*] di adobe.

adolescence /ˌædə'lesns/ n. adolescenza f.; ***in early, late ~*** nella prima, tarda adolescenza.

▷ **adolescent** /ˌædə'lesnt/ **I** agg. **1** *(teenage)* [*crisis, rebellion, problem*] adolescenziale; [*years*] dell'adolescenza; ~ ***acne*** acne giovanile **2** [*friend*] adolescente; ***an ~ boy, girl*** un adolescente, un'adolescente **3** *(childish)* [*humour, behaviour*] da adolescente **II** n. adolescente m. e f.

Adolf /'ædɒlf/ n.pr. Adolfo.

Adonis /ə'dəʊnɪs/ **I** n.pr. MITOL. Adone **II** n. FIG. adone m.

▶ **adopt** /ə'dɒpt/ tr. adottare [*child, idea, method, proposal*]; assumere [*attitude, tone, identity*]; prendere [*accent*]; scegliere [*candidate, career*]; approvare [*bill, balance, agenda*]; seguire [*recommendation*]; ***to ~ sb. as candidate*** POL. scegliere qcn. come candidato.

adoptable /ə'dɒptəbl/ agg. [*child, method*] adottabile.

▷ **adopted** /ə'dɒptɪd/ **I** p.pass. → **adopt II** agg. [*child*] adottato; [*son, daughter*] adottivo; [*country*] d'adozione, d'elezione.

adoptee /ə'dɒpti:/ n. DIR. adottando m. (-a).

adopter /ə'dɒptə(r)/ n. DIR. adottante m. e f.

▷ **adoption** /ə'dɒpʃn/ **I** n. *(of child, identity, idea, method, bill)* adozione f. (**of** di; **by** da parte di); *(of balance)* approvazione f. (**of** di; **by** da parte di); *(of candidate)* scelta f. (**of** di; **by** da parte di); ***Italian by ~*** italiano d'adozione **II** modif. [*papers, process*] per l'adozione; [*expert*] in adozioni.

adoption agency /ə'dɒpʃnˌeɪdʒənsɪ/ n. = istituto che si occupa delle adozioni.

adoptive /ə'dɒptɪv/ agg. adottivo.

adorability /əˌdɔ:rə'bɪlətɪ/ n. adorabilità f.

adorable /ə'dɔ:rəbl/ agg. adorabile.

adoration /ˌædə'reɪʃn/ n. adorazione f. (**of** di); ***his ~ for his mother*** la sua adorazione per la madre; ***in ~*** in adorazione.

▷ **adore** /ə'dɔ:(r)/ tr. adorare (**to do, doing** fare).

adorer /ə'dɔ:rə(r)/ n. adoratore m. (-trice).

adoring /ə'dɔ:rɪŋ/ agg. [*fan*] sfegatato, appassionato; [*look, gaze*] pieno di adorazione; ***she has got an ~ husband*** ha un marito che l'adora.

adoringly /ə'dɔ:rɪŋlɪ/ avv. con adorazione.

adorn /ə'dɔ:n/ **I** tr. LETT. adornare [*building, room, walls, body, hair*] (**with** di, con) **II** rifl. LETT. ***to ~ oneself*** adornarsi (**with** di, con).

adornment /ə'dɔ:nmənt/ n. **1** *(object)* ornamento m. **2** **U** *(art)* decorazione f. (**of** di).

ADP n. (⇒ automatic data processing elaborazione automatica dei dati) EAD f.

adrenal /ə'dri:nl/ agg. surrenale.

adrenal gland /ə'dri:nlglænd/ n. ghiandola f. surrenale.

▷ **adrenalin** /ə'drenəlɪn/, **adrenaline** /ə'drenəli:n/ n. FISIOL. adrenalina f.; ***a rush, surge of ~*** una scarica di adrenalina; ***to get the ~ flowing*** fare salire l'adrenalina.

Adrian /'eɪdrɪən/ n.pr. Adriano.

Adriatic /ˌeɪdrɪ'ætɪk/ ♦ ***20*** **I** agg. [*coast, resort*] adriatico **II** n.pr. ***the ~ (Sea)*** l'Adriatico, il Mare Adriatico.

adrift /ə'drɪft/ agg. e avv. **1** *(floating free)* [*person, boat*] alla deriva; ***to set, cast ~*** lasciare andare alla deriva; ***to be ~*** essere alla deriva **2** FIG. ***to go ~*** [*plan*] andare alla deriva **3** *(loose)* ***to come ~*** staccarsi (**of, from** da) **4** BE SPORT ***two goals ~ of their rivals*** in svantaggio di due goal rispetto agli avversari.

adroit /ə'drɔɪt/ agg. abile (**in, at** in, a; **in, at doing** a fare).

adroitly /ə'drɔɪtlɪ/ avv. abilmente.

adroitness /ə'drɔɪtnɪs/ n. abilità f.

adscititious /ˌædsɪ'tɪʃəs/ agg. LETT. ascitizio, accessorio.

ADSL n. (⇒ Asymmetric Digital Subscriber Line linea di abbonato digitale asimmetrica) ADSL f.

adsorb /əd'sɔ:b/ tr. adsorbire.

adsorbent /əd'sɔ:bənt/ agg. adsorbente.

adsorber /əd'sɔ:bə(r)/ n. adsorbitore m.

adsorption /əd'sɔ:pʃn/ n. adsorbimento m.

adspeak /'ædspi:k/ n. linguaggio m. della pubblicità.

adsum /ædsʌm/ inter. presente.

aduki bean /æ'du:kɪˌbi:n/ → **adzuki bean.**

adulate /'ædjʊleɪt, AE 'ædʒʊ-/ tr. FORM. adulare.

adulation /ˌædjʊ'leɪʃn, AE ˌædʒʊ-/ n. FORM. adulazione f. (**of** di); ***in ~*** con adulazione.

adulator /ˌædjʊ'leɪtə(r), AE ˌædʒʊ-/ n. adulatore m. (-trice).

adulatory /ˌædjʊ'leɪtərɪ, AE ˌædʒʊ'leɪtɔ:rɪ/ agg. adulatorio.

▶ **adult** /'ædʌlt, ə'dʌlt/ **I** agg. **1** [*population, audience, smoker, driver, animal*] adulto; [*class, clothes, fiction*] per adulti; [*mortality, behaviour, life*] adulto; [*son, daughter*] adulto, grande **2** EUFEM. *(pornographic)* [*film, magazine*] per adulti **II** n. adulto m. (-a); ***"~s only"*** "vietato ai minori di 18 anni", "solo per adulti".

Adult Education /ˌædʌltˌedʒʊ'keɪʃn, əˌdʌlt-/ n. GB educazione f. permanente.

Adult Education Centre /ˌædʌltedʒʊ'keɪʃnˌsentə(r), əˌdʌlt-/ n. GB centro m. di educazione permanente.

adulterant /ə'dʌltərənt/ **I** agg. adulterante **II** n. adulterante m.

1.adulterate /ə'dʌltəreɪt/ agg. **1** ANT. [*food, wine*] adulterato; [*language, text*] spurio **2** adultero, adulterino.

2.adulterate /ə'dʌltəreɪt/ tr. **1** adulterare [*food, wine*] (**with** con, mediante aggiunta di) **2** corrompere, alterare [*text*].

adulteration /əˌdʌltə'reɪʃn/ n. adulterazione f. (**of** di; **with** con, mediante aggiunta di).

adulterator /ə'dʌltəreɪtə(r)/ n. *(of wine, food)* adulteratore m. (-trice).

adulterer /ə'dʌltərə(r)/ n. adultero m.

adulteress /ə'dʌltərɪs/ n. adultera f.

adulterine /ə'dʌltəˌraɪn/ agg. [*relationship*] adulterino.

adulterous /ə'dʌltərəs/ agg. [*person*] adultero; [*relationship*] adulterino.

adultery /ə'dʌltərɪ/ n. adulterio m. (**with** con).

adulthood /'ædʌlthʊd/ n. **U** età f. adulta; ***to survive into, reach ~*** raggiungere l'età adulta.

adult literacy /'ædʌltˌlɪtərəsɪ, ə'dʌlt-/ n. GB ~ ***classes*** corsi di alfabetizzazione per adulti.

Adult Training Centre /ˌædʌlt'treɪnɪŋˌsentə(r), ə'dʌlt-/ n. BE = centro di avviamento professionale.

adumbral /ə'dʌmbrəl/ agg. ombreggiato.

adumbrate /'ædʌmbreɪt/ tr. FORM. **1** *(outline)* abbozzare **2** *(foreshadow)* adombrare, fare presagire.

adumbration /'ædʌmbreɪʃn/ n. FORM. **1** *(outline)* abbozzo m. **2** *(presage)* presagio m., presentimento m.

adust /ə'dʌst/ agg. ANT. adusto, riarso.

Aduwa /'ɑ:dʊɑ:/ ♦ ***34*** n.pr. Adua f.

ad valorem /ˌædvə'lɔ:rem/ agg. e avv. ad valorem.

▶ **1.advance** /əd'vɑ:ns, AE -'væns/ **I** n. **1** *(forward movement)* avanzamento m.; MIL. avanzata f. (**on** su); FIG. *(of civilization, in science)* avanzamento m., progresso m.; ***with the ~ of old age*** con l'età *o* con l'avanzare degli anni; ***recent ~s in medicine*** recenti progressi in campo medico; ***a great ~ for democracy*** un grande passo avanti per la democrazia **2** *(sum of money)* anticipo m., acconto m. (**on** su); ***to ask for an ~ on one's salary*** chiedere un anticipo sullo stipendio **3** *(increase)* aumento m.; ***any ~ on £ 100?*** *(at auction etc.)* 100 sterline, chi offre di più? **4** MECC. anticipo m. **5 in advance** [*book, notify, know, thank, pay, arrange*] in anticipo, anticipatamente; ***a month in ~*** un mese in anticipo; ***here's £ 30 in ~*** ecco 30 sterline di anticipo *o* in acconto; ***you need to book your seats well in ~*** devi prenotare i posti con molto anticipo; ***to send on luggage in ~*** spedire (avanti) i bagagli; ***to send sb. on in ~*** mandare avanti qcn. **6 in advance of** prima di, in anticipo rispetto a [*person*]; ***she arrived half an hour in ~ of the others*** è arrivata mezz'ora prima degli altri *o* con un anticipo di mezz'ora rispetto agli altri; ***a thinker in ~ of his time*** un pensatore che anticipa i tempi **II advances** n.pl. *(overtures) (sexual)* avances f.; *(other contexts)* approcci m.; ***to make ~s to sb.*** *(sexually)* fare delle avances a qcn.; *(other contexts)* tentare un approccio con qcn.

▶ **2.advance** /əd'vɑːns, AE -'væns/ **I** tr. **1** *(move forward)* mandare avanti [*tape, film*]; mettere avanti [*clock*]; MIL. (far) avanzare [*troops*]; *(in chess)* muovere in avanti [*piece*]; FIG. *(improve)* approfondire, promuovere, fare progredire [*knowledge, research*]; ***to ~ one's career*** fare carriera **2** *(put forward)* avanzare [*theory, explanation etc.*] **3** *(promote)* promuovere [*cause, interests*] **4** *(move to earlier date)* anticipare [*time, date*] (**to** a) **5** *(pay up front)* anticipare [*sum*] (**to** a) **II** intr. **1** *(move forward)* [*person*] avanzare (**on, towards** verso); MIL. [*army*] avanzare (**on** su); [*morning, evening*] avanzare; ***the procession ~d down the aisle*** la processione avanzava lungo la navata **2** *(progress)* [*person, society, civilization, knowledge, technique*] progredire, fare progressi; ***to ~ in one's career*** fare carriera **3** FORM. *(be promoted)* [*employee*] avanzare di grado **4** *(increase)* [*prices*] aumentare.

advance booking /əd,vɑːns'bʊkɪŋ, AE -,væns-/ n. prenotazione f.

advance booking office /əd,vɑːns'bʊkɪŋ,ɒfɪs, AE -,vænsbʊkɪŋ ,ɔːfɪs/ n. ufficio m. prenotazioni.

advance copy /əd'vɑːns,kɒpɪ, AE -'væns-/ n. copia f. staffetta.

▷ **advanced** /əd'vɑːnst, AE -'vænst/ **I** p.pass. → **2.advance II** agg. [*course, studies, class, student, pupil*] (di livello) avanzato, superiore; [*stage, level*] avanzato; [*equipment*] sofisticato; [*technology, ideas, research*] avanzato, all'avanguardia; ***~ mathematics, physics*** matematica, fisica di livello avanzato; ***~ course in maths*** corso avanzato di matematica; ***to be ~ in years*** essere avanti con gli anni, essere in età avanzata; ***the disease has reached an ~ stage*** la malattia ha raggiunto uno stadio avanzato; ***the season was well ~*** la stagione era già avanzata.

advanced credit /əd'vɑːnstkredɪt, AE -'vænst-/ n. US UNIV. = riconoscimento di competenza acquisita in una singola materia che consente il passaggio ad un corso di livello superiore.

advanced gas-cooled reactor /əd,vɑːnst,gæskuːldrɪ'æktə(r), AE -,vænst-/ n. reattore m. avanzato raffreddato a gas.

Advanced Level /əd'vɑːnst,levl, AE -'vænst-/ n. GB → **A-level.**

advanced standing /əd'vɑːnst,stændɪŋ, AE -'vænst-/ n. AE UNIV. = riconoscimento di competenza acquisita in più materie che consente l'iscrizione ad un anno di corso successivo.

advance guard /əd'vɑːnsgɑːd, AE -'væns-/ n. MIL. avanguardia f.

▷ **advancement** /əd'vɑːnsmənt, AE -'væns-/ n. **1** *(furtherance) (of cause etc.)* promozione f.; *(of science)* progresso m., avanzamento m. **2** FORM. *(promotion) (of person) (in society)* avanzamento m., promozione f.

advance notice /əd,vɑːns'nəʊtɪs, AE -,væns-/ n. preavviso m.

advance party /əd,vɑːns'pɑːtɪ, AE -,væns-/ n. MIL. reparto m. d'avanguardia.

advance payment /əd,vɑːns'peɪmənt, AE -,væns-/ n. COMM. ECON. pagamento m. anticipato.

advance warning /əd,vɑːns'wɔːnɪŋ, AE -,væns-/ n. preavviso m.; ***we were given no ~*** non ci è stato dato alcun preavviso.

▶ **1.advantage** /əd'vɑːntɪdʒ, AE -'vænt-/ n. **1** *(favourable position)* vantaggio m.; ***economic, political, psychological ~*** vantaggio economico, politico, psicologico; ***competitive ~*** vantaggio sulla concorrenza; ***to have an ~ over*** avere un vantaggio su [*person, system, theory, model, method*]; ***to give sb. an ~ over sb.*** avvantaggiare, favorire qcn. nei confronti di qcn.; ***to put sb. at an ~*** avvantaggiare, favorire qcn.; ***to gain the ~*** avvantaggiarsi, prendere vantaggio **2** *(beneficial aspect)* vantaggio m., beneficio m.; ***there are several ~s*** ci sono diversi vantaggi; ***there is an ~ in doing*** c'è un vantaggio nel fare; ***the ~ is that...*** il vantaggio è che...; ***the ~ that*** il vantaggio che; ***there is some, no ~ in doing*** ci sono dei vantaggi, non c'è alcun vantaggio nel fare **3** *(asset)* vantaggio m.; ***to have the ~ of an education, of living near the sea*** avere il vantaggio dell'istruzione, di vivere vicino al mare; ***their big ~ is to have...*** il loro grande vantaggio è (di) avere...; ***"computing experience an ~"*** *(in job ad)* "l'esperienza informatica rappresenta un requisito preferenziale" **4** *(profit)* ***it is to his, their ~ to do*** è nel suo, loro interesse fare; ***to do, use sth. to one's (own) ~*** fare, utilizzare qualcosa a proprio vantaggio; ***it's to everyone's ~ that*** va a vantaggio di tutti (il fatto) che; ***to turn a situation to one's ~*** volgere la situazione a proprio vantaggio **5** *(best effect)* ***to show sth. to (best) ~*** mostrare qualcosa nella luce migliore **6** ***to take ~ of*** approfittare di, trarre profitto da, sfruttare [*situation, facility, offer, service*]; *(exploit unfairly)* approfittare di, sfruttare [*person*] **7** *(in tennis)* vantaggio m. **8** SPORT ***Italy's 3-point ~*** il vantaggio di tre punti dell'Italia.

2.advantage /əd'vɑːntɪdʒ, AE -'vænt-/ tr. FORM. avvantaggiare, favorire.

advantaged /əd'vɑːntɪdʒd, AE -'vænt-/ **I** p.pass. → **2.advantage II** agg. avvantaggiato, privilegiato **III** n. ***the ~*** + verbo pl. i privilegiati.

advantageous /,ædvən'teɪdʒəs/ agg. vantaggioso, proficuo (**to** per; **to do** fare).

advantageously /,ædvən'teɪdʒəslɪ/ avv. [*act, buy, sell, invest*] vantaggiosamente, con profitto; ***the change worked out very ~ for us*** il cambio si è rivelato molto vantaggioso per noi.

▷ **advent** /'ædvent/ n. *(of person)* arrivo m. (**of** di); *(of technique, product)* avvento m. (**of** di).

Advent /'ædvent/ **I** n.pr. RELIG. Avvento m. **II** modif. [*Sunday*] d'Avvento; [*candle, calendar*] dell'Avvento.

Adventism /'ædventɪzəm/ n. avventismo m.

Adventist /'ædventɪst/ n. avventista m. e f.

adventitious /,ædven'tɪʃəs/ agg. FORM. avventizio; casuale, occasionale.

▷ **1.adventure** /əd'ventʃə(r)/ **I** n. avventura f.; ***it was an ~ for me to see the pyramids*** vedere le piramidi per me è stata un'impresa emozionante **II** modif. [*story, film*] d'avventura.

2.adventure /əd'ventʃə(r)/ **I** tr. rischiare, mettere a rischio **II** intr. avventurarsi (**into, on** in).

adventure holiday /əd,ventʃə'hɒlədeɪ/ n. vacanze f.pl. "avventura".

adventure playground /əd,ventʃə'pleɪgraʊnd/ n. BE = campo di giochi per bambini (con strutture che stimolano il gioco di movimento e l'invenzione di scenari di fantasia).

adventurer /əd'ventʃərə(r)/ n. avventuriero m. (anche SPREG.).

adventuress /əd'ventʃərɪs/ n. (pl. **~es**) avventuriera f. (anche SPREG.).

adventurous /əd'ventʃərəs/ agg. **1** [*person, holiday, life*] avventuroso **2** [*person, plan, policy, tastes*] innovatore.

adverb /'ædvɜːb/ n. avverbio m.

adverbial /əd'vɜːbɪəl/ **I** n. locuzione f. avverbiale, sintagma m. avverbiale **II** agg. avverbiale.

adverbially /əd'vɜːbɪəlɪ/ avv. avverbialmente.

adversarial /,ædvə'seərɪəl/ agg. **1** DIR. accusatorio **2** [*relations, approach*] antagonistico.

▷ **adversary** /'ædvəsərɪ, AE -serɪ/ n. avversario m. (-a), antagonista m. e f.

adversary proceeding /,ædvəsərɪprə'siːdɪŋ/ n. AE DIR. procedimento m. accusatorio.

adversative /əd'vɜːsətɪv/ agg. avversativo.

▷ **adverse** /'ædvɜːs/ agg. [*reaction, decision, conditions*] avverso, ostile; [*aspect, publicity*] sfavorevole (**to** a, per); [*trend, effect, consequences, influence*] negativo (**to** per).

adversely /'ædvɜːslɪ/ avv. ***to affect, influence sb., sth. ~*** avere un effetto negativo, un'influenza negativa su qcn., qcs.

adversity /əd'vɜːsətɪ/ n. **1 U** *(misfortune)* avversità f.pl.; ***in ~*** nelle avversità **2** *(instance of misfortune)* disgrazia f., sfortuna f.

1.advert /'ædvɜːt/ n. BE COLLOQ. *(in newspaper)* annuncio m.; *(in personal column)* annuncio m. personale; *(on TV)* pubblicità f., spot m.

2.advert /əd'vɜːt/ intr. FORM. ***to ~ to sth.*** riferirsi a, fare riferimento a qcs. [*fact, law*]; volgere l'attenzione a qcs. [*question*].

advertence /əd'vɜːtəns/ RAR. avvertenza f., cautela f.

▶ **advertise** /'ædvətaɪz/ **I** tr. **1** *(for publicity)* fare pubblicità a, reclamizzare [*product, party, group, event, service*]; annunciare, rendere noto [*price, rate*] **2** *(for sale, applications)* mettere, (far) pubblicare un annuncio, un'inserzione per [*car, furniture, house, job, vacancy, etc.*]; ***I'm ringing about the car ~d in Monday's paper*** telefono per l'auto dell'annuncio sul giornale di lunedì; ***the post has been ~d in the local paper, several times*** l'annuncio per il posto è stato pubblicato sul giornale locale, più volte **3** *(make* *known)* segnalare [*presence*]; rendere noto, pubblico [*contacts, losses*]; palesare, manifestare [*ignorance, weakness*]; ***to ~ (the fact) that*** rendere noto che; ***to ~ one's presence*** segnalare la propria presenza; ***we would like to ~ our willingness to...*** vorremmo dichiarare la nostra volontà di... **II** intr. **1** *(for sales, publicity)* fare pubblicità **2** *(for staff)* pubblicare un annuncio, un'inserzione; ***to ~ in the newspaper, for an accountant*** pubblicare un annuncio sul giornale, per trovare un ragioniere.

▷ **advertisement** /əd'vɜːtɪsmənt, AE ˌædvər'taɪzmənt/ n. **1** *(for company, product etc.)* annuncio m. pubblicitario, pubblicità f. (**for** di); *(for event, concert)* pubblicità f. (**for** di); ***a beer ~*** la pubblicità di una birra; ***a good, bad ~ for*** FIG. una buona, cattiva pubblicità per *o* a **2** *(to sell house, car, appliance etc.)* annuncio m., inserzione f.; *(in small ads)* piccola pubblicità f. **3** (anche **job** ~) annuncio m., inserzione f. (di lavoro) (**for** per) **4 U** pubblicità f.; ***for the purposes of ~*** a scopo pubblicitario.

advertiser /'ædvətaɪzə(r)/ ➧ **27** n. *(company)* agenzia f. pubblicitaria; *(agent)* pubblicitario m. e f.; *(on radio, in newspaper)* AE inserzionista m. e f.

▷ **advertising** /'ædvətaɪzɪŋ/ n. **U 1** *(activity, profession)* pubblicità f.; ***a career in ~*** una carriera nella pubblicità; ***to go into ~*** entrare in pubblicità **2** *(advertisements)* ***beer, car ~*** la pubblicità della birra, delle automobili; ***TV, newspaper, roadside ~*** la pubblicità in TV, sui giornali, sui cartelloni pubblicitari; ***the power of ~*** il potere della pubblicità.

advertising agency /'ædvətaɪzɪŋˌeɪdʒənsɪ/ n. agenzia f. pubblicitaria.

advertising agent /'ædvətaɪzɪŋˌeɪdʒənt/ ➧ **27** n. agente m. e f. pubblicitario (-a).

advertising campaign /'ædvətaɪzɪŋkæmˌpeɪn/ n. campagna f. pubblicitaria.

advertising executive /'ædvətaɪzɪŋɪgˌzekjʊtɪv/ ➧ **27** n. direttore m. (-trice) pubblicitario (-a).

advertising industry /'ædvətaɪzɪŋˌɪndəstrɪ/ n. (industria della) pubblicità f.

advertising man /'ædvətaɪzɪŋˌmæn/ ➧ **27** n. (pl. **advertising men**) pubblicitario m. (-a).

advertising revenue /'ædvətaɪzɪŋˌrevənjuː/ n. entrate f.pl. pubblicitarie, introiti m.pl. pubblicitari.

Advertising Standards Authority /ˌædvətaɪzɪŋ'stændəz ɔːˌθɒrɪtɪ/ n. BE AMM. COMM. = organismo di autodisciplina pubblicitaria.

▶ **advice** /əd'vaɪs/ n. **1 U** *(informal)* consiglio m., consigli m.pl. (**on, about** su, riguardo a); ***a word*** o ***piece of ~*** un consiglio; ***his ~ to them was to keep calm, to pay*** ha consigliato loro di restare calmi, di pagare; ***her ~ that parents should reward their children*** il suo consiglio ai genitori di premiare i figli; ***to give sb. ~*** dare consigli a qcn.; ***to take*** o ***follow sb.'s ~*** seguire i consigli di qcn.; ***to do sth. against sb.'s ~*** fare qcs. nonostante i consigli di qcn.; ***to do sth. on sb.'s ~*** fare qcs. su consiglio di qcn.; ***it was sound, good ~*** era un saggio, buon consiglio; ***if you want my ~*** *(opinion)* se vuoi la mia opinione **2 U** *(professional)* ***to seek*** o ***take ~ from sb. (about sth.)*** chiedere un parere a qcn. (riguardo a qcs.); ***to seek financial, legal, medical ~*** chiedere il parere di *o* consultare un esperto di finanza, un avvocato, un medico; ***to follow medical ~*** seguire i consigli del medico; ***get expert ~*** consultate uno specialista; ***I shall have to take legal ~*** dovrò sentire il parere di un avvocato **3** COMM. avviso m.; ***~ of delivery*** avviso di consegna *o* ricevuta di ritorno.

advice note /əd'vaɪsˌnəʊt/ n. **1** *(in banking)* avviso m. di accreditamento; lettera f. di avviso **2** COMM. *(from sender)* avviso m. di spedizione; *(from receiver)* avviso m. di ricevimento.

advisability /ədˌvaɪzə'bɪlətɪ/ n. opportunità f.; ***to have doubts about the ~ of doing sth.*** avere dubbi sull'opportunità di fare qcs.

advisable /əd'vaɪzəbl/ agg. consigliabile, opportuno; ***it is ~ to do*** è consigliabile *o* opportuno fare.

advisableness /əd'vaɪzəblnɪs/ → **advisability**.

advisably /əd'vaɪzəblɪ/ avv. opportunamente.

▶ **advise** /əd'vaɪz/ **I** tr. **1** *(give advice to)* consigliare, dare consigli a (**about** su); ***to ~ sb. to do*** [*person, organization*] consigliare a qcn. di fare; ***to ~ sb. against doing sth.*** sconsigliare a qcn. di fare qcs.; ***to ~ sb. what to do*** consigliare a qcn. che cosa fare *o* consigliare qcn. sul da farsi; ***to ~ sb. on sth.*** *(act as advisers)* consigliare qcn. su qcs.; ***to ~ sb. of*** avvertire di [*risk, danger*]; ***you are ~d to...*** si prega di... *o* si raccomanda di...; ***passengers are ~d to do, not to do*** i passeggeri sono pregati di fare, non fare *o* si prega i passeggeri di fare, non fare **2** *(recommend)* consigliare, raccomandare [*course of action*] **3** *(give information to)* informare (**about** di) **4** FORM. *(inform)* informare, avvisare (**of** di); ***to ~ sb. that*** avvisare qcn. che, notificare a qcn. che **II** intr. ***to ~ on sth.*** *(give advice)* consigliare su qcs.; *(inform)* informare su qcs.; ***to ~ on doing sth.*** consigliare su come fare qcs.

advised /əd'vaɪzd/ **I** p.pass. → **advise II** agg. **1** informato; ***keep me ~*** tienimi informato **2** *(considered)* deliberato **3** [*person*] prudente, cauto.

advisedly /əd'vaɪzɪdlɪ/ avv. [*use word, say*] con cognizione di causa; deliberatamente.

adviser, advisor /əd'vaɪzə(r)/ n. consigliere m. (-a), consulente m. e f. (**to** di); ***she acts as an ~ to the committee*** opera come consulente del comitato; ***he is a financial, scientific ~*** è un consulente finanziario, scientifico; ***a senior ~ for education*** = consigliere responsabile dell'organizzazione didattica.

▷ **advisory** /əd'vaɪzərɪ/ agg. [*role*] consultivo, di consulenza; ***~ committee*** comitato consultivo; ***to act, do sth. in an ~ capacity*** agire, fare qcs. in veste di consulente.

advisory group /əd'vaɪzərɪˌgruːp/ n. comitato m. consultivo, gruppo m. di consultazione.

advisory service /əd'vaɪzərɪˌsɜːvɪs/ n. servizio m. di consulenza.

advocaat /ˌædvə'kɑː/ n. INTRAD. m. (liquore a base di uova, zucchero e brandy).

advocacy /'ædvəkəsɪ/ n. **U 1** perorazione f., difesa f.; ***the ~ of sth. by sb.*** la perorazione di qcs. da parte di qcn. **2** DIR. avvocatura f., patrocinio m.

1.advocate /'ædvəkət/ n. **1** ➧ **27** DIR. avvocato m. (-essa); ***Advocate General*** *(in EU)* avvocato generale **2** *(supporter)* sostenitore m. (-trice), fautore m. (-trice); ***to be an ~ of*** essere un sostenitore di.

2.advocate /'ædvəkeɪt/ tr. sostenere; ***~ abolishing sth.*** sostenere l'abolizione di qcs.; ***the policy ~d by the director*** la politica sostenuta dal direttore.

advocation /ædvə'keɪʃn/ n. avocazione f.

advt ⇒ advertisement annuncio pubblicitario, pubblicità.

adze, adz AE /ædz/ n. ascia f. (per carpenteria).

adzuki bean /æ'dʒuːkɪˌbiːn/ n. (fagiolo) azuki m.

AEA n. GB (⇒ Atomic Energy Authority) = ente per l'energia atomica.

AEC n. US (⇒ Atomic Energy Commission) = commissione per l'energia atomica.

aedile /'iːdaɪl/ n. *(in ancient Rome)* edile m.

Aegean /iː'dʒiːən/ ➧ **20 I** agg. egeo **II** n.pr. ***the ~*** l'Egeo.

Aegeus /'iːdʒjuːs/ n.pr. Egeo.

aegis /'iːdʒɪs/ n. ***under the ~ of*** sotto l'egida di.

aegrotat /'iːgrəʊtæt/ n. GB = certificato medico che consente di superare un esame universitario che non si è potuto sostenere per malattia.

Aelfric /'ælfrɪk/ n.pr. Aelfric (nome di uomo).

Aeneas /ɪ'niːəs/ n.pr. Enea.

Aeneid /ɪ'niːɪd/ n.pr. ***the ~*** l'Eneide f.

aeolian /iː'əʊlɪən/ agg. eolio; ***~ harp*** arpa eolia.

Aeolic /iː'ɒlɪk/ agg. eolico, eolio.

aeolotropy /iːə'lɒtrəpɪ/ n. anisotropia f.

Aeolus /'iːələs, iː'əʊləs/ n.pr. Eolo.

aeon, eon AE /'iːən/ n. **1** eon m., eone m. **2** COLLOQ. ***~s ago*** milioni di anni fa.

aerate /'eəreɪt/ tr. **1** aerare [*soil*] **2** *(make effervescent)* gassare, addizionare con anidride carbonica [*liquid*] **3** ossigenare [*blood*].

aeration /eə'reɪʃn/ n. **1** *(of soil)* aerazione f. **2** *(of liquid)* gassatura f., addizione f. di anidride carbonica **3** *(of blood)* ossigenazione f.

aerator /'eəreɪtə(r)/ n. aeratore m.

▷ **1.aerial** /'eərɪəl/ n. antenna f.; ***TV, radio ~*** antenna della televisione, della radio; ***satellite ~*** parabola *o* antenna parabolica, satellitare.

2.aerial /'eərɪəl/ agg. aereo; ***~ photograph, view*** fotografia, veduta aerea.

aerial camera /ˌeərɪəl'kæmərə/ n. macchina f. aerofotografica.

aerial ladder /ˌeərɪəl'lædə(r)/ n. AE scala f. aerea.

aerial warfare /ˌeərɪəl'wɔːfeə(r)/ n. guerra f. aerea.

aerialist /ˌeərɪəlɪst/ ➧ **27** n. AE acrobata m. e f.; trapezista m. e f.

aerie AE → **eyrie**.

aeriform /'eərɪfɔːm/ agg. **1** *(gaseous)* aeriforme, gassoso **2** *(insubstantial)* irreale.

aerify /'eərɪfaɪ/ tr. **1** *(mix with air)* aerare **2** *(change into gas)* gassificare.

aerobatics /ˌeərə'bætɪks/ **I** n. **1** *(performance)* + verbo sing. acrobatica f. aerea **2** *(manoeuvres)* + verbo pl. acrobazie f. aeree **II** modif. [*stunt, display*] di acrobazie aeree.

aerobe /'eərəʊb/ n. aerobio m.

aerobic /eə'rəʊbɪk/ agg. 1 [*respiration, fermentation*] aerobico 2 [*workout*] di aerobica.
aerobics /eə'rəʊbɪks/ ⧫ *10* I n. + verbo sing. (ginnastica) aerobica f. II modif. [*class, routine*] di aerobica.
aerodrome /'eərədrəʊm/ n. BE aerodromo m.
aerodynamic /ˌeərəʊdaɪ'næmɪk/ agg. *(all contexts)* aerodinamico.
aerodynamics /ˌeərəʊdaɪ'næmɪks/ n. 1 *(science)* + verbo sing. aerodinamica f. 2 *(styling)* + verbo sing. aerodinamicità f. 3 *(forces)* + verbo pl. forze f. aerodinamiche.
aerodyne /'eərədaɪn/ n. aerodina f.
aeroembolism /ˌeərəʊ'embəlɪzəm/ n. embolia f. gassosa.
aeroengine /ˌeərəʊ'endʒɪn/ n. motore m. per aerei, d'aviazione.
aerofoil /'eərəfɔɪl/ n. superficie f. aerodinamica, portante.
aerogram(me) /'eərəgræm/ n. aerogramma m.
aerograph /'eərəʊgrɑːf, AE -græf/ n. meteorografo m.
aerolite /'eərəlaɪt/ n. aerolito m.
aerology /eə'rɒlədʒɪ/ n. aerologia f.
aerometer /eə'rɒmɪtə(r)/ n. aerometro m.
aerometry /eə'rɒmətrɪ/ n. aerometria f.
aeromodelling BE, **aeromodeling** AE /ˌeərəʊ'mɒdəlɪŋ/ n. aeromodellismo m.
aeronaut /'eərənɔːt/ n. aeronauta m. e f.
aeronautic(al) /ˌeərə'nɔːtɪk(l)/ agg. [*skill, college*] aeronautico; [*magazine*] di aeronautica.
aeronautic(al) engineer /eərə'nɔːtɪk(l)ˌendʒɪˌnɪə(r)/ ⧫ *27* n. ingegnere m. aeronautico.
aeronautic(al) engineering /eərə'nɔːtɪk(l)ˌendʒɪˌnɪərɪŋ/ n. ingegneria f. aeronautica.
aeronautics /ˌeərə'nɔːtɪks/ I n. + verbo sing. aeronautica f. II modif. [*firm*] aeronautico; [*institute*] aeronautico, di aeronautica; [*student*] di aeronautica.
aerophagy /eə'rɒfədʒɪ/ ⧫ *11* n. aerofagia f.
aerophobia /ˌeərə'fəʊbɪə/ ⧫ *11* n. aerofobia f.
aerophyte /'eərəfaɪt/ n. aerofita f.
▷ **aeroplane** /'eərəpleɪn/ n. BE aereo m., aeroplano m.; ***by*** ~ in aereo.
aerosol /'eərəsɒl, AE -sɔːl/ I n. *(spray can, system)* aerosol m. II modif. [*paint, deodorant*] (in) aerosol, spray.
aerospace /'eərəʊspeɪs/ I n. 1 spazio m. atmosferico 2 *(industry)* industria f. aerospaziale II modif. [*engineer, company, project*] aerospaziale.
aerostat /'eərəstæt/ n. aerostato m.
aerostatic(al) /eərə'stætɪk(l)/ agg. aerostatico.
aerostatics /eərə'stætɪks/ n. + verbo sing. aerostatica f.
aerotrain /'eərətreɪn/ n. aerotreno m.
aeruginous /ɪə'ruːdʒɪnəs/ agg. color verderame.
1.aery → **eyrie**.
2.aery /'eərɪ, 'eɪərɪ/ agg. etereo, incorporeo.
Aesculapius /iːskjʊ'leɪprəs/ n.pr. Esculapio.
Aesop /'iːsɒp/ n.pr. Esopo.
aesthete /'iːsθiːt/ n. esteta m. e f.
aesthetic /iːs'θetɪk/ n. estetica f.
aesthetic(al) /iːs'θetɪk(l)/ agg. 1 [*sense, appeal*] estetico 2 [*design, arrangement*] estetico, armonioso.
aesthetically /iːs'θetɪklɪ/ avv. [*satisfying, pleasing*] esteticamente, dal punto di vista estetico; [*improve*] esteticamente; [*restore*] con gusto.
aestheticism /iːs'θetɪsɪzəm/ n. 1 *(doctrine)* estetismo m. 2 *(taste)* senso m. estetico 3 *(quality)* valore m. estetico.
▷ **aesthetics** /iːs'θetɪks/ n. 1 *(concept)* + verbo sing. estetica f. 2 *(aspects of appearance)* + verbo pl. estetica f.sing.
aestival /iː'staɪvl/ agg. RAR. estivo.
aestivate /'iːstɪveɪt/ intr. passare l'estate in letargo.
aestivation /iːstɪ'veɪʃn/ n. estivazione f.
aether → **ether**.
aetiological /iːtɪə'lɒdʒɪkl/ agg. eziologico, etiologico.
aetiology /iːti'ɒlədʒɪ/ n. eziologia f., etiologia f.
AEU n. GB (⇒ Amalgamated Engineering Union) = sindacato unitario dei lavoratori metalmeccanici.
af ⇒ audio frequency audiofrequenza.
AFA n. GB (⇒ Amateur Football Association) = associazione calciatori dilettanti.
afar /ə'fɑː(r)/ avv. LETT. lontano, lungi; ***from*** ~ da lontano.
AFB n. US (⇒ Air Force Base) = base aeronautica.
AFDC n. US (⇒ Aid to Families with Dependent Children) = programma di aiuti economici, sussidio alle famiglie bisognose con figli a carico.

afeared /ə'fɪəd/ agg. ANT. ***to be*** ~ essere spaventato.
affability /ˌæfə'bɪlətɪ/ n. affabilità f.
affable /'æfəbl/ agg. affabile.
affably /'æfəblɪ/ avv. affabilmente.
▶ **affair** /ə'feə(r)/ I n. 1 *(event, incident)* affare m., evento m., vicenda f.; ***the Haltrey*** ~ l'affare Haltrey; ***the wedding was a grand*** ~ il matrimonio è stato un grande evento 2 *(matter)* affare m., faccenda f., questione f.; ***at first the conflict seemed a small*** ~ all'inizio il conflitto sembrava una questione di poco conto; ***state of ~s*** situazione; ***it's a sad state of ~s*** è una situazione penosa 3 *(relationship)* relazione f. (amorosa) (**with** con); *(casual)* avventura f.; ***a passionate*** ~ una relazione appassionata 4 *(concern)* ***it's my*** ~ è affar mio 5 *(thing)* affare m., roba f.; ***the dress, cake was an extraordinary*** ~ il vestito, la torta era una roba straordinaria II **affairs** n.pl. 1 POL. GIORN. affari m.; ***foreign ~s*** affari esteri; ***~s of state*** affari di stato; ***they should not interfere in Egypt's (internal) ~s*** non dovrebbero ingerirsi negli affari interni dell'Egitto; ***he deals with consumer ~s*** si occupa dei problemi dei consumatori; ***foreign, religious ~s correspondent*** GIORN. corrispondente estero, esperto in questioni religiose 2 *(business)* affari m.; ***to put one's ~s in order*** mettere ordine nei propri affari.
▶ **1.affect** /ə'fekt/ tr. 1 *(influence)* [*law, decision, event, issue*] riguardare, toccare, concernere [*person, group, region*]; [*problem, injustice, strike, cuts*] avere effetti su, ripercuotersi su [*person, group, region*]; [*factor, development*] incidere su, influire su, ripercuotersi su [*earnings, job, state of affairs*]; ***how is it ~ing the baby?*** quali sono le conseguenze sul bambino? 2 *(emotionally)* [*experience, image, music, news, discovery, atmosphere*] colpire, impressionare 3 MED. *(afflict)* colpire [*person*]; colpire, interessare [*heart, liver, faculty*].
2.affect /ə'fekt/ tr. 1 FORM. *(feign)* affettare; fingere [*surprise, ignorance*] (**to do** di fare); simulare [*accent*] 2 FORM. *(like)* amare, prediligere.
3.affect /ə'fekt/ n. PSIC. affezione f., affetto m.
affectation /ˌæfek'teɪʃn/ n. *(all contexts)* affettazione f. (**of** di).
▷ **1.affected** /ə'fektɪd/ I p.pass. → **1.affect** II agg. 1 *(influenced) (by event, change, decision)* interessato; *(adversely)* colpito (**by** da); ~ ***by the disaster*** colpito dal disastro 2 *(emotionally)* commosso, colpito (**by** da) 3 MED. [*person*] colpito (**by** da); [*part*] colpito, interessato (**by** da).
2.affected /ə'fektɪd/ I p.pass. → **2.affect** II agg. 1 SPREG. *(mannered)* affettato 2 SPREG. *(feigned)* finto, falso.
affectedly /ə'fektɪdlɪ/ avv. [*behave, speak*] affettatamente.
affectedness /ə'fektɪdnɪs/ n. affettazione f.
affecting /ə'fektɪŋ/ agg. commovente, toccante.
▷ **affection** /ə'fekʃn/ n. 1 affetto m. (**for sb.** per qcn.); ***to show*** ~ mostrare affetto; ***the ~s of the public*** l'affetto del pubblico; ***to win sb.'s ~s*** conquistare l'affetto *o* la simpatia di qcn. 2 *(disease)* affezione f.
affectional /ə'fekʃənl/ agg. affettivo.
affectionate /ə'fekʃənət/ agg. [*child, animal*] affettuoso; [*memory, account, picture*] tenero, affettuoso.
affectionately /ə'fekʃənətlɪ/ avv. [*smile, speak*] affettuosamente; [*recall*] con affetto; ***yours*** ~ *(ending letter)* affettuosamente tuo, suo, vostro *o* affettuosi saluti *o* con affetto; ~ ***known as*** *(of person)* soprannominato affettuosamente.
affectionateness /ə'fekʃənətnɪs/ n. affettuosità f.
affective /ə'fektɪv/ agg. affettivo.
affectivity /əfek'tɪvətɪ/ n. affettuosità f., affettività f.
afferent /'æfərənt/ agg. afferente.
1.affiance /ə'faɪəns/ n. ANT. LETT. promessa f. di matrimonio.
2.affiance /ə'faɪəns/ tr. ANT. LETT. promettere in matrimonio, fidanzare.
affidavit /ˌæfɪ'deɪvɪt/ n. affidavit m.; ***to swear an*** ~ fare una dichiarazione giurata (**that** che).
1.affiliate /ə'fɪlɪeɪt/ n. filiale f.; società f. affiliata.
2.affiliate /ə'fɪlɪeɪt/ I tr. affiliare, associare (**to, with** a) II intr. *(combine)* affiliarsi, associarsi (**with** a).
▷ **affiliated** /ə'fɪlɪeɪtɪd/ I p.pass. → **2.affiliate** II agg. affiliato, associato (**to, with** a); ~ ***member*** affiliato.
affiliation /əˌfɪlɪ'eɪʃn/ n. affiliazione f.; ***what is his political ~?*** qual è la sua appartenenza politica?
affiliation order /əfɪlɪˌeɪʃn'ɔːdə(r)/ n. = ingiunzione al genitore naturale per il mantenimento del minore.
affiliation proceedings /əfɪlɪˌeɪʃnprə'siːdɪŋz/ n.pl. procedura f.sing. di affiliazione.
affined /ə'faɪnd/ agg. ANT. affine; congiunto.

affinity /ə'fɪnətɪ/ n. **1** *(liking, attraction, relationship)* affinità f. (**with, for** con; **between** tra); attrazione f. (**with, for** per) **2** *(resemblance)* affinità f., somiglianza f. (**to, with** con) **3** DIR. affinità f., parentela f. acquisita **4** CHIM. affinità f.

affinity (credit) card /ə'fɪnətɪˌkɑ:d, əˌfɪnətɪ'kredɪtˌkɑ:d/ n. = carta di credito emessa per i membri di un dato gruppo.

affinity group /əˌfɪnətɪ'gru:p/ n. = gruppo di persone, appartenenti a un club o a un'associazione, che condividono interessi comuni.

▷ **affirm** /ə'fɜ:m/ tr. **1** *(state positively)* affermare (**that** che) **2** *(state belief in)* sostenere [*right, policy*] **3** *(confirm, strengthen)* confermare [*support, popularity*] **4** DIR. = dichiarare senza prestare giuramento.

affirmable /ə'fɜ:məbl/ agg. affermabile.

affirmation /ˌæfə'meɪʃn/ n. **1** affermazione f. (**of** di) **2** DIR. = dichiarazione solenne in sostituzione del giuramento.

▷ **affirmative** /ə'fɜ:mətɪv/ **I** agg. [*reply, nod, statement*] affermativo **II** n. ***to reply, answer in the ~*** rispondere affermativamente, dare una risposta affermativa **III** inter. AE affermativo.

affirmative action /ə'fɜ:mətɪvˌækʃn/ n. = misure contro la discriminazione nei confronti delle minoranze e delle donne in ambito professionale.

affirmatively /ə'fɜ:mətɪvlɪ/ avv. affermativamente.

affirmatory /ə'fɜ:mətərɪ, AE -tɔ:rɪ/ agg. affermativo.

1.affix /'æfɪks/ n. LING. affisso m.

2.affix /ə'fɪks/ tr. FORM. **1** attaccare [*stamp*] **2** apporre [*signature*].

afflatus /ə'fleɪtəs/ n. afflato m.

afflict /ə'flɪkt/ tr. [*poverty, disease, recession*] affliggere; ***to be ~ed by*** essere afflitto da [*grief, illness*].

affliction /ə'flɪkʃn/ n. **1** *(illness)* disturbo m. **2** U *(suffering)* afflizione f., dolore m.; ***people in ~*** persone che soffrono.

afflictive /ə'flɪktɪv/ agg. che affligge, afflittivo.

affluence /'æflʊəns/ n. **1** *(wealthiness)* ricchezza f., benessere m.; *(plenty)* abbondanza f., ricchezza f. **2** *(flow of people)* affluenza f., afflusso m.

affluent /'æflʊənt/ **I** agg. [*person, area*] ricco; [*society*] affluente, opulento **II** n. **1** GEOGR. affluente m. **2** ***the ~*** + verbo pl. i ricchi.

affluential /ˌæflʊ'enʃl/ agg. = ricco e influente.

affluenza /ˌæflʊ'enzə/ n. = senso di malessere psichico che può colpire le persone benestanti.

afflux /'æflʌks/ n. **1** afflusso m. **2** FORM. *(of people)* affluenza f., afflusso m.

▶ **afford** /ə'fɔ:d/ tr. **1** *(have money for)* ***to be able to ~ sth.*** potersi permettere qcs.; ***if I can ~ it, I'll buy a car*** se potrò permettermelo, comprerò una macchina; ***to be able to ~ to do sth.*** *(as necessary expense)* riuscire a, farcela a fare qcs.; *(as chosen expense)* potersi permettere di fare; ***I can't ~ to pay the rent*** non riesco a pagare l'affitto; ***I can't ~ a new dress*** non posso permettermi un nuovo vestito; ***how can he ~ to buy such expensive clothes?*** come fa a comprare dei vestiti così cari? ***please give what you can ~*** date *o* donate secondo le vostre possibilità **2** *(spare)* ***to be able to ~*** disporre di [*space, time*] **3** *(risk)* ***to be able to ~ sth., to do*** permettersi qcs., di fare; ***the government can't ~ the risk, to lose*** il governo non può permettersi il rischio, di perdere; ***he can ~, can ill ~ to wait*** può, non può permettersi di aspettare **4** FORM. ***to ~ sb. sth.*** offrire, fornire qcs. a qcn. [*protection, support, view, opportunity*]; procurare, dare qcs. a qcn. [*pleasure, satisfaction*].

▷ **affordable** /ə'fɔ:dəbl/ agg. [*price*] accessibile; [*pleasure, luxury*] alla propria portata, che ci si può permettere; ***it's ~ for students, the elderly*** è alla portata degli studenti, degli anziani; ***~ for all*** alla portata di tutti, per tutte le tasche; ***"beautiful cars at ~ prices"*** "belle macchine a prezzi accessibili".

affordable housing /ə'fɔ:dəblˌhaʊzɪŋ/ n. = alloggi a prezzo contenuto, per favorire l'acquisto da parte dei ceti meno abbienti.

afforest /ə'fɒrɪst, AE ə'fɔ:r-/ tr. imboschire, piantare a bosco.

afforestation /əˌfɒrɪ'steɪʃn, AE əˌfɔ:r-/ n. imboschimento m.

affranchise /ə'fræntʃaɪz/ tr. affrancare, liberare.

affray /ə'freɪ/ n. rissa f., zuffa f., tafferuglio m.

affreightment /ə'freɪtmənt/ n. noleggio m. di nave (per il trasporto di merci).

affricate /'æfrɪkət/ n. affricata f.

affricated /'æfrɪkeɪtɪd/ agg. affricato.

affricative /ə'frɪkətɪv/ agg. affricato.

1.affright /ə'fraɪt/ n. ANT. LETT. spavento m., paura f.

2.affright /ə'fraɪt/ tr. ANT. LETT. spaventare, impaurire.

1.affront /ə'frʌnt/ n. affronto m., offesa f., insulto m.

2.affront /ə'frʌnt/ tr. gener. passivo insultare, offendere.

affusion /ə'fjʊʒn/ n. aspersione f.

Afghan /'æfgæn/ ♦ *18, 14* **I** agg. (anche **Afghani**) afg(h)ano **II** n. **1** (anche **Afghani**) *(person)* Afg(h)ano m. (-a) **2** (anche **Afghani**) *(language)* afg(h)ano m. **3** *(coat)* = cappotto di montone rovesciato, con il pelo all'interno.

Afghan hound /ˌæfgæn'haʊnd/ n. levriero m. afg(h)ano.

Afghani /æf'gænɪ/ → **Afghan**.

Afghanistan /æf'gænɪstɑ:n, -stæn/ ♦ *6* n.pr. Afghanistan m.

aficionado /əˌfɪsjə'nɑ:dəʊ, əˌfɪʃj-/ n. (pl. **~s**) aficionado m. (-a), appassionato m. (-a), tifoso m. (-a).

afield /ə'fi:ld/: **far afield** lontano; ***further ~*** più lontano; ***to look, go further ~*** guardare, andare più lontano; ***from as far ~ as China and India*** fin dalla Cina e dall'India.

afire /ə'faɪə(r)/ **I** agg. LETT. mai attrib. in fiamme, infuocato; ***to be ~ with enthusiasm*** essere pieno, ardere di entusiasmo **II** avv. LETT. in fiamme; ***to set sth. ~*** dare alle fiamme qcs.

aflame /ə'fleɪm/ **I** agg. LETT. mai attrib. in fiamme, infuocato; ***to be ~ with*** bruciare di, ardere di [*desire*]; essere pieno di [*enthusiasm*] **II** avv. LETT. in fiamme; ***to set sth. ~*** dare alle fiamme qcs.

AFL-CIO n. AE (⇒ American Federation of Labor and Congress of Industrial Organizations) = federazione americana del lavoro e associazione delle organizzazioni industriali.

afloat /ə'fləʊt/ agg. e avv. **1** *(in water)* ***to stay*** o ***remain ~*** [*body, person, boat, object*] stare, rimanere a galla, galleggiare; ***I could see a body, an object ~ in the water*** vedevo un corpo, un oggetto che galleggiava *o* galleggiare sull'acqua; ***she had difficulty staying ~*** faceva fatica a rimanere a galla; ***to get a boat ~*** disincagliare una barca **2** *(financially)* ***to remain*** o ***stay ~*** navigare in buone acque; ***to keep the economy ~*** mantenere in piedi l'economia **3** *(at sea, on the water)* in mare; ***it's the best-equipped ship ~*** è la nave meglio equipaggiata che ci sia in mare; ***a day, week ~*** una giornata, una settimana in nave *o* in barca.

aflutter /ə'flʌtə(r)/ agg. **1** mai attrib. [*bird*] che batte le ali **2** FIG. eccitato, emozionato.

afoot /ə'fʊt/ agg. ***there is something, mischief ~*** sta per succedere qualcosa, guai in vista; ***there is a plan*** o ***there are plans ~ to...*** si sta prendendo in considerazione di...; ***there are changes ~*** ci sono cambiamenti in vista.

afore /ə'fɔ:(r)/ ANT. → **1.before, 3.before**.

aforecited /ə'fɔ:saɪtɪd/ agg. FORM. suddetto, succitato.

aforegoing /ə'fɔ:gəʊɪŋ/ agg. FORM. precedente.

aforehand /ə'fɔ:hænd/ avv. FORM. anticipatamente, anzitempo.

aforementioned /əˌfɔ:'menʃənd/ **I** agg. FORM. o DIR. [*document, incident, person*] summenzionato, suddetto; ***the ~ Fred Jones*** il summenzionato Fred Jones **II** n. FORM. o DIR. ***the ~*** il summenzionato, il suddetto.

aforesaid /ə'fɔ:sed/ agg. FORM. o DIR. [*document, incident, person*] suddetto, predetto, sopra citato; ***the ~ Fred Jones*** il suddetto Fred Jones.

aforethought /ə'fɔ:θɔ:t/: **with malice ~** DIR. con premeditazione.

aforetime /ə'fɔ:taɪm/ avv. ANT. in passato, un tempo.

a fortiori /ˌeɪ ˌfɔ:tɪ'ɔ:raɪ/ avv. FORM. a fortiori.

afoul /ə'faʊl/ avv. FORM. ***to run ~ of*** FIG. entrare in conflitto con.

▶ **afraid** /ə'freɪd/ agg. **1** *(frightened)* ***don't be ~*** non aver paura; ***to be ~*** aver paura, timore (**of** di; **to do, of doing** di fare); ***she's ~ of you, of the dark*** ha paura di te, del buio; ***is he ~ of flying, of getting hurt?*** ha paura di volare, di farsi male? **2** *(anxious)* ***to be ~*** temere (**for sb., sth.** per qcn., qcs.); ***she was ~ (that) there would be an accident*** temeva che ci potesse essere un incidente; ***I was ~ (that) I would get hurt*** avevo paura *o* temevo di farmi male; ***he was ~ (that) she might get hurt*** temeva che potesse farsi male; ***I'm ~ it might rain*** temo che pioverà **3** *(in expressions of regret)* ***I'm ~ I can't come*** temo di non poter venire; ***"did they win?" - "I'm ~ not"*** "hanno vinto?" - "no, purtroppo" **4** *(as polite formula)* ***I'm ~ the house is in a mess*** scusate il disordine in casa; ***I'm ~ I don't agree*** mi dispiace, non sono d'accordo; ***"are you parking here?" - "I'm ~ so"*** "parcheggia qui?" "sì".

afresh /ə'freʃ/ avv. da capo, di nuovo; ***to start ~*** ricominciare da capo; *(in life)* ripartire da zero.

Africa /'æfrɪkə/ ♦ *6* n.pr. Africa f.; ***to ~*** in Africa.

African /'æfrɪkən/ **I** agg. africano **II** n. africano m. (-a).

African-American, African American /ˌæfrɪkənə'merɪkən/ **I** agg. afroamericano **II** n. afroamericano m. (-a).

African elephant /'æfrɪkənˌelɪfənt/ n. elefante m. africano.

Africanism /'æfrɪkənɪzəm/ n. africanismo m.

Africanist /'æfrɪkənɪst/ n. africanista m. e f.

Africanization /æfrikənaɪ'zeɪʃn, AE -nɪ'z-/ n. africanizzazione f.

Africanize /'æfrɪkənaɪz/ tr. africanizzare.

African National Congress /ˌæfrɪkənˌnæʃnəl'kɒŋgres/ n. = movimento politico della Repubblica Sudafricana di opposizione al regime razzista.

African violet /'æfrɪkənˌvaɪələt/ n. violetta f. africana, saintpaulia f.

Afrikaans /ˌæfrɪ'kɑːns/ ◗ *14* n. afrikaans m.

Afrikaner /ˌæfrɪ'kɑːnə(r)/ ◗ *18* **I** agg. afrikander, afrikaner **II** n. afrikander m. e f., afrikaner m. e f.

Afro /'æfrəʊ/ n. (anche ~ **haircut**) acconciatura f. afro.

Afro-American /ˌæfrəʊə'merɪkən/ **I** agg. afroamericano **II** n. afroamericano m. (-a).

Afro-Asian /ˌæfrəʊ'eɪʃn/ **I** agg. afroasiatico **II** n. afroasiatico m. (-a).

Afro-Caribbean /ˌæfrəʊˌkærɪ'biːən/ agg. afrocaraibico.

Afro-Cuban /ˌæafrəʊ'kjuːbən/ **I** agg. afrocubano **II** n. afrocubano m. (-a).

aft /ɑːft, AE æft/ avv. a poppa.

AFT n. (⇒ American Federation of Teachers) = sindacato degli insegnanti americani.

▶ **1.after** /'ɑːftə(r), AE 'æftər/ prep. **1** *(later in time than)* dopo; ~ ***the film*** dopo il film; ***immediately ~ the strike*** immediatamente dopo lo sciopero; ~ ***that date*** *(in future)* da lì in avanti; *(in past)* da allora, da quel giorno; ***shortly ~ 10 pm*** poco dopo le dieci di sera; ***it was ~ six o'clock*** erano le sei passate; ~ ***that*** dopo di ciò; ***the day ~ tomorrow*** dopodomani; ***a ceremony ~ which there was a banquet*** una cerimonia dopo la quale ci fu un banchetto; ***he had breakfast as usual, ~ which he left*** fece colazione come al solito, dopo di che uscì **2** *(given)* dopo, in seguito a; ~ ***my attempt at milking, I was nervous*** dopo aver tentato di mungere, ero nervoso; ~ ***the way he behaved*** dopo essersi comportato in quel modo; ~ ***all we did for you!*** dopo tutto quello che abbiamo fatto per te! **3** *(in spite of)* dopo, nonostante, malgrado; ~ ***all the trouble I took labelling the package, it got lost*** dopo tutta la pena che mi sono dato per etichettare il pacco, è andato perduto; ~ ***what she's been through, she's still interested?*** dopo tutto ciò che ha passato, le interessa ancora? **4** *(expressing contrast)* ***the film was disappointing ~ all the hype*** COLLOQ. nonostante tutta la pubblicità, il film è stato una delusione; ***it's boring here ~ Paris*** che noia qui dopo essere stati a Parigi **5** *(behind)* ***to run*** o ***chase ~ sb., sth.*** correre dietro a, inseguire qcn., qcs.; ***please shut the gate ~ you*** si prega di chiudere il cancello all'uscita **6** *(in pursuit of)* ***to be ~ sth.*** essere alla ricerca, alla caccia di qcs.; ***that's the house they're ~*** è la casa a cui sono interessati; ***the police are ~ him*** la polizia gli sta dando la caccia; ***to come*** o ***go ~ sb.*** inseguire qcn.; ***he'll come ~ me*** verrà a cercarmi; ***it's me he's ~*** *(to settle score)* ce l'ha con me; ***I wonder what she's ~?*** mi chiedo che cosa stia cercando; ***I think he's ~ my job*** penso che voglia soffiarmi il posto; ***to be ~ sb.*** COLLOQ. *(sexually)* correre dietro a qcn. **7** *(following in sequence, rank, precedence)* dopo; ***your name comes ~ mine on the list*** il tuo nome viene dopo il mio nella lista; ***the adjective comes ~ the noun*** l'aggettivo segue il nome; ***she's next in line ~ Bob for promotion*** dopo Bob, toccherà a lei avere una promozione; ***he was placed third ~ Smith and Jones*** si è classificato terzo dopo Smith e Jones; ~ ***you!*** *(letting someone pass ahead)* dopo di lei! **8** *(in the wake of)* dietro; ***I'm not tidying up ~ you!*** non ho intenzione di pulire dove passi! **9** *(in the direction of)* ***to stare ~ sb.*** seguire qcn. con lo sguardo; ***"don't forget!" Meg called ~ her*** "non dimenticarti!" Meg le urlò dietro **10** *(beyond)* dopo, oltre; ***about 400 metres ~ the crossroads*** circa 400 metri dopo l'incrocio **11** *(stressing continuity, repetitiveness)* ***day ~ day*** giorno dopo giorno; ***generation ~ generation*** generazione dopo generazione; ***time ~ time*** più volte *o* ripetutamente; ***mile ~ mile of bush*** chilometri e chilometri di boscaglia; ***one disaster ~ another*** un disastro dietro l'altro **12** *(about)* ***to ask ~ sb.*** chiedere (notizie) *o* domandare di qcn. **13** *(in honour or memory of)* ***to name a child ~ sb.*** chiamare un bambino con *o* dare a un bambino il nome di qcn.; ***named ~ James Joyce*** [*monument, street, institution, pub*] intitolato a James Joyce; ***we called her Kate ~ my mother*** l'abbiamo chiamata Kate come mia madre **14** *(in the manner of)* ***"~ Millet"*** "sullo stile di *o* alla maniera di Millet"; ***it's a painting ~ Klee*** è un quadro fatto sullo stile di Klee **15** ***I can swim, cook ~ a fashion*** so nuotare, cucinare alla bell' e meglio, così così **16** AE *(past)* ***it's twenty ~ eleven*** sono le undici e venti **17 after all** *(when reinforcing point)* dopo tutto, malgrado tutto, in fin dei conti; ~ ***all, nobody forced you to leave*** dopo tutto, nessuno ti ha costretto a partire; *(when reassessing stance, opinion)* ***it wasn't such a bad idea ~ all*** dopo tutto, non è stata un'idea così cattiva; ***he decided not to stay ~ all*** alla (fin) fine decise di non restare.

▶ **2.after** /'ɑːftə(r), AE 'æftər/ avv. **1** *(following time or event)* dopo, poi, in seguito; ***before and ~*** prima e dopo; ***soon*** o ***shortly*** o ***not long ~*** subito dopo *o* poco dopo; ***for weeks ~*** ancora per settimane; ***straight ~*** o ***right ~*** subito dopo **2** *(following specific time)* ***the week, year ~*** la settimana, l'anno seguente; ***the day ~*** il giorno dopo *o* l'indomani.

▶ **3.after** /'ɑːftə(r), AE 'æftər/ When *after* is used as a conjunction, it is translated by *dopo avere* (or *essere*) + past participle where the two verbs have the same subject: *after I've finished my book, I'll cook dinner* = dopo aver finito il libro, preparerò la cena; *after he had consulted Bill / after consulting Bill, he decided to accept the offer* = dopo avere consultato Bill, ha deciso di accettare l'offerta. - When the two verbs have different subjects, the translation is *dopo che* + indicative: *I'll lend you the book after Fred has read it* = ti presterò il libro dopo che Fred l'avrà letto (*or* l'ha letto). cong. **1** *(in sequence of events)* dopo (che); ***don't go for a swim too soon ~ eating*** non fare il bagno subito dopo mangiato; ~ ***we had left we realized that*** dopo essere partiti ci siamo accorti che; ~ ***she had confessed to the murder, he was released*** dopo che lei ebbe confessato l'omicidio, fu rilasciato; ***we return the bottles ~ they have been washed*** restituiamo le bottiglie dopo che sono state lavate **2** *(given that)* ~ ***hearing all about him we want to meet him*** dopo tutto ciò che abbiamo sentito su di lui vogliamo incontrarlo; ~ ***you explained the situation they didn't call the police*** dopo che hai spiegato la situazione, non hanno chiamato la polizia **3** *(in spite of the fact that)* ***why did he do that ~ we'd warned him of the consequences?*** perché l'ha fatto nonostante l'avessimo avvertito delle conseguenze?

4.after /'ɑːftə(r), AE 'æftər/ agg. seguente, successivo; ***in ~ years*** negli anni seguenti.

afterbirth /'ɑːftəˌbɜːθ, AE 'æftə-/ n. = placenta e altri annessi fetali espulsi durante il secondamento.

afterburner /'ɑːftəˌbɜːnə, AE 'æftə-/ n. postbruciatore m.

afterburning /'ɑːftəˌbɜːnɪŋ, AE 'æftə-/ n. **1** AER. postcombustione f. **2** MECC. combustione f. ritardata.

aftercare /'ɑːftəkeə(r), AE 'æftə-/ n. **1** *(of former inmate)* reinserimento m. **2** MED. cure f.pl. postoperatorie.

afterclap /'ɑːftəklæp, AE 'æftə-/ n. contraccolpo m., ripercussione f. inaspettata.

aftercooler /ˌɑːftə'kuːlə, AE 'æftə-/ n. postrefrigeratore m.

aftercooling /ˌɑːftə'kuːlɪŋ, AE 'æftə-/ n. postrefrigerazione f.

after-crop /'ɑːftəˌkrɒp, AE 'æftə-/ n. secondo raccolto m. (di una stagione).

afterdamp /'ɑːftədæmp, AE 'æftə-/ n. = gas residui dell'esplosione di grisou.

after-dinner drink /'ɑːftədɪnəˌdrɪŋk, AE 'æftə-/ n. digestivo m.

after-dinner speaker /'ɑːftədɪnəˌspiːkə(r), AE 'æftə-/ n. = oratore che tiene un discorso al termine di un pranzo ufficiale.

after-dinner speech /'ɑːftədɪnəˌspiːtʃ, AE 'æftə-/ n. = discorso alla fine di un pranzo ufficiale.

after-effect /'ɑːftəfekt, AE ˌæftə-/ n. MED. postumi m.pl. (**of** di) (anche FIG.).

aftergame /'ɑːftəgeɪm, AE 'æftə-/ n. AE rivincita f.

afterglow /'ɑːftəgləʊ, AE 'æftə-/ n. **U** LETT. **1** = ultime luci del giorno, ultimi bagliori del sole **2** FIG. = gioia che rimane dopo un'esperienza piacevole.

afterheat /'ɑːftəhiːt, AE 'æftə-/ n. NUCL. calore m. residuo (di reattore nucleare).

after hours /ˌɑːftə'aʊəz, AE ˌæftə-/ n. **1** *(party, etc.)* after-hours m. **2** ECON. dopoborsa m.

after-hours drinking /'ɑːftəaʊəzˌdrɪŋkɪŋ, AE 'æftə-/ n. BE = vendita e consumo di alcolici dopo l'orario di chiusura dei bar.

afterimage /ˌɑːftə'ɪmɪdʒ, AE ˌæftə-/ n. immagine f. postuma.

afterlife /'ɑːftəlaɪf, AE 'æftə-/ n. vita f. dopo la morte, vita f. ultraterrena.

▷ **aftermath** /'ɑːftəmæθ, -mɑːθ, AE 'æf-/ n. **U** conseguenze f.pl., strascichi m.pl. (**of** di); ***in the ~ of*** in seguito a [*war, scandal, election*].

aftermost /'ɑːftəməʊst, AE 'æf-/ agg. **1** ultimo **2** MAR. (il) più vicino a poppa.

▶ **afternoon** /ˌɑːftə'nuːn, AE ˌæf-/ ◗ *4* **I** n. pomeriggio m.; ***in the ~*** nel *o* di pomeriggio; ***at 2.30 in the ~*** alle 2 e 30 del pomeriggio; ***in the early, late ~*** nel primo, tardo pomeriggio; ***this ~*** questo pomeriggio *o* oggi pomeriggio; ***later this ~*** più tardi questo pomeriggio; ***the following*** o ***next ~*** domani pomeriggio; ***the previous ~, the ~ before*** il pomeriggio prima, precedente; ***every ~*** tutti i pomeriggi; ***on Friday ~s*** il venerdì pomeriggio; ***every Saturday ~***

tutti i sabati pomeriggio; ***to work ~s*** lavorare di pomeriggio **II** modif. [*shift*] di pomeriggio, pomeridiano; [*train*] del pomeriggio **III** inter. (anche **good ~**) buon pomeriggio.

afternoon performance /ˌɑːftənuːnˌpəˈfɔːməns, AE ˌæf-/ n. matinée f.

afternoon tea /ˌɑːftənuːnˈtiː, AE ˌæf-/ n. tè m. (del pomeriggio).

afterpains /ˈɑːftəpeɪnz, AE ˈæf-/ n.pl. morsi m. uterini.

afterpiece /ˈɑːftəpiːz, AE ˈæf-/ n. = breve pezzo, di solito comico, presentato a chiusura di uno spettacolo teatrale.

afters /ˈɑːftəz, AE ˈæf-/ n.pl. BE COLLOQ. dessert m.sing.; ***what's for ~?*** che cosa c'è per dessert?

after-sales service /ˌɑːftəˈseɪlzˌsɜːvɪs, AE ˈæf-/ n. servizio m. di assistenza postvendita.

after-shave /ˈɑːftəʃeɪv, AE ˈæf-/ n. dopobarba m., after-shave m.

aftershock /ˈɑːftəʃɒk, AE ˈæf-/ n. **1** scossa f. di assestamento **2** FIG. conseguenze f.pl., ricadute f.pl.

after-sun /ˈɑːftəsʌn, AE ˈæf-/ agg. [*lotion, cream*] doposole.

aftertaste /ˈɑːftəteɪst, AE ˈæf-/ n. **1** retrogusto m. **2** FIG. gusto m.; ***the bitter ~ of defeat*** il sapore amaro della sconfitta.

after-tax /ˈɑːftətæks, AE ˈæf-/ agg. [*profits, earnings*] al netto delle imposte.

afterthought /ˈɑːftəθɔːt, AE ˈæf-/ n. ripensamento m.; ***our youngest was an ~*** il nostro ultimo figlio è arrivato un po' tardi *o* abbiamo avuto il nostro ultimo figlio un po' tardi; ***as an ~*** ripensandoci; ***almost as an ~*** quasi fosse un ripensamento.

▶ **afterwards** /ˈɑːftəwədz, AE ˈæf-/ BE, **afterward** /ˈɑːftəwəd, AE ˈæf-/ AE avv. **1** *(after)* dopo; *(in a sequence of events)* poi, successivamente; ***soon*** o ***shortly*** o ***not long ~*** poco dopo; ***immediately*** o ***directly ~*** subito dopo; ***straight ~*** subito dopo; ***we saw a film, went to the restaurant then went home ~*** abbiamo visto un film, siamo andati al ristorante, e poi siamo andati a casa; ***salmon, green salad and ~ an apple tart*** salmone, insalata verde e dopo torta di mele **2** *(later)* dopo, più tardi; ***I'll tell you ~*** te lo dirò dopo; ***it was only ~ that I noticed*** fu solo più tardi che me ne resi conto **3** *(subsequently)* in seguito, successivamente; ***I regretted it ~*** in seguito me ne sono pentito.

afterwisdom /ˌɑːftəˈwɪzdəm, AE ˌæf-/ n. senno m. di poi.

afterword /ˈɑːftəwɜːd, AE ˈæf-/ n. postfazione f.

afterworld /ˈɑːftəˌwɜːld, AE ˈæf-/ n. aldilà m., oltretomba m.

AG n. (⇒ Attorney General) = GB il più alto magistrato della corona, membro della Camera dei Comuni e del governo; US procuratore generale e ministro della giustizia; a livello statale, consulente legale del governatore.

▶ **again** /əˈgeɪn, əˈgen/ When used with a verb, *again* is often translated by adding the prefix *ri-* to the verb in Italian: *to start again* = ricominciare; *to marry again* = risposarsi; *I'd like to read that book again* = vorrei rileggere quel libro; *she never saw them again* = non li ha mai più rivisti. You can check *ri-* verbs by consulting the Italian side of the dictionary. - For other uses of *again* and for idiomatic expressions, see the entry below. avv. **1** di nuovo, ancora; ***sing it ~!*** cantatela di nuovo! ***once ~*** ancora una volta; ***yet ~ he refused*** ha rifiutato ancora; ***when you are well ~*** quando starai di nuovo bene; ***~ and ~*** ripetutamente, più volte; ***time and (time) ~*** molto spesso, più e più volte; ***what's his name ~?*** COLLOQ. com'è già che si chiama? **2** *(in negative constructions)* più; ***I'll never go there ~*** non ci ritornerò mai più; ***he never saw her ~*** non la ri-vide mai più; ***never ~!*** mai più! ***not ~!*** e dagli! e basta! **3** *(further)* inoltre; *(on the other hand)* d'altra parte; ***~, you may think that*** inoltre, potreste pensare che; ***(and) then ~, he may not*** (e) d'altra parte, è possibile che egli non.

▶ **against** /əˈgeɪnst, əˈgenst/ *Against* is translated by *contro* when it means *physically touching* or *in opposition to*: *against the wall* = contro il muro; *is he for or against independence?* = è pro o contro l'indipendenza? *the fight against inflation* = la lotta contro l'inflazione. - If you have any doubts about how to translate a fixed phrase or expression beginning with *against* (*against the tide, against the clock, against the grain, against all odds* etc.), you should consult the appropriate noun entry (**tide**, **grain**, **odds** etc.). - *Against* often appears in English with certain verbs (*turn against, compete against, discriminate against, stand out against* etc.): for translations you should consult the appropriate verb entry (**turn**, **compete**, **discriminate**, **stand** etc.). - *Against* often appears in English after certain nouns and adjectives (*protection against, a match against, a law against, effective against* etc.): for translations consult the appropriate noun or adjective entry (**protection**, **match**, **law**, **effective** etc.). - For particular usages, see the entry below. prep. **1** *(physically)* contro; ***~ the wall*** contro il muro **2** *(objecting to)* ***I'm ~ it*** sono contro, contrario; ***I have nothing ~ it*** non ho niente in contrario; ***100 votes for and 20 votes ~*** 100 voti a favore e 20 voti contro; ***to be ~ the idea*** essere contrario all'idea; ***to be ~ doing*** essere contrario a fare **3** *(counter to, in opposition to)* contro; ***to go***, ***be ~*** andare, essere contro [*tradition, policy*]; ***the conditions are ~ us*** le condizioni non ci sono favorevoli; ***the decision went ~ us*** la decisione non ci fu favore-vole; ***the war ~ sb.*** la guerra contro qcn.; ***the fight ~ inflation*** la lotta all'inflazione; ***Smith ~ Jones*** Smith contro Jones; ***to pedal ~ the wind*** pedalare contro vento **4** *(compared to)* ***the pound fell ~ the dollar*** la sterlina ha subito una caduta nei confronti del *o* è scesa rispetto al dollaro; ***the graph shows age ~ earnings*** il grafico mostra i guadagni rispetto all'età; ***75% this year as ~ 35% last year*** il 75% di quest'anno contro il 35% dell'anno scorso **5** *(in contrast to)* ***the blue looks pretty ~ the yellow*** il blu sta bene col giallo; ***~ a background of*** su uno sfondo di; ***~ the light*** (in) controluce; ***to stand out ~*** [*houses, trees etc.*] stagliarsi, spiccare contro [*sky, sunset*] **6** *(in exchange for)* in cambio di, contro; ***~ a voucher from the airline*** in cambio di un buono della compagnia aerea.

Agamemnon /ˌægəˈmemnən/ n.pr. Agamennone.

agami /ˈægəmɪ/ n. agami m., trombettiere m.

agamic /əˈgæmɪk/ agg. agamico, asessuato.

agamogenesis /ægəməʊˈdʒenəsɪs/ n. agamogenesi f.

agamous /ˈæagəməs/ agg. agamico.

1.agape /əˈgeɪp/ **I** agg. a bocca aperta; ***with mouth ~*** a bocca aperta **II** avv. a bocca aperta.

2.agape /ˈægəpɪ/ n. (pl. **-ae**, **~s**) RELIG. agape f.

agar-agar /ˌeɪgɑːˈeɪgɑː(r)/ n. agar-agar m.

agaric /ˈægərɪk/ n. agarico m.

agate /ˈægət/ n. agata f.

Agatha /ˈægəθə/ n.pr. Agata.

agave /əˈgeɪvɪ/ n. agave f.

agaze /əˈgeɪz/ agg. mai attrib. con lo sguardo fisso.

▶ **1.age** /eɪdʒ/ ♦ *1* n. **1** *(length of existence)* età f.; ***at the ~ of 14*** all'età di 14 anni *o* a 14 anni; ***she's your ~*** ha la tua età; ***to look one's ~*** dimostrare la propria età; ***she's twice, half his ~*** ha il doppio, la metà dei suoi anni; ***they are of an ~*** hanno la stessa età; ***he is of an ~ when he ought to know right from wrong*** ha un'età in cui dovrebbe saper distinguere il bene dal male; ***act*** o ***be your ~!*** non fare il bambino! ***you shouldn't be doing that at your ~!*** alla tua età non dovresti fare queste cose! ***to feel one's ~*** sentire il peso degli anni, sentirsi vecchio; ***to be of school ~*** essere in età scolare; ***to be of retirement ~*** essere in età pensionabile; ***men of retirement ~*** uomini in età pensionabile; ***to come of ~*** diventare maggiorenne; ***to be of ~*** essere maggiorenne; ***to be under ~*** DIR. essere minorenne; ***~ of consent*** DIR. (**for** per) = età in cui una persona è considerata matura per acconsentire con discernimento ad avere rapporti sessuali **2** *(latter part of life)* età f., vecchiaia f.; ***with ~*** con l'età **3** *(era)* età f., era f., epoca f. (**of** di); ***the computer ~*** l'era del computer; ***in this day and ~*** ai giorni nostri; ***through the ~s*** attraverso i secoli; ***the Age of Reason*** STOR. l'età dei lumi **4** spesso pl. COLLOQ. *(long time)* ***it's ~s since I've played golf*** sono secoli che non gioco a golf; ***we haven't been to London for ~s*** sono secoli che non andiamo a Londra; ***it takes ~s*** o ***an ~ to get it right*** ci vuole una vita per farlo bene; ***I've been waiting for ~s*** aspetto da un'eternità.

2.age /eɪdʒ/ **I** tr. [*hairstyle, experiences etc.*] invecchiare [*person*]; ***to ~ sb. 10 years*** invecchiare qcn. di dieci anni **II** intr. [*person*] invecchiare; ***to ~ well*** invecchiare bene.

age bracket /ˈeɪdʒˌbrækɪt/ n. → **age range.**

▷ **aged** /ˈeɪdʒd/ **I** p.pass. → **2.age II** agg. **1** /ˈeɪdʒd/ *(of an age)* ***~ between 20 and 25*** di età compresa tra i 20 e i 25 anni; ***a boy ~ 12*** un ragazzo di 12 anni **2** /ˈeɪdʒɪd/ *(old)* vecchio, anziano **III** /ˈeɪdʒɪd/ n. ***the ~*** + verbo pl. gli anziani.

age group /ˈeɪdʒgruːp/ n. → **age range.**

▷ **ageing** /ˈeɪdʒɪŋ/ **I** n. invecchiamento m.; ***the ~ process*** il processo di invecchiamento **II** agg. [*person, filmstar, population*] che invecchia; [*vehicle, appliance, system*] vecchio; ***that hairstyle is really ~ on you*** quella pettinatura ti invecchia.

ageism /ˈeɪdʒɪzəm/ n. = discriminazione nei confronti degli anziani.

ageist /ˈeɪdʒɪst/ agg. [*policy, rule*] = che discrimina gli anziani; [*remark, term*] = che denota un pregiudizio nei confronti degli anziani.

ageless /ˈeɪdʒlɪs/ agg. **1** *(not appearing to age)* sempre giovane, che non invecchia; *(of indeterminate age)* di età indefinibile, senza età **2** *(timeless)* [*quality, mystery*] eterno.

age limit /ˈeɪdʒˌlɪmɪt/ n. limite m. di età.

agelong /ˈeɪdʒlɒŋ/ agg. eterno, che dura a lungo.

▶ **agency** /'eɪdʒənsɪ/ n. 1 *(office)* agenzia f.; ***to get sb. through an ~*** trovare qcn. tramite un'agenzia; ***"no agencies"*** *(in advertisement)* "no agenzie" 2 *(organization)* ente m., organismo m.; ***aid ~*** ente assistenziale 3 BE COMM. *(representing firm)* concessionario m., rappresentante m. e f.; ***to have the Lancia ~*** essere concessionario Lancia; ***to have the sole ~ for*** avere la rappresentanza esclusiva di [*company, product*] 4 *(influence)* mediazione f., intervento m.; ***through an outside ~*** con la mediazione di terzi 5 FIS. GEOL. ***by the ~ of erosion*** per effetto dell'erosione.

agency fee /'eɪdʒənsɪfi:/ n. commissione f. di agenzia.

Agency for International Development /ˌeɪdʒənsɪfərˌɪntəˌnæʃnəldɪ'veləpmənt/ n. US = agenzia per lo sviluppo internazionale.

agency nurse /'eɪdʒənsɪnɜ:s/ n. = infermiera assunta a tempo determinato tramite agenzia.

agency staff /'eɪdʒənsɪsta:f/ n. = personale assunto a tempo determinato tramite agenzia.

agenda /ə'dʒendə/ n. 1 AMM. ordine m. del giorno; ***to be on the ~*** essere all'ordine del giorno 2 FIG. *(list of priorities)* programma m., agenda f.; ***hidden*** o ***secret ~*** fine nascosto, secondo fine; ***unemployment is high on the political ~*** la disoccupazione è al primo posto sull'agenda politica.

▶ **agent** /'eɪdʒənt/ n. 1 *(acting for customer, artist, firm)* agente m. e f., rappresentante m. e f. (**for sb.** di qcn.); ***area, sole ~*** agente di zona, esclusivo; ***to go through an ~*** servirsi (dell'intermediazione) di un agente; ***to act as sb.'s ~, to act as ~ for sb.*** agire in qualità di, come agente di 2 POL. *(spy)* agente m. e f.; ***enemy, foreign ~*** agente nemico, straniero 3 *(cause, means)* causa f., agente m. 4 *(chemical substance)* agente m.; ***cleaning ~*** agente pulente 5 LING. agente m. ◆ ***to be a free ~*** = essere libero da vincoli e da responsabilità.

agentive /'eɪdʒəntɪv/ I n. caso m. agentivo II agg. agentivo.

agent noun /'eɪdʒəntˌnaʊn/ n. nome m. d'agente.

Agent Orange /ˌeɪdʒənt'ɒrɪndʒ/ n. agente m. arancione (potente erbicida usato dai soldati americani durante la guerra del Vietnam).

agent provocateur /ˌæʒɒnprɒˌvɒkə'tɜ:(r)/ n. (pl. **agents provocateurs**) agente m. provocatore.

agents procedure /ˌeɪdʒəntsprə'si:dʒə(r)/ n. UNIV. procedura f. d'iscrizione.

age-old /ˌeɪdʒ'əʊld/ agg. antichissimo, molto vecchio.

▷ **age range** /'eɪdʒˌreɪndʒ/ n. fascia f. d'età; ***people in the 25-30 ~*** le persone nella fascia di età compresa tra i 25 e i 30 anni.

1.agglomerate /ə'glɒmərət/ n. agglomerato m.

2.agglomerate /ə'glɒməreɪt/ I tr. agglomerare II intr. agglomerarsi.

agglomeration /əˌglɒmə'reɪʃn/ n. agglomerazione f. (anche GEOL.).

agglomerative /ə'glɒmərətɪv, AE -eɪtɪv/ agg. agglomerante.

agglutinant /ə'glu:tinənt/ agg. [*substance*] agglutinante.

agglutinate /ə'glu:tɪneɪt/ I tr. LING. MED. agglutinare II intr. LING. agglutinarsi.

agglutinating /ə'glu:tɪneɪtɪŋ/ agg. ***~ language*** lingua agglutinante.

agglutination /əˌglu:tɪ'neɪʃn, AE -tə'n-/ n. agglutinazione f.

agglutinative /ə'glu:tɪnətɪv, AE -təneɪtɪv/ agg. agglutinante.

agglutinin /ə'glu:tɪnɪn/ n. agglutinina f.

agglutinogen /æglu:'tɪnədʒən/ n. agglutinogeno m.

aggradation /ægrə'deɪʃn/ n. sovralluvionamento m.

aggrandize /ə'grændaɪz/ tr. FORM. *(enlarge)* ingrandire; *(increase)* accrescere, incrementare.

aggrandizement /ə'grændɪzmənt/ n. FORM. *(enlargement)* ingrandimento m.; *(increase)* accrescimento m., incremento m.

aggravate /'ægrəveɪt/ tr. 1 *(make worse)* aggravare, peggiorare [*situation, illness*] 2 *(annoy)* esasperare, irritare.

aggravated /'ægrəveɪtɪd/ I p.pass → **aggravate** II agg. DIR. [*burglary, offence*] aggravato.

aggravating /'ægrəveɪtɪŋ/ agg. 1 DIR. *(worsening)* aggravante 2 COLLOQ. *(irritating)* esasperante, irritante.

aggravation /ˌægrə'veɪʃn/ n. 1 U *(annoyance)* noie f.pl., seccature f.pl. 2 *(irritation)* irritazione f., esasperazione f. 3 *(worsening)* aggravamento m., peggioramento m.

▷ **1.aggregate** /'ægrɪgət/ I agg. 1 [*amount, cost, loss, profit*] totale, globale; [*data*] aggregato; [*demand, supply*] aggregato, globale 2 SPORT [*score*] finale II n. 1 ECON. aggregato m.; totale m.; ***in ~*** in totale, complessivamente 2 SPORT risultato m. finale; ***on ~*** BE in totale, complessivamente, sommando i risultati parziali 3 ING. GEOL. aggregato m. III **aggregates** n.pl. (anche **monetary ~s**) BE ECON. aggregati m. monetari.

2.aggregate /'ægrɪgeɪt/ tr. 1 *(combine)* sommare [*points, figure, score*]; aggregare [*data*] 2 *(group)* aggregare, riunire [*people*].

aggregation /ægrɪ'geɪʃn/ n. 1 BIOL. CHIM. aggregazione f. 2 *(mass)* aggregato m.

aggregative /'ægrɪgeɪtɪv/ agg. aggregativo.

▷ **aggression** /ə'greʃn/ n. 1 aggressione f. 2 *(of person)* aggressività f.

▷ **aggressive** /ə'gresɪv/ agg. 1 [*person, reaction, behaviour*] aggressivo 2 COMM. ECON. [*management, policy, marketing*] aggressivo.

▷ **aggressively** /ə'gresɪvlɪ/ avv. 1 [*behave, react*] aggressivamente, in modo aggressivo; ***~ frank*** d'una franchezza eccessiva 2 COMM. ECON. [*manage, promote*] in modo aggressivo.

aggressiveness /ə'gresɪvnɪs/ n. aggressività f.

aggressor /ə'gresə(r)/ n. aggressore m. (-ditrice).

aggrieve /ə'gri:v/ tr. 1 RAR. addolorare, affliggere 2 DIR. ledere.

aggrieved /ə'gri:vd/ I p.pass. → **aggrieve** II agg. 1 DIR. leso 2 *(resentful)* offeso, addolorato (**at** per) III n. DIR. ***the ~*** la parte lesa.

aggro /'ægrəʊ/ n. (pl. **~s**) BE COLLOQ. (accorc. aggression) 1 *(violence)* aggressione f. 2 *(hostility)* aggressività f., ostilità f.

aghast /ə'gɑ:st, AE ə'gæst/ agg. mai attrib. atterrito, inorridito (**at** da).

agile /'ædʒaɪl, AE 'ædʒl/ agg. [*person, movement*] agile; [*mind*] pronto, vivace, agile.

agility /ə'dʒɪlətɪ/ n. *(physical, mental)* agilità f., prontezza f.

aging → **ageing**.

agio /'ædʒɪəʊ/ n. (pl. **~s**) aggio m.

agiotage /'ædʒətɪdʒ/ n. aggiotaggio m.

agitate /'ædʒɪteɪt/ I tr. 1 *(shake)* agitare, scuotere [*liquid*] 2 [*news, situation, argument*] agitare, turbare [*person*] II intr. *(campaign, demonstrate)* unirsi in un'agitazione, mobilitarsi (**for** per; **against** contro).

agitated /'ædʒɪteɪtɪd/ I p.pass. → **agitate** II agg. agitato, turbato.

agitatedly /'ædʒɪteɪtɪdlɪ/ avv. in modo agitato, con agitazione.

agitation /ˌædʒɪ'teɪʃn/ n. agitazione f. (anche POL.); ***to be in a state of ~*** essere in uno stato di agitazione, essere agitato.

agitator /'ædʒɪteɪtə(r)/ n. 1 *(person)* agitatore m. (-trice) 2 TECN. agitatore m.

agitprop /'ædʒɪtprɒp/ n. agit-prop m. e f.

agleam /ə'gli:m/ agg. ***to be ~*** essere brillante, scintillante, risplendere.

aglet /'æglɪt/ n. *(of shoelace, uniform etc.)* aghetto m.

aglow /ə'gləʊ/ agg. mai attrib. acceso, ardente; [*person, face*] raggiante (**with** di); [*shop window*] illuminato; ***to set sth. ~*** accendere, incendiare qcs.

AGM n. (⇒ Annual General Meeting) = assemblea generale annuale.

agnail /'ægneɪl/ n. *(of finger)* pipita f.

agnate /'ægneɪt/ n. agnato m.

agnatic /æg'nætɪk/ agg. agnatizio.

agnation /æg'neɪʃn/ n. agnazione f.

Agnes /'ægnɪs/ n.pr. Agnese.

agnostic /æg'nɒstɪk/ I agg. agnostico II n. agnostico m. (-a).

agnosticism /æg'nɒstɪsɪzəm/ n. agnosticismo m.

▶ **ago** /ə'gəʊ/ avv. ***three weeks, two years ~*** tre settimane, due anni fa; ***some time ~*** un po' di tempo fa; ***long ~*** molto tempo fa; ***how long ~?*** quanto tempo fa? ***not long ~*** non molto tempo fa; ***as long ~ as 1986*** già nel 1986, fin dal 1986; ***they got married forty years ~ today*** fa quarant'anni oggi che sono sposati.

agog /ə'gɒg/ agg. mai attrib. 1 *(excited)* eccitato (**at** per) 2 *(eager)* impaziente, ansioso (**to do** di fare); ***we were all ~ to hear the results*** non stavamo più nella pelle dal desiderio di conoscere i risultati.

agon /'ægɒn/ n. agone m. (anche FIG.).

agonic /ə'gɒnɪk/ agg. GEOGR. agonico.

agonist /'ægənɪst/ n. 1 ANAT. muscolo m. agonista 2 BIOL. sostanza f. agonista.

agonistic(al) /ægə'nɪstɪk(l)/ agg. 1 *(relating to contests)* agonistico 2 *(disputatious)* combattivo, polemico.

agonize /'ægənaɪz/ intr. 1 *(physically)* agonizzare 2 *(mentally)* angosciarsi, disperarsi, tormentarsi (**over, about** per).

agonized /'ægənaɪzd/ I p.pass. → **agonize** II agg. [*cry*] straziante, angosciante; [*expression*] angosciato.

agonizing /'ægənaɪzɪŋ/ agg. 1 [*pain, death*] straziante, atroce 2 [*decision, choice*] doloroso, tormentoso.

▷ **agony** /'ægənɪ/ n. 1 *(physical)* agonia f.; ***to die in ~*** morire soffrendo atrocemente 2 *(mental)* angoscia f., tormento m.; ***to prolong the ~*** prolungare il tormento; ***it was ~!*** SCHERZ. che strazio! ***to pile on the ~*** BE COLLOQ. drammatizzare, fare la vittima.

agony aunt /'ægənɪˌa:nt, AE -ænt/ n. BE = giornalista (donna) responsabile della posta del cuore.

agony column /ˈæɡənɪˌkɒləm/ n. BE posta f. del cuore.
agony uncle /ˈæɡənɪˌʌŋkl/ n. BE = giornalista (uomo) responsabile della posta del cuore.
agora /ˈæɡərə/ (pl. **-ae, ~s**) n. agorà f.
agoraphobia /ˌæɡərəˈfəʊbɪə/ ➧ **11** n. agorafobia f.
agoraphobic /ˌæɡərəˈfəʊbɪk/ agg. agorafobo.
agouti, agouty /əˈɡuːtɪ/ n. aguti m.
AGR n. BE (⇒ Advanced gas-cooled reactor) = reattore avanzato raffreddato a gas.
agraffe /əˈɡræf/ n. TECN. graffa f.
agrammatical /ˌeɪɡrəˈmætɪkl/ agg. agrammaticale.
agraphia /əˈɡræfɪə/ n. agrafia f.
agrarian /əˈɡreərɪən/ agg. agrario.
agrarianism /əˈɡreərɪənɪzəm/ n. **1** GB STOR. = movimento del XIX secolo per le riforme agrarie **2** = movimento politico per l'equa distribuzione delle terre.
▶ **agree** /əˈɡriː/ **I** tr. (pass., p.pass. **agreed**) **1** *(concur)* essere d'accordo (**that** sul fatto che; **with** con); ***we ~d with him that he should leave*** eravamo d'accordo con lui sul fatto che doveva partire **2** *(admit, concede)* ammettere (**that** che); ***I ~ it sounds unlikely*** ammetto che sembri improbabile; ***it's dangerous, don't you ~?*** è pericoloso, non credi? **3** *(consent)* ***to ~ to do*** accettare di fare **4** *(settle on, arrange)* mettersi d'accordo su [*date, time, venue, route, method, policy, terms, fee, price*]; accordarsi su, trovare un accordo su [*candidate, change, plan, solution*]; ***to ~ to do*** concordare di *o* mettersi d'accordo sul fare; ***the industrial nations have ~d to support social reforms*** i paesi industriali hanno concordato di sostenere le riforme sociali **5** *(balance)* pareggiare [*accounts*] **II** intr. (pass., p.pass. **agreed**) **1** *(hold same opinion)* essere d'accordo (**with** con; **about, on** su); ***"I ~!"*** "Sono d'accordo!"; ***I couldn't ~ more!*** d'accordissimo! sono completamente d'accordo! ***he didn't ~ with me on what was causing the pain*** non era d'accordo con me sulla causa del dolore; ***to ~ about*** o ***on doing sth.*** essere d'accordo sul fare qcs. **2** *(reach mutual understanding)* mettersi d'accordo (**about, on** su); ***they failed to ~*** non riuscirono a mettersi d'accordo; ***the jury ~d in finding him guilty*** la giuria concordò nel dichiararlo colpevole **3** *(consent)* acconsentire; ***to ~ to*** acconsentire a, accettare [*plan, suggestion, terms, decision, negotiations*]; ***she'll never ~ to that*** non acconsentirà mai; ***they won't ~ to her going alone*** non acconsentiranno a farla andare da sola **4** *(hold with, approve)* ***to ~ with*** approvare [*belief, idea, practice, proposal*]; ***I don't ~ with vivisection, with what they're doing*** non approvo la vivisezione, ciò che stanno facendo **5** *(tally)* [*stories, statements, figures, totals*] concordare, coincidere (**with** con); ***the two theories ~ (with each other)*** le due teorie concordano **6** *(suit)* ***to ~ with sb.*** [*climate, weather*] confarsi a *o* andar bene per qcn.; ***I ate something that didn't ~ with me*** ho mangiato qualcosa che non ho digerito **7** LING. concordare (**with** con; **in** in).
agreeable /əˈɡriːəbl/ agg. **1** *(pleasant)* [*experience, surroundings, person*] piacevole, gradevole; ***to be ~ to sb.*** essere gradevole per qcn. **2** FORM. *(willing)* ***to be ~ to sth., to doing*** essere d'accordo su qcs., a fare **3** FORM. *(acceptable)* ***is this ~?*** è accettabile? *o* siete d'accordo?
agreeableness /əˈɡriːəblnɪs/ n. piacevolezza f., gradevolezza f.
agreeably /əˈɡriːəblɪ/ avv. **1** *(pleasantly)* piacevolmente, gradevolmente **2** *(amicably)* [*say, smile*] amichevolmente.
▷ **agreed** /əˈɡriːd/ **I** p.pass. → **agree II** agg. [*date, time, venue, amount, budget, fee, price, rate, terms, signal*] concordato, stabilito; ***conditions ~ with the union, between the two parties*** condizioni concordate con i sindacati, tra i due partiti; ***~ damages*** risarcimento danni concordato; ***as ~*** come concordato *o* come d'accordo; ***it was ~ that there would be a wage freeze*** fu concordato che ci sarebbe stato un congelamento dei salari; ***to be ~ on*** essere d'accordo su [*decision, statement, policy*]; ***are we all ~ on this?*** su questo siamo tutti d'accordo? ***is that ~?*** d'accordo?
▶ **agreement** /əˈɡriːmənt/ n. **1** *(settlement, contract)* accordo m., intesa f. (anche ECON. POL.) (**between** tra; **with** con; **on** su); ***EU ~*** accordo nell'ambito UE; ***Anglo-Irish ~*** accordo anglo-irlandese; ***an ~ to do*** un accordo per fare; ***an ~ to reduce nuclear arsenals*** un accordo per ridurre gli arsenali nucleari; ***to come to*** o ***reach an ~*** giungere *o* pervenire a un accordo; ***under an ~*** in base a un accordo **2** *(undertaking)* impegno m. (**to do** di fare); ***an ~ to repay the loan*** un impegno a restituire il prestito; ***after an ~ by the union to end the strike*** dopo l'impegno del sindacato di porre fine allo sciopero **3** *(mutual understanding)* accordo m. (**about, on** su, riguardo a); ***to be in ~ with sb.*** essere in accordo con qcn.; ***by ~ with sb.*** in accordo con qcn.; ***there is little ~*** c'è scarso accordo; ***there is general ~ that*** è un dato comunemente accettato che *o* quasi tutti sono concordi che; ***to nod in ~*** annuire, fare un cenno di assenso **4** DIR. *(contract)* contratto m., negozio m. giuridico; ***under the terms of the ~*** secondo i termini del contratto **5** *(consent)* ***~ to*** consenso a [*reform, cease-fire, moratorium*] **6** LING. concordanza f.
agrestic /əˈɡrestɪk/ agg. RAR. **1** *(rural)* agreste, rurale, rustico **2** *(uncouth)* rozzo.
agribusiness /ˈæɡrɪbɪznɪs/ n. **U** agribusiness m.
▷ **agricultural** /ˌæɡrɪˈkʌltʃərəl/ agg. [*land, worker, production, building*] agricolo; [*expert, engineer*] agrario; [*college*] agrario, d'agraria.
agriculturalist /ˌæɡrɪˈkʌltʃərəlɪst/ ➧ **27** n. *(expert, researcher)* esperto m. (-a) di agraria; *(farmer)* agricoltore m. (-trice).
agricultural show /ˌæɡrɪˈkʌltʃərəlˌʃəʊ/ n. fiera f. agricola.
agriculture /ˈæɡrɪkʌltʃə(r)/ n. **1** agricoltura f. **2** *(science)* agraria f.
agriculturist /ˌæɡrɪˈkʌltʃərɪst/ ➧ **27** n. AE → **agriculturalist**.
agrimony /ˈæɡrɪmənɪ/ n. agrimonia f.
agrimotor /ˈæɡrɪməʊtə(r)/ n. trattore m. agricolo.
agriproduct /ˈaɡrɪprɒdʌkt/ n. prodotto m. agricolo.
agritourism /ˈæɡrɪtʊərɪzəm, -tɔːr-/ n. *(activity)* agriturismo m.
agrobiology /æɡrəʊbaɪˈɒlədʒɪ/ n. agrobiologia f.
agrobusiness /ˈæɡrəʊbɪznɪs/ → **agribusiness**.
agrochemicals /ˌæɡrəʊˈkemɪkəlz/ n. + verbo sing. *(industry)* agrochimica f.
agroindustry /ˌæɡrəʊˈɪndəstrɪ/ n. agroindustria f.
agronomic(al) /æɡrəˈnɒmɪk(l)/ agg. agronomico.
agronomics /æɡrəˈnɒmɪks/ n. + verbo sing. agronomia f.
agronomist /əˈɡrɒnəmɪst/ ➧ **27** n. agronomo m. (-a).
agronomy /əˈɡrɒnəmɪ/ n. agronomia f.
aground /əˈɡraʊnd/ **I** agg. ***to be ~*** essere arenato, incagliato **II** avv. ***to run ~*** arenarsi, incagliarsi.
ague /ˈeɪɡjuː/ ➧ **11** n. ANT. febbre f. malarica.
agued /ˈeɪɡjuːd/ agg. colpito da febbre malarica.
ah /ɑː/ inter. ah; ***~ well!*** *(resignedly)* pazienza!
aha /ɑːˈhɑː, əˈhɑː/ inter. ah.
Ahab /ˈeɪhæb/ n.pr. Achab.
Ahasuerus /əˌhæzjuːˈɪərəs/ n.pr. Assuero.
▶ **ahead** /əˈhed/ *Ahead* is often used after verbs in English (*go ahead, plan ahead, think ahead* etc.): for translations consult the appropriate verb entry (**go**, **plan**, **think** etc.). - For other uses, see the entry below. avv. **1** *(spatially)* [*go on, run*] avanti, in avanti; ***we've sent Robert on ~*** abbiamo mandato avanti Robert; ***to send one's luggage on ~*** mandare avanti i bagagli; ***the road (up) ~ is blocked*** la strada è bloccata più avanti; ***can you see what is wrong ~?*** riesce a vedere cosa è successo più avanti? ***a few kilometres ~*** a qualche chilometro *o* qualche chilometro avanti; ***a road, waterfall appeared ~*** una strada, una cascata mi, gli, ci ecc. apparve davanti; ***to go straight ~*** andare sempre dritto; ***to look straight ~*** guardare dritto davanti a sé; ***full speed ~*** MAR. avanti a tutta forza **2** *(in time)* ***in the months, years ~*** nei mesi, anni futuri, a venire; ***to apply at least a year ~*** presentare domanda almeno un anno prima; ***who knows what lies ~?*** chissà cosa ci riserva il futuro? ***there are troubled times ~ for the government*** si prepara un periodo difficile per il governo **3** FIG. *(in leading position)* ***to be ~ in the polls*** essere in testa nei sondaggi; ***to be 30 points ~*** avere 30 punti di vantaggio; ***to be 3% ~*** essere in vantaggio del 3%; ***another goal put them ~*** un altro gol li fece passare in vantaggio **4** FIG. *(more advanced)* ***to be ~ in physics, geography*** [*pupil, set*] essere avanti in fisica, in geografia **5 ahead of** *(spatially)* davanti a [*person, vehicle*]; ***to be three metres ~ of sb.*** essere avanti di tre metri rispetto a qcn. *o* essere tre metri davanti a qcn.; *(in time)* ***to be three seconds ~ of the next competitor*** avere tre secondi di vantaggio sull'avversario (più vicino); ***~ of time*** in anticipo; ***our rivals are one year ~ of us*** i nostri avversari sono avanti di un anno rispetto a noi; ***to arrive ~ of sb.*** arrivare prima di qcn.; ***there are difficult times ~ of us*** ci aspetta un periodo difficile; *(leading)* ***to be ~ of sb.*** *(in polls, ratings)* essere in vantaggio su *o* rispetto a qcn.; *(more advanced)* ***to be (way) ~ of the others*** [*pupil, set*] essere (molto) avanti rispetto agli altri; ***to be ~ of the field*** [*business*] essere leader del settore; ***to be ten years ~ of the field*** *(in research)* essere dieci anni avanti nel settore ◆ ***to be ~ of one's time*** essere avanti rispetto ai tempi.
ahem /əˈhəm/ inter. ehm, hum.
ahoy /əˈhɔɪ/ inter. ehi, olà; ***ship ~!*** ehi, di bordo!
ai /ˈɑːi/ n. bradipo m. tridattilo.
AI n. **1** (⇒ artificial intelligence intelligenza artificiale) IA f. **2** (⇒ artificial insemination) = inseminazione artificiale.
▶ **1.aid** /eɪd/ **I** n. **1** *(help)* aiuto m. (**to** a); ***with, without sb.'s ~*** con, senza l'aiuto di qcn.; ***with the ~ of*** con l'aiuto di; ***to come to sb.'s ~***

venire in aiuto di qcn.; ***to go to sb.'s ~*** andare in aiuto di qcn.; ***he came, went to her ~*** venne, andò in suo aiuto; ***what's all this shouting in ~ of?*** BE SCHERZ. come mai tutta questa confusione? **2** *(charitable or financial support)* aiuto m., sovvenzione f., sussidio m. (**from** di; **to, for** a); ***in ~ of*** a favore di [*hospital, aid organization etc.*]; ***in ~ of charity*** a scopo benefico **3** *(equipment)* ***teaching ~*** sussidio didattico; ***hearing ~*** apparecchio acustico **II** modif. [*budget*] per l'aiuto, l'assistenza; [*organization, programme, scheme*] assistenziale.

▶ **2.aid** /eɪd/ **I** tr. aiutare [*person*] (**to do** a fare); aiutare, facilitare [*digestion, recovery, development*] **II** intr. **1** ***to ~ in*** aiutare, essere d'aiuto in; ***to ~ in doing sth.*** aiutare a fare qcs. **2** DIR. ***to ~ and abet sb.*** rendersi colpevole di concorso in reato e favoreggiamento; SCHERZ. tenere bordone, reggere il sacco a qcn.; ***~ed and abetted by sb.*** con la complicità e il favoreggiamento di qcn.; ***charged with ~ing and abetting*** DIR. accusato di concorso in reato e complicità.

AID n. **1** (⇒ Artificial Insemination by Donor) = inseminazione artificiale eterologa **2** AE (⇒ Agency for International Development) = agenzia per lo sviluppo internazionale.

Aida® /'eɪdə/ n. tela f. Aida®.

aide /eɪd/ n. aiutante m. e f., assistente m. e f.

aide-de-camp /ˌəɪddə'kɒm, AE -'kæmp/ ➧ ***23*** n. (pl. **aides-de-camp**) aiutante m. di campo.

aider /'eɪdə(r)/ n. chi aiuta, soccorritore m. (-trice).

Aids /eɪdz/ ➧ ***11*** n. (⇒ Acquired Immune Deficiency Syndrome sindrome da immunodeficienza acquisita) AIDS m.

Aids-related /ˌeɪdzrɪ'leɪtəd/ agg. [*disease, virus, symptom*] legato all'AIDS; ***~ infection*** infezione legata all'AIDS.

Aids-related complex /ˌeɪdzrɪˌleɪtəd'kɒmpleks/ n. = complesso dei sintomi legati all'AIDS.

aid worker /'eɪdˌwɜːkə(r)/ n. operatore m. (-trice) umanitario (-a).

aigrette /'eɪgret, eɪ'gret/ n. aigrette f., asprì m.

aikido /'aɪkɪdəʊ/ ➧ ***10*** n. aikido m.

ail /eɪl/ **I** tr. **1** affliggere [*society, economy*] **2** ANT. affliggere, addolorare [*person*] **II** intr. ***to be ~ing*** [*person*] essere sofferente; [*company*] essere in crisi, essere malridotto.

ailanthus /eɪ'lænθəs/ n. ailanto m.

Aileen /'eɪliːn/ n.pr. Aileen (nome di donna).

aileron /'eɪlərɒn/ n. AER. alettone m.

ailing /'eɪlɪŋ/ agg. **1** [*person, pet*] sofferente **2** FIG. [*industry, economy*] in crisi, malridotto; [*business*] in crisi.

ailment /'eɪlmənt/ n. indisposizione f., disturbo m., malanno m.

▶ **1.aim** /eɪm/ n. **1** *(purpose)* intenzione f., scopo m., proposito m. (**of** di; **to do, of doing** di fare); ***with the ~ of doing*** con l'intenzione di fare **2** *(with weapon)* mira f.; ***to take (careful) ~*** prendere la mira (attentamente); ***to take ~ at sth., sb.*** mirare a qcs., qcn.; ***to miss one's ~*** sbagliare mira *o* fallire la mira; ***his ~ is bad*** ha una cattiva mira.

▶ **2.aim** /eɪm/ **I** tr. **1** ***to be ~ed at sb.*** [*campaign, product, insult, remark*] essere rivolto a qcn.; ***to be ~ed at doing*** [*effort, action*] mirare a fare; ***we are ~ing the campaign at the young*** o ***the campaign is ~ed at the young*** questa campagna è rivolta ai giovani **2** puntare [*gun*] (**at** a, contro); tirare, lanciare [*ball, stone*] (**at** a, contro); cercare di dare [*blow, kick*] (**at** a); dirigere [*vehicle*] (**at** contro) **II** intr. ***to ~ for sth., to ~ at sth.*** mirare a qcs. (anche FIG.); ***to ~ at doing*** o ***to ~ to do*** *(try)* mirare *o* aspirare a fare; *(intend)* avere l'intenzione di fare; ***to ~ high*** FIG. puntare in alto.

aimless /'eɪmlɪs/ agg. [*wandering*] senza scopo, meta; [*argument*] vano, inutile; [*violence*] gratuito.

aimlessly /'eɪmlɪslɪ/ avv. senza scopo, senza meta.

aimlessness /'eɪmlɪsnɪs/ n. (l') essere senza scopo *o* senza meta, inutilità f.

ain't /eɪnt/ COLLOQ. contr. am not, is not, are not, has not, have not.

▶ **1.air** /eə(r)/ n. **1** *(substance)* aria f.; ***in the open ~*** all'aria aperta; ***I need a change of ~*** ho bisogno di cambiare aria; ***to come up for ~*** [*swimmer, animal*] risalire in superficie per respirare; ***to let the ~ out of a tyre, balloon*** sgonfiare un pneumatico, una mongolfiera **2** *(atmosphere, sky)* aria f.; ***he threw the ball up into the ~*** lanciò la palla in aria; ***the helicopter rose up into the ~*** l'elicottero si sollevò nell'aria; ***the birds of the ~*** i volatili; ***the swans took to the ~*** i cigni hanno preso il volo; ***to send sth., to travel by ~*** spedire qcs. per via aerea, viaggiare in aereo; ***Turin (seen) from the ~*** Torino vista dall'aereo; ***the battle was fought on the ground and in the ~*** la battaglia fu combattuta dalle forze di terra e dell'aria; ***to clear the ~*** [*storm*] rinfrescare l'aria; FIG. chiarire la situazione **3** RAD. TELEV. ***to be, go on the ~*** [*broadcaster, interviewee*] essere, andare in onda; ***to go off the ~*** cessare le trasmissioni; ***while the programme was still on the ~*** mentre il programma era ancora in onda; ***the series will be back on the ~ in January*** la serie sarà di nuovo in onda a gennaio; ***he went on the ~ to reassure the public*** andò in onda per rassicurare la gente; ***off the ~, she confided that...*** durante un fuori onda, confidò che...; ***the channel goes off the ~ at midnight*** la rete cessa le trasmissioni a mezzanotte **4** *(manner) (of person)* aria f.; *(aura, appearance) (of place)* aspetto m., atmosfera f.; ***with an ~ of innocence, indifference*** con aria innocente, indifferente; ***an ~ of mystery surrounds the project*** un alone di mistero circonda il progetto; ***he has a certain ~ about him*** ha un certo non so che **5** MUS. aria f. **6** LETT. *(breeze)* brezza f. ◆ ***there's something in the ~*** c'è qualcosa nell'aria; ***he could sense trouble in the ~*** sentiva aria di tempesta; ***there's a rumour in the ~ that...*** corre voce che...; ***to put on ~s, to give oneself ~s*** SPREG. darsi delle arie; ***our plans are still totally up in the ~*** i nostri progetti sono ancora per aria; ***to be walking*** o ***treading on ~*** essere al settimo cielo; ***to disappear*** o ***vanish into thin ~*** svanire nel nulla; ***they produced*** o ***conjured these figures out of thin ~*** le loro statistiche erano completamente campate in aria, inventate.

2.air /eə(r)/ tr. **1** *(dry)* (fare) asciugare; ***don't wear that shirt, it hasn't been ~ed*** non metterti quella maglia, non è ancora asciutta **2** *(freshen by exposing to air)* aerare, ventilare, arieggiare [*room*]; far prendere aria a [*garment, bed*] **3** *(express)* esprimere, far conoscere [*opinion, view*]; ***to ~ one's grievances*** far sentire il proprio malcontento; ***to ~ one's knowledge*** sfoggiare la propria cultura **4** AE *(broadcast)* mandare in onda.

air alert /ˌeərə'lɜːt/ n. allarme m. aereo.

air ambulance /'eəˌæmbjʊləns/ n. aeroambulanza f.

air bag /'eəbæg/ n. airbag m.

air balloon /'eəbəˌluːn/ n. aerostato m., pallone m. aerostatico.

air base /'eəbeɪs/ n. base f. aerea.

air beacon /'eəbiːkən/ n. aerofaro m., radiofaro m.

air bed /'eəbed/ n. BE materassino m. gonfiabile.

air-bends /'eəbendz/ n.pl. + verbo sing. o pl. malattia f. dei cassoni.

air bladder /'eəˌblædə(r)/ n. **1** BOT. vescica f. aerifera **2** ZOOL. vescica f. natatoria.

air bleeder /'eəˌbliːdə(r)/ n. sfiatatoio m.

airboat /'eəbəʊt/ n. idroscivolante m.

airborne /'eəbɔːn/ agg. **1** BOT. [*spore, seed*] trasportato dall'aria **2** AER. MIL. [*troops, division*] aviotrasportato, aerotrasportato **3** ***once the plane was ~*** una volta che l'aereo fu in volo; ***the plane remained ~*** l'aereo rimase in volo.

air brake /'eəbreɪk/ n. **1** AUT. FERR. freno m. ad aria compressa **2** AER. aerofreno m., freno m. aerodinamico.

air brick /'eəbrɪk/ n. mattone m. forato.

air bridge /'eəbrɪdʒ/ n. BE ponte m. aereo.

1.airbrush /'eəbrʌʃ/ n. aerografo m.

2.airbrush /'eəbrʌʃ/ tr. verniciare con l'aerografo.

air bubble /'eəbʌbl/ n. *(in liquid, plastic, glass, wallpaper)* bolla f. (d'aria); *(in metal)* soffiatura f.

airburst /'eəbɜːst/ n. *(of bomb etc.)* esplosione f. in aria.

air chamber /'eəˌtʃeɪmbə(r)/ n. camera f. d'aria.

air chief marshal /ˌeətʃiːf'mɑːʃl/ ➧ ***23*** n. BE generale m. d'armata aerea.

air commodore /ˌeə'kɒmədɔː(r)/ ➧ ***23*** n. generale m. di brigata aerea.

air compressor /'eəkəmˌpresə(r)/ n. compressore m. (d'aria).

air con /'eəkən/ n. → **air conditioning**.

air condenser /'eəkənˌdensə(r)/ n. **1** TECN. condensatore m. ad aria **2** *(in air-conditioning)* separatore m. di condensa.

air-condition /'eəkənˌdɪʃn/ tr. installare, mettere l'aria condizionata.

air-conditioned /'eəkəndɪʃnd/ **I** p.pass. → **air-condition II** agg. climatizzato, con aria condizionata.

air-conditioner /'eəkəndɪʃnə(r)/ n. condizionatore m., climatizzatore m.

air-conditioning /'eəkənˌdɪʃnɪŋ/ n. aria f. condizionata, climatizzazione f.

air-cooled /ˌeə'kuːld/ agg. [*engine*] raffreddato ad aria.

air cooling /ˌeə'kuːlɪŋ/ n. raffreddamento m. ad aria.

air corridor /'eəkɒrɪdɔː(r), AE -kɔːr-/ n. corridoio m. aereo.

air cover /'eəkʌvə(r)/ n. copertura f., protezione f. aerea.

▶ **aircraft** /'eəkrɑːft, AE -kræft/ n. (pl. ~) aeromobile m., aereo m., apparecchio m., velivolo m.

aircraft carrier /'eəkrɑːftˌkærɪə(r), AE -kræft-/ n. portaerei f.

aircraft(s)man /'eəkrɑːft(s)mən, AE -kræft-/ ➧ ***23*** n. (pl. **-men**) BE aviere m.

aircraft(s)woman /'eəkrɑːft(s)wʊmən, AE -kræft-/ n. (pl. **-women**) BE aviere m. (donna).

aircrew /'eəkru:/ n. equipaggio m. (di volo).
air cushion /'eə,kʊʃn/ n. **1** *(inflatable cushion)* cuscino m. gonfiabile **2** TECN. *(of hovercraft)* cuscino m. d'aria.
air cylinder /'eə,sɪlɪndə(r)/ n. bombola f. d'aria compressa.
air disaster /'eədɪ,zɑ:stə(r)/ n. disastro m. aereo.
air drill /'eədrɪl/ n. trapano m. ad aria compressa.
airdrome /'eədrəʊm/ n. AE aerodromo m.
1.airdrop /'eədrɒp/ n. lancio m. col paracadute.
2.airdrop /'eədrɒp/ tr. (forma in -ing ecc. **-pp-**) paracadutare, lanciare col paracadute.
air duct /'eədʌkt/ n. conduttura f. d'aria.
Airedale (terrier) /'eədeɪl(,terɪə(r))/ n. airedale (terrier) m.
airer /'eərə(r)/ n. stendibiancheria m. a cavalletto.
airfare /'eəfeə(r)/ n. (prezzo del) biglietto m. aereo.
airfield /'eəfi:ld/ n. campo m. d'aviazione, di volo.
airflow /'eəfləʊ/ n. flusso m. d'aria.
▷ **air force** /'eəfɔ:s/ n. aeronautica f. militare, forze f.pl. aeree.
air force blue /'eəfɔ:s,blu:/ **I** agg. blu avio **II** n. blu m. avio.
airframe /'eəfreɪm/ n. AER. cellula f.
airfreight /'eəfreɪt/ n. **1** *(method of transport)* spedizione f. per via aerea, trasporto m. aereo; ***by ~*** per via aerea **2** *(goods)* merci f.pl. aviotrasportate **3** *(charge)* tariffa f. aerea.
air-freshener /'eə,freʃnə(r)/ n. deodorante m. per ambienti.
airgap /'eəgæp/ n. traferro m.
air gun /'eəgʌn/ n. fucile m., pistola f. ad aria compressa.
airhead /'eəhed/ n. AE COLLOQ. SPREG. svampito m. (-a), testa f. vuota.
air hole /'eəhəʊl/ n. *(in mine)* fornello m. di ventilazione.
air hostess /'eəhəʊstɪs/ ➧ ***27*** n. hostess f., assistente f. di volo.
air hunger /'eə,hʌŋgə(r)/ n. fame f. d'aria.
airily /'eərɪlɪ/ avv. con leggerezza, a cuor leggero.
airiness /'eərɪnɪs/ n. **1** *(of room, house, place)* ariosità f. **2** *(nonchalance) (of manner, attitude, gesture)* noncuranza f.; *(of promise)* leggerezza f., superficialità f.
airing /'eərɪŋ/ n. **1** *(of linen) (drying)* asciugatura f. **2** *(freshening)* arieggiatura f., ventilazione f. **3** FIG. *(mention)* ***to give an idea, issue an ~*** divulgare, diffondere un'idea, una questione; ***the issue got its first public ~ yesterday*** la questione ha avuto una prima diffusione pubblica ieri **4** RAD. TELEV. messa f. in onda.
airing cupboard /'eərɪŋ,kʌbəd/ n. BE = armadio riscaldato in cui si ripone la biancheria.
air inlet /'eə,ɪnlet/, **air intake** /'eə,ɪnteɪk/ n. presa f. d'aria.
air jacket /'eə,dʒækɪt/ n. **1** AER. = giubbotto salvagente a camera d'aria gonfiabile **2** TECN. = involucro per il raffreddamento ad aria.
air lane /'eəleɪn/ n. corridoio m. aereo.
airless /'eəlɪs/ agg. [*room*] senz'aria; [*weather, evening*] senza vento.
air letter /'eə,letə(r)/ n. aerogramma m.
1.airlift /'eəlɪft/ n. ponte m. aereo; ***~ of refugees*** ponte aereo per l'evacuazione dei rifugiati.
2.airlift /'eəlɪft/ tr. evacuare mediante ponte aereo [*evacuees*]; trasportare mediante ponte aereo [*supplies, goods*]; ***to be ~ed to hospital*** essere portato all'ospedale in elicottero.
airline /'eəlaɪn/ **I** n. **1** AER. *(company)* compagnia f., linea f. aerea **2** TECN. *(source of air)* tubo m. dell'aria, per l'aria **II** modif. AER. [*company, pilot, staff*] di linea.
airliner /'eəlaɪnə(r)/ n. aereo m. di linea.
airlock /'eəlɒk/ n. **1** *(in pipe, pump etc.)* bolla f., sacca f. d'aria **2** *(in spaceship)* camera f. di equilibrio.
1.airmail /'eəmeɪl/ n. posta f. aerea; ***to send sth. (by) ~*** spedire qcs. per posta aerea.
2.airmail /'eəmeɪl/ tr. spedire per posta aerea.
airmail edition /'eəmeɪlɪ,dɪʃn/ n. GIORN. = edizione inviata per posta aerea.
airmail envelope /'eəmeɪl,envləup/ n. busta f. per posta aerea.
airmail label /'eəmeɪl,leɪbl/ n. etichetta f. per posta aerea.
airmail paper /'eəmeɪl,peɪpə(r)/ n. carta f. per posta aerea.
airman /'eəmən/ ➧ ***23*** n. (pl. **-men**) MIL. aviere m.
airman basic /'eəmən,beɪsɪk/ ➧ ***23*** n. (pl. **airmen basic**) AE MIL. AER. aviere m.
airman first class /,eəmən,fɜ:st'klɑ:s, AE -'klæs/ ➧ ***23*** n. (pl. **airmen first class**) AE MIL. AER. aviere m. scelto.
airmanship /'eəmənʃɪp/ n. = abilità nel guidare aerei.
air marshal /,eə'mɑ:ʃl/ ➧ ***23*** n. BE generale m. di squadra aerea.
air mass /'eəmæs/ n. massa f. d'aria.
airmechanic /'eəmɪ,kænɪk/ ➧ ***27*** n. AER. motorista m. e f.
airmen /'eamen/ → **airman**.
air miles /'eə,maɪlz/ n.pl. = convenzione con compagnie aeree che dà diritto a particolari vantaggi a seguito di un determinato numero di viaggi.
air miss /'eəmɪs/ n. = mancata collisione aerea.
airmobile /,eə'məʊbaɪl, AE -bl, -bi:l/ agg. AE aerotrasportato.
air officer /'eər,ɒfɪsə(r)/ ➧ ***23*** n. ufficiale m. d'aviazione.
airplane /'eəpleɪn/ n. AE → **aeroplane**.
air plant /'eə,plɑ:nt, AE -,plænt/ n. epifita f.
airplay /'eəpleɪ/ n. RAD. TELEV. ***this record gets a lot of ~*** questo disco si sente molto alla radio.
air pocket /'eəpɒkɪt/ n. **1** *(in pipe, enclosed space)* sacca f. d'aria **2** AER. vuoto m. d'aria.
air pollution /'eəpə,lu:ʃn/ n. inquinamento m. atmosferico.
▷ **airport** /'eəpɔ:t/ **I** n. aeroporto m. **II** modif. [*buildings, staff*] aeroportuale; [*runways*] d'aeroporto; ***~ taxes*** tasse aeroportuali.
air power /'eə,paʊə(r)/ n. potenziale m. aereo; MIL. potenza f. aerea.
air pressure /'eə,preʃə(r)/ n. pressione f. atmosferica.
air-proof /'eəpru:f/ agg. a tenuta d'aria, ermetico.
air pump /'eəpʌmp/ n. pompa f. pneumatica.
air quality /'eə,kwɒlətɪ/ n. qualità f. dell'aria.
air raid /'eə,reɪd/ n. attacco m., raid m. aereo.
air-raid precautions /'eəreɪdprɪ,kɔ:ʃnz/ n.pl. misure f. di protezione antiaerea.
air-raid shelter /'eəreɪd,ʃeltə(r)/ n. rifugio m. antiaereo.
air-raid siren /'eəreɪd,saɪərən/ n. sirena f. d'allarme antiaereo.
air-raid warden /'eəreɪd,wɒ:dn/ n. = responsabile delle misure di protezione antiaerea.
air-raid warning /'eəreɪd,wɔ:nɪŋ/ n. allarme m. aereo.
air rifle /'eə,raɪfl/ n. fucile m., carabina f. ad aria compressa.
airscrew /'eəskru:/ n. BE elica f.
air-sea base /,eəsi:'beɪs/ n. base f. aeronavale.
air-sea rescue /,eəsi:'reskju:/ n. soccorso m. aereo-marittimo.
air shaft /'eəʃɑ:ft, AE -ʃæft/ n. *(in mine)* pozzo m. di ventilazione.
airship /'eəʃɪp/ n. aeronave f., dirigibile m.
air show /'eəʃəʊ/ n. *(flying show)* spettacolo m. di volo (acrobatico); *(trade exhibition)* salone m. aeronautico.
air shuttle /'eə,ʃʌtl/ n. aereo m. navetta.
airsick /'eə,sɪk/ agg. ***to be ~*** avere il mal d'aria.
airsickness /'eəsɪknɪs/ ➧ ***11*** n. mal m. d'aria.
air sock /'eəsɒk/ n. (pl. **~s, air sox**) manica f. a vento.
air space /'eəspeɪs/ n. spazio m. aereo, aerospazio m.
airspeed /'eəspi:d/ n. velocità f. relativa (all'aria), velocità f. aerodinamica.
airspeed indicator /,eəspi:dɪn'dɪkeɪtə(r)/ n. AER. anemometro m.
air station /'eə,steɪʃn/ n. aeroscalo m.
airstop /'eəstɒp/ n. piattaforma f. per elicotteri.
airstream /'eəstri:m/ n. **1** METEOR. corrente f. atmosferica **2** LING. flusso m. dell'aria.
air strike /'eə,straɪk/ n. incursione f. aerea.
airstrip /'eəstrɪp/ n. AER. pista f. (di fortuna).
air survey /'eə,sɜ:veɪ/ n. rilevamento m., rilievo m. aereo.
air suspension /,eəsə'spenʃn/ n. sospensione f. pneumatica.
air taxi /'eə,tæksɪ/ n. aerotaxi m.
air terminal /'eə,tɜ:mɪnl/ n. (air) terminal m.
airtight /'eətaɪt/ agg. a tenuta d'aria, ermetico.
airtime /'eətaɪm/ n. RAD. TELEV. orario m. di trasmissione.
air-to-air /,eətə'eə/ agg. MIL. [*missile*] aria-aria; [*refuelling*] in volo.
air-to-ground /,eətə'graʊnd/ agg. MIL. [*missile*] aria-terra.
air-to-surface /,eətə'sɜ:fɪs/ agg. MIL. [*missile*] aria-superficie.
air-traffic control /,eə'træfɪkkən,trəʊl/ n. *(activity)* controllo m. del traffico aereo; *(building)* torre f. di controllo.
air-traffic controller /,eə'træfɪkkən,trəʊlə(r)/ ➧ ***27*** n. controllore m. di volo, uomo radar m. COLLOQ.
air training corps /,eə'treɪnɪŋ,kɔ:(r)/ n. BE = corpo di cadetti aeronautici in età scolare che si riuniscono per svolgere attività militare extrascolastica.
air umbrella /,eəʌm'brelə/ n. copertura f. aerea.
air valve /'eəvælv/ n. valvola f. di sfiato dell'aria.
air vent /'eəvent/ n. cunicolo m. di ventilazione, bocca f. d'aerazione.
air vice-marshal /,eəvaɪs'mɑ:ʃl/ ➧ ***23*** n. BE generale m. di divisione aerea.
airwaves /'eəweɪvz/ n.pl. RAD. TELEV. onde f. radio; ***on the ~*** in onda.
airway /'eəweɪ/ n. **1** AER. *(route)* via f. aerea, aerovia f. **2** *(airline)* compagnia f., linea f. aerea **3** *(ventilating passage)* via f. d'aria, via f. di ventilazione **4** ANAT. via f. respiratoria.
airwoman /'eəwʊmən/ n. (pl. **-women**) AER. aviatrice f.

airworthiness /ˈeəwɜːðɪnɪs/ n. *(of aircraft)* navigabilità f.
airworthy /ˈeəwɜːðɪ/ agg. [*aircraft*] navigabile, atto al volo.
airy /ˈeərɪ/ agg. **1** [*room, house*] aerato, ventilato, arieggiato **2** *(casual)* [*manner, attitude, gesture*] noncurante **3** ~ ***promises*** promesse vaghe.
airy-fairy /ˌeərɪˈfeərɪ/ agg. BE COLLOQ. [*person*] bislacco; [*idea, scheme*] bislacco, campato in aria.
▷ **aisle** /aɪl/ n. **1** *(of church)* navata f. laterale **2** *(passageway between two rows of seats) (in train, plane, cinema etc.)* corridoio m., passaggio m.; *(in supermarket)* corsia f. ◆ ***the film had us rolling in the ~s*** COLLOQ. il film ci ha fatto sbellicare dalle risate; ***to lead sb. down the ~*** SCHERZ. condurre qcn. all'altare.
aisled /aɪld/ agg. *(of church)* con, a navate.
aisle seat /ˈaɪlsiːt/ n. *(in plane, cinema, theatre)* = posto vicino al corridoio.
ait /eɪt/ n. *(of river, lake)* isolotto m.
aitch /eɪtʃ/ n. acca f.; ***to drop one's ~es*** = non pronunciare la acca (considerato segno di scarsa istruzione).
ajar /əˈdʒɑː(r)/ agg. e avv. ***to be ~*** [*door*] essere socchiuso.
Ajax /ˈeɪdʒæks/ n.pr. Aiace.
ajutage → **adjutage**.
AK US ⇒ Alaska Alaska.
aka ⇒ also known as anche noto come, altrimenti detto, alias.
akimbo /əˈkɪmbəʊ/ agg. ***(with) arms ~*** con le mani sui fianchi.
akin /əˈkɪn/ agg. **1** *(related)* consanguineo **2** *(similar)* ***to be ~ to*** essere simile a; ***her style is more, closely ~ to cubism*** il suo stile è più, molto simile al cubismo **3** *(tantamount)* ***to be ~ to sth., to doing*** *(disapproving)* equivalere a qcs., a fare qcs.
akinesia /ækɪˈniːzɪə, AE -ʒə/ n. acinesia f.
Al /æl/ n.pr. diminutivo di **Albert**.
AL US ⇒ Alabama Alabama.
ALA ⇒ all letters answered = si risponde a tutti.
Alabama /ˌæləˈbæmə/ ➧ ***24*** n.pr. Alabama f.
alabaster /ˈæləbɑːstə(r), AE -bæs-/ **I** n. alabastro m. **II** modif. [*statue, ashtray*] di alabastro.
alabastrine /æləˈbɑːstrɪn, AE -ˈbæs-/ agg. RAR. alabastrino.
alack /əˈlæk/ inter. ANT. ahimè, ohimè.
alacrity /əˈlækrətɪ/ n. FORM. alacrità f., solerzia f.; ***with ~*** alacremente.
Aladdin /əˈlædɪn/ n.pr. Aladino.
Aladdin's cave /əˌlædɪnzˈkeɪv/ n. FIG. = luogo pieno di ricchezze.
alalia /æˈleɪlɪə/ n. alalia f.
Alan /ˈælən/ n.pr. Alan (nome di uomo).
à la mode /ˌɑːlɑːˈməʊd/ agg. e avv. **1** alla moda **2** AE [*pie etc.*] con gelato.
alar /ˈeɪlə(r)/ agg. **1** alare (anche BOT. ANAT.) **2** simile ad ala.
▶ **1.alarm** /əˈlɑːm/ n. **1** *(feeling)* paura f., agitazione f.; *(concern)* allarme m., preoccupazione f., apprensione f.; ***in ~*** allarmato; *(stronger)* spaventato; ***I don't want to cause ~ but...*** non voglio allarmarti ma...; ***there is (no) cause for ~*** (non) c'è motivo d'allarmarsi **2** *(warning signal, device)* allarme m.; ***burglar, fire ~*** allarme antifurto, antincendio; ***smoke ~*** segnalatore di fumo; ***to activate*** o ***set off an ~*** azionare un allarme; ***the ~ went off*** l'allarme si è messo in funzione; ***to raise the ~*** dare l'allarme (anche FIG.) **3** → **alarm clock**.
▶ **2.alarm** /əˈlɑːm/ tr. **1** *(worry)* allarmare, mettere in apprensione; *(stronger)* spaventare [*person, animal*] (**with** con; **by doing** facendo) **2** *(fit system)* installare un (sistema d') allarme su [*car*]; ***this car is ~ed*** questa macchina è dotata di allarme.
alarm bell /əˈlɑːmbel/ n. campanello m. d'allarme (anche FIG.); ***~s are ringing*** BE FIG. suona un campanello d'allarme; ***to set the ~s ringing*** BE FIG. far scattare il campanello d'allarme.
alarm call /əˈlɑːmkɔːl/ n. TEL. sveglia f. telefonica.
alarm clock /əˈlɑːmklɒk/ n. sveglia f.; ***to set the ~ for eight o'clock*** puntare la sveglia alle otto; ***the ~ went off*** è suonata la sveglia.
▷ **alarmed** /əˈlɑːmd/ **I** p.pass. → **2.alarm II** agg. allarmato; *(frightened)* spaventato; ***don't be ~!*** non allarmatevi!
▷ **alarming** /əˈlɑːmɪŋ/ agg. allarmante.
alarmingly /əˈlɑːmɪŋlɪ/ avv. [*act, behave*] in modo allarmante; ***~ violent, rapid*** d'una violenza, rapidità allarmante; ***~, we have no news of them*** ci allarma il fatto di non avere loro notizie.
alarmism /əˈlɑːmɪzəm/ n. allarmismo m.
alarmist /əˈlɑːmɪst/ **I** agg. allarmistico **II** n. allarmista m. e f.
alarm-radio /əˈlɑːmˌreɪdɪəʊ/ n. radiosveglia f.
alarm signal /əˈlɑːmˌsɪgnl/ n. segnale m. d'allarme.
alarm system /əˈlɑːmˌsɪstəm/ n. sistema m. d'allarme.
alas /əˈlæs/ inter. ahimè, ohimè.
Alaska /əˈlæskə/ ➧ ***24*** n.pr. Alaska f.
Alaskan /əˈlæskən/ **I** agg. dell'Alaska **II** n. nativo m. (-a), abitante m. e f. dell'Alaska.
Alastair /ˈælɪstə(r)/ n.pr. Alastair (nome di uomo).
alate(d) /ˈeɪleɪt(ɪd)/ agg. alato.
alb /ælb/ n. RELIG. alba f., camice m.
albacore /ˈælbəkɔː(r)/ n. albacora f., tonno m. alalonga.
Alban /ˈɔːlbən/ n.pr. Albano.
Albania /ælˈbeɪnɪə/ ➧ ***6*** n.pr. Albania f.
Albanian /ælˈbeɪnɪən/ ➧ ***18, 14*** **I** agg. albanese **II** n. **1** *(person)* albanese m. e f. **2** *(language)* albanese m.
Albany /ˈɔːlbənɪ/ ➧ ***34*** n.pr. Albany f.
albatross /ˈælbətrɒs, AE *anche* -trɔːs/ n. **1** albatro m. **2** *(in golf)* = buca raggiunta con tre colpi sotto il par ◆ ***to be the ~ around sb.'s neck*** = ricordare continuamente a qcn. che si è fatto qcs. di sbagliato.
albedo /ælˈbiːdəʊ/ n. (pl. **~s**) albedo f.
albeit /ˌɔːlˈbiːɪt/ cong. FORM. quantunque, sebbene.
Albert /ˈælbət/ n.pr. Alberto.
Alberta /ælˈbɜːtə/ ➧ ***24*** n.pr. **1** *(province of Canada)* Alberta m. **2** *(first name)* Alberta.
albescent /ælˈbesnt/ agg. RAR. biancheggiante.
Albigenses /ˌælbɪˈdʒensiːz/ n.pl. STOR. albigesi m.
Albigensian /ˌælbɪˈdʒensɪən/ agg. STOR. albigese.
Albin /ˈælbɪn/ n.pr. Albino.
albinism /ˈælbɪnɪzəm/ n. albinismo m.
albino /ælˈbiːnəʊ, AE -baɪ-/ **I** agg. albino **II** n. (pl. **~s**) albino m. (-a).
Albion /ˈælbɪən/ n.pr. Albione f.; ***perfidious ~*** la perfida Albione.
albite /ˈælbaɪt/ n. albite f.
album /ˈælbəm/ n. album m. (anche MUS.); ***photo, stamp ~*** album di fotografie, francobolli.
albumen /ˈælbjʊmɪn, AE ælˈbjuːmən/ n. albume m.
albumin /ˈælbjʊmɪn, AE ælˈbjuːmɪn/ n. albumina f.
albuminate /ælˈbjuːmɪˌneɪt/ n. albuminato m.
albuminoid /ælˈbjuːmɪnɔɪd/ **I** agg. albuminoide **II** n. albuminoide m.
albuminous /ælˈbjuːmɪnəs/ agg. albuminoso.
albuminuria /ælbjuːmɪˈnjʊərɪə, AE -ˈnʊə-/ n. albuminuria f.
alburnum /ælˈbɜːnəm/ n. BOT. alburno m.
Alcaeus /ælˈsiːəs/ n.pr. Alceo.
alcaic /ælˈkeɪk/ agg. alcaico.
Alcestis /ælˈsestɪs/ n.pr. Alcesti.
alchemic(al) /ælˈkemɪk(l)/ agg. alchemico, alchimistico.
alchemist /ˈælkəmɪst/ n. alchimista m. e f.
alchemistic(al) /ˌælkɪˈmɪstɪk(l)/ agg. alchimistico.
alchemize /ˈælkəmaɪz/ tr. alchimizzare.
alchemy /ˈælkəmɪ/ n. alchimia f. (anche FIG.).
Alcibiades /ælsɪˈbaɪədiːz/ n.pr. Alcibiade.
▷ **alcohol** /ˈælkəhɒl, AE -hɔːl/ **I** n. alcol m. **II** modif. [*abuse, level, consumption*] d'alcol; [*poisoning*] da alcol; ***the ~ content of a drink*** il contenuto alcolico di una bevanda; ***there is an ~ ban in the stadium*** c'è il divieto di vendere e consumare alcol nello stadio.
alcohol-free /ˌælkəhɒlˈfriː, AE -hɔːl-/ agg. [*drink*] analcolico.
▷ **alcoholic** /ˌælkəˈhɒlɪk, AE -hɔːl-/ **I** agg. [*drink, ingredient*] alcolico; [*person*] alcolizzato; [*stupor, haze*] indotto, causato dall'alcol, da alcol **II** n. alcolista m. e f., alcolizzato m. (-a), etilista m. e f.
Alcoholics Anonymous /ælkəˌhɒlɪksəˈnɒnɪməs, AE -hɔːl-/ n.pr. pl. Alcolisti Anonimi m.
alcoholism /ˈælkəhɒlɪzəm, AE -hɔːl-/ n. alcolismo m., etilismo m.
alcoholize /ˈælkəhɒlaɪz/ tr. alcolizzare.
alcoholometer /ˌælkəhɒˈlɒmɪtə(r)/ n. alcolimetro m.
alcopop /ˈælkəʊpɒp/ n. = bibita gassata alcolica.
alcove /ˈælkəʊv/ n. *(vaulted or arched recess)* nicchia f., rientranza f.; *(for a bed)* alcova f.
Alcyone /ælˈsaɪənɪ/ n.pr. Alcione.
aldehyde /ˈældɪhaɪd/ n. aldeide f.
alder /ˈɔːldə(r)/ n. *(tree, wood)* ontano m., alno m.
alderman /ˈɔːldəmən/ n. (pl. **-men**) **1** BE = in passato, membro del consiglio comunale **2** AE = membro dell'organo di amministrazione comunale; ***board of aldermen*** AE = organo di amministrazione comunale.
aldermanry /ˈɔːldəmənrɪ/ n. **1** *(office)* = carica di alderman **2** *(district)* = distretto affidato a un alderman.
aldermanship /ˈɔːldəmənʃɪp/ n. = carica, ufficio di alderman.
aldermen /ˈɔːldəmen/ → **alderman**.
Aldine /ˈɔːldaɪn/ **I** agg. aldino **II** n. (carattere) aldino m.
Aldous /ˈɔːldʊs/ n.pr. Aldo.
ale /eɪl/ n. ale f., birra f. (specialmente fatta senza luppolo); ***brown, light, pale ~*** birra scura, leggera, chiara.

aleatoric /ˌeɪlɪəˈtɒrɪk/, **aleatory** /ˈeɪlɪətərɪ/ agg. aleatorio (anche MUS.).
alec(k) /ˈælɪk/ n. ***to be a smart ~*** COLLOQ. fare il saputello.
Alec(k) /ˈælɪk/ n.pr. diminutivo di **Alexander**.
ale conner /ˈeɪlkɒnə(r)/ n. = in passato, ispettore incaricato di esaminare la quantità e la qualità della birra.
alee /əˈliː/ agg. e avv. sottovento.
alegar /ˈeɪlɪgə(r)/ n. aceto m. di malto.
alehouse /ˈeɪlhaʊs/ n. ANT. taverna f., birreria f.
alembic /əˈlembɪk/ n. alambicco m.
alerion /əˈlɪərɪən/ n. alerione m.
1.alert /əˈlɜːt/ **I** agg. **1** *(lively)* [*child*] vivace, sveglio; [*old person*] arzillo **2** *(attentive)* vigile, attento; ***to be ~ to*** essere consapevole di [*danger, risk, fact, possibility*] **II** n. allarme m.; ***to be on the ~ for*** stare in guardia contro [*danger*]; ***fire, bomb ~*** allarme antincendio, allarme bomba; ***security ~*** allarme di sicurezza; ***to be on (red) ~*** MIL. o ***on full ~*** essere in stato di massima allerta.
2.alert /əˈlɜːt/ tr. **1** allertare, mettere in stato d'allerta **2** ***to ~ sb. to*** mettere qcn. in guardia contro [*danger*]; richiamare l'attenzione di qcn. su [*fact, situation*].
alertly /əˈlɜːtlɪ/ avv. [*listen, watch*] con molta attenzione.
alertness /əˈlɜːtnɪs/ n. **1** *(attentiveness)* vigilanza f. **2** *(liveliness of mind)* vivacità f.
aleuron /əˈljʊərən/, **aleurone** /əˈljʊərəʊn/ n. aleurone m.
Aleutian Islands /əˈluːʃɪənˌaɪləndz/ ➧ ***12*** n.pr.pl. ***the ~*** le Isole Aleutine.
A-level /ˈeɪlevl/ n. GB SCOL. (accorc. Advanced Level) = esame che conclude i corsi di scuola superiore e dà accesso all'università.
alevin /ˈælɪvɪn/ n. avannotto m.
alewife /ˈeɪlwaɪf/ n. (pl. **-wives**) alosa f.
Alex /ˈælɪks/ n.pr. diminutivo di **Alexander**.
Alexander /ˌælɪgˈzɑːndə(r)/ n.pr. Alessandro.
Alexander technique /ˌælɪgˈzɑːndətekˌniːk/ n. tecnica f. Alexander.
Alexandra /ˌælɪgˈzɑːndrə, AE -ˈzæn-/ n.pr. Alessandra.
Alexandria /ˌælɪgˈzɑːndrɪə/ ➧ ***34*** n.pr. Alessandria f.
Alexandrian /ˌælɪgˈzɑːndrɪən/ agg. STOR. alessandrino.
alexandrine /ˌælɪgˈzændraɪn/ n. LETTER. *(line)* alessandrino m.; ***in ~s*** in alessandrini.
alexia /eɪˈleksɪə/ n. alessia f.
Alexia /əˈleksɪə/ n.pr. Alessia.
Alexis /əˈleksɪs/ n.pr. **1** *(male name)* Alessio **2** *(female name)* Alessia.
Alf /ˈælf/ n.pr. diminutivo di **Alfred**.
alfalfa /ælˈfælfə/ n. alfalfa f., erba f. medica.
Alfie /ˈælfɪ/ n.pr. diminutivo di **Alfred**.
Alfred /ˈælfrɪd/ n.pr. Alfredo.
alfresco /ælˈfreskəʊ/ agg. e avv. all'aperto.
algae /ˈældʒiː, ˈælgaɪ/ n.pl. alghe f.
algal /ˈælgəl/ agg. [*scum, growth, bloom*] algale, delle alghe; [*population*] di alghe.
algebra /ˈældʒɪbrə/ n. algebra f.
algebraic(al) /ˌældʒɪˈbreɪɪk(l)/ agg. algebrico.
algebraist /ˌældʒɪˈbreɪɪst/ n. algebrista m. e f.
Algeria /ælˈdʒɪərɪə/ ➧ ***6*** n.pr. Algeria f.
Algerian /ælˈdʒɪərɪən/ ➧ ***18*** **I** agg. algerino **II** n. algerino m. (-a).
Algernon /ˈældʒənən/ n.pr. Algernon (nome di uomo).
algetic /ælˈdʒetɪk/ agg. algesico.
algicide /ˈældʒɪsaɪd, ˈælgɪ-/ n. alghicida m.
algid /ˈældʒɪd/ agg. algido (anche MED.).
algidity /ælˈdʒɪdɪtɪ/ n. algidità f.
Algiers /ælˈdʒɪəz/ ➧ ***34*** n.pr. Algeri f.
ALGOL /ˈælgɒl/ n. (⇒ algorithmic oriented language linguaggio di programmazione algoritmica) ALGOL m.; ***to learn, use ~*** imparare, utilizzare l'ALGOL.
algology /ælˈgɒlədʒɪ/ n. algologia f.
Algonqui(a)n /ælˈgɒŋkwɪən/ ➧ ***18, 14*** **I** agg. algonchino **II** n. (pl. **~s, ~**) **1** *(person)* algonchino m. (-a) **2** LING. algonchino m.
algophobia /ælgəˈfəʊbɪə/ ➧ ***11*** n. algofobia f.
algorithm /ˈælgərɪðəm/ n. algoritmo m.
algorithmic /ˌælgəˈrɪðmɪk/ agg. algoritmico.
alias /ˈeɪlɪəs/ **I** n. pseudonimo m., falso nome m.; ***under an ~*** sotto falso nome **II** avv. alias.
1.alibi /ˈælɪbaɪ/ n. **1** DIR. alibi m. **2** *(excuse)* scusa f., alibi m.
2.alibi /ˈælɪbaɪ/ tr. (forma in -ing **alibiing**; pass., p.pass. **alibied**) AE COLLOQ. ***they ~ed him*** gli hanno trovato un alibi.
Alice /ˈælɪs/ n.pr. Alice; ***~ in Wonderland*** Alice nel paese delle meraviglie.
Alice band /ˈælɪsbænd/ n. BE cerchietto m. (per i capelli).
Alicia /əˈlɪʃɪə/ n.pr. Alice.
alidad /ˈælɪdæd/ n. alidada f.
1.alien /ˈeɪlɪən/ **I** agg. **1** straniero (**to** in) **2** *(from space)* alieno **3** *(atypical)* **~ *to sb., sth.*** estraneo a qcn., qcs. **II** n. **1** DIR. *(foreigner)* straniero m. (-a) **2** *(being from space)* alieno m. (-a).
2.alien /ˈeɪlɪən/ tr. → **alienate**.
alienability /ˌeɪlɪənəˈbɪlətɪ/ n. alienabilità f.
alienable /ˈeɪlɪənəbl/ agg. alienabile.
alienate /ˈeɪlɪəneɪt/ tr. **1** DIR. alienare [*assets*] (**from** da) **2** *(estrange)* alienare, alienarsi [*supporters, colleagues*] **3** *(separate)* allontanare (**from** da).
▷ **alienated** /ˈeɪlɪəneɪtɪd/ **I** p.pass. → **alienate II** agg. [*minority, group*] escluso (**from** da).
alienation /ˌeɪlɪəˈneɪʃn/ n. **1** DIR. POL. PSIC. alienazione f. **2** allontanamento m., estraniazione f. (**from** da).
alienation effect /ˌeɪlɪəˈneɪʃnɪˌfekt/ n. TEATR. effetto m. di straniamento.
alienee /eɪlɪəˈniː/ n. DIR. cessionario m.
alienism /ˈeɪlɪənɪzəm/ n. **1** DIR. = condizione di straniero **2** PSIC. = studio delle alienazioni mentali.
alienist /ˈeɪlɪənɪst/ ➧ ***27*** n. AE PSIC. alienista m. e f.
alienor /ˈeɪlɪənɔː(r)/ n. DIR. alienatore m., alienante m. e f.
aliform /ˈælɪfɔːm/ agg. aliforme.
1.alight /əˈlaɪt/ agg. mai attrib. **1** [*match, fire*] acceso; [*building, grass*] in fiamme; ***to set sth. ~*** dar fuoco a qcs. **2** FIG. ***her eyes were ~ with curiosity*** la curiosità le si leggeva negli occhi; ***his face was ~ with happiness*** il suo viso splendeva di gioia; ***the goal set the stadium ~*** il gol infiammò lo stadio.
2.alight /əˈlaɪt/ intr. FORM. **1** [*passenger*] scendere (**from** da) **2** [*bird*] posarsi (**on** su) **3** [*gaze, thoughts*] soffermarsi (**on** su).
alighting /əˈlaɪtɪŋ/ n. AER. **1** *(on land)* atterraggio m. **2** *(on water)* ammaraggio m.
align /əˈlaɪn/ **I** tr. allineare (**with** a) **II** rifl. ***to ~ oneself*** POL. allinearsi, schierarsi (**with** con).
aligned /əˈlaɪnd/ **I** p.pass. → **align II** agg. allineato (**with** a); ***the ~, non-~ nations*** i paesi allineati, non allineati.
▷ **alignment** /əˈlaɪnmənt/ n. **1** allineamento m.; POL. allineamento m., schieramento m. (**with** con); ***to be in ~, out of ~*** essere, non essere allineato (**with** con) **2** INFORM. allineamento m.
▷ **alike** /əˈlaɪk/ **I** agg. mai attrib. *(similar)* simile, somigliante; *(identical)* uguale; ***to look, sound ~*** assomigliarsi (nell'aspetto, nel suono); ***all men are ~*** tutti gli uomini sono uguali **II** avv. [*dress, think*] allo stesso modo; ***for young and old ~*** sia per i giovani sia per gli anziani; ***driver and passenger ~ are...*** conducente e passeggero sono in egual misura... ◆ ***share and share ~*** (dividere) in parti uguali.
1.aliment /ˈælɪmənt/ n. ANT. alimento m., cibo m. (anche FIG.).
2.aliment /ˈælɪmənt/ tr. RAR. alimentare.
alimentary /ˌælɪˈmentərɪ/ agg. **1** [*rules, laws*] alimentare **2** [*system*] digerente; [*process*] digestivo; ***~ canal*** tubo digerente.
alimentation /ˌælɪmenˈteɪʃn/ n. alimentazione f.
alimony /ˈælɪmənɪ, AE -məʊnɪ/ n. DIR. alimenti m.pl.
aline → **align**.
aliphatic /ˌælɪˈfætɪk/ agg. alifatico.
aliquot /ˈælɪkwɒt/ n. aliquota f.
Alison /ˈælɪsn/ n.pr. Alison (nome di donna).
► **alive** /əˈlaɪv/ agg. **1** *(living)* vivo, in vita (anche FIG.); ***to keep sb., sth. ~*** tenere qcn., qcs. in vita; ***to keep a plant ~*** non far morire una pianta; ***to stay ~*** rimanere in vita; ***to bury sb. ~*** seppellire vivo qcn.; ***to be burnt ~*** essere bruciato vivo; ***to be taken, captured ~*** essere preso, catturato vivo; ***~ and well, ~ and kicking*** vivo e vegeto (anche FIG.); ***it's good*** o ***great to be ~!*** sono contento di essere al mondo! ***no man ~*** nessuno (al mondo); ***just ~*** tra la vita e la morte **2** *(lively)* [*person, mind*] vivace, vitale; [*senses*] pronto; ***to bring [sth.] ~*** vivacizzare [qcs.] [*story, account*]; animare, vivacizzare [*party, place*]; ***to come ~*** [*party, place*] animarsi, vivacizzarsi; [*history*] rivivere **3** *(in existence)* ***to keep [sth.] ~*** conservare, mantenere (in vita) [*tradition etc.*]; ***we shall keep his memory ~*** manterremo viva la sua memoria; ***to keep dialogue ~*** POL. mantenere vivo il dialogo; ***it kept our hopes ~*** tenne in vita le nostre speranze **4** *(teeming)* **~ *with*** brulicante di [*insects etc.*] **5** *(aware)* **~ *to*** conscio, consapevole di [*possibility etc.*].
alizarin /əˈlɪzərɪn/ n. alizarina f.
alkahest /ˈælkəhest/ n. alkaest m.
alkalescence /ˌælkəˈlesns/ n. alcalescenza f.
alkalescent /ˌælkəˈlesnt/ agg. alcalescente.
alkali /ˈælkəlaɪ/ n. (pl. **~s, ~es**) alcali m.
alkalify /ˈælkəlɪfaɪ/ **I** tr. alcalinizzare **II** intr. alcalinizzarsi.

all

As a pronoun

- When *all* is used to mean *everything* it is translated by *tutto*:

is that all?	= è tutto?
all is well	= va tutto bene.

- When *all* is followed by a *that* clause, *all that* is translated by *tutto ciò che* or *tutto quello che*:

all that remains to be done	= tutto quello che resta da fare
that was all (that) he said	= fu tutto ciò che disse
after all (that) we've done	= dopo tutto quello che abbiamo fatto
we're doing all (that) we can	= stiamo facendo tutto quello che possiamo / tutto il possibile
all that you need	= tutto ciò di cui hai bisogno.

- When *all* is used to refer to a specified group of people or objects the translation reflects the number and gender of the people or objects referred to; *tutti* is used for a group of people or objects of masculine or mixed or unspecified gender and *tutte* for a group of feminine gender:

we were all delighted	= eravamo tutti contentissimi
"where are the cups?" "they're all in the kitchen"	= "dove sono le tazze?" "sono tutte in cucina"

- For more examples and particular usages see the entry **1.all**.

As a determiner

- As a determiner, *all* precedes *the, this, that, these, those*, and *possessives*, but it follows the personal pronouns:

all the students	= tutti gli studenti
all this / that work	= tutto questo / quel lavoro
all these / those children	= tutti questi / quei bambini
all my exercise books	= tutti i miei quaderni
they all went a couple of minutes ago	= se ne sono andati tutti un paio di minuti fa

(note however that, if you use *all* as a pronoun, you can say *all of them went...*, which is to be translated as tutti loro se ne sono andati...).

- In Italian, determiners agree in gender and number with the noun they precede. So *all* is translated by *tutto* + masculine singular noun (*all the time* = tutto il tempo), *tutta* + feminine singular noun (*all the family* = tutta la famiglia), *tutti* + masculine or mixed gender plural noun (*all men* = tutti gli uomini; *all boys and girls* = tutti i ragazzi e le ragazze; *all the books* = tutti i libri), and *tutte* + feminine plural noun (*all women* = tutte le donne; *all the chairs* = tutte le sedie).

For more examples and particular usages see the entry **2.all**.

As an adverb

- When *all* is used as an adverb meaning *completely*, it is generally translated by *tutto / tutta / tutti / tutte* according to the gender and number of the following adjective:

my coat's all dirty	= il mio cappotto è tutto sporco
he was all wet	= era tutto bagnato
she was all alone	= era tutta sola
they were all alone	= erano tutti soli
the bills are all wrong	= le fatture sono tutte sbagliate
the girls were all excited	= le ragazze erano tutte emozionate.

- For more examples and particular usages see the entry **3.all**.

alkalimeter /ˌælkəˈlɪmɪtə(r)/ n. alcalimetro m.
alkalimetry /ˌælkəˈlɪmɪtrɪ/ n. alcalimetria f.
alkaline /ˈælkəlaɪn/ agg. alcalino.
alkalinity /ˌælkəˈlɪnətɪ/ n. alcalinità f.
alkalize /ˈælkəlaɪz/ tr. alcalinizzare.
alkaloid /ˈælkəlɔɪd/ n. alcaloide m.
alkanet /ˈælkənet/ n. **1** alcanna f. **2** buglossa f.
alkermes /əlˈkɜːmɪz/ n. alchermes m.
alky /ˈælkɪ/ n. AE POP. ubriacone m. (-a).

▶ **1.all** /ɔːl/ pron. **1** *(everything)* tutto m.; ***to risk ~*** rischiare tutto; ***~ or nothing*** tutto o niente; ***~ is not lost*** non tutto è perduto; ***~ was well*** tutto è andato bene; ***~ will be revealed*** SCHERZ. tutto sarà rivelato; ***~ is orderly and stable*** tutto è ordine e stabilità; ***will that be ~?*** è tutto qui? ***and that's not ~*** e non è tutto; ***that's ~*** *(all contexts)* è tutto; ***speed is ~*** la velocità è tutto; ***in ~*** in tutto; ***500 in ~*** 500 in tutto; ***~ in ~*** tutto sommato; ***we're doing ~ (that) we can*** stiamo facendo tutto il possibile (**to do** per fare); ***after ~ that has happened*** dopo tutto ciò che è successo; ***after ~ she's been through*** dopo tutto ciò che ha passato; ***it's not ~ (that) it should be*** [*performance, service, efficiency*] lascia a desiderare *o* non è un granché *o* non è il massimo; ***~ because he didn't write*** tutto questo perché non ha scritto; ***and ~ for a piece of land!*** e tutto per un pezzo di terra! **2** *(the only thing)* tutto m.; ***but that's ~*** questo è tutto; ***that's ~ I want*** è tutto ciò che voglio; ***that's ~ we can suggest*** questo è quanto possiamo suggerire; ***she's ~ I have left*** lei è tutto ciò che mi rimane; ***~ I know is that*** tutto ciò che so è che; ***~ you need is*** tutto ciò di cui hai bisogno è; ***that's ~ we need!*** IRON. ci mancava solo questo! **3** *(everyone)* tutti m. (-e); ***~ wish to remain anonymous*** tutti deside-rano rimanere anonimi; ***~ but a few were released*** furono rilasciati quasi tutti; ***thank you, one and ~*** grazie a tutti (quanti); ***"~ welcome"*** "siete tutti benvenuti" *o* "accorrete numerosi"; ***~ of the employees*** tutti gli impiegati; ***~ of us want...*** tutti noi vogliamo...; ***not ~ of them came*** non tutti sono venuti; ***we want ~ of them back*** li rivogliamo tutti indietro **4** *(the whole amount)* ***~ of our belongings*** tutte le nostre cose; ***~ of this land is ours*** tutta questa terra è nostra; ***not ~ of the time*** non sempre *o* non (per) tutto il tempo **5** *(emphasizing unanimity or entirety)* ***we ~ feel that*** abbiamo tutti l'impressione che; ***we are ~ disappointed*** siamo tutti delusi; ***these are ~ valid points*** questi punti sono tutti validi; ***it ~ seems so pointless*** sembra tutto così inutile; ***I ate it ~*** me lo sono mangiato tutto; ***what's it ~ for?*** *(all contexts)* a che serve tutto questo? ***who ~ was there?*** AE chi c'era? ***y'~ have a good time now!*** AE divertitevi! **6 and all** ***they moved furniture, books and ~*** hanno spostato mobili, libri e tutto; COLLOQ. ***the journey was very tiring what with the heat and ~*** il viaggio è stato stancante, con il caldo e tutto il resto; ***it is and ~!*** davvero! *o* proprio! *o* sì! **7 at all** ***not at ~!*** *(acknowledging thanks)* prego! *(answering query)* niente affatto! *o* per niente! ***it is not at ~ certain*** non è affatto certo; ***if (it is) at ~ possible*** se (è mai) possibile; ***is it at ~ likely that...?*** c'è la pur minima possibilità che...? ***there's nothing at ~ here*** non c'è proprio niente qui; ***we know nothing at ~*** o ***we don't know anything at ~ about*** non sap-piamo proprio niente di; ***if you knew anything at ~ about*** se avessi la pur minima conoscenza di; ***anything at ~ will do*** qualunque cosa andrà bene *o* fa lo stesso **8 for all** *(despite)* malgrado, nonostante; *(in as much as)* ***for ~ I know*** per quanto ne so; ***for ~ that*** nonostante tutto, ciononostante, con tutto ciò; ***they could be dead for ~ the difference it would make!*** potrebbero anche essere morti, per quello che importa! **9 of all** *(in rank)* ***the easiest of ~*** il più facile; ***first, last of ~*** prima di tutto, in conclusione; *(emphatic)* ***why today of ~ days?*** perché proprio oggi? ***not now of ~ times!*** non (proprio) adesso! ***of ~ the nerve!*** che faccia tosta! ***of ~ the rotten luck!*** che scalogna! che sfiga! ◆ ***it's ~ go here!*** BE COLLOQ. qui si lavora sempre! ***it was ~ I could do not to laugh*** ho fatto fatica a rimanere serio; ***that's ~ very well*** o ***that's ~ well and good*** va tutto bene; ***speeches are ~ very well but*** i discorsi sono belli ma *o* tante belle parole ma; ***it's ~ very well to play football but*** va bene giocare a calcio, ma...; ***it's ~ very well for them to talk*** fanno presto a parlare; ***~' s well that ends well*** tutto è bene ciò che finisce bene; ***to be as mad, thrilled as ~ get out*** AE COLLOQ. essere arrabbiato, eccitato da matti.

▶ **2.all** /ɔːl/ determ. **1** *(each one of)* tutti; ***~ men are born equal*** tutti gli uomini nascono uguali; ***~ questions must be answered*** bisogna rispondere a tutte le domande; ***~ those people who*** tutte le persone che; ***~ those who*** tutti quelli che; ***as in ~ good films*** come in ogni buon film; ***in ~ three films*** in tutti e tre i film **2** *(the whole of)* tutto; ***~ his life*** (per) tutta la vita; ***~ the time*** (per) tutto il tempo; ***~ day, evening*** tutto il giorno, tutta la sera; ***~ year round*** tutto l'anno; ***~ the money we've spent*** tutti i soldi che abbiamo speso; ***in ~ his glory*** in tutto il suo splendore; ***I had ~ the work!*** ho dovuto fare tutto io! ***you are ~ the family I have!*** sei (tutta) la mia famiglia! ***and ~ that sort of thing*** e tutte cose del genere; ***oh no! not ~ that again!*** oh no, di nuovo! **3** *(total)* ***in ~ honesty*** in tutta onestà; ***in ~ innocence*** innocentemente **4** *(any)* ***beyond ~ expectations*** al di là di ogni aspettativa; ***to deny ~ knowledge of sth.*** negare di essere al corrente di qcs.

▶ **3.all** /ɔːl/ avv. **1** *(emphatic: completely)* tutto; ***~ alone*** o ***on one's own*** tutto solo; ***to be ~ wet*** essere tutto bagnato; ***dressed ~ in white*** tutto vestito di bianco; ***~ around the garden, along the canal*** (tutt')attorno al giardino, lungo tutto il canale; ***to be ~ for sth.***

essere molto favorevole a qcs. *o* essere entusiasta di qcs.; ***to be ~ for sb. doing*** essere favorevole a che qcn. faccia; ***I'm ~ for women joining the army*** sono favorevole all'entrata delle donne nell'esercito; ***it's ~ about...*** si tratta di...; ***tell me ~ about it!*** raccontami tutto! ***he's forgotten ~ about us!*** si è completamente dimenticato di noi! ***she asked ~ about you*** ha chiesto di te **2** *(emphatic: nothing but)* ***to be ~ legs*** essere tutto gambe; ***to be ~ smiles*** *(happy)* sprizzare gioia da tutti i pori; *(two-faced)* essere tutto sorrisi; ***to be ~ sweetness*** IRON. essere tutto zucchero e miele; ***that stew was ~ onions!*** lo stufato era tutto cipolle! **3** SPORT *(for each party)* ***(they are) six ~*** (sono) sei pari; ***the final score is 15 ~*** il punteggio finale è 15 pari **4 all-** in composti *(completely)* ***~-concrete, -glass, -metal*** tutto in calcestruzzo, in vetro, in metallo; ***~-digital, -electronic*** completamente digitale, elettronico; ***~-female, ~-girl*** [*band, cast, group*] interamente femminile; ***~-male, -white*** [*team, production, jury*] interamente maschile, bianco; ***~-union*** [*workforce*] interamente sindacalizzato **5 all along** fin dal principio, fin dall'inizio; ***they knew it ~ along*** lo sapevano fin dall'inizio, l'han sempre saputo **6 all but** quasi, praticamente **7 all of** almeno; ***he must be ~ of 50*** deve avere almeno 50 anni; ***he must be ~ two*** ha solo due anni **8 all that** così; ***he's not ~ that strong*** non è (poi) così forte; ***it's not as far as ~ that!*** non è così lontano! ***I don't know her ~ that well*** non la conosco così bene **9 all the** tanto; ***~ the more*** tanto più; ***~ the more difficult, effective*** tanto più difficile, efficace; ***~ the more so because*** tanto più che; ***to laugh ~ the more*** ridere ancor più; ***~ the better!*** tanto meglio! **10 all too** [*accurate, easy, widespread*] fin troppo; ***it is ~ too obvious that*** è fin troppo evidente che; ***she saw ~ too clearly that*** ha visto fin troppo bene che; ***~ too often*** fin troppo spesso ◆ ***he's not ~ there*** COLLOQ. non ci sta tanto con la testa *o* ha qualche rotella fuori posto; ***it's ~ one to me*** per me fa lo stesso; ***it's ~ up with us*** BE COLLOQ. siamo fregati.

4.all /ɔ:l/ n. ***to give one's ~*** dare anima e corpo; sacrificarsi (**for sth.** per qcs.; **for sb.** per qcn.; **to do** per fare).

Allah /'ælə/ n.pr. Allah.

all-American /ˌɔ:lə'merɪkən/ n. [*girl, boy, hero*] tipicamente americano, americano purosangue; SPORT [*record, champion*] americano.

Allan /'ælən/ n.pr. Allan (nome di uomo).

all-around /ˌɔ:lə'raʊnd/ agg. AE → **all-round**.

allay /ə'leɪ/ tr. FORM. dissipare [*suspicion, doubt*]; calmare [*fear*].

all clear /ˌɔ:l'klɪə(r)/ n. **1** MIL. *(signal)* (segnale di) cessato allarme m. **2** FIG. ***to give sb. the ~*** [*committee*] dare il via libera a qcn. (**to do** per fare); [*doctors*] dichiarare qcn. guarito.

all-consuming /ˌɔ:lkən'sju:mɪŋ, AE -'su:m-/ agg. [*passion, ambition*] smodato, divorante.

all-day /'ɔ:ldeɪ/ agg. [*event*] che dura tutto il giorno.

▷ **allegation** /ˌælɪ'geɪʃn/ n. DIR. dichiarazione f., asserzione f. (**about** su; **against** contro; **of** di; **that** che, secondo la quale).

▷ **allege** /ə'ledʒ/ tr. ***to ~ that*** *(claim)* dichiarare, affermare che; *(publicly, in court etc.)* dichiarare, asserire (senza produrre prove) che; ***Mr Taylor ~d that Mrs Crowe had phoned him, had stolen the money*** il signor Taylor ha dichiarato che la signora Crowe gli aveva telefonato, aveva rubato il denaro; ***it is, was ~d that...*** si dichiara che, è stato dichiarato che...

▷ **alleged** /ə'ledʒd/ **I** p.pass. → **allege II** agg. [*attacker, victim, conspiracy, crime, confession*] presunto; ***his ~ attempt to...*** il suo presunto tentativo di...

▷ **allegedly** /ə'ledʒɪdlɪ/ avv. presumibilmente; in base a quanto detto.

allegiance /ə'li:dʒəns/ n. DIR. *(of citizen, subject etc.)* fedeltà f.; ***to swear ~ to sb., sth.*** giurare fedeltà a qcn., qcs.; ***to pledge ~ to the flag*** giurare fedeltà alla bandiera.

allegoric(al) /ˌælɪ'gɒrɪk(l), AE -'gɔ:r-/ agg. allegorico.

allegorically /ˌælɪ'gɒrɪklɪ, AE -'gɔ:r-/ avv. allegoricamente.

allegorist /'ælɪgərɪst/ n. allegorista m. e f.

allegorize /'ælɪgəraɪz/ **I** tr. allegorizzare **II** intr. allegorizzare.

allegory /'ælɪgərɪ, AE -gɔ:rɪ/ n. allegoria f. (**of** di).

allegretto /ˌælɪ'gretəʊ/ **I** n. (pl. **~s**) allegretto m. **II** modif. ***~ passage*** allegretto **III** avv. allegretto.

allegro /ə'leɪgrəʊ/ **I** n. (pl. **~s**) allegro m. **II** modif. ***~ passage*** allegro **III** avv. allegro.

allele /ə'li:l/ n. allele m.

all-electric /ˌɔ:lɪ'lektrɪk/ agg. che funziona solo a elettricità.

alleluia /ˌælɪ'lu:jə/ inter. alleluia.

all-embracing /ˌɔ:lɪm'breɪsɪŋ/ agg. onnicomprensivo, globale.

Allen /'ælən/ n.pr. Allen (nome di uomo).

Allen key /'ælənki:/, **Allen wrench** /'ælənrentʃ/ n. (chiave a) brugola f.

allergen /'ælədʒən/ n. allergene m.

allergic /ə'lɜ:dʒɪk/ agg. allergico (**to** a) (anche FIG.).

allergic reaction /ə'lɜ:dʒɪkrɪˌækʃn/ n. reazione f. allergica.

allergist /'ælədʒɪst/ ♦ **27** n. allergologo m. (-a).

▷ **allergy** /'ælədʒɪ/ n. allergia f. (**to** a) (anche FIG.).

alleviate /ə'li:vɪeɪt/ tr. alleviare, attenuare, lenire [*pain, suffering*]; ingannare, scacciare [*boredom*]; ridurre [*overcrowding, stress, unemployment*].

alleviation /əˌli:vɪ'eɪʃn/ n. *(of pain, suffering)* alleviamento m., attenuazione f. (**of** di); *(of boredom)* (l')ingannare, (lo) scacciare; *(of overcrowding, stress, unemployment)* riduzione f. (**of** di).

alleviative /ə'li:vɪeɪtɪv/ agg. lenitivo, calmante.

alleviator /ə'li:vɪeɪtə(r)/ n. lenitivo m.

alleviatory /ə'li:vɪətrɪ, AE -tɔ:rɪ/ agg. → **alleviative**.

▷ **alley** /'ælɪ/ n. **1** vicolo m., viuzza f. **2** *(in park, for pedestrians)* viale m., vialetto m. **3** AE *(on tennis court)* corridoio m. ◆ ***it's right up my ~*** COLLOQ. è quel che fa per me.

alley cat /'ælɪˌkæt/ n. gatto m. randagio ◆ ***to have the morals of an ~*** POP. SPREG. passare da un letto all'altro.

alleyway /'ælɪweɪ/ n. vicolo m., viuzza f.

all-fired /'ɔ:lfaɪəd/ avv. AE COLLOQ. [*hot*] terribilmente, moltissimo; ***don't be so ~ sure about it*** non esserne così sicuro.

All Fools' Day /ˌɔ:l'fu:lzdeɪ/ n. BE il primo d'aprile (specialmente con riferimento ai pesci d'aprile).

all-found /'ɔ:lfaʊnd/ agg. con vitto e alloggio.

All-Hallowmas /ˌɔ:l'hæləʊməs/, **All-Hallows** /ˌɔ:l'hæləʊz/ n. Ognissanti m.

alliaceous /ælɪ'eɪʃəs/ agg. RAR. [*taste, smell*] agliaceo.

alliance /ə'laɪəns/ n. POL. MIL. alleanza f. (**between** tra; **with** con); ***to form an ~*** formare, stringere un'alleanza; ***in ~ with*** in collaborazione con.

▷ **allied** /'ælaɪd/ **I** p.pass. → **2.ally II** agg. **1** [*country, army, party*] alleato (**with, to** con, a) **2** [*trades, subjects*] connesso, affine.

alligator /'ælɪgeɪtə(r)/ n. alligatore m.

alligator pear /'ælɪgeɪtəpeə(r)/ n. avocado m.

all-important /ˌɔ:lɪm'pɔ:tnt/ agg. cruciale, importantissimo.

all-in /ˌɔ:l'ɪn/ agg. BE → **all-inclusive**.

all in /ˌɔ:l'ɪn/ agg. BE COLLOQ. esausto, spossato, distrutto.

all-inclusive /ˌɔ:lɪŋ'klu:sɪv/ agg. [*fee, price*] tutto compreso.

all-in-one /ˌɔ:lɪn'wʌn/ agg. [*garment*] intero, in un solo pezzo.

all-in wrestling /ˌɔ:lɪn'restlɪŋ/ ♦ **10** n. SPORT catch m.

allis shad /'ælɪsˌʃæd/ n. cheppia f.

alliterate /ə'lɪtəreɪt/ intr. **1** [*words*] allitterare **2** *(speaking or writing)* usare l'allitterazione.

alliteration /əˌlɪtə'reɪʃn/ n. allitterazione f.

alliterative /ə'lɪtrətɪv, AE ə'lɪtəreɪtɪv/ agg. allitterativo.

all-night /ˌɔ:l'naɪt/ agg. [*party, meeting, session*] che dura tutta la notte; [*service*] aperto tutta la notte, notturno; [*radio station*] che trasmette tutta la notte.

all-nighter /ˌɔ:l'naɪtə(r)/ n. COLLOQ. **1** = festa, concerto ecc. che dura tutta la notte **2** AE ***I pulled an ~*** ho passato tutta la notte a studiare.

allocable /'æləkəbl/, **allocatable** /ˌæləʊ'keɪtəbl/ agg. **1** [*funds, resources*] allocabile, stanziabile, assegnabile **2** [*time*] accordabile **3** [*tasks*] assegnabile.

▷ **allocate** /'æləkeɪt/ tr. **1** allocare, stanziare, assegnare [*funds, resources*] (**for, to** per, a); assegnare [*money, land*] (**to** a) **2** accordare, concedere [*time*] (**to** a) **3** assegnare, attribuire [*tasks*] (**to** a).

allocation /ˌælə'keɪʃn/ n. allocazione f., stanziamento m., assegnazione f.

allocative /'æləkeɪtɪv/ agg. allocativo.

allocatur /ælə'keɪtə(r)/ n. = documento che attesta la liquidazione delle spese di causa.

allocution /ˌælə'kju:ʃn/ n. allocuzione f.

allodial /ə'ləʊdɪəl/ agg. allodiale.

allodium /ə'ləʊdɪəm/ n. allodio m.

allogamy /ə'lɒgəmɪ/ n. allogamia f.

allogenic /æləʊ'dʒenɪk/ agg. allogenico.

allograft /'æləʊgrɑ:ft, AE -græft/ n. allotrapianto m.

allograph /'æləgrɑ:f, AE -græf/ n. allografo m.

allomerism /ə'lɒmərɪzəm/ n. allomerismo m.

allomorph /'æləmɔ:f/ n. allomorfo m.

allonge /ə'lɒnʒ/ n. *(of bill of exchange)* foglio m. di allungamento, allunga f.

allopath /'æləpæθ/ n. allopatico m. (-a).

allopathic /ˌælə'pæθɪk/ agg. allopatico.

allopathy /ə'lɒpəθɪ/ n. allopatia f.

allophone /'æləfəʊn/ n. allofono m.

all-or-nothing /ˌɔ:lɔ:'nʌθɪŋ/ agg. [*approach, policy, judgment*] estremista, manicheo.

allosaurus /ælə'sɔ:rəs/ n. allosauro m.

allot /ə'lɒt/ tr. (forma in -ing ecc. **-tt-**) assegnare, distribuire [*money, resources*] (**to** a); assegnare [*task, job*] (**to** a).

allotment /ə'lɒtmənt/ n. **1** *(allocation)* assegnazione f., distribuzione f. **2** BE *(garden)* orto m. urbano in concessione (piccolo orto demaniale concesso in affitto a privati).

allotrope /'ælətrəʊp/ n. allotropo m.

allotropic(al) /ælə'trɒpɪk(l)/ agg. allotropico.

allotropism /ə'lɒtrəpɪzəm/, **allotropy** /ə'lɒtrəpɪ/ n. allotropia f.

allotted /ə'lɒtɪd/ **I** p.pass. → **allot II** agg. [*time*] assegnato, concesso; ***his ~ task*** il compito assegnatogli.

allottee /ælɒ'ti:/ n. assegnatario m. (-a).

all-out /'ɔ:laʊt/ agg. **1** [*strike*] a oltranza **2** [*assault, attack*] accanito; ***to make an ~ attempt, effort*** tentare il tutto per tutto.

all out /'ɔ:laʊt/ avv. ***to go ~ for success, victory*** mettercela tutta per ottenere il successo, la vittoria.

allover /'ɔ:ləʊvə(r)/ agg. [*tan*] integrale; ***with an ~ pattern*** [*garment*] a motivi.

all over /ˌɔ:l'əʊvə(r)/ **I** agg. *(finished)* finito; ***when it's ~*** quando sarà finito **II** avv. **1** *(everywhere)* dappertutto; ***to be trembling ~*** tremare da capo a piedi **2** COLLOQ. *(to a T)* ***that's Mary ~!*** è proprio Mary! *o* è sempre Mary! **III** prep. **1** in tutto [*room, town, country*]; ***~ China*** in tutta la Cina; ***I have spots ~ my arms*** ho le braccia coperte di macchie *o* chiazze; ***~ the place*** dappertutto; ***guilt was written ~ her face*** le sua colpa le si leggeva in volto *o* aveva la colpa scritta in volto **2** COLLOQ. FIG. *(known in)* ***to be ~*** [*news, secret*] fare il giro di [*village, office*] **3** *(fawning over)* ***to be ~ sb.*** fare un sacco di complimenti a qcn.; ***they were ~ each other*** [*lovers*] stavano (sempre) appiccicati.

▶ **allow** /ə'laʊ/ **I** tr. **1** *(authorize)* permettere a, autorizzare [*person*]; permettere, autorizzare [*action, change*]; lasciare, concedere [*choice, freedom*] (**to do** di fare); ***to ~ sb. to do sth.*** permettere a qcn. di fare qcs., autorizzare qcn. a fare qcs.; ***to ~ sth. to be changed, demolished*** autorizzare il cambio, la demolizione di qcs.; ***to ~ sb. home*** lasciare, fare entrare qcn. in casa (propria); ***to ~ sb. in, out*** lasciare, fare entrare, uscire qcn.; ***to ~ sb. (to have) alcohol, sweets*** permettere di, lasciare bere alcolici, mangiare dolci a qcn.; ***she isn't ~ed alcohol*** le è proibito l'alcol; ***visitors are not ~ed on the site*** il luogo è vietato ai visitatori; ***I'm ~ed to take 20 days' annual leave*** posso prendere 20 giorni di permesso all'anno; ***he ~ed the situation to get worse*** ha lasciato peggiorare la situazione; ***I ~ed her to bully me*** ho lasciato che facesse la prepotente con me **2** *(enable)* ***to ~ sb., sth. to do*** permettere a qcn., qcs. di fare; ***extra cash would ~ the company to expand*** ulteriori fondi permetterebbero all'azienda di espandersi; ***the bridge was too low to ~ the lorry to pass*** il ponte era troppo basso perché il camion potesse passare; ***~ me to introduce myself*** permettetemi di presentarmi; ***~ me!*** mi consenta! mi permetta! **3** *(allocate)* calcolare, prevedere; ***to ~ two days for the job*** calcolare due giorni per (fare) il lavoro; ***~ extra fabric for shrinkage*** lasciate della stoffa in più tenendo conto che si può restringere **4** *(concede)* [*referee*] concedere [*goal*]; [*insurer*] accogliere [*claim*]; [*supplier*] praticare, fare, concedere [*discount*]; ***I'll ~ that this isn't always the case*** ammetto che questo non è sempre il caso **5** *(accept)* ammettere, accettare; ***even if we ~ that his theory might be correct...*** pur ammettendo che la sua teoria possa essere corretta... **6** *(admit)* [*club*] ammettere [*children, women*]; ***"no dogs ~ed"*** "vietato l'ingresso ai cani" **7** *(condone)* permettere, tollerare [*rudeness, swearing*] **II** rifl. ***to ~ oneself*** **1** *(grant)* concedersi, permettersi [*drink, treat*]; ***I only ~ myself one cup of coffee per day*** mi concedo solo una tazza di caffè al giorno **2** *(allocate)* calcolare, prevedere; ***~ yourself two days to do the job*** calcola due giorni per (fare) il lavoro **3** *(let)* lasciarsi; ***I ~ed myself to be persuaded*** mi sono lasciato persuadere.

■ **allow for:** ***~ for [sth.]*** tener conto di, calcolare [*delays, variations, wastage*]; ***I couldn't ~ for him changing his mind*** non potevo prevedere che cambiasse idea.

■ **allow of:** ***~ of [sth.]*** FORM. ammettere, tollerare (qcs.).

allowable /ə'laʊəbl/ agg. **1** *(permissible)* ammissibile **2** DIR. lecito **3** ECON. detraibile, deducibile.

▷ **1.allowance** /ə'laʊəns/ n. **1** ECON. *(grant)* assegno m., sussidio m.; *(from employer)* indennità f.; ***clothing, travel ~*** indennità vestiario, di viaggio; ***mileage ~*** rimborso chilometrico **2** ECON. *(reduction)* detrazione f., abbattimento m.; ***single person's ~*** = detrazione fiscale spettante a persona non sposata; ***personal ~s*** quota esente, detrazione personale **3** *(spending money) (for child, teenager)* paghetta f.; *(for spouse)* = denaro per le spese di tutti i giorni; *(for student)* = denaro per mantenersi agli studi; *(from trust)* rendita f.; ***she has an ~ of £ 5,000 a year from her parents*** i genitori le versano una pensione di 5.000 sterline all'anno **4** *(entitlement)* ***your baggage ~ is 40 kgs*** il suo bagaglio può pesare fino a 40 kg; ***what is my duty-free ~?*** qual è la quantità ammessa in franchigia doganale? **5** COMM. *(discount)* riduzione f., ribasso m., sconto m.; AE *(trade-in payment)* abbuono m. (per permuta); ***to give sb. a 10% ~*** praticare a qcn. uno sconto del 10% **6** *(concession)* ***to make ~(s) for*** tener conto di [*inflation, growth, variations*]; ***to make ~(s) for sb.*** scusare qcn., concedere attenuanti a qcn.

2.allowance /ə'laʊəns/ tr. **1** ANT. *(allocate)* assegnare [*money*] **2** *(supply in limited amounts)* razionare.

1.alloy /'ælɔɪ/ n. METALL. lega f.

2.alloy /ə'lɔɪ/ tr. **1** METALL. fondere, unire in lega, legare **2** FIG. *(spoil)* alterare, svilire.

alloy steel /'ælɔɪsti:l/ n. acciaio m. legato.

alloy wheel /ˌælɔɪ'wi:l, AE -'hwi:l/ n. ruota f. in lega.

all-party /'ɔ:lpɑ:tɪ/ agg. [*support*] di tutti i partiti; [*committee*] in cui tutti i partiti sono rappresentati.

all-pervasive /ˌɔ:lpə'veɪsɪv/ agg. [*odour*] penetrante; [*power, tendency*] dominante.

all points bulletin /ˌɔ:lˌpɔɪnts'bʊlətɪn/ n. AE avviso m. di allarme generale.

all-powerful /ˌɔ:l'paʊəfl/ agg. onnipotente.

all-purpose /ˌɔ:l'pɜ:pəs/ agg. [*building, living area*] polivalente; [*utensil, machine*] multiuso.

▶ **all right, alright** /ˌɔ:l'raɪt/ **I** agg. **1** *(expressing satisfaction)* [*film, trip, house, game, outfit*] discreto, accettabile, non male; ***the interview was ~*** il colloquio è andato abbastanza bene; ***she's ~*** *(pleasant)* è simpatica; *(attractive)* non è male; *(competent)* è abbastanza brava *o* se la cava; ***sounds ~ to me*** COLLOQ. *(acceptance)* perché no *o* ma sì; ***is my hair ~?*** ho i capelli a posto? ***you look ~*** *(reassuring)* stai bene *o* ti vedo bene **2** *(well)* ***to feel ~*** stare bene; ***I'm ~ thanks*** sto bene grazie **3** *(able to manage)* ***will you be ~?*** ce la fai? *o* te la cavi? ***don't worry, we're ~*** non ti preoccupare *o* tutto a posto, stiamo bene; ***to be ~ for*** avere abbastanza [*money, time, work*] **4** *(acceptable)* ***it's ~ to do*** non c'è nulla di male a fare; ***is it ~ if...?*** va bene se...? ***would it be ~ to leave early?*** andrebbe bene se andassimo via presto? ***is that ~ with you?*** ti va bene? *o* va bene per te? ***that's ~ for young people but...*** passi per i giovani ma...; ***it's ~ for you*** comodo per te *o* fai presto a parlare; ***that's (quite) ~!*** (non è) niente! *o* va bene! **II** avv. **1** *(quite well)* [*work, function*] bene; [*see, hear*] bene; ***to manage*** o ***cope ~*** cavarsela; ***she's doing ~*** va bene **2** *(without a doubt)* ***she knows, I'm annoyed ~!*** certo che lo sa, certo che sono seccato! ***the car is ours ~*** è proprio la nostra macchina **3** *(giving agreement, conceding a point)* va bene; ***~ ~! point taken!*** va bene! va bene! ho capito! **4** *(seeking consensus)* ***~?*** va bene? **5** *(seeking information)* ***~, whose idea was this?*** allora, di chi è stata l'idea? **6** *(introducing topic)* bene; ***~, let's move on to...*** bene, passiamo a... **III** n. BE COLLOQ. ***she's a bit of ~*** è un gran pezzo di fica.

all-risk /ɔ:l'rɪsk/ agg. [*policy, cover*] contro tutti i rischi.

all-round /ˌɔ:l'raʊnd/ agg. **1** [*athlete, artist, service*] completo; ***to have ~ talent*** avere talento in tutto **2** [*improvement*] generale.

all-rounder /ˌɔ:l'raʊndə(r)/ n. ***to be a good ~*** essere versatile.

All Saints' Day /ˌɔ:l'seɪntsˌdeɪ/ n. BE Ognissanti m.

all-seater stadium /ɔ:lˌsi:tə'steɪdɪəm/ n. BE = stadio con soli posti a sedere.

all-seeing /ˌɔ:l'si:ɪŋ/ agg. onniveggente.

All Souls' Day /ˌɔ:l'səʊlzˌdeɪ/ n. BE giorno m. dei morti.

allspice /'ɔ:lspaɪs/ n. pimento m.

all square /ˌɔ:l'skweə(r)/ agg. **1** ***to be ~*** [*teams*] essere in parità; [*accounts*] essere in pareggio **2** ***we're ~ now!*** ora siamo pari!

▷ **all-star** /'ɔ:lstɑ:(r)/ agg. [*team*] all-star; ***~ cast*** CINEM. cast all-star.

all-terrain bike /ˌɔ:lterеɪn'baɪk/ n. mountain bike f.

all-terrain vehicle /ˌɔ:ltereɪn'vɪəkl, AE -'vi:hɪkl/ n. fuoristrada m.

all-ticket /ˌɔ:l'tɪkɪt/ agg. [*match*] = che registra il tutto esaurito.

▷ **all-time** /'ɔ:ltaɪm/ agg. [*record*] assoluto; [*bestseller*] tra i più venduti di tutti i tempi; ***the ~ greats*** *(people)* i grandi; ***this film is one of the ~ greats*** è uno dei più grandi film di tutti i tempi; ***~ high*** livello massimo mai raggiunto; ***to be at an ~ low*** [*person*] avere il morale sotto i piedi *o* non essere mai stato così triste; [*figures, shares*] essere al minimo storico; ***my morale is at an ~ low*** ho il morale sotto i piedi.

all told /'ɔ:ltəʊld/ avv. in tutto, tutto sommato; ***~, the holiday wasn't such a failure*** tutto sommato, la vacanza non è andata poi così male; ***they were six people ~*** erano sei persone in tutto.

allude /ə'lu:d/ intr. ***to ~ to sth.*** alludere a qcs.

all up /ˌɔːlˈʌp/ agg. ***to be ~ with sb.*** non esserci più speranza per qcn.

1.allure /əˈlʊə(r)/ n. attrattiva f., fascino m.; *(sexual)* fascino m. seducente.

2.allure /əˈlʊə(r)/ tr. allettare, affascinare, attirare; *(sexually)* sedurre.

allurement /əˈlʊəmənt/ n. **1** *(charm)* attrattiva f., fascino m. **2** *(cajolery)* allettamento m., lusinga f.

alluring /əˈlʊərɪŋ/ agg. **1** [*person*] seducente, affascinante **2** [*place, prospect*] invitante.

allusion /əˈluːʒn/ n. allusione f. (**to** a).

allusive /əˈluːsɪv/ agg. allusivo.

allusively /əˈluːsɪvlɪ/ avv. allusivamente.

allusiveness /əˈluːsɪvnɪs/ n. allusività f.

alluvia /əˈluːvɪə/ → **alluvium**.

alluvial /əˈluːvɪəl/ agg. alluvionale.

alluvion /əˈluːvɪən/ n. **1** → **alluvium** **2** DIR. alluvione f.

alluvium /əˈluːvɪəm/ n. (pl. **~s, -ia**) GEOL. alluvione f., deposito m. alluvionale.

all-weather /ˌɔːlˈweðə(r)/ agg. [*pitch, track*] in sintetico; *~ **court*** = campo (da tennis) in materiale sintetico.

all wet /ˌɔːlˈwet/ agg. AE COLLOQ. ***to be ~*** sbagliarsi di grosso.

▶ **1.ally** /ˈælaɪ/ n. **1** alleato m. (-a) (anche MIL.) **2** MIL. STOR. ***the Allies*** gli Alleati.

▶ **2.ally** /əˈlaɪ/ rifl. ***to ~ oneself with*** o ***to*** allearsi con, a; ***to be allied with*** o ***to*** essere alleato con, a.

all-year-round /ˌɔːljɪəˈraʊnd, -jɜː(r)-/ agg. [*resort*] aperto tutto l'anno; ***for ~ use*** utilizzabile tutto l'anno.

almagest /ˈælmədʒest/ n. almagesto m.

alma mater /ˌælməˈmɑːtə(r), ˈmeɪtə(r)/ n. alma mater f. (nome dato all'università che si frequenta o si è frequentata).

almanac(k) /ˈɔːlmənæk, AE *anche* ˈæl-/ n. almanacco m.

almandine /ˈɔːlməndaɪn/ n. almandino m.

almightiness /ɔːlˈmaɪtɪnɪs/ n. onnipotenza f.

almighty /ɔːlˈmaɪtɪ/ agg. [*crash, row, explosion*] tremendo.

Almighty /ɔːlˈmaɪtɪ/ **I** agg. *~ **God*** Dio Onnipotente **II** n. RELIG. ***the ~*** l'Onnipotente.

almond /ˈɑːmənd/ **I** n. **1** *(nut)* mandorla f. **2** (anche *~* **tree**) mandorlo m. **II** modif. [*essence, oil, paste*] di mandorle.

almond-eyed /ˌɑːməndˈaɪd/ agg. dagli, con gli occhi a mandorla.

almoner /ˈɑːmənə(r), AE ˈælm-/ n. BE *(formerly)* assistente m. sanitario.

▶ **almost** /ˈɔːlməʊst/ When *almost* is used to mean practically, it is translated by *quasi*: *we're almost ready* = siamo quasi pronti; *it's almost dark* = è quasi buio; *the room was almost empty* = la sala era quasi vuota. - When *almost* is used with a verb in the past tense to describe something undesirable or unpleasant that nearly happened, it is translated by using either *per poco (non)* + a verb in the past tense or *c'è mancato poco che* followed by a subjunctive form: *I almost forgot* = per poco non me ne dimenticavo; *he almost fell* = c'è mancato poco che cadesse. avv. **1** *(practically)* quasi, praticamente; *~ **everybody*** quasi tutti; *~ **any train*** quasi tutti i treni; ***we're ~ there*** ci siamo quasi; ***she has ~ finished the letter*** ha quasi finito la lettera **2** *(implying narrow escape)* ***he ~ died*** per poco (non) moriva; ***they ~ missed the train*** per poco (non) perdevano il treno.

alms /ɑːmz/ n.pl. elemosina f.sing.; ***to give ~*** fare l'elemosina.

alms box /ˈɑːmzbɒks/ n. cassetta f. delle elemosine, bussola f.

alms-fee /ˈɑːmzfiː/ n. obolo m. di san Pietro.

alms-giving /ˈɑːmzˌgɪvɪŋ/ n. (il fare l')elemosina.

almshouse /ˈɑːmzhaʊs/ n. GB STOR. ospizio m. di mendicità.

almsman /ˈɑːmzmən/ n. (pl. **-men**) = chi vive di elemosine, di carità pubblica.

aloe /ˈæləʊ/ n. **1** *(plant)* aloe m. e f. **2 aloes** (anche **bitter ~s**) + verbo sing. *(medicine)* aloe f.

aloetic /ˌæləʊˈetɪk/ agg. aloetico.

aloe vera /ˌæləʊˈvɪərə/ n. aloe f. vera.

aloft /əˈlɒft, AE əˈlɔːft/ avv. **1** [*hold, soar*] per, in aria; [*seated, perched*] in alto; ***from ~*** dall'alto **2** MAR. arriva.

aloha /əˈləʊə/ inter. AE aloha, ciao.

▶ **alone** /əˈləʊn/ **I** agg. mai attrib. **1** *(on one's own)* solo; ***all ~*** tutto solo; ***to be ~*** essere solo; ***to leave sb. ~*** lasciare solo qcn.; *(in peace)* lasciare stare qcn.; ***she needs to be left ~*** ha bisogno di essere lasciata in pace; ***leave that bike ~!*** lascia stare quella bici! ***to get sb. ~*** *(meet)* vedere qcn. da solo; *(draw aside)* prendere qcn. da parte **2** *(isolated)* solo; ***I feel so ~*** mi sento così solo; ***he, ~ of his group...*** lui, il solo del suo gruppo...; ***she is not ~ in thinking that...*** non è l'unica a pensare che...; ***to stand ~*** [*building*] essere isolato; [*person*] stare (da) solo; FIG. essere unico **II** avv. **1** *(on one's own)* [*work, arrive, travel*] (da) solo; ***to live ~*** vivere (da) solo **2** *(exclusively)* solo, soltanto; ***for this reason ~*** per questa ragione soltanto; ***last month ~, on books ~ we spent*** soltanto il mese scorso, per i soli libri abbiamo speso; ***this figure ~ shows*** questa cifra da sola mostra; ***she ~ can help us*** lei sola ci può aiutare; ***the credit is yours ~*** il merito è soltanto tuo **3** ***let ~*** e tanto meno; ***she was too ill to stand let ~ walk*** era troppo malata per stare in piedi, e tanto meno per camminare; ***he couldn't look after the cat let ~ a child*** non era in grado di badare al gatto, figuriamoci a un bambino ◆ ***to go it ~*** COLLOQ. fare da sé; *(in business)* mettersi per conto proprio; ***to leave well ~*** lasciare le cose come stanno.

▶ **along** /əˈlɒŋ, AE əˈlɔːŋ/ When *along* is used as a preposition meaning *all along*, it can usually be translated by *lungo*: *there were trees along the road* = c'erano degli alberi lungo la strada. - *Along* is often used after verbs of movement. If the addition of *along* does not change the meaning of the verb, *along* will not be translated: *as he walked along* = camminando / mentre camminava; *"move along", the policeman said* = "circolare", disse il poliziotto. - However, the addition of *along* often produces a completely new meaning. This is the case in expressions like *the project is coming along, how are they getting along?*: for translations, consult the appropriate verb entry (**come, get** etc.). **I** avv. **1** ***to push, pull sth. ~*** spingere, tirare qcs.; ***to be walking, running ~*** camminare, correre; ***she'll be ~ shortly*** sarà qui tra poco; ***you go in, I'll be ~ in a second*** tu entra, io ti raggiungo tra un attimo; ***they're no further ~ in their research*** non hanno fatto progressi nella loro ricerca; ***there'll be another bus ~ in half an hour*** passerà un altro autobus tra mezz'ora **2 along with** *(accompanied by)* insieme a, con; ***to arrive ~ with six friends*** arrivare con sei amici; *(at same time as)* insieme a; ***to be convicted ~ with two others*** essere condannato insieme ad altri due **II** prep. **1** (anche **alongside**) *(all along)* lungo; ***the houses ~ the riverbank*** le case lungo la sponda del fiume; *~ **(the side of) the path, the motorway*** lungo il sentiero, l'autostrada; ***to run ~ the beach*** [*path, railway, fence, cable*] correre lungo la spiaggia; ***there were chairs ~ the wall*** c'erano delle sedie lungo il muro; ***all ~ the canal*** lungo tutto il canale; ***all ~*** fin dall'inizio *o* (da) sempre; ***they knew it all ~*** lo sapevano fin dall'inizio, l'hanno sempre saputo **2** *(the length of)* ***to walk ~ the beach, ~ the road*** camminare lungo la spiaggia, la strada; ***to look ~ the shelves*** cercare sugli scaffali **3** *(at a point along)* ***to stop somewhere ~ the motorway*** fermarsi da qualche parte sull'autostrada; ***halfway ~ the corridor on the right*** a metà corridoio a destra; ***halfway ~ the path*** a metà del cammino; ***somewhere ~ the way*** da qualche parte lungo la strada; FIG. a un certo punto.

alongshore /əˈlɒŋʃɔː(r), AE əlɔːŋˈʃɔː(r)/ avv. lungo la costa, la spiaggia.

▷ **alongside** /əˈlɒŋsaɪd, AE əlɔːŋˈsaɪd/ **I** prep. **1** *(all along)* lungo; ***the houses ~ the riverbank*** le case lungo la sponda del fiume; *~ **the path, the motorway*** lungo il sentiero, l'autostrada **2** *(next to)* accanto a; ***to draw up ~ sb.*** [*vehicle*] fermarsi vicino a qcn.; ***to learn to live ~ each other*** [*groups*] imparare a vivere fianco a fianco **3** MAR. ***to come ~ the quay, a ship*** accostarsi alla banchina, a una nave **II** avv. **1** accanto; ***the car and the motorbike ~*** l'automobile e la motocicletta accanto; ***I'd like to have my father ~*** vorrei avere mio padre accanto **2** MAR. ***to come ~*** accostare.

Alonso /əˈlɒnzəʊ/ n.pr. Alonso.

aloof /əˈluːf/ agg. **1** *(remote)* distante; ***to remain*** o ***stand ~*** rimanere *o* tenersi in disparte **2** *(uninvolved)* distaccato; ***to remain*** o ***stand ~ from*** tenersi lontano da.

aloofness /əˈluːfnɪs/ n. *(detachment)* distacco m. (**from** da).

alopecia /ˌæləˈpiːʃə/ ♦ ***11*** n. alopecia f.

▷ **aloud** /əˈlaʊd/ avv. *(audibly)* [*say, read, think, wonder*] ad alta voce, a voce alta.

alow /əˈləʊ/ avv. ANT. dabbasso, sottocoperta.

alp /ælp/ n. **1** *(peak)* monte m. **2** *(pasture)* alpeggio m.

alpaca /ælˈpækə/ **I** n. *(animal, wool)* alpaca m. **II** modif. [*coat, blanket*] di alpaca.

alpenhorn /ˈælpənhɔːn/ n. alphorn m.

alpenstock /ˈælpənstɒk/ n. alpenstock m.

alpestrine /ælˈpestrɪn/ agg. **1** RAR. alpestre **2** BOT. subalpino.

▷ **alpha** /ˈælfə/ **I** n. **1** *(letter)* alfa m. e f.; ***the ~ and omega (of sth.)*** l'alfa e l'omega (di qcs.) **2** GB UNIV. *(grade)* = voto massimo equivalente a trenta **II** modif. [*iron, particle, radiation, ray*] alfa; [*male*] alfa, dominante.

▷ **alphabet** /ˈælfəbet/ n. alfabeto m.

alphabetic /ˌælfəˈbetɪk/ agg. alfabetico.

▷ **alphabetical** /ˌælfəˈbetɪkl/ agg. [*guide, list, index*] alfabetico; ***in ~ order*** in ordine alfabetico.
▷ **alphabetically** /ˌælfəˈbetɪklɪ/ avv. [*list, arrange*] alfabeticamente.
alphabetize /ˈælfəbətaɪz/ tr. disporre in ordine alfabetico.
alphabet soup /ˈælfəbetˌsuːp/ n. = minestrina con pastina a forma di lettere dell'alfabeto.
Alphaeus → **Alpheus**.
alphanumeric /ˌælfənjuːˈmerɪk, AE -nuː-/ agg. alfanumerico.
alphanumerics /ˌælfənjuːˈmerɪks, AE -nuː-/ n.pl. caratteri m. alfanumerici.
Alpheus /ælˈfiːəs/ n.pr. Alfeo.
alpine /ˈælpaɪn/ **I** agg. **1** (anche **Alpine**) alpino; ***~ troops*** MIL. truppe alpine **2** SPORT ***~ skiing*** sci alpino **II** n. *(at high altitudes)* pianta f. alpina; *(at lower altitudes)* pianta f. montana.
alpinism /ˈælpɪnɪzəm/ ➧ ***10*** n. alpinismo m.
alpinist /ˈælpɪnɪst/ n. alpinista m. e f.
Alps /ælps/ n.pr.pl. ***the ~*** le Alpi; ***the Swiss, Italian ~*** le Alpi svizzere, italiane.
▶ **already** /ɔːlˈredɪ/ avv. già; ***it's 10 o'clock ~*** sono già le dieci; ***he's ~ left*** è già partito; ***I've told you twice ~!*** te l'ho già detto due volte! ***I can't believe it's June ~*** non posso credere che sia già giugno; ***have you finished ~?*** hai già finito? ***you've got too many clothes ~*** hai già troppi vestiti ◆ ***so come on ~!*** AE *(indicating irritation)* su! dai! ***that's enough ~!*** AE adesso basta!
alright → **all right**.
Alsace /ælˈsæs/ ➧ ***24*** n.pr. Alsazia f.
Alsatian /ælˈseɪʃn/ **I** agg. alsaziano; ***~ wines*** i vini alsaziani **II** n. **1** *(native)* alsaziano m. (-a) **2** BE *(dog)* alsaziano m., pastore m. tedesco, cane lupo m.
▶ **also** /ˈɔːlsəʊ/ Although *also* is a bit more formal than *too* and *as well*, there is no corresponding difference in Italian, and *anche* (less commonly, *pure*) can translate the three of them; as to its position in the sentence, *anche* usually precedes the form it refers to, as the following examples will show: ***Linda also met*** *Andrew last night* (emphasis on *Linda*) = anche Linda ha incontrato Andrew ieri sera; *Linda also* **met** *Andrew last night* (emphasis on *met*) = Linda ha anche incontrato Andrew ieri sera; *Linda also met* **Andrew** *last night* (emphasis on *Andrew*) = Linda ha incontrato anche Andrew ieri sera; *Linda also met Andrew* **last night** (emphasis on *last night*) = Linda ha incontrato Andrew anche ieri sera. avv. **1** *(too, as well)* anche, pure; ***~ available in red*** disponibile anche in rosso; ***he ~ likes golf*** gli piace anche il golf; ***it is ~ worth remembering that*** vale anche la pena ricordare che **2** *(furthermore)* inoltre, oltre a ciò; ***~, there wasn't enough to eat*** per giunta non c'era abbastanza da mangiare.
also-ran /ˈɔːlsəʊˌræn/ n. **1** *(in races)* = cavallo o cane che non è arrivato tra i primi tre **2** FIG. = candidato o concorrente che non ha vinto.
alt /ælt/ n. ottava f. alta.
alt. 1 ⇒ altitude altitudine **2** ⇒ alternate alternato.
▷ **altar** /ˈɔːltə(r)/ n. altare m. ◆ ***to lead sb. to the ~*** condurre qcn. all'altare; ***to be sacrificed on the ~ of*** essere immolato sull'altare di.
altar boy /ˈɔːltəˌbɔɪ/ n. chierichetto m.
altar cloth /ˈɔːltəˌklɒθ/ n. tovaglia f. d'altare.
altar piece /ˈɔːltəˌpiːs/ n. pala f. d'altare.
altar rail /ˈɔːltəˌreɪl/ n. balaustrata f. d'altare.
altazimuth /ælˈtæzɪməθ/ n. altazimut m.
altazimuth mounting /ælˈtæzɪməθˌmaʊntɪŋ/ n. montatura f. altazimutale, teodolite m.
altazimuth telescope /ælˈtæzɪməθˌtelɪskəʊp/ n. telescopio m. con teodolite.
alt-country, **alt.country** /ˈɔːltˌkʌntrɪ, AE ˈɔlt-, ˈɑlt-/ n. alt-country m.
▶ **alter** /ˈɔːltə(r)/ **I** tr. **1** *(change)* cambiare [*opinion, lifestyle, person, timetable*]; modificare [*rule, judgment, building*]; alterare [*document, value, climate*]; variare [*amount, speed*]; ***that does not ~ the fact that*** questo non cambia il fatto che; ***to ~ the appearance of sth.*** modificare l'aspetto di qcs. **2** SART. ritoccare [*dress, shirt etc.*]; *(radically)* fare delle modifiche a, modificare; ***to have sth. ~ed*** fare, farsi modificare qcs. **3** AE EUFEM. *(castrate, spay)* fare operare, sterilizzare **II** intr. cambiare.
alterability /ˌɔːltərəˈbɪlətɪ/ n. alterabilità f.
alterable /ˈɔːltərəbl/ agg. alterabile.
▷ **alteration** /ˌɔːltəˈreɪʃn/ **I** n. **1** *(act of altering) (of building, law, will)* (il) modificare; *(of document, process)* (l')alterare; *(of timetable, route, circumstances, work)* (il) cambiare **2** *(result of altering) (to will, law)* modifica f. (**to** di, a; **in** in); *(to document)* alterazione f., falsificazione f. (**to** di; **in** in); *(to timetable, route)* cambiamento m. (**to** di) **3** SART. *(action, result)* ritocco m.; *(radical)* modifica f. **II alterations** n.pl. ING. **1** *(result)* modifiche f. (**to** a); ***to carry out ~s*** effettuare delle modifiche; ***major ~s*** grandi modifiche; ***minor ~s*** lievi modifiche; ***structural ~s*** modifiche strutturali **2** *(process)* lavori m.
alterative /ˈɔːltərətɪv/ agg. alterativo.
altercate /ˈɔːltəˌkeɪt/ intr. ANT. altercare.
altercation /ˌɔːltəˈkeɪʃn/ n. FORM. alterco m. (**about, over** su; **between** tra).
altered chord, altered cord /ˈɔːltɜːdˌkɔːd/ n. MUS. accordo m. alterato.
alter ego /ˌæltərˈegəʊ, AE ˈiːgəʊ/ n. alter ego m.
alternant /ɔːlˈtɜːnənt/ **I** agg. alternante **II** n. LING. variante.
▷ **1.alternate** /ɔːlˈtɜːnət/ **I** agg. **1** *(successive)* [*chapters, colours, layers*] alternato; ***~ circles and squares*** cerchi e quadri alternati **2** *(every other)* ***to count ~ lines*** contare una riga sì e una no; ***on ~ days, Mondays*** a giorni alterni, un lunedì sì e uno no **3** AE *(other)* alternativo **4** BOT. [*leaf, branch*] alterno **II** n. AE *(stand-in)* sostituto m. (-a).
▷ **2.alternate** /ˈɔːltəneɪt/ **I** tr. ***to ~ sth. and, with sth.*** alternare qcs. e, a qcs. **II** intr. **1** *(swap)* [*people, colours, patterns, seasons*] alternarsi (**with** con, a); ***Paul and Simon ~ (with each other)*** Paul e Simon si alternano; ***to ~ with sb.*** alternarsi a qcn. **2** ***to ~ between hope and despair, laughing and crying*** oscillare tra speranza e disperazione, tra riso e pianto **3** ELETTRON. [*current, voltage*] = variare ciclicamente cambiando di segno.
alternate angles /ɔːlˈtɜːnətˌæŋglz/ n.pl. MAT. angoli m. alterni.
alternately /ɔːlˈtɜːnətlɪ/ avv. [*move, bring, ask*] alternativamente, alternamente; ***they criticize and praise him ~*** lo criticano e lo lodano alternativamente.
alternate rhyme /ɔːlˈtɜːnətˌraɪm/ n. rima f. alternata.
alternating /ˈɔːltəneɪtɪŋ/ agg. [*colours, layers, lines*] alternato.
alternating current /ˌɔːltəneɪtɪŋˈkʌrənt/ n. corrente f. alternata.
alternating saw /ˈɔːltəneɪtɪŋˌsɔː/ n. sega f. alternativa.
alternating series /ˈɔːltəneɪtɪŋˌsɪəriːz/ n.pl. MAT. serie f. alternanti.
alternation /ˌɔːltəˈneɪʃn/ n. **1** *(change)* alternanza f. (**between** tra); ***the ~ of day and night*** l'alternarsi del giorno e della notte **2** FILOS. disgiunzione f.
▶ **alternative** /ɔːlˈtɜːnətɪv/ **I** n. **1** *(specified option)* alternativa f., possibilità f.; ***one ~ is...*** una possibilità è...; ***the ~ is to do*** l'alternativa è fare; ***the ~ is for sb. to do*** l'alternativa è che qcn. faccia; ***to choose, refuse the ~ of doing*** scegliere, scartare l'alternativa di fare; ***there are several ~s to surgery*** vi sono varie alternative alla chirurgia; ***what is the ~ to imprisonment, pesticides?*** qual è l'alternativa alla detenzione, ai pesticidi? **2** *(possible option)* alternativa f., scelta f.; ***to have an, no ~*** avere un'alternativa, non avere alternative; ***to have no ~ but to do*** non avere altra scelta che fare; ***to have the ~ of staying or leaving*** avere l'alternativa di rimanere o di partire; ***I chose the expensive, political ~*** ho scelto l'alternativa più costosa, la soluzione politica; ***as an ~ to the course on offer, to radiotherapy, you can choose...*** in alternativa al corso proposto, alla radioterapia, puoi scegliere... **II** agg. **1** *(other)* [*career, date, flight, method, plan, route, solution etc.*] alternativo, altro **2** *(unconventional)* [*comedian, culture, scene, theatre, bookshop, lifestyle, therapy*] alternativo **3** [*energy, source*] alternativo.
alternative hypothesis /ɔːlˌtɜːnətɪv haɪˈpɒθəsɪs/ n. STATIST. ipotesi f. alternativa.
▷ **alternatively** /ɔːlˈtɜːnətɪvlɪ/ avv. in alternativa; ***or ~ we could go home*** (o) altrimenti potremmo andare a casa.
alternative medicine /ɔːlˌtɜːnətɪvˈmedsn, AE ˈmedɪsn/ n. **U** medicina f. alternativa.
alternative prospectus /ɔːlˌtɜːnətɪv prəˈspektəs/ n. GB UNIV. = guida ai corsi redatta dagli studenti.
alternative school /ɔːlˌtɜːnətɪvˈskuːl/ n. US SCOL. = istituto scolastico che segue un metodo o un programma di studi diverso da quello abituale o tradizionale.
alternative technology /ɔːlˌtɜːnətɪv tekˈnɒlədʒɪ/ n. tecnologia f. alternativa.
alternator /ˈɔːltəneɪtə(r)/ n. EL. alternatore m.
alterne /ælˈtɜːn/ n. successione f. ecologica.
althaea, althea /ˈælθɪə, AE ælˈθiːə/ n. **1** altea f. **2** *(hibiscus)* ibisco m.
altho AE → **although**.
althorn /ˈælthɔːn/ n. corno m. contralto.
▶ **although** /ɔːlˈðəʊ/ cong. **1** *(in spite of the fact that)* sebbene, benché, nonostante; ***~ she was late*** sebbene fosse in ritardo; ***~ he claims to be shy*** benché sostenga di essere timido; ***they're gener-***

ous, ~ poor sono generosi, nonostante siano poveri **2** *(but, however)* anche se, ma; ***I think he's her husband, ~ I'm not sure*** credo che sia suo marito, ma non ne sono sicuro; ***you don't have to attend, ~ we advise it*** non siete obbligati a frequentare, anche se ve lo consigliamo.

altimeter /'æltɪmi:tə(r), AE ˌæl'tɪmətər/ n. altimetro m.

altimetric /ˌæltɪ'metrɪk/ agg. altimetrico.

altimetry /æl'tɪmɪtrɪ/ n. altimetria f.

▷ **altitude** /'æltɪtju:d, AE -tu:d/ **I** n. **1** *(above sea-level)* altitudine f., quota f.; ***at high, low ~*** ad alta, bassa quota; ***at ~*** in quota **2** ASTR. elevazione f. **II** modif. ***~ training*** addestramento *o* allenamento in quota.

altitude sickness /ˌæltɪtju:d'sɪknɪs/ ➧ ***11*** n. malattia f. delle altitudini.

altitudinal /ˌæltɪ'tju:dɪnl/ agg. altitudinale.

alto /'æltəʊ/ **I** n. (pl. **~s**) **1** *(voice, singer) (female)* contralto m.; *(male singer)* controtenore m. **2** *(part)* ***to sing ~*** cantare da contralto **II** modif. [*part*] del contralto; [*clarinet, flute, saxophone*] contralto; ***~ voice*** *(female)* voce di contralto; *(male)* voce di controtenore; ***~ solo*** *(female)* assolo di contralto; *(male)* assolo di controtenore.

alto clef /'æltəʊˌklef/ n. chiave f. di contralto.

altocumulus /ˌæltəʊ'kju:mjʊləs/ n. (pl. **-i**) altocumulo m.

▷ **altogether** /ˌɔ:ltə'geðə(r)/ avv. **1** *(completely)* [*ridiculous, impossible, different*] del tutto, completamente; ***not ~ true*** non del tutto vero; ***he gave up ~*** ha rinunciato completamente; ***that's another matter ~*** è tutta un'altra faccenda **2** *(in total)* in tutto; ***how much is that ~?*** quanto fa in tutto? **3** *(all things considered)* nel complesso, tutto considerato; ***~, it was a mistake*** tutto sommato, è stato un errore ◆ ***in the ~*** COLLOQ. tutto nudo.

alto-relievo /ˌæltəʊrɪ'li:vəʊ/ n. (pl. **~s**) altorilievo m.

alto-rilievo /ˌæltəʊrɪ'li:vəʊ/ n. (pl. **~s, alto-rilievi**) → **alto-relievo**.

altostratus /ˌæltəʊ'strɑ:təs, AE -'streɪtəs/ n. (pl. **-i**) altostrato m.

altruism /'æltru:ɪzəm/ n. altruismo m.

altruist /'æltru:ɪst/ n. altruista m. e f.

altruistic /ˌæltru:'ɪstɪk/ agg. [*behaviour*] altruistico; [*person*] altruista.

1.alum /'æləm/ n. MINER. allume m.

2.alum /'æləm/ n. AE SCOL. UNIV. COLLOQ. (accorc. alumna, alumnus) *(of school)* exallievo m. (-a); *(of college)* exstudente m. (-essa), laureato m. (-a).

alumina /ə'lu:mɪnə/ n. allumina f.

aluminate /ə'lu:mɪnət/ n. alluminato m.

aluminiferous /əlu:mɪ'nɪfərəs/ agg. alluminifero.

▷ **aluminium** /ˌæljʊ'mɪnɪəm/ BE **I** n. alluminio m. **II** modif. [*utensil*] in, d'alluminio; [*alloy, bronze, sulphate*] d'alluminio.

aluminium foil /æljʊˌmɪnɪəm'fɔɪl/ n. BE foglio m. d'alluminio (da cucina).

aluminize /ə'lu:mɪnaɪz/ tr. alluminare.

aluminizing /ə'lu:mɪnaɪzɪŋ/ n. alluminatura f.

aluminum /ə'lu:mɪnəm/ n. AE → **aluminium**.

aluminum foil /ə'lu:mɪnəm'fɔɪl/ n. AE → **aluminium foil**.

alumna /ə'lʌmnə/ n. (pl. **-ae**) AE SCOL. UNIV. *(of school)* ex allieva f.; *(of college)* ex studentessa f., laureata f.

alumnus /ə'lʌmnəs/ n. (pl. **-i**) AE SCOL. UNIV. *(of school)* ex allievo m.; *(of college)* ex studente m., laureato m.

alunite /'æljʊnaɪt/ n. alunite f.

alveolar /ˌæl'vɪələ(r), ˌælvɪ'əʊlə(r)/ **I** agg. alveolare; ***~ ridge*** arcata alveolare **II** n. alveolare f.

alveolate /ˌæl'vɪələt/ agg. alveolato.

alveolus /ˌæl'vɪələs, ˌælvɪ'əʊləs/ n. (pl. **-i**) alveolo m.

Alvin /'ælvɪn/ n.pr. Alvin (nome di uomo).

alvine /'ælvaɪn/ agg. alvino.

alway /'ɔ:lweɪ/ ANT. → **always**.

▶ **always** /'ɔ:lweɪz/ avv. sempre; ***she has ~ lived here*** ha sempre abitato qui; ***he ~ has to be different*** deve sempre distinguersi; ***he's ~ complaining*** si lamenta sempre *o* in continuazione.

alyssum /'ælɪsəm/ n. alisso m.

Alzheimer's disease /'æltshaɪməzdɪˌzi:z/ ➧ ***11*** n. malattia f., morbo m. di Alzheimer.

1.am /*forma debole* əm, *forma forte* æm/ 1ª persona sing. pres. → **be**.

2.am /æm, eɪem/ ➧ ***4*** avv. (⇒ ante meridiem) ***three ~*** le tre (del mattino).

AM n. **1** RAD. (⇒ amplitude modulation modulazione di ampiezza) AM f. **2** US UNIV. (⇒ Artium Magister, Master of Arts) = (diploma di) dottore in discipline umanistiche.

AMA n. US (⇒ American Medical Association) = associazione medica americana.

amalgam /ə'mælgəm/ n. amalgama m.; ***dental ~*** amalgama dentario.

amalgamate /ə'mælgəmeɪt/ **I** tr. **1** *(merge)* fondere, unire [*parties, posts, schools*] (**with** con, a; **into** in); annettere (con fusione) [*company*] (**with** a); ***they ~d several companies into one large enterprise*** hanno fuso diverse compagnie in un'unica grande società **2** MINER. amalgamare (**with** con) **3** *(blend)* amalgamare, fondere [*styles*] **II** intr. **1** [*company, party, trade union, school*] fondersi, unirsi (**with** con, a) **2** MINER. amalgamarsi (**with** con).

amalgamated /ə'mælgəmeɪtɪd/ **I** p.pass. → **amalgamate II** agg. [*school, association*] unificato; [*trade union*] unitario.

amalgamation /əˌmælgə'meɪʃn/ n. **1** *(merging, merger) (of companies)* fusione f., concentrazione f.; *(of posts, trade unions, schools)* fusione f., unione f. (**with** con; **into** in); *(of styles, traditions)* fusione f. **2** MINER. amalgamazione f.

amalgamative /ə'mælgəmeɪtɪv/ agg. amalgamante.

amalgamator /ə'mælgəmeɪtə(r)/ n. **1** ECON. = chi si occupa della fusione di società **2** MINER. amalgamatore m.

Amalia /ə'mɑ:lɪə/ n.pr. Amalia.

Amanda /ə'mændə/ n.pr. Amanda.

amanuensis /əˌmænjʊ'ensɪs/ n. (pl. **-es**) amanuense m.

amaranth /'æmərænθ/ ➧ ***5*** n. **1** BOT. amaranto m. **2** LETT. = fiore immaginario che non appassisce mai **3** *(colour)* amaranto m.

amaranthine /ˌæmə'rænθaɪn/ agg. **1** *(colour)* amarantino; *(of amaranth)* di amaranto **2** LETT. eterno, imperituro.

amaryllis /ˌæmə'rɪlɪs/ n. amarillide f.

amass /ə'mæs/ tr. accumulare [*shares, data, scores*]; ammassare [*fortune, valuables*].

amassment /ə'mæsmənt/ n. accumulo m., ammasso m.

▷ **amateur** /'æmətə(r)/ **I** n. dilettante m. e f. (anche SPREG.); ***she's still an ~*** è ancora una dilettante **II** modif. **1** [*sportsperson, musician, enthusiast*] dilettante; [*sport*] dilettantistico, amatoriale; ***~ dramatics*** teatro amatoriale; ***to have an ~ interest in sth.*** avere un interesse amatoriale per qcs. **2** SPREG. *(unskilled)* ***it's ~ work*** è un lavoro da dilettante.

amateurish /'æmətərɪʃ/ agg. SPREG. [*work, campaign, attitude*] dilettantesco, da dilettante; ***to do sth. in an ~ way*** fare qcs. in modo dilettantesco.

amateurism /'æmətərɪzəm/ n. dilettantismo m. (anche SPREG.).

amative /'æmətɪv/ agg. RAR. amoroso.

amatory /'æmətrɪ, AE -tɔ:rɪ/ agg. LETT. amoroso, amatorio.

amaurosis /ˌæmɔ:'rəʊsɪs/ n. (pl. **-es**) amaurosi f.

amaurotic /ˌæmɔ:'rɒtɪk/ agg. amaurotico.

▷ **amaze** /ə'meɪz/ tr. stupire; *(stronger)* sbalordire; ***to be ~d by*** essere stupefatto da; ***you never cease to ~ me!*** non finisci mai di sorprendermi! ***"amaze your friends"*** "lasciate i vostri amici a bocca aperta".

▷ **amazed** /ə'meɪzd/ **I** p.pass. → **amaze II** agg. [*reaction, silence, look, person*] stupefatto, sbalordito (**at** per); ***I'm ~ (that)*** mi stupisce *o* mi stupisco (che); ***I was ~ to find out that she was pregnant*** sono rimasto molto sorpreso quando ho scoperto che era in-cinta.

▷ **amazement** /ə'meɪzmənt/ n. stupore m.; ***in*** o ***with ~*** con stupore; ***to everyone's ~*** con grande stupore di tutti; ***to my, her ~*** con mio, suo grande stupore; ***he couldn't hide his ~ at seeing everyone again*** non poté nascondere la sua sorpresa nel vedere di nuovo tutti.

▷ **amazing** /ə'meɪzɪŋ/ agg. [*performer, feat, chance, game, film, place*] straordinario, eccezionale; [*person, number, reaction, lack, defeat*] sorprendente; [*offer, contrast, experience, success, amount, cost*] sbalorditivo; ***it's ~ how different people can be*** è incredibile quanto le persone possano essere diverse; ***it's ~ that*** è incredibile che.

▷ **amazingly** /ə'meɪzɪŋlɪ/ avv. [*good, bad, ignorant, cheap*] straordinariamente; ***to be ~ honest, clever, simple, varied*** essere di un'onestà, intelligenza, semplicità, varietà sorprendente; ***~ (enough),...*** incredibilmente *o* per quanto possa sembrare incredibile,...

▷ **Amazon** /'æməzən, AE -zɒn/ ➧ ***25*** **I** n.pr. **1** *(river)* Rio delle Amazzoni m. **2** MITOL. amazzone f. **II** n. FIG. (anche **amazon**) *(strong woman)* virago f. **III** modif. [*forest, tribe*] amazzonico; [*basin*] del Rio delle Amazzoni.

Amazonian /ˌæmə'zəʊnɪən/ agg. **1** GEOGR. amazzonico **2** MITOL. ***the ~ queen*** la regina delle Amazzoni.

amazonite /'æməzəˌnaɪt/ n. amazzonite f.

▷ **ambassador** /æm'bæsədə(r)/ ➧ ***9*** n. ambasciatore m. (-trice) (anche FIG.); ***the US, Italian ~*** l'ambasciatore statunitense, italiano; ***the ~ to Japan, to Greece*** l'ambasciatore in Giappone, in Grecia.

ambassador-at-large /æm'bæsədərətˌlɑ:dʒ/ n. (pl. **ambassadors-at-large**) AE ambasciatore m. (-trice) itinerante.

ambassador extraordinary /æm'bæsədərɪk,strɔ:dnrɪ, AE -dənerɪ/ n. ambasciatore m. (-trice) straordinario (-a).
ambassadorial /æm,bæsə'dɔ:rɪəl/ agg. [*post*] da, di ambasciatore; [*car, residence*] dell'ambasciatore.
ambassadorship /æm'bæsədəʃɪp/ n. **1** *(post)* carica f. di ambasciatore **2** *(function)* ruolo m. di ambasciatore.
ambassadress /æm'bæsədrɪs/ ♦ *9* n. *(diplomat, diplomat's wife)* ambasciatrice f. (anche FIG.).
amber /'æmbə(r)/ ♦ *5* **I** n. **1** *(resin)* ambra f. **2** BE *(traffic signal)* giallo m.; ***at ~*** con il giallo; ***to change*** o ***turn to ~*** diventare giallo **3** *(colour)* ambra m. **II** modif. [*necklace, ring*] di ambra **III** agg. [*eyes, fruit, fabric*] color ambra; [*light, wine*] ambrato.
amber gambler /'æmbə,gæmblə(r)/ n. BE COLLOQ. = guidatore che passa pericolosamente con il semaforo giallo.
ambergris /'æmbəgri:s, AE -grɪs/ n. ambra f. grigia.
amber nectar /,æmbə'nektə(r)/ n. BE COLLOQ. SCHERZ. = birra.
ambidexter /,æmbɪ'dekstə(r)/ **I** agg. ambidestro **II** n. ambidestro m. (-a).
ambidextrous /,æmbɪ'dekstrəs/ agg. ambidestro.
ambience /'æmbɪəns/ n. FORM. FIG. atmosfera f.
ambient /'æmbɪənt/ agg. [*temperature, noise*] ambientale.
▷ **ambiguity** /,æmbɪ'gju:ətɪ/ n. ambiguità f. (**about** su).
▷ **ambiguous** /æm'bɪgjʊəs/ agg. ambiguo.
ambiguously /æm'bɪgjʊəslɪ/ avv. [*state, phrase*] ambiguamente; ***~ worded*** [*statement*] espresso ambiguamente; [*document*] formulato ambiguamente.
ambit /'æmbɪt/ n. FORM. ***to fall, lie within the ~ of*** rientrare nell'ambito di [*power, authority, study, discussion, festival*]; ***the play was staged outside the festival's ~*** l'opera è stata rappresentata al di fuori dell'ambito della manifestazione.
▷ **ambition** /æm'bɪʃn/ n. **1** *(quality)* ambizione f. (**to do** di fare); ***to have ~*** avere dell'ambizione *o* essere ambizioso **2** gener. pl. *(aspiration)* ambizione f., aspirazione f. (**to do, of doing** di fare); ***political, literary ~s*** ambizioni politiche, letterarie; ***she has leadership ~s*** ha ambizioni di comando **3** *(aim)* sogno m. (**to do, of doing** di fare); ***it was his lifelong ~ to visit Japan*** è sempre stato il suo sogno visitare il Giappone.
▷ **ambitious** /æm'bɪʃəs/ agg. **1** [*person*] ambizioso; ***to be ~ for sb.*** nutrire delle ambizioni per qcn.; ***to be ~ to do*** avere l'ambizione di fare **2** [*goal, work, scheme*] ambizioso.
ambitiously /,æm'bɪʃəslɪ/ avv. ambiziosamente.
ambivalence /æm'bɪvələns/ n. ambivalenza f.; ***to display ~ about, towards*** mostrare sentimenti contrastanti riguardo a.
ambivalent /æm'bɪvələnt/ agg. ambivalente; ***to be ~ about, towards*** essere indeciso su.
ambivert /'æmbɪ,vɜ:t/ n. = chi alterna momenti di estroversione e di introversione.
1.amble /'æmbl/ n. **1** *(ramble)* passeggiatina f., quattro passi m.pl. **2** *(pace)* andatura f. tranquilla; ***at an ~*** a passo tranquillo, con calma **3** EQUIT. ambio m.
2.amble /'æmbl/ intr. **1** *(stroll)* passeggiare, camminare con tranquillità; ***to ~ off*** andare via lentamente; ***we ~d around the gardens*** passeggiammo tranquillamente per i giardini **2** EQUIT. ambiare.
ambler /'æmblə(r)/ n. **1** *(rambler)* = chi cammina con passo tranquillo **2** EQUIT. ambiatore m. (-trice).
amblyopia /,æmblɪ'əʊpɪə/ ♦ *11* n. ambliopia f.
ambo /'æmbəʊ/ n. (pl. **~s, ambones**) ambone m.
Ambrose /'æmbrəʊz/ n.pr. Ambrogio.
ambrosia /æm'brəʊzɪə, AE -əʊʒə/ n. ambrosia f. (anche FIG.).
ambrosial /æm'brəʊzɪəl, AE -əʊʒəl/ agg. di ambrosia, ambrosio.
Ambrosian /æm'brəʊzɪən/ agg. ambrosiano.
ambry /'æmbrɪ/ n. *(in church)* credenza f.
ambsace /'eɪmzeɪs/ n. **1** ambasso m., ambassi m. **2** FIG. sfortuna f.
▷ **ambulance** /'æmbjʊləns/ **I** n. (auto)ambulanza f. **II** modif. [*service*] di ambulanza; [*station*] delle ambulanze; ***~ crew*** equipaggio di ambulanza.
ambulance chaser /'æmbjələns,tʃeɪsə(r)/ n. AE COLLOQ. SPREG. = avvocato che cerca di persuadere le vittime di incidenti a intentare causa al fine di trarne profitto.
ambulance driver /'æmbjələns,draɪvə(r)/ ♦ *27* n. autista m. e f. di ambulanza.
ambulanceman /'æmbjələnsmən/ ♦ *27* n. (pl. **-men**) = soccorritore in servizio sulle ambulanze.
ambulancewoman /'æmbjələnswʊmən/ ♦ *27* n. (pl. **-women**) = soccorritrice in servizio sulle ambulanze.
ambulant /'æmbjʊlənt/ agg. **1** ambulante **2** MED. [*patient*] deambulante.
ambulate /'æmbjʊleɪt/ intr. ambulare.
ambulatory /'æmbjʊlətrɪ, AE -tɔ:rɪ/ **I** n. deambulatorio m. **II** agg. **1** MED. ***~ patient*** paziente ambulatoriale; ***~ care*** AE day hospital **2** DIR. [*will*] modificabile.
1.ambuscade /,æmbəs'keɪd/ n. → **1.ambush**.
2.ambuscade /,æmbəs'keɪd/ tr. ANT. → **2.ambush**.
▷ **1.ambush** /'æmbʊʃ/ n. imboscata f., agguato m.; ***to lie in ~*** stare appostato, in agguato; ***to walk, fall into an ~*** cadere in un'imboscata.
▷ **2.ambush** /'æmbʊʃ/ tr. tendere un'imboscata, un agguato a [*soldiers, convoy*]; ***to be ~ed*** cadere in un'imboscata.
ameba AE → **amoeba**.
Amelia /ə'mi:lɪə/ n.pr. Amelia.
ameliorate /ə'mi:lɪəreɪt/ **I** tr. FORM. migliorare **II** intr. FORM. migliorare.
amelioration /ə,mi:lɪə'reɪʃn/ n. FORM. miglioramento m.
ameliorative /ə'mi:lɪərətɪv/ agg. migliorativo.
amen /ɑ:'men, eɪ-/ inter. amen; ***to say ~ to sth.*** dire di essere completamente d'accordo su qcs.; ***~ to that!*** sono proprio d'accordo!
amenable /ə'mi:nəbl/ agg. **1** *(obliging)* condiscendente **2** ***~ to*** [*person*] riconducibile a [*reason etc.*]; [*person, situation*] soggetto a [*regulations*]; ***the theory is ~ to proof*** la teoria può essere provata.
▷ **amend** /ə'mend/ **I** tr. **1** *(alter)* emendare [*constitution, bill, law, treaty*]; rettificare [*document, contract*]; correggere [*statement, plan*] **2** FORM. *(correct)* emendare [*behaviour, lifestyle*] **II** intr. FORM. emendarsi.
amendable /ə'mendəbl/ agg. emendabile.
▷ **amendment** /ə'mendmənt/ n. **1** *(alteration) (to constitution, bill, law, treaty)* emendamento m. (**to** a); *(to document, contract)* rettifica f., revisione f. (**to** di); *(to statement, plan)* correzione f. (**to** di); ***the Fifth Amendment*** AE DIR. il quinto emendamento **2** FORM. *(of behaviour)* emendamento m.

> **Amendment** Il testo della Costituzione americana non è stato cambiato da quando fu redatto nel 1787, ma il suo contenuto di partenza è stato profondamente modificato da emendamenti. I dieci primi emendamenti (*Bill of Rights*) gettano le basi della democrazia americana. Un emendamento può annullarne un altro: ad esempio il 21º emendamento abrogò il 18º che aveva instaurato il proibizionismo (v. ***Bill of Rights, Constitution***).

amends /ə'mendz/ n.pl. **1** *(reparation)* ammenda f.sing., risarcimento m.sing.; ***to make ~ for*** risarcire [*damage, hurt*]; ***she has rejected all their efforts to make ~*** *(financial)* ha rifiutato tutti i loro tentativi di risarcirla **2** ***to make ~*** *(redeem oneself)* fare ammenda.
amenity /ə'mi:nətɪ, ə'menətɪ/ **I** n. FORM. *(pleasantness)* amenità f. **II amenities** n.pl. **1** *(facilities) (of hotel, house)* servizi m.; *(of sports club)* attrezzature f.; *(of locality)* attrattive f.; ***public, recreational amenities*** strutture pubbliche, ricreative **2** ANT. *(courtesies)* cortesie f.
amenity bed /ə'mi:nətɪ,bed/ n. BE = in un ospedale, posto letto per pensionanti.
amenorrhea /eɪ,menə'rɪə/ ♦ *11* n. amenorrea f.
ament /ə'ment/ n. amento m.
amentaceous /æmən'teɪʃəs/ agg. amentaceo.
amerce /ə'mɜ:s/ tr. *(fine)* multare; *(punish)* punire.
America /ə'merɪkə/ ♦ *6* n.pr. America f.
American /ə'merɪkən/ ♦ *18, 14* **I** agg. americano **II** n. **1** *(person)* americano m. (-a) **2** *(language)* americano m.
Americana /ə,merɪ'kɑ:nə/ n.pl. = (insieme di) oggetti, libri, documenti ecc. caratteristici dell'America.
American cheese /ə,merɪkən'tʃi:z/ n. = formaggio dolce a pasta dura tipo cheddar, molto diffuso negli Stati Uniti.
American Civil War /ə,merɪkən'sɪvl,wɔ:(r)/ n.pr. guerra f. di secessione americana.

> **American Civil War** La guerra civile americana o guerra di secessione (1861-1865), in cui gli stati del Nord degli Stati Uniti, sostenitori dell'abolizione della schiavitù, affrontarono quelli del Sud, la cui economia si fondava sulla manodopera di schiavi neri. Scoppiò dopo l'elezione alla presidenza di Lincoln, la cui politica antischiavista spinse gli undici stati del Sud ad abbandonare l'Unione per formare una confederazione autonoma. Superiori per numero e sostenuti da una potente industria, i nordisti finirono per riportare la vittoria (v. ***Mason-Dixon Line***).

American dream /əˌmerɪkən'dri:m/ n. sogno m. americano.

> **American dream** Espressione che designa il principio americano in base al quale il successo economico e sociale è accessibile a chiunque lavori con tenacia. Per gli immigrati si aggiunge il sogno di libertà e d'uguaglianza.

American eagle /əˌmerɪkən'i:gl/ n. *(emblem)* aquila f. americana.
American English /əˌmerɪkən'ɪŋglɪʃ/ **I** agg. [*variety, term*] americano **II** n. *(language)* inglese m. americano.
American football /əˌmerɪkən'fʊtbɔ:l/ n. football m. americano.
American Indian /əˌmerɪkən'ɪndɪən/ ➧ *18* **I** agg. degli indiani d'America **II** n. indiano m. (-a) d'America.
Americanism /ə'merɪkənɪzəm/ n. americanismo m.
Americanist /ə'merɪkənɪst/ n. americanista m. e f.
Americanization /əmerikənaɪ'zeɪʃn, AE -nɪ'z-/ n. americanizzazione f.
Americanize /ə'merɪkənaɪz/ tr. americanizzare; ***to become ~d*** americanizzarsi.
American Legion /əˌmerɪkən'li:dʒən/ n. = associazione americana degli ex combattenti.
American plan /əˌmerɪkən'plæn/ n. pensione f. completa.
American Revolution /əˌmerɪkənˌrevə'lu:ʃn/ n. rivoluzione f. americana.
American Standard Version /əˌmerɪkənˌstændəd'vɜ:ʃn, -vɜ:ʒn, AE -vɜ:rʒn/ n. = versione ufficiale americana della Bibbia.
americium /ˌæmə'rɪsɪəm/ n. americio m.
Amerind /'æmərɪnd/ n. amerindio m. (-a), amerindiano m. (-a).
Amerindian /ˌæmər'ɪndɪən/ ➧ *18* AE **I** agg. amerindiano **II** n. amerindiano m. (-a), amerindio m. (-a).
amethyst /'æmɪθɪst/ ➧ *5* **I** n. **1** *(gem)* ametista f. **2** *(colour)* ametista m.; ***~-coloured*** color ametista **II** modif. [*necklace, brooch*] di ametista **III** agg. ametista.
Amex /'eɪmeks/ n. (⇒ American Stock Exchange) = una delle borse valori statunitensi.
amiability /ˌeɪmɪə'bɪlətɪ/ n. amabilità f. (**towards** verso).
amiable /'eɪmɪəbl/ agg. [*person*] amabile (**to, towards** con); [*comedy, performance, manner*] piacevole; [*chat*] amichevole; ***in an ~ mood*** di umore cordiale.
amiably /'eɪmɪəblɪ/ avv. [*chat, smile, behave*] amabilmente.
amianthus /ˌæmɪ'ænθəs/ n. amianto m.
amicability /ˌæmɪkə'bɪlətɪ/ n. amichevolezza f.
amicable /'æmɪkəbl/ agg. **1** *(friendly)* [*gesture, manner, relationship*] amichevole **2** DIR. ***an ~ settlement, solution*** un accordo, una soluzione amichevole; ***to come to an ~ agreement with sb.*** giungere a un accordo amichevole con qcn.
amicably /'æmɪkəblɪ/ avv. **1** [*live*] in amicizia; [*behave*] amichevolmente **2** [*settle*] in via amichevole; [*part*] amichevolmente.
1.amice /'æmɪs/ n. amitto m.
2.amice /'æmɪs/ n. almuzia f.
▷ **amid** /ə'mɪd/ prep. **1** *(against a background of)* tra, fra [*laughter, applause, allegations, reports, rumours, criticism*]; ***the search continues ~ growing concern, fears for the child's safety*** le ricerche continuano tra la crescente preoccupazione per l'incolumità del bambino; ***the directors met ~ growing pressure from shareholders for their resignation*** i direttori si incontrarono a seguito delle crescenti pressioni da parte degli azionisti affinché rassegnassero le dimissioni **2** *(surrounded by)* tra, fra, in mezzo a [*fields, trees*]; in mezzo a [*wreckage*].
amidase /'æmɪˌdeɪz/ n. amidasi f.
amide /'eɪmaɪd, 'æmaɪd/ n. ammide f.
amidships /ə'mɪdʃɪps/ avv. a mezzanave.
amidst /ə'mɪdst/ → **amid**.
amine /'eɪmaɪn, 'æmaɪn/ n. ammina f.
amino acid /əˌmi:nəʊ'æsɪd/ n. amminoacido m.
Amish /'æmɪʃ, 'ɑ:-, 'eɪ-/ AE **I** agg. amish **II** n. amish m. e f.

> **Amish** Comunità religiosa protestante americana che conta circa 80.000 adepti. Stabilitisi in Pennsylvania, nell'Ohio e nell'Indiana, il loro austero stile di vita non è cambiato molto dal XVIII secolo. È caratterizzato da un forte attaccamento alle tradizioni e da un totale rifiuto della modernità. Gli *Amish* non hanno automobili né elettricità, vivono dei soli prodotti dell'agricoltura e dell'artigianato e portano abiti di foggia antiquata.

amiss /ə'mɪs/ **I** agg. sbagliato; ***there is something ~ (with him, them)*** c'è qualcosa che non va (in lui, loro); ***there is nothing ~*** non c'è niente che non vada; ***there is nothing ~ in doing*** non c'è niente di male a fare **II** avv. in modo sbagliato, male; ***to take sth. ~*** prendersela, aversene a male; ***a drink wouldn't come*** o ***go ~!*** un bicchiere non ci starebbe male.
amity /'æmətɪ/ n. FORM. amicizia f.
ammeter /'æmɪtə(r)/ n. amperometro m.
ammo /'æməʊ/ n. **U** COLLOQ. (accorc. ammunition) muni-zioni f.pl.
ammonia /ə'məʊnɪə/ n. ammoniaca f.
ammoniac /ə'məʊnɪæk/ n. ammoniaco m., gomma f. ammoniaco.
ammoniac(al) /ə'məʊnɪæk(l)/ agg. ammoniacale.
ammoniated /ə'məʊnɪeɪtɪd/ agg. ammoniacato.
ammonic /ə'məʊnɪk/ agg. ammonico.
ammonite /'æmənaɪt/ n. ammonite f.
ammonium /ə'məʊnɪəm/ **I** n. ammonio m. **II** modif. [*chloride, phosphate*] di ammonio.
▷ **ammunition** /ˌæmjʊ'nɪʃn/ n. **U 1** MIL. munizioni f.pl. **2** FIG. argomenti m.pl.; ***to give sb. ~*** aggiungere frecce all'arco di qcn.
ammunition belt /ˌæmjʊ'nɪʃnˌbelt/ n. *(for machine gun)* nastro m. caricatore.
ammunition depot /ˌæmjʊ'nɪʃnˌdepəʊ, AE -ˌdi:pəʊ/, **ammunition dump** /ˌæmjʊ'nɪʃnˌdʌmp/ n. deposito m. (di) munizioni.
ammunition pouch /ˌæmjʊ'nɪʃnˌpaʊtʃ/ n. giberna f.
amnesia /æm'ni:zɪə, AE -ni:ʒə/ n. amnesia f.; ***period, attack of ~*** periodo, crisi di amnesia; ***he is suffering from ~*** soffre di amnesia.
amnesiac /æm'ni:zɪæk, AE -'ni:ʒɪæk/ **I** agg. amnesico **II** n. soggetto m. amnesico.
1.amnesty /'æmnəstɪ/ n. POL. DIR. *(pardon, period)* amnistia f. (**for** per); ***to grant an ~ to sb.*** concedere l'amnistia a qcn.; ***under an ~*** in seguito a un'amnistia.
2.amnesty /'æmnəstɪ/ tr. amnistiare.
amnia /'æmnɪə/ → **amnion**.
amnicolous /æm'nɪkjələs, AE æm'nɪkələs/ agg. ripicolo.
amniocentesis /ˌæmnɪəʊsen'ti:sɪs/ n. (pl. **-es**) amniocentesi f.
amniography /ˌæmnɪ'ɒgrəfɪ/ n. amniografia f.
amnion /'æmnɪən/ n. (pl. **~s, -ia**) amnios m.
amnioscope /'æmnɪəˌskəʊp/ n. amnioscopio m.
amnioscopy /'æmnɪəˌskəpɪ/ n. amnioscopia f.
amniotic /ˌæmnɪ'ɒtɪk/ agg. amniotico; ***~ fluid*** liquido amniotico; ***~ sac*** sacco amniotico.
amoeba, **ameba** AE /ə'mi:bə/ n. (pl. **~s, -ae**) ameba f.
amoebic /ə'mi:bɪk/ agg. amebico; ***~ dysentery*** dissenteria amebica.
amoeboid /ə'mi:bɔɪd/ agg. ameboide.
amok /ə'mɒk/ avv. ***to run ~*** [*person, animal, crowd*] = essere in preda a furia violenta o omicida; [*imagination*] diventare sfrenato; [*prices*] salire alle stelle.
▶ **among** /ə'mʌŋ/, **amongst** /ə'mʌŋst/ Remember that *tra* or its variant form *fra* are the Italian translations of both *among(st)* and *between*. prep. **1** *(amidst)* tra, fra, in mezzo a; ***~ the population, crowd*** tra la popolazione, la folla; ***~ the trees, ruins*** in mezzo a *o* tra gli alberi, le rovine; ***I found it ~ her papers*** l'ho trovato tra le *o* nelle sue carte; ***your case is only one ~ many*** il vostro caso non è che uno fra molti; ***I count him ~ my closest friends*** lo considero uno dei miei amici più cari; ***to be ~ friends*** essere fra amici; ***~ other things*** fra le altre cose; ***many of the soldiers deserted, ~ them Tom*** molti soldati disertarono, fra i quali Tom **2** tra, fra; *(affecting particular group)* ***unemployment ~ young people, graduates*** la disoccupazione tra i giovani, tra i laureati; ***this illness is commonest ~ the elderly*** questa malattia è molto comune tra gli anziani; *(one of)* ***it is ~ the world's poorest countries*** è fra i paesi più poveri del mondo; ***this book is not ~ her most popular works*** questo libro non è tra le sue opere più famose; ***we are hoping to be ~ the first*** speriamo di essere fra i primi; *(between)* ***~ ourselves, themselves*** fra di noi, loro; ***his estate was divided ~ his heirs*** la sua proprietà è stata divisa fra i suoi eredi; ***they can never agree ~ themselves*** non riescono mai ad andare d'accordo fra loro; ***one bottle ~ five isn't enough*** una bottiglia per *o* in cinque non basta.
amoral /ˌeɪ'mɒrəl, AE ˌeɪ'mɔ:rəl/ agg. amorale.
amorality /ˌeɪmə'rælətɪ/ n. amoralità f.
amoretto /ˌæmə'retəʊ/ n. (pl. **-i**) amorino m.
amorous /'æmərəs/ agg. LETT. o SCHERZ. amoroso; ***to make ~ advances to sb.*** fare delle avances a qcn.
amorously /'æmərəslɪ/ avv. LETT. o SCHERZ. amorosamente.
amorphous /ə'mɔ:fəs/ agg. **1** CHIM. GEOL. amorfo **2** [*object, shape, collection, ideas, plans*] informe.
amortizable /ə'mɔ:tɪzəbl, AE 'æmə-/ agg. ammortizzabile.

amortization /ə͵mɔ:tɪ'zeɪʃn, AE ͵æmərtɪ-/ **I** n. ammortamento m. **II** modif. [*fund, schedule*] di ammortamento.
amortize /ə'mɔ:taɪz, AE 'æmərtaɪz/ tr. ammortizzare.
amortizement /ə'mɔ:tɪzmənt/ n. → **amortization.**
Amos /'eɪmɒs/ n.pr. Amos.
▶ **1.amount** /ə'maʊnt/ n. **1** *(quantity) (of goods, food)* quantità f.; *(of people, objects)* numero m.; ***a considerable ~ of*** una considerevole quantità di; ***a fair ~ of*** un bel po' di; ***an enormous*** o ***huge ~ of*** un'enorme quantità di; ***a certain ~ of imagination*** una certa dose di immaginazione; ***I'm entitled to a certain ~ of respect*** ho diritto a un certo rispetto; ***no ~ of persuasion will make him change his mind*** nessun tentativo di persuasione gli farà cambiare idea; ***it's doubtful whether any ~ of foreign aid can save them*** non è sicuro che l'aiuto di paesi stranieri, per quanto ingente, li possa salvare; ***they've got any ~ of money*** hanno tutto il denaro che vogliono **2** *(sum of money)* somma f.; *(total of bill)* importo m.; *(total: of expenses, damages etc.)* ammontare m.; ***for an undisclosed ~*** per una somma non precisata; ***no ~ of money could compensate this loss*** nessuna somma di denaro potrebbe compensare questa perdita; ***to charge sb. for the full ~*** far pagare a qcn. l'intero ammontare; ***what is the outstanding ~?*** qual è l'importo insoluto? ***debts to the ~ of £ 10,000*** debiti per un totale di 10.000 sterline; ***~ paid (on account)*** COMM. cifra versata (in acconto); ***~ of turnover*** COMM. (montante del) giro di affari; ***~ carried forward*** AMM. importo riportato.
▶ **2.amount** /ə'maʊnt/ intr. **1** ECON. *(add up to)* ***to ~ to*** [*cost*] ammontare a **2** *(be equivalent to)* ***to ~ to*** equivalere a [*confession, betrayal, defeat, triumph etc.*]; ***it ~s to the same thing*** è la stessa cosa; ***it ~s to blackmail!*** equivale a un ricatto! *o* è un ricatto vero e proprio! **3** *(be worth)* ***to ~ to*** valere; ***not to ~ to much*** [*accusation, report*] non valere granché; ***he'll never ~ to much*** non concluderà mai niente; ***the party didn't ~ to much*** la festa non era poi un granché.
amour /ə'mʊə(r)/ n. LETT. o SCHERZ. relazione f. (amorosa), tresca f.
amour-propre /ə͵mʊə'prɒpr/ n. amor m. proprio.
1.amp ⇒ ampere ampere (A).
2.amp /æmp/ n. COLLOQ. (accorc. amplifier) ampli m.
amped /'æmpt/ agg. AE sovreccitato; *(as an effect of drugs, alcohol, loud music)* sballato; *(as an effect of synthetic drugs)* calato.
amperage /'æmpərɪdʒ/ n. amperaggio m.
ampere /'æmpeə(r), AE 'æmpɪə(r)/ n. ampere m.
ampere-hour /'æmpeər'aʊə(r)/ n. amperora m.
ampere-turn /'æmpeə͵tɜ:n/ n. amperspira f.
ampersand /'æmpəsænd/ n. *(character)* e f. commerciale.
amphetamine /æm'fetəmi:n/ n. anfetamina f.
amphibia /æm'fɪbɪə/ n.pl. Anfibi m.
amphibian /æm'fɪbɪən/ **I** n. **1** ZOOL. anfibio m. **2** AER. anfibio m. **3** AUT. mezzo m. anfibio **4** MIL. *(tank)* carro m. armato anfibio **II** agg. → **amphibious.**
amphibiology /æm͵fɪbɪ'ɒlədʒɪ/ n. anfibiologia f.
amphibious /æm'fɪbɪəs/ agg. ZOOL. MIL. anfibio.
amphibole /'æmfɪbəʊl/ n. anfibolo m.
amphibolite /æm'fɪbəlaɪt/ n. anfibolite f.
amphibology /͵æmfɪ'bɒlədʒɪ/ n. anfibologia f.
amphibrach /'æmfɪbræk/ n. anfibraco m.
amphictyonic /æm͵fɪktɪ'ɒnɪk/ agg. anfizionico.
amphictyons /æm'fɪktɪənz/ n.pl. anfizioni m.
amphigean /͵æmfɪ'dʒɪən/ agg. BOT. ZOOL. cosmopolita.
amphioxus /͵æmfɪ'ɒksəs/ n. (pl. **-i**, **~es**) anfiosso m.
amphipods /'æmfɪpɒdz/ n.pl. Anfipodi m.
amphisbaena, **amphisbena** /æmfɪs'bi:nə/ n. (pl. **~s**, **-ae**) anfisbena f.
amphitheatre /'æmfɪθɪətə(r)/ n. anfiteatro m.; GEOL. ***(natural) ~*** anfiteatro (naturale).
amphitheatrical /͵æmfɪθɪ'ætrɪkl/ agg. ad anfiteatro.
Amphitryon /æm'fɪtrɪən/ **I** n.pr. Anfitrione **II** n. FIG. (anche **amphitryon**) anfitrione m.
amphora /'æmfərə/ n. (pl. **~s**, **-ae**) anfora f.
▷ **ample** /'æmpl/ agg. **1** *(plenty)* [*provisions, resources*] abbondante (**for** per); [*illustration*] ampio; [*evidence*] più che sufficiente; ***there's ~ room for five people*** c'è spazio più che sufficiente per cinque persone; ***there is ~ parking*** ci sono parcheggi in abbondanza; ***to have ~ opportunity, time to do*** avere numerose occasioni per fare, avere tutto il tempo di fare; ***he was given ~ warning*** era stato ampiamente avvertito; ***he's been given ~ opportunity to apologize*** gli sono state date molte opportunità per scusarsi; ***to be more than ~*** essere più che abbondante; ***thank you that's more than ~!*** *(when offered food)* grazie, è più che abbastanza! **2** *(of generous size)* [*proportions, garment*] ampio; [*bust*] abbondante, generoso.
▷ **amplification** /͵æmplɪfɪ'keɪʃn/ n. **1** amplificazione f. **2** *(of idea)* ampliamento m., sviluppo m. (**of** di); *(of statement)* approfondimento m., estensione f. (**of** di).
amplifier /'æmplɪfaɪə(r)/ n. amplificatore m.
▷ **amplify** /'æmplɪfaɪ/ tr. **1** TECN. amplificare **2** ampliare, sviluppare [*account, concept, statement*].
▷ **amplitude** /'æmplɪtju:d, AE -tu:d/ n. **1** ASTR. amplitudine f. **2** FIS. ampiezza f. **3** FORM. *(of resources)* abbondanza f.; *(of mind, vision)* ampiezza f.
amplitude modulation /͵æmplɪtju:d͵mɒdjʊ'leɪʃn, AE -tu:d-/ n. modulazione f. di ampiezza.
amply /'æmplɪ/ avv. [*compensated, fulfilled, demonstrated*] ampiamente.
ampoule BE, **ampule** AE /'æmpu:l/ n. *(for injections)* fiala f.
ampulla /æm'pʊlə/ n. (pl. **-ae**) ANAT. ARCHEOL. ampolla f.; RELIG. *(for wine, water)* ampollina f.; *(for holy oil)* ampolla f.
amputate /'æmpjʊteɪt/ **I** tr. amputare; ***to ~ sb.'s leg*** amputare una gamba a qcn. **II** intr. amputare.
amputation /͵æmpjʊ'teɪʃn/ n. amputazione f. (**of** di).
amputee /͵æmpjʊ'ti:/ n. amputato m. (-a).
Amsterdam /͵æmstə'dæm/ ➧ ***34*** n.pr. Amsterdam f.
amtrac /'æmtræk/ n. (accorc. amphibious tractor) cingolato m. anfibio.
Amtrak /'æmtræk/ n. US (⇒ America Travel Track) = compagnia ferroviaria federale per il trasporto interurbano di passeggeri e merci.
amuck /ə'mʌk/ avv. → **amok.**
amulet /'æmjʊlɪt/ n. amuleto m.
▷ **amuse** /ə'mju:z/ **I** tr. **1** *(cause laughter)* divertire, far ridere; ***to be ~d at*** o ***by*** essere divertito da, ridere per; ***the shareholders were not ~d by the decision*** la decisione non è piaciuta affatto agli azionisti **2** *(entertain, occupy)* [*game, story*] divertire, distrarre; [*activity, hobby*] divertire **II** rifl. ***to ~ oneself*** divertirsi, distrarsi.
▷ **amused** /ə'mju:zd/ **I** p.pass. → **amuse II** agg. divertito; ***I'm not ~!*** non lo trovo divertente! ***to keep sb. ~*** distrarre *o* intrattenere qcn.; ***to keep oneself ~*** intrattenersi.
▷ **amusement** /ə'mju:zmənt/ n. **1** *(mirth)* divertimento m. (**at** per); ***to my great ~*** con mio grande divertimento; ***to do sth. for ~*** fare qcs. per divertimento; ***a look of ~*** un'aria divertita; ***to conceal one's ~*** mascherare il proprio divertimento **2** *(diversion)* distrazione f.; ***to do sth. for ~*** fare qcs. per distrarsi **3** gener. pl. *(at fairground)* attrazione f.
amusement arcade /ə'mju:zməntɑ:͵keɪd/ n. BE sala f. giochi.
amusement park /ə'mju:zmənt͵pɑ:k/ n. parco m. di divertimenti, luna park m.
▷ **amusing** /ə'mju:zɪŋ/ agg. divertente, spassoso.
amusingly /ə'mju:zɪŋlɪ/ avv. in modo divertente, spassoso.
Amy /'eɪmɪ/ n.pr. Amy (nome di donna).
amygdala /ə'mɪgdələ/ n. (pl. **-ae**) amigdala f.
amygdalic /͵æmɪg'dælɪk/ agg. amigdalico.
amygdalin /ə'mɪgdəlɪn/ n. amigdalina f.
amygdaloid /ə'mɪgdəlɔɪd/ agg. amigdaloide.
amyl /'æmɪl/ n. amile m.
amylaceous /͵æmɪ'leɪʃəs/ agg. amilaceo.
amyl alcohol /'æmɪl͵ælkəhɒl, AE -hɔ:l/ n. alcol m. amilico.
amylase /'æmɪleɪz/ n. amilasi f.
amyl nitrate /'æmɪl͵naɪtreɪt/ n. nitrato m. di amile.
amylopsin /͵æmɪ'lɒpsɪn/ n. amilopsina f.
amylose /'æmə͵ləʊs/ n. amilosio m.
▶ **an** /æn, ən/ → **2.a.**
an. ⇒ anno anno (a.).
Anabaptism /͵ænə'bæptɪzəm/ n. anabattismo m.
Anabaptist /͵ænə'bæptɪst/ **I** agg. anabattista **II** n. anabattista m. e f.
anabas /'ænə͵bæs/ n. anabate m.
anabatic /͵ænə'bætɪk/ agg. anabatico.
anabolic /͵ænə'bɒlɪk/ agg. anabolico.
anabolic steroid /͵ænə'bɒlɪk'stɪərɔɪd/ n. steroide m. anabolizzante.
anabolism /ə'næbəʊlɪzəm/ n. anabolismo m.
anachronism /ə'nækrənɪzəm/ n. anacronismo m.; ***to be an ~*** [*object, custom, institution, person etc.*] essere un anacronismo.
anachronistic /ə͵nækrə'nɪstɪk/ agg. anacronistico.
anacoluthon /͵ænəkəʊ'lu:θɒn/ n. (pl. **-tha**, **~s**) anacoluto m.
anaconda /͵ænə'kɒndə/ n. anaconda m.
Anacreon /ə'nækrɪən/ n.pr. Anacreonte.

Anacreontic /əˌnækrɪ'ɒntɪk/ **I** agg. anacreontico **II** n. **1** *(verse)* anacreonteo m. **2** *(poem)* anacreontica f.
anacrusis /ˌænə'kru:sɪs/ n. (pl. **-es**) anacrusi f.
anadiplosis /ˌænədɪ'pləʊsɪs/ n. (pl. **-es**) anadiplosi f.
anaemia /ə'ni:mɪə/ ➧ *11* n. anemia f.
anaemic /ə'ni:mɪk/ agg. **1** MED. anemico; ***to become ~*** diventare anemico **2** FIG. SPREG. [*character, performance, poem*] scialbo.
anaerobe /æn'eərəʊb/ n. anaerobio m.
anaerobic /ˌæneə'rəʊbɪk/ agg. anaerobio, anaerobico.
anaesthesia /ˌænɪs'θi:zɪə/ n. BE anestesia f.
anaesthesiologist /ˌænɪsθi:zi:'ɒləgɪst/ ➧ *27* n. BE anestesiologo m. (-a).
anaesthesiology /ˌænɪsθi:zi:'ɒlədʒɪ/ n. BE anestesiologia f.
▷ **anaesthetic** /ˌænɪs'θetɪk/ BE **I** agg. anestetico **II** n. anestetico m.; ***to be under ~*** essere sotto anestesia.
anaesthetics /ˌænɪs'θetɪks/ n. + verbo sing. BE anestesiologia f.
anaesthetist /ə'ni:sθətɪst/ ➧ *27* n. BE anestesista m. e f.
anaesthetization /æˌni:sθɪtaɪ'zeɪʃn, AE -tɪ'z-/ n. BE anestesia f.
anaesthetize /ə'ni:sθətaɪz/ tr. BE anestetizzare.
anaglyph /'ænəglɪf/ n. anaglifo m.
anagoge /'ænəgɒdʒɪ/ n. anagogia f.
anagogic(al) /ˌænə'gɒdʒɪk(l)/ agg. anagogico.
anagram /'ænəgræm/ n. anagramma m. (**of** di).
anagrammatic(al) /ˌænəgrə'mætɪk(l)/ agg. anagrammatico.
anagrammatism /ˌænə'græmətɪzəm/ n. (l')anagrammare.
anagrammatist /ˌænə'græmətɪst/ n. anagrammista m. e f.
anagrammatize /ˌænə'græməˌtaɪz/ tr. anagrammare.
anal /'eɪnl/ agg. anale; ***~ intercourse, ~ sex*** rapporto, sesso anale; ***~ stage*** PSIC. fase anale.
analecta /ˌænə'lektə/, **analects** /'ænəlekts/ n.pl. analecta m.
analeptic /ˌænə'leptɪk/ **I** agg. analettico **II** n. analettico m.
analgesia /ˌænæl'dʒi:zɪə, AE -ʒə/ n. analgesia f.
analgesic /ˌænæl'dʒi:sɪk/ **I** agg. analgesico **II** n. analgesico m.
analog AE → **analogue**.
analog computer /'ænəlɒgkəmˌpju:tə(r), AE -lɔ:g-/ n. computer m. analogico.
analogic(al) /ˌænə'lɒdʒɪk(l)/ agg. analogico.
analogist /ə'nælədʒɪst/ n. analogista m. e f.
analogize /ə'nælədʒaɪz/ **I** tr. spiegare per analogia, mostrare l'analogia di **II** intr. fare uso dell'analogia.
analogous /ə'næləgəs/ agg. analogo (**to, with** a).
▷ **analogue** /'ænəlɒg, AE -lɔ:g/ n. = parola, cosa, caratteristica ecc. analoga.
analogue clock /'ænəlɒgˌklɒk, AE -lɔ:g-/ n. orologio m. analogico.
analogue-digital convertor /'ænəlɒg'dɪdʒɪtlkən'vertə(r), AE -lɔ:g-/ n. convertitore m. analogico-digitale.
analogue watch /'ænəlɒgˌwɒtʃ, AE -lɔ:g-/ n. orologio m. analogico.
▷ **analogy** /ə'nælədʒɪ/ n. analogia f.; ***by ~ with*** per analogia con; ***to draw an ~*** fare un'analogia (**between** tra; **with** con).
analphabetic /ˌænælfə'betɪk/ **I** agg. **1** [*writing*] analfabetico **2** [*person*] analfabeta **II** n. analfabeta m. e f.
anal retention /ˌeɪnlrɪ'tenʃn/ n. ritenzione f. anale.
anal retentive /ˌeɪnlrɪ'tentɪv/ agg. = che manifesta ritenzione anale.
analysable BE, **analyzable** AE /'ænəlaɪzəbl/ agg. analizzabile.
analysand /ə'nælɪsænd/ n. PSIC. analizzando m. (-a).
▷ **analyse** BE, **analyze** AE /'ænəlaɪz/ tr. **1** analizzare **2** BE PSIC. psicanalizzare.
analyser /'ænəlaɪzə(r)/ n. TECN. analizzatore m.
▶ **analysis** /ə'nælɪsɪs/ n. (pl. **-es**) **1** analisi f.; ***in the final*** o ***last ~*** in ultima analisi **2** PSIC. (psic)analisi f.; ***to be in ~*** essere in analisi.
analyst /'ænəlɪst/ ➧ *27* n. **1** analista m. e f. **2** PSIC. (psic)analista m. e f.
analytic(al) /ˌænə'lɪtɪk(l)/ agg. *(all contexts)* analitico.
analytically /ˌænə'lɪtɪklɪ/ avv. analiticamente, in modo analitico.
analytics /ˌænə'lɪtɪks/ n. + verbo sing. FILOS. MAT. analitica f.
analyzable AE → **analysable**.
analyze AE → **analyse**.
anamnesis /ˌænəm'ni:sɪs/ n. (pl. **-es**) anamnesi f.
anamorphosis /ˌænəmɔ:'fəʊsɪs/ n. (pl. **-es**) anamorfosi f.
ananas /ə'nɑ:nəs/ n. RAR. ananas m.
anap(a)est /'ænəpi:st/ n. anapesto m.
anap(a)estic /ˌænə'piˌstɪk/ agg. anapestico.
anaphase /'ænəˌfeɪz/ n. anafase f.
anaphora /ə'næfərə/ n. anafora f.
anaphoric /ˌænə'fɒrɪk/ agg. anaforico.
anaphylactic /ˌænəfɪ'læktɪk/ agg. anafilattico.
anaphylaxis /ˌænəfɪ'læksɪs/ n. (pl. **-es**) anafilassi f.
anaplasty /ˌænə'plɑ:stɪ, AE -'plæ-/ n. chirurgia f. plastica.
anarch /'ænɑ:k/ n. ANT. LETT. ribelle m. e f. (anarchico).
anarchic(al) /ə'nɑ:kɪk(l)/ agg. anarchico.
anarchism /'ænəkɪzəm/ n. anarchismo m.
anarchist /'ænəkɪst/ **I** agg. anarchico **II** n. anarchico m. (-a).
anarchy /'ænəkɪ/ n. anarchia f.
anasarca /ˌænə'sɑ:kə/ n. anasarca m.
Anastasia /ˌænə'steɪzjə/ n.pr. Anastasia.
anastigmat /ə'næstɪgmæt/ n. obiettivo m. anastigmatico.
anastigmatic /ˌænəstɪg'mætɪk/ agg. anastigmatico.
anastigmatism /ænə'stɪgməˌtɪzəm/ n. anastigmatismo m.
anastomose /ə'næstəməʊz/ **I** tr. anastomizzare **II** intr. = comunicare mediante anastomosi.
anastomosis /ˌænəstə'məʊsɪs/ n. (pl. **-es**) anastomosi f.
anastrophe /ə'næstrəfɪ/ n. anastrofe f.
anathema /ə'næθəmə/ n. **1** RELIG. anatema m. **2** FIG. maledizione f.; ***history, cruelty is ~ to him*** detesta la storia, la crudeltà.
anathematize /ə'næθəmətaɪz/ tr. anatematizzare.
Anatolia /ˌænə'təʊlɪə/ ➧ *24* n.pr. Anatolia f.
Anatolian /ˌænə'təʊlɪən/ **I** agg. **1** anatolico **2** LING. microasiatico **II** n. **1** anatolico m. (-a) **2** LING. (famiglia delle) lingue microasiatiche.
anatomical /ˌænə'tɒmɪkl/ agg. anatomico.
anatomist /ə'nætəmɪst/ n. anatomista m. e f.
anatomize /ə'nætəmaɪz/ tr. anatomizzare (anche FIG.).
anatomy /ə'nætəmɪ/ **I** n. anatomia f. (anche FIG.) (**of** di) **II** modif. [*class, lesson*] di anatomia.
Anaxagoras /ˌænæk'sægərəs/ n.pr. Anassagora.
Anaximander /əˌnæksɪ'mændə(r)/ n.pr. Anassimandro.
Anaximenes /ˌænæk'sɪmənɪ:z/ n.pr. Anassimene.
ANC n. (⇒ African National Congress) = movimento politico della Repubblica Sudafricana di opposizione al regime razzista.
▷ **ancestor** /'ænsestə(r)/ n. antenato m. (-a) (anche FIG.).
ancestral /æn'sestrəl/ agg. ancestrale; ***the ~ home*** la dimora avita.
ancestress /æn'sestrɪs/ n. antenata f.
ancestry /'ænsestrɪ/ n. **1** *(lineage)* ascendenza f., stirpe f. **2** *(ancestors collectively)* antenati m.pl., avi m.pl.
Anchises /æŋ'kaɪsi:z/ n.pr. Anchise.
▷ **1.anchor** /'æŋkə(r)/ n. **1** MAR. ancora f.; ***to drop, cast ~*** gettare l'ancora; ***to raise (the) ~, to weigh*** o ***up ~*** levare l'ancora, salpare; ***to come to ~*** ancorarsi; ***to be, lie, ride at ~*** essere all'ancora, ancorato; ***to slip ~*** mollare l'ancora **2** FIG. punto m. fermo; *(person)* sostegno m. **3** → **anchorman, anchorwoman**.
▷ **2.anchor** /'æŋkə(r)/ **I** intr. [*ship*] gettare l'ancora **II** tr. **1** ancorare [*ship, balloon*]; fissare, assicurare [*tent, roof etc.*] (**to** a) **2** AE RAD. TELEV. condurre.
anchorage /'æŋkərɪdʒ/ n. **1** MAR. *(place, action)* ancoraggio m.; FIG. punto m. fermo, d'appoggio **2** MAR. *(fee)* ancoraggio m.
Anchorage /'æŋkərɪdʒ/ ➧ *34* n.pr. Anchorage f.
anchoress /'æŋkərɪs/ n. = donna che vive da anacoreta.
anchoret /'æŋkəret/ n. → **anchorite**.
anchoretic /ˌæŋkə'retɪk/ agg. → **anchoritic**.
anchorite /'æŋkəraɪt/ n. anacoreta m.
anchoritic /ˌæŋkə'rɪtɪk/ agg. anacoretico.
anchorman /'æŋkəmən/ ➧ *27* n. (pl. **-men**) **1** RAD. TELEV. anchorman m., conduttore m.; *(in network, organization)* uomo m. chiave **2** SPORT *(in relay race)* ultimo frazionista m.
anchorperson /'æŋkəˌpɜ:sn/ ➧ *27* n. RAD. TELEV. conduttore m. (-trice).
anchor ring /'æŋkərɪŋ/ n. MAT. toro m.
anchor stock /'æŋkəˌstɒk/ n. ceppo m. dell'ancora.
anchorwoman /'æŋkəˌwʊmən/ ➧ *27* n. (pl. **-women**) RAD. TELEV. anchorwoman f., conduttrice f.
anchovy /'æntʃəvɪ, AE 'æntʃəʊvɪ/ **I** n. acciuga f. **II** modif. [*sauce*] alle acciughe; ***~ paste*** pasta d'acciughe.
anchylose → **ankylose**.
▶ **ancient** /'eɪnʃənt/ **I** agg. **1** antico; ***~ Greek*** LING. greco antico; ***~ Greece, Rome*** l'antica Grecia, Roma; ***~ history*** *(subject)* storia antica; ***that's ~ history!*** FIG. è roba vecchia; ***~ monument*** monumento antico; ***in ~ times*** nei tempi antichi; ***the ~ world*** il mondo antico **2** COLLOQ. [*person*] (molto) vecchio; [*car*] antiquato; ***I must be getting ~*** sto proprio diventando vecchio **II** n. ANT. vegliardo m.
ancientry /'eɪnʃəntrɪ/ n. antichità f.
ancillary /æn'sɪlərɪ, AE 'ænsələrɪ/ **I** agg. [*service, staff, task, industry*] ausiliario; [*equipment*] sussidiario; [*cost*] aggiuntivo; [*role, road*] secondario; ***to be ~ to*** *(complementary)* essere di ausilio a;

(subordinate) essere subordinato a **II** n. **1** *(office, department etc.)* servizio m. ausiliario **2** *(person)* ausiliario m. (-a).
ancipital /æn'sɪpɪtl/ agg. ancipite.
ancon /'æŋkɒn/ n. **1** ARCH. ancona f. **2** ANAT. ANT. gomito m.
ancress /'æŋkrɪs/ → **anchoress.**
▶ **and** /*forme deboli* ənd, ən, n, *forma forte* ænd/ When used as a straightforward conjunction, *and* is translated by *e*: *to shout and sing* = gridare e cantare; *Tom and Linda* = Tom e Linda; *my friend and colleague* = il mio amico e collega. - When *and* joins two or more nouns, definite articles, possessive adjectives or quantifiers are not repeated in English, but they are in Italian: *the books and exercise books* = i libri e i quaderni; *her father and mother* = suo padre e sua madre; *some apples and pears* = delle mele e delle pere. - *And* is sometimes used between two verbs in English to mean *in order to* (*wait and see, go and ask, try and rest* etc.); to translate these expressions, look under the appropriate verb entry (**wait**, **go**, **try** etc.). Note that the two verb forms involved are the same tense in English, whereas in Italian the second one is always in the infinitive: *I'll try and come as soon as possible* = cercherò di venire appena possibile. - For *and* used in telling the time and saying numbers, see the lexical notes **4-THE CLOCK** and **19-NUMBERS**. For more examples and other uses, see the entry below. cong. **1** *(joining words or clauses)* e; ***cups ~ plates*** tazze e piatti; ***summer ~ winter*** estate e inverno; ***there'll be singing ~ dancing*** si canterà e si ballerà; ***he picked up his papers ~ went out*** raccolse le sue carte e uscì; ***I think about you day ~ night*** ti penso giorno e notte **2** *(in numbers)* ***two hundred ~ sixty-two*** duecentosessantadue; ***three ~ three-quarters*** tre e tre quarti; ***five ~ twenty*** ANT. o LETT. venticinque **3** *(with repetition)* ***more ~ more interesting*** sempre più interessante; ***faster ~ faster*** sempre più veloce; ***it got worse ~ worse*** andò di male in peggio *o* sempre peggio; ***I waited ~ waited*** aspettai per moltissimo tempo; ***to talk on ~ on*** continuare a parlare; ***for days ~ days*** per giorni e giorni; ***we laughed ~ laughed!*** ridemmo a crepapelle! ***there are friends ~ friends*** ci sono amici e amici **4** *(for emphasis)* ***it's lovely ~ warm*** fa proprio un bel calduccio; ***come nice ~ early*** vieni presto; ***~ he didn't even say thank you*** e non disse nemmeno grazie **5** *(in phrases)* ***~ all that*** e tutto il resto; ***~ that*** BE COLLOQ. e cose così; ***~ so on*** e così via; ***~ how!*** COLLOQ. eccome! ***~?*** e poi? **6** *(with negative)* ***I haven't got pen ~ paper*** non ho né carta né penna; ***he doesn't like singing ~ dancing*** non gli piace cantare né ballare.
Andalucia, Andalusia /ˌændəluː'sɪə/ ➧ ***24*** n.pr. Andalusia f.
Andalucian, Andalusian /ˌændəluː'sɪən/ **I** agg. andaluso **II** n. andaluso m. (-a).
andalusite /ˌændə'luːsaɪt/ n. andalusite f.
andante /æn'dæntɪ/ **I** n. MUS. andante m. **II** modif. ***~ passage*** andante **III** avv. andante.
AND circuit /'ændˌsɜːkɪt/, **AND gate** /'ændˌgeɪt/ n. INFORM. circuito m. AND, porta f. AND.
Andean /æn'dɪən/ agg. andino; ***the ~ mountains*** la Cordigliera delle Ande.
Andes /'ændiːz/ n.pr.pl. ***the ~*** le Ande.
andiron /'ændaɪən/ n. alare m.
Andorra /æn'dɔːrə/ ➧ ***6*** n.pr. Andorra f.
Andorran /æn'dɔːrən/ ➧ ***18*** **I** agg. andorrano **II** n. andorrano m. (-a).
Andrew /'ændruː/ n.pr. Andrea.
androgen /'ændrədʒən/ n. androgeno m.
androgyne /'ændrəˌdʒaɪn, AE -ˌdʒɪn/ n. **1** BOT. *(flower)* fiore m. androgino; *(plant)* pianta f. androgina **2** *(person)* androgino m. (-a).
androgynous /æn'drɒdʒɪnəs/ agg. androgino.
androgyny /æn'drɒdʒɪnɪ/ n. androginia f.
android /'ændrɔɪd/ n. androide m. e f.
andrology /æn'drɒlədʒɪ/ n. andrologia f.
Andromache /æn'drɒməkɪ/ n.pr. Andromaca.
Andromeda /æn'drɒmɪdə/ n.pr. MITOL. ASTR. Andromeda; ***the ~ Galaxy*** la galassia di Andromeda.
Andronicus /æn'drɒnɪkəs/ n.pr. Andronico.
andropause /'ændrəˌpɔːz/ n. andropausa f.
androsterone /æn'drɒstərəʊn/ n. androsterone m.
Andy /'ændɪ/ n.pr. diminutivo di **Andrew**.
anecdotage /'ænekdəʊtɪdʒ/ n. aneddotica f.
anecdotal /ˌænɪk'dəʊtl/ agg. [*memoirs, account*] aneddotico; [*talk, lecture*] ricco di aneddoti; ***on the basis of ~ evidence...*** sulla base di voci non confermate...
anecdote /'ænɪkdəʊt/ n. aneddoto m.
anecdotic(al) /ˌænek'dɒtɪk(l)/ agg. aneddotico.
anecdotist /'ænɪkdəʊtɪst/ n. aneddotista m. e f.
anelastic /ˌænə'læstɪk/ agg. anelastico.
anelasticity /ˌænəlæs'tɪsətɪ/ n. anelasticità f.
anelectric /ˌænɪ'lektrɪk/ agg. anelettrico.
anemia AE → **anaemia.**
anemic AE → **anaemic.**
anemograph /ə'neməgrɑːf, AE -græf/ n. anemografo m.
anemography /ˌænɪ'mɒgrəfɪ/ n. anemografia f.
anemometer /ˌænɪ'mɒmɪtə(r)/ n. anemometro m.
anemometry /ˌænɪ'mɒmɪtrɪ/ n. anemometria f.
anemone /ə'nemənɪ/ n. BOT. anemone m.
anemophilous /ˌænə'mɒfɪləs/ agg. anemofilo.
anemophily /ˌænə'mɒfɪlɪ/ n. anemofilia f.
anemoscope /ə'neməskəʊp/ n. anemoscopio m.
anent /ə'nent/ prep. SCOZZ. ANT. circa, riguardo a.
aneroid /'ænərɔɪd/ agg. aneroide.
aneroid barometer /ˌænərɔɪdbə'rɒmɪtə(r)/ n. barometro m. aneroide.
anesthesia /ˌænɪs'θɪʒə/ AE → **anaesthesia.**
anesthesiologist AE → **anaesthesiologist.**
anesthesiology AE → **anaesthesiology.**
anesthetic AE → **anaesthetic.**
anesthetist AE → **anaesthetist.**
anesthetization AE → **anaesthetization.**
anesthetize AE → **anaesthetize.**
aneurin /'ænjʊrɪn/ n. aneurina f.
aneurism, aneurysm /'ænjʊrɪzəm, AE -nʊ-/ n. aneurisma m.
aneurismal, aneurysmal /ˌænjʊ'rɪzməl/ agg. aneurismatico.
anew /ə'njuː, AE ə'nuː/ avv. *(once more)* di nuovo, ancora; *(in a new way)* di nuovo, da capo; ***to begin ~*** ricominciare da capo.
anfractuous /æn'fræktjʊəs/ agg. anfrattuoso.
angary /'æŋgərɪ/ n. angheria f.
angel /'eɪndʒl/ n. **1** angelo m. (anche FIG.); ***the ~ of death*** l'angelo della morte; ***~ of mercy*** angelo di misericordia; ***be an ~ and answer the phone!*** da bravo, rispondi al telefono! **2** COMM. TEATR. COLLOQ. finanziatore m. (-trice) ◆ ***to be on the side of the ~s*** essere nel giusto; ***to rush in where ~s fear to tread*** buttarsi col coraggio dell'incoscienza.
Angela /'ændʒələ/ n.pr. Angela.
angel cake /'eɪndʒlˌkeɪk/ n. → **angel food cake.**
Angeleno /ˌændʒə'liːnəʊ/ n. AE nativo m. (-a), abitante m. e f. di Los Angeles.
angelfish /'eɪndʒlˌfɪʃ/ n. (pl. **~**, **~es**) pesce m. angelo.
angel food cake /'eɪndʒlfuːdˌkeɪk/ n. = torta di pan di Spagna.
angel-hair pasta /'eɪndʒlheəˌpæstə, AE -ˌpɑːstə/, **angel's hair** /'eɪndʒlzˌheə(r)/ n. AE capelli m.pl. d'angelo.
angelic /æn'dʒelɪk/ agg. angelico.
angelica /æn'dʒelɪkə/ n. angelica f.
Angelica /æn'dʒelɪkə/ n.pr. Angelica.
angelical /æn'dʒelɪkl/ agg. → **angelic.**
angelically /æn'dʒelɪklɪ/ avv. [*smile etc.*] angelicamente; [*beautiful*] come un angelo.
Angelino → **Angeleno.**
angel shark /'eɪndʒlˌʃɑːk/ n. squadro m., angelo m. di mare.
angels-on-horseback /'eɪndʒlzɒnˌhɔːsbæk/ n. BE = stuzzichino a base di ostriche.
angelus /'ændʒɪləs/ n. angelus m.
▷ **1.anger** /'æŋgə(r)/ n. collera f., rabbia f. (**at** per); ***to feel ~ towards sb.*** essere in collera con qcn.; ***in ~*** in collera; ***a fit of ~*** un accesso d'ira.
2.anger /'æŋgə(r)/ tr. [*decision, remark*] mandare in collera [*person*]; ***she was ~ed by his comment*** il suo commento l'ha fatta infuriare; ***to be easily ~ed*** andare facilmente in collera.
angered /'æŋgəd/ **I** p.pass. → **2.anger** **II** agg. furibondo, irato.
Angevin /'ændʒɪvɪn/ **I** agg. angioino **II** n. angioino m. (-a); ***the ~s*** gli Angioini.
angina /æn'dʒaɪnə/, **angina pectoris** /ænˌdʒaɪnə'pektərɪs/ ➧ ***11*** n. angina f. (pectoris).
angiocardiogram /ændʒɪəʊ'kɑːdɪəʊgræm/ n. angiocardiogramma m.
angiogram /'ændʒɪəʊgræm/ n. angiogramma m.
angiography /ˌændʒɪ'ɒgrəfɪ/ n. angiografia f.
angiologist /ˌændʒɪ'ɒlədʒɪst/ ➧ ***27*** n. angiologo m. (-a).
angiology /ˌændʒɪ'ɒlədʒɪ/ n. angiologia f.
angioma /ˌændʒɪ'əʊmə/ n. (pl. **~s**, **-ata**) angioma m.
angioplasty /'ændʒɪəʊˌplæstɪ/ n. angioplastica f.
angiosperms /'ændʒɪəˌspɜːmz/ n.pl. Angiosperme f.
Angl. ⇒ Anglican anglicano.
▶ **1.angle** /'æŋgl/ n. **1** MAT. angolo m.; ***at a 60° ~*** con un angolo di 60°; ***~ of attack, of descent, of refraction*** angolo di incidenza, di

inclinazione, di rifrazione; ***camera ~*** angolo di campo; ***to make, form an ~ with sth.*** fare angolo, formare un angolo con qcs.; ***to be at an ~ to sth.*** [*table*] essere ad angolo con [*wall*]; [*tower*] essere inclinato rispetto a [*ground*]; ***from every ~*** da ogni angolatura (anche FIG.); ***at an ~*** obliquo *o* inclinato *o* in diagonale **2** *(point of view)* punto m. di vista (**on** su); ***to look at, see sth. from sb.'s ~*** guardare, vedere qcs. dal punto di vista di qcn. **3** *(perspective, slant)* ***what ~ is the newspaper putting on this story?*** da quale angolazione il giornale presenta questa storia? ***seen from this ~*** sotto questo profilo **4** SPORT *(of shot, kick)* angolo m.

2.angle /'æŋgl/ tr. **1** *(tilt)* orientare [*light, camera, table*] (**towards** verso); piegare [*racket*]; ***to ~ sth. sideways, upwards, downwards*** inclinare qcs. di lato, verso l'alto, verso il basso **2** SPORT *(hit diagonally)* angolare [*ball, shot*] **3** FIG. *(slant)* presentare in modo parziale, tendenzioso [*programme*].

3.angle /'æŋgl/ n. **1** PESC. amo m. **2** AE COLLOQ. *(advantage)* vantaggio m.; ***he never does anything unless there's an ~*** non fa mai niente per niente *o* se non ha il suo tornaconto.

4.angle /'æŋgl/ intr. **1** PESC. pescare (con la lenza); ***to ~ for salmon*** pescare il salmone **2** COLLOQ. FIG. *(try to obtain)* ***to ~ for*** cercare di ottenere *o* andare a caccia di [*compliments, money, tickets, work*]; ***to ~ for sb.'s attention*** cercare di catturare l'attenzione di qcn.

Angle /'æŋgl/ n. anglo m.; ***the ~s*** gli Angli.

angle bracket /'æŋgl,brækɪt/ n. **1** TECN. supporto m. a L (per mensole) **2** TIP. parentesi f. uncinata.

angled /'æŋgld/ **I** p.pass. → **2.angle** **II** agg. **1** [*shot, volley*] angolato; [*serve*] a effetto **2** [*lamp, mirror*] d'angolo.

angle iron /'æŋgl,aɪən/ n. TECN. angolare m.

angle plate /'æŋgl,pleɪt/ n. TECN. piastra f. ad angolo.

Anglepoise® /'æŋglpɔɪz/ n. ~ ***(lamp)*** = lampada da tavolo a braccio snodato.

▷ **angler** /'æŋglə(r)/ n. pescatore m. (-trice) (con la lenza).

angler fish /'æŋglə(r),fɪʃ/ n. (pl. ~, **angler fishes**) rana f. pescatrice, lofio m.

Anglesey /'æŋglsɪ/ ➧ ***12*** n.pr. Anglesey f.

anglesite /'æŋglə,saɪt/ n. anglesite f.

angleworm /'æŋgl,wɜːm/ n. verme m. (da esca).

Anglian /'æŋglɪən/ **I** agg. anglico **II** n. **1** *(person)* anglo m. **2** *(language)* anglico m.

Anglican /'æŋglɪkən/ **I** agg. anglicano **II** n. anglicano m. (-a).

Anglicanism /'æŋglɪkənɪzəm/ n. anglicanesimo m.

anglicism /'æŋglɪsɪzəm/ n. anglicismo m., anglismo m.

Anglicist /'æŋglɪsɪst/ n. anglista m. e f.

anglicize /'æŋglɪsaɪz/ tr. anglicizzare; ***to become ~d*** anglicizzarsi.

angling /'æŋglɪŋ/ ➧ ***10*** **I** n. pesca f. (con la lenza) **II** modif. [*club, competition*] di pesca (con la lenza).

Anglo /'æŋgləʊ/ n. (pl. **~s**) AE (accorc. Anglo-Saxon) = cittadino americano di origine anglosassone.

Anglo-American /,æŋgləʊə'merɪkən/ ➧ ***18*** **I** agg. angloamericano **II** n. angloamericano m. (-a).

Anglo-Catholic /,æŋgləʊ'kæθəlɪk/ n. = persona aderente all'anglocattolicesimo.

Anglo-Catholicism /,æŋgləʊkə'θɒləsɪzəm/ n. anglocattolicesimo m.

Anglo-French /,æŋgləʊ'frentʃ/ ➧ ***18, 14*** **I** agg. **1** anglo-francese **2** LING. anglo-normanno **II** n. LING. anglo-normanno m.

Anglo-Indian /,æŋgləʊ'ɪndɪən/ ➧ ***18*** **I** agg. anglo-indiano **II** n. **1** = persona di origine britannica che vive in India **2** = persona di origine mista inglese e indiana.

Anglo-Irish /,æŋgləʊ'aɪərɪʃ/ ➧ ***18*** **I** agg. anglo-irlandese **II** n.pl. ***the ~*** gli anglo-irlandesi.

Anglo-Norman /,æŋgləʊ'nɔːmən/ ➧ ***18, 14*** **I** agg. anglo-normanno **II** n. **1** *(person)* anglo-normanno m. (-a) **2** *(language)* anglo-normanno m.

Anglophile /'æŋgləʊfaɪl/ **I** agg. anglofilo **II** n. anglofilo m. (-a).

Anglophobe /'æŋgləʊfəʊb/ n. anglofobo m. (-a).

Anglophobia /,æŋgləʊ'fəʊbɪə/ n. anglofobia f.

Anglophone /'æŋgləʊfəʊn/ **I** agg. anglofono **II** n. anglofono m. (-a).

Anglo-Saxon /,æŋgləʊ'sæksn/ ➧ ***18, 14*** **I** agg. **1** anglosassone **2** EUFEM. [*expletive*] volgare **II** n. **1** *(person)* anglosassone m. e f. **2** *(language)* anglosassone m.

Angola /æŋ'gəʊlə/ ➧ ***6*** n.pr. Angola m.

Angolan /æŋ'gəʊlən/ ➧ ***18*** **I** agg. angolano **II** n. angolano m. (-a).

angora /æŋ'gɔːrə/ **I** n. angora f. **II** modif. [*cat, rabbit, jumper, scarf*] d'angora.

angostura /,æŋgə'stjʊərə, AE -'stʊərə/ n. angostura f.

angostura bitters® /,æŋgəstjʊərə'bɪtəz/ n.pl. = amaro a base di angostura.

angrily /'æŋgrɪlɪ/ avv. [*react, speak*] con rabbia, irosamente.

▷ **angry** /'æŋgrɪ/ agg. **1** [*person*] arrabbiato, in collera, irato; [*animal*] inferocito; [*expression*] pieno di rabbia, infuriato; [*voice*] iroso, irritato; [*letter*] infuriato, indignato; [*reaction, words*] rabbioso; [*outburst, scene*] di rabbia, d'ira; ***to look ~*** sembrare arrabbiato, avere un'aria arrabbiata; ***to be ~ at*** o ***with sb.*** essere arrabbiato con qcn.; ***to be ~ at*** o ***about sth.*** essere arrabbiato per qcs.; ***she looked at him with ~ eyes*** lo guardò con sguardo furioso; ***I was ~ at having to wait*** ero arrabbiato per aver dovuto aspettare; ***to get*** o ***grow ~*** arrabbiarsi; ***to make sb. ~*** fare arrabbiare qcn. **2** LETT. FIG. [*cloud, sea, sky*] minaccioso **3** [*wound, rash*] infiammato.

angry-looking /'æŋgrɪ,lʊkɪŋ/ agg. **1** [*person*] dall'aria arrabbiata **2** [*sky*] dall'aspetto minaccioso **3** [*wound*] (dall'aspetto) infiammato.

Angry Young Man /,æŋgrɪjʌŋ'mən/ n. BE LETTER. = scrittore aderente alla corrente letteraria dei giovani arrabbiati; ***the Angry Young Men*** i Giovani Arrabbiati.

angstrom /'æŋstrəm/ n. angstrom m.

anguine /'æŋgwɪn/ agg. anguineo, serpentino.

anguish /'æŋgwɪʃ/ n. **1** *(mental)* angoscia f. (**about, over** per); ***to be in ~*** essere angosciato **2** *(physical)* tormento m., dolore m.; ***to cry out in ~*** gridare dal dolore.

anguished /'æŋgwɪʃt/ agg. **1** *(mentally)* angosciato **2** ***an ~ cry*** un grido angoscioso, d'angoscia.

angular /'æŋgjʊlə(r)/ agg. **1** *(bony)* [*face, features, jaw, shape*] angoloso; [*person*] ossuto **2** *(having many angles)* [*rock*] spigoloso; [*building*] pieno di spigoli **3** FIS. angolare.

angularity /,æŋgjʊ'lærətɪ/ n. **1** *(quality)* angolarità f. **2** *(form, shape)* angolosità f., spigolosità f.

angulate /'æŋgjʊleɪt/ agg. angolato.

angulation /'æŋgjʊleɪʃn/ n. angolazione f.

Angus /'æŋgəs/ n.pr. Angus (nome di uomo).

anharmonic /,ænhɔː'mɒnɪk/ agg. anarmonico.

anhydride /æn'haɪdraɪd/ n. anidride f.

anhydrite /æn'haɪdraɪt/ n. anidrite f.

anhydrous /æn'haɪdrəs/ agg. anidro.

ani /'eɪnɪ, -naɪ/ → **anus**.

anil /'ænɪl/ n. **1** BOT. anile m. **2** *(colour, dye)* indaco m.

anile /'eɪnaɪl/ agg. [*woman*] senile.

aniline /'ænɪliːn, AE 'ænəlaɪn/ **I** n. anilina f. **II** modif. [*dye*] all'anilina; [*oil*] di anilina.

anility /æ'nɪlətɪ/ n. *(of woman)* senilità f.

anima /'ænɪmə/ n. PSIC. anima f.

animadversion /,ænɪmæd'vɜːʃn, AE -ʒn/ n. FORM. (aspra) critica f., biasimo m.

animadvert /,ænɪmæd'vɜːt/ intr. FORM. ***to ~ on sth.*** criticare qcs. (aspramente), biasimare qcs.

▶ **animal** /'ænɪml/ **I** n. **1** *(creature, genus)* animale m.; ***domestic, farm ~*** animale domestico, da allevamento; ***~, vegetable and mineral*** animali, vegetali e minerali **2** *(brutish person)* animale m., bestia f.; ***to behave like ~s*** [*people*] comportarsi come animali; ***to bring out the ~ in sb.*** risvegliare la bestia *o* l'animale che è in qcn. **3** FIG. *(entity)* ***man is a political ~*** l'uomo è un animale politico; ***there's no such ~*** non esiste niente di simile; ***the new company is a very different ~*** la nuova compagnia è di un genere molto diverso **II** modif. **1** *(of animals)* [*welfare*] degli animali; [*feed*] per animali; [*behaviour, fat*] animale **2** *(basic)* [*nature, instinct, pleasure, desires*] animale, animalesco; SPREG. bestiale; [*needs*] primario.

animal activism /'ænɪml,æktɪvɪzəm/ n. animalismo m.

animal activist /'ænɪml,æktɪvɪst/ n. animalista m. e f.

animal courage /'ænɪml,kʌrɪdʒ/ n. coraggio m. istintivo.

animal cracker /'ænɪml,krækə(r)/ n. AE = galletta a forma di animale.

animal experiment /,ænɪmlɪk'sperɪmənt/ n. esperimento m. su animali.

animal (high) spirits /'ænɪml(,haɪ),spɪrɪts/ n.pl. esuberanza f.sing.

animal husbandry /,ænɪml'hʌzbəndrɪ/ n. allevamento m. degli animali.

animalism /'ænɪməlɪzəm/ n. **1** *(of animal)* animalità f. **2** *(of person)* sensualità f.

animality /,ænɪ'mælətɪ/ n. animalità f.

animalization /,ænɪməlaɪ'zeɪʃn, AE -lɪ'z-/ n. abbrutimento m.

animalize /'ænɪməlaɪz/ tr. abbrutire.

animal kingdom /'ænɪml,kɪŋdəm/ n. regno m. animale.

animal liberation front /,ænɪml,lɪbə'reɪʃn,frʌnt/ n. = movimento ecoterrorista animalista.

animal lover /'ænɪml,lʌvə(r)/ n. amico m. (-a) degli animali.

animal product /ˈænɪml̩ˌprɒdʌkt/ n. prodotto m. di origine animale.
animal rights /ˈænɪml̩ˌraɪts/ n.pl. diritti m. degli animali.
animal sanctuary /ˌænɪmlˈsæŋktʃʊərɪ, AE -tʃʊerɪ/ n. area f. protetta, riserva f. (per animali).
animal testing /ˈænɪml̩ˌtestɪŋ/ n. test m.pl. sugli animali.
1.animate /ˈænɪmət/ agg. **1** [*person*] vivente **2** [*object*] animato.
2.animate /ˈænɪmeɪt/ tr. animare [*person, cartoon*] (anche FIG.).
animated /ˈænɪmeɪtɪd/ **I** p.pass. → **2.animate** **II** agg. **1** animato; ***an ~ film*** un film di animazione **2** FIG. ***~ by the thrill of the chase*** eccitato dall'inseguimento.
animatedly /ˈænɪmeɪtɪdlɪ/ avv. animatamente.
▷ **animation** /ˌænɪˈmeɪʃn/ n. animazione f.
animator /ˈænɪmeɪtə(r)/ ♦ ***27*** n. CINEM. animatore m. (-trice).
animism /ˈænɪmɪzəm/ n. animismo m.
animist /ˈænɪmɪst/ **I** agg. animista, animistico **II** n. animista m. e f.
animosity /ˌænɪˈmɒsətɪ/ n. animosità f.; ostilità f. (**between** tra; **towards** verso).
animus /ˈænɪməs/ n. **1** FORM. *(dislike)* animosità f.; malanimo m. (**between** tra; **towards** verso) **2** PSIC. animus m.
anion /ˈænaɪən/ n. anione m.
anise /ˈænɪs/ n. BOT. anice m.
aniseed /ˈænɪsiːd/ **I** n. *(flavour, seed)* anice m. **II** modif. [*biscuit, drink, sweet*] all'anice; ***~ ball*** bonbon all'anice.
anisette /ænɪˈzɛt/ n. anisetta f.
Ankara /ˈæŋkərə/ ♦ ***34*** n.pr. Ankara f.
▷ **ankle** /ˈæŋkl/ ♦ ***2*** n. caviglia f.; ***to break, sprain, twist one's ~*** rompersi, slogarsi, storcersi una caviglia.
anklebone /ˈæŋklbəʊn/ n. astragalo m.
ankle bracelet /ˈæŋkl̩ˌbreɪslɪt/, **ankle chain** /ˈæŋkl̩ˌtʃeɪn/ n. *(jewellery)* cavigliera f.
ankle-deep /ˈæŋkldiːp/ agg. ***the snow was ~*** la neve arrivava alle caviglie; ***to be ~ in sth.*** affondare in qcs. fino alle caviglie.
ankle-length /ˈæŋklleŋθ/ agg. ***an ~ dress*** un vestito (lungo fino) alla caviglia.
ankle sock /ˈæŋklsɒk/ n. calzino m.
anklet /ˈæŋklɪt/ n. **1** *(jewellery)* cavigliera f. **2** AE *(sock)* calzino m.
ankylose /ˈæŋkɪləʊz/ **I** tr. anchilosare **II** intr. anchilosarsi.
ankylosis /ˌæŋkɪˈləʊsɪs/ ♦ ***11*** n. (pl. **-es**) anchilosi f.
Ann /æn/ n.pr. Anna; ***~ Boleyn*** Anna Bolena.
Annabel, Annabelle /ˈænəbel/ n.pr. Annabella.
annalist /ˈænəlɪst/ n. annalista m. e f.
annalistic /ˈænəlɪstɪk/ agg. annalistico.
annals /ˈænlz/ n.pl. annali m.; ***to go down in the ~ (of history)*** entrare negli annali (della storia).
annates /ˈæneɪts/ n.pl. DIR. ANT. annualità f.
Anne /æn/ n.pr. Anna.
anneal /əˈniːl/ tr. TECN. ricuocere, ritemprare.
annealed glass /əˈniːldglɑːs, AE -glæs/ n. vetro m. temprato.
annealing /əˈniːlɪŋ/ n. TECN. ricottura f.
annelid /ˈænəlɪd/ n. Anellide m.
Annette /əˈnet/ n.pr. diminutivo di **Ann** e **Anne**.
1.annex /ˈæneks/ n. (anche **annexe** BE) **1** *(building)* annesso m., dipendenza f. (**to** di) **2** *(text)* appendice f.; *(document)* allegato m.
2.annex /əˈneks/ tr. annettere [*land, country, building, document*] (**to** a).
annexable /əˈneksəbl/ agg. che si può annettere (**to** a).
annexation /ˌænɪkˈseɪʃn/ n. **1** *(action)* annessione f. (**of** di) **2** *(land annexed)* territorio m. annesso.
annexe → **1.annex**.
Annie /ˌænɪ/ n.pr. diminutivo di **Ann** e **Anne**.
Annie Oakley /ˌænɪˈəʊklɪ/ n. AE COLLOQ. biglietto m. gratuito.
annihilate /əˈnaɪəleɪt/ tr. annientare.
annihilation /əˌnaɪəˈleɪʃn/ n. annientamento m.
annihilator /əˈnaɪəleɪtə(r)/ n. annientatore m. (-trice), distruttore m. (-trice).
▷ **anniversary** /ˌænɪˈvɜːsərɪ/ **I** n. anniversario m. (**of** di); ***wedding ~*** anniversario di matrimonio; ***fifth ~*** quinto anniversario **II** modif. *(of historical event)* [*celebration, dinner, festival, reunion*] commemorativo; ***our ~ dinner*** *(of wedding)* il nostro pranzo di anniversario.
anno Domini, Anno Domini /ˌænəʊˈdɒmɪnaɪ/ avv. dopo Cristo.
annotate /ˈænəteɪt/ tr. annotare, commentare.
annotated edition /ˈænəteɪtɪdɪˈdɪʃn/ n. edizione f. commentata.
annotation /ˌænəˈteɪʃn/ n. **1** *(note)* *(printed in book)* nota f.; *(added by reader)* annotazione f. **2** DIR. postilla f., annotazione f. esplicativa **3** *(action)* (l')annotare.
annotator /ˌænəˈtetə(r)/ n. annotatore m. (-trice).
▶ **announce** /əˈnaʊns/ **I** tr. annunciare (**that** che); ***we are pleased to ~*** siamo lieti di annunciare **II** intr. AE annunciare la propria candidatura; ***to ~ for*** annunciare la propria candidatura a [*political office*]; dichiararsi a favore di [*candidate*].
announcement /əˈnaʊnsmənt/ n. **1** *(spoken)* annuncio m. (**of** di); ***to make the ~ that*** annunciare che; ***official, public ~*** dichiarazione ufficiale, pubblica **2** *(written)* annuncio m., avviso m.; *(of birth, death)* annuncio m.
announcer /əˈnaʊnsə(r)/ ♦ ***27*** n. annunciatore m. (-trice); ***radio ~*** annunciatore radiofonico.
▷ **annoy** /əˈnɔɪ/ tr. **1** [*person*] *(by general behaviour)* irritare, far arrabbiare; *(by opposing wishes, plans)* contrariare **2** [*person*] disturbare, seccare; [*discomfort, noise, disturbance*] infastidire; ***what really ~s me is that I was not informed*** quello che mi dà veramente fastidio è che non sono stato informato; ***officer, this man's ~ing me*** agente, quest'uomo mi importuna.
▷ **annoyance** /əˈnɔɪəns/ n. **1** *(crossness)* irritazione f. (**at** per); contrarietà f. (**at** per); ***a look of ~*** uno sguardo seccato; ***much to her ~*** con suo grande disappunto **2** *(nuisance)* fastidio m.
▷ **annoyed** /əˈnɔɪd/ **I** p.pass. → **annoy** **II** agg. irritato, contrariato (**by** per); *(stronger)* arrabbiato (**by** per); ***to be ~ with sb.*** essere arrabbiato con qcn.; ***to get ~ with sb.*** arrabbiarsi con qcn.; ***she was ~ with him for being late*** era irritata con lui perché era arrivato in ritardo; ***you're not ~ with me, are you?*** non ce l'hai con me, vero? ***he was ~ (that) I hadn't replied*** era contrariato perché non avevo risposto.
annoyer /əˈnɔɪə(r)/ n. seccatore m. (-trice).
▷ **annoying** /əˈnɔɪɪŋ/ agg. irritante; ***the ~ thing is that...*** la cosa fastidiosa è che...; ***how ~!*** che seccatura!
annoyingly /əˈnɔɪɪŋlɪ/ avv. ***the engine is ~ noisy*** il motore è fastidiosamente rumoroso; ***~, the train was late*** il treno era in ritardo, cosa piuttosto seccante.
▶ **annual** /ˈænjʊəl/ **I** agg. annuale **II** n. **1** *(book)* pubblicazione f. annuale, annuario m. **2** *(plant)* pianta f. annua.
Annual General Meeting /ˌænjʊəl̩ˌdʒenrlˈmiːtɪŋ/ n. = assemblea annuale dei soci, degli azionisti.
annualize /ˈænjʊəlaɪz/ tr. annualizzare.
annualized percentage rate /ˌænjʊəlaɪzdpəˈsentɪdʒ̩ˌreɪt/ n. tasso m. d'interesse annuale.
▷ **annually** /ˈænjʊəlɪ/ avv. [*earn, produce, award*] annualmente.
annual percentage rate /ˌænjʊəlpəˈsentɪdʒ̩ˌreɪt/ n. → **annualized percentage rate**.
annuation /ˌænjʊˈeɪʃn/ n. BIOL. variazione f. annuale.
annuitant /əˈnjuːɪtənt/ n. beneficiario m. (-a) di rendita.
annuity /əˈnjuːətɪ, AE -ˈnuː-/ n. rendita f.; ***life(time) ~*** vitalizio, rendita vitalizia; ***deferred ~*** rendita differita; ***pension ~*** rendita vitalizia differita.
annuity bond /əˈnjuːətɪbɒnd, AE -ˈnuː-/ n. certificato m., cartella f. di rendita.
annul /əˈnʌl/ tr. (forma in -ing ecc. **-ll-**) annullare [*marriage, treaty, vote*]; abrogare [*law*].
annular /ˈænjʊlə(r)/ agg. [*eclipse, ligament*] anulare.
annulate(d) /ˈænjʊleɪt(ɪd)/ agg. composto di anelli; inanellato.
annuli /ˈænjʊlɪ/ → **annulus**.
annullable /əˈnʌləbl/ agg. annullabile, abrogabile.
annulment /əˈnʌlmənt/ n. *(of marriage)* annullamento m.; *(of legislation)* abrogazione f.
annulus /ˈænjʊləs/ n. (pl. **~es**, **-i**) **1** ANAT. BOT. anello m. **2** MAT. corona f. circolare.
annunciate /əˈnʌnʃɪeɪt/ tr. ANT. annunciare.
annunciation /əˌnʌnsɪˈeɪʃn/ n. ANT. annuncio m.
Annunciation /əˌnʌnsɪˈeɪʃn/ n. Annunciazione f.
annunciator /əˈnʌnʃɪeɪtə(r)/ n. **1** TECN. avvisatore m. **2** RAR. annunciatore m. (-trice).
anode /ˈænəʊd/ n. anodo m.
anodic /əˈnəʊdɪk/ agg. anodico.
anodize /ˈænədaɪz/ tr. anodizzare.
anodized aluminium /ˈænədaɪzd̩ˌæljʊˌmɪnɪəm/ n. alluminio m. anodizzato.
anodizing /ˈænəˌdaɪzɪŋ/ **I** agg. anodizzante **II** n. anodizzazione f.
anodyne /ˈænədaɪn/ **I** n. **1** *(painkiller)* analgesico m., anodino m. **2** FIG. *(soothing thing)* conforto m., sollievo m. **II** agg. **1** *(inoffensive)* inoffensivo; SPREG. *(bland)* anodino **2** *(analgesic)* anodino.
anoint /əˈnɔɪnt/ tr. **1** ungere; ***to ~ with oil*** ungere (di olio) **2** *(appoint to high office)* consacrare; ***to be sb.'s ~ed heir*** FIG. essere il prediletto di qcn.
anointing /əˈnɔɪntɪŋ/ n. **1** unzione f.; ***the ~ of the sick*** RELIG. l'unzione degli infermi **2** *(consecration)* consacrazione f.

anointment /ə'nɔɪntmənt/ n. **1** unzione f. **2** *(consecration)* consacrazione f.
anole /'ænəʊl/ n. anolide m.
anomalistic /ə,nɒmə'lɪstɪk/ agg. anomalistico.
anomalous /ə'nɒmələs/ agg. anomalo.
▷ **anomaly** /ə'nɒməlɪ/ n. anomalia f. (**in** in).
anomie, anomy /'ænəmɪ/ n. anomia f.
anon /ə'nɒn/ avv. RAR. o SCHERZ. ***see you ~*** a presto; ***more of that ~*** *(written)* continua; *(spoken)* il seguito fra poco.
anon. /ə'nɒn/ ⇒ anonymous anonimo.
anonym /'ænənɪm/ n. **1** anonimo m. (-a) **2** RAR. *(pseudonym)* pseudonimo m.
anonymity /,ænə'nɪmətɪ/ n. anonimato m.; ***to preserve one's ~*** mantenere l'anonimato; ***to preserve sb.'s ~*** proteggere l'anonimato di qcn.
▷ **anonymous** /ə'nɒnɪməs/ agg. anonimo; ***to wish to remain ~*** voler mantenere l'anonimato.
anonymously /ə'nɒnɪməslɪ/ avv. [*buy, complain, give, write, give information, make donation*] in forma anonima; ***it was bought ~*** è stato acquistato da un compratore anonimo; ***to write ~ to*** scrivere una lettera anonima a.
anopheles /ə'nɒfɪli:z/ n. anofele m.
anorak /'ænəræk/ n. **1** giacca f. a vento (con cappuccio), eskimo m. **2** BE COLLOQ. *(boring person)* sfigato m. (-a), palla f.
anorexia /,ænə'reksɪə/ ◗ ***11*** n. anoressia f.
anorexic /,ænə'reksɪk/ **I** agg. anoressico **II** n. anoressico m. (-a).
anosmia /æ'nɒsmɪə/ ◗ ***11*** n. anosmia f.
▶ **another** /ə'nʌðə(r)/ As it is composed of *an* and *other*, *another* can only precede or stand for countable names in the singular (if plural or uncountable names occur, *other* is used instead). - When *another* is used as a determiner it is translated by *un altro* or *un'altra* according to the gender of the noun that follows: *another ticket* = un altro biglietto; *another cup* = un'altra tazza. However, when *another* means an additional, *ancora* can also be used: *another cup of tea?* = un'altra tazza di tè or ancora una tazza di tè? *another week and it will be Christmas!* = ancora una settimana e sarà Natale! For more examples and particular usages, see **I** below. - When *another* is used as a pronoun it is translated by *un altro* or *un'altra* according to the gender of the noun it refers to: *that cake was delicious, can I have another?* = quel pasticcino era squisito, posso prenderne un altro? *I see you like those peaches - have another* = vedo che quelle pesche ti piacciono - prendine un'altra. For more examples and particular usages, see **II** below. **I** determ. **1** *(an additional)* un altro, ancora uno; ***would you like ~ drink?*** vorresti qualcos'altro da bere? ***they want to have ~ child*** vogliono avere un altro figlio; ***we have received yet ~ letter*** abbiamo ricevuto ancora un'altra lettera; ***that will cost you ~ £ 5*** questo vi costerà cinque sterline in più; ***they stayed ~ three hours*** si sono fermati ancora tre ore; ***without ~ word*** senza dire altro; ***in ~ five weeks*** fra altre cinque settimane; ***it was ~ ten years before they met again*** passarono altri dieci anni prima che si incontrassero di nuovo; ***and ~ thing,...*** e un'altra cosa,...; ***not ~ programme about seals!*** basta programmi sulle foche! **2** *(a different)* un altro; ***~ time*** un'altra volta; ***he has ~ job, ~ girlfriend now*** adesso fa un altro lavoro, ha un'altra ragazza; ***can I have ~ one?*** posso averne un altro? ***there's ~ way of doing it*** c'è un altro modo di farlo; ***to put it ~ way...*** per dirla in altri termini...; ***that's quite ~ matter*** è tutt'altra faccenda **3** *(new)* ***~ Garbo*** una nuova, una seconda Garbo; ***~ Vietnam*** un nuovo, un altro Vietnam **II** pron. un altro, un'altra; ***can I have ~?*** posso averne un altro? ***he loved ~*** amava un'altra; ***~ of the witnesses said that*** un altro dei testimoni ha detto che; ***one after ~*** (l')uno dopo l'altro; ***she tried on one hat after ~*** si provò un cappello dopo l'altro; ***of one kind or ~*** di qualche tipo; ***for one reason or ~*** per una ragione o per l'altra; ***in one way or ~*** in un modo o nell'altro; ***ignorance is one thing, vulgarity is quite ~*** l'ignoranza è una cosa, la volgarità è ben altro; ***imagining things is one thing, creating them is quite ~*** un conto è ideare le cose, un conto è realizzarle.
A. N. Other /,eɪen'ʌðə(r)/ n. BE **1** tal m. e f. dei tali **2** *(in a list)* = nominativo da stabilire.
anoxia /ə'nɒksɪə/ n. anossia f.
anoxic /ə'nɒksɪk/ agg. anossico.
Ansaphone® /'ɔ:nsə,fəʊn/ n. → **answerphone**.
Anselm /'ænselm/ n.pr. Anselmo.
anserine /'ænsəraɪn/ agg. **1** anserino **2** FIG. sciocco, stupido.
ANSI n. AE (⇒ American National Standards Institute) = istituto nazionale americano per la standardizzazione del lavoro (in differenti settori industriali), corrispondente all'ISO.
▶ **1.answer** /'ɑ:nsə(r), AE 'ænsər/ n. **1** *(reply)* risposta f. (**to** a); ***to get, give an ~*** avere, dare una risposta; ***an ~ in writing*** una risposta scritta *o* per iscritto; ***there's no ~*** non risponde nessuno; ***in ~ to sth.*** in risposta a qcs.; ***she has all the ~s*** sa tutto; SPREG. crede di sapere tutto; ***she has an ~ for everything*** ha sempre la risposta pronta; ***her only ~ was to laugh*** per tutta risposta si mise a ridere; ***I won't take no for an ~!*** non accetto rifiuti! ***there's no ~ to that!*** che si può mai rispondere? ***Italy's ~ to Marilyn Monroe*** SCHERZ. la risposta italiana a Marilyn Monroe **2** *(solution) (to difficulty, puzzle)* soluzione f. (**to** di); SCOL. UNIV. risposta f. (**to** a); ***the right, wrong ~*** la risposta giusta, sbagliata; ***there is no easy ~ (to the problem)*** non è (un problema) di facile soluzione; ***it's the ~ to all our problems*** è la soluzione *o* la risposta a tutti i nostri problemi; ***he doesn't pretend to know all the ~s*** non pretende di avere una soluzione a tutto **3** *(to criticism)* replica f. (**to** a); ***~ to a charge*** DIR. replica a un'accusa.
▶ **2.answer** /'ɑ:nsə(r), AE 'ænsər/ **I** tr. **1** *(reply to)* rispondere a [*question, invitation, letter, person*]; ***to ~ that*** rispondere che; ***to ~ the door*** andare ad aprire (la porta); ***to ~ the telephone*** rispondere al telefono; ***to ~ the call*** rispondere all'appello (anche FIG.); ***she ~ed him with a smile*** gli rispose con un sorriso; ***to ~ violence with violence*** rispondere alla violenza con la violenza; ***our prayers have been ~ed*** le nostre preghiere sono state esaudite **2** DIR. *(respond)* rispondere, replicare a [*criticism, accusation, allegation*]; ***to ~ a charge*** replicare a un'accusa; ***he was in court to ~ charges of theft*** era in tribunale per rispondere ad accuse di furto; ***there was no case to ~*** non c'erano accuse fondate **3** *(meet)* rispondere a [*need, demand*]; ***we saw nobody ~ing that description*** non abbiamo visto nessuno che rispondesse a quella descrizione **4** MAR. ***to ~ the helm*** rispondere al timone **II** intr. **1** *(respond)* rispondere; ***it's not ~ing*** BE TEL. non risponde; ***to ~ to the name of Fiona*** rispondere al nome di Fiona **2** *(correspond)* ***to ~ to*** rispondere, corrispondere a [*description*] **3** *(account)* ***to ~ for sb.*** rispondere per qcn.; ***to ~ to sb.*** rendere conto a qcn.; ***he ~s to management for any decisions he takes*** deve rendere conto alla direzione di tutte le decisioni che prende; ***...or you'll have me to ~ to!...*** o dovrai fare i conti con me!
■ **answer back:** ~ ***back*** ribattere; ~ ***[sb.] back*** BE ribattere, rispondere male (a qcn.); ***don't dare ~ (me) back!*** non osare rispondermi!
■ **answer for:** ~ ***for [sth.]*** *(account for)* rispondere di [*action, behaviour*]; ***they have a lot to ~ for!*** devono rispondere di molte cose! ***to ~ for sb.'s honesty*** rispondere dell'onestà di qcn.
answerable /'ɑ:nsərəbl, AE 'æns-/ agg. **1** *(accountable)* ***to be ~ to sb.*** dover rispondere a qcn.; ***they are ~ to no-one*** non devono rendere conto a nessuno; ***to be ~ for*** essere responsabile di [*decision, actions*] **2** [*question*] a cui si può rispondere.
answerer /'ɑ:nsrə(r)/ n. **1** = chi risponde **2** TEL. risponditore.
answering /'ɑ:nsərɪŋ/ agg. **1** [*cry*] di risposta **2** ***~ to sb.'s description*** [*person*] corrispondente alla descrizione di *o* fatta da qcn.
answering machine /'ɑ:nsərɪŋmə,ʃi:n/ n. segreteria f. telefonica.
answering service /'ɑ:nsərɪŋ,sɜ:vɪs/ n. servizio m. di segreteria telefonica.
answerphone /'ɑ:nsəfəʊn, AE 'æns-/ n. segreteria f. telefonica.
▷ **ant** /ænt/ n. formica f.; ***flying ~*** formica alata ◆ ***to have ~s in one's pants*** COLLOQ. avere il ballo di san Vito *o* non riuscire a stare fermo (per l'agitazione, per l'impazienza).
an't /ɑ:nt/ COLLOQ. contr. am not, is not, are not, has not, have not.
antacid /ænt'æsɪd/ **I** agg. antiacido **II** n. antiacido m.
antagonism /æn'tægənɪzəm/ n. antagonismo m. (**between** tra); ***mutual, class ~*** rivalità reciproca, di classe; ***~ to*** o ***towards sb., sth.*** ostilità nei confronti di qcn., qcs.
antagonist /æn'tægənɪst/ n. antagonista m. e f.
antagonistic /æn,tægə'nɪstɪk/ agg. **1** *(hostile)* [*person, attitude*] ostile (**to, towards** verso, nei confronti di) **2** *(mutually opposed)* [*theories, forces*] antagonistico.
antagonistically /æn,tægə'nɪstɪklɪ/ avv. [*act, glare, say*] con ostilità.
antagonize /æn'tægənaɪz/ tr. *(annoy)* inimicarsi (**by doing** facendo; **with** con).
antalgic /æn'tældʒɪk/ **I** agg. antalgico **II** n. antalgico m.
antalkaline /æn'tælkə,laɪn/ **I** agg. antialcalino **II** n. antialcalino m.
Antarctic /æn'tɑ:ktɪk/ **I** agg. (anche **antarctic**) antartico **II** n.pr. ***the ~*** l'Antartico.
Antarctica /æn'tɑ:ktɪkə/ n.pr. Antartide m.
Antarctic Circle /æn,tɑ:ktɪk'sɜ:kl/ n. Circolo m. Polare Antartico.
Antarctic Ocean /æn,tɑ:ktɪk'əʊʃn/ ◗ ***20*** n. oceano m. Antartico.
ant bear /'ænt,beə(r)/ n. **1** formichiere m. africano **2** formichiere m. gigante, orso m. formichiere.

1.ante /'æntɪ/ n. *(in gambling game)* posta f.; ***to up the ~*** alzare la posta (anche FIG.).
2.ante /'æntɪ/ tr. *(in poker)* ***to ~ one chip*** mettere una fiche di invito.
▪ **ante up** AE COLLOQ. pagare.
anteater /'ænti:tə(r)/ n. formichiere m.
antebellum /ˌæntɪ'beləm/ agg. **1** AE ***the ~ South*** gli stati del sud prima della guerra civile **2** ***~ Europe*** l'Europa dell'anteguerra.
antecedence /ˌæntɪ'si:dəns/ n. antecedenza f., precedenza f.
antecedent /ˌæntɪ'si:dnt/ **I** agg. antecedente (**to** a) **II** n. **1** *(precedent)* LING. MAT. FILOS. antecedente m. **2** *(ancestor)* antenato m.
antechamber /'æntɪtʃeɪmbə(r)/ n. → **anteroom.**
antedate /ˌæntɪ'deɪt/ tr. **1** *(put earlier date on)* antidatare [*cheque, letter*] **2** *(predate)* anticipare (**by** di).
antediluvian /ˌæntɪdɪ'lu:vɪən/ agg. antidiluviano.
antefix /'æntɪˌfɪks/ n. (pl. **~es, ~a**) antefissa f.
antelope /'æntɪləʊp/ n. antilope f.
antemeridian /ˌæntɪmə'rɪdɪən/ agg. antimeridiano.
antenatal /ˌæntɪ'neɪtl/ **I** agg. BE prenatale **II** n. BE controllo m. prenatale.
antenatal class /ˌæntɪ'neɪtlˌklɑ:s, AE -ˌklæs/ n. BE corso m. di preparazione al parto.
antenatal clinic /ˌæntɪ'neɪtlˌklɪnɪk/ n. BE = centro di consulenza per le gestanti.
▷ **antenna** /æn'tenə/ n. (pl. **~s, -ae**) antenna f.
antenuptial /ˌæntɪ'nʌpʃl/ agg. antenuziale.
antepenultimate /ˌæntɪpɪ'nʌltɪmət/ agg. terzultimo.
ante-post /ˌæntɪ'pəʊst/ agg. BE EQUIT. [*favourite*] prima del giorno della gara.
ante-post bet /ˌæntɪ'pəʊstˌbet/ n. BE EQUIT. scommessa fatta prima del giorno della gara.
anteprandial /ˌæntɪ'prændɪəl/ agg. RAR. anteprandiale.
▷ **anterior** /æn'tɪərɪə(r)/ agg. anteriore.
anteriority /ænˌtɪərɪ'ɒrətɪ/ n. anteriorità f.
anteroom /'æntɪru:m, -rʊm/ n. anticamera f.
ante-war /'æntɪˌwɔ:(r)/ agg. anteguerra.
Anthea /'ænθɪə/ n.pr. Antea.
antheap /'ænthi:p/ n. → **anthill.**
▷ **anthem** /'ænθəm/ n. **1** *(theme tune)* inno m.; ***national ~*** inno nazionale **2** RELIG. coro m.; *(motet)* mottetto m.; *(antiphon)* antifona f.
anther /'ænθə(r)/ n. antera f.
anthesis /'ænθi:sɪs/ n. (pl. **-es**) antesi f.
anthill /'ænthɪl/ n. formicaio m.
anthologist /æn'θɒlədʒɪst/ n. antologista m. e f.
anthologize /æn'θɒlədʒaɪz/ tr. antologizzare.
anthology /æn'θɒlədʒɪ/ n. antologia f.
Anthony /'æntənɪ/ n.pr. Antonio.
anthozoan /ˌænθə'zəʊən/ n. antozoo m.
anthracene /'ænθrəsi:n/ n. antracene m.
anthraces /'ænθrəsi:z/ → **anthrax**.
anthracite /'ænθrəsaɪt/ n. antracite f.
anthracitic /ˌænθrə'sɪtɪk/ agg. antracitico.
anthracosis /ˌænθrə'kəʊsɪs/ ➧ ***11*** n. antracosi f.
anthrax /'ænθræks/ ➧ ***11*** n. (pl. **-ces**) antrace m.
anthropic /æn'θrɒpɪk/ agg. antropico.
anthropocentric /ˌænθrəpə'sentrɪk/ agg. antropocentrico.
anthropocentrism /ˌænθrəpə'sentrɪzəm/ n. antropocentrismo m.
anthropoid /'ænθrəpɔɪd/ **I** agg. antropoide **II** n. antropoide m.
anthropoid ape /'ænθrəpɔɪdˌeɪp/ n. scimmia f. antropoide.
anthropological /ˌænθrəpə'lɒdʒɪkl/ agg. antropologico.
anthropologist /ˌænθrə'pɒlədʒɪst/ ➧ ***27*** n. antropologo m. (-a).
anthropology /ˌænθrə'pɒlədʒɪ/ n. antropologia f.
anthropometry /ˌænθrə'pɒmɪtrɪ/ n. antropometria f.
anthropomorph /'ænθrəpəˌmɔ:f/ n. antropomorfo m.
anthropomorphic /ˌænθrəpə'mɔ:fɪk/ agg. antropomorfico.
anthropomorphism /ˌænθrəpə'mɔ:fɪzəm/ n. antropomorfismo m.
anthropomorphist /ˌænθrəpə'mɔ:fɪst/ n. antropomorfita m. e f.
anthropomorphize /ˌænθrəpə'mɔ:faɪz/ tr. antropomorfizzare [*animal, deity*].
anthropomorphous /ˌænθrəpə'mɔ:fəs/ agg. **1** *(human-shaped)* antropomorfo **2** antropomorfico.
anthropophagi /ˌænθrə'pɒfədʒɪ/ → **anthropophagus.**
anthropophagous /ˌænθrə'pɒfəgəs/ agg. antropofago.
anthropophagus /ˌænθrə'pɒfəgəs/ n. (pl. **-i**) antropofago m. (-a).
anthropophagy /ˌænθrə'pɒfədʒɪ/ n. antropofagia f.
anthroposophy /ˌænθrə'pɒsəfɪ/ n. antroposofia f.
anthroposphere /'ænθrəpəˌsfɪə(r)/ n. antroposfera f.
Anthropozoic /ˌænθrəpə'zɔɪk/ **I** agg. antropozoico **II** n. Antropozoico m.
anti /'æntɪ/ prep. contro; ***to be ~ (sth.)*** essere contro (qcs.).
antiabolitionist /ˌæntɪˌæb'lɪʃənɪst/ **I** agg. antiabolizionista **II** n. antiabolizionista m. e f.
antiabortion /ˌæntɪə'bɔ:ʃn/ agg. antiabortista.
antiabortionist /ˌæntɪə'bɔ:ʃənɪst/ n. antiabortista m. e f.
antiacid /ˌæntɪ'æsɪd/ **I** agg. antiacido **II** n. antiacido m.
antiaircraft /ˌæntɪ'eəkrɑ:ft, AE -kræft/ agg. [*battery, fire, gun, missile, weapon*] contraereo, antiaereo.
antiaircraft defence /ˌæntɪ'eəkrɑ:ftdɪ'fens, AE -kræft-/ n. difesa f. antiaerea.
antiallergic /ˌæntɪə'lɜ:rdʒɪk/ agg. antiallergico.
antiapartheid /ˌæntɪə'pɑ:teɪt, -aɪt/ agg. antiapartheid.
antiatom /'æntɪˌætəm/ n. antiatomo m.
antiatomic /'ntɪəˌtɒmɪk/ agg. antiatomico.
antiauthoritarian /ˌæntɪɔ:θɒrɪ'teərɪən/ agg. [*person, attitude, measures*] antiautoritario.
antibacterial /'æntɪbæk'tɪərɪəl/ agg. antibatterico.
antiballistic /ˌæntɪbə'lɪstɪk/ agg. antibalistico.
antiballistic missile /ˌæntɪbəlɪstɪk'mɪsaɪl, AE -'mɪsl/ n. missile m. antimissili balistici.
antibiosis /ˌæntɪbaɪ'əʊsɪs/ n. antibiosi f.
▷ **antibiotic** /ˌæntɪbaɪ'ɒtɪk/ **I** n. antibiotico m.; ***he's on ~s*** sta prendendo gli antibiotici **II** agg. antibiotico.
antibody /'æntɪbɒdɪ/ n. anticorpo m.
antic /'æntɪk/ **I** agg. bizzarro, grottesco **II** n. buffone m.
anticatalyst /ˌæntɪ'kætəlɪst/ n. catalizzatore m. negativo.
anticatarrhal /ˌæntɪkə'tɑ:rl/ **I** agg. anticatarrale **II** n. anticatarrale m.
anticathode /ˌæntɪ'kæθəʊd/ n. anticatodo m.
Antichrist /'æntɪkraɪst/ n. anticristo m.; ***the ~*** l'Anticristo.
antichristian /ˌæntɪ'krɪstɪən/ agg. anticristiano.
▷ **anticipate** /æn'tɪsɪpeɪt/ **I** tr. **1** *(expect, foresee)* prevedere, aspettarsi [*problem, trouble, delay, victory*]; ***to ~ that*** prevedere che; ***as ~d*** come previsto; ***they are anticipating large crowds*** prevedono una grande affluenza; ***we ~ meeting him soon*** ci aspettiamo di incontrarlo presto; ***I didn't ~ him doing that*** non mi aspettavo che facesse questo; ***she eagerly ~d the moment when she would tell him*** pregustava con impazienza il momento in cui glielo avrebbe detto **2** *(guess in advance)* anticipare [*sb.'s needs, movements, wishes, reaction, result*] **3** *(pre-empt)* prevenire [*person, act*]; ***he tried to lock the door but she ~d him*** cercò di chiudere la porta a chiave ma lei lo precedette **4** *(prefigure)* prevedere, anticipare [*later work, invention, development*] **II** intr. fare un'anticipazione, delle anticipazioni; ***but I'm anticipating a little*** *(when telling story)* ma sto andando troppo avanti.
▷ **anticipated** /æn'tɪsɪpeɪtɪd/ **I** p.pass. → **anticipate II** agg. previsto; ***much-~*** tanto atteso; ***long-~*** a lungo atteso.
▷ **anticipation** /ænˌtɪsɪ'peɪʃn/ n. **1** *(excitement)* attesa f., trepidazione f.; *(pleasure in advance)* pregustazione f.; ***she smiled in ~ of sth.*** sorrise pregustando qcs. **2** *(expectation)* anticipazione f. (**of** di); ***in ~ of*** in previsione di; ***thanking you in ~*** *(in letter)* ringraziando in anticipo **3** SPORT ***to show good ~, a good sense of ~*** mostrare un buon anticipo, una buona capacità di anticipo **4** DIR. *(property law)* anticipazione f., previsione f., aspettativa f.; *(of money)* anticipo m.; *(of goods)* godimento m. anticipato **5** LING. anticipazione f., prolessi f.
anticipative /ˌæn'tɪsɪpeɪtɪv/ agg. **1** *(of excitement)* [*look*] di attesa **2** *(of expectation)* [*action*] che anticipa; preventivo.
anticipator /ˌæn'tɪsɪpeɪtə(r)/ n. chi anticipa, anticipatore m. (-trice).
anticipatory /ænˌtɪsɪ'peɪtrɪ, AE -tɔ:rɪ/ agg. **1** ***to take ~ measures*** o ***action*** prendere misure preventive **2** PSIC. [*response, reaction*] anticipato **3** LING. prolettico.
anticlerical /ˌæntɪ'klerɪkl/ **I** agg. anticlericale **II** n. anticlericale m. e f.
anticlericalism /ˌæntɪ'klerɪkəlɪzəm/ n. anticlericalismo m.
anticlimax /ˌæntɪ'klaɪmæks/ n. delusione f.; ***what an ~!*** che delusione! ***there was a sense of ~*** *(after an important event)* c'era un senso di vuoto.
anticlinal /ˌæntɪ'klaɪnl/ agg. **1** BOT. anticlino **2** GEOL. anticlinale.
anticline /'æntɪklaɪn/ n. anticlinale f.
anticlockwise /ˌæntɪ'klɒkwaɪz/ BE **I** agg. antiorario **II** avv. in senso antiorario.
anticlotting /ˌæntɪ'klɒtɪŋ/ agg. anticoagulante.
anticoagulant /ˌæntɪkəʊ'ægjʊlənt/ **I** agg. anticoagulante **II** n. anticoagulante m.
anticoincidence /ˌæntɪkəʊ'ɪnsɪdəns/ n. ***~ circuit*** circuito anticoincidenza.

anticommunism /ˌæntɪˈkɒmjənɪzəm/ n. anticomunismo m.
anticommunist /ˌæntɪˈkɒmjənɪst/ **I** agg. anticomunista **II** n. anticomunista m. e f.
anti-competitive /ˌæntɪkəmˈpetɪtɪv/ agg. che ostacola la concorrenza.
anticonstitutional /ˌæntɪˌkɒnstɪˈtjuːʃənl/ agg. anticostituzionale.
anticorrosive /ˌæntɪkəˈrəʊsɪv/ **I** agg. anticorrosivo **II** n. anticorrosivo m.
antics /ˈæntɪks/ n.pl. *(comical)* scherzi m., lazzi m.; SPREG. pagliacciate f., buffonate f.
anti-cyclical /ˌæntɪˈsaɪklɪkl/ agg. anticiclico.
anticyclone /ˌæntɪˈsaɪkləʊn/ n. anticiclone m.; ***Azores*** ~ anticiclone delle Azzorre.
anticyclonic /ˌæntɪsaɪˈklɒnɪk/ agg. anticiclonico.
antidandruff /ˌæntɪˈdændrʌf/ agg. antiforfora.
antidazzle /ˌæntɪˈdæzl/ agg. AUT. [*mirror, headlight*] antiabbagliante.
antidemocratic /ˌæntɪdeməˈkrætɪk/ agg. antidemocratico.
antidepressant /ˌæntɪdɪˈpresnt/ **I** agg. antidepressivo **II** n. antidepressivo m.
antideuteron /ˌæntɪˈdjuːterɒn/ n. antideutone m.
antidote /ˈæntɪdəʊt/ n. MED. antidoto m. (**to, for** a, contro, per) (anche FIG.).
antidumping /ˌæntɪˈdʌmpɪŋ/ agg. antidumping.
antidysenteric /ˌæntɪdɪsnˈterɪk/ **I** agg. antidiarroico **II** n. antidiarroico m.
antielectron /ˌæntɪəˈlektrɒn/ n. antielettrone m.
anti-emetic /æntɪɪˈmetɪk/ n. antiemetico m.
antiestablishment /ˌæntɪɪsˈtæblɪʃmənt/ agg. (che è) contro l'establishment.
antifading /ˌæntɪˈfeɪdɪŋ/ **I** n. antifading m. **II** modif. ~ ***antenna*** antenna antifading.
antifascism /ˌæntɪˈfæʃɪzəm/ n. antifascismo m.
antifascist /ˌæntɪˈfæʃɪst/ **I** agg. antifascista **II** n. antifascista m. e f.
antifebrile /ˌæntɪˈfebraɪl/ **I** agg. antifebbrile **II** n. antifebbrile m.
antifederalist /ˌæntɪˈfedərəlɪst/ n. antifederalista m. e f.
antifermentative /ˌæntifəˈmentətɪv/ **I** agg. antifermentativo **II** n. antifermentativo m.
antifertility /ˌæntɪfəˈtɪlətɪ/ agg. antifecondativo.
antifreeze /ˈæntɪfriːz/ n. antigelo m.
antifreezing /ˌæntɪˈfriːzɪŋ/ agg. [*liquid*] antigelo; anticongelante.
antifriction metal /ˌæntɪfrɪkʃnˈmetl/ n. metallo m. antifrizione.
anti-gas /ˌæntɪˈgæs/ agg. antigas.
antigen /ˈæntɪdʒən/ n. antigene m.
antiglare /ˌæntɪˈgleə(r)/ agg. [*screen*] antiriflesso.
anti-global /æntɪˈgləʊbl/ agg. antiglobalizzazione, no global.
anti-globalization /ˌæntɪgləʊbəlaɪˈzeɪʃn, AE -lɪˈz-/ **I** n. antiglobalizzazione f. **II** modif. [*movement*] antiglobalizzazione, no global.
antihero /ˈæntɪhɪərəʊ/ n. antieroe m.
antihistamine /ˌæntɪˈhɪstəmɪn/ n. antistaminico m.; ***I need*** ~ ho bisogno di antistaminici.
antihistaminic /ˌæntɪˌhɪstəˈmɪnɪk/ agg. antistaminico.
antihypertensive /ˌæntɪˌhaɪpəˈtensɪv/ **I** agg. antiipertensivo **II** n. antiipertensivo m.
anti-icer /ˌæntɪˈaɪsə(r)/ n. AER. (dispositivo) antighiaccio m.
anti-imperialist /ˌæntɪɪmˈpɪərɪəlɪst/ **I** agg. antimperialista, antimperialistico **II** n. antimperialista m. e f.
anti-inflammatory /ˌæntɪɪnˈflæmətrɪ, AE -tɔːrɪ/ agg. antinfiammatorio.
anti-inflation /ˌæntɪɪnˈfleɪʃn/ agg. antinflazionistico.
anti-inflationary /ˌæntɪɪnˈfleɪʃənərɪ, AE -nerɪ/ agg. antinflazionistico.
anti-interference /ˌæntɪɪntəˈfeərəns/ agg. RAD. [*circuit, device*] antiparassitario.
antiknock /ˈæntɪnɒk/ n. antidetonante m.
Antilles /ˌænˈtɪliːz/ ➧ ***12*** n.pr.pl. Antille f.
antilock /ˈæntɪlɒk/ agg. antibloccaggio.
antilogarithm /ˌæntɪˈlɒgərɪðəm, AE -ˈlɔːg-/ n. antilogaritmo m.
antilogy /ænˈtɪlədʒɪ/ n. ANT. antilogia f.
antimacassar /ˌæntɪməˈkæsə(r)/ n. *(covering)* capezziera f.
antimagnetic /ˌæntɪmægˈnetɪk/ agg. antimagnetico.
antimarket /ˌæntɪˈmɑːkɪt/ agg. GB [*MP, group, lobby*] = che si oppone al Mercato Comune Europeo; [*speech, opinion, article*] = che è contro il Mercato Comune Europeo.
antimarketeer /ˌæntɪmɑːkɪˈtɪə(r)/ n. GB = chi è contro il Mercato Comune Europeo.
antimasque /ˈæntɪmɑːsk, AE -mæsk/ n. TEATR. intermezzo m. comico, farsesco.
antimatter /ˈæntɪmætə(r)/ n. antimateria f.
antimilitarism /ˌæntɪˈmɪlɪtərɪzəm/ n. antimilitarismo m.
antimilitarist /ˌæntɪˈmɪlɪtərɪst/ **I** agg. antimilitarista, antimilitaristico **II** n. antimilitarista m. e f.
antimissile /ˌæntɪˈmɪsəl, AE -ˈmɪsl/ **I** agg. antimissile **II** n. missile m. antimissile.
anti-mist /ˌæntɪˈmɪst/ agg. antiappannante.
antimonarchical /ˌæntɪmɒˈnɑːkɪkl/ agg. antimonarchico.
antimonarchist /ˌæntɪˈmɒnəkɪst/ n. antimonarchico m. (-a).
antimonial /ˌæntɪˈməʊnɪəl/ **I** agg. antimoniale **II** n. farmaco m., preparato m. a base di antimonio.
antimonic /ˌæntɪˈmɒnɪk/ agg. antimonico.
antimonious /ˌæntɪˈməʊnɪəs/ agg. antimonioso.
antimony /ˈæntɪmənɪ, AE -məʊnɪ/ n. antimonio m.
antimycotic /ˌæntɪmaɪˈkɒtɪk/ agg. antimicotico.
antinational /ˌæntɪˈnæʃənl/ agg. antinazionale.
antineuralgic /ˌæntɪnjuːˈrældʒɪk/ **I** agg. antinevralgico **II** n. antinevralgico m.
antineutrino /ˌæntɪnjuːˈtriːnəʊ/ n. antineutrino m.
antineutron /ˌæntɪˈnjuːtrɒn/ n. antineutrone m.
antinoise /ˌæntɪˈnɔɪz/ agg. [*microphone*] antirumore; [*paint*] antirombo; [*legislation*] contro l'inquinamento acustico, contro i rumori molesti.
antinomy /ænˈtɪnəmɪ/ n. antinomia f.
antinovel /ˈæntɪˌnɒvl/ n. antiromanzo m.
antinuclear /ˌæntɪˈnjuːklɪə(r), AE -nuː-/ agg. antinucleare.
antinucleus /ˌæntɪˈnjuːklɪəs/ n. (pl. **~es, -i**) antinucleo m.
antinuke /ˌæntɪˈnjuːk, AE COLLOQ. -ˈnuːk/ agg. antinucleare.
Antioch /ˈæntɪɒk/ ➧ ***34*** n.pr. Antiochia f.
antioxidant /ˌæntɪˈɒksɪdənt/ **I** agg. antiossidante **II** n. antiossidante m.
antipapal /ˌæntɪˈpeɪpl/ agg. antipapale.
antiparasitic /ˌæntɪpærəˈsɪtɪk/ **I** agg. antiparassitario **II** n. antiparassitario m.
antiparticle /ˈæntɪˌpɑːtɪkl/ n. antiparticella f.
antipathetic /ˌæntɪpəˈθetɪk/ agg. contrario, ostile (**to, towards** a).
antipathic /ˌæntɪˈpæθɪk/ agg. MED. = che ha o produce sintomi contrari.
antipathy /ænˈtɪpəθɪ/ n. antipatia f. (**for, to, towards** per; **between** tra).
antiperistalsis /ˌæntɪˌpərəˈstælsɪs/ n. antiperistalsi f.
antipersonnel /ˌæntɪˌpɜːsəˈnel/ agg. MIL. antiuomo.
antiperspirant /ˌæntɪˈpɜːspɪrənt/ **I** agg. antitraspirante **II** n. antitraspirante m.
antiperspirant deodorant /ˌæntɪˈpɜːspɪrəntdiːˌəʊdərənt/ n. deodorante antitraspirante.
antiphlogistic /ˌæntɪfləˈdʒɪstɪk/ **I** agg. antiflogistico **II** n. antiflogistico m.
antiphon /ˈæntɪfən/ n. antifona f.
antiphonal /ænˈtɪfənəl/ **I** agg. antifonale **II** n. antifonale m.
antiphonary /ænˈtɪfənərɪ/ n. antifonario m.
antiphony /ænˈtɪfənɪ/ n. **1** *(alternate singing)* antifonia f. **2** *(antiphon)* antifona f.
antiphrasis /ænˈtɪfrəsɪs/ n. antifrasi f.
antipodal /ænˈtɪpədl/ agg. **1** degli antipodi **2** BOT. antipode.
antipode /ˈæntɪpəʊd/ n. antipode m.
antipodean /ænˌtɪpəˈdiːən/ **I** n. = persona che proviene dall'Australia o dalla Nuova Zelanda **II** agg. [*cousin, politics*] = d'Australia *o* Nuova Zelanda.
Antipodes /ænˈtɪpədiːz/ n.pl. ***the*** ~ gli antipodi; GB l'Australia e la Nuova Zelanda.
antipole /ˌæntɪˈpəʊl/ n. antipolo m.
antipolio /ˌæntɪˈpəʊlɪəʊ/ agg. antipolio.
antipollution /ˌæntɪpəˈluːʃn/ agg. antinquinamento.
antipope /ˈæntɪpəʊp/ n. antipapa m.
antiproton /ˌæntɪˈprəʊtɒn/ n. antiprotone m.
antipyretic /ˌæntɪpaɪˈretɪk/ **I** agg. antipiretico **II** n. antipiretico m.
antipyrin /ˌæntɪˈpaɪərɪn/ n. antipirina f.
antiquarian /ˌæntɪˈkweərɪən/ ➧ ***27*** **I** n. **1** *(dealer)* antiquario m. (-a); *(collector)* collezionista m. e f. di oggetti antichi **2** *(scholar)* archeologo m. (-a) **II** agg. [*history*] antico; ~ ***bookshop*** libreria antiquaria.
antiquarianism /ˌæntɪˈkweərɪənɪzəm/ n. *(passion for antiques)* antiquaria f.
antiquary /ˈæntɪkwərɪ, AE -kwerɪ/ ➧ ***27*** n. **1** *(dealer)* antiquario m. (-a) **2** *(scholar)* archeologo m. (-a).
antiquate /ˈæntɪkweɪt/ tr. **1** *(make old)* rendere antiquato **2** *(make ancient)* far apparire antico, invecchiare.
antiquated /ˈæntɪkweɪtɪd/ **I** p.pass. → **antiquate II** agg. [*machinery, idea, procedure*] antiquato; [*building*] vetusto.

▷ **1.antique** /æn'ti:k/ **I** n. **1** *(piece of furniture)* mobile m. antico; *(other object)* pezzo m. d'antiquariato; ***genuine ~*** *(piece of furniture)* mobile d'epoca; *(other object)* oggetto d'epoca **2** COLLOQ. SPREG. *(person)* rudere m. **II** agg. **1** [*clock, lace, silver*] antico **2** *(old style)* all'antica **3** ~ ***oak*** quercia antichizzata.

2.antique /æn'ti:k/ **I** tr. anticare [*furniture*] **II** intr. AE fare l'antiquario.

antique dealer /æn'ti:kˌdi:lə(r)/ ➧ **27** n. antiquario m. (-a).

antique(s) fair /æn'ti:k(s)ˌfeə(r)/ n. fiera f. dell'antiquariato.

antique shop /æn'ti:kˌʃɒp/ ➧ **27** n. negozio m. d'antiquariato.

antiquity /æn'tɪkwətɪ/ n. **1** *(ancient times)* antichità f., tempi m.pl. antichi; ***in, since ~*** nell'antichità, dall'antichità; ***classical ~*** l'antichità classica **2** *(great age)* antichità f.; ***of great ~*** molto antico **3** *(relic)* antichità f., oggetto m. antico.

antirabic /ˌæntɪ'ræbɪk/ agg. antirabbico.

antiracism /ˌæntɪ'reɪsɪzəm/ n. antirazzismo m.

antiracist /ˌæntɪ'reɪsɪst/ **I** agg. antirazzista **II** n. antirazzista m. e f.

anti-recession /ˌæntɪre'seʃn/ agg. antirecessivo, anticongiunturale.

antireligious /ˌæntɪrɪ'lɪdʒəs/ agg. [*person, views, propaganda*] antireligioso.

antiretroviral /ˌæntɪ'retrəʊˌvaɪrəl/ agg. [*drug, therapy, treatment*] antiretrovirale

antirheumatic /ˌæntɪrʊ'mætɪk/ **I** agg. antireumatico **II** n. antireumatico m.

anti-riot /ˌæntɪ'raɪət/ agg. [*police, squad*] antisommossa.

anti-roll bar /ˌæntɪ'rəʊlbɑ:(r)/ n. barra f. antirollio.

antirrhinum /ˌæntɪ'raɪnəm/ n. antirrino m.

anti-rust /ˌæntɪ'rʌst/ agg. antiruggine.

antiscorbutic /ˌæntɪskɔ:'bju:tɪk/ **I** agg. antiscorbutico **II** n. antiscorbutico m.

antisegregationist /ˌæntɪsegrə'geɪʃənɪst/ **I** agg. = (che è) contro il segregazionismo **II** n. = chi è contro il segregazionismo.

anti-Semite /ˌæntɪ'si:maɪt, AE -'semaɪt/ n. antisemita m. e f.

anti-Semitic /ˌæntɪsɪ'mɪtɪk/ agg. antisemita, antisemitico.

▷ **anti-Semitism** /ˌæntɪ'semɪtɪzəm/ n. antisemitismo m.

antisepsis /ˌæntɪ'sepsɪs/ n. antisepsi f.

antiseptic /ˌæntɪ'septɪk/ **I** agg. antisettico **II** n. antisettico m.

antiserum /'æntɪˌsɪərəm/ n. (pl. **~s, -a**) antisiero m.

anti-skid /ˌæntɪ'skɪd/ agg. antislittamento, antiscivolo.

antislavery /ˌæntɪ'sleɪvərɪ/ agg. antischiavista.

antislump /ˌæntɪ'slʌmp/ agg. antirecessivo.

anti-smoking /ˌæntɪ'sməʊkɪŋ/ agg. antifumo.

▷ **antisocial** /ˌæntɪ'səʊʃl/ agg. **1** *(opposed to social rules)* antisociale; ~ ***behaviour*** comportamento antisociale; ***it is ~ to smoke in public places*** fumare in un luogo pubblico è un comportamento antisociale **2** *(reclusive)* antisociale, asociale.

anti-spam /ˌæntɪ'spæm/ **I** n. anti-spam m. **II** modif. [*software, system*] anti-spam.

antispasmodic /ˌæntɪspæz'mɒdɪk/ **I** agg. antispasmodico **II** n. antispasmodico m.

antistatic /ˌæntɪ'stætɪk/ agg. antistatico.

anti-strike /ˌæntɪ'straɪk/ agg. antisciopero.

antistrophe /æn'tɪstrəfɪ/ n. antistrofe f.

antisubmarine /ˌæntɪsʌbmə'ri:n/ agg. antisommergibile.

antitank /ˌæntɪ'tæŋk/ agg. anticarro.

anti-terrorist /ˌæntɪ'terərɪst/ agg. antiterrorismo, antiterroristico.

anti-theft /ˌæntɪ'θeft/ agg. [*lock, device*] antifurto; [*camera*] di sorveglianza; ~ ***steering lock*** bloccasterzo.

antithesis /æn'tɪθəsɪs/ n. (pl. **-es**) FORM. **1** *(opposite)* (esatto) contrario m. (**of** di); *(in ideas)* antitesi f. (**of** di) **2** *(contrast)* contrasto m., opposizione f. (**between** tra); ***her views are in complete ~ to mine*** le sue vedute sono in netta antitesi con le mie **3** LETTER. FILOS. antitesi f.

antithetic(al) /ˌæntɪ'θetɪk(l)/ agg. FORM. [*views, opinions*] antitetico; ***to be ~ to sth.*** [*idea*] essere antitetico a qcs.

antithetically /ˌæntɪ'θetɪklɪ/ avv. FORM. antiteticamente.

antitoxic /ˌæntɪ'tɒksɪk/ agg. antitossico.

antitoxin /ˌæntɪ'tɒksɪn/ n. antitossina f.

antitrades /ˌæntɪ'treɪdz/ n.pl. controalisei m.

antitrust /ˌæntɪ'trʌst/ agg. antitrust.

antitrust law /ˌæntɪ'trʌstˌlɔ:/ n. AE legge f. antitrust.

antitubercular /ˌæntɪtjʊ'bɜ:kjələ(r)/ agg. → **antituberculous.**

antituberculotic /ˌæntɪtjʊˌbɜ:kjə'lɒtɪk/ agg. → **antituberculous.**

antituberculous /ˌæntɪtjʊ'bɜ:kjələs/ agg. antitubercolare.

antitumor /ˌæntɪ'tju:mə(r)/ agg. antitumorale.

antivenin /ˌæntɪ'venɪn/ n. antiveleno m., contravveleno m.

antiviral /ˌæntɪ'vaɪrəl/ **I** agg. antivirale **II** n. antivirale m.

antivirus software /ˌæntɪ'vaɪərəsˌsɒftweə(r), AE -sɔ:ft-/ n. programma m. antivirus.

anti-vivisection /ˌæntɪˌvɪvɪ'sekʃən/ agg. antivivisezione.

anti-vivisectionist /ˌæntɪˌvɪvɪ'sekʃənɪst/ **I** n. antivivisezionista m. e f. **II** agg. → **antivivisection.**

anti-war /ˌæntɪ'wɔ:(r)/ agg. [*demonstration, movement, speech, activist, stance*] contro la guerra, pacifista.

antlered /'æntləd/ agg. = che ha corna ramificate.

antlers /'æntləz/ n.pl. *(on stag, as trophy)* corna f., palchi m.

antocyanin /ˌæntəʊ'saɪənɪn/ n. antocianina f.

antonomasia /ˌæntənə'meɪzjə/ n. antonomasia f.

Antony /'æntənɪ/ n.pr. Antonio.

antonym /'æntənɪm/ n. antonimo m.

antonymous /ˌæn'tɒnəməs/ agg. antonimico.

antonymy /æn'tɒnəmɪ/ n. antonimia f.

antrum /'æntrəm/ n. (pl. **~s, -a**) antro m.

antsy /'æntsɪ/ agg. AE COLLOQ. agitato, impaziente; ***to feel ~*** non riuscire a stare fermo (per l'impazienza).

Antwerp /'æntwɜ:p/ ➧ **34** n.pr. Anversa f.

Anubis /ə'nju:bɪs, AE -nu:-/ n.pr. Anubi.

anuran /ə'njʊrən/ agg. anuro.

anurans /ə'njʊrənz/ n.pl. Anuri m.

anuresis /ˌænjʊ'ri:sɪs/ n. (pl. **-es**) anuresi f.

anuria /ə'nju:rɪə/ n. anuria f.

anus /'eɪnəs/ n. (pl. **~es, -i**) ano m.

anvil /'ænvɪl/ n. incudine f.

▷ **anxiety** /æŋ'zaɪətɪ/ n. **1** *(apprehension)* ansia f., ansietà f. (**about** per, riguardo a; **for** per); ***she caused them great ~*** li ha fatti stare molto in ansia; ***to be in a state of high ~*** essere in uno stato di grande ansietà **2** *(source of worry)* preoccupazione f., timore m.; ***to be an ~ to sb.*** dare delle preoccupazioni a qcn. **3** *(eagerness)* ansia f., impazienza f. (**to do** di fare); ***in her ~ to get there on time she forgot her passport*** per l'ansia di arrivare puntuale dimenticò il passaporto **4** PSIC. ansia f.

anxiety attack /æŋ'zaɪətɪəˌtæk/ n. crisi f. ansiosa.

anxiety neurosis /æŋ'zaɪətɪnjʊə'rəʊsɪs/ ➧ **11** n. nevrosi f. d'ansia.

anxiolytic /ˌæŋzɪə'lɪtɪk/ agg. ansiolitico.

▷ **anxious** /'æŋkʃəs/ agg. **1** *(worried)* ansioso, preoccupato (**about** per, riguardo a; **for** per); ***to be ~ about having to do sth.*** essere ansioso perché si deve fare qcs.; ***to be very, extremely ~*** essere angosciato **2** *(causing worry)* [*moment, time*] preoccupante, angosciante **3** *(eager)* ansioso, impaziente (**to do** di fare); ***I am ~ for him to know*** o ***that he should know*** vorrei tanto che lui lo sapesse; ***to be ~ for sth.*** desiderare ansiosamente qcs.; ***she is most ~ to meet you*** desidera vivamente conoscervi.

anxiously /'æŋkʃəslɪ/ avv. **1** *(worriedly)* ansiosamente **2** *(eagerly)* ansiosamente, impazientemente.

anxiousness /'æŋkʃəsnɪs/ n. **1** *(apprehension)* ansia f., ansietà f. (**about** per, riguardo a; **for** per) **2** *(eagerness)* ansia f., impazienza f. (**to do** di fare).

▶ **1.any** /'enɪ/ When *any* is used as a quantifier, in negative and interrogative sentences, to mean an unspecified amount of something, it precedes either uncountable nouns or countable nouns in the plural: *I never put any sugar in my coffee* = non metto mai zucchero nel caffè; *have you got any letters for me?* = ha delle lettere per me? - When *any* is used as a determiner in negative sentences, it is not usually translated into Italian: *we don't have any money* = non abbiamo soldi. - When *any* is used as a determiner in questions, it is translated by *del, della, dei* or *delle* according to the gender and number of the noun that follows: *is there any soap?* = c'è del sapone? *is there any flour?* = c'è della farina? *are there any newspapers?* = ci sono dei giornali? *are there any questions?* = ci sono delle domande? Especially in the plural, anyway, the Italian forms can be understood: *ci sono giornali? ci sono domande?* In questions, *any* + a noun in the plural can also be rendered by *qualche*, which is invariable and it is always followed by the singular: *are there any questions* = c'è qualche domanda? determ. **1** *(with negative, implied negative)* ***he hasn't got ~ money, food*** non ha denaro, cibo; ***they never receive ~ letters*** non ricevono mai lettere; ***they hardly ate ~ cake*** hanno mangiato pochissima torta; ***I don't want ~ breakfast, lunch*** non voglio fare colazione, pranzare; ***I don't need ~ advice*** non ho bisogno di consigli; ***they couldn't get ~ details*** non sono riusciti ad avere alcun dettaglio; ***he hasn't got ~ common sense*** è totalmente privo di buonsenso *o* non ha un briciolo di buonsenso **2** *(in questions, conditional sentences)* ***is there ~ tea, bread?*** c'è del tè, del pane? ***have you got ~ plums?*** ha delle prugne? ***if you have ~ doubts*** se avete qualche dubbio; ***if you have ~ money*** se avete del denaro **3** *(no matter which)* qualsiasi, qualunque; ***~ hat, pen will do*** un cappello, una penna qualsiasi andrà bene; ***you can have ~ cup you like*** puoi scegliere la tazza che preferisci; ***~ teacher will tell you the same thing*** qualsiasi insegnante ti dirà la stessa cosa; ***~ information would be very useful*** qualunque informazione potrebbe essere molto utile; ***~ complaints should be addressed to Mr Cook*** i reclami devono essere sporti al signor Cook; ***~ pupil caught smoking will be punished*** gli allievi sorpresi a fumare saranno puniti; ***I'm ready to help in ~ way I can*** sono disposto ad aiutare in tutti i modi possibili; ***I do not wish to restrict your freedom in ~ way*** non intendo limitare la tua libertà in alcun modo; ***he might return at ~ time*** potrebbe tornare in qualsiasi momento; ***if you should want to discuss this at ~ time*** se tu volessi discuterne in qualunque momento; ***come round and see me ~ time*** passa a trovarmi quando vuoi; ***~ one of you could have done it*** uno qualunque di voi avrebbe potuto farlo; ***I don't buy ~ one brand in particular*** non preferisco nessuna marca in particolare; ***you can only take out £ 200 at ~ one time*** potete ritirare solo 200 sterline per volta; ***in ~ case, at ~ rate*** in ogni caso.

▶ **2.any** /ˈenɪ/ When *any* is used in negative sentences and in questions it is translated by *ne*, which is placed before the verb in Italian: *we don't have any* = non ne abbiamo; *have you got any?* = ne avete? pron. **1** *(with negative, implied negative)* ***he hasn't got ~*** non ne ha; ***there is hardly ~ left*** non ce n'è quasi più; ***there aren't ~ others*** non ce ne sono altri; ***she doesn't like ~ of them*** non gliene piace nessuno **2** *(in questions, conditional sentences)* ***I'd like some tea, if you have ~*** vorrei un po' di tè, se ne hai; ***have you got ~?*** ne hai? ***have ~ of you got a car?*** qualcuno di voi ha un'auto? ***are ~ of them blue?*** ce n'è qualcuno blu? ***we have very few blue shirts left, if ~*** abbiamo pochissime camicie blu, se mai ne è rimasta qualcuna; ***if we have ~, they'll be over there*** se ne abbiamo, sono laggiù **3** *(no matter which)* uno (-a) qualsiasi, uno (-a) qualunque; ***"which colour would you like?" - "~"*** "quale colore ti piacerebbe?" "uno qualsiasi"; ***~ of those pens*** una qualunque di quelle penne; ***~ of them could do it*** uno qualunque di loro potrebbe farlo.

▶ **3.any** /ˈenɪ/ avv. **1** *(with comparatives)* ***there isn't ~ better lawyer in the country*** non c'è avvocato migliore in tutto il paese; ***is he feeling ~ better?*** si sente (un po') meglio? ***have you got ~ more of these?*** ne hai degli altri? ***do you want ~ more wine?*** vuoi dell'altro vino? ***we can't give you ~ more than £ 4 an hour*** non possiamo darvi più di quattro sterline l'ora; ***I can't paint pictures ~ more than I can write poetry*** IRON. so dipingere quadri tanto quanto so scrivere poesie; ***I don't like him ~ more than you do*** non mi piace più di quanto piaccia a te; ***I don't know ~ more than that*** non so più di così, non so altro; ***~ more of that and I'm leaving*** se continua così me ne vado; ***~ more stealing and you'll be in big trouble*** COLLOQ. se continui a rubare avrai dei grossi guai *o* ruba ancora una volta e avrai dei grossi guai; ***he doesn't live here ~ more*** o ***longer*** non abita più qui; ***I won't put up with it ~ longer*** non ho più intenzione di sopportarlo; ***if we stay here ~ longer*** se restiamo ancora; ***can't you walk ~ faster?*** non riesci a camminare (un po') più veloce? ***if it gets ~ hotter in here I shall have to leave*** se qui dentro si mette a fare (ancora) più caldo di così me ne dovrò andare; ***I can't leave ~ later than 6 o'clock*** non posso (assolutamente) andare via più tardi delle sei **2** COLLOQ. *(at all)* per niente; ***that doesn't help me ~*** non mi aiuta per niente; ***it didn't bother him ~*** non gli ha dato minimamente fastidio.

▶ **anybody** /ˈenɪbɒdɪ/ pron. **1** *(with negative, implied negative)* nessuno; ***there wasn't ~ in the house, car*** non c'era nessuno nella casa, nell'auto; ***without ~ knowing*** senza che nessuno lo sappia, lo sapesse; ***I didn't have ~ to talk to*** non avevo nessuno con cui parlare; ***I don't like him and nor does ~ else*** non mi piace, e non piace a nessun altro; ***hardly ~ came*** non è venuto quasi nessuno **2** *(in questions, conditional sentences)* qualcuno; ***is there ~ in the house, car?*** c'è qualcuno nella casa, nell'auto? ***did ~ see him?*** qualcuno l'ha visto? ***if ~ asks, tell them I've gone out*** se qualcuno mi cerca, dì che sono uscito; ***if ~ can persuade him, John can*** se c'è qualcuno che lo può convincere, quello è John; ***is ~ nice, interesting coming?*** viene qualcuno (di) simpatico, interessante? **3** *(no matter who)* chiunque; ***~ could do it*** chiunque saprebbe farlo; ***~ but him, you, his wife*** tutti tranne lui, te, sua moglie; ***~ who wants to, can go*** chiunque lo desideri, può andare; ***~ but you would have given it to him*** chiunque, a parte te, glielo avrebbe dato; ***~ with any intelligence would realize that*** chiunque con un po' di perspicacia si renderebbe conto che; ***~ can make a mistake, break a glass*** può capitare a tutti di fare un errore, di rompere un bicchiere; ***~ would think you were deaf*** chiunque penserebbe che tu sia sordo; ***you can invite ~ (you like)*** puoi invitare chi vuoi; ***it's ~'s guess!*** nessuno può saperlo! **4** *(somebody unimportant)* chiunque; ***she's not just ~, she's the boss*** non è una qualunque, è il capo; ***we can't ask just ~ to do it, we need a skilled mechanic*** non possiamo chiedere a uno qualsiasi di farlo, abbiamo bisogno di un meccanico esperto; ***I wouldn't give it to just ~*** non lo darei a chiunque **5** *(somebody important)* qualcuno; ***~ who was ~ was at the party*** alla festa c'erano tutti quelli che contavano; ***he isn't ~ in this town*** non è uno qualsiasi in questa città.

anyhow /ˈenɪhaʊ/ avv. **1** *(in any case)* → **anyway 2** *(in a careless, untidy way)* a caso, in modo disordinato; ***there were clothes scattered around the room ~*** c'erano vestiti sparpagliati dappertutto per la stanza; ***they splashed the paint on ~*** stesero la vernice alla meglio.

▶ **anyone** /ˈenɪwʌn/ pron. → **anybody**.

anyplace /ˈenɪpleɪs/ avv. AE COLLOQ. → **anywhere**.

anyroad /ˈenɪrəʊd/ avv. BE COLLOQ. → **anyway**.

▶ **anything** /ˈenɪθɪŋ/ pron. **1** *(with negative, implied negative)* niente; ***she didn't say, do ~*** non disse, fece niente; ***they never do ~*** non fanno mai niente; ***he didn't have ~ to do*** non aveva nulla da fare; ***she doesn't want ~ (too) expensive, cheap*** non vuole niente di (troppo) costoso, economico; ***there was hardly ~ left*** non era rimasto quasi niente; ***don't believe ~ he says*** non credere a niente di quello che dice **2** *(in questions, conditional sentences)* qualcosa; ***is there ~ in the box?*** c'è qualcosa nella scatola? ***have you got ~ in blue, red?*** avete qualcosa di blu, di rosso? ***if ~ happens*** o ***should happen to her*** se le succede *o* dovesse succedere qualcosa; ***is there ~ to be done?*** c'è qualcosa da fare? ***is there ~ in the rumour that...?*** c'è qualcosa di vero nelle voci secondo cui...? ***is there ~ in what he says?*** c'è qualcosa di vero in quello che dice? **3** *(no matter what)* tutto, qualsiasi cosa; ***~ is possible*** tutto è possibile; ***you can have ~ (you like)*** puoi avere tutto (quello che vuoi); ***she'll eat ~*** mangerebbe di tutto; ***I'd do*** o ***give ~ to get that job*** farei, darei qualsiasi cosa per avere quel lavoro; ***they'd do ~ for you*** farebbero qualsiasi cosa per te; ***she likes ~ sweet, to do with ballet*** le piace tutto ciò che è dolce, che ha a che fare con la danza classica; ***it could cost ~ between £ 50 and £ 100*** potrebbe costare tra le 50 e le 100 sterline; ***he was ~ but happy, intelligent, a liar*** era tutto fuorché *o* tutt'altro che felice, intelligente, un bugiardo; ***"was it interesting?" - "~ but!"*** "era interessante?" - "tutt'altro"; ***he wasn't annoyed, if ~, he was quite pleased*** non era irritato, anzi, era piuttosto contento; ***he isn't better at all: if ~, he's worse*** non sta affatto meglio: se mai, sta peggio ◆ ***~ goes*** tutto è concesso, va bene qualsiasi cosa; ***as easy, funny as ~*** facilissimo, divertentissimo; ***to run, laugh, work like ~*** correre, ridere, lavorare come un pazzo; ***do you need a towel or ~?*** ti serve un asciugamano o qualcos'altro? ***it's not that I don't like you or ~*** non è che tu non mi piaccia o altro.

anytime /ˈenɪtaɪm/ avv. (anche **any time**) **1** *(no matter when)* in qualsiasi momento; ***~ after 2 pm*** a qualsiasi ora dopo le due; ***~ you like*** quando vuoi; ***if at ~ you feel lonely...*** se qualche volta ti senti solo...; ***at ~ of the day or night*** in qualsiasi ora del giorno o della notte **2** *(at any moment)* in qualsiasi momento; ***he could arrive ~ now*** potrebbe arrivare da un momento all'altro.

▶ **anyway** /ˈenɪweɪ/ avv. **1** *(in any case, besides)* comunque, in ogni caso; ***I was planning to do that ~*** intendevo farlo comunque; ***I don't want to go, and ~ I have to wait for Alf*** non voglio andare, e in ogni caso devo aspettare Alf; ***why do you want to know, ~?*** perché vuoi saperlo, comunque? ***who wants to work there, ~?*** tanto, chi ci vuole lavorare? **2** *(nevertheless)* comunque, lo stesso; ***I don't really like hats, but I'll try it on ~*** i cappelli non mi piacciono molto, però lo proverò ugualmente; ***thanks ~*** grazie lo stesso **3** *(at least, at any rate)* in ogni caso; ***we can't go out, not yet ~*** non possiamo uscire, comunque non per ora; ***he doesn't like them, that's what he said ~*** non gli piacciono, o almeno così ha detto; ***up until recently ~, people were saying that*** fino a qualche tempo fa, ad ogni modo, la gente diceva così **4** *(well: as sentence adverb)* ***~, we arrived at the station...*** (comunque, allora,) arrivammo alla stazione...; ***~, I'd better go now, see you later!*** be', adesso devo andare, ci vediamo dopo!

▶ **anywhere** /ˈenɪweə(r), AE -hweər/ avv. **1** *(with negative, implied negative)* da nessuna parte, in nessun luogo; ***you can't go ~*** non puoi andare da nessuna parte; ***there isn't ~ to sit, sleep*** non ci si può sedere, non si può dormire da nessuna parte; ***we didn't go ~ special, interesting*** non siamo andati in nessun posto speciale, interessante; ***they didn't go ~ this weekend*** non sono andati da nessuna parte questo fine settimana; ***you won't get ~ if you don't pass your exams*** non arriverai da nessuna parte se non passi gli esami; ***crying isn't going to get you ~*** piangere non ti porterà a niente;

James came second but I didn't come ~ James è arrivato secondo ma io non mi sono neanche piazzato 2 *(in questions, conditional sentences)* da qualche parte, in qualche luogo; ***have you got a radio, a comb ~?*** hai una radio, un pettine da qualche parte? ***did you go ~ nice?*** sei stato in qualche bel posto? ***we're going to Spain, if ~*** se mai andremo da qualche parte, sarà in Spagna; ***have you seen Andrew ~?*** hai visto Andrew da qualche parte? ***can you think of ~ she might be?*** ti viene in mente qualche posto in cui potrebbe essere? 3 *(no matter where)* ***~ you like*** dove vuoi; ***~ in the world, in England*** in qualsiasi parte del mondo, dell'Inghilterra; ***~ except*** o ***but Bournemouth*** dovunque eccetto Bournemouth; ***I'll go ~ where there's sun*** andrò dovunque ci sia il sole; ***~ she goes, he follows her*** dovunque lei vada, lui la segue; ***"where do you want to go?" - "~ exotic, hot"*** "dove vuoi andare?" - "in un qualsiasi posto esotico, caldo"; ***~ between 50 and 100 people*** fra le 50 e le 100 persone.

anywise /'enɪwaɪz/ avv. ANT. in ogni modo, comunque.

Anzac /'ænzæk/ n. 1 (⇒ Australia-New Zealand Army Corps) = contingente australiano e neozelandese; *(person)* soldato appartenente a tale contingente 2 SPORT ***the ~ team*** la squadra degli atleti australiani e neozelandesi.

AOB n. (⇒ any other business) *(on agenda)* = varie ed eventuali.

AONB n. BE (⇒ Area of Outstanding Natural Beauty) = area di particolare interesse naturalistico.

aorist /'eərɪst/ n. aoristo m.

aorta /eɪ'ɔːtə/ n. (pl. **~s, -ae**) aorta f.

aortal /eɪ'ɔːtl/, **aortic** /eɪ'ɔːtɪk/ agg. aortico.

aortic arch /eɪ'ɔːtɪkɑːtʃ/ n. arco m. aortico.

aortic valve /eɪ'ɔːtɪkvælv/ n. valvola f. aortica.

Aosta /æ'ɒstə/ ➧ ***34*** n.pr. Aosta f.

AP n. (⇒ Associated Press) = agenzia di stampa americana.

apace /ə'peɪs/ avv. LETT. 1 *(quickly)* di buon passo, rapidamente 2 *(abreast)* ***to keep ~ with sth.*** andare *o* stare al passo di qcs.

Apache /ə'pætʃɪ/ ➧ ***18, 14*** I agg. apache II n. (pl. ~, **~s**) 1 *(person)* apache m. e f. 2 LING. lingua f. apache.

apagoge /æpə'gɒdʒiː/ n. apagoge f.

apanage /'æpənɪdʒ/ n. appannaggio m. (anche FIG.).

▶ **apart** /ə'pɑːt/ *Apart* is used after certain verbs in English (*keep apart, tell apart* etc.): for translations consult the appropriate verb entry (**keep**, **tell** etc.). agg. e avv. 1 *(at a distance in time or space)* ***the trees were planted 10 metres ~*** gli alberi erano piantati a 10 metri di distanza (l'uno dall'altro); ***the babies were born 2 weeks ~*** i bambini nacquero a due settimane di distanza; ***the houses, the two farms were far ~*** le case, le due fattorie erano molto distanti (l'una dall'altra); ***countries as far ~ as China and Spain*** paesi (così) distanti (fra loro) quanto lo sono la Cina e la Spagna; ***he stood ~ (from the group)*** si teneva a distanza (dal gruppo); ***the posts need to be placed further ~*** i pali devono essere più distanziati 2 *(separate from each other)* lontano; ***we hate being ~*** *(of couple)* odiamo stare lontani; ***they need to be kept ~*** devono essere tenuti lontani 3 *(leaving aside)* a parte; ***dogs ~, I don't like animals*** a parte i cani, gli animali non mi piacciono; ***finances ~, we're quite happy*** finanze a parte, siamo abbastanza contenti 4 *(different)* ***a race, a world ~*** una razza, un mondo a parte; ***we are very far ~ on the subject of immigration*** abbiamo posizioni molto divergenti sul tema dell'immigrazione 5 *(in pieces)* a, in pezzi; ***he had the TV ~ on the floor*** il suo televisore era smontato sul pavimento 6 **apart from** *(separate from)* lontano da; ***it stands ~ from the other houses*** è distante dalle altre case; ***he lives ~ from his wife*** vive separato da sua moglie; *(leaving aside)* a parte; ***~ from Karen, the garden*** a parte Karen, il giardino; ***~ from working in an office, he plays the saxophone in a nightclub*** oltre a lavorare in un ufficio, suona il sassofono in un night club; ***~ from being illegal, it's also dangerous*** oltre a essere illegale, è anche pericoloso; ***~ from anything else, I don't even like swimming*** oltre tutto, nuotare non mi piace neanche.

apartheid /ə'pɑːtheɪt, -aɪt/ n. apartheid m.

▷ **apartment** /ə'pɑːtmənt/ I n. *(flat)* appartamento m.; ***executive, luxury ~*** appartamento di rappresentanza, di lusso; ***holiday ~*** casa di vacanza; ***studio ~*** monolocale II **apartments** n.pl. *(suite of rooms)* appartamenti m.

apartment block /ə'pɑːtməntblɒk/, **apartment house** /ə'pɑːtmənthaʊs/ AE n. condominio m.

apathetic /ˌæpə'θetɪk/ agg. apatico; ***to be ~ about sth., towards sb.*** essere indifferente di fronte a qcs., verso qcn.

apathy /'æpəθɪ/ n. apatia f.; ***there is widespread ~ among students*** c'è una diffusa apatia tra gli studenti.

apatite /'æpəˌtaɪt/ n. apatite f.

APB n. AE (⇒ all points bulletin) = avviso di allarme generale.

▷ **1.ape** /eɪp/ n. 1 ZOOL. scimmia f. antropomorfa; ***female ~*** scimmia femmina 2 AE COLLOQ. SPREG. *(person)* scimmione m. ◆ ***to go ~*** AE POP. *(in anger)* andare in bestia; *(in enthusiasm)* uscire di testa.

▷ **2.ape** /eɪp/ tr. scimmiottare [*speech, behaviour, manners*].

apeak /ə'piːk/ avv. MAR. a picco.

apeman /'eɪpmən/ n. (pl. **-men**) uomo m. scimmia.

Apennines /'æpənaɪnz/ n.pr.pl. ***the ~*** gli Appennini.

aperitif /ə'perətɪf, AE əˌperə'tiːf/ n. aperitivo m.

aperture /'æpətʃʊə(r)/ n. 1 *(in wall, door)* apertura f.; *(small)* fessura f. 2 *(in telescope, camera)* apertura f.; ***wide, narrow ~*** FOT. apertura grande, piccola.

apeshit /'eɪpʃɪt/ I n. U AE VOLG. stronzata f., stronzate f.pl. II agg. AE VOLG. ***to go ~ over sth.*** incazzarsi per qcs.

apex /'eɪpeks/ n. (pl. **~es, -ices**) MAT. apice m. (anche FIG.).

APEX /'eɪpeks/ (⇒ Advance Purchase Excursion) = tariffa scontata di biglietto aereo o ferroviario acquistato con un certo anticipo.

aphaeresis, **apheresis** /ə'fɪərɪsɪs/ n. (pl. **-es**) aferesi f.

aphasia /ə'feɪzɪə, AE -ʒə/ n. afasia f.

aphasic /ə'feɪzɪk/ agg. afasico.

aphelion /ə'fiːlɪən/ n. (pl. **-a**) afelio m.

apheresis → **aphaeresis**.

aphid /'eɪfɪd/, **aphis** /'eɪfɪs/ n. (pl. **-ides**) afide m.

aphonia /ə'fəʊnɪə/ n. afonia f.

aphonic /ə'fɒnɪk/ agg. 1 FON. [*letter*] muto 2 [*person*] afono.

aphorism /'æfərɪzəm/ n. aforisma m.

aphoristic /æfə'rɪstɪk/ agg. aforistico.

aphoristically /æfə'rɪstɪklɪ/ avv. aforisticamente.

aphrodisiac /ˌæfrə'dɪzɪæk/ I agg. afrodisiaco II n. afrodisiaco m.

Aphrodite /ˌæfrə'daɪtɪ/ n.pr. Afrodite.

aphtha /'æfθə/ n. (pl. **-ae**) afta f.

apiarist /'eɪpɪərɪst/ ➧ ***27*** n. apicoltore m. (-trice).

apiary /'eɪpɪərɪ, AE -ɪerɪ/ n. apiario m.

apices /'eɪpɪsiːz/ → **apex**.

apiece /ə'piːs/ avv. 1 *(for each person)* a testa, per ciascuno; ***he gave them an apple ~*** diede loro una mela a testa 2 *(each one)* al pezzo, l'uno, cadauno; ***the watermelons cost one euro ~*** i cocomeri costano un euro cadauno.

Apis /'ɑːpɪs/ n.pr. Api.

aplenty /ə'plentɪ/ avv. in abbondanza.

aplomb /ə'plɒm/ n. padronanza f. di sé; ***to have the ~ to do*** avere padronanza nel fare; ***with great ~*** con grande disinvoltura.

apn(o)ea /æp'niːə/ n. MED. apnea f.

apn(o)eic /æp'niːɪk/ agg. MED. apnoico.

apocalypse /ə'pɒkəlɪps/ n. 1 BIBL. ***the Apocalypse*** l'Apocalisse; ***the four horsemen of the Apocalypse*** i quattro cavalieri dell'Apocalisse 2 *(disaster, destruction)* apocalisse f.

apocalypse watcher /ə'pɒkəlɪpsˌwɒtʃə(r)/ n. pessimista m. e f.

apocalyptic(al) /əˌpɒkə'lɪptɪk(l)/ agg. apocalittico.

apocalyptically /əˌpɒkə'lɪptɪklɪ/ avv. apocalitticamente.

apochromatic /ˌæpəkrə'mætɪk/ agg. apocromatico.

apocopate /ə'pɒkəpeɪt/ tr. apocopare.

apocopation /əˌpɒkə'peɪʃn/, **apocope** /ə'pɒkəpɪ/ n. apocope f.

Apocrypha /ə'pɒkrɪfə/ n. + verbo sing. o pl. ***the ~*** gli apocrifi.

apocryphal /ə'pɒkrɪfl/ agg. *(all contexts)* apocrifo.

apodal /'æpədəl/ agg. 1 apodo 2 [*fish*] privo di pinne ventrali.

apod(e)ictic /ˌæpəʊ'd(a)ɪktɪk/ agg. apodittico.

apodosis /ə'pɒdəsɪs/ n. (pl. **-es**) apodosi f.

apogeal /æpə'dʒiːəl/, **apogean** /æpə'dʒiːən/ agg. apogeo.

apogee /'æpədʒiː/ n. apogeo m. (anche FIG.); ***to reach its ~*** raggiungere il suo apogeo.

apolitical /ˌeɪpə'lɪtɪkl/ agg. apolitico.

Apollo /ə'pɒləʊ/ I n.pr. 1 MITOL. Apollo 2 *(spaceship)* Apollo II n. FIG. *(beautiful man)* apollo m.

Apollonian /ˌæpə'ləʊnɪən/ agg. apollineo.

Apollyon /ə'pɒljən/ n.pr. Satana.

apologetic /əˌpɒlə'dʒetɪk/ agg. [*gesture, letter, phone call, smile*] di scusa; ***to be ~ about sth.*** scusarsi di qcs.; ***to be ~ about doing*** o ***for having done*** scusarsi di *o* per aver fatto; ***to look ~*** avere un'espressione contrita; ***to sound ~*** avere un tono di scusa.

apologetically /əˌpɒlə'dʒetɪklɪ/ avv. [*say*] con tono di scusa; [*shrug, look at*] con un'espressione contrita, contritamente.

apologetics /əˌpɒlə'dʒetɪks/ n. + verbo sing. apologetica f.

apologia /ˌæpə'ləʊdʒɪə/ n. apologia f.

apologist /ə'pɒlədʒɪst/ n. apologeta m. e f.; ***~ for sth., sb.*** difensore di qcs., qcn.

▷ **apologize** /ə'pɒlədʒaɪz/ intr. scusarsi (**to sb.** con qcn.; **for sth.** di qcs.; **for doing** di, per aver fatto).

apologue /'æpə,lɒg/ n. apologo m.

▷ **apology** /ə'pɒlədʒɪ/ n. **1** *(excuse)* scuse f. pl. (**for sth.** per qcs.; **for doing** per aver fatto); ***to make an ~*** scusarsi; ***to make*** o ***give one's apologies*** presentare le proprie scuse; ***to send one's apologies*** inviare le proprie scuse; ***Mrs Brown sends her apologies*** FORM. la signora Brown vi prega di volerla scusare; ***to owe sb. an ~*** dovere delle scuse a qcn.; ***without ~*** senza chiedere scusa; ***I make no ~ for reminding you of John's contribution to the firm*** mi permetto di ricordare il contributo di John alla ditta; ***to publish an ~*** GIORN. pubblicare delle scuse **2** *(poor substitute)* ***an ~ for sth.*** una brutta copia di qcs.; ***an ~ for a letter*** una specie di lettera *o* una lettera per modo di dire **3** FORM. *(apologia)* apologia f. (**for** di).

apophthegm /'æpə,θem, 'æpəf,θem/ n. apoftegma m.

apophyseal, apophysial /æpə'fɪzɪəl/ agg. apofisario.

apophysis /ə'pɒfəsɪs/ n. (pl. **-es**) apofisi f.

apoplectic /,æpə'plektɪk/ agg. **1** *(furious)* [*criticism*] infuriato; [*prediction*] terribile; ***to be ~ (with rage)*** essere furibondo **2** MED. [*fit, attack*] apoplettico, di apoplessia; [*patient*] apoplettico.

apoplexy /'æpəpleksɪ/ n. **1** *(rage)* scoppio m. d'ira, accesso m. di collera **2** MED. apoplessia f.

aporia /ə'pɔːrɪə/ n. aporia f.

aport /ə'pɔːrt/ avv. MAR. verso sinistra, a babordo.

apostasy /ə'pɒstəsɪ/ n. RELIG. apostasia f. (anche FIG.) (**from** da).

apostate /ə'pɒsteɪt/ **I** agg. apostata **II** n. apostata m. e f. (**from** da).

apostatize /ə'pɒstətaɪz/ intr. apostatare.

a posteriori /,eɪ,pɒsterɪ'ɔːraɪ/ agg. [*reasoning, deduction*] a posteriori.

apostil(le) /ə'pɒstɪl/ n. ANT. postilla f.

apostle /ə'pɒsl/ n. RELIG. apostolo m. (anche FIG.) (**of** di).

Apostles' Creed /ə,pɒsls'kriːd/ n. simbolo m. apostolico, Credo m.

apostolate /ə'pɒstələt/ n. apostolato m.

apostolic /,æpə'stɒlɪk/ agg. apostolico; ***the ~ succession*** la successione apostolica.

apostrophe /ə'pɒstrəfɪ/ n. **1** apostrofo m. **2** LETTER. *(address)* apostrofe f. (**to** a).

apostrophize /ə'pɒstrəfaɪz/ tr. apostrofare.

apothecary /ə'pɒθəkərɪ, AE -kerɪ/ n. ANT. farmacista m. e f.

apothecium /,æpə'θiːsɪəm, -ʃɪ-/ n. (pl. **-ia**) apotecio m.

apothegm → **apophthegm**.

apothem /'æpə,θəm/ n. apotema m.

apotheosis /ə,pɒθɪ'əʊsɪs/ n. (pl. **-es**) apoteosi f.

apotheosize /ə'pɒθɪə,saɪz/ tr. fare l'apoteosi di, deificare [*person*].

appal BE, **appall** AE /ə'pɔːl/ tr. (forma in -ing ecc. **-ll-** BE) **1** *(horrify, dismay)* sgomentare, fare inorridire, spaventare; ***to be ~led at*** o ***by*** essere, rimanere inorridito da **2** *(shock)* sconvolgere, sbigottire; ***to be ~led at*** o ***by*** essere sconvolto da; ***to be ~led that*** essere *o* rimanere sconvolto dal fatto che; ***he was ~led to hear that*** è rimasto sconvolto sentendo che.

Appalachian /,æpə'leɪtʃɪən/ agg. **1** [*climate, wildlife*] appalachiano **2** ***the ~ Mountains*** i Monti Appalachi.

Appalachians /,æpə'leɪtʃɪənz/ n.pr.pl. ***the ~*** gli Appalachi.

appall AE → **appal**.

appalled /ə'pɔːld/ **I** p.pass. → **appal II** agg. *(horrified, dismayed)* sgomento, inorridito, spaventato; *(shocked)* sconvolto, sbigottito.

▷ **appalling** /ə'pɔːlɪŋ/ agg. **1** *(shocking)* [*conditions*] spaventoso, orribile; [*crime, injury*] orribile; [*bigotry*] spaventoso; ***it's ~ that*** è spaventoso che; ***it's ~!*** è orribile! **2** *(very bad)* [*manners*] esecrabile, detestabile; [*joke, taste*] orribile; [*noise*] spaventoso, orribile; [*weather*] orribile; [*stupidity*] spaventoso, incredibile.

appallingly /ə'pɔːlɪŋlɪ/ avv. **1** *(shockingly)* [*behave, treat*] spaventosamente, orribilmente; ***unemployment figures are ~ high*** il tasso di disoccupazione è spaventosamente alto **2** *(extremely)* ***an ~ difficult problem*** un problema di una difficoltà spaventosa; ***furnished in ~ bad taste*** arredato con pessimo gusto.

appanage ANT. → **apanage**.

apparatchik /,æpə'rɑːtʃɪk/ n. (pl. **~s, ~i**) **1** apparatcik m. (membro di partito degli stati dell'ex blocco comunista) **2** FIG. burocrate m. e f.

▷ **apparatus** /,æpə'reɪtəs, AE -'rætəs/ n. (pl. **~es**) **1** *(equipment)* **U** attrezzatura f., attrezzature f.pl., apparato m.; *(in gym)* attrezzi m. pl.; ***diving ~*** attrezzatura da sub; ***critical ~*** LETTER. apparato critico **2** impianto m.; ***heating ~*** impianto di riscaldamento **3** *(organization)* apparato m., macchina f.; ***bureaucratic ~*** apparato burocratico.

1.apparel /ə'pærəl/ n. **U 1** BE ANT., AE abbigliamento m. **2** AE ***protective ~*** abbigliamento di protezione; ***women's ~*** *(in department store)* abbigliamento da donna.

2.apparel /ə'pærəl/ tr. (forma in -ing ecc. **-ll-, -l-**) ANT. **1** *(attire)* abbigliare, vestire **2** *(adorn)* ornare, addobbare **3** MAR. armare, equipaggiare.

▶ **apparent** /ə'pærənt/ agg. **1** *(seeming)* [*contradiction, success, willingness*] apparente **2** *(clear)* evidente, chiaro; ***to become ~ that*** diventare chiaro che; ***this is ~ when*** questo diventa evidente quando; ***for no ~ reason*** senza motivo apparente.

▶ **apparently** /ə'pærəntlɪ/ avv. apparentemente.

apparition /,æpə'rɪʃn/ n. *(all contexts)* apparizione f.

apparitor /ə'pærɪtɔː(r)/ n. apparitore m.

▶ **1.appeal** /ə'piːl/ n. **1** *(call)* appello m. (**for** a); ***an ~ for calm*** un appello alla calma; ***an ~ to sb. to do*** un appello a qcn. perché faccia **2** *(charity event)* appello m. (**for** per; **on behalf of** a favore di); ***an ~ for*** una raccolta di [*food, blankets, clothes*]; ***to launch an ~*** lanciare un appello **3** SPORT *(to umpire, referee)* appello m. (**against** contro; **to** a) **4** DIR. appello m.; ***to lodge an ~*** interporre appello; ***an ~ to the Supreme Court*** un appello alla Corte Suprema **5** *(attraction)* fascino m., attrazione f.; *(interest)* interesse m.; ***to have ~, a certain ~*** avere fascino, un certo fascino; ***to have wide ~*** avere, esercitare un grande richiamo; ***it holds no ~ for me*** non mi interessa, non mi attira.

▶ **2.appeal** /ə'piːl/ intr. **1** DIR. appellarsi, fare ricorso in appello, ricorrere in appello, interporre appello (**against** contro); ***the right to ~*** il diritto d'appello; ***to ~ to*** appellarsi a, interporre appello a [*council, tribunal, high court*]; appellarsi a [*individual*] **2** SPORT ***to ~ to*** appellarsi a [*umpire, referee*]; ***to ~ against*** protestare contro [*decision, call*] **3** *(call, request)* ***to ~ for*** richiamare a [*order, tolerance*]; ***to ~ for witnesses*** appellarsi, ricorrere ai testimoni; ***to ~ to sb. to do*** *(formal call)* appellarsi, fare appello, ricorrere a qcn. perché faccia; ***to ~ to the public for help*** appellarsi, ricorrere al pubblico per un aiuto; ***to ~ to sb.'s better nature, sense of honour*** fare appello al buon cuore, al senso dell'onore di qcn. **4** *(attract, interest)* ***to ~ to sb.*** [*idea*] interessare a qcn.; [*place, person*] affascinare qcn., attrarre qcn.; ***does the idea ~?*** l'idea interessa? ***Austria doesn't really ~ to me*** l'Austria non mi attira tanto; ***gardening doesn't ~ to me*** il giardinaggio non mi interessa, non mi dice niente.

appealable /ə'piːləbl/ agg. appellabile.

appeal(s) court /ə'piːl(z),kɔːrt/ n. corte f. d'appello.

appealer /ə'piːlə(r)/ n. appellante m. e f.

appeal fund /ə'piːl,fʌnd/ n. fondi m.pl. (raccolta a scopo benefico o umanitario).

▷ **appealing** /ə'piːlɪŋ/ agg. **1** *(attractive)* [*child, kitten*] simpatico; [*plan, theory*] interessante, affascinante; [*modesty, reserve*] affascinante **2** *(beseeching)* [*look, eyes*] supplichevole.

appealingly /ə'piːlɪŋlɪ/ avv. **1** *(attractively)* in modo affascinante **2** *(beseechingly)* supplichevolmente.

appeal(s) judge /ə'piːl(z)dʒʌdʒ/ n. giudice m. d'appello.

▶ **appear** /ə'pɪə(r)/ intr. **1** *(become visible, turn up)* [*person, ship, symptom, ghost*] apparire, comparire; ***to ~ to sb. in a vision*** comparire a qcn. in una visione; ***to ~ on the scene*** comparire sulla scena; ***to ~ from nowhere*** apparire dal nulla; ***where did she ~ from?*** SCHERZ. da dove è arrivata *o* sbucata? **2** *(seem)* ***to ~ to be, to do*** [*person*] sembrar essere, sembrar fare; ***to ~ depressed*** sembrare depresso; ***to ~ deserted*** [*place*] sembrare deserto; ***to ~ to be crying*** sembrar piangere; ***to ~ to have forgotten*** sembrare aver dimenticato; ***it ~s, ~ed that*** sembra, sembrava che; ***it ~s to me that*** mi sembra che; ***there ~s to be, there would ~ to be*** sembra, sembrerebbe che ci sia; ***so it ~s, so it would ~*** così sembra, così sembrerebbe; ***his parents, it ~s, were ambitious*** i suoi genitori, a quanto pare, erano ambiziosi **3** GIORN. [*book, work, article*] apparire, essere pubblicato, uscire **4** CINEM. TEATR. TELEV. *(perform)* ***to ~ on stage*** comparire in scena; ***to ~ on TV*** apparire *o* comparire in televisione; ***to ~ as*** comparire nei panni di *o* interpretare; ***to be currently ~ing in*** recitare attualmente in **5** DIR. *(be present)* comparire (**before** davanti a; **for** per); ***to ~ in court*** comparire in tribunale; ***to ~ as counsel for the defence*** comparire come avvocato difensore; ***to ~ as a witness*** comparire come teste **6** *(be written)* [*name, score*] comparire (**on** su; **in** in).

▶ **appearance** /ə'pɪərəns/ **I** n. **1** *(arrival) (of person, vehicle, development, invention, symptom)* comparsa f. **2** CINEM. TEATR. TELEV. comparsa f.; apparizione f.; ***to make an ~ on television, on stage*** apparire in televisione, comparire in scena; ***to make one's first screen ~*** comparire per la prima volta sullo schermo; ***a rare screen ~ by Mina*** una delle rare apparizioni sullo schermo di Mina; ***cast in order of ~*** personaggi e interpreti in ordine di apparizione **3** *(public, sporting)* apparizione f.; ***to make a public ~*** fare un'apparizione pubblica; ***this is his first ~ for Italy*** questa è la prima volta che gioca nell'Italia; ***to put in an ~*** fare una breve apparizione **4** DIR. *(in court)* comparsa f., comparizione f. (**in** in; **before** davanti a); ***to enter an ~*** costituirsi in giudizio **5** *(look) (of person)* apparenza f., aspetto m.; *(of district, object)* aspetto m.; ***to check one's ~*** controllare il proprio aspetto; ***to be self-conscious about one's ~*** essere imbarazzato per il proprio aspetto; ***"smart ~ essential"*** "si richiede bella presenza"; ***to give sth. the ~ of*** dare a qcs. l'aspetto di; ***to be foreign in ~*** aver l'aria di uno straniero **6** *(semblance)* ***to give the ~ of sth., of doing*** dare l'impressione di qcs., di fare; ***it had all the ~s*** o ***every ~ of*** aveva tutta l'aria di; ***to maintain an ~ of objectivity*** mantenere una parvenza di obiettività **7** GIORN. *(of book, article)* pubblicazione f. **II appearances** n.pl. *(external show)* apparenze f.; ***to judge*** o ***go by ~s*** giudicare dalle apparenze; ***going by ~s...*** a giudicare dalle apparenze...; ***for the sake of ~s, for ~s' sake*** per salvare le apparenze; ***to keep up ~s*** salvare le apparenze; ***to all ~s*** all'apparenza, a quanto pare; ***contrary to, in spite of ~s*** contrariamente alle, nonostante le apparenze; ***~s can be deceptive*** l'apparenza inganna.

appearer /ə'pɪərə(r)/ n. comparente m. e f.

appearing /ə'pɪərɪŋ/ agg. **-appearing** in composti ***a youthful-~ person*** una persona di aspetto giovanile.

appease /ə'pi:z/ tr. placare, calmare.

appeasement /ə'pi:zmənt/ n. **1** acquietamento m., pacificazione f. **2** ***a policy of ~*** una politica di riconciliazione.

appellant /ə'pelənt/ n. appellante m. e f.

appellate /ə'pelət/ agg. DIR. di appello; ***~ court*** corte d'appello.

appellation /ˌæpə'leɪʃn/ n. FORM. appellazione f., denominazione f.

appellative /ə'pelətɪv/ **I** agg. LING. appellativo; ***~ noun*** nome appellativo, nome comune **II** n. **1** appellativo m. **2** LING. nome m. comune.

appellee /æpe'li:/ n. appellato m. (-a).

appellor /ə'pelə(r)/ n. = criminale che accusa i propri complici o ricusa la giuria.

append /ə'pend/ tr. FORM. apporre (**to** a).

appendage /ə'pendɪdʒ/ n. appendice f. (anche FIG.).

appendant /ə'pend(ə)nt/ **I** agg. ANT. aggiunto (**to** a) **II** n. **1** ANT. *(thing, person)* aggiunta f. **2** DIR. pertinenza f., connessi m.pl.

appendectomy /ˌæpen'dektəmɪ/, **appendicectomy** /əˌpendɪ'sektəmɪ/ n. appendicectomia f.

appendices /ə'pendɪsɪs/ → **appendix**.

appendicitis /əˌpendɪ'saɪtɪs/ ➧ ***11*** n. appendicite f.; ***acute ~*** appendicite acuta.

appendicular /æpən'dɪkjʊlə(r)/ agg. appendicolare.

▷ **appendix** /ə'pendɪks/ n. (pl. **~es, -ices**) **1** ANAT. appendice f.; ***to have one's ~ removed*** farsi togliere l'appendice **2** *(to printed volume, book, report)* appendice f.

apperceive /ˌæpə'si:v/ tr. appercepire.

apperception /ˌæpə'sepʃn/ n. appercezione f.

appertain /ˌæpə'teɪn/ intr. FORM. ***to ~ to sth.*** *(belong)* essere pertinente a qcs.; *(relate)* riferirsi a qcs.

appetence /'æpɪtəns/, **appetency** /'æpɪtənsɪ/ n. RAR. **1** *(craving)* desiderio m. (**for** di) **2** *(natural inclination)* attrazione f., inclinazione f. (**for** per, verso).

appetent /'æpɪtənt/ agg. RAR. appetente, desideroso.

▷ **appetite** /'æpɪtaɪt/ n. **1** *(desire to eat)* appetito m.; ***he has a good, poor ~*** ha tanto, poco appetito; ***the walk has given me an ~*** la passeggiata mi ha messo appetito; ***to work up an ~*** far venire l'appetito; ***it'll spoil*** o ***take away your ~*** ti rovinerà l'appetito **2** *(strong desire)* desiderio m., brama f. (**for** di); ***these books will whet your ~ for travel*** questi libri stimoleranno il vostro desiderio di viaggiare.

appetite suppressant /'æpɪtaɪtsəˌpresənt/ n. farmaco m. antifame.

appetizer /'æpɪtaɪzə(r)/ n. *(drink)* aperitivo m.; *(biscuit, olive etc.)* stuzzichino m., salatino m.; *(starter)* antipasto m.

appetizing /'æpɪtaɪzɪŋ/ agg. appetitoso.

Appian Way /ˌæpɪən'weɪ/ n.pr. via f. Appia.

▷ **applaud** /ə'plɔ:d/ **I** tr. **1** *(clap)* applaudire [*play, performance*] **2** *(approve of)* applaudire, plaudire [*choice, tactics, initiative, person*] **II** intr. applaudire.

▷ **applause** /ə'plɔ:z/ n. **U** applauso m., applausi m. pl.; ***there was a ripple*** o ***burst of ~*** ci fu uno scroscio di applausi; ***he came on to loud, rapturous ~*** fu accolto da un clamoroso applauso, da applausi frenetici.

▷ **apple** /'æpl/ **I** n. mela f.; ***the (Big) Apple*** *(New York)* la Grande Mela **II** modif. [*juice, peel, pip, skin*] di mela; [*puree, fritter, tart, turnover*] di mele ◆ ***he is the ~ of her eye*** è la pupilla dei suoi occhi; ***there's a bad ~ in every bunch*** o ***in every barrel*** = in ogni gruppo c'è sempre un elemento negativo, corrotto; ***to upset the ~ cart*** COLLOQ. mandare tutto all'aria.

apple blossom /'æplˌblɒsəm/ n. **U** fiori m.pl. di melo.

apple brandy /'æplˌbrændɪ/ n. acquavite f. di sidro.

applecore /'æplkɔ:(r)/ n. torsolo m. di mela.

apple green /'æplgri:n/ ➧ **5 I** n. verde m. mela **II** agg. verde mela.

applejack /'æpldʒæk/ n. AE acquavite f. di sidro.

apple orchard /'æplˌɔ:tʃəd/ n. meleto m.

apple pie /'æplˌpaɪ/ n. GASTR. torta f. di mele ◆ ***everything is in ~ order*** = tutto è in perfetto ordine.

apple pie bed /ˌæplpaɪ'bed/ n. *(joke)* sacco m.

apple polish /'æplˌpɒlɪʃ/ tr. AE COLLOQ. ***to ~ sb.*** leccare i piedi a qcn.

apples and pears /'æplzənˌpeəz/ n. BE COLLOQ. scale f.pl.

apple sauce /'æplsɔ:s/ n. **1** GASTR. salsa f. di mele **2** AE COLLOQ. sciocchezze f.pl.

applet /'æplət/ n. applet m.

apple tree /'æplˌtri:/ n. melo m.

▷ **appliance** /ə'plaɪəns/ n. apparecchio m., dispositivo m., congegno m.; ***electrical ~*** apparecchio elettrico; ***household ~*** elettrodomestico.

applicability /ˌæplɪkə'bɪlətɪ, əˌplɪ-/ n. applicabilità f. (**to** a).

▷ **applicable** /'æplɪkəbl, ə'plɪkəbl/ agg. [*argument, excuse, requirement*] appropriato, adatto; [*law, rule*] applicabile; ***discounts where ~ are shown on the bill*** gli eventuali sconti figurano sul conto; ***tick*** BE o ***check*** AE ***where ~*** barrare le caselle che interessano; ***if ~*** eventualmente; ***to be ~ to*** essere applicabile a, applicarsi a.

▷ **applicant** /'æplɪkənt/ **I** n. **1** *(for job, place)* aspirante m. e f., candidato m. (-a) (**for** a); ***job ~*** candidato **2** *(for passport, benefit, grant, loan, visa, asylum, citizenship, licence, franchise, insurance)* richiedente m. e f. **3** *(for shares)* ***share ~*** sottoscrittore di azioni **4** *(for membership)* aspirante m. e f.; ***~ for membership of*** aspirante membro di **5** DIR. *(for divorce, patent, bankruptcy, order)* richiedente m. e f., ricorrente m. e f. **II** modif. [*company, state*] richiedente.

▶ **application** /ˌæplɪ'keɪʃn/ **I** n. **1** *(request) (for job)* domanda f. (**for** di); *(for membership, admission, passport, loan, promotion, transfer)* richiesta f. (**for** di); *(for shares)* sottoscrizione f. (**for** di); ***to make an ~ for a job*** o ***a job ~*** presentare una domanda d'impiego; ***to make an ~ for a university place*** fare domanda d'iscrizione all'università; ***university ~*** modulo di iscrizione all'università; ***a letter of ~*** domanda di impiego; ***to fill out a job, passport ~*** compilare un modulo di assunzione, di richiesta del passaporto; ***on ~*** su richiesta **2** *(spreading)* applicazione f. (**to** su); ***one ~ is sufficient*** un'applicazione è sufficiente; ***for external ~ only*** solo per uso esterno **3** *(positioning) (of sticker, decorations, beads, sequins)* applicazione f. **4** *(implementation) (of law, penalty, rule, logic, theory, training)* applicazione f.; ***to put one's training into ~*** mettere in pratica la propria esperienza **5** *(use)* applicazione f., uso m.; ***to have military ~s*** trovare applicazione in campo militare; ***the ~ of computers to*** l'uso del computer in **6** INFORM. applicazione f. **7** DIR. *(for divorce, patent, bankruptcy, order)* richiesta f. (**for** di) **II** modif. (anche **~s**) INFORM. [*package, program, software*] applicativo; [*programmer*] di programmi applicativi.

application form /ˌæplɪ'keɪʃnˌfɔ:m/ n. *(for loan, credit card, passport)* modulo m. di richiesta; *(for job)* modulo m. di domanda; *(for membership, admission)* modulo m. di iscrizione.

applicator /'æplɪkeɪtə(r)/ n. TECN. applicatore m.

▷ **applied** /ə'plaɪd/ **I** p.pass. → **apply II** agg. [*linguistics, maths, science*] applicato.

applied psychology /əˌplaɪdsaɪ'kɒlədʒɪ/ n. psicotecnica f.

applier /ə'plaɪə(r)/ n. **1** *(applicant)* richiedente m. e f., aspirante m. e f. **2** applicatore m. (-trice).

1.appliqué /æ'pli:keɪ, AE ˌæplɪ'keɪ/ **I** n. ABBIGL. applicazione f. **II** modif. [*motif, decoration*] applicato.

2.appliqué /æ'pli:keɪ, AE ˌæplɪ'keɪ/ tr. applicare [*motif*] (**on** su); ***to ~ a cushion*** ornare un cuscino con applicazioni.

▶ **apply** /ə'plaɪ/ **I** tr. **1** *(spread)* applicare [*glue, make-up*] (**to** su); dare [*paint*] (**to** a) **2** *(affix)* applicare [*sticker, bandage, decoration, sequins*] (**to** a, su) **3** *(give)* applicare [*label, term*] (**to** a) **4** *(use)* applicare [*logic, theory, rule, standard, method, penalty, technology, heat*] (**to** a); esercitare [*friction, pressure*] (**to** su); ***to ~ the (foot)brake*** azionare il freno *o* frenare; ***to ~ the handbrake*** mettere *o* azionare il freno a mano **II** intr. **1** *(request)* fare, inoltrare domanda; ***to ~ for*** richiedere [*divorce, citizenship, custody, maintenance, passport, loan, grant, patent, visa*]; ***to ~ for shares*** richiedere la sottoscrizione di azioni; ***to ~ to do*** chiedere di fare; ***to ~ to be transferred*** chiedere di essere trasferito *o* fare domanda di trasferimento **2** *(seek work)* fare, inoltrare domanda; ***to ~ for*** far domanda di [*job*]; ***to ~ for the job of*** far domanda per il posto di; ***"~***

in writing to" "inviate le vostre domande a" **3** *(seek entry) (to college)* fare domanda di iscrizione (**to** a); *(to club, society)* fare domanda di ammissione (**to** a); ***to ~ for a place on a course*** far domanda di iscrizione a un corso; ***to ~ to join*** richiedere di entrare in [*army, group*]; ***to ~ to become a member of*** chiedere di diventare membro di **4** *(be valid)* [*definition, term*] applicarsi (**to** a), essere valido (**to** per); [*ban, rule, penalty*] essere in vigore; ***to ~ to*** essere valido per; ***the ban ceases to ~ from March*** il divieto non sarà più in vigore a partire da marzo; ***and that applies to you all*** e questo è valido per tutti voi **5** *(contact)* ***to ~ to*** rivolgersi a; ***~ to the Embassy*** rivolgetevi all'ambasciata; ***"~ within"*** "rivolgetevi all'interno" **III** rifl. ***to ~ oneself*** applicarsi, dedicarsi (**to** a; **to doing** a fare).

appoggiatura /ə,pɒdʒə'tʊərə/ n. appoggiatura f.

▶ **appoint** /ə'pɔɪnt/ tr. **1** *(name)* nominare [*person*] (**to sth.** a qcs.); ***he has been ~ed director*** è stato nominato direttore; ***to ~ sb. (as) chairperson*** nominare qcn. presidente; ***to ~ sb. to act as secretary*** nominare qcn. segretario **2** *(fix)* fissare, stabilire [*date, place*] **3** *(equip)* arredare, ammobiliare [*accommodation*].

appointed /ə'pɔɪntɪd/ **I** p.pass. → **appoint II** agg. **1** [*person*] nominato; ***newly ~*** di recente nomina **2** [*time, place*] fissato, stabilito **3** ***well ~*** [*house*] ben arredato.

appointee /əpɔɪn'ti:/ n. persona f. designata, delegata, nominata.

appointive /ə'pɔɪntɪv/ agg. [*job, post*] = ottenuto per nomina; [*system*] per nomina.

▶ **appointment** /ə'pɔɪntmənt/ n. **1** *(meeting, consultation)* appuntamento m. (**at** a; **with** con; **to do** per fare); ***business ~*** appuntamento di lavoro; ***by ~*** su appuntamento; ***to have an ~*** avere un appuntamento; ***to make an ~*** prendere un appuntamento; ***to break an ~*** mancare a un appuntamento; ***cancel an ~*** cancellare un appuntamento; ***please write, phone for an ~*** vogliate scrivere, telefonare per fissare un appuntamento **2** AMM. POL. *(nomination)* nomina f., carica f., conferimento m. di incarico (**as** di; **to sth.** a qcs.; **to do** per fare); ***"by ~ to Her Majesty"*** COMM. "fornitori ufficiali di Sua Maestà"; ***to take up an ~ (as sth.)*** assumere l'incarico (di qcs.) **3** *(job)* posto m. (**as**, **of** di); ***"Appointments"*** *(in paper)* "Offerte di lavoro".

apportion /ə'pɔ:ʃn/ tr. distribuire, ripartire [*money, cost*]; ripartire [*blame*] (**among**, **between** tra).

apportionable /ə'pɔ:ʃnəbl/ agg. **1** distribuibile, ripartibile (**among**, **between** tra) **2** BANC. frazionato; ***~ annuity*** rendita frazionata.

apportionment /ə'pɔ:ʃənmənt/ n. *(dividing up)* distribuzione f., ripartizione f.; AE POL. *(in House of Representatives)* ripartizione f. dei seggi; AE POL. *(of tax revenue)* ripartizione f.

appose /æ'pəʊz/ tr. **1** RAR. apporre [*signature*] (**to** a) **2** accostare, avvicinare.

apposite /'æpəzɪt/ agg. FORM. adatto, appropriato, opportuno.

appositely /'æpəzɪtlɪ/ avv. FORM. appropriatamente, opportunamente.

apposition /,æpə'zɪʃn/ n. apposizione f.; ***in ~ to*** LING. come apposizione di.

appraisable /ə'preɪzəbl/ agg. valutabile, stimabile.

appraisal /ə'preɪzl/ n. valutazione f., stima f.; ***to make an ~ of sth.*** *(estimation)* fare la stima di qcs.; ***to give an ~ of sth.*** *(statement of value)* fare una valutazione di qcs.; ***job ~*** = in una ditta, colloquio di valutazione soggettiva del lavoro.

appraise /ə'preɪz/ tr. **1** *(examine critically)* valutare, giudicare [*painting, information*]; giudicare [*appearance*] **2** *(evaluate)* stimare [*value*]; valutare [*job performance*].

appraisement /ə'preɪzmənt/ n. → **appraisal**.

appraiser /ə'preɪzə(r)/ n. *(valuer)* stimatore m. (-trice).

appreciable /ə'pri:ʃəbl/ agg. [*difference, reduction, change*] apprezzabile, sensibile, considerevole; [*quantity*] apprezzabile, considerevole; [*time*] considerevole.

appreciably /ə'pri:ʃəblɪ/ avv. apprezzabilmente, considerevolmente.

▶ **appreciate** /ə'pri:ʃɪeɪt/ **I** tr. **1** *(be grateful for)* apprezzare [*kindness, sympathy, honour, comfort, pleasure, favour, help, effort*]; ***I'd ~ it if you could reply soon*** le sarei grato se mi rispondesse presto; ***an early reply would be ~d*** una pronta risposta sarà gradita; ***I ~ being consulted*** mi fa piacere essere consultato **2** *(realize)* rendersi conto di; ***to ~ that*** rendersi conto che; ***I ~ (the fact) that*** mi rendo conto (del fatto) che; ***yes, I can ~ that*** sì, me ne rendo conto; ***as you will ~*** come vi renderete conto; ***you don't ~ how hard he has worked*** non vi rendete conto di quanto abbia lavorato sodo; ***to ~ sth. at its true value*** dare a qcs. il giusto valore **3** *(enjoy)* apprezzare [*music, art, good food*] **II** intr. ECON. [*object, valuables*] apprezzarsi, acquistare valore, rivalutarsi; [*value*] aumentare.

▷ **appreciation** /ə,pri:ʃɪ'eɪʃn/ n. **1** *(gratitude)* apprezzamento m., riconoscimento m. (**for** per); ***in ~ of sth.*** in riconoscimento di qcs.; ***as a mark of ~*** come segno di riconoscimento; ***a letter of ~*** una lettera di ringraziamento; ***to show one's ~*** manifestare la propria riconoscenza **2** *(awareness)* comprensione f. (**of** di); ***to have some, no ~ of*** rendersi conto, non rendersi conto di [*extent, difficulty, importance*] **3** *(enjoyment)* apprezzamento m. (**of** di); ***ladies and gentlemen, please show your ~*** signore e signori, applaudite per favore **4** LETTER. SCOL. *(commentary)* critica f.; ***art ~*** critica d'arte; ***literary ~*** critica letteraria **5** ECON. apprezzamento m., rivalutazione f. (**of, in** di); ***~ in value*** aumento di valore.

appreciative /ə'pri:ʃətɪv/ agg. **1** *(grateful)* riconoscente (**of** di) **2** *(admiring)* di apprezzamento, elogiativo **3** *(aware)* ***be ~ of sth.*** comprendere qcs. *o* rendersi conto di qcs.

appreciatively /ə'pri:ʃətɪvlɪ/ avv. **1** *(admiringly)* elogiativamente **2** *(gratefully)* con riconoscenza.

apprehend /,æprɪ'hend/ tr. **1** DIR. *(arrest)* arrestare **2** FORM. *(fear)* temere, paventare **3** FORM. *(comprehend)* afferrare; comprendere [*complexity, meaning*].

apprehensibility /,æprɪ'hensɪbɪlətɪ/ n. FORM. **1** temibilità f. **2** *(of meaning)* comprensibilità f.

apprehensible /,æprɪ'hensɪbɪ/ agg. **1** FORM. temibile **2** ANT. [*meaning*] comprensibile.

apprehension /,æprɪ'henʃn/ n. **1** *(fear) (of sth. specific)* apprensione f., timore m.; *(vague)* inquietudine f.; ***~ about sth.*** apprensione per qcs.; ***his ~ of being seized by the police*** il suo timore di essere catturato dalla polizia **2** DIR. *(arrest)* arresto m.

apprehensive /,æprɪ'hensɪv/ agg. [*glance, person*] apprensivo; ***to be deeply, slightly ~*** essere molto, un po' apprensivo; ***to feel ~ about sth.*** *(fearful)* provare apprensione per qcs.; *(worried)* essere in apprensione per qcs.; ***to be ~ about doing sth.*** aver timore di fare qcs.; ***they were ~ of an enemy attack*** temevano un attacco nemico; ***they are ~ that he will betray them*** temono che lui li possa tradire.

apprehensively /,æprɪ'hensɪvlɪ/ avv. [*wait, watch, glance*] con apprensione.

▷ **1.apprentice** /ə'prentɪs/ **I** n. apprendista m. e f. (anche FIG.); ***to be an ~ to sb.*** essere un apprendista presso qcn.; ***to train as an ~ with sb.*** fare l'apprendistato *o* il tirocinio presso qcn.; ***to work as an ~ with sb.*** lavorare come apprendista presso qcn.; ***to work as an ~ for three years*** lavorare come apprendista per tre anni; ***electrician's ~*** l'apprendista dell'elettricista **II** modif. *(trainee)* [*baker, mechanic*] apprendista.

2.apprentice /ə'prentɪs/ tr. ***to be ~d to sb.*** essere preso come apprendista da qcn. *o* fare pratica presso qcn.

apprenticeship /ə'prentɪsʃɪp/ n. apprendistato m., tirocinio m. (anche FIG.); ***to serve, complete one's ~*** fare, completare il proprio tirocinio; ***to take an ~ with a firm*** entrare in una ditta con un contratto di apprendistato.

apprise /ə'praɪz/ tr. FORM. ***to ~ sb. of sth.*** informare, avvertire qcn. di qcs.

apprize /ə'praɪz/ tr. **1** apprezzare, stimare **2** → **apprise**.

appro /'æprəʊ/ n. BE COMM. COLLOQ. (accorc. approval) prova f.; ***on ~*** in prova.

▶ **1.approach** /ə'prəʊtʃ/ n. **1** *(route of access) (to town, island)* accesso m., via f. d'accesso; ***all the ~es to the city have been sealed off*** tutte le vie di accesso alla città sono state chiuse; ***the ~ to the house*** l'accesso alla casa **2** *(advance) (of person, of season, old age)* (l')avvicinarsi, (l')approssimarsi **3** *(way of dealing)* approccio m.; ***an ~ to teaching, advertising*** un modo di insegnare, fare pubblicità; ***an original ~ to the problem*** un modo originale d'affrontare il problema; ***a new ~ to child psychology*** un nuovo approccio alla psicologia infantile; ***we need to try a different ~*** dobbiamo tentare un approccio diverso; ***I don't care for their ~*** non mi preoccupo del loro modo di fare; ***she is very Freudian in her ~*** ha un approccio molto freudiano **4** *(overture)* approccio m.; *(proposal to buy etc.)* offerta f., proposta f.; ***to make ~es to sb.*** COMM. fare delle offerte a qcn. **5** *(approximation)* ***this was the nearest ~ to a solution, a cease-fire*** questo fu il tentativo più vicino alla soluzione, il tentativo riuscito meglio per ottenere il cessate il fuoco. **6** AER. → **approach path**.

▶ **2.approach** /ə'prəʊtʃ/ **I** tr. **1** *(draw near to)* avvicinarsi a [*person, place*]; *(verge on)* avvicinarsi a; ***it was ~ing dawn*** si stava avvicinando l'alba; ***it was ~ing midnight*** si stava avvicinando la mezzanotte; ***he is ~ing sixty*** si sta avvicinando alla sessantina; ***a woman ~ing middle age, retirement*** una donna vicina alla mezza età, alla pensione; ***gales ~ing speeds of 200 km per hour*** venti che raggiungono una velocità di circa 200 km all'ora; ***he looked at***

her with something ~ing admiration la guardava quasi con ammirazione; ***a profit of something ~ing five million dollars*** un utile di qualcosa come cinque milioni di dollari **2** *(deal with)* affrontare [*problem, topic, subject*] **3** *(make overtures to)* avvicinare, rivolgersi a, fare delle avances a [*person*]; *(more formally, with offer of job, remuneration)* contattare, fare delle offerte a [*person, company*] (**about** per); ***she was ~ed by a man in the street*** fu abbordata *o* avvicinata da un uomo per strada; ***the company has been ~ed by several buyers*** la compagnia è stata contattata da diversi acquirenti; ***he has been ~ed by several publishers*** è stato contattato *o* ha ricevuto delle proposte da diverse case editrici **II** intr. [*person, animal, car*] avvicinarsi; [*event, season, date*] avvicinarsi, approssimarsi; ***the time is fast ~ing when...*** si sta avvicinando il momento in cui...

approachability /əˈprəʊtʃəbɪlətɪ/ n. *(of place)* accessibilità f.; *(of person)* affabilità f.

approachable /əˈprəʊtʃəbl/ agg. [*place*] accessibile; [*person*] accessibile, avvicinabile, abbordabile.

▷ **approaching** /əˈprəʊtʃɪŋ/ agg. [*event*] che si avvicina, prossimo; [*person*] che si avvicina.

approach lights /əˈprəʊtʃˌlaɪts/ n.pl. AER. luci f. di avvicinamento.

approach path /əˈprəʊtʃˌpɑːθ, AE -ˌpæθ/, **approach road** /əˈprəʊtʃˌrəʊd/ n. AER. sentiero m. di avvicinamento.

approach shot /əˈprəʊtʃˌʃɒt/ n. *(in golf)* colpo m. di avvicinamento.

approach stage /əˈprəʊtʃˌsteɪdʒ/ n. AER. fase f. di avvicinamento.

approbate /ˌæprəˈbeɪt/ tr. AE *(officially)* approvare, sanzionare.

approbation /ˌæprəˈbeɪʃn/ n. FORM. approvazione f., sanzione f.; ***with the ~ of*** con l'approvazione di.

approbatory /ˌæprəˈbeɪtrɪ, AE əˈprəʊbətɔːrɪ/ agg. FORM. approvativo.

▶ **1.appropriate** /əˈprəʊprɪət/ agg. **1** *(suitable for occasion, situation)* [*attitude, behaviour, choice, place, time, treatment, punishment, remark, date*] appropriato, adeguato (**for** a, per); [*dress, gift, style*] adatto (**for** a); giusto (**for** per); *(apt)* [*name*] adatto, appropriato; ~ ***to*** adatto a [*needs, situation, circumstances*]; ***it is ~ that sb. should do*** è giusto che qualcuno faccia; ***he's chosen a most ~ name for his dog*** ha scelto un nome molto appropriato per il suo cane; ***"delete as ~"*** "cancellare la voce che non interessa" **2** *(relevant)* [*authority, department*] competente.

2.appropriate /əˈprəʊprɪeɪt/ tr. **1** *(for own use)* appropriarsi di; DIR. appropriarsi indebitamente di [*land*] (**for** per) **2** AE ECON. stanziare [*funds*] (**for** per).

▷ **appropriately** /əˈprəʊprɪətlɪ/ avv. *(suitably, aptly for occasion)* [*behave, speak, designed, chosen, sited*] appropriatamente; [*dress*] in modo adatto, adeguato.

appropriateness /əˈprəʊprɪətnɪs/ n. *(of behaviour, choice, decision, occasion, remark)* appropriatezza f.; *(of dress)* adeguatezza f.

appropriation /əˌprəʊprɪˈeɪʃn/ n. **1** *(removal)* appropriazione f.; *(seized item)* = ciò di cui ci si appropria **2** AE ECON. stanziamento m. (**for** per).

appropriative /əˌprəʊprɪətɪv, AE -eɪtɪv/ agg. che tende ad appropriarsi.

appropriator /əˌprəʊprɪeɪtə(r)/ n. RELIG. = detentore di beneficio ecclesiastico.

approvable /əˈpruːvəbl/ agg. approvabile.

▷ **approval** /əˈpruːvl/ n. **1 U** *(favourable opinion)* approvazione f. (**of** di); ***to win sb.'s ~*** guadagnarsi, ottenere l'approvazione di qcn.; ***she nodded, smiled her ~*** ha mostrato la sua approvazione con un cenno del capo, sorridendo **2 U** AMM. *(authorization)* approvazione f., autorizzazione f. (**to do** per fare); ***subject to sb.'s ~*** sottoposto all'approvazione di qcn.; ***to give (one's) ~ to*** dare la propria approvazione a [*plan, scheme, reform*]; ***to get, send sth. on ~*** ricevere, inviare qcs. in prova **3 C** AMM. *(certificate of authorization)* autorizzazione f.; ***drug, pesticide, product ~*** omologazione di un medicinale, di un pesticida, di un prodotto.

approvals procedure /əˌpruːvlzprəˈsiːdʒə(r)/ n. procedura f. di approvazione.

▶ **approve** /əˈpruːv/ **I** tr. *(authorize)* approvare, omologare [*product, plan, statement, list, decision*] (**for sth.** per qcs.); autorizzare [*person*]; ***the motion was ~d by 20 to 3*** la mozione fu approvata con 20 voti a favore e 3 (voti) contrari **II** intr. *(be in favour of)* ***to ~ of sth., sb.*** approvare qcs., qcn.; ***(not) to ~ of sb. doing sth.*** (non) approvare che qcn. faccia qcs.; ***he doesn't ~ of drinking, smoking*** è contro l'alcol, il fumo.

approved /əˈpruːvd/ **I** p.pass. → **approve II** agg. approvato; [*method, society*] riconosciuto.

approved school /əˌpruːvdˈskuːl/ n. BE riformatorio m.

approver /əˈpruːvə(r)/ n. **1** approvatore m. (-trice) **2** DIR. *(in old English law)* = reo confesso che testimonia contro i complici.

▷ **approving** /əˈpruːvɪŋ/ agg. [*look, smile*] di approvazione.

approvingly /əˈpruːvɪŋlɪ/ avv. [*look*] con aria di approvazione; [*smile*] in segno di approvazione; [*speak, write*] con tono di approvazione.

approx ⇒ approximately approssimativamente, circa (ca.).

▷ **1.approximate** /əˈprɒksɪmət/ agg. [*date, idea, method*] approssimativo, indicativo; ~ ***to*** prossimo a; ~ ***time of arrival*** ora di arrivo indicativa.

2.approximate /əˈprɒksɪmeɪt/ **I** tr. **1** *(come close to)* avvicinarsi a [*frequency, profits, size*] **2** *(resemble)* avvicinarsi a [*idea, objective*] **II** intr. ***to ~ to*** *(in quantity, size, nature, quality etc.)* avvicinarsi a; ***the cost of the repairs ~d to £ 500*** il costo delle riparazioni era di circa £ 500.

▷ **approximately** /əˈprɒksɪmətlɪ/ avv. **1** *(about)* approssimativamente, circa; ***it holds ~ 10 litres*** o ***10 litres ~*** contiene circa 10 litri; ***at ~ four o'clock*** verso le quattro **2** [*equal, true, correct etc.*] approssimativamente.

approximation /əˌprɒksɪˈmeɪʃn/ n. **1** approssimazione f.; ***a rough ~*** un'approssimazione fatta a grandi linee; ***the nearest ~ to it is*** l'approssimazione più vicina è **2** *(figure, calculation)* approssimazione f. (**of** di).

approximative /əˈprɒksɪmətɪv, AE -eɪtɪv/ agg. approssimativo.

appurtenances /əˈpɜːtɪnənsɪz/ n.pl. **1** *(trappings)* FORM. accessori m. (**of** di) **2** DIR. *(of house)* pertinenza f.sing. **3** DIR. *(rights, responsibilities)* diritti e obblighi m., responsabilità f.sing. accessoria (**of** di).

appurtenant /əˈpɜːtɪnənt/ **I** agg. **1** FORM. appartenente, pertinente (**to** a) **2** DIR. annesso **II** n. DIR. → **appurtenances.**

Apr ⇒ April aprile (apr.).

APR n. (⇒ annualized percentage rate) = tasso d'interesse percentuale annuale.

après-ski /ˌæpreɪˈskiː/ **I** agg. [*activities*] dopo lo sci; [*clothes*] doposcì **II** n. = relax dopo lo sci.

apricot /ˈeɪprɪkɒt/ ➧ **5 I** n. **1** *(fruit)* albicocca f. **2** *(tree)* albicocco m. **3** *(colour)* (color) albicocca m. **II** modif. **1** [*skin, stone*] di albicocca **2** [*blossom, wood*] di albicocco **3** [*brandy, jam*] di albicocche **4** [*sauce, yoghurt*] all'albicocca **III** agg. color albicocca.

▶ **April** /ˈeɪprɪl/ ➧ ***16*** n. aprile m.

April Fool /ˌeɪprɪlˈfuːl/ n. *(person)* = vittima di un pesce d'aprile; ***~!*** pesce d'aprile!

April Fools' Day /ˌeɪprɪlˈfuːlsˌdeɪ/ n. il primo di aprile (specialmente con riferimento ai pesci d'aprile).

April Fools' trick /ˌeɪprɪlˈfuːlzˌtrɪk/ n. pesce m. d'aprile.

April showers /ˌeɪprɪlˈʃaʊəz/ n.pl. = piogge primaverili.

a priori /ˌeɪpraɪˈɔːraɪ/ **I** agg. [*reasoning, argument, acceptance*] a priori; ***an ~ assumption*** una supposizione fatta a priori **II** avv. a priori.

apriorism /eɪˈpraɪəˌrɪzəm/ n. apriorismo m.

aprioristic /eɪpraɪəˈrɪstɪk/ agg. aprioristico.

apriority /ˌeɪpraɪˈɒrətɪ, AE -ɔːr-/ n. apriorità f.

apron /ˈeɪprən/ n. **1** *(garment)* grembiule m.; ***butcher's ~*** grembiule da macellaio; ***lead ~*** = sorta di grembiule di piombo indossato per proteggersi dalle radiazioni **2** *(for vehicles, planes)* piazzale m. **3** *(on machinery)* grembiale m. di protezione ◆ ***to be tied to sb.'s ~ strings*** essere attaccato alle sottane di qcn.

apron stage /ˈeɪprənˌsteɪdʒ/ n. proscenio m.

apropos /ˌæprəˈpəʊ/ **I** agg. [*remark*] appropriato **II** avv. a proposito (**of** di).

apse /æps/ n. abside f.

apsidal /ˈæpsɪdl/ agg. absidale.

apsis /ˈæpsɪs/ n. (pl. **-ides**) → **apse.**

▷ **1.apt** /æpt/ agg. **1** *(suitable)* [*choice, description, comparison, title, style, comment*] atto, adatto, appropriato, adeguato (**to** a; **for** per) **2** *(inclined)* ***to be ~ to do*** essere incline a fare; ***this is ~ to happen*** questo tende a verificarsi **3** *(clever)* intelligente, sveglio (**at doing** a fare).

2.apt ⇒ apartment appartamento.

apteral /ˈæptərəl/ agg. attero, aptero.

aptitude /ˈæptɪtjuːd, AE -tuːd/ n. attitudine f., inclinazione f., predisposizione f.; ***he has no ~ for this work*** non ha nessuna predisposizione per questo lavoro; ***to have an ~ for maths*** avere attitudine per la matematica.

aptitude test /ˈæptɪtjuːdˌtest, AE -tuːd-/ n. test m., esame m. attitudinale.

aptly /ˈæptlɪ/ avv. [*named*] a proposito; [*described, chosen*] a proposito, in modo appropriato.

aptness /ˈæptnɪs/ n. **1** *(suitability)* adeguatezza f. **2** attitudine f., inclinazione f., predisposizione f.
Apulia /əˈpjuːlɪə/ ➧ ***24*** n.pr. Puglia f.; ***in ~*** in Puglia.
Apulian /əˈpjuːlɪən/ **I** agg. pugliese **II** n. pugliese m. e f.
apyretic /eɪpaɪˈretɪk/ agg. apiretico.
apyrexy /eɪpaɪˈreksɪ/ n. apiressia f.
aqua /ˈækwə, AE ˈɑː-/ n. (pl. **-ae**) CHIM. acqua f.
aquaculture /ˈækwəkʌltʃə(r)/ n. acquacoltura f., acquicoltura f.
aquadrome /ˈækwədrəʊm/ n. = centro attrezzato per gare di sci d'acqua.
aquae /ˈækwiː, AE ˈɑː-/ → **aqua**.
aquafarm /ˈækwəfaːm/ n. allevamento m. di pesci.
aqualung /ˈækwəlʌŋ/ n. autorespiratore m.
aquamarine /ˌækwəməˈriːn/ ➧ ***5*** **I** n. **1** *(gem)* acquamarina f. **2** *(colour)* (color) acquamarina m. **II** agg. acquamarina.
aquanaut /ˈækwənɔːt/ n. acquanauta m. e f.
1.aquaplane /ˈækwəpleɪn/ n. acquaplano m.
2.aquaplane /ˈækwəpleɪn/ intr. **1** SPORT andare sull'acquaplano **2** BE AUT. subire l'effetto aquaplaning.
aquarelle /ˌækwəˈrel/ n. acquerello m.
aquaria /əˈkweərɪə/ → **aquarium**.
Aquarian /əˈkweərɪən/ ➧ ***38*** **I** n. *(person)* Acquario m. **II** agg. [*nature, characteristics*] dell'Acquario.
aquarium /əˈkweərɪəm/ n. (pl. **~s**, **-ia**) acquario m.; ***fresh-water, marine ~*** acquario di acqua dolce, di acqua marina.
Aquarius /əˈkweərɪəs/ ➧ ***38*** n. ASTROL. Acquario m.; ***to be (an) ~*** essere dell'Acquario *o* essere un Acquario.
aquarobics /ˌækwəˈrɒbɪks/ ➧ ***10*** n. + verbo sing. ginnastica f. in acqua.
aquatic /əˈkwætɪk/ agg. [*plant, environment, sport*] acquatico.
aquatint /ˈækwətɪnt/ n. acquatinta f.
aqueduct /ˈækwɪdʌkt/ n. acquedotto m.
aqueous /ˈeɪkwɪəs/ agg. acqueo, acquoso; ***~ humour*** ANT. umore acqueo.
aquiculture /ˈækwɪkʌltʃə(r)/ n. acquacoltura f.
aquilegia /ˌækwɪˈliːdʒɪə/ n. aquilegia f.
aquiline /ˈækwɪlaɪn/ agg. [*nose, features*] aquilino.
Aquinas /əˈkwaɪnəs/ n.pr. san Tommaso d'Aquino.
Aquitaine /ˌækwɪˈteɪn/ ➧ ***24*** n.pr. Aquitania f.
aquosity /əˈkwɒsətɪ/ n. acquosità f.
AR US ⇒ Arkansas Arkansas.
Arab /ˈærəb/ ➧ ***18*** **I** agg. **1** [*country, customs, people*] arabo; ***the ~ world*** il mondo arabo **2** EQUIT. [*sire, blood*] arabo **II** n. **1** *(person)* arabo m. (-a) **2** EQUIT. cavallo m. arabo; *(mare)* cavalla f., giumenta f. araba.
Arabella /ærəˈbelə/ n.pr. Arabella.
arabesque /ˌærəˈbesk/ n. **1** arabesco m. **2** MUS. arabesque f.
Arabia /əˈreɪbɪə/ ➧ ***24*** n.pr. Arabia f.
Arabian /əˈreɪbɪən/ agg. [*desert, landscape*] arabico; ***the ~ Sea*** il Mare Arabico; ***the ~ Nights*** le Mille e una Notte.
▷ **Arabic** /ˈærəbɪk/ ➧ ***14*** **I** agg. [*dialect, numerals, script*] arabo **II** n. *(language)* arabo m.; ***classical, modern ~*** arabo classico, moderno.
Arab-Israeli /ˌærəbɪzˈreɪlɪ/ agg. arabo-israeliano.
Arabist /ˈærəbɪst/ n. arabista m. e f.
arabization /ˌærəbaɪˈzeɪʃn, AE -bɪˈz-/ n. arabizzazione f.
arabize /ˈærəbaɪz/ tr. arabizzare.
arable /ˈærəbl/ agg. [*land, sector*] arabile, arativo; [*crop*] da seminare annualmente; ***~ farmer*** agricoltore *o* coltivatore; ***~ farming*** agricoltura.
Arab League /ˌærəbˈliːg/ n.pr. Lega f. araba.
Araby /ˈærəbɪ/ n.pr. LETT. Arabia f.
arachnid /əˈræknɪd/ n. aracnide m.
arachnoid /əˈræknɔɪd/ n. aracnoide f.
aragonite /əˈrægənaɪt/ n. aragonite f.
Aramaic /ˌærəˈmeɪɪk/ ➧ ***14*** **I** agg. [*alphabet, language*] aramaico **II** n. aramaico m.
Aran /ˈærən/ ➧ ***12*** n.pr. ***the ~ Islands*** le isole Aran; ***on the ~ Islands*** nelle *o* alle isole Aran.
Aran sweater /ˈærənˌswetə(r)/ n. = spesso maglione di lana lavorato a mano con motivi a intreccio, tipico delle isole Aran.
Aran wool /ˈærənˌwʊl/ n. = lana spessa, non tinta prodotta sulle isole Aran.
arapaima /ærəˈpaɪmə/ n. arapaima m.
araucaria /ˌærɔːˈkeərɪə/ n. araucaria f.
arbalest /ˈɑːbəˌlest/ n. ANT. balestra f.
arbalester /ˈɑːbəˌlestə(r)/ n. ANT. balestriere m.
arbiter /ˈɑːbɪtə(r)/ n. *(spokesperson, mediator)* arbitro m.; ***an ~ of taste*** un arbitro del gusto; ***~s of fashion*** arbitri della moda.
arbitrable /ˈɑːbɪtrəbl/ agg. soggetto a decisione arbitrale, ad arbitrato.
arbitrage /ˈɑːbɪˌtrɑːʒ/ n. ECON. arbitraggio m.
arbitrager /ˈɑːbɪˌtrɑːʒə(r)/ ➧ ***27*** n. arbitraggista m. e f.
arbitral /ˈɑːbɪtrəl/ agg. arbitrale.
arbitrament /ˈɑːbɪtrəmənt/ n. DIR. arbitrato m., lodo m. arbitrale.
arbitrarily /ˈɑːbɪtrərəlɪ, AE ˈɑːrbɪtrerəlɪ/ avv. arbitrariamente.
arbitrariness /ˈɑːbɪtrərɪnɪs, AE ˈɑːrbɪtrerɪnɪs/ n. arbitrarietà f.
▷ **arbitrary** /ˈɑːbɪtrərɪ, AE ˈɑːrbɪtrerɪ/ agg. arbitrario; ***the conclusions are extremely ~*** le conclusioni sono estremamente arbitrarie.
arbitrate /ˈɑːbɪtreɪt/ **I** tr. arbitrare, sottoporre ad arbitrato [*dispute, wages claim*] **II** intr. arbitrare, fare da arbitro (**between** tra); ***the committee ~s in such matters*** il comitato fa da arbitro in casi di questo tipo.
arbitration /ˌɑːbɪˈtreɪʃn/ n. arbitrato m.; ***to refer a case to ~*** sottoporre un caso ad arbitrato; ***to go to ~*** andare in arbitrato.
arbitration award /ˌɑːbɪˈtreɪʃnəˌwɔːd/ n. lodo m. arbitrale.
arbitration tribunal /ˌɑːbɪˈtreɪʃntraɪˌbjuːnl/ n. BE tribunale m. arbitrale.
arbitrator /ˈɑːbɪtreɪtə(r)/ n. *(mediator)* arbitro m., arbitratore m. (**between** tra); ***industrial ~*** = probiviro preposto ad arbitrati in materia di dispute tra datori di lavoro e lavoratori dell'industria.
arblast /ˈɑːblɑːst, AE -æst/ n. → **arbalest**.
arbor AE → **arbour**.
arboraceous /ˌɑːbəˈreɪʃəs/ agg. → **arboreal**.
Arbor Day /ˈɑːbərˌdeɪ/ n. AE = un giorno di fine aprile o inizio maggio, che, nella maggior parte degli stati americani, viene festeggiato piantando nuovi alberi.
arboreal /ɑːˈbɔːrɪəl/ agg. **1** *(resembling a tree)* arboreo **2** *(inhabiting a tree)* arboricolo.
arbored AE → **arboured**.
arboreous /ɑːˈbɔːrɪəs/ agg. **1** *(resembling a tree)* arboreo **2** *(wooded)* boscoso.
arborescence /ɑːbəˈresns/ n. arborescenza f.
arborescent /ɑːbəˈresnt/ agg. arborescente.
arboretum /ˌɑːbəˈriːtəm/ n. (pl. **~s**, **-a**) arboreto m.
arboriculture /ˈɑːbərɪkʌltʃə(r)/ n. arboricoltura f.
arboriculturist /ˌɑːbərɪˈkʌltʃərɪst/ ➧ ***27*** n. arboricoltore m. (-trice).
arborization /ˌɑːbəraɪˈzeɪʃn, AE -rɪˈz-/ n. arborizzazione f.
arbor vitae /ˌɑːbəˈviːtaɪ, -ˈvaɪtɪ/ n. tuia f.
arbour BE, **arbor** AE /ˈɑːbə(r)/ n. pergola f., pergolato m.
arboured BE, **arbored** AE /ˈɑːbəd/ agg. pergolato.
arbutus /ɑːˈbjuːtəs/ n. corbezzolo m.
1.arc /ɑːk/ n. arco m. (anche MAT.); EL. arco m. elettrico.
2.arc /ɑːk/ intr. tracciare un arco; EL. formare un arco elettrico.
ARC n. (⇒ Aids-related complex) = complesso dei sintomi legati all'AIDS.
▷ **arcade** /ɑːˈkeɪd/ n. **1** portico m., colonnato m., galleria f.; ARCH. arcata f.; ***shopping ~*** centro commerciale **2** → **amusement arcade**.
Arcadia /ɑːˈkeɪdɪə/ ➧ ***24*** n.pr. GEOGR. LETT. Arcadia f.
Arcadian /ɑːˈkeɪdɪən/ **I** agg. **1** GEOGR. arcade **2** LETT. arcadico **II** n. arcade m. e f.
Arcady /ˈɑːkədɪ/ n.pr. → **Arcadia**.
arcana /ɑːˈkeɪnə/ → **arcanum**.
arcane /ɑːˈkeɪn/ agg. *(incomprehensible, mysterious)* arcano.
arcanum /ɑːˈkeɪnəm/ n. (pl. **~s**, **-a**) **1** *(mistery)* arcano m. **2** *(of alchemist)* elisir m.
▷ **1.arch** /ɑːtʃ/ n. **1** ARCH. *(dome)* volta f.; *(archway, triumphal)* arco m.; *(for bridge)* arcata f. **2** ANAT. *(of foot, eyebrows)* arcata f., arco m.; ***to have fallen ~es*** avere i piedi piatti.
▷ **2.arch** /ɑːtʃ/ **I** tr. inarcare; ***to ~ one's back*** [*person, cat*] inarcare la schiena **II** intr. [*branch*] inarcarsi; [*rainbow*] formare un arco.
3.arch /ɑːtʃ/ agg. **1** *(mischievous)* [*look, manner*] malizioso, birichino **2** SPREG. *(superior)* [*person, voice, remark*] pieno di degnazione.
archaeological BE, **archeological** AE /ˌɑːkɪəˈlɒdʒɪkl/ agg. archeologico.
archaeologist BE, **archeologist** AE /ˌɑːkɪˈɒlədʒɪst/ ➧ ***27*** n. archeologo m. (-a).
archaeology BE, **archeology** AE /ˌɑːkɪˈɒlədʒɪ/ n. archeologia f.
Archaeopteryx /ˌɑːkɪˈɒptərɪks/ n. archeopterige m., archeotterige m.
Archaeozoic /ˌɑːkɪəʊˈzəʊɪk/ **I** agg. archeozoico **II** n. archeozoico m.
archaic /ɑːˈkeɪɪk/ agg. arcaico.
archaism /ˈɑːkeɪɪzəm/ n. arcaismo m.
archaistic /ɑːkeɪˈɪstɪk/ agg. arcaistico.
archaize /ˈɑːkeɪˌaɪz/ **I** tr. rendere arcaico **II** intr. arcaicizzare, arcaizzare.

archangel /ˈɑːkeɪndʒl/ n. arcangelo m.
archbishop /ˌɑːtʃˈbɪʃəp/ n. arcivescovo m.
archbishopric /ˌɑːtʃˈbɪʃəprɪk/ n. arcivescovado m.
archdeacon /ˌɑːtʃˈdiːkən/ n. arcidiacono m.
archdeaconry /ˌɑːtʃˈdiːkənrɪ/ n. arcidiaconato m.
archdiocese /ˌɑːtʃˈdaɪəsɪs/ n. arcidiocesi f.
archducal /ˌɑːtʃˈdjuːkl, AE -duːkl/ agg. arciducale.
archduchess /ˌɑːtʃˈdʌtʃɪs/ n. arciduchessa f.
archduchy /ˌɑːtʃˈdʌtʃɪ/ n. *(territory)* arciducato m.
archduke /ˌɑːtʃˈdjuːk, AE -ˈduːk/ n. arciduca m.
archdukedom /ˌɑːtʃˈdjuːkdəm, AE -ˈduːk-/ n. → **archduchy**.
Archean /ɑːˈkiːən/ **I** agg. archeano **II** n. archeano m.
arched /ˈɑːtʃt/ **I** p.pass. → **2.arch** **II** agg. ad arco, arcuato; [*eyebrows*] inarcato.
arch-enemy /ɑːtʃˈenəmɪ/ n. **1** *(chief enemy)* nemico m. (-a) acerrimo (-a) **2** *(Devil)* Satana m.
archeological AE → **archaeological**.
archeologist AE → **archaeologist**.
archeology AE → **archaeology**.
archer /ˈɑːtʃə(r)/ ➧ **38** n. **1** MIL. SPORT STOR. arciere m. (-a) **2** ASTROL. ***the Archer*** il Sagittario; ***to be (an) Archer*** essere del Sagittario *o* essere un Sagittario.
archery /ˈɑːtʃərɪ/ **I** n. tiro m. con l'arco **II** modif. [*club, target, team*] di tiro con l'arco.
archetypal /ˌɑːkɪˈtaɪpl/ agg. archetipico; ***the*** o ***an ~ hero, villain*** l'archetipo dell'eroe, del cattivo.
archetype /ˈɑːkɪtaɪp/ n. archetipo m.
arch-fiend /ˈɑːtʃˌfiːnd/ n. RAR. arcidiavolo m.
Archibald /ˈɑːtʃɪbɔːld/ n.pr. Arcibaldo.
archidiaconal /ˌɑːkɪdaɪˈækənl/ agg. arcidiaconale.
Archie /ˈɑːtʃɪ/ n.pr. diminutivo di **Archibald**.
archiepiscopal /ˌɑːkɪɪˈpɪskəpəl/ agg. arcivescovile.
archil /ˈɑːtʃɪl/ n. ANT. oricello m.
archimandrite /ˌɑːkɪˈmændraɪt/ n. archimandrita m.
Archimedean /ˌɑːkɪˈmiːdɪən/ agg. archimedeo.
Archimedes /ˌɑːkɪˈmiːdiːz/ n.pr. Archimede; ***~' principle, screw*** il principio, la vite di Archimede.
archipelago /ˌɑːkɪˈpeləgəʊ/ n. (pl. **~es, ~s**) arcipelago m.
▷ **architect** /ˈɑːkɪtekt/ ➧ **27** n. **1** *(as profession)* architetto m. **2** FIG. *(of plan, policy)* artefice m. e f.
architectonic /ˌɑːkɪtekˈtɒnɪk/ agg. architettonico.
▷ **architectural** /ˌɑːkɪˈtektʃərəl/ agg. [*design, style*] architettonico; [*student, studies*] di architettura.
architecturally /ˌɑːkɪˈtektʃərəlɪ/ avv. architettonicamente.
architecture /ˈɑːkɪtektʃə(r)/ n. *(all contexts)* architettura f.
architrave /ˈɑːkɪtreɪv/ n. architrave m.
▷ **archive** /ˈɑːkaɪv/ n. archivio m. (anche INFORM.); ***in the ~s*** negli archivi; ***film, radio ~*** archivio cinematografico, radiofonico.
archivist /ˈɑːkɪvɪst/ ➧ **27** n. archivista m. e f.
archivolt /ˈɑːkɪˌvəʊlt/ n. archivolto m.
archly /ˈɑːtʃlɪ/ avv. **1** *(mischievously)* maliziosamente **2** SPREG. *(condescendingly)* con degnazione.
archness /ˈɑːtʃnɪs/ n. *(mischief)* malizia f.
archon /ˈɑːkən/ n. arconte m.
archpriest /ˌɑːtʃˈpriːst/ n. arciprete m.
arch-rival /ˈɑːtʃˌraɪvl/ n. grande rivale m. e f.
archstone /ˈɑːtʃstəʊn/ n. peduccio m. di volta, d'arco; AE chiave f. di volta.
archway /ˈɑːtʃweɪ/ n. *(arch)* arco m.
arc lamp /ˈɑːkˌlæmp/, **arc light** /ˈɑːkˌlaɪt/ n. lampada f. ad arco.
▷ **Arctic** /ˈɑːktɪk/ ➧ **24** **I** n.pr. ***the ~*** l'Artico; ***to, in the ~*** nell'Artico **II** agg. (anche **arctic**) **1** [*climate, animal*] artico **2** [*expedition, equipment*] polare **3** FIG. *(icy)* [*conditions, temperature*] polare.
Arctic Circle /ˌɑːktɪkˈsɜːkl/ n. Circolo m. Polare Artico.
arctic fox /ˌɑːktɪkˈfɒks/ n. volpe f. polare.
Arctic Ocean /ˌɑːktɪkˈəʊʃn/ ➧ **20** n. Mare m. Glaciale Artico.
arctics /ˈɑːktɪks/ n.pl. AE soprascarpe f. da neve.
arcuate /ˈɑːkjʊət/ agg. arcuato.
arc welder /ˈɑːkˌweldə(r)/ n. saldatore m. elettrico ad arco.
arc welding /ˈɑːkˌweldɪŋ/ n. saldatura f. elettrica ad arco.
ARD n. (⇒ acute respiratory disease) = malattia respiratoria acuta.
ardency /ˈɑːdnsɪ/ n. *(ardour)* ardore m.
Arden /ˈɑːdn/ n.pr. Arden (nome di uomo).
Ardennes /ɑːˈden/ n.pr.pl. Ardenne f.
ardent /ˈɑːdnt/ agg. **1** *(fervent)* [*revolutionary, supporter*] ardente, fervente, appassionato; [*defence, opposition*] fervente, appassionato **2** *(passionate)* [*lover*] ardente, appassionato; [*nights*] appassionato.
ardently /ˈɑːdntlɪ/ avv. [*look, defend, support*] con ardore, appassionatamente; [*worship, speak, write*] con ardore.
ardour BE, **ardor** AE /ˈɑːdə(r)/ n. ardore m., fervore m.; ***with ~*** con ardore; ***to cool sb.'s ~*** calmare gli ardori di qcn.
arduous /ˈɑːdjʊəs, AE -dʒʊ-/ agg. [*path, journey, task*] arduo, difficile; [*climate, winter*] rigido.
arduously /ˈɑːdjʊəslɪ, AE -dʒʊ-/ avv. arduamente.
arduousness /ˈɑːdjʊəsnɪs, AE -dʒʊ-/ n. *(of task, journey)* difficoltà f.; *(of weather, conditions)* rigidità f.
1.are /*forma debole* ə, *forma forte* ɑː(r)/ 2ª persona sing. pres., 1ª, 2ª, 3ª persona pl. pres. → **be**.
2.are /ɑː(r)/ ➧ **31** n. *(unit of area)* ara f.
▶ **area** /ˈeərɪə/ **I** n. **1** *(region) (of land)* area f., regione f., zona f.; *(of sky, city)* zona f.; *(district)* quartiere m.; ***in the London, Rome ~*** nella zona di Londra, Roma; ***residential, rural, slum ~*** zona residenziale, rurale, di slum **2** *(part of building)* ***dining ~*** zona pranzo; ***no-smoking, smoking ~*** zona non fumatori, fumatori; ***reception ~*** reception; ***sleeping ~*** zona notte; ***waiting ~*** sala d'attesa **3** *(sphere of knowledge)* campo m.; *(part of activity, business, economy)* ambito m.; ***that's not my ~*** questo non è il mio campo; ***~ of interest, of expertise, of responsibility*** ambito di interesse, di competenza, di responsabilità; ***~ of doubt, of disagreement*** punti di disaccordo **4** ANAT. zona f. **5** MAT. *(in geometry)* area f.; *(of land)* area f., superficie f.; ***the farm was 50 km² in ~*** la fattoria aveva una superficie di 50 km² **6** BE *(access to basement)* = ingresso a un seminterrato **II** modif. [*board, headquarters, office*] di zona; ***~ manager*** capoarea, area manager.
area bombing /ˈeərɪəˌbɒmɪŋ/ n. MIL. bombardamento m. a tappeto.
area code /ˈeərɪəˌkəʊd/ n. TEL. prefisso m. interurbano.
Area of Outstanding Natural Beauty /ˌeərɪəəvˌaʊtˌstændɪŋˌnætʃrəlˈbjuːtɪ/ = area di particolare interesse naturalistico.
areca /ˈærɪkə/ n. areca f.
a-religious /ˌeɪrɪˈlɪdʒəs/ agg. areligioso.
▷ **arena** /əˈriːnə/ n. *(of amphitheatre)* arena f. (anche FIG.); ***the political ~*** l'arena politica.
arenaceous /ˌærɪˈneɪʃəs/ agg. **1** *(sandy)* arenaceo **2** [*plant*] arenicolo.
arenite /ˈærənaɪt/ n. arenite f.
aren't /ɑːnt/ contr. are not.
areography /ærɪˈɒgrəfɪ/ n. **1** ASTR. areografia f. **2** GEOGR. biogeografia f. descrittiva.
areola /æˈrɪələ/ n. (pl. **~s, -ae**) areola f.
areometer /ærɪˈɒmɪtə(r)/ n. areometro m.
areopagite /ærɪˈɒpədʒaɪt/ n. areopagita m.
arête /æˈreɪt/ n. = cresta di circo glaciale.
Aretha /əˈriːθə/ n.pr. Aretha (nome di donna).
argali /ˈɑːgəlɪ/ n. (pl. **~s, ~**) argali m.
argent /ˈɑːdʒənt/ ANT. **I** agg. *(silvery)* argenteo **II** n. argento m. (anche ARALD.)
argentiferous /ˌɑːdʒənˈtɪfərəs/ agg. argentifero.
Argentina /ˌɑːdʒənˈtiːnə/ ➧ **6** n.pr. Argentina f.
argentine /ˈɑːdʒənˌtaɪn/ **I** agg. ANT. *(silvery)* argenteo **II** n. **1** *(fish)* argentina f. **2** *(alloy)* alpacca f., argentone m.
Argentine /ˈɑːdʒəntaɪn/ ➧ **6** **I** agg. argentino; ***the ~ people*** gli argentini **II** n. **1** *(country)* ***the ~ (Republic)*** l'Argentina **2** *(person)* argentino m. (-a).
Argentinian /ˌɑːdʒənˈtɪnɪən/ ➧ **18** **I** agg. argentino **II** n. argentino m. (-a).
argentite /ˈɑːdʒəntaɪt/ n. argentite f.
argil /ˈɑːdʒɪl/ n. argilla f.
argillaceous /ɑːdʒɪlˈleɪʃəs/ agg. argillaceo, argilloso.
argillite /ˈɑːdʒɪlaɪt/ n. argillite f.
argle-bargle /ˈɑːglˌbɑːgl/ n. → **argy-bargy**.
argol /ˈɑːgɒl/ n. *(of wine)* tartaro m.
argon /ˈɑːgɒn/ n. argo m., argon m.
Argonaut /ˈɑːgənɔːt/ n. MITOL. argonauta m.
Argos /ˈɑːgɒs, AE ˈɑːgɑːs/ n.pr. STOR. Argo f.
argosy /ˈɑːgəsɪ/ n. LETT. nave f. mercantile.
arguable /ˈɑːgjʊəbl/ agg. discutibile; ***it's ~ that*** si può sostenere che; ***it's ~ whether*** ci si può chiedere se.
▷ **arguably** /ˈɑːgjʊəblɪ/ avv. senza dubbio.
▶ **argue** /ˈɑːgjuː/ **I** tr. **1** *(debate)* discutere, dibattere, argomentare; *(maintain)* sostenere; ***they ~d the point for hours*** hanno discusso la questione per ore; ***to ~ one's point*** sostenere il proprio punto di vista; ***to ~ the case for disarmament*** sostenere il disarmo; ***it could be ~d that*** si potrebbe sostenere che; ***she, the book ~s that he was wrongly convicted*** lei, il libro sostiene che è stato condannato

ingiustamente **2** *(persuade)* ***to ~ sb. into, out of doing sth.*** persuadere qcn. a, dissuadere qcn., dal fare qcs.; ***I ~d my way into this job*** ho esposto argomenti molto persuasivi per ottenere questo posto **3** *(provide evidence of)* [*action, behaviour*] denotare, indicare, rivelare; [*incident, document*] indicare, rivelare; ***the evidence ~s that*** la prova indica che **II** intr. **1** *(quarrel)* discutere (**with** con); ***they're always arguing (with each other)*** discutono, litigano sempre; ***to ~ about*** o ***over money*** fare delle discussioni per questioni di soldi; ***we ~d about who should pay*** discutevamo per decidere chi dovesse pagare; ***don't ~ (with me)!*** non discutere (con me)! **2** *(debate)* discutere, dibattere; ***to ~ about*** discutere di [*case, issue, politics etc.*] **3** *(put one's case)* argomentare (**against** contro); ***to ~ in favour of, against doing sth.*** esporre i motivi per fare, per non fare qcs.; ***to ~ for*** o ***in favour of*** argomentare a favore di [*policy, measure*] **4** FORM. *(testify)* testimoniare; ***it ~s against him that he has no alibi*** il fatto che lui non abbia alibi è una prova contro di lui.

■ **argue out:** ~ **out [sth.]**, ~ **[sth.] out** discutere a fondo [*issue, proposal etc.*].

▶ **argument** /ˈɑːɡjʊmənt/ n. **1** *(quarrel)* discussione f., disputa f. **2** *(reasoned discussion)* discussione f., dibattito m. (**about** su); ***to have an ~*** discutere; ***without ~*** senza discussioni; ***there is a lot of ~ about this at the moment*** si discute molto di questo adesso; ***she won the ~*** ha avuto l'ultima parola; ***beyond ~*** fuori discussione; ***it's open to ~*** è discutibile; ***I'm open to ~*** sono pronto a discutere; ***one side of the ~*** un aspetto della discussione; ***for ~'s sake*** per il gusto di discutere *o* tanto per parlare **3** *(case)* argomento m. (**for** a favore di; **against** contro); *(line of reasoning)* ragionamento m.; ***I can't follow your ~*** non riesco a seguire il tuo ragionamento; ***his main ~ is that*** la sua argomentazione principale è che; ***there is a strong ~ for neutrality*** ci sono validi motivi per rimanere neutrali **4** MAT. argomento m.

argumentation /ˌɑːɡjʊmenˈteɪʃn/ n. argomentazione f.

argumentative /ˌɑːɡjʊˈmentətɪv/ agg. [*tone, person*] polemico.

Argus /ˈɑːɡəs/ n.pr. MITOL. Argo.

argute /ɑːˈɡjuːt/ agg. RAR. *(person)* sagace, sottile.

argy-bargy /ˌɑːdʒɪˈbɑːdʒɪ/ n. COLLOQ. battibecco m.

aria /ˈɑːrɪə/ n. (pl. **~s**) MUS. aria f.

Ariadne /ˌærɪˈædnɪ/ n.pr. Arianna; ***~'s thread*** il filo di Arianna.

Arian /ˈeərɪən/ **I** agg. RELIG. ariano **II** n. RELIG. ariano m. (-a).

Arianism /ˈeərɪənɪzəm/ n. arianesimo m.

ARIBA n. (⇒ Associate of the Royal Institute of British Architects) = membro dell'associazione nazionale degli architetti britannici.

arid /ˈærɪd/ agg. arido (anche FIG.).

aridity /əˈrɪdətɪ/ n. aridità f. (anche FIG.).

Ariel /ˈeərɪəl/ n.pr. Ariele.

Aries /ˈeəriːz/ ➧ **38** n. ASTROL. Ariete m.; ***to be (an) ~*** essere dell'Ariete *o* essere un Ariete.

aright /əˈraɪt/ avv. FORM. [*read, understand*] bene, correttamente; ***did I hear you ~?*** ho sentito bene? ***to set*** o ***put sth. ~*** mettere qcs. in ordine.

▶ **arise** /əˈraɪz/ intr. (pass. **arose**; p.pass. **arisen**) **1** *(occur)* [*problem*] nascere, presentarsi (**out of** da); ***to ~ from sth.*** nascere, derivare da qcs.; ***if it ~s that*** se accade che; ***if the need ~s*** se si presenterà la necessità; ***she solves problems as they ~*** risolve i problemi sul nascere; ***the question ~s whether to do it*** si pone il problema se farlo o meno **2** *(be the result of)* provenire, derivare (**from** da); ***matters arising*** problemi derivanti **3** ANT. *(stand)* sorgere, levarsi, alzarsi **4** ANT. *(rebel)* sollevarsi, insorgere (**against** contro).

arisen /əˈraɪzn/ p.pass. → **arise**.

arista /əˈrɪstə/ n. BOT. arista f., resta f.

aristate /əˈrɪsteɪt/ agg. aristato.

Aristides /ˌærɪˈstaɪdiːz/ n.pr. Aristide.

aristo /ˈærɪstəʊ/ n. COLLOQ. (accorc. aristocrat) aristocratico m. (-a).

aristocracy /ˌærɪˈstɒkrəsɪ/ n. aristocrazia f.

aristocrat /ˈærɪstəkræt, AE əˈrɪst-/ n. aristocratico m. (-a).

aristocratic /ˌærɪstəˈkrætɪk, AE əˌrɪst-/ agg. aristocratico.

aristocratically /ˌærɪstəˈkrætɪklɪ, AE əˈrɪst-/ avv. aristocraticamente.

Aristophanes /ˌærɪˈstɒfəniːz/ n.pr. Aristofane.

Aristotelian /ˌærɪstəˈtiːlɪən/ agg. aristotelico.

Aristotelianism /ˌærɪstəˈtiːlɪənɪzəm/ n. aristotelismo m.

Aristotle /ˈærɪstɒtl/ n.pr. Aristotele.

arithmetic /əˈrɪθmətɪk/ n. *(subject)* aritmetica f.; ***to be good at ~*** essere bravo in aritmetica.

arithmetical /ˌærɪθˈmetɪkl/ agg. aritmetico.

arithmetically /ˌærɪθˈmetɪklɪ/ avv. aritmeticamente.

arithmetician /əˌrɪθməˈtɪʃn/ n. aritmetico m. (-a).

arithmetic mean /əˌrɪθmətɪkˈmiːn/ n. media f. aritmetica.

arithmetic progression /əˌrɪθmətɪkprəˈɡreʃn/ n. progressione f. aritmetica.

Arius /ˈeərɪəs/ n.pr. Ario.

Ariz. US ⇒ Arizona Arizona.

Arizona /ˌærɪˈzəʊnə/ ➧ **24** n.pr. Arizona f.

ark /ɑːk/ n. *(boat, in synagogue)* arca f.; ***the Ark of the Covenant*** RELIG. l'arca dell'alleanza ◆ ***to be out of the ~*** essere vecchio come il cucco.

Arkansas /ˈɑːkənsɔː/ ➧ **24** n.pr. Arkansas m.

▶ **1.arm** /ɑːm/ ➧ **2 I** n. **1** braccio m.; ***~ in ~*** a braccetto; ***to give sb. one's ~*** dare il braccio a qcn.; ***to take sb.'s ~*** prendere qcn. sottobraccio; ***to take, hold sb. in one's ~s*** prendere, tenere in braccio [*baby*]; tenere tra le braccia, abbracciare [*girlfriend, etc.*]; ***to have sth. over, under one's ~*** avere qcs. sul, sotto il braccio; ***to fold one's ~s*** incrociare le braccia; ***in*** o ***within ~'s reach*** a portata di mano **2** *(sleeve)* manica f. **3** *(influence)* ***to have a long ~*** avere le mani lunghe; ***the long ~ of the law*** il braccio della legge **4** *(of crane, robot, record player)* braccio m. **5** *(of spectacles)* asta f., stanghetta f. **6** *(of chair)* bracciolo m. **7** *(subsidiary)* POL. ECON. ramo m., settore m. **8** *(of sea)* braccio m. **II -armed** agg. in composti ***hairy-~ed, long-~ed*** dalle braccia pelose, lunghe ◆ ***to cost an ~ and a leg*** COLLOQ. costare un occhio della testa; ***to keep sb. at ~'s length*** tenere qcn. a distanza; ***a list as long as my ~*** una lista molto lunga, che non finisce più; ***to twist sb.'s ~*** fare pressione su qcn.; ***with open ~s*** a braccia aperte; ***I would give my right ~ for, to do*** darei il mio braccio destro, farei di tutto per, per fare.

▶ **2.arm** /ɑːm/ **I** tr. **1** *(militarily)* armare [*troops, rebels, missile, warhead*] **2** *(equip)* ***to ~ sb. with sth.*** armare qcn. di qcs.; FIG. munire qcn. di qcs. [*tool*]; fornire qcs. a qcn. [*information*] **II** rifl. ***to ~ oneself*** MIL. armarsi; ***to ~ oneself with*** armarsi di [*weapon*]; fornirsi di [*facts, statistics*].

armada /ɑːˈmɑːdə/ n. **1** STOR. ***the Armada*** l'Invincibile Armata **2** MIL. *(fleet)* armata f.

armadillo /ˌɑːməˈdɪləʊ/ n. (pl. **~s**) armadillo m.

Armageddon /ˌɑːməˈɡedn/ n. BIBL. Armageddon (la battaglia finale tra le forze del bene e quelle del male); FIG. battaglia f. decisiva.

Armagh /ɑːˈmɑː/ ➧ **24** n.pr. Armagh m.

armament /ˈɑːməmənt/ **I** n. MIL. *(loading of weapons)* armamento m. **II armaments** n.pl. MIL. *(system)* armamenti m. **III** modif. [*factory, firm, manufacturer*] di armi; [*industry*] bellico, delle armi.

armature /ˈɑːmətʃʊə(r)/ n. armatura f. (anche EL. BOT. ZOOL.).

armband /ˈɑːmbænd/ n. **1** *(for buoyancy)* bracciolo m. **2** *(for mourner, identification)* fascia f.

armchair /ˈɑːmtʃeə(r)/ **I** n. poltrona f. **II** modif. SPREG. [*general, socialist*] da tavolino; ***~ traveller*** chi viaggia solo con la fantasia.

▷ **armed** /ɑːmd/ **I** p.pass. → **2.arm II** agg. [*criminal, guard, raider, unit*] armato (**with** di); [*raid, robbery*] a mano armata; [*missile*] munito di testata, armato ◆ ***to be ~ to the teeth*** essere armato fino ai denti.

▷ **armed forces** /ˌɑːmdˈfɔːsɪz/, **armed services** /ˌɑːmdˈsɜːvɪsɪz/ n.pl. forze f. armate; ***to be in the ~*** essere nelle forze armate.

Armenia /ɑːˈmiːnɪə/ ➧ **6** n.pr. Armenia f.

Armenian /ɑːˈmiːnɪən/ ➧ **18, 14 I** agg. armeno **II** n. **1** *(person)* armeno m. (-a) **2** *(language)* armeno m.

armful /ˈɑːmfʊl/ n. (pl. **~s**) bracciata f.; ***by the ~*** [*presents, flowers*] a profusione.

armhole /ˈɑːmhəʊl/ n. giromanica m.

armiger /ˈɑːmɪdʒə(r)/ n. (pl. **~s, ~i**) armigero m.

armillary /ɑːˈmɪlərɪ, AE ˈɑːmɪlerɪ/ agg. armillare.

armistice /ˈɑːmɪstɪs/ n. armistizio m.

Armistice Day /ˈɑːmɪstɪsˌdeɪ/ n. GB = l'11 novembre, giorno in cui si commemora l'armistizio che pose fine alla prima guerra mondiale.

1.armless /ˈɑːmlɪs/ agg. senza braccia.

2.armless /ˈɑːmlɪs/ agg. disarmato.

armlet /ˈɑːmlɪt/ n. bracciale m.

armor AE → **1.armour, 2.armour**.

armored AE → **armoured**.

armorer AE → **armourer**.

armorial /ɑːˈmɔːrɪəl/ agg. araldico.

armorist /ˈɑːmərɪst/ n. araldista m. e f.

armory AE → **armoury**.

▷ **1.armour** BE, **armor** AE /ˈɑːmə(r)/ n. **1** STOR. *(clothing)* ***a suit of ~*** un'armatura **2** *(protective covering)* *(on tank, ship etc.)* corazza f., blindatura f.; ZOOL. armatura f., corazza f.; EL. *(on wire, cable)* armatura f.; FIG. *(against criticism)* corazza f. **3** *(tanks)* + verbo sing. o pl. unità f. corazzata, mezzi m.pl. corazzati.

2.armour BE, **armor** AE /ˈɑːmə(r)/ tr. corazzare, blindare.
armour-clad /ˌɑːməˈklæd/ agg. [*vehicle*] blindato, corazzato; [*ship*] corazzato.
armoured BE, **armored** AE /ˈɑːməd/ **I** p.pass. → **2.armour II** agg. **1** MIL. [*vehicle*] corazzato, blindato; [*regiment*] corazzato **2** ZOOL. protetto, rivestito dalla corazza.
armoured car /ˌɑːmədˈkɑː(r)/ n. **1** *(car)* auto f. blindata **2** MIL. autoblindata f., autoblindo m.
armoured personnel carrier /ˌɑːmədpɜːsəˈnelˌkærɪə(r)/ n. veicolo m. blindato per trasporto truppe.
armourer BE, **armorer** AE /ˈɑːmərə(r)/ n. armaiolo m. (anche MIL.).
armour-piercing /ˌɑːmərˈpɪəsɪŋ/ agg. [*ammunition*] perforante; [*mine, missile*] controcarro, anticarro.
armour plate /ˌɑːmərˈpleɪt/ n. → **armour plating.**
armour-plated /ˌɑːmərˈpleɪtɪd/ agg. → **armour-clad.**
armour plating /ˌɑːmərˈpleɪtɪŋ/ n. *(on tank, on ship)* piastra f. di corazza.
armoury BE, **armory** AE /ˈɑːmərɪ/ n. **1** MIL. *(array, collection, store)* armeria f. **2** FIG. *(store, resources)* arsenale m. (**of** di).
armpit /ˈɑːmpɪt/ n. ANAT. ascella f.
armrest /ˈɑːmrest/ n. bracciolo m.
▶ **arms** /ɑːmz/ n.pl. **1** *(weapons)* armi f., armamenti m.; ***under* ~** in armi, in assetto di guerra; ***to take up* ~** prendere le armi; FIG. insorgere (**against** contro); ***to be up in* ~** *(in revolt)* ribellarsi (**against** contro); *(angry)* essere indignato **2** ARALD. arme f.sing.; ***coat of* ~** stemma araldico.
arms control /ˈɑːmzkənˌtrəʊl/ n. controllo m. degli armamenti.
arms dealer /ˈɑːmzˌdiːlə(r)/ n. commerciante m. e f., trafficante m. e f. di armi.
arms dump /ˈɑːmzˌdʌmp/ n. deposito m. di armi.
arms factory /ˌɑːmzˈfæktərɪ/ n. fabbrica f. di armi.
arm's-length /ˌɑːmzˈlenθ/ agg. **1** COMM. [*competition*] basata su condizioni di mercato eque; [*sale, price*] approssimativo, forfettario **2** *(independent)* [*company, inspectorate, supplier*] indipendente; [*relationship*] senza vincoli di dipendenza.
arms limitation /ˌɑːmzlɪmɪˈteɪʃn/ n. limitazione f. degli armamenti.
arms manufacturer /ˈɑːmzˌmænjʊˈfæktʃərə(r)/ n. fabbricante m. e f. di armi.
arms race /ˈɑːmzˌreɪs/ n. corsa f. agli armamenti.
arms trade /ˈɑːmzˌtreɪd/ n. commercio m., traffico m. d'armi.
arms treaty /ˈɑːmzˌtriːtɪ/ n. trattato m. sul controllo degli armamenti.
arm-twisting /ˈɑːmˌtwɪstɪŋ/ n. (il) far pressione su qcn.
arm wrestle /ˈɑːmˌresl/ intr. fare braccio di ferro.
arm wrestling /ˈɑːmˌreslɪŋ/ ◗ ***10*** n. braccio m. di ferro.
▶ **army** /ˈɑːmɪ/ **I** n. **1** MIL. esercito m.; ***in the* ~** nell'esercito; ***to go into the* ~** entrare nell'esercito, andare sotto le armi; ***to join the* ~** arruolarsi, entrare nell'esercito **2** FIG. esercito m. (**of** di) **II** modif. [*discipline, life, staff, uniform, accommodation*] militare; [*wife*] di militare.
army ant /ˈɑːmɪˌænt/ n. formica f. scacciatrice.
army corps /ˈɑːmɪˌkɔː(r)/ n. corpo m. d'armata.
army-issue /ˈɑːmɪˌɪʃuː, -ˌɪsjuː/ agg. attrib. [*weapons, uniforms*] in dotazione all'esercito.
Army List /ˈɑːmɪˌlɪst/ n. BE ruolo m. degli ufficiali.
army officer /ˈɑːmɪˌɒfɪsə(r)/ ◗ ***23*** n. ufficiale m. dell'esercito.
army surplus store /ˌɑːmɪˌsɜːpləsˈstɔː(r)/ n. COMM. MIL. surplus m.
arnica /ˈɑːnɪkə/ n. arnica f.
Arnold /ˈɑːnəld/ n. Arnoldo.
aroma /əˈrəʊmə/ n. (pl. **~s, -ata**) aroma m.
aromatherapy /əˌrəʊməˈθerəpɪ/ n. aromaterapia f.
aromatherapy lamp /əˌrəʊməˈθerəpɪˌlæmp/ n. diffusore m. di aromi.
aromatherapy oil /əˌrəʊməˈθerəpɪˌɔɪl/ n. olio m. essenziale.
aromatic /ˌærəˈmætɪk/ **I** agg. aromatico **II** n. **1** pianta f. aromatica **2** CHIM. composto m. aromatico.
aromatize /əˈrəʊməˌtaɪz/ tr. aromatizzare.
arose /əˈrəʊz/ pass. → **arise.**
▶ **around** /əˈraʊnd/ *Around* often appears as the second element of certain verb structures (*come around, look around, turn around* etc.): for translations, consult the appropriate verb entry (**come, look, turn** etc.). - *Go around* and *get around* generate many idiomatic expressions: for translations see the entries **go** and **get**. **I** avv. **1** *(approximately)* circa; ***it sells for* ~ *£ 200*** questo si vende, viene venduto a 200 sterline circa; ***at* ~ *3 pm*** verso le 15.00 **2** *(in the vicinity)* ***to be (somewhere)* ~** essere nei paraggi; ***I'll be* ~** sarò nei paraggi; ***is there anyone* ~?** c'è qualcuno? ***are they* ~?** sono da queste parti? ***I just happened to be* ~** mi trovavo lì per caso; ***I don't want to be* ~ *when*** non voglio esserci quando **3** *(in circulation)* ***to be* ~** [*product, person, technology, phenomenon*] esserci; ***to be* ~ *again*** [*fashion, style*] ritornare di moda; ***CDs have been* ~ *for years*** sono anni che esistono i cd; ***I wish I'd been* ~ *50 years ago*** avrei voluto esserci 50 anni fa; ***I'm glad I won't be* ~ *when*** sono contento che non ci sarò quando; ***not to be* ~ *long enough to do*** non rimanere abbastanza a lungo per fare; ***is he still* ~?** c'è ancora? ***she's been* ~** FIG. è una donna di mondo; ***one of the most gifted musicians* ~** uno dei musicisti più dotati del momento; ***there is far less money* ~** ci sono molti meno soldi in circolazione, la gente ha meno soldi; ***there's a lot of corruption* ~** c'è molta corruzione **4** *(available)* ***to be* ~** essere disponibile; ***I wish you were* ~ *more*** vorrei che tu fossi più disponibile; ***will she be* ~ *next week?*** ci sarà la prossima settimana? ***there are still some strawberries* ~** ci sono ancora delle fragole **5** *(in all directions)* ***all* ~** in giro, *(in general)* tutto intorno, da ogni parte; ***to go all the way* ~** [*fence, wall, moat*] fare tutto il giro; ***the only garage for miles* ~** la sola officina nel giro di chilometri; ***we like to travel* ~** a noi piace girare **6** *(in circumference)* ***three metres* ~** *(of tree trunk)* tre metri di circonferenza **7** *(in different, opposite direction)* ***a way* ~** un modo per aggirare [*obstacle*]; ***there is no way* ~ *the problem*** non esiste nessun modo per evitare il problema; ***to go the long way* ~** prendere la strada più lunga; ***to turn sth. the other way* ~** rigirare qcs.; ***to do it the other way* ~** farlo al contrario; ***I didn't ask her, it was the other way* ~** non fui io a chiederlo a lei, accadde il contrario; ***the wrong, right way* ~** nel senso giusto, sbagliato; ***to put one's skirt on the wrong way* ~** mettersi la gonna al contrario; ***you're Ben and you're Tom, is that the right way* ~?** tu sei Ben e tu sei Tom, o è il contrario? **8** (anche BE **round**) *(in specific place, home)* ***she asked him (to come)* ~** gli chiese di andare da lei; ***she's coming* ~ *today*** verrà oggi; ***I'll be* ~ *in a minute*** arrivo *o* sarò lì tra un minuto **II** prep. (anche BE **round**) **1** *(on all sides of)* intorno a, attorno a [*fire, table, garden, lake*]; ***~ the outside of the house*** intorno alla casa; ***a scarf* ~ *her head*** un foulard intorno alla testa; ***she put her arm* ~ *his shoulders*** gli mise il braccio intorno alle spalle; ***the villages* ~ *Dublin*** i paesi nei dintorni di Dublino **2** *(throughout)* ***clothes scattered* ~ *the room*** vestiti sparpagliati nella stanza; ***in several locations* ~ *the country*** in diversi posti del paese; ***(all)* ~ *the world*** intorno al mondo; ***from* ~ *the world*** da tutto il mondo; ***doctors* ~ *the world*** dottori di tutto il mondo; ***to go* ~ *the world*** fare il giro del mondo; ***to walk* ~ *the town*** fare un giro per la città; ***he'll show you* ~ *the castle*** vi farà visitare il castello; ***to go*** o ***look* ~ *the house*** fare il giro della casa **3** *(in the vicinity of, near)* ***somewhere* ~ *the house*** in casa da qualche parte; ***somewhere* ~ *Rome*** nei pressi, nei dintorni di Roma; ***I like having people* ~ *the house*** o ***place*** mi piace avere gente in casa; ***the people* ~ *here*** le persone del posto; ***she's not from* ~ *here*** non è del posto **4** *(at)* verso, intorno a; ***~ midnight, 1980*** verso mezzanotte, intorno al 1980; ***~ the same time we...*** quasi contemporaneamente noi... **5** *(in order to circumvent)* ***to go* ~** evitare [*town centre*]; evitare *o* aggirare *o* girare intorno a [*obstacle*]; ***there's a way* ~ *the problem*** c'è un modo per evitare il problema **6** *(to the other side of)* ***to go* ~ *the corner*** girare l'angolo; ***to go* ~ *a bend*** prendere una curva; ***~ the mountain*** oltre la montagna **7** SART. ***he's 90 cm* ~ *the chest*** ha 90 cm di torace ◆ ***what goes* ~ *comes* ~** si raccoglie ciò che si semina.
arousal /əˈraʊzl/ n. **1** *(excitation)* eccitazione f.; ***(sexual)* ~** eccitazione (sessuale) **2** *(awakening)* risveglio m. (**of** di).
▷ **arouse** /əˈraʊz/ tr. **1** *(cause)* destare, suscitare [*interest, attention, anger, jealousy*]; ***the picture ~d a feeling of disgust in me*** il quadro mi provocò una certa ripugnanza; ***the taxes ~d the anger of the people*** le tasse suscitarono la collera della gente **2** *(sexually)* ***to be ~d by sth.*** essere eccitato da qcs. **3** *(waken)* ***to* ~ *sb. from sleep*** risvegliare qcn. dal sonno.
arpeggio /ɑːˈpedʒɪəʊ/ n. (pl. **~s, -i**) arpeggio m.
arquebus /ˈɑːkwɪbəs/ n. archibugio m.
arquebusier /ɑːkwɪbəˈsɪə(r)/ n. archibugiere m.
arrack /ˈærək/ n. arak m., arac m.
arraign /əˈreɪn/ tr. **1** DIR. accusare, chiamare in giudizio; ***to* ~ *sb. before the court*** portare qcn. in giudizio; ***to be ~ed on a charge of murder*** essere accusato di omicidio **2** FORM. *(accuse, rebuke)* biasimare.
arraignment /əˈreɪnmənt/ n. DIR. *(by judge)* contestazione f. dell'atto di accusa.

Arran /'ærən/ ➧ **12** n.pr. Arran f.

▶ **arrange** /ə'reɪndʒ/ **I** tr. **1** *(put in position)* disporre, sistemare [*chairs, ornaments, flowers*]; sistemare, aggiustare [*hair, clothes*]; riordinare [*room*] **2** *(organize)* organizzare, preparare [*party, wedding, meeting, holiday*]; preparare, predisporre [*schedule*]; fissare [*date, appointment*]; ***to ~ sth. with sb.*** fissare, organizzare qcs. con qcn.; ***to ~ that*** fare in modo che; ***to ~ to do*** organizzarsi per fare; ***I'll ~ it*** ci penso io; ***to ~ a marriage*** combinare un matrimonio; ***have you got anything ~d for this evening?*** avete dei programmi per questa sera? ***we've ~d to go out*** o ***to meet this evening*** abbiamo combinato di uscire, di vederci questa sera **3** *(bring about agreement on)* raggiungere [*agreement*]; concordare [*loan, mortgage, price*]; ***"date: to be ~d "*** *(on memo)* "data: da stabilire" **4** MUS. arrangiare, adattare [*piece*] **II** intr. ***to ~ for sth.*** prendere accordi per qcs.; ***to ~ for sb. to do*** prendere accordi perché qcn. faccia; ***to ~ for sth. to be done*** fare in modo che si faccia qcs.; ***to ~ with sb. to do*** prendere accordi con qcn. per fare.

arranged marriage /ə,reɪndʒd'mærɪdʒ/ n. matrimonio m. combinato.

▶ **arrangement** /ə'reɪndʒmənt/ n. **1** *(positioning) (of objects, chairs)* sistemazione f., disposizione f.; *(of ideas: on page)* organizzazione f.; *(of shells, dried flowers etc.)* composizione f.; ***seating ~s*** disposizione dei posti a sedere **2** *(agreement)* accordo m., intesa f. (**with sb.** con qcn.); ***by ~ with sb.*** in seguito a un accordo con qcn.; ***by ~*** in seguito a un accordo; ***under the ~, I will receive...*** secondo gli accordi presi, riceverò...; ***to come to an ~*** raggiungere un accordo **3** *(plan, preparation, measure)* piano m.; preparativo m.; ***to make ~s to do*** organizzarsi per fare; ***to make ~s with sb. (for him to do)*** prendere accordi con qcn. (perché faccia); ***to make ~s for sth. to be done*** fare in modo che si faccia qcs.; ***to make ~s for doing*** prendere accordi per fare; ***I don't need a lift, I've already made ~s*** non ho bisogno di un passaggio, mi sono già organizzato; ***can I leave the ~s to you?*** puoi occuparti dell'organizzazione? ***Bob is looking after all the ~s*** Bob si occupa di tutta la parte organizzativa; ***what are the ~s for the funeral, journey?*** cosa hanno organizzato per il funerale, per il viaggio? ***economic, security, social ~s*** misure economiche, di sicurezza, sociali; ***parking ~s*** organizzazione dei parcheggi **4** MUS. arrangiamento m.

arranger /ə'reɪndʒə(r)/ ➧ **27** n. MUS. arrangiatore m. (-trice).

arrant /'ærənt/ agg. LETT. [*liar*] famigerato, matricolato; ***it's ~ nonsense!*** è un'assurdità bella e buona!

arras /'ærəs/ n. (pl. ~) arazzo m.

▷ **1.array** /ə'reɪ/ n. **1** *(of goods, products)* assortimento m., gamma f. **2** *(of weaponry)* raccolta f., arsenale m. **3** *(of troops, people)* schieramento m., spiegamento m.; ***battle ~*** ordine di battaglia **4** *(of numbers)* matrice f. **5** INFORM. array m. **6** LETT. *(clothes)* abbigliamento m., abiti m.pl. di gala; ***in all their ~*** in gran tenuta **7** *(of factors, problems)* serie f. **8** ELETTRON. rete f.

2.array /ə'reɪ/ **I** tr. **1** MIL. schierare, spiegare [*troops*] **2** DIR. formare una lista di, fare l'appello di [*jurors*] **3** LETT. ***~ed in*** abbigliato con **II** rifl. LETT. ***to ~ oneself*** abbigliarsi, agghindarsi (**in** con).

arrearage /ə'rɪərɪdʒ/ n. *(payment)* arretrato m., morosità f.

arrears /ə'rɪəz/ n.pl. arretrati m.; *(condition)* morosità f.sing.; ***my payments are in ~*** o ***I am in ~ with my payments*** sono in arretrato con i pagamenti; ***to be 6 months in ~*** avere sei mesi di ritardo (nei pagamenti); ***to fall into ~*** cadere in mora; ***mortgage ~*** ipoteca prorogata; ***rent ~*** affitto arretrato; ***serious ~*** grande arretrato.

arrect /ə'rekt/ agg. **1** [*ear*] dritto, rizzato **2** [*person*] in guardia, vigile.

▶ **1.arrest** /ə'rest/ n. DIR. arresto m.; ***to be under ~*** essere in (stato di) arresto; ***to put sb. under ~*** arrestare qcn.

▶ **2.arrest** /ə'rest/ tr. **1** [*police*] arrestare; ***to ~ sb. on a charge, on suspicion of sth.*** arrestare qcn. per, perché indiziato di qcs. **2** *(halt)* arrestare, far cessare [*decline, development, spread, disease*]; ***~ed growth, development*** MED. arresto della crescita, dello sviluppo **3** *(attract)* attirare [*attention, gaze*].

arrestable /ə'restəbl/ agg. DIR. passibile di arresto.

arrester /ə'restə(r)/ n. **1** chi arresta **2** AER. gancio m., cavi m.pl. d'appontaggio.

arresting /ə'restɪŋ/ agg. **1** *(attractive)* interessante, attraente **2** *(making an arrest)* [*officer*] che ha proceduto all'arresto.

arrestment /ə,restmənt/ n. **1** RAR. arresto m. **2** SCOZZ. DIR. sequestro m. dei beni (di un debitore).

arrest of judgment /ə,restəv'dʒʌdʒmənt/ n. DIR. sospensione f. di una sentenza.

arrest warrant /ə,rest'wɒrənt/ n. ordine m., mandato m. di cattura.

arrhythmia /ə'rɪðmɪə/ n. aritmia f.

arrhythmic(al) /ə'rɪðmɪk(l)/ agg. aritmico.

▷ **arrival** /ə'raɪvl/ n. **1** *(of person, transport, goods)* arrivo m.; ***on sb.'s, sth.'s ~*** all'arrivo di qcn., di qcs. **2** *(of new character or phenomenon)* comparsa f.; ***her ~ on the scene*** la sua comparsa in scena **3** *(person arriving)* ***late ~*** *(in theatre)* ritardatario; ***new ~*** *(in community)* nuovo arrivato; *(baby)* ultimo nato.

arrival lounge /ə'raɪvl,laʊndʒ/ n. sala f. arrivi.

arrival platform /ə,raɪvl'plætfɔːm/ n. binario m. d'arrivo.

arrivals board /ə'raɪvlz,bɔːd/ n. orari m.pl. d'arrivo, tabellone m. degli arrivi.

arrival time /ə'raɪvl,taɪm/ n. ora f., orario m. d'arrivo.

▶ **arrive** /ə'raɪv/ intr. **1** *(at destination)* arrivare (**at** a; **from** da); ***"arriving Berlin 7.25 am"*** *(announcement)* "che arriva a Berlino alle 7.25"; ***to ~ on the scene*** arrivare (sul posto); FIG. comparire sulla scena **2** *(reach)* ***to ~ at*** arrivare a [*decision, agreement, solution etc.*] **3** *(be social success)* arrivare.

arriviste /ærɪ'viːst/ n. arrivista m. e f.

▷ **arrogance** /'ærəgəns/ n. arroganza f.

▷ **arrogant** /'ærəgənt/ agg. arrogante.

arrogantly /'ærəgəntlɪ/ avv. arrogantemente.

arrogate /'ærəgeɪt/ tr. FORM. ***to ~ sth. to oneself*** arrogarsi qcs.

▷ **arrow** /'ærəʊ/ n. **1** *(weapon)* freccia f.; ***to fire*** o ***shoot an ~*** scoccare una freccia **2** *(symbol)* freccia f.; ***marked with an ~*** [*road, text*] contrassegnato da una freccia.

arrowhead /'ærəʊhed/ n. punta f. di freccia.

arrowroot /'ærəʊruːt/ n. BOT. GASTR. arrowroot m. (fecola che si ricava dalla maranta).

1.arse /ɑːs/ n. BE VOLG. culo m.; ***get off, move your ~!*** POP. muovi il culo! *o* alza le chiappe! ◆ ***he can't tell his ~ from his elbow*** è un vero coglione.

2.arse /ɑːs/ tr. BE VOLG. ***I can't*** o ***couldn't be ~d to do*** non mi va di scoglionarmi a fare.

■ **arse about** BE VOLG. fare il coglione; *(waste time)* cazzeggiare.

arsehole /'ɑːshəʊl/ n. BE VOLG. **1** *(anus)* buco m. del culo **2** *(stupid person)* coglione m. (-a); *(despicable person)* stronzo m. (-a).

arselicker /'ɑːslɪkə(r)/ n. BE VOLG. leccaculo m. e f.

arsenal /'ɑːsənl/ n. arsenale m. (anche FIG.).

arsenate /'ɑːsəneɪt/, **arseniate** /ɑː'siːnɪeɪt/ n. arseniato m.

arsenic /'ɑːsnɪk/ n. arsenico m.; ***~ poisoning*** avvelenamento da arsenico.

arsenical /ɑː'senɪkl/ agg. [*drug, substance*] arsenicale.

arsenic trioxide /,ɑːsənɪktraɪ,ɒksaɪd/ n. triossido m. di diarsenico.

arsenic trisulphide /'ɑːsənɪktraɪ,sʌlfaɪd/ n. trisolfuro m. di diarsenico.

arsenide /'ɑːsənaɪd/ n. arseniuro m.

arsenious /ɑː'siːnɪəs/ agg. arsenioso.

arsenopyrite /ɑːsənəʊ'paɪraɪt/ n. arsenopirite f.

arsenous /'ɑːsənəs/ agg. → **arsenious**.

arses /'ɑːsiːz/ → **arsis**.

arsine /'ɑːsiːn/ n. arsina f.

arsis /'ɑːsɪs/ n. (pl. **-es**) arsi f.

arson /'ɑːsn/ n. incendio m. doloso; ***~ attack*** attacco incendiario.

arsonist /'ɑːsənɪst/ n. piromane m. e f., incendiario m. (-a).

▶ **1.art** /ɑːt/ **I** n. **1** *(creation, activity, representation)* arte f.; ***I'm bad at ~*** vado male in disegno **2** *(skill)* arte f., capacità f.; ***the ~ of listening, of survival*** l'arte di ascoltare, di sopravvivere **II arts** n.pl. **1** *(culture)* ***the ~s*** le belle arti **2** UNIV. materie f. umanistiche, lettere f.; ***to study (the) ~s*** studiare lettere **3** ***~s and crafts*** arti e mestieri; *(school subject)* educazione tecnica ◆ ***~ for ~'s sake*** l'arte per l'arte.

2.art /ɑːt/ ANT. 2ª persona sing. pres. → **be**.

art collection /'ɑːtkə,lekʃn/ n. collezione f. (di opere d'arte).

art collector /'ɑːtkə,lektə(r)/ n. collezionista m. e f. (di opere d'arte).

art college /'ɑːt,kɒlɪdʒ/ n. scuola f. di belle arti.

art dealer /'ɑːt,diːlə(r)/ ➧ **27** n. mercante m. d'arte.

art deco /,ɑːt 'dekəʊ/ **I** agg. ART. déco **II** n. art f. déco.

artefact /'ɑːtɪfækt/ n. manufatto m., artefatto m.

Artemis /'ɑːtɪmɪs/ n.pr. Artemide.

arterial /ɑː'tɪərɪəl/ agg. **1** ANAT. [*disease, circulation*] arterioso **2** ***~ road*** arteria (stradale); ***~ line*** FERR. arteria (ferroviaria).

arterialization /ɑːtɪrɪəlaɪ'zeɪʃn, AE -lɪ'z-/ n. arterializzazione f.

arteriole /ɑː'tɪərɪəʊl/ n. arteriola f.

arteriosclerosis /ɑː,tɪərɪəʊsklə'rəʊsɪs/ ➧ **11** n. (pl. **-es**) arteriosclerosi f.

arteriosclerotic /ɑː,tɪərɪəʊsklə'rɒtɪk/ agg. arteriosclerotico.

▷ **artery** /'ɑːtərɪ/ n. **1** arteria f.; ***blocked arteries*** arterie ostruite; ***to suffer from blocked arteries*** avere le arterie ostruite **2** *(of road, railway)* arteria f.

artesian well /ɑ:ˌti:zɪən'wel, AE ɑ:rˌti:ʒn-/ n. pozzo m. artesiano.
art exhibition /'ɑ:teksɪˌbɪʃn/ n. *(of paintings, sculpture)* mostra f. (d'arte), esposizione f.
art form /'ɑ:tˌfɔ:m/ n. forma f. d'arte; ***to become an ~*** diventare una forma d'arte.
artful /'ɑ:tfl/ agg. **1** [*sculpture, lighting*] artistico **2** [*politician, speaker*] *(skilful)* abile; *(crafty)* astuto, furbo; ~ ***dodger*** abile imbroglione.
artfully /'ɑ:tfəlɪ/ avv. [*arranged, entwined*] ad arte; [*expressed*] con proprietà; [*suggest, imply*] abilmente, astutamente.
art gallery /'ɑ:tˌgælərɪ/ n. galleria f. d'arte.
art house /'ɑ:thaʊs/ n. *(cinema)* cinema m. d'essai.
art house film /'ɑ:thaʊsˌfɪlm/ n. film m. d'autore.
arthralgia /ɑ:'θrældʒɪə/ ➧ ***11*** n. artralgia f.
arthritic /ɑ:'θrɪtɪk/ **I** agg. artritico **II** n. artritico m. (-a).
▷ **arthritis** /ɑ:'θraɪtɪs/ ➧ ***11*** n. (pl. **-ides**) artrite f.; ***to suffer from*** o ***have ~*** avere l'artrite.
arthropod /'ɑ:θrəpɒd/ n. artropode m.
arthrosis /ɑ:'θrəʊsɪs/ n. (pl. **-es**) artrosi f.
Arthurian /ɑ:'θjʊrɪən/ agg. [*legend, romance*] arturiano.
Arthur /'ɑ:θə(r)/ n.pr. **1** Arturo **2** LETTER. Artù.
artic /'ɑ:tɪk/ n. BE COLLOQ. (accorc. articulated lorry) autoarticolato m.
artichoke /'ɑ:tɪtʃəʊk/ **I** n. carciofo m. **II** modif. [*head, heart, leaf, stalk*] di carciofo; [*salad, soup*] di carciofi.
▶ **article** /'ɑ:tɪkl/ **I** n. **1** *(object)* articolo m.; ~ ***of clothing*** articolo di vestiario **2** GIORN. articolo m. (**about**, **on** su); ***magazine, newspaper ~*** articolo di una rivista, di un giornale **3** AMM. DIR. *(clause)* articolo m.; ***in*** o ***under Article 12*** all'articolo 12; ~ ***of faith*** RELIG. articolo di fede (anche FIG.); ***the Thirty-nine Articles*** RELIG. i trentanove articoli (della chiesa anglicana) **4** LING. articolo m.; ***definite, indefinite, partitive ~*** articolo determinativo, indeterminativo, partitivo **II articles** n.pl. DIR. ***to be in ~s*** fare praticantato (presso un notaio).
articled clerk /'ɑ:tɪkldˌklɑ:k, AE -ˌklɜ:rk/ n. DIR. tirocinante m. e f. (presso un notaio).
articular /ɑ:'tɪkjʊlə(r)/ agg. articolare.
▷ **1.articulate** /ɑ:'tɪkjʊlət/ agg. **1** [*critic, defender, speaker*] eloquente; [*argument, document, speech*] ben articolato **2** ANAT. articolato.
▷ **2.articulate** /ɑ:'tɪkjʊleɪt/ **I** tr. **1** *(pronounce)* articolare; *(express)* esprimere chiaramente [*views, feelings, needs*] **2** MECC. articolare **II** intr. *(pronounce)* articolare le parole.
articulated lorry /ɑ:'tɪkjʊleɪtɪdˌlɒrɪ/ n. BE autoarticolato m.
articulately /ɑ:'tɪkjʊlətlɪ/ avv. articolatamente, eloquentemente.
articulation /ɑ:ˌtɪkjʊ'leɪʃn/ n. **1** *(expression)* eloquenza f. **2** *(pronunciation)* articolazione f. **3** ANAT. articolazione f.
articulatory /ɑ:'tɪkjʊlətrɪ, AE -tɔ:rɪ/ agg. articolatorio.
articulatory phonetics /ɑ:'tɪkjʊlətrɪˌfənetɪks, AE -tɔ:rɪ-/ n. + verbo sing. fonetica f. articolatoria.
Artie /'ɑ:tɪ/ n.pr. diminutivo di **Arthur**.
artifact → **artefact**.
artifice /'ɑ:tɪfɪs/ n. **1** *(trick)* artificio m., stratagemma m. **2** *(cunning)* astuzia f. **3** *(artificiality)* artificio m.
artificer /ɑ:'tɪfɪsə(r)/ ➧ ***27*** n. artificiere m.
▷ **artificial** /ˌɑ:tɪ'fɪʃl/ agg. **1** [*colour, organ, ingredient, fur, lake, snow, lighting*] artificiale; [*fertilizer*] chimico; [*eye*] di vetro; [*hair*] finto **2** FIG. [*manner, smile, atmosphere, distinction, comparison*] artificioso; [*person*] finto.
artificial climbing /ɑ:tɪˌfɪʃl'klaɪmɪŋ/ n. arrampicata f. artificiale.
artificial horizon /ɑ:tɪˌfɪʃlhə'raɪzn/ n. orizzonte m. artificiale.
artificial insemination /ɑ:tɪˌfɪʃlɪnˌsemɪˌneɪʃn/ n. inseminazione f. artificiale.
artificial intelligence /ɑ:tɪˌfɪʃlɪn'telɪdʒəns/ n. intelligenza f. artificiale.
artificiality /ˌɑ:tɪfɪʃɪ'ælətɪ/ n. SPREG. *(of person, manner, emotion, situation)* artificiosità f., artificialità f.
artificialize /ɑ:tɪ'fɪʃəlaɪz/ tr. rendere artificiale.
artificial limb /ˌɑ:tɪ'fɪʃlˌlɪm/ n. arto m. artificiale.
▷ **artificially** /ˌɑ:tɪ'fɪʃəlɪ/ avv. artificialmente.
artificialness /ɑ:tɪ'fɪʃlnɪs/ n. → **artificiality**.
artificial respiration /ɑ:tɪˌfɪʃlrespɪ'reɪʃn/ n. respirazione f. artificiale; ***to give sb. ~*** fare la respirazione artificiale a qcn.
artillery /ɑ:'tɪlərɪ/ n. MIL. *(guns, regiment)* artiglieria f.; ***heavy ~*** artiglieria pesante.
artilleryman /ɑ:'tɪlərɪˌmən/ n. (pl. **-men**) artigliere m.
artiodactyl(e) /ɑ:tɪəʊ'dæktɪl/ n. artiodattilo m.
artisan /ˌɑ:tɪ'zæn, AE 'ɑ:rtɪzn/ ➧ ***27*** n. artigiano m. (-a).
▶ **artist** /'ɑ:tɪst/ ➧ ***27*** n. **1** ART. TEATR. artista m. e f.; ***comic ~*** comico **2** COLLOQ. ***con ~*** o ***rip-off ~*** artista della truffa; ***piss ~*** ubriacone.
artiste /ɑ:'ti:st/ n. TEATR. artista m. e f.
▷ **artistic** /ɑ:'tɪstɪk/ agg. [*talent, creation, activity, temperament, career*] artistico; [*community*] di artisti; [*person*] che ha doti artistiche; ***to be ~*** avere talento artistico.
artistically /ɑ:'tɪstɪklɪ/ avv. *(in terms of art)* artisticamente; *(tastefully)* [*arrange, decorate*] con gusto.
artistic director /ɑ:'tɪstɪkdaɪˌrektə(r), -dɪ-/ ➧ ***27*** n. direttore m. (-trice) artistico (-a).
artistry /'ɑ:tɪstrɪ/ n. arte f., abilità f. artistica.
artless /'ɑ:tlɪs/ agg. [*smile*] naturale, semplice; ***almost too ~*** troppo ingenuo.
artlessly /'ɑ:tlɪslɪ/ avv. [*smile*] con naturalezza, con semplicità; ***his ~ appealing mannerisms*** i suoi modi affascinanti per la loro semplicità.
artlessness /'ɑ:tlɪsnɪs/ n. naturalezza f., semplicità f.
art nouveau /ˌɑ:tnu:'vəʊ/ **I** agg. liberty, art nouveau **II** n. (stile) liberty m., art nouveau f.
art room /'ɑ:tru:m, -rʊm/ n. aula f. di disegno.
art school /'ɑ:tˌsku:l/ n. scuola f. di belle arti.
Arts Council /'ɑ:tsˌkaʊnsl/ n. BE = commissione che sovvenziona il settore artistico.
arts degree /'ɑ:tsdɪˌgri:/ n. = diploma di dottore in discipline umanistiche.
arts funding /'ɑ:tsˌfʌndɪŋ/ n. *(by state)* fondi m.pl., sovvenzioni f.pl. al settore artistico; *(by sponsors)* finanziamenti m. pl. al settore artistico.
arts student /'ɑ:tsˌstju:dnt/ n. studente m. (-essa) di lettere.
art student /'ɑ:tˌstju:dnt/ n. studente m. (-essa) di belle arti.
artsy-craftsy /ˌɑ:tsɪ'kræftsɪ/ AE → **arty-crafty**.
artsy-fartsy /ˌɑ:tsɪ'fɑ:tsɪ/ AE → **arty-farty**.
artwork /'ɑ:twɜ:k/ n. **1** apparato m. iconografico; TIP. impianti m.pl. **2** *(work of art)* opera f. d'arte; **U** *(collectively)* opere f.pl. d'arte.
arty /'ɑ:tɪ/ agg. COLLOQ. SPREG. [*person*] che ha pretese artistiche; [*family, district*] di mezzi artisti; [*clothes, decoration*] da artisti.
arty-crafty /ˌɑ:tɪ'krɑ:ftɪ/ agg. AE COLLOQ. SPREG. [*decor*] fai da te.
arty-farty /'ɑ:tɪˌfɑ:tɪ/ agg. AE COLLOQ. SPREG. = che ostenta interessi culturali.
arum /'eərəm/ n. aro m.
ARV n. AE (⇒ American Revised Version) = versione americana della Bibbia.
Aryan /'eərɪən/ **I** agg. STOR. ario; *(in Nazi ideology)* ariano **II** n. STOR. ario m. (-a); *(in Nazi ideology)* ariano m. (-a).
▶ **1.as** /*forma debole* əz, *forma forte* æz/ **I** cong. **1** *(in the manner that)* come; ~ ***you can see, I am very busy*** come puoi vedere, sono molto occupato; ~ ***you know*** come sai; ~ ***usual*** come di solito *o* come al solito; ~ ***is usual in such cases*** come accade abitualmente; ***do ~ I say*** fai come ti dico; ~ ***I see it*** per come la vedo io *o* secondo me; ~ ***I understand it*** a quanto ho capito; ***he likes reading, ~ I do*** gli piace leggere, come a me; ***loving Rome ~ I do, I couldn't bear to live anywhere else*** Roma mi piace così tanto che non potrei vivere da nessun'altra parte; ***knowing you ~ I do, I can't advise you*** per quel che ti conosco non ti posso dare consigli; ***knowing you ~ I do, you'll never get your degree*** conoscendoti, non ti laureerai mai; ***the street ~ it looked in the 1930s*** la strada così com'era negli anni trenta; ~ ***often happens*** come spesso accade; ***just ~ he dislikes the theatre, so too does he dislike opera*** così come detesta il teatro, detesta anche l'opera; ~ ***he lived, so did he die*** è morto come ha vissuto; ***he lives abroad, ~ does his sister*** vive all'estero, come sua sorella; ***clad ~ he was only in a towel, he did not want to answer the door*** poiché aveva solo un asciugamano addosso, non volle andare ad aprire la porta; ***leave it ~ it is*** lascialo così com'è; ***I'm overworked ~ it is*** sono già sovraccarico di lavoro così; ***we're in enough trouble ~ it is*** siamo già abbastanza nei guai così; ***"~ is"*** COMM. "così com'è"; ***I bought the apartment ~ it was*** ho comprato l'appartamento così com'era; ~ ***one man to another*** da uomo a uomo; ~ ***with so many people in the 1960s, she...*** come molte altre persone negli anni '60, lei...; ~ ***with so much in this country, the system needs to be modernized*** come molte altre cose in questo paese, il sistema ha bisogno di essere modernizzato; ~ ***it were*** per così dire; ~ ***you were!*** MIL. riposo! ***two is to four ~ four is to eight*** MAT. due sta a quattro come quattro sta a otto **2** *(while, when)* mentre; *(over more gradual period of time)* man mano che, via via che; ***he came in ~ she was coming down the stairs*** entrò mentre lei stava scendendo le scale; ***use it ~ the need arises*** usalo quando ce n'è necessità; ~ ***she grew older, she grew richer*** con il passare degli anni, diventava più ricca; ~ ***a child,***

1.as

- When *as* is used as a conjunction to mean *like* it is translated by *come*:

as usual	= come al solito
as often happens	= come capita spesso.

- When *as* is used as a preposition to mean *like* it is translated by *da* or *come*:

dressed as a sailor	= vestito da marinaio
portrayed as a victim	= presentato come una vittima.

- As a conjunction in time expressions, meaning *when* or *while, as* is translated by *mentre*:

I met her as she was coming down the stairs	= la incontrai mentre scendeva le scale

- However, where a gradual process is involved, *as* is translated by *man mano*:

as the day went on, he became more anxious	= man mano che passava il giorno, diventava più inquieto.

- As a conjunction meaning *because, as* is translated by *siccome, poiché*, or *dato che*:

as he is ill, he can't go out	= siccome è malato, non può uscire.

- When used as an adverb in comparisons, *as... as* is translated by *tanto... quanto, così... come* or simply *come*:

he is as intelligent as his brother	= è tanto intelligente quanto suo fratello / è intelligente come suo fratello.

But see **III.1** in the entry **1.as** for *as much as* and *as many as*.

Note also the standard translation used for fixed similes:

as strong as an ox	= forte come un bue
as rich as Croesus	= ricco come Creso

Such similes often have a cultural equivalent rather than a direct translation: to find translations for English similes, consult the entry for the second element.

- When *as* is used as a preposition to indicate a person's profession or position, it is translated by *come*:

he works as an engineer	= lavora come ingegnere.

Note that the article *a/an* is not translated; for more examples and possible translations, see the lexical note **27-SHOPS, TRADES AND PROFESSIONS**.

- When *as* is used as a preposition to mean *in my/his capacity as*, it is translated by *in quanto* or *come*:

as a teacher I believe that...	= in quanto insegnante, credo che...
he spoke as a lawyer	= parlò come avvocato.

- For more examples, particular usages and phrases like *as for, as from, as to* etc., see the entry **1.as.**

he... da bambino, lui... **3** *(because, since)* siccome, poiché, dato che; ***~ you were out, I left a note*** dato che eri uscito, ti ho lasciato un biglietto; ***~ she is sick, she cannot go out*** siccome è malata, non può uscire **4** *(although)* ***strange ~ it may seem, she never returned*** sebbene possa sembrare strano, lei non ritornò mai; ***comfortable ~ the house is, it's still very expensive*** per quanto sia comoda, la casa è comunque troppo cara; ***try ~ he might, he could not forget it*** per quanto ci provasse, non riusciva a dimenticare; ***much ~ I like you, I have to say that*** sebbene tu mi piaccia, devo dire che; ***be that ~ it may*** sia come sia **5** ***the same... ~*** lo stesso... che; ***I've got a jacket the same ~ yours*** ho una giacca come la tua; ***the same man ~ I saw last week*** lo stesso uomo che ho visto la settimana scorsa; ***the same ~ always*** come sempre; ***he works for the same company ~ me*** lavora per la stessa società per cui lavoro io **6** *(expressing purpose)* ***so ~ to do*** per fare; ***he left early so ~ to be on time*** andò via presto per essere puntuale; ***she opened the door quietly so ~ not to wake him*** aprì piano la porta in modo da non svegliarlo **7 as and when** ***~ and when the passengers arrive*** nel momento in cui i passeggeri arrivano; ***~ and when the need arises*** nel momento in cui ci sarà la necessità; ***~ and when you want*** quando e come vuoi **8 as if** come se; ***it' s not ~ if she hadn't been warned!*** non è che non sia stata avvertita! ***he looked at me ~ if to say "I told you so"*** mi guardò come per dire "te l'avevo detto"; ***it looks ~ if we've lost*** sembra che abbiamo perso; ***~ if by accident, magic*** come per caso, per magia; ***~ if I cared!*** come se me ne importasse qualcosa! **II** prep. **1** *(in order to appear to be)* come, da; ***to be dressed ~ a sailor*** essere vestito da marinaio; ***disguised ~ a clown*** mascherato da clown; ***in the book he is portrayed ~ a victim*** nel libro viene presentato come una vittima **2** *(showing function, status)* come, in qualità di; ***he works ~ a pilot, an engineer*** lavora come pilota, ingegnere; ***a job ~ a teacher*** un posto di insegnante; ***she has a reputation ~ a tough businesswoman*** ha la reputazione di tenace donna d'affari; ***speaking ~ his closest friend, I...*** parlando come suo migliore amico, io...; ***I like her ~ a person, but not ~ an artist*** mi piace come persona, ma non come artista; ***my rights ~ a parent*** i miei diritti di genitore; ***film ~ an art form*** il cinema come forma d'arte; ***~ a lexicographer, he has a special interest in words*** come lessicografo, ha un interesse particolare per le parole; ***with Lauren Bacall ~ Vivien*** CINEM. TEATR. con Lauren Bacall nella parte di Vivien **3** *(other uses)* ***to treat sb. ~ an equal*** trattare qcn. come un proprio pari; ***he was quoted ~ saying that*** avrebbe detto che; ***it came ~ a shock to learn that*** è stato un vero shock sapere che; ***think of it ~ an opportunity to meet new people*** considerala come un'opportunità per incontrare gente nuova **4 as against** contro, in confronto a; ***75% this year ~ against 35% last year*** il 75% di quest'anno contro il 35% dell'anno scorso **5 as for** quanto a, riguardo a; ***~ for the children*** per quanto riguarda i bambini; ***~ for him, he can go to hell!*** POP. quanto a lui, può andare al diavolo! **6 as from, as of** a partire da; ***~ from*** o ***of now, April*** a partire da adesso, da aprile; ***~ of yet*** fino ad ora, sinora **7 as such** come, in quanto tale; ***he doesn't believe in religion ~ such*** non crede nella religione in quanto tale; ***they are your equals and should be treated ~ such*** sono tuoi pari e dovrebbero essere trattati come tali **8 as to** quanto a, riguardo a; ***this gave them no clue ~ to his motives, ~ to his whereabouts*** questo non fornì loro alcun indizio sul movente, sulla sua posizione **III** avv. **1** *(expressing degree, extent)* ***~... ~...*** così... come..., tanto... quanto...; ***he is ~ intelligent ~ you*** è intelligente come te; ***he is not ~*** o ***so intelligent ~ you*** non è intelligente come te; ***he's just ~ intelligent ~ you*** è intelligente esattamente come te; ***she can't walk ~ fast ~ she used to*** non riesce più a camminare così velocemente come faceva un tempo; ***~ fast ~ you can*** il più velocemente possibile; ***he's twice ~ strong ~ me*** è due volte più forte di me *o* ha il doppio della mia forza; ***it's not ~ good ~ all that*** non è così, stai esagerando; ***I paid ~ much ~ she did*** ho pagato tanto quanto lei; ***~ much ~ possible*** il più possibile; ***~ little ~ possible*** il meno possibile; ***~ soon ~ possible*** il più presto *o* prima possibile; ***not nearly ~ much ~*** non si avvicina neanche a *o* molto meno di; ***not ~ often*** non così spesso; ***their profits are down by ~ much ~ 30%*** i loro guadagni sono diminuiti ben del 30%; ***the population may increase by ~ much ~ 20%*** l'aumento della popolazione può raggiungere ben il 20% *o* la popolazione può aumentare ben del 20%; ***~ many ~ 10,000 people attended the demonstration*** ben 10.000 persone parteciparono alla manifestazione; ***by day ~ well ~ by night*** di giorno come di notte; ***she can play the piano ~ well ~ her sister*** suona il piano bene come sua sorella; ***they have a house in Nice ~ well ~ an apartment in Paris*** hanno una casa a Nizza e un appartamento a Parigi; ***~ well ~ being a poet, he is a novelist*** oltre ad essere un poeta, è anche un romanziere **2** *(expressing similarity)* come; ***~ before, she...*** come prima, lei...; ***they tried to carry on ~ before*** provarono a continuare come prima; ***I thought ~ much!*** era come pensavo! ***V ~ in Victor*** V come Victor.

2.as /æs/ n. (pl. **asses**) NUMISM. *(Ancient Rome)* asse m.

Asa /ˈeɪsə/ n.pr. Asa.

ASA n. GB **1** (⇒ Advertising Standards Authority) = organismo di autodisciplina pubblicitaria **2** (⇒ Amateur Swimming Association) = federazione nuotatori dilettanti.

asafoetida /ˌæsəˈfiːtɪdə/ n. assafetida f.

asap ⇒ as soon as possible appena possibile.

asbestine /æzˈbestɪn/ agg. di amianto, incombustibile.

asbestos /æzˈbestɒs, æs-/ n. asbesto m., amianto m.

asbestosis /ˌæzbeˈstəʊsɪs, ˌæs-/ ♦ **11** n. asbestosi f.

asbestos mat /əzˈbestɒsˌmæt, æs-/ n. placca f. di amianto.

ASBO /ˈæzbəʊ/ n. GB (⇒ Antisocial Behaviour Order) = ordinanza giudiziaria emessa contro chi ha comportamenti contrari all'ordine pubblico.

Ascanius /æs'keɪnɪəs/ n.pr. Ascanio.
ascarid /'æskərɪd/ n. ascaride m.
ascend /ə'send/ **I** tr. FORM. salire [*steps*]; salire su per [*hill*]; ***to ~ the throne*** ascendere al trono **II** intr. FORM. [*person*] salire; [*bird, soul*] innalzarsi, salire; [*deity*] salire, ascendere.
ascendancy /ə'sendənsɪ/ n. ascendente m.; ***to be in the ~*** avere ascendente; ***to have, gain the ~ over sb.*** avere, acquistare un ascendente su qcn.
ascendant /ə'sendənt/ **I** n. **1** ASTROL. ascendente m.; ***she is a Scorpio with a Leo ~*** è uno Scorpione con ascendente Leone; ***to be in the ~*** [*planet*] essere all'ascendente **2** FORM. *(powerful position)* ***they are in the ~*** sono in ascesa **II** agg. FORM. [*class, group*] dominante, predominante.
ascending /ə'sɛndɪŋ/ agg. ascendente.
Ascension /ə'senʃn/ n. RELIG. ***the ~*** l'Ascensione.
Ascension Island /ə,senʃn'aɪlənd/ ➧ ***12*** n.pr. isola f. dell'Ascensione.
ascensional /ə'senʃnl/ agg. ascensionale.
ascent /ə'sent/ n. **1** *(of smoke, gas)* innalzamento m.; *(of soul)* ascesa f.; *(of balloon, plane)* salita f. **2** *(in cycling)* salita f.; *(in mountaineering)* arrampicata f.; *(of path)* salita f., pendio m.; ***to make an ~ of the volcano*** scalare il vulcano **3** FORM. *(advancement)* ascesa f.
▷ **ascertain** /,æsə'teɪn/ tr. accertare, accertarsi (**that** che); ***to ~ what had happened*** per verificare cosa accadde.
ascertainable /,æsə'teɪnəbl/ agg. accertabile.
ascertainment /,æsə'teɪnmənt/ n. accertamento m.
ascesis /ə'si:sɪs/ n. (pl. **-es**) ascesi f.
ascetic /ə'setɪk/ **I** agg. ascetico **II** n. asceta m. e f.
ascetical /ə'setɪkl/ agg. ascetico.
ascetically /ə'setɪklɪ/ avv. asceticamente.
asceticism /ə'setɪsɪzəm/ n. ascetismo m.
asci /'æskaɪ/ → **ascus**.
ascidia /ə'sɪdɪə/ → **ascidium**.
ascidian /ə'sɪdɪən/ n. ascidiaceo m.
ascidium /ə'sɪdɪəm/ n. (pl. **-ia**) ascidio m.
ASCII /'æskɪ/ **I** n. (⇒ American Standard Code for Information Interchange codice standard americano per lo scambio di informazioni) ASCII m. **II** modif. ***~ file*** file ASCII.
asclepiad /æ'skli:pɪæd/ n. asclepiade f.
Asclepiad /æ'skli:pɪæd/ n. asclepiadeo m.
Asclepiadean /æsklɪpɪæ'di:ən/ **I** agg. asclepiadeo **II** n. asclepiadeo m.
ascorbic /ə'skɔ:bɪk/ agg. ascorbico.
Ascot /'æskət/ n.pr. Ascot f.
ascribable /ə'skraɪbəbl/ agg. [*work of art*] ascrivibile, attribuibile (**to** a); [*mistake, accident*] *(laying blame)* ascrivibile, imputabile, attribuibile (**to** a); *(morally neutral)* attribuibile (**to** a).
ascribe /ə'skraɪb/ tr. ***to ~ sth. to sb.*** attribuire qcs. a qcn. [*influence, work, phrase*]; ascrivere, imputare, attribuire qcs. a qcn. [*accident, mistake*]; ***the accident can be ~d to human error*** l'incidente può essere attribuito a errore umano.
ascription /ə'skrɪpʃn/ n. ascrizione f., attribuzione f.
ascus /'æskəs/ n. (pl. **-i**) asco m.
asdic /'æzdɪk/ n. BE stor. mar. ecogoniometro m.
ASEAN n. (⇒ Association of South East Asian Nations) = associazione dei paesi del Sud-Est asiatico.
asepsis /eɪ'sepsɪs, AE ə'sep-/ n. (pl. **-es**) asepsi f.
aseptic /,eɪ'septɪk, AE ə'sep-/ agg. asettico.
asexual /,eɪ'sekʃʊəl/ agg. asessuale, asessuato.
asexuality /,eɪsekʃʊ'ælətɪ/ n. asessualità f.
1.ash /æʃ/ **I** n. *(burnt residue)* cenere f.; ***to be reduced*** o ***burned to ~es*** essere ridotto in cenere **II ashes** n.pl. **1** *(remains)* ceneri f. **2** SPORT ***the Ashes*** = titolo assegnato al vincitore di una tradizionale competizione di cricket tra Inghilterra e Australia.
2.ash /æʃ/ **I** n. *(tree, wood)* frassino m.; ***made of*** o ***in ~*** di, in frassino **II** modif. [*bark, branch, leaf, twig*] di frassino; [*furniture, panelling, veneer*] in frassino; [*plantation, grove*] di frassini.
ASH n. (⇒ Action on Smoking and Health) = associazione per la lotta contro il fumo.
▷ **ashamed** /ə'ʃeɪmd/ agg. ***to be*** o ***feel ~*** vergognarsi (**of** di; **to do** di fare); ***to be ~ that*** vergognarsi di; ***she was ~ to be seen with him*** si vergognava a farsi vedere con lui; ***you ought to be ~ of yourself*** dovresti vergognarti di te stesso; ***~ of his ignorance, he...*** vergognandosi della sua ignoranza, lui...; ***it's nothing to be ~ of*** non c'è nulla di cui vergognarsi.
ashbin /'æʃbɪn/ n. AE pattumiera f.
ash blond /'æʃ,blɒnd/ agg. biondo cenere.
ashcan /'æʃkæn/ n. AE pattumiera f.
ashen /'æʃn/ agg. [*complexion*] cinereo.
ashen faced /'æʃn,feɪst/ agg. dal volto cinereo.
Asher /'æʃə/ n.pr. Asher (nome di uomo).
Ashkenazi /,æʃkə'nɑ:zɪ/ n. (pl. **~m**) ashkenazita m. e f.
Ashkenazic /,æʃkə'nɑ:zɪk/ agg. ashkenazita.
Ashkenazim /,æʃkə'nɑ:zɪm/ → **Ashkenazi**.
ashlar /'æʃlə(r)/ n. *(stone)* concio m.
Ashley /'æʃlɪ/ n.pr. Ashley (nome di uomo).
ashore /ə'ʃɔ:(r)/ avv. **1** a riva, verso la riva; ***he was swimming ~*** stava nuotando verso la riva; ***the oil slick is being washed ~ by the tide*** la macchia di petrolio viene trasportata a riva dalle maree; ***to come, go ~*** giungere a riva; ***to swim ~*** raggiungere la riva a nuoto; ***washed ~*** gettato a riva; ***the gas is piped ~*** il gas viene trasportato a riva per mezzo di tubazioni; ***to put men, goods ~*** sbarcare i passeggeri, le merci **2** *(on land)* a terra, sulla terraferma; ***to spend a week ~*** [*sailor, tourist*] trascorrere una settimana a terra; ***whenever I'm ~*** ogni volta che sono a terra.
ash pan /'æʃ,pæn/ n. ceneratoio m.
ashram /'æʃrəm/ n. eremitaggio m., eremo m.
ashtray /'æʃtreɪ/ n. portacenere m., posacenere m.
ash tree /,æʃ'tri:/ n. frassino m.
Ash Wednesday /,æʃ'wenzdeɪ/ n. mercoledì m. delle Ceneri.
ashwood /'æʃwʊd/ n. frassineto m.
ashy /'æʃɪ/ agg. *(in colour)* cenerino, cinereo; *(covered in ash)* coperto di cenere; ***~ material*** ceneri.
Asia /'eɪʃə, AE 'eɪʒə/ ➧ ***6*** n.pr. Asia f.; ***Central ~*** Asia centrale; ***South-East ~*** Sud-Est asiatico.
Asia Minor /,eɪʃə'maɪnə(r), AE ,eɪʒə-/ ➧ ***24*** n.pr. Asia f. minore.
Asian /'eɪʃn, AE 'eɪʒn/ **I** agg. asiatico **II** n. *(from Far East)* asiatico m. (-a); *(in UK)* indiano m. (-a), pakistano m. (-a).
Asian American /,eɪʃnə'merɪkən, AE ,eɪʒ-/ n. = americano di origine asiatica.
Asian Briton /,eɪʃn'brɪtn, AE ,eɪʒ-/ n. BE = britannico di origine indiana o pakistana.
Asian flu /,eɪʃn'flu:, AE ,eɪʒ-/ ➧ ***11*** n. (influenza) asiatica f.
Asiatic /,eɪʃɪ'ætɪk, AE ,eɪʒɪ-/ agg. asiatico.
▶ **aside** /ə'saɪd/ **I** avv. **1** *(to one side)* ***to step*** o ***move ~*** farsi da parte; ***to stand ~*** stare in disparte; ***to turn ~*** voltarsi, girarsi dall'altra parte; ***to cast*** o ***throw [sth.] ~*** mettere in un canto [*clothes, gift*]; accantonare [*idea, theory*]; ***to set*** o ***put*** o ***lay sth. ~*** *(save)* mettere da parte qcs.; *(in shop)* mettere via qcs.; ***to brush*** o ***sweep [sth.] ~*** ignorare [*objections, protests, worries*]; ***to push*** o ***move sb. ~*** scartare qcn.; ***to take sb. ~*** prendere qcn. in disparte; ***leaving ~ all these problems*** lasciando da parte tutti questi problemi; ***to set a verdict ~*** DIR. cassare una sentenza **2** *(apart)* ***money ~, let's discuss accommodation*** lasciamo da parte i soldi, parliamo della si-stemazione; ***joking ~*** scherzi a parte **3 aside from** a parte, a prescindere da; ***~ from political concerns*** a prescindere dalle preoccupazioni politiche **II** n. TEATR. CINEM. a parte m.; ***to say sth. as*** o ***in an ~*** dire qcs. in un a parte; *(as digression)* dire qcs. per inciso.
asinine /'æsɪnaɪn/ agg. FORM. [*behaviour*] stupido, asinesco; [*question*] stupido; ***an ~ remark*** un'asinata.
asininity /'æsɪnɪnətɪ/ n. asinaggine f., stupidità f.
▶ **1.ask** /ɑ:sk, AE æsk/ **I** tr. **1** *(enquire as to)* chiedere [*name*]; chiedere, domandare [*reason*]; ***to ~ a question*** fare una domanda; ***to ~ sb. sth.*** chiedere qcs. a qcn.; ***I ~ed him the time*** gli chiesi l'ora; ***I ~ed you a question!*** ti ho fatto una domanda! ***there's something I'd like to ~ you*** c'è qualcosa che vorrei chiederti; ***80% of those ~ed said no*** l'80% delle persone intervistate hanno detto no; ***"how?" she ~ed*** "come?" chiese; ***to ~ if*** o ***whether, why, who*** chiedere se, perché, chi; ***I ~ed her why*** le chiesi perché; ***I'm ~ing you how you did it*** voglio sapere come l'hai fatto; ***I wasn't ~ing you*** non ti ho chiesto niente; ***don't ~ me!*** va' a sapere! **2** *(request)* chiedere, richiedere [*permission, tolerance*]; ***to ~ sb.'s opinion about*** chiedere a qcn. la sua opinione su; ***it's too much to ~*** questo è chiedere troppo; ***to ~ to do*** chiedere di fare; ***to ~ sb. to do*** chiedere a qcn. di fare; ***to ~ sth. of*** o ***from sb.*** chiedere qcs. a qcn.; ***all I ~ from you is loyalty*** tutto ciò che ti chiedo è di essere leale; ***to ~ a price for sth.*** chiedere il prezzo di qcs.; ***what price is she ~ing for it?*** quanto chiede per questo? ***the money is there for the ~ing*** i soldi sono lì per chi li vuole; ***I ~ you!*** BE domando e dico! *o* ma di' un po'! **3** *(invite)* invitare [*person*]; ***to ~ sb. to*** invitare qcn. a [*concert, party*]; ***to ~ sb. to dinner*** invitare qcn. a cena; ***to ~ sb. out*** invitare qcn. a uscire; ***to ~ sb. in*** invitare qcn. a entrare; ***we ~ed him along*** l'abbiamo invitato a unirsi a noi; ***he ~ed her to marry him*** le chiese di sposarlo; ***I wasn't ~ed*** non sono stato invitato **II**

intr. **1** *(request)* chiedere; ***you could have ~ed*** avresti potuto chiedere; ***you only have to ~*** hai solo da chiedere **2** *(make enquiries)* informarsi (**about sth.** su qcs.); ***to ~ about sb.*** informarsi su qcn.; ***I'll ~ around*** mi informerò **III** rifl. ***to ~ oneself*** chiedersi *o* domandarsi [*reason*]; ***to ~ oneself a question*** farsi *o* porsi una domanda; ***to ~ oneself why, who*** chiedersi *o* domandarsi perché, chi.

■ **ask after:** ~ **after [sb.]** chiedere notizie di; ***she ~ed after you*** mi chiese di te.

■ **ask for:** ~ **for [sth.]** chiedere [*drink*]; chiedere, richiedere [*money, help, restraint*]; ***he was ~ing for it! he ~ed for it!*** COLLOQ. se l'è voluto! ~ **for [sb.]** *(on telephone)* chiedere di, cercare; *(from sickbed)* chiedere di vedere; ***the police were here ~ing for you*** la polizia è stata qui e ha chiesto di te; ***to ~ sb. for sth.*** chiedere qcs. a qcn.; ***I ~ed him for the time*** gli ho chiesto l'ora.

2.ask /ɑ:sk, AE æsk/ n. → **asking price**.

askance /ə'skæns/ avv. ***to look ~ at sb., sth.*** guardare qcn., qcs. di traverso.

askari /æ'skɑ:rɪ/ n. (pl. ~, **~s**) ascaro m.

asker /'ɑ:skə(r), AE 'æs-/ n. richiedente m. e f.

askew /ə'skju:/ **I** agg. storto, obliquo, sbieco **II** avv. obliquamente, di sbieco.

asking price /'ɑ:kɪŋˌpraɪs/ n. prezzo m. di offerta.

aslant /ə'slɑ:nt, AE ə'slænt/ **I** avv. di sbieco, di traverso **II** prep. di traverso a, attraverso.

▷ **asleep** /ə'sli:p/ agg. ***to be ~*** essere addormentato *o* dormire; ***be quiet he's ~*** fai piano, sta dormendo; ***to fall ~*** addormentarsi; ***they were found ~*** li trovarono addormentati; ***to be half ~*** *(not yet awake, falling asleep)* essere mezzo addormentato; ***to be sound*** o ***fast ~*** dormire profondamente; ***to be ~ on one's feet*** dormire in piedi.

ASLEF /'æslef/ n. BE (⇒ Associated Society of Locomotive Engineers and Firemen) = sindacato dei ferrovieri e dei vigili del fuoco.

AS level /eɪ'eslevl/ n. GB SCOL. (accorc. Advanced Supplementary Level) = esame alternativo all'A level che permette di diplomarsi in un numero maggiore di materie in quanto richiede una preparazione meno approfondita delle stesse.

aslope /ə'sləʊp/ avv. e agg. ANT. in pendenza.

asp /æsp/ n. aspide m.

asparagine /ə'spærədʒi:n/ n. *(substance)* asparagina f.

asparagus /ə'spærəgəs/ **I** n. **U** asparagi m.pl.; ***do you like ~?*** ti piacciono gli asparagi? **II** modif. [*frond, shoot*] di asparago; [*mousse, sauce*] agli asparagi; [*soup*] di asparagi; ***an ~ plant*** un asparago.

asparagus fern /ə'spærəgəsˌfɜ:n/ n. *(plant)* asparagina f.

asparagus tip /ə'spærəgəsˌtɪp/ n. punta f. di asparago.

aspartic /ə'spɑ:tɪk/ agg. aspartico; ***~ acid*** acido aspartico.

ASPCA n. AE (⇒ American Society for the Prevention of Cruelty to Animals) = società americana per la protezione degli animali.

▶ **aspect** /'æspekt/ n. **1** *(feature)* aspetto m. **2** *(angle)* aspetto m.; ***to examine every ~ of sth.*** esaminare qcs. in tutti i suoi aspetti; ***seen from this ~*** visto sotto questo aspetto; ***from a political ~*** da un punto di vista politico **3** *(orientation)* esposizione f.; ***a westerly ~*** un'esposizione a ovest **4** *(view)* vista f., affaccio m.; ***a pleasant front ~*** una piacevole vista frontale **5** ASTROL. LING. aspetto m. **6** LETT. *(appearance)* aspetto m., apparenza f.; ***a man of repulsive ~*** un uomo dall'aspetto ripugnante.

aspection /ə'spekʃn/ n. mutamento m. stagionale.

aspectual /æ'spektjʊəl/ agg. aspettuale.

aspen /'æspən/ n. pioppo m. tremulo.

aspergilla /æspə'dʒɪlə/ → **aspergillum**.

aspergilli /æspə'dʒɪlɪ/ → **aspergillus**.

aspergillosis /æspɜ:dʒɪ'ləʊsɪs/ n. (pl. **-es**) aspergillosi f.

aspergillum /æspə'dʒɪləm/ n. (pl. **~s, -a**) aspersorio m.

aspergillus /æspə'dʒɪləs/ n. aspergillo m.

asperity /ə'sperətɪ/ n. FORM. *(of voice, style)* asprezza f.; *(of person, comments)* asprezza f., rudezza f.

asperse /ə'spɜ:s/ tr. **1** FORM. denigrare, calunniare [*person*] **2** aspergere.

asperser /ə'spɜ:sə(r)/ n. **1** denigratore m. (-trice), calunniatore m. (-trice) **2** aspersorio m.

aspersion /ə'spɜ:ʃn, AE -ʒn/ **I** n. RELIG. aspersione f. **II aspersions** n.pl. FORM. ***to cast ~s on*** denigrare *o* calunniare *o* diffamare [*person*]; denigrare *o* mettere in dubbio [*ability, capacity*]; ***are you casting ~s?*** lo stai mettendo in dubbio?

aspersorium /æspə'sɔ:rɪəm/ n. (pl. **~s, -ia**) **1** *(basin)* acquasantiera f. **2** *(aspergillum)* aspersorio m.

1.asphalt /'æsfælt, AE -fɔ:lt/ **I** n. asfalto m. **II** modif. [*drive, playground*] asfaltato.

2.asphalt /'æsfælt, AE -fɔ:lt/ tr. asfaltare.

asphaltic /æs'fæltɪk/ agg. asfaltico.

asphaltite /æs'fæltaɪt/ n. asfaltite f.

asphodel /'æsfədel/ n. asfodelo m.

asphyxia /əs'fɪksɪə, AE æs'f-/ n. MED. asfissia f.; ***the cause of death was ~*** la causa della morte è stata l'asfissia; ***to die from ~*** morire asfissiato.

asphyxial /əs'fɪksɪəl, AE æs'f-/ agg. asfittico.

asphyxiate /əs'fɪksɪeɪt, AE æs'f-/ **I** tr. asfissiare; ***they were ~d by the smoke*** furono asfissiati dal fumo **II** intr. asfissiare.

asphyxiation /əsˌfɪksɪ'eɪʃn/ n. MED. asfissia f.; ***to die of*** o ***from ~*** morire asfissiato; ***to cause death by*** o ***through ~*** causare la morte per asfissia.

1.aspic /'æspɪk/ n. GASTR. aspic m.; ***salmon in ~*** aspic di salmone; ***to preserve sth. in ~*** FIG. = tenere da parte per scopi futuri.

2.aspic /'æspɪk/ n. *(lavender)* lavanda f.

3.aspic /'æspɪk/ n. LETT. → **asp**.

aspidistra /ˌæspɪ'dɪstrə/ n. aspidistra f.

aspirant /ə'spaɪərənt/ **I** n. aspirante m. e f.; ***to be an ~ to sth.*** aspirare a qcs. **II** agg. ***these ~ actors, managers*** questi aspiranti attori, dirigenti.

1.aspirate /'æspərət/ **I** agg. aspirato **II** n. FON. (consonante) aspirata f.

2.aspirate /'æspɪreɪt/ tr. *(all contexts)* aspirare.

▷ **aspiration** /ˌæspɪ'reɪʃn/ n. **1** *(desire)* aspirazione f. (**to** a); ***to have ~s to do*** aspirare a fare **2** MED. FON. aspirazione f.

aspirator /'æspɪˌreɪtə(r)/ n. aspiratore m.

▷ **aspire** /ə'spaɪə(r)/ intr. aspirare, ambire (**to** a; **to do** a fare); ***it ~s to be an exclusive restaurant*** vuole essere un ristorante di lusso.

aspirin /'æspərɪn/ n. aspirina® f.; ***two ~(s)*** due aspirine; ***half an ~*** mezza aspirina.

aspiring /ə'spaɪərɪŋ/ agg. ***~ authors, journalists etc.*** aspiranti autori, giornalisti ecc.

ass /æs/ n. **1** *(donkey)* asino m., somaro m. **2** COLLOQ. *(fool)* asino m. (-a); ***to make an ~ of oneself*** rendersi ridicolo; ***the law is an ~*** BE la legge è un'assurdità **3** AE POP. culo m. ◆ ***to get one's ~ in gear*** o ***to get off one's ~*** POP. muovere le chiappe; ***get your ~ out of here!*** POP. togliti dalle palle! ***to have sb.'s ~*** POP. = vendicarsi di qcn.; ***piece of ~*** POP. pezzo di fica; ***to kick (some) ~*** POP. fare il culo a qualcuno; ***to kiss sb.'s ~*** POP. leccare il culo a qcn.; ***not to know one's ~ from a hole in the ground*** POP. essere un coglione; ***to work one's ~ off*** POP. farsi il culo; ***your ~ is grass!*** POP. sei fottuto!

assagai → **assegai**.

assail /ə'seɪl/ tr. FORM. **1** *(attack)* assalire, attaccare [*person*] **2** *(plague, harass)* assalire; ***to be ~ed by worries, by doubts, by questions*** essere tormentato dalle preoccupazioni, dai dubbi, dalle domande; ***we are constantly ~ed by demands*** siamo costantemente bombardati da richieste.

assailable /ə'seɪləbl/ agg. attaccabile.

assailant /ə'seɪlənt/ n. **1** *(criminal)* assalitore m. (-trice), aggressore m. (-ditrice) **2** MIL. assalitore m.

Assam /æ'sæm/ **I** ♦ **24** n.pr. *(province)* Assam m. **II** n. *(tea)* tè m. dell'Assam.

assassin /ə'sæsɪn, AE -sn/ n. assassino m. (-a), sicario m.

assassinate /ə'sæsɪneɪt, AE -sən-/ tr. assassinare.

▷ **assassination** /əˌsæsɪ'neɪʃn, AE -sə'neɪʃn/ **I** n. assassinio m. **II** modif. [*bid, attempt*] di omicidio.

1.assault /ə'sɔ:lt/ **I** n. **1** DIR. *(on person)* assalto m., aggressione f. (**on** a), violenza f. personale, minaccia f. di violenza fisica, vie f.pl. di fatto; *(sexual)* stupro m., violenza f. carnale (**on** a); ***physical ~*** aggressione fisica; ***verbal ~*** aggressione verbale **2** MIL. *(attack)* assalto m. (**on** a); ***air, ground ~*** assalto aereo, terrestre; ***to make an ~ on*** assalire [*fortress, town, troops*]; ***to make an ~ on a record*** SPORT tentare di battere un record **3** FIG. *(criticism) (on belief, theory, shortcoming, person, organization, reputation)* attacco m. (**on** a); ***to make an ~ on*** attaccare [*policy, supposition*] **4** FIG. *(on ears, nerves)* attentato m. (**on** a) **II** modif. [*troops, weapon, ship*] d'assalto.

2.assault /ə'sɔ:lt/ tr. **1** DIR. aggredire [*person*]; ***to be indecently ~ed*** essere vittima di uno stupro **2** MIL. assalire, attaccare **3** FIG. essere un attentato a [*ears, nerves*].

assault and battery /əˌsɔ:ltən'bætərɪ/ n. DIR. percosse f.pl.

assault charge /ə'sɔ:ltˌtʃɑ:dʒ/ n. accusa f. di aggressione.

assault course /ə'sɔ:ltˌkɔ:s/ n. MIL. percorso m. di guerra.

assault craft /ə'sɔ:ltˌkrɑ:ft, AE -ˌkræft/ n. (pl. ~) mezzo m. d'assalto.

assault rifle /ə'sɔ:ltˌraɪfl/ n. fucile m. d'assalto.

1.assay /ə'seɪ/ n. MINER. MIN. saggio m., analisi f.

2.assay /ə'seɪ/ tr. MINER. MIN. saggiare, analizzare.

assayable /ə'seɪəbl/ agg. MINER. MIN. analizzabile.
assayer /ə'seɪə(r)/ ▸ *27* n. MINER. MIN. saggiatore m. (-trice).
assaying /ə'seɪɪŋ/ n. MINER. MIN. saggiatura f.
ass-backwards /ˌæs'bækwədz/ AE POP. **I** agg. al contrario, a rovescio **II** avv. ***he does everything*** ~ fa tutto all'incontrario.
assegai /'æsəgaɪ/ n. zagaglia f.
assemblage /ə'semblɪdʒ/ n. FORM. **1** *(collection of people)* assembramento m., raduno m.; *(collection of animals, objects, ideas)* raccolta f. **2** TECN. ART. assemblaggio m.
assemble /ə'sembl/ **I** tr. **1** *(gather)* riunire, radunare [*people*]; mettere assieme [*data*]; amalgamare, mescolare [*ingredients*] **2** *(construct)* assemblare, montare; ***easy to*** ~ facile da montare **II** intr. [*marchers, passengers, vehicles, parliament, team, family*] riunirsi.
▷ **assembled** /ə'sembld/ **I** p.pass. → **assemble II** agg. [*reporters, delegates, family, friends*] riunito; ***the*** ~ ***company*** i presenti.
assembler /ə'semblə(r)/ ▸ *27* n. **1** *(in factory)* assemblatore m. (-trice), montatore m. (-trice) **2** *(company)* società f. incorporante **3** INFORM. (programma) assemblatore m.
assembling /ə'semblɪŋ/ n. IND. TECN. assemblaggio m., montaggio m.
▷ **assembly** /ə'semblɪ/ n. **1** *(of people)* assemblea f., riunione f. **2** POL. *(institution)* assemblea f.; ***legislative, general*** ~ assemblea legislativa, generale **3** SCOL. assemblea f. **4** POL. *(congregating)* riunione f.; ***freedom of*** ~ libertà di associazione **5** IND. TECN. *(of components, machines)* assemblaggio m., montaggio m.; ~ ***instructions*** istruzioni per il montaggio **6** *(of data, facts)* assemblaggio m. **7** TECN. *(device)* = insieme di pezzi, di componenti; ***engine*** ~ blocco motore; ***tail*** ~ AER. impennaggio **8** INFORM. assemblaggio m.
assembly hall /ə'semblɪˌhɔːl/ n. sala f. riunioni.
assembly language /ə'semblɪˌlæŋgwɪdʒ/ n. INFORM. linguaggio m. assemblatore.
assembly line /ə'semblɪˌlaɪn/ n. catena f. di montaggio; ***to work on the*** ~ lavorare alla catena di montaggio.
assemblyman /ə'semblɪmən/ n. (pl. **-men**) AE POL. membro m. d'assemblea.
assembly plant /ə'semblɪˌplɑːnt, AE -ˌplænt/ n. AUT. IND. officina f. di montaggio.
assembly point /ə'semblɪˌpɔɪnt/ n. punto m. di assemblaggio.
assembly room /ə'semblɪˌruːm, -ˌrʊm/ n. sala f. riunioni.
assembly shop /ə'semblɪˌʃɒp/ n. IND. reparto m. di montaggio.
assemblywoman /ə'semblɪˌwʊmən/ n. (pl. **-women**) AE membro m. d'assemblea.
1.assent /ə'sent/ n. assenso m., consenso m.; ***to give one's*** ~ ***to sth.*** dare il proprio consenso a qcs.; ***he nodded his*** ~ acconsentì con un cenno della testa; ***by common*** ~ di comune accordo.
2.assent /ə'sent/ intr. FORM. assentire, acconsentire (**to** a).
assentation /æsən'teɪʃn/ n. assentimento m.
assentient /ə'senʃnt/ ANT. **I** agg. assenziente **II** n. chi assente.
assert /ə'sɜːt/ **I** tr. **1** *(state)* asserire, affermare (**that** che); *(against opposition)* sostenere (**that** che); ***to*** ~ ***one's authority, strength*** affermare la propria autorità, forza **2** *(demand)* rivendicare [*right, claim*] **II** rifl. ***to*** ~ ***oneself*** affermarsi.
assertable /ə'sɜːtəbl/ agg. **1** [*statement*] sostenibile **2** [*right, claim*] rivendicabile.
▷ **assertion** /ə'sɜːʃn/ n. *(statement)* asserzione f., affermazione f. (**that** che); ***it was an*** ~ ***of her strength, authority*** era un'affermazione della sua forza, autorità.
assertive /ə'sɜːtɪv/ agg. assertivo.
assertively /ə'sɜːtɪvlɪ/ avv. assertivamente, in modo assertivo.
assertiveness /ə'sɜːtɪvnɪs/ n. PSIC. AMM. autoaffermazione f.; ***lack of*** ~ mancanza di sicurezza; ***I admire your*** ~ ammiro la tua sicurezza.
assertiveness training /ə'sɜːtɪvnɪsˌtreɪnɪŋ/ n. corso m. di autoaffermazione.
assertor /ə'sɜːtə(r)/ n. assertore m. (-trice), propugnatore m. (-trice).
asses /'æsɪz/ → **2.as**.
assess /ə'ses/ tr. **1** valutare [*ability, effect, pupil, problem, result, work*] **2** ECON. DIR. stimare [*damage, loss, property, value*] **3** ECON. tassare [*person*]; applicare [*tax*]; stabilire [*amount*]; ***to be ~ed for tax*** essere tassato.
assessable /ə'sesəbl/ agg. ECON. imponibile.
assessed /ə'sest/ **I** p.pass. → **assess II** agg. **1** ECON. [*damage, loss*] stimato **2** ECON. tassato, gravato da imposta; [*income, value*] imponibile.
assessment /ə'sesmənt/ n. **1** valutazione f. (anche SCOL.) (**of** di) **2** ECON. DIR. stima f. (**of** di) **3** (anche **tax** ~) accertamento m. tributario.
assessor /ə'sesə(r)/ ▸ *27* n. **1** ECON. ispettore m. (-trice) fiscale **2** *(of insurance company)* perito m. **3** DIR. consulente m. tecnico.
asset /'æset/ **I** n. **1** ECON. bene m. **2** FIG. *(advantage) (quality, skill)* vantaggio m., risorsa f.; *(person)* risorsa f.; ***she is a great*** ~ ***to the team*** è una grande risorsa per la squadra **II assets** n.pl. *(private)* beni m., patrimonio m.sing.; COMM. ECON. DIR. attivo m.sing.; ***~s and liabilities*** attivo e passivo; ***capital, property ~s*** disponibilità finanziarie, immobiliari.
asset stripper /'æsetˌstrɪpə(r)/ n. = chi specula con l'asset stripping.
asset stripping /'æsetˌstrɪpɪŋ/ n. scorporo m. delle attività, chirurgia f. finanziaria.
asseverate /ə'sevəreɪt/ tr. FORM. asseverare.
asseveration /əˌsevə'reɪʃn/ n. FORM. asseverazione f.
asshole /'æshəʊl/ n. AE VOLG. **1** *(anus)* buco m. del culo **2** *(stupid person)* coglione m. (-a); *(despicable person)* stronzo m. (-a).
assibilate /ə'sɪbɪˌleɪt/ tr. assibilare.
assibilation /əˌsɪbɪ'leɪʃn/ n. assibilazione f.
assiduity /ˌæsɪ'djuːətɪ, AE -duː-/ n. assiduità f.
assiduous /ə'sɪdjʊəs, AE -dʒʊəs/ agg. assiduo.
assiduously /ə'sɪdjʊəslɪ, AE -dʒʊəslɪ/ avv. assiduamente.
assign /ə'saɪn/ tr. **1** *(allocate)* assegnare [*funding, resources, housing, task*] (**to** a) **2** *(delegate)* ***to*** ~ ***a task to sb.*** o ***to*** ~ ***sb. to a task*** assegnare un compito a qcn.; ***to*** ~ ***sb. to do*** designare qcn. a fare; ***they were ~ed certain duties*** furono assegnati loro alcuni compiti **3** *(attribute)* assegnare, attribuire [*role, importance, value, responsibility*] (**to** a) **4** *(appoint)* destinare, nominare (**to** a) **5** DIR. *(transfer)* cedere, trasferire, alienare **6** *(fix)* stabilire, fissare [*time, date, place*] (**for** per) **7** INFORM. ***to*** ~ ***sth. to a key*** assegnare qcs. a un tasto.
assignable /ə'saɪnəbl/ agg. **1** *(allocable)* assegnabile (**to** a) **2** *(attributable)* attribuibile (**to** a) **3** DIR. cedibile, trasferibile.
assignation /ˌæsɪg'neɪʃn/ n. **1** FORM. o SCHERZ. appuntamento m. (**with** con) **2** DIR. cessione f., trasferimento m.
assignee /ˌæsaɪ'niː/ n. cessionario m. (-a), assegnatario m. (-a).
▷ **assignment** /ə'saɪnmənt/ n. **1** *(professional, academic, etc.)* incarico m., nomina f.; *(specific duty)* compito m., incarico m.; mansione f.; ***to be on*** ~ ***to*** essere destinato a **2** *(of duties, staff, funds)* assegnazione f., attribuzione f., destinazione f. **3** DIR. *(of rights, contract)* cessione f., trasferimento m.; *(of documents)* voltura f.
assignor /ə'saɪnə(r)/ n. cedente m. e f.
assimilable /ə'sɪmɪləbl/ agg. *(all contexts)* assimilabile.
assimilate /ə'sɪmɪleɪt/ **I** tr. *(all contexts)* assimilare (**to** a) **II** intr. assimilarsi (**to** a).
▷ **assimilation** /əˌsɪmɪ'leɪʃn/ n. *(all contexts)* assimilazione f. (**to** a).
assimilative /əˌsɪmɪ'leɪtɪv/ agg. assimilativo.
1.assist /ə'sɪst/ n. AE SPORT assist m.
▷ **2.assist** /ə'sɪst/ **I** tr. **1** *(help)* assistere, aiutare (**to do, in doing** a fare); *(in organization, bureaucracy)* assistere (**to do, in doing** a fare); ***to*** ~ ***sb. in, out, down etc.*** aiutare qcn. a entrare, uscire, scendere ecc.; ***to*** ~ ***one another*** aiutarsi a vicenda; ***to*** ~ ***sb. financially*** aiutare qcn. finanziariamente; ***a man is ~ing police with their inquiries*** EUFEM. un uomo è stato trattenuto dalla polizia per accertamenti **2** *(facilitate)* aiutare, favorire [*development, process, safety*] **II** intr. **1** *(help)* prestare assistenza, aiuto (**in doing** nel fare); ***to*** ~ ***in*** prestare aiuto in [*operation, rescue*] **2** FORM. *(attend)* assistere, presenziare (**at** a).
▷ **assistance** /ə'sɪstəns/ n. aiuto m., assistenza f. (**to** a); *(more formal) (in organization, bureaucracy)* assistenza f. (**to** a); ***to come to sb.'s*** ~ venire in aiuto a qcn.; ***to give*** ~ ***to sb.*** prestare assistenza a qcn.; ***with the*** ~ ***of*** con l'aiuto di [*person, device, instrument, tool etc.*]; ***mutual*** ~ aiuto reciproco; ***financial, economic, military*** ~ aiuto finanziario, economico, militare; ***can I be of*** ~***?*** posso essere d'aiuto? *o* posso rendermi utile?
▶ **assistant** /ə'sɪstənt/ ▸ *27* **I** n. **1** *(helper)* assistente m. e f., aiutante m. e f.; *(in bureaucratic hierarchy)* aggiunto m. **2** BE SCOL. UNIV. **(foreign language)** ~ *(in school)* conversatore di lingua straniera; *(in university)* lettore **II** modif. [*editor, librarian, producer, etc.*] aiuto.
assistant manager /əˌsɪstənt'mænɪdʒə(r)/ ▸ *27* n. vicedirettore m. (-trice).
assistant professor /əˌsɪstəntprə'fesə(r)/ ▸ *27* n. AE UNIV. ricercatore m. (-trice).

assistantship /ə'sɪstəntʃɪp/ n. **1** *(position)* assistentato m. **2** AE UNIV. = aiuto finanziario dato dalle università a dottorandi che lavorano come assistenti.

assisted /ə'sɪstɪd/ **I** p.pass. → **2.assist II** agg. **1** assistito **2** **-assisted** in composti ***computer-, operator-~*** assistito da computer, da un operatore; ***government-~ scheme*** progetto finanziato dallo stato.

assisted place /ə'sɪstɪd,pleɪs/ n. GB SCOL. = posto in scuola privata sovvenzionato con borsa di studio statale.

assisted reproduction /ə'sɪstɪdri:prə'dʌkʃn/ n. procreazione f. assistita.

assisted suicide /ə,sɪstɪd'su:ɪsaɪd/ n. suicidio m. assistito, eutanasia f.

assizes /ə'saɪzɪz/ n.pl. BE DIR. assise f.sing., sessione f.sing. d'assise.

ass-kisser /'æskɪsə(r)/ n. POP. leccaculo m. e f.

associability /ə,səʊʃə'bɪlətɪ/ n. associabilità f.

associable /ə'səʊʃɪəbl/ agg. associabile.

1.associate /ə'səʊʃɪət/ **I** agg. [*member, body*] associato **II** n. **1** *(colleague, partner)* socio m. (-a); ***she's a business ~ of mine*** è una mia socia in affari; ***an ~ in crime*** un complice; ***Browns and Associates*** COMM. Browns e soci **2** *(of society)* membro m.; *(of academic body)* (professore) associato m. **3** AE UNIV. = diploma universitario.

▷ **2.associate** /ə'səʊʃɪeɪt/ **I** tr. **1** *(connect in thought, imagination)* associare, collegare; ***to ~ X with Y*** associare X a Y; ***these symptoms are ~d with old age*** questi disturbi sono legati alla vecchiaia; ***I ~ him with Communism*** lo considero legato al comunismo **2** *(be involved in)* ***to be ~d with*** [*person*] fare parte di [*movement, group*]; SPREG. essere immischiato in [*shady business*]; ***I don't want to be ~d with such a dishonest plan*** non voglio essere coinvolto in un progetto così disonesto **II** intr. ***to ~ with sb.*** frequentare qcn. **III** rifl. ***to ~ oneself with*** unirsi, associarsi a [*campaign, policy*].

associate company /ə'səʊʃɪət,kʌmpənɪ/ n. (società) consociata f.

▶ **associated** /ə'səʊʃɪeɪtɪd/ **I** p.pass. → **2.associate II** agg. **1** *(linked in thought)* [*concept*] associato, collegato **2** *(connected)* [*member*] associato; [*benefits, expenses*] connesso, collegato; ***the department and its ~ services and committees*** il dipartimento e i servizi e i comitati collegati; ***the plan and its ~ issues, problems*** il progetto e i problemi a esso collegati.

associate dean /ə'səʊʃɪət,di:n/ n. UNIV. vicepreside m. e f.

associate director /ə'səʊʃɪətdaɪ,rektə(r), -dɪ-/ ♦ ***27*** n. TEATR. vicedirettore m. (-trice) artistico (-a); COMM. vicedirettore m. (-trice).

Associated Press /ə,səʊʃɪətɪd'pres/ n. = agenzia di stampa americana.

associate editor /ə,səʊʃɪət'edɪtə(r)/ ♦ ***27*** n. condirettore m. (-trice) di giornale.

associate judge /ə,səʊʃɪət'dʒʌdʒ/ n. giudice m. a latere.

associate justice /ə,səʊʃɪət'dʒʌstɪs/ n. AE giudice m. di Corte Suprema.

associate member /ə,səʊʃɪət'membə(r)/ n. membro m. associato.

associate membership /ə,səʊʃɪət'membəʃɪp/ n. appartenenza f. in qualità di membro associato.

associate professor /ə,səʊʃɪətprə'fesə(r)/ ♦ ***27*** n. AE UNIV. professore m. associato.

▶ **association** /ə,səʊsɪ'eɪʃn/ n. **1** *(club, society)* associazione f.; ***to form, join an ~*** fondare, entrare a far parte di un'associazione **2** *(relationship) (between ideas)* associazione f.; *(between organizations, people)* rapporto m., relazione f. (**between** tra; **with** con); *(sexual)* relazione f. (**with** con); ***a close ~*** uno stretto rapporto; ***in ~ with*** insieme a **3** gener. pl. *(mental evocation)* ricordo m.; ***to have good, bad ~s for sb.*** suscitare in qcn. bei, brutti ricordi; ***to have ~s with sth.*** ricordare qcs.; ***the word "feminist" has certain ~s*** la parola "femminista" ha certe connotazioni.

association agreement /ə,səʊsɪ,eɪʃnə'gri:mənt/ n. *(in EU)* accordo m. di associazione.

association football /ə,səʊsɪ,eɪʃn'fʊtbɔ:l/ n. (gioco del) calcio m., football m.

associationism /ə,səʊsɪ'eɪʃnɪzəm/ n. associazionismo m.

associative /ə'səʊʃɪətɪv/ agg. associativo.

associative store /ə'səʊʃɪətɪv,stɔ:(r)/, **associative storage** /ə'səʊʃɪətɪv,stɔ:rɪdʒ/ n. INFORM. memoria f. associativa.

assonance /'æsənəns/ n. assonanza f.

assonant /'æsənənt/ agg. assonante.

assonate /'æsəneɪt/ intr. assonare.

assort /ə'sɔ:t/ **I** tr. **1** ANT. *(classify)* classificare **2** *(supply)* rifornire di merci, assortire [*shop*] **3** *(group)* assortire **II** intr. armonizzare (**with** con).

assorted /ə'sɔ:tɪd/ **I** p.pass. → **assort II** agg. [*objects, colours, foodstuffs etc.*] assortito; [*group*] assortito, eterogeneo; [*events*] vario; ***ill~*** male assortito; ***in ~ sizes*** in diverse taglie.

assortment /ə'sɔ:tmənt/ n. *(of objects, products, colours)* assortimento m., varietà f. (**of** di); *(of people)* varietà f. (**of** di); ***in an ~ of colours, sizes*** in diversi colori, in diverse taglie.

Asst. ⇒ assistant assistente.

assuage /æ'sweɪdʒ/ tr. LETT. alleviare, calmare, lenire, mitigare [*sorrow, pain*]; placare [*hunger, thirst*]; attenuare [*desire, fear*].

▶ **assume** /ə'sju:m, AE ə'su:m/ tr. **1** *(suppose)* supporre, presumere (**that** che); ***I ~ she knows*** presumo che lei sappia; ***we must ~ that*** dobbiamo supporre che; ***I ~ him to be French*** suppongo sia francese; ***assuming that to be true*** supponendo che ciò sia vero; ***it is, has been ~d that*** si suppone, si è supposto che; ***tomorrow, I ~*** domani, presumo; ***it is widely ~d that she knows*** molti ritengono che lei sappia; ***let's ~*** o ***assuming that's correct*** supponiamo che sia corretto; ***they just ~ (that) he can't do it*** presumono che non sia in grado di farlo **2** *(take on)* assumere [*control, identity, office, power, significance, shape, duty, responsibility*]; affettare, simulare [*air, attitude, expression, ignorance, indifference*]; ***under an ~d name*** sotto falso nome.

assuming /ə'sju:mɪŋ, AE ə'su:mɪŋ/ agg. ANT. presuntuoso, supponente, arrogante; ***it would be ~ to do*** sarebbe presuntuoso fare.

assumption /ə'sʌmpʃn/ n. **1** *(supposition, belief)* supposizione f., ipotesi f.; FILOS. assunzione f.; ***the ~ that*** l'ipotesi secondo la quale; ***on the ~ that*** supponendo che; ***to work on the ~ that*** agire col presupposto, con l'idea che; ***to make an ~*** fare un'ipotesi; ***a false ~*** FILOS. una falsa assunzione **2** *(of duty, power)* assunzione f. (**of** di).

Assumption /ə'sʌmpʃn/ n. RELIG. Assunzione f.

▷ **assurance** /ə'ʃɔ:rəns, AE ə'ʃʊərəns/ n. **1** *(of sth. done)* assicurazione f.; ***to give sb. an, every ~ that*** dare a qcn. assicurazione che, assicurare qcn. che **2** *(of future action, situation)* promessa f. (**of** di); ***you have my ~ that*** hai la mia promessa che; ***repeated ~s*** ripetute promesse **3** *(self-confidence)* fiducia f., sicurezza (di sé) f. **4** BE *(insurance)* assicurazione f.; ***life ~*** assicurazione sulla vita.

▷ **assure** /ə'ʃɔ:(r), AE ə'ʃʊər/ tr. **1** *(state positively)* assicurare, promettere; ***to ~ sb. that*** assicurare qcn. che; ***I (can) ~ you*** te l'assicuro, te lo posso assicurare; ***to be ~d of sth.*** essere sicuro di qcs.; ***I was ~d by the council that*** il municipio mi ha assicurato che; ***rest ~d that*** stai certo *o* sicuro che **2** *(ensure)* assicurare, garantire [*peace etc.*]; garantire [*agreement, safety etc.*]; ***this ~s her a place in the team*** questo le garantisce un posto nella squadra **3** BE *(insure)* assicurare.

assured /ə'ʃɔ:d, AE ə'ʃʊərd/ **I** p.pass. → **assure II** agg. **1** *(confident)* [*voice, manner, person*] sicuro; ***she is very ~*** è molto sicura (di sé) **2** *(beyond doubt)* assicurato, sicuro **III** n. BE ***the ~*** l'assicurato.

assuredly /ə'ʃɔ:rɪdlɪ, AE -'ʃʊər-/ avv. FORM. sicuramente.

assurer /ə'ʃʊərə(r)/ ♦ ***27*** n. BE assicuratore m. (-trice).

assurgent /ə'ʃɜ:dʒənt/ agg. BOT. ascendente.

Assyria /ə'sɪrɪə/ ♦ ***6*** n.pr. STOR. Assiria f.

Assyrian /ə'sɪrɪən/ ♦ ***18, 14*** **I** agg. assiro **II** n. **1** *(person)* assiro m. (-a) **2** *(language)* assiro m.

Assyriologist /ə,sɪrɪ'ɒlədʒɪst/ n. assiriologo m. (-a).

Assyriology /ə,sɪrɪ'ɒlədʒɪ/ n. assiriologia f.

AST n. (⇒ Atlantic Standard Time) = ora solare della zona dell'America settentrionale affacciata sull'Atlantico.

astatic /eɪ'stætɪk, ə-/ agg. astatico.

astatine /'æstəti:n/ n. CHIM. astato m.

aster /'æstə(r)/ n. astro m. (della Cina).

1.asterisk /'æstərɪsk/ n. asterisco m.; ***marked with an ~*** segnato con un asterisco.

2.asterisk /'æstərɪsk/ tr. asteriscare.

asterism /'æstə,rɪzəm/ n. asterismo m.

astern /ə'stɜ:n/ avv. MAR. a poppa (**of** di); ***to go ~*** [*vessel*] andare indietro.

asteroid /'æstərɔɪd/ n. asteroide m.

asteroidal /,æstə'rɔɪdəl/ agg. asteroidale.

asthenia /æs'θi:nɪə/ n. astenia f.

asthenic /æs'θenɪk/ **I** agg. astenico **II** n. astenico m. (-a).

asthenosphere /æs'θi:nəsfɪə(r)/ n. astenosfera f.

▷ **asthma** /'æsmə, AE 'æzmə/ ♦ ***11*** **I** n. asma f.; ***to have ~*** avere l'asma **II** modif. ***~ sufferer*** asmatico.

asthmatic /æs'mætɪk/ **I** agg. asmatico **II** n. asmatico m. (-a).

astigmatic /,æstɪg'mætɪk/ **I** agg. astigmatico **II** n. astigmatico m. (-a).

astigmatism /ə'stɪgmətɪzəm/ ➧ *11* n. astigmatismo m.
astir /ə'stɜ:(r)/ agg. **1** *(up and about)* in piedi **2** *(moving)* in moto, in agitazione.
ASTMS /'æstmz/ n. GB (⇒ Association of Scientific, Technical, and Managerial Staffs) = associazione del personale degli uffici scientifici, tecnici e direttivi.
astonish /ə'stɒnɪʃ/ tr. stupire, sorprendere, meravigliare; ***it ~es me that*** mi meraviglia che; ***I was ~ed by his answer*** fui sorpreso dalla sua risposta; ***you ~ me!*** IRON. tu mi stupisci!
▷ **astonished** /ə'stɒnɪʃt/ **I** p.pass. → **astonish II** agg. stupito, sorpreso, meravigliato (**by**, **at** da; **to do** di fare); ***to be ~ that*** essere stupito *o* stupirsi del fatto che.
astonishing /ə'stɒnɪʃɪŋ/ agg. [*ability, skill, intelligence, beauty, energy, generosity, career*] sorprendente, straordinario; [*bargain, performance, speed, success, profit*] straordinario, incredibile; ***it is ~ that*** è sorprendente, incredibile che; ***prices rose by an ~ 40%*** i prezzi hanno subito un incredibile rincaro del 40%.
astonishingly /ə'stɒnɪʃɪŋlɪ/ avv. sorprendentemente, straordinariamente; ***~ (enough), they won!*** sorprendentemente, hanno vinto!
astonishment /ə'stɒnɪʃmənt/ n. stupore m., sorpresa f., meraviglia f.; ***in, with ~*** con sorpresa *o* stupore; ***to my, her ~*** con mia, sua grande sorpresa; ***to look at sb., sth. in ~*** guardare qcn., qcs. stupito, meravigliato.
astound /ə'staʊnd/ tr. sbalordire, stupire, stupefare; ***to be ~ed by sth.*** essere sbalordito, stupefatto da qcs.
astounded /ə'staʊndɪd/ **I** p.pass. → **astound II** agg. sbalordito, stupefatto (**at** da; **to do** di fare).
astounding /ə'staʊndɪŋ/ agg. sbalorditivo, stupefacente.
astraddle /ə'strædl/ avv. e prep. → **astride**.
Astraea /æ'stri:ə/ n.pr. Astrea.
astragal /'æstrəgl/ n. ARCH. astragalo m.
astragalus /'æstrægələs/ n. (pl. **-i**) BOT. ANAT. astragalo m.
astrakhan /ˌæstrə'kæn, AE 'æstrəkən/ **I** n. astrakan m. **II** modif. [*garment*] d'astrakan.
astral /'æstrəl/ agg. astrale.
astray /ə'streɪ/ avv. **1** ***to go ~*** *(go missing)* [*object, funds*] perdersi, andar perso; [*person*] smarrirsi, perdersi; *(go wrong)* [*plan etc.*] fallire **2** FIG. ***to lead sb. ~*** *(confuse)* sviare, fuorviare qcn.; *(corrupt)* traviare qcn., portare qcn. sulla cattiva strada.
astride /ə'straɪd/ **I** avv. [*be, ride, sit*] a cavalcioni; [*stand*] a gambe divaricate **II** prep. *(seated)* a cavalcioni di; *(standing)* a gambe divaricate su; FIG. ***to stand, sit ~ sth.*** [*building, company etc.*] dominare qcs.
astringency /ə'strɪndʒənsɪ/ n. **1** (l')essere astringente **2** FIG. *(of remark, tone)* severità f., durezza f.
astringent /ə'strɪndʒənt/ **I** agg. **1** astringente **2** FIG. [*remark, tone*] severo, duro **II** n. astringente m.
astrodome /'æstrəˌdəʊm/ n. astrocupola f.
astrodynamics /ˌæstrəʊdaɪ'næmɪks/ n. + verbo sing. astrodinamica f.
astrogeology /ˌæstrəʊdʒi:'ɒlədʒɪ/ n. astrogeologia f.
astrograph /'æstrəˌgrɑ:f, AE -ˌgræf/ n. astrografo m.
astrolabe /'æstrəˌleɪb/ n. astrolabio m.
astrologer /ə'strɒlədʒə(r)/ ➧ *27* n. astrologo m. (-a).
astrological /ˌæstrə'lɒdʒɪkl/ agg. astrologico.
astrologist /ə'strɒlədʒɪst/ ➧ *27* n. → **astrologer**.
astrology /ə'strɒlədʒɪ/ n. astrologia f.
astrometry /ə'strɒˌmətrɪ/ n. astrometria f.
astronaut /'æstrənɔ:t/ ➧ *27* n. astronauta m. e f.
astronautical /ˌæstrə'nɔ:tɪkl/ agg. astronautico.
astronautics /ˌæstrə'nɔ:tɪks/ n. + verbo sing. astronautica f.
astronomer /ə'strɒnəmə(r)/ ➧ *27* n. astronomo m. (-a).
astronomical /ˌæstrə'nɒmɪkl/, **astronomic** /ˌæstrə'nɒmɪk/ agg. astronomico (anche FIG.).
astronomically /ˌæstrə'nɒmɪkəlɪ/ avv. ***prices are ~ high*** i prezzi sono astronomici; ***~ expensive*** incredibilmente caro.
astronomy /ə'strɒnəmɪ/ n. astronomia f.
astrophysicist /ˌæstrəʊ'fɪzɪsɪst/ ➧ *27* n. astrofisico m. (-a).
astrophysics /ˌæstrəʊ'fɪzɪks/ n. + verbo sing. astrofisica f.
astrotracker /'æstrəˌtrækə(r)/ n. sestante m. automatico.
Astroturf® /'æstrəʊtɜ:f/ n. = tappeto erboso artificiale.
Asturias /æs'tjʊərɪəs/ ➧ *24* n.pr.pl. Asturie f.
astute /ə'stju:t, AE ə'stu:t/ agg. astuto.
astutely /ə'stju:tlɪ, AE ə'stu:tlɪ/ avv. astutamente.
astuteness /ə'stju:tnɪs, AE -'stu:-/ n. astuzia f.
Astyanax /ə'staɪənæks, æs't-/ n.pr. Astianatte.
asunder /ə'sʌndə(r)/ avv. LETT. ***to tear sth. ~*** stracciare qcs., fare a pezzi qcs.
Aswan /æs'wɑ:n/ ➧ *34* n.pr. Assuan f.; ***~ High Dam*** diga di Assuan.

at

- When *at* is used as a straightforward preposition, it is translated by *a* in Italian: *at school* = a scuola, *at midnight* = a mezzanotte. Remember that the preposition *at + the* is translated by one word, *a* + article, in Italian; the following cases may occur:

at work	= (a + il) al lavoro
the policeman is on duty at the stadium	= (a + lo) il poliziotto è di servizio allo stadio
at the end of the month	= (a + la) alla fine del mese
at the airport, at the age of 50	= (a + l') all'aeroporto, all'età di 50 anni
he threw himself at my feet	= (a + i) si gettò ai miei piedi
I shot at the fowls but missed	= (a + gli) sparai agli uccelli ma li mancai
at four o'clock p.m.	= (a + le) alle quattro del pomeriggio.

- When *at* means *at the house, shop,* etc. *of,* it is translated by *da* (which, of course, combines with the following article if the latter is to be used):

at Amanda's	= da Amanda
at the hairdresser's	= dal parrucchiere.

- If you have doubts about how to translate a phrase or idiom beginning with *at* (*at the top of, at home, at a guess* etc.), you should consult the appropriate noun entry (**top**, **home**, **guess** etc.). This dictionary contains lexical notes on such topics as AGE, CLOCK, LENGTH MEASURES, GAMES AND SPORTS etc., many of which use the preposition *at.* For these notes see the end of the English-Italian section.
- *At* also often appears in English as the second element of a phrasal verb (*look at, aim at* etc.): for translations, consult the appropriate verb entry (**look**, **aim** etc.).
- *At* is used after certain nouns, adjectives and verbs in English (*her surprise at, an attempt at, good at* etc.): for translations, consult the appropriate noun, adjective or verb entry (**surprise**, **attempt**, **good**, etc.).
- In the entry **at**, you will find particular usages and idiomatic expressions which do not appear elsewhere in the dictionary.

asylant /ə'saɪlənt/ n. FORM. rifugiato m. (-a).
▷ **asylum** /ə'saɪləm/ n. **1** POL. asilo m.; ***to grant, give, seek ~*** concedere, dare, cercare asilo; ***political ~*** asilo politico; ***right of ~*** diritto di asilo **2** MED. SPREG. ***lunatic ~*** ANT. manicomio.
asylum-seeker /ə'saɪləmˌsi:kə(r)/ n. = chi chiede asilo.
asymmetric /ˌeɪsɪ'metrɪk/, **asymmetrical** /ˌeɪsɪ'metrɪkl/ agg. asimmetrico; ***~ bars*** SPORT parallele asimmetriche.
asymmetry /eɪ'sɪmɪtrɪ, æ'sɪmɪtrɪ/ n. asimmetria f.
asymptomatic /əsɪmptə'mætɪk, eɪ-/ agg. asintomatico.
asymptote /'æsɪm(p)təʊt/ n. asintoto m.
asymptotic /ˌæsɪm(p)'tɒtɪk/ agg. asintotico.
asynchronism /eɪ'sɪŋkrənɪzəm/ n. asincronismo m.
asynchronous /eɪ'sɪŋkrənəs/ agg. asincrono.
asyndeton /ə'sɪndɪtn/ n. (pl. **-ta**) asindeto m.
asynergia /æsɪ'nɜ:dʒɪə/ n. asinergia f.
asyntactic /æsɪn'tæktɪk/ agg. asintattico.
▶ **at** /*forma debole* ət, *forma forte* æt/ prep. **1** *(place, distance etc.)* a; ***~ school, the airport*** a scuola, all'aeroporto; ***~ the end of the corridor*** alla fine del corridoio **2** *(at the house etc. of)* da; ***~ David's place, the baker's*** da David, dal panettiere **3** *(direction)* a, verso, contro; ***throw a stone ~ sth.*** tirare una pietra contro qcs. **4** *(point in time, age)* a; ***~ two o'clock*** alle due; ***~ (the age of) 14*** all'età di 14 anni, a 14 anni; *(moment, period of time)* a, di; ***~ dawn*** all'alba; ***~ night*** di notte; ***~ Christmas*** a Natale **5** *(activity)* a, in; ***~ work*** al lavoro; ***~ war*** in guerra **6** *(skill, ability)* a, in; ***to be good ~ sth., ~ doing*** essere bravo in qcs., a fare **7** *(measure, rate, speed etc.)* a; ***~ 50 mph*** a 50 miglia all'ora; ***~ a low price*** a basso prezzo **8** *(followed by superlative)* ***the garden is ~ its prettiest in June*** giugno è il mese in cui il giardino è più bello; ***I'm ~ my best in the morning*** di mattina sono al massimo delle mie possibilità; ***he was ~ his most irritating*** era più irritante che mai; ***she was ~ her best ~ 50*** *(of musician, artist etc.)* è arrivata all'apice della carriera a 50 anni **9** *(cause)* di; ***laugh ~ sb.*** ridere di qcn.; ***show one's anger ~ being deceived*** mostrare la propria rabbia per essere stato ingannato **10** COLLOQ. *(harassing)* ***he's been (on) ~ me to buy a new car*** continua a tormentarmi perché io compri una nuova auto ◆ ***I don't***

know where he's ~ COLLOQ. non so che cosa sta combinando; ***while we're ~ it*** COLLOQ. già che ci siamo; ***I've been (hard) ~ it all day*** ci ho lavorato tutto il giorno; ***they're ~ it again*** COLLOQ. ecco che ricominciano!

AT n. (⇒ alternative technology) = tecnologia alternativa.

ataraxia /ˌætəˈræksɪə/, **ataraxy** /ˈætəˌræksɪ/ n. atarassia f.

atavism /ˈætəvɪzəm/ n. atavismo m.

atavistic /ˌætəˈvɪstɪk/ agg. atavico.

ataxia /əˈtæksɪə/ n. atassia f.

ataxic /əˈtæksɪk/ agg. atassico.

ataxy /əˈtæksɪ/ n. → **ataxia**.

ATB n. (⇒ all-terrain bike) = mountain bike.

ATC n. **1** (⇒ air-traffic control) = controllo del traffico aereo **2** BE (⇒ Air Training Corps) = corpo di addestramento dell'aeronautica militare.

ate /eɪt, et/ pass. → **eat**.

atelier /əˈtelɪˌeɪ, ˈætəˌljeɪ/ n. atelier m.

Athanasian Creed /ˌæθəneɪʃnˈkriːd/ n. credo m. atanasiano.

Athanasius /ˌæθəˈneɪʃəs/ n.pr. Atanasio.

atheism /ˈeɪθɪɪzəm/ n. ateismo m.

atheist /ˈeɪθɪɪst/ **I** agg. ateo **II** n. ateo m. (-a).

atheistic /ˌeɪθɪˈɪstɪk/ agg. ateistico.

Athena /əˈθiːnə/ n.pr. Atena.

athenaeum, **atheneum** AE /ˌæθɪˈniːəm/ n. **1** *(temple)* ateneo m., tempio m. di Atena **2** *(literary or scientific club)* istituto m. letterario, scientifico **3** *(reading-room)* sala f. di lettura.

Athenian /əˈθiːnɪən/ **I** agg. ateniese **II** n. ateniese m. e f.

Athens /ˈæθɪnz/ ➧ ***34*** n.pr. Atene f.

athirst /əˈθɜːst/ agg. LETT. ***to be ~ for sth.*** essere assetato di qcs. (anche FIG.).

athlete /ˈæθliːt/ n. atleta m. e f.

athlete's foot /ˌæθliːtsˈfʊt/ ➧ ***11*** n. MED. piede m. d'atleta.

▷ **athletic** /æθˈletɪk/ agg. **1** [*event, club, coach*] di atletica **2** [*person, body*] atletico.

athleticism /æθˈletɪsɪzəm/ n. atletismo m.

▷ **athletics** /æθˈletɪks/ ➧ ***10*** **I** n. + verbo sing. BE atletica f.; AE sport m. **II** modif. [*club*] BE di atletica; AE sportivo.

athletic support /æθˈletɪksəˌpɔːt/ BE, **athletic supporter** /æθˈletɪksəˌpɔːtə(r)/ AE n. sospensorio m.

athodyd /ˈæθəˌdɪd/ n. statoreattore m.

atishoo /əˈtɪʃuː/ inter. eccì, etcì, ecciù.

Atlanta /ətˈlæntə/ ➧ ***34*** n.pr. Atlanta f.

Atlantean /ətˈlæntɪən/ agg. **1** di Atlante; FIG. possente, fortissimo **2** di Atlantide.

▷ **Atlantic** /ətˈlæntɪk/ ➧ ***20*** **I** agg. atlantico **II** n.pr. ***the ~*** l'Atlantico.

Atlantic Charter /ətˌlæntɪkˈtʃɑːtə(r)/ n. STOR. Patto m. Atlantico.

Atlanticism /ətˈlæntɪsɪzəm/ n. atlantismo m.

Atlantic Ocean /ətˌlæntɪkˈəʊʃn/ ➧ ***20*** n.pr. oceano m. Atlantico.

Atlantic Provinces /ətˌlæntɪkˈprɒvɪnsɪz/ n.pl. Province f. atlantiche.

Atlantic Standard Time /ətˌlæntɪkˈstændədtaɪm/ n. = ora solare della zona degli Stati Uniti affacciata sull'Atlantico.

Atlantis /ətˈlæntɪs/ n.pr. Atlantide f.

atlas /ˈætləs/ n. atlante m. (anche ANAT.); ***road, motoring ~*** atlante stradale, automobilistico.

Atlas /ˈætləs/ n.pr. Atlante.

Atlas Mountains /ˈætləsˌmaʊntɪns/ n.pr.pl. monti m. dell'Atlante.

ATM n. (⇒ automatic teller machine) = bancomat®, sportello bancario automatico.

▶ **atmosphere** /ˈætməsfɪə(r)/ n. **1** *(air)* atmosfera f.; ***the earth's ~*** l'atmosfera terrestre **2** *(mood)* atmosfera f.; ***there was a bit of an ~*** COLLOQ. l'atmosfera era un po' tesa; ***the film is full of ~*** il film è pieno di atmosfera.

▷ **atmospheric** /ˌætməsˈferɪk/ **I** agg. **1** [*conditions, pressure, pollution*] atmosferico **2** [*film, music*] d'atmosfera; [*lighting*] soffuso **II atmospherics** n.pl. **1** RAD. TELEV. *(interference)* interferenze f. atmosferiche, disturbi m. atmosferici; METEOR. *(disturbances)* perturbazioni f. (atmosferiche) **2** *(of song, film)* atmosfera f.sing.

atoll /ˈætɒl/ n. atollo m.

▷ **atom** /ˈætəm/ n. atomo m. (anche FIG.); ***hydrogen ~*** atomo d'idrogeno.

atom bomb /ˈætəmbɒm/ n. bomba f. atomica.

▷ **atomic** /əˈtɒmɪk/ agg. **1** [*structure*] atomico **2** [*weapon, explosion, power*] atomico, nucleare.

atomic bomb /əˈtɒmɪkˌbɒm/ n. → **atom bomb**.

Atomic Energy Authority /əˌtɒmɪkˈenədʒɪɔːˌθɒrətɪ/ n. GB = ente per l'energia atomica.

Atomic Energy Commission /əˌtɒmɪkˈenədʒɪkəˌmɪʃn/ n. US = commissione per l'energia atomica.

atomicity /ˌætəˈmɪsɪtɪ/ n. atomicità f.

atomic power station /əˌtɒmɪkˈpaʊəsteɪʃn/ n. centrale f. atomica, nucleare.

atomic reactor /əˌtɒmɪkrɪˈæktə(r)/ n. reattore m. atomico, nucleare.

atomic scientist /əˌtɒmɪkˈsaɪəntɪst/ ➧ ***27*** n. fisico m. (-a) atomico (-a).

atomic theory /əˌtɒmɪkˈθɪərɪ/ n. FIS. modello m. atomico.

atomic weight /əˌtɒmɪkˈweɪt/ n. peso m. atomico.

atomism /ˈætəˌmɪzəm/ n. FILOS. atomismo m.

atomist /ˈætəmɪst/ n. FILOS. atomista m. e f.

atomistic /ˌætəˈmɪstɪk/ agg. atomistico.

atomization /ˌætəmaɪˈzeɪʃn, AE -mɪˈz-/ n. **1** *(into atoms)* atomizzazione f. **2** *(into spray)* nebulizzazione f. **3** *(destruction)* polverizzazione f.

atomize /ˌætəˈmaɪz/ tr. **1** *(into atoms)* atomizzare [*matter, metal*] **2** *(into spray)* nebulizzare **3** *(destroy)* atomizzare, polverizzare [*town*].

atomizer /ˈætəˌmaɪzə(r)/ n. nebulizzatore m.

atonable /əˈtəʊnəbl/ agg. [*sin, crime*] espiabile, riparabile.

atonal /eɪˈtəʊnl/ agg. atonale.

atonality /ˌeɪtəʊˈnælətɪ/ n. atonalità f.

atone /əˈtəʊn/ intr. ***to ~ for*** espiare [*sin, crime*]; riparare a, fare ammenda di [*error, rudeness*].

atonement /əˈtəʊnmənt/ n. **1** *(of sin, crime, error)* espiazione f., riparazione f. **2** RELIG. redenzione f.; ***Day of Atonement*** giorno di espiazione.

atonia /ˈætəʊnɪə/ → **atony**.

atonic /əˈtɒnɪk/ agg. **1** MED. atonico **2** FON. MUS. atono.

atony /ˈætəʊnɪ/ n. atonia f.

atop /əˈtɒp/ prep. LETT. in cima a.

atrabilious /ˌætrəˈbɪljəs/ agg. LETT. **1** [*person, vision*] atrabiliare, malinconico **2** [*person, look*] iroso.

Atreus /ˈeɪtrɪəs/ n.pr. Atreo.

atria /ˈeɪtrɪə/ → **atrium**.

atrial /ˈɑːtrɪəl/ agg. atriale.

atrip /əˈtrɪp/ agg. MAR. [*anchor*] spedato; [*sail*] alzato a segno; [*mast*] issato e pronto per essere incrociato.

atrium /ˈeɪtrɪəm/ n. (pl. **~s**, **-ia**) ANAT. ARCH. atrio m.

atrocious /əˈtrəʊʃəs/ agg. **1** *(horrifying)* [*crime, treatment etc.*] atroce, orribile **2** *(bad)* [*accent, spelling etc.*] terribile, orribile; [*price*] terrificante, spaventoso; [*food*] schifoso, pessimo.

atrociously /əˈtrəʊʃəslɪ/ avv. atrocemente, terribilmente.

atrociousness /əˈtrəʊʃəsnɪs/ n. *(quality)* atrocità f.

▷ **atrocity** /əˈtrɒsətɪ/ n. *(all contexts)* atrocità f.

atrophic /æˈtrɒfɪk/ agg. atrofico.

atrophied /ˈætrəfɪd/ **I** p.pass. → **2.atrophy** **II** agg. *(all contexts)* atrofizzato.

1.atrophy /ˈætrəfɪ/ n. **1** MED. atrofia f. **2** *(degeneration)* degenerazione f.

2.atrophy /ˈætrəfɪ/ **I** tr. MED. atrofizzare (anche FIG.) **II** intr. MED. atrofizzarsi (anche FIG.).

atropine /ˈætrəˌpiːn, -pɪn/ n. atropina f.

at sign /ˈætsaɪn/ n. at m., chiocciola f.

attaboy /ˈætəbɔɪ/ inter. AE COLLOQ. bravo, forza, dai.

▶ **attach** /əˈtætʃ/ **I** tr. **1** *(fasten)* attaccare, fissare [*object*] (**to** a); *(to letter)* allegare **2** *(to organization)* ***to be ~ed to sth.*** fare parte di qcs., essere associato a qcs. **3** *(attribute)* attribuire, dare [*value, significance, importance etc.*] (**to** a); ***to ~ blame to sb. for sth.*** attribuire la colpa di qcs. a qcn. **4** *(in email)* allegare [*document, file*] **II** intr. FORM. ***no responsibility, salary ~ to this*** ciò non comporta alcuna responsabilità, retribuzione; ***no blame attaches to you for this*** non ti si può attribuire nessuna colpa per questo **III** rifl. ***to ~ oneself to sb., sth.*** unirsi, associarsi a qcn., qcs. (anche FIG.).

attachable /əˈtætʃəbl/ agg. **1** [*object*] attaccabile, fissabile **2** [*value, importance, blame etc.*] attribuibile **3** DIR. pignorabile, sequestrabile.

attaché /əˈtæʃeɪ, AE ˌætəˈʃeɪ/ n. *(diplomatic)* attaché m. e f., addetto m. (-a) diplomatico (-a); ***cultural, military, press ~*** addetto culturale, militare, stampa.

attaché case /əˈtæʃeɪˌkeɪs, AE ˌætəˈ-/ n. valigetta f., cartella f. portadocumenti.

▷ **attached** /əˈtætʃt/ **I** p.pass. → **attach** **II** agg. **1** *(fond)* ***~ to sb., sth.*** attaccato, affezionato a qcn., qcs.; ***to grow ~ to sb., sth.*** attaccarsi, affezionarsi a qcn., qcs. **2** [*document, photograph*] allegato **3** [*outbuilding*] attiguo, annesso; ***a house with ~ garage, with garage*** ~ una casa con garage annesso.

▷ **attachment** /ə'tætʃmənt/ n. **1** *(affection)* attaccamento m. (**to**, **for** a), affetto m. (**to**, **for** per); ***to form an ~ to sb.*** attaccarsi, affezionarsi a qcn. **2** *(device)* accessorio m.; ***mixing, slicing ~*** accessorio per mischiare, affettare **3** *(placement)* ***to be on ~ to*** essere assegnato a **4** *(act of fastening)* fissaggio m. **5** DIR. ***~ of earnings*** detrazione dallo stipendio **6** *(in e-mail)* allegato m.

▶ **1.attack** /ə'tæk/ n. **1** attacco m. (**on** a, contro) (anche MIL. SPORT); *(unprovoked, criminal)* aggressione f., assalto m. (**against**, **on** contro, a); *(terrorist)* attentato m.; ***on the ~*** all'attacco; ***to come under ~*** MIL. subire un attacco (**from** da parte di); FIG. essere attaccato (**from** da), essere oggetto di critica (**from** da parte di); ***to leave oneself open to ~*** FIG. esporsi alle critiche; ***to feel under ~*** sentirsi attaccato; ***to mount, launch an ~ on sth.*** sferrare un attacco a qcs. (anche FIG.) **2** *(of illness etc.)* attacco m. (**of** di); ***to have an ~ of flu*** avere un attacco di influenza; ***to have an ~ of hiccups*** avere un attacco di singhiozzo; ***to have an ~ of giggles*** avere un attacco di ridarella.

▶ **2.attack** /ə'tæk/ tr. **1** attaccare [*person, enemy, position*]; *(criminally)* assalire, aggredire [*victim*]; FIG. attaccare [*book, idea, policy*] **2** MED. [*illness*] colpire [*person, part of body*] **3** *(tackle)* affrontare [*task, problem*].

attackable /ə'tækəbl/ agg. attaccabile, assalibile.

▷ **attacker** /ə'tækə(r)/ n. aggressore m.; MIL. SPORT attaccante m. e f.; ***sex ~*** violentatore.

attain /ə'teɪn/ tr. **1** *(achieve)* conseguire, raggiungere [*position, objective, happiness*]; realizzare [*ambition*]; acquisire [*knowledge*] **2** *(reach)* colpire [*eye*].

attainability /əˌteɪnə'bɪlətɪ/ n. conseguibilità f.

attainable /ə'teɪnəbl/ agg. conseguibile, raggiungibile.

attainder /ə'teɪndə(r)/ n. STOR. DIR. = privazione dei diritti civili (conseguente a proscrizione).

attainment /ə'teɪnmənt/ n. **1** *(achieving) (of goal)* conseguimento m., raggiungimento m.; *(of knowledge)* acquisizione f. **2** *(success)* realizzazione f., successo m.

attainment target /ə'teɪnməntˌtɑ:gɪt/ n. BE SCOL. obiettivo m. didattico.

1.attaint /ə'teɪnt/ n. **1** → **attainder** **2** ANT. macchia f., disonore m.

2.attaint /ə'teɪnt/ tr. **1** STOR. DIR. = privare dei diritti civili (in seguito a proscrizione) **2** ANT. macchiare, disonorare.

attar /'ætɑ:(r)/ n. *(of roses etc.)* essenza f.

attemper /ə'tempə(r)/ tr. RAR. **1** temperare, frenare [*anger, passion*]; regolare [*temperature*] **2** stemperare [*colour*] **3** adattare [*voice*].

▶ **1.attempt** /ə'tempt/ n. **1** tentativo m. (**to do** di fare); ***to make an ~ to do, at doing*** fare un tentativo *o* tentare di fare; ***in an ~ to do*** nel tentativo di fare; ***on my, his first ~*** al primo tentativo; ***~ to escape*** o ***escape ~*** tentativo d'evasione; ***to make an ~ on a record*** tentare di battere un record; ***at least she made an ~!*** almeno ci ha provato! ***he made no ~ to apologize*** non ha fatto il minimo tentativo di scusarsi; ***good ~!*** bel tentativo! ***he made an ~ at a smile*** tentò di sorridere; ***it's my first ~ at a cake*** è la prima volta che provo a fare una torta; ***not bad for a first ~!*** non male come primo tentativo! **2** *(attack)* attentato m.; ***~ on sb.'s life*** attentato alla vita di qcn.; ***to make an ~ on sb.'s life*** attentare alla vita di qcn.

▶ **2.attempt** /ə'tempt/ tr. tentare (**to do** di fare); affrontare [*exam question*]; ***to ~ suicide*** tentare il suicidio; ***to ~ the impossible*** tentare l'impossibile; ***~ed robbery, murder*** tentata rapina, tentato omicidio.

attemptable /ə'temptəbl/ agg. tentabile.

▶ **attend** /ə'tend/ **I** tr. **1** *(go to, be present at)* assistere a, essere presente a [*birth, ceremony, performance*]; partecipare a [*meeting, auction*]; presentarsi a [*interview*]; frequentare [*church, school, class, course*]; ***the ceremony was well, poorly ~ed*** alla cerimonia c'era molto, poco pubblico **2** *(accompany)* [*courtier*] accompagnare, scortare; [*consequence, danger, publicity*] FORM. accompagnare **3** *(take care of)* assistere, prendersi cura di [*patient*] **II** intr. **1** *(be present)* essere presente, esserci **2** *(pay attention)* prestare attenzione (**to** a); ***now ~ to me, children!*** ANT. ascoltatemi bene, bambini!

▪ **attend to:** ~ to [sb., sth.] occuparsi di [*person, problem*]; ***that lock, letter needs ~ing to, John*** bisogna occuparsi di quella serratura, lettera, John; ***are you being ~ed to, madam?*** la stanno servendo, signora?

▷ **attendance** /ə'tendəns/ n. **1** *(presence) (at event, meeting)* presenza f. (**at** a); *(at course)* frequenza f. (**at** a); *(at clinic)* presenza f. (**at** in); ***church ~*** il frequentare la chiesa, l'essere praticante; ***school ~*** frequenza scolastica; ***his ~ at school has been poor*** la sua frequenza scolastica è stata bassa; ***to take ~*** AE SCOL. prendere le presenze; ***to be in ~*** *(in wedding)* fare da damigella **2** *(number of people present)* affluenza f., presenze f.pl. **3** *(as helper, companion)* ***to be in ~ on*** assistere, prendersi cura di [*patient*]; essere al servizio di [*dignitary*].

attendance allowance /ə'tendənsəˌlaʊəns/ n. BE AMM. = indennità di accompagnamento.

attendance centre /ə'tendənsˌsentə(r)/ n. BE DIR. = centro di reinserimento sociale.

attendance officer /ə'tendənsˌɒfɪsə(r)/ ➧ **27** n. SCOL. = ispettore che controlla le assenze ingiustificate degli studenti.

attendance record /ə'tendənsˌrekɔ:d, AE -ˌrekərd/ n. = numero delle presenze.

attendance register /ə'tendənsˌredʒɪstə(r)/ n. SCOL. registro m. delle presenze.

▷ **attendant** /ə'tendənt/ ➧ **27** **I** agg. FORM. **1** *(associated)* [*cost, danger, issue, perk, problem*] che accompagna, relativo, connesso; [*symptom*] concomitante **2** *(attending)* [*aide, helper, bodyguard*] al servizio di; [*nurse*] che assiste **II** n. **1** *(in cloakroom)* guardarobiere m. (-a); *(in museum, car park etc.)* custode m. e f., sorvegliante m. e f.; *(in cinema)* maschera f.; *(at petrol station)* benzinaio m. (-a); *(at swimming pool)* bagnino m. (-a); ***medical ~*** membro del personale medico **2** *(for bride etc.)* damigella f. d'onore; ***the queen and her ~s*** la regina e le sue dame di compagnia **3** ANT. *(servant)* domestico m. (-a).

▶ **attention** /ə'tenʃn/ **I** n. **1** *(notice, interest)* attenzione f.; ***media ~*** attenzione dei media; ***to attract (much) ~*** attirare (molta) attenzione; ***to get, hold, have sb.'s ~*** attirare, tenere desta, avere l'attenzione di qcn.; ***to be the centre*** o ***focus of ~*** essere al centro dell'attenzione; ***to draw ~ to sth., to focus ~ on sth.*** richiamare, attirare l'attenzione su qcs.; ***to seek*** o ***demand ~*** [*child*] cercare di attirare l'attenzione; ***to give one's full ~ to sth.*** prestare molta attenzione a qcs.; ***to divide one's ~ between X and Y*** dividere la propria attenzione tra X e Y; ***to turn one's ~ to sth.*** rivolgere la propria attenzione a qcs.; ***I wasn't paying ~*** non stavo prestando *o* facendo attenzione *o* non ero attento; ***pay ~!*** state attenti! *o* prestate, fate attenzione! ***to bring sth. to sb.'s ~*** portare qcs. all'attenzione di qcn.; ***it has come to my ~ that*** sono venuto a sapere che; ***it has been drawn to my ~ that*** mi è stato fatto notare che; ***~ please!*** attenzione prego! **2** *(treatment, care)* attenzione f., attenzioni f.pl.; MED. assistenza f., cura f., cure f.pl.; ***medical ~*** assistenza medica; ***his spelling needs ~*** deve fare attenzione all'ortografia; ***~ to detail*** attenzione ai dettagli; ***to give some ~ to sth.*** occuparsi di qcs.; ***the car needs ~*** l'auto ha bisogno di assistenza; ***my hair needs ~*** devo fare qualcosa per i miei capelli; ***I will give the matter my earliest, urgent ~*** FORM. mi occuperò della questione al più presto, con la massima urgenza; ***for the ~ of*** all'attenzione di; ***some letters for your ~, sir*** alcune lettere per lei, signore; ***with proper ~ she will recover*** con le dovute cure, si ristabilirà; ***with proper ~ the washing machine will last for years*** prestando le dovute attenzioni, la lavatrice durerà anni **3** MIL. ***to stand to*** o ***at ~*** stare *o* essere sull'attenti; ***to come to ~*** mettersi sull'attenti **II** inter. MIL. attenti.

attention deficit disorder /ə'tenʃnˌdefɪsɪtdɪsˌɔ:də(r)/ n. disturbo m. dell'attenzione.

attention-seeking /ə'tenʃnˌsi:kɪŋ/ **I** agg. [*person*] che cerca di attirare l'attenzione **II** n. = bisogno di attirare l'attenzione.

attention span /ə'tenʃnˌspæn/ n. ***he has a very short ~*** la sua capacità di attenzione *o* di concentrazione è molto ridotta.

attentive /ə'tentɪv/ agg. **1** *(alert)* attento **2** *(solicitous)* sollecito, premuroso (**to** verso).

attentively /ə'tentɪvlɪ/ avv. **1** *(alertly)* attentamente **2** *(solicitously)* sollecitamente, premurosamente.

attentiveness /ə'tentɪvnɪs/ n. **1** *(concentration)* attenzione f. **2** *(solicitude)* sollecitudine f., premura f.

attenuant /ə'tenjʊənt/ **I** agg. diluente **II** n. diluente m.

1.attenuate /ə'tenjʊeɪt/ agg. (anche **attenuated**) attenuato.

2.attenuate /ə'tenjʊeɪt/ tr. **1** attenuare [*criticism, attack*] **2** MED. indebolire, rendere meno virulento **3** *(make thin)* assottigliare.

attenuation /əˌtenjʊ'eɪʃn/ n. **1** *(of criticism, attack)* attenuazione f. **2** *(of body, limb)* assottigliamento m.

attest /ə'test/ **I** tr. FORM. **1** *(prove)* attestare, testimoniare, dimostrare **2** *(declare)* attestare, affermare (**that** che) **3** *(authenticate)* autenticare [*will, signature*] **4** LING. attestare [*word, form*] **5** AMM. vidimare [*application, certificate*] **II** intr. FORM. **1** ***to ~ to*** *(prove)* [*fact, development, skill*] attestare, testimoniare **2** *(affirm)* attestare; ***as the figures will ~*** come le cifre attesteranno.

attestant /ə'testənt/ n. → **attestor.**
attestation /ˌæte'steɪʃn/ n. **1** *(evidence, declaration)* attestazione f., testimonianza f. **2** *(authentication)* autenticazione f.
attested /ə'testɪd/ **I** p.pass. → **attest II** agg. **1** attestato; ***an ~ fact*** un fatto riconosciuto; ***~ form*** forma attestata **2** ***~ affidavit*** atto notorio.
attestor /ə'testə(r)/ n. attestatore m. (-trice); DIR. testimone m. e f.
Attic /'ætɪk/ **I** agg. STOR. attico **II** n. STOR. **1** attico m. (-a) **2** LING. attico.
▷ **attic** /'ætɪk/ n. soffitta f., solaio m.; ***in the ~*** in solaio.
Attica /'ætɪkə/ ◗ ***24*** n.pr. Attica f.
atticism /'ætɪˌsɪzəm/ n. LING. atticismo m.
atticize /'ætɪˌsaɪz/ intr. LING. atticizzare.
attic room /'ætɪkru:m, -rʊm/ n. mansarda f.
attic window /'ætɪkˌwɪndəʊ/ n. lucernario m.
Attila /'ætɪlə, ə'tɪlə/ n.pr. ***~ the Hun*** Attila, re degli Unni.
1.attire /ə'taɪə(r)/ n. FORM. abito m., abbigliamento m., vesti f.pl.; SCHERZ. mise f.; ***in formal ~*** in tenuta ufficiale.
2.attire /ə'taɪə(r)/ tr. vestire, abbigliare; ***~d in*** vestito di, in.
▶ **attitude** /'ætɪtju:d, AE -tu:d/ **I** n. **1** *(way of behaving or reacting)* atteggiamento m. (**to, towards** BE verso, nei confronti di); ***her ~ to life, the world*** il suo atteggiamento nei confronti della vita, del mondo; ***this will require a change in ~*** sarà necessario cambiare atteggiamento **2** *(affected pose)* posa f., atteggiamento m.; ***to strike an ~*** assumere una posa **3** COLLOQ. *(assertiveness, dynamism)* ***to have ~*** avere un modo di fare fiducioso e indipendente **4** *(physical position)* posizione f. **II attitudes** n.pl. *(of social group etc.)* comportamenti m. **III** modif. ***to have an ~ problem*** avere problemi relazionali.
attitudinal /ˌætɪ'tju:dɪnl/ agg. [*change*] di atteggiamento; [*problem*] relazionale.
attitudinize /ˌætɪ'tju:dɪnaɪz, AE -'tu:dən-/ intr. SPREG. assumere una posa, essere affettato.
attorn /ə'tɜ:n/ intr. **1** STOR. = prestare omaggio al nuovo signore feudale **2** DIR. = rimanere affittuario di un nuovo proprietario.
▷ **attorney** /ə'tɜ:nɪ/ n. **1** ◗ ***27*** AE *(lawyer)* avvocato m. (-essa), legale m.; procuratore m. (-trice) **2** ***power of ~*** *(authority to act)* procura; ***letter of ~*** *(document)* procura.
Attorney General /əˌtɜ:nɪ'dʒenrəl/ n. (pl. **Attorneys General**) = GB il più alto magistrato della corona, membro della Camera dei Comuni e del governo; US procuratore generale e ministro della giustizia; a livello statale, consulente legale del governatore.
attorneyship /ə'tɜ:nɪʃɪp/ n. carica f., ufficio m. di procuratore.
▶ **attract** /ə'trækt/ tr. **1** attirare, attrarre [*person, animal, students, buyers, custom, investment, criticism etc.*]; ***to ~ attention*** attirare l'attenzione; ***to ~ sb.'s attention*** attirare l'attenzione di qcn. (**to** su); ***he was very ~ed to her*** era molto attratto da lei **2** ECON. [*account, sum*] comportare [*interest rate*].
attractable /ə'træktəbl/ agg. che può essere attirato, attratto.
▷ **attraction** /ə'trækʃn/ n. **1** *(favourable feature) (of proposal, place, offer)* attrattiva f. (**of sth.** di qcs.; **for** per); ***I can't see the ~ of (doing)*** non sono interessato a (fare); ***to have, hold little ~, some ~*** avere, esercitare poca, una certa attrazione **2** *(entertainment, sight)* attrazione f.; ***tourist ~*** attrazione turistica; ***the main ~*** la principale attrazione **3** *(instinctive or sexual allure)* attrazione f. (**to** per) **4** FIS. attrazione f.
▶ **attractive** /ə'træktɪv/ agg. [*person*] attraente, affascinante; [*child, place, design, music, feature, plant*] bello; [*offer, idea, rate*] allettante, interessante (**to** per); [*food*] invitante; ***he's, she's very ~*** è molto attraente.
attractively /ə'træktɪvlɪ/ avv. [*furnished, arranged*] in modo gradevole; [*dressed*] in modo attraente, seducente; ***~ priced*** che ha un prezzo interessante.
attractiveness /ə'træktɪvnɪs/ n. *(of person, place, investment, proposal)* attrattiva f.
attributable /ə'trɪbjʊtəbl/ agg. ***to be ~ to*** [*change, profit, success etc.*] essere attribuibile a; [*error, fall, loss etc.*] essere dovuto, imputabile a.
attributable profit /əˌtrɪbjʊtəbl'prɒfɪt/ n. ECON. profitto m. netto.
1.attribute /'ætrɪbju:t/ n. attributo m. (anche LING.).
2.attribute /ə'trɪbju:t/ tr. attribuire [*blame, responsibility, crime, death, delay, profit, success, features, qualities, remark, statement, work of art*] (**to** a); imputare, attribuire [*error, failure, breakdown*] (**to** a).
attribution /ˌætrɪ'bju:ʃn/ n. attribuzione f. (**of** di; **to** a).
attributive /ə'trɪbjʊtɪv/ agg. LING. attributivo.
attributively /ə'trɪbjʊtɪvlɪ/ avv. LING. ***used ~*** usato attributivamente.

attrited /ə'traɪtɪd/ agg. RAR. *(by attrition)* logoro.
attrition /ə'trɪʃn/ n. **1** attrito m. (anche FIG.), logorio m. **2** FIG. logoramento m.; ***war of ~*** guerra di logoramento.
attune /ə'tju:n, AE ə'tu:n/ **I** tr. **1** accordare [*instrument*] **2** ***to be ~d to sth.*** essere in sintonia con qcs. **II** rifl. ***to ~ oneself to sth.*** adattarsi a qcs.
ATV n. (⇒ all-terrain vehicle) = fuoristrada.
atypical /ˌeɪ'tɪpɪkl/ agg. atipico; ***~ pneumonia*** polmonite atipica.
aubergine /'əʊbəʒi:n/ n. BE melanzana f.
Auberon /'ɔ:bərɒn/ n.pr. Auberon (nome di uomo).
Aubrey /'ɔ:brɪ/ n.pr. Alberico.
auburn /'ɔ:bən/ ◗ ***5*** agg. [*hair*] biondo rame, castano chiaro (con riflessi ramati).
Auckland /'ɔ:klənd/ ◗ ***34*** n.pr. Auckland f.
▷ **1.auction** /'ɔ:kʃn, 'ɒkʃn/ n. gener. pl. asta f.; ***at ~*** all'asta, all'incanto; ***to put sth. up for, to be up for ~*** mettere qcs., andare all'asta; ***to sell by ~*** vendere all'asta; ***for sale by ~*** (messo) all'asta; ***to go to an ~*** andare a un'asta.
▷ **2.auction** /'ɔ:kʃn, 'ɒkʃn/ tr. mettere, vendere all'asta, all'incanto; ***they have ~ed their house*** hanno venduto la loro casa all'asta.
■ **auction off:** ***~ [sth.] off, ~ off [sth.]*** mettere, vendere all'asta, all'incanto.
auction bridge /'ɔ:kʃnˌbrɪdʒ, 'ɒkʃn-/ n. bridge m. al rilancio.
auctioneer /ˌɔ:kʃə'nɪə(r)/ ◗ ***27*** n. banditore m. (-trice) d'asta.
auction house /'ɔ:kʃnhaʊs, 'ɒkʃn-/ n. casa f. d'aste.
auction room(s) /'ɔ:kʃnru:m(z), 'ɒkʃn-/ n.(pl.) sala f. d'aste.
auction sale /'ɔ:kʃnseɪl, 'ɒkʃn-/ n. vendita f. all'asta.
audacious /ɔ:'deɪʃəs/ agg. **1** *(bold)* audace, temerario **2** *(cheeky)* sfacciato, impudente.
audaciously /ɔ:'deɪʃəslɪ/ avv. **1** *(boldly)* audacemente **2** *(cheekily)* impudentemente.
audacity /ɔ:'dæsətɪ/ n. **1** *(boldness)* audacia f., temerarietà f.; ***to have the ~ to...*** avere l'audacia di... **2** *(cheek)* sfacciataggine f., impudenza f.
audibility /ˌɔ:də'bɪlətɪ/ n. udibilità f.
audible /'ɔ:dəbl/ agg. udibile.
audibly /'ɔ:dəblɪ/ avv. [*sigh, gasp*] rumorosamente.
▶ **audience** /'ɔ:dɪəns/ n. **1** *(in cinema, concert, theatre)* pubblico m.; RAD. ascoltatori m.pl.; TELEV. pubblico m., telespettatori m.pl.; ***to hold an ~*** tenere desta l'attenzione del pubblico **2** *(for books)* lettori m.pl.; *(for ideas)* pubblico m.; ***to reach a wider ~*** raggiungere un pubblico più vasto; ***to lose one's ~*** essere abbandonato dal proprio pubblico **3** *(meeting)* FORM. udienza f. (**with sb.** con, da qcn.).
audience participation /ˌɔ:dɪənspɑ:tɪsɪ'peɪʃn/ n. partecipazione f., coinvolgimento m. del pubblico.
audience ratings /ˌɔ:dɪəns'reɪtɪŋs/ n.pl. indici m. d'ascolto.
audience research /ˌɔ:dɪəns'ri:sɜ:tʃ/ n. sondaggi m.pl. di pubblico.
▷ **audio** /'ɔ:dɪəʊ/ **I** agg. audio **II** n. audio m.
audiobook /'ɔ:dɪəʊbʊk/ n. audiolibro m.
audio cassette /ˌɔ:dɪəʊkə'set/ n. audiocassetta f.
audio-engineer /ˌɔ:dɪəʊendʒɪ'nɪə(r)/ ◗ ***27*** n. tecnico m. del suono.
audio frequency /ˌɔ:dɪəʊ'fri:kwənsɪ/ n. audiofrequenza f.
audiogram /'ɔ:dɪəʊˌgræm/ n. audiogramma m.
audio-lingual /ˌɔ:dɪəʊ'lɪŋgwəl/ agg. audiolinguistico.
audiology /ˌɔ:dɪ'ɒlədʒɪ/ n. audiologia f.
audiometer /ˌɔ:dɪ'ɒmɪtə(r)/ n. audiometro m.
audio tape /'ɔ:dɪəʊˌteɪp/ n. audiocassetta f.
audiotyping /'ɔ:dɪəʊˌtaɪpɪŋ/ n. = battitura (a macchina) di testi audio.
audiotypist /'ɔ:dɪəʊˌtaɪpɪst/ ◗ ***27*** n. = chi batte (a macchina) testi audio.
audiovisual /ˌɔ:dɪəʊ'vɪʒʊəl/ agg. audiovisivo.
audiphone /'ɔ:dɪˌfəʊn/ n. audifono m.
▷ **1.audit** /'ɔ:dɪt/ n. verifica f. contabile, revisione f. contabile, dei conti; ***National Audit Office*** GB = organo di controllo dell'amministrazione statale, corrispondente alla Corte dei conti; ***to carry out, do an ~*** effettuare una revisione dei conti.
▷ **2.audit** /'ɔ:dɪt/ tr. verificare, rivedere [*accounts*].
auditing /'ɔ:dɪtɪŋ/ n. → **1.audit.**
▷ **1.audition** /ɔ:'dɪʃn/ n. audizione f., provino m. (**for** per); ***to go for an ~*** partecipare a un'audizione, a un provino.
▷ **2.audition** /ɔ:'dɪʃn/ **I** tr. far fare, sottoporre a un'audizione, a un provino **II** intr. fare un'audizione, un provino (**for** per).
auditive /'ɔ:dɪtɪv/ agg. uditivo.
▷ **auditor** /'ɔ:dɪtə(r)/ ◗ ***27*** n. **1** revisore m. contabile, dei conti; ***internal, external ~*** revisore interno, esterno **2** US *(student)* uditore m. (-trice).
auditoria /ˌɔ:dɪ'tɔ:rɪə/ → **auditorium.**

auditorial /ˌɔːdɪ'tɔːrɪəl/ agg. relativo alla revisione dei conti.

auditorium /ˌɔːdɪ'tɔːrɪəm/ n. (pl. **~s, -ia**) **1** TEATR. platea f. **2** US *(for meetings)* sala f. conferenze; SCOL. UNIV. aula f. magna; *(concert hall)* auditorium m., sala f. per concerti; *(stadium)* stadio m.

auditor's report /'ɔːdɪtəzrɪˌpɔːt/ n. AMM. relazione f. del revisore dei conti.

auditorship /'ɔːdɪtəʃɪp/ n. carica f., ufficio m. di revisore dei conti.

auditory /'ɔːdɪtrɪ, AE -tɔːrɪ/ agg. uditivo.

auditory phonetics /ˌɔːdɪtrɪfə'netɪks, AE -tɔːrɪ-/ n. + verbo sing. fonetica f. uditiva.

audit trail /'ɔːdɪtˌtreɪl/ n. INFORM. procedimento m. di controllo.

Audrey /'ɔːdrɪ/ n.pr. Audrey (nome di donna).

Audubon Society /'ɔːdəbɒnˌsəsaɪətɪ/ n. US = società per la salvaguardia della natura.

AUEW n. GB (⇒ Amalgamated Union of Engineering Workers) = sindacato unitario degli operai metalmeccanici.

Aug ⇒ August agosto (ago.).

Augean stables /ɔːˌdʒiːən'steɪblz/ n.pl. MITOL. ***the ~*** le stalle di Augia ◆ ***to clean out, to cleanse the ~*** ripulire le stalle d'Augia.

auger /'ɔːgə(r)/ n. *(for wood, ground)* trivella f.

aught /ɔːt/ pron. ANT. ***for ~ I know*** per quel che ne so; ***for ~ I care*** per quel che me ne importa.

1.augment /'ɔːgment/ n. LING. aumento m.

2.augment /ɔːg'ment/ **I** tr. aumentare (**with** di; **by** di; **by doing** facendo) (anche MUS.); ***~ed sixth*** MUS. sesta aumentata **II** intr. aumentare.

augmentable /ɔːg'mentəbl/ agg. aumentabile.

augmentation /ˌɔːgmen'teɪʃn/ n. **1** aumento m. **2** MUS. aumentazione f.

augmentative /ɔːg'mentətɪv/ **I** agg. LING. accrescitivo **II** n. LING. accrescitivo m.

1.augur /'ɔːgə(r)/ n. STOR. augure m., indovino m.

2.augur /'ɔːgə(r)/ **I** intr. ***to ~ well, ill for sb., sth.*** essere di buon, cattivo augurio *o* auspicio per qcn., qcs. **II** tr. predire, presagire.

augural /'ɔːgjʊrəl/ agg. STOR. *(of augur)* augurale.

augury /'ɔːgjʊrɪ/ n. LETT. **1** *(omen)* augurio m., presagio m., auspicio m. **2** *(interpretation of omen)* divinazione f.

august /ɔː'gʌst/ agg. FORM. augusto, maestoso, nobile.

▶ **August** /'ɔːgəst/ ➧ ***16*** n. agosto m.

Augusta /ɔː'gʌstə/ n.pr. Augusta.

Augustan /ɔː'gʌstən/ agg. **1** STOR. di Augusto, augusteo **2** GB LETTER. ***~ Age*** Età Augustea; [*literature, writer*] dell'età augustea.

Augustine **I** /ə'gʌstɪn/ n.pr. Agostino; ***St. ~*** sant'Agostino **II** /ɔː'gʌstiːn/ n. *(member of order)* agostiniano m.

Augustinian /ˌɔːgə'stɪnɪən/ **I** agg. [*doctrine, friar, order*] agostiniano **II** n. agostiniano m.

Augustinianism /ˌɔːgə'stɪnɪənɪzəm/, **Augustinism** /ˌɔː'gʌstɪnɪzəm/ n. agostinismo m.

augustness /ɔː'gʌstnɪs/ n. maestosità f., nobiltà f.

Augustus /ɔː'gʌstəs/ n.pr. Augusto.

auk /ɔːk/ n. ***great ~*** alca impenne; ***little ~*** gazza marina.

auld /ɔːld/ agg. SCOZZ. → **old**.

aulic /'ɔːlɪk/ agg. aulico.

▷ **aunt** /ɑːnt, AE ænt/ n. zia f.; ***Aunt Mary*** zia Mary; ***no, Aunt*** no, zia ◆ ***oh my giddy ~!*** COLLOQ. SCHERZ. oh signore!

auntie /'ɑːntɪ, AE 'æntɪ/ n. COLLOQ. **1** INFANT. zietta f. **2** BE *(BBC)* ***Auntie*** la BBC.

Aunt Sally /ˌɑːnt'sælɪ, AE ˌænt-/ ➧ ***10*** n. **1** GB SPORT = gioco che consiste nell'abbattere un pupazzo tirando palle, ecc. **2** FIG. *(victim, butt)* bersaglio m., zimbello m.

aunty → **auntie**.

au pair /ˌəʊ'peə(r)/ n. ragazza f. alla pari.

aura /'ɔːrə/ n. (pl. **~s, -ae**) *(of place)* atmosfera f., aria f.; *(of person)* aura f.

aural /'ɔːrəl, aʊrəl/ **I** n. SCOL. = esercizio di comprensione del parlato; MUS. dettato m. musicale **II** agg. **1** uditivo, auricolare (anche MED.); [*test*] uditivo **2** SCOL. ***~ comprehension*** = esercizio di comprensione del parlato; ***~ test*** = test di comprensione del parlato.

aureate /'ɔːrɪət/ agg. LETT. aurato, aureo.

Aurelia /ɔː'riːlɪə/ n.pr. Aurelia.

Aurelian /ɔː'riːlɪən/ n.pr. Aureliano.

Aurelius /ɔː'riːlɪəs/ n.pr. Aurelio.

aureola /'ɔːriːələ/ n. (pl. **~s, -ae**) → **aureole**.

aureole /'ɔːrɪəʊl/ n. *(all contexts)* aureola f.

Aureomycin® /ˌɔːrɪəʊ'maɪsɪn/ n. aureomicina f.

auric /'ɔːrɪk/ agg. **1** RAR. d'oro, aureo **2** CHIM. aurico.

auricle /'ɔːrɪkl/ n. *(of heart)* auricola f., orecchietta f.; *(of ear)* padiglione m. auricolare.

auricula /ɔː'rɪkjʊlə/ n. **1** BOT. auricola f. **2** ANAT. padiglione m. auricolare.

auricular /ɔː'rɪkjʊlə(r)/ agg. auricolare.

auriculate /ɔː'rɪkjʊlət/ agg. auricolato.

auriferous /ɔː'rɪfərəs/ agg. aurifero.

auriform /'ɔːrɪfɔːm/ agg. a forma di orecchio.

aurochs /'ɔːrɒks/ n. (pl. **~**) **1** uro m. **2** bisonte m. europeo.

aurora /ɔː'rɔːrə/ n. (pl. **~s, -ae**) *(all contexts)* aurora f.; ***~ australis, borealis*** aurora australe, boreale.

auroral /ɔː'rɔːrəl/ agg. aurorale.

aurous /'ɔːrəs/ agg. CHIM. auroso.

auscultate /'ɔːskəlteɪt/ tr. auscultare.

auscultation /ˌɔːskəl'teɪʃn/ n. auscultazione f.

auscultator /'ɔːskəlteɪtə(r)/ n. chi ausculta.

auspicate /'ɔːspɪkeɪt/ tr. ANT. iniziare sotto buoni auspici.

auspices /'ɔːspɪsɪz/ n.pl. auspici m.; ***under the ~ of*** sotto gli auspici di.

auspicious /ɔː'spɪʃəs/ agg. di buon auspicio, fausto.

auspiciously /ɔː'spɪʃəslɪ/ avv. sotto buoni auspici.

Aussie /'ɒzɪ/ **I** agg. COLLOQ. australiano **II** n. COLLOQ. australiano m. (-a).

austere /ɒ'stɪə(r), ɔː'stɪə(r)/ agg. austero, severo.

austerely /ɒ'stɪəlɪ, ɔː'stɪəlɪ/ avv. in modo austero, austeramente.

austereness /ɒ'stɪənɪs, ɔː'stɪə-/ n. → **austerity**.

austerity /ɒ'sterətɪ, ɔː'sterətɪ/ **I** n. austerità f., severità f. **II** modif. GB [*furniture, clothing*] = prodotto durante il periodo di austerità che seguì la seconda guerra mondiale.

Austin /'ɒstɪn/ n.pr. Agostino.

austral /'ɒstrəl, 'ɔːs-/ agg. australe.

Australasia /ˌɒstrə'leɪʒɪə, ˌɔːs-/ n.pr. Australasia f.

Australasian /ˌɒstrə'leɪʒn, ˌɔːs-/ **I** agg. australasiatico **II** n. nativo m. (-a), abitante m. e f. dell'Australasia.

Australia /ɒ'streɪlɪə, ɔː's-/ ➧ ***6*** n.pr. Australia f.

Australian /ɒ'streɪlɪən, ɔː's-/ ➧ ***18*** **I** agg. australiano **II** n. *(person)* australiano m. (-a).

Australian Antarctic Territory /ɒˌstreɪlɪən'æntɑːktɪkˌterətrɪ, ɔː's-, AE -ˌterɪtɔːrɪ/ n.pr. Territorio m. Australiano Antartico.

Australian Capital Territory /ɒˌstreɪlɪən'kæpɪtlˌterətrɪ, ɔː's-, AE -ˌterɪtɔːrɪ/ n.pr. Territorio m. della federazione australiana.

Australopithecus /ˌɒstrələʊ'pɪθɪkəs/ n. australopiteco m.

Austria /'ɒstrɪə, 'ɔːstrɪə/ ➧ ***6*** n.pr. Austria f.

Austrian /'ɒstrɪən, 'ɔːstrɪən/ ➧ ***18*** **I** agg. austriaco **II** n. austriaco m. (-a).

Austrian blind /'ɒstrɪənblaɪnd, 'ɔːstrɪən-/ n. tenda f. arricciata.

Austro-Hungarian /ˌɒstrəʊhʌŋ'geərɪən/ agg. austroungarico.

AUT n. BE (⇒ Association of University Teachers) = sindacato dei professori universitari.

autarchic(al) /ɔː'tɑːkɪk(əl)/ agg. autarchico.

autarchy, autarky /'ɔːtɑːkɪ/ n. autarchia f.

▷ **authentic** /ɔː'θentɪk/ agg. **1** [*painting, document*] autentico **2** [*source, information*] sicuro, attendibile.

authenticate /ɔː'θentɪkeɪt/ tr. autenticare.

authentication /ɔːθentɪ'keɪʃn/ n. autenticazione f.

authenticity /ˌɔːθen'tɪsətɪ/ n. autenticità f.

▶ **1.author** /'ɔːθə(r)/ ➧ ***27*** n. **1** *(of book, play, report)* autore m. (-trice) **2** *(by profession)* scrittore m. (-trice); ***he's an ~*** fa lo scrittore **3** *(of plan, scheme)* autore m. (-trice).

2.author /'ɔːθə(r)/ tr. AE essere l'autore di [*report, study*].

authoress /'ɔːθərɪs/ Although modern English usage prefers *author*, the usual Italian translation is *autrice* or *scrittrice*. ➧ ***27*** n. autrice f., scrittrice f.; ***she is an ~*** fa la scrittrice.

authorial /'ɔːθɔːrɪəl/ agg. (proprio) dell'autore.

authoring /'ɔːθərɪŋ/ **I** n. authoring m. **II** modif. [*system, software, tool*] di authoring.

authoritarian /ɔːˌθɒrɪ'teərɪən/ **I** agg. SPREG. autoritario **II** n. fautore m. (-trice) dell'autoritarismo.

authoritarianism /ɔːˌθɒrɪ'teərɪənɪzəm/ n. SPREG. autoritarismo m.

authoritative /ɔː'θɒrɪtətɪv, AE -teɪtɪv/ agg. **1** *(forceful)* [*person, voice, manner*] autoritario **2** *(reliable)* [*work, report, source*] autorevole.

authoritativeness /ɔː'θɒrɪtətɪvnɪs, AE -teɪtɪv-/ n. **1** *(of person, voice, manner)* (l')essere autoritario **2** *(of work, report, source)* autorevolezza f.

▶ **authority** /ɔː'θɒrətɪ/ **I** n. **1** *(power)* autorità f. (**over** su); ***the ~ of the state*** l'autorità dello stato; ***to have the ~ to do*** avere l'autorità di fare; ***to have no ~ to do*** non avere alcuna autorità di fare; ***to be in ~*** comandare; ***he will be reported to those in ~*** verrà deferito a chi di dovere; ***who's in ~ here?*** chi comanda qui? ***to do sth. on*** *sb.'s* ~ fare qcs. secondo gli ordini di qcn.; ***to be, act under sb.'s*** ~ essere agli ordini, agire secondo gli ordini di qcn.; ***on one's own*** ~ d'autorità **2** *(forcefulness, confidence)* autorevolezza f., competenza f.; ***to speak with*** ~ parlare con cognizione di causa; ***to lack*** ~ [*person, performance*] mancare d'autorità **3** *(permission)* autorizzazione f.; ***to give sb. (the)*** ~ ***to do*** dare a qcn. l'autorizzazione a fare **4** *(organization)* autorità f. **5** *(expert) (person)* autorità f. (**on** in materia di); *(book, film)* opera f. di riferimento **6** *(source of information)* fonte f.; ***what is your*** ~ ***for these figures?*** da quale fonte hai ricavato queste cifre? ***I have it on good*** ~ ***that*** so da fonte autorevole che **II authorities** n.pl. AMM. POL. autorità f.; ***to report sth. to the authorities*** segnalare qcs. alle autorità; ***the school, hospital authorities*** le autorità scolastiche, ospedaliere.

authorizable /'ɔ:θəraɪzəbl/ agg. autorizzabile.

authorization /ˌɔ:θəraɪ'zeɪʃn, AE -rɪ'z-/ n. *(authority, document)* autorizzazione f.; ***to give, grant*** ~ dare, concedere l'autorizzazione; ***to give, grant*** ~ ***to do*** dare, concedere l'autorizzazione a fare.

authorize /'ɔ:θəraɪz/ tr. autorizzare [*person, institution*] (**to do** a fare); autorizzare [*payment, visit*].

▷ **authorized** /'ɔ:θəraɪzd/ **I** p.pass. → **authorize II** agg. [*signature, signatory, biography, version, dealer*] autorizzato.

Authorized Version /ˌɔ:θəraɪzd'vɜ:ʃn, AE -'vɜ:ʒn/ n. ***the*** ~ ***(of the Bible)*** la versione inglese della Bibbia del 1611.

authorless /'ɔ:θəlɪs/ agg. senza autore, anonimo.

authorship /'ɔ:θəʃɪp/ n. **1** *(of book, poem)* paternità f. **2** *(profession)* professione f. di scrittore.

autism /'ɔ:tɪzəm/ ♦ **11** n. autismo m.

autistic /ɔ:'tɪstɪk/ agg. [*person, response etc.*] autistico.

auto /'ɔ:təʊ/ **I** n. AE COLLOQ. auto f. **II** modif. AE COLLOQ. [*parts, accident, mechanic*] d'auto; [*industry*] automobilistico; [*workers*] dell'industria automobilistica.

autoanalyzer /ˌɔ:təʊ'ænəlaɪzə(r)/ n. autoanalizzatore m.

autobiographer /ˌɔ:təʊbaɪ'ɒgrəfə(r)/ n. chi scrive la propria autobiografia.

autobiographical /ˌɔ:təʊbaɪə'græfɪkl/ agg. autobiografico.

▷ **autobiography** /ˌɔ:təʊbaɪ'ɒgrəfɪ/ n. autobiografia f.

autobus /'ɔ:təbʌs/ n. AE autobus m.

autocade /'ɔ:təʊˌkeɪd/ n. AE → **motorcade.**

autocamp /'ɔ:təʊˌkæmp/ n. AE campeggio m. per automobilisti.

autocar /'ɔ:təʊˌkɑ:(r)/ n. AE ANT. automobile f.

autocatalysis /ˌɔ:təʊkə'tæləsɪs/ n. autocatalisi f.

autochory /'ɔ:təʊˌkɔ:rɪ/ n. autocoria f., autodisseminazione f.

autochthon /ɔ:'tɒkθən/ n. autoctono m. (-a).

autochthonous /ɔ:'tɒkθənəs/ agg. autoctono.

1.autoclave /'ɔ:təʊˌkleɪv/ n. autoclave f.

2.autoclave /'ɔ:təʊˌkleɪv/ tr. sterilizzare in autoclave.

autocorrelation /ˌɔ:təʊkɒrə'leɪʃn/ n. autocorrelazione f.

autocracy /ɔ:'tɒkrəsɪ/ n. autocrazia f.

autocrat /'ɔ:təkræt/ n. autocrate m. e f.

autocratic /ˌɔ:tə'krætɪk/ agg. autocratico.

autocrime /'ɔ:təʊkraɪm/ n. = furto d'auto, furto di cose da un'auto.

autocross /'ɔ:təʊkrɒs/ n. autocross m.

autocue /'ɔ:təʊkju:/ n. TELEV. gobbo m.

auto-da-fé /ˌɔ:təʊdɑ:'feɪ/ n. (pl. **autos-da-fé**) autodafé m.

autodidact /'ɔ:təʊdaɪdækt/ n. FORM. autodidatta m. e f.

autodyne /'ˌɔ:tədaɪn/ n. autodina f.

auto-erotic /ˌɔ:təʊɪ'rɒtɪk/ agg. autoerotico.

autoeroticism /ˌɔ:təʊɪ'rɒtɪˌsɪzəm/, **autoerotism** /ˌɔ:təʊ'erəˌtɪzəm/ n. autoerotismo m.

autofinancing /ˌɔ:təʊ'faɪnænsɪŋ, -fɪ'nænsɪŋ/ n. autofinanziamento m.

autoflare /'ɔ:təʊfleə(r)/ n. EL. autoeccitazione f.

autofocus /'ɔ:təʊˌfəʊkəs/ n. FOT. autofocus m.

autogamy /ɔ:'tɒgəmɪ/ n. autogamia f.

autogenics /ˌɔ:təʊ'dʒenɪks/ n. + verbo sing. → **autogenic training.**

autogenic training /ɔ:təʊˌdʒenɪk'treɪnɪŋ/ n. training m. autogeno.

autogenous /ɔ:'tɒdʒɪnəs/ agg. BIOL. METALL. autogeno.

autogestion /ˌɔ:təʊ'dʒestʃən/ n. autogestione f.

autogiro /ˌɔ:təʊ'dʒaɪərəʊ/ n. (pl. **~s**) autogiro m., giroplano m.

autograft /'ɔ:təˌgrɑ:ft/ n. MED. autotrapianto m., autoinnesto m.

1.autograph /'ɔ:təgrɑ:f, AE -græf/ **I** n. autografo m. **II** modif. [*album, hunter*] di autografi.

2.autograph /'ɔ:təgrɑ:f, AE -græf/ tr. fare un autografo su, firmare [*book, record*]; firmare [*memento*].

autographic(al) /ɔ:tə'græfɪk(l)/ agg. [*letter, document*] autografo.

autography /ɔ:'tɒgrəfɪ/ n. TIP. autografia f.

autogravure /ˌɔ:təgrə'vjʊə(r)/ n. autofotoincisione f.

autogyro → **autogiro.**

autoignition /ɔ:təʊɪg'nɪʃn/ n. autoaccensione f.

autoimmune /ˌɔ:təʊɪ'mju:n/ agg. [*disease, system*] autoimmunitario.

autoimmunity /ˌɔ:təʊɪ'mju:nətɪ/ n. autoimmunità f.

autoimmunization /ɔ:təʊˌɪmjʊnaɪ'zeɪʃn, -nɪ'z-/ n. autoimmunizzazione f.

auto-injector /ˌɔ:təʊɪn'dʒektə(r)/ n. MED. siringa f. autoiniettante.

autointoxication /ˌɔ:təʊɪnˌtɒksɪ'keɪʃn/ n. autointossicazione f.

autoist /'ɔ:təʊɪst/ n. AE automobilista m. e f.

autokinesis /ˌɔ:təʊkɪ'ni:sɪs, -kaɪ'ni:-/ n. autocinesi f.

autologous /ɔ:'təʊlɒgəs/ agg. MED. [*graft, transfusion*] autologo.

autolysis /ɔ:'tɒlɪsɪs/ n. (pl. **-es**) autolisi f.

automaker /ɔ:tə'meɪkə(r)/ n. casa f. automobilistica.

automat /'ɔ:təmæt/ n. **1** *(machine)* distributore m. automatico **2** US *(cafeteria)* = tavola calda dotata di distributori automatici.

automata /ɔ:'tɒmətə/ → **automaton.**

automata theory /ɔ:ˌtɒmətə'θɪərɪ/ n. INFORM. teoria f. degli automi.

automate /'ɔ:təmeɪt/ tr. automatizzare [*factory, process*]; ***fully ~d*** completamente automatizzato.

▷ **automatic** /ˌɔ:tə'mætɪk/ **I** agg. *(all contexts)* automatico **II** n. **1** *(washing machine)* lavatrice f. automatica **2** *(car)* automobile f. con cambio automatico **3** *(gun)* arma f. automatica **4** *(setting)* ***to be on*** ~ [*machine, heating*] essere su "automatico"; ***to be in*** ~ COLLOQ. [*person*] SCHERZ. andare avanti come un automa.

▷ **automatically** /ˌɔ:tə'mætɪklɪ/ avv. *(all contexts)* automaticamente.

automatic pilot /ˌɔ:təmætɪk'paɪlət/ n. *(device)* pilota m. automatico; *(system)* pilotaggio m. automatico; ***to be on*** ~ AER. avere inserito il pilota automatico; FIG. [*person*] andare avanti come un automa.

automatic teller machine /ˌɔ:təmætɪk'telə(r)məˌʃi:n/ n. bancomat® m., sportello m. bancario automatico.

automation /ˌɔ:tə'meɪʃn/ n. *(of process, factory)* automazione f.; ***office*** ~ burotica; ***industrial*** ~ robotica.

automatism /ɔ:'tɒməˌtɪzəm/ n. *(quality)* automatismo m.

automaton /ɔ:'tɒmətən, AE -tɒn/ n. (pl. **~s, -ta**) *(robot, person)* automa m.

automobile /'ɔ:təməbi:l, ˌɔ:təmə'bi:l/ n. AE automobile f.

automobilia /ˌɔ:təmə'bi:lɪə/ n.pl. autoaccessori m. da collezione.

automobilist /ɔ:təmə'bi:lɪst/ n. AE automobilista m. e f.

automotive /ˌɔ:tə'məʊtɪv/ agg. **1** [*design, industry, product*] automobilistico; [*sales*] di automobili **2** *(self-propelling)* automotore.

autonomic /ˌɔ:tə'nɒmɪk/ agg. → **autonomous.**

autonomic nervous system /ɔ:təˌnɒmɪk'nɜ:vəsˌsɪstəm/ n. sistema m. nervoso autonomo.

autonomous /ɔ:'tɒnəməs/ agg. *(all contexts)* autonomo.

▷ **autonomy** /ɔ:'tɒnəmɪ/ n. *(all contexts)* autonomia f.

autophobia /ɔ:tə'fəʊbɪə/ n. autofobia f.

autopilot /'ɔ:təʊpaɪlət/ n. → **automatic pilot.**

autoplasty /'ɔ:təplæstɪ/ n. MED. autoplastica f., autoinnesto m.

autopsy /'ɔ:tɒpsɪ/ n. autopsia f. (anche FIG.); ***to do, perform an*** ~ ***on sb.*** fare, eseguire un'autopsia su qcn.

autoregulation /ɔ:təregjʊ'leɪʃn/ n. AE autoregolazione f.

autosave /'ɔ:təʊseɪv/ n. INFORM. salvataggio m. automatico.

autos-da-fé /ˌɔ:təʊzdɑ:'feɪ/ → **auto-da-fé.**

autosuggestion /ˌɔ:təʊsə'dʒestʃən/ n. autosuggestione f.

auto-teller /ˌɔ:təʊ'telə(r)/ n. bancomat® m., sportello m. bancario automatico.

autotimer /'ɔ:təʊtaɪmə(r)/ n. timer m. (automatico).

autotransplant /'ɔ:təʊˌtrænsplɑ:nt, AE -plænt/ n. MED. autotrapianto m.

autotrophic /ˌɔ:tə'trɒfɪk/ agg. autotrofo.

autotrophism /ˌɔ:tə'trɒfɪzəm/ n. autotrofismo m.

autovaccine /'ɔ:təvæksi:n/ n. autovaccino m.

autoxidation /ɔ:ˌtɒksɪ'deɪʃn/ n. autossidazione f.

▶ **autumn** /'ɔ:təm/ ♦ **26 I** n. BE autunno m.; ***in*** ~ in autunno; ***in the*** ~ ***of her years*** nell'autunno della sua vita **II** modif. [*leaves, colours, fashions*] autunnale.

autumnal /ɔ:'tʌmnəl/ agg. [*colour, light, weather*] autunnale.

auxiliary /ɔ:g'zɪlɪərɪ/ **I** n. **1** *(person)* ausiliare m. e f. **2** LING. (verbo) ausiliare m. **3** STOR. *(soldier)* ausiliario m. **II** agg. [*equipment, engine, staff, forces*] ausiliare, ausiliario.

auxiliary nurse /ɔ:gˌzɪlɪərɪ'nɜ:s/ ♦ **27** n. infermiere m. (-a) ausiliario (-a).

auxiliary verb /ɔ:gˌzɪlɪərɪ'vɜ:b/ n. verbo m. ausiliare.

auxin /'ɔ:ksɪn/ n. auxina f.

auxochrome /'ɔ:ksəkrəʊm/ n. auxocromo m.

AV agg. (⇒ audiovisual) audiovisivo.
Ava /ˈɑːvə/ n.pr. Ava.
1.avail /əˈveɪl/ n. FORM. ***to be of little ~*** servire a poco; ***to be of no ~*** non servire a nulla, essere inutile; ***to no ~*** o ***without ~*** inutilmente *o* invano.
2.avail /əˈveɪl/ rifl. ***to ~ oneself of*** approfittare di [*opportunity*]; avvalersi di [*offer*].
▷ **availability** /əˌveɪləˈbɪlətɪ/ n. *(of service, option, drugs)* disponibilità f.; ***~ of credit*** disponibilità di credito; ***stock ~*** disponibilità di magazzino; COMM. ***subject to ~*** *(of holidays, hotel rooms, theatre seats etc.)* fino a esaurimento dei posti disponibili; *(of hire vehicles)* secondo la disponibilità; ***demand exceeds ~*** la domanda supera l'offerta.
▶ **available** /əˈveɪləbl/ agg. **1** [*product, room, money, credit, information*] disponibile (**for** per; **to** a); ***to make sth. ~ to sb.*** mettere qcs. a disposizione di qcn.; ***to be ~ from*** [*product*] essere disponibile in [*shop*]; [*service*] essere fornito da [*organization*]; ***by every ~ means*** con tutti i mezzi possibili *o* a disposizione **2** *(free)* [*person*] *(for appointment etc.)* disponibile, libero; *(for relationship, sex)* SPREG. disponibile; ***to make oneself ~ for sth., sb.*** rendersi disponibile per qcs., qcn.; ***she is not ~ for comment*** non intende rilasciare dichiarazioni.
avalanche /ˈævəlɑːnʃ, AE -læntʃ/ n. valanga f. (anche FIG.).
avalanche shelter /ˈævəlɑːnʃˌʃeltə(r), AE ˈævəlæntʃ-/ n. paravalanghe m.
avant-garde /ˌævɒŋˈɡɑːd/ **I** n. avanguardia f. **II** agg. d'avanguardia.
avant-gardism /ˌævɒŋˈɡɑːdɪzəm/ n. avanguardismo m.
avant-gardist /ˌævɒŋˈɡɑːdɪst/ n. avanguardista m. e f.
avarice /ˈævərɪs/ n. **1** *(stinginess)* avarizia f. **2** *(greed)* avidità f., cupidigia f. ◆ ***rich beyond the dreams of ~*** ricco come Creso.
avaricious /ˌævəˈrɪʃəs/ agg. **1** *(stingy)* avaro **2** *(greedy)* avido, cupido.
avast /əˈvɑːst, AE -æst/ inter. MAR. ferma, stop.
avatar /ˈævətɑː(r), ævəˈtɑː(r)/ n. **1** RELIG. avatar m., reincarnazione f. **2** INFORM. avatar m.
avdp ⇒ avoirdupois avoirdupois (av.).
Ave ⇒ Avenue viale (v.le).
Ave Maria /ˌɑːveɪ məˈrɪə/ n. Ave Maria f.
avenge /əˈvendʒ/ **I** tr. vendicare [*person, death, defeat, honour*] **II** rifl. ***to ~ oneself on sb.*** vendicarsi di *o* su *o* con qcn.; ***to ~ oneself on sb. for sth.*** vendicarsi con qcn. di *o* per qcs.
avenger /əˈvendʒə(r)/ n. vendicatore m. (-trice).
avenging /əˈvendʒɪŋ/ agg. [*person, force, bullet, goal*] vendicatore; ***~ angel*** angelo vendicatore.
aventurine /əˈventjʊˌriːn/ n. MINER. avventurina f.
▷ **avenue** /ˈævənjuː, AE -nuː/ n. **1** *(lined with trees)* viale m.; AE *(wide street)* via f., corso m.; *(path, driveway)* viale m., vialetto m. **2** FIG. *(possibility)* possibilità f.; ***to explore every ~*** non lasciare nulla di intentato.
aver /əˈvɜː(r)/ tr. (forma in -ing ecc. **-rr-**) FORM. affermare, asserire (**that** che).
▶ **1.average** /ˈævərɪdʒ/ **I** n. **1** MAT. media f. (**of** di); ***national ~*** media nazionale; ***on (the) ~*** in media, mediamente; ***above, below (the) ~*** sopra, sotto la media; ***at an ~ of*** a una media di; ***it takes an ~ of three hours to do it*** ci vogliono in media tre ore per farlo; ***to work out an ~*** fare una media; ***by the law of ~s*** secondo la legge delle probabilità; ***Mr Average*** il cittadino medio; *(in Italy)* il signor Rossi **2** COMM. MAR. avaria f. **II** agg. MAT. [*amount, cost, earnings, person, rate*] medio; ***on an ~ day I work seven hours*** in media lavoro sette ore al giorno; ***a book suitable for an ~ 10-year-old*** un libro adatto a un bambino di 10 anni; ***a very ~ writer*** SPREG. uno scrittore molto mediocre.
2.average /ˈævərɪdʒ/ tr. fare in media [*distance, quantity etc.*]; ***I ~ seven hours' work a day*** faccio in media sette ore di lavoro al giorno; ***we ~d 95 kph on the motorway*** abbiamo tenuto una media di 95 km/h in autostrada.
▪ **average out:** *~ out at [sth.]* essere, corrispondere in media a; ***their pay ~s out at about £ 10 an hour*** il loro compenso medio è di 10 sterline all'ora; ***their working day ~s out at seven hours*** la loro giornata lavorativa è in media di sette ore; *~ out [sth.], ~ [sth.] out* calcolare, fare la media di; ***we ~d out the bill at £ 10 each*** abbiamo diviso il conto e abbiamo pagato 10 sterline a testa.
averaging /ˈævərɪdʒɪŋ/ n. *(on the stock exchange)* copertura f.
averment /əˈvɜːmənt/ n. FORM. affermazione f., asserzione f.
Averroes /əˈverəʊˌiːz/ n.pr. Averroè.
Averroism /əˈverəʊɪzəm/ n. averroismo m.
Averroist /əˈverəʊɪst/ n. averroista m. e f.
averse /əˈvɜːs/ agg. avverso, contrario (**to** a); ***to be ~ to doing sth.*** essere contrario a fare qcs.
averseness /əˈvɜːsnɪs/ n. avversione f., ripugnanza f. (**to** per).
aversion /əˈvɜːʃn, AE əˈvɜːrʒn/ n. avversione f., ripugnanza f. (**to** per); ***to have an ~ to doing*** detestare *o* odiare fare; ***his pet ~*** = la cosa o la persona che odia di più.
avert /əˈvɜːt/ tr. **1** *(avoid, prevent)* evitare, prevenire [*disaster, crisis, liquidation, criticism*] **2** *(turn away)* ***to ~ one's eyes, gaze from sth.*** distogliere gli occhi, lo sguardo da qcs. (anche FIG.).
avertable, avertible /əˈvɜːtəbl/ agg. evitabile.
avgas /ˈævɡæs/ n. AE (accorc. aviation gasoline) benzina f. avio.
avian /ˈeɪvɪən/ agg. aviario.
aviary /ˈeɪvɪərɪ, AE -vɪerɪ/ n. aviario m., uccelliera f.
aviate /ˈeɪvɪˌeɪt/ intr. RAR. viaggiare in aeroplano.
aviation /ˌeɪvɪˈeɪʃn/ n. aviazione f.
aviation fuel /eɪvɪˌeɪʃnˈfjuːəl/ n. carburante m. avio.
aviation industry /eɪvɪˌeɪʃnˈɪndəstrɪ/ n. industria f. aeronautica.
aviator /ˈeɪvɪeɪtə(r)/ ➧ ***27*** n. aviatore m. (-trice).
aviatrix /ˈeɪvɪətrɪks/ ➧ ***27*** n. (pl. **~es, -ces**) aviatrice f.
aviculture /ˈeɪvɪkʌltʃə(r)/ n. avicoltura f., avicultura f.
aviculturist /ˌeɪvɪˈkʌltʃərɪst/ ➧ ***27*** n. avicultore m. (-trice), avicoltore m. (-trice).
avid /ˈævɪd/ agg. [*reader*] accanito, avido; [*collector*] appassionato; [*enthusiast, supporter*] fervente; ***to be ~ for sth.*** essere avido di qcs.
avidity /əˈvɪdɪtɪ/ n. avidità f. (**for** di).
avidly /ˈævɪdlɪ/ avv. [*read*] con avidità; [*collect*] con passione; [*support*] con fervore.
avifauna /eɪvɪˈfɔːnə/ n. avifauna f.
avionics /ˌeɪvɪˈɒnɪks/ n. + verbo sing. avionica f.
avitaminosis /eɪˌvɪtəmɪˈnəʊsɪs/ n. (pl. **-es**) avitaminosi f.
avocado /ˌævəˈkɑːdəʊ/ **I** n. avocado m. **II** modif. [*salad, mousse*] di avocado.
avocation /ˌævəˈkeɪʃn/ n. RAR. svago m., passatempo m., occupazione f. secondaria.
avocet /ˈævəset/ n. avocetta f.
▶ **avoid** /əˈvɔɪd/ tr. **1** *(prevent)* evitare [*accident, error, dispute, penalty*]; ***to ~ doing*** evitare di fare; ***it is to be ~ed*** è da evitare **2** *(keep away from)* evitare [*location, nuisance*]; evitare, sfuggire a [*person, gaze*]; evitare, schivare [*issue, question*] **3** DIR. *(invalidate)* annullare, invalidare [*contract*].
avoidable /əˈvɔɪdəbl/ agg. evitabile; ***an ~ tragedy*** una tragedia evitabile *o* che poteva essere evitata.
avoidance /əˈvɔɪdəns/ n. ***~ of*** *(of injuries, expenditure, delay)* (l')evitare; *(of emotion)* (il) rifuggire da; *(of issue, subject, problem)* (l')evitare, (lo) schivare; *(of person, responsibility)* (l')evitare, (lo) sfuggire.
avoirdupois /ˌævədəˈpɔɪz/ n. avoirdupois m.
Avon /ˈeɪvn/ ➧ ***24, 25*** n.pr. Avon m.
avouch /əˈvaʊtʃ/ tr. ANT. affermare, dichiarare.
avouchment /əˈvaʊtʃmənt/ n. ANT. affermazione f., dichiarazione f.
avow /əˈvaʊ/ tr. FORM. **1** *(admit)* ammettere **2** *(declare)* dichiarare, affermare.
avowable /əˈvaʊəbl/ agg. FORM. ammissibile, affermabile.
avowal /əˈvaʊəl/ n. FORM. **1** *(confession)* ammissione f., confessione f. **2** *(declaration)* dichiarazione f., affermazione f.
avowed /əˈvaʊd/ **I** p.pass. → **avow II** agg. **1** *(admitted)* ammesso **2** *(declared)* dichiarato, affermato.
avowedly /əˈvaʊɪdlɪ/ avv. FORM. **1** *(by admission)* per ammissione esplicita, dichiaratamente **2** *(by declaration)* dichiaratamente, apertamente.
avulsion /əˈvʌlʃn/ n. avulsione f.
avuncular /əˈvʌŋkjʊlə(r)/ agg. **1** di uno zio (materno) **2** FIG. [*person*] benevolo, condiscendente.
AWACS /ˈeɪwæks/ (⇒ Airborne Warning and Control System) **I** n. = aereo radar militare **II** modif. [*plane*] AWACS.
await /əˈweɪt/ tr. FORM. **1** [*person*] attendere, aspettare [*outcome, event, opportunity, decision, praise*]; ***eagerly ~ed*** atteso con impazienza; ***in prison ~ing trial*** in prigione in attesa di processo **2** [*fate, surprise, welcome*] attendere [*person*]; ***her book ~s publication*** il suo libro è in attesa di pubblicazione.
▷ **1.awake** /əˈweɪk/ agg. **1** sveglio; ***wide ~*** ben sveglio; ***half ~*** mezzo addormentato; ***to be ~*** essere sveglio; ***to stay ~*** restare sveglio; ***to lie ~*** restare a letto sveglio; ***to shake sb. ~*** scuotere qcn. per svegliarlo; ***I was still ~*** ero ancora sveglio; ***the noise kept me ~*** il rumore mi ha tenuto sveglio **2** *(aware)* ***to be ~ to sth.*** essere consapevole di qcs.
2.awake /əˈweɪk/ **I** tr. (pass. **awoke** o **awaked** LETT.; p.pass. **awoken** o **awaked** LETT.) **1** *(from sleep)* svegliare **2** FIG. risvegliare, su-

scitare [*fear*]; risvegliare, destare [*suspicion, memory*] **II** intr. (pass. **awoke** o **awaked** LETT.; p.pass. **awoken** o **awaked** LETT.) **1** *(from sleep)* svegliarsi; ***to ~ from a deep sleep*** svegliarsi da un sonno profondo; ***I awoke to find him gone*** al mio risveglio se ne era andato **2** *(become aware)* ***to ~ to*** prendere coscienza di [*fact, responsibilities, duties*].

awaken /ə'weɪkən/ **I** tr. (pass. **awoke** o **~ed** LETT.; p.pass. **awoken** o **~ed** LETT.) **1** *(from sleep)* svegliare **2** *(generate)* risvegliare, suscitare [*fear*]; risvegliare, destare [*suspicions, hope, interest*] **3** *(make aware)* ***to ~ sb. to*** rendere qcn. consapevole di *o* aprire a qcn. gli occhi su [*danger, disadvantage, problem*] **II** intr. (pass. **awoke** o **~ed** LETT.; p.pass. **awoken** o **~ed** LETT.) **1** *(from sleep)* svegliarsi **2** *(become aware)* ***to ~ to*** prendere coscienza di.

awakening /ə'weɪkənɪŋ/ **I** n. *(from sleep)* risveglio m.; FIG. *(of emotion, interest)* risveglio m. (**of** di); *(of awareness)* risveglio m. (**to** di); ***rude ~*** brusco risveglio (anche FIG.) **II** agg. che si sta svegliando, che si risveglia; FIG. nascente.

▶ **1.award** /ə'wɔːd/ n. **1** *(prize)* premio m.; *(medal, certificate)* onorificenza f., riconoscimento m.; ***an ~ for bravery*** una medaglia al valore; ***the ~ for the best actor*** il premio per il miglior attore; ***to win, present an ~*** vincere, consegnare un premio **2** *(grant)* borsa f. di studio **3** *(decision to give) (of prize, grant)* assegnazione f. **4** DIR. ***an ~ of damages*** una liquidazione del danno.

▶ **2.award** /ə'wɔːd/ tr. **1** assegnare, conferire [*prize*]; assegnare [*grant*] **2** DIR. liquidare [*damages*] **3** SPORT assegnare [*points*]; ***to ~ a penalty*** assegnare *o* concedere un rigore.

award ceremony /ə'wɔːdserɪmənɪ, AE -məʊnɪ/ n. cerimonia f. di premiazione.

award winner /ə'wɔːdwɪnə(r)/ n. premiato m. (-a).

award-winning /ə'wɔːdwɪnɪŋ/ agg. [*book, film, design, writer, architect etc.*] premiato.

▶ **aware** /ə'weə(r)/ agg. **1** *(conscious)* conscio, consapevole; *(informed)* al corrente; ***to be ~ of*** *(realize)* essere consapevole di [*problem, effect, importance, need, danger etc.*]; *(be informed about)* essere al corrente di [*fact, circumstance, development*]; ***to become ~ that*** rendersi conto che, accorgersi che; ***she became ~ of noises downstairs*** si accorse che dal piano sotto provenivano dei rumori; ***to make sb. ~ of, that*** informare qcn. di, che; ***I'm well ~ of that*** sono ben consapevole di ciò; ***to be ~ that*** rendersi conto che; ***are they ~ (of) how late it is?*** si rendono conto di quanto è tardi? ***as far as I'm ~*** per quanto ne so; ***not as far as I'm ~*** no, per quanto ne so io **2** *(well-informed)* informato, al corrente; ***to be politically, environmentally ~*** avere una coscienza politica, ecologica.

awareness /ə'weənɪs/ n. consapevolezza f., coscienza f. (**of** di; **that** che); ***political ~*** coscienza politica; ***public ~ of this problem has increased*** l'opinione pubblica ha preso sempre più coscienza di questo problema.

awareness campaign /ə'weənɪskæm,peɪn/ n. campagna f. di sensibilizzazione.

awash /ə'wɒʃ/ agg. e avv. dopo verbo ***to be ~*** essere inondato (anche FIG.) (**with** di).

▶ **1.away** /ə'weɪ/ *Away* often appears in English as the second element of a verb (*run away, put away, get away, look away, give away* etc.): for translations, consult the appropriate verb entry (**run, put, get, look, give** etc.). - *Away* often appears after a verb in English to show that an action is continuous or intense: if *away* does not change the basic meaning of the verb, only the verb is translated: *he was snoring away* = russava; if *away* does change the basic meaning of the verb (*he's grinding away at his maths*), consult the appropriate verb entry. avv. **1** *(not present, gone)* ***to be ~*** essere via, essere assente (**from** da); SCOL. essere assente (**from** da); *(on business trip)* essere in trasferta; ***I'll be ~ (for) two weeks*** starò via (per) due settimane; ***to be ~ on vacation, on business*** essere in vacanza, via per affari; ***to be ~ from home*** essere lontano *o* via da casa; ***I'll have to be ~ by 10*** dovrò andare via entro le 10; ***she's ~ in Paris*** è a Parigi; ***she's ~ at a conference*** è via per una conferenza **2** *(distant in space)* ***3 km, 50 m ~*** a 3 km, 50 m (di distanza); ***10 cm ~ from the edge*** a 10 cm dal bordo; ***a weekend ~ in the country*** un week-end in campagna; ***I hate to be ~ from home*** odio essere lontano da casa; ***far ~*** lontano; ***~ with you!*** ma va'! **3** *(distant in time)* ***London is two hours ~*** Londra è a due ore da qui; ***my birthday is two months ~*** il mio compleanno è tra due mesi; ***the election, the exam is only days ~*** mancano solo pochi giorni all'elezione, all'esame **4** *(in the opposite direction)* ***to shuffle, crawl ~*** andarsene strascicando i piedi, arrancando **5** *(for emphasis)* ***~ back in 1920*** nel lontano 1920; ***~ over the other side of the lake*** sull'altra riva del lago **6** SPORT [*play, win*] in trasferta, fuori casa ◆ ***to be ~ with the fairies*** COLLOQ. non esserci con la testa.

2.away /ə'weɪ/ agg. **1** SPORT [*goal, match, win*] in trasferta, fuori casa; ***the ~ team*** la squadra che gioca fuori casa **2** BE COLLOQ. *(drunk)* ***to be well ~*** essere partito.

▷ **1.awe** /ɔː/ n. timore m. reverenziale; *(less fearful)* soggezione f.; ***to watch, listen in ~*** guardare, ascoltare impressionato.

▷ **2.awe** /ɔː/ tr. ***to be ~ed by sth.*** essere impressionato, intimorito da qcs.

aweather /ə'weðə(r)/ avv. MAR. al vento, sopravvento.

aweigh /ə'weɪ/ agg. [*anchor*] pendente, spedato.

awe-inspiring /'ɔːɪnspaɪərɪŋ/ agg. [*person*] che incute un timore reverenziale; [*landscape, experience*] impressionante, maestoso.

aweless /'ɔːlɪs/ agg. senza timore, intrepido.

▷ **awesome** /'ɔːsəm/ agg. **1** che incute un timore reverenziale, terrificante **2** AE COLLOQ. *(wonderful)* fichissimo.

awestruck /'ɔːstrʌk/ agg. in preda a timore reverenziale; *(less fearful)* intimorito, impressionato.

▷ **awful** /'ɔːfl/ agg. **1** [*book, film, food, weather*] *(bad)* orribile, terribile, pessimo; *(stronger)* esecrabile, detestabile; ***that ~ woman!*** quella donna orribile! ***you are ~!*** SCHERZ. sei tremendo! ***it was ~ to have to...*** è stato terribile dover... **2** *(horrifying, tragic)* [*news, accident*] orribile, terribile; [*crime*] orribile, atroce; ***how ~ (for you)*** com'è orribile (per voi) **3** *(unwell)* ***I feel ~*** mi sento malissimo; ***you look ~*** hai un aspetto orribile **4** *(guilty)* ***I felt ~ (about) leaving her alone*** mi sentii in colpa per averla lasciata sola **5** COLLOQ. *(emphasizing)* ***an ~ lot (of)*** un sacco (di); ***an ~ cheek, nerve*** un'incredibile faccia tosta, sangue freddo; ***to be in an ~ hurry*** avere una fretta tremenda.

▷ **awfully** /'ɔːflɪ/ avv. [*hot, cold, near, far, fast, difficult, boring*] terribilmente, tremendamente; [*clever*] estremamente; ***he's ~ late, early*** è terribilmente in ritardo, in anticipo; ***she's ~ nice*** è tremendamente carina *o* simpatica; ***I'm not ~ sure*** non sono assolutamente sicuro; ***thanks ~*** grazie mille.

awfulness /'ɔːfəlnɪs/ n. *(of situation, place, object)* atrocità f.; *(of person)* carattere m. orribile.

awhile /ə'waɪl/ avv. un momento, un po'; ***not yet ~*** fra non molto.

▷ **awkward** /'ɔːkwəd/ agg. **1** *(not practical)* [*tool*] poco maneggevole, scomodo; [*shape, design*] malfatto; ***with this toothbrush you can get at all the ~ corners*** con questo spazzolino si possono raggiungere tutti gli angoli meno accessibili; ***the room has ~ proportions*** la stanza ha dimensioni strane; ***to be sitting in an ~ position*** essere seduto in una posizione scomoda **2** *(clumsy)* [*person, movement, gesture*] maldestro, goffo, impacciato; [*prose, style*] goffo **3** *(complicated, inconvenient)* [*arrangement, issue*] complicato, difficile; [*choice*] difficile; [*moment, day*] sfavorevole, inopportuno; ***at an ~ time*** in un momento poco opportuno; ***to make life ~ for sb.*** complicare la vita a qcn.; ***it's a bit ~: I'm so busy*** è un po' difficile: sono così occupato **4** *(embarrassing)* [*question, silence*] imbarazzante; [*situation*] delicato, imbarazzante **5** *(embarrassed)* imbarazzato; ***to feel ~ about doing*** sentirsi imbarazzato a fare; ***to feel, look ~*** sentirsi a disagio, avere un'aria imbarazzata **6** *(uncooperative)* [*person*] difficile (**about** riguardo a, a proposito di); ***he's being ~ about the whole thing*** sta facendo molte difficoltà riguardo all'intera questione; ***the ~ age*** *(adolescence)* l'età critica; ***the ~ squad*** BE COLLOQ. SCHERZ. i guastafeste, i rompiscatole.

awkwardly /'ɔːkwədlɪ/ avv. **1** *(inconveniently)* ***~ placed, designed*** mal sistemato, progettato; ***~ for me, he was only free at 10 o'clock*** malauguratamente per me, non era libero fino alle 10 **2** *(clumsily)* [*move, hold*] goffamente, in modo maldestro; [*fall, land, express oneself*] goffamente **3** *(with embarrassment)* [*speak, apologize, behave*] in modo imbarazzato, con imbarazzo.

awkwardness /'ɔːkwədnɪs/ n. **1** *(clumsiness)* goffaggine f. **2** *(delicacy) (of situation)* difficoltà f. **3** *(inconvenience)* scomodità f. **4** *(embarrassment)* imbarazzo m.

awl /ɔːl/ n. *(for leather)* lesina f.; *(for wood etc.)* punteruolo m.

awn /ɔːn/ n. *(of oats, barley etc.)* barba f.

awning /'ɔːnɪŋ/ n. *(on shop, house, restaurant)* tenda f. da sole, tendone m.; *(on tent, caravan)* tendalino m., veranda f.; *(on market stall)* tenda f.

awoke /ə'wəʊk/ pass. → **2.awake, awaken.**

awoken /ə'wəʊkən/ p.pass. → **2.awake, awaken.**

AWOL /'eɪwɒl/ agg. e avv. (⇒ absent without leave) ***to be, go ~*** MIL. essere assente, assentarsi senza permesso; SCHERZ. tagliare la corda *o* sparire.

awry /ə'raɪ/ **I** agg. [*clothing, picture*] storto, di traverso; [*budget, figures*] errato **II** avv. ***to go ~*** [*plan, policy*] andare per il verso sbagliato, a monte; [*economy, budget*] andare in malora; ***to put sth.*** ~ mandare qcs. all'aria.

▷ **1.axe, ax** AE /æks/ n. **1** ascia f., scure f.; *(of executioner)* mannaia f. **2** FIG. ***the ~ has fallen*** = è troppo tardi; ***to face the ~*** essere sotto la mannaia; ***to get the ~*** COLLOQ. *(lose one's job)* essere licenziato, silurato; *(be cancelled)* [*plan*] essere abbandonato **3** US COLLOQ. *(instrument)* strumento m. musicale; *(saxophone)* sassofono m.; *(guitar)* chitarra f. ◆ ***to have an ~ to grind*** tirare acqua al proprio mulino; ***they have no ~ to grind*** non lo fanno per interesse personale.

2.axe, ax AE /æks/ tr. licenziare, silurare [*employee*]; tagliare [*jobs, funding*]; sopprimere [*organization*]; abbandonare [*project, plan*].

axes /ˈæksɪz/ → **axis**.

axial /ˈæksɪəl/ agg. assiale.

axil /ˈæksɪl/ n. *(of branch, leaf)* ascella f.

axile /ˈæksaɪl/ agg. assile.

axilla /ækˈsɪlə/ n. (pl. **~s, -ae**) ANAT. BOT. ascella f.

axillary /ækˈsɪlərɪ/ agg. ANAT. BOT. ascellare.

axiology /ˌæksɪˈɒlədʒɪ/ n. assiologia f.

axiom /ˈæksɪəm/ n. assioma m. (**that** in base al quale).

axiomatic /ˌæksɪəˈmætɪk/ agg. **1** LING. MAT. FILOS. assiomatico **2** ***it is ~ that*** è evidente, ovvio che; ***it is ~ to do*** è obbligatorio fare.

axis /ˈæksɪs/ n. (pl. **-es**) **1** asse m. (anche MAT.); ***on the x~, y~*** sull'asse delle x, delle y; ***~ of rotation*** asse di rotazione **2** FIG. *(line of thought)* ***to be on the Smith-Jones ~*** essere in linea con Smith-Jones **3** POL. STOR. ***the Axis Powers*** le potenze dell'Asse.

axle /ˈæksl/ n. assale m., asse m.; ***front ~*** assale anteriore; ***rear ~*** *(on front-wheel drive)* assale posteriore; *(on heavy vehicle, on rear-wheel drive)* ponte posteriore.

axle box /ˈækslbɒks/ n. FERR. boccola f.

axle grease /ˈækslgriːs/ n. grasso m. per assali.

axletree /ˈæksltriː/ n. MECC. asse m. fisso.

axolotl /ˈæksəˌlɒtəl/ n. axolotl m.

ayah /ˈaɪə/ n. INDIAN. cameriera f., bambinaia f. indiana.

ayatollah /ˌaɪəˈtɒlə/ n. ayatollah m.

aye /aɪ/ **I** avv. **1** BE sì; MAR. ***~ ~ sir*** signorsì **2** *(in voting)* ***to vote ~*** votare sì *o* a favore **II** n. *(in voting)* ***the ~s*** i sì, i voti favorevoli.

aye-aye /ˈaɪaɪ/ n. aye-aye m.

AYH n. US (⇒ American Youth Hostels) = ostelli della gioventù americani.

Aylwin /ˈeɪlwɪn/ n.pr. Aylwin (nome di uomo).

azalea /əˈzeɪlɪə/ n. azalea f.

azarole /ˈæzərəʊl/ n. lazzeruolo m.

azeotrope /əˈziːəˌtrəʊp/ n. azeotropo m.

azeotropic /eɪzɪəˈtrɒpɪk/ agg. azeotropico.

Azerbaijan /ˌæzəbaɪˈdʒɑːn/ ♦ ***6*** n. Azerbaigian m.

Azerbaijani /ˌæzəbaɪˈdʒɑːnɪ/ ♦ ***18, 14*** **I** agg. azerbaigiano **II** n. **1** *(person)* azerbaigiano m. (-a) **2** *(language)* azerbaigiano m.

AZERTY, azerty /aˈzɜːtɪ/ agg. ***~ keyboard*** tastiera azerty.

azide /ˈeɪzaɪd/ n. azide f.

azimuth /ˈæzɪməθ/ n. azimut m.

azimuthal /æzɪˈmjuːθəl/ agg. azimutale.

azine /ˈeɪziːn/ n. azina f.

azoic /əˈzəʊɪk/ agg. azoico.

Azores /əˈzɔːz/ ♦ ***12*** n.pr. ***the ~*** le Azzorre.

azote /əˈzəʊt/ n. ANT. azoto m.

azotemia /ˌæzəˈtiːmɪə/ n. azotemia f.

azotize /ˈæzətaɪz/ tr. azotare.

AZT n. (⇒ azidothymidine azidotimidina) AZT.

Aztec /ˈæztek/ ♦ ***18, 14*** **I** agg. azteco **II** n. **1** *(person)* azteco m. (-a) **2** *(language)* azteco m.

azulene /ˈæʒəˌliːn/ n. azulene m.

azure /ˈæʒə(r), -zjə(r)/ ♦ **5** **I** agg. [*sea, sky, eyes, fabric*] azzurro **II** n. azzurro m.

azurine /ˈæʒʊraɪn/ agg. azzurrino.

azurite /ˈæʒʊraɪt/ n. azzurrite f.

azygote /əˈzaɪgəʊt/ n. azigote m.

azygous /ˈæzɪgəs/ agg. ANAT. azygos, impari.

azyme /ˈæzɪm/ n. (pane) azzimo m.

azymous /ˈæzɪməs/ agg. azzimo.

b

b, B /biː/ n. **1** *(letter)* b, B m. e f. **2 B** MUS. si m. **3 b.** ⇒ born nato (n.) **4 B** GB SCOL. = voto più che buono.
B2B /ˌbiːtəˈbiː/ agg. (accorc. business-to-business) = relativo a sistema di vendita on-line da azienda a azienda.
B2C /ˌbiːtəˈsiː/ agg. (accorc. business-to-consumer) = relativo a sistema di vendita on-line a privati.
BA n. (⇒ Artium Baccalaureus, Bachelor of Arts) = (diploma di) dottore in discipline umanistiche (conseguito con un corso di studi di tre o quattro anni).
1.baa /bɑː/ **I** n. belato m. **II** inter. bee.
2.baa /bɑː/ intr. (pres. **~s**; pass., p.pass. **~ed**) belare.
BAA n. (⇒ British Airports Authority) = ente che amministra gli aeroporti britannici.
baal /ˈbeɪl/ n. (pl. **~im**) idolo m.
baa-lamb /ˈbɑːlæm/ n. INFANT. agnellino m.
baalim /ˈbeɪlɪm/ → **baal**.
babbitt /ˈbæbɪt/ n. (anche **~ metal**) metallo m. Babbitt.
Babbitt /ˈbæbɪt/ n. = uomo d'affari incolto, dalla mentalità conformistica e ristretta.
1.babble /ˈbæbl/ n. mormorio m.; *(louder)* brusio m.
2.babble /ˈbæbl/ **I** tr. borbottare, farfugliare [*words, excuse*]; ***"yes, yes," he ~d*** "sì, sì," balbettò **II** intr. **1** [*baby*] balbettare; [*stream*] mormorare, gorgogliare **2** → **~ on 3** AE *(speak in tongues)* = avere il dono della glossolalia.
■ **babble on** SPREG. blaterare (**about** di).
babbler /ˈbæblə(r)/ n. chiacchierone m. (-a).
babbling /ˈbæblɪŋ/ n. AE *(speaking in tongues)* glossolalia f.
▷ **babe** /beɪb/ n. **1** neonato m. (-a), bebè m.; ***a ~ in arms*** un bambino in fasce; FIG. un ingenuo, uno sprovveduto **2** COLLOQ. *(woman) (also as a form of address)* bambola f., piccola f.
Babel /ˈbeɪbl/ **I** n.pr. Babele f. **II** n. FIG. babele f.
babe magnet /ˈbeɪbˌmægnət/ n. COLLOQ. = auto, moto, ecc., specialmente sportiva, che attira l'attenzione delle ragazze.
babiroussa, babirussa /ˌbæbɪˈruːsə/ n. babirussa m.
baboon /bəˈbuːn/ n. babbuino m.
baboonery /bəˈbuːnərɪ/ n. **1** colonia f. di babbuini **2** FIG. = comportamento sciocco e grottesco.
baboonish /bəˈbuːnɪʃ/ agg. [*attitude*] sciocco, grottesco.
Babs /bæbz/ n.pr. diminutivo di **Barbara**.
▶ **1.baby** /ˈbeɪbɪ/ **I** n. **1** *(child)* neonato m. (-a), bambino m. (-a), bebè m.; ***newborn ~*** bambino appena nato *o* neonato; ***to have a ~*** avere un bambino; ***Baby Jesus*** Gesù Bambino; ***she's the ~ of the family*** è la più giovane *o* piccola della famiglia; ***don't be such a ~!*** COLLOQ. non fare il bambino! **2** *(youngest) (of team, group)* il più giovane, la più giovane **3** COLLOQ. *(pet project)* ***the show, project is his ~*** *(his invention)* lo spettacolo, il progetto è una sua creatura; *(his special responsibility)* lo spettacolo, il progetto è responsabilità sua **4** AE COLLOQ. *(girlfriend)* ragazza f.; *(as address)* piccola f.; *(boyfriend)* ragazzo m.; *(as address)* piccolo m. **5** AE COLLOQ. *(admired object) (car, plane etc.)* gioiellino m. **II** modif. ***~ brother, ~ sister*** fratellino (piccolo), sorellina (piccola); ***~ son*** bambino, maschietto, figlio piccolo; ***~ daughter*** bambina, femminuccia, figlia piccola; ***~ monkey, ~ penguin*** piccolo *o* cucciolo di scimmia, di pinguino; ***~ bird*** pulcino; [*vegetable*] baby; [*clothes, product, food*] per bambini, per bebè ◆ ***I was left holding the ~*** COLLOQ. rimasi io con il cerino acceso in mano; ***to throw the ~ out with the bathwater*** COLLOQ. buttare via il bambino insieme con l'acqua sporca; ***smooth as a ~'s bottom*** COLLOQ. liscio come il culetto di un bambino.
2.baby /ˈbeɪbɪ/ tr. COLLOQ. SPREG. **1** *(spoil)* viziare **2** *(treat as a baby)* trattare come un bambino.
baby beef /ˌbeɪbɪˈbiːf/ n. *(animal, meat)* vitellone m.
baby blue /ˈbeɪbɪbluː/ ➧ **5 I** agg. blu chiaro, celeste **II** n. blu m. chiaro, celeste m.
baby blues /ˈbeɪbɪˌbluːz/ n.pl. COLLOQ. **1** PSIC. depressione f.sing. postnatale **2** AE *(eyes)* occhi m. blu.
baby boom /ˈbeɪbɪbuːm/ n. baby boom m., boom m. delle nascite.
baby boomer /ˈbeɪbɪˌbuːmə(r)/ n. = persona nata negli anni del baby boom.
Baby bouncer® /ˈbeɪbɪˌbaʊnsə(r)/ n. *(suspended seat for babies)* Balla-balla® m.
baby buggy /ˈbeɪbɪˌbʌgɪ/ n. BE passeggino m.
baby-car /ˈbeɪbɪkɑː/ n. utilitaria f.
baby carriage /ˈbeɪbɪˌkærɪdʒ/ n. AE carrozzina f.
baby carrier /ˈbeɪbɪˌkærɪə(r)/ n. zaino m. (per portare i bambini).
baby death /ˈbeɪbɪdeθ/ n. morte f. in culla.
baby doll pyjamas /ˌbeɪbɪdɒlpəˈdʒɑːməs, AE -dɔːl-/ n. baby doll m.
baby elephant /ˌbeɪbɪˈelɪfənt/ n. elefantino m.
baby-faced /ˈbeɪbɪfeɪst/ agg. FIG. dal viso innocente.
baby grand /ˌbeɪbɪˈgrænd/ ➧ **17** n. pianoforte m. a mezza coda.
Babygro® /ˈbeɪbɪgrəʊ/ n. tutina f. (per bambini).
baby gym /ˈbeɪbɪdʒɪm/ n. palestra f. attività, palestrina f.
babyhood /ˈbeɪbɪhʊd/ n. prima infanzia f.; ***in, during ~*** nella, durante la prima infanzia.
babyish /ˈbeɪbɪɪʃ/ agg. infantile; SPREG. puerile.
baby kisser /ˈbeɪbɪˌkɪsə(r)/ n. US = uomo politico che si accattiva le simpatie prima delle elezioni baciando i bambini tra il pubblico.
Babylon /ˈbæbɪlən/ ➧ **34 I** n.pr. Babilonia f. **II** n. FIG. babilonia f.
Babylonian /ˌbæbɪˈləʊnɪən/ ➧ **18, 14 I** agg. babilonese **II** n. **1** *(person)* babilonese m. e f. **2** *(language)* babilonese m.
baby minder /ˈbeɪbɪˌmaɪndə(r)/ n. BE = persona che durante il giorno bada ai bambini.
baby monitor /ˈbeɪbɪˌmɒnɪtə(r)/ n. interfono m. (per la stanza dei bambini).
baby-pin /ˈbeɪbɪpɪn/ n. spilla f. da balia.
baby's breath /ˈbeɪbɪzbreθ/ n. AE BOT. gessofila f., nebbia f.
baby-sit /ˈbeɪbɪsɪt/ **I** tr. (pass., p.pass. **-sat**) fare da babysitter a, badare a **II** intr. (pass., p.pass. **-sat**) fare il, la babysitter.
baby-sitter /ˈbeɪbɪˌsɪtə(r)/ ➧ **27** n. baby-sitter m. e f.
baby-sitting /ˈbeɪbɪsɪtɪŋ/ n. babysitteraggio m., baby-sitting m.; ***to go, do ~*** (andare a) fare il, la babysitter.
baby sling /ˈbeɪbɪslɪŋ/ n. marsupio m. per bambini.

baby snatcher /'beɪbɪˌsnætʃə(r)/ n. ladro m. (-a) di bambini; ***she's a~!*** FIG. SCHERZ. se li sceglie all'asilo!
baby talk /'beɪbɪtɔ:k/ n. baby talk m., linguaggio m. infantile.
baby tooth /'beɪbɪtu:θ/ n. (pl. **baby teeth**) COLLOQ. dente m. da latte.
baby walker /'beɪbɪˌwɔ:kə(r)/ n. girello m.
babywear /'beɪbɪweə(r)/ n. abbigliamento m. per bambini.
baby wipe /'beɪbɪwaɪp/ n. salviettina f. umidificata.
bacca /'bækə/ n. (pl. **-ae**) BOT. bacca f.
baccalaureate /ˌbækə'lɔ:rɪət/ n. AE UNIV. *(diploma)* = laurea conseguita con un corso di studi di tre o quattro anni; *(speech)* = discorso pronunciato al conferimento della laurea di primo grado.
baccarat /'bækərɑ:, ˌbækə'rɑ:/ ♦ *10* n. baccarà m., baccarat m.
Baccarat glass /bækə'rɑ:glɑ:s/ n. cristallo m. baccarà, baccarat.
baccate /'bækeɪt/ agg. **1** bacciforme **2** *(bearing berries)* baccifero, fornito di bacche.
bacchanal /'bækənl/ n. *(orgy)* baccanale m.
bacchanalia /ˌbækə'neɪlɪə/ n.pl. **1** (anche **Bacchanalia**) + verbo pl. baccanali m. **2** *(orgy)* baccanale m.sing.
bacchanalian /ˌbækə'neɪlɪən/ agg. di baccanale.
bacchante /bæ'kæntɪ/ n. baccante f., sacerdotessa f. di Bacco.
Bacchic /'bækɪk/ agg. bacchico.
bacchius /bæ'kaɪəs/ n. METR. baccheo m.
Bacchus /'bækəs/ n.pr. Bacco.
bacciferous /bæk'sɪfərəs/ agg. baccifero.
baccy /'bækɪ/ n. BE COLLOQ. tabacco m.
1.bach /bætʃ/ n. AE COLLOQ. (accorc. bachelor) scapolo m.
2.bach /bætʃ/ intr. AE COLLOQ. vivere da scapolo.
▷ **bachelor** /'bætʃələ(r)/ n. **1** *(single man)* scapolo m., celibe m.; ***a confirmed~*** uno scapolo impenitente; ***an eligible~*** un buon partito; ***to remain a~*** restare scapolo **2 Bachelor** UNIV. ***Bachelor of Arts, Law etc.*** *(degree)* = (diploma di) dottore in discipline umanistiche e altre materie, in giurisprudenza (conseguito con un corso di studi di tre o quattro anni).
bachelor apartment /'bætʃələrəˌpɑ:tmənt/, **bachelor flat** /'bætʃələˌflæt/ BE n. appartamentino m. da scapolo, garçonnière f.
bachelor girl /'bætʃələgɜ:l/ n. ANT. ragazza f. nubile e indipendente.
bachelorhood /'bætʃələhʊd/ n. celibato m.
bachelor mother /ˌbætʃələ'mʌðə(r)/ n. AE ragazza f. madre.
bachelor pad /'bætʃələˌpæd/ n. COLLOQ. → **bachelor apartment.**
bachelor's button /'bætʃələzˌbʌtn/ n. botton m. d'oro.
bachelor's degree /'bætʃələzdɪˌgri:/ n. UNIV. = diploma di dottore (conseguito con un corso di studi di tre o quattro anni) (**in** in).
bacillar /bə'sɪlə(r)/, **bacillary** /bə'sɪlərɪ/ agg. **1** *(of bacilli)* bacillare **2** → **bacilliform.**
bacilli /bə'sɪlaɪ/ → **bacillus.**
bacilliform /bə'sɪlɪfɔ:m/ agg. bacilliforme.
bacillosis /bæsɪ'ləʊsɪs/ n. (pl. **-es**) bacillosi f.
bacillus /bə'sɪləs/ n. (pl. **-i**) bacillo m.
▶ **1.back** /bæk/ ♦ *2* n. **1** schiena f., dorso m.; ZOOL. dorso m., groppa f.; ***to be (flat) on one's~*** essere, stare (coricato) sulla schiena, supino; FIG. essere a letto; ***to sleep on one's~*** dormire sulla schiena *o* supino *o* a pancia in su; ***he was lying on his~*** era coricato sulla schiena *o* a pancia in su; ***to travel on the~ of a donkey*** viaggiare in groppa a un asino *o* a dorso d'asino; ***to have one's~ to sb., sth.*** volgere *o* dare le spalle a qcn., qcs.; ***with her~ to the door*** con la schiena rivolta verso la porta; ***to turn one's~ on sb., sth.*** voltare le spalle, la schiena a qcn., qcs. (anche FIG.); ***as soon as my~ is turned*** appena giro le spalle; ***to do sth. behind sb.'s~*** fare qcs. alle spalle di qcn. (anche FIG.); ***with one's~ to the engine*** in senso contrario a quello di marcia; ***to put one's~ into it*** COLLOQ. darci dentro *o* mettercela tutta; ***put your~ into it!*** COLLOQ. dacci dentro! ***he's always on my~*** COLLOQ. mi sta sempre addosso; ***get off my~!*** COLLOQ. lasciami in pace! ***I was glad to see the~ of him*** fui felice di non doverlo più vedere; ***to be at the~ of*** essere dietro a [*conspiracy, proposal*]; ***to put sb.'s~ up*** irritare qcn.; ***to live off sb.'s~*** vivere alle spalle di qcn. **2** *(reverse side) (of page, cheque, card, envelope)* retro m.; *(of fabric, medal, coin)* rovescio m.; ***on the~ of an envelope*** sul retro di una busta; ***to sign the~ of a cheque*** girare un assegno; ***the~ of the hand*** il dorso della mano **3** *(flat side) (of knife, fork, spoon)* dorso m. **4** *(rear-facing part) (of vehicle, electrical appliance)* parte f. posteriore; *(of shirt, coat)* dietro m.; ***to hang one's coat on the~ of the door*** appendere il cappotto dietro la porta; ***the shelves are oak but the~ is plywood*** i ripiani sono di quercia, ma il fondo è di compensato; ***a blow to the~ of the head*** un colpo alla nuca; ***a lump on the~ of the head*** un bernoccolo sulla parte posteriore della testa; ***the knife fell down the~ of the fridge*** il coltello è caduto dietro il frigorifero **5** *(area behind building)* ***to be out~, to be in the~*** AE *(in the garden)* essere in giardino; *(in the yard)* essere in cortile; ***he's round, in the~*** è in giardino; ***the view out~ is lovely*** la vista sul retro è bellissima; ***there's a small garden out~*** o ***round the~*** c'è un piccolo giardino sul retro; ***the bins are out~*** o ***round the~*** i bidoni sono sul retro *o* dietro la casa; ***the steps at the~ of the building*** la scala sul retro dell'edificio **6** AUT. ***to sit in the~*** sedersi dietro; ***there are three children in the~*** ci sono tre bambini dietro; ***to sit at the~ of the plane, at the~ of the bus*** sedersi in fondo all'aereo, all'autobus **7** *(furthest away area) (of cupboard, drawer, fridge)* fondo m.; *(of stage)* sfondo m.; ***at*** o ***in the~ of the drawer*** in fondo al cassetto; ***right at the~ of the cupboard*** proprio in fondo all'armadio; ***at the~ of the audience*** in fondo alla sala; ***those at the~ couldn't see*** quelli in fondo non riuscivano a vedere; ***the~ of the throat*** la parte posteriore della gola; ***the~ of the mouth*** il retrobocca **8** *(of chair, sofa)* schienale m.; ***the keys were down the~ of the sofa*** le chiavi si erano infilate dietro lo schienale del divano **9** SPORT difensore m., terzino m.; ***left~*** difensore *o* terzino sinistro **10** *(end)* fine f., fondo m.; ***at the~ of the book, file*** alla fine del libro, del file **11** *(book spine)* dorso m., costola f. ◆ ***to break the~ of a journey, task*** fare il grosso di un viaggio, di un lavoro; ***to be in the~ of beyond*** [*house, farm*] essere in capo al mondo *o* a casa del diavolo; ***to live in the~ of beyond*** vivere in capo al mondo *o* a casa del diavolo; ***it's like water off a duck's~*** = non ha alcun effetto; ***you scratch my~ and I'll scratch yours*** una mano lava l'altra; ***to have one's~ to the wall*** essere con le spalle al muro.
▶ **2.back** /bæk/ agg. **1** *(at the rear)* [*axle, wheel, bumper, paw, leg, edge*] posteriore, COLLOQ. di dietro; [*bedroom, garden, gate*] sul retro; [*page*] ultimo; ***~ tooth*** molare **2** *(isolated)* [*road*] secondario; ***~ alley, lane*** vicolo, viuzza; ***~ country*** US = territori lontani dalla costa e scarsamente abitati.
▶ **3.back** /bæk/ avv. **1** *(indicating return after absence)* ***to be~*** essere di ritorno, tornare; ***I'll be~ in five minutes, six weeks*** sarò di ritorno tra cinque minuti, sei settimane; ***to arrive*** o ***come~*** tornare (indietro) (**from** da); ***he's~ at work*** è tornato al lavoro *o* ha ripreso a lavorare; ***she's~ in (the) hospital*** è di nuovo in ospedale *o* è tornata in ospedale; ***it's good to be~ home*** è bello essere di nuovo a casa; ***when is he due~?*** quando deve tornare? ***to go~ to*** riprendere [*work*]; (ri)tornare in [*Italy, Canada, office*]; (ri)tornare a [*Turin, shop, restaurant*]; ***the mini-skirt is~*** *(in fashion)* la minigonna è di nuovo di moda **2** *(in return)* ***to call, phone~*** richiamare, ritelefonare; ***I'll write~ (to him)*** risponderò alla sua lettera; ***he hasn't written~ yet*** non mi ha ancora risposto; ***"OK", he shouted~*** "OK", rispose gridando; ***to punch sb.~*** restituire un pugno a qcn.; ***to smile~ at sb.*** ricambiare un sorriso a qcn.; ***he was rude~*** sono stata maleducata con lui e lui lo è stato con me; ***to answer~*** ribattere; ***to answer sb.~*** rispondere (male) a qcn. **3** *(backwards, in a reverse direction)* [*glance, step, lean*] indietro; [*jump*] (all')indietro **4** *(away)* ***we overtook him 20 km~*** l'abbiamo sorpassato 20 km fa; ***there's a garage 10 km~*** c'è un meccanico 10 km indietro **5** *(ago)* ***25 years~*** 25 anni fa; ***a week, five minutes~*** una settimana, cinque minuti prima *o* fa **6** *(a long time ago)* ***~ in 1964, April*** nel 1964, ad aprile; ***~ before Easter, the revolution*** prima di Pasqua, prima della rivoluzione; ***~ in the days when*** ai tempi in cui; ***it was obvious as far~ as last year, 1985 that*** era già evidente l'anno scorso, nel 1985 che; ***to go*** o ***date~ to*** risalire a [*Roman times, 1700*] **7** *(once again)* ***she's~ in power, control*** ha ripreso il potere, il controllo; ***Paul is~ at the wheel*** Paul è tornato al volante; ***to get~ to sleep*** riaddormentarsi; ***to go~ home*** tornare a casa; ***to go~ to bed*** tornare a letto, ricoricarsi **8** *(nearer the beginning)* ***ten lines~*** dieci righe più su; ***ten pages~*** dieci pagine indietro, fa **9** *(indicating return to sb.'s possession)* ***to give, send sth.~*** rendere, rispedire qcs. (**to** a); ***to put sth.~*** rimettere a posto qcs.; ***I've got my books~*** ho riavuto i miei libri; ***to get one's money~*** essere rimborsato; ***he wants his dictionary~ now*** vuole indietro il suo dizionario adesso **10** *(expressing a return to a former location)* ***to travel to London and~*** andare e tornare da Londra; ***the journey to Madrid and~*** il viaggio a Madrid e ritorno; ***we walked there and took the train~*** (ci) siamo andati a piedi e siamo tornati in treno; ***how long will it take to drive~?*** quanto ci vorrà per tornare (in auto)? **11** *(in a different location)* ***meanwhile, ~ in Italy, he...*** nel frattempo, in Italia, lui...; ***~ in the studio, recording had begun*** intanto allo studio era cominciata la registrazione; ***I'll see you~ at the house, in the office*** ci rivediamo a casa, in ufficio **12 back and forth** ***to go, travel~ and forth*** *(commute)* [*person, bus*] fare la spola (**between** tra); ***to walk, go~ and forth*** andare avanti e indietro (**between** tra); ***to swing~ and forth*** [*pendulum*] oscillare (avanti e

indietro); ***to sway ~ and forth*** dondolare avanti e indietro; ***the film cuts*** o ***moves ~ and forth between New York and Rome*** il film si svolge tra New York e Roma ◆ ***to get one's own ~*** vendicarsi (**on sb.** di qcn.).

▶ **4.back** /bæk/ **I** tr. **1** *(support)* sostenere, appoggiare [*candidate, party, person, bid, bill, action, enterprise, project*]; appoggiare [*application*]; ***the strike is ~ed by the union*** lo sciopero è appoggiato dal sindacato; ***the junta is ~ed by the militia*** la giunta ha l'appoggio della milizia **2** *(finance)* finanziare [*project, undertaking*] **3** *(endorse)* sostenere [*currency*]; ***to ~ a bill*** COMM. ECON. avallare una cambiale **4** *(substantiate)* suffragare, convalidare [*argument, claim*] (**with** con) **5** *(reverse)* fare rinculare, fare indietreggiare [*horse*]; ***to ~ the car into the garage*** mettere la macchina in garage a marcia indietro; ***to ~ sb. into, against sth.*** fare indietreggiare qcn. fino dentro, contro qcs.; ***to ~ oars, water*** sciare, remare all'indietro **6** *(bet on)* puntare, scommettere su [*horse, favourite, winner*]; ***to ~ a loser*** [*race goer*] puntare sul cavallo perdente; FIG. *(invest ill-advisedly)* investire in modo sconsiderato; *(support a lost cause)* sostenere una causa persa; ***to ~ the wrong horse*** puntare sul cavallo perdente (anche FIG.) **7** *(stiffen, line)* rinforzare [*structure*]; foderare [*book*]; rinforzare, rintelare [*painting*]; intelare, foderare [*fabric*] **8** MUS. accompagnare [*singer, performer*] **9** MAR. accollare, bracciare [*sail*] **II** intr. **1** *(reverse)* fare marcia indietro **2** MAR. [*wind*] cambiare direzione.

▪ **back away** retrocedere, indietreggiare ***to ~ away from*** allontanarsi da [*person, precipice*]; FIG. prendere le distanze da [*issue, problem*]; cercare di evitare [*confrontation*].

▪ **back down:** ***~ down*** *(give way)* cedere, darsi per vinto, tirarsi indietro; ***you can't ~ down now*** non puoi tirarti indietro adesso; ***to ~ down from*** cercare di evitare [*confrontation*]; ***to ~ down on*** o ***over*** ritrattare [*sanctions, proposal, allegations*]; ***~ down [sth.]*** [*person*] scendere all'indietro giù per [*slope*]; [*car*] scendere in retro(marcia) da [*drive, hill*].

▪ **back off 1** *(move away)* retrocedere, indietreggiare **2** FIG. *(climb down)* fare marcia indietro, ripensarci; ***to ~ off over*** fare marcia indietro su [*issue, matter*].

▪ **back onto:** ***~ onto [sth.]*** [*house*] dare, affacciarsi con il retro su [*fields, railway*].

▪ **back out:** ***~ out*** **1** *(come out backwards)* [*person*] uscire camminando all'indietro; [*car, driver*] uscire in retromarcia; ***to ~ out of*** [*person*] uscire camminando all'indietro da [*room*]; [*car, driver*] uscire in retromarcia da [*garage, parking space*] **2** *(renege on)* ritirarsi, fare marcia indietro; ***to ~ out of*** ritirarsi da [*deal, contract*]; [*competitor, team*] ritirarsi da [*event*]; ***~ [sth.] out*** fare uscire in retromarcia [*vehicle*]; ***to ~ the car out of the garage*** togliere la macchina dal garage a marcia indietro.

▪ **back up:** ***~ up*** **1** *(reverse)* [*driver, vehicle*] arretrare, fare marcia indietro; ***~ up a few metres*** indietreggiare di qualche metro **2** AE *(block)* [*drains*] ostruirsi **3** AE *(tail back)* [*traffic*] bloccarsi; ***~ [sth.] up***, ***~ up [sth.]*** **1** *(support)* [*facts, evidence*] confermare, avvalorare [*claims, case, theory*] **2** INFORM. fare il backup, la copia di [*data, file*]; ***~ [sb.] up*** sostenere, dar man forte a [*person*].

backache /'bækeɪk/ n. mal m. di schiena; ***to have ~*** BE, ***to have a ~*** AE avere mal di schiena.

backasswards /bæk'æswədz/ avv. → **ass-backwards**.

back bacon /'bækbeɪkən/ n. GASTR. bacon m. magro (di lonza).

backbench /ˌbæk'bentʃ/ **I** n. GB POL. **1** *(area of the House)* = seggi riservati ai parlamentari che non hanno un incarico di governo **2 U** *(MPs)* = parlamentari che non hanno un incarico di governo, all'incirca corrispondenti ai peoni italiani; ***support from the ~(es)*** appoggio dei parlamentari senza incarico **II** modif. [*committee, discussion, revolt etc.*] dei parlamentari senza incarico; ***~ MP*** parlamentare senza incarico.

backbencher /ˌbæk'bentʃə(r)/ n. GB POL. = parlamentare che non ha un incarico di governo, simile al peone.

backbite /'bækbaɪt/ **I** tr. (pass. **backbit**; p.pass. **backbitten**, **backbit**) sparlare di, parlare alle spalle di, calunniare **II** intr. (pass. **backbit**; p.pass. **backbitten**, **backbit**) sparlare, parlare alle spalle, calunniare.

backbiter /'bækˌbaɪtə(r)/ n. malalingua f., calunniatore m. (-trice).

backbiting /'bækˌbaɪtɪŋ/ n. maldicenza f., calunnia f.

backblocks /'bækblɒks/ n.pl. AUSTRAL. = regioni dell'entroterra.

backboard /'bækbɔːd/ n. *(in basketball)* tabellone m.

back boiler /ˌbæk'bɔɪlə(r)/ n. caldaia f. (riscaldata dal fuoco di un caminetto).

▷ **backbone** /'bækbəʊn/ n. **1** *(spine) (of person, animal)* spina f. dorsale; *(of fish)* lisca f. **2** FIG. *(strong feature)* spina f. dorsale; ***to be the ~ of*** [*people, players*] essere *o* costituire la struttura portante di [*group, team*]; [*person, concept*] essere il pilastro di [*organization, project, ideology*] **3** FIG. *(courage)* spina f. dorsale, carattere m.; ***to have the ~ to do*** avere il coraggio di fare; ***he has no ~*** non ha spina dorsale.

back-breaking /'bækbreɪkɪŋ/ agg. [*job, activity*] logorante, massacrante.

back burner /ˌbæk'bɜːnə(r)/ n. ***to put sth. on the ~*** mettere qcs. da parte, nel cassetto [*project etc.*].

backchat /'bæktʃæt/ n. BE risposta f. impertinente, insolenza f.

backcloth /'bækklɒθ/ n. TEATR. fondale m.; FIG. sfondo m.

backcomb /'bækkəʊm/ tr. cotonare [*hair*]; ***to ~ one's hair*** cotonarsi i capelli.

back copy /'bækˌkɒpɪ/ n. → **back number**.

back court /'bækkɔːt/ n. SPORT fondocampo m.

back cover /'bækˌkʌvə(r)/ n. quarta f. di copertina.

backcross /'bækˌkrɒs/ n. reincrocio m.

backdate /'bækdeɪt/ tr. retrodatare [*cheque, letter*]; ***to be ~d to 1 April*** essere retrodatato al 1 aprile; ***a pay-rise*** BE, ***a pay-raise*** AE ***~d to 1 January*** un aumento di stipendio con effetto retroattivo al 1 gennaio.

back door /ˌbæk'dɔː(r), 'bækˌdɔː(r)/ n. *(of car)* portiera f. posteriore; *(of building)* porta f. sul retro, di servizio; ***to come in through the ~*** FIG. entrare dalla porta di servizio.

backdown /'bækˌdaʊn/ n. *(on proposal, allegation)* ritrattazione f.

backdrop /'bækdrɒp/ n. **1** TEATR. fondale m. **2** FIG. sfondo m.; ***to be a ~ to*** o ***for sth.*** servire da sfondo a qcs.; ***to take place against a ~ of war*** avvenire in uno scenario di guerra.

backed /bækt/ **I** p.pass. → **4.back II** agg. **-backed** in composti **1** *(of furniture)* ***a high-, low-~ chair*** una sedia dallo schienale alto, basso **2** *(lined, stiffened)* ***canvas-, foam-~*** rivestito di tela, di gommapiuma **3** *(supported)* ***UN-~*** appoggiato dall'ONU **4** *(financed)* ***government-~*** finanziato dal governo.

back-end /ˌbæk'end/ n. **1** *(rear)* fondo m.; ***the ~ of the year*** BE la fine dell'anno **2** INFORM. terminale m. ◆ ***to look like the ~ of a bus*** BE COLLOQ. SPREG. essere brutto come il peccato.

back end processor /bækˌend'prəʊsesə(r), AE -prɒ-/ n. INFORM. processore m. principale.

backer /'bækə(r)/ n. **1** *(supporter)* sostenitore m. (-trice) **2** ECON. *(of project, event, business)* finanziatore m. (-trice) **3** GIOC. scommettitore m. (-trice).

backfall /'bækˌfɔːl/ n. caduta f. all'indietro.

back-fastening /ˌbæk'fɑːsnɪŋ, AE -fæs-/ agg. [*bra*] che si allaccia dietro.

backfield /'bækfiːld/ n. *(American football) (players, positions)* difesa f.

backfilling /'bækˌfɪlɪŋ/ n. MIN. ripiena f.

1.backfire /'bækfaɪə(r)/ n. **1** MECC. ritorno m. di fiamma **2** AE controfuoco m.

2.backfire /'bækfaɪə(r)/ intr. **1** [*scheme, tactics*] avere effetto contrario, risultare controproducente; ***to ~ on sb.*** ritorcersi contro qcn. **2** [*car*] battere in testa.

back flip /ˌbæk'flɪp/ n. salto m. mortale all'indietro.

backflooding /'bækˌflʌdɪŋ/ n. GEOL. ritorno m. d'acqua (sotterranea).

back formation /'bækfɔːˌmeɪʃn/ n. LING. retroformazione f.

backgammon /'bækˌgæmən, bæk'gæmən/ ♦ **10** n. backgammon m.

▶ **background** /'bækgraʊnd/ **I** n. **1** *(of person) (social, family)* retroterra m., ambiente m., background m.; *(professional)* formazione f., background m.; ***to come from a middle-class ~*** provenire da un ambiente borghese, avere origini borghesi; ***people from poor ~s*** gente di povere origini; ***we want someone with a scientific, computer ~*** cerchiamo qualcuno con una formazione scientifica, informatica; ***a ~ in law, linguistics*** una formazione giuridica, linguistica **2** *(context)* sfondo m., contesto m., background m.; ***the economic, political ~*** lo sfondo economico, politico; ***against a ~ of violence*** in un clima di violenza; ***these events took place against a ~ of war*** questi avvenimenti hanno avuto luogo in uno scenario di guerra; ***what's the ~ to the situation?*** qual è il contesto della situazione? **3** *(of painting, photo, scene)* sfondo m.; ***that's me in the ~*** quello sullo sfondo *o* in secondo piano sono io; ***we could see the Alps in the ~*** vedevamo le Alpi sullo sfondo; ***against a ~ of*** su uno sfondo di; ***on a red ~*** su sfondo rosso **4** *(not upfront)* ***in the ~*** in secondo piano; ***to be, remain in the ~*** essere, restare in secondo piano; ***to push sb., sth. into the ~*** relegare qcn., qcs. in secondo piano; ***ill feeling was always there in the ~*** c'era sempre un sottofondo di risentimento **5** *(of sound, music)* ***a ~ of laughter, music*** un sottofondo di risate, di musica; ***voices in the ~*** voci in sottofondo **II** modif. **1** [*briefing,*

information, knowledge, material] che riguarda la situazione di fondo 2 [*music*] di sottofondo.
background noise /ˈbækgraʊnd,nɔɪz/ n. rumore m. di fondo.
background radiation /,bækgraʊnd,reɪdɪˈeɪʃn/ n. radiazione f. cosmica di fondo.
background reading /ˈbækgraʊnd,riːdɪŋ/ n. letture f.pl. complementari.
backhand /ˈbækhænd/ **I** n. **1** *(stroke)* rovescio m.; ***to have a strong ~*** avere un rovescio potente **2** *(writing)* grafia f. inclinata verso sinistra **II** agg. **1** SPORT [*volley*] di rovescio; ***~ drive*** colpo di rovescio **2** [*writing*] inclinato a sinistra.
backhanded /,bækˈhændɪd/ agg. [*compliment*] ambiguo.
backhander /ˈbækhændə(r)/ n. **1** *(blow)* manrovescio m.; SPORT rovescio m. **2** *(bribe)* bustarella f., tangente f. **3** *(reproof)* critica f., attacco m. indiretto.
backhoe /ˈbækhəʊ/ n. escavatore m. a cucchiaio rovescio.
▷ **backing** /ˈbækɪŋ/ **I** n. **1** *(reverse layer)* rivestimento m. (interno); *(to stiffen)* rinforzo m. **2** ECON. *(support)* sostegno m. (anche FIG.) **3** MUS. accompagnamento m., sottofondo m. **II** modif. MUS. [*singer, group*] di accompagnamento; ***~ vocals*** coro, coristi.
backing store /ˈbækɪŋ,stɔː(r)/ n. INFORM. memoria f. di massa.
back interest /,bækˈɪntrəst/ n. interessi m.pl. arretrati.
back issue /,bækˈɪʃuː, -ɪsjuː/ n. → **back number**.
back kitchen /,bækˈkɪtʃɪn/ n. cucina f. sul retro.
backlash /ˈbæklæʃ/ n. reazione f. violenta (**against** contro); ***nationalist, military ~*** violenta reazione nazionalista, militare.
backless /ˈbæklɪs/ agg. [*dress*] scollato sulla schiena.
back-line /,bækˈlaɪn/ n. *(in tennis)* linea f. di fondo.
backlining /,bækˈlaɪnɪŋ/ n. *(in bookbinding)* dorso m.
backlist /ˈbæklɪst/ n. catalogo m. delle opere disponibili.
backlit /ˈbæklɪt/ agg. illuminato da dietro; [*screen, display*] retroilluminato.
back load /ˈbækləʊd/ n. COMM. carico m. di ritorno.
backlog /ˈbæklɒg/ n. arretrato m.; ***I've got a huge ~ (of work)*** ho un sacco di (lavoro) arretrato; ***a ~ of orders*** un cumulo di ordinativi inevasi; ***to clear one's ~*** finire *o* togliersi il lavoro arretrato.
back marker /ˈbæk,mɑːkə(r)/ n. SPORT = concorrente che parte in posizione svantaggiata in una gara.
back matter /,bækˈmætə(r)/ n. = indici, appendici ecc. al fondo di un libro.
backmost /ˈbækməʊst/ agg. (il) più indietro.
back number /ˈbæknʌmbə(r)/ n. (numero) arretrato m.
back-of-the-envelope /,bækəvðɪˈenvələʊp, -ɒn-/ agg. [*calculation*] approssimativo.
back orders /ˈbæk,ɔːdərs/ n.pl. ordinativi m. arretrati, ordini m. in attesa.
▷ **backpack** /ˈbækpæk/ n. AE zaino m.
backpacker /ˈbækpækə(r)/ n. escursionista m. e f., saccopelista m. e f.
backpacking /ˈbækpækɪŋ/ n. **U** escursionismo m., saccopelismo m.; ***to go ~*** fare escursionismo con zaino e sacco a pelo.
back pain /ˈbækpeɪn/ ❥ ***11*** n. mal m. di schiena; ***to have ~*** avere mal di schiena.
back passage /ˈbækpæsɪdʒ/ n. ANAT. retto m.
back pay /ˈbækpeɪ/ n. arretrati m.pl. sulla paga.
back-pedal /,bækˈpedl/ intr. (forma in -ing ecc. **-ll-** BE, **-l-** AE) pedalare all'indietro; FIG. fare marcia indietro; ***he's always ~ling*** torna sempre sui suoi passi *o* si rimangia sempre la parola.
back-pedalling /,bækˈpedlɪŋ/ n. **U** (il) pedalare all'indietro; FIG. ***no more ~!*** smettila di rimangiarti la parola!
back pocket /,bækˈpɒkɪt/ n. tasca f. posteriore.
back pressure /ˈbæk,preʃə(r)/ n. contropressione f.
back projection /,bækprəˈdʒekʃn/ n. = tecnica di proiezione di immagini per creare sfondi cinematografici.
back rent /ˈbækrent/ n. affitto m. arretrato.
back rest /ˈbækrest/ n. schienale m.
back room /,bækˈruːm, -ˈrʊm/ **I** n. camera f. sul retro **II backroom** modif. [*window, ceiling*] della camera sul retro; ***the ~ boys, staff*** = esperti che svolgono un lavoro importante dietro le quinte.
back row /bækˈrəʊ/ n. SPORT linea f. di difesa.
backsaw /ˈbæksɔː/ n. saracco m. a costola.
backscattering /,bækˈskætərɪŋ/ n. retrodiffusione f.
backscratcher /ˈbækskrætʃə(r)/ n. grattaschiena m.
back seat /,bækˈsiːt/ n. sedile m. posteriore; ***to take a ~*** FIG. defilarsi, tenersi in ombra.
backseat driver /,bæksiːtˈdraɪvə(r)/ n. = passeggero dell'auto che irrita il conducente con consigli sul modo di guidare.
backsheesh → **baksheesh**.
backshift /ˈbæk,ʃɪft/ n. GB IND. *(shift, workers)* secondo turno m.
backshop /ˈbækʃɒp/ n. retrobottega m. e f.
backside /ˈbæksaɪd/ n. didietro m., sedere m.
backsight /ˈbæksaɪt/ n. MIL. tacca f. di mira.
backslang /ˈbækslæŋ/ n. GB = gergo in cui le parole vengono pronunciate al contrario.
backslapper /ˈbæk,slæpə(r)/ n. tipo m. da pacche sulle spalle.
backslapping /ˈbæk,slæpɪŋ/ n. (il) dare pacche sulle spalle, pacche f.pl. sulle spalle.
backslash /ˈbækslæʃ/ n. TIP. backslash m.
backslide /ˈbækslaɪd/ intr. (pass., p.pass. **backslid**) **1** *(into bad habits)* ricadere (**into** in) **2** *(in academic subjects)* regredire, fare passi indietro (**in** in).
backslider /ˈbækslaɪdə(r)/ n. recidivo m. (-a).
backsliding /ˈbækslaɪdɪŋ/ n. recidività f.
1.backspace /ˈbækspeɪs/ n. INFORM. TIP. backspace m.
2.backspace /ˈbækspeɪs/ intr. battere il tasto di backspace, dare un backspace.
backspace key /,bækspeɪsˈkiː/, **backspacer** /,bækspeɪsə(r)/ n. (tasto di) backspace m.
backspin /ˈbækspɪn/ n. SPORT backspin m.; ***to put ~ on a ball*** dare l'effetto a una palla.
backstab /ˈbækstæb/ tr. (forma in -ing ecc. **-bb-**) pugnalare alle spalle (anche FIG.).
backstage /,bækˈsteɪdʒ/ avv. ***he's ~*** è dietro le quinte; [*work, go*] dietro le quinte.
backstairs /ˈbæksteəz/ **I** n.pl. scala f.sing. di servizio **II** agg. [*gossip*] di corridoio; [*connivance*] segreto, clandestino.
backstay /ˈbæksteɪ/ n. **1** MAR. paterazzo m., sartia f. **2** TECN. cavo m. di controventatura, vento m., strallo m.
1.backstitch /ˈbækstɪtʃ/ n. punto m. indietro.
2.backstitch /ˈbækstɪtʃ/ intr. cucire a punto indietro.
backstop /ˈbækstɒp/ n. **1** SPORT *(in baseball, cricket) (fielder)* ricevitore m.; *(screen)* = rete posta in fondo al campo per trattenere la palla **2** FIG. *(protection)* protezione f. (**against** contro).
back straight /ˈbækstreɪt/ n. SPORT *(in oval racecourse)* = rettilineo opposto alla dirittura d'arrivo.
backstreet /ˈbækstriːt/ **I** n. via f. secondaria; ***the ~s of Naples*** SPREG. i vicoli di Napoli **II** modif. ***~ abortionist*** = chi pratica aborti clandestini.
back stretch /ˈbækstretʃ/ n. SPORT → **back straight**.
backstroke /ˈbækstrəʊk/ n. SPORT dorso m.; ***to do, swim the ~*** nuotare a dorso.
backswept /ˈbækswept/ agg. [*hair*] spazzolato all'indietro.
backtalk /ˈbæktɔːk/ n. AE → **backchat**.
back tax /ˈbæktæks/ n. arretrato m. d'imposta, imposta f. arretrata.
back-to-back /,bæktəˈbæk/ **I** agg. ***~ houses*** = case separate sul retro soltanto da un muro divisorio in comune o da un vicoletto **II** avv. **1** *(with backs touching)* ***to stand ~*** [*two people*] stare (in piedi) schiena contro schiena **2** *(consecutively)* ***to win three tournaments ~*** vincere tre tornei di fila; ***to watch two episodes ~*** guardare due episodi di seguito.
back to front /,bæktəˈfrʌnt/ **I** agg. *(facing the wrong way)* al rovescio, al contrario; FIG. ***you've got it all ~*** hai capito tutto il contrario **II** avv. [*put on, wear*] a rovescio, al contrario.
backtrack /ˈbæktræk/ intr. **1** *(retract a statement)* fare marcia indietro, ritrattare; ***to ~ on a promise*** recedere da una promessa **2** *(retrace one's steps)* ritornare sui propri passi.
back translation /,bæktrænzˈleɪʃn/ n. LING. *(from one language to another and back)* ritraduzione f., retroversione f.
▷ **backup** /ˈbækʌp/ **I** n. **1** *(support)* supporto m., sostegno m.; MIL. rinforzi m.pl., copertura f.; ***to need ~*** [*police officer, troops*] avere bisogno dei rinforzi **2** *(replacement)* ***to keep a battery, car as a ~*** avere una batteria, un'auto di riserva **3** INFORM. backup m., copia f. (di sicurezza) **4** AE *(of vehicles)* coda f. **II** modif. **1** *(support)* [*equipment*] di rinforzo; ***~ troops*** rinforzi; ***~ supplies*** riserve **2** *(replacement)* [*plan, system, vehicle*] di riserva **3** INFORM. [*file, copy*] di sicurezza, di backup.
backup light /ˈbækʌp,laɪt/ n. AE AUT. luce f. di retromarcia.
▷ **backward** /ˈbækwəd/ **I** agg. **1** *(towards the rear)* [*glance, look, step*] all'indietro; ***~ roll, somersault*** capriola, salto mortale all'indietro **2** *(primitive)* [*culture, nation, society, economy*] arretrato; ***to be technologically ~*** essere arretrato dal punto di vista tecnologico **3** PSIC. SCOL. *(handicapped)* [*child*] ritardato; *(slow to learn)* [*pupil*] tardo **4** *(hesitant)* ***he wasn't ~ about accepting the free trip*** non ci mise molto *o* non esitò ad accettare il viaggio gratis; ***she isn't ~ in coming forward*** SCHERZ. non esita a farsi avanti **II** avv. AE → **backwards**.

backwardation /ˌbækwəˈdeɪʃn/ n. ECON. deporto m.
backward-looking /ˈbækwədˌlʊkɪŋ/ agg. passatista.
backwardly /ˈbækwədlɪ/ avv. all'indietro, a ritroso.
backwardness /ˈbækwədnɪs/ n. **1** *(of intellect)* ritardo m.; *(of culture, economy)* arretratezza f. **2** *(shyness)* timidezza f. **3** *(reticence)* esitazione f. (**in doing** a fare).
▷ **backwards** /ˈbækwədz/ BE, **backward** /ˈbækwəd/ AE avv. **1** *(in a reverse direction)* [*walk, crawl, fall*] all'indietro; [*lean, step*] indietro; ***to face*** **~** [*person*] voltare la schiena, essere di spalle; ***facing*** **~** *(in train)* in senso contrario a quello di marcia; ***to be facing*** **~** essere girato indietro, di schiena; ***to move*** **~** arretrare, retrocedere; ***to travel*** **~** ***and forwards*** fare la spola (**between** tra); ***to walk*** **~** ***and forwards*** camminare avanti e indietro; ***to swing*** **~** ***and forwards*** oscillare (avanti e indietro); ***to bend over*** **~** ***for sb., to do*** farsi in quattro per qcn., per fare **2** *(starting from the end)* [*count*] alla rovescia; ***wind*** **~** riavvolgere; ***to say, recite sth.*** **~** dire, recitare qcs. cominciando dalla fine **3** *(the wrong way round)* ***to put sth. on*** **~** mettere qcs. a rovescio, col davanti dietro; ***to get sth.*** **~** FIG. capire qcs. a rovescio [*message, instructions*]; ***you've got it all*** **~*!*** hai capito tutto il contrario! **4** *(thoroughly)* ***to know sth.*** **~** conoscere qcs. a menadito, per filo e per segno.
backwash /ˈbækwɒʃ/ n. MAR. risacca f.
backwater /ˈbækwɔːtə(r)/ n. **1** *(of pool, river)* acqua f. stagnante **2** FIG. *(isolated area)* zona f. sperduta; SPREG. mortorio m.; ***cultural*** **~** ristagno culturale.
backwoods /ˈbækwʊdz/ n.pl. US = zona boschiva isolata e poco popolata.
backwoodsman /ˈbækwʊdzmən/ n. (pl. **-men**) **1** SPREG. = chi abita in zone boschive e isolate **2** GB POL. COLLOQ. = pari che non partecipa alle sedute della Camera dei Lord.
▷ **backyard** /ˌbækˈjɑːd/ n. **1** BE *(courtyard)* cortile m. (sul retro) **2** AE *(back garden)* giardino m. (dietro casa) **3** FIG. ***in one's*** **~** *(in a nearby area)* nella propria zona; *(in nearby country)* vicino al proprio paese; ***we don't want a power station in our*** **~** non vogliamo una centrale elettrica vicino a casa nostra; ***they consider the ex-colony to be their*** **~** considerano la ex colonia il loro cortile di casa.
▷ **bacon** /ˈbeɪkən/ **I** n. bacon m., pancetta f. affumicata; ***a rasher of*** **~** una fetta di bacon; ***smoked*** **~** bacon affumicato; ***streaky*** **~** bacon con venature di grasso e magro; **~** ***and egg(s)*** uova al bacon **II** modif. [*fat, rind*] del bacon ◆ ***to bring home the*** **~** COLLOQ. portare a casa la pagnotta; ***to save sb.'s*** **~** COLLOQ. salvare la pelle.
baconian /beɪˈkəʊnɪən/ **I** agg. baconiano **II** n. seguace m. e f. di Bacone.
bacteremia /bæktəˈriːmɪə/ n. batteriemia f.
bacteria /bækˈtɪərɪə/ → **bacterium**.
bacterial /bækˈtɪərɪəl/ agg. batterico.
bactericidal /bækˈtɪərɪˌsaɪdl/ agg. battericida.
bactericide /bækˈtɪərɪˌsaɪd/ n. battericida m.
bacteriological /bækˌtɪərɪəˈlɒdʒɪkl/ agg. batteriologico.
bacteriologist /bækˌtɪərɪˈɒlədʒɪst/ ♦ **27** n. batteriologo m. (-a).
bacteriology /bækˌtɪərɪˈɒlədʒɪ/ n. batteriologia f.
bacteriolysis /bækˌtɪərɪˈɒlɪsɪs/ n. (pl. **-es**) batteriolisi f.
bacteriophage /bækˈtɪərɪəʊˌfeɪdʒ, -ˌfɑːʒ/ n. batteriofago m.
▷ **bacterium** /bækˈtɪərɪəm/ n. (pl. **-ia**) batterio m.
Bactrian camel /ˌbæktrɪənˈkæml/ n. cammello m.
▶ **1.bad** /bæd/ **I** agg. (compar. **worse**; superl. **worst**) **1** *(poor, inferior, incompetent, unacceptable)* [*harvest, eyesight, memory, cook, father, management*] cattivo; [*answer, decision, idea*] brutto, cattivo; [*book*] brutto; [*spelling*] scorretto; [*joke*] brutto, stupido, di cattivo gusto; ***a*** **~** ***thing*** una cosa brutta; ***to have*** **~** ***hearing*** avere un cattivo udito, non sentirci bene; ***to have*** **~** ***teeth,*** **~** ***legs*** avere denti guasti *o* cariati, gambe malate; ***to be*** **~** ***at*** andare male in [*subject*]; ***to be*** **~** ***at sport*** essere negato per lo sport; ***to be*** **~** ***at doing*** *(do badly)* non essere portato per fare; ***to be a*** **~** ***liar*** non saper mentire; *(dislike doing, do reluctantly)* essere restio a fare; ***that's*** **~*!*** *(disapproving)* male! ***not*** **~** COLLOQ. non male; ***it wouldn't be a*** **~** ***idea to...*** non sarebbe una cattiva idea...; ***as bosses go she's not*** **~** per essere un capo non è male **2** *(unpleasant, unfavourable, negative)* [*news, time, review, result, forecast, omen, sign*] brutto, cattivo; [*day, year, dream, reaction*] brutto; [*mood, temper, smell*] cattivo; ***it's*** **~** ***enough having to wait, but...*** è già (abbastanza) brutto dover aspettare, ma...; ***it looks*** o ***things look*** **~** non promette niente di buono (**for** per); ***that's*** **~*!*** *(it's a pity)* che peccato! ***the journey, exam wasn't*** **~** ***at all*** il viaggio, l'esame non è stato affatto male; ***too*** **~*!*** *(sympathetic)* che sfortuna! *(hard luck)* tanto peggio! **3** *(morally or socially unacceptable)* [*behaviour, habit, manners, example, influence, reputation*] brutto, cattivo; [*person*] cattivo; [*life*] brutto; [*language, word*] brutto, volgare; **~** ***dog!*** cagnaccio! ***you*** **~** ***girl!*** ragazzaccia! ***he's been a*** **~** ***boy*** è stato cattivo, si è comportato male; ***it is*** **~** ***to do*** è brutto fare; ***it is*** **~** ***of sb. to do*** è brutto da parte di qcn. fare; ***it is*** **~** ***that*** è brutto che; ***it will look*** **~** farà una brutta impressione; ***to feel*** **~** dispiacersi, essere addolorato (**about** per, di); ***I feel*** **~** ***about leaving you on your own, being late yesterday*** mi dispiace di lasciarti solo, di essere arrivato in ritardo ieri **4** *(severe, serious)* [*accident, attack, fracture, injury, mistake*] brutto, grave; [*case*] serio; ***to have*** **~** ***toothache*** avere un forte mal di denti; ***a*** **~** ***cold*** un brutto raffreddore; ***how*** **~** ***is it?*** quanto è grave? ***it looks*** **~** sembra grave **5** *(harmful, injurious)* **~** ***for*** dannoso a; ***smoking is*** **~** ***for you, your health*** fumare fa male, è dannoso alla salute; ***it's*** **~** ***for you to eat that*** ti fa male mangiarlo; ***it's*** **~** ***for industry*** è dannoso per l'industria; ***it will be*** **~** ***for mothers*** sarà brutto *o* negativo per le madri **6** *(inappropriate, unsuitable)* [*time, moment, place, example*] brutto, sconveniente; **~** ***weather for skiing*** tempo brutto per sciare; ***this is a*** **~** ***car for learning to drive in*** quest'auto non è adatta *o* non va bene per un principiante; ***that's a*** **~** ***place to park*** non è un buon posto per parcheggiare; ***it's a*** **~** ***time to buy a house*** o ***for buying a house*** è un brutto momento per comprare una casa; ***it's a*** **~** ***colour, shape for you*** è un colore, una forma che non ti sta bene; ***this may not be a*** **~** ***opportunity to...*** questa potrebbe essere una buona occasione per, questo potrebbe non essere un brutto momento per... **7** *(ill, with a weakness or injury)* ***to have a*** **~** ***back*** soffrire di mal di schiena *o* avere la schiena malandata; ***to have a*** **~** ***chest*** essere debole di petto; ***to have a*** **~** ***heart*** essere debole di cuore; ***to have a*** **~** ***leg*** avere male a una gamba; ***that's my*** **~** ***knee!*** quello è il ginocchio che mi fa male! ***my back is*** **~** ***today*** oggi la schiena mi fa male; ***she was very*** **~** ***in the night*** è stata molto male durante la notte; ***to feel*** **~** sentirsi male; ***"how are you?" - "not so*** **~***"* "come va?" - "non c'è male"; ***to be in a*** **~** ***way*** COLLOQ. essere malmesso; ***you are in a*** **~** ***way, aren't you?*** sei mal messo, vero? **8** ECON. [*money, note*] falso; [*loan*] insolvibile; [*insurance claim*] fraudolento **9** COLLOQ. *(good)* pazzesco **10** *(rotten)* [*fruit*] marcio, guasto; ***to go*** **~** andare a male, guastarsi **II** avv. AE COLLOQ. [*need, want*] assolutamente; ***it hurts*** **~** fa molto male; ***he's, she's got it*** **~** *(crush on someone)* l'ha presa brutta ◆ ***to be in*** **~** AE essere nei guai; ***to be in*** **~** ***with sth.*** AE essere (caduto) in disgrazia con qcs.; ***he's*** **~** ***news*** non è benvisto; ***he's having a*** **~** ***hair day*** COLLOQ. oggi non è la sua giornata.
2.bad /bæd/ n. **1** *(evil)* ***there is good and*** **~** ***in everyone*** c'è del bene e del male *o* del buono e del cattivo in tutti; ***she only sees the*** **~** ***in him*** vede soltanto i suoi lati negativi; ***to go to the*** **~** finire male *o* fare una brutta fine **2** ***he ended up £ 100 to the*** **~** ci ha rimesso 100 sterline.
bad apple /ˌbædˈæpl/ n. COLLOQ. *(person)* mela f. marcia.
bad ass /ˈbædæs/ n. AE POP. *(cop, lawyer, football player etc.)* bastardo m. (-a).
bad blood /ˌbædˈblʌd/ n. astio m.; ***there is*** **~** ***between them*** tra loro non corre buon sangue.
bad boy /ˌbædˈbɔɪ/ n. ragazzaccio m.
bad breath /ˌbædˈbreθ/ n. alito m. cattivo, pesante.
bad cheque /ˌbædˈtʃek/ n. assegno m. a vuoto, scoperto.
bad count /ˌbædˈkaʊnt/ n. AE COLLOQ. tiro m. mancino.
bad debt /ˌbædˈdet/ n. credito m. inesigibile.
baddie, baddy /ˈbædɪ/ n. COLLOQ. *(in movies etc)* cattivo m. (-a).
bade /beɪd, bæd/ pass. → **2.bid**.
▷ **badge** /bædʒ/ n. **1** *(sew-on, pin-on, adhesive)* badge m., distintivo m., targhetta f. identificativa **2** *(coat of arms)* stemma m.; ***membership*** **~** stemma, distintivo (di appartenenza) **3** *(symbol)* simbolo m., insegna f.; **~** ***of office*** insegna.
badge bandit /ˌbædʒˈbændɪt/ n. AE poliziotto m. motociclista.
1.badger /ˈbædʒə(r)/ n. ZOOL. tasso m.
2.badger /ˈbædʒə(r)/ tr. tormentare, molestare; ***to*** **~** ***sb. to do*** tormentare qcn. perché faccia.
badger baiting /ˈbædʒəˌbeɪtɪŋ/ n. SPORT = uccisione di un tasso stanato dai cani.
badger-legged /ˈbædʒəlegd/ agg. con una gamba più corta dell'altra.
bad-hearted /ˌbædˈhɑːtɪd/ agg. d'animo malvagio.
badlands /ˈbædləndz/ n.pl. AE = zona desertica caratterizzata da fenomeni di erosione del terreno.
▶ **badly** /ˈbædlɪ/ avv. (compar. **worse**; superl. **worst**) **1** *(not well)* [*begin, behave, fit, sleep, teach, treat*] male, malamente; [*cooked, educated, fed, equipped, made, managed, worded*] male; ***to go*** **~** [*exam, interview, meeting*] andare male; ***to do*** **~** [*candidate, company*] ottenere risultati negativi; ***he didn't do too*** **~** non è andato troppo male; ***she hasn't done*** **~** ***for herself*** se l'è cavata piuttosto

bene; ***the shop hasn't done ~ out of me*** sono stato un buon cliente per il negozio; ***to do ~ by sb.*** commettere una scorrettezza verso qcn.; ***to be, feel ~ done by*** essere, sentirsi maltrattato da; ***to take sth. ~*** prendere male qcs.; ***please don't think ~ of me*** per favore, non pensare male di me **2** *(seriously)* [*suffer*] molto; [*beat*] brutalmente; [*disrupt, affect*] negativamente; [*damaged*] seriamente; [*burnt, hurt*] gravemente; ***~ hit*** colpito duramente; ***our plans went ~ wrong*** i nostri piani sono andati molto male; ***I was ~ mistaken*** mi sono sbagliato di grosso; ***the team was ~ beaten*** la squadra è stata duramente sconfitta **3** *(urgently)* ***to want, need sth.*** ~ avere molta voglia, un gran bisogno di qcs.; ***to be ~ in need of help, cleaning*** avere un gran bisogno di aiuto, di essere pulito; ***how ~ do you need it?*** ne hai davvero bisogno?

badly behaved /ˌbædlɪbɪˈheɪvd/ agg. maleducato.

badly off /ˌbædlɪˈɒf, AE -ˈɔːf/ agg. *(poor)* povero, spiantato; ***to be ~ for space, clothes*** essere a corto di spazio, di vestiti.

badman /ˈbædmən/ n. (pl. **-men**) AE bandito m.

bad-mannered /ˌbædˈmænəd/ agg. maleducato; ***she's very ~*** è molto maleducata.

badmen /ˈbædmen/ → **badman**.

badminton /ˈbædmɪntn/ ◗ ***10*** n. badminton m., volano m.

badmouth /ˈbædmaʊð/ tr. COLLOQ. sparlare, parlare male di [*person*].

badness /ˈbædnɪs/ n. **1** *(moral, ethical)* cattiveria f. **2** *(of performance)* qualità f. scadente; *(of film, book)* bruttezza f.

▷ **bad-tempered** /ˌbædˈtempəd/ agg. **1** *(temporarily)* [*person, reply*] irritato **2** *(habitually)* [*person, nature*] irascibile.

1.baffle /ˈbæfl/ n. (anche **~ board**) *(for sound)* pannello m. acustico; *(for fluids)* deflettore m.

2.baffle /ˈbæfl/ tr. lasciare perplesso, confondere, sconcertare.

baffled /ˈbæfld/ **I** p.pass. → **2.baffle II** agg. perplesso (**by** davanti a, di fronte a), confuso, sconcertato (**by** da).

bafflement /ˈbæflmənt/ n. perplessità f., confusione f., sconcerto m.

baffle plate /ˈbæflˌpleɪt/ n. EL. placca f. di diaframma.

baffling /ˈbæflɪŋ/ agg. sconcertante.

BAFTA /ˈbæftə/ n. GB (⇒ British Association of Film and Television Arts) = associazione britannica delle arti cinematografiche e televisive (che assegna ogni anno un premio per i migliori film e programmi televisivi).

▶ **1.bag** /bæg/ **I** n. **1** *(container)* borsa f., sacchetto m. (**of** di); ***to put sth. in a ~*** mettere qcs. in una borsa; ***20 pence a ~*** 20 pence al sacchetto **2** *(in hunting)* ***to get a good ~*** fare una buona caccia *o* riportare un buon carniere **3** POP. SPREG. *(woman)* strega f., megera f. **II bags** n.pl. **1** *(baggage)* bagaglio m., bagagli m.pl.; ***to pack one's ~s*** fare le valigie (anche FIG.) **2** BE COLLOQ. *(lots)* ***~s of*** un sacco di [*money, time*]; ***I've got ~s left*** ne ho ancora un sacco ◆ ***a mixed ~*** un misto di buono e di cattivo; ***~s I*** COLLOQ., ***~s me*** BE COLLOQ. (prima) a me, io; ***it's in the ~*** COLLOQ. è già in tasca, è cosa fatta; ***it's not my ~*** AE COLLOQ. *(not my field)* non è il mio campo; *(not my favourite thing)* non fa per me; ***the whole ~ of tricks*** COLLOQ. tutto quanto *o* tutto l'armamentario; ***to be left holding the ~*** AE essere lasciato nei guai; ***to have ~s under one's eyes*** avere le borse sotto gli occhi.

2.bag /bæg/ **I** tr. (forma in -ing ecc. **-gg-**) **1** COLLOQ. *(save, get)* prendere, accaparrarsi [*seat, table*]; beccarsi [*medal*]; ***to ~ sth. for sb., to ~ sb. sth.*** prendere qcs. per qcn. **2** SPORT COLLOQ. segnare [*goal, point*] **3** COLLOQ. *(catch)* prendere [*hare, bird, fish*] **4** AE COLLOQ. *(capture)* catturare **5** *(put in bags)* → **bag up II** intr. (forma in -ing ecc. **-gg-**) [*garment*] essere sformato, fare difetto; ***to ~ at the knees*** fare le borse alle ginocchia.

■ **bag up:** ***~ [sth.] up, ~ up [sth.]*** mettere nel sacco, intascare.

bagasse /bəˈgæs/ n. bagassa f.

bagatelle /ˌbægəˈtel/ n. **1** *(game)* bagattella f., biliardino m. **2** MUS. bagattella f. **3** *(trifle)* LETT. bagattella f.; ***a mere ~*** una (vera) bagattella.

bagel /ˈbeɪgl/ n. = ciambellina di pane.

bagful /ˈbægfʊl/ n. (pl. **~s, bagsful**) borsata f., sacco m. (**of** di).

▷ **baggage** /ˈbægɪdʒ/ n. **1** *(luggage)* **U** bagaglio m., bagagli m.pl.; ***ideological ~*** FIG. bagaglio ideologico **2** MIL. bagaglio m., salmerie f.pl. **3** ANT. COLLOQ. *(girl)* ragazza f. sfrontata, ragazzetta f. ◆ ***bag and ~*** armi e bagagli.

baggage allowance /ˈbægɪdʒəˌlaʊəns/ n. bagaglio m. in franchigia.

baggage animal /ˌbægɪdʒˈænɪml/ n. animale m. da soma.

baggage car /ˈbægɪdʒkɑː(r)/ n. AE FERR. bagagliaio m.

baggage carousel /ˈbægɪdʒˌkærəsel/ n. nastro m. trasportatore (per) bagagli.

baggage check /ˈbægɪdʒˌtʃek/ n. AE scontrino m. del bagaglio.

baggage check-in /ˈbægɪdʒˌtʃekɪn/ n. registrazione f., check-in m. (dei) bagagli.

baggage checkroom /ˈbægɪdʒˌtʃekruːm, -rʊm/ n. AE → **baggage room**.

baggage hall /ˈbægɪdʒˌhɔːl/ n. → **baggage reclaim**.

baggage handler /ˈbægɪdʒˌhændlə(r)/ ◗ ***27*** n. *(in airports)* addetto m. (-a) ai bagagli.

baggage locker /ˈbægɪdʒˌlɒkə(r)/ n. AE cassetta f. di deposito per bagagli.

baggage master /ˈbægɪdʒˌmɑːstə(r), AE -ˌmæstə(r)/ n. US *(in stations, on ships)* addetto m. (-a) al servizio bagagli.

baggage reclaim /ˈbægɪdʒrɪˌkleɪm/ n. ritiro m. bagagli.

baggage room /ˈbægɪdʒruːm, -rʊm/ n. deposito m. bagagli.

baggage train /ˈbægɪdʒtreɪn/ n. salmerie f.pl.

bagger /ˈbægə(r)/ ◗ ***27*** n. AE COMM. impacchettatore m. (-trice).

baggies /ˈbægɪz/ n.pl. = ampi calzoncini a mezza gamba.

bagging /ˈbægɪŋ/ n. TESS. tela f. da sacco.

baggy /ˈbægɪ/ agg. [*garment*] sformato, cascante; ***to go ~ at the knees*** [*garment*] fare le borse alle ginocchia; ***his clothes are ~*** i vestiti gli sono abbondanti.

Baghdad /ˌbægˈdæd/ ◗ ***34*** n.pr. Baghdad f.

bag lady /ˈbægleɪdɪ/ n. COLLOQ. bag-lady f. (barbona che ha l'abitudine di portarsi dietro tutti i propri averi in sacchetti di plastica).

bagman /ˈbægmən/ n. (pl. **-men**) AE AUSTRAL. COLLOQ. trafficone m., intrallazzatore m.

bag person /ˈbægpɜːsn/ n. COLLOQ. = chi fa vita da barbone e si porta dietro tutti i propri averi in sacchetti di plastica.

bagpiper /ˈbægpaɪpə(r)/ n. suonatore m. (-trice) di cornamusa.

bagpipes /ˈbægpaɪps/ ◗ ***17*** n.pl. cornamusa f.sing.

bagsful /ˈbægzfʊl/ → **bagful**.

bag snatcher /ˈbægˌsnætʃə(r)/ n. scippatore m. (-trice).

bah /bɑː/ inter. *(expressing annoyance)* bah.

Bahamas /bəˈhɑːməz/ ◗ ***6, 12*** n.pr. ***the ~*** le Bahamas.

Bahamian /bəˈhɑːmɪən/ ◗ ***18*** **I** agg. [*native, inhabitant, climate*] delle Bahamas **II** n. nativo m. (-a), abitante m. e f. delle Bahamas.

Bahrain /bɑːˈreɪn/ ◗ ***6*** n.pr. Bahrein m.

Bahraini /bɑːˈreɪnɪ/ ◗ ***18*** **I** agg. del Bahrein **II** n. nativo m. (-a), abitante m. e f. del Bahrein.

Bahrein → **Bahrain**.

baignoire /ˈbeɪnwɑː(r)/ n. TEATR. barcaccia f.

▷ **1.bail** /beɪl/ n. **1** DIR. cauzione f.; ***to be (out) on ~*** essere in libertà provvisoria *o* libero su cauzione; ***to release sb. on ~ of £ 5,000*** o ***on £ 5,000 ~*** rilasciare qcn. dietro una cauzione di 5.000 sterline; ***to set ~ at...*** fissare la cauzione a...; ***to stand*** o ***go ~ for sb.*** rendersi garante per qcn.; ***to put up ~ for sb.*** pagare la cauzione a qcn.; ***to request, grant ~*** richiedere, concedere la libertà provvisoria dietro cauzione; ***to jump ~*** = non comparire in giudizio dopo aver ottenuto la libertà provvisoria dietro cauzione **2** SPORT *(in cricket)* traversina f.

2.bail /beɪl/ tr. **1** DIR. mettere in libertà provvisoria dietro cauzione, rilasciare su cauzione; ***they were ~ed to appear in court next Monday*** sono stati messi in libertà provvisoria fino alla comparizione in giudizio lunedì prossimo **2** MAR. aggottare, sgottare [*water*].

■ **bail out:** ***~ out*** **1** MAR. aggottare, sgottare **2** *(jump from plane in emergencies)* lanciarsi (col paracadute); ***~ out [sb.], ~ [sb.] out*** **1** *(get out of trouble)* tirar fuori dai guai [*person*]; ECON. salvare (dal fallimento) [*company*] **2** DIR. pagare la cauzione per [*person*]; ***~ out [sth.], ~ [sth.] out*** MAR. aggottare [*water, boat*].

bailable /ˈbeɪləbl/ agg. [*offence*] che consente la libertà provvisoria dietro cauzione.

bail bond /ˈbeɪlbɒnd/ n. US DIR. cauzione f.

bailbondsman /ˈbeɪlbɒndzˌmæn/ n. (pl. **-men**) US DIR. garante m.

bailee /beɪˈliː/ n. DIR. depositario m. (-a).

bailer → **bailor**.

bailey /ˈbeɪlɪ/ n. **1** *(wall)* mura f.pl. di cinta **2** *(court)* *(of castle)* corte f. interna.

Bailey bridge /ˈbeɪlɪbrɪdʒ/ n. ponte m. bailey.

bailiff /ˈbeɪlɪf/ ◗ ***27*** n. **1** DIR. *(also for evictions)* ufficiale m. giudiziario; ***to send in the ~s*** chiamare gli ufficiali giudiziari **2** STOR. balivo m. **3** GB *(on estate)* amministratore m. (-trice).

bailing /ˈbeɪlɪŋ/ n. MAR. aggottamento m., sgottamento m.

bailiwick /ˈbeɪlɪwɪk/ n. **1** STOR. baliato m. **2** FIG. sfera f. d'azione, di competenza.

bailment /ˈbeɪlmənt/ n. DIR. deposito m.

bailor /ˈbeɪlə(r)/ n. depositante m.

bailout /ˈbeɪlaʊt/ n. ECON. salvataggio m. (dal fallimento).

bailsman /ˈbeɪlzmən/ n. (pl. **-men**) AE → **bailbondsman**.

bain-marie /ˌbænməˈriː/ n. (pl. **bains-marie**) *(vessel)* bagnomaria m.; ***in a ~*** a bagnomaria.

bairn /beən/ n. SCOZZ. bambino m. (-a).
▷ **1.bait** /beɪt/ n. esca f. (anche FIG.); ***to use sth., sb. as ~*** usare qcs., qcn. come esca; ***to rise to, swallow the ~*** abboccare (anche FIG.).
2.bait /beɪt/ tr. **1** *(put bait on)* innescare [*trap, hook*]; ***to ~ a trap with a piece of meat*** mettere un pezzo di carne in una trappola; ***they ~ed the trap with her son*** FIG. si sono serviti di suo figlio come esca **2** *(tease)* tormentare [*person*] **3** *(set dogs on)* aizzare i cani contro [*bear, badger*].
baize /beɪz/ n. *(fabric)* panno m.; *(on billiard table)* panno m. verde.
1.bake /beɪk/ n. **1** *(dish)* ***fish, vegetable ~*** = piatto di pesce, di verdura cotto al forno **2** *(occasion)* ***cake, pancake ~*** = riunione, festa in cui si preparano torte o frittelle.
▷ **2.bake** /beɪk/ **I** tr. **1** cuocere al forno [*dish, vegetable*]; fare, cuocere [*bread, cake, pastry*] **2** [*sun*] cuocere, seccare **3** [*kiln*] cuocere **II** intr. **1** *(make bread)* fare il pane; *(make cakes, pastry)* preparare torte, pasticcini **2** *(cook)* [*food*] cuocere, cuocersi (al forno) **3** FIG. *(in sun)* [*town, land*] cuocere; [*person*] cuocere, cuocersi; ***the mud had ~d hard*** il fango si era seccato, indurito.
▷ **baked** /beɪkt/ **I** p.pass. → **2.bake II** agg. [*salmon, apple*] (cotto) al forno; ***freshly ~*** appena sfornato; ***home ~*** fatto in casa, casalingo.
baked Alaska /ˌbeɪktəˈlæskə/ n. GASTR. = torta di pan di Spagna e gelato ricoperta di meringa.
baked beans /beɪktˈbiːnz/ n. GASTR. = fagioli bianchi cucinati in salsa di pomodoro e confezionati in scatola.
baked potato /ˌbeɪktpəˈteɪtəʊ/ n. (pl. **baked potatoes**) GASTR. = patata cucinata al forno con la buccia.
bakehouse /ˈbeɪkhaʊs/ n. → **bakery**.
Bakelite® /ˈbeɪkəlaɪt/ n. bachelite® f.
bake-off /ˈbeɪkɒf/ n. US = gara culinaria a tempo.
baker /ˈbeɪkə(r)/ ♦ **27** n. **1** *(who makes bread)* panettiere m. (-a); *(who makes bread and cakes)* panettiere (-a) pasticciere m. (-a) **2** *(shop)* ***~'s (shop)*** panetteria f., panetteria-pasticceria f. ◆ ***a ~'s dozen*** = tredici.
baker-leg /ˈbeɪkəleg/ n. ginocchio m. valgo.
bakery /ˈbeɪkərɪ/ ♦ **27** n. panetteria f., panetteria-pasticceria f.
bake sale /ˈbeɪkseɪl/ n. = vendita di torte per beneficenza.
Bakewell tart /ˌbeɪkwelˈtɑːt/ n. GB = crostata di marmellata e mandorle.
baking /ˈbeɪkɪŋ/ agg. COLLOQ. *(hot)* [*place, day*] caldissimo, rovente; ***I'm absolutely ~!*** sto morendo di caldo! ***it's ~ today!*** che forno oggi!
baking-hot /ˌbeɪkɪŋˈhɒt/ agg. [*weather*] torrido.
baking pan /ˈbeɪkɪŋpæn/ n. teglia f. da forno, tortiera f.
baking powder /ˈbeɪkɪŋpaʊdə(r)/ n. lievito m. in polvere.
baking soda /ˈbeɪkɪŋsəʊdə/ n. bicarbonato m. di sodio.
baking tin /ˈbeɪkɪŋˌtɪn/ n. teglia f. da forno, tortiera f.
baksheesh /ˈbækʃiːʃ, bækˈʃiːʃ/ n. *(tip)* mancia f.; *(bribe)* bustarella f.
Balaam /ˈbeɪlæm/ n.pr. Balaam (nome di uomo).
balaclava /ˌbæləˈklɑːvə/ n. (anche **~ helmet**) passamontagna m.
balalaika /ˌbæləˈlaɪkə/ ♦ **17** n. balalaica f.
▶ **1.balance** /ˈbæləns/ n. **1** *(stable position)* equilibrio m. (**between** tra) (anche FIG.); ***to lose one's ~*** perdere l'equilibrio; ***to keep one's ~*** mantenere l'equilibrio, stare in equilibrio; ***to knock sb. off ~*** fare perdere l'equilibrio a qcn.; ***to catch sb. off ~*** FIG. cogliere qcn. alla sprovvista; ***to throw sb. off ~*** FIG. fare perdere l'equilibrio a qcn.; ***ecological, racial ~*** equilibrio ecologico, razziale; ***to achieve a ~*** raggiungere un equilibrio; ***to upset the ~*** sconvolgere *o* rompere l'equilibrio; ***to bring sth. into ~*** equilibrare qcs.; ***the right ~*** il giusto equilibrio; ***the ~ of nature*** l'equilibrio biologico; ***the ~ of sb.'s mind*** l'equilibrio mentale di qcn.; ***while the ~ of his mind was disturbed*** mentre il suo equilibrio mentale era sconvolto; ***the ~ of interests*** POL. l'equilibrio degli interessi; ***the ~ of power*** l'equilibrio dei poteri *o* delle forze; ***to hold the ~ of power*** avere il potere decisionale *o* essere l'ago della bilancia **2** *(scales)* bilancia f. (anche FIG.); ***to be*** o ***hang in the ~*** FIG. essere in bilico *o* incerto *o* in sospeso; ***on ~*** tutto considerato *o* tutto sommato *o* a conti fatti; ***on ~ it has been a good year*** tutto considerato è stato un anno positivo **3** AMM. COMM. *(in account)* saldo m., bilancio m.; ***~ in hand*** o ***brought forward*** saldo di cassa *o* riporto; ***to pay the ~*** versare il saldo **4** *(remainder)* resto m., rimanenza f.; ***if we pay off £ 100, that will leave a ~ of £ 50*** se versiamo 100 sterline, ci resteranno 50 sterline da pagare **5** ASTROL. ***the Balance*** la Bilancia.
▶ **2.balance** /ˈbæləns/ **I** tr. **1** FIG. *(compensate for)* (anche **~ out**) bilanciare, equilibrare, compensare; ***the losses are ~d by the profits*** le perdite sono bilanciate dai profitti; ***to ~ each other (out)*** bilanciarsi, equilibrarsi **2** *(counterbalance)* bilanciare, controbilanciare [*weights, design, elements*]; ***you need something to ~ the picture on that side*** ti serve qualcosa per controbilanciare il quadro da quella parte **3** *(perch)* bilanciare, tenere in equilibrio (**on** su); ***the ball was ~d on his nose*** teneva la palla in equilibrio sul naso **4** *(adjust)* equilibrare [*diet, activity, timetable*] **5** *(weigh up, compare)* soppesare, valutare; ***to ~ the pros and cons*** valutare i pro e i contro; ***to ~ sth. against sth.*** mettere a confronto qcs. con qcs. **6** AMM. COMM. pareggiare, fare quadrare [*account, books, budget, economy*] **7** AUT. equilibrare [*wheels*] **II** intr. **1** [*one person*] tenersi, stare in equilibrio, in bilico (**on** su); [*one thing*] essere, stare in equilibrio, in bilico (**on** su); [*two things, persons*] equilibrarsi, bilanciarsi **2** FIG. (anche **~ out**) [*benefits, drawbacks*] compensarsi, bilanciarsi **3** AMM. COMM. [*books, budget*] essere, chiudere in pareggio, pareggiare; [*figures*] quadrare; ***to make sth. ~, to get sth. to ~*** fare quadrare qcs.
▷ **balanced** /ˈbælənst/ **I** p.pass. → **2.balance II** agg. [*person, behaviour, discussion, schedule, curriculum*] equilibrato; [*meal, diet*] equilibrato, bilanciato; [*budget*] pareggiato, in pareggio, azzerato; [*view, article, report*] obiettivo; [*decision*] ponderato.
balance of payments /ˌbælənsəvˈpeɪmənts/ n. bilancia f. dei pagamenti; ***the ~ surplus, deficit*** l'eccedenza, il deficit della bilancia dei pagamenti.
balance of terror /ˌbælənsəvˈterə(r)/ n. equilibrio m. del terrore.
balance of trade /ˌbælənsəvˈtreɪd/ n. bilancia f. commerciale.
balancer /ˈbælənsə(r)/ n. **1** *(of insects)* bilanciere m. **2** ELETTRON. bilanciatore m.
balance sheet /ˈbælənsˌʃiːt/ n. bilancio m. (patrimoniale).
balance wheel /ˈbælənsˌwiːl, AE -ˌhwiːl/ n. bilanciere m.
balancing act /ˈbælənsɪŋˌækt/ n. numero m. di equilibrista; FIG. tentativo m. di compromesso; ***to do a ~*** FIG. cercare un compromesso; ***to do a ~ doing sth.*** COLLOQ. fare i salti mortali per (riuscire a) fare qcs.
balas /ˈbæləs/ n. balascio m.
balconied /ˈbælkənɪd/ agg. RAR. fornito di balconi.
▷ **balcony** /ˈbælkənɪ/ n. **1** *(in house, hotel)* balcone m.; ***on the ~*** sul balcone **2** *(of theatre)* balconata f., galleria f.; ***in the ~*** *(seats)* in balconata, in galleria.
▷ **bald** /bɔːld/ agg. **1** [*man, head*] calvo, pelato COLLOQ.; ***to go ~*** diventare calvo; ***he has a ~ spot*** o ***patch*** ha una pelata **2** [*lawn, terrain*] brullo, pelato; [*carpet*] spelacchiato **3** AUT. [*tyre*] liscio **4** *(blunt)* [*statement, question*] esplicito, schietto; [*fact, reality*] nudo (e crudo); [*style*] sobrio, essenziale.
baldachin, baldaquin /ˈbɔːldəkɪn/ n. baldacchino m.
bald-coot /ˈbɔːldkuːt/ n. **1** folaga f. **2** *(bald man)* pelato m.
bald eagle /ˌbɔːldˈiːgl/ n. aquila f. di mare dalla testa bianca.
balderdash /ˈbɔːldədæʃ/ **I** n. **U** COLLOQ. sciocchezze f.pl., stupidaggini f.pl. **II** inter. sciocchezze.
baldhead /ˈbɔːldhed/ n. calvo m. (-a), pelato m. (-a).
bald-headed /ˌbɔːldˈhedɪd/ agg. calvo; COLLOQ. pelato; ***a ~ man*** un (uomo) calvo.
balding /ˈbɔːldɪŋ/ agg. ***a ~ man*** un uomo dalla calvizie incipiente; ***his ~ head*** il suo principio di calvizie; ***he's slightly ~*** sta cominciando a diventare calvo; COLLOQ. si sta pelando.
baldly /ˈbɔːldlɪ/ avv. [*state, remark*] esplicitamente, schiettamente.
baldmoney /ˈbɔːldˌmʌnɪ/ n. finocchio m. alpino.
baldness /ˈbɔːldnɪs/ n. **1** *(of person)* calvizie f. **2** *(of terrain)* nudità f. **3** *(of tyres)* usura f. **4** *(of statement)* schiettezza f.; *(of style)* sobrietà f., essenzialità f.
baldpate /ˈbɔːldˌpeɪt/ n. **1** fischione m. americano **2** FIG. *(bald person)* pelato m. (-a).
baldpated /ˈbɔːldˌpeɪtɪd/ agg. [*man*] calvo, COLLOQ. pelato.
baldric /ˈbɔːldrɪk/ n. bandoliera f., balteo m.
Baldwin /ˈbɔːldwɪn/ n.pr. Baldovino.
baldy /ˈbɔːldɪ/ n. SPREG. testa f. pelata.
1.bale /beɪl/ n. *(of hay, cotton)* balla f.
2.bale /beɪl/ tr. imballare [*hay, cotton*].
3.bale /beɪl/ tr. BE → **2.bail**.
■ **bale out** BE → **bail out**.
Balearic Islands /ˌbælɪˌærɪkˈaɪləndz/ ♦ **12** n.pr.pl. (anche **Balearics**) ***the ~*** le (isole) Baleari.
baleen /bəˈliːn/ n. fanone m.
balefire /ˈbeɪlfaɪə(r)/ n. ANT. *(bonfire)* falò m.; *(pyre)* pira f.
baleful /ˈbeɪlfʊl/ agg. LETT. [*influence, presence*] malefico, funesto; [*glance, eye*] malevolo, torvo, minaccioso.
balefully /ˈbeɪlfəlɪ/ avv. LETT. [*look, watch*] malevolmente, torvamente, minacciosamente; [*gesture*] minacciosamente, con aria minacciosa.

baler /'beɪlə(r)/ n. **1** *(person)* imballatore m. (-trice) **2** *(machine)* imballatrice f.

1.balk /bɔːk/ n. **1** *(beam)* trave m. **2** AE *(in baseball)* = ritardo nel lancio per innervosire l'avversario.

2.balk /bɔːk/ **I** tr. ostacolare, intralciare [*plan, intention*]; ***to be ~ed of*** essere privato di [*leadership, chance*] **II** intr. **1** [*person*] tentennare, titubare; ***to ~ at*** tirarsi indietro di fronte a [*risk, cost, prospect*]; ***she ~ed at spending so much*** era riluttante a spendere così tanto; ***he ~ed at the idea*** era riluttante all'idea **2** AE *(in baseball)* [*pitcher*] = ritardare il lancio della palla per innervosire l'avversario.

Balkan /'bɔːlkən/ **I** agg. [*country, state, peninsula, peoples*] balcanico; ***the ~ mountains*** i (monti) Balcani **II Balkans** n.pr.pl. ***the ~s*** i Balcani.

balkanization, Balkanization /ˌbɔːlkənaɪ'zeɪʃn, AE -nɪ'z-/ n. balcanizzazione f.

balkanize, Balkanize /'bɔːlkənaɪz/ tr. balcanizzare.

▶ **1.ball** /bɔːl/ **I** n. **1** SPORT *(in tennis, golf, billiards, croquet, cricket)* palla f.; *(in football, rugby)* pallone m.; *(for children)* palla f., pallone m.; ***tennis, golf ~*** palla da tennis, da golf **2** *(sphere)* sfera f. **3** *(rolled-up object) (of dough, clay)* palla f. (**of** di); *(of wool, string)* gomitolo m. (**of** di); ***a ~ of fire*** una palla di fuoco; FIG. una persona iperattiva; ***to curl up into a ~*** [*person, cat*] raggomitolarsi; ***to knead dough into a ~*** fare una palla con l'impasto; ***to wind sth. into a ~*** aggomitolare qcs. **4** MIL. TECN. palla f., pallottola f., proiettile m. **5** ANAT. ***the ~s of one's feet*** gli avampiedi; ***the ~ of one's thumb*** il tenar(e) **II balls** n.pl. **1** POP. *(testicles)* balle f., palle f. **2** POP. FIG. ***that's a lot*** o ***load of ~s*** sono tutte palle; ***to have sb. by the ~s*** tenere qcn. in pugno; ***she's got ~s*** è una con le palle *o* ha le palle; ***to have the ~s to do*** avere le palle per fare *o* avere fegato per fare; ***to break one's ~s to do*** farsi il culo *o* il mazzo per fare **III balls** inter. POP. (e che) cazzo ◆ ***the ~ is in your court*** tocca a te, a te la prossima mossa; ***to be on the ~*** COLLOQ. essere in gamba *o* attivo; *(old person)* essere lucido *o* in gamba; ***to play ~*** COLLOQ. collaborare (**with** con); ***to set the ~ rolling*** *(for conversation)* iniziare la conversazione; *(for activity)* cominciare un'attività; ***to keep the ~ rolling*** *(in conversation)* tenere viva la conversazione; *(in activity)* mandare avanti senza interruzione; ***he has the ~ at his feet*** ha l'occasione buona a portata di mano *o* ha la strada del successo aperta; ***that's the way the ~ bounces!*** AE così va la vita; ***to carry the ~*** AE COLLOQ. assumersi la responsabilità.

2.ball /bɔːl/ **I** tr. *(clench)* stringere, serrare [*fist*] **II** intr. [*fist*] stringersi, serrarsi.

▪ **balls up** BE, **ball up** AE ~ ***up [sth.]***, ~ ***[sth.] up*** POP. incasinare [qcs.], fare casino in [qcs.].

3.ball /bɔːl/ n. **1** *(dance)* ballo m. **2** AE POP. *(sexual intercourse)* scopata f. ◆ ***to have a ~*** COLLOQ. divertirsi come un matto.

4.ball /bɔːl/ **I** tr. AE POP. *(have sex with)* scoparsi, scopare **II** intr. AE POP. *(have sex)* scopare.

▷ **ballad** /'bæləd/ **I** n. **1** *(musical poem)* ballata f. **2** *(song)* ballata f. **II** modif. [*writer, singer*] di ballate.

ballade /bæ'lɑːd/ n. **1** *(poem)* ballata f. **2** MUS. ballata f.

ball and chain /ˌbɔːlənd'tʃeɪn/ n. *(of convict)* palla f.; FIG. palla f. al piede.

ball-and-socket joint /ˌbɔːləndˌsɒkɪt'dʒɔɪnt/ n. **1** ANAT. enartrosi f. mobile **2** TECN. giunto m. sferico.

1.ballast /'bæləst/ n. **1** *(in balloon, ship)* zavorra f.; ***in ~*** MAR. in zavorra **2** *(on rail track, road)* massicciata f., ballast m.

2.ballast /'bæləst/ tr. **1** zavorrare [*balloon, ship*] **2** massicciare [*rail track, road*].

ball bearing /ˌbɔːl'beərɪŋ/ n. TECN. **1** *(bearing)* cuscinetto m. a sfere **2** *(ball)* sfera f., bilia f.

ballboy /'bɔːlbɔɪ/ n. *(in tennis)* raccattapalle m.

ball-breaker /'bɔːlbreɪkə(r)/, **ball-buster** /'bɔːlbʌstə(r)/ n. AE POP. *(task)* rottura f. di palle; *(person)* rompipalle m. e f., rompiballe m. e f.

ball cock /'bɔːlkɒk/ n. galleggiante m. (a palla, nei serbatoi d'acqua).

ball control /ˌbɔːlkən'trəʊl/ n. controllo m. di palla.

ball dress /'bɔːldres/ n. vestito m. da ballo.

ballerina /ˌbælə'riːnə/ ♦ **27** n. (pl. **~s, -e**) ballerina f.

▷ **ballet** /'bæleɪ, AE bæ'leɪ/ **I** n. **1** *(art)* balletto m.; ***classical ~*** balletto classico **2** *(amateur)* danza f. classica **3** *(performance)* balletto m.; ***to go to the ~*** andare a vedere un balletto **4** (anche **~ company**) corpo m. di ballo; ***the Kirov Ballet*** il balletto del Kirov **II** modif. [*company*] di ballo; [*class, school, teacher, mistress*] di danza; ***~ dress*** tutù; ***~ shoe*** scarpetta da ballo.

ballet dancer /'bæleɪˌdɑːnsə(r), AE -ˌdæns-/ ♦ **27** n. ballerino m. (-a).

ballet master /'bæleɪˌmɑːstə(r), AE -ˌmæs-/ ♦ **27** n. maestro m. di danza.

ballet mistress /'bæleɪˌmɪstrɪs, AE -ˌmæs-/ ♦ **27** n. maestra f. di danza.

balletomane /'bælɪtəʊmeɪn/ n. ballettomane m. e f.

ballgame /'bɔːlgeɪm/ n. **1** *(game)* gioco m. con la palla **2** AE *(match)* partita f.; partita f. di baseball ◆ ***that's a whole new*** o ***completely different ~*** COLLOQ. questo è un altro paio di maniche.

ball girl /'bɔːlgɜːl/ n. *(in tennis)* raccattapalle f.

ball gown /'bɔːlgaʊn/ n. vestito m. da ballo.

ballista /bə'lɪstə/ n. (pl. **-ae, ~s**) STOR. MIL. balista f.; balestra f.

ballistic /bə'lɪstɪk/ agg. balistico ◆ ***to go ~*** COLLOQ. andare su tutte le furie *o* uscire dai gangheri.

ballistic galvanometer /bəˌlɪstɪkgælvə'nɒmɪtə(r)/ n. galvanometro m. balistico.

ballistic missile /bəˌlɪstɪk'mɪsaɪl, AE -'mɪsl/ n. missile m. balistico.

ballistics /bə'lɪstɪks/ n. + verbo sing. balistica f.

ballistite /'bælɪstaɪt/ n. balistite f.

ball lightning /'bɔːˌlaɪtnɪŋ/ n. fulmine m. globulare.

ballocks /'bæləks/ n. → **bollocks**.

▷ **1.balloon** /bə'luːn/ **I** n. **1** AER. pallone m., pallone m. aerostatico; ***(hot air) ~*** mongolfiera f. **2** *(toy)* palloncino m.; ***to blow up a ~*** gonfiare un palloncino **3** *(for cartoon speech)* fumetto m., nuvoletta f. **II** modif. [*flight*] in mongolfiera; [*crash, accident*] con la, in mongolfiera ◆ ***to go down*** BE o ***go over*** AE ***like a lead ~*** [*joke, remark*] fare fiasco *o* cadere nel vuoto; ***when the ~ goes up*** quando succederà il finimondo *o* quando scoppierà la bomba.

2.balloon /bə'luːn/ intr. **1** AER. ***to go ~ing*** andare *o* viaggiare in mongolfiera **2** (anche **~ out**) *(swell)* [*sail, skirt*] gonfiarsi **3** *(increase quickly)* [*deficit, debt*] crescere, aumentare.

balloon flask /bə'luːnˌflɑːsk, AE -ˌflæsk/ n. = bottiglia panciuta.

balloon glass /bə'luːnˌglɑːs, AE -ˌglæs/ n. napoleone m.

ballooning /bə'luːnɪŋ/ ♦ **10** **I** n. ***to go ~*** (l')andare in mongolfiera **II** modif. [*display, accident*] con la, in mongolfiera.

balloonist /bə'luːnɪst/ n. aeronauta m. e f., aerostiere m.

balloon tyre BE, **balloon tire** AE /bə'luːnˌtaɪə(r)/ n. = grosso pneumatico a bassa pressione.

▷ **1.ballot** /'bælət/ n. **1** *(process)* voto m., votazione f.; ***secret ~*** scrutinio segreto; ***by ~*** con *o* mediante votazione; ***the election was held by secret ~*** l'elezione si è tenuta a scrutinio segreto **2** *(vote)* voto m. (a scrutinio segreto) (**of** di; **on** su); ***the first ~*** il primo turno; ***the second ~*** il secondo turno *o* il ballottaggio; ***strike ~*** = voto per decidere uno sciopero; ***postal ~*** BE voto per corrispondenza; ***to take a ~*** passare ai voti *o* votare **3** (anche **~ paper**) scheda f. elettorale **4** AE POL. *(list of candidates)* lista f. (di candidati).

2.ballot /'bælət/ **I** tr. interpellare, fare votare (tramite scrutinio segreto) (**on** su) **II** intr. votare a scrutinio segreto (**on** su; **to do** per fare).

3.ballot /'bælət/ n. COMM. piccola balla f.

ballot box /'bælətbɒks/ n. **1** urna f. (elettorale) **2** FIG. *(system)* ***the ~*** le urne; ***at the ~*** alle urne.

ballot-box stuffing /'bælətbɒksˌstʌfɪŋ/ n. AE broglio m. (elettorale).

balloting /'bælətɪŋ/ n. **U** consultazione f. elettorale.

ballpark /'bɔːlpɑːk/ n. AE SPORT stadio m. di, per il baseball ◆ ***to be in the ~*** AE COLLOQ. essere sulla strada giusta; ***not to be in the ~*** AE COLLOQ. essere fuori strada.

ballpark figure /ˌbɔːlpɑːk'fɪgə(r), AE -'fɪgjə(r)/ n. cifra f. approssimativa.

ballpoint /'bɔːlpɔɪnt/, **ballpoint pen** /ˌbɔːlpɔɪnt'pen/ n. penna f. a sfera, biro f.

ball pond /'bɔːlpɒnd/, **ball pool** /'bɔːlpuːl/ n. piscina f. di palline.

ballroom /'bɔːlrʊm/ n. sala f. da ballo.

ballroom dancing /ˌbɔːlrʊm'dɑːnsɪŋ, AE -'dæns-/ n. ballo m. da sala.

ball-shaped /'bɔːlʃeɪpt/ agg. a forma di palla.

balls-up /'bɔːlzʌp/ BE., **ball-up** /'bɔːlʌp/ AE n. POP. casino m., pasticcio m.

ballsy /'bɔːlzɪ/ agg. POP. con le palle.

ball valve /'bɔːlvælv/ n. valvola f. a sfera.

bally /'bælɪ/ ANT. o COLLOQ. **I** agg. BE EUFEM. maledetto, dannato **II** avv. [*good, stupid*] maledettamente, dannatamente.

1.ballyhoo /ˌbælɪ'huː, AE 'bælɪhuː/ n. **1** COLLOQ. *(in campaign)* battage m., strombazzata f. pubblicitaria **2** COLLOQ. *(fuss)* frastuono m., baccano m.

2.ballyhoo /ˌbælɪ'huː, AE 'bælɪhuː/ tr. AE COLLOQ. strombazzare [*event, product*]; fare pubblicità in modo sensazionale a [*person*].

ballyrag /'bælɪræg/ → **bullyrag**.
balm /bɑ:m/ n. **1** *(oily)* balsamo m. (anche FIG.); ***it was ~ to my soul*** è stato una consolazione per me **2** BOT. (anche **lemon ~**) melissa f., cedronella f.
balm-cricket /'bɑ:m,krɪkɪt/ n. cicala f.
balminess /'bɑ:mɪnɪs/ n. *(of perfume)* fragranza f.; *(of air)* soffio m. gentile.
balmy /'bɑ:mɪ/ agg. **1** [*air, evening, weather*] mite **2** BE COLLOQ. svanito, svampito, tocco.
balneotherapy /,bælnɪəʊ'θerəpɪ/ n. balneoterapia f.
baloney /bə'ləʊnɪ/ AE COLLOQ. **I** n. **U** fandonie f.pl., balle f.pl. **II** inter. balle.
balsa /'bɔ:lsə/ **I** n. **1** (anche **~ wood**) balsa f. **2** *(tree)* balsa f. **II** modif. [*model, raft*] di balsa.
balsam /'bɔ:lsəm/ n. **1** *(oil)* balsamo m. **2** *(tree)* abete m. del balsamo **3** *(plant)* balsamina f.
balsam fir /'bɔ:lsəmfɜ:(r)/ n. abete m. del balsamo.
balsamic /bɔ:l'sæmɪk/ agg. balsamico.
balsamic vinegar /bɔ:l,sæmɪk'vɪnɪgə(r)/ n. aceto m. balsamico.
balsamous /'bɔ:lsəməs/ agg. RAR. balsamico.
Baltic /'bɔ:ltɪk/ ♦ *20* **I** agg. baltico **II** n.pr. ***the ~ (Sea)*** il (mar) Baltico.
Baltic Republics /,bɔ:ltɪkrɪ'pʌblɪks/ n.pr.pl. ***the ~*** le Repubbliche Baltiche.
Baltic States /,bɔ:ltɪk'steɪts/ n.pr.pl. ***the ~*** gli Stati del Baltico.
Baltimore /'bɔ:ltɪmɒ(r)/ ♦ *34* n.pr. Baltimora f.
baluster /'bæləstə(r)/ n. balaustro m.
balustered /'bæləstəd/ agg. balaustrato.
balustrade /,bælə'streɪd/ n. balaustrata f., balaustra f.
balustraded /,bælə'streɪdɪd/ agg. balaustrato.
bambino /bæm'bi:nəʊ/ n. (pl. **~s, -ni**) **1** RAR. COLLOQ. bambino m. **2** ART. *(sacred image of Baby Jesus)* Bambino m.
bamboo /bæm'bu:/ **I** n. bambù m.; ***made of ~*** di bambù **II** modif. [*chair, fence, hut*] di bambù.
bamboo curtain /bæm,bu:'kɜ:tn/ n. (anche **Bamboo Curtain**) ***the ~*** POL. STOR. la cortina di bambù.
bamboo shoot /bæm'bu:,ʃu:t/ n. germoglio m. di bambù.
bamboozle /bæm'bu:zl/ tr. COLLOQ. **1** *(trick)* turlupinare, infinocchiare, fregare; ***to ~ sb. into doing sth.*** indurre qcn. a fare qcs. raggirandolo; ***to ~ sb. out of*** truffare a qcn. [*money*] **2** *(mystify)* confondere, disorientare.
bamboozlement /bæm'bu:zlmənt/ n. inganno m., imbroglio m., turlupinatura f.
bamboozler /bæm'bu:zlə(r)/ n. imbroglione m. (-a), turlupinatore m. (-trice).
▶ **1.ban** /bæn/ n. bando m., interdizione f., proibizione f., divieto m. (**on sth.** di qcs.; **on doing** di fare); ***overtime, smoking ~*** proibizione dello straordinario, di fumare; ***~ on foreigners working without a permit*** interdizione agli stranieri che lavorano senza (regolare) permesso.
▶ **2.ban** /bæn/ tr. (forma in -ing ecc. **-nn-**) bandire, interdire, proibire, vietare [*author, group, activity, book, drug*]; sospendere [*athlete*]; ***to ~ sb. from*** bandire qcn. da [*sport, event*]; ***to ~ sb. from driving, travelling abroad*** interdire a qcn. di guidare, di viaggiare all'estero; ***traffic is ~ned from the city centre*** la circolazione dei veicoli è vietata nel centro della città.
banal /bə'nɑ:l, AE 'beɪnl/ agg. banale; ***~ topics*** argomenti banali.
banality /bə'nælətɪ/ n. *(quality, remark)* banalità f.
▷ **banana** /bə'nɑ:nə/ **I** n. **1** *(fruit)* banana f.; ***a bunch of ~s*** un casco di banane **2** (anche **~ palm**) banano m. **3** AE POP. *(person)* ***to be top ~*** [*actor*] essere il primo attore; [*worker*] essere il capo; ***to be second ~*** essere un impiegatuccio **II** modif. [*yoghurt, ice cream*] alla banana ♦ ***to go ~s*** COLLOQ. *(get angry, get excited)* andare fuori di testa *o* dare i numeri.
banana boat /bə'nɑ:nə,bəʊt/ n. bananiera f.
banana republic /bə,nɑ:nərɪ'pʌblɪk/ n. SPREG. repubblica f. delle banane.
banana skin /bə'nɑ:nə,skɪn/ n. buccia f. di banana ♦ ***to slip on a ~*** scivolare su una buccia di banana.
banana split /bə,nɑ:nə'splɪt/ n. banana split f.
banc /bæŋk/ n. DIR. banco m.
▶ **1.band** /bænd/ n. **1** MUS. *(rock)* gruppo m., complesso m.; *(army)* banda f., fanfara f. (militare); *(municipal)* banda f.; ***brass ~*** banda di ottoni; ***jazz ~*** orchestra jazz **2** *(with common aim)* banda f., comitiva f., compagnia f. (**of** di).
2.band /bænd/ **I** tr. riunire, associare **II** intr. riunirsi, associarsi.
▪ **band together** riunirsi (**to do** per fare).
▶ **3.band** /bænd/ n. **1** *(of light, colour)* banda f., fascia f.; *(of land)* striscia f. **2** RAD. banda f.; ***the 31 metre ~*** la banda dei 31 metri **3** BE *(of age, income tax)* fascia f., scaglione m. **4** BE SCOL. *(level)* livello m. **5** *(for binding) (ribbon: for hair, hat)* fascia f., nastro m.; *(around waist)* fascia f., cintura f.; *(around neck)* collare m.; *(around arm)* fascia f., bracciale m.; *(around head)* benda f. **6** ***rubber*** o ***elastic ~*** BE elastico **7** TECN. *(metal)* nastro m.; *(rubber)* nastro m., cinghia f. **8** MUS. *(on record)* solco m.; INFORM. *(on disk)* traccia f. **9** *(ring)* anello m.; ***wedding ~*** fede.
4.band /bænd/ tr. **1** BE SCOL. classificare per livello, suddividere in base al livello **2** *(stripe)* segnare con strisce.
5.band /bænd/ n. ANT. legame m., vincolo m.
▷ **1.bandage** /'bændɪdʒ/ n. benda f., fascia f.; fasciatura f.; ***he has a ~ round his head, on his leg*** ha una fasciatura (intorno) alla testa, alla gamba.
▷ **2.bandage** /'bændɪdʒ/ tr. bendare, fasciare [*head, limb, wound*]; ***to have one's foot ~d*** farsi fasciare il piede.
▪ **bandage up: ~ [sb., sth.] up, ~ up [sb., sth.]** bendare, fasciare [qcn., qcs.]; ***he was (all) ~d up*** era tutto fasciato.
bandaging /'bændɪdʒɪŋ/ n. bendatura f., fasciatura f.
Band-Aid® /'bændeɪd/ n. MED. *(plaster)* cerotto m.; ***a ~ solution*** FIG. SPREG. una pezza *o* toppa.
bandan(n)a /bæn'dænə/ n. bandana m. e f.
B and B, b and b /,bi:ən'bi:/ n. BE (accorc. bed and breakfast) bed and breakfast m.
bandbox /'bændbɒks/ n. cappelliera f.
bandeau /'bændəʊ, AE bæn'dəʊ/ n. (pl. **~x**) *(for hair, hat etc.)* fascia f., nastro m.
banded /'bændɪd/ **I** p.pass. → **2.band** **II** agg. **1** *(striped)* a strisce **2** GEOL. laminato, stratificato.
banderol(e) /'bændərəʊl/ n. MIL. banderuola f.; NAUT. pennone m.
bandicoot /'bændɪku:t/ n. **1** *(rat)* bandicota f. **2** *(marsupial mammal)* peramele m.
banding /'bændɪŋ/ n. BE **1** *(of tax system)* aliquota f. **2** SCOL. *(streaming)* divisione f., classificazione f. per livelli.
bandit /'bændɪt/ n. bandito m. (-a), brigante m. (-essa).
bandit country /'bændɪt,kʌntrɪ/ n. = territorio fuori dal controllo delle leggi.
banditry /'bændɪtrɪ/ n. banditismo m., brigantaggio m.
band leader /'bændl,i:də(r)/ ♦ *27* n. MUS. direttore m. (-trice) di una jazz band.
bandmaster /'bændmɑ:stə(r)/ ♦ *27* n. *(of military, brass band)* capobanda m.
bandmoll /'bæandmɒl/ n. AE COLLOQ. = ragazza che segue un gruppo rock.
bandoleer, **bandolier** /,bændə'lɪə(r)/ n. bandoliera f.
bandoline /'bændəli:n/ n. *(for hair)* fissatore m.
band saw /'bæandsɔ:/ n. sega f. a nastro.
band shell /'bæandʃel/ n. AE MUS. = palco d'orchestra all'aperto con fondale riverberante.
bandsman /'bændzmən/ n. (pl. **-men**) MIL. bandista m.
bandspectrum /'bænd,spektrəm/ n. (pl. **~s, -a**) spettro m. a bande.
bandstand /'bandstænd/ n. palco m. della banda (o dell'orchestra).
bandwagon /'bændwægən/ n. ***to jump*** o ***climb on the ~*** saltare sul carro (del vincitore); ***accused of climbing on the socialist, feminist ~*** accusato di saltare sul carro dei socialisti, delle femministe.
bandwidth /'bændwɪð/ n. larghezza f. di banda.
1.bandy /'bændɪ/ agg. [*legs*] arcuato, storto; ***to have ~ legs*** avere le gambe storte.
2.bandy /'bændɪ/ tr. ***to ~ words, blows with sb.*** RAR. venire a parole, alle mani con qcn.; ***I'm not going to ~ words with you!*** non intendo discutere con te!
▪ **bandy about, bandy around: ~ [sth.] about** o **around** fare circolare, mettere in giro [*names, information, statistics*].
bandy-legged /,bændɪ'legɪd/ agg. [*person*] con le gambe storte; ***he's ~*** ha le gambe storte.
bane /beɪn/ n. disgrazia f., sventura f., rovina f. (**of** di); ***she, it is the ~ of my life*** o ***existence!*** è la rovina della mia vita!
baneberry /'beɪnbrɪ, AE 'beɪnberɪ/ n. actea f.
baneful /'beɪnfl/ agg. LETT. pernicioso, nefasto.
banefully /'beɪnflɪ/ avv. perniciosamente, in modo nefasto.
▷ **1.bang** /bæŋ/ **I** n. **1** *(noise) (of gun, firework, bomb, burst balloon)* detonazione f., scoppio m., esplosione f.; *(of door, window)* colpo m., rumore m. (improvviso); ***to hear a loud ~*** sentire una forte esplosione, un forte rumore **2** *(knock)* botta f., colpo m.; ***my knee got a nasty ~*** ho preso una brutta botta al ginocchio **II** inter.

(imitating gun) pam, pum; *(imitating explosion)* bum, bang ◆ ***to go out with a ~*** chiudere *o* finire in bellezza.

▷ **2.bang** /bæŋ/ **I** tr. **1** *(place sth. noisily)* ***to ~ sth. down on*** sbattere qcs. su; ***to ~ down the receiver*** sbattere (giù) il ricevitore **2** *(causing pain)* ***to ~ one's head*** battere *o* sbattere *o* picchiare la testa (**on** contro); ***I'll ~ your heads together!*** *(to two children)* ve le suono a tutti e due! **3** *(strike)* battere su [*drum, saucepan*]; ***to ~ one's fist on the table*** o ***to ~ the table with one's fist*** battere il pugno sul tavolo **4** *(slam)* sbattere [*door, window*] **5** VOLG. *(have sex with)* sbattere, chiavare [*woman*] **II** intr. **1** *(strike)* ***to ~ on*** battere *o* bussare rumorosamente contro [*wall, door*]; ***he ~ed on the table with his fist*** batté col pugno sul tavolo; ***to ~ against*** battere *o* sbattere contro [*table, chair*] **2** *(make noise)* [*door, shutter*] sbattere; ***to ~ shut*** sbattere *o* chiudersi sbattendo; ***to ~ in the wind*** sbattere per il vento **3** VOLG. *(have sex)* scopare, chiavare.

▪ **bang about, bang around:** ~ ***about*** o ***around*** fare chiasso, muoversi facendo chiasso.

▪ **bang in:** ~ ***[sth.] in***, ~ ***in [sth.]*** fare entrare [*nail, peg, tack*] (**with** a colpi di).

▪ **bang into:** ~ ***into [sb., sth.]*** andare a sbattere, urtare contro.

▪ **bang on about** BE ~ ***on about [sth.]*** COLLOQ. parlare di continuo [*subject*].

▪ **bang out:** ~ ***[sth.] out***, ~ ***out [sth.]*** strimpellare [qcs.], suonare [qcs.] alla bell'e meglio [*song*].

▪ **bang up:** ~ ***[sb.] up***, ~ ***up [sb.]*** BE *(put in jail)* sbattere dentro [qcn.]; ***to be ~ed up for five years*** essere sbattuto dentro per cinque anni.

3.bang /bæŋ/ avv. COLLOQ. ~ ***in the middle*** proprio in centro *o* in pieno centro; ***to arrive ~ on time*** arrivare in perfetto orario; ~ ***on target*** dritto nel bersaglio; ***production is ~ on target*** si è pienamente raggiunto l'obiettivo di produzione; ***the technology is ~ up to date*** la tecnologia è recentissima ◆ ~ ***goes my holiday, my promotion*** COLLOQ. posso dire addio a, posso scordarmi la mia vacanza, la mia promozione.

4.bang /bæŋ/ tr. tagliare a frangia [*hair*].

banger /ˈbæŋə(r)/ n. **1** COLLOQ. *(car)* macinino m.; ***old ~*** vecchio macinino **2** *(firework)* petardo m., mortaretto m., botto m.; ***to let off a ~*** fare scoppiare un petardo **3** BE COLLOQ. *(sausage)* salsiccia f.; ***~s and mash*** salsicce con purè di patate.

banging /ˈbæŋɪŋ/ n. **1** serie f. di colpi, di detonazioni **2** ECON. ~ ***of the market*** svilimento *o* svalutazione del mercato azionario.

Bangkok /ˌbæŋˈkɒk/ ➧ ***34*** n.pr. Bangkok f.

Bangladesh /ˌbæŋgləˈdeʃ/ ➧ ***6*** n.pr. Bangladesh m.; ***in, to ~*** in Bangladesh.

Bangladeshi /ˌbæŋgləˈdeʃɪ/ ➧ ***18*** **I** agg. del Bangladesh **II** n. nativo m. (-a), abitante m. e f. del Bangladesh.

bangle /ˈbæŋgl/ n. bracciale m.

bang-on /ˌbæŋˈɒn/ agg. BE COLLOQ. [*answer, guess, calculation*] azzeccato, preciso, giusto.

bangs /bæŋz/ n.pl. AE frangia f.sing.

bang-up /ˌbæŋˈʌp/ agg. [*job etc.*] ottimo, eccellente.

banian /ˈbænɪən/ n. **1** *(trader)* baniano m. **2** *(garment)* = camicia, tunica indiana **3** *(tree)* baniano m.

banish /ˈbænɪʃ/ tr. **1** FORM. *(expel)* bandire (**from** da) **2** LETT. o SCHERZ. *(drive away)* bandire, scacciare; ***to ~ all thoughts of winter*** cacciare via i pensieri tristi.

banishment /ˈbænɪʃmənt/ n. ANT. FORM. bando m., esilio m., espulsione f.

banister, **bannister** BE /ˈbænɪstə(r)/ n. ringhiera f. (di scale); ***leaning on the ~s*** appoggiandosi alla ringhiera; ***to slide down the ~s*** scivolare sulla ringhiera.

banjax /ˈbændʒæks/ tr. COLLOQ. scassare, distruggere [*machine*].

banjaxed /ˈbændʒækst/ **I** p.pass. → **banjax II** agg. **1** [*machine*] scassato, distrutto **2** ***I'm absolutely ~*** sono distrutto *o* a pezzi.

banjo /ˈbændʒəʊ/ ➧ ***17*** **I** n. (pl. **~s**, **~es**) banjo m., bangio m. **II** modif. [*case, music, string*] di banjo.

banjoist /ˈbændʒəʊɪst/ ➧ ***17, 27*** n. suonatore m. (-trice) di banjo, bangioista m. e f.

▶ **1.bank** /bæŋk/ **I** n. **1** ECON. banca f., istituto m. di credito; ***the Bank of Italy, of England*** la Banca d'Italia, d'Inghilterra; ***blood ~*** banca del sangue **2** GIOC. banco m.; ***to break the ~*** fare saltare il banco; ***it won't break the ~*** FIG. non mi *o* ti *o* ci ecc. manderà in rovina **II** modif. [*credit, debt*] bancario; [*employee, staff*] di banca ◆ ***it's as safe as the Bank of England*** [*project, investment etc.*] è sicurissimo *o* non comporta nessun rischio.

2.bank /bæŋk/ **I** tr. ECON. depositare in banca, versare [*cheque, money*] **II** intr. ECON. ***to ~ with*** essere cliente di *o* avere un conto presso; ***who do you ~ with?*** qual è la tua banca?

▪ **bank on:** ~ ***on [sb., sth.]*** contare su [qcn., qcs.]; ***don't ~ on it!*** non ci contare! ***to ~ on doing*** contare di fare.

▶ **3.bank** /bæŋk/ n. **1** *(border) (of river, lake)* riva f., sponda f.; *(of canal)* argine m.; ***the ~s of the Nile, of the Thames*** le sponde del Nilo, del Tamigi; ***to break its ~s*** [*river*] rompere gli argini *o* esondare **2** *(mound) (of earth, mud, snow)* cumulo m., mucchio m. **3** *(slope) (by road, railway track)* massicciata f., terrapieno m.; *(by racetrack: of bend)* sopraelevazione f., pendenza f. **4** *(section of sea bed)* banco m.; ***sand ~*** banco di sabbia **5** *(mass) (of flowers)* aiuola f.; *(of fog, mist)* banco m.; ***a ~ of cloud*** un banco di nubi **6** SPORT *(of billiard table)* sponda f. **7** MIN. *(by mineshaft)* piazzale m. del pozzo, bocca f. del pozzo; *(face)* gradino m. di cava **8** AER. inclinazione m. trasversale, sbandamento m.

4.bank /bæŋk/ **I** tr. **1** *(border)* delimitare, costeggiare [*track, road*]; ***to be ~ed by*** essere delimitato, costeggiato da **2** AER. inclinare [*plane*] **3** *(fuel)* → **bank up II** intr. AER. [*plane*] inclinarsi.

▪ **bank up:** ~ ***up*** [*snow, earth, mud*] accumularsi; ~ ***[sth.] up***, ~ ***up [sth.]*** **1** *(pile up)* ammucchiare, accumulare [*snow, earth, mud*] **2** *(cover with fuel)* alimentare, coprire [*fire*] **3** *(make a slope by)* sopraelevare [*road, racetrack*].

5.bank /bæŋk/ n. **1** *(series) (of switches, oars, keys, floodlights)* fila f. **2** *(bench for rower)* banco m. dei rematori.

> **i** **Bank of England** La Banca d'Inghilterra è la banca centrale del Regno Unito. Emette cartamoneta, ha funzioni di controllo sulle altre banche e consiglia il governo su questioni finanziarie. È soprannominata *the Old Lady of Threadneedle Street* (la Vecchia Signora di Threadneedle Street), dal nome della via di Londra in cui ha sede.

bankable /ˈbæŋkəbl/ agg. **1** ECON. bancabile, scontabile **2** FIG. *(of star)* ***to be ~*** essere di sicuro successo.

bankable asset /ˈbæŋkəblˌæset/ n. attività f. bancabile.

bank acceptance /ˌbæŋkəkˈseptəns/ n. accettazione f. bancaria.

bank account /ˈbæŋkəˌkaʊnt/ n. conto m. bancario, conto m. in banca.

bankassurance /ˈbæŋkəˌʃɔːrəns, AE -əˌʃʊərəns/ n. bancassicurazione f.

bank balance /ˈbæŋkˌbæləns/ n. saldo m. di conto bancario.

bank bill /ˈbæŋkbɪl/ n. **1** BE cambiale f. bancaria **2** AE *(note)* banconota f.

bankbook /ˈbæŋkbʊk/ n. libretto m. di banca.

bank card /ˈbæŋkˌkɑːd/ n. carta f. assegni.

bank charges /ˈbæŋktʃɑːdʒɪs/ n.pl. spese f., commissioni f. bancarie.

bank cheque BE, **bank check** AE /ˈbæŋkˌtʃek/ n. assegno m. bancario.

bank clerk /ˈbæŋkˌklɑːk, AE -ˌklɜːrk/ ➧ ***27*** n. bancario m. (-a), impiegato m. (-a) di banca.

bank draft /ˈbæŋkˌdrɑːft, AE -ˌdræft/ n. tratta f. bancaria.

▷ **1.banker** /ˈbæŋkə(r)/ ➧ ***27*** n. **1** ECON. *(owner)* banchiere m. (-a); *(executive)* dirigente m. di banca **2** GIOC. chi tiene il banco.

2.banker /ˈbæŋkə(r)/ n. **1** *(fishing boat)* = peschereccio per la pesca del merluzzo in Terranova **2** *(fisherman)* = pescatore di merluzzo in Terranova.

banker's acceptance /ˌbæŋkəzəkˈseptəns/ n. → **bank acceptance.**

banker's card /ˈbæŋkəzˌkɑːd/ n. carta f. assegni.

banker's draft /ˈbæŋkəzˌdrɑːft, AE -ˌdræft/ n. → **bank draft.**

banker's order /ˈbæŋkəzɔːdə(r)/ n. ordine m. di pagamento.

banker's reference /ˈbæŋkəzˌrefərəns/ n. referenze f.pl. bancarie.

Bank for International Settlements /ˌbæŋkfərˌɪntəˌnæʃnəl ˈsetlmənts/ n. Banca dei Regolamenti Internazionali.

Bank Giro Credit /ˌbæŋkˌdʒaɪrəʊˈkredɪt/ n. BE bancogiro m.

bank holiday /ˌbæŋkˈhɒlədeɪ/ n. **1** BE festività f. legale (in cui le banche sono chiuse) **2** AE = giorno di chiusura delle banche.

▷ **1.banking** /ˈbæŋkɪŋ/ **I** n. ECON. **1** *(business)* operazioni f.pl. bancarie, attività f. bancaria **2** *(profession)* tecnica f. bancaria; ***to study ~*** studiare tecnica bancaria **II** modif. [*group, sector, system, facilities, coordinates*] bancario; ~ ***business*** affari bancari.

2.banking /ˈbæŋkɪŋ/ n. **1** *(of river, lake)* arginatura f. **2** *(of road, bend)* sopraelevazione f. **3** AER. inclinazione f. trasversale.

banking hours /ˈbæŋkɪŋˌaʊə(s)/ n.pl. orario m.sing. di sportello.

bank interest /ˈbæŋkˌɪntrəst/ n. interesse m. bancario.

bank lending /ˈbæŋkˌlendɪŋ/ n. prestito m. bancario, finanziamento m., cessione f. di credito.

bank loan /ˈbæŋkləʊn/ n. prestito m. bancario.

bank manager /ˈbæŋkˌmænɪdʒə(r)/ ➧ ***27*** n. direttore m. (-trice) di banca.

bank money /ˈbæŋkˌmʌnɪ/ n. moneta f. bancaria.
banknote /ˈbæŋknəʊt/ n. banconota f.
bank overdraft /ˈbæŋkəʊvədrɑːft, AE -dræft/ n. scoperto m. (bancario); *(credit)* credito m. sullo scoperto.
bank raid /ˈbæŋkreɪd/ n. rapina f. in banca.
bank rate /ˈbæŋkreɪt/ n. BE → **minimum lending rate**.
bank robber /ˈbæŋkˌrɒbə(r)/ n. rapinatore m. (-trice), scassinatore m. (-trice) di banche.
bank robbery /ˈbæŋkˌrɒbərɪ/ n. rapina f. in banca.
1.bankroll /ˈbæŋkrəʊl/ n. fondi m.pl., risorse f.pl. finanziarie.
2.bankroll /ˈbæŋkrəʊl/ tr. AE COLLOQ. finanziare [*person, party*].
bank run /ˈbæŋkrʌn/ n. assalto m. agli sportelli (bancari).
1.bankrupt /ˈbæŋkrʌpt/ **I** n. DIR. fallito m. (-a), bancarottiere m. (-a); ***he's a ~*** è fallito, ha fatto fallimento **II** agg. **1** *(ruined)* [*person*] fallito, rovinato; [*business, economy*] in fallimento; ***~ stock*** massa fallimentare; ***to be declared*** o ***made ~*** essere dichiarato fallito; ***to go ~*** fallire, fare fallimento **2** *(lacking)* ***to be morally ~*** [*person*] essere privo di scrupoli; [*society*] essere privo di valori morali; ***to be ~ of*** essere completamente privo di [*ideas, principles*].
2.bankrupt /ˈbæŋkrʌpt/ tr. fare fallire [*person, company*].
▷ **bankruptcy** /ˈbæŋkrʌpsɪ/ n. **1** *(financial)* fallimento m. **2** FIG. *(moral, intellectual)* fallimento m., rovina f., crac m.
bankruptcy court /ˈbæŋkrʌpsɪˌkɔːt/ n. tribunale m. fallimentare.
bankruptcy proceedings /ˈbæŋkrʌpsɪprəˌsiːdɪŋz/ n.pl. procedura f.sing. fallimentare.
bank statement /ˈbæŋkˌsteɪtmənt/ n. estratto m. conto.
bank teller /ˈbæŋkˌtelə(r)/ ♦ *27* n. cassiere m. (-a) di banca; sportellista m. e f.
bank transfer /ˈbæŋkˌtrænsfɜː(r)/ n. bonifico m. (bancario).
banned /bænd/ **I** p.pass. → **2.ban II** agg. [*writer, book, group, drug*] bandito, interdetto, proibito, vietato; [*athlete*] sospeso.
▷ **banner** /ˈbænə(r)/ **I** n. **1** *(in protest, festival)* striscione m. **2** STOR. bandiera f., stendardo m., vessillo m. **3** *(ensign)* ***under the ~ of*** nel nome di, per la causa di **4** INFORM. banner m. **II** agg. AE [*year, performance*] eccezionale, eccellente.
bannered /ˈbænəd/ agg. ANT. [*ship, camp*] imbandierato.
banneret /ˈbænərɪt/ n. *(in the Middle Ages: knight)* banderese m.
banner headline /ˌbænəˈhedlaɪn/ n. spesso pl. *(in newspaper)* titolo m. a tutta pagina.
bannerman /ˈbænəmən/ n. (pl. **-men**) RAR. portabandiera m.
bannerol /ˈbænərəʊl/ n. → **banderol(e)**.
bannister BE → **banister**.
bannock /ˈbænək/ n. SCOZZ. INTRAD. m. (focaccia rotonda e piatta di farina d'avena o d'orzo).
banns /bænz/ n.pl. RELIG. pubblicazioni f. di matrimonio; ***to read the ~*** dare lettura delle pubblicazioni (matrimoniali).
1.banquet /ˈbæŋkwɪt/ n. banchetto m.; ***medieval, official ~*** banchetto medievale, ufficiale; ***to hold a ~ in honour of sb.*** dare un banchetto in onore di qcn.
2.banquet /ˈbæŋkwɪt/ **I** tr. offrire un banchetto a **II** intr. banchettare.
banqueter /ˈbæŋkwɪtə(r)/ n. banchettante m. e f., commensale m. e f., convitato m. (-a).
banquet hall /ˈbæŋkwɪtˌɔːl/ n. → **banqueting hall**.
banqueting /ˈbæŋkwɪtɪŋ/ n. (il) banchettare.
banqueting hall /ˈbæŋkwɪt(ɪŋ)ˌhɔːl/ n. sala f. per banchetti.
banquette /bæŋˈket/ n. **1** *(in restaurant or bar)* panchetta f., sedile m. **2** *(by road)* banchina f., marciapiede m.
Banquo /ˈbæŋkwəʊ/ n.pr. Banco.
banshee /bænˈʃiː, AE ˈbænʃiː/ n. *(in Irish folklore)* = spirito di donna che preannuncia la morte ♦ ***to wail like a ~*** gridare come un ossesso.
bantam /ˈbæntəm/ n. ***~ cock, hen*** galletto, gallinella bantam (razza originaria di Bantam, nell'isola di Giava); ***to breed ~s*** allevare polli bantam.
bantamweight /ˈbæntəmweɪt/ **I** n. *(weight)* pesi m.pl. gallo, bantam m.pl.; *(boxer)* peso m. gallo, bantam m. **II** modif. [*champion, title*] dei pesi gallo, dei bantam.
1.banter /ˈbæntə(r)/ n. **U** canzonatura f., punzecchiamento m.
2.banter /ˈbæntə(r)/ intr. scherzare (**with** con).
banterer /ˈbæntərə(r)/ n. burlone m. (-a).
bantering /ˈbæntərɪŋ/ agg. canzonatura f., motteggio m.
bantling /ˈbæntlɪŋ/ n. ANT. *(young child, brat)* marmocchio m. (-a).
Bantu /ˈbæntuː, bænˈtuː/ **I** agg. bantu, bantù **II** n. (pl. ~, **~s**) bantu m. e f., bantù m. e f.
banty /ˈbæntɪ/ n. COLLOQ. → **bantam**.
banyan /ˈbænɪən/ n. BOT. baniano m.
baobab /ˈbeɪəbæb/ n. baobab m.
BAOR n. (⇒ British Army of the Rhine) = Armata Britannica del Reno.
bap /bæp/ n. BE = grosso panino soffice.
baptism /ˈbæptɪzəm/ n. RELIG. battesimo m. (anche FIG.); ***~ of fire*** battesimo del fuoco.
baptismal /bæpˈtɪzməl/ agg. [*rite*] battesimale; [*name*] di battesimo; ***~ font*** fonte battesimale.
baptist /ˈbæptɪst/ n. battezzatore m.
Baptist /ˈbæptɪst/ **I** agg. battista **II** n. **1** *(member of Protestant Church)* battista m. e f. **2** ***the ~*** il Battista; ***(Saint) John the ~*** (san) Giovanni Battista.
baptistry /ˈbæptɪstrɪ/ n. battistero m.
baptize /bæpˈtaɪz/ tr. battezzare; ***to be ~d a Catholic*** essere battezzato nella Chiesa cattolica.
▶ **1.bar** /bɑː(r)/ n. **1** *(strip of metal, wood)* sbarra f., spranga f. **2** *(on cage, cell, window)* sbarra f.; ***to put sb., be behind ~s*** mettere qcn., essere dietro le sbarre *o* al fresco **3** *(block) (of chocolate)* stecca f., barretta f.; *(of gold)* lingotto m.; ***~ of soap*** saponetta **4** *(obstacle)* ostacolo m., impedimento m. (**to** a; **to doing** a fare); ***your age is not a ~*** la tua età non è un ostacolo **5** *(place for drinking)* bar m.; *(counter)* banco m., bancone m.; ***to sit at the ~*** sedersi al bancone; ***I'll go to the ~*** vado a prendere qualcosa da bere **6** DIR. ***the ~*** (anche **the Bar**) *(profession)* l'avvocatura, il foro; *(the whole body of lawyers)* l'Ordine degli avvocati; ***to study for the ~*** studiare da avvocato; ***to be called to the ~*** *(to the profession)* essere ammesso all'esercizio della professione forense; *(to the body)* essere ammesso nell'Albo degli avvocati **7** DIR. *(in court)* barra f., sbarra f.; ***to come to the ~*** comparire in giudizio; ***the prisoner at the ~*** l'imputato **8** SPORT *(in gym)* sbarra f.; *(across goal)* traversa f.; ***to practise on the ~s*** esercitarsi alle parallele **9** MUS. *(line)* sbarretta f., stanghetta f.; *(unit)* battuta f.; ***two beats in a, to the ~*** due accenti in una, per battuta **10** *(in electric fire)* resistenza f. **11** MIL. BE *(on medal)* fascetta f.; AE *(on uniform)* grado m. **12** ARALD. fascia f., banda f.
2.bar /bɑː(r)/ tr. (forma in -ing ecc. **-rr-**) **1** *(block)* sbarrare, bloccare [*way, path*]; ***to ~ sb.'s way*** sbarrare la strada a qcn. **2** *(ban)* escludere [*person*] (**from sth.** da qcs.); proibire [*activity*]; ***journalists were ~red*** ai giornalisti fu proibito l'ingresso; ***to ~ sb. from doing*** impedire *o* proibire a qcn. di fare; ***his religion ~s him from marrying*** la sua religione gli proibisce di sposarsi **3** *(fasten)* sbarrare, sprangare [*gate, shutter*]; ***the gate was ~red*** il cancello fu sprangato.
3.bar /bɑː(r)/ prep. tranne, eccetto; ***all ~ one*** tutti tranne uno; ***~ none*** nessuno eccettuato.
4.bar /bɑː(r)/ n. FIS. bar m.
Barabbas /bəˈræbəs/ n.pr. Barabba.
bar association /ˌbɑːrəˌsəʊsɪˈeɪʃn/ n. AE DIR. Ordine m. degli avvocati, Albo m. degli avvocati.
barathrum /ˈbærəθrʌm/ n. (pl. **-a, ~s**) ANT. baratro m., abisso m.
1.barb /bɑːb/ n. **1** *(on arrow)* barbiglio m.; *(of fishing hook)* ardiglione m. **2** FIG. *(remark)* frecciata f., battuta f. pungente **3** *(on feather)* barba f.
2.barb /bɑːb/ tr. munire di barbigli [*arrow*]; munire di ardiglione [*fishing hook*].
3.barb /bɑːb/ n. EQUIT. barbero m., cavallo m. di Barberia.
Barbadian /bɑːˈbeɪdɪən/ ♦ *18* **I** agg. [*person, custom, cuisine, government*] delle Barbados **II** n. nativo m. (-a), abitante m. e f. delle Barbados.
Barbados /bɑːˈbeɪdɒs/ ♦ *6, 12* n.pr. Barbados f.pl.; ***in, to ~*** nelle, alle Barbados.
Barb(a)ra /ˈbɑːb(ə)rə/ n.pr. Barbara.
Barbaresque /ˌbɑːbəˈresk/ agg. barbaresco.
barbarian /bɑːˈbeərɪən/ **I** n. barbaro m. (-a) **II** agg. barbaro (anche SPREG.).
barbaric /bɑːˈbærɪk/ agg. *(brutal, primitive)* barbaro, barbarico.
barbarically /bɑːˈbærɪklɪ/ avv. [*act, behave*] barbaramente.
barbarism /ˈbɑːbərɪzəm/ n. **1** *(brutality, primitiveness)* barbarie f. **2** LETT. *(error)* barbarismo m.
barbarity /bɑːˈbærətɪ/ n. barbarie f.
barbarize /ˈbɑːbəraɪz/ tr. FORM. imbarbarire [*language*]; ***to ~ sb.*** imbarbarire qcn.
barbarous /ˈbɑːbərəs/ agg. *(all contexts)* barbaro.
barbarously /ˈbɑːbərəslɪ/ avv. [*act, behave*] barbaramente; ***to be ~ rude, ignorant*** essere tremendamente scortese, ignorante.
barbarousness /ˈbɑːbərəsnɪs/ n. barbarie f., inciviltà f.
Barbary /ˈbɑːbərɪ/ n.pr. Barberia f.
Barbary ape /ˌbɑːbərɪˈeɪp/ n. bertuccia f.
Barbary Coast /ˌbɑːbərɪˈkəʊst/ n.pr. ***the ~*** la costa della Barberia.
Barbary horse /ˌbɑːbərɪˈhɔːs/ n. (cavallo) berbero m.
barbate /ˈbɑːbeɪt/ agg. ZOOL. BOT. barbato, barbuto.
1.barbecue /ˈbɑːbɪkjuː/ n. **1** *(grill)* barbecue m., griglia f. **2** *(party)* barbecue m., grigliata f. **3** *(food)* grigliata f.

2.barbecue /'bɑ:bɪkju:/ tr. **1** *(on charcoal etc.)* fare arrostire alla griglia, grigliare **2** *(cook in spicy sauce)* cuocere in salsa piccante.
barbecue sauce /'bɑ:bɪkju:sɔ:s/ n. salsa f. piccante.
barbed /'bɑ:bd/ **I** p.pass. → **2.barb II** agg. **1** [*arrow*] con barbigli; [*fishing hook*] con ardiglione **2** [*comment, criticism, wit*] pungente, tagliente.
barbed wire /ˌbɑ:bd'waɪə(r)/ **I** n. filo m. spinato **II** modif. [*barricade etc.*] di filo spinato; ~ ***fence*** reticolato.
barbel /'bɑ:bl/ n. **1** *(fish)* barbio m., barbo m. **2** *(of catfish)* barbiglio m.
barbell /'bɑ:bel/ n. SPORT *(for weighlifting exercises)* bilanciere m.
barber /'bɑ:bə(r)/ ➧ **27** n. barbiere m., parrucchiere m. (per uomo); ***he's a*** ~ fa il *o* è un barbiere; ***to go to the ~'s*** andare dal barbiere.
barber college /'bɑ:bəˌkɒlɪdʒ/ n. AE scuola f. per barbieri.
barber pole /ˌbɑ:bə'pəʊl/ n. AE → **barber's pole.**
barberry /'bɑ:brɪ, -bərɪ/ n. crespino m.
barbershop /'bɑ:bəʃɒp/ n. AE → **barber's shop.**
barbershop quartet /ˌbɑ:bəʃɒpkwɔ:'tet/ n. = quartetto maschile che canta a cappella.
barber's pole /ˌbɑ:bəz'pəʊl/ n. BE = palo a strisce bianche e rosse posto davanti ai negozi dei barbieri come insegna.
barber's shop /'bɑ:bəzʃɒp/ ➧ **27** n. BE negozio m. di barbiere.
barbet /'bɑ:bɪt/ n. uccello m. barbuto.
barbette /bɑ:'bet/ n. MIL. STOR. barbetta f.
barbican /'bɑ:bɪkən/ n. barbacane m.
Barbie /'bɑ:bɪ/ n.pr. diminutivo di **Barbara**.
barbie doll /'bɑ:bɪˌdɒl, AE -ˌdɔ:l/ n. FIG. *(beautiful woman)* bambola f., bambolona f.
barbital /'bɑ:bɪtl/ n. AE → **barbitone.**
barbitone /'bɑ:bɪtəʊn/ n. BE barbitale m., acido m. dietilbarbiturico.
barbiturate /bɑ:'bɪtjʊrət/ n. barbiturico m.
barbituric acid /bɑ:bɪˌtjʊərɪk'æsɪd/ n. acido m. barbiturico.
barbiturism /bɑ:'bɪtjʊrɪzəm/ n. barbiturismo m.
Barbra → **Barbara.**
barbs /bɑ:bz/ n.pl. AE COLLOQ. (accorc. barbiturates) barbiturici m.
barbule /'bɑ:bju:l/ n. barbula f.
barbwire AE → **barbed wire**.
Barby /'bɑ:bɪ/ n.pr. diminutivo di **Barbara**.
barcarole /ˌbɑ:kə'rəʊl, -'rɒl/ n. barcarola f.
Barcelona /ˌbɑ:sɪ'ləʊnə/ ➧ **34** n.pr. Barcellona f.; ***in, to*** ~ a Barcellona.
barchan(e) /bɑ:'kɑ:n/ n. barcana f.
bar chart /'bɑ:tʃɑ:t/ n. diagramma m. a barre, a colonne.
bar code /'bɑ:kəʊd/ n. codice m. a barre.
bar-coded /'bɑ:kəʊdɪd/ agg. dotato di codici a barre.
bar-code reader /'bɑ:kəʊdˌri:də(r)/ n. lettore m. di codici a barre.
1.bard /bɑ:d/ n. **1** LETT. *(poet)* bardo m., poeta m.; ***the Bard (of Avon)*** Shakespeare **2** ANT. *(minstrel)* menestrello m., cantastorie m.
2.bard /bɑ:d/ n. **1** GASTR. *(bacon fat)* = pancetta o lardo per bardare **2** STOR. *(for horse)* barda f.
3.bard /bɑ:d/ tr. **1** GASTR. bardare [*meat*] **2** STOR. bardare [*horse*].
barded /'bɑ:dɪd/ **I** p.pass. → **3.bard II** agg. **1** [*horse*] bardato **2** [*meat*] bardato.
bardic /'bɑ:dɪk/ agg. da bardo, bardito.
bardism /'bɑ:dɪzəm/ n. arte f. dei bardi.
bardolatry /bɑ:'dɒlətrɪ/ n. = idolatria per Shakespeare.
▷ **1.bare** /beə(r)/ agg. **1** *(naked)* [*body, flesh, leg*] nudo, scoperto; ***a child with ~ feet*** un bambino con i piedi nudi *o* scalzi; ***to walk with ~ feet*** camminare a piedi nudi; ***to sit in the sun with one's head ~*** sedersi al sole col capo scoperto; ~ ***to the waist*** nudo fino alla cintola *o* a torso nudo; ***with one's ~ hands*** a mani nude **2** *(stark)* [*branch, earth*] spoglio, nudo; [*mountain, landscape*] brullo, spoglio; [*rock*] vivo; ~ ***of*** spoglio di [*leaves, flowers*] **3** *(exposed)* [*blade, boards, wall*] disadorno, nudo; ***to lay ~*** mettere a nudo *o* svelare [*plan, private life, secret*]; ***to lay one's soul*** o ***heart ~*** mettere a nudo il proprio animo *o* cuore **4** *(empty)* [*cupboard, house, room*] vuoto; ~ ***of*** privo di [*furniture, food*]; ***to strip sth. ~*** svuotare qcs. **5** *(mere)* ***a ~ 3%, 20 dollars*** appena il 3%, 20 dollari; ***to last a ~ 30 seconds*** durare appena 30 secondi; ***the ~st sign, indication of*** il minimo segno, la minima indicazione di **6** *(absolute)* appena sufficiente, minimo, scarso; ***the ~ minimum*** il minimo indispensabile *o* lo stretto necessario; ***the ~ essentials*** o ***necessities*** lo stretto necessario *o* lo stretto indispensabile **7** *(unadorned)* [*facts*] nudo; [*figures, statistics*] bruto, grezzo **8** *(in bridge)* [*ace, king*] secco.
2.bare /beə(r)/ tr. scoprire, denudare; ***to ~ one's chest*** scoprirsi *o* denudarsi il petto; ***to ~ one's head*** scoprirsi il capo; ***to ~ one's teeth*** mostrare i denti; ***to ~ one's heart*** o ***soul to*** aprire il proprio animo a.
bare-ass(ed) /'beəræs(t)/ agg. POP. completamente nudo.
bareback /'beəbæk/ avv. [*ride*] a pelo.
barebacked /'beəbækt/ agg. [*horse*] senza sella.
bareback rider /'beəbæktˌraɪdə(r)/ n. cavaliere m. (-llerizza) che monta a pelo.
bare bones /ˌbeə'bəʊnz/ **I** n.pl. ***the ~*** l'essenziale, il succo; ***the ~ of the story are*** il succo della storia è **II bare-bones** agg. [*account*] ridotto all'osso, ridotto all'essenziale.
barebones /'beəˌbəʊnz/ n. *(skinny person)* sacco m. di ossa; ***he's a ~*** è tutto pelle e ossa.
barefaced /'beəfeɪst/ agg. [*lie*] sfacciato, spudorato; ***he had the ~ cheek to do*** ha avuto la sfacciataggine di fare.
barefacedly /'beəfeɪstlɪ/ avv. sfacciatamente, spudoratamente.
barefacedness /'beəfeɪstnɪs/ n. sfacciataggine f., spudoratezza f.
barefoot /'beəfʊt/, **barefooted** /ˌbeə'fʊtɪd/ **I** agg. [*person*] scalzo, a piedi nudi; ***to be ~*** essere scalzo **II** avv. [*run, walk*] a piedi nudi.
barehanded /'beəhændɪd/ agg. e avv. a mani nude.
bareheaded /ˌbeə'hedɪd/ agg. e avv. a capo scoperto.
barelegged /ˌbeə'legɪd/ agg. e avv. con le gambe nude.
barely /'beəlɪ/ avv. **1** [*audible, capable, conscious, disguised*] appena, a malapena; ***to be ~ able to walk*** potere a malapena camminare; ~ ***12 hours later*** appena 12 ore dopo; ~ ***concealed hostility*** ostilità appena dissimulata; ***she had ~ finished when*** aveva appena finito quando **2** [*furnished*] poveramente.
bareness /'beənɪs/ n. **1** *(nakedness)* nudità f. **2** *(scarcity)* scarsezza f., povertà f.
baresark /'beəsɑ:k/ n. = feroce guerriero vichingo.
bar exams /'bɑ:rɪˌgzæmz/ n. BE = esame per l'abilitazione alla professione di avvocato.
1.barf /bɑ:f/ n. AE POP. vomito m.; ~***!*** che schifo! che schifezza!
2.barf /bɑ:f/ intr. vomitare.
barfly /'bɑ:flaɪ/ n. AE COLLOQ. frequentatore m. (-trice), habitué m. e f. di bar.
▷ **1.bargain** /'bɑ:gɪn/ **I** n. **1** *(deal)* patto m., accordo m., affare m. (**between** tra); ***to make*** o ***strike a ~*** concludere un accordo *o* un affare; ***to keep one's side of the ~*** stare ai patti *o* rispettare gli accordi; ***to drive a hard ~*** fare un buon affare a scapito della controparte *o* imporre condizioni svantaggiose per la controparte; ***to make the best of a bad ~*** fare buon viso a cattivo gioco; ***into the ~*** per giunta *o* in più *o* per soprammercato **2** *(good buy)* affare m.; ***what a ~!*** che affare! ***to get a ~*** fare un affare; ***a ~ at £ 10*** un affare a 10 sterline **II** modif. [*buy, book, house*] d'occasione.
2.bargain /'bɑ:gɪn/ intr. **1** *(for deal)* contrattare, negoziare (**with** con); ***to ~ for*** negoziare [*freedom, release, increase*] **2** *(over price)* mercanteggiare, tirare sul prezzo (**with** con); ***to ~ for a lower price*** contrattare un prezzo più basso.
■ **bargain away:** ~ ***[sth.] away***, ~ ***away [sth.]*** svendere, cedere [*freedom, rights*].
■ **bargain for, bargain on:** ~ ***for***, ~ ***on sth.*** aspettarsi qcs., attendersi qcs.; ***we got more than we ~ed for*** abbiamo ottenuto più di quanto ci aspettassimo.
bargain basement /'bɑ:gɪnˌbeɪsmənt/ n. *(in supermarkets)* reparto m. occasioni (di solito nel seminterrato).
bargainee /ˌbɑ:gɪ'ni:/ n. DIR. acquirente m. e f.
bargain hunter /'bɑ:gɪnˌhʌntə(r)/ n. chi va in cerca di affari, di occasioni.
bargaining /'bɑ:gɪnɪŋ/ **I** n. *(over pay)* mercanteggiamento m., contrattazione f., negoziazione f. **II** modif. [*framework, machinery, position, rights*] di contrattazione, di negoziazione; ~ ***power*** potere *o* forza contrattuale; ~ ***procedure*** procedura delle trattative.
bargaining chip /'bɑ:gɪnɪŋˌtʃɪp/ n. = concessione nelle negoziazioni al fine di raggiungere un accordo.
bargain money /'bɑ:gɪnˌmʌnɪ/ n. caparra f.
bargain offer /'bɑ:gɪnˌɒfə(r), AE -'ɔ:f-/ n. promozione f.
bargainor /'bɑ:gɪnə(r)/ n. DIR. venditore m. (-trice).
bargain plea /'bɑ:gɪnˌpli:/ n. = accordo in cui l'imputato si dichiara colpevole di un reato minore per essere scagionato da un reato più grave.
bargain price /'bɑ:gɪnˌpraɪs/ n. prezzo m. d'occasione.
bargain purchasing /'bɑ:gɪnˌpɜ:tʃəzɪŋ/ n. acquisto m. in blocco.
1.barge /bɑ:dʒ/ n. **1** *(living in, freight)* chiatta f., barcone m. **2** *(for ceremony, pageant)* barca f. di rappresentanza, di parata **3** *(in navy)* lancia f.
2.barge /bɑ:dʒ/ **I** tr. *(shove)* spingere, strattonare [*player, runner*] **II** intr. *(move roughly)* ***to ~ through a crowd*** farsi largo a spintoni tra la folla; ***to ~ past sb.*** passare davanti a qcn. spingendo.

▪ **barge in** *(enter noisily)* fare irruzione, irrompere; *(interrupt)* interrompere; ***to ~ in on sb.*** fare irruzione da qcn.; ***to ~ in on a meeting*** fare irruzione in una riunione; ***sorry to ~ in*** mi scuso se disturbo *o* mi spiace interrompervi.
▪ **barge into** fare irruzione in, irrompere in [*room, house*]; spingere, urtare [*person*].
bargee /bɑːˈdʒiː/ ➧ 27 n. BE chiattaiolo m. (-a), barcaiolo m. (-a).
bargeman /ˈbɑːdʒmən/ ➧ 27 n. (pl. **-men**) → **bargee**.
bargepole /ˈbɑːdʒpəʊl/ n. *(of bargee)* pertica f. ◆ ***I wouldn't touch him, it with a ~*** non voglio avere nulla a che fare con lui, non voglio averci nulla a che fare.
1.baric /ˈbærɪk/ agg. CHIM. barico.
2.baric /ˈbærɪk/ agg. METEOR. barico.
barite /ˈbeəraɪt/ n. MINER. baritina f.
baritone /ˈbærɪtəʊn/ **I** n. baritono m. **II** modif. [*voice*] baritonale, di baritono; [*part, solo*] del baritono; [*sax, oboe*] baritono.
barium /ˈbeərɪəm/ n. bario m.
barium meal /ˌbeərɪəmˈmiːl/ n. pappa f. di bario.
1.bark /bɑːk/ n. *(of tree)* corteccia f., scorza f.; ***chipped*** o ***shredded ~*** AGR. trucioli di corteccia.
2.bark /bɑːk/ tr. **1** *(strip)* scortecciare [*tree*] **2** *(graze)* [*person*] sbucciarsi, scorticarsi [*shin, elbow*].
3.bark /bɑːk/ n. *(of dog)* abbaio m., latrato m. ◆ ***his ~ is worse than his bite*** can che abbaia non morde.
▷ **4.bark** /bɑːk/ **I** intr. **1** [*dog*] abbaiare (**at sb., sth.** a qcn., qcs.) **2** [*person*] sbraitare, urlare **II** tr. *(shout)* urlare [*order*]; [*barker*] fare pubblicità urlando a [*wares*] ◆ ***to be ~ing up the wrong tree*** sbagliare *o* fare ipotesi sbagliate *o* essere fuori strada; ***to keep a dog and ~ oneself*** = fare un lavoro che si potrebbe delegare ad altri.
▪ **bark out:** *~ out [sth.]* urlare [*order etc.*].
5.bark /bɑːk/ n. LETT. *(boat)* barca f., imbarcazione f.
barkeep /ˈbɑːkiːp/ n. COLLOQ. → **barkeeper**.
barkeeper /ˈbɑːkiːpə(r)/ ➧ 27 n. proprietario m. (-a) di bar.
barkentine /ˈbɑːkəntiːn/ n. MAR. goletta f.
1.barker /ˈbɑːkə(r)/ n. **1** scortecciatore m. (-trice) **2** TECN. *(machine)* scortecciatrice f.
2.barker /ˈbɑːkə(r)/ n. *(at fair)* imbonitore m. (-trice), strillone m.
1.barking /ˈbɑːkɪŋ/ n. *(of tree)* scortecciatura f.
2.barking /ˈbɑːkɪŋ/ **I** n. abbaio m., latrati m.pl. **II** agg. **1** [*dog*] che abbaia **2** [*cough*] abbaiante, secco; [*laugh*] soffocato ◆ ***to be ~ mad*** BE COLLOQ. essere completamente fuori di testa *o* essere completamente andato.
▷ **barley** /ˈbɑːlɪ/ n. AGR. GASTR. orzo m.
barleycorn /ˈbɑːlɪkɔːn/ n. chicco m. d'orzo.
barley field /ˈbɑːlɪˌfiːld/ n. campo m. d'orzo.
barley meal /ˈbɑːlɪˌmiːl/ n. farina f. d'orzo.
barley sugar /ˈbɑːlɪˌʃʊgə(r)/ n. zucchero m. d'orzo.
barley water /ˈbɑːlɪˌwɔːtə(r)/ n. BE orzata f.; *(infusion)* infuso m. d'orzo.
barley wine /ˌbɑːlɪˈwaɪn/ n. BE = birra ad alto contenuto alcolico.
bar line /ˈbɑːlaɪn/ n. MUS. barretta f., stanghetta f.
barm /bɑːm/ n. BE lievito m. di birra, fermento m.
barmaid /ˈbɑːmeɪd/ ➧ 27 n. barista f., barmaid f.
▷ **barman** /ˈbɑːmən/ ➧ 27 n. (pl. **-men**) barista m., barman m.
barmecide /ˈbɑːmɪˌsaɪd/ agg. illusorio, immaginario; [*feast*] deludente.
barmen /bɑːmen/ → **barman**.
bar mitzvah /ˌbɑːˈmɪtzvə/ n. **1** (anche **Bar Mitzvah**) *(ceremony)* bar mitzvah m. **2** *(boy)* bar mitzvah m.
barmy /ˈbɑːmɪ/ agg. BE COLLOQ. [*person*] svanito, svampito, tocco; [*plan, idea, outfit*] strambo, strampalato; ***to be as ~ as they come*** essere completamente suonato; ***to go ~*** dare in escandescenze, dare i numeri.
▷ **barn** /bɑːn/ n. *(for crops)* granaio m.; *(for hay)* fienile m.; *(for straw)* pagliaio m.; *(for cattle)* stalla f.; *(for horses)* scuderia f.; *(large, comfortless place)* ***a great ~ of a place*** COLLOQ. una baracca.
Barnabas /ˈbɑːnəbəs/ n.pr. Barnaba.
Barnabite /ˈbɑːnəbaɪt/ n. barnabita m.
Barnaby /ˈbɑːnəbɪ/ n.pr. Barnaba.
barnacle /ˈbɑːnəkl/ n. **1** cirripede m. **2** → **barnacle goose**.
barnacle goose /ˈbɑːnəklˌguːs/ n. (pl. **barnacle geese**) bernacla f., bernicla f.
barn dance /ˈbɑːndɑːns, AE -dæns/ n. = festa campestre con balli tradizionali.
barn door /ˌbɑːnˈdɔː(r)/ n. ***it's as big as a ~*** è grande come una casa.
barney /ˈbɑːnɪ/ n. BE COLLOQ. battibecco m., baruffa f., zuffa f.; ***to have a ~ with sb.*** avere un battibecco con qcn.
Barney /ˈbɑːnɪ/ n.pr. diminutivo di **Barnaby**.
barn owl /ˈbɑːnaʊl/ n. barbagianni m.
barnstorm /ˈbɑːnstɔːm/ **I** tr. = girare per fare propaganda elettorale **II** intr. AE = girare zone, aree rurali per fare comizi e propaganda elettorale.
barnstormer /ˈbɑːnˌstɔːmə(r)/ n. = chi gira zone, aree rurali per fare comizi e propaganda elettorale.
barnstorming /ˈbɑːnˌstɔːmɪŋ/ agg. tonante.
barn swallow /ˈbɑːnˌswɒləʊ/ n. → **1.swallow**.
barnyard /ˈbɑːnjɑːd/ n. aia f., cortile m.
barogram /ˈbærəgræm/ n. barogramma m.
barograph /ˈbærəgrɑːf, AE -græf/ n. barografo m.
barometer /bəˈrɒmɪtə(r)/ n. METEOR. barometro m. (anche FIG.); ***the ~ is rising, falling*** il barometro sale, scende; ***the ~ is set fair*** il barometro segna bel tempo.
barometric(al) /ˌbærəˈmetrɪk(l)/ agg. barometrico.
barometry /bəˈrɒmɪtrɪ/ n. barometria f.
baron /ˈbærən/ n. **1** *(noble)* barone m.; ***Baron Furnival*** il barone Furnival **2** *(tycoon)* magnate m., barone m.; ***drugs ~*** il re della droga; ***media ~*** il magnate delle telecomunicazioni; ***industrial ~*** grande industriale **3** GASTR. ***~ of beef*** i due lombi del bue.
baronage /ˈbærənɪdʒ/ n. **1** *(rank)* baronato m., baronaggio m. **2** *(barons collectively)* i baroni.
baroness /ˈbærənɪs/ n. baronessa f.; ***Baroness Furnival*** la baronessa Furnival.
1.baronet /ˈbærənɪt/ n. baronetto m.
2.baronet /ˈbærənɪt/ tr. nominare baronetto.
baronetcy /ˈbærənɪtsɪ/ n. rango m., titolo m. di baronetto.
baronial /bəˈrəʊnɪəl/ agg. *(of a baron)* baronale, di, da barone; *(splendid)* imponente; ***~ hall*** dimora signorile.
barony /ˈbærənɪ/ n. *(rank and domain)* baronia f.
baroque /bəˈrɒk, AE bəˈrəʊk/ **I** n. ***the ~*** il barocco **II** agg. barocco.
baroscope /ˈbærəskəʊp/ n. baroscopio m.
barostat /ˈbærəstæt/ n. barostato m.
barque → **5.bark**.
barquentine → **barkentine**.
barracan /ˈbærəkən/ n. barracano m.
1.barrack /ˈbærək/ n. COLLOQ. SPREG. *(building)* casermone m.
2.barrack /ˈbærək/ **I** tr. accasermare, acquartierare **II** intr. accasermarsi, acquartierarsi.
3.barrack /ˈbærək/ tr. BE *(heckle)* schernire, fischiare.
barracking /ˈbærəkɪŋ/ n. (il) coprire d'insulti, (il) fischiare.
barrack room /ˈbærəkruːm, -rʊm/ **I** n. camerata f. **II** modif. SPREG. [*joke, language*] da caserma.
barrack-room lawyer /ˈbærəkruːmˌlɔːjə(r)/ BE, **barracks lawyer** /ˈbærəksˌlɔːjə(r)/ AE n. SPREG. = persona che, sebbene incompetente, dà opinioni e consigli in materia legale.
▷ **barracks** /ˈbærəks/ n. + verbo sing. o pl. MIL. caserma f.; ***in (the) ~*** in caserma *o* nella caserma.
barracks bag /ˈbærəksbæg/ n. sacca f. (militare).
barracks lawyer AE → **barrack-room lawyer**.
barrack square /ˈbærəkskweə(r)/ n. piazzale m. dell'adunata.
barracuda /ˌbærəˈkuːdə/ n. (pl. **~**, **~s**) barracuda m.
1.barrage /ˈbærɑːʒ, AE bəˈrɑːʒ/ n. **1** ING. diga f., sbarramento m. **2** MIL. tiro m. di sbarramento **3** FIG. *(of questions, criticism, complaints)* raffica f., fuoco m. di fila, tempesta f.; *(of publicity)* bombardamento m.
2.barrage /ˈbærɑːʒ, AE bəˈrɑːʒ/ tr. **1** MIL. sottoporre a tiro di sbarramento **2** tempestare di, sottoporre a un fuoco di fila di [*questions, criticism, complaints*].
barrage balloon /ˌbærɑːʒbəˈluːn, AE bəˌrɑːʒbəˈluːn/ n. pallone m. di sbarramento.
barrator /ˈbærətə(r)/ n. **1** STOR. istigatore m. di liti **2** DIR. MAR. barattiere m.
barratry /ˈbærətrɪ/ n. **1** STOR. istigazione f. alle liti **2** DIR. MAR. ANT. baratteria f.
barred /bɑːd/ **I** p.pass. → **2.bar** **II** agg. **1** [*window*] con sbarre **2** *(striped)* **~ with** a, con strisce di [*colour, mud*] **3 -barred** in composti ***four, five-~ gate*** cancello a quattro, cinque sbarre ◆ ***a no holds ~ contest*** una lotta senza esclusione di colpi; ***it was a divorce battle with no holds ~*** la battaglia per il divorzio fu senza esclusione di colpi.
▷ **1.barrel** /ˈbærəl/ n. **1** *(container) (for beer, olives, herrings)* barile m.; *(for wine)* botte f.; *(for tar)* fusto m.; *(for petroleum)* barile m. **2** (anche **~ful**) *(of beer, olives, herrings)* barile m.; *(of wine)* botte f.; *(of petroleum)* barile m. **3** *(of firearm, cannon)* canna f. **4**

(of pen) serbatoio m. **5** *(of watch, clock)* bariletto m. ◆ ***it was a ~ of laughs*** o ***fun*** COLLOQ. IRON. sai che risate; ***both ~s*** [*beat*] a sangue; ***to have sb. over a ~*** COLLOQ. mettere qcn. con le spalle al muro *o* avere qcn. in proprio potere; ***to buy, transport sth. lock, stock and ~*** comprare tutta la baracca *o* trasportare tutto l'armamentario; ***to scrape the bottom of the ~*** raschiare il fondo del barile.
2.barrel /ˈbærəl/ **I** tr. (forma in -ing ecc. **-ll-**, **-l-** AE) imbarilare, imbottare [*beer, wine*] **II** intr. COLLOQ. (forma in -ing ecc. **-ll-**, **-l-** AE) ***to go ~ling along*** andare a tutta birra, a tutto gas.
barrel-chested /ˈbærəlˌtʃestɪd/ agg. dal torace ampio, ben piantato.
barrelhouse /ˈbærəlˌhaʊs/ n. AE **1** *(saloon)* bettola f., bar m. d'infimo ordine **2** MUS. = stile di jazz molto ritmato.
barrelled /ˈbærəld/ **I** p.pass. → **2.barrel II** agg. **1** *(put in barrel)* imbarilato, imbottato **2** *(shape)* a forma di barile, a forma di botte.
barrel organ /ˈbærəlˌɔːgən/ n. organetto m. di Barberia.
barren /ˈbærən/ agg. **1** [*land*] sterile, arido; [*plant*] sterile, infruttifero; [*woman*] ANT. sterile **2** *(unrewarding)* [*effort, activity*] sterile, inutile; [*style*] austero; ***to be ~ of sth.*** essere privo di qcs.
barrenly /ˈbærən/ avv. in modo sterile, infruttifero.
barrenness /ˈbærənnɪs/ n. *(of land)* sterilità f., aridità f.; *(of plant)* sterilità f., infruttuosità f.; *(of woman)* ANT. sterilità f.
barrette /bəˈret/ n. AE fermaglio m. per capelli.
barret /ˈbærət/ n. RAR. berretta f.
1.barricade /ˌbærɪˈkeɪd/ n. barricata f.; ***to man the ~s*** munire di uomini le barricate.
2.barricade /ˌbærɪˈkeɪd/ **I** tr. barricare **II** rifl. ***to ~ oneself*** barricarsi (**in, into** in).
▷ **1.barrier** /ˈbærɪə(r)/ n. **1** AUT. MIL. barriera f.; ***(ticket) ~*** FERR. cancelletto m. (di accesso ai binari) **2** FIG. *(cultural, economic, medical, psychological)* barriera f.; *(to understanding, progress)* ostacolo m. (**to** a); ***language ~*** barriere linguistiche; ***trade ~*** barriera doganale; ***to break down ~s*** abbattere le barriere; ***to put up ~s*** PSIC. erigere barriere.
2.barrier /ˈbærɪə(r)/ tr. sbarrare.
barrier cream /ˈbærɪəkriːm/ n. crema f. protettiva.
barrier lake /ˈbærɪəleɪk/ n. lago m. di sbarramento.
barrier method /ˈbærɪəˌmeθəd/ n. MED. metodo m. contraccettivo locale.
barrier nursing /ˈbærɪənɜːsɪŋ/ n. = assistenza in isolamento alle persone colpite da malattie infettive.
barrier reef /ˈbærɪəriːf/ n. barriera f. corallina; ***the Great Barrier Reef*** la Grande Barriera Corallina.
barring /ˈbɑːrɪŋ/ prep. eccetto, salvo, tranne; ***~ accidents*** salvo incidenti *o* salvo imprevisti; ***nobody, ~ a madman*** nessuno, tranne un pazzo.
barrio /ˈbɑːrɪəʊ/ n. AE = quartiere ispanico, specialmente in una città statunitense.
barrister /ˈbærɪstə(r)/ ◗ ***27*** n. BE avvocato m. e f. (abilitato all'azione legale per la difesa o pubblica accusa nei tribunali di grado superiore).
barristerial /ˌbærɪˈstɪərɪəl/ agg. RAR. relativo a un avvocato, relativo a un barrister.
barroom /ˈbɑːruːm, -rʊm/ n. AE bar m.
1.barrow /ˈbærəʊ/ n. carriola f.; BE *(on market)* carretto m. (di venditore ambulante).
2.barrow /ˈbærəʊ/ n. ARCHEOL. tumulo m.
3.barrow /ˈbærəʊ/ n. *(pig)* maiale m. castrato.
barrow boy /ˈbærəʊbɔɪ/ ◗ ***27*** n. BE **1** venditore m. (-trice) ambulante **2** COLLOQ. SPREG. giovane parvenu m.
Barry /ˈbærɪ/ n.pr. Barry (nome di uomo).
bar school /ˈbɑːskuːl/ n. = scuola dove si studia per l'abilitazione alla professione di avvocato.
bar stool /ˈbɑːstuːl/ n. sgabello m. (da bar).
Bart /bɑːt/ n.pr. diminutivo di **Bartholomew**.
Bart. ⇒ baronet baronetto.
bartender /ˈbɑːtendə(r)/ n. AE → **barman**.
1.barter /ˈbɑːtə(r)/ n. baratto m., scambio m.
2.barter /ˈbɑːtə(r)/ **I** tr. barattare (**for** con); ***the Bartered Bride*** MUS. La sposa venduta **II** intr. **1** *(by exchange)* fare baratti, praticare il baratto; *(one deal)* fare un baratto **2** *(haggle)* mercanteggiare, tirare sul prezzo.
barterer /ˈbɑːtərə(r)/ n. chi pratica il baratto, barattatore m. (-trice).
Bartholomew /bɑːˈθɒləmjuː/ n.pr. Bartolomeo; ***the St. ~'s Day massacre*** STOR. il massacro di san Bartolomeo.
bartizan /ˈbɑːtɪzən/ n. bertesca f.
barton /ˈbɑːtn/ n. *(farmyard)* ANT. aia f., cortile m. di fattoria.
Baruch /ˈbɑːrʊk/ n.pr. Baruc.
barycentre /ˈbærɪsentə(r)/ n. baricentro m.
barycentric /ˌbærɪˈsentrɪk/ agg. baricentrico.
barye /ˈbærɪ/ n. METEOR. baria f.
baryon /ˈbærɪən/ n. barione m.
barysphere /ˈbærɪsfɪə(r)/ n. barisfera f.
baryta /bəˈraɪtə/ n. **1** *(barium oxide)* barite f., ossido m. di bario **2** *(barium hydroxide)* idrossido m. di bario.
barytes /bəˈraɪtiːz/ n. → **barite**.
baryton /ˈbærɪtəʊn/ ◗ ***17*** n. *(instrument)* baritono m., viola f. bastarda.
basal /ˈbeɪsl/ agg. ANAT. BOT. MED. basale, di base.
basal anaesthesia BE, **basal anesthesia** AE /ˌbeɪslˌænɪsˈθiːzɪə/ n. anestesia f. basale, preanestesia f.
basal cell carcinoma /ˌbeɪslˌselˌkɑːsɪˈnəʊmə/ n. carcinoma m. basocellulare.
basal metabolic rate /ˌbeɪslˌmetəˈbɒlɪkˌreɪt/ n. indice m. del metabolismo basale.
basal metabolism /ˌbeɪslˌmɪˈtæbɒlɪzəm/ n. metabolismo m. basale.
basalt /ˈbæsɔːlt, AE ˈbeɪ-, bəˈsɔːlt/ n. basalto m.; ***~ lava*** lava basaltica.
basaltic /ˈbæsɔːltɪk, AE bəˈsɔːltɪc/ agg. basaltico.
bascule /ˈbæskjuːl/ n. bascula f.; ***~ bridge*** ponte levatoio.
▶ **1.base** /beɪs/ n. **1** *(bottom part) (of object, structure)* base f., basamento m., appoggio m.; *(of mountain, tree, cliff)* piedi m.pl., base f.; *(of tail)* base f., radice f.; *(of sculpture, statue)* base f., piedistallo m.; *(of lamp)* piantana f.; ***bed ~*** fusto *o* intelaiatura del letto **2** FIG. *(basis) (for assumption, theory)* base f.; *(for research)* base f., punto m. di partenza; ***to have a broad ~*** avere una base solida **3** MIL. *(centre of operations)* base f.; ***military, naval ~*** base militare, navale; ***to return to ~*** MIL. rientrare alla base **4** CHIM. GASTR. FARM. base f. **5** MAT. *(arithmetic, geometry)* base f.; ***in ~ 2*** in base 2 **6** SPORT base f.; ***to get to first ~*** raggiungere la prima base, FIG. fare il primo passo *o* ottenere un successo iniziale ◆ ***to be off ~*** AE COLLOQ. sbagliare di grosso *o* essere completamente fuori strada; ***to catch sb. off ~*** AE COLLOQ. prendere qcn. alla sprovvista; ***to steal a ~ on sb.*** AE COLLOQ. anticipare *o* prevenire qcn.; ***to touch all the ~s*** AE toccare tutti gli argomenti *o* pensare a tutti i dettagli; ***to touch ~ (with sb.)*** prendere contatto con qcn.
2.base /beɪs/ agg. *(contemptible)* [*act, motive*] basso, vile, ignobile, spregevole.
▶ **3.base** /beɪs/ tr. **1** *(take as foundation)* basare, fondare [*calculation, assumption, decision, policy, research, character*] (**on** su); ***to be ~d on*** essere basato *o* fondato su [*theory, policy etc.*]; ***the film is ~d on the novel by Henry James, a true story*** il film è basato sul romanzo di Henry James, su una storia vera **2** gener. passivo *(have as operations centre)* ***to be ~d in*** o ***at London, Rome*** MIL. essere di base *o* di stanza a Londra, a Roma; [*company*] aver sede a Londra, a Roma; [*person*] risiedere a Londra, a Roma.
baseball /ˈbeɪsbɔːl/ ◗ ***10*** n. baseball m.
baseboard /ˈbeɪsbɔːd/ n. AE battiscopa f., zoccolo m.
base-born /ˈbeɪsbɔːn/ agg. ANT. **1** *(of humble parents)* di bassi natali **2** *(illegitimate)* illegittimo.
base broom /ˈbeɪsbruːm/ n. ginestrella f.
base camp /beɪsˈkæmp/ n. campo m. base (anche FIG.).
base coat /ˈbeɪskəut/ n. *(of paint)* prima mano f., prima passata f.
▷ **based** /beɪst/ **I** p.pass. → **3.base II -based** agg. in composti basato su, fondato su; ***computer-, pupil-~*** [*method, policy*] basato sul computer, sull'allievo; ***London-, Rome-~*** [*person*] residente a Londra, a Roma; [*company*] con sede a Londra, a Roma; ***home-~*** (a livello) locale.
base form /ˈbeɪsfɔːm/ n. LING. (forma) base f.
base jumping /ˈbeɪsˌdʒʌmpɪŋ/ ◗ ***10*** n. base jumping m.
Basel /ˈbɑːzl/ ◗ ***34*** n.pr. Basilea f.
base lending rate /ˈbeɪsˌlendɪŋˌreɪt/ n. tasso m. di interesse base.
baseless /ˈbeɪslɪs/ agg. infondato, senza fondamento.
baselessness /ˈbeɪslɪsnɪs/ n. infondatezza f.
baseline /ˈbeɪslaɪn/ n. **1** *(in tennis)* linea f. di fondo **2** FIG. base f. **3** *(in advertisement)* baseline f.
base load /ˈbeɪsləʊd/ n. EL. carico m. minimo, carico m. di base.
basely /ˈbeɪslɪ/ avv. LETT. [*betray, insult*] bassamente, vilmente; [*treat*] in modo ignobile.
base man /ˈbeɪsmən/ n. (pl. **base men**) AE SPORT *(player)* difensore m. di base.
▷ **basement** /ˈbeɪsmənt/ **I** n. **1** seminterrato m., interrato m.; ***in the ~*** nel seminterrato **2** ARCH. *(foundations)* basamento m., fondamento m. **II** modif. [*flat, apartment, kitchen*] nel seminterrato.
base metal /ˌbeɪsˈmetl/ n. metallo m. comune.

base-minded /'beɪsˌmaɪndɪd/ agg. meschino, ignobile, di animo vile.
baseness /'beɪsnɪs/ n. bassezza f.
base period /ˌbeɪs'pɪərɪəd/ n. STATIST. periodo m. base.
base rate /'beɪsreɪt/ n. tasso m. (bancario) di riferimento.
bases /'beɪsi:z/ → **basis**.
base station /ˌbeɪs'steɪʃn/ n. TECN. stazione f. fissa.
base year /ˌbeɪs'jɪə(r), -'jɜ:(r)/ n. ECON. anno m. base.
▷ **1.bash** /bæʃ/ n. COLLOQ. **1** *(blow)* colpo m., botta f. **2** *(dent)* ammaccatura f.; botta f.; ***my car has a ~ on the door*** la mia macchina ha una botta sulla portiera **3** *(attempt)* tentativo m.; ***to have a ~ at sth.*** o ***to give sth. a ~*** tentare di fare qcs.; ***go on, have a ~!*** dai, provaci! ***give it a ~!*** provaci! fai un tentativo! **4** *(party)* festa f., baldoria f. **5** AE *(good time)* ***to have a ~*** divertirsi un mondo.
▷ **2.bash** /bæʃ/ tr. **1** *(hit)* colpire con violenza, pestare [*person*]; sbattere contro [*tree, wall, kerb*]; ***she ~ed her head on*** o ***against the shelf*** ha battuto la testa contro lo scaffale; ***he ~ed my head against the wall*** mi ha sbattuto la testa contro il muro; ***to ~ sb. on*** o ***over the head*** colpire qcn. alla testa **2** *(criticize)* criticare, attaccare [*group, person*].
■ **bash about, bash around:** ~ ***[sb.] about*** o ***around*** malmenare, maltrattare [*person*].
■ **bash in:** ~ ***[sth.] in***, ~ ***in [sth.]*** sfondare [*door, part of car*].
■ **bash into:** ~ ***into [sth.]*** sbattere contro [*tree, wall*].
■ **bash on** ***to ~ on with sth.*** impuntarsi, incaponirsi su qcs.
■ **bash out:** ~ ***out [sth.]***, ~ ***[sth.] out*** sbrigare [*work*]; strimpellare, suonare alla bell'e meglio [*tune*].
■ **bash up:** ~ ***[sb.] up***, ~ ***up [sb.]*** pestare, picchiare [*person*]; distruggere, mettere fuori uso, danneggiare [*car*].
basher /'bæʃə(r)/ n. POP. chi è violento; ***wife ~*** chi picchia la moglie.
bashful /'bæʃfl/ agg. timido, ritroso, imbarazzato; ***to be ~ about doing*** esitare a *o* essere imbarazzato nel fare qcs.
Bashful /'bæʃfl/ n.pr. Mammolo.
bashfully /'bæʃfəlɪ/ avv. timidamente.
bashfulness /'bæʃflnɪs/ n. timidezza f., ritrosia f.
bashing /'bæʃɪŋ/ n. COLLOQ. **1** *(beating)* colpi m.pl., botte f.pl.; ***this table has taken a ~ over the years!*** questo tavolo ne ha viste di tutti i colori nel corso degli anni! **2** *(defeat)* legnate f.pl.; ***to give sb. a ~*** dare delle (belle) legnate a qcn.; ***to take a ~*** prendere delle (belle) legnate **3** FIG. *(criticism)* critiche f.pl., attacchi m.pl. (sistematici); ***union ~*** ripetuto attacco ai sindacati; ***to take a ~ (from)*** ricevere continue critiche (da).
▶ **basic** /'beɪsɪk/ **I** agg. **1** *(fundamental)* [*aim, arrangement, fact, need, quality*] fondamentale, basilare, principale; [*belief, research, problem, principle*] fondamentale; [*theme*] principale **2** *(elementary)* [*education, knowledge, skill, rule*] elementare, fondamentale **3** *(rudimentary)* [*accommodation, facilities*] essenziale, spartano; [*supplies*] di prima necessità; ***the accommodation was rather ~*** SPREG. la sistemazione è stata piuttosto spartana **4** *(before additions)* [*pay, wage, working hours*] base **5** CHIM. basico **II basics** n.pl. ***the ~s*** le basi, i primi elementi; *(of knowledge, study)* le basi *o* conoscenze elementari; *(food)* generi di prima necessità; ***to go back to ~s*** ritornare ai principi tradizionali *o* fondamentali; ***to get down to ~s*** concentrarsi sui fatti importanti.
BASIC /'beɪsɪk/ n. INFORM. (⇒ beginners' all-purpose symbolic instruction code codice d'istruzione simbolico universale per principianti) BASIC m.; ***in ~*** in BASIC.
▷ **basically** /'beɪsɪklɪ/ avv. **1** *(fundamentally)* fondamentalmente; ***a ~ capitalist society*** una società fondamentalmente capitalista **2** *(for emphasis)* ***~, I don't like him very much*** fondamentalmente, non mi piace granché; ***~, life's been good*** sostanzialmente, mi è andata bene.
basic industry /ˌbeɪsɪk'ɪndəstrɪ/ n. industria f. di base.
basicity /bə'sɪsɪtɪ/ n. basicità f.
basic law /ˌbeɪsɪk'lɔ:/ n. POL. DIR. legge f. fondamentale, costituzione f.
basic overhead expenditure /ˌbeɪsɪkˌəʊvəhedɪk'spendɪtʃə(r)/ n. ECON. spesa f. generale primaria.
basic rate /'beɪsɪkreɪt/ n. **1** tasso m. base **2** *(in insurance)* tasso m. base di premio **3** *(in taxation)* aliquota f. base.
basic rock /ˌbeɪsɪk'rɒk/ n. roccia f. basica.
basic salt /ˌbeɪsɪk'sɔ:lt/ n. sale m. basico.
basic slag /ˌbeɪsɪk'slæg/ n. scoria f. basica.
basic training /ˌbeɪsɪk'treɪnɪŋ/ n. MIL. addestramento m. di base.
basify /'beɪsɪfaɪ/ tr. basificare.
basil /'bæzl/ n. basilico m.
Basil /'bæzl/ n.pr. Basilio.
basilar /'bæsɪlə(r)/, **basilary** /'bæsɪlərɪ/ agg. ANAT. BIOL. basale.
basilica /bə'zɪlɪkə/ n. (pl. **-ae**, **~s**) basilica f.
basilican /bə'zɪlɪkən/ agg. basilicale.
basilisk /'bæzɪlɪsk/ n. MITOL. ZOOL. basilisco m.
▷ **basin** /'beɪsn/ n. **1** GASTR. scodella f., ciotola f.; *(large, for mixing)* terrina f. **2** *(for washing)* catino m.; bacinella f.; bacile m.; ***wash*** o ***hand ~*** lavabo **3** GEOGR. GEOL. bacino m. **4** MAR. *(of port)* bacino m., darsena f.; *(of canal)* bacino m., porticciolo m. (da diporto) **5** *(of fountain)* tazza f.
basinful /'beɪsɪnfʊl/ n. *(quantity)* catino m., bacinella f.; ***to have had a ~ of sth.*** COLLOQ. aver avuto la propria dose di qcs.
basin-stand /'beɪsnstænd/ n. portacatino m.
▶ **basis** /'beɪsɪs/ n. (pl. **-es**) *(for action, negotiation, of discussion)* base f. (**for**, **of** di); *(of theory)* base f., fondamento m.; *(for belief, argument)* base f., fondamento m. (**for** di); ***on the ~ of*** in base a [*earnings, evidence, experience*]; sulla base di [*salary*]; ***on the ~ that*** partendo dal presupposto che; ***on that ~*** stando così le cose; ***on the same ~*** nelle stesse condizioni *o* nella stessa situazione; ***to serve as the ~ for sth.*** servire da base *o* come punto di partenza per qcs.; ***to be paid on a weekly, monthly ~*** essere pagato settimanalmente, mensilmente.
bask /bɑ:sk, AE bæsk/ intr. **1** crogiolarsi; ***to ~ in*** crogiolarsi a [*sunshine, warmth*] **2** FIG. ***to ~ in*** bearsi di, gioire di [*approval, affection*]; ***to ~ in sb.'s reflected glory*** brillare di luce riflessa.
▷ **1.basket** /'bɑ:skɪt, AE 'bæskɪt/ n. **1** cesta f., cesto m., cestino m., paniere m.; *(carried on back)* gerla f.; ***sewing*** o ***work ~*** cestino da lavoro **2** SPORT *(in basketball)* canestro m.; ***to make*** o ***score a ~*** fare canestro *o* realizzare un canestro **3** ECON. ***~ of currencies*** paniere (monetario) **4** *(in skiing)* rotella f.; *(in fencing)* conchiglia f. **5** AE POP. *(male genitals)* pacco m.
2.basket /'bɑ:skɪt, AE 'bæskɪt/ tr. RAR. cestinare.
▷ **basketball** /'bɑ:skɪtbɔ:l, AE 'bæsk-/ ♦ ***10*** n. **1** *(game)* pallacanestro f., basket m. **2** *(ball)* pallone m. da basket.
basketball shoe /'bɑ:skɪtbɔ:lˌʃu:, AE 'bæsk-/ n. scarpa f. da basket.
basket case /'bɑ:skɪtˌkeɪs, AE 'bæsk-/ n. COLLOQ. **1** *(nervous wreck)* ***she's a ~*** ha i nervi a pezzi **2** *(person with amputated limbs)* = persona senza gambe e senza braccia **3** ***the economy, country is a ~*** il paese, l'economia è allo sfascio **4** *(car, machine, etc.)* rottame m.
basket chair /'bɑ:skɪtˌtʃeə(r), AE 'bæsk-/ n. sedia f. di vimini.
basket clause /'bɑ:skɪtˌklɔ:z, AE 'bæsk-/ n. *(in a contract)* = clausola onnicomprensiva.
basketful /'bɑ:skɪtfʊl, AE 'bæsk-/ n. *(content of basket)* panierata f., cesta f., cesto m. (**of** di).
basket maker /'bɑ:skɪtmeɪkə(r), AE 'bæsk-/ ♦ ***27*** n. cestaio m. (-a), canestraio m. (-a).
basket-making /'bɑ:skɪtmeɪkɪŋ, AE 'bæsk-/ n. arte f. di fare cesti, canestri f.
basketry /'bɑ:skɪtrɪ, AE 'bæsk-/ n. → **basketwork**.
basket-willow /'bɑ:skɪtˌwɪləʊ, AE 'bæsk-/ n. salice m. da vimine.
basketwork /'bɑ:skɪtwɜ:k, AE 'bæsk-/ n. **1** *(craft)* arte f. di lavorare il giunco **2** *(objects)* oggetti m.pl. di vimini.
basking shark /'bɑ:skɪŋʃɑ:k, AE 'bæsk-/ n. squalo m. elefante.
Basle /bɑ:l/ → **Basel**.
basmati rice /bəzˌmætɪ'raɪs/ n. (riso) basmati m.
basque /bæsk/ n. *(on jacket etc.)* baschina f.
Basque /bæsk, bɑ:sk/ ♦ ***18, 14*** **I** agg. basco **II** n. **1** *(person)* basco m. (-a) **2** *(language)* basco m.
Basque Country /'bæskˌkʌntrɪ, 'bɑ:sk-/ n. ***the ~*** le province basche.
bas-relief /'bæsrɪli:f, 'bɑ:rɪli:f/ **I** n. bassorilievo m.; ***in ~*** in bassorilievo **II** agg. in bassorilievo.
▷ **1.bass** /beɪs/ ♦ ***17*** **I** n. **1** *(voice, singer)* basso m.; ***he's a ~*** è un basso **2** *(instrument)* basso m.; *(in jazz)* contrabbasso m. **3** *(part)* ***to sing (the) ~*** cantare da basso **4** *(frequency)* bassi m.pl. **II** modif. **1** [*voice, register*] di basso; [*part, line, solo, range*] del basso; [*flute, trombone*] basso; ***~ guitar*** (chitarra) basso; ***~ tube*** bassotuba; ***the ~ strings*** i bassi **2** *(frequency)* [*sound, notes*] grave; [*controls*] dei bassi.
2.bass /bæs/ n. (pl. **~**, **~es**) ZOOL. **1** *(freshwater)* pesce m. persico **2** *(sea)* spigola f., branzino m.
3.bass /bæs/ n. **1** *(tree)* tiglio m. americano **2** *(fiber)* rafia f.
Bassanio /bə'sɑ:nɪəʊ/ n.pr. Bassanio.
bass-baritone /ˌbeɪs'bærɪtəʊn/ n. baritono-basso m.
bass clef /ˌbeɪs'klef/ n. chiave f. di basso.
bass drum /ˌbeɪs'drʌm/ ♦ ***17*** n. grancassa f.

1.basset /'bæsɪt/ n. (anche ~ **hound**) (cane) bassotto m.
2.basset /'bæsɪt/ n. *(card game)* bassetta f.
basset horn /'bæsɪthɔ:n/ ▸ *17* n. corno m. di bassetto.
bass horn /beɪs'hɔ:ŋ/ n. MUS. serpentone m., serpente m.
bassi /'bæsi:/ → **basso**.
bassinet /ˌbæsɪ'net/ n. culla f. di vimini.
bassist /'beɪsɪst/ ▸ *27* n. bassista m. e f., contrabbassista m. e f.
basso /'bæsəʊ/ **I** n. (pl. **~s, -i**) **1** *(singer)* basso m. **2** *(part)* ***to sing ~*** cantare da basso **II** modif. [*voice*] di basso; [*part, solo, range*] del basso.
bassoon /bə'su:n/ ▸ *17* n. fagotto m.
bassoonist /bə'su:nɪst/ ▸ *27* n. fagottista m. e f.
basso profundo /'bæsəʊprə'fʌndəʊ/ **I** n. basso m. profondo **II** modif. [*voice*] di basso profondo; [*aria*] per basso profondo.
bass viol /ˌbeɪs'vaɪəl/ ▸ *17* n. basso m. di viola da gamba.
basswood /'bæswʊd/ **I** n. **1** *(tree)* tiglio m. americano **2** *(wood)* tiglio americano **II** modif. [*furniture*] (di legno) di tiglio americano.
bast /bæst/ n. **1** BOT. libro m. **2** *(fiber)* rafia f.
bastard /'bɑ:stəd, AE 'bæs-/ **I** n. **1** POP. *(term of abuse)* bastardo m. (-a); ***you rotten ~!*** lurido bastardo! ***he was a real ~ to her*** è stato proprio un bastardo con lei **2** POP. *(humorously, derisively)* ***poor ~!*** poverino! ***the silly ~!*** il coglione! ***you lucky ~!*** che culo (che hai)! **3** POP. *(problem, task)* ***that was a ~ of a question!*** era una domanda bastarda! ***this word is a ~ to translate!*** questa parola è bastarda da tradurre! **4** *(illegitimate child)* bastardo m. (-a), illegittimo m. (-a) **II** agg. **1** [*child*] bastardo, illegittimo **2** FIG. *(hybrid)* falso, contraffatto, corrotto **3** TIP. ***~ title*** occhiello.
bastardize /'bɑ:stədaɪzd, AE 'bæs-/ tr. **1** ANT. imbastardire [*language, race etc.*] **2** DIR. dichiarare illegittimo [*child*].
bastardized /'bɑ:stədaɪzd, AE 'bæs-/ **I** p.pass. → **bastardize II** agg. [*language, race*] imbastardito; [*style of architecture*] corrotto, contaminato.
bastardy /'bɑ:stədɪ, AE 'bæs-/ n. bastardaggine f.; *(of child)* illegittimità.
1.baste /beɪst/ tr. GASTR. cospargere con burro, con grasso.
2.baste /beɪst/ tr. SART. imbastire.
3.baste /beɪst/ tr. *(beat up)* battere, bastonare.
baster /'beɪstə(r)/ n. lardatoio m.
bastille /bæs'ti:l/ n. prigione f., fortezza f.; ***the Bastille*** la Bastiglia.
1.bastinado /ˌbæstɪ'neɪdəʊ/ n. STOR. bastonatura f. delle piante dei piedi.
2.bastinado /ˌbæstɪ'neɪdəʊ/ tr. STOR. bastonare le piante dei piedi.
1.basting /'beɪstɪŋ/ n. SART. imbastitura f.
2.basting /'beɪstɪŋ/ n. bastonatura f.
bastion /'bæstɪən/ n. **1** ARCH. bastione m., baluardo m. **2** FIG. *(stronghold)* roccaforte f. (**of** di); *(defence)* baluardo m. (**against** contro).
▷ **1.bat** /bæt/ n. **1** pipistrello m. **2** COLLOQ. SPREG. ***old ~*** vecchia strega *o* vecchia megera ◆ ***to be blind as a ~*** essere cieco come una talpa; ***like a ~ out of hell*** COLLOQ. come una scheggia; ***to have ~s in the belfry*** essere svitato *o* strambo.
▷ **2.bat** /bæt/ n. **1** SPORT mazza f.; ***cricket, baseball ~*** mazza da cricket, da baseball; ***table tennis ~*** racchetta da ping-pong **2** COLLOQ. *(blow)* colpo m., botta f. ◆ ***at a terrific ~*** BE COLLOQ. a tutta velocità *o* a tutta birra; ***to do sth. off one's own ~*** COLLOQ. fare qcs. di propria iniziativa; ***to go to ~ for sb.*** AE COLLOQ. intervenire in difesa di qcs.; ***(right) off the ~*** AE COLLOQ. immediatamente *o* subito *o* su due piedi; ***to play a straight ~*** giocare con *o* mettere le carte in tavola.
▷ **3.bat** /bæt/ **I** tr. (forma in -ing ecc. **-tt-**) battere, colpire (usando la mazza) **II** intr. (forma in -ing ecc. **-tt-**) SPORT *(be batsman)* essere il battitore; *(handle a bat)* maneggiare la mazza.
■ **bat around:** ***~ [sth.] around, ~ around [sth.]*** **1** discutere, vagliare [*idea*] **2** SPORT ***we ~ted the ball around*** abbiamo fatto due colpi.
■ **bat down:** ***~ [sth.] down*** AE distruggere, demolire [*argument, suggestion*].
■ **bat out:** ***~ [sth.] out, ~ out [sth.]*** AE improvvisare [*speech*]; buttare giù [*letter*].
4.bat /bæt/ tr. (forma in -ing ecc. **-tt-**) battere [*eyelid*] ◆ ***without ~ting an eyelid*** BE o ***eye(lash)*** AE senza battere ciglio.
batata /bə'tɑ:tə/ n. batata f.
Batavian /bə'teɪvɪən/ STOR. **I** agg. batavo **II** n. batavo m. (-a).
▷ **1.batch** /bætʃ/ n. **1** *(of loaves, cakes)* infornata f. **2** *(of letters)* mucchio m., fascio m.; *(of books, goods, orders)* lotto m., partita f. **3** *(of candidates, prisoners etc.)* gruppo m.; *(of recruits)* scaglione m., contingente m. **4** INFORM. batch m., lotto m. **5** *(of cement)* mescola f.
2.batch /bætʃ/ tr. dosare, mescolare [*materials*].
batcher /'bætʃə(r)/ n. TECN. **1** dosatore m. **2** *(for concrete)* tramoggia f. dosatrice.
batch file /'bætʃˌfaɪl/ n. file batch m.
batching /'bætʃɪŋ/ n. **1** INFORM. raggruppamento m. delle informazioni, elaborazione f. batch **2** TECN. dosatura f.
batch mode /'bætʃˌməʊd/ n. modalità f. (di) batch, batch mode m.
batch processing /ˌbætʃ'prəʊsesɪŋ, AE -'prɒ-/ n. INFORM. batch processing m.
1.bate /beɪt/ n. *(for skin, hides)* ammorbidente m., soluzione f. alcalina.
2.bate /beɪt/ tr. ammorbidire [*skin, hides*].
3.bate /beɪt/ tr. → **abate**.
bated /'beɪtɪd/ **I** p.pass. → **2.bate, 3.bate II** agg. ***with ~ breath*** trattenendo il fiato *o* il respiro.
▶ **1.bath** /bɑ:θ, AE bæθ/ **I** n. **1** *(wash, washing water)* bagno m.; ***to have*** o ***take*** AE ***a ~*** fare il bagno; ***to run a ~*** riempire la vasca per un bagno; ***to give sb. a ~*** fare il bagno a qcn.; ***give the baby his ~!*** fai il bagno al bambino! **2** BE *(tub)* vasca f. da bagno; ***acrylic, enamel ~*** vasca acrilica, smaltata; ***sunken ~*** vasca da bagno incassata; ***I was in the ~*** ero nella vasca **3** AE *(bathroom)* stanza f. da bagno, bagno m. **4** CHIM. FOT. TECN. TESS. bagno m.; ***water ~*** bagnomaria; ***dye ~*** bagno di tintura **II baths** n.pl. **1** *(for swimming)* piscina f.sing. **2** *(in spa)* terme f. **3** *(municipal)* bagni m. pubblici **4** AE COLLOQ. *(for homosexuals)* sauna f.sing. per omosessuali ◆ ***to take a ~*** AE subire una grossa perdita (finanziaria); ***to take an early ~*** COLLOQ. EUFEM. *(in football)* andare a fare la doccia anzitempo *o* essere fatto uscire dal campo.
2.bath /bɑ:θ, AE bæθ/ **I** tr. BE fare il bagno a [*baby*] **II** intr. BE fare il bagno, bagnarsi.
Bath bun /'bɑ:θbʌn, AE 'bæθ-/ n. GB = dolce fatto di pasta, uova e uva sultanina, e decorato con zucchero, nocciole o canditi.
Bath chair /ˌbɑ:θ'tʃeə(r)/ n. *(for invalids and old people)* sedia f. a rotelle.
bath cube /ˌbɑ:θ'kju:b/ n. cubetto m. di sali da bagno.
1.bathe /beɪð/ n. BE FORM. *(swim)* bagno m.; ***to go for*** o ***to have a ~*** andare a fare il bagno.
2.bathe /beɪð/ **I** tr. **1** lavare [*wound*] (**in** in; **with** con); ***to ~ one's feet*** fare un pediluvio **2** LETT. [*wave*] bagnare [*shore*] **3** AE fare il bagno a [*child*] **II** intr. **1** *(swim)* [*person*] fare il bagno; ***to go bathing*** andare a fare il bagno **2** AE *(take bath)* fare il bagno **3** LETT. ***to be ~d in*** essere in un bagno di [*sweat*]; essere inondato di [*light*]; essere bagnato *o* inondato di [*tears*].
bather /'beɪðə(r)/ n. bagnante m. e f.
bathhouse /'bɑ:θhaʊs/ n. **1** ANT. bagni m.pl. pubblici **2** AE COLLOQ. *(for homosexuals)* sauna f. per omosessuali **3** AE *(on beach)* cabina f.
bathing /'beɪðɪŋ/ n. balneazione f., (il) fare bagni; ***"~ prohibited"*** "divieto di balneazione".
bathing beauty /'beɪðɪŋˌbju:tɪ/ n. bellezza f. al bagno.
bathing cabin /'beɪðɪŋˌkæbɪn/ n. *(on beach)* cabina f.
bathing cap /'beɪðɪŋˌkæp/ n. cuffia f. da bagno.
bathing costume /'beɪðɪŋˌkɒstju:m, AE -stu:m/ n. costume m. da bagno.
bathing hut /'beɪðɪŋhʌt/ n. → **bathing cabin**.
bathing machine /'beɪðɪŋməˌʃi:n/ n. STOR. = cabina montata su ruote per arrivare fino all'acqua del mare.
bathing resort /'beɪðɪŋrɪˌzɔ:t/ n. località f., stazione f. balneare.
bathing suit /'beɪðɪŋˌsu:t, AE -sju:t/ n. → **bathing costume**.
bathing trunks /'beɪðɪŋˌtrʌŋks/ n.pl. calzoncini m. da bagno.
bath mat /'bɑ:θmæt, AE 'bæθ-/ n. tappetino m. da bagno, scendibagno m.
bath oil /'bɑ:θɔɪl, AE 'bæθ-/ n. olio m. da bagno.
batholith /'bæθəlɪθ/ n. batolite f.
bathomether /bə'θɒmɪtə(r)/ n. batimetro m.
bathos /'beɪθɒs/ n. caduta f. dal sublime al ridicolo.
bathrobe /'bɑ:θrəʊb/ n. accappatoio m.
▷ **bathroom** /'bɑ:θru:m, -rʊm/ n. **1** *(for washing)* bagno m., stanza f. da bagno **2** AE *(lavatory) (public)* gabinetti m.pl., bagni m.pl.; *(at home)* gabinetto m.; ***to go to the ~*** [*person*] andare in bagno; [*animal*] fare i propri bisogni.
bathroom cabinet /'bɑ:θru:mˌkæbɪnɪt, -rʊm-/ n. armadietto m. da bagno.
bathroom fittings /'bɑ:θru:mˌfɪtɪŋz, -rʊm-/ n.pl. sanitari m.
bathroom scales /'bɑ:θru:mˌskeɪlz, -rʊm-/ n.pl. bilancia f.sing. pesapersone, pesapersone m. e f.sing.
bath salts /'bɑ:θsɔ:lts, AE bæθ-/ n.pl. sali m. da bagno.
Bathsheba /bæθ'ʃi:bə/ n.pr. Betsabea.

bath soap /'bɑ:θsəʊp, AE 'bæθ-/ n. sapone m. da bagno.
bath towel /'bɑ:θˌtaʊəl, AE 'bæθ-/ n. telo m. da bagno, asciugamano m.
bathtub /'bɑ:θtʌb, AE 'bæθ-/ n. vasca f. da bagno.
bathwater /'bɑ:θˌwɔ:tə(r), AE 'bæθ-/ n. acqua f. del bagno.
bathyal /'bæθɪəl/ agg. batiale.
bathymetric /ˌbəθɪ'metrɪk/ agg. batimetrico.
bathymetry /ˌbə'θɪmətrɪ/ n. batimetria f.
bathyscaphe /'bæθɪskæf/ n. batiscafo m.
bathysphere /'bæθɪsfɪə(r)/ n. batisfera f.
batik /bə'ti:k, bæ'ti:k/ n. batik m.
batiste /bæ'ti:st, bə't-/ n. TESS. batista f.
batman /'bætmən/ ➧ *23* n. (pl. **-men**) BE MIL. attendente m.
1.baton /'bætn, 'bætɒn, AE bə'tɒn/ n. **1** BE *(policeman's)* bastone m., manganello m., sfollagente m. **2** MUS. bacchetta f.; ***under the ~ of*** sotto la direzione di **3** MIL. bastone m. di comando **4** SPORT *(in relay race)* testimone m.; ***to take up the ~*** FIG. dare il cambio *o* prendere il testimone **5** *(used by majorette)* bacchetta f., bastone m.
2.baton /'bætn, 'bætɒn, AE bə'tɒn/ tr. *(beat up)* picchiare, manganellare.
baton charge /'bætntˌʃɑ:dʒ, 'bætɒn-, AE bə'tɒn-/ n. BE carica f. con gli sfollagente.
baton gun /'bætngʌn, 'bætɒn-, AE bə'tɒn-/ n. BE fucile m. a proiettili di gomma o di plastica.
baton round /'bætnraʊnd, 'bætɒn-, AE bə'tɒn-/ n. BE proiettile m. di gomma o di plastica.
baton twirler /'bætntwɜ:lə(r), 'bætɒn-, AE bə'tɒn-/ n. AE majorette f.
batrachian /bə'treɪkɪən/ **I** n. batrace m. **II** agg. dei batraci.
bats /bæts/ agg. COLLOQ. matto, strambo.
▷ **batsman** /'bætsmən/ n. (pl. **-men**) SPORT battitore m.
battalion /bə'tælɪən/ n. **1** MIL. battaglione m. **2** FIG. esercito m., folta schiera f.
battels /'bætlz/ n.pl. *(at Oxford University)* retta f. di college.
1.batten /'bætn/ n. **1** ING. *(for door)* traversa f.; *(for floor)* asse f., tavola f.; *(in roofing)* assicella f. **2** MAR. *(in sail)* stecca f. (di vela); *(for tarpaulin)* serretta f. di chiusura **3** TEATR. bilancia f.
2.batten /'bætn/ tr. applicare traverse a [*door*]; chiudere con assi [*floor*]; rivestire di assicelle [*roof*]; ***to ~ down the hatches*** MAR. chiudere i boccaporti; FIG. correre ai ripari *o* prepararsi per un'emergenza.
3.batten /'bætn/ n. TESS. *(of loom)* battente m.
4.batten /'bætn/ tr. ANT. nutrire, ingrassare [*flock*].
▪ **batten on** SPREG. ingrassarsi alle spese di [*person, family*].
▷ **1.batter** /'bætə(r)/ n. GASTR. impasto m.; *(for frying)* pastella f.; ***pancake ~*** impasto per frittelle; ***fish in ~*** pesce in pastella.
▷ **2.batter** /'bætə(r)/ n. SPORT battitore m. (-trice).
▷ **3.batter** /'bætə(r)/ **I** tr. **1** [*person*] battere, picchiare, malmenare [*victim, wife, child*]; ***to ~ sb. to death*** battere qcn. a morte **2** [*storm, bombs*] devastare, distruggere; [*waves*] battere [*rocks, shore*] **II** intr. battere (**at** a; **on** su).
▪ **batter down:** *~ [sth.] down, ~ down [sth.]* abbattere, buttare giù [*door*].
4.batter /'bætə(r)/ n. EDIL. *(of wall)* pendenza f.
5.batter /'bætə(r)/ intr. EDIL. [*wall*] essere in pendenza.
battered /'bætəd/ **I** p.pass. → **3.batter II** agg. [*kettle, hat*] ammaccato; [*book, suitcase etc.*] rovinato, sciupato; [*person*] *(physically)* spossato, distrutto, a pezzi; FIG. *(emotionally)* distrutto, a terra; [*economy*] a pezzi; [*pride*] ferito.
battered baby syndrome /ˌbætəd'beɪbɪˌsɪndrəʊm/ n. sindrome f. del bambino maltrattato.
battering /'bætərɪŋ/ n. **1** *(from person)* (il) picchiare, maltrattamento m., (il) malmenare; ***the problem of wife-~*** il problema dei maltrattamenti alle mogli **2** ***to take*** o ***get a ~*** *(from bombs, storm, waves)* essere devastato *o* distrutto (**from** da); *(from opponents)* SPORT uscire malconcio; *(from critics)* essere stroncato (**by** da); *(emotionally)* essere distrutto; ***this car has taken a ~ over the years*** questa automobile è stata messa a dura prova nel corso degli anni.
battering-ram /'bætərɪŋræm/ n. STOR. MIL. ariete m.
▷ **battery** /'bætərɪ/ n. **1** EL. pila f., batteria f.; AUT. batteria f. **2** MIL. batteria f. **3** AGR. *(for hens)* batteria f. **4** FIG. *(large number) (of objects, tests)* serie f., gran numero m.; *(of questions)* sfilza f. **5** DIR. percosse f.pl., aggressione f.
battery acid /'bætərɪˌæsɪd/ n. soluzione f. acida per batterie.
battery charger /'bætərɪˌtʃɑ:dʒə(r)/ n. caricabatterie m.
battery chicken /'bætərɪˌtʃɪkɪn/ n. pollo m. d'allevamento.
battery controlled /'bætərɪkənˌtrəʊld/ agg. a pile, a batterie.
battery farming /'bætərɪˌfɑ:mɪŋ/ n. allevamento m. in batteria.
battery fire /'bætərɪˌfaɪə(r)/ n. fuoco m. di batteria.
battery hen /'bætərɪˌhen/ n. → **battery chicken**.
battery-lead connection /ˌbætərɪˌledkə'nekʃn/ n. capocorda m. di batteria.
battery operated /'bætərɪˌɒpəreɪtɪd/, **battery powered** /'bætərɪˌpaʊəd/ agg. a pile, a batterie.
battery shaver /ˌbætərɪ'ʃeɪvə(r)/ n. rasoio m. a batteria.
batting /'bætɪŋ/ n. *(in quilt, mattresses etc.)* ovatta f., imbottitura f.
▶ **1.battle** /'bætl/ **I** n. **1** MIL. battaglia f., combattimento m. (**for** per; **against** contro; **between** tra); ***to die in ~*** morire in battaglia; ***to fight a ~*** dare battaglia *o* combattere una battaglia; ***to win, lose a ~*** vincere, perdere una battaglia; ***the Battle of Waterloo*** la battaglia di Waterloo; ***to go into ~*** entrare in battaglia; ***to join ~*** unirsi alla battaglia; ***to do ~ with sb.*** ingaggiare battaglia con qcn.; ***the field of ~*** il campo di battaglia **2** FIG. battaglia f., lotta f. (**for** per; **against** contro; **over** riguardo a, per); ***political ~*** battaglia politica; ***takeover ~*** POL. lotta per la successione; ***legal ~*** battaglia legale; ***the ~ is on for, to do*** è in corso la battaglia per, per fare; ***the ~ to prevent Aids*** la battaglia per la prevenzione dell'AIDS; ***it's a ~ of wills between them*** è una lotta a chi cede per primo; ***a ~ of words*** una guerra di parole; ***to fight one's own ~s*** combattere le proprie battaglie; ***to fight sb.'s ~s*** combattere per qualcun altro **II** modif. MIL. [*formation, stations*] da combattimento; [*zone*] di battaglia, di combattimento ◆ ***that's half the ~*** il più è fatto *o* il passo più importante è fatto.
2.battle /'bætl/ **I** tr. AE combattere contro **II** intr. MIL. combattere, battersi (**with sb.** contro qcn.); ***to ~ for*** combattere per [*supremacy*]; lottare per [*life, survival*]; ***to ~ to do*** combattere per fare; ***to ~ one's way through*** ottenere qcs. lottando tra [*difficulties, opposition*]; ***he ~d his way to a victory*** ha ottenuto la vittoria lottando.
▪ **battle on** continuare a combattere, perseverare.
▪ **battle out** ***to ~ it out*** risolvere una questione battendosi, vedersela con (**for** per).
battle array /'bætləreɪ/ n. ***in ~*** in ordine di battaglia *o* schierato a battaglia.
battle-axe, **battleax** AE /'bætlæks/ n. **1** STOR. azza f. **2** FIG. COLLOQ. SPREG. *(woman)* virago f., donna f. dai modi aggressivi.
battle cruiser /'bætlˌkru:zə(r)/ n. incrociatore m. da battaglia.
battle cry /'bætlkraɪ/ n. grido m. di battaglia (anche FIG.).
battledore /'bætldɔ:(r)/ n. racchetta f. da volano; ***~ and shuttlecock*** (gioco del) volano m.
battledress /'bætldres/ n. uniforme f. da campo.
battle drill /'bætldrɪl/ n. **U** manovre f.pl., esercitazioni f.pl. militari.
battle fatigue /'bætlfəˌti:g/ n. AE trauma f. psichico da combattimento, nevrosi f. traumatica.
battlefield /'bætlfi:ld/ n. campo m. di battaglia (anche FIG.).
battlefield missile /ˌbætlfi:ld'mɪsaɪl, AE -'mɪsl/ n. missile m. terra-terra tattico.
battleground /'bætlgraʊnd/ n. → **battlefield**.
battle honour BE, **battle honor** AE /'bætlɒnə(r)/ n. onore m. in battaglia.
battle lines /'bætllaɪnz/ n.pl. MIL. linee f.; FIG. strategia f.sing.
battlemented /'bætlməntɪd/ agg. STOR. ARCH. merlato.
battlements /'bætlmənts/ n.pl. STOR. ARCH. merlatura f.sing.
battle order /'bætlˌɔ:də(r)/ n. ordine m. di battaglia.
battle royal /ˌbætl'rɔɪəl/ (pl. **battles royal, battle royals**) n. battaglia f. campale; FIG. discussione f. accesa, lite f. violenta.
battle-scarred /'bætlskɑ:d/ agg. segnato dalle battaglie, con ferite di guerra; FIG. segnato dalla vita.
battle scene /'bætlsi:n/ n. CINEM. TEATR. scena f. di guerra, di battaglia.
battleship /'bætlˌʃɪp/ n. corazzata f.
battleships /'bætlˌʃɪps/ ➧ ***10*** n.pl. GIOC. battaglia f.sing. navale.
battle tank /'bætlˌtæŋk/ n. STOR. carro m. armato.
battue /bæ'tu:/ n. **1** *(in hunting)* battuta f. di caccia **2** *(slaughter)* massacro m.
batty /'bætɪ/ agg. COLLOQ. pazzo, svitato, strambo; ***to go ~*** uscire di zucca, di testa.
bauble /'bɔ:bl/ n. **1** *(ornament)* ciondolo m., gingillo m.; SPREG. *(item of jewellery)* fronzolo m. **2** *(jester's)* bastone m.
baud /bɔ:d/ n. INFORM. baud m.
baulk → **1.balk**, **2.balk**.
bauxite /'bɔ:ksaɪt/ n. bauxite f.
Bavaria /bə'veərɪə/ ➧ ***24*** n.pr. Baviera f.
Bavarian /bə'veərɪən/ **I** agg. bavarese; ***the ~ Alps*** le Alpi Bavaresi; ***~ cream*** GASTR. crema bavarese **II** n. bavarese m. e f.
bawd /bɔ:d/ n. ANT. mezzana f., tenutaria f. di bordello.

bawdiness /ˈbɔːdɪnɪs/ n. *(of story, song)* oscenità f.; *(of person)* licenziosità f., volgarità f.

bawdry /ˈbɔːdrɪ/ n. *(of language, story)* oscenità f.

bawdy /ˈbɔːdɪ/ agg. [*story, song*] osceno; [*person*] licenzioso, volgare; ~ ***house*** ANT. bordello m.

1.bawl /bɔːl/ n. **1** *(loud shout)* urlo m., grido m. **2** *(cry)* pianto m.

2.bawl /bɔːl/ **I** tr. gridare, urlare **II** intr. **1** *(weep)* piangere rumorosamente, strillare, lagnarsi **2** *(shout)* gridare, urlare; ***to ~ at sb., at sb. to do sth.*** gridare a qcn., a qcn. di fare qcs.

▪ **bawl out** COLLOQ. ~ ***[sb.] out*** rimproverare aspramente, fare una lavata di capo a; ~ ***out [sth.]*** gridare, urlare.

bawling /bɔːlɪŋ/ n. **U** urla f.pl., schiamazzi m.pl.

▷ **1.bay** /beɪ/ n. GEOGR. baia f.; ***the Bay of Biscay, of Bengal*** il golfo di Biscaglia, del Bengala; ***the Bay of Pigs*** la Baia dei Porci.

2.bay /beɪ/ n. **1** abbaio m., latrato m. **2** *(in hunting)* ***to be at ~*** essere costretto a far fronte ai cani; FIG. essere con le spalle al muro; ***to bring to ~*** intrappolare con i cani [*animal*]; FIG. mettere con le spalle al muro; ***to hold*** o ***keep at ~*** FIG. tenere a bada *o* a distanza [*attacker, opponent*]; fermare [*famine*]; contenere [*unemployment, inflation etc.*].

3.bay /beɪ/ intr. [*dog*] abbaiare (**at** a, contro); ***to ~ at the moon*** abbaiare alla luna; ***to ~ for sb.'s blood*** FIG. volere la rovina di qcn.

4.bay /beɪ/ n. **1** *(parking area)* area f. di sosta; ***loading ~*** zona per il carico e lo scarico delle merci **2** ARCH. *(section of building)* campata f.; *(recess)* recesso m., alcova f.; *(window)* bay-window m., bow-window m., bovindo m. **3** AER. MAR. *(compartment)* scomparto m.; ***bomb ~*** vano bombe.

5.bay /beɪ/ n. BOT. (anche ~ **tree**) alloro m., lauro m.

6.bay /beɪ/ **I** n. *(horse)* baio m. **II** agg. [*horse*] baio.

bayadere /baɪəˈdɪə(r), AE ˈbaɪədɪə(r)/ n. **1** *(dancer)* baiadera f. **2** *(fabric)* baiadera f.

bayard /ˈbeɪɑːd/ ANT. **I** n. *(horse)* baio m. **II** agg. [*horse*] baio.

bayberry /ˈbeɪbrɪ, -berɪ/ n. albero m. della cera.

bay leaf /ˈbeɪˌliːf/ n. (pl. **bay leaves**) foglia f. d'alloro.

bay-oak /ˈbeɪəʊk/ n. rovere m.

1.bayonet /ˈbeɪənɪt/ n. MIL. EL. baionetta f.; ***at ~ point*** in punta di baionetta; ***to fix ~s*** innestare le baionette.

2.bayonet /ˈbeɪənɪt, ˌbeɪəˈnet/ tr. (forma in -ing ecc. **-t-**, **-tt-**) colpire con la baionetta.

bayonet charge /ˈbeɪənɪtˌtʃɑːdʒ/ n. assalto m. alla baionetta.

bayonet practice /ˈbeɪənɪtˌpræktɪs/ n. **U** esercizi m.pl. con la baionetta.

bayonet socket /ˈbeɪənɪtˌsɒkɪt/ n. portalampada f. a baionetta.

bayonet thrust /ˈbeɪənɪtˌθrʌst/ n. baionettata f.

bayou /ˈbaɪuː/ n. AE *(of river)* ramo m. paludoso.

bay rum /ˈbeɪrʌm/ n. bay-rum m.

bay-salt /ˌbeɪsɔːlt/ n. sale m. grezzo da cucina.

bay window /ˌbeɪˈwɪndəʊ/ n. bay-window m., bow-window m., bovindo m.

bay wreath /ˈbeɪˌriːθ/ n. corona f. d'alloro.

bazaar /bəˈzɑː(r)/ n. **1** *(oriental)* bazar m. **2** *(shop)* bazar m. **3** *(sale of work)* vendita f. di beneficenza.

bazoo /bəˈzuː/ n. AE COLLOQ. bocca f., becco m.

bazooka /bəˈzuːkə/ n. bazooka m., lanciarazzi m. anticarro.

bazoom /bəˈzʊːm/ n. AE POP. tette f.pl. grosse, tettone f.pl.

B & B /ˌbɪənˈbɪ/ n. BE (accorc. bed and breakfast) bed and breakfast m.

BBC n. (⇒ British Broadcasting Corporation Ente Radiofonico Britannico) BBC f.

BB gun /ˈbiːbiːˌɡʌn/ n. AE carabina f. ad aria compressa.

BBQ n. (⇒ barbecue) = barbecue.

BC 1 ⇒ British Columbia Columbia Britannica **2** ⇒ Before Christ avanti Cristo (a.C.).

BCC ⇒ blind carbon copy copia carbone nascosta (ccn).

BCD n. (⇒ binary-coded decimal) = decimale codificato in binario.

BCG n. (⇒ bacillus Calmette-Guérin bacillo di Calmette-Guérin) BCG m.

BD n. (⇒ Bachelor of Divinity) = (diploma di) dottore in teologia (con laurea breve).

bdellium /ˈdelɪəm/ n. bdellio m.

BDS n. GB (⇒ Bachelor of Dental Surgery) = (diploma di) dottore in chirurgia odontoiatrica (con laurea breve).

▶ **be** /*forma debole* bɪ, *forma forte* biː/ intr. (forma in -ing **being**; pass. **was, were**; p.pass. **been**) **1** essere; ***it's me*** o ***it's I*** sono io; ***he's a good pupil*** è un bravo allievo **2** *(in probability)* ***if Henry were here*** se Henry fosse qui; ***were it not that...*** (se) non fosse che...; ***were they to know*** se dovessero sapere; ***if I were you*** se fossi in te *o* al tuo posto; ***had it not been for Frank, I'd have missed the train*** se non fosse stato per Frank, avrei perso il treno **3** *(phrases)* ***so ~ it*** così sia *o* e sia; ~ ***that as it may*** sia come sia *o* comunque sia; ***as it were*** per così dire; ***even if it were so*** anche se fosse così; ***I preferred it as it was*** lo preferivo com'era (prima); ***leave it as it is*** lascialo com'è; ***to ~ or not to ~*** essere o non essere; ***let*** o ***leave him ~*** lascialo stare.

BE ⇒ bill of exchange cambiale.

▶ **1.beach** /biːtʃ/ **I** n. spiaggia f., lido m. **II** modif. [*bag, mat*] da spiaggia, da mare; [*party*] sulla spiaggia.

2.beach /biːtʃ/ tr. tirare a riva [*boat*].

beach ball /ˈbiːtʃbɔːl/ n. pallone m. da spiaggia.

beachboy /ˈbiːtʃbɔɪ/ ➧ **27** n. AE bagnino m.

beach buggy /ˈbiːtʃˌbʌɡɪ/ n. dune buggy f.

beach bum /ˈbiːtʃbʌm/ n. COLLOQ. tipo m. da spiaggia.

beachchair /ˈbiːtʃtʃeə(r)/ n. AE (sedia a) sdraio f.

beachcomber /ˈbiːtʃkəʊmə(r)/ n. **1** *(person)* = persona che vive raccogliendo rifiuti o rottami sulla spiaggia **2** *(wave)* frangente m.

beached /biːtʃt/ **I** p.pass. → **2.beach II** agg. ~ ***whale*** balena spiaggiata; FIG. *(building, object, person)* mastodonte.

beach flea /ˈbiːtʃfliː/ n. pulce f. di mare.

beach-grass /ˈbiːtʃɡrɑːs, AE -ɡræs/ n. sparto m. pungente.

beachhead /ˈbiːtʃhed/ n. testa f. di ponte.

beach hut /ˈbiːtʃhʌt/ n. cabina f.

beaching /ˈbiːtʃɪŋ/ n. (il) tirare a riva.

beach master /ˈbiːtʃˌmɑːstə(r)/ n. = ufficiale che dirige le operazioni di sbarco.

beachrobe /ˈbiːtʃrəʊb/ n. copricostume m.

beach umbrella /ˈbiːtʃʌmˌbrelə/ n. ombrellone m.

beach volleyball /ˈbiːtʃˌvɒlɪbɔːl/ ➧ **10** n. beach volley m.

beachwear /ˈbiːtʃweə(r)/ n. abbigliamento m. mare.

beachy /ˈbiːtʃɪ/ agg. *(sandy)* sabbioso; *(covered with pebbles)* sassoso; *(covered with shingle)* ghiaioso.

1.beacon /ˈbiːkən/ n. **1** MAR. *(lighthouse)* faro m. (anche FIG.); *(lantern)* lanterna f.; *(signalling buoy)* boa f. luminosa; ***to shine like a ~*** FIG. essere un fulgido esempio **2** AER. aerofaro m. **3** (anche **radio ~**) *(transmitter)* radiofaro m. **4** *(on ambulance, police car)* lampeggiatore m. **5** STOR. *(on hill etc.)* fuoco m. di segnalazione **6** BE *(hill)* collina f.

2.beacon /ˈbiːkən/ **I** tr. illuminare, guidare [*course*] **II** intr. *(shine)* splendere.

▷ **1.bead** /biːd/ n. **1** *(jewellery)* perlina f.; ***~s*** o ***string of ~s*** collana (di perline) **2** RELIG. *(of rosary)* grano m.; ***~s*** rosario; ***to say*** o ***tell one's ~s*** dire *o* recitare il rosario **3** *(drop) (of sweat, dew)* goccia f., perla f.; ***~s of perspiration had formed on his forehead*** il sudore gli imperlava la fronte **4** TECN. *(on gun)* mirino m.; ***to draw a ~ on sth., sb.*** mirare a qcs., qcn. con cura.

2.bead /biːd/ **I** tr. imperlare, ornare di perline **II** intr. formare grani, perline; ***sweat ~ed on her forehead*** il sudore imperlò la sua fronte.

bead curtain /ˈbiːdkɜːtn/ n. tenda f. di perline.

beaded /ˈbiːdɪd/ **I** p.pass. → **2.bead II** agg. [*dress, blouse*] adornato di perle, imperlato.

beadhouse /ˈbiːdhaʊs/ n. STOR. ricovero m. di mendicità.

beadily /ˈbiːdɪlɪ/ agg. [*look, stare*] con occhi piccoli e luccicanti; SPREG. fissamente.

beading /ˈbiːdɪŋ/ n. **1** *(wooden, decorative)* modanatura f. **2** *(on dress)* decorazione f. di perline.

beadle /ˈbiːdl/ ➧ **27** n. **1** RELIG. ANT. sagrestano m.; scaccino m. **2** BE UNIV. portiere m., usciere m.

beadledom /ˈbiːdldəm/ n. = formalismo stupido, pedante.

beadsman /ˈbiːdzmən/ n. (pl. **-men**) **1** = uomo che prega per l'anima di chi lo paga **2** ricoverato m. in un ospizio, mendicante m.

beadswoman /ˈbiːdzwʊmən/ n. (pl. **-women**) **1** = donna che prega per l'anima di chi la paga **2** ricoverata f. in un ospizio, mendicante f.

beadwork /ˈbiːdwɜːk/ n. decorazione f. di perline.

beady /ˈbiːdɪ/ agg. ~ ***eyes*** SPREG. occhi piccoli e luccicanti; ***I've got my ~ eye on you*** BE IRON. ti tengo d'occhio.

beady-eyed /ˌbiːdɪˈaɪd/ agg. SPREG. dagli occhi piccoli e luccicanti, dallo sguardo penetrante.

1.beagle /ˈbiːɡl/ n. beagle m., bracchetto m.

2.beagle /ˈbiːɡl/ intr. cacciare con beagle.

1.beak /biːk/ n. **1** *(of bird, turtle)* becco m. **2** COLLOQ. *(nose)* naso m.

2.beak /biːk/ tr. beccare.

3.beak /biːk/ n. BE COLLOQ. *(magistrate)* magistrato m.; *(headmaster)* preside m. e f.

beaked /biːkt/ **I** p.pass. → **2.beak II** agg. munito, dotato di becco.

beaker /ˈbiːkə(r)/ n. **1** *(cup)* bicchiere m. (specialmente di plastica) **2** CHIM. bicchiere m., becher m.

be

- The direct Italian equivalent of the verb to *be* in *subject + to be + predicate* sentences is *essere*:

I am tired	= sono stanco
Maria is Italian	= Maria è italiana
the children are in the garden	= i bambini sono in giardino.

It functions in very much the same way as *to be* does in English and it is safe to assume it will work as a translation in the great majority of cases.

Note, however, that the article *a/an* is not translated in Italian when the noun is used in apposition and the subject is a person; compare the following sentences:

he's a widower	= è vedovo
Florence is a very beautiful city	= Firenze è una bellissima città.

Remember that *a/an* is also not translated when you are specifying a person's profession or trade (in which case you can use the verb *fare* + definite article as well):

she's a doctor	= lei è medico / lei fa il medico
Claudio is still a student	= Claudio è ancora studente.

For more information or expressions involving professions and trades consult the lexical note **27**.

For the conjugation of the verb *essere* see the Italian verb tables.

Grammatical functions

- ***The passive***

essere is used to form the passive in Italian just as *to be* is used in English. Note, however, that the past participle agrees in gender and number with the subject:

the rabbit was killed by a fox	= il coniglio è stato ucciso da una volpe
the window had been shut	= la finestra era stata chiusa
their books will be sold	= i loro libri saranno venduti
the doors have been repainted red	= le porte sono state ridipinte di rosso.

When a simple tense is used in the passive, Italian often uses *venire* as an auxiliary verb in place of *essere*:

I am often asked out for dinner	= vengo spesso invitato fuori a cena
their books will be sold	= i loro libri verranno venduti.

- ***Progressive tenses***

In Italian the idea of something happening over a period of time can be expressed by using the verb *stare* (not *essere*) in the way that *to be* is used as an auxiliary verb in English:

what are you doing?	= che cosa stai facendo?
I do not know what he was doing	= non so che cosa stesse / stava facendo
what will you be doing tomorrow at this time?	= che cosa starai facendo domani a quest'ora?

- ***The present***

Italian may use simply the present tense where English uses the progressive form with *to be:*

"what are you doing?" *"I'm working"*	= "che cosa fai?" "lavoro".

Therefore, although a progressive form exists in Italian, the Italian present tense translates the English progressive present form as well as the English simple present:

Ben is reading a book	= Ben sta leggendo un libro / Ben legge un libro
Ben reads every day	= Ben legge tutti i giorni
where are you going?	= dove vai? / dove stai andando?
I often go to the cinema	= vado spesso al cinema.

- ***The future***

Italian also uses the simple present tense where English uses the progressive form with *to be* to indicate a future action:

we are going to London tomorrow	= domani andiamo a Londra
I'm (just) coming!	= arrivo!

- ***The past***

To express the distinction between *she read a newspaper* and *she was reading a newspaper*, Italian often uses the perfect and the imperfect tenses: lesse il giornale, leggeva il giornale; anyway, the the past progressive forms with *stare* may be used:

he was writing to his mother	= stava scrivendo a sua madre.

- ***The compound past***

For compound past tenses in the progressive form in English and, in general, for progressive forms + *for* and *since (I've been waiting for an hour, I had been waiting for an hour, I've been waiting since Monday* etc.) see the entries **for** and **since.**

- ***Obligation***

When to *be* is used as an auxiliary verb with another verb in the infinitive (*to be to*) expressing obligation, a fixed arrangement or destiny, *dovere* is used in Italian:

she's to do it at once	= deve farlo subito
what am I to do?	= che cosa devo fare?
he was to arrive last Monday	= doveva arrivare lunedì scorso
she was never to see him again	= non doveva rivederlo mai più.

- ***In tag questions***

Italian has no direct equivalent of tag questions like *isn't he?* or *wasn't it?* There is a general tag question *è vero? / non è vero?* (literally *is it true? / isn't it true?*) which will work in many cases:

their house is lovely, isn't it?	= la loro casa è molto bella, non è vero?
he's not a doctor, is he?	= non fa il medico, vero?
it was a very nice film, wasn't it?	= era un film molto bello, non è vero?

Note that *è vero?* is used for positive tag questions and *non è vero?* for negative ones. In colloquial Italian, the tag *no?* is also used: la loro casa è molto bella, no?

In many cases, however, the tag question is simply not translated at all and the speaker's intonation will convey the implied question.

- ***In short answers***

Again, there is no direct equivalent for short answers like *yes I am, no he's not* etc. Therefore, in response to a standard enquiry, the tag will not be translated:

"are you an engineer?" *"yes I am"*	= "lei è ingegnere?" "sì"
"was it raining?" "no it wasn't"	= "pioveva?" "no"

Where the answer *yes* is given to contradict a negative question or statement, or *no* to contradict a positive one, an intensifier – an adverb or a phrase – may be used together with *sì* e *no* in Italian:

"you're not going out tonight!" *"yes I am!"*	= "tu non esci stasera!" "e invece sì!"
"are you cheating?" *"no I'm not!"*	= "stai barando?" "ma no!" (*or* "no che non sto barando!")

- ***When referring back to another verb***

In this case *be* is usually either not translated at all or substituted with another Italian verb:

she is not so gorgeous as she was years ago	= non è così splendida come anni fa
I am from Oxford and so is Lily	= io vengo da Oxford, e Lily pure
she is taller than I am	= lei è più alta di me
I haven't written as much as I ought to have done	= non ho scritto tanto quanto avrei dovuto
"I am a lawyer" "so am I"	= "sono avvocato" "anch'io"

- ***Probability***

For expressions of probability and supposition *(if I were you* etc.) see the entry **be**.

Other functions

- ***Expressing sensations and feelings***

In expressing physical and mental sensations, the verb generally used in Italian is *avere*:

to be cold	= avere freddo
to be hot	= avere caldo
to be thirsty	= avere sete

to be hungry = avere fame
I'm cold = ho freddo
my hands are cold = ho le mani fredde.

If, however, you are in doubt as to which verb to use in such expressions, you should consult the entry for the appropriate adjective.

- ***Discussing health and how people are***

In expressions of health and polite enquiries about how people are, *stare* is used in Italian:

how are you? = come sta? / (more informally) come stai?
are you well? = sta bene? / (more informally) stai bene?
how is your daughter? = come sta Sua figlia? / (more informally) come sta tua figlia?
my father is better today = mio padre oggi sta meglio.

- ***Discussing weather and temperature***

In expressions of weather and temperature *fare* or *esserci* are generally used in Italian:

it's cold = fa freddo
it's windy = c'è vento
it's foggy = c'è nebbia.

If in doubt, consult the appropriate adjective entry.

- ***Visiting somewhere***

When *to be* is used in the present perfect tense to mean *to go, to visit* etc., Italian will generally use the verbs *stare, venire, andare* etc. rather than *essere*:

I've never been to Sweden = non sono mai stato / andato in Svezia
have you ever been to the Louvre? = sei mai stato al Louvre?
Paul has been to see us three times = Paul è venuto a trovarci tre volte.

Note also
has the postman been? = è passato il postino?

- More examples include: *she's twenty* = ha vent'anni; *that book is £ 14* = quel libro costa 14 sterline; *don't be too long* = non metterci troppo tempo; etc.
- For *here is, here are, there is, there are*, see the entries **here** and **there.**
- The translation for an expression or idiom containing the verb *to be* will be found in the dictionary at the entry for another word in the expression: for *to be in danger* see **danger**, for *it would be best to...* see **1.best** etc.
- This dictionary contains lexical notes on topics such as CLOCK, TIME UNITS, AGE, WEIGHT MEASURES, DAYS OF THE WEEK, and SHOPS, TRADES AND PROFESSIONS, many of which include translations of particular uses of *to be*. For these notes see the end of the English-Italian section.

beakful /'bi:kfʊl/ n. *(content of a beak)* imbeccata f., beccata f.

be-all and end-all /ˌbi:ɔ:lənd'endɔ:l/ n. la cosa f. più importante.

1.beam /bi:m/ n. **1** *(of light, torch, laser)* raggio m.; *(of vehicle lights, lighthouse, searchlight)* fascio m. (anche FIS.); ***on full ~*** BE, ***on high ~*** AE con gli abbaglianti accesi; ***on low ~*** AE con gli anabbaglianti accesi **2** ING. trave f. **3** *(in gymnastics)* trave f. **4** *(central shaft) (of weighing scales)* giogo m. **5** AER. MAR. *(radio or radar course)* fascio m. (di onde corte), portata f.; ***to be off ~*** BE, ***to be off the ~*** AE essere sulla rotta sbagliata; FIG. essere fuori strada *o* sbagliare **6** MAR. *(cross-member)* baglio m.; *(greatest width)* larghezza f. massima; ***on the port ~*** al traverso a sinistra; ***on the starboard ~*** al traverso a dritta **7** *(smile)* sorriso m. raggiante ◆ ***to be broad in the ~*** COLLOQ. [*person*] essere largo di fianchi.

2.beam /bi:m/ **I** tr. **1** [*radio, satellite*] trasmettere (mediante antenna direzionale) [*programme, signal*]; ***the concert was ~ed all over the world*** il concerto è stato trasmesso in tutto il mondo **2** FIG. ***his father ~ed his congratulations*** suo padre, raggiante di gioia, si congratulò con lui **II** intr. **1** [*sun, moon*] splendere, brillare; ***the sun ~ed down on us*** il sole splendeva su di noi **2** *(smile)* sorridere radiosamente.

beam balance /'bi:mˌbæləns/ n. bilancia f.

beam compass /'bi:mˌkʌmpəs/ n. compasso m. a verga.

beam end /ˌbi:m'end, 'bi:mend/ n. ***to be on its ~s*** MAR. essere (inclinato) sul fianco; ***to be on one's ~s*** BE FIG. COLLOQ. *(broke)* essere al verde; *(desperate)* essere in una situazione disperata.

beaming /'bi:mɪŋ/ agg. *(all contexts)* splendente, raggiante.

beamy /'bi:mɪ/ agg. **1** RAR. *(radiant)* raggiante, splendente **2** *(massive)* massiccio, grande come una trave **3** *(having horns)* munito di corna **4** *(broad in the beam)* [*cargo ship*] largo.

▷ **1.bean** /bi:n/ n. **1** fagiolo m.; ***green ~, French ~*** fagiolino verde; ***broad ~*** fava; ***cocoa ~*** seme di cacao; ***coffee ~*** grano di caffè **2** ***old ~*** BE ANT. COLLOQ. caro mio *o* vecchio mio ◆ ***to be full of ~s*** BE COLLOQ. *(be lively)* essere su di giri *o* essere molto attivo; AE *(be wrong)* dire cavolate; *(be silly)* [*child*] fare lo stupidino; ***I haven't got a ~*** COLLOQ. non ho il becco di un quattrino *o* sono senza una lira; ***I don't know a ~ o ~s about it*** COLLOQ. non so un tubo (di ciò) *o* non ne so niente; ***it's not worth a ~*** COLLOQ. non vale niente *o* non vale un fico secco; ***to spill the ~s*** COLLOQ. spifferare tutto *o* vuotare il sacco.

2.bean /bi:n/ tr. ***to ~ sb.*** AE COLLOQ. colpire qcn. sulla testa.

bean bag /'bi:nbæg/ n. **1** *(seat)* = grosso cuscino usato come poltrona **2** *(for throwing)* sacco m. di fagioli.

bean counter /'bi:nˌkaʊntə(r)/ n. AE COLLOQ. SPREG. scribacchino m. (-a), imbrattacarte m. e f.

bean curd /'bi:nkɜ:d/ n. tofu m., formaggio m. di soia.

bean eater /'bi:nˌi:tə(r)/ n. AE POP. **1** *(Bostonian)* bostoniano m. (-a) **2** *(Mexican)* messicano m. (-a).

beanery /'bi:nərɪ/ n. AE POP. = ristorante scadente.

beanfeast /'bi:nfi:st/ n. COLLOQ. festa f., baldoria f.

beano /'bi:nəʊ/ n. BE (pl. **~s**) → **beanfeast**.

beanpole /'bi:npəʊl/ n. **1** AGR. tutore m. **2** FIG. *(tall thin person)* spilungone m. (-a).

bean salad /'bi:nsæləd/ n. insalata f. di fagioli.

beansprout /'bi:nspraʊt/ n. germoglio m. di soia.

beanstalk /'bi:nstɔ:k/ n. gambo m. di pianta di fagiolo.

Bean Town /'bi:ntaʊn/ n.pr. AE COLLOQ. Boston m.

1.bear /beə(r)/ n. **1** ZOOL. orso m. **2** COLLOQ. SPREG. *(man)* orso m., persona f. scontrosa **3** ECON. speculatore m. (-trice) al ribasso, ribassista m. e f.

2.bear /beə(r)/ ECON. **I** tr. provocare il ribasso di [*shares, stock exchange*] **II** intr. speculare al ribasso.

▶ **3.bear** /beə(r)/ **I** tr. (pass. **bore**; p.pass. **borne**) **1** *(carry)* [*person, animal*] portare [*load*]; [*vehicle*] trasportare [*load*] **2** *(bring)* [*person*] portare, recare [*gift, message*]; [*wind, water*] portare, trasportare [*seed, sound*]; ***borne on the wind*** portato dal vento **3** *(show visibly)* [*envelope, shield*] portare, recare, avere; FIG. mostrare [*scar, mark*]; ***envelopes ~ing the company logo*** buste che hanno il logo della società; ***he still ~s the scars*** FIG. ne porta ancora i segni; ***to ~ a resemblance to*** assomigliare a; ***to ~ no relation to*** non avere alcun rapporto con; ***to ~ no comparison with*** non essere paragonabile a; ***to ~ witness to sth., to the fact that*** testimoniare, deporre su qcs., testimoniare sul fatto che **4** *(have)* [*person, company*] portare, avere [*name, title*] **5** *(keep, remember)* ***to ~ sth. in mind*** ricordare *o* ricordarsi di [*suggestion, information*]; *(take into account)* tener conto di [*factors*]; ***to ~ in mind that*** ricordare che; ***~ing in mind his inexperience,...*** tenuto conto della sua inesperienza... **6** *(support)* ***to ~ the weight of*** [*structure, platform*] reggere, sopportare, sostenere [*person, object*]; [*body part*] sopportare il peso di [*person*] **7** FIG. *(endure, tolerate)* sopportare, tollerare [*illness, hardship, suspense, pressure, smell, person*]; ***it's more than I can ~*** è più di quanto possa sopportare; ***I can't ~ the thought of him going to prison*** non posso sopportare l'idea che vada in prigione; ***she can't ~ doing the housework*** non sopporta di fare le faccende di casa; ***I can't ~ his preaching to me*** non sopporto che mi faccia la predica; ***I can't ~ to watch*** non riesco a guardare; ***how can you ~ to drink it?*** come fai a berlo? ***"after a long illness bravely borne"*** *(in obituary)* "dopo lunga malattia affrontata con dignità e coraggio" **8** FIG. *(accept)* sopportare, accettare [*cost, responsibility, blame*] **9** *(stand up to)* reggere a, superare [*scrutiny, inspection*]; ***the plan won't ~ close scrutiny*** il progetto non supererà un esame approfondito; ***that story, joke doesn't ~ repeating*** non vale la pena di raccontare di nuovo quella storia, quella barzelletta; ***the consequences don't ~ thinking about*** meglio non pensare alle conseguenze **10** *(nurture)* portare, avere [*love*]; ***the love she bore her father*** l'amore che aveva per suo padre; ***to ~ sb. ill will*** avere del malanimo verso qcn. *o* serbare rancore a qcn.; ***to ~ a grudge against sb.*** avercela con qcn. *o* portare *o* serbare rancore a qcn.; ***he bore her nothing but resentment*** provava solo risentimento nei suoi confronti **11** *(yield)* [*tree, land*] dare, produrre [*fruit, blossom, crop*]; ECON. [*account, investment*] dare, fruttare [*interest*]; ***to ~ fruit*** [*tree*] dare frutto; FIG. [*idea, investment*] dare frutti **12** ANT. LETT. (p.pass. attivo **borne**, p.pass. passivo **born**) *(give birth to)* [*woman*] partorire; ***to ~ sb. a child*** dare un figlio a qcn. **II** intr. (pass. **bore**; p.pass. **borne**) **1** ***to ~ left, right*** [*person*] girare *o* voltare *o* prendere a sinistra, destra; ***to ~ east, west*** [*person*] andare a est, ovest; [*road*] andare verso est, ovest **2** MAR. *(lie)* ***there is land ~ing south-south-east*** terraferma segnalata a sud-sud-est **3** *(weigh)* ***to ~ heavily, hardest on sb.*** [*tax, price increase*] gravare su qcn.; ***to bring influence, pressure to ~ on*** esercitare influenza, pressioni su [*person, system*]; ***to bring all one's energies to ~ on sth.*** mettere tutte le proprie energie in qcs. **III** rifl. (pass. **bore**; p.pass. **borne**) ***to ~ oneself*** *(behave)* comportarsi; ***he bore himself bravely*** si è comportato coraggiosamente; ***~ yourself with pride*** siate(ne) orgogliosi.

- **bear along:** ~ [sb., sth.] along, ~ along [sb., sth.] trascinare; ***borne along by the tide, his enthusiasm*** trascinato dalla marea, dal suo entusiasmo.
- **bear away** ~ [sb., sth.] away, ~ away [sb., sth.] *(take away)* [*person*] portare via [*person*]; *(kidnap)* [*person*] rapire [*person*]; [*wind, water*] portar via [*person, boat*].
- **bear down 1** premere (**on** su); ***~ down on the screw, plank*** premete sulla vite, sull'asse **2** *(approach aggressively)* ***to ~ down on*** avanzare minacciosamente verso *o* piombare su [*person, group*] **3** *(in childbirth)* spingere.
- **bear in:** ***to ~ in with*** MAR. avvicinarsi a [*land*]; ***the truth has been borne in upon us*** la verità ci è stata rivelata; ***it was finally borne in upon them that*** avevano finalmente capito che.
- **bear off 1** → **bear away 2** ***to ~ off from*** MAR. allontanarsi da [*land*].
- **bear on:** ~ on [sb., sth.] avere relazione, rapporto con; *(stronger)* incidere, pesare, avere effetto su; ***factors ~ing directly on the outcome*** fattori che incidono direttamente sul risultato; ***the cuts would ~ hardest on the poor*** i tagli graveranno soprattutto sui poveri.
- **bear out:** ~ out [sth.] avvalorare, confermare [*theory, claim, story*]; ~ [sb.] out appoggiare; ***he'll ~ me out on this*** confermerà ciò che dico.
- **bear up:** ~ up [*person*] tener duro, resistere; [*structure*] reggere, resistere; ***to ~ up against*** reggere a, affrontare [*shock, misfortune*]; ***"OK?" - "I'm ~ing up"*** "Va bene?" - "Si tira avanti".
- **bear upon** → **bear on**.
- **bear with:** ~ with [sb.] aver pazienza con, sopportare; ***it's boring but please ~ with me*** è noioso ma, la prego, abbia pazienza; ***please ~ with me for a minute*** scusatemi, perdonatemi un minuto; ***to ~ with it*** avere pazienza.

bearable /ˈbeərəbl/ agg. sopportabile, tollerabile.
bearbaiting /ˈbeəbeɪtɪŋ/ n. combattimento m. tra un orso e dei cani.
bearberry /ˈbeəbərɪ, AE -berɪ/ n. uva f. ursina.
bearbind /ˈbeəbaɪnd/ n. vilucchio m.
bear cub /ˈbeəkʌb/ n. orsetto m., cucciolo m. d'orso.
▷ **1.beard** /bɪəd/ n. **1** *(on man)* barba f.; ***a bushy ~*** una barba folta; ***to grow a ~*** farsi crescere la barba; ***to shave off one's ~*** tagliarsi la barba; ***to wear a ~*** portare la barba; ***the man with the ~*** l'uomo con la barba **2** *(tuft, barbel) (on animals)* barbetta f. **3** *(on wheat, barley)* resta f. **4** *(in typography)* = insieme di crenatura e spalla.
2.beard /bɪəd/ tr. affrontare, sfidare ◆ ***to ~ the lion in his den*** = andare ad affrontare una persona importante o influente.
bearded /ˈbɪədɪd/ agg. barbuto; ***a ~ youth*** un giovane barbuto.
bearded lady /ˈbɪədɪdˌleɪdɪ/ n. donna f. con la barba, barbuta.
bearded tit /ˈbɪədɪdtɪt/ n. basettino m., mustacchino m.
beardless /ˈbɪədlɪs/ agg. senza barba, imberbe.
beardless youth /ˌbɪədlɪsˈjuːθ/ n. SPREG. sbarbatello m.
bearer /ˈbeərə(r)/ n. **1** portatore m. (-trice); *(of news, letter)* latore m. (-trice) **2** ECON. DIR. *(of note, cheque)* portatore m.; *(of passport)* titolare m. e f. **3** AGR. ***the pear tree is still a good ~*** il pero dà ancora molti frutti.
bearer bond /ˈbeərəˌbɒnd/ n. obbligazione f. al portatore; titolo m. al portatore.
bearer cheque BE, **bearer check** AE /ˈbeərəˌtʃek/ n. assegno m. al portatore.
bear garden /ˈbeəˌgɑːdn/ n. FIG. gabbia f. di matti.
bear hug /ˈbeəhʌg/ n. **1** *(embrace)* forte abbraccio m.; ***to give sb. a ~*** abbracciare forte qcn. **2** *(in wrestling)* cintura f. frontale.
▷ **1.bearing** /ˈbeərɪŋ/ **I** n. **1** *(posture)* portamento m.; ***of soldierly ~*** dal portamento marziale; ***regal ~*** portamento regale; ***his dignified ~*** il suo portamento maestoso **2** *(relevance)* rapporto m., relazione f., influenza f.; ***to have no ~ on*** non aver alcun rapporto con; ***to have little ~ on*** avere scarsa rilevanza per **3** MAR. rilevamento m.; ***the ~ is 137°*** il rilevamento è 137°; ***true, magnetic ~*** rilevamento vero, magnetico; ***to take a compass ~*** fare un rilevamento alla bussola; ***to take the ship's ~s*** calcolare la posizione della nave **4** TECN. cuscinetto m., supporto m. **5** ARALD. insegna f., figura f. **II bearings** n.pl. **1** *(orientation)* ***to get*** o ***find*** o ***take one's ~s*** orientarsi; ***to lose one's ~s*** perdere l'orientamento, perdere la bussola (anche FIG.) **2** AUT. MECC. cuscinetto m., supporto m.
▷ **2.bearing** /ˈbeərɪŋ/ agg. **1** [*surface etc.*] portante **2 -bearing** in composti che produce, che contiene; ***fruit~*** fruttifero.
bearing brass /ˈbeərɪŋbrɑːs, AE -bræs/ n. bronzina f.
bearing down /ˌbeərɪŋˈdaʊn/ n. MED. travaglio m.
bearish /ˈbeərɪʃ/ agg. **1** SPREG. [*person, behaviour*] rude, sgarbato **2** ECON. [*market*] tendente al ribasso.
bear market /ˈbeəˌmɑːkɪt/ n. mercato m. in ribasso.
bear pit /ˈbeəpɪt/ n. fossa f. degli orsi.
bear's breech /ˈbeəzbriːtʃ/ n. acanto m.
bearskin /ˈbeəskɪn/ **I** n. **1** *(pelt)* pelle f. d'orso **2** MIL. *(hat)* colbacco m. (di pelo d'orso) **II** modif. [*rug*] di pelo d'orso.
bear trap /beətræp/ n. AE POP. = posto di controllo elettronico della velocità delle automobili.
▷ **beast** /biːst/ n. **1** *(animal)* bestia f., animale m.; ***the king of the ~s*** il re degli animali; ***~ of burden*** bestia da soma; ***~ of prey*** animale da preda; ***the Beast*** BIBL. la Bestia (l'Anticristo) **2** COLLOQ. SPREG. *(person) (annoying)* bestia f., bestione m.; *(brutal)* bruto m., animale m.; ***he's a selfish ~!*** è un bruto egoista! ***to bring out the ~ in sb.*** *(make angry, lustful, brutal)* risvegliare la bestia *o* l'animale che c'è in qcn. **3** COLLOQ. SPREG. *(job, task, problem)* ***it's a ~ of a job!*** è un lavoro da bestie! ◆ ***it's in the nature of the ~*** SCHERZ. è la legge della natura *o* così vanno le cose.
beastie /ˈbiːstɪ/ n. COLLOQ. bestiola f.
beastlike /ˈbiːstlaɪk/ agg. da bestia, bestiale.
beastliness /ˈbiːstlɪnɪs/ n. **1** *(unpleasantness) (of person, behaviour, trick)* brutalità f., cattiveria f.; *(of food)* sgradevolezza f., schifezza f.; *(of weather)* (l') essere schifoso, (l') essere tremendo; *(of illness)* brutalità f. **2** *(bestiality)* bestialità f.
beastly /ˈbiːstlɪ/ **I** agg. COLLOQ. **1** *(unpleasant)* [*person, behaviour*] stupido, brutale; [*trick*] stupido, brutto; [*food*] schifoso, disgustoso; [*weather*] schifoso, tremendo; [*illness*] brutale; ***to be ~ to sb.*** essere brutale con qcn.; ***what a ~ thing to do!*** che cosa schifosa **2** *(bestial)* bestiale **II** avv. COLLOQ. terribilmente, maledettamente.
▶ **1.beat** /biːt/ **I** n. **1** *(repeated sound)* (il) battere, colpi m.pl.; ***the ~ of dancers' feet*** il battere dei piedi dei ballerini; ***the ~ of the drum*** il rullo del tamburo; ***to the ~ of the drum*** al rullo *o* al ritmo del tamburo **2** MUS. battuta f.; *(rhythm, tempo)* ritmo m.; *(in a bar)* tempo m.; *(in verse)* accento m. (ritmico) **3** *(pulsation) (of heart)* battito m., pulsazione f.; ***heart ~*** battito del cuore; ***80 ~s per minute*** 80 pulsazioni al minuto; ***his heart missed*** o ***skipped a ~ when he saw her*** sentì un tuffo al cuore quando la vide **4** FIS. EL. *(pulse)* battimento m. **5** *(in police force) (area)* zona f. di sorveglianza; *(route)* ronda f., giro m.; ***her ~ covers the town centre*** la sua zona di sorveglianza copre il centro della città; ***to patrol one's ~*** fare la ronda; ***policeman on the ~*** agente di ronda **6** VENAT. *(act)* battuta f.; *(area)* zona f. di battuta **II** modif. [*poet, writer, philosophy*] beat, appartenente alla beat generation.
▶ **2.beat** /biːt/ **I** tr. (pass. **beat**; p.pass. **beaten**) **1** *(strike aggressively)* [*person*] battere, picchiare [*person, animal*]; ***to ~ sb. with a stick, whip*** picchiare qualcuno con un bastone, con una frusta; ***to ~ sth. into sb.*** inculcare qcs. in qcn.; ***~ some respect into him*** inculcategli il rispetto; ***they beat grammar into our heads*** ci hanno fatto entrare in testa la grammatica; ***you'll have to ~ the truth out of him*** dovrai cavargli la verità di bocca; ***I had my high spirits ~en out of me*** mi ha fatto passare il buon umore; ***to ~ sb. into submission*** costringere *o* ridurre qcn. alla sottomissione; ***to ~ sb. black and blue*** COLLOQ. fare qcn. nero di botte; ***to be ~en about the head*** essere picchiato sulla testa; ***to ~ the shit out of sb.*** POP. massacrare qcn. di botte; ***to ~ the hell out of sb.*** COLLOQ. pestare qcn. a sangue **2** *(strike with tool, fist)* [*person*] battere a [*door*] (**with** con); [*person*] battere [*metal, carpet*] (**with** con); [*bird, animal, hunter*] battere [*air, ground, undergrowth*] (**with** con); ***she beat the dust out of the rug*** ha battuto il tappeto per togliergli la polvere; ***to ~ sth. into shape*** foggiare *o* ridurre qualcosa alla forma voluta dando dei colpi; ***to ~ sth. flat*** appiattire *o* schiacciare qcs.; ***~ the meat with a mallet*** GASTR. battere la carne col mazzuolo; ***to ~ the dents out of a car wing*** martellare il parafango per togliere le ammaccature **3** MUS. MIL. *(produce sound)* battere [*drum, tambourine, rhythm*]; ***to ~ the retreat*** o ***the tattoo*** MIL. suonare la ritirata; ***to ~ time*** battere il

tempo; ***to ~ time to the music with one's feet*** batteva il tempo della musica con i piedi **4** GASTR. *(mix vigorously)* sbattere [*mixture, eggs, cream*]; ***~ the sugar and butter together*** sbattete insieme lo zucchero e il burro; ***to ~ sth. into sth.*** incorporare qcs. in qcs. sbattendo **5** *(make escape)* ***to ~ one's way, a path through*** farsi strada, aprirsi un passaggio tra [*crowd, obstacles*]; ***to ~ a retreat*** MIL. battere in ritirata; ***when they saw the cops they beat a (hasty) retreat*** quando hanno visto i poliziotti se la sono data a gambe; ***~ it!*** COLLOQ. fila via! battitela! svignatela! **6** *(flap)* ***to ~ its wings*** battere le ali **7** *(defeat)* battere, sconfiggere, vincere [*opponent, team, inflation, drug abuse, illness etc.*]; porre fine a [*child abuse, rape*]; ***we beat them at chess*** li abbiamo battuti a scacchi; ***to be ~en at sth.*** essere battuto, sconfitto a qcs.; ***we're going swimming to ~ the heat*** andiamo a fare una nuotata per sconfiggere il caldo **8** *(confound)* [*mystery*] sconcertare, disorientare [*person*]; ***a mystery which has ~en the experts*** un mistero che ha sconcertato gli esperti; ***it ~s me how, why*** non riesco a capire come, perché; ***we admit to being ~en*** ammettiamo la sconfitta *o* di non esserci riusciti; ***"why did he leave?" - "~s me"*** COLLOQ. "perché è partito?" - "non saprei!"; ***this problem's got me beat*** COLLOQ. o ***~en*** questo problema va al di là delle mie capacità **9** *(arrive earlier)* battere sul tempo, evitare [*rush, crowds*]; precedere [*person*]; ***he beat me to the meeting-place*** mi ha preceduto all'appuntamento; ***she beat me to it*** è stata più veloce di me; ***he beat me to the door*** è arrivato alla porta prima di me; ***I beat my sister to the altar*** mi sono sposato prima di mia sorella; ***~ the budget!*** facciamo uno strappo! crepi l'avarizia! **10** SPORT *(outdo)* battere, superare [*score*]; superare [*target*]; surclassare [*product*]; ***his score will take some ~ing*** sarà difficile battere il suo punteggio; ***our product ~s yours*** il nostro prodotto surclassa il vostro; ***it ~s doing*** è (sempre) meglio che fare; ***it ~s walking*** sempre meglio che camminare; ***you can't ~ Italian shoes, a nice cup of tea*** non c'è nulla di meglio delle scarpe italiane, di una buona tazza di tè; ***our prices are difficult to ~*** i nostri prezzi sono imbattibili; ***~ that (if you can)!*** fai meglio (se sei capace)! ***that ~s everything!*** questo è il colmo! **II** intr. (pass. **beat**; p.pass. **beaten**) **1** *(strike repeatedly)* ***to ~ against*** [*waves*] sbattere contro [*shore, cliff*]; [*rain*] picchiare, battere contro [*face, window*] **2** ***to ~ at*** o ***on*** [*person*] picchiare, battere a **3** FISIOL. [*heart, pulse*] battere, pulsare (**with** di, per) **4** *(make sound)* [*drum*] battere, suonare **5** *(flap)* [*wings*] battere **6** VENAT. battere [*bush, woods*] **7** MAR. bordeggiare; ***to ~ to windward*** bordeggiare contro vento ◆ ***a rod*** o ***stick to ~ sb. with*** un'arma contro qcn.; ***if you can't ~ 'em, join 'em*** se non puoi sconfiggerli, diventa loro alleato; ***to ~ the charge*** AE sfuggire, sottrarsi all'accusa.

▪ **beat about** BE, **beat around** AE ***~ [sth.] about***, ***~ about [sth]*** perlustrare [*area*]; ***~ about for*** cercare affannosamente [*solution, escape, excuse*] ◆ ***to ~ about the bush*** menare il can per l'aia.

▪ **beat back:** ***~ [sth.] back***, ***~ back [sth.]*** respingere [*group, flames*].

▪ **beat down:** ***~ down*** [*rain, hail*] battere, picchiare forte (**on** su); [*sun*] picchiare (**on** su); ***~ [sth.] down***, ***~ down [sth.]*** **1** *(flatten)* [*rain, wind*] coricare [*crop, grass*] **2** *(break open)* [*person*] sfondare [*door*]; ***~ [sb.] down to*** portare [qcn.], fare scendere [qcn.] a; ***I beat her down to 100 dollars*** l'ho portata fino a 100 dollari.

▪ **beat in:** ***~ [sth.] in***, ***~ in [sth.]*** sfondare; ***he'd had his skull ~en in*** aveva il cranio sfondato.

▪ **beat off:** ***~ [sb., sth.] off***, ***~ off [sb., sth.]*** respingere [*attack, attackers*]; scacciare [*insects*] ◆ ***to ~ the pants off sb.*** stracciare qcn.

▪ **beat out:** ***~ [sth.] out***, ***~ out [sth.]*** martellare, spianare a martellate [*metal*]; suonare [*tune*]; battere [*rhythm*] (**on** su); soffocare [*flames*].

▪ **beat up:** ***~ [sb.] up***, ***~ up [sb.]*** picchiare a sangue, pestare.

3.beat /biːt/ agg. COLLOQ. esausto, stanco morto; ***we were absolutely ~*** eravamo distrutti *o* a pezzi.

beaten /ˈbiːtn/ **I** p.pass. → **2.beat II** agg. **1** *(defeated)* [*team, competitor, army*] battuto, sconfitto **2** *(flattened)* [*metal*] battuto **3** GASTR. [*egg*] sbattuto ◆ ***off the ~ track*** isolato *o* fuori mano; FIG. insolito *o* inconsueto; ***to go off the ~ track*** allontanarsi dalle vie battute.

beater /ˈbiːtə(r)/ n. **1** VENAT. battitore m. (-trice) **2** MUS. mazzuolo m.

beat generation /ˈbɪːtˌdʒenəˌreɪʃn/ n. beat generation f.

beatific /ˌbɪəˈtɪfɪk/ agg. beato; RELIG. beatifico.

beatification /bɪˌætɪfɪˈkeɪʃn/ n. beatificazione f.

beatify /bɪˈætɪfaɪ/ tr. **1** RELIG. beatificare **2** rendere felice.

▷ **beating** /ˈbiːtɪŋ/ n. **1** *(punishment)* botte f.pl., legnate f.pl., punizione f.; ***to get a ~*** prendere le botte *o* essere punito; ***to give sb. a ~*** dare le botte a *o* punire qcn. **2** COLLOQ. *(defeat)* batosta f., sconfitta f.; ***they will take some ~*** sarà dura batterli; ***this scenery takes some ~*** è difficile trovare qualcosa di paragonabile a questo paesaggio; ***your manners take some ~*** IRON. hai bisogno darti una regolata **3** COLLOQ. *(rough treatment)* ***to give one's car a ~*** farne vedere di tutti i colori alla macchina; ***to take a ~*** [*speaker, politician*] essere malmenato; [*toy, car*] passarne di tutti i colori; ***these toys are designed to take a ~*** questi giocattoli sono studiati per essere molto resistenti **4** *(of metal)* raddrizzatura f.; *(of carpet)* battitura f. **5** *(sound)* *(of drum)* suono m., (il) battere; *(heart, wings)* battito m. **6** VENAT. battuta f.

beating up /ˌbiːtɪŋ ˈʌp/ n. COLLOQ. botte f.pl., legnate f.pl.; ***to get a ~*** prendere le botte; ***to give sb. a ~*** dare le botte a qcn.

beatitude /bɪˈætɪtjuːd, AE -tuːd/ n. FORM. beatitudine f.

beatnik /ˈbiːtnɪk/ n. beatnik m. e f., esponente m. e f. della "beat generation".

Beatrice /ˈbɪətrɪs, AE ˈbiːə-/, **Beatrix** /ˈbɪətrɪks, AE ˈbiːə-/ n.pr. Beatrice.

beat-up /ˈbiːtʌp/ agg. COLLOQ. [*car*] scassato, malridotto.

beau /bəʊ/ n. (pl. **~x**) **1** LETT. o SCHERZ. *(suitor)* spasimante m., corteggiatore m. **2** ANT. *(dandy)* damerino m., bellimbusto m.

beau compass /ˌbəʊˈkʌmpəs/ n. compasso m. a verga.

Beaufort scale /ˌbəʊfətˈskeɪl/ n. scala f. Beaufort.

beaut /bjuːt/ n. POP. bellezza, meraviglia.

beauteous /ˈbjuːtɪəs/ agg. LETT. bello, vago, venusto.

beautician /bjuːˈtɪʃn/ ➧ **27** n. *(beauty specialist)* estetista m. e f.; AE *(hairdresser)* parrucchiere m. (-a).

▶ **beautiful** /ˈbjuːtɪfl/ agg. **1** *(aesthetically attractive)* bello; ***a ~ place*** un bel posto; ***a ~ example of*** un bell'esempio di **2** *(wonderful)* [*day, holiday, feeling, experience, weather*] splendido, meraviglioso, bellissimo **3** *(skilful)* [*shot, goal*] splendido; ***he's a ~ writer*** è uno scrittore eccellente.

▷ **beautifully** /ˈbjuːtɪfəlɪ/ avv. **1** *(perfectly)* [*play, write, behave, function*] meravigliosamente, benissimo; [*written, designed etc.*] in modo mirabile, eccelso; ***that will do ~*** sarà perfetto, andrà a meraviglia **2** *(attractively)* [*displayed, furnished, situated*] magnificamente; ***~ dressed*** vestito in modo assai elegante **3** *(emphatic)* [*empty, quiet, soft, warm, accurate*] incredibilmente.

beautiful people /ˌbjuːtɪflˈpiːpl/ n. ***the ~*** la bella gente *o* il bel mondo.

beautify /ˈbjuːtɪfaɪ/ **I** tr. abbellire, adornare **II** rifl. ***to ~ oneself*** abbellirsi *o* adornarsi.

▶ **beauty** /ˈbjuːtɪ/ **I** n. **1** *(quality)* bellezza f.; ***to spoil*** o ***mar the ~ of*** rovinare la bellezza di **2** *(woman)* bellezza f., bella donna f. **3** *(beautiful feature)* ***the beauties of*** le bellezze di [*nature, landscape*] **4** *(advantage)* ***the ~ of the system is that...*** il bello *o* il vantaggio del sistema è che...; ***that's the ~ of it*** questo è il bello **5** *(perfect example)* ***a ~ of a goal, car*** un gol splendido, un'auto splendida; ***that's a real ~*** SCHERZ. è una meraviglia! **II** modif. [*contest, product, treatment*] di bellezza ◆ ***age before ~*** SCHERZ. = i più anziani hanno la precedenza sui più giovani; ***~ is in the eye of the beholder*** PROV. non è bello ciò che è bello, è bello ciò che piace; ***Beauty and the Beast*** la Bella e la Bestia.

beauty editor /ˈbjuːtɪˌedɪtə(r)/ n. GIORN. responsabile m. e f., redattore m. (-trice) della rubrica della bellezza.

beauty parlour /ˈbjuːtɪpɑːlə(r)/, **beauty shop** /ˈbjuːtɪʃɒp/, **beauty salon** /ˈbjuːtɪsælən, AE ˌbjuːtɪsəˈlɒn/ ➧ **27** n. istituto m., salone m. di bellezza.

beauty queen /ˈbjuːtɪkwiːn/ n. reginetta f. di bellezza.

beauty sleep /ˈbjuːtɪsliːp/ n. SCHERZ. ***to need one's ~*** aver bisogno di dormire a sufficienza (per curare la propria bellezza).

beauty specialist /ˈbjuːtɪˌspeʃəlɪst/ ➧ **27** n. estetista m. e f.

beauty spot /ˈbjuːtɪspɒt/ n. **1** *(on skin)* neo m.; *(fake)* neo m. artificiale, mosca f. **2** *(beautiful place)* luogo m. pittoresco.

beaux → **beau**.

1.beaver /ˈbiːvə(r)/ **I** n. **1** *(animal, fur)* castoro m.; *(hat)* cappello m. di castoro **2** ***eager ~*** stacanovista *o* gran lavoratore **3** AE VOLG. *(female genitals)* fica f., passera f. **4** AE POP. *(woman)* = donna **II** modif. [*garment*] di castoro; ***~ lamb coat*** giacca di castorino ◆ ***to work like a ~*** lavorare per dieci *o* lavorare sodo.

> **i** **Beat generation** Movimento artistico e culturale americano, sviluppatosi tra gli anni '50 e '60, caratterizzato dal rifiuto dei valori della società dell'epoca, dall'ostentazione di comportamenti anticonformisti e da nuove forme d'espressione. Fra i maggiori esponenti lo scrittore Jack Kerouac e il poeta Allen Ginsberg.

2.beaver /ˈbɪ:və(r)/ intr. → **beaver away**.
▪ **beaver away** lavorare sodo (**at** a).
3.beaver /ˈbi:və(r)/ n. STOR. *(part of helmet)* = parte dell'elmo che copre il mento.
bebop /ˈbi:bɒp/ n. MUS. be-bop m.
becalm /bɪˈkɑ:m/ tr. MAR. abbonacciare, ridurre in bonaccia.
becalmed /bɪˈkɑ:md/ **I** p.pass. → **becalm II** agg. MAR. in bonaccia.
became /bɪˈkeɪm/ pass. → **become**.
▶ **because** /bɪˈkɒz, AE *anche* -kɔ:z/ cong. **1** perché, poiché; ***don't do it just ~ you can*** non farlo solo perché ne sei capace; ***just ~ you're older doesn't mean you're right*** solo perché sei più vecchio, non significa che tu abbia ragione; ***he was locked out ~ he'd left early and forgotten his key*** era rimasto chiuso fuori perché era uscito prima e aveva dimenticato la chiave; ***just ~ you're jealous!*** COLLOQ. e tutto questo per la tua gelosia! ***"why didn't you eat the ice cream?" - "(just) ~ I don't like it"*** "perché non hai mangiato il gelato?" - "perché non mi piace"; ***all the more so ~*** tanto più che **2** **because of** per, a causa di; ***~ of the rain*** a causa della pioggia; ***don't worry, I'm not leaving ~ of you*** non ti preoccupare, non me ne vado per colpa tua; ***~ of you we're late!*** siamo in ritardo per colpa tua; ***we're late and it's all ~ of you!*** siamo in ritardo, e tutto per colpa tua!
beccafico /ˌbekəˈfi:kəʊ/ n. (pl. **~s, ~es**) beccafico m.
béchamel /ˈbeɪʃəmel/ n. béchamel f., besciamella f.
bêche-de-mer /ˌbeʃdəˈmeə(r)/ n. (pl. ~, **bêches-de-mer**) oloturia f., cetriolo m. di mare.
1.beck /bek/ n. ***to be at sb.'s ~ and call*** essere (sempre) agli ordini di qcn.; ***to have sb. at one's ~ and call*** avere (sempre) qcn. ai propri ordini.
2.beck /bek/ tr. → **beckon**.
3.beck /bek/ n. BE *(stream)* ruscello m.
becket /ˈbekɪt/ n. MAR. **1** *(hook)* gancio m., uncino m. **2** *(short line)* stroppo m.
beckon /ˈbekən/ **I** tr. chiamare con un cenno, fare un cenno a; ***to ~ sb. in*** fare cenno a qcn. d'entrare; ***to ~ to sb. to do*** fare cenno a qcn. di fare; ***a bright future ~s you in Europe*** un brillante avvenire ti aspetta in Europa **II** intr. **1** *(with gesture)* fare cenni (**to** a) **2** FIG. *(lure)* chiamare, invitare; ***success ~ed*** il successo si profilò all'orizzonte.
Becky /ˈbekɪ/ n.pr. diminutivo di **Rebecca**.
becloud /bɪˈklaʊd/ tr. RAR. annuvolare, oscurare, offuscare (anche FIG.).
▶ **become** /bɪˈkʌm/ **I** intr. (pass. **became**; p.pass. **become**) **1** *(grow to be)* diventare; ***to ~ famous, fashionable*** diventare famoso *o* diventare di moda; ***to ~ fat*** diventare grasso *o* ingrassare; ***to ~ thin*** diventare magro *o* dimagrire; ***to ~ law*** diventare legge; ***to ~ ill*** ammalarsi; ***to ~ aware*** rendersi conto *o* accorgersi **2** *(achieve position)* diventare; ***to ~ queen, a doctor*** diventare regina, medico **II** tr. (pass. **became**; p.pass. **become**) [*colour, dress, style*] stare bene a, donare a [*person*]; [*attitude, modesty*] addirsi a [*person*] **III** impers. (pass. **became**; p.pass. **become**) **1** ***what has ~ of your brother?*** che ne è stato di tuo fratello? ***what has ~ of those photos?*** che ne è stato delle foto? che fine hanno fatto le foto? **2** ***it ill~s you to criticize*** mal ti si addice criticare.
becoming /bɪˈkʌmɪŋ/ agg. [*behaviour*] consono, che si addice; [*garment, hair cut etc.*] che dona, che sta bene.
becomingly /bɪˈkʌmɪŋlɪ/ avv. **1** *(attractively)* [*arranged, dressed*] elegantemente; [*blush, smile*] graziosamente **2** *(suitably)* [*dressed*] in modo consono.
becomingness /bɪˈkʌmɪŋnɪs/ n. **1** *(attractiveness)* eleganza f., grazia f. **2** *(appropriateness)* appropriatezza f., convenienza f.
becquerel /ˈbekərəl/ n. becquerel m.
▶ **1.bed** /bed/ n. **1** *(place to sleep)* letto m.; ***double ~*** letto a due piazze *o* matrimoniale; ***single ~*** letto a una piazza *o* singolo; ***to get into ~*** mettersi a letto; ***to get out of ~*** alzarsi dal letto; ***to go to ~*** andare a letto *o* a dormire; ***it's time for ~*** è ora di andare a letto *o* a dormire; ***to send, put sb. to ~*** mandare, mettere qcn. a letto; ***to be in ~*** essere a letto; ***to take to one's ~*** mettersi a letto *o* allettarsi; ***a 40 ~ ward, hotel*** un reparto, un albergo con 40 letti; ***I need a ~ for the night*** ho bisogno di un letto per la notte; ***to give sb. a ~ for the night*** dare un letto a *o* ospitare qcn. per la notte; ***to sleep in separate ~s*** dormire in letti separati; ***her ~ of pain*** LETT. il suo letto di dolore; ***the dog makes his ~ in the hall*** il cane ha la cuccia nell'atrio **2** COLLOQ. *(sex)* ***to go to ~ with*** andare a letto con; ***what's he like in ~?*** com'è a letto? ***to catch sb. in ~ with*** sorprendere qcn. a letto con; ***to get into ~ with*** andare a letto con [*person*]; FIG. entrare in società con [*company, group, lobby*] **3** *(of flowers)* aiuola f.; *(of manure, compost)* letto m. (di semina); *(of produce)* appezzamento m., pezzo m. (di terreno); ***a rose ~*** un'aiuola di rose **4** *(bottom) (of sea)* fondo m., letto m.; *(of river)* letto m., alveo m.; ***the sea ~*** il fondo del mare **5** GEOL. letto m., strato m. **6** TECN. *(of machine tool)* banco m., basamento m., bancale m. **7** GIORN. TIP. ***to put a newspaper to ~*** chiudere *o* mandare in stampa un giornale **8** AUT. *(of car)* telaio m.; *(of truck)* pianale m. **9** ING. *(of wall)* basamento m.; *(of road)* fondo m. stradale ◆ ***to be brought to ~ of*** partorire [*child*]; ***to get out of ~ on the wrong side*** alzarsi col piede sinistro; ***her life is a ~ of nails*** la sua vita è un letto di spine *o* di Procuste; ***life is not a ~ of roses*** la vita non è un letto di rose *o* non è tutta rose e fiori; ***you've made your ~, now you must lie in it*** PROV. hai voluto la bicicletta, e ora pedala.
2.bed /bed/ tr. (forma in -ing ecc. **-dd-**) **1** AGR. (anche **~ out**) trapiantare [*seedlings*]; mettere a dimora, piantare [*plants*] **2** RAR. *(sleep with)* dormire con [*person*].
▪ **bed down:** ~ **down** coricarsi, mettersi a dormire; ~ **[sth.] down**, ~ **down [sth.]** fare il letto a [*horse*].
▪ **bed in:** ~ **[sth.] in** ING. fissare in un foro [*beam*].
BEd /ˌbi:ˈed/ n. (⇒ bachelor of education) = (diploma di dottore) in pedagogia (con laurea breve).
bedabble /bɪˈdæbl/ tr. ANT. macchiare, inzaccherare.
bed and board /ˌbedənˈbɔ:d/ n. pensione f. completa, vitto e alloggio m.
bed and breakfast /ˌbedənˈbrekfəst/ n. **1** *(type of accommodation)* = pernottamento e prima colazione; ***to offer ~*** offrire camere con prima colazione **2** *(building)* bed and breakfast m.; ***to run a ~*** avere *o* gestire un bed and breakfast **3** BE ECON. (anche **~ accommodation**) = alloggiamento provvisorio sostitutivo.
bedazzle /bɪˈdæzl/ tr. abbagliare.
bed base /ˈbedbeɪs/ n. fusto m., intelaiatura f. del letto.
bed bath /ˈbedbɑ:θ, AE -bæθ/ n. lavaggi m.pl., abluzioni f.pl. a letto.
bedbug /ˈbedbʌg/ n. cimice f. dei letti.
bedchamber /ˈbedˌtʃeɪmbə(r)/ n. ANT. camera f. da letto.
bedclothes /ˈbedkləʊðz/ n.pl. biancheria f.sing., coperte f. da letto.
bedcover /ˈbedˌkʌvə(r)/ n. → **bedspread**.
bedded /ˈbedɪd/ **I** p.pass. → **2.bed II** agg. **1** *(in bed)* coricato, a letto **2** GEOL. stratificato.
bedder /ˈbedə(r)/ n. **1** *(in English colleges)* = persona incaricata di tenere in ordine le stanze degli studenti **2** piantina f. (da trapiantare).
bedding /ˈbedɪŋ/ **I** n. **1** *(for humans)* biancheria f., coperte f.pl. da letto **2** *(for animals)* lettiera f. **II** modif. [*fork, trowel*] per trapiantare; [*plant*] che va trapiantato.
Bede /bi:d/ n.pr. Beda.
bedeck /bɪˈdek/ tr. ornare, abbellire (**with** con).
bedevil /bɪˈdevl/ tr. (forma in -ing ecc. **-ll-**, **-l-** AE) *(plague)* tormentare, assillare [*person*]; ostacolare [*plans*]; *(confuse)* confondere [*problem, situation, person*]; ***~led by doubt, remorse*** tormentato dal dubbio, dal rimorso; ***project ~led by a lack of funds*** progetti ostacolati dalla mancanza di fondi.
bedevilment /bɪˈdevlmənt/ n. *(plague)* tormento m., assillo m.; *(confusion)* confusione f.
bedew /bɪˈdju:, AE -du:/ tr. LETT. *(of dew, tears)* irrorare, bagnare.
bedfast /ˈbedfɑ:st, AE -fæst/ agg. → **bedridden**.
bedfellow /ˈbedfeləʊ/ n. **1** compagno m. (-a) di letto **2** FIG. ***to make strange ~s*** formare una coppia insolita.
Bedfordshire /ˈbedfədʃə(r)/ ♦ ***24*** n.pr. GB Bedfordshire m.
bedhead /ˈbedhed/ n. testata f., testiera f. del letto.
bedim /bɪˈdɪm/ tr. (forma in -ing ecc. **-mm-**) RAR. offuscare, oscurare.
bedizen /bɪˈdaɪzn/ tr. ANT. agghindare, abbigliare in modo sgargiante.
bed jacket /ˈbedˌdʒækɪt/ n. liseuse f.
bedlam /ˈbedləm/ n. **1** *(chaos)* baraonda f., confusione f.; *(infernal)* bolgia f., pandemonio m.; ***it's ~ in here!*** che manicomio! **2** STOR. manicomio m.
bedlamite /ˈbedləmaɪt/ agg. ANT. matto, pazzo.
bed linen /ˈbedˌlɪnɪŋ/ n. biancheria f. da letto.
Bedouin /ˈbedʊɪn/ **I** agg. beduino **II** n. beduino m. (-a).
bed pad /ˈbedpæd/ n. traversa f.
bedpan /ˈbedpæn/ n. MED. padella f. (per ammalati).
bedplate /ˈbedpleɪt/ n. TECN. *(of machine)* basamento m.
bedpost /ˈbedpəʊst/ n. colonna f. (di letto a baldacchino).
bedraggled /bɪˈdrægld/ agg. [*person, clothes*] inzaccherato, infangato; [*hair*] scarmigliato, in disordine.
bedrench /bɪˈdrentʃ/ tr. inzuppare, infradiciare.
bedridden /ˈbedrɪdn/ agg. allettato, costretto a letto.
bedrock /ˈbedrɒk/ n. **1** GEOL. sostrato m. roccioso **2** FIG. *(basis)* base f., fondamento m.

bedroll /'bedrəʊl/ n. *(blanket)* coperta f. arrotolata; *(sleeping bag)* sacco m. a pelo.

▶ **bedroom** /'bedru:m, -rʊm/ **I** n. camera f., stanza f. da letto; ***a four~ house*** una casa di quattro camere (da letto); ***a two~ flat*** BE o ***apartment*** un appartamento di due camere (da letto) **II** modif. **1** [*carpet, window*] della camera da letto; [*furniture*] da, della camera da letto; ***my~ carpet*** il tappeto *o* la moquette della mia camera da letto **2** COLLOQ. *(sexual)* ***~ secrets*** i segreti più intimi; ***~ scene*** una scena scabrosa *o* spinta.

bedroom farce /'bedru:m,fɑ:s, -rʊm-/ n. TEATR. vaudeville m.

bedroom slipper /'bedru:m,slɪpə(r), -rʊm-/ n. pantofola f.

bedroom suburb /'bedru:m,sʌbɜ:b, -rʊm/ n. AE quartiere m. (periferico) dormitorio.

Beds GB ⇒ Bedfordshire Bedfordshire.

bed-settee /,bedsə'ti:/ n. divano-letto m.

bedside /'bedsaɪd/ **I** n. capezzale m.; ***to be at sb.'s~*** essere al capezzale di qcn. **II** modif. [*book*] da leggere a letto; [*lamp*] da letto.

bedside manner /,bedsaɪd'mænə(r)/ n. comportamento m. verso, modo m. di trattare i malati; ***he has a good~*** ha molto tatto *o* ci sa fare con i malati.

bedside rug /,bedsaɪd'rʌg/ n. scendiletto m.

bedside table /,bedsaɪd'teɪbl/ n. comodino m., tavolino m. da notte.

bedsit /bed'sɪt/ COLLOQ., **bedsitter** /bed'sɪtə(r)/, **bed-sittingroom** /,bed'sɪtɪŋ,ru:m/ n. BE camera-soggiorno f., monolocale m.

bedsock /'bedsɒk/ n. calzino m. da notte.

bedsore /'bedsɔ:(r)/ n. piaga f. da decubito.

bedspread /'bedspred/ n. copriletto m.

bedspring /'bedsprɪŋ/ n. molla f. (della rete del letto).

bedstead /'bedsted/ n. fusto m. del letto.

bedstraw /'bedstrɔ:/ n. **1** pagliericcio m. **2** BOT. caglio m.

bedtime /'bedtaɪm/ **I** n. ***it's~*** è ora di andare a letto *o* a dormire; ***I have some tea at~*** bevo del tè prima di andare a letto; ***11 o'clock is my~*** vado a dormire alle 11; ***it's way past your~*** dovresti essere a letto da un pezzo **II** modif. [*story, drink*] per, prima di addormentarsi; ***~ reading*** lettura fatta prima di addormentarsi.

bedwarmer /'bedwɔ:mə(r)/ n. scaldaletto m.

bedwetter /'bedwetə(r)/ n. bambino m. (-a) che soffre di enuresi.

bedwetting /'bedwetɪŋ/ n. enuresi f.

▷ **1.bee** /bi:/ n. **1** *(insect)* ape f. **2** AE *(meeting)* riunione f. (di donne per lavorare a maglia, cucire una trapunta ecc.) ◆ ***to think one is the ~'s knees*** COLLOQ. credersi (di essere) chissà chi; ***the birds and the ~s*** SCHERZ. come nascono i bambini; ***to be as busy as a~*** essere molto indaffarato; ***to have a~ in one's bonnet*** avere un'idea fissa; ***to have a~ in one's bonnet about sth.*** essere fissato per qcs.

2.bee /bi:/ n. ANT. anello m. di metallo.

Beeb /bi:b/ n. BE COLLOQ. SCHERZ. ***the~*** la BBC.

bee-bread /'bi:bred/ n. = miscela di miele e polline.

beech /bi:tʃ/ **I** n. **1** *(tree)* faggio m. **2** (anche **~wood**) (legno di) faggio m. **II** modif. [*hedge, forest*] di faggi; ***~ grove*** faggeto *o* faggeta.

beechen /'bi:tʃən/ agg. LETT. di faggio.

beech marten /,bi:tʃ'mɑ:tɪn, AE -tn/ n. faina f.

beechmast /'bi:tʃmɑ:st, AE -mæst/, **beechnut** /'bi:tʃnʌt/ n. faggiola f., faggina f.

beechwood /'bi:tʃwʊd/ n. faggeto m., faggeta f.

bee eater /'bi:,i:tə(r)/ n. gruccione m.

▷ **1.beef** /bi:f/ n. **1** GASTR. manzo m., carne f. di manzo; ***minced~*** BE, ***ground~*** AE carne di manzo tritata; ***roast~*** arrosto di manzo *o* roast-beef **2** AE COLLOQ. *(grievance)* ***what's your~?*** che problema hai? ***I've got no~ with you*** non ce l'ho con te *o* non ho niente contro di te ◆ ***put a bit of~ into it!*** COLLOQ. mettici un po' di forza.

2.beef /bi:f/ intr. (anche **~ on**) lamentarsi, lagnarsi (**about** di).

▪ **beef up:** *~ up [sth.]* rimpolpare, aumentare [*content, resources, budget*]; rafforzare, aumentare [*control*].

beefburger /'bi:f,bɜ:gə(r)/ n. hamburger m.

beefcake /'bi:fkeɪk/ n. **U** COLLOQ. *(pictures)* fotografie f.pl. di uomini muscolosi; *(men)* uomini m.pl. muscolosi.

beef cattle /'bi:f,kætl/ n.pl. bestiame m.sing., buoi m. da macello.

beef cube /'bi:fkju:b/ n. dado m. (da brodo) di manzo.

beefeater /'bi:fi:tə(r)/ n. = guardiano della Torre di Londra.

beef export /'bi:f,ekspɔ:t/ n. esportazione f. di manzi.

beef farming /'bi:f,fɑ:mɪŋ/ n. allevamento m. di manzi.

beef market /'bi:f,mɑ:kɪt/ n. mercato m. del manzo.

beef olive /'bi:f,ɒlɪv/ n. involtino m., messicano m.

beefsteak /'bi:fsteɪk/ n. bistecca f.

beefsteak tomato /,bi:fsteɪktə'mɑ:təʊ, AE -tə'meɪtəʊ/ n. = varietà di pomodoro molto grosso e carnoso.

beef stew /,bi:f'stiu:, AE -'stu:/ n. stufato m. di manzo, lesso m. di manzo.

beef stock /'bi:f,stɒk/ n. brodo m. di manzo.

beef tea /,bi:f'ti:/ n. brodo (ristretto) m. di manzo.

beef-wood /'bi:fwʊd/ n. legno m. rosso (di varie specie di alberi).

beefy /'bi:fɪ/ agg. **1** [*flavour*] di manzo **2** COLLOQ. [*man*] muscoloso, nerboruto.

bee-glue /'bi:glu:/ n. propoli f.

beehive /'bi:haɪv/ n. **1** *(for bees)* alveare m., arnia f. **2** = acconciatura in cui i capelli sono raccolti a forma di cupola sulla testa.

beehive hairdo /,bi:haɪv'heədu:/ n. = acconciatura in cui i capelli sono raccolti a forma di cupola sulla testa.

beekeeper /'bi:ki:pə(r)/ ♦ ***27*** n. apicoltore m. (-trice).

beekeeping /'bi:ki:pɪŋ/ n. apicoltura f.

beeline /'bi:laɪn/ n. ***to make a~ for*** andare dritto *o* difilato verso, precipitarsi a *o* verso.

Beelzebub /bi'elzɪbʌb/ n.pr. Belzebù.

bee-master /'bi:mʌstə(r), AE -mæstə(r)/ ♦ ***27*** n. → **beekeeper**.

been /bi:n, AE bɪn/ p.pass. → **be**.

bee orchid /'bi:ɔ:kɪd/ n. fior m. d'api, vesparia f.

▷ **1.beep** /bi:p/ n. *(of electronic device, answering machine)* bip m.; *(of car)* colpo m. di clacson; RAD. segnale m. orario.

▷ **2.beep** /bi:p/ **I** tr. **1** far suonare [*horn*]; far fare bip a [*electronic device*] **2** chiamare al cercapersone [*person*] **II** intr. [*electronic device*] fare bip; [*car*] suonare il clacson.

beeper /'bi:pə(r)/ n. cercapersone m.

▷ **beer** /bɪə(r)/ **I** n. birra f. **II** modif. [*barrel etc.*] di birra ◆ ***life isn't all~ and skittles*** la vita non è tutta rose e fiori; ***he's small~*** AE è un tipo poco importante *o* insignificante; ***it's small~*** AE è una cosa di poca importanza; ***I'm only here for the~*** sono qui solo per il rinfresco *o* per il buffet.

beer belly /'bɪə,belɪ/ n. pancetta f., pancia f.

beer bottle /'bɪə,bɒtl/ n. bottiglia f. di birra.

beer bust /'bɪə,bʌst/ n. AE UNIV. COLLOQ. = festa sfrenata in cui si beve birra.

beer can /'bɪəkæn/ n. lattina f. di birra.

beerfest /'bɪəfest/ n. festa f. della birra.

beer garden /'bɪə,gɑ:dn/ n. birreria f. all'aperto.

beer house /'bɪəhaʊs/ n. RAR. birreria f.

beer mat /'bɪəmæt/ n. sottobicchiere m.

beer money /bɪə,mʌnɪ/ n. denaro m. per le piccole spese, per gli svaghi.

beer-pump /bɪəpʌmp/ n. macchina f. per spillare la birra.

beerswilling /'bɪəswɪlɪŋ/ agg. SPREG. che si ubriaca di birra.

beery /'bɪərɪ/ agg. [*evening, party*] in cui si beve birra, in cui la birra scorre a fiumi; [*person, breath, atmosphere*] che sa di birra; ***~ face*** faccia rossa da ubriacone.

bee sting /'bi:stɪŋ/ n. puntura f. di ape.

beestings /'bi:stɪŋz/ n.pl. colostro m.sing. di vacca.

beeswax /'bi:zwæks/ n. cera f. vergine, d'api.

beeswing /'bi:zwɪŋ/ n. RAR. **1** *(filmy crust)* pellicola f. del vino **2** *(wine)* vino m. vecchio (che ha la pellicola).

beet /bi:t/ n. barbabietola f. ◆ ***to turn as red as a~*** AE diventare rosso come un peperone.

1.beetle /'bi:tl/ n. **1** ZOOL. *(insect)* scarabeo m.; *(genus)* coleottero m. **2** COLLOQ. AUT. Maggiolino m. (modello della Volkswagen).

2.beetle /'bi:tl/ intr. COLLOQ. ***to~ in*** entrare velocemente *o* precipitosamente; ***to~ off*** scappare via *o* filarsela.

3.beetle /'bi:tl/ n. *(tool)* mazzuolo m., pestello m.

4.beetle /'bi:tl/ tr. battere col mazzuolo.

5.beetle /'bi:tl/ agg. RAR. **1** *(overhanging)* prominente, sporgente **2** [*brows*] *(prominent)* prominente; *(hairy)* irsuto, ispido.

6.beetle /'bi:tl/ intr. RAR. **1** *(overhang)* sporgere, strapiombare **2** [*fate*] incombere.

beetle-browed /'bi:tlbraʊd/ agg. *(with thick eyebrows)* dalle sopracciglia folte; FIG. *(scowling)* accigliato, imbronciato.

beetle-crusher /'bi:tlkrʌʃə(r)/ n. POP. stivalone m., scarpone m.

beetle drive /'bi:tldraɪv/ n. BE = partita di un gioco in cui i giocatori disegnano o costruiscono una forma simile a uno scarabeo.

beetling /'bi:tlɪŋ/ agg. [*cliff*] sporgente, prominente; [*brow*] prominente.

beetroot /'bi:tru:t/ n. BE barbabietola f. rossa ◆ ***to turn as red as a~*** diventare rosso come un peperone.

beet sugar /'bi:tʃʊgə(r)/ n. zucchero m. di barbabietola.

beezer /'bi:zə(r)/ n. POP. naso m.

before

- When *before* is used as a preposition in expressions of time or order of sequence or importance, it is translated by *prima (di)*:
  before the meeting = prima della riunione
  she left before me = lei è partita prima di me.

  For more examples and particular usages, see **1,2,3** in the entry **1.before**.
- When *before* is used as a preposition meaning *in front of* (when you are talking about physical space) or *in the presence of*, it is translated by *davanti a*:
  before our eyes = davanti ai nostri occhi
  he declared before his mother that ... = dichiarò davanti a sua madre che...
- When *before* is used as an adjective after a noun, it is translated by *prima*:
  the time before = la volta prima
  no, I'm not talking about that meeting but the one before = no, non sto parlando di quella riunione ma di quella prima

  For particular usages, see the entry **2.before.**
- When *before* is used as an adverb meaning *beforehand*, it is translated by *prima* in statements about the present or future:
  I'll try to talk to her before = cercherò di parlargliene prima
- When *before* means *previously* in statements about the past, it is translated by *prima* or *già*:
  I had met her two or three times before = l'avevo incontrata prima due o tre volte / l'avevo già incontrata due o tre volte.
- When *before* means *already*, it is translated by *già*:
  I've met her before = l'ho già incontrata
  you've asked me that question before = mi hai già fatto quella domanda.
- In negative sentences *before* is often used in English simply to reinforce the negative. In such cases, it is translated by *prima* or not at all:
  I'd never eaten snails before = prima non avevo mai mangiato le lumache
  you've never told me that before = non me l'hai mai detto.

  For particular usages, see the entry **3.before.**
- When *before* is used as a conjunction, it is translated by *prima di* + infinitive where the two verbs have the same subject:
  before he saw her he recognized her voice = prima di vederla, riconobbe la sua voce
  before I cook dinner I'm going to phone my mother = prima di preparare la cena, ho intenzione di telefonare a mia madre
- Where the two verbs have different subjects, the translation is *prima che* + subjunctive:
  Tom wants to see her before she leaves = Tom vuole vederla prima che parta

For particular usages, see the entry **4.before**.

befall /bɪˈfɔːl/ LETT. (usato solo all'infinito e alla terza persona) **I** tr. (pass. **-fell**; p.pass. **-fallen**) accadere a, succedere a, capitare a; ***it befell that*** accadde che; ***I hope no harm will ever ~ him*** spero che non gli succederà mai nulla di pericoloso **II** intr. (pass. **-fell**; p.pass. **-fallen**) avvenire, accadere, succedere.

befit /bɪˈfɪt/ impers. (forma in -ing ecc. **-tt-**) FORM. convenire a, addirsi a, confarsi a; ***as ~s sb., sth.*** come si addice a qcn., qcs.; ***it ill ~s him to...*** mal gli si addice di...

befitting /bɪˈfɪtɪŋ/ agg. FORM. [*modesty, honesty*] adatto, appropriato; ***in a style ~ a managing director*** in uno stile che si confà a un amministratore delegato.

befog /bɪˈfɒg/ tr. (forma in -ing ecc. **-gg-**) rendere oscuro [*person, issue*]; offuscare, ottenebrare [*mind*]; ***his mind ~ged with drink*** la mente ottenebrata dall'alcol.

befool /biːˈfuːl/ tr. ANT. beffare; mettere in ridicolo.

▶ **1.before** /bɪˈfɔː(r)/ ♦ 4 prep. **1** *(earlier than)* prima (di); ***the day ~ yesterday*** l'altro ieri; ***the day ~ the interview*** il giorno prima del colloquio; ***I was there the week ~ last*** ero là due settimane fa; ***they hadn't met since ~ the war*** non si vedevano da prima della guerra; ***it should have been done ~ now*** avrebbe dovuto essere fatto prima (di adesso); ***phone if you need me ~ then*** telefonami se hai bisogno di me prima; ***six weeks ~ then*** sei settimane prima; ***she became a doctor, like her mother ~ her*** diventò medico come sua madre; ***~ long it will be winter*** presto sarà inverno; ***~ long, he was speaking Spanish fluently*** dopo poco tempo parlava spagnolo correntemente; ***not ~ time!*** non è ancora ora! ***it was long ~ your time*** era molto prima che tu nascessi **2** *(in order, sequence, hierarchy)* prima di, davanti a; ***G comes ~ H in the alphabet*** la G viene prima della H nell'alfabeto; ***your name comes ~ mine on the list*** il tuo nome è prima del mio nella lista; ***the page ~ this one*** la pagina precedente **3** *(in importance, priority)* prima di, davanti a; ***to put quality ~ quantity*** anteporre la qualità alla quantità; ***for him, work comes ~ everything else*** per lui il lavoro viene prima di tutto; ***should we place our needs ~ theirs?*** dovremmo anteporre le nostre necessità alle loro? ***ladies ~ gentlemen*** prima le signore **4** *(this side of)* prima di; ***turn left ~ the crossroads*** prima dell'incrocio giri a sinistra **5** AE *(in time expressions)* ***ten ~ six*** le sei meno dieci **6** *(in front of)* davanti a; ***she appeared ~ them*** è comparsa davanti a loro; ***the desert stretched out ~ them*** il deserto si stendeva innanzi a loro; ***~ our very eyes*** proprio davanti ai nostri occhi; ***they fled ~ the invader*** sono fuggiti dinnanzi all'invasore **7** *(in the presence of)* davanti a, dinanzi a; ***he was brought ~ the king*** fu condotto dinanzi al re; ***to appear ~ a court*** comparire dinanzi a un tribunale; ***to put proposals ~ a committee*** presentare dei progetti (davanti) a una commissione; ***to bring a bill ~ parliament*** portare una proposta di legge in parlamento **8** *(confronting)* di fronte a; ***they were powerless ~ such resistance*** erano impotenti di fronte a una tale resistenza; ***these are the alternatives ~ us*** queste sono le alternative che abbiamo di fronte; ***the task ~ us*** il compito che abbiamo di fronte.

2.before /bɪˈfɔː(r)/ agg. prima, precedente; ***the day, the week, the year ~*** il giorno, la settimana, l'anno prima; ***this page and the one ~*** questa pagina e quella precedente.

▶ **3.before** /bɪˈfɔː(r)/ avv. *(at an earlier time)* prima; ***as ~*** come prima; ***~ and after*** prima e dopo; ***he had been there two months ~*** era stato là due mesi prima; ***have you been to India ~?*** sei già stato in India prima? ***I've never been there ~*** non ci sono mai stato prima; ***haven't we met ~?*** non ci siamo già incontrati (prima)? ***I've never seen him ~ in my life*** non l'ho mai visto prima in vita mia; ***it's never happened ~*** non era mai successo prima d'ora; ***long ~*** molto prima.

▶ **4.before** /bɪˈfɔː(r)/ cong. **1** *(in time)* ***~ I go, I would like to say that*** prima di andare, vorrei dire che; ***~ he goes, I must remind him that*** prima che vada, devo ricordargli che; ***it was some time ~ she was able to walk again*** ci volle un po' di tempo prima che riuscisse di nuovo a camminare; ***~ I had time to realize what was happening, he...*** prima che avessi il tempo di accorgermi di quello che stava succedendo, lui...; ***it will be years ~ I earn that much money!*** ci vorranno anni prima che io guadagni tutto quel denaro! ***oh, ~ I forget, did you remember to post that letter?*** ah, prima che mi dimentichi, ti sei ricordato di imbucare quella lettera? **2** *(rather than)* piuttosto che; ***he would die ~ betraying that secret*** preferirebbe morire piuttosto che rivelare quel segreto **3** *(otherwise, or else)* ***get out of here ~ I call the police!*** uscite di qui prima che chiami la polizia! **4** *(as necessary condition)* perché, affinché; ***you have to show your ticket ~ they'll let you in*** devi mostrare il biglietto perché ti facciano entrare ♦ ***~ you could say Jack Robinson*** in men che non si dica; ***~ you know where you are...*** in quattro e quattr'otto *o* in men che non si dica.

beforehand /bɪˈfɔːhænd/ avv. **1** *(ahead of time)* in anticipo; ***be there one hour ~*** vedi di essere là con un'ora di anticipo; ***let me know ~*** fammelo sapere in anticipo **2** *(earlier)* prima; ***we had seen them five minutes ~*** li avevamo visti cinque minuti prima; ***journalists knew ~*** i giornalisti lo sapevano già (da prima).

before tax /bɪˈfɔːtæks/ agg. [*income, profit*] lordo, al lordo di imposte.

befoul /bɪˈfaʊl/ tr. FORM. insudiciare (anche FIG.).

befriend /bɪˈfrend/ tr. **1** *(look after)* assistere, aiutare **2** *(make friends with)* farsi amico.

befuddle /bɪˈfʌdl/ tr. confondere [*person, mind*]; ***to be ~d by drink*** essere stordito dall'alcol.

▷ **beg** /beg/ **I** tr. (forma in -ing ecc. **-gg-**) **1** *(solicit)* chiedere (in elemosina) [*food, money*] (**from** a) **2** *(request)* chiedere [*favour, permission*] (**from**, **of** a); ***to ~ sb. for sth.*** chiedere qcs. a qcn. (con insistenza); ***I ~ged his forgiveness*** gli ho chiesto perdono; ***to ~ to be chosen*** chiedere di essere scelti; ***to ~ leave to do*** chiedere il permesso di fare; ***I ~ your pardon*** chiedo scusa; ***I ~ to differ*** mi permetto di non essere d'accordo **3** *(entreat)* supplicare, pregare [*person*] (**to do** di fare); ***"stop, I ~ (of) you!"*** "fermatevi, vi prego!" **II** intr. (forma in -ing ecc. **-gg-**) **1** *(solicit)* [*person*] chiedere l'elemosina (**from** a); [*dog*] = stare seduto con le zampe anteriori sollevate in attesa di cibo, ecc.; ***to ~ for*** elemosinare, mendicare [*money, food*] **2** *(request)* chiedere, implorare; ***to ~ for*** chiedere [*help*]; ***I beg your patience*** FORM. vogliate pazientare **3** *(entreat)* implorare; ***to ~ for sth.*** implorare qcs.; ***to ~ to be spared, to be forgiven*** supplicare di essere risparmiato, di essere perdonato ◆ ***to ~ the question*** dare per scontato; ***these apples are going ~ging*** queste mele sono per chi le vuole.

▪ **beg off** disdire un impegno scusandosi.

begad /bɪ'gæd/ inter. ANT. perdinci.

began /bɪ'gæn/ pass. → **begin**.

beget /bɪ'get/ tr. (pass. **begot** o **begat**; p.pass. **begotten**) ANT. generare (anche FIG.).

begetter /bɪ'getə(r)/ n. **1** genitore m. (-trice) **2** FIG. autore m. (-trice).

1.beggar /'begə(r)/ n. **1** *(pauper)* mendicante m. e f. **2** BE COLLOQ. *(man)* ***a lucky ~*** un tipo fortunato; ***you lucky ~!*** che fortuna! ***a poor ~*** un povero diavolo; ***a crazy ~*** un matto ◆ ***~s can't be choosers*** PROV. o mangi questa minestra o salti questa finestra.

2.beggar /'begə(r)/ tr. **1** ridurre sul lastrico [*person, company*] **2** *(defy)* ***to ~ description*** andare al di là di ogni descrizione.

beggarly /'begəlɪ/ agg. **1** *(poor)* [*existence, meal*] misero **2** *(inadequate)* [*amount, thanks*] misero; [*wage*] da fame.

beggar-my-neighbour /ˌbegəmaɪ'neɪbə(r)/ ♦ **10** n. rubamazzo m.

beggar's lice /'begəzˌlaɪs/ n. attaccamano m.

beggary /'begərɪ/ n. mendicità f., indigenza f.

begging /'begɪŋ/ agg. mendicante, questuante.

begging bowl /'begɪŋˌbəʊl/ n. piattino m.

begging letter /'begɪŋˌletə(r)/ n. = lettera di sollecitazione di offerte.

▶ **begin** /bɪ'gɪn/ **I** tr. (forma in -ing **-nn-**; pass. **began**; p.pass. **begun**) **1** *(start)* cominciare, iniziare [*journey, list, meeting, job, game, meal*] (**with** con); iniziare [*adventure*]; iniziare ad andare a [*school*]; ***to ~ to do*** cominciare a fare; ***it's ~ning to rain*** sta iniziando a piovere; ***to ~ doing*** cominciare a fare; ***I began the letter (with) "Dear Sir"*** ho incominciato la lettera con "Egregio Signore"; ***"well...," she began*** "allora,..." cominciò; ***I ~ work next week*** comincio a lavorare la prossima settimana; ***the builders ~ work on Tuesday*** gli operai inizieranno i lavori martedì; ***they began laughing*** o ***to laugh again*** ricominciarono a ridere **2** *(start to use)* aprire [*bottle, packet, jar*]; tagliare la prima fetta di, iniziare [*loaf*]; cominciare [*notebook, page*] **3** *(start out)* iniziare [*career*] (**as** come); ***I began life as a farmer's son*** sono (nato) figlio di contadini; ***we began married life in Scotland*** appena sposati vivevamo in Scozia; ***this novel began life as a short story*** questo romanzo è stato inizialmente concepito come un racconto **4** *(have slightest success)* ***I can't ~ to describe it*** non sono in grado di descriverlo; ***I couldn't ~ to imagine how he felt*** non riuscivo proprio a immaginare come si sentisse **5** *(initiate)* sollevare [*debate, dispute*]; dare inizio a [*campaign, trend, tradition, war, dynasty*]; ***to ~ a conversation with*** avviare una conversazione con **6** *(come first in)* inaugurare, aprire [*series, collection, festival*]; ***A ~s the alphabet*** l'alfabeto inizia con la A **II** intr. (forma in -ing **-nn-**; pass. **began**; p.pass. **begun**) **1** *(commence)* [*custom, meeting, play, problem, storm, term*] (in)cominciare, iniziare; ***let's ~*** cominciamo; ***to ~ with sth.*** cominciare *o* iniziare con qcs.; ***to ~ by doing*** cominciare facendo; ***a name ~ning with C*** un nome che inizia con la C *o* per C; ***the week ~ning the 25th*** la settimana del 25; ***to ~ in 1999, in May*** cominciare nel 1999, a maggio; ***your problems have only just begun!*** i tuoi problemi sono appena iniziati! ***to ~ well, badly*** iniziare bene, male; ***to ~ again*** ricominciare; ***after the war began*** dopo l'inizio della guerra; ***before the lecture ~s*** prima che inizi la conferenza **2** *(have its starting point)* [*river*] nascere; ***the road ~s in York*** la strada parte da *o* inizia a York; ***where does the national park ~?*** dove inizia il parco nazionale? **3 to begin with** *(at first)* all'inizio; ***I didn't understand to ~ with*** all'inizio non capii; *(firstly)* per cominciare, in primo luogo, (inn)anzitutto; *(at all)* ***I wish I hadn't told her to ~ with*** tanto per cominciare, vorrei non averglielo detto.

▪ **begin on: ~ on [sth.]** cominciare con [*cake, garden*].

▷ **beginner** /bɪ'gɪnə(r)/ n. principiante m. e f.; ***"Spanish for ~s"*** "spagnolo per principianti"; ***~s' class*** corso per principianti ◆ ***~'s luck!*** fortuna del principiante! ***"~s please!"*** TEATR. "signori, chi è di scena!"

▷ **beginning** /bɪ'gɪnɪŋ/ **I** n. *(start)* inizio m., principio m.; ***in*** o ***at the ~*** all'inizio *o* in principio; ***since the ~ of March*** dall'inizio di marzo; ***at the ~ of September*** all'inizio di settembre; ***at the ~ of the month*** all'inizio del mese; ***from ~ to end*** dall'inizio alla fine; ***to go back to the ~*** ritornare all'inizio; ***since the ~ of time*** fin dai tempi più remoti; ***in the Beginning was the Word*** in principio era il Verbo **II beginnings** n.pl. **1** *(origins) (of person, theory, movement)* origini f.; *(of business)* inizi m.; ***his humble ~s*** le sue umili origini; ***the theory has its ~s in the 19th century*** la teoria ha origine nel XIX secolo; ***to grow from small ~s*** [*company*] iniziare da zero **2** *(start)* ***the ~s of*** l'inizio di [*solution, trend*].

begird /bɪ'gɜːd/ tr. (pass. **begirt** o **begirded**; p.pass. **begirt**) ANT. cingere, circondare.

begirt /bɪ'gɜːt/ pass., p.pass. → **begird**.

begone /bɪ'gɒn, AE -'gɔːn/ inter. ANT. vattene, andatevene.

begonia /bɪ'gəʊnɪə/ n. begonia f.

begot /bɪ'gɒt/ pass. → **beget**.

begotten /bɪ'gɒtn/ **I** p.pass. → **beget II** n. ***the Only Begotten*** l'Unigenito Figlio di Dio.

begrime /bɪ'graɪm/ tr. imbrattare, sporcare.

begrimed /bɪ'graɪmd/ **I** p.pass. → **begrime II** agg. imbrattato, sporco.

begrudge /bɪ'grʌdʒ/ tr. → **2.grudge**.

beguile /bɪ'gaɪl/ tr. **1** *(entice, trick)* ingannare, abbindolare; ***to be ~d*** essere abbindolato (**with** da); ***he ~d her into doing*** la indusse con l'inganno a fare **2** *(charm)* incantare, sedurre **3** *(pass pleasantly)* ***to ~ the time*** ingannare il tempo.

beguilement /bɪ'gaɪlmənt/ n. **1** *(enticement, trick)* inganno m. **2** *(charm)* incanto m., seduzione f.

beguiler /bɪ'gaɪlə(r)/ n. **1** *(trickster)* ingannatore m. (-trice) **2** *(charmer)* incantatore m. (-trice), seduttore m. (-trice).

beguiling /bɪ'gaɪlɪŋ/ agg. accattivante.

beguinage /'begɪnɪdʒ/ n. STOR. beghinaggio m.

beguine /bɪ'giːn/ n. beguine f.

Beguine /'begiːn/ n. STOR. beghina f.

begum /'beɪgəm/ n. begum f.

begun /bɪ'gʌn/ p.pass. → **begin**.

▶ **behalf** /bɪ'hɑːf, AE -'hæf/: **on ~ of** BE **in ~ of** AE **1** *(as representative of)* [*act, speak, sign, accept award etc.*] a nome di; [*phone, write, convey message, come*] per conto di **2** *(in the interest of)* [*campaign, plead*] a favore di, per; [*negotiate*] per conto di, nell'interesse di; ***don't be uneasy on my ~*** non agitatevi per me.

▷ **behave** /bɪ'heɪv/ **I** intr. **1** *(act)* [*person, group, animal*] comportarsi (**towards** con, nei confronti di); ***he's behaving like an idiot*** si sta comportando come un *o* da idiota; ***he ~s like a tyrant*** si comporta da tiranno; ***you didn't have to ~ like that!*** non dovevi comportarti così! ***what a way to ~!*** che modo di comportarsi! ***the supporters ~d well, badly*** i tifosi si comportarono bene, male; ***he ~d badly towards her*** si è comportato male con lei **2** *(function)* [*machine, device, substance, system*] comportarsi **II** rifl. ***to ~ oneself*** [*person*] comportarsi bene; ***~ yourself!*** comportati bene! ***is the computer behaving itself?*** SCHERZ. sta facendo il bravo il computer?

▶ **behaviour** BE, **behavior** AE /bɪ'heɪvjə(r)/ **I** n. **1** *(of person, group, animal)* comportamento m. (**towards** nei confronti di); *(in given set of circumstances)* condotta f.; ***antisocial, disruptive, model ~*** comportamento antisociale, disgregatore, modello; ***for good, bad ~*** per buona, cattiva condotta **2** *(of substance, chemical, device, machine)* comportamento m. **II** modif. [*disorder*] del comportamento; [*patterns*] di comportamento ◆ ***to be on one's best ~*** comportarsi al meglio; ***try to be on your best ~*** cercate di comportarvi bene.

▷ **behavioural** BE, **behavioral** AE /bɪ'heɪvjərəl/ agg. [*change, problem*] di comportamento; [*disorder, theory*] del comportamento.

behavioural science /bɪ'heɪvjərəlˌsaɪəns/ n. scienza f. del comportamento.

behaviourism BE, **behaviorism** AE /bɪ'heɪvjərɪzəm/ n. behaviorismo m., comportamentismo m.

behaviourist BE, **behaviorist** AE /bɪ'heɪvjərɪst/ **I** agg. behaviorista, comportamentista, behavioristico, comportamentistico **II** n. behaviorista m. e f., comportamentista m. e f.

behaviour therapy /bɪ'heɪvjə(r)ˌθerəpɪ/ n. terapia f. comportamentale.

behead /bɪ'hed/ tr. decapitare.

beheading /bɪ'hedɪŋ/ n. decapitazione f.

beheld /bɪ'held/ pass., p.pass. → **behold**.

behemoth /bɪˈhiːmɒθ/ n. 1 *(beast in the Bible)* beemot m. 2 FIG. *(person, building, institution)* mastodonte m.

behest /bɪˈhest/ n. FORM. ***at the ~ of sb.*** per ordine di qcn.

1.behind /bɪˈhaɪnd/ agg. ***to be ~ with*** essere indietro *o* in ritardo con [*studies, work*]; ***to be too far ~*** essere troppo indietro; ***to be ~ in one's research*** essere in ritardo con la ricerca; ***to be a long way ~*** essere molto indietro, in ritardo; ***I'm ~ with my rent*** sono in arretrato con l'affitto.

▶ **2.behind** /bɪˈhaɪnd/ avv. [*follow on, trail*] dietro; [*look, glance*] indietro; ***the car ~*** la macchina dietro.

▶ **3.behind** /bɪˈhaɪnd/ When used as a preposition to talk about the physical position of something, *behind* is translated by *dietro (a)*: *behind the house* = dietro la / dietro alla casa. - *Behind* is sometimes used in verb combinations (*fall behind, lag behind* etc.): for translations, consult the appropriate verb entry (**fall, lag** etc.). prep. 1 *(at rear of) (physically)* dietro (a) [*person, vehicle, object*]; ***the mountains ~ the town*** le montagne dietro la città; ***~ my back*** dietro la schiena; FIG. alle mie spalle 2 *(at other side of)* dietro (a) [*desk, counter, barrier, line*]; ***to work ~ the bar*** stare al banco 3 FIG. *(concealed)* ***~ the smile*** dietro il sorriso; ***the reality ~ the façade*** la realtà dietro alla facciata; ***the real story ~ the news*** la vera storia sotto *o* dietro la notizia 4 FIG. *(less advanced than)* ***to be ~ the others*** [*pupil*] essere indietro rispetto agli altri 5 FIG. *(motivating)* ***the reasons ~ his declaration*** le ragioni (che stanno) dietro alla sua dichiarazione; ***what is ~ his actions?*** cosa c'è dietro alle sue azioni? ***who is ~ this proposal?*** chi c'è dietro questa proposta? 6 FIG. *(supporting)* ***to be (solidly) ~ sb.*** appoggiare (fermamente) qcn.; ***he has no family ~ him*** non ha una famiglia che lo appoggi; ***the woman ~ the man*** = donna che, stando dietro le quinte, influenza e manovra l'agire del proprio compagno 7 FIG. *(in past)* ***he has three years' experience ~ him*** ha tre anni di esperienza alle spalle; ***those days are ~ me now*** quei giorni sono passati ormai; ***I've put all that ~ me now*** mi sono buttato tutto dietro le spalle.

4.behind /bɪˈhaɪnd/ n. COLLOQ. didietro m., sedere m.

behindhand /bɪˈhaɪndhænd/ avv. ***to be*** o ***get ~ with*** essere in ritardo con [*work, studies*].

behind-the-scenes /bɪˈhaɪndðəˌsiːnz/ I agg. che sta dietro le quinte II **behind the scenes** avv. dietro le quinte.

behold /bɪˈhəʊld/ tr. (pass., p.pass. **beheld**) LETT. o SCHERZ. vedere, scorgere; ***it was a wonder to ~*** era una meraviglia per gli occhi; ***lo and ~*** ecco! guarda!

beholden /bɪˈhəʊldən/ agg. FORM. ***to be ~ to sb.*** essere grato a qcn. (**for** per).

beholder /bɪˈhəʊldə(r)/ n. spettatore m. (-trice), osservatore m. (-trice) ◆ ***beauty is in the eye of the ~*** PROV. non è bello ciò che è bello, è bello ciò che piace.

behoof /bɪˈhuːf/ n. ANT. interesse m., vantaggio m.

behove /bɪˈhəʊv/ BE, **behoove** /bɪˈhuːv/ AE impers. FORM. ***it ~s sb. to do sth.*** *(as duty)* è doveroso, d'uopo che qcn. faccia qcs.; *(for advantage)* è interesse di qcn. fare qcs.; ***it ill ~s her to...*** sarebbe d'uopo che non facesse.

beige /beɪʒ/ ➧ 5 I agg. beige II n. beige m.

Beijing /beɪˈdʒɪŋ/ ➧ 34 n.pr. Pechino f.

be-in /biːˈɪn/ n. AE COLLOQ. = raduno pacifico di giovani.

being /ˈbiːɪŋ/ n. 1 *(entity) (human)* essere m.; *(animal)* creatura f. 2 *(soul)* anima f.; ***with my whole ~*** con tutta l'anima 3 *(existence)* ***to bring sth. into ~*** dare vita a qcs.; ***to be brought into ~*** divenire realtà; ***to come into ~*** avere origine.

Beirut /ˈbeɪruːt, ˌbeɪˈruːt/ ➧ 34 n.pr. Beirut f.

bejabbers /bɪˈdʒæbəz/ COLLOQ., **bejesus** /bɪˈdʒiːzəs/ POP. I n. ***to scare the ~ out of sb.*** far prendere una strizza (della madonna) a qcn. II inter. cribbio.

bejewel /bɪˈdʒuːəl/ tr. (forma in -ing **-ll-**, **-l-** AE) ingioiellare.

bejewelled BE, **bejeweled** AE /bɪˈdʒuːəld/ I p.pass. → **bejewel** II agg. [*person, hand, dress, object*] ingioiellato.

Bel /bel/ n.pr. diminutivo di **Arabella** e **Isabel**.

belabour BE, **belabor** AE /bɪˈleɪbə(r)/ tr. 1 *(attack) (physically)* battere, bastonare; *(verbally)* assalire 2 AE SPREG. insistere su [*point, issue*].

Belarus /ˌbjeləʊˈrus/ → **Byelorussia**.

belated /bɪˈleɪtɪd/ agg. tardo, tardivo.

belatedly /bɪˈleɪtɪdlɪ/ avv. tardivamente.

belaud /bɪˈlɔːd/ tr. ANT. elogiare.

1.belay /bɪˈleɪ/ n. *(in climbing) (act)* assicurazione f.; *(point)* appiglio m.

2.belay /bɪˈleɪ/ I tr. 1 MAR. dar volta (a) 2 *(in climbing)* assicurare II intr. 1 MAR. [*rope*] prendere volta 2 *(in climbing)* assicurarsi.

belaying pin /bɪˈleɪɪŋpɪn/ n. MAR. caviglia f.

belaying rack /bɪˈleɪɪŋræk/ n. MAR. caviglièra f.

1.belch /beltʃ/ n. rutto m.

2.belch /beltʃ/ I tr. → **belch out** II intr. ruttare; FIG. [*smoke, flames*] fuoriuscire.

■ **belch out:** ***~ out*** fuoriuscire; ***~ [sth.] out***, ***~ out [sth.]*** eruttare [*smoke, flames*].

belcher /ˈbeltʃə(r)/ n. ANT. = fazzoletto da collo multicolore.

beldam(e) /ˈbeldəm/ n. ANT. 1 *(witch)* strega f., megera f. 2 *(grandmother)* nonna f.

beleaguer /bɪˈliːgə(r)/ tr. 1 assediare [*city, troops*] 2 FIG. assillare [*person*]; bersagliare [*company*].

beleaguered /bɪˈliːgəd/ I p.pass. → **beleaguer** II agg. 1 [*city, troops*] assediato 2 FIG. [*person*] assillato; [*company*] bersagliato.

belemnite /ˈbeləmnaɪt/ n. belemnite m.

Belfast /ˌbelˈfɑːst/ ➧ 34 n.pr. Belfast f.

belfry /ˈbelfrɪ/ n. 1 cella f. campanaria 2 campanile m., torre f. campanaria ◆ ***to have bats in the ~*** COLLOQ. essere svitato *o* strambo.

Belgian /ˈbeldʒən/ ➧ 18 I agg. [*custom, town, people etc.*] belga; [*embassy, ambassador*] del Belgio II n. belga m. e f.

Belgic /ˈbeldʒɪk/ agg. STOR. belga.

Belgium /ˈbeldʒəm/ ➧ 6 n.pr. Belgio m.

Belgrade /ˌbelˈgreɪd/ ➧ 34 n.pr. Belgrado m.

belie /bɪˈlaɪ/ tr. 1 *(show to be false)* deludere [*hopes*]; smentire [*promises, predictions*] 2 *(disguise)* celare, mascherare [*appearances, feelings, facts*]; ***his smile ~d his despair*** il suo sorriso mascherava la disperazione.

▶ **belief** /bɪˈliːf/ n. 1 *(conviction, opinion)* convinzione f., opinione f. (**about** riguardo a); ***political, religious ~s*** convinzioni politiche, religiose; ***to go against sb.'s ~s*** andare contro le convinzioni di qcn.; ***in the ~ that*** nella convinzione che; ***it's my ~ that*** è mia convinzione *o* sono convinto che; ***to the best of my ~*** per quanto ne so *o* per quanto mi risulta; ***contrary to popular ~*** contrariamente a quanto si pensa 2 *(credence)* ***to be beyond*** o ***past ~*** essere incredibile; ***wealthy, stupid beyond ~*** incredibilmente ricco, stupido 3 *(confidence, trust)* fede f., fiducia f.; ***her ~ in democracy, justice*** la sua fede nella democrazia, nella giustizia; ***~ in oneself*** fiducia in sé 4 RELIG. *(faith)* fede f.; *(article of faith)* credenza f.; ***his ~ in God*** la sua fede in Dio.

believable /bɪˈliːvəbl/ agg. credibile.

▶ **believe** /bɪˈliːv/ I tr. 1 *(accept as true)* credere a [*evidence, statement, fact, person*]; ***~ (you) me!*** credimi! ***~ it or not*** che tu ci creda o no; ***would you ~ it?*** ci credereste? ***I'll ~ it when I see it*** ci crederò quando lo vedrò; ***it has to be seen to be ~d*** bisogna vederlo per crederci; ***I can't ~ (that) he did that*** non posso credere che lo abbia fatto; ***I can ~ that of her!*** di lei lo posso (ben) credere! ***don't you ~ it!*** non credeteci! ***I don't ~ you!*** non ti credo! ***I can well ~ it*** lo credo bene *o* non mi sorprende; ***I don't ~ a word of it!*** non credo a una parola! ***if he's to be ~d*** stando a quanto dice; ***I'll ~ you, thousands wouldn't*** ti credo, anche se è molto strano; ***I can't ~ my luck!*** non posso crederci! ***she could hardly*** o ***scarcely ~ her eyes*** quasi non credeva ai suoi occhi 2 *(think, be of the opinion)* credere, pensare, ritenere; ***I ~ (that) she is right*** o ***I ~ her to be right*** credo *o* penso che abbia ragione; ***Mr Smith, I ~?*** il signor Smith, suppongo; ***it is ~d that*** si crede *o* ritiene che; ***he is ~d to be dead*** lo si crede morto; ***she is ~d to be a spy*** è ritenuta una spia; ***to ~ sth. to be true, false*** credere che qualcosa sia vero, falso; ***to have reason to ~ that*** avere motivo di credere che; ***I have every reason to ~ that*** ho tutte le ragioni per credere; ***to let sb. ~ (that)*** lasciare credere a qcn. che; ***to lead sb. to ~ (that)*** fare credere a qcn. che; ***to give sb. to ~ (that)*** dare a intendere a qcn. che; ***I ~ so*** credo di sì; ***I ~ not*** credo di no II intr. 1 *(have confidence, trust)* ***to ~ in*** credere in [*discipline, exercise etc.*]; credere a [*promises*]; ***to ~ in sb.*** credere in qcn. *o* avere fiducia in qcn.; ***to ~ in doing*** credere che sia utile *o* che faccia bene fare; ***I ~ in taking a cold shower every morning*** credo che faccia bene fare una doccia fredda tutte le mattine; ***to fight for what one ~s in*** lottare per ciò in cui si crede; ***you have to ~ in what you do*** devi credere in ciò che fai 2 RELIG. credere; ***to ~ in God, reincarnation*** credere in Dio, nella reincarnazione; ***to ~ in ghosts*** credere ai fantasmi III rifl. ***to ~ oneself to be*** credersi; ***he ~s himself to be really clever*** si crede veramente intelligente ◆ ***seeing is believing*** vedere per credere.

▷ **believer** /bɪˈliːvə(r)/ n. 1 RELIG. credente m. e f. 2 *(in hard work, progress, liberty)* sostenitore m. (-trice) (**in** di); ***to be a ~ in doing*** essere un sostenitore del fare; ***she's not a ~ in ghosts, miracles*** non crede ai fantasmi, ai miracoli; ***he's a great ~ in exercise*** crede molto nell'esercizio.

believing /bɪˈliːvɪŋ/ agg. fiducioso, credente.

belike /bɪˈlaɪk/ avv. ANT. probabilmente, forse.
Belinda /bɪˈlɪndə/ n.pr. Belinda.
Belisha beacon /bəˌliːʃəˈbiːkən/ n. BE = semaforo a luce intermittente gialla per la segnalazione di un passaggio pedonale.
belittle /bɪˈlɪtl/ tr. sminuire [*person, achievement, action, efforts*]; ***to feel ~d*** sentirsi sminuito.
belittling /bɪˈlɪtlɪŋ/ agg. [*comment*] che sminuisce, sminuente.
Belize /beˈliːz/ ➧ *6* n.pr. Belize m.
Belizean /beˈliːzɪən/ ➧ *18* **I** agg. del Belize **II** n. nativo m. (-a), abitante m. e f. del Belize.
▶ **1.bell** /bel/ n. **1** *(chiming) (in church)* campana f.; *(on sheep, goat)* campanaccio m.; *(on toy, cat)* campanellino m.; *(on bicycle)* campanello m.; *(for servant)* campanello m.; ***to ring the ~s*** suonare le campane **2** *(buzzer)* campanello m. (elettrico); ***door ~*** campanello (della porta); ***to ring the ~*** suonare il campanello; ***I can hear the ~*** sento suonare il campanello **3** *(warning device)* campanello m. (d'allarme) **4** BE COLLOQ. *(phone call)* ***to give sb. a ~*** dare a qcn. un colpo di telefono **5** MAR. turno m. di guardia; ***eight ~s*** otto rintocchi; ***to ring eight ~s*** suonare otto rintocchi **6** MUS. *(of horn, trombone)* padiglione m. **7** SPORT campana f.; *(boxing)* gong m. **8** BOT. corolla f. campanulata **9** *(of stag)* bramito m.; *(of hound)* ululato m. ◆ ***that name, number rings a ~*** questo nome, numero mi dice qualcosa *o* non mi è nuovo; ***with ~, book and candle*** con tutti i mezzi; ***to be as sound as a ~*** [*person*] essere sano come un pesce; [*object*] essere in perfette condizioni; ***to be saved by the ~*** *(at school, in boxing)* essere salvato dalla campana.
2.bell /bel/ tr. mettere un campanaccio a [*goat, sheep*] ◆ ***to ~ the cat*** lanciarsi in una missione pericolosa.
Bella /ˈbelə/ n.pr. diminutivo di **Arabella** e **Isabel**.
belladonna /ˌbeləˈdɒnə/ n. **1** BOT. belladonna f. **2** MED. *(atropine)* atropina f.; *(hyoscyamine)* iosciamina f.
bell-bottomed /ˈbelˌbɒtəmd/ agg. a zampa di elefante.
bell-bottoms /ˈbelˌbɒtəmz/ n.pl. pantaloni m. a zampa di elefante.
bellboy /ˈbelbɔɪ/ ➧ *27* n. AE fattorino m. d'albergo.
bell buoy /ˈbelbɔɪ/ n. boa f. a campana.
bell captain /ˈbelˌkæptɪn/ ➧ *27* n. AE = in un albergo, responsabile di un gruppo di fattorini.
belle /bel/ n. bella f.; ***the ~ of the ball*** la reginetta del ballo.
Belle /bel/ n.pr. diminutivo di **Arabella** e **Isabel**.
belles-lettres /ˌbelˈletrə/ n.pl. + verbo sing. belle lettere f.
bellflower /ˈbelˌflaʊə(r)/ n. campanula f.
bell-founder /ˈbelˌfaʊndə(r)/ ➧ *27* n. fonditore m. di campane.
bell glass /ˈbelglɑːs, AE -glæs/ n. → **bell jar**.
bell heather /ˈbelˌheðə(r)/ n. erica f.
bellhop /ˈbelhɒp/ ➧ *27* n. AE → **bellboy**.
bellicose /ˈbelɪkəʊs/ agg. FORM. bellicoso.
bellicosity /ˌbelɪˈkɒsətɪ/ n. FORM. bellicosità f.
bellied /ˈbelɪd/ agg. **1** [*person*] panciuto **2** **-bellied** in composti ***a great-~, big-~ man*** un uomo dalla pancia prominente *o* con una grossa pancia; ***empty-~ children*** bambini con la pancia vuota.
belligerence /bɪˈlɪdʒərəns/ n. **1** aggressività f. **2** POL. belligeranza f.
belligerency /bɪˈlɪdʒərənsɪ/ n. belligeranza f.
belligerent /bɪˈlɪdʒərənt/ **I** agg. **1** aggressivo **2** POL. *(at war)* belligerante **II** n. POL. *(country)* belligerante m.
bell jar /ˈbeldʒɑː(r)/ n. campana f. di vetro.
bellman /ˈbelmən/ n. (pl. **-men**) ANT. banditore m.
bell metal /ˈbelˌmetl/ n. bronzo m. da campane.
bell-mouthed /ˈbelmaʊðd/ agg. scampanato, svasato.
1.bellow /ˈbeləʊ/ n. *(of bull)* muggito m.; *(of person)* mugghio m., urlo m.
2.bellow /ˈbeləʊ/ **I** intr. [*bull*] muggire (**with** di); [*person*] mugghiare (**with** di) **II** tr. urlare [*command*].
▪ **bellow out:** ***~ out [sth.]*** urlare [*command, song*].
bellows /ˈbeləʊz/ n.pl. *(for fire)* soffietto m.sing., mantice m.sing.; *(in forge)* mantice m.sing.; *(of organ)* mantice m.sing.; FOT. soffietto m.sing.; ***a pair*** o ***set of ~*** un mantice *o* un soffietto.
bell pepper /ˈbelˌpepə(r)/ n. AE peperone m.
bell-pull /ˈbelpʊl/ n. *(handle)* maniglia f. del campanello; *(rope)* cordone m. del campanello.
bell-push /ˈbelpʊʃ/ n. pulsante m. del campanello.
bell-ringer /ˈbelˌrɪŋə(r)/ ➧ *27* n. campanaro m. (-a).
bell-ringing /ˈbelrɪŋɪŋ/ n. ***to go ~*** andare a suonare le campane.
bell rope /ˈbelrəʊp/ n. *(in church)* corda f. della campana; *(in house)* cordone m. del campanello.
bell-shaped /ˈbelʃeɪpt/ agg. scampanato, campaniforme.
Bell's palsy /ˈbelzˌpɔːlzɪ/ ➧ *11* n. paralisi f. di Bell, paralisi f. facciale.
bell tent /ˈbeltent/ n. tenda f. conica.
bell tower /ˈbelˌtaʊə(r)/ n. campanile m., torre f. campanaria.
bellwether /ˈbelˌweðə(r)/ n. **1** pecora f. guidaiola **2** FIG. *(leader)* capofila m.; *(indicator)* indicatore m., elemento m. guida.
▷ **1.belly** /ˈbelɪ/ n. **1** ventre m., pancia f. **2** *(curved part) (of ship, plane)* pancia f., ventre m.; *(of jar, vase)* pancia f., ventre m.; *(of sail)* pancia f. **3** *(of violin, cello)* tavola f. armonica **4** ***~ of pork*** *(cut of meat)* pancetta di maiale **5** ANT. *(womb)* ventre m. ◆ ***to go ~ up*** COLLOQ. [*fish*] morire; [*business*] fallire.
2.belly /ˈbelɪ/ **I** intr. [*sail*] gonfiarsi **II** tr. gonfiare [*sail*].
▪ **belly out:** ***~ out*** [*sail*] gonfiarsi; ***~ [sth.] out*** [*wind*] gonfiare [*sail*].
▪ **belly up to** COLLOQ. mettersi molto vicino (a).
1.bellyache /ˈbelɪeɪk/ n. **1** mal m. di pancia; ***to have a ~*** avere mal di pancia **2** FIG. POP. lagna f.
2.bellyache /ˈbelɪeɪk/ intr. (forma in -ing **-aching**) COLLOQ. lagnarsi (**about** di).
bellyaching /ˈbelɪeɪkɪŋ/ n. COLLOQ. lagnanza f., lagna f.; ***stop your ~!*** smettila di lagnarti! piantala con questa lagna!
bellyband /ˈbelɪbænd/ n. sottopancia m.
bellybutton /ˈbelɪbʌtn/ n. COLLOQ. ombelico m.
belly dance /ˈbelɪdɑːns, AE -dæns/ n. danza f. del ventre.
belly dancer /ˈbelɪdɑːnsə(r), AE -dænsə(r)/ n. danzatrice f. del ventre.
belly flop /ˈbelɪflɒp/ n. COLLOQ. *(in swimming)* spanciata f.
bellyful /ˈbelɪfʊl/ n. ***to have a ~ of sth.*** farsi una scorpacciata di qcs.
belly land /ˈbelɪlænd/ intr. AER. = effettuare un atterraggio di emergenza a carrelli rientrati, sulla pancia.
belly landing /ˈbelɪlændɪŋ/ n. AER. atterraggio m. di emergenza a carrelli rientrati, atterraggio m. sulla pancia; ***to make a ~*** atterrare sulla pancia, atterrare senza carrelli.
belly laugh /ˈbelɪlɑːf, AE -læf/ n. risata f. grassa.
belly tank /ˈbelɪtæŋk/ n. AER. serbatoio m. ausiliare.
belly whop /ˈbelɪwɒp, AE -hwɒp/ AE → **belly flop**.
▶ **belong** /bɪˈlɒŋ, AE -lɔːŋ/ intr. **1** *(be the property of)* ***to ~ to*** appartenere a; ***don't take what doesn't ~ to you*** non prendere quello che non ti appartiene; ***we ~ to each other*** apparteniamo l'uno all'altra **2** *(be member of)* ***to ~ to*** appartenere a [*family, generation*]; fare parte di [*club, society, gang, party, union, set*]; avere la tessera di [*library*] **3** *(have its proper place)* collocarsi, andare (messo); ***where do these books ~?*** dove vanno messi questi libri? ***it doesn't ~ on this shelf*** non va su questo scaffale; ***put it back where it ~s*** rimettilo al suo posto **4** *(fit in)* [*person*] integrarsi, sentirsi al proprio posto; ***you don't ~ here*** questo non è il tuo ambiente; ***everybody wants to ~*** ognuno vorrebbe farne parte; ***I don't feel I ~ anywhere*** mi sento un pesce fuor d'acqua dovunque; ***to give immigrants a sense of ~ing*** dare agli immigranti un senso di appartenenza; ***we ~ together*** siamo fatti l'uno per l'altra **5** DIR. ***it ~s to sb. to do*** pertiene a qcn. fare.
belongings /bɪˈlɒŋɪŋz, AE -ˈlɔːŋ-/ n.pl. proprietà f., averi m., roba f.sing.; ***personal ~*** effetti personali; ***with all one's ~*** con armi e bagagli.
▷ **beloved** /bɪˈlʌvɪd/ **I** agg. beneamato, amato **II** n. LETT. o SCHERZ. beneamato m. (-a).
▶ **1.below** /bɪˈləʊ/ When *below* is used as a preposition to talk about the physical position of something, it is most often translated by *sotto (a)*: *the apartment below mine* = l'appartamento sotto al / sotto il mio; *below the knee* = sotto al / sotto il ginocchio. - Note that *sotto* is the Italian translation of *below, beneath* and *under*. - For other prepositional uses of *below* see the entry below. prep. **1** *(under)* sotto (a); ***the apartment ~ mine*** l'appartamento sotto al mio; ***~ the knee, the waist*** al di sotto del ginocchio, della vita; ***~ the surface*** sotto la superficie; ***~ (the) ground*** sottoterra; ***one kilometre ~ the surface*** a un chilometro di profondità; ***~ sea level*** sotto il livello del mare; ***his name was ~ mine on the list*** il suo nome era sotto il mio nella lista; ***in the field ~ the castle*** nel campo sotto il castello; ***the valley, river ~ them, you*** la valle, il fiume sotto di loro, voi **2** *(less than: in quantity, degree etc.)* sotto (a); ***~ the average, 10%*** sotto la media, il 10%; ***~ the age of 12*** sotto i 12 anni; ***10° ~ (freezing)*** 10° sotto zero; ***~ target, expectations, inflation*** al di sotto degli obiettivi, delle aspettative, dell'inflazione; ***his performance was ~ his usual standard*** la sua prestazione è stata al di sotto del suo standard abituale; ***your behaviour was (well) ~ the standard expected of a manager*** il tuo comportamento è stato (molto) al di sotto del livello richiesto a un direttore **3** *(inferior in rank to)* ***the people ~ him in the department*** le persone sotto di lui nel reparto; ***those ~ the rank of Major*** MIL. quelli di grado inferiore a maggiore; ***a lieutenant is ~ a captain*** un tenente ha un grado inferiore a un capitano; ***those employees ~***

management level gli impiegati che non fanno parte della direzione *o* i quadri intermedi; ***the teams ~ them in the table*** SPORT le squadre dopo di loro nella classifica **4** *(south of)* a sud di, sotto; ***~ Liverpool, London*** a sud di Liverpool, Londra **5** *(downstream from)* a valle di **6** *(unworthy of)* indegno di [*person*]; ***it is ~ her, you to do*** non è degno di lei, te fare.

▶ **2.below** /bɪˈləʊ/ avv. **1** *(lower down)* ***100 metres ~*** 100 metri più in basso; ***the village, the river ~*** il paese, il fiume sottostante; ***the people, cars (down) ~*** le persone, macchine sottostanti; ***the apartment ~*** l'appartamento di sotto; ***seen from ~*** visto da sotto, dal basso; ***the miners working ~*** i minatori che lavorano sotto terra **2** *(later on page, in book etc.)* sotto; ***see ~*** vedi sotto; ***the information ~*** le informazioni qui sotto, in calce **3** *(not in heaven)* ***here ~*** *(on earth)* quaggiù; ***down ~*** *(in hell)* giù all'inferno.

below stairs /bɪˈləʊsteəz/ avv. = nel sottoscala di una casa, dove vivevano i domestici.

below the line /bɪˌləʊðəˈlaɪn/ agg. ECON. fuori bilancio, straordinario, non incluso nel saldo.

▷ **1.belt** /belt/ n. **1** ABBIGL. cintura f.; ***he had a gun in his ~*** aveva una pistola al cinturone **2** AUT. AER. cintura f.; ***safety*** o ***seat ~*** cintura di sicurezza **3** *(area)* cintura f.; ***a ~ of industry*** una cintura industriale; ***a ~ of poverty around the inner city*** una cintura di povertà attorno al centro della città; ***a ~ of trees*** una cintura di alberi; ***mountain, earthquake ~*** zona montana, sismica **4** METEOR. zona f., area f.; ***a ~ of rain, of low pressure*** un'area di piogge, di bassa pressione **5** TECN. cinghia f. **6** SPORT *(in boxing, judo)* cintura f.; ***to be a black ~*** essere cintura nera; ***the world heavyweight ~*** il titolo mondiale dei pesi massimi **7** COLLOQ. *(blow)* colpo m.; ***to give sb. a ~*** dare un colpo a qcn.; ***I gave the ball a good ~*** ho dato un bel colpo alla palla ◆ ***to tighten one's ~*** tirare la cinghia; ***to hit sb. below the ~*** tirare un colpo basso a qcn.; ***that remark was a bit below the ~*** quel commento è stato un colpo basso; ***she has 15 years' experience, two tournaments under her ~*** ha 15 anni di esperienza, due tornei al suo attivo; ***a ~ and braces job*** COLLOQ. = un lavoro per il quale è richiesta molta prudenza.

2.belt /belt/ **I** tr. **1** COLLOQ. *(hit)* menare [*person*]; tirare un bel colpo a [*ball*]; ***he ~ed him in the mouth, across the face*** lo ha colpito sulla bocca, in faccia **2** *(as punishment)* prendere a cinghiate **3** COLLOQ. → **belt down II** intr. COLLOQ. *(go fast)* ***he ~ed home*** si è fiondato a casa; ***to ~ along*** o ***down*** [*person*] andare forte per [*street*]; [*car*] sfrecciare su [*motorway*].

▪ **belt down:** ***~ down [sth.], ~ [sth.] down*** AE mandare giù [*drink*].

▪ **belt off** filare, sfrecciare.

▪ **belt out:** ***~ out [sth.], ~ [sth.] out*** [*person*] cantare a squarciagola; [*jukebox*] suonare a tutto volume.

▪ **belt up 1** BE COLLOQ. *(shut up)* chiudere la bocca; ***~ up!*** chiudi il becco! **2** AUT. allacciare le cinture di sicurezza.

belted /ˈbeltɪd/ **I** p.pass. → **2.belt II** agg. [*coat*] con cintura.

beltway /ˈbeltweɪ/ n. **1** AE AUT. circonvallazione f.; *(around big cities)* tangenziale f. **2** ***the Beltway*** = il mondo politico statunitense, i politici statunitensi.

belvedere /ˈbelvɪdɪə(r)/ n. belvedere m.

bemire /bɪˈmaɪə(r)/ tr. ANT. **1** infangare **2** ***to be ~d*** [*car*] impantanarsi.

bemoan /bɪˈməʊn/ tr. FORM. **1** lamentare [*shortage*] **2** piangere [*death*]; ***to ~ one's fate*** piangere il proprio destino.

bemuse /bɪˈmjuːz/ tr. confondere, stupefare.

bemused /bɪˈmjuːzd/ **I** p.pass. → **bemuse II** agg. **1** *(bewildered)* confuso, stupefatto **2** *(lost in thought)* assorto **3** *(preoccupied)* impensierito.

ben /ben/ n. SCOZZ. picco m.; ***Ben Nevis*** Ben Nevis.

Ben /ben/ n.pr. diminutivo di **Benedict** e **Benjamin**.

▷ **1.bench** /bentʃ/ n. **1** *(seat)* panca f., panchina f. **2** SPORT panchina f.; ***to be on the (substitute's) ~*** essere in panchina **3** BE POL. seggio m.; ***to be on the opposition ~es*** sedere all'opposizione **4** DIR. (anche **Bench**) *(judges collectively)* magistratura f.; ***~ and bar*** magistratura e avvocatura; ***to be*** o ***sit on the ~*** essere magistrato **5** DIR. (anche **Bench**) *(judge or judges in one case)* corte f.; ***to thank the ~*** ringraziare la corte; ***to approach the ~*** *(addressing the barrister, lawyer)* = avvicinarsi al banco per conferire con il giudice; ***to be on the ~ for a case*** essere giudice in un processo **6** TECN. *(workbench)* banco m. di lavoro; *(in lab)* piano m. di appoggio.

2.bench /bentʃ/ tr. **1** munire di panchine **2** SPORT *(keep)* tenere in panchina; *(remove from game)* mandare in panchina.

bencher /ˈbentʃə(r)/ n. DIR. (anche **Bencher**) = membro del consiglio di uno degli Inns of Court (specialmente un giudice o un Queen's Counsel).

benching /ˈbentʃɪŋ/ n. MIN. coltivazione f. a gradini.

bench lathe /ˈbentʃleɪð/ n. tornio m. da banco.

▷ **1.benchmark** /ˈbentʃmɑːk/ n. **1** punto m. di riferimento **2** ING. caposaldo m. (di livellazione) **3** ECON. *(price)* prezzo m. di riferimento; *(share)* benchmark m. **4** INFORM. benchmark m.

2.benchmark /ˈbentʃmɑːk/ tr. INFORM. *(compare, test)* testare [*systems*].

benchmark job /ˈbentʃmɑːkˌdʒɒb/ n. lavoro m. di riferimento.

bench press /ˈbentʃpres/ n. sollevamento m. pesi dalla panca.

bench seat /ˈbentʃsiːt/ n. = nelle tribune, nelle aule ecc., ciascun sedile fisso di una fila di posti.

bench test /ˈbentʃtest/ n. prova f. al banco.

bench warmer /ˈbentʃˌwɔːmə(r)/ n. AE SPORT COLLOQ. panchinaro m.

bench warrant /ˈbentʃˌwɒrənt, AE -ˌwɔːr-/ n. mandato m. di cattura.

▶ **1.bend** /bend/ **I** n. **1** *(in road, racetrack)* curva f.; *(in pipe)* piegatura f.; *(in river)* ansa f.; *(of elbow, knee)* piega f.; ***at the ~ of the road*** sulla curva; ***on the ~*** nella curva; ***there's a ~ in the road*** la strada fa una curva; ***to come around a ~*** uscire da una curva **2** MAR. *(knot)* nodo m., gassa f. **II bends** ⧫ ***11*** n.pl. MED. + verbo sing. o pl. malattia f. dei cassoni ◆ ***round*** BE o ***around*** AE ***the ~*** COLLOQ. fuori di testa; ***to go (a)round the ~*** uscire di testa; ***to drive sb. (a)round the ~*** fare uscire di testa qcn.

▶ **2.bend** /bend/ **I** tr. (pass., p.pass. **bent**) **1** piegare [*part of body, body, pipe, bar, wire, mudguard*]; ***to ~ one's arm*** piegare il braccio; ***to ~ sb. to one's will*** FIG. piegare qcn. alla propria volontà **2** rifrangere [*light, ray*] **3** *(distort)* distorcere [*truth, facts*]; infrangere [*principle*]; ***to ~ the rules*** fare uno strappo alla regola **4** *(direct)* ***to ~ one's mind, attention to*** rivolgere la mente, l'attenzione a; ***to ~ one's steps towards*** LETT. volgere i propri passi verso **II** intr. (pass., p.pass. **bent**) **1** *(become curved)* [*road, path*] girare, fare una curva; [*river*] *(once)* piegarsi; *(several times)* serpeggiare; [*frame, bar, mudguard*] piegarsi; [*branch*] flettersi, piegarsi; ***my arm won't ~*** non riesco a piegare il braccio **2** *(stoop)* [*person*] piegarsi; ***to ~ forward, backwards*** piegarsi in avanti, indietro; ***to ~ low*** piegarsi fino a terra; ***to ~ double*** piegarsi in due; ***his head was bent over a book*** era chino su un libro **3** *(submit)* ***to ~ to*** piegarsi a [*person, will*] ◆ ***to ~ over backwards for sb., to do*** farsi in quattro per qcn., per fare.

▪ **bend back:** ***~ back*** [*person*] piegarsi all'indietro; ***to ~ back on itself*** [*road, river*] fare gomito; ***~ [sth.] back, ~ back [sth.]*** *(to original position)* raddrizzare [*book, pin*]; *(away from natural position)* ripiegare [*book, pin*]; ***to ~ one's fingers back*** piegare indietro le dita; ***to ~ sth. back into shape*** raddrizzare qcs.

▪ **bend down:** ***~ down*** [*person*] chinarsi; ***~ [sth.] down, ~ down [sth.]*** piegare [*branch*]; abbassare [*flap*].

▪ **bend over:** ***~ over*** [*person*] chinarsi, piegarsi; ***~ [sth.] over, ~ over [sth.]*** ripiegare.

bender /ˈbendə(r)/ n. COLLOQ. *(drinking bout)* ***to go on a ~*** prendere una sbronza.

bend sinister /ˈbendˌsɪnɪstə(r)/ n. ARALD. filetto m. di bastardigia.

bendy /ˈbendɪ/ agg. **1** pieghevole, flessibile **2** [*road*] pieno di curve, tortuoso.

▶ **beneath** /bɪˈniːθ/ When used as a preposition meaning *under*, *beneath* is translated by *sotto (a)*: *I took shelter beneath an oak* = mi rifugiai sotto una quercia; *beneath his feet* = sotto ai suoi piedi. - When used as an adverb, *beneath* is translated by *sotto*: *the trees beneath* = gli alberi sotto. - Note that *sotto* is the Italian translation of *beneath*, *below* and *under*. - For particular and figurative usages, see the entry below. **I** prep. **1** *(under)* sotto, al di sotto di; ***~ the table*** sotto il tavolo; ***the valley, river ~ them, you etc.*** la valle, il fiume sotto di loro, voi ecc.; ***he hid his disappointment ~ a polite smile*** mascherò il suo disappunto con un sorriso garbato; ***~ the calm exterior he...*** dietro il suo aspetto calmo... **2** *(unworthy of)* indegno di [*person*]; ***it is ~ her, you etc.*** o ***her, your etc. dignity to do*** non è degno di lei, te ecc. fare **II** avv. sotto, di sotto; ***the apartment ~*** l'appartamento di sotto; ***the people, the cars, the trees ~*** le persone, le macchine, gli alberi sottostanti; ***the valley, river ~*** la valle, il fiume sottostante.

Benedict /ˈbenɪdɪkt/ n.pr. Benedetto.

Benedictine I /ˌbenɪˈdɪktɪn/ agg. benedettino **II** n. **1** /ˌbenɪˈdɪktɪn/ RELIG. benedettino m. (-a) **2** /ˌbenɪˈdɪktiːn/ *(liqueur)* benedettino m.

benediction /ˌbenɪˈdɪkʃn/ n. **1** *(blessing)* benedizione f. (anche FIG.); ***in ~*** in segno di benedizione **2** *(Catholic ceremony)* benedizione f.

benedictory /ˌbenɪˈdɪktrɪ, AE -tɔːrɪ/ agg. ANT. [*prayer*] di benedizione.

benefaction /ˌbenɪˈfækʃn/ n. FORM. beneficenza f.

benefactor /'benɪfæktə(r)/ n. benefattore m. (-trice).
benefactress /'benɪfæktrɪs/ n. benefattrice f.
benefic /bɪ'nefɪk/ agg. RAR. benefico.
benefice /'benɪfɪs/ n. beneficio m.; RELIG. beneficio m. ecclesiastico.
beneficed /'benɪfɪst/ agg. beneficiato.
beneficence /bɪ'nefɪsns/ n. **1** U *(kindness)* benevolenza f. **2** *(charitable help)* beneficenza f.
beneficent /bɪ'nefɪsnt/ agg. **1** *(kindly)* [*concern, regime*] benevolo **2** *(generous)* [*assistance, patron, work*] benefico.
▷ **beneficial** /ˌbenɪ'fɪʃl/ agg. **1** *(advantageous)* [*effect, influence, treatment, change*] benefico; [*outcome, result*] positivo; ***to be ~ to*** essere benefico per; ***to be ~ for*** essere vantaggioso per **2** DIR. ***~ interest*** interesse di un beneficiario; ***~ owner*** beneficiario; ***~ use*** uso giovevole.
beneficially /ˌbenɪ'fɪʃəlɪ/ avv. [*influence*] beneficamente.
▷ **beneficiary** /ˌbenɪ'fɪʃərɪ, AE -fɪʃɪerɪ/ n. **1** DIR. beneficiario m. (-a); ***to be the only ~ of a will*** essere l'unico beneficiario di un testamento **2** *(recipient)* beneficiato m. (-a) **3** RELIG. beneficiato m.
beneficiation /ˌbenɪfɪʃɪ'eɪʃn/ n. arricchimento m. (del minerale).
▶ **1.benefit** /'benɪfɪt/ **I** n. **1** U *(helpful effect)* beneficio m. (**from** da); ***to be of ~ to*** essere di beneficio a [*patient, environment, industry*]; ***to feel the ~ of*** sentire il beneficio di [*change, holiday, treatment*]; ***to get some ~ from*** trarre beneficio da [*holiday, treatment*]; ***to give sb. the ~ of one's advice, experience, knowledge*** aiutare qcn. con i propri consigli, la propria esperienza, la propria conoscenza **2** BUROCR. sussidio m.; ***to be on ~(s)*** BE percepire un sussidio; ***to live off ~(s)*** BE vivere con i sussidi **3** C *(advantage)* beneficio m., vantaggio m.; ***the ~s of modern technology*** i benefici della moderna tecnologia; ***to have health ~s*** avere dei benefici per la salute; ***to have the ~ of*** avere i benefici di [*education*]; ***with the ~ of hindsight*** col senno di poi; ***with the ~ of experience*** con il vantaggio dell'esperienza; ***to be to sb.'s ~*** andare a vantaggio di qcn.; ***to reap the ~s of*** raccogliere i benefici di **4** U *(good)* ***it's for your own ~*** è per il tuo bene; ***for the ~ of the newcomers*** a beneficio dei nuovi arrivati; ***he's just crying for your ~*** sta piangendo per attirare la tua attenzione **5** *(perk)* indennità f., benefit m.; ***"salary £ 20,000 plus ~s"*** "salario di £ 20.000 più indennità"; ***~s in kind*** benefici in natura; ***tax-free ~s*** indennità esenti da imposte **II** modif. [*concert, gig, match*] di beneficenza; [*claim*] di sussidio; [*office*] per i sussidi ◆ ***to give sb. the ~ of the doubt*** concedere a qcn. il beneficio del dubbio.
▶ **2.benefit** /'benɪfɪt/ **I** tr. (forma in -ing ecc. **-t-**) giovare a, fare bene a [*person*]; avvantaggiare [*group, nation*]; favorire [*economy, industry*]; giovare a [*health*]; ***to do sth. to ~ sb.*** fare qcs. a beneficio di qcn. **II** intr. (forma in -ing ecc. **-t-**) beneficiare, approfittare (**from, by** di); ***to ~ from*** o ***by doing*** trarre beneficio dal fare; ***I will ~ the most*** ne trarrò il massimo profitto.
benefit association /'benɪfɪtəˌsəʊsɪˌeɪʃn/, **benefit club** /'benɪfɪtklʌb/ n. AE società f. di mutuo soccorso.
benefit payment /'benɪfɪtˌpeɪmənt/ n. sussidio m.
benefits package /'benɪfɪtsˌpækɪdʒ/ n. AMM. benefici m.pl., benefit m.
benefit tourist /'benɪfɪtˌtʊərɪst, -ˌtɔːrɪst/ n. BE = chi tenta, in modo fraudolento e a più riprese, di ottenere sovvenzioni da vari enti previdenziali.
Benelux /'benɪlʌks/ **I** n. Benelux m. **II** modif. [*countries, organization*] del Benelux.
benevolence /bɪ'nevələns/ n. **1** *(kindness)* benevolenza f.; *(generosity)* generosità f., magnanimità f. **2** *(kind deed)* atto m. benevolo; *(gift)* dono m. generoso **3** STOR. prestito m. forzoso.
benevolent /bɪ'nevələnt/ agg. **1** [*person, smile, gesture*] benevolo (**to, towards** verso); [*dictator, government*] illuminato **2** *(charitable)* [*organization, trust, fund*] di beneficenza.
benevolently /bɪ'nevələntlɪ/ avv. benevolmente.
BEng n. (⇒ Bachelor of Engineering) = (diploma di) dottore in ingegneria (conseguito con un corso di studi di tre o quattro anni).
Bengal /beŋ'gɔːl/ ♦ ***24*** n.pr. Bengala m.
Bengali /beŋ'gɔːlɪ/ ♦ ***14*** **I** agg. **1** [*custom, food, people*] bengalese **2** LING. bengali **II** n. **1** *(person)* bengalese m. e f. **2** LING. bengali m., bengalese m.
Bengal light /beŋˌgɔːl'laɪt/ n. bengala m.
Bengal tiger /beŋˌgɔːl'taɪgə(r)/ n. tigre f. del Bengala.
benighted /bɪ'naɪtɪd/ agg. LETT. *(ignorant)* arretrato.
benign /bɪ'naɪn/ agg. **1** [*person, smile, gesture*] benigno, benevolo; [*climate*] salubre; [*conditions, circumstances*] favorevole; [*influence, effect*] benefico **2** MED. benigno.
benignancy /bɪ'nɪgnənsɪ/ n. benignità f., benevolenza f.
benignant /bɪ'nɪgnənt/ agg. benigno, benevolo.
benignity /bɪ'nɪgnɪtɪ/ n. benignità f., benevolenza f.
Benin /be'niːn/ ♦ ***6*** n.pr. Benin m.
Beninese /ˌbenɪ'niːz/ ♦ ***18*** **I** agg. del Benin **II** n. nativo m. (-a), abitante m. e f. del Benin.
benison /'benɪzn/ n. ANT. benedizione f.
Benjamin /'bendʒəmɪn/ n.pr. Beniamino.
benjamin tree /'bendʒəmɪnˌtriː/ n. benzoino m.
bennet /'benɪt/ n. cariofillata f., garofanaia f.
benny /'benɪ/ n. COLLOQ. *(drug)* = pasticca di benzedrina®.
Benny /'benɪ/ n.pr. diminutivo di **Benedict** e **Benjamin**.
▷ **1.bent** /bent/ **I** pass., p.pass. → **2.bend** **II** agg. **1** [*nail, wire etc.*] piegato; [*stick*] storto; [*old person*] curvo **2** ***to be ~ on doing sth.*** essere deciso a fare qcs. **3** COLLOQ. *(corrupt)* [*policeman etc.*] corrotto, disonesto **4** POP. SPREG. *(homosexual)* ***he's ~*** è un invertito ◆ ***to be*** o ***to get ~ out of shape*** AE COLLOQ. essere fuori di sé.
2.bent /bent/ n. **1** *(flair)* disposizione f., tendenza f. (**for** per); *(liking)* inclinazione f. (**for, towards** per); ***to have a ~ for maths*** avere disposizione per la matematica; ***to be of a studious ~*** avere inclinazione per gli studi **2** BOT. → **bent grass**.
bent grass /'bentgrɑːs, AE -græs/ n. agrostide f.
benthic /'benθɪk/ agg. bentonico.
benthon /'benθɒn/ → **benthos**.
benthonic /'benθɒnɪk/ → **benthic**.
benthos /'benθɒs/ n. bentos m., benthos m.
bentonite /'bentənaɪt/ n. bentonite f.
bentwood /'bentwʊd/ agg. in legno centinato.
benumb /bɪ'nʌm/ tr. intorpidire.
benumbed /bɪ'nʌmd/ **I** p.pass. → **benumb** **II** agg. intorpidito (anche FIG.) (**by** da).
benzaldehyde /ben'zældəhaɪd/ n. benzaldeide f.
Benzedrine® /'benzədriːn/ n. benzedrina® f.
benzene /'benziːn/ n. benzene m.
benzene ring /'benziːnrɪŋ/ n. anello m. benzenico.
benzine /'benziːn/ n. benzina f. di petrolio.
benzoate /'benzəʊeɪt/ n. benzoato m.
benzoic /ben'zəʊɪk/ agg. benzoico.
benzoin /'benzəʊɪn/ n. benzoino m.
benzol /'benzɒl, AE -zɔːl/, **benzole** /'benzəʊl/ n. benzolo m.
benzopyrene /benzəʊ'paɪriːn/ n. benzopirene m.
benzoyl /'benzəʊɪl/ n. benzoile m.
benzyl /'benzɪl/ n. benzile m.
Beowulf /'beɪəwʊlf/ n.pr. Beowulf.
bequeath /bɪ'kwiːð/ tr. DIR. legare (**to** a); FIG. trasmettere, tramandare [*custom, legislation, concept etc.*] (**to** a).
bequeather /bɪ'kwiːðə(r)/ n. testatore m. (-trice).
bequest /bɪ'kwest/ n. DIR. legato m., lascito m. (**to** a); FIG. eredità f., retaggio m. (**to** a).
berate /bɪ'reɪt/ tr. FORM. rimproverare (**for** per).
Berber /'bɜːbə(r)/ ♦ ***14*** **I** agg. berbero **II** n. **1** *(person)* berbero m. (-a) **2** LING. berbero m.
berberis /'bɜːbərɪs/ n. crespino m.
berberry /'bɜːberɪ/ n. → **barberry**.
bereave /bɪ'riːv/ tr. LETT. **1** (pass., p.pass. **bereaved**) *(by death)* orbare [*person, family*] **2** (pass., p.pass. **bereft**) *(deprive)* privare (**of** di).
bereaved /bɪ'riːvd/ **I** p.pass. → **bereave** **II** agg. [*person, family*] orbato (**of** di) **III** n. ***the ~*** + verbo pl. i familiari del defunto.
bereavement /bɪ'riːvmənt/ n. lutto m.
bereft /bɪ'reft/ **I** pass., p.pass. → **bereave** **II** agg. FORM. **1** ***~ of*** privato di [*love, friendship*]; privo di [*furniture, contents, ideas*]; ***~ of hope*** privo di speranza *o* disperato **2** *(forlorn)* [*person*] abbandonato.
Berenice /ˌberɪ'naɪsiː/ n.pr. Berenice.
beret /'bereɪ, AE bə'reɪ/ n. berretto m., basco m.
berg /bɜːg/ n. (accorc. iceberg) iceberg m.
bergamot /'bɜːgəmɒt/ n. **1** *(fruit, tree)* bergamotto m. **2** *(plant)* menta f. rossa **3** *(pear)* (pera) bergamotta f.
bergamot mint /'bɜːgəmɒtˌmɪnt/ n. menta f. cedrata.
bergschrund /'beəkʃrʊnt/ n. crepaccio m. terminale.
berhyme /bɪ'raɪm/ tr. ANT. mettere in rima.
beriberi /ˌberɪ'berɪ/ ♦ ***11*** n. beriberi m.
berk /bɜːk/ n. BE POP. SPREG. stupido m. (-a), fesso m. (-a).
Berkeley /'bɑːklɪ, AE 'bɜːklɪ/ ♦ ***34*** n.pr. Berkeley f.
berkelium /bɜː'kiːlɪəm/ n. berkelio m.
Berks GB ⇒ Berkshire Berkshire.
Berkshire /'bɑːkʃɪə(r)/ ♦ ***24*** n.pr. Berkshire m.
berlin /bɜː'lɪn/ n. *(carriage)* berlina f.

Berlin /bɜ:ˈlɪn/ ➧ *34* n.pr. Berlino f.; ***the ~ Wall*** STOR. il muro di Berlino.
Berliner /bɜ:ˈlɪnə(r)/ n. berlinese m. e f.
Berlinese /bɜ:lɪˈni:z/ agg. berlinese.
berm /bɜ:m/ n. berma f.
Bermuda /bəˈmju:də/ ➧ *6, 12* n.pr. Bermuda f.pl., Bermude f.pl.; ***in ~*** alle Bermude; ***the ~ Triangle*** il triangolo delle Bermude.
Bermudan /bəˈmju:dən/ ➧ *18* **I** agg. delle Bermude **II** n. nativo m. (-a), abitante m. e f. delle Bermude.
Bermudas /bəˈmju:dəz/, **Bermuda shorts** /bəˌmju:dəˈʃɔ:ts/ n.pl. bermuda m.
Bern /bɜ:n/ ➧ *34* n.pr. Berna f.
Bernard /ˈbɜ:nəd/ n.pr. Bernardo.
Bernardine /ˈbɜ:nədɪn/ **I** agg. bernardino **II** n. bernardino m. (-a).
Bernese /ˈbɜ:ni:z/ **I** agg. bernese **II** n. (pl. ~) bernese m. e f.
Bernie /ˈbɜ:nɪ/ n.pr. diminutivo di **Bernard**.
berried /ˈberɪd/ **I** p.pass. → **2.berry II** agg. **1** BOT. fornito di bacche **2** ZOOL. [*shellfish*] con uova.
▷ **1.berry** /ˈberɪ/ n. **1** bacca f. **2** *(of shellfish etc.)* uovo m. ◆ ***to be as brown as a ~*** essere abbronzato.
2.berry /ˈberɪ/ intr. **1** [*plant*] produrre bacche **2** [*person*] cogliere bacche.
berserk /bəˈsɜ:k/ agg. pazzo furioso; ***to go ~*** diventare una furia.
Bert /bɜ:t/ n.pr. diminutivo di **Albert**, **Gilbert**, **Herbert**, **Humbert**.
Berta /ˈbɜ:tə/ n.pr. diminutivo di **Alberta**.
1.berth /bɜ:θ/ n. **1** MAR. FERR. *(for sleeping)* cuccetta f.; ***lower, middle, upper ~*** cuccetta inferiore, centrale, superiore; ***a four-~ boat*** una barca con quattro cuccette **2** MAR. *(for ship)* posto m. di ormeggio; ***a safe ~*** un ormeggio sicuro; ***at ~*** all'ormeggio **3** MAR. COLLOQ. *(job)* posto m. ◆ ***to give sb., sth. a wide ~*** COLLOQ. stare alla larga da qcs., qcn.
2.berth /bɜ:θ/ tr. ormeggiare; ***to be ~ed at*** essere ormeggiato a.
Bertha /ˈbɜ:θə/ n.pr. Berta.
Berthold /ˈbɜ:thəʊld/ n.pr. Bertoldo.
Bertram /ˈbɜ:trəm/ n.pr. Bertrando.
beryl /ˈberəl/ n. berillo m.
Beryl /ˈberɪl/ n.pr. Beryl (nome di donna).
beryllium /bəˈrɪlɪəm/ n. berillio m.
beseech /bɪˈsi:tʃ/ tr. (pass., p.pass. **beseeched** o **besought**) FORM. implorare, supplicare [*forgiveness*]; sollecitare [*favour*]; ***to ~ sb. to do*** supplicare qcn. di fare.
beseeching /bɪˈsi:tʃɪŋ/ agg. FORM. implorante, supplichevole.
beseechingly /bɪˈsi:tʃɪŋlɪ/ avv. [*look, ask*] in modo supplichevole; [*write*] in tono supplichevole.
beseem /bɪˈsi:m/ tr. ANT. addirsi a, convenire a, confarsi a; ***it ill ~s you to refuse his gift*** non è bello da parte tua rifiutare il suo dono.
beseeming /bɪˈsi:mɪŋ/ agg. adatto, conveniente, confacente.
beset /bɪˈset/ tr. (forma in -ing ecc. **-tt-**; pass., p.pass. **beset**) **1** MIL. assediare **2** gener. passivo ***to be ~ with problems, difficulties*** essere irto di problemi, difficoltà; ***a country ~ by strikes*** un paese paralizzato dagli scioperi.
besetment /bɪˈsetmənt/ n. RAR. **1** MIL. assedio m. **2** *(trouble)* contrarietà f., fastidio m.
besetting /bɪˈsetɪŋ/ agg. [*fear, worry*] assillante; ***his ~ sin*** il suo vizio inveterato.
beshrew /bɪˈʃru:/ tr. ANT. maledire.
▶ **beside** /bɪˈsaɪd/ prep. **1** *(next to)* accanto a, presso, vicino a; ***~ him, you*** accanto a lui, a te; ***~ the sea, the road, the path*** vicino al mare, alla strada, al sentiero **2** *(in comparison with)* in confronto a; ***my problems seem rather insignificant ~ yours*** i miei problemi sembrano piuttosto insignificanti in confronto ai tuoi **3** ANT. *(apart from)* oltre a, in aggiunta a ◆ ***to be ~ oneself (with anger*** o ***with excitement)*** essere fuori di sé (dalla rabbia, dall'eccitazione); ***to be ~ oneself with happiness*** o ***joy*** essere fuori di sé dalla gioia.
besides /bɪˈsaɪdz/ **I** avv. **1** *(moreover)* inoltre, per di più **2** *(in addition)* in più, anche; ***she has a car and a motorbike ~*** ha una macchina e anche una motocicletta; ***and much else ~*** e molto altro ancora; ***and a few more ~*** e altri ancora **II** prep. *(apart from)* oltre a, in aggiunta a; ***they need other things ~ money*** hanno bisogno di altre cose a parte il denaro; ***~ John they're all teachers*** a parte John, sono tutti insegnanti; ***~ having a headache, I've got a temperature*** oltre al mal di testa ho la febbre; ***~ waiting there's not a lot we can do*** a parte aspettare, non possiamo fare molto; ***~ being an artist, she also writes poetry*** oltre a essere un'artista, scrive anche poesie; ***nobody knows ~ Mary*** nessuno lo sa a parte Mary; ***everyone ~ me, you*** tutti tranne me, te; ***~ which*** oltre a questo.
besiege /bɪˈsi:dʒ/ tr. MIL. assediare (anche FIG.); ***to ~ sb. with*** assediare qcn. con [*questions etc.*].
besieger /bɪˈsi:dʒə(r)/ n. assediante m. e f.
beslobber /bɪˈslɒbə(r)/ tr. **1** sbavare **2** FIG. adulare.
besmear /bɪˈsmɪə(r)/ tr. LETT. insudiciare (anche FIG.); ***to ~ sth. with grease*** insudiciare qcs. di grasso.
besmirch /bɪˈsmɜ:tʃ/ tr. LETT. insozzare (anche FIG.).
1.besom /ˈbi:zəm/ n. ANT. scopa f., ramazza f.
2.besom /ˈbi:zəm/ tr. ANT. ramazzare.
besot /bɪˈsɒt/ tr. (forma in -ing ecc. **-tt-**) ANT. istupidire.
besotted /bɪˈsɒtɪd/ **I** p.pass. → **besot II** agg. *(infatuated)* infatuato (**with** di).
besought /bɪˈsɔ:t/ pass., p.pass. → **beseech**.
bespangle /bɪˈspæŋgl/ tr. LETT. ornare di lustrini.
bespangled /bɪˈspæŋgld/ agg. LETT. ornato (**with** di).
bespatter /bɪˈspætə(r)/ tr. inzaccherare (**with** di).
bespeak /bɪˈspi:k/ tr. (pass. **bespoke**; p.pass. **bespoke** o **bespoken**) FORM. **1** *(be evidence of)* rivelare **2** *(order in advance)* ordinare [*goods*]; prenotare [*room*]; riservare [*seat*].
bespectacled /bɪˈspektəkld/ agg. FORM. che porta gli occhiali, con gli occhiali.
bespoke /bɪˈspəʊk/ **I** p.pass. → **bespeak II** agg. BE **1** [*suit, jacket*] (fatto) su misura; [*tailor*] = che lavora su ordinazione **2** INFORM. personalizzato.
bespoken /bɪˈspəʊkən/ p.pass. → **bespeak**.
besprinkle /bɪˈsprɪŋkl/ tr. LETT. *(with dew)* coprire (**with** di); *(with powder, sugar etc.)* cospargere (**with** di).
Bess /bes/ n.pr. diminutivo di **Elizabeth**; ***Good Queen ~*** GB STOR. = la regina Elisabetta I.
Bessie /ˈbesɪ/ n.pr. diminutivo di **Elizabeth**.
▶ **1.best** /best/ **I** agg. (superl. di **1.good**) **1** *(most excellent or pleasing)* (il) migliore; ***the ~ book I've ever read, written*** il miglior libro che abbia mai letto, scritto; ***the ~ idea she's had all day*** la migliore idea che abbia avuto nella giornata; ***the ~ hotel in town*** l'albergo migliore della città; ***the ~ thing about sth., about doing*** il lato migliore di qcs., del fare; ***one of the ~ things about sth., about doing*** uno degli aspetti migliori di qcs., del fare; ***to look ~*** avere un ottimo aspetto; ***to taste ~*** avere un sapore eccellente; ***to smell ~*** avere un ottimo odore; ***this wine is ~ served chilled*** questo vino va servito freddo; ***she looks ~ in black*** sta benissimo in nero; ***she speaks the ~ French*** parla francese meglio di tutti; ***she said it in her ~ French*** lo disse nel suo miglior francese; ***in your ~ handwriting*** con la tua grafia più bella; ***my ~ dress*** il mio vestito più bello; ***my ~ sheets*** le mie lenzuola più belle; ***"~ before end May"*** "da consumarsi preferibilmente entro (la) fine (di) maggio" **2** *(most competent)* (il) migliore [*teacher, poet*]; ***the award for ~ actor*** il premio per il miglior attore; ***who is the ~ swimmer?*** chi è il miglior nuotatore? ***I'm ~ at English*** la materia in cui riesco meglio è l'inglese; ***he's ~ at basketball*** lo sport in cui riesce meglio è la pallacanestro; ***she's ~ at guitar*** lo strumento che suona meglio è la chitarra; ***they are ~ at cooking*** la cosa in cui riescono meglio è cucinare; ***the ~ mother you could wish for*** la migliore madre che si possa desiderare; ***may the ~ man win!*** che vinca il migliore! **3** *(most appropriate or suitable)* [*tool, example, way, time, idea*] migliore; ***these ones are ~ for cutting paper*** queste sono le migliori per tagliare la carta; ***they're ~ for cutting paper, not fabric*** sono le migliori per tagliare la carta, ma non il tessuto; ***it is ~ for older children*** è più adatto a bambini più grandi; ***the ~ person for the job*** la persona più adatta per il lavoro; ***the ~ thing to do*** la cosa migliore da fare; ***the ~ thing would be to do*** o ***it would be ~ to do*** la cosa migliore sarebbe fare; ***it would be ~ if he did*** sarebbe meglio se facesse **4** *(most beneficial)* [*exercise, food*] migliore; ***to consider what is ~ for sb.*** considerare ciò che è meglio per qcn. **II** n. **1** *(most enjoyable, pleasant)* ***the ~*** il migliore, la migliore, il meglio; ***it's the ~ of the stories*** è la migliore delle storie; ***the North will have the ~ of the weather*** il nord avrà il tempo migliore; ***I think we've had the ~ of the day*** penso che per oggi abbiamo fatto tanto; ***to look the ~*** avere un ottimo aspetto; ***to taste the ~*** avere un sapore eccellente; ***to smell the ~*** avere un ottimo odore **2** *(of the highest quality, standard)* ***the ~*** il migliore, la migliore, il meglio; ***the ~ there is*** il meglio che ci sia; ***the ~ of its kind*** il migliore nel suo genere; ***it's not her ~*** *(of book, play)* non è la sua cosa migliore; ***only the ~ is good enough for me, my son*** per me, mio figlio voglio solo il meglio; ***only the ~ is good enough for him*** si merita solo il meglio **3** *(most competent)* ***the ~*** il migliore, la migliore; ***she's one of the ~*** è una delle migliori; ***to be the ~ at*** essere il migliore in [*subject, game*]; ***who's the ~ at drawing, swimming?*** chi è il più bravo a disegnare, a nuotare? **4** *(most appropriate,*

desirable or valid) ***the ~*** il migliore, la migliore, il meglio; ***it's the ~ I've got*** è il meglio che ho; ***it's for the ~*** *(recommending course of action)* è la soluzione migliore; *(of something done)* è andata bene così; ***to do sth. for the ~*** fare qcs. per il meglio; ***it's not the ~ of times to do*** non è il momento migliore per fare **5** *(most favourable)* ***the ~*** il meglio; ***the ~ we can hope for, say*** il meglio che si possa sperare, dire; ***at ~*** nella migliore delle ipotesi; ***I find it difficult to do at the ~ of times*** trovo che sia difficile farlo anche nelle migliori circostanze; ***he's a difficult man at the ~ of times*** già normalmente è difficile andare d'accordo con lui; ***to make the ~ of things*** fare buon viso a cattivo gioco **6** *(peak, height)* ***to be at its ~*** [*wine, cheese*] essere perfetto; [*city, view, landscape*] essere al meglio; ***this is modern art at its ~*** questo è la massima espressione dell'arte moderna *o* quanto di meglio può produrre l'arte moderna; ***to be at one's ~*** *(physically, in mood)* essere nella forma migliore; ***to be at one's ~ writing poetry, playing villains*** dare il meglio di sé nelle poesie, nella parte del cattivo; ***this is Eliot at her ~*** questa è la Eliot al suo meglio; ***it was not in the ~ of taste*** non era il massimo del buongusto; ***the ~ of friends*** gli amici migliori del mondo **7** *(greatest personal effort)* ***to do one' s ~ to do*** fare del proprio meglio per fare; ***is that the ~ you can, the car can do?*** è questo il meglio che puoi, la macchina può fare? ***to get the ~ out of*** tirar fuori il meglio da [*pupil, worker*]; sfruttare al massimo [*gadget*] **8** *(virtues, qualities)* ***to bring out the ~ in sb.*** [*crisis, suffering*] tirare fuori il meglio di qcn. **9** *(most advantageous or pleasing part)* ***the ~ of it is*** il bello di questo è; *(most amusing)* la cosa divertente è; ***to get the ~ of*** guadagnare il massimo da [*deal, bargain, arrangement*] **10** *(good clothes)* ***to keep sth. for ~*** conservare qcs. per le migliori occasioni; ***(dressed) in one's Sunday ~*** con il vestito buono *o* con il vestito della domenica **11** *(good wishes) (on an occasion)* i migliori auguri; *(friendly greeting)* i più cordiali saluti; ***give her my ~*** mandatele i miei cari saluti; ***all the ~!*** *(good luck)* buona fortuna! *(cheers)* alla salute! ***all the ~, Ellie*** *(in letter)* cari saluti, Ellie; ***wishing you all the ~ on your retirement*** i migliori auguri per il Suo pensionamento **12** *(winning majority)* ***~ of three, five*** al meglio dei tre, dei cinque; ***to play (the) ~ of three*** giocare al meglio dei tre; ***it's the ~ of five*** è al meglio dei cinque ◆ ***to do sth. with the ~ of them*** non avere niente da invidiare a nessuno; ***it happens to the ~ of us*** *(mishap, failure)* capita anche nelle migliori famiglie; *(death)* sono sempre i migliori che se ne vanno.

▶ **2.best** /best/ avv. (superl. di **2.well**) meglio; ***to behave, fit, hear ~*** comportarsi, andare, sentire meglio; ***the ~ fed, qualified, organized*** il meglio nutrito, qualificato, organizzato; ***the ~ organized person*** la persona meglio organizzata; ***the ~ prepared, equipped, loved*** il più preparato, attrezzato, amato; ***the ~ loved woman*** la donna più amata; ***to like sth. ~*** preferire qcs.; ***to like sth. ~ of all*** preferire qcs. in assoluto; ***~ of all*** meglio ancora; ***he works ~ on his own*** lavora meglio da solo; ***to do ~*** riuscire, fare meglio; ***who did ~?*** chi ha fatto meglio? ***to do sth. as ~ one can*** fare del proprio meglio per fare qcs.; ***you'd ~ do*** COLLOQ. faresti meglio a fare; ***such advice is ~ ignored, followed*** è meglio ignorare, seguire questo consiglio; ***you know ~*** tu te ne intendi.

3.best /best/ tr. *(defeat, outdo) (in argument)* avere la meglio su, spuntarla su [*person*]; *(in contest, struggle)* avere la meglio su, battere [*opponent*]; ***to be ~ed in an argument*** avere la peggio in una discussione.

best-before date /ˌbestbɪ'fɔːˌdeɪt/ n. ***~: March 2001*** *(on tin food etc.)* da consumarsi preferibilmente entro marzo 2001.

best boy /'bestbɔɪ/ n. CINEM. best boy m. (assistente del capo elettricista o del macchinista).

best end (of neck) /'bestˌend(əvˌnek)/ n. = taglio di carne d'agnello corrispondente alla parte del collo più vicina alle costole.

best friend /ˌbest'frend/ n. migliore amico m. (-a); ***man's ~*** il migliore amico dell'uomo.

bestial /'bestɪəl, AE 'bestʃəl/ agg. **1** bestiale **2** FIG. lussurioso, depravato.

bestiality /ˌbestɪ'ælətɪ, AE ˌbestʃɪ-/ n. **1** bestialità f. **2** FIG. lussuria f., depravazione f.

bestialize /'bestɪəlaɪz/ tr. abbrutire, rendere bestiale.

bestiary /'bestɪərɪ, AE -tɪerɪ/ n. bestiario m.

bestir /bɪ'stɜː(r)/ rifl. (forma in -ing ecc. **-rr-**) FORM. ***to ~ oneself*** attivarsi.

best man /'bestmæn/ n. (pl. **best men**) testimone m. dello sposo.

bestow /bɪ'stəʊ/ tr. FORM. concedere [*honour, favour, praise, gift*] (**on, upon** a); conferire [*title*] (**on, upon** a); elargire [*wealth*] (**on, upon** a); donare [*energy*] (**on, upon** a); prestare [*attention*] (**on, upon** a).

bestowal /bɪ'stəʊəl/ n. FORM. *(of honour, favour)* concessione f.; *(of title)* conferimento m.

bestraddle /bɪ'strædl/ tr. LETT. montare su [*horse*]; inforcare [*bicycle*]; stare a cavalcioni su [*chair*].

bestrew /bɪ'struː/ tr. (pass. **bestrewed**; p.pass. **bestrewed** o **bestrewn**) LETT. disseminare, cospargere (**with** di).

bestrewn /bɪ'struːn/ p.pass. → **bestrew**.

bestrid /bɪ'strɪd/ pass., p.pass. → **bestride**.

bestride /bɪ'straɪd/ tr. (pass. **bestrode** o **bestrid**; p.pass. **bestridden** o **bestrid**) **1** montare su [*horse*]; inforcare [*bicycle*]; stare a cavalcioni su [*chair*] **2** scavalcare [*ditch*].

bestrode /bɪ'strəʊd/ pass. → **bestride**.

bestseller /ˌbest'selə(r)/ n. **1** *(product) (book)* best seller m.; ***this product is our ~*** questo è il nostro articolo più venduto **2** *(writer)* bestsellerista m. e f.

best-selling /ˌbest'selɪŋ/ agg. **1** [*car, computer, product*] più venduto; ***a ~ novel, romance, book*** un best seller **2** [*writer, author, novelist*] di successo; ***the ~ novelist of 1992*** il romanziere che ha venduto di più nel 1992.

▷ **1.bet** /bet/ n. **1** *(gamble)* scommessa f.; ***to have a ~ on a race*** fare una scommessa in una corsa; ***to have a ~ on a horse*** scommettere su un cavallo; ***to place*** o ***put*** o ***lay a ~ on*** piazzare una scommessa su *o* puntare su [*horse, dog*]; puntare su [*number, colour*]; ***to make a ~*** scommettere *o* fare una scommessa (**with** con); ***to make a ~ that*** scommettere che; ***to do sth. for a ~*** fare qcs. per scommessa; ***"place your ~s!"*** *(in roulette)* "faites vos jeux!"; ***this make of car is supposed to be a good*** o ***safe ~*** con questa marca di automobili non dovrebbero esserci rischi; ***your best ~ is to take the motorway*** la cosa migliore è che tu prenda l'autostrada **2** *(guess)* ***my ~ is that*** penso che **3** *(stake)* scommessa f.; *(in casino)* puntata f.

▷ **2.bet** /bet/ **I** tr. (forma in -ing **-tt-**; pass., p.pass. **bet** o **~ted**) scommettere (**on** su); *(in gambling)* scommettere, puntare; ***to ~ that*** scommettere che; ***I bet you 100 dollars (that) I win*** scommetto 100 dollari che vinco; ***you can ~ your ass (that)*** POP. puoi giocarti *o* scommetterci le palle (che); ***you can ~ your life*** o ***your boots*** o ***your bottom dollar (that)*** COLLOQ. puoi scommetterci la testa (che); ***bet you can, can't!*** *(between children)* scommetto che ci riesci, non ci riesci! **II** intr. (forma in -ing **-tt-**; pass., p.pass. **bet** o **~ted**) scommettere (**on** su); *(in casino)* scommettere, puntare; ***to ~ on a horse*** scommettere *o* puntare su un cavallo; ***to ~ on a race*** fare una scommessa in una corsa; ***to ~ on sth. happening*** scommettere che succederà qcs.; ***something will go wrong, you can ~ on it*** qualcosa andrà storto, puoi scommetterci; ***I'm willing to ~ on it!*** ci metto la mano sul fuoco! ***I wouldn't ~ on it!*** non ci metterei la mano sul fuoco! ***I'll ~!*** *(in agreement)* ci credo! credo bene! *(ironically)* come no! ***you ~!*** eccome! certamente! come no! ci puoi scommettere!

beta /'biːtə, AE 'beɪtə/ **I** n. beta m. e f. **II** modif. [*particle, ray*] beta.

beta-blocker /'biːtəˌblɒkə(r), AE 'beɪtə-/ n. betabloccante m.

beta-blocking /'biːtəˌblɒkɪŋ, AE 'beɪtə-/ agg. betabloccante.

beta globulin /'biːtəˌglɒbjʊlɪn, AE 'beɪtə-/ n. beta-globulina f.

betake /bɪ'teɪk/ rifl. (pass. **-took**; p.pass. **-taken**) ***to ~ oneself*** recarsi (**to** a).

betaken /bɪ'teɪkən/ p.pass. → **betake**.

betatron /'biːtətrɒn/ n. betatrone m.

betcha /'betʃə/ inter. COLLOQ. ***you ~!*** eccome! certamente!

betel /'biːtl/ n. BOT. betel m.

betel nut /'biːtlnʌt/ n. noce f. di betel.

Beth /beθ/ n.pr. diminutivo di **Elizabeth**.

bethel /'beθl/ n. **1** *(of Nonconformist Christian sects)* luogo m. sacro **2** *(seamen's chapel)* = chiesetta frequentata da marinai e pescatori.

bethink /bɪ'θɪŋk/ rifl. ANT. (pass., p.pass. **-thought**) ***to ~ oneself of sth.*** *(meditate)* riflettere su qcs.; *(remind)* ricordarsi di qcs.

Bethlehem /'beθlɪhem/ ▸ ***34*** n.pr. Betlemme f.

bethought /bɪ'θɔːt/ pass., p.pass. → **bethink**.

betide /bɪ'taɪd/ **I** tr. ANT. accadere a, succedere a [*person*]; ***woe ~ him*** mal gl'incolga **II** intr. ANT. accadere, succedere.

betimes /bɪ'taɪmz/ avv. ANT. per tempo, di buonora.

betoken /bɪ'təʊkən/ tr. FORM. **1** *(show)* indicare **2** *(presage)* presagire.

betony /'betənɪ/ n. bettonica f.

betook /bɪ'tʊk/ pass. → **betake**.

▷ **betray** /bɪ'treɪ/ **I** tr. **1** *(be false to)* tradire [*country, feelings, interests, person, trust, lover*]; mancare a, venire meno a [*promise*]; ***to feel ~ed*** sentirsi tradito **2** *(reveal)* rivelare [*characteristic, interest, nature, curiosity, presence*]; tradire, rivelare [*secret, emotion*] **II** rifl. ***to ~ oneself*** tradirsi.

▷ **betrayal** /bɪ'treɪəl/ n. *(of country, ideal, person)* tradimento m.; *(of secret, plan, facts, truth)* rivelazione f.; *(of fear, intention)* manifestazione f.; ~ ***of trust*** tradimento della fiducia; ***a sense of*** ~ la sensazione di essere stato tradito.

betrayer /bɪˈtreɪə(r)/ n. traditore m. (-trice).

betroth /bɪˈtrəʊð/ tr. ANT. fidanzare (**to** con).

betrothal /bɪˈtrəʊðl/ n. ANT. fidanzamento m. (**to** con).

betrothed /bɪˈtrəʊðd/ **I** p.pass. → **betroth II** agg. ANT. ***to be*** ~ essere fidanzato; ***the*** ~ ***couple*** i fidanzati, i promessi sposi **III** n. (pl. ~) ANT. fidanzato m. (-a), promesso m. (-a).

Betsy /ˈbetsɪ/ n.pr. diminutivo di **Elizabeth**.

▶ **1.better** /ˈbetə(r)/ When *better* is used as an adjective, it is translated by *migliore* or *meglio* depending on the context (see below, and note that *migliore* is the comparative form of *buono*, *meglio* the comparative form of *bene*). The choice between *migliore* e *meglio* in the construction *to be better than* depends on whether *buono* or *bene* would be used originally with the noun. - Other constructions translate as follows: *this is a better bag* / car = questa borsa / auto è migliore; *it is better to do* = è meglio farlo. - For more examples and particular usages, see the entry below. **I** agg. (compar. di **1.good**) **1** *(more pleasing, satisfactory)* migliore, meglio; ***playing is*** ~ ***than watching*** è meglio giocare che guardare; ***to get*** ~ migliorare; ***the weather is no*** ~ il tempo non è migliorato; ***things are getting*** ~ le cose vanno meglio; ***"good news?" - "it couldn't be*** ~***!"*** "buone notizie?" - "non potrebbero essere migliori!"; ***to look*** ~ avere un aspetto migliore; ***to taste*** ~ avere un sapore migliore; ***to smell*** ~ avere un odore migliore; ***it would taste all the*** ~ ***for some salt*** sarebbe più buono con un po' di sale; ***it looked all the*** ~ ***for it*** ci ha guadagnato; ***that's*** ~***!*** così va meglio! **2** *(well, recovered)* ***to be*** ~ [*patient, cold, headache*] andare meglio; ***to feel all the*** ~ ***for*** sentirsi meglio dopo [*rest, meal*]; ~ ***than I, it was*** meglio di me, prima **3** *(happier)* [*mood*] migliore; ***to feel*** ~ sentirsi meglio *o* essere più contento; ***I'd feel*** ~ ***if you did, didn't do*** sarei più contento se tu facessi, non facessi; ***if it makes you feel any*** ~ se ti fa sentire meglio; ***I feel*** ~ ***about doing*** *(less nervous)* mi sento più a mio agio a fare *o* facendo; *(less worried, guilty)* mi faccio meno problemi a fare **4** *(of superior quality, class)* (di qualità) migliore, superiore; ***one of the*** ~ ***schools*** una delle migliori scuole; ***he went to a*** ~ ***school than I did*** o ***than me*** è andato in una scuola migliore della mia **5** *(more virtuous, commendable)* migliore; ***to be a*** ~ ***man, woman than*** essere un uomo, una donna migliore di; ***you're a*** ~ ***man than I am!*** sei migliore di me! ***to be no*** ~ ***than sb.*** non essere migliore di qcn.; ***to be no*** ~ ***than a thief*** non essere (altro) che un ladro **6** *(more skilled)* [*doctor, actor, teacher*] migliore; ***to be a*** ~ ***poet than sb.*** essere un poeta migliore di qcn.; ***to be a*** ~ ***swimmer than sb.*** nuotare meglio di qcn.; ***to be a*** ~ ***singer than dancer*** essere più bravo a cantare che a ballare; ***to be a*** ~ ***father than husband*** essere migliore come padre che come marito; ***to be*** ~ ***at*** essere più bravo in [*subject, sport*]; ***to be*** ~ ***at doing*** essere più bravo a fare; ***he's no*** ~ ***at driving than she is*** o ***than her*** non guida meglio di lei **7** *(more suitable, valid, appropriate)* [*tune, tool, way, word, idea, example, reason, excuse, choice*] migliore; ***to be*** ~ ***for*** andare meglio per [*purpose, task*]; ***to be*** ~ ***for doing*** andare meglio per fare; ***to be*** ~ ***than nothing*** essere meglio che niente; ~ ***a part-time job than no job*** un lavoro part time è meglio di niente; ***the sooner, bigger the*** ~ prima è, più grande è meglio è; ***the faster you work the*** ~ più velocemente lavori, meglio è; ***the less said about that the*** ~ meno se ne parla, meglio è; ***who*** ~ ***to play the part?*** chi meglio di te, di lui ecc. potrebbe fare la parte? ***where, how*** ~ ***to do...?*** quale luogo, modo migliore per fare...? **8** *(more beneficial)* [*exercise, food*] migliore; ***swimming is*** ~ ***for you than running*** a te fa meglio il nuoto della corsa **9** *(more accurate)* [*description, recollection, view, understanding*] migliore; ***in order to get a*** ~ ***look*** per vedere meglio; ***to be a*** ~ ***likeness*** assomigliare di più **II** n. **1** *(something preferable, more excellent)* ***the*** ~ il, la migliore (di due); ***much*** o ***by far the*** ~ ***of the two*** di gran lunga il migliore dei due **2** *(more desirable state of affairs)* ***to deserve, expect*** ~ meritare, aspettarsi di meglio; ***hope for*** ~ sperare per il meglio; ***so much the*** ~ tanto meglio *o* ancora meglio; ***all the*** ~ molto meglio; ***a change*** o ***turn for the*** ~ un miglioramento; ***to change*** o ***take a turn for the*** ~ migliorare *o* cambiare in meglio; ***the weather changed, and not for the*** ~ il tempo è cambiato, e non in meglio **3** *(superior person)* ***my, your etc. ~s*** *(in rank)* i miei, tuoi ecc. superiori; *(in merit)* quelli migliori di me, di te ecc. ◆ ***for*** ~ ***(or) for worse*** comunque vada *o* in ogni caso; *(in wedding vow)* nella buona e nella cattiva sorte; ***to get the*** ~ ***of*** [*person*] avere la meglio su [*enemy, opponent*]; ***his curiosity got the*** ~ ***of him*** la curiosità ha avuto la meglio su di lui; ***the problem got the*** ~ ***of her*** non è riuscita a risolvere il problema; ***to go one*** ~ fare ancora meglio (**than** di).

▶ **2.better** /ˈbetə(r)/ avv. (compar. di **2.well**) **1** *(more adequately or excellently)* meglio, in modo migliore; ***to fit, behave*** ~ ***than*** stare, comportarsi meglio di; ~ ***made, organized than*** fatto, organizzato meglio di; ~ ***behaved*** più educato; ~ ***educated*** più istruito; ***to be*** ~ ***tempered, mannered*** avere un carattere migliore, dei modi migliori; ***to do*** ~ *(in career, life)* riuscire meglio, ottenere maggiore successo; *(in exam, essay)* fare meglio, ottenere migliori risultati; *(in health)* andare meglio; ***"could do*** ~***"*** *(in school reports)* "potrebbe fare di più"; ***the*** ~ ***to see, hear*** per vedere, sentire meglio; ***the more she talked, the*** ~ ***I understood*** più parlava, più mi rendevo conto **2** *(more advisably or appropriately)* meglio; ***it couldn't have been*** ~ ***timed*** non sarebbe potuto succedere in un momento migliore; ***the money would be*** ~ ***spent on*** sarebbe meglio spendere il denaro per; ***he is*** ~ ***left alone*** è meglio lasciarlo solo; ***you would be*** ~ ***advised to do*** sarebbe più opportuno che tu facessi; ***you would do*** ~ ***to do*** faresti meglio a fare; ***you had*** ~ ***do*** o ***you'd*** ~ ***do*** *(advising, warning)* faresti meglio a fare; ***I'd*** ~ ***go*** è meglio che vada; ***"will she come?" - "she'd*** ~***!"*** o ***"she*** ~***!"*** COLLOQ. "verrà?" - "sarà meglio!"; ***"will it be open?" - "it had*** ~ ***be!"*** o ***"it*** ~ ***had be!"*** o ***"it*** ~ ***be!"*** COLLOQ. "sarà aperto?" - "sarà meglio!"; ***"more cake?" - "I'd*** ~ ***not"*** "ancora un po' di torta?" - "meglio di no"; ***"shall I come?" - "***~ ***not"*** "vengo?" - "meglio di no"; ~ ***still,...*** meglio ancora,... ◆ ***to think*** ~ ***of it*** cambiare idea *o* ripensarci; ***to think*** ~ ***of sb.*** farsi un'opinione migliore di qcn.

3.better /ˈbetə(r)/ **I** tr. **1** *(surpass)* migliorare [*score, one's performance, achievement*]; superare, fare meglio di [*rival's performance*]; ***to*** ~ ***sb.'s offer*** fare un'offerta migliore di qcn. **2** *(improve)* migliorare [*condition, quality*] **II** rifl. ***to*** ~ ***oneself*** migliorare le proprie condizioni (sociali).

4.better /ˈbetə(r)/ n. scommettitore m. (-trice).

betterment /ˈbetəmənt/ n. FORM. **1** miglioramento m. **2** DIR. miglioria f.

better off /ˌbetərˈɒf, AE -ˈɔːf/ **I** agg. **1** *(more wealthy)* più ricco (**than** di); ***their better-off neighbours*** i loro vicini più ricchi; ***I was*** ~ ***then*** allora avevo più soldi **2** *(having more)* ***to be*** ~ ***for*** avere più [*space, books, boyfriends*] (**than** di) **3** *(in a better situation)* meglio; ***you'd be*** ~ ***in hospital*** staresti meglio all'ospedale; ***you're*** ~ ***as you are*** stai meglio così come sei; ***you're*** ~ ***without him*** stai meglio senza di lui **4** *(wiser)* ***you'd have been*** ~ ***doing*** avresti fatto meglio a fare **II** n. ***the better-off*** + verbo pl. i ricchi.

▷ **betting** /ˈbetɪŋ/ n. **1** *(activity)* (lo) scommettere, scommesse f.pl. **2** *(odds)* quotazione f. **3** *(likelihood)* ***what's the*** ~ ***that...?*** quante possibilità ci sono che...? ***the*** ~ ***is (that) she'll win*** vuoi scommettere che vince?

betting shop /ˈbetɪŋʃɒp/ n. GB sala f. corse.

betting slip /ˈbetɪŋslɪp/ n. tagliando m., ricevuta f. (della scommessa).

betting tax /ˈbetɪŋtæks/ n. = imposta sulle scommesse.

bettor AE → **4.better**.

Betty /ˈbetɪ/ n.pr. diminutivo di **Elizabeth**.

▶ **1.between** /bɪˈtwiːn/ When *between* is used as a preposition expressing physical location (*between the lines*), time (*between 8 am and 11 am*), position in a range (*between 30 and 40 kilometres*), relationship (*link between, difference between*), it is translated by *tra* or its variant form *fra*. Remember that *tra* and *fra* are the Italian translations of both *between* and *among(st)*. - For particular usages, see the entry below. prep. **1** *(in space)* tra, fra, in mezzo a; ***there is a wall*** ~ ***the two gardens*** c'è un muro tra i due giardini; ***there are no stops*** ~ ***this station and Milan*** non ci sono fermate fra questa stazione e Milano **2** *(in time)* tra, fra; ~ ***meals*** tra i pasti *o* tra un pasto e l'altro; ~ ***the ages of 12 and 18*** tra i 12 e i 18 anni; ~ ***now and next year*** da qui al prossimo anno **3** *(on a scale or range)* tra, fra; ***it costs*** ~ ***£ 10 and £ 20*** costa tra le 10 e le 20 sterline; ***it's*** ~ ***50 and 60 kilometres away*** è a 50 o 60 chilometri da qui **4** *(to and from)* tra, fra; ***flights*** ~ ***London and Amsterdam*** i voli tra Londra e Amsterdam; ***the train that goes*** ~ ***London and Brighton*** il treno che va da Londra a Brighton **5** *(indicating connection or relationship)* tra, fra; ***the link*** ~ ***smoking and cancer*** il legame fra il fumo e il cancro; ***what's the difference*** ~ ***the two?*** qual è la differenza tra i due? ***you must settle it*** ~ ***yourselves*** dovete deciderlo fra voi; ***nothing now stands*** ~ ***us and success*** adesso più nulla ci separa dal successo; ***we mustn't allow this to come*** ~ ***us*** non dobbiamo permettere che questo venga a mettersi tra noi; ***it's something*** ~ ***a novel and an autobiography*** è una via di mezzo fra il romanzo e l'autobiografia **6** *(indicating sharing, division)* tra, fra; ***the estate was divided*** ~ ***them*** la proprietà fu divisa tra loro; ***they drank the whole bottle*** ~ ***(the two of) them*** si sono bevuti tutta la bottiglia in due; ***they had only one suitcase*** ~ ***(the***

three of) them avevano solo una valigia in tre; ***~ ourselves, ~ you and me (and the gatepost)*** detto tra noi **7** *(together, in combination)* insieme, tra tutti; ***the couples have seventeen children ~ them*** le coppie hanno diciassette bambini in tutto; ***~ them, they collected £ 200*** tra loro hanno raccolto 200 sterline; ***they wrote the article ~ them*** *(two people)* scrissero l'articolo a due mani; *(more than two)* scrissero l'articolo in collaborazione; ***~ (the two of) us, we earn £ 30,000 a year*** in due guadagniamo 30.000 sterline all'anno; ***~ housework, minding the children and studying, I never have any time to myself*** tra i lavori di casa, i bambini e lo studio, non ho più tempo per me.

▶ **2.between** /bɪ'twi:n/ avv. (anche **in ~**) **1** *(in space)* in mezzo, tra i due, fra i due; ***the two main roads and the streets (in) ~*** le due strade principali e le vie tra esse; ***neither red nor orange but somewhere (in) ~*** né rosso né arancione ma una via di mezzo **2** *(in time)* nell'intervallo, tra i due, fra i due; ***she spent four years at university and two years training, with a year off (in) ~*** ha fatto quattro anni di università e due di formazione, con un anno di pausa nel mezzo.

betweentimes /bɪ'twi:ntaɪmz/, **betweenwhiles** /bɪ'twi:nwaɪlz, AE -hwaɪlz/ avv. nel frattempo.

betwixt /bɪ'twɪkst/ **I** avv. ***~ and between*** una via di mezzo *o* né carne né pesce **II** prep. LETT. tra, fra, in mezzo a.

bevatron /'bevətrɒn/ n. bevatrone m.

1.bevel /'bevl/ n. **1** *(edge)* smussatura f., angolo m. smussato; *(larger)* superficie f. smussata **2** *(tool)* squadra f. falsa, squadra f. zoppa.

2.bevel /'bevl/ tr. **1** smussare [*edge*] **2** molare [*mirror, glass*].

bevel edge /'bevledʒ/ n. punta f. smussata.

bevel gear /'bevlgɪə(r)/ n. ingranaggio m. conico.

bevelled mirror /'bevld,mɪrə(r)/ n. specchio m. molato.

bevel square /'bevlskweə(r)/ n. squadra f. falsa, squadra f. zoppa.

▷ **beverage** /'bevərɪdʒ/ n. bevanda f., bibita f.

Beverley /'bevəlɪ/ n.pr. Beverley (nome di donna).

Bevis /'bi:vɪs/ n.pr. Bevis (nome di uomo).

bevvy /'bevɪ/ n. BE COLLOQ. bevuta f.

bevy /'bevɪ/ n. **1** FIG. *(of girls, critics, experts)* gruppo m. **2** *(of quails)* stormo m.

bewail /bɪ'weɪl/ tr. lamentare, piangere [*lack, loss etc.*].

▷ **beware** /bɪ'weə(r)/ **I** intr. **1** guardarsi, stare in guardia (**of** da); ***to ~ of doing*** fare attenzione a non fare *o* guardarsi dal fare; ***you must ~ of losing your wallet*** devi fare attenzione a non perdere il portafoglio; ***you had better ~*** faresti meglio a stare in guardia; ***~ lest you be deceived*** LETT. badate di non farvi imbrogliare **2** *(on sign)* ***~ of*** attenti a; ***"~ of pickpockets"*** "attenti ai borseggiatori"; ***"~ of the dog"*** "attenti al cane"; ***"~ of falling rocks"*** "attenzione, caduta massi" **II** inter. attenzione.

bewigged /bɪ'wɪgd/ agg. con parrucca, imparruccato.

bewilder /bɪ'wɪldə(r)/ tr. confondere, sconcertare, rendere perplesso (**with sth.** con qcs.; **by doing** facendo).

bewildered /bɪ'wɪldəd/ **I** p.pass. → **bewilder II** agg. [*person*] confuso, sconcertato (**at, by** da); [*look*] perplesso.

bewildering /bɪ'wɪldərɪŋ/ agg. sconcertante, stupefacente.

bewilderingly /bɪ'wɪldərɪŋlɪ/ avv. ***~ complex, imprecise*** di una complessità, un'imprecisione sconcertante.

bewilderment /bɪ'wɪldəmənt/ n. confusione f., sconcerto m., perplessità f.; ***to her ~*** con suo grande sconcerto.

bewitch /bɪ'wɪtʃ/ tr. incantare, stregare, ammaliare (anche FIG.).

bewitched /bɪ'wɪtʃt/ **I** p.pass. → **bewitch II** agg. incantato, stregato, ammaliato (**by** da).

bewitching /bɪ'wɪtʃɪŋ/ agg. ammaliante, ammaliatore, seducente, incantevole.

bewitchingly /bɪ'wɪtʃɪŋlɪ/ avv. [*smile, dance*] in modo incantevole; ***~ beautiful*** di una bellezza incantevole.

bewitchment /bɪ'wɪtʃmənt/ n. **1** stregoneria f. **2** FIG. incanto m., malia f.

bewray /bɪ'reɪ/ tr. rivelare inavvertitamente, tradire.

bey /beɪ/ n. bey m., bei m.

▶ **1.beyond** /bɪ'jɒnd/ *Beyond* is often used with a noun to produce expressions like *beyond doubt, beyond a joke, beyond the grasp of, beyond the bounds of* etc. For translations of these and similar expressions where *beyond* means *outside the range of*, consult the appropriate noun entry (**doubt**, **joke**, **grasp**, **bounds** etc.). See also **3** below. prep. **1** *(on the far side of)* al di là di, oltre [*border, city limits, region, mountain range*]; ***~ the city walls*** *(but close)* fuori le mura; *(covering greater distance)* oltre le mura della città; ***just ~ the tower*** appena dopo la torre; ***the countries ~ the Atlantic*** i paesi al di là dell'Atlantico **2** *(after a certain point in time)* oltre, dopo; ***~ 1998*** dopo il 1998; ***well ~ midnight*** ben oltre la mezzanotte; ***~ the age of 11*** dopo gli 11 anni; ***to work ~ retirement age*** lavorare dopo (aver passato) l'età pensionabile; ***to go ~ a deadline*** andare oltre *o* non rispettare una scadenza **3** *(outside the range of)* ***~ one's means*** superiore ai propri mezzi; ***~ one's resources, strength*** superiore alle proprie risorse, forze; ***~ all hope, expectation*** al di là di ogni speranza, aspettativa; ***~ one's control*** fuori dal proprio controllo; ***driven ~ endurance*** spinto oltre ogni limite di sopportazione; ***he is ~ help*** non si può più fare niente per lui; ***to be wise ~ one's years*** essere molto maturo per la propria età **4** *(further than)* al di là di, oltre, più in là di; ***to look ~ sth.*** vedere al di là di qcs.; ***the world must look ~ the Gulf crisis*** il mondo deve guardare più in là della crisi del Golfo; ***to move ~ sth.*** passare oltre qcs.; ***to go*** o ***get ~ sth.*** andare oltre qcs.; ***it goes ~ (being) a joke*** va ben oltre lo scherzo; ***it won't go ~ these four walls*** FIG. questo resterà tra noi **5** *(too much for, above)* ***to be ~ sb.'s ability*** o ***competence*** [*task, activity*] essere al di sopra delle proprie capacità, delle proprie competenze; ***it's ~ my comprehension!*** questo supera la mia comprensione! ***to be ~ sb.*** [*activity, task, subject*] superare le capacità *o* possibilità di qcn.; ***it's ~ me!*** non ci arrivo (a capirlo)! ***why they care is ~ me*** non riesco a capire perché si preoccupino; ***it's ~ me how she manages*** non riesco a capire come possa farcela; ***it's not ~ him to make the dinner!*** IRON. è ancora in grado di preparare la cena! **6** *(other than)* eccetto, salvo, oltre a; ***we know little about it ~ the fact that*** ne sappiamo poco se non che; ***~ that there's not much one can do*** non si può fare molto all'infuori di questo; ***he gets nothing ~ the basic salary*** non prende niente di più dello stipendio base.

▶ **2.beyond** /bɪ'jɒnd/ avv. **1** *(expressing location: further on)* ***in the room ~*** nella stanza accanto, di là; ***~ there was a garden*** oltre c'era un giardino; ***the canal and the trees ~*** il canale e più oltre gli alberi; ***an island in the bay ~*** un'isola nell'altra baia; ***as far as London and ~*** fino a Londra e oltre **2** *(expressing time)* oltre; ***up to the year 2000 and ~*** fino all'anno 2000 e oltre; ***health care during pregnancy and ~*** le cure mediche durante e dopo la gravidanza.

3.beyond /bɪ'jɒnd/ cong. a parte; ***there was little I could do ~ reassuring him that*** non ho potuto fare molto tranne rassicurarlo che.

4.beyond /bɪ'jɒnd/ n. ***the ~*** l'aldilà ◆ ***to be in the back of ~*** [*house, farm*] essere in capo al mondo *o* a casa del diavolo; ***to live in the back of ~*** vivere in capo al mondo *o* a casa del diavolo.

bezant /'beznt/ n. ARCH. ARALD. bisante m.

1.bezel /'bezl/ n. **1** *(of tool)* taglio m. **2** *(of gem)* faccia f. obliqua **3** *(mount for gem)* castone m.

2.bezel /'bezl/ tr. **1** sfaccettare [*gem*] **2** *(bevel)* smussare.

bezique /bɪ'zi:k/ ♦ **10** n. bazzica f.

b/f, B/F COMM. ⇒ brought forward riporto.

B film /'bi:fɪlm/ n. film m. di serie B.

BFPO n. (⇒ British Forces Post Office) = settore postale delle forze armate britanniche.

BGC n. (⇒ Bank Giro Credit) = bancogiro.

B-girl /'bi:gɜ:l/ n. AE COLLOQ. entraîneuse f.

bhang /bæŋ/ n. *(drug)* bang m.

Bhutan /bu:'tɑ:n/ ♦ **6** n.pr. Bhutan m.

Bhutanese /,bu:tə'ni:z/ ♦ **18 I** agg. butanese **II** n. butanese m. e f.

Biafra /bɪ'æfrə/ n.pr. STOR. Biafra m.

Biafran /bɪ'æfrn/ ♦ **18** STOR. **I** agg. biafrano **II** n. biafrano m. (-a).

biannual /baɪ'ænjʊəl/ agg. *(twice a year)* semestrale.

1.bias /'baɪəs/ n. **1** *(prejudice)* prevenzione f., pregiudizio m. (**on the part of** da parte di); ***to display ~*** mostrare pregiudizio; ***political, media ~*** parzialità politica, dei media **2** *(active discrimination)* discriminazione f. (**against** verso); ***racial, sexual ~*** discriminazione razziale, sessuale **3** *(tendency)* tendenza f., inclinazione f. (**in favour of, towards** per); ***an American ~*** una propensione per l'America; ***a female ~*** un'inclinazione per le donne; ***a left-wing ~*** una tendenza verso sinistra **4** SART. sbieco m.; ***on the ~*** in sbieco **5** STATIST. distorsione f., errore m. sistematico **6** *(of steering, bowl)* deviazione f.

2.bias /'baɪəs/ tr. (forma in -ing ecc. **-s-**, **-ss-**) influenzare [*person, decision, result*]; ***to ~ sb. against, in favour of*** influenzare negativamente, positivamente qcn. nei confronti di.

bias binding /,baɪəs'baɪndɪŋ/ n. SART. sbieco m.

biased /'baɪəst/ **I** p.pass. → **2.bias II** agg. [*decision, judge, opinion*] influenzato, parziale; [*system, report*] parziale; ***this report is ~*** questa relazione non è obiettiva; ***a politically ~ comment*** un commento politicamente fazioso; ***he's politically ~*** è di parte; ***to be ~ against*** essere prevenuto nei confronti di; ***to be ~ in favour of*** essere parziale nei confronti di.

bias ply tyre BE, **bias ply tire** AE /ˌbaɪəsplaɪˈtaɪə(r)/ n. AUT. cinturato m.
biassed → **biased**.
bias tape /ˈbaɪəsteɪp/ n. AE SART. sbieco m.
biaxial /baɪˈæksɪəl/ agg. biassiale, biassico.
1.bib /bɪb/ n. **1** *(baby's)* bavaglino m. **2** *(of apron, dungarees)* pettorina f.
2.bib /bɪb/ intr. (forma in -ing ecc. **-bb-**) ANT. trincare, sbevazzare.
3.bib /bɪb/ n. gado m. barbato.
bibasic /baɪˈbeɪsɪk/ agg. bibasico.
bibber /ˈbɪbə(r)/ n. beone m. (-a), bevitore m. (-trice).
bibcock /ˈbɪbkɒk/ n. rubinetto m.
Bible /ˈbaɪbl/ **I** n. Bibbia f.; ***it's his ~*** FIG. è la sua bibbia **II** modif. [*reading*] della Bibbia; [*study*] biblico.
Bible basher /ˈbaɪblˌbæʃə(r)/ n. COLLOQ. SPREG. = protestante rigido, puritano.
Bible Belt /ˈbaɪblbelt/ n. = regioni del sud degli Stati Uniti e dell'ovest del Canada nelle quali il fondamentalismo protestante è dominante.
Bible puncher /ˈbaɪblˌpʌntʃə(r)/, **Bible thumper** /ˈbaiblˌθʌmpə(r)/ n. COLLOQ. SPREG. → **Bible basher**.
▷ **biblical** /ˈbɪblɪkl/ agg. biblico.
biblicist /ˈbɪblɪsɪst/ n. **1** biblista m. e f. **2** = chi prende la Bibbia alla lettera.
bibliographer /ˌbɪblɪˈɒgrəfə(r)/ ♦ **27** n. bibliografo m. (-a).
bibliographic(al) /ˌbɪblɪəˈgræfɪk(l)/ agg. bibliografico.
bibliography /ˌbɪblɪˈɒgrəfɪ/ n. bibliografia f.
bibliolatry /ˌbɪblɪˈɒlətrɪ/ n. bibliolatria f.
bibliomania /ˌbɪblɪəʊˈmeɪnɪə/ n. bibliomania f.
bibliomaniac /ˌbɪblɪəʊˈmeɪnɪæk/ n. bibliomane m. e f.
bibliophile /ˈbɪblɪəfaɪl/ n. bibliofilo m. (-a).
biblist /ˈbɪblɪst/ n. → **biblicist**.
bibulous /ˈbɪbjʊləs/ agg. FORM. o SCHERZ. bibulo, beone.
bicameral /ˌbaɪˈkæmərəl/ agg. bicamerale.
bicameral legislature /ˌbaɪˌkæmərəlˈledʒɪsleɪtʃə(r)/ n. *(body)* corpo m. legislativo bicamerale; *(system)* bicameralismo m.
bicarbonate /ˌbaɪˈkɑːbənət/ n. bicarbonato m.
bicarbonate of soda /baɪˌkɑːbənətəvˈsəʊdə/ n. bicarbonato m. di sodio.
bice /baɪs/ n. **1** *(blue)* turchino m. **2** *(green)* verdegrigio m.
bicellular /baɪˈseljʊlə(r)/ agg. bicellulare.
bicentenary /ˌbaɪsenˈtiːnərɪ, AE -ˈsentənerɪ/, **bicentennial** /ˌbaɪsenˈtenɪəl/ **I** n. bicentenario m. (**of** di) **II** modif. [*celebration, festival, year*] del bicentenario.
bicephalous /ˌbaɪˈkefələs, -ˈsefələs/ agg. bicefalo.
biceps /ˈbaɪseps/ n. (pl. ~) bicipite m.
bichloride /ˌbaɪˈklɔːraɪd/ n. → **dichloride**.
bichromate /ˌbaɪˈkrəʊmeɪt/ n. → **dichromate**.
bicipital /baɪˈsɪpɪtl/ agg. **1** bicipite, con due teste **2** ANAT. del bicipite.
1.bicker /ˈbɪkə(r)/ n. bisticcio m., battibecco m.
2.bicker /ˈbɪkə(r)/ intr. bisticciare, beccarsi (**about**, **over** su, per; **with** con).
bickering /ˈbɪkərɪŋ/ n. battibecco m.; ***constant ~*** continuo battibecco.
biconcave /baɪˈkɒnkeɪv/ agg. biconcavo.
biconvex /baɪˈkɒnveks/ agg. biconvesso.
bicuspid /ˌbaɪˈkʌspɪd/ **I** agg. (anche **bicuspidate**) bicuspide **II** n. premolare m.
▷ **1.bicycle** /ˈbaɪsɪkl/ **I** n. bicicletta f.; ***on a*** o ***by ~*** in bicicletta; ***to ride a ~*** andare in bicicletta; ***to fall off a*** o ***one's ~*** cadere dalla bicicletta; ***to get on, off a ~*** salire sulla, scendere dalla bicicletta **II** modif. [*ride, tour*] in bicicletta; [*shed*] per le biciclette; [*pump, bell, chain, lamp, wheel*] della bicicletta; [*hire, repair*] di biciclette.
2.bicycle /ˈbaɪsɪkl/ intr. andare in bicicletta.
bicycle clip /ˈbaɪsɪklclɪp/ n. fermacalzoni m.
bicycle lane /ˈbaɪsɪklleɪn/ n. pista f. ciclabile.
bicycle race /ˈbaɪsɪklreɪs/ n. corsa f. ciclistica.
bicycle rack /ˈbaɪsɪklræk/ n. *(in yard)* rastrelliera f. per biciclette; *(on car)* portabiciclette m.
bicycle track /ˈbaɪsɪkltræk/ n. percorso m. ciclabile.
bicycling /ˈbaɪsɪklɪŋ/ n. ANT. ciclismo m.
bicyclist /ˈbaɪsɪklɪst/ n. ANT. ciclista m. e f.
▶ **1.bid** /bɪd/ n. **1** *(at auction)* offerta f., licitazione f. (**for** per; **of** di); ***the opening, closing ~*** la prima, l'ultima offerta; ***to make a ~ for sth.*** fare un'offerta per qcs.; ***to raise one's ~ by £ 200*** alzare l'offerta di 200 sterline **2** *(for contract)* offerta f. di appalto (**for** per; **of** di); *(for company)* offerta f. (**for** per; **of** di); ***to make a ~ for a building contract*** fare un'offerta di appalto *o* concorrere a una gara di appalto per una costruzione **3** *(attempt)* tentativo m. (**to do** di fare); ***escape, suicide ~*** tentativo di fuga, di suicidio; ***in a ~ to do*** nel tentativo di fare; ***to make a ~ for power, the presidency*** tentare la scalata al potere, alla presidenza **4** *(in bridge) (first)* dichiarazione f.; *(subsequent)* licitazione f.; ***to make a ~*** fare una dichiarazione; ***it's your ~*** tocca a te dichiarare; ***no ~*** passo.
▶ **2.bid** /bɪd/ **I** tr. (forma in -ing **-dd-**; pass. **bade** o **bid**; p.pass. **bidden** o **bid**) **1** COMM. ECON. offrire [*money*] (**for** per); ***what am I bid for this painting?*** qual è l'offerta per questo quadro? **2** *(say)* ***to ~ sb. good morning*** augurare il buongiorno a qcn.; ***to ~ sb. goodbye, farewell*** dire arrivederci, addio a qcn.; ***to ~ sb. welcome*** dare il benvenuto a qcn. **3** ANT. *(command)* ***to ~ sb. to do*** ordinare a qcn. di fare; ***do as you are bid*** fa' come ti è stato detto **4** ANT. *(ask)* ***to ~ sb. to do*** invitare qcn. a fare **5** *(in bridge)* dichiarare **II** intr. (forma in -ing **-dd-**; pass. **bade** o **bid**; p.pass. **bidden** o **bid**) **1** COMM. ECON. *(at auction)* offrire, licitare (**for** per); *(for contract)* fare un'offerta di appalto (**for** per); *(for company)* fare un'offerta (**for** per); ***to ~ against sb. in an auction*** fare una controfferta in un'asta; ***five other companies are ~ding against us for the contract*** oltre a noi, altre cinque società partecipano alla gara d'appalto **2** *(in bridge)* dichiarare.
■ **bid up:** ~ ***[sth.] up*** fare salire [*price*].
bid bond /ˈbɪdbɒnd/ n. ECON. garanzia f. passiva, garanzia f. dell'offerta.
biddable /ˈbɪdəbl/ agg. **1** *(obedient)* obbediente, docile **2** *(in bridge)* [*hand, suit*] che permette di dichiarare.
bidden /ˈbɪdn/ p.pass. → **2.bid**.
bidder /ˈbɪdə(r)/ n. **1** *(at auction)* offerente m. e f. (**for** per); ***to go to the highest ~*** andare al migliore offerente; ***successful ~*** aggiudicatario **2** COMM. *(for contract)* offerente m. e f. (**for** per); *(for land, property)* potenziale acquirente m. e f. (**for** di); ***they are ~s for the company*** fanno un'offerta di acquisto per la società **3** *(in bridge)* dichiarante m.
bidding /ˈbɪdɪŋ/ n. **1** U *(at auction)* offerte f.pl.; ***the ~ opened at £ 1 million*** le offerte partivano da un milione di sterline; ***the ~ closed at £ 50,000*** è stato aggiudicato per 50.000 sterline **2** *(command)* ***he did my ~*** ha eseguito il mio ordine; ***he did it at my ~*** l'ha fatto dietro mio ordine; ***she needed no second ~*** non ha avuto bisogno di farselo dire due volte **3** U *(in bridge)* dichiarazioni f.pl.
bidding group /ˈbɪdɪŋgruːp/ n. gruppo m. di acquirenti.
bidding prayer /ˈbɪdɪŋˌpreə(r)/ n. RELIG. intenzione f. di preghiera.
bidding war /ˈbɪdɪŋwɔː(r)/ n. gioco m. al rilancio.
biddy /ˈbɪdɪ/ n. COLLOQ. ***an old ~*** una vecchia pettegola.
bide /baɪd/ intr. ANT. o BE attendere ◆ ***to ~ one's time*** attendere il momento opportuno.
bidet /ˈbiːdeɪ, AE biːˈdeɪ/ n. bidè m.
bidirectional /ˌbaɪdɪˈrekʃənl, -daɪ-/ agg. bidirezionale.
bid price /ˈbɪdpraɪs/ n. ECON. prezzo m. di domanda.
biennia /baɪˈenɪə/ → **biennium**.
biennial /baɪˈenɪəl/ **I** agg. [*event, plant*] biennale **II** n. **1** *(plant)* pianta f. biennale **2** *(event)* biennale f.
biennium /baɪˈenɪəm/ n. (pl. **~s, -ia**) biennio m.
bier /bɪə(r)/ n. *(coffin)* bara f., feretro m.; *(stand)* catafalco m.
1.biff /bɪf/ **I** n. COLLOQ. *(with the fist)* castagna f., botta f. **II** inter. COLLOQ. pam.
2.biff /bɪf/ tr. COLLOQ. colpire, tirare una castagna a.
bifid /ˈbaɪfɪd/ agg. bifido.
bifilar /baɪˈfaɪlə(r)/ agg. bifilare.
bifocal /baɪˈfəʊkl/ agg. [*lens*] bifocale.
bifocals /baɪˈfəʊklz/ n.pl. occhiali m. con lenti bifocali.
bifoliate /baɪˈfəʊlɪət/ agg. bifogliato.
1.bifurcate /ˈbaɪfəkeɪt/ agg. biforcuto.
2.bifurcate /ˈbaɪfəkeɪt/ intr. FORM. biforcarsi.
bifurcation /ˌbaɪfəˈkeɪʃn/ n. FORM. biforcazione f.
▶ **big** /bɪg/ agg. **1** *(in build) (tall)* grande; *(strong)* forte; *(heavy)* grosso; ***to get ~(ger)*** *(taller)* diventare grande *o* crescere; *(fatter)* ingrassare; *(in pregnancy)* diventare grossa **2** *(in size)* [*bed, room, building, garden, lake, town*] grande; [*animal, car, boat, parcel, box*] grosso, grande; ***a ~ book*** *(thick)* un libro spesso; *(large)* un libro grosso, grande; ***to have ~ hands, ~ feet*** avere le mani, i piedi grandi; ***in ~ letters*** in maiuscolo; FIG. a grandi lettere **3** *(in age)* grande; ***his ~ brother*** il suo fratello grande; ***the ~ boys*** i (ragazzi) grandi; ***you're a ~ girl*** sei una signorina; ***you're ~ enough to know that*** sei grande abbastanza per sapere che **4** *(in extent)* [*family, crowd, class, party*] grande; [*collection, organization, company*] grosso, grande; [*meal*] abbondante; ***to be a ~ eater*** essere un mangione **5** *(important)* [*problem, change*] grande, grosso; [*question, decision*] grosso,

importante; [*moment, event*] grande; ***it makes a ~ difference*** fa una grande differenza; ***the extra rooms make a ~ difference*** avere delle stanze in più fa una grande differenza; ***you're making a ~ mistake*** stai facendo un grosso errore; ***I think we're on to something ~*** COLLOQ. penso che stiamo per scoprire qualcosa di grosso; ***this may be the start of something ~*** questo può essere l'inizio di qualcosa di importante **6** *(emphatic)* ***you ~ baby!*** sei proprio un bambino, un bambinone! ***~ bully!*** brutto prepotente! ***to be ~ in the music business*** COLLOQ. essere un pezzo grosso nel mondo della musica; ***to be in ~ trouble*** essere nei guai grossi; ***he gave me a ~ smile*** mi ha fatto un gran sorriso; ***the ~ moment*** il grande momento; ***a ~ thank you to...*** un grosso grazie a...; ***to do sth. in a ~ way*** fare qcs. in modo grandioso, in grande; ***to do things in a ~ way*** fare le cose in grande; ***he fell for her in a ~ way*** si è perdutamente innamorato di lei **7** AE COLLOQ. *(enthusiastic)* ***to be ~ on*** essere fanatico di [*activity*] **8** *(generous)* [*person*] generoso; ***to have a ~ heart*** avere un gran cuore; ***that's ~ of you!*** IRON. tante grazie! **9** POL. ***the Big Four, Five*** i quattro, cinque Grandi ◆ ***to be*** o ***go over ~*** COLLOQ. andare forte (**in** in); ***to have a ~ head*** SPREG. essere un presuntuoso; ***to have a ~ mouth*** essere un chiacchierone; ***why can't you keep your ~ mouth shut?*** perché non puoi tenere chiusa quella boccaccia? ***to have ~ ideas, think ~*** COLLOQ. avere idee grandiose, pensare in grande; ***what's the ~ idea?*** cosa succede? cosa ti prende? ***to look ~*** AE SPREG. darsi importanza; ***to make it ~*** COLLOQ. avere grande successo; ***to talk ~*** COLLOQ. spararle grosse.

bigamist /ˈbɪgəmɪst/ n. bigamo m. (-a).

bigamous /ˈbɪgəməs/ agg. [*person, marriage*] bigamo.

bigamy /ˈbɪgəmɪ/ n. bigamia f.

Big Apple /ˌbɪgˈæpl/ n. ***the ~*** *(New York)* la Grande Mela.

bigarade /ˈbɪgəreɪd/ n. arancia f. amara.

bigaroon /bɪgəˈruːn/, **bigarreau** /ˈbɪgərəʊ/ n. ciliegia f. corniola, duracina f.

bigass /ˈbɪgæs/ agg. AE POP. **1** *(as an insult)* ***tell that ~ jerk to get out*** di' a quel culone di andarsene **2** *(arrogant)* arrogante.

Big Bad Wolf /ˌbɪgˌbædˈwʊlf/ n.pr. ***the ~*** il lupo cattivo.

big band /ˌbɪgˈbænd/ n. big band f.

big bang /ˌbɪgˈbæŋ/ n. **1** ASTR. big bang m. **2** BE ECON. ***the ~*** = la riorganizzazione della Borsa Valori di Londra nel 1986.

big-bellied /bɪgˈbelɪd/ agg. **1** panciuto, con la pancia grossa **2** [*pregnant woman*] con il pancione.

Big Ben /ˌbɪgˈben/ n. Big Ben m.

Big Bertha /ˈbɪgˌbɜːθə/ n. MIL. STOR. grande Berta f.

big-boned /ˈbɪgbəʊnd/ agg. di forte ossatura.

Big Brother /bɪgˈbrʌðə(r)/ n. Grande Fratello m.; ***~ is watching you*** il Grande Fratello ti vede.

big bug /bɪgˈbʌg/ n. COLLOQ. → **big shot**.

big business /bɪgˈbɪznɪs/ n. **1** **U** alta finanza f. **2** ***to be ~*** essere un grosso affare.

big cat /bɪgˈkæt/ n. grosso felino m.

big cheese /bɪgˈtʃiːz/ n. COLLOQ. SPREG. → **big shot**.

big dipper /ˌbɪgˈdɪpə(r)/ n. *(at funfair)* montagne f.pl. russe.

Big Dipper /ˌbɪgˈdɪpə(r)/ n. AE ASTR. Orsa f. Maggiore, Grande Carro m.

bigeminal /baɪˈdʒemɪnl/ agg. bigemino.

big end /ˌbɪgˈend/ n. BE AUT. testa f. di biella.

big fish /ˌbɪgˈfɪʃ/ n. FIG. COLLOQ. pezzo m. grosso ◆ ***to be a ~ in a small pond*** BE o ***sea*** AE = essere importante in una cerchia ristretta.

big game /ˌbɪgˈgeɪm/ n. = prede di caccia grossa.

big game hunter /ˌbɪgˈgeɪmˌhʌntə(r)/ n. cacciatore m. (-trice) di caccia grossa.

big game hunting /ˌbɪgˈgeɪmˌhʌntɪŋ/ n. caccia f. grossa.

big gun /ˌbɪgˈgʌn/ n. grosso calibro m. (anche FIG.) ◆ ***to bring out the ~s*** passare alle maniere forti; ***to carry*** o ***hold the ~s*** essere un grosso calibro.

bighead /ˈbɪghed/ n. COLLOQ. SPREG. presuntuoso m. (-a).

bigheaded /ˈbɪghedɪd/ agg. COLLOQ. SPREG. pieno di sé, presuntuoso.

bigheadedness /ˈbɪghedɪdnɪs/ n. COLLOQ. SPREG. presunzione f.

big-hearted /bɪgˈhɑːtɪd/ agg. *(generous)* dal cuore grande.

bighorn sheep /ˈbɪghɔːnˌʃiːp/ n. bighorn f.

bight /baɪt/ n. **1** GEOGR. baia f., insenatura f. **2** *(in rope)* doppino m.

big money /ˌbɪgˈmʌnɪ/ n. ***to make ~*** COLLOQ. fare soldi a palate; ***there's ~ in computers*** COLLOQ. si fanno molti soldi con i computer.

bigmouth /ˈbɪgmaʊθ/ n. COLLOQ. SPREG. **1** *(indiscreet person)* ***he's such a ~!*** COLLOQ. non sa tenere la bocca chiusa! **2** *(loudmouth)* sbruffone m. (-a), impertinente m. e f.

bigmouthed /ˈbɪgmaʊðd/ agg. COLLOQ. SPREG. impertinente.

big name /ˌbɪgˈneɪm/ n. *(in music, art, sport etc.)* grosso nome m., celebrità f.; ***to be a ~*** essere un grosso nome (**in sth.** nel mondo di qcs.).

bigness /ˈbɪgnɪs/ n. grossezza f., grandezza f.

big noise /ˌbɪgˈnɔɪz/ n. COLLOQ. → **big shot**.

bigot /ˈbɪgət/ n. **1** *(fanatic)* fanatico m. (-a), settario m. (-a) **2** *(about religion)* bigotto m. (-a).

bigoted /ˈbɪgətɪd/ agg. **1** *(fanatic)* fanatico, settario **2** *(about religion)* bigotto.

bigotry /ˈbɪgətrɪ/ n. **1** *(fanatism)* fanatismo m., settarismo m. **2** *(about religion)* bigotteria m.

big screen /ˌbɪgˈskriːn/ n. *(cinema)* grande schermo m.

big shot /ˌbɪgˈʃɒt/ n. COLLOQ. pezzo m. grosso.

Big Smoke /ˌbɪgˈsməʊk/ n. BE COLLOQ. SCHERZ. = Londra.

big stick /ˌbɪgˈstɪk/ n. ***the ~*** COLLOQ. maniere forti; ***to carry*** o ***wield the ~*** COLLOQ. usare le maniere forti.

big talk /ˌbɪgˈtɔːk/ n. **U** COLLOQ. fanfaronate f.pl.; ***to be full of ~*** spararle grosse.

Big Ten /ˌbɪgˈten/ n. US UNIV. = nelle attività sportive, le dieci più importanti università della parte centro-occidentale degli Stati Uniti.

big time /ˈbɪgtaɪm/ COLLOQ. **I** n. ***the ~*** il massimo livello; ***to make*** o ***hit the ~*** raggiungere il successo **II** **big-time** modif. [*crook*] di gran classe; ***~ gambler*** giocatore d'azzardo di gran classe; ***~ industrialist*** grosso industriale.

big toe /bɪgˈtəʊ/ ♦ ***2*** n. alluce m.

big top /ˌbɪgˈtɒp/ n. *(tent)* tendone m. da circo; FIG. *(circus)* circo m.

big wheel /ˌbɪgˈwiːl, AE -ˈhwiːl/ n. **1** BE *(at funfair)* ruota f. panoramica **2** COLLOQ. *(important person)* → **big shot**.

bigwig /ˈbɪgwɪg/ n. COLLOQ. SPREG. → **big shot**.

bijection /ˈbaɪdʒekʃn/ n. biiezione f., corrispondenza f. biunivoca.

bijou /ˈbiːʒuː/ **I** n. (pl. **~x**) bijou m., gioiello m. **II** modif. ***this is a ~ residence, apartment*** questa casa, questo appartamento è un gioiello; [*boutique*] chic.

bijouterie /ˈbiːʒuːtərɪ/ n. bigiotteria f.

bijoux → **bijou**.

▷ **1.bike** /baɪk/ **I** n. **1** *(cycle)* bici f.; ***on a*** o ***by ~*** in bici; ***can you ride a ~?*** sai andare in bici? ***to get on, off a ~*** salire sulla, scendere dalla bici **2** *(motorbike)* moto f. **II** modif. [*light, maintenance*] della bici, della moto; [*ride*] in bici; [*shed*] per le bici; [*hire*] di bici ◆ ***on your ~!*** BE COLLOQ. pedala! smamma!

2.bike /baɪk/ intr. **1** *(by bicycle)* andare in bici **2** *(by motorbike)* andare in moto.

bikelane /ˈbaɪkleɪn/ n. pista f. ciclabile.

biker /ˈbaɪkə(r)/ n. COLLOQ. motociclista m. e f.; ***~('s) jacket*** giacca da motociclista.

bikeway /ˈbaɪkweɪ/ n. AE pista f. ciclabile.

bikini /bɪˈkiːnɪ/ n. bikini m.

bikini line /bɪˈkiːnɪˌlaɪn/ n. ***to have one's ~ waxed*** farsi depilare la zona inguinale (con la ceretta).

bilabial /ˌbaɪˈleɪbɪəl/ **I** agg. bilabiale **II** n. bilabiale f.

bilateral /ˌbaɪˈlætərəl/ agg. bilaterale.

bilateralism /ˌbaɪˈlætərəlɪzəm/ n. bilateralismo m.

bilaterally /ˌbaɪˈlætərəlɪ/ avv. bilateralmente.

bilberry /ˈbɪlbrɪ, AE -berɪ/ **I** n. *(fruit, bush)* mirtillo m. **II** modif. [*pie, jam*] di mirtilli.

bile /baɪl/ n. FISIOL. bile f. (anche FIG.); ***black ~*** atrabile.

bile duct /ˈbaɪldʌkt/ n. dotto m. biliare.

bilestone /ˈbaɪlstəʊn/ n. calcolo m. biliare.

1.bilge /bɪldʒ/ n. **1** MAR. *(inner hull)* sentina f.; *(greatest curvature)* ginocchio m. **2** COLLOQ. *(nonsense)* sciocchezze f.pl.

2.bilge /bɪldʒ/ intr. **1** MAR. fare acqua **2** AE COLLOQ. ***I bilged out*** mi hanno bocciato.

bilge block /ˈbɪldʒˌblɒk/ n. MAR. puntello m. di bacino.

bilge keel /ˈbɪldʒkiːl/ n. chiglia f. di rollio.

bilge pump /ˈbɪldʒˌpʌmp/ n. pompa f. di sentina.

bilge water /ˈbɪldʒˌwɔːtə(r)/ n. acqua f. di sentina.

bilge ways /ˈbɪldʒweɪz/ n.pl. MAR. taccate f., invasatura f.sing.

bilharzia /ˌbɪlˈhɑːtsɪə/ ♦ ***11*** n. bilarzia f.

biliary /ˈbɪlɪərɪ/ agg. biliare.

bilinear /baɪˈlɪnɪə(r)/ agg. bilineare.

bilingual /ˌbaɪˈlɪŋgwəl/ agg. bilingue; ***she's ~ in Italian and English*** è una bilingue italo-inglese.

bilingualism /ˌbaɪˈlɪŋgwəlɪzəm/ n. bilinguismo m.

bilious /ˈbɪlɪəs/ agg. **1** MED. biliare; ***~ attack*** attacco di bile **2** FIG. [*mood*] bilioso, collerico; [*colour*] giallastro.

biliousness /ˈbɪlɪəsnɪs/ n. **U** crisi f. biliare.

bilirubinemia /bɪlɪˌru:bɪ'ni:mɪə/ n. bilirubinemia f.
biliteral /baɪ'lɪtərəl/ agg. di due lettere.
bilk /bɪlk/ tr. **1** *(swindle)* ingannare, imbrogliare [*person*]; ***he ~ed her of, out of her money*** le ha portato via il denaro con l'inganno **2** *(thwart)* contrastare **3** *(elude)* sfuggire a, non pagare [*debt*].
▶ **1.bill** /bɪl/ n. **1** COMM. *(for payment)* conto m.; *(for electricity etc.)* bolletta f.; ***electricity, gas, telephone ~*** bolletta della luce, del gas, del telefono; ***he gave me a ~ for £ 10*** mi ha fatto un conto di 10 sterline; ***he gave me a ~ for repairing the car*** mi ha fatto il conto della riparazione dell'auto; ***he gave me a ~ for the work, the damage*** mi ha fatto il conto del lavoro, dei danni; ***to pay, settle a ~*** pagare, regolare un conto; ***to make out a ~*** fare un conto; ***put it on the ~, please*** lo metta sul conto, per favore **2** DIR. POL. *(law)* (anche **Bill**) disegno m. di legge; ***Education, Employment Bill*** disegno di legge per l'istruzione, l'impiego; ***to pass, defeat a ~*** approvare, bocciare un progetto di legge **3** *(poster)* affisso m., cartellone m., manifesto m.; ***to be on the ~*** essere sul manifesto; ***to be top of the ~, to top the ~*** comparire in testa al cartellone; ***"stick no ~s"*** "divieto di affissione" **4** AE *(banknote)* banconota f., biglietto m.; ***ten dollar ~*** biglietto da dieci dollari **5** ECON. *(promise to pay)* cambiale f. ◆ ***to fit*** o ***fill the ~*** essere adatto (a un incarico); ***to give sb. a clean ~ of health*** dichiarare qcn. guarito; ***to give sth. a clean ~ of health*** FIG. certificare lo stato di buona salute di qcs. [*organization*].
2.bill /bɪl/ tr. **1** *(send demand for payment)* mandare il conto a, fatturare a [*person, company*]; ***to ~ sb. for sth.*** mandare il conto di qcs. a qcn.; ***to ~ sb. for doing*** fare una fattura a qcn. per avere fatto; ***he ~ed me for repairing the car*** mi ha fatto il conto per la riparazione dell'auto **2** TEATR. *(advertise)* ***to be ~ed as...*** [*event, entertainment, meeting*] essere annunciato come...; ***the show was ~ed as a musical comedy*** la locandina annunciava una commedia musicale; ***he is ~ed to appear at the Odeon, in "Hamlet", as Hamlet*** è annunciato in cartellone all'Odeon, nell'"Amleto", nel ruolo di Amleto.
3.bill /bɪl/ n. **1** ZOOL. *(beak)* becco m. **2** GEOGR. *(promontory)* promontorio m., punta f.
4.bill /bɪl/ intr. [*birds*] becchettarsi ◆ ***to ~ and coo*** FIG. tubare.
5.bill /bɪl/ n. **1** alabarda f. **2** *(bill hook)* roncola f.
Bill /bɪl/ n.pr. diminutivo di **William**.
billboard /'bɪlbɔ:d/ n. pannello m. per le affissioni.
bill broker /'bɪlbrəʊkə(r)/ ♦ **27** n. agente m. e f. di sconto.
1.billet /'bɪlɪt/ n. MIL. alloggio m., accantonamento m.
2.billet /'bɪlɪt/ tr. alloggiare, accantonare [*soldier, refugee*] (**on, with** presso).
3.billet /'bɪlɪt/ n. **1** *(log)* ceppo m. (da ardere) **2** METALL. billetta f.
billet-doux /ˌbɪleɪ'du:/ n. (pl. **billets-doux**) SCHERZ. lettera f. d'amore.
billeting officer /'bɪlɪtɪŋˌɒfɪsə(r), AE -ˌɔ:f-/ ♦ **23** n. MIL. ufficiale m. responsabile dell'accantonamento.
billets-doux → **billet-doux**.
billfold /'bɪlfəʊld/ n. AE portafoglio m.
billful /'bɪlfʊl/ n. imbeccata f.
billhead /'bɪlhed/ n. modulo m. per fatture.
bill hook /'bɪlhʊk/ n. roncola f.
billiard /'bɪlɪəd/ ♦ **10 I billiards** n. + verbo sing. biliardo m. **II** modif. [*ball, cue, table*] da biliardo.
billing /'bɪlɪŋ/ n. **1** TEATR. *(of performers)* = posizione sul cartellone; ***to get top ~*** essere in cima al cartellone **2** COMM. fatturazione f.; ***itemized ~*** fatturazione dettagliata ◆ ***~ and cooing*** FIG. tenerezze *o* effusioni.
billingsgate /'bɪlɪŋzgɪt/ n. COLLOQ. = linguaggio volgare.
billion /'bɪlɪən/ ♦ **19 I** determ. **1** *(thousand million)* ***a ~ people*** un miliardo di persone; ***two ~ dollars*** due miliardi di dollari **2** BE *(million million)* ***a ~ people*** un trilione di persone; ***two ~ dollars*** due trilioni di dollari **II** pron. **1** *(a thousand million)* miliardo m. **2** BE *(a million million)* trilione m. **III** n. **1** *(a thousand million)* miliardo m. **2** BE *(a million million)* trilione m. **IV billions** n.pl. COLLOQ. *(exaggerating)* miliardi m. (**of** di).
billionaire /ˌbɪlɪə'neə(r)/ n. miliardario m. (-a).
bill of exchange /ˌbɪləveks'tʃeɪndʒ/ n. BE COMM. ECON. cambiale f.
bill of fare /ˌbɪləv'feə(r)/ n. menu m.
bill of lading /ˌbɪləv'leɪdɪŋ/ n. COMM. polizza f. di carico.

> **Bill of Rights** Sono i primi dieci emendamenti della Costituzione degli Stati Uniti. Garantiscono le fondamentali libertà di culto, di espressione e di stampa, e ulteriori libertà individuali. Il secondo emendamento, ad esempio, autorizza il libero possesso di armi. Il quinto emendamento riconosce al soggetto interrogato il diritto di non rispondere alle domande che potrebbero determinare la sua responsabilità penale (v. ***Amendment***).

bill of rights /ˌbɪləv'raɪts/ n. dichiarazione f. dei diritti (anche POL.); ***Bill of Rights*** US STOR. = dichiarazione dei diritti allegata alla Costituzione degli Stati Uniti.
bill of sale /ˌbɪləv'seɪl/ n. atto m. di vendita.
1.billow /'bɪləʊ/ n. **1** *(of smoke, steam)* ondata f. **2** LETT. *(sea)* ***the ~s*** il mare *o* i flutti.
2.billow /'bɪləʊ/ intr. [*steam, smoke*] levarsi a ondate.
■ **billow out** [*skirt, sail*] gonfiarsi; [*steam*] levarsi a ondate.
billowy /'bɪləʊɪ/ agg. LETT. [*smoke, clouds*] che si leva a ondate; [*sea*] ondoso.
billposter /'bɪlpəʊstə(r)/, **billsticker** /'bɪlˌstɪkə(r)/ ♦ **27** n. attacchino m. (-a).
billsticking /'bɪlstɪkɪŋ/ n. affissione f.
billy /'bɪlɪ/ n. **1** BE AUSTRAL. (anche **billycan**) pentolino m. **2** AE *(truncheon)* manganello m.
Billy /'bɪlɪ/ n.pr. diminutivo di **William**.
billycock /'bɪlɪkɒk/ n. RAR. bombetta f.
billy goat /'bɪlɪgəʊt/ n. caprone m., becco m.
billy-o(h) /'bɪlɪəʊ/ n. ***like ~*** con forza *o* da matti; ***to run like ~*** COLLOQ. correre a più non posso.
bilobate /baɪ'ləʊbeɪt/ agg. bilobato.
bilocation /baɪləʊ'keɪʃn/ n. bilocazione f.
bilocular /baɪ'lɒkjʊlə(r)/ agg. biloculare.
biltong /'bɪltɒŋ, AE -ɔ:ŋ/ n. AFRIC. = lunghi pezzi di carne disseccate al sole.
bimanal /'bɪmənəl/ agg. bimano.
bimane /'baɪmeɪn/ n. animale m. bimano.
bimbo /'bɪmbəʊ/ n. COLLOQ. SPREG. *(stupid woman)* oca f. giuliva; *(pretty girl)* bambola f.; *(starlet)* starlet f.
bimestrial /baɪ'mestrɪəl/ agg. bimestrale.
bimetallic /ˌbaɪmɪ'tælɪk/ agg. bimetallico.
bimetallism /ˌbaɪ'metəlɪzəm/ n. bimetallismo m.
bimetallist /ˌbaɪ'metəlɪst/ n. bimetallista m. e f.
bimillenary /ˌbaɪmɪ'lenərɪ, AE -nerɪ/ n. bimillenario m.
bimonthly /baɪ'mʌnθlɪ/ **I** agg. **1** *(every two months)* bimestrale **2** *(twice a month)* bimensile **II** avv. **1** *(every two months)* bimestralmente **2** *(twice a month)* bimensilmente.
▷ **1.bin** /bɪn/ n. **1** BE *(for rubbish)* bidone m.; ***put*** o ***throw it in the ~*** buttalo nel bidone *o* nell'immondizia **2** *(for storage)* deposito m.; *(for grain)* silo m. **3** *(for bottled wine)* scaffale m. per le bottiglie.
2.bin /bɪn/ tr. (forma in -ing ecc. **-nn-**) buttare nel bidone.
binary /'baɪnərɪ/ agg. **1** [*code, number*] binario **2** ARM. [*turret*] binato.
binary fission /'baɪnərɪˌfɪʃn/ n. divisione f. binaria.
binary star /'baɪnərɪˌstɑ:(r)/ n. stella f. binaria.
binary system /'baɪnərɪˌsɪstəm/ n. MAT. INFORM. sistema m. di numerazione binario.
binate /'baɪneɪt/ agg. ARM. [*turret*] binato.
binaural /bɪn'ɔ:rəl/ agg. **1** ANAT. biaurale **2** TECN. biauricolare.
1.bind /baɪnd/ n. COLLOQ. seccatura f.; ***what a ~!*** che seccatura! ***it's a ~ having to...*** è una seccatura dovere... ◆ ***to be in a ~*** AE COLLOQ. essere nei pasticci.
2.bind /baɪnd/ **I** tr. (pass., p.pass. **bound**) **1** *(tie up)* legare [*hands, feet, person, bundle, parcel*]; fasciare [*wound*]; ***they bound him to a post*** lo legarono a un palo **2** *(constrain)* ***to ~ sb. to do*** [*law, rule, contract, oath*] obbligare qcn. a fare; ***to be bound by*** [*person*] essere tenuto per [*law, rule, contract, oath*] **3** *(unite)* (anche **~ together**) legare, unire [*people, family, community*]; ***the love that ~s him to her*** l'amore che lo lega a lei **4** SART. bordare [*edge*] **5** *(in bookbinding)* rilegare [*book*] (**in** in) **6** GASTR. legare [*mixture*] (**with** con) **II** intr. (pass., p.pass. **bound**) *(cohere)* BIOL. CHIM. [*particles*] legarsi (**to** a); GASTR. [*mixture*] legarsi **III** rifl. (pass., p.pass. **bound**) ***to ~ oneself*** *(commit oneself)* *(to belief, action)* vincolarsi (**to sth.** a qcs.); *(emotionally)* legarsi (**to sb.** a qcn.).
■ **bind over:** ***~ [sb.] over*** DIR. sottoporre [qcn.] a un vincolo legale; ***he was bound over to keep the peace*** fu sottoposto a vincolo di buona condotta; ***he was bound over to appear before the High Court*** fu obbligato a comparire davanti alla corte suprema.
■ **bind up:** ***~ up [sth.], ~ [sth.] up*** fasciare [*wound, part of body*]; legare [*bundle*].
binder /'baɪndə(r)/ ♦ **27** n. **1** *(for papers)* raccoglitore m. **2** AGR. (mieti)legatrice f. **3** ING. IND. *(for cement, paint)* legante m. **4** *(bookbinder)* (ri)legatore m. (-trice).
binder twine /'baɪndəˌtwaɪn/ n. AGR. spago m. per legatore.
bindery /'baɪndərɪ/ n. *(place)* legatoria f.
▷ **binding** /'baɪndɪŋ/ **I** n. **1** *(cover)* *(on book)* (ri)legatura f.; ***cloth, leather ~*** rilegatura in stoffa, in cuoio **2** *(process)* *(of book)* (ri)legatura f. **3** SART. *(bias)* sbieco m., fettuccia f.; *(for hem, seam)*

passamano m. **4** *(on ski)* attacco m. **II** agg. [*agreement, contract, decision, duty, force, procedure, rule*] vincolante; ***you should know that the contract, rule is ~*** dovreste sapere che il contratto, la regola è vincolante; ***to be ~ (up)on sb.*** essere vincolante per *o* vincolare qcn.
bindle /'bɪndl/ n. AE COLLOQ. fagotto m.
bindlestiff /'bɪndlstɪf/ n. **1** *(vagrant)* vagabondo m. (-a) **2** *(seasonal worker)* lavoratore m. (-trice) stagionale.
bindweed /'baɪndwi:d/ n. convolvolo m.
bine /baɪn/ n. *(of climber)* gambo m.
bin end /'bɪn͵end/ n. ENOL. bottiglia f. di fine serie.
1.binge /bɪndʒ/ n. COLLOQ. **1** *(overindulgence)* frenesia f.; ***shopping ~*** frenesia degli acquisti **2** *(drinking)* bevuta f.; *(festive eating)* baldoria f.; ***to go on a ~*** *(celebrating)* fare festa; ***to have a ~*** *(as part of eating disorder)* abbuffarsi *o* rimpinzarsi.
2.binge /bɪndʒ/ intr. (forma in -ing **bingeing** o **binging**) COLLOQ. fare baldoria; ***to ~ on*** rimpinzarsi di.
binge-drinking /'bɪndʒ͵drɪŋkɪŋ/ n. = il bere smodatamente in particolari occasioni, specialmente nelle sere del week-end.
▷ **bingo** /'bɪŋgəʊ/ ➧ **10 I** n. bingo m. **II** modif. [*card, hall*] del bingo; [*game*] a bingo **III** inter. *(by game winner)* bingo *o* tombola; *(as expression of surprise)* ecco.
bin liner /'bɪn͵laɪnə(r)/ n. BE sacco m. dell'immondizia.
binnacle /'bɪnəkl/ n. MAR. chiesuola f.
binocular /bɪ'nɒkjʊlə(r)/ agg. binoculare.
binoculars /bɪ'nɒkjʊləz/ n.pl. binocolo m.sing.; ***a pair of ~*** un binocolo.
binomial /͵baɪ'nəʊmɪəl/ **I** agg. [*distribution, coefficient*] binomiale **II** n. MAT. BIOL. binomio m.
binomial nomenclature /͵baɪ͵nəʊmɪəlnə'menklətʃə(r), AE -'nəʊmənkleɪtʃər/ n. nomenclatura f. binomia.
binomial theorem /͵baɪ͵nəʊmɪəl'θɪərəm/ n. MAT. regola f. del binomio.
bint /bɪnt/ n. BE COLLOQ. *(girl)* tipa f.
binuclear /͵baɪ'nju:klɪə(r), AE -'nu:-/ agg. binucleato.
bio /'baɪəʊ/ n. (pl. **~s**) AE COLLOQ. (accorc. **biography**) biografia f.
bioactive /͵baɪəʊ'æktɪv/ agg. bioattivo.
bioassay /͵baɪəʊ'æseɪ/ n. prova f. biologica.
biocatalyst /͵baɪəʊ'kætəlɪst/ n. biocatalizzatore m.
▷ **biochemical** /͵baɪəʊ'kemɪkl/ agg. biochimico.
biochemist /͵baɪəʊ'kemɪst/ ➧ **27** n. biochimico m. (-a).
biochemistry /͵baɪəʊ'kemɪstrɪ/ n. biochimica f.
biochore /'baɪəʊkɔ:(r)/ n. biocora f.
bioclastic /͵baɪəʊ'klæstɪk/ agg. bioclastico.
bioclimatology /͵baɪəʊklaɪmə'tɒlədʒɪ/ n. bioclimatologia f.
biocoenosis /͵baɪəʊsi:'nəʊsɪs/ n. (pl. **-es**) biocenosi f.
biocomputing /'baɪəʊkəmpju:tɪŋ/ n. bioinformatica f.
biocycle /'baɪəʊsaɪkl/ n. biociclo m.
biodegradability /͵baɪəʊdɪgreɪdə'bɪlətɪ/ n. biodegradabilità f.
biodegradable /͵baɪəʊdɪ'greɪdəbl/ agg. biodegradabile.
biodegradation /baɪəʊ͵degrə'deɪʃn/ n. biodegradazione f.
biodegrade /͵baɪəʊdɪ'greɪd/ intr. subire biodegradazione; ***substances which ~*** le sostanze biodegradabili.
biodiesel /'baɪəʊdi:zl/ n. biodiesel m.
biodiversity /͵baɪəʊdɪ'vɜ:sətɪ/ n. biodiversità f.
biodynamics /͵baɪəʊdaɪ'næmɪks/ n. + verbo sing. biodinamica f.
bioengineering /͵baɪəʊ͵endʒɪ'nɪərɪŋ/ n. bioingegneria f.
bioethics /baɪəʊ'eθɪks/ n. + verbo sing. bioetica f.
biofeedback /͵baɪəʊ'fi:dbæk/ n. biofeedback m.
biofuel /'baɪəʊfjʊəl/ n. biocarburante m.
biogenesis /͵baɪəʊ'dʒenəsɪs/ n. biogenesi f.
biogenetic /͵baɪəʊdʒɪ'netɪk/ agg. biogenetico.
biogenetics /͵baɪəʊdʒɪ'netɪks/ n. + verbo sing. biogenetica f.
biographer /baɪ'ɒgrəfə(r)/ ➧ **27** n. biografo m. (-a).
biographic(al) /͵baɪə'græfɪk(l)/ agg. biografico.
▷ **biography** /baɪ'ɒgrəfɪ/ n. biografia f.
biohazard /'baɪəʊ͵hæzəd/ n. rischio m. biológico.
bioherm /'baɪəʊhɜ:m/ n. bioherma m.
bioinformatics /͵baɪəʊɪnfə'mætɪks/ n. + verbo sing. bioinformatica f.
biolite /'baɪəʊlaɪt/, **biolith** /'baɪəʊlɪθ/ n. biolite f.
biological /͵baɪə'lɒdʒɪkl/ agg. biologico.
biological clock /͵baɪə͵lɒdʒɪkl'klɒk/ n. orologio m. biologico.
biologically /͵baɪə'lɒdʒɪklɪ/ avv. biologicamente.
biological powder /͵baɪə͵lɒdʒɪkl'paʊdə(r)/ n. detersivo m. ecologico.
biological shield /͵baɪə͵lɒdʒɪkl'ʃi:ld/ n. schermo m. biologico.
biological warfare /͵baɪə͵lɒdʒɪkl'wɔ:feə(r)/ n. guerra f. biologica.
biologist /baɪ'ɒlədʒɪst/ ➧ **27** n. biologo m. (-a).
▷ **biology** /baɪ'ɒlədʒɪ/ **I** n. biologia f. **II** modif. [*teacher, lesson, laboratory*] di biologia.
bioluminescence /͵baɪəʊlu:mɪ'nesns/ n. bioluminescenza f.
biomass /'baɪəʊmæs/ n. biomassa f.
biome /'baɪəʊm/ n. bioma m.
biomedical /͵baɪəʊ'medɪkl/ agg. biomedico.
biomedicine /baɪəʊ'medsn/ n. biomedicina f.
biometereology /'baɪəʊ͵mi:tɪə͵rɒlədʒɪ/ n. biometeorologia f.
biometric /͵baɪəʊ'metrɪk/ agg. biometrico.
biometrics /͵baɪəʊ'metrɪks/ n. + verbo sing. biometria f.
biometry /baɪ'ɒmətrɪ/ n. → **biometrics**.
bion /'baɪən/ n. bionte m.
bionic /baɪ'ɒnɪk/ agg. bionico.
bionics /baɪ'ɒnɪks/ n. + verbo sing. bionica f.
bionomics /͵baɪəʊ'nɒmɪks/ n. + verbo sing. bionomia f.
biophysicist /͵baɪəʊ'fɪzɪsɪst/ ➧ **27** n. biofisico m. (-a).
biophysics /͵baɪəʊ'fɪzɪks/ n. + verbo sing. biofisica f.
biopic /baɪ'ɒpɪk/ n. CINEM. COLLOQ. biopic m.
biopiracy /'baɪəʊ͵paɪərəsɪ/ n. biopirateria f.
bioplasm /'baɪəʊplæzəm/ n. bioplasma m.
biopsy /'baɪɒpsɪ/ n. biopsia f.
biorhythm /'baɪəʊrɪðəm/ n. bioritmo m.
bioscopy /'baɪəskəʊpɪ/ n. bioscopia f.
biosphere /'baɪəʊsfɪə(r)/ n. biosfera f.
biostatistics /͵baɪəʊstæ'tɪstɪks/ n. + verbo sing. biostatistica f.
biosynthesis /͵baɪəʊ'sɪnθəsɪs/ n. biosintesi f.
biota /baɪ'əʊtə/ n.pl. biota m.
▷ **biotechnology** /͵baɪəʊtek'nɒlədʒɪ/ n. biotecnologia f.
bioterrorism /'baɪəʊ͵terərɪzəm/ n. bioterrorismo m.
biotic /baɪ'ɒtɪk/ agg. biotico.
biotin /'baɪətɪn/ n. biotina f.
biotite /'baɪətaɪt/ n. biotite f.
biotope /'baɪətəʊp/ n. biotopo m.
biotype /'baɪəʊtaɪp/ n. biotipo m.
biovular /baɪ'əʊvjʊlə(r)/ agg. biovulare.
biowarfare /͵baɪəʊ'wɔ:feə(r)/ n. → **biological warfare**.
biparous /'bɪpərəs/ agg. biparo.
bipartisan /͵baɪpɑ:tɪ'zæn, baɪ'pɑ:tɪzn/ agg. POL. [*government*] bipartitico; [*agreement*] bipartisan.
bipartite /baɪ'pɑ:taɪt/ agg. bipartito.
biped /'baɪped/ **I** agg. bipede **II** n. bipede m.
bipedal /'baɪpedl/ agg. bipede.
biphasic /baɪ'feɪzɪk/ agg. bifase, bifasico.
biplane /'baɪpleɪn/ n. biplano m.
bipolar /baɪ'pəʊlə(r)/ agg. [*transistor, planet*] bipolare.
bipolarity /baɪpəʊ'lærətɪ/ n. bipolarità f.
bipolarization /baɪ͵pəʊləraɪ'zeɪʃn, AE -rɪ'z-/ n. *(magnetic)* (il) rendere bipolare.
bipolarize /baɪ'pəʊləraɪz/ tr. rendere bipolare [*metal*].
biquadrate /͵baɪ'kwɒdrɪt/ n. biquadrato m.
biquadratic /͵baɪ'kwɒdreɪtɪk/ agg. biquadratico.
birational /baɪ'ræʃənl/ agg. birazionale.
1.birch /bɜ:tʃ/ n. **1** (anche **~ tree**) betulla f. **2** (anche **~ wood**) legno m. di betulla, betulla f. **3** (anche **~ rod**) STOR. verga f., sferza f.; ***to get the ~*** essere fustigato.
2.birch /bɜ:tʃ/ tr. STOR. fustigare [*offender*].
birchen /'bɜ:tʃn/ agg. di betulla.
birching /'bɜ:tʃɪŋ/ n. STOR. fustigazione f.
▶ **1.bird** /bɜ:d/ n. **1** ZOOL. uccello m. **2** BE COLLOQ. *(girl)* ragazza f.; ***to pull the ~s*** cuccare *o* rimorchiare le ragazze **3** *(person)* ***a funny*** o ***queer old ~*** COLLOQ. un tipo divertente ◆ ***a little ~ told me*** COLLOQ. me l'ha detto l'uccellino; ***as free as a ~*** libero come l'aria; ***the ~s and the bees*** come nascono i bambini; ***to tell sb. about the ~s and the bees*** spiegare a qcn. come nascono i bambini; ***to sing like a ~*** *(sing well)* cantare come un usignolo; *(under interrogation)* cantare; ***the ~ has flown*** *(escape)* il prigioniero è scappato; *(go away)* è andato via; ***to do ~*** COLLOQ. *(in prison)* stare dentro; ***to get the ~*** COLLOQ. essere mandato via; ***to give sb. the ~*** fischiare qcn.; ***to flip sb. the ~*** AE COLLOQ. mandare qcn. a prendersela in quel posto (con un gesto della mano); ***to kill two ~s with one stone*** prendere due piccioni con una fava; ***(strictly) for the ~s*** da imbecilli; ***~s of a feather (flock together)*** PROV. chi s'assomiglia si piglia *o* Dio li fa e poi li accoppia.
2.bird /bɜ:d/ intr. **1** osservare gli uccelli **2** RAR. uccellare.
bird bath /'bɜ:dbɑ:θ, AE -bæθ/ n. vaschetta f. per gli uccelli.
bird-brain /'bɜ:dbreɪn/ n. COLLOQ. cervello m. di gallina.
bird-brained /'bɜ:dbreɪnd/ agg. con un cervello di gallina.

birdcage /'bɜːdkeɪdʒ/ n. gabbia f. per uccelli.
bird call /'bɜːdkɔːl/ n. 1 *(cry)* verso m. d'uccello 2 *(device)* richiamo m. per uccelli.
bird-catcher /'bɜːdkætʃə(r)/ n. uccellatore m. (-trice).
bird-catching /'bɜːdkætʃɪŋ/ n. uccellagione f.
1.bird dog /'bɜːddɒg, AE -dɔːg/ n. cane m. da penna.
2.bird dog /'bɜːddɒg, AE -dɔːg/ tr. AE COLLOQ. portare via la moglie o la ragazza a [*man*].
birder /'bɜːdə(r)/ n. AE → **birdwatcher**.
bird-fancier /'bɜːdˌfænsɪə(r)/ n. appassionato m. (-a) di ornitologia.
bird-feeder /'bɜːdˌfiːdə(r)/ n. beccatoio m.
bird flu /'bɜːdfluː/ n. influenza f. aviaria, influenza f. dei polli.
▷ **1.birdie** /'bɜːdɪ/ n. 1 *(in golf)* birdie m. 2 *(bird)* COLLOQ. uccellino m. ◆ ***watch the ~!*** FOT. COLLOQ. sorridi!
2.birdie /'bɜːdɪ/ tr. *(in golf)* ***to ~ a hole*** fare un birdie.
bird life /'bɜːdlaɪf/ n. avifauna f.
birdlike /'bɜːdlaɪk/ agg. di, da uccello.
birdlime /'bɜːdlaɪm/ n. vischio m., pania f.
bird man /'bɜːdmæn/ n. (pl. **bird men**) COLLOQ. ornitologo m.
bird of paradise /ˌbɜːdəv'pærədaɪs/ n. uccello m. del paradiso.
bird of prey /ˌbɜːdəv'preɪ/ n. uccello m. rapace.
bird sanctuary /'bɜːdˌsæŋktʃʊərɪ, AE -tʃʊerɪ/ n. riserva f. ornitologica.
birdseed /'bɜːdsiːd/ n. becchime m.
bird's eye /'bɜːdzaɪ/ n. 1 *(primrose)*primula f. 2 veronica f. maggiore.
bird's eye view /ˌbɜːdzaɪ'vjuː/ n. veduta f. dall'alto, panoramica f.
bird's foot trefoil /'bɜːdzfʊtˌtrefɔɪl/ n. ginestrina f.
bird's nest /'bɜːdznest/ n. nido m. d'uccello.
bird's-nesting /'bɜːdznestɪŋ/ n. ***to go ~*** = andare a caccia di nidi.
bird's nest soup /'bɜːdznestˌsuːp/ n. zuppa f. di nidi di rondine.
birdsong /'bɜːdsɒŋ/ n. canto m. degli uccelli.
birdtable /'bɜːdteɪbl/ n. = piattaforma all'aperto sulla quale si mette il cibo per gli uccelli.
birdwatcher /'bɜːdˌwɒtʃə(r)/ n. bird watcher m. e f.
bird-watching /'bɜːdwɒtʃɪŋ/ n. bird watching m.; ***to go ~*** andare a fare bird watching.
birefringence /bɪrɪ'frɪndʒns/ n. birifrangenza f.
birefringent /bɪrɪ'frɪndʒnt/ agg. birifrangente.
bireme /'baɪriːm/ n. bireme f.
biretta /bɪ'retə/ n. *(of priest, bishop etc.)* berretta f.
birling /'bɜːlɪŋ/ ➧ ***10*** n. AE = gara di equilibrio su tronchi galleggianti.
Birmingham /'bɜːmɪŋəm/ ➧ ***34*** n.pr. Birmingham f.
biro® /'baɪərəʊ/ n. BE (pl. **~s**) (penna) biro® f.; ***in ~*** a biro.
▶ **birth** /bɜːθ/ n. nascita f. (**of** di) (anche FIG.); MED. *(process of giving birth)* parto m.; ***to give ~ to*** [*person*] partorire *o* dare alla luce; ***to give ~ to*** [*animal*] partorire *o* fare [*young*]; ***a difficult, easy ~*** un parto difficile, facile; ***at ~*** alla nascita; ***by ~*** di nascita; ***Italian, Catholic by ~*** italiano, cattolico di nascita; ***from ~ he had lived in Rome*** (fin) dalla nascita aveva vissuto a Roma; ***blind from ~*** cieco di *o* dalla nascita; ***of high ~*** di nobile nascita *o* di alto lignaggio; ***of low ~*** di nascita umile *o* di umili natali; ***of Italian ~*** italiano di nascita; ***date, place of ~*** data, luogo di nascita; ***the ~ of Christianity, Marxism*** la nascita del Cristianesimo, Marxismo.
birth certificate /'bɜːθsəˌtɪfɪkət/ n. certificato m. di nascita.
birth control /'bɜːθkənˌtrəʊl/ **I** n. *(in society)* controllo m. delle nascite; *(by couple)* contraccezione f.; ***to practise ~*** [*couple*] usare metodi contraccettivi **II** modif. [*method, device*] di contraccezione, contraccettivo; [*advice*] in tema di contraccezione.
▷ **birthday** /'bɜːθdeɪ/ **I** n. compleanno m.; ***Happy Birthday!*** Buon compleanno! ***to wish sb. (a) happy ~*** augurare a qcn. (un) buon compleanno; ***on my, his ~*** (per) il giorno del mio, suo compleanno; ***on his tenth ~*** per il suo decimo compleanno; ***to celebrate sb.'s ~*** festeggiare il compleanno di qcn. **II** modif. [*cake, card, greetings, present*] di compleanno ◆ ***in one's ~ suit*** COLLOQ. SCHERZ. EUFEM. in costume adamitico.
birthday boy /'bɜːθdeɪˌbɔɪ/ n. festeggiato m.
birthday girl /'bɜːθdeɪˌgɜːl/ n. festeggiata f.
birthday guest /'bɜːθdeɪˌgest/ n. festeggiato m. (-a).
Birthday Honours list /'bɜːθdeɪˌɒnəzlɪst/ n. GB = lista di titoli onorari conferiti nel giorno del compleanno del sovrano.
birthday party /'bɜːθdeɪˌpɑːtɪ/ n. festa f. di compleanno.
birth defect /'bɜːθˌdiːfekt/ n. anomalia f. congenita.
birthing pool /'bɜːθɪŋˌpuːl/ n. MED. piscina f., vasca f. per parto in acqua.
birthing stool /'bɜːθɪŋˌstuːl/ n. MED. sedia f. da parto.
birthmark /'bɜːθmɑːk/ n. neo m. congenito, voglia f.
birth mother /'bɜːθˌmʌðə(r)/ n. madre f. biologica.
birth pangs /'bɜːθˌpæŋz/ n.pl. 1 *(labour pains)* doglie f. 2 FIG. ***the ~ of revolution*** le prime avvisaglie della rivoluzione.
birthplace /'bɜːθpleɪs/ n. luogo m. di nascita; FIG. culla f. (**of** di).
birthrate /'bɜːθreɪt/ n. tasso m. di natalità.
birth register /'bɜːθˌredʒɪstə(r)/ n. registro m. delle nascite.
birthright /'bɜːθˌraɪt/ n. diritto m. di nascita; *(of first-born)* primogenitura f.
births column /'bɜːθskɒləm/ n. GIORN. rubrica f. delle nascite.
birth sign /'bɜːθˌsaɪn/ n. segno m. (zodiacale); ***what's your ~?*** di che segno sei?
births, marriages, and deaths /'bɜːθsˌmærɪdʒɪzənˌdeθs/ n.pl. GIORN. = rubrica che riporta nascite, matrimoni e necrologi.
birthstone /'bɜːθˌstəʊn/ n. pietra f. portafortuna.
birth weight /'bɜːθˌweɪt/ n. peso m. alla nascita.
birthwort /'bɜːθˌwɜːt/ n. aristolochia f.
BIS n. (⇒ Bank for International Settlements Banca dei Regolamenti Internazionali) BRI f.
▷ **biscuit** /'bɪskɪt/ **I** n. 1 BE *(thin cake)* biscotto m.; ***sweet ~s*** biscotti dolci; ***plain ~s*** biscotti semplici *o* non elaborati 2 AE *(soft bread)* focaccina f. (dolce) 3 *(pottery)* (anche **~ ware**) biscuit m., biscotto m. **II** ➧ ***5*** agg. (anche **~-coloured**) biscotto, nocciola chiaro ◆ ***that takes the ~*** è il colmo; ***he really takes the ~*** ha davvero raggiunto il colmo.
biscuit barrel /'bɪskɪtbærəl/ n. biscottiera f.
biscuit factory /'bɪskɪtfæktərɪ/ n. biscottificio m.
biscuit firing /'bɪskɪtfaɪərɪŋ/ n. IND. = cottura al forno senza smaltatura a vetrina.
biscuit tin /'bɪskɪtˌtɪn/ n. biscottiera f., scatola f. per, dei biscotti.
bisect /baɪ'sekt/ tr. 1 MAT. bisecare 2 dividere in due parti uguali.
bisection /baɪ'sekʃn/ n. bisezione f.
bisector /baɪ'sektə(r)/ n. *(line)* bisettrice f.; *(plane)* piano m. bisettore.
bisexual /baɪ'sekʃʊəl/ **I** agg. bisessuale **II** n. bisessuale m. e f.
bisexuality /baɪˌsekʃʊ'ælɪtɪ/ n. bisessualità f.
▷ **bishop** /'bɪʃəp/ n. 1 RELIG. vescovo m. 2 *(in chess)* alfiere m.
bishopric /'bɪʃəprɪk/ n. vescovato m.
bismuth /'bɪzməθ/ n. bismuto m.
bison /'baɪsn/ n. (pl. **~**) bisonte m.
bisque /bɪsk/ n. 1 GASTR. zuppa f.; ***lobster ~*** zuppa d'aragosta 2 *(earthenware)* biscuit m., biscotto m. 3 SPORT = vantaggio (di un colpo) concesso al giocatore più debole.
bissextile /bɪ'sekstaɪl/ agg. [*year*] bisestile.
bistable /baɪ'steɪbl/ agg. bistabile.
bister → **bistre**.
bistort /'bɪstə(r)/ n. bistorta f.
bistoury /'bɪstərɪ/ n. bisturi m.
bistre /'bɪstə(r)/ ➧ ***5*** **I** agg. color bistro **II** n. bistro m.
bistro /'biːstrəʊ/ n. = piccolo ristorante.
bisulphate /ˌbaɪ'sʌlfeɪt/ n. bisolfato m.
bisulphite /ˌbaɪ'sʌlfaɪt/ n. bisolfito m.
1.bit /bɪt/ pass. → **2.bite**.
▷ **2.bit** /bɪt/ n. 1 *(small piece) (of food, substance, wood, paper, string, garden, land)* pezzo m., pezzetto m. (**of** di); ***a ~ of cheese, coal*** un pezzo di formaggio, carbone; ***a ~ of news*** una notizia; ***every ~ of dirt*** tutta la sporcizia; ***a food processor and all its ~s*** COLLOQ. un robot da cucina e tutti i suoi accessori; ***every ~ of her wanted to say yes*** ogni più piccola parte di lei voleva dire di sì; ***to take sth. to ~s*** smontare qcs.; ***to come*** o ***fall to ~s*** cadere in pezzi 2 COLLOQ. *(small amount)* ***a ~*** un po'; ***a little ~*** un pochino *o* un tantino; ***three and a ~*** tre e rotti; ***and a ~ over*** e un po' di più *o* e rotti; ***would you like a ~ more?*** ne vuoi ancora un po'? ***a ~ of*** un po' di [*time, peace, sun, butter, money etc.*]; ***a ~ of everything*** un po' di tutto; ***a ~ of difficulty, information*** un po' di difficoltà, informazioni; ***a ~ of advice*** qualche consiglio; ***with a ~ of luck*** con un po' di fortuna; ***to have a ~ of bad luck*** avere un po' di sfortuna; ***to do a ~ of shopping*** fare un po' di spesa; ***it won't do a ~ of good*** non servirà a niente; ***it isn't a ~ of use asking*** chiedere non serve a niente; ***that corkscrew isn't a ~ of use*** quel cavatappi non serve a niente; ***wait a ~!*** aspetta un po'! ***after a ~*** dopo un po'; ***quite a ~ of, a good ~ of*** parecchio [*time, money, resentment etc.*]; ***quite a ~*** o ***a good ~ further, bigger*** un bel po' più lontano, grande 3 COLLOQ. *(section)* pezzo m.; ***listen, this ~ is brilliant!*** ascolta, questo pezzo è magnifico! ***the next ~ is even better*** il pezzo che segue è anche meglio; ***the ~ where Hamlet dies*** il passo in cui Amleto muore 4 ANT. *(coin)* monetina f. 5 **a bit** COLLOQ. *(rather)* un po'; ***a ~ deaf, cold, surprising*** un po' sordo, freddo, sorprendente; ***a ~ early*** un

po' troppo presto; ***a ~ like me*** un po' come me; ***move back a ~*** vai un po' indietro; ***it's asking a ~ much*** (questo) è chiedere un po' troppo; ***she isn't a ~ like me*** non mi somiglia affatto; ***it's a ~ of a surprise, a mess*** è un po' una sorpresa, un casino; ***he's a ~ of a brute, a Tory*** è piuttosto brutale, conservatore; ***for a ~ of a change*** per cambiare un po'; ***a ~ of a disappointment*** un po' deludente; ***to have a ~ of a headache*** avere un po' di mal di testa; ***a ~ of a problem*** un po' un problema, un bel problema; ***it was a ~ of a shock to me*** è stato un po' uno shock per me; ***it was a ~ of a joke*** è stato uno scherzo, non è stata una cosa seria; ***we had a ~ of a giggle*** abbiamo riso un po' ◆ ***a ~ of this and a ~ of that*** un po' di tutto; ***a ~ of stuff*** COLLOQ. una bella tipa; ***~ by ~*** poco a poco; ***~s and bobs*** COLLOQ. cianfrusaglie; ***~s and pieces*** *(fragments)* pezzetti; *(belongings)* armi e bagagli; ***every ~ as good, clever*** bravo, intelligente in tutto e per tutto (**as** quanto); ***he's every ~ a lawyer*** è un perfetto avvocato; ***not a ~!*** niente affatto! ***not a ~ of it!*** COLLOQ. neanche per sogno! ***that's a ~ off!*** COLLOQ. c'è qualcosa che non va! ***to do one's ~*** fare la propria parte.

3.bit /bɪt/ n. INFORM. bit m., cifra f. binaria, unità f. di informazione; ***a 16-~ model*** un modello a 16 bit.

4.bit /bɪt/ n. **1** EQUIT. morso m., freno m.; ***standard ~*** morso standard **2** TECN. (anche **drill ~**) punta f. (di trapano) ◆ ***to have, take the ~ between one's teeth*** mordere il freno.

5.bit /bɪt/ tr. (forma in -ing ecc. **-tt-**) **1** mettere il morso a [*horse*] **2** imbrigliare (anche FIG.).

bitartrate /baɪ'tɑ:treɪt/ n. bitartrato m.

▷ **1.bitch** /bɪtʃ/ n. **1** ZOOL. cagna f.; ***a labrador ~*** una femmina di labrador **2** POP. *(as insult)* stronza f., puttana f.; ***you son of a ~!*** POP. figlio di un cane! figlio di puttana! **3** COLLOQ. *(malicious woman)* ***to be a ~*** essere una strega; ***don't be a ~!*** non fare la strega! **4** COLLOQ. *(aggravation)* ***a ~ of a job*** un lavoro rognoso *o* un cazzo di lavoro; ***life's a ~*** la vita è dura.

2.bitch /bɪtʃ/ intr. COLLOQ. **1** *(gossip spitefully)* parlare male (**about** di) **2** AE *(complain)* lagnarsi (**about** di).

bitchy /'bɪtʃɪ/ agg. COLLOQ. **1** *(malicious)* [*person, comment*] maligno; ***to be ~ about sb., sth.*** sparlare di qcn., qcs. **2** AE *(aggressive)* incazzoso.

▶ **1.bite** /baɪt/ n. **1** *(mouthful)* morso m., boccone m.; ***in one ~*** in un boccone; ***to have*** o ***take a ~ of sth.*** prendere un boccone di qcs.; ***to take a ~ out of sth.*** FIG. creare un buco in qcs.; ***that will take a big ~ out of our budget, profits*** ciò lascerà un gran buco nel nostro budget, nei nostri profitti **2** COLLOQ. *(snack)* boccone m., spuntino m.; ***to have a ~ (to eat)*** mangiare un boccone; ***to have*** o ***grab a quick ~ (to eat)*** fare un veloce spuntino **3** FIG. *(impact, keen edge)* *(of wind, cold)* sferza f.; *(of food)* sapore m. piccante; *(of argument, performance, style, film)* mordente m., mordacità f.; ***his speech, film has ~*** il suo discorso, film ha mordente **4** *(from insect)* puntura f.; *(from dog, snake)* morso m.; ***insect ~*** puntura d'insetto **5** PESC. (l')abboccare; ***to have a ~*** fare abboccare; FIG. trovare una persona adatta; ***I've got a ~ at last*** alla fine ha abboccato; ***the house is up for sale but we haven't had any ~s yet*** la casa è in vendita ma non abbiamo ancora ricevuto offerte *o* trovato un acquirente **6** MED. occlusione f.

▶ **2.bite** /baɪt/ **I** tr. (pass. **bit**; p.pass. **bitten**) [*person, animal*] mordere; [*insect*] pungere; ***to ~ sth. in two*** spezzare qcs. in due con i denti *o* con un morso; ***to ~ one's nails*** mangiarsi le unghie **II** intr. (pass. **bit**; p.pass. **bitten**) **1** *(take effect)* [*measure, policy, rule, new rates, strike, shortage*] farsi sentire **2** PESC. [*fish*] abboccare ◆ ***he won't ~ you!*** COLLOQ. non ti morde (mica)! ***to ~ one's lip*** mordersi le labbra; ***to ~ the hand that feeds you*** mordere la mano che ti nutre *o* sputare nel piatto in cui si mangia; ***the biter bit*** il gabbatore gabbato, il truffatore truffato; ***to be bitten by the DIY, health food bug*** COLLOQ. avere la mania del fai da te, del cibo sano; ***to ~ (on) the bullet*** stringere i denti.

▪ **bite back:** ***~ back [sth.]*** trattenersi dal fare [*rude comment*]; trattenersi dal dare [*reply*].

▪ **bite into:** ***~ into [sth.]*** addentare [*fruit, sandwich etc.*]; FIG. *(affect)* avere effetto su [*economy, finances*].

▪ **bite off:** ***~ off [sth.], ~ [sth.] off*** staccare [qcs.] con un morso.

▪ **bite on:** ***~ on [sth.]*** avere [qcs.] da mettere sotto i denti; FIG. essere alle prese con [*job, duty*].

▪ **bite through:** ***~ through [sth.]*** [*person, animal*] trapassare [qcs.] da parte a parte con un morso.

bite mark /'baɪtˌmɑ:k/ n. segno m. di morsicatura.

biter /'baɪtə(r)/ n. **1** chi morde **2** ANT. truffatore m. (-trice), imbroglione m. (-a).

bite-sized /'baɪtsaɪzd/ agg. delle dimensioni di un boccone; ***~ chunks*** o ***pieces of chicken*** bocconcini, pezzetti di pollo.

biting /'baɪtɪŋ/ agg. **1** *(penetrating)* [*wind*] tagliente; [*cold*] pungente, penetrante **2** FIG. [*comment, irony, sarcasm, satire, wit*] mordace, pungente **3** *(capable of biting)* [*insect*] che punge, pungitore.

bitingly /'baɪtɪŋlɪ/ avv. mordacemente, in modo mordace.

bit part /'bɪtˌpɑ:t/ n. TEATR. particina f.

bit slice (micro)processor /'bɪtslaɪs(maɪkrəʊ)ˌprəʊsesə(r)/ n. INFORM. (micro)processore m. a sezioni.

bit slicing /'bɪtslaɪsɪŋ/ n. INFORM. suddivisione f. bit per bit.

1.bitt /bɪt/ n. bitta f.

2.bitt /bɪt/ tr. abbittare.

bitten /'bɪtn/ p.pass. → **2.bite** ◆ ***once ~ twice shy*** PROV. il gatto scottato teme l'acqua fredda.

▷ **bitter** /'bɪtə(r)/ **I** agg. **1** *(sour)* amaro **2** *(resentful)* [*tone, comment*] acre, aspro, risentito; [*person*] amareggiato, sdegnato, risentito; [*memory*] amaro, doloroso; ***she felt ~ about the way they had treated her, about his accusation*** era risentita per il modo in cui l'avevano trattata, per la sua accusa **3** *(fierce)* [*critic*] feroce; [*hatred*] implacabile, accanito; [*opposition, rivalry*] spietato, implacabile; [*battle*] accanito; [*attack, argument, feud*] feroce; ***they are ~ enemies*** sono acerrimi nemici **4** *(very cold)* [*weather*] rigido; [*wind*] pungente **5** *(hard to accept)* [*disappointment, truth*] amaro, crudele; [*legacy*] LETT. pesante; [*harvest*] LETT. magro; [*blow*] duro; ***the result was a ~ blow to the party*** il risultato fu un duro colpo per il partito; ***I know from ~ experience that*** la mia amara esperienza insegna che **II** n. BE *(beer)* birra f. rossa **III bitters** n.pl. amaro m.sing. ◆ ***it's a ~ pill to swallow*** è un boccone amaro da mandar giù; ***to fight, carry on to the ~ end*** lottare, andare fino in fondo.

bitter almond /'bɪtərɑ:mənd/ n. mandorla f. amara.

bitter aloes /'bɪtərælәʊz/ n. *(medicine)* aloe f.

bitterish /'bɪtərɪʃ/ agg. amarognolo.

bitter lemon /'bɪtəˌlemən/ n. Schweppes® f. al limone.

bitterling /bɪtəlɪŋ/ n. ITTIOL. rodeo m.

bitterly /'bɪtəlɪ/ avv. **1** *(resentfully)* [*complain, resent, laugh, speak*] amaramente **2** *(intensely)* [*unhappy, angry*] profondamente; [*criticized*] aspramente; [*disappointed*] amaramente; [*regret*] amaramente; [*fight, contest*] accanitamente, ferocemente; [*weep*] amaramente; ***a ~ divided party*** un partito profondamente diviso; ***a ~ cold wind*** un vento glaciale; ***it's ~ cold*** fa un freddo pungente *o* tremendo.

1.bittern /'bɪtən/ n. ZOOL. tarabuso m.

2.bittern /'bɪtən/ n. CHIM. acqua f. madre.

bitterness /'bɪtənɪs/ n. amarezza f. (anche FIG.)

bitter orange /'bɪtərɒrɪndʒ/ n. **1** *(fruit)* arancia f. amara **2** *(drink)* aranciata f. amara.

bittersweet /ˌbɪtə'swi:t/ **I** agg. agrodolce (anche FIG.) **II** n. BOT. dulcamara f.

bitty /'bɪtɪ/ agg. **1** *(scrappy)* [*account*] frammentario **2** COLLOQ. *(tiny)* (anche **little ~, itty ~**) ***a little ~ baby*** un bambino piccolo piccolo *o* un piccino; ***a little ~ piece of*** un pezzettino di.

bitumen /'bɪtjʊmɪn, AE bə'tu:mən/ n. bitume m.

bituminize /bɪ'tju:mɪnaɪz/ tr. bitumare.

bituminous /bɪ'tju:mɪnəs, AE -'tu:-/ agg. bituminoso.

bivalence /baɪ'veɪləns/ n. bivalenza f.

bivalent /baɪ'veɪlənt/ **I** agg. bivalente **II** n. bivalente m. e f.

bivalve /'baɪvælv/ **I** agg. bivalve **II** n. bivalve m.

bivalved /'baɪvælvd/, **bivalvular** /baɪ'vælvjʊlə(r)/ agg. bivalve.

1.bivouac /'bɪvʊæk/ n. bivacco m.

2.bivouac /'bɪvʊæk/ intr. (forma in -ing ecc. **-ck-**) bivaccare.

biweekly /baɪ'wi:klɪ/ **I** agg. [*publication*] *(twice weekly)* bisettimanale; *(every two weeks)* quindicinale **II** avv. [*appear*] *(twice weekly)* due volte alla settimana; *(every two weeks)* ogni due settimane.

biz /bɪz/ n. COLLOQ. → **show business** ◆ ***to be just the ~*** COLLOQ. essere quello di cui si ha bisogno *o* essere l'ideale.

▷ **bizarre** /bɪ'zɑ:(r)/ agg. bizzarro.

bizarrely /bɪ'zɑ:lɪ/ avv. bizzarramente, in modo bizzarro.

bizarrerie /bɪ'zɑ:rərɪ/ n. bizzarria f.

blab /blæb/ **I** tr. (forma in -ing ecc. **-bb-**) COLLOQ. → **blab out II** intr. (forma in -ing ecc. **-bb-**) **1** *(reveal secret)* fare la spia, cantare **2** AE *(talk idly)* blaterare, cianciare (**about** su).

▪ **blab out:** ***~ out [sth.], ~ [sth.] out*** spifferare, svelare [*secret*].

blabber /'blæbə/ n. COLLOQ. **1** → **blabbermouth 2 U** *(idle talk)* ciance f.pl., chiacchiere f.pl.

blabbermouth /'blæbəmaʊθ/ n. COLLOQ. SPREG. chiacchierone m. (-a).

▶ **1.black** /blæk/ ◗ **5 I** agg. **1** *(dark)* [*car, cloud, hair, paint*] nero; [*night*] buio; ***to paint, dye sth. ~*** pitturare, tingere qcs. di nero; ***to go*** o ***turn ~*** diventare nero *o* annerirsi **2** *(African, Afro-Caribbean)* (anche **Black**) [*community, culture, president*] nero; [*school*] per neri; ***a ~ man, woman*** un uomo, una donna di colore **3** *(without milk)* [*coffee*] nero; [*tea*] senza latte **4** *(dirty)* [*face, mark, towel*] nero **5** *(macabre)* [*humour*] nero; ***~ comedy*** black comedy **6** *(gloomy)* [*mood, thoughts*] nero, tetro; [*picture*] nero, a tinte fosche; [*despair*] cupo; [*future, prospect*] fosco; [*news*] funesto; [*day, week*] nero; ***it was a ~ day for us when he left*** è stata una giornata nera per noi quando se ne è andato; ***things are looking ~ for us*** le cose si mettono male per noi; ***Black Monday*** ECON. lunedì nero **7** *(angry)* [*look*] truce, torvo; [*mood*] pessimo; ***his face was as ~ as thunder*** era scuro in volto *o* era infuriato; ***she's in one of her ~ moods*** è d'umore nero **8** *(evil)* [*deed, thought*] empio, scellerato; [*heart*] malvagio; [*magic*] nero **II** n. **1** *(colour)* nero m.; ***in ~*** in nero; ***to wear ~*** vestire in *o* di nero; *(in mourning)* portare il lutto **2** (anche **Black**) *(person)* nero m. (-a) **3** ECON. ***to be in the ~*** essere in credito *o* in attivo; ***to stay in the ~*** rimanere in credito *o* in attivo; ***to put sb. back in the ~*** fare tornare qcn. in credito *o* in attivo **4** GIOC. *(in chess, draughts)* nero m., neri m.pl.; *(in roulette)* nero m.; ***I'll be ~*** prendo i neri **5** *(in snooker or pool)* (palla) nera f. ◆ ***as ~ as coal*** o ***soot*** nero come il carbone; ***~ and blue*** pieno di lividi; ***to beat sb. ~ and blue*** COLLOQ. pestare qcn. *o* fare qcn. nero di botte.

2.black /blæk/ tr. **1** *(put black onto)* annerire, sporcare [*sb.'s face, hands*]; lucidare (di nero) [*boots*]; ***to ~ one's face, hands*** sporcarsi la faccia, le mani **2** BE *(bruise)* ***to ~ sb.'s eye*** fare un occhio nero a qcn. **3** BE *(boycott)* boicottare.

▪ **black out:** ~ out [*person*] svenire, perdere i sensi, la memoria; ~ *[sth.]* out, ~ out *[sth.]* **1** *(hide all lights)* oscurare [*house*]; fare buio in [*stage*] **2** *(cut power)* interrompere la corrente, sospendere l'energia elettrica in [*area*] **3** *(suspend broadcasting)* oscurare, interrompere [*programme*] **4** *(obliterate)* cancellare (con una riga nera) [*name, word*].

▪ **black up:** [*actor*] annerirsi, scurirsi il viso.

Black Africa /ˌblæk'æfrɪkə/ n.pr. GEOGR. Africa f. nera.

black American /ˌblækə'merɪkən/ n. nero m. (-a) d'America.

blackamoor /'blækəmɔː(r), -mʊə(r)/ n. ANT. SPREG. negro m. (-a), moro m. (-a).

black and white /ˌblækən'waɪt, AE -'hwaɪt/ ➧ **5 I** agg. **1** CINEM. FOT. TELEV. [*TV, camera film, movie, print, photo, photography*] in bianco e nero **2** *(clear-cut)* [*matter, situation*] chiaro, dai contorni ben definiti **II** n. **1** CINEM. FOT. bianco e nero m.; ***in ~*** in bianco e nero **2** *(in writing)* ***here it is in ~*** qui è scritto nero su bianco ◆ ***he sees everything in ~*** per lui o è bianco o è nero *o* per lui non ci sono vie di mezzo.

black arts /ˌblæk'ɑːts/ n.pl. magia f.sing. nera.

blackball /'blækbɔːl/ tr. interdire, bandire (**from** da).

black bass /ˌblæk'bæs/ n. PESC. = pesce appartenente alla famiglia dei centrarchidi.

black bear /ˌblæk'beə(r)/ n. orso m. nero.

Blackbeard /'blækbɪəd/ n.pr. Barbanera.

black beetle /ˌblæk'biːtl/ n. ZOOL. scarafaggio m.

black belt /ˌblæk'belt/ n. cintura f. nera (**in** di); ***to be a ~*** essere cintura nera.

blackberry /'blækbrɪ, -berɪ/ **I** n. mora f. (di rovo) **II** modif. [*tart, pie, juice, jam*] di more.

blackberry bush /'blækbrɪˌbʊʃ, -berɪ-/ n. BOT. rovo m.

blackberrying /'blækberɪɪŋ/ n. raccolta f. delle more; ***to go ~*** andare a raccogliere more.

blackbird /'blækbɜːd/ n. **1** merlo m. **2** STOR. *(slave)* = nero o polinesiano rapito e ridotto in schiavitù.

blackbirder /'blækbɜːdə(r)/ n. STOR. = mercante di schiavi neri o polinesiani.

blackboard /'blækbɔːd/ n. lavagna f.; ***on the ~*** alla lavagna.

blackboard duster /'blækbɔːdˌdʌstə(r)/ n. cancellino m., cimosa f.

blackboard jungle /'blækbɔːdˌdʒʌŋgl/ n. BE SCOL. = ambiente scolastico particolarmente degradato.

black body /ˌblæk'bɒdɪ/ n. corpo m. nero.

black book /ˌblæk'bʊk/ n. FIG. libro m. nero; ***to be in sb.'s ~*** o ***~s*** essere sul libro nero di qcn.

black box /ˌblæk'bɒks/ n. AER. INFORM. scatola f. nera.

blackbread /'blækbred/ n. pane m. di segale.

black cab /ˌblæk'kæb/ n. grande taxi m. nero.

blackcap /'blækkæp/ n. capinera f.

blackcock /'blækkɒk/ n. fagiano m. di monte maschio.

Black Country /ˌblæk'kʌntrɪ/ n.pr. = la zona industriale a nord-ovest di Birmingham.

blackcurrant /ˌblæk'kʌrənt/ **I** n. BOT. GASTR. ribes m. nero **II** modif. [*tart, drink, jam, bush*] di ribes neri; [*sweet, yoghurt*] al ribes nero.

black damp /'blækˌdæmp/ n. = gas di miniera non esplosivi ma asfissianti.

Black Death /ˌblæk'deθ/ n. peste f. nera, morte f. nera.

black diamond /ˌblæk'daɪəmənd/ n. carbonado m., diamante m. nero.

black economy /ˌblækɪ'kɒnəmɪ/ n. economia f. sommersa.

blacken /'blækən/ **I** tr. **1** [*actor, soldier*] annerire [*face*]; [*smoke*] annerire [*brick, wood*]; [*disease, frost*] bruciare [*plant*]; [*dirt*] imbrattare, sporcare [*towel*]; ***the ~ed remains of*** i resti bruciati di [*car, roast*] **2** *(diminish)* infangare, macchiare [*reputation, name*]; offuscare l'immagine di [*person*] **3** AE *(bruise)* ***to ~ sb.'s eye*** fare un occhio nero a qcn. **II** intr. **1** *(grow darker)* [*sky, stove*] annerirsi **2** [*mood*] rabbuiarsi.

black eye /ˌblæk'aɪ/ n. occhio m. nero; ***to give sb. a ~*** fare un occhio nero a qcn.; ***he got a ~*** gli hanno fatto un occhio nero.

blackfly /'blækflaɪ/ n. **1** *(aphid)* afide m. della fava **2** *(bloodsucker)* simulide m.

Black Forest /ˌblæk'fɒrɪst, AE -'fɔːr-/ n.pr. GEOGR. Foresta Nera f.

Black Forest gateau /ˌblækfɒrɪst'gætəʊ, AE -'fɔːr-/ BE, **Black Forest cake** /ˌblækfɒrɪst'keɪk, AE -'fɔːr-/ AE n. GASTR. torta f. della Foresta Nera.

Black Friar /ˌblæk'fraɪə(r)/ n. RELIG. (frate) domenicano m., frate m. nero.

black frost /ˌblæk'frɒst/ n. gelo m. intenso (senza brina).

black gold /ˌblæk'gəʊld/ n. COLLOQ. oro m. nero.

black grouse /ˌblæk'graʊs/ n. fagiano m. di monte.

1.blackguard /'blægɑːd/ n. ANT. O SCHERZ. canaglia f., furfante m.

2.blackguard /'blægɑːd/ **I** tr. ingiuriare **II** intr. comportarsi da furfante.

blackhead /'blækhed/ n. MED. punto m. nero, comedone m.

black-headed gull /ˌblækhedɪd'gʌl/ n. gabbiano m. comune.

black-hearted /ˌblæk'hɑːtɪd/ agg. LETT. malvagio, perverso.

black hole /ˌblæk'həʊl/ n. ASTR. buco m. nero.

black ice /ˌblæk'aɪs/ n. vetrato m., ghiaccio m. nero.

blacking /'blækɪŋ/ n. **1** BE *(boycotting)* boicottaggio m. (**of** di) **2** ANT. *(polish)* lucido m. nero.

blackish /'blækɪʃ/ ➧ **5** agg. [*shade, hair*] che tende al nero; [*stain, substance*] nerastro, nerognolo.

1.blackjack /'blækdʒæk/ ➧ **10** n. **1** GIOC. black jack m. **2** AE *(club)* manganello m. **3** MINER. blenda f., sfalerite f.

2.blackjack /'blækdʒæk/ tr. AE prendere a manganellate.

1.blacklead /'blækled/ n. *(for stove)* grafite f.; *(in pencil)* mina f.

2.blacklead /'blækled/ tr. grafitare.

1.blackleg /'blækleg/ n. BE COLLOQ. SPREG. crumiro m. (-a).

2.blackleg /'blækleg/ intr. (forma in -ing ecc. **-gg-**) BE fare il crumiro.

1.blacklist /'blæklɪst/ n. lista f. nera; ***to put sb. on a ~*** mettere qcn. sulla lista nera.

2.blacklist /'blæklɪst/ tr. mettere sulla lista nera.

blackly /'blæklɪ/ avv. [*glower, stare*] minacciosamente, torvamente.

black magic /ˌblæk'mædʒɪk/ n. magia f. nera.

1.blackmail /'blækmeɪl/ n. ricatto m., estorsione f.

2.blackmail /'blækmeɪl/ tr. ricattare; ***to ~ sb. into doing sth.*** costringere qcn. a fare qcs. con il ricatto.

blackmailer /'blækmeɪlə(r)/ n. ricattatore m. (-trice).

Black Maria /ˌblækmə'raɪə/ n. BE COLLOQ. (furgone) cellulare m.

black mark /ˌblæk'mɑːk/ n. FIG. nota f. di biasimo.

black market /ˌblæk'mɑːkɪt/ **I** n. mercato m. nero, borsa f. nera; ***on the ~*** al mercato nero **II** modif. [*price, goods*] del mercato nero; ***~ trade*** mercato nero; ***~ trader*** borsanerista.

black marketeer /ˌblækˌmɑːkɪ'tɪə(r)/ n. borsanerista m. e f.

black mass /ˌblæk'mæs/ n. messa f. nera.

Black Monk /ˌblæk'mʌŋk/ n. (frate) benedettino m.

Black Muslim /ˌblæk'mʌzlm, AE -'mʌzləm/ n. US RELIG. musulmano m. (-a) nero (-a).

blackness /'blæknɪs/ n. **1** *(darkness, night)* oscurità f. **2** *(dark colour) (of hair, ink, water, clouds)* nerezza f. **3** *(gloominess) (of outlook, thoughts)* tetraggine f. **4** *(evilness) (of heart, thoughts)* empietà f., malvagità f.; *(of deeds)* scelleratezza f.

blackout /'blækaʊt/ n. **1** *(in wartime)* oscuramento m. **2** *(power cut)* interruzione f. di corrente elettrica, blackout m. **3** RAD. TELEV. oscuramento m., interruzione f. delle trasmissioni **4** GIORN. blackout m.; ***to impose a news ~*** imporre un silenzio stampa **5** *(faint)* svenimento m., perdita f. dei sensi **6** *(loss of memory)* perdita f. di memoria.

Black Panthers /ˌblæk'pænθəz/ n.pl. US POL. Pantere f. nere (movimento che rivendicava, anche con mezzi violenti, maggiori diritti ai neri americani).

black pepper /ˌblæk'pepə(r)/ n. pepe m. nero.
Black Power (movement) /ˌblæk'paʊə(r)(ˌmu:vmənt)/ n. US POL. Potere m. nero (movimento che rivendicava un potere politico ed economico ai neri americani).
black pudding /ˌblæk'pʊdɪŋ/ n. BE GASTR. sanguinaccio m.
Black Rod /ˌblæk'rɒd/ n. GB POL. = usciere della Camera dei Lord o dell'Ordine della Giarrettiera.
Black Sea /ˌblæk'si:/ n.pr. GEOGR. Mar m. Nero.
black sheep /ˌblæk'ʃi:p/ n. FIG. pecora f. nera.
Blackshirt /'blækʃɜ:t/ n. STOR. camicia f. nera.
blacksmith /'blæksmɪθ/ ▸ *27* n. fabbro m. ferraio, maniscalco m.
blacksploitation /ˌblæksplɔɪ'teɪʃn/ n. US POP. = sfruttamento, a fini commerciali, delle tematiche politiche e sociali legate ai movimenti dei neri d'America.
blackspot /'blækspɒt/ n. FIG. **1** = tratto di strada particolarmente pericoloso; ***accident ~*** tratto ad alto rischio di incidenti **2** punto m. caldo; ***unemployment ~*** area ad alta disoccupazione.
Black Studies /ˌblæk'stʌdɪz/ n.pl. studi m. afroamericani.
black swan /ˌblæk'swɒn/ n. ZOOL. cigno m. nero.
black taxi /ˌblæk'tæksɪ/ n. → **black cab**.
blackthorn /'blækθɔ:n/ n. pruno m. selvatico, prugnolo m.
black tie /ˌblæk'taɪ/ **I** n. *(on invitation)* "~" "cravatta nera" **II** modif. [*dinner, function*] in abito da sera.
Black velvet /ˌblæk'velvɪt/ n. = cocktail a base di birra scura e champagne.
blackwater fever /ˌblæk'wɔ:təˌfi:və(r)/ ▸ *11* n. febbre f. emoglobinurica.
black widow (spider) /ˌblæk'wɪdəʊ(ˌspaɪdə(r))/ n. ZOOL. vedova f. nera.
▷ **bladder** /'blædə(r)/ n. **1** ANAT. vescica f. **2** *(in ball)* camera f. d'aria **3** BOT. vescica f.
bladderwort /'blædəˌwɜ:t/ n. otricolaria f.
bladderwrack /'blædəˌræk/ n. fuco m. vescicoloso.
bladdery /'blædərɪ/ agg. RAR. gonfio come una vescica, rigonfio.
▷ **blade** /bleɪd/ n. **1** *(cutting edge) (of knife, sword, axe)* lama f. **2** *(for propulsion) (of fan, propeller, oar, turbine)* pala f.; *(of windscreen wiper)* spazzola f. **3** BOT. *(of grass)* filo m. **4** LETT. *(sword)* spada f. **5** FON. *(of tongue)* dorso m. **6** ANT. *(man)* giovane m. baldanzoso e borioso.
bladed /bleɪdɪd/ agg. **1** [*knife, sword, axe*] munito di lama **2** [*fan, propeller, oar, turbine*] munito di pale, a pale **3** [*wheat*] munito di stelo, in erba.
blah /blɑ:/ **I** n. COLLOQ. **~ ~** bla bla **II blahs** AE n.pl. ***the ~s*** le sciocchezze.
blain /bleɪn/ n. vescicola f. cutanea.
blamable /'bleɪməbl/ agg. → **blameworthy**.
▶ **1.blame** /bleɪm/ n. **1** *(responsibility)* responsabilità f., colpa f. (**for** di); ***to accept the ~*** accettare la responsabilità; ***share the ~*** prendersi *o* accettare una parte della responsabilità; ***to take the ~*** o ***to bear the ~*** FORM. assumersi la responsabilità; ***to put*** o ***place*** o ***lay the ~ for sth. on sb.*** attribuire *o* addossare la responsabilità di qcs. a qcn.; ***the ~ lies with the government*** la responsabilità ricade sul governo; ***don't put the ~ on me*** non dare la colpa a me; ***he got the ~ for the broken vase, for leaking the information*** fu incolpato di aver rotto il vaso, di aver fatto trapelare le informazioni; ***why do I always get the ~?*** perché è sempre colpa mia? ***she did it but I got the ~*** lei lo ha fatto e io mi sono preso la colpa **2** *(criticism)* biasimo m., riprovazione f.; ***to deserve some of the ~*** meritare una parte del biasimo; ***to be free from ~*** essere esente da critiche; ***without ~*** senza riprovazione.
▶ **2.blame** /bleɪm/ **I** tr. incolpare, biasimare [*person, group*]; dare la colpa a, prendersela con [*weather, recession, system*]; ***she has always ~d me*** ha sempre dato la colpa a me; ***he has resigned and who can ~ him?*** si è dimesso e chi lo può biasimare? ***to ~ sb. for sth.*** incolpare qcn. di qcs.; ***I ~d her for the accident*** ho incolpato lei dell'incidente; ***to ~ sth. on sb.*** attribuire *o* addossare la responsabilità di qcs. a qcn.; ***she ~d her tiredness on the heat*** attribuiva la sua stanchezza al caldo; ***to be to ~ for*** essere responsabile di [*accident, crisis, problem*] **II** rifl. ***to ~ oneself*** rimproverarsi; ***to ~ oneself for*** sentirsi responsabile di [*tragedy, outcome*]; ***you mustn't ~ yourself*** non devi biasimarti *o* non devi fartene una colpa; ***you've only yourself to ~*** devi prendertela solo con te stesso *o* la colpa è solo tua.
blameable → **blamable**.
blamed /bleɪmd/ **I** p.pass. → **2.blame II** agg. IRON. benedetto.
blameful /'bleɪmfl/ agg. biasimevole.
blameless /'bleɪmlɪs/ agg. [*person*] innocente; [*activity, life*] irreprensibile; ***the government is not entirely ~*** il governo non è completamente esente da colpe.
blamelessly /'bleɪmlɪslɪ/ avv. [*act, behave*] irreprensibilmente.
blameworthy /'bleɪmwɜ:ðɪ/ agg. **1** *(responsible)* [*person*] responsabile, colpevole **2** *(reprehensible)* [*action, conduct*] biasimevole, discutibile.
blanch /blɑ:ntʃ, AE blæntʃ/ **I** tr. **1** sbiancare **2** sbollentare, scottare, sbianchire [*fruit, vegetables*] **II** intr. [*person*] impallidire.
Blanche /blɑ:ntʃ, AE blæntʃ/ n.pr. Bianca.
blanched almonds /'blɑ:ntʃtˌɑ:məndz, AE 'blæntʃt-/ n.pl. mandorle f. pelate.
blancher /'blɑ:ntʃə(r), AE 'blæn-/ n. **1** sbiancatore m. (-trice) **2** (agente) sbiancante m.
blancmange /blə'mɒnʒ/ n. biancomangiare m.
▷ **bland** /blænd/ agg. [*food, flavour*] insipido; [*diet*] leggero; [*person, character*] mite, gentile, bonario; [*account, interview*] freddo, distaccato; [*intonation*] monotono, piatto.
blandish /'blændɪʃ/ tr. ANT. blandire, lusingare.
blandishment /'blændɪʃmənt/ n. ANT. blandizie f.pl., lusinghe f.pl.
blandly /'blændlɪ/ avv. mitemente, con gentilezza.
blandness /'blændnɪs/ n. mitezza f., gentilezza f.
▷ **1.blank** /blæŋk/ **I** agg. **1** *(without writing, pictures)* [*paper, page, canvas*] bianco; [*wall*] spoglio; [*form*] in bianco; [*screen*] vuoto; ***a ~ piece of paper*** un foglietto bianco **2** *(unused)* [*cassette*] vergine; [*disk*] vuoto **3** *(expressionless)* ***a ~ look*** uno sguardo assente; ***a row of ~ faces*** una serie di visi inespressivi **4** *(uncomprehending)* [*look, expression*] interdetto, sbalordito; ***to look ~*** avere uno sguardo perplesso; ***he gave me a ~ look*** mi rivolse uno sguardo attonito, interdetto **5** *(without memory)* ***my mind went ~*** ho avuto un vuoto di memoria **6** *(imitation)* [*door, window*] cieco, falso **7** *(absolute)* [*refusal, rejection*] categorico, completo; [*astonishment*] assoluto **II** n. **1** *(empty space)* spazio m. vuoto; ***to fill in the ~s*** riempire gli spazi vuoti; ***leave a ~ if you don't know the answer*** lascia uno spazio bianco se non sai la risposta; ***my mind's a ~*** ho la testa vuota **2** AE *(clean form)* modulo m. in bianco **3** *(dummy bullet)* cartuccia f. a salve; ***to fire ~s*** sparare a salve; FIG. SCHERZ. essere sterile **4** IND. pezzo m. grezzo ◆ ***to draw a ~*** fare fiasco *o* fare un buco nell'acqua.
2.blank /blæŋk/ tr. AE SPORT ***we ~ed the opposition*** non abbiamo fatto segnare un solo punto all'avversario.
■ **blank out:** ***~ out*** [*person*] avere un vuoto di memoria; ***~ [sth.] out, ~ out [sth.]*** cancellare [*word*]; FIG. cancellare dalla propria memoria [*memory, event*].
blank cheque BE, **blank check** AE /ˌblæŋk'tʃek/ n. **1** ECON. assegno m. in bianco **2** FIG. assegno m. in bianco, carta f. bianca; ***to give*** o ***write sb. a ~*** dare carta bianca a qcn.; ***I've got a ~ to reorganize the factory*** ho carta bianca per riorganizzare la fabbrica.
▷ **1.blanket** /'blæŋkɪt/ **I** n. **1** *(bedcover)* coperta f.; ***electric ~*** coperta elettrica *o* termocoperta **2** *(layer) (of snow, ash)* manto m., strato m.; *(of cloud, fog)* coltre f.; *(of smoke)* cappa f., coltre f.; *(of flowers, weeds)* distesa f. **3** NUCL. mantello m. **II** modif. *(global)* [*ban, condemnation, policy*] globale; [*use*] generalizzato ◆ ***to be a wet ~*** essere un guastafeste; ***to be born on the wrong side of the ~*** ANT. EUFEM. essere figlio illegittimo.
2.blanket /'blæŋkɪt/ tr. **1** MAR. rubare il vento a **2** *(cover)* coprire, ammantare; ***the fields were ~ed in fog*** i campi erano coperti da una coltre di nebbia.
blanket bath /'blæŋkɪtˌbɑ:θ, AE -bæθ/ n. = il lavare una persona costretta a letto.
blanket box /'blæŋkɪtˌbɒks/, **blanket chest** /'blæŋkɪttʃest/ n. BE cassapanca f. per la biancheria.
blanket clause /'blæŋkɪtˌklɔ:z/ n. DIR. COMM. condizione f. generale.
blanket cover /'blæŋkɪtˌkʌvə(r)/ n. COMM. copertura f. globale.
blanket coverage /'blæŋkɪtˌkʌvərɪdʒ/ n. GIORN. copertura f. integrale.
blanket finish /'blæŋkɪtˌfɪnɪʃ/ n. SPORT arrivo m. al fotofinish.
blanket insurance /'blæŋkɪtɪnˌʃɔ:rəns, AE -ˌʃʊər-/ n. assicurazione f. globale.
blanket rate /'blæŋkɪtˌreɪt/ n. tariffa f. di assicurazione generale.
blanket stitch /'blæŋkɪtˌstɪtʃ/ n. punto m. festone.
blankety-blank /ˌblæŋkətɪ'blæŋk/ agg. AE COLLOQ. SCHERZ. *(damned)* ***that ~ dog!*** quel dannato cane!
blankly /'blæŋklɪ/ avv. **1** *(uncomprehendingly)* [*stare, look*] con sconcerto, con perplessità **2** *(without expression)* [*stare, look*] in modo assente, inespressivo.
blankness /'blæŋknɪs/ n. *(puzzled look)* sguardo m. sconcertato; *(lack of expression)* inespressività f., vacuità f.
blank space /ˌblæŋk'speɪs/ n. spazio m. (in) bianco.
blank verse /ˌblæŋk'vɜ:s/ n. LETTER. verso m. sciolto.

1.blare /bleə(r)/ n. squillo m.
2.blare /bleə(r)/ intr. → **blare out.**
▪ **blare out:** ~ **out** [*music, radio*] suonare, andare a tutto volume; ***the music was blaring out from his bedroom*** la musica arrivava a tutto volume dalla sua camera; ~ **out [sth.]** strombazzare [*advertising*]; sparare a tutto volume [*music*].
1.blarney /ˈblɑːnɪ/ n. COLLOQ. sviolinata f., moine f.pl. ◆ ***to have kissed the ~ stone*** avere la lingua sciolta.
2.blarney /ˈblɑːnɪ/ **I** tr. COLLOQ. adulare, lusingare **II** intr. COLLOQ. sviolinare.
blasé /ˈblɑːzeɪ, AE blɑːˈzeɪ/ agg. blasé, indifferente (**about** nei confronti di).
blaspheme /blæsˈfiːm/ **I** tr. bestemmiare **II** intr. bestemmiare, imprecare.
blasphemer /blæsˈfiːmə(r)/ n. bestemmiatore m. (-trice), blasfemo m. (-a).
blasphemous /ˈblæsfəməs/ agg. [*person, statement*] blasfemo, empio.
blasphemously /ˈblæsfəməslɪ/ avv. in modo blasfemo.
blasphemy /ˈblæsfəmɪ/ n. bestemmia f. (**against** contro); ***it is ~ to say*** è una bestemmia dire; ~ ***law*** legge che vieta la bestemmia.
1.blast /blɑːst, AE blæst/ **I** n. **1** *(explosion)* esplosione f., scoppio m. **2** *(gust)* raffica f., folata f.; ***a ~ of wind*** una raffica di vento **3** *(air current from explosion)* spostamento m. d'aria (**from** provocato da) **4** *(noise) (on trumpet)* squillo m.; *(on whistle, on car horn)* colpo m.; ***to give a ~ on*** fare squillare [*trumpet*]; dare un colpo di [*whistle, carhorn*]; ***a ~ of pop music*** un pezzo di musica pop a tutto volume; ***he plays his records at full ~*** ascolta dischi a tutto volume; ***the radio is on at full ~*** la radio è a tutto volume **5** COLLOQ. *(fun)* ***to have a ~*** divertirsi un sacco; ***the party was a ~*** la festa è stata uno spasso **II** inter. maledizione, dannazione ◆ ***the song was a ~ from the past for me*** COLLOQ. la canzone per me fu un tuffo nel passato.
2.blast /blɑːst, AE blæst/ **I** tr. **1** *(blow up)* fare esplodere [*building*]; fare saltare [*rockface*]; ***to ~ a hole in a wall*** aprire un buco in un muro con l'esplosivo **2** *(wither)* [*wind, frost, disease*] fare seccare [*plant, tree*]; distruggere [*crop*] **3** COLLOQ. *(criticize)* [*article, review*] stroncare [*person, performance, work*] **4** *(strike hard)* [*golfer, soccer player*] colpire con forza [*ball*] **5** TECN. → **sandblast** **II** intr. **1** MIN. usare esplosivi; ***we ~ed through the rock wall*** abbiamo fatto saltare la parete rocciosa con gli esplosivi **2** *(make a noise)* [*trumpets*] squillare ◆ ***to ~ sb., sth. out of the water*** COLLOQ. FIG. screditare qcn., qcs. *o* sparare a zero su qcn., qcs.
▪ **blast away:** ~ **away** *(with gun)* sparare a raffica; ***to ~ away at*** sparare a raffica su [*person, target*].
▪ **blast off:** ~ **off** [*rocket*] partire, decollare; ~ **[sth.] off,** ~ **off [sth.]** **1** *(fire)* [*gunman*] sparare con [*rifle*] **2** *(lift off)* [*explosion*] fare saltare [*roof*].
▪ **blast out:** ~ **out** [*music*] suonare a tutto volume; ~ **[sth.] out,** ~ **out [sth.]** [*radio, speaker*] sparare a tutto volume [*music*].
blasted /ˈblɑːstɪd, AE ˈblæst-/ **I** p.pass. → **2.blast** **II** agg. **1** *(withered)* [*foliage*] secco, appassito; [*crop*] distrutto **2** COLLOQ. *(for emphasis)* maledetto; ***where's the ~ screwdriver?*** dov'è quel dannato cacciavite? ***some ~ idiot locked the door!*** qualche maledetto idiota ha chiuso la porta a chiave!
blast furnace /ˈblɑːstˌfɜːnɪs, AE ˈblæst-/ n. altoforno m.
blast furnaceman /ˈblɑːstˌfɜːnɪsmæn, AE ˈblæst-/ ➧ **27** n. (pl. **blast furnacemen**) operaio m. di altiforni.
blasting /ˈblɑːstɪŋ, AE ˈblæst-/ n. **1** MIN. abbattimento m., distruzione f. con esplosivi **2** TECN. RAD. distorsione f. da sovraccarico.
blast injection /ˈblɑːstɪnˌdʒekʃn, AE ˈblæst-/ n. MECC. iniezione f. forzata.
blastocyte /ˈblæstəʊsaɪt/ n. blastocito m.
blastoderm /ˈblɑːstədɜːm, AE ˈblæst-/ n. blastoderma m.
blast-off /ˈblɑːstɒf, AE ˈblæst-/ n. lancio m.; ***three, two, one, ~!*** tre, due, uno, decollo!
blastoma /blæsˈtəʊmə/ ➧ **11** n. blastoma m.
blastomere /ˈblæstəmɪə(r)/ n. blastomero m.
blastomyces /blæstəˈmaɪsɪz/, **blastomycete** /ˌblæstəʊˈmaɪsiːt/ n. blastomicete m.
blastomycosis /ˌblæstəʊmaɪˈkəʊsɪs/ ➧ **11** n. (pl. **-es**) blastomicosi f.
blast pipe /ˈblɑːstˌpaɪp, AE ˈblæst-/ n. scappamento m.
blast powder /ˈblɑːstˌpaʊdə(r), AE ˈblæst-/ n. polvere f. da mina.
blastula /ˈblæstjʊlə/ n. (pl. **~s, -ae**) blastula f.
1.blat /blæt/ n. AE belato m.
2.blat /blæt/ intr. AE **1** [*sheep*] belare **2** *(chatter)* ciarlare, chiacchierare.
blatancy /ˈbleɪtnsɪ/ n. *(of advertising, attitude)* invadenza f., platealità f.
▷ **blatant** /ˈbleɪtnt/ agg. [*lie, bias, disregard*] spudorato, manifesto; [*example, abuse*] lampante, evidente; ***to be ~ about*** [*person*] essere troppo diretto nei confronti di.
blatantly /ˈbleɪtntlɪ/ avv. [*copy, disregard*] spudoratamente; ***to be ~ obvious*** essere assolutamente evidente *o* pacifico *o* lampante.
1.blather /ˈblæðə(r)/ n. COLLOQ. ciance f.pl., chiacchiere f.pl.
2.blather /ˈblæðə(r)/ **I** tr. COLLOQ. raccontare [*idiocies*] **II** intr. COLLOQ. blaterare, cianciare.
▷ **1.blaze** /bleɪz/ **I** n. **1** *(fire) (in hearth)* fuoco m., fiamma f.; *(accidental)* incendio m.; ***firemen got the ~ under control*** i pompieri hanno domato l'incendio **2** *(sudden burst) (of flames)* vampata f.; ***the garden is a ~ of colour*** il giardino è un tripudio di colori; ***there was a sudden ~ of colour in the sky*** ci fu un improvviso sfolgorio di colori nel cielo; ***a ~ of glory*** FIG. un alone di gloria; ***a ~ of publicity*** FIG. un'ondata di pubblicità **3** EQUIT. *(on horse face)* stella f. **4** *(cut in tree)* segnavia f., incisione f. **II blazes** n.pl. COLLOQ. *(hell)* ***what the ~s are you up to?*** che diavolo stai facendo? ***how the ~s did he do it?*** come diavolo l'ha fatto? ***to run like ~s*** correre come una furia; ***go to ~s!*** vai al diavolo!
▷ **2.blaze** /bleɪz/ **I** tr. **1** *(mark)* segnare, incidere [*tree*]; ***to ~ a trail*** tracciare un sentiero; FIG. aprire nuove vie *o* precorrere i tempi **2** *(spread)* ***to ~ sth. abroad*** FORM. divulgare *o* diffondere qcs. **II** intr. **1** (anche **~ away**) *(burn furiously)* [*fire*] ardere, divampare; [*house, car*] bruciare **2** (anche **~ away**) *(give out light)* [*lights*] risplendere, sfavillare **3** *(shoot)* [*gun*] sparare a raffica; ***the troops advanced, all guns ~ing*** le truppe avanzavano sparando a raffica; ***she went into the meeting all guns ~ing*** FIG. arrivò alla riunione con intenzioni bellicose *o* molto agguerrita.
▪ **blaze down** [*sun*] battere (**on** su).
▪ **blaze up** [*fat, fire*] divampare.
blazer /ˈbleɪzə(r)/ n. blazer m., giacca f. sportiva.
blazing /bleɪzɪŋ/ agg. **1** *(violent)* [*argument*] violento, acceso; [*heat*] rovente; [*fire*] che divampa; [*building, car*] in fiamme; [*sun, sunshine*] cocente **2** COLLOQ. *(furious)* furente; ***she was ~ (mad)*** era (pazza) furiosa.
1.blazon /ˈbleɪzn/ n. ARALD. blasone m.
2.blazon /ˈbleɪzn/ tr. **1** ARALD. blasonare **2** diffondere, divulgare [*details, news*]; sbandierare [*name, slogan*].
▪ **blazon forth, blazon out:** ~ **forth [sth.],** ~ **[sth.] forth** divulgare.
blazonry /ˈbleɪznrɪ/ n. **1** ARALD. blasone m. **2** FIG. sfoggio m., esibizione f.
1.bleach /bliːtʃ/ n. **1** (anche **household ~**) *(liquid)* candeggina f.; *(powder, cream)* sbiancante m. **2** *(for hair)* decolorante m.
2.bleach /bliːtʃ/ tr. **1** decolorare [*hair*]; ***to ~ one's hair*** decolorarsi i capelli **2** sbiancare, candeggiare [*linen*].
▪ **bleach out:** ~ **[sth.] out,** ~ **out [sth.]** cancellare [*image*]; fare sparire, fare andare via [*colour, stain*].
bleachers /ˈbliːtʃəz/ n.pl. gradinate f. (allo scoperto).
bleaching /bliːtʃɪŋ/ n. candeggio m., sbianca f.; FOT. sbianca f.
▷ **1.bleak** /bliːk/ agg. **1** *(cold, raw)* [*landscape, region*] desolato, brullo; [*weather, season*] rigido **2** *(miserable, discouraging)* [*prospect, outlook, future*] cupo, sconfortante; [*existence, world, surroundings*] desolato, squallido; ***to paint a ~ picture of*** dipingere un quadro deprimente di.
2.bleak /bliːk/ n. *(fish)* alborella f.
bleakly /ˈbliːklɪ/ avv. **1** [*stare, say*] tetramente **2** ***it was raining ~*** cadeva una pioggia uggiosa.
bleakness /ˈbliːknɪs/ n. **1** *(of weather)* rigidità f.; *(of landscape, surroundings)* desolazione f., squallore m. **2** *(of prospects, future)* cupezza f.
1.blear /blɪə(r)/ agg. ANT. → **bleary.**
2.blear /blɪə(r)/ tr. ANT. *(blur)* offuscare, annebbiare [*sight*].
blearily /ˈblɪərəlɪ/ avv. confusamente, in modo indistinto.
bleary /ˈblɪərɪ/ agg. [*eyes*] annebbiato, offuscato; ***to be ~-eyed*** avere gli occhi annebbiati; ***to feel ~*** sentirsi stanco *o* esausto.
1.bleat /bliːt/ n. **1** *(of sheep, goat)* belato m. **2** SPREG. *(of person)* piagnucolio m.
2.bleat /bliːt/ intr. **1** [*sheep, goat*] belare **2** SPREG. [*person*] piagnucolare (**about** su).
bleating /bliːtɪŋ/ **I** agg. **1** [*sheep, goat*] belante **2** SPREG. [*person*] piagnucolante, piagnucoloso **II** n. **1** (il) belare m. **2** piagnucolio m.
bleb /bleb/ n. **1** *(on skin)* vescichetta f. **2** *(on water, glass)* bolla f.
bled /bled/ pass., p.pass. → **bleed.**
▷ **bleed** /bliːd/ **I** tr. (pass., p.pass. **bled**) **1** MED. salassare **2** FIG. ***to ~ sb. for sth.*** estorcere denaro a qcn. per qcs.; ***to ~ sb. white*** o ***dry***

dissanguare *o* salassare qcn. **3** TECN. spurgare [*radiator*] **4** TIP. rifilare, tagliare a filo **II** intr. (pass., p.pass. **bled**) **1** sanguinare; ***my finger's ~ing*** mi sanguina il dito; ***he was ~ing from the head*** perdeva sangue dalla testa; ***is my nose ~ing?*** mi sanguina il naso? ***to stop sth. ~ing*** arrestare l'emorragia a qcs.; ***he was ~ing to death*** stava morendo dissanguato; ***he bled to death*** morì dissanguato **2** FIG. ***to ~ for one's country*** versare il proprio sangue per la patria; ***my heart ~s for the baby's mother*** il mio cuore sanguina per la madre del bambino; ***my heart ~s!*** IRON. mi sanguina il cuore! **3** [*tree, plant*] stillare linfa **4** [*colour, dye*] stingere **5** TIP. [*printed area*] essere tagliato via durante la rifilatura.

bleeder /'bli:də(r)/ n. **1** BE POP. tizio m. (-a), tipo m. (-a); *(in anger)* canaglia f., sanguisuga f.; ***lucky ~!*** che fortunato! **2** COLLOQ. *(hemophiliac)* emofiliaco m. (-a).

▷ **bleeding** /'bli:dɪŋ/ **I** n. **1** U sanguinamento m.; *(heavy)* emorragia f.; ***to stop the ~*** arrestare l'emorragia **2** *(deliberate)* salasso m. **II** agg. **1** [*wound, hand, leg etc.*] sanguinante; [*corpse, victim*] insanguinato **2** BE POP. ***this ~ car!*** questa maledetta macchina! ***~ idiot!*** maledetto idiota! **III** avv. BE POP. maledettamente.

bleeding heart /ˌbli:dɪŋ'hɑ:t/ **I** n. **1** BOT. cuore m. di Maria **2** FIG. SPREG. cuore m. tenero **II** modif. AE ***a ~ liberal*** SPREG. un liberale dal cuore tenero.

bleed valve /'bli:dˌvælv/ n. valvola f. di scarico.

1.bleep /bli:p/ **I** n. **1** *(signal)* bip m.; RAD. TELEV. bip m. (segnale acustico di censura per espressioni volgari o offensive) **2** BE → **bleeper II** inter. AE EUFEM. bip (nel discorso parlato per evitare l'uso di espressioni volgari).

2.bleep /bli:p/ **I** tr. **1** BE ***to ~ sb.*** chiamare qcn. con il cercapersone **2** RAD. TELEV. censurare con un bip [*word, person*] **II** intr. fare bip, emettere un segnale sonoro.

bleeper /'bli:pə(r)/ n. BE cercapersone m.

bleeping /'bli:pɪŋ/ agg. AE COLLOQ. EUFEM. maledetto.

1.blemish /'blemɪʃ/ n. **1** imperfezione f., difetto m; *(on fruit)* ammaccatura f., magagna f.; *(pimple)* macchia f., pustola f. (**on** su) **2** FIG. *(on reputation)* macchia f. (**on** su); *(on beauty, happiness)* ombra f.

2.blemish /'blemɪʃ/ tr. ammaccare [*fruit*]; offuscare [*beauty, happiness*]; macchiare, intaccare [*reputation*].

blench /blentʃ/ intr. **1** *(quail)* rifuggire (per paura) **2** *(pale)* impallidire.

▷ **1.blend** /blend/ n. **1** *(fusion) (of sounds, smells)* fusione f. (**of** di); *(of styles, colours, ideas)* fusione f., mescolanza f. (**of** di); *(of qualities, skills)* combinazione f. (**of** di) **2** *(mixture) (of coffees, teas, whiskies)* miscela f. (**of** di); ***our own special ~*** la miscela della casa **3** *(fabric)* ***cotton ~*** misto cotone.

▷ **2.blend** /blend/ **I** tr. (pass., p.pass. **~ed**, ANT. **blent**) mescolare, amalgamare [*foods, colours, styles, sounds, tastes*]; mescolare, fondere [*qualities, ideas*] (**with** con); ***~ all the ingredients together*** mescolare tutti gli ingredienti **II** intr. (pass., p.pass. **~ed**, ANT. **blent**) ***to ~ (together)*** [*colours, tastes, styles*] fondersi; ***to ~ with*** [*colours, tastes, sounds*] essere in armonia con; [*smells, visual effects*] amalgamarsi con; [*buildings, styles, ideas*] armonizzarsi con.

■ **blend in:** ***~ in*** [*colour, building*] armonizzarsi (**with** con); ***~ in [sth.], ~ [sth.] in*** mescolare.

■ **blend into:** ***~ into sth.*** fondersi in [*setting, landscape*]; ***to ~ into the background*** mimetizzarsi con l'ambiente.

blende /blend/ n. blenda f.

blended whisky /blendɪd'wɪskɪ, AE -'hwɪ-/ n. blended whisky m. (whisky ottenuto dalla mescolanza di diversi whisky di malto con un whisky di cereali).

blender /'blendə(r)/ ➧ ***27*** n. **1** frullatore m. **2** *(person) (of coffee)* torrefattore m. (-trice) **3** ING. *(brush)* miscelatore m. di colori.

blending /'blendɪŋ/ n. *(of coffees)* torrefazione f.; *(of wines)* taglio m.; *(of whiskies)* miscela f.

blennorrhagia /blenɔ:rʌ'dʒɪə/, **blennorrhoea** /blenɔ:'rɪə/ ➧ ***11*** n. blenorragia f., blenorrea f.

blenny /'blenɪ/ n. blennio m., bavosa f.

blent /blent/ pass., p.pass ANT. → **2.blend**.

blepharism /'blefərɪzəm/ n. blefarismo m.

blepharitis /blefə'raɪtɪs/ ➧ ***11*** n. blefarite f.

blesbok /'blesbɒk/ n. (pl. **~**, **~s**) blesbok m.

▷ **bless** /bles/ **I** tr. (pass., p.pass. **~ed**, ANT. **blest**) **1** RELIG. benedire [*building, congregation, food, marriage, person, sacrament*]; ***God ~ America*** Dio benedica l'America; ***God ~ you*** Dio ti benedica; ***we ~ you for your great mercy*** ti rendiamo grazie per la tua grande misericordia; ***goodbye, God ~!*** arrivederci, che Dio ti benedica! **2** COLLOQ. *(affectionately)* ***~ her*** o ***~ her heart!*** è un angelo! Dio gliene renda merito! ***~ you!*** *(after sneeze)* salute! **3** ANT. COLLOQ. *(in surprise)* ***~ me!*** o ***~ my soul!*** o ***well I'm ~ed!*** Dio mio! **4** *(favour)* ***to be ~ed with*** godere di *o* avere il dono di [*health, luck, skill, intelligence, beauty*]; ***we were never ~ed with children*** purtroppo non abbiamo potuto avere figli; ***to be ~ed with six children*** essere stati benedetti dall'arrivo di sei figli **5** *(be grateful to)* ***~ you for answering so quickly*** grazie per aver risposto così velocemente; ***you paid the bill? ~ you!*** hai pagato il conto? sei un angelo! **II** rifl. (pass., p.pass. **~ed**, ANT. **blest**) ***to ~ oneself*** segnarsi *o* farsi il segno della croce ◆ ***(I'm) ~ed if I know*** non lo so proprio *o* vorrei proprio saperlo; ***(I'm) ~ed if I can remember*** non mi ricordo assolutamente.

▷ **blessed I** /blest/ p.pass. → **bless II** /'blesɪd/ agg. **1** *(holy)* [*place*] sacro; ***the Blessed Sacrament*** il Santissimo Sacramento; ***the Blessed Virgin*** la Beata Vergine; ***our Blessed Lord*** Nostro Signore; ***my uncle John, of ~ memory*** mio zio John, di santa memoria *o* buon'anima **2** *(beatified)* beato, benedetto; ***~ are the poor*** BIBL. beati i poveri **3** *(welcome)* [*quiet*] beato; [*warmth, relief*] piacevole **4** COLLOQ. *(damned)* santo, benedetto; ***every ~ day*** tutti i santi giorni; ***the whole ~ day*** tutto il santo giorno **III** /'blesɪd/ n. RELIG. ***the ~*** + verbo pl. i Beati.

blessedly /'blesɪdlɪ/ avv. ***~ warm, quiet*** bello caldo, tranquillo; ***~, everything was working properly*** fortunatamente, tutto funzionava bene.

blessedness /'blesɪdnɪs/ n. **1** RELIG. beatitudine f. **2** *(good fortune)* fortuna f.; ***single ~*** la beatitudine dello scapolo.

▷ **blessing** /'blesɪŋ/ n. **1** *(asset, favour)* benedizione f.; ***it is a ~ (for him) that he is healthy*** è una benedizione (per lui) che stia bene; ***dishwashers are a ~ for busy people*** le lavastoviglie sono una benedizione per chi ha molti impegni; ***a mixed ~*** una mezza fortuna; ***it was a ~ in disguise for her*** in fondo è stato un bene per lei; ***count your ~s!*** non dimenticare le cose che hai la fortuna di avere! **2** *(relief)* sollievo m.; ***it is a ~ to know (that) he's safe*** è un sollievo sapere che è salvo **3** *(approval)* ***with the ~ of sb.*** o ***with sb.'s ~*** con la benedizione di qcn.; ***to give one's ~ to sth.*** dare la propria benedizione a qcs. **4** RELIG. benedizione f.; ***to give sb. one's ~*** dare la propria benedizione a qcn.; ***to say a ~ over sth.*** benedire qcs.; ***to ask God's ~ on sth., sb.*** invocare la benedizione di Dio su qcs., qcn.; ***a service of ~*** un rito di benedizione.

blest /blest/ pass., p.pass. ANT. → **bless**.

blether /'bleðə(r)/ → **1.blather**, **2.blather**.

bletherskate /'bleðəskeɪt/ n. POP. ciarlone m. (-a).

blew /blu:/ pass. → **2.blow**.

blewits /'blu:ɪts/ n. + verbo sing. = fungo commestibile del genere Tricoloma.

1.blight /blaɪt/ n. **1** BOT. *(of cereals, roses)* ruggine f., moria f.; ***potato ~*** peronospora della patata **2** FIG. *(on society)* degrado m., flagello m. (**on** di); ***urban ~*** o ***inner city ~*** il degrado urbano; ***planning ~*** la piaga dell'eccessiva urbanizzazione; ***to cast a ~ on sth.*** rovinare qcs., gettare un'ombra su qcs.

2.blight /blaɪt/ tr. danneggiare, fare appassire [*crop*]; FIG. rovinare [*marriage, childhood*]; compromettere [*chances*]; deludere, frustrare [*hopes*].

blighter /'blaɪtə(r)/ n. BE ANT. COLLOQ. tipo m. (-a), tizio m. (-a); ***poor ~*** povero diavolo; ***you lucky ~!*** quanto sei fortunato! ***little ~!*** piccola canaglia!

Blighty /'blaɪtɪ/ n. BE ANT. MIL. Inghilterra f., patria f.

blimey /'blaɪmɪ/ inter. BE COLLOQ. accidenti, cribbio.

blimp /blɪmp/ n. **1** BE COLLOQ. SPREG. ***Colonel Blimp*** vecchio reazionario *o* parruccone **2** AER. dirigibile m. a struttura non rigida **3** CINEM. blimp m. **4** AE COLLOQ. *(fat person)* ciccione m. (-a), grassone m. (-a).

blimpish /'blɪmpɪʃ/ agg. BE SPREG. reazionario, parruccone.

▷ **1.blind** /blaɪnd/ **I** agg. **1** [*person*] cieco; ***a ~ man, woman*** un (uomo) cieco, una (donna) cieca; ***to go ~*** perdere la vista; ***to be ~ in one eye*** essere cieco da un occhio; ***are you ~?*** COLLOQ. ma sei cieco? **2** *(unaware)* [*person, panic, rage, acceptance, obedience*] cieco; ***to be ~ to*** essere incapace di vedere [*fault, defect*]; essere insensibile a [*quality, virtue*]; essere inconsapevole di [*risk, danger*] **3** *(from which one can't see)* [*corner, brow of hill*] con scarsa visibilità; ***on my ~ side*** dal mio angolo morto; ***~ entrance*** entrata nascosta **4** *(without looking)* [*tasting*] alla cieca **5** *(blank)* [*wall, facade*] cieco **6** AER. [*landing*] cieco, strumentale **7** *(in e-mail)* ***~ carbon copy*** copia carbone nascosta **8** COLLOQ. *(slightest)* ***he doesn't know a ~ thing about it*** non ne sa proprio niente **II** n. **1** ***the ~*** + verbo pl. i ciechi, i non vedenti; ***school for the ~*** scuola per ciechi **2** *(at window)* tenda f. avvolgibile **3** *(front)* schermo m.; *(subterfuge)* pretesto m.; ***it was just a ~*** era solo un pretesto **4** AE *(hide)* nascondiglio m. **III** avv. **1** *(without seeing)* [*fly, land*] senza visibilità; [*taste*] alla cieca **2** GASTR. [*bake*] senza farcitura ◆ ***love is*** ~ l'amore è cieco; ***it's a case of the*** ~ ***leading the*** ~ se un cieco guida l'altro tutti e due cascano nel fosso; ***to rob sb.*** ~ lasciare qcn. in mutande; ***to swear*** ~ ***(that)*** giurare sulla propria testa (che); ***to turn a*** ~ ***eye to sth.*** chiudere un occhio su qcs. *o* fare finta di non vedere qcs.; ***to be*** ~ ***as a bat*** essere cieco come una talpa. ⚠ Just as *visually handicapped* or *visually impaired* is often used in English instead of *blind*, Italian may substitute *non vedente* for *cieco*.

2.blind /blaɪnd/ **I** tr. **1** [*injury, accident*] rendere cieco [*person*]; ***to be ~ed in an accident*** perdere la vista in un incidente; ***to be ~ed in one eye*** perdere la vista da un occhio **2** *(dazzle)* [*sun, light*] abbagliare, accecare [*person*] **3** *(mislead, overwhelm)* [*pride, love*] accecare; ***to be ~ed by*** essere accecato da [*passion, love*] **II** intr. BE ***to eff and*** ~ bestemmiare come un turco.

blindage /ˈblaɪndɪdʒ/ n. MIL. blindaggio m.

blind alley /ˌblaɪndˈælɪ/ n. vicolo m. cieco (anche FIG.); ***to lead up a*** ~ portare a un vicolo cieco.

blind date /ˌblaɪndˈdeɪt/ n. **1** *(meeting)* appuntamento m. al buio; ***to go on a*** ~ andare ad un appuntamento al buio **2** *(person)* = persona con cui si ha un appuntamento al buio.

blind drunk /ˌblaɪndˈdrʌŋk/ agg. COLLOQ. sbronzo, ubriaco fradicio.

blinder /ˈblaɪndə(r)/ n. **1** BE SPORT COLLOQ. prestazione f. eccezionale **2** AE *(for horse)* paraocchi m.

1.blindfold /ˈblaɪndfəʊld/ n. benda f. sugli occhi.

2.blindfold /ˈblaɪndfəʊld/ **I** agg. (anche **~ed**) [*person*] bendato; ***to be*** ~ avere gli occhi bendati **II** avv.(anche **~ed**) [*find way*] a occhi chiusi.

3.blindfold /ˈblaɪndfəʊld/ tr. bendare gli occhi a [*person*].

blinding /ˈblaɪndɪŋ/ agg. [*intensity, light, flash*] accecante; [*headache, pain*] atroce; ***the solution came to me in a*** ~ ***flash*** FIG. la soluzione mi è apparsa all'improvviso.

blindingly /ˈblaɪndɪŋlɪ/ avv. [*shine*] in modo accecante; ***to be*** ~ ***obvious*** essere palese, ovvio.

blindly /ˈblaɪndlɪ/ avv. **1** FIG. [*obey, follow*] ciecamente **2** [*advance, grope*] a tentoni.

blind man's buff /ˌblaɪndmænzˈbʌf/ ➧ **10** n. GIOC. moscacieca f.

blindness /ˈblaɪndnɪs/ n. cecità f. (anche FIG.).

blind-side /ˈblaɪndˌsaɪd/ tr. prendere alle spalle.

blind spot /ˈblaɪndˌspɒt/ n. **1** ANAT. *(in eye)* punto m. cieco **2** *(in car, on hill)* angolo m. morto; ***to be in sb.'s*** ~ essere nell'angolo morto di qcn. **3** FIG. *(point of ignorance)* punto m. debole; ***to have a*** ~ ***as far as sth. is concerned*** avere una lacuna in qcs.

blind test /ˌblaɪndˈtest/ n. test m. in cieco semplice.

blind track /ˌblaɪndˈtræk/ n. binario m. morto.

blindworm /ˈblaɪndwɜːm/ n. orbettino m.

bling bling /ˌblɪŋˈblɪŋ/ n. GERG. = gioielli e abiti molto appariscenti, specialmente con riferimento a quelli indossati dai rapper americani.

1.blink /blɪŋk/ n. *(of eye)* battito m. di ciglia; ***without a*** ~ FIG. senza battere ciglio ◆ ***in the*** ~ ***of an eye*** in un batter d'occhio; ***it's (gone) on the*** ~ COLLOQ. non funziona *o* fa i capricci.

2.blink /blɪŋk/ **I** tr. ***to*** ~ ***one's eyes*** battere le palpebre **II** intr. [*person*] battere le palpebre; [*light*] lampeggiare; ***without ~ing*** senza battere ciglio (anche FIG.)

■ **blink at:** ~ at [sth.] **1** *(overlook)* chiudere un occhio su [qcs.] **2** *(be taken aback)* ***he ~ed at the size of the bill*** rimase sorpreso quando vide il conto.

■ **blink away:** ***to*** ~ ***away one's tears*** trattenere le lacrime (battendo le ciglia).

■ **blink back:** ***to*** ~ ***back one's tears*** ricacciare le lacrime (battendo le ciglia).

1.blinker /ˈblɪŋkə(r)/ n. **1** AUT. lampeggiatore m., indicatore m. di direzione, freccia f.; *(emergency light)* lampeggiatore m. di emergenza; AE *(at crossing)* semaforo m. lampeggiante **2** gener. pl. *(on horse)* paraocchi m.; ***to wear ~s*** FIG. avere il paraocchi.

2.blinker /ˈblɪŋkə(r)/ tr. mettere il paraocchi a [*horse*].

blinkered /ˈblɪŋkəd/ **I** p.pass. → **2.blinker II** agg. [*attitude, approach*] ristretto, ottuso.

blinkie /ˈblɪŋkɪ/ n. AE = mendicante che si finge cieco.

blinking /ˈblɪŋkɪŋ/ **I** n. **U** *(of eye)* lo sbattere di ciglia; *(of light)* intermittenza f. **II** agg. BE COLLOQ. dannato; ~ ***idiot*** maledetto idiota **III** avv. BE COLLOQ. ***you'll*** ~ ***well do it now!*** faresti proprio bene a farlo adesso! ***no I*** ~ ***well won't!*** non lo farò nemmeno per idea!

blip /blɪp/ n. **1** *(on screen)* segnale m. di ritorno; *(on graph, line)* picco m. (di una curva) **2** *(sound)* bip m. **3** *(hitch)* contrattempo m. **4** ECON. *(drop)* flessione f.

bliss /blɪs/ n. **1** RELIG. LETT. beatitudine f. **2** COLLOQ. FIG. felicità f.; ***what*** ~***!*** che gioia! ***wedded*** ~ o ***domestic*** ~ le gioie della vita coniugale *o* domestica.

blissful /ˈblɪsfl/ agg. **1** *(wonderful)* delizioso; ~ ***ignorance*** beata ignoranza **2** RELIG. beato.

blissfully /ˈblɪsfəlɪ/ avv. deliziosamente; ***to be*** ~ ***happy*** essere infinitamente felice; ***a*** ~ ***happy month*** un mese di felicità perfetta; ***to be*** ~ ***unaware of, that*** essere assolutamente inconsapevole di, che; ~ ***ignorant*** beatamente ignorante.

1.blister /ˈblɪstə(r)/ n. *(on skin)* vescica f.; *(on paint)* bolla f.; *(in glass)* bolla f.; *(on metal)* soffiatura f.

2.blister /ˈblɪstə(r)/ **I** tr. produrre vesciche su [*skin*]; fare gonfiare [*paint*] **II** intr. [*skin, person*] coprirsi di vesciche; [*paint*] gonfiarsi; ***my feet*** ~ ***easily*** mi vengono facilmente le vesciche ai piedi.

blistered /ˈblɪstəd/ **I** p.pass. → **2.blister II** agg. ***relief for*** ~ ***feet*** un sollievo per i piedi coperti di vesciche; ~ ***paint*** vernice con bolle; ~ ***glass*** vetro con bolle.

blister gas /ˈblɪstəgæs/ n. gas m. vescicante.

blistering /ˈblɪstərɪŋ/ **I** n. *(of skin)* formazione f. di vesciche; *(of paint)* formazione f. di bolle; ***it helps to avoid*** ~ aiuta a evitare le vesciche *o* le bolle **II** agg. [*heat*] afoso, soffocante; [*sun*] cocente; [*attack, criticism*] violento, feroce; [*tongue*] tagliente; [*reply*] aspro; ***at a*** ~ ***speed*** o ***pace*** a velocità fulminea.

blisteringly /ˈblɪstərɪŋlɪ/ avv. ~ ***hot*** torrido; ~ ***sarcastic*** ferocemente sarcastico; ~ ***fast*** fulmineo.

1.blister pack /ˈblɪstəpæk/ n. blister m.

2.blister pack /ˈblɪstəpæk/ tr. confezionare in blister.

blithe /blaɪð/ agg. *(nonchalant)* noncurante, sconsiderato; *(cheerful)* gaio, allegro.

blithely /ˈblaɪðlɪ/ avv. *(nonchalantly)* in modo noncurante, sconsideratamente; *(cheerfully)* gaiamente, allegramente; ~ ***ignorant of sth.*** spensieratamente ignaro di qcs.

blithering /ˈblɪðərɪŋ/ agg. COLLOQ. ***a*** ~ ***idiot*** uno stupido idiota; ***you*** ~ ***idiot!*** pezzo d'idiota!

blithesome /ˈblɪðəsəm/ agg. LETT. gaio, allegro.

1.blitz /blɪts/ n. **1** MIL. AER. incursione f. aerea, blitz m.; ***the Blitz*** BE STOR. = bombardamento aereo delle città britanniche da parte dei tedeschi durante la seconda guerra mondiale **2** FIG. bombardamento m.; ***to have a*** ~ ***on sth.*** darci dentro con qcs.

2.blitz /blɪts/ tr. bombardare (anche FIG.); ***to*** ~ ***sb. with questions*** bombardare qcn. di domande.

blitzed /blɪtst/ **I** p.pass. → **2.blitz II** agg. COLLOQ. *(drunk)* ubriaco fradicio.

blitzkrieg /ˈblɪtskriːg/ n. *(war)* guerra f. lampo; *(attack)* attacco m. lampo.

blizzard /ˈblɪzəd/ n. bufera f. di neve; *(in Arctic regions)* blizzard m.

1.bloat /bləʊt/ n. VETER. edema m., gonfiore m. dello stomaco.

2.bloat /bləʊt/ **I** tr. **1** *(swell)* gonfiare **2** *(cure)* affumicare [*herrings*] **II** intr. gonfiarsi (anche FIG.).

bloated /ˈbləʊtɪd/ **I** p.pass. → **2.bloat II** agg. **1** [*face, body*] gonfio; [*stomach*] pieno; ***to feel*** ~ sentirsi sazio **2** FIG. [*estimate*] gonfiato; [*style, imagery*] gonfio, ampolloso; [*bureaucracy, sector*] congestionato; [*capitalist*] borioso, tronfio.

bloater /ˈbləʊtə(r)/ n. aringa f. affumicata.

blob /blɒb/ n. **1** *(of paint, cream etc.)* goccia f., chiazza f. **2** *(indistinct shape)* massa f. informe.

blobber-lipped /ˈblɒbəˌlɪpt/ agg. dalle labbra tumide.

bloc /blɒk/ n. POL. blocco m.; ***en*** ~ in blocco.

▶ **1.block** /blɒk/ **I** n. **1** *(slab)* blocco m.; ***a*** ~ ***of ice, marble*** un blocco di ghiaccio, marmo; ***a*** ~ ***of ice cream*** una mattonella di gelato **2** *(building)* ~ ***of flats*** condominio *o* caseggiato; ***office*** ~ palazzo di uffici; ***residential*** ~ complesso residenziale; ***administration*** ~ ufficio governativo; ***science*** ~ = edifici sede degli insegnamenti scientifici **3** *(group of buildings)* isolato m.; ***to drive round the*** ~ fare il giro dell'isolato; ***he lives three ~s away*** AE abita a tre isolati da qui; ***the bank is two ~s south*** AE la banca è a due isolati più a sud **4** *(for butcher, executioner)* ceppo m.; ***to put*** o ***lay one's head on the*** ~ FIG. rischiare **5** *(group) (of seats)* gruppo m.; *(of tickets)* blocchetto m.; *(of stamps)* blocco m.; *(of shares)* pacchetto m.; ***a*** ~ ***of three lessons*** un gruppo di tre lezioni **6** *(obstruction)* ***to be a*** ~ ***to*** essere di impedimento a [*reform, agreement*]; ***to be a*** ~ ***to progress*** essere di ostacolo al progresso; ***to put a*** ~ ***on*** bloccare [*price, sale*]; intralciare [*initiative*] **7** PSIC. blocco m.; ***mental*** ~ blocco psicologico **8** TIP. cliché m. **9** INFORM. blocco m. **10** TECN. *(housing pulleys)* paranco m. **11** COLLOQ. *(head)* testa f., zucca f.; ***I'll knock your*** ~ ***off*** POP. ti spacco la testa **12** FERR. cantone m. **13** SPORT ostruzione f.; *(in volleyball)* muro m. **II blocks** n.pl. *(ballet shoes)* punte f.

▶ **2.block** /blɒk/ tr. **1** *(obstruct)* bloccare [*exit, road, pass*]; intasare [*drain, gutter, hole*]; ostruire [*artery*]; intasare, bloccare [*traffic*]; ***to ~ sb.'s way*** o ***path*** sbarrare la strada a qcn.; ***to have a ~ed nose*** avere il naso chiuso **2** *(impede)* ostacolare [*market, project*]; arrestare, bloccare [*advance, escape, progress*]; bloccare [*bill*]; ***you're ~ing my light*** mi stai facendo ombra; ***you're ~ing my view*** mi impedisci la visuale **3** ECON. bloccare [*assets, currency, funds*] **4** SPORT bloccare [*ball, opponent, rope*].

▪ **block in:** ~ *[sb., sth.]* in **1** *(when parking)* chiudere, bloccare [*car, driver*] **2** ART. schizzare, abbozzare [*area, figure*].

▪ **block off:** ~ *[sth.]* off, ~ off *[sth.]* **1** *(seal off)* bloccare [*road, path*] **2** FOT. *(mask)* mascherare [*negative*].

▪ **block out:** ~ out *[sth.]*, ~ *[sth.]* out **1** *(hide)* impedire [*view*]; coprire [*light, sun*] **2** *(suppress)* rimuovere [*memory, problem*].

▪ **block up:** ~ up *[sth.]*, ~ *[sth.]* up intasare [*drain, gutter, hole, street*]; ostruire [*artery*].

1.blockade /blɒ'keɪd/ n. MIL. blocco m. (navale).

2.blockade /blɒ'keɪd/ tr. bloccare [*port*].

blockader /blɒ'keɪdə(r)/ n. = chi effettua un blocco (navale).

blockade runner /blɒ'keɪd͵rʌnə(r)/ n. MIL. = persona o nave che forza o cerca di forzare un blocco.

blockage /'blɒkɪdʒ/ n. *(in artery, river)* ostruzione f.; *(in pipe, drain, distribution)* intasamento m.; ***intestinal ~*** blocco intestinale.

block and tackle /͵blɒkən'tækl/ n. TECN. paranco m. a più bozzelli.

blockboard /'blɒkbɔ:d/ n. impiallacciatura f.

blockbook /'blɒkbʊk/ tr. prenotare in gruppo [*seats, rooms*].

block-booking /͵blɒk'bʊkɪŋ/ n. prenotazione f. di gruppo.

blockbust /'blɒkbʌst/ tr. AE COLLOQ. = convincere qualcuno a vendere precipitosamente e sottocosto una proprietà nel timore di una rapida diminuzione del valore di quest'ultima.

blockbuster /'blɒkbʌstə(r)/ n. **1** COLLOQ. *(book)* best seller m. **2** *(film)* film m. di successo **3** MIL. bomba f. ad alto potenziale **4** AE COLLOQ. = persona che cerca di convincere un proprietario a vendere precipitosamente e sottocosto il proprio immobile prospettandogli una rapida diminuzione di valore.

block capital /͵blɒk'kæpɪtl/ n. TIP. stampatello m.; ***in ~s*** *(on form)* in stampatello.

block diagram /͵blɒk'daɪəgræm/ n. **1** INFORM. ELETTRON. diagramma m. a blocchi **2** GEOL. GEOGR. stratigrafia f.

block grant /͵blɒk'grɑ:nt, AE -'grænt/ n. GB AMM. = sovvenzione annuale concessa dal parlamento alle autorità locali perché assicurino i servizi pubblici.

blockhead /'blɒkhed/ n. COLLOQ. SPREG. zuccone m. (-a), stupido m. (-a).

blockhouse /'blɒkhaʊs/ n. **1** MIL. casamatta f., bunker m. **2** AE STOR. *(fort)* fortino m. **3** AER. *(reinforced shelter)* bunker m. di lancio (edificio situato vicino al luogo di lancio di un missile che serve a proteggere il personale e le apparecchiature).

blockish /blɒkɪʃ/ agg. ottuso, stupido.

blocklava /'blɒklɑ:və/ n. GEOL. lava f. a blocchi.

block letter /͵blɒk'letə(r)/ n. → **block capital**.

block printing /͵blɒk'prɪntɪŋ/ n. TIP. xilografia f.

block release course /͵blɒkrɪ'li:skɔ:s/ n. *(of employees)* corso m. di formazione.

block tin /͵blɒk'tɪn/ n. stagno m. in lingotti.

block vote /͵blɒk'vəʊt/ n. POL. voto m. di blocco, di coalizione.

block voting /͵blɒk'vəʊtɪŋ/ n. POL. votazione f. di blocco, di coalizione.

blog /blɒg, AE blɑ:g/ n. blog m.

blogger /'blɒgə(r), AE 'blɑ:gə(r)/ n. blogger m. e f.

▷ **bloke** /bləʊk/ n. BE COLLOQ. tipo m., tizio m.

▷ **blond** /blɒnd/ ➧ **5 I** agg. [*person, hair*] biondo; [*wood*] chiaro **II** n. biondo m.

▷ **blonde** /blɒnd/ ➧ **5 I** agg. biondo **II** n. *(woman)* bionda f.

▶ **1.blood** /blʌd/ n. **1** BIOL. FISIOL. sangue m.; ***to give ~*** donare il sangue; ***the ~ rushed to his cheeks*** le sue guance si coprirono di rossore; ***the ~ rushed to my head*** il sangue mi andò alla testa; ***the sound made my ~ run cold*** il suono mi fece gelare il sangue; ***to kill sb. in cold ~*** uccidere qcn. a sangue freddo; ***to have sb.'s ~ on one's hands*** FIG. avere le mani sporche del sangue di qcn.; *(in boxing, duelling)* ***to draw first ~*** colpire *o* ferire per primo; ***to do ~s*** fare le analisi del sangue **2** *(breeding)* sangue m.; ***royal ~*** sangue reale; ***there is Danish ~ on his mother's side*** ha sangue danese da parte di madre; ***music is in her ~*** ha la musica nel sangue; ***a prince of the ~*** un principe di sangue reale; ***~ tells*** buon sangue non mente **3** *(anger)* ***his ~ is up*** è su tutte le furie; ***my ~ was boiling*** mi ribolliva il sangue; ***it makes my ~ boil!*** mi fa ribollire il sangue! **4** *(vigour)* ***new*** o ***fresh*** o ***young ~*** nuova linfa ◆ ***~ is thicker than water*** il sangue non è acqua; ***he's after my ~!*** COLLOQ. vuole il mio sangue! ***it's like getting ~ out of a stone*** è come cavare sangue da una rapa.

2.blood /blʌd/ tr. VENAT. **1** = rito di iniziazione alla caccia che consisteva nel macchiare il viso di qualcuno con il sangue di un animale ucciso **2** fare fiutare il sangue a [*hound*].

blood-and-thunder /'blʌdən͵θʌndə(r)/ agg. [*novel, film*] melodrammatico, d'avventura.

blood bank /'blʌd͵bæŋk/ n. banca f. del sangue, emoteca f.

bloodbath /'blʌd͵bɑ:θ, AE -͵bæθ/ n. bagno m. di sangue.

blood blister /'blʌd͵blɪstə(r)/ n. ematoma m.

blood brother /'blʌd͵brʌðə(r)/ n. fratello m. carnale.

blood cell /'blʌd͵sel/ n. cellula f. ematica.

blood-cholesterol /'blʌdkə͵lestərɒl/ n. colesterolemia f.

blood clot /'blʌd͵klɒt/ n. grumo m. di sangue, coagulo m.; *(in an artery)* embolo m.

blood clotting agent /'blʌd͵klɒtɪŋ͵eɪdʒənt/ n. agente m. coagulante del sangue.

blood corpuscle /'blʌd͵kɔ:pʌsl/ n. globulo m.

blood count /'blʌd͵kaʊnt/ n. MED. esame m. emocromocitometrico, emocromo m.

bloodcurdling /'blʌd͵kɜ:dlɪŋ/ agg. ***a ~ scream*** un urlo raccapricciante *o* da fare gelare il sangue.

blood donor /'blʌd͵dəʊnə(r)/ n. donatore m. (-trice) di sangue.

blood feud /'blʌd͵fju:d/ n. vendetta f. del sangue, faida f.

blood flow /'blʌd͵fləʊ/ n. flusso m. ematico.

blood group /'blʌd͵gru:p/ n. gruppo m. sanguigno.

blood heat /'blʌd͵hi:t/ n. temperatura f. corporea.

blood-horse /'blʌd͵hɔ:s/ n. (cavallo) purosangue m.

bloodhound /'blʌd͵haʊnd/ n. limiere m., segugio m. (anche FIG.).

bloodless /'blʌdlɪs/ agg. **1** *(peaceful)* [*revolution, coup*] incruento, senza spargimento di sangue **2** *(pale)* pallido **3** *(drained of blood)* esangue, anemico.

bloodletting /'blʌd͵letɪŋ/ n. **1** MED. salasso m. **2** *(killing)* massacro m., carneficina f.

bloodline /'blʌdlaɪn/ n. linea f. diretta.

blood lust /'blʌd͵lʌst/ n. sete f. di sangue.

bloodmobile /'blʌd͵məʊbaɪl/ n. AE MED. autoemoteca f.

blood money /'blʌd͵mʌnɪ/ n. **1** STOR. guidrigildo m. **2** *(to kill)* = compenso pagato a un sicario **3** *(to keep a secret)* = compenso attribuito a un delatore.

blood orange /'blʌd͵ɒrɪndʒ, AE -͵ɔ:r-/ n. arancia f. sanguinella.

blood plasma /'blʌd͵plæzmə/ n. plasma m. (sanguigno).

blood poisoning /'blʌd͵pɔɪzənɪŋ/ n. setticemia f.

blood pressure /'blʌd͵preʃə(r)/ n. MED. pressione f. sanguigna; ***high ~*** ipertensione; ***low ~*** ipotensione; ***my ~ rose, fell*** mi è salita, scesa la pressione.

blood product /'blʌd͵prɒdʌkt/ n. MED. emoderivato m.

blood pudding /'blʌd͵pʊdɪŋ/ n. GASTR. sanguinaccio m.

bloodred /͵blʌd'red/ ➧ **5 I** n. rosso m. sangue **II** agg. rosso sangue.

blood relation /͵blʌdrɪ'leɪʃn/, **blood relative** /'blʌd͵relətɪv/ n. consanguineo m. (-a).

bloodroot /'blʌdru:t/ n. BOT. sanguinaria f.

blood sausage /'blʌd͵sɒsɪdʒ/ n. AE → **blood pudding**.

blood serum /'blʌd͵sɪərəm/ n. siero m. sanguigno.

bloodshed /'blʌdʃed/ n. spargimento m. di sangue.

bloodshot /'blʌdʃɒt/ agg. [*eyes*] iniettato di sangue.

blood-soaked /'blʌd͵səʊkt/ agg. intriso di sangue.

blood sport /'blʌd͵spɔ:t/ n. sport m. cruento.

bloodstain /'blʌdsteɪn/ n. macchia f. di sangue.

bloodstained /'blʌdsteɪnd/ agg. macchiato di sangue.

bloodstock /'blʌdstɒk/ n. + verbo sing. o pl. EQUIT. cavalli m.pl. di razza.

bloodstone /'blʌdstəʊn/ n. MINER. eliotropio m.

bloodstream /'blʌdstri:m/ n. MED. flusso m. sanguigno.

bloodsucker /'blʌd͵sʌkə(r)/ n. sanguisuga f. (anche FIG.)

blood sugar /'blʌd͵ʃʊgə(r)/ n. glucosio m. (nel sangue).

blood test /'blʌd͵test/ n. MED. analisi f. del sangue.

bloodthirstiness /'blʌd͵θɜ:stɪnɪs/ n. sete f. di sangue.

bloodthirsty /'blʌdθɜ:stɪ/ agg. **1** [*murderer, tiger*] assetato di sangue **2** [*film, novel*] cruento.

blood ties /'blʌd͵taɪz/ n.pl. legami m. di sangue.

blood transfusion /'blʌdtræns͵fju:ʒn/ n. trasfusione f. di sangue.

blood type /'blʌd͵taɪp/ n. gruppo m. sanguigno.

blood vessel /'blʌd͵vesl/ n. vaso m. sanguigno.

bloodworm /'blʌdwɜ:m/ n. ZOOL. larva f. rossa, parassita m. del sangue.

1.bloody /'blʌdɪ/ **I** agg. **1** *(covered in blood)* [*hand, sword, rag*] insanguinato; ***to have a ~ nose*** avere il naso che sanguina; ***to***

give sb. a ~ nose fare sanguinare il naso a qcn.; FIG. conciare male qcn. **2** *(violent)* [*battle, deed*] sanguinoso, cruento; [*regime, tyrant*] sanguinario **3** BE POP. *(expressing anger, frustration)* maledetto; ***this ~ car!*** questa dannata macchina! ***what a ~ miracle!*** è proprio un miracolo! ***you ~ fool!*** maledetto idiota! ***you've got a ~ nerve!*** hai una dannata faccia tosta! ***~ hell!*** maledizione! ***what the ~ hell are you doing here?*** che diavolo stai facendo qui? **4** COLLOQ. *(unpleasant)* ***the interview was ~*** il colloquio è stato terribile; ***he was perfectly ~ to me*** è stato estremamente sgradevole verso di me **5** *(red)* rosso sangue **II** avv. BE POP. *(for emphasis)* [*dangerous, difficult, expensive*] maledettamente; ***she sings ~ well*** canta maledettamente bene; ***the film was ~ awful*** il film era assolutamente orribile; ***a ~ good film*** un film eccezionale; ***what a ~ stupid idea!*** che razza di idea stupida! ***don't be so ~ stupid!*** non essere così maledettamente stupido! ***it's ~ ridiculous!*** è assolutamente ridicolo! ***you had ~ well better do*** faresti proprio bene a fare ◆ ***~ but unbowed*** vinto ma non domo *o* spezzato ma non piegato.

2.bloody /ˈblʌdɪ/ tr. macchiare di sangue, insanguinare.

Bloody Mary /ˌblʌdɪˈmeərɪ/ **I** n.pr. Maria la Sanguinaria **II** n. Bloody Mary m. (cocktail a base di vodka e succo di pomodoro).

bloody-minded /ˌblʌdɪˈmaɪndɪd/ agg. BE *(deliberately obstructive)* ***don't be so ~*** non fare il guastafeste; ***he's just being ~*** sta solo facendo il guastafeste.

blooey /ˈbluːɪ/ avv. AE COLLOQ. ***to go ~*** andare a monte.

▷ **1.bloom** /bluːm/ n. **1** *(flower)* fiore m. **2** *(flowering)* fioritura f.; ***in ~*** in fiore; ***in full ~*** in piena fioritura; ***to come into ~*** fiorire **3** *(on skin, fruit)* lanugine f., peluria f. **4** FIG. ***in the ~ of youth*** nel fiore della giovinezza; ***to take the ~ off sth.*** fare sfiorire qcs.

▷ **2.bloom** /bluːm/ intr. *(be in flower)* essere fiorito; *(come into flower)* fiorire, sbocciare.

3.bloom /bluːm/ n. **1** METALL. lingotto m. sbozzato, massello m. **2** *(glass)* massa f. di vetro fuso.

4.bloom /bluːm/ tr. sbozzare, massellare.

1.bloomer /ˈbluːmə(r)/ n. **1** BE ANT. COLLOQ. cantonata f., strafalcione m. **2** *(plant)* ***late, early ~*** pianta a fioritura tardiva, precoce **3** BE GASTR. = forma ovale di pane.

2.bloomer /ˈbluːmə(r)/ n. forno m. per masselli.

bloomers /ˈbluːməz/ n.pl. ANT. calzoncini m. sportivi da donna.

bloomery /ˈbluːmərɪ/ n. forno m., fucina f. per masselli.

1.blooming /ˈbluːmɪŋ/ **I** agg. **1** *(healthy)* [*person*] florido; [*plant*] rigoglioso; [*friendship*] sana; ***~ with health*** che sprizza salute; ***~ period*** periodo di fioritura **2** BE COLLOQ. dannato; ***~ idiot!*** maledetto idiota! **II** avv. BE COLLOQ. ***it ~ well isn't!*** non è assolutamente perfetto!

2.blooming /ˈbluːmɪŋ/ n. produzione f. di masselli.

Bloomsbury group /ˈbluːmzbrɪˌgruːp/ n. = gruppo di artisti, scrittori e filosofi che vissero e lavorarono nella zona di Bloomsbury a Londra tra il 1907 e il 1930.

bloomy /ˈbluːmɪ/ agg. **1** *(flowery)* fiorito **2** [*fruit*] lanuginoso, vellutato.

blooper /ˈbluːpə(r)/ n. AE COLLOQ. strafalcione m., papera f.

▷ **1.blossom** /ˈblɒsəm/ n. **1 U** *(flowers)* fiori m.pl.; ***in ~*** in fiore; ***in full ~*** in piena fioritura; ***the valley is full of ~*** la valle è piena di alberi in fiore; ***to come into ~*** fiorire; ***~ time*** tempo di fioritura **2** *(flower)* fiore m.

2.blossom /ˈblɒsəm/ intr. fiorire, sbocciare; FIG. ***to ~ (out)*** fiorire, svilupparsi; ***she is ~ing into a lovely woman*** sta diventando una bella donna.

blossomless /ˈblɒsəmlɪs/ agg. senza fiori.

▷ **1.blot** /blɒt/ n. *(of ink)* macchia f., sgorbio m.; FIG. difetto m., macchia f. ◆ ***to be a ~ on the escutcheon*** macchiare l'onore di qcn.; ***to be a ~ on the landscape*** rovinare il paesaggio; FIG. essere un pugno nell'occhio.

▷ **2.blot** /blɒt/ tr. (forma in -ing ecc. **-tt-**) **1** *(dry)* asciugare (con la carta assorbente) [*writing*]; ***to ~ one's lipstick*** asciugare il rossetto (in eccesso) **2** *(stain)* macchiare; FIG. infangare, macchiare **3** → **blot out** ◆ ***to ~ one's copybook*** macchiare la propria reputazione.

■ **blot out:** ***~ out [sth.]*** [*person*] cancellare; [*mist, rain*] offuscare, nascondere.

■ **blot up:** ***~ up [sth.], ~ [sth.] up*** assorbire, asciugare.

1.blotch /blɒtʃ/ n. **1** *(on skin)* macchia f., pustola f. **2** *(of ink, colour)* chiazza f., (grossa) macchia f.

2.blotch /blɒtʃ/ **I** tr. coprire di macchie [*paper, face*] **II** intr. [*pen*] lasciare delle macchie.

blotched /blɒtʃt/ **I** p.pass. → **2.blotch II** agg. macchiato, coperto di macchie.

blotchiness /ˈblɒtʃɪnɪs/ n. *(on skin)* macchie f.pl. rosse.

blotchy /ˈblɒtʃɪ/ agg. [*complexion*] coperto di macchie, chiazzato; [*leaf, paper etc.*] macchiato.

blotter /ˈblɒtə(r)/ n. **1** *(for ink) (small)* tampone m. di carta assorbente; *(on desk)* sottomano m. **2** AE *(police)* registro m.; *(commercial)* brogliaccio m.

blotting paper /ˈblɒtɪŋpeɪpə(r)/ n. carta f. assorbente.

blotto /ˈblɒtəʊ/ agg. COLLOQ. ubriaco fradicio.

blouse /blaʊz, AE blaʊs/ ♦ ***28*** n. **1** *(woman's)* camicetta f. **2** AE MIL. giubba f., casacca f.

blouson /ˈbluːzɒn/ n. blouson m.

▶ **1.blow** /bləʊ/ n. **1** *(stroke)* colpo m., botta f.; ***killed by a ~ to the back of the head*** ucciso da un colpo alla nuca; ***to fell sb. with a ~*** *(with fist)* abbattere qcn. con un pugno; *(with stick)* abbattere qcn. con una bastonata; ***to exchange ~s*** scambiarsi colpi *o* picchiarsi; ***to come to ~s*** venire alle mani (**over** per); ***to strike a ~ for*** FIG. battersi in favore di *o* spezzare una lancia a favore di [*freedom, rights*] **2** FIG. *(shock, knock)* colpo m.; *(setback)* stangata f., batosta f.; ***to deal sb. a savage ~*** assestare un bel colpo a qcn.; ***the ~ fell*** il colpo è caduto; ***to be a ~*** essere un duro colpo (**to sth.** per qcs.; **to, for sb.** per qcn.) **3** *(of nose)* ***to give one's nose a ~*** soffiarsi il naso; ***give your nose a good ~*** soffiati bene il naso **4** BE COLLOQ. *(marijuana)* erba f., fumo m. **5** *(cocaine)* coca f.

▶ **2.blow** /bləʊ/ **I** tr. (pass. **blew**; p.pass. **blown**) **1** ***to ~ sth. out of*** [*wind*] fare volare qcs. da [*window*]; ***the wind blew the door open, shut*** il vento fece aprire, chiudere la porta; ***to be blown off course, onto the rocks*** essere deviato dalla rotta, spinto sulle rocce a causa del vento; ***it's ~ing a gale*** sta soffiando una bufera **2** [*person*] fare [*bubble, smoke ring*]; ***to ~ smoke in sb.'s face*** soffiare il fumo sul viso di qcn.; ***to ~ an egg*** svuotare un uovo (soffiandoci dentro); ***to ~ glass*** soffiare il vetro; ***to ~ sb. a kiss*** mandare un bacio a qcn. **3** ***to ~ one's nose*** soffiarsi il naso **4** MUS. suonare [*trumpet, whistle, flute*]; ***to ~ the whistle for half-time*** fischiare la fine del primo tempo **5** [*explosion*] creare, provocare [*hole*] (**in** in); ***to be blown to pieces*** o ***bits by*** essere ridotto in pezzi *o* frantumi da; ***to ~ a safe*** fare saltare una cassaforte **6** EL. MECC. fare saltare, bruciare [*fuse, gasket*]; fulminare [*lightbulb*] **7** COLLOQ. *(spend)* scialacquare, sperperare [*money*] (**on** in) **8** COLLOQ. *(expose)* fare saltare [*cover*]; svelare, rivelare [*operation*] **9** COLLOQ. *(make a mess of)* ***to ~ it*** mandare a rotoli; ***to ~ one's chances*** rovinarsi *o* sciupare ogni possibilità; ***to ~ one's lines*** avere un vuoto di memoria; ***that's really blown it!*** COLLOQ. quest'occasione è andata! **10** ANT. COLLOQ. (p.pass. **blowed**) ***~ it!*** al diavolo! ***~ him!*** che vada al diavolo! ***well, ~ me down*** o ***I'll be ~ed!*** che sorpresa! ***I'll be ~ed if I'll pay!*** che io sia dannato se pago! **11** AE COLLOQ. ***to ~ town*** scappare in fretta e furia **12** AE *(exaggerate)* → **blow up 13** COLLOQ. *(in drug addicts' slang)* ***to ~ grass*** fumare (l'erba) **14** VOLG. *(fellate)* fare un pompino a **II** intr. (pass. **blew**; p.pass. **blown**) **1** [*wind*] soffiare; ***the wind's ~ing from the north*** il vento soffia da nord; ***it's ~ing hard tonight*** c'è un forte vento stanotte **2** *(move with wind)* ***to ~ in the wind*** [*leaves, clothes*] volare al vento **3** [*person*] soffiare (**into** dentro; **on** su) **4** *(sound)* [*whistle*] suonare; [*trumpet*] suonare, squillare; [*foghorn*] suonare, ululare; ***when the whistle ~s*** al suono del fischietto **5** [*whale*] soffiare, lanciare sbuffi **6** *(break, explode)* [*fuse, gasket*] saltare; [*bulb*] fulminarsi; [*tyre*] scoppiare **7** COLLOQ. *(leave quickly)* tagliare la corda ◆ ***to ~ a fuse*** o ***a gasket*** o ***one's lid*** o ***one's stack*** o ***one's top*** COLLOQ. andare in bestia *o* perdere le staffe; ***it really blew my mind*** o ***blew me away!*** COLLOQ. *(with admiration, astonishment)* mi ha davvero sbalordito!

■ **blow around, blow about** BE ***~ around*** [*leaves, papers, litter*] volare in tutte le direzioni; ***~ [sth.] around, ~ around [sth.]*** fare volare [qcs.] in tutte le direzioni.

■ **blow away:** ***~ away*** [*object, hat, paper*] volare via; ***~ [sth.] away, ~ away [sth.]*** [*wind*] fare volare via [*object*]; [*explosion*] fare saltare [*roof*]; ***to ~ the dust away*** soffiare via la polvere; ***~ [sb.] away*** COLLOQ. *(kill)* fare fuori [*person*].

■ **blow down:** ***~ down*** [*tree, fence, house*] essere abbattuto (dal vento); ***~ [sth.] down, ~ down [sth.]*** [*wind*] abbattere, buttare a terra [*chimney, tree, house*].

■ **blow in:** ***~ in*** **1** [*snow, rain*] entrare dentro **2** *(in explosion)* [*door, window*] essere sfondato; ***~ [sth.] in, ~ in [sth.]*** **1** [*wind*] fare entrare [*snow, rain*] **2** [*explosion*] sfondare [*door, window*].

■ **blow off:** ***~ off*** **1** [*hat*] volare via **2** *(gush out)* [*gas, liquid*] sgorgare, scaturire; ***~ [sth.] off, ~ off [sth.]*** [*wind*] fare volare via [*hat*]; [*explosion*] fare saltare [*hand, limb, roof*]; ***to ~ sb.'s head off*** fare saltare la testa di qcn.; ***he had his leg blown off*** ha perso la gamba in un'esplosione; ***to ~ the leaves off the trees*** [*wind*] fare cadere le foglie dagli alberi; ***to ~ the dust off sth.*** [*person*] soffiare via la polvere da qcs.

▪ **blow out:** ~ **out** 1 [*candle, flame*] spegnersi 2 [*oil well, gas well*] perdere; ~ **[sth.] out,** ~ **out [sth.]** 1 *(extinguish)* spegnere soffiando [*candle*]; estinguere [*flames*] 2 *(inflate)* ***to ~ one's cheeks out*** sbuffare 3 ***to ~ itself out*** [*gale, storm*] esaurirsi, calmarsi.
▪ **blow over:** ~ **over** 1 *(pass, die down)* [*storm*] cessare, esaurirsi; [*affair*] essere dimenticato, perdere di interesse; [*discontent, protest*] placarsi, calmarsi; [*anger*] placarsi 2 *(topple)* [*fence, tree*] essere abbattuto (dal vento); ~ **[sb., sth.] over** [*wind*] gettare a terra [*person, tree, fence*].
▪ **blow up:** ~ **up** 1 *(in explosion)* [*building*] saltare in aria, scoppiare; [*bomb*] esplodere 2 [*wind*] alzarsi; [*storm*] (stare per) scoppiare 3 [*trouble, problem, affair*] esplodere 4 COLLOQ. *(become angry)* [*person*] esplodere; ***to ~ up at sb.*** perdere la pazienza con qcn., rimproverare qcn. 5 *(inflate)* ***it ~s up*** si gonfia; ***it won't ~ up!*** non si riesce a gonfiarlo! ~ **[sth., sb.] up,** ~ **up [sth., sb.]** *(in explosion)* fare saltare [*building, person*]; fare esplodere [*bomb*]; ~ **[sth.] up,** ~ **up [sth.]** 1 *(inflate)* gonfiare [*tyre, balloon*] 2 FOT. *(enlarge)* ingrandire, fare un ingrandimento 3 *(exaggerate)* gonfiare, esagerare; ***the story has been blown (up) out of all proportion*** la storia è stata gonfiata a dismisura.

blowball /ˈbləʊbɔːl/ n. BOT. pappo m.
blow-by-blow /ˌbləʊbaɪˈbləʊ/ agg. [*account*] dettagliato.
blowdown /ˈbləʊdaʊn/ n. NUCL. depressurizzazione f.
1.blow-dry /ˈbləʊdraɪ/ n. piega f. con il fon; ***a cut and ~*** taglio e piega.
2.blow-dry /ˈbləʊdraɪ/ tr. ***to ~ sb.'s hair*** asciugare i capelli a qcn. con il fon; ***to ~ one's hair*** asciugarsi i capelli con il fon.
blower /ˈbləʊə(r)/ n. ANT. COLLOQ. *(telephone)* telefono m.; ***to get on the ~*** dare un colpo di telefono (**to** a).
blowfly /ˈbləʊflaɪ/ n. mosca f. azzurra della carne.
blowgun /ˈbləʊgʌn/ n. AE cerbottana f.
blowhard /ˈbləʊhɑːd/ n. AE COLLOQ. sbruffone m. (-a), spaccone m. (-a).
blowhole /ˈbləʊhəʊl/ n. 1 ZOOL. *(of whale)* sfiatatoio m. 2 *(in ice)* buco m. (per respirare).
blow job /ˈbləʊdʒɒb/ n. VOLG. ***to give sb. a ~*** fare un pompino a qcn.
blowlamp /ˈbləʊlæmp/ n. BE → **blowtorch**.
blown /bləʊn/ I p.pass. → **2.blow** II agg. [*rose*] sbocciato, dischiuso.
blowoff /bləʊɒf/ n. 1 *(discharge of fluids, steam)* scarico m. 2 *(device)* dispositivo m. di sfogo 3 FIG. *(of energy)* sfogo m.
blowout /ˈbləʊaʊt/ n. 1 EL. fusione f. 2 AUT. *(of tyre)* scoppio m. 3 MIN. *(in oil or gas well)* perdita f., fuga f. 4 AER. *(of jet engine)* guasto m., avaria f.; ***to have a ~*** avere un'avaria 5 COLLOQ. *(meal)* abbuffata f.; ***to have a ~*** fare una scorpacciata.
blowpipe /ˈbləʊpaɪp/ n. 1 BE *(for darts)* cerbottana f. 2 *(of blowtorch)* cannello m. ferruminatorio 3 *(in glassmaking)* cannello m. da soffiatore.
blowtorch /ˈbləʊtɔːtʃ/ n. lampada f. per saldare.
blow-up /ˈbləʊʌp/ I n. 1 FOT. ingrandimento m. 2 COLLOQ. *(argument)* litigio m.; sgridata f. II agg. *(inflatable)* [*doll, toy, dinghy*] gonfiabile.
blowy /ˈbləʊɪ/ agg. COLLOQ. ventoso.
blowzy /ˈblaʊzɪ/ agg. SPREG. [*woman*] sciatto, trasandato.
blub /blʌb/ intr. (forma in -ing ecc. **-bb-**) BE COLLOQ. piagnucolare.
1.blubber /ˈblʌbə(r)/ n. *(of whale)* grasso m.; COLLOQ. FIG. SCHERZ. *(of person)* grasso m., lardo m.; ***~-faced*** con il viso gonfio; ***~-lipped*** con le labbra tumide.
2.blubber /ˈblʌbə(r)/ intr. COLLOQ. singhiozzare, piangere a dirotto.
blubberer /ˈblʌbərə(r)/ n. piagnucolone m. (-a).
blubbery /ˈblʌbərɪ/ agg. grasso, lardoso; ***to have ~ lips*** avere le labbra tumide.
1.bludgeon /ˈblʌdʒən/ n. randello m.
2.bludgeon /ˈblʌdʒən/ tr. randellare; ***to ~ sb. to death*** uccidere qcn. a randellate; ***she ~ed him into doing it*** FIG. l'ha costretto a forza a farlo.
▶ **1.blue** /bluː/ ➧ 5 I agg. 1 *(in colour)* blu, azzurro; FIG. ***to be ~ from*** o ***with the cold*** essere livido dal freddo 2 *(depressed)* ***to feel ~*** sentirsi depresso, giù; ***to look ~*** avere un'aria triste *o* malinconica 3 COLLOQ. *(smutty)* [*film*] pornografico; [*joke*] osceno, spinto 4 BE POL. COLLOQ. conservatore, puritano II n. 1 *(colour)* blu m., azzurro m.; ***to go*** o ***turn ~*** diventare blu 2 *(sky)* LETT. ***the ~*** il cielo 3 BE UNIV. *(honour)* ***to be, get an Oxford, Cambridge ~*** essere, diventare un membro della squadra universitaria di Oxford, Cambridge 4 BE POL. COLLOQ. ***a true ~*** un autentico conservatore 5 AE STOR. *(in civil war)* nordista m. III **blues** n.pl. 1 MUS. ***the ~s*** il blues; ***to sing, play the ~s*** cantare, suonare il blues 2 COLLOQ. *(depression)* ***the ~s*** la malinconia; ***to have the ~s*** sentirsi depresso IV **blues** modif. MUS. [*music, musician*] blues; [*fan, festival*] del blues ◆ ***to say sth. out of the ~*** dire qcs. di punto in bianco; ***to appear, happen out of the ~*** apparire, accadere improvvisamente; ***to go off into the ~*** partire all'avventura; ***to vanish into the ~*** svanire nel nulla; ***the air was ~!*** volavano parole grosse! ***black and ~*** pieno di lividi; ***to beat sb. black and ~*** COLLOQ. pestare qcn. *o* fare qcn. nero di botte; ***to throw a ~ fit*** avere una crisi di nervi; ***to tell sb. sth., repeat sth. (to sb.) until one is ~ in the face*** dire qcs. a qcn., ripetere qcs. (a qcn.) fino a sgolarsi *o* inutilmente; ***you can shout until you're ~ in the face, I'm going anyway!*** puoi gridare quanto ti pare, tanto vado comunque! ***once in a ~ moon*** (a) ogni morte di papa; ***to scream*** o ***yell ~ murder*** [*child*] gridare come un ossesso; [*public figure, press*] indignarsi.
2.blue /bluː/ tr. BE COLLOQ. *(squander)* ***to ~ (all) one's money on sth.*** sperperare (tutti) i propri soldi in qcs.
blue baby /ˈbluːˌbeɪbɪ/ n. bambino m. (-a) blu.
blue baby syndrome /ˈbluːˌbeɪbɪsɪndrəʊm/ ➧ ***11*** n. cianosi f. congenita.
Bluebeard /ˈbluːbɪəd/ I n.pr. Barbablù II n. FIG. barbablù m.
bluebell /ˈbluːbel/ n. BOT. 1 *(wood hyacinth)* giacinto m. di bosco 2 *(harebell)* campanula f.
Blue Berets /bluːˈbereɪz, AE -bəˈreɪz/ n.pl. MIL. caschi m. blu.
blueberry /ˈbluːberɪ/ I n. AE BOT. mirtillo m. II modif. AE [*jam, pie*] di mirtilli.
bluebird /ˈbluːbɜːd/ n. uccello m. azzurro.
blue-black /ˌbluːˈblæk/ ➧ 5 I agg. [*hair*] nero con riflessi blu; [*material*] nero brunito II n. blu m. nero, blu m. scurissimo.
blue blood /ˌbluːˈblʌd/ n. sangue m. blu, nobile.
blue-blooded /ˌbluːˈblʌdɪd/ agg. di sangue blu.
blue book /ˈbluːbʊk/ n. 1 POL. libro m. bianco 2 AE SCOL. = quaderno dalla copertina blu sul quale vengono svolte le prove d'esame 3 AE *(society listing)* = elenco di personalità particolarmente importanti.
bluebottle /ˈbluːbɒtl/ n. 1 ZOOL. mosca f. azzurra della carne 2 BOT. fiordaliso m. 3 BE COLLOQ. ANT. poliziotto m.
blue cheese /ˌbluːˈtʃiːz/ n. = formaggio simile al gorgonzola.
blue cheese dressing /ˌbluːˈtʃiːzˌdresɪŋ/, **blue cheese sauce** /ˌbluːˈtʃiːzˌsɔːs/ n. = salsa a base di blue cheese.
blue chip /ˌbluːˈtʃɪp/ I n. 1 ECON. titolo m. guida, blue chip m. 2 GIOC. *(in poker)* gettone m. blu II modif. ECON. [*company, customer*] di prim'ordine; ***~ (share)*** azione quotata; ***~ investment*** investimento sicuro.
bluecoat /ˈbluːˌkəʊt/ n. 1 AE STOR. *(in civil war)* (soldato) nordista m. 2 poliziotto m.
blue-collar /ˌbluːˈkɒlə(r)/ agg. ***~ worker*** colletto blu *o* tuta blu; ***~ union*** sindacato operaio; ***~ vote*** voto degli operai.
blue-eyed /ˈbluːaɪd/ agg. dagli, con gli occhi blu.
blue-eyed boy /ˌbluːaɪdˈbɔɪ/ n. BE COLLOQ. *(of public, media)* beniamino m.; *(of teacher)* prediletto m., cocco m.; *(of influential person)* protetto m.
bluefish /ˈbluːfɪʃ/ n. (pl. ~, **~es**) ZOOL. ballerino m.
Blue Flag /ˌbluːˈflæg/ n. *(award)* Bandiera f. Blu.
bluegrass /ˈbluːgrɑːs, AE -græs/ n. 1 BOT. fienarola f. 2 US MUS. bluegrass m.
blue-green /ˌbluːˈgriːn/ ➧ 5 I agg. turchese II n. turchese m.
bluehare /ˈbluːheə(r)/ n. lepre f. delle Alpi.
Blue Helmets /ˌbluːˈhelmɪts/ n.pl. → **Blue Berets**.
blueing /ˈbluːɪŋ/ n. brunitura f.
blueish → **bluish**.
bluejack /ˈbluːdʒæk/ n. solfato m. di rame.
bluejacket /ˈbluːˌdʒækɪt/ n. marinaio m. militare.
blue jay /ˈbluːdʒeɪ/ n. ghiandaia f. azzurra.
blue jeans /ˈbluːdʒiːnz/ n.pl. blue-jeans m.
blue law /ˈbluːlɔː/ n. AE DIR. STOR. = una delle numerose leggi repressive che nelle colonie puritane proibivano lo svolgimento di ogni attività secolare di domenica.
blue light /ˈbluːlaɪt/ n. *(on emergency vehicles)* lampeggiatore m. di emergenza.
blue mould BE, **blue mold** AE /ˈbluːməʊld/ n. penicillio m., muffa f. azzurra.
blueness /ˈbluːnɪs/ n. azzurro m.
bluenose /ˈbluːnəʊz/ n. COLLOQ. SPREG. puritano m. (-a), conservatore m. (-trice).
blue note /ˈbluːnəʊt/ n. *(in jazz)* blue note f.
blue pencil /ˌbluːˈpensl/ n. ***to go through sth. with the ~*** *(edit)* correggere qcs.; *(censor)* censurare qcs.

blue-pencil /ˌblu:'pensl/ tr. (forma in -ing ecc. **-ll-** BE, **-l-** AE) *(edit)* correggere [*text*]; *(censor)* censurare, tagliare [*film, book*].
Blue Peter /ˌblu:'pi:tə(r)/ n. MAR. = bandiera blu issata a bordo di una nave che sta uscendo dal porto.
blueprint /'blu:prɪnt/ n. **1** ARCH. TECN. (copia) cianografica f. **2** FIG. *(plan)* progetto m., piano m. (**for** per; **for doing** per fare); ***it's a ~ for success, disaster*** è un piano che porterà al successo, ad un disastro; ***monetarist, industrial ~*** programma monetarista, industriale.
blue riband /ˌblu:'rɪbənd/, **blue ribbon** /ˌblu:'rɪbən/ **I** n. **1** STOR. Ordine m. della giarrettiera **2** primo premio m. **II** modif. **1** AE DIR. [*jury, panel*] di esperti **2** *(premier)* [*event*] prestigioso.
blue rinse /ˌblu:'rɪns/ n. COSMET. azzurrante m.
blue rinse brigade /ˌblu:ˌrɪnsbrɪ'geɪd/ n. BE SCHERZ. SPREG. = gruppo di donne appartenenti alla borghesia benestante e conservatrice.
blue shark /'blu:ʃɑ:k/ n. verdesca f., squalo m. azzurro.
blue-sky /'blu:skaɪ/ agg. [*project*] che è ancora agli inizi, che è alle prime battute.
bluestocking /ˌblu:'stɒkɪŋ/ n. SPREG. = donna con pretese da intellettuale.
bluestone /blu:stəʊn/ n. → **bluejack**.
blue streak /'blu:ˌstri:k/ n. AE COLLOQ. ***to talk a ~*** parlare a gran velocità, a ruota libera; ***to run a ~*** correre a rotta di collo.
bluesy /'blu:zɪ/ agg. MUS. inspirato al blues.
blue tit /'blu:tɪt/ n. cinciarella f.
blue whale /ˌblu:'weɪl, AE -'hweɪl/ n. balenottera f. azzurra.
1.bluff /blʌf/ **I** n. **1** *(ruse)* bluff m. *(also in cards)* **2** *(bank)* scarpata f., erta f.; *(cliff)* scogliera f., promontorio m. a picco **II** agg. [*person, manner*] franco, schietto ◆ ***to call sb.'s ~*** costringere qcn. a scoprire le proprie carte *o* scoprire il gioco di qcn.; ***it's time we called his ~*** è ora che metta le carte in tavola.
2.bluff /blʌf/ **I** tr. ingannare; ***to ~ sb. into thinking sth.*** fare credere qcs. a qcn.; ***to ~ one's way out of a situation*** tirarsi fuori da una situazione bluffando **II** intr. bluffare *(also in cards)*; ***he's (only) ~ing*** sta (solo) bluffando ◆ ***to ~ it (out)*** cavarsela con l'inganno.
bluffer /'blʌfə(r)/ n. bluffatore m. (-trice); ingannatore m. (-trice).
bluffness /'blʌfnɪs/ n. franchezza f., schiettezza f.
bluish /'blu:ɪʃ/ ➧ **5** agg. bluastro.
1.blunder /'blʌndə(r)/ n. errore m. marchiano, sproposito m., bestialità f.
2.blunder /'blʌndə(r)/ intr. **1** *(make mistake)* fare un errore marchiano, una bestialità; ***to ~ badly*** sbagliare di grosso **2** *(move clumsily)* ***he ~ed into the table*** andò a sbattere contro il tavolo.
▪ **blunder about:** ***she ~ed about in the dark*** brancolava nell'oscurità.
▪ **blunder on:** ~ **on** **[sth.]** trovare per caso, imbattersi in.
blunderbuss /'blʌndəbʌs/ n. ANT. MIL. trombone m., archibugio m.
blunderer /'blʌndərə(r)/ n. confusionario m. (-a), pasticcione m. (-a).
blunderhead /'blʌndəhed/ n. ANT. stolto m. (-a), sciocco m. (-a).
blundering /'blʌndərɪŋ/ **I** n. goffaggine f. **II** agg. goffo, impacciato; ***~ idiot!*** stupido idiota!
blunge /blʌndʒ/ tr. impastare con acqua.
▷ **1.blunt** /blʌnt/ agg. **1** [*knife, scissors*] smussato, non affilato; [*pencil, needle*] spuntato; ***this knife is ~*** questo coltello non taglia; ***a ~ instrument*** un corpo contundente **2** *(frank)* [*person, manner*] schietto; [*refusal*] netto, categorico, [*reply*] brusco; [*criticism*] esplicito; ***to be ~ with you*** per essere franco con te.
2.blunt /blʌnt/ tr. smussare [*knife, scissors*]; spuntare [*pencil, needle*]; calmare [*appetite*]; attutire, ottundere [*feeling*]; ottundere [*intelligence*]; smorzare [*enthusiasm*].
1.blunt cut /ˌblʌnt'kʌt/ n. AE *(hairstyle)* taglio m. carré.
2.blunt cut /'blʌntˌkʌt/ tr. (forma in -ing **-tt-**; pass., p.pass. **blunt cut**) tagliare a carré [*hair*].
bluntly /'blʌntlɪ/ avv. francamente, schiettamente; ***to put it ~*** per parlar chiaro *o* per dirla francamente.
bluntness /'blʌntnɪs/ n. *(of person)* schiettezza f.; *(of manner, answer)* rudezza f., bruschezza f.
▷ **1.blur** /blɜ:(r)/ n. *(smear)* macchia f.; *(indistinct object)* forma f. confusa, indistinta; ***the writing on the blackboard was just a ~ to me*** le cose scritte alla lavagna erano per me una forma indistinta; ***after that it all became a ~*** in seguito tutto diventò confuso; ***her memories are just a ~*** i suoi ricordi sono molto sfocati.
▷ **2.blur** /blɜ:(r)/ **I** tr. (forma in -ing ecc. **-rr-**) *(smear)* macchiare; *(make less distinct)* sfocare, offuscare; ***to ~ the distinction between X and Y*** fare perdere la distinzione fra X e Y **II** intr. (forma in -ing ecc. **-rr-**) diventare confuso, indistinto.
1.blurb /blɜ:b/ n. soffietto m. editoriale; *(on book cover)* fascetta f. editoriale, risvolto m. di copertina; SPREG. = clausole poste al fondo di un contratto e generalmente scritte in caratteri illeggibili.
2.blurb /blɜ:b/ tr. pubblicizzare.
blurred /blɜ:d/ **I** p.pass. → **2.blur** **II** agg. [*idea*] confuso, indistinto; [*image, photo*] sfocato; ***to have ~ vision*** avere la vista annebbiata; ***a ~ memory*** un ricordo sfocato (**of** di); ***to become ~*** [*eyes*] annebbiarsi, velarsi.
blurry /'blɜ:rɪ/ agg. confuso, indistinto.
blurt /blɜ:t/ tr. → **blurt out**.
▪ **blurt out:** ~ **[sth.] out**, ~ **out** **[sth.]** lasciarsi sfuggire, dire senza riflettere; ***he ~ed everything out*** ha spifferato tutto.
▷ **1.blush** /blʌʃ/ n. **1** *(flush)* rossore m.; ***without a ~*** senza vergogna; ***to spare sb.'s ~es*** evitare di mettere qcn. in imbarazzo *o* di fare arrossire qcn.; ***at first ~*** FORM. a prima vista; ***to hide one's ~es*** nascondere il proprio imbarazzo **2** AE → **blusher**.
▷ **2.blush** /blʌʃ/ intr. arrossire (**at** a; **with** di, per); ***to ~ for sb.*** vergognarsi per qcn.; ***I ~ to admit it*** mi vergogno a dirlo.
blusher /'blʌʃə(r)/ n. COSMET. fard m.
blushing /'blʌʃɪŋ/ **I** n. (l')arrossire **II** agg. [*person*] che arrossisce.
blushingly /'blʌʃɪŋlɪ/ avv. con rossore.
1.bluster /'blʌstə(r)/ n. **1** *(of wind)* bufera f., furia f. **2** FIG. *(angry)* sfuriata f.; *(boasting)* spacconata f., sparata f.
2.bluster /'blʌstə(r)/ intr. **1** [*wind*] rumoreggiare; *(violently)* infuriare **2** FIG. [*person*] *(angrily)* fare una sfuriata (**at sb.** a qcn.); *(boastfully)* fare lo spaccone.
blusterer /'blʌstərə(r)/ n. *(boastful person)* spaccone m. (-a), sbruffone m. (-a); *(angry)* furia f.
blustering /'blʌstərɪŋ/ **I** n. **U** *(boasting)* fanfaronata f., fanfaronate f.pl.; *(rage)* sfuriata f. **II** agg. *(boastful)* borioso; *(angry)* aggressivo, minaccioso.
blusterous /'blʌstərəs/, **blustery** /'blʌstərɪ/ agg. ***~ wind*** tempesta; ***it's a ~ day*** è una giornata di bufera.
blu-tak® /'blu:tæk/ n. = pasta adesiva per attaccare poster, fogli su una superficie.
Blvd ⇒ Boulevard viale (v.le).
BM n. **1** (⇒ Medicinae Baccalaureus, Bachelor of Medicine) = (diploma di) dottore in medicina (con laurea breve) **2** AE COLLOQ. (⇒ bowel movement) = l'andare di corpo, evacuazione.
BMA n. (⇒ British Medical Association) = ordine dei medici britannici.
B movie /'bi:mu:vɪ/ n. film m. di serie B.
BMus n. (⇒ Bachelor of Music) = (diploma di) dottore in discipline musicali (con laurea breve).
bn. ⇒ billion miliardo (MLD).
bo /bəʊ/ n. **1** vagabondo m. (-a), barbone m. (-a) **2** tizio m. (-a).
BO n. **1** COLLOQ. (⇒ body odour) = puzza di sudore; ***he's got ~*** puzza di sudore **2** AE (⇒ box office) = botteghino, biglietteria.
boa /'bəʊə/ n. **1** ZOOL. boa m. **2** ***(feather) ~*** boa (di piume).
boa constrictor /'bəʊəkənstrɪktə(r)/ n. boa m. (costrittore).
Boadicea /ˌbəʊədɪ'si:ə/ n.pr. Boadicea.
boar /bɔ:(r)/ n. **1** *(wild)* cinghiale m.; ***young (wild) ~*** cinghialetto da latte; GASTR. ***~'s head*** = insaccato preparato utilizzando la testa del cinghiale come involucro esterno **2** *(male pig)* verro m.
▶ **1.board** /bɔ:d/ **I** n. **1** *(plank)* asse f., tavola f. **2** AMM. consiglio m.; ***~ of directors*** consiglio di amministrazione; ***to sit*** o ***be on the board (of directors)*** sedere in consiglio di amministrazione; ***disciplinary ~*** consiglio disciplinare; ***~ of inquiry*** commissione d'inchiesta; ***~ of editors*** comitato di redazione; ***~ of examiners*** commissione d'esame; ***~ of governors*** SCOL. giunta scolastica **3** GIOC. *(playing surface)* tavolo m.; *(in poker)* tappeto m., tavolo m. verde **4** SCOL. lavagna f. **5** *(notice board) (for information)* tabellone m.; *(to advertise)* cartellone m. pubblicitario **6** INFORM. ELETTRON. scheda f. **7** *(accommodation)* ***full ~*** pensione completa; ***half~*** mezza pensione; ***to pay £ 30 a week ~*** pagare 30 sterline a settimana per la pensione; ***~ and lodging, room and ~*** vitto e alloggio **8** **on board** ***to be on ~*** o ***on ~ ship*** essere a bordo; ***to go on ~*** salire a bordo; ***to get on ~*** salire su [*bus, train*]; salire a bordo di [*plane, ship*]; ***there were 200 passengers on ~ the ship, plane*** c'erano 200 passeggeri a bordo della nave, dell'aereo; ***to take sth. on ~*** prendere a bordo *o* imbarcare [*cargo, passengers*]; FIG. accettare [*changes, facts, proposal*]; affrontare, considerare [*problem*] **II** **boards** n.pl. **1** *(floor)* pavimento m.sing.; ***to sleep on bare ~s*** dormire sul nudo pavimento **2** TIP. cartoncino m.sing.; ***limp ~s*** rilegatura flessibile; ***in paper ~s*** con rilegatura in cartone **3** TEATR. scene f.; ***to tread the ~s*** calcare le scene, le tavole **4** AE + verbo sing. *(entrance exam)* esame m. d'ingresso; *(final exam)* esame m. di fine anno **III** modif. AMM. [*meeting, member*] del consiglio di

amministrazione ◆ ***above*** ~ lealmente *o* in modo trasparente; ***across the*** ~ genera-lizzato *o* indiscriminato; ***to go by the*** ~ fallire *o* naufragare; ***to sweep the*** ~ fare piazza pulita *o* fare man bassa.

▶ **2.board** /bɔːd/ **I** tr. **1** *(get on)* salire a bordo di [*boat, plane*]; salire su [*bus, train*]; ***she ~ed the ship at Athens*** salì a bordo della nave ad Atene **2** MAR. [*customs officer*] ispezionare [*vessel*]; [*pirates, marines*] abbordare [*vessel*] **II** intr. essere a pensione (**with** presso, da); SCOL. *(in boarding school)* [*pupil*] essere interno.

▪ **board over:** ~ *[sth.]* **over**, ~ **over** *[sth.]* chiudere con assi [*hole, shaft*].

▪ **board out:** ~ *[sb.]* **out**, ~ **out** *[sb.]* affidare a una famiglia [*child*].

▪ **board up:** ~ *[sth.]* **up**, ~ **up** *[sth.]* chiudere con assi [*door, window*]; barricare con assi [*house, shop*].

boarder /ˈbɔːdə(r)/ n. **1** *(lodger)* pensionante m. e f. **2** SCOL. interno m. (-a).

board game /ˈbɔːdgeɪm/ ➧ ***10*** n. gioco m. da tavolo.

boarding /ˈbɔːdɪŋ/ n. **1** AER. MAR. imbarco m. **2** MAR. *(by customs officer)* ispezione f. **3** MIL. arrembaggio m.

boarding card /ˈbɔːdɪŋkɑːd/ n. AER. MAR. carta f. d'imbarco.

boarding house /ˈbɔːdɪŋhaʊs/ n. pensione f.

boarding party /ˈbɔːdɪŋpɑːtɪ/ n. MAR. MIL. squadra f. d'arrembaggio.

boarding school /ˈbɔːdɪŋskuːl/ n. collegio m., convitto m.

boardroom /ˈbɔːdruːm, -rʊm/ n. *(room)* sala f. di consiglio; *(stateroom)* sala f. di rappresentanza; ***everyone from shopfloor to*** ~ tutti, dagli operai al consiglio di amministrazione.

board sailing /ˈbɔːdseɪlɪŋ/ ➧ ***10*** n. SPORT windsurf m.

boardwalk /ˈbɔːdwɔːk/ n. AE = passeggiata in riva al mare costruita con assi di legno.

boarhound /ˈbɔːhaʊnd/ n. cane m. per la caccia al cinghiale; ***pack of~s*** muta di cani per la caccia al cinghiale.

boar hunting /ˈbɔːhʌntɪŋ/ n. caccia f. al cinghiale.

boarish /ˈbɔːrɪʃ/ agg. maialesco (anche FIG.).

▷ **1.boast** /bəʊst/ n. **1** vanto m., vanteria f.; ***it is his ~ that he is never late*** il suo vanto è quello di non essere mai in ritardo; ***it was an empty*** o ***idle*** ~ era un inutile vanto; ***it is our proud ~ that...*** siamo estremamente fieri che... **2** SPORT *(in squash)* doppio-muro m.

▷ **2.boast** /bəʊst/ **I** tr. vantare; ***the town ~s a beautiful church*** la città vanta una bellissima chiesa; ***the computer ~s two floppy disk drives*** il computer è dotato di due drive per floppy disk; ***"I have six medals", she ~ed*** "ho sei medaglie", diceva vantandosene **II** intr. **1** vantarsi, gloriarsi (**about** di); ***to ~ of being*** vantarsi di essere; ***she said it quite without ~ing*** lo disse senza assolutamente vantarsene; ***without ~ing*** senza vantarsene; ***nothing to ~ about*** *(sth. good)* niente di cui vantarsi, niente di così eccezionale; *(sth. bad)* niente di cui vantarsi **2** *(in squash)* fare un doppio muro.

3.boast /bəʊst/ tr. sbozzare.

1.boaster /ˈbəʊstə(r)/ n. *(person)* sbruffone m. (-a), fanfarone m. (-a).

2.boaster /ˈbəʊstə(r)/ n. *(tool)* scalpello m. da sbozzo.

boastful /ˈbəʊstfl/ agg. [*person*] vanaglorioso; ***without being*** ~ senza presunzione; ***to make ~ remarks*** fare osservazioni presuntuose.

boastfully /ˈbəʊstfəlɪ/ avv. [*speak*] presuntuosamente; [*write*] in modo tronfio.

boastfulness /ˈbəʊstflnɪs/ n. vanagloria f., millanteria f.

boasting /ˈbəʊstɪŋ/ n. vanto m.

▶ **boat** /bəʊt/ **I** n. **1** *(vessel)* imbarcazione f.; *(sailing)* barca f. a vela; *(rowing)* barca f. a remi; *(liner)* piroscafo m.; ***he crossed the lake in a*** ~ attraversò il lago in barca **2** *(ferry)* battello m., traghetto m.; ***by*** ~ in battello **II** modif. [*journey, trip*] in barca; [*building, builder, hire*] di barche ◆ ***to be in the same*** ~ COLLOQ. essere sulla stessa barca; ***to miss the*** ~ perdere l'occasione; ***to push the ~ out*** BE COLLOQ. fare le cose in grande; ***to rock the*** ~ COLLOQ. agitare le acque; ***don't rock the ~!*** COLLOQ. non agitare le acque!

boat deck /ˈbəʊtdek/ n. ponte m. lance.

boater /ˈbəʊtə(r)/ ➧ ***27*** n. **1** *(hat)* paglietta f. **2** AE *(person)* = chi va in barca per diporto.

boatfly /ˈbəʊtflaɪ/ n. notonetta f.

boatful /ˈbəʊtfl/ n. *(of boat)* carico m.

boathook /ˈbəʊthʊk/ n. MAR. gaffa f.

boathouse /ˈbəʊthaʊs/ n. rimessa f. per barche.

boating /ˈbəʊtɪŋ/ **I** n. nautica f. da diporto; *(in rowing boat)* canottaggio m. **II** modif. [*accident*] in barca; [*enthusiast*] di nautica; [*gear*] nautico, per barche; [*holiday, trip*] in barca.

boatload /ˈbəʊtləʊd/ n. *(of goods)* (pieno) carico m.; ***~s of tourists*** barcate di turisti.

boatman /ˈbəʊtmæn/ ➧ ***27*** n. (pl. **-men**) *(on ferry)* barcaiolo m.; *(hiring)* noleggiatore m. (-trice) di barche.

boat neck /ˈbəʊtnek/ n. scollatura f. a barchetta.

boat people /ˈbəʊtpiːpl/ n.pl. boat people m.

Boat Race /ˈbəʊtreɪs/ n. BE = gara di canottaggio che si svolge ogni anno fra le università di Oxford e Cambridge.

boatswain /ˈbəʊsnsweɪn/ n. nostromo m.

boat train /ˈbəʊttreɪn/ n. = treno con orari sincronizzati con quelli di un battello in arrivo o in partenza.

boatyard /ˈbəʊtjɑːd/ n. cantiere m. navale.

▷ **1.bob** /bɒb/ n. **1** *(haircut)* caschetto m., carré m. **2** *(nod)* ***a ~ of the head*** un cenno del capo **3** *(curtsy)* breve inchino m., riverenza f. **4** *(weight) (on plumb line)* piombino m.; *(on pendulum)* pendolo m.; *(on fishing line)* sughero m., galleggiante m. **5** *(tail)* coda f. mozza **6** (pl. ~) BE COLLOQ. *(money)* scellino m.; ***I bet that costs a ~ or two*** scommetto che costa un po' di soldi; ***he's not short of a ~ or two*** ha due soldi, i soldi non gli mancano **7** SPORT (anche **bobsleigh**) bob m.

▷ **2.bob** /bɒb/ **I** tr. (forma in -ing ecc. **-bb-**) **1** *(cut)* tagliare a caschetto [*hair*]; mozzare [*tail*] **2** *(nod)* ***to ~ one's head*** fare un cenno con la testa **3** ***to ~ a curtsy*** fare un veloce inchino (**to** a) **II** intr. (forma in -ing ecc. **-bb-**) **1** *(move)* [*boat, float*] ballonzolare, ondeggiare; ***to ~ down*** [*person*] andare a fondo; ***to ~ up*** [*person, float*] venire a galla; ***to ~ up and down*** [*person, boat*] andare su e giù; [*heads*] muoversi a scatti **2** GIOC. ***to ~ for apples*** = cercare di afferrare con i denti le mele immerse in una vaschetta piena d'acqua.

Bob /bɒb/ n.pr. diminutivo di **Robert**.

bob-a-job /ˈbɒbədʒɒb/ n. BE = attività che consente agli scout di ricevere somme di denaro in cambio di piccoli lavori svolti.

bobbed /bɒbd/ **I** p.pass. → **2.bob II** agg. [*hair*] a caschetto; [*tail*] mozzo.

bobbin /ˈbɒbɪn/ n. bobina f.; *(for lace-making)* spola f.

bobbinet /ˈbɒbɪnet/ n. pizzo m. a rete.

bobbin lace /ˈbɒbɪnleɪs/ n. merletto m. a tombolo, a fuselli.

1.bobble /ˈbɒbl/ n. **1** *(on hat etc.)* pompon m. **2** AE *(blunder)* sbaglio m.

2.bobble /ˈbɒbl/ **I** tr. AE prendere male [*ball*] **II** intr. AE fare uno sbaglio.

bobble hat /ˈbɒblhæt/ n. cappello m. con pompon.

bobby /ˈbɒbɪ/ n. BE COLLOQ. poliziotto m.

Bobby /ˈbɒbɪ/ n.pr. diminutivo di **Robert**.

bobby pin /ˈbɒbɪpɪn/ n. AE molletta f. per capelli.

bobby socks, bobby sox /ˈbɒbɪsɒks/ n.pl. calzini m. corti.

bobbysoxer /ˈbɒbɪsɒksə(r)/ n. AE COLLOQ. SPREG. ragazzina f., adolescente f.

bobcat /ˈbɒbkæt/ n. lince f. rossa.

bobolink /ˈbɒbəlɪnk/ n. doliconice m.

bobsled /ˈbɒbsled/ n. → **1.bobsleigh**.

1.bobsleigh /ˈbɒbsleɪ/ ➧ ***10*** n. bob m., guidoslitta f.

2.bobsleigh /ˈbɒbsleɪ/ intr. andare in bob.

bobstay /ˈbɒbsteɪ/ n. MAR. briglia f. del bompresso.

bobtail /ˈbɒbteɪl/ n. **1** *(tail)* coda f. mozza **2** *(dog)* bobtail m. **3** *(horse)* cavallo m. (-a) con la coda mozza.

bobwhite /ˈbɒbwaɪt/ n. quaglia f. della Virginia.

Boche /bɒʃ/ n.pl. ANT. COLLOQ. SPREG. ***the*** ~ i crucchi.

bock /bɒk/ n. = birra tedesca forte e scura.

bod /bɒd/ n. **1** BE COLLOQ. *(person)* tipo m. (-a), tizio m. (-a) **2** AE *(body)* corpo m.

bode /bəʊd/ intr. LETT. ***to ~ well, ill*** essere di buono, di cattivo augurio (**for** per).

bodega /bəʊˈdiːgə/ n. **1** *(storehouse)* deposito m. di vini **2** AE *(grocery)* rivendita f. di vini e generi alimentari.

bodge /bɒdʒ/ BE → **1.botch, 2.botch**.

bodice /ˈbɒdɪs/ n. *(of dress)* corpino m.; ***fitted*** ~ corpino attillato.

bodice ripper /ˈbɒdɪsrɪpə(r)/ n. SCHERZ. = romanzo a sfondo storico con elementi di sesso e violenza.

bodiless /ˈbɒdɪlɪs/ agg. incorporeo.

▷ **bodily** /ˈbɒdɪlɪ/ **I** agg. [*function*] fisiologico; [*fluid*] organico; [*need*] corporale; [*welfare, well-being*] fisico; [*injury*] corporale, personale **II** avv. [*carry, pick up*] di peso; ***to throw sb. out*** ~ buttare fuori qcn. di peso.

boding /ˈbəʊdɪŋ/ **I** n. presagio m. **II** agg. presago.

bodkin /ˈbɒdkɪn/ n. *(for threading tape etc.)* infilanastri m., passanastro m.; *(for making holes)* punteruolo m.

Bodleian /bɒdˈliːən/ agg. bodleiano.

▶ **body** /ˈbɒdɪ/ **I** n. **1** *(of person, animal)* corpo m.; ***~ and soul*** anima e corpo; ***to have just enough to keep ~ and soul together*** avere appena il necessario per vivere; ***to sell one's ~*** vendersi, prostituirsi; ***all he wants is your ~*** COLLOQ. vuole solo il tuo corpo **2** *(corpse)* corpo m., cadavere m.; ***a dead ~*** un cadavere **3** *(main section) (of car)* carrozzeria f., scocca f.; *(of boat)* scafo m.; *(of aircraft)* fusoliera f.; *(of camera)* corpo m. macchina; *(of violin, guitar)* cassa f. armonica; *(of text, type)* corpo m.; *(of dress)* corpino m.; ***the ~ of the church*** la navata della chiesa **4** *(large quantity) (of water)* massa f.; *(of laws)* raccolta f., corpo m.; ***a large ~ of evidence*** una grande quantità di prove; ***there is a ~ of opinion in favour of*** ci sono moltissime opinioni favorevoli a; ***the ~ of support for her is growing*** il suo seguito è in crescita **5** *(group) (of troops, students)* corpo m.; ***the student ~*** il corpo studenti; ***the main ~ of demonstrators*** la maggioranza dei dimostranti; ***in a ~*** in massa, in gruppo **6** *(organization)* organismo m., ente m.; ***advisory, official ~*** organismo consultivo, ufficiale; ***disciplinary ~*** commissione disciplinare **7** FIS. corpo m., grave m. **8** *(fullness) (of wine)* corposità f.; *(of hair)* massa f. **9** ABBIGL. *(garment)* body m. **10** ANT. COLLOQ. *(person)* persona f., tipo m. (-a) **II** modif. **1** COSMET. [*lotion, scrub, paint*] per il corpo; [*care*] del corpo **2** AUT. [*repair*] alla carrozzeria **III -bodied** agg. in composti ***small-bodied*** di corporatura minuta ◆ ***over my dead ~!*** piuttosto la morte! ***you'll do that over my dead ~!*** per farlo dovrai passare sul mio cadavere!

body armour BE, **body armor** AE /ˈbɒdɪɑːmə(r)/ n. giubbotto m. antiproiettile.

body art /ˈbɒdɪɑːt/ n. body art f.

body bag /ˈbɒdɪbæg/ n. MIL. = sacco in plastica per raccogliere e trasportare i resti delle vittime cadute in battaglia.

body belt /ˈbɒdɪbelt/ n. panciera f.

body blow /ˈbɒdɪbləʊ/ n. colpo m. allo stomaco; ***to deal a ~ to*** FIG. dare un brutto colpo a.

bodyboard /ˈbɒdɪbɔːd/ n. tavola f. da bodyboard, bodyboard m.

bodyboarding /ˈbɒdɪbɔːdɪŋ/ n. *(sport)* bodyboard m.

bodybuilder /ˈbɒdɪbɪldə(r)/ ➧ ***27*** n. **1** SPORT culturista m. e f. **2** AUT. carrozziere m.

body-building /ˈbɒdɪbɪldɪŋ/ ➧ ***10*** **I** n. culturismo m., body building m. **II** agg. [*exercise*] di body building; [*food*] energetico.

body cavity /ˈbɒdɪkævətɪ/ n. cavità f. corporea.

1.bodycheck /ˈbɒdɪtʃek/ n. *(in ice hockey)* ostruzione f.

2.bodycheck /ˈbɒdɪtʃek/ tr. *(in ice hockey)* bloccare [*opponent*].

body clock /ˈbɒdɪklɒk/ n. orologio m. biologico.

body corporate /ˈbɒdɪkɔːpərət/ n. DIR. persona f. giuridica.

body count /ˈbɒdɪkaʊnt/ n. conteggio m. delle vittime.

body double /ˈbɒdɪdʌbl/ n. CINEM. = controfigura che sostituisce l'attore o l'attrice protagonista nelle scene di nudo.

body fat /ˈbɒdɪfæt/ n. tessuto m. adiposo.

body filler /ˈbɒdɪfɪlə(r)/ n. AUT. stucco m., mastice m. di finitura.

body fluids /ˈbɒdɪfluːɪdz/ n.pl. liquidi m. organici.

bodyguard /ˈbɒdɪgɑːd/ n. **1** *(individual)* guardia f. del corpo **2** *(group)* scorta f.

body hair /ˈbɒdɪheə(r)/ n. peli m.pl.

body heat /ˈbɒdɪhiːt/ n. calore m. corporeo.

body image /ˈbɒdɪɪmɪdʒ/ n. PSIC. schema m. corporeo mentale.

body language /ˈbɒdɪlæŋgwɪdʒ/ n. linguaggio m. del corpo.

body-maker /ˈbɒdɪmeɪkə(r)/ ➧ ***27*** n. carrozziere m., operaio m. di carrozzeria.

body mike /ˈbɒdɪmaɪk/ n. COLLOQ. microfono m. portatile.

body odour BE, **body odor** AE /ˈbɒdɪəʊdə(r)/ n. COLLOQ. puzza f. di sudore.

body politic /ˈbɒdɪpɒlətɪk/ n. nazione f., stato m.

body-popping /ˈbɒdɪpɒpɪŋ/ n. = danza di strada caratterizzata da movimenti sinuosi delle braccia e della testa.

body scan /ˈbɒdɪskæn/ n. ecografia f.

body-scanner /ˈbɒdɪskænə(r)/ n. *(device)* ecografo m.

1.body search /ˈbɒdɪsɜːtʃ/ n. perquisizione f.; ***intimate ~*** perquisizione personale.

2.body search /ˈbɒdɪsɜːtʃ/ tr. perquisire.

body shell /ˈbɒdɪʃel/ n. AUT. carrozzeria f., scocca f.

body shop /ˈbɒdɪʃɒp/ n. AUT. reparto m. carrozzeria.

body snatcher /ˈbɒdɪsnætʃə(r)/ n. trafugatore m. (-trice) di cadaveri.

body snatching /ˈbɒdɪsnætʃɪŋ/ n. **1** *(of corpses)* trafugamento m. di cadaveri **2** AMM. COLLOQ. = reclutamento effettuata da cacciatori di teste.

body stocking /ˈbɒdɪstɒkɪŋ/ n. = tutina aderente che unisce in un solo pezzo body e pantacollant.

body suit /ˈbɒdɪsuːt/ n. body m.

body surfing /ˈbɒdɪsɜːfɪŋ/ n. surf m. senza tavola.

body type /ˈbɒdɪtaɪp/ n. TIP. corpo m. testo.

body warmer /ˈbɒdɪwɔːmə(r)/ n. = gilet imbottito senza maniche.

body weight /ˈbɒdɪweɪt/ n. peso m. corporeo.

bodywork /ˈbɒdɪwɜːk/ n. carrozzeria f.

Boeotian /bɪˈəʊʃɪən/ **I** agg. beota (anche FIG.) **II** n. beota m. e f.

Boer /bɔː(r)/ **I** agg. boero **II** n. boero m. (-a); ***the ~ War*** la guerra dei boeri.

boffin /ˈbɒfɪn/ n. BE COLLOQ. esperto m. (-a); ***computer ~*** genio del computer.

boffo /ˈbɒfəʊ/ agg. AE POP. [*play, movie*] di successo.

1.bog /bɒg/ n. **1** *(marshy ground)* pantano m., palude f. **2** (anche **peat ~**) torbiera f. **3** BE POP. *(toilet)* cesso m.

2.bog /bɒg/ **I** tr. (forma in -ing ecc. **-gg-**) impantanare **II** intr. (forma in -ing ecc. **-gg-**) impantanarsi ◆ ***to get ~ged down in sth.*** impantanarsi in qcs.

1.bogey /ˈbəʊgɪ/ n. **1** *(evil spirit)* folletto m., spirito m. maligno **2** *(imagined fear)* spettro m.; *(to frighten people)* babau m., orco m. **3** *(in golf)* par m., norma f.; ***to make*** o ***take a ~*** andare in buca un colpo sopra il par **4** BE POP. *(in nose)* caccola f., muco m.

2.bogey /ˈbəʊgɪ/ tr. *(in golf)* ***to ~ the 2nd hole*** fare la seconda buca un colpo sopra il par.

bogeyman /ˈbəʊgɪmæn/ n. uomo m. nero.

bogginess /ˈbɒgɪnɪs/ n. (l')essere paludoso.

boggle /ˈbɒgl/ **I** tr. colpire, impressionare; ***it ~s the mind*** colpisce l'immaginazione **II** intr. trasalire, sobbalzare; ***the mind ~s!*** o ***the mind*** o ***imagination ~s at the idea*** inorridisco al solo pensiero! ***mind-boggling*** sbalorditivo.

boggy /ˈbɒgɪ/ agg. [*ground*] *(swampy)* pantanoso, paludoso; *(muddy)* fangoso; *(peaty)* [*soil*] torboso.

bogie /ˈbəʊgɪ/ n. **1** BE FERR. carrello m. **2** → **1.bogey**.

bogle /ˈbɒgl/ n. SCOZZ. → **1.bogey**.

bog oak /ˌbɒgˈəʊk/ n. = quercia annerita dalla prolungata conservazione in una torbiera.

BOGOF /ˈbɒgɒf/ n. (⇒ buy one, get one free) prendi due paghi uno.

bog roll /ˌbɒgˈrəʊl/ n. BE POP. carta f. igienica.

bog-standard /ˌbɒgˈstændəd/ agg. COLLOQ. SPREG. ordinario, qualsiasi.

bogus /ˈbəʊgəs/ agg. [*official, doctor, invoice*] fasullo; [*claim*] falso; [*company*] fantasma.

bogy → **1.bogey**.

bogyman → **bogeyman**.

bohemia /bəʊˈhiːmɪə/ n. *(community)* bohème f.; *(district)* quartiere m. di bohémien.

Bohemia /bəʊˈhiːmɪə/ ➧ ***24*** n.pr. GEOGR. Boemia f.

bohemian /bəʊˈhiːmɪən/ **I** agg. [*lifestyle*] di bohème, da artista; [*person*] bohémien, anticonformista **II** n. bohémien m. e f.

Bohemian /bəʊˈhiːmɪən/ ➧ ***18*** **I** agg. GEOGR. boemo **II** n. GEOGR. boemo m. (-a).

bohemianism /bəʊˈhiːmɪənɪzəm/ n. bohème f., vita f. da artista.

boho /ˈbəʊhəʊ/ agg. COLLOQ. [*fashion, lifestyle*] bohémien.

bohunk /ˈbəʊhʌŋk/ n. AE SPREG. = immigrato dell'Europa centro-orientale.

1.boil /bɔɪl/ n. **1** ***to be on the ~*** BE essere in ebollizione (anche FIG.); ***to bring sth. to the ~*** portare qcs. a ebollizione; ***to come to the ~*** entrare in ebollizione *o* cominciare a bollire; ***to go off the ~*** BE [*water*] sbollire; [*person*] perdere interesse; [*performance*] peggiorare *o* diventare meno interessante; ***to be off the ~*** [*water*] finire di bollire; [*project*] bloccarsi *o* rallentare; [*situation*] essere più calmo **2** MED. foruncolo m., bolla f.

▷ **2.boil** /bɔɪl/ **I** tr. **1** (anche **~ up**) bollire, fare bollire [*liquid*]; ***to ~ the kettle*** fare bollire l'acqua nel bollitore **2** *(cook)* bollire, lessare; ***to ~ an egg*** fare bollire un uovo **3** (anche **~-wash**) fare bollire [*linen*] **II** intr. **1** [*water, vegetables etc.*] bollire; ***the kettle is ~ing*** l'acqua (nel bollitore) sta bollendo; ***wait for the kettle to ~*** aspetta che l'acqua (nel bollitore) bolla; ***the saucepan ~ed dry*** l'acqua nel tegame è evaporata (con la bollitura) **2** FIG. [*sea*] ribollire, spumeggiare; [*person*] bollire, ribollire (**with** di); ***to make sb.'s blood ~*** fare ribollire il sangue a qcn.

▪ **boil away 1** *(go on boiling)* continuare a bollire **2** *(evaporate)* evaporare completamente bollendo.

▪ **boil down:** ***~ down*** GASTR. condensarsi (bollendo), ridursi; ***~ down to*** ridursi a; ***~ down [sth.], ~ [sth.] down*** **1** ridurre, condensare (bollendo) [*liquid, sauce*] **2** *(condense)* ridurre [*text*] (**to** a).

▪ **boil over 1** [*water, milk*] traboccare (durante l'ebollizione) **2** FIG. [*anger, tension, excitement*] traboccare, degenerare.

▪ **boil up:** ***~ up*** farsi rovente (anche FIG.); ***~ up [sth.], ~ [sth.] up*** riscaldare.

boiled /bɔɪld/ **I** p.pass. → **2.boil** **II** agg. GASTR. ***~ chicken, fish*** pollo, pesce lesso; ***~ egg*** uovo alla coque; ***~ ham*** prosciutto cotto; ***~***

potatoes patate lesse; ~ ***sweet*** BE = caramella di zucchero bollito aromatizzata con vari gusti.
boiler /ˈbɔɪlə(r)/ n. **1** TECN. *(in central heating system, steam generator, locomotive)* caldaia f.; *(for storing hot water)* scaldaacqua m., scaldabagno m. **2** *(for laundry)* BE lisciviatrice f. **3** GASTR. *(chicken)* gallina f. da lessare **4** *(saucepan)* pentola f., caldaia f.
boiler house /ˈbɔɪləˌhaʊs/ n. locale m. caldaia (isolato dal corpo principale dell'edificio).
boilermaker /ˈbɔɪləˌmeɪkə(r)/ ➧ ***27*** n. calderaio m. (-a).
boilermaking /ˈbɔɪləˌmeɪkɪŋ/ n. attività f. del calderaio.
boilerman /ˈbɔɪləˌmæn/ ➧ ***27*** n. (pl. **-men**) caldaista m., fuochista m.
boiler plate /ˈbɔɪləˌpleɪt/ n. **1** lamiera f. per caldaie **2** GIORN. articolo m. di riserva.
boiler room /ˈbɔɪləˌruːm, -rʊm/ n. locale m. caldaia.
boiler suit /ˈbɔɪləˌsuːt, -ˌsjuːt/ n. BE *(workman's)* tuta f. intera da lavoro; *(woman's)* tuta f.
boiling /ˈbɔɪlɪŋ/ agg. **1** *(at boiling point)* [*water, milk, oil*] bollente **2** COLLOQ. FIG. ***it's ~ in here!*** si bolle qui dentro! ***I'm ~!*** sto morendo di caldo! ***to be ~ with rage*** ribollire di rabbia **3** attrib. *(for cooking)* [*fowl, beef, bacon*] da fare lesso.
boiling hot /ˌbɔɪlɪŋˈhɒt/ agg. COLLOQ. [*day*] caldissimo, torrido; ***to be ~*** essere rovente; FIG. morire di caldo.
boiling off /ˈbɔɪlɪŋɒf, AE -ɔːf/ n. sgommatura f.
boiling plate /ˈbɔɪlɪŋpleɪt/ n. fornello m. elettrico a piastra, piastra f. elettrica.
boiling point /ˈbɔɪlɪŋpɔɪnt/ n. punto m. di ebollizione; FIG. (estrema) eccitazione f.
boiling ring /ˈbɔɪlɪŋrɪŋ/ n. fornello m. elettrico.
boisterous /ˈbɔɪstərəs/ agg. **1** [*adult*] turbolento; [*child*] vivace; [*crowd*] chiassoso; [*meeting, game*] turbolento **2** *(tempestuous)* [*wind*] forte, violento; [*sea*] tempestoso.
boisterously /ˈbɔɪstərəslɪ/ avv. [*laugh*] fragorosamente; [*play*] chiassosamente.
boko /ˈbəʊkəʊ/ n. (pl. **~s**) POP. naso m.
▷ **bold** /bəʊld/ **I** agg. **1** *(daring)* [*person, attempt, decision, plan, step*] audace, coraggioso, ardito **2** *(cheeky)* [*person, look, stare, behaviour*] sfrontato, impudente, sfacciato; ***if I may make so ~ as to suggest...*** FORM. se posso permettermi di suggerire... **3** AE IRLAND. *(naughty)* [*child*] pestifero **4** *(strong)* [*colour*] vivace; [*design*] deciso; [*handwriting, signature*] chiaro; [*outline*] marcato, netto; ***to paint with ~ strokes of the brush*** dipingere con colpi decisi di pennello **5** TIP. grassetto, neretto **II** n. BE TIP. grassetto m., neretto m.; ***in ~*** in grassetto ◆ ***to be as ~ as brass*** avere la faccia di bronzo, essere senza vergogna; ***to put on*** o ***up a ~ front*** affrontare coraggiosamente, farsi coraggio.
boldface /bəʊldfeɪs/ n. AE TIP. grassetto m., neretto m.
boldly /ˈbəʊldlɪ/ avv. **1** *(daringly)* coraggiosamente, audacemente; *(cheekily)* sfacciatamente **2** [*designed*] in modo deciso; [*outlined*] nettamente; ~ ***coloured*** a, con colori vivaci.
boldness /ˈbəʊldnɪs/ n. **1** *(intrepidity)* audacia f., coraggio m.; *(cheek)* sfrontatezza f., sfacciataggine f. **2** *(of design, colour)* nitidezza f., vivacità f.
1.bole /bəʊl/ n. BOT. tronco m.
2.bole /bəʊl/ n. MINER. bolo m.
bolero MUS. /bəˈleərəʊ, ABBIGL. /ˈbɒlərəʊ/ n. (pl. **~s**) MUS. ABBIGL. bolero m.
boletus /bəʊˈliːtəs/ n. (pl. **~es, -i**) boleto m.
bolide /ˈbəʊlaɪd/ n. ASTR. bolide m.
Bolivia /bəˈlɪvɪə/ ➧ ***6*** n.pr. Bolivia f.
Bolivian /bəˈlɪvɪən/ ➧ ***18*** **I** agg. boliviano **II** n. boliviano m. (-a).
boll /bəʊl/ n. *(of flax, cotton)* capsula f.
bollard /ˈbɒlɑːd/ n. **1** MAR. *(on quay, ship)* bitta f. **2** BE *(in road etc.)* colonnina f. spartitraffico.
bollix /ˈbɒlɪks/ tr. AE POP. (anche **~ up**) incasinare.
bollocking /ˈbɒləkɪŋ/ n. BE VOLG. cazziata f.; ***to give sb. a ~*** fare un cazziatone a qcn.; ***to get a ~*** prendersi una cazziata.
bollocks /ˈbɒləks/ **I** n. BE VOLG. **U** *(rubbish)* palle f.pl.; ***it's a load of ~!*** è un mucchio di palle! ***oh ~!*** quante cazzate! **II** n.pl. BE VOLG. *(testicles)* palle f., coglioni m.
boll weevil /ˌbəʊlˈwiːvɪl/ n. antonomo m. del cotone.
Bolognese /ˌbɒləˈneɪz/ **I** agg. ~ ***sauce*** sugo alla bolognese; ***spaghetti ~*** spaghetti alla bolognese **II** n. (pl. ~) bolognese m. e f.
bolometer /bəʊˈlɒmɪtə(r)/ n. bolometro m.
boloney /bəˈləʊnɪ/ n. COLLOQ. **U** frottole f.pl., fesserie f.pl.
Bolshevik /ˈbɒlʃəvɪk, AE *anche* ˈbəʊl-/ **I** agg. bolscevico **II** n. bolscevico m. (-a).
Bolshevism /ˈbɒlʃəvɪzəm/ n. bolscevismo m.
Bolshevist /ˈbɒlʃəvɪst/ **I** agg. bolscevico **II** n. bolscevico m. (-a).
bolshevization /ˌbɒlʃɪvɪˈzeɪʃn/ n. bolscevizzazione f.
bolshevize /ˈbɒlʃɪvaɪz/ tr. bolscevizzare.
bolshy /ˈbɒlʃɪ/ agg. BE COLLOQ. [*child*] ribelle; [*adult*] refrattario; ***to get ~*** diventare intrattabile; ***he's ~*** è un contestatore, ribelle.
1.bolster /ˈbəʊlstə(r)/ n. piano m. d'appoggio.
2.bolster /ˈbəʊlstə(r)/ tr. (anche **~ up**) **1** *(boost)* infondere [*confidence*]; ***to ~ sb.'s ego*** dare sicurezza a qcn. **2** *(shore up)* sostenere [*economy*]; appoggiare [*argument*].
▷ **1.bolt** /bəʊlt/ n. **1** *(lock)* catenaccio m., chiavistello m. **2** *(screw)* bullone m. **3** ~ ***of lightning*** saetta *o* fulmine **4** *(of cloth)* pezza f. **5** *(for crossbow)* freccia f., dardo m. **6** *(for rifle)* otturatore m. **7** *(in mountaineering)* (anche **expansion ~**) tassello m. a espansione **8** *(dash)* scatto m., fuga f. improvvisa; ***to make a ~ for it*** darsela a gambe; ***to make a ~ for the door, the garden*** precipitarsi verso la porta, il giardino **9 bolt upright** dritto come un fuso, impalato ◆ ***a ~ from*** o ***out of the blue*** un fulmine a ciel sereno; ***to have shot one's ~*** COLLOQ. avere sparato le proprie cartucce.
▷ **2.bolt** /bəʊlt/ **I** tr. **1** *(lock)* chiudere col catenaccio, sprangare [*window, door*]; ***to be ~ed shut*** essere chiuso col catenaccio **2** ING. (im)bullonare [*plate, girder, section*] **3** (anche **~ down**) *(swallow)* ingoiare, inghiottire [*food*] **4** AE *(abandon)* disertare [*political party*]; abbandonare [*candidate*] **II** intr. **1** *(flee)* [*horse*] imbizzarrirsi; [*rabbit*] scappare; [*person*] fuggire, darsela a gambe; ***to ~ in*** balzare dentro; ***to ~ out*** fare un balzo da; ***to ~ off*** scappare da **2** AGR. [*plant*] andare a seme.
1.bolter /ˈbəʊltə(r)/ n. **1** *(horse)* cavallo m. in fuga **2** AE FIG. = chi abbandona il proprio partito.
2.bolter /ˈbəʊltə(r)/ n. setaccio m.
bolt head /ˈbəʊlthed/ n. **1** MECC. testa f. del bullone **2** MIL. testa f. dell'otturatore.
bolt hole /ˈbəʊlthəʊl/ n. BE rifugio m. (anche FIG.).
1.bolting /ˈbəʊltɪŋ/ n. **1** (il) chiudere con il catenaccio **2** fuga f. improvvisa.
2.bolting /ˈbəʊltɪŋ/ n. setacciatura f.
bolus /ˈbəʊləs/ n. (pl. **~es**) FISIOL. bolo m. alimentare.
▶ **1.bomb** /bɒm/ n. **1** *(explosive device)* bomba f.; ***the Bomb*** la bomba atomica; ***this room looks like a ~'s hit it*** COLLOQ. questa stanza sembra un campo di battaglia **2** BE COLLOQ. *(large amount of money)* ***to cost, spend a ~*** costare, spendere una fortuna *o* un sacco di soldi **3** COLLOQ. *(flop) (of play, film)* fiasco m.
▶ **2.bomb** /bɒm/ **I** tr. bombardare [*town, house*] **II** intr. **1** BE COLLOQ. *(move fast)* scappare, correre; ***to ~ up, down the road*** fare su e giù per la strada **2** COLLOQ. *(fail)* fare fiasco.
■ **bomb out:** ~ ***[sb., sth.] out***, ~ ***out [sb., sth.]*** distruggere bombardando la casa di [*person*]; distruggere bombardando [*building, street*]; ***we were ~ed out*** la nostra casa fu distrutta dai bombardamenti.
bomb aimer /ˈbɒmˌeɪmə(r)/ n. MIL. AER. mirino m. puntatore per bombe.
bomb alert /ˈbɒməˌlɜːt/ n. allarme m. bomba.
1.bombard /ˈbɒmbɑːd/ n. **1** STOR. MIL. bombarda f. **2** MUS. bombarda f.
2.bombard /bɒmˈbɑːd/ tr. **1** MIL. FIS. bombardare (**with** con) **2** FIG. bombardare, tempestare [*person*] (**with** di).
bombardier /ˌbɒmbəˈdɪə(r)/ ➧ ***23*** n. BE sottufficiale m. d'artiglieria; AE bombardiere m.
bombardment /bɒmˈbɑːdmənt/ n. MIL. FIS. bombardamento m. (**with** di).
bombardon /bɒmˈbɑːdn/ n. bombardone m.
bombast /ˈbɒmbæst/ n. magniloquenza f., ampollosità f.
bombastic /ˌbɒmˈbæstɪk/ agg. magniloquente, ampolloso.
bombastically /ˌbɒmˈbæstɪklɪ/ avv. ampollosamente, in modo magniloquente.
bomb attack /ˈbɒməˌtæk/ n. attentato m. dinamitardo.
Bombay /ˌbɒmbeɪ/ ➧ ***34*** n.pr. Bombay f.
Bombay duck /ˌbɒmbeɪˈdʌk/ n. = pesce seccato solitamente consumato con piatti al curry.
bombazine /ˈbɒmbəziːn/ n. bambagina f.
bomb bay /ˈbɒmbeɪ/ n. vano m. bombe.
bomb blast /ˈbɒmblɑːst, AE -blæst/ n. esplosione f.
bomb crater /ˈbɒmkreɪtə(r)/ n. cratere m. provocato da una bomba.
bomb disposal /ˈbɒmdɪˌspəʊzl/ n. = rimozione e disinnesco di bombe.
bomb disposal expert /ˌbɒmdɪˈspəʊzlˌekspɜːt/ ➧ ***27*** n. artificiere m.
bomb disposal squad /ˌbɒmdɪsˈpəʊzlˌskwɒd/, **bomb disposal unit** /ˌbɒmdɪsˈpəʊzlˌjuːnɪt/ n. squadra f. artificieri.
bombed /bɒmd/ agg. AE COLLOQ. fatto, sballato.

bombed-out /'bɒmdaʊt/ agg. **1** *(building)* sinistrato **2** *(bombed)* fatto, sballato.

▷ **bomber** /'bɒmə(r)/ **I** n. **1** MIL. AER. bombardiere m. **2** *(terrorist)* dinamitardo m. (-a) ANT., attentatore m. (-trice) **II** modif. MIL. AER. [*crew, pilot*] di bombardiere; [*raid, squadron*] di bombardieri.

bomber command /'bɒməkə,mɑ:nd, AE -,mænd/ n. comando m. aereo tattico.

bomber jacket /'bɒmə,dʒækɪt/ n. giubbotto m. imbottito, bomber m.

▷ **bombing** /'bɒmɪŋ/ **I** n. **1** MIL. bombardamento m. **2** *(by terrorists)* attentato m. dinamitardo **II** modif. **1** MIL. [*raid, mission, campaign*] di bombardamento **2** *(by terrorists)* [*campaign*] di attentati dinamitardi.

bombproof /'bɒmpru:f/ agg. a prova di bomba.

bomb scare /'bɒmskeə(r)/ n. allarme m. bomba.

bombshell /'bɒmʃel/ n. **1** FIG. *(shock)* bomba f.; ***to drop a ~*** FIG. lanciare, fare cadere una bomba **2** COLLOQ. *(woman)* ***a blonde ~*** uno schianto di bionda.

bomb shelter /'bɒmʃeltə(r)/ n. rifugio m. antiatomico.

bombsight /'bɒmsaɪt/ n. congegno m. di puntamento.

bombsite /'bɒmsaɪt/ n. **1** zona f. devastata dalle bombe **2** FIG. *(mess)* campo m. di battaglia.

Bomb Squad /'bɒmskwɒd/ n. squadra f. antiterrorismo.

bomb thrower /'bɒmθrəʊə(r)/ n. lanciagranate m.

bona fide /,bəʊnə'faɪdɪ/ agg. [*attempt*] sincero; [*member, refugee*] vero, autentico; [*offer*] valido, serio; [*agreement, contract*] in buonafede, in buona fede.

bona fides /,bəʊnə'faɪdi:z/ n. + verbo sing. o pl. buonafede f., buona fede f.

bonanza /bə'nænzə/ **I** n. **1** *(windfall)* colpo m. di fortuna, manna f. **2** *(performance, festival etc.)* successo m. **3** MIN. filone m. **II** modif. ***a ~ year*** un anno d'oro.

bonbon /'bɒnbɒn/ n. caramella f., zuccherino m.

▷ **1.bond** /bɒnd/ **I** n. **1** *(link)* legame m., vincolo m. (**of** di; **between** tra); ***the experience forged a ~ between them*** l'esperienza creò un legame tra loro; ***to strengthen a ~*** rinforzare un legame; ***to feel a strong ~ with sb.*** sentire un forte legame con qcn. **2** *(fetters)* ceppi m.pl.; FIG. catene f.pl. (**of** di); ***to break the ~s of routine*** spezzare le catene della routine **3** ECON. obbligazione f.; ***government ~*** titolo di stato; ***savings ~*** buono di risparmio; ***treasury ~*** buono del tesoro **4** *(adhesion)* adesività f. **5** CHIM. legame m. **6** DIR. *(guarantee)* garanzia f.; *(deposit)* cauzione f.; ***to set ~ at*** fissare la cauzione a; ***my word is my ~*** la mia parola come garanzia **7** ING. apparecchiatura f., apparecchio m. **8** *(at customs)* ***in ~*** in deposito franco *o* in magazzino doganale **9** → **bonded paper** **II** modif. [*market*] obbligazionario; [*prices*] delle obbligazioni; [*dealer*] di obbligazioni.

2.bond /bɒnd/ **I** tr. **1** (anche **~ together**) [*glue, adhesive*] unire, fare aderire [*materials, surfaces*]; ING. disporre, allineare [*bricks, timber*] **2** (anche **~ together**) [*experience, suffering*] legare [*people*] **3** *(at customs)* riporre (in magazzino doganale) [*goods*] **II** intr. **1** PSIC. legarsi, affezionarsi (**with** a); ***the mother and baby ~ quickly*** la madre e il bambino instaurano velocemente un legame affettivo **2** [*materials*] aderire (**with** a) **3** CHIM. [*atoms*] legarsi (**with** con, a).

bondage /'bɒndɪdʒ/ n. **1** *(slavery)* schiavitù f. (anche FIG.); *(serfdom)* servitù f.; ***to be in ~ to sb., sth.*** essere schiavo di qcn., qcs. **2** *(sexual practice)* bondage m.

bonded /'bɒndɪd/ **I** p.pass. → **2.bond** **II** agg. **1** [*debt*] garantito da obbligazioni **2** COMM. [*goods*] vincolato, da sdoganare.

bonded paper /'bɒndɪd,peɪpə(r)/ n. carta f. da bollo, bollata.

bonded warehouse /'bɒndɪd,weəhaʊs/ n. magazzino m. doganale, deposito m. franco.

bondholder /,bɒnd'həʊldə(r)/ n. possessore m. di obbligazioni, obbligazionista m. e f.

bonding /'bɒndɪŋ/ n. **1** *(between mother and baby) (process)* = processo di sviluppo del rapporto tra madre e figlio; *(resulting bond)* legame m. tra madre e figlio **2** *(between people) (process)* = formazione di legami affettivi; *(resulting bond)* legame m.; attaccamento m.; ***male ~*** cameratismo **3** *(adhesion)* incollaggio m. **4** CHIM. ING. formazione f. di legami **5** *(of goods at customs)* deposito m.

bondmaid /'bɒndmeɪd/ n. (pl. **-maiden**) *(serf)* giovane serva f.; *(slave)* giovane schiava f.

bondman /'bɒndmən/ n. (pl. **-men**) → **bondsman**.

bondslave /'bɒndsleɪv/ n. schiavo m. (-a).

bondsman /'bɒndzmən/ n. (pl. **-men**) *(serf)* servo m.; *(slave)* schiavo m.

bondswoman /'bɒndzwʊmən/ n. (pl. **-women**) *(serf)* serva f.; *(slave)* schiava f.

▶ **1.bone** /bəʊn/ **I** n. **1** *(of human, animal)* osso m.; *(of fish)* lisca f., spina f.; ***made of ~*** d'osso; ***chicken on, off the ~*** pollo con l'osso, disossato; ***to break a ~*** rompere un osso; ***to break every ~ in one's body*** spezzarsi tutte le ossa; ***I'll break every ~ in his body!*** gli spezzerò tutte le ossa! ***no ~s broken*** nulla di rotto; ***he hasn't got a romantic, jealous ~ in his body*** non ha un briciolo di romanticismo, di gelosia **2** *(in corset etc.)* stecca f. **II** **bones** n.pl. **1** *(animal skeleton)* ossa f., scheletro m.sing. **2** *(human remains) (in archeology)* resti m. umani, scheletro m.sing.; ***to lay sb.'s ~s to rest*** seppellire le spoglie di qcn.; ***my old ~s*** COLLOQ. le mie povere ossa; ***he'll never make old ~s*** non vivrà a lungo *o* non arriverà a invecchiare **3** *(dice)* dadi m. **III** modif. [*handle, button*] d'osso ◆ ***~ of contention*** oggetto del contendere *o* pomo della discordia; ***close to the ~*** *(wounding)* offensivo; *(racy)* sconcio *o* volgare; ***to be a bag of ~s*** essere pelle e ossa; ***to cut sth. to the ~*** ridurre qcs. all'osso; ***to feel sth. in one's ~s*** sentirsi qcs. nelle ossa; ***to have a ~ to pick with sb.*** avere una questione da sistemare con qcn.; ***to make no ~s about sth.*** non farsi scrupoli di qcs.; ***sticks and stones may break my ~s (but words will never harm me)*** PROV. raglio d'asino non sale al cielo; ***to work one's fingers to the ~*** lavorare sodo *o* sgobbare.

2.bone /bəʊn/ tr. **1** GASTR. disossare [*joint, chicken*]; spinare, diliscare, togliere le spine a [*fish*] **2** *(reinforce)* rinforzare con stecche [*corset, bodice*].

■ **bone up on:** ~ ***up on [sth.]*** COLLOQ. applicarsi a, studiare a fondo [*subject*].

boneblack /'bəʊn,blæk/ n. carbone m. d'ossa, carbone m. animale, nero m. animale.

bone china /,bəʊn'tʃaɪnə/ n. porcellana f. fine.

bone-crunching /'bəʊn,krʌntʃɪŋ/ agg. COLLOQ. [*job*] che spezza le ossa.

boned /bəʊnd/ **I** p.pass. → **2.bone** **II** agg. **1** [*joint, leg, chicken*] disossato; [*fish*] spinato, privo di lische **2** [*corset, bodice*] con stecche **3 -boned** in composti ***fine-, strong-~*** di ossatura minuta, forte.

bone dry /,bəʊn'draɪ/ agg. completamente secco, asciutto.

bonehead /'bəʊnhed/ n. COLLOQ. tonto m. (-a), stupido m. (-a).

boneheaded /'bəʊnhedɪd/ agg. COLLOQ. tonto, stupido.

bone idle /,bəʊn'aɪdl/ agg. COLLOQ. molto pigro.

boneless /'bəʊnlɪs/ agg. [*chicken breast, joint*] senza ossa, disossato; [*fish fillet*] senza spine.

bone marrow /'bəʊn,mærəʊ/ n. midollo m. osseo.

bone-marrow transplant /,bəʊn,mærəʊ'træns,plɑ:nt, AE -,plænt/ n. trapianto m. di midollo osseo.

bonemeal /'bəʊnmi:l/ n. farina f. d'ossa.

boner /'bəʊnə(r)/ n. AE **1** COLLOQ. *(blunder)* sproposito m., gaffe f.; ***to pull a ~*** prendere un granchio **2** VOLG. *(erection)* ***to have a ~*** avercelo duro.

bone scan /'bəʊn,skæn/ n. scintigrafia f. ossea.

bonesetter /'bəʊn,setə(r)/ n. conciaossa m. e f.

bone shaker /'bəʊn,ʃeɪkə(r)/ n. COLLOQ. **1** *(old vehicle)* catorcio m., trabiccolo m. **2** *(bicycle)* bicicletta f. con copertoni pieni.

bone structure /'bəʊn,strʌktʃə(r)/ n. struttura f. ossea, ossatura f.

bone-weary /'bəʊnwɪərɪ/ agg. esausto, sfinito.

boneyard /'bəʊnjɑ:d/ n. AE COLLOQ. cimitero m.

bonfire /'bɒnfaɪə(r)/ n. falò m.

Bonfire Night /'bɒnfaɪə,naɪt/ n. BE = la sera del 5 novembre.

> **Bonfire Night** Festa britannica che commemora il fallimento della Congiura delle Polveri (*Gunpowder Plot*). Il 5 novembre 1605 cospiratori cattolici, guidati da Guy Fawkes, tentarono di far saltare il Parlamento per eliminare il re e il suo governo, ma furono scoperti e giustiziati. Ancora oggi la sera del 5 novembre si bruciano i fantocci di Guy Fawkes in grandi falò (*bonfires*) e si fanno fuochi d'artificio.

bongo /'bɒŋgəʊ/ ▸ **17** n. (pl. **~**, **~s**) (anche **~ drum**) bongo m.

bonhomie /,bɒnə'mi:/ n. bonomia f., bonarietà f.; ***false ~*** falsa bonarietà.

Boniface /'bɒnɪfeɪs/ n.pr. Bonifacio.

bonito /bə'ni:təʊ/ n. (pl. **~s**, **~**) bonito m.

1.bonk /bɒŋk/ n. **1** COLLOQ. *(blow)* botta f. **2** BE VOLG. ***to have a ~*** fare, farsi una scopata.

2.bonk /bɒŋk/ **I** tr. **1** COLLOQ. *(hit)* sbattere; ***to ~ one's head against sth.*** sbattere la testa contro qcs. **2** BE VOLG. *(have sex with)* scopare, scoparsi **II** intr. BE VOLG. *(have sex)* trombare, scopare.

bonkbuster /'bɒŋkbʌstə(r)/ n. COLLOQ. = romanzo pornografico di grande successo.

bonkers /ˈbɒŋkəz/ agg. COLLOQ. matto, pazzo.

bonnet /ˈbɒnɪt/ n. **1** *(woman's hat)* cappellino m., cuffia f.; *(man's cap)* = tipico copricapo scozzese **2** BE AUT. cofano m. **3** MAR. coltellaccio m. ◆ ***to have a bee in one's ~*** avere un'idea fissa; ***to have a bee in one's ~ about sth.*** essere fissato per qcs.

bonny /ˈbɒnɪ/ agg. SCOZZ. bello.

bonsai /ˈbɒnsaɪ/ n. **1** *(art)* arte f. del bonsai **2** *(plant)* bonsai m.; ***a ~ garden*** un giardino bonsai.

▷ **bonus** /ˈbəʊnəs/ n. **1** COMM. ECON. *(payment)* bonus m., premio m., gratifica f., indennità f.; ***Christmas ~*** gratifica natalizia; ***productivity ~*** premio (di) produzione; ***no claims ~*** BE *(in insurance)* = riduzione bonus malus; ***cash ~*** premio *o* indennità in denaro **2** *(advantage)* vantaggio m. (**of being** di essere).

bonus issue /ˈbəʊnəs,ɪʃuː, -,ɪsjuː/ n. BE ECON. emissione f. di azioni gratuite.

bonus point /ˈbəʊnəs,pɒɪnt/ n. *(in quiz, sports)* bonus m. di un punto; ***five ~s*** un bonus di cinque punti.

bony /ˈbəʊnɪ/ agg. **1** [*person, body, shoulders, finger, arm, knee*] ossuto; [*face, features*] angoloso **2** [*fish*] liscoso, pieno di spine **3** [*substance*] osseo.

bony fish /ˈbəʊnɪ,fɪʃ/ n. (pl. **~**, **~es**) pesce m. osseo.

bonze /bɒnz/ n. bonzo m.

1.boo /buː/ **I** inter. *(to give sb. a fright)* bu; *(to jeer)* buuh **II** n. *(jeer)* buuh m. ◆ ***he wouldn't say ~ to a goose*** non farebbe male a una mosca; ***he didn't say ~*** AE non ha detto né a né ba; ***he didn't say ~ about it*** AE non ne ha fatto parola.

2.boo /buː/ **I** tr. (3ª persona sing. pres. **~s**; pass., p.pass. **~ed**) fischiare [*actor, speaker*]; ***to be ~ed off the stage*** essere cacciato a (suon di) fischi dal palco **II** intr. (3ª persona sing. pres. **~s**; pass., p.pass. **~ed**) gridare buuh, fischiare.

1.boob /buːb/ n. COLLOQ. **1** BE *(mistake)* svarione m., gaffe f. **2** *(breast)* poppa f., tetta f. **3** AE *(idiot)* sciocco m. (-a), babbeo m. (-a).

2.boob /buːb/ intr. BE COLLOQ. fare uno svarione, una gaffe.

boo-boo /ˈbuːbuː/ n. COLLOQ. *(mistake)* svarione m., gaffe f.; ***to make a ~*** fare uno svarione, una gaffe.

boob tube /ˈbuːbtjuːb, AE -tuːb/ n. COLLOQ. **1** *(television)* AE tele f. **2** *(garment)* top m. (senza spalline).

booby /ˈbuːbɪ/ n. **1** RAR. COLLOQ. *(silly person)* stupido m. (-a) **2** AE COLLOQ. *(idiot)* sciocco m. (-a), babbeo m. (-a) **3** ZOOL. *(gannet)* sula f.

booby hatch /ˈbuːbɪhætʃ/ n. AE COLLOQ. manicomio m.

booby prize /ˈbuːbɪpraɪz/ n. = premio per l'ultimo classificato, assegnato per scherzo.

1.booby trap /ˈbuːbɪtræp/ **I** n. **1** MIL. trappola f. esplosiva **2** *(practical joke)* scherzo m. (specialmente quello di mettere un secchio pieno d'acqua in bilico su una porta socchiusa) **3** *(pitfall)* tranello m., trappola f. **II** modif. ***~ bomb*** trappola esplosiva.

2.booby trap /ˈbuːbɪtræp/ tr. (forma in -ing ecc. **-pp-**) MIL. dotare di congegno esplosivo [*car, bodies, building*].

boodle /ˈbuːdl/ n. AE COLLOQ. *(money)* quattrini m.pl.; *(loot)* malloppo m., bottino m.

boodler /ˈbuːdlə(r)/ n. AE POP. **1** = vagabondo che si fa arrestare per trascorrere l'inverno al caldo in prigione **2** = personaggio politico corrotto.

boogerboo /,bʊgəˈbuː/ n. AE POP. bugiardo m. (-a), impostore m. (-a).

1.boogie /ˈbuːgɪ/ n. AE SPREG. negro m. (-a).

2.boogie/ˈbuːgɪ/ intr. COLLOQ. *(to pop music)* ballare.

boogie-woogie /,buːgɪˈwuːgɪ, AE -ˈwʊgɪ/ n. boogie-woogie m.

boogy /ˈbuːgɪ/ → **1.boogie**.

boogy board /ˈbuːgɪ,bɔːd/ n. *(in surfing)* = piccola tavola da surf su cui ci si appoggia con l'addome.

boohoo /,buːˈhuː/ inter. = pianto dirotto.

booing /ˈbuːɪŋ/ n. **U** fischi m.pl.; ***loud ~*** grandi fischi.

▶ **1.book** /bʊk/ **I** n. **1** *(reading matter)* libro m. (**about** su); ***history ~*** libro di storia; ***a ~ of*** un libro di [*quotations, poems, proverbs*]; ***"Carlton Books"*** *(title of firm)* "Edizioni Carlton" **2** *(division, part) (of novel, trilogy)* libro m., tomo m.; *(of poem, epic, bible)* libro m.; ***the Book of Genesis, of Kings*** il libro della Genesi, dei Re **3** BANC. *(for recording deposits, withdrawals)* libretto m. (bancario) **4** SCOL. *(exercise book)* quaderno m.; ***drawing ~*** album da disegno **5** *(of cheques, tickets, vouchers, stamps)* carnet m.; ***~ of matches*** bustina di fiammiferi; ***~ of needles*** cartina di aghi **6** *(in betting)* ***to keep a ~ on*** accettare scommesse su; ***to open*** o ***start a ~ on*** aprire le scommesse su **7** *(directory)* elenco m. (telefonico); ***our number's*** o ***we're in the ~*** il nostro numero è, siamo sull'elenco **8** *(rulebook)* regolamento m.; ***to do things by the ~*** FIG. fare le cose secondo le regole, come da manuale **9** *(opera libretto)* libretto m. **II books** n.pl. **1** AMM. COMM. libri m. contabili; ***to keep the firm's ~s*** tenere i libri contabili, la contabilità della ditta **2** AMM. *(records)* registro m.sing.; ***to be on the ~s of*** essere iscritto a [*club, organization*]; ***we have many small businesses on our ~s*** abbiamo i nominativi di molte piccole aziende registrati ◆ ***I can read her like a ~***, ***she is (like) an open ~ to me*** lei è (come) un libro aperto per me; ***his past is an open ~*** il suo passato non ha segreti; ***economics is a closed ~ to me*** l'economia per me è un mistero; ***she is a closed ~ to me*** non riesco a capirla; ***to speak by the ~*** parlare con cognizione di causa; ***to throw the ~ at sb.*** *(reprimand)* dare una lavata di capo a qcn.; *(accuse)* = incriminare qcn. per tutti i capi d'accusa; *(punish or sentence)* dare il massimo (della pena) a qcn.; ***to be in sb.'s good ~s*** essere nelle grazie di qcn.; ***to be in sb.'s bad ~s*** essere sul libro nero di qcn.; ***in my ~ it's a crime*** COLLOQ. secondo me *o* per il mio modo di vedere è un crimine; ***to bring sb. to ~*** presentare il conto a qcn. (**for** per); ***here's one for the ~, ~s*** è da segnare sul calendario; ***you shouldn't judge a ~ by its cover*** l'abito non fa il monaco.

▶ **2.book** /bʊk/ **I** tr. **1** *(reserve)* prenotare, riservare [*table, seat, room, cabin, ticket*]; prenotare [*holiday*]; noleggiare [*taxi*]; prendere [*babysitter, driver*]; ingaggiare [*entertainer*]; ***to ~ sth. for sb., to ~ sb. sth.*** prenotare, riservare qcs. per qcn.; ***to ~ sb. into a hotel*** prenotare una camera d'albergo per qcn.; ***I've ~ed him a room in a hotel, I've ~ed him into a hotel*** gli ho prenotato una camera in un albergo; ***to be fully ~ed*** essere al completo, tutto esaurito; ***Saturday's performance is fully ~ed*** lo spettacolo di sabato è tutto esaurito; ***my Tuesday afternoons are ~ed*** il martedì pomeriggio sono sempre impegnato; ***I'm fully ~ed this week*** sono impegnato per tutta la settimana **2** *(charge)* [*policeman*] multare [*motorist, offender*]; AE *(arrest)* arrestare [*suspect*]; ***he was ~ed for speeding*** fu multato per eccesso di velocità **3** BE SPORT [*referee*] ammonire [*player*]; ***two players were ~ed*** due giocatori sono stati ammoniti **4** COMM. ECON. registrare [*order*]; ***to ~ goods to sb.'s account*** mettere delle merci in conto a qcn. **II** intr. prenotare; ***you are advised to ~*** si consiglia di prenotare.

■ **book in:** ***~ in*** BE *(at hotel) (check in)* registrarsi; *(make reservation)* prenotare; ***we ~ed into the hotel at 3 o'clock*** siamo arrivati all'hotel alle tre; ***~ [sb.] in*** prenotare, riservare una camera per qcn.

■ **book up:** ***tourists have ~ed up all the rooms*** i turisti hanno prenotato tutte le camere; ***to be ~ed up*** essere al completo; ***the hotel is ~ed up until next month*** l'albergo è al completo fino al mese prossimo; ***I'm ~ed up every evening next week*** sono impegnato tutte le sere della prossima settimana.

bookable /ˈbʊkəbl/ agg. [*seat*] che si può prenotare; ***all seats ~ in advance*** (tutti) i posti possono essere prenotati in anticipo.

book account /,bʊkəˈkaʊnt/ n. *(in a shop)* conto m. aperto.

bookbinder /ˈbʊk,baɪndə(r)/ ➧ ***27*** n. (ri)legatore m. (-trice).

bookbindery /ˈbʊk,baɪndərɪ/ ➧ ***27*** n. *(place)* legatoria f.

bookbinding /ˈbʊk,baɪndɪŋ/ n. (ri)legatura f.

book-burning /ˈbʊk,bɜːnɪŋ/ n. autodafé m. di libri.

bookcase /ˈbʊkkeɪs/ n. *(furniture)* libreria f.

book cover /ˈbʊk,kʌvə(r)/ n. *(of book)* sopraccoperta f.

book club /ˈbʊkklʌb/ n. club m. del libro.

book-club edition /ˈbʊkklʌbɪ,dɪʃn/ n. = edizione per un club del libro.

book designer /,bʊkdɪˈzaɪnə(r)/ ➧ ***27*** n. *(in publishing house)* grafico m. (-a).

bookend /ˈbʊkend/ n. reggilibro m., reggilibri m.

> **Booker Prize for Fiction** Premio letterario assegnato ogni anno al miglior romanzo scritto da un autore britannico o appartenente al Commonwealth. Il premio in origine era finanziato dalla ditta Booker, oggi dal Man Group, da cui ha preso il nome di *Man Booker Prize*.

booketeria /,bʊkɪˈtɪərɪə/ n. **1** *(shop)* libreria f. self-service **2** = servizio gratuito di prestito libri presso supermercati.

book fair /ˈbʊk,feə(r)/ n. fiera f. del libro.

bookie /ˈbʊkɪ/ n. COLLOQ. bookmaker m. e f., allibratore m. (-trice).

▷ **booking** /ˈbʊkɪŋ/ n. **1** BE *(reservation)* prenotazione f.; ***to make a ~*** fare una prenotazione **2** *(engagement for performance)* ingaggio m. **3** BE SPORT *(from referee)* ammonizione f.; ***to get a ~*** essere ammonito; ***there were two ~s*** ci sono state due ammonizioni.

booking clerk /ˈbʊkɪŋ,klɑːk, AE -,klɜːk/ ➧ ***27*** n. BE **1** addetto m. (-a) alle prenotazioni **2** *(at railway station)* bigliettaio m. (-a).

booking form /ˈbʊkɪŋˌfɔːm/ n. BE modulo m. di prenotazione.
booking office /ˈbʊkɪŋˌɒfɪs/ n. BE **1** ufficio m. prenotazioni **2** *(at railway station)* biglietteria f.
bookish /ˈbʊkɪʃ/ agg. **1** [*person*] studioso; amante dei libri **2** *(theoretical)* [*person, approach*] teorico.
bookishness /ˈbʊkɪʃnɪs/ n. *(of person)* dedizione f. agli studi; amore m., passione f. per i libri.
book jacket /ˈbʊkdʒækɪt/ n. → **book cover**.
bookkeeper /ˈbʊkˌkiːpə(r)/ ♦ **27** n. contabile m. e f.
bookkeeping /ˈbʊkˌkiːpɪŋ/ n. contabilità f.
book-learning /ˈbʊklɜːnɪŋ/ n. **U** cultura f. libresca.
booklet /ˈbʊklɪt/ n. libretto m., opuscolo m.
booklice /ˈbʊklaɪs/ → **booklouse**.
booklist /ˈbʊklɪst/ n. lista f. di libri.
booklouse /ˈbʊklaʊs/ n. (pl. **-lice**) pidocchio m. dei libri.
book lover /ˈbʊkˌlʌvə(r)/ n. amante m. e f. dei libri, bibliofilo m. (-a).
bookmaker /ˈbʊkˌmeɪkə(r)/ ♦ **27** n. bookmaker m. e f., allibratore m. (-trice).
bookmaking /ˈbʊkˌmeɪkɪŋ/ n. attività f. del bookmaker, dell'allibratore.
bookman /ˈbʊkˌmən/ n. (pl. **-men**) letterato m., erudito m., studioso m.
1.bookmark /ˈbʊkmɑːk/ n. **1** segnalibro m. **2** INFORM. bookmark m., segnalibro m.
2.bookmark /ˈbʊkmɑːk/ tr. INFORM. mettere un bookmark a; aggiungere alla lista dei (siti) preferiti [*website*].
bookmen /ˈbukˌmen/ → **bookman**.
bookmobile /ˈbʊkˌməˌbiːl/ n. AE bibliobus m.

> **Book of Common Prayer** È il testo liturgico ufficiale della Chiesa d'Inghilterra. Fu pubblicato per la prima volta nel 1549 e una nuova versione apparve nel 1622. Nonostante la bellezza del suo linguaggio, oggi molti preferiscono il più moderno *Alternative Service Book*.

bookplate /ˈbʊkpleɪt/ n. ex libris m.
bookpost /ˈbʊkpəʊst/ n. = servizio a tariffa speciale per la spedizione di libri.
bookrest /ˈbʊkrest/ n. leggio m.
bookseller /ˈbʊkˌselə(r)/ ♦ **27** n. *(person)* libraio m. (-a); ***~'s (shop)*** libreria.
bookselling /ˈbʊkˌselɪŋ/ n. vendita f. di libri.
bookshelf /ˈbʊkˌʃelf/ n. (pl. **-shelves**) scaffale m. (per libri); *(single)* mensola f. (per libri); *(in bookcase)* ripiano m.
bookshop /ˈbʊkʃɒp/ ♦ **27** n. *(shop)* libreria f.
bookstall /ˈbʊkstɔːl/ n. *(in street market)* bancarella f. di libri; BE *(at airport, station)* edicola f.
bookstand /ˈbʊkstænd/ n. **1** → **bookrest 2** → **bookstall**.
▷ **bookstore** /ˈbʊkstɔː(r)/ ♦ **27** n. AE *(shop)* libreria f.
book token /ˈbʊkˌtəʊkən/ n. BE buono m. (per acquisto di) libri.
book value /ˈbʊkvæljuː/ n. valore m. contabile.
bookwork /ˈbʊkwɜːk/ n. conoscenza f. teorica.
bookworm /ˈbʊkwɜːm/ n. **1** *(person)* COLLOQ. topo m. di biblioteca; ***he's a real ~*** è un vero topo di biblioteca **2** *(insect)* pidocchio m. dei libri.
Boolean /ˈbuːlɪən/ agg. booleano.
▷ **1.boom** /buːm/ n. **1** *(of voices, thunder)* boato m., rimbombo m.; *(of cannon)* rombo m.; *(of waves)* muggito m.; *(of organ, drum)* rimbombo m.; *(of explosion)* boato m. **2** *(noise)* bum m.; ***the device went ~*** l'ordigno ha fatto bum.
2.boom /buːm/ **I** tr. *(shout)* tuonare; ***"welcome!" he ~ed*** "benvenuto!" disse con voce tonante, stentorea **II** intr. *(make a noise)* [*cannon, thunder*] rombare; [*bell*] risuonare; [*voice*] tuonare; [*organ*] rimbombare; [*sea*] muggire.
■ **boom out:** ~ ***out*** [*music, sound*] risuonare, rimbombare; ~ ***[sth.] out***, ~ ***out [sth.]*** [*person*] urlare [*speech*]; [*loudspeaker*] fare risuonare [*announcement*]; [*drum*] battere [*rhythm*].
▷ **3.boom** /buːm/ **I** n. **1** ECON. *(period of prosperity)* boom m., forte espansione f.; *(in demand, sales etc.)* aumento m. improvviso, esplosione f. (**in** di); *(in prices)* impennata f. (**in** di); ***baby ~*** baby boom, boom delle nascite; ***export, consumer ~*** boom delle esportazioni, dei consumi; ***property, credit ~*** boom del mercato immobiliare, dei crediti; ***a ~ and bust economy*** un'economia a fasi alterne (di espansione e di recessione) **2** *(increase in popularity)* boom m., successo m. travolgente (**in** di) **II** modif. [*economy, industry, sector, town*] in forte espansione; [*period, year*] di boom; [*share*] in forte rialzo.
▷ **4.boom** /buːm/ **I** tr. **1** AE *(cause to grow)* fare esplodere, fare pro-sperare **2** AE *(publicize, push)* lanciare, promuovere **II** intr. **1** *(prosper)* [*economy, trade, industry*] essere in forte espansione, in pieno boom; [*exports, sales*] aumentare improvvisamente, esplodere; [*prices*] impennarsi; ***business is ~ing*** gli affari sono in pieno boom **2** *(increase in popularity)* [*hobby, sport*] essere in pieno boom, avere un successo travolgente.
5.boom /buːm/ n. **1** MAR. *(spar)* boma m. e f.; *(barrage)* tangone m. **2** *(on crane)* braccio m. **3** CINEM. RAD. TELEV. giraffa f., boom m. ♦ ***to lower the ~ on sb.*** AE COLLOQ. = imporre a qcn. la disciplina con provvedimenti restrittivi.
boom baby /ˈbuːmˌbeɪbɪ/ n. → **baby boomer**.
boombox /ˈbuːmˌbɒks/ n. COLLOQ. (grosso) stereo m. portatile.
boomer /ˈbuːmə(r)/ n. **1** *(kangaroo)* canguro m. gigante maschio **2** *(beaver)* castoro m. di montagna **3** → **baby boomer**.
1.boomerang /ˈbuːməræŋ/ **I** n. boomerang m. (anche FIG.) **II** modif. [*effect*] boomerang.
2.boomerang /ˈbuːməræŋ/ intr. *(backfire)* [*plan, campaign*] avere un effetto boomerang; ***to ~ on sb.*** ritorcersi contro qcn.
1.booming /ˈbuːmɪŋ/ agg. *(loud)* [*echo, sound*] rimbombante; [*laugh*] sonoro; [*voice*] tonante.
2.booming /ˈbuːmɪŋ/ agg. *(flourishing)* [*economy, industry, market, town*] in forte espansione, in pieno boom; [*demand, exports, sales*] in forte aumento, ascesa.
boomflation /ˈbuːmfleɪʃn/ n. inflazione f. da boom.
boom microphone /ˈbuːmˌmaɪkrəfəʊn/ n. microfono m. a giraffa.
boon /buːn/ n. **1** *(advantage)* vantaggio m., beneficio m. **2** *(invaluable asset)* benedizione f. (**to** per); ***to be a great ~ to sb.*** essere una benedizione per qcn.; ***central heating is a ~ in winter*** il riscaldamento centralizzato è una benedizione d'inverno **3** *(stroke of luck)* manna f., fortuna f. (insperata) (**for** per).
boon companion /ˌbuːnkəmˈpænɪən/ n. grande amico m. (-a); ***my ~*** il mio migliore amico.
boondocks /ˈbuːndɒks/ n.pl. AE **1** *(rural area)* ***the ~*** = la campagna (più isolata e arretrata); ***out in the ~*** in piena campagna **2** *(rough country)* boscaglia f.sing.
1.boondoggle /ˈbuːndɒgl/ n. AE COLLOQ. = progetto, lavoro inutile realizzato con notevole spreco di denaro, soprattutto pubblico.
2.boondoggle /ˈbuːndɒgl/ intr. AE COLLOQ. = realizzare progetti o lavori inutili con notevole spreco di denaro, soprattutto pubblico.
boonies /ˈbuːniːz/ COLLOQ. → **boondocks**.
boor /bʊə(r), bɔː(r)/ n. zotico m. (-a), villano m. (-a).
boorish /ˈbʊərɪʃ, ˈbɔː-/ agg. villano, rozzo.
boorishly /ˈbʊərɪʃlɪ, ˈbɔː-/ avv. [*behave*] villanamente, rozzamente.
boorishness /ˈbʊərɪʃnɪs, ˈbɔː-/ n. villania f., rozzezza f.
1.boost /buːst/ n. **1** *(stimulus)* spinta f. (**to** a); ***to give sth. a ~*** dare una spinta a qcs. **2** *(encouragement)* incoraggiamento m. (**to sb.** per qcn.; **to sth.** per qcs.); ***to give sb. a ~ (to do)*** incoraggiare qcn. (a fare) **3** *(publicity)* lancio m. pubblicitario, promozione f. (su vasta scala); ***to give sth. a ~*** fare (molta) pubblicità, un grande battage pubblicitario a qcs. **4** *(upward push)* ***to give sb. a ~*** dare una spinta (verso l'alto) a qcn. (**up to** fino a).
2.boost /buːst/ tr. **1** *(stimulate)* incrementare, aumentare [*aid, exports, productivity, number, profit, value*]; incoraggiare [*economy, investment, lending*]; suscitare [*interest*]; ***to ~ sb.'s confidence*** infondere sicurezza a qcn.; ***to ~ morale*** tirare su il morale **2** *(enhance)* migliorare [*image, performance*] **3** promuovere (su vasta scala), lanciare [*product*] **4** ELETTRON. amplificare [*signal, voltage*] **5** AUT. aumentare [*speed*]; rendere più potente [*engine*] **6** *(push up)* spingere (verso l'alto) [*person*] **7** propellere [*rocket*].
booster /ˈbuːstə(r)/ **I** n. **1** RAD. TELEV. *(receiver)* (pre)amplificatore m.; *(transmitter)* ripetitore m. **2** ELETTRON. booster m., survoltore m. **3** AUT. booster m., precompressore m. **4** MED. *(vaccination)* richiamo m. **5** *(of rocket)* booster m. **6** AE COLLOQ. *(fan)* fan m. e f. **II** modif. [*dose, injection*] di richiamo, di rinforzo.
booster cushion /ˈbuːstəˌkʊʃn/ n. AUT. seggiolino m. rialzatore.
boosterism /ˈbuːstərɪzəm/ n. AE = esaltazione dei pregi di una città, specialmente da parte dei suoi abitanti.
booster rocket /ˈbuːstəˌrɒkɪt/ n. booster m., razzo m. vettore.
booster station /ˈbuːstəˌˈsteɪʃn/ n. RAD. stazione f. ripetitrice.
▶ **1.boot** /buːt/ ♦ **28** n. **1** *(footwear)* stivale m.; *(for workman, soldier)* scarpone m.; ***ankle ~*** stivaletto; ***calf-length ~*** stivale basso, (che arriva) al polpaccio; ***thigh ~*** stivalone; ***climbing ~*** scarpone da montagna; ***hiking ~*** pedula, scarponcino da trekking; ***football, rugby ~*** BE scarpa da football, da rugby; ***to put the ~ in*** infierire (anche FIG.) **2** BE AUT. baule m., bagagliaio m. **3** COLLOQ. *(dismissal)* ***to get the ~*** essere licenziato, buttato fuori; ***to give sb. the ~*** licenziare, buttare fuori qcn. **4** COLLOQ. *(kick)* calcio m.; ***to give***

sth. a ~ dare un calcio a qcs.; ***a ~ up the backside*** un calcio nel sedere (anche FIG.) **5** AE AUT. *(wheelclamp)* ceppo m., ganascia f. (bloccaruote) **6** AE *(puncture patch)* toppa f. **7** AE COLLOQ. *(recruit)* spina f. ◆ ***as tough as old ~s*** [*meat*] duro come una suola di scarpa; ***the ~ is on the other foot*** BE le cose sono esattamente al contrario, la si-tuazione si è capovolta; ***to be*** o ***get too big for one's ~s*** BE montarsi la testa; ***to ~*** per giunta *o* per di più; ***to lick sb.'s ~s*** leccare i piedi a qcn.; ***you can bet your ~s that*** puoi scommetterci (la testa) che *o* puoi star certo che.

2.boot /bu:t/ tr. **1** COLLOQ. *(kick)* dare un calcio a [*person, ball*] **2** INFORM. → **boot up**.

▪ **boot out:** ~ **[sb.]** **out**, ~ **out** **[sb.]** *(from club, institution, company, house)* cacciare (via), buttare fuori.

▪ **boot up:** ~ **[sth.]** **up**, ~ **up** **[sth.]** INFORM. avviare [*computer, system*].

bootblack /'bu:tblæk/ ➧ ***27*** n. lustrascarpe m. e f.

boot camp /'bu:tkæmp/ n. AE MIL. MAR. campo m. di addestramento reclute.

boot device /'bu:tdɪˌvaɪs/ n. INFORM. dispositivo m. di inizializzazione.

boot drive /'bu:tˌdraɪv/ n. INFORM. unità f. di inizializzazione.

booted /'bu:tɪd/ **I** p.pass. → **2.boot** **II** agg. che calza stivali, scarponi.

bootee /bu:'ti:/ n. **1** *(knitted) (for babies)* scarpina f. **2** *(leather)* stivaletto m., scarponcino m.

▷ **booth** /bu:ð, AE bu:θ/ n. *(in language lab)* cabina f.; *(in restaurant)* séparé m.; *(at fairground)* baraccone m.; ***polling*** o ***voting ~*** cabina elettorale; ***telephone ~*** cabina telefonica.

bootjack /'bu:tdʒæk/ n. tirastivali m., cavastivali m.

bootlace /'bu:tleɪs/ n. stringa f., laccio m. (per stivali, scarponi).

bootlast /'bu:tlɑ:st, AE -læst/ n. tendiscarpe m.

1.bootleg /'bu:tleg/ **I** n. **1** *(of boot)* gambale m. **2** *(alcohol)* alcolico m. di contrabbando **3** MUS. bootleg m. **II** modif. **1** [*whisky*] di contrabbando **2** ~ ***record*** bootleg.

2.bootleg /'bu:tleg/ tr. **1** distillare abusivamente, contrabbandare [*whisky*] **2** produrre, commerciare illegalmente [*record*].

bootlegger /'bu:tlegə(r)/ n. AE distillatore m. (-trice) abusivo, contrabbandiere m. (-a) di alcolici.

bootless /'bu:tlɪs/ agg. ANT. [*attempt, search*] vano; [*cry*] inutile.

bootlicker /'bu:tlɪkə(r)/ n. leccapiedi m. e f.

bootmaker /'bu:tmeɪkə(r)/ ➧ ***27*** n. stivalaio m. (-a), calzolaio m. (-a).

boot polish /'bu:tˌpɒlɪʃ/ n. lucido m. per scarpe.

boots /bu:ts/ n. (pl. ~) lustrascarpe m. e f.

boot sale /'bu:tseɪl/ n. BE vendita f. di beneficenza, mercatino m. dell'usato.

boot scraper /'bu:tˌskreɪpə(r)/ n. *(on doorstep)* raschietto m.

bootstrap /'bu:tstræp/ n. **1** *(on boot)* tirante m. (di stivale) **2** INFORM. bootstrap m. ◆ ***to pull oneself up by one's ~s*** farsi da sé *o* cavarsela con le proprie gambe.

bootstrap loader /'bu:tstræpˌləʊdə(r)/ n. INFORM. caricatore m. di bootstrap.

bootstrapper /'bu:tstræpə(r)/ n. = chi si è fatto da sé.

bootstrap program /'bu:tstræˌprəʊgræm, AE -grəm/ n. INFORM. programma m. (di) bootstrap.

boot-topping /'bu:tˌtɒpɪŋ/ n. MAR. bagnasciuga m.

booty /'bu:tɪ/ n. **1** bottino m. **2** AE COLLOQ. *(buttocks)* fondoschiena m., chiappe f.pl., culo m.

1.booze /bu:z/ n. COLLOQ. bevanda f. alcolica; ***to be on the ~*** bere (alcolici); ***he's off the ~*** non beve più.

2.booze /bu:z/ intr. COLLOQ. bere (alcolici).

boozed /bu:zd/ **I** p.pass. → **2.booze** **II** agg. COLLOQ. ubriaco.

boozer /'bu:zə(r)/ n. COLLOQ. **1** *(person)* ubriacone m. (-a), beone m. (-a); ***he's a bit of a ~*** è un ubriacone **2** *(pub)* BE pub m.

booze-up /'bu:zʌp/ n. BE COLLOQ. bevuta f., sbornia f., bisboccia f.

boozy /'bu:zɪ/ agg. COLLOQ. [*meal*] ben annaffiato; [*laughter*] da ubriaco; ***we had a ~ evening, weekend*** abbiamo passato la serata, il fine settimana a bere; ***his ~ uncle*** suo zio ubriacone.

1.bop /bɒp/ n. **1** *(blow)* COLLOQ. botta f. **2** *(dance form)* (be-)bop m. **3** *(disco-dancing)* COLLOQ. ***to go for a ~*** andare a ballare.

2.bop /bɒp/ **I** tr. (forma in -ing ecc. **-pp-**) **1** COLLOQ. *(hit)* picchiare **2** AE POP. *(have sex with)* scopare, scoparsi **II** intr. (forma in -ing ecc. **-pp-**) **1** BE COLLOQ. *(dance to pop music)* ballare **2** AE COLLOQ. *(walk)* pavoneggiarsi; *(go)* fare un salto **3** AE POP. *(have sex)* scopare.

bopeep /boʊ'pi:p/ n. *(children's game)* cucù m.

bopper /'bɒpə(r)/ n. fanatico m. (-a) del be-bop.

bora /'bɔrə/ n. bora f.

boracic /bə'ræsɪk/ agg. borico.

borage /'bɒrɪdʒ, AE 'bɔ:rɪdʒ/ n. borragine f.

borate /'bɔreɪt/ n. borato m.

borax /'bɔ:ræks/ n. borace m.

Bordeaux /bɔ:'dəʊ/ n. *(wine)* bordeaux m.

bordello /bɔ:'deləʊ/ n. (pl. **~s**) bordello m.

▶ **1.border** /'bɔ:də(r)/ ➧ ***24*** **I** n. **1** *(frontier)* confine m., frontiera f. (**between** tra); ***Italy's ~ with France*** il confine tra l'Italia e la Francia; ***on the Swiss ~*** sul confine svizzero; ***to have ~s with four countries*** confinare con quattro paesi; ***to cross the ~*** passare il confine; ***to escape over*** o ***across the ~*** scappare oltre il confine; ***our allies across the ~*** i nostri alleati oltrefrontiera; ***north of the ~*** a nord del confine; *(when in England)* in Scozia; *(when in Ireland)* in Irlanda del Nord; ***south of the ~*** a sud della frontiera; *(when in Scotland)* in Inghilterra; *(when in Northern Ireland)* nella Repubblica d'Irlanda; *(when in US)* in Messico **2** *(outer edge) (of forest)* margine m., limitare m.; *(of estate)* confine m.; *(of lake, road)* bordo m. **3** *(decorative edge) (on crockery, paper, dress, picture, cloth)* bordo m. **4** *(in garden)* bordura f. **5** *(hypothetical limit)* limite m. (**between** tra); ***to cross the ~ into bad taste*** oltrepassare i limiti del buon gusto **6** INFORM. *(of window)* bordo m. **II** **Borders** n.pr.pl. (anche **Borders Region**) *(in Scotland)* = zona di confine tra l'Inghilterra e la Scozia **III** modif. [*control*] alla frontiera; [*crossing, post, patrol, police, town, zone*] di confine, di frontiera.

2.border /'bɔ:də(r)/ tr. **1** *(have a frontier with)* confinare con; ***Italy ~s France*** l'Italia confina con la Francia; ***to be ~ed by*** confinare con **2** *(lie alongside)* [*road*] costeggiare [*lake*]; [*land*] confinare con [*forest*]; [*country*] affacciarsi su [*ocean*] **3** *(surround)* delimitare; ***to be ~ed on three sides by trees*** essere contornato da alberi su tre lati **4** *(edge)* ***to be ~ed with lace*** essere bordato di pizzo.

▪ **border on:** ~ **on** **[sth.]** **1** *(have a frontier with)* [*country, garden, land*] confinare con **2** *(verge on)* rasentare [*rudeness, madness*]; ***the accusation ~s on the absurd*** l'accusa rasenta l'assurdo.

Border collie /'bɔ:dəˌkɒlɪ/ n. border collie m.

border dispute /ˌbɔ:dədɪ'spju:t/ n. lite f. di confine.

borderer /'bɔ:dərə(r)/ n. = chi abita in una zona di confine.

border guard /'bɔ:dəˌgɑ:d/ n. guardia f. di confine.

border incident /'bɔ:dərˌɪnsɪdənt/ n. incidente m. di frontiera.

borderland /'bɔ:dəˌlænd/ n. zona f. di confine.

borderline /'bɔ:dəlaɪn/ **I** n. linea f. di confine, confine m. (**between** tra); ***on the ~*** sulla linea di confine **II** modif. [*case*] limite; ***he's a ~ schizophrenic*** è (un caso) al limite della schizofrenia; ***to be a ~ fail, pass*** essere appena al di sotto, al di sopra della sufficienza.

border raid /'bɔ:dəˌreɪd/ n. incursione f. oltreconfine.

border-worker /'bɔ:dəˌwɜ:kə(r)/ n. frontaliero m. (-a).

bordure /'bɔ:djʊə(r)/ n. bordura f.

1.bore /bɔ:(r)/ pass. → **3.bear**.

2.bore /bɔ:(r)/ n. **1** *(person)* noioso m. (-a), seccatore m. (-trice); ***car, football ~*** noioso che non parla altro che di automobili, di calcio; ***he's such a ~*** è così noioso **2** *(situation)* noia f.; ***what a ~!*** che noia! ***it's an awful ~ having to wait*** è proprio una barba dover aspettare.

▷ **3.bore** /bɔ:(r)/ tr. *(weary)* annoiare (**with** con) ◆ ***to ~ sb. stiff*** o ***to death*** o ***to tears*** annoiare a morte qcn.; ***to ~ the pants off sb.*** COLLOQ. fare morire di noia qcn.

4.bore /bɔ:(r)/ n. **1** (anche **borehole**) foro m. **2** *(diameter) (of gun barrel, pipe)* calibro m.; ***small-~ rifle*** fucile di piccolo calibro; ***12-~ shotgun*** fucile calibro 12.

▷ **5.bore** /bɔ:(r)/ **I** tr. *(drill)* [*person, machine, insect*] scavare [*hole, tunnel, well*] **II** intr. ***to ~ into*** o ***through*** [*person, machine*] (per)forare *o* trivellare; [*insect*] (per)forare; ***her eyes ~d into me*** mi penetrò con lo sguardo.

6.bore /bɔ:(r)/ n. *(wave)* mascheretto m.

boreal /'bɔ:rɪəl/ agg. boreale.

Boreas /'bɒrɪæs/ n.pr. Borea.

▷ **bored** /bɔ:d/ **I** p.pass. → **3.bore** **II** agg. annoiato; ***to get*** o ***be ~*** annoiarsi (**with** di; **with doing** a fare); ***to look ~*** sembrare annoiato; ***I'm so ~!*** sono così annoiato! come mi annoio!

▷ **boredom** /'bɔ:dəm/ n. **1** *(feeling)* noia f. (**with** di); ***the ~ of having to wait*** la noia di dover aspettare **2** *(of activity, job, lifestyle)* monotonia f.

borer /'bɔ:rə(r)/ n. **1** *(tool) (for wood, shaft, tunnel)* trivella f.; *(for metal cylinders)* alesatrice f. **2** *(worker)* trivellatore m. (-trice), perforatore m. (-trice) **3** *(insect)* perforatore m.

boric /'bɔ:rɪk/ agg. borico.

boride /'bɔ:raɪd/ n. boruro m.

▷ **1.boring** /ˈbɔːrɪŋ/ agg. [*person, place, activity, event*] noioso; [*colour, food*] monotono; ***it's ~ being, doing*** è noioso essere, fare.

2.boring /ˈbɔːrɪŋ/ n. *(drilling) (in wood)* perforazione f.; *(in rock)* trivellazione f.

boring bar /ˈbɔːrɪŋbɑː/ n. barra f. alesatrice.

boringly /ˈbɔːrɪŋlɪ/ avv. [*predictable, practical*] banalmente; [*arranged, presented*] in modo noioso.

Boris /ˈbɒrɪs, AE ˈbɔː-/ n.pr. Boris.

▷ **born** /bɔːn/ agg. [*person, animal*] nato (**of** da; **to do** per fare; **with** con); ***to be ~*** nascere; ***she was ~ in Bath, in 1976*** è nata a Bath, nel 1976; ***when the baby is ~*** quando il bambino sarà nato; ***~ a Catholic*** di origine cattolica; ***she was ~ into a Jewish family*** è nata in una famiglia ebrea; ***to be ~ deaf, blind*** essere sordo, cieco dalla nascita; ***the children ~ to them*** i figli che hanno avuto *o* che avranno; ***to be a ~ leader*** essere un leader nato; ***a ~ liar*** un gran bugiardo; ***she's a ~ loser*** è nata perdente; ***I wish I'd never been ~!*** vorrei non essere mai nato! ***to be ~ out of one's time*** nascere nell'epoca sbagliata; ***to be ~ (out) of sth.*** FIG. [*emotion, idea, group etc.*] nascere da qcs; ***London~, Irish~*** nato a Londra, in Irlanda, di origine londinese, irlandese ◆ ***in all my ~ days*** COLLOQ. in tutta la mia vita; ***I wasn't ~ yesterday*** COLLOQ. non sono nato ieri; ***she hasn't got the sense she was ~ with*** COLLOQ. le manca il buonsenso; ***there's one ~ every minute!*** COLLOQ. la mamma degli scemi è sempre incinta.

born-again /ˌbɔːnəˈgeɪn/ agg. **1** [*Christian*] rinato alla fede **2** SCHERZ. = che mostra l'entusiasmo del neofita.

borne /bɔːn/ p.pass. → **3.bear**.

Borneo /ˈbɔːnɪəʊ/ ➧ ***12*** n.pr. Borneo m.

boron /ˈbɔːrɒn/ n. boro m.

borough /ˈbʌrə, AE -rəʊ/ n. *(in London, New York)* distretto m. (elettorale); ***county ~*** BE = comune amministrativamente indipendente.

borough council /ˌbʌrəˈkaʊnsl, AE -rəʊ-/ n. BE *(of London)* consiglio m. distrettuale; *(of county borough)* consiglio m. comunale.

borough president /ˌbʌrəˈprezɪdənt, AE -rəʊ-/ n. AE *(in New York)* presidente m. del distretto.

▶ **borrow** /ˈbɒrəʊ/ **I** tr. prendere in prestito [*object, money, word*] (**from** da); prendere [*idea*] **II** intr. ECON. ricorrere a un prestito (**from** da); ***to ~ against*** garantire un prestito con [*income*] ◆ ***he, she is living on ~ed time*** ha i giorni contati.

borrower /ˈbɒrəʊə(r)/ n. chi ha preso in prestito; ECON. mutuatario m. ◆ ***neither a ~ nor a lender be*** PROV. = non bisogna né prestare né prendere in prestito.

borrowing /ˈbɒrəʊɪŋ/ n. **1** ECON. **U** prestito m., indebitamento m., finanziamento m.; ***certain aspects of ~*** certi aspetti del prestito; ***increase in ~*** aumento dei prestiti; ***~ costs*** costi del prestito **2** LING. LETTER. prestito m. (**from** da).

borrowing requirements /ˌbɒrəʊɪŋrɪˈkwaɪəmənts/ n.pl. fabbisogno m.sing. finanziario.

borrowing rights /ˈbɒrəʊɪŋˌraɪts/ n.pl. diritto m.sing. al prestito.

borstal /ˈbɔːstəl/ n. BE ANT. casa f. di correzione, riformatorio m.

bort /bɔːt/ n. bort m.

borzoi /ˈbɔːzɔɪ/ n. borzoi m., levriero m. russo.

boscage /ˈbɒskɪdʒ/ n. boschetto m.

1.bosh /bɒʃ/ n. COLLOQ. **U** sciocchezze f.pl., stupidaggini f.pl.

2.bosh /bɒʃ/ n. sacca f. dell'altoforno.

bosky /ˈbɒskɪ/ agg. LETT. boscoso; *(shady)* ombroso.

bos'n /ˈbəʊsn/ → **boatswain**.

Bosnia /ˈbɒznɪə/ ➧ ***6*** n.pr. Bosnia f.

Bosnia-Herzegovina /ˌbɒznɪəˌhɜːtsəgəʊˈviːnə/ ➧ ***6*** n.pr. Bosnia-Erzegovina f.

Bosnian /ˈbɒznɪən/ ➧ ***18*** **I** agg. bosniaco **II** n. bosniaco m. (-a).

Bosnian Serb /ˌbɒznɪənˈsɜːb/ n. serbobosniaco m. (-a).

bosom /ˈbʊzəm/ n. LETT. **1** *(chest)* petto m.; ***to hug sb. to one's ~*** stringersi qcn. al petto **2** *(breasts)* petto m., seno m.; ***to have a large ~*** avere il seno grosso; ***an ample ~*** un seno generoso **3** FIG. *(heart, soul)* seno m., cuore m.; ***to be in the ~ of one's family, of the community*** essere in seno alla propria famiglia, alla comunità; ***to take sb. to one's ~*** prendersi a cuore qcn.

bosom buddy /ˈbʊzəmˌbʌdɪ/ COLLOQ. → **bosom friend**.

bosom friend /ˈbʊzəmˌfrend/ n. amico m. (-a) del cuore.

bosomy /ˈbʊzəmɪ/ agg. [*woman*] pettoruto.

boson /ˈbəʊsɒn/n. bosone m.

Bosphorus /ˈbɒspərəs/ n.pr. ***the ~*** il Bosforo.

▷ **1.boss** /bɒs/ **I** n. COLLOQ. boss m., capo m.; ***go ahead, you're the ~*** IRON. vai avanti tu, che sei il capo; ***she's the ~ in the house*** è lei a comandare in casa; ***we'll show them who's ~*** gli faremo vedere chi è che comanda **II** agg. AE COLLOQ. *(excellent)* grande, forte; ***this work is ~*** questo lavoro è fantastico.

2.boss /bɒs/ **I** tr. comandare (a bacchetta) [*person*]; ***to ~ the show*** farla da padrone **II** intr. spadroneggiare.

■ **boss about, boss around** COLLOQ. ***~ about*** o ***around*** spadroneggiare; ***~ [sb.] about*** o ***around*** comandare qcn. a bacchetta.

3.boss /bɒs/ n. *(stud) (on shield)* borchia f.; *(on ceiling)* rosone m.; *(on wheel, propeller)* mozzo m.

4.boss /bɒs/ tr. ornare di borchie [*shield*]; ornare con rosoni [*ceiling*].

BOSS n. STOR. (⇒ Bureau of State Security) = dipartimento dei servizi segreti e di sicurezza del Sud Africa.

boss-eyed /ˈbɒsaɪd/ agg. BE COLLOQ. strabico; ***to be ~*** avere gli occhi storti.

bossiness /ˈbɒsɪnɪs/ n. COLLOQ. prepotenza f., modi m.pl. autoritari.

bossy /ˈbɒsɪ/ agg. COLLOQ. prepotente, autoritario.

Boston /ˈbɒstn, AE ˈbɔː-/ ➧ ***34*** n.pr. Boston f.

Boston baked beans /ˌbɒstnbeɪktˈbiːnz/ n.pl. AE = fagioli stufati con melassa e maiale.

Bostonian /bɒsˈtəʊnɪən/ **I** agg. bostoniano **II** n. bostoniano m. (-a).

bosun /ˈbəʊsn/ n. → **boatswain**.

bot /bɒt, AE bɑːt/ n. INFORM. bot m.

botanic(al) /bəˈtænɪk(l)/ agg. [*studies, drawing, term*] botanico; [*name*] tassonomico; ***~ gardens*** giardino botanico.

botanist /ˈbɒtənɪst/ ➧ ***27*** n. botanico m. (-a).

botanize /ˈbɒtənaɪz/ intr. botanizzare, erborare.

botanizer /ˈbɒtənaɪzə(r)/ n. erborista m. e f.

botany /ˈbɒtənɪ/ n. botanica f.

botany wool /ˌbɒtənɪˈwʊl/ n. lana f. merino.

botargo /bəˈtɑːgəʊ/ n. (pl. **~es**) bottarga f.

1.botch /bɒtʃ/ n. COLLOQ. (anche **~-up**) pasticcio m.; ***to make a ~ of sth.*** fare un pasticcio; ***it was a real ~*** era un gran pasticcio.

2.botch /bɒtʃ/ tr. COLLOQ. (anche **~ up**) pasticciare, raffazzonare.

botched /bɒtʃt/ **I** p.pass. → **2.botch II** agg. [*legislation, reform*] mal concepito; [*attempt*] malriuscito; [*translation*] abborracciato, malfatto; ***a ~ job*** un lavoro raffazzonato, un pasticcio.

botcher /ˈbɒtʃə(r)/ n. pasticcione m. (-a).

botchy /ˈbɒtʃɪ/ → **botched**.

▶ **1.both** /bəʊθ/ agg. ambedue, entrambi, tutti e due; ***~ sides of the road*** ambedue i lati della strada; ***~ her eyes, parents*** entrambi i suoi occhi, i suoi genitori; ***~ their faces, lives*** i volti, le vite di entrambi; ***~ children came*** vennero tutti e due i bambini; ***I like ~ brothers*** mi piacciono entrambi i fratelli; ***to hold sth. in ~ hands*** tenere qualcosa con entrambe le mani.

▶ **2.both** /bəʊθ/ pron. **1** + verbo pl. ambedue, entrambi (-e), tutti (-e) e due; ***let's do ~*** facciamo tutt'e due (le cose); ***French, or German, or ~*** francese, tedesco, o entrambi; ***"which do you want?" - "~"*** "quale vuoi?" - "tutt'e due"; ***I know them ~*** li conosco entrambi; ***~ are young, they are ~ young*** tutt'e due sono giovani, sono giovani tutt'e due; ***we ~ won something*** tutt'e due abbiamo vinto qualcosa **2 both of** + verbo pl. ***let's take ~ of them*** prendiamoli entrambi; ***~ of you are wrong*** avete torto tutt'e due; ***~ of us think that*** tutt'e due pensiamo che.

3.both /bəʊθ/ cong. ***both... and...*** sia...sia..., sia...che...; ***~ you and I saw him*** l'abbiamo visto tutti e due, sia io che tu; ***~ here and abroad*** sia qui che all'estero; ***to show ~ firmness and tact*** dar prova di fermezza e di tatto insieme; ***to act ~ wisely and swiftly*** agire saggiamente e rapidamente allo stesso tempo; ***~ Paris and London have their advantages*** sia Parigi che Londra hanno i loro vantaggi.

1.bother /ˈbɒðə(r)/ n. **1** *(inconvenience)* fastidio m., noia f., difficoltà f.; ***to do sth. without any ~*** fare qualcosa senza (alcuna) difficoltà; ***it's too much ~*** è troppo complicato; ***to have the ~ of doing*** avere il fastidio di dover fare; ***it saves me the ~ of doing*** mi risparmia il fastidio di fare; ***to go to the ~ of doing*** prendersi il disturbo di fare; ***don't go to too much ~*** non disturbarti troppo; ***it's no ~*** non è un disturbo **2 U** BE COLLOQ. *(trouble)* fastidi m.pl.; noie f.pl.; ***a bit*** o ***a spot of ~*** una bella scocciatura; ***to be in a bit*** o ***spot of ~*** avere un bel grattacapo **3** *(person)* seccatore m. (-trice), rompiscatole m. e f.; ***he's no ~ at all*** non dà nessun fastidio.

2.bother /ˈbɒðə(r)/ inter. COLLOQ. accidenti, uffa.

▷ **3.bother** /ˈbɒðə(r)/ **I** tr. **1** *(worry)* preoccupare; ***what's ~ing you?*** che cosa ti preoccupa? ***it doesn't ~ me in the least*** non mi preoccupa affatto, per niente; ***don't let it ~ you*** non ti preoccupare di questo **2** *(inconvenience)* disturbare, dare fastidio; ***to be ~ed by noise*** essere disturbato dal rumore; ***it ~s me that*** mi dà fastidio che; ***they won't be ~ing you again*** non ti daranno più fastidio; ***does***

it ~ you if I smoke? ti dispiace se fumo? ***I'm sorry to ~ you*** mi dispiace disturbarti; ***oh stop ~ing me!*** COLLOQ. piantala di scocciarmi! ***to ~ sb. with*** infastidire *o* scocciare qcn. con [*details, problems, questions*] **3** *(hurt)* dare fastidio a; ***her knee is still ~ing her*** il ginocchio le dà ancora fastidio **4** BE COLLOQ. ***~ the money, the neighbours!*** accidenti ai soldi, ai vicini! **II** intr. **1** *(take trouble)* disturbarsi; ***please don't ~*** non disturbarti; ***why ~?*** a che serve? ***I don't think I'll ~*** non so se ne ho voglia; ***I wouldn't ~*** io lascerei perdere; ***to ~ doing*** o ***to do*** prendersi il disturbo di fare; ***he doesn't ~ voting*** o ***to vote*** non gli importa (niente) di votare; ***don't*** o ***you needn't ~ doing*** non disturbarti a fare; ***I won't ~ with a hat*** non ho bisogno di un cappello; ***"I want to apologize" - "don't ~!"*** "mi devo scusare" - "non è il caso!"; ***you needn't*** o ***don't ~ coming back!*** non è il caso che (tu) ritorni! **2** *(worry)* ***to ~ about*** preoccuparsi di; ***it's not worth ~ing about the details*** non vale la pena preoccuparsi dei dettagli; ***I don't know why I ~*** non so perché me la prenda (tanto); ***it's, he's not worth ~ing about*** non vale la pena preoccuparsene; ***don't ~ about me, I'll be fine*** non preoccuparti per me, starò benissimo **III** rifl. ***to ~ oneself about*** interessarsi di, (pre)occuparsi di [*problem*].

bothered /ˈbɒðd/ **I** p.pass. → **3.bother II** agg. *(concerned)* ***to be ~ that*** essere preoccupato per il fatto che; ***to be ~ with*** (pre)occuparsi di [*detail, problem*]; ***he's not ~ about money*** o ***about having money*** non gli importa (niente) dei soldi *o* di avere dei soldi; ***I'm not ~*** BE non mi importa; ***I can't be ~*** non me ne importa niente; ***you just couldn't be ~ to turn up!*** non ti sei neanche degnato di farti vedere! ◆ ***to be*** o ***get all hot and ~*** essere tutto agitato.

botheration /ˌbɒðəˈreɪʃn/ inter. ANT. COLLOQ. accidenti.

bothersome /ˈbɒðəsəm/ agg. fastidioso, noioso.

Bothnia /ˈbɒθnɪə/ n.pr. ***the Gulf of ~*** il golfo di Botnia.

Botswana /bɒtˈswɑːnə/ ➧ *6* n.pr. Botswana m.

▶ **1.bottle** /ˈbɒtl/ n. **1** *(container) (for drinks)* bottiglia f.; *(for perfume)* boccetta f.; *(for medicine, tablets)* flacone m.; *(for baby)* biberon m.; *(for gas)* bombola f.; ***milk, whisky ~*** bottiglia per il latte, da whisky; ***a ~ of wine*** una bottiglia di vino; ***"bring a ~"*** *(to party)* "portare una bottiglia" **2** FIG. COLLOQ. *(alcohol)* ***to hit the ~*** alzare il gomito *o* attaccarsi alla bottiglia; ***to be on the ~*** essere alcolizzato *o* bere; ***to go back on the ~*** rimettersi a bere; ***to take to the ~*** mettersi a bere **3** BE COLLOQ. *(courage)* coraggio m., fegato m.; ***to lose one's ~*** perdere il coraggio; ***have you lost your ~?*** hai perso il coraggio?

2.bottle /ˈbɒtl/ tr. **1** *(put in bottles)* imbottigliare, mettere in bottiglia [*milk, wine*] **2** BE *(preserve)* mettere sotto vetro, in conserva [*fruit*].

▪ **bottle out** BE COLLOQ. perdere il coraggio; ***to ~ of*** non avere il coraggio di.

▪ **bottle up:** **~ *[sth.]* up, ~ up *[sth.]*** **1** *(hide)* reprimere [*anger*]; mettere da parte [*despair*]; soffocare [*grief*]; ***you shouldn't ~ things*** o ***your feelings up*** non dovresti tenerti tutto dentro, soffocare i tuoi sentimenti **2** MIL. MAR. imbottigliare [*fleet*].

bottle bank /ˈbɒtlˌbæŋk/ n. contenitore m. per la raccolta del vetro.

bottlebrush /ˈbɒtlˌbrʌʃ/ n. scovolino m. (per bottiglie).

bottled /ˈbɒtld/ **I** p.pass. → **2.bottle II** agg. [*beer*] in bottiglia; [*gas*] (conservato) in bombole; [*fruit*] (conservato) sotto vetro, in conserva; ***~ water*** acqua minerale.

bottle-fed /ˈbɒtlˌfed/ **I** p.pass. → **bottle-feed II** agg. allattato artificialmente.

bottle-feed /ˈbɒtlfiːd/ tr. (pass., p.pass. **bottle-fed**) allattare artificialmente.

bottle-feeding /ˈbɒtlˌfiːdɪŋ/ n. allattamento m. artificiale.

bottle glass /ˈbɒtlˌglɑːs, AE -læs/ n. vetro m. di bottiglia.

bottle green /ˌbɒtlˈgriːn/ ➧ *5* **I** n. verde m. bottiglia **II** agg. verde bottiglia.

bottle-holder /ˈbɒtlˌhəʊldə(r)/ n. SPORT secondo m. (di un pugile).

bottleneck /ˈbɒtlnek/ n. **1** *(traffic jam)* imbottigliamento m., ingorgo m. **2** *(narrow part of road)* collo m. di bottiglia, strettoia f. **3** *(hold-up)* strozzatura f. (**in** in, di); ***a ~ in production, inflation*** una strozzatura nella produzione, nell'inflazione.

bottle-opener /ˈbɒtlˌəʊpnə(r)/ n. apribottiglie m.

bottle party /ˈbɒtlpɑːtɪ/ n. = festa (improvvisata) in cui gli invitati portano bottiglie di alcolici.

bottle rack /ˈbɒtlˌræk/ n. portabottiglie m.

bottle top /ˈbɒtltɒp/ n. tappo m. (di bottiglia).

bottle warmer /ˈbɒtlˌwɔːmə(r)/ n. scaldabiberon m.

bottlewasher /ˈbɒtlwɒʃə(r)/ n. ***chief cook and ~*** SCHERZ. factotum, tuttofare.

bottling-plant /ˈbɒtlɪŋˌplɑːnt/ n. impianto m. d'imbottigliamento.

▶ **1.bottom** /ˈbɒtəm/ **I** n. **1** *(base) (of hill)* piedi m.pl.; *(of pile)* fondo m.; *(of wall)* base f.; *(of bag, bottle, hole, sea, page)* fondo m.; *(of river)* letto m.; ***at the ~ of the page*** in fondo alla pagina; ***to touch ~*** *(of sea, lake)* toccare il fondo (anche FIG.); ***to sink*** o ***go to the ~*** [*ship*] colare a picco *o* andare a fondo; ***from the ~ of one's heart*** dal profondo del cuore; ***to knock the ~ out of*** sfondare [*box*]; demolire [*argument*]; ***the ~ has fallen*** o ***dropped out of the market*** il mercato è affondato **2** *(underside) (of boat)* opera f. viva, carena f.; *(of vase, box)* sotto m. **3** *(lowest position) (of list)* fondo m.; *(of league)* ultima posizione f.; *(of hierarchy)* ultimo posto m.; ***at the ~ of the list*** in fondo alla lista; ***to be at the ~ of the heap*** o ***pile*** FIG. essere l'ultima ruota del carro; ***to be*** o ***come ~ of the class*** essere l'ultimo della classe; ***I started at the ~ of the company*** sono partito dal basso in azienda; ***to hit rock ~*** FIG. toccare il fondo **4** *(far end) (of garden, field, street)* fondo m. **5** *(buttocks)* COLLOQ. sedere m., fondoschiena m. **6** FIG. *(root)* fondo m., origine f.; ***to get to the ~ of a mystery, of a matter*** scoprire cosa c'è sotto un mistero, andare al fondo di una faccenda; ***at ~, he's not reliable*** in fondo, non è affidabile; ***to be*** o ***lie at the ~ of sth.*** essere all'origine *o* alla base di qcs. **7** COMM. MAR. nave f. (da carico) **II bottoms** n.pl. COLLOQ. ***pyjama, tracksuit ~s*** pantaloni del pigiama, della tuta; ***bikini ~s*** pezzo (di) sotto del bikini **III** agg. **1** *(lowest)* [*layer, rung, shelf*] più basso, ultimo; [*sheet*] di sotto; [*apartment*] del piano terreno; [*division, half, part*] inferiore; [*bunk*] in basso, inferiore; ***~ of the range*** inferiore; FIG. di qualità inferiore **2** *(last)* [*place, pupil, team*] ultimo; [*score*] (il) più basso ◆ ***~s up!*** COLLOQ. *(drink up)* giù! tutto d'un fiato! *(cheers)* (alla) salute!

2.bottom /ˈbɒtəm/ **I** tr. **1** (ri)fare il fondo a, mettere il fondo a [*chair, road*] **2** [*ship*] toccare il fondo di [*sea*]; FIG. andare al fondo di [*mystery, matter*] **3** fondare, basare [*conclusion*](**on** su) [*proof*] **II** intr. **1** [*ship*] toccare il fondo **2** [*theory*] fondarsi, basarsi (**on** su).

▪ **bottom out** [*recession, prices*] toccare il fondo, raggiungere il minimo.

bottom drawer /ˌbɒtəmˈdrɔː(r)/ n. cassetto m. più basso, ultimo cassetto m.; FIG. corredo m. da sposa.

bottom end /ˌbɒtəmˈend/ n. **1** *(far end) (of street)* fondo m., fine f. **2** FIG. *(of league, division)* fondo m., ultimi posti m.pl.; *(of market)* livello m. più basso.

bottom gear /ˈbɒtəmˌgɪə(r)/ n. BE AUT. prima f.

bottomland /ˈbɒtəmˌlænd/ n. AE GEOGR. bassopiano m.

bottomless /ˈbɒtəmlɪs/ agg. [*chasm, well*] senza fondo; ***a ~ pit*** un pozzo senza fondo (anche FIG.).

bottom line /ˌbɒtəmˈlaɪn/ **I** n. **1** AMM. ECON. riga f. di fondo (di un bilancio); *(results) (gains)* profitti m.pl., *(losses)* perdite f.pl. **2** FIG. *(decisive factor)* ***the ~ is that*** la verità è che; ***that's the ~*** questa è la sostanza *o* questo è tutto **II** modif. [*cost, loss*] netto.

bottommost /ˈbɒtəmməʊst/ agg. **1** *(lowest)* (il) più basso **2** *(least)* l'ultimo.

bottomry /ˈbɒtəmrɪ/ n. ECON. MAR. prestito m. a cambio marittimo.

bottom-up /ˌbɒtəmˈʌp/ agg. attrib. [*design, development, approach, methods*] bottom up.

botulinic /ˌbɒtjʊˈlɪnɪk/ agg. botulinico.

botulin /ˈbɒtjʊlɪn/ n. botulino m.

botulism /ˈbɒtjʊlɪzəm/ ➧ *11* n. botulismo m.

bouclé /ˈbuːkleɪ/ **I** n. bouclé m., tessuto m. bouclé **II** agg. bouclé; ***a ~ wool coat*** un cappotto in lana bouclé; ***~ knitting wool*** filato di lana bouclé.

boudoir /ˈbuːdwɑː(r)/ n. boudoir m., salottino m.

bouffant /ˈbuːfɑːn/ agg. [*hair, hairstyle*] gonfio; [*sleeve*] a sbuffo.

bougainvillea /ˌbuːgənˈvɪlɪə/ n. buganvillea f.

bough /baʊ/ n. ramo m.

bought /bɔːt/ pass., p.pass. → **2.buy**.

bought-out parts /ˌbɔːtaʊtˈpɑːts/ n.pl. prodotti m. dell'indotto (acquistati da altre imprese).

bougie /ˈbuːʒiː/ n. **1** ANT. candela f. **2** MED. catetere m., sonda f.

bouillon /ˈbuːjɒn/ n. brodo m.

▷ **boulder** /ˈbəʊldə(r)/ n. masso m.

boulder clay /ˈbəʊldəˌkleɪ/ n. GEOL. terreno m. erratico.

boulevard /ˈbuːləvɑːd, AE ˈbʊl-/ n. viale m.

boulter /ˈbəʊltə(r)/ n. palamite m.

1.bounce /baʊns/ n. **1** *(rebound of ball)* rimbalzo m. **2** *(of mattress, ball, material)* elasticità f.; *(of hair)* morbidezza f. **3** FIG. *(vigour)* slancio m. ◆ ***to give sb. the ~*** AE COLLOQ. [*employer*] buttare fuori *o* licenziare qcn.; ***to get the ~*** AE COLLOQ. [*employee*] essere buttato fuori *o* licenziato.

▷ **2.bounce** /baʊns/ **I** tr. **1** fare rimbalzare [*ball*]; ***to ~ a baby on one's knee*** fare saltellare un bambino sulle ginocchia **2** ritrasmettere [*signal, radiowave*] **3** ***to ~ a cheque*** BE COLLOQ. [*bank*] respingere un assegno; AE [*person*] emettere un assegno scoperto *o* a vuoto **4** *(hurry)* COLLOQ. ***to ~ sb. into sth.*** o ***into doing sth.*** spingere qcn. a fare qcs. **5** *(eject)* COLLOQ. buttare fuori, licenziare [*person*] **II** intr. **1** [*ball, object*] rimbalzare (**off** su; **over** sopra); [*person*] *(on trampoline, bed)* saltare, fare dei salti; ***the ball ~d down the steps*** la palla rimbalzò *o* ruzzolò giù per le scale; ***to ~ up and down on sth.*** saltare *o* fare salti su qcs.; ***the car ~d along the track*** l'auto sobbalzava lungo la pista **2** FIG. *(move energetically)* balzare; ***to ~ in, along*** entrare di slancio, precipitarsi **3** COLLOQ. [*cheque*] essere respinto **4** INFORM. → **bounce back**.

▪ **bounce back 1** [*person*] *(after illness)* rimettersi (in forze); *(after lapse in career)* riprendersi; [*currency*] rimontare **2** INFORM. [*email*] ritornare al mittente.

bouncebackability /ˌbaʊnsˌbækəˈbɪlətɪ/ n. *(after defeat or setback)* capacità f. di ripresa.

bouncer /ˈbaʊnsə(r)/ n. COLLOQ. buttafuori m.

bouncing /ˈbaʊnsɪŋ/ agg. [*person*] pieno di vita, di salute, vivace.

bouncing baby /ˈbaʊnsɪŋˌbeɪbɪ/ n. *(boy)* bel bambino m. (pieno di salute); *(girl)* bella bambina f. (piena di salute).

bouncy /ˈbaʊnsɪ/ agg. **1** [*ball*] che rimbalza bene; [*mattress, pitch, turf, stride, walk*] elastico **2** FIG. [*person*] dinamico.

bouncy castle /ˌbaʊnsɪˈkɑːsl, AE -ˈkæsl/ n. castello m. gonfiabile (per bambini).

1.bound /baʊnd/ n. *(bounce)* rimbalzo m.; *(leap)* balzo m., salto m.; ***in a ~, with one ~*** in, con un balzo.

2.bound /baʊnd/ intr. *(bounce)* rimbalzare; *(leap)* balzare, saltare; ***she ~ed into the room*** balzò nella stanza.

▶ **3.bound** /baʊnd/ **I** pass., p.pass. → **2.bind II** agg. **1** *(certain)* ***to be ~ to do sth.*** essere destinato a fare qcs.; ***they're ~ to ask*** chiederanno senz'altro; ***she's ~ to know*** lo saprà sicuramente; ***it was ~ to happen*** doveva succedere **2** *(obliged) (by promise, conditions, rules, terms)* tenuto, obbligato (**by** da; **to do** a fare); ***I am ~ to say I think it's unlikely*** devo dire che penso sia molto improbabile; ***he's up to no good, I'll be ~*** sta combinando qualche guaio, ne sono sicuro **3** [*book*] rilegato; ***cloth-~, leather-~*** rilegato in tessuto, in cuoio **4** *(connected)* ***to be ~ up with sth.*** essere legato a qcs.; ***her problems are ~ up with her illness*** i suoi problemi sono legati alla malattia; ***she is so ~ up with her family that she never goes out*** è così presa dalla sua famiglia che non esce mai **5** *(confined)* immobilizzato; ***wheelchair-~*** immobilizzato su di una sedia a rotelle; ***fog-~, strike-~*** bloccato dalla nebbia, dallo sciopero.

4.bound /baʊnd/ agg. **1** *~ **for*** [*person, bus, train*] diretto a *o* in partenza per **2** **-bound** in composti ***to be London-~, Paris-~*** essere diretto a Londra, a Parigi; ***homeward-~*** diretto a casa; ***outward-~*** in partenza.

5.bound /baʊnd/ tr. *(border)* confinare, delimitare; ***~ed by*** delimitato da; FIG. limitato da.

boundary /ˈbaʊndrɪ/ **I** n. **1** GEOGR. confine m., limite m. (**between** tra); ***city ~*** confini della città; ***national ~*** frontiera del paese **2** FIG. *(defining)* limite m.; *(dividing)* linea f. di demarcazione **3** SPORT bordo m. del campo, linea f. (perimetrale) del campo **II** modif. [*fence, post*] di confine.

Boundary Commission /ˈbaʊndrɪkəˌmɪʃn/ n. GB = commissione che stabilisce i confini dei distretti elettorali.

boundary line /ˈbaʊndrɪˌlaɪn/ n. confine m., linea f. di confine, di demarcazione; SPORT bordo f. del campo, linea f. (perimetrale) del campo.

bounden /ˈbaʊndən/ agg. ANT. ***~ duty*** sacro(santo) dovere.

bounder /ˈbaʊndə(r)/ n. BE ANT. mascalzone m.

boundless /ˈbaʊndlɪs/ agg. [*terrain, space*] sconfinato; [*enthusiasm, energy, ambition, generosity*] senza limiti.

bounds /baʊndz/ n.pl. confini m., limiti m. (anche FIG.); ***to be out of ~*** MIL. SCOL. [*place*] essere accesso vietato; SPORT essere fuori campo; ***this area is out of ~ to civilians*** l'accesso a quest'area è vietato ai civili; ***to be within, beyond the ~ of sth.*** FIG. restare nei limiti, oltrepassare i limiti di qcs.; ***it's not beyond the ~ of possibility*** non è impossibile; ***to keep sth. within ~*** (man)tenere qcs. nei limiti (della norma); tenere a freno [*feelings*]; ***there are no ~ to her curiosity*** non ci sono limiti alla sua curiosità; ***his folly knew no ~*** la sua follia non conosceva *o* era senza limite; ***her fury knew no ~*** era fuori di sé dalla rabbia.

bounteous /ˈbaʊntɪəs/ agg. LETT. **1** *(generous)* generoso **2** *(abundant)* abbondante.

bountiful /ˈbaʊntɪfl/ agg. LETT. **1** *(ample)* abbondante **2** *(generous)* generoso.

bounty /ˈbaʊntɪ/ n. **1** *(generosity)* generosità f.; ***food from Nature's ~*** cibo offerto dalla generosità della Natura **2** *(gift)* dono m. **3** *(reward)* taglia f.

bounty hunter /ˈbaʊntɪˌhʌntə(r)/ n. cacciatore m. di taglie.

bouquet /bʊˈkeɪ/ n. *(all contexts)* bouquet m.

bourbon /ˈbɜːbən/ n. bourbon m.

Bourbon /ˈbʊəbən/ n.pr. Borbone.

bourdon /ˈbʊədən/ n. MUS. bordone m.

1.bourgeois /ˈbɔːʒwɑː, AE ˌbʊərˈʒwɑː/ **I** agg. borghese; ***a ~ woman*** una (donna) borghese **II** n. (pl. ~) borghese m. e f.

2.bourgeois /ˈbɔːʒwɑː, AE ˌbʊərˈʒwɑː/ n. TIP. corpo m. nove.

bourgeoisie /ˌbɔːʒwɑːˈziː, AE ˌbʊəʒwɑːˈziː/ n. borghesia f.

bourn /bʊən/ n. ruscello m.

bourn(e) /bʊən/ n. **1** LETT. meta f., scopo m. **2** ANT. confine m.

Bournemouth /ˈbɔːnməθ/ ➧ **34** n.pr. Bournemouth f.

▷ **bout** /baʊt/ n. **1** *(attack) (of fever, malaria)* accesso m.; ***a ~ of insomnia*** una crisi d'insonnia; ***a ~ of coughing*** un accesso di tosse; ***to have*** o ***go on a drinking ~*** prendersi una sbronza; ***during one of his drinking ~s*** durante una delle sue sbronze; ***to have a ~ of flu, nausea*** avere un attacco d'influenza, di nausea; ***to have a ~ of depression*** avere una crisi di depressione **2** SPORT incontro m., gara f. **3** *(outbreak)* attacco m. **4** *(period of activity)* periodo m., momento m.

boutique /buːˈtiːk/ ➧ **27** n. boutique f.

bovid /ˈbəʊvɪd/ agg. bovide.

bovine /ˈbəʊvaɪn/ agg. **1** bovino **2** FIG. [*person, temperament*] ottuso, lento.

bovril® /ˈbɒvrəl/ n. estratto m. di carne di bue.

bovver /ˈbɒvə(r)/ n. **U** BE COLLOQ. **1** *(fighting)* violenza f., rissa f. **2** *(problems)* guai m.pl.

bovver boot /ˈbɒvəˌbuːt/ n. COLLOQ. *(footwear)* anfibio m.

bovver boy /ˈbɒvəˌbɔɪ/ n. COLLOQ. teppista m.

1.bow /bəʊ/ n. **1** *(weapon)* arco m. **2** MUS. *(for violin, etc.)* archetto m.; *(passage)* arcata f. **3** *(knot)* fiocco m., nodo m.; ***to tie a ~*** fare un fiocco ◆ ***to have more than one string*** o ***several strings to one's ~*** avere molte frecce al proprio arco.

2.bow /bəʊ/ intr. MUS. archeggiare.

3.bow /baʊ/ n. *(forward movement)* inchino m.; ***to make a ~*** fare un inchino; ***to take a ~*** TEATR. inchinarsi (per ringraziare il pubblico); ***to make one's ~*** FIG. debuttare.

4.bow /baʊ/ **I** tr. abbassare [*head*]; piegare [*branch, tree*]; ***to ~ the knee*** FIG. piegarsi, sottomettersi (**to** a); ***to ~ one's head in prayer*** chinare il capo in preghiera **II** intr. **1** *(bend forward)* inchinarsi; ***to ~ to*** inchinarsi a *o* davanti a **2** *(give way)* ***to ~ to*** inchinarsi a, cedere (il passo) di fronte a [*wisdom, knowledge, necessity, majority*]; ***to ~ to pressure*** cedere alla pressione; ***to ~ to sb.'s opinion*** allinearsi all'opinione di qcn. **3** *(sag)* [*plant, shelf*] piegarsi (**under** sotto) ◆ ***to ~ and scrape*** profondersi in inchini, essere servili (**to** con); ***there was a lot of ~ing and scraping*** ci furono grandi inchini *o* furono tutti molto servili.

▪ **bow down:** ***~ down*** inchinarsi (**before** davanti a); FIG. sottomettersi (**before** a, davanti a); ***~ [sb., sth.] down*** [*wind*] piegare [*tree*]; [*weight*] piegare [*person*]; ***to be ~ed down by*** essere piegato sotto *o* curvo per [*weight, load*]; ***they were ~ed down by the burden of debt*** erano prostrati dal peso dei debiti.

▪ **bow out** *(resign)* ritirarsi.

5.bow /baʊ/ n. **1** MAR. prua f., prora f.; ***on the starboard ~*** a dritta di prua; ***to go down by the ~s*** affondare di prua **2** SPORT vogatore m. (-trice) di punta ◆ ***to fire a shot across sb.'s ~s*** = dare un avvertimento a, minacciare qcn.

Bow bells /ˌbəʊˈbelz/ n.pl. BE = le campane di St.-Mary-le-Bow, chiesa nel cuore di Londra; ***to be born within the sound of ~*** nascere nel cuore di Londra *o* essere cockney di nascita.

bow compass /ˈbəʊˌkʌmpəs/ n. balaustrino m.

bowdlerization /ˌbaʊdləraɪˈzeɪʃn, AE -rɪˈz-/ n. LETTER. espurgazione f.

bowdlerize /ˈbaʊdləraɪz/ tr. LETTER. espurgare.

bow doors /ˈbaʊˌdɔːz/ n.pl. portelloni m. di prua.

bowed /baʊd/ **I** p.pass. → **4.bow II** agg. [*head*] chino; [*back*] curvo, incurvato.

bowel /baʊəl/ **I** n. MED. intestino m. **II bowels** n.pl. **1** MED. intestini m., budella f.; ***to have upset ~s*** avere l'intestino disturbato; ***to move one's ~s*** andare di corpo **2** FIG. *(inner depths)* viscere f. **III** modif. [*cancer, disease*] dell'intestino, intestinale.

bowel movement /ˌbaʊəlˈmuːvmənt/ n. (l')andare di corpo, evacuazione f.; ***to have a ~*** andare di corpo.

1.bower /ˈbaʊə(r)/ n. **1** *(in garden)* pergola f., pergolato m., padiglione m. **2** LETT. *(chamber)* salottino m. (privato).

2.bower /ˈbaʊə(r)/ n. MAR. ancora f. di posta.

1.bowery /ˈbaʊərɪ/ agg. *(garden)* ombreggiato, ombroso.

2.bowery /ˈbaʊərɪ/ n. AE = strada o quartiere con bar e alberghi di infimo ordine, frequentato da barboni e ubriaconi.

bowfin /ˈbəʊfɪn/ n. amia f.
bow-front(ed) /ˈbəʊˌfrʌnt(ɪd)/ agg. [*house*] dalla facciata convessa; [*cabinet, chest*] bombato.
bowie-knife /ˈbəʊɪnaɪf/ n. (pl. **bowie-knives**) coltello m. da caccia (con lama lunga e protezione per la mano sull'impugnatura).
bowing /ˈbəʊɪŋ/ n. MUS. archeggio m.
▷ **1.bowl** /bəʊl/ n. **1** *(basin) (for food)* scodella f., ciotola f.; *(large)* terrina f., insalatiera f.; *(for washing)* bacinella f., catino m.; *(of sink)* vaschetta f.; *(of lavatory)* tazza f.; *(of lamp)* boccia f.; ***a ~ of milk*** una scodella di latte; ***a ~ of water*** una bacinella d'acqua **2** *(hollow part) (of pipe)* fornello m.; *(of spoon)* incavo m. **3** SPORT boccia f. (di legno).
2.bowl /bəʊl/ **I** tr. **1** *(roll)* fare rotolare [*hoop, ball*] **2** *(throw)* lanciare [*ball*] **3** BE SPORT → **bowl out** **II** intr. **1** SPORT lanciare; ***to ~ to sb.*** lanciare (la palla) a qcn. **2** AE *(go bowling)* andare a giocare a bowling **3** *(move fast)* ***to ~ along*** [*person, vehicle*] filare a tutta velocità.
▪ **bowl out:** *~ [sb.] out* mettere qcn. fuori gioco.
▪ **bowl over:** *~ [sb.] over* **1** *(knock down)* fare cadere, stendere [*person*] **2** *(impress)* sorprendere, sbalordire [*person*]; ***she was totally ~ed over*** era esterrefatta.
bowlegged /ˌbəʊˈlegɪd/ agg. [*person*] dalle gambe arcuate, storte; ***to be ~*** avere le gambe arcuate, storte.
bowlegs /ˌbəʊˈlegz/ n.pl. gambe f. arcuate, storte.
▷ **bowler** /ˈbəʊlə(r)/ n. **1** SPORT *(in cricket)* lanciatore m.; *(in bowls)* giocatore m. (-trice) di bocce (su prato) **2** *(garment)* → **bowler hat**.
bowler hat /ˈbəʊləˌhæt/ n. *(garment)* bombetta f.
bowlful /ˈbəʊlfʊl/ n. ***a ~ of milk*** una scodella di latte; ***a ~ of water*** una bacinella d'acqua.

> **Bowl Games** Le squadre di football americano delle università statunitensi si affrontano in un campionato amatoriale consistente in una serie di incontri, i *college bowl* games, che devono il loro nome alla particolare forma (*bowl*) dello stadio in cui si disputano. Ciascuno è associato a una città americana: *Cotton Bowl* a Dallas, *Sugar Bowl* a New Orleans, *Orange Bowl* a Miami, ecc. Il *Superbowl* invece, finale del campionato professionisti, ha luogo ogni anno in una città diversa.

bowline /ˈbəʊlɪn/ n. **1** *(rope)* bolina f. **2** *(knot)* → **bowline knot**.
bowline knot /ˈbəʊlɪnˌnɒt/ n. gassa f. d'amante.
▷ **bowling** /ˈbəʊlɪŋ/ ♦ *10* n. SPORT **1** bowling m. **2** *(ten-pin)* gioco m. dei birilli, birilli m.pl. **3** *(on grass)* bocce f.pl. (su prato) **4** *(in cricket)* servizio m.
bowling alley /ˈbəʊlɪŋˌælɪ/ n. *(building)* sala f. da bowling, bowling m.; *(lane)* pista f., corsia f. da bowling.
bowling ball /ˈbəʊlɪŋˌbɔːl/ n. palla m. da bowling.
bowling green /ˈbəʊlɪŋˌgriːn/ n. campo m. da bocce (su prato).
bowls /bəʊlz/ ♦ *10* **I** n. + verbo sing. gioco m. delle bocce (su prato), bocce f.pl. (su prato) **II** modif. [*club, tournament*] di bocce (su prato).
1.bowman /ˈbəʊmən/ n. (pl. **-men**) MIL. STOR. arciere m.
2.bowman /ˈbəʊmən/ n. (pl. **-men**) SPORT vogatore m. di punta.
bowser /ˈbaʊzə(r)/ n. autocisterna f.
bowshot /ˈbəʊʃɒt/ n. tiro m. (di arco).
bowsprit /ˈbəʊsprɪt/ n. bompresso m.
1.bowstring /ˈbəʊstrɪŋ/ n. corda f. (d'arco).
2.bowstring /ˈbəʊstrɪŋ/ tr. (pass., p.pass. **~ed, -strung**) ANT. strangolare con un laccio.
bow tie /ˌbəʊˈtaɪ/ n. farfallino m., cravatta f. a farfalla.
bow-wave /ˌbaʊˈweɪv/ n. MAR. baffo m.
bow window /ˌbəʊˈwɪndəʊ/ n. bow-window m., bovindo m.
bow-wow /ˌbaʊˈwaʊ/ n. **1** INFANT. *(dog)* bau bau m. **2** *(bark)* bau bau m.
▶ **1.box** /bɒks/ n. **1** *(small, cardboard)* scatola f.; *(larger)* scatolone m., cassa f.; ***~ of matches, of chocolates*** scatola di fiammiferi, di cioccolatini; ***to sell apples by the ~*** vendere le mele a cassette; ***it comes in a ~*** si vende (confezionato) in scatole **2** *(on page)* casella f.; ***put a tick in the ~*** segnare la casella **3** *(seating area)* TEATR. palco m.; SPORT tribuna f. **4** *(in stable)* box m. **5** BE SPORT *(for protection)* conchiglia f. **6** *(television)* COLLOQ. ***the ~*** la tele **7** SPORT *(in soccer)* area f. (di rigore); *(in baseball)* pedana f. (del lanciatore); = zona in cui stanno i battitori o i ricevitori **8** *(in gymnastics)* cavallo m. **9** *(in mailing)* (anche **Box**) casella f. postale; ***Box 20*** CP 20 **10** AUT. *(for gears, steering)* scatola f. **11** BE *(in a road)* → **box junction** **12** COLLOQ. *(dilemma)* impasse f., vicolo m. cieco **13** INFORM. COLLOQ. macchina f.
2.box /bɒks/ tr. **1** *(pack)* → **box up** **2** MAR. ***to ~ the compass*** = recitare i nomi della rosa dei venti nell'ordine esatto.
▪ **box in:** *~ in [sth., sb.], ~ [sth., sb.] in* chiudere, tagliare la strada a [*runner, car*]; ***to be ~ed in*** [*person*] essere bloccato; [*yard, area*] essere delimitato, recintato; ***to feel ~ed in*** sentirsi in gabbia.
▪ **box off:** *~ off [sth.], ~ [sth.] off* chiudere, recintare [*space*].
▪ **box up:** *~ up [sth.], ~ [sth.] up* mettere in scatola, inscatolare.
3.box /bɒks/ n. *(slap)* ***a ~ on the ear*** uno schiaffo, un ceffone.
4.box /bɒks/ **I** tr. **1** *(fight)* colpire [*opponent*] **2** *(strike)* ***to ~ sb.'s ears*** schiaffeggiare qcn., prendere a schiaffi qcn. **II** intr. SPORT tirare di boxe, boxare.
5.box /bɒks/ **I** n. BOT. bosso m. **II** modif. [*hedge*] di bosso; [*furniture*] in, di (legno di) bosso.
boxboard /ˈbɒksˌbɔːd/ n. cartone m. da imballaggio.
box calf /ˈbɒkskɑːf, AE -kæf/ n. (pl. **box-calves**) box-calf m.
box camera /ˈbɒksˌkæmərə/ n. macchina f. fotografica a cassetta.
boxcar /ˈbɒkskɑː(r)/ n. AE vagone m. merci (coperto).
box cutter /ˈbɒksˌkʌtə(r)/ n. taglierina f.
boxed /ˈbɒkst/ **I** p.pass. → **2.box** **II** agg. [*note, information*] nel riquadro; ***~ set*** cofanetto; ***~ advert*** riquadro pubblicitario.
boxer /ˈbɒksə(r)/ ♦ *27* n. **1** SPORT pugile m. **2** *(dog)* boxer m.
boxer shorts /ˈbɒksəʃɔːts/ n.pl. *(garment)* boxer m.
boxful /ˈbɒksfʊl/ n. scatola f. (piena) (**of** di).
box girder /ˈbɒksˌgɜːdə(r)/ n. trave f. a scatola.
▷ **boxing** /ˈbɒksɪŋ/ ♦ *10* **I** n. pugilato m., boxe f.; ***to take up ~*** mettersi a tirare di boxe, dedicarsi al pugilato **II** modif. [*champion, fan, match, promoter*] di boxe, di pugilato; [*glove*] da pugile.
Boxing Day /ˈbɒksɪŋˌdeɪ/ n. GB = il giorno di santo Stefano, in cui è usanza fare piccoli regali, per lo più in denaro, al postino, al lattaio ecc.
boxing glove /ˈbɒksɪŋˌglʌv/ n. guantone m. da pugile.
boxing ring /ˈbɒksɪŋˌrɪŋ/ n. SPORT ring m.
box junction /ˈbɒksˌdʒʌŋkʃn/ n. GB incrocio m. urbano (delimitato da un quadrato giallo).
box kite /ˈbɒkskaɪt/ n. aquilone m. a scatola.
box lunch /ˈbɒkslʌntʃ/ n. AE pranzo m. al sacco.
box number /ˈbɒksˌnʌmbə(r)/ n. numero m. di casella postale, casella f. postale.
▷ **box office** /ˈbɒksˌɒfɪs, AE -ˌɔːfɪs/ **I** n. **1** CINEM. TEATR. *(ticket office)* botteghino m., biglietteria f. **2** FIG. ***to do well, badly at the ~*** avere grande, scarso successo di botteghino; ***to be good ~*** [*show*] essere un successo di botteghino, fare cassetta; [*person*] sbancare il botteghino **II** modif. ***a ~ success*** un successo di botteghino *o* un campione d'incassi; ***~ takings*** incassi (del botteghino); ***to be a ~ attraction*** attirare grande pubblico.
box pleat /ˈbɒkspliːt/ n. SART. cannone m.
box room /ˈbɒksrʊm, -ruːm/ n. BE ripostiglio m., sgabuzzino m.
boxseat /ˈbɒksˌsiːt/ n. **1** ANT. posto m. a cassetta **2** TEATR. posto m. (a sedere) in un palco.
box spring /ˈbɒksprɪŋ/ n. **1** BE *(bed spring)* molla f. **2** AE *(bed base, set of springs)* materasso m. a molle.
box spanner /ˈbɒksˌspænə(r)/ n. TECN. chiave f. a tubo.
box stall /ˈbɒksˌstɔːl/ n. AE *(in stable)* box m.
boxwagon /ˈbɒksˌwægən/ n. → **boxcar**.
boxwood /ˈbɒkswʊd/ **I** n. (legno di) bosso m. **II** modif. [*hedge*] di bosso; [*furniture*] in, di (legno di) bosso.
box wrench /ˈbɒksrentʃ/ n. AE → **box spanner**.
▶ **boy** /bɔɪ/ **I** n. **1** *(child)* bambino m.; *(teenager, young male)* ragazzo m.; ***a ~'s bike*** una bicicletta da bambino; ***the ~s' toilet*** i bagni dei maschi; ***come here ~!*** vieni qui ragazzo! ***be polite ~s!*** comportatevi bene ragazzi! ***when I was a ~*** quando ero ragazzo, bambino; ***the big ~s*** i ragazzi grandi; ***a new ~*** SCOL. un ragazzo nuovo, un bambino nuovo, uno nuovo; ***there's a good ~!*** bravo! ***look ~s and girls*** guardate ragazzi; ***~s will be ~s!*** i ragazzi sono ragazzi! sono solo ragazzi! **2** *(son)* figlio m. (maschio); ***the Smith ~*** il figlio degli Smith **3** BE COLLOQ. *(man)* ragazzo m., tipo m.; ***to be a local ~*** essere uno del posto; ***to be one of the ~s*** fare parte del gruppo; ***to have a drink with the ~s*** bere un bicchiere con i compagni, gli amici, i colleghi; ***an old ~*** SCOL. un ex allievo; *(old man)* un vecchio; ***the old ~*** COLLOQ. il vecchio; ***how are you old ~?*** come va vecchio mio? ***my dear ~*** mio caro (ragazzo), caro mio **4** *(colonial servant)* boy m. **5** *(male animal)* ***down ~!*** giù! buono! ***easy ~!*** calmo! buono! **6** AE COLLOQ. SPREG. *(black man)* negro m. **II boys** n.pl. COLLOQ. *(experts, soldiers)* ragazzi m.; ***the legal ~s*** i ragazzi della sezione giuridica; ***our brave ~s at the front*** i nostri coraggiosi ragazzi al fronte **III** modif. ***~ detective, genius*** piccolo detective, genio; ***~ soprano*** voce bianca di soprano **IV** inter. COLLOQ. ***~, it's cold here!*** accidenti! che freddo fa qui! ***~ oh ~, was I scared!***

sapessi, caro mio, com'ero spaventato! ◆ ***to sort out the men from the ~s*** decidere chi sono i veri uomini; ***the ~s in blue*** BE COLLOQ. i poliziotti; ***the ~s uptown*** AE COLLOQ. i pezzi grossi.

▷ **1.boycott** /'bɔɪkɒt/ n. boicottaggio m. (**against, of, on** di).

▷ **2.boycott** /'bɔɪkɒt/ tr. boicottare.

boycotter /'bɔɪkɒtə(r)/ n. boicottatore m. (-trice).

▷ **boyfriend** /'bɔɪfrend/ n. *(sweetheart)* ragazzo m., boy-friend m.

boyhood /'bɔɪhʊd/ **I** n. infanzia f., adolescenza f., gioventù f. **II** modif. [*dream, experience, friend*] d'infanzia, dell'adolescenza, di gioventù.

boyish /'bɔɪɪʃ/ agg. **1** *(youthful)* [*figure, looks*] da ragazzo, da adolescente; ***to look ~*** avere l'aspetto di un adolescente; ***her ~ figure, looks*** la sua figura, il suo aspetto da ragazzo **2** *(endearingly young)* [*grin, charm, enthusiasm*] infantile.

boy-meets-girl /'bɔɪ,mi:ts'gɜ:l/ agg. [*film, story*] lui incontra lei.

boy scout /,bɔɪ'skaʊt/ n. boy scout m., scout m.

bozo /'bəʊzəʊ/ n. (pl. **~s**) AE COLLOQ. tipo m., tizio m.

bps INFORM. ⇒ bits per second bit al secondo.

Br ⇒ British britannico.

BR ⇒ British Rail ferrovie britanniche.

▷ **bra** /brɑ:/ ◗ ***28*** n. reggiseno m.

brabble /'bræbl/ n. ANT. lite f., rissa f.

▷ **1.brace** /breɪs/ **I** n. **1** *(for teeth)* apparecchio m. (ortodontico); ***to wear a ~*** portare l'apparecchio **2** MED. *(for broken limb)* stecca f.; *(permanent support)* apparecchio m. ortopedico, tutore m. **3** ING. sostegno m., supporto m. **4** *(pair) (of birds, animals)* coppia f. (**of** di); *(of pistols)* paio m. (**of** di) **5** *(tool)* girabacchino m. **6** *(symbol)* graffa f. **II braces** n.pl. BE *(garment)* bretelle f.

▷ **2.brace** /breɪs/ **I** tr. **1** [*person*] puntare [*body, back*] (**against** contro); ***to ~ one's legs, feet against sth.*** puntare le gambe, i piedi contro, su qcs. **2** ING. rinforzare, consolidare [*wall, structure*] **II** intr. **1** FIG. ***to ~ for sth.*** [*person, organization*] prepararsi a *o* per qcs., tenersi pronti per qcs. **2** *(for crash)* tenersi forte **III** rifl. ***to ~ oneself*** *(physically)* tenersi forte (**for** in previsione di); FIG. prepararsi *o* tenersi pronti (**for** a, per; **to do** a fare); ***~ yourself!*** tienti forte!

■ **brace up:** ~ **up** farsi forza; ~ **up [sb.]**, ~ **[sb.] up** confortare qcn.

braced /breɪsd/ **I** p.pass. → **2.brace II** agg. **1** [*wall, structure*] rinforzato (**with** con) **2** ***to be ~ for sth., to do*** [*person*] essere preparato per *o* pronto a (fare) qcs.

bracelet /'breɪslɪt/ n. **1** *(jewellery)* braccialetto m. **2** *(watchstrap)* cinturino m. (per orologio).

bracer /'breɪsə(r)/ n. COLLOQ. bicchierino m., cicchetto m.

brachial /'breɪkɪəl/ agg. brachiale.

brachiopod /'brækɪəpɒd/ n. brachiopode m.

brachycephalic /,brækɪkɪ'fælɪk, -sɪ'fæ-/, **brachycephalous** /,brækɪ'kefələs, -'sefə-/ agg. brachicefalo.

brachycephaly /,brækɪ'kefəlɪ, -'sefə-/ n. brachicefalia f.

brachylogy /,bræ'kɪlədʒɪ/ n. brachilogia f.

bracing /'breɪsɪŋ/ agg. fortificante, tonificante.

bracken /'brækən/ n. felce f. (aquilina).

▷ **1.bracket** /'brækɪt/ n. **1** *(in typography) (round)* parentesi f. (tonda); *(square)* parentesi f. quadra; ***in ~s*** fra parentesi (tonde) *o* fra parentesi quadre **2** *(support) (for shelf)* supporto m., mensola f.; *(for lamp)* braccio m. **3** ARCH. beccatello m. **4** *(category)* fascia f., categoria f.; ***age, income ~*** fascia d'età, di reddito; ***price ~*** categoria di prezzo.

▷ **2.bracket** /'brækɪt/ tr. **1** *(put in brackets) (round)* mettere tra parentesi (tonde) [*word, phrase*]; *(square)* mettere tra parentesi quadre [*word, phrase*] **2** *(put in category)* (anche **~ together**) raggruppare [*names, items, people*]; ***to ~ sb., sth. with*** mettere qcn., qcs. insieme **3** MIL. bombardare a forcella [*target*].

bracketing /'brækɪtɪŋ/ n. **1** *(support)* sistema m. di supporti **2** ARCH. nervatura f. di sostegno **3** MIL. bombardamento m. a forcella.

brackish /'brækɪʃ/ agg. salmastro.

bract /brækt/ n. BOT. brattea f.

bracteal /'bræktɪəl/ agg. bratteale.

bracteate /'brækti:ɪt/ agg. BOT. bratteato.

brad /bræd/ n. chiodo m. con testa a scomparsa.

bradawl /'brædɔ:l/ n. punteruolo m.

Bradford /'brædfəd/ ◗ ***34*** n.pr. **1** *(town)* Bradford f. **2** *(first name)* Bradford (nome di uomo).

Bradshaw /'brædʃɔ:/ n. GB orario m. ferroviario.

bradycardia /brædɪ'kɑ:dɪə/ n. bradicardia f.

bradyseism /'brædɪsaɪzəm/ n. bradisismo m.

brae /breɪ/ n. SCOZZ. pendio m., versante m.

1.brag /bræg/ n. **1** *(boast)* vanteria f., spacconata f. **2** *(card game)* = gioco simile al poker.

2.brag /bræg/ intr. (forma in -ing ecc. **-gg-**) vantarsi (**to** con; **about** di; **about doing** di fare).

braggadocio /,brægə'dəʊtʃɪəʊ/ n. (pl. **~s**) vanteria f., spacconata f.

braggart /'brægət/ n. spaccone m. (-a).

bragging /'brægɪŋ/ n. vanterie f.pl., spacconate f.pl. (**about** su).

Brahma /'brɑ:mə/ n.pr. RELIG. Brahma.

Brahman /'brɑ:mən/ n. RELIG. bramano m., bramino m.

Brahmanic(al) /brɑ:'mænɪk(l)/ agg. bramanico.

Brahmanism /'brɑ:mənɪzəm/ n. bramanesimo m.

Brahmin /'brɑ:mɪn/ n. **1** → **Brahman 2** *(cultural snob)* SPREG. intellettuale m. e f. snob.

Brahminee /'brɑmɪni:/ n. = donna appartenente alla casta bramanica.

Brahminic(al) /brɑ'mɪnɪk(l)/ agg. → **Brahmanic(al)**.

Brahminism /'brɑ:mɪnɪzəm/ n. → **Brahmanism**.

▷ **1.braid** /breɪd/ n. **1** AE *(of hair)* treccia f. **2 U** *(trimming)* gallone m., passamano m., passamaneria f.; ***gold ~*** gallone dorato.

▷ **2.braid** /breɪd/ tr. **1** AE intrecciare [*hair*] **2** decorare (con passamano) [*cushion*]; gallonare [*uniform*].

braided /'breɪdɪd/ **I** p.pass. → **2.braid II** agg. **1** [*rug*] intrecciato; [*cushion etc.*] decorato (con passamani); [*uniform*] gallonato.

Braille® /breɪl/ **I** n. braille® m. **II** modif. [*alphabet*] braille; [*book*] in braille.

▶ **1.brain** /breɪn/ **I** n. **1** *(organ)* cervello m.; ***to blow one's ~s out*** COLLOQ. farsi saltare le cervella **2** GASTR. cervella f.pl.; ***calves' ~s*** cervella di vitello **3** *(mind)* ***to have a good ~*** avere cervello; ***to have football on the ~*** COLLOQ. non avere in testa altro che il calcio, pensare solo al calcio **4** COLLOQ. *(intelligent person)* cervello(ne) m. **II brains** n.pl. *(intelligence)* cervello m.sing., intelligenza f.sing.; ***to have ~s*** avere cervello *o* essere intelligente; ***he's the ~s of the family*** è il cervello(ne) della famiglia; ***to use one's ~s*** usare il cervello; ***she was the ~s behind the operation*** era lei il cervello *o* la mente dell'operazione **III** modif. [*cell, tissue, haemorrhage*] cerebrale; [*tumour*] al cervello, cerebrale ◆ ***to dance, study one's ~s out*** AE COLLOQ. ballare, studiare fino allo sfinimento; ***to beat sb.'s ~s out*** sfondare il cranio a qcn.; ***to beat one's ~ out*** o ***to rack one's ~s*** COLLOQ. lambiccarsi il cervello *o* scervellarsi; ***to pick sb.'s ~s*** fare ricorso alla consulenza di qcn.; ***I need to pick your ~s*** ho bisogno della tua consulenza.

2.brain /breɪn/ tr. COLLOQ. *(knock out)* spaccare la testa a.

brainbox /'breɪn,bɒks/ n. COLLOQ. cervellone m.

brainchild /'breɪn,tʃaɪld/ n. (pl. **-children**) idea f. (brillante, geniale).

brain damage /'breɪn,dæmɪdʒ/ n. **U** lesioni f.pl. cerebrali.

brain-damaged /'breɪn,dæmɪdʒd/ agg. cerebroleso.

brain dead /'breɪnded/ agg. **1** MED. clinicamente morto, con encefalogramma piatto **2** FIG. COLLOQ. SPREG. con encefalogramma piatto.

brain death /'breɪn,deθ/ n. morte f. cerebrale.

brain drain /'breɪn,dreɪn/ n. fuga f. di cervelli.

brained /breɪnd/ **I** p.pass. → **2.brain II -brained** agg. in composti ***bird-*** o ***hare-*** dal cervello di gallina.

brain fever /'breɪn,fi:və(r)/ n. encefalite f.

brainless /'breɪnlɪs/ agg. [*person*] senza cervello; [*scheme*] idiota; ***he's completely ~*** è completamente privo di cervello.

brainpan /'breɪnpæn/ n. cranio m.

brain scan /,breɪn'skæn/ n. scintigrafia f. cerebrale.

brain scanner /,breɪn'skænə(r)/ n. apparecchio m. per scintigrafia cerebrale.

brainsick /'breɪnsɪk/ agg. malato di mente.

brainstorm /'breɪnstɔ:m/ n. **1** MED. raptus m. (anche FIG.) **2** COLLOQ. → **brainwave**.

brainstorming /'breɪn,stɔ:mɪŋ/ n. brainstorming m.

brains trust /'breɪnz,trʌst/ BE, **brain trust** /'breɪn,trʌst/ AE n. brain trust m., trust m. di cervelli.

brain surgeon /'breɪn,sɜ:dʒən/ ◗ ***27*** n. chirurgo m. (-a) del cervello.

brain surgery /'breɪn,sɜ:dʒərɪ/ n. chirurgia f. del cervello.

brain teaser /'breɪnti:zə(r)/ n. COLLOQ. rompicapo m.

brainwash /'breɪnwɒʃ/ tr. fare il lavaggio del cervello a; ***they were ~ed into thinking that...*** gli hanno fatto il lavaggio del cervello per fargli credere che...

brainwashing /'breɪnwɒʃɪŋ/ n. lavaggio m. del cervello.

brainwave /'breɪnweɪv/ n. **1** COLLOQ. *(inspiration)* idea f. geniale, lampo m. di genio, folgorazione f. **2** MED. onda f. cerebrale.

brainwork /'breɪnwɜ:k/ n. lavoro m. di concetto, intellettuale.

brainy /ˈbreɪnɪ/ agg. COLLOQ. che ha cervello, intelligente.
braise /breɪz/ tr. brasare; ***braising beef*** (carne di) bue da brasato.
▷ **1.brake** /breɪk/ n. **1** AUT. freno m.; ***to apply the ~(s)*** azionare il freno, i freni *o* frenare **2** FIG. *(curb)* freno m.; ***to put a ~ on price rises*** porre un freno al rialzo dei prezzi **3** BE STOR. *(carriage)* giardiniera f.
▷ **2.brake** /breɪk/ intr. frenare (anche FIG.).
3.brake /breɪk/ n. ANT. *(thicket)* boscaglia f., macchia f.
4.brake /breɪk/ n. BOT. felce f. aquilina.
5.brake /breɪk/ n. **1** TESS. gramola f. **2** AGR. erpice m. **3** STOR. ruota f. (di tortura).
6.brake /breɪk/ tr. **1** TESS. gramolare **2** AGR. erpicare.
brake block /ˈbreɪkˌblɒk/ n. ceppo m. del freno.
brake disc /ˈbreɪkˌdɪsk/ n. disco m. del freno.
brake drum /ˈbreɪkˌdrʌm/ n. tamburo m. del freno.
brake fluid /ˈbreɪkˌflu:ɪd/ n. liquido m. per freni.
brake horsepower /ˈbreɪkˌhɔ:spaʊə(r)/ n. potenza f. al freno.
brake lever /ˈbreɪkˌli:və(r), AE -ˌlevər/ n. leva f. del freno a mano.
brake light /ˈbreɪkˌlaɪt/ n. stop m.
brake lining /ˈbreɪkˌlaɪnɪŋ/ n. guarnizione f. del freno.
brakeman /ˈbreɪkmən/ ➧ ***27*** n. (pl. **-men**) **1** SPORT frenatore m. **2** AE FERR. frenatore m.
brake pad /ˈbreɪkpæd/ n. pastiglia f. del freno.
brake pedal /ˈbreɪkˌpedl/ n. pedale m. del freno.
brake shoe /ˈbreɪkʃu:/ n. ganascia f. del freno.
brakesman /ˈbreɪksmən/ ➧ ***27*** n. (pl. **-men**) frenatore m.
brakie /ˈbrækɪ/ n. AE FERR. COLLOQ. frenatore m.
braking /ˈbreɪkɪŋ/ n. frenatura f., frenata f.
braking distance /ˈbreɪkɪŋˌdɪstəns/ n. spazio m. di frenata.
braking power /ˈbreɪkɪŋˌpaʊə(r)/ n. potenza f. frenante.
braking system /ˈbreɪkɪŋˌsɪstəm/ n. sistema m. di frenatura.
bramble /ˈbræmbl/ **I** n. **1** *(plant)* rovo m. **2** BE *(berry)* mora f. (di rovo) **II** modif. BE [*jam, jelly*] di more; [*tart*] di more, alle more.
bramble-bush /ˈbræmblbʊʃ/ n. roveto m.
brambling /ˈbræmblɪŋ/ n. peppola f.
brambly /ˈbræmblɪ/ agg. **1** [*garden*] pieno di rovi **2** [*shrub*] spinoso, pungente.
bran /bræn/ n. crusca f.
▶ **1.branch** /brɑ:ntʃ, AE bræntʃ/ n. **1** *(of tree)* ramo m.; FIG. *(of pipe, road, railway)* diramazione f.; *(of river)* braccio m., ramo m.; *(of candlestick, lamp)* braccio m.; *(of antlers)* ramificazione f.; *(of family, language)* ramo m.; *(of study, subject)* branca f. **2** COMM. IND. AMM. *(of shop)* succursale f.; *(of bank)* agenzia f.; *(of company)* filiale f.; *(of organization)* divisione f., settore m.; *(of union)* sezione f.; *(of library)* sede f. distaccata; ***main ~*** *(of company)* casa madre **3** AE *(stream)* ruscello m. **4** INFORM. ramificazione f., salto m.
2.branch /brɑ:ntʃ, AE bræntʃ/ intr. [*tree, river, nerve*] ramificarsi; [*road, railway*] diramarsi.
▪ **branch off: ~ off** [*road, river, railway*] diramarsi; **~ off (from)** diramarsi da [*road, railway*]; FIG. divagare da [*topic*].
▪ **branch out: ~ out** [*business*] diversificarsi; ***to ~ out into*** [*business, person*] estendersi in *o* allargarsi a [*new area*]; ***to ~ out on one's own*** mettersi in proprio.
branched candlestick /ˌbrɑ:ntʃtˈkændlstɪk, AE ˌbræntʃ-/ n. candeliere m. a bracci.
branched chain /ˈbrɑ:ntʃttʃeɪn, AE ˈbræntʃ-/ n. CHIM. catena f. laterale.
branchia /ˈbræŋkɪə/ n. (pl. **-ae**) branchia f.
branchial /ˈbræŋkɪəl/ agg. branchiale.
branchiate /ˈbræŋkɪeɪt/ agg. munito di branchie.
branching /ˈbrɑ:ntʃɪŋ, AE ˈbræntʃ-/ n. NUCL. decadimento m. multiplo, disintegrazione f. multipla.
branchless /ˈbrɑ:ntʃlɪs, AE ˈbræntʃ-/ agg. senza rami.
branchlet /ˈbrɑntʃlɪt, AE ˈbræntʃ-/ n. ramoscello m.
branch line /ˈbrɑ:ntʃˌlaɪn, AE ˈbræntʃ-/ n. FERR. linea f. secondaria, diramazione f.
branch manager /ˈbrɑ:ntʃˌmænɪdʒə(r), AE ˈbræntʃ-/ ➧ ***27*** n. *(of shop)* direttore m. di succursale; *(of company)* direttore m. di filiale; *(of bank)* direttore m. di agenzia.
branch office /ˈbrɑ:ntʃˌɒfɪs, AE ˈbræntʃˌɔ:f-/ n. *(of bank)* agenzia f.
branch water /ˈbrɑ:ntʃˌwɔ:tə(r), AE ˈbræntʃ-/ n. AE *(from stream)* acqua f. di ruscello; *(from tap)* acqua f. di rubinetto.
branchy /ˈbrɑ:ntʃɪ, AE ˈbræntʃɪ/ agg. ramoso.
▷ **1.brand** /brænd/ n. **1** *(make)* marca f., marchio m.; ***a well-known ~ of jeans*** una nota marca di jeans; ***own ~ products*** prodotti con il marchio della casa **2** *(type) (of humour, belief)* tipo m.; *(of art, of music)* genere m. **3** *(for identification) (on animal)* marchio m. (a fuoco); *(on prisoner)* marchio m.; FIG. *(stigma)* marchio m., stigma m. **4** LETT. *(in fire)* tizzone m. **5** LETT. *(torch)* torcia f. **6** ANT. LETT. brando m.
2.brand /brænd/ tr. **1** *(mark)* marchiare (a fuoco) [*animal*] **2** FIG. bollare, stigmatizzare [*person*]; ***to ~ sb. as sth.*** bollare qcn. come qcs. **3** FIG. imprimere nella mente [*experience, name*]; ***the experience is ~ed in my memory*** l'esperienza è impressa nella mia memoria.
brand acceptance /ˈbrændˌəkˌseptəns/ n. COMM. gradimento m. dei consumatori.
brand awareness /ˈbrændəˌweənɪs/ n. COMM. conoscenza f. della marca.
branded /ˈbrændɪd/ **I** p.pass. → **2.brand II** agg. [*article, goods*] di marca.
brand identification /ˌbrændaɪˈdentɪfɪˈkeɪʃn/ n. COMM. identificazione f. della marca.
brand image /ˌbrændˈɪmɪdʒ/ n. COMM. brand image f., immagine f. della marca.
branding /ˈbrændɪŋ/ n. **1** *(of cattle)* marchiatura f. **2** COMM. branding m.
branding iron /ˈbrændɪŋˌaɪən, AE -ˌaɪərn/ n. marchio m., ferro m. per marchiare.
brandish /ˈbrændɪʃ/ tr. brandire.
brand leader /ˈbrændˌli:də(r)/ n. COMM. prodotto m. leader sul mercato.
brand loyalty /ˌbrændˈlɔɪəltɪ/ n. COMM. fedeltà f. alla marca.
brand management /ˌbrændˈmænɪdʒmənt/ n. COMM. gestione f. della marca.
brand manager /ˌbrændˈmænɪdʒə(r)/ ➧ ***27*** n. COMM. brand manager m.
brand name /ˈbrændˌneɪm/ n. COMM. marca f., marchio m. (registrato).
brand name recall /ˌbrændneɪmˈri:kɔl/ n. COMM. richiamo m. della marca, capacità f. di ricordare una marca.
brand-new /ˌbrændˈnju:, AE -ˈnu:/ agg. nuovo di zecca, nuovo fiammante, nuovissimo.
Brandon /ˈbrændən/ n.pr. Brandon (nome di uomo).
brand recognition /ˌbrændrekəgˈnɪʃn/ n. COMM. identificazione f. della marca.
brand switching /ˈbrændˌswɪtʃɪŋ/ n. COMM. (il) passare da una marca a un'altra.
brandy /ˈbrændɪ/ n. **1** *(grape)* brandy m. **2** *(other fruit)* acquavite f.; ***plum, peach ~*** acquavite di prugne, di pesche.
brandy glass /ˈbrændɪglɑ:s, AE -glæs/ n. bicchiere m. da cognac.
brandy pawnee /ˌbrændɪˈpɔ:nɪ/ n. ANT. acqua e brandy.
brandy snap /ˈbrændɪˌsnæp/ n. GASTR. = biscotto dolce allo zenzero e brandy, spesso ripieno di panna.
brank-ursine /ˌbræŋkˈɜ:sɪn/ n. acanto m., branca f. orsina.
bran loaf /ˈbrænˌləʊf/ n. (pl. **bran loaves**) pagnotta f. integrale.
bran tub /ˈbrænˌtʌb/ n. = grosso contenitore pieno di crusca in cui sono nascosti dei doni, da pescare con le mani per gioco.
1.brash /bræʃ/ agg. **1** *(self-confident)* [*person, manner, tone*] insolente, impudente **2** *(garish)* [*colour, decor, design*] sgargiante, vistoso **3** *(harsh)* [*music, sound*] aggressivo.
2.brash /bræʃ/ n. **1** *(heartburn)* (anche **waterbrash**) bruciore m. di stomaco **2** *(rain)* acquazzone m., scroscio m. (di pioggia) improvviso.
3.brash /bræʃ/ n. **1** *(of rock, ice)* frammenti m.pl. **2** *(of branches)* rami m.pl., ramoscelli m.pl. potati.
brashly /ˈbræʃlɪ/ avv. [*behave, speak*] in modo insolente, impudente.
brashness /ˈbræʃnɪs/ n. **1** *(self-confidence)* insolenza f., impudenza f. **2** *(garishness)* vistosità f. **3** *(harshness)* aggressività f.
Brasilia /brəˈzɪljə/ ➧ ***34*** n.pr. Brasilia f.
▷ **1.brass** /brɑ:s, AE bræs/ **I** n. **1** *(metal)* ottone m. **2** + verbo sing. *(fittings, objects)* ottoni m.pl. **3** + verbo sing. o pl. MUS. (anche **~ section**) ottoni m.pl. **4** *(in church)* targa f. commemorativa **5** COLLOQ. *(nerve)* sfacciataggine f., faccia f. tosta, faccia f. di bronzo **6** BE COLLOQ. *(money)* quattrini m.pl., grana f. **7** + verbo pl. MIL. COLLOQ. ***the top ~*** gli alti ufficiali; FIG. i pezzi grossi **II** modif. [*button, candlestick, plaque*] di ottone ◆ ***to get down to ~ tacks*** venire al sodo; ***it's not worth a ~ farthing*** non vale un soldo (bucato); ***to be as bold as ~*** avere la faccia tosta *o* di bronzo.
2.brass /brɑ:s, AE bræs/ tr. → **brass off.**
▪ **brass off** BE COLLOQ. ***to ~ sb. off*** rompere le scatole a qcn.
brassage /ˈbræsɪdʒ/ n. diritto m. di conio.
brassard /ˈbræsɑ:d/ n. RAR. *(armour, cloth band)* bracciale m.

brass band /ˌbrɑːs'bænd, AE ˌbræs-/ n. banda f. (di ottoni), fanfara f.
brassed /'brɑːst/ **I** p.pass. → **2.brass II** agg. BE COLLOQ. ***to be ~ off with*** aver(n)e le scatole piene di.
brasserie /'bræsərɪ/ n. brasserie f.
brass foundry /ˌbrɑːs'faʊndrɪ, AE ˌbræs-/ n. fonderia f. di ottone.
brass hat /ˌbrɑːs'hæt, AE ˌbræs-/ n. MIL. COLLOQ. alto ufficiale m.
brassica /'bræsɪkə/ n. brassica f.
brassie → **brassy**.
brassière /'bræzɪə(r), AE brə'zɪər/ ➧ ***28*** n. reggiseno m.
brass instrument /ˌbrɑːs'ɪnstrʊmənt, AE ˌbræs-/ ➧ ***17*** n. MUS. ottone m.
brass knuckles /ˌbrɑːs'nʌklz, AE ˌbræs-/ n.pl. AE pugno m.sing. di ferro, tirapugni m.sing.
brass monkey /ˌbrɑːs'mʌŋkɪ, AE ˌbræs-/ n. ***it's ~ weather outside*** POP. fa un freddo cane fuori.
brass neck /'brɑːsˌnek, AE 'bræs-/ n. BE COLLOQ. faccia f. tosta.
brass-necked /'brɑːsˌnekt, AE 'bræs-/ agg. BE COLLOQ. [*person*] dalla faccia di bronzo; [*cheek, impudence*] estrema.
brass rubbing /'brɑːsˌrʌbɪŋ, AE 'bræs-/ n. ART. ricalco m. (di targhe commemorative, iscrizioni tombali, ecc.).
brassware /'brɑːsweə, AE 'bræs-/ n. *(objects)* ottoname m., ottoni m.pl.
brasswork /'brɑːswɜːk, AE 'bræs-/ n. lavorazione m. dell'ottone.
brassy /'brɑːsɪ, AE 'bræsɪ/ agg. **1** ➧ ***5*** *(shiny yellow)* color ottone **2** [*sound*] *(harsh)* aggressivo; *(musical)* vibrato **3** SPREG. [*appearance, woman*] vistoso.
bra strap /'brɑːstræp/ n. bretellina f. (di reggiseno).
brat /bræt/ n. COLLOQ. SPREG. marmocchio m. (-a), monello m. (-a); ***you little ~!*** piccola peste!
Bratislava /ˌbrætɪ'slɑːvə/ ➧ ***34*** n.pr. Bratislava f.
brat pack /'brætˌpæk/ n. COLLOQ. = gruppo di artisti o di sportivi giovani e brillanti.
brattice /'brætɪs/ n. MIN. tramezzo m. di ventilazione.
bravado /brə'vɑːdəʊ/ n. U bravata f., bravate f.pl., spacconeria f.
▷ **1.brave** /breɪv/ **I** agg. **1** *(courageous)* [*person*] coraggioso, valoroso; [*effort, smile*] coraggioso; ***be ~!*** fatti coraggio! ***he was very ~ about it*** fu molto coraggioso in quel frangente; ***it was ~ of her to do it*** è stata coraggiosa a farlo **2** *(fine)* LETT. [*sight*] bello, splendido; ***in a ~ new world*** IRON. nel migliore dei mondi possibili **II** n. **1** *(Indian warrior)* guerriero m. pellerossa **2** ***the ~*** + verbo pl. i coraggiosi *o* i prodi; ***none but the ~*** LETT. soltanto i prodi ◆ ***to put on a ~ face*** o ***to put a ~ face on things*** fare buon viso a cattivo gioco; ***to put a ~ face on*** fare *o* mostrare buon viso a [*report, rumour*]; ***to be as ~ as a lion*** essere coraggioso come un leone.
2.brave /breɪv/ tr. *(all contexts)* affrontare, sfidare.
bravely /'breɪvlɪ/ avv. coraggiosamente, valorosamente (anche SCHERZ.).
bravery /'breɪvərɪ/ n. coraggio m., valore m.
bravery award /'breɪvərɪəˌwɔːd/ n. medaglia f. al valore.
1.bravo /ˌbrɑː'vəʊ/ inter. bravo.
2.bravo /ˌbrɑː'vəʊ/ n. (pl. **~s, ~es**) STOR. bravo m., sgherro m.
bravura /brə'vʊərə/ **I** n. bravura f., virtuosismo m. **II** modif. [*passage*] di bravura; [*performance*] virtuosistico.
1.brawl /brɔːl/ n. baruffa f., zuffa f.
2.brawl /brɔːl/ intr. fare baruffa, azzuffarsi (**with** con).
brawler /'brɔːlə(r)/ n. chi si azzuffa.
brawling /'brɔːlɪŋ/ n. baruffa f., zuffa f.
brawn /brɔːn/ n. **1** BE GASTR. = preparazione a base di parti della testa del maiale o del vitello in gelatina **2** *(muscle)* muscoli m.pl., forza f. muscolare ◆ ***all ~ no brains*** tutto muscoli, niente cervello.
brawniness /'brɔːnɪnɪs/ n. muscolosità f., robustezza f.
brawny /'brɔːnɪ/ agg. muscoloso, robusto.
1.bray /breɪ/ n. *(of donkey)* raglio m. (anche FIG. SPREG.).
2.bray /breɪ/ intr. [*donkey*] ragliare (anche FIG. SPREG.); ***to ~ with laughter*** ridere rumorosamente, a singhiozzi.
3.bray /breɪ/ tr. ANT. pestare, frantumare [*seeds*].
1.braze /breɪz/ tr. METALL. *(solder)* brasare.
2.braze /breɪz/ tr. *(decorate with brass)* decorare con ottone.
1.brazen /'breɪzn/ agg. **1** *(shameless)* sfacciato, spudorato; ***a ~ hussy*** COLLOQ. una svergognata **2** *(of brass)* d'ottone.
2.brazen /'breɪzn/ tr. ***to ~ it out*** = cavarsela grazie alla propria faccia tosta.
brazen-faced /'breɪznfeɪst/ agg. dalla faccia tosta, sfacciato.
brazenly /'breɪznlɪ/ avv. in modo sfacciato, spudorato.
brazenness /'breɪznnəs/ n. sfacciataggine f., spudoratezza f.
brazier /'breɪzɪə(r)/ ➧ ***27*** n. **1** *(container)* braciere m. **2** *(worker)* ottonaio m.
Brazil /brə'zɪl/ ➧ ***6*** **I** n.pr. Brasile m. **II** n. (anche **~-wood**) legno m. rosso del Brasile, brasile m.
Brazilian /brə'zɪlɪən/ ➧ ***18*** **I** agg. brasiliano **II** n. *(person)* brasiliano m. (-a).
Brazil nut /brə'zɪlˌnʌt/ n. noce f. del Brasile.
brazing /'breɪzɪŋ/ n. METALL. brasatura f.
▷ **1.breach** /briːtʃ/ n. **1** DIR. *(infringement) (by breaking rule)* infrazione f. (**of** di); *(by failure to comply)* inadempienza f. (**of** di); *(of copyright, privilege)* violazione f.; ***security ~*** *(of safety)* inosservanza delle regole di sicurezza; *(of official secret)* attentato alla sicurezza nazionale; *(of industrial secret)* violazione del segreto industriale; ***a ~ of good manners*** una violazione delle buone maniere; ***to be in ~ of*** infrangere [*law*]; violare [*agreement*] **2** MIL. breccia f. (anche FIG.) **3** *(in relationship)* rottura f. ◆ ***to be honoured in the ~*** non essere rispettato; ***to step into the ~*** tappare un buco, coprire un posto vacante.
▷ **2.breach** /briːtʃ/ tr. **1** aprire una breccia in [*wall, defence*] **2** FIG. infrangere [*law, rule, protocol*].
breach of contract /ˌbriːtʃəv'kɒntrækt/ n. DIR. violazione f., inadempimento m. di contratto.
breach of duty /ˌbriːtʃəv'djuːtɪ/ n. DIR. inadempienza f. del dovere professionale.
breach of promise /ˌbriːtʃəv'prɒmɪs/ n. DIR. *(by fiancé)* rottura f. della promessa di matrimonio.
breach of the peace /ˌbriːtʃəvðə'piːs/ n. DIR. turbamento m. dell'ordine pubblico.
breach of trust /ˌbriːtʃəv'trʌst/ n. DIR. abuso m. di fiducia.
▷ **1.bread** /bred/ **I** n. **1** pane m.; ***a loaf, slice of ~*** una forma, una fetta di pane; ***to be on ~ and water*** essere a pane e acqua **2** COLLOQ. *(money)* grana f., soldi m.pl. **3** *(livelihood)* pane m.; ***to earn one's (daily) ~*** guadagnarsi il pane (quotidiano) **II** modif. [*oven, plate*] per il pane; [*sauce*] spalmabile ◆ ***to break ~ with sb.*** spezzare il pane con qcn.; ***to cast one's ~ upon the waters*** = fare qcs. senza aspettarsi niente in cambio; ***to know which side one's ~ is buttered on*** saper fare i propri interessi; ***to put ~ on the table*** portare a casa la pagnotta; ***to put jam on the ~*** migliorare la situazione; ***to take the ~ out of sb.'s mouth*** togliere il pane di bocca a qcn.; ***the best thing since sliced ~*** SCHERZ. la cosa migliore del mondo.
2.bread /bred/ tr. impanare [*cutlet, fish, etc.*]; ***~ed cutlets*** cotolette impanate.
bread and butter /ˌbredənd'bʌtə/ **I** n. **1** pane m. e burro, pane m. imburrato **2** FIG. mezzo m. di sussistenza; ***it's her ~*** è il modo in cui si guadagna il pane **II bread-and-butter** agg. attrib. [*job, issue, routine, work*] quotidiano, di tutti i giorni; [*letter*] = di ringraziamento per essere stati ospitati; ***~ pudding*** = dolce cotto al forno a base di pane, latte e frutta secca.
breadbasket /'bredbɑːskɪt/ n. **1** cestino m. per il pane **2** FIG. *(granary)* granaio m. **3** *(belly)* COLLOQ. pancia f.
breadbin /'bredbɪn/ n. BE portapane m., madia f.
breadboard /'bredbɔːd/ n. tagliere m. (per il pane).
breadbox /'bredbɒks/ n. → **breadbin**.
1.breadcrumb /'bredkrʌm/ **I** n. briciola f. (di pane) **II breadcrumbs** n.pl. pangrattato m.sing.; ***to coat sth. in ~s*** passare qcs. nel pangrattato *o* impanare; ***escalopes coated in ~s*** scaloppine impanate.
2.breadcrumb /'bredkrʌm/ tr. impanare.
breadfruit /'bredfruːt/ n. **1** *(fruit)* frutto m. dell'albero del pane **2** (anche **~ tree**) albero m. del pane.
breadknife /'brednaɪf/ n. (pl. **-knives**) coltello m. da pane.
breadline /'bredlaɪn/ n. ***to be on the ~*** essere ai limiti dell'indigenza; ***to live above, below the ~*** vivere al di sopra, al di sotto della soglia della povertà.
bread roll /'bredˌrəʊl/ n. panino m.
breadstick /'bredstɪk/ n. grissino m.
breadstuffs /'bredstʌfs/ n.pl. cereali m. (per la panificazione).
breadth /bredθ/ ➧ ***15*** n. **1** larghezza f.; ***the length and ~ of*** da un capo all'altro di **2** FIG. *(of experience, knowledge, provisions)* ampiezza f. (**of** di); *(of vision)* larghezza f. (**of** di); ***~ of mind*** apertura mentale; ***the course has great ~*** il corso è ad ampio respiro ◆ ***to be*** o ***come within a hair's ~ of*** essere a un pelo da; ***to search the length and ~ of the country for sb., sth.*** perlustrare il paese in lungo e in largo alla ricerca di qcn., qcs.
breadthways /'bretθweɪz/, **breadthwise** /'bretθwaɪz/ avv. in larghezza, nel senso della larghezza.
breadwinner /'bredwɪnə(r)/ n. sostegno m. della famiglia, chi guadagna il pane in famiglia.

▶ **1.break** /breɪk/ n. **1** *(fracture)* rottura f., frattura f. **2** *(crack) (in plate, plank, surface)* spaccatura f., incrinatura f. **3** *(gap) (in fence)* buco m.; *(in wall)* breccia f.; *(in row, line)* spazio m. (vuoto); *(in circuit, chain, sequence)* interruzione f.; *(in conversation, match)* pausa f.; *(in performance)* intervallo m.; *(in traffic, procession)* spazio m.; ***a ~ in the clouds*** uno squarcio fra le nuvole *o* una schiarita; ***a ~ in transmission*** un'interruzione delle trasmissioni **4** RAD. TELEV. (anche **commercial ~**) pausa f. pubblicitaria, pubblicità f.; ***we're going to take a ~ now*** e ora, facciamo una (breve) pausa pubblicitaria **5** *(pause)* pausa f.; SCOL. intervallo m., ricreazione f.; ***to take a ~*** fare una pausa; ***I walked, worked for six hours without a ~*** ho camminato, lavorato senza sosta per sei ore; ***to have a ~ from work*** smettere di lavorare (per un lungo periodo) *o* prendersi un periodo di riposo dal lavoro; ***to take*** o ***have a ~ from working, driving*** smettere di lavorare, di guidare per un lungo periodo; ***to take*** o ***have a ~ from nursing, teaching*** smettere di fare l'infermiere, di insegnare per un lungo periodo; ***I often give her a ~ from looking after the kids*** guardo spesso i bambini al posto suo per farla riposare; ***give us a ~!*** COLLOQ. dacci tregua! **6** *(holiday)* vacanze f.pl.; ***the Christmas ~*** le vacanze di Natale; ***a weekend ~ in London*** un fine settimana di vacanza a Londra **7** FIG. *(departure)* rottura f. (**with** con); ***a ~ with tradition, the past*** una rottura con la tradizione, un taglio con il passato; ***to make a ~*** rompere (**with** con); ***it's time to make the ~*** *(from family)* è ora di lasciare il nido; *(from job)* è ora di cambiare **8** *(opportunity)* COLLOQ. occasione f., opportunità f.; ***her big ~ came in 1973*** ha avuto la sua grande occasione nel 1973; ***he gave me a ~*** mi ha dato una possibilità; ***a lucky ~*** un colpo di fortuna; ***a bad ~*** una delusione; ***to give sb. an even ~*** dare a qcn. un'opportunità equa **9** *(dawn)* ***at the ~ of day*** allo spuntar del giorno, all'alba **10** *(escape bid)* ***to make a ~ for it*** *(from prison)* COLLOQ. tentare la fuga; ***to make a ~ for the door, the trees*** cercare di raggiungere la porta, gli alberi (per scappare) **11** TIP. ***line ~*** fine (della) riga; ***page ~*** interruzione di pagina; ***paragraph ~*** fine (del) paragrafo **12** *(in tennis)* (anche **service ~**) break m. **13** *(in snooker, pool) (first shot)* ***it's your ~*** tocca a te cominciare; *(series of shots)* ***to make a 50 point ~*** totalizzare 50 punti di seguito **14** MUS. *(in jazz)* break m.

▶ **2.break** /breɪk/ **I** tr. (pass. **broke**; p.pass. **broken**) **1** *(damage)* rompere [*chair, eggs, machine, stick, toy*]; rompere, spaccare [*glass, plate, window*]; spezzare [*rope*]; ***to ~ a tooth, a nail, a bone*** rompersi *o* spezzarsi un dente, un'unghia, un osso; ***to ~ one's leg, arm*** rompersi una gamba, un braccio; ***to ~ one's back*** rompersi la schiena; ***I nearly broke my back moving the piano*** FIG. mi sono quasi spezzato la schiena a spostare il piano; ***to ~ one's neck*** rompersi il collo; ***somebody is going to ~ their neck on those steps*** FIG. qualcuno si romperà l'osso del collo su quegli scalini; ***she broke the bottle over his head*** gli spaccò la bottiglia sulla testa **2** *(split, rupture)* infrangere [*seal*]; interrompere [*sentence, word*]; ***the skin is not broken*** la pelle non è offesa; ***not a ripple broke the surface of the water*** non un'onda increspava la superficie dell'acqua; ***to ~ surface*** [*diver, submarine*] affiorare in superficie; ***the river broke its banks*** il fiume ruppe gli argini **3** *(interrupt)* [*person*] rompere [*silence*]; [*shout, siren*] squarciare [*silence*]; interrompere [*circuit, current*]; rompere [*monotony, spell*]; spezzare, rompere [*ties, links*] (**with** con); ***to ~ one's silence*** rompere il silenzio (**on** su); ***to ~ sb.'s concentration*** fare perdere la concentrazione a qcn.; ***we broke our journey in Milan*** facemmo una sosta a Milano; ***the tower ~s the line of the roof, of the horizon*** la torre interrompe la linea del tetto, dell'orizzonte; ***to ~ step*** rompere il passo **4** *(disobey)* infrangere [*law, rule*]; non rispettare [*embargo, blockade, conditions, terms*]; violare [*treaty*]; violare, infrangere [*commandment*]; sospendere [*strike*]; rompere, venir meno a [*vow*]; mancare a [*appointment*]; ***he broke his word, promise*** ha mancato di parola, è venuto meno alla sua promessa **5** *(exceed, surpass)* oltrepassare, superare [*speed limit, bounds*]; battere [*record, opponent*]; superare [*speed barrier*]; infrangere [*class barrier*] **6** *(lessen the impact of)* tagliare [*wind*]; [*branches*] frenare [*fall*]; [*hay*] attutire [*fall*] **7** FIG. *(destroy)* [*troops*] soffocare [*rebellion*]; spezzare [*resistance, determination, will*]; ***to ~ sb.'s spirit*** abbattere il morale di qcn.; ***to ~ sb.'s hold over sb.*** mettere fine all'influenza di qcn. su qcn.; ***discussions which aim to ~ this deadlock*** discussioni finalizzate a superare questa impasse; ***to ~ a habit*** liberarsi da un'abitudine **8** *(ruin)* rovinare [*person*]; ***this contract will make or ~ the company*** *(financially)* questo contratto farà la fortuna o sarà la rovina della compagnia; ***this decision will make or ~ me*** *(personally)* questa decisione farà la mia fortuna o mi rovinerà **9** EQUIT. domare [*young horse*] **10** *(in tennis)* ***to ~ sb.'s serve*** strappare il servizio a qcn. **11** MIL. degradare [*officer*] **12** *(decipher)* decifrare [*cipher, code*] **13** *(leave)* ***to ~ camp*** levare il campo **14** *(announce)* annunciare [*news*]; rivelare [*truth*]; ***to ~ the news to sb.*** comunicare la notizia a qcn.; ***~ it to her gently*** comunicaglielo con tatto **II** intr. (pass. **broke**; p.pass. **broken**) **1** *(be damaged)* [*chair, egg, handle, bag, tooth, string*] rompersi; [*branch*] rompersi, spezzarsi; [*plate, glass, window*] rompersi, infrangersi; [*arm, bone, leg*] rompersi, fratturarsi; [*bag*] spaccarsi; ***china ~s easily*** la porcellana si rompe facilmente; ***the vase broke in two, into a thousand pieces*** il vaso si ruppe in due, andò in mille pezzi; ***the sound of ~ing glass*** il rumore di vetro infranto **2** *(separate)* [*clouds*] aprirsi, squarciarsi; [*waves*] (in)frangersi (**against** contro; **on, over** su) **3** SPORT [*boxers*] separarsi; ***"~!"*** *(referee 's command)* "break!" **4** *(stop for a rest)* fare una pausa **5** *(change)* [*good weather*] guastarsi; [*drought, heatwave*] cessare; [*luck*] girare **6** *(begin)* [*day*] spuntare, cominciare; [*storm*] scoppiare; [*scandal, news story*] scoppiare, esplodere **7** *(discontinue)* ***to ~ with sb.*** rompere (i rapporti) con qcn.; ***to ~ with a party, the church*** lasciare un partito, la chiesa; ***to ~ with tradition, convention*** rompere con la tradizione, con le convenzioni **8** *(weaken)* ***their spirit never broke*** non si sono mai persi di spirito; ***to ~ under torture, interrogation*** crollare, cedere sotto le torture, sotto interrogatorio **9** *(change tone)* [*boy's voice*] mutare, cambiare; ***her voice ~s on the high notes*** la sua voce diventa stridula negli acuti; ***in a voice ~ing with emotion*** con la voce rotta per l'emozione **10** *(in snooker, pool)* cominciare (la partita).

▪ **break away:** ***~ away*** **1** *(become detached)* [*island, shell*] staccarsi (**from** da); ***to ~ away from*** [*group, person*] rompere (i rapporti) con [*family*]; [*person*] lasciare [*party, organization*]; [*group*] separarsi da [*party, organization*]; [*state*] staccarsi da [*union*]; [*animal*] allontanarsi da [*herd*]; [*boat*] rompere [*moorings*] **2** *(escape)* sfuggire (**from** a) **3** SPORT [*runner, cyclist*] (di)staccarsi (**from** da); ***~ away [sth.], ~ [sth.] away*** spezzare [*outer shell, casing*].

▪ **break back** SPORT fare un contropiede.

▪ **break down:** ***~ down*** **1** *(stop functioning)* [*car, elevator, machine*] rompersi; ***we broke down on the main street*** siamo rimasti in panne nella via principale **2** *(collapse)* FIG. [*alliance, coalition*] saltare; [*negotiations*] fallire; [*contact, communication*] interrompersi; [*law and order*] venire meno; [*argument, system*] crollare; [*person*] crollare, cedere; ***he broke down under the strain*** è crollato per lo sforzo **3** *(cry)* sciogliersi in lacrime **4** *(be classified)* [*cost findings, statistics*] suddividersi (**into** in); ***the cost of the repair ~s down as follows*** il prezzo della riparazione si suddivide come segue **5** *(decompose)* [*compound*] scomporsi (**into** in) **6** *(confess) (under interrogation)* crollare, cedere; ***~ [sth.] down, ~ down [sth.]*** **1** *(demolish)* sfondare [*door*]; abbattere [*fence, wall*]; FIG. abbattere [*barriers*]; vincere [*opposition, resistance, shyness*] **2** *(analyse)* analizzare [*budget, cost, expenses, statistics*]; (sud)dividere [*word*] (**into** in); suddividere [*data, findings*] (**into** per); analizzare [*argument*] **3** *(cause to decompose)* decomporre, scomporre [*compound, gas*] (**into** in); [*enzyme, catalyst*] sciogliere [*protein, starch*]; [*gastric juices*] scomporre [*food*].

▪ **break even** ECON. chiudere in pareggio.

▪ **break forth** LETT. [*sun*] affacciarsi; [*water*] sgorgare, scaturire (**from** da).

▪ **break free:** ***~ free*** [*prisoner*] evadere; ***to ~ free of*** spezzare i legami con [*family*]; sfuggire a [*captor*].

▪ **break in:** ***~ in*** **1** *(enter forcibly)* [*thief*] entrare (con effrazione); [*police*] irrompere, fare irruzione; ***the burglar broke in through a window*** il ladro entrò dalla finestra **2** *(interrupt)* interrompere; ***"I don't want to go," he broke in*** "non voglio andare", interruppe; ***to ~ in on sb., sth.*** interrompere qcn., qcs.; ***~ [sth.] in*** domare [*young horse*]; ***to ~ one's shoes in*** portare le scarpe per ammorbidirle; ***to ~ in one's glasses*** portare gli occhiali per abituarcisi; ***~ [sb.] in*** addestrare [*recruit, newcomer*]; ***to ~ sb. in gently*** dare a qualcuno il tempo di impratichirsi.

▪ **break into:** ***~ into [sth.]*** **1** *(enter by force)* [*thief*] entrare (con effrazione) in [*building, car*]; forzare [*safe, till*]; [*police*] irrompere, fare irruzione in [*building*]; ***her car was broken into*** le hanno aperto la macchina **2** *(start to use)* aprire, cominciare [*new packet, new bottle*]; cambiare [*banknote*]; intaccare [*savings*] **3** *(encroach on)* interferire con [*leisure time*]; interrompere, interferire con [*working day*]; interrompere, spezzare [*morning, day*] **4** *(begin to do)* ***to ~ into song, cheers*** mettersi a cantare, ad acclamare; ***to ~ into peals of laughter*** scoppiare a ridere; ***to ~ into a run, gallop*** mettersi a correre, a galoppare **5** *(make headway)* [*company*] affermarsi in [*market*]; [*person*] farsi strada in [*job market*]; [*person*] sfondare in [*show business*].

▪ **break loose** [*dog, horse*] liberarsi, scappare (**from** da).

■ **break off:** ~ **off** 1 *(snap off)* [*end, mast, tip*] rompersi; [*handle, piece*] staccarsi 2 *(stop speaking)* interrompersi; ***she broke off to answer the phone*** s'interruppe per rispondere al telefono 3 *(pause)* fare una pausa, fermarsi; ~ **off [sth.]**, ~ **[sth.] off** 1 *(snap)* rompere, staccare [*branch, piece, segment*]; rompere [*mast*] 2 *(terminate)* rompere [*engagement, relationship, ties*]; interrompere [*conversation, contact, negotiations*]; ***they decided to ~ it off*** *(relationship, engagement)* hanno deciso di rompere; ***to ~ off doing*** smettere di fare.

■ **break out:** ~ **out** 1 *(erupt)* [*epidemic*] manifestarsi, scoppiare; [*fight, fire, panic, riot, storm*] scoppiare; [*rash*] comparire; ***to ~ out in a rash*** o ***in spots*** [*person*] avere un'eruzione cutanea, di pustole; [*face*] coprirsi di pustole; ***to ~ out in a sweat*** mettersi a sudare 2 *(escape)* [*prisoner*] evadere; ***to ~ out of*** evadere da [*prison*]; scappare da [*cage*]; uscire da [*routine, vicious circle*]; liberarsi da [*chains, straitjacket*].

■ **break through:** ~ **through** [*army*] sfondare, aprirsi un varco; ~ **through [sth.]** sfondare [*defences, reserve, barrier, cordon, wall*]; farsi strada tra [*crowd*]; [*sun*] aprirsi un varco fra [*clouds*].

■ **break up:** ~ **up** 1 *(disintegrate)* [*wreck*] sfasciarsi, andare in pezzi; FIG. [*empire*] crollare; [*alliance, group*] sciogliersi; [*family*] dividersi; [*couple*] separarsi; ***their marriage, relationship is ~ing up*** il loro matrimonio, la loro relazione sta fallendo 2 *(disperse)* [*crowd*] disperdersi; [*cloud, slick*] dissolversi; [*meeting*] sciogliersi 3 BE SCOL. ***schools ~ up on Friday*** le scuole chiudono, finiscono venerdì; ***we ~ up for Christmas on Tuesday*** martedì è l'ultimo giorno prima delle vacanze di Natale; ~ **[sth.] up**, ~ **up [sth.]** *(split up)* disperdere [*demonstrators*]; smantellare [*spy ring, drugs ring*]; separare [*couple*]; dividere [*family, team*]; rompere [*alliance, marriage*]; smembrare [*empire*]; (sud)dividere [*sentence, word*] (**into** in); frazionare [*land*]; [*diagrams*] intervallare [*text*]; interrompere, fare finire [*party, fight, demonstration*]; ~ ***it up!*** *(stop fighting)* smettetela! ~ **[sb.] up** AE COLLOQ. ***that joke broke me up*** quella barzelletta mi ha fatto scoppiare a ridere.

3.break /breɪk/ n. 1 STOR. *(carriage)* giardiniera f. 2 *(car)* giardinetta f.

breakable /'breɪkəbl/ agg. fragile.

breakables /'breɪkəblz/ n.pl. oggetti m. fragili.

breakage /'breɪkɪdʒ/ n. 1 **U** *(damage)* rottura f., danni m.pl.; ***to prevent ~*** per evitare la rottura 2 **C** *(damaged item)* articolo m. danneggiato; ***"~s must be paid for"*** *(in shop)* "gli articoli danneggiati si pagano".

breakaway /'breɪkəweɪ/ **I** n. 1 *(separation) (from organization)* separazione f. (**from** da); *(from person, family)* rottura f. (**from** con), allontanamento m. (**from** da) 2 SPORT fuga f.; ***to make a ~*** fare una fuga **II** modif. attrib. POL. [*faction, group*] scissionistico, dissidente; [*state*] secessionistico, distaccato.

1.break dance /'breɪkdɑːns, AE -dæns/ n. break dance f.

2.break dance /'breɪkdɑːns, AE -dæns/ intr. ballare la break dance; fare break dance.

break dancer /'breɪkdɑːnsə(r), AE -dæns-/ n. chi balla la break dance.

break dancing /'breɪkdɑːnsɪŋ, AE -dæns-/ n. break dance f.

▷ **breakdown** /'breɪkdaʊn/ **I** n. 1 AUT. MECC. TECN. guasto m., panne f. (**in, of** di); ***in the event of a ~*** in caso di guasto; ***he had a ~ on the motorway*** è rimasto in panne sull'autostrada 2 *(collapse) (of communications, negotiations)* rottura f., interruzione f.; *(of discipline, order)* dissesto m., sfacelo m.; *(of alliance, coalition)* crollo m.; *(of plan)* insuccesso m. 3 MED. esaurimento m.; ***to have a (nervous) ~*** avere un esaurimento (nervoso); ***to be on the verge of a ~*** essere sull'orlo dell'esaurimento; ***it's enough to give you a nervous ~!*** SCHERZ. c'è da prendersi un esaurimento! 4 *(detailed account) (of figures, statistics, costs, budget)* resoconto m. analitico; *(of argument)* analisi f. (dettagliata); *(by sex, age, nationality)* ***a ~ of the voters according to sex, age*** una ripartizione dei votanti in base al sesso, all'età; ***a ~ of how I spent the week*** un resoconto dettagliato di come ho trascorso la settimana 5 BIOL. CHIM. scomposizione f. **II** modif. [*vehicle*] di soccorso (stradale); ~ ***truck*** carro attrezzi.

breakdown of marriage /ˌbreɪkdaʊnəv'mærɪdʒ/ n. DIR. inadempimento f. del contratto matrimoniale.

breaker /'breɪkə(r)/ ♦ *27* n. 1 *(wave)* frangente m. 2 *(scrap merchant)* autodemolitore m. (-trice), sfasciacarrozze m. e f. 3 *(CB radio user)* radioamatore m. (-trice).

breaker's yard /'breɪkəzˌjɑːd/ n. AUT. autodemolitore m.

break-even /ˌbreɪk'iːvn/ n. AMM. pareggio m., chiusura f. in pareggio.

break-even point /ˌbreɪkiːvn'pɔɪnt/ n. AMM. punto (morto) m. di pareggio.

break-even price /ˌbreɪk'iːvn'praɪs/ n. COMM. AMM. prezzo m. di equilibrio.

▶ **1.breakfast** /'brekfəst/ n. (prima) colazione f.; ***to have*** o ***eat ~*** fare (la prima) colazione; ***a ~ of cereal and toast*** una colazione a base di cereali e pane tostato ◆ ***she eats men like you for ~*** COLLOQ. gli uomini come te (lei) se li mangia a colazione.

2.breakfast /'brekfəst/ intr. fare (la prima) colazione.

breakfast bar /'brekfəstˌbɑː(r)/ n. tavolo m. a penisola.

breakfast bowl /'brekfəstˌbəʊl/ n. tazza f. per la colazione, scodella f. per cereali (per la prima colazione).

breakfast cereals /'brekfəstˌsɪərɪəlz/ n.pl. cereali m. (per la prima colazione).

breakfast meeting /'brekfəstˌmiːtɪŋ/ n. riunione f. del primo mattino.

breakfast room /'brekfəstˌruːm, -ˌrʊm/ n. saletta f. per la prima colazione.

breakfast television /ˌbrekfəst'telɪvɪʒn, -ˌvɪʒn/ n. televisione f. del primo mattino.

breakfast time /'brekfəstˌtaɪm/ n. ora f. di colazione.

break-in /'breɪkɪn/ n. *(of thieves)* intrusione f. con effrazione; *(of police)* irruzione f.

▷ **breaking** /'breɪkɪŋ/ n. 1 *(smashing) (of bone)* frattura f., rottura f.; *(of rope, chain, glass, seal)* rottura f.; FIG. *(of waves)* (il) frangersi 2 *(break) (of promise)* (il) mancare (**of** a); *(of law, treaty)* violazione f. (**of** di); *(of contract, tie)* rottura f. (**of** di); *(of link, sequence)* rottura f., interruzione f. (**of** di) 3 LING. dittongazione f. 4 EQUIT. domatura f. 5 RELIG. ***the ~ of the bread*** (lo) spezzare il pane 6 MED. *(of voice)* muta f.

breaking and entering /ˌbreɪkɪŋənd'entərɪŋ/ n. DIR. effrazione f.

breaking news /'breɪkɪŋˌnjuːz, AE -ˌnuːz/ n. **U** ultime notizie f.pl.

breaking point /'breɪkɪŋˌpɔɪnt/ n. 1 TECN. punto m. di rottura 2 FIG. *(collapse)* ***to be at ~*** [*person*] essere al limite (della sopportazione); ***to be close to ~*** [*person*] essere sul punto di crollare; ***my patience had reached ~*** la mia pazienza era al limite.

breaking strength /'breɪkɪŋˌstreŋθ/ n. TECN. resistenza f. alla rottura.

breaking stress /'breɪkɪŋˌstres/ n. TECN. sollecitazione f. di rottura.

breakneck /'breɪknek/ agg. ***at ~ pace*** o ***speed*** a rotta di collo.

break-out /'breɪkaʊt/ n. evasione f.

breakpoint /'breɪkpɔɪnt/ n. 1 INFORM. breakpoint m., punto m. di arresto 2 SPORT breakpoint m.

▷ **breakthrough** /'breɪkθruː/ n. 1 MIL. breccia f., sfondamento m. 2 *(in science, medicine, negotiations, investigation)* progresso m., svolta f.; *(in career, competition)* avanzamento m.

break-up /'breɪkʌp/ **I** n. *(of empire)* smembramento m.; *(of alliance, relationship)* rottura f.; *(of political party, family, group)* disfacimento m., disgregazione f.; *(of marriage)* fallimento m.; *(of a company)* frazionamento m. **II** modif. ECON. [*price, value*] di liquidazione, di realizzo.

breakwater /'breɪkwɔːtə(r)/ n. frangiflutti m.

1.bream /briːm/ n. (pl. ~) 1 *(freshwater)* abramide m. (comune) 2 (anche **sea** ~) orata f.

2.bream /briːm/ tr. ANT. bruschinare [*ship's bottom*].

▷ **1.breast** /brest/ ♦ *2* n. 1 ANAT. *(woman's)* seno m., mammella f.; ***a baby at the*** o ***her ~*** un bambino (attaccato) al seno; ***large ~s*** seni grandi *o* seno grosso; ***small ~s*** seni piccoli *o* seno piccolo 2 *(of poultry, lamb, veal)* petto m. 3 *(chest)* LETT. petto m., seno m. 4 *(heart)* LETT. petto m., cuore m. 5 MIN. fronte m. ◆ ***to beat one's ~*** battersi il petto (in segno di pentimento); ***to make a clean ~ of sth.*** togliersi il peso di qcs. dalla coscienza.

2.breast /brest/ tr. 1 affrontare [*wave*] 2 scalare, raggiungere la vetta di [*hill*] 3 SPORT tagliare [*tape*].

breast bone /'brestˌbəʊn/ n. sterno m.

breast cancer /'brestˌkænsə(r)/ ♦ *11* n. tumore m. al seno.

breasted /'brestɪd/ **I** p.pass. → **2.breast II -breasted** agg. in composti 1 *(woman)* ***small-, large-*** con il seno piccolo, grande 2 *(coat)* ***double-*** doppiopetto; ***single-*** a un petto solo.

breast-fed /'brestˌfed/ **I** p.pass. → **breast-feed II** agg. [*baby*] allattato al seno.

breast-feed /'brestfiːd/ **I** tr. (pass., p.pass. **breast-fed**) allattare (al seno) **II** intr. (pass., p.pass. **breast-fed**) allattare (al seno).

breast-feeding /'brestfiːdɪŋ/ n. allattamento m. al seno.

breast-harness /'brestˌhɑːnɪs/ n. *(of horse)* pettorale m.

breast pad /'brestpæd/ n. coppetta f. assorbilatte.

breast-plate /'brestpleɪt/ n. *(of armour)* pettorale m.

breast pocket /ˌbrest'pɒkɪt/ n. taschino m. (di una giacca).

breast stroke /'brestˌstrəʊk/ n. nuoto m. a rana, rana f.; ***to do*** o ***swim the ~*** nuotare a rana.

breastsummer /ˈbrestsʌmə(r)/ n. architrave f.
breastwork /ˈbrestwɜːk/ n. parapetto m.
▶ **breath** /breθ/ n. **1** *(air taken into lungs)* fiato m.; ***to stop*** o ***pause for*** **~** fermarsi per riprendere fiato; ***to get one's ~ back*** riprendere fiato; ***out of ~*** senza fiato; ***to be short of ~*** avere il fiato corto; ***to catch one's ~*** *(breathe)* riprendere fiato; *(gasp)* trattenere il fiato; ***to hold one's ~*** trattenere il fiato (anche FIG.); ***to draw ~*** tirare il fiato; ***he's as kind a man as ever drew ~*** è la persona più gentile che esista; ***as long as I have ~ in my body*** o ***as I draw ~*** finché avrò vita **2** *(air in or leaving mouth) (with smell)* alito m.; *(visible)* fiato m.; ***sb.'s hot ~*** l'alito caldo di qcn.; ***to have bad ~*** avere l'alito cattivo; ***his ~ smells of beer*** il suo alito puzza di birra; ***I could smell alcohol on his ~*** sentivo l'odore di alcol del suo alito **3** *(single act)* respiro m.; ***to take a deep ~*** fare un profondo respiro; ***take a deep ~!*** fai un bel respiro! FIG. preparati (ad ascoltare cattive notizie); ***in a single ~*** senza (ri)prendere fiato; ***in the same ~*** contemporaneamente; ***with one's last*** o ***dying ~*** [*say, confess*] esalando l'ultimo respiro *o* in punto di morte; ***to draw one's last ~*** esalare l'ultimo respiro **4** *(of air, wind)* ***a ~ of*** un soffio di; ***to go out for a ~ of (fresh) air*** uscire a prendere una boccata d'aria (fresca); ***sb., sth. is like a ~ of fresh air*** qcn., qcs. è una ventata d'aria fresca; ***the first ~ of spring*** il primo annuncio della primavera **5** *(word)* ***a ~ of*** un minimo cenno di *o* una traccia di [*complaint, opposition*]; un sospetto di [*scandal*] ◆ ***don't hold your ~!*** COLLOQ. aspetta e spera! campa cavallo! ***to take sb.'s ~ away*** togliere il fiato a qcn. *o* fare restare qcn. senza fiato; ***save your ~*** COLLOQ. risparmia il fiato; ***don't waste your ~*** COLLOQ. non sprecare il fiato; ***it's the ~ of life to him*** è tutta la sua vita; ***to say sth. under one's ~*** dire qcs. sottovoce *o* a bassa voce; ***to laugh under one's ~*** ridere sotto i baffi.
breathable /ˈbriːðəbl/ agg. respirabile.
breathalyse BE, **breathalyze** AE /ˈbreθəlaɪz/ tr. sottoporre a etilotest [*driver*]; ***he was ~d*** gli hanno fatto fare l'etilotest.
Breathalyzer® /ˈbreθəlaɪzə(r)/ n. etilometro m.
▶ **breathe** /briːð/ **I** tr. **1** *(inhale, respire)* respirare [*air, oxygen, gas*]; aspirare [*scent*]; ***to ~ one's last*** esalare l'ultimo respiro (anche FIG.) **2** *(exhale, blow)* soffiare [*air, smoke*] (**on** su); sputare [*fire*]; diffondere [*germs*]; emettere [*vapour*] **3** *(whisper)* mormorare, sussurrare (**to** a); ***I won't ~ a word*** non fiaterò, non ne farò parola; ***don't ~ a word!*** non fiatare! **4** *(inspire with)* infondere; ***to ~ hope into sb.*** infondere speranza in qcn.; ***to ~ (some) life into sth.*** infondere (un po' di vita) in qcn.; ***to ~ life into*** [*God*] soffiare l'alito vitale in; ***to ~ new life into sth.*** dare nuova vita a qcs. **II** intr. **1** *(respire)* respirare; ***to ~ hard*** o ***heavily*** avere il fiatone; ***to ~ easily, freely*** respirare liberamente; ***to ~ more easily*** FIG. tirare il fiato **2** *(exhale, blow)* ***to ~ over sb., on sth.*** soffiare su qcs. **3** [*wine*] respirare ◆ ***to ~ down sb.'s neck*** COLLOQ. *(watch closely)* stare addosso a qcn.; *(be close behind)* tallonare qcn.; ***to ~ fire*** fare fuoco e fiamme; ***to live and ~ sth.*** non vivere altro che per qcs.
▪ **breathe in:** ***~ in*** inspirare; ***~ in [sth.], ~ [sth.] in*** respirare, inalare [*gas, fumes*].
▪ **breathe out:** ***~ out*** espirare; ***~ out [sth.], ~ [sth.] out*** esalare, emettere.
breather /ˈbriːðə(r)/ n. **1** *(from work)* pausa f.; ***to have*** o ***take a ~*** fare una pausa **2** *(from pressure)* attimo m. di respiro.
▷ **breathing** /ˈbriːðɪŋ/ **I** n. **1** *(respiration)* respirazione f., respiro m. **2** LING. *(diacritic)* spirito m.; ***rough, smooth ~*** spirito aspro, dolce **II** modif. [*difficulty, exercise*] respiratorio, di respirazione.
breathing apparatus /ˈbriːðɪŋˌæpəˌreɪtəs, AE -ˌrætəs/ n. respiratore m.
breathing space /ˈbriːðɪŋˌspeɪs/ n. **1** *(respite)* attimo m. di respiro; ***to give sb., to give oneself a ~*** concedere a qcn., concedersi un momento di respiro **2** *(postponement)* proroga f. (**in which to do** per fare).
breathless /ˈbreθlɪs/ agg. **1** *(out of breath)* [*person, runner*] senza fiato; [*patient, asthmatic*] ansimante, ansante; ***to make*** o ***leave sb. ~*** fare restare, lasciare qcn. senza fiato; ***to be ~ from sth., from doing*** essere senza fiato per qcs., per aver fatto **2** *(excited)* [*hush*] stupefatto; [*enthusiasm*] estatico; ***to be ~ with*** restare senza fiato per; ***it left them ~*** li lasciò senza fiato **3** *(fast)* ***at a ~ pace*** a tutto gas; ***with ~ haste*** in tutta fretta **4** LETT. [*day, night*] senza un filo d'aria; [*air*] immobile.
breathlessly /ˈbreθlɪslɪ/ avv. **1** *(out of breath)* [*speak*] in modo affannoso, affannosamente; [*collapse*] senza fiato **2** *(excitedly)* [*explain, gabble*] senza prendere fiato.
breathlessness /ˈbreθlɪsnɪs/ n. mancanza f. di respiro, affanno m.
breathtaking /ˈbreθteɪkɪŋ/ agg. [*audacity, feat, pace, skill*] straordinario; [*scenery, view*] mozzafiato.
breathtakingly /ˈbreθteɪkɪŋlɪ/ avv. ***~ beautiful*** di una bellezza mozzafiato; ***~ audacious*** estremamente audace.
1.breath test /ˈbreθˌtest/ n. etilotest m.
2.breath test /ˈbreθˌtest/ tr. sottoporre a etilotest [*driver*]; ***he was ~ed*** gli hanno fatto (fare) l'etilotest.
breath testing /ˈbreθˌtestɪŋ/ n. etilotest m.
breathy /ˈbreθɪ/ agg. [*voice*] = accompagnato da rumorosa emissione di respiro.
breccia /ˈbretʃɪə/ n. GEOL. breccia.
Brechtian /ˈbrektɪən/ agg. brechtiano.
bred /bred/ **I** pass., p.pass. → **2.breed** **II -bred** agg. in composti ***ill-, well-~*** maleducato, (ben)educato; ***country-, city-~*** allevato in campagna, in città.
1.breech /briːtʃ/ **I** n. **1** MED. (anche **~ delivery**) parto m. podalico **2** *(of gun)* culatta f. **II** modif. [*birth, delivery, presentation*] podalico.
2.breech /briːtʃ/ tr. munire di culatta [*gun*].
breechblock /ˈbriːtʃblɒk/ n. ARM. otturatore m.
breeches /ˈbrɪtʃɪz/ n.pl. **1** (anche **knee ~**) calzoni m., pantaloni m. alla zuava; ***a pair of ~*** un paio di pantaloni alla zuava **2** (anche **riding ~**) calzoni m. alla cavallerizza **3** AE COLLOQ. pantaloni m. ◆ ***to be too big for one's ~*** montarsi la testa.
breeches buoy /ˈbriːtʃɪzbɔɪ/ n. MAR. teleferica f. a braca.
breeching /ˈbriːtʃɪŋ/ n. *(of horse's harness)* imbraca f.
breechloading /ˈbriːtʃləʊdɪŋ/ agg. [*gun*] a retrocarica.
▶ **1.breed** /briːd/ n. **1** ZOOL. razza f. **2** *(type of person, thing)* tipo m.
▶ **2.breed** /briːd/ **I** tr. (pass., p.pass. **bred**) **1** AGR. ZOOL. allevare [*animals*]; produrre [*plants*] **2** FIG. generare [*disease, feeling, rumours, unrest*] **3** educare [*person*] **II** intr. (pass., p.pass. **bred**) [*animals, people*] riprodursi; [*microorganisms*] riprodursi, moltiplicarsi ◆ ***he was born and bred in Oxford*** è nato e cresciuto a Oxford; ***he's Oxford born and bred*** è oxoniense di nascita e di educazione.
▪ **breed out:** ***~ out [sth.], ~ [sth.] out*** eliminare per selezione.
breeder /ˈbriːdə(r)/ n. **1** AGR. ZOOL. *(of animals)* allevatore m. (-trice); *(of plants)* produttore m. (-trice) **2** (anche **~ reactor**) NUCL. reattore m. autofertilizzante.
▷ **breeding** /ˈbriːdɪŋ/ **I** n. **1** AGR. ZOOL. *(of animals)* allevamento m.; *(of plant)* (ri)produzione f. **2** *(good manners)* educazione f., buone maniere f.pl.; ***a man of ~*** un uomo educato **3** NUCL. autofertilizzazione f. **II** agg. ZOOL. riproduttore.
breeding ground /ˈbriːdɪŋˌgraʊnd/ n. **1** ZOOL. terreno m., luogo m. di riproduzione (**for** di) **2** FIG. terreno m. fertile (**for** per).
breeding period /ˈbriːdɪŋˌpɪərɪəd/, **breeding season** /ˈbriːdɪŋˌˌsiːzn/ n. stagione f. della riproduzione.
breeding stock /ˈbriːdɪŋˌstɒk/ n. AGR. **U** piante f.pl. da riproduzione.
▷ **1.breeze** /briːz/ n. **1** METEOR. brezza f.; ***sea ~*** brezza di mare; ***a stiff, light ~*** una forte, lieve brezza **2** COLLOQ. ***it's a ~*** è un gioco da ragazzi ◆ ***to shoot the ~*** AE fare quattro chiacchiere *o* parlare del più e del meno.
2.breeze /briːz/ intr. ***to ~ in, out*** entrare, uscire con disinvoltura; ***to ~ through life*** vivere la vita con spensieratezza; ***to ~ through an exam*** superare un esame con facilità.
3.breeze /briːz/ n. ING. scorie f.pl. (di coke).
4.breeze /briːz/ n. *(insect)* tafano m.
breeze block /ˈbriːzblɒk/ n. BE blocco m. di calcestruzzo di scorie.
breezeway /ˈbriːzweɪ/ n. AE passaggio m. coperto (tra una casa e il suo garage).
breezily /ˈbriːzɪlɪ/ avv. **1** *(casually)* in modo disinvolto, con disinvoltura **2** *(cheerfully)* allegramente, giovialmente **3** *(confidently)* spigliatamente.
breeziness /ˈbriːzɪnɪs/ n. **1** *(of air)* freschezza f.; *(of place)* ariosità f., ventosità f. **2** *(casualness)* disinvoltura f. **3** *(cheerfulness)* allegria f., giovialità f. **4** *(confidence)* spigliatezza f.
breezy /ˈbriːzɪ/ agg. **1** METEOR. ***it will be ~*** ci sarà brezza; ***it's a ~ morning*** è una mattina ventosa **2** [*place*] arioso, ventoso **3** *(cheerful)* allegro, gioviale; *(confident)* spigliato; ***bright and ~*** brillante e disinvolto.
brekkie, brekky /ˈbrekɪ/ n. BE COLLOQ. (prima) colazione f.
Bremen /ˈbreɪmən/ ♦ ***34*** n.pr. Brema f.
Bren /bren/ n. (anche **~ gun**) MIL. = tipo di fucile mitragliatore.
Bren carrier /ˈbrenˌkærɪə(r)/ n. = cingoletta munita di fucile Bren.
Brenda /ˈbrendə/ n. pr. Brenda.
Brendan /ˈbrendn/ n.pr. Brendan (nome di uomo).
Bren gun carrier /ˈbrenˌgʌnˌkærɪə(r)/ → **Bren carrier**.
brent /brent/ n. → **brent goose**.
Brent crude /ˈbrentˌkruːd/ n. IND. ECON. brent m., (petrolio) greggio m.

brent goose /ˌbrent'gu:s/ n. (pl. **brent geese**) oca f. colombaccio.

bressummer /'bresəmə(r)/ n. → **breastsummer**.

brethren /'breðrən/ n.pl. **1** RELIG. → **brother 2** *(in trades union)* SCHERZ. compagni m.

Breton /'bretən/ ⧫ *14* **I** agg. bretone **II** n. **1** *(person)* bretone m. e f. **2** LING. bretone m.

Breton-speaking /'bretənˌspi:kɪŋ/ agg. che parla il bretone.

Brett /bret/ n.pr. Brett (nome di uomo).

breve /bri:v/ n. **1** MUS. breve f. **2** LING. breve f.

1.brevet /'brevɪt/ n. **1** STOR. (lettera) patente f. **2** MIL. grado m. onorario.

2.brevet /'brevɪt/ tr. MIL. conferire un grado onorario a.

breviary /'bri:vɪərɪ, AE -ɪerɪ/ n. breviario m.

brevity /'brevətɪ/ n. *(of event)* brevità f.; *(of speech)* concisione f.; *(of reply)* laconicità f. ◆ ***~ is the soul of wit*** PROV. la concisione è l'anima dell'arguzia.

▷ **1.brew** /bru:/ n. **1** *(beer)* birra f.; ***special ~*** qualità speciale; ***home ~*** birra della casa, di produzione propria **2** *(tea)* tè m., infuso m. **3** *(unpleasant mixture)* mistura f., intruglio m. **4** FIG. *(of ideas, styles)* mescolanza f.

▷ **2.brew** /bru:/ **I** tr. fare fermentare [*beer*]; preparare [*tea, mixture*]; FIG. preparare, macchinare [*plot, scandal*]; ***home ~ed beer*** birra di produzione propria; ***freshly ~ed coffee*** caffè appena fatto **II** intr. **1** [*beer*] fermentare; [*tea*] essere in infusione; [*brewer*] fare fermentare la birra **2** FIG. [*storm*] avvicinarsi; [*crisis, revolt*] prepararsi; [*quarrel*] essere prossimo; ***there's something ~ing*** qualcosa bolle in pentola; ***there's trouble ~ing*** c'è aria di tempesta.

▪ **brew up** BE fare il tè.

brewage /'bru:ɪdʒ/ n. **1** *(beer, tea)* → **1.brew 2** → **brewing**.

brewer /'bru:ə(r)/ ⧫ *27* n. birraio m. (-a); *(producer)* fabbricante m. e f. di birra.

brewer's droop /ˌbru:əz'dru:p/ n. BE COLLOQ. SCHERZ. = impotenza sessuale temporanea (a causa dell'alcol).

brewer's yeast /ˌbru:əz'ji:st/ n. lievito m. di birra.

brewery /'bru:ərɪ/ n. fabbrica f. di birra.

brewing /'bru:ɪŋ/ **I** n. fabbricazione f. della birra **II** modif. [*group, company*] che fabbrica birra; [*business, industry, magnate*] della birra; [*method*] di fermentazione; [*equipment*] per la fabbricazione della birra.

brew-up /'bru:ʌp/ n. BE COLLOQ. tè m.; ***to have a ~*** prendere il tè.

Brian /'braɪən/ n.pr. Brian (nome di uomo).

briar /'braɪə(r)/ **I** n. **1** (anche **~ rose**) rosa f. canina **2** *(heather)* erica f. **3** (anche **~ pipe**) pipa f. di radica **II briars** n.pl. *(thorns)* rovi m.

bribability /ˌbraɪbəˌbɪlətɪ/ n. *(of person)* corruttibilità f.

bribable /'braɪbəbl/ agg. [*person*] corruttibile.

▷ **1.bribe** /braɪb/ n. bustarella f., tangente f.; ***to offer sb. a ~ to do sth.*** offrire una bustarella *o* una tangente a qcn. perché faccia qcs.; ***to give sb. a ~*** dare una bustarella *o* una tangente a qcn.; ***to offer, accept a ~*** offrire, accettare una bustarella *o* una tangente; ***he was accused of taking ~s*** fu accusato di prendere bustarelle.

▷ **2.bribe** /braɪb/ tr. **1** *(large-scale)* corrompere [*police, person in authority*] (**with** con); subornare [*witness*]; comprare [*voter*]; ***to ~ sb. to do sth.*** corrompere qcn. perché faccia qcs. **2** *(small-scale)* ungere, lisciare [*official*]; ***to ~ one's way into somewhere, past sb.*** ungere le ruote per riuscire a entrare da qualche parte, a superare qcn.

briber /'braɪbə(r)/ n. corruttore m. (-trice).

bribery /'braɪbərɪ/ n. corruzione f.; ***to be open to ~*** essere corruttibile; ***~ and corruption*** corruzione.

bric-à-brac /'brɪkəbræk/ n. bric-à-brac m., cianfrusaglia f.; ***~ stall*** bancarella di anticaglie.

▷ **1.brick** /brɪk/ **I** n. **1** mattone m.; ***made of ~*** di mattoni **2** BE *(child's toy)* mattoncino m., cubo m.; ***the child is playing with his ~s*** il bambino sta giocando con le costruzioni **3** COLLOQ. *(kind person)* brava persona f.; ***you're a ~!*** sei un tesoro! **II** modif. [*wall, building*] di mattoni ◆ ***it's like banging one's head against a ~ wall*** è completamente inutile; ***it's like talking to a ~ wall*** è come parlare al muro; ***to shit ~s*** VOLG. cacarsi sotto (per la fifa); ***to put one's money into ~s and mortar*** fare investimenti nel mattone *o* nel settore immobiliare; ***to run up against*** o ***run into a ~ wall*** sbattere contro un muro; ***to be thick as a ~*** COLLOQ. essere davvero tonto *o* non capire niente.

2.brick /brɪk/ tr. costruire, pavimentare con mattoni ◆ ***to ~ it*** POP. farsela addosso (per la fifa).

▪ **brick up:** *~ [sth.] up, ~ up [sth.]* murare [*fireplace, window*]; chiudere (con mattoni) [*hole*].

brickbat /'brɪkbæt/ n. FIG. (violenta) critica f.

brick-built /'brɪkbɪlt/ agg. di mattoni.

brick cheese /'brɪkˌtʃi:z/ n. AE = formaggio a pasta dura, venduto in forme rettangolari.

brickie /'brɪkɪ/ ⧫ *27* n. BE COLLOQ. muratore m.

brick-dust /'brɪkdʌst/ n. polvere f. di mattone.

brick-earth /'brɪkɜ:θ/ n. argilla f. per mattoni.

brick-field /'brɪkfi:ld/ n. mattonaia f.

brick-flooring /'brɪkˌflɔ:rɪŋ/ n. ammattonato m.

brick kiln /'brɪkkɪln/ n. fornace f. per mattoni.

bricklayer /'brɪkˌleɪə(r)/ ⧫ *27* n. muratore m.

bricklaying /'brɪkˌleɪɪŋ/ n. tecnica f., arte f. muraria.

brickmaker /'brɪkˌmeɪkə(r)/ ⧫ *27* n. mattonaio m.

brick red /'brɪkred/ ⧫ *5* **I** n. rosso m. mattone **II** agg. rosso mattone.

bricks-and-mortar /ˌbrɪksən'mɔ:tə(r)/ agg. [*business*] = tradizionale, che non opera in Internet.

bricktop /'brɪktɒp/ n. AE COLLOQ. *(red-haired person)* rosso m. (-a).

brickwork /'brɪkwɜ:k/ n. *(wall)* muratura f. di mattoni; *(floor)* ammattonato m.

brickworks /'brɪkwɜ:ks/ n. + verbo sing. o pl. industria f. dei laterizi.

brickyard /'brɪkjɑ:d/ n. mattonificio m.

bridal /'braɪdl/ agg. [*dress etc.*] da sposa; [*car, procession, bed, chamber*] degli sposi; [*feast*] di matrimonio, di nozze.

bridal gown /'braɪdlˌgaʊn/ n. vestito m. da sposa.

bridal party /ˌbraɪdl'pɑ:tɪ/ n. + verbo sing. o pl. = a un matrimonio, l'insieme dei testimoni, delle damigelle d'onore e dei loro accompagnatori.

bridal suite /'braɪdlˌswi:t/ n. suite f. nuziale.

bridal wear /'braɪdlˌweə(r)/ n. abbigliamento m. da sposa.

▷ **1.bride** /braɪd/ n. **1** sposa f.; ***his ~*** *(during, after wedding)* la sposa; ***the ~ and (bride)groom*** gli sposi; ***the Bride of Christ*** la sposa di Cristo **2** (anche **~-to-be**) futura sposa f.; ***his ~*** *(before wedding)* la (sua) futura sposa.

2.bride /braɪd/ n. punto m. tulle.

bridecake /'braɪdkeɪk/ n. torta f. nuziale.

bridegroom /'braɪdgru:m, -grʊm/ n. **1** sposo m.; ***her ~*** *(during, after wedding)* lo sposo; ***the bride and ~*** gli sposi **2** (anche **~-to-be**) futuro sposo m.; ***her ~*** *(before wedding)* il (suo) futuro sposo.

bridesmaid /'braɪdzmeɪd/ n. damigella f. d'onore ◆ ***always the ~ never the bride*** l'eterno secondo.

bridesman /'braɪdzmən/ n. (pl. **-men**) ANT. testimone m. dello sposo.

bridewell /'braɪdwəl/ n. ANT. casa f. di correzione.

▶ **1.bridge** /brɪdʒ/ n. **1** ponte m. (**over** su; **across** attraverso) **2** FIG. *(link)* ponte m., collegamento m.; ***to build ~s*** stabilire dei contatti (**between** tra) **3** *(intermediate stage) (transitional)* passaggio m. (**between** tra); *(springboard)* trampolino m. di lancio (**to** verso); ***a ~ between school and university*** un ponte tra la scuola e l'università; ***a ~ to a new career*** un trampolino di lancio per una nuova carriera **4** *(on ship)* ponte m., plancia f. di comando; passerella f. **5** *(of nose)* dorso m. **6** *(of spectacles)* ponticello m. **7** *(on guitar, violin)* ponticello m. **8** MED. ponte m. **9** MUS. *(link)* stacco m. (musicale) ◆ ***a lot of water has flowed under the ~*** ne è passata di acqua sotto i ponti; ***it's all water under the ~*** è acqua passata; ***don't cross your ~s before you come to them*** PROV. non bisogna fasciarsi la testa prima di essersela rotta; ***we'll cross that ~ when we come to it*** ce ne (pre)occuperemo quando sarà il momento opportuno.

2.bridge /brɪdʒ/ tr. **1** costruire un ponte su [*river*] **2** FIG. ***to ~ the gap between two countries, adversaries*** gettare un *o* fare da ponte tra due paesi, due avversari; ***to ~ the gap between the two lifestyles, levels*** ridurre le distanze tra i due stili di vita, i due livelli; ***a snack ~s the gap between lunch and dinner*** uno snack riempe il buco tra pranzo e cena; ***to ~ a gap in [sth.]*** riempire un vuoto in [*conversation*]; sanare un buco di [*budget*]; colmare una lacuna in [*knowledge*] **3** *(span)* essere a cavallo di [*two eras*]; durare per, coprire [*several periods*].

▪ **bridge over:** *~ over [sth.]* superare [*trouble*]; *~ [sb.] over* aiutare [*person*].

3.bridge /brɪdʒ/ ⧫ *10* **I** n. *(card game)* bridge m. **II** modif. [*game, player*] di bridge.

bridge-builder /'brɪdʒˌbɪldə(r)/ n. **1** MIL. pontiere m. **2** FIG. *(mediator)* mediatore m. (-trice) (**between** tra).

bridge-building /'brɪdʒˌbɪldɪŋ/ n. **1** MIL. costruzione f. di ponti (da parte del genio militare) **2** FIG. mediazione f. (**between** tra).

bridgehead /'brɪdʒhed/ n. MIL. testa f. di ponte.

bridgeless /'brɪdʒlɪs/ agg. **1** [*river*] senza ponti **2** [*situation*] irrisolvibile, insuperabile.

bridge loan /ˈbrɪdʒˌləʊn/ n. AE ECON. credito m. ponte, finanziamento m. ponte.
Bridge of Sighs /ˌbrɪdʒəvˈsaɪz/ n.pr. Ponte m. dei Sospiri.
bridge party /ˈbrɪdʒˌpɑːtɪ/ n. serata f. di bridge.
bridge roll /ˈbrdʒˌrəʊl/ n. = panino soffice di forma allungata.
Bridget /ˈbrɪdʒɪd/ n.pr. Brigida.
bridgework /ˈbrɪdʒwɜːk/ n. MED. ponte m.
bridging /ˈbrɪdʒɪŋ/ n. *(when climbing)* opposizione f., arrampicata f. in opposizione.
bridging course /ˈbrɪdʒɪŋˌkɔːs/ n. BE UNIV. corso m. integrativo, corso m. di messa a livello.
bridging loan /ˈbrɪdʒɪŋˌləʊn/ n. BE ECON. credito m. ponte, finanziamento m. ponte.
1.bridle /ˈbraɪdl/ n. **1** EQUIT. briglia f. **2** FIG. briglia f., freno m.; ***to put a ~ on*** imbrigliare, tenere a freno [*power, emotions*].
2.bridle /ˈbraɪdl/ **I** tr. **1** *(restrain)* frenare, tenere a freno [*emotions, temper*]; ***to ~ one's tongue*** tenere a freno la lingua **2** EQUIT. imbrigliare (anche FIG.) **II** intr. *(in anger)* adombrarsi (**at** contro; **with** per).
bridlehand /ˈbraɪdlhænd/ n. = la mano che tiene le briglie (generalmente la sinistra).
bridle path /ˈbraɪdlpɑːθ/ n. sentiero m., pista f. per cavalli.
bridle rein /ˈbraɪdlreɪn/ n. redine f.
bridle track /ˈbraɪdlˌtræk/, **bridleway** /ˈbraɪdlˌweɪ/ → **bridle path**.
▶ **1.brief** /briːf/ agg. **1** *(concise)* [*account, event, summary, speech*] breve; [*reply*] laconico; ***to be ~*** per farla breve; ***I will be ~*** sarò breve; ***the news in ~*** le notizie in breve **2** *(short)* [*skirt*] corto; [*swimwear*] ridottissimo **3** *(abrupt)* [*manner, reply*] brusco (**with** con) ◆ ***in ~*** in breve.
2.brief /briːf/ ◗ *28* **I** n. **1** BE *(remit)* competenze f.pl.; *(role)* compito m.; ***it is your ~ to do*** è tuo compito fare; ***your ~ is to do*** il tuo compito è di fare; ***with a ~ for*** preposto a [*environment, immigration*]; ***with a ~ to do*** con il compito di fare; ***to fall within, to exceed sb.'s ~*** rientrare nei, essere al di fuori dei compiti di qcn. **2** DIR. fascicolo m., verbale m., memoria f.; ***to take*** o ***accept a ~*** accettare la difesa di qcn. **3** BE *(instructions)* direttive f.pl.; ***designer's ~*** direttive del progettista; ***to prepare a ~*** preparare le istruzioni (**for** per); ***to work to a ~*** seguire delle direttive **II briefs** n.pl. *(undergarment)* slip m.; ***a pair of ~s*** un paio di slip ◆ ***to hold a watching ~ on sb.*** tenere d'occhio qcn.; ***to hold no ~ for sb.*** non prendere le difese di qcn.
3.brief /briːf/ **I** tr. **1** informare, mettere al corrente, ragguagliare [*journalist, politician, worker*] (**on** di, su); dare istruzioni a [*police, troops*] (**on** su); dare (delle) direttive a [*artist, designer*] (**on** su); ***to be well ~ed*** essere beninformato *o* ben al corrente **2** DIR. affidare una causa a [*lawyer*]; ***to ~ sb. to do*** ingaggiare qcn. per fare *o* perché faccia **II** rifl. ***to ~ oneself on sth.*** informarsi su qcs.
brief bag /ˈbriːfbæg/ n. BE borsa f., cartella f. (da avvocato).
▷ **briefcase** /ˈbriːfkeɪs/ n. *(with handle)* borsa f. (portadocumenti); *(without handle)* cartella f.
▷ **briefing** /ˈbriːfɪŋ/ **I** n. **1** *(meeting)* briefing m., riunione f. informativa (**on** su); ***press ~*** briefing per la stampa **2** *(information)* informazioni f.pl., istruzioni f.pl.; ***to give sb. a ~ on sth.*** mettere qcn. al corrente di qcs. **II** modif. [*document, session*] informativo; [*officer*] portavoce militare.
briefless /ˈbriːflɪs/ agg. [*lawyer*] senza cause.
▷ **briefly** /ˈbriːflɪ/ avv. **1** *(concisely)* [*describe, speak*] brevemente; [*reply, say*] laconicamente **2** *(for short time)* [*affect, look, pause*] per un breve momento; [*work, meet*] brevemente **3** *(in short)* in breve.
briefness /ˈbriːfnɪs/ n. brevità f.
brier → **briar**.
1.brig /brɪg/ n. **1** MAR. brick m. **2** AE MAR. MIL. *(prison)* guardina f., COLLOQ. galera f.
2.brig /brɪg/ n. SCOZZ. ponte m.
Brig ◗ *9* ⇒ Brigadier Generale di Brigata; ***~ M. Sands*** il Generale di Brigata M. Sands.
▷ **1.brigade** /brɪˈgeɪd/ n. **1** + verbo sing. o pl. brigata f. (anche SPREG.); ***cavalry ~*** brigata di cavalleria; ***the anti-smoking ~*** i sostenitori della campagna antifumo; ***he is one of the old ~*** SCHERZ. è uno della vecchia guardia **2** *(team)* corpo m., squadra f.
2.brigade /brɪˈgeɪd/ tr. MIL. unire in brigate.
brigadier /ˌbrɪgəˈdɪə(r)/ ◗ *23* n. generale m. di brigata.
brigadier general /ˌbrɪgəˈdɪəˌdʒenrəl/ n. US MIL. → **brigadier**.
brigand /ˈbrɪgənd/ n. ANT. brigante m.
brigandage/ˈbrɪgəndɪdʒ/ n. ANT. brigantaggio m.
brigandish /ˈbrɪgəndɪʃ/ agg. ANT. brigantesco.
brigandism /ˈbrɪgəndɪzəm/ n. → **brigandage**.
brigantine /ˈbrɪgəntaɪn/ n. brigantino m.
▶ **bright** /braɪt/ **I** agg. **1** *(vivid)* [*colour, blue, red*] brillante, vivace, luminoso; [*garment, carpet, wallpaper*] *(of one colour)* di colore brillante; *(of several colours)* a colori vivaci; ***he went ~ red*** diventò rosso fuoco **2** *(clear)* [*room, location, day*] luminoso; [*weather*] soleggiato; [*sky*] limpido; ***~ spell*** schiarita; ***it will become ~er later*** si schiarirà più tardi **3** *(shiny)* [*sun, sunshine*] splendente; [*star*] luminoso, lucente, splendente; [*moon*] splendente; [*eyes*] lucente, splendente; [*coin, metal*] lucente, lucido; [*jewel*] lucente **4** *(clever)* brillante, intelligente; ***that wasn't very ~ (of you)*** non è stato molto brillante (da parte tua); ***a ~ idea*** un'idea brillante **5** *(cheerful)* [*person, mood*] allegro, vivace; [*smile, face*] radioso; [*greeting*] caloroso; ***to look on the ~ side*** vedere il lato positivo **6** *(promising)* [*future, prospect, outlook, picture*] brillante; ***one of our ~est hopes in athletics*** una delle nostre più brillanti promesse dell'atletica; ***in ~er days*** in giorni migliori **II** avv. [*shine, burn*] luminosamente ◆ ***~ and early*** [*get up, set off*] di buonora *o* di prima mattina.
brighten /ˈbraɪtn/ **I** tr. illuminare **II** intr. illuminarsi.
■ **brighten up:** ***~ up*** **1** *(become cheerful)* [*person, mood*] rallegrarsi (**at** a, per); [*face, expression*] illuminarsi, schiarirsi (**at** a, per); [*eyes*] illuminarsi (**at** a, per; **with** di) **2** *(improve)* [*prospect, outlook, situation*] migliorare; [*weather*] rasserenarsi; [*sky*] schiarirsi; ***~ up [sth.], ~ [sth.] up*** **1** *(make colourful, cheerful)* rallegrare [*room, home, atmosphere, day, life*] **2** *(illuminate)* [*sun, light*] illuminare **3** *(improve)* rendere più brillante [*prospects*]; rendere più luminoso, più sereno [*future*].
bright-eyed /ˌbraɪtˈaɪd/ agg. dagli occhi brillanti, splendenti ◆ ***~ and bushy-tailed*** ben sveglio e pieno di energia *o* pimpante.
bright lights /ˌbraɪtˈlaɪts/ n.pl. FIG. ***the ~*** le luci della città.
▷ **brightly** /ˈbraɪtlɪ/ avv. **1** *(vividly)* [*dressed*] di colori brillanti; ***~ coloured*** *(several colours)* a colori vivaci; *(of one colour)* di colore brillante; ***a ~ painted mural*** un murales dipinto a colori vivaci **2** *(of sun, fire)* [*shine, burn*] luminosamente, vivacemente; *(of eyes, metal)* [*shine, sparkle, twinkle*] intensamente **3** *(intensely)* [*illuminated*] vividamente **4** *(cheerfully)* [*smile*] radiosamente; [*say*] allegramente; [*greet*] calorosamente.
brightness /ˈbraɪtnɪs/ n. **1** *(of colour)* brillantezza f., vivacità f. **2** *(of room, place)* luminosità f.; *(of sky)* limpidezza f. **3** *(of light, sunshine, star, eyes)* splendore m.; *(of metal)* lucentezza f. **4** *(cheerfulness)* allegria f., luminosità f. **5** TELEV. luminosità f.; ***to adjust the ~*** regolare la luminosità.
Brighton /ˈbraɪtn/ ◗ *34* n.pr. Brighton f.
brights /braɪts/ n.pl. AE AUT. COLLOQ. abbaglianti m.
Bright's disease /ˈbraɪtsdɪˌziːz/ ◗ *11* n. morbo m. di Bright.
bright spark /ˌbraɪtˈspɑːk/ n. BE COLLOQ. persona f. sveglia; ***some ~*** IRON. qualche furbone.
bright young thing /ˌbraɪtjʌŋˈθɪŋ/ n. BE ***to be a ~*** essere un giovane brillante; ***the ~s*** i giovani brillanti.
1.brill /brɪl/ n. ZOOL. rombo m. liscio.
2.brill /brɪl/ **I** agg. BE COLLOQ. (accorc. brilliant) splendido, fantastico **II** inter. BE COLLOQ. (accorc. brilliant) fantastico.
▷ **brilliance** /ˈbrɪlɪəns/, **brilliancy** /ˈbrɪlɪənsɪ/ n. *(of light, person)* brillantezza f.; *(of poetry, music)* splendore m.
▷ **1.brilliant** /ˈbrɪlɪənt/ **I** agg. **1** *(clever, successful)* [*student, mind, invention, career, success*] brillante; ***to be ~ at sth.*** essere bravissimo in qcs.; ***to be ~ at doing*** saper fare benissimo **2** *(bright)* [*colour*] brillante; [*jewel, plumage*] splendente **3** BE COLLOQ. *(fantastic)* [*holiday, party, evening, person*] splendido, fantastico; ***we had a ~ time*** ci siamo divertiti moltissimo **II** inter. fantastico (anche IRON.).
2.brilliant /ˈbrɪlɪənt/ n. *(diamond)* brillante m.
brilliantine /ˈbrɪlɪəntiːn/ n. brillantina f.
▷ **brilliantly** /ˈbrɪlɪəntlɪ/ avv. **1** *(very well)* [*write, perform, argue*] brillantemente **2** *(particularly)* [*witty, clever, inventive*] estremamente **3** *(very brightly)* [*shine, sparkle, illuminated*] vividamente; ***~ coloured*** o ***~ colourful*** dai colori brillanti *o* vivaci.
Brillo pad® /ˈbrɪləʊpæd/ n. paglia f. di ferro, paglietta f.
1.brim /brɪm/ n. *(all contexts)* bordo m., orlo m.; ***to fill sth. to the ~*** riempire qcs. fino all'orlo; ***filled to the ~ with*** pieno fino all'orlo di [*liquid, objects, people*].
2.brim /brɪm/ intr. (forma in -ing ecc. **-mm-**) ***to ~ with*** [*receptacle*] essere pieno fino all'orlo di *o* traboccare di; FIG. traboccare di; ***~ming with*** traboccante di; ***his eyes ~med with tears*** aveva gli occhi pieni di lacrime.
■ **brim over** FIG. traboccare (**with** di).
brimful /ˈbrɪmfʊl/ agg. **1** [*cup, pan, bath*] pieno fino all'orlo, traboccante **2** FIG. ***~ of*** traboccante di.
brimless /ˈbrɪmlɪs/ agg. **1** *(all contexts)* senza orlo **2** [*hat*] senza tesa.

brimmed /'brɪmd/ **I** p.pass. → **2.brim** **II -brimmed** agg. in composti ***a wide~ hat*** un cappello a larghe tese.

brimstone /'brɪmstəʊn/ n. **1** ANT. *(sulphur)* zolfo m. **2** *(butterfly)* cedronella f.

brindle /'brɪndl/, **brindled** /'brɪndld/ agg. pezzato, chiazzato, striato.

1.brine /braɪn/ n. **1** *(sea water)* acqua f. salmastra **2** GASTR. salamoia f. **3** LETT. *(sea)* mare m.

2.brine /braɪn/ tr. mettere in salamoia.

brine-pit /'braɪnpɪt/ n. salina f.

▶ **bring** /brɪŋ/ **I** tr. (pass., p.pass. **brought**) **1** *(convey, carry)* portare [*present, powers, supplies, message, news, rain, destruction, change, happiness, consolation, hope*]; ***have you brought your camera?*** hai portato la macchina fotografica? ***wait and see what tomorrow~s*** aspetta di vedere che cosa ci porterà il futuro; ***to ~ sth. with one*** portarsi qcs. *o* portare qcs. con sé; ***to~ sb. flowers, a cake*** portare dei fiori, un regalo a qcn.; ***the case has brought him publicity*** con quel caso si è fatto pubblicità; ***to~ sb. wealth, fame*** portare a qcn. ricchezza, fama; ***to~ sth. to*** *(contribute)* portare qcs. a [*school, work, area*]; ***it has brought prosperity to the region*** ha portato prosperità alla regione; ***to ~ one's talents to sth.*** contribuire con il proprio talento a qcs.; ***to~ one's experience to sth.*** apportare la propria esperienza in qcs.; ***that ~s the total to 100*** questo porta il totale a 100; ***to~ a smile to sb.'s face*** fare sorridere qcn.; ***to~ a blush to sb.'s cheeks*** fare arrossire qcn.; ***to~ sth. to a halt*** dare l'alt a qcs. *o* arrestare qcs.; ***to~ the conversation round*** o ***around to*** portare la conversazione su; ***to~ sth. into*** portare qcs. dentro [*house, room*]; introdurre qcs. in [*conversation, story*]; ***to~ sth. into existence*** creare qcs. *o* dare vita a qcs.; ***to~ sth. upstairs*** portare qcs. di sopra; ***the wind brought the tree down*** il vento ha abbattuto *o* fatto cadere l'albero; ***don't forget to~ it home*** non dimenticarti di portarlo a casa; ***to~ shame, disgrace on sb.*** portare vergogna, disonore a qcn.; ***to~ sth. on, upon oneself*** tirarsi dietro, addosso qcs.; ***you brought it on yourself*** te la sei cercata; ***her remarks brought gasps of surprise from the audience*** le sue osservazioni lasciarono il pubblico a bocca aperta; ***his novel brought praise from the critics*** il romanzo gli ha procurato l'elogio dei critici **2** *(come with)* portare [*friend, relative, dog*]; ***to~ sb. with one*** portare qcn. (con sé); ***to~ sb. to*** portare qcn. a [*wedding, party, office*] **3** *(lead, draw)* ***the path ~s you to the church*** il sentiero ti porta *o* conduce alla chiesa; ***the Games brought people to the city*** i Giochi hanno portato *o* attirato gente in città; ***the noise brought them to the window*** il rumore li fece accorrere alla finestra; ***I brought him to the ground*** l'ho atterrato *o* fatto cadere; ***that ~s me to the question of*** questo mi porta alla questione di; ***to~ sb. to himself*** o ***herself*** portare qcn. alla realtà; ***what~s you here?*** che cosa ci fai qui? ***to~ sb. to do sth.*** indurre qcn. a fare qcs. *o* far fare qcs. a qcn.; ***I couldn't~ him to accept*** non sono riuscito a convincerlo ad accettare; ***to~ sb., a dog into the country*** far entrare *o* introdurre qcn., un cane nel paese; ***to ~ sb. into the room*** far entrare qcn. nella stanza; ***to ~ sb. into contact with sth.*** fare conoscere qcs. a qcn.; ***to~ sb. into contact with sb.*** mettere qcn. in contatto con qcn.; ***to~ sb. home*** *(transport home)* riaccompagnare qcn. *o* portare qcn. a casa; *(to meet family)* portare qcn. in casa **4** TELEV. RAD. ***the game will be brought to you live from Sydney*** la partita verrà trasmessa in diretta da Sydney; ***modern technology ~s the war into your living room*** la tecnologia moderna porta la guerra direttamente a casa vostra; ***we~ you all the latest news*** vi diamo (tutte) le ultime notizie; ***"brought to you by Sudso Soap"*** "questo programma vi è stato offerto da Sudso Soap" **5** DIR. AMM. ***to ~ a case, a dispute before the court*** portare un caso, una vertenza in tribunale; ***to~ sb. before the court*** portare qcn. in tribunale; ***to~ a matter before the committee, a bill before parliament*** sottoporre una questione al comitato, un progetto al parlamento **II** rifl. (pass., p.pass. **brought**) ***to~ oneself to do*** imporsi di fare; ***I couldn't~ myself to get up, to tell him*** non sono riuscito ad (impormi di) alzarmi, a dirgli.

▪ **bring about:** ***~ about [sth.], ~ [sth.] about*** provocare, causare [*war, disaster, death*]; portare a [*reform, settlement, reconciliation*]; determinare [*change, success, failure, defeat*].

▪ **bring along:** ***~ along [sth.], ~ [sth.] along*** portarsi [*object*]; ***~ along [sb.], ~ [sb.] along*** portare con sé, portarsi (dietro) [*friend, partner*].

▪ **bring back:** ***~ back [sth.], ~ [sth.] back*** **1** *(return with)* portare [*souvenir, gift*] (**from** da); ***to~ sb. back sth.*** riportare *o* restituire qcs. a qcn. **2** *(restore)* restituire [*colour, shine*]; ***to~ sb.'s memory, sight back*** restituire la memoria, la vista a qcn. **3** *(introduce again)* reintrodurre [*currency*]; restaurare, ripristinare [*monarchy, democracy*]; reintrodurre, ripristinare [*custom*] **4** *(restore memory of)* riportare alla memoria [*night, time, occasion*]; ***seeing her brought it all back to me*** quando l'ho vista mi è tornato tutto alla memoria; ***to~ back memories*** riportare *o* richiamare alla mente ricordi; ***to~ back memories of sth.*** riportare *o* richiamare alla mente ricordi di qcs.

▪ **bring down:** ***~ down [sth.], ~ [sth.] down*** **1** *(cause collapse of)* rovesciare [*government, dictator*] **2** *(reduce)* ridurre, fare scendere [*inflation, unemployment, expenditure*]; abbassare, fare scendere, diminuire [*rate, level, price, cost of living, temperature*]; fare diminuire [*swelling*] **3** *(shoot down)* abbattere [*plane, grouse, tiger*] **4** *(cause to hit)* ***to~ [sth.] down on sb., sth.*** calare su qcn., qcs. [*cane, hammer*]; ***to~ sb.'s wrath down on sb.*** LETT. attirare la collera di qcn. su qcn.; ***~ [sb.] down*** COLLOQ. deprimere [*person*].

▪ **bring forth:** ***~ forth [sth.], ~ [sth.] forth*** **1** *(provoke)* avanzare [*question*]; suscitare [*protest, scorn*]; **2** LETT. *(produce)* produrre [*object, fruit, blossom*]; fare scaturire, sgorgare [*water*] **3** LETT. dare alla luce [*child*].

▪ **bring forward:** ***~ forward [sth.], ~ [sth.] forward*** **1** *(make sooner)* anticipare [*meeting, wedding, election*] (**by** di) **2** *(propose)* avanzare [*proposals*]; proporre, presentare [*bill, amendment, motion, plan*] **3** AMM. riportare [*total, balance, deficit*]; ***balance brought forward: £ 354.90*** riporto: £ 354.90 **4** *(bring in)* produrre [*witness, person*].

▪ **bring in:** ***~ in [sth.]*** riportare [*amount, money, interest*]; introdurre [*custom*]; ***~ in [sth.], ~ [sth.] in*** **1** *(introduce)* introdurre [*legislation, measure, reference, new character*] **2** AGR. raccogliere [*crop, harvest, wheat, corn, fruit*]; ***~ in [sb.], ~ [sb.] in*** **1** *(involve)* rivolgersi a, chiamare, fare intervenire [*consultant, expert, police*] (**from** da; **as** in qualità di); chiamare, fare intervenire [*reinforcements, army*] (**from** da; **as** in qualità di); ***if I could~ in Mrs Cox at this point...*** a questo punto vorrei fare intervenire la signora Cox... **2** *(to police station)* portare (alla centrale) [*suspect*]; ***to be brought in for questioning*** essere portato alla centrale per l'interrogatorio.

▪ **bring into:** ***~ [sb.] into*** fare partecipare a [*conversation*]; tirare dentro, inserire in [*organization*]; ***don't~ my mother into this!*** lascia mia madre fuori da (tutto) questo!

▪ **bring off:** ***~ off [sth.], ~ [sth.] off*** portare a termine [*feat, performance*]; concludere [*deal*]; strappare [*victory*].

▪ **bring on:** ***~ on [sth.], ~ [sth.] on*** **1** *(provoke)* provocare, fare venire [*attack, migraine, fit, labour*]; causare, essere la causa di [*bronchitis, rheumatism, pneumonia*]; ***what brought that on?*** *(to someone)* che cosa ti è preso? **2** *(encourage)* accelerare la crescita di [*plant*]; migliorare [*crop*]; ***~ on [sb.], ~ [sb.] on*** **1** *(to stage, field)* fare entrare [*dancer, substitute*] **2** *(encourage)* spingere [*player, child*].

▪ **bring out:** ***~ out [sth.], ~ [sth.] out*** **1** tirare fuori [*gun, handkerchief etc.*] **2** COMM. fare uscire, lanciare (sul mercato) [*edition, volume, new model*] **3** *(highlight)* fare risaltare, mettere in risalto [*detail, colour, melody, flavour*]; mettere in evidenza [*meaning, instinct, spirit*]; ***to~ out the artist, the child in sb.*** tirare fuori *o* fare uscire l'artista, il bambino in qcn.; ***~ out [sb.], ~ [sb.] out*** **1** *(draw out)* mettere a proprio agio [*guest*]; fare parlare [*interviewee*]; **2** *(on strike)* fare scendere in sciopero [*workers*] **3** ***to ~ sb. out in spots*** fare venire un'eruzione cutanea a qcn.

▪ **bring round:** ***~ [sb.] round*** **1** *(revive)* fare rinvenire **2** *(convince)* convincere, persuadere; ***to~ sb. round to one's way of thinking*** convincere qcn. a condividere le proprie idee.

▪ **bring to** → **bring round.**

▪ **bring together:** ***~ together [sth., sb.], ~ [sth., sb.] together*** **1** *(assemble)* riunire [*family, experts, sides, themes*] **2** *(create bond between)* riconciliare [*couple, lovers, siblings*]; ***it brought us closer together*** ci ha fatto riavvicinare.

▪ **bring up:** ***~ up [sth.], ~ [sth.] up*** **1** *(mention)* sollevare, portare il discorso su [*question, subject*] **2** *(vomit)* vomitare, rigettare [*food*]; ***~ up [sb.], ~ [sb.] up*** tirare su; ***to~ sb. up to do*** insegnare a qcn. a fare; ***to be brought up by sb., in China*** essere cresciuto da qcn., in Cina; ***to be brought up as a Catholic*** ricevere un'educazione cattolica; ***to be brought up on stories of war*** crescere sentendosi raccontare continuamente storie della guerra; ***it's the way I was brought up*** è così che sono stato allevato; ***well, badly brought up*** ben educato, maleducato.

bring and buy sale /ˌbrɪŋən'baɪseɪl/ n. BE vendita f. di beneficenza.

bringing forward /ˌbrɪŋɪŋ'fɔːwəd/ n. AMM. (il) riportare.

bringing in /'brɪŋɪŋɪn/ n. COMM. *(of capital)* apporto m.

bringing out /'brɪŋɪŋaʊt/ n. COMM. *(of society, shares etc.)* lancio m.

brinjal /ˈbrɪndʒl/ n. AFRIC. INDIAN. melanzana f.

▷ **brink** /brɪŋk/ n. *(edge)* bordo m., orlo m. (anche FIG.); ***on the ~ of doing*** sul punto di fare; ***on the ~ of disaster, success*** sull'orlo del disastro, successo; ***to bring sb. to the ~ of sth.*** portare qcn. sull'orlo di qcs.; ***to pull back from the ~ of war*** recedere all'ultimo momento da propositi di guerra.

brinkmanship /ˈbrɪŋkmənʃɪp/ n. = politica del rischio calcolato.

Brinsley /ˈbrɪnzlɪ/ n.pr. Brinsley (nome di uomo).

briny /ˈbraɪnɪ/ **I** n. ***the ~*** COLLOQ. SCHERZ. il mare **II** agg. salmastro, salato.

brio /ˈbri:əʊ/ n. MUS. brio m.

brioche /ˈbri:ɒʃ/ n. brioche f.

briquet(te) /brɪˈket/ n. *(of coal)* bricchetta f., mattonella f.

Brisbane /ˈbrɪzbən/ ♦ **34** n.pr. Brisbane f.

1.brisk /brɪsk/ agg. **1** *(efficient)* [*manner, tone, gesture*] vivace; [*person*] efficace **2** *(energetic)* [*pace, trot, movements*] svelto, veloce, dinamico; [*debate*] animato; ***to go for a ~ walk, swim*** fare una camminata, nuotata veloce; ***they were walking, working at a ~ pace*** camminavano a passo svelto, lavoravano a ritmo veloce **3** *(good)* [*business, sales, trade*] fiorente, vivace; ***~ trading on the Stock Exchange*** scambi vivaci in Borsa; ***business, betting was ~*** gli affari, le scommesse andavano bene; ***the hamburger stall is doing a ~ trade*** il chiosco degli hamburger sta andando bene; ***we've been doing a ~ trade in suitcases*** le nostre valigie hanno venduto bene **4** *(invigorating)* [*air, climate*] frizzante; [*wind*] frizzante, pungente; ***a ~ March morning*** una frizzante mattina di marzo.

2.brisk /brɪsk/ **I** tr. rendere attivo, vivace; ravvivare **II** intr. diventare attivo, vivace; ravvivarsi.

brisket /ˈbrɪskɪt/ n. GASTR. punta f. di petto.

briskly /ˈbrɪsklɪ/ avv. **1** *(efficiently)* [*say, ask, reply*] prontamente, con vivacità; [*work*] rapidamente; ***she moved ~ on to the next point*** è passata senza indugiare al punto successivo; ***to deal ~ with a problem*** affrontare un problema in maniera efficace **2** *(quickly)* [*walk*] a passo svelto **3** *(well)* [*sell*] bene.

briskness /ˈbrɪsknɪs/ n. *(in manner, tone)* vivacità f.; *(in activity, movements)* dinamismo m.

brisling /ˈbrɪzlɪŋ/ n. spratto m.

1.bristle /ˈbrɪsl/ n. **1** *(single hair) (on chin, animal, plant)* pelo m.; *(on brush, pig)* setola f. **2** *(material) (on brush, mat) (real)* setole f.pl.; *(synthetic)* pelo m.

2.bristle /ˈbrɪsl/ intr. **1** [*fur*] arruffarsi; [*hairs*] rizzarsi **2** FIG. *(react angrily)* adirarsi, reagire (**at** a; **with** con).

▪ **bristle with:** ~ ***with [sth.]*** essere irto di [*spikes, arms, pins, problems*]; brulicare di [*police, soldiers*].

bristled /ˈbrɪsld/ **I** p.pass. → **2.bristle II** agg. ispido, irsuto, setoloso.

bristly /ˈbrɪslɪ/ agg. [*hair, beard*] ispido, irsuto; [*skin, surface*] irsuto, coperto di peli duri; [*fibres*] ruvido, duro; ***"Daddy, you're all ~!"*** "papà, pungi (tutto)!"

Bristol /ˈbrɪstl/ ♦ **34** n.pr. Bristol f.

Bristol board /ˈbrɪstlˌbɔ:d/ n. (cartoncino) bristol m.

bristols /ˈbrɪstlz/ n.pl. BE COLLOQ. tette f.

Brit /brɪt/ n. COLLOQ. britannico m. (-a).

Britain /ˈbrɪtn/ ♦ **6** n.pr. (anche **Great** ~) Gran Bretagna f.

Britannia /brɪˈtænjə/ n.pr. Britannia f.

> **i** **Britannia** Nome romano della Gran Bretagna. *Britannia* è anche il nome della rappresentazione simbolica del paese, una donna con l'elmo, il tridente e lo scudo. La sua immagine è riprodotta sulle monete da 50 pence. *Rule, Britannia!* è un inno patriottico che si canta tradizionalmente nel corso della serata di chiusura dei *Proms* (v. ***Proms***).

Britannia metal /brɪˈtænjəˌmetl/ n. metallo m. Britannia.

Britannic /brɪˈtænɪk/ agg. britannico; ***His, Her ~ Majesty*** Sua Maestà Britannica.

britches /ˈbrɪtʃɪz/ n.pl. AE COLLOQ. pantaloni m.

Briticism /ˈbrɪtɪsɪzəm/ n. anglicismo m.

British /ˈbrɪtɪʃ/ ♦ **18 I** agg. britannico; ***the ~ embassy, ambassador*** l'ambasciata britannica, l'ambasciatore britannico **II** n.pl. ***the ~*** il popolo britannico *o* gli inglesi ♦ ***the best of ~ (luck)!*** BE COLLOQ. buona fortuna!

British Airports Authority /ˌbrɪtɪʃˈeəpɔ:tzɔ:ˌθɒrətɪ/ n. = ente che amministra gli aeroporti britannici.

British Antarctic Territory /ˌbrɪtɪʃænˈtɑ:ktɪkˌterətrɪ, AE -terɪtɔ:rɪ/ n. Territorio m. Antartico Britannico.

British Army of the Rhine /brɪtɪʃˌɑ:mɪəvðəˈraɪn/ n. GB MIL. Armata f. Britannica del Reno.

British Broadcasting Corporation /ˌbrɪtɪʃˈbrɔ:dkɑ:stɪŋkɔ:pəˌreɪʃn, AE -kæst-/ n. = ente radiofonico britannico.

British Columbia /ˌbrɪtɪʃkəˈlʌmbɪə/ n. Columbia f. Britannica.

British disease /ˌbrɪtɪʃdɪˈzi:z/ n. = serie di scioperi che ebbero luogo in Inghilterra negli anni Sessanta e Settanta.

British English /ˌbrɪtɪʃˈɪŋglɪʃ/ **I** agg. [*variety, term*] britannico **II** n. *(language)* inglese m. britannico.

Britisher /ˌbrɪtɪʃə(r)/ n. AE *(person)* inglese m. e f.

British Gas /ˌbrɪtɪʃˈgæs/ n. GB = società britannica per il gas.

British Isles /ˌbrɪtɪʃˈaɪlz/ n.pl. Isole f. Britanniche.

Britishism /ˌbrɪtɪʃɪzəm/ → **Briticism.**

British Legion /ˌbrɪtɪʃˈli:dʒən/ n. = associazione britannica dei militari in congedo.

British Rail /ˌbrɪtɪʃˈreɪl/ n. = società britannica per il trasporto ferroviario.

British Telecom /ˌbrɪtɪʃˈtelɪkəm/ n. GB = società telefonica britannica.

Briton /ˈbrɪtn/ n. britannico m. (-a); STOR. britanno m. (-a).

Brittany /ˈbrɪtənɪ/ ♦ **24** n.pr. Bretagna f.; ***in ~*** in Bretagna.

brittle /ˈbrɪtl/ **I** agg. **1** [*twig, fingernails, hair*] fragile **2** FIG. [*relationship, confidence*] fragile; [*personality, tone*] freddo; [*laughter*] nervoso **II** n. *(sweet)* croccante m.

brittle bones /ˈbrɪtlbəʊnz/, **brittle-bone disease** /ˌbrɪtlbəʊnzdɪˈzi:z/ n. decalcificazione f.

brittleness /ˈbrɪtlnɪs/ n. **1** fragilità f. (anche FIG.) **2** freddezza f.

bro /brəʊ/ **I** n. ANT. COLLOQ. (accorc. brother) fratello m. **II Bro** n. RELIG. (accorc. Brother) fratello m.

1.broach /brəʊtʃ/ n. **1** TECN. broccia f. **2** GASTR. spiedo m.

2.broach /brəʊtʃ/ tr. affrontare, toccare [*subject*]; stappare [*bottle etc.*].

▶ **broad** /brɔ:d/ ♦ **15 I** agg. **1** *(wide)* [*river, street*] largo, ampio; [*chest, grin*] ampio; [*face, ribbon*] largo; ***to have a ~ back*** FIG. avere le spalle larghe *o* robuste; ***to be ~ in the hips*** avere i fianchi larghi; ***to grow ~er*** allargarsi **2** *(extensive)* [*area, expanse, plain*] vasto, ampio, esteso **3** *(wide-ranging)* [*choice, range*] ampio, vasto; [*introduction, syllabus, consensus, implication*] ampio, generale; [*invitation*] esteso; [*feeling*] diffuso; [*alliance, coalition, movement*] ampio; ***there is ~ support for the law*** c'è un vasto consenso alla legge **4** *(general)* [*interpretation, aim, base, notion, outline, principle*] generale; [*meaning, term, option*] generico **5** *(liberal)* [*opinion*] liberale; [*view*] largo, ampio; ***to have a ~ mind*** avere una mente aperta **6** *(unsubtle)* [*wink*] chiaro, esplicito; ***to drop ~ hints about*** fare allusioni esplicite a; ***to drop sb. a ~ hint that*** lasciare intuire (chiaramente) a qcn. che **7** *(pronounced)* [*accent*] forte, spiccato; ***to speak with*** o ***in a ~ Welsh accent*** parlare con uno spiccato accento gallese; ***a poem in ~ Scots*** una poesia in dialetto scozzese **8** *(complete)* ***in ~ daylight*** in pieno giorno **9** *(vulgar)* [*joke, humour*] volgare **10** LING. [*transcription*] largo **II** n. **1** AE COLLOQ. *(woman)* donna f., ragazza f. **2** ANAT. ***the ~ of the back*** la parte larga della schiena ♦ ***it's as ~ as it's long*** fa *o* è lo stesso.

B road /ˈbi:rəʊd/ n. GB strada f. secondaria.

broad arrow /ˌbrɔ:dˈærəʊ/ n. GB = marchio a forma di freccia che indica i beni di proprietà dello stato.

broadband /ˈbrɔ:dbænd/ n. INFORM. banda f. larga.

broad-based /ˌbrɔ:dˈbeɪst/ agg. [*approach, consensus*] generale; [*campaign*] globale; [*education*] generalizzato; [*coalition*] con una base molto ampia; ***the party has a ~ membership*** il partito ha una base molto ampia.

broad bean /ˌbrɔ:dˈbi:n/ n. BOT. GASTR. fava f.

broad brim /ˌbrɔ:dˈbrɪm/ n. cappello m. a larghe tese.

broadbrush /ˌbrɔ:dˈbrʌʃ/ agg. [*approach, sketch, survey*] sommario, a grandi linee.

▷ **1.broadcast** /ˈbrɔ:dkɑ:st, AE -kæst/ **I** n. trasmissione f.; ***TV, radio ~*** trasmissione televisiva, radiofonica; ***sports, live ~*** trasmissione sportiva, in diretta; ***news ~*** *(on TV)* telegiornale; *(on radio)* giornale radio; ***the ~ of sth.*** la diffusione di qcs.; ***sb.'s ~ to the nation*** comunicazione radiotelevisiva di qcn. alla nazione **II** agg. *(on TV)* televisivo; *(on radio)* radiofonico; *(on both)* radiotelevisivo.

▷ **2.broadcast** /ˈbrɔ:dkɑ:st, AE -kæst/ **I** tr. (pass., p.pass. ~, **~ed**) **1** [*station, person*] trasmettere [*programme, message*] (**to** a) **2** *(tell)* SPREG. diffondere; ***there's no need to ~ it!*** non è il caso di gridarlo ai quattro venti! **3** AGR. seminare a spaglio [*seeds*] **II** intr. (pass., p.pass. ~, **~ed**) **1** [*station, channel*] trasmettere (**on** su) **2** [*person*] fare una trasmissione; ***to ~ on the radio, on gardening*** fare una trasmissione alla radio, sul giardinaggio.

3.broadcast /'brɔ:dkɑ:st, AE -kæst/ avv. AGR. [*sow*] a spaglio.

▷ **broadcaster** /'brɔ:dkɑ:stə(r), AE -kæst-/ ❥ **27** n. annunciatore m. (-trice); ***news ~*** giornalista radiofonico, televisivo; ***a ~ on opera*** un giornalista che si occupa di opera.

▷ **broadcasting** /'brɔ:dkɑ:stɪŋ, AE -kæst-/ **I** n. **1** *(field)* telecomunicazione f.; ***to work in ~*** lavorare alla radio *o* alla televisione; **2** *(action)* radiodiffusione f., teletrasmissione f.; ***religious, children's ~*** programma religioso, per bambini **II** modif. [*authorities, executive, service, technology, union*] radiotelevisivo; [*legislation, restriction*] sulle trasmissioni radiotelevisive.

broadcasting ban /'brɔ:dkɑ:stɪŋ͵bæn, AE -kæst-/ n. divieto m. di trasmissione.

Broadcasting Standards Council /͵brɔ:dkɑ:stɪŋ'stændədz͵kaʊnsl, AE -kæst-/ n. GB = organismo di controllo degli standard di trasmissione radiotelevisiva.

broad-chested /͵brɔ:d'tʃestɪd/ agg. dal petto ampio.

Broad Church /͵brɔ:d'tʃɜ:tʃ/ n. chiesa f. latitudinaria.

broadcloth /'brɔ:dklɒθ/ n. TESS. **1** tessuto m. a doppia altezza **2** *(woollen fabric)* tessuto m. di lana pettinata.

▷ **broaden** /'brɔ:dn/ **I** tr. **1** *(extend)* ampliare [*appeal, experience, scope*]; allargare, ampliare [*horizons, knowledge, outlook*]; ***travel ~s the mind*** viaggiare allarga la mente **2** *(widen)* allargare [*path, road*] **II** intr. **1** *(expand)* [*horizons, outlook, scope*] allargarsi; [*appeal*] ampliarsi **2** *(widen)* [*river, road, pipe, smile*] allargarsi; [*skirt*] essere svasato.

■ **broaden out** [*river, road, pipe*] allargarsi; [*conversation*] estendersi; ***to ~ out into*** [*river*] allargarsi a; [*conversation*] estendersi a.

broad jump /'brɔ:d͵dʒʌmp/ n. AE SPORT salto m. in lungo.

broad-leaved /͵brɔ:d'li:vd/ agg. BOT. latifoglio.

broad left /͵brɔ:d'left/ n. GB POL. = coalizione di sinistra.

broad ligament /͵brɔ:d'lɪgəmənt/ n. ANAT. legamento m. largo dell'utero.

broadloom /'brɔ:dlu:m/ n. (anche **~ carpet**) = tappeto tessuto su di un telaio molto grande in modo da eliminare le giunture.

▷ **broadly** /'brɔ:dlɪ/ avv. **1** *(in general)* [*agree, conform, correspond*] a grandi linee; [*compatible, similar, true*] in linea di massima; **~ *speaking*** parlando in generale, in linea di massima **2** *(widely)* [*grin, smile*] largamente.

broadly-based /͵brɔ:dlɪ'beɪst/ agg. → **broad-based.**

broadminded /͵brɔ:d'maɪndɪd/ agg. [*person*] tollerante, di larghe vedute; [*attitude*] liberale.

broadmindedness /͵brɔ:d'maɪndɪdnɪs/ n. tolleranza f., larghezza f. di vedute.

broadness /'brɔ:dnɪs/ n. *(width)* larghezza f.; ***the ~ of her mind*** la larghezza delle sue vedute.

broadsheet /'brɔ:dʃi:t/ n. = giornale di formato grande.

broad-shouldered /͵brɔ:d'ʃəʊldəd/ agg. dalle spalle larghe.

1.broadside /'brɔ:dsaɪd/ n. **1** *(criticism)* attacco m. violento; ***to aim*** o ***deliver a ~ at*** lanciare un violento attacco contro **2** MAR. *(of ship)* fiancata f.; *(enemy fire)* bordata f.; ***to deliver a ~*** sparare una bordata.

2.broadside /'brɔ:dsaɪd/ avv. (anche **~ on**) con la fiancata rivolta verso, di fianco; ***a ship seen ~*** una nave vista di fianco.

broad-spectrum /͵brɔ:d'spektrəm/ agg. [*antibiotic*] ad ampio spettro.

broadsword /'brɔ:dsɔ:d/ n spadone m.

broadtail /'brɔ:dteɪl/ n. **1** *(sheep)* karakul m. **2** *(fur)* Breitschwanz m.

Broadway /'brɔ:dweɪ/ n.pr. Broadway f.; ***on ~*** a Broadway; ***an off-~ production*** = spettacolo di una compagnia al di fuori del circuito commerciale di Broadway.

> **i** **Broadway** Grande strada di New York che attraversa per il lungo tutta la penisola di Manhattan, celebre per la sua animazione, i teatri e i cinema. Proverbiale per le grandi produzioni di teatro, di prosa e di *musical*, Broadway è divenuta un simbolo dell'industria dello spettacolo americano. L'espressione *off-Broadway* indica i teatri newyorkesi che non si trovano nel quartiere di Broadway e le loro produzioni fuori dai circuiti commerciali, mentre *off-off-Broadway* designa il teatro d'avanguardia e sperimentale delle piccole sale di New York.

broadways /'brɔ:dweɪz/, **broadwise** /'brɔ:dwaɪz/ avv. nel senso della larghezza, per il largo.

Brobdingnag /'brɒbdɪŋnæg/ n.pr. Brobdingnag f.

1.brocade /brə'keɪd/ **I** n. TESS. broccato m. **II** modif. [*curtain, cushion*] di broccato; [*sofa*] rivestito di broccato.

2.brocade /brə'keɪd/ tr. TESS. broccare.

brocatelle /͵brɒkə'tel/ n. TESS. broccatello m.

broccoli /'brɒkəlɪ/ n. **U** BOT. GASTR. broccoli m.pl.

▷ **brochure** /'brəʊʃə(r), AE brəʊ'ʃʊər/ n. *(booklet)* opuscolo m.; *(larger)* catalogo m.; *(leaflet)* depliant m., volantino m.

brock /brɒk/ n. BE tasso m.

brocket /'brɒkɪt/ n. mazama m.

1.brogue /brəʊg/ n. *(shoe)* = scarpa robusta da camminata; *(boot)* = scarpone di cuoio non conciato.

2.brogue /brəʊg/ n. *(accent)* accento m. dialettale; ***Irish ~*** accento irlandese.

broider /'brɔɪdə(r)/ tr. ANT. ricamare.

broil /brɔɪl/ **I** tr. **1** AE GASTR. cucinare alla griglia, grigliare [*meat*]; [*barbecue*] grigliare [*meat*] **2** FIG. [*sun, heat*] arrostire, bruciare **II** intr. GASTR. arrostirsi (anche FIG.).

broiler /'brɔɪlə(r)/ n. **1** (anche **~ chicken**) = pollo da fare alla griglia **2** AE *(grill)* griglia f. **3** COLLOQ. *(hot day)* giornata f. torrida.

broiler house /'brɔɪləhaʊs/ n. = allevamento di polli da cuocere alla griglia.

broiler pan /'brɔɪləpæn/ n. AE griglia f.

broiling /'brɔɪlɪŋ/ agg. [*heat, weather*] torrido.

▷ **broke** /brəʊk/ **I** pass. → **2.break II** agg. COLLOQ. *(insolvent)* [*person*] spiantato, al verde; [*company*] fallito; [*Treasury*] in passivo; ***to go ~*** [*company*] fallire *o* fare bancarotta ◆ ***to go for ~*** rischiare il tutto per tutto.

▷ **broken** /'brəʊkən/ **I** p.pass. → **2.break II** agg. **1** *(damaged)* [*glass, window*] rotto, infranto; [*fingernail, bone, leg, tooth*] rotto, spezzato; [*bottle, chair, handle, hinge, toy*] rotto, spaccato; [*radio, washing machine*] rotto, guasto; ***"do not use on ~ skin"*** *(of skin product)* "non utilizzare su pelle screpolata" **2** *(interrupted)* [*circle*] interrotto, discontinuo; [*line*] spezzato, interrotto, discontinuo; [*voice*] rotto, interrotto; ***a warm day with ~ cloud*** una giornata calda con cielo parzialmente nuvoloso **3** *(irregular)* [*coastline*] frastagliato; [*ground*] accidentato **4** *(depressed)* [*man, woman*] avvilito, abbattuto; [*spirit*] afflitto **5** *(not honoured)* [*contract, vow*] infranto; [*engagement*] rotto; [*promise, appointment*] mancato **6** *(flawed)* attrib. [*French*] stentato; [*sentence*] sconnesso.

broken amount /͵brəʊkənə'maʊnt/ n. ECON. lotto m. ridotto, spezzatura f.

broken-backed /'brəʊkən͵bækt/ agg. con la schiena rotta.

broken chord /͵brəʊkən'kɔ:d/ n. accordo m. arpeggiato.

broken-down /͵brəʊkən'daʊn/ agg. attrib. **1** *(non-functional)* [*vehicle, machine*] in panne, guasto **2** *(damaged)* [*building, wall*] fatiscente; [*shoe*] scalcagnato.

broken heart /͵brəʊkən'hɑ:t/ n. cuore m. infranto, a pezzi; ***she has a ~*** ha il cuore a pezzi; ***to die of a ~*** morire di crepacuore.

broken-hearted /͵brəʊkən'hɑ:tɪd/ agg. [*person*] con il cuore infranto; ***to be ~*** avere il cuore infranto.

broken home /͵brəʊkən'həʊm/ n. SOCIOL. = famiglia in cui i genitori sono separati o divorziati.

broken lot /͵brəʊkən'lɒt/ n. ECON. → **broken amount**.

brokenly /'brəʊkənlɪ/ avv. [*say*] con voce rotta.

broken marriage /͵brəʊkən'mærɪdʒ/ n. matrimonio m. fallito.

broken meats /͵brəʊkən'mi:ts/ n.pl. avanzi m., resti m.

broken reed /͵brəʊkən'ri:d/ n. FIG. ***to be a ~*** [*person*] essere inaffidabile.

broken vowel /͵brəʊkən'vaʊəl/ n. LING. dittongo m.

broken wind /͵brəʊkən'wɪnd/ n. VETER. bolsaggine f.

broken-winded /͵brəʊkən'wɪndɪd/ agg. VETER. bolso.

▷ **1.broker** /'brəʊkə(r)/ ❥ **27** n. ECON. COMM. mediatore m. (-trice), intermediario m. (-a), sensale m. e f., procacciatore m. (-trice) d'affari; *(on the stock exchange)* agente m. e f. di cambio; MAR. broker m. marittimo; ***commodity ~*** operatore di borsa merci; ***foreign exchange ~*** cambista; ***insurance ~*** intermediario di assicurazioni; ***note ~*** AE agente *o* intermediario di sconto; ***real-estate ~*** AE agente *o* intermediario immobiliare; ***power ~*** intermediario con potere decisionale; ***an honest ~*** FIG. un mediatore sincero.

2.broker /'brəʊkə(r)/ **I** tr. POL. negoziare **II** intr. fare da mediatore (**between** tra).

brokerage /'brəʊkərɪdʒ/ **I** n. *(fee)* mediazione f., senseria f., commissione f. di borsa; *(business)* intermediazione f., brokeraggio m. **II** modif. [*company*] di brokeraggio.

broking /'brəʊkɪŋ/ BE, **brokering** /'brəʊkərɪŋ/ AE n. intermediazione f., brokeraggio m.; ***commodity, insurance ~*** brokeraggio di borsa merci, di assicurazioni.

brolly /'brɒlɪ/ n. BE COLLOQ. ombrello m.

bromal /'brəʊmal/ n. FARM. bromalio m.

1.bromate /'brəʊmeɪt/ n. FARM. bromato m.

2.bromate /ˈbrəʊmeɪt/ tr. FARM. fare reagire con un bromato.
bromic /ˈbrəʊmɪk/ agg. FARM. bromico.
bromide /ˈbrəʊmaɪd/ **I** n. **1** FARM. bromuro m.; ***potassium ~*** bromuro di potassio **2** FIG. *(comment)* luogo m. comune, banalità f. **3** FOT. bromuro m. d'argento **4** TIP. bromuro m. **II** modif. [*printer, paper, printing*] al bromuro d'argento.
brominate /ˈbrɒmɪneɪt/ tr. FARM. bromurare.
bromination /ˌbrɒmɪˈneɪʃn/ n. FARM. bromurazione f.
bromine /ˈbrəʊmiːn/ **I** n. bromo m. **II** modif. [*fumes, atom, compound*] di bromo.
bromism /ˈbrəʊmɪzəm/ n. FARM. bromismo m.
bromize /ˈbrəʊmaɪz/ tr. ANT. trattare con bromo.
bronchi /ˈbrɒŋkaɪ/ → **bronchus**.
bronchial /ˈbrɒŋkɪəl/ agg. [*infection*] dei bronchi; [*asthma, wheeze, cough*] bronchiale; ~ ***tubes*** bronchi; ~ ***pneumonia*** broncopolmonite.
bronchiole /ˈbrɒŋkɪəʊl/ n. bronchiolo m.
bronchiolitis /ˌbrɒŋkɪəʊˈlaɪtɪs/ ♦ ***11*** n. bronchiolite f.
bronchitic /brɒŋˈkɪtɪk/ agg. bronchitico.
bronchitis /brɒŋˈkaɪtɪs/ ♦ ***11*** **I** n. bronchite f.; ***to have ~*** avere la bronchite; ***an attack of ~*** un attacco di bronchite **II** modif. ~ ***sufferer*** bronchitico.
bronchodilator /ˌbrɒŋkəʊdaɪˈleɪtə(r)/ n. broncodilatatore m.
bronchopneumonia /ˌbrɒŋkəʊnjuːˈməʊnɪə, AE -nuː-/ ♦ ***11*** n. broncopolmonite f.
bronchoscope /ˈbrɒŋkəˌskəʊp/ n. broncoscopio m.
bronchoscopy /ˈbrɒŋkəˌskəʊpɪ/ n. broncoscopia f.
bronchotomy /ˌbrɒŋˈkɒtəmɪ/ n. broncotomia f.
bronchus /ˈbrɒŋkəs/ n. (pl. **-i**) bronco m.
bronco /ˈbrɒŋkəʊ/ n. (pl. **~s**) = cavallo selvatico (del West degli Stati Uniti).
broncobuster /ˈbrɒŋkəʊbʌstə(r)/ n. = cowboy che doma i cavalli selvatici.
brontosaurus /ˌbrɒntəˈsɔːrəs/ n. (pl. **~es**, **-i**) brontosauro m.
Bronx cheer /ˌbrɒŋksˈtʃɪə(r)/ n. AE ***to give a ~*** = fare una pernacchia.
▷ **1.bronze** /brɒnz/ **I** n. **1** *(statue, metal)* bronzo m. **2** *(colour)* bronzo m. **3** (anche **~ medal**) bronzo m., medaglia f. di bronzo **II** modif. [*coin, ornament*] bronzeo, di bronzo.
2.bronze /brɒnz/ **I** tr. **1** bronzare [*metal*] **2** [*sun*] abbronzare [*skin*] **II** intr. abbronzarsi.
Bronze Age /ˈbrɒnzeɪdʒ/ **I** n. età f. del bronzo **II** modif. [*tool, settlement*] dell'età del bronzo.
bronze-coloured BE, **bronze-colored** AE /ˈbrɒnzkʌləd/ ♦ ***5*** agg. [*object*] color bronzo.
bronzed /brɒnzd/ agg. **1** [*metal*] bronzato **2** [*skin*] abbronzato.
bronze medal /ˌbrɒnzˈmedl/ n. medaglia f. di bronzo.
bronzer /ˈbrɒnzə(r)/ n. COSMET. autoabbronzante m.
bronzing /ˈbrɒnzɪŋ/ n. **1** *(of metals)* bronzatura f. **2** *(of skin)* abbronzatura f.
brooch /brəʊtʃ/ n. spilla f.
1.brood /bruːd/ n. **1** ZOOL. *(of birds)* covata f., nidiata f.; *(of mammals)* nidiata f. **2** SCHERZ. *(of children)* nidiata f., prole f., figliolanza f.
2.brood /bruːd/ intr. **1** *(ponder)* rimuginare; ***to ~ about*** o ***on*** o ***over*** rimuginare *o* meditare su [*problem, event, disappointment*]; ***there's no point (in) ~ing about things*** non ha senso rimuginare sulle cose **2** ZOOL. [*bird*] covare.
brooder /ˈbruːdə(r)/ n. **1** = animale che cova **2** = persona che rimugina **3** *(for chickens)* incubatrice f.
broodiness /ˈbruːdɪnɪs/ n. **1** BE COLLOQ. *(of women)* = desiderio di maternità **2** *(moodiness)* malinconia f.
brooding /ˈbruːdɪŋ/ **I** agg. [*atmosphere, presence, landscape*] minaccioso; [*person, figure, face, menace*] cupo; [*unease*] angoscioso **II** n. ***all this ~ is pointless*** tutto questo rimuginare non ha senso.
brood mare /ˈbruːdmeə(r)/ n. cavalla f. da riproduzione, (cavalla) fattrice f.
broody /ˈbruːdɪ/ agg. **1** *(depressed)* malinconico, meditabondo **2** AGR. ***a ~ hen*** una gallina covaticcia, una chioccia **3** BE COLLOQ. ***to feel, be ~*** [*woman*] desiderare di avere un bambino.
1.brook /brʊk/ n. ruscello m.
2.brook /brʊk/ tr. FORM. tollerare, sopportare [*argument, refusal*].
brooklet /ˈbrʊklɪt/ n. LETT. ruscelletto m.
broom /bruːm, brʊm/ **I** n. **1** *(for sweeping)* scopa f. **2** BOT. ginestra f. (da scope) **II** modif. [*flower, petal*] di ginestra ◆ ***a new ~ sweeps clean*** PROV. scopa nuova spazza bene.
broomcorn /ˈbruːmkɔːn, brʊm-/ n. saggina f.
broom cupboard /ˈbruːmˌkʌbəd, ˈbrʊm-/ n. BE sgabuzzino m. per le scope.
broom handle /ˈbruːmˌhændl, ˈbrʊm-/ n. BE manico m. di scopa.
broomrape /ˈbruːmˌreɪp, ˈbrʊm-/ n. orobanche f., succiamele m.
broomstick /ˈbruːmˌstɪk, ˈbrʊm-/ n. manico m. di scopa.
Bros. n. COMM. ⇒ Brothers Fratelli (F.lli).
broth /brɒθ, AE brɔːθ/ n. brodo m.; ***chicken ~*** brodo di pollo ◆ ***too many cooks spoil the ~*** PROV. troppi cuochi guastano la cucina.
brothel /ˈbrɒθl/ n. bordello m., casa f. chiusa, casa f. di appuntamenti.
brothel-creepers /ˈbrɒθlˌkriːpəz/ n. BE = scarpe con suola di para.
brothel-keeper /ˈbrɒθlˌkiːpə(r)/ n. tenutario m. (-a) di una casa di appuntamenti.
▶ **brother** /ˈbrʌðə(r)/ **I** n. **1** *(relative)* fratello m.; ***a younger, older ~*** un fratello minore, maggiore; ***my eldest ~*** mio fratello maggiore; ***the Marx ~s*** i fratelli Marx **2** *(trade unionist)* compagno m. **3** *(fellow man)* fratello m.; ***~s in arms*** compagni d'armi *o* commilitoni; ***a ~ officer*** un compagno d'armi **4** COLLOQ. ***"hey brother!"*** "ehi amico!" **5** (pl. **brethren**) RELIG. fratello m., confratello m.; ***Brother Richard*** fra' Richard **II** inter. COLLOQ. ***oh ~!*** oh Signore!
brother-german /ˈbrʌðəˌdʒɜːmən/ n. fratello m. germano.
brotherhood /ˈbrʌðəhʊd/ n. **1** *(bond)* fratellanza f. **2** *(organization)* organizzazione f.; *(of idealists)* sodalizio m.; *(trade union)* sindacato m. **3** *(of monks)* confraternita f. **4** *(of Freemasons)* ***the Brotherhood*** la frammassoneria.
brother-in-law /ˈbrʌðərɪnˌlɔː/ n. (pl. **brothers-in-law**) cognato m.
brotherless /ˈbrʌðəlɪs/ agg. senza fratelli.
brotherliness /ˈbrʌðəlɪnɪs/ n. fratellanza f.
brotherly /ˈbrʌðəlɪ/ agg. *(all contexts)* fraterno.
brougham /ˈbruːəm/ n. brum m.
brought /brɔːt/ pass., p.pass. → **bring**.
brought forward /ˌbrɔːtˈfɔːwəd/ n. AMM. riporto m.
brouhaha /ˈbruːhɑːhɑː, AE bruːˈhɑːhɑː/ n. confusione f., casino m.
▷ **brow** /braʊ/ **I** n. **1** *(forehead)* fronte f. **2** *(eyebrow)* sopracciglio m.; ***to knit, furrow one's ~s*** aggrottare le sopracciglia **3** *(of hill)* cima f. **II -browed** agg. in composti dalle sopracciglia, con le sopracciglia; ***beetle-~ed*** dalle sopracciglia folte.
browbeat /ˈbraʊbiːt/ tr. (pass. **-beat**; p.pass. **-beaten**) intimidire, intimorire; ***to ~ sb. into doing*** costringere qcn. a fare *o* intimare a qcn. di fare; ***to ~ sb. into submission*** intimare a qcn. la sottomissione *o* di sottomettersi; ***to ~ sb. into silence*** ridurre qcn. al silenzio.
browbeaten /ˈbraʊbiːtn/ **I** p.pass. → **browbeat** **II** agg. intimidito.
browless /ˈbraʊlɪs/ agg. senza sopracciglia.
▶ **1.brown** /braʊn/ ♦ ***5*** **I** agg. **1** *(in colour)* [*suit, shoes, leaves, paint, sofa, car*] marrone; [*eyes*] marrone, castano; [*hair*] bruno, castano; ***to go, turn ~*** [*leaf, paint*] diventare marrone; ***to paint, dye sth. ~*** dipingere, tingere qcs. di marrone; ***to turn the water ~*** rendere l'acqua torbida; ***dark*** o ***deep ~*** marrone scuro; ***light*** o ***pale ~*** marrone chiaro **2** *(tanned)* [*person, skin*] abbronzato; ***to be very ~*** essere molto abbronzato; ***to go ~*** abbronzarsi; ***to go ~ easily*** abbronzarsi facilmente **3** *(as racial feature)* [*skin*] scuro, nero; [*face, person, race*] nero **II** n. **1** *(colour) (of object)* marrone m.; *(of hair, skin, eyes)* bruno m.; ***I don't like ~*** non mi piace il marrone; ***in ~*** di marrone; ***to be a deep ~*** essere marrone scuro **2** SPORT *(in snooker)* bilia f. marrone.
2.brown /braʊn/ **I** tr. **1** GASTR. *(in cooking)* (fare) rosolare [*sauce, gravy, meat, onion, potato*]; ***to ~ sth. under the grill*** (fare) rosolare qcs. sulla griglia **2** *(tan)* abbronzare [*skin, face, body*]; ***~ed by the sun*** abbronzato dal sole **II** intr. [*meat, potatoes*] rosolare, rosolarsi; ***leave to ~ in the oven*** lasciare in forno a rosolare.
brown ale /ˌbraʊnˈeɪl/ n. BE birra f. scura.
brownbag /ˈbraʊnbæg/ intr. COLLOQ. ***to ~ it*** *(bring lunch)* = portarsi da mangiare in un sacchetto di carta; *(bring drink)* = portarsi le bevande alcoliche al ristorante.
brown bear /ˈbraʊnˌbeə(r)/ n. orso m. bruno.
brown bread /ˈbraʊnˌbred/ n. pane m. integrale.
brown coal /ˌbraʊnˈkəʊl/ n. lignite f.
browned-off /ˌbraʊndˈɒf/ agg. BE COLLOQ. ***to be ~*** essere stufo, non poterne più (**with, about** di; **with doing**, **about doing** di fare).
brown envelope /ˌbraʊnˈenvələʊp, AE -ˈɒn-/ n. busta f. di carta kraft.
brown fat /ˌbraʊnˈfæt/ n. adipe m. bruno.
brownfield site /ˈbraʊnfiːldˌsaɪt/ n. = zona industriale urbana destinata a essere riqualificata.
brown goods /ˌbraʊnˈgʊdz/ n.pl. elettrodomestici m. bruni.
Brownian motion /ˌbraʊnɪənˈməʊʃn/, **Brownian movement** /ˌbraʊnɪənˈmuːvmənt/ n. FIS. moto m. browniano.

brownie /ˈbraʊnɪ/ **I** n. **1** AE *(cake)* = biscotto al cioccolato e noci **2** *(elf)* folletto m. **3 Brownie** *(Guide)* coccinella f. **II Brownie** modif. [*pack*] di coccinelle; [*leader*] delle coccinelle.
brownie point /ˈbraʊnɪpɔɪnt/ n. COLLOQ. SCHERZ. ***to get*** o ***earn ~s*** guadagnare punti.
browning /ˈbraʊnɪŋ/ n. BE = colorante usato per conferire un colore scuro a salse, minestre ecc.
brownish /ˈbraʊnɪʃ/ ➧ **5** agg. brunastro, tendente al marrone.
1.brown-nose /ˈbraʊnnəʊz/ n. AE COLLOQ. POP. leccapiedi m. e f., leccaculo m. e f.
2.brown-nose /ˈbraʊnnəʊz/ tr. leccare i piedi, il culo a.
brownout /ˌbraʊnˈaʊt/ n. AE oscuramento m. parziale.
brown owl /ˌbraʊnˈaʊl/ n. **1** *(bird)* allocco m. **2** *(Guide)* capobranco m. e f.
brown paper /ˌbraʊnˈpeɪpə(r)/ n. carta f. da pacchi, carta f. kraft.
brown paper bag /ˌbraʊnˈpeɪpəbæg/ n. sacchetto m. di carta kraft.
brown rice /ˌbraʊnˈraɪs/ n. riso m. integrale.
Brownshirt /ˌbraʊnˈʃɜːt/ n. STOR. camicia f. bruna.
brown-skinned /ˌbraʊnˈskɪnd/ agg. scuro di pelle, abbronzato.
brownstone /ˈbraʊnstəʊn/ n. **1** *(sandstone)* arenaria f. bruno-rossa **2** AE *(house)* = casa elegante costruita con arenaria bruno-rossa.
brown study /ˌbraʊnˈstʌdɪ/ n. ***to be in a ~*** essere assorto nei propri pensieri *o* meditabondo.
brown sugar /ˌbraʊnˈʃʊgə(r)/ n. **1** GASTR. zucchero m. di canna **2** COLLOQ. eroina f.
brown trout /ˌbraʊnˈtraʊt/ n. trota f. di mare.
▷ **1.browse** /braʊz/ n. ***to have a ~ in a bookshop*** curiosare in libreria; ***to have a ~ through a book*** dare una scorsa a un libro.
▷ **2.browse** /braʊz/ **I** tr. INFORM. scorrere **II** intr. **1** *(potter, stroll around)* gingillarsi, gironzolare; *(look at objects in shop)* curiosare **2** *(graze)* brucare.
■ **browse through:** ~ *through [sth.]* sfogliare [*book*]; curiosare in [*market stall, shop*].
▷ **browser** /ˈbraʊzə(r)/ n. INFORM. browser m.
browsing /ˈbraʊzɪŋ/ n. **1** *(of book)* sfogliata f., scorsa f. **2** *(in shop)* (il) curiosare **3** *(grazing)* (il) brucare **4** INFORM. scorrimento m.
Bruce /bruːs/ n.pr. Bruce (nome di uomo).
brucellosis /ˌbruːsəˈləʊsɪs/ ➧ **11 I** n. (pl. **-es**) brucellosi f. **II** modif. [*epidemic*] di brucellosi; [*vaccine*] contro la brucellosi.
brucine /ˈbruːsiːn/ n. brucina f.
brucite /ˈbruːsaɪt/ n. brucite f.
bruin /ˈbruːɪn/ n. orso m. bruno.
▷ **1.bruise** /bruːz/ n. *(on skin)* livido m., contusione f., ecchimosi f. (**on** su); *(on fruit)* ammaccatura f. (**on** su); ***covered in ~s*** [*skin, limb*] coperto di lividi; ***to suffer cuts and ~s*** avere ferite superficiali.
▷ **2.bruise** /bruːz/ **I** tr. **1** contundere, ferire, fare un livido a [*person*]; ***to ~ one's knee, arm*** farsi un livido su un ginocchio, braccio; ***his fingers were badly ~d*** si era seriamente ferito alle dita; ***he ~d my arm*** mi ha fatto un livido sul braccio **2** *(damage)* ammaccare [*fruit*] **3** *(emotionally)* ferire, urtare **II** intr. **1** [*person*] farsi dei lividi, ammaccarsi, contundersi; [*arm, lips, skin*] coprirsi di lividi, ferirsi **2** [*fruit*] ammaccarsi **III** rifl. ***to ~ oneself*** *(in one spot)* farsi un livido; *(extensively)* ferirsi.
bruised /bruːzd/ **I** p.pass. → **2.bruise II** agg. **1** *(physically)* [*arm, leg, knee, elbow, shin*] contuso; [*cheek*] ferito; [*eye*] nero; [*ribs, back, muscle*] ammaccato; [*fruit*] ammaccato; ***he was badly ~*** aveva gravi contusioni *o* era malconcio **2** *(emotionally)* [*ego, spirit, heart*] ferito; ***I feel a bit ~*** mi sento un po' ferito (nei sentimenti).
bruiser /ˈbruːzə(r)/ n. COLLOQ. **1** *(burly man)* omaccione m., maciste m.; *(aggressive man)* attaccabrighe m., prepotente m **2** *(boxer)* pugile m.
bruising /ˈbruːzɪŋ/ **I** n. lividi m.pl., contusioni f.pl., ecchimosi f.pl. (**on** su); ***there is some ~ to the throat*** ha qualche livido alla gola **II** agg. **1** *(emotionally)* [*row, battle, campaign, encounter*] violento; [*remark*] che ferisce, che fa male; [*defeat*] cocente **2** *(physically)* [*game, encounter*] violento ◆ ***to be cruising for a ~*** AE COLLOQ. cercare la rissa *o* cercarsele.
1.bruit /bruːt/ n. **1** MED. soffio m., rumore m. anormale; **2** ANT. LETT. *(noise)* rumore m.; *(rumour)* diceria f.
2.bruit /bruːt/ tr. ANT. LETT. (anche ~ **about**) spargere, diffondere [*rumour*].
Brum /brʌm/ n. BE COLLOQ. (accorc. Birmingham) Birmingham f.
Brummie /ˈbrʌmɪ/ BE COLLOQ. **I** n. nativo m. (-a), abitante m. e f. di Birmingham **II** modif. [*accent, girl*] di Birmingham.
brumous /ˈbruːməs/ agg. brumoso.
brunch /brʌntʃ/ n. brunch m.
Brunei /bruːˈnaɪ/ ➧ **6** n.pr. Brunei m.
brunette /bruːˈnet/ ➧ **5 I** agg. [*hair*] bruno **II** n. *(woman)* brunetta f., bruna f.
brunt /brʌnt/ n. ***to bear*** o ***take the ~ of*** sostenere l'impatto di [*disaster, unemployment*]; sostenere l'urto di [*fighting*]; subire lo sfogo di [*anger*].
▷ **1.brush** /brʌʃ/ n. **1** *(implement) (for hair, clothes, shoes etc.)* spazzola f.; *(small, for sweeping up)* scopetta f.; *(broom)* scopa f.; *(for paint)* pennello m.; *(chimney sweep's)* = spazzola sferica con setole di metallo; ***to clean sth. with a ~*** pulire qcs. con la spazzola; ***soft, hard, wire ~*** spazzola morbida, dura, di metallo **2** *(act of brushing)* spazzolata f.; ***to give one's teeth a quick ~*** darsi una spazzolata veloce ai denti **3** *(encounter) (confrontation with person)* scontro m. (**with** con); *(contact with person, celebrity)* contatto m. (**with** con); ***to have a ~ with the police, with the authorities*** avere a che fare con la polizia, con le autorità; ***to have a ~ with death*** vedere la morte da vicino *o* sfiorare la morte **4** *(light touch)* sfioramento m., tocco m. leggero; ***I felt the ~ of a bird's wing*** mi sono sentito sfiorare dall'ala di un uccello **5** *(vegetation or twigs)* boscaglia f., sottobosco m. **6** *(fox's tail)* coda f. di volpe **7** EL. *(in motor)* spazzola f.
▷ **2.brush** /brʌʃ/ **I** tr. **1** *(sweep, clean)* spazzolare [*carpet, clothes, shoes*]; ***to ~ one's hair, teeth*** spazzolarsi i capelli, i denti; ***to ~ sb.'s hair, teeth*** spazzolare i capelli, i denti di qcn.; ***to ~ sth. off, into sth.*** *(with brush or hand)* togliere qcs. da qcs. con la spazzola o con la mano; ***to ~ the knots out of one's hair*** sciogliere i nodi dei capelli di qcn. con la spazzola **2** *(touch lightly)* sfiorare, toccare lievemente [*person, part of body, object*] (**with** con); ***her skirt ~ed the floor*** la sua gonna sfiorava il pavimento **3** GASTR. ***to ~ sth. with*** spennellare qcs. con [*water, milk, egg, oil*] **II** intr. ***to ~ against*** sfiorare [*person, part of body, object*]; ***to ~ past sb.*** passare vicino a qcn. sfiorandolo; ***he ~ed past me into, out of the room*** mi ha sfiorato entrando nella, uscendo dalla stanza.
■ **brush aside:** ~ *aside [sth., sb.]*, ~ *[sb., sth.] aside* **1** *(dismiss)* scacciare, respingere [*idea, thought, feeling*]; lasciar cadere [*argument*]; ignorare [*criticism, person*] **2** *(move away)* scostare [*cobweb, branch, curtain*] **3** *(beat)* spazzare via [*team, opponent, defences*].
■ **brush away:** ~ *away [sth.]*, ~ *[sth.] away* spazzolare, togliere con la spazzola [*crumbs, dirt*]; asciugarsi [*tear*]; scostare [*hand*].
■ **brush back:** ~ *back [sth.]*, ~ *[sth.] back* spazzolare all'indietro [*hair*].
■ **brush down:** ~ *down [sth.]*, ~ *[sth.] down* spazzolare [*coat, skirt, suit, horse*].
■ **brush off:** ~ *off [sth., sb.]*, ~ *[sth., sb.] off* ignorare, snobbare [*person*]; respingere [*offer, allegation, challenge*]; ridimensionare [*threat, incident, disagreement*].
■ **brush up (on):** ~ *up (on) [sth.]*, ~ *[sth.] up* rinfrescare [*language, skill, subject*]; ***I must ~ up on it, ~ it up*** devo dargli una rinfrescata, ripassata.
brush discharge /ˈbrʌʃdɪsˌtʃɑːdʒ, -ˌdɪstʃɑːdʒ/ n. EL. scarica f. a bagliore.
brushed /brʌʃt/ **I** p.pass. → **2.brush II** agg. TESS. [*cotton, denim, nylon*] spazzolato.
brush-off /ˈbrʌʃɒf/ n. COLLOQ. ***to give sb. the ~*** scaricare qcn.; ***to get the ~*** essere scaricato.
brushstroke /ˈbrʌʃstrəʊk/ n. pennellata f.
brushup /ˈbrʌʃʌp/ n. BE **1** ***to have a (wash and) ~*** darsi una rinfrescata **2** ***to give one's French, piano-playing a ~*** dare una rinfrescata, ripassata al proprio francese, ai propri studi di piano.
brushwood /ˈbrʌʃwʊd/ n. **1** *(firewood)* ramoscelli m.pl., sterpi m.pl. da bruciare **2** *(brush)* boscaglia f., sottobosco m.
brushwork /ˈbrʌʃwɜːk/ n. ART. tocco m.
brushy /ˈbrʌʃɪ/ agg. **1** setoloso, ispido **2** *(of scrub)* fitto, folto.
brusque /bruːsk, AE brʌsk/ agg. brusco, scostante, rude (**with** con).
brusquely /ˈbruːsklɪ, AE ˈbrʌsklɪ/ avv. bruscamente, rudemente.
brusqueness /ˈbruːsknɪs, AE ˈbrʌsk-/ n. bruschezza f., rudezza f.
Brussels /ˈbrʌslz/ ➧ **34** n.pr. Bruxelles f.
Brussels sprout /ˌbrʌslzˈspraʊt/ n. cavoletto m. di Bruxelles, cavolino m. di Bruxelles.
▷ **brutal** /ˈbruːtl/ agg. [*honesty, reply, image*] brutale; [*dictator, murderer, act, treatment, regime*] brutale, crudele; [*attack, murder*] brutale, selvaggio; [*film, scene*] violento.
brutality /bruːˈtælətɪ/ n. brutalità f. (**of** di).
brutalization /ˌbruːtəlaɪˈzeɪʃn, AE -lɪˈz-/ n. **1** *(animalization)* abbrutimento m. **2** *(brutal tretament)* brutale maltrattamento m.

brutalize /ˈbruːtəˌlaɪz/ tr. 1 *(make brutal)* abbrutire, rendere simile a un bruto, a una bestia 2 *(treat brutally)* brutalizzare.
brutally /ˈbruːtəlɪ/ avv. [*murder, torture, treat, say, reply*] brutalmente, in modo brutale; ~ ***honest, frank*** di un'onestà, di una franchezza brutale; ***to be ~ honest*** ad essere brutalmente sincero.
brute /bruːt/ I n. 1 *(man)* bruto m., mostro m. 2 *(animal)* bestia f. II agg. 1 *(physical)* [*strength*] bruto; ***by (sheer) ~ force*** con la forza bruta 2 *(animal-like)* [*instinct*] bruto, bestiale; [*passion*] animalesco 3 *(simple)* [*fact, question*] bruto.
brutify /ˈbruːtɪfaɪ/ tr. abbrutire.
brutish /ˈbruːtɪʃ/ agg. bestiale, brutale, abbrutito.
brutishness /ˈbruːtɪʃnɪs/ n. brutalità f., bestialità f.
Brutus /ˈbruːtəs/ n.pr. Bruto.
Bryan /ˈbraɪən/ n.pr. Bryan (nome di uomo).
bryologist /braɪˈɒlədʒɪst/ n. briologo m. (-a).
bryology /braɪˈɒlədʒɪ/ n. briologia f.
bryony /ˈbraɪənɪ/ n. brionia f.
BS n. 1 GB COMM. (⇒ British Standard) = standard stabilito dal British Standards Institution 2 US UNIV. (⇒ Bachelor of Science) = (diploma di) dottore in discipline scientifiche (con laurea breve) 3 AE POP. → **1.bullshit**.
BSA n. 1 US (⇒ Boy Scouts of America) = associazione dei giovani esploratori americani 2 GB (⇒ Building Societies Association) = associazione inglese degli istituti di credito immobiliare.
BSc n. GB UNIV. (⇒ Bachelor of Science) = (diploma di) dottore in discipline scientifiche (con laurea breve).
B-school /ˈbiːskuːl/ n. US COLLOQ. = facoltà universitaria ad indirizzo economico-amministrativo.
BSE n. VETER. (⇒ Bovine Spongiform Encephalopathy) = encefalopatia spongiforme bovina; COLLOQ. mucca f. pazza.
BSI n. GB COMM. (⇒ British Standards Institution) = ente britannico per la standardizzazione.
B side /ˈbiːsaɪd/ n. MUS. lato m. B.
BST n. (⇒ British Summer Time) = ora estiva britannica.
BT n. (⇒ British Telecom) BE = società telefonica britannica.
BTech n. GB UNIV. (⇒ Bachelor of Technology) = (diploma di) dottore in discipline tecniche (con laurea breve).
BTO n. US (⇒ Big Time Operator) = faccendiere, procacciatore d'affari.
Btu BE, **Bthu** BE, **BTU** AE n. METROL. (⇒ British thermal unit unità termica britannica) Btu f.
bub /bʌb/ n. AE POP. tipo m. (-a).
bubal /ˈbjuːbl/ n. bubalo m.
▷ **1.bubble** /ˈbʌbl/ n. 1 *(in air, liquid, glass)* bolla f. (**in** in); *(in paintwork)* rigonfiamento m.; ***air ~*** o ***~ of air*** bolla d'aria; ***to blow ~s*** fare le bolle (di sapone) 2 ECON. COMM. prezzo m. gonfiato; ***the house price ~*** i prezzi gonfiati del mercato immobiliare 3 *(germ-free chamber)* camera f. sterile 4 *(sound)* gorgogliamento m. ◆ ***I'm waiting for the ~ to burst*** è troppo bello per durare.
2.bubble /ˈbʌbl/ intr. 1 *(form bubbles)* fare le bolle; [*fizzy drink*] fare le bollicine; [*boiling liquid*] bollire; ***to ~ out of the ground*** scaturire dal suolo ribollendo 2 FIG. *(boil)* ***to ~ beneath the surface*** bollire sotto sotto; ***to keep the issue bubbling*** tenere vivo l'argomento 3 *(be lively, happy)* essere effervescente; ***to ~ with*** traboccare di *o* sprizzare [*enthusiasm*]; traboccare *o* ribollire di [*ideas*] 4 *(make bubbling sound)* gorgogliare.
▪ **bubble over** traboccare (**with** di).
▪ **bubble up** [*boiling liquid*] bollire; [*spring water*] scaturire ribollendo.
bubble and squeak /ˌbʌblænˈskwiːk/ n. GB = (avanzi di) cavoli e patate riscaldati in padella con cipolla.
bubble bath /ˈbʌblˌbɑːθ, AE -bæθ/ n. 1 *(soap)* bagnoschiuma m. 2 *(bath)* ***let's take a ~*** facciamo un bel bagno con tanta schiuma.
bubble car /ˈbʌblˌkɑː(r)/ n. GB = automobile di piccole dimensioni a tre ruote con tettuccio a cupola di vetro.
bubble chamber /ˈbʌblˌtʃeɪmbə(r)/ n. camera f. a bolle.
bubblegum /ˈbʌblˌgʌm/ n. gomma f. da masticare, chewing-gum m.
bubblehead /ˈbʌblˌhed/ n. AE COLLOQ. testa f. vuota, zuccone m. (-a).
bubble memory /ˈbʌblˌmemərɪ/ n. memoria f. a bolle.
bubble pack /ˈbʌblˌpæk/ n. BE *(for small items, pills etc.)* blister m.
bubbletop /ˈbʌblˌtɒp/ n. cupola f. di vetro, trasparente.
bubblewrap /ˈbʌblˌræp/ n. pluriboll® m.
bubble-wrapped /ˈbʌblræpt/ agg. imballato nel pluriboll.
bubbling /ˈbʌblɪŋ/ I n. *(sound)* gorgogliamento m., glu glu m. II agg. 1 [*stream, source*] gorgogliante; [*boiling liquid*] ribollente 2 [*person*] traboccante; [*city, atmosphere*] effervescente.
bubbly /ˈbʌblɪ/ I agg. 1 [*personality*] spumeggiante 2 [*liquid*] frizzante, spumeggiante II n. COLLOQ. *(champagne)* champagne m.; *(sparkling wine)* spumante m.
bubo /ˈbjuːbəʊ/ n. (pl. **~es**) bubbone m.
bubonic plague /bjuːˌbɒnɪkˈpleɪg/ ▸ 11 n. peste f. bubbonica.
buccal /ˈbʌkl/ agg. buccale, orale.
1.buccaneer /ˌbʌkəˈnɪə(r)/ n. 1 *(pirate)* bucaniere m. 2 FIG. *(unscrupulous businessman)* filibustiere m., pirata m.
2.buccaneer /ˌbʌkəˈnɪə(r)/ intr. fare il bucaniere, fare della pirateria (anche FIG.).
buccaneering /ˌbʌkəˈnɪərɪŋ/ agg. FIG. [*businessman*] piratesco; [*venture*] piratesco, da filibustiere.
buccaneerish /ˌbʌkəˈnɪərɪʃ/ agg. piratesco.
buccinator /ˈbʌksɪˌneɪtə(r)/ n. (muscolo) buccinatore m.
Bucharest /ˌbjuːkəˈrest/ ▸ ***34*** n.pr. Bucarest f.
▷ **1.buck** /bʌk/ I n. 1 AE COLLOQ. *(dollar)* dollaro m. 2 COLLOQ. *(money)* soldi m.pl.; ***to make a fast*** o ***quick ~*** fare soldi alla svelta (e facilmente); ***to make a few ~s*** farsi un po' di soldi 3 ZOOL. *(of goat, hare, kangaroo, rabbit, and reindeer)* maschio m. 4 EQUIT. sgroppata f.; ***to give a ~*** dare una sgroppata 5 COLLOQ. *(man)* ***a young ~*** un bellimbusto II modif. [*antelope, hare, rabbit*] maschio III agg. AE MIL. [*private, sergeant*] semplice ◆ ***the ~ stops here, with the president*** la responsabilità è mia, è del presidente; ***to pass the ~*** fare a scaricabarile.
2.buck /bʌk/ I tr. 1 *(throw)* [*horse*] disarcionare [*rider*] 2 *(go against)* andare contro, opporsi a [*market*]; superare [*trend*]; ***to ~ the system*** lottare contro il sistema II intr. 1 EQUIT. sgroppare 2 *(oppose)* ***to ~ at, against sth.*** recalcitrare davanti a, opporsi a [*changes, rule*].
▪ **buck up:** ~ **up** 1 COLLOQ. *(cheer up)* tirarsi su di morale; ***~ up!*** su! coraggio! 2 COLLOQ. *(hurry up)* sbrogliarsi, sbrigarsi; **~ [sb.] up** *(cheer up)* [*news, person*] tirare su di morale, incoraggiare [*person*]; ***to ~ up one's ideas*** mettere la testa a posto.
buckaroo /ˈbʌkəˌruː/ n. AE cowboy m.
buckbean /ˈbʌkbiːn/ n. trifoglio m. d'acqua.
bucked /bʌkt/ I p.pass. → **2.buck** II agg. COLLOQ. tutto contento.
bucker /ˈbʌkə(r)/ n. cavallo m. recalcitrante.
▷ **1.bucket** /ˈbʌkɪt/ I n. 1 secchio m. (**of** di) 2 TECN. *(of dredge)* benna f., cucchiaia f., secchia f., tazza f., noria f.; *(of waterwheel)* pala f.; *(of pump)* pistone m. II **buckets** n.pl. COLLOQ. ***to rain ~s*** piovere a catinelle; ***to cry ~s*** piangere come una fontana; ***to sweat ~s*** sudare a goccioloni ◆ ***to kick the ~*** crepare *o* tirare le cuoia.
2.bucket /ˈbʌkɪt/ intr. BE COLLOQ. (anche ~ **down**) piovere a catinelle.
bucket dredge(r) /ˈbʌkɪtdredʒə(r)/ n. draga f. a noria, a tazze.
bucket elevator /ˈbʌkɪtˌelɪveɪtə(r)/ n. elevatore m. a noria, a tazze.
bucketful /ˈbʌkɪtfʊl/ n. secchiata f. (**of** di).
bucket seat /ˈbʌkɪtsiːt/ n. AUT. AER. sedia f. a pozzetto.
bucket shop /ˈbʌkɪtʃɒp/ n. 1 BE COLLOQ. = agenzia di viaggi che vende biglietti aerei a prezzi scontati 2 ECON. = agenzia di intermediazione clandestina.
buckeye /ˈbʌkaɪ/ n. 1 *(tree)* ippocastano m., castagno m. d'India 2 *(fruit)* castagna f. d'India.
Buck House /ˈbʌkhaʊs/ n. BE COLLOQ. IRON. = residenza della regina a Londra.
bucking bronco /ˌbʌkɪŋˈbrɒŋkəʊ/ n. 1 *(animal)* cavallo m. da rodeo 2 *(machine) (at funfairs)* toro m. meccanico.

> **Buckingham Palace** È la residenza ufficiale della famiglia reale a Londra dal 1837. Il palazzo, noto anche come *The Palace*, fu costruito nel 1703 per il duca di Buckingham. Ha circa 600 stanze, alcune delle quali sono aperte al pubblico; davanti all'ingresso principale si svolge il famoso cambio della guardia (*Changing the Guard*).

Buckinghamshire /ˈbʌkɪŋəmʃə(r)/ ▸ ***24*** n.pr. Buckinghamshire m.
▷ **1.buckle** /ˈbʌkl/ n. 1 *(clasp)* fibbia f. 2 *(dent) (in metal)* svergolamento m., deformazione f.; *(in wheel)* incurvamento m.
▷ **2.buckle** /ˈbʌkl/ I tr. 1 *(fasten)* affibbiare, chiudere con la fibbia, allacciare [*belt, shoe, strap*]; ***to ~ sb. into sth.*** assicurare qcn. a qcs.; ***safely ~d in*** ben assicurato 2 *(damage)* deformare, svergolare, incurvare [*material, surface*] II intr. 1 *(give way)* [*metal, surface*] deformarsi, svergolarsi; [*wheel*] incurvarsi; [*pillar, wall*] deformarsi; [*knees, legs*] cedere; FIG. [*person*] cedere 2 *(fasten)* [*belt, shoe, strap*] affibbiarsi, allacciarsi.

▪ **buckle down** mettersi al lavoro; ***to ~ down to sth.*** applicarsi, mettersi a fare qcs.
▪ **buckle on: ~ on [sth.], ~ [sth.] on** cingere [*sword*]; mettersi [*holster*]; indossare [*armour*].
▪ **buckle to** mettersi d'impegno.
1.buckler /ˈbʌklə(r)/ n. **1** (piccolo) scudo m. rotondo **2** FIG. protezione f., scudo m.
2.buckler /ˈbʌklə(r)/ tr. RAR. difendere, fare scudo a (anche FIG.).
buck naked /bʊkˈneɪkɪd/ agg. AE COLLOQ. nudo come un verme.
bucko /ˈbʌkəʊ/ n. **1** AE COLLOQ. attaccabrighe m. e f., prepotente m. e f. **2** IRLAND. giovanotto m.
buck-passing /ˈbʌkpɑːsɪŋ/ n. scaricabarile m.
buckra /ˈbʌkrə/ n. US COLLOQ. SPREG. uomo m. bianco.
buckram /ˈbʌkrəm/ n. *(for stiffening)* tela f. rigida, teletta f.
Bucks GB ⇒ Buckinghamshire Buckinghamshire.
bucksaw /ˈbʌksɔː/ n. AE sega f. a telaio.
buck's fizz /ˌbʌksˈfɪz/ n. BE = cocktail a base di champagne e succo d'arancia.
buckshee /ˌbʌkˈʃiː/ agg. e avv. BE COLLOQ. gratis.
buckshot /ˈbʌkʃɒt/ n. pallettone m.
buckskin /ˈbʌkskɪn/ **I** n. *(leather)* daino m. **II** modif. [*shoes, trousers*] di daino.
buck's night /ˌbʌksˈnaɪt/, **buck's party** /ˌbʌksˈpɑːtɪ/ n. AUSTRAL. addio m. al celibato.
buck teeth /ˌbʌkˈtiːθ/ n.pl. SPREG. denti m. da cavallo.
buckthorn /ˈbʌkθɔːn/ n. BOT. spincervino m.
buckwheat /ˈbʌkwiːt, AE -hwiːt/ n. grano m. saraceno.
bucolic /bjuːˈkɒlɪk/ **I** agg. bucolico **II** n. bucolica f., poema m. pastorale.
▷ **1.bud** /bʌd/ n. **1** BOT. *(of leaf)* gemma f., germoglio m., buttata f.; *(of flower)* bocciolo m.; ***in ~*** [*leaf*] in germoglio; [*flower*] in boccio **2** BIOL. gemma f., germe m. **3** AE COLLOQ. *(form of address)* amico m. ◆ ***to nip sth. in the ~*** stroncare qcs. sul nascere.
2.bud /bʌd/ **I** tr. (forma in -ing ecc. **-dd-**) AGR. *(graft)* innestare [*plant*] **II** intr. (forma in -ing ecc. **-dd-**) **1** BOT. *(develop leaf buds)* gemmare, germogliare; *(develop flower buds)* sbocciare **2** *(develop)* [*leaf, flower, horns*] spuntare; [*breast*] svilupparsi.
Bud /bʌd/ n.pr. Bud (nome di uomo).
Budapest /ˌbjuːdəˈpest/ ➧ **34** n.pr. Budapest f.
Buddha /ˈbʊdə/ **I** n.pr. *(god)* Budda **II** n. *(representation)* budda m.
Buddhism /ˈbʊdɪzəm/ n. buddismo m.
Buddhist /ˈbʊdɪst/ **I** agg. buddista **II** n. buddista m. e f.
Buddhistic /bʊˈdɪstɪk/ agg. buddistico.
budding /ˈbʌdɪŋ/ **I** agg. **1** BOT. *(into leaf)* germogliante; *(into flower)* in boccio **2** FIG. [*athlete, poet, champion, talent*] in erba; [*career*] promettente; [*romance, interest, industry*] nascente **II** n. buttata f., (il) germogliare.
buddleia /ˈbʌdlɪə/ n. buddleia f.
▷ **1.buddy** /ˈbʌdɪ/ n. COLLOQ. **1** *(friend)* compagno m., amico m. **2** AE *(form of address)* amico m. **3** *(in Aids care)* = volontario che assiste un malato di AIDS.
2.buddy /ˈbʌdɪ/ intr. AE assistere i malati di AIDS.
buddy buddy /ˈbʌdɪˌbʌdɪ/ agg. COLLOQ. amico intimo.
buddy movie /ˈbʌdɪˌmuːvɪ/ n. = film che narra la storia e le avventure di due amici.
buddy system /ˈbʌdɪˌsɪstəm/ n. AE = organizzazione in squadre di due persone (per l'aiuto reciproco in situazioni potenzialmente pericolose) (anche MIL.).
budge /bʌdʒ/ **I** tr. **1** spostare, smuovere **2** FIG. fare cambiare idea a, smuovere **II** intr. spostarsi, muoversi, scostarsi (**from, off** da); FIG. cambiare idea (**on** su); ***he won't ~ from his position*** FIG. non si smuoverà dalla sua posizione; ***she will not ~ an inch*** FIG. non si smuoverà di un millimetro (**on** su).
▪ **budge over, budge up** COLLOQ. spostarsi, farsi più in là.
budgerigar /ˈbʌdʒərɪgɑː(r)/ n. parrocchetto m. (ondulato), pappagallino m. ondulato.
▶ **1.budget** /ˈbʌdʒɪt/ **I** n. **1** *(personal, commercial)* budget m., bilancio m. (preventivo) (**for** per); ***annual, education ~*** bilancio annuale, per l'istruzione; ***to go over, stay within ~*** superare il, stare dentro al budget; ***to be, operate on a tight ~*** avere, agire in base ad un budget limitato; ***to balance a ~*** fare quadrare il bilancio; ***a family on a ~ cannot afford luxuries*** una famiglia con entrate limitate non può permettersi alcun lusso **2** BE POL. (anche **Budget**) bilancio m.; ***in the Budget*** nel bilancio pubblico **II** modif. **1** [*cut, increase*] del bilancio; [*deficit, target, estimate, constraints*] di bilancio **2** *(cheap)* [*holiday, offer*] per tutte le tasche, economico; [*price*] ridotto, vantaggioso; ***a low~, high~ film*** film a basso, alto costo.
2.budget /ˈbʌdʒɪt/ **I** tr. preventivare [*money*] (**for** per); AE pianificare, programmare [*time*] (**for** per) **II** intr. ***to ~ for*** [*company, government*] preventivare, mettere in preventivo [*increase, needs*]; ***I hadn't ~ed for a new car*** non avevo preventivato la spesa di una nuova automobile.
budget account /ˈbʌdʒɪtəˌkaʊnt/ n. BE *(with bank, shop)* conto m. di credito.
budgetary /ˈbʌdʒɪtərɪ, AE -terɪ/ agg. [*control*] budgetario; [*policy, priority*] di bilancio.
budget day /ˈbʌdʒɪtdeɪ/ n. GB POL. = giorno della presentazione del bilancio alla Camera dei Comuni.
budget debate /ˈbʌdʒɪtdɪˌbeɪt/ n. POL. = dibattito parlamentare relativo al bilancio.
budget director /ˈbʌdʒɪtdaɪˌrektə(r), -dɪ-/ ➧ **27** n. AE responsabile m. e f. del bilancio.
budget forecast /ˌbʌdʒɪtˈfɔːkɑːst, AE -kæst/ n. previsioni f.pl. di bilancio.
budget heading /ˈbʌdʒɪthedɪŋ/ n. ECON. COMM. voce f. di bilancio.
budgeting /ˈbʌdʒɪtɪŋ/ n. **1** pianificazione f. del bilancio; ***as a result of careful ~, I have paid off my debts*** dopo aver pianificato con precisione il mio bilancio, ho saldato i miei debiti **2** iscrizione f. in bilancio.
Budget speech /ˈbʌdʒɪtˌspiːtʃ/ n. BE POL. = discorso di presentazione del bilancio.
budgie /ˈbʌdʒɪ/ n. COLLOQ. → **budgerigar**.
budlet /ˈbʌdlɪt/ n. bocciolo m.
Buenos Aires /ˌbwenəsˈeərɪz/ ➧ **34** n.pr. Buenos Aires f.
1.buff /bʌf/ **I** n. **1** COLLOQ. *(enthusiast)* patito m. (-a), appassionato m. (-a); ***he's a film ~*** è un patito di cinema **2** *(colour)* camoscio m. **3** *(leather)* pelle f. di bufalo, di bue **4** COLLOQ. SCHERZ. *(nakedness)* ***in the ~*** nudo; ***to strip down to the ~*** mettersi nudo *o* denudarsi **5** TECN. pulitrice f. **II** agg. **1** *(colour)* color camoscio **2** scamosciato **3** COLLOQ. *(with big muscles)* ben messo, ben piantato.
2.buff /bʌf/ tr. lucidare [*shoes*]; pulire [*fingernails, metal*].
1.buffalo /ˈbʌfələʊ/ n. (pl. **~es, ~**) bufalo m.; AE bisonte m.
2.buffalo /ˈbʌfələʊ/ tr. AE COLLOQ. confondere, infinocchiare, fregare.
Buffalo /ˈbʌfələʊ/ ➧ **34** n.pr. Buffalo f.
buffalo grass /ˈbʌfələʊˌgrɑːs, AE -ˌgræs/ n. = erba del genere Bucloe che cresce nelle praterie degli Stati Uniti.
buff-coloured BE, **buff-colored** AE /ˈbʌfkʌləd/ ➧ **5** agg. (color) camoscio.
▷ **1.buffer** /ˈbʌfə(r)/ n. **1** FIG. *(protection)* tampone m., cuscinetto m. (**against** contro; **between** tra) **2** FERR. *(on line)* fermacarro m.; *(on train)* respingente m. **3** BE COLLOQ. ***old ~*** vecchio bacucco **4** INFORM. (anche **~ memory**) memoria-tampone f., buffer m. **5** *(for polishing)* pulitrice f. **6** *(for massage)* spazzola f. per massaggi ◆ ***to run into the ~s*** sbattere contro un muro di gomma.
2.buffer /ˈbʌfə(r)/ tr. CHIM. tamponare [*solution*].
buffer solution /ˈbʌfəsəˌluːʃn/ n. CHIM. soluzione f. tampone.
buffer state /ˈbʌfəˌsteɪt/ n. stato m. cuscinetto.
buffer stock /ˈbʌfəˌstɒk/ n. COMM. scorte f.pl. cuscinetto, stock m. tampone.
buffer store /ˈbʌfəˌstɔː(r)/ n. INFORM. memoria-tampone f.
buffer zone /ˈbʌfəˌzəʊn/ n. zona f. cuscinetto, tampone.
1.buffet /ˈbʊfeɪ, AE bəˈfeɪ/ n. *(all contexts)* buffet m.; ***~ lunch, dinner, supper*** pranzo, cena a buffet *o* in piedi.
2.buffet /ˈbʌfɪt/ **I** tr. **1** [*wind, sea*] battere, colpire **2** FIG. [*misfortune*] avversare, tormentare **II** intr. ***to ~ against sth.*** battere contro qcs.
buffet car /ˈbʊfeɪkɑː(r), bʊˈfeɪkɑː(r)/ n. BE FERR. vagone m. ristorante.
buffeting /ˈbʌfɪtɪŋ/ **I** n. *(of waves, sea)* mareggiata f., inondazione f.; *(of wind)* raffiche f.pl. **II** agg. violento.
buffing /ˈbʌfɪŋ/ n. *(of leather)* lucidatura f.; *(of fingernails, metal)* pulitura f.
1.buffoon /bəˈfuːn/ n. buffone m. (-a).
2.buffoon /bəˈfuːn/ intr. fare il buffone.
buffoonery /bəˈfuːnərɪ/ n. buffonata f., buffonaggine f.
▷ **1.bug** /bʌg/ n. **1** COLLOQ. *(any insect)* (piccolo) insetto m. **2** *(bedbug)* cimice f. **3** COLLOQ. (anche **stomach ~** o **tummy ~**) disturbi m.pl. gastrici **4** *(germ)* germe m., microbo m. **5** *(fault)* difetto m.; INFORM. baco m., bug m. **6** *(hidden microphone)* cimice f., microspia f. **7** COLLOQ. *(craze)* mania f.; ***to be bitten by the golf ~*** essere preso dalla mania del golf **8** AE COLLOQ. *(enthusiast)* appassionato m. (-a), patito m. (-a); ***a jogging ~*** un appassionato di jogging.
2.bug /bʌg/ tr. (forma in -ing ecc. **-gg-**) **1** *(hide microphones in)* piazzare microfoni in [*room, building*]; ***the room is ~ged*** la stanza è

piena di microspie 2 COLLOQ. *(annoy)* dare fastidio a, irritare [*person*].

▪ **bug off** AE POP. togliersi dai piedi.

▪ **bug out** AE COLLOQ. ***her eyes ~ out*** ha gli occhi sporgenti.

bugaboo /ˈbʌɡəbuː/ n. (pl. **~s**) orco m., babau m.; FIG. spauracchio m.

bugbear /ˈbʌɡbeə(r)/ n. 1 *(hobgoblin)* babau m., uomo m. nero 2 FIG. *(problem, annoyance)* spauracchio m., bestia f. nera; ***to be a ~ for sb.*** essere una bestia nera per qcn.

bug-eyed /ˈbʌɡaɪd/ agg. dagli occhi sporgenti.

1.bugger /ˈbʌɡə(r)/ I n. 1 BE POP. SPREG. *(person)* minchione m. (-a), coglione m. (-a); SCHERZ. fesso m. (-a); *(sympathetic)* sfigato m. (-a), (povero) cristo m. 2 BE COLLOQ. *(difficult or annoying thing)* merda f.; ***what a ~!*** *(situation)* che (situazione di) merda! 3 DIR. *(sodomite)* sodomita m. II inter. BE POP. cazzo, merda ◆ ***to play silly ~s*** BE POP. fare il coglione.

2.bugger /ˈbʌɡə(r)/ tr. 1 POP. *(expressing surprise)* ***~ me!*** cazzo! minchia! ***I'll be ~ed!*** non ci posso credere! *(expressing lack of importance)* ***~ that!*** chi cazzo se ne frega! ***~ him, her!*** vada a farsi fottere! ***I'm ~ed if I'm going to do that!*** manco per il cazzo lo farò! col cazzo che lo faccio! ***I'm ~ed if I know!*** non ne so un cazzo! 2 DIR. *(have anal sex with)* sodomizzare.

▪ **bugger about** BE POP. ***~ about*** cazzeggiare; ***~ [sb.] about*** prendere per il culo.

▪ **bugger off** BE POP. togliersi dalle palle, dai coglioni.

▪ **bugger up:** ***~ [sth.] up***, ***~ up [sth.]*** sfasciare, rovinare.

bugger all /ˌbʌɡərˈɔːl/ I pron. BE POP. niente, un'acca, un cazzo II agg. BE POP. ***he's got ~ qualifications*** non ha un cavolo di qualifica.

buggered /ˈbʌɡəd/ agg. mai attrib. BE POP. 1 *(broken)* rotto, rovinato, fottuto 2 *(tired)* esausto, distrutto.

buggery /ˈbʌɡərɪ/ n. sodomia f.

bugging /ˈbʌɡɪŋ/ n. installazione f. di microspie.

bugging device /ˈbʌɡɪŋdɪˌvaɪs/ n. microspia f.

Buggins' turn /ˈbʌɡɪŋztɜːn/ n. = sistema delle promozioni per anzianità.

buggy /ˈbʌɡɪ/ n. 1 BE *(pushchair)* passeggino m. 2 AE *(pram)* carrozzina f. 3 STOR. *(carriage)* carrozzino m. 4 ANT. COLLOQ. *(car)* macinino m., carretta f., catorcio m.

bughouse /ˈbʌɡhaʊs/ n. AE manicomio m.

bug-hunter /ˈbʌɡˌhʌntə(r)/ n. entomologo m. (-a).

bugle /ˈbjuːɡl/ ♦ *17* n. MIL. tromba f.

bugler /ˈbjuːɡlə(r)/ n. MIL. trombettiere m.

bugloss /ˈbjuːɡlɒs/ n. BOT. buglossa f.

buhl /buːl/ I n. = tessera di avorio, ottone o tartaruga per intarsio II agg. = intarsiato in avorio, ottone o tartaruga.

1.build /bɪld/ n. 1 corporatura f.; ***a man of stocky, average ~*** un uomo di corporatura tozza, media; ***he has the ~ of an athlete*** ha una corporatura da atleta; ***she is slender in ~*** è di corporatura snella 2 INFORM. build m.

▶ **2.build** /bɪld/ I tr. (pass., p.pass. **built**) 1 *(construct)* costruire [*factory, city, church, railway*]; erigere [*monument*]; costruire, fare [*nest*]; ***to ~ sb. a house*** o ***to ~ a house for sb.*** costruire una casa per qcn.; ***to ~ a wall from, out of bricks*** costruire un muro di mattoni; ***to ~ a nest out of twigs*** farsi un nido con ramoscelli; ***to ~ an extension onto a house*** ampliare una casa 2 *(assemble)* costruire, assemblare [*car, engine, ship*] 3 INFORM. costruire, assemblare [*monitor*]; sviluppare [*software*]; creare [*interface*] 4 *(establish)* costruire [*career, future*]; instaurare [*relations, relationship*]; fondare, costruire [*empire*]; favorire [*prosperity*]; costituire, formare [*team*]; ***to ~ a new China*** costruire una nuova Cina; ***to ~ a future for our country, our children*** costruire un futuro per il nostro paese, i nostri figli; ***to ~ one's hopes on sth.*** riporre le proprie speranze in qcs.; ***to ~ a presence in the European market*** fare sentire la propria presenza sul mercato europeo 5 costruire [*sequence, set, word*] (anche GIOC.) II intr. (pass., p.pass. **built**) 1 *(construct)* costruire 2 FIG. *(use as a foundation)* ***to ~ on*** basarsi su *o* fondarsi su [*popularity, success*]; ***to ~ on the excitement generated by the first film*** basarsi sull'entusiasmo suscitato dal primo film; ***the scheme would ~ on the existing system*** il progetto si svilupperà a partire dal sistema (già) esistente; ***the company wishes to ~ on its Asian base*** la società vuole espandersi a partire dalla sua sede in Asia.

▪ **build in, build into:** ***~ [sth.] in, into***, ***~ in, into [sth.]*** 1 *(construct)* incassare [*mirror, bookcase*]; ***to ~ a wardrobe into a wall*** incassare un armadio nel muro 2 *(incorporate)* inserire, incorporare [*clause, provision, guarantee*]; ***to ~ a safeguard into a contract*** inserire una garanzia in un contratto.

▪ **build up:** ***~ up*** [*gas, silt, deposits*] accumularsi; [*traffic*] intensificarsi, aumentare; [*business, trade*] aumentare, svilupparsi; [*tension, pressure, excitement*] aumentare, crescere, montare; ***~ up [sth.]***, ***~ [sth.] up*** 1 *(accumulate)* accumulare [*weapons, wealth*] 2 *(boost)* aumentare [*self-confidence, trust*]; tirare su [*morale*]; ***don't ~ your hopes up too high*** non ci sperare troppo 3 *(establish)* costituire, mettere insieme [*collection*]; creare, mettere su [*business, organization*]; costituire [*army*]; delineare [*picture, profile*]; creare [*database*]; farsi [*reputation*]; ***the school built up a large library*** la scuola ha costituito *o* messo in piedi una grande biblioteca; ***~ [sth., sb.] up***, ***~ up [sth., sb.]*** 1 *(through eating, exercise)* sviluppare [*muscles*]; ***to ~ up one's forearms*** irrobustire gli avambracci; ***to ~ oneself up***, ***to ~ up one's strength*** irrobustirsi, riprendere le forze 2 *(promote)* ***they built him up to be a star*** l'hanno fatto diventare una star.

▷ **builder** /ˈbɪldə(r)/ ♦ *27* n. *(contractor)* imprenditore m. (-trice) edile, impresario m. (-a); *(worker)* operaio m. (-a) edile, edile m. e f.; ***a firm of ~s*** un'impresa edile; ***house, road ~*** imprenditore edile, costruttore stradale.

builder's labourer /ˈbɪldəzˌleɪbərə(r)/ ♦ *27* n. operaio m. (-a) edile, edile m. e f.

builder's merchant /ˈbɪldəzˌmɜːtʃənt/ ♦ *27* n. fornitore m. di materiali edilizi, da costruzione.

builder's yard /ˈbɪldəzˌjɑːd/ n. deposito m. di materiali edilizi, da costruzione.

▶ **building** /ˈbɪldɪŋ/ n. 1 *(structure)* fabbricato m., costruzione f.; *(with offices, apartments)* immobile m.; *(palace, church)* edificio m.; ***school ~*** edificio scolastico; ***a ~ improvement scheme*** un piano di ristrutturazione edilizia 2 *(industry)* edilizia f.; ***the ~ industry*** l'industria edilizia 3 *(action)* costruzione f.; ***the ~ of new homes*** la costruzione di nuove case.

building block /ˈbɪldɪŋˌblɒk/ n. 1 *(child's toy)* cubo m., cubetto m., mattoncino m.; ***a set of ~s*** una scatola di costruzioni 2 FIG. *(basic element)* elemento m. basilare.

building contractor /ˈbɪldɪŋkənˌtræktə(r)/ ♦ *27* n. imprenditore m. (-trice) edile, appaltatore m. (-trice) edile.

building costs /ˈbɪldɪŋˌkɒsts, AE -ˌkɔːsts/ n.pl. costi m. di costruzione.

building land /ˈbɪldɪŋˌlænd/ n. terreno m. edificabile.

building materials /ˈbɪldɪŋməˌtɪərɪəls/ n.pl. materiali m. edilizi, da costruzione.

building permit /ˈbɪldɪŋˌpɜːmɪt/ n. licenza f. di costruzione.

building plot /ˈbɪldɪŋˌplɒt/ n. area f. edificabile.

building site /ˈbɪldɪŋˌsaɪt/ n. cantiere m. edile.

building society /ˈbɪldɪŋsəˌsaɪətɪ/ n. BE istituto m. di credito immobiliare.

building surveyor /ˈbɪldɪŋsəˌveɪə(r)/ ♦ *27* n. perito m. edile, geometra m. e f.

building trade /ˈbɪldɪŋˌtreɪd/ n. edilizia f.

building worker /ˈbɪldɪŋˌwɜːkə(r)/ ♦ *27* n. BE operaio m. (-a) edile, edile m. e f.

▷ **build-up** /ˈbɪldʌp/ n. 1 *(increase) (in tartar, deposits)* accumulo m. (**of** di); *(in traffic)* intensificazione f., aumento m. (**of** di); *(in weapons, stocks)* accumulo m. (**of** di); *(in tension, excitement)* aumento m. (**of** di); ***a ~ of carbon dioxide*** un aumento (del tasso) di biossido di carbonio; ***a military ~*** una concentrazione di truppe; ***a ~ of pressures within the government*** un'intensificazione delle pressioni all'interno del governo 2 *(publicity)* **U** campagna f. pubblicitaria; ***the ~ to sth.*** i preparativi per qcs.; ***to give sth. a good ~*** fare una buona pubblicità a qcs.

▷ **built** /bɪlt/ I pass., p.pass. → **2.build** II agg. 1 *(made)* ***he's powerfully ~*** ha un fisico possente; ***he's slightly ~*** ha una corporatura esile; ***he's ~ for hard work*** ha il fisico adatto ai lavori duri 2 *(designed)* ***to be ~ for*** [*car, equipment*] essere progettato per [*efficiency, speed*]; ***these houses were ~ to last*** queste case sono state costruite per durare 3 ARCH. ***the ~ environment*** le aree urbanizzate III **-built** in composti ***a Russian-~ car*** un'automobile di fabbricazione russa; ***a stone-~ house*** una casa in pietra.

▷ **built-in** /ˌbɪltˈɪn/ agg. 1 [*wardrobe, shelves*] incassato, a muro 2 [*guarantee, clause*] inserito; [*bias, racism*] radicato; ***~ obsolescence*** obsolescenza naturale.

built-up /ˌbɪltˈʌp/ agg. 1 [*region*] urbanizzato; ***the centre of the town has become very ~*** hanno costruito molto nel centro città; ***~ area*** area edificata *o* centro abitato 2 [*shoes, heels*] col rialzo; ***a ~ nose*** TEATR. un naso posticcio.

▷ **bulb** /bʌlb/ n. 1 EL. lampadina f. 2 BOT. bulbo m. 3 *(of thermometer, test tube)* bulbo m.

bulbar /ˈbʌlbə(r)/ agg. bulbare.

bulbiferous /ˌbʌlˈbɪfərəs/ agg. bulbifero.

bulbiform /ˈbʌlbɪfɔːm/ agg. bulbiforme.

bulbil /'bʌlbɪl/ n. BOT. bulbillo m.
bulbous /'bʌlbəs/ agg. **1** *(fat)* [*nose, head*] grosso **2** BOT. [*plant*] bulboso.
bulgar /'bʌlgɑ:(r)/ n. (anche **~wheat**) bulghur m.
Bulgar /'bʌlgɑ:(r)/ agg. bulgaro.
Bulgaria /bʌl'geərɪə/ ♦ *6* n.pr. Bulgaria f.
Bulgarian /bʌl'geərɪən/ ♦ *18, 14* **I** agg. bulgaro **II** n. **1** *(person)* bulgaro m. (-a) **2** *(language)* bulgaro m.
1.bulge /bʌldʒ/ n. **1** *(swelling) (in clothing, carpet, tyre, cheek)* rigonfiamento m.; *(in vase, column, pipe, tube, plaster)* rigonfiamento m., bombatura f., protuberanza f.; *(in stomach)* ***the ~ of his belly*** COLLOQ. la sua grossa pancia *o* il suo pancione **2** STATIST. punta f.; ***a demographic, statistical ~*** una punta demografica, statistica **3** *(increase)* aumento m., rialzo m. (**in** di); ***a ~ in the birth, unemployment rate*** un aumento del tasso di natalità, di disoccupazione **4** MIL. saliente m.; ***the battle of the Bulge*** STOR. MIL. la battaglia delle Ardenne; FIG. SCHERZ. la battaglia *o* lotta contro i chili superflui **5** AE COLLOQ. *(advantage)* vantaggio m.
2.bulge /bʌldʒ/ intr. [*bag, pocket, wallet*] essere gonfio, rigonfio, pieno; [*surface*] gonfiarsi; [*stomach, cheeks*] gonfiarsi, essere gonfio; ***his eyes were bulging out of their sockets*** gli occhi gli uscivano dalle orbite; ***to be bulging with*** [*bag, vehicle, wardrobe*] essere pieno zeppo di; [*book, building*] essere pieno di.
bulging /'bʌldʒɪŋ/ agg. [*eye*] sporgente; [*cheek, stomach, vein*] gonfio; [*chest, muscle*] sviluppato; [*surface, wall*] bombato; [*bag, file*] pieno zeppo, stracolmo; [*wallet*] gonfio, ben fornito.
bulgur /'bʌlgɑ:(r)/ n. (anche **~ wheat**) bulghur m.
bulgy /'bʌldʒɪ/ agg. rigonfio, protuberante.
bulimia /bju:'lɪmɪə/ ♦ *11* n. (anche **~ nervosa**) bulimia f.
bulimic /bju:'lɪmɪk/ **I** agg. bulimico **II** n. bulimico m. (-a).
▷ **1.bulk** /bʌlk/ **I** n. **1** *(large size) (of package, correspondence, writings)* volume m., mole f.; *(of building, vehicle)* mole f., grandezza f. **2** *(large body)* mole f. **3** *(large quantity)* ***in ~*** [*buy, sell*] all'ingrosso; [*transport, ship*] alla rinfusa **4** *(majority)* ***the ~ of*** la maggior parte di [*imports, fortune, applications, nationals, workers, voters*]; il grosso di [*forces, army, workforce, research*] **5** *(dietary fibre)* fibra f. **II** modif. **1** COMM. [*delivery, export, order, purchase, sale, supplies, supplier*] all'ingrosso; [*mailing*] in grosse quantità alla rinfusa **2** MAR. [*cargo, shipment, transport*] alla rinfusa.
2.bulk /bʌlk/ intr. ***to ~ large in*** avere grande importanza per.
bulk-buy /ˌbʌlk'baɪ/ **I** tr. (pass., p.pass. **bulk-bought**) [*individual*] acquistare in grandi quantità [*goods*]; [*company*] acquistare all'ingrosso, in blocco [*goods*] **II** intr. (pass., p.pass. **bulk-bought**) [*individual*] acquistare in grandi quantità; [*company*] acquistare all'ingrosso, in blocco.
bulk-buying /ˌbʌlk'baɪɪŋ/ n. *(by individual)* acquisto m. in grandi quantità; *(by company)* acquisto m. all'ingrosso.
bulk carrier /ˌbʌlk'kærɪə(r)/ n. (nave) portarinfuse f.
bulkhead /'bʌlkhed/ n. MAR. AER. paratia f.
bulkiness /'bʌlkɪnɪs/ n. grossezza f., voluminosità f.
bulk-loading system /'bʌlkləʊdɪŋˌsɪstəm/ n. sistema m. di carico alla rinfusa.
bulky /'bʌlkɪ/ agg. [*person*] corpulento; [*package, equipment, item*] voluminoso; [*book*] spesso.
▷ **1.bull** /bʊl/ ♦ *38* **I** n. **1** ZOOL. toro m. **2** *(male of large animals)* maschio m. **3** *(large man)* omone m. **4** ASTROL. ***the Bull*** il Toro; ***to be (a) Bull*** essere del Toro **5** RELIG. bolla f. **6** ECON. rialzista m. e f. **7** POP. → **1.bullshit** **8** BE centro m., barilotto m. **II** modif. [*elephant, whale*] maschio **III** agg. ECON. [*market*] al rialzo ◆ ***to shoot the ~*** AE POP. dire cavolate; ***to go at sb., sth. like a ~ at a gate*** gettarsi a testa bassa contro qcn., qcs.; ***like a ~ in a china shop*** come un elefante in un negozio di porcellane.
2.bull /bʊl/ **I** tr. COLLOQ. prendere per il culo [*person*] **II** intr. **1** ECON. [*speculator*] speculare, giocare al rialzo; [*shares, stock*] essere in rialzo **2** POP. dire, sparare cazzate, stronzate, balle.
bullace /'bʊlɪs/ n. susino m. selvatico.
bullate /'bʊleɪt/ agg. bolloso, coperto di bolle, di vesciche.
bull-baiting /'bʊlˌbeɪtɪŋ/ n. = spettacolo popolare in cui si aizzavano cani contro un toro incatenato.
bull calf /'bʊlˌkɑ:f, AE -ˌkæf/ n. (pl. **bull calves**) torello m.
bull campaign /'bʊlkæmˌpeɪn/ n. ECON. campagna f. al rialzo, rialzista.
bulldog /'bʊldɒg/ **I** n. bulldog m. **II** modif. FIG. [*spirit, determination*] tenace.
bulldog clip /'bʊldɒgˌklɪp/ n. pinza f. fermacarte.
bulldog edition /'bʊldɒgɪˌdɪʃn/ n. AE = prima edizione del mattino (di un giornale).
bulldoze /'bʊldəʊz/ tr. **1** *(knock down)* abbattere, spianare con un bulldozer [*building, wall, forest*]; *(move)* rimuovere con un bulldozer [*earth, rubble*]; ***the village was ~d to the ground*** il paese è stato raso al suolo con un bulldozer; ***they ~d a track through the forest*** hanno tracciato una pista nella foresta con i bulldozer **2** FIG. *(force)* forzare, obbligare (**into doing** a fare); ***to ~ (one's way) through a crowd*** farsi largo a spallate tra la folla; ***the government is trying to ~ the bill through parliament*** il governo sta cercando di forzare il parlamento ad approvare la legge.
1.bulldozer /'bʊldəʊzə(r)/ n. bulldozer m., apripista m.
2.bulldozer /'bʊldəʊzə(r)/ tr. COLLOQ. → **bulldoze.**
▷ **bullet** /'bʊlɪt/ **I** n. pallottola f., proiettile m.; ***plastic, rubber ~*** pallottola di plastica, di gomma; ***to put a ~ in sb., in sb.'s head*** COLLOQ. piantare una pallottola in corpo a qcn., in testa a qcn. **II** modif. [*wound*] d'arma da fuoco; [*hole, mark*] di proiettile; ***a door riddled with ~ holes*** una porta crivellata di pallottole ◆ ***to bite (on) the ~*** stringere i denti.
bullet-headed /ˌbʊlɪt'hedɪd/ agg. con la testa piccola e rotonda.
▷ **bulletin** /'bʊlətɪn/ n. *(all contexts)* bollettino m.; ***news, sports ~*** bollettino delle notizie, sportivo; ***weather ~*** bollettino meteorologico.
bulletin board /'bʊlətɪnˌbɔ:d/ n. **1** AE *(noticeboard)* bacheca f. **2** INFORM. bulletin board f.
bullet point /'bʊlɪtpɔɪnt/ n. TIP. (grosso) punto m. (ad apertura di paragrafo).
1.bulletproof /'bʊlɪtˌpru:f/ agg. [*glass, vehicle*] blindato, antiproiettile; ***~ vest*** o ***jacket*** giubbotto antiproiettile.
2.bulletproof /'bʊlɪtˌpru:f/ tr. blindare [*glass, vehicle*].
bullet train /'bʊlɪtˌtreɪn/ n. = treno giapponese ad alta velocità.
bullfight /'bʊlfaɪt/ n. corrida f.
bullfighter /'bʊlfaɪtə(r)/ ♦ *27* n. torero m.
bullfighting /'bʊlfaɪtɪŋ/ n. corrida f.; *(art)* tauromachia f.
bullfinch /'bʊlfɪntʃ/ n. ciuffolotto m.
bullfrog /'bʊlfrɒg/ n. rana f. toro.
bullhead /'bʊlhed/ n. **1** ZOOL. *(miller's thumb)* scazzone m.; *(catfish)* pesce m. gatto **2** FIG. testone m. (-a).
bullheaded /ˌbʊl'hedɪd/ agg. cocciuto, ostinato.
bullhorn /'bʊlˌhɔ:n/ n. AE megafono m.
bullion /'bʊlɪən/ n. **U** **1** lingotti m.pl.; ***gold, silver ~ (bars)*** oro, argento in lingotti **2** ECON. ***gold ~*** oro moneta; ***~ reserve*** riserva aurea *o* metallica **3** TESS. *(braid)* grillotti m.pl.
bullionism /'bʊlɪənɪzəm/ n. bullionismo m.
bullish /'bʊlɪʃ/ agg. **1** ECON. [*market, shares, stocks*] in rialzo, tendente al rialzo; [*trend*] al rialzo **2** *(optimistic)* ottimistico.
bull neck /ˌbʊl'nek/ n. collo m. taurino.
bull-necked /ˌbʊl'nekt/ agg. dal collo taurino.
bull note /'bʊlˌnəʊt/ n. ECON. obbligazione f. al rialzo.
bullock /'bʊlək/ **I** n. *(young)* torello m., giovenco m.; *(mature)* bue m., manzo m. **II** modif. ***~ cart*** carro tirato da buoi.
bullpen /'bʊlˌpen/ n. cella f. d'isolamento.
bull position /'bʊlpəˌzɪʃn/ n. ECON. posizione f. lunga.
bullring /'bʊlrɪŋ/ n. *(in bullfighting)* arena f.
bull run /'bʊlˌrʌn/ n. ECON. corsa f. al rialzo.
bull session /'bʊlˌseʃn/ n. AE COLLOQ. = chiacchierata fra amici.
bull's-eye /'bʊlzaɪ/ n. **1** *(on a target)* centro m., barilotto m.; ***to hit the ~*** fare centro *o* colpire nel segno (anche FIG.); ***to score a ~*** mettere a segno (anche FIG.) **2** *(sweet)* = grossa caramella rotonda alla menta **3** ARCH. occhio m. di bue.
bull's-eye glass /'bʊlzaɪˌglɑ:s, AE -ˌglæs/ n. oblò m.
1.bullshit /'bʊlʃɪt/ **I** n. POP. cazzate f.pl., stronzate f.pl., balle f.pl.; ***to talk ~*** dire cazzate, stronzate **II** inter. ***~!*** (sono tutte) cazzate, balle!
2.bullshit /'bʊlʃɪt/ **I** tr. (forma in -ing ecc. **-tt-**) POP. prendere per il culo [*person*]; ***to ~ one's way out of a tricky situation*** tirarsi fuori da una situazione pericolosa bluffando **II** intr. (forma in -ing ecc. **-tt-**) dire, sparare cazzate, stronzate, balle.
bullshitter /'bʊlʃɪtə(r)/ n. POP. chi dice, spara cazzate, contaballe m. e f.
bull terrier /ˌbʊl'terɪə(r)/ n. bull terrier m.
bulltrout /'bʊltraʊt/ n. (pl. **~**) trota f. (comune).
▷ **1.bully** /'bʊlɪ/ **I** n. **1** *(child)* prepotente m. e f., bullo m. (-a); *(adult)* prepotente m. e f., tiranno m. (-a), bullo m. (-a); ***the class ~*** il bullo della classe **2** MIL. COLLOQ. (anche **~ beef**) carne f. in scatola **II** agg. COLLOQ. ANT. magnifico **III** inter. COLLOQ. ***~ for you!*** buon per te!
▷ **2.bully** /'bʊlɪ/ **I** tr. [*person, child*] maltrattare, angariare; [*country*] intimidire, intimorire; ***to ~ sb. into doing*** costringere qcn. a fare, intimare a qcn. di fare; ***I won't be bullied!*** non mi lascerò intimidire! **II** intr. fare il prepotente.

▪ **bully off** SPORT dare inizio al gioco, mettere in gioco.
bully boy /ˈbʊlɪbɔɪ/ COLLOQ. SPREG. **I** n. *(aggressive male)* duro m. (-a), prepotente m. e f.; *(paid)* scagnozzo m., tirapiedi m. **II** modif. *~ tactics* manovre d'intimidazione.
bullying /ˈbʊlɪŋ/ **I** n. *(of person, child)* maltrattamento m., sopruso m.; *(of country)* intimidazione f. **II** agg. [*person, behaviour*] prepotente; [*tactics*] d'intimidazione.
bully-off /ˈbʊlɪɒf/ n. SPORT messa f. in gioco.
bullyrag /ˈbælɪˌræg/ tr. maltrattare, angariare, intimorire.
bulrush /ˈbʊlrʌʃ/ n. giunco m. di palude.
bulwark /ˈbʊlwək/ n. MIL. bastione m. (**against** contro) (anche FIG.); MAR. murata f., impavesata f.; *(breakwater)* frangiflutti m.
Bulwer /ˈbʊlwə(r)/ n.pr. Bulwer (nome di uomo).
1.bum /bʌm/ **I** n. **1** BE COLLOQ. *(buttocks)* sedere m., culo m., deretano m. **2** AE *(vagrant)* barbone m. (-a), clochard m. e f.; ***to be on the ~*** vivere da barbone **3** *(lazy person)* fannullone m. (-a) **II** agg. **1** AE *(bad)* di pessima qualità, inutile; ***~ rap*** brutto scherzo *o* fregatura; ***to get a ~ deal*** fare un cattivo affare; ***to give sb. a ~ steer*** dare un'informazione errata a qcn. *o* fuorviare qcn. **2** AE *(injured)* ferito ◆ ***to give sb., to get the ~'s rush*** buttare fuori qcn. (a calci in culo), essere buttato fuori (a calci in culo); ***to put ~s on seats*** BE attirare spettatori.
2.bum /bʌm/ **I** tr. (forma in -ing ecc. **-mm-**) COLLOQ. *(scrounge)* scroccare [*cigarette, money*] (**off, from** a); ***to ~ a ride*** o ***a lift*** scroccare un passaggio **II** intr. (forma in -ing ecc. **-mm-**) vivere da barbone.
▪ **bum around 1** *(travel aimlessly)* vagabondare, girovagare **2** *(be lazy)* bighellonare.
bumbag /ˈbʌmbæg/ n. BE marsupio m.
bumbershoot /ˈbʌmbəʃu:t/ n. AE COLLOQ. ombrello m.
bumble /ˈbʌmbl/ intr. **1** (anche **~ on**) *(mumble)* borbottare; ***to ~ (on) about sth.*** farneticare di qcs. **2** *(move)* ***to ~ around*** o ***to ~ about*** bighellonare *o* gironzolare.
bumblebee /ˈbʌmblbi:/ n. *(insect)* bombo m.
bumbler /ˈbʌmblə(r)/ n. COLLOQ. borbottone m. (-a).
bumbling /ˈbʌmblɪŋ/ agg. COLLOQ. **1** *(incompetent)* [*person*] imbranato, impedito; [*behaviour, attempt*] maldestro **2** *(mumbling)* [*person*] borbottone; [*speech*] sconclusionato.
bumboat /ˈbʌmbəʊt/ n. battello m. di servizio.
bumf /bʌmf/ n. BE COLLOQ. *(documents)* scartoffie f.pl.; *(toilet paper)* carta f. igienica.
bumfluff /ˈbʌmflʌf/ n. BE COLLOQ. *(of a boy)* primi peli m.pl., lanugine f.
bumfreezer /ˈbʌmfri:zə(r)/ n. BE COLLOQ. = giacca da uomo corta in vita.
bumkin /ˈbʌmkɪn/ n. MAR. buttafuori m.
bummer /ˈbʌmə(r)/ n. POP. **1** *(useless thing)* cavolata f.; *(annoying)* seccatura f., scocciatura f.; ***this job's a real ~!*** questo lavoro è veramente palloso! ***what a ~!*** *(nuisance)* che rottura (di palle)! *(rotten luck)* che sfiga! **2** *(in drug addicts' slang) (trip)* ***to be on a ~*** farsi un viaggio *o* un trip.
▷ **1.bump** /bʌmp/ n. **1** *(lump) (on body)* protuberanza f., bernoccolo m. (**on** su); *(on road surface)* asperità f., gobba f. (**on, in** su) **2** *(jolt)* scossone m., urto m.; ***to come down with a ~*** FIG. venire giù di botto **3** *(sound of fall)* rumore m. sordo, tonfo m. **4** ***to go ~*** fare bum **5** EUFEM. SCHERZ. *(of pregnant woman)* pancione m. **6** COLLOQ. *(of stripper)* ***~s and grinds*** = movimento erotico di spogliarellista che consiste nello spingere avanti la regione pelvica ◆ ***to come down to earth with a ~*** tornare di colpo con i piedi per terra; ***to feel*** o ***read sb.'s ~s*** cercare di capire che testa ha qcn.; ***things that go ~ in the night*** i rumori misteriosi che si sentono di notte.
▷ **2.bump** /bʌmp/ **I** tr. **1** *(knock)* urtare, andare a sbattere (**against, on** contro); ***to ~ one's head*** battere la testa; ***to ~ sb. off o from*** fare cadere qcn. da [*wall, seat*] **2** AE COLLOQ. *(remove)* ***to ~ sb. from*** rimuovere qcn. da [*passenger list, job*] **3** AE SPORT COLLOQ. scalzare (**out of, from** da) **4** AE COLLOQ. *(promote)* ***to ~ sb. to*** promuovere qcn. ad un posto di [*manager, professor*] **5** AE COLLOQ. *(raise)* → **bump up II** intr. **1** *(knock)* ***to ~ against*** urtare contro *o* (andare a) sbattere contro **2** *(move jerkily)* ***to ~ along*** o ***over*** [*vehicle*] sobbalzare, traballare su [*road*]; ***to ~ up and down in*** [*person*] farsi scuotere da [*vehicle*].
▪ **bump into:** ***~ into [sb., sth.]*** *(collide)* (andare a) sbattere contro, tamponare [*person, object*]; ***he ~ed into me*** mi ha sbattuto contro; ***~ into [sb.]*** COLLOQ. *(meet)* imbattersi in, incontrare per caso.
▪ **bump off** COLLOQ. ***~ off [sb.], ~ [sb.] off*** liquidare, stendere, uccidere.
▪ **bump up** COLLOQ. ***~ up [sth.]*** **1** *(increase)* alzare, aumentare [*price, tax, wage*] (**from** da, **to** a) **2** *(exaggerate)* gonfiare [*real number*].
bumper /ˈbʌmpə(r)/ **I** n. **1** AUT. paraurti m.; ***~ to ~*** in coda, in colonna **2** AE FERR. respingente m. **3** *(tankard)* bicchiere m. colmo **II** agg. attrib. *(large)* [*crop, sales, year*] eccezionale; [*crowd*] immenso; [*edition*] straordinario.
bumper car /ˈbʌmpəkɑ:(r)/ n. autoscontro m.
bumper sticker /ˈbʌmpəˌstɪkə(r)/ n. adesivo m. per paraurti.
bumph → **bumf**.
bumpiness /ˈbʌmpɪnɪs/ n. *(of road)* irregolarità f., (l')essere accidentato.
bumping /ˈbʌmpɪŋ/ n. **1** (l')andare a sbattere **2** *(of cars)* tamponamento m. **3** CHIM. ebollizione f. a scosse.
bumpkin /ˈbʌmpkɪn/ n. COLLOQ. SPREG. (anche **country ~**) zotico m. (-a), bifolco m. (-a).
bumptious /ˈbʌmpʃəs/ agg. presuntuoso, borioso.
bumptiousness /ˈbʌmpʃəsnɪs/ n. presunzione f., boria f.
bumpy /ˈbʌmpɪ/ agg. [*road surface*] accidentato; [*wall, ceiling*] irregolare; [*journey, flight, landing*] agitato ◆ ***to be in for a ~ ride*** imbarcarsi in un'impresa difficile.
bum rap /bʌmˈræp/ n. AE COLLOQ. falsa accusa f., calunnia f.
▷ **bun** /bʌn/ **I** n. **1** GASTR. *(bread roll)* panino m. dolce; *(cake)* focaccina f., ciambella f.; ***currant ~*** panino dolce all'uvetta **2** *(hairstyle)* crocchia f., chignon m.; ***to put, wear one's hair in a ~*** raccogliere i capelli in, avere uno chignon **II buns** n.pl. AE COLLOQ. chiappe f. ◆ ***to have a ~ in the oven*** COLLOQ. SCHERZ. = essere incinta.
▷ **1.bunch** /bʌntʃ/ n. **1** COLLOQ. *(of people)* gruppo m.; SPREG. branco m.; ***a ~ of friends*** un gruppo di amici; ***a ~ of idiots*** un branco di imbecilli; ***a mixed ~*** un gruppo di persone diverse; ***a great ~*** una compagnia tosta *o* di gente simpatica **2** *(of flowers)* mazzo m. (**of** di) **3** *(of vegetables)* mazzo m., fascio m.; *(of bananas)* casco m.; ***to tie [sth.] in a ~*** fare un mazzo [*onions, carrots, radishes*] **4** *(of objects)* ***a ~ of feathers*** un ciuffo di piume; ***a ~ of keys*** un mazzo di chiavi; ***a ~ of wires*** un fascio di fili; ***a ~ of twigs*** un fascio di ramoscelli *o* una fascina **5** COLLOQ. *(lot)* sacco m. (**of** di); ***a whole ~ of things*** un sacco di cose; ***the best*** o ***pick of the ~*** il migliore tra tutti **6** BE *(of hair)* codino m.; ***to wear one's hair in ~es*** portare i codini **7** SPORT plotone m., gruppo m.
2.bunch /bʌntʃ/ **I** tr. **1** *(put in bunches)* fare dei fasci di [*vegetables*]; fare dei mazzi di [*flowers*] **2** fare partire in fila indiana [*aircraft, buses*] **II** intr. [*fabric, skirt*] spiegazzarsi, sgualcirsi.
▪ **bunch together** [*people*] ammassarsi, affollarsi; ***to be all ~ed together*** essere tutti ammassati.
▪ **bunch up:** ***~ up*** [*people*] ammassarsi, affollarsi; [*fabric, garment*] spiegazzarsi, sgualcirsi; ***~ up [sth.], ~ [sth.] up*** spiegazzare, sgualcire [*fabric, garment*]; ***to be all ~ed up*** [*skirt*] essere tutto spiegazzato; ***to stay ~ed up*** [*runners*] restare in gruppo.
bunched /bʌntʃt/ **I** p.pass. → **2.bunch II** agg. [*skirt, fabric*] spiegazzato; [*people*] ammassato; [*buses*] in fila indiana.
bunchy /ˈbʌntʃɪ/ agg. a grappoli, a mazzi.
1.bunco /ˈbʊŋkəʊ/ AE COLLOQ. **I** n. (pl. **~s**) imbroglio m., truffa f. **II** modif. ***~ thief*** imbroglione; ***~ trick*** imbroglio; ***~ card game*** partita a carte truccata.
2.bunco /ˈbʊŋkəʊ/ tr. AE COLLOQ. (3ª persona sing. pres. **~s**; pass., p.pass. **~ed**) imbrogliare; ***to ~ sb. out of sth.*** fregare qcs. a qcn.
buncombe/ˈbʌŋkəm/ AE → **bunkum.**
▷ **1.bundle** /ˈbʌndl/ n. **1** *(collection) (of objects)* pacco m.; *(of clothes, cloth)* fagotto m.; *(of papers, letters)* fascio m., plico m.; *(of banknotes)* mazzetta f.; *(of books)* pila f.; *(of straw)* fascio m.; ***a ~ of sticks*** una fascina di rami **2** *(baby, person)* fagottino m.; ***~ of joy*** angioletto; IRON. tesoro; ***~ of fun*** IRON. spiritoso; ***~ of nerves*** fascio di nervi; ***to be a ~ of mischief*** [*child*] combinarne di tutti i colori, essere birichino ◆ ***I don't go a ~ on him, on jazz*** BE non vado matto per lui, per il jazz; ***to cost, to make a ~*** COLLOQ. costare, guadagnare un pacco di soldi.
▷ **2.bundle** /ˈbʌndl/ **I** tr. COLLOQ. **1** ***to ~ sb. into*** infilare, ficcare qcn. in [*plane, aircraft*]; ***to ~ sth. into*** ficcare qcs. in [*container, drawer*]; ***to ~ sb. outside*** o ***through the door*** spingere qcn. fuori dalla porta **2** → **bundle up 3** INFORM. = vendere in bundle, in un unico pacchetto (**with** con) **II** intr. ***to ~ into a car*** *(hurry)* precipitarsi in macchina; *(cram)* infilarsi in macchina.
▪ **bundle off:** ***~ [sb.] off*** *(remove)* fare uscire bruscamente; [*police, secret service*] acciuffare, mettere dentro; ***to ~ sb. off to school, to sb.'s house*** spedire qcn. a scuola, a casa di qcn.
▪ **bundle up:** ***~ [sth.] up, ~ up [sth.]*** fare un fascio di [*letters, newspapers*]; fare una fascina di [*sticks, wood*]; fare un fagotto di [*clothes, knitting*]; fare una mazzetta di [*banknotes*]; ***~ [sb.] up*** avvolgere (**in** in); ***to ~ oneself up*** avvolgersi (**in** in).
bunfight /ˈbʌnfaɪt/ n. GB COLLOQ. SCHERZ. *(tea party)* tè m.; IRON. ricevimento m. ufficiale.

1.bung /bʌŋ/ n. **1** tappo m., zipolo m. **2** COLLOQ. *(bribe)* bustarella f.
2.bung /bʌŋ/ tr. **1** *(stop up)* tappare [*hole, barrel, bottle*] **2** BE COLLOQ. *(put, throw)* gettare, buttare.
■ **bung in** BE COLLOQ. **~ [sth.] in, ~ in [sth.]** dare in omaggio [*free gift, extra*]; inserire, infilare [*question, remark*]; inviare [*application*].
■ **bung out** BE COLLOQ. **~ [sth.] out, ~ out [sth.]** bilanciare.
■ **bung up** BE COLLOQ. **~ [sth.] up, ~ up [sth.]** *(block)* intasare [*sink, drain, nose*]; *(raise)* aumentare [*prices, interest rates*].
bungalow /ˈbʌŋgələʊ/ n. = villetta unifamiliare a un solo piano; *(in India)* bungalow m.
bungee jumping /ˈbʌndʒi:dʒʌmpɪŋ/ ➧ **10** n. bungee jumping m.
bunghole /ˈbʌŋhəʊl/ n. cocchiume m.
1.bungle /ˈbʌŋgl/ n. pasticcio m.
2.bungle /ˈbʌŋgl/ **I** tr. sciupare, sprecare [*attempt, opportunity*]; abborracciare [*job*]; mandare all'aria [*burglary, investigation*]; ***he ~d it*** l'ha abborracciato *o* l'ha fatto alla bell'e meglio **II** intr. mancare il colpo.
bungled /ˈbʌŋgld/ **I** p.pass. → **2.bungle II** agg. [*job*] abborracciato; [*stroke*] mancato.
bungler /ˈbʌŋglə(r)/ n. COLLOQ. pasticcione m. (-a), incapace m. e f.
bungling /ˈbʌŋglɪŋ/ **I** n. goffaggine f., inettitudine f. **II** agg. incapace, pasticcione; ***you ~ idiot!*** idiota incapace!
bunion /ˈbʌnjən/ ➧ **11** n. MED. borsite f. dell'alluce.
1.bunk /bʌŋk/ n. **1** MAR. FERR. cuccetta f. **2** (anche **~ bed**) *(whole unit)* letto m. a castello; ***the top, lower ~*** il letto in alto, in basso **3** COLLOQ. → **bunkum** ◆ ***to do a ~*** COLLOQ. prendere il largo *o* dileguarsi *o* volatilizzarsi.
2.bunk /bʌŋk/ intr. COLLOQ. (anche **~ down**) dormire.
■ **bunk off** COLLOQ. dileguarsi, eclissarsi; **~ off [sth.]** ***to ~ off school*** marinare la scuola.
bunk bed /ˈbʌŋkbed/ n. letto m. a castello.
1.bunker /ˈbʌŋkə(r)/ n. **1** MIL. *(shelter) (for commander)* bunker m.; *(for gun)* bunker m., casamatta f.; *(beneath building)* rifugio m.; ***command ~*** bunker di comando **2** *(in golf)* bunker m. **3** MAR. *(container)* bunker m.
2.bunker /ˈbʌŋkə(r)/ tr. **1** *(in golf)* tirare in bunker [*ball*]; *(of person)* ***to be ~ed*** essere in difficoltà **2** MAR. mettere nel bunker, rifornire di [*coal, oil*].
bunker mentality /ˈbʌŋkəmen͵tælətɪ/ n. = atteggiamento esasperato di autodifesa.
bunkhouse /ˈbʌŋkhaʊs/ n. AE AGR. = casa dei mandriani.
bunko COLLOQ. → **bunco**.
bunkum /ˈbʌŋkəm/ n. COLLOQ. fesserie f.pl., balle f.pl.; ***to talk ~*** dire stupidaggini.
bunk up /ˈbʌŋkəp/ n. BE spinta f.; ***to give sb. a ~*** dare una spinta a qcn.
▷ **bunny** /ˈbʌnɪ/ n. **1** (anche **~ rabbit**) INFANT. coniglietto m. **2** (anche **~ girl**) coniglietta f. (di Playboy®).
Bunsen /ˈbʌnsn/, **Bunsen burner** /͵bʌnsnˈbɜ:nə(r)/ n. becco m. Bunsen.
1.bunt /bʌnt/ n. *(of net, sail)* pancia f.
2.bunt /bʌnt/ intr. [*sail, net*] gonfiarsi.
3.bunt /bʌnt/ n. SPORT *(in baseball)* palla f. smorzata.
4.bunt /bʌnt/ tr. SPORT *(in baseball)* smorzare [*ball*].
bunting /ˈbʌntɪŋ/ n. **1** *(flags)* bandiere f.pl., pavese m. **2** *(material)* stamigna f., stamina f. **3** ZOOL. zigolo m.
1.buoy /bɔɪ/ n. boa f.; *(for marking)* boa f. di segnalazione.
2.buoy /bɔɪ/ tr. **1** (anche **~ up**) *(make cheerful)* incoraggiare [*person, team*] (**by** con); tirare su [*morale*] (**by** con) **2** (anche **~ up**) ECON. tenere alto [*share prices, sales levels, results*] (**by** con) **3** (anche **~ up**) *(keep afloat)* tenere a galla [*person, raft, object*] **4** MAR. *(mark out)* segnalare con boe [*channel, rocks*].
buoyage /ˈbɔɪɪdʒ/ n. sistema m. di boe.
buoyancy /ˈbɔɪənsɪ/ n. **1** *(of floating object)* galleggiabilità f.; *(of supporting medium)* spinta f. idrostatica **2** FIG. *(cheerfulness)* ottimismo m., capacità f. di recupero **3** ECON. *(of exports, market, demand)* tendenza f. al rialzo, a salire.
buoyancy aid /ˈbɔɪənsɪ͵eɪd/ n. boa f.
buoyant /ˈbɔɪənt/ agg. **1** [*object*] galleggiante; [*supporting medium*] che sostiene; ***seawater is more ~ than fresh water*** l'acqua di mare sostiene meglio dell'acqua dolce **2** *(cheerful)* [*person, personality*] esuberante, ottimista; [*mood, spirits*] allegro, esuberante; [*tread, step*] spedito; [*effect*] corroborante **3** ECON. [*market, prices, profits, sales*] tendente al rialzo; [*economy*] in espansione, esuberante; [*demand, currency*] sostenuto, vivace.
buoyantly /ˈbɔɪəntlɪ/ avv. **1** *(cheerfully)* [*speak*] allegramente; [*walk*] a passo spedito **2** *(lightly)* [*rise, float*] lievemente.
buoy rope /͵bɔɪˈrəʊp/ n. grippia f.
BUPA /ˈbu:pə/ n. GB (⇒ British United Provident Association) = società britannica privata per la previdenza e l'assistenza sanitaria.
bur → **1.burr**.
1.burble /ˈbɜ:bl/ n. → **burbling**.
2.burble /ˈbɜ:bl/ intr. **1** [*stream, water*] gorgogliare **2** (anche **~ on**) borbottare; ***to ~ (on) about sth.*** farneticare di qcs.
burbling /ˈbɜ:blɪŋ/ **I** n. **1** *(of stream)* gorgoglio m.; *(of voices)* mormorio m. **2** *(rambling talk)* discorso m. confuso, sconclusionato **II** agg. **1** [*stream*] che gorgoglia; [*voice*] che mormora **2** *(rambling)* [*speech, speaker*] sconclusionato.
burbot /ˈbɜ:bət/ n. (pl. **~s**, **~**) bottatrice f.
burbs /bɜ:bz/ n. AE COLLOQ. sobborghi m.pl., periferia f.
▷ **1.burden** /ˈbɜ:dn/ n. **1** *(responsibility)* peso m., fardello m. (**to sb.** per qcn.); ***the ~ of guilt, responsibility*** il peso della colpevolezza, responsabilità; ***the ~ of taxation*** il gravame fiscale *o* delle imposte; ***the Third World's debt ~*** il peso dei debiti del Terzo Mondo; ***to ease the ~ on sb.*** scaricare il peso su qcn.; ***this law imposes an extra ~ on mothers*** questa legge costituisce un peso supplementare per le madri; ***the ~ of proof*** DIR. l'onere della prova **2** *(load)* carico m. **3** *(central theme)* ***the ~ of*** il succo di *o* il tema principale [*argument etc.*] **4** MUS. ritornello m. **5** MAR. portata f.
2.burden /ˈbɜ:dn/ **I** tr. (anche **~ down**) **1** FIG. caricare (**with** di) **2** sovraccaricare (**with** di) **II** rifl. ***to ~ oneself with sth.*** caricarsi di qcs.
burdened /ˈbɜ:dn/ **I** p.pass. → **2.burden II** agg. **1** FIG. carico (**with** di) **2** sovraccarico (**with** di).
burdensome /ˈbɜ:dnsəm/ agg. oneroso, gravoso.
burdock /ˈbɜ:dɒk/ n. bardana f.
▷ **bureau** /ˈbjʊərəʊ, AE -ˈrəʊ/ n. (pl. **~s**, **~x**) **1** *(agency)* agenzia f.; *(local office)* ufficio m., bureau m.; ***information ~*** ufficio informazioni **2** US *(government department)* dipartimento m.; ***immigration, census ~*** dipartimento per l'immigrazione, per i censimenti **3** BE *(writing desk)* scrivania f., scrittoio m., bureau m. **4** AE *(chest of drawers)* comò m., cassettone m.
▷ **bureaucracy** /bjʊəˈrɒkrəsɪ/ n. burocrazia f.
▷ **bureaucrat** /ˈbjʊərəkræt/ n. burocrate m. e f.
▷ **bureaucratic** /͵bjʊərəˈkrætɪk/ agg. burocratico.
bureaucratically /͵bjʊərəˈkrætɪklɪ/ avv. burocraticamente.
bureaucratism /bjʊəˈrɒkrətɪzəm/ n. burocratismo m.
bureaucratization /bjʊə͵rɒkrətaɪˈzeɪʃn, AE -tɪˈz-/ n. burocratizzazione f.
bureaucratize /bjʊəˈrɒkrətaɪz/ tr. burocratizzare.
bureautics /bjʊəˈrɒtɪks/ n. + verbo sing. burotica f., informatica f. per l'ufficio.
bureaux → **bureau**.
burette /bjʊəˈret/ n. CHIM. buretta f.
burg /bɜ:g/ n. AE COLLOQ. città f., cittadina f.
burgee /bɜ:ˈdʒi:/ n. guidone m.
burgeon /ˈbɜ:dʒən/ intr. FORM. **1** FIG. *(grow)* [*talent, love, industry, crime*] crescere, aumentare; *(multiply)* [*population*] moltiplicarsi, crescere; [*projects*] prendere forma; [*industries*] nascere **2** FIG. *(flourish)* [*talent*] fiorire; [*love*] sbocciare, fiorire; [*industry, crime*] fiorire, prosperare; [*population*] crescere, prosperare **3** [*plant, flower*] germogliare.
burgeoning /ˈbɜ:dʒənɪŋ/ agg. **1** FIG. *(growing)* [*talent, love, industry, crime*] crescente; *(multiplying)* [*population, projects, industries*] in sviluppo **2** FIG. *(flourishing)* [*talent, love, industry, crime*] fiorente; [*population*] prospero **3** [*plant, flower*] in germoglio.
▷ **burger** /ˈbɜ:gə(r)/ n. (anche **hamburger**) hamburger m.; ***beef~*** hamburger.
burger bar /ˈbɜ:gəbɑ:(r)/ n. fast food m.
burgess /ˈbɜ:dʒɪs/ n. **1** BE ANT. cittadino m. (-a) **2** STOR. = membro del parlamento che rappresenta una città o un'università.
burgh /ˈbʌrə/ n. SCOZZ. città f., borgo m.
burgher /ˈbɜ:gə(r)/ n. ANT. STOR. o SCHERZ. cittadino m. (-a).
burglar /ˈbɜ:glə(r)/ n. scassinatore m. (-trice).
burglar alarm /ˈbɜ:glə͵əlɑ:m/ n. impianto m. antifurto, d'allarme.
burglarious /ˈbɜ:glərɪəs/ agg. DIR. relativo a furto con scasso.
burglarize /ˈbɜ:gləraɪz/ tr. AE → **burgle**.
burglar-proof /ˈbɜ:gləpru:f/ agg. [*house, safe, lock*] a prova di scasso.
burglary /ˈbɜ:glərɪ/ n. furto m.; DIR. furto m. con scasso, violazione f. di domicilio.
burgle /ˈbɜ:gl/ tr. scassinare; commettere furto con scasso ai danni di.
burgomaster /ˈbɜ:gəmɑ:stə(r)/ n. borgomastro m.
burgonet /ˈbɜ:gənet/ n. borgognotta f.

Burgundian /bɜːˈɡʌndɪən/ **I** agg. **1** borgognone **2** STOR. burgundo **II** n. **1** borgognone m. (-a) **2** STOR. burgundo m. (-a).
burgundy /ˈbɜːɡəndɪ/ **5** **I** n. **1** *(wine)* (vino di) borgogna m. **2** (color) bordeaux m. **II** agg. bordeaux.
Burgundy /ˈbɜːɡəndɪ/ **24** **I** n.pr. GEOGR. Borgogna f. **II** modif. GEOGR. della Borgogna.
▷ **burial** /ˈberɪəl/ **I** n. **1** RELIG. *(ceremony)* funerale m.; *~ at sea* funerale in mare **2** *(placing in ground) (of body)* sepoltura f.; inumazione f.; *(of object, waste)* sotterramento m. **II** modif. [*site*] di sepoltura; [*service, rites*] funebre.
burial chamber /ˈberɪəl,tʃeɪmbə(r)/ n. tomba f., camera f. funeraria.
burial ground /ˈberɪəl,graʊnd/ n. cimitero m.
burial mound /ˈberɪəl,maʊnd/ n. tomba f., tumulo m.
burial place /ˈberɪəl,pleɪs/ n. luogo m. di sepoltura.
burial vault /ˈberɪəl,vɔːlt/ n. tomba f. a volta.
burin /ˈbjʊərɪn/ n. bulino m.
burinist /ˈbjʊərɪnɪst/ **27** n. bulinatore m. (-trice).
burke /bɜːk/ tr. RAR. soffocare, mettere a tacere.
Burkina Faso /,bɜːkɪnəˈfæsəʊ/ **6** n.pr. Burkina Faso m.
1.burl /bɜːl/ n. *(in cloth, wood)* nodo m.
2.burl /bɜːl/ tr. rifinire (togliendo i nodi) [*cloth*].
burlap /ˈbɜːlæp/ n. tela f. da sacco.
1.burlesque /bɜːˈlesk/ **I** n. **1** LETTER. *(piece of writing)* opera f. burlesca, parodia f.; *(genre)* burlesque m. **2** *(sham)* caricatura f. **3** AE ANT. *(comedy show)* burlesque m. **II** agg. **1** [*style, show, performer*] parodistico, caricaturale, burlesco **2** *(sham)* [*ceremony, speech*] burlesco, caricaturale.
2.burlesque /bɜːˈlesk/ tr. parodiare, mettere in ridicolo.
burliness /ˈbɜːlɪnɪs/ n. *(of person)* corpulenza f.; *(of build)* imponenza f.
burly /ˈbɜːlɪ/ agg. [*person*] corpulento; [*build*] massiccio, imponente.
Burma /ˈbɜːmə/ **6** n.pr. Birmania f.
Burman /ˈbɜːmən/ n. **1** *(person)* birmano m. (-a) **2** *(language)* birmano m.
Burmese /bɜːˈmiːz/ **18, 14** **I** agg. birmano; *~ cat* gatto birmano **II** n. (pl. ~) **1** *(person)* birmano m. (-a) **2** *(language)* birmano m.
1.burn /bɜːn/ n. **1** bruciatura f., scottatura f.; MED. ustione f.; ***cigarette ~s*** bruciature di sigaretta **2** AER. combustione f. **3** SCOZZ. *(stream)* ruscello m.
▶ **2.burn** /bɜːn/ **I** tr. (pass., p.pass. **~ed**, **burnt** BE) **1** *(damage by heat or fire)* bruciare [*papers, rubbish*]; incendiare, dare fuoco a [*building, city*]; [*sun*] bruciare [*person, skin*]; [*acid*] corrodere, bruciare [*surface, substance*]; [*alcohol, food*] bruciare [*mouth*]; ***to be ~ed to the ground, to ashes*** essere distrutto dal fuoco, incenerito; ***to be ~ed alive*** essere bruciato vivo; ***to be ~ed to death*** morire carbonizzato; ***to ~ one's finger, arm*** bruciarsi un dito, un braccio; ***to ~ a hole in sth.*** fare un buco in qcs. (con la sigaretta, il fuoco) **2** *(use)* ***to ~ coal, gas*** [*boiler*] andare a carbone, a gas; ***the system ~s too much oil*** il sistema consuma troppo combustibile **3** GASTR. (lasciare, fare) bruciare [*food*]; bruciare [*pan*] **4** AE COLLOQ. *(electrocute)* giustiziare sulla sedia elettrica **5** AE COLLOQ. *(swindle)* fregare **6** INFORM. GERG. masterizzare [*CD*] **II** intr. (pass., p.pass. **~ed**, **burnt** BE) **1** *(be consumed by fire)* bruciare; ***to ~ to a cinder*** essere carbonizzato; ***the house ~ed to the ground*** la casa è completamente bruciata *o* è ridotta in cenere **2** *(be turned on)* [*light*] essere acceso **3** *(be painful)* [*blister, wound*] bruciare; *(from sun)* [*skin, part of body*] scottarsi; ***he has the kind of skin that ~s easily*** ha un tipo di pelle che si scotta facilmente; ***my throat is ~ing!*** mi brucia la gola! ***his cheeks were ~ing (with embarrassment)*** aveva il viso rosso *o* era tutto rosso (per l'imbarazzo) **4** GASTR. [*toast, meat*] bruciarsi; [*sauce*] attaccarsi **5** FIG. *(be eager)* ***to be ~ing to do*** [*person*] ardere *o* morire dalla voglia di fare; ***to be ~ing with desire, with impatience*** bruciare *o* ardere di desiderio, d'impazienza **6** AER. bruciare **III** rifl. (pass., p.pass. **~ed**, **burnt** BE) ***to ~ oneself*** bruciarsi ◆ ***to ~ one's boats*** o ***bridges*** bruciare i ponti.
■ **burn away** [*candle, log*] consumarsi.
■ **burn down:** ***~ down*** **1** [*house*] bruciare completamente, essere distrutto dal fuoco **2** [*candle, fire*] cominciare a spegnersi; ***~ down [sth.], ~ [sth.] down*** incendiare, ridurre in cenere [*house etc.*].
■ **burn off:** ***~ off*** [*alcohol*] evaporare; ***~ off [sth.], ~ [sth.] off*** distruggere con il fuoco [*paint, varnish*]; MED. cauterizzare *o* bruciare [*wart*]; IND. fare bruciare [*unwanted gas*]; FIG. bruciare [*energy*].
■ **burn out:** ***~ out*** [*candle, fire*] estinguersi, spegnersi; [*light bulb*] bruciarsi; [*fuse*] saltare; FIG. [*person*] *(through overwork)* consumarsi, logorarsi; ***at the rate he's working, he'll ~ himself out*** a forza di lavorare a questo ritmo si consumerà; ***~ out [sth.], ~ [sth.] out*** *(destroy by fire)* incendiare, distruggere con il fuoco [*building, vehicle*]; AUT. MECC. fondere [*engine, motor*]; bruciare [*clutch*]; ***~ out [sb.], ~ [sb.] out*** MIL. fare uscire appiccando il fuoco [*besieged citizens, troops*].
■ **burn up:** ***~ up*** **1** [*fire, flames*] ravvivarsi, divampare **2** AER. [*satellite, meteorite*] incendiarsi **3** AE COLLOQ. *(get angry)* arrabbiarsi di brutto **4** *(get feverish)* [*child*] bruciare; ***~ up [sth.], ~ [sth.] up*** bruciare [*calories, fuel, waste*]; [*sun*] bruciare [*lawn, vegetation*]; ***she ~s up all her energy worrying*** spreca tutte le sue energie a preoccuparsi; ***to be ~ed up with hatred, with envy*** FIG. essere roso *o* consumato dall'odio, dall'invidia; ***~ up [sb.], ~ [sb.] up*** AE COLLOQ. *(make angry)* fare arrabbiare.
burned-out /,bɜːndˈaʊt/ → **burnt-out**.
burner /ˈbɜːnə(r)/ n. **1** *(on gas cooker)* bruciatore m.; *(of lamp)* becco m. (a gas) **2** INFORM. ***(CD, DVD) ~*** masterizzatore ◆ ***to put sth. on the back ~*** mettere qcs. da parte *o* nel cassetto [*question, issue*].
burnet /ˈbɜːnɪt/ n. salvastrella f.
▷ **burning** /ˈbɜːnɪŋ/ **I** n. **1** ***there's a smell of ~*** c'è odore di bruciato; ***I can smell ~!*** sento un odore di bruciato! **2** *(setting on fire) (of building, town)* incendio m.; → **book-burning** **II** agg. **1** *(on fire)* [*building, vehicle, town, forest*] in fiamme; *(alight)* [*candle, lamp, fire*] acceso; [*ember, coal*] ardente; FIG. *(very hot)* [*heat*] rovente, torrido; [*sun*] cocente; ***a ~ feeling, sensation*** un senso di bruciore **2** FIG. *(intense)* [*fever, thirst, desire, enthusiasm*] ardente; [*passion*] cocente; ***a ~ question*** o ***issue*** una questione scottante.
burning bush /ˈbɜːnɪŋ,bʊʃ/ n. BIBL. roveto m. ardente.
burning glass /ˈbɜːnɪŋ,glɑːs, AE -,glæs/ n. specchio m. ustorio.
burnish /ˈbɜːnɪʃ/ tr. LETT. brunire.
burnished /ˈbɜːnɪʃt/ **I** p.pass. → **burnish** **II** agg. [*copper, skin, leaves*] brunito.
burnisher /ˈbɜːnɪʃə(r)/ n. *(tool)* brunitoio m.
burnishing /ˈbɜːnɪʃɪŋ/ n. brunitura f.
burnous /bɜːˈnuːs/ n. burnus m.
burn-out /ˈbɜːnaʊt/ n. **1** *(of worker, staff)* esaurimento m., sovraffaticamento m. **2** *(in aerospace)* fine combustione f.
burns unit /ˈbɜːnz,juːnɪt/ n. MED. reparto m. grandi ustionati.
▷ **burnt** /bɜːnt/ **I** pass., p.pass. → **2.burn** **II** agg. bruciato; [*smell, taste*] di bruciato.
burnt almond /,bɜːntˈɑːmənd/ n. mandorla f. tostata.
burnt lime /,bɜːntˈlaɪm/ n. calce f. viva.
burnt offering /,bɜːntˈɒfərɪŋ, AE -ˈɔːf-/ n. olocausto m., sacrificio m.; SCHERZ. *(burnt meal)* pasto m. bruciato.
burnt orange /,bɜːntˈɒrɪndʒ, AE -ˈɔːr-/ **5** n. arancione m. scuro.
burnt-out /,bɜːntˈaʊt/ agg. **1** [*building, car*] distrutto dal fuoco **2** FIG. [*person*] esaurito (dal lavoro).
burnt sacrifice /,bɜːntˈsækrɪfaɪs/ n. → **burnt offering**.
burnt sienna /,bɜːntsɪˈenə/ **5** n. terra f. di Siena bruciata.
burnt sugar /,bɜːntˈʃʊgə(r)/ n. caramello m.
burnt umber /,bɜːntˈʌmbə(r)/ **5** n. terra f. d'ombra bruciata.
1.burp /bɜːp/ n. COLLOQ. rutto m.
2.burp /bɜːp/ **I** tr. COLLOQ. far fare il ruttino a [*baby*] **II** intr. [*person*] ruttare; [*baby*] fare il ruttino.
burp gun /ˈbɜːpgʌn/ n. AE COLLOQ. *(pistol)* pistola f. automatica; *(rifle)* fucile m. automatico.
1.burr /bɜː(r)/ n. **1** BOT. lappola f. **2** *(sound) (of machine)* ronzio m.; *(of phone, car)* rumore m. sordo; LING. = pronuncia della erre uvulare **3** *(of tree)* nodo m. **4** TECN. bavatura f.
2.burr /bɜː(r)/ **I** tr. TECN. sbavare **II** intr. [*machine*] ronzare; [*phone*] emettere un rumore sordo.
burro /ˈbʊrəʊ/ n. (pl. **~s**) AE asinello m.
1.burrow /ˈbʌrəʊ/ n. tana f.
2.burrow /ˈbʌrəʊ/ **I** tr. [*animal*] scavare [*hole, tunnel*]; ***to ~ one's way into sth.*** [*animal, person*] scavarsi un passaggio in qcs. **II** intr. [*animal*] scavarsi una tana; ***to ~ into, under sth.*** *(in ground)* scavare in, sotto qcs.; *(in blankets)* infilarsi in, sotto qcs.
burr walnut /,bɜː(r)ˈwɔːlnʌt/ n. legno m. di noce venato.
bursa /ˈbɜːsə/ n. (pl. **~s**, **-ae**) ANAT. borsa f.
bursar /ˈbɜːsə(r)/ **27** n. *(administrator)* SCOL. UNIV. economo m. (-a).
bursarship /ˈbɜːsəʃɪp/ n. SCOL. UNIV. *(administratorship)* economato m.
bursary /ˈbɜːsərɪ/ n. BE SCOL. UNIV. **1** *(grant)* borsa f. (di studio) **2** *(office)* economato m.
bursitis /bɜːˈsaɪtɪs/ **11** n. borsite f.
1.burst /bɜːst/ n. *(of flame)* vampata f.; *(of bomb, shell)* esplosione f.; *(of gunfire)* raffica f.; *(of activity, energy, enthusiasm)* scoppio

m., accesso m.; ***a ~ of growth*** una crescita improvvisa; ***a ~ of weeping*** una crisi di pianto; ***a ~ of laughter*** uno scoppio di risa; ***a ~ of anger*** una vampata di collera; ***a ~ of colour*** un'esplosione di colori; ***a ~ of inspiration*** un colpo di genio; ***there has been a ~ of interest in the 1920s, in her work*** è esploso un improvviso interesse per gli anni '20, per il suo lavoro; ***to put on a ~ of speed*** AUT. fare uno scatto.

▷ **2.burst** /bɜ:st/ **I** tr. (pass., p.pass. **burst**) (fare) scoppiare [*balloon, bubble, tyre*]; ***to ~ a blood vessel*** MED. causare la rottura di un vaso sanguigno; ***the river ~ its banks*** il fiume ha rotto gli argini **II** intr. (pass., p.pass. **burst**) **1** [*balloon, bubble, tyre, abscess*] scoppiare; [*pipe, boiler*] scoppiare, esplodere; [*dam*] rompersi, cedere; [*bomb, shell, firework*] esplodere; ***to be ~ing at the seams*** o ***to be full to ~ing point*** [*bag, room, building*] essere pieno da scoppiare; SCHERZ. [*person*] *(from too much food)* scoppiare *o* non poterne più *o* essere pieno come un otre; ***to be laughing fit to ~*** sbellicarsi dalle risate; ***to be ~ing to do*** morire dalla voglia di fare; ***to be ~ing (for the toilet)*** COLLOQ. scoppiare (dalla voglia di andare in bagno); ***to be ~ing with health, enthusiasm, pride*** scoppiare *o* traboccare di salute, di entusiasmo, di orgoglio **2** *(emerge suddenly)* [*people*] spuntare; [*water etc.*] sgorgare; ***the sun burst through the clouds*** il sole ha squarciato le nuvole; ***soldiers burst from behind the hedgerows*** i soldati sono spuntati all'improvviso da dietro i cespugli; ***they burst onto the rock scene in 1982*** irruppero sulla scena del rock nel 1982.

▪ **burst forth** LETT. [*buds, blossom*] spuntare; [*sun*] apparire all'improvviso.

▪ **burst in:** *~* ***in*** fare irruzione, irrompere; ***to ~ in on a meeting, conversation*** interrompere una riunione, conversazione.

▪ **burst into:** *~* ***into [sth.]*** **1** irrompere in, fare irruzione in [*room, building, meeting*] **2** ***to ~ into blossom, bloom*** germogliare *o* fiorire all'improvviso; ***to ~ into leaf*** mettere le foglie *o* germogliare; ***to ~ into flames*** prendere fuoco; ***to ~ into song*** mettersi a cantare; ***to ~ into tears*** scoppiare in lacrime; ***to ~ into laughter*** scoppiare a ridere.

▪ **burst open:** *~* ***open*** [*door*] spalancarsi; [*bag, sack*] scoppiare; *~* ***open [sth.]***, *~* ***[sth.] open*** spalancare.

▪ **burst out 1** *(come out)* ***to ~ out of a room, building*** uscirsene *o* saltare fuori da una stanza, da un edificio; ***he was ~ing out of his waistcoat*** FIG. scoppiava dentro i vestiti; ***the straw was ~ing out of the mattress*** la paglia fuoriusciva dal materasso **2** *(start)* ***to ~ out laughing*** scoppiare a ridere; ***to ~ out crying*** scoppiare a piangere *o* in lacrime; ***to ~ out singing*** mettersi a cantare **3** *(exclaim)* prorompere, esclamare; ***"you're lying!" he ~ out angrily*** "stai mentendo!" esclamò con rabbia.

▪ **burst through:** *~* ***through [sth.]*** rompere, sfondare [*barricade, roadblock*]; ***she ~ through the door*** è entrata improvvisamente.

burster /'bɜ:stə(r)/ n. INFORM. TIP. strapperina f.

Burt /bɜ:t/ n.pr. Burt (nome di uomo).

burthen /'bɜ:ðn/ ANT. → **2.burden.**

burton /'bɜ:tn/ n. BE ***to go for a ~*** ANT. COLLOQ. [*plan, enterprise*] fare un buco nell'acqua; [*person*] *(be killed)* farsi ammazzare; *(fall over)* prendere un granchio.

Burundi /bə'rʊndɪ/ ➧ **6** n.pr. Burundi m.

▷ **bury** /'berɪ/ tr. gener. passivo **1** *(after death)* sotterrare, seppellire [*person, animal*] **2** [*avalanche etc.*] seppellire [*person, building, town*]; ***to be buried alive*** essere sepolto vivo **3** *(hide)* sotterrare [*treasure, valuable, bone*]; ***to ~ oneself in the countryside*** seppellirsi in campagna; ***village buried deep in the countryside*** villaggio sperduto nella campagna; ***to ~ one's face in one's hands*** nascondere il viso tra le mani **4** *(suppress)* cancellare [*differences, hatred, memories*] **5** *(engross)* ***to be buried in*** essere immerso in [*book, work, thoughts*]; ***to ~ oneself in one's work*** seppellirsi nel lavoro **6** *(plunge)* affondare [*dagger, teeth*] (**into** in); ***to ~ one's hands in one's pockets*** sprofondare le mani nelle tasche ◆ ***let the dead ~ the dead*** lasciate che i morti seppelliscano i morti.

▶ **1.bus** /bʌs/ **I** n. (pl. **~es**) **1** *(vehicle)* autobus m.; *(long-distance)* pullman m.; ***by ~*** [*come, go, travel*] in autobus *o* in pullman; ***on the ~*** sull'autobus, sul pullman **2** INFORM. (anche **busbar**) bus m.; ***address, data, memory ~*** bus di indirizzo, di dati, di memoria; ***input, output ~*** bus di ingresso, di uscita **II** modif. [*depot*] degli autobus; [*service*] d'autobus; [*stop, ticket*] dell'autobus.

2.bus /bʌs/ **I** tr. (forma in -ing ecc. **-ss-** BE, **-s-** AE) trasportare in autobus **II** intr. (forma in -ing ecc. **-ss-** BE, **-s-** AE) **1** COLLOQ. *(travel)* ***to ~ back, to work*** tornare, andare a lavorare in autobus **2** *(in restaurant)* sparecchiare i tavoli ◆ ***we'll have to ~ it*** dovremo andare in autobus.

busboy /'bʌsbɔɪ/ n. AE aiuto-cameriere m.

busby /'bʌzbɪ/ n. colbacco m.

bus conductor /'bʌskən,dʌktə(r)/ ➧ **27** n. bigliettaio m.

bus conductress /'bʌskən,dʌktrɪs/ ➧ **27** n. bigliettaia f.

bus driver /'bʌsdraɪvə(r)/ ➧ **27** n. conducente m. e f., autista m. e f. di autobus.

bus fare /'bʌsfeə(r)/ n. (prezzo del) biglietto m. dell'autobus.

▶ **bush** /bʊʃ/ n. **1** *(shrub)* cespuglio m., arbusto m.; ***a ~ of hair*** FIG. una massa *o* un cespuglio di capelli **2** *(in Australia)* ***the ~*** = le terre disabitate e coperte di boscaglia dell'entroterra australiano; *(in Africa)* ***the ~*** la savana **3** *(fox's brush)* coda f. **4** TECN. bronzina f. ◆ ***don't beat about the ~*** non menare il can per l'aia; ***a bird in the hand is worth two in the ~*** PROV. meglio un uovo oggi che una gallina domani.

bush baby /'bʊʃ,beɪbɪ/ n. ZOOL. galagone m.

bush cat /'bʊʃ,kæt/ n. ZOOL. servalo m.

bushed /bʊʃt/ agg. COLLOQ. *(tired)* stanco morto, esausto.

bushel /'bʊʃl/ n. bushel m.; ***~s of*** AE COLLOQ. grandi quantità di ◆ ***to hide one's light under a ~*** mettere la fiaccola sotto il moggio.

bushelful /'bʊʃlfʊl/ n. = quantità contenuta in un bushel.

bushfighter /'bʊʃ,faɪtə(r)/ n. MIL. guerrigliero m. (-a).

bushfighting /'bʊʃ,faɪtɪŋ/ n. MIL. guerriglia f.

bushfire /'bʊʃ,faɪə(r)/ n. incendio m. di bosco.

bushiness /'bʊʃɪnɪs/ n. cespugliosità f.

bushing /'bʊʃɪŋ/ n. TECN. *(in engine, machine)* bronzina f.; *(for tubes, pipes)* manicotto m.

bush jacket /'bʊʃ,dʒækɪt/ n. sahariana f.

bush league /'bʊʃ,li:g/ **I** n. AE COLLOQ. SPREG. *(in baseball)* ultima divisione f. **II** agg. AE COLLOQ. SPREG. mediocre.

bush leaguer /'bʊʃ,li:gə(r)/ n. AE SPORT COLLOQ. *(in baseball)* giocatore m. (-trice) di ultima divisione; FIG. SPREG. disgraziato m. (-a), poco di buono m. e f.

bushman /'bʊʃmən/ n. (pl. **-men**) AUSTRAL. = uomo che vive nelle terre disabitate e coperte di boscaglia dell'entroterra australiano.

Bushman /'bʊʃmən/ **I** agg. boscimano **II** n. **1** (pl. **-men**) *(person)* boscimano m. (-a) **2** *(language)* boscimano m.

bushranger /'bʊʃ,reɪndʒə(r)/ n. **1** AE *(backwoodsman)* = uomo che vive in terre disabitate e coperte di boscaglia **2** AUSTRAL. *(outlaw)* fuorilegge m. e f.

bush rope /'bʊʃ,rəʊp/ n. liana f.

bush telegraph /,bʊʃ'telɪgrɑ:f, AE -græf/ n. telegrafo m. della giungla, tam-tam m.; FIG. SCHERZ. passaparola m., telefono m. senza fili.

bushwah /'bʊʃwɒ, AE -wɔ:/ n. AE COLLOQ. balle f.pl., fesserie f.pl.

bushwhack /'bʊʃwæk/ AE AUSTRAL. **I** tr. tendere un'imboscata a **II** intr. **1** *(beat path)* aprirsi un varco nella boscaglia **2** *(live in the bush)* vivere nella boscaglia **3** MIL. fare la guerriglia.

bushwhacker /'bʊʃwækə(r)/ n. **1** → **bushranger 2** MIL. *(guerilla)* guerrigliero m. (-a) confederato **3** STOR. AUSTRAL. SPREG. *(boor)* zotico m. (-a).

bushy /'bʊʃɪ/ agg. **1** [*hair, beard, eyebrows*] cespuglioso, folto; [*tail*] folto **2** [*land, garden*] cespuglioso.

busies /'bɪzɪz/ n.pl. BE COLLOQ. *(police)* sbirri m.

busily /'bɪzɪlɪ/ avv. ***~ working, writing*** intento a lavorare, a scrivere.

▶ **business** /'bɪznɪs/ **I** n. **1 U** *(commerce)* affari m.pl.; ***to be in ~*** essere in affari; ***to go into ~*** darsi agli *o* mettersi in affari; ***they made a lot of money in ~*** si sono fatti un sacco di soldi nel commercio; ***to set up in ~*** mettersi per conto proprio; ***she went into*** o ***set up in ~ as a translator*** si è messa in proprio come traduttrice; ***the firm is no longer in ~*** la ditta non è più in affari; ***to do ~ with sb.*** trattare *o* fare affari con qcn.; ***they do a lot of ~ with Germany*** fanno molti affari con la Germania; ***they're in ~ together*** sono soci; ***he is a man I can do ~ with*** è un uomo con cui è possibile fare affari *o* lavorare; ***to go out of ~*** fare fallimento *o* ritirarsi dagli affari; ***they're back in ~*** COMM. sono tornati in affari *o* hanno ripreso la loro attività; ***she's gone to Brussels on ~*** è a Bruxelles per affari *o* in viaggio d'affari; ***he's away on ~ at the moment*** in questo momento è via per lavoro *o* per affari; ***the recession has put them out of ~*** la recessione li ha obbligati a ritirarsi dagli affari; ***it's good, bad for ~*** giovare, nuocere agli affari; ***to talk ~*** parlare di affari; ***now we're talking ~!*** FIG. adesso cominciamo a ragionare! ***are you in London for ~ or pleasure?*** siete a Londra per affari o per piacere? ***to mix ~ with pleasure*** unire l'utile al dilettevole; ***~ is ~*** gli affari sono affari; ***"~ as usual"*** *(on shop window)* "siamo aperti"; ***it is*** o ***it was ~ as usual*** FIG. si continua lo stesso **2** *(custom, trade)* ***to lose ~*** perdere la clientela; ***how's ~*** come vanno gli affari? ***~ is slow at the moment*** gli affari vanno a rilento *o* non vanno molto bene in questo momento; ***most of our ~ comes from tourists*** la maggior parte dei nostri clienti sono turisti; ***we are***

doing twice as much ~ as last summer i nostri affari sono raddoppiati rispetto all'estate scorsa **3** *(trade, profession)* mestiere m.; ***what's your line of ~?, what (line of) ~ are you in?*** che attività svolgi? in quale settore lavori? di che cosa ti occupi? ***he's in the hotel, insurance ~*** lavora nel settore alberghiero, nel campo delle assicurazioni; ***he's the best comedian, chef in the ~*** COLLOQ. FIG. è il migliore attore comico, cuoco sulla piazza **4** *(company, firm)* azienda f., impresa f.; *(shop)* negozio m., boutique f.; ***small ~es*** le piccole imprese; ***she runs a small dressmaking, mail-order ~*** dirige *o* gestisce una piccola ditta di confezioni, di vendita per corrispondenza **5 U** *(important matters)* questioni f.pl. importanti; *(duties, tasks)* doveri m.pl., compiti m.pl.; ***let's get down to ~*** veniamo al dunque; ***the ~ before a meeting*** AMM. l'ordine del giorno; ***we got through a lot of ~ at the meeting*** abbiamo affrontato molte questioni nel corso della riunione; ***can we get down to ~?*** possiamo cominciare *o* venire al dunque? ***to go about one's ~*** svolgere le proprie attività quotidiane *o* occuparsi delle proprie cose; ***to deal with daily ~*** sbrigare le faccende quotidiane; ***we still have some unfinished ~ to discuss*** ci sono ancora alcune questioni irrisolte da discutere; ***he got on with the ~ of tidying up, letterwriting*** continuò ad occuparsi delle pulizie, della corrispondenza; ***"any other ~"*** *(on agenda)* "varie ed eventuali" **6** *(concern)* ***that's her ~*** è affar(e) suo; ***it's none of your ~!*** non sono affari tuoi! non sono cose che ti riguardano! ***it's no ~ of yours what he does in his private life*** quello che fa nella sua vita privata non ti riguarda affatto; ***to make it one's ~ to find out*** assumersi il compito di scoprire; ***mind your own ~!*** COLLOQ. fatti gli affari tuoi! ***he had no ~ telling her!*** non aveva alcun diritto di dirglielo! ***she had no ~ to be there*** non aveva nessun motivo di essere là; ***there I was minding my own ~ when...*** ero lì che mi facevo gli affari miei, quando... **7** *(affair)* storia f., faccenda f., affare m.; ***it's a bad, sorry ~*** è una brutta, triste storia; ***the newspapers are full of this murder, drugs ~*** i giornali sono pieni di queste storie di omicidi, di droga; ***what a dreadful ~!*** che storia orribile! ***no funny ~!*** niente storie (strane)! ***a nasty ~*** una brutta faccenda; ***I'm fed up with the whole ~*** sono stufo, non ne posso più di tutta questa storia **8** *(bother, nuisance)* storia f.; ***moving house is quite a ~!*** fare trasloco è un lavoraccio! ***what a ~!*** che (brutta) storia! **9** COLLOQ. EUFEM. ***to do its ~*** [*animal*] fare i propri bisogni **II** modif. [*address, law, letter, transaction*] commerciale; [*pages*] di economia, affari; [*meeting, travel, consortium*] d'affari; ***~ people*** uomini (e donne) d'affari; ***the ~ community*** il mondo degli affari ◆ ***now we're in ~!*** adesso possiamo procedere *o* fare sul serio! ***to be in the ~ of doing*** occuparsi di *o* avere intenzione di fare; ***she can sing, play the piano like nobody's ~*** COLLOQ. sa cantare, suonare il piano come se niente fosse; ***to work like nobody's ~*** COLLOQ. lavorare in fretta e bene; ***that's the ~!*** COLLOQ. questo è il bello! ***she means ~!*** fa sul serio! non sta mica scherzando! ***to send sb. about his ~*** mandare qcn. a quel paese; ***to give sb. the ~*** AE COLLOQ. farne vedere di tutti i colori a qcn.

business account /ˈbɪznɪsə,kaʊnt/ n. conto m. professionale.

business accounting /ˈbɪznɪsə,kaʊntɪŋ/ n. contabilità f. aziendale.

business activity /ˈbɪznɪsæ,ktɪvətɪ/ n. attività f. commerciale.

business administration /ˈbɪznɪsədmɪnɪ,streɪʃn/ n. amministrazione f. aziendale.

business agent /ˈbɪznɪs,eɪdʒənt/ n. agente m. e f. di affari; AE *(union leader)* incaricato m. (-a) di affari.

business analyst /ˈbɪznɪs,ænəlɪst/ ➧ **27** n. analista m. e f. finanziario.

business associate /ˈbɪznɪsə,səʊʃɪət/ n. socio m. (-a) in affari.

business call /ˈbɪznɪskɔːl/ n. *(visit)* visita f. di lavoro, di affari; *(phone call)* telefonata f. di lavoro, di affari.

business card /ˈbɪznɪskɑːd/ n. biglietto m. da visita.

business centre BE, **business center** AE /ˈbɪznɪs,sentə(r)/ n. centro m. direzionale.

business class /ˈbɪznɪsklɑːs, AE -klæs/ n. AER. business class f.; ***to travel ~*** viaggiare in business class, in prima classe.

business college /ˈbɪznɪs,kɒlɪdʒ/ n. → **business school**.

business contact /ˈbɪznɪs,kɒntækt/ n. relazione f. d'affari.

business cycle /ˈbɪznɪs,saɪkl/ n. ciclo m. economico.

business deal /ˈbɪznɪs,diːl/ n. operazione f. commerciale.

business economics /,bɪznɪsiːkəˈnɒmɪks, -ek-/ n. + verbo sing. economia f. aziendale.

business end /ˈbɪznɪsend/ n. SCHERZ. *(of firearm)* bocca f.; *(of knife)* punta f.

business ethics /ˈbɪznɪs,eθɪks/ n.pl. etica f.sing. imprenditoriale, aziendale.

business expenses /ˈbɪznɪsɪk,spensɪz/ n.pl. spese f. professionali.

business failures /ˈbɪznɪs,feɪljəz/ n.pl. fallimenti m. aziendali.

business hours /ˈbɪznɪs,aʊəz/ n.pl. *(in office)* orario m.sing. d'ufficio; *(of shop)* orario m.sing. d'apertura.

businesslike /ˈbɪznɪslaɪk/ agg. [*person, manner*] efficiente, serio; [*transaction*] regolare; FIG. SCHERZ. [*knife, tool*] efficace; ***her approach was extremely ~*** il suo modo di affrontare la cosa era estremamente serio, efficiente.

business lunch /ˈbɪznɪs,lʌntʃ/ n. colazione f. d'affari, di lavoro.

business machine /ˈbɪznɪsmə,ʃiːn/ n. macchina f. (contabile) per ufficio.

▷ **businessman** /ˈbɪznɪsmən/ ➧ **27** n. (pl. **-men**) uomo m. d'affari, businessman m.; ***big ~*** affarista; ***he's a good ~*** ha il senso degli affari.

business manager /ˈbɪznɪs,mænɪdʒə(r)/ ➧ **27** n. COMM. IND. dirigente m. e f. aziendale; *(in showbusiness)* agente m. e f.

businessmen /ˈbɪznɪsmen/ → **businessman**.

business park /ˈbɪznɪs,pɑːk/ n. = centro amministrativo e degli affari.

businessperson /ˈbɪznɪs,pɜːsn/ n. *(businessman)* uomo m. d'affari; *(businesswoman)* donna f. d'affari.

business plan /ˈbɪznɪs,plæn/ n. progetto m. commerciale.

business premises /ˈbɪznɪs,premɪsɪz/ n.pl. locali m. commerciali, aziendali.

business proposition /ˈbɪznɪsprɒpə,zɪʃn/ n. proposta f. commerciale.

business rate /ˈbɪznɪs,reɪt/ n. **1** BE tassa f. sulle imprese **2** *(telephone)* tariffa f. per le aziende.

business reply envelope /,bɪznɪsrɪˈplaɪ,envələʊp, -,ɒnv-/ n. busta f. preaffrancata per la risposta.

business reply service /,bɪznɪsrɪˈplaɪ,sɜːvɪs/ n. servizio m. di risposta affrancata.

business school /ˈbɪznɪs,skuːl/ n. scuola f. aziendale.

business sense /ˈbɪznɪs,sens/ n. ***to have ~*** avere il senso degli affari; ***this decision makes good ~*** sul piano commerciale è una buona decisione.

business services /ˈbɪznɪs,sɜːvɪsɪz/ n.pl. servizi m. di assistenza commerciale alle imprese.

business software /ˈbɪznɪs,sɒftweə(r), AE -,sɔːft-/ n. software m. gestionale.

business studies /ˈbɪznɪs,stʌdɪz/ n.pl. studi m. di amministrazione aziendale.

business suit /ˈbɪznɪs,suːt/ n. *(for men)* completo m.; *(for women)* tailleur m.

business-to-business /ˈbɪznɪstə,bɪznɪs/ agg. = relativo a sistema di vendita on-line da azienda a azienda.

business-to-consumer /ˈbɪznɪstəkən,sjuːmə(r), AE -,suːm-/ agg. = relativo a sistema di vendita on-line a privati.

business trip /ˈbɪznɪs,trɪp/ n. viaggio m. d'affari.

business unit /ˈbɪznɪs,juːnɪt/ n. impresa f., azienda f.

▷ **businesswoman** /ˈbɪznɪs,wʊmən/ ➧ **27** n. (pl. **-women**) donna f. d'affari.

busing /ˈbʌsɪŋ/ n. AE = servizio di scuolabus per il trasferimento di studenti di colore in scuole pubbliche a maggioranza bianca, e viceversa, allo scopo di favorire l'integrazione razziale.

busk /bʌsk/ intr. BE [*musician*] suonare per le strade; [*singer*] cantare per le strade.

busker /ˈbʌskə(r)/ n. BE *(musician)* suonatore m. (-trice) ambulante; *(singer)* cantante m. e f. ambulante.

buskin /ˈbʌskɪn/ n. **1** *(laced half boot)* stivaletto m.; *(cothurnus)* coturno m. **2** LETT. FIG. *(tragic drama)* tragedia f.

buskined /ˈbʌskɪnd/ agg. che porta stivaletti; *(wearing cothurni)* che calza i coturni.

bus lane /ˈbʌsleɪn/ n. corsia f. preferenziale (per autobus).

busload /ˈbʌsləʊd/ n. autobus m.; ***a ~ of tourists*** un autobus pieno di turisti; ***by the ~*** o ***by ~s*** in massa.

busman /ˈbʌsmən/ ➧ **27** n. (pl. **-men**) conducente m. e f., autista m. e f. di autobus ◆ ***a ~'s holiday*** BE = vacanza in cui ci si stanca molto.

bus pass /ˈbʌspɑːs, AE -pæs/ n. tessera f. dell'autobus.

bus route /ˈbʌsruːt/ n. linea f. d'autobus.

1.buss /bʌs/ n. MAR. = battello per la pesca delle aringhe.

2.buss /bʌs/ n. BE ANT. bacio m.

3.buss /bʌs/ **I** tr. BE ANT. baciare **II** intr. BE ANT. baciarsi.

bus shelter /ˈbʌ,ʃeltə(r)/ n. pensilina f. (della fermata dell'autobus).

bussing → **busing**.

bus station /ˈbʌsˌsteɪʃn/ n. autostazione f., stazione f. degli autobus.

bus stop /ˈbʌstɒp/ n. fermata f. dell'autobus.

▷ **1.bust** /bʌst/ **I** n. **1** *(breasts)* petto m., busto m., seno m. **2** ART. busto m. **3** AE COLLOQ. *(binge)* ***to go on the ~*** fare baldoria; ***beer ~*** fare il giro dei bar **4** AE COLLOQ. *(failure) (person)* fallito m. (-a); *(business, career)* fallimento m., fiasco m.; ECON. bassa congiuntura f. **5** COLLOQ. *(police raid)* retata f.; *(arrest)* arresto m. **6** AE COLLOQ. *(punch)* colpo m., pugno m. **II** modif. ***~ size*** o ***~ measurement*** circonferenza del torace **III** agg. COLLOQ. **1** *(broken)* rotto, sfasciato **2** *(bankrupt)* ***to go ~*** fare fallimento *o* fallire; ***to be ~*** essere a secco.

▷ **2.bust** /bʌst/ **I** tr. (pass., p.pass. ~ o **~ed**) COLLOQ. **1** *(break)* spaccare, sfasciare [*machine, object*] **2** [*police*] *(break up)* smantellare [*organization, drugs ring etc.*]; *(raid)* fare irruzione in [*premises*]; *(arrest)* arrestare [*suspect*] **3** *(financially)* rovinare, fare fallire [*person, firm*] **4** AE COLLOQ. *(demote)* degradare [*soldier, policeman*] (**to** al rango di) **5** US *(hit)* picchiare **6** AE domare [*horse*] **7** COLLOQ. scoppiare [*balloon, bubble, tyre*] **II** intr. (pass., p.pass. ~ o **~ed**) COLLOQ. **1** ***Brighton or ~!*** (si va a) Brighton a tutti i costi! **2** [*balloon, bubble, tyre, abscess*] scoppiare; [*pipe, boiler*] esplodere; [*dam*] rompersi, cedere; [*bomb, shell, firework*] esplodere ◆ ***to ~ a gut doing sth.*** COLLOQ. rompersi la schiena a fare qcs.; ***to ~ one's ass doing sth.*** POP. farsi il mazzo a fare qcs.

■ **bust up** COLLOQ. **~ up** [*couple*] rompere, lasciarsi; [*friends*] picchiarsi, litigare; **~ [sth.] up, ~ up [sth.]** mandare all'aria [*meeting, party, relationship*].

bustard /ˈbʌstəd/ n. otarda f.

buster /ˈbʌstə(r)/ n. AE COLLOQ. ***move over, ~!*** ehi tu, spostati!

Buster /ˈbʌstə(r)/ n.pr. Buster (nome di uomo).

bus terminus /ˈbʌsˌtɜːmɪnəs/ n. (pl. **bus terminuses**, **bus termini**) BE capolinea m.

bustier /ˈbʌstɪeɪ/ n. bustino m.

1.bustle /ˈbʌsl/ n. **1** *(activity)* animazione f., andirivieni m., movimento m. (**of** di); ***hustle and ~*** trambusto **2** STOR. ABBIGL. sellino m.

2.bustle /ˈbʌsl/ intr. [*person, crowd*] (anche **~ about**) affaccendarsi; ***to ~ in, out*** entrare, uscire con aria affaccendata; ***to ~ with activity*** essere pieno di attività *o* di vita.

bustler /ˈbʌslə(r)/ n. armeggione m. (-a).

bustling /ˈbʌslɪŋ/ agg. [*street, shop, town*] animato; [*person*] affaccendato.

bust-up /ˈbʌstʌp/ n. COLLOQ. lite f. furibonda, scontro m. violento; ***to have a ~ with sb.*** avere una lite con qcn.

busty /ˈbʌstɪ/ agg. COLLOQ. dal seno prosperoso, forte di seno.

▶ **1.busy** /ˈbɪzɪ/ agg. **1** [*person*] occupato, impegnato (**with** con; **doing** a fare); ***to look ~*** avere l'aria indaffarata; ***to be too ~ to do*** essere troppo occupato per fare; ***to keep oneself, sb. ~*** tenersi, tenere qcn. impegnato; ***I try to keep ~*** cerco di tenermi impegnato; ***that should keep them ~!*** questo dovrebbe tenerli impegnati! ***to get ~*** COLLOQ. darsi da fare; ***get ~!*** datti da fare! al lavoro! **2** [*shop, office*] affollato; [*airport, junction*] trafficato; [*square, street, town*] animato, trafficato; [*day, week*] pieno; ***to lead a ~ life*** avere una vita molto attiva; ***the busiest time of year*** è il periodo di maggiore attività *o* più impegnato dell'anno; ***were the shops ~?*** c'era molta gente nei negozi? **3** *(engaged)* [*line, photocopier*] occupato **4** *(too elaborate)* [*design, wallpaper*] carico, troppo elaborato **5** AE *(prying)* indiscreto.

2.busy /ˈbɪzɪ/ rifl. ***to ~ oneself doing sth.*** tenersi occupato facendo qcs.

busy bee /ˈbɪzɪˌbiː/ AE **I** n. *(person)* = persona carica di impegni **II busy bees** n.pl. *(gossip)* chiacchiere f., pettegolezzi m.

busybody /ˈbɪzɪˌbɒdɪ/ n. COLLOQ. ***he's a real ~*** è un vero ficcanaso.

busy Lizzie /ˌbɪzɪˈlɪzɪ/ n. BE BOT. balsamina f.

busyness /ˈbɪzɪnɪs/ n. operosità f., attività f.

busy signal /ˈbɪzɪˌsɪgnl/ n. AE TEL. segnale m. di occupato.

busywork /ˈbɪzɪwɜːk/ n. AE SCOL. **U** = compito che sembra avere scopo didattico, ma ha l'unico intento di tenere impegnati gli studenti.

▶ **1.but** /*forma debole* bət, *forma forte* bʌt/ **I** cong. **1** *(expressing contrast, contradiction)* ma, però; ***it's not an asset ~ a disadvantage*** non è un pregio, ma uno svantaggio; ***I'll do it, ~ not yet*** lo farò, ma non subito; ***I agree, ~ I may be wrong*** sono d'accordo, ma posso sbagliarmi **2** *(yet)* ma, eppure, tuttavia; ***cheap ~ nourishing*** economico ma nutriente; ***he's about your height ~ fatter*** è più o meno alto come te, ma un po' più grasso **3** *(expressing reluctance, protest, surprise)* ***~ that's ridiculous, wonderful!*** ma è ridicolo, meraviglioso! ***~ we can't afford it!*** ma non possiamo permettercelo! **4** *(except that)* ***never a day passes ~ she visits him*** non passa un giorno che non vada a fargli visita; ***there's no doubt ~ he'll come*** non c'è dubbio che verrà **5** *(in apologies)* ma; ***excuse me, ~*** mi scusi, ma; ***I may be old-fashioned, ~*** posso (anche) essere antiquato ma **6** *(for emphasis)* ***not twice, ~ three times*** non due ma (ben) tre volte; ***I've searched everywhere, ~ everywhere*** ho cercato proprio dappertutto; ***nothing, ~ nothing will persuade him to leave*** non c'è assolutamente nulla che può persuaderlo a partire **7** *(adding to the discussion)* ***~ to continue...*** ma, per continuare...; ***~ first, let's consider the advantages*** ma, prima di tutto, consideriamo i vantaggi **II** prep. **1** tranne, eccetto, fuorché; ***anything ~ that*** tutto tranne ciò; ***anybody ~ him*** chiunque tranne lui; ***anywhere ~ Australia*** ovunque eccetto in Australia; ***everybody ~ Paul will be there*** ci saranno tutti tranne Paul; ***nobody ~ me knows how to do it*** nessuno tranne me sa come farlo *o* solo io so come farlo; ***it's nothing ~ an insult*** non è (nient'altro) che un insulto; ***he's nothing ~ a coward*** non è (altro) che un vigliacco; ***to do nothing ~ disturb people*** non fare (altro) che disturbare le persone; ***there's nothing for it ~ to leave*** non c'è altra soluzione che partire, non resta che partire; ***where ~ in France?*** dove se non in Francia? ***who could do it ~ you?*** chi poteva farlo se non tu? ***and whom should I meet in town ~ Steven!*** e chi ti incontro in città, Steven! ***the last ~ one*** il penultimo; ***the next road ~ one*** la seconda strada **2 but for** se non fosse (stato) per; ***~ for you, I would have died*** se non fosse stato per te, sarei morto; ***we would have married ~ for the war*** non fosse stato per la guerra, ci saremmo sposati; ***I'd have won ~ for him*** se non fosse stato per lui, avrei vinto; ***he would have gone ~ for me*** se non fosse stato per me, sarebbe andato **III** avv. **1** *(only, just)* ***if I had ~ known*** se solo l'avessi saputo; ***if I could ~ remember his name*** se solo mi ricordassi il suo nome; ***these are ~ two of the possibilities*** queste sono solo due delle possibilità; ***he's ~ a child*** non è che un bambino; ***I can ~ try*** posso sempre provare; ***one can't help, one cannot ~ admire her*** non si può fare a meno di ammirarla *o* non si può non ammirarla; ***he couldn't help ~ feel sad*** non poteva fare a meno di sentirsi triste, non poteva non essere triste **2 all but** quasi, praticamente; ***when we arrived the film was all ~ over*** quando siamo arrivati il film era praticamente finito.

2.but /bʌt/ n. ma m. ◆ ***no ~s (about it)*** non c'è "ma" che tenga; ***there are lots of ifs and ~s about it*** ci sono molti "se" e "ma".

3.but /bʌt/ tr. ***~ me no buts*** SCHERZ. non c'è "ma" che tenga *o* non dirmi dei "ma".

4.but /bʌt/ n. *(female rabbit)* coniglia f.; *(female goat)* capra f.

butadiene /bjuːtəˈdaɪiːn/ n. butadiene m.

butane /ˈbjuːteɪn/ n. butano m.

butch /bʊtʃ/ agg. COLLOQ. [*woman, appearance, manner*] SPREG. (troppo) mascolino; [*man*] virile, macho.

▷ **1.butcher** /ˈbʊtʃə(r)/ ➧ **27** n. **1** *(person)* macellaio m. (-a) (anche FIG.); ***~'s (shop)*** macelleria; ***~'s boy*** BE garzone del macellaio; ***~'s meat*** carne di macelleria, carne fresca **2** AE *(candy-seller)* = venditore ambulante di dolci e giornali ◆ ***to have*** o ***take a ~'s (hook) at sth., sb.*** BE COLLOQ. dare un'occhiata a qcs., qcn.

2.butcher /ˈbʊtʃə(r)/ tr. **1** macellare [*animal, meat*]; FIG. *(all contexts)* massacrare **2** AE vendere [*sweets, candy*].

butcher-bird /ˈbʊtʃəˌbɜːd/ n. averla f. maggiore.

butcherly /ˈbʊtʃəlɪ/ agg. RAR. **1** da macellaio **2** *(sanguinary)* sanguinario.

butcher's broom /ˈbʊtʃəzˌbruːm/ n. pungitopo m.

butchery /ˈbʊtʃərɪ/ ➧ **27** n. **1** *(of meat)* macellazione f.; *(trade)* commercio m. di carni **2** BE *(shop)* macelleria f. **3** *(of people)* *(slaughter)* massacro m., strage f.

butene /ˈbjuːtiːn/ n. butene m.

butler /ˈbʌtlə(r)/ ➧ **27** n. maggiordomo m.; ***~'s pantry*** office.

Butler /ˈbʌtlə(r)/ n.pr. Butler (nome di uomo).

butlery /ˈbʌtlərɪ/ n. dispensa f.

▷ **1.butt** /bʌt/ n. **1** *(end)* estremità f., capo m.; *(of tool)* manico m., impugnatura f.; *(of rifle)* calcio m.; *(of cigarette)* mozzicone m. **2** AE COLLOQ. *(buttocks)* didietro m., chiappe f.pl.; ***get off your ~*** COLLOQ. alza le chiappe!

2.butt /bʌt/ n. **1** *(person: target)* ***to be the ~ of sb.'s jokes, of criticism*** essere il bersaglio degli scherzi, delle critiche di qcn. **2** *(on shooting range) (mound)* terrapieno m. (dietro il bersaglio); *(target)* bersaglio m.; ***the ~s*** il poligono di tiro.

3.butt /bʌt/ n. *(blow) (by person)* testata f.; *(by goat, ram etc.)* cornata f.

▷ **4.butt** /bʌt/ tr. [*person*] urtare con la testa, dare una testata a; [*goat, ram etc.*] urtare con le corna, dare una cornata a; ***to ~ one's way through sth.*** avanzare a testa bassa attraverso qcs.

■ **butt in** *(on conversation)* interrompere, intromettersi; *(during meeting)* intervenire; ***he kept ~ing in on our conversation*** continuava a intromettersi nella nostra conversazione; ***there's no need***

for you to ~ in non c'è bisogno di immischiarti; ***sorry to ~ in but*** mi dispiace interrompervi ma; ***to ~ into sb.'s business*** AE intromettersi negli affari altrui.
▪ **butt out** AE COLLOQ. ***~ out!*** fatti i cavoli tuoi!
5.butt /bʌt/ n. *(barrel)* botte f., barile m.
6.butt /bʌt/ n. ippoglosso m.
7.butt /bʌt/ tr. ING. attestare.
▷ **1.butter** /'bʌtə(r)/ n. burro m. ◆ ***it's her bread and ~*** è il modo in cui si guadagna il pane; ***(she looks as if) ~ wouldn't melt in her mouth*** fa l'ingenua; ***to go through sth. like a knife through ~*** = fare qcs. facilmente *o* senza difficoltà.
2.butter /'bʌtə(r)/ tr. imburrare [*bread*]; mettere il burro in, condire con burro [*vegetables*].
▪ **butter up** COLLOQ. ***~ [sb.] up, ~ up [sb.]*** adulare, insaponare.
butter-and-eggs /ˌbʌtərən'degz/ n. linaiola f., linaria f.
butter-and-eggs man /ˌbʌtərən'degzmæn/ n. (pl. **butter-and-eggs men**) AE POP. = uomo d'affari di provincia.
butterball /'bʌtəbɔːl/ n. **1** GASTR. ricciolo m. di burro **2** AE COLLOQ. tipo m. grassottello.
butterbean /'bʌtəˌbiːn/ n. fagiolo m. di Lima.
butterbump /'bʌtəbʌmp/ n. tarabuso m.
butterbur /'bʌtəbɜː(r)/ n. farfaraccio m.
butterbush /'bʌtəbʊʃ/ n. pittosporo m.
buttercup /'bʌtəcʌp/ n. BOT. botton m. d'oro, ranuncolo m.
butter dish /'bʌtədɪʃ/ n. burriera f., piattino m. del burro.
butterfingered /'bʌtəfɪŋgəd/ agg. dalle mani di burro, dalle mani di pastafrolla.
butterfingers /'bʌtəfɪŋgəz/ n. = persona dalle mani di burro, dalle mani di pastafrolla.
▷ **butterfly** /'bʌtəflaɪ/ n. **1** ZOOL. farfalla f.; ***she's a bit of a social ~*** FIG. è un po' una farfallina, frivola **2** SPORT nuoto m. a farfalla; ***to do*** o ***swim (the) ~*** nuotare a farfalla ◆ ***to have butterflies (in one's stomach)*** essere nervoso, emozionato, avere crampi allo stomaco per l'agitazione.
butterfly effect /'bʌtəflaɪˌfekt/ n. effetto m. farfalla.
butterfly kiss /'bʌtəflaɪˌkɪs/ n. = (lo) sfiorare le guance o le ciglia di qcn. con il movimento delle proprie ciglia.
butterfly net /'bʌtəflaɪnet/ n. acchiappafarfalle m..
butterfly nut /'bʌtəflaɪˌnʌt/ n. TECN. dado m. ad alette, galletto m.
butterfly stroke /'bʌtəflaɪˌstrəʊk/ n. nuoto m. a farfalla; ***to do*** o ***swim the ~*** nuotare a farfalla.
butterfly valve /'bʌtəflaɪˌvælv/ n. valvola f. a farfalla.
butterhead lettuce /'bʌtəhedˌletɪʃ/ n. AE lattuga f.
butter knife /'bʌtənaɪf/ n. (pl. **butter knives**) coltello m. da burro.
buttermilk /'bʌtəmɪlk/ n. latticello m.
butter muslin /'bʌtəˌmʌzlɪn/ n. garza f., stamigna f. (per avvolgere il burro).
butternut /'bʌtənʌt/ n. noce m. cinereo americano.
butterscotch /'bʌtəskɒtʃ/ **I** n. *(sweet)* INTRAD. f. (caramella a base di zucchero e burro); *(flavour)* INTRAD. m. **II** modif. [*ice cream, sauce*] al butterscotch.
butter-tree /'bʌtəˌtriː/ n. albero m. del burro.
butterwort /'bʌtəwɜːt/ n. pinguicola f.
1.buttery /'bʌtərɪ/ n. **1** BE UNIV. *(in some universities)* spaccio m. **2** *(teashop)* sala f. da tè **3** *(storeroom)* dispensa f.
2.buttery /'bʌtərɪ/ agg. [*taste*] di burro; [*cake*] burroso, ricco di burro; [*fingers*] sporco di burro.
1.buttock /'bʌtək/ n. **1** natica f. **2** *(in wrestling)* ancata f.
2.buttock /'bʌtək/ tr. *(in wrestling)* atterrare con un'ancata.
▷ **1.button** /'bʌtn/ n. **1** *(on coat, sword)* bottone m.; ***to do up, to undo a ~*** abbottonare, sbottonare un bottone; ***chocolate ~s*** pastiglie di cioccolato **2** *(on switch, bell)* pulsante m., bottone m. **3** AE COLLOQ. *(chin)* mento m. **4** AE *(badge)* distintivo m. ◆ ***as bright as a ~*** intelligente, sveglio; ***he's a ~ short*** COLLOQ. è corto di comprendonio; ***on the ~*** COLLOQ. *(exactly)* esattamente; *(on time)* in punto; ***to have all one's ~s*** COLLOQ. avere la testa a posto, avere tutte le rotelle a posto.
2.button /'bʌtn/ **I** tr. (anche **~ up**) abbottonare [*garment*] **II** intr. [*dress etc.*] abbottonarsi.
▪ **button up:** ***~ up*** abbottonarsi; ***~ [sth.] up, ~ up [sth.]*** **1** abbottonare [*garment*]; ***~ (up) your lip!*** COLLOQ. cuciti le labbra! **2** COLLOQ. concludere [*deal*].
button-down /'bʌtndaʊn/ agg. [*collar, shirt*] button-down.
buttoned /'bʌtnd/ **I** p.pass. → **2.button II** agg. [*garment*] abbottonato.
buttoned up /ˌbʌtnd'ʌp/ agg. [*person*] riservato, chiuso.
1.buttonhole /'bʌtnhəʊl/ n. **1** SART. asola f., occhiello m. **2** BE *(flower)* fiore m. (portato) all'occhiello.
2.buttonhole /'bʌtnhəʊl/ tr. **1** SART. fare gli occhielli, le asole a [*garment*] **2** COLLOQ. *(accost)* attaccare bottone con.
buttonholer /'bʌtnhəʊlə(r)/ n. **1** *(of sewing machine)* occhiellatrice f. **2** COLLOQ. attaccabottoni m. e f.
buttonhole stitch /'bʌtnhəʊlˌstɪtʃ/ n. punto m. a occhiello.
buttonhook /'bʌtnhʊk/ n. gancio m. (per allacciare i bottoni di scarpe, guanti ecc.).
buttonless /'bʌtnles/ agg. privo di, senza bottoni.
button mushroom /'bʌtnˌmʌʃrʊm, -ruːm/ n. funghetto m. di serra.
Buttons /'bʌtnz/ n. BE ragazzo m. in livrea.
button-through /ˌbʌtn'θruː/ agg. BE [*dress, skirt*] abbottonato (sul davanti).
buttonwood /'bʌtənwʊd/ n. platano m. americano.
buttony /bʌtənɪ/ agg. RAR. con molti bottoni.
1.buttress /'bʌtrɪs/ n. **1** contrafforte m., sperone m.; FIG. appoggio m., sostegno m. **2** (anche **flying ~**) arco m. rampante.
2.buttress /'bʌtrɪs/ tr. **1** sostenere, rinforzare **2** FIG. appoggiare, rafforzare.
1.butty /'bʌtɪ/ n. BE panino m., sandwich m.
2.butty /'bʌtɪ/ n. BE ANT. amico m., compagno m. (di lavoro).
butyl /'bjuːtl/ **I** n. butile m. **II** agg. butilico.
butylene /'bjuːtɪliːn/ n. butilene m.
butyraceous /ˌbjuːtə'reɪʃəs/ agg. butirroso.
butyrate /bjuːtəˌreɪt/ n. butirrato m.
butyric /bjuː'tɪrɪk/ agg. butirrico.
butyrin(e) /'bjuːtərɪn/ n. butirrina f.
butyrometer /ˌbjuːtə'rɒmɪtə(r)/ n. butirrometro m.
buxom /'bʌksəm/ agg. [*woman*] prosperoso, formoso.
1.buy /baɪ/ n. **1** *(purchase)* acquisto m., compera f.; ***sb.'s latest ~*** l'ultimo acquisto di qcn. **2** *(bargain)* ***a good, bad ~*** un buon, cattivo affare *o* acquisto.
▶ **2.buy** /baɪ/ **I** tr. (pass., p.pass. **bought**) **1** *(purchase)* acquistare, comprare [*food, car, shares, house*] (**from sb.** da qcn.); ***to ~ sth. from the supermarket, from the baker's, from Buymore*** comprare qcs. al supermercato, dal panettiere, da Buymore; ***to ~ sth. for sb.*** comprare qcs. per qcn.; ***to ~ sb. sth.*** comprare qcs. a qcn.; ***the best that money can ~*** quanto di meglio il denaro può comprare; ***the best car that money can ~*** la migliore auto che ci sia (sul mercato) **2** *(obtain with money)* procurare, comprare [*fame, freedom, friends*]; ***happiness can't be bought*** la felicità non si compra; ***we managed to ~ some time*** siamo riusciti a guadagnare tempo **3** *(bribe)* corrompere, comprare [*person*]; comprare [*loyalty, silence*]; ***she can't be bought*** è incorruttibile **4** COLLOQ. *(believe)* credere, bere [*story, excuse*]; ***I'm not ~ing that!*** non la bevo! ***she bought it*** l'ha bevuta **II** rifl. (pass., p.pass. **bought**) ***to ~ oneself sth.*** comprarsi qcs. ◆ ***to ~ it*** COLLOQ. *(die)* tirare le cuoia.
▪ **buy back:** ***~ [sth.] back, ~ back [sth.]*** ricomprare.
▪ **buy forward:** ***~ [sth.] forward, ~ forward [sth.]*** ECON. comprare a termine.
▪ **buy in** BE ***~ [sth.] in, ~ in [sth.]*** fare scorta di [*food, coal*].
▪ **buy into:** ***~ into [sth.]*** COMM. comprare titoli di, una quota di [*firm, partnership*].
▪ **buy off:** ***~ [sb.] off, ~ off [sb.]*** corrompere, comprare [*person, witness*].
▪ **buy out:** ***~ [sb.] out, ~ out [sb.]*** COMM. rilevare la parte, la quota di [*co-owner*]; MIL. comprare l'esonero, il congedo dal servizio militare di [*soldier*]; ***to ~ oneself out of*** comprarsi il congedo da [*army*].
▪ **buy over** BE → **buy off**.
▪ **buy up:** ***~ up [sth.], ~ [sth.] up*** comprare in blocco [*property*]; rastrellare [*shares*].
buyable /'baɪəbl/ agg. acquistabile.
buyback /'baɪbæk/ n. riacquisto m.
▶ **buyer** /'baɪə(r)/ ❖ **27** n. **1** *(purchaser)* compratore m. (-trice), acquirente m. e f.; ***~'s market*** mercato favorevole ai compratori, mercato al ribasso **2** *(profession)* addetto m. (-a) agli acquisti, buyer m.
▷ **buying** /'baɪɪŋ/ n. **U** acquisto m.
buying-in /ˌbaɪɪŋ'ɪn/ n. ECON. **1** = acquisto di valuta nazionale da parte della banca centrale **2** *(on the stock exchange)* stoccaggio m.
buying power /'baɪɪŋˌpaʊə(r)/ n. potere m. d'acquisto.
buyout /'baɪaʊt/ n. COMM. buy-out m., acquisto m. in blocco; *(of company)* rilevamento m.; ***leveraged ~*** leveraged buy-out.
▷ **1.buzz** /bʌz/ n. **1** *(of insect)* ronzio m. **2** *(of conversation)* mormorio m., brusio m. **3** COLLOQ. *(phone call)* telefonata f., colpo m. di telefono, squillo m.; ***to give sb. a ~*** fare uno squillo a qcn. **4** COLLOQ. *(thrill)* ***I get a ~ from it*** o ***it gives me a ~*** *(from alcohol)* mi dà

un senso di ebbrezza; *(atmosphere)* ***a party with a real ~*** una festa davvero eccitante; ***I get a ~ out of doing*** mi eccita da morire fare **5** COLLOQ. *(rumour, news)* ***the ~ is that...*** si dice *o* corre voce che...; ***what's the ~?*** che si dice in giro?

▷ **2.buzz** /bʌz/ **I** tr. **1** *(call)* ***to ~ sb.*** chiamare qcn. con un segnale acustico *o* con un cicalino **2** [*plane*] sorvolare a bassa quota, sfiorare [*crowd, building*]; sfiorare [*other plane*] **II** intr. [*insect*] ronzare; [*buzzer*] suonare; ***~ if you know the answer*** suonate se sapete la risposta; ***her head ~ed with thoughts*** i pensieri le ronzavano *o* frullavano in testa; ***the house was ~ing with activity*** la casa brulicava di gente indaffarata; ***the town ~ed with rumours*** in città tutti chiacchieravano.

▪ **buzz off** COLLOQ. togliersi dai piedi, filare (via); ***~ off!*** fila (via)! togliti dai piedi!

3.buzz /bʌz/ tr. COLLOQ. scolarsi [*bottle*].

buzzard /ˈbʌzəd/ n. **1** ZOOL. poiana f., bozzago m. **2** SPREG. *(person)* tipaccio m., tipo m. irascibile.

buzz bomb /ˈbʌzbɒm/ n. COLLOQ. bomba f. volante.

buzzer /ˈbʌzə(r)/ n. segnale m. acustico; *(on pocket etc.)* cicalino m.

buzzing /ˈbʌzɪŋ/ **I** n. *(of insects)* ronzio m.; *(of buzzer)* suono m., ronzio m.; ***to have a ~ in one's ears*** avere le orecchie che fischiano **II** agg. COLLOQ. *(lively)* [*town, party, atmosphere*] vivace, animato.

buzz saw /ˈbʌzsɔː/ n. sega f. circolare.

buzzword /ˈbʌzwɜːd/ n. COLLOQ. parola f. alla moda, in voga.

BVDs® /biːviːˈdiːz/ n.pl. AE = biancheria intima maschile.

BVM n. (⇒ Blessed Virgin Mary) = Beata Vergine Maria.

▶ **1.by** /baɪ/ prep. **1** *(showing agent, result)* da; ***he was bitten ~ a snake*** è stato morso da un serpente; ***the house was designed ~ an architect*** la casa è stata disegnata da un architetto; ***a building destroyed ~ fire*** un edificio distrutto dal fuoco; ***we were overwhelmed ~ the news*** fummo sconvolti dalla notizia; ***any money paid ~ you will be reimbursed*** vi sarà rimborsata l'intera somma da voi pagata **2** *(through the means of)* in, per, con; ***to travel ~ bus, train*** viaggiare in autobus, in treno; ***~ bicycle*** in bicicletta; ***to pay ~ cheque*** pagare con assegno; ***you can reach me ~ phone*** può contattarmi per *o* tramite telefono; ***~ working extra hours, he was able to earn more money*** facendo dello straordinario, riuscì a guadagnare di più; ***~ selling some valuables, she was able to raise some money*** vendendo degli oggetti di valore, è riuscita a procurarsi un po' di denaro; ***to begin ~ saying that*** cominciare dicendo *o* col dire che; ***~ candlelight*** [*dine, read*] a lume di candela; ***I know her ~ sight*** la conosco di vista; ***I took him ~ the hand*** l'ho preso per mano; ***he grabbed me ~ the hair*** mi afferrò per i capelli; ***she was holding it ~ the handle*** la teneva per il manico; ***he has two children ~ his first wife*** ha due figli dalla prima moglie **3** *(according to, from evidence of)* secondo, a; ***~ my watch it is three o'clock*** al mio orologio sono le tre; ***I could tell ~ the look on her face that she was angry*** si vedeva che era arrabbiata dall'espressione del suo volto; ***what did you understand ~ her remarks?*** che cosa hai capito delle sue osservazioni? ***I knew him ~ his walk*** l'ho riconosciuto dalla sua andatura; ***it's all right ~ me*** per me va bene **4** *(via, passing through)* attraverso, per, tramite, da; ***we entered ~ the back door*** siamo entrati dalla porta di servizio; ***we'll get there quicker if we go ~ Birmingham*** ci arriveremo più velocemente se passeremo da Birmingham; ***we travelled to Rome ~ Venice and Florence*** siamo andati a Roma via Venezia e Firenze **5** *(near, beside)* presso, vicino a, accanto a; ***~ the bed, the window*** accanto al letto, alla finestra; ***~ the sea*** in riva al mare; ***come and sit ~ me*** vieni a sederti accanto a me **6** *(past)* ***to go*** o ***pass ~ sb.*** passare davanti *o* accanto a qcn.; ***she walked ~ me*** passò davanti a me; ***they passed us ~ in their car*** ci sono passati davanti in macchina; ***please let us get ~*** per favore, lasciateci passare **7** *(showing authorship)* di; ***a film ~ Stanley Kubrik*** un film di Stanley Kubrik; ***a novel ~ Virginia Woolf*** un romanzo di Virginia Woolf; ***who is it ~?*** di chi è? **8** *(before, not later than)* per, entro; ***it must be done ~ four o'clock, next Thursday*** deve essere fatto entro *o* per le quattro, entro *o* per giovedì prossimo; ***~ this time next week*** la prossima settimana a quest'ora *o* di qui a una settimana; ***~ the time she had got downstairs he was gone*** quando scese era già uscito; ***he ought to be here ~ now*** ormai *o* a quest'ora dovrebbe essere qui; ***~ now it was clear that they were going to win*** era ormai chiaro che avrebbero vinto; ***but ~ then it was too late*** ma ormai era troppo tardi **9** *(during)* ***~ day as well as ~ night*** sia di giorno che di notte; ***~ daylight*** di giorno *o* alla luce del giorno; ***~ moonlight*** al chiaro di luna **10** *(according to)* ***forbidden ~ law*** proibito per legge; ***to play ~ the rules*** giocare secondo le regole; ***it seems primitive ~ western standards*** sembra primitivo per gli standard occidentali **11** *(to the extent or degree of)* di; ***prices have risen ~ 20%*** i prezzi sono aumentati del 20%; ***he's taller than me ~ two centimetres*** è due centimetri più alto di me *o* è più alto di me di due centimetri; ***~ far*** di gran lunga; ***she is ~ far the cleverest, the youngest*** è di gran lunga la più intelligente, la più giovane; ***it's better ~ far*** è di gran lunga migliore **12** *(in measurements)* per; ***a room 20 metres ~ 10 metres*** una stanza di 20 metri per 10 **13** MAT. *(in multiplication, division)* per; ***10 multiplied ~ 5 is 50*** 10 moltiplicato per 5 fa 50 **14** *(showing rate, quantity)* a; ***to be paid ~ the hour*** essere pagato a ore; ***~ the dozen*** a dozzine **15** *(in successive degrees, units)* ***little ~ little*** poco a poco; ***day ~ day*** giorno per *o* dopo giorno *o* di giorno in giorno; ***one ~ one*** uno a uno *o* uno alla volta **16** *(with regard to)* di; ***he is an architect ~ profession*** o ***trade*** di professione fa l'architetto; ***~ birth*** di nascita **17** *(as a result of)* per; ***~ mistake*** per errore; ***~ chance*** per caso, casualmente **18** *(used with reflexive pronouns)* ***he did it all ~ himself*** l'ha fatto tutto da solo; ***she was sitting ~ herself*** era seduta in disparte **19** *(in promises, oaths)* ***~ God, I could kill him!*** per Dio, potrei ucciderlo! ***I swear ~ heaven*** in nome del cielo **20** MAR. *(in compass directions)* ***south ~ south-west*** sud-sud-ovest.

1.by

- When *by* is used with a passive verb it is translated by *da*: *by John* = da John. Remember that the preposition *by* + *the* is translated by one word, *da* + article, in Italian; the following cases may occur:

the building was destroyed by the fire	=	(da + il) l'edificio venne distrutto dal fuoco
the sentence has been completed by the student	=	(da + lo) la frase è stata completata dallo studente
we were overwhelmed by the news	=	(da + la) fummo sconvolti dalla notizia
the machine has been mended by the factory worker; the form will be filled in by the air hostess	=	(da + l') la macchina è stata riparata dall'operaio; il modulo verrà compilato dall'assistente di volo
it will be paid by his parents	=	(da + i) verrà pagato dai suoi genitori
the sentences have been completed by the students	=	(da + gli) le frasi sono state completate dagli studenti
she is being helped by her friends	=	(da + le) viene aiutata dalle sue amiche

- When *by* is used with a present participle to mean *by means of*, it is not translated at all:

she learned Italian by listening to the radio	=	imparò l'italiano ascoltando la radio

- When *by* is used with a noun to mean *by means of* or *using*, it is translated by *per*:

by telephone	=	per telefono
to hold something by the handle	=	tenere qualcosa per il manico
to travel by sea / land	=	viaggiare per mare / terra

Note, however:

to travel by bus / train / plane	=	viaggiare in autobus / treno / aereo

- In time expressions *by* is translated by *entro* or *per*:

it must be finished by Friday	=	va finito entro / per venerdì

For particular usages, see the entry **1.by.**

▶ **2.by** /baɪ/ avv. **1** *(past)* ***to go ~*** passare; ***the people walking ~*** la gente che passa *o* i passanti; ***he walked on ~ without stopping*** passò senza fermarsi; ***a lot of time has gone ~ since then*** molto tempo è passato da allora; ***as time goes ~*** col (passare del) tempo **2** *(near)* vicino, accanto; ***he lives close ~*** abita vicino **3** *(aside, in reserve)* ***to put money ~*** mettere da parte i soldi **4** *(to one's house)* ***come ~ for a drink*** passa a bere qualcosa; ***she called ~ during the week*** è passata in settimana ◆ ***~ and ~*** *(in past)* di lì a poco; *(in future)* presto *o* fra breve *o* tra poco; ***~ the ~*** o ***~ the bye*** incidentalmente *o* a proposito; ***but that's ~ the ~*** ma questo c'entra poco; ***~ and large*** nell'insieme, nel complesso.

3.by /baɪ/ agg. attrib. RAR. secondario, indiretto; ***~ effect*** effetto secondario.

by-bidder /ˈbaɪˌbɪdə(r)/ n. = chi fa offerte fittizie a un'asta.

by-blow /ˈbaɪˌbləʊ/ n. **1** SPORT *(in wrestling)* colpo m. traverso **2** *(incidental)* colpo m. fortuito **3** ANT. figlio m. illegittimo, bastardo m.

1.bye /baɪ/ n. BE SPORT ***to have*** o ***get a ~*** = vincere per assenza o ritiro dell'avversario.

▷ **2.bye** /baɪ/ inter. COLLOQ. ciao, arrivederci; ~ ***for now!*** a presto!
▷ **bye-bye** /'baɪbaɪ, bə'baɪ/ COLLOQ. **I** inter. ciao, arrivederci **II** avv. INFANT. ***to go*** ~ AE partire; ***to go*** ~***s*** BE andare a far la nanna.
byelaw → **bylaw**.
by(e)-election /'baɪɪlekʃn/ n. BE elezione f. suppletiva.
by-end /'baɪend/ n. secondo fine m.; fine m. recondito.
Byelorussia /ˌbjeləʊ'rʌʃə/ ♦ *6* n.pr. Bielorussia f.
Byelorussian /ˌbjeləʊ'rʌʃən/ ♦ *18,14* **I** agg. bielorusso **II** n. **1** *(person)* bielorusso m. (-a) **2** *(language)* bielorusso m.
bygone /'baɪgɒn/ **I** agg. [*days, years, scene, etc.*] del passato, antico; ***a*** ~ ***age*** o ***era*** un'epoca passata **II** **bygones** n.pl. *(mementos)* cose f. passate ♦ ***to let*** ~***s be*** ~***s*** dimenticare il passato, metterci una pietra sopra.
bylaw /'baɪlɔ:/ n. **1** *(of local authority)* legge f. locale; *(ordinance)* ordinanza f. **2** COMM. regolamento m. interno, statuto m.
by-line /'baɪlaɪn/ n. **1** GIORN. = nome dell'autore sopra l'articolo **2** SPORT linea f. laterale.
byname /'baɪneɪm/ n. soprannome m., nomignolo m.
BYO, **BYOB** agg. (⇒ bring your own bottle portatevi la vostra bottiglia) = di ristorante o festa, in cui ciascuno si porta le proprie bevande, specialmente alcoliche.
▷ **1.bypass** /'baɪpɑ:s/ n. **1** AUT. tangenziale f., circonvallazione f. **2** *(pipe, channel)* by-pass m., bipasso m. **3** EL. derivazione f., shunt m. **4** MED. by-pass m.
▷ **2.bypass** /'baɪpɑ:s/ tr. **1** AUT. girare attorno a [*town, city*]; ***we*** ~***ed France on our way to Italy*** non siamo passati per la Francia per andare in Italia **2** FIG. evitare, aggirare, bypassare [*issue, question*]; aggirare [*law, procedure*]; scavalcare, passare sopra la testa di [*manager, chief*] **3** EL. IDR. bypassare.
bypass operation /ˌbaɪpɑ:s'ɒpəˌreɪʃn/ n. MED. intervento m. di by-pass; ***he had a*** ~ ha subito un intervento di by-pass.
bypass surgery /'baɪpɑ:sˌsɜ:dʒərɪ/ n. MED. intervento m. di by-pass; ***he needs*** ~ ha bisogno di un intervento di by-pass.
bypath /'baɪpɑ:θ, AE -pæθ/ n. sentiero m. secondario, laterale.
byplay /'baɪpleɪ/ n. TEATR. controscena f., azione f. secondaria.
byplot /'baɪˌplɒt/ n. TEATR. intreccio m. secondario.
by-product /'baɪˌprɒdʌkt/ n. **1** BIOL. IND. prodotto m. secondario **2** FIG. effetto m. secondario, conseguenza f.
byre /'baɪə(r)/ n. BE stalla f.
byroad /'baɪrəud/ n. strada f. secondaria.
Byronic /baɪ'rɒnɪk/ agg. byroniano.
byssaceous /bɪ'seɪʃəs/ agg. BOT. bissaceo.
Bysshe /bɪʃ/ n.pr. Bysshe (nome di uomo).
byssi /'bɪsɪ, -saɪ/ → **byssus**.
byssiferous /bɪ'sɪfərəs/ agg. ZOOL. bissifero.
byssus /'bɪsəs/ n. (pl. **~es**, **-i**) **1** TESS. bisso m. **2** ZOOL. bisso m.
bystander /'baɪˌstændə(r)/ n. astante m. e f., passante m. e f.
byte /baɪt/ n. INFORM. byte m.
byway /'baɪweɪ/ n. strada f. secondaria; FIG. *(of history, literature etc.)* retroscena m., parte f. meno nota.
byword /'baɪwɜ:d/ n. simbolo m., personificazione f.; ***the party is a*** ~ ***for fanaticism*** il suo partito è sinonimo di *o* il simbolo del fanatismo; ***caution is his*** ~ prudenza è il suo secondo nome.
bywork /'baɪwɜ:k/ n. RAR. lavoro m. secondario, occupazione f. secondaria.
by-your-leave /ˌbaɪjɔ:'li:v/ n. ***without so much as a*** ~ senza neanche chiedere il permesso.
Byzantine /baɪ'zæntaɪn, 'bɪzəntaɪn/ **I** agg. bizantino (anche FIG.); [*emperor*] di Bisanzio **II** n. bizantino m. (-a).
byzantinism /baɪ'zæntaɪnɪzəm, 'bɪzəntaɪnɪzəm/ n. bizantinismo m. (anche FIG.).
Byzantium /bɪ'zæntɪəm/ n.pr. STOR. Bisanzio f.

C

c, C /si:/ n. **1** *(letter)* c, C m. e f. **2 C** MUS. do m. **3** ⇒ century secolo (sec.); ***c19th, C19th*** sec. XIX, XIX sec. **4 c** ⇒ circa circa (ca.); ***c1890*** ca. 1890 **5 c** ⇒ carat carato (ct) **6 c** AE ⇒ cent centesimo (cent.) **7 C** GB SCOL. *(grade)* = voto superiore alla sufficienza.

CA 1 US ⇒ California California **2** ⇒ Central America America centrale **3** BE ECON. ⇒ chartered accountant ragioniere iscritto all'albo.

C/A 1 ECON. ⇒ capital account conto capitale **2** ECON. ⇒ credit account conto a credito **3** ECON. ⇒ current account conto corrente (cc, c/c); bilancia dei pagamenti correnti.

CAA n. BE (⇒ Civil Aviation Authority) = ente per l'aviazione civile.

▷ **1.cab** /kæb/ n. **1** *(taxi)* taxi m.; *(horse-drawn)* carrozza f. (da nolo) **2** *(driver's compartment)* cabina f.

2.cab /kæb/ intr. (forma in -ing ecc. **-bb-**) *(by taxi)* andare in taxi; *(horse-drawn)* andare in carrozza (a nolo).

CAB n. **1** BE (⇒ Citizens' Advice Bureau) = ufficio di consulenza legale ai cittadini **2** AE ⇒ Civil Aeronautics Board = ente per l'aviazione civile.

1.cabal /kə'bæl/ n. *(all contexts)* cabala f.

2.cabal /kə'bæl/ intr. (forma in -ing ecc. **-ll-**) ordire cabale, complottare.

cabala → **cabbala**.

cabana /kə'bɑ:nə/ n. AE *(tent)* tenda f. da spiaggia; *(hut)* capanno m. da spiaggia.

cabaret /'kæbəreɪ, AE ˌkæbə'reɪ/ **I** n. **1** *(genre)* cabaret m.; ***to do ~*** fare cabaret **2** *(show)* spettacolo m. di cabaret **3** *(nightclub, restaurant)* cabaret m., caffè m. concerto **II** modif. [*performance, number*] cabarettistico, di cabaret.

cabbage /'kæbɪdʒ/ n. **1** BOT. GASTR. cavolo m. **2** BE COLLOQ. SPREG. *(brain-damaged or dull person)* vegetale m.

cabbagehead /'kæbɪdʒhed/ n. **1** BOT. cavolo m. **2** COLLOQ. *(person)* testa f. di cavolo, testa f. di rapa.

cabbage lettuce /'kæbɪdʒˌletɪs/ n. BE lattuga f. cappuccina.

cabbage rose /'kæbɪdʒrəʊs/ n. (rosa) centifoglia f.

cabbage white /'kæbɪdʒˌwaɪt, AE -ˌhwaɪt/, **cabbage white butterfly** /ˌkæbɪdʒwaɪt'bʌtəflaɪ, AE -hwaɪt-/ n. cavolaia f.

cabbala /kə'bɑ:lə/ n. RELIG. cabala f. (anche FIG.).

cabbalism /'kæbəlɪzəm/ n. cabala f.

cabbalist /'kæbəlɪst/ n. cabalista m.

cabbalistic /ˌkæbə'lɪstɪk/ agg. cabalistico; ***~ signs*** segni cabalistici.

cabby /'kæbɪ/ n. COLLOQ. → **cab-driver**.

cab-driver /'kæbdraɪvə(r)/ ➧ ***27*** n. **1** *(taxi driver)* tassista m. e f. **2** STOR. *(coachman)* cocchiere m., vetturino m.

caber /'keɪbə(r)/ n. tronco m. (d'abete senza rami); ***to toss the ~*** *(Scottish sport)* lanciare il tronco.

▷ **1.cabin** /'kæbɪn/ n. **1** *(hut)* capanna f.; *(in holiday camp etc.)* casetta f., bungalow m. **2** MAR. cabina f. **3** AER. *(containing passengers, crew)* cabina f.; *(cockpit)* cabina f. di pilotaggio; *(for cargo)* stiva f. **4** *(in spacecraft)* cabina f., abitacolo m. **5** BE FERR. *(signal box)* cabina f. di manovra **6** BE *(driver's compartment)* cabina f.

2.cabin /'kæbɪn/ tr. RAR. rinchiudere, recludere.

cabin boy /'kæbɪnbɔɪ/ n. STOR. MAR. mozzo m.

cabin class /'kæbɪnklɑ:s, AE -klæs/ n. = classe sulle navi tra la prima classe e la classe turistica.

cabin crew /'kæbɪnkru:/ n. AER. personale m. di bordo.

cabin cruiser /'kæbɪnkru:zə(r)/ n. MAR. cabinato m.

▶ **cabinet** /'kæbɪnɪt/ **I** n. **1** *(cupboard)* armadietto m., mobiletto m.; *(glass-fronted)* vetrinetta f.; ***cocktail*** o ***drinks ~*** mobile bar; ***display ~*** vetrinetta; ***television ~*** mobile ad ante per il televisore **2** BE POL. gabinetto m.; consiglio m. dei ministri; governo m. **3** ANT. *(private room)* gabinetto m., studio m. **II** modif. POL. [*crisis*] ministeriale, di governo; [*decision*] ministeriale, del governo; [*post*] ministeriale, di governo, nel governo.

> **i** **Cabinet** Il consiglio dei ministri britannico è composto da una ventina di ministri (*ministers*) nominati dal Primo Ministro (*Prime Minister*). Si riunisce settimanalmente per discutere questioni amministrative e politiche del governo. Ciascun ministro è responsabile di un settore, mentre il consiglio nel suo insieme decide della politica governativa e coordina le attività dei vari ministeri. Il leader del partito di opposizione nomina un governo ombra (*shadow cabinet*) con competenze simili a quelle dei ministri del partito al potere.

cabinetmaker /'kæbɪnɪtˌmeɪkə(r)/ ➧ ***27*** n. ebanista m. e f.

cabinetmaking /'kæbɪnɪtˌmeɪkɪŋ/ n. ebanisteria f.

cabinet meeting /'kæbɪnɪtˌmi:tɪŋ/ n. BE riunione f., consiglio m. di gabinetto.

cabinet minister /'kæbɪnɪtˌmɪnɪstə(r)/ n. BE ministro m., membro m. del gabinetto.

cabinet reshuffle /ˌkæbɪnɪtˌri:'ʃʌfl/ n. BE rimpasto m. di governo, ministeriale.

cabinetwork /'kæbɪnɪtˌwɜ:k/ n. ebanisteria f.

cabin trunk /'kæbɪnˌtrʌŋk/ n. baule m. da viaggio.

▷ **1.cable** /'keɪbl/ **I** n. **1** *(rope)* cavo m., fune f.; ***anchor, steel, suspension ~*** cavo dell'ancora, d'acciaio, sospeso; ***accelerator, brake ~*** cavo dell'acceleratore, del freno **2** *(electric)* cavo m.; ***to lay a ~*** posare un cavo; ***fibre optic ~*** BE, ***fiber optic ~*** AE cavo a fibre ottiche; ***high-voltage ~*** cavo ad alta tensione; ***overhead, power ~*** cavo aereo, elettrico **3** *(television)* TV f. via cavo **4** *(telegram)* cablogramma m. **II** modif. [*programme, channel, network*] via cavo.

2.cable /'keɪbl/ tr. **1** *(telegraph)* trasmettere mediante cablogramma, cablare (**that** che); ***to ~ sb. sth.*** o ***to ~ sth. to sb.*** cablare qcs. a qcn. **2** *(provide with cables)* cablare [*house, area*].

cable-address /ˌkeɪblə'dres, AE -'ædres/ n. indirizzo m. telegrafico.

cable bend /'keɪblbend/ n. MAR. **1** *(rope)* merlino m. **2** *(knot)* nodo m. di grippia.

cable car /'keɪblkɑ:(r)/ n. **1** cabina f. (di funivia o teleferica), telecabina f. **2** AE = a San Francisco, tram a trazione funicolare.

1.cablecast /'keɪblkɑ:st, AE -kæst/ n. trasmissione f. televisiva via cavo.

2.cablecast /'keɪblkɑːst, AE -kæst/ tr. (pass., p.pass. **-cast**) (tele) trasmettere via cavo.

cablecaster /'keɪblkɑːstə(r), AE -kæst-/ n. teletrasmettitore m. via cavo.

cablegram /'keɪblgræm/ n. cablogramma m., cablo m.

cable-knit /'keɪblnɪt/ agg. [*sweater*] a trecce.

cable-laid rope /ˌkeɪblleɪd'rəʊp/ n. (cavo) torticcio m.

cable layer /'keɪblˌleɪə(r)/ ➧ *27* n. posatore m. di cavi, installatore m. di cavi.

cableman /'keɪblˌmən/ n. (pl. **-men**) → **cable layer**.

cable railway /'keɪblˌreɪlweɪ/ n. funicolare f.

cable release /'keɪblrɪˌliːs/ n. scatto m. flessibile, comando m. flessibile.

cable ship /'keɪblˌʃɪp/ n. (nave) posacavi f.

cable stitch /'keɪblˌstɪtʃ/ n. punto m. a treccia; ***a ~ sweater*** un maglione a trecce.

cablet /'keɪblɪt/ n. piccolo cavo m., cavetto m.

cable television /ˌkeɪbl'telɪvɪʒn, 'vɪʒn/ n. televisione f. via cavo.

cable tray /'keɪblˌtreɪ/ n. INFORM. EL. canalina f. per cavi.

cable TV /'keɪbltiːˌviː/ n. TV f., televisione f. via cavo.

cableway /'keɪblʌeɪ/ n. *(for people)* funivia f., cabinovia f.; *(for goods)* teleferica f.

cabman /'kæbmən/ n. (pl. **-men**) → **cab-driver**.

cabochon /'kæbəˌʃɒn/ n. cabochon m.

caboodle /kə'buːdl/ n. COLLOQ. ***the whole (kit and) ~*** *(everything)* tutto quanto, tutta la baracca; *(everyone)* tutti quanti, tutta la brigata.

caboose /kə'buːs/ n. **1** BE MAR. cucina f. di bordo **2** AE FERR. = in un treno merci, vagone del personale viaggiante posto specialmente in fondo al treno.

cabotage /'kæbətɑːʒ/ n. cabotaggio m.

cab-rank /'kæbræŋk/, **cabstand** /'kæbstænd/ n. posteggio m. di taxi.

cabriolet /ˌkæbrɪəʊ'leɪ/ n. **1** *(cart)* calessino m., cabriolet m. **2** AUT. cabriolet m.

ca'canny strike /kɑːˌkænɪ'straɪk/ n. SCOZZ. sciopero m. bianco.

cacao /kə'kɑːəʊ, kə'keɪəʊ/ n. (pl. **~s**) **1** (anche **~ tree**) cacao m. **2** (anche **~ bean**) seme m. di cacao.

cachalot /'kæʃəlɒt/ n. → **sperm whale**.

1.cache /kæʃ/ n. **1** *(hoard)* provvista f., scorta f.; ***an arms ~*** o ***a ~ of arms*** un deposito (segreto) di armi **2** *(place)* nascondiglio m. **3** INFORM. cache f.

2.cache /kæʃ/ tr. nascondere.

cachectic /kə'kektɪk/ agg. cachettico.

cache memory /ˌkæʃ'memərɪ/ n. INFORM. memoria f. cache, cache f.

cache-sexe /ˌkæʃ'seks/ n. cache-sexe m.

cachet /'kæʃeɪ, AE kæ'ʃeɪ/ n. **1** *(official seal)* sigillo m., segno m. ufficiale **2** FIG. *(prestige)* prestigio m., distinzione f., status m. **3** MED. cachet m.

cachexy /kə'keksɪ/ n. cachessia f.

cachinnate /'kækɪneɪt/ intr. RAR. ridere smodatamente.

cachinnation /ˌkækɪ'neɪʃn/ n. RAR. cachinno m., riso m. smodato.

cachinnatory /ˌkæ'kɪnətərɪ, AE -tɔːrɪ/ agg. RAR. di cachinno, di riso smodato.

cacholong /'kæʃəlɒŋ/ n. casciolongo m.

cachou /kə'ʃuː, AE kæ-/ n. **1** pastiglia f. aromatica per l'alito **2** → **catechu**.

cacique /kæ'siːk/ n. cacicco m.

cack-handed /ˌkæk'hændɪd/ agg. BE COLLOQ. impacciato, maldestro.

1.cackle /'kækl/ n. *(of hen)* coccodè m., schiamazzo m.; *(of person)* ***a ~ of amusement*** risate stridule; ***cut the ~!*** COLLOQ. basta con le chiacchiere!

2.cackle /'kækl/ intr. [*hen*] chiocciare, fare coccodè, schiamazzare; [*person*] *(talk)* chiacchierare, ciarlare; *(laugh)* ridacchiare, ridere in modo stridulo.

cackler /'kækl(r)/ n. **1** *(hen)* = gallina che chioccia **2** *(person)* chiacchierone m. (-a).

cackling /'kæklɪŋ/ n. **U** *(of hens)* (il) chiocciare, (il) fare coccodè; *(laughter)* SPREG. (il) ridacchiare, (il) ridere in modo stridulo.

cacodemon /ˌkækə'diːmən/ n. cacodemone m., spirito m. malefico.

cacodyl /'kækədaɪl/ n. cacodile m.

cacography /kə'kɒgrəfɪ/ n. ANT. cacografia f.

cacophonous /kə'kɒfənəs/ agg. FORM. cacofonico.

cacophony /kə'kɒfənɪ/ n. FORM. cacofonia f.

cactus /'kæktəs/ n. (pl. **-i**, **~es**) cactus m.

cad /kæd/ n. BE COLLOQ. mascalzone m.

Cad /kæd/ n. AE COLLOQ. (accorc. Cadillac) Cadillac f.

CAD n. (⇒ computer-aided design progettazione assistita dall'elaboratore) CAD m.

cadastral /kə'dæstrəl/ agg. catastale.

cadastre /kə'dæstə(r)/ n. catasto m.

cadaver /kə'dɑːvə(r), -'deɪv-, AE kə'dævər/ n. MED. cadavere m.

cadaveric /kə'dæverɪk/ agg. → **cadaverous**.

cadaverine /kə'dæverɪn/ n. CHIM. cadaverina f.

cadaverous /kə'dævərəs/ agg. [*face, figure*] cadaverico.

CADCAM /'kædkæm/ n. INFORM. (⇒ computer-aided design and computer-aided manufacture progettazione e fabbricazione assistita dall'elaboratore) CADCAM m.

caddice → **caddis**.

1.caddie /'kædɪ/ n. *(in golf)* caddie m., portabastoni m.

2.caddie /'kædɪ/ intr. ***to ~ for sb.*** essere il caddy di qcn.

caddie car(t) /'kædɪkɑː(t)/ n. *(in golf)* carrello m.

caddis /'kædɪs/ n. larva f. di friganea.

caddish /'kædɪʃ/ agg. BE ANT. COLLOQ. villano, maleducato.

1.caddy /'kædɪ/ n. **1** AE *(shopping trolley)* carrello m. **2** BE (anche **tea ~**) barattolo m. per il tè.

2.caddy → **1.caddie**, **2.caddie**.

Caddy /'kædɪ/ n. COLLOQ. Cadillac f.

cadence /'keɪdns/ n. **1** *(rhythm)* cadenza f., ritmo m. **2** *(intonation)* intonazione f. **3** MUS. cadenza f.

cadenced /'keɪdnst/ agg. cadenzato, ritmico.

cadency /'keɪdnsɪ/ n. **1** RAR. discendenza f. da un ramo cadetto **2** AE → **cadence**.

cadenza /kə'denzə/ n. MUS. cadenza f.

cadet /kə'det/ n. MIL. (anche **officer ~**) cadetto m., allievo m. ufficiale.

cadet corps /kə'detˌkɔː(r)/ n. MIL. = corpo di addestramento militare (all'interno di un istituto scolastico secondario).

cadet school /kə'detˌskuːl/ n. scuola f. militare.

cadetship /kə'detʃɪp/ n. grado m., posizione f. di cadetto.

cadet ship /kəˌdet'ʃɪp/ n. nave f. scuola.

cadge /kædʒ/ tr. COLLOQ. SPREG. ***to ~ sth. off*** o ***from sb.*** scroccare qcs. a qcn. [*cigarette, money*]; ***to ~ a meal, a lift*** scroccare un pasto, un passaggio; ***can I ~ a lift?*** posso approfittare per un passaggio? ti posso scroccare un passaggio?

cadger /'kædʒə(r)/ n. COLLOQ. SPREG. parassita m.; *(of money, meal)* scroccone m. (-a).

Cadiz /kə'dɪz/ ➧ *34* n.pr. Cadice f.

Cadmean /kæd'miːən/ agg. cadmeo ◆ ***a ~ victory*** una vittoria di Pirro.

cadmic /'kædmɪk/ agg. relativo al cadmio, cadmico.

cadmium /'kædmɪəm/ n. cadmio m.

cadre /'kɑːdə(r), AE 'kædrɪ/ n. **1** *(group)* MIL. AMM. organico m.; POL. cellula f., gruppo m. **2** *(person)* MIL. AMM. quadro m.; POL. membro m. di un gruppo.

caduceus /kə'djuːsjəs/ n. (pl. **-i**) caduceo m.

caducity /kə'djuːsɪtɪ/ n. LETT. caducità f.

caducous /kə'djuːkəs/ agg. BIOL. caduco; FIG. caduco, fugace.

CAE n. INFORM. (⇒ computer-aided engineering progettazione, ingegneria assistita dall'elaboratore) CAE f.

caeca /'siːkə/ → **caecum**.

caecal /'siːkəl/ agg. ANAT. cecale.

caecum /'siːkəm/ n. (pl. **-a**) BE (intestino) cieco m.

Caedmon /'kædmən/ n.pr. Caedmon (nome di uomo).

Caesar /'siːzə(r)/ n.pr. Cesare ◆ ***render unto ~ what is ~'s*** date a Cesare quel che è di Cesare.

Caesarea /ˌsiːzə'rɪə/ ➧ *34* n.pr. Cesarea f.

Caesarean, **Caesarian** /sɪ'zeərɪən/ **I** agg. STOR. cesariano, cesareo, di Cesare **II** n. MED. (anche **~ section**) (taglio) cesareo m.

Caesarism /'siːzərɪzəm/ n. cesarismo m.

Caesar salad /ˌsiːzə'sæləd/ n. GASTR. = insalata a base di lattuga romana e crostini di pane, condita con olio, limone, senape, aglio e formaggio grattugiato.

caesium /'siːzɪəm/ n. BE cesio m.

caesura /sɪ'zjʊərə, AE sɪ'ʒʊərə/ n. (pl. **~s**, **-ae**) LETTER. cesura f.

CAF ⇒ cost and freight costo e nolo (c.a.f.).

▷ **café** /'kæfeɪ, AE kæ'feɪ/ n. **1** caffè m., bar m. (che non vende alcolici); ***pavement ~*** BE, ***sidewalk ~*** AE caffè *o* ristorante con i tavoli all'aperto *o* caffè con dehors **2** AE *(restaurant)* piccolo ristorante m.

café curtains /'kæfeɪˌkɜːtnz, AE kæ'feɪ-/ n.pl. = tendine da appendere alla parte inferiore della finestra.

café society /ˌkæfeɪsə'saɪətɪ, AE kæˌfeɪ-/ n. bel mondo m.

▷ **cafeteria** /ˌkæfəˈtɪərɪə/ n. caffetteria f.; *(restaurant)* ristorante m. self-service; SCOL. UNIV. mensa f.
caff /kæf/ n. BE COLLOQ. (accorc. café) caffè m., bar m. (che non vende alcolici).
▷ **caffein(e)** /ˈkæfiːn/ n. caffeina f.; ***~-free*** decaffeinato.
caftan /ˈkæftæn/ n. caffettano m., caffetano m.
▷ **1.cage** /keɪdʒ/ n. **1** *(for bird, animal)* gabbia f.; *(of lift, in mine)* gabbia f.; *(in prison)* cella f., gabbia f. **2** SPORT COLLOQ. *(basketball)* cesto m.; *(ice hockey)* porta f.
2.cage /keɪdʒ/ tr. mettere, tenere in gabbia [*bird, animal*].
■ **cage in:** ~ *[sb.] in*, ~ *in [sb.]* ingabbiare, fare sentire in gabbia; ***to feel ~d in*** sentirsi in gabbia.
cagebird /ˈkeɪdʒbɜːd/ n. uccello m. da gabbia.
caged /keɪdʒd/ **I** p.pass. → **2.cage II** agg. [*animal*] in gabbia; ***to pace up and down like a ~ animal*** andare avanti e indietro come un animale in gabbia.
cagey /ˈkeɪdʒɪ/ agg. COLLOQ. **1** *(wary)* prudente, guardingo, circospetto; ***to be ~ about doing*** essere riluttante a fare; ***she's very ~ about her family*** è molto riluttante a parlare della sua famiglia **2** AE *(shrewd)* astuto, furbo.
cagily /ˈkeɪdʒɪlɪ/ avv. COLLOQ. **1** *(warily)* prudentemente, in modo guardingo, circospetto **2** AE *(shrewdly)* astutamente.
caginess /ˈkeɪdʒɪnɪs/ n. COLLOQ. **1** *(wariness)* prudenza f., circospezione f. (***about*** riguardo a) **2** AE *(shrewdness)* astuzia f., furbizia f.
cagoule /kəˈguːl/ n. BE mantello m., mantellina f. impermeabile (con cappuccio).
cagy → **cagey**.
cahoots /kəˈhuːts/ n.pl. COLLOQ. ***to be in ~*** essere in combutta (**with** con).
Caiaphas /ˈkaɪəfəs/ n.pr. Caifa.
caiman → **cayman**.
Cain /keɪn/ n.pr. Caino ◆ ***to raise ~*** COLLOQ. *(make a noise)* fare baccano *o* fare un gran frastuono; *(get angry)* fare una sfuriata.
Cainozoic /ˌkaɪnəˈzəʊɪk/ **I** agg. cenozoico **II** n. cenozoico m.
caïque /kaɪˈiːk/ n. caicco m.
cairn /keən/ n. **1** *(of stones)* cairn m. **2** (anche **~ terrier**) = piccolo terrier irsuto.
cairngorm /ˈkeəngɔːm/ **I** n. MINER. quarzo m. affumicato **II** n.pr. ***the Cairngorms*** i (monti) Cairngorm.
Cairo /ˈkaɪərəʊ/ ♦ ***34*** n.pr. il Cairo m.
caisson /ˈkeɪsn/ n. **1** MIL. cassone m. (avantreno), cassonetto m. **2** MAR. cassone m.; barca f. portacassone **3** ING. cassone m. (pneumatico).
caitiff /ˈkeɪtɪf/ ANT. **I** agg. vile, abietto **II** n. vile m. e f.
cajole /kəˈdʒəʊl/ tr. blandire, allettare, adulare; ***to ~ sb. into doing sth.*** persuadere qcn. a fare qcs. allettandolo; ***"give him half," she ~d*** "dagliene metà" gli disse blandendolo.
cajolement /kəˈdʒəʊlmənt/ n. → **cajolery**.
cajoler /kəˈdʒəʊlə(r)/ n. blanditore m. (-trice), adulatore m. (-trice).
cajolery /kəˈdʒəʊlərɪ/ n. **U** lusinghe f.pl., allettamento m.
cajolingly /kəˈdʒəʊlɪŋlɪ/ avv. con lusinghe, con blandizie.
Cajun /ˈkeɪdʒən/ ♦ ***18, 14*** **I** agg. acadiano **II** n. **1** *(person)* acadiano m. (-a) **2** *(language)* acadiano m.

> **i** **Cajun** I *Cajuns* sono la comunità francofona più importante degli Stati Uniti. Stabilitisi in Louisiana, discendono principalmente dagli Acadiani che furono costretti a lasciare il Canada nel secolo XVIII. La loro lingua è un miscuglio di francese del XIX secolo, inglese, creolo e spagnolo, ma oggi sta sparendo a poco a poco a vantaggio dell'inglese. Per preservare la lingua e la cultura francofona i ragazzi di questa comunità hanno la possibilità di scegliere a scuola insegnamenti bilingui.

▷ **1.cake** /keɪk/ n. **1** GASTR. torta f., focaccia f., dolce m.; *(smaller)* tortina f. **2** *(of fish, potato)* crocchetta f. **3** *(of soap)* pezzo m., saponetta f.; *(of wax)* pane m. ◆ ***it's a piece of ~*** COLLOQ. è una pacchia *o* un gioco da ragazzi; ***to get a*** o ***one's slice*** o ***share of the ~*** avere la propria fetta di torta; ***you can't have your ~ and eat it*** non si può avere la botte piena e la moglie ubriaca; ***to sell like hot ~s*** andare a ruba *o* vendersi come il pane; ***that takes the ~!*** COLLOQ. è il colmo!
2.cake /keɪk/ **I** tr. [*mud, blood*] incrostare, seccarsi (formando croste) su [*clothes, person*] **II** intr. [*mud, blood*] incrostarsi, rapprendersi (**on** su).
caked /keɪkt/ **I** p.pass. → **2.cake II** agg. [*mud, blood*] incrostato, indurito, secco; ***~ in mud*** tutto incrostato di fango *o* coperto di fango incrostato.
cake decoration /ˌkeɪkˈdekəˌreɪʃn/ n. decorazione f. per torte, per dolci.
cake flour /ˈkeɪkˌflaʊə(r)/ n. farina f. per torte, per dolci.
cake mix /ˈkeɪkˌmɪks/ n. preparato m., miscela f. per torta.
cake pan /ˈkeɪkpæn/ n. AE tortiera f.
cake shop /ˈkeɪkʃɒp/ n. pasticceria f.
cake stand /ˈkeɪkstænd/ n. alzata f. per dolci.
cake tin /keɪkˈtɪn/ n. *(for baking)* tortiera f.; *(for storing)* scatola f., confezione f. per torte.
cakewalk /ˈkeɪkwɔːk/ n. cake-walk m. ◆ ***it's a ~!*** AE COLLOQ. è una pacchia! è un gioco da ragazzi!
caky /ˈkeɪkɪ/ agg. [*mud, blood*] incrostato, rappreso, indurito.
CAL n. (⇒ computer-aided learning apprendimento assistito dal computer) CAL m.
Calabar bean /ˈkæləbɑːˌbiːn/ n. fava f. del Calabar.
calabash /ˈkæləbæʃ/ n. **1** *(fruit)* calabassa f. **2** *(tree)* = pianta del genere Crescenzia, che produce le calabasse.
calaboose /ˌkæləˈbuːs/ n. AE COLLOQ. gattabuia f., prigione f.
calabrese /ˌkæləˈbreɪzɪ/ n. broccolo m.
Calabrian /kəˈlæbrɪən/ **I** agg. calabrese **II** n. calabrese m. e f.
calamander /ˌkæləˈmændə(r)/ n. calamandra f.
calamary /ˈkæləmærɪ/ n. → **1.squid**.
calami /ˈkæləmaɪ/ → **calamus**.
calamine /ˈkæləmaɪn/ n. calamina f.
calamine lotion /ˈkæləmaɪnˌləʊʃn/ n. lozione f. alla calamina.
calamint /ˈkæləmɪnt/ n. calaminta f.
calamite /ˈkæləmaɪt/ n. calamite m.
calamitous /kəˈlæmɪtəs/ agg. calamitoso, disastroso.
calamity /kəˈlæmətɪ/ n. calamità f., disastro m.
calamity howler /kəˌlæmətɪˈhaʊlə(r)/ n. AE POP. uccello m. del malaugurio.
calamus /ˈkæləməs/ n. (pl. **-i**) BOT. **1** calamo m. **2** (anche **sweet ~**) calamo m. aromatico.
calash /kəˈlæʃ/ n. **1** *(horse-drawn carriage)* calesse m. **2** *(folding top)* mantice m. **3** *(woman's hood)* = cappuccio da donna, specialmente di seta.
calaverite /kəˈlævəraɪt/ n. calaverite f.
calcanea /kælˈkeɪnɪə/ → **calcaneum**.
calcaneal /kælˈkeɪnɪəl/, **calcanean** /kælˈkeɪnɪən/ agg. calcaneare.
calcanei /kælˈkeɪnɪ/ → **calcaneus**.
calcaneum /kælˈkeɪnɪəm/ n. (pl. **-a**) calcagno m.
calcaneus /kælˈkeɪnɪəs/ n. (pl. **-i**) → **calcaneum**.
1.calcar /ˈkælkɑː(r)/ n. calcara f., forno m. di calcinazione.
2.calcar /ˈkælkɑː(r)/ n. BOT. ZOOL. sperone m.
calcareous /kælˈkeərɪəs/ agg. calcareo; ***~ clay*** marna.
calceolaria /ˌkælsɪəˈleərɪə/ n. calceolaria f.
calceolate /ˈkælsɪəleɪt/ agg. calceolato.
calces /ˈkælsiːz/ → **calx**.
calcic /ˈkælsɪk/ agg. calcico.
calcicole /ˌkælsɪˈkəʊl/ n. organismo m. calcicolo.
calcicolous /kælˈsɪkələs/ agg. calcicolo.
calciferol /kælˈsɪfərəl/ n. calciferolo m., vitamina f. D2.
calciferous /kælˈsɪfərəs/ agg. calcifico.
calcific /kælˈsɪfɪk/ agg. calcificante.
calcification /ˌkælsɪfɪˈkeɪʃn/ n. calcificazione f.
calcifuge /ˈkælsɪˌfjuːdʒ/ n. pianta f. calcifuga.
calcify /ˈkælsɪfaɪ/ **I** tr. calcificare **II** intr. calcificarsi.
calcimine /ˈkælsɪmaɪn/ n. tinta f. a calce.
calcinable /kælˈsaɪnəbl/ agg. calcinabile.
calcination /ˌkælsɪˈneɪʃn/ n. calcinazione f.
calcine /ˈkælsɪn/ **I** tr. calcinare **II** intr. calcinarsi.
calcite /ˈkælsaɪt/ n. calcite f.
calcitonin /ˌkælsɪˈtəʊnɪn/ n. calcitonina f.
▷ **calcium** /ˈkælsɪəm/ **I** n. calcio m. **II** modif. [*carbonate, chloride, hydroxide*] di calcio.
calcrete /ˈkælkriːt/ n. crostone m. calcareo.
calcspar /ˈkælkspɑː(r)/ n. calcite f.
calc-tufa /ˈkælktuːfə/ n. travertino m.
calculable /ˈkælkjʊləbl/ agg. calcolabile.
▶ **calculate** /ˈkælkjʊleɪt/ tr. **1** *(work out)* calcolare [*cost, distance, price, size*]; ***to ~ that*** calcolare che **2** *(estimate)* valutare, prevedere, considerare [*consequences, effect, probability, rise*]; ***to ~ that*** valutare che **3** *(intend)* ***to be ~d to do*** tendere a *o* essere fatto al fine di fare *o* essere volto a fare.
▷ **calculated** /ˈkælkjʊleɪtɪd/ **I** p.pass. → **calculate II** agg. [*crime*] premeditato; [*attempt, decision, insult, malice*] deliberato; [*risk*] calcolato.

calculating /ˈkælkjʊleɪtɪŋ/ agg. **1** *(scheming)* [*manner, cheat, killer, politician*] calcolatore **2** *(shrewd)* [*approach, policy*] astuto, accorto.
calculating machine /ˌkælkjʊleɪtɪŋməˈʃiːn/ n. (macchina) calcolatrice f.
▷ **calculation** /ˌkælkjʊˈleɪʃn/ n. **1** *(operation)* calcolo m.; ***to make*** o ***do ~s*** fare i calcoli; ***by my ~s*** secondo i miei calcoli; ***to get one's ~s wrong*** sbagliare i propri calcoli **2** *(process)* calcoli m.pl.; *(evaluation)* valutazione f.; ***after much ~*** dopo molte considerazioni **3** *(scheming)* calcolo m., trama f.
calculator /ˈkælkjʊleɪtə(r)/ n. calcolatrice f.; *(larger)* calcolatore m.; ***pocket ~*** calcolatrice tascabile.
calculosis /ˌkælkjʊˈləʊsɪs/ ♦ **11** n. (pl. **-es**) calcolosi f.
calculous /ˈkælkjʊləs/ agg. calcoloso.
calculus /ˈkælkjʊləs/ n. **1** (pl. **~es**) MAT. calcolo m., analisi f. **2** (pl. **-i**) MED. calcolo m.
Calcutta /kælˈkʌtə/ ♦ **34** n.pr. Calcutta f.
caldron → **cauldron**.
Caleb /ˈkeɪləb/ n.pr. Caleb (nome di uomo).
Caledonia /ˌkælɪˈdəʊnɪə/ n.pr. Caledonia f.
Caledonian /ˌkælɪˈdəʊnɪən/ **I** agg. **1** STOR. caledone **2** GEOL. caledoniano **II** n. caledone m. e f.
calefacient /ˌkælɪˈfeɪʃnt/ **I** agg. calefaciente **II** n. rimedio m. calefaciente.
calefaction /ˌkælɪˈfækʃn/ n. calefazione f.
calefactory /ˌkælɪˈfæktərɪ/ **I** n. scaldaletto m. **II** agg. calefacente.
▷ **1.calendar** /ˈkælɪndə(r)/ n. **1** calendario m.; ***a major event in the sporting, social ~*** un grande evento nel calendario sportivo, nel calendario degli eventi mondani **2** DIR. *(list)* lista f., elenco m.
2.calendar /ˈkælɪndə(r)/ tr. RAR. **1** *(enter in a calendar)* mettere in calendario *o* in programma **2** *(list)* elencare, classificare [*document*].
calendar day /ˈkælɪndəˌdeɪ/ n. giorno m. civile, giorno m. solare.
calendar month /ˌkælɪndəˈmʌnθ/ n. mese m. civile.
calendar pad /ˈkælɪndəpæd/ n. blocco m., blocchetto m. del calendario.
calendar year /ˌkælɪndəˌjɪə(r)/ n. anno m. civile, anno m. solare.
1.calender /ˈkælɪndə(r)/ n. TECN. calandra f.
2.calender /ˈkælɪndə(r)/ tr. calandrare.
calends /ˈkælɪndz/ n.pl. calende f.
calendula /kæˈlendʒʊlə/ n. calendola f., calendula f.
▷ **1.calf** /kɑːf, AE kæf/ n. (pl. **calves**) **1** vitello m.; ***to be in ~*** [*cow*] essere gravida; ***calves' liver*** GASTR. fegato di vitello **2** *(the young of buffalo, elephant, giraffe etc.)* piccolo m.; *(deer)* cerbiatto m.; *(whale)* balenotto m., balenottero m. **3** *(leather)* pelle f. di vitello, vitello m. ♦ ***to kill the fatted ~*** ammazzare il vitello grasso.
▷ **2.calf** /kɑːf, AE kæf/ n. (pl. **calves**) ANAT. polpaccio m.
calf-bound /ˈkɑːfbaʊnd, AE ˈkæf-/ agg. rilegato in pelle di vitello.
calf love /ˈkɑːflʌv, AE ˈkæf-/ n. amore m. tra adolescenti, cotta f. giovanile.
calfskin /ˈkɑːfskɪn, AE ˈkæf-/ n. pelle f. di vitello, vitello m.
Caliban /ˈkælɪbæn/ n.pr. Calibano.
caliber AE → **calibre.**
calibrate /ˈkælɪbreɪt/ tr. **1** calibrare, determinare il calibro di [*instrument, tube, gun*] **2** tarare [*scales*].
calibration /ˌkælɪˈbreɪʃn/ n. *(process)* *(of instrument, tube, gun)* calibratura f.; *(of measure, scales)* taratura f.
▷ **calibre** BE, **caliber** AE /ˈkælɪbə(r)/ n. *(all contexts)* calibro m.; FIG. calibro m., valore m., levatura f.; ***of exceptional ~*** d'eccezionale levatura.
caliche /kəˈliːtʃiː/ n. caliche m.
calico /ˈkælɪkəʊ/ **I** n. (pl. **-es**, **~s**) BE calicò m.; AE cotonina f. **II** modif. [*garment*] BE di calicò, AE di cotonina **III** agg. AE *(multicoloured)* chiazzato; [*cat*] color tartaruga.
calif → **caliph.**
California /ˌkælɪˈfɔːnɪə/ ♦ **24** n.pr. California f.
Californian /ˌkælɪˈfɔːnɪən/ **I** agg. californiano **II** n. californiano m. (-a).
californium /kæləˈfɔːnɪəm/ n. californio m.
caliper AE → **calliper.**
caliph /ˈkeɪlɪf/ n. califfo m.
calisthenics → **callisthenics.**
calix → **calyx.**
1.calk /kɔːk/ tr. ART. TECN. decalcare.
2.calk → **1.caulk, 2.caulk.**
calker → **caulker.**
calking → **caulking.**
▶ **1.call** /kɔːl/ n. **1** TEL. telefonata f., chiamata f. (**from** da); ***business ~*** telefonata d'affari; ***private*** o ***personal ~*** telefonata personale; ***(tele)phone ~*** chiamata (telefonica); ***I have a ~ for you*** c'è una telefonata per lei; ***to make a ~*** chiamare *o* telefonare *o* fare una telefonata; ***to make a ~ to Italy*** chiamare l'Italia *o* telefonare *o* fare una telefonata in Italia; ***to receive, take a ~*** ricevere *o* prendere una telefonata; ***to give sb. a ~*** chiamare qcn. *o* telefonare a *o* fare una telefonata a qcn.; ***to return sb.'s ~*** richiamare qcn. *o* fare una telefonata a qcn.; ***to put a ~ through to sb.*** passare una telefonata a qcn. **2** *(audible cry)* *(human)* grido m. (**for** di); *(animal)* grido m., richiamo m.; ***to give sb. a ~*** chiamare qcn. **3** *(summons)* chiamata f., appello m.; ***this is the last ~ for passengers to Berlin*** AER. ultima chiamata per il volo per Berlino; ***this is your ten minute ~*** TEATR. in scena tra dieci minuti; ***to put out a ~ for sb.*** *(over public address, radio)* diramare *o* lanciare un appello per qcn.; ***the Red Cross has put out a ~ for blankets*** la Croce Rossa ha diramato un appello per la raccolta di coperte **4** *(visit)* visita f.; ***social ~*** visita di cortesia; ***to make*** o ***pay a ~*** fare visita (**on** a); ***to pay a ~*** EUFEM. andare in bagno; ***to return sb.'s ~*** ricambiare la visita di qcn. **5** *(demand)* richiesta f., domanda f.; ***the strikers' ~ for a pay rise*** la richiesta degli scioperanti di un aumento salariale; ***there were ~s for his resignation*** le sue dimissioni sono state richieste da più parti; ***a ~ for reform*** una richiesta di riforma; ***she has many ~s on her time*** tutti la cercano, tutti le chiedono qualcosa; ***there's no ~ for it*** COMM. non c'è richiesta (di questo articolo); ***we don't get much ~ for that*** non abbiamo molte richieste di questo articolo; ***to have first ~ on sth.*** avere la priorità su qcs. *o* avere diritto di precedenza su qcs. **6** *(need)* ***there's no ~ for sth., to do*** non c'è alcun bisogno di qcs., di fare; ***there was no ~ for her to say that*** non aveva alcun motivo di dire ciò *o* non c'era alcun motivo perché dicesse ciò **7** *(allure)* *(of mountains, sea, the unknown)* richiamo m. (**of** di) **8** SPORT *(of referee)* fischio m.; *(of umpire)* segnalazione f.; *(decision)* decisione f. **9** ECON. *(for repayment of loan)* richiesta f. di pagamento; *(request)* richiesta f., chiamata f.; *(right to buy)* opzione f. d'acquisto; ***money at*** o ***on ~*** denaro a vista *o* somma esigibile a breve preavviso; ***on three months' ~*** a tre mesi; ***payable at ~*** esigibile a vista; ***a ~ for capital*** una richiesta di aumento di capitale; ***a ~ for tenders*** un avviso d'asta **10** *(duty)* ***to be on ~*** [*doctor*] essere di guardia *o* in, di servizio; [*engineer*] essere in *o* di servizio **11** RELIG. *(vocation)* vocazione f. ♦ ***it was a close ~*** l'abbiamo scampata bella.
▶ **2.call** /kɔːl/ **I** tr. **1** *(say loudly)* (anche **~ out**) chiamare (a gran voce), gridare [*name, number*]; gridare [*answer, instructions*]; annunciare [*result, flight*]; ***to ~ the register*** SCOL. fare l'appello; ***he ~ed (out) "Goodbye"*** ha gridato "arrivederci"; ***to ~ heads or tails*** GIOC. fare a testa o croce **2** *(summon)* chiamare [*lift*]; *(by shouting)* chiamare (ad alta voce) [*person, animal, witness*]; *(by phone)* chiamare, far venire [*person, police, taxi*]; *(by letter)* convocare [*applicant, candidate*]; ***he was ~ed before the committee*** è stato convocato davanti alla commissione; ***the boss ~ed me into his office*** il capo mi ha chiamato nel suo ufficio; ***the police were ~ed to the scene*** la polizia è stata chiamata sul luogo (del delitto, dell'incidente ecc.); ***I've ~ed you a taxi*** le ho chiamato un taxi; ***come when you're ~ed*** venite quando sarete chiamati; ***~ the next witness*** chiamate il prossimo testimone; ***you may be ~ed to give evidence*** potrebbe essere chiamato a testimoniare **3** *(telephone)* (anche **~ up**) chiamare, telefonare a [*person, institution, number*] (**at** a; **from** da); ***don't ~ us, we'll ~ you*** SCHERZ. (non chiamare) ti chiamiamo noi **4** *(give a name)* chiamare [*person, baby, animal, place, product*] (**by** con); intitolare [*book, film, music, play*]; ***she prefers to be ~ed by her maiden name*** preferisce essere chiamata con il suo nome da ragazza **5** *(arrange)* proclamare [*strike*]; convocare, indire [*conference, meeting*]; fissare [*rehearsal*]; fissare, indire [*election*] **6** *(waken)* chiamare, svegliare [*person*]; ***what time shall I ~ you in the morning?*** a che ora devo svegliarla? **7** *(describe as)* ***to ~ sb. stupid, a liar*** dare a qcn. dello stupido, del bugiardo; ***I wouldn't ~ it spacious, beautiful*** non direi che è spazioso, bello; ***do you ~ that plate clean?*** ti sembra pulito quel piatto? ***it's not what you'd ~ an exciting film*** non si potrebbe proprio dire che sia un film emozionante; ***it's what you might ~ a delicate situation*** è ciò che si potrebbe definire una situazione delicata; ***~ that a garden!*** COLLOQ. e lo chiami giardino! ***~ it what you will*** chiamalo come vuoi; ***parapsychology or whatever they*** o ***you ~ it*** COLLOQ. la parapsicologia o come accidenti si chiama; ***(let's) ~ it £ 5*** diciamo 5 sterline; ***he hasn't a place to ~ his own*** non ha una casa propria **8** SPORT [*referee, linesman*] fischiare, dichiarare; ***the linesman ~ed the ball in*** il guardalinee ha detto che la palla era buona **9** ECON. richiedere il pagamento di [*loan*] **10** INFORM. aprire [*file*]; chiamare, lanciare [*program*] **II** intr. **1** *(cry out)* (anche **~ out**) [*person, animal*] chiamare; *(louder)* gridare; ***London ~ing*** RAD. qui Londra **2** *(telephone)*

chiamare, telefonare; ***where are you ~ing from?*** da dove chiama? ***I'm ~ing about your advertisement*** telefono per l'annuncio; ***thank you for ~ing*** grazie per aver chiamato; ***please ~ back in an hour*** richiami fra un'ora, per favore; ***to ~ home*** chiamare casa; ***who's ~ing?*** chi parla? **3** *(visit)* passare, fare (una) visita; ***to ~ at*** [*person*] passare da [*person, shop*]; [*person*] passare, andare in [*bank, library, town*]; [*train*] fermare a [*town, station*]; [*boat*] fare scalo a [*port*]; ***the London train ~ing at Reading and Slough*** il treno per Londra che ferma a Reading e Slough **4** *(tossing coins, racket)* ***you ~, heads or tails?*** tocca a te, testa o croce? **III** rifl. ***to ~ oneself*** farsi chiamare [*Smith, Bob*]; *(claim to be)* dire di essere [*poet, designer*]; ***he ~s himself a writer but...*** dice di essere uno scrittore, ma...; ***~ yourself a sailor?*** COLLOQ. e dici di essere un marinaio? ***I am proud to ~ myself European*** sono orgoglioso di definirmi europeo.

■ **call away:** ***~ [sb.] away*** chiamare; ***to be ~ed away*** essere chiamato altrove, essere costretto ad assentarsi.

■ **call back:** ***~ back*** **1** *(on phone)* richiamare, ritelefonare **2** *(return)* ripassare, passare di nuovo; ***~ [sb.] back*** **1** *(summon by shouting)* richiamare, chiamare; *(phone back)* richiamare, ritelefonare a [*person*] **2** *(recall)* richiamare [*representative, diplomat*].

■ **call by** *(visit)* passare.

■ **call down:** ***~ down*** *(shout from above)* gridare (verso il basso); ***~ down [sth.], ~ [sth.] down*** invocare [*blessing, curse, vengeance*] (**on** su).

■ **call for:** ***~ for [sth.]*** **1** *(shout)* chiamare, gridare [*help*]; chiamare, far venire [*ambulance, doctor*] **2** *(demand)* [*person*] chiedere [*food, drink, equipment, tool*]; [*report, article, politician, protesters*] chiedere, reclamare [*changes, improvements*]; ***they are ~ing for talks to be extended*** chiedono un prolungamento delle trattative **3** *(require)* [*situation, problem, conditions*] richiedere, esigere [*treatment, skill, action, understanding*]; esigere, necessitare di [*change, intervention, improvements*]; ***this ~s for a celebration!*** merita una festa! ***that was not ~ed for*** non era necessario **4** *(collect)* passare a prendere [*person*]; passare a ritirare [*object*].

■ **call forth** LETT. ***~ forth [sth.], ~ [sth.] forth*** far nascere, suscitare [*feelings*].

■ **call in:** ***~ in*** **1** *(pay a visit)* fare una visita **2** *(telephone)* chiamare, telefonare; ***to ~ in sick*** [*employee*] darsi malato per telefono, telefonare per dire che si è malati; ***~ in [sb.], ~ [sb.] in*** **1** *(summon inside)* fare entrare [*person, animal*]; chiamare, fare entrare [*candidate, client, patient*] **2** *(send for)* chiamare, fare intervenire [*expert, police, engineer*]; ***~ in [sth.], ~ [sth.] in*** **1** *(recall)* chiedere la restituzione di [*library book, ticket, surplus, supplies*]; ritirare dalla circolazione [*currency*]; ritirare [*product*] **2** ECON. richiedere il pagamento di [*loan*].

■ **call off:** ***~ off [sth.], ~ [sth.] off*** *(halt)* sospendere, interrompere [*arrangement, deal, plan, search, investigation*]; *(cancel)* annullare, revocare, disdire [*show, meeting, wedding*]; ***to ~ off one's engagement*** rompere il fidanzamento; ***to ~ off a strike*** revocare uno sciopero; ***let's ~ the whole thing off*** lasciamo perdere (tutta la faccenda); ***~ off [sb.], ~ [sb.] off*** richiamare [*soldier, dog*].

■ **call on:** ***~ on [sb., sth.]*** **1** *(visit)* (anche **~ in on**) passare da, fare (una) visita a [*relative, friend*]; visitare, passare da [*patient, client*] **2** *(invite)* invitare [*speaker, lecturer*] (**to do** a fare) **3** *(urge)* sollecitare (**to do** a fare); *(stronger)* incitare, esortare (**to do** a fare); ***he ~ed on his colleagues to oppose it*** ha sollecitato i suoi colleghi a opporsi **4** *(appeal to, resort to)* rivolgersi a [*person*]; fare ricorso a [*services*]; fare appello a [*moral quality*]; ***neighbours she can ~ on*** vicini a cui può rivolgersi; ***we will ~ on your services*** utilizzeremo i vostri servizi; ***you will have to ~ on all your patience and courage*** dovrai fare appello a tutta la tua pazienza e a tutto il tuo coraggio.

■ **call out:** ***~ out*** *(cry aloud)* chiamare (a gran voce); *(louder)* gridare; ***~ out [sb.], ~ [sb.] out*** **1** *(summon outside)* chiamare, fare venire; ***the teacher ~ed me out to the front of the class*** l'insegnante mi ha chiamato alla cattedra **2** *(send for)* chiamare, fare venire [*expert, doctor, repairman*]; chiamare, fare intervenire [*emergency service, troops*] **3** IND. [*union*] indire uno sciopero di [*members*]; ***to ~ sb. out on strike*** fare scendere qcn. in sciopero; ***~ [sth.] out, ~ out [sth.]*** chiamare (a voce alta) [*name, number*].

■ **call over:** ***~ over to [sb.]*** chiamare; ***~ [sb.] over*** chiamare.

■ **call round** *(visit)* passare, fare (una) visita.

■ **call up:** ***~ up*** chiamare; ***~ up [sb., sth.], ~ [sb., sth.] up*** **1** *(on phone)* chiamare, telefonare a **2** *(summon)* chiamare [*reserves, reinforcements*]; chiamare alle armi, richiamare [*soldier*]; invocare, evocare [*ghost, spirit*] **3** *(evoke)* chiamare alla mente [*past event, scene*]; risvegliare [*memory*] **4** INFORM. richiamare (a video) [*data, file, menu*] **5** SPORT selezionare [*player*].

■ **call upon** → **call on.**

CALL n. ⇒ (computer-aided language learning) = apprendimento della lingua assistito dall'elaboratore.

calla /ˈkælə/ n. **1** calla f. **2** (anche **~ lily**) calla f. dei fioristi.

callable /ˈkɔːləbl/ agg. ECON. [*bond, stock*] riscattabile; [*capital*] richiamabile, esigibile; [*loan*] (rimborsabile) a richiesta.

Callanetics /ˌkælənˈetɪks/ n. + verbo sing. = metodo di ginnastica basato su frequenti ripetizioni di piccoli movimenti muscolari.

callback facility /ˈkɔːlbækfəˌsɪlətɪ/ n. TEL. richiamata f. su occupato.

call-bird /ˈkɔːlbɜːd/ n. uccello m. da richiamo.

call box /ˈkɔːlbɒks/ n. BE cabina f. telefonica; AE postel m., casella f. telefonica.

call boy /ˈkɔːlbɔɪ/ n. *(in hotel)* ragazzo m., fattorino m.; *(in theatre)* buttafuori m.

call button /ˈkɔːlˌbʌtn/ n. *(for lift)* pulsante m. di chiamata.

call centre BE, **call center** AE /ˈkɔːlˌsentə(r)/ n. call center m.

call charge /ˈkɔːlˌtʃɑːdʒ/ n. costo m. della chiamata.

called party /ˈkɔːldpɑːtɪ/ n. TEL. abbonato m. richiesto.

▷ **caller** /ˈkɔːlə(r)/ n. **1** TEL. ***we've had 15 ~s today*** abbiamo avuto 15 chiamate oggi **2** *(visitor)* visitatore m. (-trice) **3** *(in country dance)* direttore m. di danze.

call girl /ˈkɔːlgɜːl/ n. call-girl f., (ragazza) squillo f.

calligrapher /kəˈlɪgrəfə(r)/ ♦ **27** n. calligrafo m. (-a).

calligraphic /ˌkælɪˈgræfɪk/ agg. calligrafico.

calligraphist /kəˈlɪgrəfɪst/ ♦ **27** n. → **calligrapher**.

calligraphy /kəˈlɪgrəfɪ/ n. calligrafia f.

call-in (programme) /ˈkɔːlɪn(ˌprəʊgræm)/ n. AE TELEV. RAD. = programma con telefonate del pubblico in diretta.

▷ **calling** /ˈkɔːlɪŋ/ n. **1** *(vocation)* vocazione f. **2** *(profession)* mestiere m., occupazione f.

calling card /ˈkɔːlɪŋkɑːd/ n. biglietto m. da visita.

calling party /ˈkɔːlɪŋˌpɑːtɪ/ n. TEL. richiedente m.

calliper BE, **caliper** AE /ˈkælɪpə(r)/ **I** n. MED. *(leg support)* protesi f. rigida **II callipers** n.pl. *(for measuring)* compasso m.sing.; calibro m.sing. a compasso.

callisthenics /ˌkælɪsˈθenɪks/ ♦ **10** n. + verbo sing. ginnastica f. ritmica.

call letters /ˈkɔːlˌletəz/ n.pl. AE RAD. → **call sign.**

call loan /ˈkɔːlləʊn/ n. prestito m. a vista, call loan m.

call money /ˈkɔːlˌmʌnɪ/ n. denaro m. a richiesta.

call note /ˈkɔːlnəʊt/ n. *(of bird)* richiamo m.

call option /ˈkɔːlˌɒpʃn/ n. opzione f. call, opzione f. d'acquisto.

callose /ˈkæləʊs/ n. BOT. callosio m.

callosity /kəˈlɒsətɪ/ n. callosità f.

callous /ˈkæləs/ agg. [*person*] insensibile, incallito; [*attitude*] insensibile; [*brutality, crime*] disumano.

callously /ˈkæləslɪ/ avv. [*act, speak*] con durezza; [*suggest*] cinicamente.

callousness /ˈkæləsnɪs/ n. *(of person)* durezza f.; *(of attitude)* insensibilità f.

call-out /ˈkɔːlaʊt/ n. *(from repairman)* chiamata f. (per riparazione).

call-out charge /ˈkɔːlaʊtˌtʃɑːdz/ n. diritto m. di chiamata.

call-over /ˈkɔːləʊvə(r)/ n. appello m.

callow /ˈkæləʊ/ agg. inesperto, imberbe; ***a ~ youth*** un giovane inesperto.

call queuing /ˈkɔːlˌkjuːɪŋ/ n. TEL. = messa in coda della chiamata.

call sign /ˈkɔːlsaɪn/ n. TEL. RAD. segnale m. di chiamata.

call slip /ˈkɔːlslɪp/ n. *(in library) (to consult)* scheda f. (di consultazione); *(to borrow)* scheda f.

call-up /ˈkɔːlʌp/ n. MIL. *(general)* chiamata f. (alle armi); *(of reservists)* richiamo m.

call-up papers /ˈkɔːlʌpˌpeɪpəz/ n.pl. MIL. cartolina f.sing. di precetto.

callus /ˈkæləs/ n. **1** callo m. **2** MED. callo m. osseo.

callused /ˈkæləst/ agg. [*hands*] calloso; ***to have ~ feet*** avere i duroni ai piedi.

call waiting /ˌkɑːlˈweɪtɪŋ/ n. TEL. avviso m. di chiamata.

▷ **1.calm** /kɑːm, AE *anche* kɑːlm/ n. **1** *(of place, atmosphere)* calma f., quiete f., tranquillità f. **2** *(of person)* calma f.; *(in adversity)* sangue m. freddo; ***to keep one's ~*** mantenere la calma **3** MAR. calma f. ◆ ***the ~ before the storm*** la calma *o* la quiete prima della tempesta.

▷ **2.calm** /kɑːm, AE *anche* kɑːlm/ agg. calmo; ***keep ~!*** (mantieni la) calma!

▷ **3.calm** /kɑːm, AE *anche* kɑːlm/ tr. *(all contexts)* calmare.

■ **calm down:** ***~ down*** [*person, situation*] calmarsi; ***~ down!*** calmati! calmatevi!; ***~ [sth., sb.] down, ~ down [sth., sb.]*** calmare, tranquillizzare [*crowd*].

calmative /'kɑ:mətɪv AE *anche* kɑ:lmətɪv/ **I** agg. calmante, sedativo **II** n. calmante m., sedativo m.
calming /'kɑ:mɪŋ, AE *anche* 'kɑ:lm-/ agg. [*environment, sound*] che tranquillizza; [*influence, speech*] tranquillizzante; [*sensation*] di calma, di tranquillità.
calmly /'kɑ:mlɪ, AE *anche* 'kɑ:lmlɪ/ avv. *(quietly)* [*act, behave, react, speak*] con calma; [*sleep, smoke, read, wait*] tranquillamente; ***she took the news ~*** ha preso la notizia con calma.
calmness /'kɑ:mnɪs, AE *anche* 'kɑ:lm-/ n. **1** *(of person)* calma f.; *(in adversity)* sangue m. freddo **2** *(of place)* calma f., quiete f., tranquillità f.; *(of sea, weather)* calma f.
calomel /'kæləʊmel/ n. calomelano m.
Calor gas® /'kæləgæs/ n. BE gas m. per uso domestico; ***~ container*** o ***~ bottle*** bombola di gas.
caloric /'kælərɪk/ agg. calorico.
▷ **calorie** /'kælərɪ/ n. caloria f.; ***low~ diet, drink*** dieta, bevanda con poche calorie *o* ipocalorica; ***to count ~s*** contare le calorie; ***to be ~-conscious*** fare attenzione alle calorie.
calorific /ˌkælə'rɪfɪk/ agg. calorifico; ***~ value*** potere calorifico.
calorimeter /ˌkælə'rɪmɪtə(r)/ n. calorimetro m.
calorimetric(al) /ˌkælərɪ'metrɪk(l)/ agg. calorimetrico.
calorimetry /ˌkælə'rɪmɪtrɪ/ n. calorimetria f.
calory → **calorie**.
calotte /kə'lɒt/ n. **1** *(of priest)* calotta f., zucchetto m. **2** ARCH. calotta f.
calque /kælk/ n. LING. calco m.
CALT n. (⇒ computer-aided language teaching) = insegnamento della lingua assistito dall'elaboratore.
caltrop /'kæltrəp/ n. **1** BOT. castagna f. d'acqua **2** BOT. cardo m. stellato **3** BOT. tribolo m. **4** MIL. tribolo m.
calumet /'kælju:met, AE -'met/ n. calumet m.
calumniate /kə'lʌmnɪeɪt/ tr. FORM. calunniare.
calumniation /kəˌlʌmnɪ'eɪʃn/ n. FORM. calunnia f.
calumniator /kə'lʌmnɪeɪtə(r)/ n. FORM. calunniatore m. (-trice).
calumnious /kə'lʌmnɪəs/ agg. FORM. calunnioso.
calumny /'kæləmnɪ/ n. FORM. calunnia f.
calvary /'kælvərɪ/ **I** n. *(all contexts)* calvario m. **II Calvary** n.pr. il Calvario.
calve /kɑ:v, AE kæv/ intr. [*cow*] figliare, partorire.
calves /kɑ:vz/ → **1.calf, 2.calf**.
Calvin /'kælvɪn/ n.pr. Calvino.
Calvinism /'kælvɪnɪzəm/ n. calvinismo m.
Calvinist /'kælvɪnɪst/ **I** agg. calvinista **II** n. calvinista m. e f.
Calvinistic(al) /ˌkælvɪ'nɪstɪk(l)/ agg. calvinistico.
calx /kælks/ n. (pl. **-ces, ~es**) ANT. **1** residuo m. di calcinazione **2** *(quicklime)* ossido m. di calce, calce f. viva.
calycanthus /ˌkælɪ'kænθəs/ n. calicanto m. d'estate.
calyces /'keɪlɪsi:z/ → **calyx**.
calyciform /kə'lɪsɪfɔ:m/ agg. BOT. caliciforme.
calycle /'kælɪkl/ n. ANAT. BOT. calicetto m.
calypso /kə'lɪpsəʊ/ n. calipso m.
calyptra /kə'lɪptrə/ n. BOT. caliptra f.
calyx /'keɪlɪks/ n. (pl. **~es, -ces**) BOT. calice m.
cam /kæm/ n. camma f.
CAM n. (⇒ computer-aided manufacturing produzione assistita dall'elaboratore) CAM m.
camaraderie /ˌkæmə'rɑ:dərɪ, AE -'ræd-/ n. cameratismo m.
1.camber /'kæmbə(r)/ n. **1** *(of road)* (l')essere a schiena d'asino **2** *(of ship's deck)* curvatura f., bombatura f. **3** *(of beam)* freccia f. **4** *(of wheels)* camber m.
2.camber /'kæmbə(r)/ tr. TECN. costruire a schiena d'asino [*road*]; centinare [*beam*].
cambist /'kæmbɪst/ ➧ **27** n. cambista m. e f., cambiavalute m. e f.
Cambodia /kæm'bəʊdɪə/ ➧ **6** n.pr. Cambogia f.
Cambodian /kæm'bəʊdɪən/ ➧ **18, 14** **I** agg. cambogiano **II** n. **1** *(person)* cambogiano m. (-a) **2** *(language)* cambogiano m.
Cambrian /'kæmbrɪən/ **I** agg. **1** GEOL. cambriano **2** *(Welsh)* gallese **II** n. **1** GEOL. ***the ~*** il cambriano **2** *(Welshman)* gallese m. e f.
cambric /'keɪmbrɪk/ n. cambrì m., batista f.
Cambridge /'keɪmbrɪdʒ/ ➧ **34** n.pr. Cambridge f.
Cambridgeshire /'keɪmbrɪdʒʃə(r)/ ➧ **24** n.pr. Cambridgeshire m.
Cambs n. GB ⇒ Cambridgeshire Cambridgeshire.
camcorder /'kæmkɔ:də(r)/ n. camcorder m.
1.came /keɪm/ pass. → **1.come**.
2.came /keɪm/ n. bacchetta f. di piombo.
▷ **camel** /'kæml/ ➧ **5** **I** n. **1** cammello m.; *(female)* cammella f.; *(for racing)* mehari m. **2** *(colour)* cammello m. **II** modif. ***~ train*** carovana di cammelli; ***~ driver*** cammelliere **III** agg. [*coat, dress*] (color) cammello ◆ ***that was the straw that broke the ~'s back*** è stata la goccia che ha fatto traboccare il vaso.
camel corps /'kæmlˌkɔ:(r)/ n.pl. truppe f. cammellate.
cameleer /ˌkæmɪ'lɪə(r)/ n. cammelliere m.
camel hair /'kæmlheə(r)/ **I** n. pelo m. di cammello **II** modif. [*coat, jacket*] di (pelo di) cammello.
camellia, camelia /kə'mi:lɪə/ n. camelia f.
camelopard /'kæmɪləpɑ:d/ n. ANT. giraffa f.
Camelot /'kæmɪlɒt/ n.pr. **1** MITOL. Camelot f. **2** AE POL. = l'amministrazione Kennedy.
cameo /'kæmɪəʊ/ n. (pl. **~s**) **1** cammeo m.; ***~ brooch*** spilla con cammeo **2** TEATR. CINEM. ***a ~ role*** un cammeo.
▶ **camera** /'kæm(ə)rə/ n. **1** FOT. (pl. **~s**) macchina f. fotografica; CINEM. cinecamera f., macchina f. da presa; TELEV. telecamera f.; ***to be on ~*** essere in onda **2** DIR. (pl. **-ae**) ufficio m. del giudice; camera f. di consiglio; ***in ~*** a porte chiuse.
camera bag /'kæm(ə)rəbæg/ n. custodia f. (della macchina fotografica); *(professional)* borsa f. del fotografo.
camera case /'kæm(ə)rəkeɪs/ n. custodia f. (rigida, della macchina fotografica).
camera crew /'kæm(ə)rəkru:/ n. troupe f. televisiva.
camerae /'kæm(ə)re/ → **camera**.
cameralism /'kæmərəlɪzəm/ n. ECON. cameralismo m.
cameraman /'kæm(ə)rəmən/ ➧ **27** n. (pl. **-men**) cameraman m., operatore m.
camera obscura /ˌkæm(ə)rəb'skjʊərə/ n. camera f. oscura.
camera phone /'kæmərəˌfəʊn/ n. *(mobile)* telefono m. con fotocamera, telefono m. con videocamera.
camera-ready copy /ˌkæm(ə)rəredɪ'kɒpɪ/ n. copia f. pronta per la fotoincisione.
camera-shy /'kæm(ə)rəʃaɪ/ agg. ***she's ~*** non le piace essere fotografata.
camerawork /'kæm(ə)rəwɜ:k/ n. riprese f.pl. cinematografiche.
camerlingo /ˌkæmə'lɪŋgəʊ/ n. (pl. **~s**) RELIG. camerlengo m.
Cameron /'kæmərən/ n.pr. Cameron (nome di uomo e di donna).
Cameroon /ˌkæmə'ru:n/ ➧ **6** n.pr. Camerun m.
Cameroonian /ˌkæmə'ru:nɪən/ ➧ **18** **I** agg. camerunese **II** n. camerunese m. e f.
camiknickers /'kæmɪnɪkəz/, **camiknicks** /'kæmɪnɪks/ n.pl. BE pagliaccetto m.sing.
Camilla /kə'mɪlə/ n.pr. Camilla.
camisole /'kæmɪsəʊl/ n. corpetto m., copribusto m.
camlet /'kæmlɪt/ n. cammellotto m.
camomile /'kæməmaɪl/ n. camomilla f.; ***~ tea*** (infuso di) camomilla.
Camorra /kə'mɒrə/ n. camorra f.
1.camouflage /'kæməflɑ:ʒ/ **I** n. MIL. mimetizzazione f.; *(disguise)* camuffamento m. (anche FIG.) **II** modif. [*gear, jacket*] mimetico; [*netting*] da mimetizzazione.
2.camouflage /'kæməflɑ:ʒ/ **I** tr. MIL. mimetizzare (**with** con); *(disguise)* camuffare (anche FIG.) (**with** con) **II** rifl. ***to ~ oneself*** mimetizzarsi, camuffarsi.
▶ **1.camp** /kæmp/ n. **1** *(of tents, buildings etc.)* campo m., campeggio m.; *(of nomads)* campo m.; ***to make*** o ***pitch ~*** accamparsi *o* piantare le tende; ***to strike ~*** muovere *o* levare il campo *o* togliere le tende; ***to go to ~*** [*scout etc.*] andare a fare un campo **2** FIG. *(group)* campo m., partito m.; ***to go over to the other ~*** cambiare campo *o* passare nell'altro campo ◆ ***to have a foot in both ~s*** tenere un piede in due staffe.
▶ **2.camp** /kæmp/ intr. campeggiare; accamparsi; ***to go ~ing*** fare campeggio.
■ **camp on** TEL. attivare la richiamata su occupato.
■ **camp out** accamparsi, dormire in tenda; ***he's ~ing out in the lounge*** si è accampato in salotto.
3.camp /kæmp/ **I** agg. SPREG. **1** *(exaggerated)* [*person*] pretenzioso, borioso; [*gesture, performance*] eccessivo, pretenzioso **2** *(effeminate)* effeminato **3** *(homosexual)* [*bar, neighbourhood*] di omosessuali, gay **4** *(in bad taste)* pacchiano, kitsch **II** n. COLLOQ. SPREG. *(mannered style etc.)* leziosaggine f., svenevolezza f.; ***it's high ~*** è assolutamente lezioso.
▶ **1.campaign** /kæm'peɪn/ n. *(organized course of action)* campagna f. (**for** per, a favore di; **against** contro); ***to mount*** o ***launch a ~*** lanciare una campagna.
2.campaign /kæm'peɪn/ intr. fare, condurre una campagna (**for** per, a favore di; **against** contro); ***after ten years of ~ing*** dopo una campagna di dieci anni.
campaigner /kæm'peɪnə(r)/ n. chi conduce o partecipa a una campagna (**for** per, a favore di; **against** contro); POL. chi fa una cam-

can, could

- *Can* and *could* are usually translated by the verb *potere*:

he can wait until tomorrow	= può aspettare fino a domani
you can go out now	= potete uscire adesso.

For the conjugation of *potere*, see the Italian verb tables.

- The three notable exceptions to this are as follows:

a) when *can* or *could* is used to mean *know how to*, the verb *sapere* is used:

she can swim very well	= sa nuotare molto bene
he could read at the age of four	= sapeva leggere a quattro anni

b) when *can* or *could* is used with such verbs as *find, manage, speak, spell* or *understand*, it is either translated by *riuscire* or not translated at all:

I can't find it	= non riesco a trovarlo
Can Jane speak Russian?	= Jane parla russo?
Can you manage?	= ce la fai?

c) when *can* or *could* is used with a verb of perception such as *see, hear* or *feel*, it is not translated at all:

I can't see her	= non la vedo
she couldn't feel anything	= non sentiva niente.

- In requests *can* is translated by the present tense of *potere* and the more polite *could* by the conditional tense of *potere*:

can you help me?	= puoi aiutarmi?
could you help me?	= potresti aiutarmi?

- *Could have* + past participle can often imply two different meanings (depending on the context) and should therefore be translated into Italian accordingly:

a) *he could have done it* (but he did not) = avrebbe potuto farlo

b) *he could have done it* (and we do not know whether he did it or not) = potrebbe averlo fatto.

Sometimes the context is missing or ambiguous and both translations are possible:

who could have seen her?	= chi avrebbe potuto vederla? / chi potrebbe averla vista?

For particular usages see the entries **1.can** and **could**. See also the entry **able**.

pagna elettorale, candidato m. (-a) che partecipa a una campagna elettorale; ***animal rights*** ~ attivista per i diritti degli animali; ***old*** ~ MIL. veterano.

campaign headquarters /kæmˌpeɪnˈhedkwɔːtəz/ n. BE POL. + verbo sing. o pl. quartier m. generale.

campaign literature /kæmˈpeɪnˌlɪtrətʃə(r), AE -tʃʊə(r)/ n. **U** = materiale elettorale, volantini, foto di candidati ecc.

campaign medal /kæmˈpeɪnˌmedl/ n. medaglia f. al valor militare.

campaign trail /kæmˈpeɪnˌtreɪl/ n. ***on the*** ~ in campagna elettorale.

campaign worker /kæmˈpeɪnˌwɜːkə(r)/ n. BE POL. = persona che lavora nell'organizzazione di una campagna elettorale.

Campanian /kæmˈpɑːnjən/ **I** agg. campano **II** n. campano m. (-a).

campanile /ˌkæmpəˈniːlɪ/ n. campanile m.

campanula /kəmˈpænjʊlə/ n. campanula f.

campanulaceous /kæmˌpænjʊˈleɪʃəs/ agg. campanulaceo.

campanulate /kəmˈpænjʊleɪt/ agg. campanulato.

camp bed /ˌkæmpˈbed, ˈkæmpbed/ n. letto m. da campo.

camp chair /ˌkæmpˈtʃeə(r)/ n. AE sedia f. pieghevole.

camp commandant /ˈkæmpˌkɒmənˌdænt/ n. comandante m. di campo.

camper /ˈkæmpə(r)/ n. **1** (anche ~ **out**) *(person)* campeggiatore m. (-trice) **2** (anche ~ **van**) camper m. **3** AE *(folding caravan)* carrello m. tenda.

campfire /ˈkæmpfaɪə(r)/ n. fuoco m. di bivacco, da accampamento.

camp follower /ˈkæmpˌfɒləʊə(r)/ n. **1** MIL. civile m. al seguito di un esercito; *(prostitute)* prostituta f. **2** *(sympathizer)* simpatizzante m. e f., sostenitore m. (-trice).

campground /ˈkæmpgraʊnd/ n. → **campsite**.

camphor /ˈkæmfə(r)/ n. canfora f.

1.camphorate /ˈkæmfəreɪt/ n. canforato m.

2.camphorate /ˈkæmfəreɪt/ tr. canforare.

camphorated oil /ˌkæmfəreɪtɪdˈɔɪl/ n. olio m. canforato.

camphoric /kæmˈfɒrɪk/ agg. canforico.

▷ **camping** /ˈkæmpɪŋ/ n. (il) campeggiare, (il) fare campeggio.

camping equipment /ˈkæmpɪŋɪˌkwɪpmənt/ n. attrezzatura f. da campeggio.

camping gas /ˈkæmpɪŋgæz/ n. = bomboletta a gas utilizzata in campeggio per fornelli e lampade.

camping ground /ˈkæmpɪŋgraʊnd/ n. → **campsite**.

camping holiday /ˌkæmpɪŋˈhɒlədeɪ/ n. vacanza f. in campeggio, in tenda.

camping site /ˈkæmpɪŋsaɪt/ n. → **campsite**.

camping stool /ˈkæmpɪŋstuːl/ n. BE seggiolino m. pieghevole.

camping stove /ˈkæmpɪŋstəʊv/ n. fornello m. da campo.

campion /ˈkæmpɪən/ n. licnide f.

camp meeting /ˈkæmpˌmiːtɪŋ/ n. AE RELIG. = raduno religioso all'aperto.

camp on /ˌkæmpˈɒn/ n. BE TEL. richiamata f. su occupato.

campsite /ˈkæmpsaɪt/ n. *(official)* campeggio m.; area f. di campeggio.

camp stool /ˈkæmpstuːl/ n. AE → **camping stool**.

camp up /ˌkæmpˈʌp/ tr. COLLOQ. ***to*** ~ ***it up*** *(overact)* gigioneggiare *o* assumere pose teatrali; *(act effeminately)* comportarsi in modo effeminato *o* fare le mossette.

1.campus /ˈkæmpəs/ **I** n. (pl. **~es**) campus m.; ***to live on, off*** ~ vivere nel, fuori dal campus **II** modif. [*life*] del campus, universitario; [*facilities*] del campus; ~ ***police*** AE corpo di sorveglianza del campus; ***a*** ~ ***university*** = università in cui gli edifici, tra cui negozi, bar ecc., sorgono nella stessa area.

2.campus /ˈkæmpəs/ tr. AE POP. = punire uno studente costringendolo a rimanere nel campus.

CAMRA /ˈkæmrə/ n. BE (⇒ Campaign for Real Ale) = organizzazione che ha come scopo la difesa dei metodi tradizionali di produzione della birra.

camshaft /ˈkæmʃɑːft, AE -ʃæft/ n. albero m. a camme.

▶ **1.can** /*forma debole* kən, *forma forte* kæn/ mod. (pass. **could**; forma negativa del pres. **cannot, can't**) **1** *(expressing possibility)* ***we*** ~ ***rent a house*** possiamo affittare una casa; ***anyone*** ~ ***enrol*** chiunque può iscriversi; ***they can't*** o ***cannot afford to fly*** non possono permettersi l'aereo; ***it*** ~ ***also be used to dry clothes*** può anche essere usato per far asciugare i vestiti; ***how*** ~ ***one know in advance?*** come si fa a saperlo prima? ***we are confident that the job*** ~ ***be completed in time*** confidiamo che il lavoro possa essere finito in tempo; ***you can't have forgotten!*** non puoi averlo dimenticato! ***it*** ~ ***be described as*** può essere descritto come *o* si può descrivere come; ***it cannot be explained logically*** non si può spiegare in modo logico; ***the computer can't have made an error*** il computer non può aver fatto un errore **2** *(expressing permission)* ***you*** ~ ***turn right here*** qui si può girare a destra; ***I can't leave yet*** non posso ancora andare via; ***we cannot allow dogs in the café*** non possiamo fare entrare i cani nel bar; ~ ***we park here?*** possiamo parcheggiare qui? **3** *(when making requests)* ~ ***you leave us a message?*** puoi lasciarci un messaggio? ~ ***you do me a favour?*** puoi farmi un favore? ~ ***I ask you a question?*** posso farti una domanda? ***can't you get home earlier?*** non puoi arrivare a casa prima? **4** *(when making an offer)* ~ ***I give you a hand?*** posso darti una mano? ***what*** ~ ***I do for you?*** cosa posso fare per lei? ***you*** ~ ***borrow it if you like*** puoi prenderlo in prestito se vuoi **5** *(when making suggestions)* ***you*** ~ ***always exchange it*** può sempre cambiarlo; ***I*** ~ ***call round later if you prefer*** se vuoi, posso passare più tardi **6** *(have skill, knowledge to)* ***she can't drive yet*** non sa ancora guidare; ~ ***he type?*** sa battere a macchina? **7** *(have ability, power to)* ***computers*** ~ ***process data rapidly*** i computer possono elaborare i dati rapidamente; ***to do all one*** ~ fare tutto ciò che si può *o* fare tutto il possibile; ***I cannot understand why*** non capisco *o* non riesco a capire perché **8** *(have ability, using senses, to)* ~ ***you see it?*** lo vedi? ***I can't hear anything*** non sento nulla **9** *(indicating capability, tendency)* ***she*** ~ ***be quite abrupt*** sa essere piuttosto brusca; ***it*** ~ ***make life difficult*** può rendere la vita difficile; ***Italy*** ~ ***be very warm at that time of year*** può fare molto caldo in Italia in quel periodo dell'anno **10** *(expressing likelihood, assumption)* ***the cease-fire can't last*** il cessate il fuoco non può durare; ***it can't be as bad as that!*** non può essere così tremendo! ***it can't have been easy for her*** non deve essere stato facile per lei **11** *(expressing willingness to act)* ***I cannot give up work*** non posso lasciare il lavoro; ***we*** ~ ***take you home*** possiamo portarti a casa **12** *(be in a position to)* ***one*** ~ ***hardly blame her*** non si può certo biasimarla; ***they*** ~ ***hardly refuse to listen*** non possono certo rifiutarsi di ascoltare; ***I can't say I agree*** non posso dire di essere d'accordo **13** *(expressing surprise)* ***what*** ~ ***she possibly want from me?*** che può mai volere da me? ***you can't*** o ***cannot be serious!*** non dici sul serio! ~ ***you believe it!*** l'avresti creduto? **14** *(expressing obligation)* ***if she wants it she ~ ask me herself*** se lo vuole può venirlo a chiedere lei stessa; ***you ~ get lost!*** COLLOQ. va' al diavolo! *o* va' a quel paese! ***if you want to chat, you ~ leave*** se volete chiacchierare, potete farlo fuori; ***if he doesn't like it he ~ lump it*** COLLOQ. se gli piace bene, se no amen **15** *(avoiding repetition of verb)* ***"~ we borrow it?" - "you ~"*** "possiamo prenderlo in prestito?" - "certo"; ***leave as soon as you ~*** partite appena possibile; ***"~ anyone give me a lift home?" - "we ~"*** "qualcuno può darmi un passaggio a casa?" - "sì, noi"; ***as happy as ~ be*** felicissimo; ***no ~ do*** COLLOQ. non posso.

▶ **2.can** /kæn/ n. **1** *(of tinned food)* barattolo m., scatola f.; *(aerosol)* bomboletta f.; *(for petrol)* fusto m., bidone m., latta f.; *(of drink)* lattina f. **2** POP. *(lavatory)* cesso m., latrina f. **3** COLLOQ. *(prison)* galera f., gattabuia f. **4** AE COLLOQ. *(rump)* sedere m., culo m.; ***to kick sb. in the ~*** dare un calcio nel culo a qcn. **5** AE COLLOQ. MAR. cacciatorpediniere m. ◆ ***a ~ of worms*** un imbroglio *o* un bel po' di marcio *o* di marciume; ***to be in the ~*** COLLOQ. CINEM. [*film*] essere pronto per la distribuzione; [*negotiations*] essere cosa fatta; ***to carry the ~ for sb.*** COLLOQ. prendersi la colpa al posto di qcn.

3.can /kæn/ tr. (forma in -ing ecc. **-nn-**) **1** GASTR. inscatolare, mettere in scatola [*fruit, vegetables*] **2** COLLOQ. ***~ it! I'm trying to sleep*** piantala! sto cercando di dormire! **3** AE COLLOQ. *(dismiss)* cacciare, licenziare.

Canaanite /ˈkeɪnəaɪt/ n. cananeo m. (-a).

Canaanitic /keɪnəˈnɪtɪk/ agg. cananeo.

Canada /ˈkænədə/ ➧ ***6*** n.pr. Canada m.

Canada goose /ˈkænədəˌguːs/ n. (pl. **Canada geese**) oca f. del Canada.

Canadian /kəˈneɪdɪən/ ➧ ***18*** **I** agg. canadese; ***to speak ~ French, English*** parlare francese, inglese del Canada; ***~ bacon*** AE bacon **II** n. canadese m. e f.

▷ **canal** /kəˈnæl/ n. **1** *(waterway)* canale m. **2** ANAT. *(in ear)* canale m.; ***alimentary ~*** tubo digerente; ***central*** o ***spinal ~*** canale vertebrale.

canal boat /kəˈnælbəʊt/, **canal barge** /kəˈnælbɑːdʒ/ n. chiatta f.

canal holiday /kəˈnælˌhɒlədeɪ/ n. BE vacanza f. su una chiatta.

canalization /ˌkænəlaɪˈzeɪʃn, AE -lɪˈz-/ n. *(of river etc.)* canalizzazione f.

canalize /ˈkænəlaɪz/ tr. *(all contexts)* canalizzare.

canal ray /kəˈnælreɪ/ n. raggio m. canale.

canapé /ˈkænəpɪ, AE ˌkænəˈpeɪ/ n. **1** *(sofa)* canapè m., divano m. **2** GASTR. canapè m., tartina f.

canard /kæˈnɑːd, ˈkænɑːd/ n. *(rumour)* fandonia f., panzana f.; GIORN. canard m.

Canaries /kəˈneərɪz/ ➧ ***12*** n.pr.pl. (anche **Canary Islands**) ***the ~*** le Canarie.

canary /kəˈneərɪ/ n. **1** ZOOL. canarino m. **2** → **Canary wine**.

canary grass /kəˈneərɪgrɑːs, AE -græs/ n. BOT. canaria f., scagliola f.

Canary wine /kəˌneərɪˈwaɪn/ n. vino m. delle Canarie.

canary yellow /kəˌneərɪˈjeləʊ/ ➧ ***5*** **I** agg. giallo canarino **II** n. giallo m. canarino.

canasta /kəˈnæstə/ ➧ ***10*** n. canasta f.

canaster /kəˈnæstə(r)/ n. = tabacco essiccato e tagliato a pezzi.

can bank /ˈkænbæŋk/ n. cassonetto m. per la raccolta delle lattine.

Canberra /ˈkænbərə/ ➧ ***34*** n.pr. Canberra f.

cancan /ˈkænkæn/ n. cancan m.

1.cancel /ˈkænsl/ n. **1** TIP. = pagina o parte di testo che ne sostituisce una difettosa, con errori o che è stata omessa **2** *(cancellation)* cancellazione f., annullamento m.

▷ **2.cancel** /ˈkænsl/ **I** tr. (forma in -ing ecc. **-ll-**, **-l-** AE) **1** *(call off)* cancellare, annullare [*event, order, booking, train, flight*] **2** ECON. *(nullify)* rescindere [*contract, policy*]; cancellare, annullare [*loan, debt, invoice*]; annullare [*cheque*]; revocare [*credit card*] **3** DIR. revocare [*order*]; revocare, annullare [*decree, will*] **4** MAT. elidere, semplificare **5** annullare [*stamp*] **II** intr. (forma in -ing ecc. **-ll-**, **-l-** AE) **1** *(from meal, function, meeting)* cancellarsi; *(after booking)* disdire, annullare **2** MAT. annullarsi, semplificarsi.

▪ **cancel out:** *~ out* [*figures*] annullarsi, semplificarsi; [*arguments, views*] compensarsi, controbilanciarsi; *~ out [sth.]* **1** cancellare, eliminare [*emotion, effect, trend, gain*] **2** MAT. semplificare, annullare [*equation*].

cancellable /ˈkænsələbl/ agg. cancellabile, annullabile.

cancellate(d) /ˈkænsəleɪt(ɪd)/ agg. **1** BIOL. reticolato **2** [*bone*] poroso, spugnoso.

cancellation /ˌkænsəˈleɪʃn/ n. **1** *(of event, order, booking, train, flight)* cancellazione f.; ***we have three ~s*** abbiamo tre cancellazioni **2** ECON. *(of contract, policy)* risoluzione f., rescissione f.; *(of debt, loan, invoice)* cancellazione f., annullamento m. **3** DIR. *(of order)* revoca f.; *(of decree, will)* revoca f., annullamento m.

cancellation charge /ˌkænsəˈleɪʃnˌtʃɑːdʒ/ n. *(of loan, hotel booking)* costo m., commissione f. di cancellazione.

cancellous /ˈkænsələs/ agg. [*bone*] poroso, spugnoso.

▷ **cancer** /ˈkænsə(r)/ ➧ ***11*** **I** n. MED. cancro m. (anche FIG.); ***to have ~*** avere il cancro; ***to have lung, stomach ~*** avere un cancro ai polmoni, allo stomaco **II** modif. [*risk*] di cancro; [*treatment*] del cancro; ***a ~ sufferer*** un malato di cancro.

Cancer /ˈkænsə(r)/ ➧ ***38*** n. **1** ASTROL. Cancro m.; ***to be (a) ~*** essere del Cancro **2** GEOGR. ***tropic of ~*** Tropico del Cancro.

cancer-causing /ˈkænsəˌkɔːzɪŋ/ agg. cancerogeno.

cancered /ˈkænsəd/ agg. → **cancerous**.

cancer hospital /ˈkænsəˌhɒspɪtl/ n. ospedale m. per la cura dei tumori.

cancerologist /ˌkænsəˈrɒlədʒɪst/ ➧ ***27*** n. cancerologo m. (-a), oncologo m. (-a).

cancerology /ˌkænsəˈrɒlədʒɪ/ n. cancerologia f., oncologia f.

cancerous /ˈkænsərəs/ agg. canceroso.

cancer patient /ˈkænsəˌpeɪʃnt/ n. malato m. (-a) di cancro.

cancer research /ˌkænsərɪˈsɜːtʃ, -ˈriːsɜːtʃ/ n. ricerca f. sul, contro il cancro.

cancer screening /ˈkænsəˌskriːnɪŋ/ n. esame m. diagnostico del cancro.

cancer specialist /ˈkænsəˌspeʃəlɪst/ ➧ ***27*** n. cancerologo m. (-a), oncologo m. (-a).

cancer stick /ˈkænsəstɪk/ n. POP. sigaretta f.

cancer ward /ˈkænsəwɔːd/ n. reparto m. di oncologia.

cancroid /ˈkæŋkrɔɪd/ **I** agg. **1** MED. cancroide **2** ZOOL. simile a un granchio, a forma di granchio **II** n. cancroide m.

candela /kænˈdiːlə, -ˈde-/ n. FIS. candela f.

candelabra /ˌkændɪˈlɑːbrə/ n. (pl. ~ o **~s**) candelabro m.

candescence /kənˈdesəns/ n. RAR. candescenza f.

candescent /kənˈdesənt/ agg. RAR. candescente.

Candice /ˈkændɪs/ n.pr. Candice (nome di donna).

candid /ˈkændɪd/ agg. candido, franco, sincero; ***a ~ biography*** una biografia-verità; ***~ camera*** telecamera nascosta.

Candida /ˈkændɪdə/ n.pr. Candida.

candidacy /ˈkændɪdəsɪ/ n. candidatura f.

▶ **candidate** /ˈkændɪdət, AE -deɪt/ n. **1** POL. candidato m. (-a); ***the ~ for mayor, for Oxford*** il candidato a sindaco, per Oxford; ***a ~ for the presidency, a presidential ~*** un candidato alla presidenza; ***parliamentary ~*** candidato al parlamento; ***the Conservative ~*** il candidato dei conservatori; ***to stand as a ~ (in an election)*** candidarsi (a un'elezione); ***a strong ~*** un candidato forte *o* favorito; ***a weak ~*** un candidato debole, sfavorito **2** *(for job)* candidato m. (-a); ***to be a likely ~ (for the job)*** essere un candidato probabile *o* favorito per il lavoro; ***the successful ~ will have a university degree*** *(in ad)* il candidato ideale è laureato **3** SCOL. UNIV. *(in exam, for admission)* candidato m. (-a) **4** SPORT *(for selection, title)* candidato m. (-a) **5** FIG. ***the sector is a ~ for restructuring, privatization*** il settore è destinato alla ristrutturazione, alla privatizzazione.

candidature /ˈkændɪdətʃə/ n. BE → **candidacy**.

candidly /ˈkændɪdlɪ/ avv. candidamente, francamente.

candidness /ˈkændɪdnɪs/ n. candore m., franchezza f., sincerità f.; ***with perfect ~*** con schietta sincerità.

candied /ˈkændɪd/ **I** p.pass. → **2.candy** **II** agg. *(cooked in sugar)* candito; *(covered in sugar)* ricoperto di zucchero, caramellato; ***~ peel*** scorza d'arancia candita.

▷ **candle** /ˈkændl/ n. candela f.; *(in church)* candela f., cero m.; ***household ~s*** candele (per uso domestico) ◆ ***to burn the ~ at both ends*** = lavorare troppo intensamente *o* consumare troppo in fretta le proprie energie; ***the game's not worth the ~*** il gioco non vale la candela; ***he can't hold a ~ to his sister*** non è degno di lustrare le scarpe a sua sorella.

candle-end /ˈkændlˌend/ n. moccolo m.

candle grease /ˈkændlgriːs/ n. *(wax)* cera f.; *(tallow)* sego m.

candle-holder /ˈkændlˌhəʊldə(r)/ n. candeliere m.

candlelight /ˈkændllaɪt/ n. lume m. di candela; ***by ~*** a lume di candela.

candlelit dinner /ˌkændllɪtˈdɪnə(r)/ n. cena f. a lume di candela.

Candlemas /ˈkændlməs/ n. Candelora f.

candle pin /ˈkændlpɪn/ n. birillo m.

candle pins /ˈkændlpɪnz/ ➧ ***10*** n. gioco m. dei birilli, birilli m.pl.

candlepower /ˈkændlˌpaʊə(r)/ n. intensità f. luminosa, candele f.pl., candelaggio m.

candle-snuffer /ˈkændlˌsnʌfə(r)/ n. smoccolatoio m.

candlestick /ˈkændlˌstɪk/ n. candeliere m.

candletree /ˈkændltriː/ n. BOT. albero m. della cera.
candlewick /ˈkændlˌwɪk/ n. **1** *(of candles)* stoppino m. **2** TESS. ciniglia f.
candock /ˈkændɒk/ n. **1** ninfea f. gialla, nenufero m. **2** ninfea f. (bianca).
candour BE, **candor** AE /ˈkændə(r)/ n. → **candidness**.
▷ **1.candy** /ˈkændɪ/ n. **1** *(sugar)* zucchero m. candito **2** *(sweets)* dolciumi m.pl.; ***a piece of ~*** un dolce **3** AE *(sweet)* caramella f., confetto m.
2.candy /ˈkændɪ/ **I** tr. *(cook in sugar)* candire; *(cover with sugar)* ricoprire di zucchero, caramellare **II** intr. [*fruit, sugar*] diventare candito.
Candy /ˈkændɪ/ n.pr. Candy (nome di donna).
candyass /ˈkændɪˌæs/ n. AE POP. pappamolla m.e f., smidollato m., femminuccia f.
candy bar /ˈkændɪˌbɑː(r)/ n. AE barretta f. (al cioccolato).
candy cane /ˈkændɪˌkeɪn/ n. = bastoncino di zucchero candito che si appende all'albero di Natale.
candy floss /ˈkændɪflɒs, AE -flɔːs/ n. BE zucchero m. filato.
candy stick /ˈkændɪˌstɪk/ n. bastoncino m. di zucchero candito.
candy store /ˈkændɪstɔː(r)/ n. AE negozio m. di dolciumi, caramelle ecc.
candy striped /ˈkændɪˌstraɪpt/ agg. *(pink)* a righe rosa confetto; *(blue)* a righe blu chiaro.
candy striper /ˈkændɪstraɪpə(r)/ n. AE = ragazza che fa del volontariato in ospedale.
candytuft /ˈkændɪtʌft/ n. iberide m. di Creta.
▷ **1.cane** /keɪn/ **I** n. **1** *(material)* canna f., giunco m.; ***a ~-backed chair*** una sedia con lo schienale di giunco **2** *(of sugar, bamboo)* canna f. **3** *(for walking)* bastone m. da passeggio; *(plant support)* tutore m.; *(officer's)* bastone m.; BE SCOL. *(for punishment)* canna f., verga f. **II** modif. [*basket, blind, furniture*] di canna, di giunco.
2.cane /keɪn/ tr. **1** fabbricare con, rivestire di bambù [*chair*] **2** BE ***to ~ a pupil*** battere uno scolaro con la verga *o* infliggere una pena corporale a uno scolaro.
canebrake /ˈkeɪnbreɪk/ n. canneto m.
canella /kəˈnelə/ n. **1** *(cinnamon)* cannella f. **2** cannella f. bianca.
cane sugar /ˈkeɪnˌʃʊgə(r)/ n. zucchero m. di canna.
canful /ˈkænfʊl/ n. contenuto m. di una latta, bidone ecc.
canicular /kəˈnɪkjʊlə(r)/ agg. canicolare.
canine /ˈkeɪnaɪn/ **I** agg. **1** [*species*] canino **2** MED. ***a ~ tooth*** un (dente) canino **3** *(using dogs)* ***~ corps*** *(in army, police)* unità, squadra cinofila **II** n. **1** *(tooth)* canino m. **2** *(animal)* canide m.
caning /ˈkeɪnɪŋ/ n. BE fustigazione f., (il) prendere a vergate.
canister /ˈkænɪstə(r)/ n. scatola f. (metallica), barattolo m. (smaltato); ***a ~ of tear gas*** o ***a tear gas ~*** un candelotto lacrimogeno.
1.canker /ˈkæŋkə(r)/ n. **1** BOT. cancro m. **2** MED. stomatite f. aftosa, stomatite f. ulcerosa **3** VETER. rogna f. auricolare; *(of horses)* ipertrofia f. cronica dello zoccolo **4** FIG. cancro m., vizio m.
2.canker /ˈkæŋkə(r)/ **I** tr. **1** BOT. MED. VETER. infettare, ulcerare **2** FIG. corrompere [*society etc.*] **II** intr. BOT. MED. VETER. infettarsi, ulcerarsi.
cankered /ˈkæŋkəd/, **cankerous** /ˈkæŋkərəs/ agg. **1** BOT. necrotizzato **2** FIG. malefico; corruttore.
canna /ˈkənə/ n. BOT. canna f.
cannabis /ˈkænəbɪs/ n. **1** *(plant)* canapa f. indiana; ***~ resin*** resina di canapa indiana **2** *(drug)* cannabis f., hashish m.
canned /ˈkænd/ **I** p.pass. → **3.can** **II** agg. **1** [*food*] inscatolato, in scatola **2** COLLOQ. [*music, laughter, applause*] registrato **3** COLLOQ. *(drunk)* sbronzo, ubriaco.
cannel /ˈkænl/ n. (anche **~ coal**) carbone m. a fiamma lunga.
cannelloni /ˌkænɪˈləʊnɪ/ n. **U** cannelloni m.pl.
canner /ˈkænə(r)/ ➧ **27** n. *(of food) (worker)* inscatolatore m. (-trice); *(manufacturer)* industriale m. conserviero.
cannery /ˈkænərɪ/ n. → **canning factory**.
cannibal /ˈkænɪbl/ n. cannibale m.
cannibalism /ˈkænɪbəlɪzəm/ n. cannibalismo m.
cannibalistic /ˌkænɪbəˈlɪstɪk/ agg. cannibalesco.
cannibalization /ˌkænɪbəlaɪˈzeɪʃn, AE -lɪˈz-/ n. *(of vehicle)* cannibalizzazione f.
cannibalize /ˈkænɪbəlaɪz/ tr. saccheggiare, plagiare [*text, film etc.*]; ***to ~ a vehicle*** cannibalizzare un veicolo.
cannikin /ˈkænɪkɪn/ n. RAR. scatola f. piccola di latta.
canniness /ˈkænɪnɪs/ n. **1** *(prudence)* prudenza f., cautela f. **2** *(cleverness)* intelligenza f.; *(shrewdness)* astuzia f.
canning /ˈkænɪŋ/ **I** n. inscatolamento m., conservazione f. di cibi in scatola **II** modif. [*industry*] conserviero; [*process*] di inscatolamento, di conservazione.
canning factory /ˈkænɪŋˌfæktərɪ/ n. conservificio m.
1.cannon /ˈkænən/ n. **1** (pl. **~**, **~s**) MIL. STOR. cannone m.; *(on aircraft)* cannoncino m. **2** TECN. albero m., perno m. cavo **3** BE *(in billiards)* carambola f.
2.cannon /ˈkænən/ **I** tr. BE *(in billiards)* fare carambolare **II** intr. **1** BE *(in billiards)* fare carambola **2** *(collide)* ***to ~ into sb., sth.*** urtare violentemente contro qcn., qcs.
1.cannonade /ˌkænəˈneɪd/ n. cannoneggiamento m., bombardamento m.
2.cannonade /ˌkænəˈneɪd/ tr. cannoneggiare, bombardare.
cannonball /ˈkænənbɑːl/ n. **1** *(missile)* palla f. da cannone **2** *(dive)* ***to do a ~*** fare la bomba **3** (anche **~ serve**) *(in tennis)* fucilata f., cannonata f.
cannon bone /ˈkænənbəʊn/ n. VETER. cannone m., stinco m.
cannoneer /ˌkænəˈnɪə(r)/ n. MIL. cannoniere m.
cannon fodder /ˈkænənˌfɒdə(r)/ n. carne f. da cannone.
cannon shot /ˈkænənʃɒt/ n. colpo m. di cannone, cannonata f.
▶ **cannot** /ˈkænɒt/ → **1.can**.
cannula /ˈkænɪʊlə/ n. (pl. **-ae**, **~s**) cannula f., catetere m.
canny /ˈkænɪ/ agg. **1** *(cautious)* cauto, guardingo **2** *(shrewd)* astuto, furbo.
1.canoe /kəˈnuː/ ➧ **10** n. canoa f.; *(African)* piroga f.; SPORT canoa f. ◆ ***to paddle one's own ~*** essere indipendente.
2.canoe /kəˈnuː/ intr. andare in canoa; ***they ~d down the river*** hanno disceso il fiume in canoa.
canoeing /kəˈnuːɪŋ/ ➧ **10** n. canoismo m.; ***to go ~*** fare canoismo; ***she loves ~*** ama il canoismo.
canoeist /kəˈnuːɪst/ n. canoista m. e f.
1.canon /ˈkænən/ n. **1** *(rule)* canone m., regola f.; *(of church)* canone m. **2** LETTER. *(complete works)* corpus m.; BIBL. canone m. **3** MUS. canone m.; ***in ~*** a canone.
▷ **2.canon** /ˈkænən/ ➧ **9** n. RELIG. *(priest)* canonico m.; ***Canon Foy*** il canonico Foy; ***good morning, Canon Foy*** buongiorno, canonico Foy.
canoness /ˈkænənɪs/ n. canonichessa f.
canonical /kəˈnɒnɪkl/ **I** agg. canonico **II canonicals** n.pl. RELIG. paramenti m. (sacerdotali).
canonicate /kəˈnɒnɪkeɪt/ n. canonicato m.
canonist /ˈkənənɪst/ n. canonista m. e f.
canonizable /ˈkənənaɪzəbl/ agg. canonizzabile.
canonization /ˌkænənaɪˈzeɪʃn, AE -nɪˈz-/ n. canonizzazione f.
canonize /ˈkænənaɪz/ tr. canonizzare.
canon law /ˈkænənlɔː/ n. diritto m. canonico.
canonry /ˈkænənrɪ/ n. canonicato m.
canoodle /kəˈnuːdl/ intr. COLLOQ. sbaciucchiarsi, pomiciare.
can-opener /ˈkænəʊpnə(r)/ n. apriscatole m.
canopied /ˈkænəpɪd/ **I** p.pass. → **2.canopy**. **II** agg. [*bed*] a baldacchino; [*throne*] coperto da un baldacchino; [*entrance, balcony*] coperto da una tenda.
▷ **1.canopy** /ˈkænəpɪ/ n. **1** *(for bed, throne, altar etc.)* baldacchino m.; *(for hammock)* tettoia f.; *(of glass)* vetrata f. **2** AER. *(of cockpit)* tettuccio m.; *(for parachute)* calotta f. **3** LETT. *(sky, leaves)* volta f. **4** *(in a forest)* piano m. delle chiome **5** MIL. ***air ~*** copertura aerea serrata.
2.canopy /ˈkænəpɪ/ tr. **1** fornire di baldacchino [*bed*] **2** LETT. *(cover)* coprire, fare da volta a.
canorous /kəˈnɔːrəs/ agg. RAR. *(melodious)* canoro; melodioso.
canst /kænst, kənst/ ANT. 2ª persona sing. pres. → **1.can**.
1.cant /kænt/ **I** n. **1** *(false words)* discorso m. ipocrita, ipocrisie f.pl.; *(ideas)* idee f.pl. false, ipocrite **2** *(prisoners', thieves')* gergo m.; *(lawyers')* gergo m., linguaggio m. **II** modif. [*phrase, expression*] *(of prisoners etc.)* gergale; *(stock)* banale, trito.
2.cant /kænt/ intr. **1** *(use false words)* parlare in modo ipocrita **2** [*prisoners etc.*] parlare in gergo.
3.cant /kænt/ n. **1** *(sloping surface) (of road)* pendenza f.; *(of rails)* sopraelevazione f. **2** MAR. ordinata f., costa f. deviata.
4.cant /kænt/ **I** tr. **1** *(bevel)* smussare; ***the corner was ~ed off*** l'angolo è stato smussato **2** *(tip)* inclinare; *(overturn)* rovesciare **II** intr. **1** *(tip)* inclinarsi; *(overturn)* roversciarsi **2** [*ship*] *(tilt)* ingavonarsi.
▷ **can't** /kɑːnt/ contr. cannot, can not.
Cantab. /ˈkæntæb/ BE UNIV. (⇒ Cantabrigiensis) Università di Cambridge; ***Chris Cannadine MA (~)*** Chris Cannadine MA (Università di Cambridge).
Cantabrigian /ˌkæntəˈbrɪdʒɪən/ **I** agg. dell'Università di Cambridge **II** n. membro m. dell'Università di Cambridge
cantaloup /ˈkæntəluːp/, **cantalupe** /ˈkæntələʊp/ AE n. *(variety of muskmelon)* cantalupo m.

cantankerous /kæn'tæŋkərəs/ agg. irascibile, litigioso, stizzoso.

cantankerousness /kæn'tæŋkərəsnɪs/ n. irascibilità f., litigiosità f.

cantata /kæn'tɑːtə/ n. cantata f.

canteen /kæn'tiːn/ n. **1** BE *(dining room)* mensa f.; ***in the ~*** in mensa; ***a mobile ~*** un posto di ristoro mobile **2** MIL. *(flask)* borraccia f.; *(mess tin)* gavetta f. **3** *(box for cutlery)* scatola f., cesta f. per posate; ***a ~ of cutlery*** un servizio di posate.

1.canter /'kæntə(r)/ n. piccolo galoppo m.; *(in horseracing)* canter m.; ***at a ~*** al piccolo galoppo; ***to go for a ~*** andare a fare un giro al piccolo galoppo; ***to win at a ~*** FIG. vincere con facilità *o* senza sforzo.

2.canter /'kæntə(r)/ **I** tr. fare andare al piccolo galoppo [*horse*] **II** intr. [*rider, horse*] andare al piccolo galoppo.

3.canter /'kæntə(r)/ n. **1** *(hypocrite)* ipocrita m. e f. **2** chi parla in gergo.

canterbury /'kæntəbərɪ/ n. leggio m. per musica.

Canterbury /'kæntəbərɪ/ ♦ ***34*** n.pr. Canterbury f.; ***the ~ Tales*** I racconti di Canterbury.

Canterbury bell /'kæntəbərɪˌbel/ n. BOT. erba f. media.

cantharis /'kænθərɪs/ **I** n. (pl. **-ides**) cantaride f. **II cantarides** + verbo sing. o pl. cantaridina f. sing.

canticle /'kæntɪkl/ n. cantico m.

cantilever /'kæntɪliːvə(r)/ **I** n. cantilever m., trave f. a mensola **II** modif. [*beam*] a mensola; [*bridge, suspension*] cantilever, a sbalzo.

cantilevered /'kæntɪliːvəd/ agg. a sbalzo.

canting /'kæntɪŋ/ agg. ***~ talk*** discorso ipocrita, ipocrisie.

cantle /'kæntl/ n. **1** ANT. *(slice, piece)* pezzo m. **2** *(of saddle)* paletta f.

canto /'kæntəʊ/ n. (pl. **~s**) LETTER. canto m.

1.canton /'kæntɒn/ n. cantone m., regione f.

2.canton tr. **1** /'kæntɒn/ dividere in cantoni **2** /kən'tuːn/ ANT. MIL. acquartierare [*troops*].

cantonal /'kæntənl, kæn'tɒnl/ agg. cantonale.

Cantonese /ˌkæntə'niːz/ ♦ ***18, 14*** **I** agg. cantonese **II** n. **1** (pl. ~) *(person)* cantonese m. e f. **2** *(language)* cinese m. cantonese.

cantonment /kæn'tuːnmənt, AE -təʊn-/ n. MIL. accantonamento m., acquartieramento m.

cantor /'kæntɔː(r)/ n. RELIG. cantore m.

cantorial /kən'tɔːrɪəl/ agg. RELIG. di cantore.

cantrip /'kæntrɪp/ n. SCOZZ. **1** *(spell)* incantesimo m. **2** ANT. *(trick)* scherzo m., brutto tiro m.

Cantuar. /'kæntjʊɑː(r)/ (⇒ Cantuarensis) di Canterbury.

Canuck /kə'nʌk/ n. COLLOQ. SPREG. franco-canadese m. e f.

Canute /kə'njuːt/ n.pr. Canuto.

▷ **canvas** /'kænvəs/ **I** n. **1** *(fabric)* tela f.; *(for tapestry)* canovaccio m.; ***under ~*** *(in a tent)* in tenda *o* sotto le tende; *(under sail)* alla vela *o* a vele spiegate **2** ART. tela f. **3** FIG. ***a broad (historical) ~*** un ampio quadro (storico); ***to work, operate on a broader*** o ***wider ~*** lavorare, operare su più ampia scala **4** *(in boxing)* tappeto m.; ***to be on the ~*** essere al tappeto **II** modif. [*shoes, bag, chair*] di tela.

canvasback /'kænvəsbæk/ n. ZOOL. moretta f. americana.

1.canvass /'kænvəs/ n. **1** *(for votes)* (il) sollecitare il voto, l'appoggio degli elettori **2** *(of opinion)* sondaggio m. (elettorale) **3** COMM. sondaggio m., ricerca f.

2.canvass /'kænvəs/ **I** tr. **1** POL. ***to ~ voters, an area*** fare campagna elettorale presso gli elettori, in un'area; ***to ~ people for their votes, support*** sollecitare il voto, l'appoggio degli elettori **2** *(in survey)* sondare [*public*] (**for, to get** per avere); ***to ~ opinion*** o ***views on sth.*** sondare l'opinione riguardo a qcs. **3** *(discuss)* vagliare, discutere [*idea, proposal*] **4** COMM. fare, condurre un'indagine di mercato in [*area*] (**to do** per fare; **for** per); ***to ~ door to door*** vendere porta a porta *o* fare il piazzista **II** intr. **1** POL. fare un giro elettorale, fare propaganda politica (**for** per) **2** COMM. fare, condurre un'indagine (**for** per).

canvasser /'kænvəsə(r)/ n. *(for party)* galoppino m. (-a) elettorale.

canvassing /'kænvəsɪŋ/ n. **1** POL. COMM. canvassing m.; ***~ for votes, for business*** sollecitazione di voti, di ordinazioni; *(door to door)* vendita f. porta a porta **2** ***~ of opinion*** sondaggio d'opinione.

canyon /'kænjən/ n. canyon m., cañon m., gola f.

canyoning /'kænjənɪŋ/ ♦ ***10*** n. canyoning m., torrentismo m.

▷ **1.cap** /kæp/ n. **1** *(headgear)* *(of nurse)* cuffia f.; *(of schoolboy)* berretto m.; *(of uniformed official, soldier)* berretto m., bustina f. militare; *(of jockey)* berretto m.; ***baseball ~*** berretto da baseball **2** BE SPORT ***he's got his Scottish ~*** indosserà la maglia, vestirà i colori della Scozia; ***he's an England ~*** indossa la maglia dell'Inghilterra, milita nella nazionale inglese **3** *(cover)* *(of pen, valve)* cappuccio m.; *(of bottle)* tappo m.; *(for camera lens)* copriobiettivo m. **4** *(of mushroom)* cappella f. **5** *(for toy gun)* colpo m. **6** MED. corona f. **7** BE (anche **Dutch** ~) diaframma m. (anticoncezionale); ***to be fitted for a ~*** farsi mettere il diaframma **8** ARCH. capitello m. **9** *(bird's plumage)* piume f.pl. del capo ♦ ***to go to sb. ~ in hand*** presentarsi a qcn. col cappello in mano; ***to set one's ~ at*** BE o ***for*** AE ***sb.*** ANT. cercare di accalappiare qcn.; ***if the ~ fits, wear it!*** a buon intenditor poche parole!

2.cap /kæp/ tr. (forma in -ing ecc. **-pp-**) **1** AMM. ECON. [*government*] imporre un tetto di spesa a [*local authority*]; porre un plafond a, un limite a [*budget*] **2** MED. incapsulare [*tooth*] **3** BE SPORT selezionare per la nazionale [*footballer*]; ***to be ~ped for Wales*** essere selezionato per la nazionale gallese **4** *(cover)* incappucciare, ricoprire di; ***the hills were ~ped with snow*** le colline erano incappucciate di neve ♦ ***to ~ it all*** per giunta.

3.cap /kæp/ n. POP. (accorc. captain) capitano m.

cap. ⇒ capital letter lettera maiuscola, maiuscolo (maiusc.)

CAP n. (⇒ Common Agricultural Policy politica agricola comunitaria) PAC f.

capability /ˌkeɪpə'bɪlətɪ/ n. **1** *(capacity)* *(of intellect, machine, system)* capacità f. (**to do** di fare); ***intellectual, load ~*** capacità intellettuale, di carico **2** *(potential strength)* potenziale m., risorse f.pl. (**to do** per fare); ***nuclear, military ~*** potenziale nucleare, militare **3** *(aptitude)* attitudine f. (**for** a), abilità f. (**for** in); ***management ~*** attitudine alla gestione; ***within, outside my capabilities*** nelle mie, al di là delle mie capacità.

▶ **capable** /'keɪpəbl/ agg. **1** *(competent)* competente, esperto; ***in the ~ hands of*** nelle mani esperte di **2** *(able)* [*person*] capace (**of** di); ***to be ~ of doing*** *(have potential to)* essere capace di fare; *(be in danger of)* rischiare di fare; ***~ of a better result*** [*plan, position*] suscettibile di miglioramento; ***the bomb is ~ of exploding*** la bomba rischia di esplodere.

capably /'keɪpəblɪ/ avv. con competenza.

capacious /kə'peɪʃəs/ agg. [*pocket, car boot*] ampio, capiente; [*appetite*] inesauribile, incredibile.

capaciousness /kə'peɪʃəsnɪs/ n. ampiezza f., capienza f.

capacitance /kə'pæsɪtəns/ n. EL. capacità f.

capacitor /kə'pæsɪtə(r)/ n. EL. condensatore m.

▶ **capacity** /kə'pæsətɪ/ n. **1** *(ability to hold)* *(of box, bottle, barrel)* capacità f. (**of** di); *(of concert, theatre building)* capienza f.; *(of road)* portata f.; ***the theatre has a ~ of 500*** il teatro ha una capienza di 500 posti; ***seating ~*** numero di posti a sedere; ***storage ~*** capienza di magazzino; ***the theatre was packed*** o ***full to ~*** il teatro era pieno zeppo; ***to have a great ~ for alcohol*** SCHERZ. reggere bene l'alcol **2** *(ability to produce)* capacità f. (produttiva); ***processing ~*** capacità di lavorazione; ***manufacturing*** o ***production ~*** capacità di produzione; ***to operate at full ~*** operare a pieno regime; ***the plant is stretched to ~*** l'impianto produce a pieno regime **3** *(role)* ***in my ~ as a doctor*** in qualità di dottore; ***she was employed in an advisory ~*** è stata impiegata in veste di consulente; ***in a private ~*** a titolo personale; ***I have been employed in various capacities*** ho rivestito ruoli diversi **4** *(ability)* ***to have a ~ for*** avere attitudine per [*maths etc.*]; ***a ~ for doing*** un'attitudine *o* una disposizione a fare; ***she has a great ~ for friendship*** fa amicizia molto facilmente; ***she has a ~ for earning*** è brava a far soldi; ***he has a great ~ for hard work*** ha una gran tempra di lavoratore; ***to have the ~ to do*** avere le capacità per fare; ***he has the ~ to do well*** ha le capacità per fare bene; ***the task, exam is well within your capacities*** il compito, l'esame è ampiamente alla tua portata **5** AUT. cilindrata f. **6** ELETTRON. capacità f. **7** DIR. capacità f.

cap and bells /ˌkæpənd'belz/ n. berretto m. a sonagli (da buffone).

cap and gown /ˌkæpənd'gaʊn/ n. UNIV. toga f. e tocco m.

cap-à-pie /ˌkæpə'piː/ avv. RAR. [*dressed, armed*] da capo a piedi.

1.caparison /kə'pærɪsn/ n. STOR. *(of horse)* gualdrappa f., bardatura f.

2.caparison /kə'pærɪsn/ tr. STOR. mettere la gualdrappa a, bardare [*horse*].

1.cape /keɪp/ n. cappa f., mantella f., mantellina f.

2.cape /keɪp/ n. GEOGR. capo m., promontorio m.

Cape Coloureds /ˌkeɪp'kʌlədz/ n.pl. *(in South Africa)* meticci m. del Sud Africa.

Cape Horn /ˌkeɪp'hɔːn/ n. Capo m. Horn.

capelin /'kæpəlɪn/ n. capelano m. di Terra Nuova.

Cape of Good Hope /ˌkeɪpəvgʊd'həʊp/ n.pr. Capo m. di Buona Speranza.

Cape Province /ˌkeɪp'prɒvɪns/ n. Provincia f. del Capo.

1.caper /'keɪpə(r)/ n. BOT. GASTR. cappero m.

2.caper /ˈkeɪpə(r)/ **I** n. **1** *(playful leap)* capriola f., saltello m.; ***to cut a ~*** fare una capriola, un saltello **2** COLLOQ. *(funny film)* commedia f.; ***romantic, cop ~*** una commedia romantica, poliziesca **3** COLLOQ. *(dishonest scheme)* attività f. criminosa **4** BE COLLOQ. *(hassle)* ***what a ~!*** che casino! ***you have to fill out forms and all that ~*** devi riempire i formulari e robe simili **II capers** n.pl. *(antics)* avventure f.; stravaganze f.; ***cartoon ~s with Mickey Mouse*** le avventure a fumetti di Topolino; ***the comic ~s of two teenagers*** le avventure comiche di due adolescenti; ***his classroom ~s amuse his friends*** gli scherzi che fa in classe divertono i suoi amici.

3.caper /ˈkeɪpə(r)/ intr. fare capriole, saltelli.

■ **caper about, caper around 1** *(leap around)* fare capriole, saltellare **2** COLLOQ. *(act foolishly)* fare il buffone, il pagliaccio.

capercaillie /ˌkæpəˈkeɪlɪ/ n. (anche **capercailzie**) gallo m. cedrone.

caperer /ˈkeɪpərə(r)/ n. **1** chi fa capriole, salti **2** ZOOL. friganea f.

Capernaum /kəˈpɜːnjəm/ ◗ ***34*** n.pr. Cafarnao f.

capeskin /ˈkeɪpskɪn/ n. = pelle soffice di agnello o di capra.

Capetian /kəˈpiːʃn/ **I** agg. capetingio **II** n. capetingio.

Cape Town /ˈkeɪptaʊn/ ◗ ***34*** n.pr. Città f. del Capo.

Cape Verde Islands /ˌkeɪpˈvɜːdˌaɪləndz/ ◗ ***12, 6*** n.pr.pl. Capo Verde m.sing.

capful /ˈkæpfʊl/ n. (quanto può stare in un) berretto m.

cap gun /ˈkæpgʌn/ n. pistola f. giocattolo a colpi.

capias /ˈkeɪpɪəs/ n. ANT. mandato m. di cattura.

capillarity /kæpɪˈlærətɪ/ n. FIS. capillarità f.

capillary /kəˈpɪlerɪ, AE ˈkæpɪlərɪ/ **I** agg. capillare **II** n. capillare m.

▶ **1.capital** /ˈkæpɪtl/ **I** n. **1** *(letter)* (lettera) maiuscola f. **2** (anche **~ city**) capitale f.; ***fashion ~ of the world*** la capitale mondiale della moda **3 U** COMM. ECON. *(wealth)* capitale m.; *(funds)* capitali m.pl., fondi m.pl.; ***with a ~ of £ 500,000*** con un capitale di 500.000 sterline; ***to make ~ out of sth.*** FIG. trarre profitto, vantaggio da qcs.; ***to make political ~ out of sth.*** trarre vantaggio politico da qcs. **4** *(capitalist interests)* ***~ and labour*** il capitale e il mondo del lavoro **II** modif. [*amount, base, loss, outlay, turnover*] di capitale **III** agg. **1** [*letter*] maiuscolo; ***~ A*** A maiuscola; ***crazy with a ~ C*** COLLOQ. matto da legare *o* proprio matto; ***luck with a ~ L*** fortuna con la F maiuscola **2** DIR. [*offence, crime, sentence*] capitale; ***~ charge*** = accusa di reato che prevede la pena capitale; ***~ murder*** omicidio punibile con la pena capitale **3** *(essential)* capitale; ***to be of ~ importance*** essere di importanza capitale **4** BE ANT. COLLOQ. *(excellent)* eccellente, magnifico.

2.capital /ˈkæpɪtl/ n. ARCH. capitello m.

capital account /ˌkæpɪtləˈkaʊnt/ n. conto m. capitale.

capital adequacy /ˌkæpɪtlˈædɪkwəsɪ/ n. adeguatezza f. del capitale.

capital allowances /ˌkæpɪtləˈlaʊənsɪz/ n.pl. detrazioni f. per ammortamento (in conto capitale).

capital assets /ˌkæpɪtlˈæsets/ n.pl. capitale m.sing. fisso, immobilizzazioni f., cespiti m.

capital bonds /ˌkæpɪtlˈbɒndz/ n.pl. titoli m. di capitalizzazione.

capital budget /ˌkæpɪtlˈbʌdʒɪt/ n. piano m. degli investimenti.

capital city /ˌkæpɪtlˈsɪtɪ/ n. capitale f.

capital cost /ˈkæpɪtlkɒst, AE -kɔːst/ n. costo m. di capitale.

capital equipment /ˌkæpɪtlɪˈkwɪpmənt/ n. capitale m. investito (in macchinari ecc.), capitale m. immobilizzato.

capital expenditure /ˌkæpɪtlɪkˈspendɪtʃə(r)/ n. ECON. spesa f. in conto capitale, spese f.pl. d'impianto; *(personal)* apporto m. personale di capitali.

capital gain /ˌkæpɪtlˈgeɪn/ n. reddito m., rendimento m. del capitale, plusvalenza f., capital gain m.

capital gains tax /ˌkæpɪtlˈgeɪnzˌtæks/ n. imposta f. sulle plusvalenze, sulle rendite di capitale.

capital goods /ˈkæpɪtlgʊdz/ n.pl. beni m. capitali, beni m. strumentali.

capital-intensive industry /kæpɪtlɪnˌtensɪvˈɪndəstrɪ/ n. industria f. a uso intensivo di capitali.

capital investment /ˌkæpɪtlɪnˈvestmənt/ n. investimento m. di capitale.

▷ **capitalism** /ˈkæpɪtəlɪzəm/ n. capitalismo m.; ***under ~*** in un regime capitalista.

▷ **capitalist** /ˈkæpɪtəlɪst/ **I** agg. capitalista (anche SPREG.) **II** n. capitalista m. e f.

capitalistic /ˌkæpɪtəˈlɪstɪk/ agg. capitalistico.

capitalizable /ˈkæpɪtəˌlaɪzəbl/ agg. ECON. capitalizzabile.

capitalization /ˌkæpɪtəlaɪˈzeɪʃn, AE -lɪˈz-/ n. **1** ECON. *(market value)* capitalizzazione f.; *(value)* capitale m. nominale, complessivo **2** LING. uso m. di maiuscole.

▷ **capitalize** /ˈkæpɪtəlaɪz/ **I** tr. **1** ECON. capitalizzare [*assets*] **2** LING. scrivere in maiuscolo **II** intr. ***to ~ on*** fare tesoro di *o* trarre vantaggio da [*situation*]; sfruttare [*advantage*].

capitalized /ˈkæpɪtəlaɪzd/ **I** p.pass. → **capitalize II** agg. capitalizzato; ***over-, under-~*** supercapitalizzato, sottocapitalizzato.

capital levy /ˌkæpɪtlˈlevɪ/ n. imposta f. patrimoniale.

capitally /ˈkæpɪtlɪ/ avv. in modo eccellente.

capital market /ˌkæpɪtlˈmɑːkɪt/ n. mercato m. finanziario, dei capitali.

capital outlay /ˌkæpɪtlˈaʊtleɪ/ n. → **capital expenditure**.

capital punishment /ˌkæpɪtlˈpʌnɪʃmənt/ n. pena f. capitale.

capital reserves /ˌkæpɪtlrɪˈzɜːvz/ n.pl. riserva f.sing. statutaria.

capital ship /ˈkæpɪtlˌʃɪp/ n. = grossa nave da guerra.

capital spending /ˌkæpɪtlˈspendɪŋ/ n. spese f.pl. in conto capitale.

capital stock /ˌkæpɪtlˈstɒk/ n. *(of firm, industry)* capitale m. sociale.

capital structure /ˌkæpɪtlˈstrʌktsə(r)/ n. struttura f., ripartizione f. del capitale.

capital sum /ˌkæpɪtlˈsʌm/ n. capitale m., somma f. capitale.

capital taxation /ˌkæpɪtltækˈseɪʃn/ n. imposizione f., tassazione f. patrimoniale.

capital transfer tax /ˌkæpɪtlˈtrænsfɜːˌtæks/ n. imposta f. sui trasferimenti di capitale.

capitate /ˈkæpɪteɪt/ agg. BOT. capitato.

capitation /ˌkæpɪˈteɪʃn/ n. **1** (anche **~ fee**) ECON. capitazione f., tassa f. sulla persona **2** SCOL. = stanziamento di fondi per ciascun allievo.

capitation-based payment /ˌkæpɪˈteɪʃnˌbeɪstˌpeɪmənt/ n. sistema m. di pagamento a persona.

Capitol /ˈkæpɪtl/ n.pr. ***the ~*** il Campidoglio.

Capitol Hill /ˌkæpɪtlˈhɪl/ n. US **1** *(hill)* colle m. del Campidoglio **2** *(Congress)* Congresso m.

> **Capitol – Capitol Hill** Il Campidoglio è la sede del Congresso (*Congress*) degli Stati Uniti, ed è situato a Washington sul *Capitol Hill*. Il vasto edificio attuale, del 1863, sostituì quello originario del 1793. Spesso i media usano i termini *Capitol Hill* o *the Hill* per indicare il Congresso stesso (v. ***Congress***).

Capitoline /kəˈpɪtəlaɪn/ **I** agg. capitolino **II** n.pr. *(in Rome)* ***the ~*** il Campidoglio.

capitula /kəˈpɪtjʊlə/ → **capitulum**.

capitular /kəˈpɪtʃʊlə(r)/ agg. capitolare.

capitulary /kəˈpɪtʃʊlərɪ/ n. STOR. capitolare m.

capitulate /kəˈpɪtʃʊleɪt/ intr. MIL. capitolare, arrendersi (**to** di fronte a).

capitulation /kəˌpɪtʃʊˈleɪʃn/ n. MIL. capitolazione f., resa f. (**to** di fronte a).

capitulum /kəˈpɪtjʊləm/ n. (pl. **-a**) ANAT. capitello m.

capless /ˈkæples/ agg. senza berretto, a capo nudo.

caplet® /ˈkæplɪt/ n. = compressa di forma allungata.

capo /ˈkæpəʊ/ n. **1** *(in Mafia)* capo(mafia) m. **2** MUS. (anche **~ tasto**) capotasto m.

capon /ˈkeɪpən, -ɒn/ n. cappone m.

caponize /ˈkeɪpənaɪz/ tr. RAR. capponare, castrare [*cock*].

1.capot /kəˈpɒt/ n. GIOC. cappotto m.

2.capot /kəˈpɒt/ tr. (forma in -ing ecc. **-tt-**) GIOC. dare, fare cappotto.

capote /kəˈpəʊt/ n. *(soldier's coat)* mantello m. con cappuccio.

capping /ˈkæpɪŋ/ n. **1** GEOL. cappellaccio m., cappello m. **2** ARCH. capitello m.

cappuccino /ˌkæpʊˈtʃiːnəʊ/ n. (pl. **~s**) cappuccino m.

capric /ˈkæprɪk/ agg. CHIM. caprico.

caprice /kəˈpriːs/ n. **1** *(whim)* capriccio m., fantasia f. **2** MUS. capriccio m.

capricious /kəˈprɪʃəs/ agg. [*person, weather, fortune*] capriccioso; [*whim, decision*] bizzarro, stravagante.

capriciously /kəˈprɪʃəslɪ/ avv. [*behave, decide*] capricciosamente.

capriciousness /kəˈprɪʃəsnɪs/ n. capricciosità f., volubilità f.

Capricorn /ˈkæprɪkɔːn/ ◗ ***38*** n. **1** ASTROL. Capricorno m.; ***to be (a) ~*** essere del Capricorno, essere un Capricorno **2** GEOGR. ***tropic of ~*** Tropico del Capricorno.

caprification /ˌkæprɪfɪˈkeɪʃn/ n. AGR. caprificazione f.

caprifig /ˈkæprɪfɪg/ n. caprifico m.

caprine /ˈkæpraɪn/ agg. caprino, di capra.

1.capriole /ˈkæprɪəʊl/ n. **1** *(of horse)* sgroppata f. **2** *(in dancing)* balzo m., capriola f.

2.capriole /ˈkæprɪəʊl/ intr. **1** [*horse*] sgroppare, impennarsi **2** [*dancer*] fare una capriola.

caproic /kəˈprəʊɪk/ agg. CHIM. caproico.

caprolactam /ˌkæprəʊˈlæktəm/ n. caprolattame m.

caps /kæps/ n.pl. (accorc. capitals) maiuscole f.
cap screw /'kæpskru:/ n. vite f. a testa cilindrica.
capsicum /'kæpsɪkəm/ n. **1** BOT. capsico m. **2** *(fruit)* peperone m.
capsizable /kæp'saɪzəbl/ agg. [*boat*] ribaltabile.
capsizal /kæp'saɪzəl/ n. RAR. ribaltamento m., capovolgimento m.
capsize /kæp'saɪz, AE 'kæpsaɪz/ **I** tr. rovesciare, capovolgere [*boat*] **II** intr. [*boat*] capovolgersi, rovesciarsi.
capsizing /kæp'saɪzɪŋ, AE 'kæpsaɪzɪŋ/ n. → **capsizal**.
cap sleeve /'kæp,sli:v/ n. SART. manica f. ad aletta.
caps lock /'kæpslɒk/ n. (⇒ capitals lock) fissamaiuscole m.
capstan /'kæpstən/ n. **1** MAR. argano m., cabestano m. **2** TECN. rullo m. di trascinamento.
capstan lathe /'kæpstənleɪð/ n. tornio m. a torretta, tornio m. a revolver.
capstone /kæpstəʊn/ n. **1** ARCH. chiave f. di volta **2** *(climax)* punto m. culminante.
capsular /'kæpsju:lə(r), AE 'kæpsələ(r)/ agg. capsulare.
▷ **1.capsule** /'kæpsju:l, AE 'kæpsl/ n. *(all contexts)* capsula f.
2.capsule /'kæpsju:l, AE 'kæpsl/ tr. **1** *(enclose in capsule)* incapsulare **2** *(sum up)* schematizzare, riassumere.
capsuliform /'kæpsju:lɪfɔ:m, AE 'kæpsl-/ agg. RAR. a forma di capsula.
Capt MIL. ⇒ Captain Capitano (Cap.).
▶ **1.captain** /'kæptɪn/ ◆ *23* n. MIL. SPORT capitano m.; AE *(precinct commander) (in police)* capitano m., comandante m. di polizia; *(in fire service)* comandante m. di compagnia; ***naval, army ~*** capitano di vascello, dell'esercito; ***~ of industry*** FIG. capitano d'industria; ***this is your ~ speaking*** *(on plane)* è il capitano che vi parla.
2.captain /'kæptɪn/ tr. capitanare [*team*]; comandare [*ship, platoon*].
captaincy /'kæptɪnsɪ/, **captainship** /'kæptɪnʃɪp/ n. **1** MIL. *(rank)* grado m. di capitano **2** SPORT posto m. di capitano; ***to get ~ of the side*** SPORT essere designato come capitano; ***under the ~ of X*** con *o* avendo X come capitano.
1.caption /'kæpʃn/ n. **1** GIORN. didascalia f. (**to, for** di, che accompagna) **2** TELEV. CINEM. *(subtitle)* sottotitolo m. **3** DIR. *(of legal document)* intestazione f., rubrica f.
2.caption /'kæpʃn/ tr. **1** ***to be ~ed "ode to joy"*** avere come didascalia "ode alla gioia"; ***he ~ed the photo "souvenirs"*** ha messo come didascalia alla foto "souvenirs" **2** CINEM. TELEV. sottotitolare [*film*].
captious /'kæpʃəs/ agg. FORM. [*person*] ipercritico, cavilloso; ***~ remark*** affermazione capziosa, questione di lana caprina.
captiously /'kæpʃəslɪ/ avv. capziosamente, cavillosamente.
captiousness /'kæpʃəsnɪs/ n. capziosità f., cavillosità f.
captivate /'kæptɪveɪt/ tr. attrarre, affascinare, ammaliare; ***he was ~d by her*** lei lo ammaliò.
captivating /'kæptɪveɪtɪŋ/ agg. affascinante, ammaliante.
captivation /,kæptɪ'veɪʃn/ n. attrazione f., fascino m.
▷ **captive** /'kæptɪv/ **I** n. prigioniero m. (-a); ***to hold sb. ~*** tenere qcn. prigioniero; ***to take sb. ~*** fare qcn. prigioniero **II** agg. prigioniero; ***~ audience*** = pubblico involontario di un messaggio pubblicitario; ***~ market*** mercato prigioniero.
captivity /kæp'tɪvətɪ/ n. prigionia f.; *(of animals)* cattività f.; ***in ~*** in cattività.
captor /'kæptə(r)/ n. *(of person)* chi cattura; ***the lion attacked its ~*** il leone attaccò chi l'aveva catturato.
▷ **1.capture** /'kæptʃə(r)/ n. **1** *(of person, animal)* cattura f.; *(of stronghold)* conquista f., presa f. **2** FIS. GEOGR. cattura f.
▷ **2.capture** /'kæptʃə(r)/ tr. **1** catturare [*person, animal*]; conquistare, prendere [*stronghold*]; mangiare [*chess piece*]; ***to ~ the market*** COMM. conquistare il mercato **2** FIG. cogliere [*moment, likeness*]; cogliere, rendere [*feeling, essence, beauty*]; ***to ~ sth. on film*** cogliere, rendere qcs. sullo schermo.
capuchin /'kæpju:tʃɪn/ n. (anche **~ monkey**) cebo m. cappuccino.
Capuchin /'kæpju:tʃɪn/ **I** n. **1** RELIG. cappuccino m. **2** *(woman's cape)* mantella f., mantello m. con cappuccio **II** modif. [*monastery*] di cappuccini; [*friar*] cappuccino.
Capulet /'kapjʊlət/ n.pr. Capuleti.
capybara /,kæpɪ'bɑ:rə/ n. capibara m.
▶ **car** /kɑ:(r)/ **I** n. **1** AUT. automobile f., auto f., vettura f., macchina f. **2** FERR. carrozza f., vagone m., vettura f.; ***restaurant ~*** vagone ristorante **3** AE (anche **street~**) tram m. **4** *(compartment) (of lift)* gabbia f., cabina f.; *(of hot air balloon)* navicella f. **II** modif. AUT. [*industry*] automobilistico; [*loan*] per l'acquisto di un'auto; [*insurance*] auto, dell'automobile; [*journey, chase*] in automobile; [*accident*] d'auto; [*phone*] per automobile; [*maintenance, emissions*] dell'automobile.
carabineer /,kærəbɪ'nɪə(r)/ n. STOR. MIL. = soldato armato di carabina.
caracal /'kærəkæl/ n. caracal m.
Caracas /kə'rækəs/ ◆ *34* n.pr. Caracas f.
1.caracole /'kærəkəʊl/ n. caracollo m.
2.caracole /'kærəkəʊl/ intr. caracollare.
carafe /kə'ræf/ n. caraffa f.
car allowance /'kɑ:rə'laʊəns/ n. rimborso m. spese auto.
caramel /'kærəmel/ **I** n. **1** *(sugar)* caramello m., zucchero m. caramellato **2** *(toffee)* INTRAD. f. (caramella morbida a base di zucchero, latte e burro) **II** modif. [*dessert, cake*] al, col caramello.
caramelize /'kærəməlaɪz/ **I** tr. caramellare [*sugar, sauce*] **II** intr. caramellarsi.
carapace /'kærəpeɪs/ n. carapace m.
carat /'kærət/ **I** n. carato m. **II** modif. ***18-, 24~ gold*** oro (a) 18, 24 carati.
1.caravan /'kærəvæn/ **I** n. **1** carovana f.; *(for circus, gypsies)* carrozzone m.; ***desert ~*** carovana del deserto **2** BE AUT. (anche **holiday ~**) roulotte f. **II** modif. BE [*holiday*] in roulotte; [*site, park*] per ruolotte; [*company*] *(selling)* che vende roulotte; *(manufacturing)* di roulotte, che fabbrica roulotte.
2.caravan /'kærəvæn/ intr. (forma in -ing ecc. **-nn-**) ***to go ~ning*** BE viaggiare in roulotte.
caravanette /,kærəvæ'net/ n. BE camper m., autocaravan m.
caravanning /'kærəvænɪŋ/ n. (il) fare le vacanze in roulotte, turismo m. in roulotte.
caravanserai /,kærə'vænsəraɪ/ n. caravanserraglio m.
caravel /'kærəvel/ n. (anche **carvel**) caravella f.
caraway /'kærəweɪ/ **I** n. *(plant)* cumino m. dei prati, cumino m. tedesco, carvi m. **II** modif. [*seed*] di cumino.
carbamate /'kɑ:bəmeɪt/ n. carbammato m.
carbamic /kə'bæmɪk/ agg. carbammico.
carbamide /'kɑ:bəmaɪd/ n. carbammide f.
carbide /'kɑ:baɪd/ n. carburo m.
carbine /'kɑ:baɪn/ n. **1** MIL. STOR. carabina f. **2** *(modern rifle)* carabina f.
carbineer /,kɑ:bɪ'nɪə(r)/ → **carabineer**.
▷ **carbohydrate** /,kɑ:bə'haɪdreɪt/ **I** n. carboidrato m. **II** modif. ***low-, high-~ diet*** dieta povera, ricca di carboidrati.
carbolic /kɑ:'bɒlɪk/ agg. fenico.
carbolic acid /kɑ:,bɒlɪk'æsɪd/ n. acido m. fenico, fenolo m.
carbolic soap /kɑ:'bɒlɪk,səʊp/ n. sapone m. (disinfettante al fenolo).
carbolize /'kɑ:bəlaɪz/ tr. trattare con acido fenico.
car bomb /'kɑ:bɒm/ n. autobomba f.
carbon /'kɑ:bən/ **I** n. carbonio m. **II** modif. [*atom, compound*] di carbonio.
carbonaceous /,kɑ:bə'neɪʃəs/ agg. carbonioso, carbonaceo.
carbonade /,kɑ:bə'neɪd/ agg. dopo nome stufato con birra e cipolle.
carbonado /,kɑ:bə'neɪdəʊ/ n. (pl. **~s**) **1** *(diamond)* carbonado m. **2** *(meat)* bistecca f. cotta col grill.
carbon arc lamp /,kɑ:bəna:k'læmp/ n. lampada f. ad arco a carbone.
1.carbonate /'kɑ:bəneɪt/ n. carbonato m.
2.carbonate /'kɑ:bəneɪt/ tr. **1** CHIM. trasformare in carbonato **2** addizionare anidride carbonica a, gassare [*drink*].
carbonated /'kɑ:bəneɪtɪd/ **I** p.pass. → **2.carbonate II** agg. [*drink*] gassato.
carbonation /,kɑ:bə'neɪʃn/ n. *(of drinks)* carbonatazione f.
carbon black /'kɑ:bənblæk/ n. nerofumo m.
carbon brakes /'kɑ:bənbreɪks/ n.pl. freni m. al carbonio.
carbon copy /,kɑ:bən'kɒpɪ/ n. copia f. carbone; FIG. copia f. perfetta.
carbon cycle /,kɑ:bən'saɪkl/ n. ciclo m. del carbonio.
carbon-date /,kɑ:bən'deɪt/ tr. datare al carbonio (14).
carbon dating /,kɑ:bən'deɪtɪŋ/ n. datazione f. al carbonio (14).
▷ **carbon dioxide** /,kɑ:bəndaɪ'ɒksaɪd/ n. anidride f. carbonica, biossido m. di carbonio.
carbon disulphide /,kɑ:bəndaɪ'sʌlfaɪd/ n. disolfuro m. di carbonio.
carbon fibre BE, **carbon fiber** AE /,kɑ:bən'faɪbə(r)/ n. fibra f. di carbonio.
carbon filter /,kɑ:bən'fɪltə(r)/ n. filtro m. al carbonio.
carbonic /kɑ:'bɒnɪk/ agg. carbonico.
carboniferous /,kɑ:bə'nɪfərəs/ **I** agg. carbonifero **II** n. ***the Carboniferous (period)*** il (periodo) Carbonifero.
carbonite /'kɑ:bənaɪt/ n. carbonite f.

carbonium ion /kɑː'bəʊnɪəmaɪən/ n. ione carbonio m.
carbonization /ˌkɑːbənaɪ'zeɪʃn, AE -nɪ'z-/ n. carbonizzazione f.
carbonize /'kɑːbənaɪz/ tr. **1** carbonizzare (anche SCHERZ.) **2** (anche **carburize**) carburare, cementare [*iron*].
carbon microphone /ˌkɑːbən'maɪkrəfəʊn/ n. microfono m. a carbone.
carbon monoxide /ˌkɑːbənmən'ɒksaɪd/ **I** n. ossido m. di carbonio **II** modif. [*poisoning*] da ossido di carbonio; [*monitor*] del tasso di ossido di carbonio.
carbonnade → **carbonade**.
carbon paper /'kɑːbənpeɪpə(r)/ n. carta f. carbone.
carbon snow /ˌkɑːbən'snəʊ/ n. neve f. carbonica.
carbon steel /ˌkɑːbən'stiːl/ n. acciaio m. al carbonio.
carbon tax /'kɑːbənˌtæks/ n. carbon tax f., tassa f. sui combustibili.
carbon tetrachloride /ˌkɑːbəntetrə'klɔːraɪd/ n. tetracloruro m. di carbonio.
car boot sale /ˌkɑː'buːtseɪl/ n. BE = vendita all'aperto, generalmente a scopo benefico, da parte di privati che espongono le merci nei bagagliai delle loro auto.
Carborundum® /ˌkɑːbə'rʌndəm/ **I** n. carborundum® m. **II** modif. [*wheel*] di carborundum®.
carboxyl /kɑː'bɒksɪl, -saɪl/ n. carbossile m.
carboxylic /ˌkɑːbɒ'ksɪlɪk/ agg. carbossilico.
carboy /'kɑːbɔɪ/ n. damigiana f. (per liquidi corrosivi).
carbuncle /'kɑːbʌŋkl/ ➧ *11* n. **1** MED. *(disease)* antrace m.; ANT. *(pimple)* carbonchio m., foruncolo m. **2** *(gem)* ANT. carbonchio m., granato m.
carbuncled /'kɑːbʌŋkld/ agg. **1** MED. coperto di foruncoli **2** *(adorned with gems)* ornato di carbonchi, di granati.
carbuncular /kɑː'bʌŋkjʊlə(r)/ agg. carbonchioso, foruncoloso.
carburant /'kɑːbjʊrənt/ n. CHIM. carburante m.
carburate /'kɑːbjʊreɪt/ tr. → **carburet**.
carburation /ˌkɑːbjʊ'reɪʃn/ n. carburazione f.
carburet /'kɑːbjʊret/ tr. (forma in -ing ecc. **-tt-**, **-t-** AE) **1** *(mix with carbon)* combinare con carbonio **2** CHIM. AUT. carburare.
carburetant /ˌkɑːbjʊ'retənt/ n. → **carburant**.
carburetion /ˌkɑːbjʊ'reʃn/ → **carburation**.
carburettor /ˌkɑːbə'retə(r)/ BE, **carburetor** /'kɑːrbəreɪtər/ AE n. carburatore m.
carburization /ˌkɑːbjəraɪ'zeɪʃn, AE -rɪ'z-/ n. *(of iron)* carburazione f., cementazione f.
carburize /'kɑːbjʊraɪz/ tr. **1** carburare, cementare [*iron*] **2** → **carburet**.
carcass /'kɑːkəs/ n. carcassa f., carogna f.; ***move your ~*** SCHERZ. datti una mossa.
car chase /'kɑːtʃeɪs/ n. inseguimento m. in automobile.
carcinogen /kɑː'sɪnədʒən/ n. (agente) cancerogeno m.
carcinogenesis /ˌkɑːsɪnə'dʒenəsɪs/ n. carcinogenesi f.
carcinogenic /ˌkɑːsɪnə'dʒenɪk/ agg. cancerogeno.
carcinoma /ˌkɑːsɪ'nəʊmə/ n. (pl. **~s**, **-ata**) carcinoma m.
carcinomatosis /ˌkɑːsɪnəʊmə'təʊsɪs/ n. → **carcinosis**.
carcinosis /ˌkɑːsɪ'nəʊsɪs/ n. (pl. **-es**) carcinosi f.
▶ **1.card** /kɑːd/ n. **1** *(for correspondence, greetings, business etc.)* biglietto m.; *(postcard)* cartolina f. (postale); *(for indexing)* scheda f.; SPORT *(of referee)* cartellino m.; *(at races)* programma m.; *(in golf)* carta f. del punteggio; ***membership, library ~*** tessera di associazione, della biblioteca; ***Christmas, birthday ~*** biglietto natalizio, di compleanno; ***business ~*** biglietto da visita **2** GIOC. carta f. da gioco; ***to play ~s*** giocare a carte; ***a pack of ~s*** un mazzo di carte; ***one's last ~*** FIG. l'ultima carta; ***one's strongest ~*** FIG. la (propria) carta migliore; ***to play the race, law and order ~*** FIG. giocare la carta della razza, della legalità e dell'ordine **3** BE ANT. COLLOQ. *(person)* tipo m. eccentrico, sagoma f. **4** INFORM. scheda f. ◆ ***a ~ up one's sleeve*** un asso nella manica; ***it is on*** BE o ***in*** AE ***the ~s that*** è (molto) probabile che; ***they think an election is on*** o ***in the ~s*** pensano che molto probabilmente ci sarà un'elezione; ***to get*** o ***be given one's ~s*** BE RAR. COLLOQ. essere licenziato; ***to hold all the ~s*** avere tutte le carte in mano; ***to play one's ~s right*** giocare bene le proprie carte.
2.card /kɑːd/ tr. **1** schedare, annotare su schede, cartellini **2** AE = obbligare un cliente a esibire un documento d'identità per potere consumare alcolici nei bar.
3.card /kɑːd/ n. TESS. *(comb)* scardasso m.; *(machine)* cardatrice f., carda f.
4.card /kɑːd/ tr. TESS. scardassare, cardare.
cardamom /'kɑːdəməm/, **cardamon** /'kɑːdəmən/ **I** n. cardamomo m. **II** modif. [*seed*] di cardamomo.
cardan joint /'kɑːdnˌdʒɔɪnt/ n. giunto m. cardanico.
▷ **cardboard** /'kɑːdbɔːd/ **I** n. cartone m. **II** modif. **1** [*cut-out*] di cartone; ***~ box*** (scatola di) cartone **2** FIG. [*character*] stereotipato.
cardboard city /ˌkɑːdbɔːd'sɪtɪ/ n. = zona della città in cui i senzatetto dormono all'aperto, spesso coperti da cartoni.
card-carrying /'kɑːdˌkærɪɪŋ/ agg. tesserato, iscritto; ***a ~ member*** un attivista, un militante.
card catalogue, **card catalog** AE /'kɑːdˌkætəlɒg, AE -lɔːg/ n. schedario m.
carder /'kɑːdə(r)/ ➧ *27* n. **1** *(person)* cardatore m. (-trice) **2** *(machine)* cardatrice f., carda f.
card file /'kɑːdfaɪl/ n. → **card index**.
card game /'kɑːdgeɪm/ n. **1** *(type of game)* gioco m. di carte **2** *(as activity)* partita f. a carte.
cardholder /'kɑːdˌhəʊldə(r)/ n. **1** *(member)* tesserato m. (-a), socio m. (-a) **2** *(of credit card)* titolare m. e f. (di carta di credito).
card hopper /'kɑːdˌhɒpə(r)/ n. INFORM. raccoglitore m. di schede.
▷ **cardiac** /'kɑːdɪæk/ agg. cardiaco.
cardiac arrest /ˌkɑːdɪækə'rest/ n. arresto m. cardiaco.
cardie → **cardy**.
Cardiff /'kɑːdɪf/ ➧ *34* n.pr. Cardiff f.
cardigan /'kɑːdɪgən/ ➧ *28* n. cardigan m.
▷ **cardinal** /'kɑːdɪnl/ ➧ *9* **I** agg. [*sin*] mortale; [*principle*] cardinale **II** n. RELIG. cardinale m.; ***Cardinal Wolsey*** il cardinale Wolsey.
cardinalate /'kɑːdɪnəleɪt/ n. cardinalato m.
cardinal bird /'kɑːdɪnlˌbɜːd/ n. ZOOL. cardinale m. rosso.
cardinal flower /'kɑːdɪnlˌflaʊə(r)/ n. lobelia f. a fior di cardinale.
cardinal-grosbeak /ˌkɑːdɪnl'grəʊsbiːk/ n. → **cardinal bird**.
cardinality /ˌkɑːdɪ'nælɪtɪ/ n. MAT. cardinalità f.
cardinal number /ˌkɑːdɪnl'nʌmbə(r)/ n. numero m. cardinale.
cardinal point /ˌkɑːdɪnl'pɔɪnt/ n. punto m. cardinale.
cardinal red /ˌkɑːdɪnl'red/ ➧ *5* **I** n. rosso m. cardinale **II** agg. rosso cardinale
cardinalship /'kɑːdɪnlʃɪp/ n. → **cardinalate**.
cardinal virtue /ˌkɑːdɪnl'vɜːtʃuː/ n. virtù f. cardinale.
cardinal vowel /ˌkɑːdɪnl'vaʊəl/ n. vocale f. cardinale.
card index /'kɑːdˌɪndeks/ n. schedario m.
card-index /'kɑːdˌɪndeks/ tr. schedare.
carding /'kɑːdɪŋ/ n. cardatura f., scardassatura f.
carding machine /'kɑːdɪŋməˌʃiːn/ n. cardatrice f., carda f.
Cardiofunk® /'kɑːdɪəʊfʌŋk/ n. = esercizi che combinano aerobica e danza.
cardiogram /'kɑːdɪəʊgræm/ n. cardiogramma m.
cardiograph /'kɑːdɪəʊgrɑːf, AE -græf/ n. cardiografo m.
cardiography /ˌkɑːdɪ'ɒgrəfɪ/ **I** n. cardiografia f. **II** modif. ***~ department*** divisione, reparto di cardiografia.
cardioid /'kɑːdɪɔɪd/ n. cardioide f.
cardiological /ˌkɑːdɪə'lɒdʒɪkl/ agg. cardiologico.
cardiologist /ˌkɑːdɪ'ɒlədʒɪst/ ➧ *27* n. cardiologo m. (-a).
cardiology /ˌkɑːdɪ'ɒlədʒɪ/ n. cardiologia f.
cardiopathy /kɑːdɪ'ɒpəθɪ/ ➧ *11* n. cardiopatia f.
cardiopulmonary /ˌkɑːdɪəʊ'pʌlmənərɪ/ agg. cardiopolmonare.
cardioscope /'kɑːdɪəskəʊp/ n. cardioscopio m.
cardioscopy /kɑːdɪ'ɒskəpɪ/ n. cardioscopia f.
cardiospasm /'kɑːdɪspæzəm/ n. cardiospasmo m.
cardiotomy /kɑːdɪ'ɒtəmɪ/ n. cardiotomia f.
cardiotonic /kɑːdɪə'tɒnɪk/ **I** agg. cardiotonico **II** n. cardiotonico m.
cardiovascular /ˌkɑːdɪəʊ'væskjʊlə(r)/ agg. cardiovascolare.
carditis /kɑː'daɪtɪs/ n. cardite f.
card key /'kɑːdkiː/ n. scheda f. magnetica.
cardmember /'kɑːdˌmembə(r)/ n. tesserato m. (-a), iscritto m. (-a).
cardoon /kɑː'duːn/ n. *(vegetable)* cardo m.
cardphone /'kɑːdfəʊn/ n. telefono m. a schede.
card punch /'kɑːdpʌntʃ/ n. perforatrice f. di schede.
card reader /'kɑːdˌriːdə(r)/ n. lettore m. di schede (perforate).
card shark /'kɑːdʃɑːk/ n. AE → **card stacker**.
cardsharp(er) /'kɑːdˌʃɑːpə(r)/ n. baro m.
card stacker /'kɑːdstækə(r)/ n. INFORM. archiviatore m. di schede.
card swipe /'kɑːdswaɪp/ n. lettore m. di carta magnetica.
card table /'kɑːdˌteɪbl/ n. tavolo m. da gioco.
card trick /'kɑːdtrɪk/ n. trucco m. con le carte.
card vote /'kɑːdˌvəʊt/ n. BE voto m. per delega.
cardy /'kɑːdɪ/ n. BE COLLOQ. cardigan m.
▶ **1.care** /keə(r)/ n. **1** *(attention)* cura f., attenzione f.; ***to take ~ to do*** fare attenzione a fare; ***to take ~ not to do*** fare attenzione a non fare; ***to take ~ when doing*** fare attenzione nel fare *o* quando si fa; ***to take ~ that*** badare che *o* di; ***he took (great) ~ over*** o ***with his work*** è stato (molto) attento *o* diligente nel suo lavoro; ***to take ~ in***

doing mettere attenzione, essere diligente nel fare; ***she always takes (great) ~ in choosing the wine, preparing to go out*** pone sempre molta cura nello scegliere il vino, nel prepararsi per uscire; ***"take ~!"*** "fa' attenzione!"; *(expression of farewell)* "riguardati!", "abbi cura di te!"; ***with ~*** con attenzione *o* con cura; ***"handle with ~"*** "maneggiare con cura", "fragile"; ***have a ~!*** BE, ***give a ~!*** AE fa' attenzione! sta' attento! ***to exercise due*** o ***proper ~*** AMM. DIR. prendere le precauzioni necessarie *o* usare i dovuti riguardi **2** *(looking after) (of person, animal)* cura f., cure f.pl.; *(of car, plant, house, clothes)* cura f. (**of** di); ***to take ~ of*** *(deal with)* prendersi cura di [*child, client*]; MED. avere in cura [*patient, invalid*]; *(be responsible for)* occuparsi di [*house, garden, details, tickets, arrangements*]; *(be careful with)* avere cura di *o* fare attenzione a [*machine, car*]; *(keep in good condition)* avere cura di [*hair, teeth, skin*]; *(look after for safekeeping)* badare a [*shop*]; custodire [*watch*]; ***to take good ~ of sb., sth.*** prendersi cura di qcn., qcs.; ***customer ~*** servizio di assistenza alla clientela; ***to put*** o ***leave sb., sth. in sb.'s ~*** affidare *o* lasciare qcn., qcs. alle cure di qcn.; ***in his, your ~*** alle sue, tue cure *o* sotto la sua, tua responsabilità; ***the pupils, patients in my ~*** gli alunni, i pazienti sotto la mia responsabilità; ***in the ~ of his father, teacher*** sotto la custodia del padre, dell'insegnante; ***John Smith, ~ of Mr and Mrs L. Smith*** *(on letter)* John Smith, presso il Sig. e la Sig.ra Smith; ***to take ~ of oneself*** *(look after oneself)* prendersi cura di sé; *(cope)* aggiustarsi da solo; *(defend oneself)* difendersi *o* vedersela da solo; ***that takes ~ of that*** (questo è) sistemato **3** MED. PSIC. cure m.pl.; ***a policy of ~ in the community*** una politica di cure al di fuori dell'ospedale; ***medical ~*** cure mediche; ***patient ~*** cure al paziente; ***preventive ~*** cure preventive **4** BE AMM. ***to be in ~*** essere assistito da un ente assistenziale dello stato; ***to take*** o ***put a child into ~*** affidare un bambino a un ente assistenziale **5** *(worry)* preoccupazioni f.pl., cure f.pl.; ***without a ~ in the world*** franco e libero *o* senza pensieri.

▶ **2.care** /keə(r)/ **I** tr. ***I don't ~ to do*** non mi interessa fare; ***if you ~ to examine the report, you'll find that...*** IRON. se ti prendi la briga di esaminare il rapporto, scoprirai che...; *(as polite formula)* ***would you ~ to sit down?*** si vuole accomodare? ***he has more money than he ~s to admit*** ha più soldi di quanto non dica **II** intr. **1** *(feel concerned)* ***she really ~s*** ci tiene, le sta a cuore; ***to ~ about*** interessarsi a [*art, culture, money, environment*]; preoccuparsi di *o* avere a cuore [*staff, pupils, the elderly*]; preoccuparsi di *o* essere attento a [*injustice, inequality*]; ***I don't ~!*** non mi importa! ***what do I ~ if...?*** che mi importa se...? ***as if I, he ~d!*** come se me ne, gliene importasse qualcosa! ***I, he couldn't ~ less!*** non potrebbe importarmene, importargliene di meno *o* non potrebbe fregarmene, fregargliene di meno; ***she couldn't ~ less about...*** non potrebbe fregargliene di meno di...; ***I couldn't ~ less who wins, what happened*** non potrebbe fregarmene di meno di chi vince, di cosa è successo; ***they could all have died, for all he ~d*** sarebbero potuti morire tutti, per quel che gliene importava; ***I don't ~ who he marries*** non m'importa chi sposa; ***I'm past caring*** non m'importa più *o* me ne infischio; ***who ~s?*** che importa? chi se ne frega? **2** *(love)* ***to ~ about sb.*** amare *o* avere a cuore qcn.; ***show him that you ~*** fagli vedere che gli vuoi bene *o* che ti importa di lui; ***I didn't know you ~d!*** SCHERZ. non sapevo che ti piaceva! ◆ ***he doesn't ~ a fig*** o ***a damn*** COLLOQ. non gliene importa un fico secco *o* un accidente.

▪ **care for:** ~ **for [sb., sth.]** **1** *(like)* amare, voler bene a [*person*]; ***I don't ~ for chocolate, whisky*** non mi piace il cioccolato, il whisky; *(as polite formula)* ***would you ~ for a drink?*** gradisce qualcosa da bere? **2** *(look after)* prendersi cura di [*child, elderly person, animal*]; aver cura di [*patient, wounded animal*] **3** *(maintain)* occuparsi di [*car, garden, house*]; avere cura di [*hair, teeth, skin, plant*].

care assistant /ˈkeərəˌsɪstənt/ ♦ **27** n. BE MED. assistente m. sanitario.

care attendant /ˈkeə(r)əˌtendənt/ ♦ **27** n. BE assistente m. e f. domiciliare.

careen /kəˈriːn/ **I** tr. carenare, abbattere in carena [*boat*] **II** intr. [*boat*] abbattersi in carena.

careenage /kəˈriːnɪdʒ/, **careening** /kəˈriːnɪŋ/ n. MAR. carenaggio m.

▶ **1.career** /kəˈrɪə(r)/ **I** n. carriera f.; ***political, musical ~*** carriera politica, musicale; ***a ~ in television, in teaching*** una carriera in televisione, nell'insegnamento; ***a ~ as a journalist*** una carriera come, da giornalista; ***~s in the media*** le carriere nell'informazione; ***throughout his school ~*** durante tutta la sua carriera scolastica **II** modif. **1** [*choice*] della carriera; [*opportunity, prospect*] di carriera **2** [*diplomat, soldier*] di carriera.

2.career /kəˈrɪə(r)/ intr. ***to ~ in, out*** entrare, uscire di gran carriera; ***to ~ off the road*** uscire di strada a tutta velocità; ***the car careered out of control*** perdemmo il controllo dell'auto.

career advisor /kəˈrɪərədˌvaɪzə(r)/ n. AE → **careers adviser**.

career break /kəˈrɪəbreɪk/ n. interruzione f. della carriera.

career girl /kəˈrɪəgɜːl/ n. → **career woman**.

careerism /kəˈrɪərɪzəm/ n. carrierismo m.

careerist /kəˈrɪərɪst/ n. carrierista m. e f.

career move /kəˈrɪəmuːv/ n. promozione f., passo m. avanti nella carriera.

careers adviser /kəˈrɪəzədˌvaɪzə(r)/ ♦ **27** n. BE consulente m. e f. per l'orientamento professionale.

career(s) guidance /kəˈrɪə(z)ˌgaɪdns/ n. orientamento m. professionale.

careers library /kəˈrɪəzˌlaɪbrərɪ, AE -brerɪ/ n. centro m. per l'informazione e l'orientamento professionale.

careers master /kəˈrɪəzˌmɑːstə(r), AE -ˌmæs-/ ♦ **27** n. BE SCOL. = insegnante consigliere per l'orientamento professionale.

careers mistress /kəˈrɪəzˌmɪstrɪs/ ♦ **27** n. BE SCOL. = insegnante, consigliere per l'orientamento professionale.

careers office /kəˈrɪəzˌɒfɪs, AE -ɔːf-/ n. servizio m. di consulenza per l'orientamento professionale.

careers officer /kəˈrɪəzˌɒfɪsə(r), AE -ɔːf-/ ♦ **27** n. BE → **careers adviser**.

careers service /kəˈrɪəzˌsɜːvɪs/ n. servizio m. di consulenza per l'orientamento professionale.

career woman /kəˈrɪəˌwʊmən/ n. (pl. **career women**) donna f. in carriera.

carefree /ˈkeəfriː/ agg. [*person, smile, life*] spensierato; [*feeling*] di spensieratezza.

▶ **careful** /ˈkeəfl/ agg. **1** *(prudent)* [*person, driving*] prudente, cauto; *(meticulous)* [*planning, preparation, work, research, monitoring, examination*] accurato, attento; ***this chemical, equipment needs ~ handling*** questo prodotto chimico, questo dispositivo va maneggiato con cura; ***this matter needs ~ handling*** la faccenda va affrontata con attenzione; ***to be ~ to do*** o ***about doing*** fare attenzione a fare; ***to be ~ that*** fare attenzione che *o* badare che, di; ***to be ~ of sth.*** fare attenzione a qcs.; ***to be ~ with sth.*** fare attenzione a *o* stare attento con qcs.; ***to be ~ (when) doing*** fare attenzione nel fare *o* quando si fa; ***to be ~ how, where*** fare attenzione a come, a dove; ***to be ~ what one says*** fare attenzione a ciò che si dice; ***"be ~!"*** "fa' attenzione!" *o* "sta' attento!"; ***"you can't be too ~!"*** "non si è mai troppo attenti!" *o* "l'attenzione non è mai troppa!" **2** mai attrib. *(thrifty)* [*person*] parsimonioso; ***to be ~ with money*** EUFEM. SPREG. badare al centesimo.

▶ **carefully** /ˈkeəfəlɪ/ avv. [*walk, drive*] con prudenza, con attenzione; [*open, handle*] con attenzione, con cura; [*say, reply*] con attenzione; [*write, plan, choose*] accuratamente, con cura; [*arranged, controlled, chosen, built*] accuratamente, con cura; [*listen, read, look*] attentamente, con attenzione; [*designed, made*] accuratamente; ***drive ~!*** guidate con prudenza! ***go ~!*** siate prudenti! ***listen, think ~!*** ascoltate, riflettete attentamente *o* con attenzione!

carefulness /ˈkeəflnɪs/ n. *(of person, work)* accuratezza f., attenzione f., cura f.; *(of driving)* prudenza f., cautela f.; ***the ~ of his work*** l'attenzione che mette nel suo lavoro.

care label /ˈkeəˌleɪbl/ n. *(on clothing etc.)* etichetta f. con le istruzioni di lavaggio, istruzioni f.pl. di lavaggio.

▷ **careless** /ˈkeəlɪs/ agg. **1** *(negligent)* [*person*] negligente, disattento; [*work*] abborracciato, raffazzonato; [*workmanship, writing*] sciatto, trascurato; [*driving, handling*] imprudente, disattento; [*talk*] incauto; ***~ mistake*** errore di distrazione; ***his spelling is ~*** fa molti errori di ortografia; ***that was ~ of her*** è stato negligente da parte sua; ***it was ~ of me to do*** è stato negligente da parte mia fare; ***to be ~ about sth., about doing*** essere negligente *o* disattento in qcs., nel fare; ***to be ~ with*** non curarsi di, non prestare attenzione a [*safety, health, other people*]; essere sconsideraro nell'uso di [*money*]; ***to be ~ in sth.*** essere disattento in qcs.; ***to be ~ in doing*** essere disattento nel fare *o* non fare attenzione nel fare; ***to be ~ of one's appearance*** non curarsi del proprio aspetto **2** *(carefree)* [*smile, wave*] spensierato; [*reply*] a cuor leggero; [*gesture*] spontaneo, naturale; [*grace, elegance*] naturale; ***to do sth. ~ of the risks*** fare qcs. senza preoccuparsi dei rischi.

▷ **carelessly** /ˈkeəlɪslɪ/ avv. **1** *(negligently)* [*do, act*] negligentemente, in modo disattento; [*make, repair*] alla bell'e meglio; [*write*] in modo sciatto, trascurato; [*drive*] in modo imprudente; [*break, drop, lose, spill*] per disattenzione; [*dressed, arranged*] in modo trascurato, con trascuratezza **2** *(in carefree way)* [*walk, dance, wave*] spensieratamente; [*say*] a cuor leggero.

carelessness /ˈkeəlɪsnɪs/ n. **1** *(negligence)* negligenza f., disattenzione f., trascuratezza f. **2** *(carefree attitude)* spensieratezza f.

care order /ˈkeəˌɔːdə(r)/ n. BE = ordine di affidamento a un ente assistenziale dello stato.
▷ **carer** /ˈkeərə(r)/ ➧ *27* n. BE **1** *(relative or friend)* chi si occupa di un malato o portatore di handicap **2** *(professional)* badante m. e f., assistente m. e f. domiciliare.
1.caress /kəˈres/ n. carezza f.
2.caress /kəˈres/ tr. accarezzare, carezzare.
caressing /kəˈresɪŋ/ agg. carezzevole.
caret /ˈkærət/ n. (anche **~ sign**) segno m. di omissione.
caretaker /ˈkeəteɪkə(r)/ ➧ *27* **I** n. BE *(at club etc.)* custode m. e f., guardiano m. (-a); *(at school)* custode m. e f., bidello m. (-a); *(in apartments)* portinaio m. (-a), portiere m. (-a); *(of building while owner absent)* custode m. e f., sorvegliante m. e f. **II** modif. [*government*] provvisorio, di ordinaria amministrazione; [*administration*] provvisorio; [*president, prime minister, manager*] ad interim.
care worker /ˈkeəˌwɜːkə(r)/ ➧ *27* n. BE assistente m. e f. sociale.
careworn /ˈkeəwɔːn/ agg. [*face*] segnato (dalle preoccupazioni); ***to look ~*** o ***to have a ~ expression*** avere l'espressione di chi è pieno di preoccupazioni.
carfare /ˈkɑːfeə(r)/ n. AE biglietto m. (di autobus, tram).
car ferry /ˈkɑːˌferɪ/ n. traghetto m. per automobili.
▷ **cargo** /ˈkɑːgəʊ/ **I** n. (pl. **~es**, **~s**) carico m. (**of** di) **II** modif. [*bay, handler*] di carico; [*inspection*] del carico.
cargo handler /ˈkɑːgəʊˌhændlə(r)/ ➧ *27* n. *(worker)* scaricatore m.
cargo pants /ˈkɑːgəʊpænts/ n.pl. pantaloni m. con tasconi laterali.
cargo plane /ˈkɑːgəʊˌpleɪn/ n. (aereo) cargo m., aereo m. da carico.
cargo ship /ˈkɑːgəʊˌʃɪp/ n. cargo m., nave f. da carico.
car hire /ˈkɑːˌhaɪə(r)/ n. autonoleggio m.
car hire company /ˈkɑːhaɪəˌkʌmpənɪ/ n. società f. di autonoleggio.
carhop /ˈkɑːhɒp/ ➧ *27* n. AE inserviente m. e f. di drive-in.
Carib /ˈkærɪb/ **I** agg. caribico **II** n. (pl. **~**, **~s**) **1** *(person)* caribo m. (-a) **2** *(group of languages)* caribo m.
Caribbean /ˌkærɪˈbiːən/ ➧ *20* **I** agg. caraibico **II** n. **1** *(sea)* Mar m. dei Caraibi **2** *(person)* nativo m. (-a), abitante m. e f. dei Caraibi **III** modif. [*climate, cookery*] dei Caraibi; ***~ carnival*** carnevale giamaicano (festa degli immigrati caraibici che si tiene a Londra in estate).
Caribbean Islands /ˌkærɪbiːənˈaɪləndz/ ➧ *12* n.pr.pl. Antille f.
caribou /ˈkærɪbuː/ n. (pl. **~**) caribù m.
caricatural /ˈkærɪkətʃʊərəl/ agg. caricaturale.
1.caricature /ˈkærɪkətʃʊə(r)/ n. caricatura f.
2.caricature /ˈkærɪkətʃʊə(r)/ tr. fare la caricatura di, caricaturare.
caricaturist /ˈkærɪkətʃʊərɪst/ ➧ *27* n. caricaturista m. e f.
caries /ˈkeəriːz/ n. (pl. **~**) carie f.
1.carillon /kəˈrɪljən, AE ˈkærɪəlɒn/ ➧ *17* n. *(all contexts)* carillon m.
2.carillon /kəˈrɪljən, AE ˈkærɪəlɒn/ intr. (forma in -ing ecc. **-nn-**) suonare il carillon.
carina /kəˈraɪnə/ n. (pl. **~s**, **-ae**) BIOL. carena f.
carinal /kəˈraɪnəl/ agg. BIOL. di carena.
carinate /ˈkærɪneɪt/ agg. BIOL. [*bird*] carenato.
▷ **caring** /ˈkeərɪŋ/ **I** n. assistenza f. sociale e sanitaria **II** modif. [*profession, service*] di assistenza sociale e sanitaria; ***~ professionals*** assistenti sociali e sanitari **III** agg. **1** *(loving)* [*parent, husband, wife*] premuroso; [*atmosphere, environment, home*] cordiale **2** *(compassionate)* [*person, approach, attitude*] altruista, generoso; [*party, government, company, society*] attento al sociale.
carious /ˈkeərɪəs/ agg. cariato.
carjacking /ˈkɑːdʒækɪŋ/ n. = attacco al conducente di un'auto allo scopo di derubarlo o di rubare il veicolo per utilizzarlo in altri crimini.
carl /kɑːl/ n. SCOZZ. ANT. contadino m. (-a), zotico m. (-a).
Carl /kɑːl/ n.pr. Carl (nome di uomo).
carline /ˈkɑːlɪn/ n. carlina f. comune.
Carlisle /kɑːˈlaɪl/ ➧ *34* n.pr. Carlisle f.
Carlism /ˈkɑːlɪzəm/ n. carlismo m.
Carlist /ˈkɑːlɪst/ n. carlista m. e f.
carload /ˈkɑːləʊd/ n. ***we moved his things in two ~s*** abbiamo trasportato le sue cose caricando l'auto due volte; ***a ~ of people, boxes*** un'auto carica di persone, scatole.
Carlovingian /kɑːləˈvɪndʒɪən/ agg. carolingio.
carman /ˈkɑːmæn/ n. (pl. **-men**) *(carter)* carrettiere m.
Carmelite /ˈkɑːməlaɪt/ **I** n. *(monk)* carmelitano m.; *(nun)* carmelitana f. **II** modif. [*monastery*] carmelitano; [*convent*] di carmelitane; ***~ order*** *(of monks)* ordine dei carmelitani; *(of nuns)* ordine delle carmelitane.
carmen /ˈkɑːmen/ → **carman**.
carminative /ˈkɑːmɪnətɪv/ **I** agg. carminativo **II** n. carminativo m.
carmine /ˈkɑːmaɪn/ ➧ *5* **I** n. carminio m. **II** agg. carminio.
carnage /ˈkɑːnɪdʒ/ n. carneficina f., strage f. (anche FIG.).
carnal /ˈkɑːnl/ agg. [*pleasure, desire*] carnale; ***to have ~ knowledge of sb.*** BIBL. FORM. conoscere qcn.; SCHERZ. conoscere qcn. in senso biblico.
carnality /kɑːˈnælɪtɪ/ n. **1** *(wordliness)* carnalità f., temporalità f. **2** *(sensuality)* sensualità f.
carnassial /kɑːˈnasɪəl/ agg. [*tooth*] lacetore, ferino.
carnation /kɑːˈneɪʃn/ n. garofano m.
carnation pink /kɑːˈneɪʃnˌpɪŋk/ ➧ *5* **I** n. rosa m. incarnato, carnicino, rosato **II** agg. rosa incarnato, carnicino, rosato.
carnation red /kɑːˈneɪʃnˌred/ ➧ *5* **I** n. rosso m. **II** agg. rosso.
carnelian /kəˈniːlɪən/ n. corniola f., cornalina f.
carnet /ˈkɑːneɪ/ n. BE **1** AMM. *(for goods)* bolla f. (doganale) **2** *(for campsite entry)* = contrassegno di ingresso ai campeggi **3** *(of coupons)* carnet m.
carney → **carny**.
Carnic Alps /ˌkɑːnɪkˈælps/ n.pr.pl. Alpi f. Carniche.
carnification /ˌkɑːnɪfɪˈkeɪʃn/ n. MED. carnificazione f.
carnify /ˈkɑːnɪfaɪ/ intr. MED. carnificarsi.
▷ **carnival** /ˈkɑːnɪvl/ **I** n. **1** BE *(before Lent)* carnevale m.; *(festive procession)* festa f. popolare; ***street ~*** festa di strada; ***charity ~*** festa di beneficenza **2** *(funfair)* luna park m., parco m. di divertimenti **II** modif. BE [*parade, atmosphere, float*] di carnevale, carnevalesco.
carnivore /ˈkɑːnɪvɔː(r)/ n. **1** ZOOL. carnivoro m. **2** pianta f. carnivora.
carnivorous /kɑːˈnɪvərəs/ agg. carnivoro.
1.carny /ˈkɑːnɪ/ n. (anche **carney**) AE POP. **1** *(funfair)* fiera f., luna park m. **2** *(person)* = chi lavora in una fiera, luna park.
2.carny /ˈkɑːnɪ/ tr. BE COLLOQ. blandire, persuadere.
carob /ˈkærəb/ **I** n. **1** *(tree)* carrubo m. **2** *(pod)* carruba f. **II** modif. GASTR. [*bar, powder*] di carrube.
1.carol /ˈkærəl/ n. **1** canto m. di Natale **2** LETT. *(joyful song)* canto m. gioioso **3** STOR. MUS. carola f.
2.carol /ˈkærəl/ intr. (forma in -ing ecc. **-ll-**) LETT. [*choirsingers*] cantare gioiosamente; [*bird*] cinguettare allegramente; [*flute, piccolo*] produrre allegre melodie.
Carol /ˈkærəl/ n.pr. Carola.
1.Caroline /ˈkærəˌlaɪn/ n.pr. Carolina.
2.Caroline /ˈkærəˌlaɪn/ agg. STOR. carolino.
Carolingian /ˌkærəˈlɪndʒɪən/ agg. STOR. carolingio.
caroller /ˈkærələ(r)/ n. ANT. = chi girava di casa in casa cantando inni natalizi.
carol service /ˈkærəlˌsɜːvɪs/ n. = funzione religiosa con accompagnamento di canti natalizi.
carol singer /ˈkærəlˌsɪŋə(r)/ n. cantore m. (-a) di inni natalizi.
1.carom /ˈkærəm/ n. AE *(in billiards)* carambola f.
2.carom /ˈkærəm/ intr. AE *(in billiards)* [*ball*] carambolare, rimbalzare; [*player*] fare carambola.
carotene /ˈkærətiːn/, **carotin** /ˈkærətɪn/ n. carotene m.
carotid /kəˈrɒtɪd/ **I** n. carotide f. **II** agg. [*artery*] carotideo.
carousal /kəˈraʊzl/ n. FORM. baldoria f., gozzoviglia f.
carouse /kəˈraʊz/ intr. FORM. fare baldoria, gozzovigliare; ***carousing businessmen*** uomini d'affari che fanno bagordi.
carousel /ˌkærəˈsel/ n. **1** AE *(merry-go-round)* giostra f. **2** *(for luggage)* nastro m. trasportatore **3** FOT. *(for slides)* caricatore m. circolare **4** STOR. *(tournament)* carosello m., giostra f.
1.carp /kɑːp/ n. (pl. **~**, **~s**) *(fish)* carpa f.
2.carp /kɑːp/ intr. COLLOQ. cavillare (**about** su).
carpal /ˈkɑːpl/ **I** n. osso m. carpale **II** agg. [*bone*] carpale.
▷ **car park** /ˈkɑːpɑːk/ n. BE parcheggio m.
Carpathians /kɑːˈpeɪθjənz/ n.pr.pl. Carpazi m.
carpel /ˈkɑːpl/ n. carpello m.
carpellary /kɑːˈpelərɪ/ agg. carpellare.
Carpentaria /ˌkɑːpənˈteərɪə/ ➧ *20* n.pr. ***Gulf of ~*** golfo di Carpentaria.
1.carpenter /ˈkɑːpəntə(r)/ ➧ *27* n. *(joiner)* falegname m.; *(on building site)* carpentiere m.
2.carpenter /ˈkɑːpəntə(r)/ intr. fare il falegname, il carpentiere.
carpenter ant /ˈkɑːpəntəˌænt/ n. = formica del genere Camponoto.
carpenter bee /ˈkɑːpəntə(r)ˌbiː/ n. ape f. legnaiola.
carpentry /ˈkɑːpəntrɪ/ **I** n. falegnameria f.; *(structural)* carpenteria f. **II** modif. [*tool*] da falegname, da carpentiere; [*course*] di falegnameria, di carpenteria.
carper /ˈkɑːpə(r)/ n. criticone m. (-a).

▷ **1.carpet** /ˈkɑːpɪt/ **I** n. **1** *(fitted)* moquette f.; *(loose)* tappeto m. **2** FIG. tappeto m.; ***~ of flowers*** tappeto di fiori; ***~ of snow*** manto di neve **II** modif. [*shampoo*] per tappeti; [*sale, showroom*] di tappeti ◆ ***to be on the ~*** COLLOQ. [*person*] prendere una lavata di capo; [*problems*] essere sul tappeto *o* in esame; ***to brush*** o ***push*** o ***sweep sth. under the ~*** nascondere *o* insabbiare qcs.

2.carpet /ˈkɑːpɪt/ tr. **1** moquettare [*room*]; ***to ~ the living room floor*** mettere la moquette in soggiorno **2** FIG. *(reprimand)* dare una lavata di capo a [*employee*].

carpetbag /ˈkɑːpɪtbæg/ n. borsa f. da viaggio.

carpetbagger /ˈkɑːpɪtbægə(r)/ n. **1** AE STOR. = avventuriero nordista che si recava negli Stati del Sud dopo la guerra civile per trarre profitti dalla ricostruzione **2** POL. = candidato estraneo al collegio elettorale in cui si presenta.

carpet beater /ˈkɑːpɪtˌbiːtə(r)/ n. battipanni m.

carpet beetle /ˈkɑːpɪtˌbiːtl/ n. antreno m.

carpet bombing /ˈkɑːpɪtˌbɒmbɪŋ/ n. MIL. bombardamento m. a tappeto.

carpet bowls /ˈkɑːpɪtˌbəʊlz/ ♦ ***10*** n.pl. = gioco di bocce disputato al coperto su un campo rivestito in moquette.

carpeted /ˈkɑːpɪtɪd/ **I** p.pass. → **2.carpet** **II** agg. moquettato; ***~ with flowers*** FIG. LETT. tappezzato di fiori.

carpet fitter /ˈkɑːpɪtˌfɪtə(r)/ ♦ ***27*** n. moquettista m. e f.

carpeting /ˈkɑːpɪtɪŋ/ n. moquette f.

carpet knight /ˈkɑːpɪtˌnaɪt/ n. ANT. eroe m. da salotto.

carpet slipper /ˈkɑːpɪtˌslɪpə(r)/ n. pantofola f. chiusa.

carpet snake /ˈkɑːpɪtˌsneɪk/ n. **1** *(Australian python)* pitone m. tappeto **2** *(Indian snake)* licodonte m.

carpet sweeper /ˈkɑːpɪtˌswiːpə(r)/ n. battitappeto m.

carpet tile /ˈkɑːpɪtˌtaɪl/ n. riquadro m. di moquette.

car phone /ˈkɑːˌfəʊn/ n. telefono m. da auto.

carpi /ˈkɑːpaɪ/ → **carpus**.

carping /ˈkɑːpɪŋ/ **I** n. **U** capziosità f. **II** agg. [*criticism, person*] capzioso, cavilloso.

carpology /kɑːˈpɒlədʒɪ/ n. carpologia f.

car pool /ˈkɑːˌpuːl/ n. ***to be in a ~*** = accordarsi con colleghi e amici per utilizzare a turno l'auto di un membro del gruppo per recarsi insieme al lavoro ecc. dividendo le spese.

carport /ˈkɑːpɔːt/ n. tettoia f. per le auto.

carpus /ˈkɑːpəs/ n. (pl. **-i**) ANAT. carpo m.

car radio /ˈkɑːˌreɪdɪəʊ/ n. autoradio f.

carrageen, carragheen /ˈkærəgiːn/ n. carrageen m.

carrel(l) /ˈkærəl/ n. *(in library)* cabina f. di lettura.

car rental /ˈkɑːˌrentl/ n. → **car hire**.

▷ **carriage** /ˈkærɪdʒ/ n. **1** *(vehicle)* *(ceremonial)* carrozza f.; *(for transport)* vettura f. **2** *(of train)* carrozza f., vagone m. (passeggeri) **3** **U** *(of goods, passenger)* trasporto m. (**by** per); ***~ free*** trasporto pagato, franco a domicilio; ***~ paid*** franco di porto; ***~ forward*** porto assegnato **4** TECN. *(of typewriter)* carrello m. **5** MIL. *(of gun)* affusto m. **6** *(person's bearing)* portamento m., contegno m.; *(of head)* portamento m.

carriageable /ˈkærɪdʒəbl/ agg. **1** [*goods*] trasportabile **2** [*road*] carrozzabile, carrabile.

carriage clock /ˈkærɪdʒˌklɒk/ n. sveglia f. da viaggio.

carriage drive /ˈkærɪdʒˌdraɪv/ n. viale m. d'accesso (privato).

carriageway /ˈkærɪdʒweɪ/ n. carreggiata f., corsia f.

Carrie /ˈkærɪ/ n.pr. diminutivo di **Caroline**.

▷ **carrier** /ˈkærɪə(r)/ n. **1** *(transport company)* vettore m., corriere m., spedizioniere m.; *(airline)* compagnia f. aerea, vettore m. aereo; ***to send sth. by ~*** spedire qcs. per corriere **2** *(on a bicycle)* portapacchi m. **3** *(of disease)* portatore m. (-trice) **4** BE (anche **~ bag**) borsa f. (di plastica, di carta) **5** RAD. TEL. (onda) portante f. **6** MIL. portaerei f.

carrier pigeon /ˈkærɪəˌpɪdʒɪn/ n. colombo m., piccione m. viaggiatore.

carriole /ˈkærɪəʊl/ n. **1** calessino m. monoposto **2** slitta f. canadese.

carrion /ˈkærɪən/ n. (anche **~ flesh**) carogna f.

carrion beetle /ˈkærɪənˌbiːtl/ n. ZOOL. necroforo m.

carrion crow /ˈkærɪənˌkrəʊ/ n. cornacchia f. nera.

carrion feeder /ˈkærɪənˌfiːdə(r)/ n. = animale che si nutre di carogne, specialmente lo sciacallo o la iena.

carronade /ˌkærəˈneɪd/ n. STOR. MAR. *(gun)* carronata f.

▷ **carrot** /ˈkærət/ n. carota f.

carrot and stick /ˈkærətənˌstɪk/ agg. FIG. [*approach, tactics*] del bastone e della carota.

carrot cake /ˈkærətˌkeɪk/ n. torta f. di carote.

carrot top /ˈkærətˌtɒp/ n. COLLOQ. SCHERZ. o SPREG. pel m. di carota.

carroty /ˈkærətɪ/ agg. COLLOQ. [*hair*] color carota.

1.carry /ˈkærɪ/ n. *(range)* portata f.

▶ **2.carry** /ˈkærɪ/ **I** tr. **1** [*person*] portare (con sé) [*bag, shopping, news, message*]; [*animal*] portare [*load*] (**in** in; **on** su); ***to ~ sth. up, down*** portare su, giù qcs.; ***to ~ sth. in, out*** portare dentro, fuori qcs.; ***to ~ the bags over the road*** trasportare i bagagli al di là della strada; ***to ~ the child across the river*** fare attraversare il fiume al bambino; ***to ~ cash, a gun*** portare con sé dei contanti, portare una pistola; ***to ~ a memory, a picture in one's mind*** portarsi dentro un ricordo, un'immagine; ***to ~ sth. too far*** FIG. passare il segno *o* oltrepassare i limiti; ***we can't afford to ~ anyone*** FIG. non possiamo permetterci di portare pesi morti **2** [*vehicle, pipe, wire, vein*] portare, trasportare; [*wind, tide, current, stream*] trasportare; ***licensed to ~ passengers*** autorizzato al trasporto di passeggeri; ***to be carried on the wind*** essere trasportato dal vento; ***to be carried along by the tide*** essere trasportato dalla marea; ***the wind carried the ash towards the town*** il vento trasportò la cenere verso la città; ***to ~ sb., sth. off*** o ***away*** portare via qcn., qcs.; ***to ~ sth., sb. back*** riportare qcs., qcn.; ***to ~ one's audience with one*** conquistare il pubblico; ***his quest carried him to India*** la sua ricerca l'ha portato in India; ***her talent will ~ her a long way*** il suo talento le farà fare molta strada; ***to be carried along with the general enthusiasm*** essere trascinato dall'entusiasmo generale **3** *(feature)* contenere, includere [*warning, guarantee*]; contenere [*review, report*]; presentare, riportare [*symbol, label*]; ***"The Gazette" will ~ the ad*** "La Gazzetta" pubblicherà l'annuncio **4** *(entail)* comportare, implicare [*risk, danger, responsibility*]; essere passibile di [*penalty, fine*]; ***to ~ conviction*** essere convincente **5** *(bear, support)* [*bridge, road*] sostenere, sopportare [*weight, load, traffic*]; ***the field will not ~ that herd, crop*** il campo non è adatto a quella mandria, quel raccolto **6** MIL. POL. *(win)* conquistare [*state, region, constituency*]; vincere [*battle, match*]; fare approvare, fare passare [*bill, amendment*]; ***the motion was carried by 20 votes to 13*** la mozione fu approvata per 20 voti contro 13; ***to ~ all before one, it*** [*person, argument*] stravincere, avere un successo travolgente **7** MED. trasmettere, diffondere [*disease*]; ***she is ~ing the HIV virus*** è sieropositiva **8** *(be pregnant with)* [*woman*] essere incinta di [*boy, girl, twins*]; [*female animal*] aspettare [*young*]; ***she is ~ing a child*** è incinta; ***I am ~ing his child*** porto in grembo suo figlio **9** COMM. *(stock, sell)* trattare, vendere [*item, brand*]; ***we ~ a wide range of*** abbiamo una vasta scelta di **10** *(hold, bear)* tenere [*tail, head*]; ***he was ~ing his arm awkwardly*** teneva il braccio in modo strano **11** MAT. riportare, portare COLLOQ. [*one, two*] **II** intr. [*sound, voice*] raggiungere, arrivare; ***to ~ well*** sentirsi bene; ***the noise carried (for) several kilometres*** il rumore arrivava a diversi chilometri di distanza **III** rifl. ***to ~ oneself*** comportarsi (**like** come; **with** con) ◆ ***to be carried away by sth.*** farsi trascinare da qcs. *o* lasciarsi trasportare da qcs.; ***to get carried away*** COLLOQ. farsi trasportare *o* perdere il controllo.

■ **carry back:** ***~ back [sth.], ~ [sth.] back*** ECON. riportare a esercizi precedenti [*sum, loss*]; ***~ [sb.] back*** *(in memory)* riportare alla mente [*person*] (**to** a).

■ **carry forward:** ***~ forward [sth.], ~ [sth.] forward*** **1** AMM. riportare a nuovo [*balance, total, sum*] **2** ECON. riportare a esercizi successivi [*sum, loss*].

■ **carry off:** ***~ off [sth.]*** *(win)* portarsi a casa [*prize, medal*]; ***to ~ it off*** COLLOQ. *(succeed)* riuscire, farsi onore; ***~ off [sb.], ~ [sb.] off*** *(kill)* [*illness, disease*] portare via [*person, animal*].

■ **carry on:** ***~ on*** **1** *(continue)* continuare (**doing** a fare); ***~ on!*** continua! vai avanti! ***to ~ on down*** o ***along the road*** proseguire lungo la strada; ***if it carries on like this*** se va avanti così; ***to ~ on as if nothing had happened*** andare avanti come se nulla fosse stato; ***to ~ on with sth.*** continuare *o* andare avanti con qcs. **2** COLLOQ. *(behave)* comportarsi; ***that's no way to ~ on*** non è questo il modo di comportarsi; ***to ~ on as if*** comportarsi come se **3** COLLOQ. *(have affair)* avere una relazione (**with** con) **4** COLLOQ. *(talk, go on)* fare storie, farla lunga; ***to ~ on about sth.*** fare storie per qcs. **5** COLLOQ. *(whine)* [*child*] frignare, piagnucolare, fare capricci; ***~ on [sth.]*** **1** *(conduct)* condurre, svolgere [*business, trade*]; intrattenere [*correspondence*]; fare, avere [*conversation*]; condurre [*negotiations, normal life*] **2** *(continue)* mantenere [*tradition, custom*]; mandare avanti [*family firm*]; proseguire [*activity, discussion*].

■ **carry out:** ***~ out [sth.], ~ [sth.] out*** realizzare, portare a termine [*plan, experiment, study, reform*]; effettuare, compiere [*raid, attack, operation, audit, robbery, repairs*]; eseguire [*orders, punishment, restoration*]; seguire [*recommendations*]; portare avanti [*investigation, campaign*]; compiere [*execution, killing*]; adempiere [*duties, function, mission*]; mettere in atto [*threat*]; adempiere, mantenere [*promise*].

■ **carry over:** ~ ***over into*** [*problem, attitude, rivalry*] estendersi a [*area of activity, personal life*]; ~ ***sth. over into*** estendere a [*private life, area of activity, adulthood*]; ~ ***over [sth.]***, ~ ***[sth.] over*** **1** ***a habit that is carried over from childhood*** un'abitudine che ci si porta dietro dall'infanzia; ***an item carried over from the last meeting*** un punto lasciato in sospeso nella scorsa riunione **2** ECON. *(on the stock exchange)* riportare [*debt*] **3** AMM. ECON. → **carry forward**.

■ **carry through:** ~ ***through [sth.]***, ~ ***[sth.] through*** portare a termine, realizzare [*reform, policy, task*]; ~ ***[sb.] through*** [*humour, courage*] sostenere [*person*]; [*instincts*] guidare [*person*].

carryall /'kærɪˌɔ:l/ n. AE borsa f., borsone m.

carry-back /'kærɪbæk/ n. ECON. riporto m. in esercizi precedenti.

carrycot /'kærɪˌkɒt/ n. BE culla f. portatile.

carry-forward /ˌkærɪ'fɔ:wəd/ n. AMM. riporto m.

carrying-on /ˌkærjɪŋ'ɒn/ n. (pl. **carryings-on**) COLLOQ. *(noisy or excited behaviour)* casino m.; *(dishonest behaviour)* traffico m.; *(love affair)* tresca f.

carry-on /'kærɪɒn/ n. **U** COLLOQ. *(fuss)* casino m.

carryout /'kærɪaʊt/ n. **1** BE *(food)* cibo m. da asporto **2** SCOZZ. *(alcohol)* bevande f.pl. da asporto.

carry-over /'kærɪəʊvə(r)/ n. ECON. riporto m. proroga.

car seat /'kɑ:ˌsi:t/ n. sedile m. di auto.

car showroom /'kɑ:ˌʃəʊru:m, -rʊm/ n. autosalone m.

carsick /'kɑ:sɪk/ agg. ***to be*** ~ avere il mal d'auto.

car sickness /'kɑ:ˌsɪknɪs/ ➧ ***11*** n. mal m. d'auto.

Carson /'kɑ:sn/ n.pr. Carson (nome di uomo).

Carson City /ˌkɑ:sn'sɪtɪ/ ➧ ***34*** n.pr. Carson City f.

▷ **1.cart** /kɑ:t/ n. *(for hay, goods)* carro m., carretto m., barroccio m.; *(two-wheel, for passengers)* calesse m. ◆ ***to put the*** ~ ***before the horse*** mettere il carro davanti ai buoi.

2.cart /kɑ:t/ tr. **1** (anche ~ **around,** ~ **about**) COLLOQ. *(drag, lug)* [*person*] portare [*luggage, shopping*]; ***to*** ~ ***sth. up, down the stairs*** trascinare qcs. su, giù per le scale **2** AGR. trasportare con un carro [*hay, turnips*].

■ **cart off** COLLOQ. ~ ***[sb.] off*** portare via di forza.

cartage /'kɑ:tɪdʒ/ n. carreggio m., trasporto m. con carri.

carte blanche /ˌkɑ:t'blɑ:nʃ/ n. carta f. bianca; ***to have, be given*** ~ ***to do*** avere, ricevere carta bianca per fare.

cartel /kɑ:'tel/ n. *(all contexts)* cartello m.; ***drug, price*** ~ cartello della droga, dei prezzi.

carter /'kɑ:tə(r)/ ➧ ***27*** n. carrettiere m. (-a), barrocciaio m.

Cartesian /kɑ:'ti:zɪən/ **I** agg. cartesiano **II** n. cartesiano m. (-a).

Cartesianism /kɑ:'ti:zjənɪzəm/ n. cartesianismo m.

cartful /'kɑ:tfʊl/ n. carrettata f.

Carthage /'kɑ:θɪdʒ/ ➧ ***34*** n.pr. Cartagine f.

Carthaginian /ˌkɑ:θə'dʒɪnɪən/ **I** agg. cartaginese **II** n. cartaginese m. e f.

carthorse /'kɑ:thɔ:s/ n. cavallo m. da tiro.

Carthusian /kɑ:'θju:zɪən/ RELIG. **I** n. certosino m. **II** modif. [*monk, monastery*] certosino.

cartilage /'kɑ:tɪlɪdʒ/ **I** n. cartilagine f. **II** modif. [*operation*] alla cartilagine; [*problems*] di cartilagine.

cartilaginous /ˌkɑ:tɪ'lædʒɪnəs/ agg. **1** ANAT. cartilaginoso **2** ZOOL. [*fish*] cartilagineo.

cartload /'kɑ:tləʊd/ n. carrettata f.

cartogram /'kɑ:təˌgræm/ n. cartogramma m.

cartographer /kɑ:'tɒgrəfə(r)/ ➧ ***27*** n. cartografo m. (-a).

cartographic(al) /ˌkɑ:tə'græfɪk(l)/ agg. cartografico.

cartography /kɑ:'tɒgrəfɪ/ n. cartografia f.

cartomancy /'kɑ:təmænsɪ/ n. cartomanzia f.

1.carton /'kɑ:tn/ n. *(small)* scatola f. di cartone; AE *(for house removals)* imballaggio m., cartone m.; *(of yoghurt, cream, ice cream, juice, milk)* confezione f.; *(of cigarettes)* stecca f.

2.carton /'kɑ:tn/ tr. AE *(pack up)* imballare, mettere in un cartone [*belongings*].

▷ **1.cartoon** /kɑ:'tu:n/ **I** n. **1** CINEM. cartone m., disegno m. animato **2** *(drawing)* vignetta f., disegno m. umoristico; *(in comic)* (anche **strip** ~) fumetto m. **3** ART. *(sketch)* cartone m. **II** modif. [*character*] dei cartoni animati, dei fumetti; [*adventure, series*] di cartoni animati, di fumetti.

2.cartoon /kɑ:'tu:n/ **I** tr. disegnare la caricatura di [*politician*] **II** intr. **1** CINEM. disegnare disegni animati **2** disegnare vignette **3** ART. disegnare un cartone preparatorio.

cartoonist /kɑ:'tu:nɪst/ ➧ ***27*** n. **1** CINEM. disegnatore m. (-trice) di cartoni animati **2** GIORN. vignettista m. e f.; *(of strip cartoons)* fumettista m. e f.

cartouche /kɑ:'tu:ʃ/ n. **1** ARCH. cartiglio m., cartoccio m. **2** *(in fireworks)* cartoccio m. **3** MIL. RAR. cartuccia f.

car transporter /'kɑ:trænsˌpɔ:tə(r)/ n. bisarca f.

▷ **cartridge** /'kɑ:trɪdʒ/ n. **1** *(for pen, gun)* cartuccia f. **2** *(for video)* cassetta f.; *(for typewriter, printer)* cartuccia f.; *(for stylus)* testina f. **3** FOT. *(for camera)* caricatore m., rullino m.

cartridge belt /'kɑ:trɪdʒbelt/ n. VENAT. cartucciera f., giberna f.

cartridge clip /'kɑ:trɪdʒklɪp/ n. *(for gun)* pacchetto m. di caricamento.

cartridge drive /'kɑ:trɪdʒdraɪv/ n. INFORM. drive m., unità f. per cartucce.

cartridge paper /'kɑ:trɪdʒˌpeɪpə(r)/ n. ART. carta f. grossa da disegno; TIP. = carta particolarmente resistente per stampa offset.

cartridge pen /'kɑ:trɪdʒpen/ n. (penna) stilografica f.

cart road /'kɑ:trəʊd/, **cart-track** /'kɑ:ttræk/ n. (strada) carreggiabile f., carraia f.

cartulary /'kɑ:tjʊlərɪ/ n. DIR. ANT. cartulario m.

cartwheel /'kɑ:twi:l, AE -hwi:l/ n. **1** *(in gymnastics)* ruota f.; ***to do*** o ***turn a*** ~ fare la ruota **2** ruota f. di carro.

caruncle /'kærəŋkl/ n. caruncola f.

▷ **carve** /kɑ:v/ **I** tr. **1** *(shape)* intagliare [*wood, figure*]; ***to*** ~ ***a piece of wood into a figure*** ricavare una figura da un pezzo di legno **2** *(sculpt)* scolpire [*stone, figure*] **3** aprire [*channel*] (**out of, from** in) **4** *(inscribe)* incidere [*letters, name, motif*] (**onto** su; **in** in) **5** GASTR. tagliare, trinciare, scalcare [*meat, joint*]; ***to*** ~ ***a slice off the joint*** tagliare una fetta d'arrosto **6** *(create)* → **carve out II** intr. tagliare la carne (a tavola); ***will you*** ~***?*** vuoi tagliare la carne?

■ **carve out:** ~ ***out [sth.]***, ~ ***[sth.] out*** **1** FIG. crearsi, farsi [*name, reputation, career*]; ricavarsi, ritagliarsi [*niche, market*] **2** aprire [*gorge, channel*].

■ **carve up:** ~ ***up [sth.]***, ~ ***[sth.] up*** **1** COLLOQ. SPREG. *(share)* spartire [*territory, market, industry, spoils*] **2** GASTR. tagliare, trinciare, scalcare [*meat*]; ~ ***up [sb.]*** COLLOQ. **1** *(with knife)* accoltellare; *(with razor)* sfregiare **2** AUT. superare tagliando la strada.

▷ **carved** /kɑ:vd/ **I** p.pass. → **carve II** agg. [*figure, mantelpiece, wood*] scolpito, intagliato.

carvel /'kɑ:vɪl/ n. → **caravel**.

carver /'kɑvə(r)/ n. **1** intagliatore m. (-trice), scultore m. (-trice) **2** = chi taglia la carne in tavola **3** *(carving knife)* coltello m. da scalco **4** *(ski)* sci m. da carving.

carvers /'kɑ:vəz/ n.pl. *(knife and fork)* servizio m. da scalco.

carvery /'kɑ:vərɪ/ n. BE = buffet in cui vengono servite carni arrosto.

carve-up /'kɑ:vʌp/ n. BE COLLOQ. SPREG. spartizione f.

carving /'kɑ:vɪŋ/ n. **1** *(figure)* intaglio m.; *(sculpture)* scultura f. **2** *(technique)* incisione f. **3** GASTR. scalcheria f.; ***who'll do the*** ~***?*** chi taglia la carne? **4** SPORT carving m.

carving fork /'kɑ:vɪŋˌfɔ:k/ n. forchetta f. da scalco.

carving knife /'kɑ:vɪŋˌnaɪf/ n. (pl. **carving knives**) trinciante m., coltello m. da scalco.

car wash /'kɑ:ˌwɒʃ/ n. autolavaggio m.

car worker /'kɑ:ˌwɜ:kə(r)/ ➧ ***27*** n. operaio m. (-a) di industria automobilistica.

Cary /'kærɪ/ n.pr. Cary (nome di uomo).

caryatid /ˌkærɪ'ætɪd/ n. (pl. **~s, ~es**) cariatide f.

caryopsis /ˌkærɪ'ɒpsɪs/ n. (pl. **-es, -ides**) cariosside f.

1.cascade /kæ'skeɪd/ n. **1** *(of water, fireworks, hair, silk, music)* cascata f. **2** INFORM. cascata f.

2.cascade /kæ'skeɪd/ intr. scendere, cadere a cascata.

cascading /ˌkæs'keɪdɪŋ/ agg. INFORM. [*window*] a cascata; ~ ***menu*** menu a cascata.

cascara /kæs'kɑ:rə/ n. FARM. cascara f.

▶ **1.case** /keɪs/ n. **1** *(instance, example)* caso m.; ***in several*** ~***s*** in molti casi; ***a*** ~ ***of mistaken identity*** uno sbaglio di persona; ***on a*** ~ ***by*** ~ ***basis*** caso per caso; ***in which*** ~ o ***in that*** ~ in tal caso; ***in such*** o ***these*** ~***s*** in questi casi; ***in 7 out of 10*** ~***s*** in 7 casi su 10; ***a*** ~ ***in point*** un esempio significativo *o* calzante; ***it was a*** ~ ***of making a quick decision*** si trattava di prendere un decisione immediata; ***it's a*** ~ ***of substituting X for Y*** si tratta di sostituire X con Y; ***it's simply a*** ~ ***of waiting*** non si deve far altro che attendere **2** *(state of affairs, situation)* caso m.; ***that's not the*** ~ ***here*** non è questo il caso; ***such*** o ***this being the*** ~ stando così le cose; ***is it the*** ~ ***that...?*** è vero che...? ***as*** o ***whatever the*** ~ ***may be*** a seconda dei casi; ***should this be the*** ~ o ***if this is the*** ~***, contact your doctor*** in tal caso, rivolgetevi al vostro medico; ***in no*** ~ ***will customers be refunded*** in nessun caso i clienti verranno rimborsati **3** *(legal arguments)* ***the*** ~ ***for the Crown*** BE, ***the*** ~ ***for the State*** AE la tesi dell'accusa; ***the*** ~ ***for the defence*** la tesi della difesa; ***to state the*** ~ esporre i fatti; ***to put the*** ~ ***for the prosecution*** rappresentare la pubblica accusa; ***to put the*** ~ ***for the defence*** rappresentare la difesa; ***the*** ~ ***against Foster*** la causa contro Foster; ***there is a ~ to answer*** esiste un'accusa a cui rispondere in giudizio; ***the ~ is closed*** DIR. il caso è chiuso (anche FIG.); ***to rest one's ~*** DIR. concludere; ***I rest my ~*** FIG. non ho nulla da aggiungere **4** *(convincing argument)* argomenti m.pl., ragioni f.pl.; ***to put the ~ for sth.*** esporre gli argomenti a favore di qcs.; ***to make a good ~ for sth.*** addurre validi argomenti a favore di qcs.; ***to argue the ~ for privatization*** sostenere la causa della privatizzazione; ***there's a strong ~ against it*** ci sono validi motivi in contrario; ***there's a strong ~ for, against doing*** ci sono ottime ragioni per fare, per non fare **5** *(trial)* causa f., processo m.; ***criminal, civil ~*** causa penale, civile; ***divorce ~*** causa di divorzio; ***murder ~*** processo per omicidio; ***to win one's ~*** vincere la causa; ***to lose, plead a ~*** perdere, perorare una causa; ***the ~ before the court*** il caso in giudizio; ***his ~ comes up next week*** il suo caso verrà dibattuto la prossima settimana; ***to decide a ~*** pronunciare una sentenza *o* emettere un verdetto; ***famous ~s*** le cause celebri **6** *(criminal investigation)* ***the Burgess ~*** il caso Burgess; ***to work*** o ***be on a ~*** lavorare a un caso; ***a murder, blackmail ~*** un caso di omicidio, di ricatto; ***the ~s of Sherlock Holmes*** le inchieste di Sherlock Holmes **7** MED. *(instance of disease, patient)* caso m.; ***30 ~s of chickenpox*** 30 casi di varicella; ***he's a psychiatric ~*** è un malato mentale **8** *(in welfare work) (client)* caso m.; ***to deal with a lot of difficult ~s*** occuparsi di molti casi difficili; ***a problem ~*** un caso problematico **9** COLLOQ. *(person)* ***he's a real ~!*** è davvero un tipo strano! ***a hopeless ~*** un caso disperato; ***a hard ~*** un osso duro; ***to be a head ~*** COLLOQ. essere un po' matto **10** LING. caso m.; ***in the accusative ~*** all'accusativo **11 in any case** *(besides, anyway)* a ogni modo *o* comunque; *(at any rate)* in ogni caso *o* in qualsiasi caso; ***and in any ~, I've no intention of staying*** e a ogni modo, non intendo rimanere; ***the effect of the recession, or in any ~ of high inflation, is that...*** l'effetto della recessione, o comunque dell'elevata inflazione, è che... **12 in case** in caso, se; ***in ~ it rains*** nel caso piovesse; ***take the street map just in ~*** prendi la pianta della città, non si sa mai; ***your report, in ~ you've forgotten, was due yesterday*** la tua relazione, nel caso te ne fossi dimenticato, doveva essere consegnata ieri **13 in case of** ***in ~ of fire, emergency*** in caso di incendio, di emergenza ◆ ***get off my ~!*** COLLOQ. togliti dai piedi! lasciami in pace! ***to get, be on sb.'s ~*** COLLOQ. *(keep criticising)* stare addosso a qcn. *o* rompere le scatole a qcn. *o* stressare qcn.

▶ **2.case** /keɪs/ n. **1** *(suitcase)* valigia f. **2** *(crate, chest)* cassa f., cassetta f.; ***to buy wine by the ~*** comprare il vino a casse **3** *(display cabinet)* vetrina f., teca f.; ***to display sth. in a ~*** esporre qcs. in una vetrinetta **4** *(protective container) (for spectacles, binoculars)* astuccio m., custodia f.; *(for cartridge)* bossolo m.; *(for pistol)* fondina f.; *(for rifle, knife)* fodero m.; *(for jewels)* portagioielli m., scrigno m.; *(of camera)* corpo m. macchina: *(of watch, clock)* cassa f.; *(of piano)* cassa f. (armonica) **5** TIP. cassa f.; ***in lower, upper ~*** in lettere minuscole, maiuscole **6** *(bookcover)* copertina f.

3.case /keɪs/ tr. COLLOQ. *(reconnoitre)* ***to ~ the joint*** [*thief*] fare una ricognizione.

CASE /keɪs/ n. (⇒ computer-aided software engineering) = sviluppo di software assistito dall'elaboratore.

case-binding /ˈkeɪsˌbaɪndɪŋ/ n. *(of book)* rilegatura f. in cartone.

casebook /ˈkeɪsbʊk/ n. **1** *(kept by lawyer, doctor)* registro m., schedario m. **2** *(of essays, articles)* raccolta f.

case conference /ˈkeɪsˌkɒnfərəns/ n. = riunione di esperti che discutono un caso sociale.

case file /ˈkeɪsˌfaɪl/ n. fascicolo m., dossier m.

case grammar /ˈkeɪsˌgræmə(r)/ n. grammatica f. dei casi.

case-harden /ˈkeɪsˌhɑːdn/ tr. IND. cementare [*steel*]; FIG. indurire, temprare [*person*].

case-hardened /ˈkeɪshɑːdnd/ **I** p.pass. → **case-harden II** agg. IND. cementato; FIG. [*person*] indurito, temprato.

case history /ˌkeɪsˈhɪstrɪ/ n. **1** MED. anamnesi f. **2** *(exemplary study)* → **case study**.

casein /ˈkeɪsiːn/ n. caseina f.

case knife /ˈkeɪsˌnaɪf/ n. (pl. **case knives**) AE coltello m. con fodero.

case law /ˈkeɪsˌlɔː/ n. diritto m. giurisprudenziale.

caseload /ˈkeɪsləʊd/ n. *(of lawyer, doctor)* clientela f.; ***to have a heavy ~*** avere numerosi casi da trattare.

casemate /ˈkeɪsmeɪt/ n. casamatta f.

casement /ˈkeɪsmənt/ n. LETT. finestra f.

casement window /ˈkeɪsməntˌwɪndəʊ/ n. finestra f. a due battenti.

case notes /ˈkeɪsˌnəʊts/ n.pl. dossier m.sing., pratica f.sing.

caseous /ˈkeɪsɪəs/ agg. caseoso.

case shot /ˈkeɪsˌʃɒt/ n. mitraglia f. (da cannone).

case study /ˈkeɪsˌstʌdɪ/ n. studio m. analitico, casistica f.

case system /ˈkeɪsˌsɪstəm/ n. LING. sistema m. dei casi.

casework /ˈkeɪswɜːk/ n. ***to be involved in*** o ***to do ~*** essere impegnato nell'assistenza sociale, fare assistenza sociale.

caseworker /ˈkeɪswɜːkə(r)/ ♦ **27** n. assistente m. e f. sociale.

▶ **1.cash** /kæʃ/ **I** n. **1** *(notes and coins)* contanti m.pl., denaro m. liquido; ***to pay in ~*** pagare in contanti; ***£ 3,000 (in) ~*** 3.000 sterline in contanti; ***to be paid ~ in hand*** essere pagato in contanti; ***I haven't got any ~ on me*** non ho denaro liquido con me **2** *(money in general)* soldi m.pl., denaro m.; ***to be short of ~*** essere a corto di soldi **3** *(immediate payment)* pagamento m. in contanti; ***will it be ~ or credit?*** si paga in contanti o con carta di credito (con assegno ecc.)? ***discount for ~*** sconto per pagamento in contanti; ***£ 50 ~ in hand*** o ***~ down*** 50 sterline in contanti **II** modif. [*advance, bid, offer, sale, terms, transaction*] in contanti; [*discount*] di cassa; [*price*] a pronti; [*allowance, alternative, compensation, deposit, grant, sum, refund, prize*] in denaro; ***~ book*** libro (di) cassa; ***~ float*** *(in a shop)* = monetine (utilizzate per dare il resto ai clienti).

2.cash /kæʃ/ tr. incassare, riscuotere [*cheque*].

■ **cash in:** ***~ in*** incassare; ***to ~ in on*** approfittare di [*popularity, publicity, event, death*]; ***~ in [sth.], ~ [sth.] in*** riscuotere [*bond, insurance policy*]; usare, spendere [*token*]; AE incassare, riscuotere [*check*]; incassare [*gambling chips*].

■ **cash up** fare i conti (di fine giornata), fare cassa.

cashable /ˈkæʃəbl/ agg. incassabile, riscuotibile.

cash-and-carry /ˌkæʃənˈkærɪ/ **I** n. cash-and-carry m. **II** agg. [*store, warehouse*] cash-and-carry, all'ingrosso; [*price*] da grossista.

cash assets /ˈkæʃˌæsets/ n. ECON. attivo m. di cassa.

cashback /ˈkæʃbæk/ n. **1** *(facility)* = possibilità offerta da alcuni esercizi commerciali di prelevare una piccola somma di contante effettuando un acquisto con carta di credito **2** *(incentive)* = sconto su un prodotto acquistato con carta di credito, il cui importo viene immediatamente rimborsato in contanti all'acquirente.

cash box /ˈkæʃˌbɒks/ n. cassa f.

cash buyer /ˈkæʃˌbaɪə(r)/ n. acquirente m. e f. che paga in contanti.

cash card /ˈkæʃˌkɑːd/ n. tessera f. Bancomat®, Bancomat® m.

cash clerk /ˈkæʃˌklɑːk, AE -ˌklɜːk/ ♦ **27** n. cassiere m. (-a).

cash contribution /ˈkæʃkɒntrɪˌbjuːʃn/ n. ECON. apporto m. di contanti.

cash cow /ˈkæʃˌkaʊ/ n. COMM. FIG. = settore di un'impresa che garantisce un sicuro rendimento.

cash credit /ˈkæʃˌkredɪt/ n. credito m. di cassa.

cash crop /ˈkæʃˌkrɒp/ n. = prodotto agricolo destinato alla vendita e non al consumo diretto.

cash deficit /ˈkæʃˌdefɪsɪt/ n. ammanco m. di cassa.

cash desk /ˈkæʃˌdesk/ n. cassa f.

cash dispenser /ˈkæʃdɪsˌpensə(r)/ n. (sportello) Bancomat® m.

cashew /ˈkæʃuː/ n. (anche **~ nut**) anacardio m.

cash flow /ˈkæʃˌfləʊ/ **I** n. flusso m. di cassa, cash flow m. **II** modif. [*analysis, crisis, forecast, problem*] di flusso di cassa; ***I've got a bit of a ~ problem!*** SCHERZ. ho qualche problema di liquidità!

1.cashier /kæˈʃɪə(r)/ ♦ **27** n. cassiere m. (-a).

2.cashier /kæˈʃɪə(r)/ tr. MIL. destituire [*officer*]; licenziare [*employee*].

cash inflow /ˈkæʃˌɪnfləʊ/ n. afflusso m. di capitali, entrata f.

cash injection /ˌkæʃɪnˈdʒekʃn/ n. iniezione f. di capitali.

cashless /ˈkæʃlɪs/ agg. [*transaction, pay*] senza contanti; [*society*] privo di liquidi.

cash limit /ˈkæʃˌlɪmɪt/ n. limite m. di cassa.

cash machine /ˈkæʃməˌʃiːn/ n. → **cash dispenser**.

cashmere /ˌkæʃˈmɪə(r)/ **I** n. cachemire m. **II** modif. [*sweater, material*] di cachemire.

cash offer /ˈkæʃˌɒfə(r), AE -ˌɔːf-/ n. offerta f. di acquisto in contanti.

cash on delivery /ˌkæʃɒndɪˈlɪvərɪ/ n. contrassegno m., pagamento m. alla consegna.

cash outflow /ˈkæʃˌaʊtfləʊ/ n. deflusso m. di capitali, uscita f.

cashpoint /ˈkæʃpɔɪnt/ n. → **cash dispenser**.

cashpoint card /ˈkæʃpɔɪntˌkɑːd/ n. → **cash card**.

cash ratio /ˈkæʃˌreɪʃɪəʊ/ n. coefficiente m. di liquidità.

cash register /ˈkæʃˌredʒɪstə(r)/ n. registratore m. di cassa.

cash reserves /ˈkæʃrɪˌzɜːvz/ n.pl. riserve f. monetarie, liquide.

cash squeeze /ˈkæʃˌskwiːz/ n. restrizione f. di credito.

cash with order /ˌkæʃwɪðˈɔːdə(r)/ n. contanti m.pl. all'ordinazione.

Casimir /ˈkæzɪmɪə(r)/ n.pr. Casimiro.

casing /'keɪsɪŋ/ n. **1** *(outer shell) (of bomb, cylinder, turbine, machinery)* rivestimento m., involucro m.; *(of gearbox)* scatola f.; *(of tyre)* copertone m.; *(of cable)* involucro m. isolante; *(of telephone)* rivestimento m. esterno **2** *(of shaft, chimney)* tubazione f. di rivestimento **3** *(of window, door)* intelaiatura f., infisso m. **4** *(sausage skin)* pelle f. **5** TIP. incassatura f.

▷ **casino** /kə'si:nəʊ/ n. casinò m.

1.cask /kɑ:sk, AE kæsk/ n. *(for alcoholic drinks)* botte f., barile m.; ***wine from the ~*** vino dalla botte.

2.cask /kɑ:sk, AE kæsk/ tr. imbarilare.

casket /'kɑ:skɪt, AE 'kæskɪt/ n. **1** *(jewel box)* cofanetto m., scrigno m. **2** *(coffin)* bara f.

Caspar /'kæspə(r)/ n.pr. Gaspare.

Caspian Sea /ˌkæspɪən'si:/ ♦ ***20*** n.pr. ***the ~*** il (Mar) Caspio.

casque /kæsk/ n. STOR. LETT. elmo m.

Cassandra /kə'sændrə/ n.pr. **1** MITOL. Cassandra **2** FIG. cassandra f.

cassation /kæ'seɪʃn/ n. cassazione f., annullamento m.

cassava /kə'sɑ:və/ n. BOT. manioca f.; GASTR. cassava f., farina f. di manioca.

1.casserole /'kæsərəʊl/ n. GASTR. **1** *(container)* casseruola f. **2** BE *(food)* = piatto specialmente di carne o pesce cotto in casseruola.

2.casserole /'kæsərəʊl/ tr. cuocere in casseruola.

cassette /kə'set/ n. cassetta f.; ***to record on ~*** registrare su cassetta; ***to sell, be available on ~*** vendersi, essere disponibile su cassetta.

cassette deck /kə'setˌdek/ n. piastra f. di registrazione.

cassette player /kə'setˌpleɪə(r)/ n. registratore m. (a cassette).

cassette recorder /kə'setrɪˌkɔ:də(r)/ n. registratore m. a cassetta.

cassette recording /kə'setrɪˌkɔ:dɪŋ/ n. registrazione m. su cassetta.

cassette tape /kə'setˌteɪp/ n. cassetta f., audiocassetta f.

cassia /'kæsɪə/ n. cassia f.

cassiterite /kə'sɪtəraɪt/ n. cassiterite f.

Cassius /'kæsɪəs, 'kæʃəs/ n.pr. Cassio.

cassock /'kæsək/ n. tonaca f., abito m. talare.

cassolette /ˌkæsə'let/ n. RAR. turibolo m., incensiere m.

cassowary /'kæsəweərɪ/ n. casuario m.

▶ **1.cast** /kɑ:st, AE kæst/ n. **1** CINEM. TEATR. TELEV. cast m., personaggi e interpreti m.pl.; ***the members of the ~*** gli attori del cast; ***~ and credits*** titoli; ***~ of characters*** *(in play, novel)* elenco dei personaggi; ***a strong ~*** un cast d'eccezione; ***the film has an all-star ~*** il film ha un cast di attori di prima grandezza; ***she was in the ~ of "The Birds"*** ha recitato ne "Gli uccelli" **2** ART. TECN. *(mould)* stampo m., calco m.; *(moulded object)* calco m., forma f. **3** *(arrangement)* ***~ of features*** tratti del viso *o* fisionomia; ***~ of mind*** struttura mentale, forma mentis **4** *(act of throwing) (of dice, net, stone)* tiro m., lancio m.; PESC. lancio m. **5** MED. *(squint)* strabismo m.; ***to have a ~ in one eye*** essere strabico da un occhio **6** MED. (anche **plaster ~**) gesso m., ingessatura f.; ***to have one's arm in a ~*** avere un braccio ingessato **7** ZOOL. *(skin of snake, insect)* muta f.; *(owl pellet)* vomito m.; *(of worm)* escrementi m.pl. **8** *(colour, tinge)* tonalità f.; ***with a greenish ~*** con una sfumatura verde.

▶ **2.cast** /kɑ:st, AE kæst/ **I** tr. (pass., p.pass. **cast**) **1** *(throw)* gettare, lanciare [*stone, net, fishing line*]; tirare [*dice*]; gettare [*light, shadow*]; ***to be cast into prison*** essere sbattuto in prigione; ***to ~ doubt on sth.*** mettere in dubbio qcs.; ***to ~ light on*** gettare *o* fare luce su; ***to ~ (a) new light on*** gettare nuova luce su; ***to ~ a spell on sb.*** fare un incantesimo a qcn., stregare qcn. **2** *(direct)* gettare [*glance, look*] (**at** a); ***her eyes were cast downwards*** aveva lo sguardo basso; ***to ~ one's eyes around the room, over a letter*** dare uno sguardo alla stanza, a una lettera; ***to ~ a glance over one's shoulder*** guardarsi alle spalle; ***to ~ one's mind back over sth.*** tornare indietro col pensiero a qcs. *o* ricordare qcs.; ***if you ~ your mind back to last week*** se ritorni con la mente alla scorsa settimana **3** CINEM. TEATR. TELEV. distribuire, assegnare le parti di [*play, film*]; ***she was cast in the role of*** o ***as Blanche*** le fu assegnata la parte di Blanche **4** *(shed)* perdere [*leaves, feathers*]; ***the snake ~s its skin*** il serpente cambia la pelle; ***the horse cast a shoe*** il cavallo ha perso un ferro **5** ART. TECN. colare [*plaster*]; fondere, gettare [*metal*]; ***statue cast in bronze*** statua gettata in bronzo **6** POL. ***to ~ one's vote*** votare, dare il proprio voto **7** ASTROL. ***to ~ sb.'s horoscope*** fare l'oroscopo a qcn. **II** intr. (pass., p.pass. **cast**) PESC. gettare l'amo.

▪ **cast about** BE, **cast around:** ***~ about for*** cercare [*excuse, remark*].

▪ **cast aside:** ***~ aside [sth., sb.], ~ [sth., sb.] aside*** mettere via, disfarsi di [*object*]; mettere da parte [*anxieties, doubts, inhibitions*]; abbandonare, lasciare [*spouse, lover*].

▪ **cast away:** ***~ away [sth.], ~ [sth.] away*** buttare, gettare via [*old clothes, objects*]; liberarsi di [*cares, inhibitions*]; ***to be cast away*** *(shipwrecked)* essere naufragato.

▪ **cast down:** ***~ down [sth.], ~ [sth.] down*** **1** abbattere, buttare giù [*object*]; abbassare, deporre [*weapons*]; abbassare [*eyes, head*] **2** FIG. abbattere, fare cadere [*tyrant*]; ***to be cast down*** *(depressed)* LETT. essere abbattuto, depresso.

▪ **cast off:** ***~ off*** **1** MAR. salpare **2** *(in knitting)* chiudere (le maglie); ***~ off [sth.], ~ [sth.] off*** **1** *(discard)* smettere, disfarsi di [*garment*]; liberarsi da [*chains*]; abbandonare [*lover, friend*] **2** MAR. sciogliere, mollare [*mooring line*] **3** *(in knitting)* chiudere [*stitches*].

▪ **cast on:** ***~ on*** *(in knitting)* mettere su le maglie, i punti; ***~ on [sth.]*** mettere su [*stitch*].

▪ **cast out:** ***~ out [sth., sb.], ~ [sth., sb.] out*** LETT. espellere, cacciare.

▪ **cast up:** ***~ up [sth.], ~ [sth.] up*** **1** [*tide, sea*] portare a riva [*body, flotsam*] **2** *(in air)* tirare, lanciare in aria [*ball*]; ***to ~ one's eyes up (to heaven)*** alzare gli occhi (al cielo); ***to ~ sth. up at sb.*** rinfacciare a qcn. [*accusation, misdeed*].

castanets /ˌkæstə'nets/ ♦ ***17*** n.pl. nacchere f., castagnette f.

castaway /'kɑstəweɪ, AE 'kæst-/ n. naufrago m. (-a).

caste /kɑ:st, AE kæst/ n. casta f.; ***the ~ system*** il sistema delle caste; ***to lose ~*** FIG. perdere importanza, prestigio.

castellan /'kɑ:stələn/ n. castellano m. (-a).

castellated /'kæstəleɪtɪd/ agg. ARCH. turrito, fortificato.

caste mark /'kɑ:stˌmɑ:k, AE 'kæst-/ n. = segno distintivo di appartenenza a una determinata casta; FIG. = simbolo di appartenenza a una classe sociale.

caster /'kɑ:stə(r), AE 'kæstər/ n. **1** *(shaker) (for salt)* spargisale m., saliera f.; *(for pepper)* spargipepe m., pepaiola f.; *(for sugar)* spargizucchero m. **2** *(swivelling wheel)* rotella f. **3** AE *(cruet)* ampolla f. **4** AE *(cruet stand)* ampolliera f.

caster sugar /'kɑ:stəˌʃʊgə(r), AE 'kæstər-/ n. BE zucchero m. semolato, raffinato.

castigate /'kæstɪgeɪt/ tr. FORM. castigare, punire (**for sth.** per qcs.; **for doing** per aver fatto).

castigation /ˌkæstɪ'geɪʃn/ n. FORM. castigo m., punizione f. (**of** di).

castigator /'kæstɪgeɪtə(r)/ n. FORM. castigatore m. (-trice).

castigatory /'kæstɪgeɪtərɪ/ agg. FORM. punitivo.

Castile /kæ'sti:l/ ♦ ***24*** n.pr. Castiglia f.

Castilian /kə'stɪlɪən/ **I** agg. castigliano **II** n. **1** *(person)* castigliano m. (-a) **2** ♦ ***14*** *(language)* castigliano m.

casting /'kɑ:stɪŋ, AE 'kæst-/ n. **1** *(throwing)* (il) gettare, (il) lanciare; PESC. pesca f. al lancio **2** *(in metallurgy) (act)* gettata f., colata f.; *(object)* getto m., colata f. **3** CINEM. TEATR. TELEV. casting m., assegnazione f. delle parti.

casting agent /'kɑ:stɪŋˌeɪdʒənt, AE 'kæst-/ ♦ ***27*** n. responsabile m. e f. del casting.

casting couch /'kɑ:stɪŋˌkaʊtʃ, AE 'kæst-/ n. CINEM. SCHERZ. = divano su cui il direttore del casting seduce le ragazze che vorrebbero una parte.

casting director /'kɑ:stɪŋdaɪˌrektə(r), AE 'kæst-/ ♦ ***27*** n. direttore m. (-trice) del casting.

casting net /'kɑ:stɪŋˌnet, AE 'kæst-/ n. PESC. rete f. da lancio, giacchio m.

casting out nines /ˌkɑ:stɪŋaʊt'naɪnz, AE ˌkæst-/ n. MAT. prova f. del nove.

casting vote /ˌkɑ:stɪŋ'vəʊt, AE ˌkæst-/ n. voto m. decisivo.

cast iron /ˌkɑ:st'aɪən, AE ˌkæst'aɪərn/ **I** n. ghisa f. **II cast-iron** modif. **1** [*object*] di ghisa **2** FIG. [*alibi, excuse, guarantee*] di ferro.

▶ **1.castle** /'kɑ:sl, AE 'kæsl/ **I** n. **1** ARCH. castello m. **2** *(in chess)* torre f. **II** modif. [*grounds, keep*] del castello ◆ ***an Englishman's*** BE o ***a man's*** AE ***home is his ~*** PROV. = in casa propria ciascuno è re; ***~s in the air*** o ***in Spain*** AE castelli in aria.

2.castle /'kɑ:sl, AE 'kæsl/ intr. *(in chess)* arroccare.

castle builder /'kɑ:slˌbɪldə(r), AE 'kæsl-/ n. sognatore m. (-trice).

castling /'kɑ:slɪŋ, AE 'kæslɪŋ/ n. *(in chess)* arrocco m.

cast-off /'kɑ:stɒf, AE 'kæst-/ **I cast-offs** n.pl. **1** *(clothes)* abiti m. smessi, vecchi **2** ***society's ~s*** FIG. gli emarginati della società, i reietti **II** agg. [*garment*] smesso; [*object*] che non si usa più.

castor /'kɑ:stə(r), AE 'kæs-/ n. **1** FARM. castoreo m., castorio m. **2** *(swivelling wheel)* (anche **caster**) rotella f.

Castor /'kɑ:stə(r), AE 'kæs-/ n.pr. Castore.

castor bean /ˌkɑ:stə'bi:n, AE ˌkæs-/ n. seme m. di ricino.

castoreum /kæs'tɔ:rɪəm/ n. FARM. castoreo m., castorio m.

castor oil /'kɑ:stərˌɔɪl, AE 'kæs-/ n. olio m. di ricino.

castor oil plant /'kɑ:stərɔɪlˌplɑ:nt, AE 'kɑ:stərɔɪlˌplænt/ n. ricino m.

castor sugar → **caster sugar**.
castrate /kæ'streɪt, AE 'kæstreɪt/ tr. castrare [*man, animal*]; FIG. mutilare, espurgare [*book, article*].
castrati /kæ'strɑ:tɪ/ → **castrato**.
castration /kæ'streɪʃn/ n. castrazione f.
castrato /kæ'strɑ:təʊ/ n. (pl. **~s, -i**) *(singer)* castrato m.
▷ **casual** /'kæʒʊəl/ **I** agg. **1** *(informal)* [*clothes, dress*] casual, sportivo; [*person, manner, greeting*] informale; ***to have a ~ chat*** chiacchierare del più e del meno; ***to come up in ~ conversation*** venire fuori per caso nella conversazione **2** *(occasional)* [*acquaintance, relationship*] occasionale; ***~ sex*** rapporti sessuali occasionali; ***~ drug users*** consumatori occasionali di droga **3** *(nonchalant)* [*attitude, gesture, mention, approach, tone*] indifferente, disinvolto; ***to make a question sound ~*** fare in modo che una domanda sembri indifferente *o* distaccata **4** SPREG. [*racism, cruelty, violence, insult, remark*] gratuito; [*assumption*] infondato; ***her ~ treatment of me*** il suo trattamento disinvolto nei miei confronti **5** [*inspection, glance, onlooker*] superficiale, distratto; ***to the ~ eye it seems that*** all'occhio distratto sembra che **6** *(chance)* [*encounter, error*] fortuito, accidentale **7** [*worker, labour*] *(temporary)* avventizio, temporaneo; *(occasional)* occasionale **8** BIOL. avventizio **II** n. *(temporary worker)* lavoratore m. (-trice) temporaneo (-a), avventizio (-a); *(occasional worker)* lavoratore m. (-trice) occasionale **III casuals** n.pl. *(clothes)* abiti m. casual, sportivi, informali; *(shoes)* scarpe f. sportive.
casual contract /ˌkæʒʊəl'kɒntrækt/ **I** n. contratto m. temporaneo **II** modif. *(temporary)* temporaneo; *(occasional)* occasionale.
casualism /'kæʒjʊəlɪzəm/ n. casualismo m.
casualist /'kæʒjʊəlɪst/ n. casualista m. e f.
casualize /kæʒʊəlaɪz/ tr. ***to ~ labour*** rendere flessibile l'occupazione.
▷ **casually** /'kæʒʊəlɪ/ avv. **1** [*inquire, remark, mention*] con aria indifferente; [*greet, glance, leaf through*] distrattamente; ***to stroll ~*** fare due passi **2** [*dressed*] in modo informale, semplicemente **3** [*hurt, condemn, offend*] accidentalmente **4** [*employed*] temporaneamente, occasionalmente.
casualness /'kæʒʊəlnɪs/ n. **1** *(of manner, tone)* indifferenza f. **2** *(of clothes, dress)* informalità f., semplicità f.
▷ **casualty** /'kæʒʊəltɪ/ **I** n. **1** *(person)* vittima f. **2** *(part of hospital)* pronto soccorso m.; ***in ~*** al pronto soccorso **3** FIG. *(person, plan)* vittima f.; ***to be a ~ of sth.*** essere vittima di qcs. **II casualties** n.pl. *(soldiers)* perdite f.; *(civilians)* vittime f.; ***there were heavy, light casualties*** MIL. ci sono state pesanti, lievi perdite **III** modif. **1** [*department, ward*] di pronto soccorso; [*nurse*] del pronto soccorso **2** MIL. [*list, figures*] delle perdite **3** ***~ insurance*** AE assicurazione contro i sinistri *o* gli infortuni.
casuist /'kæʒjʊɪst/ n. RELIG. casista m. e f., casuista m. e f.; FIG. sofista m. e f.
casuistic(al) /ˌkæzjʊ'ɪstɪk(l)/ agg. RELIG. casistico.
casuistry /'kæzjʊɪstrɪ/ n. RELIG. casistica f.; FIG. sofisma m., sofismi m.pl.
▶ **1.cat** /kæt/ **I** n. **1** *(domestic)* gatto m.; *(female)* gatta f. **2** *(feline)* felino m.; ***big ~*** grande felino **3** COLLOQ. SPREG. *(woman)* donna f. dispettosa, strega f. **4** ANT. COLLOQ. *(guy)* tipo m., tale m. **II** modif. [*basket, litter, food*] per gatti; ***the ~ family*** i felini ◆ ***it was enough to make a ~ laugh*** COLLOQ. faceva ridere i polli; ***there are more ways than one to kill*** o ***skin a ~*** = c'è più di un modo di affrontare le cose; ***to be like a ~ on a hot tin roof*** o ***on hot bricks*** stare sui carboni ardenti; ***to fight like ~ and dog*** essere come cane e gatto; ***to grin like a Cheshire ~*** = avere un largo sorriso fisso sulle labbra; ***to let the ~ out of the bag*** lasciarsi scappare un segreto; ***the ~'s out of the bag*** il segreto è stato rivelato; ***to look like something the ~ brought*** o ***dragged in*** essere malconcio *o* malandato; ***to rain ~s and dogs*** piovere a catinelle; ***there's hardly enough room to swing a ~*** non c'è neppure lo spazio per girarsi; ***to think one is the ~'s whiskers*** BE o ***pajamas*** AE o ***meow*** AE = credersi chissà chi; ***to (wait and) see which way the ~ jumps*** stare a vedere come si mettono le cose; ***when the ~'s away, the mice will play*** quando il gatto non c'è i topi ballano; ***to play ~ and mouse with sb.*** giocare con qcn. come il gatto con il topo.
2.cat /kæt/ intr. (forma in -ing ecc. **-tt-**) → **cat around**.
▪ **cat around** AE COLLOQ. andare a donne, rimorchiare.
3.cat /kæt/ n. COLLOQ. (accorc. catalytic converter) marmitta f. catalitica.
cat. ⇒ catalogue catalogo (cat.).
CAT n. **1** GB (⇒ College of Advanced Technology) = istituto superiore di tecnologia **2** INFORM. (⇒ computer-assisted teaching) = insegnamento assistito dall'elaboratore **3** INFORM. (⇒ computer-assisted testing) = verifica assistita dall'elaboratore **4** INFORM. (⇒ computer-assisted training) = formazione assistita dall'elaboratore **5** (⇒ computer-assisted translation) = traduzione assistita dall'elaboratore **6** MED. (⇒ computerized axial tomography tomografia assiale computerizzata) TAC f.
catabolic /ˌkætə'bɒlɪk/ agg. catabolico.
catabolism /kə'tæbəlɪzəm/ n. catabolismo m.
catabolite /kə'tæbəˌlaɪt/ n. catabolito m.
catabolize /kə'tæbəlaɪz/ tr. catabolizzare.
catachresis /ˌkætə'kri:sɪs/ n. (pl. **-es**) catacresi f.
cataclasis /ˌkætə'kleɪsɪs/ n. (pl. **-es**) cataclasi f.
cataclysm /'kætəklɪzəm/ n. cataclisma m. (anche FIG.)
cataclysmic /ˌkætə'klɪzmɪk/ agg. cataclismico.
catacombs /'kætəku:mz, AE -kəʊmz/ n.pl. catacombe f.
catadioptric /ˌkætədaɪ'ɒptrɪk/ agg. catadiottrico.
catafalque /'kætəfælk/ n. catafalco m.
Catalan /'kætəlæn/ ➧ ***14*** **I** agg. catalano **II** n. **1** *(person)* catalano m. (-a) **2** *(language)* catalano m.
catalectic /ˌkætə'lektɪk/ agg. METR. catalettico.
catalepsy /'kætəlepsɪ/ n. MED. catalessi f.
cataleptic /ˌkætə'leptɪk/ agg. MED. catalettico.
▷ **1.catalogue, catalog** AE /'kætəlɒg, AE -lɔ:g/ **I** n. **1** *(of goods, books etc.)* catalogo m. **2** *(series)* ***a ~ of disasters, complaints*** una serie di disastri, proteste **3** AE UNIV. elenco m. dei corsi **II** modif. [*number, price*] di catalogo.
2.catalogue, catalog AE /'kætəlɒg, AE -lɔ:g/ tr. catalogare, inserire in catalogo.
cataloguer /'kætəˌlɒgə(r), AE -ˌlɔ:gə(r)/ n. catalogatore m. (-trice).
Catalonia /ˌkætə'ləʊnɪə/ ➧ ***24*** n.pr. Catalogna f.
catalysis /kə'tæləsɪs/ n. (pl. **-es**) catalisi f.
▷ **catalyst** /'kætəlɪst/ n. **1** CHIM. catalizzatore m. (anche FIG.) **2** → **catalytic converter**.
catalytic /ˌkætə'lɪtɪk/ agg. catalitico.
catalytic converter /kætəˌlɪtɪkkən'vɜ:tə(r)/ n. marmitta f. catalitica, catalizzatore m.
catalytic cracker /kætəˌlɪtɪk'krækə(r)/ n. cracker m. catalitico.
catalyze /'kætəlaɪz/ tr. CHIM. catalizzare (anche FIG.).
catalyzer /'kætəlaɪzə(r)/ n. CHIM. catalizzatore m. (anche FIG.).
catamaran /ˌkætəmə'ræn/ n. **1** *(boat)* catamarano m. **2** *(raft)* zattera f.
catamite /'kætəmaɪt/ n. LETT. cinedo m.
catamount /'kætəˌmaʊnt/ n. **1** *(cougar)* puma m. **2** *(lynx)* lince f.
catamountain /ˌkætə'maʊntɪn/ n. **1** *(wildcat)* gatto m. selvatico **2** *(leopard)* leopardo m.
cataphora /kə'tæfərə/ n. LING. catafora f.
cataphoresis /ˌkætəfə'ri:sɪs/ n. (pl. **-es**) cataforesi f.
cataphoric /ˌkætə'fɒrɪk/ agg. cataforico.
cataplasm /'kætəplæzəm/ n. MED. cataplasma m.
cataplectic /ˌkætə'plektɪk/ agg. cataplettico.
cataplexy /ˌkætə'pleksɪ/ n. cataplessia f.
1.catapult /'kætəpʌlt/ n. **1** BE fionda f. **2** MIL. AER. (anche **~ launcher**) catapulta f. **3** MIL. STOR. catapulta f.
2.catapult /'kætəpʌlt/ tr. **1** [*force, explosion*] catapultare, scagliare **2** FIG. ***to be ~ed to*** essere catapultato verso [*success, power*].
cataract /'kætərækt/ ➧ ***11*** n. **1** MED. cataratta f. **2** *(waterfall)* cateratta f.
catarrh /kə'tɑ:(r)/ n. catarro m.
catarrhal /kə'tɑ:rəl/ agg. catarrale.
catar(r)hine /'kætəraɪn/ n. (scimmia) catarrina f.
catarrhous /kə'tɑ:rəs/ agg. catarroso.
▷ **catastrophe** /kə'tæstrəfɪ/ n. catastrofe f.
catastrophe theory /kə'tæstrəfɪˌθɪərɪ/ n. teoria f. delle catastrofi.
catastrophic /ˌkætə'strɒfɪk/ agg. catastrofico.
catastrophically /ˌkætə'strɒfɪklɪ/ avv. [*fail*] in modo catastrofico; ***~ bad*** catastrofico, sciagurato.
catastrophism /kə'tæstrəfɪzəm/ n. catastrofismo m.
catastrophist /kə'tæstrəfɪst/ n. catastrofista m. e f.
catatonia /ˌkætə'təʊnɪə/ n. MED. catatonia f.
catatonic /ˌkætə'tɒnɪk/ agg. MED. catatonico.
catbird /'kætbɜ:d/ n. uccello m. gatto; AE ***to be in the ~ seat*** COLLOQ. = occupare una posizione di prestigio.
cat boat /'kætbəʊt/ n. cat boat m.
cat burglar /'kætbɜ:glə(r)/ n. BE ladro m. (-a) acrobata.
1.catcall /'kætkɔ:l/ n. fischio m. di disapprovazione.
2.catcall /'kætkɔ:l/ intr. *(disapprove)* fischiare.
1.catch /kætʃ/ n. **1** *(fastening)* *(on purse, brooch)* fermaglio m., gancio m., chiusura f.; *(on window, door)* fermo m. **2** FIG. *(drawback)* trappola f.; ***what's the ~?*** dov'è il tranello? **3** *(break in voice)* ***with a ~ in his voice*** con un'esitazione *o* un sussulto nella voce **4**

(act of catching) presa f.; ***to take a ~*** BE, ***to make a ~*** AE SPORT effettuare una presa; ***to play ~*** giocare a palla **5** PESC. *(haul)* pesca f., retata f.; ***to have a good ~*** fare una buona pesca **6** STOR. MUS. = canzone a canone con testo di carattere umoristico o osceno **7** *(marriage partner)* ***to be a good ~*** essere un buon partito.

▶ **2.catch** /kætʃ/ **I** tr. (pass., p.pass. **caught**) **1** *(hold and retain)* [*person*] prendere, afferrare [*ball*]; prendere, catturare [*fish, mouse*]; [*container*] raccogliere [*water, dust*]; *(by running)* [*person*] prendere, acchiappare [*person*]; ***I managed to ~ her in*** *(at home)* riuscii a trovarla **2** *(take by surprise)* prendere, sorprendere [*person, thief*]; ***to ~ sb. doing*** sorprendere qcn. a fare; ***to be*** o ***get caught*** farsi prendere *o* sorprendere; ***to ~ sb. in the act, to ~ sb. at it*** COLLOQ. cogliere qcn. in flagrante *o* sul fatto; ***you wouldn't ~ me smoking, arriving late!*** non mi sorprenderai mai a fumare, in ritardo! ***you won't ~ me at it again!*** non mi pescherai di nuovo! ***we got caught in the rain, in the storm*** fummo sorpresi dalla pioggia, dalla tempesta; ***you've caught me at an awkward moment*** mi hai preso in un brutto momento; ***to ~ sb. off balance*** FIG. cogliere qcn. alla sprovvista; ***to ~ sb. on the wrong foot*** cogliere qcn. in contropiede; ***to be caught short*** essere colto di sorpresa; ***to ~ sb. unawares*** cogliere qcn. alla sprovvista **3** *(be in time for)* (riuscire a) prendere [*bus, train, plane*]; ***to ~ the last post*** o ***mail*** essere in tempo per l'ultima levata della posta **4** *(manage to see)* prendere, riuscire a vedere [*programme*]; arrivare in tempo per [*show, play*] **5** *(grasp)* afferrare, prendere [*hand, arm, branch, rope*]; catturare, attrarre [*interest, imagination*]; ***to ~ hold of sth.*** afferrare *o* prendere qcs.; ***to ~ sb.'s attention*** o ***eye*** attirare l'attenzione di qcn.; ***to ~ the Speaker's eye*** BE POL. ottenere la parola; ***to ~ the chairman's eye*** AMM. ottenere la parola; ***to ~ some sleep*** COLLOQ. dormire un po' **6** *(hear)* comprendere, afferrare [*word, name*]; ***do you ~ my meaning?*** riesci a capire quello che voglio dire? **7** *(perceive)* sentire [*smell*]; distinguere [*sound*]; cogliere, notare [*look*]; ***to ~ sight of sb., sth.*** scorgere *o* avvistare qcn., qcs. **8** *(get stuck)* ***to ~ one's fingers in*** prendersi le dita in [*drawer, door*]; ***to ~ one's shirt, sleeve on*** impigliarsi la camicia, la manica in [*nail*]; ***to get one's head, hand caught*** avere la testa, mano bloccata *o* chiusa (**in** in; **between** tra); ***to get one's shirt, sweater caught*** impigliarsi la camicia, il maglione (**on** in); ***to get caught in*** [*person*] rimanere impigliato in [*net, thorns, barbed wire*] **9** prendere, contrarre [*disease, virus, flu*]; ***to ~ a cold*** prendere un raffreddore; ***to ~ a chill*** prendere freddo **10** *(hit)* prendere, colpire [*object, person*]; ***the ball, stone caught him on the head*** la palla, la pietra lo colpì in testa; ***to ~ sth. with*** colpire qcs. con [*elbow, broom handle*]; ***to ~ sb. (with) a blow*** dare *o* sferrare un colpo a qcn. **11** *(have an effect on)* [*sun, light*] fare risplendere [*object, raindrops*]; [*wind*] portare via [*paper, bag*]; ***to ~ one's breath*** trattenere il respiro **12** ***to ~ the sun*** prendere il sole; ***to ~ fire*** o ***light*** prendere fuoco; ***to ~ the light*** riflettere la luce **13** *(capture)* rendere, cogliere [*atmosphere, mood, spirit*]; ***to ~ sth. on film*** fissare qcs. sulla pellicola **14** SPORT *(in cricket, baseball)* mettere fuori gioco [*batsman*] **15** *(trick)* ingannare, giocare un tiro a **16** *(manage to reach)* raggiungere **II** intr. (pass., p.pass. **caught**) **1** *(become stuck)* ***to ~ on sth.*** [*shirt, sleeve*] impigliarsi in; [*wheel*] fregare contro [*frame*] **2** *(start to burn)* [*wood, coal*] accendersi, prendere (fuoco); [*fire*] prendere ◆ ***you'll ~ it!*** COLLOQ. guai a te!

▪ **catch at:** ~ *at* [*sth.*] *(grasp)* cercare di afferrare (anche FIG.).

▪ **catch on 1** *(become popular)* [*fashion, activity, idea*] prendere piede, diffondersi; [*song, TV programme*] diventare famoso (**with** presso, tra) **2** *(understand)* comprendere, afferrare; ***to ~ on to sth.*** capire qcs.

▪ **catch out:** ~ [*sb.*] *out* **1** *(take by surprise)* cogliere alla sprovvista; *(doing something wrong)* cogliere in fallo **2** *(trick)* ingannare, giocare un tiro a **3** *(in cricket, baseball)* mettere fuori gioco [*batsman*].

▪ **catch up:** ~ *up* *(in race)* recuperare, riprendere terreno; *(in work)* recuperare, mettersi in pari; ***to ~ up with*** raggiungere [*person, vehicle*]; ***to ~ up on*** recuperare [*work, sleep*]; aggiornarsi su [*news, gossip*]; ~ [*sb., sth.*] *up* **1** *(manage to reach)* raggiungere **2** *(pick up)* tirare su, prendere [*bag, child*] (**in** in); ~ [*sth.*] *up in* *(tangle)* impigliarsi in [*barbed wire, thorns, chain*]; ***to get one's feet caught up in sth.*** prendersi i piedi in qcs.; ***I got my skirt caught up in the thorns*** mi si impigliò la gonna nelle spine; ***to get caught up in*** farsi trascinare *o* prendere da [*enthusiasm, excitement*]; rimanere bloccato in [*traffic*]; trovarsi nel mezzo di [*war, bombing*]; trovarsi coinvolto *o* implicato in [*scandal, fight, argument*].

catch-22 situation /ˌkætʃtwentɪˈtuːˌsɪtjʊˈeɪʃn, AE -ˌsɪtʃʊ-/ n. circolo m. vizioso.

catch-all /ˈkætʃɔːl/ **I** n. termine m. generico **II** modif. [*term, word, expression*] generico; [*clause*] polivalente; [*category, list*] completo, esaustivo.

catch-as-catch-can /ˌkætʃəzˌkætʃˈkæn/ ♦ ***10*** n. catch m.

catch basin /ˈkætʃˌbeɪsn/ n. **1** TECN. pozzetto m. di raccolta **2** GEOGR. bacino m. imbrifero.

catch crop /ˈkætʃkrɒp/ n. AGR. coltura f. intercalare.

catcher /ˈkætʃə(r)/ n. SPORT ricevitore m., catcher m.

catchfly /ˈkætʃflaɪ/ n. BOT. silene f.

catching /ˈkætʃɪŋ/ agg. MED. contagioso (anche FIG.).

catchline /ˈkætʃlaɪn/ n. **1** *(slogan)* slogan m. pubblicitario **2** *(headline)* titolone m.

catchment /ˈkætʃmənt/ n. **1** *(collecting of water)* presa f. d'acqua, captazione f. **2** *(body of water collected)* acqua f. di raccolta, riserva f. d'acqua.

catchment area /ˈkætʃməntˌeərɪə/ n. **1** GEOGR. *(of river, basin)* bacino m. idrogeografico, imbrifero **2** AMM. SCOL. bacino m. di utenza.

catchpenny /ˈkætʃpenɪ/ agg. SPREG. da quattro soldi, dozzinale.

catchphrase /ˈkætʃfreɪz/ n. slogan m., frase f. fatta.

catch plate /ˈkætʃˌpleɪt/ n. menabrida m.

catch pole, catch poll /ˈkætʃˌpəʊl/ n. STOR. *(in medieval England)* = agente alle dipendenze dello sceriffo che aveva il compito di arrestare i debitori insolventi.

catch question /ˈkætʃˌkwestʃən/ n. domanda f. trabocchetto.

catchup → **ketchup**.

catch-up /ˈkætʃʌp/ n. ***to be playing ~*** cercare di recuperare.

catch-up demand /ˈkætʃʌpdɪˌmɑːnd, AE -dɪˌmænd/ n. ECON. domanda f. in ripresa.

catch-up effect /ˈkætʃʌpɪˌfekt/ n. ECON. effetto m. di ripresa, recupero.

catchweed /ˈkætʃwiːd/ n. attaccamano m., asperella f.

catchword /ˈkætʃwɜːd/ n. **1** *(popular word)* motto m., slogan m. **2** TIP. titolo m. corrente, testatina f. **3** TEATR. *(of actors)* attacco m., battuta f. d'entrata.

▷ **catchy** /ˈkætʃɪ/ agg. [*jingle, tune*] orecchiabile; [*slogan*] facile da ricordare, che fa presa.

catechesis /ˌkætɪˈkiːsɪs/ n. (pl. **-es**) catechesi f.

catechetic /ˌkætɪˈketɪk/ agg. catechetico.

catechetical /ˌkætɪˈketɪkl/ agg. **1** → **catechetic 2** [*method*] catechistico.

catechism /ˈkætəkɪzəm/ n. catechismo m.

catechist /ˈkætəkɪst/ n. catechista m. e f.

catechistic(al) /ˌkætəˈkɪstɪk(l)/ agg. catechistico.

catechize /ˈkætəkaɪz/ tr. catechizzare.

catechizer /ˈkætɪkaɪzə(r)/ n. catechizzatore m. (-trice).

catechu /ˈkætɪtʃuː/ n. catecù m.

catechumen /ˌkætɪˈkjuːmen/ n. catecumeno m. (-a).

categoric(al) /ˌkætəˈgɒrɪk(l), AE -ˈgɔːr-/ agg. categorico.

categorical imperative /kætəˌgɒrɪklɪmˈperətɪv, AE -ˌgɔːr-/ n. FILOS. imperativo m. categorico.

categorically /ˌkætəˈgɒrɪklɪ, AE -ˈgɔːr-/ avv. categoricamente.

▷ **categorize** /ˈkætəgəraɪz/ tr. categorizzare, classificare [*book, person*] (**by, according to** in base a); ***he has been ~d as a surrealist*** è stato inserito fra i surrealisti.

▶ **category** /ˈkætəgərɪ, AE -gɔːrɪ/ n. categoria f.

catenarian /ˌkætɪˈneərɪən/ agg. TECN. a catenaria.

catenary /kəˈtiːnərɪ/ **I** n. MAT. catenaria f. **II** modif. TECN. [*suspension*] a catenaria.

catenate /ˈkætɪneɪt/ tr. *(link)* concatenare.

catenation /ˌkætɪˈneɪʃən/ n. concatenamento m.

▷ **cater** /ˈkeɪtə(r)/ **I** tr. AE approvvigionare, fornire cibo, bevande per **II** intr. **1** *(cook)* preparare cibo (**for** per) **2** ***to ~ for*** BE o ***to*** AE *(accommodate)* accogliere, sistemare [*children, guests*]; *(aim at)* [*newspaper, programme*] rivolgersi a; ***to ~ for the needs, tastes of*** tenere conto dei bisogni, dei gusti di; ***we ~ for private parties*** organizziamo la ristorazione in feste private **3** *(fulfil)* ***to ~ to*** soddisfare [*whim, taste*].

cater-corner(ed) /ˌkeɪtəˈkɔːnəd/ agg. e avv. AE → **catty-corner(ed)**.

caterer /ˈkeɪtərə(r)/ ♦ ***27*** n. fornitore m. (-trice) di cibo, bevande; organizzatore m. (-trice) di feste, pranzi.

catering /ˈkeɪtərɪŋ/ **I** n. *(provision)* approvvigionamento m., catering m.; *(trade, career)* ristorazione f. **II** modif. [*industry, company, staff*] di ristorazione, di catering; ~ ***course*** corso di ristorazione *o* di catering; ~ ***worker*** lavoratore del settore della ristorazione.

caterpillar /ˈkætəpɪlə(r)/ n. **1** ZOOL. bruco m. **2** TECN. (anche ~ **track**) cingolo m.

Caterpillar® /ˈkætəpɪlə(r)/ n. caterpillar m., cingolato m.

1.caterwaul /ˈkætəwɔːl/ n. miagolio m. (di gatti in amore).

2.caterwaul /ˈkætəwɔːl/ intr. [*cat on heat*] miagolare.

caterwauling /'kætəwɔ:lɪŋ/ n. U miagolii m.pl. (di gatti in amore).
cat fight /'kæt,faɪt/ n. AE COLLOQ. lite f., litigio m.
catfish /'kætfɪʃ/ n. (pl. ~, **~es**) pesce m. gatto.
catflap /'kætflæp/ n. gattaiola f.
cat food /'kæt,fu:d/ n. cibo m. per gatti.
catgut /'kætgʌt/ n. filo m. per suture, catgut m.
Cathar /'kæθə(r)/ **I** agg. cataro **II** n. cataro m. (-a).
Catharine /'kæθrɪn/ n.pr. Caterina.
catharsis /kə'θɑ:sɪs/ n. (pl. **-es**) **1** LETTER. PSIC. catarsi f. **2** MED. evacuazione f.
cathartic /kə'θɑ:tɪk/ **I** agg. *(all contexts)* catartico **II** n. MED. purgante m.
Cathay /kæ'θeɪ/ n.pr. LETT. Catai m.
▷ **cathedral** /kə'θi:drəl/ n. cattedrale f., duomo m.
cathedral choir /kə'θi:drəl,kwaɪə(r)/ n. coro m. della cattedrale.
cathedral city /kə'θi:drəl,sɪtɪ/ n. città f. vescovile.
cathedral school /kə'θi:drəl,sku:l/ n. = scuola privata maschile i cui studenti cantano nel coro della cattedrale.
Catherine /'kæθrɪn/ n.pr. Caterina.
Catherine wheel /'kæθrɪnwi:l, AE -hwi:l/ n. *(firework)* girandola f.
catheter /'kæθɪtə(r)/ n. catetere m.
catheterization /,kæθɪtəraɪ'zeɪʃn, AE -rɪ'z-/ n. cateterismo m.
catheterize /'kæθɪtəraɪz/ tr. inserire un catetere in [*bladder*].
catheti /'kæθɪtaɪ/ → **cathetus**.
cathetometer /,kæθɪ'tɒmɪtə(r)/ n. catetometro m.
cathetus /'kæθɪtəs/ n. (pl. **-i**) cateto m.
cathode /'kæθəʊd/ n. catodo m.
cathode ray /,kæθəʊd'reɪ/ n. raggio m. catodico.
cathode-ray tube /kæθəʊd'reɪ,tju:b, AE -,tu:b/ n. tubo m. catodico.
catholic /'kæθəlɪk/ agg. **1** [*mind, taste*] eclettico **2** *(universal, general)* universale.
▷ **Catholic** /'kæθəlɪk/ **I** agg. cattolico **II** n. cattolico m. (-a).
Catholicism /kə'θɒlɪsɪzəm/ n. cattolicesimo m.
catholicity /,kæθə'lɪsətɪ/ n. **1** *(of tastes)* eclettismo m. **2** *(universality)* universalità f.
catholicize /kə'θɒlɪsaɪz/ **I** tr. **1** *(make catholic)* rendere eclettico **2** rendere universale **3** *(make Catholic)* convertire al cattolicesimo, cattolicizzare **II** intr. **1** *(become catholic)* diventare eclettico **2** diventare universale **3** *(become a Catholic)* diventare cattolico.
cathouse /'kæthaʊs/ n. AE COLLOQ. bordello m., casino m.
Cathy /'kæθɪ/ n.pr. diminutivo di **Catharine** e **Catherine**.
cation /'kætaɪən/ n. catione m.
catkin /'kætkɪn/ n. gattino m., amento m.
catlick /'kætlɪk/ n. BE ***to give oneself a ~*** lavarsi come i gatti *o* in modo sommario.
catlike /'kætlaɪk/ **I** agg. [*characteristic, movement*] felino **II** avv. [*walk, stalk*] come un gatto.
catling /'kætlɪŋ/ n. **1** bisturi m. per amputazioni **2** RAR. *(for musical instruments)* minugia f. **3** RAR. *(kitten)* gattino m.
cat litter /'kæt,lɪtə(r)/ n. lettiera f. per gatti.
catmint /'kætmɪnt/ n. BE erba f. gatta, gattaia f.
1.catnap /'kætnæp/ n. pisolino m.
2.catnap /'kætnæp/ intr. (forma in -ing ecc. **-pp-**) fare un pisolino.
catnip /'kætnɪp/ n. AE → **catmint**.
Cato /'keɪtəʊ/ n.pr. Catone.
cat-o'-mountain → **catamountain**.
cat-o'-nine-tails /kætə'naɪn,teɪlz/ n. (pl. ~) gatto m. a nove code.
catoptric /kæ'tɒptrɪk/ agg. catottrico, catoptrico.
catoptrics /kæ'tɒptrɪks/ n.pl. + verbo sing. catottrica f., catoptrica f.
cat's cradle /,kæts'kreɪdl/ n. ripiglino m.
cat's-eye /'kætsaɪ/ n. *(gem)* occhio m. di gatto.
Catseye® /'kætsaɪ/ n. BE AUT. (segnale) catarifrangente m.
cat's foot /'kætsfʊt/ n. BOT. piede m. di gatto, bambagia f. selvatica.
cat's paw /'kætspɔ:/ n. *(dupe, tool)* burattino m., marionetta f.
cat's tail /'kætsteɪl/ n. BOT. mazzasorda f., sala f.
catsuit /'kætsu:t/ n. = tuta aderente da donna in un solo pezzo.
catsup /'kætsəp/ n. AE → **ketchup**.
cat's whisker /,kæts'wɪskə(r)/ n. RAD. baffo m. di gatto.
cattery /'kætərɪ/ n. **1** pensione f. per gatti **2** allevamento m. di gatti.
cattiness /'kætɪnɪs/ n. maliziosità f., malignità f.
cattish /'kætɪʃ/ agg. → **catty**.
▷ **cattle** /'kætl/ **I** n. + verbo pl. bestiame m.sing., bovini m. **II** modif. [*breeder, raising, rustler*] di bestiame.
cattle cake /'kætl,keɪk/ n. = forma di mangime concentrato per bestiame.
cattle call /'kætl,kɔ:l/ n. AE TEATR. COLLOQ. audizione f.
cattle feeder /'kætl,fi:də(r)/ n. = dispositivo per alimentare in modo automatico il bestiame.
cattle grid /'kætl,grɪd/ BE, **cattle guard** /'kætl,gɑ:d/ AE n. = griglia di barre metalliche posta su un fossato che impedisce il passaggio del bestiame ma non ostacola il passaggio dei veicoli.
cattleman /'kætlmən/ ➧ **27** n. (pl. **-men**) **1** BE *(herdsman)* mandriano m., bovaro m. **2** AE *(breeder)* allevatore m. di bestiame.
cattle market /'kætl,mɑ:kɪt/ n. mercato m. del bestiame; FIG. COLLOQ. *(for sexual encounters)* ***that disco is a ~*** in quella discoteca si rimorchia.
cattlemen /'kætlmen/ → **cattleman**.
cattle shed /'kætl,ʃe(d)/ n. stalla f.
cattle truck /'kætl,trʌk/ n. AUT. carro m. bestiame.
catty /'kætɪ/ agg. malizioso, malevolo (**about** su).
catty-corner(ed) /,kætɪ'kɔ:nə(d)/ **I** agg. AE diagonale **II** avv. AE diagonalmente, in diagonale.
Catullus /kə'tʌləs/ n.pr. Catullo.
catwalk /'kætwɔ:k/ **I** n. passerella f. **II** modif. [*show*] di moda; ***~ model*** modella *o* indossatrice.
Caucasian /kɔ:'keɪʒn, -'keɪzɪən/ **I** agg. **1** [*race, man*] bianco **2** GEOGR. caucasico **II** n. **1** *(white person)* persona f. di razza bianca **2** GEOGR. *(inhabitant)* caucasico m. (-a).
Caucasic /kɔ:'kasɪk/ agg. **1** [*race, man*] bianco **2** GEOGR. caucasico.
Caucasus /'kɔ:kəsəs/ n.pr. ***the ~*** il Caucaso.
1.caucus /'kɔ:kəs/ n. (pl. **~es**) **1** *(meeting)* caucus m., riunione f. di dirigenti di partito **2** *(faction)* cricca f., fazione f.
2.caucus /'kɔ:kəs/ intr. partecipare a un caucus, a una riunione politica.
caudal /'kɔ:dl/ agg. ZOOL. caudale.
caudate /'kɔ:deɪt/ agg. BIOL. ANAT. caudato.
caught /kɔ:t/ pass., p.pass. → **2.catch**.
caul /kɔ:l/ n. **1** *(of uterus)* amnio m. **2** *(of stomach)* omento m. **3** GASTR. rete f., omento m.
cauldron /'kɔ:ldrən/ n. calderone m.
caulescent /kɔ:'lesənt/ agg. caulescente.
cauliflower /'kɒlɪflaʊə(r), AE 'kɔ:lɪ-/ **I** n. **1** cavolfiore m. **2** [*boxer*] ***to have a ~ ear*** COLLOQ. avere un orecchio a cavolfiore **II** modif. [*leaf, stalk*] di, del cavolfiore.
cauliflower cheese /,kɒlɪflaʊə'tʃi:s, AE ,kɔ:lɪ-/ n. AE = cavolfiori gratinati al formaggio.
1.caulk /kɔ:k/ n. materiale m. per calafataggio.
2.caulk /kɔ:k/ tr. **1** stuccare **2** MAR. calafatare.
caulker /'kɔ:kə(r)/ n. calafato m.
caulking /'kɔ:kɪŋ/ n. calafataggio m.
causal /'kɔ:zl/ agg. LING. causale.
causality /kɔ:'zælətɪ/, **causation** /kɔ:'zeɪʃn/ n. causalità f.
causative /'kɔ:zətɪv/ **I** agg. **1** causale **2** LING. [*verb*] causativo; [*conjunction, phrase*] causale **II** n. LING. causativo m.
▶ **1.cause** /kɔ:z/ n. **1** *(reason)* causa f., ragione f. (**of** di); ***there is, they have ~ for concern, optimism, alarm, complaint*** c'è, hanno motivo di essere preoccupati, ottimisti, di allarmarsi, di lamentarsi; ***to give sb. ~ to do*** dare a qcn. occasione *o* motivo di fare; ***to have ~ to do*** avere motivo di fare; ***to give ~ for concern*** dare motivi di preoccupazione; ***the immediate, root ~*** la causa immediata, fondamentale; ***with good ~*** con giusta causa; ***without good ~*** senza una buona ragione **2** *(objective)* causa f., ideale m.; ***a lost ~*** una causa persa; ***for a good ~*** o ***all in a good ~*** per una buona causa; ***in the ~ of equality, freedom*** per l'ideale dell'uguaglianza, della libertà; ***to make common ~ with sb.*** fare causa comune con qcn. **3** DIR. *(grounds)* causa f.; ***a challenge for, without ~*** ricusazione motivata, immotivata; ***contributory ~*** causa concorrente; ***primary ~*** causa prima; ***to show ~*** provare il proprio diritto **4** DIR. *(court action)* causa f.; ***~ of action*** fondamento di un'azione; ***matrimonial ~s*** cause di divorzio *o* separazione.
▶ **2.cause** /kɔ:z/ tr. causare, provocare [*damage, flooding, delay, grief, suffering*]; provocare [*chaos, confusion, controversy, reaction*]; destare, suscitare [*excitement, surprise*]; originare, suscitare [*dismay*]; ***to ~ sb. to cry, leave*** fare piangere, andare via qcn.; ***to ~ sb. problems*** dare problemi a qcn.; ***to ~ sb. anxiety*** angosciare qcn.; ***to ~ trouble*** dare problemi *o* dare noie; ***to ~ cancer*** provocare il cancro *o* essere cancerogeno; ***~ migraine*** provocare l'emicrania.
cause célèbre /,kɔ:zse'lebr/ n. (pl. **causes célèbres**) causa f. celebre.
causeless /'kɔ:zlɪs/ agg. **1** *(fortuitous)* fortuito **2** *(senseless)* immotivato, ingiustificato.
1.causeway /'kɔ:zweɪ/ n. **1** *(raised road across water)* strada f. rialzata **2** *(paved footpath)* sentiero m. lastricato, selciato.

2.causeway /ˈkɔːzweɪ/ tr. **1** *(provide with a causeway)* fornire di strada rialzata [*marshland, swamp*] **2** *(pave)* lastricare, selciare [*path*].
caustic /ˈkɔːstɪk/ agg. **1** CHIM. caustico, corrosivo **2** FIG. caustico, mordace.
caustically /ˈkɔːstɪklɪ/ avv. causticamente, mordacemente.
causticity /kɔːˈstɪsətɪ/ n. **1** CHIM. causticità f. **2** FIG. causticità f., mordacità f.
caustic potash /ˌkɔːstɪkˈpɒtæʃ/ n. potassa f. caustica.
caustic soda /ˌkɔːstɪkˈsəʊdə/ n. soda f. caustica.
cauterization /ˌkɔːtəraɪˈzeɪʃn, AE -rɪˈz-/ n. cauterizzazione f.
cauterize /ˈkɔːtəraɪz/ tr. cauterizzare.
cautery /ˈkɔːtərɪ/ n. **1** *(instrument)* cauterio m. **2** *(process)* cauterizzazione f.
▷ **1.caution** /ˈkɔːʃn/ n. **1** *(care)* cautela f., prudenza f.; ***to drive, proceed with*** ~ guidare, procedere con prudenza; ***to err on the side of*** ~ sbagliare per troppa prudenza; ***great*** ~ ***should be exercised*** si dovrebbe usare molta prudenza **2** *(wariness)* cautela f., circospezione f.; ***the reports should be treated with some*** ~ le notizie dovrebbero essere prese con molta cautela **3** *(warning)* avvertimento m.; ***a word of*** ~ un avvertimento; ***"Caution! Drive slowly!"*** "Attenzione! Rallentare!" **4** BE DIR. *(given to suspect)* = avvertimento formale dato a una persona sospettata o accusata di un reato che le sue parole potranno essere utilizzate come prova; ***to be under*** ~ essere ammonito giudizialmente **5** DIR. *(admonition)* diffida f.; ***to issue*** o ***administer a*** ~ diffidare *o* dare una diffida; ***to get off*** o ***be let off with a*** ~ cavarsela con una diffida **6** DIR. *(bail)* cauzione f.; ***to be out on*** ~ essere fuori su cauzione **7** ANT. COLLOQ. *(funny person)* ***she's a*** ~***!*** è una sagoma! ◆ ***to throw*** o ***cast*** ~ ***to the wind(s)*** dimenticare ogni prudenza.
▷ **2.caution** /ˈkɔːʃn/ tr. **1** *(warn)* avvertire (**that** che); ***"he's dangerous," she*** ~***ed*** "è uno pericoloso," avvertì; ***to*** ~ ***sb. against doing*** diffidare qcn. dal fare; ***to*** ~ ***sb. against*** o ***about*** mettere in guardia qcn. contro [*danger, risk, problem*] **2** DIR. [*policeman*] informare dei diritti [*suspect*] **3** DIR. *(admonish)* diffidare; ***to be*** ~***ed for speeding*** essere ammonito giudizialmente per eccesso di velocità **4** SPORT [*referee*] ammonire [*player*].
cautionary /ˈkɔːʃənərɪ, AE -nerɪ/ agg. attrib. [*look, gesture*] ammonitore, di avvertimento; ***a*** ~ ***word*** o ***comment*** un ammonimento *o* un avvertimento; ***she gave me some*** ~ ***advice*** mi mise in guardia dandomi alcuni consigli; ***to end on a*** ~ ***note*** [*speech, analysis*] terminare con una nota di avvertimento; ***a*** ~ ***tale*** una storia che serva da ammonimento.
caution money /ˈkɔːʃnˌmʌnɪ/ n. BE cauzione f.
▷ **cautious** /ˈkɔːʃəs/ agg. **1** *(careful)* [*person, attitude, approach, action*] cauto, prudente; ***he's*** ~ ***about spending money*** è accorto nello spendere; ***to be*** ~ ***in one's dealings with sb.*** essere cauto nei rapporti con qcn. **2** *(wary)* [*person*] cauto, circospetto; [*statement, response*] cauto, prudente; [*welcome, reception*] cauto, diffidente; [*agreement*] prudente; [*optimism*] cauto; ***to be*** ~ ***about doing*** essere guardingo nel fare; ***he's*** ~ ***about committing himself*** è prudente nel prendere impegni.
▷ **cautiously** /ˈkɔːʃəslɪ/ avv. **1** *(carefully)* [*act, approach, say, move*] con cautela, prudentemente **2** *(warily)* [*react*] con circospezione; [*state, respond*] cautamente, prudentemente; [*welcome*] con diffidenza; [*optimistic, confident*] cautamente.
cautiousness /ˈkɔːʃəsnɪs/ n. **1** *(care)* cautela f., prudenza f. **2** *(wariness)* cautela f., circospezione f.
cavalcade /ˌkævlˈkeɪd/ n. *(on horseback)* cavalcata f.; *(motorized)* sfilata f.
cavalier /ˌkævəˈlɪə(r)/ **I Cavalier** n. GB STOR. = sostenitore di Carlo I **II** agg. altezzoso, superbo.
cavalierly /ˌkævəˈlɪəlɪ/ avv. altezzosamente, con superbia.
cavalla /kəˈvælə/ n. (pl. ~, ~**s**) scombro m. cavallino.
cavalry /ˈkævlrɪ/ **I** n. cavalleria f. **II** modif. [*charge, officer, regiment*] di cavalleria.
cavalryman /ˈkævlrɪmən/ n. (pl. **-men**) cavaliere m.
cavalry twill /ˌkævlrɪˈtwɪl/ **I** n. *(fabric)* serge m. **II cavalry twills** n.pl. pantaloni m. in serge.
▷ **1.cave** /keɪv/ n. grotta f.; ***underwater*** ~***s*** grotte sottomarine.
2.cave /keɪv/ intr. esplorare grotte.
■ **cave in:** ~ ***in*** **1** [*tunnel, roof, building*] crollare; [*beam*] cedere, piegarsi; ***his ribs*** ~***d in under the impact*** l'urto gli ha sfondato la cassa toracica **2** FIG. [*person*] cedere, crollare; ~ ***[sth.] in***, ~ ***in [sth.]*** fare crollare [*roof*]; schiacciare, sfondare [*skull, rib cage*].
3.cave /ˈkeɪvɪ/ inter. BE SCOL. GERG. *(as a warning cry)* attenzione.
caveat /ˈkævɪæt, AE ˈkeɪvɪæt/ n. ammonimento m., avvertimento m.
cave dweller /ˈkeɪvˌdwelə(r)/ n. uomo m. delle caverne, troglodita m.
cave-in /ˈkeɪvɪn/ n. cedimento m., crollo m.
caveman /ˈkeɪvmæn/ n. (pl. **-men**) **1** ARCHEOL. uomo m. delle caverne **2** COLLOQ. *(boor)* cavernicolo m., troglodita m.
cave painting /ˈkeɪvˌpeɪntɪŋ/ n. pittura f. rupestre.
caver /ˈkeɪvə(r)/ ♦ ***27*** n. speleologo m. (-a).
cavern /ˈkævən/ n. caverna f., grotta f.
cavernous /ˈkævənəs/ agg. **1** [*groan, voice*] cavernoso, cupo; [*room*] cupo; [*eyes*] incavato; [*yawn*] profondo; [*mouth*] enorme **2** [*cliffs*] pieno di caverne.
caves(s)on /ˈkævɪsən/ n. cavezzone m.
caviar(e) /ˈkævɪɑː(r), ˌkævɪˈɑː(r)/ n. caviale m. ◆ ***to be*** ~ ***to the general*** gettare perle ai porci.
1.cavil /ˈkævl/ n. cavillo m.
2.cavil /ˈkævl/ intr. (forma in -ing ecc. **-ll-**, **-l-** AE) cavillare (**about**, **at** su).
caving /ˈkeɪvɪŋ/ n. speleologia f.; ***to go*** ~ fare speleologia.
cavilling /ˈkævɪlɪŋ/, **cavillous** /ˈkævɪləs/ agg. cavilloso.
cavitation /ˌkævɪˈteɪʃn/ n. **1** FIS. cavitazione f. **2** MED. formazione f. di cavità.
▷ **cavity** /ˈkævətɪ/ n. **1** cavità f. (anche MED.); ***the chest, nasal*** ~ la cavità toracica, nasale **2** *(in a tooth)* carie f.
cavity block /ˈkævətɪˌblɒk/ n. BE blocco m. di calcestruzzo di scorie.
cavity brick /ˈkævətɪˌbrɪk/ n. BE mattone m. forato.
cavity wall /ˈkævətɪˌwɔːl/ n. muro m. a intercapedine.
cavity wall insulation /ˌkævətɪˌwɔːlɪnsjʊˈleɪʃn, AE -səˈl-/ n. isolamento m. di muro a intercapedine.
cavort /kəˈvɔːt/ intr. (anche ~ **about**, ~ **around**) SCHERZ. fare capriole, saltellare.
cavy /ˈkeɪvɪ/ n. ZOOL. cavia f., porcellino m. d'India.
1.caw /kɔː/ n. **1** *(noise)* gracchio m. **2** *(cry)* cra!
2.caw /kɔː/ intr. gracchiare.
cawing /ˈkɔːɪŋ/ n. *(of crow, rook)* (il) gracchiare.
cay /keɪ/ n. GEOGR. banco m. corallino, isolotto m.
Cayenne /keɪˈen/ ♦ ***34*** n.pr. Caienna f.
cayenne pepper /ˌkeɪenˈpepə(r)/ n. pepe m. di Caienna.
cayman /ˈkeɪmən/ n. ZOOL. caimano m.
Cayman Islands /ˈkeɪmənˌaɪləndz/ ♦ ***12*** n.pr.pl. ***the*** ~ le isole Cayman.
CB I n. (⇒ Citizens' Band banda cittadina) CB **II** modif. [*wavelength*] CB, di banda cittadina; ~ ***equipment, radio*** CB; ~ ***user*** radioamatore.
CBE n. GB (⇒ Commander of the Order of the British Empire) = comandante dell'ordine dell'impero britannico.
CBer /ˌsiːˈbɪə(r)/ n. AE COLLOQ. radioamatore m. (-trice).
CBI n. GB (⇒ Confederation of British Industry) = confederazione dell'industria britannica corrispondente all'incirca alla Confindustria italiana.
CBS n. US (⇒ Columbia Broadcasting System) = rete televisiva nazionale americana.
cc ♦ ***35*** ⇒ cubic centimetre centimetro cubo (cc, cm^3); ***a 500*** ~ ***engine*** un motore da 500 cm^3.
CC 1 BE ⇒ County Council consiglio di contea **2** ⇒ carbon copy copia carbone (cc).
CCTV n. (⇒ Closed-Circuit Television) = impianto televisivo a circuito chiuso.
▷ **1.CD** n. (⇒ compact disc compact disc) CD m.; ***on*** ~ su CD.
2.CD 1 ⇒ corps diplomatique corpo diplomatico (CD) **2** MIL. ⇒ Civil Defence difesa civile **3** AE ⇒ Congressional District collegio elettorale **4** AE ECON. ⇒ Certificate of Deposit certificato di deposito.
CD burner /ˌsiːdiˈbɜːnə(r)/ n. INFORM. GERG. masterizzatore m.
CD caddy /ˌsiːdiˈkædɪ/ n. porta-cd m.
CDI n. (⇒ compact disc interactive compact disc interattivo) CD-I m.
CD plate /ˌsiːdiːˈpleɪt/ n. = targa di auto appartenente al corpo diplomatico.
CD player /ˌsiːdiːˈpleɪə(r)/ n. lettore m. di compact disc, lettore m. (di) CD.
Cdr MIL. ⇒ Commander comandante.
CD-ROM /ˌsiːdiːˈrɒm/ n. INFORM. CD-ROM m.; ***on*** ~ su CD-ROM.
CD system /ˌsiːdiːˈsɪstəm/ n. → **CD player**.
CDT n. US (⇒ Central Daylight Time) = ora legale adottata negli stati centrali degli Stati Uniti.
CD-Writer /siːdiˈraɪtə(r)/ n. INFORM. masterizzatore m.
1.cease /siːs/ n. ***without*** ~ incessantemente, senza interruzione.
▷ **2.cease** /siːs/ **I** tr. cessare, smettere; ***to*** ~ ***doing*** smettere di fare; ***to*** ~ ***to do*** cessare di fare; ***you never*** ~ ***to amaze me!*** non finisci mai

di stupirmi! ***to ~ fire*** cessare il fuoco **II** intr. cessare, finire ◆ ***wonders*** o ***miracles will never ~*** non si finisce mai di stupirsi.
cease-fire /'si:sfaɪə(r)/ **I** n. cessate il fuoco m. **II** modif. [*agreement, negotiations*] sul cessate il fuoco; [*call*] del cessate il fuoco.
ceaseless /'si:slɪs/ agg. incessante, continuo.
ceaselessly /'si:slɪslɪ/ avv. [*labour, talk*] incessantemente, senza sosta; [*active, vigilant*] continuamente, costantemente.
Cecil /'sesl/ n.pr. Cecilio.
Cecilia /sɪ'sɪljə/, **Cecily** /'sɪsɪlɪ/ n.pr. Cecilia.
cecum → **caecum**.
cedar /'si:də(r)/ **I** n. **1** (anche ~ **tree**) cedro m. **2** (anche **cedarwood**) (legno di) cedro m. **II** modif. [*forest*] di cedri; [*box, chest*] in, di (legno di) cedro.
cedarn /'si:dən/ agg. LETT. cedrino, di cedro, di cedri.
cede /si:d/ **I** tr. **1** DIR. cedere [*control, land, rights*] (**to** a) **2** SPORT concedere [*goal, match, point*] (**to** a) **II** intr. cedere (**to** a).
cedilla /sɪ'dɪlə/ n. cediglia f.
Cedric /'sedrɪk/ n.pr. Cedric (nome di uomo).
Ceefax® /'si:fæks/ n. GB TELEV. = servizio di teletext fornito dalla BBC.
ceil /si:l/ tr. ANT. **1** rivestire con assi; intonacare [*ceiling*] **2** soffittare [*room*].
ceilidh /'keɪlɪ/ n. = in Scozia e Irlanda, riunione informale con canti, balli e racconti tradizionali.
▷ **ceiling** /'si:lɪŋ/ n. **1** soffitto m.; ***a high-~ed room*** una stanza dal soffitto alto **2** *(upper limit)* tetto m., plafond m.; ***to set a ~ of 10% on wage rises*** fissare un tetto del 10% sull'aumento delle retribuzioni; ***to set a ~ on the number of shareholders*** mettere un plafond sul numero degli azionisti **3** AER. plafond m., soffitto m. **4** METEOR. base f. di un banco di nubi ◆ ***to hit the ~*** AE andare su tutte le furie.
ceiling joist /'si:lɪŋˌdʒɔɪst/ n. EDIL. travicello m. del soffitto.
ceiling light /'si:lɪŋˌlaɪt/ n. lampadario m.; plafoniera f.
ceiling price /'si:lɪŋˌpraɪs/ n. COMM. ECON. calmiere m., prezzo m. massimo.
ceiling rate /'si:lɪŋˌreɪt/ n. tasso m. massimo.
celadon /'selədɒn/ **I** n. **1** *(colour)* verde m. pallido, grigioverde m., céladon m. **2** *(Chinese pottery)* céladon m. **II** agg. verde pallido, grigioverde.
celandine /'seləndaɪn/ n. ***greater ~*** celidonia, erba da porri; ***lesser ~*** favagello.
celeb /'seleb/ n. AE COLLOQ. (accorc. **celebrity**) celebrità f., persona f. famosa.
celebrant /'selɪbrənt/ n. RELIG. **1** *(participant)* = chi partecipa a una cerimonia religiosa **2** *(officiating priest)* celebrante m., officiante m.
▷ **celebrate** /'selɪbreɪt/ **I** tr. **1** festeggiare [*occasion*]; *(more formally)* celebrare; ***there's nothing, there's something to ~*** non c'è niente, c'è qualcosa da festeggiare **2** RELIG. celebrare, officiare [*mass*]; ***to ~ Easter*** celebrare la Pasqua **3** *(pay tribute to)* onorare, celebrare [*person, life, love*] **II** intr. fare festa, festeggiare; ***let's ~!*** festeggiamo!
▷ **celebrated** /'selɪbreɪtɪd/ **I** p.pass. → **celebrate II** agg. celebre, famoso (**as** come; **for** per).
▷ **celebration** /ˌselɪ'breɪʃn/ **I** n. **1 U** *(action of celebrating)* celebrazione f. **2** *(party)* festeggiamento m.; ***to have a ~*** fare una festa; ***his wife's birthday ~s*** i festeggiamenti per il compleanno di sua moglie **3** *(public festivities)* ***~s*** celebrazioni, cerimonie **4** *(tribute)* commemorazione f. (**of** di) **5** RELIG. *(of mass, marriage)* celebrazione f. **II** modif. [*dinner, fireworks*] *(small-scale)* di festeggiamento; *(public)* di commemorazione.
celebratory /ˌselɪ'breɪtərɪ, AE 'seləbrətɔ:rɪ/ agg. [*air, mood*] di festa, celebrativo; ***to have a ~ drink after the match*** fare una bevuta dopo la partita per festeggiare.
▷ **celebrity** /sɪ'lebrətɪ/ **I** n. **1** *(fame)* celebrità f., fama f. **2** *(person)* celebrità f. **II** modif. [*guest*] celebre, illustre; [*panel*] delle celebrità; [*golf*] giocato da celebrità; [*match*] disputato da celebrità; [*novel*] scritto da un personaggio celebre.
celeriac /sɪ'lerɪæk/ n. sedano m. rapa.
celerity /sɪ'lerətɪ/ n. FORM. celerità f., velocità f.
celery /'selərɪ/ **I** n. sedano m.; ***a stick of ~*** un gambo di sedano; ***a head of ~*** un sedano; ***braised ~*** sedano stufato **II** modif. [*salad, salt, seeds*] di sedano.
celeste /sɪ'lest/ n. MUS. *(keyboard instrument)* celesta f.
Celeste /sɪ'lest/ n.pr. Celeste.
celestial /sɪ'lestrɪəl/ agg. **1** [*sky*] celeste; ***~ bodies*** corpi celesti **2** [*heaven*] celeste, celestiale (anche FIG.).
celestine /'selɪstaɪn/ n. MINER. celestina f.
Celestine /'selɪstaɪn/ n.pr. **1** *(female name)* Celestina **2** *(male name)* Celestino.
celestite /'selɪstaɪt/ n. → **celestine**.
Celia /'si:ljə/ n.pr. Celia.
celiac AE → **coeliac**.
celibacy /'selɪbəsɪ/ n. *(being unmarried)* celibato m.; *(abstaining from sex)* castità f.; ***a vow of ~*** un voto di castità.
celibatarian /ˌselɪbə'teərɪən/ n. difensore m. del celibato.
celibate /'selɪbət/ **I** n. *(unmarried)* celibe m.; *(abstaining from sex)* persona f. casta **II** agg. *(unmarried)* celibe; *(abstaining from sex)* casto.
▶ **cell** /sel/ n. **1** *(for prisoner, monk)* cella f. **2** BIOL. BOT. cellula f. **3** *(in honeycomb)* cella f. **4** EL. CHIM. cella f. **5** POL. cellula f. **6** TEL. cella f., cellula f.
1.cellar /'selə(r)/ n. *(all contexts)* cantina f.
2.cellar /'selə(r)/ tr. mettere in cantina.
cellarage /'selərɪdʒ/ n. **1** *(area of a cellar)* vano m. cantina **2** *(charge)* spese f.pl. di magazzinaggio.
cellarer /'selərə(r)/ n. *(in monasteries)* cellerario m. (-a).
cellarman /'selə(r)mæn/ n. (pl. **-men**) cantiniere m.
cellblock /'selblɒk/ n. *(of prison)* blocco m.
cell culture /'selˌkʌltʃə(r)/ n. BIOL. coltura f. dei tessuti.
cell division /'seldɪˌvɪʃn/ n. divisione f. cellulare.
cell formation /'selfɔ:ˌmeɪʃn/ n. formazione f. di cellule.
cellist /'tʃelɪst/ ◗ ***17, 27*** n. violoncellista m. e f.
cellmate /'selmeɪt/ n. compagno m. (-a) di cella.
cello /'tʃeləʊ/ ◗ ***17*** n. violoncello m.
Cellophane® /'seləʊfeɪn/ n. cellofan m.
▷ **cellphone** /'selfəʊn/ n. (telefono) cellulare m., telefonino m.
▷ **cellular** /'seljʊlə(r)/ agg. BIOL. cellulare.
cellular blanket /ˌseljʊlə'blæŋkɪt/ n. coperta f. a nido d'ape.
cellular network /ˌseljʊlə'netwɜ:k/ n. reticolo m. protoplasmatico.
▷ **cellular phone** /ˌseljʊlə'fəʊn/, **cellular telephone** /ˌseljʊlə'telɪfəʊn/ n. telefono m. cellulare.
cellule /'selju:l/ n. BIOL. RAR. **1** piccola cellula f. **2** *(small cavity)* cellula ANT., piccola cavità f.
cellulite /'seljʊlaɪt/ n. cellulite f.
cellulitis /ˌseljʊ'laɪtɪs/ ◗ ***11*** n. MED. cellulite f.
celluloid® /'seljʊlɔɪd/ **I** n. celluloide f. **II** modif. **1** [*sheet, object*] di celluloide **2** CINEM. [*heroine*] di celluloide; [*world*] della celluloide, del cinema.
cellulose /'seljʊləʊs/ **I** n. cellulosa f. **II** modif. [*paint, varnish*] cellulosico; ***~ acetate*** acetilcellulosa; ***~ nitrate*** nitrato di cellulosa.
cellulosic /'seljəˌləʊsɪk/ agg. cellulosico.
cell wall /'selˌwɔ:l/ n. BIOL. parete f. cellulare.
Celsius /'selsɪəs/ agg. Celsius.
celt /selt/ n. ARCHEOL. = utensile preistorico in pietra o bronzo a forma di ascia.
Celt /kelt, AE selt/ n. celta m. e f.
Celtic /'keltɪk, AE 'seltɪk/ agg. celtico; ***~ cross*** croce celtica.
Celtic fringe /ˌkeltɪk'frɪndʒ, AE ˌseltɪk-/ n. = regioni celtiche delle isole britanniche.
celticism /'keltɪsɪzəm, AE 'seltɪsɪzəm/ n. RAR. **1** usanza f., costume m. dei celti **2** LING. celtismo m.
celticize /'keltɪsaɪz, AE 'seltɪsaɪz/ tr. rendere celtico.

> **i** **Celtic Tiger** Coniata sul modello di *Asian Tiger*, l'espressione indica la Repubblica d'Irlanda e si riferisce alla forte espansione economica e all'elevato tasso di crescita di questo paese in rapporto agli altri paesi dell'Unione Europea e dell'OCSE.

cembalo /'tʃembələʊ/ ◗ ***17*** n. (pl. **~s**) clavicembalo m.
▷ **1.cement** /sɪ'ment/ **I** n. **1** cemento m. (anche ANAT. MED.); *(for tiles)* mastice m. **2** FIG. cemento m., legame m. **II** modif. [*slab*] di cemento; [*floor, step*] in, di cemento.
2.cement /sɪ'ment/ tr. **1** ING. cementare **2** MED. otturare (con cemento) **3** FIG. cementare, rinsaldare [*alliance, relations, deal*].
cementation /ˌsi:men'teɪʃn/ n. cementazione f.
cementite /sɪ'mentaɪt/ n. cementite f.
cement mixer /sɪ'mentˌmɪksə(r)/ n. betoniera f.
cementum /sɪ'mentəm/ n. ANAT. cemento m.
▷ **cemetery** /'semətrɪ, AE -terɪ/ n. cimitero m.
cenobite /'si:nəbaɪt/ n. RELIG. cenobita m.
cenotaph /'senətɑ:f, AE -tæf/ n. cenotafio m.
Cenozoic /si:nə'zəʊɪk/ → **Cainozoic**.
cense /sens/ tr. RAR. incensare, bruciare incenso a [*divinity*].

censer /'sensə(r)/ n. incensiere m., turibolo m.
censer bearer /'sensə,beərə(r)/ n. turiferario m.
1.censor /'sensə(r)/ n. *(all contexts)* censore m.; ***to act as a*** ~ fare il censore.
2.censor /'sensə(r)/ tr. *(all contexts)* censurare.
censorial /sen'sɔ:rɪəl/ agg. censorio.
censorious /sen'sɔ:rɪəs/ agg. ipercritico (**of, about** nei confronti di).
▷ **censorship** /'sensəʃɪp/ n. *(all contexts)* censura f.; ***to exercise, lift*** ~ esercitare, togliere la censura.
censurable /'senʃərəbl/ agg. censurabile.
1.censure /'senʃə(r)/ n. FORM. o POL. censura f., biasimo m.; ***vote of*** ~ voto di censura.
2.censure /'senʃə(r)/ tr. censurare, biasimare.
▷ **census** /'sensəs/ n. censimento m.; ***traffic*** ~ censimento della circolazione.
▶ **cent** /sent/ ➧ **7** n. centesimo m.; ***I haven't got a*** ~ non ho un centesimo.
centaur /'sentɔ:(r)/ n. centauro m.
centaury /'sentɔ:rɪ/ n. **1** erba f. chinino **2** centaurea f.
centenarian /,sentɪ'neərɪən/ **I** agg. centenario **II** n. centenario m. (-a).
centenary /sen'ti:nərɪ/ **I** n. centenario m. **II** modif. [*year*] del centenario; [*celebration*] per il centenario.
centennial /sen'tenɪəl/ **I** n. AE centenario m. **II** agg. *(every 100 years)* secolare, centennale; *(lasting 100 years)* centenario, centennale.
center AE → **centre**.
center-fold AE → **centre-fold**.
centesimal /sen'tesɪml/ agg. centesimale.
centigrade /'sentɪgreɪd/ agg. [*thermometer*] centigrado; ***in degrees*** ~ in gradi centigradi.
centigram(me) /'sentɪgræm/ ➧ **37** n. centigrammo m.
centilitre BE, **centiliter** AE /'sentɪli:tə(r)/ ➧ **3** n. centilitro m.
▷ **centimetre** BE, **centimeter** AE /'sentɪmi:tə(r)/ ➧ **15** n. centimetro m.
centipede /'sentɪpi:d/ n. centopiedi m.
cento /'sentəʊ/ n. (pl. **~s**) LETTER. MUS. centone m.
CENTO /'sentəʊ/ n. (⇒ Central Treaty Organization) = organizzazione per la cooperazione militare ed economica formata nel 1959 da Regno Unito, Iran, Pakistan e Turchia.
▶ **central** /'sentrəl/ **I** agg. **1** *(in the middle)* [*area, courtyard, district*] centrale; ***in*** ~ ***London*** nel centro di Londra **2** *(in the town centre)* [*house, apartment etc.*] in centro; ***we need a*** ~ ***location for the office*** abbiamo bisogno di una posizione centrale per l'ufficio **3** *(key)* [*argument, feature, message, role*] centrale, principale, fondamentale; ***to be*** ~ ***to sth.*** essere essenziale per qcs. **4** AMM. POL. [*control, management, government, funding, planning*] centrale **II Central** n.pr. (anche **Central Region**) *(in Scotland)* Central Region f.
Central African Republic /,sentrəl,æfrɪkənrɪ'pʌblɪk/ ➧ **6** n.pr. Repubblica f. Centrafricana.
Central America /,sentrələ'merɪkə/ n.pr. America f. centrale.
Central American /,sentrələ'merɪkən/ agg. centr(o)americano, dell'America centrale.
Central Asia /,sentrəl'eɪʃə, AE -'eɪʒə/ n.pr. Asia f. centrale.
central bank /,sentrəl'bæŋk/ n. ECON. banca f. centrale.
central city /,sentrəl'sɪtɪ/ n. AE centro m. città, quartieri m.pl. del centro.
Central Committee /,sentrəlkə'mɪtɪ/ n. POL. comitato m. centrale.
Central Europe /,sentrəl'jʊərəp/ n. Europa f. centrale.
Central European /,sentrəljʊərə'pɪən/ agg. dell'Europa centrale.
Central European Time /,sentrəljʊərə'pɪən,taɪm/ n. tempo m. medio dell'Europa centrale.
central heating /,sentrəl'hi:tɪŋ/ n. riscaldamento m. centralizzato.
centralism /'sentrəlɪzəm/ n. centralismo m.
centralist /'sentrəlɪst/ **I** agg. centralista **II** n. centralista m. e f.
centrality /sen'trælətɪ/ n. centralità f.
centralization /,sentrəlaɪ'zeɪʃn, AE -lɪ'z-/ n. centralizzazione f.
centralize /'sentrəlaɪz/ tr. centralizzare.
central locking /,sentrəl'lɒkɪŋ/ n. AUT. chiusura f. centralizzata.
centrally /'sentrəlɪ/ avv. [*live, work*] in centro; [*place*] centralmente; [*situated*] nel centro; [*funded, managed*] in modo centralizzato; ~ ***heated*** [*flat*] con riscaldamento centralizzato; ***a*** ~ ***planned economy*** un'economia pianificata dal centro.
central nervous system /sentrəl'nɜ:vəs,sɪstəm/ n. sistema m. nervoso centrale.
central office /,sentrəl'ɒfɪs, AE -'ɔ:f-/ n. COMM. *(of company)* ufficio m. centrale.
central processing unit /,sentrəl'prəʊsesɪŋ,ju:nɪt, AE -'prɒ-/, **central processor** /,sentrəl'prəʊsesə(r), AE -'prɒ-/ n. INFORM. unità f. centrale di elaborazione.
central reservation /,sentrəlrezə'veɪʃn/ n. BE spartitraffico m.
Central Standard Time /,sentrəl'stændəd,taɪm/ n. AE = ora solare della zona centrale dell'America settentrionale.
central vowel /,sentrəl'vaʊəl/ n. LING. vocale f. centrale.
▶ **1.centre** BE, **center** AE /'sentə(r)/ **I** n. **1** *(middle)* centro m. (**of** di); ***in the*** ~ nel centro; ***I live near the*** ~ ***of London*** vivo vicino al centro di Londra; ***town*** ~ o ***city*** ~ centro (città); ***sweets with soft ~s*** caramelle ripiene **2** *(focus)* centro m.; ***to be at the*** ~ ***of a campaign, row*** essere al centro di una campagna, di una lite; ***to be the*** ~ ***of attention*** essere al centro dell'attenzione **3** *(seat)* centro m., sede f.; ***the*** ~ ***of power, government*** la sede del potere, del governo **4** *(designated area)* centro m.; ***business*** ~ centro direzionale; ***shopping, sports, leisure*** ~ centro commerciale, sportivo, ricreativo **5** POL. centro m.; ***to be left-of-~, right-of-~*** [*person, politics*] essere di centrosinistra, di centrodestra; ***a ~-left party*** un partito del centrosinistra **6** SPORT *(player) (in hockey)* centro m.; *(in basketball)* centro m., pivot m.; *(in football)* centravanti m. **II** modif. [*aisle, lane, line, section*] centrale; [*parting*] in mezzo ◆ ***left, right and*** ~ *(everywhere)* da tutte le parti *o* a destra e a manca; *(indiscriminately)* [*criticize, spend money*] a destra e a manca.
2.centre BE, **center** AE /'sentə(r)/ **I** tr. **1** centrare **2** *(focus)* incentrare [*thoughts*] (**on** su) **3** SPORT ***to*** ~ ***the ball*** centrare (la palla) *o* fare un traversone **II** intr. *(focus)* accentrarsi, concentrarsi (**in** in).
■ **centre around:** ~ ***around [sth.]*** [*activities, person*] incentrarsi su; [*people, industry*] concentrarsi intorno a [*town*]; [*life, plans, thoughts*] essere imperniato su, ruotare intorno a [*holidays, person, work*]; [*demands*] concentrarsi su, riguardare [*conditions, pay*]; ~ ***[sth.] around*** [*person*] concentrare [qcs.] su [*feelings, thoughts*].
■ **centre on, centre upon:** ~ ***on [sth.]*** [*activities, feelings, thoughts, work*] concentrarsi su [*person, problem, subject*].
centre bit /,sentə'bɪt/ n. FAL. punta f. a centro.
centreboard /'sentəbɔ:d/ n. deriva f. mobile.
Centre Court /,sentə'kɔ:t/ n. *(in tennis)* (campo) centrale m.
centred /'sentəd/ **I** p.pass. → **2.centre** **II** agg. **1** AE [*person*] equilibrato **2 -centred** in composti incentrato su; ***child-~ education*** puerocentrismo *o* pedagogia incentrata sul bambino.
centre-field /'sentə,fi:ld/ n. *(in baseball)* centrocampo m.
centre-fielder /'sentə,fi:ldə(r)/ n. *(in baseball)* esterno m. centro.
centre-fold /'sentəfəʊld/ n. **1** TIP. inserto m. centrale **2** *(pin-up) (picture)* paginone m. centrale **3** *(model)* ragazza f. del mese.
centre-forward /,sentə'fɔ:wəd/ n. SPORT centravanti m.
centre ground /,sentə'graʊnd/ n. POL. centro m.; ***to occupy the*** ~ ***of Italian politics*** occupare una posizione di centro nella politica italiana.
centre-half /,sentə'hɑ:f, AE -'hæf/ n. SPORT (centro) mediano m.
centre-hung window /,sentəhʌŋ'wɪndəʊ/ n. *(vertical)* finestra f. pivotante; *(horizontal)* finestra f. basculante.
centreing /'sentərɪŋ/ n. → **centring**.
centre of gravity BE, **center of gravity** AE /,sentərəv'grævətɪ/ n. centro m. di gravità.
centre-piece /'sentəpi:s/ n. *(of table)* centrotavola m.; *(of exhibition)* pezzo m. forte.
centre spread /,sentə'spred/ n. GIORN. pagine f.pl. centrali.
1.centre-stage /,sentə'steɪdʒ/ n. **1** TEATR. centro m. della scena **2** FIG. *(prime position)* ***to take*** o ***occupy*** ~ occupare *o* guadagnare il centro della scena.
2.centre-stage /,sentə'steɪdʒ/ avv. ***to stand*** ~ essere al centro della scena.
centre three-quarter /,sentə,θri:'kwɔ:tə(r)/ n. *(in rugby)* trequarti m. centrale.
centric(al) /'sentrɪk(l)/ agg. **1** RAR. centrale **2** BOT. [*leaves*] centrico.
centricity /sen'trɪsətɪ/ n. centralità f.
centrifugal /,sentrɪ'fju:gl, sen'trɪfjʊgl/ agg. centrifugo.
1.centrifuge /'sentrɪfju:dʒ/ n. centrifuga f.
2.centrifuge /'sentrɪfju:dʒ/ tr. centrifugare.
centring /'sentrɪŋ/ n. **1** ARCH. centina f. **2** TECN. centraggio m.
centripetal /,sentrɪ'pi:tl, sen'trɪpɪtl/ agg. centripeto.
centrism /'sentrɪzəm/ n. POL. centrismo m.
centrist /'sentrɪst/ POL. **I** agg. centrista **II** n. centrista m. e f.
centrosome /'sentrə,səʊm/ n. centrosoma m.
centrosphere /'sentrə,sfɪə(r)/ n. centrosfera f.
1.centuple /'sentjʊpl, AE -tu:-/ **I** agg. centuplo **II** n. centuplo.
2.centuple /'sentjʊpl, AE -tu:-/ tr. centuplicare.

1.centuplicate /sen'tju:plɪkeɪt, AE -tu:-/ **I** agg. centuplicato **II** n. centuplo m.
2.centuplicate /sen'tju:plɪkeɪt, AE -tu:-/ tr. centuplicare.
centurion /sen'tjʊərɪən, AE -tʊər-/ n. STOR. centurione m.
▶ **century** /'sentʃərɪ/ ➧ *33* n. **1** secolo m.; ***in the 20th ~*** nel ventesimo secolo; ***at the turn of the ~*** al volgere del secolo; ***through the centuries*** attraverso i secoli; ***half a ~*** metà *o* mezzo secolo; ***centuries-old*** secolare **2** STOR. centuria f. **3** *(in cricket)* cento punti m.pl.
CEO n. (⇒ Chief Executive Officer) = direttore generale.
cephalalgia /ˌkefə'lældʒɪə, ˌsefə'lældʒə/ ➧ *11* n. cefalgia f., cefalea f.
cephalic /kɪ'fælɪk, sɪ'fælɪk/ agg. cefalico.
cephalopod /'kefələpɒd, 'sefələpɒd/ n. cefalopode m.
▷ **ceramic** /sɪ'ræmɪk/ **I** n. *(all contexts)* ceramica f. **II** agg. [*tile, pot*] di ceramica; [*hob*] in vetroceramica; [*design, art*] della ceramica.
ceramicist /sɪ'ræmɪsɪst/ ➧ *27* n. ceramista m. e f.
ceramics /sɪ'ræmɪks/ n. **1** + verbo sing. *(study)* (arte della) ceramica f. **2** + verbo pl. *(artefacts)* ceramiche f.
ceramist /'serəmɪst/ n. → **ceramicist**.
cerastes /sɪ'ræsti:z/ n. (pl. ~) ceraste m. (cornuto), vipera f. cornuta.
Cerberus /'sɜ:bərəs/ n.pr. Cerbero ◆ ***it's a sop to ~*** è un'offa a Cerbero.
cere /sɪə(r)/ n. *(on beak)* cera f.
▷ **cereal** /'sɪərɪəl/ **I** n. cereale m.; *(for breakfast)* cereali m.pl.; ***breakfast ~*** cereali per la prima colazione **II** agg. [*harvest, imports*] di cereali; [*crop, production*] cerealicolo, di cereali.
cereal grower /'sɪərɪəlˌgrəʊə(r)/ ➧ *27* n. cerealicoltore m. (-trice).
cereal growing /'sɪərɪəlˌgrəʊɪŋ/ n. cerealicoltura f.
cerebellar /ˌserə'belə(r)/ agg. cerebellare.
cerebellum /ˌserɪ'beləm/ n. cervelletto m.
cerebra /'serɪbrə/ → **cerebrum**.
▷ **cerebral** /'serɪbrəl, AE sə'ri:brəl/ agg. **1** MED. cerebrale **2** [*person, writing, music*] cerebrale.
cerebralism /'serɪbrəlɪzəm, AE sə'ri:-/ n. cerebralismo m.
cerebral palsy /ˌserɪbrəl'pɔ:lzɪ, AE səˌri:brəl-/ ➧ *11* n. paralisi f. cerebrale.
cerebration /ˌserɪ'breɪʃn/ n. FORM. elucubrazione f., meditazione f.
cerebropathy /ˌserɪ'brəʊpəθɪ/ n. cerebropatia f.
cerebrospinal /ˌserɪbrəʊ'spaɪnl/ agg. cerebrospinale.
cerebrum /'serɪbrəm/ n. (pl. **~s, -a**) MED. cervello m.
ceremonial /ˌserɪ'məʊnɪəl/ **I** n. cerimoniale m., etichetta f.; *(religious)* rituale m. **II** agg. **1** [*dress*] da cerimonia **2** *(ritual)* rituale, cerimoniale; *(solemn)* solenne; *(official)* formale, ufficiale.
ceremonialism /ˌserɪ'məʊnɪəlɪzəm/ n. **1** *(adherence to ceremonies)* ritualismo m. **2** *(fondness for ceremonies)* formalismo m.
ceremonialist /ˌserɪ'məʊnɪəlɪst/ n. ritualista m. e f.
ceremonially /ˌserɪ'məʊnɪəlɪ/ avv. cerimonialmente, secondo il cerimoniale.
ceremonious /ˌserɪ'məʊnɪəs/ agg. [*event*] solenne, formale; [*behaviour*] cerimonioso.
ceremoniously /ˌserɪ'məʊnɪəslɪ/ avv. cerimoniosamente; *(solemnly)* solennemente.
▷ **ceremony** /'serɪmənɪ, AE -məʊnɪ/ n. **1** *(formal event)* cerimonia f.; ***marriage ~*** cerimonia nuziale **2 U** *(protocol)* cerimonie f.pl., convenevoli m.pl.; ***to stand on ~*** fare cerimonie *o* complimenti.
Ceres /'sɪəri:s/ n.pr. Cerere.
ceric /'sɪərɪk/ agg. cerico.
cerise /sə'ri:z, -'ri:s/ **I** n. (rosso) ciliegia m. **II** agg. (rosso) ciliegia.
cerium /'sɪərɪəm/ n. cerio m.
cermet /'sɜ:met/ n. metalloceramica f.
CERN /sɜ:n/ n. (⇒ Conseil Européen pour la Recherche Nucléaire Consiglio Europeo per le ricerche Nucleari) CERN m.
ceroplastic /ˌsɪərəʊ'plæstɪk/ agg. ceroplastico.
ceroplastics /ˌsɪərəʊ'plæstɪks/ n. + verbo sing. ceroplastica f.
cerous /'sɪərəs/ agg. CHIM. ceroso.
cert /sɜ:t/ n. BE COLLOQ. ***it's a (dead) ~!*** è cosa certa! ***he's a (dead) ~ for the next race!*** vincerà sicuramente la prossima gara!
▶ **certain** /'sɜ:tn/ **I** agg. **1** *(sure, definite)* certo, sicuro (**about**, **of** di); ***I'm ~ of it*** ne sono certo; ***I'm ~ that*** sono sicuro che; ***of that you can be ~*** di quello puoi star sicuro; ***absolutely ~*** assolutamente certo; ***I'm ~ that I checked*** sono sicura di aver controllato; ***I'm ~ that he refused*** sono certo che abbia rifiutato; ***I feel ~ that he'll come*** sono sicura che verrà; ***she's not ~ that you'll be able to do it*** non è convinta che tu sarai in grado di farlo; ***to make ~*** accertare *o* assicurare; ***to make ~ of*** assicurarsi [*cooperation, trust, support*]; accertare *o* verificare [*facts, details*]; controllare [*time*]; ***to make ~ to do*** assicurarsi di fare; ***to make ~ that*** *(ascertain)* accertarsi che *o* assicurarsi che; *(ensure)* sincerarsi che; ***as soon as I leave the phone is ~ to ring*** non appena me ne sarò andato, di sicuro suonerà il telefono; ***he's ~ to be there*** è sicuro che ci sarà; ***the strike seems ~ to continue*** sembra sicuro che lo sciopero continui; ***the committee is ~ to approve the measure*** il comitato approverà certamente il provvedimento; ***I know for ~ that*** so per certo che; ***be ~ to tell him that*** non dimenticare di dirgli che; ***nobody knows for ~*** nessuno lo sa con certezza; ***it isn't known for ~ if he's dead*** non si sa con certezza se è morto; ***I can't say for ~*** non posso dirlo con sicurezza; ***it will be ready tomorrow, for ~*** sarà sicuramente pronto per domani **2** *(assured, guaranteed)* [*death, defeat*] certo, sicuro; [*success*] assicurato, garantito; [*guarantee*] certo; ***to be ~ of doing*** essere certo di fare; ***it is ~ that*** è assicurato che; ***this method is ~ to work*** è garantito che questo metodo funziona; ***he's ~ to agree*** è cosa certa che sarà d'accordo; ***the changes are ~ to provoke anger*** i cambiamenti susciteranno sicuramente rabbia; ***nothing could be more ~ to offend him*** è garantito che nulla potrebbe offenderlo di più; ***one thing is ~, you'll never succeed*** una cosa è garantita, non riuscirai mai; ***to my ~ knowledge*** per quanto ne so *o* a quanto mi consta; ***I let him do it in the ~ knowledge that he would fail*** glielo lasciai fare sapendo per certo che non sarebbe riuscito; ***go early to be ~ of a seat*** arrivare presto per avere la certezza di trovare posto **3** *(specific)* [*amount, number, quantity, sum*] certo, dato, stabilito; ***on ~ conditions*** a determinate condizioni; ***~ people*** certe persone **4** *(slight)* [*coldness, confusion, shyness, difficulty*] certo; ***to a ~ extent*** o ***degree*** in una certa (qual) misura *o* fino a un certo punto; ***a ~ amount of time*** un po' di tempo; ***a ~ amount of frivolity, confusion, introspection*** una certa frivolezza, confusione, introspezione **5** *(named but not known)* ***a ~ Mr Cassels*** un certo signor Cassels **II** pron. ***~ of our members, friends*** alcuni dei nostri soci, amici.
▶ **certainly** /'sɜ:tnlɪ/ avv. *(without doubt)* certamente, senza dubbio; *(indicating assent)* certamente, certo; ***~ not!*** no di certo! ***it's ~ possible that*** è senza dubbio possibile che; ***"may I borrow your pen?" - "~"*** "posso prendere in prestito la tua penna?" - "certo"; ***this exercise is ~ very difficult*** questo esercizio è di sicuro molto difficile; ***we shall ~ attend the meeting*** parteciperemo senz'altro alla riunione; ***~ sir, madam*** certamente signore, signora; ***she was almost ~ innocent*** era quasi certamente innocente; ***he ~ got his revenge!*** IRON. indubbiamente si è preso la sua rivincita! ***it is ~ true that they treated him unfairly*** è sicuramente vero che lo hanno trattato ingiustamente; ***"are you annoyed?" - "I most ~ am!"*** "sei seccato?" - "assolutamente sì!"
▷ **certainty** /'sɜ:tntɪ/ n. **1** *(sure thing)* certezza f., sicurezza f. (**about** riguardo a); ***moral certainties*** certezze morali; ***for a ~*** con certezza; ***it's by no means a ~*** non è assolutamente sicuro (**that** che); ***this candidate is a ~ for election*** è sicuro che questo candidato verrà eletto; ***she is a ~ to play at next weeks's concert*** è cosa certa che suonerà al concerto della prossima settimana **2 U** *(guarantee)* certezza f., garanzia f. (**of** di); ***we have no ~ of success*** non abbiamo alcuna garanzia di successo; ***we cannot say with any ~ whether he will recover*** non possiamo dire con certezza se si riprenderà.
certes /'sɜ:tɪz/ avv. LETT. certamente, in verità.
certifiable /ˌsɜ:tɪ'faɪəbl/ agg. **1** *(mad)* [*person*] da internare, da dichiarare pazzo; SCHERZ. matto da legare **2** *(verifiable)* [*statement, evidence*] attestabile.
▷ **1.certificate** /sə'tɪfɪkət/ n. **1** SCOL. attestato m., diploma m. **2** *(for electrician, first aider etc.)* attestato m., diploma m.; *(for instructor)* brevetto m. **3** *(of child's proficiency in sth.)* attestato m., diplomino m. **4** *(of safety, building standards etc.)* certificato m.; ***test ~, MOT ~*** GB AUT. = certificato che attesta l'avvenuta revisione di un veicolo **5** AMM. *(of birth, death, marriage)* certificato m. **6** COMM. *(of authenticity, quality)* certificato m. **7** CINEM. ***18 ~ film*** film vietato ai minori di 18 anni.
2.certificate /sə'tɪfɪkeɪt/ tr. certificare, attestare.
certificated /sə'tɪfɪkeɪtɪd/ **I** p.pass. → **2.certificate II** agg. [*teacher, trainer*] diplomato.
Certificate in Education /səˌtɪfɪkətɪnedʒʊ'keɪʃn/ n. UNIV. = diploma di specializzazione che qualifica per l'insegnamento nella scuola secondaria.
certificate of deposit /səˌtɪfɪkətəvdɪ'pɒzɪt/ n. AE ECON. certificato m. di deposito.
Certificate of Incorporation /səˌtɪfɪkətəvɪnˌkɔ:pə'reɪʃn/ n. COMM. DIR. atto m. costitutivo.
Certificate of Secondary Education /səˌtɪfɪkətəvˌsekəndrɪedʒʊ'keɪʃn, AE -derɪ-/ n. GB SCOL. *(before 1988)* = diploma di istruzione secondaria.
▷ **certification** /ˌsɜ:tɪfɪ'keɪʃn/ n. **1** DIR. *(of document)* autenticazione f., legalizzazione f.; *(of ownership)* attestazione f. **2** *(docu-*

ment) certificazione f., certificato m. **3** *(of mental patient)* = attestato per ricovero in istituto psichiatrico.

▷ **certified** /'sɜːtɪfaɪd/ **I** p.pass. → **certify II** agg. **1** certificato, legalizzato **2** AE SCOL. [*teacher*] abilitato, qualificato **3** ***to send by ~ mail*** AE inviare con raccomandata semplice.

certified bankrupt /ˌsɜːtɪfaɪd'bæŋkrʌpt/ n. fallito m. riabilitato.

certified cheque BE, **certified check** AE /ˌsɜːtɪfaɪd'tʃek/ n. assegno m. a copertura garantita.

certified public accountant /ˌsɜːtɪfaɪdˌpʌblɪkə'kaʊntənt/ n. AE ECON. ragioniere m. (-a) iscritto (-a) all'albo.

certifier /'sɜːtɪfaɪə(r)/ n. chi certifica, chi attesta.

certify /'sɜːtɪfaɪ/ **I** tr. **1** DIR. MED. *(confirm)* constatare [*death*]; ***to ~ sth. a true copy*** certificare qcs. per copia conforme all'originale; ***to ~ sb. insane*** dichiarare qcn. pazzo **2** *(authenticate)* autenticare, legalizzare [*document*]; autenticare [*objet d'art*] **3** *(issue certificate to)* = dichiarare tramite certificato (che una persona è idonea o qualificata); ***to ~ sb. (as) fit for*** certificare che qcn. è idoneo per [*work, sport*] **4** COMM. garantire [*goods*] **II** intr. ***to ~ as to*** attestare [*authenticity, truth*].

certiorari /ˌsɜːʃɪə'reərɪ/ n. = avocazione di un procedimento da parte di un tribunale superiore.

certitude /'sɜːtɪtjuːd, AE -tuːd/ n. certezza f., sicurezza f.

cerulean /sə'ruːlɪən/ agg. LETT. ceruleo.

cerumen /sə'ruːmen/ n. cerume m.

ceruminous /sɪ'ruːmɪnəs/ agg. ceruminoso.

ceruse /'sɪəruːs/ n. bianchetto m., cerussa f.

cerussite /'sɪərəsaɪt/ n. cerussite f.

cervical /'sɜːvɪkl/ agg. cervicale.

cervical cancer /ˌsɜːvɪkl'kænsə(r)/ ♦ ***11*** n. cancro m. del collo dell'utero.

cervical smear /ˌsɜːvɪkl'smɪə(r)/ n. striscio m. del collo dell'utero.

cervices /'sɜːvɪsiːz/ → **cervix**.

cervicitis /ˌsɜːvɪ'saɪtɪs/ ♦ ***11*** n. cervicite f.

cervine /'sɜːvaɪn/ agg. di cervo, cervino.

cervix /'sɜːvɪks/ n. (pl. **-ices**) *(neck)* cervice f.; *(uterus)* cervice f. uterina, collo m. dell'utero.

Cesarean, Cesarian AE → **Caesarean, Caesarian**.

CESDP n. (⇒ Common European Security and Defence Policy Politica Europea di Sicurezza e di Difesa) PESD f.

cesium AE → **caesium**.

1.cess /ses/ n. ANT. tassa f., tributo m.

2.cess /ses/ n. IRLAND. sorte f., fortuna f.; ***bad ~ to you!*** che tu sia maledetto!

cessation /se'seɪʃn/ n. FORM. cessazione f., sospensione f.; ***~ of hostilities*** cessazione delle ostilità; ***without ~*** senza interruzione.

cession /'seʃn/ n. DIR. *(act, process)* cessione f., rinuncia f.; *(item ceded)* = bene, territorio ceduto.

cessionary /'seʃənərɪ/ n. cessionario m. (-a).

cesspit /'sespɪt/, **cesspool** /'sespuːl/ n. pozzo m. nero; FIG. cloaca f.

cesti /'sestaɪ/ → **cestus**.

cestode /'sestəʊd/ n. cestode m.

cestoid /'sestɔɪd/ **I** agg. [*worm*] nastriforme **II** n. cestode m.

cestus /'sestəs/ n. (pl. **-i**) STOR. *(girdle)* cinto m. di Venere.

CET n. (⇒ Central European Time) = tempo medio dell'Europa centrale.

cetacean /sɪ'teɪʃn/ n. cetaceo m.

cetaceous /sɪ'teɪʃjəs/ agg. di cetaceo.

cetane /'siːteɪn/ n. cetano m.

ceterach /'setəræk/ n. cedracca f., erba f. ruggine.

Ceylon /sɪ'lɒn/ **I** n.pr. STOR. Ceylon m. **II** modif. ***~ tea*** tè di Ceylon.

Ceylonese /ˌsɪlə'niːz/ **I** agg. singalese **II** n. singalese m. e f.

cf ⇒ confer confer, confronta (cfr).

c/f AMM. ⇒ carried forward riportato.

CFC n. (⇒ chlorofluorocarbon clorofluorocarburo) CFC m.; ***"contains no ~s"*** "privo di CFC".

CFE n. GB (⇒ College of Further Education) = istituto di istruzione superiore.

cg ⇒ centre of gravity centro di gravità.

CGA n. INFORM. (⇒ colour graphics adaptor programma di gestione della grafica a colori) CGA m.

ch. ⇒ chapter capitolo (cap.).

CH n. GB (⇒ Companion of Honour) = persona insignita di un titolo onorifico, corrispondente all'incirca al cavaliere.

1.cha-cha /'tʃɑːtʃɑː/ n. cha cha cha m.

2.cha-cha /'tʃɑːtʃɑː/ intr. ballare il cha cha cha.

chad /tʃæd/ n. INFORM. coriandolo m.

Chad /tʃæd/ ♦ ***6*** n.pr. Chad m.; ***Lake ~*** il lago Chad.

Chadian /'tʃædɪən/ ♦ ***18*** **I** agg. ciadiano **II** n. ciadiano m. (-a).

chador /'tʃʌdə(r)/ n. chador m.

1.chafe /tʃeɪf/ n. **1** *(act of chafing)* sfregamento m., strofinamento m. **2** *(sore)* irritazione f. **3** *(a state of annoyance)* irritazione f., stizza f.

2.chafe /tʃeɪf/ **I** tr. *(rub)* fregare, sfregare; *(breaking skin)* irritare; *(to restore circulation)* massaggiare **II** intr. **1** *(rub)* strofinarsi (**on, against** su, contro) **2** *(feel irritated)* [*person*] irritarsi, seccarsi (**at** per) ◆ ***to ~ at the bit*** mordere il freno.

chafer /'tʃeɪfə(r)/ n. coleottero m.

1.chaff /tʃɑːf, tʃæf, AE tʃæf/ n. **1** AGR. *(husks)* pula f., lolla f.; *(fodder)* paglia f., fieno m. **2** AER. chaff m.; ***to drop ~*** lanciare chaff.

2.chaff /tʃɑːf, tʃæf, AE tʃæf/ tr. trinciare [*straw*].

3.chaff /tʃɑːf, tʃæf, AE tʃæf/ n. *(banter)* burla f., scherzo m. bonario.

4.chaff /tʃɑːf, tʃæf, AE tʃæf/ tr. *(banter)* burlare bonariamente, prendere in giro (**about** per).

chaffer /'tʃɑːfə(r), 'tʃæf-, AE 'tʃæf-/ intr. *(haggle, bargain)* mercanteggiare, contrattare.

chaffinch /'tʃæfɪntʃ/ n. fringuello m.

chaffy /'tʃɑːfɪ, 'tʃæfɪ, AE 'tʃæfɪ/ agg. **1** *(covered with chaff)* coperto di pula; *(resembling chaff)* simile a pula **2** *(light, worthless)* inutile, privo di valore.

chafing-dish /'tʃeɪfɪŋdɪʃ/ n. scaldavivande m.

1.chagrin /'ʃægrɪn, AE ʃə'griːn/ n. dispiacere m., mortificazione f.; ***(much) to his ~*** con sua grande delusione.

2.chagrin /'ʃægrɪn, AE ʃə'griːn/ tr. deludere, mortificare.

chagrined /'ʃægrɪnd, AE ʃə'griːnd/ **I** p.pass. → **2.chagrin II** agg. FORM. deluso, mortificato (**at, by** da).

▶ **1.chain** /tʃeɪn/ n. **1** *(metal links)* catena f.; ***a length of ~*** una catena; ***a gold ~*** una catena d'oro; ***to put*** o ***keep sb. in ~s*** incatenare qcn. *o* mettere, tenere qcn. in catene; ***to keep a dog on a ~*** tenere un cane alla catena; ***to break free of*** o ***from one's ~s*** FIG. liberarsi dalle catene **2** *(on lavatory)* catena f. (dello sciacquone); ***to pull the ~*** tirare l'acqua **3** *(on door)* catena f.; ***to put the ~ on (the door)*** mettere la catena (alla porta) **4** COMM. catena f. (**of** di); ***supermarket, hotel ~*** catena di supermercati, di hotel **5** *(series) (of events)* catena f., serie f.; *(of ideas)* concatenamento m.; ***~ of causation*** rapporto di causa ed effetto; ***he's only a link in the ~*** è solo un anello della catena; ***to make*** o ***form a (human) ~*** fare, formare una catena umana **6** BIOL. GEOGR. FIS. catena f. **7** = unità di misura di lunghezza pari a 20,12 m.

▶ **2.chain** /tʃeɪn/ tr. incatenare, mettere, tenere in catene [*person*]; ***to ~ sb.'s legs, wrists*** incatenare le gambe, i polsi di qcn.; ***to ~ two people together*** incatenare due persone l'una all'altra; ***to ~ a dog, a bicycle to sth.*** legare con la catena un cane, una bicicletta a qcs.

▪ **chain down:** ***~ down [sth., sb.]***, ***~ [sth., sb.] down*** fissare con una catena [*object*]; legare con una catena [*animal*]; incatenare [*person*] (**to** a).

▪ **chain up:** ***~ up [sth., sb.]***, ***~ [sth., sb.] up*** legare con una catena [*animal, bicycle*]; incatenare [*person*].

chain armour /ˌtʃeɪn'ɑːmə(r)/ n. → **chain mail**.

chain bridge /'tʃeɪnˌbrɪdʒ/ n. ponte m. sospeso con catene.

chain drive /'tʃeɪnˌdraɪv/ n. trasmissione f. a catena.

chained /tʃeɪnd/ **I** p.pass. → **2.chain II** agg. incatenato; ***to keep sb. ~*** tenere qcn. incatenato; ***to be ~ to one's desk, the kitchen sink*** FIG. essere schiavo dell'ufficio, della cucina.

chain gang /'tʃeɪnˌgæŋ/ n. = gruppo di prigionieri incatenati gli uni agli altri e costretti ai lavori forzati.

chain guard /'tʃeɪnˌgɑːd/ n. *(of a bicycle)* carter m., copricatena m.

chainlet /'tʃeɪnlɪt/ n. catenella f.

chain letter /'tʃeɪnˌletə(r)/ n. = lettera di una catena di sant'Antonio.

chain-lightning /'tʃeɪnˌlaɪtnɪŋ/ n. saetta f.

chain mail /'tʃeɪnmeɪl/ n. cotta f. di maglia.

chainman /'tʃeɪnmæn/ ♦ ***27*** n. (pl. **-men**) agrimensore m.

chain of command /ˌtʃeɪnəvkə'mɑːnd, AE -'mænd/ n. catena f. gerarchica.

chain of office /ˌtʃeɪnəv'ɒfɪs, AE -'ɔːf-/ n. = catena indossata dal sindaco durante le manifestazioni ufficiali.

chain react /ˌtʃeɪnrɪ'ækt/ intr. reagire a catena.

chain reaction /ˌtʃeɪnrɪ'ækʃn/ n. reazione f. a catena (anche FIG.).

chain saw /'tʃeɪnsɔː/ n. motosega f.

chain-smoke /'tʃeɪnsməʊk/ **I** tr. ***to ~ cigarettes*** fumare una sigaretta dopo l'altra **II** intr. fumare accanitamente.

chain-smoker /'tʃeɪnsməʊkə(r)/ n. fumatore m. (-trice) accanito (-a).

chain stitch /'tʃeɪnstɪtʃ/ n. punto m. catenella.

chain store /ˈtʃeɪnˌstɔː(r)/ **I** n. *(single shop)* = negozio appartenente a una catena; *(retail group)* = catena di grandi magazzini **II** modif. [*garment*] da grandi magazzini.

▶ **1.chair** /tʃeə(r)/ n. **1** *(seat) (wooden)* sedia f.; *(upholstered)* poltrona f.; ***dentist's ~*** poltrona del dentista *o* poltrona odontoiatrica; ***to take a ~*** accomodarsi **2** *(chairperson)* presidente m.; ***to take*** o ***be in the ~*** assumere la presidenza; ***Chair! Chair!*** = invito rivolto al presidente affinché ristabilisca l'ordine all'interno di un'assemblea; ***to address one's remarks to*** o ***through the ~*** rivolgere le proprie osservazioni al presidente **3** UNIV. *(professorship)* cattedra f. (**of**, **in** di); ***to hold the ~ of...*** essere titolare della cattedra di... **4** AE (anche **electric ~**) ***to go to the ~*** finire sulla sedia elettrica.

2.chair /tʃeə(r)/ tr. **1** presiedere [*meeting*] **2** BE portare in trionfo [*hero*].

chair-bed /ˈtʃeəbed/ n. poltrona f. letto.

chairbound /ˈtʃeəbaʊnd/ agg. ***to be ~*** essere costretto sulla sedia a rotelle. ⚠ Although modern English usage prefers *in a wheelchair*, the Italian equivalents *sulla sedia a rotelle* and *in carrozzina* can translate both English expressions.

chair lift /ˈtʃeəlɪft/ n. *(in skiing)* seggiovia f.

▶ **chairman** /ˈtʃeəmən/ ➧ *9* n. (pl. **-men**) *(all contexts)* presidente m.; ***Chairman Mao*** il Presidente Mao; ***Mr Chairman***, ***Madam Chairman*** signor Presidente; ***the ~'s report*** la relazione del presidente. ⚠ Although modern English usage prefers *chairperson*, the Italian equivalent *presidente* can translate both English words.

chairmanship /ˈtʃeəmənʃɪp/ n. presidenza f.

chairmen /ˈtʃeəmen/ → **chairman**.

chairoplane /ˈtʃeəropleɪn/ n. calcinculo m.

▷ **chairperson** /ˈtʃeəpɜːsn/ n. presidente m.

chairwarmer /ˈtʃeəwɔːmə(r)/ n. AE COLLOQ. SPREG. scaldaseggiole m. e f.

▷ **chairwoman** /ˈtʃeəwʊmən/ ➧ *9* n. (pl. **-women**) presidente f., presidentessa f.

chaise /ʃeɪz/ n. calessino m.

chaise longue /ˌʃeɪzˈlɒŋ, AE -ˈlɔːŋ/ n. (pl. **chaise(s) longues**) chaise longue f.

chalcedony /kælˈsedənɪ/ n. MINER. calcedonio m.

chalcography /kælˈkɒɡrəfɪ/ n. calcografia f.

chalcopyrite /ˌkælkəʊˈpaɪraɪt/ n. calcopirite f.

Chaldea /kælˈdiːə/ n.pr. Caldea f.

Chaldean /kælˈdiːən/ **I** agg. caldeo **II** n. **1** *(person)* caldeo m. (-a) **2** *(language)* caldeo m.

chalet /ˈʃæleɪ, ʃæˈleɪ/ n. *(mountain)* chalet m.; *(in holiday camp)* bungalow m.

chalet girl /ˈʃæleɪˌɡɜːl, ʃæˈleɪ-/ ➧ *27* n. = inserviente che si occupa di fare le pulizie e di preparare i pasti in uno chalet affittato da sciatori.

chalet style /ˈʃæleɪˌstaɪl, ʃæˈleɪ-/ agg. stile chalet.

chalice /ˈtʃælɪs/ n. calice m., coppa f.

chaliced /ˈtʃælist/ agg. [*flower*] caliciforme.

▷ **1.chalk** /tʃɔːk/ **I** n. gesso m.; ***a stick*** o ***piece of ~*** un gessetto; ***on ~*** [*grow*] in terreno gessoso **II** modif. **1** ART. [*drawing*] a, con i gessetti; ***~ mark*** *(on blackboard)* segno *o* traccia di gesso; SART. segno (fatto con il gessetto) **2** [*cliff*] gessoso **3** GEOL. [*layer, period*] cretaceo ◆ ***not by a long ~!*** COLLOQ. proprio per niente! ***not to be able to tell ~ from cheese*** non capire niente; ***to be as different as ~ and cheese*** essere completamente diversi; ***to be as white as ~*** essere bianco come un cencio.

2.chalk /tʃɔːk/ tr. **1** *(write)* scrivere con il gesso **2** *(apply chalk to)* trattare con gesso, gessare.

■ **chalk out:** ~ out [sth.], ~ [sth.] out abbozzare, delineare [*line, map*].

■ **chalk up:** ~ [sth.] up, ~ up [sth.] FIG. segnare, conquistare [*score, points*]; ***~ them up to me, barman*** COLLOQ. cameriere, li metta sul mio conto; ***~ it up to experience*** tienilo a mente per la prossima volta.

chalk and talk /ˌtʃɔːkənˈtɔːk/ **I** n. BE SCOL. = metodo tradizionale di insegnamento incentrato sull'uso della lavagna e delle spiegazioni dell'insegnante **II** modif. ***to use the ~ method*** insegnare in modo tradizionale *o* utilizzare il metodo tradizionale.

chalkboard /ˈtʃɔːkbɔːd/ n. AE lavagna f.

chalkface /ˈtʃɔːkfeɪs/ n. BE SCOL. SCHERZ. ***at the ~*** in classe *o* davanti alla classe.

chalkiness /ˈtʃɔːkɪnɪs/ n. *(of soil)* natura f. gessosa.

chalkpit /ˈtʃɔːkpɪt/ n. cava f. di gesso.

chalkstone /ˈtʃɔːkstəʊn/ n. MED. tofo m.

chalky /ˈtʃɔːkɪ/ agg. [*soil, water, complexion, white*] gessoso; [*hands, clothing*] sporco di gesso.

▶ **1.challenge** /ˈtʃælɪndʒ/ n. **1** *(provocation)* sfida f.; ***to put out*** o ***issue a ~*** lanciare una sfida; ***to take up*** o ***respond to a ~*** raccogliere *o* accettare una sfida **2** *(demanding situation or opportunity) (considered stimulating)* sfida f.; *(considered difficult)* prova f.; ***to present a ~*** presentare una sfida; ***to rise to*** o ***meet the ~*** affrontare la sfida, essere all'altezza della prova; ***the ~ of doing*** o ***to do*** la sfida di fare; ***to face a ~*** affrontare una sfida; ***unemployment is a ~ for us*** la disoccupazione è un problema con cui ci dobbiamo misurare; ***I'm looking for a ~*** cerco una sfida *o* qualcosa con cui misurarmi; ***the ~ of new ideas*** gli stimoli dati dalle nuove idee **3** *(contest)* ***to make a ~ for*** [*competitor*] cercare di vincere [*title*]; [*candidate*] cercare di conquistare [*presidency etc.*]; ***leadership ~*** POL. sfida per conquistare la direzione del partito **4** *(questioning) (of claim, authority)* contestazione f. (**to** di); *(by sentry)* chi va là m. **5** DIR. ricusazione f. **6** SPORT sfida f.

▶ **2.challenge** /ˈtʃælɪndʒ/ tr. **1** *(invite to contest or justify)* sfidare [*person*] (**to** a; **to do** a fare); ***she ~d him to prove it*** lo sfidò a provarlo; ***to ~ sb. to a duel*** sfidare qcn. a duello; ***"I ~ you to a duel"*** "ti sfido a duello" **2** *(question)* mettere in discussione [*ideas*]; contestare [*statement, authority*]; [*sentry*] dare il chi va là a; ***he ~d me on what I said*** contestò quello che dicevo; ***I was ~d at the gate*** mi fu intimato l'alt all'uscita **3** *(test) (by proving difficult)* mettere alla prova [*skill, endurance, person*]; *(by stimulating)* stimolare [*person*] **4** DIR. ricusare [*jury, witness*]; contestare [*authority*].

challengeable /ˈtʃælɪndʒəbl/ agg. **1** che si può sfidare **2** [*statement*] contestabile **3** DIR. [*jury*] ricusabile.

challenge cup /ˈtʃælɪndʒˌkʌp/ n. SPORT challenge m. (trofeo messo in palio periodicamente).

challenged /ˈtʃælɪndʒd/ agg. AE ***physically ~*** disabile; ***visually ~*** non vedente; ***mentally ~*** con problemi mentali; ***vertically ~*** SCHERZ. = basso di statura.

▷ **challenger** /ˈtʃælɪndʒə(r)/ n. SPORT POL. sfidante m. e f. (**for** a).

▷ **challenging** /ˈtʃælɪndʒɪŋ/ agg. **1** *(stimulating)* [*ideas, career*] stimolante; [*task, role*] che mette alla prova; [*work, book*] impegnativo **2** *(confrontational)* [*statement*] provocatorio, polemico; [*look*] provocatorio, di sfida.

chalybeate /kəˈlɪbɪət/ agg. [*mineral water*] ferruginoso.

chalybite /ˈkælɪˌbaɪt/ n. carbonato m. di ferro.

cham /kæm/ n. ANT. STOR. khan m.

▶ **chamber** /ˈtʃeɪmbə(r)/ **I** n. **1** *(room)* camera f.; ***council ~*** BE camera di consiglio **2** GB POL. ***the upper, lower ~*** la Camera Alta, Bassa **3** ANAT. *(of heart)* cavità f.; *(of eye)* camera f. (oculare) **4** *(in caving)* camera f. di abbattimento **5** TECN. camera f. **II chambers** n.pl. DIR. gabinetto m.sing. (di giudice); ***to hear a case in ~s*** discutere una causa a porte chiuse.

chamber counsel /ˈtʃeɪmbəˌkaʊnsl/ n. = avvocato consulente che non esercita in tribunale.

chamberlain /ˈtʃeɪmbəlɪn/ n. ciambellano m.

chambermaid /ˈtʃeɪmbəmeɪd/ ➧ *27* n. cameriera f. d'albergo.

chamber music /ˈtʃeɪmbəˌmjuːzɪk/ n. musica f. da camera.

Chamber of Commerce /ˌtʃeɪmbərəvˈkɒmɜːs/ n. COMM. Camera f. di commercio.

Chamber of Deputies /ˌtʃeɪmbərəvˈdepjʊtɪz/ n. Camera f. dei Deputati.

Chamber of Horrors /ˌtʃeɪmbərəvˈhɒrəz, AE -ˈhɔːr-/ n. camera f. degli orrori.

Chamber of Trade /ˌtʃeɪmbərəvˈtreɪd/ n. associazione f. commercianti al dettaglio.

chamber orchestra /ˈtʃeɪmbərˌɔːkɪstrə/ n. orchestra f. da camera.

chamber pot /ˈtʃeɪmbəpɒt/ n. vaso m. da notte.

chambray /ˈʃæmbreɪ/ n. batista f., cambrì m.

chameleon /kəˈmiːlɪən/ n. camaleonte m. (anche FIG.).

chameleonic /kəˌmiːlɪˈɒnɪk/ agg. [*person*] camaleontico.

1.chamfer /ˈtʃæmfə(r)/ n. smussatura f.

2.chamfer /ˈtʃæmfə(r)/ tr. smussare.

chammy /ˈʃæmɪ/ n. (anche **~ leather**) → **chamois leather**.

chamois /ˈʃæmwɑː, AE ˈʃæmɪ/ n. (pl. **~**) ZOOL. camoscio m.

chamois cloth /ˈʃæmwɑːˌklɒθ, AE ˈʃæmɪˌklɔːθ/ n. AE *(for polishing)* pelle f. di daino.

chamois leather /ˈʃæmwɑːˌleðə(r), AE ˈʃæmɪ-/ n. pelle f. di camoscio; *(for polishing)* pelle f. di daino.

1.champ /tʃæmp/ n. masticazione f. rumorosa.

2.champ /tʃæmp/ **I** tr. masticare rumorosamente **II** intr. ***to be ~ing to do*** non vedere l'ora di fare; ***to ~ at the bit*** mordere il freno (anche FIG.).

3.champ /tʃæmp/ n. COLLOQ. (accorc. champion) campione m.

▷ **champagne** /ʃæm'peɪn/ **I** n. champagne m.; ***a glass of ~*** un bicchiere di champagne; ***pink ~*** champagne rosé **II** ➧ *5* agg. *(colour)* champagne.

champagne cocktail /ʃæm,peɪn'kɒkteɪl/ n. = cocktail a base di champagne.

champagne-coloured BE, **champagne-colored** AE /ʃæm'peɪn,kʌləd/ agg. color champagne.

champagne glass /,ʃæm'peɪn,glɑːs, AE -,glæs/ n. *(tall)* flûte m.; *(open)* coppa f. da champagne.

champaign /'tʃæmpeɪn/ n. aperta campagna f., pianura f.

champers /'ʃæmpəz/ n. BE COLLOQ. champagne m.

champerty /'tʃæmpɜːtɪ/ n. DIR. patto m. di quotalite, accordo m. di ripartizione delle spese legali.

champignon /tʃæm'pɪnjən/ n. champignon m., fungo m. coltivato.

1.champion /'tʃæmpɪən/ **I** n. *(all contexts)* campione m. (-essa); ***reigning ~*** campione in carica; ***world ~*** campione del mondo; ***~ boxer*** o ***boxing ~*** campione di pugilato **II** agg. BE COLLOQ. grande, grandioso.

2.champion /'tʃæmpɪən/ tr. sostenere, farsi paladino di [*cause*]; difendere, battersi per [*person*].

▷ **championship** /'tʃæmpɪənʃɪp/ n. campionato m.; *(over several rounds)* torneo m., competizione f.; ***the swimming ~s*** *(one competition)* il campionato di nuoto.

▶ **1.chance** /tʃɑːns, AE tʃæns/ **I** n. **1** *(opportunity)* opportunità f., occasione f.; ***to have*** o ***get the ~ to do*** avere l'opportunità di fare; ***I had the ~ of a job in China*** ho avuto l'occasione di lavorare in Cina; ***this was the ~ (that) she was waiting for*** questa era l'occasione che stava aspettando; ***to give sb. a*** o ***the ~ to do*** dare a qcn. la possibilità di fare; ***the trip gave me a ~ to speak Greek*** il viaggio mi ha dato l'opportunità di parlare greco; ***give me a ~ to explain*** concedimi una possibilità di spiegare; ***give the tablets a ~ to work*** lascia alle pastiglie il tempo di fare effetto; ***to take one's ~*** cogliere la propria occasione; ***you've missed your ~*** hai perso la tua occasione; ***now's your ~!*** questo è il tuo momento! questa è la tua occasione! ***I haven't had a ~ yet*** non ho ancora avuto l'occasione; ***this is your last ~*** questa è la tua ultima possibilità *o* chance; ***this is your big ~*** questa è la tua grande occasione; ***if you get a ~*** se ti capita l'occasione; ***when you get a*** o ***the ~, can you...?*** quando ti capita, potresti...? ***"can you do it?" "yes, given a*** o ***the ~"*** "puoi farlo?" "sì, se me ne viene data l'occasione" **2** *(likelihood)* probabilità f., possibilità f.; ***there's little ~ of sb. doing*** ci sono poche possibilità che qcn. faccia; ***there's little ~ of winning*** ci sono poche probabilità di vittoria; ***the ~s of catching the thief are slim*** le probabilità di catturare il ladro sono scarse; ***there is a ~ that sb. will do*** è probabile che qcn. faccia; ***the ~s are that*** è probabile che; ***the ~s of sb. doing are poor*** ci sono scarse probabilità che qcn. faccia; ***she has a good ~*** ha delle buone probabilità; ***I have no ~*** non ho alcuna possibilità; ***what are his ~s of recovery?*** quali sono le sue possibilità di recupero? ***what are my ~s?*** quali sono le mie possibilità? ***given*** o ***if you give him half a ~, he is very likely to do it*** se ne avrà l'occasione molto probabilmente lo farà; ***any ~ of a coffee?*** COLLOQ. sarebbe possibile avere un caffè? **3** *(luck)* caso m., fortuna f.; ***a game of ~*** un gioco d'azzardo; ***it happened by ~*** accadde per caso; ***by a lucky ~*** per un caso fortunato; ***as ~ would have it*** come volle la sorte **4** *(risk)* rischio m.; ***to take a ~*** correre un rischio; ***to take a ~ on doing*** correre il rischio di fare; ***I'm taking no ~s*** non voglio rischiare; ***it's a ~ I'm willing to take*** è un rischio che ho intenzione di correre **5** *(possibility)* possibilità f.; ***not to stand a ~*** non avere alcuna possibilità (**of doing** di fare); ***to be still in with a ~ of doing*** avere ancora una possibilità di fare; ***are you by any ~ Juliet West?*** lei è per caso Juliet West? ***do you have his address by any ~?*** hai il suo indirizzo, per caso? **II** modif. [*encounter, occurrence*] fortuito; [*discovery*] accidentale, casuale; ***a ~ acquaintance*** una conoscenza casuale ◆ ***no ~!*** COLLOQ. *(I won't do it)* (proprio) per niente! *(it can't be done)* assolutamente no! impossibile!

2.chance /tʃɑːns, AE tʃæns/ tr. **1** *(risk)* ***to ~ doing*** correre il rischio di fare; ***to ~ one's luck*** o ***arm*** tentare la sorte *o* rischiare; ***we'll just have to ~ it*** proviamo; ***I shouldn't ~ it if I were you*** non correrei il rischio se fossi in te **2** FORM. *(happen to do)* ***I ~d to see it*** mi capitò di vederlo; ***if you should ~ to do*** se ti capitasse di fare.

■ **chance upon, chance on:** ***~ upon [sb.]*** imbattersi in; ***~ upon [sth.]*** trovare per caso.

chancel /'tʃɑːnsl, AE tʃænsl/ n. ARCH. coro m.; ***~ screen*** transenna del coro.

chancellery /'tʃɑːnsələrɪ, AE 'tʃæns-/ n. cancelleria f.

▷ **chancellor** /'tʃɑːnsələ(r), AE 'tʃæns-/ n. **1** *(head of government)* cancelliere m. **2** UNIV. rettore m. **3** GB POL. DIR. ***the Lord Chancellor*** il Lord Cancelliere (ministro della giustizia e presidente della Camera dei Lord) **4** AE DIR. presidente m. di una corte di equity.

Chancellor of the Exchequer /,tʃɑːnsələrəvðɪks'tʃekə(r), AE ,tʃæns-/ n. GB POL. Cancelliere m. dello Scacchiere (ministro delle finanze e del tesoro).

chancellorship /'tʃɑːnsələʃɪp/ n. cancellierato m.

chancellory → **chancellery**.

chance medley /,tʃɑːns'medlɪ, AE ,tʃæns-/ n. **1** DIR. omicidio m. preterintenzionale; omicidio m. per legittima difesa **2** *(inadvertency)* inavvertenza f.

chancer /'tʃɑːnsə(r)/ n. COLLOQ. approfittatore m. (-trice), opportunista m. e f.

chancery /'tʃɑːnsərɪ, AE 'tʃæns-/ n. **1** GB DIR. = corte di giustizia del Lord Cancelliere; ***ward in ~*** minore sotto tutela legale **2** US DIR. corte f. di equity.

chancre /'ʃæŋkə(r)/ n. MED. ulcera f. venerea.

chancroid /'ʃæŋkrɔɪd/ n. MED. ulcera f. molle.

chancy /'tʃɑːnsɪ, AE 'tʃænsɪ/ agg. COLLOQ. [*method*] incerto; [*project, plan*] rischioso, avventato; ***it's a ~ business*** è un affare rischioso.

chandelier /,ʃændə'lɪə(r)/ n. lampadario m. a bracci.

chandler /'tʃɑːndlə(r), AE 'tʃæn-/ ➧ *27* n. **1** ANT. commerciante m. e f. (di candele, sapone, ecc.); droghiere m. (-a) **2** (anche **ship's ~**) fornitore m. navale.

chandlery /'tʃɑːndlərɪ, AE 'tʃæn-/ n. **1** ANT. *(merchandise)* articoli m.pl. di drogheria **2** = posto in cui si tengono le candele.

▶ **1.change** /tʃeɪndʒ/ n. **1** *(alteration)* cambiamento m.; ***the ~ in the schedule*** la variazione di programma; ***~ of air, of diet*** cambiamento d'aria, di dieta; ***~ of direction*** cambiamento di direzione; ***~ of plan*** cambiamento di programma; ***a ~ for the better, worse*** un cambiamento in meglio, peggio; ***a time of economic, social ~*** un'epoca di cambiamenti economici, sociali; ***to make a ~ in sth.*** fare un cambiamento in qcs.; ***to make a small, big ~ in sth.*** fare un piccolo, grande cambiamento in qcs.; ***to make ~s in*** fare (dei) cambiamenti in [*text, room, company*]; ***there will have to be a ~ in your attitude*** sarà necessario che cambiate atteggiamento; ***people opposed to ~*** le persone contrarie ai cambiamenti **2** *(substitution, replacement)* cambio m., cambiamento m. (**of** di); ***costume, scene ~*** TEATR. cambiamento di costume, scena; ***~ of leader, government*** POL. cambio di leader, di governo **3** *(fresh, different experience)* cambiamento m.; ***the ~ will do you good*** il cambiamento ti farà bene; ***it makes*** o ***is a ~ from television, from staying at home*** è qualcosa di diverso dal guardare sempre la televisione, rimanere sempre a casa; ***to make a ~*** per cambiare un po'; ***that makes a nice*** o ***refreshing ~*** è un bel cambiamento; ***she needs a ~*** ha bisogno di cambiare; ***to need a ~ of air*** FIG. avere bisogno di cambiare aria; ***for a ~*** *(for variety, as improvement)* per cambiare; ***the train was late, for a ~*** IRON. tanto per cambiare, il treno era ritardo **4** *(of clothes)* cambio m.; ***a ~ of socks*** un paio di calze di ricambio; ***a ~ of suit*** un abito di ricambio; ***take a ~ of clothes*** portate dei vestiti di ricambio **5** *(cash)* moneta f., resto m.; ***small ~*** spiccioli; ***she gave me 6p ~*** mi ha dato 6 penny di resto; ***don't forget your ~!*** non dimentichi il resto! ***have you got ~ for £ 10?*** hai da cambiare 10 sterline? ***have you any ~ for the meter?*** hai della moneta per il parchimetro? ***60p in ~*** 60 penny in moneta; ***"no ~ given"*** *(on machine)* "non dà resto"; ***keep the ~!*** tenga il resto! ***"exact ~ please"*** *(on bus)* "preparare denaro contato, per favore"; ***you won't get much ~ out of £ 20*** COLLOQ. non avanzi molto da 20 sterline **6** *(in bell-ringing)* ***to ring the ~s*** suonare il cambio d'ora; FIG. introdurre dei cambiamenti **7** ECON. ANT. Borsa f. ◆ ***you'll get no ~ out of him, her*** COLLOQ. non otterrai nulla da lui, lei.

▶ **2.change** /tʃeɪndʒ/ **I** tr. **1** *(alter)* cambiare; ***the baby has ~d my life*** il bambino mi ha cambiato la vita; ***we have ~d the shape of the lawn, the look of the town*** abbiamo modificato la forma del prato, l'aspetto della città; ***to ~ X into Y*** trasformare X in Y; ***the road has been ~d from a quiet street into a motorway*** da via tranquilla la strada è stata trasformata in autostrada; ***to ~ one's mind*** cambiare idea (**about** su); ***to ~ one's mind about doing*** abbandonare l'idea di fare; ***to ~ sb.'s mind*** fare cambiare idea a qcn.; ***to ~ one's ways*** cambiare vita; ***that won't ~ anything*** (questo) non cambia niente **2** *(exchange for sth. different)* cambiare [*clothes, name, car*]; *(in shop)* cambiare [*faulty item, unsuitable purchase*] (**for** con); ***can I ~ it for a size 12?*** posso cambiarlo con una taglia 12? ***if it's too big, we'll ~ it for you*** se è troppo grande, glielo cambiamo; ***to ~ colour*** cambiare colore; ***he ~d the colour*** ha cambiato colore; ***hurry up and get ~d!*** fai in fretta a cambiarti! ***to ~ sth. from X to Y*** *(of numbers, letters, words)* sostituire X con Y; *(of building, area etc.)* trasformare X in Y; ***they ~d their car for a smaller one*** hanno cambiato la loro macchina con una più piccola **3** *(replace sth. dirty, old, broken)* cambiare [*battery, bulb, fuse, linen, accessory, wheel*]; ***to ~ a bed*** cambiare le lenzuola **4** *(exchange with sb.)* scambiare [*clothes, seats*]; ***she ~d hats with her sister*** ha fatto cambio di cappello con sua sorella; ***to ~ places*** cambiare di posto (**with** con); FIG. *(roles)* invertire i ruoli; ***I wouldn't ~ places with the Queen*** non vorrei essere al posto della regina; ***to ~ ends*** SPORT cambiare campo **5** *(actively switch)* cambiare [*course, side, job, direction, transport, TV channel, hands, feet, doctor, agent, supplier*]; ***I'm tired, I have to ~ hands, feet*** sono stanco, devo cambiare mano, piede; ***to ~ hands*** FIG. passare di mano (in mano); ***the hotel has ~d hands*** l'hotel ha cambiato di proprietario; ***no money ~d hands*** non c'è stato passaggio di denaro; ***she ~d her bag from her left hand to her right*** ha passato la borsa dalla mano sinistra alla destra **6** *(alter character)* trasformare; ***to ~ sb., sth. into*** trasformare qcn., qcs. in [*frog, prince*]; ***sugar is ~d into alcohol*** lo zucchero si trasforma in alcol; ***the accident ~d him from an active young man into an invalid*** da giovane attivo qual era l'incidente lo ha trasformato in invalido **7** *(replace nappy of)* cambiare [*baby*] **8** ECON. cambiare [*cheque, currency*] (**into, for** in); ***to ~ some money*** cambiare dei soldi **9** INFORM. modificare **II** intr. **1** *(alter)* cambiare; [*wind*] cambiare, mutare; ***the price hasn't ~d much*** il prezzo non è cambiato molto; ***times ~*** i tempi cambiano; ***some things never ~*** ci sono delle cose che non cambiano mai; ***to ~ from X (in)to Y*** passare da X a Y; CHIM. trasformarsi da X a Y; ***the lights ~d from red to green*** il semaforo è passato dal rosso al verde; ***she ~d from a friendly child into a sullen adolescent*** da bambina amichevole si è trasformata in un'adolescente imbronciata **2** *(into different clothes)* cambiarsi; ***he went upstairs to ~ for dinner*** salì a cambiarsi per la cena; ***to ~ into*** infilarsi, mettersi [*different garment*]; ***I'm going to ~ into my jeans*** mi metterò i jeans; ***to ~ out of*** togliersi [*garment*] **3** *(from bus, train)* cambiare; ***you must ~ at Sheffield*** deve cambiare a Sheffield; ***do I have to ~?*** devo cambiare? ***"~ at Bologna for Bari"*** *(over loudspeaker)* "coincidenza a Bologna per Bari"; ***we ~d from a train to a bus*** dopo il treno abbiamo preso un autobus; ***all ~!*** termine corsa! **4** *(become transformed)* [*person, face, Europe*] trasformarsi (**from** da; **into** in).

■ **change around** → **change round**.

■ **change down** BE AUT. scalare (di marcia).

■ **change over:** ~ **over** *(swap)* [*drivers*] scambiarsi; ***I don't like my part, let's ~!*** non mi piace la mia parte, facciamo uno scambio! ***to ~ over from sth. to sth.*** passare da qcs. a qcs.; ***we ~d over from gas to electric heating*** siamo passati dal riscaldamento a gas a quello elettrico; ~ **over [sth., sb.]**, ~ **[sth., sb.] over** invertire [*sequence, roles, people*].

■ **change round** BE cambiare di posto; ~ **[sth., sb.] round**, ~ **round [sth., sb.]** spostare [*furniture, large objects*]; cambiare di posto, spostare [*employees, workers, small objects, words, letters*]; ***she's ~d the pictures round*** ha cambiato posto ai quadri.

■ **change up** BE AUT. passare a una marcia più alta.

changeability /ˌtʃeɪndʒəˈbɪlətɪ/ n. mutabilità f., variabilità f.

changeable /ˈtʃeɪndʒəbl/ agg. [*circumstances, condition, behaviour, situation, opinion*] mutevole; [*character*] incostante; [*colour*] cangiante; [*weather, price, rate, size, speed*] variabile; ***her ~ moods*** i suoi sbalzi di umore.

▷ **changed** /tʃeɪndʒd/ **I** p.pass. → **2.change II** agg. [*man, woman, child*] diverso.

changeful /ˈtʃeɪndʒfʊl/ agg. mutevole, incostante.

changeless /ˈtʃeɪndʒlɪs/ agg. [*law, rite, routine, passion*] immutabile; [*appearance, image*] inalterabile; [*character*] costante.

changelessness /ˈtʃeɪndʒlɪsnɪs/ n. immutabilità f.

changeling (child) /ˈtʃeɪndʒlɪŋ(ˌtʃaɪld)/ n. = bambino che si pensa sia stato sostituito con un altro dalle fate.

change machine /ˈtʃeɪndʒməˌʃiːn/ n. cambiamonete m.

change of address /ˌtʃeɪndʒəvəˈdres, AE -ˈædres/ **I** n. AMM. cambio m. di indirizzo **II** modif. [*card, details*] del cambio di indirizzo.

change of life /ˌtʃeɪndʒəvˈlaɪf/ n. menopausa f.

changeover /ˈtʃeɪndʒəʊvə(r)/ n. **1** *(time period)* fase f. di cambiamento **2** *(transition)* passaggio m.; ***the ~ to computers*** il passaggio ai computer **3** *(of leaders, employees)* ricambio m.; *(of guards)* cambio m. **4** SPORT *(of ends)* cambio m. di campo; *(in relay)* passaggio m. del testimone; ***after the half-time ~*** dopo il cambio di campo nel secondo tempo.

change purse /ˈtʃeɪndʒˌpɜːs/ n. AE portamonete m., borsellino m.

changer /ˈtʃeɪndʒə(r)/ ➧ ***27*** n. cambiavalute m. e f.

change-ringing /ˈtʃeɪndʒˌrɪŋɪŋ/ n. = l'arte e la tecnica di suonare un carillon di campane.

▷ **changing** /ˈtʃeɪndʒɪŋ/ **I** agg. [*colours*] cangiante; [*environment, attitude*] mutevole; [*world*] che cambia **II** n. cambio m., cambiamento m.

changing room /ˈtʃeɪndʒɪŋruːm, -rʊm/ n. SPORT spogliatoio m.; AE *(fitting room)* cabina f. di prova, camerino m.

▶ **1.channel** /ˈtʃænl/ n. **1** *(passage cut by or for liquid)* canale m., condotto m.; ***to cut a ~*** scavare un canale (**in** in) **2** *(deep, navigable part of water)* canale m. **3** FIG. *(diplomatic, commercial)* canale m., via f.; ***distribution ~s*** canali di distribuzione; ***to do sth. through the proper*** o ***usual*** o ***normal ~s*** fare qcs. seguendo l'iter ordinario; ***to go through official ~s*** passare attraverso le vie ufficiali; ***diplomatic ~s*** canali diplomatici; ***legal ~s*** vie legali; ***to open ~s of communication*** creare vie di dialogo **4** TELEV. RAD. canale m.; ***to change ~s*** cambiare canale; ***to flick ~s*** COLLOQ. fare zapping; ***~ one, two*** il primo, secondo canale **5** ARCH. *(flute)* scanalatura f. (della colonna) **6** TECN. *(groove)* scanalatura f. **7** INFORM. canale m.

2.channel /ˈtʃænl/ tr. (forma in -ing ecc. **-ll-**, **-l-** AE) **1** *(carry)* incanalare, convogliare [*water, liquid*] (**to, into** in, verso; **through** attraverso) **2** FIG. *(direct)* convogliare [*efforts, energy*] (**into** in, verso; **into doing** per fare); destinare [*funds, capital*] (**into** a); ***to ~ funds into doing*** destinare fondi per fare; ***to ~ aid through official bodies*** incanalare l'aiuto tramite organismi ufficiali; ***to ~ sth. towards*** convogliare qcs. verso [*industry, business*] **3** *(cut)* scavare [*groove, gorge*] (**in** in) **4** ARCH. scanalare [*column*].

■ **channel off:** ~ **off [sth.]**, ~ **[sth.] off** convogliare [*liquid, energy*] (**into** in, verso); destinare [*funds, resources*] (**into** a).

Channel /ˈtʃænl/ ➧ ***20*** **I** n.pr. (anche **English ~**) ***the ~*** il canale della Manica *o* la Manica **II** modif. [*crossing, port*] della Manica.

channel bar /ˈtʃænlˌbɑː(r)/ n. ferro m. a U.

channel capacity /ˈtʃænlkəˌpæsətɪ/ n. TELEV. RAD. capacità f. di canale.

channel ferry /ˈtʃænlˌferɪ/ n. = traghetto che attraversa la Manica.

channel-flick /ˈtʃænlˌflɪk/ intr. COLLOQ. fare zapping.

channel-hop /ˈtʃænlˌhɒp/ intr. (forma in -ing ecc. **-pp-**) fare zapping.

channel iron /ˈtʃænlˌaɪən, AE -ˌaɪərn/ n. ferro m. a U.

Channel Islander /ˈtʃænlˌaɪləndə(r)/ n. nativo m. (-a), abitante m. e f. delle Isole del Canale.

Channel Islands /ˈtʃænlˌaɪləndz/ ➧ ***12*** n.pr.pl. Isole f. del Canale.

channel selector /ˈtʃænlsɪˌlektə(r)/ n. selettore m. dei canali.

Channel Tunnel /ˌtʃænlˈtʌnl/ n.pr. tunnel m. della Manica.

▷ **1.chant** /tʃɑːnt, AE tʃænt/ n. **1** *(of demonstrators)* slogan m.; *(of supporters)* coro m.; ***a victory ~*** un coro di vittoria **2** MUS. RELIG. salmodia f.; ***Gregorian ~*** canto gregoriano.

▷ **2.chant** /tʃɑːnt, AE tʃænt/ **I** tr. **1** scandire [*name, slogan*] **2** MUS. RELIG. cantare [*psalm*]; salmodiare [*prayer, liturgy*] **3** recitare come una litania [*schoolwork*] **II** intr. [*demonstrators*] scandire slogan; [*supporters*] scandire cori; MUS. RELIG. salmodiare.

chanter /ˈtʃɑːntə(r), AE ˈtʃæntə(r)/ n. **1** MUS. RELIG. cantore m. (-a) **2** *(on bagpipes)* = canna per la modulazione del suono.

chanterelle /ˌtʃæntəˈrel/ n. BOT. gallinaccio m.

chantey AE → **2.shanty**.

chantry /ˈtʃɑːntrɪ, AE ˈtʃæntrɪ/ n. = cappella per le messe di suffragio.

chanty AE → **2.shanty**.

▷ **chaos** /ˈkeɪɒs/ n. **1** caos m.; ***in a state of ~*** [*country*] nel caos; ***the house, room was in a state of ~*** la casa, stanza era un caos; ***to cause ~*** seminare il caos **2** LETT. *(cosmic)* caos m.

chaos theory /ˈkeɪɒsˌθɪərɪ/ n. teoria f. del caos.

▷ **chaotic** /keɪˈɒtɪk/ agg. [*life, place, arrangements*] caotico; ***it's absolutely ~*** COLLOQ. è il caos più assoluto.

▷ **1.chap** /tʃæp/ n. BE COLLOQ. tipo m.; ***a nice ~*** un bel tipo; ***an old ~*** un vecchio; ***I say old ~...*** sai vecchio mio,...; ***come on ~s!*** andiamo ragazzi!

2.chap /tʃæp/ n. *(of skin)* screpolatura f.

3.chap /tʃæp/ **I** tr. (forma in -ing ecc. **-pp-**) screpolare [*skin, lips*] **II** intr. (forma in -ing ecc. **-pp-**) [*skin, lips*] screpolarsi.

4.chap /tʃæp/ n. **1** *(of animals)* mascella f., fauci f.pl. **2** *(of pigs)* guancia f.

chap. ⇒ chapter capitolo (cap.).

chaparral /ˌʃæpəˈræl/ n. chaparral m.

chapatti /tʃəˈpɑːtɪ/ n. chapatti m.

chape /tʃeɪp/ n. = punta o decorazione in metallo del fodero di un pugnale.

▷ **chapel** /ˈtʃæpl/ n. **1** RELIG. *(building)* cappella f.; *(service)* funzione f. religiosa; ***Lady ~*** cappella della Madonna; ***to be church or ~*** BE essere anglicano o nonconformista (metodista, evangelico ecc.) **2** GIORN. = sezione di un sindacato nella redazione di un giornale, in una tipografia ecc.

chaperonage /'ʃæpərəʊnɪdʒ/ n. (il) fare da chaperon.
1.chaperone /'ʃæpərəʊn/ n. chaperon m.; ***to be a ~ to sb.*** fare da chaperon a qcn.
2.chaperone /'ʃæpərəʊn/ tr. fare da chaperon a.
chapiter /'tʃæpɪtə(r)/ n. ARCH. capitello m.
chaplain /'tʃæplɪn/ n. cappellano m.
chaplaincy /'tʃæplɪnsɪ/ n. cappellanato m.
chaplet /'tʃæplɪt/ n. **1** LETT. *(wreath)* corona f. di fiori **2** *(beads)* corona f. del rosario.
chapman /'tʃæpmən/ n. (pl. **-men**) ANT. venditore m. ambulante.
chapped /tʃæpt/ **I** p.pass. → **3.chap II** agg. [*lips*] screpolato.
chappie, chappy /'tʃæpɪ/ n. BE COLLOQ. → **1.chap**.
chappy /'tʃæpɪ/ agg. [*lips*] screpolato.
chaps /tʃæps, ʃæps/ n.pl. = cosciale di cuoio indossato dai cowboy.
Chap Stick® /'tʃæpstɪk/ n. = stick protettivo per labbra.
▶ **chapter** /'tʃæptə(r)/ n. **1** *(in book)* capitolo m.; ***in ~ 3*** al *o* nel capitolo 3 **2** FIG. *(stage)* capitolo m., fase f.; ***a new ~ in*** una nuova fase di **3** *(of association, union)* sezione f. **4** RELIG. (anche **~ house**) capitolo m. **5** AE ECON. DIR. ***to go ~ 11*** = essere sottoposto ad amministrazione controllata ◆ ***a ~ of accidents*** una serie di incidenti; ***to give ~ and verse*** fare un riferimento esatto.
1.char /tʃɑ:(r)/ n. BE COLLOQ. *(cleaner)* donna f. delle pulizie.
2.char /tʃɑ:(r)/ intr. (forma in -ing ecc. **-rr-**) BE COLLOQ. *(clean)* fare la donna delle pulizie.
3.char /tʃɑ:(r)/ **I** tr. (forma in -ing ecc. **-rr-**) carbonizzare **II** intr. (forma in -ing ecc. **-rr-**) *(scorch)* carbonizzarsi.
4.char /tʃɑ:(r)/ n. salmerino m.
5.char /tʃɑ:(r)/ n. BE ANT. COLLOQ. *(tea)* tè m.
charabanc /'ʃærəbæŋ/ n. ANT. *(horse-drawn)* = carrozza con sedili trasversali; *(bus)* torpedone m.
▶ **character** /'kærəktə(r)/ **I** n. **1** *(personality)* carattere m.; ***to have a pleasant ~*** avere un bel carattere; ***a house with ~*** una casa particolare *o* che ha una sua personalità; ***to act in, out of ~*** agire in modo abituale, sorprendente; ***his remarks are totally in ~, out of ~*** è, non è assolutamente nel suo carattere fare queste osservazioni **2** *(reputation)* reputazione f.; ***a person of good, bad ~*** una persona con una buona, cattiva reputazione **3** *(nature)* carattere m. **4** LETTER. TEATR. TELEV. personaggio m. (**from** di); ***to play the ~ of Romeo*** recitare nel ruolo di Romeo; ***I hardly recognize her in ~*** è completamente immedesimata nel suo personaggio **5** *(person) (in general)* individuo m.; *(appreciative)* tipo m. originale; ***a real ~*** un tipo veramente originale; ***a local ~*** un personaggio locale **6** *(moral strength)* carattere m.; ***strength of ~*** forza di carattere **7** INFORM. TIP. carattere m. **II** modif. INFORM. [*density, generator, reader, recognition, string*] di caratteri.
character actor /'kærəktər,æktə(r)/ n. caratterista m.
character actress /'kærəktər,æktrɪs/ n. caratterista f.
character assassination /'kærəktərəsæsɪ,neɪʃn, AE -sə,neɪʃn/ n. campagna f. diffamatoria.
▶ **characteristic** /,kærəktə'rɪstɪk/ **I** agg. caratteristico; ***~ of*** [*style, quality*] caratteristico di [*person, artist*]; ***it was ~ of them to do*** era tipico da parte loro fare **II** n. caratteristica f. (anche MAT.); ***family ~*** caratteristica di famiglia.
characteristically /,kærəktə'rɪstɪklɪ/ avv. [*calm, helpful, mean, selfish*] come al solito; ***~, he said nothing*** come è suo solito, non ha detto nulla.
characterization /,kærəktəraɪ'zeɪʃn, AE -rɪ'z-/ n. ART. caratterizzazione f.
characterize /'kærəktəraɪz/ tr. **1** LETTER. [*artist, writer, work*] caratterizzare [*era, place, person*]; ***to ~ sb. as*** dipingere qcn. come **2** *(typify)* caratterizzare; ***to be ~d by*** essere caratterizzato da **3** *(sum up)* rappresentare [*era, place, person*].
characterless /'kærəktəlɪs/ agg. senza carattere.
characterological /kærəktərə'lɒdʒɪkl/ agg. caratterologico.
characterology /,kærəktə'rɒlədʒɪ/ n. caratterologia f.
character part /'kærəktə,pɑ:t/ n. TEATR. ruolo m. di carattere.
character reference /'kærəktə,refərəns/ n. referenze f.pl.
character set /'kærəktə,set/ n. INFORM. TIP. set m. di caratteri.
character sketch /'kærəktə,sketʃ/ n. = ritratto o descrizione sintetica di una persona.
character type /'kærəktə,taɪp/ n. PSIC. tipo m. caratterologico.
charade /ʃə'rɑ:d, AE ʃə'reɪd/ n. **1** *(in game)* sciarada f.; ***to play ~s*** giocare a sciarade **2** SPREG. *(pretence)* farsa f.
charbroiled /'tʃɑ:brɔɪld/ agg. AE → **char-grilled**.
charcoal /'tʃɑ:kəʊl/ **I** n. **1** *(fuel)* carbone m. (di legna) **2** ART. carboncino m.; ***a stick of ~*** un carboncino **3** *(colour)* grigio m. antracite **II** ➧ **5** agg. *(colour)* (anche **~ grey**) antracite **III** modif. [*drawing, portrait*] a carboncino; [*filter*] di carbone; ***~ test*** prova al carbone di legna.
charcoal burner /'tʃɑ:kəʊl,bɜ:nə(r)/ ➧ **27** n. **1** *(person)* carbonaio m. (-a) **2** *(for cooking)* cucina f. a carbone; *(for heating)* stufa f. a carbone.
chard /tʃɑ:d/ n. bietola f.
chare /tʃeə(r)/ n. ANT. *(chore)* lavoro m.
▶ **1.charge** /tʃɑ:dʒ/ n. **1** *(fee)* spese f.pl.; ***delivery ~*** spese di consegna; ***electricity, telephone ~s*** spese per l'elettricità, il telefono; ***additional ~*** costi aggiuntivi; ***small*** o ***token ~*** piccolo contributo; ***there's a ~ of £ 2 for postage*** ci sono 2 sterline di spese postali; ***there's no ~ for installation*** l'installazione è gratuita; ***free of ~*** gratuitamente; ***at no extra ~*** senza costi aggiuntivi **2** DIR. accusa f., imputazione f.; ***murder, robbery ~*** accusa di omicidio, di rapina; ***to be arrested on a ~ of sth.*** essere arrestato con l'accusa di qcs.; ***criminal ~s*** capi di imputazione; ***to bring ~s*** intentare causa; ***to prefer*** o ***press ~s against sb.*** citare in giudizio *o* denunciare qcn.; ***to drop the ~s*** fare cadere le accuse; ***all ~s against him have been dropped*** tutte le accuse contro di lui sono cadute; ***to put sb. on a ~ for theft*** MIL. imputare *o* formulare un'accusa di furto contro qcn. **3** *(accusation)* accusa f. (**of** di); ***this leaves you open to ~s of*** questo ti espone ad accuse di [*nepotism, cynicism*] **4** MIL. *(attack)* carica f. (**against** contro) **5** COMM. *(credit account)* ***is it cash or ~?*** paga in contanti o lo metto sul suo conto? **6** *(control)* ***to be in ~*** essere responsabile; MIL. comandare; ***the person in ~*** il responsabile; ***the officer in ~ of the enquiry*** l'ufficiale responsabile dell'inchiesta; ***to be in ~ of doing*** essere incaricato di fare; ***to put sb. in ~ of*** affidare a qcn. la responsabilità di [*company, plane, project*]; affidare a qcn. [*transport, training*]; ***to take ~ of*** assumere la responsabilità di; ***to have ~ of*** essere incaricato di; ***the pupils in my ~*** gli allievi sotto la mia responsabilità; ***to take ~*** assumere il controllo; ***I've left Paul in ~*** ho dato la responsabilità a Paul **7** *(person in one's care) (pupil)* allievo m. (-a); *(patient)* paziente m. e f.; *(child)* = bambino del quale ci si occupa **8** *(explosive)* carica f. **9** EL. FIS. carica f. **10** *(burden)* carico m., fardello m. (**on** per) **11** RELIG. cura f.
▶ **2.charge** /tʃɑ:dʒ/ **I** tr. **1** COMM. ECON. fare pagare [*customer*]; fare pagare, addebitare [*commission, interest*] (**on** su); ***to ~ sb. for sth.*** fare pagare qcs. a qcn. [*postage, call*]; ***we ~ postage to the customer*** le spese postali sono a carico del cliente; ***how much do you ~?*** quanto fa pagare? quanto prende? ***I ~ £ 20 an hour*** prendo 20 sterline all'ora; ***my agent ~s 10% commission*** il mio agente prende il 10% di commissione; ***interest is ~d at 2% a month*** si paga un interesse mensile pari al 2%; ***labour is ~d at £ 25 per hour*** la manodopera costa 25 sterline all'ora; ***what do you ~ for doing...?*** quanto prendi per...? ***to ~ sb. extra*** fare pagare un supplemento a qcn.; ***I ~ double at weekends*** durante il fine settimana faccio pagare il doppio **2** *(pay on account)* ***to ~ sth. to*** mettere qcs. su [*account*]; ***I ~ everything*** metto tutto sul conto **3** DIR. [*police*] accusare, incriminare [*suspect*]; ***to ~ sb. with*** accusare qcn. di [*crime*] **4** *(accuse)* accusare, incolpare (**with** di); ***to ~ sb. with doing*** accusare qcn. di avere fatto **5** *(rush at)* caricare [*enemy*]; cercare di sfondare [*gates*]; [*bull*] caricare [*person*] **6** EL. FIS. caricare [*battery, particle*] **7** FORM. *(order)* ***to ~ sb. to do*** ordinare a qcn. di fare; ***to ~ sb. with doing*** incaricare qcn. di fare **II** intr. **1** *(demand payment)* ***to ~ for*** fare pagare [*delivery, admission*]; ***I don't ~ for that*** quello non lo faccio pagare **2** *(rush at)* ***to ~ at*** [*troops*] caricare [*enemy*]; cercare di sfondare [*gates*]; [*bull*] caricare [*person*]; ***~!*** carica! **3** *(run)* preci-pitarsi (**into** in; **out of** fuori da); ***to ~ across*** o ***through*** attraversare [qcs.] a tutta velocità [*room, garden*]; ***to ~ up, down*** salire su per, scendere da [qcs.] a tutta velocità [*stairs, road*].
chargeability /,tʃɑ:dʒə'bɪlətɪ/ n. **1** AMM. (l')essere addebitabile **2** DIR. imputabilità f.
chargeable /'tʃɑ:dʒəbl/ agg. **1** *(payable)* ***a fee of 20 dollars is ~*** verrà addebitata una somma di 20 dollari; ***tax is ~ at 25%*** la tassa a carico è del 25% **2** AMM. ***to be a ~ expense*** essere una spesa a carico della società; ***business travel is ~ to the company*** le spese di trasferta sono a carico della società.
charge account /'tʃɑ:dʒə,kaʊnt/ n. AE COMM. credito m. di banco.
charge-cap /'tʃɑ:dʒkæp/ tr. BE POL. imporre un tetto massimo alle spese di [*local authority*].
charge card /'tʃɑ:dʒkɑ:d/ n. *(credit card)* carta f. di credito; *(store card)* = carta di credito rilasciata da catene di grandi magazzini che consente al cliente di fare acquisti pagando successivamente.
charge-coupled device /,tʃɑ:dʒkʌpldɪ'vaɪs/ n. dispositivo m. ad accoppiamento di carica.
▷ **charged** /tʃɑ:dʒd/ **I** p.pass. → **2.charge II** agg. **1** FIS. [*battery, particle*] carico; ***a negatively ~ particle*** una particella con carica

negativa **2** *(intense)* ***a highly ~ atmosphere, meeting*** un'atmosfera, una riunione molto tesa; ***an emotionally ~ scene*** una scena carica d'emozione.
chargé d'affaires /ˌʃɑːʒeɪdæ'feə(r)/ 27 n. (pl. **chargés d'affaires**) AMM. incaricato m. d'affari.
charge hand /'tʃɑːdʒhænd/ 27 n. vicecaposquadra m. e f.
charge nurse /'tʃɑːdʒnɜːs/ 27 n. caposala f.
charger /'tʃɑːdʒə(r)/ n. **1** ELETTRON. caricabatterie m. **2** STOR. EQUIT. cavallo m. da battaglia.
charge sheet /'tʃɑːdʒʃiːt/ n. BE DIR. = elenco delle generalità e delle imputazioni dei detenuti in una stazione di polizia.
charging /'tʃɑːdʒɪŋ/ n. **1** *(taxation)* prelievo m. fiscale **2** AMM. addebito m. **3** DIR. imputazione f., accusa f.
char-grilled /'tʃɑːgrɪld/ agg. [*steak, burger*] alla griglia.
charily /'tʃeərɪlɪ/ avv. cautamente.
chariness /'tʃeərɪnɪs/ n. cautela f., prudenza f.
1.chariot /'tʃærɪət/ n. cocchio m., biga f.
2.chariot /'tʃærɪət/ tr. LETT. trasportare sul cocchio.
charioteer /ˌtʃærɪə'tɪə(r)/ n. auriga m.
chariot race /'tʃærɪətˌreɪs/ n. corsa f. delle bighe.
charisma /kə'rɪzmə/ n. (pl. **-ata**) carisma m. (anche RELIG.).
charismatic /ˌkærɪz'mætɪk/ **I** agg. carismatico (anche RELIG.) **II** n. RELIG. carismatico m. (-a).
charitable /'tʃærɪtəbl/ agg. [*person, act*] caritatevole (**to** verso); [*organization*] pio, di carità; [*explanation*] pietoso; ***a company having ~ status*** un'associazione a scopo filantropico; ***~ trust*** ECON. fondazione di carità; ***~ work*** attività di beneficenza.
charitably /'tʃærɪtəblɪ/ avv. caritatevolmente.
▶ **charity** /'tʃærətɪ/ **I** n. **1** *(virtue)* carità f.; ***to do sth. out of ~*** fare qcs. per carità **2** *(aid)* carità f., beneficenza f.; ***to give to ~*** dare in beneficenza; ***to collect money for ~*** raccogliere denaro a scopo di beneficenza; ***to accept, refuse ~*** accettare, rifiutare la carità *o* l'elemosina **3** *(aid organizations)* carità f. organizzata; *(individual organization)* istituzione f. benefica, opera f. pia, di carità **II** modif. [*sale*] di beneficenza; [*event*] a scopo benefico ◆ ***~ begins at home*** = bisogna aiutare prima i familiari e le persone vicine.

> **Charities** Le *charities* sono associazioni benefiche o umanitarie che operano senza scopo di lucro, specialmente nei settori dell'assistenza, della ricerca medica, dei diritti umani, dell'educazione e della cultura. Sono molto numerose nel Regno Unito: attualmente se ne contano circa 180.000. Si dedicano a svariate attività: organizzano raccolte di fondi, manifestazioni sportive, feste, vendite di beneficenza (*jumble sales*), patrocinate dai soci o da aziende locali. Alcune hanno una rete di negozi (*charity shops*) con i cui proventi finanziano le proprie iniziative. Numerose organizzazioni umanitarie di fama mondiale, come *Amnesty International* e *Oxfam*, sono *charities* nate in Gran Bretagna.

charity box /'tʃærətɪˌbɒks/ n. *(in church)* cassetta f. delle elemosine.
Charity Commissioners /'tʃærətɪkəˌmɪʃənəz/ n.pl. BE = membri di una commissione incaricata del controllo delle opere pie.
charity shop /'tʃærətɪˌʃɒp/ n. = negozio di articoli d'occasione venduti a scopo di carità.
charity work /'tʃærətɪwɜːk/ n. attività f. di beneficenza.
charity worker /'tʃærətɪˌwɜːkə(r)/ 27 n. = chi lavora in o a favore di un ente di carità.
charivari /ˌʃɑːrɪ'vɑːrɪ/ n. *(din, racket)* baccano m., fracasso m., chiassata f.
charlady /'tʃɑːleɪdɪ/ 27 n. BE domestica f. a ore.
charlatan /'ʃɑːlətən/ n. ciarlatano m.
charlatanism /'ʃɑːlətənɪzəm/, **charlatanry** /'ʃɑːlətənrɪ/ n. ciarlataneria f.
Charlemagne /'ʃɑːləmeɪn/ n.pr. Carlo Magno.
Charlene /ʃɑː'liːn/ n.pr. Charlene (nome di donna).
Charles /tʃɑːlz/ n.pr. Carlo.
Charles's Wain /tʃɑːlzɪzˌweɪn/ n. ASTR. ANT. Grande Carro m.
charleston /'tʃɑːlstən/ n. charleston m.
Charleston /'tʃɑːlstən/ 34 n.pr. Charleston f.
Charley /'tʃɑːlɪ/ n.pr. diminutivo di **Charles**.
charley horse /'tʃɑːlɪˌhɔːs/ n. AE COLLOQ. = crampo dovuto all'eccessivo esercizio fisico.
charlie /'tʃɑːlɪ/ n. COLLOQ. **1** BE *(fool)* imbecille m. e f.; ***to look, feel a right ~*** avere l'aria ridicola, sentirsi ridicolo **2** AE ***a good-time ~*** un buontempone **3** COLLOQ. *(cocaine)* coca f.
Charlie /'tʃɑːlɪ/ n.pr. diminutivo di **Charles**.
Charline /ʃɑː'liːn/ n.pr. Charline (nome di donna).
charlock /'tʃɑːlɒk/ n. senape f. selvatica.
charlotte /'ʃɑːlɒt/ n. GASTR. charlotte f.; ***strawberry ~*** charlotte di fragole.
Charlotte /'ʃɑːlət/ n.pr. Carlotta.
▷ **1.charm** /tʃɑːm/ n. **1** *(capacity to please)* fascino m., charme m.; ***a man, town of great ~*** un uomo, una città di grande fascino; ***susceptible to her ~s*** sensibile al suo fascino; ***to use all one's ~*** usare tutto il proprio fascino; ***to turn on the ~*** tirare fuori tutto il proprio fascino **2** *(jewellery)* amuleto m.; ***~ bracelet*** braccialetto portafortuna; ***lucky ~*** ciondolo portafortuna **3** *(magic words)* incantesimo m., malia f. ◆ ***to work like a ~*** andare a meraviglia.
▷ **2.charm** /tʃɑːm/ tr. incantare, affascinare; ***he ~ed his way into Head Office*** ha usato tutto il suo fascino per diventare dirigente; ***she ~ed him into signing*** lo ha indotto a firmare usando il suo fascino ◆ ***to be able to ~ the birds from the trees*** riuscire a incantare chiunque.
charmed /tʃɑːmd/ **I** p.pass. → **2.charm** **II** agg. incantato; ***the ~ (inner) circle*** = cerchia ristretta di persone che detengono il potere ◆ ***to lead a ~ life*** avere tutto dalla vita.
charme offensive /'tʃɑːməˌfensɪv/ n. corte f. spietata.
charmer /'tʃɑːmə(r)/ n. ***he is a real ~*** è un vero incantatore.
Charmian /'tʃɑːmɪən/ n.pr. Carmiana.
▷ **charming** /'tʃɑːmɪŋ/ agg. [*person, place, book*] incantevole, affascinante; [*clothing, poem*] incantevole; [*child, animal*] adorabile; [*manners*] delizioso; ***~!*** IRON. complimenti!
charmingly /'tʃɑːmɪŋlɪ/ avv. [*decorate, speak, sing, behave*] in modo incantevole; ***~ simple*** di una semplicità incantevole.
charmless /'tʃɑːmlɪs/ agg. privo di fascino.
charm school /'tʃɑːmˌskuːl/ n. = collegio elegante per ragazze.
charnel house /'tʃɑːnlhaʊs/ n. ossario m.
Charon /'keərən/ n.pr. Caronte.
charr /tʃɑː(r)/ n. salmerino m.
charred /tʃɑːd/ **I** p.pass. → **3.char** **II** agg. carbonizzato; ***the ~ remains*** i resti carbonizzati.
▷ **1.chart** /tʃɑːt/ n. **1** *(graph)* grafico m., diagramma m.; ***temperature ~*** MED. grafico della temperatura **2** *(table)* tabella f. **3** *(map)* carta f.; ***weather ~*** carta meteorologica **4** MUS. ***the ~s*** la hit-parade; ***to be number one in the ~s*** essere il numero uno nella hit-parade.
▷ **2.chart** /tʃɑːt/ tr. **1** *(on map)* riportare [*geographical feature*]; tracciare [*route*] **2** registrare [*changes, progress*].
1.charter /'tʃɑːtə(r)/ n. **1** carta f. (anche POL.); *(for company)* atto m. istitutivo, statuto m; ***Charter of Fundamental Rights*** *(in EU)* Carta dei diritti fondamentali **2** patente f., brevetto m., concessione f.; ***to be granted a ~*** ottenere una concessione **3** COMM. *(hiring)* noleggio m.; ***on ~ to*** noleggiato a.
▷ **2.charter** /'tʃɑːtə(r)/ tr. **1** noleggiare [*plane, coach etc.*] **2** DIR. AMM. concedere uno statuto a [*corporation*].
chartered /'tʃɑːtəd/ **I** p.pass. → **2.charter** **II** agg. [*professional*] iscritto all'albo; [*corporation*] registrato.
chartered accountant /ˌtʃɑːtədə'kaʊntənt/ 27 n. BE = ragioniere iscritto all'albo.
chartered bank /'tʃɑːtədˌbæŋk/ n. BE = banca che svolge la propria attività grazie a una licenza concessa dalla Corona.
chartered surveyor /ˌtʃɑːtədsə'veɪə(r)/ 27 n. BE = agrimensore iscritto all'albo.
charterer /'tʃɑːtərə(r)/ n. noleggiatore m. (-trice).
charter flight /'tʃɑːtəflaɪt/ n. BE volo m. charter.
charterhouse /'tʃɑːtəhaʊs/ n. RELIG. certosa f.
charter member /ˌtʃɑːtə'membə(r)/ n. socio m. fondatore.
charter party /'tʃɑːtəˌpɑːtɪ/ n. cessione f. di noleggio.
charter plane /'tʃɑːtəˌpleɪn/ n. BE charter m.
charter school /'tʃɑːtəˌskuːl/ n. AE = tipo di scuola privata.

> **Charter school** Le *Charter schools* statunitensi sono sovvenzionate dallo stato e dirette da consigli di genitori e insegnanti. La scuola e lo stato si accordano su una "carta" nella quale si stabiliscono i risultati scolastici da raggiungere, i programmi d'insegnamento e la gestione dell'istituto. Sono dispensate dai regolamenti scolastici delle altre scuole statali ma, in cambio di questa autonomia, sono ritenute responsabili della riuscita degli allievi.

Chartism /'tʃɑːtɪzəm/ n. STOR. cartismo m.
chartist /'tʃɑːtɪst/ n. AE ECON. = analista del mercato azionario che predice l'andamento dei corsi mediante lo studio di grafici dei prezzi e dei movimenti.

Chartist /'tʃɑ:tɪst/ n. STOR. cartista m. e f.
chartography → **cartography**.
chartreuse /ʃɑ:'trɜ:z, AE -'tru:z/ n. **1** *(liquor)* chartreuse f. **2** *(colour)* verde m. pallido.
charwoman /'tʃɑ:wʊmən/ ◗ *27* n. (pl. **-women**) domestica f. a ore.
chary /'tʃeərɪ/ agg. cauto, prudente; ***to be ~*** essere cauto (**of** con; **of doing** nel fare).
Charybdis /kə'rɪbdɪs/ n.pr. Cariddi.
▷ **1.chase** /tʃeɪs/ n. **1** *(pursuit)* caccia f., inseguimento m. (**after** di); ***car, police ~*** inseguimento in auto, della polizia; ***to give ~ to sb.*** dare la caccia a qcn. **2** FIG. *(race)* corsa f. (**for** a); ***the ~ for the prize, jobs*** la corsa al premio, all'impiego **3** EQUIT. → **steeplechase** **4** VENAT. caccia f. **5** BE *(deer park)* riserva f. di caccia.
▷ **2.chase** /tʃeɪs/ **I** tr. **1** (anche **~ after**) *(pursue)* inseguire [*person*]; cacciare, inseguire [*animal*]; andare a caccia di, rincorrere [*contract, job, success*]; ***to ~ sb., sth. up*** o ***down the street*** inseguire qcn., qcs. per la strada **2** (anche **~ after**) *(make advances)* correre dietro a [*man, girl*] **3** COLLOQ. (anche **~ after**) *(try to win)* inseguire [*target, title*] **4** *(remove)* ***to ~ sb., sth. from*** cacciare qcn., qcs. da [*room, field etc.*] **II** intr. → **chase about, chase around** ◆ ***to ~ one's (own) tail*** girare in tondo.
■ **chase about, chase around:** ***~ about*** correre in ogni direzione; ***~ around [sth.]*** COLLOQ. percorrere [qcs.] in ogni direzione [*town*]; ***we ~d all around the library looking for the book*** abbiamo girato tutta la biblioteca per trovare il libro; ***~ [sb.] around*** dare la caccia a qcn.
■ **chase away:** ***~ [sb., sth.] away, ~ away [sb., sth.]*** scacciare (anche FIG.).
■ **chase down** AE → **chase up**.
■ **chase off:** ***~ [sb., sth.] off, ~ off [sb., sth.]*** scacciare [*animal, person*].
■ **chase up** BE ***~ [sth.] up, ~ up [sth.]*** scovare [*details, statistics*]; ***~ [sb.] up, ~ up [sb.]*** stare alle costole di, scovare [*person*].
3.chase /tʃeɪs/ n. **1** *(of gem)* castone m. **2** EDIL. traccia f., incassatura f. **3** TIP. telaio m.
4.chase /tʃeɪs/ tr. **1** incastonare [*gem*] **2** *(engrave)* intagliare, cesellare [*metal*] **3** MECC. scanalare, filettare.
1.chaser /'tʃeɪsə(r)/ n. COLLOQ. *(between beers)* = bicchierino di liquore bevuto tra una birra e l'altra; *(between spirits)* = bevanda poco alcolica bevuta tra due bicchieri di liquore.
2.chaser /'tʃeɪsə(r)/ ◗ *27* n. **1** *(person)* cesellatore m. (-trice), incisore m. (-a) **2** *(tool)* cesello m.
chasing /'tʃeɪsɪŋ/ n. **1** *(of metal)* cesellatura f. **2** MECC. filettatura **3** *(of gems)* incastonatura f.
chasm /'kæzəm/ n. **1** baratro m.; *(deeper)* abisso m. **2** FIG. abisso m. (**between** tra).
chassis /'ʃæsɪ/ n. (pl. **~**) **1** AUT. RAD. TELEV. chassis m. **2** AER. carrello m. **3** AE COLLOQ. *(body)* ***she's got quite a ~*** ha una bella carrozzeria.
chaste /tʃeɪst/ agg. **1** *(celibate)* casto **2** *(innocent)* [*relationship*] innocente; [*kiss*] casto **3** *(sober)* [*style*] casto, semplice.
chastely /'tʃeɪstlɪ/ avv. **1** *(in celibacy)* castamente **2** [*written, decorated*] con semplicità.
chasten /'tʃeɪsn/ tr. castigare.
chastened /'tʃeɪsnd/ **I** p.pass. → **chasten** **II** agg. rinsavito; ***they were suitably ~*** hanno messo giudizio, come era opportuno; ***~ and subdued*** pentito e sottomesso.
chastener /'tʃeɪsnə(r)/ n. castigatore m. (-trice).
chasteness /'tʃeɪstnɪs/ n. FORM. **1** *(celibacy)* castità f. **2** *(faithfulness)* fedeltà f. **3** *(innocence)* innocenza f. **4** *(of style, playing)* semplicità f.
chastening /'tʃeɪstnɪŋ/ agg. ***to have a ~ effect on sb.*** fare riflettere qcn. *o* fare mettere giudizio a qcn.
chastise /tʃæ'staɪz/ tr. FORM. *(physically)* castigare; *(verbally)* rimproverare; ***to ~ sb. for sth., for doing*** *(verbally)* rimproverare qcn. per qcs., per avere fatto.
chastisement /tʃæ'staɪzmənt/ n. *(physical)* castigo m.; *(verbal)* rimprovero m.
chastiser /tʃæ'staɪzə(r)/ n. castigatore m. (-trice).
chastity /'tʃæstətɪ/ n. castità f.
chastity belt /'tʃæstətɪbelt/ n. cintura f. di castità.
chasuble /'tʃæzjʊbl/ n. casula f., pianeta f.
▷ **1.chat** /tʃæt/ n. **1** chiacchierata f.; ***to have a ~*** fare quattro chiacchiere (**with** con; **about** su); ***we had a ~ on the phone*** abbiamo fatto una lunga chiacchierata al telefono; ***I must have a ~ with her about her work*** devo parlarle del suo lavoro **2** INFORM. chat f.
▷ **2.chat** /tʃæt/ intr. (forma in -ing ecc. **-tt-**) **1** chiacchierare (**with, to** con) **2** INFORM. chattare.
■ **chat up:** ***~ up [sb.], ~ [sb.] up*** BE COLLOQ. *(flirtatiously)* agganciare [*girl*]; *(to obtain sth.)* (rac)contarla a qcn.
chatelaine /'ʃætəleɪn/ n. **1** *(mistress of a castle)* castellana f.; *(mistress of a fashionable household)* padrona f. di casa **2** *(chain)* = catenella per chiavi ecc. un tempo portata alla cintura dalla padrona di casa.
chatline /'tʃætlaɪn/ n. BE chat line f.
chat room /'tʃætru:m, -rʊm/ n. chat room f.
chat show /'tʃæt,ʃəʊ/ n. BE talk show m.
Chattanooga /tʃætə'nu:gə/ ◗ *34* n.pr. Chattanooga f.
chattel /'tʃætl/ n. DIR. bene m. mobile; ***he treats his wife, child as a ~*** tratta la moglie, il figlio come se fosse di sua proprietà; ***goods and ~s*** beni ed effetti.
chattel mortgage /'tʃætl,mɔ:gɪdʒ/ n. AE ipoteca f. su beni mobili.
▷ **1.chatter** /'tʃætə(r)/ n. *(of person)* chiacchiera f., chiacchiere f.pl.; *(of crowd, audience)* chiacchierio m.; *(of birds)* cinguettio m.; *(of magpies)* gracchio m.; *(of machine)* rumore m., vibrazione f.
▷ **2.chatter** /'tʃætə(r)/ intr. (anche **~ away**, **~ on**) [*person*] chiacchierare; [*birds*] cinguettare; [*magpies*] gracchiare; [*machine*] fare rumore, vibrare; ***her teeth were ~ing*** batteva i denti; ***his teeth were ~ing with the cold*** batteva i denti dal freddo.
chatterbox /'tʃætəbɒks/, **chatterer** /'tʃætərə(r)/ n. chiacchierone m. (-a).
chattering /'tʃætərɪŋ/ **I** agg. [*person*] che chiacchiera (sempre), chiacchierone **II** n. chiacchierio m.
chattering classes /'tʃætərɪŋ,klɑ:sɪz, AE -,klæsɪz/ n.pl. SPREG. radical-chic m.
chattiness /'tʃætɪnɪs/ n. loquacità f.
chatty /'tʃætɪ/ agg. [*person*] loquace, ciarliero; [*letter, style*] amichevole.
Chaucerian /tʃɔ:'sɪərɪən/ agg. chauceriano.
chauffer /'tʃɔ:fə(r)/ n. scaldino m.
1.chauffeur /'ʃəʊfə(r), AE ʃəʊ'fɜ:r/ ◗ *27* n. chauffeur m., autista m.; ***a ~-driven car*** una macchina con autista.
2.chauffeur /'ʃəʊfə(r), AE ʃəʊ'fɜ:r/ tr. fare da autista a.
chaunt /tʃɔ:nt/ → **1.chant, 2.chant**.
chauvinism /'ʃəʊvɪnɪzəm/ n. **1** sciovinismo m. **2** (anche **male ~**) maschilismo m.
chauvinist /'ʃəʊvɪnɪst/ **I** agg. **1** sciovinista **2** (anche **male ~**) maschilista **II** n. **1** sciovinista m. e f. **2** (anche **male ~**) maschilista m. e f.
chauvinistic /,ʃəʊvɪ'nɪstɪk/ agg. sciovinistico.
chav /tʃæv/ n. COLLOQ. SPREG. = tamarro.
1.chaw /tʃɔ:/ n. *(quid of tobacco)* cicca f.
2.chaw /tʃɔ:/ tr. masticare [*tobacco*].
ChB n. GB (⇒ Chirurgiae Baccalaureus, Bachelor of Surgery) = (diploma di) dottore in chirurgia (conseguito con un corso di studi di tre o quattro anni).
▶ **cheap** /tʃi:p/ **I** agg. **1** [*article, meal, cut of meat, flight, service*] che costa poco, conveniente; ***to be ~*** essere a buon mercato; ***quality doesn't come ~*** la qualità si paga; ***it's ~ to produce*** costa poco produrlo; ***it works out ~er to take the train*** costa meno prendere il treno; ***the ~ seats*** i posti più economici; ***at a ~ rate*** a un prezzo conveniente; ***it's ~ at the price*** a questo prezzo è conveniente; ***victory was ~ at the price*** la vittoria costò poco; ***~ and cheerful*** senza pretese; ***life is ~*** la vita ha poco valore; ***to hold sth. ~*** tenere qcs. in poco conto **2** ECON. [*labour*] a buon mercato; [*money*] a basso interesse **3** SPREG. *(shoddy)* [*furniture, shoe, wine*] di scarsa qualità; [*jewellery*] di poco valore; ***it's ~ and nasty*** è roba da quattro soldi **4** SPREG. *(easy)* [*success, woman*] facile; [*joke, jibe, stunt*] di cattivo gusto; [*gimmick*] da quattro soldi; [*laugh*] a buon mercato; ***a ~ thrill*** facili emozioni; ***talk is ~*** è facile parlare **5** SPREG. *(mean)* [*trick, crook, liar*] sporco; ***a ~ shot*** un colpo basso **6** *(with money)* spilorcio **7** **on the cheap** [*buy, sell*] a prezzo ridotto, a basso costo; ***to do sth. on the ~*** SPREG. fare qcs. in economia *o* al risparmio *o* contando il centesimo **II** avv. COLLOQ. [*buy, get, sell*] a buon mercato, a basso prezzo; ***he can do the job ~*** può fare il lavoro a basso prezzo; ***they're going ~*** sono a prezzo ridotto.
cheapen /'tʃi:pən/ **I** tr. **1** *(make less expensive)* rendere più economico [*process*]; diminuire [*production costs*] **2** *(make less valuable)* sminuire l'importanza di, deprezzare [*life, liberty*] **3** *(degrade)* deprezzare [*person*] **II** rifl. ***to ~ oneself*** buttarsi via COLLOQ.
cheapie /'tʃi:pɪ/ **I** agg. AE COLLOQ. non caro, poco caro **II** n. **1** BE COLLOQ. *(bargain)* affarone m. **2** AE COLLOQ. *(mean person)* spilorcio m. (-a).
cheapish /'tʃi:pɪʃ/ agg. **1** *(quite inexpensive)* abbastanza a buon mercato **2** *(quite shoddy)* piuttosto scadente.
cheapjack /'tʃi:pdʒæk/ **I** n. ANT. venditore m. ambulante **II** agg. da quattro soldi, dozzinale; ***~ goods*** paccottiglia.

▷ **cheaply** /ˈtʃiːplɪ/ avv. [*produce, do, provide, sell*] a buon mercato; [*available, accessible*] a basso prezzo; [*borrow*] a un basso tasso di interesse; ***to eat, live*** ~ mangiare, vivere con poco; ***two can live as ~ as one*** vivere in due costa tanto quanto vivere da solo.

cheapness /ˈtʃiːpnɪs/ n. **1** *(of article, plan, system)* convenienza f., prezzo m. basso **2** *(of joke, jibe, trick)* cattivo gusto m., grossolanità f. **3** *(of borrowing)* basso tasso m. di interesse, bassi interessi m.pl.

cheapo /ˈtʃiːpəʊ/ agg. COLLOQ. non caro, poco caro.

cheap rate /ˈtʃiːpreɪt/ agg. e avv. TEL. a tariffa ridotta; ***to cost 25 pence a minute*** ~ costare 25 pence al minuto a tariffa ridotta.

cheapskate /ˈtʃiːpskeɪt/ n. COLLOQ. spilorcio m. (-a), taccagno m. (-a).

▷ **1.cheat** /tʃiːt/ n. **1** *(person)* imbroglione m. (-a), truffatore m. (-trice) **2** *(dishonest action)* inganno m., imbroglio m., truffa f., frode f.

▷ **2.cheat** /tʃiːt/ **I** tr. ingannare, imbrogliare, truffare [*person, company*]; ***to feel ~ed*** sentirsi ingannato; ***he ~ed him (out) of his money*** gli ha portato via i soldi (con l'inganno) **II** intr. barare, imbrogliare; ***to ~ in*** copiare a [*exam, test*]; ***to ~ at cards*** barare alle carte; ***to ~ on*** AE tradire *o* cornificare [*person*] ♦ ***to ~ death*** farla in barba alla morte.

cheater /ˈtʃiːtə(r)/ n. **1** imbroglione m. (-a), truffatore m. (-trice) **2** *(player)* baro m.

cheating /ˈtʃiːtɪŋ/ **I** agg. [*player*] che bara; [*shopkeeper*] imbroglione; [*partner*] infedele **II** n. inganno m., imbroglio m., truffa f.; ***to accuse sb. of*** ~ accusare qcn. di imbrogliare; *(in past)* accusare qcn. di avere imbrogliato.

Chechen /tʃeˈtʃen/ ♦ ***18, 14*** **I** agg. ceceno **II** n. **1** *(person)* ceceno m. (-a) **2** *(language)* ceceno m.

Chechnya /ˈtʃetʃnɪə/ ♦ ***6*** n.pr. Cecenia f.

▶ **1.check** /tʃek/ **I** n. **1** *(inspection) (for quality, security)* controllo m., verifica f. (**on** di); ***security*** ~ controllo di sicurezza; ***to carry out ~s*** fare dei controlli; ***to give sth. a*** ~ controllare qcs.; ***to keep a (close) ~ on sb., sth.*** tenere qcs., qcn. sotto (stretto) controllo **2** MED. esame m.; ***eye, breast*** ~ controllo della vista, del seno **3** *(restraint)* freno m., ostacolo m. (**on** a); ***to put*** o ***place a ~ on*** mettere *o* porre un freno a [*immigration, production, growth*]; ***to hold*** o ***keep sb., sth. in*** ~ tenere a bada qcn., qcs.; ***to hold oneself in*** ~ controllarsi **4** *(in chess)* ***in*** ~ in scacco; ***to put the king in*** ~ dare scacco al re; ***your king is in*** ~ scacco al re **5** TESS. *(fabric)* tessuto m. a scacchi, a quadretti; *(pattern)* scacchi m.pl., quadretti m.pl.; *(square)* quadretto m. **6** AE *(cheque)* assegno m. **7** AE *(bill)* conto m.; ***to pick up the*** ~ pagare il conto **8** AE *(receipt)* scontrino m., tagliando m. **9** AE *(tick)* visto m. **II** modif. [*fabric, garment etc.*] a scacchi, a quadretti.

2.check /tʃek/ inter. **1** *(in chess)* ***~!*** scacco (al re)! **2** AE COLLOQ. *(expressing agreement)* d'accordo.

▶ **3.check** /tʃek/ **I** tr. **1** *(for security)* controllare [*person, baggage, product, vehicle, mechanism, ticket, passport, area*]; ***to ~ that, whether*** verificare che, se; ***to ~ the toys for potential dangers*** controllare che i giocattoli non siano pericolosi; ***they ~ed the hotel for bombs, gas leaks*** hanno controllato che non ci fossero bombe, fughe di gas nell'albergo **2** *(for accuracy, reliability)* controllare [*bill, data, statement, terms, signature, banknote, invoice, output, work*]; verificare [*accounts*]; correggere [*proofs, spelling, translation*]; ***to ~ sth. for accuracy*** verificare l'esattezza di qcs.; ***to ~ sth. for defects*** controllare che qcs. non abbia difetti; ***to ~ that, whether*** verificare che, se; ***to ~ sth. against*** collazionare qcs. con [*original document*]; verificare qcs. in base a *o* controllare qcs. su [*recorded data, inventory*]; paragonare qcs. con [*signature*] **3** *(for health, progress)* misurare [*temperature, pressure*]; controllare [*reflexes*]; controllare [*eyesight*]; fare l'esame di [*blood*]; ***to ~ that, whether*** verificare che, se; ***to ~ sb.'s progress*** verificare i progressi di qcn. **4** *(inspect)* controllare [*watch, map, pocket, wallet*] **5** *(find out)* controllare [*times, details, information*]; ***to ~ if*** o ***whether*** verificare se; ***to ~ the availability of sth.*** verificare la disponibilità di qcs.; ***I need to ~, where the station is*** devo controllare dov'è la stazione; ***to ~ with sb. that*** chiedere a qcn. se; ***I had to ~ with him that it was OK*** gli ho dovuto chiedere se per lui andava bene **6** *(curb)* mettere un freno a, porre un freno a [*price rises, inflation, increase, growth, progress, abuse, emigration, influence*]; mettere a tacere [*rumour*]; sventare [*plans*] **7** *(restrain, keep in)* controllare, contenere [*emotions*]; trattenere [*tears, exclamation*]; ***she ~ed an impulse to laugh*** si trattenne dal ridere **8** *(stop)* fermare [*person, animal*]; contenere [*enemy advance, rebellion*] **9** *(in chess)* dare, fare scacco a [*player, chesspiece*] **10** INFORM. verificare **11** *(in hockey)* bloccare [*shot*] **12** AE *(for safekeeping)* lasciare al guardaroba [*coat*]; depositare, lasciare in deposito, in custodia [*baggage*] **13** AE *(register)* consegnare al check-in [*baggage*] **14** AE *(tick)* → **check off** **II** intr. **1** *(verify)* verificare; ***to ~ with sb.*** chiedere a qcn. **2** *(examine)* ***to ~ for*** cercare [*problems, disease, defects, leaks, flaws, danger signs*] **3** *(register)* ***to ~ into*** registrarsi a [*hotel*] **4** AE *(tally)* [*accounts*] essere esatto, tornare **5** *(in poker)* passare **III** rifl. **1** *(restrain)* ***to ~ oneself*** trattenersi **2** *(inspect)* ***to ~ oneself in the mirror*** guardarsi allo specchio.

■ **check in:** ~ ***in*** *(at airport)* fare il check-in; *(at hotel)* registrarsi (**at** a); AE *(clock in)* timbrare il cartellino (all'entrata); ~ ***[sb., sth.] in***, ~ ***in [sb., sth.]*** **1** fare il check-in a [*baggage, passengers*]; registrare [*hotel guest*] **2** AE *(for safekeeping) (give)* depositare, lasciare in deposito, in custodia [*baggage*]; lasciare al guardaroba [*coat*]; *(take)* [*attendant*] prendere in consegna [*baggage, coat*].

■ **check off:** ~ ***off [sth.]***, ~ ***[sth.] off*** spuntare [*items, names*].

■ **check on:** ~ ***on [sb., sth.]*** **1** *(observe)* controllare [*person*]; ***to ~ on sb.'s progress*** verificare i progressi di qcn. **2** *(investigate)* fare indagini, indagare su [*person*]; verificare [*information*]; ***to ~ on how, whether*** controllare come, se.

■ **check out:** ~ ***out*** **1** *(leave)* partire; ***to ~ out of*** pagare il conto e lasciare [*hotel etc.*] **2** *(be correct)* [*information, story*] essere corretto; [*figures, details*] corrispondere **3** AE *(clock out)* timbrare il cartellino (all'uscita) **4** EUFEM. COLLOQ. *(die)* morire; ~ ***out [sth.]***, ~ ***[sth.] out*** **1** *(investigate)* verificare [*information*]; ispezionare [*package, area, building*]; misurare [*blood pressure*]; informarsi su [*club*] **2** COLLOQ. *(try)* provare [*place, food*] **3** AE *(remove) (from library)* prendere in prestito (**from** da); *(from cloakroom, left luggage)* ritirare (**from** da); ~ ***[sb.] out***, ~ ***out [sb.]*** **1** *(screen)* fare indagini, indagare su [*person*]; ***he's been ~ed out*** è stato indagato **2** *(from hotel)* ***to ~ out the guests*** registrare la partenza dei clienti **3** AE *(at supermarket)* fare passare alle casse [*customer*] **4** AE COLLOQ. *(take a look at)* tenere d'occhio; ***~ him out!*** tienilo d'occhio!

■ **check over:** ~ ***[sth.] over*** controllare [*document, wiring, machine*]; ~ ***[sb.] over*** MED. sottoporre a una visita generale [*person*].

■ **check through:** ~ ***[sth.] through*** **1** controllare [*data, work*] **2** AE AER. consegnare al check-in [*luggage*]; ***I've ~ed her luggage through to Chicago*** le ho mandato i bagagli a Chicago.

■ **check up:** ~ ***up*** verificare (**that** che); ~ ***up [sth.]*** appurare [*story*]; verificare [*accounts*].

■ **check up on:** ~ ***up on [sb.]*** *(observe)* sorvegliare [*person*]; *(investigate)* fare indagini, indagare su [*person*]; ~ ***up on [sth.]*** appurare [*story*]; controllare [*details*].

checkbook AE → **chequebook**.

check bouncer /ˈtʃekˌbaʊnsə(r)/ n. = chi emette assegni a vuoto.

check card AE → **cheque card**.

check clerk /ˈtʃekˌklɑːk, AE -ˌklɜːk/ ♦ ***27*** n. AMM. controllore m., revisore m.

checked /tʃekt/ **I** p.pass. → **3.check** **II** agg. **1** [*fabric, pattern, garment*] a scacchi, a quadretti **2** LING. [*vowel*] in sillaba chiusa; [*syllable*] chiuso.

1.checker /ˈtʃekə(r)/ ♦ ***27*** n. **1** *(employee)* verificatore m. (-trice) **2** AE *(cashier)* cassiere m. (-a) **3** AE *(in fabric)* quadretto m. **4** AE *(attendant) (in left-luggage)* addetto m. (-a) al deposito bagagli; *(in cloakroom)* guardarobiere m. (-a) **5** AE GIOC. *(piece)* pedina f.

2.checker AE → **1.chequer**, **2.chequer.**

checkerboard /ˈtʃekəbɔːd/ n. AE scacchiera f.

checkered AE → **chequered.**

checkerman /ˈtʃekəmən/ n. (pl. **-men**) GIOC. pedina f.

checkers /ˈtʃekəz/ ♦ ***10*** n. + verbo sing. AE gioco m. della dama, dama f.; ***to play*** ~ giocare a dama.

check-in /ˈtʃekɪn/ **I** n. **1** (anche ~ **desk**) check-in m.; *(at a hotel)* reception f. **2** *(procedure)* check-in m.; *(at a hotel)* registrazione f. **II** modif. [*point*] del check-in; [*counter*] di, del check-in; *(at a hotel)* della reception; ~ ***time*** check-in.

checking /ˈtʃekɪŋ/ n. verifica f., controllo m.

checking account /ˈtʃekɪŋəˌkaʊnt/ n. AE conto m. corrente.

checking room /ˈtʃekɪŋˌruːm, -ˌrʊm/ n. AE → **checkroom**.

checklist /ˈtʃeklɪst/ n. lista f. di controllo.

1.checkmate /ˈtʃekmeɪt/ **I** n. scacco m. matto (anche FIG.) **II** inter. ***~!*** scacco matto!

2.checkmate /ˈtʃekmeɪt/ tr. dare scacco matto a [*opponent*] (anche FIG.).

check-off /ˈtʃekɒf/ n. contributo m. sindacale.

checkout /ˈtʃekaʊt/ **I** n. (anche ~ **counter**) cassa f.; ***on the*** ~ alla cassa **II** modif. [*procedure*] di cassa; [*queue*] alla cassa.

checkout assistant /ˈtʃekaʊtəˌsɪstənt/, **checkout operator** /ˈtʃekaʊtˌɒpəreɪtə(r)/ ♦ ***27*** n. BE cassiere m. (-a).

checkpoint /'tʃekpɔɪnt/ n. posto m. di controllo; ***army, police ~*** posto di controllo militare, della polizia.
check rein /'tʃekreɪn/ n. EQUIT. martingala f.
checkroom /'tʃekru:m, -rʊm/ n. AE **1** *(cloakroom)* guardaroba m. **2** *(for baggage)* deposito m. bagagli.
checks and balances /ˌtʃeksənd'bæləns ɪz/ n.pl. AE = garanzie costituzionali che salvaguardano da eventuali abusi del potere esecutivo.
checkup /'tʃekʌp/ n. **1** MED. check-up m.; ***to go for, have a ~*** andare a fare, fare un check-up; ***to give sb. a ~*** fare un check-up a qcn. **2** *(at the dentist)* visita f. di controllo.
cheddar /'tʃedə(r)/ n. INTRAD. m. (tipo di formaggio a pasta dura).
cheddite /'tʃedaɪt/ n. cheddite f.
▷ **1.cheek** /tʃi:k/ n. **1** *(of face)* guancia f., gota f.; ***to dance ~ to ~*** ballare guancia a guancia **2** COLLOQ. *(buttock)* chiappa f. **3** *(impudence)* sfacciataggine f., faccia f. tosta; ***to have the ~ to do*** avere la faccia tosta di fare; ***what a ~!*** che faccia tosta! ***she's got a (bit of a) ~*** ha una bella faccia tosta ◆ ***to turn the other ~*** porgere l'altra guancia.
2.cheek /tʃi:k/ tr. BE COLLOQ. fare lo, essere sfacciato con [*person*].
cheekbone /'tʃi:kbəʊn/ n. zigomo m.
cheekily /'tʃi:kɪlɪ/ avv. [*ask, say*] sfacciatamente; [*arranged, perched*] in modo spavaldo.
cheekiness /'tʃi:kɪnɪs/ n. sfacciataggine f. (**to, with** verso).
cheekpiece /'tʃi:kpi:s/ n. EQUIT. montante m. del morso.
cheek pouch /'tʃi:kpaʊtʃ/ n. ZOOL. tasca f. guanciale.
cheeky /'tʃi:kɪ/ agg. **1** *(impudent)* [*person, question*] sfacciato **2** *(pert)* [*outfit, grin*] sbarazzino.
1.cheep /tʃi:p/ n. pigolio m.
2.cheep /tʃi:p/ intr. pigolare.
▷ **1.cheer** /'tʃɪə(r)/ n. **1** *(shout of joy, praise)* acclamazione f., evviva m.; ***to give a ~*** gridare evviva *o* urrà *o* acclamare; ***to get a big ~*** ricevere un grande applauso *o* un'ovazione; ***there were ~s when*** ci furono acclamazioni quando; ***to give three ~s for*** gridare tre urrà per; ***three ~s!*** hip! hip! urrà! **2** *(happiness)* allegrezza f.; ***be of good ~!*** ANT. su, coraggio!
▷ **2.cheer** /'tʃɪə(r)/ tr. **1** *(applaud)* acclamare, applaudire [*person, team*]; ***to be loudly ~ed*** essere acclamato a gran voce **2** *(hearten)* allietare, rallegrare [*person*] **II** intr. acclamare, applaudire; ***to ~ for*** acclamare *o* applaudire.
▪ **cheer on:** ***~ on [sb.], ~ [sb.] on*** incitare [*person, team*].
▪ **cheer up:** ***~ up*** rallegrarsi; ***~ up!*** su con la vita!; ***~ up [sb.], ~ [sb.] up*** tirare su di morale [*person*]; ***~ up [sth.], ~ [sth.] up*** allietare [*room*].
▷ **cheerful** /'tʃɪəfl/ agg. [*person, smile, mood, music*] allegro; [*news, prospect*] confortante, buono; [*remark, tone*] cordiale; [*fire, colour, room, curtains*] vivace; [*belief, conviction, optimism*] incrollabile; ***to be ~ about*** rallegrarsi per.
▷ **cheerfully** /'tʃɪəfəlɪ/ avv. **1** *(joyfully)* gioiosamente **2** *(blithely)* [*admit, confess, declare*] allegramente.
cheerfulness /'tʃɪəflnɪs/ n. gioiosità f., allegria f.
cheerily /'tʃɪərɪlɪ/ avv. allegramente.
cheeriness /'tʃɪərɪnɪs/ n. *(of character)* allegria f., cordialità f.
cheering /'tʃɪərɪŋ/ **I** agg. **1** [*message, news, words*] confortante **2** ***~ crowds*** folle acclamanti **II** n. **U** acclamazioni f.pl.
cheerio /ˌtʃɪərɪ'əʊ/ inter. COLLOQ. **1** *(goodbye)* ciao **2** *(when drinking)* alla salute.
cheerleader /'tʃɪəli:də(r)/ n. ragazza f. ponpon.
cheerless /'tʃɪəlɪs/ agg. [*room, place, landscape*] triste, tetro; [*outlook, prospect*] triste.
cheerly /'tʃɪəlɪ/ avv. MAR. ANT. di buona lena.
cheers /'tʃɪəz/ inter. **1** *(toast)* alla salute, cin cin **2** BE COLLOQ. *(thanks)* grazie **3** BE COLLOQ. *(goodbye)* ciao.
cheery /'tʃɪərɪ/ agg. allegro, gioioso.
▷ **1.cheese** /tʃi:z/ **I** n. *(substance, variety)* formaggio m. **II** modif. [*sandwich, soufflé*] al formaggio ◆ ***to be a big ~*** COLLOQ. essere un pezzo grosso (**in** nel campo di); ***they are as different as chalk and ~*** sono completamente diversi; ***say ~!*** *(for photo)* sorridi!
2.cheese /tʃi:z/ tr. ***~ it!*** COLLOQ. smettila! piantala!
▪ **cheese off** COLLOQ. ***~ [sb.] off, ~ off [sb.]*** stufare, seccare; ***to be ~d off with*** essere stufo di.
cheeseboard /'tʃi:zbɔ:d/ n. *(object)* vassoio m. per il formaggio; *(selection)* assortimento m. di formaggi.
cheeseburger /'tʃi:zbɜ:gə(r)/ n. cheeseburger m.
cheesecake /'tʃi:zkeɪk/ **I** n. **1** GASTR. = torta dolce al formaggio **2** AE COLLOQ. = ragazza sexy che appare su riviste, giornali, in film ecc. **II** modif. AE COLLOQ. [*photo*] sexy; [*ad*] erotico.
cheesecloth /'tʃi:zklɒθ, AE -klɔ:θ/ n. garza f., stamigna f. (per avvolgere il formaggio).
cheese counter /'tʃi:zˌkaʊntə(r)/ n. banco m. del formaggio.
cheese hopper /'tʃi:zˌhɒpə(r)/ n. verme m. del formaggio.
cheese mite /'tʃi:zmaɪt/ n. tiroglifo m.
cheeseparer /'tʃi:zˌpeərə(r)/ n. spilorcio m. (-a), taccagno m. (-a).
cheeseparing /'tʃi:zˌpeərɪŋ/ n. avarizia f.
cheese rennet /'tʃi:zˌrenɪt/ n. caglio m. (anche BOT.).
cheese spread /'tʃi:zspred/ n. formaggio m. spalmabile.
cheese straw /'tʃi:zstrɔ:/ n. *(appetizer)* bastoncino m. al formaggio.
cheese wire /'tʃi:zwaɪə(r)/ n. = filo per tagliare il formaggio.
cheesy /'tʃi:zɪ/ agg. **1** [*taste, smell*] di formaggio **2** [*grin*] falso **3** AE COLLOQ. *(tacky)* di cattivo gusto.
cheetah /'tʃi:tə/ n. ghepardo m.
chef /ʃef/ ♦ **27** n. chef m.
chef-d'œuvre /ʃe'dɜ:vrə/ n. (pl. **chefs d'œuvre**) capolavoro m.
chela /'ki:lə/ n. (pl. **-ae**) chela f.
chelate /'ki:leɪt/ **I** agg. chelato **II** n. chelato m.
cheliform /'ki:ləfɔ:m/ agg. cheliforme.
cheloid /'ki:lɔɪd/ n. cheloide m.
Chelsea bun /ˌtʃelsɪ'bʌn/ n. BE = panino dolce con uvetta ricoperto di zucchero.
▶ **chemical** /'kemɪkl/ **I** agg. [*process, reaction, experiment, industry, substance, formula*] chimico; [*equipment*] da laboratorio (chimico) **II** n. sostanza f. chimica, prodotto m. chimico.
chemical engineer /ˌkemɪklˌendʒɪ'nɪə(r)/ ♦ **27** n. ingegnere m. chimico.
chemical engineering /ˌkemɪklˌendʒɪ'nɪərɪŋ/ n. ingegneria f. chimica.
chemically /'kemɪklɪ/ avv. *(all contexts)* chimicamente.
chemical warfare /ˌkemɪkl'wɔ:feə(r)/ n. guerra f. chimica.
chemical waste /ˌkemɪkl'weɪst/ n. rifiuti m.pl. chimici.
chemical weapon /ˌkemɪkl'wepən/ n. arma f. chimica.
chemiluminescence /ˌkemɪlu:mɪ'nesns/ n. chemiluminescenza f.
chemise /ʃə'mi:z/ n. **1** *(dress)* = vestito da donna ampio e non tagliato in vita **2** *(undergarment)* sottoveste f.
chemism /'kemɪzəm/ n. chimismo m.
▷ **chemist** /'kemɪst/ ♦ **27** n. **1** BE *(person)* farmacista m. e f.; ***~'s (shop)*** farmacia **2** *(scientist)* chimico m. (-a).
▷ **chemistry** /'kemɪstrɪ/ n. **1** *(science, subject)* chimica f. **2** *(structure, properties)* struttura f. chimica, composizione f. chimica **3** FIG. *(rapport)* feeling m.; ***sexual ~*** attrazione sessuale.
chemistry set /'kemɪstrɪˌset/ n. piccolo chimico m.
chemosphere /'keməsfɪə(r)/ n. chemosfera f.
chemosynthesis /ˌki:məʊ'sɪnθəsɪs/ n. (pl. **-es**) chemiosintesi f.
chemotaxis /ˌki:məʊ'tæksɪs/ n. chemiotassi f.
chemotherapeutics /ˌki:məʊθerə'pju:tɪks/ n. + verbo sing. chemioterapia f.
chemotherapist /ˌki:məʊ'θerəpɪst/ ♦ **27** n. chemioterapista m. e f.
chemotherapy /ˌki:məʊ'θerəpɪ/ n. chemioterapia f.; ***a course of ~*** un ciclo di chemioterapia.
chemotropism /ˌki:məʊ'trəʊpɪzəm/ n. chemiotropismo m.
chenille /ʃə'ni:l/ n. ciniglia f.
Cheops /'ki:ɒps/ n.pr. Cheope.
▷ **cheque** BE, **check** AE /tʃek/ n. assegno m.; ***by ~*** con assegno; ***to make out*** o ***write a ~ for £ 20*** fare un assegno di 20 sterline; ***to cash a ~*** incassare un assegno; ***to stop a ~*** bloccare un assegno ◆ ***to give sb. a blank ~*** dare carta bianca a qcn.
chequebook BE, **checkbook** AE /'tʃekbʊk/ n. libretto m. degli assegni, carnet m. di assegni.
chequebook journalism /ˌtʃekbʊk'dʒɜ:nəlɪzəm/ n. SPREG. = giornalismo sensazionalistico basato su notizie comprate a caro prezzo.
cheque card BE, **check card** AE /'tʃekɑ:d/ n. carta f. assegni.
1.chequer BE, **checker** AE /'tʃekə(r)/ n. **1** GIOC. pedina f. **2** *(square)* quadretto m.; *(pattern of squares)* disegno m. a scacchi, scacchi m.pl.
2.chequer BE, **checker** AE /'tʃekə(r)/ tr. **1** *(mark in checks)* quadrettare **2** *(diversify)* variare.
chequered BE, **checkered** AE /'tʃekəd/ **I** p.pass. → **2.chequer** **II** agg. **1** *(with pattern of squares)* a scacchi, a quadretti **2** FIG. [*career, history*] con alti e bassi.
chequered flag /ˌtʃekəd'flæg/ n. SPORT bandiera f. a scacchi.
chequers BE, **checkers** AE /'tʃekəz/ ♦ **10** n. + verbo sing. dama f.
chequer-work /'tʃekəwɜ:k/ n. disegno m. a scacchi.
cheque stub /'tʃekstʌb/ n. matrice f. dell'assegno.
cherish /'tʃerɪʃ/ tr. **1** *(nurture)* nutrire [*hope, ambition*]; conservare [*memory*]; accarezzare [*idea*] **2** *(treasure, love)* amare, curare [*person*].

cherished /ˈtʃerɪʃt/ **I** p.pass. → **cherish II** agg. ***her most ~ ambition*** la sua più cara ambizione.
cheroot /ʃəˈruːt/ n. sigaro m. (spuntato).
▷ **cherry** /ˈtʃerɪ/ **I** n. **1** *(fruit)* ciliegia f. **2** *(tree, wood)* ciliegio m. **3** *(colour)* (rosso) ciliegia m. **II** modif. [*pit*] di ciliegia; [*jam, pie*] di ciliegie **III** agg. (anche **~-red**) (rosso) ciliegia ◆ ***life is not a bowl of cherries*** la vita non è tutta rose e fiori; ***to get the first bite of the ~*** = avere priorità; ***to get two bites at the ~*** = avere una seconda possibilità; ***to lose one's ~*** COLLOQ. = perdere la verginità.
Cherry /ˈtʃerɪ/ n.pr. Cherry (nome di donna).
cherry bay /ˈtʃerɪbeɪ/ n. → **cherry laurel**.
cherry blossom /ˈtʃerɪˌblɒsəm/ n. **U** fiori m.pl. di ciliegio.
cherry-bob /ˈtʃerɪbɒb/ n. = due ciliegie unite per il gambo.
cherry bomb /ˈtʃerɪˌbɒm/ n. AE petardo m.
cherry brandy /ˌtʃerɪˈbrændɪ/ n. cherry (brandy) m.
cherry laurel /ˈtʃerɪlɒrəl, AE -lɔːrəl/ n. lauroceraso m.
cherry orchard /ˈtʃerɪˌɔːtʃəd/ n. ciliegeto m.
cherry picker /ˈtʃerɪˌpɪkə(r)/ n. **1** *(machine)* piattaforma f. aerea **2** *(person)* = chi raccoglie ciliegie.
cherrypie /ˌtʃerɪˈpaɪ/ n. **1** *(flower)* vaniglia f. selvatica **2** *(tart)* torta f. di ciliegie.
cherry plum /ˈtʃerɪplʌm/ n. susino m. asiatico.
cherry stone /ˈtʃerɪˌstəʊn/ n. AE ZOOL. = mollusco commestibile simile al tartufo di mare.
cherry tomato /ˌtʃerɪtəˈmɑːtəʊ, AE -təˈmeɪtəʊ/ n. pomodoro m. ciliegino.
cherry tree /ˈtʃerɪtriː/ n. ciliegio m.
chert /tʃɜːt/ n. selce f.
cherub /ˈtʃerəb/ n. (pl. **~s, ~im**) cherubino m. (anche FIG.).
cherubic /tʃɪˈruːbɪk/ agg. [*face*] da cherubino; [*smile*] serafico; [*child*] bello come un angelo, un cherubino.
cherubim /ˈtʃerəbɪm/ → **cherub**.
chervil /ˈtʃɜːvɪl/ n. cerfoglio m.
Cheryl /ˈtʃerɪl/ n.pr. Cheryl (nome di donna).
Ches GB ⇒ Cheshire Cheshire.
Cheshire /ˈtʃeʃə(r)/ ♦ ***24*** n.pr. Cheshire m.
▷ **1.chess** /tʃes/ ♦ ***10*** n. scacchi m.pl.; ***a game of ~*** una partita a scacchi.
2.chess /tʃes/ n. MAR. asse m., tavolone m.
chessboard /ˈtʃesbɔːd/ n. scacchiera f.
chessel /ˈtʃesl/ n. stampo m. per formaggio.
chessman /ˈtʃesmæn/ n. (pl. **-men**) pezzo m. (degli scacchi).
chesspiece /ˈtʃespiːs/ n. → **chessman**.
chessplayer /ˈtʃespleɪə(r)/ n. giocatore m. (-trice) di scacchi.
chess set /ˈtʃesˌset/ n. *(board and pieces)* scacchi m.pl.
▷ **chest** /tʃest/ **I** n. **1** ANAT. torace m., petto m. **2** *(container) (furniture)* cassapanca f.; *(for packing)* cassa f. **3** ECON. *(fund)* cassa f. **II** modif. MED. [*pains*] al petto; [*infection, specialist*] delle vie respiratorie; [*X-ray*] al torace ◆ ***to get something off one's ~*** COLLOQ. levarsi un peso dallo stomaco; ***to hold*** o ***keep one's cards close to one's ~*** non mettere le carte in tavola.
chest cold /ˈtʃestkəʊld/ ♦ ***11*** n. = tracheobronchite.
Chester /ˈtʃestə(r)/ ♦ ***34*** n.pr. **1** *(town)* Chester f. **2** *(first name)* Chester (nome di uomo).
chesterfield /ˈtʃestəfiːld/ n. **1** *(overcoat)* chesterfield m. **2** *(sofa)* = divano imbottito con schienale e braccioli della stessa altezza.
chest expander /ˈtʃestɪkˌspændə(r)/ n. SPORT estensore m.
chest freezer /ˈtʃestˌfriːzə(r)/ n. congelatore m. a pozzo.
chest measurement /ˈtʃestˌmeʒəmənt/ ♦ ***28*** n. circonferenza f. toracica.
chestnut /ˈtʃesnʌt/ **I** n. **1** *(nut) (edible)* castagna f.; *(conker)* castagna f. d'India **2** (anche **~ tree**) *(sweet)* castagno m.; *(horse)* castagno m. d'India, ippocastano m. **3** *(wood)* castagno m. **4** *(horse)* sauro m. **5** FIG. *(joke)* ***an old ~*** una barzelletta vecchia **II** modif. [*cream, puree, stuffing*] di castagne **III** agg. [*hair*] castano; ***a ~ horse*** un cavallo sauro.
chest of drawers /ˌtʃestəvˈdrɔːz/ n. cassettone m.
chesty /ˈtʃestɪ/ agg. COLLOQ. **1** [*person*] delicato di petto; [*cough*] di petto **2** [*man*] pettoruto.
Chet /tʃet/ n.pr. diminutivo di **Chester**.
cheval-de-frise /ʃəˌvældəˈfriːz/ n. (pl. **chevaux-de-frise**) cavallo m. di Frisia.
cheval glass /ʃəˈvælglɑːs, AE -glæs/ n. *(mirror)* psiche f.
chevalier /ˌʃevəˈlɪə(r)/ n. *(member of orders)* cavaliere m.
chevet /ʃəˈveɪ/ n. ARCH. abside f.
cheviot /ˈtʃevɪət/ n. cheviot m.
chevron /ˈʃevrən/ **I** n. **1** MIL. gallone m. **2** ARALD. scaglione m. **II** modif. [*pattern*] a zigzag; [*paving*] a spina di pesce.
chevrotain /ˈʃevrəteɪn/ n. tragulide m.
1.chevy /ˈtʃevɪ/ n. ANT. caccia f., inseguimento m.
2.chevy /ˈtʃevɪ/ tr. ANT. cacciare, inseguire.
1.chew /tʃuː/ n. **1** *(act)* masticazione f. **2** *(sweet)* caramella f. (gommosa) **3** *(of tobacco)* cicca f.
▷ **2.chew** /tʃuː/ **I** tr. **1** [*person*] masticare [*food, chewing gum*]; mangiarsi [*fingernails*]; mordere [*pencil etc.*]; ***to ~ tobacco*** masticare tabacco; ***to ~ one's lip*** mordersi le labbra; ***to ~ a hole in sth.*** fare un buco in qualcosa a forza di rosicchiare **2** [*animal*] rosicchiare [*bone*]; mangiucchiare [*carpet etc.*] **II** intr. masticare ◆ ***to bite off more than one can ~*** fare il passo più lungo della gamba; ***to ~ the fat*** COLLOQ. fare quattro chiacchiere.
■ **chew on:** ~ **on [sth.]** masticare [*food*]; rosicchiare [*bone*]; FIG. COLLOQ. rimuginare [*problem*].
■ **chew out:** ~ **[sb.] out** AE COLLOQ. sgridare, strigliare.
■ **chew over:** ~ **over [sth.]**, ~ **[sth.] over** COLLOQ. rimuginare [*problem*].
■ **chew up:** ~ **up [sth.]**, ~ **[sth.] up** masticare bene [*food*].
chewable /ˈtʃuːəbl/ agg. [*tablet*] da masticare.
chewed up /ˌtʃuːdˈʌp/ agg. AE COLLOQ. [*person*] preoccupato, seccato.
chewing gum /ˈtʃuːɪŋgʌm/ n. chewing gum m., gomma f. da masticare.
chewing tobacco /ˈtʃuːɪŋtəˌbækəʊ/ n. tabacco m. da masticare.
chewy /ˈtʃuːɪ/ agg. che si deve masticare a lungo; ***a ~ toffee*** una caramella mou.
chiaroscuro /kɪˌɑːrəˈskʊərəʊ/ **I** n. (pl. **~s**) chiaroscuro m. **II** agg. [*effect*] di chiaroscuro.
chiasma /kaɪˈæzmə/ n. (pl. **-ata**) ANAT. chiasma m.
chiasmus /kaɪˈæzməs/ n. (pl. **-i**) LETTER. chiasmo m.
chiastic /kaɪˈæstɪk/ agg. LETTER. chiastico.
chic /ʃiːk/ **I** agg. chic **II** n. chic m.; ***to have ~*** essere chic.
Chicago /ʃɪˈkɑːgəʊ/ ♦ ***34*** n.pr. Chicago f.
Chicagoan /ʃɪˈkɑgəʊən/ **I** agg. di Chicago **II** n. nativo m. (-a), abitante m. e f. di Chicago.
1.chicane /ʃɪˈkeɪn/ n. **1** SPORT GIOC. chicane f. **2** ANT. → **chicanery**.
2.chicane /ʃɪˈkeɪn/ ANT. **I** tr. ingannare [*person*]; ***to ~ sb. out of sth.*** portare via qcs. a qcn. con l'inganno **II** intr. usare cavilli, rigiri.
chicanery /ʃɪˈkeɪnərɪ/ n. cavilli m.pl. (legali), rigiri m.pl., imbrogli m.pl.
Chicano /tʃɪˈkɑːnəʊ/ n. (pl. **~s**) chicano m. (-a) (cittadino statunitense di origine messicana).
chichi /ˈʃiːʃiː/ agg. COLLOQ. pretenzioso, vistoso.
▷ **chick** /tʃɪk/ n. **1** *(fledgling)* uccellino m.; *(of fowl)* pulcino m. **2** COLLOQ. *(young woman)* ragazza f.; SPREG. pollastra f.
chickabiddy /ˈtʃɪkəˌbɪdɪ/ n. ANT. *(endearment) (child)* pulcino m.
chickadee /ˈtʃɪkədiː/ n. AE cincia f.
▷ **chicken** /ˈtʃɪkɪn/ **I** n. **1** *(fowl)* pollo m.; ***to keep ~s*** allevare polli **2** (anche **~ meat**) pollo m., carne f. di pollo **3** COLLOQ. *(coward)* coniglio m., fifone m. (-a) **4** *(game)* ***to play ~*** = fare giochi spesso rischiosi o pericolosi in cui si deve dimostrare il proprio coraggio **II** modif. [*wing, salad, soup, stock*] di pollo; [*sandwich*] al pollo **III** agg. COLLOQ. fifone, vigliacco ◆ ***it's a ~ and egg situation*** è la storia dell'uovo e della gallina; ***to count one's ~s (before they are hatched)*** vendere la pelle dell'orso prima di averlo ammazzato; ***he*** o ***she is no spring ~*** COLLOQ. ha parecchie primavere.
chicken breast /ˈtʃɪkɪnbrest/ n. petto m. di pollo.
chicken casserole /ˌtʃɪkɪnˈkæsərəʊl/ n. pollo m. in cocotte.
chicken curry /ˈtʃɪkɪnˌkʌrɪ/ n. pollo m. al curry.
chicken drumstick /ˌtʃɪkɪnˈdrʌmstɪk/ n. coscia f. di pollo.
chicken farmer /ˈtʃɪkɪnˌfɑːmə(r)/ ♦ ***27*** n. allevatore m. (-trice) di polli, pollicoltore m. (-trice).
chicken farming /ˈtʃɪkɪnˌfɑːmɪŋ/ n. allevamento m. di polli, pollicoltura f.
chicken feed /ˈtʃɪkɪnfiːd/ n. **U** **1** mangime m. per polli **2** COLLOQ. *(paltry sum)* cifra f. irrisoria; ***it's ~*** è una cifra irrisoria; ***it's not ~*** non sono bruscolini.
chicken-fried steak /ˌtʃɪkɪnfraɪdˈsteɪk/ n. AE bistecca f. di pollo impanata.
chicken-hearted /ˌtʃɪkɪnˈhɑːtɪd/ agg. fifone, vigliacco.
chicken livers /ˈtʃɪkɪnˌlɪvəz/ n.pl. fegatini m. di pollo.
chicken noodle soup /ˌtʃɪkɪnuːdlˈsuːp/ n. minestra f. di pollo con tagliolini.
chicken out /ˌtʃɪkɪnˈaʊt/ intr. COLLOQ. tirarsi indietro (per paura); ***he ~ed out of his dental appointment*** non è andato dal dentista per paura.
chickenpox /ˈtʃɪkɪnpɒks/ ♦ ***11*** n. varicella f.

chicken run /'tʃɪkɪnrʌn/ n. pollaio m.
chickenshit /'tʃɪkɪnʃɪt/ AE POP. SPREG. **I** n. **1** *(coward)* cacasotto m. e f. **2** *(petty details)* fesserie f.pl., cavolate f.pl. **II** agg. **1** *(cowardly)* fifone **2** *(worthless, petty)* del cavolo.
chicken thigh /'tʃɪkɪnθaɪ/ n. coscia f. di pollo.
chicken wire /'tʃɪkɪn,waɪə(r)/ n. rete f. metallica (per pollai).
chick flick /'tʃɪkflɪk/ n. COLLOQ. = film da donne.
chickling /'tʃɪklɪŋ/ n. cicerchia f.
chick lit /'tʃɪklɪt/ n. COLLOQ. = romanzi da donne.
chickpea /'tʃɪkpi:/ n. cece m.
chickweed /'tʃɪkwi:d/ n. centonchio m.
chicle /'tʃɪkl/ n. chicle m.
chicory /'tʃɪkərɪ/ **I** n. **1** *(vegetable)* cicoria f. **2** *(in coffee)* cicoria f. **II** modif. [*soup, salad*] di cicoria.
chide /tʃaɪd/ tr. (pass. **chided, chid**; p.pass. **chided, chidden, chid**) rimproverare (**for** per; **for doing** per avere fatto).
▶ **chief** /tʃi:f/ **I** n. **1** *(leader)* capo m.; ***party ~*** POL. dirigente di partito; ***defence ~s*** POL. responsabili della difesa **2** COLLOQ. *(boss)* capo m. **3 in chief** *(chiefly)* soprattutto **II** modif. **1** *(primary)* [*reason*] principale **2** *(highest in rank)* [*editor*] capo **III -in-chief** in composti capo; ***commander-in-~*** comandante in capo ◆ ***too many ~s and not enough indians*** = troppe persone vogliono comandare e nessuno eseguire il lavoro.
chief accountant /,tʃi:fə'kaʊntənt/ ➧ ***27*** n. capo contabile m. e f.
chief administrator /,tʃi:fəd'mɪnɪstreɪtə(r), AE -,ɔ:f- / n. amministratore m. (-trice) principale.
chief assistant /'tʃi:fə,sɪstənt/ n. aiutante m. e f. in capo.
chief constable /,tʃi:f'kʌnstəbl, AE -'kɒn-/ n. GB = capo della polizia di una contea.
chief education officer /,tʃi:fedʒʊ,keɪʃn'ɒfɪsə(r), AE -'ɔ:f-/ n. = funzionario capo di una Local Education Authority.
chief engineer /,tʃi:fendʒɪ'nɪə(r)/ ➧ ***27*** n. ingegnere m. capo.
chief executive /,tʃi:fɪg'zekjʊtɪv/ ➧ ***27*** n. **1** AMM. COMM. direttore m. (-trice) generale **2** US POL. ***the Chief Executive*** = il Presidente degli Stati Uniti, in quanto capo dell'esecutivo.
chief executive officer /,tʃi:fɪg'zekjʊtɪv,ɒfɪsə(r), AE -,ɔ:f-/ ➧ ***27*** n. direttore m. (-trice) generale.
chief inspector /,tʃi:fɪn'spektə(r)/ ➧ ***27*** n. ispettore m. capo.
chief justice /,tʃi:f'dʒʌstɪs/ n. US presidente m. di Corte Suprema; GB presidente m. della Queen's Bench Division.
chiefly /'tʃi:flɪ/ avv. soprattutto, principalmente.
chief master sergeant /,tʃi:fma:stə'sa:dʒənt, AE -mæs-/ ➧ ***23*** n. AE maresciallo m. (di prima classe).
chief of police /,tʃi:fəvpə'li:s/ n. capo m. della polizia.
Chief of Staff /,tʃi:fəv'sta:f, AE -'stæf/ ➧ ***23*** n. MIL. capo m. di stato maggiore; *(of White House)* segretario m. generale.
chief of state /,tʃi:fəv'steɪt/ n. AE capo m. di stato.
chief petty officer /,tʃi:fpetɪ'ɒfɪsə(r), AE -'ɔ:f-/ ➧ ***23*** n. MAR. MIL. secondo capo m.
Chief Rabbi /,tʃi:f'ræbaɪ/ n. rabbino m. capo.
chief secretary (to the Treasury) /,tʃi:f'sekrətrɪ (təðə,treʒərɪ)/ n. GB = sottosegretario del ministero del tesoro.
chief superintendent /,tʃi:fsu:pərɪn'tendənt, AE -ju:-/ n. GB *(police officer)* commissario m. capo.
chieftain /'tʃi:ftən/ n. = capo di una tribù o di un clan.
chieftainship /'tʃi:ftənʃɪp/ n. = l'essere capo di una tribù o di un clan.
chief technician /,tʃi:ftek'nɪʃn/ ➧ ***23*** n. = sottufficiale dell'aviazione di grado immediatamente superiore al sergente.
chief warrant officer /,tʃi:f'wɒrənt,ɒfɪsə(r), AE -'wɔ:rənt,ɔ:f-/ ➧ ***23*** n. = grado massimo di sottufficiale.
chief whip /,tʃi:f'wɪp, AE -'hwɪp/ n. GB POL. capo m. dei whips (deputato incaricato di organizzare e indirizzare i membri del suo partito, specialmente durante le votazioni).
chiffchaff /'tʃɪftʃæf/ n. luì m. piccolo.
chiffon /'ʃɪfɒn, AE ʃɪ'fɒn/ **I** n. chiffon m. **II** modif. [*dress, scarf*] di chiffon.
chiffonnier /'ʃɪfɒnɪə(r), AE ʃɪ'fɒnɪər/ n. *(sideboard)* chiffonnier m.
chigger /'tʃɪgə(r)/ n. AE → **chigoe**.
chignon /'ʃi:njɒn/ n. chignon m.
chigoe /'tʃɪgəʊ/ n. pulce f. penetrante.
chihuahua /tʃɪ'wa:wa:/ n. chihuahua m.
chilblain /'tʃɪlbleɪn/ n. gelone m.
▶ **child** /tʃaɪld/ **I** n. (pl. **children**) **1** *(non-adult)* bambino m. (-a); ***when I was a ~*** quando ero bambino *o* da bambino; ***to be with ~*** ANT. essere incinta **2** *(son, daughter)* figlio m. (-a) **3** FIG. *(product)* ***a ~ of the 60s, of nature*** un figlio degli anni '60, della natura **II** modif. ***~ star*** piccola star; ***~ prodigy*** bambino prodigio ◆ ***it's ~'s play*** è un gioco da ragazzi; ***the ~ is father to the man*** PROV. il fanciullo è padre dell'uomo.
child abuse /'tʃaɪldə,bju:s/ n. maltrattamento m. di minori; *(sexual)* abuso m. di minori.
childbearing /'tʃaɪldbeərɪŋ/ n. gravidanza f., gestazione f.; ***of ~ age*** in età fertile; ***constant ~*** ripetute gravidanze; ***to have ~ hips*** SCHERZ. avere i fianchi generosi *o* larghi.
childbed /'tʃaɪldbed/ n. ANT. parto m.; ***a woman in ~*** una partoriente.
child benefit /,tʃaɪld'benɪfɪt/ n. BE assegno m. familiare (per i figli).
childbirth /'tʃaɪldbɜ:θ/ n. parto m.; ***to die in ~*** morire di parto.
▷ **childcare** /'tʃaɪldkeə(r)/ n. *(nurseries etc.)* = assistenza dei bambini in età prescolare; *(bringing up children)* educazione f. dei bambini.
childcare facilities /,tʃaɪldkeəfə'sɪlətɪz/ n.pl. strutture f. di assistenza all'infanzia.
Childermas /'tʃɪldəmæs/ n. ANT. festa f. degli Innocenti.
child guidance /'tʃaɪld,gaɪdns/ n. BE = assistenza sociale e psicologica all'infanzia.
childhood /'tʃaɪldhʊd/ **I** n. infanzia f.; ***in (his) early ~*** nella prima infanzia; ***in (his) late ~*** nella tarda infanzia **II** modif. [*friend, memory*] d'infanzia; [*illness*] infantile; [*home*] per l'infanzia; [*event, experience*] dell'infanzia.
childish /'tʃaɪldɪʃ/ agg. **1** *(of child)* infantile **2** SPREG. *(immature)* infantile, puerile.
childishly /'tsaɪldɪʃlɪ/ avv. [*behave, say*] in modo puerile; [*simple, naïve*] come un bambino.
childishness /'tʃaɪldɪʃnɪs/ n. puerilità f.
child labour /'tʃaɪld,leɪbə(r)/ n. lavoro m. minorile.
childless /'tʃaɪldlɪs/ agg. senza figli.
childlike /'tʃaɪldlaɪk/ agg. infantile.
ChildLine /'tʃaɪldlaɪn/ n. = telefono azzurro.
childminder /'tʃaɪld,maɪndə(r)/ ➧ ***27*** n. BE = persona che durante il giorno bada ai bambini.
child molester /'tʃaɪldmə,lestə(r)/ n. = pedofilo.
child pornography /,tʃaɪldpɔ:'nɒgrəfɪ/ n. pedopornografia f.
child-proof /'tʃaɪldpru:f/ agg. [*container, lock*] di sicurezza (per bambini).
child protection register /,tʃaɪldprə,tekʃn'redʒɪstə(r)/ n. BE = registro, tenuto dai servizi sociali, dei bambini che rischiano di subire delle violenze.
child psychiatrist /,tʃaɪldsaɪ'kaɪətrɪst/ n. neuropsichiatra m. e f. infantile.
child psychiatry /,tʃaɪldsaɪ'kaɪətrɪ/ n. neuropsichiatria f. infantile.
children /'tʃɪldrən/ → **child**.
children's home /'tʃɪldrənz,həʊm/ n. istituto m. per l'infanzia abbandonata.
chile → **chilli**.
Chile /'tʃɪlɪ/ ➧ ***6*** n.pr. Cile m.
Chilean /'tʃɪlɪən/ ➧ ***18*** **I** agg. [*wine, customs, refugee etc.*] cileno **II** n. cileno m. (-a).
Chile nitre /,tʃɪlɪ'naɪtə(r)/ n. nitro m. del Cile.
Chile pine /,tʃɪlɪ'paɪn/ n. araucaria f.
Chile saltpetre /,tʃɪlɪ,sɔ:lt'pi:tə(r)/ → **Chile nitre**.
chili → **chilli**.
chiliasm /'kɪlɪæzəm/ n. chiliasmo m.
▷ **1.chill** /tʃɪl/ **I** n. **1** *(coldness)* freddo m.; ***there is a ~ in the air*** l'aria è fredda **2** *(illness)* colpo m. di freddo, infreddatura f.; ***to catch a ~*** prendere un colpo di freddo **3** FIG. brivido m.; ***to send a ~ through sb.*** o ***down sb.'s spine*** dare i brividi a qcn. **4** *(in foundry)* raffreddatore m. **II** agg. **1** [*wind, air*] freddo, gelido **2** FIG. *(causing fear)* [*reminder, words*] agghiacciante.
▷ **2.chill** /tʃɪl/ **I** tr. **1** GASTR. *(make cool)* fare raffreddare [*dessert, soup*]; mettere al fresco [*wine*]; *(refrigerate)* refrigerare [*meat, fish*] **2** [*wind*] raffreddare [*air, atmosphere*]; fare rabbrividire [*person*] **3** FIG. *(cause to fear)* agghiacciare [*person*]; ***to ~ sb.'s blood*** o ***the blood*** raggelare il sangue a qcn. **4** TECN. temprare, fondere in conchiglia [*casting*] **II** intr. [*dessert, wine*] raffreddarsi.
■ **chill out** COLLOQ. rilassarsi, calmarsi; ***~ out!*** calma!
chill cabinet /'tʃɪl,kæbɪnɪt/ n. BE ghiacciaia f.
chill casting /'tʃɪl,ka:stɪŋ, AE -,kæst-/ n. TECN. **1** *(process)* fusione f. in conchiglia **2** *(object)* = pezzo fuso in conchiglia.
chilled /tʃɪld/ **I** p.pass. → **2.chill** **II** agg. *(cool)* [*wine*] molto fresco; [*soup*] freddo; *(refrigerated)* [*food*] refrigerato.
chiller /'tʃɪlə(r)/ n. CINEM. COLLOQ. film m. del terrore.
▷ **chilli** /'tʃɪlɪ/ n. (pl. **~es**) **1** *(pod, powder, substance)* peperoncino m. (rosso) **2** (anche **~ con carne**) chili m. con carne.

chilli con carne /ˌtʃɪlɪkɒnˈkɑːnɪ/ n. chili m. con carne.
chilliness /ˈtʃɪlnɪs/ n. → **chillness.**
chilling /ˈtʃɪlɪŋ/ **I** agg. [*story, thought, look*] agghiacciante **II** n. TECN. raffreddamento m. rapido.
chillingly /ˈtʃɪlɪŋlɪ/ avv. [*speak, remind*] in modo terrificante; [*obvious*] terribilmente.
chilli pepper /ˈtʃɪlɪˌpepə(r)/ n. peperoncino m. (rosso).
chilli powder /ˈtʃɪlɪˌpaʊdə(r)/ n. peperoncino m. (in polvere).
chilli sauce /ˈtʃɪlɪsɔːs/ n. salsa f. al peperoncino.
chillness /ˈtʃɪlnɪs/ n. **1** freddo m. **2** FIG. *(of welcome, words, look)* freddezza f.
chillout /ˈtʃɪlaʊt/ agg. [*music*] chillout.
chilly /ˈtʃɪlɪ/ agg. **1** freddo; ***it's ~ today*** oggi fa freddo **2** FIG. [*look, response, smile*] freddo.
chimaera /kaɪˈmɪərə/ n. **1** *(fish)* chimera f. **2** MITOL. → **chimera 3** BIOL. → **chimera.**
▷ **1.chime** /tʃaɪm/ **I** n. *(of clock)* suoneria f.; *(of church bell)* scampanio m. **II chimes** n.pl. *(of doorbell)* (suono del) campanello m.sing.
▷ **2.chime** /tʃaɪm/ **I** intr. **1** *(strike)* suonare; *(play a tune)* suonare a carillon **2** ***to ~ with*** [*viewpoint, experience*] accordarsi con **II** tr. ***the clock ~d three*** l'orologio ha battuto le tre.
■ **chime in** intervenire, intromettersi, interrompere.
3.chime /tʃaɪm/ n. *(of cask)* capruggine f.
chimera /kaɪˈmɪərə/ n.**1** MITOL. chimera f. (anche FIG.) **2** BIOL. chimera f.
chimer(e) /tʃɪˈmɪə(r)/ n. = veste nera o rossa con ampie maniche a sbuffo, talora indossata dai vescovi anglicani.
chimeric(al) /kaɪˈmerɪk(l)/ agg. **1** chimerico **2** BIOL. [*gene, DNA*] di una chimera.
chimney /ˈtʃɪmnɪ/ n. camino m.; *(smokestack)* ciminiera f.; *(on oil lamp)* tubo m. di vetro; *(in mountaineering)* camino m.
chimneybreast /ˈtʃɪmnɪbrest/ n. stipite m. del camino.
chimney corner /ˈtʃɪmnɪˌkɔːnə(r)/ n. angolo m. del focolare; ***in the ~ corner*** nell'angolo del focolare.
chimney fire /ˈtʃɪmnɪˌfaɪə(r)/ n. incendio m. del camino.
chimneypiece /ˈtʃɪmnɪpiːs/ n. mensola f. del camino, caminiera f.
chimneypot /ˈtʃɪmnɪpɒt/ n. comignolo m.
chimneystack /ˈtʃɪmnɪstæk/ n. **1** *(group of chimneys)* gruppo m. di comignoli **2** *(of factory)* ciminiera f.
chimney sweep /ˈtʃɪmnɪswiːp/ ➧ **27** n. spazzacamino m.
chimp /tʃɪmp/ n. COLLOQ. (accorc. **chimpanzee**) scimpanzé m.
chimpanzee /ˌtʃɪmpənˈziː, ˌtʃɪmpænˈziː/ n. scimpanzé m.; ***female ~*** femmina di scimpanzé.
▷ **1.chin** /tʃɪn/ n. mento m.; ***double ~*** doppio mento; ***weak ~*** mento sfuggente ◆ ***to keep one's ~ up*** COLLOQ. stare su con la vita; ***~ up!*** su, coraggio! ***to take it on the ~*** COLLOQ. = affrontare le avversità con coraggio.
2.chin /tʃɪn/ **I** tr. (forma in -ing ecc. **-nn-**) **1** *(gym)* ***to ~ the bar*** toccare la sbarra con il mento **2** ***to ~ sb.*** COLLOQ. colpire qcn. al mento **II** intr. (forma in -ing ecc. **-nn-**) AE COLLOQ. chiacchierare.
china /ˈtʃaɪnə/ **I** n. **U** porcellana f.; ***a piece of ~*** una porcellana; ***rare ~*** porcellane rare **II** modif. [*cup, plate*] di porcellana ◆ ***like a bull in a ~ shop*** come un elefante in un negozio di porcellane.
China /ˈtʃaɪnə/ ➧ **6** n.pr. Cina f.; ***red ~*** Cina comunista ◆ ***not for all the tea in ~*** per niente al mondo.
china bark /ˈtʃaɪnəbɑːk/ n. corteccia f. di china.
china cabinet /ˈtʃaɪnəˌkæbɪnɪt/ n. *(piece of furniture)* vetrina f.
china clay /ˌtʃaɪnəˈkleɪ/ n. caolino m.
china closet /ˈtʃaɪnəˌklɒsɪt/ n. AE → **china cabinet, china cupboard.**
china cupboard /ˈtʃaɪnəˌkʌbəd/ n. credenza f. (per stoviglie), piattaia f.
Chinaman /ˈtʃaɪnəmən/ n. (pl. **-men**) ANT. o SPREG. cinese m.
China Sea /ˈtʃaɪnəˌsiː/ n.pr. Mare m. della Cina.
China tea /ˈtʃaɪnəˌtiː/ n. tè m. della Cina.
Chinatown /ˈtʃaɪnətaʊn/ n. quartiere m. cinese.
chinaware /ˈtʃaɪnəweə(r)/ n. porcellane f.pl.
chinch /tʃɪntʃ/ n. AE ZOOL. cimice f.
chinchilla /tʃɪnˈtʃɪlə/ n. *(animal, fur)* cincillà m.; ***a ~ (coat)*** una pelliccia di cincillà.
chin-chin /ˌtʃɪnˈtʃɪn/ inter. **1** *(toast)* cincin **2** *(greeting)* salve; *(farewell)* addio.
1.chine /tʃaɪn/ n. burrone m., botro m.
2.chine /tʃaɪn/ n. **1** ANT. *(backbone)* spina f. dorsale **2** *(cut of meat)* lombata f. **3** *(ridge)* cresta f. **4** MAR. ginocchio m.
3.chine /tʃaɪn/ tr. tagliare lungo la spina dorsale [*meat*].
Chinee /tʃaɪˈniː/ n. ANT. o SPREG. cinese m. e f.
Chinese /tʃaɪˈniːz/ ➧ **18, 14 I** agg. [*town, custom, food, etc.*] cinese; [*embassador, embassy, emperor*] cinese, della Cina; ***to eat ~*** mangiare cinese **II** n. **1** (pl. **~**) *(person)* cinese m. e f. **2** *(language)* cinese m. **3** BE COLLOQ. *(meal)* = pasto a base di cibo cinese **III** modif. *(of Chinese)* [*teacher, exam, course*] di cinese; *(into Chinese)* [*translation*] in cinese.
Chinese cabbage /ˌtʃaɪniːzˈkæbɪdʒ/ n. AE → **Chinese leaves.**
Chinese gooseberry /ˌtʃaɪniːzˈgʊzbərɪ, AE -ˈguːsberɪ/ n. *(fruit)* kiwi m.
Chinese lantern /ˌtʃaɪniːzˈlæntən/ n. **1** *(light)* lanterna f. cinese **2** BOT. alchechengi m.
Chinese leaves /ˌtʃaɪniːzˈliːvz/ n.pl. BE cavolo m.sing. cinese.
Chinese puzzle /ˌtʃaɪniːzˈpʌzl/ n. scatole f.pl. cinesi (anche FIG.).
Chinese whispers /ˌtʃaɪniːzˈwɪspəz, AE -ˈhwɪspəz/ n. GIOC. telefono m. senza fili.
1.chink /tʃɪŋk/ n. *(slit)* *(in wall)* crepa f.; *(in door)* fessura f.; *(in curtain)* spiraglio m. ◆ ***it's the ~ in his armour*** è il suo punto debole.
2.chink /tʃɪŋk/ n. *(sound)* tintinnio m.
3.chink /tʃɪŋk/ **I** tr. fare tintinnare [*glasses, coins*] **II** intr. [*glasses, coins*] tintinnare.
Chink /tʃɪŋk/ n. COLLOQ. SPREG. cinese m. e f.
chinless /ˈtʃɪnlɪs/ agg. **1** *(weak-chinned)* dal mento sfuggente **2** BE COLLOQ. *(weak)* smidollato; ***a ~ wonder*** un nobile smidollato.
chino /ˈtʃiːnəʊ/ **I** n. = stoffa cachi di cotone **II chinos** n.pl. = pantaloni di cotone cachi.
chinoiserie /ʃiːnˈwɑːzərɪ/ n. **U** *(style)* = stile decorativo che imita l'arte cinese; *(objects)* cineserie f.pl.
chinstrap /ˈtʃɪnstræp/ n. sottogola m.
chintz /tʃɪnts/ n. chintz m.
chintzy /ˈtʃɪntsɪ/ agg. **1** [*curtains*] di chintz; [*furniture*] rivestito di chintz **2** [*style*] *(fussy)* vistoso; BE *(rustic)* rustico; AE *(gaudy)* pacchiano **3** AE *(mean)* taccagno.
chin-up /ˈtʃɪnʌp/ n. trazione f. (alla sbarra).
1.chin-wag /ˈtʃɪnwæg/ n. chiacchierata f.; ***to have a ~*** chiacchierare *o* fare una chiacchierata.
2.chin-wag /ˈtʃɪnwæg/ intr. (forma in -ing ecc. **-gg-**) fare una chiacchierata.
▷ **1.chip** /tʃɪp/ n. **1** *(fragment)* frammento m. (**of** di); *(of wood, glass)* scheggia f. **2** *(mark, flaw)* *(in wood, china, glass)* scheggiatura f.; ***this cup has a ~ in it*** questa tazza è scheggiata **3** BE *(fried potato)* patata f. fritta **4** AE *(potato crisp)* patatina f.; ***a packet of ~s*** un pacchetto di patatine **5** INFORM. chip m. **6** SPORT *(in golf)* tiro m. di avvicinamento; *(in football)* pallonetto m.; ***to play a ~*** *(in golf)* fare un tiro di avvicinamento **7** GIOC. *(in gambling)* fiche f.; *(smaller)* gettone m.; ***to cash in one's ~s*** incassare le fiche; FIG. morire ◆ ***to have a ~ on one's shoulder*** covare risentimento; ***he's got a ~ on his shoulder about not having gone to university*** ce l'ha col mondo perché non è potuto andare all'università; ***to be a ~ off the old block*** = avere lo stesso carattere del genitore; ***when the ~s are down*** alla resa dei conti; ***he's had his ~s*** BE COLLOQ. *(defeated, condemned to die)* è spacciato; *(less powerful, less important)* ha fatto il suo tempo.
2.chip /tʃɪp/ **I** tr. (forma in -ing ecc. **-pp-**) **1** *(damage)* scheggiare [*glass, cup, plate, precious stone*]; fare saltare [*paint*]; ***to ~ a tooth, bone*** scheggiarsi un dente, un osso **2** *(carve)* tagliare, intagliare [*wood*]; incidere, scalpellare [*stone*] **3** GASTR. tagliare a bastoncino [*potatoes*] **II** intr. (forma in -ing ecc. **-pp-**) **1** *(damage)* [*plate, glass, precious stone, tooth*] scheggiarsi; [*paint, varnish*] saltare **2** SPORT *(in golf)* fare un tiro di avvicinamento.
■ **chip away: *~ away*** [*paint, plaster*] saltare; ***to ~ away at*** *(carve)* incidere [*marble, rock*]; FIG. intaccare [*power, authority, confidence*]; ***~ away [sth.], ~ [sth.] away*** fare saltare [*paint, plaster*].
■ **chip in** BE COLLOQ. **1** *(in conversation)* interrompere; *(officiously)* intromettersi **2** *(contribute money)* contribuire; ***she ~ped in with £ 5*** contribuì con 5 sterline.
■ **chip off: *~ off*** [*paint, plaster*] saltare ***~ off [sth.], ~ [sth.] off*** fare saltare [*plaster*] (**from** da); ***he ~ped a piece off*** ha fatto saltare via un pezzo; ***to ~ a piece off a tooth*** scheggiare un dente.
3.chip /tʃɪp/ n. *(in wrestling)* sgambetto m.
4.chip /tʃɪp/ tr. (forma in -ing ecc. **-pp-**) *(in wrestling)* fare lo sgambetto a.
chip and PIN, chip and pin /ˌtʃɪpəndˈpɪn/ n. = sistema di pagamento con carta di credito in cui il possessore della carta deve digitare il proprio PIN invece che apporre una firma.
chip basket /ˈtʃɪpˌbɑːskɪt, AE -ˌbæskɪt/ n. cestello m. della friggitrice.
chipboard /ˈtʃɪpbɔːd/ n. truciolato m.
chipmunk /ˈtʃɪpmʌŋk/ n. chipmunk m.

chipolata /ˌtʃɪpəˈlɑːtə/ n. BE INTRAD. f. (piccola salsiccia aromatizzata alle spezie).
chip pan /ˈtʃɪpˌpæn/ n. padella f. (per friggere le patate).
chipped potatoes /ˌtʃɪptpəˈteɪtəʊz/ n.pl. patate f. fritte a bastoncino.
Chippendale /ˈtʃɪpəndeɪl/ agg. chippendale.
1.chipper /ˈtʃɪpə(r)/ n. **1** METALL. scriccatore m. **2** TECN. macchina f. sminuzzatrice.
2.chipper /ˈtʃɪpə(r)/ agg. COLLOQ. vigoroso.
chippings /ˈtʃɪpɪŋz/ n.pl. ghiaietto m.sing., ghiaino m.sing.; ***"loose ~!"*** "materiale instabile sulla strada!".
1.chippy /ˈtʃɪpɪ/ agg. COLLOQ. *(unwell)* indisposto.
2.chippy /ˈtʃɪpɪ/ n. AE COLLOQ. ragazza f. di facili costumi.
3.chippy /ˈtʃɪpɪ/ n. BE COLLOQ. = negozio di fish and chips.
chip shop /ˈtʃɪpʃɒp/ n. = negozio di fish and chips.
chirograph /ˈkaɪərəʊɡrɑːf, AE -ɡræf/ n. chirografo m.
chirographary /ˌkaɪəˈrɒɡrəfərɪ/ agg. chirografario.
chiromancer /ˈkaɪərəʊmænsə(r)/ ♦ **27** n. chiromante m. e f.
chiromancy /ˈkaɪərəʊmænsɪ/ n. chiromanzia f.
chiropodist /kɪˈrɒpədɪst/ ♦ **27** n. callista m. e f., pedicure m. e f., podologo m. (-a).
chiropody /kɪˈrɒpədɪ/ n. pedicure f., podologia f.
chiropractic /ˌkaɪərəʊˈpræktɪk/ n. chiropratica f.
chiropractor /ˈkaɪərəʊpræktə(r)/ ♦ **27** n. chiropratico m. (-a).
chiropteran /kaɪˈrɒptərən/ n. chirottero m.
1.chirp /tʃɜːp/ n. cinguettio m.; ***to give a ~*** cinguettare.
2.chirp /tʃɜːp/ intr. [*bird*] cinguettare.
chirpily /ˈtʃɜːpɪlɪ/ avv. con allegria.
chirpy /ˈtʃɜːpɪ/ agg. COLLOQ. allegro.
1.chirr /tʃɜː(r)/ n. *(of cricket)* stridio m.
2.chirr /tʃɜː(r)/ intr. [*cricket*] stridere.
1.chirrup /ˈtʃɪrəp/ n. *(of bird)* cinguettio m.
2.chirrup /ˈtʃɪrəp/ intr. [*cricket, grasshopper*] stridere; [*bird*] cinguettare.
1.chisel /ˈtʃɪzl/ n. cesello m., scalpello m.
2.chisel /ˈtʃɪzl/ tr. (forma in -ing ecc. **-ll-**, **-l-** AE) **1** *(shape)* sbozzare (con lo scalpello), scalpellare; *(finely)* cesellare; ***to ~ a figure out of a piece of wood*** ricavare una figura da un pezzo di legno; [*sculptor*] scolpire una figura in un pezzo di legno **2** AE COLLOQ. ***to ~ sb. out of sth.*** fregare qcs. a qcn.
■ **chisel in** AE COLLOQ. ***~ in on sb.*** intervenire, intromettersi nella conversazione di qcn.
chiseler, chiseller /ˈtʃɪzlə(r)/ ♦ **27** n. **1** cesellatore m. (-trice) **2** AE COLLOQ. *(cheat)* imbroglione m. (-a).
chiselled, chiseled AE /ˈtʃɪzld/ **I** p.pass. → **2.chisel II** agg. ***finely ~ features*** FIG. tratti finemente cesellati.
chit /tʃɪt/ n. **1** BE *(voucher)* buono m.; *(bill, note, memo)* biglietto m. **2** COLLOQ. SPREG. ***a ~ of a girl*** una sfacciatella.
chitchat /ˈtʃɪttʃæt/ n. COLLOQ. pettegolezzo m.; ***to spend one's time in idle ~*** perdere tempo in pettegolezzi.
chitin /ˈkaɪtɪn/ n. chitina f.
chiton /ˈkaɪtɒn/ n. chitone m.
chitter /ˈtʃɪtə(r)/ intr. **1** [*bird*] cinguettare **2** BE COLLOQ. *(shiver)* rabbrividire **3** *(chatter)* [*teeth*] battere.
chitterlings /ˈtʃɪtəlɪŋz/ n.pl. trippa f.sing. (di maiale).
chitty /ˈtʃɪtɪ/ n. *(bill, note, memo)* biglietto m.
chivalric /ˈʃɪvəlrɪk/ agg. LETT. cavalleresco.
chivalrous /ˈʃɪvəlrəs/ agg. **1** *(heroic)* [*deeds, conduct*] cavalleresco **2** *(polite)* cavalleresco, galante.
chivalrously /ˈʃɪvəlrəslɪ/ avv. cavallerescamente, con galanteria.
chivalry /ˈʃɪvəlrɪ/ n. **1 U** *(qualities, system of values)* cavalleria f.; ***the age of ~*** l'età della cavalleria; ***the age of ~ is not dead*** SCHERZ. la cavalleria non è morta **2** *(courtesy)* cavalleria f. **3** *(knights)* cavalleria f.
chive /tʃaɪv/ **I** n. gener. pl. erba f. cipollina **II** modif. [*dressing*] all'erba cipollina.
chivvy, chivy AE /ˈtʃɪvɪ/ tr. COLLOQ. mettere, fare fretta a; ***to ~ sb. into doing*** mettere fretta a qcn. perché faccia.
chlamides /ˈklæmɪdiːz/ → **chlamys**.
chlamydia /kləˈmɪdɪə/ n. MED. clamidia f.
chlamydospore /kləˈmɪdəspɔː(r)/ n. clamidospora f.
chlamys /ˈklæmɪs/ n. (pl. **chlamides**) clamide f.
Chloe /ˈkləʊɪ/ n.pr. Cloe.
chloracne /kləˈræknɪ/ n. cloracne f.
chloral /ˈklɔːrəl/ n. cloralio m.
chloramphenicol /ˌklɔːræmˈfenɪkɔːl/ n. cloramfenicolo m.
chlorate /ˈklɔːreɪt/ n. clorato m.
chloric /ˈklɔːrɪk/ agg. clorico.
chloric acid /ˌklɔːrɪkˈæsɪd/ n. acido m. clorico.
chloride /ˈklɔːraɪd/ n. cloruro m.
chlorinate /ˈklɔːrɪneɪt/ tr. **1** CHIM. clorurare **2** *(disinfect)* clorare [*water, swimming pool*].
chlorination /ˌklɔːrɪˈneɪʃn/ n. **1** CHIM. clorurazione f. **2** *(disinfection)* clorazione f.
chlorine /ˈklɔːriːn/ n. cloro m.
chlorofluorocarbon /ˌklɔːrəˌfləʊrəʊˈkɑːbən/ n. clorofluorocarburo m.
1.chloroform /ˈklɒrəfɔːm, AE ˈklɔːr-/ n. cloroformio m.
2.chloroform /ˈklɒrəfɔːm, AE ˈklɔːr-/ tr. cloroformizzare.
chlorophyll /ˈklɒrəfɪl/ **I** n. clorofilla f. **II** modif. [*colouring, toothpaste*] alla clorofilla.
chlorosis /kləˈrəʊsɪs/ n. (pl. **-es**) clorosi f.
chlorotic /kləˈrɒtɪk/ agg. clorotico.
chlorous /ˈklɔːrəs/ agg. cloroso.
ChM n. GB (⇒ Chirurgiae Magister, Master of surgery) = (diploma di) medico chirurgo (conseguito con un corso di studi di cinque o sei anni).
choc /tʃɒk/ n. (accorc. chocolate) BE COLLOQ. cioccolatino m.
chocaholic /ˌtʃɒkəˈhɒlɪk/ n. COLLOQ. = chi mangia molto cioccolato.
choc-ice /ˈtsɒkaɪs/ n. BE *(ice cream)* ricoperto m., pinguino m.
1.chock /tʃɒk/ n. *(for vehicle)* cuneo m., calzatoia f.; *(for boat)* sella f., morsa f., tacco m.; *(for plane)* tacco m.; ***to put a ~ under sth.*** mettere un cuneo *o* una zeppa sotto qcs.; ***to put sth. on ~s*** mettere qcs. sui ceppi; ***~s away!*** togliete i cunei!
2.chock /tʃɒk/ tr. bloccare con un cuneo [*wheel*]; MAR. mettere qcs. sulle morse [*boat*].
chock-a-block /ˌtʃɒkəˈblɒk/ agg. dopo verbo pieno zeppo (**with** di).
chock-full /ˌtʃɒkˈfʊl/ agg. dopo verbo pieno zeppo (**of** di).
▷ **chocolate** /ˈtʃɒklət/ ♦ **5 I** n. **1** *(substance)* cioccolato m., cioccolata f.; ***cooking ~*** cioccolato fondente per dolci; ***plain*** o ***dark ~*** cioccolato fondente; ***milk ~*** cioccolato al latte; ***a bar of ~*** una tavoletta di cioccolato **2** *(sweet)* cioccolatino m. **3** *(drink)* cioccolata f.; ***drinking ~*** bevanda al cioccolato; ***hot ~*** cioccolata calda **4** *(colour)* color m. cioccolato; ***dark ~*** testa di moro **II** modif. [*eggs, sweets*] di cioccolato; [*biscuit, cake, eclair, ice cream, sauce*] al cioccolato.
chocolate-box /ˈtʃɒklətbɒks/ agg. COLLOQ. [*village*] da cartolina.
chocolate chip cookie /ˌtʃɒkləttʃɪpˈkʊkɪ/ n. = biscotto con pezzetti di cioccolato.
chocolate-coated /ˈtʃɒklətˌkəʊtɪd/, **chocolate-covered** /ˈtʃɒklətˌkʌvəd/ agg. ricoperto di cioccolato.
► **choice** /tʃɔɪs/ **I** n. **1** *(selection)* scelta f.; ***to make a ~*** fare una scelta; ***it was my ~ to do*** è stata una mia scelta fare; ***it's your ~*** sta a te scegliere **2 U** *(right to select)* scelta f.; ***to have the ~*** avere la (possibilità di) scelta; ***to have a free ~*** avere libera scelta **3** *(option)* scelta f. (**between, of** tra); ***you have a ~ of three colours*** puoi scegliere tra tre colori; ***to have no ~ but to do*** essere costretto a fare; ***you have two ~s open to you*** hai due possibilità **4** *(range of options)* scelta f.; ***a wide ~*** un'ampia scelta; ***a narrow ~*** una scelta limitata; ***to be spoilt for ~*** avere l'imbarazzo della scelta **5 U** *(preference)* scelta f.; ***I approve of your ~*** approvo la tua scelta; ***you can take a book of your ~*** puoi prendere un libro a scelta; ***that's a car of my ~*** quella è un'auto che mi piacerebbe avere; ***out of*** o ***from ~*** per scelta; ***to be the people's ~*** essere (stato) scelto dal popolo; ***my first ~ would be a Rolls Royce*** per prima sceglierei una Rolls Royce **II** agg. **1** *(quality)* [*cut, steak*] scelto, di prima qualità **2** *(well-chosen)* [*phrase, word*] ben scelto; ***~ language*** IRON. linguaggio da educanda ◆ ***you pays your money and you takes your ~*** COLLOQ. SCHERZ. scegli quel che vuoi.
choicely /ˈtʃɔɪslɪ/ avv. con cura, con gusto.
choiceness /ˈtʃɔɪsnɪs/ n. eccellenza f., squisitezza f.
▷ **1.choir** /ˈkwaɪə(r)/ n. **1** MUS. coro m.; ***to be*** o ***sing in the church, school ~*** cantare nel coro della chiesa, della scuola **2** ARCH. coro m.
2.choir /ˈkwaɪə(r)/ intr. cantare in coro.
choirboy /ˈkwaɪəbɔɪ/ n. giovane cantore m., giovane corista m.
choir festival /ˈkwaɪəˌfestɪvl/ n. rassegna f. di canto corale.
choirgirl /ˈkwaɪəɡɜːl/ n. giovane cantora f., giovane corista f.
choirmaster /ˈkwaɪəˌmɑːstə(r), AE -ˌmæs-/ n. maestro m. del coro.
choir organ /ˈkwaɪəˌɔːɡən/ n. = organo per l'accompagnamento di un coro.
choir practice /ˈkwaɪəˌpræktɪs/ n. prova f. del coro.
choir school /ˈkwaɪəˌskuːl/ n. BE = scuola privata maschile i cui studenti cantano nel coro della cattedrale.
choir screen /ˈkwaɪəˌskriːn/ n. grata f. di, del coro.
choirstall /ˈkwaɪəstɔːl/ n. stallo m. del coro.

1.choke /tʃəʊk/ n. 1 AUT. starter m.; ***to pull out*** o ***use the ~*** tirare l'aria 2 *(sound)* rantolo m. 3 *(of emotion)* ***with a ~ in one's voice*** con voce strozzata.

2.choke /tʃəʊk/ I tr. 1 *(throttle)* strangolare, strozzare [*person*]; ***to ~ sb. to death*** uccidere qcn. strangolandolo 2 *(impede breathing)* [*fumes, smoke*] soffocare 3 *(block)* → **choke up** II intr. 1 *(be unable to breathe)* soffocare; ***to ~ on a fish bone, on water*** strozzarsi con, farsi andare di traverso una lisca di pesce, l'acqua; ***to ~ to death*** morire soffocato 2 *(become speechless)* ***to ~ with*** soffocare da [*rage, emotion*] 3 AE COLLOQ. *(tense up)* [*athlete, player*] imballarsi, bloccarsi.

■ **choke back:** ***~ back [sth.]*** trattenere [*cough, sob*]; ***to ~ back one's tears*** trattenere, soffocare le lacrime; ***to ~ back one's anger*** soffocare la rabbia.

■ **choke down:** ***~ [sth.] down*** inghiottire con difficoltà [*food*].

■ **choke off:** ***~ off [sth.]*** bloccare [*buying, lending, growth, supplies*]; fare tacere [*opposition*]; soffocare [*protest*].

■ **choke up:** ***~ [sth.] up***, ***~ up [sth.]*** *(block)* intasare [*drain, road, town centre*]; [*weeds*] soffocare [*garden*]; [*plants*] invadere [*pond*]; ***the town, street was ~d up with traffic*** la città, la via era intasata dal traffico.

choke coil /ˈtʃəʊkkɔɪl/ n. ELETTRON. bobina f. di arresto.

choked /tʃəʊk/ I p.pass. → **2.choke** II agg. 1 COLLOQ. *(angry)* arrabbiato (**about** per) 2 COLLOQ. *(upset)* sconvolto (**over, about** da) 3 ***~ with*** [*voice*] strozzato da [*emotion*].

chokedamp /ˈtʃəʊkdæmp/ n. → **black damp**.

choker /ˈtʃəʊkə(r)/ n. *(necklace)* = girocollo molto stretto; ***a pearl ~*** un girocollo di perle.

chokey /ˈtʃəʊkɪ/ n. BE COLLOQ. galera f.

choking /ˈtʃəʊkɪŋ/ I agg. [*gas, fumes*] soffocante; [*sensation, sound*] di soffocamento II n. soffocamento m.

choky /ˈtʃəʊkɪ/ I agg. soffocante II n. BE COLLOQ. galera f.

cholagogue /ˈkɒləˌɡɒɡ/ I agg. colagogo II n. colagogo m.

cholangiography /kəʊˌlændʒɪˈɒɡrəfɪ/ n. colangiografia f.

cholecyst /ˈkɒlɪsɪst/ n. colecisti f.

cholecystectomy /ˌkɒlɪsɪsˈtektəmɪ/ n. colecistectomia f.

cholecystitis /ˌkɒlɪsɪsˈtaɪtɪs/ ♦ ***11*** n. (pl. **-ides**) colecistite f.

choledochus /kəˈledəkəs/ n. (pl. **-i**) coledoco m.

choler /ˈkɒlə(r)/ n. 1 MED. ANT. bile f.; ***~ adust*** atrabile 2 *(anger)* collera f., irascibilità f.

cholera /ˈkɒlərə/ ♦ ***11*** I n. colera m. II modif. [*victim*] del colera; [*epidemic*] di colera; [*vaccination*] contro il colera.

choleraic /ˌkɒləˈreɪk/ agg. colerico.

choleretic /kɒləˈretɪk/ I agg. coleretico II n. coleretico m.

choleric /ˈkɒlərɪk/ agg. collerico, irascibile.

cholerine /ˈkɒləraɪn/ n. colerina f.

▷ **cholesterol** /kəˈlestərɒl/ n. colesterolo m.

cholesterol count /kəˈlestərɒlˌkaʊnt/, **cholesterol level** /kəˈlestərɒlˌlevl/ n. tasso m. di, del colesterolo.

cholesterol screening /kəˈlestərɒlˌskriːnɪŋ/ n. controllo m. del colesterolo.

cholesterol test /kəˈlestərɒlˌtest/ n. esame m. del colesterolo.

choliamb /ˈkəʊlɪæmb/ n. coliambo.

choliambic /ˌkəʊlɪˈæmbɪk/ agg. coliambico.

cholic /ˈkɒlɪk/ agg. CHIM. colico.

cholinergic /kɒlɪnˈɜːdʒɪk/ agg. colinergico.

chomp /tʃɒmp/ I tr. COLLOQ. masticare rumorosamente II intr. COLLOQ. masticare rumorosamente; ***to ~ on sth.*** rosicchiare qcs.

Chomskyan /ˈtʃɒmskɪən/ agg. chomskiano.

chondral /ˈkɒndrəl/ agg. condrale.

chondrite /ˈkɒndraɪt/ n. GEOL. condrite f.

chondritis /kənˈdraɪtɪs/ ♦ ***11*** n. MED. condrite f.

chondroma /kɒnˈdrəʊmə/ n. condroma m.

choo-choo /ˈtʃuːtʃuː/ n. INFANT. ciuf ciuf m.

▶ **choose** /tʃuːz/ I tr. (pass. **chose**; p.pass. **chosen**) 1 *(select)* scegliere [*book, career, person, option*] (**from** tra, fra); ***to ~ which car, hat one wants*** scegliere la macchina, il cappello che si vuole; ***to ~ sb. as*** scegliere qcn. come [*adviser, friend, manager*]; scegliere qcn. come *o* eleggere qcn. [*leader*]; ***we chose him as our representative*** lo abbiamo scelto come nostro rappresentante; ***we cannot ~ but do*** non abbiamo altra scelta che fare 2 *(decide)* ***to ~ to do*** scegliere *o* decidere di fare; ***to ~ when, how, whether*** scegliere quando, come, se II intr. (pass. **chose**; p.pass. **chosen**) 1 *(select)* scegliere (**between** tra; **between doing** tra *o* fra fare); ***there are many models to ~ from*** ci sono molti modelli tra i quali scegliere; ***there's not much to ~ from*** c'è poco da scegliere; ***there's nothing to ~ between X and Y*** non c'è differenza tra X e Y 2 *(prefer)* preferire; ***whenever you ~*** quando preferisci; ***to do as one ~s*** fare ciò che si preferisce; ***to ~ to do*** preferire fare; ***if you (so) ~*** se questa è la tua scelta.

■ **choose up** AE COLLOQ. ***~ up [sb.]*** scegliere [*team members*].

choosy /ˈtʃuːzɪ/ agg. difficile da accontentare, esigente (**about** riguardo a); ***I can't afford to be ~*** non posso permettermi di fare il difficile.

choosing /ˈtʃuːzɪŋ/ n. (lo) scegliere, scelta f.

1.chop /tʃɒp/ n. 1 *(blow with axe, tool, hand)* colpo m.; ***to cut sth. off with one ~*** tranciare qcs. con un colpo solo 2 GASTR. costoletta f., braciola f.; ***pork ~*** costoletta di maiale 3 BE COLLOQ. FIG. *(axe)* ***to get the ~*** [*person*] essere licenziato; [*scheme, service, programme*] essere abolito; ***he's afraid of the ~*** ha paura di essere licenziato 4 *(in table tennis)* rovescio m. tagliato.

▷ **2.chop** /tʃɒp/ tr. (forma in -ing ecc. **-pp-**) 1 *(cut up)* tagliare, spaccare [*wood, log*]; tagliare [*vegetable, meat*]; tritare [*parsley, onion*]; ***to ~ sth. into cubes, rounds*** tagliare qcs. a cubetti, rondelle; ***to ~ sth. to pieces*** o ***bits*** tagliare qcs. a pezzetti; ***to ~ sth. finely*** tritare qcs. finemente 2 FIG. *(cut, reduce)* ridurre [*service, deficit*]; tagliare [*subsidy*]; *(cut out)* tagliare [*quote, footage*] 3 SPORT *(give chopping blow to)* dare un colpo di karate a [*person*]; dare un colpo di taglio a [*ball*] ♦ ***~~!*** BE COLLOQ. sbrigati! sbrigatevi!

■ **chop down:** ***~ down [sth.]***, ***~ [sth.] down*** abbattere.

■ **chop off:** ***~ off [sth.]***, ***~ [sth.] off*** tagliare [*branch, end*]; tagliare, mozzare [*head, hand, finger*].

■ **chop through:** ***~ through [sth.]*** recidere, tranciare [*cable*]; troncare [*bone*]; ***to ~ one's way through*** aprirsi un varco a colpi d'ascia in [*undergrowth, forest*].

■ **chop up:** ***~ up [sth.]***, ***~ [sth.] up*** tagliare, spaccare [*wood, log*]; tagliare [*meat, onion*] (**into** in).

3.chop /tʃɒp/ n. cambiamento m., variazione f. ♦ ***~s and changes*** vicissitudini.

4.chop /tʃɒp/ intr. (forma in -ing ecc. **-pp-**) [*wind*] cambiare direzione ♦ ***to ~ and change*** [*person*] essere una banderuola; [*situation*] cambiare in continuazione.

■ **chop about:** ***~ about*** cambiare idea continuamente.

5.chop /tʃɒp/ n. 1 *(in India, China)* sigillo m. ufficiale 2 ANT. marchio m. di fabbrica 3 COLLOQ. qualità f.

chophouse /ˈtʃɒphaʊs/ n. = ristorante specializzato in carne alla griglia.

▷ **chopped** /tʃɒpt/ I p.pass. → **2.chop** II agg. [*parsley, nuts, meat*] tritato.

chopped liver /ˌtʃɒptˈlɪvə(r)/ n. AE COLLOQ. 1 GASTR. = fegato tagliato a striscioline 2 FIG. ***to be ~*** valere poco; ***she's not ~*** non è male; ***to make ~ of sb.*** *(beat up)* fare qcn. a pezzetti.

chopper /ˈtʃɒpə(r)/ I n. 1 *(axe)* ascia f. (corta); *(for kitchen)* mannaia f. 2 COLLOQ. *(helicopter)* elicottero m. 3 EL. chopper m. 4 COLLOQ. *(motorbike)* chopper m. 5 BE VOLG. *(penis)* cazzo m. II **choppers** n.pl. COLLOQ. *(real)* denti m.; *(false)* dentiera f.sing.; ***a set of ~s*** una dentiera.

Chopper® /ˈtʃɒpə(r)/ n. BE = bicicletta con forcella alta simile all'omonima motocicletta.

choppiness /ˈtʃɒpɪnɪs/ n. MAR. maretta f.

chopping block /ˈtʃɒpɪŋblɒk/ n. ceppo m. ♦ ***to be on the ~*** [*business, service*] = rischiare di essere abolito; ***to put one's head on the ~*** rischiare grosso.

chopping board /ˈtʃɒpɪŋbɔːd/ n. tagliere m.

chopping knife /ˈtʃɒpɪŋˌnaɪf/ n. (pl. **chopping knives**) mezzaluna f.

choppy /ˈtʃɒpɪ/ agg. [*sea, water*] increspato; [*wind*] variabile.

chops /tʃɒps/ n.pl. COLLOQ. mascelle f., mandibole f.; ***a slap across the ~*** uno schiaffo sul muso; ***to lick one's ~*** *(at food)* leccarsi i baffi; *(at idea)* fregarsi le mani.

chopstick /ˈtʃɒpstɪk/ n. bacchetta f.; ***to eat with ~s*** mangiare con le bacchette.

choral /ˈkɔːrəl/ agg. corale.

chorale /kəˈrɑːl/ n. 1 *(hymn, tune)* corale m. 2 AE *(choir)* coro m.

choral society /ˈkɔːrəlsəˌsaɪətɪ/ n. (società) corale f.

choral symphony /ˌkɔːrəlˈsɪmfənɪ/ n. sinfonia f. per coro.

choralist /ˈkɔːrəlɪst/ ♦ ***27*** n. corista m. e f.

chorally /ˈkɔːrəlɪ/ avv. coralmente, in coro.

▷ **1.chord** /kɔːd/ n. 1 *(of harp)* corda f. 2 FIG. *(emotional response)* ***it struck a ~ in*** o ***with him, his listeners*** ha toccato il suo cuore, il cuore degli ascoltatori; ***to strike*** o ***touch the right ~*** toccare il tasto giusto 3 MAT. corda f.

▷ **2.chord** /kɔːd/ n. MUS. accordo m.

chordate /ˈkɔːdeɪt/ n. cordato m.

▷ **chore** /tʃɔː(r)/ n. 1 *(routine task)* lavoro m. (di routine); ***the (household) ~s*** i lavori domestici; ***to do the, one's ~s*** fare i lavori

di casa **2** *(unpleasant task)* lavoro m. ingrato; ***shopping is such a ~!*** fare la spesa è veramente un lavoro ingrato! ***it's a real ~ having to...*** è veramente un lavoro ingrato dovere...
chorea /kɒ'rɪə/ n. MED. corea f.
choree /kɒ'ri:/ n. coreo m.
choreograph /'kɒrɪəgrɑ:f, AE -græf/ tr. fare la coreografia di; FIG. orchestrare.
choreographer /ˌkɒrɪə'ɒgrəfə(r)/ ➧ *27* n. coreografo m. (-a).
choreographic /ˌkɒrɪə'græfɪk/ agg. coreografico.
▷ **choreography** /ˌkɒrɪ'ɒgrəfɪ/ n. coreografia f.
choriamb /'kɒrɪæmb, -æm/ n. coriambo m.
choriambi /ˌkɒrɪ'æmbaɪ/ → **choriambus**.
choriambic /ˌkɒrɪ'æmbɪk/ agg. coriambico.
choriambus /ˌkɒrɪ'æmbəs/ n. (pl. **~es**, **-i**) coriambo m.
choric /'kɒrɪk/ agg. TEATR. del coro.
chorion /'kɔ:rɪən/ n. corion m.
chorionic /ˌkɔ:rɪ'ɒnɪk/ agg. coriale.
chorister /'kɒrɪstə(r), AE 'kɔ:r-/ ➧ *27* n. corista m. e f.
chorographer /kə'rɒgrəfə(r)/ n. corografo m. (-a).
chorographic(al) /ˌkəʊrə'græfɪk(l)/ agg. corografico.
chorography /kə'rɒgrəfɪ/ n. corografia f.
choroid /'kɔ:rɔɪd/ **I** agg. coroideo **II** n. coroide f.
chorology /kə'rɒlədʒɪ/ n. corologia f.
1.chortle /'tʃɔ:tl/ n. risatina f.
2.chortle /'tʃɔ:tl/ intr. ridacchiare; ***to ~ at*** o ***about*** o ***over sth.*** ridere di qcs.; ***to ~ with pleasure*** ridere di piacere.
chortling /'tʃɔ:tlɪŋ/ n. risatine f.pl.
▷ **1.chorus** /'kɔ:rəs/ n. **1** *(people) (supporting singers)* coro m.; *(dancers)* corpo m. di ballo; *(of town, village etc.)* coro m. **2** *(piece of music)* coro m. **3** *(refrain)* ritornello m.; *(in jazz)* chorus m.; ***to join in the ~*** *(one person)* cantare il ritornello; *(several people)* cantare il ritornello in coro **4** *(of birdsong, yells)* coro m.; ***the usual ~ of protest*** il solito coro di protesta; ***in ~*** in coro **5** TEATR. coro m.
2.chorus /'kɔ:rəs/ tr. *(utter in unison)* gridare in coro.
chorus girl /'kɔ:rəsgɜ:l/ ➧ *27* n. ballerina f. di fila.
chorus line /'kɔ:rəslaɪn/ n. = ballerini di fila della commedia musicale.
1.chose /tʃəʊz/ pass. → **choose**.
2.chose /ʃəʊz/ n. DIR. bene m. mobile.
▷ **chosen** /'tʃəʊzn/ **I** p.pass. → **choose II** agg. scelto; ***the ~ few*** gli eletti; ***I was not one of the ~ few*** IRON. non ero tra gli eletti; ***the Chosen One*** BIBL. l'Eletto; ***the Chosen People*** BIBL. il popolo eletto.
chou /ʃu:/ n. (pl. **~x**) ABBIGL. rosetta f.
chough /tʃʌf/ n. gracchio m. corallino.
choux → **chou**.
choux pastry /ˌʃu:'peɪstrɪ/ n. pasta f. chou.
chow /tʃaʊ/ n. **1** COLLOQ. *(food)* sbobba f. **2** *(dog)* chow chow m.
chowder /'tʃaʊdə(r)/ n. INTRAD. m. (zuppa a base di pesce o di frutti di mare).
chrematistics /ˌkri:mə'tɪstɪks/ n. + verbo sing. crematistica f.
chrestomathy /kres'tɒməθɪ/ n. crestomazia f.
Chris /krɪs/ n.pr. diminutivo di **Christian** e **Christopher**.
chrism /'krɪzəm/ n. RELIG. crisma m.
chrisom /'krɪzəm/ n. veste f. battesimale.
Chrissie /'krɪsɪ/ n.pr. diminutivo di **Christina** e **Christine**.
Christ /kraɪst/ **I** n. Cristo m. **II** inter. POP. Cristo.
Christabel /'krɪstəbel/ n.pr. Christabel (nome di donna).
Christadelphian /ˌkrɪstə'delfɪən/ **I** agg. cristadelfiano **II** n. cristadelfiano m. (-a).
Christ child /'kraɪstˌtʃaɪld/ n. ***the ~*** Gesù Bambino.
christen /'krɪsn/ tr. **1** RELIG. MAR. battezzare; FIG. *(name, nickname)* battezzare, chiamare [*person*]; chiamare [*pet, place*]; ***I was ~ed John, but everybody calls me Jack*** il mio nome di battesimo è John ma tutti mi chiamano Jack; ***they ~ed the dog Max*** hanno chiamato il cane Max **2** SCHERZ. *(use for the first time)* inaugurare [*glasses, car, dance hall*]; *(soil for the first time)* battezzare [*tablecloth, dress*].
Christendom /'krɪsndəm/ n. cristianità f.
christening /'krɪsnɪŋ/ n. battesimo m.
▷ **Christian** /'krɪstʃən/ **I** agg. **1** cristiano; ***early ~*** paleocristiano **2** [*attitude*] caritatevole; ***a ~ burial*** una sepoltura cristiana; FIG. una degna sepoltura **II** n. cristiano m. (-a); ***to become a ~*** farsi cristiano **III** n.pr. Christian, Cristiano.
Christian Brother /ˌkrɪstʃən'brʌðə(r)/ n. fratello m. delle scuole cristiane.
Christian era /ˌkrɪstʃən'ɪərə/ n. era f. cristiana.
christiania /ˌkrɪstɪ'ɑ:nɪə/ n. cristiania m.
▷ **Christianity** /ˌkrɪstɪ'ænətɪ/ n. **1** *(religion)* cristianesimo m. **2** *(fact of being a Christian)* cristianità f.
Christianize /'krɪstʃənaɪz/ tr. cristianizzare.
christianlike /'krɪstʃənlaɪk/ agg. (da) cristiano.
christianly /'krɪstʃənlɪ/ **I** agg. (da) cristiano **II** avv. cristianamente.
Christian name /'krɪstʃənˌneɪm/ n. nome m. di battesimo.
Christian Science /ˌkrɪstʃən'saɪəns/ n. scienza f. cristiana.
Christian Scientist /ˌkrɪstʃən'saɪəntɪst/ n. seguace m. e f. della scienza cristiana.
Christina /krɪs'ti:nə/, **Christine** /'krɪsti:n/ n.pr. Cristina.
Christlike /'kraɪstlaɪk/ agg. simile a Cristo; ***he was ~ in his humility*** era simile a Cristo nella sua umiltà.
▷ **Christmas** /'krɪsməs/ **I** n. *(day)* (giorno di) Natale m.; *(period)* Natale m., vacanze f.pl. di Natale; ***at ~*** a Natale; ***over ~*** a Natale, durante le vacanze di Natale; ***to spend ~ at home, away*** passare il Natale a casa, fuori; ***Merry ~***, ***Happy ~!*** Buon Natale! **II** modif. [*cake, card, holiday, party, present, shopping*] di Natale.
Christmas bonus /'krɪsməsˌbəʊnəs/ n. gratifica f. natalizia; tredicesima f.
Christmas box /'krɪsməsbɒks/ n. BE = mancia natalizia data al postino, al lattaio ecc.
Christmas cactus /'krɪsməsˌkæktəs/ n. (pl. **Christmas cacti**) epifillo m.
Christmas carol /'krɪsməsˌkærəl/ n. canto m. di Natale.
Christmas cracker /ˌkrɪsməs'krækə(r)/ n. BE = petardo di carta colorata che schiocca tirandone in senso opposto le estremità.
Christmas day /ˌkrɪsməs'deɪ/ n. giorno m. di Natale.
Christmas dinner /ˌkrɪsməs'dɪnə(r)/ n. pranzo m. di Natale.
Christmas eve /ˌkrɪsməs'i:v/ n. vigilia f. di Natale.
Christmas flower /'krɪsməsˌflaʊə(r)/ n. **1** → **Christmas rose 2** stella f. di Natale.
Christmas pudding /ˌkrɪsməs'pʊdɪŋ/ n. BE pudding m. di Natale (dolce a base di frutta secca e spezie).
Christmas rose /'krɪsməsrəʊz/ n. rosa f. di Natale.
Christmas stocking /ˌkrɪsməs'stɒkɪŋ/ n. = calza che viene appesa e riempita di doni la notte di Natale, analogamente a quanto avviene in Italia la notte dell'Epifania.
Christmassy /'krɪsməsɪ/ agg. COLLOQ. natalizio; ***I'm not feeling very ~*** non sento tanto il Natale.
Christmastide /'krɪsməstaɪd/, **Christmastime** /'krɪsməstaɪm/ n. periodo m. natalizio.
Christmas tree /'krɪsməstri:/ n. albero m. di Natale ◆ ***to be lit up like a ~*** POP. *(drunk)* essere ubriaco perso.
Christologist /krɪs'tɒlədʒɪst/ n. cristologo m. (-a).
Christology /krɪs'tɒlədʒɪ/ n. cristologia f.
Christopher /'krɪstəfə(r)/ n.pr. Cristoforo.
Christ's thorn /ˌkraɪsts'θɔ:n/ n. marruca f.
chromate /'krəʊmeɪt/ n. CHIM. cromato m.
chromatic /krəʊ'mætɪk/ agg. FIS. ART. MUS. cromatico.
chromatic printing /krəʊˌmætɪk'prɪntɪŋ/ n. TIP. stampa f. a colori.
chromatics /krə'mætɪks/ n. + verbo sing. cromatologia f.
chromatic scale /krəʊˌmætɪk'skeɪl/ n. MUS. scala f. cromatica.
chromatid /'krəʊmətɪd/ n. cromatidio m.
chromatism /'krəʊmətɪzəm/ n. OTT. cromatismo m.
chromatograph /krə'mætəgrɑ:f, AE -græf/ n. cromatografo m.
chromatography /ˌkrəʊmə'tɒgrəfɪ/ n. cromatografia f.
chromatology /ˌkrəʊmə'tɒlədʒɪ/ n. → **chromatics**.
chromatophore /krə'mætəfɔ:(r)/ n. cromatoforo m.
1.chrome /krəʊm/ **I** n. cromo m. **II** modif. [*article*] cromato.
2.chrome /krəʊm/ tr. cromare.
chrome steel /'krəʊmsti:l/ n. acciaio m. al cromo.
chrome yellow /ˌkrəʊm'jeləʊ/ n. **1** CHIM. giallo m. di cromo **2** *(colour)* giallo m. cromo.
chromic /'krəʊmɪk/ agg. CHIM. cromico.
chromite /'krəʊmaɪt/ n. cromite f.
chromium /'krəʊmɪəm/ n. cromo m.
chromium plate /ˌkrəʊmɪəm'pleɪt/ tr. cromare.
chromium-plated /ˌkrəʊmɪəm'pleɪtɪd/ agg. cromato.
chromium plating /ˌkrəʊmɪəm'pleɪtɪŋ/ n. *(process, coating)* cromatura f.
chromo /'krəʊməʊ/ n. (pl. **~s**) COLLOQ. (accorc. **chromolitograph**) cromolitografia f.
chromolithograph /ˌkrəʊməʊ'lɪθəgrɑ:f, AE -græf/ n. *(picture)* cromolitografia f.
chromolithography /ˌkrəʊməʊlɪ'θɒgrəfɪ/ n. *(process)* cromolitografia f.

chromophore /'krəʊmə͵fɔ:/ n. cromoforo m.
chromosomal /͵krəʊmə'səʊməl/ agg. cromosomico.
▷ **chromosome** /'krəʊməsəʊm/ n. cromosoma m.
chromosphere /'krəʊmə͵sfɪə(r)/ n. cromosfera f.
chromous /'krəʊməs/ agg. cromoso.
▷ **chronic** /'krɒnɪk/ agg. **1** MED. [*illness, state*] cronico **2** FIG. [*liar*] cronico, inguaribile; [*problem, situation, shortage*] cronico **3** BE COLLOQ. *(bad)* bruttissimo, orrendo, schifoso.
chronically /'krɒnɪklɪ/ avv. **1** MED. ***to be ~ ill*** avere una malattia cronica; ***the ~ sick*** i malati cronici **2** FIG. [*jealous, stupid, underfunded, overloaded*] estremamente; ***the country is ~ short of...*** il paese soffre di una carenza cronica di...
chronicity /krə'nɪsɪtɪ/ n. cronicità f.
▷ **1.chronicle** /'krɒnɪkl/ **I** n. *(tale)* cronaca f.; ***a ~ of misfortunes, misunderstandings*** FIG. un susseguirsi di sfortune, incomprensioni **II Chronicles** n.pr.pl. + verbo sing. ***the (Book of) Chronicles*** BIBL. il libro delle Cronache *o* le Cronache.
2.chronicle /'krɒnɪkl/ tr. [*person*] scrivere una cronaca di; [*book*] essere una cronaca di [*event, period*]; ***to ~ events*** [*historian*] fare la cronaca degli avvenimenti; [*diarist*] annotare gli avvenimenti; ***to ~ the growth of feminism, the life of Marx*** ripercorrere l'evoluzione del femminismo, la vita di Marx.
chronicler /'krɒnɪklə(r)/ ♦ ***27*** n. *(writer of chronicles)* cronista m. e f.
chronograph /'krɒnəʊgrɑ:f, AE -græf/ n. *(instrument)* cronografo m.
chronography /krə'nɒgrəfɪ/ n. STOR. cronografia f.
chronological /͵krɒnə'lɒdʒɪkl/ agg. cronologico.
chronologically /͵krɒnə'lɒdʒɪklɪ/ avv. cronologicamente, in ordine cronologico.
chronologist /krə'nɒlədʒɪst/ n. cronologista m. e f.
chronologize /krə'nɒlədʒaɪz/ tr. mettere in ordine cronologico.
chronology /krə'nɒlədʒɪ/ n. cronologia f.
chronometer /krə'nɒmɪtə(r)/ n. cronometro m.
chronometric(al) /͵krɒnə'metrɪk(l)/ agg. cronometrico.
chronometrically /͵krɒnə'metrɪklɪ/ avv. cronometricamente.
chronometry /krə'nɒmətrɪ/ n. cronometria f.
chrysalid /'krɪsəlɪd/, **chrysalis** /'krɪsəlɪs/ n. (pl. **~es**) crisalide f.
chrysanth /krɪ'sænθ/ n. COLLOQ. (accorc. **chrysanthemum**) crisantemo m.
chrysanthemum /krɪ'sænθəməm/ n. crisantemo m.
chrysoberyl /'krɪsə͵berɪl/ n. crisoberillo m.
chrysolite /'krɪsəʊlaɪt/ n. crisolito m.
chrysoprase /'krɪsəpreɪz/ n. crisoprasio m.
chrysotile /'krɪsətɪl/ n. crisotilo m.
chub /tʃʌb/ n. (pl. **~**) cavedano m.
chubby /'tʃʌbɪ/ agg. [*child, finger, face, cherub, cheek*] paffuto; [*adult*] pienotto.
chubby-cheeked /͵tʃʌbɪ'tʃi:kt/, **chubby-faced** /͵tʃʌbɪ'feɪst/ agg. dalle guance paffute.
1.chuck /tʃʌk/ n. **1** *(of hen)* (il) chiocciare **2** = verso di chi chiama i polli.
2.chuck /tʃʌk/ intr. **1** [*hen*] chiocciare **2** schioccare la lingua.
3.chuck /tʃʌk/ n. **1** *(stroke)* buffetto m. (sotto il mento) **2** *(throw)* lancio m.
4.chuck /tʃʌk/ tr. **1** COLLOQ. *(throw)* gettare, buttare [*ball, book*] (**to** a); ***~ me the newspaper*** tirami il giornale **2** COLLOQ. *(get rid of)* scaricare, mollare, piantare [*boyfriend, girlfriend*] **3** *(stroke)* ***to ~ sb. under the chin*** dare un buffetto a qcn. sotto il mento **4** COLLOQ. *(give up)* → **chuck in**.
▪ **chuck away** COLLOQ. ***~ [sth.] away, ~ away [sth.]*** **1** *(discard)* buttare via [*food, papers*] **2** *(squander)* buttare via, lasciarsi sfuggire [*chance*]; buttare via, sprecare [*money*]; sprecare [*life*].
▪ **chuck down** COLLOQ. ***it's ~ing it down*** piove a dirotto.
▪ **chuck in** COLLOQ. ***~ [sth.] in, ~ in [sth.]*** lasciare, mollare [*job, studies*].
▪ **chuck out** COLLOQ. ***~ [sth.] out, ~ out [sth.]*** buttare via [*rubbish, clothes*] ***~ [sb.] out, ~ out [sb.]*** buttare, sbattere fuori [qcn.]; ***to be ~ed out of*** essere sbattuto fuori da [*college, club*].
▪ **chuck up** POP. ***~ up*** vomitare (l'anima); ***~ [sth.] up, ~ up [sth.]*** vomitare [*meal, food*].
5.chuck /tʃʌk/ n. **1** GASTR. (anche **~ steak**) bistecca f. di spalla **2** AE COLLOQ. *(food)* roba f. da mangiare **3** TECN. mandrino m.
6.chuck /tʃʌk/ tr. serrare nel mandrino.
7.chuck /tʃʌk/ n. ANT. *(endearment)* pulcino m.
Chuck /tʃʌk/ n.pr. diminutivo di **Charles**.
chucker-out /͵tʃʌkər'aʊt/ n. (pl. **chuckers-out**) BE COLLOQ. buttafuori m.
chucking-out time /'tʃʌkɪŋ͵aʊt͵taɪm/ n. BE COLLOQ. ora f. di chiusura (di un pub, club ecc.).
chuck key /'tʃʌk͵ki:/ n. TECN. chiave f. per mandrino.
1.chuckle /'tʃʌkl/ n. riso m. soffocato.
2.chuckle /'tʃʌkl/ intr. [*person*] ridere, ridacchiare; ***to ~ at*** o ***over sth.*** ridere per qcs.; ***to ~ with pleasure*** ridere di piacere; ***to ~ to oneself*** ridere sotto i baffi.
chucklehead /'tʃʌklhed/ n. sciocco m. (-a), stupido m. (-a).
chuckleheaded /'tʃʌklhedɪd/ agg. [*person*] sciocco, stupido.
chuck wagon /'tʃʌk͵wægən/ n. AE = carro con provviste e fornelli per cucinare usato dai cowboy o da chi lavorava all'aperto.
chuffed /tʃʌft/ agg. BE COLLOQ. arcicontento (**about, at, with** di).
1.chug /tʃʌg/ n. *(of train)* sbuffo m., ciuf ciuf m.; *(of car)* scoppiettio m.
2.chug /tʃʌg/ intr. (forma in -ing ecc. **-gg-**) **1** *(make noise)* [*train*] sbuffare; [*car*] scoppiettare; ***the train ~ged into, out of the station*** il treno è entrato in, uscito dalla stazione sbuffando **2** AE COLLOQ. → **chug-a-lug**.
▪ **chug along** [*train*] avanzare sbuffando; [*car*] avanzare scoppiettando; ***the project is ~ging along nicely*** FIG. il progetto sta andando avanti bene.
chug-a-lug /'tʃʌgəlʌg/ tr. AE COLLOQ. trangugiare (in un solo sorso) [*beer*].
chukka /'tʃʌkə/ n. SPORT *(in polo)* tempo m. di gioco.
1.chum /tʃʌm/ n. COLLOQ. amico m. (-a); ***watch it, ~!*** stai attento, amico!
2.chum /tʃʌm/ intr. (forma in -ing ecc. **-mm-**) COLLOQ. essere grande amico (**with** di).
▪ **chum up** COLLOQ. fare amicizia (**with** con).
chummy /'tʃʌmɪ/ agg. COLLOQ. [*person*] amichevole; SPREG. che fa l'amicone; ***to be ~ with sb.*** essere pappa e ciccia con qcn.; ***they're very ~*** sono molto amici.
chump /tʃʌmp/ n. **1** COLLOQ. idiota m. e f. **2** GASTR. *(cut of meat)* sella f. **3** *(log)* ceppo m. ♦ ***to be off one's ~*** BE COLLOQ. avere perso la testa.
chump chop /'tʃʌmptʃɒp/ n. braciola f.
▷ **chunk** /tʃʌŋk/ n. **1** *(piece) (of meat, fruit, bread)* (grosso) pezzo m., tocco m.; *(of wood)* (grosso) ceppo m., ciocco m.; ***pineapple ~s*** ananas a pezzi **2** *(portion) (of population, text, day)* buona parte f.; ***a fair ~*** una buona parte.
chunkily /'tʃʌŋkɪlɪ/ avv. ***~ built*** [*person*] ben piantato.
chunky /'tʃʌŋkɪ/ agg. **1** [*soup, stew*] = con pezzi di carne, verdura ecc. **2** *(bulky)* [*sweater, jewellery*] pesante; [*person*] ben piantato.
Chunnel /'tʃʌnl/ n. BE COLLOQ. tunnel m. della Manica.
▶ **church** /tʃɜ:tʃ/ **I** n. **1** *(building)* chiesa f. **2** (anche **Church**) *(religious body)* chiesa f.; ***the Orthodox ~*** la Chiesa ortodossa; ***the Church of England*** la Chiesa anglicana; ***to go into the ~*** prendere gli ordini **3** *(service) (in general)* funzione f.; *(Catholic)* messa f.; ***to go to ~*** *(in general)* andare in chiesa; *(Catholic)* andare a messa **II** modif. [*bell, choir, clock, steeple, land*] della chiesa; [*fete*] parrocchiale; [*wedding*] religioso, in chiesa ♦ ***as poor as a ~ mouse*** povero in canna.

Church of England La Chiesa Anglicana, protestante, è la chiesa ufficiale d'Inghilterra. Fu istituita sotto il regno di Enrico VIII con l'Atto di supremazia (*Act of Supremacy*), mediante il quale il re veniva proclamato capo supremo della Chiesa d'Inghilterra. Attualmente la corona mantiene tale ruolo, ma vescovi e arcivescovi sono designati su proposta del Primo Ministro, mentre il capo spirituale è l'arcivescovo di Canterbury. L'Inghilterra è divisa in 44 diocesi e 13.000 parrocchie (*parishes*), ognuna delle quali è affidata a un parroco (*vicar*). Nel 1992 il *General Synod*, organismo direttivo, permise anche alle donne di essere parroco. Nei vari paesi del mondo in cui esistono comunità appartenenti alla *Anglican Communion*, come Stati Uniti e Scozia, gli anglicani si denominano *Episcopalians*. *Church of Ireland* e *Church of Wales* sono rispettivamente le denominazioni ufficiali della Chiesa Anglicana d'Irlanda e del Galles.

Church of Scotland La Chiesa Presbiteriana scozzese è la chiesa ufficiale della Scozia. Fu fondata nel 1560 da John Knox e Andrew Melville e fu riconosciuta ufficialmente nel 1690. Non ha vescovi e i membri del clero sono chiamati *ministers* o pastori. Possono essere *ministers* sia gli uomini che le donne.

Church Army /ˌtʃɜːtʃˈɑːmɪ/ n.pr. RELIG. = organizzazione anglicana costituita da volontari che aiutano i parroci.
Church Commissioners /ˌtʃɜːtʃkəˈmɪʃənəz/ n.pl. RELIG. = consiglio di rappresentanti della chiesa e dello stato incaricato dell'amministrazione dei beni della chiesa anglicana.
Church Fathers /ˌtʃɜːtʃˈfɑːðəz/ n.pl. RELIG. Padri m. della Chiesa.
churchgoer /ˈtʃɜːtʃˌgəʊə(r)/ n. RELIG. praticante m. e f.
churchgoing /ˈtʃɜːtʃˌgəʊɪŋ/ agg. RELIG. praticante.
church hall /ˌtʃɜːtʃˈhɔːl/ n. sala f. parrocchiale.
Churchillian /tʃəˈtʃɪlɪən/ agg. di Churchill.
church leader /ˌtʃɜːtʃˈliːdə(r)/ n. RELIG. capo m. di una chiesa.
churchman /ˈtʃɜːtʃmən/ n. (pl. **-men**) **1** *(clergyman)* uomo m. di chiesa, ecclesiastico m. **2** *(churchgoer)* praticante m.
church rate /ˈtʃɜːtʃreɪt/ n. = contributo per la parrocchia.
church register /ˌtʃɜːtʃˈredʒɪstə(r)/ n. libro m. parrocchiale.
church school /ˈtʃɜːtʃˌskuːl/ n. scuola f. religiosa.
church service /ˈtʃɜːtʃˌsɜːvɪs/ n. funzione f. religiosa; *(Catholic)* messa f.
churchwarden /tʃɜːtʃˈwɔːdn/ n. = amministratore laico di una parrocchia.
churchwoman /ˈtʃɜːtʃwʊmən/ n. (pl. **-women**) RELIG. praticante f.
churchy /ˈtʃɜːtʃɪ/ agg. COLLOQ. SPREG. bigotto.
churchyard /ˈtʃɜːtʃjɑːd/ n. cimitero m. (presso una chiesa).
churl /tʃɜːl/ n. ANT. villano m., zotico m.
churlish /ˈtʃɜːlɪʃ/ agg. *(surly)* intrattabile; *(rude)* zotico, rozzo.
churlishly /ˈtʃɜːlɪʃlɪ/ avv. *(surlily)* con un tono sgarbato; *(impolitely)* in modo rozzo.
churlishness /ˈtʃɜːlɪʃnɪs/ n. *(surliness)* intrattabilità f.; *(impoliteness)* rozzezza f.
1.churn /tʃɜːn/ n. **1** *(for butter)* zangola f. **2** BE *(container)* bidone m. del latte.
2.churn /tʃɜːn/ **I** tr. **1** ***to ~ butter*** burrificare con la zangola **2** FIG. agitare [*water, air*] **II** intr. [*ideas*] frullare; [*engine*] girare; ***my stomach was ~ing*** *(with nausea)* mi si rivoltava lo stomaco; *(with nerves)* avevo lo stomaco chiuso.
▪ **churn out: ~ *[sth.]* out, ~ out *[sth.]*** sfornare [*plays, novels, ideas, publicity, speeches, legislation*]; produrre in grandi quantità [*goods*].
▪ **churn up: ~ *[sth.]* up, ~ up *[sth.]*** agitare [*water*]; [*car, tractor*] fare solchi (con le ruote) in [*earth*].
churn drill /ˈtʃɜːndrɪl/ n. MECC. sonda f. a percussione.
churning /ˈtʃɜːnɪŋ/ n. **1** *(production)* burrificazione f. **2** *(quantity)* = quantità di burro prodotta in una sola volta **3** FIG. *(agitation)* forte agitazione f.; ECON. = animazione fittizia della Borsa provocata da speculatori.
churn milk /ˈtʃɜːnmɪlk/ n. latticello m., siero m. del latte.
churr /tʃɜː(r)/ → **1.chirr, 2.chirr**.
chut /tʃʌt/ inter. uff.
chute /ʃuːt/ n. **1** *(slide) (in plane, swimming pool, playground)* scivolo m. **2** *(channel) (for rubbish)* condotto m. della pattumiera; *(for coal)* scivolo m. **3** SPORT *(for toboggan)* pista f. **4** COLLOQ. *(parachute)* paracadute m. **5** GEOGR. cascata f., rapida f.
chutney /ˈtʃʌtnɪ/ n. chutney m. (salsa indiana agrodolce a base di frutta o verdura e spezie).
chutzpa, **chutzpah** /ˈhʊtspə/ n. COLLOQ. *(impudence)* faccia f. tosta.
chyle /kaɪl/ n. BIOL. chilo m.
chyliferous /kaɪˈlɪfərəs/ agg. chilifero.
chylification /ˌkaɪlɪfɪˈkeɪʃn/ n. chilificazione f.
chylify /ˈkaɪlɪfaɪ/ tr. chilificare.
chyme /kaɪm/ n. chimo m.
chymification /ˌkaɪmɪfɪˈkeɪʃn/ n. chimificazione f.
chymify /ˈkaɪmɪfaɪ/ tr. chimificare.
chymosin /ˈkaɪməsɪn/ n. chimosina f.
CI ⇒ Channel Islands Isole del Canale.
CIA n. (⇒ Central Intelligence Agency Ufficio Centrale di Informazione) CIA f.
ciao /tʃaʊ/ inter. ciao.
cicada /sɪˈkɑːdə, AE -ˈkeɪdə/ n. (pl. **~s, -ae**) cicala f.
cicatrice /ˈsɪkətrɪs/ n. → **cicatrix**.
cicatrices /ˈsɪkətrɪsiːz/ → **cicatrix**.
cicatricial /ˌsɪkəˈtrɪʃl/ agg. cicatriziale.
cicatricle /sɪˈkætrɪkl/ n. **1** BIOL. cicatricola f. **2** BOT. ilo m.
cicatrix /ˈsɪkətrɪks/ n. (pl. **-trices**) cicatrice f.
cicatrization /ˌsɪkətraɪˈzeɪʃn, AE -trɪˈz-/ n. cicatrizzazione f.
cicatrize /ˈsɪkətraɪz/ **I** tr. cicatrizzare **II** intr. cicatrizzarsi.
cicely /ˈsɪsɪlɪ/ n. mirride f.
Cicero /ˈsɪsərəʊ/ n.pr. Cicerone.
cicerone /ˌtʃɪtʃəˈrəʊnɪ/ ♦ **27** n. (pl. **~s, -i**) cicerone m.
Ciceronian /ˌsɪsəˈrəʊnɪən/ **I** agg. ciceroniano **II** n. ciceroniano m. (-a).
CID n. BE (⇒ Criminal Investigation Department) = dipartimento di investigazione criminale.
cider /ˈsaɪdə(r)/ n. sidro m.
cider apple /ˈsaɪdərˌæpl/ n. mela f. da sidro.
cider press /ˈsaɪdəpres/ n. pressa f. da mele.
cider vinegar /ˈsaɪdəˌvɪnɪgə(r)/ n. aceto m. di mele.
CIF n. (⇒ cost, insurance, and freight costo, assicurazione e nolo) CAN m.
cig /sɪg/ n. COLLOQ. (accorc. cigarette) sigaretta f.
▷ **cigar** /sɪˈgɑː(r)/ **I** n. sigaro m. **II** modif. [*box, smoker*] di sigari.
cigar case /sɪˈgɑːˌkeɪs/ n. portasigari m.
cigar cutter /sɪˈgɑːˌkʌtə(r)/ n. tagliasigari m.
▷ **cigarette** /ˌsɪgəˈret, AE ˈsɪgəret/ **I** n. sigaretta f. **II** modif. [*ash, smoke*] di sigaretta; [*smoker*] di sigarette.
cigarette butt /ˌsɪgəˈretˌbʌt, AE ˈsɪgərət-/ n. → **cigarette end**.
cigarette card /ˌsɪgəˈretˌkɑːd, AE ˈsɪgərət-/ n. = figurina che si trovava nei pacchetti di sigarette.
cigarette case /ˌsɪgəˈretˌkeɪs, AE ˈsɪgərət-/ n. portasigarette m.
cigarette end /ˌsɪgəˈretˌend, AE ˈsɪgərət-/ n. mozzicone m. (di sigaretta).
cigarette holder /ˌsɪgəˈretˌhəʊldə(r), AE ˈsɪgərət-/ n. bocchino m.
cigarette lighter /ˌsɪgəˈretˌlaɪtə(r), AE ˈsɪgərət-/ n. *(portable)* accendino m.; *(in car)* accendisigari m.
cigarette packet BE /ˌsɪgəˈretˌpækɪt, AE ˈsɪgərət-/, **cigarette pack** AE /ˌsɪgəˈretˌpæk, AE ˈsɪgərət-/ n. pacchetto m. di sigarette.
cigarette paper /ˌsɪgəˈretˌpeɪpə(r), AE ˈsɪgərət-/ n. cartina f. (per sigarette).
cigar holder /sɪˈgɑːˌhəʊldə(r)/ n. bocchino m. (per sigari).
cigar-shaped /sɪˈgɑːˌʃeɪpt/ agg. a forma di sigaro.
ciggie, ciggy /ˈsɪgɪ/ n. COLLOQ. *(cigarette)* cicca f.
cilia /ˈsɪlɪə/ → **cilium**.
ciliary /ˈsɪlɪərɪ/ agg. ciliare.
ciliate(d) /ˈsɪlɪeɪt(ɪd)/ n. ciliato m.
cilice /ˈsɪlɪs/ n. cilicio m.
cilium /ˈsɪlɪəm/ n. (pl. **-ia**) *(eyelash)* ciglio m.
CIM n. (⇒ computer-integrated manufacturing) = produzione coordinata da elaboratore.
Cimbrian /ˈsɪmbrɪən/ **I** agg. cimbro **II** n. cimbro m. (-a).
Cimmerian /sɪˈmɪərɪən/ **I** agg. cimmerio **II** n. cimmerio m. (-a).
C in C n. (⇒ Commander in Chief) = comandante in capo.
1.cinch /sɪntʃ/ n. COLLOQ. **1** *(easy task)* ***sth., doing sth. was a ~*** qcs., fare qcs. è stato facile come bere un bicchiere d'acqua; ***it's a ~*** è una bazzecola *o* una sciocchezza **2** *(certainty)* ***that horse is a ~ to win*** quel cavallo vincerà sicuramente **3** AE EQUIT. sottopancia m.
2.cinch /sɪntʃ/ tr. AE EQUIT. stringere il sottopancia a [*horse*]; fissare (stringendo il sottopancia) [*saddle*].
cinchona /sɪŋˈkəʊnə/ n. cincona f., china f.
cinchonine /ˈsɪŋkəniːn/ n. cinconina f.
Cincinnati /sɪnsɪˈnætɪ/ ♦ **34** n.pr. Cincinnati f.
1.cincture /ˈsɪŋktʃə(r)/ n. **1** RAR. *(belt)* cintura f. **2** *(of wall)* cinta f. **3** ARCH. listello m.
2.cincture /ˈsɪŋktʃə(r)/ tr. RAR. cingere, attorniare (**with** di, con).
cinder /ˈsɪndə(r)/ n. *(glowing)* brace f.; *(ash)* cenere f.; *(in volcano)* cenere f. vulcanica; ***to burn sth. to a ~*** ridurre qcs. in cenere.
cinder block /ˈsɪndəblɒk/ n. AE blocco m. di calcestruzzo di scorie.
Cinderella /ˌsɪndəˈrelə/ **I** n.pr. Cenerentola **II** n. FIG. Cenerentola f.
cinder track /ˈsɪndətræk/ n. = pista di carbonella un tempo usata per le gare di atletica.
Cindy /ˈsɪndɪ/ n.pr. diminutivo di **Cynthia**.
cineaste /ˈsɪnɪæst/ n. cinefilo m. (-a).
cinecamera /ˈsɪnɪˌkæmərə/ n. cinecamera f., cinepresa f., macchina f. da presa.
cine club /ˈsɪnɪklʌb/ n. cineclub m.
cine film /ˈsɪnɪfɪlm/ n. pellicola f. cinematografica.
▷ **cinema** /ˈsɪnəmɑː, ˈsɪnəmə/ n. *(all contexts)* cinema m.; ***to go to the ~*** andare al cinema; ***to be interested in (the) ~*** interessarsi di cinema; ***a wonderful piece of ~*** un momento di grande cinema.
cinema complex /ˈsɪnəməˌkɒmpleks, AE -kəmˌpleks/ n. (cinema) multisala m.
cinemagoer /ˈsɪnəməˌgəʊə(r)/ n. *(regular)* cinefilo m. (-a); *(spectator)* spettatore m. (-trice).
Cinemascope® /ˈsɪnəməskəʊp/ n. cinemascope® m.

cinematic /ˌsɪnəˈmætɪk/ agg. [*technique, work*] cinematografico; [*genius*] del cinema; [*scene, novel*] adatto al cinema.
1.cinematograph /ˌsɪnəˈmætəgrɑːf, AE -græf/ n. ANT. *(apparatus)* cinematografo m.
2.cinematograph /ˌsɪnəˈmætəgrɑːf, AE -græf/ tr. cinematografare.
cinematographer /ˌsɪnəməˈtɒgrəfə(r)/ ♦ *27* n. **1** cineoperatore m. (-trice) **2** operatore m. (-trice) di proiezione.
cinematographic /ˌsɪnəˌmætəˈgræfɪk/ agg. cinematografico.
cinematography /ˌsɪnəməˈtɒgrəfɪ/ n. cinematografia f.; ***the ~ is superb*** la fotografia del film è eccezionale.
cinema-vérité /ˌsɪnəməˈverɪteɪ/ n. cinema-verità m.
cine-projector /ˈsɪnɪprəˌdʒektə(r)/ n. proiettore m. cinematografico.
cineraria /ˌsɪnəˈreərɪə/ n. BOT. cineraria f.
cinerarium /ˌsɪnəˈreərɪəm/ n. (pl. **-ia**) ARCHEOL. cinerario m.
cinerary /ˈsɪnərərɪ, AE -rerɪ/ agg. cinerario.
cinerary urn /ˌsɪnərərɪˈɜːn, AE ˌsɪnərerɪ-/ n. urna f. cineraria.
cinereous /sɪˈnɪərəs/ agg. cinereo.
Cingalese /sɪŋgəˈliːz/ ANT. → **Sinhalese**.
cinnabar /ˈsɪnəbɑː(r)/ n. cinabro m.
cinnamic /sɪˈnæmɪk/ agg. cinnamico.
cinnamon /ˈsɪnəmən/ ♦ *5* **I** n. **1** GASTR. cannella f. **2** *(tree)* cinnamomo m. **3** *(colour)* cannella m. **II** agg. **1** GASTR. [*cake, cookie*] alla cannella; [*stick*] di cannella **2** *(colour)* cannella.
cinnamon bear /ˈsɪnəmənˌbeə(r)/ n. orso m. bruno.
cinque /sɪŋk/ n. *(in cards, dice)* cinque m.
cinquecentist /ˌtʃɪŋkwɪˈtʃentɪst/ n. (pl. **~s, ~i**) ART. LETTER. cinquecentista m. e f.
cinquecento /ˌtʃɪŋkwɪˈtʃentəʊ/ n. ART. LETTER. il Cinquecento (italiano).
cinquefoil /ˈsɪŋkfɔɪl/ n. potentilla f.
1.cipher /ˈsaɪfə(r)/ n. **1** *(code)* cifra f., codice m.; ***in ~*** in cifra *o* in codice; ***to write a message in ~*** scrivere un messaggio cifrato **2** *(nonentity)* nullità f. **3** MAT. INFORM. zero m. **4** *(Arabic numeral)* cifra f. (araba) **5** *(monogram)* monogramma m., cifra f.
2.cipher /ˈsaɪfə(r)/ tr. cifrare [*message*].
cipolin /ˈsɪpəlɪn/ n. (marmo) cipollino m.
circa /ˈsɜːkə/ prep. circa.
circadian /sɜːˈkeɪdɪən/ agg. circadiano.
Circassian /sɜːˈkæsɪən/ **I** agg. circasso **II** ♦ *14* n. **1** *(person)* circasso m. (-a) **2** *(language)* circasso m.
Circe /ˈsɜːsɪ/ n.pr. Circe.
Circean /sɜːˈsiːən/ agg. **1** MITOL. di Circe **2** FIG. *(enchanting)* incantatore, ammaliatore.
circensian /sɜːˈsensɪən/ agg. *(in ancient Rome)* circense.
circinate /ˈsɜːsɪnɪt/ agg. circinato.
▶ **1.circle** /ˈsɜːkl/ n. **1** cerchio m.; ***to form a ~*** [*objects*] formare un cerchio; [*people*] fare un cerchio (**around** attorno a); ***to sit in a ~*** sedersi in cerchio; ***to move, swim in ~s*** muoversi, nuotare in tondo; ***to go round in ~s*** girare in tondo (anche FIG.) **2** *(group)* cerchia f., gruppo m. (**of** di); ***to be in sb.'s ~*** fare parte della cerchia di qcn.; ***his ~ of friends*** la sua cerchia di amici; ***in business, theatrical ~s*** nell'ambiente degli affari, del teatro; ***literary ~s*** il mondo *o* l'ambiente letterario; ***to move in fashionable ~s*** frequentare il bel mondo **3** TEATR. galleria f.; ***to sit in the ~*** sedersi in galleria ♦ ***to come full ~*** [*person, situation*] ritornare al punto di partenza; ***the wheel has come*** o ***turned full ~*** il cerchio si è chiuso; ***to have ~s under one's eyes*** avere gli occhi cerchiati; ***to square the ~*** cercare la quadratura del cerchio.
2.circle /ˈsɜːkl/ **I** tr. **1** *(move round)* [*plane, helicopter*] girare intorno a [*airport, tower*]; [*satellite*] gravitare, orbitare intorno a [*planet*]; [*person, animal, vehicle*] fare il giro di [*square, building*]; girare intorno a [*person, animal*]; ***they ~d each other*** si giravano intorno l'un l'altro **2** *(encircle)* cerchiare, fare un cerchio intorno a [*word, mistake, answer*] **II** intr. [*helicopter, plane, vulture*] girare in tondo, volteggiare (**above, over** sopra); [*predator, vehicle, horseman*] girare in tondo (**around** attorno a); ***as we walked along, the helicopter ~d overhead*** mentre camminavamo l'elicottero volteggiava su di noi.
circlet /ˈsɜːklɪt/ n. cerchietto m., anello m.
circs /sɜːks/ n.pl. COLLOQ. (accorc. circumstances) circostanze f.
▷ **1.circuit** /ˈsɜːkɪt/ n. **1** *(race track)* *(for vehicles)* circuito m.; *(for athletes)* pista f. **2** *(lap)* giro m.; ***to do 15 ~s of the track*** fare 15 giri del circuito **3** *(regular round)* giro m.; ***he's well-known on the ~*** è molto conosciuto nel giro; ***the cabaret, tennis ~*** il circuito dei cabaret, tennistico **4** *(round trip)* giro m. **5** DIR. = giro effettuato periodicamente da una circuit court **6** AE DIR. *(district)* distretto m. di corte d'appello **7** ELETTRON. circuito m.; ***to complete, break the ~*** chiudere, aprire il circuito.
2.circuit /ˈsɜːkɪt/ tr. fare il giro di [*course, town*].
circuit board /ˈsɜːkɪtˌbɔːd/ n. circuito m. stampato.
circuit breaker /ˈsɜːkɪtˌbreɪkə(r)/ n. interruttore m. automatico, salvavita m.
circuit court /ˈsɜːkɪtˌkɔːt/ n. DIR. = tribunale itinerante che ha varie sedi all'interno di una circoscrizione.
circuit diagram /ˌsɜːkɪtˈdaɪəgræm/ n. schema m. circuitale.
circuit judge /ˈsɜːkɪtˌdʒʌdʒ/ ♦ *27* n. DIR. = giudice che presiede una circuit court; AE = giudice dei tribunali distrettuali.
circuitous /sɜːˈkjuːɪtəs/ agg. [*route, argument*] tortuoso; [*means, method*] indiretto; [*procedure*] contorto, complicato.
circuitously /sɜːˈkjuːɪtəslɪ/ avv. [*argue*] tortuosamente; [*proceed*] in modo contorto, complicato.
circuit rider /ˈsɜːkɪtˌraɪdə(r)/ n. = predicatore metodista che si spostava da un centro all'altro all'interno del distretto a lui assegnato.
circuitry /ˈsɜːkɪtrɪ/ n. circuiteria f.
circuit training /ˈsɜːkɪtˌtreɪnɪŋ/ n. circuito m. di allenamento.
▷ **circular** /ˈsɜːkjʊlə(r)/ **I** agg. **1** [*object*] circolare **2** [*route*] tortuoso; FIG. [*argument*] tortuoso, vizioso **3** BIOL. [*DNA*] circolare **II** n. *(newsletter)* circolare f.; *(advertisement)* foglietto m., volantino m. pubblicitario.
circularity /ˌsɜːkjʊˈlærətɪ/ n. circolarità f.
circularize /ˈsɜːkjʊləraɪz/ tr. mandare circolari a.
circular letter /ˈsɜːkjʊləˌletə(r)/ n. (lettera) circolare f.
circular saw /ˌsɜːkjʊləˈsɔː/ n. sega f. circolare.
▷ **circulate** /ˈsɜːkjʊleɪt/ **I** tr. **1** *(spread)* *(to limited circle)* fare circolare; *(widely)* diffondere [*list, documents, information*] (**to** tra); ***the report was ~d to the members*** il rapporto è stato fatto circolare tra i membri **2** BE *(inform)* mettere al corrente [*members, staff*] **3** fare circolare [*blood, water etc.*] **II** intr. **1** [*water, air, rumour, pamphlet, banknote*] circolare **2** *(at party)* ***let's ~*** andiamo a fare conoscenza.
circulating /ˈsɜːkjʊleɪtɪŋ/ agg. circolante.
circulating decimal /ˈsɜːkjʊleɪtɪŋˌdesɪml/ n. numero m. periodico.
circulating library /ˌsɜːkjʊleɪtɪŋˈlaɪbrərɪ, AE -brerɪ/ n. **1** *(mobile)* = libri che circolano periodicamente in gruppi di scuole o di altre istituzioni **2** AE *(lending library)* biblioteca f.
circulating medium /ˌsɜːkjʊleɪtɪŋˈmiːdɪəm/ n. medio m. circolante.
▷ **circulation** /ˌsɜːkjʊˈleɪʃn/ n. **1** *(of blood, air, water, fuel)* circolazione f.; ***to have good, bad ~*** avere una buona, cattiva circolazione **2** *(distribution)* *(of newspaper)* tiratura f.; ***a ~ of 2 million*** una tiratura di 2 milioni di copie **3** *(of coins)* circolazione f.; *(of books, information, document)* circolazione f., diffusione f.; ***in ~*** in circolazione; ***to withdraw from ~*** ritirare dalla circolazione; ***for ~ to*** *(on document)* da trasmettere a **4** *(use)* ***a word which has entered ~*** una parola che è entrata nell'uso **5** *(social group)* ***she's back in ~*** è di nuovo in circolazione.
circulation area /ˌsɜːkjʊˈleɪʃnˌeərɪə/ n. **1** *(of newspaper)* area f. di diffusione **2** *(in railway station)* = sala in cui si può sostare, parlare ecc. senza essere di intralcio ai viaggiatori.
circulation department /ˌsɜːkjʊˈleɪʃndɪˌpɑːtmənt/ n. GIORN. servizio m. di distribuzione.
circulation figures /ˌsɜːkjʊˈleɪʃnˌfɪgəz, AE -ˌfɪgjərz/ n.pl. tiratura f.sing.
circulation manager /ˌsɜːkjʊˈleɪʃnˌmænɪdʒə(r)/ n. responsabile m. e f. del servizio di distribuzione.
circulator /ˈsɜːkjʊleɪtə(r)/ n. RAR. chi propaga notizie.
circulatory /ˌsɜːkjʊˈleɪtərɪ, AE ˈsɜːkjələtɔːrɪ/ agg. circolatorio; ***~ system*** sistema circolatorio.
circumambient /ˌsɜːkəmˈæmbɪənt/ agg. circostante.
circumambulate /ˌsɜːkəmˈæmbjʊleɪt/ **I** tr. girare intorno a **II** intr. tergiversare, menare il can per l'aia.
circumcentre /ˌsɜːkəmˈsentə(r)/ n. circocentro m.
circumcircle /ˈsɜːkəmsɜːkl/ n. cerchio m. circoscritto.
circumcise /ˈsɜːkəmsaɪz/ tr. circoncidere [*boy*]; praticare un'escissione a [*girl*].
circumcision /ˌsɜːkəmˈsɪʒn/ n. *(of boy)* circoncisione f.; *(of girl)* escissione f.
circumference /səˈkʌmfərəns/ n. circonferenza f.; ***to be 4 km in ~*** avere una circonferenza di 4 km.
circumferential /səˌkʌmfəˈrenʃl/ agg. della circonferenza.
1.circumflex /ˈsɜːkəmfleks/ **I** agg. circonflesso; ***e ~*** e con accento circonflesso **II** n. (anche **~ accent**) accento m. circonflesso (**on, over** su).

2.circumflex /'sɜːkəmfleks/ tr. mettere l'accento circonflesso su.
circumfuse /ˌsɜːkəm'fjuːz/ tr. circonfondere (**with** di).
circumlocution /ˌsɜːkəmlə'kjuːʃn/ n. circonlocuzione f., perifrasi f.
circumlocutory /ˌsɜːkəm'lɒkjʊtrɪ, AE -tɔːrɪ/ agg. [*remark*] con circonlocuzioni.
circumlunar /ˌsɜːkəm'luːnə(r)/ agg. circumlunare.
circumnavigate /ˌsɜːkəm'nævɪgeɪt/ tr. circumnavigare [*world, continent*]; doppiare [*cape*].
circumnavigation /ˌsɜːkəmˌnævɪ'geɪʃn/ n. circumnavigazione f.
circumnavigator /ˌsɜːkəm'nævɪgeɪtə(r)/ n. circumnavigatore m. (-trice).
circumpolar /ˌsɜːkəm'pəʊlə(r)/ agg. circumpolare.
circumscribe /'sɜːkəmskraɪb/ tr. circoscrivere (anche MAT.).
circumscription /ˌsɜːkəm'skrɪpʃn/ n. **1** *(district)* circoscrizione f. **2** RAR. *(limitation)* limitazione f., restrizione f. **3** *(around coins)* iscrizione f.
circumspect /'sɜːkəmspekt/ agg. FORM. circospetto; ***to be ~ about*** considerare con cautela [*likelihood, chance*]; ***to be ~ about predicting, making a commitment*** essere cauto nel fare previsioni, nell'impegnarsi.
circumspection /ˌsɜːkəm'spekʃn/ n. FORM. circospezione f.
circumspective /ˌsɜːkəm'spektɪv/ agg. FORM. circospetto.
circumspectness /'sɜːkəmspektnɪs/ n. FORM. circospezione f.
circumspectly /'sɜːkəmspektlɪ/ avv. FORM. con circospezione.
▶ **circumstance** /'sɜːkəmstəns/ **I** n. *(event)* circostanza f.; caso m.; ***a strange ~*** uno strano caso **II circumstances** n.pl. **1** *(state of affairs)* circostanze f.; ***in*** o ***under the ~s*** date le circostanze; ***under no ~s*** in nessun caso; ***if ~s permit*** se le circostanze lo permettono; ***due to ~s beyond our control*** dovuto a cause di forza maggiore **2** *(conditions of life)* condizioni f.; ***their ~s do not permit them to travel*** le loro condizioni finanziarie non gli permettono di viaggiare; ***in easy ~s*** in condizioni agiate; ***in poor ~s*** in condizioni di povertà.
circumstantial /ˌsɜːkəm'stænʃl/ agg. **1** DIR. [*evidence*] indiziario **2** *(detailed)* circostanziato.
circumstantiality /sɜːkəmˌstænʃɪ'ælətɪ/ n. abbondanza f. di particolari.
circumstantiate /ˌsɜːkəm'stænʃɪeɪt/ tr. FORM. circostanziare [*statement, incident*].
circumvallate /ˌsɜːkəm'vælеɪt/ tr. circonvallare.
circumvallation /ˌsɜːkəmvə'leɪʃn/ n. *(around fortification)* circonvallazione f.
circumvent /ˌsɜːkəm'vent/ tr. FORM. **1** *(avoid)* eludere [*law, problem, embargo, sanctions*] **2** *(baffle)* circonvenire [*official*] **3** *(frustrate)* fare fallire [*plot*]; avere la meglio su [*adversary*].
circumvention /ˌsɜːkəm'venʃn/ n. circonvenzione f.
circumvolution /ˌsɜːkəmvə'luːʃn/ n. circonvoluzione f.
▷ **circus** /'sɜːkəs/ **I** n. **1** *(all contexts)* circo m. **2** BE = piazza circolare dove confluiscono più strade **3** COLLOQ. *(uproar)* baraonda f., cagnara f. **4** COLLOQ. *(group of people)* banda f. di matti **II** modif. [*tent, performer*] del circo; ~ ***atmosphere*** atmosfera di festosa baraonda.
cirque /sɜːk/ n. circo m. glaciale.
cirrhosis /sɪ'rəʊsɪs/ ♦ ***11*** n. (pl. **-es**) cirrosi f.
cirrhotic /sɪ'rəʊtɪk/ agg. cirrotico.
cirri /'sɪraɪ/ → **cirrus**.
cirriform /'sɪrɪfɔːm/ agg. cirriforme.
cirriped /'sɪrɪped/ n. cirripede m.
cirrocumulus /ˌsɪrəʊ'kjuːmjʊləs/ n. (pl. **-i**) cirrocumulo m.
cirrose /sɪ'rəʊs/ agg. cirroso.
cirrostratus /ˌsɪrəʊ'strɑːtəs, AE -'streɪtəs/ n. (pl. **-i**) cirrostrato m.
cirrus /'sɪrəs/ n. (pl. **-i**) cirro m.
Cis /sɪs/ n.pr. diminutivo di **Cecilia, Cecily**.
CIS n. (⇒ Commonwealth of Independent States Comunità degli Stati Indipendenti) CSI f.
cisalpine /sɪs'ælpaɪn/ agg. cisalpino.
cismontane /sɪs'mɒnteɪn/ agg. cismontano.
cispadane /'sɪspədeɪn/ agg. cispadano.
cissy → **sissy**.
Cissy /'sɪsɪ/ n.pr. diminutivo di **Cecilia, Cecily**.
cist /sɪst/ n. **1** *(box)* cista f. **2** *(tomb)* tomba f. preistorica.
Cistercian /sɪ'stɜːʃn/ **I** agg. cistercense **II** n. cistercense m.
cistern /'sɪstən/ n. *(of lavatory)* vaschetta f.; *(in loft or underground)* cisterna f.
cistus /'sɪstəs/ n. (pl. **~es**) cisto m.
citable /'saɪtəbl/ agg. citabile.
citadel /'sɪtədəl/ n. cittadella f.
citation /saɪ'teɪʃn/ n. **1** citazione f. **2** MIL. encomio m.
cite /saɪt/ tr. **1** *(quote)* citare; *(adduce)* addurre **2** MIL. *(commend)* encomiare (**for** per) **3** DIR. citare; ***to be ~d in divorce proceedings*** essere citato in un procedimento di divorzio.
cither /'sɪðə(r)/, **cithern** /'sɪðən/ n. cetra f.
▶ **citizen** /'sɪtɪzn/ n. *(of state)* cittadino m. (-a); *(of town)* cittadino m. (-a), abitante m. e f.; ***a British ~*** un cittadino britannico; ***~ Robespierre*** il cittadino Robespierre.
citizeness /'sɪtɪzənɪs/ n. RAR. *(woman)* cittadina f.
citizenhood /'sɪtɪznhʊd/ n. → **citizenry**.
citizenry /'sɪtɪznrɪ/ n. *(citizens)* cittadinanza f.
Citizens' Advice Bureau /ˌsɪtɪzənzəd'vaɪsˌbjʊərəʊ, AE -bjʊəˌrəʊ/ n. = ufficio di consulenza legale ai cittadini.
citizen's arrest /ˌsɪtɪznzə'rest/ n. = arresto effettuato da un privato cittadino.
citizen's band /ˌsɪtɪznz'bænd/ n. RAD. banda f. cittadina.
▷ **citizenship** /'sɪtɪznʃɪp/ **I** n. *(status)* cittadinanza f. **II** modif. [*papers*] di cittadinanza.
citrate /'saɪtreɪt/ n. citrato m.
citric /'sɪtrɪk/ agg. citrico.
citric acid /ˌsɪtrɪk'æsɪd/ n. acido m. citrico.
citrine /sɪ'triːn/ n. citrino m.
citron /'sɪtrən/ n. **1** *(plant, fruit)* cedro m. **2** *(rind)* scorza f. di cedro candita.
citronella /ˌsɪtrə'nela/ n. citronella f.
citrous /'sɪtrəs/ agg. [*tree*] di agrumi; [*area*] agrumicolo.
citrus /'sɪtrəs/ **I** n. (pl. **~es**) *(tree, fruit)* agrume m. **II** agg. [*colour*] acido; ***~ trees*** piante di agrumi.
citrus fruit /'sɪtrəsˌfruːt/ n. *(individual)* agrume m.; *(collectively)* agrumi m.pl.
cittern /'sɪtən/ n. → **cither**.
▶ **city** /'sɪtɪ/ **I** n. **1** città f.; ***the medieval ~*** la città medievale **2** *(population)* città f., cittadinanza f. **3** BE ***the City*** la City (di Londra) **II** modif. [*street, people, life*] cittadino, di città.

> **The City** Forma abbreviata di *the City of London*. Occupa l'insediamento originario di Londra e costituisce una *municipality* (unità amministrativa autonoma), con a capo il *Lord Mayor* (il sindaco di Londra). *The City* indica anche il centro finanziario di Londra (detto anche *Square Mile*, perché occupa un'area di circa un miglio quadrato), sede di banche, istituti finanziari e assicurativi e della Borsa.

City and Guilds certificate /ˌsɪtɪən'gɪldzsəˌtɪfɪkət/ n. = attestato di formazione professionale.
city centre BE, **city center** AE /ˌsɪtɪ'sentə(r)/ n. centro m. (città).
city college /ˌsɪtɪ'kɒlɪdʒ/ n. AE = università gestita da un'amministrazione cittadina.
city council /ˌsɪtɪ'kaʊnsl/ n. consiglio m. comunale.
city councillor /ˌsɪtɪ'kaʊnsələ(r)/ n. GB consigliere m. comunale.
city councilman /ˌsɪtɪ'kaʊnslmən/ n. (pl. **city councilmen**) US consigliere m. comunale.
city councilwoman /ˌsɪtɪ'kaʊnslwʊmən/ n. (pl. **city councilwomen**) US consigliere m. comunale.
city desk /'sɪtɪˌdesk/ n. GIORN. **1** AE cronaca f. cittadina **2** BE redazione f. finanza.
city dweller /'sɪtɪˌdwelə(r)/ n. cittadino m. (-a).
city editor /'sɪtɪˌedɪtə(r)/ ♦ ***27*** n. GIORN. **1** AE redattore m. (-trice) della cronaca cittadina **2** BE redattore m. (-trice) della cronaca finanziaria.
city fathers /ˌsɪtɪ'fɑːðəz/ n.pl. notabili m. della città.
city hall /ˌsɪtɪ'hɔːl/ n. AE **1** *(building)* municipio m. **2** AMM. comune m. ◆ ***you can't fight ~*** = non c'è niente da fare contro la burocrazia.
city limits /ˌsɪtɪ'lɪmɪts/ n.pl. confini m. della città.
city manager /ˌsɪtɪ'mænɪdʒə(r)/ n. AE = amministratore comunale.
city news /ˌsɪtɪ'njuːz, AE -'nuːz/ n. BE GIORN. rubrica f. finanziaria.
city planner /ˌsɪtɪ'plænə(r)/ ♦ ***27*** n. urbanista m. e f.
city planning /ˌsɪtɪ'plænɪŋ/ n. urbanistica f.
cityscape /'sɪtɪˌskeɪp/ n. paesaggio m. urbano.
city slicker /ˌsɪtɪ'slɪkə(r)/ n. COLLOQ. **1** *(smart city dweller)* elegantone m. (-a) di città **2** *(rogue)* imbroglione m. (-a).
city state /ˌsɪtɪ'steɪt/ n. STOR. città f. stato.
city technology college /ˌsɪtɪtek'nɒlədʒɪˌkɒlɪdʒ/ n. = istituto tecnico gestito dall'amministrazione comunale e finanziato dalle industrie locali.
cityward(s) /'sɪtɪwəd(z)/ avv. verso la città.

civet /ˈsɪvɪt/ n. civetta f. zibetto.

▷ **civic** /ˈsɪvɪk/ agg. [*administration, official*] municipale, comunale; [*pride*] cittadino; [*responsibility, duty*] civico, di cittadino.

civic centre BE, **civic center** AE /ˈsɪvɪkˌsentə(r)/ n. = centro delle attività amministrative e ricreative di una città.

civics /ˈsɪvɪks/ n. + verbo sing. educazione f. civica.

civies AE → **civvies**.

▶ **civil** /ˈsɪvl/ agg. **1** *(civic, not military)* [*affairs, aviation, disorder, wedding*] civile **2** DIR. [*case, court, offence, claim*] civile **3** *(polite)* [*person*] civile, gentile; ***it was ~ of him to do that*** è stato gentile da parte sua farlo ◆ ***to keep a ~ tongue in one's head*** parlare come si deve *o* misurare le parole.

Civil Aeronautics Board /ˌsɪvleərəˈnɔːtɪksˌbɔːd/ n. AE ente m. per l'aviazione civile.

Civil Aviation Authority /ˌsɪvleɪvɪˈeɪʃnɔːˌθɒrətɪ/ n. BE ente m. per l'aviazione civile.

civil defence, **civil defense** AE /ˌsɪvldɪˈfens/ **I** n. *(in wartime)* difesa f. civile; *(in peace)* AE protezione f. civile **II** modif. [*authority, measures*] di difesa civile; AE di protezione civile; [*grant*] per la difesa civile; AE per la protezione civile.

civil disobedience /ˌsɪvldɪsəˈbiːdɪəns/ **I** n. disubbidienza f. civile **II** modif. [*campaign*] di disubbidienza civile.

civil engineer /ˌsɪvlendʒɪˈnɪə(r)/ ➧ **27** n. ingegnere m. civile.

civil engineering /ˌsɪvlendʒɪˈnɪərɪŋ/ n. ingegneria f. civile.

civilian /sɪˈvɪlɪən/ **I** agg. civile, borghese **II** n. civile m. e f., borghese m. e f.

civility /sɪˈvɪlətɪ/ **I** n. **U** *(manners)* civiltà f., cortesia f., educazione f. (**to, towards** nei confronti di, verso) **II civilities** n.pl. ***the usual civilities*** i soliti convenevoli.

civilizable /ˈsɪvɪlaɪzəbl/ agg. civilizzabile.

▷ **civilization** /ˌsɪvəlaɪˈzeɪʃn, AE -lɪˈz-/ n. civilizzazione f., civiltà f.

civilize /ˈsɪvəlaɪz/ tr. civilizzare, incivilire [*manners, person*].

civilized /ˈsɪvəlaɪzd/ **I** p.pass. → **civilize II** agg. civilizzato; ***to become ~*** civilizzarsi *o* incivilirsi.

civilizer /ˈsɪvəlaɪzə(r)/ n. civilizzatore m. (-trice).

civilizing /ˈsɪvəlaɪzɪŋ/ agg. civilizzatore; ***she is a ~ influence on him*** grazie a lei è diventato un po' più civile.

civil law /ˌsɪvlˈlɔː/ n. = diritto in vigore nei paesi non anglofoni, in contrapposizione alla common law.

civil liability /ˌsɪvllaɪəˈbɪlətɪ/ n. DIR. responsabilità f. civile.

civil liberty /ˌsɪvlˈlɪbətɪ/ **I** n. libertà f. civile **II** modif. [*campaign, group*] per le libertà civili; ***~ lawyer*** avvocato impegnato a sostegno delle libertà civili.

civil list /ˌsɪvlˈlɪst/ n. BE appannaggio m. reale.

civilly /ˈsɪvəlɪ/ avv. civilmente, educatamente, cortesemente.

civil marriage /ˈsɪvlˌmærɪdʒ/ n. matrimonio m. civile.

civil rights /ˌsɪvlˈraɪts/ **I** n.pl. diritti m. civili **II** modif. [*campaign, march, activist*] per i diritti civili.

civil servant /ˌsɪvlˈsɜːvənt/ ➧ **27** n. funzionario m. pubblico, impiegato m. (-a) statale.

civil service /ˌsɪvlˈsɜːvɪs/ **I** n. amministrazione f. statale **II** modif. [*department*] dell'amministrazione statale; [*post, recruitment*] nell'amministrazione statale.

Civil Service Commission /ˌsɪvlˈsɜːvɪskəˌmɪʃn/ n. BE = commissione per la selezione e assunzione degli impiegati statali.

civil service examination /ˌsɪvlˈsɜːvɪsɪgzæmɪˌneɪʃn/ n. BE = concorso per la selezione e assunzione degli impiegati statali.

civil war /ˌsɪvlˈwɔː/ n. guerra f. civile.

civil wedding /ˈsɪvlˌwedɪŋ/ n. matrimonio m. civile.

civism /ˈsɪvɪzəm/ n. civismo m.

civvies, **civies** /ˈsɪvɪz/ n.pl. COLLOQ. abiti m. civili; ***to be in ~*** essere in borghese.

civvy /ˈsɪvɪ/ n. COLLOQ. civile m. e f., borghese m. e f.

civvy street /ˈsɪvɪˌstriːt/ n. COLLOQ. vita f. civile; ***in ~*** nella vita civile.

CJD n. MED. (⇒ Creutzfeld-Jakob disease) = morbo di Creutzfeld-Jakob.

1.clack /klæk/ n. *(of wooden objects)* suono m. secco; *(of tongue)* schiocco m.; *(of heels, typewriter)* ticchettio m.; *(of teletype)* clicchettio m.

2.clack /klæk/ intr. [*machine*] produrre un rumore secco; [*typewriter, teletype*] ticchettare; [*tongue*] schioccare; ***tongues were ~ing*** stavano blaterando.

clad /klæd/ agg. **1** ***~ in*** vestito di **2** **-clad** in composti ***black-~*** vestito di nero.

cladding /ˈklædɪŋ/ n. ING. rivestimento m.

▶ **1.claim** /kleɪm/ n. **1** *(demand)* richiesta f., rivendicazione f.; ***to make ~s*** o ***lay ~ to*** rivendicare [*land, right*]; pretendere [*share*]; rivendicare, avanzare pretese a [*throne, title*]; ***wage ~*** rivendicazione salariale; ***to make a wage ~*** fare una rivendicazione salariale; ***she has no ~ to the throne*** non ha nessun diritto al trono; ***there are too many ~s on her generosity*** si abusa della sua generosità; ***there are many ~s on my time*** sono molto impegnato; ***I've got first ~ on the money*** ho la priorità sui soldi; ***my ~ to fame*** la mia pretesa di diventare famoso **2** *(in insurance) (against a person)* richiesta f. di risarcimento; *(for fire, theft)* denuncia f. di sinistro; ***to make*** o ***lodge*** o ***put in a ~*** richiedere un risarcimento; ***a ~ for damages*** una richiesta di risarcimento danni; ***they settled their ~s out of court*** si sono messi d'accordo per un risarcimento in via amichevole **3** BUROCR. richiesta f. di sussidio; ***to make*** o ***put in a ~*** avanzare una richiesta di sussidio; ***a ~ for unemployment benefit*** una richiesta di sussidio di disoccupazione **4** AMM. *(refund request)* richiesta f. di rimborso; ***travel ~*** richiesta di rimborso delle spese di trasferta **5** *(allegation, assertion)* affermazione f., dichiarazione f., asserzione f. (**about** su; **by** da parte di; **of** di); ***his ~ that he is innocent, his ~s of innocence, his ~s to be innocent*** la sua dichiarazione di innocenza; ***her ~(s) to be able to do*** la sua pretesa di essere in grado di fare; ***some extraordinary ~s have been made for this drug*** sono state dette cose straordinarie su questa medicina **6** *(piece of land)* concessione f.

▶ **2.claim** /kleɪm/ **I** tr. **1** *(assert)* ***to ~ to be able to do*** affermare di saper fare; ***to ~ to be innocent, sincere*** sostenere di essere innocente, sincero; ***I don't ~ to be an expert*** non dico di essere un esperto; ***she ~s to know nothing about it*** afferma di non saperne niente; ***to ~ innocence*** dichiararsi innocente; ***to ~ ignorance of the law*** difendersi sostenendo di non conoscere la legge; ***to ~ responsibility for an attack*** rivendicare un attentato; ***to ~ acquaintance with sb.*** affermare di conoscere qcn.; ***I can ~ some credit for the success of the dictionary*** posso dire di aver contribuito anch'io al successo del dizionario **2** *(assert right to)* rivendicare [*money, land, property*]; ***to ~ sth. as a right*** o ***to ~ the right to sth.*** rivendicare il diritto su qcs.; ***she ~ed that the land was hers*** o ***she ~ed the land as hers*** rivendicava il suo diritto di proprietà sulla terra **3** *(apply for)* richiedere [*free dental care, unemployment benefit*]; richiedere il rimborso di [*expenses*] **4** *(cause)* ***the accident ~ed 50 lives*** l'incidente costò la vita a 50 persone **5** *(require)* chiedere, richiedere [*attention*] **II** intr. **1** *(in insurance)* ***to ~ for damages*** richiedere il risarcimento dei danni **2** BUROCR. *(apply for benefit)* richiedere il sussidio.

▪ **claim back:** ***~ back [sth.], ~ [sth.] back*** farsi rimborsare [*cost, expenses*]; ***you should ~ your money back*** dovresti farti rimborsare i soldi; ***to ~ sth. back on the insurance*** farsi rimborsare qcs. dall'assicurazione; ***to ~ sth. back on expenses*** farsi risarcire una parte delle spese.

claimable /ˈkleɪməbl/ agg. rivendicabile.

▷ **claimant** /ˈkleɪmənt/ n. **1** BUROCR. *(for benefit, grant)* richiedente m. e f. **2** DIR. *(to title, estate)* pretendente m. e f. (**to** a); *(for compensation)* richiedente m. e f., attore m. (-trice), ricorrente m. e f.

claim form /ˈkleɪmˌfɔːm/ n. *(in insurance)* modulo m. per ricorsi.

claims department /ˈkleɪmzdɪˌpɑːtmənt/ n. *(in insurance)* ufficio m. sinistri.

Claire /kleə(r)/ n.pr. Clara, Chiara.

clairvoyance /kleəˈvɔɪəns/ n. chiaroveggenza f.

clairvoyant /kleəˈvɔɪənt/ **I** agg. [*person*] chiaroveggente; [*powers*] di chiaroveggenza **II** n. chiaroveggente m. e f.

1.clam /klæm/ **I** n. **1** ZOOL. GASTR. mollusco m. (bivalve); vongola f. **2** AE COLLOQ. dollaro m. **II** modif. [*fishing, sauce*] di molluschi ◆ ***as happy as a ~*** felice come una pasqua; ***to shut up like a ~*** = ammutolirsi improvvisamente, rifiutarsi di parlare di un determinato argomento.

2.clam /klæm/ intr. (forma in -ing ecc. **-mm-**) AE cercare, raccogliere molluschi.

▪ **clam up** ammutolire, tenere la bocca chiusa, non fiatare (**on sb.** con qcn.).

clamant /ˈkleɪmənt/ agg. **1** *(loud)* rumoroso **2** *(pressing)* pressante, insistente.

clambake /ˈklæmbeɪk/ n. AE **1** *(outdoor party)* = barbeque a base di frutti di mare **2** *(noisy party)* festa f. chiassosa.

1.clamber /ˈklæmbə(r)/ n. *(up)* arrampicata f.; *(down)* discesa f.

2.clamber /ˈklæmbə(r)/ intr. inerpicarsi; ***to ~ over, up, across*** arrampicarsi su; ***to ~ out of*** tirarsi fuori da; ***to ~ into bed, a bus*** salire (faticosamente) sul letto, su un autobus; ***to ~ down the cliff*** discendere il precipizio.

clam chowder /ˌklæmˈtʃaʊdə(r)/ n. = zuppa a base di vongole.

clamdiggers /ˈklæmdɪgəz/ n.pl. AE pantaloni m. alla pescatora.

clammy /ˈklæmɪ/ agg. [*skin, hand*] umido, viscido (**with** di); [*fish*] viscido; [*surface, cloth*] appiccicaticcio; [*weather*] umido.

clamorous /'klæmərəs/ agg. **1** *(loud)* [*voice*] sonoro, squillante; [*crowd*] rumoreggiante, chiassoso **2** *(demanding)* [*protest, demand*] insistente **3** *(strong)* [*protest*] clamoroso, vibrato.

1.clamour BE, **clamor** AE /'klæmə(r)/ n. **1** *(loud shouting)* clamore m., schiamazzo m. **2** *(demands)* rimostranza f., protesta f. rumorosa.

2.clamour BE, **clamor** AE /'klæmə(r)/ **I** tr. *(shout)* ***to ~ that*** rumoreggiare che **II** intr. **1** *(demand)* ***to ~ for sth.*** invocare qcs. (a gran voce); ***to ~ for sb. to do sth.*** invocare qcn. perché faccia qcs. **2** *(rush, fight)* ***to ~ to do sth.*** fare ressa per fare qcs.; ***to ~ for sth.*** fare ressa per qcs. **3** *(shout together)* fare un grande clamore (**about**, **over** per); *(talk noisily)* vociferare, schiamazzare.

1.clamp /klæmp/ n. **1** TECN. *(on bench)* morsetto m.; *(unattached)* ganascia f.; CHIM. pinza f.; *(for lid)* chiusura f. (per contenitori ermetici) **2** FIG. freno m. (**on** a); ***a ~ on public spending*** un freno alla spesa pubblica **3** AUT. (anche **wheelclamp**) ganascia f., ceppo m. (bloccaruote).

▷ **2.clamp** /klæmp/ tr. **1** TECN. bloccare, chiudere [*two parts*]; *(at bench)* fissare (**onto** a) **2** *(clench)* serrare, stringere [*jaw, teeth*]; ***a pipe ~ed between his teeth*** una pipa stretta tra i denti; ***his jaws were ~ed shut*** stringeva le mascelle **3** AUT. (anche **wheel ~**) mettere le ganasce a [*car*].

▪ **clamp down:** ***~ down*** diventare più rigorosi, porre un freno; ***to ~ down on*** porre un freno a [*crime, drugs, criminals, extravagance*].

▪ **clamp on:** ***~ on [sth.], ~ [sth.] on*** **1** chiudere ermeticamente [*lid*] **2** FIG. imporre [*curfew, restriction, sanction*].

3.clamp /klæmp/ n. BE AGR. cumulo m. (di patate sotto paglia, terra).

4.clamp /klæmp/ tr. BE AGR. accumulare, ammucchiare (sotto paglia, terra) [*root crop*].

5.clamp /klæmp/ n. AE *(heavy footstep)* passo m. pesante, cadenzato.

6.clamp /klæmp/ intr. AE *(tread heavily)* camminare con passo pesante.

clampdown /'klæmpdaʊn/ n. misure f.pl. repressive (**on sb.**, **on sth.** contro qcn., qcs.).

clan /klæn/ n. clan m. (anche FIG.).

clandestine /klæn'destɪn/ agg. clandestino.

1.clang /'klæŋ/ n. suono m. metallico, fragore m.

2.clang /'klæŋ/ **I** tr. fare risuonare, suonare [*bell*]; sbattere fragorosamente [*door*] **II** intr. [*bell*] risuonare; [*gate*] sbattere fragorosamente; ***to ~ shut*** chiudersi *o* sbattere fragorosamente.

clanger /'klæŋə(r)/ n. BE COLLOQ. errore m. madornale, gaffe f.

clanging /'klæŋɪŋ/ n. rumore m. metallico, fragore m.

clangour BE, **clangor** AE /'klæŋgə(r)/ n. LETT. clangore m., fragore m.

clangorous /'klæŋgərəs/ agg. LETT. fragoroso, che risuona con clangore.

1.clank /klæŋk/ n. rumore m. metallico.

2.clank /klæŋk/ **I** tr. fare risuonare [*heavy object, chains*] **II** intr. [*heavy object*] produrre un rumore metallico; [*chains*] sferragliare; ***to ~ along*** avanzare producendo un rumore metallico.

clanking /'klæŋkɪŋ/ **I** agg. [*chains*] sferragliante **II** n. rumore m. metallico, sferragliamento m.

clannish /'klænɪʃ/ agg. SPREG. [*family*] chiuso; [*person*] che ha forte spirito di clan; [*profession*] esclusivo.

clansman /'klænzmən/ n. (pl. **-men**) membro m. di un clan.

▷ **1.clap** /klæp/ n. *(of hands)* colpo m.; *(round of applause)* applauso m.; *(friendly slap)* pacca f.; ***to get a ~*** essere applaudito; ***to give sb. a ~*** applaudire qcn.; ***a ~ of thunder*** un colpo di tuono *o* un tuono.

▷ **2.clap** /klæp/ **I** tr. (forma in -ing ecc. **-pp-**) **1** ***to ~ one's hands*** battere le mani; ***~ your hands!*** battete le mani! ***to ~ one's hands over one's ears*** coprirsi le orecchie con le mani; ***to ~ one's hand over sb.'s mouth*** mettere una mano sulla bocca a qcn.; ***to ~ sb. on the back*** dare una pacca *o* pacche sulla schiena a qcn.; ***to ~ sth. shut*** chiudere qcs. con un colpo della mano **2** *(applaud)* applaudire [*actor, performance*] **3** COLLOQ. *(set)* ***to ~ sb. in irons, in jail*** sbattere qcn. in prigione **II** intr. (forma in -ing ecc. **-pp-**) applaudire ◆ ***to ~ eyes on*** buttare *o* gettare l'occhio su, scorgere; ***I've never ~ped eyes on her before*** non l'ho mai vista prima.

▪ **clap along** battere le mani a tempo (**to** con).

▪ **clap on:** ***to ~ on one's hat*** ficcarsi in testa il cappello; ***to ~ on the brakes*** AUT. COLLOQ. inchiodare; ***to ~ on sail*** MAR. alzare le vele.

3.clap /klæp/ n. POP. *(venereal disease)* scolo m.; ***to get a dose of the ~*** prendere lo scolo.

clapboard /'klæpbɔːd/ **I** n. = asse per rivestimento di esterni **II** modif. [*house*] di legno.

clapometer /klæ'pɒmɪtə(r)/ n. applausometro m.

clapped-out /ˌklæpt'aʊt/ agg. mai attrib. COLLOQ. [*car, machine*] scassato, rovinato; [*idea*] sgangherato; [*economy*] in ginocchio; *(exhausted)* [*horse, person*] esausto, stanco morto; *(past it)* finito.

clapper /'klæpə(r)/ n. battaglio m. ◆ ***to run*** o ***go like the ~s*** BE COLLOQ. correre a più non posso.

clapperboard /'klæpəbɔːd/ n. BE CINEM. ciac m.

clapperclaw /'klæpəklɔː/ tr. ANT. **1** *(with nails)* graffiare **2** FIG. criticare aspramente.

clapping /'klæpɪŋ/ n. **U** applauso m., applausi m.pl.

claptrap /'klæptræp/ n. **U** COLLOQ. sproloquio m., sproloqui m.pl.

claque /klæk, klɑːk/ n. claque f.

Clarabelle /'klærəbel/ n.pr. Clarabella.

Clare /kleə(r)/ n.pr. Clara, Chiara.

Clarence /'klærəns/ n.pr. Clarence (nome di uomo).

claret /'klærət/ ➧ **5** **I** n. **1** *(wine)* = vino rosso bordeaux **2** *(colour)* rosso m. violaceo, bordeaux m. **II** agg. (anche **~-coloured**) rosso violaceo, bordeaux.

Clarice /'klærɪs/ n.pr. Clarice (nome di donna).

clarification /ˌklærɪfɪ'keɪʃn/ n. **1** *(explanation)* chiarimento m., chiarificazione f. **2** GASTR. *(of wine, stock, butter)* chiarificazione f.

clarifier /'klærɪfaɪə(r)/ n. chiarificatore m.

▷ **clarify** /'klærɪfaɪ/ **I** tr. **1** *(explain)* chiarificare, chiarire [*point*]; ***a ~ing statement*** una frase chiarificatrice; ***to become clarified*** diventare chiaro **2** GASTR. chiarificare [*wine, butter, stock*] **II** intr. [*person*] spiegarsi.

clarinet /ˌklærə'net/ ➧ ***17*** n. clarinetto m.

clarinettist /ˌklærə'netɪst/ ➧ ***17, 27*** n. clarinettista m. e f.

1.clarion /'klærɪən/ n. chiarina f., tromba f. militare.

2.clarion /'klærɪən/ tr. LETT. annunciare tra squilli di tromba.

clarion call /'klærɪənˌkɔːl/ n. squillo m. di tromba; FIG. appello m.

Clarissa /klə'rɪsə/ n.pr. Clarissa.

▷ **clarity** /'klærətɪ/ n. *(of sound, vision, thought)* chiarezza f.

Clark /klɑːk/ n.pr. Clark (nome di uomo).

clary /'kleərɪ/ n. sclarea f.

▷ **1.clash** /klæʃ/ n. **1** *(confrontation)* confronto m. (**between** tra; **with** con); FIG. *(disagreement)* conflitto m. (**between** tra; **with** con) **2** SPORT *(contest)* scontro m. (**between** tra; **with** con) **3** *(contradiction)* conflitto m., contrasto m. (**between** tra); ***a ~ of beliefs, cultures, interests*** un conflitto di credenze, culture, interessi; ***a personality ~*** un conflitto di personalità; ***there was a ~ of wills among the members of the board*** c'è stato contrasto tra i membri della commissione **4** *(inconvenient coincidence)* ***there's a ~ of meetings, classes*** c'è una concomitanza di riunioni, corsi **5** *(noise)* *(of swords)* clangore m.; ***a ~ of cymbals*** un suono *o* frastuono di piatti.

▷ **2.clash** /klæʃ/ **I** tr. *(bang)* (anche **~ together**) chiudere rumorosamente, sbattere [*dustbin lids*]; battere [*cymbals*] **II** intr. **1** *(meet and fight)* [*armies, rival groups*] scontrarsi; FIG. *(disagree)* [*ministers, leaders*] scontrarsi, essere in disaccordo; ***to ~ with sb.*** *(fight)* scontrarsi con qcn.; *(disagree)* scontrarsi, essere in disaccordo con qcn. (**on**, **over** su) **2** *(be in conflict)* [*interests, beliefs, wishes*] essere in conflitto **3** *(coincide inconveniently)* [*meetings, concerts, parties*] coincidere; ***to ~ with sth.*** coincidere con qcs. **4** *(not match)* [*colours*] stonare (**with** con) **5** *(bang)* (anche **~ together**) [*dustbin lids*] chiudersi rumorosamente, sbattere.

1.clasp /klɑːsp, AE klæsp/ n. **1** *(on bag, purse)* fermaglio m.; *(on belt)* fibbia f.; *(on bracelet)* gancio m., fermaglio m. **2** *(grip)* stretta f.

2.clasp /klɑːsp, AE klæsp/ tr. **1** *(hold tightly)* stringere [*purse, knife*]; ***he ~ed her hand*** le strinse la mano; ***to ~ sth. to one's breast*** stringere qcs. al petto; ***to ~ one's hands around one's knees*** abbracciarsi le ginocchia **2** *(embrace)* abbracciare; ***to ~ sb. to one's breast*** stringere qcn. al petto *o* abbracciare qcn. **3** *(fasten)* ***to ~ a handbag shut*** chiudere una borsa.

clasp knife /'klɑːspˌnaɪf, AE 'klæsp-/ n. (pl. **clasp knives**) coltello m. a serramanico.

▶ **1.class** /klɑːs, AE klæs/ **I** n. **1** SOCIOL. classe f., ceto m.; ***the working ~es*** la classe operaia **2** SCOL. UNIV. *(group of students)* classe f.; *(lesson)* corso m. (**in** di); ***in ~*** in classe; ***to give a ~*** tenere un corso; ***to take a ~*** BE tenere un corso; AE seguire un corso **3** AE UNIV. *(year group)* = gruppo di studenti laureati nello stesso anno **4** *(category)* classe f., categoria f.; DIR. *(of offence)* tipo m.; *(of vehicle, ship, submarine)* classe f.; ***to be in a ~ of one's own*** o ***by oneself*** essere in una categoria a parte *o* essere più unico che raro; ***she's in a different ~ from*** non si può fare un paragone *o* non c'è confronto tra lei e; ***he's not in the same ~ as*** non è allo stesso livello di **5** COLLOQ. *(elegance)* classe f.; ***to have ~*** avere classe; ***to add a touch of ~ to sth.*** aggiungere un tocco di classe a qcs. **6** *(travelling)* classe f.; ***to travel first, second ~*** viaggiare in prima, seconda classe; ***a first, second ~ seat*** un posto di prima, seconda classe **7** BE UNIV. = ciascuno dei livelli di valutazione del profitto di uno studente per un anno accademico o per l'assegnazione del voto di laurea; ***what was the ~ of your degree?*** = con quanto ti sei laureato? ***a first-, second-~ degree*** = laurea con lode, con una buona votazione **8** BIOL. MAT. classe f. **II** agg. COLLOQ. *(excellent)* di classe.

2.class /klɑ:s, AE klæs/ tr. ***to ~ sb., sth. among*** o ***with*** classificare qcn., qcs. tra; ***to ~ sb., sth. as*** classificare qcn., qcs. come.

classable /'klɑ:səbl/ agg. classificabile.

class action /ˌklɑ:s'ækʃn, AE ˌklæs-/ n. DIR. causa f. collettiva.

class conscious /'klɑ:sˌkɒnʃəs, AE 'klæs-/ agg. che ha coscienza di classe.

class consciousness /ˌklɑ:s'kɒnʃəsnɪs, AE ˌklæs-/ n. coscienza f. di classe.

class distinction /ˌklɑ:sdɪ'stɪŋkʃn, AE ˌklæs-/ n. distinzione f. di livello sociale.

class divisions /ˌklɑ:sdɪ'vɪʒnz, AE ˌklæs-/ n.pl. divisioni f. sociali.

▶ **classic** /'klæsɪk/ **I** agg. *(all contexts)* classico **II** n. **1** *(literary)* classico m.; *(sporting)* classica f.; ***the ~s*** LETTER. CINEM. i classici **2** COLLOQ. *(hilarious example)* ***it was a real ~!*** è un classico!

classical /'klæsɪkl/ agg. [*author, dance, beauty*] classico; ***~ scholar*** studioso dei classici *o* classicista.

classicality /'klæsɪkælətɪ/ n. *(of literary or artistic style)* classicità f.

classically /'klæsɪklɪ/ avv. [*dress, design*] in modo classico; ***~ elegant*** di un'eleganza classica; ***~ proportioned*** dalle proporzioni classiche; ***~ trained*** di formazione classica.

classical music /'klæsɪklˌmju:zɪk/ n. (musica) classica f.

classicism /'klæsɪsɪzəm/ n. classicismo m.

classicist /'klæsɪsɪst/ n. *(student, scholar)* classicista m. e f.; *(teacher)* professore m. (-essa) di lettere classiche.

classicize /'klæsɪˌsaɪz/ **I** tr. classicizzare **II** intr. classicheggiare.

classics /'klæsɪks/ n. + verbo sing. studi m.pl. classici, letterature f.pl., lingue f.pl. classiche.

classifiable /'klæsɪfaɪəbl/ agg. classificabile.

▷ **classification** /ˌklæsɪfɪ'keɪʃn/ n. **1** *(category)* classe f., categoria f. **2** *(categorization)* classificazione f.

▷ **classified** /'klæsɪfaɪd/ **I** p.pass. → **classify II** agg. **1** *(categorized)* classificato **2** *(secret)* riservato, segreto **III** n. (anche **~ ad**) annuncio m. economico.

classified ad /ˌklæsɪfaɪd'æd/ n. annuncio m. economico.

classified results /ˌklæsɪfaɪdrɪ'zʌlts/ n.pl. BE SPORT risultati m. finali.

classified section /'klæsɪfaɪdˌsekʃn/ n. rubrica f. di annunci economici.

▷ **classify** /'klæsɪfaɪ/ tr. **1** *(file)* classificare; ***to ~ sth. under "personal"*** mettere qcs. nella rubrica "annunci personali" **2** *(declare secret)* dichiarare riservato, segreto.

classless /'klɑ:slɪs, AE 'klæs-/ agg. [*society*] senza classi; [*person*] di classe sociale indefinibile; [*accent*] che non appartiene a nessuna classe sociale.

class list /ˌklɑ:s'lɪst, AE ˌklæs-/ n. SCOL. = classifica di studenti in base al voto di laurea.

class mark /'klɑ:sˌmɑ:k, AE 'klæs-/ n. *(in library)* collocazione f.

▷ **classmate** /'klɑ:smeɪt, AE 'klæs-/ n. compagno m. (-a) di classe.

class number /'klɑ:sˌnʌmbə(r), AE 'klæs-/ n. → **class mark**.

class president /ˌklɑ:s'prezɪdənt, AE ˌklæs-/ n. AE rappresentante m. di classe.

class rank /ˌklɑ:s'ræŋk, AE ˌklæs-/ n. AE SCOL. UNIV. livello m.

class-ridden /'klɑ:sˌrɪdn, AE 'klæs-/ agg. = dominato dalle divisioni sociali.

▷ **classroom** /'klɑ:sru:m, -rʊm, AE 'klæs-/ n. aula f., classe f.

class structure /'klɑ:ˌstrʌktʃə(r), AE 'klæs-/ n. struttura f. sociale.

class struggle /ˌklɑ:'strʌgl, AE ˌklæs-/ n. lotta f. di classe.

class system /'klɑ:ˌsɪstəm, AE 'klæs-/ n. sistema m. classista.

class teacher /'klɑ:sˌti:tʃə(r), AE 'klæs-/ n. BE = professore che oltre ad insegnare la sua materia, si occupa dei problemi generali della classe.

class trip /'klɑ:strɪp, AE 'klæs-/ n. gita f. scolastica.

class war(fare) /ˌklɑ:s'wɔ:(feə), ˌklɑ:s'wɔ:(feər), AE ˌklæs-/ n. lotta f. di classe.

classy /'klɑ:sɪ, AE 'klæsɪ/ agg. COLLOQ. [*person, dress*] di classe; [*car, hotel*] di lusso; [*actor, performance*] eccellente, di gran classe; ***she's really ~*** ha veramente classe *o* è veramente una donna di classe.

clastic /'klæstɪk/ agg. clastico.

1.clatter /'klætə(r)/ n. acciottolio m.; *(loud)* fracasso m.; ***a ~ of dishes*** un acciottolio di piatti.

2.clatter /'klætə(r)/ **I** tr. acciottolare; ***stop ~ing those dishes!*** smetti di sbattere i piatti! **II** intr. [*typewriter*] ticchettare; [*dishes*] sbattere; [*vehicle*] sferragliare; ***to ~ in, out, down etc.*** entrare, uscire, scendere facendo un gran fracasso.

Claud(e) /klɔ:d/ n.pr. Claudio.

Claudia /'klɔ:djə/ n.pr. Claudia.

▷ **clause** /klɔ:z/ n. **1** LING. proposizione f. **2** DIR. POL. clausola f., condizione f.; *(in will, act of Parliament)* disposizione f.

claustral /'klɔ:strəl/ agg. claustrale.

claustrophobia /ˌklɔ:strə'fəʊbɪə/ ♦ ***11*** n. claustrofobia f.

claustrophobic /ˌklɔ:strə'fəʊbɪk/ **I** agg. [*person*] claustrofobo, claustrofobico; [*feeling*] claustrofobico; ***it's ~ in here*** c'è un'atmosfera claustrofobica *o* opprimente qui; ***to get ~*** avere una sensazione di claustrofobia **II** n. claustrofobo m. (-a).

clavate /'kleɪveɪt/ agg. claviforme.

clave /kleɪv/ pass. ANT. → **2.cleave**.

clavichord /'klævɪkɔ:d/ ♦ ***17*** n. clavicordo m.

clavicle /'klævɪkl/ n. clavicola f.

clavicular /klə'vɪkjʊlə(r)/ agg. clavicolare.

claviform /'klævɪˌfɔ:m/ agg. claviforme.

▷ **1.claw** /klɔ:/ n. **1** ZOOL. *(of animal, bird of prey)* artiglio m.; *(of crab, lobster)* chela f. **2** COLLOQ. FIG. *(hand)* grinfia f.; ***to get one's ~s into sb.*** fare cadere qcn. nelle proprie grinfie **3** *(on hammer)* granchio m.

▷ **2.claw** /klɔ:/ tr. **1** *(scratch)* artigliare, graffiare **2** *(tear)* [*animal, bird of prey*] dilaniare, lacerare (con gli artigli) **3** FIG. ***to ~ sb.'s eyes out*** cavare gli occhi a qcn.; ***he ~ed his way to the top*** si è fatto strada per arrivare in alto; ***she ~ed her way out of the slums*** si è fatta strada faticosamente per uscire dai bassifondi.

■ **claw at:** ~ at [sth., sb.] [*animal*] cercare di graffiare [*person*]; cercare di afferrare, di ghermire [*prey*].

■ **claw back:** ~ [sth.] back, ~ back [sth.] **1** BE POL. ECON. recuperare [*allowance, benefit, investment*] **2** COMM. SPORT recuperare, riguadagnare [*position*].

clawback /'klɔ:bæk/ n. BE recupero m., drenaggio m. fiscale; ***the ~ represents 2% of the excess income*** la somma recuperata rappresenta il 2% del reddito in eccesso.

claw hammer /'klɔ:ˌhæmə(r)/ n. martello m. a granchio.

▷ **clay** /kleɪ/ **I** n. **1** *(soil, for sculpture)* argilla f., creta f. **2** *(in tennis)* terra f. battuta **II** modif. **1** [*pot*] di argilla, di creta **2** SPORT [*court*] in terra battuta ◆ ***to have feet of ~*** avere i piedi di argilla.

clayey /'kleɪɪ/ agg. argilloso.

claymore /'kleɪmɔ:(r)/ n. = grossa spada a doppio taglio usata soprattutto dagli highlander scozzesi.

clay pigeon /'kleɪˌpɪdʒɪn/ n. piattello m.

clay pigeon shooting /ˌkleɪ'pɪdʒɪnˌʃu:tɪŋ/ ♦ ***10*** n. tiro m. al piattello.

clay pipe /'kleɪˌpaɪp/ n. pipa f. di terracotta.

clay pit /'kleɪˌpɪt/ n. cava f. di argilla.

▶ **1.clean** /kli:n/ agg. **1** *(not dirty)* [*clothes, dishes, floor, window*] pulito; [*air, water*] pulito, puro; [*wound*] pulito, non infetto; [*syringe*] pulito, disinfettato; ***it is not very ~ to do*** non è molto pulito fare; ***she keeps her house ~*** tiene la casa pulita; ***my hands are ~*** ho le mani pulite (anche FIG.); ***~ and tidy*** pulito e ordinato; ***a ~ sheet of paper*** un foglio bianco; ***to rinse, wash sth. ~*** sciacquare, lavare qcs.; ***to lick one's plate ~*** [*person*] FIG. non lasciare neanche una briciola; [*animal*] leccare la ciotola; ***keep your shoes ~*** tieni le scarpe pulite **2** *(with no pollution)* [*bomb, environment, process*] pulito **3** *(not obscene)* [*joke*] pulito; [*comedian*] non volgare; ***keep it*** o ***the conversation ~!*** non cadiamo nel volgare! **4** *(unsullied)* [*reputation*] senza macchia; [*criminal record, driving licence*] pulito; ***I've checked him out, he's ~*** COLLOQ. mi sono informato su di lui, è pulito **5** *(no longer addicted)* pulito, disintossicato **6** COLLOQ. *(without illicit property)* ***he's ~*** è pulito; ***the car, room is ~*** non abbiamo trovato niente nell'auto, nella stanza **7** SPORT [*match, player*] corretto; [*tackle*] pulito; [*serve, hit, throw*] pulito, preciso; [*jump*] perfetto; ***keep it ~*** *(in match)* niente gioco pesante **8** *(elegant, neat)* [*lines, profile*] pulito; [*edge*] netto; ***~ break*** MED. frattura netta; ***to make a ~ break with the past*** FIG. tagliare i ponti col passato ◆ ***to come ~ about sth.*** COLLOQ. spiattellare qcs.; ***I'll have to come ~*** COLLOQ. dovrò vuotare il sacco; ***to make a ~ sweep of sth.*** fare piazza pulita di qcs.

2.clean /kli:n/ avv. completamente, interamente; ***the bullet went ~ through his shoulder*** il proiettile gli trapassò la spalla da parte a parte; ***to jump ~ over the wall*** saltare il muro senza toccarlo; ***we're ~ out of bread*** non abbiamo neanche una briciola di pane.

3.clean /kli:n/ n. ***to give sth. a ~*** dare una pulita a qcs.

▶ **4.clean** /kli:n/ **I** tr. **1** pulire [*room, shoes, gun*]; ***to ~ sth. from*** o ***off*** togliere qcs. da [*hands, wall, car*]; ***to ~ the blackboard*** cancellare la lavagna; ***to have sth. ~ed*** fare lavare qcs. *o* portare qcs. a lavare; ***to ~ one's teeth*** lavarsi i denti **2** GASTR. pulire [*chicken, fish, vegetables*] **II** intr. **1** *(do housework)* [*person*] pulire, fare le pulizie; ***I've been ~ing all morning*** ho passato la mattinata a fare le pulizie **2** *(become cleansed)* ***these handles ~ easily*** queste maniglie si puliscono facilmente **III** rifl. ***to ~ itself*** [*animal*] pulirsi, lavarsi.

■ **clean down:** ~ **[sth.] down**, ~ **down [sth.]** pulire qcs. a fondo.

■ **clean off:** ~ **off** [*stain*] andar via; ***this mark won't ~ off*** questa macchia non vuole andar via; ~ **[sth.] off**, ~ **off [sth.]** cancellare [*chalk mark*]; togliere [*stain, graffiti*]; ***to ~ sth. off*** cancellare qcs. su [*blackboard*]; togliere qcs. da [*car, wall*].

■ **clean out:** ~ **[sth.] out**, ~ **out [sth.]** *(cleanse thoroughly)* ripulire, vuotare [*cupboard, stable, toilets*]; ***you should ~ out your ears*** COLLOQ. dovresti sturarti le orecchie; ~ **[sb., sth.] out**, ~ **out [sb., sth.]** *(leave empty, penniless)* [*thief*] ripulire [*house*]; [*thief, shopping trip, holiday*] vuotare le tasche a [*person*]; ***"another game?" - "no, I'm ~ed out*** COLLOQ. "ancora una partita?" - "no, sono pelato"; ~ **[sb.] out of** portare via [qcs.] a qcn. [*jewellery, money*].

■ **clean up:** ~ **up 1** *(remove dirt)* pulire **2** *(tidy)* mettere in ordine (**after sb.** dietro a qcn.) **3** *(wash oneself)* lavarsi **4** COLLOQ. *(make profit)* [*dealer*] fare grossi guadagni (**on** con); [*gambler*] vincere molto; ~ **[sb.] up** lavare [*patient*]; ***come and let me ~ you up*** *(to child)* vieni che ti lavo; ~ **[sth.] up**, ~ **up [sth.] 1** *(remove dirt)* raccogliere, tirar su [*rubbish, spillage*]; pulire [*area*]; ***~ that rubbish up off*** o ***from the floor*** raccogli quella porcheria dal pavimento **2** FIG. *(remove crime)* ripulire [*street, city*]; *(make less obscene)* rendere meno volgare [*TV programme, comedy act*] **3** ***to ~ up one's act*** [*person*] (ri)mettersi in riga.

cleanable /'kli:nəbl/ agg. che si può pulire.

Clean Air Act /'kli:nˌeə(r)ˌækt/ n. POL. legge f. antinquinamento.

clean and jerk /'kli:nənˌdʒɜ:k/ n. SPORT *(in weight-lifting)* slancio m.

clean-cut /ˌkli:n'kʌt/ agg. [*image*] nitido; [*person*] ammodo.

▷ **cleaner** /'kli:nə(r)/ ♦ **27** n. **1** *(person) (in workplace)* addetto m. (-a) alle pulizie; *(in home) (woman)* donna f. delle pulizie; *(man)* uomo m. delle pulizie; ***office ~*** addetto alle pulizie **2** *(machine)* pulitrice f.; ***air ~*** depuratore d'aria; ***carpet ~*** lavamoquette **3** *(detergent)* detersivo m.; ***fabric, suede ~*** prodotto per lavare i tessuti, la pelle scamosciata; ***biodegradable ~*** detersivo biodegradabile; ***liquid ~*** detersivo liquido; ***cream ~*** crema detergente **4** *(shop)* (anche **cleaner's**) lavanderia f. ◆ ***to take sb. to the ~s*** COLLOQ. *(swindle)* ripulire qcn.; *(defeat)* ***Scotland took England to the ~s*** la Scozia ha stracciato l'Inghilterra; *(in divorce cases)* ***his wife took him to the ~s*** sua moglie lo ha ridotto sul lastrico.

clean fuel /ˌkli:n'fju:əl/ n. biocarburante m.

▷ **cleaning** /'kli:nɪŋ/ n. **1** *(domestic)* pulizie f.pl.; ***to do the ~*** fare le pulizie **2** *(commercial)* guadagno m., profitto m.

cleaning cloth /'kli:nɪŋˌklɒθ, AE -ˌklɔ:θ/ n. straccio m. (per le pulizie).

cleaning lady /'kli:nɪŋˌleɪdɪ/ ♦ **27** n. donna f. delle pulizie.

cleaning product /'kli:nɪŋˌprɒdʌkt/ n. prodotto m. detergente.

cleanlily /'kli:nlɪlɪ/ avv. **1** *(in a clear way)* in modo pulito **2** FIG. [*live*] onestamente.

cleanliness /'klenlɪnɪs/ n. pulizia f.

clean-living /ˌkli:n'lɪvɪŋ/ **I** n. vita f. sana, sane abitudini f.pl. di vita **II** agg. [*person, community*] dalle sane abitudini.

1.cleanly /'klenlɪ/ agg. LETT. pulito, lindo.

2.cleanly /'kli:nlɪ/ avv. [*cut*] di netto; [*hit*] con precisione; ***to break off ~*** interrompersi improvvisamente; ***she hits the notes ~*** ha un'intonazione pulita.

cleanness /'kli:nnɪs/ n. pulizia f.

clean-out /'kli:naʊt/ n. COLLOQ. ripulita f.

cleanse /klenz/ tr. **1** detergere [*skin*]; pulire, lavare, disinfettare [*wound*]; depurare [*blood*] **2** FIG. purificare [*person, mind, society*] (**of** da).

cleanser /'klenzə(r)/ n. **1** COSMET. detergente m., struccante m. **2** *(household)* detersivo m.

clean-shaven /ˌkli:n'ʃeɪvn/ agg. [*features*] rasato, sbarbato; ***he's ~*** non ha barba né baffi.

clean sheet /ˌkli:n'ʃi:t/ n. FIG. *(record)* fedina f. penale pulita; ***to have kept a ~*** avere una fedina penale pulita; SPORT [*goalkeeper*] non avere incassato nessun goal.

cleansing /'klenzɪŋ/ **I** agg. **1** COSMET. [*product*] detergente, struccante **2** [*action*] detergente; FIG. purificante **II** n. detergente m.

cleansing department /'klenzɪŋdɪˌpɑ:tmənt/ n. BE AMM. nettezza f. urbana.

Cleanth /'kli:ənθ/ n.pr. Cleanth (nome di uomo).

cleanup /'kli:nʌp/ n. **1** ripulita f., rassettata f.; ***to give sth. a ~*** COLLOQ. dare una pulita *o* una rassettata a qcs. **2** AE *(profit)* bel colpo m.; ***to make a ~*** COLLOQ. fare un bel colpo.

cleanup campaign /'kli:nʌpkæmˌpeɪn/ n. *(of city)* campagna f. per mantenere pulita la città; *(of internal politics)* epurazione f.

▶ **1.clear** /klɪə(r)/ **I** agg. **1** *(transparent)* [*glass, liquid*] chiaro, trasparente; [*blue*] chiaro; [*lens, varnish*] incolore **2** *(distinct)* [*image, outline, impression*] chiaro, distinto, netto; [*writing*] chiaro, leggibile; [*sound, voice*] chiaro, distinto; ***I didn't get a ~ look at the car*** non sono riuscito a vedere bene l'automobile; ***he had a ~ view of the man*** riusciva a vedere molto bene l'uomo **3** *(comprehensibly plain)* [*description, instruction, text*] chiaro; ***to make sth. ~ to sb.*** chiarire qcs. a qcn.; ***he made it ~ to her that he disapproved*** le ha fatto capire che non era d'accordo; ***I wish to make it ~ that*** desidero chiarire che; ***is that ~? do I make myself ~?*** è chiaro? ***to make one's views, intentions ~*** chiarire il proprio punto di vista, le proprie intenzioni; ***let's get this ~*** chiariamo questo **4** *(obvious)* [*lack, need, sign*] chiaro, evidente; [*advantage, lead*] chiaro, netto; [*example*] chiaro; [*majority*] netto; ***it is ~ that*** è chiaro che; ***it's a ~ case of fraud*** è un caso evidente di frode **5** *(not confused)* [*idea, memory, plan*] chiaro, preciso; ***to have a ~ picture in one's mind of sth.*** avere un'idea ben precisa di qcs.; ***to have, keep a ~ head*** avere, mantenere le idee chiare; ***we need someone with a ~ head*** abbiamo bisogno di qcn. con le idee chiare; ***a ~ thinker*** un lucido ragionatore; ***I'm not ~ what to do, how to start*** non so bene cosa fare, come cominciare; ***I have no ~ idea how it happened*** non so bene come è successo; ***he had a ~ understanding of the problem*** aveva capito molto bene il problema; ***she's quite ~ about what the job involves*** sa esattamente in che cosa consiste il lavoro **6** *(empty)* [*road, view, area*] libero, sgombro, aperto; [*table, space*] libero, sgombro; ***the road is ~ of obstacles, snow*** la strada è libera da ostacoli, dalla neve **7** *(not guilty)* [*conscience*] tranquillo, a posto **8** *(without spots or marks)* [*skin, complexion*] perfetto **9** MED. [*X-ray, scan*] normale **10** *(cloudless)* [*sky*] chiaro, sereno; [*day, night*] sereno; ***on a ~ day*** in un giorno sereno **11** *(frank)* [*gaze, look*] sincero, franco **12** *(pure)* [*sound, tone, voice*] chiaro, puro **13** GASTR. [*honey*] liquido; ***~ soup*** consommé **14** *(exempt from)* ***to be ~ of*** essere senza, privo di [*debt, blame*]; essere esente da [*suspicion*] **15** *(free)* [*day, diary*] libero; ***keep the 24th ~, I'm having a party*** tieniti libero per il 24, faccio una festa **16** *(whole)* [*week, day*] intero, completo; ***you must allow three ~ days*** devi contare tre giorni interi **17** *(net)* [*gain, profit*] netto **18** LING. chiaro **II** n. **1** (anche **~ text**) INFORM. MIL. ***in ~*** in chiaro **2** SPORT *(in football)* respinta f. ◆ ***the coast is ~*** FIG. via libera; ***to be in the ~*** *(safe)* essere fuori pericolo; *(free from suspicion)* essere estraneo a qualsiasi sospetto; *(in good health)* ***the X-rays showed you're in the ~*** dalla radiografia è tutto a posto.

2.clear /klɪə(r)/ avv. *(away from)* ***to jump ~*** saltare; ***to jump ~ of*** *(jump out of)* saltar fuori da [*vehicle*]; *(avoid)* ***he leapt ~ of the car, rock*** ha evitato l'auto, la pietra con un salto; ***to pull sb. ~ of*** estrarre *o* liberare qcn. da [*wreckage*]; ***to stay*** o ***steer ~ of*** evitare, tenersi alla larga da [*town centre, rocks, trouble, troublemakers*]; evitare [*alcohol*]; ***"stay ~"*** "tenersi a distanza"; ***he kept the boat ~ of the rocks*** ha tenuto la barca lontano dagli scogli; ***stand ~ of the gates!*** state lontano dal cancello! ***to get ~ of*** togliersi da [*traffic, town*].

▶ **3.clear** /klɪə(r)/ **I** tr. **1** *(remove)* togliere [*debris, papers, snow*]; togliere, eliminare [*weeds*] (**from, off** da); ***to ~ mines from the area*** sminare la zona; ***to ~ demonstrators from the streets*** o ***to ~ the streets of demonstrators*** liberare le strade dai manifestanti **2** *(free from obstruction)* sturare [*drains*]; liberare, sgombrare [*road, table, surface*]; liberare [*site*]; disboscare [*land*]; ***to ~ the road of snow, obstacles*** liberare la strada dalla neve, dagli ostacoli; ***to ~ the table*** sparecchiare (la tavola); ***to ~ sth. out of the way*** togliere di mezzo qcs.; ***to ~ the way for sth., sb.*** liberare la strada a qcs., qcn.; FIG. aprire la strada a [*developments*]; FIG. lasciare il posto a [*person*] **3** *(freshen)* ***to ~ the air*** cambiare l'aria; [*storm*] rinfrescare l'aria; FIG. allentare *o* diminuire la tensione **4** *(empty)* liberare [*desk*] (**of** da); svuotare [*drawer*] (**of** di); liberare, sgombrare, sbarazzare [*room, surface*] (**of** da); vuotare [*post box*]; far sgombrare, evacuare [*area, building*]; ***the judge ~ed the court*** il giudice fece sgombrare l'aula; ***to ~ the office of furniture*** sbarazzare l'ufficio di tutti i mobili; ***you're fired, ~ your desk*** è licenziato, liberi la sua scrivania; ***his singing ~ed the room*** il suo canto fece svuotare la sala **5** *(create)* aprire, creare [*space*]; ***to ~ a path through sth.*** aprire un sentiero attraverso qcs. **6** *(disperse)* dissolvere [*fog, smoke*]; disperdere [*crowd*] **7** *(unblock)* liberare [*nose*]; ***to ~ one's throat*** schiarirsi la gola; ***the fresh air will ~ your head*** l'aria fresca ti chiarirà le idee **8** COSMET. eliminare [*dandruff, spots*] **9** ENOL. chiarificare **10** *(destroy)* distruggere [*building*] **11** INFORM. cancellare [*screen, data*] **12** *(dispose of)* liquidare [*stock*]; ***to ~ the backlog*** liquidare l'arretrato; ***"reduced to ~"*** "in liquidazione" **13** *(pay off)* saldare [*debt*]; restituire [*loan*]; cancellare [*mortgage*] **14** ECON. [*bank*] liquidare [*cheque*] **15** *(make)* realizzare [*profit*] **16** *(free from blame)* [*jury*] dichiarare innocente, prosciogliere [*accused*] (**of** da); ***to be ~ed of suspicion*** non essere più sospettato; ***to ~ one's name*** o ***reputation*** riabilitare il proprio buon nome **17** AMM. MIL. *(vet)* autorizzare (previo controllo) [*employee*]; ***I've been ~ed*** ho avuto l'autorizzazione; ***she's been ~ed to see the documents*** ha ottenuto l'autorizzazione a consultare i documenti **18** *(officially approve)* approvare [*proposal, request*]; sdoganare [*goods*]; ***to ~ sth. with sb.*** ottenere l'approvazione di qcn. per qcs.; ***to be ~ed for take-off, landing*** ottenere l'autorizzazione al decollo, all'atterraggio **19** *(jump over)* superare, saltare [*fence, hurdle, wall*]; ***she ~ed 2 m at the high jump*** saltò due metri al salto in alto **20** *(pass through)* passare sotto [*bridge*]; passare attraverso [*gateposts*]; ***to ~ customs*** passare la dogana **21** SPORT respingere [*ball*] **II** intr. **1** *(become transparent, unclouded)* [*liquid*] schiarirsi; [*sky*] schiarirsi, rasserenarsi **2** *(disappear)* [*smoke, fog, cloud*] dissolversi **3** *(become pure)* [*air*] purificarsi **4** *(go away)* [*rash, pimples*] scomparire, sparire; [*skin*] tornare normale, migliorare (dopo un'eruzione cutanea) **5** ECON. [*cheque*] essere liquidato.

▪ **clear away:** ***~ away*** sparecchiare; ***~ [sth.] away, ~ away [sth.]*** togliere [*snow, leaves, papers*]; portar via [*debris, rubbish*]; ***~ all your toys away*** rimetti a posto i tuoi giochi.

▪ **clear off:** ***~ off*** BE COLLOQ. *(go, run away)* filare, squagliarsela, tagliare la corda; ***~ off, I'm busy*** fila via, ho da fare; ***~ off!*** fila via!; ***~ off [sth.]*** AE sparecchiare [*table*].

▪ **clear out:** ***~ out*** *(run away)* andarsene, filare; ***~ [sth.] out, ~ out [sth.]*** **1** *(tidy)* pulire [*room, drawer, cupboard*] **2** *(empty)* vuotare, sgombrare [*room, house*] **3** *(throw away)* buttare via, disfarsi di [*old clothes, newspapers*].

▪ **clear up:** ***~ up*** **1** *(tidy up)* mettere in ordine; ***they must ~ up after themselves*** devono rimettere tutto a posto **2** *(improve)* [*weather*] migliorare, schiarirsi, rasserenarsi; [*rash, infection*] scomparire, sparire; ***~ up [sth.], ~ [sth.] up*** **1** *(tidy)* mettere in ordine [*mess, toys, papers, room*]; raccogliere [*litter, broken glass*]; pulire [*beach, garden*] **2** *(resolve)* risolvere [*problem, difficulty, mystery*]; chiarire [*misunderstanding*].

▷ **clearance** /ˈklɪərəns/ **I** n. **1** *(permission)* autorizzazione f.; ***flight ~*** autorizzazione di volo; ***to have ~ for take-off*** [*plane*] avere l'autorizzazione al decollo; ***you need ~ for your plans*** hai bisogno di un'autorizzazione per il tuo progetto; ***to have ~ to do*** essere autorizzato a fare **2** *(customs certificate)* (anche **customs ~**) *(of goods)* sdoganamento m.; *(of ship)* spedizione f. in dogana; ***~ inwards, outwards*** permesso d'entrata (in porto), permesso d'uscita (dal porto) **3** AMM. MIL. → **security clearance 4** *(removal)* rimozione f., sgombero m.; *(of trees)* abbattimento m.; *(of buildings)* demolizione f.; ***land ~*** o ***site ~*** disboscamento del terreno **5** COMM. liquidazione f.; ***stock ~*** liquidazione delle scorte di magazzino **6** *(gap) (below a bridge, barrier)* spazio m. libero; *(between two objects)* spazio m., distanza f.; ***a 10 cm ~ between the van and the wall*** uno spazio di 10 cm tra il furgone e il muro; ***the bridge has a 4 metre ~*** il ponte ha un'altezza di 4 metri **7** ECON. compensazione f. **8** SPORT *(in football, rugby)* respinta f. **II Clearances** n.pl. SCOZZ. STOR. = il trasferimento imposto, spesso con la forza, agli abitanti degli Highlands per facilitare l'allevamento di pecore, durante il diciottesimo e diciannovesimo secolo.

clearance order /ˈklɪərənsˌɔːdə(r)/ n. AMM. ordine m. di demolizione.

clearance sale /ˈklɪərənsˌseɪl/ n. COMM. *(total)* liquidazione f.; *(partial)* saldi m.pl.

clear-cut /ˌklɪəˈkʌt/ agg. [*category, division*] preciso; [*distinction, difference, outline*] netto; [*question, problem, rule*] chiaro; [*idea, plan, example*] chiaro, preciso; ***~ features*** tratti ben delineati; ***the matter is not so ~*** il problema non è così chiaro.

clear-headed /ˌklɪəˈhedəd/ agg. [*person*] lucido.

clear-headedly /ˌklɪəˈhedədlɪ/ avv. lucidamente.

clear-headedness /ˌklɪərˈhedədnɪs/ n. lucidità f. (di mente).

▷ **clearing** /ˈklɪərɪŋ/ n. **1** *(glade)* radura f. **2** *(removal) (of obstacles, debris)* rimozione f., sgombero m.; *(of mines)* rimozione f.; *(of road)* sgombro m. **3** *(levelling) (of forest)* abbattimento m.; *(of buildings)* demolizione f.; *(of land)* dissodamento m. **4** *(eradication) (of pimples, toxins)* eliminazione f. **5** ECON. compensazione f.

clearing bank /ˈklɪərɪŋˌbæŋk/ n. clearing bank f.

clearing house /ˈklɪərɪŋˌhaʊs/ n. ECON. camera f. di compensazione, clearing house f.; AMM. punto m. di smistamento.

clearing-up /ˈklɪərɪŋʌp/ n. ordine m.; ***I've got some ~ to do*** devo mettere un po' in ordine.

▶ **clearly** /ˈklɪəlɪ/ avv. **1** *(distinctly)* [*speak, hear, remember, write*] chiaramente; [*audible, visible*] chiaramente, distintamente; [*see*] chiaro (anche FIG.); [*labelled, signposted*] chiaramente **2** *(intelligibly)* [*describe, explain*] chiaramente **3** *(lucidly)* [*think*] lucidamente **4** *(obviously)* [*drunk, worried*] evidentemente, chiaramente; [*wrong*] chiaramente; [*believe, hope, love, want*] senza dubbio, certamente.

clearness /ˈklɪənɪs/ n. **1** *(transparency) (of glass, water, varnish)* chiarezza f., trasparenza f. **2** METEOR. *(of day, sky)* chiarezza f., limpidezza f. **3** *(purity) (of air)* purezza f.; *(of note, voice)* chiarezza f.; *(of skin)* purezza f. **4** *(brightness) (of colour)* chiarezza f. **5** *(distinctness) (of outline, image, writing)* chiarezza f., nettezza f.; *(of memory)* chiarezza f., precisione f. **6** *(candour) (of gaze, eyes)* innocenza f., purezza f. **7** *(intelligibility) (of style, message)* chiarezza f.

clear-out /ˈklɪəraʊt/ n. BE COLLOQ. ***to have a ~*** dare una ripulita; ***to give sth. a ~*** dare una ripulita a qcs.

clear round /ˌklɪəˈraʊnd/ n. EQUIT. (percorso) netto m.

clear-sighted /ˌklɪəˈsaɪtɪd/ agg. perspicace.

clear-sightedly /ˌklɪəˈsaɪtɪdlɪ/ avv. perspicacemente, con perspicacia.

clear-sightedness /ˌklɪərˈsaɪtɪdnɪs/ n. perspicacia f.

clearway /ˈklɪəweɪ/ n. BE strada f. a scorrimento veloce, superstrada f.

cleat /kliːt/ n. **1** *(on sole)* rinforzo m. **2** AE *(shoe)* scarpa f. con tacchetti **3** MAR. galloccia f. **4** *(in carpentry)* bietta f., cuneo m.

cleated /ˈkliːtɪd/ agg. [*sole*] rinforzato.

cleavable /kliːvəbl/ agg. fissile.

cleavage /ˈkliːvɪdʒ/ n. **1** *(of breasts)* solco m.; ***to show a lot of ~*** avere una scollatura profonda **2** *(of opinion)* divisione f., spaccatura f. (**between** tra).

1.cleave /kliːv/ **I** tr. (pass. **clove**, **cleaved**; p.pass. **cleft**, **cleaved**) **1** LETT. fendere; ***to ~ sth. in two*** spaccare qcs. in due **2** GEOL. spaccare [*stone*] **II** intr. (pass. **clove**, **cleaved**; p.pass. **cleft**, **cleaved**) fendersi, spaccarsi.

2.cleave /kliːv/ intr. (pass. **cleaved**, **clave**; p.pass. **cleaved**) LETT. ***to ~ to*** *(be loyal to)* rimanere fedele a; *(stick to)* aderire, stare attaccato a.

cleaver /ˈkliːvə(r)/ n. mannaia f., spaccaossa m.

cleavers /ˈkliːvəz/ n. attaccavesti m., attaccamani m.

cleek /kliːk/ n. SCOZZ. grosso uncino m.

clef /klef/ n. MUS. chiave f.; ***in the treble ~*** in chiave di sol.

1.cleft /kleft/ **I** p.pass. → **1.cleave II** agg. [*chin*] con una fossetta ◆ ***to be in a ~ stick*** essere fra l'incudine e il martello.

2.cleft /kleft/ n. fenditura f., spaccatura f.; GEOL. crepaccio m.

cleft palate /ˌkleftˈpælət/ n. palatoschisi f.

cleg /kleg/ n. tafano m.

cleistogamic /ˌklaɪstəˈgæmɪk/, **cleistogamous** /klaɪˈstɒgəməs/ agg. cleistogamo.

cleistogamy /ˌklaɪstəˈgæmɪ/ n. cleistogamia f.

clematis /ˈklemətɪs, kləˈmeɪtɪs/ n. clematide f.

Clemence /ˈkleməns/ n.pr. Clemenza.

clemency /ˈklemənsɪ/ n. **1** *(mercy)* clemenza f. (**towards** verso, nei confronti di) **2** *(of weather)* mitezza f.

clement /ˈklemənt/ agg. **1** [*judge*] clemente **2** [*weather*] mite.

Clement /ˈklemənt/ n.pr. Clemente.

Clementina /ˌklemənˈtiːnə/ n.pr. Clementina.

clementine /ˈkleməntiːn/ n. clementina f.

Clementine /ˈkleməntaɪn/ n.pr. Clementina.

clench /klentʃ/ tr. stringere; ***to ~ one's fist, teeth, jaws*** stringere il pugno, i denti, le mascelle; ***to ~ sth. between one's teeth*** stringere qcs. tra i denti.

clenched /klentʃt/ **I** p.pass. → **clench II** agg. ***to say sth. between ~ teeth*** dire qcs. a denti stretti; ***~-fist salute*** saluto col pugno alzato.

clencher /ˈklentʃə(r)/ n. → **clincher**.

Cleo/ˈkliːəʊ/ n.pr. diminutivo di **Cleopatra**.

Cleopatra /ˌkliːəˈpætrə/ n.pr. Cleopatra.

clepsydra /ˈklepsɪdrə/ n. (pl. **~s, ~e**) clessidra f.

cleptomania → **kleptomania**.

clerestory /ˈklɪəstrɪ, AE -tɔːrɪ/ n. lucernario m.

▷ **clergy** /ˈklɜːdʒɪ/ n. + verbo pl. clero m.

clergyman /ˈklɜːdʒɪmən/ ◆ **27** n. (pl. **-men**) ecclesiastico m., sacerdote m.; *(Protestant)* pastore m.; *(Catholic)* prete m.

clergywoman /'klɜːdʒɪwʊmən/ n. (pl. **-women**) **1** donna f. sacerdote **2** ANT. moglie f., figlia f. di pastore protestante.
cleric /'klerɪk/ n. ecclesiastico m.
▷ **clerical** /'klerɪkl/ agg. **1** RELIG. [*matters*] ecclesiastico; [*influence, control*] del clero; [*faction*] clericale; [*manner*] da prete **2** [*employee*] d'ufficio; ~ ***staff*** impiegati; ~ ***work*** lavoro d'ufficio; ***she has a ~ post*** è impiegata in un ufficio.
clerical assistant /'klerɪklə,sɪstənt/ ➧ ***27*** n. commesso m. (-a).
clerical collar /'klerɪkl,kɒlə(r)/ n. *(Catholic, Protestant)* collare m. (da prete).
clerical error /'klerɪkl,erə(r)/ n. errore m. di trascrizione.
clericalism /'klerɪkəlɪzəm/ n. clericalismo m.
clericalist /'klerɪkəlɪst/ n. clericale m. e f.
clericalize /'klerɪkəlaɪz/ tr. clericalizzare.
clerical student /'klerɪkl,stjuːdnt/ n. seminarista m.
clerical worker /'klerɪkl,wɜːkə(r)/ ➧ ***27*** n. impiegato m. d'ufficio.
clerihew /'klerɪhjuː/ n. = quartina umoristica in cui si dileggia un personaggio famoso.
▷ **1.clerk** /klɑːk, AE klɜːrk/ ➧ ***27*** n. **1** *(in office, bank etc.)* impiegato m. (-a); ***bank ~*** impiegato di banca; ***booking ~*** impiegato addetto alle prenotazioni; ***head ~*** AMM. capo ufficio; COMM. capo commesso **2** *(in UK) (to lawyer)* praticante m. e f.; *(in court)* cancelliere m. (-a) **3** AE *(in hotel)* receptionist m. e f.; *(in shop)* commesso m. (-a).
2.clerk /klɑːk, AE klɜːrk/ intr. AE **1** DIR. ***to ~ for a judge*** fare il cancelliere di tribunale, l'assistente giudiziario **2** *(in shop)* lavorare come commesso.
clerkly /'klɑːklɪ, AE 'klɜːrklɪ/ agg. **1** ANT. *(in office)* di, da impiegato; [*career*] impiegatizio **2** AE *(in shop)* di, da commesso **3** ANT. *(in church)* di, da ecclesiastico.
clerk of the course /,klɑːkəvðə'kɔːs, AE ,klɜːrk-/ n. BE SPORT commissario m. di gara.
clerk of the court /,klɑːkəvðə'kɔːt, AE 'klɜːrk-/ n. BE DIR. cancelliere m. di tribunale.
clerk of the House of Commons /,klɑːkəvðə,haʊsəv'kɒmənz, AE 'klɜːrk-/ n. GB segretario m. della Camera dei Comuni.
clerk of the works /,klɑːkəvðə'wɜːks, AE ,klɜːrk-/ n. BE sovrintendente m. e f. ai lavori.
clerkship /'klɑːkʃɪp, AE 'klɜːrk-/ n. **1** *(in office)* lavoro m. impiegatizio **2** AE *(in shop)* lavoro m. di commesso **3** DIR. ufficio m. di cancelliere.
clerk to the justices /,klɑːktəðə'dʒʌstɪsɪz, AE ,klɜːrk-/ n. BE ausiliare m. e f. del giudice di pace.
Cleveland /'kliːvlənd/ ➧ ***24, 34*** n.pr. **1** *(county)* Cleveland m. **2** *(town)* Cleveland f.
▷ **clever** /'klevə(r)/ agg. **1** *(intelligent)* [*person*] intelligente; [*mind*] pronto, sveglio; ***to be ~ at sth., at doing*** essere bravo in qcs., a fare; ***to be ~ with figures*** essere bravo con i numeri; ***that wasn't very ~!*** non è stato molto furbo! **2** *(ingenious)* [*solution, gadget, plot*] ingegnoso; [*person*] astuto, ingegnoso; ***how ~ of you!*** bravo! complimenti! ***how ~ of you to find the solution*** sei stato veramente bravo a trovare la soluzione **3** *(shrewd)* acuto, astuto, furbo **4** *(skilful)* [*player, workman*] abile, destro; [*manoeuvre, kick*] abile; ***to be ~ at doing*** essere abile a fare; ***he's ~ with his hands*** è abile con le mani; ~ ***workmanship*** sapiente esecuzione **5** SPREG. *(persuasive)* [*argument, advertisement*] persuasivo; [*lawyer, salesperson*] abile, persuasivo **6** BE SPREG. *(cunning)* ***to be too ~ for sb.*** essere troppo furbo per qcn. ◆ ***to be too ~ by half*** voler fare il furbo.
clever-clever /'klevə,klevə(r)/ agg. BE COLLOQ. SPREG. [*person*] che si crede intelligente, che si crede il più furbo; [*ideas*] da intelligentone, da furbone.
clever clogs /'klevər,klɒgz/, **clever dick** /'klevər,dɪk/ n. BE COLLOQ. SPREG. intelligentone m. (-a).
cleverly /'klevəlɪ/ avv. *(intelligently)* intelligentemente, con intelligenza; *(astutely, cunningly)* astutamente, furbescamente; *(dextrously)* abilmente; ***he ~ avoided doing*** è riuscito abilmente a non fare.
cleverness /'klevənɪs/ n. *(intelligence)* intelligenza f.; *(ingenuity)* ingegnosità f.; *(quick-wittedness)* prontezza f.; *(dexterity)* abilità f., destrezza f.; ***the ~ of his replies*** la prontezza delle sue risposte.
clevis /klevɪs/ n. maniglione m. con perno.
1.clew /kluː/ n. **1** gomitolo m. **2** → **1.clue 3** MAR. bugna f.
2.clew /kluː/ tr. *(coil)* aggomitolare.
■ **clew down:** ~ ***down [sth.]***, ~ ***[sth.] down*** MAR. imbrogliare [*sail*].
■ **clew up:** ~ ***up [sth.]***, ~ ***[sth] up*** **1** *(coil)* aggomitolare **2** MAR. alare, tirare su [*sail*].
▷ **cliché** /'kliːʃeɪ, AE kliː'ʃeɪ/ n. cliché m., luogo m. comune; ***the car chase is a cinema ~*** l'inseguimento in auto è un cliché cinematografico; ***to become a ~*** diventare un luogo comune.
clichéd /'kliːʃeɪd, AE kliː'ʃeɪd/ agg. [*expression, idea*] stereotipato, convenzionale; [*technique, art, music*] convenzionale.
▷ **1.click** /klɪk/ n. **1** *(of wood, metal, heels, china)* rumore m. secco; ***with a ~ of his heels*** battendo i tacchi; *(of mechanism)* clic m., scatto m.; *(of fingers, tongue)* schiocco m.; ***with a ~ of her fingers*** schioccando *o* facendo schioccare le dita **2** LING. clic m. **3** INFORM. clic m.
▷ **2.click** /klɪk/ **I** tr. **1** *(make sound)* ***to ~ one's fingers, tongue*** fare schioccare le dita, la lingua; ***to ~ one's heels*** battere i tacchi **2** ***to ~ sth. open, shut*** aprire, chiudere qcs. con uno scatto **II** intr. **1** [*camera*] fare clic, scattare; [*lock*] scattare; [*door*] chiudersi con uno scatto; ***I heard the cameras ~ing all at once*** ho sentito le macchine fotografiche scattare tutte insieme **2** COLLOQ. *(become clear)* ***suddenly something ~ed*** improvvisamente mi si accese una lampadina **3** *(work out perfectly)* ***everything ~ed for them*** tutto è andato per il verso giusto **4** COLLOQ. *(strike a rapport)* ***we just ~ed*** *(as friends)* abbiamo subito simpatizzato *o* siamo subito andati d'accordo; *(sexually)* ci siamo innamorati a prima vista **5** INFORM. cliccare (**on** su).
clickable /'klɪkəbl/ agg. [*image*] cliccabile.
clickety-click /,klɪkətɪ'klɪk/ n. **1** ***to go ~*** [*machine*] ticchettare **2** BE *(in bingo)* sessantasei.
clicking /'klɪkɪŋ/ **I** agg. [*machine*] che produce un ticchettio; ~ ***noise*** clicchettio *o* ticchettio **II** n. *(of machine)* ticchettio m.; ***the ~ of cameras*** i clic delle macchine fotografiche.
click language /'klɪk,læŋgwɪdʒ/ n. lingua f. a clic.
click rate /'klɪk,reɪt/ n. INFORM. numero m. di accessi (a sito web).
clicks and mortar /,klɪksən'mɔːtə(r)/ agg. [*company*] = che combina metodi tradizionali e Internet.
clickthrough /'klɪkθruː/ n. *(on the Internet)* clic m.
▶ **client** /'klaɪənt/ n. cliente m. e f.; INFORM. client m.
clientage /'klaɪəntɪdʒ/ n. clientela f.
clientele /,kliːən'tel, AE ,klaɪən'tel/ n. clientela f.
client group /'klaɪənt,gruːp/ n. fascia f. di clientela.
client state /'klaɪənt,steɪt/ n. stato m. satellite.
▷ **cliff** /klɪf/ n. *(by sea)* scogliera f., falesia f.; *(inland)* dirupo m., precipizio m.; ***sandstone, chalk ~s*** *(by sea)* scogliere di arenaria, di gesso; ***steep, vertical ~s*** *(by sea)* scogliere scoscese, ripide; *(inland)* dirupo ripido, precipizio.
Cliff /klɪf/ n.pr. Cliff (nome di uomo).
cliffhanger /'klɪfhæŋə(r)/ n. COLLOQ. *(film)* film m. mozzafiato; *(story)* racconto m. mozzafiato; *(situation)* situazione f. ricca di suspense; *(moment)* momento m. di suspense; ***the match was a real ~*** è stato un incontro mozzafiato.
Clifford /'klɪfəd/ n.pr. Clifford (nome di uomo).
cliffside /'klɪfsaɪd/ n. parete f. di un dirupo.
clifftop /klɪftɒp/ n. cima f. di un dirupo.
cliffy /'klɪfɪ/ agg. dirupato, scosceso.
Clifton /'klɪftn/ n.pr. Clifton (nome di uomo).
climacteric /klaɪ'mæktərɪk/ n. **1** FISIOL. climaterio m. **2** FIG. periodo m. critico.
climactic /klaɪ'mæktɪk/ agg. [*event, moment*] cruciale, critico.
▷ **climate** /'klaɪmɪt/ n. clima m. (anche FIG.).
climate change /'klaɪmət,tʃeɪndʒ/ n. ECOL. cambiamento m. climatico.
climate control /'klaɪmətkən,trəʊl/ n. climatizzazione f.
climatic /klaɪ'mætɪk/ agg. climatico.
climatologic(al) /,klaɪmətɒ'lədʒɪk(l)/ agg. climatologico.
climatology /,klaɪmə'tɒlədʒɪ/ n. climatologia f.
climatologist /,klaɪmə'tɒlədʒɪst/ n. climatologo m (-a).
climatotherapy /,klaɪmətə'θerəpɪ/ n. climatoterapia f.
▷ **1.climax** /'klaɪmæks/ n. **1** *(culmination, end) (of career)* apice m., culmine m.; *(of war, frenzy, conflict)* culmine m.; *(of plot, speech, play)* climax m. e f., punto m. saliente; ***to reach its ~*** [*argument, crisis, battle, contest*] raggiungere il culmine; [*symphony, performance*] raggiungere il momento culminante *o* di maggior intensità; ***it's a fitting ~ to a long career*** è il giusto coronamento di una lunga carriera; ***the exciting ~ of the tournament*** il momento culminante del torneo **2** *(orgasm)* climax m. e f., orgasmo m. **3** *(in rhetoric)* climax m. e f.
▷ **2.climax** /'klaɪmæks/ **I** tr. costituire il culmine di [*festival, match, week*] **II** intr. **1** *(reach a high point)* culminare, raggiungere il punto culminante **2** *(sexually)* raggiungere l'orgasmo.
1.climb /klaɪm/ n. **1** *(ascent) (of hill, tower)* salita f. (**up** di; **to** fino a), arrampicata f. (**up** su per; **to** fino a); *(of mountain, rockface)* scalata f. (**up** di; **to** fino a); ***it's a steep ~ to the top of the tower*** c'è una scala molto ripida da fare per raggiungere la cima della torre **2** *(steep hill)* salita f.; ***to stall on the ~*** bloccarsi sulla salita **3** AER. salita f. **4** FIG. *(rise)* ascesa f. (**from** da; **to** a).

▶ **2.climb** /klaɪm/ **I** tr. **1** [*car, person*] salire [*hill, slope*]; scalare [*cliff, mountain*]; [*person*] arrampicarsi su, salire su [*lamppost, mast, wall, tree*]; arrampicarsi su [*rope*]; salire su [*ladder*]; salire [*steps, staircase*] **2** BOT. [*plant*] arrampicarsi su, lungo [*trellis, wall*] **II** intr. **1** *(scale)* arrampicarsi (**along** lungo; **to** fino a); SPORT scalare; ***to ~ down*** discendere [*rockface*]; ***to ~ into*** salire in [*car*]; ***to ~ into bed*** ficcarsi a letto; ***to ~ over*** *(step over, clamber over)* scavalcare [*log, fence, wall*]; salire su [*stile*]; arrampicarsi su [*rocks*]; ***to ~ up*** salire su [*ladder, tree*]; salire [*steps*] **2** *(rise)* [*sun*] alzarsi, sorgere; [*aircraft*] salire, alzarsi **3** *(slope up)* [*path, road*] salire **4** *(increase)* [*birthrate, currency, price, temperature*] salire, aumentare; [*profits*] aumentare ◆ ***to ~ the wall*** AE sbattere la testa contro il muro (**with** per, da).

▪ **climb down** far marcia indietro, cedere, ritirarsi; ***to ~ down over*** far marcia indietro su [*issue, plan, matter*].

climbable /ˈklaɪməbl/ agg. scalabile.

climb-down /ˈklaɪmdaʊn/ n. marcia f. indietro (**over** su).

climber /ˈklaɪmə(r)/ n. **1** *(mountaineer, rock climber)* scalatore m. (-trice), arrampicatore m. (-trice) **2** *(plant)* rampicante m.

▷ **climbing** /ˈklaɪmɪŋ/ ♦ *10* **I** agg. **1** BOT. [*ivy, rose*] rampicante **2** ZOOL. rampicante **II** n. arrampicata f.

climbing boot /ˈklaɪmɪŋˌbuːt/ n. scarpone m. da montagna.

climbing expedition /ˈklaɪmɪŋˌekspɪˌdɪʃn/ n. spedizione f. (alpinistica).

climbing frame /ˈklaɪmɪŋˌfreɪm/ n. *(in playground)* = struttura in legno o in metallo sulla quale i bambini possono arrampicarsi.

climbing irons /ˈklaɪmɪŋˌaɪənz, AE -ˌaɪərnz/ n.pl. ramponi m.

climbing shoe /ˈklaɪmɪŋˌʃuː/ n. pedula f., scarpetta f. da arrampicata.

climbing speed /ˈklaɪmɪŋˌspiːd/ n. velocità f. di salita.

climbing wall /ˈklaɪmɪŋˌwɔːl/ n. SPORT parete f.

clime /klaɪm/ n. LETT. regione f.; ***in sunnier ~s*** in regioni più soleggiate.

1.clinch /klɪntʃ/ n. **1** *(in boxing)* clinch m. **2** COLLOQ. *(embrace)* ***to be in a ~*** stringersi in un abbraccio appassionato *o* avvinghiarsi **3** *(nail)* rivetto m., ribattino m.; *(part of nail)* ribaditura f.

2.clinch /klɪntʃ/ **I** tr. **1** TECN. ribadire [*nail*] **2** ECON. COMM. POL. *(secure)* assicurarsi [*funding, holding, loan, market, order*]; ***to ~ a deal*** COMM. concludere un affare; POL. concludere un accordo **3** *(resolve)* decidere [*argument, discussion*]; ***the ~ing argument*** l'argomento decisivo; ***what ~ed it was...*** ciò che è stato decisivo è stato... **4** SPORT decidere [*promotion, victory*] **II** intr. SPORT fare un corpo a corpo.

clincher /ˈklɪntʃə(r)/ n. COLLOQ. *(act, remark)* fattore m. decisivo; *(argument)* argomento m. decisivo; ***as a ~ they offered him a company car*** per tagliare la testa al toro gli hanno offerto un'auto della ditta.

cline /klaɪn/ n. **1** gamma f., serie f. (continua) **2** BIOL. cline m.

▷ **cling** /klɪŋ/ intr. (pass., p.pass. **clung**) **1** *(physically)* ***to ~ (on) to*** aggrapparsi a [*person, rail, raft etc.*]; ***to ~ together*** aggrapparsi l'uno all'altro; ***to ~ on to sth. for dear life*** aggrapparsi con tutte le proprie forze a qcs. **2** *(emotionally)* ***to ~ to*** aggrapparsi a [*parent, beliefs, myth, hope*]; restare attaccato a [*habit, lifestyle, power*]; ***he ~s to me all the time*** mi sta sempre appiccicato; ***she ~s to people for support*** si aggrappa alle persone per riceverne il sostegno *o* si appoggia agli altri **3** *(adhere)* [*leaf, moss*] aderire (**to** a); ***the smell clung to his clothes*** l'odore gli impregnò i vestiti; ***the road clung to the mountain*** la strada seguiva il fianco della montagna.

▪ **cling on 1** [*custom, myth*] resistere; **2** ***to ~ on to sth.*** tenersi stretto a qcs.

clingfilm /ˈklɪŋfɪlm/ n. BE pellicola f. protettiva.

clinging /ˈklɪŋɪŋ/ agg. [*plant*] rampicante; FIG. [*person*] appiccicoso.

cling peach /ˈklɪŋˌpiːtʃ/ BE, **clingstone peach** /ˈklɪŋstəʊnˌpiːtʃ/ AE n. (pesca) duracina f.

clingy /ˈklɪŋɪ/ agg. **1** → **clinging 2** [*skirt, dress*] aderente.

▷ **clinic** /ˈklɪnɪk/ n. **1** *(treatment centre)* clinica f.; ***Dr Smith's ~*** clinica del dott. Smith **2** BE *(nursing home)* clinica f. privata **3** *(advice or teaching session) (medical)* consulto m.; *(in other fields)* gruppo m. di lavoro.

clinical /ˈklɪnɪkl/ agg. **1** MED. [*research, test, judgment*] clinico **2** FIG. *(scientific)* [*approach, efficiency, precision*] scientifico, oggettivo **3** SPREG. *(unfeeling)* distaccato, freddo.

▷ **clinically** /ˈklɪnɪklɪ/ avv. **1** *(medically)* clinicamente; ***~ dead*** clinicamente morto; ***~ depressed*** in stato depressivo **2** *(unemotionally)* con distacco, con freddezza, senza coinvolgimento emotivo.

clinical psychologist /ˌklɪnɪklsaɪˈkɒlədʒɪst/ ♦ *27* n. psicologo m. (-a) clinico (-a).

clinical psychology /ˌklɪnɪklsaɪˈkɒlədʒɪ/ n. psicologia f. clinica.

clinical thermometer /ˌklɪnɪklθəˈmɒmɪtə(r)/ n. termometro m. clinico.

clinician /klɪˈnɪʃn/ ♦ *27* n. clinico m. (-a).

1.clink /klɪŋk/ n. *(noise)* tintinnio m.

2.clink /klɪŋk/ **I** tr. far tintinnare [*glass, keys*]; ***to ~ glasses with*** brindare con **II** intr. [*glass, keys*] tintinnare.

3.clink /klɪŋk/ n. COLLOQ. *(prison)* gattabuia f., galera f.; ***in the ~*** in galera.

clinker /ˈklɪŋkə(r)/ n. **1** U *(ash)* scoria f., scorie f.pl. **2** BE *(brick)* clinker m. **3** AE COLLOQ. *(blunder)* cantonata f., sbaglio m. madornale; *(wrong note)* nota f. stonata, stecca f.; *(failed film, play)* fiasco m., insuccesso m., fallimento m.

clinker-built /ˈklɪŋkəˌbɪlt/ agg. [*boat*] a fasciame sovrapposto.

clinkstone /ˈklɪŋkstəʊn/ n. fonolite f.

clinometer /klaɪˈnɒmɪtə(r)/ n. clinometro m.

Clint /klɪnt/ n.pr. Clint (nome di uomo).

Clio /ˈklaɪəʊ/ n.pr. Clio.

▷ **1.clip** /klɪp/ n. **1** *(spring-loaded) (in surgery, on clipboard etc.)* pinza f.; *(on earring)* clip f. **2** *(grip) (for hair)* molletta f., fermaglio m.; *(on pen)* clip f.; *(jewellery)* fermaglio m., clip f.; (anche **paper-clip**) graffetta f., clip f. **3** EL. *(for wire)* morsetto m. **4** MIL. (anche **cartridge ~**) pacchetto m. di caricamento.

▷ **2.clip** /klɪp/ **I** tr. (forma in -ing ecc. **-pp-**) **1** *(by hooking)* agganciare [*pen, microphone*] (**to** a); *(by securing)* fissare [*electric wire*]; puntare [*brooch*] (**to** a); ***there was a bill ~ped to the letter*** c'era una fattura allegata alla lettera **2** BE bucare [*ticket*] **II** intr. (forma in -ing ecc. **-pp-**) *(by hooking on)* [*pen, personal stereo etc.*] agganciarsi (**to** a); *(by fastening on)* [*lamp, etc.*] fissarsi (**to** a); [*brooch*] essere puntato (**to** su).

▷ **3.clip** /klɪp/ n. **1** AGR. *(wool)* tosatura f. **2** *(notch)* taglio m., tacca f., incisione f. **3** TELEV. CINEM. *(excerpt)* clip m., spezzone m. (**from** di) **4** LING. parola f. tronca, troncamento m. ◆ ***to give sb. a ~ on the ear*** COLLOQ. dare uno scappellotto a qcn.; ***to travel at a fair*** o ***a brisk ~*** viaggiare a una buona velocità.

▷ **4.clip** /klɪp/ tr. (forma in -ing ecc. **-pp-**) **1** *(cut, trim)* spuntare, potare [*hedge*]; tosare [*grass verge*]; tagliare [*cigar, fingernails*]; tagliare, spuntare [*hair, moustache*]; tosare [*dog, sheep*]; tosare, limare [*coin*]; tarpare [*bird's wing*]; ***to ~ an article out of the paper*** ritagliare un articolo dal giornale **2** LING. troncare **3** ***to ~ one's speech*** mangiarsi le parole **4** AE COLLOQ. *(swindle)* imbrogliare, fregare; *(soak)* pelare **5** *(hit, glance off)* colpire ◆ ***to ~ sb.'s wings*** tarpare le ali a qcn.

clipboard /ˈklɪpbɔːd/ n. **1** portablocco m. con molla **2** INFORM. clipboard f., appunti m.pl.

clip-clop /ˈklɪpklɒp/ n. *(of hooves)* clop-clop m., cloppete cloppete m.

clip frame /ˈklɪpˌfreɪm/ n. cornice f. a giorno.

clip joint /ˈklɪpˌdʒɔɪnt/ n. COLLOQ. SPREG. = locale notturno, ristorante, ecc. che pratica prezzi esorbitanti.

clip-on /ˈklɪpɒn/ **I** agg. [*bow tie*] a clip; [*lamp*] a pinza **II clip-ons** n.pl. *(earrings)* clip f.; *(sunglasses)* = filtri da sole che si agganciano agli occhiali da vista.

clip-on microphone /ˌklɪpɒnˈmaɪkrəfəʊn/ n. microfono m. a clip.

clipped /klɪpt/ **I** p.pass. → **4.clip II** agg. [*speech*] smozzicato.

clipper /ˈklɪpə(r)/ **I** n. AER. MAR. clipper m. **II clippers** n.pl. *(for nails)* tagliaunghie m.sing.; *(for animals)* tosatrice f.sing.; *(for hair)* macchinetta f.sing.; *(for hedge)* tosasiepi m.sing., tagliasiepe f.sing.

clipping /ˈklɪpɪŋ/ **I** n. *(from newspaper etc.)* ritaglio m. **II clippings** n.pl. *(trimmings) (hair)* capelli m. (tagliati); *(nails)* unghie f. (tagliate); *(hedge)* rami m. (potati); *(of fabric)* ritagli m.

clippings library /ˈklɪpɪŋzˌlaɪbrərɪ, AE -brerɪ/ n. agenzia f. di rassegna stampa.

clippity-clop /ˈklɪpətɪˌklɒp/ n. → **clip-clop.**

clique /kliːk/ n. SPREG. cricca f.

cliquey /ˈkliːkɪ/, **cliquish** /ˈkliːkɪʃ/ agg. [*group*] ristretto, esclusivo; [*profession, atmosphere*] esclusivo; ***the office is very ~*** *(exclusive)* quelli dell'ufficio fanno gruppo a sé; *(divided)* in quell'ufficio ci sono varie conventicole.

cliquishness /ˈkliːkɪʃnɪs/ n. spirito m. di conventicola.

clitoral /ˈklɪtərəl/ agg. clitorideo.

clitorides /ˈklɪtərɪdɪz/ → **clitoris**

clitoridectomy /ˌklɪtɔːrɪˈdektəmɪ/ n. clitoridectomia f.

clitoris /ˈklɪtərɪs/ n. (pl. **-ides**) clitoride f. e m.

Clive /klaɪv/ n.pr. Clive (nome di uomo).

Cllr BE ⇒ councillor consigliere (cons.).

cloaca /kləʊˈeɪkə/ n. (pl. **~s, -ae**) cloaca f.

▷ **1.cloak** /kləʊk/ n. 1 *(garment)* mantello m. 2 FIG. *(front, cover)* ***to be a ~ for*** servire da copertura per *o* essere una copertura per [*operation etc.*]; ***a ~ of respectability*** un manto di rispettabilità.
▷ **2.cloak** /kləʊk/ tr. 1 *(surround)* ***to ~ sth. in*** o ***with*** coprire con [*anonymity, secrecy*]; ***to ~ sth. in respectability*** gettare un manto di rispettabilità su qcs.; ***~ed in*** avvolto in [*darkness*]; dissimulato da [*language, style, humour*]; avvolto da [*ambiguity, mistery*] 2 *(hide, disguise)* mascherare, nascondere [*belief, intentions*].
cloak-and-dagger /kləʊkən'dægə(r)/ agg. [*story, thriller, affair, tactics, operation*] di spionaggio; ***the ~ brigade*** BE COLLOQ. SCHERZ. i servizi segreti.
cloakroom /'kləʊkrʊm/ n. 1 *(for coats)* guardaroba m. 2 BE *(lavatory)* toilette f., bagno m., gabinetto m.
cloakroom attendant /'kləʊkrʊmə,tendənt/ ➧ ***27*** n. *(in hotel)* guardarobiere m. (-a); BE *(at toilets)* inserviente m. e f.
cloakroom ticket /'kləʊkrʊm,tɪkɪt/ n. contromarca f. del guardaroba.
cloaks cupboard /'kləʊks,kʌbəd/ n. BE armadio m. (per abiti).
1.clobber /'klɒbə(r)/ n. BE COLLOQ. *(gear)* roba f.
2.clobber /'klɒbə(r)/ tr. 1 *(hit)* colpire, picchiare 2 *(penalize)* [*police, law*] colpire 3 *(defeat)* stracciare, dare una batosta a [*opponent*].
cloche /klɒʃ/ n. 1 campana f. di vetro 2 (anche **~ hat**) cloche f.
▷ **1.clock** /klɒk/ ➧ ***4*** n. 1 *(timepiece) (large)* orologio m.; ***what time does the ~ say?*** che ora fa l'orologio? ***to set a ~*** regolare un orologio; ***to put the ~s forward, back one hour*** portare gli orologi avanti, indietro di un'ora; ***he does everything by the ~*** fa tutto tenendo continuamente d'occhio l'orologio *o* con l'orologio alla mano; ***to work, watch sb. around the ~*** lavorare, guardare qcn. 24 ore su 24 *o* giorno e notte; ***to work against the ~*** lavorare con i minuti contati *o* combattere contro il tempo; ***the biological ~*** l'orologio biologico; ***the twenty-four hour ~*** = sistema per indicare l'ora basato su ventiquattro invece che su dodici ore 2 *(timer) (in computer)* clock m., temporizzatore m.; *(for central heating system)* temporizzatore m. 3 AUT. COLLOQ. contachilometri m.; ***a car with 40,000 kilometers on the ~*** un'auto che ha 40.000 km (sul contachilometri) 4 IND. *(in workplace)* orologio m. marcatempo; ***to punch the ~*** timbrare 5 SPORT cronometro m.; ***to complete the course against the ~*** EQUIT. terminare il percorso nel tempo limite; ***to beat the ~*** *(in games)* stare nei tempi; ***a race against the ~*** una corsa contro il tempo ♦ ***to put*** o ***turn the ~ back*** riportare indietro l'orologio; ***they want to turn*** o ***put the ~ back 600 years*** vorrebbero tornare indietro di seicento anni.
2.clock /klɒk/ tr. 1 SPORT ***he ~ed 9.6 seconds in the 100 metres*** ha percorso i 100 metri in 9,6 secondi; ***to ~ 5 minutes 2,987 seconds*** fare un tempo di 5 minuti e 2,987 secondi 2 BE COLLOQ. *(hit)* ***to ~ sb. (one)*** mollarne uno a qcn. 3 *(catch)* ***the police ~ed him doing 150 km an hour*** la polizia lo ha sorpreso mentre andava ai 150 km all'ora 4 BE AUT. COLLOQ. truccare il contachilometri di [*car*].
▪ **clock in** BE timbrare il cartellino (all'entrata).
▪ **clock off** BE → **clock out**.
▪ **clock on** BE → **clock in**.
▪ **clock out** timbrare il cartellino (all'uscita).
▪ **clock up:** ~ up [sth.] 1 [*driver, car*] fare, percorrere [*30,000 km*] 2 [*worker*] lavorare [*hours*].
3.clock /klɒk/ n. ABBIGL. baguette f.
clock face /'klɒk,feɪs/ n. quadrante m.
clocking-in /,klɒkɪŋ'ɪn/ n. timbratura f. del cartellino (all'entrata).
clocking-in time /,klɒkɪŋ'ɪn,taɪm/ n. ora f. di entrata (al lavoro).
clockmaker /'klɒkmeɪkə(r)/ ➧ ***27*** n. orologiaio m. (-a).
clock patience /'klɒk,peɪʃns/ ➧ ***10*** n. = tipo di solitario.
clock radio /,klɒk'reɪdɪəʊ/ n. radiosveglia f.
clock tower /'klɒk,taʊə(r)/ n. torre f. dell'orologio.
clock-watch /'klɒk,wɒtʃ/ intr. lavorare guardando continuamente l'ora (perché si desidera che arrivi il momento della pausa o di uscire).
clock-watcher /'klɒkwɒtʃə(r)/ n. ***to be a ~*** guardare continuamente l'ora (perché si desidera che arrivi il momento della pausa o di uscire).
clockwise /'klɒkwaɪz/ **I** agg. ***in a ~ direction*** in senso orario **II** avv. in senso orario.
clockwork /'klɒkwɜːk/ **I** agg. [*toy*] meccanico; ***with ~ precision*** *(on time)* con la precisione di un orologio **II** n. *(in clock)* meccanismo m., movimento m.; *(in toy)* carica f. ♦ ***to be as regular as ~*** essere (preciso come) un orologio; ***to go like ~*** andare tutto liscio.
clod /klɒd/ n. 1 *(of earth)* zolla f.; blocco m. di argilla 2 COLLOQ. *(fool)* stupido m. (-a), zuccone m. (-a).
cloddish /'klɒdɪʃ/ agg. 1 [*earth*] zolloso 2 [*person*] stupido, goffo.
cloddy /'klɒdɪʃ/ agg. zolloso.
clodhopper /'klɒdhɒpə(r)/ n. COLLOQ. 1 *(person)* zoticone m. (-a), persona f. goffa, maldestra 2 *(shoe)* scarpone m.
1.clog /klɒg/ n. zoccolo m. ♦ ***to pop one's ~s*** COLLOQ. tirare le cuoia.
2.clog /klɒg/ **I** tr. (forma in -ing ecc. **-gg-**) ostacolare **II** intr. (forma in -ing ecc. **-gg-**) ostruirsi.
▪ **clog up:** ~ up [*drain, machinery*] ostruirsi, intasarsi; [*pores*] ostruirsi; ***the roads ~ up with traffic*** le strade sono intasate dal traffico; ~ up [sth.], ~ [sth.] up ostruire, intasare [*drain, machinery*]; ostruire [*pores*]; ***to be ~ged up with traffic*** essere paralizzato dal traffico.
1.cloister /'klɔɪstə(r)/ n. chiostro m.
2.cloister /'klɔɪstə(r)/ **I** tr. rinchiudere in convento **II** rifl. ***to ~ oneself up*** o ***away*** isolarsi.
cloistered /'klɔɪstəd/ **I** p.pass. → **2.cloister II** agg. ***to lead a ~ existence*** condurre una vita in isolamento.
cloistral /'klɔɪstrəl/ agg. claustrale.
clonal /'kləʊnl/ agg. clonale.
▷ **1.clone** /kləʊn/ n. BIOL. INFORM. clone m. (anche FIG.).
▷ **2.clone** /kləʊn/ tr. clonare.
clonic /'kləʊnɪk/ agg. clonico.
cloning /'kləʊnɪŋ/ n. clonazione f.
clonk /klɒŋk/ n. rumore m. sordo.
clonus /'kləʊnəs/ n. clono m.
clop /klɒp/ n. *(of hooves)* clop clop m.
▶ **1.close** /kləʊs/ agg. 1 *(with tight links)* [*relative*] prossimo, stretto; [*resemblance*] stretto; ***to bear a ~ resemblance to sb., sth.*** assomigliare molto a qcn., qcs.; ***~ links with*** POL. stretti legami con [*country, group, twinned town etc.*]; ***to work in ~ collaboration with sb.*** lavorare in stretta collaborazione con qcn.; ***in ~ contact with*** in stretto contatto con [*government department, friend, etc.*] 2 *(intimate)* [*friend, adviser*] intimo (**to** di); ***they have a ~ friendship*** sono amici intimi 3 *(almost equal)* [*result, vote*] vicino, simile; ***"is it the same?" - "no but it's ~"*** "è lo stesso?" - "no ma è molto simile"; ***a ~ copy of his signature*** un'imitazione quasi perfetta della sua firma; ***it's a ~ match*** *(of colour, hairpiece)* è molto simile 4 *(decided by a narrow margin)* [*contest, finish*] tirato, serrato 5 *(careful, rigorous)* [*scrutiny, examination, study, supervision*] attento, accurato, preciso; ***to pay ~ attention to sth.*** prestare molta attenzione a qcs.; ***to keep a ~ watch*** o ***eye on sb., sth.*** tener d'occhio attentamente qcn., qcs. 6 *(compactly aligned)* [*texture, grain, print, handwriting*] fitto, compatto; [*military formation*] serrato 7 *(stuffy)* [*weather*] afoso; ***it's ~*** c'è afa 8 COLLOQ. *(secretive)* ***she's been very ~ about it*** è stata molto riservata ♦ ***it was a ~ call*** o ***shave*** o ***thing*** COLLOQ. c'è mancato poco *o* un pelo.
2.close /kləʊs/ avv. 1 *(nearby)* ***to live, work quite ~ (by)*** vivere, lavorare abbastanza vicino; ***they look ~er than they are*** sembrano più vicini di quanto in effetti non siano; ***how ~ is the town?*** quanto dista la città? ***it's ~, I can hear it*** è vicino, lo sento; ***the closer he came*** più si avvicinava; ***to bring sth. closer*** portare qcs. più vicino; ***to follow ~ behind*** seguire dappresso; ***to hold sb. ~*** stringere qcn.; ***~ together*** stretti insieme; ***to come closer together*** avvicinarsi; ***to draw ~*** avvicinarsi 2 *(close temporally)* ***the time is ~ when*** si sta avvicinando il momento in cui; ***how ~ are they in age?*** quanti anni di differenza ci sono tra loro? ***Christmas is ~*** Natale è vicino 3 *(almost)* ***that's closer (to) the truth*** questo è più vicino alla verità; ***"is the answer three?" - "~!"*** "la risposta è tre?" - "ti sei avvicinato molto!" 4 **close by** vicino a [*wall, bridge*]; ***the ambulance is ~ by*** l'ambulanza è vicina 5 **close enough** ***that's ~ enough*** *(no nearer)* è vicino abbastanza; *(acceptable as answer)* può andare; ***to be, come ~ enough to do*** essere, venire abbastanza vicino per fare; *(approximately)* ***there were 20 yachts or ~ enough*** c'erano 20 yacht o giù di lì 6 **close to** vicino a [*place, person, object*]; ***~ to where*** vicino al posto in cui; ***closer to*** più vicino a; ***how ~ are we to...?*** a quale distanza siamo da...? quanto siamo vicini a...? *(on point of)* vicino a [*hysteria, collapse*]; ***to be ~ to tears*** essere sul punto di piangere; ***to be ~ to doing*** essere sul punto di fare; *(almost at)* ***closer to 40 than 30*** più vicino ai quaranta che ai trenta; ***to come closest to*** avvicinarsi di più a [*ideal, conception*]; ***to come ~ to doing*** stare per fare; ***he came ~ to giving up*** stava per rinunciare; ***how ~ are you to completing...?*** quanto ti manca per completare...? ***~ to the time when*** vicino al momento in cui; ***it's coming ~ to the time when we must decide*** si sta avvicinando il momento in cui dovremmo prendere una decisione; (anche **~ on**) COLLOQ. *(approximately)* ***~ to*** o ***on 60 people*** COLLOQ. circa 60 persone; ***~ to*** o ***on a century ago*** COLLOQ. circa un secolo fa ♦ ***(from) ~ to*** o ***(from) ~ up*** COLLOQ. da vicino.

3.close /kləʊs/ n. 1 *(road)* strada f. privata 2 *(of cathedral)* = terreno cintato circostante una cattedrale.

4.close /kləʊz/ n. 1 *(end)* fine f.; ***to bring sth. to a ~*** portare a termine qcs.; ***to draw to a ~*** o ***to come to a ~*** finire *o* terminare; ***at the ~ of day*** LETT. sul finire del giorno 2 ECON. ***~ (of trading)*** chiusura f.; ***at the ~*** in chiusura.

▶ **5.close** /kləʊz/ **I** tr. 1 *(shut)* chiudere [*container, door, window, eyes, mouth, mind, book, file, museum, office, shop*] 2 *(block)* chiudere [*border, port, airport, pipe, opening*]; chiudere, impedire l'accesso a [*road, area of town*] 3 *(close down)* chiudere [*factory*] 4 *(bring to an end, agree)* chiudere, concludere, portare a termine [*meeting, discussion, deal, contract, sale, investigation, case*]; chiudere [*account*]; ***to ~ the meeting, we have*** per concludere la riunione abbiamo 5 *(reduce)* ***to ~ the gap*** FIG. ridurre lo scarto (**between** tra); ***to ~ the gap on sb., sth.*** ridurre la distanza su qcn., qcs. (anche FIG.); ***to ~ the gaps*** *(improve fault)* colmare le lacune (**in** in) 6 EL. chiudere [*circuit*] **II** intr. 1 *(shut)* [*airport, office, polls, shop, station*] chiudere (**for** per); [*door, window, container, lid, eyes, mouth*] chiudersi; ***the museum has just ~d*** il museo ha appena chiuso 2 *(cease to operate)* [*business, factory, mine, institution*] chiudere 3 *(end)* [*meeting, enquiry, play, concert, season*] finire, terminare; ***to ~ with*** terminare, concludersi con [*scene, event, song*] 4 ECON. [*currency, index, shares, market*] chiudere (**at** a); ***the market ~d down, up*** il mercato ha chiuso al ribasso, al rialzo; ***the pound ~d up against the franc*** la sterlina ha chiuso in rialzo rispetto al franco 5 *(get smaller)* ridursi; ***the gap is closing between X and Y*** la distanza tra X e Y si sta riducendo (anche FIG.) 6 *(get closer)* [*pursuer, enemy*] avvicinarsi (**on** a) 7 *(heal)* [*wound*] chiudersi.

■ **close around** [*arms, hands*] circondare, avvolgere; ***he felt her arms ~ tightly around him*** si sentì circondare dalle sue braccia.

■ **close down:** ***~ down*** [*shop, club, institution, business*] chiudere; BE RAD. TELEV. ***we are now closing down*** i nostri programmi sono terminati; ***~ down [sth.], ~ [sth.] down*** chiudere (definitivamente) [*business, factory*].

■ **close in** [*winter*] avanzare; [*night*] calare; [*jungle, forest*] avvicinarsi sempre più; ***the days are closing in*** i giorni cominciano ad accorciarsi; ***to ~ in on sb., sth.*** [*pursuers, enemy*] circondare qcn., qcs.; [*darkness, fog*] calare su qcn., qcs.

■ **close off:** ***~ off [sth.], ~ [sth.] off*** chiudere [*district, street, wing*].

■ **close out:** ***~ out [sth.], ~ [sth.] out*** AE COMM. svendere, liquidare [*stock, part of business*].

■ **close up:** ***~ up*** 1 [*flower, petals, wound*] chiudersi; [*group*] serrarsi, chiudersi; [*troops*] serrare i ranghi, le file 2 [*shopkeeper, caretaker*] chiudere 3 ***he just ~s up*** si chiude nel silenzio, si rifiuta di parlare; ***~ up [sth.], ~ [sth.] up*** 1 *(shut)* chiudere [*bank, office, shop*] 2 *(block)* chiudere, bloccare, ostruire [*hole, entrance, pipe*].

■ **close with:** ***~ with [sb.]*** 1 COMM. accordarsi con, raggiungere un accordo con [*dealer, trader*] (**for** per) 2 MIL. scontrarsi con, venire allo scontro con, attaccare [*enemy*]; ***~ with [sth.]*** ECON. accettare [*deal, offer*].

close combat /ˌkləʊsˈkɒmbæt/ n. combattimento m. ravvicinato.

close company /ˌkləʊsˈkʌmpənɪ/, **close corporation** /ˌkləʊsˌkɔːpəˈreɪʃn/ n. COMM. società f. a carattere familiare.

close-cropped /ˌkləʊsˈkrɒpt/ agg. [*hair, grass*] rasato.

▷ **closed** /kləʊzd/ **I** p.pass. → **5.close II** agg. 1 *(shut)* [*door, window, container, business, public building, shop, fist, mouth, eyes*] chiuso; ***"~"*** *(sign in shop, theatre)* "chiuso"; ***"~ for lunch, for repairs"*** "chiuso per (pausa) pranzo, per lavori"; ***"road ~"*** "strada chiusa"; ***"~ to the public"*** "vietato al pubblico"; ***"~ to traffic"*** "chiuso al traffico"; ***behind ~ doors*** FIG. a porte chiuse 2 *(finished, concluded)* ***the subject is now ~*** l'argomento è chiuso; *(in newspapers, magazines etc.)* ***"this correspondence is now ~"*** "questa rubrica è chiusa" 3 *(restricted)* [*community, circle, meeting, organization, economy*] chiuso; ***to have a ~ mind*** avere una mentalità chiusa 4 MAT. [*set*] chiuso 5 LING. [*syllable*] chiuso.

closed caption /ˌkləʊzdˈkæpʃn/ n. sottotitoli m.pl. criptati.

closed-circuit television /ˌkləʊzdˌsɜːkɪˈtelɪvɪʒn/ n. impianto m. televisivo a circuito chiuso.

closedown /ˈkləʊzdaʊn/ n. 1 COMM. IND. chiusura f. 2 BE RAD. TELEV. segnale m. di fine trasmissioni.

closed primary /ˌkləʊzdˈpraɪmərɪ/ n. AE POL. = elezioni primarie in cui i votanti devono dichiarare la loro appartenenza politica, così da poter votare i candidati del loro partito.

closed scholarship /ˌkləʊzdˈskɒləʃɪp/ n. = borsa di studio per la quale possono concorrere solo determinate categorie di studenti.

closed season /ˈkləʊzdˌsiːzn/ n. = stagione in cui la caccia e la pesca sono chiuse.

closed shop /ˌkləʊzdˈʃɒp/ n. AMM. = azienda che assume soltanto gli iscritti a un certo sindacato.

close-fitting /ˌkləʊsˈfɪtɪŋ/ agg. [*garment*] aderente, attillato.

close-grained /ˌkləʊsˈgreɪnd/ agg. [*texture*] fitto, compatto.

close-hauled /ˌkləʊsˈhɔːld/ agg. MAR. ***to be ~*** navigare di bolina.

close-knit /ˌkləʊsˈnɪt/ agg. FIG. [*family, group*] compatto, molto unito.

▶ **closely** /ˈkləʊslɪ/ avv. 1 *(in close proximity)* [*follow, look*] FIG. da vicino; ***crowded ~ around the painting*** accalcati intorno al quadro; ***to work ~ together*** lavorare in stretta collaborazione; ***~ written*** scritto fitto; ***the script was so ~ typed that*** i caratteri erano così fitti che; ***to be ~ packed*** [*people*] essere ammassati; [*boxed items*] essere stipati; ***the houses were ~ spaced*** le case erano molto vicine l'una all'altra 2 *(not distantly)* [*resemble*] moltissimo; [*conform, identify*] quasi completamente; [*integrated, coordinated*] bene; ***the more ~ you look, the more ~ it seems to resemble him*** più guardi bene e più sembra che gli assomigli; ***which photo fits the rapist most ~?*** quale foto assomiglia di più allo stupratore? ***her description ~ fits that of the thief*** la sua descrizione corrisponde quasi perfettamente a quella del ladro; ***to be ~ akin to sth.*** essere molto simile a qcs.; ***to be ~ related*** [*person*] essere strettamente imparentato (**to** con); [*matter, crime*] essere strettamente legato (**to** a) 3 *(rigorously, in detail)* [*study, monitor, observe, listen, question*] attentamente, bene 4 *(evenly)* ***~ contested*** o ***fought*** [*competition*] tirato, serrato; [*election*] all'ultimo voto; ***to be so ~ matched that*** [*competitors*] essere così vicini che 5 *(near to body)* [*shaven*] con cura, a fondo; ***to fit ~*** [*garment*] essere molto attillato; ***he held her ~ to him*** la strinse forte a sé; ***~ guarded secret*** FIG. segreto ben custodito.

closely-knit /kləʊslɪˈnɪt/ agg. → **close-knit**.

close-mouthed /ˌkləʊsˈmaʊðd/ agg. che tiene la bocca chiusa.

closeness /ˈkləʊsnɪs/ n. 1 *(emotionally)* intimità f. 2 *(in mutual understanding) (of peoples)* vicinanza f.; ***the ~ of their alliance*** lo stretto legame che li unisce 3 *(rapport)* vicinanza f. (**to** a); ***~ to nature*** vicinanza alla natura 4 *(proximity) (of place)* vicinanza f.; *(of event)* prossimità f. 5 *(of atmosphere) (inside)* mancanza f. d'aria; *(outside)* ***the ~ of the weather*** il tempo afoso 6 *(accuracy, similarity) (of copy)* fedeltà f., esattezza f.; ***the ~ of the resemblance*** la somiglianza impressionante.

close-out /ˈkləʊzaʊt/ n. svendita f., liquidazione f.

close-run /ˌkləʊsˈrʌn/ agg. [*race, contest*] tiratissimo.

close-set /ˌkləʊsˈset/ agg. [*eyes, buildings*] molto vicini.

closestool /ˌkləʊsˈstuːl/ n. STOR. comoda f.

▷ **1.closet** /ˈklɒzɪt/ **I** n. 1 *(cupboard)* credenza f.; *(for clothes)* armadio m. a muro; *(small room)* ripostiglio m., stanzino m.; ***linen ~*** armadio della biancheria 2 ANT. *(lavatory)* gabinetto m. **II** modif. *(secret)* [*alcoholic, fascist*] che nasconde le proprie tendenze ◆ ***to come out of the ~*** [*homosexual*] uscire allo scoperto *o* alla luce del sole (rivelando la propria omosessualità); ***to have a skeleton in the ~*** AE avere uno scheletro nell'armadio.

2.closet /ˈklɒzɪt/ tr. chiudere; ***to be ~ed with sb.*** avere un colloquio privato con qcn.

closeted /ˈklɒzɪtɪd/ **I** p.pass. → **2.closet II** agg. ***a ~ world*** un universo chiuso.

closet drama /ˈklɒzɪtˌdrɑːmə/ n. = dramma che è stato scritto per essere letto piuttosto che per essere recitato.

close-up /ˈkləʊsʌp/ **I** n. primo m. piano; ***in ~*** in primo piano **II** avv. ***(from) ~*** da vicino.

▷ **closing** /ˈkləʊzɪŋ/ **I** n. chiusura f.; ***Sunday ~*** chiusura domenicale; ***there's been a ~ of ranks*** FIG. c'è stato un serrate le file **II** agg. [*minutes, months, days, words*] ultimo; [*scene, pages, stage*] ultimo, finale; [*speech*] di chiusura, finale.

closing bid /ˈkləʊzɪŋˌbɪd/ n. ECON. ultima offerta f.

closing date /ˈkləʊzɪŋˌdeɪt/ n. ultimo giorno m. (**for** per).

closing-down sale /kləʊzɪŋˈdaʊnˌseɪl/, **closing-out sale** /kləʊzɪŋˈaʊtˌseɪl/ AE n. liquidazione f. (per cessata attività).

closing price /ˈkləʊzɪŋˌpraɪs/ n. ECON. prezzo m. di chiusura.

closing time /ˈkləʊzɪŋˌtaɪm/ n. orario m. di chiusura; ***"~!"*** "si chiude!".

▷ **closure** /ˈkləʊʒə(r)/ n. 1 *(of road, lane, factory)* chiusura f. 2 POL. *(of debate etc.)* chiusura f.; ***to move the ~*** votare la mozione di chiusura 3 *(fastening)* chiusura f.; *(lid)* coperchio m.; *(strip)* chiusura f. 4 LING. chiusura f. 5 *(feeling)* ***sense of ~*** senso di liberazione.

1.clot /klɒt/ n. 1 *(in blood, milk)* grumo m., coagulo m.; ***~ in an artery*** embolo; ***~ on the lung, on the brain*** embolo polmonare, cerebrale 2 BE COLLOQ. *(idiot)* stupido m. (-a), zuccone m. (-a).

2.clot /klɒt/ **I** tr. (forma in -ing ecc. **-tt-**) coagulare, raggrumare **II** intr. (forma in -ing ecc. **-tt-**) coagularsi, raggrumarsi.

▷ **cloth** /klɒθ, AE klɔːθ/ **I** n. **1** *(fabric)* tessuto m., stoffa f., panno m., tela f.; ***wool, silk, cotton ~*** tessuto di lana, seta, cotone **2** *(piece of fabric) (for polishing, dusting, floor)* straccio m.; *(for drying dishes)* strofinaccio m.; *(for table)* tovaglia f.; ***altar ~*** tovaglia d'altare; ***damp ~*** *(for cleaning, ironing)* straccio umido; ***wrap it in a damp ~*** avvolgilo in un panno umido **3** RELIG. ***the ~*** l'abito (religioso, ecclesiastico); ***a man of the ~*** un ecclesiastico **II** modif. [*cover, blind, etc*] in tessuto, in stoffa, in tela; ***hey ~ ears!*** COLLOQ. ehi, sei sordo? ◆ ***to cut one's coat according to one's ~*** BE non fare il passo più lungo della gamba.

clothbacked /ˈklɒθˌbækt, AE ˈklɔːθ-/, **clothbound** /ˈklɒθˌbaʊnd, AE ˈklɔːθ-/ agg. [*book*] rilegato in tela.

cloth cap /ˌklɒθˈkæp, AE ˌklɔːθ-/ n. BE berretto m. di panno con visiera rigida (tipico degli operai inglesi).

clothe /kləʊð/ **I** tr. vestire, abbigliare; ***to feed and ~*** nutrire e vestire [*family, refugees*]; ***to be ~d in*** essere vestito di; ***fully ~d*** completamente vestito **II** rifl. ***to ~ oneself*** vestirsi, abbigliarsi.

cloth-eared /ˈklɒθˌɪəd, AE ˈklɔːθ-/ agg. COLLOQ. sordo; FIG. insensibile.

▶ **clothes** /kləʊðz, kləʊz, AE kləʊz/ ➧ **28** **I** n.pl. **1** *(garments)* abiti m., vestiti m., indumenti m.; ***children's, work ~*** abiti per bambini, da lavoro; ***to put on, take off one's ~*** vestirsi, svestirsi; ***to change one's ~*** cambiarsi; ***without any ~ on*** nudo *o* senza niente addosso; ***to make one's own ~*** farsi i vestiti **2** *(washing)* bucato m. **II** modif. [*basket, line*] per il bucato; [*peg, pin*] da bucato ◆ ***with only the ~ he stood up in*** soltanto con i vestiti che aveva addosso.

clothes airer /ˈkləʊðzˌeərə(r), AE ˈkləʊz-/ n. stendibiancheria m.

clothes brush /ˈkləʊðzˌbrʌʃ, AE ˈkləʊz-/ n. spazzola f. per abiti.

clothes drier /ˈkləʊðzˌdraɪə(r), AE ˈkləʊz-/ n. *(machine)* asciugatrice f.; *(airer)* stendibiancheria m.

clotheshanger /ˈkləʊðzˌhæŋə(r), AE ˈkləʊz-/ n. gruccia f., ometto m., stampella f.

clothes horse /ˈkləʊðzˌhɔːs, AE ˈkləʊzˌhɔːrs/ n. **1** stendibiancheria m. a cavalletto **2** COLLOQ. SPREG. *(fashionable person)* manichino m., elegantone m. (-a).

clothes moth /ˈkləʊðzˌmɒθ, AE ˈkləʊzˌmɔːθ/ n. tignola f., tarma f.

clothes prop /ˈkləʊðzˌprɒp, AE ˈkləʊz-/ n. = palo con punta a forcella che sostiene la corda del bucato.

clothes shop /ˈkləʊðzˌʃɒp, AE ˈkləʊz-/ n. BE negozio m. d'abbigliamento.

clothes tree /ˈkləʊðzˌtriː, AE ˈkləʊz-/ n. AE attaccapanni m.

clothier /ˈkləʊðɪə(r)/ ➧ **27** n. ANT. *(seller)* commerciante m. e f. di stoffe, abiti; *(designer)* modellista m. e f., sarto m. (-a).

Clothilda /kləʊˈtɪldə/ n.pr. Clotilde.

▷ **clothing** /ˈkləʊðɪŋ/ n. **U** abbigliamento m., vestiario m.; ***an item*** o ***article of ~*** un capo d'abbigliamento, di vestiario, un abito.

clothing allowance /ˈkləʊðɪŋəˌlaʊəns/ n. *(business person's)* indennità f. di cravatta; *(child's)* sussidio m. per l'abbigliamento.

clothing industry /ˈkləʊðɪŋˌɪndəstrɪ/, **clothing trade** /ˈkləʊðɪŋˌtreɪd/ n. industria f. dell'abbigliamento.

clotted cream /ˌklɒtɪdˈkriːm/ n. BE panna f. rappresa (del latte bollito).

clotting /ˈklɒtɪŋ/ n. coagulazione f.

clotty /ˈklɒtɪ/ agg. grumoso.

cloture /ˈkləʊtʃə(r)/ n. AE POL. *(closure) (of debate etc.)* chiusura f.

▶ **1.cloud** /klaʊd/ n. **1 C** *(in sky)* nube f., nuvola f. **2 U** METEOR. (anche **~ mass**) nubi f.pl., nuvolosità f.; ***some patches of ~*** nubi sparse, qualche traccia di nuvolosità; ***there's a lot of ~ about*** è molto nuvoloso **3** *(mass) (of smoke, dust, gas, ash)* nube f.; *(of insects)* nugolo m. **4** FIG. *(negative feature)* ***a ~ of gloom, uncertainty*** un velo di malinconia, incertezza; ***to cast a ~ over sth.*** gettare un'ombra su qcs. **5** *(blur) (in liquid)* intorbidamento m.; *(in glass, marble, gem)* macchia f.; *(on mirror)* appannamento m. ◆ ***to be living in ~-cuckoo-land*** credere alle fiabe; ***to have one's head in the ~s*** avere la testa fra le nuvole; ***to be on ~ nine*** COLLOQ. toccare il cielo con un dito *o* essere al settimo cielo; ***to be, leave under a ~*** essere, partire in disgrazia *o* in discredito.

2.cloud /klaʊd/ **I** tr. **1** *(blur)* [*steam, breath*] appannare [*mirror*]; [*substance*] intorbidare [*liquid*]; [*tears*] appannare, offuscare [*vision*] **2** *(confuse)* offuscare [*memory, judgment*]; ***to ~ the issue*** imbrogliare le carte, ingarbugliare la questione **3** *(blight)* intristire [*atmosphere, occasion etc.*] **II** intr. → **cloud over**.

▪ **cloud over** [*sky, face*] rannuvolarsi.

cloudbank /ˈklaʊdbæŋk/ n. banco m. di nubi.

cloudberry /ˈklaʊdbərɪ/ n. *(plant)* rovo m. camemoro; *(fruit)* mora f. (di rovo camemoro).

cloudburst /ˈklaʊdbɜːst/ n. nubifragio m.

cloud chamber /ˈklaʊdˌtʃeɪmbə(r)/ n. FIS. camera f. di Wilson, camera f. a nebbia.

cloud cover /ˈklaʊdˌkʌvə(r)/ n. coltre f. di nubi.

clouded /ˈklaʊdɪd/ **I** p.pass. → **2.cloud II** agg. **1** [*sky, weather*] nuvoloso, coperto **2** ***~ with tears*** [*eyes*] offuscato dalle lacrime, velato di lacrime **3** FIG. [*eyes, expression*] offuscato, triste.

cloudily /ˈklaʊdɪlɪ/ avv. *(indistinctly)* nebulosamente.

cloudiness /ˈklaʊdɪnɪs/ n. **1** *(of sky)* nuvolosità f. **2** *(of liquid)* torbidezza f.; *(of marble, gem)* venatura f., screziatura f.

cloudless /ˈklaʊdlɪs/ agg. senza nubi, sereno (anche FIG.).

cloudlet /ˈklaʊdlət/ n. nuvoletta f.

cloudy /ˈklaʊdɪ/ agg. **1** [*weather*] nuvoloso, coperto; ***it's ~*** è nuvoloso **2** [*liquid*] torbido; [*glass*] *(misted)* appannato; *(opaque)* opaco.

1.clout /klaʊt/ n. **1** *(blow)* colpo m., schiaffo m., botta f.; ***to give sth. a ~*** colpire qcs.; ***to give sb. a ~*** dare uno schiaffo a qcn. **2** FIG. *(weight)* peso m., potere m., influenza f. (**with** su); ***to have*** o ***carry a great deal of ~*** avere molto peso; ***to have emotional ~*** [*play, film*] avere un impatto emotivo **3** BE *(cloth)* straccio m. ◆ ***ne'er cast a ~ till May be out*** aprile non ti scoprire.

2.clout /klaʊt/ tr. COLLOQ. colpire, dare uno schiaffo a [*person*]; colpire [*ball*].

1.clove /kləʊv/ pass. → **1.cleave**.

2.clove /kləʊv/ n. GASTR. *(spice)* chiodo m. di garofano; ***oil of ~s*** essenza di chiodi di garofano.

3.clove /kləʊv/ n. *(of garlic)* spicchio m.

clove hitch /ˌkləʊvˈhɪtʃ, ˈkləʊvhɪtʃ/ n. nodo m. parlato.

cloven foot /ˌkləʊvnˈfʊt/, **cloven hoof** /ˌkləʊvnˈhuːf/ n. *(of animal)* zoccolo m. fesso; *(of devil)* piede m. biforcuto, caprino.

clover /ˈkləʊvə(r)/ n. trifoglio m. ◆ ***to be, live in ~*** o ***to be, live like a pig in ~*** vivere nel lusso *o* nuotare nell'abbondanza.

cloverleaf /ˈkləʊvəˌliːf/ n. (pl. **cloverleaves**) foglia f. di trifoglio.

cloverleaf junction /ˌkləʊvəliːfˈdʒʌŋkʃn/ n. (interscambio a) quadrifoglio m.

cloverleaves /ˈkləʊvəˌliːvz/ → **cloverleaf**.

▷ **1.clown** /klaʊn/ ➧ **27** n. **1** *(in circus)* clown m., pagliaccio m.; *(jester)* buffone m. **2** SPREG. *(fool)* buffone m. (-a); ***to play the ~*** fare il buffone.

2.clown /klaʊn/ intr. **1** → **clown around** **2** *(perform)* ***he taught me how to ~*** mi ha insegnato l'arte del clown.

▪ **clown around** BE fare il pagliaccio, il buffone.

clownery /ˈklaʊnərɪ/ n. **1** pagliacciata f. **2 U** *(fooling)* pagliacciate f.pl., buffonate f.pl.

clown fish /ˈklaʊnˌfɪʃ/ n. pesce m. pagliaccio.

clowning /ˈklaʊnɪŋ/ n. **1** *(professional)* mestiere m., arte f. del clown **2 U** *(fooling)* pagliacciate f., buffonate f.pl.

clownish /ˈklaʊnɪʃ/ agg. da pagliaccio, buffonesco.

cloy /klɔɪ/ intr. [*food*] saziare, nauseare, diventare stucchevole; [*pleasure, fame*] stancare.

cloying /ˈklɔɪɪŋ/ agg. nauseante, stucchevole.

▶ **1.club** /klʌb/ **I** n. ➧ **10** **1** *(society)* + verbo sing. o pl. club m., circolo m., associazione f.; ***chess, tennis ~*** circolo scacchistico, tennistico; ***book, record ~*** club del libro, del disco; ***to be in a ~*** fare parte di un club **2** COLLOQ. *(nightclub)* night m. **3** SPORT società f.; ***football ~*** società calcistica **4** *(stick)* randello m., bastone m.; *(weapon)* clava f., mazza f.; *(for golf)* mazza f. **5** *(at cards)* carta f. di fiori; ***to play a low, high ~*** giocare una carta di fiori bassa, alta **II** **clubs** n.pl. + verbo sing. o pl. *(suit)* fiori m.; ***the Ace of ~s*** l'asso di fiori **III** modif. **1** [*committee, member, rules*] del club **2** [*captain, coach*] della squadra **3** [*DJ, aficionado*] di locale notturno; [*atmosphere*] da night; ***on the ~ scene*** nei locali notturni; ***the London ~ scene*** i locali notturni di Londra ◆ ***join the ~!*** COLLOQ. unisciti a noi! ***welcome to the ~!*** COLLOQ. benvenuto nel club! ***to be in the ~*** BE COLLOQ. = essere incinta.

2.club /klʌb/ tr. (forma in -ing ecc. **-bb-**) bastonare, randellare, colpire con una mazza; ***to ~ sb. with a brick, spade*** colpire qcn. con un mattone, una vanga; ***to ~ sb. with a truncheon*** prendere qcn. a manganellate; ***to ~ sb. to death*** bastonare a morte qcn.

▪ **club together** mettere soldi in comune, fare una colletta (**for** per; **to do** per fare).

clubbable /ˈklʌbəbl/ agg. socievole.

clubbed /klʌbd/ **I** p.pass. → **2.club II** agg. claviforme.

clubber /ˈklʌbə(r)/ n. COLLOQ. = frequentatore assiduo di locali notturni.

clubbing /ˈklʌbɪŋ/ n. COLLOQ. ***to go ~*** fare il giro dei locali notturni *o* andare in giro per locali notturni.

clubby /ˈklʌbɪ/ agg. socievole.

club car /ˈklʌbˌkɑː(r)/ n. AE = carrozza di prima classe adibita a bar.

club chair /'klʌbˌtʃeə(r)/ n. AE = comoda poltrona imbottita con schienale piuttosto basso e grossi braccioli.
club class /'klʌbˌklɑːs, AE -klæs/ n. = business class riservata a chi fa frequenti viaggi in aereo.
club foot /'klʌbfʊt/ n. (pl. **club feet**) piede m. equino; ***to have a ~*** avere il piede equino.
club-footed /ˌklʌb'fʊtɪd/ agg. dal, con il piede equino.
clubgoer /'klʌbˌgəʊə(r)/ n. COLLOQ. = frequentatore assiduo di locali notturni.
clubhouse /'klʌbhaʊs/ n. *(for changing)* AE spogliatoio m.; *(for socializing)* clubhouse f., club m., circolo m.
clubland /'klʌblænd/ n. **1** *(nightclubs)* = quartiere dei locali notturni **2** *(gentlemen's clubs)* = quartiere dei circoli.
clubman /'klʌbmən/ n. (pl. **-men**) socio m. di un club.
clubmoss /'klʌbmɒs/ n. licopodio m.
club sandwich /ˌklʌb'sænwɪdʒ/ n. club-sandwich m., panino m. a più strati.
club soda /ˌklʌb'səʊdə/ n. AE (acqua di) soda f.
club steak /'klʌbˌsteɪk/ n. AE lombatina f.
club subscription /ˌklʌbsəb'skrɪpʃn/ n. (quota di) iscrizione f. a un club.
clubwoman /'klʌbˌwʊmən/ n. (pl. **-women**) socia f. di un club.
1.cluck /klʌk/ n. il chiocciare m.; ***to give a ~*** chiocciare; ***the hen goes ~! ~!*** la gallina fa coccodè.
2.cluck /klʌk/ **I** tr. ***to ~ one's tongue*** schioccare la lingua **II** intr. **1** [*hen*] chiocciare, fare coccodè; **2** FIG. ***to ~ over sb.*** *(fuss)* coccolare, vezzeggiare qcn. **3** FIG. ***to ~ over sth.*** *(in annoyance)* bofonchiare, brontolare per qcs.
clucking /'klʌkɪŋ/ n. (il) chiocciare.
▷ **1.clue** /kluː/ n. **1** *(in investigation)* indizio m., traccia f. (**to** su, per); ***to provide sb. with a ~ (as) to where, how etc.*** fornire a qcn. gli indizi per stabilire dove, come ecc. **2** *(hint, suggestion)* indicazione f. (**to** su, **as to** per); ***I'll give you a ~*** ti do un indizio; ***come on, give me a ~*** dai, aiutami **3** COLLOQ. *(idea, notion)* ***I haven't (got) a ~*** non ne ho la minima idea; ***they haven't (got) a ~*** *(incompetent)* non ne sanno niente; *(unsuspecting)* non sospettano nulla; ***he hasn't (got) a ~ about history*** di storia non ne capisce un'acca **4** *(to crossword)* definizione f.
2.clue /kluː/ tr. AE ***to ~ sb. to sth.*** fornire degli indizi su qcs. a qcn.
clued-up /ˌkluːd'ʌp/ agg. BE COLLOQ. beninformato (**about** su).
clueless /'kluːlɪs/ agg. BE COLLOQ. ***to be ~ about sth.*** *(to be incompetent)* non saperne niente di qcs.
1.clump /klʌmp/ n. **1** *(of flowers)* cespo m.; *(of grass)* ciuffo m.; *(of trees)* gruppo m.; *(of earth)* blocco m., massa f. **2** *(thud)* rumore m. di passo pesante, rumore m. sordo.
2.clump /klʌmp/ **I** tr. (anche **~ together**) piantare fitto, raggruppare [*plants*] **II** intr. *(thud)* cadere pesantemente (**on** su); ***to ~ upstairs, downstairs*** salire, scendere le scale con passo pesante.
■ **clump about, clump around** camminare con passo pesante.
clumsily /'klʌmzɪlɪ/ avv. [*move*] goffamente, sgraziatamente; [*break sth., paint*] maldestramente; [*expressed*] goffamente.
clumsiness /'klʌmzɪnɪs/ n. *(carelessness)* rozzezza f.; *(awkwardness)* goffaggine f.; *(of style)* pesantezza f.; *(of device, system)* scarsa praticità f., scomodità f.
clumsy /'klʌmzɪ/ agg. [*person, attempt, effort*] maldestro, goffo; [*body, limbs*] goffo; [*object*] grossolano; [*animal*] sgraziato, goffo; [*tool*] poco pratico, scomodo; [*style*] pesante; ***to be ~ at sports, drawing*** essere goffo nel praticare sport, non saper disegnare; ***to be ~ at tennis, volleyball*** essere goffo, impacciato a giocare a tennis, pallavolo; ***to be ~ with one's hands, a knife*** non essere molto abile a usare le mani, un coltello; ***how ~ of me!*** che sbadato!
clung /klʌŋ/ pass., p.pass. → **cling**.
1.clunk /klʌŋk/ n. COLLOQ. **1** *(sound)* rumore m. sordo **2** AE COLLOQ. *(idiot)* sciocco m. (-a), stupido m. (-a).
2.clunk /klʌŋk/ intr. fare un rumore sordo.
clunker /'klʌŋkə(r)/ n. AE COLLOQ. **1** *(car, machine)* macinino m. **2** *(book, play etc.)* fiasco m.
clunky /'klʌŋkɪ/ agg. COLLOQ. **1** *(clumsy)* maldestro **2** *(shabby)* in cattivo stato, malconcio **3** *(clunking)* [*bangles etc.*] tintinnante.
▷ **1.cluster** /'klʌstə(r)/ n. **1** *(group)* *(of grapes, berries)* grappolo m.; *(of people, islands, trees, houses)* gruppo m.; *(of flowers)* cespo m.; *(of insects)* sciame m.; *(of ideas)* insieme m.; *(of diamonds)* contorno m. **2** ASTR. ammasso m. **3** STATIST. cluster m. **4** LING. ***(consonant) ~*** gruppo consonantico.
▷ **2.cluster** /'klʌstə(r)/ intr. [*people*] raggrupparsi, raccogliersi, stringersi (**around** intorno a); ***they (were) ~ed in front of the shop window*** erano riuniti davanti alla vetrina del negozio; ***the trees were ~ed around the church*** gli alberi erano raggruppati intorno alla chiesa.
cluster bomb /'klʌstərbɒm/ n. bomba f. a grappolo.
1.clutch /klʌtʃ/ **I** n. **1** AUT. *(mechanism, pedal)* frizione f.; ***to let in*** o ***engage the ~*** innestare la frizione; ***to let out*** o ***disengage the ~*** disinnestare la frizione; ***to release the ~*** rilasciare la frizione **2** *(grab)* ***to make a ~ at sth.*** tentare di afferrare qcs. **3** AE *(tight situation)* situazione f. critica **4** AE *(bag)* pochette f. **II clutches** n.pl. *(power)* ***to be in sb.'s ~es*** essere caduto nelle grinfie di qcn.; ***to fall into the ~es of*** cadere nelle grinfie di.
2.clutch /klʌtʃ/ tr. **1** *(hold tightly)* stringere, afferrare, tenere stretto [*object, child*] (**in** tra); ***to ~ sb., sth. to*** stringere qcn., qcs. a *o* contro [*chest, body, oneself*] **2** *(grab at)* → **clutch at**.
■ **clutch at:** ~ at [sth., sb.] tentare di afferrare [*branch, lifebelt, rail, person*]; FIG. aggrapparsi a [*hope*]; afferrare [*opportunity*]; appigliarsi a [*excuse*]; ***she ~ed at my arm*** si aggrappò al mio braccio; ***to ~ at straws*** aggrapparsi a qualsiasi cosa.
3.clutch /klʌtʃ/ n. *(cluster)* *(of eggs, chicks)* covata f.; FIG. *(of books, awards, companies)* serie f.; *(of people)* gruppo m.
clutch bag /'klʌtʃˌbæg/ n. pochette f.
clutch cable /'klʌtʃˌkeɪbl/ n. cavetto m. della frizione.
clutch disc /'klʌtʃˌdɪsk/ n. disco m. della frizione.
clutch linkage /'klʌtʃˌlɪŋkɪdʒ/ n. cavo m. della frizione.
clutch linkage play /'klʌtʃˌlɪŋkɪdʒˌpleɪ/, **clutch pedal play** /'klʌtʃˌpedlˌpleɪ/ n. gioco m. del pedale della frizione.
1.clutter /'klʌtə(r)/ n. **1** *(jumbled objects)* accozzaglia f.; *(disorder)* confusione f., disordine m.; ***in a ~*** in disordine **2 U** *(on radar)* eco f. e m. parassita.
2.clutter /'klʌtə(r)/ tr. → **clutter up**.
■ **clutter up:** ~ up [sth.], ~ [sth.] up ingombrare, mettere in disordine.
cluttered /'klʌtəd/ **I** p.pass. → **2.clutter II** agg. **1** [*room, desk, mind*] ingombro (**with** di) **2** ***the presentation is ~*** la presentazione è confusa *o* disordinata.
Clwyd /'kluːɪd/ ♦ ***24*** n.pr. Clwyd f.
Clyde /klaɪd/ n.pr. Clyde (nome di uomo).
clypeate /klɪpɪeɪt/ agg. clipeato.
clypei /'klɪpɪaɪ/ → **clypeus**.
clypeiform /'klɪpɪɪfɔːm/ agg. clipeiforme.
clypeus /'klɪpɪəs/ n. (pl. **-i**) clipeo m.
clysma /'klɪzmə/ n. (pl. **-ata**) clisma m.
1.clyster /'klɪstə(r)/ n. ANT. clistere m.
2.clyster /'klɪstə(r)/ tr. ANT. fare un clistere a [*patient*].
Clyt(a)emnestra /ˌklaɪtɪm'nestrə/ n.pr. Clitennestra.
Cmdr MIL. ⇒ Commander comandante (com.).
CNAA n. (⇒ Council for National Academic Awards) = organismo statale preposto al controllo del livello di difficoltà degli esami universitari.
CND n. (⇒ Campaign for Nuclear Disarmament) = movimento a favore del disarmo nucleare.
CNN n. (⇒ Cable News Network) = rete televisiva americana di notizie via cavo.
c/o ⇒ care of presso (c/o).
Co 1 COMM. ⇒ company compagni (C.); ***...and ~*** ...e C.; SCHERZ. and company *o* e compagnia (bella) **2** GEOGR. ⇒ county contea.
1.CO n. **1** MIL. (⇒ commanding officer) = ufficiale comandante **2** (⇒ conscientious objector) = obiettore di coscienza.
2.CO US ⇒ Colorado Colorado.
coacervate /kəʊə'sɜːvət/ n. coacervato m.
► **1.coach** /kəʊtʃ/ **I** ♦ ***27*** n. **1** *(bus)* (auto)pullman m.; ***to go by ~, to go on the ~*** andare in pullman **2** BE *(of train)* carrozza f., vettura f. **3** SPORT allenatore m. (-trice) **4** *(for drama, voice)* insegnante m. e f. **5** *(tutor)* insegnante m. e f. privato (-a) **6** *(horse-drawn)* *(for royalty)* carrozza f.; *(for passengers)* diligenza f. **7** AE AER. classe f. turistica **II** modif. [*holiday, journey, travel*] in pullman ♦ ***to drive a ~ and horses through sth.*** demolire qcs.
2.coach /kəʊtʃ/ tr. **1** SPORT allenare [*team*]; essere un allenatore di [*sport*] **2** *(teach)* ***to ~ sb.*** dare ripetizioni a qcn. (**in** di); ***to ~ sb. for an exam, for a role*** preparare qcn. per un esame, per una parte; ***to ~ sb. in what to say*** far ripetere a qcn. ciò che deve dire.
coachbuilder /'kəʊtʃˌbɪldə(r)/ ♦ ***27*** n. BE carrozziere m., carrozzaio m.
coachbuilding /'kəʊtʃˌbɪldɪŋ/ n. BE costruzione f. di carrozzerie.
coach driver /'kəʊtʃˌdraɪvə(r)/ ♦ ***27*** n. BE autista m. e f. di pullman.
▷ **coaching** /'kəʊtʃɪŋ/ n. **U 1** *(in sport)* allenamento m.; ***to receive ~*** essere sottoposto a un allenamento **2** *(lessons)* lezioni f.pl. private, ripetizioni f.pl.

coachload /'kəʊtʃˌləʊd/ n. BE pullman m. (**of** di).
coachman /'kəʊtʃmən/ n. (pl. **-men**) cocchiere m.
coach operator /'kəʊtʃˌɒpəreɪtə(r)/ ♦ *27* n. BE = gestore di un'impresa di trasporti con autopullman.
coach park /'kəʊtʃˌpɑ:k/ n. BE parcheggio m. per pullman.
coach party /'kəʊtʃˌpɑ:tɪ/ n. BE = gruppo di persone che viaggiano in pullman.
coach station /'kəʊtʃˌsteɪʃn/ n. BE autostazione f., stazione f. dei pullman.
coach terminus /'kəʊtʃˌtɜ:mɪnəs/ n. BE capolinea m. dei pullman.
coach trip /'kəʊtʃˌtrɪp/ n. gita f. in pullman.
coachwork /'kəʊtʃˌwɜ:k/ n. BE carrozzeria f.
1.coact /kəʊ'ækt/ tr. DIR. *(force, compel)* costringere.
2.coact /kəʊ'ækt/ intr. agire insieme.
coaction /kəʊ'ækʃn/ n. DIR. coazione f., coercizione f.
coactive /kəʊ'æktɪv/ agg. DIR. coattivo, coercitivo.
coadjutant /kəʊ'ædʒʊtnt/ **I** agg. coadiuvante **II** n. assistente m. e f., collaboratore (-trice).
coadjutor /kəʊ'ædʒʊtə(r)/ n. coadiutore m. (-trice).
coadunate /kəʊ'ædʒʊnət/ agg. BOT. connato.
coagula /ˌkəʊ'ægjʊlə/ → **coagulum**.
coagulant /kəʊ'ægjʊlənt/ **I** agg. coagulante **II** n. coagulante m.
coagulate /kəʊ'ægjʊleɪt/ **I** tr. coagulare **II** intr. coagulare, coagularsi.
coagulation /ˌkəʊægjʊ'leɪʃn/ n. coagulazione f.
coagulative /ˌkəʊ'ægjʊlətɪv, AE -eɪtɪv/ agg. coagulativo.
coagulator /ˌkəʊ'ægjʊleɪtə(r)/ agg. → **coagulant**.
coagulum /ˌkəʊ'ægjʊləm/ n. (pl. **-a**) coagulo m.
▶ **1.coal** /kəʊl/ **I** n. **1 U** *(mineral)* carbone m.; ***a piece*** o ***lump of ~*** un pezzo di carbone **2** *(individual piece)* carbone m.; ***hot*** o ***live ~s*** carboni ardenti; ***brown ~*** lignite; ***soft ~*** carbone bituminoso; ***hard ~*** antracite **II** modif. [*cellar, shed*] del carbone; [*shovel*] da carbone ◆ ***as black as ~*** nero come il carbone; ***to carry ~s to Newcastle*** portare acqua al mare *o* portar vasi a Samo; ***to haul sb. over the ~s*** COLLOQ. dare una lavata di capo a qcn.
2.coal /kəʊl/ **I** tr. rifornire di carbone **II** intr. [*ship*] rifornirsi di carbone.
coal-based /'kəʊlˌbeɪsd/ agg. a base di carbone.
coal basin /'kəʊlˌbeɪsn/ n. bacino m. carbonifero.
coal bed /'kəʊlˌbed/ n. → **coal seam**.
coal-black /'kəʊlˌblæk/ agg. nero come il carbone.
coal box /'kəʊlˌbɒks/ n. secchio m. per il carbone.
coal bunker /'kəʊlˌbʌŋkə(r)/ n. carbonile m.
coal-burning /'kəʊlˌbɜ:nɪŋ/ agg. a carbone.
coal cutter /'kəʊlˌkʌtə(r)/ ♦ *27* n. **1** *(man)* tagliatore m. (-trice) di carbone **2** *(machine)* tagliatrice f.
coal deposit /'kəʊldɪˌpɒzɪt/ n. giacimento m. di carbone.
coal depot /'kəʊlˌdepəʊ, AE -ˌdi:pəʊ/ n. deposito m. di carbone.
coal dust /'kəʊldʌst/ n. polverino m. di carbone.
coaler /kəʊlə(r)/ n. *(ship)* carboniera f.
coalesce /ˌkəʊə'les/ intr. [*groups of people*] coalizzarsi; [*substances, ideas*] unirsi, fondersi.
coalescence /ˌkəʊə'lesns/ n. **1** FIS. MED. coalescenza f. **2** *(union)* unione f., fusione f.
coalface /'kəʊlfeɪs/ n. fronte m. di abbattimento; ***at the ~*** al fronte di abbattimento; FIG. al fronte.
coalfield /'kəʊlfi:ld/ n. bacino m. carbonifero.
coal fire /'kəʊlfaɪə(r)/ n. BE camino m. alimentato a carbone.
coal-fired /'kəʊlfaɪərd/ agg. alimentato a carbone.
coal gas /'kəʊlgæs/ n. gas m. illuminante
coal hole /'kəʊlhəʊl/ n. BE COLLOQ. carbonaia f.
coal industry /'kəʊlˌɪndəstrɪ/ n. industria f. carbonifera.
coalition /ˌkəʊə'lɪʃn/ **I** n. **1** POL. coalizione f. (**between** tra; **with** con) **2** unione f., fusione f. **II** modif. [*government, party, partner*] di coalizione.
coalitionist /ˌkəʊə'lɪʃənɪst/ n. fautore m. (-trice) di una coalizione.
coal man /'kəʊlmən/ ♦ *27* n. (pl. **coal men**) carbonaio m.
coal merchant /'kəʊlˌmɜ:tʃənt/ → **coal man**.
coalmice /'kəʊlmaɪs/ → **coalmouse**.
coalmine /'kəʊlˌmaɪn/ n. miniera f. di carbone.
coalminer /'kəʊlˌmaɪnə(r)/ ♦ *27* n. minatore m.
coalmining /'kəʊlmaɪnɪŋ/ **I** n. estrazione f. del carbon fossile **II** modif. [*family, region, town*] di minatori.
coalmouse /'kəʊlmaʊs/ n. (pl. **-mice**) cincia f. mora.
coal oil /'kəʊlˌɔɪl/ n. **1** AE *(kerosene)* cherosene m. **2** *(from coal)* petrolio m. grezzo.
coal pit /'kəʊlpɪt/ n. miniera f. di carbone.
coal scuttle /'kəʊlˌskʌtl/ n. secchio m. per il carbone.
coal seam /'kəʊlsi:m/ n. strato m. carbonifero.
coal tar /'kəʊltɑ:(r)/ n. catrame m. di carbone.
coal tit /'kəʊltɪt/ n. → **coalmouse**.
coal yard /'kəʊljɑ:d/ n. deposito m. di carbone.
coaly /'kəʊlɪ/ agg. **1** *(covered in coal)* coperto di carbone **2** *(resembling coal)* simile a carbone, color carbone.
coaming /'kəʊmɪŋ/ n. **1** EDIL. bordo m. rialzato **2** MAR. mastra f.
coarctate /kəʊ'ɑ:kteɪt/ agg. BIOL. coartato.
coarctation /kəʊ'ɑ:kteɪʃn/ n. coartazione f.
▷ **coarse** /kɔ:s/ agg. **1** [*texture, linen, wool*] grezzo, ruvido; [*skin, paper*] ruvido; [*hair, grass*] folto; [*sand, salt*] grosso **2** *(not refined)* [*manners*] grossolano, rude, rozzo, volgare, triviale; [*laugh*] sguaiato; [*accent*] volgare; ***~ features*** lineamenti grossolani **3** *(indecent)* [*language, joke*] volgare **4** [*food, wine*] scadente **5** GEOL. [*sediment*] grezzo.
coarse fishing /ˌkɔ:s'fɪʃɪŋ/ n. BE = pesca d'acqua dolce (che non comprende la pesca alla trota o al salmone).
coarse-grained /'kɔ:sˌgreɪnd/ agg. [*texture*] a grana grossa; [*person*] grossolano, rozzo.
coarsely /'kɔ:slɪ/ avv. [*speak*] volgarmente, grossolanamente; ***~ woven*** grezzo; ***~ ground*** macinato grosso.
coarsen /'kɔ:sn/ **I** tr. rendere ruvido [*skin*]; rendere grossolano, involgarire [*person*] **II** intr. [*person*] diventare grossolano, involgarirsi; [*speech, manners, features*] diventare grossolano; [*skin*] diventare ruvido.
coarseness /'kɔ:snɪs/ n. **1** *(of manners)* grossolanità f., rozzezza f., volgarità f. **2** *(of sand, salt)* grossezza f.; *(of cloth)* ruvidezza f.; *(of features)* grossolanità f.
▶ **1.coast** /kəʊst/ **I** n. **1** costa f., litorale m., riviera f.; ***off the ~*** al largo; ***the east, west ~*** la costa orientale, occidentale; ***from ~ to ~*** da una costa all'altra; ***the ~ is clear*** FIG. la via è libera **2** AE ***the Coast*** la costa del Pacifico **II** modif. [*road, path*] costiero.
2.coast /kəʊst/ intr. **1** *(freewheel)* ***to ~ downhill*** [*car*] scendere in folle; [*bicycle*] scendere a ruota libera **2** *(travel effortlessly)* ***to ~ along at 50 mph*** procedere a una velocità di crociera di 80 km/h; ***they ~ed home*** FIG. hanno vinto facilmente; ***to ~ through an exam*** passare un esame senza problemi **3** MAR. cabotare.
coastal /'kəʊstl/ agg. costiero, litoraneo.
coaster /'kəʊstə(r)/ n. **1** *(mat)* sottobicchiere m. **2** *(for decanter)* sottobottiglia m. **3** *(boat)* nave f. da cabotaggio, costiera **4** AE *(sledge)* slitta f.; *(roller coaster)* montagne f.pl. russe.
coastguard /'kəʊstgɑ:d/ ♦ *27* n. **1** *(organization)* guardia f. costiera **2** *(person)* guardacoste m.
coastguardsman /'kəʊstgɑ:dzmən/ ♦ *27* n. (pl. **-men**) guardacoste m.
coastguard station /'kəʊstgɑ:dˌsteɪʃn/ n. comando m. della guardia costiera.
coastguard vessel /'kəʊstgɑ:dˌvesl/ n. motovedetta f. guardacoste, guardacoste m.
coasting /'kəʊstɪŋ/ **I** agg. costiero, cabotiero **II** n. **1** navigazione f. costiera, cabotaggio m. **2** *(freewheel of car)* l'andare in folle; *(bicycle)* l'andare a ruota libera **3** *(travel effortlessly)* avanzamento m. tranquillo.
coastline /'kəʊstˌlaɪn/ n. linea f. costiera.
coast-to-coast /ˌkəʊsttə'kəʊst/ agg. [*broadcast*] nazionale; [*search*] nazionale, su tutto il territorio.
▶ **1.coat** /kəʊt/ ♦ *28* **I** n. **1** *(garment) (full-length)* cappotto m.; *(jacket)* giacca f., giaccone m.; ***three-quarter length ~*** trequarti **2** ZOOL. *(of dog, cat)* pelo m., pelliccia f.; *(of horse, ox)* manto m., mantello m. **3** *(layer) (of polish, dust, frost, bitumen)* strato m.; *(of paint, varnish)* strato m., mano f.; ***a ~ of icing*** uno strato di glassa **II** modif. [*button, pocket etc.*] del cappotto.
2.coat /kəʊt/ tr. **1** *(cover)* ***to ~ sth. with*** ricoprire qcs. di [*dust, silt, oil, frost*]; rivestire qcs. di [*rubber*]; ***to ~ sth. with paint, varnish*** verniciare qcs. *o* dare una mano di vernice a qcs.; ***to ~ sth. with whitewash*** dare il bianco a qcs.; ***to ~ sth. with tar*** incatramare qcs. **2** GASTR. ***to ~ sth. in*** o ***with*** ricoprire qcs. di [*batter, chocolate, sauce*]; dorare qcs. con [*egg*]; ***to ~ sth. in*** o ***with breadcrumbs*** impanare qcs.
coatdress /'kəʊtdres/ n. robe-manteau m. e f.
coated /'kəʊtɪd/ **I** p.pass. → **2.coat II** agg. **1** MED. [*tongue*] patinoso **2** ***~ with sugar*** o ***sugar-~*** [*sweet*] ricoperto di zucchero *o* glassato; [*pill*] confettato *o* confezionato in confetti **3** TIP. [*paper*] rivestito.
coated lens /'kəʊtɪdˌlenz/ n. FOT. ottica f. trattata.
coatee /'kəʊti:/ n. giubbetto m.
coat hanger /'kəʊtˌhæŋə(r)/ n. gruccia f., ometto m., stampella f.

coati /kəʊ'ɑːtɪ/ n. coati m.

▷ **coating** /'kəʊtɪŋ/ n. **1** *(edible)* strato m. (**of** di) **2** ING. TECN. IND. *(covering)* rivestimento m.; ***protective ~*** rivestimento protettivo.

coat of arms /ˌkəʊtəv'ɑːmz/ n. stemma m. araldico, blasone m.

coat of mail /ˌkəʊtəv'meɪl/ n. STOR. cotta f. di maglia.

coat rack /'kəʊtræk/ n. attaccapanni m. a muro.

coatroom /'kəʊtruːm, -rʊm/ n. AE guardaroba m.

coat-tails /'kəʊtteɪlz/ n.pl. falde f. del frac ◆ ***to be always hanging on sb.'s ~*** stare sempre appiccicato a qcn.; ***to ride on sb.'s ~*** SPREG. andare a rimorchio.

coat tree /'kəʊttriː/ n. AE attaccapanni m. (a stelo).

1.co-author /ˌkəʊ'ɔːθə(r)/ n. coautore m. (-trice).

2.co-author /'kəʊˌɔːθə(r)/ tr. coprodurre.

coax /kəʊks/ tr. persuadere, convincere (con pazienza) [*person*]; blandire [*animal*]; ***to ~ sb. to do*** o ***into doing sth.*** convincere qcn. a fare qcs.; ***to ~ sth. out of sb.*** riuscire a farsi dare qcs. da qcn.; ***to ~ sb. out of a bad mood*** riuscire a far passare il malumore a qcn.; ***to ~ a car into starting*** riuscire a mettere in moto l'auto; ***"do come," he ~ed*** "su, vieni," disse con voce gentile.

coaxer /'kəʊksə(r)/ n. adulatore m. (-trice), persuasore m. (-ditrice).

coaxial /kəʊ'æksɪəl/ agg. coassiale.

coaxing /'kəʊksɪŋ/ **I** agg. persuasivo, adulatorio **II** n. moine f.pl., blandizie f.pl., sforzo m. persuasivo; ***no amount of ~ would make him drink it*** non c'è modo di farglielo bere.

coaxingly /'kəʊksɪŋlɪ/ avv. persuasivamente, adulatoriamente.

cob /kɒb/ n. **1** *(horse)* cavallo m. piccolo e robusto **2** *(swan)* cigno m. maschio **3** BE *(loaf)* pagnotta f. **4** *(of maize)* pannocchia f. **5** BE *(nut)* grossa nocciola f. **6** BE EDIL. mattone m. crudo.

cobalt /'kəʊbɔːlt/ n. cobalto m.; ***~ 60*** cobalto 60.

cobalt blue /ˌkəʊbɔːlt'bluː/ ♦ **5** n. blu m. cobalto.

cobalt bomb /'kəʊbɔːltˌbɒm/ n. MED. MIL. bomba f. al cobalto.

cobaltic /kəʊ'bɔːltɪk/ agg. cobaltico.

cobber /'kɒbə(r)/ n. AUSTRAL. COLLOQ. compagno m. (-a), amico m. (-a).

cobble /'kɒbl/ **I** tr. **1** pavimentare con ciottoli, acciottolare [*road*] **2** *(make)* fare [*shoes*]; *(mend)* rattoppare, riparare [*shoes*] **II** intr. *(make)* fare scarpe; *(mend)* rattoppare scarpe.

▪ **cobble together:** ***~ [sth.] together, ~ together [sth.]*** mettere insieme, raffazzonare [*statement, excuse, plan*].

cobbled /'kɒbld/ **I** p.pass. → **cobble II** agg. pavimentato con ciottoli, acciottolato; ***~ paving*** acciottolato.

cobbler /'kɒblə(r)/ ♦ ***27*** n. **1** *(shoemaker)* ciabattino m. (-a), calzolaio m. (-a) **2** GASTR. *(pie)* = torta ripiena di frutta; *(punch)* = bevanda ghiacciata a base di vino o liquore, limone e zucchero, punch ghiacciato.

cobblers /'kɒbləz/ n.pl. BE COLLOQ. sciocchezze f., fandonie f.; ***"and ~ to them!"*** "accidenti a loro!".

cobbles /'kɒblz/, **cobblestones** /'kɒblstəʊnz/ n.pl. acciottolato m.sing.

cobnut /'kɒbnʌt/ n. grossa nocciola f.

COBOL /'kəʊbɒl/ n. (⇒ common business oriented language linguaggio orientato alle procedure amministrative correnti) COBOL m.

cobra /'kəʊbrə/ n. cobra m.

cobweb /'kɒbweb/ n. ragnatela f.; ***that will blow away the ~s*** FIG. questo mi rinfrescherà le idee.

cobwebbed /'kɒbwebd/, **cobwebby** /'kɒbwebɪ/ agg. coperto di ragnatele.

coca /'kəʊkə/ n. BOT. coca f.

Coca-Cola® /ˌkəʊkə'kəʊlə/ n. coca-cola® f.; ***two ~s please*** due coca-cola per favore.

▷ **cocaine** /kəʊ'keɪn/ **I** n. cocaina f. **II** modif. [*dealer, dealing*] di cocaina; ***~ addict*** cocainomane; ***~ addiction*** cocainomania.

cocainism /kəʊ'keɪnɪzəm/ n. cocainismo m.

cocainization /kəʊkeɪnaɪ'zeɪʃn, AE -nɪ'z-/ n. cocainizzazione f.

cocainize /kəʊ'keɪnaɪz/ tr. cocainizzare.

cocci /'kɒkaɪ/ → **coccus**.

coccidiosis /kɒksɪdɪ'əʊsɪs/ n. (pl. **-es**) coccidiosi f.

coccus /'kɒkəs/ n. (pl. **-i**) ENTOM. cocco m.

coccyx /'kɒksɪks/ n. (pl. **~es** o **-ges**) coccige m.

1.cochair /'kəʊtʃeə(r)/ n. copresidente m. e f.

2.cochair /'kəʊtʃeə(r)/ tr. presiedere con altri.

cochairman /'kəʊtʃeəmən/ n. (pl. **-men**) copresidente m.

cochairmanship /'kəʊtʃeəmənʃɪp/ n. copresidenza f.

cochairmen /'kəʊtʃeəmen/ → **cochairman**.

Cochin China /ˌkəʊtʃɪn'tʃaɪnə/ n.pr. Cocincina f.

cochineal /ˌkɒtʃɪ'niːl/ n. **1** GASTR. carminio m. **2** ZOOL. cocciniglia f.

cochlea /'kɒklɪə/ n. (pl. **-ae**) coclea f.

cochlear /'kɒklɪə(r)/ agg. cocleare.

▷ **1.cock** /kɒk/ **I** n. **1** *(rooster)* gallo m. **2** *(male bird)* maschio m. (d'uccello) **3** VOLG. *(penis)* uccello m., cazzo m. **4** BE POP. *(nonsense)* cavolate f.pl., cazzate f.pl.; ***that's a load of old ~*** sono tutte cavolate **5** BE POP. *(term of address)* ***well, old ~?*** allora, vecchio mio? **6** *(of hay, straw)* covone m. **7** *(weather vane)* banderuola f. **8** *(of gun)* cane m.; ***at full, half ~*** [*pistol, gun*] col cane sollevato in posizione di sparo, sollevato a metà **II** modif. [*pheasant, sparrow*] maschio; ***~ bird*** uccello maschio ◆ ***to be ~ of the walk*** SPREG. essere il gallo della Checca; ***to go off at half ~*** COLLOQ. *(be hasty)* = cominciare qcs. prima che i preparativi siano terminati, cosicché il risultato o l'effetto non è soddisfacente; *(be disappointing)* andare a vuoto *o* fare un buco nell'acqua; ***to live like fighting ~s*** vivere da pascià, avere ogni ben di Dio.

2.cock /kɒk/ tr. **1** *(raise)* ***to ~ an eyebrow*** sollevare le sopracciglia; ***the dog ~ed its leg*** il cane ha alzato la zampa; ***to ~ an ear*** o ***to keep an ear ~ed*** tendere l'orecchio; ***he ~ed an eye at the clock*** diede un'occhiata all'orologio **2** *(tilt)* reclinare [*head*]; ***to ~ one's hat*** mettersi il cappello sulle ventitré **3** MIL. alzare il cane di, armare [*gun*].

▪ **cock up** BE POP. ***~ up*** impappinarsi ***~ [sth.] up, ~ up [sth.]*** mandare a monte, guastare, rovinare [*plan, schedule, assignment*]; ***to ~ things up*** rovinare tutto.

cockade /kɒ'keɪd/ n. coccarda f.

cockaded /kɒ'keɪdɪd/ agg. [*hat*] ornato di coccarda, con coccarda.

cock-a-doodle-doo /ˌkɒkəˌduːdl'duː/ n. chicchirichì m.; ***to go ~*** fare chicchirichì.

cock-a-hoop /ˌkɒkə'huːp/ agg. COLLOQ. compiaciuto, esultante (**about** per).

Cockaigne /kɒ'keɪn/ n.pr. paese m. della cuccagna, cuccagna f.

cock a leekie soup /ˌkɒkə'liːkɪˌsuːp/ n. BE zuppa f. di pollo e porri.

cockalorum /kɒkə'lɔːrəm/ n. **1** *(self-important man)* sciocco m., presuntuoso **2** *(crowing)* smargiassata f., smargiassate f.pl., vanteria f.

cockamamie, **cockamamy** /ˌkɒkə'mæmɪ/ agg. COLLOQ. bislacco, stravagante, strambo.

cock-and-bull story /'kɒkənˌbulˌstɔːrɪ/ n. storia f. inverosimile, panzana f., fandonia f.; ***they told some ~ about being burgled*** hanno raccontato una storia inverosimile secondo la quale sarebbero stati svaligiati.

cockatoo /ˌkɒkə'tuː/ n. cacatua m.

cockatrice /'kɒkətraɪs/ n. MITOL. basilisco m.

Cockayne /kɒ'keɪn/ n. → **Cockaigne**.

cockboat /'kɒkbəʊt/ n. barchetta f.

cockchafer /'kɒktʃeɪfə(r)/ n. maggiolino m.

cockcrow /'kɒkkrəʊ/ n. ***at ~*** al canto del gallo.

cocked /kɒkt/ **I** p.pass. → **2.cock II** agg. eretto, dritto.

cocked hat /ˌkɒkt'hæt/ n. *(two points)* bicorno m.; *(three points)* tricorno m. ◆ ***to knock sb. into a ~*** COLLOQ. *(defeat)* stracciare qcn.; ***a good player would knock my pathetic efforts into a ~*** *(defeat)* un buon giocatore se la ride dei miei sforzi patetici; AE *(ruin)* mandare all'aria [*case etc.*].

cocker /ˌkɒkə(r)/, **cocker spaniel** /ˌkɒkə'spænjəl/ n. cocker m. (spaniel).

cockerel /'kɒkərəl/ n. galletto m.

cockeyed /'kɒkaɪd/ agg. COLLOQ. [*plans, ideas*] assurdo, strampalato.

cockfight /'kɒkfaɪt/ n. combattimento m. di galli.

cockfighting /'kɒkfaɪtɪŋ/ n. combattimenti m.pl. di galli.

cockhorse /'kɒkhɔːs/ **I** n. cavallo m. a dondolo **II** avv. a cavalcioni.

cockily /'kɒkɪlɪ/ avv. sfacciatamente, sfrontatamente.

cockiness /'kɒkɪnɪs/ n. impudenza f., sfacciataggine f., sfrontatezza f.

1.cockle /'kɒkl/ n. *(mollusc)* cardio m. ◆ ***it warmed the ~s of my heart to hear it*** mi ha dato gioia *o* mi ha rincuorato saperlo; ***this brandy will warm the ~s of your heart!*** questo brandy ti scalderà il cuore!

2.cockle /'kɒkl/ n. **1** BOT. loglio m., gettaione m. **2** *(gall)* golpe f., carie f. del grano.

3.cockle /'kɒkl/ n. *(wrinkle) (in paper etc.)* grinza f., increspatura f.

4.cockle /'kɒkl/ **I** tr. *(wrinkle)* increspare, raggrinzare **II** intr. [*paper, cloth*] incresparsi, raggrinzarsi.

cockleshell /'kɒklʃel/ n. **1** *(shell)* cardio m. **2** *(boat)* guscio m. di noce.

cock lobster /'kɒkˌlɒbstə(r)/ n. maschio m. d'aragosta.

cockloft /'kɒklɒft/ n. (piccola) soffitta f., abbaino m.

cockney /ˈkɒknɪ/ **I** agg. cockney, tipicamente londinese **II** n. **1** *(person)* cockney m. e f. **2** *(dialect)* cockney m.

> **Cockney** La parola indica chi è nato nell'East End di Londra "alla portata del suono delle campane della chiesa di St. Mary-le-Bow", e anche l'inglese, dal tipico accento, parlato dagli abitanti di questa zona. Il termine viene estensivamente usato riferendosi a qualsiasi londinese che parli con un accento marcato.

cockneyfy /ˈkɒknɪfaɪ/ tr. rendere cockney *o* dare un carattere cockney a [*speech, manners*].
cockneyism /ˈkɒknɪɪzəm/ n. **1** *(expression)* espressione f. cockney **2** *(custom)* = modo di fare tipicamente cockney.
▷ **cockpit** /ˈkɒkˌpɪt/ n. AER. cabina f., abitacolo m. del pilota; MAR. cockpit m., pozzetto m.; AUT. abitacolo m., posto m. di guida.
cockroach /ˈkɒkrəʊtʃ/ n. blatta f., scarafaggio m.
cockscomb /ˈkɒkskəʊm/ n. **1** BOT. cresta f. di gallo **2** → **coxcomb**.
cocksfoot /ˈkɒksfʊt/ n. (pl. **~s**) erba f. mazzolina.
cockshead /ˈkɒkshed/ n. lupinella f., fieno m. santo.
cockshy /ˈkɒkʃaɪ/ n. **1** *(target)* bersaglio m. **2** *(genre)* tiro m. al bersaglio.
cockspur /ˈkɒkspɜː(r)/ n. **1** sprone m. del gallo **2** AE biancospino m. della Virginia.
cocksucker /ˈkɒksʌkə(r)/ n. VOLG. succhiacazzi m. e f.
cocksure /ˌkɒkˈʃɔː(r), AE ˌkɒkˈʃʊər/ agg. SPREG. [*person, manner, attitude*] presuntuoso; ***she's far too ~*** è troppo sicura di sé; ***to be ~ about*** essere troppo sicuro di [*abilities, prospects*].
cocksureness /ˌkɒkˈʃɔːrnɪs, AE -ˈʃʊər-/ n. presunzione f.
▷ **cocktail** /ˈkɒkteɪl/ n. **1** *(drink)* cocktail m.; ***gin ~*** cocktail a base di gin; ***to mix a ~*** preparare un cocktail; ***to have ~s*** prendere un cocktail **2** *(mixture)* ***fruit ~*** macedonia di frutta; ***seafood ~*** cocktail di frutti di mare **3** FIG. *(of elements, ideas, drugs)* cocktail m., miscela f., combinazione f.
cocktail bar /ˈkɒkteɪlˌbɑː(r)/ n. **1** (anche **cocktail lounge**) bar m. (di un hotel) **2** *(chic bar)* american bar m.
cocktail biscuit /ˈkɒkteɪlˌbɪskɪt/ n. salatino m. per l'aperitivo.
cocktail cabinet /ˈkɒkteɪlˌkæbɪnɪt/ n. BE mobile bar m.
cocktail dress /ˈkɒkteɪlˌdres/ n. abito m. da cocktail.
cocktail hour /ˈkɒkteɪlˌaʊə(r)/ n. ora f. del cocktail.
cocktail party /ˈkɒkteɪlˌpɑːtɪ/ n. cocktail party m.
cocktail sausage /ˈkɒkteɪlˌsɒsɪdʒ, AE -sɔːs-/ n. = piccola salsiccia che si serve con gli aperitivi.
cocktail shaker /ˈkɒkteɪlˌʃeɪkə(r)/ n. shaker m.
cocktail stick /ˈkɒkteɪlˌstɪk/ n. = stuzzicadenti usato per prendere ciliegie, olive o stuzzichini per l'aperitivo.
cocktail table /ˈkɒkteɪlˌteɪbl/ n. AE tavolino m.
cocktail waitress /ˈkɒkteɪlˌweɪtrɪs/ ♦ ***27*** n. cameriera f. (che sa preparare i cocktail).
cocktailed /ˈkɒkteɪld/ agg. [*horse*] dalla coda mozza.
cocktease(r) /ˈkɒktiːzə(r)/ n. SPREG. VOLG. = donna che ama provocare gli uomini senza però concedersi.
cock-up /ˈkɒkʌp/ n. BE POP. casino m.; ***what a ~!*** che casino! ***a complete ~*** un vero casino; ***to make a ~ of sth.*** combinare un casino con qcs.; ***you made a real ~ of that!*** hai combinato un bel casino! bel casino hai fatto!
coco /ˈkəʊkəʊ/ n. (pl. **~s**) (accorc. coconut) cocco m.
cocky /ˈkɒkɪ/ agg. impudente, presuntuoso, arrogante.
cocoa /ˈkəʊkəʊ/ **I** n. **1** *(substance)* cacao m. **2** *(drink)* cioccolata f. **II** modif. ***~ powder*** cacao in polvere; ***~ butter*** burro di cacao.
coconut /ˈkəʊkənʌt/ **I** n. noce f. di cocco; ***desiccated ~*** cocco (grattugiato) disidratato; ***creamed ~*** crema di cocco **II** modif. [*milk, oil, butter*] di cocco; [*ice cream, yogurt, cake*] al cocco.
coconut ice /ˈkəʊkənʌtˌaɪs/ n. sorbetto m. al cocco.
coconut matting /ˌkəʊkənʌtˈmætɪŋ/ n. stuoia f. di fibra di cocco.
coconut palm /ˈkəʊkənʌtˌpɑːm/ n. palma f. da cocco, cocco m.
coconut pyramid /ˌkəʊkənʌtˈpɪrəmɪd/ n. BE = dolce a base di noce di cocco.
coconut shy /ˈkəʊkənʌtˌʃaɪ/ n. BE = gioco in cui si cercano di colpire e fare cadere noci di cocco.
1.cocoon /kəˈkuːn/ n. ZOOL. bozzolo m. (anche FIG.); ***wrapped in a ~ of blankets*** avviluppato nelle coperte.
2.cocoon /kəˈkuːn/ tr. **1** *(wrap)* avvolgere, avviluppare **2** *(protect)* proteggere (**from, against** da).
cocoonery /kəˈkuːnərɪ/ n. bozzolaia f.
1.cod /kɒd/ n. (pl. **~**) merluzzo m.
2.cod /kɒd/ n. **1** *(pod)* baccello m.; *(husk)* buccia f., guscio m. **2** ANT. VOLG. scroto m.
3.cod /kɒd/ n. COLLOQ. *(nonsense)* assurdità f.pl., fandonie f.pl.
4.cod /kɒd/ tr. BE IRLAND. **1** *(make fun of)* prendere in giro **2** *(fool)* fregare, fare fesso.
5.cod /kɒd/ agg. SPREG. [*psychology, sociology etc.*] di bassa lega, da quattro soldi; [*music, theatre*] di second'ordine.
COD n. (⇒ cash on delivery, collect on delivery AE) = pagamento alla consegna.
coda /ˈkəʊdə/ n. MUS. coda f.; *(to book)* epilogo m.
coddle /ˈkɒdl/ tr. cuocere a fuoco lento (senza far bollire).
coddled eggs /ˈkɒdldegz/ n.pl. uova f. bazzotte.
▶ **1.code** /kəʊd/ n. **1** *(laws, rules)* codice m.; ***safety ~*** codice di sicurezza; ***penal ~*** codice penale; ***~ of practice*** MED. deontologia medica; *(in advertising)* autodisciplina pubblicitaria; *(in banking)* condizioni generali; ***~ of ethics*** PSIC. SOCIOL. codice etico; ***the Highway ~*** il codice della strada **2** *(of behaviour)* codice m. comportamentale; ***to break the ~*** infrangere le regole; ***~ of honour*** codice d'onore **3** *(cipher, message)* codice m.; ***to break*** o ***crack the ~*** decifrare il codice; ***it's in ~*** è in codice **4** ECON. ***branch (sorting) ~*** numero di succursale **5** TEL. ***(dialling) ~*** prefisso (teleselettivo); ***area, country ~*** prefisso interurbano, internazionale **6** INFORM. codice m.
2.code /kəʊd/ **I** tr. INFORM. codificare **II** intr. *(in genetics)* ***to ~ for*** determinare il codice di.
code area /ˈkəʊdˌeərɪə/ n. INFORM. area f. di codifica.
code book /ˈkəʊdˌbʊk/ n. cifrario m.
codebtor /kəʊˈdetə(r)/ n. debitore m. in solido.
codeclination /ˌkəʊdeklɪˈneɪʃn/ n. ASTR. distanza f. polare.
coded /ˈkəʊdɪd/ **I** p.pass. → **2.code II** agg. **1** [*message*] cifrato (anche FIG.); [*criticism*] velato **2** INFORM. codificato; ***~ decimal*** sistema decimale in codice binario.
co-defendant /kəʊdɪˈfendənt/ n. coimputato m. (-a).
codeine /ˈkəʊdiːn/ n. FARM. codeina f.
1.code name /ˈkəʊdˌneɪm/ n. nome m. in codice.
2.code name /ˈkəʊdneɪm/ tr. dare un nome in codice a; ***the operation was ~ed Neptune*** il nome in codice dell'operazione era Nettuno.
code number /ˈkəʊdˌnʌmbə(r)/ n. TEL. prefisso m., indicativo m.
code of conduct /ˌkəʊdəvˈkɒndʌkt/ n. codice m. di etica professionale.
coder /ˈkəʊdə(r)/ n. INFORM. ELETTRON. codificatore m.
codeword /ˈkəʊdwɜːd/ n. *(name)* nome m. in codice; *(password)* parola f. d'ordine (anche FIG.).
codex /ˈkəʊdeks/ n. (pl. **-ices**) *(manuscript)* codice m.
codfish /ˈkɒdfɪʃ/ n. (pl. **~**, **~es**) → **1.cod**.
codger /ˈkɒdʒə(r)/ n. COLLOQ. ***old ~*** vecchio strambo, originale.
codices /ˈkəʊdɪsiːz/ → **codex**.
codicil /ˈkəʊdɪsɪl, AE ˈkɒdəsl/ n. DIR. codicillo m.
codicillary /kəʊdɪˈsɪlərɪ, AE kɒdɪ-/ agg. codicilla.
codification /ˌkəʊdɪfɪˈkeɪʃn, AE ˌkɒdɪ-/ n. codificazione f.
codifier /ˈkəʊdɪfaɪə(r), AE ˈkɒdɪ-/ n. codificatore m.
codify /ˈkəʊdɪfaɪ, AE ˈkɒd-/ tr. codificare [*laws, procedures*]; stabilire [*rules of game*].
▷ **coding** /ˈkəʊdɪŋ/ n. *(of message)* redazione f. in linguaggio cifrato; INFORM. codificazione f., codifica f.
coding sheet /ˈkəʊdɪŋˌʃiːt/ n. INFORM. foglio m. di codifica.
codirector /kəʊdaɪˈrɛktə(r), kəʊdɪ-/ n. condirettore m. (-trice).
1.codling /ˈkɒdlɪŋ/ n. *(apple)* mela f. da cuocere; *(unripe)* mela f. acerba.
2.codling /ˈkɒdlɪŋ/ n. *(fish)* merluzzetto m.
cod-liver oil /ˌkɒdlɪvərˈɔɪl/ n. olio m. di fegato di merluzzo.
codomain /ˌkəʊdəʊˈmeɪn/ n. codominio m.
codon /ˈkəʊdɒn/ n. *(in genetics)* codone m.
codpiece /ˈkɒdpiːs, AE ˈkɑːd-/ n. STOR. brachetta f.
co-driver /ˈkəʊˌdraɪvə(r)/ n. copilota m. e f.
codswallop /ˈkɒdzˌwɒləp/ n. BE COLLOQ. fesserie f.pl., sciocchezze f.pl.
Co Durham GB ⇒ County Durham contea di Durham.
coed /ˌkəʊˈed/ **I** agg. SCOL. UNIV. (accorc. coeducational) misto; ***to go ~*** diventare misto **II** n. AE = studentessa di una scuola o di un'università mista.
coedit /kəʊˈedɪt/ tr. [*scholar, writer*] coeditare.
coeditor /kəʊˈedɪtə(r)/ n. *(scholar, writer)* coeditore m. (-trice).
coeducate /kəʊˈedjuːkeɪt/ tr. istruire, insegnare in coeducazione, in classi miste.
coeducation /ˌkəʊedʒuːˈkeɪʃn/ n. coeducazione f., istruzione f. *o* insegnamento m. in classi miste.

coeducational /ˌkəʊedʒuːˈkeɪʃənl/ agg. [*school, education*] misto.
coefficient /ˌkəʊɪˈfɪʃnt/ n. MAT. FIS. coefficiente m.
coelacanth /ˈsiːləkænθ/ n. celacanto m.
coelenterate /siːˈlentəreɪt/ n. celenterato m.
coeliac, celiac AE /ˈsiːlɪæk/ **I** agg. celiaco; ~ ***disease*** morbo celiaco **II** n. *(sufferer)* celiaco m. (-a).
coelioscopy /ˌsiːlɪˈɒskəpɪ/ n. MED. celioscopia f., laparoscopia f.
coelostat /ˈsiːləstæt/ n. celostato m.
coemption /kəʊˈemʃn/ n. COMM. accaparramento m.
coenestheses /ˌsɪnɪsˈθiːsɪs/ → **coenesthesis**.
coenesthesia /ˌsɪnɪsˈθiːʒə/ n. cenestesia f.
coenesthesis /ˌsɪnɪsˈθiːsɪs/ n. (pl. **-es**) cenestesi f.
coenobite /ˈsiːnəʊbaɪt/ n. cenobita m.
coenobitical /ˌsiːnəˈbɪtɪk(l)/ agg. cenobitico.
coenosis /ˈsiːnəʊsɪs/ n. (pl. **-es**) cenosi f.
coenzyme /kəʊˈenzaɪm/ n. coenzima m.
coequal /kəʊˈiːkwl/ **I** agg. uguale **II** n. uguale m. e f.
coequality /ˌkəʊɪˈkwɒlətɪ/ n. uguaglianza f.
coerce /kəʊˈɜːs/ tr. costringere, obbligare [*person, group*]; ***to ~ sb. into doing sth.*** costringere qcn. a fare qcs.
coercibility /ˈkəʊˌɜːsɪˈbɪlətɪ/ n. coercibilità f.
coercible /kəʊˈɜːsɪbl/ agg. coercibile.
coercion /kəʊˈɜːʃn, AE -ʒn/ n. coercizione f.
coercive /kəʊˈɜːsɪv/ agg. coercitivo, coatto.
coerciveness /kəʊˈɜːsɪvnɪs/ n. coercibilità f.
coessential /ˌkəʊɪˈsenʃl/ agg. coessenziale.
coetaneous /ˌkəʊɪˈteɪnɪəs/ agg. *(of the same age)* coetaneo; *(of the same period)* contemporaneo.
coeternal /ˌkəʊɪˈtɜːnl/ agg. coeterno.
coeval /ˌkəʊˈiːvl/ **I** agg. FORM. coevo (**with** a) **II** n. FORM. contemporaneo m. (-a).
coexecutor /ˌkeʊɪgˈzekjʊtə(r)/ n. coautore m. (-trice).
coexecutrix /ˌkəʊɪgˈzekjʊtrɪks/ n. coautrice f.
coexist /ˌkəʊɪgˈzɪst/ intr. coesistere (**with** con).
coexistence /ˌkəʊɪgˈzɪstəns/ n. coesistenza f.
coexistent /ˌkəʊɪgˈzɪstənt/ agg. coesistente.
C of C ⇒ Chamber of Commerce Camera di Commercio.
C of E ⇒ Church of England Chiesa d'Inghilterra.
▶ **coffee** /ˈkɒfɪ, AE ˈkɔːfɪ/ **I** n. **1** *(commodity, liquid)* caffè m.; ***a cup of ~*** una tazza di caffè **2** *(cup of coffee)* caffè m.; ***three ~s, please*** tre caffè, per favore; ***to have a ~*** prendere un caffè; ***a black ~*** un caffè (nero); ***a white ~*** un caffè macchiato **II** modif. [*cake, ice cream, dessert*] al caffè; [*crop, drinker, grower, plantation*] di caffè; [*cup, grinder, spoon*] da caffè; [*filter*] per il caffè.
coffee bag /ˈkɒfɪˌbæg, AE ˈkɔːfɪ-/ n. bustina f. di caffè (macinato).
coffee bar /ˈkɒfɪˌbɑː(r), AE ˈkɔːfɪˌbɑːr/ n. caffè m., bar m., tavola f. calda.
coffee bean /ˈkɒfɪˌbiːn, AE ˈkɔːfɪ-/ n. grano m., chicco m. di caffè; ***a kilo of ~s*** un chilo di caffè in grani.
coffee break /ˈkɒfɪˌbreɪk, AE ˈkɔːfɪ-/ n. pausa f. (per il) caffè.
coffeecake /ˈkɒfɪˌkeɪk, AE ˈkɔːfɪ-/ n. AE = tipo di torta al caffè.
coffee-coloured BE, **coffee-colored** AE /ˈkɒfɪˌkʌlərd, AE ˈkɔːfɪ-/ ◗ ***5*** agg. color caffè.
coffee grounds /ˈkɒfɪˌgraʊndz, AE ˈkɔːfɪ-/ n. fondo m., fondi m.pl. di caffè.
coffee house /ˈkɒfɪˌhaʊs, AE ˈkɔːfɪ-/ n. caffè m., bar m.
coffee klatsch /ˈkɒfɪklætʃ, AE ˈkɔːfɪ-/ n. AE = riunione fra amiche, durante la quale si beve del caffè, e talvolta si organizzano attività benefiche.
coffee machine /ˈkɒfɪməˌʃiːn, AE ˈkɔːfɪ-/ n. macchina f. del caffè; *(vending machine)* distributore m. di caffè.
coffee maker /ˈkɒfɪˌmeɪkə(r), AE ˈkɔːfɪ-/ n. bollitore m. per il caffè.
coffee mill /ˈkɒfɪmɪl, AE ˈkɔːfɪ-/ n. macinacaffè m., macinino m. da caffè.
coffee morning /ˈkɒfɪˌmɔːnɪŋ, AE ˈkɔːfɪ-/ n. BE = riunione mattutina fra amiche, durante la quale si beve del caffè, e talvolta si organizzano attività benefiche.
coffee percolator /ˈkɒfɪˌpɜːkəleɪtə(r), AE ˈkɔːfɪ-/ n. → **coffee maker**.
coffee pot /ˈkɒfɪpɒt, AE ˈkɔːfɪ/ n. caffettiera f.
coffee service /ˈkɒfɪˌsɜːvɪs, AE ˈkɔːfɪ-/, **coffee set** /ˈkɒfɪset, AE ˈkɔːfɪ-/ n. servizio m. da caffè.
coffee shop /ˈkɒfɪʃɒp, AE ˈkɔːfɪ-/ ◗ ***27*** n. **1** *(merchant's)* rivendita f. di caffè **2** *(café)* caffè m., bar m., tavola f. calda.
coffee table /ˈkɒfɪˌteɪbl, AE ˈkɔːfɪ-/ n. tavolino m. (basso, da salotto).
coffee-table book /ˈkɒfɪteɪblˌbʊk, AE ˈkɔːfɪ-/ n. grande volume m. illustrato, edizione f. di lusso.
coffee tree /ˈkɒfɪtriː, AE ˈkɔːfɪ-/ n. albero m. del caffè, caffè m.
1.coffer /ˈkɒfə(r)/ n. **1** cofano m., cassa f.; ***the nation's ~s*** le casse della nazione *o* i fondi pubblici **2** ARCH. cassettone m.
2.coffer /ˈkɒfə(r)/ tr. ARCH. dotare di cassettoni [*ceiling*].
cofferdam /ˈkɒfədæm/ n. **1** *(under water)* cassone m. pneumatico **2** *(on a ship)* cofferdam m.
coffered /ˈkɒfəd/ **I** p.pass. → **2.coffer II** agg. [*ceiling*] a cassettoni.
▷ **1.coffin** /ˈkɒfɪn/ n. bara f. ◆ ***that's another nail in their ~*** per loro è un altro (brutto) colpo.
2.coffin /ˈkɒfɪn/ tr. mettere, deporre nella bara.
coffin nail /ˈkɒfɪnneɪl/ n. COLLOQ. = sigaretta.
C of I ⇒ Church of Ireland Chiesa d'Irlanda.
coffle /ˈkɒfl/ n. *(of slaves, beasts)* colonna f.
C of S 1 ⇒ Church of Scotland Chiesa di Scozia **2** ⇒ Chief of Staff MIL. capo di stato maggiore; *(of White House)* segretario generale.
1.cog /kɒg/ n. TECN. *(tooth)* dente m. (di ingranaggio); *(wheel)* ruota f. dentata, rotella f.; ***a (tiny) ~ in the machine*** FIG. una (semplice) rotella nell'ingranaggio.
2.cog /kɒg/ tr. (forma in -ing ecc. **-gg-**) dentare [*wheel*].
3.cog /kɒg/ intr. (forma in -ing ecc. **-gg-**) barare ai dadi; FIG. truffare.
cogency /ˈkəʊdʒənsɪ/ n. *(of belief, etc.)* forza f. (di persuasione).
cogent /ˈkəʊdʒənt/ agg. convincente.
cogently /ˈkəʊdʒəntlɪ/ avv. in modo convincente.
cogestion /kəʊˈdʒestʃən/ n. cogestione f.
cogitate /ˈkɒdʒɪteɪt/ intr. cogitare, meditare (**about, on** su).
cogitation /ˌkɒdʒɪˈteɪʃn/ n. cogitazione f., meditazione f.
cogitative /ˈkɒdʒɪtətɪv/ agg. cogitativo, meditativo.
cognac /ˈkɒnjæk/ n. cognac m.
cognate /ˈkɒgneɪt/ **I** n. **1** LING. parola f. affine, imparentata **2** DIR. congiunto m. (-a) **II** agg. imparentato.
cognation /kɒgˈneɪʃn/ n. **1** LING. affinità f., parentela f. **2** DIR. cognazione f.
cognition /kɒgˈnɪʃn/ n. cognizione f. (anche PSIC. FILOS.).
cognitive /ˈkɒgnɪtɪv/ agg. cognitivo.
cognizable /ˈkɒgnɪzəbl/ agg. **1** conoscibile **2** DIR. ~ ***by*** soggetto alla giurisdizione di [*court*].
cognizance /ˈkɒgnɪzəns/ n. **1** FORM. conoscenza f.; ***to take ~ of sth.*** prendere atto di qcs. **2** DIR. *(of court)* giurisdizione f., competenza f.
cognizant /ˈkɒgnɪzənt/ agg. **1** che è a conoscenza, al corrente (**of** di) **2** DIR. [*court*] competente.
cognize /kɒgˈnaɪz/ tr. conoscere, avere cognizione di.
cognomen /kɒgˈnəʊmən/ n. STOR. *(in ancient Rome)* cognome m.
cognoscenti /ˌkɒnjəˈsentɪ, ˌkɒgnə-/ n.pl. *(in the fine arts)* conoscitori m. (-trici).
cognoscible /kɒgˈnɒsɪbl/ agg. RAR. conoscibile.
cognovit /kɒgˈnəʊvɪt/ n. DIR. = dichiarazione scritta con la quale il convenuto riconosce il buon diritto dell'attore.
cog railway /ˈkɒgˌreɪlweɪ/ n. ferrovia f. a cremagliera.
cogway /ˈkɒgweɪ/ n. → **cog railway**.
cogwheel /ˈkɒgwiːl/ n. TECN. ruota f. dentata.
cohabit /kəʊˈhæbɪt/ intr. coabitare (**with** con); *(as husband and wife)* convivere (**with** con).
cohabitation /ˌkəʊhæbɪˈteɪʃn/ n. coabitazione f.; *(as husband and wife)* convivenza f.
cohabitee /ˌkəʊhæbɪˈtiː/ n. convivente m. e f.
coheir /kəʊˈeə(r)/ n. coerede m. e f.
coheiress /kəʊˈeərɪs/ n. coerede f.
cohere /kəʊˈhɪə(r)/ intr. **1** [*substance*] aderire **2** [*reasoning*] essere coerente.
coherence /kəʊˈhɪərəns/ n. coerenza f.; ***to give ~ to sth.*** dare coerenza a qcs.
▷ **coherent** /kəʊˈhɪərənt/ agg. [*argument, plan*] coerente; ***he was barely ~*** *(through fatigue, alcohol)* parlava in modo sconnesso *o* si riusciva a capirlo a malapena.
coherently /kəʊˈhɪərəntlɪ/ avv. coerentemente.
coherer /kəʊˈhɪərə(r)/ n. TECN. coherer m., coesore m.
cohesion /kəʊˈhiːʒn/ n. coesione f. (anche FIS. LING.).
cohesive /kəʊˈhiːsɪv/ agg. [*group*] coeso; [*force*] coesivo.
cohesiveness /kəʊˈhiːsɪvnɪs/ n. coesione f.
cohort /ˈkəʊhɔːt/ n. STOR. coorte f. (anche FIG.).
COHSE, Cohse /ˈkəʊzə/ n. GB (⇒ Confederation of Health Service Employees) = sindacato dei dipendenti del servizio sanitario pubblico.
COI n. GB (⇒ Central Office of Information) = ufficio centrale d'informazione.
1.coif /kɔɪf/ n. *(cap)* cuffia f.

2.coif /kɔɪf/ n. COLLOQ. (accorc. coiffure) *(hairstyle)* acconciatura f., pettinatura f.
3.coif /kɔɪf/ tr. (forma in -ing ecc. **-ff-**) COLLOQ. fare la piega, pettinare.
coiffure /kwɑːˈfɜː(r)/ n. acconciatura f., pettinatura f.
coign /kɔɪn/ n. angolo m.
1.coil /kɔɪl/ n. **1** *(of rope, barbed wire)* rotolo m.; *(of electric wire)* bobina f.; *(of smoke)* voluta f.; *(of hair)* crocchia f.; *(of snake)* spira f. **2** *(of petrol engine)* bobina f. **3** *(contraceptive)* spirale f.; ***to have a ~ fitted*** farsi mettere la spirale.
2.coil /kɔɪl/ **I** tr. avvolgere, arrotolare [*rope, wire*]; raccogliere [*hair*] **II** intr. [*river, procession*] serpeggiare; ***to ~ upwards*** [*smoke*] salire in volute **III** rifl. ***to ~ itself*** avvolgersi, arrotolarsi (**round** intorno a).
■ **coil up:** *~ up* [*snake*] avvolgersi, arrotolarsi (in spire); *~ [sth.] up, ~ up [sth.]* avvolgere [*rope, hosepipe, wire*].
coil spring /ˈkɔɪlˌsprɪŋ/ n. molla f. elicoidale.
▷ **1.coin** /kɔɪn/ n. **1** moneta f.; ***a gold, nickel ~*** una moneta d'oro, di nickel; ***a pound ~*** una moneta da una sterlina **2 U** *(coinage)* moneta f.; ***£ 5 in ~*** cinque sterline in moneta ◆ ***to pay sb. back in their own ~*** ripagare qualcuno della sua stessa moneta; ***two sides of the same ~*** due facce della stessa medaglia; ***the other side of the ~ is that*** *(sth. negative)* il rovescio della medaglia è che; *(sth. positive)* la cosa buona è che.
2.coin /kɔɪn/ tr. **1** coniare [*coins*]; ***she's really ~ing it*** o ***money*** COLLOQ. fa soldi a palate **2** FIG. coniare [*word, term*]; ***money isn't everything, to ~ a phrase*** il denaro non è tutto, come si suol dire.
coinable /ˈkɔɪnəbl/ agg. **1** [*metal*] coniabile **2** ECON. monetabile.
coinage /ˈkɔɪnɪdʒ/ n. **1 U** *(coins)* monete f.pl.; *(currency)* moneta f. **2** *(making coins)* coniazione f., conio m. **3** FIG. *(word, phrase)* conio m., creazione f.; ***a recent ~*** un nuovo conio.
coin box /ˈkɔɪnbɒks/ n. *(pay phone)* telefono m. a moneta, a gettoni; *(money box) (on pay phone, in laundromat)* gettoniera f.
▷ **coincide** /ˌkəʊɪnˈsaɪd/ intr. coincidere (**with** con).
▷ **coincidence** /kəʊˈɪnsɪdəns/ n. **1** *(chance)* coincidenza f., caso m.; ***it is, was a ~ that*** è, fu una coincidenza che; ***it was quite a ~*** è stata una vera coincidenza; ***a happy ~*** una fortunata coincidenza; ***by ~*** per caso; ***by sheer ~*** per pura coincidenza; ***what a ~!*** che coincidenza! **2** FORM. *(co-occurrence)* coincidenza f.
coincident /kəʊˈɪnsɪdənt/ agg. FORM. coincidente; ***to be ~ with sth.*** coincidere con qcs.
coincidental /kəʊˌɪnsɪˈdentl/ agg. casuale, fortuito; ***any similarity is purely ~*** ogni riferimento è puramente casuale.
coincidentally /kəʊˌɪnsɪˈdentəlɪ/ avv. per caso, per pura coincidenza.
coiner /ˈkɔɪnə(r)/ n. coniatore m. (anche FIG.).
coin-op /ˈkɔɪnɒp/ n. COLLOQ. (accorc. coin operated) lavanderia f. a gettoni.
coin operated /ˌkɔɪnˈɒpəreɪtɪd/ agg. [*laundry, machine*] a gettoni; [*phone*] a moneta, a gettoni.
coinstantaneous /kəʊˌɪnstənˈteɪnɪəs/ agg. simultaneo.
coinsurance /ˌkəʊɪnˈʃɔːrəns/ n. coassicurazione f.
coir /ˈkɔɪə(r)/ **I** n. fibra f. di cocco **II** modif. *~ **matting*** stuoia di (fibra di) cocco.
coition /kəʊˈɪʃn/ n. → **coitus**.
coitus /ˈkəʊɪtəs/ n. coito m.; *~ **interruptus*** coito interrotto.
1.coke /kəʊk/ n. *(fuel)* coke m.
2.coke /kəʊk/ **I** tr. convertire in coke [*fossil coal*] **II** intr. [*fossil coal*] convertirsi in coke.
3.coke /kəʊk/ n. COLLOQ. *(cocaine)* coca f.
Coke® /kəʊk/ n. *(drink)* coca f.
col /kɒl/ n. colle m., valico m.
Col ⇒ Colonel Colonnello (Col.).
cola /ˈkəʊlə/ n. **1** BOT. cola f. **2** *(drink)* = bevanda simile alla Coca-Cola®.
colander /ˈkʌləndə(r)/ n. colino m., colatoio m.; *(larger)* colapasta m.
cola nut /ˈkəʊlənʌt/ n. noce f. di cola.
colatitude /kəʊˈlætɪtjuːd, AE -tuːd/ n. colatitudine f.
Colchester /ˈkɒltʃɪstə(r)/ ➧ ***34*** n.pr. Colchester f.
colchicine /ˈkɒltʃəsiːn/ n. colchicina f.
colchicum /ˈkɒltʃɪkəm/ n. colchico m.
colcothar /ˈkɒlkəθə(r)/ n. CHIM. croco m.
▶ **1.cold** /kəʊld/ agg. **1** *(chilly)* freddo; FIG. [*colour, light*] freddo; ***to be*** o ***feel ~*** [*person*] avere, sentire freddo; ***the room was*** o ***felt ~*** la stanza era fredda *o* faceva freddo nella stanza; ***the wind is*** o ***feels ~*** il vento è freddo; ***it's ~ outside*** fa freddo fuori; ***it's*** o ***the weather's ~*** fa freddo, il tempo è freddo; ***it's*** o ***the weather's getting ~er*** si sta facendo freddo; ***to go ~*** [*food, tea, water*] diventare freddo *o* raffreddarsi; ***don't let the baby get ~*** non fare prendere freddo al bambino; ***to keep sth. ~*** tenere al fresco [*food*] **2** *(unemotional)* [*expression, manner, smile, heart, logic etc.*] freddo; ***to be ~ to*** o ***towards sb.*** essere freddo con *o* nei confronti di qcn.; ***to leave sb. ~*** lasciare freddo qcn. *o* non fare né caldo né freddo a qcn.; ***pop music, football leaves me ~*** la musica pop, il calcio mi lascia (del tutto) indifferente **3** *(not recent)* [*news*] vecchio; ***the trail has gone ~*** la pista è quasi cancellata **4** *(unconscious)* ***to be out ~*** essere privo di sensi; ***to knock*** o ***lay sb. out ~*** mettere KO qcn. ◆ ***~ hands, warm heart*** mani fredde, cuore caldo; ***to have*** o ***get ~ feet*** avere fifa; ***in ~ blood*** a sangue freddo; ***my blood runs ~*** mi si gela il sangue; ***in the ~ light of day*** a mente fredda; ***to be as ~ as ice*** [*person*] essere freddo come il ghiaccio; [*part of body*] essere ghiacciato; [*room*] essere gelido; ***to pour*** o ***throw ~ water on sth.*** raffreddare qcs.; ***you're getting ~er!*** *(in guessing games)* acqua... acqua...
▶ **2.cold** /kəʊld/ n. **1 U** *(chilliness)* freddo m.; ***to feel the ~*** patire il freddo *o* essere freddoloso; ***to be out in the ~*** essere fuori al freddo; ***to come in from*** o ***out of the ~*** FIG. essere preso in considerazione; ***to be left out in the ~*** FIG. essere lasciato in disparte *o* essere ignorato, trascurato; ***he was trembling with ~*** tremava per il freddo **2 C** MED. raffreddore m.; ***to have a ~*** avere il raffreddore *o* essere raffreddato; ***to catch*** o ***get a ~*** prendere un raffreddore *o* raffreddarsi; ***a bad ~*** un brutto *o* forte raffreddore; ***a ~ in the head*** un raffreddore di testa.
3.cold /kəʊld/ avv. **1** COLLOQ. *(without preparation)* senza preparazione, a freddo; [*speak, perform*] a braccio, improvvisando **2** AE *(thoroughly)* completamente; [*learn, know*] a memoria; ***to turn sb. down ~*** mandare qcn. a spasso.
cold-blooded /ˌkəʊldˈblʌdɪd/ agg. **1** [*animal*] a sangue freddo **2** FIG. [*criminal, killer*] spietato; [*crime, massacre, attack*] (eseguito) a sangue freddo; [*account, description*] freddo.
cold-bloodedly /ˌkəʊldˈblʌdɪdlɪ/ avv. a sangue freddo.
cold-bloodedness /ˌkəʊldˈblʌdɪdnɪs/ n. sangue m. freddo.
cold call /ˌkəʊldˈkɔːl/ n. COMM. *(by salesman)* visita f. a domicilio (senza preavviso); *(on telephone)* = telefonata per proporre l'acquisto di qualcosa.
cold calling /ˌkəʊldˈkɔːlɪŋ/ n. COMM. *(by salesman)* vendita f. a domicilio; *(on telephone)* vendita f. telefonica.
cold chisel /ˌkəʊldˈtʃɪzl/ n. scalpello m. a freddo.
cold comfort /ˌkəʊldˈkʌmfət/ n. magra consolazione f. (**for** per).
cold cream /ˈkəʊldˌkriːm/ n. COSMET. cold cream f.
cold cuts /ˈkəʊldkʌts/ n.pl. = assortimento di carni arrosto fredde affettate.
cold duck /ˌkəʊldˈdʌk/ n. = bevanda alcolica a base di borgogna e champagne.
cold fish /ˌkəʊldˈfɪʃ/ n. COLLOQ. SPREG. persona f. fredda, insensibile.
cold frame /ˈkəʊldfreɪm/ n. AGR. cassone m.
cold front /ˌkəʊldˈfrʌnt/ n. fronte m. freddo.
cold-hearted /ˌkəʊldˈhɑːtɪd/ agg. dal cuore di ghiaccio.
▷ **coldly** /ˈkəʊldlɪ/ avv. [*enquire, reply, say*] freddamente; [*receive, stare*] con freddezza; *~ **polite*** di una gentilezza glaciale; *~ **classical*** freddamente classico.
coldness /ˈkəʊldnɪs/ n. freddezza f. (anche FIG.).
cold-pressed /ˌkəʊldˈprest/ agg. GASTR. [*oil*] spremuto a freddo.
cold remedy /ˈkəʊldˌremədɪ/ n. rimedio m. per il raffreddore.
cold room /ˈkəʊldˌruːm, -ˌrʊm/ n. GASTR. cella f. frigorifera.
cold sell /ˌkəʊldˈsel/ n. COMM. vendita f. a domicilio; *(by telephone)* vendita f. telefonica.
1.cold shoulder /ˌkəʊldˈʃəʊldə(r)/ n. ***to give sb. the ~*** trattare qcn. con freddezza; ***to get the ~*** essere trattato con freddezza.
2.cold shoulder /ˌkəʊldˈʃəʊldə(r)/ tr. trattare con freddezza.
cold snap /ˈkəʊldˌsnæp/ n. (brusca) ondata f. di freddo.
cold sore /ˈkəʊldsɔː(r)/ n. *(herpes simplex)* febbre f.
cold start /ˌkəʊldˈstɑːt/ n. AUT. partenza f. a freddo.
cold steel /ˈkəʊldˌstiːl/ n. **U** arma f. bianca, armi f.pl. bianche.
cold storage /ˌkəʊldˈstɔːrɪdʒ/ n. **1** *(process)* conservazione f. in cella frigorifera; CHIM. conservazione f. criogenica **2** *(place)* cella f. frigorifera; ***to put sth. into ~*** mettere qcs. in cella frigorifera; FIG. mettere qcs. da parte.
cold store /ˈkəʊldˌstɔː(r)/ n. cella f. frigorifera.
cold sweat /ˌkəʊldˈswet/ n. sudore m. freddo; ***to be in a ~ about sth.*** sudare freddo *o* avere i sudori freddi per qcs.; ***to bring sb. out in a ~*** fare venire il sudore freddo a qcn.
cold table /ˌkəʊldˈteɪbl/ n. GASTR. tavola f. fredda, buffet m. freddo.
cold tap /ˌkəʊldˈtæp/ n. rubinetto m. dell'acqua fredda.
cold turkey /ˌkəʊldˈtɜːkɪ/ n. COLLOQ. *(treatment)* astinenza f.; *(reaction)* crisi f. di astinenza; ***to go ~*** astenersi (**on** da); ***to be ~*** essere in crisi d'astinenza.

Cold War /ˌkəʊld'wɔ:(r)/ **I** n. guerra f. fredda **II** modif. [*era, mentality, politics*] della guerra fredda.
cold warrior /ˌkəʊld'wɒrɪə(r), AE -'wɔ:r-/ n. fautore m. (-trice) della guerra fredda.
cole /kəʊl/ n. ANT. brassica f.
colectomy /kə'lektəmɪ/ n. colectomia f.
coleopteron /ˌkɒlɪ'ɒptərɒn/ n. (pl. **-a**) coleottero m.
coleoptile /kəʊlɪ'ɒptɪl/ n. coleottile m.
coleslaw /'kəʊlslɔ:/ n. INTRAD. f. (insalata a base di cavolo).
coley /'kəʊlɪ/ n. BE merlango m. nero.
colibacilli /ˌkəʊlɪbə'sɪlaɪ/ → **colibacillus.**
colibacillosis /ˌkəʊlɪˌbæsɪ'ləʊsɪs/ n. (pl. **-es**) colibacillosi f.
colibacillus /ˌkəʊlɪbə'sɪləs/ n. (pl. **-i**) colibacillo m.
colibri /'kɒlɪbrɪ/ n. colibrì m.
colic /'kɒlɪk/ ♦ *11* n. **U** colica f., coliche f.pl.
colicky /'kɒlɪkɪ/ agg. [*baby*] che soffre di coliche; [*pain*] colico.
Colin /'kɒlɪn/ n.pr. Colin (nome di uomo).
Coliseum /ˌkɒlɪ'sɪəm/ n. **1** *the* ~ il Colosseo **2** AE *(exhibition hall)* salone m. d'esposizione **3** AE *(stadium)* stadio m.
colitis /kə'laɪtɪs/ ♦ *11* n. colite f.
▷ **collaborate** /kə'læbəreɪt/ intr. collaborare (**on, in** a; **with** con); ***they ~d with him in producing the film*** collaborarono con lui alla produzione del film.
▷ **collaboration** /kəˌlæbə'reɪʃn/ n. **1** collaborazione f. (**between** tra; **with** con; **in sth.** a qcs.) **2** POL. collaborazionismo m.
collaborationist /kəˌlæbə'reɪʃənɪst/ n. POL. collaborazionista m. e f.
collaborative /kə'læbərətɪv/ agg. [*project, task*] in collaborazione; [*approach*] collaborativo.
collaborator /kə'læbəreɪtə(r)/ n. *(all contexts)* collaboratore m. (-trice).
collage /'kɒlɑ:ʒ, AE kə'lɑ:ʒ/ n. ART. collage m. (anche FIG.).
collagen /'kɒlədʒən/ n. collagene m.
collapsable /kə'læpsəbl/ agg. → **collapsible.**
▶ **1.collapse** /kə'læps/ n. **1** *(of regime, system, empire, bank, front, price, currency, economy, market, hopes)* collasso m. (**of, in** di); ***to be on the point*** o ***brink of*** ~ essere sull'orlo del collasso **2** *(of deals, talks, relationship)* fallimento m. (**of** di) **3** *(of company, newspaper)* fallimento m. (**of** di) **4** *(of person) (physical)* collasso m.; *(mental)* crollo m.; ***to be close to*** ~ essere vicino *o* prossimo al crollo; ***to be on the verge*** o ***brink*** o ***point of*** ~ essere sull'orlo del collasso **5** *(of building, bridge, tunnel, wall, roof)* crollo m.; *(of chair, bed)* sprofondamento m. **6** MED. *(of lung)* collasso m. **7** *(of balloon)* sgonfiamento m.
▶ **2.collapse** /kə'læps/ **I** tr. **1** *(fold)* piegare [*bike, umbrella*] **2** *(combine)* riassumere [*ideas, paragraphs*] **3** INFORM. comprimere, ridurre **II** intr. **1** *(founder)* [*regime, system, empire*] crollare, cadere; [*currency, economy, hopes*] crollare; [*case, trial, prosecution*] fallire; [*bank, deal, talks, plans*] fallire; ***to ~ in chaos*** cadere nel caos **2** *(go bankrupt)* [*company, business*] fallire (**through** a causa di) **3** *(slump)* [*person*] crollare (**due to** a causa di; **under** sotto); ***to ~ onto the bed, into sb.'s arms*** crollare sul letto, lasciarsi cadere fra le braccia di qcn.; ***to ~ and die*** cadere morto; ***to ~ in tears*** scoppiare in lacrime; ***to ~ into giggles*** farsi prendere dalla ridarella **4** *(fall down)* [*building, bridge, tunnel, wall, roof*] crollare (**on, on top of** su); [*chair, bed*] cedere (**under** sotto) **5** *(deflate)* [*balloon*] sgonfiarsi; [*soufflé, pastry*] afflosciarsi, sedersi **6** MED. [*lung*] collassare; ***a ~d lung*** un polmone collassato **7** *(fold)* [*bike, umbrella*] piegarsi.
collapsible /kə'læpsəbl/ agg. pieghevole.
▷ **1.collar** /'kɒlə(r)/ ♦ *28* n. **1** *(on garment)* collo m., colletto m.; ***soft, stiff, wing*** ~ colletto morbido, rigido, da camicia; ***blue-, white-*** ~ ***workers*** tute blu, colletti bianchi; ***to grab sb. by the*** ~ prendere qcn. per il bavero **2** *(for dog, cat, horse)* collare m. **3** *(cut of meat)* spalla f. **4** TECN. *(ring)* fascetta f., anello m.; *(bearing seat)* flangia f. ◆ ***to get hot under the*** ~ arrabbiarsi *o* indignarsi; ***to have one's ~ felt*** SCHERZ. essere preso per il bavero.
2.collar /'kɒlə(r)/ tr. COLLOQ. acciuffare [*thief, runaway*]; *(detain in conversation)* bloccare.
collar beam /'kɒləbi:m/ n. catena f. d'impluvio, controcatena f.
collar bearing /'kɒləˌbeərɪŋ/ n. cuscinetto m. reggispinta.
collarbone /'kɒləbəʊn/ n. clavicola f.
collared /'kɒləd/ **I** p.pass. → **2.collar II** agg. **1** [*shirt, jumper*] con (il) colletto **2** ZOOL. dal collare, dal collarino; ***a red-~ bird*** un uccello dal collarino rosso.
collarette /ˌkɒlə'ret/ n. **1** *(lace collar)* colletto m., collettino m.; *(fur collar)* collo m. **2** *(necklace)* collana f.
collar size /'kɒləsaɪz/ ♦ *28* n. collo m., misura f. del collo; ***his ~ is 15*** la sua misura di collo è 15; ***what's your ~?*** che misura di collo hai?
collar stud /'kɒləstʌd/ n. bottoncino m. da colletto.
collate /kə'leɪt/ tr. collazionare.
collateral /kə'lætərəl/ **I** agg. **1** DIR. *(relative)* collaterale; *(subordinate)* secondario **2** MIL. ~ ***damage*** danni collaterali (subiti dalla popolazione civile) **3** [*species, branch of family*] collaterale **4** ECON. ~ ***loan*** prestito con garanzia collaterale; ~ ***security*** garanzia collaterale **5** MED. collaterale **II** n. **1** ECON. *(security)* garanzia f. collaterale; ***to put up ~ for a loan*** offrire una garanzia collaterale per (ottenere) un prestito **2** DIR. *(relation)* parente m. e f. collaterale.
collation /kə'leɪʃn/ n. **1** *(of evidence)* collazione f. **2** FORM. *(meal)* pasto m. leggero, spuntino m.
collator /kɒ'leɪtə(r)/ n. *(of evidence)* collazionatore m. (-trice).
▶ **colleague** /'kɒli:g/ n. collega m. e f.
1.collect /'kɒlekt/ n. RELIG. *(prayer)* colletta f.
2.collect /kə'lekt/ avv. AE TEL. ***to call sb.*** ~ telefonare a qcn. con addebito al destinatario.
▶ **3.collect** /kə'lekt/ **I** tr. **1** *(gather)* raccogliere [*wood, leaves, litter, eggs, signatures*]; raccogliere, mettere insieme [*information, facts, evidence, documents*]; ***she ~ed (up) her belongings*** raccolse le sue cose; ***to ~ one's wits*** riprendersi; ***to ~ one's strength*** recuperare le forze; ***to ~ one's thoughts*** raccogliere *o* riordinare le idee **2** *(as hobby)* collezionare, fare collezione di [*stamps, coins, antiques*]; ***she ~s artists, stray cats*** SCHERZ. fa collezione di artisti, di gatti randagi **3** *(receive, contain) (intentionally)* raccogliere [*rain water, drips*]; *(accidentally)* [*objects*] raccogliere, prendere [*dust*] **4** *(obtain)* incassare, percepire [*rent*]; incassare, riscuotere [*fares, money*]; recuperare [*debt*]; prendere, riscuotere [*pension*]; prendere [*degree, diploma*]; AMM. riscuotere [*tax, fine*]; ***to ~ money for charity*** raccogliere denaro per beneficenza; ***the winner ~s £ 2,000*** il vincitore guadagna 2.000 sterline **5** *(take away)* raccogliere [*tickets, empty bottles, rubbish*]; ritirare, levare [*mail, post*]; ***I arranged to have the parcel ~ed*** ho preso accordi per farmi ritirare il pacco; ***what time is the post ~ed?*** a che ora è la levata della posta? ***"buyer ~s"*** *(in small ad)* "da ritirare a cura del compratore" **6** *(pick up)* andare a prendere [*person*]; ritirare [*keys, book etc.*]; ***I have to ~ the children from school*** devo andare a prendere i bambini a scuola; ***she ~ed the keys from a neighbour*** andò a prendere le chiavi da un vicino; ***to ~ a suit from the cleaners*** ritirare un vestito in tintoria **II** intr. **1** *(accumulate, gather)* [*substance, dust, leaves*] accumularsi, ammassarsi; [*crowd*] raccogliersi, riunirsi **2** *(raise money)* ***to ~ for charity, famine victims*** raccogliere denaro per beneficenza, fare una colletta per le vittime della carestia **III** rifl. ***to ~ oneself*** riprendersi, riaversi.
collectable /kə'lektəbl/ agg. ***to be very ~*** [*rare objects*] essere molto ricercato (dai collezionisti).
collectables /kə'lektəblz/ n.pl. oggetti m. da collezione; ***"antiques and ~"*** "articoli d'antiquariato e da collezione".
collectanea /ˌkɒlek'tɑ:njə/ n.pl. raccolta f.sing. di brani, miscellanea f.sing.
collect call /kə'lektˌkɔ:l/ n. AE TEL. telefonata f. in addebito al, a carico del destinatario.
collected /kə'lektɪd/ **I** p.pass. → **3.collect II** agg. **1** [*person*] calmo; ***she remained cool, calm and ~*** mantenne la calma e il controllo di sé **2** *(assembled)* ***the ~ works of Dickens*** tutte le opere di Dickens; ***the ~ poems of W. B. Yeats*** la raccolta completa delle poesie di W. B. Yeats.
collectedly /kə'lektɪdlɪ/ avv. con calma, con padronanza di sé.
collectedness /kə'lektɪdnɪs/ n. calma f., padronanza f. di sé.
collectible /kə'lektɪbl/ agg. → **collectable.**
collecting /kə'lektɪŋ/ n. **1** *(of wood, leaves, litter etc.)* raccolta f. **2** *(hobby)* collezionismo m. **3** *(of money)* incasso m., riscossione f. **4** *(of goods)* ritiro m.
collecting station /kə'lektɪŋˌsteɪʃn/ n. centro m. di raccolta (dei feriti).
▶ **collection** /kə'lekʃn/ n. **1 U** *(collecting) (of objects, information, facts, evidence, data)* raccolta f.; *(of rent)* riscossione f.; *(of debt)* recupero m.; *(of tax)* esazione f., riscossione f.; *(of mail, post)* levata f.; ***the ~ of money*** la raccolta di denaro; ***your jacket, bicycle is ready for ~*** la sua giacca, la sua bici è pronta (per il ritiro); ***refuse ~*** raccolta rifiuti **2** *(set of collected items) (of coins, stamps, books, records etc.)* collezione f.; *(anthology)* raccolta f.; ***art ~*** collezione (d'arte); ***an odd ~ of people*** una singolare accozzaglia di persone; ***autumn, spring ~*** SART. collezione autunnale, primaverile **3** *(sum of money collected)* colletta f. (**for** per); *(in church)* questua f.; ***to make*** o ***organize a ~*** fare una colletta.
collection plate /kə'lekʃnˌpleɪt/ n. piattino m. delle offerte.

collection point /kə'lekʃn,pɒɪnt/ n. *(for parcels)* sportello m. per il ritiro dei pacchi; *(for goods)* sportello m. per il ritiro delle merci; *(for donations, recycling)* punto m. di raccolta (**for** di).

▷ **collective** /kə'lektɪv/ **I** agg. *(all contexts)* collettivo **II** n. **1** COMM. impresa f. collettiva **2** SOCIOL. POL. collettivo m.; ***feminist ~, workers' ~*** collettivo femminista, di operai.

collective agreement /kə,lektɪvə'gri:mənt/ n. contratto m. collettivo.

collective bargaining /kə'lektɪv'bɑ:gɪnɪŋ/ n. **U** *(of trade unions)* contrattazione f. collettiva.

collective farm /kə,lektɪv'fɑ:m/ n. fattoria f. collettiva.

▷ **collectively** /kə'lektɪvlɪ/ avv. collettivamente; *~* ***owned*** in comproprietà; ***they're known ~ as...*** sono conosciuti collettivamente con il nome di...

collective noun /kə,lektɪv'naʊn/ n. LING. nome m. collettivo.

collective ownership /kə,lektɪv'əʊnəʃɪp/ n. comproprietà f.

collective security /kə,lektɪvsɪ'kjʊərətɪ/ n. sicurezza f. pubblica, della collettività.

collective unconscious /kə,lektɪvʌn'kɒnʃəs/ n. inconscio m. collettivo.

collectivism /kə'lektɪvɪzəm/ n. collettivismo m.

collectivist /kə'lektɪvɪst/ **I** agg. collettivista **II** n. collettivista m. e f.

collectivity /,kəlek'tɪvətɪ/ n. collettività f.

collectivization /kə,lektɪvaɪ'zeɪʃn, AE -vɪ'z-/ n. collettivizzazione f.

collectivize /kə'lektɪvaɪz/ tr. collettivizzare.

▷ **collector** /kə'lektə(r)/ n. **1** *(of coins, stamps, antiques etc.)* collezionista m. e f.; ***to be a stamp ~*** essere un collezionista di francobolli **2** *(official) (of taxes, rent)* esattore m. (-trice); *(of rates)* ricevitore m. (-trice); *(of debts)* prenditore m. (-trice); *(of funds)* collettore m. (-trice) **3** EL. RAD. collettore m.

collectorship /kə'lektəʃɪp/ n. **1** *(position)* esattoria f.; *(jurisdiction)* distretto m. esattoriale **2** *(practice)* funzioni f.pl. dell'esattore.

collector's item /kə'lektəz,aɪtəm/ n. pezzo m. da collezione.

colleen /'kɒli:n/ n. RAR. ragazza f. irlandese.

Colleen /'kɒli:n/ n.pr. Colleen (nome di donna).

▶ **college** /'kɒlɪdʒ/ **I** n. **1** SCOL. UNIV. *(place of tertiary education)* istituto m. d'istruzione superiore; *(school, part of university)* college m.; AE UNIV. università f.; *(faculty)* facoltà f.; ***to live in, out of ~*** BE [*student*] essere uno studente residente, non residente nel college; ***to go to ~*** o ***to be at ~*** o ***to be in ~*** AE andare all'università; ***to enter ~*** cominciare l'università; ***to leave ~*** lasciare, finire l'università; ***to put a child through ~*** far fare l'università a un figlio *o* pagare gli studi universitari a un figlio; ***to drop out of ~, to be a ~ dropout*** abbandonare l'università **2** *(professional body) (of doctors, surgeons)* collegio m.; *(of midwives, nurses)* associazione f.; ***~ of arms*** società araldica; ***Sacred College*** *(of cardinals)* Sacro Collegio **3** AE COLLOQ. *(prison)* prigione f. **II** modif. [*governor, servant*] del college; [*building*] del college, universitario ◆ ***to give sth. the old ~ try*** AE tentare di tutto per fare qcs.

> **Colleges** Nel Regno Unito il termine *college* può riferirsi a un *College of Further Education* o a un *College of Higher Education*. Il primo è un istituto scolastico per la formazione permanente, per studenti dai 16 anni in avanti, che fornisce corsi per l'ottenimento di *A-levels*, *GNVQ* (*General National Vocational Qualification*) o altri tipi di diplomi. Il *College of Higher Education*, invece, è un istituto universitario, come i famosi *colleges* di Oxford e Cambridge, che costituiscono le più antiche università britanniche. Questi sono istituti semi-indipendenti, con propri corpi docenti (*fellows*) e un sistema di insegnamento diverso rispetto alle altre università. Ciascun *college* ha i propri edifici, comprendenti una *hall* (refettorio), una biblioteca, una cappella e stanze per gli studenti. Sono molto prestigiosi e costosi, quindi generalmente frequentati da studenti di ceto sociale elevato, spesso provenienti dalle *public schools*.
> Negli Stati Uniti il termine *college* fa riferimento a diversi istituti universitari che forniscono corsi di due anni (*community college, junior college*) o quattro anni (*four-year college, university*), al termine dei quali si ottiene rispettivamente un *associate's degree* o un *bachelor's degree*. Per essere ammessi, gli studenti provenienti dalla *high school* devono sostenere un esame, il *SAT* (*Scholastic Aptitude Test*) o l'*ACT* (*American College Test*). I *colleges* possono essere pubblici o privati, con tasse d'iscrizione e rette per l'alloggiamento molto variabili tra i primi e i secondi. Gli studenti che non sono in grado di affrontare le spese universitarie per intero possono richiedere una sovvenzione (*financial aid package*), sotto forma di borsa di studio o di prestito, spesso ripagabile con lavori part-time presso il college stesso.

college-bound /,kɒlɪdʒ'baʊnd/ agg. AE SCOL. [*student*] orientato verso gli studi universitari; [*program*] di preparazione agli studi universitari.

college education /,kɒlɪdʒ,edʒʊ'keɪʃn/ n. istruzione f. superiore; ***to have a ~*** fare degli studi universitari *o* superiori.

college fellow /,kɒlɪdʒ'feləʊ/ n. BE membro m. del corpo accademico (di un college).

college of advanced technology /,kɒlɪdʒəvəd,vɑ:nsttek'nɒlədʒɪ, AE -,væns t-/ n. BE = istituto superiore di tecnologia.

college of agriculture /,kɒlɪdʒəv'ægrɪkʌltʃə(r)/ n. = istituto superiore di agraria.

college of education /,kɒlɪdʒəv,edʒʊ'keɪʃn/ n. BE = istituto superiore di scienze dell'educazione.

college of further education /'kɒlɪdʒəv,fɜ:ðər,edʒʊ'keɪʃn/ n. BE = istituto scolastico per la formazione permanente.

college staff /,kɒlɪdʒ'stɑ:f, AE -stæf/ n. + verbo sing. o pl. corpo m. accademico.

college student /'kɒlɪdʒ,stju:dnt, AE -,stu:-/ n. studente m. (-essa) universitario (-a).

collegiate /kə'li:dʒɪət/ agg. **1** [*life*] del college; [*university*] composto da più college **2** [*church*] collegiato.

1.collet /'kɒlet/ n. **1** TECN. anello m., boccola f. **2** *(of jewel)* castone m.

2.collet /'kɒlet/ tr. incastonare [*gem*].

collide /kə'laɪd/ intr. **1** [*vehicle, plane, ship*] entrare in collisione (**with** con); ***I ~d with a tree*** ho sbattuto contro un albero; ***we ~d (with each other) in the corridor*** ci siamo scontrati nel corridoio **2** *(disagree)* scontrarsi (**over** su).

collie /'kɒlɪ/ n. collie m.

collier /'kɒlɪə(r)/ ➧ ***27*** n. **1** *(worker)* carboniere m., minatore m. (di carbone) **2** *(ship)* carboniera f.

colliery /'kɒlɪərɪ/ n. miniera f. di carbone.

colligate /'kɒlɪgeɪt/ tr. collegare.

colligation /,kɒlɪ'geɪʃn/ n. collegamento m.

collimate /'kɒlɪmeɪt/ tr. ASTR. collimare.

collimation /,kɒlɪ'meɪʃn/ n. ASTR. collimazione f.

collimator /'kɒlɪmeɪtə(r)/ n. collimatore m.

collinear /kɒ'lɪnɪə(r)/ agg. collineare.

collineation /,kəlɪni:'eɪʃn/ n. collineazione f.

▷ **collision** /kə'lɪʒn/ n. **1** *(crash)* collisione f.; ***to come into ~ with*** entrare in collisione con; ***head-on ~*** collisione *o* scontro frontale; ***mid-air ~*** collisione in aria **2** *(clash)* conflitto m., scontro m. (**between** tra).

collision course /kə'lɪʒn,kɔ:s/ n. MAR. AER. rotta f. di collisione; ***to be on a ~*** essere in rotta di collisione (anche FIG.).

collision damage waiver /kə,lɪʒn,dæmɪdʒ'weɪvə(r)/ n. DIR. = rinuncia al risarcimento per collisione.

1.collocate /'kɒləkeɪt/ n. LING. collocatore m.

2.collocate /'kɒləkeɪt/ intr. LING. ***to ~ with sth.*** essere un collocatore di qcs.

collocation /,kɒlə'keɪʃn/ n. LING. **1 U** *(combining)* collocazione f. **2** *(phrase)* collocazione f.

collocutor /kə'lɒkjʊtə(r)/ n. interlocutore m. (-trice).

collodion /kə'ləʊdjən/ n. collodio m.

colloid /kə'lɔɪd/ n. colloide m.

colloidal /kə'lɔɪdl/ agg. colloidale.

collop /'kɒləp/ n. *(of meat) (slice)* fetta f.; *(small piece)* pezzetto m.

colloquia /kə'ləʊkwɪə/ → **colloquium**.

colloquial /kə'ləʊkwɪəl/ agg. colloquiale; ***~ English*** inglese colloquiale.

colloquialism /kə'ləʊkwɪəlɪzəm/ n. colloquialismo m.

colloquially /kə'ləʊkwɪəlɪ/ avv. colloquialmente.

colloquist /'kɒləkwɪst/ n. interlocutore m. (-trice).

colloquium /kə'ləʊkwɪəm/ n. (pl. **~s**, **-ia**) colloquio m. (**on** su).

colloquy /'kɒləkwɪ/ n. FORM. colloquio m., dialogo m.

collude /kə'lu:d/ intr. colludere (**with** con).

collusion /kə'lu:ʒn/ n. **U** collusione f.; ***to act in ~ with sb. to do sth.*** agire in collusione con qcn. per fare qcs.

collusive /kə'lu:sɪv/ agg. collusivo.

collyrium /kə'lɪrɪəm/ n. (pl. **~s**, **-ia**) collirio m.

collywobbles /'kɒlɪwɒblz/ n.pl. COLLOQ. **1** *(nerves)* ***to have*** o ***get the ~*** sentirsi torcere le budella (per la paura) **2** *(indigestion)* crampi m., coliche f.

colocynth /'kɒləsɪnθ/ n. coloquintide f.

cologarithm /kəʊ'lɒgərɪðm/ n. cologaritmo m.

cologne /kə'ləʊn/ n. (acqua di) colonia f.

Cologne /kə'ləʊn/ ➧ ***34*** n.pr. Colonia f.

Colombia /kə'lɒmbɪə/ ➧ ***6*** n.pr. Colombia f.

Colombian /kəˈlɒmbɪən/ ♦ *18* I agg. colombiano II n. *(person)* colombiano m. (-a).
1.colon /ˈkəʊlən/ n. ANAT. colon m.
▷ **2.colon** /ˈkəʊlən/ n. *(in punctuation)* due punti m.pl.
▷ **colonel** /ˈkɜːnl/ ♦ *23* n. colonnello m.
▷ **colonial** /kəˈləʊnɪəl/ I agg. coloniale; AE ARCH. in stile coloniale II n. *(person)* coloniale m. e f.
colonialism /kəˈləʊnɪəlɪzəm/ n. colonialismo m.
colonialist /kəˈləʊnɪəlɪst/ I agg. colonialista II n. colonialista m. e f.
colonic /kəˈlɒnɪk/ agg. del colon; ~ ***irrigation*** irrigazione del colon.
colonist /ˈkɒlənɪst/ n. *(inhabitant)* colono m. (-a); *(colonizer)* colonizzatore m. (-trice).
colonization /ˌkɒlənaɪˈzeɪʃn, AE -nɪˈz-/ n. colonizzazione f.
colonize /ˈkɒlənaɪz/ tr. colonizzare (anche FIG.).
colonizer /ˈkɒlənaɪzə(r)/ n. colonizzatore m. (-trice).
colonnade /ˌkɒləˈneɪd/ n. colonnato m.
colonnaded /ˌkɒləˈneɪdɪd/ agg. provvisto di colonnato.
▷ **colony** /ˈkɒlənɪ/ n. *(all contexts)* colonia f.; ***the colonies*** BE STOR. POL. le colonie.
colophon /ˈkɒləfən/ n. colophon m., colofone m.
colophony /kəˈlɒfənɪ/ n. colofonia f.
color AE → **1.colour**, **2.colour**.
Colorado /ˌkɒləˈrɑːdəʊ/ ♦ *24, 25* n.pr. Colorado m.
Colorado beetle /ˌkɒləˌrɑːdəʊˈbiːtl/ n. dorifora f.
colorant /ˈkʌlərənt/ n. colorante m.
coloration /ˌkʌləˈreɪʃn/ n. colorazione f.
coloratura /ˌkɒlərəˈtʊərə/ n. *(cadenza)* coloratura f.; *(singer)* soprano m. di coloratura.
colorific /ˌkɒləˈrɪfɪk/ agg. colorante.
colorimeter /ˌkʌləˈrɪmɪtə(r)/ n. colorimetro m.
colorimetric(al) /ˌkʌlərɪˈmetrɪk(l)/ agg. colorimetrico.
colorimetry /ˌkʌləˈrɪmətrɪ/ n. colorimetria f.
colorize /ˈkʌləraɪz/ tr. CINEM. colorizzare.
color line /ˈkʌləˌlaɪn/ n. AE discriminazione f. razziale.
colossal /kəˈlɒsl/ agg. colossale.
Colosseum /ˌkɒləˈsɪəm/ n.pr. ***the*** ~ il Colosseo.
colossi /kəˈlɒsɪ/ → **colossus**.
Colossians /kəˈlɒʃnz/ n.pl. + verbo sing. BIBL. Lettera f. ai Colossesi.
colossus /kəˈlɒsəs/ n. (pl. **-i**, **~es**) colosso m. (anche FIG.).
colostomy /kəˈlɒstəmɪ/ I n. colostomia f. II modif. ~ ***bag*** sacchetto per la colostomia.
colostrum /kəˈlɒstrəm/ n. colostro m.
▶ **1.colour** BE, **color** AE /ˈkʌlə(r)/ ♦ *5* I n. 1 *(hue)* colore m.; ***what ~ is it?*** di che colore è? ***do you have it in a different ~?*** ce l'avete in un colore diverso? ***the sky was the ~ of lead*** il cielo era color piombo *o* plumbeo; ***in ~*** CINEM. TELEV. a colori; ***the artist's use of ~*** l'uso del colore da parte dell'artista; ***the garden was a mass of ~*** il giardino era un'esplosione di colori; ***to take the ~ out of sth.*** privare del colore qcs.; ***to give*** o ***lend ~ to sth.*** dare colore a qcs.; ***to paint sth. in glowing ~s*** FIG. dipingere qcs. a tinte vivaci; ***"available in 12 ~s"*** "disponibile in 12 colori" 2 *(vividness) (in writing, description)* colore m.; ***period ~*** atmosfera tipica di un'epoca; ***a work full of ~*** un'opera dai toni brillanti 3 *(dye) (for food)* colorante m.; *(for hair)* colore m., tinta f.; *(shampoo)* shampoo m. colorante 4 COSMET. ***cheek ~*** fard; ***eye ~*** ombretto; ***lip ~*** rossetto 5 *(racial pigmentation)* colore m. (della pelle); ***people of all races and ~s*** persone di tutte le razze e di tutti i colori 6 *(complexion)* colore m., colorito m.; ***to change ~*** cambiare colore; ***to lose (one's) ~*** perdere il colorito *o* diventare pallido; ***to put ~ into sb.'s cheeks*** fare tornare il colorito a qcn.; ***that should put a bit of ~ into her cheeks!*** questo dovrebbe farle tornare un po' di colore sulle guance! ***to have a high ~*** *(naturally)* essere rubicondo; *(from illness or embarrassment)* essere molto rosso; ***her face was drained of ~*** il suo viso era pallidissimo; ***her ~ rose*** arrossì; ***he's getting his ~ back at last*** sta riprendendo colore, finalmente II **colours** n.pl. SPORT colori m.; MIL. MAR. bandiera f.sing.; ***racing ~s*** SPORT colori della squadra; ***the ~s of the regiment*** i colori del reggimento; ***he's playing in England's ~s*** gioca per i colori dell'Inghilterra; ***under false ~s*** MAR. sotto falsa bandiera; FIG. sotto mentite spoglie; ***to get one's tennis, football ~s*** BE SPORT entrare in una squadra di tennis, di calcio; ***a scarf in the club ~s*** una sciarpa con i colori del club III modif. 1 FOT. TELEV. [*picture, photo, photography, slide, copier, printer*] a colori; ~ ***film*** *(for camera)* pellicola a colori; CINEM. film a colori 2 SOCIOL. [*prejudice, problem*] razziale ◆ ***let's see the ~ of your money*** tira fuori i soldi *o* fa' vedere quanti soldi hai; ***to be off ~*** avere una brutta cera; ***to pass with flying ~s*** riuscire brillantemente *o* trionfalmente; ***to show one's true ~s*** mostrarsi nella propria vera luce *o* per quel che si è veramente.
▶ **2.colour** BE, **color** AE /ˈkʌlə(r)/ I tr. 1 *(with paints, crayons, food dye)* colorare; *(with commercial paints)* pitturare, tinteggiare; *(with hair dye)* tingere, colorare; ***to ~ sth. blue*** colorare *o* pitturare *o* tingere qcs. di blu 2 FIG. *(prejudice)* alterare [*attitude*]; influenzare [*judgment, opinion*] 3 FIG. *(enhance)* colorire, falsare [*account, story*] II intr. [*plant*] cambiare colore; [*fruit*] prendere colore; [*person*] (anche ~ **up**) arrossire; ***to ~ (up) with*** diventare rosso di [*anger*]; arrossire *o* diventare rosso per [*embarrassment*].
colourable /ˈkʌlərəbl/ agg. 1 [*material*] colorabile 2 [*excuse*] credibile, plausibile 3 [*affection*] falso, ingannevole.
colour analyst /ˈkʌlərˌænəlɪst/ ♦ *27* n. *(fashion)* esperto m. (-a) (nell'abbinamento e nella scelta) del colore.
colour bar /ˈkʌləbɑː(r)/ n. BE discriminazione f. razziale.
colour blind BE, **color blind** AE /ˈkʌləblaɪnd/ agg. incapace di distinguere i colori, daltonico.
colour blindness BE, **color blindness** AE /ˈkʌləˌblaɪndnɪs/ n. cecità f. cromatica.
1.colour code BE, **color code** AE /ˈkʌləˌkəʊd/ n. codice m. dei colori.
2.colour code BE, **color code** AE /ˈkʌləˌkəʊd/ tr. contrassegnare con colori diversi [*wires, switches, files*].
colour-coded BE, **color-coded** AE /ˈkʌləkəʊdɪd/ agg. [*wire, switch, file*] contrassegnato da un colore; ***each file, wire is ~*** ogni dossier, filo è contrassegnato da un colore (diverso).
▷ **coloured** BE, **colored** AE /ˈkʌləd/ I p.pass. → **2.colour** II agg. 1 [*chalk, ink, paper, label, light, icing*] colorato; [*picture, drawing, page*] a colori; ***a brightly ~ shirt*** una camicia a colori vivaci 2 **-coloured** in composti ***a raspberry-~ dress*** un vestito (color) lampone; ***copper-~ hair*** capelli color rame; ***a highly-~ account*** FIG. un resoconto molto colorito 3 SPREG. *(non-white)* di colore; *(in South Africa)* meticcio III n. SPREG. persona f. di colore; *(in South Africa)* meticcio m. (-a) IV **coloureds** n.pl. *(laundry)* capi m. colorati; ***"wash ~s separately"*** "lavare i capi colorati separatamente".
colour-fast /ˈkʌləfɑːst, AE -fæst/ agg. di colore indelebile, che non stinge.
colour filter /ˈkʌləˌfɪltə(r)/ n. FOT. filtro m. colorato.
▷ **colourful** BE, **colorful** AE /ˈkʌləfl/ agg. 1 pieno di colore, dai colori vivaci 2 FIG. [*story*] colorito; [*career, life*] movimentato; [*character, person*] pittoresco.
colourfully BE, **colorfully** AE /ˈkʌləfəlɪ/ avv. [*painted, dressed*] a colori vivaci.
colour graphics adaptor /ˌkʌləˌgræfɪksəˈdæptə(r)/ n. INFORM. programma m. di gestione della grafica a colori.
colouring BE, **coloring** AE /ˈkʌlərɪŋ/ n. 1 *(hue) (of plant, animal)* colori m.pl.; *(of pattern)* colorazione f.; *(complexion)* colorito m. 2 U ART. colorazione f. 3 *(dye) (for food)* colorante m.; *(for hair)* tintura f.; ***artificial ~*** GASTR. colorante artificiale.
colouring book /ˈkʌlərɪŋˌbʊk/ n. album m. da colorare.
colourist /ˈkʌlərɪst/ n. colorista m. e f.
colourless BE, **colorless** AE /ˈkʌləlɪs/ agg. 1 [*liquid, substance, gas*] incolore; [*face*] smorto, scolorito; [*cheeks, hands*] livido 2 FIG. *(bland)* [*personality, description, life*] scialbo; [*voice*] incolore.
colour magazine /ˌkʌləˌmægəˈziːn/ n. GIORN. rivista f. illustrata, a colori.
colour reproduction /ˌkʌləriːprəˈdʌkʃn/ n. ART. riproduzione f. a colori.
colour scheme /ˈkʌləˌskiːm/ n. disposizione f. dei colori.
colour sense /ˈkʌləˌsens/ n. senso m. del colore.
colour sergeant /ˌkʌləˈsɑːdʒənt/ ♦ *23* n. BE sergente m. portabandiera.
colour set /ˈkʌləˌset/ n. TELEV. televisore m. a colori.
colour supplement /ˈkʌləˌsʌplɪmənt/ n. GIORN. supplemento m. illustrato, a colori.
colour television /ˌkʌləˈtelɪvɪʒn, -ˈvɪʒn/ n. televisione f. a colori.
colour therapist /ˌkʌləˈθerəpɪst/ ♦ *27* n. PSIC. cromoterapeuta m. e f.
colour therapy /ˌkʌləˈθerəpɪ/ n. cromoterapia f.
colour-wash /ˈkʌləwɒʃ, AE -wɔːʃ/ n. colore m. a calce.
colourway /ˈkʌləweɪ/ n. colore m., colorazione f., combinazione f. di colori.
coloury /ˈkʌlərɪ/ agg. COLLOQ. colorito; [*hops, coffee beans*] colorito al punto giusto.
colporteur /ˈkɒlˌpɔːtə(r)/ n. ANT. = venditore ambulante di libri religiosi.
colposcopy /kɒlˈpɒskəpɪ/ n. colposcopia f.

colt /ˈkəʊlt/ n. **1** ZOOL. puledro m. **2** *(boy)* pivello m., sbarbatello m.; BE SPORT principiante m. e f.
Colt® /kəʊlt/ n. *(pistol)* colt f.
coltish /ˈkəʊltɪʃ/ agg. [*person*] *(inexperienced)* maldestro; *(lively)* giocherellone.
coltsfoot /ˈkəʊltsfʊt/ n. (pl. **~s**) farfaro m.
coluber /ˈkɒljʊbə(r)/ n. colubro m.
Columba /kəˈlʌmbə/ n.pr. Colombano.
columbarium /kɒləmˈbeərɪəm/ n. (pl. **~s**, **-ia**) *(in a cemetery)* colombario m.
Columbia /kəˈlʌmbɪə/ n. ANT. STOR. = gli Stati Uniti d'America.
Columbian /kəˈlʌmbɪən/ agg. *(of or relating to the US, Columbus)* colombiano.
columbine /ˈkɒləmbaɪn/ n. BOT. aquilegia f.
Columbine /ˈkɒləmbaɪn/ n.pr. TEATR. Colombina.
columbite /kəˈlʌmbaɪt/ n. columbite f.
columbium /kəˈlʌmbɪəm/ n. columbio m.
Columbus /kəˈlʌmbəs/ n.pr. Colombo.
▶ **column** /ˈkɒləm/ n. **1** colonna f. **2** GIORN. rubrica f.; ***sports, political ~*** rubrica sportiva, politica; ***letters ~*** rubrica delle lettere (dei lettori).
columnar /kəˈlʌmnə(r)/ agg. **1** *(in the shape of a column)* colonnare **2** *(with columns)* con colonne **3** TIP. [*text*] disposto in colonna, incolonnato.
columned /kəˈləmd/ agg. con colonne.
columniform /kəˈlʌmnɪfɔːm/ agg. a forma di colonna.
column inch /ˈkəlvmˌɪntʃ/ n. TIP. GIORN. = unità di misura per gli spazi pubblicitari, della larghezza di una colonna e dell'altezza di un pollice.
columnist /ˈkɒləmnɪst/ ♦ *27* n. columnist m. e f.; ***political ~*** commentatore politico.
colure /kəˈljʊə(r)/ n. coluro m.
colza /ˈkɒlzə/ n. colza f.
1.coma /ˈkəʊmə/ n. coma m.; ***in a ~*** in coma; ***to go into a ~*** entrare in coma.
2.coma /ˈkəʊmə/ n. (pl. **-ae**) **1** ASTR. *(of comet)* chioma f. **2** BOT. *(of seeds)* ciuffo m. di peli; *(of ananas)* ciuffo m. di brattee.
comatose /ˈkəʊmətəʊs/ agg. **1** MED. comatoso **2** FIG. *(with alcohol, apathy)* letargico, comatoso.
▷ **1.comb** /kəʊm/ n. **1** *(for hair)* pettine m.; ***to run a ~ through one's hair*** passarsi il pettine fra i capelli; ***to give one's hair a (quick) ~*** pettinarsi *o* darsi una pettinata **2** *(honeycomb)* favo m. **3** *(cock's crest)* cresta f.
▷ **2.comb** /kəʊm/ tr. **1** ***to ~ sb.'s hair*** pettinare qcn.; ***to ~ one's hair*** pettinarsi **2** *(search)* ***to ~ a place (looking) for sth.*** passare al setaccio, setacciare un luogo alla ricerca di qcs. **3** TESS. pettinare [*wool, textile*].
■ **comb out:** ~ out [sth.], ~ [sth.] out sciogliere [*knots*]; districare [*hair*]; ***to ~ fleas*** o ***lice out of a dog*** spulciare un cane (pettinandolo).
■ **comb through:** ~ through [sth.] spulciare [*book, article*] (**for sth., looking for sth.** per cercare qcs.).
1.combat /ˈkɒmbæt/ **I** n. MIL. combattimento m.; ***in ~*** in combattimento; ***to send sb. into ~*** mandare qcn. in battaglia; ***close ~*** combattimento ravvicinato; ***single ~*** singolar tenzone *o* duello **II** modif. [*aircraft, helmet, troops*] da combattimento; [*zone*] di combattimento.
2.combat /ˈkɒmbæt/ tr. (forma in -ing ecc. **-tt-**) combattere, lottare contro [*racism, crime, inflation, hunger, disease, fear*].
combatable /ˈkɒmbətəbl/ agg. combattibile.
▷ **combatant** /ˈkɒmbətənt/ **I** agg. combattente **II** n. combattente m. e f.
combative /ˈkɒmbətɪv/ agg. combattivo.
combat jacket /ˈkɒmbætˌdʒækɪt/ n. giacca f. mimetica.
combat mission /ˈkɒmbætˌmɪʃn/ n. missione f. di guerra.
combat pants /ˈkɒmbætpænts/ n.pl. pantaloni m. militari.
combat police /ˌkɒmbætpəˈliːs/ n. BE reparto m. celere di polizia.
combe n. BE → **coomb**.
▶ **combination** /ˌkɒmbɪˈneɪʃn/ **I** n. **1** *(of factors, events, numbers, chemicals etc.)* combinazione f. (**of** di); ***for a ~ of reasons*** per una serie di ragioni **2** *(alliance)* associazione f., unione f. (**of** di; **with** con); ***in ~ with*** in associazione a **3** BE AUT. sidecar m. **II combinations** n.pl. BE ABBIGL. RAR. *(undergarment)* = indumento intimo maschile in un unico pezzo con maniche lunghe e mutandoni.
combination lock /ˌkɒmbɪˈneɪʃnˌlɒk/ n. serratura f. a combinazione.
combinative /ˈkəmbɪnətɪv/ agg. **1** *(able to combine)* combinabile **2** *(marked by combination)* combinatorio.
combinatorial /ˌkəmbɪnəˈtɔːrɪəl/ agg. combinatorio.
combinatorics /ˌkəmbɪnəˈtɔːrɪks/ n. + verbo sing. analisi f. combinatoria.
▶ **1.combine** /kəmˈbaɪn/ **I** tr. **1** *(pair up, link)* combinare [*activities, colours, components, items, qualities, elements*] (**with** con); associare [*ideas, aims*] (**with** a); ***to ~ two companies*** raggruppare due compagnie; ***to ~ fantasy with realism*** mescolare *o* mettere insieme fantasia e realismo; ***to ~ forces*** [*countries, people*] unire le forze **2** GASTR. unire (**with** a) **3** CHIM. combinare (**with** con) **II** intr. **1** *(go together)* [*activities, colours, styles, factors, events*] combinarsi (**with** con; **to do** per fare); ***to ~ well with*** combinarsi bene con **2** *(join)* [*people, groups*] unirsi (**against** contro; **to do** per fare; **into** in); [*institutions, firms*] fondersi, raggrupparsi (**into** in) **3** CHIM. combinarsi (**with** con; **to do** per fare); ***to ~ easily*** combinarsi facilmente.
2.combine /ˈkɒmbaɪn/ n. **1** COMM. gruppo m., concentrazione f. **2** AGR. → **combine harvester**.
3.combine /ˈkɒmbaɪn/ tr. AGR. mietere con la mietitrebbiatrice [*crops*].
▷ **combined** /kəmˈbaɪnd/ **I** p.pass. → **1.combine II** agg. **1** *(joint)* ***~ operation*** operazione congiunta; MIL. operazione combinata; ***a ~ effort*** uno sforzo congiunto; ***their ~ strength wasn't enough to move it*** le loro forze unite non furono sufficienti a spostarlo **2** *(total)* [*salary, age, population*] complessivo; [*loss, capacity*] totale; ***two men whose ~ age is 150*** due uomini che insieme fanno 150 anni **3** *(put together)* [*effects*] combinato; [*forces*] congiunto; ***~ with*** combinato con, unito a; ***more than all the rest ~*** più di tutto il resto messo insieme.
combined honours /kəmˌbaɪndˈɒnəz/ n. + verbo sing. o pl. BE UNIV. = laurea in due discipline.
combined pill /kəmˌbaɪndˈpɪl/ n. pillola f. combinata.
combine harvester /ˌkɒmbaɪnˈhɑːvɪstə(r)/ n. mietitrebbia(trice) f.
combo /ˈkɒmbəʊ/ **I** n. (pl. **~s**) COLLOQ. **1** (anche **jazz ~**) MUS. combo m. **2** AE *(menu)* = menu composto da due piatti a scelta **II** modif. INFORM. [*adapter*] combinato.
combustibility /kəmˌbʌstəˈbɪlətɪ/ n. combustibilità f.
combustible /kəmˈbʌstəbl/ agg. [*substance*] combustibile; FIG. [*temperament*] infiammabile.
combustion /kəmˈbʌstʃn/ **I** n. combustione f.; ***internal ~ engine*** motore a combustione interna **II** modif. [*chamber, temperature, pressure*] di combustione.
▶ **1.come** /kʌm/ **I** tr. (pass. **came**; p.pass. **come**) **1** *(travel)* percorrere; ***to ~ 100 km to see*** fare 100 chilometri per vedere **2** BE COLLOQ. *(act)* ***don't ~ the innocent with me*** non fare l'innocentino con me; ***to ~ the heavy-handed father*** fare il padre padrone **II** intr. (pass. **came**; p.pass. **come**) **1** *(arrive)* [*person, day, success, fame*] venire; [*bus, letter, news, results, rains, winter, war*] arrivare; ***the letter came on Monday*** la lettera arrivò lunedì; ***your turn will ~*** verrà il tuo turno; ***to ~ after sb.*** *(follow)* venire *o* seguire dopo qcn.; *(chase)* inseguire qcn.; ***~ after me*** seguimi, vienimi dietro; ***to ~ by*** *(take)* venire in *o* prendere [*bus, taxi, plane*]; ***I came on foot, by bike*** sono venuto a piedi, in bici; ***to ~ down, up*** scendere, salire [*stairs*]; seguire *o* percorrere [*street*]; ***to ~ down from Scotland, from Alaska*** venire dalla Scozia, dall'Alaska; ***to ~ from*** (pro)venire da [*airport, hospital*]; ***to ~ into*** entrare in [*house, room*]; ***the train came into the station*** il treno entrò in stazione; ***to ~ past*** [*car, person*] passare; ***to ~ through*** [*person*] attraversare [*town centre, tunnel*]; [*water, object*] entrare da [*window etc.*]; ***to ~ to*** venire a [*school, telephone*]; ***to ~ to the door*** venire ad aprire (la porta); ***to ~ to the surface*** venire *o* (ri)salire in superficie; ***to ~ to the company as*** entrare nella compagnia come [*apprentice, consultant*]; ***to ~ to do*** venire a fare; ***to ~ running*** venire correndo *o* di corsa; ***to ~ limping down the street*** percorrere la strada zoppicando; ***to ~ crashing to the ground*** [*structure*] crollare *o* schiantarsi al suolo; ***the light came streaming through the window into the room*** la luce entrava dalla finestra inondando la stanza; ***lunch is ready, ~ and get it!*** il pranzo è pronto, (venite) a tavola! ***when the time ~s*** quando viene *o* verrà il momento; ***the time has come to do*** è venuto *o* arrivato il momento di fare; ***I'm coming!*** sto arrivando! arrivo! ***~ to Mummy*** vieni dalla mamma; ***to ~ and go*** andare e venire; ***you can ~ and go as you please*** sei libero di andare e venire come ti pare; ***fashions ~ and go*** le mode vanno e vengono; ***~ next week, year*** la prossima settimana, il prossimo anno; ***~ Christmas, summer*** a Natale, in estate *o* quando verrà Natale, l'estate; ***there may ~ a time*** o ***day when you regret it*** un giorno potresti pentirtene; ***for some time to ~*** per qualche tempo; ***there's still the meal, speech to ~*** c'è ancora il pranzo, il discorso **2** *(approach)* venire, avvicinarsi; ***to ~ and see, help sb.*** venire a vedere, ad aiutare qcn.; ***to ~ to sb. for money,***

advice venire a chiedere soldi, consigli a qcn.; ***I could see it coming*** *(of accident)* l'ho visto arrivare *o* me lo sono visto arrivare; ***don't ~ any closer*** non avvicinatevi oltre; ***he came to the job with preconceived ideas*** ha iniziato a lavorare con idee preconcette; ***to ~ close*** o ***near to doing*** riuscire quasi a fare **3** *(call, visit)* [*dustman, postman*] passare; [*cleaner*] venire; ***I've come to do*** sono venuto a fare; ***I've come about*** sono venuto per *o* a proposito di; ***I've come for*** sono venuto a cercare; ***my brother is coming for me at 10 am*** mio fratello viene a prendermi alle dieci; ***they're coming for the weekend*** vengono per il fine settimana; ***I've got six people coming to dinner*** ho sei persone (che vengono) a cena; ***my sister is coming to stay with us*** mia sorella viene (a stare) da noi (per un po') **4** *(attend)* venire; ***I can't*** o ***won't be able to ~*** non posso *o* non potrò venire; ***~ as you are*** venite (vestiti) come siete; ***to ~ to*** venire a [*meeting, party, wedding*]; ***to ~ with sb.*** venire con qcn.; ***do you want to ~ fishing?*** vuoi venire a pesca? **5** *(reach)* ***to ~ to*** o ***to ~ up, down to*** [*water, dress, carpet, curtain*] arrivare (fino) a; ***I've just come to the chapter where...*** sono appena arrivato al capitolo in cui... **6** *(happen)* ***how did you ~ to do?*** come hai fatto *o* sei riuscito a fare? ***that's what ~s of doing, not doing*** ecco quello che succede a fare, a non fare; ***how ~?*** com'è potuto succedere? ***how ~ you lost?*** come mai hai perso? ***~ what may*** accada quel che accada; ***to take things as they ~*** prendere le cose come vengono; ***when you ~ to think of it*** se ci pensi (bene); ***~ to think of it, you're right*** a pensarci bene, hai ragione **7** *(begin)* ***to ~ to believe, hate, understand*** finire per credere, odiare, capire **8** *(originate)* ***to ~ from*** [*person*] venire da, essere (originario) di [*city, country etc.*]; [*word, song, legend*] venire da [*country, language*]; [*substance, food*] essere ricavato da [*raw material*]; [*coins, stamps*] provenire da [*place, collection*]; [*smell, sound*] (pro)venire da [*place*]; ***to ~ from Italy*** [*fruit, painting*] provenire dall'Italia; [*person*] essere italiano *o* originario dell'Italia; ***to ~ from a long line of artists*** discendere da una lunga stirpe di artisti **9** *(be available)* ***to ~ in*** essere disponibile in *o* esistere in [*sizes, colours*]; ***to ~ with a radio, sunroof*** [*car*] essere dotato di radio, di tettuccio apribile; ***to ~ with chips*** [*food*] essere servito con (contorno di) patatine; ***to ~ with matching napkins*** [*tablecloth*] essere venduto con i tovaglioli abbinati; ***calculators don't ~ smaller, cheaper than this*** non ci sono calcolatrici più piccole, meno care di questa **10** *(tackle)* ***to ~ to*** venire a *o* affrontare [*problem, subject*]; ***I'll ~ to that in a moment*** ci arrivo subito; ***to ~ to sth.*** o ***to doing sth. late in life*** accostarsi a qcs. *o* mettersi a fare qcs. (quando si è) avanti negli anni *o* a tarda età **11** *(develop)* ***it ~s with practice, experience*** si impara con la pratica, con l'esperienza; ***wisdom ~s with age*** la saggezza viene con l'età **12** *(be situated)* venire; ***to ~ after*** venire dopo, seguire; ***to ~ before*** *(in time, list, queue, importance)* venire prima di, precedere; ***to ~ within*** fare parte di [*terms*]; ***to ~ first, last*** [*athlete, horse*] arrivare (per) primo, (per) ultimo; ***where did you ~?*** come sei arrivato? come ti sei piazzato? ***my family ~s first*** la mia famiglia viene prima di tutto il resto; ***nothing can ~ between us*** non c'è niente che possa interferire tra di noi; ***don't let this ~ between us*** non permettere che questo si frapponga tra noi; ***to try to ~ between two people*** cercare di intromettersi tra due persone; ***nothing ~s between me and my books!*** per me i libri sono sacri! **13** *(be due)* ***the house ~s to me when they die*** dopo la loro morte la casa spetta a me; ***death, old age ~s to us all*** la morte, la vecchiaia viene per tutti; ***he had it coming (to him)*** COLLOQ. se l'è meritato; ***they got what was coming to them*** COLLOQ. hanno avuto quello che si meritavano **14** *(be a question of)* ***when it ~s to sth., to doing*** quando si tratta di qcs., di fare **15** *(have orgasm)* COLLOQ. venire **III** inter. *(reassuringly)* ***~ (now)!*** dai! su! ***~, ~!*** *(in warning, reproach)* andiamo! ◆ ***~ again?*** COLLOQ. come, (scusa)? ***I don't know if I'm coming or going*** non so più quello che sto facendo; ***"how do you like your tea?" - "as it ~s"*** "come (lo) vuoi il tè?" - "come lo fai tu va bene"; ***he's as stupid, honest as they ~*** è molto stupido, onesto; ***~ to that*** o ***if it ~s to that, you may be right*** su questo *o* per questo, potresti aver ragione; ***to ~ as a shock, a surprise*** essere uno shock, giungere inatteso.

▪ **come about 1** *(happen)* [*problems*] capitare; [*reforms*] realizzarsi; [*situation*] crearsi; [*change*] verificarsi; ***the discovery came about by accident*** la scoperta è avvenuta per caso **2** MAR. virare di bordo.

▪ **come across: ~ across** *(be conveyed)* [*meaning, message*] essere, risultare chiaro; [*feelings*] trasparire; ***the message of the film ~s across clearly*** il messaggio del film è chiaro; ***his love of animals ~s across strongly*** il suo amore per gli animali è molto evidente; ***she ~s across well on TV*** è molto telegenica; ***~ across as*** dare l'impressione di essere [*liar, expert*]; apparire *o* sembrare [*enthusiastic, honest*]; **~ across [sth.]** imbattersi in [*article, reference, example*]; scoprire per caso [*village*]; ***we rarely ~ across cases of*** ci capita raramente di incontrare casi di; **~ across [sb.]** incontrare (per caso) [*person*]; ***one of the nicest people I've ever come across*** una delle persone più simpatiche che abbia mai incontrato.

▪ **come along 1** *(arrive)* [*bus, person*] arrivare; [*opportunity*] presentarsi; ***to wait for the right person to ~ along*** aspettare che si presenti la persona giusta **2** *(hurry up)* ***~ along!*** forza! dai! cammina! **3** *(attend)* venire; ***why don't you ~ along?*** perché non vieni anche tu? ***to ~ along to*** venire a [*lecture, party*]; ***to ~ along with sb.*** venire con qcn. *o* accompagnare qcn. **4** *(make progress)* [*pupil, trainee*] fare progressi; [*book, building work, project*] procedere; [*painting, tennis*] progredire; [*plant, seedling*] crescere; ***your Spanish is coming along*** il tuo spagnolo sta migliorando; ***how's the thesis coming along?*** come procede la tua tesi?

▪ **come apart 1** *(accidentally)* [*book, parcel, box*] andare a pezzi, sfasciarsi; ***the toy just came apart in my hands*** il giocattolo mi si è rotto tra le mani **2** *(intentionally)* [*sections*] dividersi, staccarsi; [*components*] separarsi; [*machine, equipment*] smontarsi, scomporsi.

▪ **come around** AE → **come round**.

▪ **come at: ~ at [sb.] 1** *(attack)* [*person*] attaccare (**with** con); [*bull, rhino*] caricare **2** FIG. ***there were criticisms, questions coming at me from all sides*** fui assalito da critiche, da domande provenienti da ogni parte.

▪ **come away 1** *(leave)* venire via; ***to ~ away from*** venire via da, lasciare [*cinema, match, show*]; uscire da [*interview, meeting*]; ***to ~ away from the match, from the meeting disappointed, satisfied*** uscire deluso, soddisfatto dalla partita, dall'incontro; ***to ~ away with the feeling that*** rimanere con l'impressione che **2** *(move away)* allontanarsi; ***~ away!*** *(said by parent)* vieni via, togliti di lì! *(said by official)* circolare! ***~ away from the edge*** vieni via, allontanati dal bordo **3** *(become detached)* [*handle, plaster, cover*] venire via, staccarsi (**from** da).

▪ **come back 1** *(return)* [*letter, feeling, good weather*] ritornare (**from** da; **to** a); [*memories*] tornare alla mente; [*person, good weather*] (ri)tornare (**from** da; **to** a); *(to one's house)* rientrare; ***to ~ running back*** ritornare di corsa; ***the memories came flooding back*** i ricordi riaffiorarono alla mente come un fiume in piena; ***to ~ back to*** (ri)tornare a [*topic, problem*]; (ri)tornare da [*spouse, lover*]; ***to ~ back with sb.*** riaccompagnare qcn.; ***to ~ back with*** *(return)* (ri)tornare con [*present, idea, flu*]; *(reply)* rispondere con [*offer, suggestion*]; ***can I ~ back to you on that tomorrow?*** posso darti una risposta domani? ***it's all coming back to me now*** adesso mi ritorna tutto in mente; ***the name will ~ back to me*** il nome mi tornerà in mente; ***to ~ back to what you were saying*** per tornare a quello che stavi dicendo **2** [*law*] essere ristabilito; [*system*] essere ripristinato; *(become popular)* [*trend, method, hairstyle*] (ri)tornare di moda; ***to ~ back into fashion*** (ri)tornare di moda.

▪ **come by: ~ by** [*person*] passare; ***you must ~ by and see us*** devi passare a trovarci; **~ by [sth.]** trovare [*book, job, money*].

▪ **come down 1** *(move lower)* [*person*] venire giù, scendere (**from** da); [*lift, barrier, blind*] scendere; [*curtain*] calare; ***to ~ down by parachute*** scendere con il paracadute; ***to ~ down in the lift*** scendere con l'ascensore; ***he's really come down in the world*** FIG. è veramente caduto in basso; ***his trousers barely came down to his ankles*** i pantaloni gli arrivavano appena alle caviglie **2** *(drop)* [*price, inflation, temperature*] scendere, abbassarsi (**from** da; **to** a); [*cost, unemployment*] diminuire, calare; ***cars are coming down in price*** le auto stanno scendendo di prezzo **3** METEOR. [*snow, rain*] venire giù, cadere; ***the fog came down overnight*** la nebbia è scesa durante la notte **4** *(land)* [*helicopter*] posarsi; [*aircraft*] atterrare **5** *(crash)* [*plane*] precipitare **6** *(fall)* [*ceiling, wall*] venire giù, crollare; [*curtain rail*] cadere; [*hem*] disfarsi **7** FIG. *(be resumed by)* ridursi a [*question, problem, fact*]; ***it all really ~s down to the fact that*** tutto si riduce al fatto che.

▪ **come forward 1** *(step forward)* venire avanti **2** *(volunteer)* offrirsi (**to do** di fare), presentarsi (**to do** per fare); ***to ~ forward with*** venir fuori con, presentare [*proof*]; venir fuori con, proporre [*proposal*]; offrire [*help, money, suggestions*]; ***to ask witnesses to ~ forward*** chiedere ai testimoni di farsi avanti.

▪ **come in 1** *(enter)* [*person, rain*] entrare (**through** da) **2** *(return)* rientrare (**from** da); ***she ~s in from work at five*** rientra dal lavoro alle cinque **3** *(come inland)* [*tide*] salire; ***a wind coming in from the sea*** un vento che viene dal mare **4** *(arrive)* [*plane, train, bill, complaint, delivery, letter*] arrivare; ***which horse came in first?*** quale cavallo è arrivato *o* si è piazzato primo? ***we've got £ 2,000 a month coming in*** abbiamo 2.000 sterline di entrate mensili **5** *(become current)* [*invention*] arrivare, entrare in uso; [*trend, style*] arrivare, diventare di moda; [*habit, practice*] diffondersi **6** *(interject)* intervenire; ***to ~ in with an opinion*** esprimere la propria opinione **7** RAD. TEL. *(in radio transmission)* ***~ in, Delta Bravo!*** rispondi, Delta Bravo! **8** *(participate)* ***to ~ in with sb.*** associarsi a qcn.; ***to ~ in on the deal*** prendere parte *o* partecipare all'affare **9** *(serve a particular purpose)* ***where do I ~ in?*** che parte ho io (in tutto ciò)? che c'entro? ***where does the extra money ~ in?*** a cosa serve il denaro extra? ***to ~ in useful*** o ***handy*** [*box, compass, string etc.*] riuscire utile *o* servire; [*skill, qualification*] essere utile **10** *(receive)* ***to ~ in for criticism*** [*person*] andare incontro a, ricevere critiche; [*plan*] essere oggetto di critiche; ***to ~ in for praise*** ricevere elogi.

▪ **come into:** **~ into [sth.]** **1** *(inherit)* ereditare [*money*]; entrare in possesso di [*inheritance*] **2** *(be relevant)* ***to ~ into it*** [*age, experience*] entrare in gioco *o* entrarci; ***luck, skill doesn't ~ into it*** la fortuna, l'abilità non c'entra.

▪ **come off:** **~ off** **1** *(become detached) (accidentally)* [*button, label, handle, lid, paint, wallpaper*] venire via, staccarsi; *(intentionally)* [*handle, panel, lid*] venire via, togliersi; ***the knob came off in my hand*** il pomello mi è rimasto in mano; ***the lid won't ~ off*** il coperchio non viene (via) **2** *(fall)* [*rider*] cadere **3** *(wash, rub off)* [*ink*] venire via, andare via; [*stain*] venire via, scomparire; ***the mark won't ~ off*** la macchia non viene via **4** *(take place)* [*deal*] realizzarsi; [*merger, trip*] avere luogo **5** *(succeed)* [*plan, trick*] riuscire, funzionare; [*project*] andare bene; [*parody*] venire bene **6** TEATR. TELEV. *(be taken off)* [*play*] essere tolto dal cartellone; [*TV show*] essere cancellato **7** *(fare)* ***she came off well*** *(in deal)* se l'è cavata bene; ***who came off worst?*** *(in fight)* chi ne è uscito più malconcio? **~ off [sth.]** **1** *(stop using)* smettere di prendere [*pill, tablet, heroin*] **2** *(fall off)* cadere da [*bicycle, horse*] **3** *(get off)* scendere da [*wall*]; ***~ off the lawn!*** togliti dal prato!

▪ **come on** **1** *(follow)* ***I'll ~ on later*** vi raggiungo più tardi **2** *(exhortation) (encouraging)* ***~ on, try it!*** coraggio, provaci! ***~ on, follow me!*** forza, seguimi! *(impatient)* ***~ on, hurry up!*** su, sbrigati! *(wearily)* ***~ on, somebody must know the answer!*** insomma, ci sarà qualcuno che conosca la risposta! ***~ on, you don't expect me to believe that!*** ma dai, non aspetterai (mica) che ci creda! **3** *(make progress)* [*person, player, patient*] fare progressi; [*bridge, road, novel*] andare avanti, proseguire; [*plant*] crescere; ***how are the recruits coming on?*** come procedono le reclute? ***her tennis is coming on well*** sta facendo progressi con il tennis **4** *(begin)* [*asthma, attack, headache*] venire; [*winter*] venire, arrivare, cominciare; [*programme, film*] cominciare; [*rain*] arrivare; ***it came on to snow*** si è messo a nevicare **5** *(start to work)* [*light*] accendersi; [*heating, fan*] accendersi, avviarsi; ***the power came on again at 11*** la corrente è tornata alle 11 **6** TEATR. [*actor*] entrare in scena.

▪ **come out** **1** *(emerge)* [*person, animal, vehicle*] venire fuori, uscire (**of** da); [*star*] apparire; [*sun, moon*] spuntare, sorgere; [*flowers, bulbs*] spuntare; [*spot, rash*] comparire; ***~ out with your hands up!*** venite fuori con le mani in alto! ***when does he ~ out?*** *(of prison, hospital)* quando esce? ***he came out of it rather well*** FIG. ne è uscito abbastanza bene **2** *(originate)* ***to ~ out of*** [*person*] venire da; [*song*] venire da; [*news report*] provenire da; ***the money will have to ~ out of your savings*** il denaro dovrà essere preso dai tuoi risparmi **3** *(result)* ***to ~ out of*** [*breakthrough*] venire da; ***something good came out of the disaster*** venne fuori qualcosa di buono dal disastro **4** *(strike)* (also **to ~ out on strike**) entrare, scendere in sciopero **5** [*homosexual*] dichiarare pubblicamente la propria omosessualità **6** *(fall out)* [*contact lens, tooth, key, screw, nail*] cadere; [*electrical plug*] staccarsi; [*sink plug, cork*] togliersi; [*contents, stuffing*] uscire fuori; ***his hair is coming out*** cominciano a cadergli i capelli **7** *(be emitted)* [*water, air, smoke*] (fuori)uscire (**through** da); ***the water ~s out of this hole*** l'acqua esce da questo foro **8** *(wash out)* [*stain, ink, grease*] venire via, andare via (**of** da); ***it won't ~ out*** non va via **9** *(be deleted)* [*reference, sentence*] essere tolto, eliminato **10** *(be published, issued)* [*magazine, novel, album, film, model, product*] uscire **11** *(become known)* [*feelings*] manifestarsi; [*message, meaning*] apparire chiaramente; [*details, facts, full story*] venire fuori, sapersi; [*results*] uscire; [*secret*] saltare fuori; ***it came out that*** è venuto *o* saltato fuori che; ***if it ever ~s out that it was my fault*** se mai si scoprisse che è stata colpa mia; ***the truth is bound to ~ out*** la verità finirà per venire fuori; ***so that's what you think - it's all coming out now!*** così è questo che pensi - adesso è tutto chiaro! **12** FOT. TIP. [*photo, photocopy*] riuscire; ***the photos didn't ~ out (well)*** le foto non sono riuscite (bene); ***red ink won't ~ out on the photocopy*** l'inchiostro rosso non si vede in fotocopia **13** *(end up)* ***to ~ out at 200 dollars*** [*cost, bill*] ammontare a 200 dollari; ***the jumper came out too big*** la maglia risultò troppo grande; ***the total always ~s out the same*** il totale è sempre lo stesso **14** *(say)* ***to ~ out with*** venir fuori con [*excuse*]; uscirsene con [*nonsense, rubbish*]; ***I knew what I wanted to say but it came out wrong*** sapevo quello che volevo dire ma l'ho detto male; ***whatever will she ~ out with next?*** e adesso con cosa se ne uscirà fuori? ***to ~ straight out with it*** dirlo subito **15** *(enter society)* debuttare.

▪ **come over:** **~ over** **1** *(drop in)* venire; ***~ over for a drink*** venite a bere qualcosa; ***to ~ over to do*** venire a fare **2** *(travel)* venire; ***they came over on the ferry*** sono venuti in traghetto; ***she's coming over on the 10 am flight*** arriva con il volo delle 10; ***she often ~s over to Italy*** viene spesso in Italia; ***their ancestors came over with the Normans*** i loro antenati giunsero insieme ai normanni **3** *(convey impression)* [*message, meaning*] sembrare; [*feelings, love*] trasparire; ***to make one's feelings ~ over*** fare trasparire i propri sentimenti; ***to ~ over very well*** [*person*] dare un'ottima impressione; ***to ~ over as*** dare l'impressione di essere [*lazy, honest*] **4** COLLOQ. *(suddenly become)* ***to ~ over all embarrassed*** sentirsi improvvisamente molto imbarazzato; ***to ~ over all shivery*** cominciare a tremare tutto; ***to ~ over all faint*** sentirsi improvvisamente sul punto di svenire; **~ over [sb.]** [*feeling*] sopraffare; ***what's come over you?*** che cosa ti prende? ***I don't know what came over me*** non so che cosa mi ha preso.

▪ **come round** BE, **come around** AE **1** *(regain consciousness)* riprendere conoscenza **2** *(make a detour)* fare il giro (**by** da); passare (**by** per) **3** *(circulate)* [*steward, waitress*] passare **4** *(visit)* venire, fare un salto; ***to ~ round and do*** venire a fare; ***to ~ round for dinner, drinks*** venire a cena, a bere qualcosa **5** *(occur)* [*event*] avere luogo, avvenire; ***the elections are coming round again*** ci saranno di nuovo le elezioni; ***by the time Christmas ~s round*** quando viene Natale **6** *(change one's mind)* cambiare idea; ***to ~ round to an idea, to my way of thinking*** finire per concordare con un'idea, con il mio modo di pensare **7** MAR. [*boat*] orzare.

▪ **come through:** **~ through** **1** *(survive)* cavarsela **2** *(penetrate)* [*heat, ink, light*] passare **3** *(arrive)* ***the fax, the call came through at midday*** il fax, la chiamata arrivò a mezzogiorno; ***my posting has just come through*** è appena arrivato l'ordine del mio trasferimento; ***she's still waiting for her visa, her results to ~ through*** sta ancora aspettando che arrivi il suo visto, che arrivino i suoi risultati **4** *(emerge)* [*personality, qualities*] trasparire; **~ through [sth.]** **1** *(survive)* superare [*crisis*]; uscire da [*recession*]; sopravvivere a [*operation, ordeal, war*] **2** *(penetrate)* [*ink, dye*] passare [*paper, cloth*]; [*light*] passare attraverso [*curtains*].

▪ **come to:** **~ to** *(regain consciousness) (from faint)* riprendere conoscenza; *(from trance)* (ri)svegliarsi; **~ to [sth.]** **1** *(total)* [*shopping*] fare, essere; [*bill, expenditure, total*] ammontare a; ***both columns should ~ to the same figure*** le somme delle due colonne dovrebbero dare lo stesso risultato; ***that ~s to £ 40*** fanno *o* sono 40 sterline **2** *(result in)* venire a, arrivare a; ***if it ~s to a fight*** se si viene alle mani; ***all her plans came to nothing*** nessuno dei suoi progetti è approdato a nulla; ***all our efforts came to nothing*** tutti i nostri sforzi non hanno portato a nulla; ***I never thought it would ~ to this*** non avrei mai creduto che si sarebbe arrivati a questo; ***it may not ~ to that*** forse non si arriverà a questo.

▪ **come together:** **~ together** [*friends, lovers, etc.*] riconciliarsi.

▪ **come under:** **~ under [sth.]** **1** *(be subjected to)* ***to ~ under scrutiny*** essere oggetto di un esame minuzioso; ***to ~ under suspicion*** essere sospettato; ***to ~ under threat*** subire minacce; ***we're coming under pressure to do*** siamo sottoposti a pressioni perché facciamo **2** *(be classified under) (in library, shop)* essere catalogato sotto (la categoria di) [*reference, history*]; ***Dali ~s under Surrealism*** Dali rientra nel surrealismo.

▪ **come up:** **~ up** **1** *(arise)* [*problem, issue, matter*] saltare fuori, venire fuori; [*name*] saltare fuori; ***to ~ up in conversation*** [*subject*] venire fuori durante la conversazione; ***this type of question may ~ up*** questo tipo di domanda potrebbe venire fuori **2** *(be due, eligible)* ***to ~ up for re-election*** ripresentarsi alle elezioni; ***my salary ~s up for review in April*** il mio stipendio sarà sottoposto a revisione in aprile; ***the car is coming up for its annual service*** l'auto deve fare la revisione annuale **3** *(occur)* [*opportunity*] venire fuori, presentarsi; ***something urgent has come up*** è saltata fuori una cosa urgente; ***a vacancy has come up*** si è liberato un posto **4** *(rise)* [*sun, moon*] sorgere; [*tide*] salire; [*bulb, seeds*] germogliare; [*daffodils, beans*] venire su, spuntare **5** DIR. [*case*] essere dibattuto; [*hearing*] svolgersi; ***to ~ up before*** [*case*] essere dibattuto davanti a; [*person*] comparire davanti a.

▪ **come up against:** **~ up against [sth.]** trovarsi di fronte, affrontare [*problem*]; scontrarsi con [*prejudice, opposition*].

▪ **come up with:** ~ *up with [sth.]* tirar fuori, escogitare [*answer, idea*]; trovare [*money*].
▪ **come upon:** ~ *upon [sth.]* imbattersi in [*book, reference*]; trovare, avere [*idea*]; ~ *upon [sb.]* incontrare (per caso), imbattersi in [*friend*].

2.come /kʌm/ n. POP. *(sperm)* sborra f.

comeback /ˈkʌmbæk/ **I** n. **1** *(bid for success) (of musician, actor, boxer, politician)* ritorno m., rentrée f.; ***to make*** o ***stage a ~*** fare ritorno *o* tornare alla ribalta; ***mini-skirts are making a ~*** le minigonne stanno tornando di moda **2** *(redress)* ritorno m.; ***to have no ~*** non avere nessun ritorno **3** *(retort)* replica f. **4** *(repercussions)* ripercussioni f.pl. **II** modif. [*album*] che segna il ritorno; [*campaign*] di rentrée; ~ ***bid*** *(of singer, actor, politician)* ritorno, rentrée.

COMECON /ˈkɒmɪkɒn/ n. STOR. (⇒ Council for Mutual Economic Assistance consiglio di mutua assistenza economica) COMECON m.

▷ **comedian** /kəˈmiːdɪən/ ➧ *27* n. **1** *(actor)* comico m. (-a), attore m. (-trice) comico (-a) **2** *(joker)* burlone m. (-a), personaggio m. da commedia; ***he, she is a bit of a ~*** è proprio un tipo buffo.

comedienne /kəˌmiːdɪˈen/ ➧ *27* n. attrice f. comica.

comedo /ˈkɒmədəʊ/ n. (pl. **~s, -ones**) comedone m.

comedown /ˈkʌmdaʊn/ n. COLLOQ. **1** *(decline in status)* degradazione f.; ***it's quite a ~ for her to have to do*** è piuttosto umiliante per lei dover fare **2** *(disappointment)* delusione f.; ***it was rather a ~ for her*** è stata un po' una delusione per lei.

▷ **comedy** /ˈkɒmədɪ/ n. **1** *(genre)* commedia f.; ***black ~*** black comedy; ***light ~*** commedia leggera **2** *(play)* commedia f.; ***situation ~*** commedia d'intreccio; *(on TV)* situation comedy **3** *(funny aspect)* comicità f.; ***moments of high ~*** momenti di grande comicità.

come-hither /ˌkʌmˈhɪðə(r)/ agg. COLLOQ. [*look*] invitante, seducente.

comeliness /ˈkʌmlɪnɪs/ n. LETT. avvenenza f.

comely /ˈkʌmlɪ/ agg. LETT. avvenente.

come-on /ˈkʌmɒn/ n. COLLOQ. **1** *(sexual)* ***she gave him the ~*** gli ha fatto capire che ci stava **2** *(in sales jargon) (product)* prodotto m. di richiamo; *(claim)* slogan m. pubblicitario.

come-outer /kʌmˈaʊtə(r)/ n. dissidente m. e f., secessionista m. e f.

comer /ˈkʌmə(r)/ n. *(arrival)* chi viene, chi arriva; ***to take on all ~s*** [*champion, boxer*] battersi con tutti gli sfidanti; ***the contest is open to all ~s*** la gara è aperta a tutti.

comestible /kəˈmestəbl/ agg. FORM. commestibile.

comestibles /kəˈmestəblz/ n.pl. FORM. commestibili m., generi m. alimentari.

comet /ˈkɒmɪt/ n. cometa f.

cometary /ˈkɒmɪtərɪ/ agg. di cometa, simile a una cometa.

comeuppance /kʌmˈʌpəns/ n. COLLOQ. ***to get one's ~*** avere ciò che si merita *o* la punizione meritata.

comfit /ˈkʌmfɪt/ n. confetto m.

▶ **1.comfort** /ˈkʌmfət/ n. **1** *(well-being)* benessere m.; *(emphasizing wealth)* agio m.; ***to live in ~*** vivere agiatamente; ***he likes his ~*** gli piace godere di tutte le comodità **2** *(amenity)* comodità f., comfort m., confort m.; ***every modern ~*** tutti i moderni confort; ***home ~s*** le comodità domestiche; ***the ~s of civilization*** le comodità della civiltà **3** *(consolation)* conforto m., consolazione f.; *(relief from pain)* sollievo m.; ***it's a ~ to know that*** è una consolazione sapere che; ***to be a great ~ to sb.*** [*person*] essere di grande conforto per qcn.; [*knowledge, belief*] essere di grande consolazione per qcn.; ***to take ~ from*** trovare conforto in; ***we can take ~ from the fact that*** possiamo consolarci per il fatto che; ***to give*** o ***bring ~ to*** *(emotionally)* recare conforto a; *(physically)* procurare sollievo a; ***if it's any ~ to you*** se ti può consolare; ***to be small ~ for sb.*** essere una magra consolazione per qcn. ◆ ***it's (a bit) too close for ~*** *(of where sb. is, lives)* è (un po') troppo vicino; *(of fighting, war)* è (un po') troppo vicino per poter stare tranquilli; ***that's outside my ~ zone*** mi fa sentire a disagio.

▶ **2.comfort** /ˈkʌmfət/ tr. consolare; *(stronger)* confortare; ***she was comforted by the news*** la notizia la confortò; ***to be ~ed by the thought that*** consolarsi all'idea di.

▷ **comfortable** /ˈkʌmftəbl, AE -fərt-/ agg. **1** [*chair, bed, shoes, clothes, journey*] comodo; [*room, house*] comodo, confortevole; [*temperature*] confortevole **2** *(relaxed)* [*person*] comodo; ***to make oneself ~*** *(in chair)* mettersi comodo; *(at ease)* mettersi a proprio agio; ***are you ~ in that chair?*** stai comodo su quella sedia? ***she made everybody feel ~*** fece sentire tutti a proprio agio; ***the patient's condition is described as ~*** le condizioni del malato sono state dichiarate buone; ***the patient had a ~ night*** il malato ha passato bene la notte **3** *(financially)* [*person, family*] agiato; [*income*] soddisfacente, adeguato **4** *(reassuring)* [*idea, thought, belief, victory*] rassicurante; [*majority, lead*] sicura; ***to live at a ~ distance from*** *(far enough)* abitare alla giusta distanza da **5** *(happy)* ***I don't feel ~ doing*** non mi piace fare; ***I would feel more ~ about leaving if...*** partirei più volentieri se...

▷ **comfortably** /ˈkʌmftəblɪ, AE -fərt-/ avv. **1** *(physically)* [*sit*] comodamente; [*rest*] tranquillamente; [*dressed, furnished*] confortevolmente **2** *(financially)* ***you can live ~ on that*** con questo puoi vivere agiatamente; ***to be ~ off*** essere agiato, benestante **3** *(easily)* [*win, reach*] agevolmente, facilmente.

comforter /ˈkʌmfətə(r)/ n. **1** *(woolen scarf)* sciarpa f. **2** *(person)* consolatore m. (-trice) **3** AE *(quilt)* trapunta f. **4** BE *(dummy)* succhiotto m., ciuccio m.

comfort food /ˈkʌmfətˌfuːd/ n. = alimento, specialmente dolce, che ha una funzione consolatoria, di conforto.

comforting /ˈkʌmfətɪŋ/ agg. [*sight, news, thought*] confortante; ***it is ~ to know that*** è confortante sapere che.

comfortless /ˈkʌmfətlɪs/ agg. [*room*] senza confort, poco confortevole; [*thought*] sconfortante; [*person*] sconsolato.

comfort station /ˈkʌmfətˌsteɪʃn/ n. AE gabinetto m. pubblico.

comfort zone /ˈkʌmfətˌzəʊn/ n. = situazione o condizione in cui ci si senti sicuri, a proprio agio.

comfrey /ˈkʌmfrɪ/ n. consolida f.

comfy /ˈkʌmfɪ/ agg. COLLOQ. (accorc. comfortable) comodo, confortevole.

▷ **comic** /ˈkɒmɪk/ **I** agg. [*event, actor, appearance*] comico **II** n. **1** ➧ *27* comico m. (-a), attore m. (-trice) comico (-a) **2** *(magazine, book)* giornalino m. (a fumetti), fumetto m.; *(strip)* fumetto m.

comical /ˈkɒmɪkl/ agg. [*situation, clothes, expression*] comico.

comically /ˈkɒmɪklɪ/ agg. comicamente, in modo comico.

comicality /ˌkɒmɪˈkælətɪ/ n. comicità f.

comic book /ˈkɒmɪkbʊk/ n. giornalino m. (a fumetti), fumetto m.

comic opera /ˌkɒmɪkˈɒprə/ n. opera f. buffa.

comic relief /ˌkɒmɪkrɪˈlɪːf/ n. diversivo m. comico; ***to provide some ~*** allentare la tensione con qualche battuta (comica).

> **Comic Relief Day** *Comic Relief* è un'associazione benefica britannica che organizza ogni due anni una giornata nazionale di raccolta fondi destinati a finanziare iniziative umanitarie nel Regno Unito e in Africa. Comici e artisti nel corso di spettacoli televisivi invitano il pubblico a inviare contributi in denaro. Ovunque si organizzano esibizioni comiche benefiche e si vendono nasi rossi da clown; per questo la manifestazione è nota anche come *Red Nose Day*. Negli Stati Uniti un'omonima associazione organizza alla televisione una giornata di sensibilizzazione in favore dei senzatetto.

comic strip /ˈkɒmɪkˌstrɪp/ n. striscia f. (a fumetti), fumetto m.

Cominform /ˈkɒmɪnfɔːm/ n.pr. Cominform m.

coming /ˈkʌmɪŋ/ **I** n. **1** *(arrival)* arrivo m., venuta f.; ***~ and going*** va e vieni; ***~s and goings*** andirivieni *o* viavai **2** *(approach) (of winter, old age, event)* (l')avvicinarsi, (l')approssimarsi; *(of new era)* avvento m. **3** RELIG. avvento m. **II** agg. [*election, event, strike, war, campaign*] imminente; [*months, weeks*] prossimo, a venire; ***I leave this ~ Monday*** parto questo lunedì.

coming-in /ˌkʌmɪŋˈɪn/ n. arrivo m., entrata f.

coming-out /ˌkʌmɪŋˈaʊt/ n. **1** *(of homosexual)* coming out m. (dichiarazione pubblica della propria omosessualità) **2** ANT. *(of debutante)* debutto m. (in società).

Comintern /ˈkɒmɪntɜːn/ n. Komintern m.

comity /ˈkɒmətɪ/ n. FORM. cortesia f.; ***the ~ of nations*** = il riconoscimento reciproco da parte delle nazioni delle rispettive leggi e dei costumi.

▷ **comma** /ˈkɒmə/ n. **1** *(in punctuation)* virgola f. **2** MUS. comma m.

▶ **1.command** /kəˈmɑːnd, AE -ˈmænd/ **I** n. **1** *(order)* comando m., ordine m.; ***to carry out, give a ~*** eseguire, dare un ordine; ***I did it at his ~*** l'ho fatto su *o* dietro suo ordine; ***at the ~ "shoot" fire at the enemy!*** al comando "fuoco" sparate al nemico! **2** *(military control)* comando m.; ***to have, take ~ of a regiment*** avere, prendere il comando di un reggimento; ***to give sb. ~ of sth.*** affidare a qcn. il comando di qcs.; ***to be in ~*** essere al comando *o* comandare; ***to be under the ~ of sb.*** [*person*] essere agli ordini di qcn.; [*regiment*] essere agli ordini *o* sotto il comando di qcn.; ***I'm in ~ of the troops*** sono al comando delle truppe *o* le truppe sono sotto il mio comando; ***the enemy has ~ of the air*** il nemico ha il dominio dei cieli **3** *(mastery)* padronanza f.; *(control)* controllo m.; ***to have full ~ of one's emotions, faculties*** avere il totale controllo delle proprie emozioni, essere nel pieno possesso delle proprie facoltà; ***to have an excellent ~ of Russian*** avere un'eccellente padronanza del russo; ***to be in ~ of events, the situation*** tenere sotto controllo gli eventi, la situazione; ***to have sth. at one's ~*** avere qcs. a propria disposizione; ***to be in ~ of oneself*** avere padronanza di sé **4** MIL. *(group of officers)* comando m.; *(group of soldiers)* truppe f.pl.; *(section of the forces)* unità f.; *(district)* regione f. militare; ***air ~*** comando aereo **5** INFORM. comando m. **II** modif. INFORM. di comando.

▶ **2.command** /kə'mɑ:nd, AE -'mænd/ **I** tr. **1** *(order)* comandare a, ordinare a [*person*]; ***to ~ sb. to do*** ordinare a qcn. di fare; ***to ~ that*** comandare *o* ordinare che; ***I ~ed the release of the prisoner*** ordinai il rilascio del prigioniero; ***"stop," he ~ed*** "alt," ordinò **2** *(obtain as one's due)* ispirare [*affection*]; esigere [*obedience*]; incutere [*respect*]; suscitare [*admiration*]; ***to ~ a good price*** (riuscire a) ottenere, spuntare un buon prezzo **3** *(dispose of)* disporre di [*funds, resources, support, majority*] **4** *(dominate)* [*fortress*] dominare [*valley*]; *(overlook)* [*place, house*] dare su; ***to ~ a view of*** avere vista su **5** MIL. comandare [*regiment*]; FIG. [*nation, army*] dominare [*air, sea*] **II** intr. comandare.

commandant /ˌkɒmən'dænt/ n. MIL. comandante m.

command economy /kə'mɑ:ndɪˌkɒnəmɪ, AE -'mænd-/ n. economia f. dirigista.

commandeer /ˌkɒmən'dɪə(r)/ tr. MIL. requisire.

commandeering /ˌkɒmən'dɪərɪŋ/ n. MIL. requisizione f.

commander /kə'mɑ:ndə(r), AE -'mæn-/ ➧ **23** n. **1** capo m.; MIL. comandante m.; MIL. MAR. capitano m. di fregata; ***~ in chief*** comandante in capo; ***tank ~*** capocarro m. **2** BE *(in police)* = commissario di un distretto della polizia metropolitana di Londra.

commandership /kə'mɑ:ndəʃɪp/ n. *(office)* comando m.

command file /kə'mɑ:ndˌfaɪl, AE -'mænd-/ n. INFORM. = file contenente i comandi di sistema.

commanding /kə'mɑ:ndɪŋ, AE -'mæn-/ agg. **1** *(authoritative)* [*look, manner, voice*] imperioso, autoritario; [*presence*] imponente **2** *(dominant)* [*position*] dominante, di comando; ***to have a ~ lead in the polls*** essere in testa ai sondaggi **3** *(elevated)* [*position*] dominante, sovrastante; ***the house has a ~ view over the lake*** la casa domina il lago.

commanding officer /kəˌmɑ:ndɪŋ'ɒfɪsə(r), AE -ˌmændɪŋ'ɔ:f-/ ➧ **23** n. ufficiale m. comandante.

commandment /kə'mɑ:ndmənt, AE -'mæn-/ n. **1** *(order)* comando m., ordine m. **2** RELIG. (anche **Commandment**) comandamento m.; ***the Ten Commandments*** i dieci comandamenti; ***to keep the ~s*** osservare i comandamenti.

command module /kə'mɑ:ndˌmɒdju:l, AE -ˌmænd'mɒdʒʊ-/ n. *(in aerospace)* modulo m. di comando.

commando /kə'mɑ:ndəʊ, AE -'mæn-/ **I** n. (pl. **~s**, **~es**) **1** *(unit)* commando m. **2** *(member)* membro m. di un commando **II** modif. [*operation*] d'assalto; ***a ~ raid*** un'incursione a sorpresa (ad opera di un commando, di commandos).

command performance /kəˌmɑ:ndpə'fɔ:məns/ n. BE TEATR. = rappresentazione di gala data in presenza di un membro della famiglia reale.

command post /kə'mɑ:ndˌpəʊst, AE -'mænd-/ n. MIL. posto m. di comando.

command structure /kə'mɑ:ndˌstrʌktʃə(r), AE -'mænd-/ n. struttura f. gerarchica.

▷ **commemorate** /kə'meməreɪt/ tr. commemorare.

commemoration /kəˌmemə'reɪʃn/ **I** n. commemorazione f. (**of**, **for** di); ***in ~ of*** in commemorazione di **II** modif. [*ceremony, service*] commemorativo, di commemorazione.

commemorative /kə'memərətɪv, AE -'memoreɪt-/ agg. commemorativo.

▷ **commence** /kə'mens/ **I** tr. FORM. **1** cominciare [*story*]; ***"well," he ~d*** "ebbene", esordì; ***to ~ doing*** cominciare a fare **2** DIR. ***to ~ proceedings against sb.*** intentare un'azione giudiziaria contro qcn. **II** intr. FORM. cominciare; ***to ~ with a song*** cominciare con una canzone.

commencement /kə'mensmənt/ n. **1** FORM. *(start)* inizio m. **2** AE SCOL. UNIV. *(ceremony)* = cerimonia di consegna dei diplomi; *(day)* giorno della consegna dei diplomi.

commend /kə'mend/ **I** tr. **1** *(praise)* encomiare, lodare (**for, on** per); ***she was ~ed for bravery*** fu lodata per il suo coraggio; ***"highly ~ed"*** "assai meritevole *o* ammirevole" **2** *(recommend)* FORM. raccomandare (**sb., sth. to sb.** qcn., qcs. a qcn.); ***to have much to ~ it*** avere molte caratteristiche *o* qualità pregevoli **3** *(entrust)* affidare; ***to ~ one's soul to God*** raccomandare la propria anima a Dio **4** *(give regards to)* FORM. RAR. ***~ me to him*** salutalo da parte mia **II** rifl. ***to ~ itself*** *(be acceptable)* essere gradito (**to** a).

commendable /kə'mendəbl/ agg. encomiabile, lodevole; ***highly ~*** assai lodevole, degno di menzione.

commendably /kə'mendəblɪ/ avv. encomiabilmente, lodevolmente; ***~ quick, restrained*** con una rapidità ammirevole, con discrezione encomiabile.

commendation /ˌkɒmen'deɪʃn/ n. **1** *(praise, award)* encomio m., lode f.; ***with the ~ of*** con le lodi di **2** MIL. *(medal, citation)* elogio m., menzione f. **3** *(recommendation)* raccomandazione f.

commendatory /kɒ'mendətrɪ, AE -tɔ:rɪ/ agg. ANT. encomiastico.

commensal /kə'mensəl/ **I** n. **1** commensale m. e f. **2** BIOL. commensale m. **II** agg. **1** [*pleasures*] conviviale **2** BIOL. commensale.

commensalism /kə'mensəlɪzəm/ n. BIOL. commensalismo m.

commensurability /kəˌmenʃərə'bɪlətɪ/ n. commensurabilità f. (anche MAT.).

commensurable /kə'menʃərəbl/ agg. commensurabile (anche MAT.).

commensurableness /kə'menʃərəblnɪs/ n. → **commensurability**.

commensurate /kə'menʃərət/ agg. **1** FORM. *(proportionate)* commisurato, proporzionato (**with** a) **2** FORM. *(appropriate)* ***to be ~ with*** essere adeguato a **3** MAT. commensurabile.

commensuration /kəˌmenʃə'reɪʃn/ n. commisurazione f.

▶ **1.comment** /'kɒment/ n. **1** *(remark) (public)* commento m. (**on** su); *(in conversation)* commento m., osservazione f. (**on** su); *(written)* nota f., annotazione f.; ***to make ~s*** fare dei commenti (**about** su) **2** U *(discussion)* commenti m.pl. (**about** su, a proposito di); ***without ~*** [*act, listen*] senza fare commenti; [*occur, pass*] senza suscitare commenti, critiche; ***to be open to ~*** essere aperto alla discussione; ***he was unavailable for ~*** non era disposto a rilasciare dichiarazioni; ***"no ~"*** "no comment" *o* "niente dichiarazioni"; ***what she said was fair ~*** le sue erano osservazioni giuste **3** *(unfavourable image)* ***to be a ~ on*** [*situation*] dirla lunga su [*society etc.*].

▶ **2.comment** /'kɒment/ **I** tr. osservare, notare (**that** che) **II** intr. **1** *(remark)* fare dei commenti, esprimere la propria opinione; ***to ~ on sth., sb.*** *(neutrally)* commentare qcs. *o* fare dei commenti su qcs., qcn.; *(negatively)* fare delle osservazioni su qcs., qcn. **2** *(discuss)* ***to ~ on*** commentare [*text etc.*].

▷ **commentary** /'kɒməntrɪ, AE -terɪ/ n. **1** RAD. TELEV. *(description) (on radio)* (radio)cronaca f.; *(on television)* (tele)cronaca f. (**on** di); ***a running ~*** cronaca in diretta **2** GIORN. *(analysis)* commento m. (**on** di) **3** LETTER. *(criticism)* commento m. (**on** di); ***"notes and ~ by..."*** "note e commenti a cura di..." **4** LETTER. STOR. commentario m.

commentary box /'kɒməntrɪˌbɒks, AE -terɪ-/ n. cabina f. del (radio)cronista, del (tele)cronista.

commentate /'kɒmənteɪt/ **I** tr. RAR. *(annotate)* commentare [*text*] **II** intr. fare il commentatore, il (radio)cronista, il (tele)cronista; ***to ~ on*** fare il commento *o* la (radio)cronaca *o* la (tele)cronaca di [*sporting event*].

commentation /ˌkɒmən'teɪʃn/ n. RAR. commento m.

▷ **commentator** /'kɒmənteɪtə(r)/ ➧ **27** n. **1** *(sports)* commentatore m. (-trice); *(on radio)* (radio)cronista m. e f.; *(on television)* (tele)cronista m. e f.; ***football ~*** BE commentatore sportivo *o* di calcio **2** *(current affairs)* cronista m. e f.; ***political ~*** cronista politico **3** *(scholar)* commentatore m. (-trice).

▷ **commerce** /'kɒmɜ:s/ n. commercio m.; ***to be*** o ***work in ~*** essere *o* lavorare nel mondo degli affari.

▶ **commercial** /kə'mɜ:ʃl/ **I** agg. **1** [*airline, bank, sector, organization, product, use, TV, radio*] commerciale **2** *(profitable)* SPREG. commerciale, a fini di lucro **3** *(large-scale)* [*agriculture, production*] su vasta scala **II** n. annuncio m., messaggio m. pubblicitario; ***television, radio ~*** pubblicità, reclame televisiva, radiofonica; ***beer, car ~*** pubblicità di una (marca di) birra, di un'automobile.

commercial art /kəˌmɜ:ʃl'ɑ:t/ n. cartellonistica f., disegno m. pubblicitario.

commercial artist /kəˌmɜ:ʃl'ɑ:tɪst/ n. cartellonista m. e f., disegnatore m. (-trice) pubblicitario (-a).

commercial break /kəˌmɜ:ʃl'breɪk/ n. interruzione f. pubblicitaria, pubblicità f.

commercialism /kə'mɜ:ʃəlɪzəm/ n. **1** SPREG. affarismo m. **2** *(principles of commerce)* spirito m. commerciale.

commercialist /kə'mɜ:ʃəlɪst/ ➧ **27** n. affarista m. e f.

commerciality /kəmɜ:ʃɪ'ælətɪ/ n. commercialità f.

commercialization /kəˌmɜ:ʃəlaɪ'zeɪʃn, AE -lɪ'z-/ n. SPREG. commercializzazione f.

commercialize /kə'mɜ:ʃəlaɪz/ tr. commercializzare (anche SPREG.).

commercialized /kə'mɜ:ʃəlaɪzd/ **I** p.pass. → **commercialize** **II** agg. SPREG. commercializzato.

commercial law /kəˌmɜːʃl'lɔː/ n. diritto m. commerciale.

▷ **commercially** /kə'mɜːʃəlɪ/ avv. commercialmente; ***~ available*** disponibile sul mercato, in commercio.

commercial traveller /kəˌmɜːʃl'trævlə(r)/ ➧ *27* n. commesso m. viaggiatore.

commercial vehicle /kəˌmɜːʃl'vɪəkl, AE -viːhɪkl/ n. veicolo m. commerciale.

commie /'kɒmɪ/ COLLOQ. (accorc. communist) **I** agg. rosso, comunista **II** n. rosso m. (-a), comunista m. e f.

comminate /'kɒmɪneɪt/ tr. anatematizzare.

commination /ˌkɒmɪ'neɪʃn/ n. comminazione.

comminatory /'kɒmɪnətrɪ, AE -tɔːrɪ/ agg. comminatorio.

commingle /kɒ'mɪŋgl/ **I** tr. FORM. mescolare **II** intr. FORM. mescolarsi.

comminute /'kɒmɪnjuːt/ tr. sminuzzare, polverizzare.

comminuted /'kɒmɪnjuːtɪd/ **I** p.pass. → **comminute II** agg. MED. [*fracture*] comminuto.

comminution /ˌkɒmɪ'njuːʃn/ n. comminuzione f.

commiserable /kə'mɪzərəbl/ agg. commiserabile.

commiserate /kə'mɪzəreɪt/ **I** tr. commiserare; ***"how awful," she ~d*** "è terribile," disse con commiserazione **II** intr. *(show commiseration)* manifestare compassione (**with** a; **about, over** per); *(feel commiseration)* provare commiserazione (**with, about, over** per).

commiseration /kəˌmɪzə'reɪʃn/ n. commiserazione f.; FORM. compassione f.; ***a look of ~*** uno sguardo di commiserazione.

commiserative /kə'mɪzərətɪv/ agg. commiserevole.

commissar /'kɒmɪsɑː(r)/ n. POL. STOR. *(in USSR)* commissario m.

commissarial /'kɒmɪ'seərɪəl/ agg. commissariale, di commissario.

commissariat /ˌkɒmɪ'seərɪət/ n. **1** MIL. commissariato m. **2** POL. STOR. *(in USSR)* commissariato m.

commissary /'kɒmɪsərɪ/ n. **1** AE MIL. *(shop)* spaccio m. (in una caserma, prigione ecc.); *(officer)* ufficiale m. di commissariato **2** AE CINEM. mensa f.

commissaryship /'kɒmɪsərɪʃɪp/ n. *(office)* commissariato m.

▶ **1.commission** /kə'mɪʃn/ n. **1** *(payment for goods sold)* provvigione f.; ***to get a 5% ~ on each item*** prendere *o* ricevere una provvigione del 5% su ogni articolo (venduto); ***to work on a ~ basis*** o ***on ~*** lavorare su provvigione **2** *(professional fee)* commissione f.; ***we charge 1% ~ on travellers' cheques*** prendiamo l'1% di commissione sui travellers' cheque **3** *(advance order)* commissione f. (**for** per); ***to give a painter a ~*** dare una commissione ad un pittore; ***to work to ~*** lavorare su commissione **4** *(committee)* commissione f. (**on** per); ***~ of inquiry*** commissione d'inchiesta **5** MIL. brevetto m. di ufficiale; ***to get one's ~*** essere nominato ufficiale; ***to resign one's ~*** rassegnare le dimissioni (da ufficiale) **6** FORM. *(carrying out) (of crime, sin)* commissione f., perpetrazione f. **7** *(authority to act)* mandato m. (**to do** per fare) **8** *(mission)* incarico m., nomina f.; ***I have a ~ to begin negotiations*** ho l'incarico di iniziare le negoziazioni **9** *(operation)* ***to be in ~*** [*ship*] essere in servizio; ***to be out of ~*** [*ship*] essere in disarmo; [*machine*] essere fuori servizio; ***to put a boat out of ~*** mettere una barca in disarmo; ***he'll be out of ~ for the World Cup*** non prenderà parte alla Coppa del Mondo.

▶ **2.commission** /kə'mɪʃn/ tr. **1** *(order)* commissionare [*opera, portrait, report*] (**from** a); ***to ~ an author to write a novel*** commissionare un romanzo a uno scrittore; ***to ~ an artist to paint a portrait*** commissionare un ritratto a un pittore; ***a ~ed portrait*** un ritratto su commissione **2** *(instruct)* ***to ~ sb. to do*** incaricare qcn. di fare **3** MIL. nominare [*officer*]; ***to be ~ed (as) an officer*** essere nominato ufficiale **4** *(prepare for service)* armare [*ship*]; mettere in servizio, in funzione [*plane, equipment, weapon system*]; ***the power station is ~ed for next March*** la centrale entrerà in servizio il prossimo marzo.

commission agent /kə'mɪʃnˌeɪdʒənt/ ➧ *27* n. BE **1** COMM. agente m. e f. commissionario, commissionario m. (-a) **2** *(bookmaker)* commissionario m. (-a) di borsa.

commissionaire /kəˌmɪʃə'neə(r)/ ➧ *27* n. BE *(in a hotel)* concierge m., portiere m.

commission broker /kə'mɪʃnˌbrəʊkə(r)/ n. AE commissionario m. (-a) di borsa.

commissioned /kə'mɪʃnd/ **I** p.pass. → **2.commission II** agg. incaricato.

commissioned officer /kəˌmɪʃnd'ɒfɪsə(r), AE -'ɔːfɪ-/ n. MIL. ufficiale m.

▷ **commissioner** /kə'mɪʃənə(r)/ n. **1** AMM. commissario m. (-a), membro m. di una commissione **2** BE *(in police)* questore m. **3** (anche **Commissioner**) *(in the EU Commission)* commissario m. (-a) (europeo), membro m. della Commissione Europea **4** AE SPORT commissario (sportivo).

Commissioner for Local Administration /kəˌmɪʃənəfəˌləʊkl-ədˌmɪnɪ'streɪʃn/ n. GB AMM. = difensore civico per l'amministrazione pubblica locale.

Commissioner for Oaths /kəˌmɪʃənəfər'əʊθs/ n. GB DIR. = procuratore legale incaricato di autenticare dichiarazioni giurate.

Commissioner of Customs and Excise /kəˌmɪʃənərəvˌkʌstəmz-ənd'eksaɪz/ n. GB AMM. = soprintendente alle dogane e ai dazi.

Commissioner of Inland Revenue /kəˌmɪʃənərəvˌɪnlənd-'revənjuː, AE -ənuː/ n. GB AMM. = soprintendente al fisco.

commissionership /kə'mɪʃənəʃɪp/ n. *(office)* commissariato m.

Commission for Racial Equality /kəˌmɪʃənfəˌreɪʃlɪ'kwɒlətɪ/ n. GB = commissione governativa contro la discriminazione razziale.

commissioning editor /kəˌmɪʃənɪŋ'edɪtə(r)/ ➧ *27* n. **1** *(in advertising)* direttore m. editoriale **2** TELEV. produttore m. (-trice) esecutivo (-a).

commissioning parent /kəˌmɪʃənɪŋ'peərənt/ n. = genitore che fa ricorso a una madre in affitto.

commission merchant /kə'mɪʃənˌmɜːtʃənt/ ➧ *27* n. COMM. commissionario m. (-a).

commission sale /kə'mɪʃənˌseɪl/ n. COMM. vendita f. su commissione.

commissural /kə'mɪsjʊərəl/ agg. commessurale.

commissure /'kɒˌmɪsjʊə(r)/ n. commessura f.

▶ **commit** /kə'mɪt/ **I** tr. (forma in -ing ecc. **-tt-**) **1** *(perpetrate)* commettere, perpetrare [*crime, offence*]; commettere [*sin, sacrilege, error*]; ***to ~ adultery*** commettere adulterio; ***to ~ perjury*** spergiurare **2** *(engage, promise)* impegnare, vincolare [*person*] (**to do** a fare); ***this doesn't ~ you to anything*** è senza impegno **3** *(assign)* impegnare, vincolare [*money*] (**to** in); dedicare [*time*] (**to** a); ***all our funds are already ~ted*** tutti i nostri fondi sono già impegnati **4** DIR. ***to ~ sb. for trial*** rinviare qcn. a giudizio; ***to ~ sb. to a court for trial*** rinviare qcn. a giudizio, mettere qcn. in stato d'accusa; ***to ~ sb. to jail, to a psychiatric hospital*** fare rinchiudere qcn. in carcere, fare internare qcn. in un ospedale psichiatrico; ***to have sb. ~ted*** *(to jail)* fare incarcerare qcn.; *(to psychiatric hospital)* fare internare qcn. **5** *(consign)* FORM. affidare (**to** a; **to sb.'s care** alla cura di qcn.); ***to ~ sth. to the flames*** gettare qcs. tra le fiamme; ***to ~ sth. to paper*** mettere qcs. per iscritto; ***to ~ sth. to memory*** mandare qcs. a memoria; ***to ~ sb.'s body to the deep*** consegnare le spoglie di qcn. alle acque **6** POL. rinviare a una commissione parlamentare [*bill*] **II** rifl. (forma in -ing ecc. **-tt-**) ***to ~ oneself*** impegnarsi (**to sth.** in qcs.; **to do** a fare); ***I can't*** o ***I won't ~ myself*** non posso, non voglio impegnarmi (**as to** per quanto riguarda); ***to ~ oneself to sb.*** affidarsi a qcn.

▶ **commitment** /kə'mɪtmənt/ n. **1** *(obligation)* impegno m., obbligo m. (**to do** a fare); ***a previous, financial ~*** un impegno precedente, finanziario; ***to meet one's ~s*** mantenere i propri impegni; ***to give a firm ~ that*** garantire il proprio impegno affinché; ***take on a ~*** prendere un impegno; ***absent due to family ~s*** assente per motivi di famiglia **2** *(sense of duty)* impegno m. (**to** in), dedizione f. (**to** a); ***to have a strong ~ to doing*** essere fortemente motivato a fare; ***the job demands complete ~*** il lavoro esige una dedizione totale **3** DIR. → **committal**.

committal /kə'mɪtl/ n. **1** DIR. *(to prison)* detenzione f. preventiva; *(to psychiatric hospital)* internamento m.; *(to court)* rinvio m. **2** FORM. *(consigning)* ***the ~ of X to Y's care*** l'affido di X a *o* alle cure di Y; ***the ~ of sb.'s body to the deep*** l'affidare le spoglie di qcn. alle acque.

committal for trial /kəˌmɪtlfə'traɪəl/ n. DIR. ordinanza f. di rinvio a giudizio.

committal order /kə'mɪtlˌɔːdə(r)/ n. DIR. condanna f. per oltraggio alla corte.

committal proceedings /kəˌmɪtlprə'siːdɪŋz/ n.pl. DIR. udienza f.sing. preliminare.

▷ **committed** /kə'mɪtɪd/ **I** p.pass. → **commit II** agg. **1** *(devoted)* [*parent*] devoto; [*carer, Christian*] devoto, impegnato; [*teacher, Socialist*] impegnato; ***to be ~ to, to doing*** dedicarsi a, a fare; ***to be politically, emotionally ~*** essere politicamente, affettivamente impegnato **2** *(with commitments)* impegnato (**to doing** a fare); ***I am heavily ~*** *(timewise)* sono molto preso; *(financially)* ho dei pesanti vincoli **3** [*funds*] impegnato, vincolato; [*time*] impegnato, dedicato.

▶ **committee** /kə'mɪtɪ/ n. comitato m.; *(to investigate, report)* commissione f.; ***the bill is in ~*** il disegno di legge è all'esame della commissione.

committeeman /kə'mɪtɪmən/ n. (pl. **-men**) AE POL. *(of a ward, a precinct)* capogruppo m.

committee meeting /kə'mɪtɪ,mi:tɪŋ/ n. riunione f. del comitato, della commissione.
committeemen /kə'mɪtɪmen/ → **committeeman**.
committee of the whole /kə'mɪtɪəvðə,həʊl/ n. AE seduta f. plenaria.
committee stage /kə'mɪtɪsteɪdʒ/ n. = fase di discussione di un disegno di legge da parte di una commissione.
committeewoman /kə'mɪtɪ,wʊmən/ n. (pl. **-women**) AE POL. *(of a ward, a precinct)* capogruppo f.
commixture /kɒ'mɪkstʃə(r)/ n. commistione f., mescolanza f.
commodatum /,kɒmə'deɪtəm/ n. (pl. **-a**) comodato m.
commode /kə'məʊd/ n. **1** *(chest of drawers)* commode f., cassettone m., canterano m. **2** *(chair)* comoda f. **3** AE *(toilet)* lavamano m.
commodious /kə'məʊdɪəs/ agg. FORM. [*lodgings, cupboard*] spazioso; [*bed, chair*] ampio.
commodities broker /kə'mɒdətɪz,brəʊkə(r)/ ➧ *27* n. operatore m. (-trice) di borsa merci.
commodities market /kə'mɒdətɪz,mɑ:kɪt/ n. ECON. mercato m. dei prodotti.
▷ **commodity** /kə'mɒdətɪ/ n. **1** COMM. merce f., prodotto m.; *(food)* derrata f.; ***household commodities*** (articoli) casalinghi; ***a rare ~*** FIG. una merce rara **2** ECON. bene m. (economico).
commodity dollar /kə'mɒdətɪ,dɒlə(r)/ n. AE dollaro m. di scambio.
commodore /'kɒmədɔ:(r)/ ➧ *23* n. *(in navy, of yacht club)* commodoro m.
1.common /'kɒmən/ **I** n. **1** *(public land)* terreno m. comune; ***Boston Common*** il parco di Boston **2 in common** in comune; ***to have sth. in ~*** avere qcs. in comune; ***to hold sth. in ~*** DIR. possedere qcs. in comune **II commons** n.pl. **1** *(the people)* ***the ~s*** la gente comune **2** POL. (anche **Commons**) ***the ~s*** i Comuni **3** BE UNIV. *(refectory)* refettorio m. ◆ ***to be on short ~s*** BE SCHERZ. essere a corto (di soldi).
▶ **2.common** /'kɒmən/ agg. **1** *(often encountered)* [*crime, illness, mistake, name, problem, reaction*] comune, frequente; ***in ~ use*** d'uso comune; ***in ~ parlance*** nel linguaggio corrente; ***it is ~ for sb. to do*** è normale per qcn. fare; ***to be ~ among*** essere comune fra [*children, mammals etc.*] **2** *(shared)* [*aim, approach, attributes, border, enemy, language, interest*] comune (**to** a); [*ownership*] in comune, collettivo; ***for the ~ good*** per il bene comune; ***by ~ agreement*** di comune accordo; ***it is ~ property*** è di proprietà pubblica; ***it is ~ knowledge*** è universalmente noto **3** *(ordinary)* [*man, woman*] comune; ***the ~ people*** la gente comune; ***the ~ herd*** SPREG. il gregge, la massa; ***a ~ criminal*** SPREG. un criminale comune **4** SPREG. *(low-class)* mediocre, ordinario; ***it looks, sounds ~*** è mediocre **5** *(minimum expected)* [*courtesy*] normale; [*decency*] elementare **6** ZOOL. BOT. [*frog, daisy, algae*] comune; ***a ~ variety*** una varietà comune **7** MAT. [*denominator, factor, multiple*] comune ◆ ***to be as ~ as muck*** o ***dirt*** COLLOQ. *(vulgar)* essere volgarissimo; ***they are as ~ as muck*** COLLOQ. *(widespread)* sono comunissimi *o* non valgono niente; ***to have the ~ touch*** avere ascendente sulla gente.
commonable /'kɒmənəbl/ agg. **1** [*animal*] che può pascolare sui terreni comuni **2** [*land*] comune, di proprietà comune.
commonage /'kɒmənɪdʒ/ n. **1** *(of pasturage)* diritto m. di pascolo **2** *(of land)* proprietà f. comune.
commonalty /'kɒmənltɪ/ n. **1** *(the common people)* ***the ~*** la gente comune **2** *(community)* comunità f.
Common Agricultural Policy /,kɒmənægrɪ'kʌltʃərəl,pɒləsɪ/ n. politica f. agricola comunitaria.
common assault /,kɒmənə'sɔ:lt/ n. DIR. aggressione f. semplice.
common carrier /,kɒmən'kærɪə(r)/ n. AE vettore m. comune, pubblico.
common chord /,kɒmən'kɔ:d/ n. MUS. accordo m. (perfetto).
common cold /,kɒmən'kəʊld/ ➧ *11* n. raffreddore m. (comune).
common core /,kɒmən'kɔ:(r)/ n. SCOL. discipline f.pl. di base.
common currency /,kɒmən'kʌrənsɪ/ n. **1** ECON. moneta f. comune **2** FIG. ***to make sth. ~*** *(widely used)* rendere qcs. di uso comune; ***given ~*** *(widely accepted)* [*opinion, fact*] universalmente riconosciuto.
Common Entrance (examination) /,kɒmən'entrəns(ɪgzæmɪ,neɪʃn)/ n. GB SCOL. esame m. d'ammissione (a una scuola secondaria privata).
commoner /'kɒmənə(r)/ n. **1** *(non-aristocrat)* cittadino m. (-a) comune **2** STOR. DIR. = persona avente diritto di pastura sui terreni comuni.
common fraction /,kɒmən'frækʃn/ n. frazione f.
common gender /,kɒmən'dʒendə(r)/ modif. [*noun*] di genere epiceno.
common ground /,kɒmən'graʊnd/ n. FIG. terreno m. comune.
common law /,kɒmən'lɔ:/ n. common law f., diritto m. consuetudinario; ***at ~*** secondo il diritto consuetudinario.

> **i** **Common Law** Parte fondamentale dell'ordinamento giuridico inglese fondata sul diritto consuetudinario e su sentenze giudiziarie considerate autorevoli. Le espressioni *common-law husband* e *common-law wife* si applicano a conviventi che, pur non essendo marito e moglie davanti alla legge, vivono insieme da un periodo di tempo sufficientemente lungo da essere riconosciuti tali.

common-law husband /,kɒmənlɔ:'hʌzbənd/ n. convivente m., marito m. de facto, di fatto.
common-law marriage /,kɒmənlɔ:'mærɪdʒ/ n. convivenza f., matrimonio m. de facto, di fatto.
common-law wife /,kɒmənlɔ:'waɪf/ n. (pl. **common-law wives**) convivente f., moglie f. de facto, di fatto.
▷ **commonly** /'kɒmənlɪ/ avv. comunemente; ***~ known as*** comunemente conosciuto come.
common market, Common Market /,kɒmən'mɑ:kɪt/ n. mercato m. comune.
commonness /'kɒmənnɪs/ n. *(widespread occurrence)* frequenza f.
common noun /,kɒmən'naʊn/ n. nome m. comune.
common-or-garden /,kɒmənɔ:'gɑ:dn/ agg. **1** [*variety, plant, animal*] comune **2** [*event*] banale; [*item, object*] ordinario.
commonplace /'kɒmənpleɪs/ **I** n. luogo m. comune; ***it is a ~ that*** è un luogo comune che **II** agg. *(widespread)* comune, ordinario; *(banal, trite)* banale.
commonplace book /'kɒmənpleɪs,bʊk/ n. raccolta f. di citazioni.
commonplaceness /'kɒmənpleɪsnɪs/ n. banalità f.
common prostitute /,kɒmən'prɒstɪtju:t, AE -tu:t/ n. DIR. prostituta f.
common room /'kɒmənru:m, -,rʊm/ n. soggiorno m., sala f. comune.
common salt /,kɒmən'sɔ:lt/ n. sale m. comune.
▷ **common sense** /,kɒmən'sens/ n. buonsenso m.
commonsense /,kɒmən'sens/, **commonsensical** /,kɒmən'sensɪkl/ agg. COLLOQ. [*attitude, approach, action*] (pieno) di buonsenso.
common share /,kɒmən'ʃeə(r)/ n. AE ECON. azione f. ordinaria.
common stock /,kɒmən'stɒk/ n. **U** AE ECON. azioni f.pl. ordinarie.
common time /,kɒmən'taɪm/ n. MUS. tempo m. in quattro quarti.
commonweal /'kɒmənwi:l/ n. ANT. benessere m. comune, bene m. comune.
Commonwealth /'kɒmənwelθ/ **I** n. **1** BE POL. ***the (British) ~ (of Nations)*** il Commonwealth (Britannico) **2** BE STOR. ***the ~*** la repubblica (di Cromwell) **3** GEOGR. ***the ~ of Australia*** la Federazione degli Stati dell'Australia; ***the ~ of Kentucky, of Virginia*** lo Stato del Kentucky, della Virginia; ***the ~ of Puerto Rico*** il protettorato di Portorico **II** modif. [*country*] del Commonwealth; [*leader, head of State*] di un paese del Commonwealth; [*summit*] dei paesi del Commonwealth.

> **i** **Commonwealth** Il *British Commonwealth of Nations* è l'associazione di 54 nazioni indipendenti, che un tempo facevano parte dell'Impero britannico, presieduta dal sovrano inglese. I primi ministri di questi stati si incontrano ogni due anni alla *Commonwealth Conference* per stabilire una politica di cooperazione nel campo della cultura, dell'economia, dei diritti umani e dell'educazione. Il *Commonwealth* promuove anche iniziative culturali ed eventi sportivi come i *Commonwealth Games*, campionati d'atletica fra i paesi membri, che si svolgono ogni quattro anni.

Commonwealth Day /'kɒmənwelθ,deɪ/ n. = il 24 maggio, giorno in cui la maggior parte degli stati del Commonwealth britannico commemora la nascita della Regina Vittoria.
Commonwealth Games /,kɒmənwelθ'geɪmz/ n.pl. Giochi m. del Commonwealth.
Commonwealth of Independent States /,kɒmənwelθəvɪndɪ,pendənt'steɪts/ n.pr. Comunità f. degli Stati Indipendenti.
common year /,kɒmən'jɪə(r), -'jɜ:(r)/ n. anno m. non bisestile.
commotion /kə'məʊʃn/ n. **1** *(noise)* frastuono m., fracasso m.; ***to make a ~*** fare fracasso; ***what's all this ~?*** che cos'è tutto questo

frastuono? **2** *(upheaval, disturbance)* trambusto m., agitazione f., confusione f.; ***to cause a ~*** causare un (gran) trambusto; ***to be in a state of ~*** [*crowd*] essere in (preda all')agitazione; [*town*] essere in agitazione.

comms /kɒmz/ n.pl. COLLOQ. (accorc. communications) comunicazioni f.pl.

▷ **communal** /ˈkɒmjʊnl, kəˈmjuːnl/ agg. **1** *(shared in common)* [*property, area, room, showers, garden*] comune; [*facilities*] comune, collettivo; ***~ ownership*** proprietà in comune **2** *(done collectively)* [*prayer*] collettivo **3** *(of a community)* [*life*] comunitario **4** *(within a community)* ***~ violence*** o ***clashes*** violenza all'interno della comunità *o* scontri interni.

communalism /ˈkɒmjʊnəlɪzəm/ n. **1** POL. autonomismo m. **2** ECON. comunanza f. dei beni.

communalist /ˈkɒmjʊnəlɪst/ n. **1** POL. autonomista m. e f. **2** ECON. = chi sostiene o pratica la comunanza dei beni.

communally /ˈkɒmjʊnəlɪ, kəˈmjuːnəlɪ/ avv. in comune, collettivamente.

1.commune /ˈkɒmjuːn/ n. **1** *(group of people)* comunità f.; ***to live in a ~*** vivere in una comunità **2** AMM. *(in continental Europe)* comune m. **3** STOR. ***the Commune*** la Comune.

2.commune /kəˈmjuːn/ intr. **1** *(relate to)* ***to ~ with*** essere in comunione con [*nature*]; unirsi in spirito, nella preghiera a [*God*]; essere in comunione spirituale con [*person*] **2** ANT. RELIG. comunicarsi.

communicability /kəˌmjuːnɪkəˈbɪlətɪ/ n. **1** *(of idea etc.)* comunicabilità f. **2** *(of illness)* trasmissibilità f.

communicable /kəˈmjuːnɪkəbl/ agg. **1** [*idea, concept, emotion*] comunicabile **2** MED. [*disease, virus*] trasmissibile.

communicant /kəˈmjuːnɪkənt/ n. **1** RELIG. = chi si comunica regolarmente **2** *(informant)* FORM. informatore m. (-trice).

▷ **communicate** /kəˈmjuːnɪkeɪt/ **I** tr. **1** *(convey)* comunicare [*ideas, feelings, information, news*] (**to** a); trasmettere [*instructions, values*] (**to** a); ***his anxiety ~s itself to others*** la sua angoscia si trasmette agli altri; ***to ~ one's displeasure to sb.*** manifestare il proprio scontento a qcn. **2** *(transmit)* trasmettere [*disease, virus*] **II** intr. **1** *(relate)* comunicare, intendersi, capirsi (**with** con); ***how do they ~ (with each other)?*** come comunicano (fra di loro)? ***to ~ through dance, by gestures*** comunicare per mezzo della danza, con i gesti **2** *(be in contact)* comunicare (**with** con); ***to ~ by radio*** comunicare per radio; ***we no longer ~ with each other*** non ci sentiamo più **3** *(connect)* ***to ~ with*** comunicare con [*room, apartment*] **4** RELIG. comunicarsi.

communicating /kəˈmjuːnɪkeɪtɪŋ/ agg. [*rooms*] comunicante; [*passage*] di comunicazione.

communicating door /kəˌmjuːnɪkeɪtɪŋˈdɔː(r)/ n. porta f. di comunicazione.

▶ **communication** /kəˌmjuːnɪˈkeɪʃn/ **I** n. **1** *(of information, of ideas, feelings)* comunicazione f.; *(of values)* trasmissione f.; ***a means, system of ~*** un mezzo, sistema di comunicazione **2** *(contact)* comunicazione f. (**between** tra); ***a lack of ~*** una mancanza di comunicazione; ***the lines of ~*** le linee di comunicazione; ***to be in ~ with sb.*** essere in comunicazione con qcn.; ***she's been in radio, telephone ~ with them*** li ha contattati via radio, telefonicamente **3** *(message)* comunicazione f. **II communications** n.pl. **1** RAD. TEL. *(infrastructure)* comunicazioni f., collegamenti m.; ***a breakdown in ~s*** un'interruzione delle comunicazioni; ***radio, telephone ~s*** comunicazioni via radio, via telefono; ***to have good ~s with*** avere dei buoni collegamenti con [*port, city*] **2** MIL. vie f. di comunicazione, collegamenti m. **III** modif. [*channel, problem, system*] di comunicazione; ***~ skills*** (capacità) comunicativa; *(in job ad)* ***"good ~ skills required"*** "si richiede buona attitudine comunicativa, predisposizione al contatto con il pubblico".

communication cord /kəˌmjuːnɪˈkeɪʃnˌkɔːd/ n. BE freno m. d'emergenza.

communication interface /kəˌmjuːnɪˌkeɪʃnˈɪntəfeɪs/ n. interfaccia f. di comunicazione.

communication line /kəˌmjuːnɪˈkeɪʃnˌlaɪn/ n. linea f. di comunicazione.

communication science /kəˌmjuːnɪˈkeɪʃnˌsaɪəns/ n. scienze f.pl. della comunicazione.

communications company /kəˌmjuːnɪˈkeɪʃnzˌkʌmpənɪ/ n. compagnia f. di comunicazioni.

communications crossroads /kəˌmjuːnɪˈkeɪʃnzˌkrɒsrəʊdz, AE -ˈkrɔːs-/ n. = nodo di confluenza e smistamento dei collegamenti.

communications director /kəˌmjuːnɪˈkeɪʃnzdaɪˌrektə(r), -dɪ-/ ➧ *27* n. POL. = capo addetto stampa di un partito o di un uomo politico.

communications industry /kəˌmjuːnɪˈkeɪʃnzˌɪndəstrɪ/ n. industria f. delle (tele)comunicazioni.

communications link /kəˌmjuːnɪˈkeɪʃnzˌlɪnk/ n. collegamento m.

communications network /kəˌmjuːnɪˈkeɪʃnzˌnetwɜːk/ n. rete f. di comunicazioni.

communications satellite /kəˌmjuːnɪˈkeɪʃnzˌsætəlaɪt/ n. satellite m. per telecomunicazioni.

communication studies /kəˌmjuːnɪˈkeɪʃnˌstʌdɪz/ n.pl. studi m. in scienze della comunicazione.

communicative /kəˈmjuːnɪkətɪv, AE -keɪtɪv/ agg. **1** *(talkative)* comunicativo; loquace, ciarliero (**about, on the subject of** su, sul tema di) **2** [*abilities, problems, skills*] comunicativo, di comunicazione **3** LING. SCOL. [*approach, skills*] comunicativo.

communicativeness /kəˈmjuːnɪkətɪvnɪs/ n. comunicativa f., comunicatività f.

communicator /kəˈmjuːnɪkeɪtə(r)/ n. comunicatore; ***to be a good ~*** essere un buon comunicatore *o* avere una buona comunicativa.

communion /kəˈmjuːnɪən/ n. **1** RELIG. comunione f., comunità f.; ***the Anglican, Roman ~*** la comunione (della chiesa) anglicana, romana; ***the ~ of saints*** la comunione dei santi **2** LETT. *(with nature, fellow man etc.)* comunione f., unione f. spirituale.

Communion /kəˈmjuːnɪən/ n. (anche **Holy ~**) comunione f., eucaristia f.; ***to make one's First ~*** fare la prima comunione; ***to go to, take ~*** (andare a) fare, ricevere la comunione.

Communion cloth /kəˈmjuːnɪənˈklɒθ, AE -ˈklɔːθ/ n. corporale m.

Communion cup /kəˈmjuːnɪənˌkʌp/ n. RELIG. calice m.

Communion rail /kəˈmjuːnɪənˌreɪl/ n. balaustra f. d'altare.

Communion service /kəˈmjuːnɪənˌsɜːvɪs/ n. servizio m., ufficio m. eucaristico.

Communion table /kəˈmjuːnɪənˌteɪbl/ n. altare m. (dove si celebra l'eucaristia).

Communion wine /kəˈmjuːnɪənˌwaɪn/ n. vino m. (usato per la celebrazione dell'eucaristia).

communiqué /kəˈmjuːnɪkeɪ, AE kəˌmjuːnəˈkeɪ/ n. comunicato m.

▷ **communism**, **Communism** /ˈkɒmjʊnɪzəm/ n. comunismo m.

▷ **communist**, **Communist** /ˈkɒmjʊnɪst/ **I** agg. comunista **II** n. comunista m. e f.

communistic /ˌkɒmjʊˈnɪstɪk/ agg. **1** *(communal)* comune **2** *(communist)* comunista.

Communist Party /ˈkɒmjʊnɪstpɑːtɪ/ n. partito m. comunista.

▶ **community** /kəˈmjuːnətɪ/ **I** n. **1** *(social, cultural grouping)* comunità f.; ***the student, Italian ~*** la comunità studentesca, italiana; ***the business ~*** il mondo degli affari; ***research ~*** comunità dei ricercatori; ***relations between the police and the ~*** *(at local level)* le relazioni tra la polizia e la comunità; *(at national level)* le relazioni tra la polizia e il pubblico; ***in the ~ interest*** nell'interesse della comunità; ***sense of ~*** spirito comunitario **2** RELIG. ***(religious) ~*** comunità (religiosa) **3** DIR. comunanza f., comunione f.; ***~ of goods, interests*** comunione dei beni, comunanza d'interessi **II Community** n.pr. ***the (European) Community*** la Comunità (Europea) **III Community** modif. [*budget, body, regulation*] comunitario, della Comunità (Europea).

community care /kəˈmjuːnətɪˌkeə(r)/ n. = servizio di assistenza socio-sanitaria territoriale, fornita al di fuori delle strutture ospedaliere.

community centre /kəˈmjuːnətɪˌsentə(r)/ n. centro m. sociale.

community charge /kəˈmjuːnətɪˌtʃɑːdʒ/ n. BE STOR. imposta f. locale pro capite.

community chest /kəˈmjuːnətɪˌtʃest/ n. AE fondo m. di beneficenza (per attività socio-assistenziali locali).

community college /kəˈmjuːnətɪˌkɒlɪdʒ/ n. AE UNIV. = centro universitario che offre corsi (di primo livello) con curricolo rispondente alle esigenze della comunità locale.

community education /kəˌmjuːnətɪedʒʊˈkeɪʃn/ n. BE = corsi di istruzione aperti a tutti ed organizzati dalle autorità locali.

community health centre /kəˌmjuːnətɪˈhelθˌsentə(r)/ n. centro m. di assistenza sanitaria territoriale.

community home /kəˈmjuːnətɪˌhəʊm/ n. = comunità alloggio per minorenni, amministrata dalle autorità locali.

community life /kəˈmjuːnətɪˌlaɪf/ n. vita f. comunitaria.

community medicine /kəˌmjuːnətɪˈmedsn, AE -ˈmedɪsn/ n. medicina f. di base.

community policeman /kəˌmjuːnətɪpəˈlɪsmən/ ➧ *27* n. (pl. **community policemen**) agente m. di polizia di zona, di quartiere.

community policing /kəˌmjuːnətɪpəˈliːsɪŋ/ n. = sistema di divisione di una città in distretti di polizia affidati ad agenti di quartiere.

community property /kə'mju:nətɪ,prɒpətɪ/ n. AE DIR. comunione f. dei beni.
community school /kə'mju:nətɪ,sku:l/ n. = doposcuola gestito dalle autorità locali.
community service /kə,mju:nətɪ'sɜ:vɪs/ n. DIR. servizio m. civile.
community singing /kə,mju:nətɪ'sɪŋɪŋ/ n. canto m. corale, canti m.pl. corali.
community spirit /kə,mju:nətɪ'spɪrɪt/ n. spirito m. comunitario.
community worker /kə'mju:nətɪ,wɜ:kə(r)/ n. operatore m. (-trice) socioculturale.
communize /'kɒmjʊnaɪz/ tr. collettivizzare [*property*]; comunistizzare [*people*].
commutability /kə,mju:tə'bɪlətɪ/ n. commutabilità f.
commutable /kə'mju:təbl/ agg. [*pension*] convertibile; [*sentence*] commutabile (**into** in).
commutation /,kɒmju:'teɪʃn/ n. **1** *(replacement)* ECON. conversione f.; DIR. LING. commutazione f. **2** AE *(journey)* pendolarismo m.
commutation ticket /,kɒmju:'teɪʃn,tɪkɪt/ n. AE *(on trains, buses etc.)* (biglietto d')abbonamento m., tessera f. d'abbonamento.
commutative /kə'mju:tətɪv/ agg. MAT. commutativo.
commutativity /kə'mju:tətɪvɪtɪ/ n. commutatività f.
commutator /'kɒmju:teɪtə(r)/ n. EL. commutatore m.
1.commute /kə'mju:t/ **I** tr. ECON. convertire; DIR. commutare (**to** in) **II** intr. ***to ~ between Oxford and London*** fare il pendolare *o* viaggiare tutti i giorni tra Oxford e Londra; ***she ~s to Glasgow*** va a lavorare a Glasgow (tutti i giorni); ***he didn't want to ~*** non voleva fare il pendolare.
2.commute /kə'mju:t/ n. AE tragitto m. giornaliero (di un pendolare).
commuter /kə'mju:tə(r)/ n. pendolare m. e f.
commuter belt /kə'mju:təbelt/ n. = insieme delle località intorno a una metropoli, da cui provengono i pendolari che si recano giornalmente in centro.
commuter train /kə'mju:tətreɪn/ n. treno m. (per) pendolari.
commuting /kə'mju:tɪŋ/ n. pendolarismo m.
Comoros /'kɒmərəʊz/ ➧ *6, 12* n.pr. isole f.pl. Comore, Comore f.pl.
comose /'kəʊməʊs/ agg. BOT. peloso, ricoperto di peluria.
comp /kɒmp/ n. AE POP. (accorc. complimentary ticket) *(free ticket)* biglietto m. gratuito; *(person)* invitato m. (-a); *(free gift)* omaggio m.
1.compact /'kɒmpækt/ n. **1** *(agreement) (written)* accordo m., contratto m., convenzione f.; *(verbal)* intesa f. **2** COSMET. portacipria m. **3** AE AUT. auto f. compatta, utilitaria f.
▷ **2.compact** /kəm'pækt/ agg. **1** *(compressed)* [*snow, mass*] compatto; [*style, sentence*] conciso, denso **2** *(neatly constructed)* [*kitchen, house*] piccolo, compatto; [*camera, equipment, kit*] compatto; ***of ~ build*** [*man*] di corporatura massiccia; [*woman*] sodo, benfatto.
3.compact /kəm'pækt/ tr. compattare [*waste, soil, snow*].
compact disc /,kɒmpækt'dɪsk/ n. compact disc m., CD m.
compact disc player /,kɒmpækt'dɪsk,pleɪə(r)/ n. lettore m. di compact disc, lettore m. (di) CD.
compact fluorescent light /,kəmpæktflɔ:'resənt,laɪt, AE -flʊə'r-/ n. torcia f. fluorescente (d'emergenza).
compaction /kəm'pækʃn/ n. compattazione f.
compactly /kəm'pæktlɪ/ agg. [*written, expressed*] con stile conciso; ***~ built*** [*man*] tarchiato; ***~ designed*** compatto.
compactness /kəm'pæktnɪs/ n. *(of design)* compattezza f.; *(of style)* concisione f.; ***the ~ of his build*** la sua corporatura massiccia.
compactor /kəm'pæktə(r)/ n. AE compattatore m.
Companies Act /'kʌmpənɪz,ækt/ n. GB DIR. = legge sulle società.
Companies House /'kʌmpənɪz,haʊs/ n. GB COMM. DIR. ufficio m. del registro delle società.
▷ **1.companion** /kəm'pænɪən/ n. **1** *(friend)* compagno m. (-a); ***to be sb.'s constant ~*** [*hunger, fear*] non abbandonare mai qcn.; ***a ~ in arms*** un compagno d'armi *o* un commilitone **2** (anche **paid ~**) dama f. di compagnia **3** *(item of matching pair)* compagno m. (-a), pendant m. (**to** di) **4** LETTER. guida f., manuale m.; ***the fisherman's ~*** il manuale del pescatore.
2.companion /kəm'pænɪən/ tr. RAR. accompagnare.
3.companion /kəm'pænɪən/ n. MAR. osteriggio m.
companionable /kəm'pænɪənəbl/ agg. [*person*] socievole; [*chat, smile*] amichevole; [*meal*] amichevole, fra amici; [*silence*] complice; ***there was a ~ silence between them*** tra loro c'era una tacita intesa.
companion hatch /kəm'pænɪən,hætʃ/ n. MAR. tambucio m.
companion ladder /kəm'pænɪən,lædə(r)/ n. MAR. scaletta f. di boccaporto.
companion piece /kəm'pænɪən,pi:s/ n. pezzo m. abbinato.
companionship /kəm'pænɪənʃɪp/ n. compagnia f.; ***I have a dog for ~*** ho un cane che mi fa compagnia.
companion volume /kəm'pænɪən,vɒlju:m, AE -jəm/ n. *(of a book)* volume m. d'accompagnamento; *(of a machine etc.)* manuale m. (d'uso).
companionway /kəm'pænɪənweɪ/ n. MAR. scala f. di tambucio.
▶ **company** /'kʌmpənɪ/ **I** n. **1** COMM. DIR. compagnia f., società f.; ***airline ~*** compagnia aerea **2** MUS. TEATR. compagnia f.; ***theatre ~*** compagnia teatrale **3** MIL. compagnia f. **4** *(companionship)* compagnia f.; ***to keep sb. ~*** tenere compagnia a qcn.; ***to enjoy sb.'s ~*** godere della compagnia di qcn.; ***to be good ~*** essere di buona compagnia; ***I have a cat for ~*** ho un gatto che mi fa compagnia; ***to be seen in sb.'s ~*** o ***in ~ with sb.*** essere visto in compagnia di qcn.; ***to part ~ with*** [*person*] separarsi da [*person, bike, horse*] (anche SCHERZ.); ***on political matters they part ~*** per quanto riguarda la politica, sono del tutto discordi; ***to keep bad ~*** avere cattive amicizie *o* frequentare cattive compagnie **5** *(visitors)* ospiti m.pl.; ***to have, expect ~*** avere, aspettare ospiti **6** *(society)* ***in ~*** in compagnia; ***in mixed ~*** in presenza delle signore; ***to be fit ~ for sb.*** essere una compagnia adatta a qcn.; ***to keep ~ with sb.*** frequentare qcn.; ***Luisa and ~*** Luisa e compagni; SPREG. Luisa e compagnia (bella) **7** *(similar circumstances)* ***to be in good ~*** essere in buona compagnia; ***don't worry, you're in good ~*** non prendertela, sei in buona compagnia; ***Mary, in ~ with many others, complained*** Mary, insieme a molti altri, si lamentò **8** *(gathering)* compagnia f., comitiva f.; ***the assembled ~*** l'assemblea **9** MAR. equipaggio m. **10** EUFEM. COLLOQ. *(CIA)* ***the Company*** la CIA **II** modif. *(of all businesses)* [*earnings, profits, records*] delle società; *(of a particular business)* [*accountant, car park, headquarters, newsletter*] dell'azienda, della ditta.
company car /,kʌmpənɪ'kɑ:(r)/ n. auto f. aziendale.
company commander /,kʌmpənɪkə'mɑ:ndə(r), AE -'mæn-/ ➧ *23* n. MIL. comandante m. di compagnia.
company director /,kʌmpənɪdaɪ'rektə(r), -dɪ-/ ➧ *27* n. direttore m. d'azienda; ***the ~*** il direttore generale.
company doctor /'kʌmpənɪ,dɒktə(r)/ ➧ *27* n. **1** MED. medico m. aziendale **2** *(business analyst)* risanatore m. di aziende.
company headquarters /,kʌmpənɪ'hed,kwɑ:təz/ n.pl. **1** MIL. compagnia f. comando **2** COMM. AMM. direzione f. centrale.
company law /,kʌmpənɪ'lɔ:/ n. BE DIR. diritto m. societario, delle società.
company lawyer /'kʌmpənɪ,lɔ:jə(r)/ ➧ *27* n. BE DIR. **1** *(attached to a firm)* avvocato m. aziendale, legale m. di un'impresa **2** *(business law expert)* (giurista) esperto m. di diritto delle società.
company man /'kʌmpənɪ,men/ n. (pl. **company men**) = dipendente fedele e devoto (alla propria azienda).
company meeting /,kʌmpənɪ'mi:tɪŋ/ n. assemblea f. dei soci, degli azionisti.
company name /,kʌmpənɪ'neɪm/ n. DIR. ragione f. sociale.
company officer /,kʌmpənɪ'ɒfɪsə(r), AE -'ɔ:f-/ n. funzionario m. di un'azienda.
company pension scheme /,kʌmpənɪ'penʃn,ski:m/ n. programma m. pensionistico aziendale.
company policy /,kʌmpənɪ'pɒləsɪ/ n. **U** politica f. aziendale; ***it is, is not ~ to do*** rientra nella politica aziendale, non è previsto dalla politica aziendale che si faccia.
company promoter /,kʌmpənɪprə'məʊtə(r)/ n. socio m. fondatore.
company secretary /,kʌmpənɪ'sekrətrɪ, AE -rəterɪ/ ➧ *27* n. AMM. segretario m. generale (della società, dell'azienda).
company sergeant major /,kʌmpənɪ,sɑ:dzənt'meɪdjə(r)/ ➧ *23* n. MIL. maresciallo m.
company tax /'kʌmpənɪ,tæks/ n. GB imposta f. sulle società.
company union /'kʌmpənɪ,ju:nɪən/ n. AE sindacato m. d'impresa.
comparability /,kɒmpərə'bɪlətɪ/ n. *(comparison)* comparabilità f.; ***pay ~*** comparabilità (del valore) degli stipendi.
▷ **comparable** /'kɒmpərəbl/ agg. comparabile (**to, with** a).
▷ **comparative** /kəm'pærətɪv/ **I** agg. **1** LING. comparativo **2** *(relative)* relativo; ***in ~ terms*** in termini relativi; ***he's a ~ stranger to me*** per me è praticamente uno sconosciuto **3** *(based on comparison)* [*method, study*] comparativo; [*linguistics, religion*] comparato **II** n. LING. comparativo m.; ***in the ~*** al comparativo.
Comparative Cost Principle /kəm,pærətɪv,kɒst'prɪnsəpl, AE -,kɔ:st-/ n. ECON. teoria f. dei costi comparati, dei costi relativi.
comparative literature /kəm,pærətɪv'lɪtrətʃə(r), AE -tʃʊər/ n. letteratura f. comparata.

comparatively /kəm'pærətɪvlɪ/ avv. **1** *(relatively)* [*safe, small, recent, young*] relativamente; *~ speaking* relativamente parlando **2** *(by comparison)* [*analyse, examine, judge*] comparativamente.

comparator /'kɒmpəreɪtə(r)/ n. TECN. comparatore m.

1.compare /kəm'peə(r)/ n. confronto m.; *a beauty, leader beyond ~* una bellezza incomparabile, un leader ineguagliabile; *to be brave beyond ~* essere straordinariamente coraggioso.

▶ **2.compare** /kəm'peə(r)/ **I** tr. **1** *(contrast)* confrontare, comparare; *to ~ sb., sth. with* o *to* confrontare qcn., qcs. con, a; *to ~ notes with sb.* FIG. scambiare le proprie impressioni con qcn. **2** *(liken)* paragonare (**to** a) **3** LING. fare il comparativo di, flettere al comparativo [*adjective, adverb*] **II** intr. essere comparabile (**with** a); *the two televisions ~ well for price* i due televisori hanno un prezzo simile; *to ~ favourably, unfavourably with sth.* reggere (bene), non reggere il confronto con qcs.; *how do they ~?* come sono l'uno rispetto all'altro? *how does this job ~ with your last one?* com'è il tuo nuovo lavoro rispetto al precedente? **III** rifl. *to ~ oneself with* o *to* confrontarsi con *o* paragonarsi a.

compared /kəm'peəd/ **I** p.pass. → **2.compare** **II** agg. *~ with sb., sth.* in confronto a qcn., qcs.

▶ **comparison** /kəm'pærɪsn/ n. **1** *(contrast)* confronto m., comparazione f. (**between** tra); *beyond ~* senza confronti; *in* o *by ~ with* in confronto a; *the ~ of sth. to sth.* il confronto di qcs. con qcs.; *to stand ~* reggere il confronto (**with** con) **2** *(likening)* paragone m.; *for ~* per fare un paragone; *to draw a ~ between sth. and sth.* fare un paragone tra qcs. e qcs. **3** LING. comparazione f.; *the rules of ~* le regole della comparazione *o* della formazione del comparativo.

comparison test /kəm'pærɪsn,test/ n. test m. comparativo, di comparazione.

compart /kəm'pɑːt/ tr. compartire.

▷ **compartment** /kəm'pɑːtmənt/ n. **1** *(partition)* compartimento m.; *(of train, ship)* (s)compartimento m. **2** *(storage space)* scomparto m.

compartmentalize /,kɒmpɑːt'mentəlaɪz/ tr. dividere in compartimenti (anche FIG.).

▷ **1.compass** /'kʌmpəs/ **I** n. **1** bussola f.; MAR. bussola f. magnetica, compasso m.; *the points of the ~* i punti cardinali **2** *(extent)* estensione f., ambito m.; *(range, scope)* portata f., competenza f.; *within the narrow ~ of our research* nell'ambito ristretto della nostra ricerca; *within the ~ of this article, the law* nei limiti della trattazione di questo articolo, nei limiti consentiti dalla legge; *the concept is beyond the ~ of most minds* il concetto è al di fuori della portata della maggior parte delle persone **3** MUS. estensione f. **II compasses** n.pl. *a pair of ~es* un compasso.

2.compass /'kʌmpəs/ tr. LETT. **1** *(encircle)* circondare, cingere **2** *(comprehend)* comprendere, afferrare **3** *(go around)* ANT. circumnavigare [*earth, oceans*].

compassable /'kʌmpəsəbl/ agg. **1** *(that can be encircled)* circondabile **2** *(within range, scope)* raggiungibile, conseguibile.

compass bearing /'kʌmpəs,beərɪŋ/ n. rilevamento m. bussola.

compass card /'kʌmpəs,kɑːd/ n. rosa f. della bussola.

compass course /'kʌmpəs,kɔːs/ n. rotta f. di bussola.

▷ **compassion** /kəm'pæʃn/ n. compassione f. (**for** per).

1.compassionate /kəm'pæʃənət/ agg. [*person, act*] compassionevole; *on ~ grounds* per (gravi) motivi di famiglia.

2.compassionate /kəm'pæʃənət/ tr. avere compassione di.

compassionate leave /kəm,pæʃənət'liːv/ n. permesso m. straordinario (per gravi motivi di famiglia); MIL. licenza f. straordinaria (per gravi motivi di famiglia).

compassionately /kəm'pæʃənətlɪ/ avv. [*act, treat*] compassionevolmente, con compassione.

compass rose /'kʌmpəs,rəʊz/ n. rosa f. della bussola.

compass saw /'kʌmpəs,sɔː/ n. TECN. gattuccio m.

compass window /'kʌmpəs,wɪndəʊ/ n. bovindo m. (semicircolare).

compatibility /kəm,pætə'bɪlətɪ/ n. compatibilità f. (anche INFORM.).

▷ **compatible** /kəm'pætəbl/ agg. compatibile (**with** con); *X~* INFORM. X compatibile.

compatriot /kəm'pætrɪət, AE -'peɪt-/ n. FORM. compatriota m. e f.

compeer /kɒm'pɪə(r)/ n. **1** *(equal)* pari m. e f. **2** ANT. *(comrade)* compare m., compagno m.

▷ **compel** /kəm'pel/ tr. (forma in -ing ecc. **-ll-**) **1** *(force)* costringere, obbligare (**to do** a fare); *to feel ~led to do* sentirsi obbligato a fare **2** *(win) to ~ sb.'s respect* esigere il rispetto di qcn.; *to ~ sb.'s attention* esigere l'attenzione di qcn.

compellable /kəm'peləbl/ agg. coercibile.

▷ **compelling** /kəm'pelɪŋ/ agg. [*reason*] inoppugnabile; [*argument*] irrefutabile; [*performance, speaker*] irresistibile; [*film, novel*] avvincente.

compellingly /kəm'pelɪŋlɪ/ avv. [*argue*] in modo irrefutabile; [*speak, write*] in modo irresistibile, avvincente.

compendia /kəm'pendiə/ → **compendium**.

compendious /kəm'pendɪəs/ agg. compendioso.

compendium /kəm'pendɪəm/ n. (pl. **~s, -ia**) **1** compendio m. **2** BE *(box of games)* scatola f. di giochi da tavolo.

▷ **compensate** /'kɒmpenseɪt/ **I** tr. **1** *(financially)* risarcire, indennizzare [*person, loss*]; *to ~ sb. for* risarcire *o* indennizzare qcn. di; *I will be ~d for* sarò risarcito per **2** *(offset)* compensare [*imbalance, change*] **II** intr. *to ~ for* compensare [*loss, difficulty*].

compensating /'kɒmpenseɪtɪŋ/ agg. **1** ECON. COMM. compensativo **2** TECN. di compensazione.

▷ **compensation** /,kɒmpen'seɪʃn/ n. **1** compensazione f.; *to be no ~ for sth.* non compensare qcs.; *in ~* in compenso (**for** per) **2** DIR. risarcimento m., indennizzo m.; *as* o *by way of ~* come risarcimento (**for** per, di); *to award ~* risarcire *o* indennizzare; *she was awarded £ 3,000 ~* le sono state accordate 3.000 sterline d'indennizzo.

compensative /kəm'pensətɪv/ → **compensatory**.

compensator /kəmpenseɪtə(r)/ n. EL. MECC. OTT. compensatore m.

compensatory /,kɒmpen'seɪtrɪ, AE kəm'pensətɔːrɪ/ agg. compensativo.

comper /'kɒmpə(r)/ n. COLLOQ. appassionato m. (-a) di concorsi pubblicitari.

1.compère /'kɒmpeə(r)/ n. BE TEL. RAD. presentatore m. (-trice).

2.compère /'kɒmpeə(r)/ tr. TEL. RAD. presentare.

▷ **compete** /kəm'piːt/ intr. **1** *(for prominence, job, prize)* [*person*] competere; [*voices*] fare a gara; *to ~ against* o *with* rivaleggiare con (**for** per); *they were competing (with each other) for the same job* si contendevano lo stesso impiego; *I just can't ~ (with her)* non posso competere *o* misurarmi con lei **2** COMM. [*companies*] farsi concorrenza; *to ~ against* o *with* fare concorrenza a (**for** per); *to ~ in the European market* farsi concorrenza sul mercato europeo; *we can't ~ with multinationals* non possiamo competere con le multinazionali **3** SPORT competere, gareggiare (**with** con); *to ~ against* competere con; *to ~ in the 100 metres, the Olympics* gareggiare nei 100 metri, alle olimpiadi; *there were 12 horses competing* c'erano 12 cavalli in gara.

▷ **competence** /'kɒmpɪtəns/ n. **1** *(ability)* competenza f.; *to have the ~ to do* avere la competenza (necessaria) per fare; *I doubt his ~ to do the work, lead the team* dubito che abbia la competenza sufficiente per fare il lavoro, per guidare la squadra; *to require professional, scientific ~* [*task*] richiedere una competenza professionale, scientifica **2** *(skill)* abilità f., capacità f.; *her ~ as an accountant is not in question* la sua abilità di contabile non si discute; *I don't doubt his ~ as a sailor* non metto in dubbio le sue capacità di marinaio; *~ in word processing is necessary for this job* per questo lavoro sono richieste buone capacità di elaborazione testi; *we require ~ in Spanish* richiediamo la conoscenza dello spagnolo **3** DIR. *(of court)* competenza f. (**to do** per fare); *(of person)* competenza f. (**to do** nel fare), capacità f. (**to do** di fare); *to be within the ~ of the court* rientrare nella competenza del tribunale **4** LING. competenza f. **5** *(means)* reddito m. sufficiente.

▷ **competent** /'kɒmpɪtənt/ agg. **1** *(capable, efficient)* [*teacher, swimmer, player*] competente, capace; *(trained)* qualificato; *to be ~ to do* essere competente nel fare *o* capace a fare *o* qualificato per fare **2** *(adequate, satisfactory)* [*performance, piece of work, knowledge*] buono; [*answer*] soddisfacente **3** DIR. [*court*] competente (**to do** per fare); [*person*] competente (**to do** per fare), capace (**to do** a fare).

competently /'kɒmpɪtəntlɪ/ avv. con competenza, in modo competente.

▷ **competing** /'kɒmpiːtɪŋ/ agg. rivale, concorrente; *~ shops* negozi in concorrenza.

▶ **competition** /,kɒmpə'tɪʃn/ n. **1 U** competizione f. (anche COMM.) (**between** tra); *in ~ with* in competizione, in concorrenza con (**for** per); *unfair, keen ~* concorrenza sleale, spietata **2 C** *(contest) (for medal)* competizione f.; *(for prize, award)* competizione f., concorso m.; *(for job)* concorso m.; *(race)* gara f. **3** *(competitors)* concorrenza f.; *what's the ~ like?* com'è la concorrenza?

competition car /,kɒmpə'tɪʃn,kɑː(r)/ n. SPORT auto f. da corsa.

▷ **competitive** /kəm'petɪtɪv/ agg. **1** *(enjoying rivalry)* [*person, personality*] dotato di spirito competitivo; [*environment*] competitivo **2** COMM. [*company, price, product, market*] competitivo; [*advantage, disadvantage*] concorrenziale; *~ edge (of product)* competitività; ~ ***tender*** gara d'appalto **3** *(decided by competition)* [*sport*] agonistico; ***by ~ examination*** per concorso.

competitively /kəm'petɪtɪvlɪ/ avv. **1** *(in spirit of rivalry)* [*play, behave*] con spirito competitivo **2** COMM. [*operate*] competitivamente; ~ ***priced*** a prezzo competitivo.

competitiveness /kəm'petɪtɪvnɪs/ n. **1** *(of person)* spirito m. competitivo **2** COMM. *(of product, price, salary, company)* competitività f.

▷ **competitor** /kəm'petɪtə(r)/ n. *(all contexts)* concorrente m. e f.

▷ **compilation** /ˌkɒmpɪ'leɪʃn/ n. **1** *(collection on record, video)* compilation f. **2** *(act of compiling) (of reference book, dossier)* compilazione f. **3** INFORM. compilazione f.

▷ **compile** /kəm'paɪl/ tr. **1** *(draw up)* compilare [*list, index, catalogue*]; stilare [*report*]; redigere [*reference book, entry*] **2** INFORM. compilare.

compiler /kəm'paɪlə(r)/ n. **1** compilatore m. (-trice) **2** INFORM. compilatore m.

complacence /kəm'pleɪsns/, **complacency** /kəm'pleɪsnsɪ/ n. compiacimento m., soddisfazione f.; ***there is no room for ~*** non è il caso di compiacersi (di sé).

complacent /kəm'pleɪsnt/ agg. compiaciuto, soddisfatto; ***to be ~ about*** essere compiaciuto di [*success, future*]; ***to grow ~ about*** diventare noncurante di [*danger, threat*].

complacently /kəm'pleɪsntlɪ/ avv. con soddisfazione, in modo compiaciuto.

▶ **complain** /kəm'pleɪn/ intr. *(informally)* lamentarsi (**to** con; **about** di, per); *(officially)* reclamare (**to** presso), presentare un reclamo (**to** a); *(of pain, illness, symptom)* lamentarsi (**of** di); ***to ~ that*** lamentarsi perché; ***I ~ed that the water was cold*** mi sono lamentato perché l'acqua era fredda; ***stop ~ing!*** smettila di lamentarti! ***to ~ to the police about sth.*** presentare un reclamo alla polizia per qcs.; ***"how's life?" - "oh, I can't ~"*** "come va la vita?" - "oh, non mi posso lamentare".

complainant /kəm'pleɪnənt/ n. DIR. querelante m. e f., attore m.

complainer /kəm'pleɪnə(r)/ n. chi si lamenta, chi reclama.

▶ **complaint** /kəm'pleɪnt/ n. **1** *(protest, objection)* lamentela f., lagnanza f. (**about** riguardo a, su, per); *(official)* reclamo m. (**about** riguardo a, su, per); ***there have been ~s about the noise*** ci sono state lamentele per il rumore; ***there have been ~s of nepotism, discrimination*** ci sono state lamentele riguardo al nepotismo, alla discriminazione; ***I have received a written ~ about your behaviour*** ho ricevuto una lettera di lamentele per il vostro comportamento; ***there have been ~s that the service is slow*** ci sono state lamentele perché il servizio è lento; ***tiredness is a common ~*** la gente si lamenta spesso di essere stanca; ***the workers' ~s that they are badly paid are justified*** le rimostranze degli operai riguardo al fatto di essere mal pagati sono giustificate; ***the canteen was closed after, following ~ about poor hygiene*** la mensa è stata chiusa in seguito a reclami sulla mancanza d'igiene; ***in case of ~, contact the management*** in caso di reclamo, contattare la direzione; ***to have grounds, cause for ~*** avere motivo *o* ragione di lamentarsi; ***to lay, lodge, file a ~ against sb.*** sporgere (un) reclamo contro qcn. *o* querelare qcn.; ***to make a ~*** lamentarsi *o* fare le proprie rimostranze; ***to make, submit a ~ to sb.*** presentare un reclamo a qcn.; ***I've no ~s*** non ho niente di cui lamentarmi *o* da ridire; ***I've no ~s about the service*** non mi posso lamentare del servizio **2** MED. malattia f., disturbo m.; ***skin ~*** malattia della pelle; ***nervous ~*** malattia nervosa; ***common ~s*** disturbi comuni.

complaints procedure /kəm'pleɪntsprəˌsi:dʒə(r)/ n. procedura f. di reclamo.

complaisance /kəm'pleɪzns/ n. LETT. *(compliance)* compiacenza f. (**to** verso, nei confronti di).

complaisant /kəm'pleɪzənt/ agg. LETT. compiacente.

complected /kəm'plektɪd/ agg. AE in composti ***light~, dark~*** dalla carnagione chiara, scura.

1.complement /'kɒmplɪmənt/ n. **1** complemento m. (**to** di) (anche MAT.) **2** LING. ***subject ~, object ~*** complemento predicativo del soggetto, dell'oggetto; ***prepositional ~*** = la parola o il sintagma retti da una preposizione **3** *(quota)* organico m. completo; ***with a full ~ of staff*** con il personale al completo.

2.complement /'kɒmplɪment/ tr. completare, integrare; ***to ~ one another*** completarsi (a vicenda); ***wine ~s cheese*** il vino accompagna bene il formaggio.

▷ **complementary** /ˌkɒmplɪ'mentrɪ/ agg. complementare (**to** a).

complementary distribution /ˌkɒmplɪmentrɪˌdɪstrɪ'bju:ʃn/ n. LING. distribuzione f. complementare.

complementary medicine /ˌkɒmplɪmentrɪ'medsn, AE -'medɪsn/ n. medicina f. alternativa (associata a terapie tradizionali).

complementation /ˌkɒmplɪmen'teɪʃn/ n. complementazione f.

▶ **1.complete** /kəm'pli:t/ agg. **1** attrib. *(total, utter)* [*abolition, darkness*] completo, totale; [*chaos*] totale; [*freedom*] totale, pieno; [*rejection*] totale, assoluto; ***he's a ~ fool*** è un perfetto idiota; ***it's the ~ opposite*** è tutto l'opposto; ***with ~ accuracy, confidence*** con estrema precisione, con assoluta fiducia; ~ ***and utter*** [*despair, disaster*] totale; ***it's ~ and utter rubbish*** è una vera e propria schifezza **2** *(finished)* compiuto, finito; ***far from, not yet ~*** lontano dall'essere finito, non ancora concluso **3** *(entire, full)* [*collection, set*] intero, completo; [*edition, works, record*] completo; ~ ***with*** completo di, con incluso; ~ ***with batteries, instructions*** completo di pile, di istruzioni per l'uso; ***to make my happiness ~*** perché la mia felicità sia completa **4** *(consummate)* [*artist, star*] completo; [*gentleman, sportsman*] perfetto.

▶ **2.complete** /kəm'pli:t/ tr. **1** *(finish)* completare, terminare, finire [*building, investigation, degree course, exercise*]; portare a termine [*task, journey*]; ***to ~ a jail sentence*** finire di scontare una condanna (al carcere) **2** *(make whole)* completare [*collection, trilogy, group, outfit, grand slam*]; terminare [*quotation, phrase*]; ***to ~ an outfit with a beret*** completare una tenuta con un berretto adatto **3** *(fill in)* riempire [*form, questionnaire*].

▷ **completed** /kəm'pli:tɪd/ **I** p.pass. → **2.complete II** agg. [*creation*] compiuto; [*project*] portato a termine; ***the recently, newly ~ office building*** gli uffici terminati di recente, da poco; ***half~*** mezzo finito *o* incompiuto.

▶ **completely** /kəm'pli:tlɪ/ avv. [*changed, forgotten, free, mad, rebuilt, unexpected*] completamente; [*different, failed*] completamente, totalmente; [*convincing, honest, understandable*] assolutamente.

completeness /kəm'pli:tnɪs/ n. completezza f. (**of** di); ***to ensure the ~ of your information*** per essere sicuro che le vostre informazioni siano complete.

▷ **completion** /kəm'pli:ʃn/ n. **1** *(finishing)* completamento m. (**of** di); ***it is due for ~ by the summer*** deve essere completato entro quest'estate; ***on ~ (of the works)*** al completamento dei lavori *o* a lavori ultimati; ***nearing ~*** vicino al completamento **2** DIR. *(of house sale)* = firma del contratto di vendita.

completion date /kəm'pli:ʃnˌdeɪt/ n. **1** *(for works)* data f. di completamento **2** *(for contract, sale, order)* data f. di esecuzione **3** *(for house purchase)* data f. della firma del contratto di vendita.

▶ **1.complex** /'kɒmpleks, AE kəm'pleks/ agg. complesso.

2.complex /'kɒmpleks/ n. **1** *(building development)* complesso m.; ***leisure ~*** complesso per le attività del tempo libero; ***housing ~*** complesso residenziale; ***sports ~*** complesso sportivo **2** PSIC. complesso m.; ***persecution ~*** mania di persecuzione; ***he's got a ~ about his weight*** il suo peso gli crea dei complessi **3** CHIM. complesso m.

complexion /kəm'plekʃn/ **I** n. **1** *(skin colour)* colorito m., carnagione f.; ***to have a bad, clear ~*** avere una brutta pelle, una pelle perfetta; ***to have a fair, dark ~*** avere una carnagione chiara, scura **2** *(nature)* aspetto m.; ***to change the ~ of sth., to put a new ~ on sth.*** cambiare l'aspetto di qcs., far apparire qcs. sotto un nuovo aspetto; ***of a different ~*** di tutt'altro aspetto **II -complexioned** agg. in composti ***light~ed, dark~ed*** dalla carnagione chiara, scura.

▷ **complexity** /kəm'pleksətɪ/ n. complessità f.

▷ **compliance** /kəm'plaɪəns/ n. **1** *(conformity) (with ruling, standard, wishes)* conformità f. (**with** a); ***to do sth. in ~ with procedure, the law*** fare qcs. in conformità, conformemente alla procedura, alla legge; ***to bring sth. into ~ with*** rendere qcs. conforme a, conformare qcs. a **2** *(yielding disposition)* compiacenza f., docilità f., accondiscendenza f.

compliance costs /kəm'plaɪənsˌkɒsts, AE -'kɔ:sts/ n.pl. costi m. di adeguamento.

compliant /kəm'plaɪənt/ agg. compiacente, (ac)condiscendente, docile (**with, to** con, nei confronti di).

complicacy /'kɒmplɪkəsɪ/ n. complessità f.

▷ **complicate** /'kɒmplɪkeɪt/ tr. complicare; ***to ~ matters, life*** complicare le cose, la vita.

▷ **complicated** /'kɒmplɪkeɪtɪd/ **I** p.pass. → **complicate II** agg. complicato.

▷ **complication** /ˌkɒmplɪ'keɪʃn/ n. complicazione f. (anche MED.); ***there is a further ~*** c'è un'ulteriore complicazione; ***to make ~s*** complicare le cose.

complicit /kəm'plɪsɪt/ agg. complice (**in** in).

complicity /kəm'plɪsətɪ/ n. complicità f.

▷ **1.compliment** /'kɒmplɪmənt/ **I** n. complimento m.; ***to pay sb. a ~*** fare un complimento a qcn.; ***to return the ~*** ricambiare il complimento (anche SCHERZ.); FIG. restituire il favore; ***coming from him,***

that's quite a ~ fatto da lui, è un bel complimento **II compliments** n.pl. **1** *(in expressions of praise)* complimenti m.; ***to give sb. one's ~s*** fare i (propri) complimenti a qcn.; ***my ~s to the chef*** (i miei) complimenti al cuoco **2** *(in expressions of politeness)* ***"with ~s"*** *(on transmission slip)* "con i nostri migliori auguri"; ***"with the ~s of the management"*** "con i complimenti della direzione"; ***"with the ~s of the author"*** "con gli omaggi dell'autore" **3** *(in greetings)* ***"with the ~s of the season"*** *(on Christmas cards)* "(con i migliori) auguri"; ***my ~s to your wife*** FORM. i miei rispetti *o* omaggi alla signora.

▷ **2.compliment** /'kɒmplɪmənt/ tr. ***to ~ sb. on sth.*** complimentarsi con qcn. *o* fare i complimenti a qcn. per qcs.

complimentary /ˌkɒmplɪ'mentrɪ/ agg. **1** *(flattering)* [*remark, letter*] complimentoso, elogiativo; [*review*] elogiativo; ***he wasn't very ~ about my poems*** è stato piuttosto critico nei confronti delle mie poesie; ***she was very ~ about my work*** mi ha fatto molti complimenti per il mio lavoro **2** *(free)* (in) omaggio, gratuito.

complimentary close /kɒmplɪˌmentrɪ'kləʊs/ n. AE *(in letter writing)* frase f. di chiusura.

complimentary copy /kɒmplɪˌmentrɪ'kɒpɪ/ n. copia f. omaggio.

complimentary ticket /kɒmplɪˌmentrɪ'tɪkɪt/ n. biglietto m. omaggio.

compliments slip /'kɒmplimentozˌslɪp/ n. biglietto m. di accompagnamento.

compline /'kɒmplɪn/ n. RELIG. compieta f.

▷ **comply** /kəm'plaɪ/ intr. conformarsi; ***to ~ with*** accondiscendere a [*sb.'s wishes*]; soddisfare, DIR. aderire a [*request*]; seguire, conformarsi a [*directive, instructions, regulations, criteria, standards*]; rispettare, osservare [*orders, rules*]; ***failure to ~ with the rules may result in prosecution*** la non osservanza del regolamento è perseguibile per legge.

component /kəm'pəʊnənt/ n. MAT. TECN. EL. CHIM. componente m.

componential /ˌkɒmpə'nenʃl/ agg. componenziale; ***~ analysis*** LING. analisi componenziale.

component part /kəm'pəʊnəntˌpɑ:t/ n. componente m. (**of** di).

components factory /kəm'pəʊnəntsˌfæktərɪ/ n. fabbrica f. di componentistica.

comport /kəm'pɔ:t/ rifl. FORM. ***to ~ oneself*** comportarsi.

comportment /kəm'pɔ:tmənt/ n. FORM. comportamento m. (**towards** nei confronti di).

▷ **compose** /kəm'pəʊz/ **I** tr. **1** *(write)* LETTER. MUS. comporre, scrivere **2** *(arrange)* disporre [*painting, still life, elements of work*]; preparare [*salad*] **3** *(order)* ricomporre [*features, face*]; raccogliere [*thoughts, ideas*] **4** *(constitute)* comporre [*whole*]; ***to be ~d of*** essere composto di *o* consistere di **5** TIP. comporre **II** intr. **1** MUS. TIP. comporre **2** DIR. venire a composizione **III** rifl. ***to ~ oneself*** calmarsi *o* ricomporsi; ***to ~ oneself for sleep*** prepararsi per andare a dormire.

composed /kəm'pəʊzd/ **I** p.pass. → **compose II** agg. [*person, features, appearance*] calmo, composto.

composedly /kəm'pəʊzɪdlɪ/ avv. [*act, react, speak*] in modo composto, con calma.

composedness /kəm'pəʊzɪdnɪs/ n. compostezza f., calma f.

composer /kəm'pəʊzə(r)/ ♦ **27** n. MUS. compositore m. (-trice) (**of** di).

composing /kəm'pəʊzɪŋ/ n. **1** *(action)* composizione f. **2** TIP. composizione f.

▷ **composite** /'kɒmpəzɪt, AE kɑ:m'pɑ:zɪt/ **I** agg. **1** ARCH. FOT. composito **2** CHIM. BOT. MAT. composto **3** COMM. [*company, group*] diversificato **II** n. **1** *(substance)* composto m.; ***a ceramic, a metallic ~*** un composto ceramico, metallico **2** *(word)* composto m. (**of** di) **3** *(photo)* fotomontaggio m. **4** COMM. impresa f. diversificata **5** ARCH. (anche **~ order**) ordine m. composito **6** BOT. composita f.

composite rate (of) tax /ˌkɒmpəzɪt'reɪt(ɒv)ˌtæks/ n. BE tasso m. composito.

composite school /ˌkɒmpəzɪt'sku:l/ n. = in Canada, scuola con vari indirizzi di studio.

composition /ˌkɒmpə'zɪʃn/ n. **1** *(make-up)* composizione f. (**of** di); ***metallic, similar in ~*** di composizione metallica, simile; ***the racial, religious ~ of a jury*** la composizione etnica, religiosa di una giuria **2** MUS. LETTER. composizione f. (**of** di); ***this is my own ~*** questa composizione è opera mia; ***of my, her own ~*** di mia, sua composizione **3** SCOL. tema m. (**about, on** su); ***to get good marks for ~*** prendere buoni voti nei temi **4** TIP. composizione f. **5** ART. composizione f. **6** DIR. concordato m., composizione f.; ***to come to ~*** venire a composizione *o* comporre.

compositive /kəm'pɒzɪtɪv/ agg. compositivo.

compositor /kəm'pɒzɪtə(r)/ ♦ **27** n. TIP. compositore m. (-trice).

compos mentis /ˌkɒmpəs'mentɪs/ agg. ***to be ~*** essere in grado di intendere e di volere *o* essere compos sui *o* sano di mente.

1.compost /'kɒmpɒst/ n. AGR. compost m., composta f., concime m. organico, terricciato m.

2.compost /'kɒmpɒst/ tr. **1** *(make fertilizer)* trasformare in compost **2** *(fertilize)* concimare con compost.

compostable /'kɒmpəstəbl/ agg. compostabile.

compost heap /'kɒmpɒstˌhi:p/ n. rifiuti m.pl. domestici organici.

composure /kəm'pəʊʒə(r)/ n. calma f., padronanza f. (di sé), (auto)controllo m.; ***to lose, regain one's ~*** perdere, ritrovare la calma *o* la padronanza di sé.

compote /'kɒmpəʊt, -pɒt/ n. **1** *(dessert)* composta f. **2** AE *(plate)* coppa f. da dessert, compostiera f.

▷ **1.compound** /'kɒmpaʊnd/ **I** agg. **1** BIOL. BOT. CHIM. [*leaf, flower, eye, substance*] composto **2** LING. [*tense, noun, adjective*] composto; [*sentence*] complesso **3** MED. [*fracture*] esposto **II** n. **1** *(enclosure)* recinto m.; ***diplomatic ~*** complesso diplomatico; ***industrial, military ~*** zona industriale, militare; ***prison ~*** complesso carcerario; ***workers', miners' ~*** = abitazioni degli operai, dei minatori sul posto di lavoro **2** CHIM. composto m. (**of** di); ***carbon ~s*** i composti del carbonio **3** *(word)* composto m., parola f. composta **4** *(mixture)* composto m., miscela f. (**of** di).

2.compound /kəm'paʊnd/ **I** tr. **1** *(exacerbate)* aggravare, aumentare [*difficulty, damage, anxiety*] (**by** con; **by doing** facendo); aggravare [*error, offence, problem*] (**by** con; **by doing** facendo); ***to ~ misfortune with error*** aggiungere l'errore alla sfortuna **2** *(combine)* comporre, combinare (**with** con); ***~ed of*** composto di **3** DIR. ***to ~ a debt*** fare una transazione per (il regolamento di) un debito; ***to ~ an offence, a felony*** non denunciare un reato dietro compenso in denaro **II** intr. DIR. *(come to terms)* raggiungere un concordato (con i propri creditori).

compoundable /kɒm'paʊndəbl/ agg. componibile, conciliabile.

compounder /kɒm'paʊndə(r)/ n. **1** *(of quarrels)* conciliatore m. (-trice) **2** *(of substances)* chi prepara composti, miscelatore m. (-trice).

compounding /ˌkəm'paʊndɪŋ/ n. concordato m.

compound interest /ˌkɒmpaʊnd'ɪntrəst/ n. interesse m. composto.

compound meter /ˌkɒmpaʊnd'mi:tə(r)/ n. AE MUS. → **compound time.**

compound microscope /ˌkɒmpaʊnd'maɪkrəˌskəʊp/ n. microscopio m. composto.

compound time /ˌkɒmpaʊnd'taɪm/ n. BE MUS. ritmo m. composto.

▷ **comprehend** /ˌkɒmprɪ'hend/ tr. **1** *(understand)* comprendere, capire **2** *(include, comprise)* FORM. comprendere, includere.

comprehensibility /ˌkɒmprɪhensə'bɪlətɪ/ n. comprensibilità f.

comprehensible /ˌkɒmprɪ'hensəbl/ agg. comprensibile, intelligibile.

comprehension /ˌkɒmprɪ'henʃn/ n. **1** *(understanding)* comprensione f.; ***that is beyond my ~*** è al di là della mia comprensione; ***he has no ~ of the real nature of politics*** non comprende affatto la vera natura della politica **2** SCOL. UNIV. esercizio m. di comprensione.

▷ **comprehensive** /ˌkɒmprɪ'hensɪv/ **I** agg. **1** *(all-embracing)* [*report, survey, list*] completo, dettagliato; [*knowledge*] vasto, ampio; [*planning, measures*] globale; [*coverage*] totale; [*training*] completo; [*rule*] onnicomprensivo; ***~ insurance policy*** polizza assicurativa multirischio **2** GB SCOL. ***the ~ system*** il sistema scolastico secondario unificato; ***to go ~*** adottare il sistema scolastico secondario unificato **3** US SCOL. [*examination*] finale **II** n. GB SCOL. (anche **~ school**) = scuola secondaria che va dagli 11 ai 16 anni con la possibilità di prolungare gli studi fino a 19 anni **III comprehensives** n.pl. US UNIV. = esami finali.

comprehensiveness /ˌkɒmprɪ'hensɪvnɪs/ n. **1** *(completeness)* completezza f. **2** *(mental ability)* facoltà f. di comprendere, intelligenza f.

1.compress /'kɒmpres/ n. MED. *(gauze pad)* compressa f.

2.compress /kəm'pres/ tr. **1** *(condense)* comprimere [*object, substance*] **2** ***to ~ one's lips*** stringere le labbra **3** FIG. *(shorten)* condensare [*text, style*]; ridurre [*period of time*].

compressed air /kəm'presteə(r)/ n. aria f. compressa.

compressibility /ˌkɒmpresɪ'bɪlətɪ/ n. comprimibilità f.

compressible /kɒm'presɪbl/ agg. comprimibile.

▷ **compression** /kəm'preʃn/ n. **1** FIS. compressione f. **2** *(condensing)* *(of book, chapters)* riduzione f. **3** *(concision)* *(of style)* concisione f. **4** INFORM. *(of data)* compressione f.

compressive /kɒm'presɪv/ agg. compressivo.
compression ratio /kəm,preʃn'reɪʃɪəʊ/ n. rapporto m. di compressione.
compressor /kəm'presə(r)/ n. compressore m.
comprise /kəm'praɪz/ tr. **1** *(include)* comprendere, includere **2** *(compose)* comporre; *(consist of)* ***the apartment ~s...*** l'appartamento comprende, è composto di...; ***to be ~d of*** essere composto di.
▷ **1.compromise** /'kɒmprəmaɪz/ **I** n. compromesso m.; ***to come to*** o ***reach a ~*** arrivare a *o* raggiungere un compromesso; ***to agree to a ~*** accettare un compromesso; ***to have a liking for ~*** essere incline al compromesso **II** modif. [*agreement, solution, decision*] di compromesso.
▷ **2.compromise** /'kɒmprəmaɪz/ **I** tr. **1** *(threaten)* compromettere [*person*]; compromettere, mettere in pericolo [*principles, negotiations, reputation, chances*] **2** AE *(settle)* comporre [*disagreement*] **II** intr. transigere, venire a un compromesso; ***to ~ on sth.*** trovare un compromesso su qcs. **III** rifl. ***to ~ oneself*** compromettersi.
compromising /'kɒmprəmaɪzɪŋ/ agg. compromettente.
comptroller /kən'trəʊlə(r)/ ➧ **27** n. controllore m. finanziario.
Comptroller General /kən'trələ,dʒenrəl/ n. US = revisore che controlla i finanziamenti pubblici e i ricorsi contro il governo.
compulsion /kəm'pʌlʃn/ n. **1** *(urge)* impulso m.; ***to feel a ~ to do*** sentire l'impulso di fare **2** *(force)* costrizione f., coercizione f.; ***there is no ~ on you to do*** non sei affatto obbligato a fare; ***to act under ~*** agire dietro costrizione.
compulsive /kəm'pʌlsɪv/ agg. **1** incontrollabile; *(inveterate)* [*liar*] patologico; [*gambler*] incorreggibile; PSIC. compulsivo; ***~ eater*** bulimico; ***~ gardener*** maniaco del giardinaggio **2** *(fascinating)* [*book, story*] affascinante, avvincente; ***to be ~ viewing*** essere avvincente.
compulsively /kəm'pʌlsɪvlɪ/ avv. **1** PSIC. [*lie, gamble, wash*] in modo compulsivo **2** ***this book is ~ readable*** questo libro si fa leggere (tutto d'un fiato).
compulsories /kəm'pʌlsərɪz/ n.pl. SPORT *(in skating)* figure f. obbligatorie.
compulsorily /kəm'pʌlsərɪlɪ/ avv. [*purchased*] obbligatoriamente; [*retired, made redundant*] d'ufficio.
compulsoriness /kəm'pʌlsərɪnɪs/ n. obbligatorietà f.
▷ **compulsory** /kəm'pʌlsərɪ/ agg. **1** *(enforced)* [*subject, games, attendance, education, military service*] obbligatorio; [*loan*] forzoso; [*redundancy, retirement*] d'ufficio; [*liquidation*] coatto; ***to be forced to take ~ redundancy, retirement*** dover lasciare il lavoro per esubero di personale, dover andare in pensione anticipatamente **2** *(absolute)* [*powers, authority, regulations*] coercitivo.
compulsory purchase /kəm,pʌlsərɪ'pɜːtʃəs/ n. GB DIR. espropriazione f. (per pubblica utilità).
compulsory purchase order /kəm,pʌlsərɪ'pɜːtʃəs,ɔːdə(r)/ n. BE ordine m. di espropriazione (per pubblica utilità).
compunction /kəm'pʌŋkʃn/ n. **U** compunzione f., rimorso m.; ***to have no ~ in, about doing*** non avere alcun rimorso a fare; ***without the slightest ~*** senza il minimo rimorso.
compunctious /kəm'pʌŋkʃəs/ agg. **1** [*person*] compunto, pentito **2** [*feeling*] di rimorso, di pentimento.
computability /,kɒmpjuːtə'bɪlətɪ/ n. computabilità f.
computable /,kɒm'pjuːtəbl/ agg. computabile, calcolabile.
computation /,kɒmpjuː'teɪʃn/ n. calcolo m.
computational /,kɒmpjuː'teɪʃənl/ agg. MAT. STATIST. computazionale; INFORM. su computer.
computational linguistics /kɒmpjuː,teɪʃənllɪŋ'gwɪstɪks/ n. + verbo sing. linguistica f. computazionale.
computative /kəm'pjuːtətɪv, AE 'kɒmpjuːteɪtɪv/ agg. di calcolo.
compute /kəm'pjuːt/ tr. computare, calcolare.
▶ **computer** /kəm'pjuːtə(r)/ n. computer m.; ***to do sth. by ~*** o ***on a ~*** fare qcs. con un computer *o* su, al computer; ***to have sth. on ~*** avere qcs. su computer; ***to put sth. on ~*** mettere qcs. su computer; ***the ~ is up, down*** il computer funziona, è fuori uso.
computer-aided /kəm,pjuːtər'eɪdɪd/ agg. assistito da elaboratore.
computer-aided design /kəm,pjuːtəreɪdɪd,dɪ'zaɪn/ n. progettazione f. assistita dall'elaboratore, CAD m.
computer-aided language learning /kəm,pjuːtəreɪdɪd-'læŋgwɪdʒ,lɜːnɪŋ/ n. apprendimento m. della lingua assistito dall'elaboratore.
computer-aided language teaching /kəm,pjuːtəreɪdɪd-'læŋgwɪdʒ,tiːtʃɪŋ/ n. insegnamento m. della lingua assistito dall'elaboratore.
computer-aided learning /kəm,pjuːtəreɪdɪd'lɜːnɪŋ/ n. apprendimento m. assistito dall'elaboratore.
computer-aided manufacturing /kəm,pjuːtəreɪdɪdmænjʊ-'fæktʃərɪŋ/ n. produzione f., fabbricazione f. assistita dall'elaboratore.
computer animation /kəm,pjutərænɪ'meɪʃn/ n. animazione f. a computer.
computerate /kəm'pjuːtərət/ agg. → **computer-literate**.
computer code /kəm,pjuːtə'kəʊd/ n. codice m. macchina.
computer dating /kəm,pjuːtə'deɪtɪŋ/ n. = appuntamento organizzato da un'agenzia matrimoniale avvalendosi di una banca dati di nominativi su computer.
computer dating service /kəm,pjuːtə'deɪtɪŋ,sɜːvɪs/ n. = servizio che organizza appuntamenti avvalendosi di una banca dati di nominativi su computer.
computer engineer /kəm,pjuːtər,endʒɪ'nɪə(r)/ ➧ **27** n. ingegnere m. informatico.
computer error /kəm'pjuːtə,erə(r)/ n. errore m. del computer (nella procedura informatica).
computerese /kəmpjuːtə'riːz/ n. computerese m.
computer game /kəm'pjuːtə,geɪm/ n. gioco m. elettronico, videogioco m.
computer graphics /kəm,pjuːtə'græfɪks/ n. + verbo sing. computer graphics f.
computer hacker /kəm,pjuːtə'hækə(r)/ n. *(illegal)* hacker m. e f., pirata m. informatico; *(legal)* appassionato m. (-a) di informatica.
computer hacking /kəm,pjuːtə'hækɪŋ/ n. pirateria f. informatica.
computer-integrated manufacturing /kəm,pjuːtər,ɪntɪgreɪtɪd,mænjʊ'fæktʃərɪŋ/ n. produzione f. coordinata dall'elaboratore.
computerizable /kəm,pjuːtə'raɪzəbl/ agg. computerizzabile.
computerization /kəm,pjuːtəraɪ'zeɪʃn, AE -rɪ'z-/ n. *(of records, accounts)* computerizzazione f.; *(of work, workplace)* computerizzazione f., informatizzazione f.
computerize /kəm'pjuːtəraɪz/ tr. **1** *(treat by computer)* computerizzare [*list, system, records, accounts*] **2** *(equip with computer)* computerizzare, informatizzare.
computer keyboard /kəm,pjuːtə'kiːbɔːd/ n. tastiera f. del computer.
computer keyboarder /kəm,pjuːtə'kiːbɔːdə(r)/ ➧ **27** n. operatore m. (-trice) alla tastiera.
computer language /kəm'pjuːtə,læŋgwɪdʒ/ n. linguaggio m. di programmazione.
computer literacy /kəm,pjuːtə'lɪtərəsɪ/ n. conoscenze f.pl. di informatica.
computer-literate /kəm,pjuːtə'lɪtərət/ agg. che ha conoscenze informatiche, di informatica.
computer operator /kəm,pjuːtər'ɒpəreɪtə(r)/ ➧ **27** n. operatore m. (-trice) (su computer).
computer program /kəm,pjuːtə'prəʊgræm, AE -grəm/ n. programma m. (informatico).
computer programmer /kəm,pjuːtə'prəʊgræmə(r), AE -grəm-/ ➧ **27** n. programmatore m. (-trice).
computer programming /kəm,pjuːtə'prəʊgræmɪŋ, AE -grəm-/ n. programmazione f.
computer science /kəm,pjuːtə'saɪəns/ n. informatica f.
computer scientist /kəm,pjuːtə'saɪəntɪst/ ➧ **27** n. informatico m. (-a).
computer studies /kəm'pjuːtə,stʌdɪz/ n. SCOL. UNIV. informatica f.
computer typesetting /kəm,pjuːtə'taɪpsetɪŋ/ n. TIP. = sistema di composizione automatica ad alta velocità mediante computer.
computer virus /kəm,pjuːtə'vaɪərəs/ n. virus m. informatico.
▷ **computing** /kəm'pjuːtɪŋ/ n. elaborazione f.
comrade /'kɒmreɪd, AE -ræd/ n. compagno m. (-a) (anche POL.); MIL. camerata m. e f.; ***~-in-arms*** compagno d'armi.
comradely /'kɒmreɪdlɪ, AE -rædlɪ/ agg. cameratesco.
comradeship /'kɒmreɪdʃɪp, AE -ræd-/ n. cameratismo m.
comsat /'kɒmsæt/ n. AE (accorc. communications satellite) satellite m. per telecomunicazioni.
1.con /kɒn/ n. COLLOQ. (accorc. convict) carcerato m. (-a), detenuto m. (-a).
▷ **2.con** /kɒn/ n. *(disadvantage)* svantaggio m.; ***the pros and ~s*** i pro e i contro; ***the pros and ~s of sth.*** i pro e i contro *o* i vantaggi e gli svantaggi di qcs.
▷ **3.con** /kɒn/ n. COLLOQ. *(swindle)* truffa f., inganno m., fregatura f.; ***it was all a ~*** è stata tutta una fregatura.
▷ **4.con** /kɒn/ tr. (forma in -ing ecc. **-nn-**) COLLOQ. *(trick)* fregare, truffare, ingannare; ***to ~ sb. into doing sth.*** COLLOQ. convincere (con l'inganno) qcn. a fare qcs.; ***to ~ sb. out of sth.*** COLLOQ. fregare qcs. a qcn.; ***I was ~ned out of £ 5*** mi hanno fregato 5 sterline.
5.con /kɒn/ tr. (forma in -ing ecc. **-nn-**) ANT. studiare a fondo.

Con. BE POL. ⇒ conservative (partito) conservatore.
con artist /ˈkɒn͵ɑːtɪst/ n. → **con man**.
conation /kəˈneɪʃn/ n. PSIC. conazione f.
conative /ˈkɒnətɪv, ˈkəʊ-/ agg. LING. conativo.
concatenate /kənˈkætɪ͵neɪt/ tr. concatenare.
concatenation /kən͵kætɪˈneɪʃn/ n. *(of ideas, events)* concatenazione f. (anche FILOS.); INFORM. collegamento m.
concave /ˈkɒŋkeɪv/ agg. concavo.
concavity /kɒnˈkævətɪ/ n. concavità f.
concavo-concave /kɒŋˈkeɪvəʊkɒŋ͵keɪv/ agg. biconcavo.
concavo-convex /kɒŋˈkeɪvəʊkɒŋ͵veks/ agg. concavo-convesso.
▷ **conceal** /kənˈsiːl/ tr. nascondere [*object, building*] (**from** a); nascondere, celare [*truth, fact, emotion*] (**from** a).
concealable /kənˈsiːləbl/ agg. occultabile, dissimulabile.
concealed /kənˈsiːld/ **I** p.pass. → **conceal II** agg. [*entrance, turning, camera*] nascosto.
concealer /kənˈsiːlə(r)/ n. COSMET. correttore m.
concealment /kənˈsiːlmənt/ n. dissimulazione f., occultamento m. (anche DIR.); ***place of*** ~ nascondiglio.
concede /kənˈsiːd/ **I** tr. **1** *(admit)* ammettere, concedere [*point*]; ***to ~ that*** riconoscere che; ***"perhaps," he ~d*** "forse," ammise **2** *(surrender)* concedere [*liberty, right*] (**to** a); cedere [*territory*] (**to** a) **3** SPORT regalare [*point, goal*] (**to** a); ***to ~ the match*** dare partita vinta **4** POL. ***to ~ an election*** concedere la vittoria elettorale (**to** a) **II** intr. **1** cedere **2** POL. riconoscere una sconfitta elettorale; ***he ~d at 2 am*** ha ammesso la sua sconfitta *o* ha ceduto alle 2 del mattino.
conceit /kənˈsiːt/ n. **1** *(vanity)* vanità f., presunzione f. **2** *(affectation)* leziosaggine f. **3** *(literary figure)* concetto m.
conceited /kənˈsiːtɪd/ agg. [*person*] presuntuoso, borioso, vanitoso; [*remark*] presuntuoso; ***a ~ expression*** un'espressione di sufficienza.
conceitedly /kənˈsiːtɪdlɪ/ avv. con presunzione, presuntuosamente.
conceitedness /kənˈsiːtɪdnɪs/ n. vanità f., presunzione f.
conceivability /kən͵siːvəˈbɪlətɪ/ n. concepibilità f.
conceivable /kənˈsiːvəbl/ agg. concepibile, immaginabile, plausibile; ***it is ~ that*** è concepibile che.
conceivableness /kənˈsiːvəblnɪs/ n. → **conceivability**.
conceivably /kənˈsiːvəblɪ/ avv. ***I suppose it might just ~ cost more than £ 100*** suppongo che potrebbe plausibilmente costare più di 100 sterline; ***it could ~ be true, a fake*** è plausibile che possa essere vero, un falso; ***they could ~ win*** probabilmente potrebbero vincere; ***could he ~ have finished?*** è possibile che abbia già finito? ***~, I might arrive before 10 am*** plausibilmente, potrei arrivare prima delle 10; ***women (and ~ men) can be selected*** possono essere scelte le donne (e in teoria anche gli uomini); ***I can't ~ eat all that*** è impensabile che io riesca a mangiare tutto quel cibo; ***you can't ~ expect me to do it now*** non puoi veramente aspettarti che io lo faccia adesso.
▷ **conceive** /kənˈsiːv/ **I** tr. **1** concepire [*child*] **2** *(develop)* concepire [*idea, passion, method*]; ***to ~ a hatred for sb., sth.*** concepire un odio per qcn., qcs. **3** *(believe)* concepire; ***I cannot ~ that he would leave without saying goodbye*** non riesco a concepire che parta senza salutare **II** intr. **1** *(become pregnant)* concepire, rimanere incinta **2** *(imagine)* ***to ~ of sth.*** immaginare, concepire qcs.; ***I cannot ~ of any better solution*** non riesco a immaginare (una) soluzione migliore.
concelebrate /kənˈselɪ͵breɪt/ tr. concelebrare.
1.concentrate /ˈkɒnsntreɪt/ n. CHIM. GASTR. concentrato m.; ***orange, tomato ~*** concentrato di arance, di pomodoro.
▶ **2.concentrate** /ˈkɒnsntreɪt/ **I** tr. **1** *(focus)* concentrare [*effort, attention*] (**on** su; **on doing** nel fare); impiegare [*resources*] (**on** in; **on doing** per fare); ***fear, pain ~s the mind*** la paura, il dolore aiuta a *o* fa riflettere **2** CHIM. GASTR. concentrare, condensare **II** intr. **1** *(pay attention)* [*person*] concentrarsi (**on** su, in); ***to ~ on doing*** concentrarsi sul *o* impegnarsi nel fare **2** *(focus)* ***to ~ on*** [*film, report*] incentrarsi su; [*journalist*] concentrarsi su **3** *(congregate)* [*animals, people*] concentrarsi, radunarsi; ***to be ~d*** [*ownership, power, industry, population*] essere concentrato; ***power is ~d in the hands of the wealthy*** il potere è concentrato nelle mani dei ricchi.
concentrated /ˈkɒnsntreɪtɪd/ **I** p.pass. → **2.concentrate II** agg. **1** CHIM. GASTR. concentrato **2** FIG. [*effort, emotion*] intenso.
▶ **concentration** /͵kɒnsnˈtreɪʃn/ n. **1** *(attention)* concentrazione f. (**on** su); ***with great ~*** con molta concentrazione; ***my powers of ~*** le mie capacità di concentrazione; ***to lose one's ~*** perdere la concentrazione **2** *(specialization)* specializzazione f.; ***~ on sales, on electrical goods*** specializzazione nel campo delle vendite, delle apparecchiature elettroniche **3** CHIM. concentrazione f.; ***high, low ~*** alta, bassa concentrazione **4** *(accumulation)* concentrazione f.; ***the ~ of troops, power*** la concentrazione delle truppe, del potere.
concentration camp /͵kɒnsnˈtreɪʃn͵kæmp/ n. campo m. di concentramento.
concentrative /ˈkɒnsntreɪtɪv/ agg. che tende a concentrarsi.
concentrativeness /ˈkɒnsntreɪtɪvnɪs/ n. tendenza f. a concentrarsi.
concentrator /ˈkɒnsntreɪtə(r)/ n. TECN. *(apparatus)* concentratore m.
concentric /kənˈsentrɪk/ agg. concentrico.
concentrically /kənˈsentrɪklɪ/ avv. concentricamente.
concentricity /͵kɒnsenˈtrɪsɪtɪ/ n. concentricità f.
▶ **concept** /ˈkɒnsept/ n. concetto m., idea f.
▷ **conception** /kənˈsepʃn/ n. **1** MED. concepimento m. (**of** di) **2** concezione f. (**of** di) (anche FIG.); ***you can have no ~ of it*** non te lo puoi neanche immaginare.
conceptional /kənˈsepʃənl/ agg. RAR. concezionale.
conceptive /kənˈseptɪv/ agg. RAR. concettivo.
▷ **conceptual** /kənˈseptʃʊəl/ agg. concettuale.
conceptual art /kən͵septʃʊəlˈɑːt/ n. arte f. concettuale.
conceptualism /kənˈseptʃʊəlɪzəm/ n. concettualismo m.
conceptualist /kənˈseptʃʊəlɪst/ n. concettualista m. e f.
conceptualistic /kən͵septʃʊəˈlɪstɪk/ agg. relativo al concettualismo.
conceptualize /kənˈseptʃʊəlaɪz/ tr. concettualizzare.
conceptually /kənˈseptʃʊəlɪ/ avv. [*simple, difficult*] concettualmente.
▶ **1.concern** /kənˈsɜːn/ n. **1** *(worry)* preoccupazione f., ansia f. (**about**, **over** per, a causa di); ***there is growing ~ about crime*** la criminalità sta suscitando un crescente senso di inquietudine; ***there is ~ for her safety*** c'è preoccupazione per la sua incolumità; ***to give rise to*** o ***cause ~*** destare preoccupazione; ***there is no cause for ~*** non c'è motivo di preoccuparsi; ***there is cause for ~*** c'è motivo di preoccuparsi; ***he expressed ~ at my results, for my health*** ha espresso preoccupazione per i miei risultati, per la mia salute; ***my ~ that he might be in danger*** la mia preoccupazione che possa essere in pericolo; ***an expression of ~*** *(on face)* un'espressione preoccupata *o* di inquietudine **2** *(preoccupation)* preoccupazione f.; ***environmental, petty ~s*** preoccupazioni per l'ambiente, meschine; ***our main ~ is to do*** la nostra principale preoccupazione è fare **3** *(care) (for person)* interesse m.; ***I did it out of ~ for him*** l'ho fatto per lui; ***you have no ~ for safety*** non ti preoccupi affatto della sicurezza **4** *(company)* impresa f., azienda f.; ***a going ~*** una ditta ben avviata **5** *(personal business)* ***that's her ~*** questo riguarda lei; ***your private life is no ~ of mine*** la tua vita privata non mi riguarda *o* non è affar mio; ***it's none of your ~*** o ***it's of no ~ to you*** non è affar tuo *o* non ti riguarda affatto; ***what ~ is it of yours?*** che cosa c'entri tu? **6** ECON. interesse m., cointeressenza f. (**in** in).
▶ **2.concern** /kənˈsɜːn/ **I** tr. **1** *(worry)* preoccupare [*parent, public*] **2** *(affect, interest)* concernere, interessare, riguardare; ***to whom it may ~*** *(in business letter)* = a tutti gli interessati; ***the matter doesn't ~ you*** la questione non ti riguarda; ***as far as I'm ~ed it's a waste of time*** per quanto mi riguarda, è una perdita di tempo; ***as far as the pay is ~ed, I'm happy*** per quanto riguarda lo stipendio, sono soddisfatta **3** *(involve)* ***to be ~ed with*** occuparsi di [*security, publicity*]; ***to be ~ed in*** essere implicato, coinvolto in [*scandal*] **4** *(be about)* [*book, programme*] trattare di; [*fax, letter*] riguardare; ***a book ~ed with, concerning gardening*** un libro (che tratta) di giardinaggio **II** rifl. ***to ~ oneself with sth., with doing*** occuparsi *o* interessarsi di qcs., di fare.
▷ **concerned** /kənˈsɜːnd/ **I** p.pass. → **2.concern II** agg. **1** *(anxious)* preoccupato (**about** per), turbato (**about** da); ***I was ~ by*** o ***at the decision*** ero preoccupato per la decisione; ***to be ~ at the news*** essere preoccupato per la notizia; ***to be ~ to hear that*** apprendere con inquietudine che; ***to be ~ that sb. may*** o ***might do*** essere preoccupato che qcn. possa fare; ***to be ~ for sb.*** essere preoccupato per qcn. **2** attrib. *(involved)* interessato, coinvolto; ***all (those) ~*** tutti gli interessati *o* tutte le persone coinvolte.
▷ **concerning** /kənˈsɜːnɪŋ/ prep. riguardo a, (in) quanto a, per quanto riguarda.
concernment /kənˈsɜːnmənt/ n. **1** RAR. affare m., interesse m. **2** ANT. importanza f.
▷ **1.concert** /ˈkɒnsət/ **I** n. **1** MUS. concerto m. (**for** per); ***a U2 ~*** un concerto degli U2; ***in ~ at, with*** in concerto a, con **2** FORM. *(cooperation)* concerto m.; ***a ~ of praise*** un concerto di lodi; ***to act in ~*** agire di concerto *o* di comune accordo; ***in ~ with*** di concerto con **II** modif. [*music*] da concerto; [*ticket*] del concerto.

2.concert /kən'sɜːt/ tr. concertare, concordare.
concerted /kən'sɜːtɪd/ **I** p.pass. → **2.concert** **II** agg. [*action, campaign*] concertato, concordato; ***to make a ~ effort to do*** fare uno sforzo congiunto per fare.
concertgoer /'kɒnsət,gəʊə(r)/ n. appassionato m. (-a), frequentatore m. (-trice) di concerti.
concert grand /,kɒnsət'grænd/ ♦ **17** n. pianoforte m. da concerto.
concert hall /'kɒnsət,hɔːl/ n. sala f. per concerti, auditorium m.
concerti /kən'tʃeətɪ, -'tʃɜːt-/ → **concerto**.
1.concertina /,kɒnsə'tiːnə/ ♦ **17** n. concertina f.
2.concertina /,kɒnsə'tiːnə/ intr. BE [*vehicle, part of vehicle*] accartocciarsi (a fisarmonica); ***three carriages had ~ed (together)*** tre vagoni si erano accartocciati.
concertmaster /'kɒnsət,mɑːstə(r)/ n. AE primo violino m.
concerto /kən'tʃeətəʊ, -'tʃɜːt-/ n. (pl. **~s**, **-i**) concerto m.; ***piano, violin ~*** concerto per pianoforte, violino.
concert party /'kɒnsət,pɑːtɪ/ n. DIR. ECON. alleanza f. occulta (al fine di controllare i prezzi).
concert performance /'kɒnsətpə,fɔːməns/ n. *(of an opera)* esecuzione f. in forma di oratorio.
concert performer /,kɒnsətpə'fɔːmə(r)/ n. concertista m. e f.
concert pitch /'kɒnsət,pɪtʃ/ n. MUS. diapason m.
concert tour /'kɒnsət,tʊə(r), -,tɔː(r)/ n. *(rock music)* tour m.; *(classical music)* tournée f.
concessible /kən'sesəbl/ agg. concedibile.
▷ **concession** /kən'seʃn/ n. **1** *(compromise)* concessione f. (**on** su); ***as a ~*** a titolo di concessione; ***to make ~s*** fare delle concessioni (**to** a); ***her sole ~ to fashion*** la sua unica concessione alla moda; ***to make no ~s to*** non fare concessioni a [*comfort*] **2 U** *(yielding)* concessioni f.pl. **3** *(discount)* riduzione f., sconto m.; ***"~s"*** "tariffe ridotte"; ***tax ~*** sgravio fiscale; ***travel ~s*** sconti speciali sui viaggi **4** MIN. *(property rights)* concessione f.; ***mining, oil ~*** concessione mineraria, petrolifera **5** COMM. *(marketing rights)* ***to run a perfume ~*** essere concessionario di profumeria.
concessionaire /kən,seʃə'neə(r)/ n. concessionario m. (-a).
concessional /kən'seʃənl/ agg. ***on ~ terms*** [*sell, supply*] a tariffa preferenziale.
concessionary /kən'seʃənərɪ/ agg. [*fare, price, rate*] ridotto, scontato.
concession speech /kən'seʃn,spiːtʃ/ n. US = discorso del candidato sconfitto alle elezioni presidenziali, con cui questi riconosce la vittoria dell'avversario.
concessive /kən'sesɪv/ agg. LING. concessivo.
concessor /kən'sesə(r)/ n. concedente m. e f.
concettism /kən'tʃetɪzəm/ n. concettismo m.
conch /kɒŋk, kɒntʃ/ n. **1** *(shell)* conchiglia f. (tortile); *(creature)* strombo m. **2** ARCH. conca f. absidale.
concha /'kɒŋkə/ n. (pl. **-ae**) ANAT. conca f.
conchie → **conchy**.
conchiferous /kɒŋ'kɪfərəs/ agg. conchifero.
conchoid /kɒŋ'kɔɪd/ n. concoide f.
conchoidal /kɒŋ'kɔɪdl/ agg. concoide.
conchologist /kɒŋ'kɒlədʒɪst/ n. conchiliologo m. (-a).
conchology /kɒŋ'kɒlədʒɪ/ n. conchiliologia f.
conchy /'kɒnʃɪ/ n. POP. (accorc. conscientious objector) obiettore m. di coscienza.
conciliar /kən'sɪlɪə(r)/ agg. conciliare.
conciliate /kən'sɪlɪeɪt/ **I** tr. conciliare **II** intr. fare da mediatore.
conciliation /kən,sɪlɪ'eɪʃn/ **I** n. *(all contexts)* conciliazione f. **II** modif. IND. [*board, meeting, scheme*] di conciliazione; ***~ service*** commissione di conciliazione.
conciliative /kən'sɪlɪətɪv/ agg. conciliativo.
conciliator /kən'sɪlɪeɪtə(r)/ n. conciliatore m. (-trice).
conciliatory /kən'sɪlɪətərɪ, AE -tɔːrɪ/ agg. [*attitude, gesture, mood, terms*] conciliante; [*measures, speech*] conciliatorio; [*policy*] di conciliazione.
concise /kən'saɪs/ agg. **1** *(succinct)* conciso, stringato **2** *(abridged)* [*dictionary, reference book*] in edizione ridotta; ***A Concise History of Celtic Art*** Compendio di storia dell'arte celtica.
concisely /kən'saɪslɪ/ avv. [*answer, analyse, write*] in modo conciso, concisamente.
conciseness /kən'saɪsnɪs/, **concision** /kən'sɪʒn/ n. concisione f., stringatezza f.
conclave /'kɒnkleɪv/ n. **1** *(private meeting)* riunione f. a porte chiuse **2** RELIG. conclave m.; ***to be in ~*** essere in conclave.
▶ **conclude** /kən'kluːd/ **I** tr. **1** *(finish, end)* concludere, terminare, finire [*discussion, chapter, performance*]; ***"finally...," he ~d*** "infine...," concluse; ***"to be ~d"*** TELEV. "la conclusione alla prossima puntata"; GIORN. "la conclusione sul prossimo numero" **2** *(settle)* concludere, stipulare [*treaty, deal, agreement*] **3** *(deduce)* dedurre, concludere (**from** da; **that** che); ***to ~ that sb. is innocent*** DIR. concludere che qcn. è innocente **II** intr. [*story, event*] concludersi (**with** con), finire (**with** con, in); [*speaker*] concludere (**with** con); ***to ~,...*** per concludere,...; ***he ~d by saying that*** concluse dicendo che.
concluding /kən'kluːdɪŋ/ agg. conclusivo, finale.
▶ **conclusion** /kən'kluːʒn/ n. **1** *(end) (of event, book, performance)* conclusione f., fine f.; ***in ~*** in conclusione *o* per finire **2** *(opinion, resolution)* conclusione f.; ***to come to, to reach a ~*** arrivare, giungere a una conclusione; ***to draw a ~ from sth.*** trarre una conclusione da qcs.; ***I don't think we can draw any ~s from this*** non penso che da ciò sia possibile trarre conclusioni; ***this leads us to the ~ that*** questo ci porta alla conclusione che; ***he jumped, leapt to the ~ that she was dead*** è saltato alla conclusione che fosse morta; ***don't jump, leap to ~s!*** non saltare alle conclusioni! **3** *(of agreement, deal, treaty)* conclusione f. **4** FILOS. *(outcome)* conclusione f.; ***taken to its logical ~, this would mean that*** portato alle sue logiche conseguenze, ciò significherebbe che.
conclusive /kən'kluːsɪv/ agg. [*argument, evidence, proof*] conclusivo, convincente, definitivo.
conclusively /kən'kluːsɪvlɪ/ avv. in modo conclusivo, definitivo.
conclusiveness /kən'kluːsɪvnɪs/ n. prova f. conclusiva, carattere m. definitivo.
concoct /kən'kɒkt/ tr. **1** *(put together)* preparare [*food, dish*] **2** *(devise)* ordire, architettare [*plan*] **3** *(make up)* inventare [*excuse, lie*].
concoction /kən'kɒkʃn/ n. **1 C** *(drink, tonic)* intruglio m.; *(dish)* miscuglio m. (**of** di) **2** FIG. *(style, effect)* miscuglio m. (**of** di) **3 U** *(preparation)* elaborazione f.; FIG. macchinazione f.
concomitance /kən'kɒmɪtəns/, **concomitancy** /kən'kɒmɪtənsɪ/ n. concomitanza f.
concomitant /kən'kɒmɪtənt/ **I** agg. FORM. [*change, problem*] concomitante; ***to be ~ with*** essere concomitante con **II** n. FORM. elemento m. concomitante (**of** con).
concord /'kɒŋkɔːd/ n. **1** FORM. *(harmony)* concordia f., armonia f. **2** LING. concordanza f. **3** MUS. accordo m. consonante.
Concord /'kɒŋkɔːd/ ♦ **34** n.pr. Concord f.
concordance /kən'kɔːdəns/ n. **1** FORM. *(agreement)* accordo m., concordanza f.; ***to be in ~ with*** concordare con **2** *(index)* concordanze f.pl.
concordancing programme /kən'kɔːdənsɪŋ,prəʊgræm, AE -grəm/ n. INFORM. programma m. di indicizzazione; LING. programma m. di concordanze.
concordant /kən'kɔːdənt/ agg. concorde, concordante; ***to be ~ with*** concordare con.
concordat /kən'kɔːdæt/ n. concordato m.
concourse /'kɒŋkɔːs/ n. **1** ARCH. FERR. *(large interior area)* atrio m. **2** FORM. *(gathering)* concorso m., affluenza f.
concrescence /kɒn'kresns/ n. concrescenza f.
▷ **1.concrete** /'kɒŋkriːt/ **I** agg. *(all contexts)* concreto; ***in ~ terms*** in termini concreti, in concreto **II** n. calcestruzzo m. **III** modif. [*block*] di calcestruzzo; [*base*] in calcestruzzo.
2.concrete /'kɒŋkriːt/ tr. → **concrete over**.
■ **concrete over:** ~ **over** **[sth.]** ricoprire [qcs.] di calcestruzzo [*road, lawn*].
concrete jungle /,kɒŋkriːt'dʒʌŋgl/ n. SPREG. giungla f. di cemento.
concretely /'kɒŋkriːtlɪ/ avv. concretamente.
concrete mixer /'kɒŋkriːt,mɪksə(r)/ n. betoniera f.
concreteness /'kɒŋkriːtnɪs/ n. concretezza f.
concretion /kən'kriːʃn/ n. GEOL. concrezione f.
concretionary /kən'kriːʃənərɪ, AE -nerɪ/ agg. GEOL. concrezionale.
concubinage /kɒn'kjuːbɪnɪdʒ/ n. concubinato m.
concubinary /kɒn'kjuːbɪnərɪ/ agg. concubinario.
concubine /'kɒŋkjʊ,baɪn/ n. *(of potentate)* concubina f.
concupiscence /kən'kjuːpɪsns/ n. concupiscenza f.
concupiscent /kən'kjuːpɪsnt/ agg. concupiscente.
concur /kən'kɜː(r)/ **I** tr. (forma in -ing ecc. **-rr-**) convenire (**that** che) **II** intr. (forma in -ing ecc. **-rr-**) **1** *(agree)* essere d'accordo (**with** con) **2** *(act together)* ***to ~ in*** concorrere a [*action, measure, decision*]; ***to ~ with sb. in condemning*** concorrere con qcn. nel condannare **3** *(tally)* [*data, results, views*] concordare, coincidere (**with** con) **4** *(combine)* ***to ~ to do*** concorrere, contribuire a fare; ***everything ~red to make the show a success*** tutto ha contribuito *o* concorso a fare dello spettacolo un successo.
concurrence /kən'kʌrəns/ n. **1** FORM. *(agreement)* accordo m., concordanza f.; ***in ~ with*** in accordo con **2** *(combination)* ***~ of events*** concorso di circostanze.

concurrent /kən'kʌrənt/ agg. **1** *(simultaneous)* contemporaneo, simultaneo; ***to be given two ~ sentences of six months*** DIR. essere condannato a due sentenze concorrenti di sei mesi **2** FORM. *(in agreement)* ***to be ~ with*** [*views*] concordare con **3** MAT. [*lines*] concorrente.

concurrently /kən'kʌrəntlɪ/ avv. simultaneamente; ***the sentences to run ~*** DIR. sentenze con concorrenza di pena.

concuss /kən'kʌs/ tr. MED. ***to be ~ed*** avere una commozione cerebrale.

concussion /kən'kʌʃn/ n. MED. commozione f. cerebrale.

condemn /kən'dem/ tr. **1** *(censure)* condannare (**for doing** per aver fatto); ***~ed for human rights abuses*** condannato per violazione dei diritti dell'uomo; ***to ~ sth. as pointless, provocative*** condannare qcs. in quanto inutile, provocatorio; ***to ~ sb. as an opportunist*** condannare l'opportunismo di qcn. **2** DIR. *(sentence)* ***to ~ sb. to death, life imprisonment*** condannare qcn. a morte, all'ergastolo **3** *(doom)* ***to be ~ed to do*** essere condannato a fare; ***to ~ sb. to*** condannare qcn. a [*isolation, poverty*] **4** *(declare unsafe)* decretare inabitabile, inagibile [*building*]; dichiarare non commestibile [*meat*] **5** *(betray)* [*words, looks*] tradire, condannare [*person*].

condemnable /kən'demnəbl/ agg. condannabile.

condemnation /ˌkɒndem'neɪʃn/ n. **1 U** *(censure)* condanna f. (**of** di) **2** *(indictment)* ***to be a ~ of sb., sth.*** essere motivo di condanna per qcn., qcs. **3 C** *(declaration)* condanna f.

condemnatory /ˌkɒndem'neɪtərɪ, AE kən'demnətɔːrɪ/ agg. di condanna; RAR. condannatorio.

▷ **condemned** /kən'demd/ **I** p.pass. → **condemn II** agg. **1** [*cell*] dei condannati a morte; ***~ man, woman*** condannato, condannata a morte **2** [*building*] decretato inabitabile, inagibile.

condensability /ˌkɒndensə'bɪlətɪ/ n. condensabilità f.

condensable /ˌkɒn'densəbl/ agg. condensabile.

condensate /'kɒndenseɪt/ n. condensato m.

condensation /ˌkɒnden'seɪʃn/ n. **1** *(droplets) (on walls, windows)* condensa f. **2** CHIM. *(process)* condensazione f. **3** *(abridged version)* condensato m.

condense /kən'dens/ **I** tr. **1** *(compress)* condensare (**into** in) **2** CHIM. condensare **II** intr. CHIM. condensarsi.

condensed /kən'denst/ **I** p.pass. → **condense II** agg. attrib. condensato.

condensed milk /kənˌdenst'mɪlk/ n. latte m. condensato.

condensed type /kənˌdenst'taɪp/ n. TIP. = carattere stretto in proporzione all'altezza.

condenser /kən'densə(r)/ n. CHIM. EL. FIS. condensatore m.

condensing /kən'densɪŋ/ agg. CHIM. EL. FIS. che condensa; [*engine*] a condensazione.

condescend /ˌkɒndɪ'send/ **I** tr. *(deign)* ***to ~ to do*** abbassarsi a *o* degnarsi di fare **II** intr. *(patronize)* ***to ~ to sb.*** trattare qcn. con degnazione.

condescendence /ˌkɒndɪ'sendəns/ n. condiscendenza f., degnazione f.

condescending /ˌkɒndɪ'sendɪŋ/ agg. condiscendente.

condescendingly /ˌkɒndɪ'sendɪŋlɪ/ avv. [*reply, smile*] con condiscendenza, degnazione.

condescension /ˌkɒndɪ'senʃn/ n. condiscendenza f.

condign /kən'daɪn/ agg. [*punishment*] adeguato, proporzionato.

condiment /'kɒndɪmənt/ n. condimento m.

▶ **1.condition** /kən'dɪʃn/ **I** n. **1** *(stipulation)* condizione f.; ***what are the ~s of the contract, loan?*** quali sono le condizioni del contratto, del prestito? ***to fulfil, meet, satisfy the ~s*** soddisfare le condizioni; ***the offer had several ~s attached to it*** l'offerta era soggetta a numerose condizioni; ***I'll sell it under certain ~s*** lo venderò solo a determinate condizioni; ***on ~ that*** a condizione che; ***I lent it to him on ~ that he return it on Tuesday*** glielo ho prestato a condizione che me lo restituisca martedì; ***it is a ~ of the contract that you work 37 hours per week*** una delle condizioni del contratto prevede 37 ore lavorative settimanali; ***investment is an essential ~ for economic growth*** gli investimenti sono una condizione essenziale per lo sviluppo economico; ***I agree, on one ~, namely that you pay in cash*** sono d'accordo, ma a una condizione, cioè che voi paghiate in contanti; ***general ~s*** condizioni generali; ***~ subsequent, precedent*** DIR. condizione risolutiva, sospensiva **2** *(state)* stato m., condizione f.; ***to be in good, bad ~*** [*house, car, manuscript etc.*] essere in buono, cattivo stato; ***to keep sth. in good ~*** mantenere qcs. in buone condizioni; ***your hair is in poor ~*** i tuoi capelli sono ro-vinati; ***he's in good ~ for a man of 80*** è in buone condizioni per un uomo di 80 anni; ***to be in stable, critical ~*** essere in condizioni stabili, critiche; ***her ~ is serious*** le sue condizioni sono gravi; ***to be in no ~ to do*** non essere in condizione di fare; ***to be in an interesting ~*** essere in stato interessante, essere incinta **3** *(disease)* malattia f.; ***a heart, skin ~*** una malattia cardiaca, della pelle; ***a fatal, an incurable ~*** una malattia mortale, incurabile **4** *(fitness)* forma f.; ***to be out of ~*** essere fuori forma *o* in cattive condizioni fisiche; ***to get one's body into ~*** mettersi in forma **5** *(situation)* condizione f.; ***the feminine, human ~*** la condizione delle donne, dell'umanità **6** *(in philosophy, logic)* condizione f. **II conditions** n.pl. *(circumstances)* condizioni f.; ***to work under difficult ~s*** lavorare in condizioni difficili; ***housing, living, working ~s*** condizioni abitative, di vita, lavorative; ***weather ~s*** condizioni atmosferiche.

2.condition /kən'dɪʃn/ tr. **1** PSIC. condizionare; ***people are ~ed into believing that*** la gente è condizionata a credere che; ***she argues that women are ~ed to be altruistic*** sostiene che le donne sono condizionate (dall'ambiente) a comportarsi in modo altruistico **2** *(treat)* trattare [*skin, hair*]; ***this shampoo ~s the hair*** questo shampoo contiene un balsamo.

conditional /kən'dɪʃənl/ **I** agg. **1** [*agreement, acceptance, approval, support*] condizionato; ***the offer is ~ on, upon the name of the donor remaining secret*** l'offerta è condizionata dal fatto che il nome del donatore rimanga segreto; ***to make sth. ~ on*** o ***upon sth.*** fare dipendere qcs. da qcs.; ***the sale is ~ on*** o ***upon signing the contract*** la vendita diventa effettiva dalla firma del contratto; ***economic aid is ~ on*** o ***upon democratic reform*** la concessione dell'aiuto economico dipende dalla riforma democratica **2** LING. [*clause, sentence*] condizionale; ***in the ~ tense*** al condizionale **3** *(in logic)* [*proposition*] condizionale **II** n. LING. condizionale m.; ***in the ~*** al condizionale.

conditional bail /kənˌdɪʃənl'beɪl/ n. BE DIR. libertà f. provvisoria su cauzione.

conditional discharge /kənˌdɪʃənl'dɪstʃɑːdʒ/ n. BE DIR. libertà f. condizionata, con sospensione condizionale della pena.

conditionality /ˌkəndɪʃə'nælətɪ/ n. ECON. (l')avere delle condizioni.

conditionally /kən'dɪʃənəlɪ/ avv. **1** *(with stipulations)* [*agree, accept, propose*] condizionatamente, con riserva **2** DIR. ***to be ~ discharged*** essere messo in libertà condizionata.

conditional sale /kənˌdɪʃənl'seɪl/ n. COMM. vendita f. con riserva di proprietà.

conditioned /kən'dɪʃnt/ **I** p.pass. → **2.condition II** agg. condizionato; ***~ reflex, response*** riflesso condizionato (anche FIG.).

conditioner /kən'dɪʃənə(r)/ n. *(for hair)* balsamo m.; *(for laundry)* ammorbidente m.; *(for leather)* crema f. nutriente.

▷ **1.conditioning** /kən'dɪʃənɪŋ/ n. **1** PSIC. condizionamento m. **2** COSMET. *(of hair)* trattamento m.

▷ **2.conditioning** /kən'dɪʃənɪŋ/ agg. COSMET. [*shampoo, lotion etc.*] trattante.

condo /'kɒndəʊ/ n. AE COLLOQ. (accorc. **condominium**) appartamento m. (in condominio).

condolatory /kən'dəʊlətərɪ/ agg. di condoglianze.

condole /kən'dəʊl/ intr. ***to ~ with sb.*** fare le proprie condoglianze a qcn. *o* condolersi con qcn.

condolence /kən'dəʊləns/ **I** n. ***letter of ~*** lettera di condoglianze **II condolences** n.pl. condoglianze f.

condom /'kɒndɒm/ n. preservativo m.

condominium /ˌkɒndə'mɪnɪəm/ n. **1** AE (anche **~ unit**) appartamento m. (in condominio) **2** AE *(complex)* condominio m. **3** POL. *(joint territory)* condominio m. internazionale.

condonable /kən'dəʊnəbl/ agg. condonabile.

condonation /ˌkɒndəʊ'neɪʃn/ n. condono m.

condone /kən'dəʊn/ tr. condonare, perdonare [*behaviour, exploitation, use of violence*].

condor /'kɒndɔː(r)/ n. condor m.

conduce /kən'djuːs, AE -'duː-/ intr. FORM. ***to ~ to*** condurre a.

conducive /kən'djuːsɪv, AE -'duː-/ agg. ***to be ~ to*** essere utile, giovevole a.

▶ **1.conduct** /'kɒndʌkt/ n. **1** *(behaviour)* condotta f., comportamento m. (**towards** verso, nei confronti di) **2** *(handling) (of campaign, business)* conduzione f. (**of** di).

▶ **2.conduct** /kən'dʌkt/ **I** tr. **1** *(lead)* condurre [*visitor, group*]; ***she ~ed us around the house*** ci ha fatto fare il giro della casa **2** *(manage)* condurre [*life, business, campaign, election*]; ***to ~ sb.'s defence*** DIR. assumere la difesa di qcn. **3** *(carry out)* condurre [*experiment, research*]; fare [*poll*]; celebrare [*religious ceremony*]; ***to ~ an inquiry*** condurre un'inchiesta (**into** su) **4** MUS. dirigere [*orchestra, choir, concert*] **5** EL. FIS. condurre, essere conduttore di **II** intr. MUS. dirigere **III** rifl. ***to ~ oneself*** comportarsi.

conductance /kən'dʌktəns/ n. conduttanza f.

conducted /kən'dʌktɪd/ **I** p.pass. → **2.conduct** **II** agg. [*tour, visit*] guidato.
conductibility /kən,dʌktɪ'bɪlətɪ/ n. → **conductivity**.
conduction /kən'dʌkʃn/ n. conduzione f.
conductive /kən'dʌktɪv/ agg. conduttivo.
conductivity /,kɒndʌk'tɪvətɪ/ n. conducibilità f., conduttività f.
conduct mark /'kɒndʌkt,mɑːk/ n. SCOL. voto m. di condotta.
▷ **conductor** /kən'dʌktə(r)/ ▸ *27* n. **1** MUS. direttore m. d'orchestra **2** *(on bus)* bigliettaio m.; FERR. capotreno m. e f. **3** EL. FIS. conduttore m.
conductorship /kən'dʌktəʃɪp/ n. MUS. direzione f. d'orchestra.
conductress /kən'dʌktrɪs/ ▸ *27* n. *(on bus)* bigliettaia f.
conduct sheet /'kɒndʌkt,ʃiːt/ n. MIL. MAR. = foglio su cui vengono registrate le note disciplinari.
conduit /'kɒndɪt, 'kɒndjuːɪt, AE 'kɒndwɪt/ n. **1** *(pipe)* condotto m., tubatura f. **2** EL. guaina f.
condyle /'kɒndɪl/ n. condilo m.
condyloid /'kɒndɪlɔɪd/ agg. condiloideo, condiloide.
condyloma /kɒndɪ'ləʊmə/ n. (pl. **~s, -ata**) condiloma m.
▷ **1.cone** /kəʊn/ n. **1** *(all contexts)* cono m.; ***~-shaped*** a (forma di) cono; ***paper~*** cono di carta **2** (anche **ice-cream ~**) cono m. (gelato).
2.cone /kəʊn/ tr. dare forma di cono a.
■ **cone off:** ~ *[sth.]* ***off***, ~ ***off*** *[sth.]* chiudere con coni per segnalazione [*road, route*].
coney → **cony**.
confab /'kɒnfæb/ n. (accorc. confabulation) COLLOQ. ***to have a ~ about sth.*** fare quattro chiacchiere su qcs.
confabulate /kən'fæbjʊleɪt/ intr. **1** FORM. conversare **2** PSIC. esprimersi per confabulazione.
confabulation /kən,fæbjʊ'leɪʃn/ n. **1** FORM. conversazione f. **2** PSIC. confabulazione f.
confabulatory /kən'fæbjʊlətərɪ/ agg. FORM. discorsivo.
1.confection /kən'fekʃn/ n. **1** GASTR. *(cake)* pasticcino m., dolce m.; *(sweetmeat)* confetteria f.; *(dessert)* dessert m. **2** SCHERZ. *(dress etc.)* confezione f. **3** *(combination)* ***a ~ of*** una miscela *o* combinazione di **4** *(act, process)* confezione f.
2.confection /kən'fekʃn/ tr. **1** GASTR. preparare, fare [*cake, sweetmeat, dessert*] **2** SCHERZ. confezionare [*dress etc.*].
confectionary /kən'fekʃənərɪ, AE -nerɪ/ agg. di pasticceria, dolciario.
confectioner /kən'fekʃənə(r)/ ▸ *27* n. *(making sweets)* confettiere m. (-a); *(making cakes)* pasticciere m. (-a); ***~'s custard*** crema pasticciera; ***~'s (shop)*** pasticceria *o* confetteria; ***~'s sugar*** AE zucchero a velo.
confectionery /kən'fekʃənrɪ, AE -nerɪ/ n. **U** *(sweets)* dolciumi m.pl.; *(high quality)* confetteria f.; *(cakes)* pasticceria f.
confederacy /kən'fedərəsɪ/ n. **1** POL. confederazione f.; ***the (Southern) Confederacy*** US STOR. gli stati confederati (sudisti) **2** *(conspiracy)* cospirazione f.
1.confederate /kən'fedərət/ **I** agg. POL. confederato, alleato **II** n. **1** *(in conspiracy)* cospiratore m. (-trice), complice m. e f. **2** POL. confederato m. (-a).
2.confederate /kən'fedəreɪt/ **I** tr. confederare **II** intr. **1** *(unite)* confederarsi (**with** con) **2** *(conspire)* cospirare (**with** con; **against** contro).
Confederate /kən'fedərət/ **I** agg. US STOR. confederato, sudista **II** n. US STOR. confederato m. (-a), sudista m. e f.
confederation /kən,fedə'reɪʃn/ n. confederazione f.
▷ **confer** /kən'fɜː(r)/ **I** tr. (forma in -ing ecc. **-rr-**) conferire [*right, status, honour, degree*] (**on, upon** a) **II** intr. (forma in -ing ecc. **-rr-**) conferire, consultarsi; ***to ~ with sb. about sth.*** conferire con qcn. di qcs.
▸ **conference** /'kɒnfərəns/ **I** n. **1** *(meeting, symposium)* conferenza f.; POL. congresso m.; ***to be in ~*** essere in riunione (**with** con); ***a ~ on*** *(concerning)* una conferenza su; *(to promote)* una conferenza per; ***peace, disarmament ~*** conferenza per la pace, sul disarmo; ***(the) ~ voted to reject the motion*** l'assemblea ha votato per respingere la mozione **2** US SPORT lega f. sportiva (delle università) **II** modif. [*room, centre*] (delle) conferenze, riunioni; ***~ member*** partecipante a una conferenza.
conference call /'kɒnfərəns,kɔːl/ n. teleconferenza f.
conference committee /'kɒnfərənskə,mɪtɪ/ n. US POL. = commissione formata da rappresentanti della Camera e del Senato.
conference table /'kɒnfərəns,teɪbl/ n. tavolo m. per riunioni; FIG. tavolo m. dei negoziati.
conferential /,kɒnfə'renʃl/ agg. di conferenza.
conferment /kən'fɜːmənt/ n. *(of title)* conferimento m.
conferrable /kɒn'fɜːrəbl/ agg. conferibile.
▷ **confess** /kən'fes/ **I** tr. **1** confessare [*crime, truth*]; confessare, ammettere, riconoscere [*mistake, weakness*]; confessare, ammettere [*desire, liking*]; ***to ~ that*** ammettere che; ***I must ~ I don't like him*** devo confessare che non mi piace **2** RELIG. [*penitent*] confessare, confessarsi di [*sins*]; [*heretic etc.*] professare [*faith, belief*]; [*priest*] *(hear confession of)* confessare **II** intr. **1** *(admit)* confessare, ammettere; ***to ~ to a crime*** confessare (di aver commesso) un crimine; ***to ~ to a liking for sth.*** confessare di avere un debole per qcs. **2** RELIG. confessarsi.
confessant /kən'fesnt/ n. RELIG. penitente m. e f.
confessedly /kən'fesɪdlɪ/ avv. *(by one's own admission)* per propria ammissione, confessione; *(by general admission)* per ammissione generale.
▷ **confession** /kən'feʃn/ n. **1** DIR. ammissione f., confessione f. (**of** di); ***to make a full ~*** rendere piena confessione **2** *(in title)* ***"Confessions of..."*** "Le confessioni di..." **3** RELIG. confessione f.; ***to go to ~*** andare a confessarsi; ***to make one's ~*** confessarsi *o* fare la confessione; ***to hear sb.'s ~*** confessare qcn.
confessional /kən'feʃənl/ **I** agg. **1** RELIG. confessionale **2** [*writing*] autobiografico **II** n. **1** *(in church)* confessionale m.; ***the seal of the ~*** il segreto della confessione **2** *(book)* libro m. penitenziale.
confessionary /kən'feʃənrɪ/ agg. → **confessional**.
confessionist /kən'feʃənɪst/ n. confessionista m. e f.
confessor /kən'fesə(r)/ n. confessore m.
confetti /kən'fetɪ/ n. **U** coriandoli m.pl.
confidant /,kɒnfɪ'dænt/ n. confidente m.
confidante /,kɒnfɪ'dænt/ n. confidente f.
confide /kən'faɪd/ **I** tr. **1** *(entrust)* affidare (**to** a); ***to ~ sth., sb. to sb.'s care*** affidare qcs., qcn. alle cure di qcn. **2** *(tell)* confidare [*secret, hope, fear*] (**to** a) **II** intr. ***to ~ in*** confidarsi con [*person*].
▸ **confidence** /'kɒnfɪdəns/ n. **1** *(faith)* fiducia f. (**in** in); ***to have (every) ~ in sb., sth.*** avere (piena) fiducia in qcn., qcs.; ***to put one's ~ in sb.*** riporre la propria fiducia in qcn. **2** POL. ***vote of ~*** voto di fiducia; ***to pass a vote of ~*** passare un voto di fiducia; ***motion of no ~*** mozione di sfiducia; ***to pass a vote of no ~*** passare una mozione di sfiducia (**in** su) **3** *(self-assurance)* sicurezza f. di sé, fiducia f. in se stesso; ***he lacks ~*** non è sicuro di sé *o* non ha fiducia in se stesso **4** *(certainty)* certezza f.; ***in the full ~ that*** con l'assoluta certezza che; ***I have every ~ that she will succeed*** ho la certezza assoluta che avrà successo *o* riuscirà; ***I can say with ~ that*** posso affermare con certezza che **5** *(confidentiality)* ***to take sb. into one's ~*** confidarsi con qcn.; ***to tell sb. sth. in (strict) ~*** dire qcs. a qcn. in confidenza *o* in via strettamente confidenziale; ***write in strictest ~ to...*** scrivere in via strettamente confidenziale a... **6** *(secret)* confidenza f.
confidence game /'kɒnfɪdəns,geɪm/ n. AE → **confidence trick**.
confidence interval /'kɒnfɪdəns,ɪntəvl/ n. intervallo m. di confidenza.
confidence level /'kɒnfɪdəns,levl/ n. STATIST. livello m. di confidenza.
confidence man /'kɒnfɪdəns,mæn/ n. BE (pl. **confidence men**) truffatore m.
confidence trick /'kɒnfɪdəns,trɪk/ n. truffa f. all'americana.
confidence trickster /'kɒnfɪdəns,trɪkstə(r)/ n. ANT. → **confidence man**.
▷ **confident** /'kɒnfɪdənt/ agg. **1** *(sure)* sicuro, fiducioso; ***to be ~ that*** essere sicuro che *o* confidare che; ***to be ~ of success, of succeeding*** essere fiducioso *o* avere la certezza di riuscire *o* avere successo; ***she felt ~ about the future*** aveva fiducia nell'avvenire **2** *(self-assured)* sicuro di sé.
▷ **confidential** /,kɒnfɪ'denʃl/ agg. **1** [*agreement, information, document, service*] confidenziale, segreto, riservato; [*advice, matter*] confidenziale, riservato; ***~ secretary*** segretario particolare; ***private and ~*** personale e confidenziale **2** *(confiding)* [*tone, voice*] fiducioso; ***he became very ~ with me*** siamo entrati in confidenza.
confidentiality /,kɒnfɪdenʃɪ'ælətɪ/, **confidentialness** /,kɒnfɪ'denʃəlnɪs/ n. riservatezza f.
confidentially /,kɒnfɪ'denʃəlɪ/ avv. in confidenza, confidenzialmente.
confidently /'kɒnfɪdəntlɪ/ avv. [*speak, behave*] con sicurezza (di sé); [*expect, predict*] con sicurezza.
confider /kən'faɪdə(r)/ n. chi (si) confida.
confiding /kɒn'faɪdɪŋ/ agg. fiducioso, senza sospetti.
confidingly /kən'faɪdɪŋlɪ/ avv. [*say*] in tono fiducioso; [*look*] con aria fiduciosa.
▷ **configuration** /kən,fɪgə'reɪʃn, AE -,fɪgjʊ'reɪʃn/ n. *(all contexts)* configurazione f.
configure /kən'fɪgə(r), AE -'fɪgjə(r)/ tr. configurare.

▷ **confine** /kən'faɪn/ **I** tr. **1** *(in room, cell, prison, ghetto)* confinare, rinchiudere [*person*] (**in, to** a, in); internare, rinchiudere [*mental patient*] (**in, to** in); rinchiudere [*animal*] (**in** in); ***to be ~d to bed*** essere costretto a letto; ***to be ~d to the house*** essere costretto (a restare) a casa; ***to be ~d to barracks*** MIL. essere consegnato **2** *(limit)* limitare, restringere [*comments etc.*] (**to** a); ***the problem is not ~d to old people*** il problema non riguarda soltanto le persone anziane **3** MED. ANT. ***to be ~d*** essere in travaglio *o* partorire **II** rifl. ***to ~ oneself to, to doing*** limitarsi a, a fare.

▷ **confined** /kən'faɪnd/ **I** p.pass. → **confine II** agg. [*area, space*] limitato, ristretto.

confinement /kən'faɪnmənt/ n. **1** *(detention) (in cell, prison)* detenzione f., reclusione f. (**in, to** in); DIR. reclusione f., pena f. detentiva; *(in institution)* internamento m. (**in, to** in); ***~ to barracks*** MIL. consegna **2** MED. ANT. *(labour)* travaglio m.; *(birth)* parto m.

confines /'kɒnfaɪnz/ n.pl. **1** *(constraints)* confini m., limiti m. **2** ***within the ~ of*** entro i limiti di [*situation, regulations*]; tra le mura di, all'interno di [*building*].

▶ **confirm** /kən'fɜːm/ tr. **1** *(state as true, validate)* confermare [*statement, event, identity, booking, belief, fear*]; ***to ~ that*** confermare che; ***two people were ~ed dead*** hanno confermato che sono morte due persone; ***to ~ receipt of*** COMM. accusare ricevuta di [*cheque, goods*] **2** AMM. confermare [*appointment*]; ***to ~ sb. as*** confermare qcn. alla carica di [*director etc.*]; ***to be ~ed in one's post*** essere confermato al proprio posto **3** *(justify)* ***to ~ sb. in*** rafforzare qcn. in [*belief, opinion*] **4** DIR. confermare, ratificare [*decree*] **5** RELIG. cre-simare, confermare.

confirmand /'kɒnfə͵mænd/ n. RELIG. cresimando m. (-a).

▷ **confirmation** /͵kɒnfə'meɪʃn/ n. **1** *(of belief, statement, theory, news, suspicion, fear)* conferma f. (**of** di; **that** che); *(official) (of appointment, booking)* conferma f. (**of** di; **that** che) **2** DIR. conferma f., ratifica f. **3** AMM. POL. *(of appointment)* conferma f. **4** RELIG. cresima f., confermazione f.

confirmative /kən'fɜːmətɪv/ agg. confermativo.

confirmatory /kən'fɜːmətərɪ, AE -tɔːrɪ/ agg. **1** confermativo **2** RELIG. cresimale.

confirmed /kən'fɜːmd/ **I** p.pass. → **confirm II** agg. [*habit*] inveterato; [*alcoholic*] recidivo; [*liar*] incorreggibile; [*smoker, bachelor, sinner*] impenitente, incallito; [*admirer*] appassionato.

confirmee /'kɒnfə͵miː/ n. RELIG. cresimato m. (-a).

confiscable /kɒn'fɪskəbl/ agg. confiscabile.

confiscate /'kɒnfɪskeɪt/ tr. confiscare (**from** a).

confiscation /͵kɒnfɪ'skeɪʃn/ n. confisca f.

confiscator /'kɒnfɪ͵skeɪtə(r)/ n. confiscatore m. (-trice).

confiscatory /kɒn'fɪskətərɪ, AE -tɔːrɪ/ agg. di confisca.

conflagration /͵kɒnflə'greɪʃn/ n. conflagrazione f.

conflate /kən'fleɪt/ tr. fondere, raggruppare.

conflation /kən'fleɪʃən/ n. fusione f., raggruppamento m.

▶ **1.conflict** /'kɒnflɪkt/ n. **1** MIL. conflitto m.; ***armed ~*** conflitto armato; ***the Middle East ~*** il conflitto in Medio Oriente; ***to be in, come into ~*** essere, entrare in conflitto (**with** con) (anche FIG.) **2** *(dispute)* conflitto m. (**between** tra); ***his campaign brought him into ~ with the party*** la sua campagna elettorale lo ha messo *o* fatto entrare in conflitto con il partito **3** *(dilemma)* conflitto m. (**between** tra); ***~ of interests*** conflitto di interessi; ***to have a ~ of loyalties*** dover scegliere tra due doveri contrastanti.

▶ **2.conflict** /kən'flɪkt/ intr. *(contradict)* [*statement, feeling, attitude*] scontrarsi, essere in conflitto, in contraddizione (**with** con); *(clash)* [*events, programme*] coincidere (**with** con), accadere contemporaneamente (**with** a).

conflicting /kən'flɪktɪŋ/ agg. **1** *(incompatible)* [*views, feelings, interests*] contrastante, contraddittorio **2** *(coinciding)* ***I have two ~ engagements for 7 July*** il 7 luglio ho due impegni concomitanti.

confliction /kən'flɪkʃn/ n. (l')essere in conflitto, in contrasto.

confluence /'kɒnflʊəns/ n. **1** *(of rivers)* confluenza f. **2** *(of ideas, people)* confluenza f.

confluent /'kɒnflʊənt/ agg. confluente.

conflux /'kɒnflʌks/ n. → **confluence**.

▶ **conform** /kən'fɔːm/ **I** tr. conformare (**to** a) **II** intr. **1** *(to rules, conventions, standards)* [*person*] conformarsi (**with, to** a); [*model, machine etc.*] essere conforme (**to** a); ***she has always ~ed*** si è sempre conformata *o* adeguata (alle regole); ***to ~ to type*** conformarsi alla norma **2** *(correspond)* [*ideas, beliefs*] corrispondere (**with, to** a), concordare (**with, to** con); [*situation*] essere conforme (**with, to** a) **3** RELIG. = fare atto di sottomissione alla religione di stato.

conformability /kənfɔːmə'bɪlətɪ/ n. FORM. conformità f.

conformable /kən'fɔːməbl/ agg. FORM. *(compatible, in agreement)* conforme (**to, with** a); ***to be ~ to sb.'s will*** rispettare la *o* conformarsi alla volontà di qcn.

conformably /kən'fɔːməblɪ/ avv. conformemente.

conformal /kən'fɔːml/ agg. *(of map projection)* conforme, isogonico.

conformance /kən'fɔːməns/ n. conformità f.

conformation /͵kɒnfɔː'meɪʃn/ n. **1** conformazione f. (anche ANAT. GEOL.) **2** CHIM. conformazione f. (molecolare).

conformational /͵kɒnfɔː'meɪʃənl/ agg. conformazionale.

conformist /kən'fɔːmɪst/ **I** agg. conformista (anche RELIG.) **II** n. conformista m. (-a) (anche RELIG.).

conformity /kən'fɔːmətɪ/ n. **1** conformità f. (**to** a); ***in ~ with*** in conformità a *o* conformemente a **2** RELIG. conformismo m.

confound /kən'faʊnd/ tr. **1** *(perplex)* sconcertare, confondere **2** *(mix up)* confondere (**with** con) **3** *(discredit)* smentire [*rumours*]; dare torto a, contraddire [*arguments, critics*] **4** LETT. *(defeat)* sbaragliare, sconfiggere [*enemy*]; sconvolgere, mandare a monte [*plans*] **5** ANT. COLLOQ. ***~ it!*** accidenti! al diavolo! ***~ him!*** che vada al diavolo!

confounded /kən'faʊndɪd/ **I** p.pass. → **confound II** agg. **1** *(perplexed)* confuso, perplesso **2** ANT. insopportabile, maledetto; ***that ~ dog*** quel cagnaccio maledetto.

confoundedly /kən'faʊndɪdlɪ/ avv. insopportabilmente, maledettamente.

confraternity /͵kɒnfrə'tɜːnɪtɪ/ n. **1** RELIG. *(brotherhood)* confraternita f. **2** *(professional association)* associazione f. professionale.

confrère /'kɒnfreə(r)/ n. **1** RELIG. confratello m. **2** *(fellow member)* collega m. (membro di associazione professionale).

▷ **confront** /kən'frʌnt/ tr. **1** *(face)* affrontare [*danger, enemy*]; affrontare, fare fronte a [*problem*]; ***to ~ the truth*** affrontare la verità; ***to be ~ed by sth.*** dover affrontare qcs.; ***a new problem ~ed us*** ci trovavamo di fronte a un nuovo problema; ***to be ~ed by the police*** trovarsi di fronte alla polizia; ***the cases that ~ lawyers*** i casi che gli avvocati devono affrontare; ***the task which ~ed us*** il compito che ci troviamo ad affrontare **2** *(bring together)* ***to ~ sb. with sth., sb.*** mettere qcn. di fronte a *o* a confronto con qcs., qcn.

▷ **confrontation** /͵kɒnfrʌn'teɪʃn/ n. **1** *(violent encounter)* scontro m. (**between** tra; **with** con) **2** *(dispute)* confronto m., scontro m.; ***we had a ~ with our teachers*** abbiamo avuto uno scontro con i nostri insegnanti **3** *(encounter)* ***it was my first ~ with the truth*** era la prima volta che affrontavo la verità.

confrontational /͵kɒnfrən'teɪʃənəl/ agg. provocatore, aggressivo.

Confucian /kən'fjuːʃn/ **I** agg. confuciano **II** n. confuciano m. (-a).

Confucianism /kən'fjuːʃənɪzəm/ n. confucianesimo m.

Confucius /kən'fjuːʃəs/ n.pr. Confucio.

▶ **confuse** /kən'fjuːz/ **I** tr. **1** *(bewilder)* confondere, disorientare [*person*]; ***to ~ the enemy troops*** confondere il nemico **2** *(fail to distinguish)* confondere, scambiare (**with** con) **3** *(complicate)* complicare [*argument, explanation*]; ***to ~ the issue*** complicare le cose; ***to ~ matters even more...*** per rendere le cose ancora più complicate... **II** intr. fare confusione.

▷ **confused** /kən'fjuːzd/ **I** p.pass. → **confuse II** agg. **1** [*person*] confuso, disorientato; [*thoughts, mind*] confuso; ***to get ~*** confondersi; ***he was ~ about the instructions*** non riusciva a capire le istruzioni; ***I'm ~ about what to do*** sono confuso sul da farsi, non so bene cosa dovrei fare **2** *(muddled)* [*account, reasoning, memories, sounds, voices*] confuso; [*impression*] vago.

confusedly /kən'fjuːzɪdlɪ/ avv. **1** *(in bewilderment)* confusamente **2** *(unclearly)* [*think, understand*] confusamente, in modo confuso; ***he spoke ~ of his plans*** parlava dei suoi progetti in modo confuso **3** *(in embarrassment)* [*blush*] di confusione; ***he took the money ~*** ha preso i soldi con aria confusa.

confusedness /kən'fjuːzɪdnɪs/ n. confusione f.

▷ **confusing** /kən'fjuːzɪŋ/ agg. **1** *(perplexing)* che confonde, disorientante **2** *(complicated)* [*account, instructions*] che confonde, poco chiaro.

▷ **confusion** /kən'fjuːʒn/ n. **1** *(in idea, in sb.'s mind)* confusione f.; ***to create ~*** generare confusione; ***I was in a state of total ~*** ero in uno stato di confusione totale **2** *(lack of distinction)* confusione f.; ***because of the ~ between the two names*** a causa della confusione tra i due nomi; ***to avoid ~*** per evitare confusioni **3** *(chaos)* confusione f., caos m.; ***to throw sb., sth. into ~*** gettare qcn., qcs. nel caos; ***the meeting broke up in ~*** la riunione si concluse nella confusione più totale **4** *(embarrassment)* confusione f., imbarazzo m.

confutable /kən'fjuːtəbl/ agg. confutabile.

confutation /͵kɒnfjuː'teɪʃn/ n. confutazione f.

confutative /kən'fju:tətɪv/ agg. confutativo.
confute /kən'fju:t/ tr. FORM. confutare.
conga /'kɒŋgə/ n. MUS. conga f.
con game /'kɒŋgeɪm/ n. truffa f. all'americana.
congeal /kən'dʒi:l/ **I** tr. (fare) rapprendere, solidificare [*oil, fat*]; (fare) cagliare [*milk*]; (fare) coagulare [*blood*] **II** intr. [*oil, fat*] rapprendersi, solidificarsi; [*milk*] cagliare; [*blood*] coagulare, coagularsi.
congealable /kən'dʒi:ləbl/ agg. [*oil, fat*] solidificabile; [*milk*] cagliabile; [*blood*] coagulabile.
congealment /kən'dʒi:lmənt/, **congelation** /ˌkɒndʒɪ'leɪʃn/ n. *(of oil, fat)* solidificazione f.; *(of milk)* cagliatura f.; *(of blood)* coagulazione f., coagulamento m.
congener /kən'dʒi:nə(r)/ **I** agg. congenere (anche BIOL.) **II** n. BIOL. congenere m.
congeneric /ˌkɒndʒɪ'nerɪk/, **congenerous** /kən'dʒenərəs/ agg. congenere (anche BIOL.).
congenial /kən'dʒi:nɪəl/ agg. [*person, company*] simpatico, congeniale, piacevole; [*surroundings, arrangement*] piacevole, congeniale.
congeniality /kəndʒi:nɪ'ælɪtɪ/ n. *(of person, company)* simpatia f., congenialità f.; *(of surroundings, arrangement)* congenialità f., amabilità f.
congenital /kən'dʒenɪtl/ agg. **1** MED. congenito **2** FIG. [*fear, dislike*] congenito; [*liar*] nato.
congenitally /kən'dʒenɪtəlɪ/ avv. **1** MED. ***to be ~ deformed*** avere una malformazione congenita **2** FIG. [*dishonest, lazy*] dalla nascita.
conger /'kɒŋgə(r)/ n. grongo m., gongro m.
congeries /kən'dʒɪəri:z, -'dʒerɪˌi:z/ n. (pl. ~) congerie f.
congest /kən'dʒest/ **I** tr. *(all contexts)* congestionare **II** intr. congestionarsi.
congested /kən'dʒestɪd/ **I** p.pass. → **congest II** agg. **1** [*road*] congestionato, intasato; [*pavement, passage*] ingombro; [*district*] sovraffollato **2** MED. congestionato.
congestion /kən'dʒestʃn/ n. congestione f. (anche MED.); ***traffic ~*** ingorgo.
congestive /kən'dʒestɪv/ agg. congestizio.
conglobate /kən'gləʊbeɪt/ tr. conglobare.
conglobation /kəngləʊ'beɪʃn/ n. conglobazione f.
1.conglomerate /kən'glɒmərət/ **I** agg. conglomerato **II** n. *(all contexts)* conglomerato m.
2.conglomerate /kən'glɒməreɪt/ **I** tr. conglomerare **II** intr. conglomerarsi.
conglomeration /kənˌglɒmə'reɪʃn/ n. **1** SPREG. *(jumble)* ammasso m., conglomerato m. **2** COMM. *(process)* conglomerazione f.; *(association)* conglomerato m.
conglutinant /kən'glu:tɪˌnənt/ agg. conglutinativo.
conglutinate /kən'glu:tɪˌneɪt/ tr. conglutinare.
conglutination /kənˌglu:tɪ'neɪʃn/ n. conglutinazione f. (anche MED.).
Congo /'kɒŋgəʊ/ ♦ ***6, 25*** n.pr. Congo m.
congo eel /ˌkɒŋgəʊ'i:l/ n. anfiuma f.
Congolese /ˌkɒŋgə'li:z/ ♦ ***18*** **I** agg. congolese **II** n. (pl. ~) congolese m. e f.
congrats /kən'græts/ n.pl. (accorc. congratulations) congratulazioni f.
▷ **congratulate** /kən'grætʃʊleɪt/ **I** tr. congratularsi con, felicitarsi con (**on** per; **on doing** per aver fatto); ***may we ~ you on your success, engagement?*** possiamo farvi le congratulazioni *o* congratularci con voi per il vostro successo, per il vostro fidanzamento? **II** rifl. ***to ~ oneself*** congratularsi con se stesso (**on** per; **on doing** per aver fatto).
▷ **congratulation** /kənˌgrætʃʊ'leɪʃn/ **I** n. ***letter of ~*** lettera di congratulazioni **II congratulations** n.pl. congratulazioni f.; ***~s!*** congratulazioni! ***~s on your success, on the birth of your new baby*** congratulazioni per il tuo successo, per la nascita di tuo figlio; ***to offer one's ~s to sb.*** porgere le proprie congratulazioni a qcn. *o* congratularsi con qcn.
congratulative /kən'grætʃʊlətɪv/ agg. congratulatorio.
congratulatory /kən'grætʃʊlətərɪ, AE -tɔ:rɪ/ agg. [*letter, speech*] congratulatorio, di congratulazioni; [*telegram*] di congratulazioni.
congregate /'kɒŋgrɪgeɪt/ **I** tr. congregare, radunare **II** intr. congregarsi, radunarsi (**around** attorno a).
▷ **congregation** /ˌkɒŋgrɪ'geɪʃn/ n. + verbo sing. o pl. **1** RELIG. *(in church)* assemblea f., congregazione f. dei fedeli; *(in parish)* parrocchiani m.pl.; *(of cardinals, ecclesiastics)* congregazione f. **2** GB UNIV. = assemblea dei professori universitari.
congregational /ˌkɒŋgrɪ'geɪʃənl/ agg. [*prayer, singing*] dei fedeli, della congregazione; ***the Congregational Church*** la chiesa congregazionalista.
Congregationalism /ˌkɒŋgrɪ'geɪʃənəlɪzəm/ n. congregazionalismo m.
Congregationalist /ˌkɒŋgrɪ'geɪʃənəlɪst/ **I** agg. congregazionalista **II** n. congregazionalista m. e f.
▶ **congress** /'kɒŋgres, AE 'kɒŋgrəs/ n. *(conference)* congresso m., convegno m. (**on** su); ***party ~*** congresso di un partito.
▶ **Congress** /'kɒŋgres, AE 'kɒŋgrəs/ n. POL. **1** US Congresso m.; ***in ~*** al Congresso; ***she has been criticized in ~*** è stata criticata al Congresso *o* dai membri del Congresso **2** *(in India)* Congresso m.

> **Congress** Il Congresso è l'organismo legislativo nazionale degli Stati Uniti. Si riunisce nel Campidoglio, sul *Capitol Hill*, ed è composto da due camere: il Senato (*Senate*) e la Camera dei Rappresentanti (*House of Representatives*). Tutte le proposte di legge devono avere prima l'approvazione delle due Camere e in seguito quella del Presidente (v. ***House of Representatives, President, Senate***).

Congressional /kən'greʃənl/ agg. US [*candidate*] al Congresso; [*committee*] del Congresso.
Congressional District /kənˌgreʃənl'dɪstrɪkt/ n. US = circoscrizione di un membro del Congresso.
congressman /'kɒŋgresmən/ n. (pl. **-men**) US membro m. del Congresso.
congressperson /'kɒŋgresˌpɜ:sn/ n. US membro m. del Congresso.
congresswoman /'kɒŋgresˌwʊmən/ n. (pl. **-women**) US membro m. del Congresso.
congruence /'kɒŋgrʊəns/, **congruency** /'kɒŋgrʊənsɪ/ n. congruenza f.
congruent /'kɒŋgrʊənt/ agg. **1** FORM. congruente, adeguato; ***to be ~ with*** essere congruente *o* in armonia con; ***the two theories are not ~*** le due teorie non sono congruenti **2** MAT. congruente (**to** a); *(in geometry)* [*triangles*] congruenti.
congruity /kɒŋ'gru:ətɪ/ n. FORM. **1** *(correspondence)* congruenza f., rispondenza f. (**between** tra) **2** *(aptness)* congruità f.
congruous /'kɒŋgrʊəs/ agg. FORM. congruo, adeguato; ***to be ~ with*** essere congruo, in armonia con.
congruously /'kɒŋgrʊəslɪ/ agg. FORM. congruamente, adeguatamente.
conic /'kɒnɪk/, **conical** /'kɒnɪkl/ agg. conico.
conicalness /'kɒnɪklnɪs/ n. conicità f.
conidia /kə'nɪdɪə/ → **conidium**.
conidiospore /kə'nɪdɪəʊspɔ:(r)/ n. conidiospora f.
conidium /kə'nɪdɪəm/ n. (pl. **-ia**) conidio m.
conifer /'kɒnɪfə(r), 'kəʊn-/ n. conifera f.
coniferous /kə'nɪfərəs, AE kəʊ'n-/ agg. [*tree*] conifero; [*forest*] di conifere.
coniform /'kəʊnɪfɔ:m/ agg. a forma di cono.
coni(i)ne /'kəʊni:ɪn/ n. FARM. coni(i)na f.
conjecturable /kən'dʒektʃərəbl/ agg. congetturabile.
conjectural /kən'dʒektʃərəl/ agg. congetturale, ipotetico.
1.conjecture /kən'dʒektʃə(r)/ n. congettura f., ipotesi f.; ***to be a matter for ~*** essere argomento di ipotesi *o* di congetture.
2.conjecture /kən'dʒektʃə(r)/ **I** tr. congetturare, supporre; ***to ~ sb., sth. to be*** congetturare *o* ipotizzare che qcn., qcs. sia **II** intr. fare delle congetture (**about** su).
conjoin /kən'dʒɔɪn/ FORM. **I** tr. congiungere, collegare (**with** con) **II** intr. congiungersi, collegarsi.
conjoint /kən'dʒɔɪnt/ agg. FORM. congiunto.
conjointly /kən'dʒɔɪntlɪ/ avv. FORM. congiuntamente.
conjugable /'kɒndʒʊgəbl/ agg. coniugabile.
conjugal /'kɒndʒʊgl/ agg. coniugale.
conjugality /ˌkɒndʒʊ'gælɪtɪ/ n. stato m. coniugale.
conjugate /'kɒndʒʊgeɪt/ **I** tr. coniugare **II** intr. **1** LING. coniugarsi **2** BIOL. riprodursi.
conjugated /'kɒndʒʊgeɪtɪd/ **I** p.pass. → **conjugate II** agg. coniugato.
conjugation /ˌkɒndʒʊ'geɪʃn/ n. LING. BIOL. coniugazione f.
conjugational /ˌkɒndʒʊ'geɪʃənl/ agg. LING. BIOL. di coniugazione.
conjunct /kən'dʒʌŋkt/ agg. congiunto.
▷ **conjunction** /kən'dʒʌŋkʃn/ n. **1** *(of circumstances, events)* concorso m., concomitanza f.; ***in ~*** in concomitanza *o* insieme; ***in ~ with*** in concomitanza con *o* congiuntamente a **2** ASTR. LING. congiunzione f.

conjunctional /kən'dʒʌŋkʃənl/ agg. congiunzionale.
conjunctiva /ˌkɒndʒʌŋk'taɪvə, kən'dʒʌŋktɪvə/ n. (pl. **~s, -ae**) congiuntiva f.
conjunctive /kən'dʒʌŋktɪv/ **I** avv. **1** *(connective)* connettivo **2** LING. congiuntivo **II** n. LING. congiunzione f.
conjunctively /kən'dʒʌŋktɪvlɪ/ avv. congiuntamente, unitamente.
conjunctivitis /kənˌdʒʌŋktɪ'vaɪtɪs/ ◗ **11** n. MED. congiuntivite f.
conjuncture /kən'dʒʌŋktʃə(r)/ n. congiuntura f., circostanza f.
conjuration /ˌkɒndʒʊ'reɪʃn/ n. **1** *(spell)* incantesimo m., magia f. **2** *(conjuring)* trucchi m.pl. **3** ANT. *(appeal)* evocazione f. solenne.
▷ **1.conjure** /'kʌndʒə(r)/ **I** tr. *(by magic)* fare apparire (in un gioco di prestigio) [*rabbit*]; evocare [*spirits*]; ***he ~d a dinner out of thin air*** FIG. ha preparato la cena come per magia partendo da nulla; ***a name to ~ with*** FIG. un nome che evoca rispetto **II** intr. **1** *(use spells)* fare degli incantesimi **2** *(practice conjuring)* fare dei giochi di prestigio.
▪ **conjure away:** ~ ***away [sth.]***, ~ ***[sth.] away*** fare sparire [qcs.] come per magia.
▪ **conjure up:** ~ ***up [sth.]*** fare comparire [qcs.] come per magia; ***to ~ up an image of sth.*** evocare l'immagine di qcs.
2.conjure /kən'dʒʊə(r)/ tr. *(implore)* ***to ~ sb. to do*** FORM. scongiurare qcn. di fare.
conjurer /'kʌndʒərə(r)/ n. **1** *(sorcerer)* mago m. (-a) **2** *(magician)* mago m. (-a), prestigiatore m. (-trice).
conjuring /'kʌndʒərɪŋ/ n. giochi m.pl. di prestigio, trucchi m.pl.
conjuring trick /'kʌndʒərɪŋˌtrɪk/ n. gioco m. di prestigio, trucco m.
conjuror → **conjurer.**
1.conk /kɒŋk/ n. COLLOQ. **1** BE *(nose)* naso m. **2** AE *(of hair)* stiratura f.
2.conk /kɒŋk/ tr. **1** colpire sulla testa **2** AE stirare [*hair*].
▪ **conk out** COLLOQ. [*person*] addormentarsi, crollare; [*car, machine*] guastarsi, essere in panne.
conker /'kɒŋkə(r)/ n. BE COLLOQ. castagna f. d'India.
conkers /'kɒŋkəz/ n. + verbo sing. BE COLLOQ. = gioco infantile consistente nel legare castagne d'India a un filo cercando di rompere quelle dell'avversario.
con man /'kɒŋmæn/ n. (pl. **con men**) (accorc. confidence man) truffatore m.
connate /'kɒneɪt/ agg. innato, connaturato.
connatural /kə'nætʃʊrəl/ agg. connaturale.
▶ **connect** /kə'nekt/ **I** tr. **1** *(attach)* collegare [*end, object, hose, tap*] (**to** a); agganciare, attaccare [*wagon, coach*] (**to** a); ***to ~ two tubes*** collegare due tubi **2** *(link)* [*road, bridge, railway*] collegare [*place, road*] (**to, with** a, con); ***I always ~ rain with Oxford*** associo sempre (l'idea del)la pioggia a Oxford; ***to ~ sb. with a crime, a person*** collegare qcn. a un crimine, a una persona **3** *(to mains)* collegare, allacciare [*appliance, household, town*] (**to** a); ***we will ~ you on Monday*** verremo ad allacciare (la luce, il gas) lunedì **4** TEL. allacciare [*phone*]; ***we will ~ you on Monday*** verremo ad allacciare (il telefono) lunedì; ***to ~ sb. to*** mettere qcn. in collegamento con *o* passare a qcn. [*reception, department*]; ***her telephone ~s her to the White House*** il suo telefono è collegato alla Casa Bianca; ***"trying to ~ you"*** "la preghia-mo di rimanere il linea" **5** *(wire up, link technically)* → **connect up** **II** intr. **1** [*room*] comunicare (**with** con) **2** [*service, bus, plane*] fare coincidenza (**with** con); ***do the flights ~?*** i voli fanno coincidenza? **3** COLLOQ. *(work smoothly)* [*service, system*] funzionare bene **4** AE SPORT andare a segno **5** AE COLLOQ. ***to ~ with*** *(feel rapport)* avere delle affinità con **6** AE COLLOQ. *(buy drugs)* procurarsi la roba.
▪ **connect up:** ~ ***up [sth.]***, ~ ***[sth.] up*** collegare [*video, computer*]; ***to ~ sth. up to*** collegare qcs. a; ***to ~ two machines up*** collegare due macchine.
connected /kə'nektɪd/ **I** p.pass. → **connect** **II** agg. **1** *(related)* [*matter, idea, event*] collegato, connesso (**to, with** a, con); ***the events are ~*** gli eventi sono collegati; ***everything ~ with music*** tutto ciò che è collegato con la musica **2** *(in family)* imparentato (**to** a); ***~ by marriage*** imparentato per matrimonio *o* acquisito; ***to be well ~*** *(through family)* essere di buona famiglia; *(having influence)* avere delle conoscenze importanti *o* conoscere le persone giuste **3** *(joined, linked)* [*road, town*] collegato (**to, with** a); [*pipe*] collegato, allacciato (**to, with** a) **4** *(electrically)* allacciato **5** INFORM. collegato, connesso; ***to be ~ to the Internet*** essere collegato a Internet.
connectedly /kə'nektɪdlɪ/ avv. coerentemente.
connectedness /kə'nektɪdnɪs/ n. *(of ideas)* concatenazione f., associazione f.
connecter → **connector.**
connectible /kə'nektəbl/ agg. che si può collegare, allacciare.
Connecticut /kə'netɪkət/ ◗ **24** n.pr. Connecticut m.
connecting /kə'nektɪŋ/ agg. **1** ***~ flight*** o ***train*** coincidenza **2** [*room*] comunicante.
connecting rod /kə'nektɪŋrɒd/ n. AUT. biella f.
▶ **connection, connexion** BE /kə'nekʃn/ n. **1** *(logical link)* collegamento m., rapporto m. (**between** tra; **with** con); ***to have a, some ~ with*** avere un rapporto con; ***to have no ~ with*** non avere alcun rapporto *o* niente a che fare con; ***is there any ~?*** c'è qualche collegamento? ***to make the ~*** fare il collegamento (**between** tra); ***in ~ with*** con riferimento a *o* in relazione a *o* a proposito di; ***in this ~...*** a questo proposito... **2** *(personal link)* rapporto m., relazione f., legame m. (**between** tra; **with** con); ***to have close ~s with*** avere uno stretto legame con *o* essere molto legato a [*town, country, family*] **3** *(person) (contact)* relazione f., conoscenza f.; *(relative)* parente m. e f.; ***to have useful ~s*** avere delle conoscenze utili; ***to have ~s in high places*** avere delle conoscenze altolocate **4** *(connecting up) (to mains)* allacciamento m.; *(of pipes, tubes)* raccordo m.; *(of wheels)* frizione m.; *(of wires)* cablaggio m. **5** TEL. *(of household to network)* allacciamento m.; *(of caller to number)* collegamento m. (**to** con); ***to get a ~*** prendere la linea; ***bad ~*** linea disturbata **6** *(of train, flight etc.)* coincidenza f.; ***to miss one's ~*** perdere la coincidenza **7** AE COLLOQ. *(drug dealer)* spacciatore m. (-trice); *(transaction)* = scambio tra spacciatore e cliente **8** INFORM. collegamento m., connessione f.; ***Internet ~*** collegamento a *o* con Internet.
connection charge /kə'nekʃnˌtʃɑːdʒ/ n. TEL. costi m.pl. di attivazione.
connective /kə'nektɪv/ **I** agg. [*tissue*] connettivo **II** n. LING. BIOL. connettivo m.
connector /kə'nektə(r)/ n. EL. connettore m.
connect time /kə'nektˌtaɪm/ n. INFORM. tempo m. di connessione (alla rete).
connexion BE → **connection.**
Connie /'kɒnɪ/ n.pr. diminutivo di **Constance.**
conning tower /'kɒnɪŋˌtaʊə(r)/ n. MAR. torretta f. (di sommergibile).
conniption /kə'nɪpʃn/ n. (anche **~ fit**) AE COLLOQ. crisi f. isterica; ***to go into ~s*** avere un travaso di bile.
connivance /kə'naɪvəns/ n. connivenza f.; ***with the ~ of sb.*** con la connivenza di qcn.; ***in ~ with sb.*** in connivenza con qcn.
connive /kə'naɪv/ intr. **1** ***to ~ at*** essere connivente in [*theft, betrayal, escape*] **2** *(participate)* ***to ~ (with sb.) to do sth.*** agire in combutta (con qcn.), essere connivente (con qcn.) per fare qcs.
conniver /kə'naɪvə(r)/ n. connivente m. e f. (anche DIR.).
conniving /kə'naɪvɪŋ/ agg. [*person*] connivente; ***a ~ glance*** uno sguardo di complicità *o* di connivenza.
connoisseur /ˌkɒnə'sɜː(r)/ n. connaisseur m., intenditore m. (-trice) (**of** di).
connotation /ˌkɒnə'teɪʃn/ n. connotazione f. (**of** di).
connotative /'kɒnəteɪtɪv/ agg. connotativo.
connote /kə'nəʊt/ tr. **1** *(summon up)* evocare **2** LING. connotare.
connubial /kə'njuːbɪəl, AE -'nuː-/ agg. FORM. coniugale.
conoid /'kəʊnɔɪd/ **I** n. conoide m. e f. **II** agg. conoidale.
conoidal /kəʊ'nɔɪdəl/ agg. conoidale.
▷ **conquer** /'kɒŋkə(r)/ tr. conquistare [*territory, people, outer space*]; vincere, sconfiggere [*enemy, unemployment, disease*]; vincere [*habit, fear, jealousy*]; acquisire [*skill, technology*]; colmare [*deficit*]; ***to ~ the world*** FIG. conquistare il mondo (intero).
conquerable /'kɒŋkərəbl/ agg. conquistabile, domabile.
conquered /'kɒŋkərd/ **I** p.pass. → **conquer** **II** agg. conquistato, vinto.
conquering /'kɒŋkərɪŋ/ agg. vittorioso, vincitore.
conqueror /'kɒŋkərə(r)/ n. conquistatore m. (-trice) (anche MIL.); SPORT vincitore m. (-trice); ***William the Conqueror*** Guglielmo il Conquistatore.
▷ **conquest** /'kɒŋkwest/ n. **1 U** *(of country, mountain)* conquista f.; *(of disease)* sconfitta f.; *(of person)* FIG. SCHERZ. conquista f. **2** *(territory)* territorio m. conquistato, conquista f.; *(person)* FIG. SCHERZ. conquista f.
Conrad /'kɒnræd/ n.pr. Corrado.
consanguineous /ˌkɒnsæŋ'gwɪnɪəs/ agg. consanguineo.
consanguinity /ˌkɒnsæŋ'gwɪnətɪ/ n. consanguineità f.
▷ **conscience** /'kɒnʃəns/ n. coscienza f.; ***it's a matter for your own ~*** devi decidere secondo la tua coscienza; ***in all ~*** in (tutta) coscienza; ***they have no ~*** sono senza coscienza *o* non hanno *o* non si fanno scrupoli; ***he is the ~ of the nation*** è la coscienza del paese; ***to have sth. on one's ~*** avere qcs. sulla coscienza; ***to have a guilty, bad ~*** avere la coscienza sporca; ***to have a clear ~*** avere la coscienza pulita *o* tranquilla *o* a posto; ***to do sth. with a clear ~*** fare

qcs. con la coscienza tranquilla; ***they will have to live with their ~s*** dovranno vivere con questo peso sulla coscienza.

conscience clause /ˈkɒnʃəns͵klɔːz/ n. DIR. clausola f. di riserva morale.

conscienceless /ˈkɒnʃənslɪs/ agg. senza scrupoli.

conscience money /ˈkɒnʃəns͵mʌnɪ/ n. = denaro versato nell'anonimato in riparazione di una frode, in particolare di un'evasione fiscale.

conscience-smitten /ˈkɒnʃəns͵smɪtn/, **conscience-stricken** /ˈkɒnʃəns͵strɪkən/ agg. preso dal rimorso, pentito.

conscientious /͵kɒnʃɪˈenʃəs/ agg. *(all contexts)* coscienzioso.

conscientiously /͵kɒnʃɪˈenʃəslɪ/ avv. coscienziosamente.

conscientiousness /͵kɒnʃɪˈenʃəsnɪs/ n. coscienziosità f.

conscientious objection /͵kɒnʃɪenʃəsəbˈdʒekʃn/ n. obiezione f. di coscienza.

conscientious objector /͵kɒnʃɪenʃəsəbˈdʒektə(r)/ n. obiettore m. di coscienza.

▷ **conscious** /ˈkɒnʃəs/ **I** agg. **1** *(aware)* cosciente, consapevole (**of** di; **that** del fatto che); ***I wasn't ~ of having hurt their feelings*** non ero consapevole di aver ferito i loro sentimenti; ***to be politically ~*** avere una coscienza politica; ***to be environmentally, socially ~*** avere una coscienza ecologica, sociale **2** *(deliberate)* [*decision*] deliberato, ponderato; [*effort*] consapevole **3** MED. cosciente; ***I wasn't fully ~*** non ero del tutto cosciente **4** PSIC. cosciente **II -conscious** in composti ***art~*** conoscitore d'arte; ***health~*** attento alla propria salute; ***class~*** cosciente della gerarchia sociale **III** n. PSIC. ***the ~*** il conscio.

consciously /ˈkɒnʃəslɪ/ avv. consapevolmente, coscientemente.

▷ **consciousness** /ˈkɒnʃəsnɪs/ n. **1** *(awareness)* coscienza f., consapevolezza f. (**of** di); *(undefined)* sentimento m. (**of** di); ***the ~ that*** la consapevolezza che; ***class ~*** coscienza di classe; ***the truth dawned upon my ~*** ho incominciato a intravedere la verità *o* prendere coscienza della verità; ***the idea penetrated public ~*** l'idea si è fatta strada nella coscienza pubblica; ***safety ~*** consapevolezza in materia di sicurezza **2** *(shared beliefs)* coscienza f. collettiva **3** MED. ***to lose, regain ~*** perdere, riprendere conoscenza *o* i sensi.

consciousness raising /ˈkɒnʃəsnɪs͵reɪzɪŋ/ n. presa f. di coscienza.

1.conscript /ˈkɒnskrɪpt/ **I** n. coscritto m. **II** modif. [*army*] di leva; ***~ soldier*** militare di leva *o* coscritto.

2.conscript /kənˈskrɪpt/ tr. coscrivere, arruolare [*soldier*]; precettare [*worker*].

conscription /kənˈskrɪpʃn/ n. **1** *(system)* coscrizione f. **2** *(process)* arruolamento m. (**into** in).

consecrate /ˈkɒnsɪkreɪt/ tr. consacrare [*church, bishop*].

consecrated /ˈkɒnsɪkreɪtɪd/ **I** p.pass. → **consecrate II** agg. consacrato, dedicato (**to** a); ***~ ground*** terra consacrata.

consecration /͵kɒnsɪˈkreɪʃn/ n. RELIG. **1** *(of church, bishop)* consacrazione f. **2** *(of bread and wine)* ***the Consecration*** la Consacrazione.

consecrator /ˈkɒnsɪkreɪtə(r)/ n. RAR. consacratore m. (-trice).

consecution /͵kɒnsɪˈkjuːʃn/ n. **1** *(sequence of events, things)* consecuzione f., sequenza f. **2** *(deduction)* deduzione f., inferenza f. logica.

▷ **consecutive** /kənˈsekjʊtɪv/ agg. consecutivo, successivo; ***her tenth ~ win*** la sua decima vittoria consecutiva; ***~ clause*** LING. proposizione consecutiva.

consecutively /kənˈsekjʊtɪvlɪ/ avv. consecutivamente, uno dopo l'altro, di seguito; ***the sentences to run ~*** DIR. sentenze da scontare consecutivamente.

consecutiveness /kənˈsekjʊtɪvnɪs/ n. (l')essere consecutivo.

consensual /kənˈsensjʊəl, -ˈsenʃʊəl/ agg. **1** DIR. [*sex, act, crime*] consensuale **2** *(of consensus)* [*politics*] del consenso.

▷ **consensus** /kənˈsensəs/ n. consenso m. (**among** tra; **about**, **as to** relativo a; **for** in favore di; **of** di; **on** su; **that** relativo al fatto che; **to do** per fare); ***a broad ~*** un ampio consenso; ***what's the ~?*** qual è l'opinione generale? ***the ~ is that*** è opinione generale che; ***to reach a ~*** ottenere un consenso.

consensus politics /kən͵sensəsˈpɒlətɪks/ n. politica f. del consenso.

▷ **1.consent** /kənˈsent/ n. **1** *(permission)* consenso m., benestare m.; ***without the owner's ~*** DIR. senza il consenso del proprietario; ***age of ~*** = età in cui una persona è considerata matura per acconsentire con discernimento ad avere rapporti sessuali **2** *(agreement)* ***by common*** o ***mutual ~ we left*** di comune accordo, abbiamo deciso di andarcene.

▷ **2.consent** /kənˈsent/ **I** intr. acconsentire; ***to ~ to sth.*** acconsentire a qcs.; ***to ~ to sb. doing sth.*** dare a qcn. il consenso *o* consentire a qcn. di fare qcs.; ***between ~ing adults*** tra adulti consenzienti **II** tr. ***to ~ to do*** acconsentire a fare.

consentaneity /kən͵sentəˈneɪətɪ/ n. consentaneità f.

consentaneous /kənˈsenteɪnɪəs/ agg. consentaneo.

consent form /kənˈsent͵fɔːm/ n. BE autorizzazione f.

consentient /kənˈsenʃnt/ agg. ANT. consenziente.

▶ **consequence** /ˈkɒnsɪkwəns, AE -kwens/ n. **1** *(result)* conseguenza f.; ***as a ~ of*** in seguito a *o* come conseguenza di [*change, event*]; a causa di [*process, system*]; ***in ~*** di conseguenza; ***to take, face the ~s*** sopportare, affrontare le conseguenze; ***to suffer the ~s*** subire le conseguenze **2** *(importance)* FORM. importanza f.; ***it's a matter of some ~*** è una questione piuttosto importante; ***he is a man of no ~*** non conta nulla; ***he's a man of ~*** è un uomo importante; ***it's of no ~ to me*** non ha alcuna importanza per me *o* mi lascia completamente indifferente.

consequent /ˈkɒnsɪkwənt, AE -kwent/ agg. **1** *(resulting)* ***the strike and the ~ redundancies*** lo sciopero e i conseguenti licenziamenti **2 ~ upon** FORM. *(because of)* conseguente a, derivante da; ***to be ~ upon sth.*** *(the result of)* essere la conseguenza di qcs.; ***the rise in prices ~ upon the fall in the dollar*** l'aumento dei prezzi determinato *o* derivante dalla caduta del dollaro.

consequential /͵kɒnsɪˈkwenʃl/ agg. FORM. **1** *(significant)* importante **2** *(self-important)* SPREG. borioso, pieno di sé **3** ANT. → **consequent**.

consequentiality /͵kɒnsɪkwenʃɪˈælɪtɪ/ n. FORM. **1** *(significance)* importanza f. **2** *(self-importance)* SPREG. boria f., presunzione f.

consequential loss /kɒnsɪˈkwenʃl͵lɒs, AE -͵lɔːs/ n. perdita f. indiretta.

▷ **consequently** /ˈkɒnsɪkwentlɪ/ avv. di conseguenza, conseguentemente.

conservable /kənˈsɜːvəbl/ agg. conservabile.

conservancy /kənˈsɜːvənsɪ/ n. conservazione f.

▷ **conservation** /͵kɒnsəˈveɪʃn/ **I** n. **1** *(of nature, natural resources)* conservazione f., tutela f. (**of** di); ***energy ~*** risparmio energetico **2** *(of heritage)* conservazione f., tutela f. **3** FIS. conservazione f. **II** modif. [*group, issue, measure*] di tutela.

conservation area /kɒnsəˈveɪʃn͵eərɪə/ n. area f. protetta.

conservationist /͵kɒnsəˈveɪʃənɪst/ **I** agg. ambientalista **II** n. ambientalista m. e f.

conservation officer /kɒnsəˈveɪʃn͵ɒfɪsə(r), AE -͵ɔːf-/ ➧ **27** n. GB = soprintendente ai monumenti storici.

conservation site /kɒnsəˈveɪʃn͵saɪt/ n. → **conservation area**.

conservatism /kənˈsɜːvətɪzəm/ n. POL. conservatorismo m.

▶ **conservative** /kənˈsɜːvətɪv/ **I** agg. **1** POL. [*person, society, policy*] conservatore **2** *(cautious)* [*attitude*] cauto, prudente; [*estimate*] prudente, per difetto; ***at a ~ estimate*** come minimo **3** [*taste, dress, style*] classico, tradizionale **II** n. POL. conservatore m. (-trice).

▶ **Conservative** /kənˈsɜːvətɪv/ **I** agg. BE POL. conservatore; ***the ~ Party*** il partito conservatore; ***~ MP*** deputato conservatore; ***to vote ~*** votare (per il partito) conservatore **II** n. BE POL. conservatore m. (-trice).

conservatively /kənˈsɜːvətɪvlɪ/ avv. in modo conservatore, tradizionale.

conservatoire /kənˈsɜːvətwɑː(r)/ n. MUS. conservatorio m.

conservator /ˈkɒnsəveɪtə(r)/ ➧ **27** n. **1** *(in museum)* soprintendente m. e f. **2** AE DIR. tutore m. (-trice).

conservatorship /ˈkɒnsəveɪtəʃɪp/ n. AE DIR. tutela f.

conservatory /kənˈsɜːvətrɪ, AE -tɔːrɪ/ n. **1** *(for plants)* serra f., giardino m. d'inverno **2** AE MUS. conservatorio m.

▷ **1.conserve** /kənˈsɜːv/ n. *(jam)* conserva f. (di frutta), marmellata f.

▷ **2.conserve** /kənˈsɜːv/ tr. **1** *(protect)* preservare [*landscape, forest*]; salvaguardare [*wildlife*]; conservare [*remains, ruins*] **2** *(save up)* conservare [*natural resources*]; mantenere [*moisture*]; risparmiare [*strength, energy*] **3** ECON. economizzare, risparmiare [*cash, stocks*].

conshy → **conchy**.

▶ **consider** /kənˈsɪdə(r)/ **I** tr. **1** *(give thought to, study)* considerare, valutare [*alternatives, options, facts, proposal, question, beauty*]; esaminare, studiare [*case, evidence, letter, problem, offer*]; ***to ~ how*** riflettere su come; ***to ~ why*** esaminare i motivi per cui; ***to ~ whether*** valutare se; ***~ this*** rifletteci; ***the jury is ~ing its verdict*** la giuria sta deliberando **2** *(take into account, bear in mind)* prendere in considerazione [*risk, cost, difficulty, matter*]; pensare a [*person*]; tenere conto di, avere considerazione per [*person's feelings, wishes*]; ***when you ~ that*** se consideri che; ***all things ~ed*** tutto sommato *o* in fin dei conti **3** *(envisage, contemplate)* prendere in considerazione [*course of action, purchase*]; ***to ~ doing*** prendere in considerazione di fare; ***to ~ sb. for a role*** pensare a qcn. per un ruolo; ***she ~ed me for second prize*** ha pensato a me per il secondo premio; ***to ~ sb., sth. as sth.*** pensare a qcn., qcs. come a qcs. *o* considerare qcn., qcs. (come) qcs. **4** *(regard)* ***I ~ her (to be) a good teacher, choice*** la considero una buona insegnante, scelta; ***to ~ that*** considerare che; ***I ~ it my duty to warn him*** ritengo che sia mio dovere avvertirlo; ***to ~ sb., sth. favourably*** vedere qcn., qcs. favorevolmente; ***~ the matter closed*** considerate il discorso chiuso; ***~ it done, forgotten, a deal*** consideralo fatto, dimenticato, un affare concluso **II** intr. considerare, riflettere; ***I need some time to ~*** ho bisogno di un po' di tempo per riflettere **III** rifl. ***to ~ oneself (to be) a writer, genius*** considerarsi uno scrittore, un genio.

▶ **considerable** /kən'sɪdərəbl/ agg. considerevole, notevole; ***at ~ expense*** a un prezzo considerevole, notevole; ***to a ~ degree, extent*** in misura notevole.

▷ **considerably** /kən'sɪdərəblɪ/ avv. [*improve, vary, less, more*] considerevolmente, in modo considerevole, notevolmente, assai.

considerate /kən'sɪdərət/ agg. [*person, nature*] premuroso, sollecito; [*remark, behaviour*] premuroso, riguardoso; [*driver, motorist*] cortese; ***to be ~ of sb.'s position, feelings, point of view*** rispettare la posizione, i sentimenti, il punto di vista di qcn.; ***to be ~ towards sb.*** avere dei riguardi per qcn. *o* essere premuroso nei confronti di qcn.; ***it was ~ of you to wait*** è stato gentile da parte vostra aspettare.

considerately /kən'sɪdərətlɪ/ avv. [*act, behave*] in modo premuroso; ***he ~ saved me a seat*** gentilmente, mi ha tenuto un posto; ***to behave ~ towards sb.*** avere dei riguardi per qcn. *o* comportarsi in modo premuroso nei confronti di qcn.

considerateness /kən'sɪdərətnɪs/ n. riguardo m., gentilezza f.

▶ **consideration** /kən,sɪdə'reɪʃn/ n. **1** *(thought, deliberation)* considerazione f., riflessione f.; ***after careful ~*** dopo attenta riflessione; ***to give ~ to sth.*** riflettere su qcs.; ***to give sth. careful, serious ~*** riflettere attentamente, seriamente su qcs.; ***to submit sth. for sb.'s ~*** sottomettere qcs. all'attenzione di qcn.; ***~ is being given to...*** si sta prendendo in considerazione...; ***further ~ will be given to...*** ci si occuperà ulteriormente di...; ***to take sth. into ~*** prendere in consi-derazione qcs.; ***in ~ of*** in considerazione di *o* tenuto conto di; ***to be under ~*** [*matter*] essere in esame; ***she's under ~ for the job*** la stanno prendendo in considerazione per il lavoro **2** *(thoughtfulness, care)* riguardo m., considerazione f. (**for** per, nei confronti di); ***to show ~*** avere *o* mostrare riguardo *o* considerazione; ***to do sth. out of ~*** fare qcs. per riguardo; ***with no ~ for others*** senza alcun riguardo per gli altri **3** *(factor, thing to be considered)* fattore m., motivo m.; *(concern)* preoccupazione f.; ***commercial, political ~s*** fattori economici, politici; ***it outweighs any ~ of cost, risk*** è più importante di qualsiasi considerazione del costo, del rischio; ***safety is the overriding ~*** la sicurezza costituisce il fattore prioritario; ***my family is my only ~*** la mia famiglia è l'unica cosa che conta **4** *(fee)* ***for a ~*** dietro compenso; ***for a small ~*** per una piccola somma, rimunerazione.

▷ **considered** /kən'sɪdəd/ **I** p.pass. → **consider II** agg. [*answer, view, manner*] ponderato; ***it is my ~ opinion that*** è mia convinzione che; ***in my ~ opinion*** dopo averci pensato bene.

▷ **considering** /kən'sɪdərɪŋ/ **I** prep. tenuto conto di, considerato, in considerazione di; ***it's not bad, ~ the price*** non è male, considerato il prezzo **II** cong. tenuto conto che, considerato che, in considerazione del fatto che; ***it's not bad, ~ how cheap it was*** non è male, considerato quanto costava poco; ***he did well, ~ (that) he was tired*** considerato che era stanco, è andato bene **III** avv. COLLOQ. tutto considerato, tutto sommato, nel complesso; ***it wasn't bad, ~*** tutto considerato, non era male; ***you did well, ~*** tutto sommato, avete fatto bene.

consign /kən'saɪn/ tr. **1** *(get rid of)* ***to ~ sth. to the flames*** consegnare qcs. alle fiamme; ***to ~ an old lamp to the attic*** relegare una vecchia lampada in soffitta; ***to ~ a letter to the wastepaper bin*** buttare una lettera nel cestino **2** *(entrust)* ***to ~ sth. to sb.'s care*** affidare qcs. alle cure di qcn. **3** *(send)* mandare, spedire (**to** a, in); ***to be ~ed to prison*** essere mandato in prigione; COMM. spedire [*goods*] (**to** a, in).

consignation /,kɒnsaɪ'neɪʃn/ n. RAR. **1** COMM. spedizione f. **2** DIR. *(surrender of money)* deposito m.

consignee /,kɒnsaɪ'ni:/ n. COMM. *(of goods on consignment)* consegnatario m. (-a), depositario m. (-a), destinatario m. (-a).

consigner → **consignor**.

consignment /kən'saɪnmənt/ n. COMM. *(sending)* spedizione f.; *(goods)* partita f., invio m.; ***~ note*** lettera di vettura *o* nota di spedizione; ***for ~*** da spedire; ***on ~*** in conto deposito.

consignor /kən'saɪnə(r)/ n. COMM. speditore m. (-trice), consegnatore m. (-trice); depositante m. e f.

consilient /kən'sɪlɪənt/ agg. concordante.

▶ **consist** /kən'sɪst/ intr. ***to ~ of*** consistere di, essere composto di; ***to ~ in*** consistere in; ***to ~ in doing*** consistere nel fare.

▷ **consistence** /kən'sɪstəns/, **consistency** /kən'sɪstənsɪ/ n. **1** *(texture)* consistenza f. **2** *(of view, policy)* coerenza f.; *(of achievement)* consistenza f.

consistent /kən'sɪstənt/ agg. **1** [*growth, level, quality, performance, recording*] costante; [*kindness, help, criticism etc.*] costante, continuo; [*sportsman, playing*] regolare **2** *(repeated)* [*attempts, demands etc.*] ripetuto **3** *(logical)* [*argument, position*] coerente; [*basis*] stabile; [*method*] sistematico **4** **~ with** conforme a *o* compatibile con [*account, belief, decision etc.*]; ***she had injuries ~ with a fall*** le sue ferite facevano pensare a una caduta.

consistently /kən'sɪstəntlɪ/ avv. *(invariably)* costantemente, regolarmente; *(repeatedly)* ripetutamente, a più riprese.

consistorial /kɒnsɪ'stɔ:rɪəl/ agg. concistoriale.

consistory /kən'sɪstərɪ, AE -tɔ:rɪ/ n. concistoro m.

1.consociate /kən'səʊʃɪet/ **I** agg. consociato, associato **II** n. consocio m. (-a).

2.consociate /kən'səʊʃɪeɪt/ **I** tr. consociare **II** intr. consociarsi.

consociation /kən,səʊʃɪ'eɪʃn, -,səʊsɪ-/ n. consociazione f.

consolable /kɒn'səʊləbl/ agg. consolabile.

▷ **consolation** /,kɒnsə'leɪʃn/ n. consolazione f. (**to** per); ***~ prize*** premio di consolazione (anche FIG.); ***it's no ~ that the car is intact*** non è una consolazione che l'auto sia intatta.

consolatory /kən'sɒlətərɪ, AE -tɔ:rɪ/ agg. consolatorio, di conforto; ***a ~ offer*** un'offerta di consolazione.

▷ **1.console** /'kɒnsəʊl/ n. **1** *(controls) (all contexts)* console f. **2** *(television, radio cabinet)* mobile m. (per la televisione, la radio ecc.) **3** *(table)* console f. **4** ARCH. mensola f. ornamentale.

▷ **2.console** /kən'səʊl/ **I** tr. consolare, confortare (**with** con); ***to ~ sb. on, for sth.*** consolare qcn. di *o* per qcs. **II** rifl. ***to ~ oneself*** consolarsi.

consoler /kən'səʊlə(r)/ n. consolatore m. (-trice).

▷ **consolidate** /kən'sɒlɪdeɪt/ **I** tr. **1** consolidare, rafforzare [*knowledge, position*] **2** COMM. ECON. riunire [*resources*]; fondere [*companies*] **II** intr. **1** *(become stronger)* consolidarsi **2** *(unite)* [*companies*] fondersi.

consolidated /kən'sɒlɪdeɪtɪd/ **I** p.pass. → **consolidate II** agg. **1** ECON. consolidato; ***~ fund*** fondo consolidato **2** DIR. ***~ laws*** leggi unificate *o* consolidate **3** US SCOL. ***~ school*** = scuola che raccoglie studenti provenienti da vari distretti scolastici.

▷ **consolidation** /kən,sɒlɪ'deɪʃn/ n. **1** *(of knowledge, position)* consolidamento m. **2** ECON. COMM. *(of companies)* unione f., fusione f.

consolidator /kən'sɒlɪdeɪtə(r)/ n. consolidatore m. (-trice).

consoling /kən'səʊlɪŋ/ agg. consolante.

consols /'kɒnsəlz/ n.pl. GB ECON. (accorc. consolidated annuities) titoli m. consolidati.

consommé /kən'sɒmeɪ/ n. consommé m.

consonance /'kɒnsənəns/ n. **1** FORM. *(agreement)* consonanza f., accordo m.; ***to be in ~ with*** adattarsi a *o* accordarsi con **2** LETTER. MUS. consonanza f.

consonant /'kɒnsənənt/ **I** n. LING. consonante f. **II** agg. FORM. **1** *(in agreement)* consono (**with** a) **2** MUS. consonante; armonioso.

consonantal /,kɒnsə'næntl/ agg. consonantico.

consonant shift /'kɒnsənənt,ʃɪft/ n. LING. rotazione f. consonantica.

1.consort /'kɒnsɔ:t/ n. **1** *(queen's)* consorte m.; ***the prince ~*** il principe consorte **2** ANT. *(spouse)* consorte m. e f. **3** MUS. gruppo m. di musicisti.

2.consort /kən'sɔ:t/ intr. FORM. **1** *(socially)* ***to ~ with*** associarsi con *o* frequentare **2** *(be in keeping)* ***to ~ with*** accordarsi con.

consortium /kən'sɔ:tɪəm/ n. (pl. **~s, -ia**) ECON. consorzio m.

conspecific /,kɒnspɪ'sɪfɪk/ agg. BIOL. della stessa specie.

conspectus /kən'spektəs/ n. **1** *(survey)* visione f. d'insieme, panorama m. **2** *(summary)* prospetto m., sommario m.

conspicuity /kɒnspɪ'kju:ətɪ/ n. → **conspicuousness**.

conspicuous /kən'spɪkjʊəs/ agg. **1** *(to the eye)* [*feature, sign*] visibile, evidente; [*garment*] vistoso; ***~ consumption*** spreco ostentato; ***to be ~*** notarsi *o* farsi notare (**for** per, a causa di); ***to make oneself ~*** farsi notare *o* mettersi in vista; ***to feel ~*** avere l'impressione di stonare *o* di dare nell'occhio; ***to be ~ by one's absence*** IRON. brillare per la propria assenza; ***in a ~ position*** bene in vista **2** *(unusual)* [*success, gallantry*] notevole, cospicuo; [*failure*] sorprendente; ***to be ~ for*** essere notevole per [*bravery, honesty, preci-*

sion]; ***she was ~ for being...*** si notava per il fatto che era...; ***a ~ lack of*** IRON. una lampante *o* evidente mancanza di.
conspicuously /kən'spɪkjʊəslɪ/ avv. [*placed*] bene in vista; [*dressed*] vistosamente, in modo vistoso; [*silent, empty, nervous*] stranamente; ***to be ~ absent*** IRON. brillare per la propria assenza.
conspicuousness /kən'spɪkjʊəsnɪs/ n. cospicuità f.
▷ **conspiracy** /kən'spɪrəsɪ/ n. cospirazione f., complotto m. (**against** contro); ***a ~ to do sth.*** una cospirazione per fare qcs.; ***to enter into a ~*** partecipare a *o* entrare in una cospirazione; ***they are charged with ~ to murder*** sono accusati di complotto in omicidio; ***~ of silence*** congiura del silenzio *o* omertà.
conspirator /kən'spɪrətə(r)/ n. cospiratore m. (-trice).
conspiratorial /kən,spɪrə'tɔ:rɪəl/ agg. [*attività*] cospirativo, cospiratorio; [*glance, air*] d'intesa; [*meeting, discussion*] tra cospiratori.
conspiratress /kən'spɪrətrɪs/ n. cospiratrice f.
conspire /kən'spaɪə(r)/ intr. **1** *(plot)* cospirare, complottare (**against** contro; **with** con); ***to ~ to do*** cospirare per fare **2** *(combine)* ***to ~ to do*** [*circumstances*] cospirare a fare.
constable /'kʌnstəbl, AE 'kɒn-/ ❥ *9* n. BE poliziotto m. (-a), agente m. e f., guardia m. e f.
constabulary /kən'stæbjʊlərɪ, AE -lerɪ/ n. BE polizia f. (di un distretto).
Constance /'kɒnstəns/ n.pr. Costanza.
constancy /'kɒnstənsɪ/ n. costanza f. (**to** verso, nei confronti di); *(of will, belief)* fermezza f.
▶ **constant** /'kɒnstənt/ **I** agg. [*source, pressure, problem, protection, reminder, temptation, fear, threat*] costante, permanente; [*care, growth, improvement, speed, temperature*] costante; [*demands, disputes, questions, attempts, visits*] costante, continuo; [*companion*] fedele, costante **II** n. **1** fattore m. costante, costante f. (**in** di) **2** MAT. FIS. costante f.
constantan /'kɒnstən,tæn/ n. costantana f.
Constantine /'kɒnstən,taɪn/ n.pr. Costantino.
Constantinople /,kɒnstæntɪ'nəʊpl/ n.pr. Costantinopoli f.
▷ **constantly** /'kɒnstəntlɪ/ avv. costantemente.
constellate /'kɒnstə,leɪt/ **I** tr. ASTR. costellare (**with** di) (anche FIG.) **II** intr. RAR. ASTR. formare una costellazione.
constellation /,kɒnstə'leɪʃn/ n. ASTR. costellazione f. (anche FIG. LETT.).
consternate /'kɒnstə,neɪt/ tr. costernare, affliggere.
consternation /,kɒnstə'neɪʃn/ n. costernazione f., sgomento m.; ***in ~*** in preda alla costernazione; ***to my, his etc. ~*** con mia, sua ecc. grande costernazione.
constipate /'kɒnstɪpeɪt/ tr. costipare, rendere stitico.
constipated /'kɒnstɪpeɪtɪd/ **I** p.pass. → **constipate II** agg. costipato, stitico.
constipation /,kɒnstɪ'peɪʃn/ ❥ *11* n. costipazione f., stitichezza f.; ***to have ~*** soffrire di stitichezza *o* essere costipato.
▷ **constituency** /kən'stɪtjʊənsɪ/ n. **1** POL. *(district)* collegio m., circoscrizione f. elettorale; *(voters)* elettorato m.; ***~ party*** BE sezione locale di un partito **2** AE POL. *(supporters)* gruppo m. di sostenitori.
▷ **constituent** /kən'stɪtjʊənt/ **I** agg. [*element, part*] costitutivo; POL. [*assembly, member, power*] costituente **II** n. **1** POL. elettore m. (-trice) **2** *(element) (of character)* tratto m.; *(of event, work of art)* elemento m. **3** CHIM. costituente m., componente m. **4** LING. ***~ analysis*** analisi dei costituenti.
constitute /'kɒnstɪtju:t/ tr. **1** *(represent)* costituire [*threat, challenge, offence, revolution*] **2** *(make up)* costituire [*percentage, figure*] **3** *(set up)* creare, istituire, costituire [*committee, body*] **4** *(elect)* nominare [*person*].
constitution /,kɒnstɪ'tju:ʃn, AE -'tu:ʃn/ n. *(all contexts)* costituzione f.; ***a written ~*** una costituzione scritta.

> **Constitution** Testo su cui si fonda la democrazia americana, la Costituzione fu ratificata nel 1789 dai rappresentanti delle tredici ex colonie. Il suo testo non è mai stato cambiato, ma completato da emendamenti. Introdusse il sistema (*checks and balances*) della separazione dei poteri esecutivo, legislativo e giudiziario (v. ***Amendment, Founding Fathers***).

▷ **constitutional** /,kɒnstɪ'tju:ʃənl, AE -'tu:-/ **I** agg. **1** POL. [*amendment, law, crisis, reform, right, monarchy*] costituzionale; [*action*] conforme alla legge **2** *(innate)* [*physical characteristic*] costituzionale; [*tendency, inability*] innato **II** n. ANT. passeggiata f. igienica *o* salutare.
constitutionalism /,kɒnstɪ'tju:ʃənə,lɪzəm, AE -'tu:-/ n. **1** DIR. costituzionalismo m. **2** POL. governo m. costituzionale.
constitutionalist /,kɒnstɪ'tju:ʃənə,lɪst, AE -'tu:-/ n. POL. DIR. costituzionalista m. e f.
constitutionality /,kɒnstɪ,tju:ʃə'nælətɪ, AE -tu:-/ n. DIR. costituzionalità f.
constitutionally /,kɒnstɪ'tju:ʃənəlɪ, AE -'tu:-/ avv. **1** POL. *(legally)* costituzionalmente **2** *(physically)* di costituzione, fisicamente; *(psychologically)* per natura.
constitutive /'kɒnstɪtju:tɪv, AE -tu:-/ agg. **1** AMM. costitutivo **2** BIOL. [*gene, mutation*] costitutivo.
constitutor /'kɒnstɪtju:tə(r), AE -tu:-/ n. **1** *(founder)* costitutore m. (-trice), fondatore m. (-trice) **2** RAR. DIR. fideiussore m.
constrain /kən'streɪn/ tr. FORM. **1** *(compel)* costringere (**to do** a fare); ***I am ~ed to ask you to do*** sono costretto a chiedervi di fare **2** *(limit)* limitare, inibire [*research, development*].
constrainable /kən'streɪnəbl/ agg. che si può costringere.
▷ **constrained** /kən'streɪnd/ **I** p.pass. → **constrain II** agg. [*smile, silence*] forzato; [*air*] impacciato, innaturale; [*atmosphere*] innaturale.
constrainedly /kən'streɪnɪdlɪ/ avv. in modo forzato, con aria impacciata.
▷ **constraint** /kən'streɪnt/ n. FORM. **1** *(compulsion)* costrizione f., coercizione f.; ***to put a ~ on*** esercitare una coercizione su; ***under ~*** per costrizione; ***you are under no ~*** non hai nessun obbligo **2** *(uneasiness)* imbarazzo m.
constrict /kən'strɪkt/ tr. **1** comprimere, restringere [*flow, blood vessel*]; impedire [*breathing, movement*] **2** FIG. soffocare [*person*].
constricted /kən'strɪktɪd/ **I** p.pass. → **constrict II** agg. [*voice*] soffocato; [*breathing*] affannoso; [*space*] ristretto; [*life*] gramo.
constricting /kən'strɪktɪŋ/ agg. [*garment*] stretto; [*attitude*] opprimente, repressivo; [*job*] vincolante; [*lifestyle*] opprimente.
constriction /kən'strɪkʃn/ n. **1** *(of job, lifestyle etc.)* oppressione f.; ***a feeling of ~*** una sensazione di soffocamento, di oppressione **2** *(of throat, blood vessel)* restringimento m. **3** *(by snake)* strangolamento m.
constrictive /kən'strɪktɪv/ agg. costrittivo.
constrictor /kən'strɪktə(r)/ n. **1** ANAT. costrittore m. **2** ZOOL. → **boa**.
constringe /kən'strɪndʒ/ tr. RAR. comprimere, contrarre.
constringent /kən'strɪndʒənt/ agg. costrittore.
1.construct /'kɒnstrʌkt/ n. **1** FORM. costrutto m. **2** PSIC. concetto m.
▶ **2.construct** /kən'strʌkt/ tr. costruire (**of** con; **in** in).
constructible /kən'strʌktəbl/ agg. costruibile.
▶ **construction** /kən'strʌkʃn/ **I** n. **1** *(composition)* costruzione f.; ***under ~*** in costruzione; ***of simple ~*** costruito in modo semplice **2 U** (anche **~ industry**) edilizia f.; ***to work in ~*** o ***in the ~ industry*** lavorare nell'(industria) edilizia *o* nel settore edile **3 C** *(structure)* costruzione f., struttura f. **4** *(interpretation)* ***to put a ~ on sth.*** dare un'interpretazione di qcs. **5** LING. costruzione f., costrutto m. **II** modif. [*work*] di costruzione; [*toy*] di costruzioni; [*equipment*] di cantiere.
constructional /kən'strʌkʃənl/ agg. [*fault*] di costruzione.
construction engineer /kən'strʌkʃn,endʒɪnɪə(r)/ ❥ *27* n. ingegnere m. civile.
construction paper /kən'strʌkʃn,peɪpə(r)/ n. cartoncino m. (colorato).
construction site /kən'strʌkʃn,saɪt/ n. cantiere m.
construction worker /kən'strʌkʃn,wɜ:kə(r)/ ❥ *27* n. operaio m. (-a) edile, edile m. e f.
▷ **constructive** /kən'strʌktɪv/ agg. **1** costruttivo **2** IND. DIR. AMM. ***~ dismissal*** licenziamento implicito.
constructively /kən'strʌktɪvlɪ/ avv. [*criticize, act*] in modo costruttivo.
constructor /kən'strʌktə(r)/ ❥ *27* n. costruttore m. (-trice).
construe /kən'stru:/ tr. **1** *(interpret)* interpretare [*remark, reaction, phrase*] (**as sth.** come qcs.); ***wrongly ~d*** mal interpretato **2** ANT. SCOL. fare la costruzione (sintattica) di [*sentence*].
consubstantial /,kɒnsəb'stænʃl/ agg. TEOL. consustanziale.
consubstantiality /,kɒnsəb,stænʃɪ'ælɪtɪ/ n. TEOL. consustanzialità f.
consubstantiate /,kɒnsəb'stænʃɪeɪt/ tr. TEOL. consustanziare.
consubstantiation /,kɒnsəb,stænʃɪ'eɪʃn/ n. TEOL. consustanziazione f.
consuetude /'kɒnswɪ,tju:d, AE -,tu:d-/ n. consuetudine f.
consuetudinary /,kɒnswɪ'tju:dɪnərɪ, AE -'tu:d-/ agg. consuetudinario.
consul /'kɒnsl/ n. ANT. POL. console m.; ***~ general*** console generale; ***the French ~*** il console francese.
consulage /'kɒnsjʊlɪdʒ, AE -səl-/ n. diritti m.pl. consolari, spese f.pl. consolari.

consular /ˈkɒnsjʊlə(r), AE -səl-/ agg. consolare.
consulate /ˈkɒnsjʊlət, AE -səl-/ n. *(building)* consolato m.
consulship /ˈkɒnslʃɪp/ n. *(position)* consolato m.
▷ **consult** /kənˈsʌlt/ **I** tr. **1** *(refer to)* consultare [*expert, document, dictionary*] (**about** su) **2** *(take account of)* avere riguardo per [*person*]; ***to ~ sb.'s interests*** FORM. tenere conto degli *o* avere considerazione per gli interessi di qcn. **II** intr. (anche **~ together**) consultarsi (**about** su); ***to ~ with sb.*** consultarsi con qcn.
consultancy /kənˈsʌltənsɪ/ **I** n. **1** AMM. (anche **~ firm**) società f. di consulenza **2 U** AMM. *(advice)* consulenza f.; ***to work in ~*** lavorare come consulente **3** BE MED. *(job in hospital) (as a specialist)* posto m. di (medico) specialista; *(as a clinician in the highest grade)* primariato m. **II** modif. [*fees, service, work*] di consulenza.
▷ **consultant** /kənˈsʌltənt/ ◗ ***27*** **I** n. **1** *(expert)* consulente m. e f., consigliere m. (-a) (**on, in** di, in; **to** per) (anche AMM.); ***careers ~*** consulente per l'orientamento professionale; ***beauty ~*** estetista; ***legal ~*** consulente legale **2** BE MED. *(in hospital) (specialist)* (medico) specialista m. e f.; *(clinician in the highest grade)* primario m. **II** modif. BE MED. **~ *obstetrician, psychiatrist*** primario di ostetricia, di psichiatria.
▷ **consultation** /ˌkɒnslˈteɪʃn/ n. **1** *(meeting) (for advice)* riunione f. (**about** su); *(for discussion)* conversazione f., colloquio m. (**about** su); *(medical)* consulto m.; ***to have a ~ o ~s with sb.*** *(for advice)* conferire con *o* consultare qcn.; *(for discussion)* intrattenersi con qcn. **2 U** *(process)* consultazione f. (**of** di); ***after ~ with sb.*** dopo aver consultato qcn.
consultative /kənˈsʌltətɪv/ agg. [*role, committee*] consultivo; ***in a ~ capacity*** a titolo consultivo.
consulting /kənˈsʌltɪŋ/ agg. [*fees, service, work*] di consulenza.
consulting engineer /kənˈsʌltɪŋˌendʒɪnɪə(r)/ ◗ ***27*** n. consulente m. tecnico.
consulting hours /kənˈsʌltɪŋˌaʊəz/ n.pl. MED. orario m.sing. di ricevimento, di visita.
consulting room /kənˈsʌltɪŋˌruːm, -ˌrʊm/ n. MED. ambulatorio m., studio m. medico.
consumable /kənˈsjuːməbl, AE -ˈsuːm-/ **I** n. COMM. bene m. di consumo **II consumables** n.pl. COMM. consumi m.
▷ **consume** /kənˈsjuːm, AE -ˈsuːm-/ tr. **1** mangiare [*food*]; bere [*drink*]; [*animal*] divorare [*prey*] **2** *(use up)* consumare [*fuel, food, drink*]; consumare, impiegare [*time*]; ***this testing ~s a major share of the resources*** una parte rilevante delle risorse è destinata a questi test **3** *(destroy)* [*flames*] consumare, distruggere [*building etc.*]; [*illness*] consumare [*person*] **4** *(overwhelm)* ***to be ~d by*** o ***with*** essere divorato da [*envy*]; ardere di [*desire*]; essere tormentato da [*guilt*].
▶ **consumer** /kənˈsjuːmə(r), AE -ˈsuːm-/ n. consumatore m. (-trice); *(of electricity, gas, etc.)* utente m. e f.
consumer advice /kənˌsjuːmərədˈvaɪs, AE -ˌsuːm-/ n. consigli m.pl. ai consumatori.
consumer advice centre /kənˌsjuːmərədˈvaɪsˌsentə(r), AE -ˌsuːm-/ n. BE = centro per la tutela dei consumatori.
consumer confidence /kənˌsjuːməˈkɒnfɪdəns, AE -ˌsuːm-/ n. fiducia f. dei consumatori.
consumer credit /kənˌsjuːməˈkredɪt, AE -ˌsuːm-/ n. credito m. al consumo.
consumer demand /kənˌsjuːmədɪˈmɑːnd, AE -ˌsuːmərdɪˈmænd/ n. domanda f. dei consumatori.
consumer durables /kənˌsjuːməˈdjʊərəbls, AE -ˌsuːmərˈdʊərəbls/ n.pl. beni m. di consumo durevoli.
consumer electronics /kənˌsjuːmərɪlekˈtrɒnɪks, AE -ˌsuːm-/ n.pl. = articoli di elettronica destinati a una vasta utenza.
consumer goods /kənˈsjuːməgʊds, AE -ˈsuːm-/ n.pl. beni m. di consumo.
consumer group /kənˈsjuːməˌgruːp, AE -ˈsuːm-/ n. associazione f. dei consumatori.
consumerism /kənˈsjuːmərɪzəm, AE -ˈsuːm-/ n. consumismo m.; ***the excesses of ~*** gli eccessi del consumismo.
consumerist /kənˈsjuːmərɪst, AE -ˈsuːm-/ **I** agg. SPREG. [*society, culture*] consumista **II** n. consumista m. e f.
consumeristic /kənsjuːməˈrɪstɪk, AE -suːm-/ agg. consumistico.
Consumer Price Index /kənˌsjuːməˈpraɪsˌɪndeks, AE -ˌsuːm-/ n. indice m. dei prezzi al consumo.
consumer products /kənˈsjuːməˌprɒdʌkts, AE -ˈsuːm-/ n.pl. prodotti m., generi m. di consumo.
consumer protection /kənˌsjuːməprəˈtekʃn, AE -ˌsuːm-/ n. tutela f., difesa f. dei consumatori.
consumer research /kənˌsjuːmərɪˈsɜːtʃ, -ˈriːsɜːtʃ, AE -ˌsuːm-/ n. ricerca f. di mercato.
consumer society /kənˈsjuːməsəˌsaɪətɪ, AE -ˈsuːm-/ n. società f. dei consumi, consumistica.
consumer spending /kənˌsjuːməˈspendɪŋ, AE -ˌsuːm-/ n. spese f.pl. in consumi.
consuming /kənˈsjuːmɪŋ, AE -ˈsuːm-/ agg. [*passion*] divorante; [*desire*] ardente.
1.consummate /kənˈsʌmət/ agg. FORM. consumato, esperto.
2.consummate /ˈkɒnsəmeɪt/ tr. FORM. consumare [*marriage*].
consummation /ˌkɒnsəˈmeɪʃn/ n. FORM. *(of marriage)* consumazione f.; *(of efforts)* coronamento m.; *(of desire)* realizzazione f.
consumption /kənˈsʌmpʃn/ ◗ ***11*** n. **1** *(of food, alcohol, fuel, goods)* consumo m.; ***electricity ~, ~ of electricity*** consumo di elettricità; ***unfit for human ~*** non commestibile **2** ANT. MED. *(tuberculosis)* consunzione f.
consumptive /kənˈsʌmptɪv/ **I** agg. ANT. MED. tubercoloso, tubercolotico **II** n. ANT. MED. tubercoloso m. (-a), tubercolotico m. (-a).
consumptively /kənˈsʌmptɪvlɪ/ avv. come un tubercolotico.
cont. ⇒ continued continua.
▶ **1.contact** /ˈkɒntækt/ n. **1** *(touch)* contatto m. (**between** tra; **with** con) (anche FIG.); ***direct ~*** contatto diretto; ***to be in, come in(to), make ~*** essere in, venire a, mettersi in contatto; ***to get in(to) ~*** prendere contatto; ***to maintain, lose ~*** mantenere, perdere i contatti; ***to explode on ~*** esplodere al contatto (**with** con); ***to be in constant ~*** essere in costante contatto; ***diplomatic, sporting, secret ~s*** relazioni diplomatiche, sportive, segrete **2** *(by radar, radio)* contatto m.; ***to make, lose ~*** stabilire, perdere il contatto; ***to be in ~*** essere in contatto **3** *(acquaintance)* conoscenza f.; *(professional)* contatto m.; *(for drugs, spy)* contatto m., aggancio m. **4** EL. contatto m. **5** OTT. → **contact lens 6** FOT. → **contact print 7** MED. portatore m. (-trice) di infezione, soggetto m. a rischio; ***sexual ~*** partner.
▶ **2.contact** /kənˈtækt, ˈkɒntækt/ tr. contattare, mettersi in contatto con (**by** con, via); ***he could not be ~ed*** non era possibile contattarlo *o* mettersi in contatto con lui.
contactable /kənˈtæktəbl, ˈkɒn-/ agg. ***she is not ~ by phone, at the moment*** in questo momento non è possibile raggiungerla telefonicamente.
contact adhesive /ˈkɒntæktədˌhiːsɪv/ n. adesivo m. di contatto.
contact breaker /ˈkɒntæktˌbreɪkə(r)/ n. EL. AUT. ruttore m.
contact lens /ˈkɒntæktˌlenz/ n. lente f. a contatto.
contactor /ˈkɒntæktə(r)/ n. contattore m.
contact print /ˈkɒntæktˌprɪnt/ n. copia f. per contatto.
contact sport /ˈkɒntæktˌspɔːt/ n. sport m. di contatto.
contagion /kənˈteɪdʒən/ n. contagio m. (anche FIG.).
contagious /kənˈteɪdʒəs/ agg. MED. contagioso (anche FIG.).
contagiously /kənˈteɪdʒəslɪ/ avv. contagiosamente.
contagiousness /kənˈteɪdʒəsnɪs/ n. contagiosità f.
▶ **contain** /kənˈteɪn/ **I** tr. **1** *(hold)* contenere [*amount, ingredients, information, mistakes*] **2** *(curb)* domare [*blaze*]; arginare [*epidemic*]; contenere, limitare [*costs, problem*]; controllare [*strike, terrorism*] **3** *(within boundary)* imbrigliare [*river*]; contenere [*flood*] **4** *(control)* contenere, trattenere, controllare [*grief, joy etc.*] **5** MIL. contenere, resistere a [*enemy, offensive*] **6** MAT. essere un multiplo di, essere divisibile per **II** rifl. ***to ~ oneself*** contenersi, controllarsi, trattenersi.
containable /kənˈteɪnəbl/ agg. contenibile.
▷ **container** /kənˈteɪnə(r)/ n. **1** *(for food, liquids)* contenitore m., recipiente m.; *(for plants)* vaso m.; *(skip, for waste)* cassone m. (per materiali di rifiuto); ***plastic, glass ~*** recipiente di plastica, di vetro; ***water ~*** recipiente per l'acqua **2** *(for transport)* container m.
container depot /kənˈteɪnəˌdepəʊ, AE -ˌdiːpəʊ/ n. deposito m. (dei) container.
containerization /kənˌteɪnəraɪˈzeɪʃn, AE -rɪˈz-/ n. *(loading into containers)* containerizzazione f.; *(method of transport)* containerizzazione f., trasporto m. con container.
containerize /kənˈteɪnəraɪz/ tr. containerizzare.
container lorry /kənˈteɪnəˌlɒrɪ, AE -ˌlɔːrɪ/ n. → **container truck.**
container port /kənˈteɪnəˌpɔːt/ n. porto m. dei container.
container ship /kənˈteɪnəˌʃɪp/ n. (nave) portacontainer f.
container terminal /kənˈteɪnəˌtɜːmɪnl/ n. terminal m. dei container.
container transport /kənˈteɪnəˌtrænspɔːt/ n. trasporto m. con container.
container truck /kənˈteɪnəˌtrʌk/ n. (autocarro) portacontainer m.
containment /kənˈteɪnmənt/ n. US STOR. POL. = politica di contenimento (degli Stati Uniti nei confronti dei paesi comunisti).
contaminable /kənˈtæmɪnəbl/ agg. contaminabile.
contaminate /kənˈtæmɪneɪt/ tr. contaminare, inquinare.

▷ **contaminated** /kən'tæmɪneɪtɪd/ I p.pass. → **contaminate II** agg. contaminato.

▷ **contamination** /kən,tæmɪ'neɪʃn/ n. contaminazione f. (anche LING.).

contd → **cont.**

1.contango /kən'tæŋgəʊ/ n. BE ECON. *(on the stock exchange) (postponement of payment)* riporto m. proroga; *(fee)* tasso m. di riporto.

2.contango /kən'tæŋgəʊ/ I tr. BE ECON. *(on the stock exchange)* riportare [*shares*] II intr. BE ECON. *(on the stock exchange)* fare un riporto.

contemn /kən'tem/ tr. ANT. disprezzare.

contemner /kən'temə(r), -'temnə(r)/ n. DIR. = persona colpevole di oltraggio alla corte.

▷ **contemplate** /'kɒntəmpleɪt/ I tr. 1 *(consider deeply)* contemplare, riflettere su [*situation*]; ***to ~ the day's events*** riflettere sugli avvenimenti della giornata 2 *(envisage)* contemplare *o* prendere in considerazione [*option, prospect*]; ***to ~ doing*** contemplare, proporsi di fare; ***it's too awful to ~*** non voglio nemmeno prenderlo in considerazione 3 *(look at)* contemplare [*picture, scene*] II intr. riflettere, meditare.

contemplation /,kɒntem'pleɪʃn/ n. 1 *(deep thought)* contemplazione f., riflessione f.; ***to be deep*** o ***lost in ~*** essere immerso nei propri pensieri 2 *(looking)* contemplazione f. (**of** di) 3 *(expectation)* ***in ~ of the imminent disaster*** in previsione del disastro imminente.

contemplative /kən'templətɪv, 'kɒntempleɪtɪv/ I agg. [*person, mood*] contemplativo, pensoso, meditativo; RELIG. [*life, vocation, order*] contemplativo II n. contemplativo m. (-a).

contemplativeness /kən'templətɪvnɪs, 'kɒntempleɪt-/ n. (l')essere contemplativo.

contemplator /'kɒntəmpleɪtə(r)/ n. contemplatore m. (-trice).

contemporaneity /kən,tempərə'ni:ətɪ/ n. FORM. contemporaneità f.

contemporaneous /kən,tempə'reɪnɪəs/ agg. contemporaneo (**with** di).

contemporaneously /kən,tempə'reɪnɪəslɪ/ avv. contemporaneamente (**with** a).

▶ **contemporary** /kən'temprərɪ, AE -pərerɪ/ I agg. 1 *(present-day)* [*history, music, artist*] contemporaneo; *(up-to-date)* moderno 2 *(of same period)* [*witness, style, documents*] dell'epoca; [*account*] dello stesso periodo; ***to be ~ with*** [*event*] coincidere con II n. contemporaneo m. (-a); ***he was a ~ of mine at university*** eravamo all'università nello stesso periodo; ***our contemporaries*** i nostri coetanei.

▷ **contempt** /kən'tempt/ n. disprezzo m.; ***to feel ~ for sb.*** provare disprezzo per qcn.; ***his ~ for truth*** il suo disprezzo della verità; ***to hold sb., sth. in ~*** disprezzare qcn. *o* qcs., provare disprezzo per qcn., qcs.; ***to be beneath ~*** non meritare neppure il disprezzo.

contemptibility /kən,temptə'bɪlətɪ/ n. spregevolezza f.

contemptible /kən'temptəbl/ agg. [*cowardice, person*] spregevole, disprezzabile; ***it was a really ~ thing to do*** era una cosa veramente spregevole da fare.

contemptibleness /kən,temptə'bəlnɪs/ n. → **contemptibility**.

contemptibly /kən,temptə'blɪ/ avv. in modo spregevole, spregevolmente.

contempt of congress /kən,temptəv'kɒŋgres, AE -grəs/ n. US POL. oltraggio m. al Congresso.

contempt of court /kən,temptəv'kɔ:t/ n. DIR. oltraggio m. alla corte.

contemptuous /kən'temptjʊəs/ agg. sprezzante, sdegnoso; ***to be ~ of sth., sb.*** disprezzare qcs., qcn.

contemptuously /kən'temptjʊəslɪ/ avv. [*smile, say, treat*] con disprezzo; [*behave*] in modo sprezzante.

contemptuousness /kən'temptjʊəsnɪs/ n. (l')essere sprezzante.

▷ **contend** /kən'tend/ I tr. sostenere (**that** che); ***"to succeed," she ~ed, "we must..."*** "per riuscirci", sosteneva lei, "dobbiamo..." II intr. 1 ***to ~ with*** affrontare; ***he's got a lot, enough to ~ with*** ha molti, abbastanza problemi da affrontare 2 *(compete)* ***she was ~ing with him for first place*** era in gara con lui per il primo posto; ***two teams are ~ing for the cup*** due squadre si contendono la coppa.

▷ **contender** /kən'tendə(r)/ n. 1 SPORT concorrente m. e f.; ***the top ~*** il favorito; ***the main ~s*** i concorrenti più importanti; ***she's a ~ for first place*** è in gara per il primo posto; ***there are three ~s for first place*** tre concorrenti si contendono il primo posto 2 *(for job, political post)* candidato m. (-a) (**for** a); ***is he a serious ~?*** è un candidato serio?

▶ **1.content** /'kɒntent/ I n. 1 *(relative quantity)* contenuto m.; ***the fat, vitamin ~*** il contenuto di grassi, di vitamine; ***low, high lead ~*** *(in soil, metal etc.)* basso, alto contenuto di piombo; ***to have a low, high fat ~*** essere povero, ricco di materie grasse 2 *(meaning) (of essay, article)* contenuto m.; ***form and ~*** LETTER. forma e contenuto II **contents** n.pl. 1 *(of jar, bag)* contenuto m.sing.; *(of house, in insurance)* beni m. mobili; ***he emptied the drawer of its ~s*** ha svuotato il cassetto del suo contenuto 2 *(of book, file)* ***list*** o ***table of ~s*** sommario; ***what were the ~s of the letter?*** qual era il contenuto della lettera?

2.content /kən'tent/ n. *(happiness)* contentezza f. ◆ ***to do sth. to one's heart's ~*** fare qcs. per propria soddisfazione personale.

3.content /kən'tent/ agg. contento, soddisfatto (**with** di); ***to be ~ to do*** accontentarsi di fare; ***not ~ with doing*** non contento di fare; ***she's ~ with her life*** è soddisfatta della sua vita; ***he's ~ with what he has*** è contento di ciò che ha; ***I'm quite ~ here*** sto piuttosto bene qui.

4.content /kən'tent/ I tr. *(please)* accontentare; ***to be easily ~ed*** accontentarsi di poco II rifl. ***to ~ oneself with sth., with doing*** accontentarsi di qcs., di fare.

contented /kən'tentɪd/ I p.pass. → **4.content** II agg. [*person*] contento, soddisfatto (**with** di); [*feeling*] di soddisfazione; ***he gave a ~ sigh*** sospirò di soddisfazione; ***he's a ~ child*** è un bambino felice.

contentedly /kən'tentɪdlɪ/ avv. [*sigh, smile*] con, di soddisfazione; [*read*] con soddisfazione.

contentedness /kən'tentɪdnɪs/ n. contentezza f., soddisfazione f.

contention /kən'tenʃn/ n. FORM. 1 *(opinion)* affermazione f.; ***it is my ~ that*** io sostengo che 2 *(dispute)* discussione f., litigio m. (**about** su, a proposito di); ***matter, point of ~*** argomento, punto in discussione 3 SPORT *(competition)* competizione f.; ***to be in ~*** essere in competizione.

contentious /kən'tenʃəs/ agg. 1 [*issue, subject*] contenzioso, controverso; ***to hold ~ views on sth.*** avere opinioni discutibili su qcs. 2 FORM. [*person, group*] polemico, litigioso.

contentiously /kən'tenʃəslɪ/ avv. 1 *(controversially)* in modo controverso 2 *(quarrelsomely)* contenziosamente.

contentiousness /kən'tenʃəsnɪs/ n. 1 *(of issue)* (l')essere controverso 2 *(quarrelsomeness)* (l')essere contenzioso, contenziosità f.

contentment /kən'tentmənt/ n. soddisfazione f., appagamento m.; ***with ~*** [*sigh, smile*] di soddisfazione; ***there was a look of ~ on his face*** aveva l'aria soddisfatta.

conterminal /kɒn'tɜ:mɪnl/, **conterminous** /kɒn'tɜ:mɪnəs/ agg. FORM. [*country, state*] confinante (**with** con); [*boundaries*] in comune.

▷ **1.contest** /'kɒntest/ n. 1 *(competition)* concorso m., gara f., competizione f.; ***fishing ~*** gara di pesca; ***sports ~*** gara sportiva; ***to enter, hold a ~*** partecipare a, organizzare una gara *o* un concorso; ***it's no ~*** non c'è gara *o* non c'è storia 2 *(struggle)* lotta f. (**with** con; **between** tra) 3 *(in election)* ***the presidential ~*** la corsa alla presidenza.

2.contest /kən'test/ tr. 1 *(object to)* contestare [*decision, point, result*]; DIR. contestare, impugnare [*will, decision*] 2 SPORT *(compete for)* disputare [*match*]; ***to be strongly ~ed*** POL. [*seat*] essere molto conteso; ***to ~ an election*** POL. presentarsi a un'elezione.

contestable /kən'testəbl/ agg. contestabile.

▷ **contestant** /kən'testənt/ n. *(in competition, game)* concorrente m. e f.; *(in fight)* avversario m. (-a); *(for job, in election)* candidato m. (-a).

contestation /,kɒntes'teɪʃn/ n. FORM. contestazione f.

▶ **context** /'kɒntekst/ n. contesto m.; ***in ~*** [*study, understand*] nel (proprio) contesto; ***out of ~*** [*quote, examine*] fuori contesto; ***to put sth. into ~*** contestualizzare qcs. *o* inserire qcs. nel proprio contesto.

context-sensitive /'kɒntekst,sensətɪv/ agg. sensibile al contesto.

contextual /kən'tekstʃʊəl/ agg. contestuale.

contextualize /kən'tekstʃʊə,laɪz/ tr. contestualizzare.

contiguity /,kɒntɪ'gju:ətɪ/ n. FORM. contiguità f.

contiguous /kən'tɪgjʊəs/ agg. FORM. contiguo (**to**, **with** a).

continence /'kɒntɪnəns/ n. FORM. continenza f.

▷ **1.continent** /'kɒntɪnənt/ n. *(land mass)* continente m.; ***the Continent*** BE il continente (l'Europa continentale); ***on the Continent*** BE in continente.

2.continent /'kɒntɪnənt/ agg. 1 MED. continente 2 FORM. *(sexually)* continente.

▷ **continental** /,kɒntɪ'nentl/ I n. continentale m. e f. II modif. 1 GEOGR. [*vegetation, climate*] continentale 2 BE [*universities, philosophy*] continentale; ***~ car*** auto fabbricata nell'Europa continentale;

~ ***holiday*** vacanze in continente ◆ ***it's not worth a ~*** AE COLLOQ. non vale una lira.

continental breakfast /ˌkɒntɪnentl'brekfəst/ n. colazione f. continentale, all'europea.

Continental Divide /ˌkɒntɪnentldɪ'vaɪd/ n. US = spartiacque delle Montagne Rocciose.

continental drift /ˌkɒntɪnentl'drɪft/ n. deriva f. dei continenti.

Continental Europe /ˌkɒntɪnentl'jʊərəp/ n.pr. Europa f. continentale.

continental quilt /ˌkɒntɪnentl'kwɪlt/ n. BE piumino m., trapunta f.

continental shelf /ˌkɒntɪnentl'ʃelf/ n. piattaforma f. continentale.

contingence /kən'tɪndʒəns/, **contingency** /kən'tɪndʒənsɪ/ n. **1** contingenza f., eventualità f.; ***to provide for, be prepared for contingencies*** prepararsi, essere preparato agli imprevisti; ***to cover the same contingencies*** coprire gli stessi rischi **2** FILOS. contingenza f.

contingency fund /kən'tɪndʒənsɪˌfʌnd/ n. ECON. fondo m. di riserva (per sopravvenienze passive).

contingency plan /kən'tɪndʒənsɪˌplæn/ n. piano m. di emergenza.

contingency planning /kən'tɪndʒənsɪˌplænɪŋ/ n. pianificazione f. di emergenza.

contingency reserve /kən'tɪndʒənsɪrɪˌzɜːv/ n. → **contingency fund**.

▷ **contingent** /kən'tɪndʒənt/ **I** agg. **1** *(fortuitous)* contingente **2** FORM. ***to be ~ on*** o ***upon*** dipendere da **II** n. MIL. FILOS. contingente m.

contingently /kən'tɪndʒəntlɪ/ avv. contingentemente, in modo contingente.

continuable /kən'tɪnjʊəbl/ agg. **1** continuabile **2** *(on the stock exchange)* riportabile.

continual /kən'tɪnjʊəl/ agg. continuo, incessante.

▷ **continually** /kən'tɪnjʊəlɪ/ avv. continuamente.

continuance /kən'tɪnjʊəns/ n. **1** *(of war, regime)* continuazione f. **2** *(of species)* continuità f. **3** AE DIR. rinvio m.

continuant /kən'tɪnjʊənt/ agg. continuo.

continuation /kənˌtɪnjʊ'eɪʃn/ n. **1** *(of situation, process)* continuazione f. **2** *(resumption)* continuazione f., ripresa f. **3** *(in book)* continuazione f., seguito m.; *(of contract)* proroga f.; *(of route)* prolungamento m. **4** BE ECON. *(on the stock exchange)* riporto m.

continuative /kənˌtɪnjʊ'eɪʃn/ agg. continuativo.

continuator /kənˌtɪnjʊ'eɪʃn/ n. continuatore m. (-trice).

▶ **continue** /kən'tɪnjuː/ **I** tr. **1** continuare, proseguire [*career, studies, enquiry, TV series*] **2** *(resume)* riprendere, continuare; ***"to be ~d"*** *(in film)* "continua", "il seguito alla prossima puntata"; ***"~d overleaf"*** "continua alla pagina seguente"; ***"if I may ~"*** IRON. "se posso continuare"; ***"what's more," she ~d*** "inoltre," continuò **3** pro-seguire [*journey*] **4** *(preserve)* mantenere, conservare [*tradition, culture*]; mantenere, osservare [*measures, standards*] **II** intr. **1** [*noise, debate, strike, film*] continuare; [*weather*] continuare, permanere; ***the trial ~s*** il processo continua; ***repair work is continuing on the bridge*** i lavori di riparazione continuano sul ponte **2** *(keep on)* continuare (**doing**, **to do** a fare); ***it ~d raining*** o ***to rain*** continuò a piovere **3** [*person*] continuare, procedere, proseguire; [*route*] continuare, proseguire; ***he ~d across, down the street*** proseguì attraverso, lungo la strada **4** *(in career, role)* rimanere, restare (**in** in); ***she will ~ as minister*** resterà come ministro **5** *(in speech)* continuare, proseguire; ***he ~d by citing*** *(in debate)* proseguì citando **6** ***to ~ with*** continuare (con) [*task, duties, treatment*]; ***to ~ with the ironing*** continuare a stirare.

▷ **continuing** /kən'tɪnjuːɪŋ/ agg. [*advance, trend, effort, debate*] continuo; ***on a ~ basis*** in modo permanente.

continuing education /kən'tɪnjuːɪŋˌedʒʊˌkeɪʃn/ n. formazione f. permanente.

▷ **continuity** /ˌkɒntɪ'njuːɪtɪ/ n. **1** continuità f.; ***to provide ~ of services*** assicurare la continuità dei servizi **2** CINEM. TELEV. *(flow)* continuità f. **3** CINEM. *(continuous projection)* proiezione f. continuata, spettacolo m. continuato.

continuity announcer /ˌkɒntɪ'njuːɪtɪəˌnaʊnsə(r)/ ➧ ***27*** n. annunciatore m. (-trice).

continuity girl /ˌkɒntɪ'njuːɪtɪˌgɜːl/ ➧ ***27*** n. segretaria f. di produzione.

continuity man /ˌkɒntɪ'njuːɪtɪˌmən/ ➧ ***27*** n. (pl. **continuity men**) segretario m. di produzione.

continuo /kən'tɪnjʊəʊ/ n. (pl. **~s**) MUS. basso m. continuo.

▷ **continuous** /kən'tɪnjʊəs/ agg. **1** [*growth, flow, decline, noise*] continuo, costante, ininterrotto; [*love, care*] continuo, costante; [*line, surface*] continuo; ~ ***assessment*** BE SCOL. UNIV. valutazione formativa; ~ ***performance*** CINEM. spettacolo continuato **2** LING. [*tense*] progressivo; ***it's in the present ~*** è al presente progressivo **3** BIOL. [*gene*] continuo.

▷ **continuously** /kən'tɪnjʊəslɪ/ avv. **1** *(without a break)* [*sing, talk*] continuamente, in continuazione; [*breathe*] in modo continuo **2** *(repeatedly)* continuamente, ripetutamente.

continuum /kən'tɪnjʊəm/ n. (pl. **~s**, **-a**) continuo m.; ***time-space ~*** continuo spaziotemporale, spaziotempo.

contort /kən'tɔːt/ **I** tr. **1** contorcere [*limbs*]; ***to ~ one's body*** contorcersi; ***his features were ~ed with rage*** aveva il volto stravolto dalla rabbia **2** *(distort)* stravolgere [*message, truth*] **II** intr. [*face, features, mouth*] contorcersi, contrarsi.

contortion /kən'tɔːʃn/ n. contorsione f.

contortionist /kən'tɔːʃənɪst/ ➧ ***27*** n. contorsionista m. e f.

contour /'kɒntʊə(r)/ n. **1** *(outline)* contorno m., profilo m. **2** GEOGR. → **contour line**.

contour line /'kɒntʊəlaɪn/ n. linea f., curva f. di livello, linea f. isometrica; METEOR. isoipsa f.

contour map /'kɒntʊəmæp/ n. carta f. delle curve di livello.

1.contra /'kɒntrə/ **I** avv. al contrario **II** n. contro m.; ***pros and ~s*** pro e contro.

2.contra /'kɒntrə/ **I** n. *(soldier)* guerrigliero m. (-a) contras **II** modif. ~ ***rebels*** i guerriglieri contras; ***the ~ army*** i contras.

contraband /'kɒntrəbænd/ **I** n. contrabbando m. **II** modif. [*perfume, petrol*] di contrabbando.

contrabandist /'kɒntrəbændɪst/ n. contrabbandiere m. (-a).

contrabass /ˌkɒntrə'beɪs/ ➧ ***17*** n. contrabbasso m.

contrabassoon /ˌkɒntrəbə'suːn/ ➧ ***17*** n. controfagotto m.

contraception /ˌkɒntrə'sepʃn/ n. contraccezione f.; ***to practise ~*** utilizzare un metodo contraccettivo.

contraceptive /ˌkɒntrə'septɪv/ **I** n. contraccettivo m., anticoncezionale m. **II** agg. [*method*] contraccettivo, anticoncezionale; ~ ***device*** (sistema) contraccettivo *o* anticoncezionale.

▶ **1.contract** /'kɒntrækt/ **I** n. **1** AMM. DIR. *(agreement)* contratto m. (**for** per; **with** con); ***employment ~*** o ***~ of employment*** contratto di lavoro; ***a two-year ~*** un contratto di due anni; ***to enter into a ~ with*** fare *o* stipulare un contratto con; ***to be on a ~*** essere sotto contratto; ***to be under ~ with*** essere sotto contratto per; ***to be under ~ to*** lavorare a contratto per; ***to be out of ~*** non avere un contratto **2** COMM. *(tender)* (contratto di) appalto m.; ***to win, lose a ~*** vincere, perdere un appalto; ***to award a ~ to*** assegnare un appalto a; ***to place a ~ for sth. with*** assegnare un appalto per qcs. a; ***a ~ to maintain*** o ***for the maintenance of*** un appalto per la manutenzione di; ***to do work under ~*** fare un lavoro in appalto *o* sotto contratto; ***to put work out to ~*** dare un lavoro in appalto **3** POP. *(for assassination)* ***to put out a ~ on*** fare uccidere su commissione [*person*]; ***there's a ~ out on him*** hanno pagato un killer per ucciderlo **4** GIOC. *(in bridge)* contratto m. **II** modif. [*labour, worker*] a contratto; ***the work is done on a ~ basis*** il lavoro viene fatto con contratto di collaborazione esterna.

▶ **2.contract** /kən'trækt/ **I** tr. **1** MED. *(develop)* contrarre [*virus, disease*] (**from** da) **2** DIR. *(arrange)* contrarre [*marriage, alliance, debt, duty, loan*] **3** COMM. DIR. ***to be ~ed to do*** essere tenuto a fare per contratto **4** *(tighten)* contrarre [*muscles*] **II** intr. **1** COMM. DIR. *(undertake)* ***to ~ to do*** impegnarsi a fare per contratto; ***to ~ with sb. to do*** stipulare un contratto con qcn. per fare **2** *(shrink)* [*wood, metal*] contrarsi, ritirarsi; [*power, influence, support, funds*] diminuire, ridursi; [*market*] contrarsi, ridursi **3** MED. FISIOL. contrarsi.

■ **contract into** BE ~ ***into [sth.]*** aderire a, entrare a far parte di [*group, scheme*].

■ **contract out** BE ~ ***out*** ECON. DIR. rinunciare, liberarsi da obblighi legali; ***to ~ out of*** ritirarsi da, non aderire a [*scheme*]; ~ ***out [sth.]***, ~ ***[sth.] out*** appaltare, dare in appalto [*building maintenance, work*] (**to** a).

■ **contract with** fare un contratto (d'appalto, di fornitura ecc.) con [*firm, supplier etc.*].

contractable /kən'træktəbl/ agg. **1** COMM. DIR. contrattabile **2** MED. contraibile, contagioso.

contract agreement /'kɒntræktəˌgriːmənt/ n. accordo m. contrattuale.

contract bridge /ˌkɒntrækt'brɪdʒ/ ➧ ***10*** n. GIOC. bridge m. contratto.

contract cleaners /'kɒntræktˌkliːnəz/ n.pl. impresa f.sing. di pulizia.

contracted /kən'træktɪd/ **I** p.pass. → **2.contract II** agg. **1** [*muscle*] contratto **2** *(concise)* conciso **3** *(shortsighted)* di idee limitate; meschino.

contractibility /kənˌtræktə'bɪlətɪ/ n. contrattilità f.

contractible /kən'træktəbl/, **contractile** /kən'træktaɪl, AE -tl/ agg. contrattile.
contractility /ˌkɒntræk'tɪlətɪ/ n. contrattilità f.
contracting /kən'træktɪŋ/ agg. contraente; ***the ~ parties*** le parti contraenti *o* i contraenti.
▷ **contraction** /kən'trækʃn/ n. **1** *(shrinkage) (of metal, wood)* contrazione f.; *(of industry, market, sector)* contrazione f., calo m. **2** MED. FISIOL. *(muscular)* contrazione f.; ***the ~s have started*** le contrazioni sono iniziate **3** LING. contrazione f.
contractive /kən'træktɪv/ agg. che tende a contrarsi, contrattile.
contract killer /ˌkɒntrækt'kɪlə(r)/ n. killer m. (prezzolato).
contract killing /ˌkɒntrækt'kɪlɪŋ/ n. omicidio m. su commissione.
▷ **contractor** /kən'træktə(r)/ ♦ ***27*** n. **1** *(business) (from building sector)* appaltatore m. (-trice), imprenditore m. (-trice); ***defence ~*** fornitore della difesa **2** DIR. *(party)* parte f. contraente, contraente m. e f. **3** GIOC. *(in bridge)* dichiarante m.
contractual /kən'træktʃʊəl/ agg. contrattuale.
contractually /kən'træktʃʊəlɪ/ avv. contrattualmente, dal punto di vista contrattuale; ***to be ~ bound to do*** essere obbligato a fare per contratto.
contracture /kən'træktʃʊə(r)/ n. MED. contrattura f.
contract work /'kɒntræktwɜ:k/ n. (lavoro in) appalto m.
contract worker /'kɒntræktˌwɜ:kə(r)/ ♦ ***27*** n. lavoratore m. (-trice) a contratto.
contracyclic /ˌkɒntrə'saɪklɪk/ agg. ECON. anticiclico.
▷ **contradict** /ˌkɒntrə'dɪkt/ **I** tr. contraddire, smentire [*statement, person*]; ***all the reports ~ each other*** tutti i rapporti si contraddicono a vicenda **II** intr. contraddire, dire il contrario; ***don't ~!*** non contraddirmi!
contradictable /ˌkɒntrə'dɪktəbl/ agg. che si può contraddire, smentire.
▷ **contradiction** /ˌkɒntrə'dɪkʃn/ n. contraddizione f. (**between** tra); ***to be in ~ with*** essere in contraddizione con; ***it's a ~ in terms!*** è una contraddizione in termini!
contradictious /ˌkɒntrə'dɪkʃəs/ agg. **1** ANT. contraddittorio **2** *(inclined to contradict)* polemico.
contradictorily /ˌkɒntrə'dɪktərɪlɪ/ avv. contraddittoriamente, in contraddizione (**to** a).
▷ **contradictory** /ˌkɒntrə'dɪktərɪ/ agg. [*statement, ideas, wishes*] *(intrinsically)* contraddittorio; [*idea, wishes*] *(to something else)* opposto (**to** a), in conflitto (**to** con).
contradistinction /ˌkɒntrədɪ'stɪŋkʃn/ n. FORM. distinzione f. per contrasto; ***in ~ to*** in contrasto con.
contradistinguish /ˌkɒntrədɪ'stɪŋgwɪʃ/ tr. ANT. contraddistinguere.
contraflow /'kɒntrəfləʊ/ **I** n. BE *(for maintenance work, car accident)* circolazione f. su una sola carreggiata **II** modif. [*lane, traffic*] a una sola carreggiata; ***~ system*** sistema di circolazione su una sola carreggiata.
contrail /'kɒntreɪl/ n. *(of aircraft)* scia f. di condensazione.
contraindicate /ˌkɒntrə'ɪndɪkeɪt/ tr. MED. controindicare.
contraindicated /ˌkɒntrə'ɪndɪkeɪtɪd/ **I** p.pass. → **contraindicate** **II** agg. controindicato.
contraindication /ˌkɒntrəɪndɪ'keɪʃn/ n. controindicazione f. (**for** per).
contralto /kən'træltəʊ/ **I** n. (pl. **~s**, **-i**) **1** *(voice, singer)* contralto m. **2** *(part)* ***to sing ~*** cantare da contralto **II** modif. [*voice*] da contralto; [*solo*] del contralto.
contraposition /ˌkɒntrəpə'zɪʃn/ n. contrapposizione f., contrasto m.
contrapositive /ˌkɒntrə'pɒzətɪv/ **I** n. FILOS. proposizione f. antitetica **II** agg. contrario, antitetico.
contraption /kən'træpʃn/ n. COLLOQ. SPREG. o SCHERZ. *(machine)* apparecchio m., congegno m. (strano); *(device)* aggeggio m., affare m.
contrapuntal /ˌkɒntrə'pʌntl/ agg. [*style, piece*] contrappuntistico.
contrapuntist /ˌkɒntrə'pʌntɪst/ n. contrappuntista m. e f.
contrariety /ˌkɒntrə'raɪətɪ/ n. **1** *(opposition, disagreement)* opposizione f., avversione f. **2** *(discrepancy)* contraddizione f., discrepanza f.
contrarily /'kɒntreərɪlɪ/ avv. [*behave, act, say*] al contrario.
contrariness /'kɒntreərɪnɪs/ n. spirito m. di contraddizione; ***out of sheer ~*** per puro spirito di contraddizione.
contrariwise /'kɒntrərɪwaɪz, AE -trerɪ-/ avv. **1** *(conversely)* al contrario, all'opposto **2** *(in the opposite direction)* in senso contrario, opposto.
▷ **contrary** /'kɒntrərɪ, AE -trerɪ/ **I** agg. **1** [*idea, view*] contrario; ***to be ~ to*** [*activity, proposal, opinion, measure*] essere contrario a, andare contro **2** [*direction, movement*] contrario, opposto (**to** a) **3** /kən'treərɪ/ [*person*] testardo, ostinato **II** n. contrario m., opposto m.; ***the ~ is the case*** è vero il contrario; ***quite the ~*** proprio *o* giusto il contrario; ***on the ~*** al contrario *o* invece; ***despite views, claims to the ~*** nonostante posizioni contrarie; ***unless there is evidence to the ~*** a meno che ci siano prove che dimostrino l'opposto; ***no-one said anything to the ~*** nessuno ha detto nulla in contrario; ***unless you hear anything to the ~*** salvo contrordine **III** avv. **contrary to** contrariamente a; ***~ to popular belief, to rumours*** *(in spite of)* contrariamente a quanto si pensa, alle voci; ***~ to expectations*** contro ogni aspettativa.
▶ **1.contrast** /'kɒntrɑ:st, AE -træst/ n. **1** *(difference)* contrasto m. (**between** tra; **with** con); ***in ~ to sth.*** o ***by ~ with sth.*** in contrasto con qcs.; ***in ~ to sb.*** in contrasto con qcn.; ***to be a ~ to*** o ***with*** essere in contrasto con [*thing, event*]; ***by*** o ***in ~*** per contrasto **2** *(opposition)* contrasto m., opposizione f. (**between** tra; **with sth.** con qcs.); ***in ~ to*** in contrasto con *o* in antitesi con **3** FOT. TELEV. contrasto m.
▶ **2.contrast** /kən'trɑ:st, AE -'træst/ **I** tr. ***to ~ X with Y*** mettere in contrasto X con Y *o* contrapporre X a Y **II** intr. contrastare, essere in contrasto (**with** con).
▷ **contrasting** /kən'trɑ:stɪŋ, AE -'træst-/ agg. [*examples*] contrastante; [*colour, material*] contrastante; [*view, landscape*] ricco di contrasti; ***~ views, opinions*** punti di vista, opinioni contrastanti.
contrastive /kən'trɑ:stɪv, AE -'træst-/ agg. contrastivo.
contrasty /kən'trɑ:stɪ, AE -'træst-/ agg. [*photograph*] contrastato.
contravene /ˌkɒntrə'vi:n/ tr. FORM. **1** contravvenire a, trasgredire [*law, ban*]; ***to ~ article 15*** contravvenire all'articolo 15 **2** contraddire [*theory, argument*].
contravener /ˌkɒntrə'vi:nə(r)/ n. contravventore m. (-trice), trasgressore m. (-ditrice).
contravention /ˌkɒntrə'venʃn/ n. FORM. contravvenzione f., trasgressione f., infrazione f. (**of** di); ***in ~ of*** in violazione di [*rule, law*].
contretemps /'kɒntrətɒŋ/ n. (pl. ~) contrattempo m.; ***a slight ~*** un piccolo contrattempo.
▶ **contribute** /kən'trɪbju:t/ **I** tr. **1** contribuire con, dare come contributo [*sum, bonus, percentage of salary*] (**to** a); contribuire a, finanziare, sovvenzionare [*costs, expenses*] **2** *(to gift, charity)* donare, elargire (**to** a; **towards** per) **3** COMM. ECON. apportare [*capitals, funds*]; ***to ~ £ 5m*** apportare (un capitale di) 5 milioni di sterline **4** *(to project, undertaking)* contribuire con, portare [*ideas, experience*] (**to** a); ***he ~s nothing to discussions*** non ha contribuito in alcun modo alle discussioni; ***they have much to ~*** il loro contributo può essere molto importante *o* possono essere di grande aiuto **5** GIORN. RAD. scrivere [*article, column*] (**to** per) **II** intr. **1** *(be a factor in)* ***to ~ to*** o ***towards*** contribuire a *o* concorrere a [*change, awareness, productivity, decline, well-being*] **2** *(to community life, company expansion, research)* contribuire, partecipare (**to** a); ***an opportunity to ~*** un'opportunità per partecipare **3** ***to ~ to*** contribuire a *o* partecipare finanziariamente a [*maintenance of facilities, services*]; versare la propria quota a *o* aderire a [*pension fund, insurance scheme*] **4** *(to charity, gift)* fare donazioni, elargizioni (**to** a); *(to campaign, orchestra)* dare sovvenzioni (**to** a); ***would you like to ~?*** *(for gift)* vuole partecipare? **5** GIORN. RAD. collaborare (**to** a).
contributing /kən'trɪbju:tɪŋ/ agg. **1** *(all contexts)* che contribuisce **2** GIORN. RAD. ***~ editor*** collaboratore.
▶ **contribution** /ˌkɒntrɪ'bju:ʃn/ n. **1** *(to tax, pension)* contribuzione f., contributo m. (**towards** a); *(in insurance)* quota f. (**towards, to** a); ***we'd like you to make some ~*** *(payment)* vorremmo che lei contribuisse **2** *(to charity, campaign)* elargizione f.; ***to make a ~*** fare un'elargizione (**to** a); ***"all ~s gratefully received"*** "vi ringraziamo per quanto vorrete offrire" **3** *(role played)* ***sb.'s ~ to*** il contributo di qcn. a [*success, undertaking, decline, expansion, science, sport, art form*]; ***you have a ~ to make*** il tuo contributo è importante; ***his outstanding ~ to politics*** il suo notevole contributo alla politica; ***a pathetic ~*** *(by team, performer)* una prestazione pietosa **4** COMM. *(to profits, costs)* concorso m., partecipazione f. **5** RAD. TELEV. collaborazione f., partecipazione f.; GIORN. articolo m.; ***with ~s from*** con la collaborazione di.
▷ **contributor** /kən'trɪbjʊtə(r)/ n. **1** *(to charity)* donatore m. (-trice), elargitore m. (-trice) **2** *(in discussion)* partecipante m. e f. **3** *(to magazine, book)* collaboratore m. (-trice) **4** *(cause)* fattore m. (**to** di).
contributory /kən'trɪbjʊtərɪ, AE -tɔ:rɪ/ agg. **1** ***to be ~ to*** [*success, failure*] contribuire a; ***to be a ~ cause*** essere una causa che ha contribuito (**of** a) *o* essere una causa concomitante (**of** di); ***a ~ factor in***

un fattore che ha contribuito a *o* un fattore concomitante in; **~ *negligence*** DIR. concorso di colpa **2 ~ *pension scheme*** BE *o* ***plan*** AE piano di pensionamento a contributi *o* fondo pensione.

con trick /ˈkɒnˌtrɪk/ n. COLLOQ. raggiro m., bidone m.

contrite /ˈkɒntraɪt/ agg. FORM. [*person, expression*] contrito.

contritely /kənˈtraɪtlɪ/ avv. contritamente, con aria contrita.

contrition /kənˈtrɪʃn/ n. FORM. **1** *(remorse)* rimorso m., pentimento m. **2** RELIG. contrizione f.

contrivable /kənˈtraɪvəbl/ agg. **1** *(that can be devised, planned)* escogitabile **2** *(manageable)* fattibile, realizzabile.

contrivance /kənˈtraɪvəns/ n. FORM. **1** *(contraption)* apparecchio m., congegno m. **2** *(ploy)* espediente m., stratagemma m. **3** *(ingenuity)* ingegnosità f.

contrive /kənˈtraɪv/ **I** tr. **1** *(arrange)* organizzare [*meeting, event*]; ***to ~ to do sth.*** FORM. riuscire a fare qcs. *o* trovare il mezzo di fare qcs.; SCHERZ. fare in modo di *o* trovare il modo di **2** *(invent)* inventare [*machine, device*]; inventare, trovare [*play, plot*]; creare [*costume, dress*] **II** intr. **1** *(scheme)* escogitare piani (**against** contro) **2** ANT. *(get along)* cavarsela, sbarcare il lunario.

contrived /kənˈtraɪvd/ **I** p.pass. → **contrive II** agg. SPREG. **1** [*incident, meeting*] combinato **2** *(forced)* [*plot, ending*] forzato **3** *(artificial)* [*style, effect, behaviour*] affettato, studiato.

contriver /kənˈtraɪvə(r)/ n. **1** *(schemer)* chi fa piani, progetti **2** *(person who can manage well)* chi sa cavarsela.

▶ **1.control** /kənˈtrəʊl/ **I** n. **1 U** *(domination)* *(of animals, children, crowd, country, organization, party, situation)* controllo m. (**of** di); *(of investigation, operation, project)* controllo m., direzione f. (**of** di); *(of others' behaviour)* controllo m., autorità f. (**over** su); *(of life, fate)* dominio m. (**of, over** su); *(of disease, pests, social problem)* lotta f. (**of** contro), contenimento m. (**of** di); ***state ~*** controllo dello stato; ***to be in ~ of*** controllare [*territory, town*]; controllare, dirigere [*operation, organization, project*]; avere padronanza di *o* avere sotto controllo [*problem*]; ***to have ~ over*** controllare [*territory, town*]; avere autorità su [*crowd, children, others' behaviour*]; essere padrone *o* arbitro di [*fate, life*]; ***to take ~ of*** assumere il controllo di [*territory, town*]; assumere il controllo, la direzione di [*operation, organization, project*]; prendere in mano [*situation*]; ***to be under sb.'s ~*** o ***to be under the ~ of sb.*** [*person*] essere sotto il controllo *o* in balia di qcn.; [*army, government, organization, party*] essere sotto il controllo di qcn.; ***to be under ~*** [*fire, problem, riot, situation*] essere sotto controllo; ***is the situation under ~?*** la si-tuazione è sotto controllo? ***everything's under ~*** è tutto sotto controllo; ***to bring*** o ***get*** o ***keep [sth.] under ~*** tenere sotto controllo [*animals, crowd, riot*]; circoscrivere [*fire, problem*]; mettere, tenere a posto [*hair*]; ***to be out of ~*** [*animals, children, crowd, riot*] essere incontrollabile; [*fire*] non essere più controllabile *o* essere ingovernabile; ***the situation is out of ~*** la situazione è fuori controllo *o* è sfuggita di mano; ***to let sth. get out of ~, to lose ~ of sth.*** perdere il controllo di qcs.; ***to be beyond*** o ***outside sb.'s ~*** [*animal, child*] sfuggire al controllo di qcn.; ***the situation is beyond ~*** la situazione è sfuggita di mano; ***due to circumstances beyond our ~*** per circostanze al di là del nostro controllo *o* indipendenti dalla nostra volontà **2 U** *(restraint)* *(of self, appetite, emotion, urge)* controllo m., dominio m., freno m.; ***to have*** o ***exercise ~ over sth.*** controllare *o* dominare qcs.; ***to keep ~ of oneself*** o ***to be in ~ of oneself*** controllarsi *o* dominarsi; ***to lose ~ (of oneself)*** perdere il controllo **3 U** *(physical mastery)* *(of vehicle, machine, ball)* controllo m.; *(of body, process, system)* controllo m., padronanza f.; ***to be in ~ of*** avere il controllo di; ***to keep, lose ~ of a car*** mantenere, perdere il controllo di un'automobile; ***to take ~*** *(of car)* mettersi al *o* prendere il volante; *(of plane)* prendere i comandi; ***his car went out of ~*** ha perso il controllo della sua automobile **4** spesso pl. *(lever, switch etc.)* *(on vehicle, equipment)* comando m., controllo m.; *(on TV)* regolatore m.; ***brightness, volume ~*** TELEV. regolatore della luminosità, del volume; ***to be at the ~s*** essere ai comandi; FIG. avere il comando **5** AMM. ECON. *(regulation)* controllo m., regolamentazione f. (**on** di); ***cost, immigration ~*** controllo dei costi, dell'immigrazione **6** *(in experiment)* controllo m., verifica f. **II** modif. [*button, knob, switch*] di comando.

▶ **2.control** /kənˈtrəʊl/ **I** tr. (forma in -ing ecc. **-ll-**) **1** *(dominate)* controllare, tenere sotto (il proprio) controllo [*council, government, market, organization, situation*]; controllare, tenere sotto controllo [*territory, town*]; controllare, dirigere [*air traffic, road traffic, investigation, operation, project*]; ECON. [*shareholder*] controllare, avere il controllo di [*company*] **2** *(discipline)* tenere sotto controllo [*person, animal, crowd, urge, temper, riot*]; controllare, circoscrivere [*fire*]; contenere [*pain, inflation, unemployment*]; tenere sotto controllo, arginare [*disease, epidemic*]; controllare, dominare [*emotion, nerves, impulse*]; trattenere, frenare [*laughter, tears*]; controllare [*limbs*]; mettere, tenere a posto [*hair*] **3** *(operate)* controllare, manovrare [*machine, equipment, cursor, system*]; azionare [*lever, process*]; manovrare [*boat, vehicle*]; pilotare [*plane*]; controllare [*ball*] **4** *(regulate)* regolare [*speed, pressure, intensity, volume, temperature*]; regolamentare [*trade, import, export*]; regolamentare, controllare [*immigration, prices, wages*]; regolarizzare [*blood pressure*] **5** *(check)* controllare [*quality*]; controllare, verificare [*accounts*] **6** verificare, riscontrare [*experimental material*] (**against** con) **II** rifl. (forma in -ing ecc. **-ll-**) ***to ~ oneself*** controllarsi.

control character /kənˈtrəʊlˌkærəktə(r)/ n. carattere m. di controllo.

control column /kənˈtrəʊlˌkɒləm/ n. AER. cloche f., barra f. di volante.

control experiment /kənˈtrəʊlɪkˌsperɪmənt/ n. esperimento m. di controllo, di verifica.

control group /kənˈtrəʊlˌgru:p/ n. campione m. di controllo.

control key /kənˈtrəʊlˌki:/ n. INFORM. tasto m. control.

controllability /kənˌtrəʊləˈbɪlətɪ/ n. **1** controllabilità f. **2** *(of fire)* (l') essere circoscrittibile; *(of disease, epidemic)* (l') essere arginabile **3** *(of vehicle)* manovrabilità f.

controllable /kənˈtrəʊləbl/ agg. **1** controllabile **2** [*laughter, tears, emotion*] contenibile, frenabile **3** [*speed, pressure, volume, temperature*] regolabile **4** [*vehicle*] manovrabile.

▷ **controlled** /kənˈtrəʊld/ **I** p.pass. → **2.control II** agg. **1** [*explosion, skid*] controllato; [*landing*] guidato; [*person, expression, voice*] controllato, misurato; [*economy*] controllato; [*performance*] di verifica; ***manually, electronically ~*** controllato manualmente, elettronicamente; ***under ~ conditions*** in condizioni verificabili; **~ *drug*** FARM. = sostanza soggetta dalla legge a restrizioni di uso e possesso **2 -controlled** in composti ***Conservative-~, Labour-~*** controllato dai conservatori, laburisti; ***computer-~*** controllato dal computer.

▷ **controller** /kənˈtrəʊlə(r)/ n. **1** RAD. TELEV. direttore m. (-trice) **2** COMM. ECON. controllore m., revisore m., ispettore m. (-trice) **3** *(machine)* regolatore m. automatico; *(of tram, train)* controller m.

▷ **controlling** /kənˈtrəʊlɪŋ/ agg. **1** [*authority, group, organization*] di controllo; [*factor*] decisivo, determinante; **~ *power*** potere di controllo **2** ECON. **~ *interest*** o **~ *share*** o **~ *stake*** partecipazione di maggioranza.

control menu /kənˈtrəʊlˌmenju:/ n. INFORM. menu m. di controllo.

control panel /kənˈtrəʊlˌpænl/ n. *(for plane, car)* pannello m. di controllo; *(on machine)* quadro m. (di comando); *(on television)* quadro m. dei comandi.

control point /kənˈtrəʊlˌpɔɪnt/ n. SPORT punto m. di controllo.

control room /kənˈtrəʊlˌru:m, -ˌrʊm/ n. cabina f. di controllo; RAD. TELEV. cabina f. di regia.

control tower /kənˈtrəʊlˌtaʊə(r)/ n. AER. torre f. di controllo.

▷ **controversial** /ˌkɒntrəˈvɜ:ʃl/ agg. **1** [*area, decision, plan, law, film*] *(criticized)* controverso; *(open to criticism)* discutibile **2** [*person, group*] *(much discussed)* discusso; *(dubious)* discutibile, dubbio.

controversialist /ˌkɒntrəˈvɜ:ʃəlɪst/ n. polemista m. e f., persona f. polemica.

controversially /ˌkɒntrəˈvɜ:ʃəlɪ/ avv. in modo controverso.

▷ **controversy** /ˈkɒntrəvɜ:sɪ, kənˈtrɒvəsɪ/ n. controversia f., dibattito m., polemica f. (**about**, **over** su; **between** tra); ***the extradition ~*** la controversia sull'estradizione; ***to arouse bitter ~*** suscitare polemiche infuocate; ***to be the subject of much ~*** essere al centro di molte controversie.

controvert /ˌkɒntrəˈvɜ:t/ tr. FORM. **1** contraddire, smentire [*theory, findings*] **2** discutere su, disputare su [*point of view*].

controvertible /ˌkɒntrəˈvɜ:təbl/ agg. controvertibile, discutibile.

contumacious /ˌkɒntju:ˈmeɪʃəs/ agg. **1** ANT. *(rebellious)* ribelle, insubordinato; *(stubborn)* ostinato, pervicace **2** STOR. DIR. contumace.

contumaciously /ˌkɒntju:ˈmeɪʃəslɪ/ avv. ANT. *(rebelliously)* in modo ribelle; *(stubbornly)* ostinatamente, pervicacemente.

contumaciousness /ˌkɒntju:ˈmeɪʃəsnɪs/ n. ANT. *(rebellion)* ribellione f., insubordinazione f.; *(stubbornness)* ostinazione f., pervicacia f.

contumacy /ˈkɒntjʊməsɪ/ n. **1** → **contumaciousness 2** STOR. DIR. contumacia f.

contumelious /ˌkɒntju:ˈmi:ljəs, AE -tə-/ agg. RAR. insolente, ingiurioso.

contumely /ˈkɒntjʊ:mlɪ, AE kənˈtu:məlɪ/ n. RAR. **1** *(scornful language)* insolenza f.; *(scornful behaviour)* disprezzo m. **2** *(insult)* contumelia f., ingiuria f.

contuse /kən'tjuːz, AE -'tuː-/ tr. contundere, provocare una contusione a [*part of the body*].
contusion /kən'tjuːʒn, AE -'tuː-/ n. contusione f. (**to** a).
contusive /kən'tjuːsɪv, AE -'tuː-/ agg. contundente.
conundrum /kə'nʌndrəm/ n. enigma m., indovinello m.
conurbation /ˌkɒnɜː'beɪʃn/ n. conurbazione f.
convalesce /ˌkɒnvə'les/ intr. rimettersi in salute, entrare in convalescenza; ***he's convalescing*** è in convalescenza.
convalescence /ˌkɒnvə'lesns/ n. convalescenza f.; ***period of ~*** periodo di convalescenza.
convalescent /ˌkɒnvə'lesnt/ **I** agg. [*person*] convalescente **II** n. convalescente m. e f. **III** modif. [*leave*] di convalescenza; [*ward*] dei convalescenti; ***during his ~ stay*** durante la sua convalescenza; ***~ home*** convalescenziario.
convection /kən'vekʃn/ **I** n. convezione f. **II** modif. [*current*] di convezione; [*heating*] per convezione; ***~ heater*** termoconvettore.
convective /kən'vektɪv/ agg. convettivo; ***~ current*** corrente convettiva *o* di convezione.
convector /kən'vektə(r)/ n. (anche **~ heater**) (termo)convettore m.
convenable /kən'viːnəbl/ agg. [*group etc.*] convocabile.
convene /kən'viːn/ **I** tr. convocare, adunare, riunire [*meeting, group*] **II** intr. adunarsi, riunirsi.
convener /kən'viːnə(r)/ n. **1** *(organizer)* convocatore m. (-trice); *(chairperson)* presidente m. **2** BE delegato m. (-a) sindacale.
▷ **convenience** /kən'viːnɪəns/ n. **1 U** *(advantage)* convenienza f., vantaggio m. (**of doing** di fare, nel fare); ***the ~ of*** i vantaggi di [*lifestyle, work, practice, method of payment*]; la comodità *o* la praticità di [*instant food, electrical device, local shop, garment*]; ***the comfort and ~ of modern tourism*** il comfort e i vantaggi del turismo moderno; ***for (the sake of) ~*** per comodità; ***for his, our etc. ~*** per sua, nostra comodità *o* per suo, nostro comodo; ***at your ~*** *(when it suits)* a vostro comodo *o* con comodo; ***at your earliest ~*** COMM. al più presto *o* non appena possibile **2** *(practical feature, device)* agio m., comodità f.; ***"modern ~s"*** *(in ad)* "ogni comfort" **3** BE FORM. *(toilet)* (anche **public ~**) gabinetto m. pubblico.
convenience foods /kən'viːnɪənsˌfuːdz/ n.pl. cibi m., alimenti m. (quasi) pronti; *(frozen)* surgelati m.; *(tinned)* cibi m. in scatola.
convenience store /kən'viːnɪənsˌstɔː(r)/ n. negozio m. (di generi alimentari e domestici) aperto fino a tardi.
▷ **convenient** /kən'viːnɪənt/ agg. **1** *(suitable)* [*place, date, time, arrangement*] comodo, adatto; ***now is not a very ~ time*** ora non è proprio il momento adatto; ***to be ~ for sb.*** essere comodo per qcn.; ***I hope this is ~ (for you)*** spero che (le) vada bene; ***to be ~ for sb. to do*** convenire a qcn. fare *o* essere comodo per qcn. fare; ***when would be ~ for you to come?*** quando le sarebbe comodo venire? ***if it's more ~ for her to do*** se è più comodo per lei fare; ***a ~ place for sth.*** un posto adatto per qcs. **2** *(useful, practical)* [*tool, system, method etc.*] pratico, utile; ***it is ~*** è pratico (**that** che; **to do** fare, per fare); ***a ~ way to do*** o ***of doing*** un modo pratico di fare **3** *(in location)* [*shops, amenities*] vicino, comodo; [*chair, table*] a portata di mano; ***to be ~ for*** BE, ***to be ~ to*** AE essere comodo per [*station, shops, facilities*] **4** IRON. SPREG. *(expedient)* [*excuse, explanation, target*] comodo, facile; ***it's ~ for them to ignore the facts*** gli fa comodo ignorare i fatti; ***how*** o ***very ~!*** comodo!
conveniently /kən'viːnɪəntlɪ/ avv. **1** *(in practical terms)* [*arrange, borrow, repay*] convenientemente; [*arrive, leave*] al momento giusto; [*arranged, planned*] in modo pratico; ***the conference was ~ timed to coincide with*** la conferenza fu opportunamente organizzata in coincidenza con **2** *(in location)* ***~ situated, ~ located*** in posizione comoda; ***~ placed*** ben situato; ***it's ~ near the beach*** è comodamente vicino alla spiaggia **3** IRON. SPREG. *(expediently)* opportunisticamente.
convenor → **convener**.
convent /'kɒnvənt, AE -vent/ n. convento m.; ***to enter a ~*** entrare in convento.
conventicle /kən'ventɪkl/ n. **1** *(meeting)* conventicola f. **2** *(religious meeting)* congrega f., setta f. (segreta) **3** *(meeting house)* = piccolo luogo dove si tengono assemblee religiose.
▶ **convention** /kən'venʃn/ n. **1** *(meeting)* *(of party, profession, union)* congresso m., convention f.; *(of society)* assemblea f.; *(of fans)* raduno m. **2 U** *(social norms)* convenzioni f.pl. (sociali), consuetudini f.pl.; ***to flout*** o ***defy ~*** sfidare le convenzioni **3** *(usual practice)* convenzione f.; ***a literary, theatrical ~*** una convenzione letteraria, teatrale **4** *(agreement)* convenzione f., accordo m. (**on** su).
▶ **conventional** /kən'venʃənl/ agg. **1** *(conformist)* [*person*] convenzionale, conformista; [*idea, remark, belief, role*] convenzionale; [*clothes*] convenzionale, ordinario **2** *(traditionally accepted)* [*approach, means, method, practice*] convenzionale, tradizionale; [*medicine, agriculture*] tradizionale; ***the ~ wisdom about sth.*** l'opinione comunemente accettata su qcs. **3** MIL. [*arms, weapons, war*] convenzionale **4** *(not microwave)* [*oven*] tradizionale.
conventionalism /ˌkən'venʃnlɪzəm/ n. convenzionalismo m. (anche FILOS.).
conventionalist /ˌkə'nvenʃnlɪst/ n. **1** RAR. convenzionalista m. e f. **2** membro m. di un congresso, un'assemblea.
conventionality /ˌkənvenʃə'nælətɪ/ n. **1** convenzionalità f. **2** *(conformity)* conformismo m.
conventionalize /ˌkən'venʃnəlaɪz/ tr. rendere convenzionale.
conventionally /kən'venʃənəlɪ/ avv. [*dress, behave*] in modo convenzionale; [*measure, divide, consider*] convenzionalmente; ***a ~ armed missile*** MIL. un missile convenzionale.
convention centre BE, **convention center** AE /kən'venʃnˌsentə(r)/ n. centro m. congressi.
conventioneer /kənˌvenʃə'nɪə(r)/ n. AE delegato m. (-a).
convent school /'kɒnvəntˌskuːl, AE -vent/ n. scuola f. religiosa.
conventual /kən'ventjʊəl/ **I** n. membro m. di un convento, conventuale m. e f. **II** agg. conventuale.
converge /kən'vɜːdʒ/ intr. convergere (**at** a); ***to ~ on*** [*people*] convergere su [*place*]; [*rays, paths etc.*] convergere in [*point*].
▷ **convergence** /kən'vɜːdʒəns/, **convergency** /kən'vɜːdʒənsɪ/ n. convergenza f.
convergent /kən'vɜːdʒənt/ agg. *(all contexts)* convergente.
convergent evolution /kənˌvɜːdʒəntˌɪvə'luːʃn/ n. evoluzione f. convergente.
convergent lens /kən'vɜːdʒəntˌlenz/ n. → **converging lens**.
convergent thinking /kənˌvɜːdʒənt'θɪŋkɪŋ/ n. pensiero m. convergente (che segue un paradigma razionale e deduttivo).
converging lens /kən'vɜːdʒɪŋˌlenz/ n. lente f. convergente.
conversable /kən'vɜːsəbl/ agg. ANT. **1** *(pleasant to talk with)* di piacevole conversazione, socievole **2** *(able to talk)* abile nella conversazione.
conversance /kən'vɜːsəns/, **conversancy** /kən'vɜːsənsɪ/ n. FORM. familiarità f., dimestichezza f.
conversant /kən'vɜːsnt/ agg. ***to be ~ with sth.*** *(be informed)* essere al corrente di qcs.; *(be acquainted)* avere familiarità, dimestichezza con qcs., essere pratico di qcs.
▶ **conversation** /ˌkɒnvə'seɪʃn/ n. conversazione f. (**about** su, riguardo a); ***to have*** o ***hold a ~*** fare una conversazione; ***to strike up, break off a ~*** cominciare, interrompere una conversazione; ***to make ~*** fare conversazione; ***(deep) in ~*** nel pieno della conversazione.
conversational /ˌkɒnvə'seɪʃənl/ agg. [*ability, skill*] di, nella conversazione; [*class, exercise*] di conversazione; ***in a ~ tone*** in tono colloquiale.
conversationalist /ˌkɒnvə'seɪʃənəlɪst/ n. abile conversatore m. (-trice).
conversationally /ˌkɒnvə'seɪʃənəlɪ/ avv. [*say, observe*] in tono colloquiale.
conversational mode /ˌkɒnvə'seɪʃənlˌməʊd/ n. INFORM. funzionamento m. conversazionale.
conversation piece /ˌkɒnvə'seɪʃnˌpiːs/ n. **1** ***to be a ~*** essere oggetto di conversazione **2** TEATR. = dramma che si fonda sul dialogo.
1.converse /'kɒnvɜːs/ **I** agg. [*opinion, statement*] contrario, opposto; [*proposition*] inverso **II** n. **1** contrario m., opposto m. **2** MAT. FILOS. teorema m. inverso.
2.converse /kən'vɜːs/ intr. conversare (**with** con; **in** in).
▷ **conversely** /'kɒnvɜːslɪ, kən'vɜːslɪ/ avv. per converso, al contrario.
▷ **conversion** /kən'vɜːʃn, AE kən'vɜːrʒn/ n. **1** *(of land)* conversione f.; *(of vehicle, raw material, object, salt water, energy, fuel)* trasformazione f. (**from** da; **to, into** in); *(in reactor)* conversione f. **2** MAT. INFORM. *(of currency, measurement, weight)* conversione f. (**from** da; **into** in) **3** *(of building)* ristrutturazione f., riadattamento m. (**to, into** in); ***barn ~*** riadattamento del fienile **4** RELIG. POL. conversione f. (**from** da; **to** a); ***to undergo a ~*** convertirsi **5** SPORT *(in rugby)* trasformazione f., calcio m. di trasformazione.
conversion course /kən'vɜːʃnˌkɔːs, AE kən'vɜːrʒn-/ n. corso m. di riqualificazione.
conversion disorder /kənˌvɜːʃndɪs'ɔːdə(r), AE kənˌvɜːrʒn-/, **conversion hysteria** /kənˌvɜːʃnhɪ'stɪərɪə, AE kənˌvɜːʒn-/ n. isterismo m. di conversione.
conversion rate /kən'vɜːʃnˌreɪt, AE kən'vɜːrʒn-/ n. ECON. tasso m. di cambio, di conversione.
conversion table /kən'vɜːʃnˌteɪbl, AE kən'vɜːrʒn-/ n. tavola f. di conversione.

1.convert /ˈkɒnvɜːt/ n. convertito m. (-a) (**to** a); ***to become a ~*** convertirsi; ***to win*** o ***make ~s*** fare proseliti.

▶ **2.convert** /kənˈvɜːt/ **I** tr. **1** *(change into sth. else)* convertire, trasformare **2** *(modify)* trasformare, adattare [*car, cooker, product*] **3** MAT. INFORM. convertire [*currency, measurement*] (**from** da; **to, into** in) **4** ARCH. riconvertire [*building, loft*] (**to, into** in) **5** RELIG. POL. convertire [*person*] (**to** a; **from** da) **6** SPORT *(in rugby)* trasformare [*try*] **II** intr. **1** *(change)* ***to ~ to sth.*** passare a qcs.; ***I've ~ed to unleaded (petrol)*** sono passato alla benzina verde **2** *(be convertible)* [*sofa, object*] essere trasformabile (**into** in) **3** RELIG. POL. convertirsi (**to** a; **from** da) **4** SPORT *(in rugby)* trasformare una meta, fare una trasformazione.

converter /kənˈvɜːtə(r)/ n. **1** EL. convertitore m.; *(AC to DC)* raddrizzatore m. **2** RAD. IND. INFORM. convertitore m.

convertibility /kənˌvɜːtəˈbɪlətɪ/ n. convertibilità f. (anche ECON.) (**to, into** in).

convertible /kənˈvɜːtəbl/ **I** n. AUT. decappottabile f., convertibile f. **II** agg. **1** [*car*] decappottabile, convertibile; ***~ sofa, divan*** divano letto **2** ECON. [*bond, currency, stock*] convertibile.

convertor → **converter**.

convex /ˈkɒnveks/ agg. convesso.

convexity /kɒnˈveksətɪ/ n. convessità f.

convexly /kɒnˈvekslɪ/ avv. in modo convesso.

convexo-concave /kɒnˈveksəʊkɒnˌkeɪv/ agg. convesso-concavo.

▷ **convey** /kənˈveɪ/ tr. **1** *(transmit)* [*person*] trasmettere, comunicare [*order, message, news, information*] (**to** a); esprimere [*opinion, judgment*]; esprimere, rendere [*feeling, idea*] (**to** a); porgere, trasmettere [*regards, thanks, congratulations, condolences*] (**to** a); ***to ~ to sb. that, how*** comunicare a qcn. che, come; ***to ~ the impression of, that*** dare l'impressione di, che **2** *(communicate)* [*words, images, gestures, music*] esprimere, comunicare [*mood, emotion, impression*]; ***to ~ a sense*** trasmettere un senso di; ***~ a feeling of*** esprimere un un sentimento di **3** *(transport)* [*vehicle*] trasportare, portare [*people, goods*] (**from** da; **to** a); [*pipes, network*] convogliare [*water*] (**to** a); [*postal system*] inoltrare [*mail*] (**to** a); [*person*] inviare [*letter, message*] (**to** a) **4** DIR. trasmettere, cedere [*property, legal title*] (**to** a).

conveyable /kənˈveɪəbl/ agg. **1** [*order, information*] trasmissibile, comunicabile **2** [*mood, emotion*] esprimibile, comunicabile **3** [*goods*] trasportabile **4** DIR. [*property, legal title*] trasmissibile, cedibile.

conveyance /kənˈveɪəns/ n. **1** *(of goods, passengers)* trasporto m. **2** ANT. *(vehicle)* mezzo m. di trasporto **3** DIR. *(transfer of property, title)* trasferimento m., cessione f. **4** DIR. *(document)* ***(deed of) ~*** atto di cessione.

conveyancer /kənˈveɪənsə(r)/ ➧ *27* n. = legale incaricato della redazione dei documenti per i trasferimenti di proprietà, corrispondente all'incirca a un notaio.

conveyancing /kənˈveɪənsɪŋ/ n. = (preparazione dei documenti per un) trasferimento di proprietà; ***to carry out ~ for sb.*** preparare un atto di trasferimento di proprietà.

conveyer, **conveyor** /kənˈveɪə(r)/ n. **1** (anche **~ belt**) *(in factory, for luggage)* nastro m. trasportatore **2** *(of goods, persons)* trasportatore m. (-trice).

▷ **1.convict** /ˈkɒnvɪkt/ n. *(imprisoned criminal)* detenuto m. (-a); carcerato m. (-a), recluso m. (-a); *(deported criminal)* forzato m. (-a); ***ex~*** ex detenuto; ***escaped ~*** evaso.

▷ **2.convict** /kənˈvɪkt/ tr. **1** [*jury, court*] giudicare colpevole (**of** di; **of doing** per aver fatto), condannare (**of** per; **of doing** per aver fatto); ***to be ~ed on a charge of*** essere dichiarato colpevole per il reato di; ***a ~ed murderer, drug dealer*** *(in prison)* un detenuto per omicidio, per traffico di droga; *(now released)* un ex detenuto per omicidio, per traffico di droga **2** [*evidence*] condannare (anche FIG.).

▷ **conviction** /kənˈvɪkʃn/ n. **1** DIR. verdetto m. di colpevolezza, (sentenza di) condanna f. (**for** per); ***to obtain, quash, uphold a ~*** ottenere, annullare, confermare una condanna; ***~ on fraud charges*** condanna per frode **2** *(belief)* convinzione f., convincimento m. (**that** che); ***to lack ~*** mancare di convinzione.

conviction politician /kənˈvɪkʃnpɒlɪˌtɪʃn/ n. politico m. con una marcata ideologia.

conviction politics /kənˈvɪkʃnˌpɒlətɪks/ n. politica f. marcatamente ideologica.

convictive /kənˈvɪktɪv/ agg. convincente.

▶ **convince** /kənˈvɪns/ **I** tr. **1** *(gain credibility of)* convincere [*person, jury, reader*] (**of** di; **that** che; **about** riguardo a); ***the story fails to ~*** o ***does not ~*** la storia non convince, non è convincente **2** *(persuade)* persuadere, convincere [*voter, consumer*] (**to do** a fare) **II** rifl. ***to ~ oneself*** convincersi.

▷ **convinced** /kənˈvɪnst/ **I** p.pass. → **convince II** agg. convinto, persuaso.

convincement /kənˈvɪnsmənt/ n. convinzione f., convincimento m.

▷ **convincing** /kənˈvɪnsɪŋ/ agg. [*account, evidence, proof, theory*] convincente, persuasivo; [*victory, lead, win*] convincente, indiscutibile.

convincingly /kənˈvɪnsɪŋlɪ/ avv. [*argue, claim, demonstrate, portray*] in modo convincente, persuasivo; [*win, beat*] in modo convincente, indiscutibile.

convivial /kənˈvɪvɪəl/ agg. **1** [*atmosphere, evening*] conviviale, allegro, festoso **2** [*person*] allegro, gioviale.

convivialist /kənˈvɪvɪəlɪst/ n. RAR. persona f. allegra, gioviale.

conviviality /kənˌvɪvɪˈælətɪ/ n. **1** *(of atmosphere, evening)* convivialità f., festosità f. **2** *(of person)* allegria f., giovialità f.

convocation /ˌkɒnvəˈkeɪʃn/ n. **1** *(convoking)* convocazione f. **2** BE RELIG. *(in the Church of England)* sinodo m. **3** BE UNIV. = in alcune università, assemblea con potere di deliberazione **4** AE UNIV. = assemblea dei membri di un'università che si riunisce in occasione di una cerimonia.

convocational /ˌkɒnvəˈkeɪʃnəl/ agg. [*letter*] di convocazione.

convocator /ˌkɒnvəˈkeɪtə(r)/ n. convocatore m. (-trice).

convoke /kənˈvəʊk/ tr. convocare.

convolute /ˈkɒnvəluːt/ agg. [*leaf, shell*] convoluto.

convoluted /ˈkɒnvəluːtɪd/ agg. **1** [*argument, speech, sentence, style*] contorto, involuto **2** [*vine*] convoluto; [*tendril*] ritorto; [*design, pattern*] circonvoluto.

convolution /ˌkɒnvəˈluːʃn/ n. circonvoluzione f., spira f.; FIG. tortuosità f., meandro m.

convolve /kənˈvɒlv/ **I** tr. RAR. avvolgere, attorcigliare **II** intr. avvolgersi, attorcigliarsi.

convolvulus /kənˈvɒlvjʊləs/ n. (pl. **~es, -i**) convolvolo m.

1.convoy /ˈkɒnvɔɪ/ n. **1** convoglio m. (**of** di); ***in ~*** in convoglio **2** *(escort)* scorta f.; ***under ~*** sotto scorta.

2.convoy /ˈkɒnvɔɪ/ tr. scortare [*ship, person*].

convulsant /kənˈvʌlsənt/ **I** n. **1** MED. farmaco m. convulsivante **2** *(drug)* sostanza f. convulsivante **II** agg. convulsivante, che scatena convulsioni.

convulse /kənˈvʌls/ tr. **1** [*pain, sobs, grief, laughter*] fare venire le convulsioni a, fare contorcere [*person, body*]; [*joke, comic*] far ridere convulsamente, fare contorcere dalle risa [*person*]; ***~d with pain*** piegato in due dal dolore **2** [*riots, unrest*] sconvolgere, agitare [*country*].

convulsion /kənˈvʌlʃn/ n. convulsione f.; ***to go into ~s*** avere le convulsioni; ***to be in ~s*** FIG. ridere convulsamente, contorcersi dalle risa.

convulsionary /kənˈvʌlʃnərɪ, AE -erɪ/ agg. convulsionario.

convulsive /kənˈvʌlsɪv/ agg. **1** [*movement, spasm*] convulsivo **2** [*change, disturbance, riot*] convulso, violento.

convulsively /kənˈvʌlsɪvlɪ/ avv. convulsivamente, convulsamente.

cony /ˈkəʊnɪ/ n. **1** *(fur)* pelliccia f. di coniglio, lapin m. **2** ANT. coniglio m.

1.coo /kuː/ **I** n. (pl. **~s**) *(of dove)* (il) tubare **II** inter. BE COLLOQ. ANT. caspita.

2.coo /kuː/ **I** tr. dire in tono gentile, amorevole **II** intr. [*lover, dove*] tubare; ***to ~ over a baby*** fare le moine a un bambino ◆ ***to bill and ~*** tubare.

co-occur /ˌkəʊəˈkɜː(r)/ intr. occorrere simultaneamente.

co-occurrence /ˌkəʊəˈkʌrəns/ n. (l') occorrere simultaneamente.

coo-coo /ˈkuːkuː/ n. AE POP. pazzo m. (-a), picchiatello m. (-a).

cooing /ˈkuːɪŋ/ **I** n. (il) tubare **II** agg. ***a ~ voice*** una voce amorevole.

▶ **1.cook** /kʊk/ ➧ *27* n. cuoco m. (-a); ***he's a good ~*** è un bravo cuoco.

▶ **2.cook** /kʊk/ **I** tr. **1** GASTR. cuocere, far cuocere [*vegetables, pasta, eggs*]; cucinare [*meal, meat, fish*] (**for** per); ***~ for 10 minutes*** far cuocere per 10 minuti **2** COLLOQ. *(falsify)* falsificare, manipolare, truccare [*data, evidence, figures*]; ***to ~ the books*** falsificare *o* truccare i conti **3** AE COLLOQ. sprecare [*chances*] **II** intr. **1** [*person*] cucinare **2** [*vegetable, meat, meal*] cuocere, cuocersi; ***the carrots are ~ing*** le carote stanno cuocendo **3** COLLOQ. *(happen)* ***to be ~ing*** accadere, bollire in pentola; ***there's something ~ing*** qualcosa bolle in pentola.

▪ **cook up** COLLOQ. ***~ up [sth.]*** cucinare, preparare [*dish, meal*]; inventare [*excuse, story*]; macchinare, architettare [*plan, scheme*].

cookbook /ˈkʊkbʊk/ n. ricettario m., libro m. di cucina.

cook-chill foods /ˌkʊktʃɪlˈfuːdz/ n.pl. cibi m. precotti e conservati in frigo.

cooked /'kʊkt/ **I** p.pass. → **2.cook** **II** agg. [*food*] cotto; ***to be lightly, well*** ~ essere appena, ben cotto.
cooked ham /'kʊkthæm/ n. prosciutto m. cotto.
cooked meats /'kʊktmi:ts/ n.pl. salumi m.
▷ **cooker** /'kʊkə(r)/ n. **1** BE *(appliance)* fornello m., cucina f.; ***gas, electric*** ~ fornello a gas, elettrico **2** COLLOQ. *(apple)* mela f. da cuocere.
cookery /'kʊkərɪ/ **I** n. BE cucina f., arte f. culinaria, gastronomia f. **II** modif. [*book, lesson, teacher*] di cucina.
cookhouse /'kʊkhaʊs/ n. MIL. cucina f. da campo.
▷ **cookie** /'kʊkɪ/ n. **1** AE *(biscuit)* biscotto m. **2** COLLOQ. *(person)* ***a tough*** ~ un tipo tosto; ***smart*** ~ furbacchione, tipo furbo **3** AE COLLOQ. *(woman)* bocconcino m. **4** INFORM. *(on the Internet)* cookie m. ◆ ***that's the way the ~ crumbles!*** COLLOQ. così va il mondo! ***to toss*** o ***shoot one's ~s*** AE POP. vomitare.
cookie cutter /'kʊkɪˌkʌtə(r)/ **I** n. AE GASTR. stampo m., stampino m. per biscotti **II** agg. AE [*plan, project*] privo di originalità.
cookie sheet /'kʊkɪʃi:t/ n. AE GASTR. teglia f. per biscotti.
▷ **cooking** /'kʊkɪŋ/ **I** n. *(all contexts)* cucina f., arte f. culinaria; ***to do the*** ~ cucinare, fare da mangiare; ***to be good at*** ~ essere bravo in cucina *o* a cucinare; ***Chinese, plain*** ~ cucina cinese, casalinga **II** modif. [*oil, wine*] per cucinare.
cooking apple /'kʊkɪŋˌæpl/ n. mela f. da cuocere.
cooking chocolate /'kʊkɪŋˌtʃɒklət/ n. cioccolato m. per pasticceria.
cooking foil /'kʊkɪŋˌfɔɪl/ n. (carta) stagnola f.
cooking range /'kʊkɪŋˌreɪndʒ/ n. = cucina grande per comunità, alberghi ecc.
cooking salt /'kʊkɪŋˌsɔ:lt/ n. sale m. da cucina.
cook-off /'kʊkɒf, AE -ɔ:f/ n. AE concorso m. di cucina.
cookout /'kʊkaʊt/ n. AE barbecue m.
cookroom /'kʊkrʊm, -ru:m/ n. AE **1** cucina f. **2** MAR. cucina f. di bordo.
cooktop /'kʊktɒp/ n. AE piano m. di cottura.
cookware /'kʊkweə(r)/ n. utensili m.pl. da cucina.
▶ **1.cool** /ku:l/ **I** agg. **1** [*breeze, day, drink, water, weather*] fresco; [*fabric, dress*] fresco, leggero; [*colour*] freddo; ***it's ~ today*** fa fresco oggi; ***the fan keeps the room*** ~ il ventilatore mantiene la stanza fresca; ***to feel*** ~ [*surface, wine*] essere fresco; ***I feel ~er now*** ho meno caldo adesso; ***your brow is ~er*** hai la fronte più fresca; ***it's getting ~, let's go in*** comincia a fare fresco, entriamo **2** *(calm)* [*approach, handling*] calmo, tranquillo; ***to stay*** ~ mantenere la calma; ***to keep a ~ head*** mantenere il sangue freddo *o* tenere la testa a posto; ***keep ~!*** calma! rimani calmo! **3** *(unemotional)* [*manner*] freddo, distaccato; [*logic, reasoning, response*] freddo **4** *(unfriendly)* [*reception, welcome*] freddo, distaccato, indifferente; ***to be ~ with*** o ***towards sb.*** essere freddo verso qcn. **5** *(casual)* [*person, attitude*] disinvolto, spavaldo, sfacciato; ***she went up to him as ~ as you please and slapped him*** gli si è avvicinata spavaldamente e lo ha schiaffeggiato; ***he's a ~ customer*** è un tipo spavaldo **6** *(for emphasis)* ***a ~ million dollars*** la bellezza di un milione di dollari **7** COLLOQ. *(fashionable)* fico, giusto; ***a ~ guy*** un tipo giusto *o* un fico; ***a ~ car*** una ficata di macchina; ***it's not ~ to wear a tie*** non fa fico mettersi la cravatta; ***he thinks it's ~ to smoke*** pensa che faccia fico fumare; ***~, man!*** COLLOQ. grande! **8** AE COLLOQ. *(great)* ***that's a ~ idea!*** è una ficata! ***that's ~!*** che ficata! **9** MUS. COLLOQ. [*jazz*] cool **II** n. **1** *(coldness)* fresco m., frescura f., freschezza f. **2** COLLOQ. *(calm)* calma f., sangue m. freddo; ***to keep one's*** ~ mantenere la calma; ***to lose one's*** ~ perdere la calma ◆ ***to play it*** ~ COLLOQ. restare calmo.
▶ **2.cool** /ku:l/ **I** tr. **1** *(lower the temperature of)* raffreddare [*soup, pan*]; mettere al fresco [*wine*]; [*fan*] rinfrescare [*room*]; [*air-conditioning*] rinfrescare [*building*]; ***to ~ one's hands*** rinfrescarsi le mani **2** FIG. calmare, raffreddare [*anger, ardour, passion*] **II** intr. **1** *(get colder)* [*iron, soup, water*] raffreddarsi; [*air*] rinfrescarsi; ***to leave sth. to*** ~ lasciare raffreddare qcs. **2** *(subside)* [*passion, enthusiasm, friendship*] raffreddarsi; ***relations between them have ~ed*** i rapporti tra loro si sono raffreddati; ***wait until tempers have ~ed*** aspetta che gli animi si calmino ◆ ***~ it!*** COLLOQ. *(stay calm)* calmati! ***OK guys, ~ it!*** COLLOQ. *(stop fighting)* OK ragazzi, diamoci una calmata *o* calmatevi!
▪ **cool down:** ***~ down*** **1** *(grow cold)* [*engine, iron, water*] raffreddarsi **2** FIG. [*person, situation*] calmarsi; ***~ [sth.] down*** raffreddare [*mixture*]; mettere al fresco [*wine*]; ***~ [sb.] down*** **1** *(make colder)* rinfrescare [*person*] **2** FIG. calmare [*person*].
▪ **cool off** [*person*] *(get colder)* rinfrescarsi; FIG. *(calm down)* [*person*] calmarsi.
coolant /'ku:lənt/ n. TECN. fluido m. refrigerante, liquido m. di raffreddamento.
cool bag /'ku:lbæg/ n. BE borsa f. termica, frigo m. portatile.
cool box /'ku:lbɒks/ n. BE frigo m. portatile.
cooled /'ku:ld/ **I** p.pass. → **2.cool** **II** **-cooled** agg. in composti ***air-, water-*** TECN. con *o* a raffreddamento ad aria, ad acqua.
cooler /'ku:lə(r)/ n. COLLOQ. *(prison)* gattabuia f.; ***he got five years in the*** ~ starà al fresco per cinque anni.
cool-headed /ˌku:l'hedɪd/ agg. [*person*] calmo, che mantiene il sangue freddo; [*approach*] ponderato; ***a ~ decision*** un decisione presa a mente fredda *o* ponderata.
cool-headedness /ˌku:l'hedɪdnɪs/ n. calma f., sangue m. freddo.
cool-house /'ku:lhaʊs/ n. serra f. fredda.
coolie /'ku:lɪ/ n. ANT. SPREG. coolie m.
▷ **cooling** /'ku:lɪŋ/ **I** n. raffreddamento m. **II** agg. **1** [*drink, swim*] rinfrescante; [*breeze*] fresco **2** [*agent*] refrigerante.
cooling-off period /ˌku:lɪŋ'ɒfˌpɪərɪəd, -'ɔ:f-/ n. *(in industrial relations)* periodo m. di raffreddamento; COMM. periodo m. di ripensamento.
cooling rack /'ku:lɪŋræk/ n. GASTR. = griglia per fare raffreddare le torte.
cooling system /'ku:lɪŋˌsɪstəm/ n. impianto m. di raffreddamento.
cooling tower /'ku:lɪŋˌtaʊə(r)/ n. torre f. di raffreddamento.
coolly /'ku:lɪ/ avv. **1** *(lightly)* [*dressed*] in modo leggero **2** *(without warmth)* [*greet, react, say*] freddamente **3** *(calmly)* con calma **4** *(boldly)* [*announce, demand*] con disinvoltura, con spavalderia.
coolness /'ku:lnɪs/ n. **1** *(coldness)* fresco m., freschezza f. **2** *(unfriendliness)* freddezza f. (**between** tra) **3** *(calmness)* calma f.
cooly → **coolie**.
coom /ku:m/ n. SCOZZ. *(of oil)* morchia f.; *(of coal)* polvere f. (di carbone).
coomb(e) /ku:m/ n. BE **1** valletta f., comba f. **2** GEOL. circo m. glaciale.
coon /ku:n/ n. **1** AE ZOOL. COLLOQ. procione m. **2** VOLG. SPREG. negro m. (-a) ◆ ***a ~'s age*** AE un sacco di tempo.
coonskin /'ku:nskɪn/ n. AE pelle f., pelliccia f. di procione.
1.coop /ku:p/ n. (anche **chicken ~, hen ~**) stia f. ◆ ***to fly the*** ~ COLLOQ. scappare (di prigione).
2.coop /ku:p/ tr. mettere nella stia [*hen*].
▪ **coop up:** ***~ [sb., sth.] up*** rinchiudere; ***to keep sb., sth. ~ed up*** tenere qcn., qcs. rinchiuso.
co-op /'kəʊɒp/ n. (accorc. cooperative) **1** COLLOQ. cooperativa f., coop f. **2** AE *(apartment house)* immobile m. in comproprietà; ***to go*** ~ essere (messo) in comproprietà.
1.cooper /'ku:pə(r)/ ♦ **27** n. bottaio m. (-a), barilaio m. (-a).
2.cooper /'ku:pə(r)/ **I** tr. fabbricare, riparare [*barrels, casks etc.*] **II** intr. fare il bottaio.
cooperage /'ku:pərɪdʒ/ n. *(craft)* lavoro m. di bottaio; *(place)* bottega f. del bottaio.
cooperant /kəʊ'ɒpərənt/ agg. che coopera, che collabora.
▷ **cooperate** /kəʊ'ɒpəreɪt/ intr. cooperare (**with** con; **in** in; **in doing** a fare).
cooperation /kəʊˌɒpə'reɪʃn/ n. cooperazione f. (**on** in); ***in (close)*** ~ in (stretta) cooperazione; ***he promised full*** ~ ha promesso piena cooperazione.
▷ **cooperative** /kəʊ'ɒpərətɪv/ **I** n. **1** *(organization)* cooperativa f.; ***workers'*** ~ cooperativa dei lavoratori **2** AE *(apartment house)* immobile m. in comproprietà **II** agg. **1** *(joint)* [*venture, effort*] collaborativo, congiunto; ***to take ~ action*** agire in modo congiunto **2** *(helpful)* [*person*] che coopera, che collabora, disposto a collaborare (**with** con); ***to organize sth. along ~ lines*** organizzare qcs. in modo collaborativo **3** COMM. POL. [*movement, society*] cooperativo **4** AE [*apartment, building*] in comproprietà.
cooperative bank /kəʊ'ɒpərətɪvˌbæŋk/ n. AE cooperativa f. di credito.
cooperative farm /kəʊ'ɒpərətɪvˌfɑ:m/ n. *(collective farm)* azienda f. agricola cooperativa.
cooperatively /kəʊ'ɒpərətɪvlɪ/ avv. [*work*] in cooperazione; ***to act*** ~ agire in modo cooperativo.
Cooperative Party /kəʊ'ɒpərətɪvˌpɑ:tɪ/ n. BE POL. = movimento politico legato al partito laburista, sostenitore del cooperativismo.
cooperative society /kəʊˌɒpərətɪvsə'saɪətɪ/ n. società f. cooperativa.
cooperator /kəʊ'ɒpəreɪtə(r)/ n. **1** cooperatore m. (-trice) **2** *(member of cooperative)* membro m. di una cooperativa.
coopery /'ku:pərɪ/ n. → **cooperage**.
co-opt /kəʊ'ɒpt/ tr. **1** *(onto committee)* cooptare, eleggere [*person*] (**onto** in) **2** *(commandeer)* arruolare [*celebrity*] (**to** per) **3** POL. fare aderire [*person, group, country*] (**to** a); adottare [*opinion, issue*].

co-optation /ˌkəʊɒp'teɪʃn/, **co-option** /ˌkəʊ'ɒpʃn/ n. **1** *(onto committee)* cooptazione f., elezione f. **2** POL. *(of group)* adesione f.; *(of opinion, issue)* adozione f., scelta f.

1.coordinate /ˌkəʊ'ɔ:dɪnət/ **I** n. *(on graph, map)* coordinata f. **II coordinates** n.pl. SART. coordinato m.sing. **III** agg. MAT. LING. coordinato.

▷ **2.coordinate** /ˌkəʊ'ɔ:dɪneɪt/ **I** tr. coordinare [*movements, effort, action, policy, response*] (**with** con) **II** intr. agire coordinatamente (**with** con).

coordinate clause /kəʊˌɔ:dɪnət'klɔ:z/ n. (proposizione) coordinata f.

coordinated /kəʊ'ɔ:dɪneɪtɪd/ **I** p.pass. → **2.coordinate II** agg. [*response, policy, clothes, garment*] coordinato; ***he's very ~*** è molto coordinato (nei movimenti).

coordinate geometry /kəʊˌɔ:dɪnətdʒɪ'ɒmətrɪ/ n. geometria f. analitica.

coordinating /kəʊ'ɔ:dɪneɪtɪŋ/ agg. **1** [*clothes, garment*] coordinato **2** [*authority, committee*] di coordinamento.

coordinating conjunction /kəʊˌɔ:dɪneɪtɪŋkən'dʒʌŋkʃn/ n. congiunzione f. coordinativa.

▷ **coordination** /kəʊˌɔ:dɪ'neɪʃn/ n. **1** coordinazione f., coordinamento m.; ***in ~*** in coordinazione **2** LING. coordinazione f.

coordinative /kəʊ'ɔ:dɪnətɪv/ agg. coordinativo.

▷ **coordinator** /kəʊ'ɔ:dɪneɪtə(r)/ n. coordinatore m. (-trice).

coot /ku:t/ n. **1** ZOOL. folaga f. **2** COLLOQ. stupido m. (-a), tonto m. (-a) ◆ ***as bald as a ~*** COLLOQ. essere pelato come un uovo.

cootie /'ku:tɪ/ n. **1** POP. pidocchio m. **2** *(miser)* pidocchio m., taccagno m.

co-owner /kəʊ'əʊnə(r)/ n. comproprietario m. (-a).

co-ownership /kəʊ'əʊnəʃɪp/ n. comproprietà f.

1.cop /kɒp/ n. **1** COLLOQ. *(police officer)* poliziotto m. (-a), piedipiatti m. SPREG., sbirro m. SPREG.; ***traffic ~*** agente del traffico *o* vigile urbano; ***motor cycle ~*** poliziotto in motocicletta; ***to play ~s and robbers*** giocare a guardie e ladri **2** BE COLLOQ. *(arrest)* ***it's a fair ~!*** mi avete beccato!

2.cop /kɒp/ tr. (forma in -ing ecc. **-pp-**) **1** COLLOQ. *(arrest)* arrestare, beccare [*person*]; ***to get ~ped doing*** farsi beccare a fare **2** COLLOQ. *(receive)* beccare, beccarsi [*punch, punishment*] **3** BE COLLOQ. *(be punished)* ***to ~ it*** prenderle **4** COLLOQ. (anche **~ hold of**) *(catch)* acchiappare, afferrare; ***~ hold of the rope*** afferra la corda **5** COLLOQ. *(listen)* ascoltare, sentire; ***~ a load of this!*** senti questa! **6** DIR. *(plead guilty)* ***to ~ a plea*** dichiararsi colpevole (di un reato minore per ottenere un pena meno grave) ◆ ***to ~ a feel*** AE COLLOQ. palpare, palpeggiare; ***to ~ some Z's*** AE COLLOQ. schiacciare un pisolino.

■ **cop out** COLLOQ. non impegnarsi, sottrarsi alle responsabilità; ***to ~ out on a promise*** mancare a una promessa; ***to ~ out of doing*** sottrarsi alla responsabilità di fare.

3.cop /kɒp/ n. BE COLLOQ. ***to be not much ~*** non essere (poi) granché.

4.cop /kɒp/ n. TESS. bobina f., spola f.

copacetic /ˌkəʊpə'setɪk, -'si:tɪk/ agg. AE ANT. COLLOQ. grande, magnifico, ottimo.

copaiba /kəʊ'paɪbə/, **copaiva** /kəʊ'paɪvə/ n. **1** *(plant)* copaive f. **2** (anche **~ balsam**) balsamo m. di copaive.

copal /kəʊpl/ n. copale m. e f.

coparcener /ˌkəʊ'pɑ:sənə(r)/ n. coerede m. e f.

copartner /ˌkəʊ'pɑ:tnə(r)/ n. socio m. (-a), consocio m. (-a).

copartnership /ˌkəʊ'pɑ:tnəʃɪp/ n. **1** *(co-ownership)* compartecipazione f. **2** *(partnership)* società f., associazione f.

1.cope /kəʊp/ n. *(cloak)* cappa f., piviale m.

2.cope /kəʊp/ tr. costruire una copertina su [*wall*].

▶ **3.cope** /kəʊp/ intr. **1** *(manage practically)* [*person*] farcela, sbrogliarsela; [*government, police, services, system*] farcela; essere all'altezza; ***to learn to ~ alone*** imparare a cavarsela da solo; ***the organization can't ~*** l'organizzazione non può farcela; ***how do you ~, with all those kids?*** come te la cavi con tutti questi bambini? ***to ~ with*** [*person*] occuparsi di [*person, correspondence, work*]; [*government, police, industry, system*] far fronte a, affrontare [*demand, disaster, inflation, inquiries*]; ***it's more than I can ~ with*** è più di quanto possa fare **2** *(manage financially)* tirare avanti; ***to ~ on £ 60 a week*** tirare avanti con 60 sterline alla settimana; ***to ~ with a loan, mortgage*** farcela a restituire un prestito, a pagare un mutuo **3** *(manage emotionally)* ***to ~ with*** affrontare *o* sopportare [*bereavement, depression*]; ***to ~ with sb.*** sopportare *o* tenere testa a qcn.; ***if you left me, I couldn't ~*** se mi lasciassi, non potrei sopportarlo.

copeck → **kopeck**.

Copenhagen /ˌkəʊpn'heɪgən/ ➧ **34** n.pr. Copenaghen f.

Copernican /kə'pɜ:nɪkən/ agg. copernicano.

Copernicus /kə'pɜ:nɪkəs/ n.pr. Copernico.

copestone /'kəʊpstəʊn/ n. **1** *(coping stone)* pietra f. per cimasa **2** *(top stone, capstone)* chiave f. di volta.

copier /'kɒpɪə(r)/ n. **1** *(photocopier)* fotocopiatrice f. **2** *(imitator)* chi copia, imitatore m. (-trice).

co-pilot /ˌkəʊ'paɪlət/ n. secondo pilota m.

coping /'kəʊpɪŋ/ n. ARCH. cimasa f., copertina f.

coping stone /'kəʊpɪŋˌstəʊn/ n. pietra f. per cimasa.

copious /'kəʊpɪəs/ agg. **1** *(plentiful)* [*crop, supply, tears*] copioso, abbondante; ***~ notes, data*** una quantità abbondante di note, di dati **2** *(generous)* [*quantity, serving*] abbondante, ricco.

copiously /'kəʊpɪəslɪ/ avv. abbondantemente, copiosamente; ***to weep ~*** piangere a dirotto.

copiousness /'kəʊpɪəsnɪs/ n. copiosità f., abbondanza f.

coplanar /kəʊ'pleɪnə(r)/ agg. MAT. complanare.

copolymer /kəʊ'pɒlɪmə(r)/ n. copolimero m.

cop-out /'kɒpaʊt/ n. COLLOQ. *(excuse)* scusa f., pretesto m.; *(evasive act)* scappatoia f.

▷ **1.copper** /'kɒpə(r)/ ➧ **5 I** n. **1** CHIM. rame m. **2** BE COLLOQ. *(coin)* monetina f.; moneta f. di rame; ***to save a few ~s*** risparmiare qualche spicciolo **3** BE STOR. *(for washing)* tinozza f. **4** *(colour)* colore m. rame **II** modif. [*alloy, mine, ore, bracelet, coin, pipe, wire, pan*] di rame **III** agg. [*hair*] ramato; [*leaf, lipstick*] color rame.

2.copper /'kɒpə(r)/ tr. rivestire di rame, ramare.

3.copper /'kɒpə(r)/ n. COLLOQ. poliziotto m. (-a), piedipiatti m. SPREG., sbirro m. SPREG.

copperas /'kɒpərəs/ n. solfato m. ferroso.

copper beech /ˌkɒpə'bi:tʃ/ n. faggio m. rosso.

Copper Belt /'kɒpəbelt/ n.pr. = regione dell'Africa Centrale ricca di giacimenti di rame.

copper-bottomed /ˌkɒpə'bɒtəmd/ agg. sicuro, senza rischi (anche ECON.).

copper-coloured BE, **copper-colored** AE /'kɒpəˌkʌləd/ ➧ **5** agg. [*hair*] ramato; [*leaf, lipstick, metal*] color rame.

copper glance /'kɒpəˌglɑ:ns, AE -ˌglæns/ n. calcocite f.

copperhead /'kɒpəhed/ n. ZOOL. mocassino m., testa f. di rame.

coppering /'kɒpərɪŋ/ n. **1** METALL. ramatura f. **2** TECN. rivestimento m. in rame.

copperplate /'kɒpəpleɪt/ n. **1** *(plate)* lastra f. di rame **2** *(print)* incisione f. su rame, rame m., calcografia f. **3** (anche **~ handwriting**) = scrittura chiara e regolare.

copper-rich /'kɒpərɪtʃ/ agg. ricco di rame.

coppersmith /'kɒpəsmɪθ/ ➧ **27** n. ramaio m., calderaio m.

copper's nark /'kɒpəznɑ:k/ n. BE ANT. COLLOQ. informatore m., spia f.

copper sulphate /ˌkɒpə'sʌlfeɪt/ n. solfato m. di rame, solfato m. rameico.

copperware /'kɒpəweə(r)/ n. rami m.pl.

coppery /'kɒpərɪ/ ➧ **5** agg. **1** *(containing copper)* ramato **2** *(colour)* (color) rame, ramato.

coppice /'kɒpɪs/ n. (bosco) ceduo m.

copra /'kɒprə/ n. copra f.

co-presidency /kəʊ'prezɪdənsɪ/ n. copresidenza f.

co-president /kəʊ'prezɪdənt/ n. copresidente m.

coprocessor /kəʊ'prəʊsesə(r), AE -'prɒ-/ n. coprocessore m.

coprolite /'kɒprəˌlaɪt/ n. coprolito m.

coprology /kə'prɒlədʒɪ/ n. coprologia f.

co-property /kəʊ'prɒpətɪ/ n. comproprietà f.

coprophagy /kə'prɒfədʒɪ/ n. coprofagia f.

coprophilia /ˌkɒprə'fɪlɪə/ n. coprofilia f.

1.copse /kɒps/ n. (bosco) ceduo m.

2.copse /kɒps/ tr. piantare a bosco ceduo.

cop-shop /'kɒpʃɒp/ n. BE COLLOQ. stazione f. di polizia.

Copt /kɒpt/ n. copto m. (-a).

copter /'kɒptə(r)/ n. COLLOQ. (accorc. helicopter) elicottero m.

Coptic /'kɒptɪk/ **I** agg. [*church, tradition*] copto **II** n. *(language)* copto m.

copula /'kɒpjʊlə/ n. LING. (pl. **~s** o **-ae**) copula f.

copulate /'kɒpjʊleɪt/ intr. accoppiarsi, copulare (**with** con).

copulation /ˌkɒpjʊ'leɪʃn/ n. accoppiamento m., copulazione f.

copulative /'kɒpjʊlətɪv, AE -leɪtɪv/ **I** n. LING. congiunzione f. copulativa, copula f. **II** agg. copulativo.

▶ **1.copy** /'kɒpɪ/ n. **1** *(reproduction, imitation)* copia f., riproduzione f. (**of** di); ***to make a ~*** fare una copia; ***certified ~*** copia conforme **2** *(issue, edition)* *(of book, newspaper, record, report)* copia f., esemplare m. **3** *(journalist's text)* testo m., materiale m. da stampare; *(advertiser's text)* testo m. pubblicitario; ***to be*** o ***make good ~*** essere materia di (grande) interesse; ***to file (one's) ~*** presentare *o* consegnare il proprio lavoro.

▶ **2.copy** /'kɒpɪ/ **I** tr. **1** *(imitate)* copiare, imitare [*person, style, design, system*] (**from** da) **2** *(duplicate)* copiare, riprodurre [*document, letter*]; copiare [*disk, file*]; ***to ~ sth. onto a disk*** copiare qcs. su un dischetto; ***to ~ onto paper*** copiare su carta; ***to have sth. copied*** far fare una copia di qcs. **3** *(write out by hand)* copiare, ricopiare, trascrivere [*exercise, answers, inscription, text*] (**from** da); ***to ~ sth. into one's book*** copiare qcs. sul proprio quaderno **II** intr. [*person, candidate, pupil*] copiare (**from** da); ***to ~ in a test*** copiare durante una prova.

▪ **copy down:** ~ ***down [sth.]***, ~ ***[sth.] down*** copiare, ricopiare, trascrivere (**from** da; **into** su).

▪ **copy out:** ~ ***out [sth.]***, ~ ***[sth.] out*** ricopiare, trascrivere.

copybook /'kɒpɪbʊk/ **I** n. quaderno m. **II** modif. **1** *(model)* [*answer, solution*] esemplare, da manuale; SPREG. banale, convenzionale; ~ ***perfect*** impeccabile *o* ineccepibile **2** AE *(trite)* banale, trito ◆ ***to blot one's ~*** macchiare la propria reputazione.

copycat /'kɒpɪkæt/ **I** n. COLLOQ. SPREG. pappagallo m., copione m. (-a) **II** agg. [*crime, murder*] per (desiderio di) emulazione; ***a wave of ~ crimes*** un'ondata di reati compiuti per emulazione.

copy desk /'kɒpɪdesk/ n. tavolo m. redazionale.

copy edit /'kɒpɪˌedɪt/ tr. GIORN. curare (un testo, per la pubblicazione).

copy editor /'kɒpɪˌedɪtə(r)/ ♦ ***27*** n. GIORN. redattore m. (-trice).

copyhold /'kɒpɪhəʊld/ n. = proprietà immobiliare feudale certificata da una copia di antichi documenti di concessione.

copyholder /'kɒpɪˌhəʊldə(r)/ n. TIP. **1** *(device)* raccoglitore m. **2** *(person)* aiuto correttore m. (-trice) di bozze.

copying ink /'kɒpɪŋˌɪŋk/ n. inchiostro m. copiativo.

copying machine /'kɒpɪŋˌməˌʃiːn/ n. (foto)copiatrice f.

copyist /'kɒpɪɪst/ n. **1** *(of old texts)* copista m. **2** *(imitator)* imitatore m. (-trice) **3** *(forger of paintings etc.)* falsario m. (-a).

copyleft /'kɒpɪleft/ n. copyleft m.

copy platform /'kɒpɪˌplætfɔːm/ n. *(in advertisement)* base f., programma m. per una campagna pubblicitaria.

copyread /'kɒpɪriːd/ tr. (pass., p.pass. **-read** /red/) AE GIORN. fare la revisione di [*text*].

copyreader /'kɒpɪriːdə(r)/ ♦ ***27*** n. AE GIORN. redattore m. (-trice).

▷ **1.copyright** /'kɒpɪraɪt/ **I** n. copyright m., diritto m. d'autore; ***to have*** o ***hold the ~*** avere il copyright; ***the ~ of*** o ***on sth.*** il copyright su *o* i diritti su; ***to be in ~*** essere soggetto a copyright *o* ai diritti d'autore; ***to be out of ~*** non essere soggetto a copyright *o* ai diritti d'autore **II** agg. [*book, work*] soggetto a copyright.

2.copyright /'kɒpɪraɪt/ tr. proteggere con diritti d'autore [*work*].

copy typist /'kɒpɪˌtaɪpɪst/ ♦ ***27*** n. dattilografo m. (-a) che copia testi scritti.

copywriter /'kɒpɪraɪtə(r)/ ♦ ***27*** n. copywriter m. e f., redattore m. (-trice) pubblicitario (-a).

coquetry /'kɒkɪtrɪ/ n. civetteria f.

1.coquette /kɒ'ket/ n. *(woman)* civetta f.

2.coquette /kɒ'ket/ intr. civettare, fare la civetta.

coquettish /kɒ'ketɪʃ/ agg. [*person, smile, look, manner*] civettuolo.

coquettishly /kɒ'ketɪʃlɪ/ avv. in modo civettuolo.

cor /kɔː(r)/ inter. BE COLLOQ. accidenti; ~ ***blimey!*** accidenti! caspita!

coracle /'kɒrəkl/ n. coracle m. (imbarcazione di legno o vimini ricoperta di materiale impermeabile).

▷ **coral** /'kɒrəl, AE 'kɔːrəl/ ♦ ***5*** **I** n. corallo m. **II** modif. [*earring, necklace, paperweight*] di corallo **III** agg. *(colour)* (rosso) corallo.

coral atoll /'kɒrəlˌætɒl, AE 'kɔː-/ n. atollo m.

coral-coloured BE, **coral-colored** AE /'kɒrəlˌkʌləd, AE 'kɔː-/ agg. (color) corallo.

coral island /ˌkɒrəl'aɪlənd, AE ˌkɔː-/ n. isola f. corallina.

coralliferous /kɒrə'lɪfərəs, AE kɔː-/ agg. corallifero.

coralliform /kə'rælɪfɔːm, AE kɔː-/ agg. coralliforme.

coralline /'kɒrəlaɪn, AE 'kɔːrəlaɪn/ ♦ ***5*** **I** n. BOT. corallina f. **II** agg. corallino; *(colour)* (rosso) corallo.

coral pink /'kɒrəlˌpɪŋk, AE 'kɔː-/ ♦ ***5*** **I** n. rosa m. corallo **II** agg. rosa corallo.

coral reef /ˌkɒrəl'riːf, AE ˌkɔːr-/ n. barriera f. corallina.

Coral Sea /ˌkɒrəl'siː, AE ˌkɔː-/ ♦ ***20*** n.pr. Mar m. dei Coralli.

coral snake /'kɒrəlsneɪk, AE 'kɔː-/ n. serpente m. corallo.

cor anglais /ˌkɔːr'ɒŋgleɪ/ ♦ ***17*** n. (pl. **cors anglais**) corno m. inglese.

corbel /'kɔːbl/ n. mensolone m., modiglione m.

corbie /'kɔːbɪ/ n. SCOZZ. corvo m., cornacchia f.

▷ **1.cord** /kɔːd/ **I** n. **1** *(of light switch, curtains etc.)* corda f., cordicella f.; *(of pyjamas)* laccio m.; *(of dressing gown)* cintura f.; ***sash ~*** corda del contrappeso (di finestra a ghigliottina) **2** EL. filo m. (elettrico), cordone m. **3** COLLOQ. (accorc. corduroy) velluto m. a coste **4** *(umbilical)* cordone m. **II cords** n.pl. COLLOQ. pantaloni m. di velluto a coste **III** modif. COLLOQ. [*garment*] di velluto a coste.

2.cord /kɔːd/ tr. legare con corde.

cordage /'kɔːdɪdʒ/ n. **U 1** cordame m. **2** MAR. sartiame m.

cordate /'kɔːdeɪt/ agg. BOT. ZOOL. cordato.

corded /'kɔːdɪd/ **I** p.pass. → **2.cord II** agg. [*fabric*] a coste.

Cordelia /kɔː'diːljə/ n.pr. Cordelia.

Cordelier /ˌkɔːdɪ'lɪə(r)/ n. STOR. cordigliere m.

cordial /'kɔːdɪəl, AE 'kɔːrdʒəl/ **I** n. **1** *(invigorating drink or food)* cordiale m.; *(fruit)* sciroppo m. di frutta **2** AE *(liqueur)* liquore m. (dolce o digestivo) **II** agg. cordiale (**to, with** con).

cordiality /ˌkɔːdɪ'ælətɪ, AE ˌkɔːrdʒɪ-/ n. cordialità f.

cordially /'kɔːdɪəlɪ, AE -dʒəlɪ/ avv. cordialmente.

cordillera /ˌkɔːdɪ'ljeərə/ n. cordigliera f.

cordite /'kɔːdaɪt/ n. *(explosive material)* cordite f.

cordless /'kɔːdlɪs/ agg. senza filo; ~ ***telephone*** cordless.

1.cordon /'kɔːdn/ n. *(all contexts)* cordone m.; ***police ~*** cordone di polizia.

2.cordon /'kɔːdn/ tr. → **cordon off.**

▪ **cordon off:** ~ ***off [sth.]***, ~ ***[sth.] off*** isolare [*street, area*]; fare cordone intorno a [*crowd*].

cordon bleu /ˌkɔːdɒn'blɜː/ **I** n. STOR. cordon bleu m. **II** agg. [*cook*] di prim'ordine, cordon bleu.

cordon sanitaire /ˌkɔːdɒnsɑːnɪ'teə(r)/ n. cordone m. sanitario.

cordovan /'kɔːdəvən/ **I** n. (cuoio) cordovano m. **II** agg. di (cuoio) cordovano.

corduroy /'kɔːdərɔɪ/ **I** n. velluto m. a coste; **~*s*** pantaloni di velluto a coste **II** modif. [*garment*] di velluto a coste.

corduroy road /'kɔːdərɔɪˌrəʊd/ n. AE = strada, su terreno paludoso, fatta di tronchi d'albero accostati.

▷ **1.core** /kɔː(r)/ **I** n. **1** *(of apple, pear)* torsolo m. **2** FIG. *(of problem, issue)* nocciolo m., cuore m. **3** *(inner being)* ***rotten to the ~*** corrotto fino all'anima, fino al midollo; ***selfish to the ~*** egoista fino al midollo; ***English to the ~*** inglese fino al midollo *o* fino in fondo all'anima; ***it shook me to the ~*** mi ha turbato nel profondo dell'anima **4** *(of magnet)* nucleo m. **5** *(of cable)* anima f. **6** *(of planet)* nucleo m. **7** NUCL. core m., nucleo m. **8** IND. *(in casting)* carota f. **9** INFORM. nucleo m.; memoria f. centrale **10** *(small group)* nucleo m. **II** modif. [*vocabulary*] di base; [*issue, concept, principle*] di base, fondamentale; [*activity*] principale, più importante.

2.core /kɔː(r)/ tr. GASTR. togliere il torsolo a [*apple*]; togliere la parte centrale di [*apple segment*].

CORE n. AE (⇒ Congress of Racial Equality) = organizzazione per l'uguaglianza razziale.

core curriculum /ˌkɔːkə'rɪkjʊləm/ n. SCOL. materie f.pl. obbligatorie; UNIV. esami m.pl. fondamentali.

co-religionist /ˌkəʊrɪ'lɪdʒənɪst/ n. correligionario m. (-a).

coreopsis /ˌkɒrɪ'ɒpsɪs/ n. (pl. ~) coreopside f.

corer /'kɔːrə(r)/ n. (anche **apple ~**) vuotamele m., levatorsoli m.

core sample /'kɔːˌsɑːmpl, AE -ˌsæmpl/ n. GEOL. carota f.

core skill /'kɔːskɪl/ n. competenze f.pl., abilità f.pl. fondamentali.

co-respondent /ˌkəʊrɪ'spɒndənt/ n. DIR. correo m. (-a), coimputato m. (-a) (per adulterio).

core subject /'kɔːˌsʌbdʒɪkt/ n. SCOL. materia f. obbligatoria; UNIV. esame m. fondamentale.

core time /'kɔːtaɪm/ n. = ore di presenza obbligatorie nell'ambito di un orario di lavoro flessibile.

corf /kɔːf/ n. (pl. **corves**) **1** ANT. MIN. carrello m. **2** *(for fish)* = cesto per tenere il pesce vivo nell'acqua.

corgi /'kɔːgɪ/ n. corgi m.

coriaceous /ˌkɒrɪ'eɪʃəs, AE ˌkɔːr-/ agg. coriaceo.

coria /'kəʊrɪə/ → **corium.**

coriander /ˌkɒrɪ'ændə(r), AE ˌkɔːr-/ n. coriandolo m.

Corinne /kə'rɪn/ n.pr. Corinna.

Corinth /'kɒrɪnθ/ ♦ ***34*** n.pr. Corinto f.; ~ ***Canal*** canale di Corinto; ***Gulf of ~*** golfo di Corinto.

Corinthian /kə'rɪnθɪən/ **I** agg. ARCH. corinzio **II** n. corinzio m. (-a), nativo m. (-a), abitante m. e f. di Corinto **III Corinthians** n.pl. + verbo sing. BIBL. Lettere f.pl. ai Corinzi.

Coriolanus /ˌkɒrɪə'leɪnəs/ n.pr. Coriolano.

corium /'kɔːrɪəm/ n. (pl. **-ia**) corion m., derma m.

1.cork /kɔːk/ **I** n. **1** *(substance)* sughero m. **2** *(of bottle)* turacciolo m., tappo m., sughero m. **3** PESC. sughero m. **II** modif. [*tile, table* *mat*] di sughero ◆ ***to blow one's ~*** AE COLLOQ. andare in bestia *o* su tutte le furie.

2.cork /kɔ:k/ tr. turare, tappare [*bottle*].

■ **cork up:** ~ [sth.] up, ~ up [sth.] turare, tappare [*bottle*]; FIG. reprimere, soffocare [*feelings*].

Cork /kɔ:k/ ➧ **34** n.pr. Cork f.

corkage /ˈkɔ:kɪdʒ/ n. = somma che si paga in un ristorante per stappare una bottiglia di vino comprata altrove.

corked /kɔ:kt/ **I** p.pass. → **2.cork II** agg. **1** [*wine*] che sa di tappo **2** BE COLLOQ. *(drunk)* sbronzo.

corker /ˈkɔ:kə(r)/ n. BE COLLOQ. *(story)* storia f. strabiliante; *(stroke, shot)* colpo m. straordinario; ***she's a real ~!*** è una gran bella figliola!

corking /ˈkɔ:kɪŋ/ agg. BE COLLOQ. strabiliante, eccezionale.

cork oak /ˈkɔ:kˌəʊk/ n. quercia f. da sughero.

1.corkscrew /ˈkɔ:kskru:/ n. cavaturaccioli m., cavatappi m.

2.corkscrew /ˈkɔ:kskru:/ **I** tr. **1** *(move in a spiral course)* fare muovere a spirale **2** *(get out of sb. with effort)* cavare di bocca [*words etc.*] **II** intr. muoversi a spirale.

corkscrew curls /ˈkɔ:kskru:ˌkɜ:lz/ n.pl. boccoli m.

cork-tree /kɔ:ktri:/ n. → **cork oak**.

corky /ˈkɔ:kɪ/ agg. **1** *(resembling cork)* sugheroso, simile a sughero **2** COLLOQ. *(lively)* vivace, esuberante; *(frivolous)* frivolo.

corm /kɔ:m/ n. BOT. cormo m., bulbo m.

cormophyte /ˈkɔ:məˌfaɪt/ n. cormofita f.

cormorant /ˈkɔ:mərənt/ n. cormorano m.

▷ **1.corn** /kɔ:n/ n. **1** *(wheat)* grano m., frumento m., cereali m.pl. **2** AE *(maize)* granturco m., mais m. **3** *(seed)* chicco m., grano m. (di cereale) **4** COLLOQ. SPREG. *(in book, film etc.)* sentimentalismo m., sdolcinatezza f.

2.corn /kɔ:n/ tr. conservare sotto sale [*meat*].

3.corn /kɔ:n/ n. *(callus)* callo m., durone m. ◆ ***to tread on sb.'s ~s*** pestare i calli a qcn.

cornball /ˈkɔ:nbɔ:l/ **I** n. AE COLLOQ. SPREG. tipo m. sentimentale, sdolcinato **II** agg. AE COLLOQ. SPREG. [*joke*] *(old)* trito; [*film, story*] sentimentale, sdolcinato.

Corn Belt /ˈkɔ:nˌbelt/ n. AE = zona cerealicola degli Stati Uniti.

corn bread /ˈkɔ:nbred/ n. AE focaccia f. di granturco.

corn bunting /ˈkɔ:nˌbʌntɪŋ/ n. strillozzo m.

corn circle /ˈkɔ:nsɜ:kl/ n. → **crop circle**.

corncob /ˈkɔ:nkɒb/ n. tutolo m.

corncob pipe /ˈkɔ:nkɒbˌpaɪp/ n. pipa f. fatta con un tutolo.

corncockle /ˈkɔ:nkɒkl/ n. gettaione m.

corncrake /ˈkɔ:nkreɪk/ n. re m. di quaglie.

corncrib /ˈkɔ:nkrɪb/ n. AE essiccatoio m. per il mais.

corn dog /ˈkɔ:ndɒg, AE -dɔ:g/ n. AE = salsiccia avvolta da una pastella di mais.

corn dolly /ˈkɔ:nˌdɒlɪ, AE -ˌdɔ:lɪ/ n. BE bambola f. di paglia.

cornea /ˈkɔ:nɪə/ n. (pl. **~s, -ae**) cornea f.

corneal /ˈkɔ:nɪəl/ agg. corneale.

corned beef /ˌkɔ:ndˈbi:f/ n. corned beef m. (carne di manzo conservata sotto sale).

Cornelia /kɔ:ˈni:lɪə/ n.pr. Cornelia.

cornelian /kɔ:ˈni:lɪən/ n. corniola f.

Cornelius /kɔ:ˈni:lɪəs/ n.pr. Cornelio.

corneous /ˈkɔ:nɪəs/ agg. corneo.

▶ **1.corner** /ˈkɔ:nə(r)/ **I** n. **1** *(in geometry, of street, box, fabric etc.)* angolo m.; *(of table)* spigolo m., angolo m.; *(of room, building)* angolo m., canto m.; AUT. *(bend)* curva f.; ***the house on the ~*** la casa all'angolo; ***at the ~ of the street*** all'angolo della strada; ***to turn*** o ***go round the ~*** girare l'angolo; ***to put a child in the ~*** SCOL. mettere un bambino in castigo; ***she wiped her eyes with a ~ of her apron*** si asciugò gli occhi con un lembo del grembiule; ***to fold sth. from ~ to ~*** piegare qcs. in diagonale; ***to turn down the ~ of a page*** piegare l'angolo di una pagina; ***the car took the ~ too fast*** la macchina ha fatto la curva troppo velocemente; ***he lives around the ~ from me*** *(nearby)* vive molto vicino a me; ***the post office is just around the ~*** *(around the bend)* l'ufficio postale è proprio dietro l'angolo; ***she disappeared round the ~*** sparì dietro l'angolo; ***Christmas is just around the ~*** Natale è dietro l'angolo; ***you never know what's around the ~*** non si sa mai cosa c'è dietro l'angolo *o* cosa può succedere **2** *(side) (of eye, mouth)* angolo m.; ***to watch, see sb. out of the ~ of one's eye*** guardare *o* vedere qcn. con la coda dell'occhio **3** *(remote place)* angolo m.; FIG. *(of mind)* angolo m., recesso m.; ***a quiet ~ of Brittany, the office*** un angolo tranquillo della Bretagna, dell'ufficio; ***in a remote ~ of India*** in un angolo remoto dell'India; ***I searched every ~ of the house*** ho cercato in ogni angolo della casa *o* dappertutto in casa; ***from all four ~s of the world*** dai quattro angoli della terra **4** SPORT *(in boxing)* angolo m.; *(in football)* corner m., (calcio d') angolo m.; *(hockey)* angolo m.; ***to take a ~*** calciare *o* battere un corner **5** *(column)* angolo m.; ***kids', collectors' ~*** l'angolo dei bambini, dei collezionisti **II** modif. [*cupboard, shelf, table*] ad angolo; ***a ~ seat*** *(on a train)* posto accanto al finestrino ◆ ***to be in a tight ~*** essere in difficoltà *o* con le spalle al muro *o* essere alle strette; ***to hold*** o ***fight one's ~*** difendersi; ***to paint*** o ***box oneself into a ~*** finire con le spalle al muro; ***to cut ~s*** *(financially)* fare economie *o* risparmiare; *(in a procedure)* prendere una scorciatoia *o* aggirare un ostacolo.

2.corner /ˈkɔ:nə(r)/ **I** tr. **1** *(trap)* mettere, spingere in un angolo [*animal, enemy*]; FIG. mettere con le spalle al muro [*person*] **2** *(monopolize)* accaparrare, accaparrarsi [*supply, best seats*]; ***she's ~ed the market in fashion jewellery*** si è accaparrata il mercato della bigiotteria **II** intr. AUT. [*car*] curvare, fare una curva; ***this car ~s well*** questa macchina tiene bene in curva.

corner boy /ˈkɔ:nəˌbɔɪ/ n. POP. perdigiorno m., fannullone m.

corner cupboard /ˈkɔ:nəˌkʌbəd/ n. angoliera f.

cornered /ˈkɔ:nəd/ **I** p.pass. → **2.corner II -cornered** agg. in composti ***three-, four-~*** a tre, quattro angoli.

corner flag /ˈkɔ:nəflæg/ n. SPORT bandierina f. del calcio d'angolo, del corner.

cornering /ˈkɔ:nərɪŋ/ n. AUT. tenuta f. di strada (in curva).

corner shop /ˌkɔ:nəˈʃɒp/ n. piccola drogheria f., negozietto m.

cornerstone /ˈkɔ:nəstəʊn/ n. pietra f. angolare (anche FIG.).

cornerways /ˈkɔ:nəˌweɪz/, **cornerwise** /ˈkɔ:nəˌwaɪz/ **I** agg. che forma un angolo **II** avv. in diagonale.

cornet /ˈkɔ:nɪt/ ➧ **17** n. **1** MUS. cornetta f. **2** BE *(for ice cream)* cono m.; *(for sweets)* cartoccio m. a forma di cono.

cornetist, **cornettist** /kɔ:ˈnetɪst/ ➧ **17, 27** n. cornettista m e f.

corn exchange /ˈkɔ:nɪksˌtʃeɪndʒ/ n. BE ECON. borsa f. dei cereali.

cornfed /ˈkɔ:nfed/ agg. [*livestock*] allevato a granturco; ***~ chicken*** pollo allevato a granturco.

cornfield /ˈkɔ:nfi:ld/ n. BE campo m. di grano; AE campo m. di granturco.

cornflag /ˈkɔ:nflæg/ n. → **gladiolus**.

cornflakes /ˈkɔ:nfleɪks/ n.pl. corn-flakes m., fiocchi m. di granturco.

cornflour /ˈkɔ:nflaʊə(r)/ n. farina f. fine di granturco.

cornflower /ˈkɔ:nflaʊə(r)/ n. fiordaliso m.

cornflower blue /ˌkɔ:nflaʊəˈblu:/ ➧ **5** n. azzurro m. fiordaliso.

cornhusk /ˈkɔ:nhʌsk/ n. cartoccio m. (di pannocchia).

cornhusking /ˈkɔ:nˌhʌskɪŋ/ n. AE = festa in occasione della spannocchiatura.

cornice /ˈkɔ:nɪs/ n. ARCH. cornicione m., cornice f.

Cornish /ˈkɔ:nɪʃ/ **I** agg. della Cornovaglia, cornico **II** ➧ **14** n. **1** LING. lingua f. cornica, cornico m. **2** ***the ~*** + verbo pl. i nativi, gli abitanti della Cornovaglia.

Cornish pasty /ˌkɔ:nɪʃˈpæstɪ/ n. = pasta farcita con carne e verdura.

corn laws /ˈkɔ:nlɔ:z/ n.pl. = leggi protezionistiche sul grano abrogate nel 1846.

cornmeal /ˈkɔ:nmi:l/ n. farina f. gialla, farina f. di mais.

corn oil /ˈkɔ:nɔɪl/ n. olio m. di semi di mais.

corn on the cob /ˌkɔ:nɒnðəˈkɒb/ n. pannocchia f. di granturco arrostita *o* bollita.

corn picker /ˈkɔ:nˌpɪkə(r)/ n. AE (macchina) raccoglitrice f. di mais.

corn plaster /ˈkɔ:nˌplɑ:stə(r), AE -ˌplæs-/ n. cerotto m. per calli, callifugo m.

corn pone /ˈkɔ:nˌpəʊn/ n. AE pane m. di granturco.

corn popper /ˈkɔ:npɒˌpə(r)/ n. padella f. per fare i pop-corn.

corn poppy /ˈkɔ:nˌpɒpɪ/ n. papavero m.

cornrow /ˈkɔ:nrəʊ/ n. cornrow f. (acconciatura in cui i capelli sono raccolti in treccine parallele disposte sulla testa).

corn salad /ˈkɔ:nˌsæləd/ n. BOT. dolcetta f.

corn shock /ˈkɔ:nʃɒk/ n. BE covone m. di grano.

corn shuck /ˈkɔ:nʃʌk/ n. AE → **cornhusk**.

corn starch /ˈkɔ:nstɑ:tʃ/ n. AE → **cornflour**.

corn syrup /ˈkɔ:nˌsɪrəp/ n. AE sciroppo m. di farina di mais.

cornucopia /ˌkɔ:njʊˈkəʊpɪə/ n. cornucopia f.; FIG. abbondanza f.

cornute /kɔ:ˈnju:t/ agg. ZOOL. fornito di corna, cornuto.

Cornwall /ˈkɔ:nwɔ:l/ ➧ **24** n.pr. Cornovaglia f.

corn whisk(e)y /ˈkɔ:nˌwɪskɪ, AE -ˌhwɪskɪ/ n. whisky m. di mais.

1.corny /ˈkɔ:nɪ/ agg. COLLOQ. SPREG. [*joke*] *(old)* trito; *(feeble)* banale; [*film, story*] sentimentale, sdolcinato.

2.corny /ˈkɔ:nɪ/ agg. *(with corns)* calloso, che ha i calli.

corolla /kəˈrɒlə/ n. corolla f.

corollary /kəˈrɒlərɪ, AE ˈkɒrəlerɪ/ n. corollario m. (**of, to** di, a).

corollate(d) /ˈkɒrəleɪt(ɪd), AE ˈkɔː-/ agg. corollato.
corona /kəˈrəʊnə/ n. (pl. **~s, -ae**) **1** ASTR. ANAT. ARCH. BOT. corona f. **2** FIS. (anche **~ discharge**) effetto m. corona **3** *(cigar)* corona m. (tipo di sigaro cubano).
1.coronal /ˈkɒrənl, AE ˈkɔː-/ n. ANT. LETT. piccola corona f., ghirlanda f.
2.coronal /ˈkɒrənl, AE ˈkɔː-/ agg. ASTR. ANAT. ARCH. BOT. coronale.
▷ **coronary** /ˈkɒrənrɪ, AE ˈkɔːrənerɪ/ **I** n. trombosi f. coronarica **II** agg. [*vein, artery*] coronario.
coronary care unit /ˌkɒrənrɪˈkeəˌjuːnɪt, AE ˌkɔːrənerɪ-/ n. unità f. coronarica.
coronary thrombosis /ˌkɒrənrɪθrɒmˈbəʊsɪs, AE ˌkɔːrənerɪ-/ n. trombosi f. coronarica.
coronate(d) /ˈkɒrəneɪt(ɪd) AE ˈkɔː-/ agg. BOT. ZOOL. coronato.
coronation /ˌkɒrəˈneɪʃn, AE ˌkɔːr-/ **I** n. incoronazione f. **II** modif. [*ceremony*] d'incoronazione; [*day*] dell'incoronazione; [*robe*] per l'incoronazione.
coroner /ˈkɒrənə(r), AE ˈkɔːr-/ ♦ *27* n. coroner m. (magistrato inquirente incaricato di svolgere indagini medico-legali sui casi di morti violente, sospette o improvvise); ***~'s inquest*** inchiesta del coroner.
coronet /ˈkɒrənet, AE ˈkɔːr-/ n. *(for prince, nobleman etc.)* corona f. (nobiliare); *(woman's)* diadema m.; *(of flowers)* ghirlanda f., corona f.
coroneted /ˈkɒrənetɪd, AE ˈkɔːr-/ agg. che porta una corona nobiliare.
coronograph /kəˈrəʊnəgrɑːf, AE -græf/ n. coronografo m.
coronoid /ˈkɒrənɔɪd, AE ˈkɔː-/ agg. coronoide.
corozo /kəˈrəʊzəʊ/ n. corozo m.
corp n. **1** ⇒ corporal caporale (C.le) **2** AE ⇒ corporation società.
corpora /ˈkɔːpərə/ → **corpus**.
1.corporal /ˈkɔːpərəl/ ♦ *23* n. *(in infantry, cavalry, artillery)* caporalmaggiore m.; *(in air force)* primo aviere m.
2.corporal /ˈkɔːpərəl/ agg. FORM. corporale.
corporality /kɔːpəˈrælətɪ/ **I** n. corporalità f. **II corporalities** n.pl. cose f., necessità f. materiali.
corporal punishment /ˌkɔːpərəlˈpʌnɪʃmənt/ n. pena f., punizione f. corporale.
corporate /ˈkɔːpərət/ agg. **1** COMM. ECON. [*accounts, funds*] aziendale, societario; [*clients, employees*] dell'azienda; ***~ assets*** patrimonio aziendale **2** *(collective)* [*action*] comune; [*ownership*] collettivo; [*decision, responsibility*] collegiale.
corporate advertising /ˌkɔːpərətˈædvətaɪzɪŋ/ n. pubblicità f. istituzionale.
corporate body /ˈkɔːpərətˌbɒdɪ/ n. persona f. giuridica, ente m. giuridico.
corporate culture /ˌkɔːpərətˈkʌltʃə(r)/ n. cultura f. d'impresa.
corporate identity /ˌkɔːpərətaɪˈdentətɪ/ n. logotipo m. (di un'azienda).
corporate image /ˌkɔːpərətˈɪmɪdʒ/ n. immagine f. aziendale.
corporate law /ˈkɔːpərətˌlɔː/ n. AE diritto m. societario, delle società.
corporate lawyer /ˈkɔːpərətˌlɔːjə(r)/ ♦ *27* n. AE DIR. *(attached to firm)* avvocato m. aziendale, legale m. di un'impresa; *(business law expert)* (giurista) esperto m. di diritto delle società.
corporately /ˈkɔːpərətlɪ/ avv. corporativamente, collegialmente.
corporate name /ˈkɔːpərətˌneɪm/ n. ragione f. sociale.
corporate planning /ˌkɔːpərətˈplænɪŋ/ n. pianificazione f. aziendale.
corporate raider /ˌkɔːpərətˈreɪdə(r)/ n. ECON. chi dà la scalata a una società.
corporate state /ˈkɔːpərətˌsteɪt/ n. POL. stato m. corporativo.
corporate tax /ˈkɔːpərətˌtæks/ n. imposta f. sulle società.
corporation /ˌkɔːpəˈreɪʃn/ **I** n. **1** COMM. (grande) impresa f., corporation f.; AE società f. per azioni **2** BE *(town council)* consiglio m. comunale **3** BE COLLOQ. SCHERZ. *(paunch)* pancione m. **II** modif. [*services, property*] comunale, municipale.
corporation lawyer /ˌkɔːpəˈreɪʃnˌlɔːjə(r)/ ♦ *27* n. → **corporate lawyer**.
corporation tax /ˌkɔːpəˈreɪʃntæks/ n. BE imposta f. sulle società.
corporatism /ˈkɔːpərətɪzəm/ n. corporativismo m.
corporatist /ˈkɔːpərətɪst/ **I** agg. corporativista, corporativistico **II** n. corporativista m. e f.
corporative /ˈkɔːpərətɪv/ agg. corporativo.
corporeal /kɔːˈpɔːrɪəl/ agg. FORM. *(bodily)* corporeo; *(not spiritual)* materiale, fisico.
corporeal hereditaments /kɔːˌpɔːrɪəlherɪˈdɪtəmənts/ n.pl. DIR. beni m. materiali trasmissibili in eredità.
corporeality /kɔːpɔːrɪˈælətɪ/ n. FILOS. corporalità f.
corporeity /ˌkɔːpəˈriːɪtɪ/ n. corporeità f.
corposant /ˈkɔːpəzænt/ n. ANT. fuoco m. di sant'Elmo.
corps /kɔː(r)/ n. (pl. ~) **1** MIL. corpo m., corpo m. d'armata; *(technical branch)* corpo m. **2** *(group of people)* ***~ de ballet*** corpo di ballo.
▷ **corpse** /kɔːps/ n. cadavere m., salma f.
corpseman /ˈkɔːmən/ n. (pl. **-men**) AE soldato m. di sanità, portaferiti m.
corpulence /ˈkɔːpjʊləns/, **corpulency** /ˈkɔːpjʊlənsɪ/ n. FORM. corpulenza f.
corpulent /ˈkɔːpjʊlənt/ agg. FORM. corpulento.
corpus /ˈkɔːpəs/ n. (pl. **-ora** o **~es**) **1** LETTER. LING. corpus m. **2** ECON. capitale m.
Corpus Christi /ˌkɔːpəsˈkrɪstɪ/ n. Corpus Domini m.
corpuscle /ˈkɔːpʌsl/ n. **1** ANAT. BIOL. ***(blood)*** **~** globulo; ***red, white (blood)*** **~** globulo rosso, bianco **2** ANAT. *(nerve ending)* corpuscolo m. **3** FIS. corpuscolo m.
corpuscolar /kɔːˈpʌskjuːlə(r)/ agg. corpuscolare.
1.corral /kəˈrɑːl, AE -ˈræl/ n. AE *(enclosure)* corral m., recinto m. per il bestiame.
2.corral /kəˈrɑːl, AE -ˈræl/ tr. chiudere in un recinto [*cattle, horses*]; *(surround)* accerchiare [*demonstrator*].
corrasion /kəˈreɪzn/ n. corrasione f.
▶ **1.correct** /kəˈrekt/ agg. **1** *(right)* [*amount, answer*] corretto, giusto, esatto; [*figure*] esatto, preciso; [*decision, method, order, number*] giusto, preciso, appropriato; ***that is ~*** è esatto; ***the ~ time*** l'ora esatta; ***to be ~ in every detail*** essere preciso nei minimi dettagli; ***you are quite ~*** hai perfettamente *o* proprio ragione; ***you are quite ~ in what you say*** ciò che dici è proprio giusto; ***would I be ~ in thinking that...?*** avrei ragione a credere che...? ***her suspicions proved ~*** i suoi sospetti si dimostrarono fondati **2** *(proper)* [*behaviour, manner, dress, person*] corretto, appropriato, opportuno; ***according to the ~ procedures*** secondo le corrette procedure.
▶ **2.correct** /kəˈrekt/ **I** tr. **1** [*teacher, proofreader*] correggere [*text, spelling, pronunciation, error*] **2** *(put right)* correggere [*person*]; correggere, rettificare [*false impression*]; ***~ me if I'm wrong, but...*** correggimi se sbaglio, ma...; ***I stand ~ed*** ho torto *o* ammetto il mio errore **3** MED. correggere [*eyesight*] **4** FORM. *(punish)* correggere, punire **II** rifl. ***to ~ oneself*** correggersi.
correctable /kəˈrektəbl/ agg. correggibile.
correcting fluid /kəˈrektɪŋˌfluːɪd/ n. correttore m. (liquido), bianchetto m.
▷ **correction** /kəˈrekʃn/ n. **1** *(act) (of text, pronunciation, error)* correzione f., rettifica f. **2** *(on manuscript)* correzione f.; *(in dictation)* correzione f.; ***to make a ~*** fare una correzione **3** FORM. *(punishment)* correzione f., punizione f.; ***house of ~*** casa di correzione *o* riformatorio.
correctional /kəˈrekʃnəl/ agg. correzionale, correttivo.
correction fluid /kəˈrekʃnˌfluːɪd/ n. → **correcting fluid**.
correctitude /kəˈrektɪtjuːd/ n. RAR. *(in behaviour)* correttezza f.
corrective /kəˈrektɪv/ **I** n. correttivo m.; ***this is a ~ to the idea that*** questo corregge l'idea che **II** agg. **1** [*action*] di correzione, correttivo; [*measure*] correttivo **2** MED. [*treatment*] correttivo; [*shoe, lens*] correttivo; ***~ surgery*** chirurgia correttiva.
▷ **correctly** /kəˈrektlɪ/ avv. *(all contexts)* correttamente.
correctness /kəˈrektnɪs/ n. correttezza f., giustezza f.; *(exactness)* esattezza f., precisione f.
corrector /kəˈrektə(r)/ ♦ *27* n. correttore m. (-trice); ***press ~*** o ***~ of the press*** correttore di bozze.
1.correlate /ˈkɒrəleɪt, AE ˈkɔːr-/ **I** n. termine m. di correlazione **II** agg. correlato.
2.correlate /ˈkɒrəleɪt, AE ˈkɔːr-/ **I** tr. correlare, mettere in correlazione (**with** con) **II** intr. essere in correlazione (**with** con).
correlation /ˌkɒrəˈleɪʃn/ n. correlazione f. (**between** tra; **with** con); ***a high, poor ~*** una stretta, debole correlazione.
correlative /kɒˈrelətɪv/ **I** n. termine m. di correlazione **II** agg. correlativo.
correlatively /kɒˈrelətəvlɪ/ avv. in modo correlativo.
correspond /ˌkɒrɪˈspɒnd, AE ˌkɔːr-/ intr. **1** *(match up)* corrispondere (**with** a, con); ***to ~ to sample*** COMM. essere conforme al campione **2** *(be equivalent)* corrispondere, essere equivalente (**to** a); ***they roughly ~*** all'incirca si equivalgono **3** *(exchange letters)* corrispondere, essere in corrispondenza (**with** con; **about** su).
▷ **correspondence** /ˌkɒrɪˈspɒndəns, AE ˌkɔːr-/ n. **1** *(match)* corrispondenza f. (**between** tra) **2** *(relationship)* corrispondenza f., relazione f. (**between** tra) **3** *(similarity)* somiglianza f. (**with** con) **4** *(exchange of letters)* corrispondenza f.; ***to be in ~ with sb.*** essere in

corrispondenza con qcn. (**about** su); ***to enter into*** ~ entrare in corrispondenza con qcn. (**about** su).

correspondence clerk /ˌkɒrɪˈspɒndənsˌklɑːk, AE ˌkɔːrɪˈspɒndəns-ˌklɜːrk/ ➧ *27* n. COMM. addetto m. (-a) alla corrispondenza.

correspondence college /ˌkɒrɪˈspɒndənsˌkɒlɪdʒ, AE ˌkɔːr-/ n. scuola f. per corrispondenza.

correspondence column /ˌkɒrɪˈspɒndənsˌkɒləm, AE ˌkɔːr-/ n. GIORN. rubrica f. delle lettere al direttore.

correspondence course /ˌkɒrɪˈspɒndənsˌkɔːs, AE ˌkɔːr-/ n. corso m. per corrispondenza.

▷ **correspondent** /ˌkɒrɪˈspɒndənt, AE ˌkɔːr-/ **I** n. ➧ *27* **1** *(journalist)* corrispondente m. e f., inviato m. (-a); *(abroad)* corrispondente m. e f. estero; ***political, sports*** ~ corrispondente *o* giornalista politico, sportivo **2** *(letter writer)* corrispondente m. e f. **II** agg. → **corresponding**.

▷ **corresponding** /ˌkɒrɪˈspɒndɪŋ, AE ˌkɔːr-/ agg. **1** *(matching)* corrispondente; ***on the ~ day last season*** lo stesso giorno la stagione scorsa **2** *(similar)* simile, equivalente.

correspondingly /ˌkɒrɪˈspɒndɪŋlɪ, AE ˌkɔːr-/ avv. **1** *(consequently)* corrispondentemente, conseguentemente **2** *(proportionately)* in modo simile, proporzionale.

corrida /kɔːˈriːdə/ n. corrida f.

▷ **corridor** /ˈkɒrɪdɔː(r), AE ˈkɔːr-/ n. **1** *(in building, train)* corridoio m.; ***the ~s of power*** FIG. i corridoi del potere **2** GEOGR. POL. corridoio m.

corridor train /ˈkɒrɪdɔːtreɪn, AE ˈkɔːr-/ n. BE treno m. con carrozze a scompartimenti.

corrigendum /ˌkɒrɪˈgendəm, AE ˌkɔːr-/ n. (pl. **-a**) errata corrige m.

corrigible /ˈkɒrɪdʒəbl, AE ˈkɔːr-/ agg. correggibile.

corroborant /kəˈrɒbərənt/ **I** agg. ANT. **1** corroborante **2** *(which confirms or support)* avvalorante **II** n. FARM. corroborante m., ricostituente m.

corroborate /kəˈrɒbəreɪt/ tr. avvalorare, corroborare.

corroboration /kəˌrɒbəˈreɪʃn/ n. avvaloramento m., conferma f. (**of** di).

corroborative /kəˈrɒbərətɪv, AE -reɪtɪv/ agg. avvalorante, che conferma.

corroborator /kəˈrɒbəreɪtə(r)/ n. chi prova, chi conferma.

corroboratory /kəˈrɒbərətərɪ, AE -tɔːrɪ/ agg. → **corroborative**.

corrode /kəˈrəʊd/ **I** tr. corrodere; FIG. rodere, consumare **II** intr. corrodersi; FIG. rodersi.

corrodible /kəˈrəʊdəbl/, **corrosible** /kəˈrəʊsɪbl/ agg. corrodibile.

corrosion /kəˈrəʊʒn/ n. corrosione f.

corrosive /kəˈrəʊsɪv/ **I** agg. corrosivo (anche FIG.) **II** n. corrosivo m.

corrosively /kəˈrəʊsɪvlɪ/ avv. corrosivamente (anche FIG.).

corrosiveness /kəˈrəʊsɪvnɪs/ n. corrosività f.

corrugate /ˈkɒrəgeɪt, AE ˈkɔːr-/ **I** tr. corrugare [*brow, forehead*]; increspare, ondulare [*surface*] **II** intr. [*brow, forehead*] corrugarsi; [*surface*] incresparsi, ondularsi.

corrugated /ˈkɒrəgeɪtɪd, AE ˈkɔːr-/ **I** p.pass. → **corrugate** **II** agg. [*roof*] di lamiera ondulata; [*road, surface*] ondulato; [*surface of lake*] increspato; [*brow, forehead*] corrugato.

corrugated iron /ˌkɒrəgeɪtɪdˈaɪən, AE ˌkɔːrəgeɪtɪdˈaɪərn/ n. lamiera f. ondulata.

corrugated paper /ˌkɒrəgeɪtɪdˈpeɪpə(r), AE ˌkɔːr-/ n. cartone m. ondulato.

corrugation /ˌkɒrəˈgeɪʃn, AE ˌkɔːr-/ n. *(of brow, forehead)* corrugamento m.; *(of surface)* increspatura f.

corrugator /ˌkɒrəˈgeɪtə(r), AE ˌkɔːr-/ n. (muscolo) corrugatore m.

▷ **1.corrupt** /kəˈrʌpt/ agg. **1** *(immoral)* [*person, behaviour, system*] corrotto; *(sexually)* corrotto, depravato; ~ ***practices*** metodi diso-nesti *o* mezzi di corruzione **2** [*text, manuscript, language*] corrotto, alterato; INFORM. [*data*] corrotto **3** ANT. *(decomposed)* corrotto, guasto.

▷ **2.corrupt** /kəˈrʌpt/ **I** tr. **1** *(pervert)* corrompere, depravare; *(through bribery)* corrompere; ***to ~ sb.'s morals*** corrompere la morale di qcn. **2** *(alter)* corrompere, alterare [*text, manuscript*] **3** ANT. *(decompose)* corrompere, guastare **II** intr. **1** [*book, film, lifestyle*] indurre alla corruzione, alla depravazione; ***power ~s*** il potere corrompe **2** *(degenerate)* degenerare, subire gli effetti della corruzione **3** ANT. *(decompose)* corrompersi, guastarsi.

corrupter /kəˈrʌptə(r)/ n. corruttore m. (-trice).

corruptibility /kəˌrʌptəˈbɪlətɪ/ n. corruttibilità f.

corruptible /kəˈrʌptəbl/ agg. corruttibile.

▷ **corruption** /kəˈrʌpʃn/ n. **1** *(immorality)* corruzione f.; *(sexual)* corruzione f., depravazione f. **2** *(act of corrupting)* corruzione f.; ~ ***of a minor*** DIR. corruzione di minore **3** *(of text)* corruzione f., alterazione f.; *(of computer data)* alterazione f., corruzione f. **4** ANT. *(decay)* corruzione f.

corruptive /kəˈrʌptɪv/ agg. corruttivo.

corruptness /kəˈrʌptnɪs/ n. corruzione f.

corsage /kɔːˈsɑːʒ/ n. **1** *(flowers)* mazzolino m. di fiori (da portare sul corpetto) **2** *(bodice)* corpetto m.

corsair /ˈkɔːseə(r)/ n. **1** *(person)* corsaro m. **2** *(ship)* nave f. corsara.

corse /kɔːs/ n. ANT. LETT. cadavere m.

corselet /ˈkɔːslɪt/ n. STOR. ZOOL. corsaletto m.

corset /ˈkɔːsɪt/ n. corsetto m.; MED. corsetto m., busto m. ortopedico.

Corsican /ˈkɔːsɪkən/ ➧ *18* **I** agg. corso **II** n. **1** *(person)* corso m. (-a) **2** *(language)* corso m.

corslet → **corselet**.

cortege /kɔːˈteɪʒ/ n. corteo m.

cortex /ˈkɔːteks/ n. (pl. **-ices, ~es**) ANAT. BOT. corteccia f.

cortical /ˈkɔːtɪkl/ agg. ANAT. BOT. corticale.

corticated /ˈkɔːtɪkeɪtɪd/ agg. provvisto di corteccia.

cortices /ˈkɔːtɪsɪz/ → **cortex.**

corticoid /ˈkɔːtɪkɔɪd/ n. corticoide m.

corticosteroid /ˌkɔːtɪˈkɒstərɔɪd/ n. corticosteroide m.

corticosterone /ˌkɔːtɪkəˈstɪərəʊn/ n. corticosterone m.

corticotrophin /ˌkɔːtɪkəʊˈtrəʊfɪn/, **corticotropin** /ˌkɔːtɪkəʊˈtrəʊpɪn/ n. corticotropina f.

cortisone /ˈkɔːtɪzəʊn/ n. cortisone m.

corundum /kəˈrʌndəm/ n. corindone m.

coruscant /kəˈrʌskənt/ agg. → **coruscating.**

coruscate /ˈkɒrəskeɪt, AE ˈkɔːr-/ intr. FORM. LETT. corruscare, scintillare.

coruscating /ˈkɒrəskeɪtɪŋ, AE ˈkɔːr-/ agg. FORM. LETT. corrusco, scintillante.

coruscation /kɒrəˈskeɪʃn, AE kɔːr-/ n. corruscazione f., scintillio m.

corvée /ˈkɔːveɪ/ n. STOR. corvée f. (anche FIG.).

corves /kɔːvz/ → **corf**.

corvette /kɔːˈvet/ n. corvetta f.

corvine /ˈkɔːvaɪn/ agg. *(pertaining to a raven or crow)* corvino.

Corybant /ˈkɒrɪbænt, AE ˈkɔːr-/ n. (pl. **~s, ~es**) coribante m.

Corybantian /ˌkɒrɪˈbæntɪən, AE ˌkɔːr-/, **Corybantic** /ˌkɒrɪˈbæntɪk, AE ˌkɔːr-/, **Corybantine** /ˌkɒrɪˈbæntaɪn, AE ˌkɔːr-/ agg. coribantico.

corymb /ˈkɒrɪmb, AE ˈkɔːr-/ n. BOT. corimbo m.

corymbose /ˈkɒrɪmbəʊs, AE ˈkɔːr-/ agg. **1** *(resembling a corymb)* simile a un corimbo **2** *(born in a corymb)* che cresce in corimbi.

coryphaeus /ˌkɒrɪˈfiːəs, AE ˌkɔːr-/ n. (pl. **-i**) **1** TEATR. STOR. corifeo m. **2** ANT. LETT. *(leader)* corifeo m. (-a), capo m. (di un partito ecc.).

coryphée /ˌkɒrɪˈfeɪ, AE ˌkɔːr-/ n. prima ballerina f.

coryza /kəˈraɪzə/ n. coriza f., rinite f. acuta.

cos ⇒ cosine coseno (cos).

cos /kɒs/ n. → **cos lettuce**.

cos /kəz/ cong. COLLOQ. → **because**.

cosec ⇒ cosecant cosecante (cosec).

cosecant /ˌkəʊˈsiːkənt/ n. cosecante f.

coseismal /kəʊˈsaɪzml/ **I** n. (linea) isocrona f. **II** agg. isocrono.

1.cosh /kɒʃ/ n. BE manganello m., randello m.

2.cosh /kɒʃ/ tr. BE manganellare, randellare.

cosher /ˈkɒʃə(r)/ **I** tr. IRLAND. *(pamper)* coccolare, vezzeggiare **II** intr. IRLAND. vivere alle spalle di un altro.

cosign /ˌkəʊˈsaɪn/ tr. ECON. POL. firmare congiuntamente.

cosignatory /ˌkəʊˈsɪgnətərɪ, AE -tɔːrɪ/ n. cofirmatario m. (-a) (**to, of** di).

cosily /ˈkəʊzɪlɪ/ avv. [*sit, lie*] comodamente, in modo confortevole; [*warm*] piacevolmente.

cosine /ˈkəʊsaɪn/ n. coseno m.

cosiness /ˈkəʊzɪnɪs/ n. **1** *(comfort) (of room)* comodità f., intimità f.; *(of clothing, chair)* comodità f. **2** *(intimacy) (of conversation, gathering)* intimità f., familiarità f.

cos lettuce /ˌkɒsˈletɪs/ n. lattuga f. romana.

cosmeceutical /ˌkɒzmeˈsjuːtɪkl, AE -ˈsuː-/ n. cosmeceutico m.

▷ **cosmetic** /kɒzˈmetɪk/ **I** agg. **1** cosmetico **2** FIG. SPREG. [*change, reform etc.*] apparente, superficiale **II** n. cosmetico m.

cosmetician /ˌkɒzmeˈtɪʃn/ ➧ *27* n. cosmetista m. e f.; *(make-up artist)* truccatore m. (-trice).

cosmetics /kɒzˈmetɪks/ n. + verbo sing. cosmesi f., cosmetica f.

cosmetic surgery /kɒzˈmetɪkˌsɜːdʒərɪ/ n. chirurgia f. estetica.

cosmetology /kɒzməˈtɒlədʒɪ/ n. cosmetologia f.

▷ **cosmic** /ˈkɒzmɪk/ agg. **1** cosmico **2** FIG. *(vast)* [*event, struggle, battle etc.*] di proporzioni cosmiche, eccezionale **3** COLLOQ. *(wonderful)* super, eccezionale.

cosmically /'kɒzmɪklɪ/ avv. cosmicamente, in modo cosmico.
cosmic dust /ˌkɒzmɪk'dʌst/ n. polvere f. interstellare.
cosmic rays /ˌkɒzmɪk'reɪz/ n.pl. raggi m. cosmici.
cosmodrome /'kɒzmədrəʊm/ n. cosmodromo m.
cosmogonic(al) /ˌkɒzməʊ'gɒnɪk(l)/ agg. cosmogonico.
cosmogony /kɒz'mɒgənɪ/ n. cosmogonia f.
cosmographer /kɒz'mɒgrəfə(r)/ ➧ *27* n. cosmografo m. (-a).
cosmographic(al) /ˌkɒzməʊ'græfɪk(l)/ agg. cosmografico.
cosmography /kɒz'mɒgrəfɪ/ n. cosmografia f.
cosmological /ˌkɒzməʊ'lɒdʒɪkl/ agg. cosmologico.
cosmologist /kɒz'mɒlədʒɪst/ n. cosmologo m. (-a).
cosmology /kɒz'mɒlədʒɪ/ n. cosmologia f.
cosmonaut /'kɒzmənɔ:t/ ➧ *27* n. cosmonauta m. e f.
cosmopolis /kɒz'mɒpəlɪs/ n. città f. cosmopolita.
cosmopolitan /ˌkɒzmə'pɒlɪtn/ **I** agg. cosmopolita **II** n. cosmopolita m. e f.
cosmopolitanism /ˌkɒzmə'pɒlɪtənɪzəm/ n. cosmopolitismo m.
cosmopolite /kɒz'mɒpəlaɪt/ **I** agg. cosmopolita **II** n. RAR. cosmopolita m. e f.
cosmopolitical /ˌkɒzməpə'lɪtɪkl/ agg. cosmopolitico.
cosmopolitism /ˌkɒzmə'pɒlɪtɪzəm/ n. cosmopolitismo m.
cosmorama /ˌkɒzmə'rɑ:mə/ n. cosmorama m.
cosmos /'kɒzmɒs/ n. **1** cosmo m. **2** BOT. (pl. ~ o **~es**) cosmea f.
Cossack /'kɒsæk/ **I** agg. cosacco **II** n. cosacco m.
1.cosset /'kɒsɪt/ n. **1** *(lamb)* agnellino m. (allevato in casa) **2** *(child)* bambino m. (-a) viziato (-a).
2.cosset /'kɒsɪt/ tr. vezzeggiare, coccolare [*person*]; proteggere [*industry, group*].
cossie /'kɒzɪ/ n. BE COLLOQ. costume m. da bagno.
▶ **1.cost** /kɒst, AE kɔ:st/ **I** n. **1** *(price)* costo m., prezzo m. (**of** di); ***the total ~ comes to £ 500*** il costo totale ammonta a 500 sterline; ***at a ~ of £ 100*** al costo di 100 sterline; ***at ~*** a prezzo di costo; ***you must bear the ~ of any repairs*** deve sostenere i costi di riparazione; ***the ~ of renovating a house is high*** il costo per ristrutturare la casa è alto; ***at his own ~*** a sue spese; ***at no ~ to the taxpayer*** senza costi per il contribuente; ***at no extra ~*** senza costi extra *o* aggiuntivi; ***at great ~*** a un prezzo alto *o* a caro prezzo; ***he studied abroad, at great ~ to his parents*** ha studiato all'estero, facendo spendere molto i suoi genitori; ***to count the ~ of*** calcolare il costo dei danni di [*flood, earthquake*]; calcolare il costo *o* le conseguenze di [*decision*] **2** FIG. costo m., prezzo m.; ***at all ~s*** a ogni costo; ***at the ~ of her own life*** a costo della sua vita; ***she's been very successful but at what ~ to her health?*** ha avuto molto successo, ma a quale prezzo per la sua salute? ***I'll do it, but not at any ~*** lo farò, ma non a ogni costo; ***he knows to his ~ that*** ha imparato a sue spese che; ***we can generate power at little ~ to the environment*** possiamo produrre energia con danni limitati per l'ambiente; ***the ~ in human lives was great*** il costo *o* prezzo di vite umane è stato alto; ***whatever the ~*** costi quel che costi **II costs** n.pl. **1** DIR. spese f. processuali; ***to pay ~s*** essere condannato al pagamento delle spese processuali; ***to be awarded ~s*** ottenere il rimborso delle spese processuali **2** COMM. ECON. spese f.; costi m.; ***transport, labour ~s*** spese di trasporto, di manodopera; ***production ~s*** costi di produzione; ***to cut ~s*** tagliare i costi *o* le spese; ***to cover ~s*** coprire i costi.
▶ **2.cost** /kɒst, AE kɔ:st/ tr. (pass., p.pass. **cost**) **1** costare; ***the camera ~s £ 250*** questa macchina fotografica costa 250 sterline; ***how much does it ~?*** quanto costa? ***the tickets ~ too much*** i biglietti costano troppo; ***silver ~s less than gold*** l'argento costa meno dell'oro; ***the meal cost us £ 40*** il pasto ci è costato 40 sterline; ***the TV will ~ £ 100 to repair*** costerà 100 sterline far riparare la TV; ***a good wine ~s money*** un buon vino costa caro; ***I can mend it but it will ~ you*** COLLOQ. posso ripararlo, ma costerà **2** FIG. ***that decision cost him his job*** quella decisione gli è costata il lavoro; ***high inflation cost us the election*** l'inflazione alta ci è costata il successo nelle elezioni; ***politeness ~s nothing*** non costa nulla essere gentili **3** (pass., p.pass. **~ed**) AMM. ECON. (anche **~ out**) stabilire, fissare il costo di [*product*]; calcolare, valutare il costo di [*project, work*]; ***the project was ~ed at £ 3 million*** il costo del progetto è stato valutato 3 milioni di sterline.
cost accountant /ˌkɒstə'kaʊntənt, AE kɔ:st-/ ➧ *27* n. analista m. e f. dei costi.
cost-accounting /ˌkɒstə'kaʊntɪŋ, AE kɔ:st-/ n. analisi f. dei costi, contabilità f. industriale.
costal /'kɒstl/ agg. ANAT. costale.
cost and freight /ˌkɒstənd'freɪt, AE ˌkɔ:st-/ n. costo e nolo m.
1.co-star /'kəʊstɑ:(r)/ n. attore m. (-trice) coprotagonista.
2.co-star /'kəʊstɑ:(r)/ **I** tr. (forma in -ing ecc. **-rr-**) ***a film ~ring X and Y*** un film con (la partecipazione di) X e Y **II** intr. (forma in -ing ecc. **-rr-**) ***to ~ with sb.*** essere coprotagonista insieme a *o* con qcn.
costard /'kʌstəd/ n. **1** = varietà inglese di mela grossa e ovale **2** ANT. SCHERZ. *(head)* testa f., zucca f.
Costa Rica /ˌkɒstə'ri:kə/ ➧ *6* n.pr. Costa Rica m.
Costa Rican /ˌkɒstə'ri:kən/ ➧ *18* **I** agg. costaricano **II** n. costaricano m. (-a).
cost-benefit analysis /ˌkɒst'benɪfɪtəˌnælɪsɪs, AE kɔ:st-/ n. analisi f. costi-benefici.
cost centre /'kɒstˌsentə(r), AE 'kɔ:st-/ n. AMM. centro m. di costo.
cost-cutting /'kɒstˌkʌtɪŋ, AE 'kɔ:st-/ **I** n. riduzione f. dei costi, delle spese **II** modif. [*exercise, strategy*] di riduzione dei costi; [*measures*] per ridurre i costi; ***we've got rid of the fax machine as a ~ exercise*** ci siamo sbarazzati del fax per ridurre le spese.
cost-effective /'kɒstɪˌfektɪv, AE 'kɔ:st-/ agg. redditizio, efficiente.
cost-effectiveness /'kɒstɪˌfektɪvnɪs, AE 'kɔ:st-/ n. efficacia f. nel rientro dei costi.
costermonger /'kɒstəmʌŋgə(r), AE 'kɔ:st-/ ➧ *27* n. ANT. (anche **coster**) BE venditore m. (-trice) ambulante.
costing /'kɒstɪŋ, AE 'kɔ:stɪŋ/ **I** n. **1** *(discipline)* contabilità f. industriale **2** *(process) (for project, product)* determinazione f., valutazione f. dei costi **II costings** n.pl. *(projected figures)* valutazione f.sing. dei costi (**for** di).
costive /'kɒstɪv, AE 'kɔ:stɪv/ agg. **1** MED. *(constipated)* costipato, stitico **2** FORM. *(sluggish)* pigro, indolente.
costiveness /'kɒstɪvnɪs, AE 'kɔ:stɪvnɪs/ n. **1** MED. stitichezza f. **2** FORM. *(sluggishness)* pigrizia f., indolenza f.
costliness /'kɒstlɪnɪs, AE 'kɔ:st-/ n. (l') essere costoso, prezzo m. elevato.
▷ **costly** /'kɒstlɪ, AE 'kɔ:stlɪ/ agg. **1** *(expensive)* [*scheme, exercise*] costoso, caro; [*error*] che costa caro; [*taste, habit*] costoso; ***the decision proved to be ~*** la decision risultò costosa **2** *(valuable)* [*jewellery*] prezioso; lussuoso.
costmary /'kɒstmeərɪ, AE 'kɔ:st-/ n. **1** balsamite f., erba f. di san Pietro **2** tanaceto m.
cost of living /ˌkɒstəv'lɪvɪŋ, AE ˌkɔ:st-/ n. costo m. della vita.
cost of living adjustment /ˌkɒstəv'lɪvɪŋəˌdʒʌstmənt, AE ˌkɔ:st-/ n. adeguamento m. per costo della vita.
cost of living allowance /ˌkɒstəv'lɪvɪŋəˌlaʊəns, AE ˌkɔ:st-/, **cost of living bonus** /ˌkɒstəv'lɪvɪŋˌbəʊnəs, AE ˌkɔ:st-/ n. indennità f. di carovita, di contingenza.
cost of living index /ˌkɒstəv'lɪvɪŋˌɪndeks, AE ˌkɔ:st-/ n. indice m. del costo della vita.
cost of money /ˌkɒstəv'mʌnɪ, AE ˌkɔ:st-/ n. costo m. del denaro.
cost overrun /ˌkɒst'əʊvərʌn, AE ˌkɔ:st-/ n. AMM. ECON. sforamento m. del budget.
cost-plus /ˌkɒst'plʌs, AE 'kɔ:st-/ n. maggiorazione f. dei costi, margine m. di profitto aggiunto ai costi.
cost price /ˌkɒst'praɪs, AE ˌkɔ:st-/ n. prezzo m. di costo; ***at ~*** a prezzo di costo.
cost-push inflation /ˌkɒstpʊʃɪn'fleɪʃn, AE ˌkɔ:st-/ n. inflazione f. (indotta) da costi.
▷ **1.costume** /'kɒstju:m, AE -tu:m/ **I** n. **1** *(outfit)* costume m.; ***national, period ~*** costume nazionale, d'epoca; ***in ~*** in costume **2** BE (anche **swimming ~**) costume m. da bagno **3** ANT. *(woman's suit)* tailleur m., abito m. a due pezzi **II** modif. [*designer, collection, change*] di costumi.
2.costume /'kɒstju:m, AE -tu:m/ tr. fornire di costumi, mettere in costume.
costume ball /'kɒstju:mbɔ:l, AE -tu:m-/ n. ballo m. in costume.
costume drama /'kɒstju:mˌdrɑ:mə, AE -tu:m-/ n. TEATR. opera f. teatrale in costume; CINEM. film m. in costume; TELEV. sceneggiato m. in costume.
costume jewellery /'kɒstju:mˌdʒu:əlrɪ, AE -tu:m-/ n. **U** bigiotteria f.
costum(i)er /kɒ'stju:m(ɪ)ə(r), AE -'stu:-/ ➧ *27* n. costumista m. e f.; *(seller)* venditore m. (-trice) di costumi.
▷ **1.cosy** /'kəʊzɪ/ **I** agg. **1** *(comfortable)* [*chair*] comodo; [*room*] accogliente, intimo; [*atmosphere*] accogliente, raccolto; [*clothing*] comodo, confortevole; ***to feel ~*** [*person*] sentirsi a proprio agio; [*room, blanket*] essere confortevole; ***it's ~ here*** è intimo, accogliente qui **2** *(intimate)* [*chat, evening, meeting*] intimo **3** FIG. [*situation, belief*] rassicurante; [*world*] protetto **II** n. BE (anche **tea ~**) copriteiera m. ◆ ***to play it ~*** AE COLLOQ. agire con cautela, con calma.
2.cosy /'kəʊzɪ/ intr. → **cosy up.**
■ **cosy up** BE COLLOQ. [*person*] ingraziarsi (**to sb.** qcn.), entrare nelle grazie (**to** di).

1.cot /kɒt/ n. **1** BE *(for baby)* lettino m., culla f. **2** AE *(camp bed)* letto m. da campo **3** *(on ship)* cuccetta f.
2.cot /kɒt/ n. **1** ANT. LETT. *(small cottage)* casetta f. (di campagna) **2** *(shelter for animals)* ricovero m., riparo m.
3.cot /kɒt/ tr. (forma in -ing ecc. **-tt-**) mettere al riparo [*sheep*].
4.cot ⇒ cotangent cotangente (ctg).
cotangent /kəʊ'tændʒənt/ n. cotangente f.
cot death /'kɒtˌdeθ/ n. BE morte f. in culla.
cote /kəʊt/ n. *(for animals)* capannuccia f., riparo m., ricovero m.
Côte d'Ivoire /ˌkəʊtdɪ'vwɑ:(r)/ ♦ *6* n.pr. Costa d'Avorio f.
cotemporary /kəʊ'tempərərɪ, AE -rerɪ/ → **contemporary**.
cotenant /ˌkəʊ'tenənt/ n. coaffittuario m.
coterie /'kəʊtərɪ/ n. cerchia f., gruppo m. ristretto di persone; SPREG. coterie f., cricca f.
coterminous /ˌkəʊ'tɜ:mɪnəs/ agg. FORM. confinante, contiguo (**with** con).
cothurnus /kə'θɜ:nəs/ n. (pl. **-i**) coturno m. (anche FIG.).
cotidal /kəʊ'taɪdl/ agg. cotidale.
cotillion /kə'tɪlɪən/ n. MUS. cotillon m.; AE quadriglia f.
cotta /'kɒtə/ n. RELIG. cotta f.
▷ **cottage** /'kɒtɪdʒ/ n. **1** piccola casa f. di campagna, cottage m.; *(thatched)* casetta f. col tetto di paglia; ***weekend ~*** casa in campagna **2** AE casa f. per le vacanze, bungalow m.
cottage cheese /ˌkɒtɪdʒ'tʃi:z/ n. = formaggio fresco in fiocchi.
cottage hospital /ˌkɒtɪdʒ'hɒspɪtl/ n. BE = piccolo ospedale in aree rurali o in provincia.
cottage industry /ˌkɒtɪdʒ'ɪndəstrɪ/ n. lavoro m. a domicilio.
cottage loaf /ˌkɒtɪdʒ'ləʊf/ n. BE (pl. **cottage loaves**) = grossa pagnotta formata da due parti messe una sull'altra.
cottage piano /ˌkɒtɪdʒpɪ'ænəʊ/ n. (pl. **cottage pianos**) (piccolo) pianoforte m. verticale.
cottage pie /ˌkɒtɪdʒ'paɪ/ n. BE = pasticcio di carne tritata ricoperta di purè di patate.
cottager /'kɒtɪdʒə(r)/ n. **1** chi abita in un cottage **2** AE *(vacationer)* chi passa le vacanze in un bungalow.
cottaging /'kɒtɪdʒɪŋ/ n. = atteggiamenti omosessuali tra uomini nei bagni pubblici.
1.cotter /'kɒtə(r)/ n. **1** STOR. (anche **cottier**) = bracciante che occupava una casa di campagna e un terreno in cambio del lavoro nei campi del proprietario terriero **2** SCOZZ. (anche **cottar**) contadino m. (-a), bracciante m. e f.
2.cotter /'kɒtə(r)/ n. (anche **~ pin**) copiglia f.
Cottian Alps /'kɒtɪənˌælps/ n.pr.pl. ***the ~*** le Alpi Cozie.
▷ **1.cotton** /'kɒtn/ **I** n. **1** BOT. TESS. cotone m. **2** *(thread)* (filo di) cotone m. **II** modif. [*clothing, fabric, field*] di cotone; [*industry, town*] cotoniero.
2.cotton /'kɒtn/ intr. andare d'accordo, vivere in armonia.
■ **cotton on** COLLOQ. capire; ***to ~ on to sth.*** capire qcs.
■ **cotton to** AE COLLOQ. **1** *(take a liking to)* affezionarsi a **2** *(approve)* approvare, essere d'accordo con [*plan, idea*].
■ **cotton up** AE COLLOQ. cercare di fare amicizia (**to** con).
cotton batting /ˌkɒtn'bætɪŋ/ n. AE → **cotton wool**.
Cotton Belt /'kɒtnbelt/ n. AE = zona del cotone nel sud degli Stati Uniti.
cotton boll /'kɒtnbəʊl/ n. capsula f. del cotone.
cotton bud /'kɒtnbʌd/ n. cotton fioc® m.
cotton cake /'kɒtnkeɪk/ n. *(fodder)* pane m. di semi di cotone pressati (usato come mangime per il bestiame).
cotton candy /ˌkɒtn'kændɪ/ n. AE zucchero m. filato.
cotton drill /'kɒtndrɪl/ **I** n. TESS. traliccio m. **II** modif. [*clothing*] di traliccio.
cotton gin /'kɒtndʒɪn/ n. sgranatrice f. di cotone.
cotton grass /'kɒtngrɑ:s, AE -græs/ n. erioforo m.
cotton mill /'kɒtnmɪl/ n. cotonificio m.
cottonmouth /'kɒtnmaʊθ/ n. **1** ZOOL. mocassino m. acquatico **2** *(dry mouth)* lingua f. asciutta, bocca f. secca.
cottonocracy /ˌkɒtn'ɒkrəsɪ/ n. plutocrazia f. del cotone.
cotton picker /'kɒtnˌpɪkə(r)/ ♦ *27* n. **1** *(person)* raccoglitore m. (-trice) di cotone **2** *(machine)* (macchina) raccoglitrice f. di cotone.
cotton-picking /'kɒtnˌpɪkɪŋ/ agg. AE COLLOQ. SPREG. (stra)maledetto.
cotton press /'kɒtnpres/ n. TESS. pressaballe f. (di cotone).
cotton print /'kɒtnprɪnt/ n. cotone m. stampato.
cotton reel /'kɒtnri:l/ n. bobina f., rocchetto m. di cotone.
cottonseed /'kɒtnsi:d/ n. seme m. di cotone.
cottonseed cake /'kɒtnsi:dˌkeɪk/ n. → **cotton cake**.
cottonseed oil /'kɒtnsi:dˌɔɪl/ n. olio f. di cotone.
cotton-spinner /'kɒtnˌspɪnə(r)/ ♦ *27* n. *(manufactuer)* proprietario m. (-a) di cotonificio; *(worker)* operaio m. (-a) di cotonificio.
cottontail /'kɒtnteɪl/ n. AE coniglio m. coda di cotone.
cotton waste /'kɒtnweɪst/ n. cascame m. di cotone.
cotton-wood /'kɒtnwʊd/ n. pioppo m. nero americano.
cotton wool /ˌkɒtn'wʊl/ n. bambagia f., ovatta f.; ***absorbent ~*** cotone idrofilo ♦ ***to wrap sb. in ~*** tenere qcn. nella bambagia.
cotton worker /'kɒtnwɜ:kə(r)/ ♦ *27* n. operaio m. (-a) di cotonificio.
cottony /'kɒtnɪ/ agg. cotonoso.
cotyledon /ˌkɒtɪ'li:dn/ n. cotiledone m.
cotyledonous /ˌkɒtɪ'li:dənəs/ agg. cotiledonare.
cotyloid /'kɒtɪlɔɪd/ agg. a forma di coppa; cotiloide.
1.couch /kaʊtʃ/ n. **1** *(sofa)* divano m., canapè m. **2** *(doctor's)* lettino m.; *(psychoanalyst's)* lettino m., divano m.; ***to be on the ~*** AE essere in analisi **3** LETT. *(bed)* letto m., giaciglio m.
2.couch /kaʊtʃ/ **I** tr. esprimere [*idea, response*]; ***a reply ~ed in conciliatory terms*** una replica espressa in termini concilianti **II** intr. LETT. [*animal*] accovacciarsi, acquattarsi.
3.couch /kaʊtʃ/ n. → **couch grass**.
couchant /'kaʊtʃənt/ agg. ARALD. coricato.
couchette /ku:'ʃet/ n. FERR. cuccetta f.
couch grass /'kaʊtʃgrɑ:s, 'ku:tʃ-, AE -græs/ n. gramigna f. dei medici, dente m. canino.
couch potato /'kaʊtʃpəˌteɪtəʊ/ n. COLLOQ. SPREG. = persona che passa tutto il (suo) tempo incollato davanti alla tivù.
cougar /'ku:gə(r)/ n. coguaro m., puma m.
▷ **1.cough** /kɒf, AE kɔ:f/ n. tosse f.; ***dry, smoker's ~*** tosse secca, da fumatore; ***to have a ~*** avere la tosse; ***she has a bad ~*** ha una brutta tosse.
▷ **2.cough** /kɒf, AE kɔ:f/ intr. tossire.
■ **cough down:** ***~ [sb.] down***, ***~ down [sb.]*** indurre al silenzio con colpi di tosse [*speaker*].
■ **cough out:** ***~ out [sth.]*** espettorare (tossendo) [*blood*].
■ **cough up:** ***~ up [sth.]*** **1** espettorare (tossendo) [*blood*] **2** COLLOQ. FIG. dare [*information*]; ***to ~ up (the money)*** sganciare *o* sborsare (il denaro).
cough drop /'kɒfˌdrɒp, AE 'kɔ:f-/, **cough lozenge** /'kɒfˌlɒzɪndʒ, AE 'kɔ:f-/ n. pasticca f. per la tosse.
▷ **coughing** /'kɒfɪŋ, AE 'kɔ:fɪŋ/ n. tosse f.; ***~ fit*** accesso di tosse.
cough mixture /'kɒfˌmɪkstʃə(r), AE 'kɔ:f-/, **cough syrup** /'kɒfˌsɪrəp, AE 'kɔ:f-/ n. sciroppo m. per la tosse.
▶ **could** /*forma debole* kəd, *forma forte* kʊd/ *Could* is formally the past tense and the conditional of *can*. As the past tense of *can*, *could* is translated by the appropriate past tense in the indicative: *I couldn't leave the children* = non potevo lasciare i bambini / non potei lasciare i bambini; *few people could read or write* = poche persone sapevano leggere o scrivere; *he couldn't sleep for weeks* = non è riuscito a dormire per settimane; *we could hear them laughing* = li sentivamo ridere. When preceded by and dependent on a verb in the past tense, *could* + verb is translated by the past conditional of the appropriate Italian verb: *I was sure you could do it* = ero sicuro che saresti riuscito a farlo. In reported speech, *could* is translated by the appropriate past tense, according to the rules of Italian grammar (see.....): *she never told us she could speak Chinese* = non ci ha mai detto che sapeva parlare il cinese. - For more examples, particular usages and all other uses of *could* see the entry below mod. **1** *(expressing possibility)* ***it ~ be that...*** potrebbe essere che; ***~ be*** COLLOQ. forse; ***they ~ be dead*** potrebbero essere morti; ***it ~ be a trap*** potrebbe essere una trappola; ***I ~ be wrong*** potrei sbagliarmi; ***this ~ be our most important match*** potrebbe essere la nostra partita più importante; ***the engine ~ explode*** il motore potrebbe esplodere; ***it ~ be seen as an insult*** potrebbe essere considerato un insulto; ***it ~ be argued that*** si potrebbe sostenere che; ***~ it have something to do with the delay?*** potrebbe avere a che fare con il ritardo? ***you ~ have been electrocuted!*** avresti potuto rimanere folgorato! ***"did she know?" - "no, how ~ she?"*** "lo sapeva?" - "no, come avrebbe potuto?"; ***nothing ~ be simpler*** non c'è niente di più semplice **2** *(asking permission)* ***~ I interrupt?*** posso interromperla? **3** *(making polite requests)* ***~ I speak to John?*** potrei parlare con John? ***~ she spend the night with you?*** potrebbe dormire da te? ***you couldn't come earlier, could you?*** non potresti arrivare prima, vero? ***couldn't you give us another chance?*** non potrebbe darci un'altra possibilità? **4** *(when making suggestions)* ***we ~ try and phone him*** potremmo provare a telefonargli; ***couldn't they go camping instead?*** non potrebbero invece andare in campeggio? **5** *(having ability or power to)* ***if only we ~ stay*** se solo potessimo restare; ***I***

wish I ~ have been there avrei voluto essere lì; ***I wish I ~ go to Japan*** mi piacerebbe andare in Giappone **6** *(expressing likelihood, assumption)* ***he couldn't be more than 10 years old*** non dovrebbe avere *o* non avrà più di 10 anni **7** *(expressing willingness to act)* ***I couldn't leave the children*** *(wouldn't want to)* non potrei lasciare i bambini **8** *(expressing a reproach)* ***they ~ have warned us*** avrebbero potuto avvertirci; ***you ~ at least say sorry!*** potresti almeno chiedere scusa! ***how ~ you!*** come hai potuto! **9** *(expressing surprise)* ***who ~ it be?*** chi potrebbe mai essere? ***where ~ they have hidden it?*** dove mai potrebbero averlo nascosto? **10** *(for emphasis)* ***I couldn't agree more!*** d'accordissimo! *o* sono completamente d'accordo! ***they couldn't have been nicer*** non avrebbero potuto essere più gentili (di così); ***you couldn't be more mistaken*** ti sbagli di grosso **11** *(expressing exasperation)* ***I was so mad I ~ have screamed!*** avrei potuto urlare tanto ero arrabbiato! ***I ~ murder him!*** COLLOQ. l'ammazzerei! **12** *(avoiding repetition of verb)* ***as excited as ~ be*** eccitatissimo.

couldn't /ˈkʊdnt/ contr. could not.

couldst /kʊdst, kədst/ ANT. 2ª persona sing. pres. → **could.**

could've /ˈkʊdəv/ contr. could have.

coulee /ˈkʊliː/ n. AE **1** *(ravine)* gola f. **2** *(stream)* borro m., ruscello m. con flusso irregolare d'acqua.

coulisse /kuːˈliːs/ n. **1** FAL. coulisse f. **2** TEATR. coulisse f., quinta f. **3** *(on the stock exchange)* coulisse f.

couloir /ˈkuːlwɑː(r)/ n. GEOGR. canalone m.

coulomb /ˈkuːlɒm/ n. coulomb m.

coulometer /kuːˈlɒmɪtə(r)/, **coulombmeter** /ˈkuːlɒmˌmɪtə(r)/ n. coulombmeter m., coulombometro m.

coulter /ˈkəʊltə(r)/ n. coltro m.

coumarin /ˈkuːmərɪn/ n. cumarina f.

▶ **council** /ˈkaʊnsl/ **I** n. consiglio m.; ***parish ~*** consiglio comunale (di un comune rurale); ***city ~*** consiglio comunale (di una città); ***international ~*** consiglio internazionale; ***the Council of Europe*** il Consiglio d'Europa; ***in ~*** in riunione (di consiglio) **II** modif. [*employee, workman, grant*] comunale.

> **Council** In Gran Bretagna i *councils* sono gli organi di governo locale di contee, città e circoscrizioni comunali. I loro poteri sono conferiti dal governo centrale mentre i loro rappresentanti (*councillors*) sono eletti dai cittadini. Sono di loro competenza l'educazione, i servizi sociali, i trasporti, l'urbanistica, l'ambiente, i servizi di polizia e di protezione civile, le biblioteche e altre attività locali; si finanziano grazie alla *council tax* e ai fondi che ricevono dal governo centrale.

council chamber /ˈkaʊnslˌtseɪmbə(r)/ n. camera f. di consiglio.

council estate /ˈkaʊnslɪˌsteɪt/ n. quartiere m. (di edilizia) popolare.

council flat /ˈkaʊnslˌflæt/ n. appartamento m. di casa popolare.

council house /ˈkaʊnslˌhaʊs/ n. casa f. popolare.

council housing /ˈkaʊnslˌhaʊsɪŋ/ n. case f.pl. popolari.

▷ **councillor** /ˈkaʊnsələ(r)/ ♦ *9* n. consigliere m.; ***Councillor Brown*** il consigliere Brown.

councilman /ˈkaʊnslmən/ n. (pl. **-men**) US consigliere m. comunale.

council tax /ˈkaʊnslˌtæks/ n. imposta f. comunale.

council tenant /ˈkaʊnslˌtenənt/ n. inquilino m. (-a) di casa popolare.

councilwoman /ˈkaʊnslˌwʊmən/ n. (pl. **-women**) US consigliere m. comunale.

▷ **1.counsel** /ˈkaʊnsl/ n. **1** FORM. *(advice)* consiglio m., parere m.; ***to keep one's own ~*** tenere per sé le proprie intenzioni *o* i propri piani; ***to take ~ (together)*** consultarsi *o* consigliarsi **2** DIR. avvocato m., consulente m. legale; ***~ for the defence*** avvocato difensore *o* della difesa; ***~ for the prosecution*** pubblica accusa *o* pubblico ministero.

▷ **2.counsel** /ˈkaʊnsl/ tr. (forma in -ing ecc. **-ll-**, **-l-** AE) **1** *(give advice to)* consigliare [*person, family*] (**about, on** su) **2** FORM. *(recommend)* raccomandare, consigliare [*caution, silence*]; ***to ~ sb. to do*** consigliare a qcn. di fare.

▷ **counselling**, **counseling** AE /ˈkaʊnsəlɪŋ/ **I** n. **1** *(psychological advice)* aiuto m. psicologico, assistenza f. psicologica; ***bereavement ~*** aiuto psicologico a chi ha subito un lutto **2** *(practical advice)* consiglio m., assistenza f.; ***debt ~*** assistenza alle persone che hanno debiti; ***careers ~*** consulenza *o* orientamento professionale **3** SCOL. orientamento m. scolastico **II** modif. [*group, centre, service*] d'aiuto psicologico, d'assistenza psicologica.

counselling service, counseling service AE /ˈkaʊnsəlɪŋˌsɜːvɪs/ n. AE SCOL. servizio m. di assistenza e aiuto agli studenti.

▷ **counsellor**, **counselor** AE /ˈkaʊnsələ(r)/ ♦ *27* n. **1** *(adviser)* consigliere m., consulente m. e f.; ***trained ~*** consulente qualificato **2** AE SCOL. consulente m. e f. scolastico **3** AE DIR. (anche **~-at-law**) avvocato m. patrocinante **4** AE *(in holiday camp)* capogruppo m. e f.

1.count /kaʊnt/ n. **1** *(numerical record)* conto m., conteggio m.; POL. *(at election)* scrutinio m.; ***to make a ~ of sth.*** contare qcs.; ***there were 60 guests at the last ~*** c'erano 60 ospiti all'ultimo conteggio; ***to keep (a) ~ of sth.*** tenere il conto di qcs.; ***to lose ~*** perdere il conto; ***I've lost ~*** ho perso il conto; ***I've lost ~ of the number of times I've tried*** ho perso il conto delle volte che ho provato; ***I've lost ~ of the number of complaints I've received*** ho perso il conto delle lamentele che ho ricevuto **2** *(level)* tasso m., livello m.; ***bacteria, cholesterol ~*** il tasso di batteri, di colesterolo **3** *(figure)* conteggio m., numero m., cifra f.; ***the official ~ was three million unemployed*** la cifra ufficiale era 3 milioni di disoccupati **4** *(call)* ***on the ~ of three, fire!*** al tre, fuoco! ***I'll give you a ~ of 50*** conterò fino a 50 **5** DIR. capo m. d'accusa; ***he was convicted on three ~s*** fu giudicato colpevole di tre capi d'accusa **6** *(point)* ***you're wrong on both ~s*** ti sbagli su entrambi i punti; ***we're satisfied on all three ~s*** siamo soddisfatti di tutti e tre i punti **7** SPORT *(in boxing)* ***to be out for the ~*** COLLOQ. essere (sconfitto per) KO; FIG. essere KO.

▶ **2.count** /kaʊnt/ **I** tr. **1** *(add up)* contare, conteggiare [*points, people, words, mistakes, objects*]; contare [*one's change*]; enumerare, elencare [*reasons, causes*]; ***to ~ how much one has spent*** calcolare quanto si è speso; ***to ~ the votes*** POL. fare lo scrutinio dei *o* contare i voti; ***I'm ~ing the days until Christmas*** conto i giorni che mancano a Natale; ***the teacher ~ed heads*** l'insegnante ha contato gli studenti; ***55 people, ~ing the children*** 55 persone contando i bambini; ***20, not ~ing my sister*** 20, senza contare mia sorella; ***to ~ the cost of sth.*** FIG. calcolare il costo *o* i rischi di qcs. **2** *(consider)* ***to ~ sb. as sth.*** considerare qcn. (come) qcs.; ***children over 15 are ~ed as adults*** i ragazzi oltre i 15 anni sono considerati come adulti **II** intr. **1** contare; ***to ~ (up) to 50*** contare fino a 50; ***to ~ in fives*** contare di 5 in 5; ***I've had six drinks, but who's ~ing?*** ho bevuto sei bicchieri, e allora? **2** *(be relevant)* contare, valere; ***this ~s towards your final mark*** questo conta per il tuo voto finale **3** *(be of importance)* contare, avere importanza; ***qualifications ~ for little*** le qualifiche contano poco; ***all my work ~s for nothing*** tutto il mio lavoro non conta nulla; ***every second ~s*** ogni secondo è importante **4** *(be considered)* ***children over 15 ~ as adults*** i ragazzi oltre i 15 anni contano come adulti; ***handbags don't ~ as luggage*** le borse non contano come bagagli ♦ ***to ~ sheep*** contare le pecore; ***to ~ the pennies*** lesinare il centesimo; ***to ~ oneself lucky*** o ***fortunate*** considerarsi fortunato; ***~ yourself lucky (that) you only got a fine*** considerati fortunato che hai preso solo una multa; ***it's the thought that ~s*** è il pensiero che conta; ***to stand up and be ~ed*** prendere posizione *o* esprimere la propria opinione.

- **count against:** ***~ against [sb.]*** [*criminal record, past*] pesare contro; [*age, background, mistakes*] essere uno svantaggio per.
- **count down** fare il conto alla rovescia (**to** per).
- **count in:** ***~ [sb.] in*** **1** *(include)* ***if you're organizing an outing, ~ me in!*** se state organizzando una gita, ci sto! contate su di me! ***we're going on strike, can we ~ you in?*** abbiamo intenzione di fare uno sciopero, possiamo contare su di te? **2** MUS. dare l'attacco a [qcn.].
- **count on**, **count upon:** ***~ on [sb., sth.]*** contare su [*person, event*]; ***don't ~ on it!*** non ci contare (troppo)! ***I was ~ing on the train being late*** contavo che il treno fosse in ritardo; ***I 'm ~ing on you to help me*** conto sul tuo aiuto.
- **count out:** ***~ out [sth.]*** contare (uno a uno) [*money, cards*]; ***he ~ed out the money*** ha contato i soldi (banconota per banconota); ***~ [sb.] out*** **1** *(exclude)* ***if it's dangerous you can ~ me out!*** se è pericoloso, io non ci sto! non contate su di me! ***~ me out, I'm not interested*** non contate su di me, non mi interessa; ***~ [sb.] out of*** escludere, lasciar fuori da [*plans, calculations*] **2** SPORT ***to be ~ed out*** [*boxer*] essere messo KO *o* essere dichiarato sconfitto dopo essere stato contato.
- **count up:** ***~ up [sth.]*** calcolare [*cost*]; contare [*money, boxes*]; ***~ up how many hours you spend on the work*** calcoli il tempo che impiega in questo lavoro.
- **count upon** → **count on.**

3.count /kaʊnt/ ♦ *9* n. (anche **Count**) *(nobleman)* conte m.

countability /ˌkaʊntəˈbɪlətɪ/ n. LING. numerabilità f.

countable /ˈkaʊntəbl/ agg. **1** LING. numerabile **2** *(quantifiable)* numerabile.

countdown /ˈkaʊntdaʊn/ n. conto m. alla rovescia (**to** per).

1.countenance /ˈkaʊntənəns/ n. LETT. *(face)* volto m., viso m.; *(expression)* espressione f. del volto ◆ ***to keep one's ~*** rimanere calmo *o* restare serio; ***to put sb. out of ~*** mettere qcn. in imbarazzo.

2.countenance /ˈkaʊntənəns/ tr. FORM. *(tolerate)* consentire, permettere [*misuse, slander*]; ***to ~ sb. doing*** permettere che qcn. faccia.

▷ **1.counter** /ˈkaʊntə(r)/ n. **1** *(service area) (in shop, snack bar)* banco m., cassa f.; *(in bank, post office)* sportello m.; *(in pub, bar)* bancone m.; ***he works behind the ~*** *(in bank etc.)* lavora allo sportello; *(in shop, bar)* sta al banco; ***the man, girl behind the ~*** *(in shop)* l'uomo, la ragazza al banco; *(in bank, post office)* lo, la sportellista; ***this medicine is available over the ~*** questo è un farmaco da banco *o* è acquistabile senza prescrizione del medico; ***guns are not sold over the ~*** le armi non si possono vendere liberamente; ***to buy shares over the ~*** acquistare azioni al di fuori della borsa *o* per transazione diretta; ***these magazines are sold under the ~*** queste riviste sono vendute sottobanco; ***to do a deal under the ~*** concludere un affare sottobanco **2** *(section of a shop)* reparto m.; ***perfume, glove ~*** reparto profumi, guanti; ***cheese ~*** banco formaggi **3** GIOC. fiche f. **4** *(token)* gettone m.

2.counter /ˈkaʊntə(r)/ n. *(counting device)* contatore m.

3.counter /ˈkaʊntə(r)/ n. *(on shoe)* contrafforte m., rinforzo m.

4.counter /ˈkaʊntə(r)/ agg. contrario, opposto; ***the government's policy was so ~ to his beliefs that he resigned*** la politica del governo era così contraria alle sue convinzioni che si dimise.

5.counter /ˈkaʊntə(r)/ avv. ***counter to*** [*be, go, run*] contro; [*act, behave*] in opposizione a, contro; ***this trend runs ~ to forecasts*** questa tendenza va contro le previsioni.

6.counter /ˈkaʊntə(r)/ **I** tr. controbattere, opporsi a [*accusation, claim*]; respingere, contrastare [*threat, attack*]; opporsi a [*trend*]; neutralizzare [*effect*]; parare [*blow*]; contenere [*inflation, increase*] **II** intr. *(retaliate)* controbattere, replicare; ***I ~ed by accusing him of theft*** ho controbattuto accusandolo di furto; ***she ~ed with a new proposal*** ha replicato con una nuova proposta; ***he ~ed with a left hook*** ha risposto con un gancio sinistro.

counteract /ˌkaʊntəˈrækt/ tr. **1** *(work against)* neutralizzare, annullare [*decision, influence, effects*] **2** *(thwart)* opporsi a, contrastare [*strike, negative publicity*] **3** *(counterbalance)* controbilanciare, riequilibrare [*tendency*].

counteraction /ˌkaʊntəˈrækʃn/ n. **1** *(of decision, influence)* neutralizzazione f. **2** *(opposition)* azione f. contraria, opposizione f.

counteractive /ˌkaʊntəˈræktɪv/ agg. **1** *(working against)* neutralizzante **2** *(hostile)* opposto, antagonistico

counter-argument /ˌkaʊntərˈɑːgjʊmənt/ n. controargomento m.

1.counter-attack /ˈkaʊntərətæk/ n. contrattacco m. (**against** contro).

2.counter-attack /ˈkaʊntərətæk/ **I** tr. contrattaccare **II** intr. contrattaccare.

counter-attraction /ˌkaʊntərəˈtrækʃn/ n. attrazione f. opposta (**to** per).

1.counterbalance /ˈkaʊntəˌbæləns/ n. contrappeso m. (**to** a).

2.counterbalance /ˌkaʊntəˈbæləns/ tr. fare da contrappeso a, controbilanciare.

counter-bid /ˈkaʊntəbɪd/ n. controfferta f.

counterblast /ˈkaʊntəblɑːst, AE -blæst/ n. risposta f. energica (**to** a).

counterbond /ˈkaʊntəbɒnd/ n. DIR. controgaranzia f.

1.counterbore /ˈkaʊntəbɔː/ n. **1** *(drilled hole)* allargamento m., accecatura f. **2** *(drill bit)* accecatoio m. (cilindrico).

2.counterbore /ˈkaʊntəbɔː/ tr. **1** allargare l'estremità di [*drilled hole*] **2** accecare [*nail*].

counterchange /ˈkaʊntətʃeɪndʒ/ tr. scambiare, scambiarsi [*parts, qualities etc.*]

1.counter-charge /ˈkaʊntətʃɑːdʒ/ n. **1** DIR. controaccusa f. **2** MIL. controffensiva f.

2.counter-charge /ˌkaʊntəˈtʃɑːdʒ/ tr. **1** DIR. rispondere a [*accuser*] **2** MIL. ***to ~ the enemy*** lanciare una controffensiva.

1.countercheck /ˈkaʊntətʃek/ n. *(double check)* (seconda) verifica f., (doppio) riscontro m.

2.countercheck /ˌkaʊntəˈtʃek/ tr. verificare, riscontrare.

counter cheque BE, **counter check** AE /ˈkaʊntətʃek/ n. assegno m. di cassa.

1.counter-claim /ˈkaʊntəkleɪm/ n. controreclamo m., controrichiesta f.; DIR. domanda f. riconvenzionale.

2.counter-claim /ˈkaʊntəkleɪm/ **I** tr. chiedere presentando una domanda riconvenzionale **II** intr. presentare una domanda riconvenzionale.

counter clerk /ˈkaʊntəklɑːk, AE -klɜːrk/ ♦ ***27*** n. AE sportellista m. e f.

counter-clockwise /ˌkaʊntəˈklɒkwaɪz/ **I** agg. AE antiorario **II** avv. AE in senso antiorario.

counter-culture /ˈkaʊntəˌkʌltʃə(r)/ n. controcultura f.

counter-current /ˈkaʊntəˌkʌrənt/ n. corrente f. contraria, controcorrente f.

counter-cyclical /ˌkaʊntəˈsaɪklɪkl/ agg. ECON. anticiclico.

counter-espionage /ˌkaʊntərˈespɪənɑːʒ/ n. controspionaggio m.

counter-example /ˈkaʊntərˌɪgzɑːmpl, AE -zæmpl/ n. controesempio m.

1.counterfeit /ˈkaʊntəfɪt/ **I** n. falsificazione f., contraffazione f. **II** agg. [*signature, note*] falso, falsificato, contraffatto; ***~ money*** denaro falso.

2.counterfeit /ˈkaʊntəfɪt/ tr. falsificare, contraffare.

counterfeiter /ˈkaʊntəˌfɪtə(r)/ n. contraffattore m. (-trice), falsario m. (-a).

counterfeiting /ˈkaʊntəˌfɪtɪŋ/ n. falsificazione f., contraffazione f.

counterfoil /ˈkaʊntəfɔɪl/ n. COMM. matrice f.

counterfort /ˈkaʊntəfɔːt/ n. ARCH. contrafforte m.

counter-inflationary /ˌkaʊntərɪnˈfleɪʃənərɪ, AE -nerɪ/ agg. antinflazionistico.

counter-insurgency /ˌkaʊntərɪnˈsɜːdʒənsɪ/ n. controinsurrezione f., controrivolta f.

counter-insurgent /ˌkaʊntərɪnˈsɜːdʒənt/ n. controrivoluzionario m. (-a).

counter-intelligence /ˌkaʊntərɪnˈtelɪdʒəns/ **I** n. controspionaggio m. **II** modif. [*activity, personnel, agency*] di controspionaggio.

counter-intuitive /ˌkaʊntərɪnˈtjuːɪtɪv, AE -ˈtuː-/ agg. controintuitivo.

counter-irritant /ˌkaʊntərˈɪrɪtənt/ n. revulsivo m.

counterjumper /ˈkaʊntəˌdʒʌmpə(r)/ n. ANT. SPREG. commesso m. (-a) di negozio.

counterman /ˈkaʊntəmən/ n. (pl. **-men**) AE barista m.

1.countermand /ˌkaʊntəˈmɑːnd, AE -ˈmænd/ n. *(of order, decision)* revoca f.

2.countermand /ˌkaʊntəˈmɑːnd, AE -ˈmænd/ tr. revocare, annullare [*order, decision*]; ***unless ~ed*** salvo contrordini.

1.countermarch /ˈkaʊntəmɑːtʃ/ n. MIL. contromarcia f.

2.countermarch /ˈkaʊntəmɑːtʃ/ intr. MIL. fare una contromarcia.

1.countermark /ˈkaʊntəmɑːk/ n. COMM. contrassegno m., contromarca f.

2.countermark /ˈkaʊntəmɑːk/ tr. COMM. contrassegnare, contromarcare.

counter-measure /ˈkaʊntəmeʒə(r)/ n. contromisura f.

countermen /ˈkaʊntəmen/ → **counterman**.

1.countermine /ˈkaʊntəmaɪn/ n. contromina f.

2.countermine /ˈkaʊntəmaɪn/ tr. controminare.

countermotion /ˌkaʊntəˈməʊʃn/ n. controproposta f., mozione f. contraria.

counter-move /ˈkaʊntəmuːv/ n. contromossa f.

counter-offensive /ˌkaʊntərəˈfensɪv/ n. controffensiva f. (**against** contro).

counter-offer /ˈkaʊntərɒfə(r)/ n. controfferta f.

counterpane /ˈkaʊntəpeɪn/ n. ANT. copriletto m.

▷ **counterpart** /ˈkaʊntəpɑːt/ n. **1** DIR. controparte f. **2** *(of person)* omologo m., equivalente m.; *(of company, institution etc.)* equivalente m. (**of, to** di); *(of document)* duplicato m., copia f.

counterplot /ˈkaʊntəplɒt/ n. congiura f., complotto m. (per neutralizzarne altri).

1.counterpoint /ˈkaʊntəpɔɪnt/ n. *(all contexts)* contrappunto m.

2.counterpoint /ˈkaʊntəpɔɪnt/ tr. **1** *(set in contrast)* contrapporre **2** MUS. contrappuntare.

1.counterpoise /ˈkaʊntəpɔɪz/ n. **1** *(weight)* contrappeso m. (**to** a) **2** *(equilibrium)* equilibrio m.

2.counterpoise /ˈkaʊntəpɔɪz/ tr. **1** *(oppose)* fare da contrappeso a **2** *(balance)* equilibrare, (contro)bilanciare.

counter-pressure /ˌkaʊntəpreʃə(r)/ n. TECN. contropressione f.

counter-productive /ˌkaʊntəprəˈdʌktɪv/ agg. controproducente.

counter-productiveness /ˌkaʊntəprəˈdʌktɪvnɪs/ n. dannosità f.

counter-proposal /ˌkaʊntəprəˈpəʊzl/ n. controproposta f.

counter punch /ˈkaʊntəˌpʌntʃ/ n. colpo m. d'incontro.

counter-punch /ˈkaʊntəˌpʌntʃ/ intr. contrare, colpire d'incontro.

Counter-Reformation /ˌkaʊntəˌrefɔːˈmeɪʃn/ n. STOR. Controriforma f.

counter-revolution /ˌkaʊntəˌrevəˈluːʃn/ n. controrivoluzione f.

counter-revolutionary /ˌkaʊntəˌrevəˈluːʃənərɪ, AE -nerɪ/ **I** agg. controrivoluzionario **II** n. controrivoluzionario m. (-a).

countersank /'kaʊntəsæŋk/ pass. → **2.countersink**.
counterscarp /'kaʊntəskɑ:p/ n. MIL. controscarpa f.
countershaft /'kaʊntəʃɑ:ft/ n. MECC. contralbero m.
1.countersign /'kaʊntəsaɪn/ n. MIL. parola f. d'ordine.
2.countersign /'kaʊntəsaɪn/ tr. controfirmare.
1.countersink /'kaʊntəsɪŋk/ n. **1** *(tool)* accecatoio m. **2** *(hole)* svasatura f., accecatura f.
2.countersink /'kaʊntəsɪŋk/ tr. (pass. **-sank**; p.pass. **-sunk**) svasare [*hole*]; accecare [*screw, bolt*].
counter staff /'kaʊntəˌstɑ:f, AE -ˌstæf/ n. personale m. che lavora allo sportello, sportellisti m.pl.
counterstain /'kaʊntəsteɪn/ n. CHIM. colorante m. di contrasto.
counterstroke /'kaʊntəˌstrəʊk/ n. contraccolpo m.
counter-summit /'kaʊntəsʌmɪt/ n. summit m., incontro m. parallelo.
countersunk /'kaʊntəsʌŋk/ p.pass. → **2.countersink**.
counter-tenor /ˌkaʊntə'tenə(r)/ n. controtenore m.
counter-terrorism /ˌkaʊntə'terərɪzəm/ n. antiterrorismo m.
counter-terrorist /ˌkaʊntə'terərɪst/ **I** agg. antiterrorista, dell'antiterrorismo **II** n. agente m. e f. dell'antiterrorismo.
countertrade /'kaʊntətreɪd/ n. ECON. commercio m. in compensazione.
countervail /ˌkaʊntə'veɪl/ tr. compensare, equilibrare.
countervailing /ˌkaʊntə'veɪlɪŋ/ agg. FORM. compensativo.
counterweigh /ˌkaʊntə'weɪ/ **I** tr. controbilanciare, contrappesare **II** intr. fare da contrappeso.
counterweight /'kaʊntəweɪt/ n. contrappeso m. (**to** a).
counterwork /'kaʊntəwɜ:k/ n. **1** = lavoro fatto in opposizione a un altro **2** MIL. fortificazione f.
countess /'kaʊntɪs/ ♦ *9* n. (anche **Countess**) contessa f.
counting /'kaʊntɪŋ/ **I** n. conteggio m., conta f.; *(of votes)* scrutinio m.; ***the ~ of votes*** lo scrutinio dei voti **II** modif. [*game, rhyme, song*] per imparare a contare.
counting house /'kaʊntɪŋhaʊs/ BE, **counting room** /'kaʊntɪŋrʊm, ru:m/ AE n. ANT. ufficio m. contabilità.
▷ **countless** /'kaʊntlɪs/ agg. innumerevole; ***~ cars, letters*** innumerevoli automobili, lettere; ***he has forgotten his key on ~ occasions*** ha dimenticato la sua chiave un sacco di volte; ***~ millions of*** milioni e milioni di.
count noun /'kaʊntnaʊn/ n. LING. nome m. numerabile.
count out /'kaʊntaʊt/ n. **1** SPORT *(in boxe)* conteggio m. dei dieci secondi **2** POL. = aggiornamento di una seduta della Camera dei Comuni quando sono presenti meno di quaranta membri.
countrified /'kʌntrɪfaɪd/ agg. rurale, rustico; SPREG. zotico, cafone.
▶ **country** /'kʌntrɪ/ **I** n. **1** *(nation, people)* paese m., nazione f.; ***developing, Third World ~*** paese in via di sviluppo, del Terzo Mondo; ***to go to the ~*** BE POL. fare appello al paese, chiamare il paese alle urne **2** *(native land)* patria f.; ***to die for one's ~*** morire per la patria; ***the old ~*** la patria, il paese natale **3** (anche **countryside**) *(out of town)* campagna f.; ***across ~*** attraverso la campagna *o* per i campi; ***in the ~*** in campagna; ***open ~*** aperta campagna **4** *(area)* regione f., territorio m.; ***fishing, walking ~*** territorio per la pesca, per le escursioni; ***cattle ~*** regione in cui si alleva il bestiame; ***Brontë ~*** la regione *o* il paese delle Brontë; ***cowboy ~*** la terra dei cowboy **5** (anche **~ music**) country m., musica f. country **II** modif. **1** [*person, road, life*] di campagna; [*scene*] campestre **2** MUS. (anche **~ and western**) [*music, singer*] (di) country ◆ ***it's a free ~!*** è un paese libero! ***it's my line of ~*** è il mio campo; ***it's not really my line of ~*** non è il mio campo.
country and western /ˌkʌntrɪənd'westən/ **I** n. country m., musica f. country **II** modif. [*singer*] country, di (musica) country.
country blues /ˌkʌntrɪ'blu:z/ n. country blues m.
country-bred /'kʌntrɪbred/ agg. cresciuto, educato in campagna.
country bumpkin /ˌkʌntrɪ'bʌmpkɪn/ n. SPREG. cafone m., bifolco m.
country club /'kʌntrɪklʌb/ n. = club in campagna con attrezzature per lo sport e per il tempo libero.
country cousin /ˌkʌntrɪ'kʌzn/ n. SPREG. o SCHERZ. = persona un po' rozza che viene dalla campagna.
country dance /ˌkʌntrɪ'dɑ:ns, AE -'dæns/ n. danza f. folcloristica, popolare.
country dancer /ˌkʌntrɪ'dɑ:nsə(r), AE -ˌdænsə(r)/ n. danzatore m. (-trice) di danze folcloristiche.
country dancing /'kʌntrɪˌdɑ:nsɪŋ, AE -'dænsɪŋ/ n. danza f. folcloristica, popolare; ***to go ~*** ballare danze folcloristiche.
countryfied → **countrified**.
country gentleman /ˌkʌntrɪd'ʒentlmən/ n. (pl. **country gentlemen**) gentiluomo m. di campagna.
country house /ˌkʌntrɪ'haʊs/ n. casa f., residenza f. di campagna.
countryman /'kʌntrɪmən/ n. (pl. **-men**) **1** (anche **fellow ~**) compatriota m., concittadino m. **2** *(living out of town)* campagnolo m., contadino m.
country mile /'kʌntrɪˌmaɪl/ n. COLLOQ. lunga distanza f.; ***it's a ~!*** è lontanissimo!
country music /ˌkʌntrɪ'mju:zɪk/ n. musica f. country.
country park /ˌkʌntrɪ'pɑ:k/ n. parco m. regionale.
country party /'kʌntrɪˌpɑ:tɪ/ n. partito m. agrario.
country rock /ˌkʌntrɪ'rɒk/ n. **1** GEOL. roccia f. incassante **2** MUS. country rock m.
country seat /ˌkʌntrɪ'si:t/ n. residenza f. di campagna.
▷ **countryside** /'kʌntrɪsaɪd/ n. campagna f.; ***there is some lovely ~ around here*** ci sono delle belle zone di campagna da queste parti.
Countryside Commission /ˌkʌntrɪsaɪdkə'mɪʃn/ n. BE = ente che si occupa della salvaguardia e della promozione delle bellezze naturali della campagna.
countrywide /'kʌntrɪwaɪd/ **I** agg. esteso a tutto il territorio nazionale **II** avv. in tutto il territorio nazionale.
countrywoman /'kʌntrɪˌwʊmən/ n. (pl. **-women**) **1** (anche **fellow ~**) compatriota f., concittadina f. **2** *(living out of town)* campagnola f., contadina f.
▶ **county** /'kaʊntɪ/ **I** n. contea f. **II** modif. BE [*boundary, agent*] di contea; [*team, jail*] della contea **III** agg. BE COLLOQ. SPREG. [*accent*] da gentiluomo (di campagna); ***he's very ~*** ha i modi di un gentiluomo di campagna.

> **County** Il Regno Unito è diviso in unità amministrative, la maggior parte delle quali sono contee (*counties*). Le contee un tempo erano chiamate *shires*, parola che oggi è diventata parte di termini geografici come *Northamptonshire*, *Yorkshire*, ecc. Le contee sono state per lungo tempo la base dell'amministrazione locale, solo recentemente alcune parti della Gran Bretagna hanno scelto di diventare *unitary anthorities*. Negli Stati Uniti la maggior parte degli stati sono divisi in *counties* (ve ne sono più di 3000), che rappresentano i più grandi enti amministrativi locali.

county agent /ˌkaʊntɪ'eɪdʒənt/ ♦ *27* n. AE = consulente per l'agricoltura incaricato dal governo federale e dallo stato.
county council /ˌkaʊntɪ'kaʊnsl/ n. GB consiglio m. di contea.
county councillor /ˌkaʊntɪ'kaʊnsələ(r)/ n. GB consigliere m. di contea.
county court /ˌkaʊntɪ'kɔ:t/ n. GB tribunale m. di contea, tribunale m. civile che tratta cause di entità minore.
County Durham /ˌkaʊntɪ'dʌrəm/ ♦ *24* n.pr. contea f. di Durham.
county seat /ˌkaʊntɪ'si:t/ n. US capoluogo m. di contea.
county town /ˌkaʊntɪ'taʊn/ n. GB capoluogo m. di contea.
▷ **coup** /ku:/ **I** n. **1** (anche **~ d'état**) colpo m. di Stato **2** *(successful move)* colpo m. (da maestro), azione f. audace; ***to pull off*** o ***score a ~*** fare un bel colpo **II** modif. [*attempt*] di colpo di Stato.
coup de foudre /ˌku:də'fu:drə/ n. *(sudden event)* fulmine m. a ciel sereno; *(love at first sight)* colpo m. di fulmine.
coup de grâce /ˌku:də'grɑ:s/ n. colpo m. di grazia.
coup d'état /ˌku:deɪ'tɑ:/ n. colpo m. di Stato.
coupé /'ku:peɪ/ n. **1** *(car)* coupé m. **2** *(horse-drawn carriage)* coupé m.
▶ **1.couple** /'kʌpl/ n. **1** *(pair)* coppia f. (anche FIS. SPORT); ***young (married) ~*** giovane coppia (sposata) **2 a couple of** *(two)* un paio di [*people, objects*]; *(a few)* un paio di, due o tre; ***a ~ of times*** un paio di volte.
2.couple /'kʌpl/ **I** tr. **1** accoppiare, appaiare [*circuits, wheels*]; FERR. agganciare [*coaches*] **2** FIG. *(associate)* collegare, associare [*names, ideas*] **II** intr. [*person, animal*] accoppiarsi.
coupled /'kʌpld/ **I** p.pass. → **2.couple** **II** agg. accoppiato (anche TECN.); ***~ with*** accoppiato a *o* unito a.
coupler /'kʌplə(r)/ n. **1** *(person)* chi accoppia, unisce [*things*] **2** MUS. *(of organ)* tirante m. **3** EL. accoppiatore m.
couplet /'kʌplɪt/ n. distico m.
coupling /'kʌplɪŋ/ n. **1** accoppiamento m. **2** FERR. agganciamento m. **3** EL. accoppiamento m.
coupon /'ku:pɒn/ n. **1** *(for goods)* buono m.; ***petrol, clothes ~*** buono (per la) benzina, per l'abbigliamento **2** *(form)* scheda f., coupon m., tagliando m.; ***reply ~*** coupon di risposta; ***entry ~*** *(for competition)* scheda *o* tagliando di partecipazione **3** ECON. cedola f. **4** *(for pools)* schedina f.

▷ **courage** /ˈkʌrɪdʒ/ n. coraggio m. (**to do** di fare); ***to have, lack the ~ of one's convictions*** avere, non avere il coraggio delle proprie opinioni; ***to pluck up the ~ to do*** trovare il coraggio di fare; ***to show ~*** dare prova di coraggio; ***to take one's ~ in both hands*** prendere il coraggio a due mani; ***it takes ~ to do*** ci vuole coraggio per fare; ***to take ~ from sth.*** essere incoraggiato da qcs.

courageous /kəˈreɪdʒəs/ agg. coraggioso, audace; ***it is, was ~ of him to do it*** è, è stato coraggioso da parte sua.

courageously /kəˈreɪdʒəslɪ/ avv. coraggiosamente.

courageousness /kəˈreɪdʒəsnɪs/ n. coraggio m., audacia f.

courgette /kɔːˈʒet/ n. zucchina f., zucchino m.

courier /ˈkʊrɪə(r)/ ◗ 27 n. **1** (anche **travel ~**) guida f., accompagnatore m. (-trice) turistico (-a) **2** *(for parcels, documents)* corriere m.; *(for drugs)* corriere m.

courier company /ˈkʊrɪəˌkʌmpənɪ/ n. COMM. corriere m. (espresso).

▶ **1.course** /kɔːs/ n. **1** *(progression) (of time, event, history, nature)* corso m. (**of** di); ***in the ~ of*** nel corso di; ***in the ~ of time*** con l'andar del tempo *o* nel corso del tempo; ***in the normal*** o ***ordinary ~ of things*** o ***events*** in condizioni normali *o* normalmente; ***in the ~ of doing*** facendo *o* nel fare; ***in the ~ of construction, development*** in corso di *o* in via di costruzione, sviluppo; ***to take its ~*** seguire il proprio corso; ***to run*** o ***follow its ~*** fare, seguire il proprio corso; ***in due ~*** a tempo debito *o* a suo tempo; ***to change the ~ of sth.*** cambiare il corso di qcs. **2** *(route) (of river, road, planet, star)* corso m.; *(of boat, plane)* rotta f.; ***to be on*** o ***hold*** o ***steer a ~*** AER. MAR. tenere una rotta; ***to be on ~ for*** fare rotta verso (anche FIG.); ***the economy is back on ~*** l'economia è di nuovo stabile; ***to be*** o ***go off ~*** essere, andare fuori rotta; ***to change ~*** cambiare direzione; AER. MAR. cambiare rotta (anche FIG.); ***to set (a) ~ for*** AER. MAR. fare rotta verso *o* mettersi in rotta per; ***~ of action*** linea di azione *o* di condotta; ***to take a ~ of action*** seguire una linea d'azione; ***this is the only ~ open to us*** è la sola via che ci è aperta **3** SCOL. UNIV. corso m. (**in** di; **of** di); ***art, English ~*** corso di arte, di inglese; ***beginners' ~*** corso (per) principianti; ***introductory, advanced ~*** corso introduttivo, avanzato; ***a ~ of study*** SCOL. un corso *o* programma di studi; UNIV. un corso di studi *o* curricolo universitario; ***to go on a ~*** (andare a) seguire un corso; ***to be on a ~*** seguire *o* frequentare un corso **4** MED. VETER. *(of drug)* cura f., trattamento m.; *(of injections)* cura f.; ***a ~ of treatment*** un ciclo di cure **5** SPORT *(in golf)* campo m.; *(in athletics, horseracing)* percorso m., circuito m.; ***to stay the ~*** resistere fino alla fine della gara *o* fino in fondo; FIG. tenere duro *o* resistere **6** *(part of meal)* portata f., piatto m.; ***second ~*** secondo (piatto); ***third ~*** terzo piatto *o* terza portata; ***the fish ~*** il (piatto di) pesce; ***the cheese ~*** (il piatto de)i formaggi; ***three-, five-~*** [*meal*] di tre, cinque portate **7** ING. *(of bricks, tiles etc.)* corso m. **8 of course** certo, certamente, naturalmente; ***of ~ I do!*** certo (che sì)! ***of ~ he doesn't!*** certo che no! ***"did you lock the door?" - "of ~ I did!"*** "hai chiuso la porta a chiave?" - "certo!"; ***"you didn't believe him?" - "of ~ not!"*** "non gli hai creduto?" - "naturalmente!"; ***it might rain, it's too expensive, of ~*** certo, potrebbe piovere, è troppo caro; ***you'll stay for dinner, of ~?*** ti fermi a pranzo, vero?

2.course /kɔːs/ **I** tr. VENAT. [*dog*] inseguire [*quarry*]; [*person*] fare inseguire, lanciare all'inseguimento [*hounds*] **II** intr. **1** *(rush)* scorrere, colare; ***the tears ~d down her cheeks*** le lacrime le scendevano giù per le guance; ***the blood was coursing through*** o ***in her veins*** le scorreva il sangue nelle vene; ***ideas were coursing through his mind*** le idee gli si rincorrevano in testa **2** SPORT [*dogs*] essere all'inseguimento (della selvaggina); [*person*] cacciare.

course book /ˈkɔːsbʊk/ n. libro m. di testo, manuale m.

course material /ˈkɔːsməˌtɪərɪəl/ n. sussidi m.pl. didattici.

1.courser /ˈkɔːsə(r)/ n. **1** *(person)* cacciatore m. (-trice) (con i cani) **2** *(dog)* cane m. da corsa.

2.courser /ˈkɔːsə(r)/ n. ANT. LETT. corsiero m., destriero m.

courseware /ˈkɔːsweə(r)/ n. software m. per la didattica.

coursework /ˈkɔːswɜːk/ n. SCOL. UNIV. programma m. d'esame.

coursing /ˈkɔːsɪŋ/ n. caccia f. con levrieri.

▶ **1.court** /kɔːt/ **I** n. **1** DIR. corte f., tribunale m.; ***to appear in ~*** comparire innanzi a un tribunale; ***to say in ~ that*** dire in tribunale che; ***to bring sth. to ~*** presentare *o* produrre qcs. in tribunale; ***to go to ~*** adire le vie legali *o* ricorrere alla giustizia (**over** per); ***to take sb. to ~*** portare qcn. in tribunale *o* citare qcn. in giudizio; ***to rule sth. out of ~*** decretare l'inammissibilità di qcs.; ***to settle sth. out of ~*** comporre qcs. *o* raggiungere un accordo su qcs. in via amichevole; ***in open ~*** a porte aperte *o* in pubblica udienza; ***in closed ~*** a porte chiuse **2** SPORT *(for tennis, squash, basketball)* campo m.; ***X is on ~ at the moment*** X è in campo in questo momento **3** *(of sovereign)* corte f.; ***to hold ~*** FIG. tenere corte *o* fare salotto **4** (anche **courtyard**) cortile m., corte f. **II** modif. DIR. [*case, action*] giudiziario, processuale; [*decision, hearing, ruling*] del tribunale; ***~ appearance*** comparizione *o* costituzione in giudizio ◆ ***to get laughed out of ~*** essere messo in ridicolo; ***to laugh sb. out of ~*** mettere qcn. in ridicolo *o* ridicolizzare qcn.; ***to pay ~ to sb.*** ANT. fare la corte a qcn.

2.court /kɔːt/ **I** tr. **1** ANT. o FIG. *(try to gain love of)* corteggiare, fare la corte a [*woman, voters, customers*] **2** *(seek)* cercare [*affection, favour, controversy*]; andare in cerca di, sfidare [*failure, disaster*]; andare in cerca di [*trouble*] **II** intr. ANT. [*couple*] amoreggiare, filare; ***he's ~ing*** ha un'innamorata *o* è fidanzato; ***a ~ing couple*** una coppia d'innamorati *o* di fidanzati; ***in our ~ing days*** quando eravamo fidanzati.

court card /ˈkɔːtkɑːd/ n. BE GIOC. figura f. (delle carte).

court circular /ˈkɔːtˌsɜːkjʊlə(r)/ n. = relazione quotidiana, pubblicata sui giornali, degli avvenimenti riguardanti la corte.

court dress /ˈkɔːtdres/ n. **U** abito m. di corte.

Courtelle® /kɔːˈtel/ n. = fibra acrilica simile alla lana.

courteous /ˈkɜːtɪəs/ agg. cortese, gentile (**to** verso); ***it is, was ~ of them to do it*** è, è stato cortese da parte loro farlo.

courteously /ˈkɜːtɪəslɪ/ avv. cortesemente.

courteousness /ˈkɜːtɪəsnɪs/ n. cortesia f.

courtesan /ˌkɔːtɪˈzæn, AE ˈkɔːtɪzn/ n. cortigiana f., prostituta f. d'alto bordo.

▷ **courtesy** /ˈkɜːtəsɪ/ n. **1** cortesia f., gentilezza f.; ***to have the ~ to do*** avere la cortesia di fare; ***it is only common ~ to do*** è normale cortesia fare; ***to do sb. the ~ of doing*** IRON. fare a qcn. la cortesia di fare; ***to exchange courtesies*** scambiarsi cortesie **2** (**by**) **~ of** *(with permission from)* per gentile concessione di [*rightful owner*]; *(with funds from)* grazie alla generosità di [*sponsor*]; *(through the good offices of)* grazie all'interessamento di [*colleagues, police, employer*]; ***a free trip, flight ~ of the airline*** un viaggio, un volo gratuito gentilmente offerto dalla compagnia aerea.

courtesy call /ˈkɜːtəsɪkɔːl/ n. visita f. di cortesia.

courtesy car /ˈkɜːtəsɪkɑː(r)/ n. auto f. di cortesia; ***to give sb. a ~*** dare a qcn. una vettura di cortesia.

courtesy coach /ˈkɜːtəsɪkəʊtʃ/ n. navetta f. gratuita.

courtesy delay /ˈkɜːtəsɪdɪˌleɪ/ n. AUT. luce f. temporizzata.

courtesy light /ˈkɜːtəsɪlaɪt/ n. AUT. luce f. di cortesia.

courtesy title /ˈkɜːtəsɪˌtaɪtl/ n. trattamento m. di cortesia.

courtesy visit /ˈkɜːtəsɪˌvɪzɪt/ n. → **courtesy call**.

courthouse /ˈkɔːthaʊs/ n. **1** DIR. palazzo m. di giustizia **2** AE AMM. capoluogo m. di contea.

courtier /ˈkɔːtɪə(r)/ n. cortigiano m., uomo m. di corte.

courting /ˈkɔːtɪŋ/ n. corteggiamento m., (il) corteggiare.

courtliness /ˈkɔːtlɪnɪs/ n. cortesia f., eleganza f., raffinatezza f.

courtly /ˈkɔːtlɪ/ agg. **1** *(polite)* [*person, act, behaviour*] cortese, elegante, raffinato **2** *(of a royal court)* [*custom, ceremony*] di corte.

courtly love /ˈkɔːtlɪˌlʌv/ n. LETTER. amore m. cortese.

1.court-martial /ˌkɔːtˈmɑːʃl/ n. (pl. **courts-martial**) MIL. DIR. corte f. marziale; ***to be tried by ~*** essere processato dalla corte marziale.

2.court-martial /ˌkɔːtˈmɑːʃl/ tr. (forma in -ing ecc. **-ll-**) mandare davanti alla corte marziale [*soldier*]; ***to be ~led*** essere giudicato dalla corte marziale.

court of appeal BE /ˌkɔːtəvəˈpiːl/, **court of appeals** AE /ˌkɔːtəvəˈpiːlz/ n. DIR. corte f. d'appello.

Court of Auditors /ˌkɔːtəvˈɔːdɪtəz/ n. *(in EU)* Corte f. dei conti.

court of domestic relations /ˌkɔːtəvdəˌmestɪkrɪˈleɪʃnz/ n. AE dir. → **family court**.

court of first instance /ˌkɔːtəvfɜːstˈɪnstəns/ n. DIR. tribunale m. di prima istanza.

court of honour BE, **court of honor** AE /ˌkɔːtəvˈɒnə(r)/ n. MIL. DIR. tribunale m. d'onore.

court of inquiry /ˌkɔːtəvɪnˈkwaɪərɪ, AE -ˈɪŋkwərɪ/ n. **1** MIL. tribunale m. militare **2** *(into accident, disaster)* commissione f. d'inchiesta.

court of law /ˌkɔːtəvˈlɔː/ n. DIR. tribunale m. (ordinario).

Court of Session /ˌkɔːtəvˈseʃn/ n. BE DIR. *(in Scotland)* tribunale m. penale.

Court of St James /ˌkɔːtəvsntˈdʒeɪmz/ n. = la corte britannica.

court order /ˌkɔːtˈɔːdə(r)/ n. DIR. ingiunzione f.

court reporter /ˌkɔːtrɪˈpɔːtə(r)/ ◗ 27 n. DIR. stenotipista m. e f.

court-roll /ˈkɔːtrəʊl/ n. STOR. = registro delle locazioni all'interno di una corte feudale.

▷ **courtroom** /ˈkɔːtruːm, AE -rʊm/ n. DIR. sala f. d'udienza.

courtship /ˈkɔːtʃɪp/ n. **1** *(period of courting)* corteggiamento m. **2** *(act of courting)* corte f.; ***Tom's ~ of Sara*** la corte che Tom fa a Sara.

court shoe /'kɔːtʃuː/ n. scarpa f. decolleté, scollata.
courts-martial → **1.court-martial.**
courtyard /'kɔːtjɑːd/ n. cortile m., corte f.
couscous /'kʊskʊs/ n. cuscus m.
▷ **cousin** /'kʌzn/ n. cugino m. (-a).
cousinhood /'kʌznhʊd/ n. **1** *(kinsfolk)* cugini m.pl. **2** *(the relationships of cousins)* cuginanza f.
cousinship /'kʌznʃɪp/ n. *(the relationships of cousins)* cuginanza f.
covalence /kəʊ'veɪləns/ n. covalenza f.
covalent /kəʊ'veɪlənt/ agg. [*bond*] covalente.
covariance /kəʊ'veərɪəns/ n. covarianza f.
covariant /kəʊ'veərɪənt/ **I** agg. [*function*] covariante **II** n. covariante f.
1.cove /kəʊv/ n. **1** *(bay)* insenatura f., baia f. **2** AE *(pass)* nicchia f., fessura f. **3** (anche **coving**) modanatura f. concava.
2.cove /kəʊv/ tr. *(provide a room, ceiling with a cove)* piegare ad arco.
3.cove /kəʊv/ n. ANT. COLLOQ. *(man)* tipo m., individuo m.
coven /'kʌvn/ n. riunione f. di streghe.
▷ **1.covenant** /'kʌvənənt/ n. **1** *(agreement)* convenzione f., patto m. **2** DIR. *(payment agreement)* contratto m. **3** BIBL. alleanza f.
2.covenant /'kʌvənənt/ tr. **1** *(agree)* FORM. ***to ~ to do sth.*** convenire di fare qcs. **2** DIR. impegnarsi a versare [*money*] (**to** a).
covenanter /'kʌvənəntə(r)/ n. DIR. parte f. contraente.
Coventry /'kɒvəntrɪ/ ♦ *34* n.pr. Coventry f. ◆ ***to send sb. to ~*** = ostracizzare, ignorare qcn.
▶ **1.cover** /'kʌvə(r)/ **I** n. **1** *(protective lid, sheath)* copertura f.; *(for duvet, cushion)* fodera f., rivestimento m.; *(for table)* copritavolo m.; *(for furniture)* protezione f., copertura f.; *(for umbrella, blade, knife)* fodero m., guaina f.; *(for typewriter, record player, pan, bowl)* coperchio m.; *(for mobile phone)* cover f. **2** *(blanket)* coperta f. **3** *(of book, magazine)* copertina f., rilegatura f.; *(of record)* copertina f.; ***on the ~*** *(of book)* sulla copertina; *(of magazine)* in copertina; ***she's made the ~ of "Time"*** è apparsa sulla copertina di "Time"; ***from ~ to ~*** dalla prima all'ultima pagina **4** *(shelter)* rifugio m., riparo m.; ***to provide ~*** offrire rifugio (**for** a); ***to take ~*** mettersi al riparo; ***to run for ~*** correre in cerca di riparo; ***take ~!*** al riparo! ***to break ~*** uscire allo scoperto; ***under ~*** al riparo *o* al coperto; ***under ~ of darkness*** col favore delle tenebre; ***under ~ of the confusion he escaped*** approfittando della confusione fuggì; ***open land with no ~*** terreno aperto che non offre ripari **5** *(for spy, agent, operation, crime)* copertura f. (**for** per); ***that's her ~*** è la sua copertura; ***to work under ~*** lavorare sotto falsa identità *o* sotto copertura; ***under ~ of sth.*** con il pretesto di qcs.; ***under ~ of doing*** con il pretesto di fare; ***to blow sb.'s ~*** COLLOQ. fare saltare la copertura di qcn. **6** MIL. copertura f.; ***air ~*** copertura aerea; ***to give sb. ~*** dare riparo a qcn. *o* coprire qcn.; ***I gave ~ as he advanced*** lo coprivo mentre avanzava **7** *(replacement) (for teacher, doctor)* sostituto m. temporaneo; ***to provide emergency ~*** garantire una sostituzione d'emergenza **8** BE copertura f. assicurativa (**for** per; **against** contro); ***to give, provide ~ against*** offrire una copertura contro *o* garantire contro; ***she has ~ for fire and theft*** ha una copertura assicurativa contro l'incendio e il furto **9** ECON. *(collateral)* garanzia f. **10** *(table setting)* coperto m. **11** MUS. → **cover version II** modif. [*design, illustration, text*] di copertina.
▶ **2.cover** /'kʌvə(r)/ **I** tr. **1** *(to conceal or protect)* coprire [*table, bed, pan, legs, wound, corpse*] (**with** con); rivestire, ricoprire [*cushion, sofa*] (**with** con); coprire, chiudere [*hole*] (**with** con); ***we had the sofa ~ed*** abbiamo fatto rivestire il divano; ***~ your mouth when you yawn*** metti la mano davanti alla bocca quando sbadigli; ***~ one eye and read the chart*** si copra un occhio e legga; ***to ~ one's ears*** tapparsi le orecchie **2** *(coat)* [*dust, snow, water, layer*] coprire, ricoprire [*ground, surface, cake*] (**with** di); ***the ground was ~ed with snow, snow ~ed the ground*** la neve ricopriva il terreno; ***everything got ~ed with*** o ***in sand*** tutto fu coperto dalla sabbia; ***the animal is ~ed in scales*** l'animale è ricoperto di scaglie; ***to ~ one's face with cream*** spalmarsi la crema sul viso; ***to be ~ed in glory*** essere carico di gloria **3** *(be strewn over)* [*litter, graffiti, blossom, bruises, scratches*] coprire; ***the tree was ~ed with blossom, blossom ~ed the tree*** l'albero era ricoperto di fiori; ***to ~ sb.'s face with kisses*** riempire di baci il viso di qcn. **4** *(travel over)* coprire, percorrere [*distance, area*]; *(extend over)* estendersi per, occupare [*distance, area*]; ***we ~ed a lot of miles on holiday*** abbiamo percorso molte miglia durante le vacanze **5** *(deal with, include)* [*article, book, speaker*] trattare [*subject, field*]; [*word, term, item*] comprendere, includere [*meaning, aspect*]; [*teacher*] affrontare, spiegare [*chapter*]; [*rule, law*] applicarsi a [*situation, person, organization*]; [*department, office*] essere competente per [*area, region, activity*]; [*rep*] essere responsabile per [*area*]; ***that price ~s everything*** è tutto incluso nel prezzo; ***we will ~ half the syllabus this term*** svolgeremo metà del programma durante questo trimestre **6** *(report on)* [*journalist, reporter, station*] seguire [*event, story, subject, match*]; ***the game will be ~ed live on BBC1*** la partita sarà trasmessa in diretta dalla BBC1 **7** *(pay for)* [*amount, salary, company, person*] coprire [*costs, outgoings*]; colmare [*loss, deficit*]; ***£ 20 should ~ it*** COLLOQ. 20 sterline dovrebbero bastare; ***to ~ one's costs*** coprire le proprie spese **8** coprire, assicurare [*person, possession*] (**for, against** contro; **for doing** per fare); [*guarantee*] coprire [*costs, parts*]; ***are you adequately ~ed?*** è assicurato in modo adeguato? **9** MIL. SPORT *(protect)* coprire, proteggere [*person, advance, retreat, exit, area of pitch*]; ***I'll ~ you*** ti copro io; ***I've got you ~ed!*** *(threat)* ti tengo sotto tiro! ***keep him ~ed*** marcalo; ***to ~ one's back*** FIG. coprirsi **10** *(conceal)* nascondere, dissimulare [*emotion*]; nascondere [*ignorance*]; coprire [*noise, smell*] **11** MUS. *(make version of)* fare una cover di [*song*] **12** ZOOL. *(mate with)* coprire, montare **II** rifl. ***to ~ oneself*** coprirsi, proteggersi (**against** contro; **by doing** facendo); ***to ~ oneself with*** coprirsi di [*glory, praise, shame*].
■ **cover for:** ***~ for [sb.]*** **1** *(replace)* sostituire [*colleague, employee*] **2** *(protect)* coprire [*person*]; ***"I'm going to be late, ~ for me!"*** "arriverò in ritardo, coprimi!"
■ **cover in** → **cover over.**
■ **cover over:** ***~ over [sth.], ~ [sth.] over*** coprire [*passage, yard, area, pool*] (**with** con); coprire, nascondere [*painting, mark, stain*] (**with** con).
■ **cover up:** ***~ up*** **1** *(put clothes on)* coprirsi **2** ***to ~ oneself up*** coprirsi (**with** con) **3** *(conceal truth)* nascondere, dissimulare; ***to ~ up for*** coprire *o* fare da paravento a [*colleague, friend*]; mascherare, nascondere [*mistakes*]; ***they're ~ing up for each other*** si stanno coprendo a vicenda; ***~ up [sth.], ~ [sth.] up*** **1** coprire [*window, body, footprints*] (**with** con); nascondere, celare [*answers*] (**with** con) **2** FIG. celare, nascondere [*mistake, loss, crime, affair, truth*]; dissimulare, nascondere [*emotion*]; soffocare, insabbiare [*scandal*].
coverage /'kʌvərɪdʒ/ n. **1** *(in media)* copertura f.; ***television, newspaper ~*** resoconto della televisione, dei giornali; ***they don't give much ~ to*** o ***have much ~ of foreign news*** non trattano in modo esteso *o* esaurientemente le notizie dall'estero; ***there will be live ~ of the elections*** l'andamento delle elezioni sarà seguito in diretta; ***sport gets too much TV ~*** lo sport ha una eccessiva copertura televisiva **2** *(in book, dictionary, programme)* trattazione f.; ***its ~ of technical terms is good, poor*** la quantità di termini tecnici inclusa è buona, scarsa; ***the programme's ~ of modern music is good*** la trasmissione offre una buona programmazione di musica moderna **3** copertura f. assicurativa (**for** per; **against** contro) **4** *(scope of company, service)* copertura f.; *(scope of radar)* copertura f.; *(scope of radio station)* zona f. di ricezione.
coveralls /'kʌvər,ɔːlz/ n.pl. AE *(for worker)* tuta f.sing. da lavoro; *(for child)* salopette f.sing.
cover charge /'kʌvət,ʃɑːdʒ/ n. prezzo m. del coperto.
▷ **covered** /'kʌvəd/ **I** p.pass → **2.cover II** agg. **1** [*porch, passage, courtyard*] coperto; [*dish, pan*] dotato di coperchio **2 -covered** in composti ***snow-, scrub-~*** coperto di neve, arbusti; ***chocolate-~*** ricoperto di cioccolato.
covered market /,kʌvəd'mɑːkɪt/ n. mercato m. coperto.
covered wagon /,kʌvəd'wægən/ n. carro m. coperto.
cover girl /'kʌvə,gɜːl/ n. cover-girl f., ragazza f. copertina.
▷ **covering** /'kʌvərɪŋ/ n. **1** *(for wall, floor)* rivestimento m.; *(wrapping)* copertura f.; ***you'll need some sort of ~ for your head*** avrai bisogno di qualcosa per coprirti la testa **2** *(layer of snow, dust, moss etc.)* strato m.
covering fire /,kʌvərɪŋ'faɪə(r)/ n. fuoco m. di copertura.
covering letter /,kʌvərɪŋ'letə(r)/ n. lettera f. d'accompagnamento.
coverlet /'kʌvəlɪt/ n. copriletto m.
cover letter /'kʌvə,letə(r)/ n. AE → **covering letter.**
cover note /'kʌvə,nəʊt/ n. BE nota f. di copertura.
cover sheet /'kʌvəʃiːt/ n. *(for fax)* copertina f.
cover story /'kʌvə,stɔːrɪ/ n. **1** GIORN. articolo m. collegato alla copertina **2** *(in espionage)* copertura f. **3** FIG. *(excuse)* pretesto m.
1.covert /'kʌvət/ n. *(thicket)* boschetto m., luogo m. ombroso.
2.covert /'kʌvət, AE 'kəʊvɜːrt/ agg. [*operation, activity, payment*] segreto; [*glance*] di sfuggita, furtivo; [*threat*] velato.
covert coat /'kʌvətkəʊt, AE 'kəʊvɜːrtkəʊt/ n. ABBIGL. VENAT. spolverino m.
covertly /'kʌvətlɪ, AE 'kəʊvɜːrtlɪ/ avv. segretamente.

coverture /'kʌvə,tjʊə(r)/ n. 1 DIR. tutela f. maritale 2 RAR. *(shelter)* rifugio m., riparo m.
cover-up /'kʌvərʌp/ n. insabbiamento m., occultamento m.
cover version /'kʌvə,vɜ:ʃn, AE -ʒn/ n. MUS. cover f.
covet /'kʌvɪt/ tr. bramare, agognare.
covetable /'kʌvɪtəbl/ agg. RAR. desiderabile.
covetous /'kʌvɪtəs/ agg. bramoso, cupido; ***to be ~ of sth.*** essere avido di qcs.
covetously /'kʌvɪtəslɪ/ avv. con bramosia, cupidigia.
covetousness /'kʌvɪtəsnɪs/ n. bramosia f., cupidigia f.
covey /'kʌvɪ/ n. stormo m. (di quaglie o pernici); FIG. gruppetto m., comitiva f.
covin /'kʌvɪn/ n. *(conspiracy)* collusione f.
coving /'kəʊvɪŋ/ n. modanatura f. concava.
▷ **1.cow** /kaʊ/ **I** n. 1 mucca f., vacca f. 2 *(female of large animals)* femmina f. 3 COLLOQ. SPREG. *(woman)* vacca f., donnaccia f. **II** modif. [*elephant, whale*] femmina ◆ ***till the ~s come home*** fino alle calende greche; ***my mum's going to have a ~*** COLLOQ. SCHERZ. a mamma piglierà un colpo; ***don't have a ~*** non ti scaldare.
2.cow /kaʊ/ tr. atterrire, intimidire; ***a ~ed look*** uno sguardo spaventato.
coward /'kaʊəd/ n. codardo m. (-a), vile m. e f.
cowardice /'kaʊədɪs/ n. codardia f., viltà f.
cowardliness /'kaʊədlɪnɪs/ n. → **cowardice**.
cowardly /'kaʊədlɪ/ agg. codardo, vigliacco; ***it was ~ of you to do it*** è stato vile da parte tua farlo.
cowbane /'kaʊbeɪn/ n. cicuta f. acquatica.
cowbell /'kaʊbel/ n. campanaccio m.
▷ **cowboy** /'kaʊbɔɪ/ **I** ♦ *27* n. 1 AE cowboy m., mandriano m.; ***to play ~s and indians*** giocare ai cowboy e agli indiani 2 *(incompetent worker)* SPREG. filibustiere m., ciarlatano m. **II** modif. 1 [*boots, hat*] da cowboy; [*film*] di cowboy 2 SPREG. [*workman*] sconsiderato, irresponsabile; [*practices*] sconsiderato, scorretto; [*company, outfit*] senza scrupoli.
cowcatcher /'kaʊ,kætʃə(r)/ n. AE FERR. cacciapietre m.
cow college /'kaʊ,kɒlɪdʒ/ n. US COLLOQ. 1 college m. di agraria 2 SPREG. = college scarsamente rinomato.
cower /'kaʊə(r)/ intr. rannicchiarsi, accovacciarsi (per la paura) (**behind** dietro); ***to ~ away from sb.*** farsi piccolo di fronte a qcn.
cowfish /'kaʊ,fɪʃ/ n. (pl. ~, **~es**) 1 *(any of various small cetaceans)* grampo m., focena f., marsovino m. 2 *(sirenian)* dugongo m. 3 *(any fish having bony plates over the eyes)* pesce m. cofano, pesce m. scatola.
cowgirl /'kaʊgɜ:l/ ♦ *27* n. mandriana f.
cowgrass /'kaʊgrɑ:s, AE -græs/ n. AUSTRAL. trifoglio m. pratense.
cowhand /'kaʊhænd/ ♦ *27* n. bovaro m. (-a), mandriano m. (-a).
cowheel /'kaʊhi:l/ n. GASTR. piedino m. di manzo.
cowherd /'kaʊhɜ:d/ ♦ *27* n. → **cowhand**.
cowhide /'kaʊhaid/ n. *(leather)* pelle f. di vacca, vacchetta f.; AE *(whip)* frusta f. di cuoio.
cowhouse /'kaʊhaʊs/ n. → **cowshed**.
cowl /kaʊl/ n. 1 *(hood)* cappuccio m. 2 (anche **chimney ~**) mitra f., cappuccio m. metallico.
cowlick /'kaʊlɪk/ n. AE COLLOQ. ciuffo m. ribelle.
cowling /'kaʊlɪŋ/ n. AER. MECC. *(metal covering)* cappottatura f.
cowl neck /,kaʊl'nek/ n. collo m. a cappuccio.
cowman /'kaʊmæn/ ♦ *27* n. (pl. **-men**) vaccaio m., mandriano m.
co-worker /kəʊ'wɜ:kə(r)/ n. collega m. e f.
cow parsley /'kaʊ,pɑ:slɪ/ n. cerfoglio m. selvatico.
cow-parsnip /'kaʊ,pɑ:snɪp/ n. panace m., sedano m. dei prati.
cowpat /'kaʊpæt/ n. escremento m. di vacca.
cowpea /'kaʊpi:/ n. fagiolo m. dall'occhio nero.
cowpoke /'kaʊpəʊk/ n. AE COLLOQ. cowboy m.
cowpox /'kaʊpɒks/ n. vaiolo m. vaccino, dei bovini.
cowpuncher /'kaʊ,pʌntʃə(r)/ n. COLLOQ. cowboy m.
cowrie, **cowry** /'kaʊrɪ/ n. ciprea f.
cows-and-calves /'kaʊzən'kɑ:vz/ n. gigaro m., lanternaria f.
cowshed /'kaʊʃed/ n. stalla f.
cowslip /'kaʊ,slɪp/ n. BOT. primula f., primavera f. odorosa.
cow-tree /'kaʊtri:/ n. albero m. del latte.
cow-wheat /'kaʊwi:t, AE -hwi:t/ n. melampiro m.
1.cox /kɒks/ n. SPORT timoniere m.
2.cox /kɒks/ **I** tr. SPORT governare **II** intr. SPORT fare da timoniere; ***~ed pairs, fours*** due con, quattro con.
coxa /'kɒksə/ n. (pl. **-ae**) 1 MED. anca f. 2 ZOOL. *(of an insect)* zampa f.
coxal /'kɒksəl/ agg. dell'anca, relativo all'anca.
coxalgia /kɒk'sældʒə/, **coxalgy** /'kɒksəldʒɪ/ ♦ *11* n. coxalgia f.
coxcomb /'kɒkskəʊm/ n. ANT. bellimbusto m., damerino m.
coxcombical /kɒks'kɒmɪkəl/ agg. ANT. vanitoso, presuntuoso.
coxcombry /'kɒkskəʊmrɪ/ n. ANT. vanità f., presunzione f.
coxitis /kɒk'saɪtɪs/ ♦ *11* n. coxite f.
Cox's Orange Pippin /,kɒksɪzɒrɪndʒ'pɪpɪn/ n. (mela) renetta f.
1.coxswain /'kɒksn, 'kɒksweɪn/ n. capobarca m.; *(in rowing)* timoniere m.
2.coxswain /'kɒksn, 'kɒksweɪn/ **I** tr. governare [*rowing-boat*] **II** intr. fare da timoniere.
coxswainless /'kɒksweɪnlɪs/ agg. senza timoniere; ***~ pair*** due senza.
coy /kɔɪ/ agg. 1 *(bashful)* [*person*] modesto, ritroso, schivo; [*smile, look*] falsamente modesto, civettuolo 2 *(reticent)* restio, riluttante (**about** a).
coyly /'kɔɪlɪ/ avv. con ritrosia; con riluttanza.
coyness /'kɔɪnɪs/ n. 1 *(shyness)* modestia f., ritrosia f. 2 *(reticence)* riluttanza f., riservatezza f. (**about** riguardo a).
coyote /kɔɪ'əʊtɪ, AE 'kaɪəʊt/ n. (pl. **~s**, **~**) ZOOL. coyote m.
coypu /'kɔɪpu:/ n. (pl. **~s**, **~**) castorino m., nutria f.
1.coze /kəʊz/ n. ANT. COLLOQ. chiacchierata f.
2.coze /kəʊz/ intr. ANT. COLLOQ. chiacchierare.
cozen /'kʌzn/ tr. ANT. COLLOQ. *(cheat or trick)* gabbare, ingannare, frodare.
cozenage /'kʌznɪdʒ/ n. ANT. COLLOQ. inganno m., frode f.
cozy AE → **cosy**.
1.CP n. POL. (⇒ Communist Party) = partito comunista.
2.CP MIL. ⇒ command post posto di comando.
CPA n. AE (⇒ certified public accountant) = ragioniere iscritto all'albo.
cpd ⇒ compound composto.
CPI n. ECON. (⇒ Consumer Price Index) = indice dei prezzi al consumo.
Cpl ⇒ corporal caporale (C.le).
CPO n. (⇒ chief petty officer) = secondo capo.
CPR n. (⇒ cardiopulmonary resuscitation) = rianimazione cardiorespiratoria.
cps FIS. ⇒ cycles per second cicli al secondo.
CPS n. GB DIR. (⇒ Crown Prosecution Service) = ufficio del giudice per le indagini preliminari.
CPU n. INFORM. (⇒ central processing unit unità centrale di elaborazione) CPU f.
cr ECON. 1 ⇒ credit credito 2 ⇒ creditor creditore.
▷ **1.crab** /kræb/ **I** n. 1 ZOOL. GASTR. granchio m.; ***dressed ~*** granchi in salsa 2 ASTROL. ***the Crab*** il Cancro 3 *(louse)* → **crab louse** 4 TECN. *(hoist)* verricello m., argano m. **II crabs** n.pl. *(in publishing)* rimanenze f., libri m. invenduti ◆ ***to catch a ~*** *(in rowing)* sbagliare la remata, dare una remata a vuoto.
2.crab /kræb/ **I** tr. (forma in -ing ecc. **-bb-**) 1 AER. fare compensare la deriva di [*plane*] 2 FIG. rovinare, screditare, criticare; ***to ~ sb.'s act*** criticare l'operato di qcn. **II** intr. (forma in -ing ecc. **-bb-**) 1 COLLOQ. *(complain)* brontolare, lamentarsi (**about** per) 2 MAR. [*boat*] spostarsi, procedere lateralmente.
3.crab /kræb/ n. 1 → **crab apple** 2 *(a sour person)* persona f. acida, brontolone m. (-a).
crab apple /'kræb,æpl/ n. *(tree)* melo m. selvatico; *(fruit)* mela f. selvatica.
crabbed /'kræbɪd/ **I** p.pass. → **2.crab** **II** agg. 1 *(surly)* irritabile, scontroso, acido 2 [*handwriting*] illeggibile, indecifrabile.
crabbing /'kræbɪŋ/ n. pesca f. dei granchi; ***to go ~*** andare a pesca di granchi.
crabby /'kræbɪ/ agg. COLLOQ. acido, scontroso.
crab-grass /'kræbgrɑ:s, AE -græs/ n. *(annual grass)* sanguinaria f.
crab louse /'kræb,laʊs/ n. *(insect)* piattola f.
Crab Nebula /'kræb,nebjələ/ n.pr. ASTR. nebulosa f. del Granchio.
crabwise /'kræbwaɪz/ avv. [*move*] di traverso, come i granchi.
▷ **1.crack** /kræk/ **I** n. 1 *(part of fine network in paint, varnish, cup, ground)* screpolatura f. (**in** in); *(single marked line in wall, cup, mirror, ground)* crepa f., incrinatura f. (**in** in); *(single marked line in bone)* incrinatura f. (**in** in); ***~s are appearing in the policy, the relationship*** si stanno evidenziando delle incrinature nella linea politica, nelle relazioni 2 *(narrow opening) (in rock, wall)* crepa f., fenditura f.; *(in door, in curtains)* fessura f., spiraglio m.; ***to open the door a ~*** aprire appena la porta; ***leave the door open a ~*** lascia la porta socchiusa 3 *(drug)* (anche **~ cocaine**) crack m. 4 *(sharp noise of twig, bone)* scricchiolio m., scrocchio m.; *(sharp noise of whip)* schiocco m.; *(sharp noise of shot)* schianto m., scoppio m. 5 COLLOQ. *(attempt)* prova f., tentativo m.; ***to have a ~ at doing*** tentare di fare; ***to have a ~ at*** fare il tentativo di conquistare [*title*];

cercare di battere [*record*]; cercare di vincere [*gold medal*]; ***to have a ~ at (playing) Hamlet*** provare a recitare Amleto; ***she wants (to have) a ~ at the champion*** vuole tentare di sfidare la campionessa; ***it's his third ~ at the title*** è il suo terzo tentativo di conquistare il titolo **6** COLLOQ. *(jibe)* battuta f., frecciata f. (**about** su); *(joke)* motto m. di spirito, barzelletta f. (**about** su); ***a cheap ~*** una barzelletta di cattivo gusto; ***to have a ~ at sb.*** fare una battuta su qcn. **7** BE COLLOQ. *(laugh, good time)* divertimento m., spasso m. **II** inter. crac **III** agg. attrib. [*player*] di prim'ordine, eccellente; [*troops, regiment, shot*] ottimo ◆ ***to have a fair ~ of the whip*** avere un'ottima chance; ***to give sb. a fair ~ of the whip*** offrire un'ottima chance a qcn.

▷ **2.crack** /kræk/ **I** tr. **1** *(make a crack in)* (fare) incrinare [*mirror, bone, wall, cup*]; *(make fine cracks in)* (fare) screpolare [*paint, varnish, cup*] **2** *(break)* schiacciare [*nut*]; rompere [*egg, casing*]; ***to ~ a safe*** forzare una cassaforte; ***to ~ sth. open*** aprire qcs.; ***let's ~ open a bottle of wine*** apriamo una bottiglia di vino; ***to ~ one's head open*** COLLOQ. rompersi la testa; ***she didn't ~ a book for that class*** AE COLLOQ. non ha aperto un libro per quel corso; ***to ~ the market*** invadere il mercato **3** *(solve)* risolvere [*problem, case*]; ***to ~ a code*** decifrare un codice; ***to ~ a spy, crime network*** scoprire una rete di spie, di criminali; ***I think I've ~ed it*** COLLOQ. credo di esserci arrivato *o* di aver capito **4** *(make cracking sound with)* schioccare [*whip*]; fare schioccare, fare scrocchiare [*knuckles, joints, twig*]; ***to ~ sth. over sb.'s head, to ~ sb. on the head with sth.*** colpire qcn. alla testa con qcs.; ***to ~ one's head on sth.*** picchiare la testa su qcs.; ***to ~ the whip*** FIG. farsi sentire **5** *(overcome)* spezzare, sconfiggere [*resistance, defences, opposition*] **6** ***to ~ a joke*** raccontare una barzelletta, fare una battuta **7** CHIM. sottoporre a piroscissione [*oil*] **II** intr. **1** *(develop crack(s))* [*bone*] incrinarsi; [*mirror, cup, wall, ice*] incrinarsi, creparsi, spaccarsi; [*paint, varnish*] creparsi, screpolarsi; [*skin*] screpolarsi; [*ground*] *(slightly)* fendersi; *(severely)* spaccarsi, aprirsi; ***the earth ~ed in the heat*** la terra si spaccò a causa del calore **2** *(cease to resist)* [*person, opposition*] cedere, crollare; ***to ~ under interrogation*** cedere sotto interrogatorio; ***he tends to ~ under pressure*** tende a crollare se si trova sotto pressione **3** *(make sharp sound)* [*knuckles, joint, twig*] schioccare, scrocchiare; [*whip*] schioccare **4** [*voice*] rompersi, incrinarsi; ***her voice ~ed with emotion*** la sua voce era rotta dall'emozione **5** ***her face ~ed into a smile*** il suo volto si sciolse in un sorriso ◆ ***not all*** o ***not as good as it's ~ed up to be*** non così bravo come tutti dicevano; ***to get ~ing*** darsi da fare *o* muoversi; ***go on, get ~ing!*** forza, datevi da fare! ***to get ~ing on*** o ***with a job*** darci dentro con un lavoro.

■ **crack down** dare un giro di vite, usare la mano pesante (**on** contro).

■ **crack up** COLLOQ. ~ ***up*** **1** *(have breakdown)* rompersi, andare in pezzi **2** *(laugh)* sbellicarsi **3** ***to ~ (it) up*** farsi di crack; ***~ [sb.] up*** lodare, elogiare.

crack-brained /ˈkrækbreɪnd/ agg. COLLOQ. pazzo, strambo.

crackdown /ˈkrækdaʊn/ n. misure f.pl. restrittive (**on** contro); ***the police ~ on drug-dealing*** i severi provvedimenti presi dalla polizia contro il traffico di stupefacenti.

▷ **cracked** /krækt/ **I** p.pass. → **2.crack II** agg. **1** [*varnish, paint, leather, pavement*] crepato; [*bone, kneecap, basin*] incrinato; [*skin*] screpolato; [*egg, shell*] rotto **2** COLLOQ. *(mad)* matto, picchiato.

cracked olive /ˌkræktˈɒlɪv/ n. oliva f. schiacciata.

cracked wheat /ˌkræktˈwiːt, AE -ˈhwiːt/ n. = farina integrale macinata fine.

cracker /ˈkrækə(r)/ n. **1** *(biscuit)* cracker m., galletta f. **2** *(firework)* petardo m., castagnola f. **3** *(for Christmas)* = pacchetto con sorpresa che produce uno scoppio quando viene aperto **4** AE SPREG. bianco m. (-a) povero (-a) **5** BE COLLOQ. *(beauty)* ***she's a ~!, what a ~!*** è uno schianto! **6** INFORM. pirata m. informatico.

cracker-barrel /ˈkrækəˌbærəl/ agg. AE [*philosopher*] da osteria.

crackerjack /ˈkrækəˌdʒæk/ agg. AE ANT. eccellente, di prim'ordine.

crackers /ˈkrækəz/ agg. BE COLLOQ. pazzo, matto.

crack factory /ˈkrækˌfæktərɪ/ n. raffineria f. di crack.

crackhead /ˈkrækhed/ n. COLLOQ. chi fa uso di crack; ***they're ~s*** si fanno di crack.

crack house /ˈkrækhaʊs/ n. COLLOQ. = luogo in cui si spaccia crack.

cracking /ˈkrækɪŋ/ **I** n. **1** CHIM. cracking m., piroscissione f. **2** *(in varnish, paint, plaster)* fessura f., screpolatura f. **II** agg. BE COLLOQ. [*game, goal, start*] eccellente; ***at a ~ pace*** a passo spedito, sostenuto **III** avv. BE COLLOQ. ***a ~ good shot*** un tiro eccezionale; ***it was a ~ good lunch*** è stato un pranzo straordinario.

crackjaw /krækdʒɔː/ agg. ANT. [*word*] difficile da pronunciare.

1.crackle /ˈkrækl/ n. **1** *(sound)* scoppiettio m., crepitio m. **2** *(in pottery) (crazing)* cavillatura f.

2.crackle /ˈkrækl/ **I** tr. fare frusciare [*foil, paper*]; cavillare [*pottery*] **II** intr. [*twig*] scricchiolare; [*fire*] crepitare, scoppiettare; [*radio*] gracchiare, frusciare; [*hot fat, burning wood*] sfrigolare.

cracklechina /ˈkræklˌtʃaɪnə/, **crackleware** /ˈkræklweə(r)/ n. ceramica f. cavillata.

crackling /ˈkræklɪŋ/ n. **1** *(sound) (of fire)* scoppiettio m., crepitio m.; *(of foil, cellophane)* fruscio m.; *(on radio)* ronzio m., fruscio m. **2** GASTR. *(crisp pork)* cotenna f. di maiale arrostito.

cracknel /ˈkræknl/ n. **1** *(biscuit)* biscotto m. **2** U AE GASTR. ciccioli m.pl.

crack pipe /ˈkrækˌpaɪp/ n. pipa f. da crack.

crackpot /ˈkrækpɒt/ **I** agg. COLLOQ. pazzo SCHERZ., eccentrico **II** n. COLLOQ. pazzo m. (-a), eccentrico m. (-a).

cracksman /kræksmən/ n. (pl. **-men**) COLLOQ. scassinatore m.

crack-up /ˈkrækʌp/ n. collasso m. nervoso.

crack-voiced /ˈkrækˌvɔɪst/ agg. dalla voce fessa.

cracky /ˈkrækɪ/ agg. **1** pieno di crepe, fessure **2** COLLOQ. pazzo, tocco.

Cracow /ˈkrækɒv/ ➧ ***34*** n.pr. Cracovia f.

▷ **1.cradle** /ˈkreɪdl/ n. **1** *(for baby)* culla f. (anche FIG.); ***from the ~*** fin dalla culla *o* dall'infanzia; ***from the ~ to the grave*** dalla culla alla tomba *o* dalla nascita alla morte **2** *(framework)* MAR. intelaiatura f.; MED. *(under bedclothes)* alzacoperte m., gabbia f. **3** *(telephone rest)* forcella f. portamicrofono **4** *(hoistable platform)* piattaforma f. sollevabile ◆ ***the hand that rocks the ~ rules the world*** = chi ha influenza sui ragazzi ha influenza sul mondo intero; ***to rob the ~*** SCHERZ. cercarseli all'asilo.

2.cradle /ˈkreɪdl/ tr. cullare [*baby*]; tenere con delicatezza [*object*]; ***to ~ sth. in one's arms*** tenere qcs. fra le braccia.

cradle cap /ˈkreɪdlˌkæp/ n. crosta f. lattea.

cradlesnatcher /ˈkreɪdlˌsnætʃə(r)/ n. COLLOQ. ***he's, she's a ~*** le, li va a scegliere all'asilo.

cradlesong /ˈkreɪdlsɒŋ/ n. ninnananna f.

cradling /ˈkreɪdlɪŋ/ n. centinatura f. per soffitti.

▷ **1.craft** /krɑːft, AE kræft/ **I** n. **1** *(skill) (art-related)* arte f., maestria f., abilità f.; *(job-related)* mestiere m.; ***the potter's ~*** l'arte del vasaio; ***the journalist's ~*** il mestiere di giornalista **2** *(handiwork)* artigianato m.; ***arts and ~s*** arti e mestieri **3** *(cunning)* astuzia f., furberia f. **II** modif. [*exhibition*] di artigianato; [*guild*] d'arti e mestieri, di artigiani.

2.craft /krɑːft, AE kræft/ tr. fare, creare a mano.

3.craft /krɑːft, AE kræft/ n. (pl. ~) **1** *(boat)* imbarcazione f., natante m. **2** AER. (anche **space ~**) nave f., veicolo m. spaziale.

craftily /ˈkrɑːftɪlɪ, AE ˈkræftɪlɪ/ avv. **1** *(skilfully)* abilmente, con maestria **2** *(cunningly)* astutamente, furbamente.

craftiness /ˈkrɑːftɪnɪs, AE ˈkræftɪnɪs/ n. astuzia f., furberia f.

craftsman /ˈkrɑːftsmən, AE ˈkræft-/ n. (pl. **-men**) *(skilled manually)* artigiano m.; *(skilled artistically)* artista m.

craftsmanship /ˈkrɑːftmənʃɪp, AE ˈkræftmənʃɪp/ n. *(manual)* artigianato m., esecuzione f. artigianale; *(artistic)* arte f., maestria f.

craftsmen /ˈkrɑːftsmen, AE ˈkræft-/ → **craftsman**.

craftswoman /ˈkrɑːftsˌwʊmən, AE ˈkræftsˌwʊmən/ n. (pl. **-women**) *(skilled manually)* artigiana f.; *(skilled artistically)* artista f.

craft union /ˈkrɑːftˌjuːnɪən, AE ˈkræft-/ n. sindacato m. di categoria.

craftwork /ˈkrɑːftwɜːk, AE ˈkræft-/ n. artigianato m., lavoro m. artigianale.

crafty /ˈkrɑːftɪ, AE ˈkræftɪ/ agg. astuto, furbo; ***it was ~ of you to do it*** è stato astuto da parte tua farlo.

crag /kræg/ n. dirupo m., roccia f. scoscesa.

cragged /ˈkrægɪd/ agg. dirupato, scosceso.

craggy /ˈkrægɪ/ agg. **1** [*coastline, mountain*] scosceso, dirupato **2** [*face*] dai lineamenti duri; [*features*] marcato.

cragsman /ˈkrægzmən/ n. (pl. **-men**) rocciatore m.

Craig /kreɪg/ n.pr. Craig (nome di uomo).

1.crake /kreɪk/ n. → **corncrake**.

2.crake /kreɪk/ intr. gracchiare.

1.cram /kræm/ n. **1** *(act or condition of cramming)* (lo) stipare, (l')ammassare **2** *(crush)* calca f., folla f.

2.cram /kræm/ **I** tr. (forma in -ing ecc. **-mm-**) **1** *(pack)* ***to ~ sth. into*** stipare *o* ammassare qcs. in [*case, bag, drawer, car*]; ***to ~ sb. into*** ammassare qcn. in [*room, vehicle*]; ***to ~ sth. into one's mouth*** riempirsi la bocca di qcs.; ***they were 60 people ~med into one room*** c'erano 60 persone accalcate in una sola stanza; ***to ~ a lot into one day*** fare molte cose in un solo giorno; ***to ~ three meetings***

into a morning concentrare tre incontri in una mattinata **2** *(fill)* riempire, inzeppare [*room, car*] (**with** di); ***to be ~med full of furniture*** essere pieno zeppo di mobili **II** intr. (forma in -ing ecc. **-mm-**) **1** *(pack)* ***to ~ into*** stiparsi *o* ammassarsi in [*bus, car, room*] **2** SCOL. prepararsi affrettatamente, fare una sgobbata (**for** per) **III** rifl. (forma in -ing ecc. **-mm-**) ***to ~ oneself with*** rimpinzarsi, ingozzarsi di [*sweets, chips*].

crambo /ˈkræmbəʊ/ n. gioco m. delle rime obbligate.

▷ **crammed** /kræmd/ **I** p.pass. → **2.cram II** agg. [*room, closet*] pieno zeppo, stracolmo; [*timetable*] pieno, fitto.

crammer /ˈkræmə(r)/ n. BE COLLOQ. *(school)* = istituto privato per il recupero di anni scolastici.

1.cramp /kræmp/ n. *(pain)* crampo m.; ***to have ~*** BE o ***to have a ~*** AE avere un crampo; ***a ~ in one's foot, leg*** un crampo al piede, alla gamba; ***stomach ~s*** crampi allo stomaco; ***writer's ~*** crampo degli scrivani.

2.cramp /kræmp/ tr. bloccare, paralizzare [*progress, development*] ◆ ***to ~ sb.'s style*** COLLOQ. soffocare qcn. *o* stare addosso a qcn.

3.cramp /kræmp/ n. **1** EDIL. (anche **~ iron**) grappa f. **2** → **1.clamp**.

4.cramp /kræmp/ tr. **1** *(fasten with a cramp)* stringere con un morsetto **2** EDIL. *(hold with a cramp)* bloccare con una grappa.

cramped /kræmpt/ **I** p.pass. → **2.cramp II** agg. **1** [*cell, house, office*] angusto, stretto; ***~ conditions*** mancanza di spazio; ***to be ~ for space*** avere uno spazio limitato; ***we're very ~ in here*** stiamo molto stretti qui **2** [*handwriting*] illeggibile, indecifrabile.

cramp fish /ˈkræmpfɪʃ/ n. (pl. **cramp fish, cramp fishes**) ZOOL. torpedine f.

crampon /ˈkræmpən/ n. SPORT rampone m.

cranage /ˈkreɪnɪdʒ/ n. COMM. diritti m.pl. per l'uso di gru.

cranberry /ˈkrænbərɪ, AE -berɪ/ n. BOT. mirtillo m. rosso.

cranberry jelly /ˌkrænbərɪˈdʒelɪ, AE -berɪ-/ n. gelatina f. di mirtilli rossi.

cranberry sauce /ˈkrænbərɪˌsɔːs, AE -berɪ-/ n. salsa f. di mirtilli rossi.

▷ **1.crane** /kreɪn/ n. ING. CINEM. ZOOL. gru f.

2.crane /kreɪn/ tr. ***to ~ one's neck*** allungare il collo.

■ **crane forward** sporgersi in avanti.

crane driver /ˈkreɪnˌdraɪvə(r)/ ♦ ***27*** n. gruista m. e f.

crane fly /ˈkreɪnflaɪ/ n. tipula f.

crane operator /ˈkreɪnˌɒpəreɪtə(r)/ ♦ ***27*** n. gruista m. e f.

cranesbill /ˈkreɪnzbɪl/ n. geranio m. dei boschi.

crania /ˈkreɪnɪə/ → **cranium**.

cranial /ˈkreɪnɪəl/ agg. ANAT. cranico.

cranial index /ˌkreɪnɪəlˈɪndeks/ n. indice m. cranico.

cranial nerve /ˌkreɪnɪəlˈnɜːv/ n. nervo m. cranico.

craniectomy /ˌkrænɪˈektəmɪ/ n. craniectomia f.

craniography /ˌkrænɪˈɒgrəfɪ/ n. craniografia f.

craniologist /ˌkreɪnɪˈɒlədʒɪst/ n. craniologo m. (-a).

craniology /ˌkreɪnɪˈɒlədʒɪ/ n. craniologia f.

craniometry /ˌkreɪnɪˈɒmɪtrɪ/ n. craniometria f., cefalometria f.

cranioscopy /ˌkrænɪˈɒskəpɪ/ n. cranioscopia f.

craniotomy /ˌkrænɪˈɒtəmɪ/ n. craniotomia f.

cranium /ˈkreɪnɪəm/ n. (pl. **~s, -ia**) cranio m., scatola f. cranica.

1.crank /kræŋk/ n. **1** COLLOQ. SPREG. *(freak)* fanatico m. (-a), fissato m. (-a); ***a health-food ~*** un maniaco del cibo naturale **2** TECN. manovella f. **3** AE COLLOQ. *(grouch)* persona f. scorbutica, acida.

2.crank /kræŋk/ tr. avviare con la manovella [*car, engine*]; caricare con la manovella [*gramophone*].

■ **crank out:** ~ ***out [sth.]***, ~ ***[sth.] out*** produrre [*essay, novel, film*].

■ **crank up:** ~ ***up [sth.]***, ~ ***[sth.] up*** avviare con la manovella; COLLOQ. *(increase)* alzare [*volume, heating*]; ~ ***it up!*** AE COLLOQ. *(pump up)* metti a palla! *(get a move on)* muoviti! datti una mossa!

3.crank /kræŋk/ agg. ANT. [*sailing vessel*] instabile, che si capovolge facilmente.

crankcase /ˈkræŋkˌkeɪs/ n. carter m., basamento m. del motore.

crank gear /ˈkræŋkgɪə(r)/ n. manovellismo m.

crankiness /kræŋkɪnɪs/ n. **1** *(grumpiness)* irritabilità f. **2** *(eccentricity)* eccentricità f.

1.crankle /ˈkræŋkl/ n. curva f., zig zag m.

2.crankle /ˈkræŋkl/ **I** tr. RAR. *(cause to follow a zigzag course)* fare curvare, fare procedere a zig zag **II** intr. *(bend in and out)* curvarsi, procedere a zig zag.

crank pin /ˈkræŋkpɪn/ n. pernone m. di manovella, perno m. di biella.

crankshaft /ˈkræŋkʃɑːft/ n. albero m. a gomiti, a manovella.

crankshaft bearing /ˈkræŋkʃɑːftˌbeərɪŋ/ n. perno m. di banco.

cranky /ˈkræŋkɪ/ agg. COLLOQ. **1** *(grumpy)* irritabile **2** *(eccentric)* eccentrico, strambo **3** [*machine*] scassato.

crannied /ˈkrænɪd/ agg. [*earth*] pieno di fessure, crepe.

cranny /ˈkrænɪ/ n. crepa f., fessura f. ◆ ***every nook and ~*** in lungo e in largo, dappertutto.

1.crap /kræp/ **I** n. POP. **U 1** *(nonsense)* stronzate f.pl., merdate f.pl.; ***to talk a load of ~*** raccontare un sacco di stronzate **2** *(of film, book, food etc.)* schifo m., merda f.; ***this film is ~!*** questo film è uno schifo! **3** *(faeces)* merda f.; ***to have a ~*** cacare **II** agg. POP. di merda, schifoso; ***to be ~ at chemistry*** fare schifo *o* fare cacare in chimica.

2.crap /kræp/ **I** tr. (forma in -ing ecc. **-pp-**) AE raccontare stronzate (**to** a) **II** intr. (forma in -ing ecc. **-pp-**) cacare.

1.crape /kreɪp/ n. = nastro nero indossato come segno di lutto.

2.crape /kreɪp/ tr. **1** arricciare [*hair*] **2** RAR. *(cover with crape)* abbrunare.

craped /kreɪpt/ **I** p.pass. → **2.crape II** agg. [*hair*] crespo, riccio.

crapehanger → **crepehanger**.

crappy /ˈkræpɪ/ agg. POP. schifoso, di merda.

craps /kræps/ ♦ ***10*** n. = gioco d'azzardo con i dadi; ***to shoot ~*** giocare ai dadi.

crapulence /ˈkræpjʊləns/ n. crapula f., gozzoviglia f.

crapulent /ˈkrepjʊlənt/, **crapulous** /ˈkræpjʊləs/ agg. FORM. **1** *(given to drink)* dedito al bere **2** *(drunk)* ubriaco.

crases /ˈkreɪsɪz/ → **crasis.**

▶ **1.crash** /kræʃ/ n. **1** *(noise)* fracasso m., fragore m.; ***the ~ of thunder*** lo scoppio del tuono; ***a ~ of breaking glass*** un fracasso di vetri rotti; ***to hit the ground with a ~*** cadere a terra con uno schianto **2** AUT. AER. FERR. *(accident)* incidente m.; ***car ~*** incidente d'auto; ***train, air ~*** disastro ferroviario, aereo; ***to have a ~*** avere un incidente **3** ECON. *(of stock market)* crac m., crollo m.; *(of company)* fallimento f. (**of** di).

▶ **2.crash** /kræʃ/ **I** tr. **1** *(involve in accident)* ***he ~ed the car*** ha avuto un incidente con l'auto; ***to ~ a car into a bus*** schiantarsi con l'auto contro un autobus; ***he's ~ed the car twice already*** ha già distrutto l'auto due volte **2** COLLOQ. *(gatecrash)* ***to ~ a party*** imbucarsi a una festa senza invito **II** intr. **1** *(have accident)* [*car, plane*] schiantarsi; *(collide)* [*vehicles, planes*] scontrarsi, urtarsi; ***to ~ into sth.*** andare a sbattere *o* schiantarsi contro qcs.; ***I thought we were going to ~*** AUT. credevo che avremmo avuto un incidente; AER. credevo che saremmo precipitati **2** ECON. [*firm, company*] fallire, fare fallimento; [*share prices*] crollare **3** *(move loudly)* ***I could hear him ~ing around downstairs*** lo sentivo mentre faceva rumore al piano di sotto; ***the shells ~ed all around me*** le granate mi esplodevano tutt'intorno; ***to ~ through the undergrowth*** muoversi rumorosamente nel sottobosco **4** *(fall)* ***to ~ to the ground*** [*cup, tray, picture*] cadere a terra; [*tree*] abbattersi al suolo **5** COLLOQ. INFORM. [*computer, system*] piantarsi, bloccarsi **6** COLLOQ. *(go to sleep)* → **crash out**.

■ **crash out** COLLOQ. *(go to sleep)* sistemarsi per la notte; *(collapse)* crollare.

crash barrier /ˈkræʃˌbærɪə(r)/ n. **1** *(on road)* guardrail m., barriera f. di sicurezza **2** *(for crowd control)* transenna f.

crash course /ˈkræʃˌkɔːs/ n. corso m. intensivo; ***to take a ~ in Latin*** fare un corso intensivo di latino.

crash diet /ˈkræʃˌdaɪət/ n. dieta f. ferrea.

crash dive /ˈkræʃˌdaɪv/ n. *(of a submarine)* immersione f. rapida.

crash helmet /ˈkræʃˌhelmɪt/ n. casco m.

crashing /ˈkræʃɪŋ/ agg. COLLOQ. ANT. ***to be a ~ bore*** [*person*] essere una noia mortale; [*event*] essere terribilmente noioso.

crash-land /ˌkræʃˈlænd/ **I** tr. ***to ~ a plane*** far fare un atterraggio di fortuna a un aereo **II** intr. fare un atterraggio di fortuna.

crash landing /ˌkræʃˈlændɪŋ/ n. atterraggio m. di fortuna.

crash pad /ˈkræʃˌpæd/ n. AE COLLOQ. = luogo in cui dormire o vivere in situazioni di emergenza.

crash-proof /ˈkræʃpruːf/ agg. a prova d'urto.

1.crash-test /kræʃˈtest/ n. crash test m.

2.crash-test /kræʃˈtest/ tr. sottoporre a crash test.

crash-test dummy /ˌkræʃtestˈdʌmɪ/ n. manichino m. per i crash test.

crasis /ˈkreɪsɪs/ n. (pl. **-es**) LING. crasi f.

crass /kræs/ agg. crasso, grossolano; ***~ ignorance*** crassa ignoranza.

crassitude /ˈkræsɪtjuːd/ n. **1** ANT. *(thickness)* grossezza f., consistenza f. **2** *(gross stupidity)* stupidità f. grossolana, ignoranza f.

crassly /ˈkræslɪ/ avv. [*say, ask*] in modo grossolano; [*insensitive*] rozzamente, grossolanamente.

cratch /krætʃ/ n. *(rack)* mangiatoia f., rastrelliera f.

▶ **1.crate** /kreɪt/ n. **1** *(for bottles, china, fruit, vegetables)* cassa f., cassetta f. **2** COLLOQ. *(car)* carretta f., macinino m.; *(plane)* aereo m.

2.crate /kreɪt/ tr. mettere in casse, imballare [*bottles*]; mettere in cestini [*fruit*].

crater /ˈkreɪtə(r)/ n. **1** ASTR. GEOL. cratere m. **2** *(caused by explosion)* cavità f., cratere m.

craton /ˈkreɪtɒn/ n. cratone m.

cravat /krəˈvæt/ n. fazzoletto m. da collo.

cravatted /krəˈvætɪd/ agg. [*man*] che indossa un fazzoletto da collo.

crave /kreɪv/ tr. **1** (anche ~ **for**) avere disperato bisogno di [*drug*]; bramare, desiderare ardentemente [*affection, change, fame*]; [*pregnant woman*] avere voglia di [*food*] **2** FORM. implorare, chiedere [*pardon, mercy*]; chiedere con insistenza [*attention, permission*].

craven /ˈkreɪvn/ agg. FORM. vile, codardo.

cravenness /ˈkreɪvnnɪs/ n. RAR. viltà f., codardia f.

craving /ˈkreɪvɪŋ/ n. *(for drug)* bisogno m. disperato (**for** di); *(for fame, love, freedom)* brama f., desiderio m. (**for** di); *(for food)* voglia f. (**for** di).

craw /krɔː/ n. **1** *(crop of bird, insect)* gozzo m. **2** *(stomach of animal)* stomaco m. ◆ ***it sticks in my ~*** non mi va giù *o* mi rimane sul gozzo.

1.crawfish /ˈkrɔːfɪʃ/ n. (pl. ~, **~es**) → **crayfish**.

2.crawfish /ˈkrɔːfɪʃ/ intr. AE COLLOQ. fare marcia indietro.

1.crawl /krɔːl/ n. **1** SPORT stile m. libero, crawl m.; ***to do*** o ***swim the ~*** nuotare a stile libero **2** *(slow pace)* ***at a ~*** a passo lento; ***to slow*** o ***be reduced to a ~*** [*vehicle*] procedere a passo d'uomo; [*growth*] rallentare; [*output*] essere ridotto al minimo.

▷ **2.crawl** /krɔːl/ intr. **1** [*insect, snake, person*] strisciare; ***to ~ in, out*** entrare, uscire strisciando; ***to ~ out from under sth.*** strisciare fuori da sotto qcs.; ***to ~ into bed*** trascinarsi a letto; ***to ~ to the door*** trascinarsi fino alla porta; ***to ~ into a hole*** strisciare dentro un buco **2** *(on all fours)* camminare carponi *o* gattoni; ***she can ~ now*** *(baby)* ora riesce a camminare carponi **3** *(move slowly)* [*vehicle*] procedere lentamente; ***to ~ along*** avanzare a passo d'uomo; ***to ~ in*** entrare lentamente; ***to ~ down, up sth.*** scendere da qcs., salire su qcs. lentamente **4** *(pass slowly)* [*time, days*] trascinarsi **5** COLLOQ. *(seethe)* ***to be ~ing with*** brulicare di [*insects, tourists, reporters*] **6** COLLOQ. *(flatter, creep)* fare il leccapiedi (**to** a); ***don't come ~ing to me*** è inutile che tu venga da me strisciando ◆ ***to make sb.'s skin, flesh ~*** fare venire la pelle d'oca a qcn.

3.crawl /krɔːl/ n. vivaio m. subacqueo.

crawler /ˈkrɔːlə(r)/ n. **1** BE COLLOQ. *(person)* leccapiedi m. e f. **2** *(slow vehicle)* lumaca f. **3** AE COLLOQ. *(earthworm)* lombrico m.

crawler lane /ˈkrɔːləˌleɪn/ n. BE corsia f. per veicoli lenti.

crawl space /ˈkrɔːlˌspeɪs/ n. ING. *(under house)* vespaio m. aerato; *(under large building)* passo m. d'uomo.

crawly /ˈkrɔːlɪ/ agg. = che provoca la sensazione di avere degli insetti che strisciano sulla pelle.

crayfish /ˈkreɪfɪʃ/ n. (pl. ~, **~es**) **1** *(freshwater)* gambero m. d'acqua dolce **2** *(spiny lobster)* aragosta f.

1.crayon /ˈkreɪən/ n. **1** (anche **wax** ~) pastello m. (a cera); ***in ~s*** a pastello **2** (anche **pencil** ~) matita f. colorata, pastello m.

2.crayon /ˈkreɪən/ tr. disegnare, colorare (con pastelli o matite); ***to ~ sth. red*** colorare qcs. di rosso.

1.craze /kreɪz/ n. mania f., moda f.; ***the ~ for sports cars*** o ***the sports car ~*** la mania delle auto sportive; ***to be the latest ~*** essere l'ultima moda; ***it's just a ~*** è solo una moda.

2.craze /kreɪz/ **I** tr. *(make insane)* fare impazzire **II** intr. (anche ~ **over**) [*china, glaze*] screpolarsi; [*glass*] creparsi.

crazed /kreɪzd/ **I** p.pass. → **2.craze II** agg. **1** *(mad)* [*animal, person*] pazzo, impazzito; ***power~*** inebriato dal potere, ebbro di potere **2** *(cracked)* [*china, glaze, varnish*] screpolato; [*glass*] crepato.

crazily /ˈkreɪzɪlɪ/ avv. **1** *(madly)* [*act*] follemente; [*drive, run, shout*] come un matto **2** *(at an angle)* [*lean, tilt*] pericolosamente, in modo instabile.

craziness /ˈkreɪzɪnɪs/ n. pazzia f., follia f.

▷ **crazy** /ˈkreɪzɪ/ agg. COLLOQ. **1** *(insane)* [*person*] matto, pazzo; [*scheme, behaviour, idea*] folle, insensato; ***to go ~*** impazzire *o* perdere la testa; ***he, it would be ~ to do*** sarebbe pazzo se facesse, sarebbe folle fare; ***~ with*** pazzo di *o* impazzito da [*grief*]; sconvolto da [*worry*]; ***you must be ~!*** devi essere pazzo! **2** *(infatuated)* ***to be ~ about*** essere pazzo di *o* stravedere per [*person*]; andare matto per *o* essere maniaco di [*activity*] **3** *(startling)* [*height, price, speed*] pazzesco; ***to be at a ~ angle*** essere pericolante *o* instabile **4** AE COLLOQ. *(excellent)* meraviglioso, favoloso **5** COLLOQ. **like crazy** [*shout, laugh, run*] come un matto; ***they used to fight like ~*** erano soliti combattere come dei pazzi.

crazy bone /ˈkreɪzɪˌbəʊn/ n. AE → **funny bone**.

crazy golf /ˌkreɪzɪˈɡɒlf/ ♦ ***10*** n. BE minigolf m.

crazy golf course /ˌkreɪzɪˈɡɒlfˌkɔːs/ n. BE campo m., percorso m. di minigolf.

crazy paving /ˌkreɪzɪˈpeɪvɪŋ/ n. BE pavimentazione f. irregolare.

crazy quilt /ˌkreɪzɪˈkwɪlt/ n. AE SART. trapunta f. patchwork; FIG. insieme m. raffazzonato, rabberciato.

CRC n. (⇒ camera-ready copy) = copia pronta per la fotoincisione.

CRE n. GB (⇒ Commission for Racial Equality) = commissione per l'eguaglianza razziale.

1.creak /kriːk/ n. *(of hinge, gate, door)* cigolio m.; *(of wood, leather, floorboard, bone)* scricchiolio m.

2.creak /kriːk/ intr. **1** [*hinge, gate, door*] cigolare; [*floorboard, bone, joint*] scricchiolare; [*leather*] stridere **2** FIG. [*regime, organization*] scricchiolare, traballare; ***the door ~ed open*** la porta si aprì cigolando.

creaking /ˈkriːkɪŋ/ **I** n. → **1.creak II** agg. attrib. **1** [*hinge, gate, door*] cigolante; [*chair, floorboard, bone*] che scricchiola; [*leather*] che stride **2** FIG. [*regime, structure*] che scricchiola, che si incrina.

creaky /ˈkriːkɪ/ agg. **1** [*door, hinge*] cigolante; [*leather*] che stride; [*joint, bone, floorboard*] che scricchiola **2** FIG. [*alibi, policy*] traballante.

▷ **1.cream** /kriːm/ ♦ **5 I** n. **1** *(dairy product)* crema f., panna f.; ***strawberries and ~*** fragole con panna **2** FIG. ***the ~ of*** la crema di [*students, graduates etc.*]; ***the ~ of society*** FIG. la crema *o* il fior fiore della società **3** COSMET. crema f.; ***sun ~*** crema solare **4** *(soup)* ***~ of*** crema di [*mushroom, asparagus*] **5** *(chocolate)* cioccolatino m. ripieno; *(biscuit)* biscotto m. farcito; ***orange ~*** = cioccolatino ripieno o biscotto farcito all'arancia **6** *(colour)* colore m. crema **7** *(polish)* crema f., lucido m.; ***shoe ~*** lucido da scarpe **II** modif. GASTR. [*cake, bun*] alla crema, alla panna **III** agg. *(colour)* (color) crema ◆ ***to look like the cat that's got the ~*** essere molto soddisfatto.

2.cream /kriːm/ **I** tr. **1** GASTR. amalgamare, mescolare; ***~ the butter and sugar*** amalgamare il burro e lo zucchero **2** *(skim)* scremare [*milk*] **3** AE COLLOQ. *(thrash)* stracciare [*opponents*] **II** intr. AE VOLG. *(climax)* godere; *(become excited)* [*woman*] eccitarsi.

▪ **cream off:** ***~ off [sth.], ~ [sth.] off*** scremare, selezionare [*best pupils, profits*]; *(illegally)* intascare [*funds, profits*].

cream cheese /ˌkriːmˈtʃiːz/ n. formaggio m. cremoso.

cream cleaner /ˌkriːmˈkliːnə(r)/ n. detersivo m. liquido.

cream cracker /ˌkriːmˈkrækə(r)/ n. BE = biscotto croccante non zuccherato.

creamed /kriːmd/ **I** p.pass. → **2.cream II** agg. ***~ potatoes*** purè di patate.

creamer /ˈkriːmə(r)/ n. **1** *(for separating cream)* scrematrice f. **2** AE *(jug)* bricchetto m. per la panna **3** *(coffee whitener)* = succedaneo della panna o del latte con cui diluire il caffè.

creamery /ˈkriːmərɪ/ n. **1** *(dairy, factory)* caseificio m. **2** *(shop)* latteria f.

creaminess /ˈkriːmɪnɪs/ n. **1** *(the quality of being creamy)* cremosità f. **2** *(softness)* morbidezza f.

cream jug /ˌkriːmˈdʒʌɡ/ n. BE bricco m. per la panna.

cream of tartar /ˌkriːməvˈtɑːtə(r)/ n. cremore m. di tartaro, cremortartaro m.

cream pitcher /ˌkriːmˈpɪtʃə(r)/ n. AE bricchetto m. per la panna.

cream puff /ˌkriːmˈpʌf/ n. **1** GASTR. bignè m. alla crema **2** AE COLLOQ. *(weakling)* smidollato m. (-a) **3** AE COLLOQ. SPREG. *(homosexual)* checca f. **4** AE COLLOQ. *(secondhand bargain)* affarone m., occasione f.

cream separator /ˌkriːmˈsepəreɪtə(r)/ n. scrematrice f.

cream soda /ˌkriːmˈsəʊdə/ n. = bevanda a base di selz aromatizzato alla vaniglia.

cream tea /ˌkriːmˈtiː/ n. BE = tè servito con pane o focaccine, marmellata e panna.

creamy /ˈkriːmɪ/ agg. [*texture, taste*] cremoso; [*colour*] crema; ***to have a ~ complexion*** avere la carnagione chiara.

1.crease /kriːs/ n. **1** *(in cloth, paper) (regular)* piega f.; *(irregular: with iron)* falsa piega f., grinza f.; ***to put a ~ in a pair of trousers*** fare la piega a un paio di pantaloni **2** *(in face)* grinza f.; *(in palm)* linea f. **3** SPORT *(in cricket)* = linea che indica la posizione del battitore o del lanciatore; ***to be at the ~*** essere *o* fare il battitore.

2.crease /kriːs/ **I** tr. *(crumple)* sgualcire, spiegazzare [*paper, cloth*] **II** intr. **1** [*cloth*] sgualcirsi, spiegazzarsi **2** [*face*] corrugarsi, raggrinzarsi.

▪ **crease up** COLLOQ. ***~ up*** *(in amusement)* morire dal ridere, piegarsi; ***~ [sb.] up*** fare morire dal ridere, fare piegare.

creased /kriːst/ **I** p.pass. → **2.crease II** agg. [*cloth, paper*] sgualcito, spiegazzato; [*face, brow*] corrugato, grinzoso.

crease-resistant /'kri:sˌrɪsɪstənt/ agg. [*fabric*] ingualcibile, antipiega.
creasy /'kri:sɪ/ agg. pieno di pieghe.
▶ **create** /kri:'eɪt/ **I** tr. **1** *(make)* creare [*character, product, precedent, job, system, work of art*]; lanciare [*fashion*] **2** *(cause)* provocare, causare [*disorder, crisis, repercussion*]; suscitare [*interest, scandal*]; causare, cagionare [*problem*]; ***to ~ a good, bad impression*** dare una buona, cattiva impressione **3** *(appoint)* nominare, eleggere **II** intr. BE COLLOQ. fare storie, lagnarsi.
creatine /'kri:ətɪn/ n. creatina f.
creatinine /'kri:ætɪni:n/ n. creatinina f.
creation /kri:'eɪʃn/ n. *(all contexts)* creazione f.; ***job, wealth ~*** creazione di posti di lavoro, di ricchezza; ***her latest ~*** la sua ultima creazione; ***the Creation*** la Creazione.
creationism /kri:'eɪʃənɪzəm/ n. creazionismo m.
creationist /kri:'eɪʃnɪst/ n. creazionista m. e f.
creative /kri:'eɪtɪv/ agg. **1** *(inventive)* [*person, solution, cookery, use*] creativo, inventivo, fantasioso **2** *(which creates)* [*process, act, energy, imagination*] creativo, creatore.
creative accountancy /kri:ˌeɪtɪvə'kaʊntənsɪ/, **creative accounting** /kri:ˌeɪtɪvə'kaʊntɪŋ/ n. manipolazioni f.pl., falsificazioni f.pl. dei conti.
creatively /kri:'eɪtɪvlɪ/ avv. in modo creativo.
creativeness /kri:'eɪtɪvnɪs/ n. → **creativity**.
creative writing /kri:ˌeɪtɪv'raɪtɪŋ/ n. *(school subject)* scrittura f. creativa; *(general)* creazione f. letteraria.
▷ **creativity** /ˌkri:eɪ'tɪvətɪ/ n. creatività f.
▷ **creator** /kri:'eɪtə(r)/ n. creatore m. (-trice) (**of** di); ***the Creator*** il Creatore.
creatress /kri:'eɪtrɪs/ n. RAR. creatrice f.
▷ **creature** /'kri:tʃə(r)/ n. **1** *(living being)* creatura f., essere m. vivente; ***sea, water ~*** animale marino, acquatico; ***~ from outer space*** creatura extraterrestre **2** ANT. *(person)* ***charming ~*** creatura affascinante; ***(the) poor ~!*** (la) povera creatura! **3** LETT. *(creation)* ***a ~ of his times*** un figlio del suo tempo; ***to be sb.'s ~*** SPREG. essere la creatura di qcn.
creature comforts /ˌkri:tʃə'kʌmfəts/ n.pl. comodità f. materiali; ***to like one's ~*** essere attaccato alle proprie comodità.
creaturely /'kri:tʃəlɪ/ agg. RAR. *(human)* umano; *(of creatures)* delle creature.
crèche /kreʃ, kreɪʃ/ n. **1** BE *(nursery)* asilo m. nido; *(in hotel, shop etc.)* baby-parking m.; ***workplace ~*** o ***company ~*** asilo aziendale **2** *(Christmas crib)* presepio m.
cred /kred/ n. COLLOQ. **1** (accorc. credibility) credibilità f. **2** → **street cred**.
credence /'kri:dns/ n. FORM. credito m., fiducia f.; ***to give ~ to sth.*** *(believe)* prestare fede a qcs.; *(make believable)* dare credito a qcs.; ***to lend ~ to sth.*** prestare fiducia a qcs.; ***to gain ~*** acquistare credito; ***letters of ~*** POL. AMM. lettere credenziali.
▷ **credentials** /krɪ'denʃlz/ n.pl. **1** *(qualifications)* credenziali f.; ***to establish one's ~ as a writer*** affermarsi come scrittore **2** lettera f.sing., documento m.sing. di presentazione; *(of ambassador)* lettere f. credenziali.
▷ **credibility** /ˌkredə'bɪlətɪ/ n. credibilità f. (**as** come); ***to retain, lose one's ~*** mantenere, perdere la propria credibilità.
credibility gap /ˌkredə'bɪlətɪgæp/ n. = divario fra le apparenze e l'effettiva realtà dei fatti.
▷ **credible** /'kredəbl/ agg. *(all contexts)* credibile.
▶ **1.credit** /'kredɪt/ **I** n. **1** *(approval)* merito m., onore m. (**for** di); ***to get the ~ for sth., for doing*** vedersi riconosciuto il merito di qcs., di aver fatto; ***to give sb. (the) ~ for sth., for doing*** riconoscere a qcn. il merito di qcs., di aver fatto; ***to take the ~ for sth., for doing*** prendersi il merito di qcs., di aver fatto; ***to be a ~ to sb., sth.*** fare onore a qcn., qcs.; ***to do sb. ~*** o ***to do ~ to sb.*** fare onore a qcn.; ***it is to your ~ that*** va a tuo merito che; ***to her ~, she admitted her mistake*** torna a suo merito avere ammesso il suo errore; ***she has two medals to her ~*** ha due medaglie al suo attivo; ***he is more intelligent than he is given ~ for*** è più intelligente di quanto gli si riconosca; ***~ where ~ is due, they have managed to score 20 points*** onore al merito, sono riusciti a totalizzare 20 punti **2** *(credence)* credito m.; ***to gain ~*** acquistare credito; ***to place ~ in sth.*** dare credito o prestare fede a qcs. **3** COMM. ECON. *(borrowing)* credito m.; ***to buy sth. on ~*** comprare qcs. a credito; ***to live on ~*** vivere di credito; ***to give sb. ~*** fare credito a qcn.; ***her ~ is good*** ha un buon fido *o* gode di un buon fido **4** ECON. *(positive balance)* credito m., attivo m.; ***to be in ~*** essere in attivo; ***to be £ 25 in ~*** essere in credito di 25 sterline **5** AE UNIV. credito m. **II credits** n.pl. **1** CINEM. TELEV. *(at the beginning)* titoli m. di testa; *(at the end)* titoli m. di coda; ***to roll the ~s*** fare scorrere i titoli di testa o di coda **2** *(of CD, website)* credits m.pl.
2.credit /'kredɪt/ tr. **1** *(attribute)* ***to ~ sb. with*** attribuire a qcn. [*discovery, power, achievement*]; ***to ~ sb. with intelligence, honesty*** ritenere che qcn. sia intelligente, onesto; ***to ~ sb. with doing*** riconoscere a qcn. di aver fatto *o* attribuire a qcn. il merito di aver fatto **2** ECON. ***they ~ed his account with £ 300*** gli accreditarono sul conto (la somma di) 300 sterline; ***to ~ sth. to an account*** accreditare qcs. su un conto **3** *(believe)* credere, prestare fede a [*story, assertion*]; ***would you ~ it!*** l'avresti mai creduto?
creditable /'kredɪtəbl/ agg. *(all contexts)* meritevole di lode, onorevole.
creditably /'kredɪtəblɪ/ avv. in modo onorevole, lodevole.
credit account /'kredɪtəˌkaʊnt/ n. COMM. ECON. conto m. di credito.
credit agency /'kredɪtˌeɪdʒənsɪ/ n. COMM. ECON. agenzia f. di informazioni commerciali.
credit arrangements /'kredɪtəˌreɪndʒmənts/ n.pl. ECON. modalità m.sing. di credito.
credit balance /'kredɪtˌbæləns/ n. AMM. saldo m. a credito, attivo.
credit broker /'kredɪtˌbrəʊkə(r)/ ➧ **27** n. ECON. mediatore m. di credito.
credit bureau /'kredɪtˌbjʊərəʊ, AE -bjʊəˌrəʊ/ n. (pl. **credit bureaus, credit bureaux**) AE COMM. ECON. → **credit agency**.
▷ **credit card** /'kredɪtˌkɑ:d/ n. COMM. ECON. carta f. di credito.
credit control /'kredɪtkənˌtrəʊl/ n. controllo m. del credito.
credit entry /'kredɪtˌentrɪ/ n. registrazione f. di accreditamento.
credit facilities /'kredɪtfəˌsɪlətɪz/ n.pl. facilitazioni f. creditizie.
credit freeze /'kredɪtˌfri:z/ n. ECON. stretta f. creditizia.
credit hour /'kredɪtˌaʊə(r)/ n. AE UNIV. = ciascuna delle ore di un corso universitario in quanto entra a fare parte del monte ore necessario al conseguimento della laurea.
credit limit /'kredɪtˌlɪmɪt/ n. ECON. limite m. di fido, di credito.
credit line /'kredɪtˌlaɪn/ n. **1** CINEM. TELEV. ringraziamenti m.pl. **2** ECON. castelletto m., linea f. di credito.
credit money /'kredɪtˌmʌnɪ/ n. moneta f. a circolazione fiduciaria.
credit note /'kredɪtˌnəʊt/ n. COMM. nota f. di accredito.
▷ **creditor** /'kredɪtə(r)/ n. COMM. ECON. creditore m. (-trice).
credit rating /'kredɪtˌreɪtɪŋ/ n. ECON. posizione f. finanziaria, creditizia.
credit reference agency /'kredɪtrefərənsˌeɪdʒənsɪ/ n. agenzia f. di informazioni commerciali.
credit sale /'kredɪtˌseɪl/ n. COMM. vendita f. a credito.
credit side /'kredɪtˌsaɪd/ n. **1** AMM. attivo m., sezione f. avere **2** FIG. lato m. positivo; ***on the ~...*** considerando il lato positivo...
credit squeeze /'kredɪtˌskwi:z/ n. ECON. stretta f. creditizia.
credit standing /'kredɪtˌstændɪŋ/, **credit status** /'kredɪtˌsteɪtəs/ n. ECON. posizione f. finanziaria, creditizia.
credit terms /'kredɪtˌtɜ:mz/ n.pl. COMM. ECON. condizioni f. di credito.
credit transfer /'kredɪtˌtrænsfɜ:(r)/ n. ECON. bonifico m.
credit union /'kredɪtˌju:nɪən/ n. ECON. cooperativa f. di credito.
creditworthiness /'kredɪtwɜ:ðɪnɪs/ n. ECON. capacità f. di credito.
creditworthy /'kredɪtwɜ:ðɪ/ agg. ECON. meritevole di credito.
credo /'kreɪdəʊ, 'kri:-/ n. credo m.
credulity /krɪ'dju:lətɪ, AE -'du:-/ n. credulità f.; ***to strain*** o ***stretch sb.'s ~*** approfittare della credulità di qcn.
credulous /'kredjʊləs, AE -dʒə-/ agg. credulo, ingenuo.
credulously /'kredjʊləslɪ, AE -dʒə-/ avv. [*believe, accept*] ingenuamente.
creed /kri:d/ n. **1** *(religious persuasion)* credo m., dottrina f., fede f. **2** *(opinions)* convinzioni f.pl., fede f.; ***political ~*** credo politico **3** RELIG. *(prayer)* Credo m.
creedless /'kri:dlɪs/ agg. senza fede, miscredente.
creek /kri:k, AE *anche* krɪk/ n. **1** BE *(inlet) (from sea)* piccola baia f., cala f.; *(from river)* insenatura f. **2** AE AUSTRAL. *(stream)* ruscello m., torrente m. ◆ ***to be up the ~ (without a paddle)*** COLLOQ. essere nei guai; ***to be up shit ~*** VOLG. essere nella merda.
1.creel /kri:l/ n. nassa f., cesta f. per la pesca.
2.creel /kri:l/ n. TESS. rastrelliera f.
1.creep /kri:p/ n. COLLOQ. **1** BE *(flatterer)* leccapiedi m. e f. **2** *(repellent person)* persona f. ripugnante; ***he's a ~*** è una persona disgustosa ◆ ***to give sb. the ~s*** COLLOQ. fare rabbrividire qcn. *o* fare venire la pelle d'oca a qcn.
▷ **2.creep** /kri:p/ intr. (pass., p.pass. **crept**) **1** *(furtively)* ***to ~ in, out*** entrare, uscire furtivamente; ***to ~ behind, under sth.*** scivolare dietro, sotto qcs. **2** FIG. ***a threatening tone had crept into his voice*** un tono di minaccia si insinuò nella sua voce; ***a blush crept over her face*** il

rossore si insinuò sul suo viso **3** *(slowly)* ***to ~ forward*** o ***along*** [*vehicle*] procedere lentamente **4** [*insect*] strisciare; [*cat*] arrampicarsi **5** [*plant*] arrampicarsi **6** BE COLLOQ. fare il leccapiedi (**to sb.** a qcn.).

▪ **creep along** avanzare strisciando.

▪ **creep away** allontanarsi furtivamente.

▪ **creep down** scendere lentamente.

▪ **creep in 1** [*wrong note, error, influence*] insinuarsi **2** [*feeling, prejudice*] prendere piede, espandersi.

▪ **creep on** avanzare lentamente.

▪ **creep over: *~ over [sb.]*** [*feeling*] impadronirsi.

▪ **creep through: *~ through [sb.]*** insinuarsi in, impadronirsi di; ***~ through [sth.]*** insinuarsi in.

▪ **creep up: *~ up*** [*inflation, debt, unemployment*] salire, aumentare lentamente; ***to ~ up on sb.*** insinuarsi in qcn. *o* impossessarsi di qcn.; FIG. prendere qcn. di sorpresa.

creepage /ˈkriːpɪdʒ/ n. EL. dispersione f.

creeper /ˈkriːpə(r)/ **I** n. **1** *(in jungle)* liana f. **2** *(creeping plant)* pianta f. strisciante; *(climbing plant)* pianta f. rampicante **3** AE TECN. *(wheeled frame)* (anche **floor ~**) carrellino m. **II creepers** n.pl. AE *(babysuit)* tutina f.sing.

creeping /ˈkriːpɪŋ/ agg. **1** [*change, menace, resurgence*] strisciante **2** [*plant*] rampicante, strisciante; [*animal*] strisciante.

creeping buttercup /ˌkriːpɪŋˈbʌtəkʌp/ n. ranuncolo m. strisciante.

▷ **creepy** /ˈkriːpɪ/ agg. COLLOQ. **1** [*film, feeling*] che fa venire la pelle d'oca, che fa rabbrividire **2** [*person*] strisciante, viscido.

creepy-crawly /ˌkriːpɪˈkrɔːlɪ/ n. COLLOQ. insetto m., verme m.

cremate /krɪˈmeɪt/ tr. cremare.

cremation /krɪˈmeɪʃn/ n. cremazione f.

cremator /krɪˈmeɪtə(r)/ n. **1** *(person)* = chi pratica la cremazione **2** BE forno m. crematorio.

crematorium /ˌkreməˈtɔːrɪəm/ n. (pl. **~s, -ia**) BE *(building)* crematorio m.; *(oven)* forno m. crematorio.

crematory /ˈkremətrɪ, AE -tɔːrɪ/ n. AE → **crematorium.**

1.cremona /krɪˈməʊnə/ n. violino m. di Cremona.

2.cremona /krɪˈməʊnə/ n. cromorno m.

crenate(d) /ˈkriːneɪt(ɪd)/ agg. [*leave*] crenato.

crenation /kriːˈneɪʃn/, **crenature** /ˈkrenətʃə(r)/ n. crenatura f.

crenel /ˈkrenl/ n. ARCH. MIL. feritoia f.

crenellate /ˈkrenəleɪt/ tr. merlare, sormontare con merli [*tower*].

crenellated /ˈkrenəleɪtɪd/ **I** p.pass. → **crenellate II** agg. merlato.

crenellation /ˌkrenəˈleɪʃən/ n. ARCH. merlatura f.

Creole /ˈkriːəʊl/ **I** agg. **1** creolo **2** GASTR. alla creola **II** ♦ ***14*** n. **1** *(person)* creolo m. (-a) **2** *(language)* creolo m.

creoline /ˈkriːəlɪn/ n. creolina f.

creosol /ˈkrɪəsəʊl/ n. creosolo m.

1.creosote /ˈkriːəsəʊt/ n. creosoto m.

2.creosote /ˈkriːəsəʊt/ tr. trattare con creosoto.

crepe, crêpe /kreɪp/ **I** n. **1** TESS. crêpe m., crespo m.; ***wool, silk ~*** crespo di lana, seta **2** *(for soles)* (anche **~ rubber**) gomma f. crespata **3** GASTR. crêpe f., frittella f. **II** modif. **1** [*dress*] in crêpe, di crespo **2** [*sole*] in gomma crespata.

crepe bandage /ˈkreɪpˌbændɪdʒ/ n. = fascia elastica per il contenimento di distorsioni.

crepe de Chine /ˌkreɪpdəˈʃiːn/ n. crespo m. di Cina.

crepehanger /ˈkreɪpˌhæŋgə(r)/ n. AE pessimista m. e f.

crepe paper /ˈkreɪpˌpeɪpə(r)/ n. carta f. crespata.

crepitant /ˈkrepɪtənt/ agg. crepitante.

crepitate /ˈkrepɪteɪt/ intr. crepitare.

crepitation /ˌkrepɪˈteɪʃn/ n. **1** MED. crepitazione f. (respiratoria) **2** crepitio m.

crept /krept/ pass., p.pass. → **2.creep.**

crepuscle /ˈkrepəskjuːl/ n. LETT. crepuscolo m.

crepuscular /krɪˈpʌskjʊlə(r)/ agg. crepuscolare.

1.crescendo /krɪˈʃendəʊ/ **I** n. **1** MUS. crescendo m. **2** FIG. ***to reach a ~*** [*campaign*] giungere al momento culminante, più intenso; [*noise, violence, protest*] raggiungere l'apice **II** modif. MUS. ***~ passage*** crescendo **III** avv. MUS. crescendo.

2.crescendo /krɪˈʃendəʊ/ intr. MUS. eseguire un crescendo.

crescent /ˈkresnt/ n. **1** *(shape)* mezzaluna f., oggetto m. a forma di falce **2** RELIG. ***the Crescent*** la mezzaluna, l'Islam **3** = fila di case disposte lungo una strada semicircolare.

crescent moon /ˈkresntˌmuːn/ n. luna f. crescente.

cresol /ˈkriːsəʊl/ n. cresolo m.

cress /kres/ n. BOT. GASTR. crescione m.

cresset /ˈkresɪt/ n. STOR. torcia f., lampione m.

Cressida /ˈkresɪdə/ n.pr. Cressida.

1.crest /krest/ n. **1** cresta f. (anche ZOOL.) **2** ARALD. cimiero m. ♦ ***to be on the ~ of a wave*** essere sulla cresta dell'onda.

2.crest /krest/ **I** tr. raggiungere la cima di [*hill, wave*] **II** intr. AE raggiungere il livello massimo.

crested /ˈkrestɪd/ **I** p.pass. → **2.crest II** agg. **1** [*bird*] fornito di cresta **2** [*stationery*] ornato di stemma, stemmato.

crestfallen /ˈkrestfɔːlən/ agg. abbattuto, mortificato.

cretaceous /krɪˈteɪʃəs/ agg. GEOL. cretaceo; ***the Cretaceous period*** il (periodo) cretaceo.

Cretan /ˈkriːtn/ **I** agg. cretese **II** n. cretese m. e f.

Crete /kriːt/ ♦ ***12*** n.pr. Creta f.; ***in*** o ***on ~*** a Creta.

cretic /ˈkriːtɪk/ n. *(metrical foot)* cretico m.

cretin /ˈkretɪn, AE ˈkriːtn/ n. **1** MED. cretino m. (-a) **2** SPREG. cretino m. (-a), stupido m. (-a).

cretinism /ˈkretɪnɪzəm, AE ˈkriːt-/ n. cretinismo m.

cretinize /ˈkretɪnaɪz/ tr. incretinire.

cretinoid /ˈkretɪnɔɪd/ agg. MED. cretinoide.

cretinous /ˈkretɪnəs, AE ˈkriːt-/ agg. **1** MED. cretino **2** SPREG. cretino, stupido.

cretonne /ˈkretɒn/ n. cretonne m.

Creutzfeld-Jakob disease /ˌkrɔɪtsfeldˈjækɒbdɪˌziːz/ ♦ ***11*** n. MED. morbo m. di Creutzfeld-Jakob.

crevasse /krɪˈvæs/ n. crepaccio m.

crevice /ˈkrevɪs/ n. fessura f., fenditura f.

1.crew /kruː/ n. **1** AER. MAR. equipaggio m. **2** *(in rowing)* equipaggio m. **3** CINEM. RAD. TELEV. troupe f.; FERR. personale m.; ***fire ~*** squadra di pompieri **4** COLLOQ. SPREG. o SCHERZ. *(gang)* combriccola f., banda f.

2.crew /kruː/ **I** tr. MAR. fare parte dell'equipaggio di [*boat*] **II** intr. MAR. ***to ~ for sb.*** essere membro dell'equipaggio di qcn.

3.crew /kruː/ pass. ANT. → **2.crow.**

crewcut /ˈkruːˌkʌt/ n. taglio m. (di capelli) a spazzola.

crewel work /ˈkruːəlwɜːk/ n. ricamo m. in lana (su tela).

crewman /kruːmən/ n. (pl. **-men**) membro m. dell'equipaggio.

crew neck /ˌkruːˈnek/ n. girocollo m.

crew neck sweater /ˈkruːnekˌswetə(r)/ n. maglione m. a girocollo.

1.crib /krɪb/ n. **1** lettino m. (per bambini), culla f. **2** BE *(Nativity)* presepio m. **3** AGR. greppia f. **4** SCOL. UNIV. *(illicit aid)* copiatura f., scopiazzatura f.; *(translation)* traduttore m., bigino m.; *(borrowing)* plagio m. **5** (accorc. cribbage) → **cribbage.**

2.crib /krɪb/ **I** tr. (forma in -ing ecc. **-bb-**) copiare, scopiazzare **II** intr. (forma in -ing ecc. **-bb-**) fare plagi; SCOL. UNIV. copiare, scopiazzare (**from** da).

cribbage /ˈkrɪbɪdʒ/ ♦ ***10*** n. INTRAD. m. (gioco di carte per due, tre o quattro persone).

crib death /ˈkrɪbˌdeθ/ n. AE MED. → **cot death.**

cribriform /ˈkrɪbrɪfɔːm/ agg. [*cell*] cribroso, cribriforme.

1.crick /krɪk/ n. ***a ~ in one's back*** uno spasmo alla schiena; ***a ~ in one's neck*** un torcicollo.

2.crick /krɪk/ tr. ***to ~ one's back*** provocare uno spasmo alla schiena; ***to ~ one's neck*** prendere un torcicollo.

1.cricket /ˈkrɪkɪt/ n. ZOOL. grillo m.

2.cricket /ˈkrɪkɪt/ ♦ ***10*** **I** n. SPORT cricket m. **II** modif. SPORT [*equipment, ground*] da cricket; [*match*] di cricket ♦ ***it's not ~*** ANT. SCHERZ. non è leale.

3.cricket /ˈkrɪkɪt/ intr. RAR. giocare a cricket.

cricketer /ˈkrɪkɪtə(r)/ n. giocatore m. di cricket.

cricoid /ˈkraɪkɔɪd/ **I** n. cricoide f. **II** agg. della cricoide.

crier /ˈkraɪə(r)/ n. **1** STOR. *(officer)* banditore m. **2** *(a person who cries)* piagnone m. (-a) **3** *(a person who cries goods for sale)* venditore m. ambulante.

crikey /ˈkraɪkɪ/ inter. ANT. COLLOQ. perbacco, perdinci.

▶ **crime** /kraɪm/ **I** n. **1** *(offence) (minor)* reato m.; *(serious)* crimine m., delitto m. (**against** contro); ***the ~ of murder, theft*** il reato di omicidio, furto; ***a ~ of violence*** un crimine violento; ***~s against property, the person*** reato *o* delitto contro la proprietà, la persona **2 U** *(criminal activity)* criminalità f.; ***drug ~*** criminalità legata al traffico di droga; ***car ~*** furti d'auto; ***computer ~*** pirateria informatica; ***~ doesn't pay*** il crimine non paga **3** FIG. *(immoral act)* crimine m., vergogna f.; ***it's a ~ to waste food*** è un delitto sprecare il cibo **II** modif. [*fiction, novel, writing*] poliziesco, giallo; [*wave, rate*] di criminalità.

Crimea /kraɪˈmɪə/ ♦ ***24*** n.pr. Crimea f.

Crimean /kraɪˈmɪən/ agg. di Crimea.

crime buster /ˈkraɪmˌbʌstə(r)/ n. COLLOQ. → **crime fighter.**

crime-busting /ˈkraɪmˌbʌstɪŋ/ agg. COLLOQ. → **crime fighting.**

crime correspondent /ˈkraɪmkɒrɪˌspɒndənt, AE -kɔːr-/ ♦ ***27*** n. cronista m. e f. di cronaca nera.

crime desk /ˈkraɪmˌdesk/ n. ufficio m. di polizia criminale.

crime fighter /ˈkraɪmˌfaɪtə(r)/ n. *(police officer)* agente m. e f. della polizia criminale.

crime fighting /ˈkraɪmˌfaɪtɪŋ/ agg. [*body, detective*] anticrimine; [*career, days*] di lotta alla criminalità.
crime figures /ˈkraɪmˌfɪɡəz, AE -ˌfɪɡjərz/ n.pl. statistiche f. relative alla criminalità.
crime of passion /ˌkraɪməvˈpæʃn/ n. delitto m. passionale.
crime prevention /ˈkraɪmprɪˌvenʃn/ **I** n. prevenzione f. del crimine **II** modif. [*campaign, effort, poster*] di lotta contro il crimine.
crime prevention officer /ˈkraɪmprɪˌvenʃnˌɒfɪsə(r), AE -ˌɔːf-/ n. = agente di polizia impegnato nella prevenzione del crimine.
crime squad /ˈkraɪmˌskwɒd/ n. squadra f. anticrimine.
crime writer /ˈkraɪmˌraɪtə(r)/ ♦ *27* n. giallista m. e f., autore m. (-trice) di romanzi polizieschi.
▶ **criminal** /ˈkrɪmɪnl/ **I** n. criminale m. e f. **II** agg. **1** [*activity, behaviour, tendency*] criminale; ***the ~ element in society*** la parte criminale della società; ***~ history*** *(of a person)* precedenti penali **2** FIG. ***it's ~ to do*** è un delitto fare.
criminal act /ˌkrɪmɪnlˈækt/ n. atto m. criminoso, delitto m., crimine m.
criminal assault /ˌkrɪmɪnləˈsɔːlt/ n. aggressione f.
criminal bankruptcy /ˌkrɪmɪnlˈbæŋkrʌpsɪ/ n. bancarotta f. fraudolenta.
criminal bankruptcy order /ˌkrɪmɪnlˈbæŋkrʌpsɪˌɔːdə(r)/ n. ordinanza f. di bancarotta fraudolenta.
criminal case /ˌkrɪmɪnlˈkeɪs/ n. causa f. penale.
criminal charges /ˌkrɪmɪnlˈtʃɑːdʒɪz/ n.pl. accuse f. penali; ***to press, drop ~ (against sb.)*** formulare, lasciare cadere le accuse (contro qcn.); ***to face ~*** affrontare un'accusa penale.
criminal code /ˌkrɪmɪnlˈkəʊd/ n. codice m. penale.
criminal conspiracy /ˌkrɪmɪnlkənˈspɪrəsɪ/ n. associazione f. criminale, associazione f. a, per delinquere; *(plot)* complotto m.
criminal conversation /ˌkrɪmɪnlkɒnvəˈseɪʃn/ n. ANT. adulterio m.
criminal conviction /ˌkrɪmɪnlkənˈvɪkʃn/ n. condanna f.
criminal court /ˌkrɪmɪnlˈkɔːt/ n. tribunale m. penale.
criminal damage /ˌkrɪmɪnlˈdæmɪdʒ/ n. atti m.pl. vandalici.
criminal injuries compensation /ˌkrɪmɪnlˈɪndʒərɪzkɒmpenˌseɪʃn/ n. GB = risarcimento offerto dallo Stato alle vittime di gravi reati.
criminal inquiry /ˌkrɪmɪnlɪnˈkwaɪərɪ, AE -ˈɪŋkwərɪ/ n. inchiesta f. penale.
criminal intent /ˌkrɪmɪnlɪnˈtent/ n. dolo m.
criminal investigation /ˌkrɪmɪnlɪnˌvestɪˈgeɪʃn/ n. → **criminal inquiry**.
Criminal Investigation Department /ˌkrɪmɪnlɪnˌvestɪˈgeɪʃndɪˌpɑːtmənt/ n. GB = dipartimento di investigazione criminale.
criminality /ˌkrɪmɪˈnælətɪ/ n. criminalità f.
criminal justice /ˌkrɪmɪnlˈdʒʌstɪs/ n. giustizia f. penale.
criminal justice system /ˌkrɪmɪnlˈdʒʌstɪsˌsɪstəm/ n. ordinamento m. giudiziario penale.
criminal law /ˌkrɪmɪnlˈlɔː/ n. diritto m. penale.
criminal lawyer /ˌkrɪmɪnlˈlɔːjə(r)/ ♦ *27* n. (avvocato) penalista m. e f., criminalista m. e f.
criminal liability /ˌkrɪmɪnllaɪəˈbɪlətɪ/ n. responsabilità f. penale.
criminal libel /ˌkrɪmɪnlˈlaɪbl/ n. libello m. diffamatorio (passibile di sanzione penali).
criminally /ˈkrɪmɪnəlɪ/ avv. DIR. ***a ~ motivated act*** un delitto intenzionale *o* doloso; ***a ~ motivated minority*** una minoranza criminale; ***to be ~ negligent*** DIR. essere perseguibile penalmente.
criminally insane /ˌkrɪmɪnəlɪnˈseɪn/ agg. demente; ***to be ~*** essere in uno stato di infermità mentale.
criminal negligence /ˌkrɪmɪnlˈneglɪdʒəns/ n. DIR. = imperizia che dà luogo a responsabilità penale.
criminal offence /ˌkrɪmɪnləˈfens/ n. delitto m., crimine m.
criminal procedure /ˌkrɪmɪnlprəˈsiːdʒə(r)/ n. procedura f. penale.
criminal proceedings /ˌkrɪmɪnlprəˈsiːdɪŋz/ n.pl. procedimenti m. penali.
criminal record /ˌkrɪmɪnlˈrekɔːd, AE -ˈrekərd/ n. fedina f. penale; ***to have no ~*** avere la fedina penale pulita.
Criminal Records Office /ˌkrɪmɪnlˈrekɔːdzˌɒfɪs, AE -ˈrekərdzˌɔːf-/ n. GB DIR. casellario m. giudiziario.
criminate /ˈkrɪmɪneɪt/ tr. **1** *(charge with crime)* incriminare, accusare **2** *(censure or condemn)* censurare, biasimare.
crimination /ˌkrɪmɪˈneɪʃn/ n. incriminazione f.
criminative /ˈkrɪmɪnətɪv/ agg. RAR. incriminante, accusatorio.
crimine /ˈkrɪmɪnɪ/ inter. diamine.
criminologist /ˌkrɪmɪˈnɒlədʒɪst/ ♦ *27* n. criminologo m. (-a).
criminology /ˌkrɪmɪˈnɒlədʒɪ/ n. criminologia f.
1.crimp /krɪmp/ n. STOR. = persona che arruolava con l'inganno soldati o marinai.
2.crimp /krɪmp/ tr. STOR. arruolare con l'inganno.
3.crimp /krɪmp/ n. **1** *(of hair)* arricciatura f. **2** *(of fabric)* piega f., pieghettatura f. ◆ ***to put a ~ in sth.*** AE COLLOQ. mettere i bastoni tra le ruote a qcs.
4.crimp /krɪmp/ tr. arricciare [*hair*]; premere (con le dita) sul bordo di [*pastry*]; pieghettare [*fabric*].
crimping-iron /ˈkrɪmpɪŋˌaɪən, AE -ˌaɪərn/ n. arricciacapelli m.
crimping-machine /ˈkrɪmpɪŋməˌʃiːn/ n. pieghettatrice f.
Crimplene® /ˈkrɪmpliːn/ n. = tessuto sintetico ingualcibile.
crimpy /ˈkrɪmpɪ/ agg. arricciato, increspato.
▷ **1.crimson** /ˈkrɪmzn/ ♦ *5* **I** n. cremisi m. **II** agg. [*lips, nails*] color porpora; [*fabric, flower, fruit*] cremisi; ***to go*** o ***blush ~*** arrossire *o* diventare rosso.
2.crimson /ˈkrɪmzn/ **I** tr. *(make crimson)* tingere di cremisi, rosso **II** intr. *(blush)* arrossire *o* diventare rosso.
1.cringe /krɪndʒ/ n. atteggiamento m. servile, deferente.
▷ **2.cringe** /krɪndʒ/ intr. **1** *(physically)* rannicchiarsi; ***to make sb. ~*** fare rannicchiare qcn. **2** *(in embarrassment)* farsi piccolo; ***to make sb. ~*** mettere qcn. in imbarazzo **3** *(grovel)* essere servile, umiliarsi **4** *(in disgust)* ***it makes me ~*** mi fa raccapricciare.
cringe-making /ˈkrɪndʒmeɪkɪŋ/ agg. [*speech, comment*] imbarazzante.
cringing /krɪndʒɪŋ/ agg. servile.
cringle /ˈkrɪŋgl/ n. MAR. brancarella f., bosa f.
crinite /ˈkraɪnaɪt/ agg. ZOOL. BOT. peloso.
1.crinkle /ˈkrɪŋkl/ n. *(in skin)* ruga f., grinza f.; *(in fabric, paper)* piega f., crespa f.
2.crinkle /ˈkrɪŋkl/ **I** tr. spiegazzare, increspare [*paper, material*]; strizzare [*eyes*] **II** intr. [*leaf*] frusciare; [*face, paper*] spiegazzarsi.
crinkle-cut /ˈkrɪŋklkʌt/ agg. [*chips*] tagliato a onde.
crinkly /ˈkrɪŋklɪ/ agg. [*hair*] arricciato; [*paper, material*] crespato.
crinkum-crankum /ˌkrɪŋkəmˈkræŋkəm/ n. FIG. situazione f. ingarbugliata.
crinoid /ˈkraɪnɔɪd/ **I** agg. dei crinoidi **II** n. crinoide m.
crinoidal /ˈkrɪnɔɪdl/ agg. a crinoidi.
crinoline /ˈkrɪnəlɪn/ n. crinolina f.
cripes /kraɪps/ inter. caspita.
1.cripple /ˈkrɪpl/ n. **1** *(lame)* zoppo m. (-a), storpio m. (-a) **2** *(inadequate)* ***emotional ~*** = persona incapace di esprimere i propri sentimenti; ***social ~*** = persona incapace di avere relazioni sociali.
2.cripple /ˈkrɪpl/ tr. **1** *(physically)* azzoppare, storpiare; *(emotionally)* traumatizzare **2** FIG. paralizzare, bloccare [*country, industry, economy*]; smantellare, disarmare [*ship*]; danneggiare, rendere inefficiente [*vehicle, equipment*]; [*debt, burden*] schiacciare, opprimere [*person, company*].
crippled /ˈkrɪpld/ **I** p.pass. → **2.cripple II** agg. **1** *(physically)* [*person*] menomato, storpio; ***to be ~ with sth.*** essere menomato da qcs. *o* a causa di qcs.; ***~ for life*** invalido permanente **2** FIG. [*person*] *(by debt)* schiacciato (**by** da); *(by emotion)* paralizzato (**by** da); [*country, industry, economy*] paralizzato, bloccato (**by** da); [*vehicle*] danneggiato; [*ship*] smantellato, disarmato.
crippling /ˈkrɪplɪŋ/ agg. **1** [*disease*] invalidante **2** FIG. [*taxes, debts, burden*] rovinoso, grave; [*emotion, inability, strike, effect*] che paralizza.
▶ **crisis** /ˈkraɪsɪs/ n. (pl. **-es**) crisi f. (**in** in, all'interno di; **over** a causa di); ***cabinet, managerial ~*** crisi ministeriale, della direzione; ***domestic ~*** POL. crisi interna; ***housing ~*** crisi degli alloggi; ***cash ~*** ECON. crisi monetaria; ***energy ~*** crisi energetica; ***the Gulf ~*** la crisi del Golfo; ***midlife ~*** crisi di mezza età; ***personal*** o ***emotional ~*** crisi emotiva; ***to be in ~*** essere in crisi; ***to reach a ~*** diventare *o* farsi critico; ***to be at*** o ***to reach ~ point*** raggiungere un punto critico; ***~ of confidence*** crisi di fiducia; ***to be at ~ level*** [*stocks etc.*] essere a un livello critico.
crisis centre BE, **crisis center** AE /ˈkraɪsɪsˌsentə(r)/ n. *(after disaster)* unità f. di crisi; *(for alcoholics, battered wives etc.)* centro m. d'assistenza.
crisis intervention /ˈkraɪsɪsɪntəˌvenʃn/ n. *(in welfare work)* intervento m. immediato, d'urgenza.
crisis management /ˈkraɪsɪsˌmænɪdʒmənt/ n. POL. gestione f. della crisi.
▷ **1.crisp** /krɪsp/ **I** agg. **1** [*batter, biscuit, chips, pastry*] friabile, croccante; [*fruit, vegetable*] fresco, sodo; ***"to keep biscuits ~"*** "per conservare croccanti i biscotti" **2** [*fabric, garment*] fresco; [*banknote, paper*] che fruscia; ***the snow is ~ underfoot*** la neve scricchiola sotto i piedi **3** [*air*] frizzante, tonificante; [*morning*] dal freddo pungente **4** FIG. *(concise)* [*order, words*] deciso, incisivo; [*manner*] risoluto; [*design*] netto, chiaro; [*musical performance*] preciso **II** n. BE (anche **potato ~**) patatina f.; ***smoky bacon ~s*** patatine al

bacon affumicato ◆ ***to be burnt to a ~*** COLLOQ. essere carbonizzato.

2.crisp /krɪsp/ **I** tr. *(make crisp)* rendere croccante, frizzante, deciso **II** intr. *(become crisp)* diventare croccante, frizzante, deciso.

▪ **crisp up:** ~ *up* diventare croccante; ~ *up [sth.]*, ~ *[sth.] up* riscaldare.

crispate /ˈkrɪspɪt/ agg. BOT. ZOOL. *(with a wavy margin)* crespato.

crispation /krɪsˈpeɪʃn/ n. **1** *(curliness, ondulation)* arricciamento m., ondulazione f. **2** *(slight contraction)* spasmo m., contrazione f.

crispbread /ˈkrɪspbred/ n. BE = biscotto secco e croccante fatto di segale o grano.

crisper /ˈkrɪspə(r)/ n. AE *(in a refrigerator)* scomparto m. per frutta e verdura.

Crispin /ˈkrɪspɪn/ n.pr. Crispino.

crisply /ˈkrɪsplɪ/ avv. [*ironed*] di fresco; [*reply, speak*] seccamente, risolutamente.

crispness /ˈkrɪspnɪs/ n. *(of biscuits)* friabilità f.; *(of vegetables, fabric)* freschezza f.; *(of air, weather)* freddo m. pungente, asciutto; *(of design)* nitidezza f., chiarezza f.; *(of speech)* incisività f., concisione f.

crispy /ˈkrɪspɪ/ agg. croccante; ~ ***noodles*** vermicelli di riso fritti.

1.crisscross /ˈkrɪskrɒs, AE -krɔːs/ **I** n. *(of streets)* incrocio m. **II** agg. [*design, pattern*] a linee incrociate **III** avv. di traverso, trasversalmente; ***the streets run ~*** le strade si incontrano trasversalmente.

2.crisscross /ˈkrɪskrɒs, AE -krɔːs/ **I** tr. solcare; ***to ~ sth. with sth.*** solcare qcs. con qcs. **II** intr. incrociarsi, intersecarsi.

cristate /ˈkrɪstɪt/, **cristated** /krɪsˈteɪtɪd/ agg. BOT. ZOOL. crestato.

crit /krɪt/ n. BE COLLOQ. **1** (accorc. criticism) → **criticism 2** (accorc. critique) → **1.critique**.

▶ **criterion** /kraɪˈtɪərɪən/ n. (pl. **-ia**) criterio m. (**for** di); ***to meet a ~*** rispondere a un criterio.

critic /ˈkrɪtɪk/ ⧫ *27* n. **1** *(reviewer, analyst)* critico m. (-a) **2** *(opponent)* censore m., criticone m. (-a).

▶ **critical** /ˈkrɪtɪkl/ agg. **1** *(crucial)* [*moment*] cruciale; [*point*] critico; [*stage*] decisivo; ***to be ~ to*** essere cruciale per garantire [*future, success*] **2** *(acute)* [*condition*] critico, grave; ***in a ~ condition*** [*patient*] in prognosi riservata **3** *(disapproving)* critico; ***to be ~ of sb., sth.*** criticare qcn., qcs. **4** *(analytical)* [*approach, angle, study, theory*] critico **5** *(of reviewers)* [*acclaim*] della critica; ***the film was a ~ success*** il film ebbe un successo di critica **6** *(discriminating)* [*reader, viewer*] critico; ***to take a ~ look at sth.*** guardare qcs. con occhio critico **7** NUCL. FIS. critico.

criticality /ˌkrɪtɪˈkælətɪ/ n. NUCL. FIS. criticità f.

critical list /ˈkrɪtɪklˌlɪst/ n. → **danger list**.

▷ **critically** /ˈkrɪtɪklɪ/ avv. **1** *(using judgment)* [*evaluate, examine*] con occhio critico **2** *(with disapproval)* [*view*] con disapprovazione; [*speak*] in modo critico **3** *(seriously)* [*ill, injured*] gravemente; ~ ***important*** essenziale *o* cruciale.

critical path /ˌkrɪtɪklˈpɑːθ, AE -ˈpæθ/ n. percorso m. critico.

critical path analysis /ˌkrɪtɪklˌpɑːθəˈnæləsɪs, AE -pæθ-/ n. analisi f. del percorso critico.

criticaster /krɪtɪˈkæstə(r)/ n. critico m. (-a) da strapazzo.

▶ **criticism** /ˈkrɪtɪsɪzəm/ n. **1** **U** *(evaluation)* critiche f.pl. **2** **C** *(single remark)* critica f. **3** **C** *(study)* opera f. critica (**of** su) **4** **U** *(analysis)* critica f.; ***literary ~*** critica letteraria **5** **U** FILOS. criticismo m.

criticizable /ˈkrɪtɪsaɪzəbl/ agg. criticabile.

▷ **criticize** /ˈkrɪtɪsaɪz/ tr. **1** *(find fault with)* criticare; ***to ~ sb. for sth.*** criticare qcn. per qcs.; ***to ~ sb. for doing*** criticare qcn. per aver fatto **2** *(analyse)* analizzare, giudicare criticamente.

1.critique /krɪˈtiːk/ n. critica f.

2.critique /krɪˈtiːk/ tr. AE *(analyse)* analizzare, criticare.

critter /ˈkrɪtə(r)/ n. AE COLLOQ. creatura f.

1.croak /krəʊk/ n. *(of frog)* gracidio m.; *(of crow)* gracchiamento m.; *(of person)* voce f. rauca.

2.croak /krəʊk/ **I** tr. dire con voce rauca; ***to ~ a reply*** rispondere con voce rauca **II** intr. **1** [*frog*] gracidare; [*person*] parlare con voce rauca **2** POP. *(die)* crepare, tirare le cuoia.

croaker /ˈkrəʊkə(r)/ n. AE COLLOQ. medicastro m. (-a).

croaky /ˈkrəʊkɪ/ agg. [*voice*] rauco, gracchiante.

Croat /ˈkrəʊæt/ n. croato m. (-a).

Croatia /krəʊˈeɪʃə/ ⧫ *6* n.pr. Croazia f.

Croatian /krəʊˈeɪʃn/ ⧫ *18, 14* **I** agg. croato **II** n. **1** *(person)* croato m. (-a) **2** *(language)* croato m.

1.crochet /ˈkrəʊʃeɪ, AE krəʊˈʃeɪ/ n. *(art)* uncinetto m.; *(work)* lavoro m. all'uncinetto.

2.crochet /ˈkrəʊʃeɪ, AE krəʊˈʃeɪ/ **I** tr. fare all'uncinetto; ***a ~ed sweater*** una maglia all'uncinetto **II** intr. lavorare all'uncinetto.

crochet hook /ˈkrəʊʃeɪˌhʊk, AE krəʊˈʃeɪ-/ n. uncinetto m.

croci /ˈkrəʊkaɪ/ → **crocus**.

1.crock /krɒk/ **I** n. **1** *(earthen pot or jar)* vaso m., brocca f. di terracotta **2** *(piece of broken earthenware)* coccio m. **3** AE POP. stupidaggini f.pl., sciocchezze f.pl. **II crocks** n.pl. stoviglie f., piatti m.

2.crock /krɒk/ n. **1** COLLOQ. *(car)* catorcio m., macinino m.; *(person)* rottame m., relitto m. **2** ANT. *(pot)* pentola f. (di metallo).

3.crock /krɒk/ **I** tr. (anche ~ **up**) *(injure, damage)* fare male a, mettere fuori uso **II** intr. COLLOQ. (anche ~ **up**) *(become feeble)* indebolirsi, diventare un rottame.

4.crock /krɒk/ n. BE *(soot)* fuliggine f., sporcizia f.

5.crock /krɒk/ tr. BE *(soil)* insudiciare, sporcare.

crocked /krɒkt/ agg. AE COLLOQ. sbronzo, ubriaco.

crockery /ˈkrɒkərɪ/ n. stoviglie f.pl., piatti m.pl.

crocket /ˈkrɒkɪt/ n. ARCH. = ornamento floreale posto sul lato inclinato del frontone.

crocodile /ˈkrɒkədaɪl/ **I** n. **1** *(animal, leather)* coccodrillo m. **2** BE *(line)* allineamento m., fila f. per due **II** modif. [*shoes, bag*] di coccodrillo; ~ ***clip*** EL. coccodrillo ◆ ***to shed ~ tears*** versare lacrime di coccodrillo.

crocodilian /ˌkrɒkəˈdɪljɪən/ agg. RAR. di, da coccodrillo.

crocoite /ˈkrɒkəwaɪt/ n. crocoite f.

crocus /ˈkrəʊkəs/ n. (pl. **~es**, **-i**) croco m.

Croesus /ˈkriːsəs/ n.pr. Creso ◆ ***to be as rich as ~*** essere un creso *o* nababbo.

croft /krɒft, AE krɔːft/ n. BE campicello m., piccolo podere m.

crofter /ˈkrɒftə(r), AE ˈkrɔːft-/ n. BE piccolo coltivatore m., contadino m.

croissant /ˈkrwɑːsɒŋ/ n. croissant m., cornetto m.

cromlech /ˈkrɒmlek/ n. cromlech m.

cromorne /krəˈmɔːn/ n. cromorno m.

Cromwellian /krɒmˈwelɪən/ agg. di, relativo a Cromwell.

crone /krəʊn/ n. SPREG. vecchia f. rugosa.

crony /ˈkrəʊnɪ/ n. amico m. (-a) intimo (-a), amicone m. (-a).

cronyism /ˈkrəʊnɪɪzəm/ n. POL. nepotismo m.

1.crook /krʊk/ **I** n. **1** *(rogue)* imbroglione m. (-a), truffatore m. (-trice) **2** *(of road, river)* curva f.; *(of arm)* incavo m.; ***to carry the bag in the ~ of one's arm*** portare la borsa al braccio; ***to carry a rifle in the ~ of one's arm*** portare un fucile sul braccio **3** *(shepherd's)* bastone m.; *(bishop's)* pastorale m. **4** MUS. *(of horn)* ritorti m.pl. **II** agg. AUSTRAL. COLLOQ. [*person*] irritato, arrabbiato; [*food*] cattivo, sgradevole ◆ ***by hook or by ~*** con le buone o con le cattive *o* o di riffa o di raffa.

2.crook /krʊk/ tr. curvare, piegare [*arm, finger*] ◆ ***to ~ one's elbow, little finger*** alzare il gomito.

crookback /ˈkrʊkbæk/ n. ANT. gobba f.

crookbacked /ˈkrʊkbækt/ agg. ANT. gobbo.

crooked /ˈkrʊkɪd/ **I** p.pass. → **2.crook II** agg. **1** *(with a bend)* [*line*] curvo; [*limb*] storto; [*back, person*] deforme; [*stick, finger*] (ri)curvo; [*path*] tortuoso; ***a ~ smile*** un sorriso a metà **2** *(off-centre)* di traverso, di sghembo; [*house*] sbilenco **3** COLLOQ. *(dishonest)* disonesto **III** avv. di traverso.

crookedly /ˈkrʊkɪdlɪ/ avv. di traverso.

crookedness /ˈkrʊkɪdnɪs/ n. **1** *(quality or state of being crooked)* (l')essere curvo, storto; deformità f. **2** *(dishonesty)* disonestà f., slealtà f.

1.croon /kruːn/ n. cantilena f., canto m. sommesso.

2.croon /kruːn/ **I** tr. cantilenare **II** intr. cantare in tono sommesso.

crooner /ˈkruːnə(r)/ n. crooner m., cantante m. e f. confidenziale.

▷ **1.crop** /krɒp/ n. **1** *(type of produce)* coltura f.; ***export, cereal ~*** coltura da esportazione, cerealicola **2** spesso pl. *(growing in field)* coltura f.; ***the ~s have been trampled, will fail*** le colture sono state calpestate, andranno perdute **3** *(harvest)* *(of fruit, vegetables)* raccolto m.; *(of cereals)* raccolto m., messe f.; ***bumper ~*** raccolto eccezionale; ***second ~*** secondo raccolto; ***the oat, rice ~*** il raccolto d'avena, di riso **4** FIG. *(collection of prizes, medals)* mucchio m., incetta f.; *(of people, novels, films)* gruppo m., sacco m.; ***this year's ~ of graduates*** il gruppo di laureati di quest'anno; ***they are the cream of the ~*** sono i migliori del gruppo **5** FIG. *(of weeds, spots)* ***his garden was a ~ of weeds*** il suo giardino era una giungla di erbacce; ***look at that ~ of spots on his face*** guarda che faccia piena di brufoli **6** *(short haircut)* rapata f., taglio m. cortissimo **7** *(of bird)* gozzo m. **8** *(whip)* manico m., frustino m.

2.crop /krɒp/ **I** tr. (forma in -ing ecc. **-pp-**) **1** *(cut short)* rasare, rapare [*hair*]; mozzare [*tail, ears*] **2** [*animal*] brucare [*grass, field*] **3** FOT. rifilare, scontornare [*photograph*] **4** *(harvest)* raccogliere [*cereal,* *vegetable, fruit*]; mietere [*wheat, corn*]; cogliere [*cherries, strawberries*] **5** *(grow produce on)* coltivare, seminare [*land*] **6** *(grow)* coltivare [*vegetable, cereal*] **II** intr. (forma in -ing ecc. **-pp-**) [*produce, plant*] dare un raccolto; ***this variety ~s late*** questa varietà è tardiva.

■ **crop out** [*rock*] affiorare.

■ **crop up** [*matter, subject*] presentarsi, emergere; [*person, name*] essere citato, nominato; [*problem, difficulty*] (in)sorgere, saltar fuori; [*opportunity*] presentarsi; ***something's ~ped up*** si è presentato *o* è emerso qualcosa; ***she's always ~ping up in the papers*** il suo nome appare sempre sui giornali.

crop circle /ˈkrɒpˌsɜːkl/ n. = in un campo coltivato a cereali, area circolare in cui i gambi sono stati schiacciati a terra.

crop duster /ˈkrɒpˌdʌstə(r)/ n. → **crop sprayer**.

crop dusting /ˈkrɒpˌdʌstɪŋ/ n. → **crop spraying**.

crop-eared /ˈkrɒpˌɪəd/ agg. [*animal*] dalle orecchie mozze.

cropland /ˈkrɒpˌlænd/ n. terra f. coltivata.

cropped /krɒpt/ **I** p.pass. → **2.crop** **II** agg. **1** [*hair, curl*] rasato; [*grass, lawn*] tagliato **2** ABBIGL. [*jacket, top*] corto **3** [*photograph*] rifilato, contornato.

1.cropper /ˈkrɒpə(r)/ n. varietà f.; ***late, early ~*** varietà tardiva, precoce.

2.cropper /ˈkrɒpə(r)/ n. COLLOQ. *(fall)* capitombolo m., caduta f. ◆ ***to come a ~*** BE COLLOQ. andare a rotoli.

3.cropper /ˈkrɒpə(r)/ n. *(bird)* colombo m. gozzuto.

croppy /ˈkrɒpɪ/ n. **1** = persona con i capelli tagliati corti **2** STOR. = ribelle irlandese che portava i capelli corti secondo la moda della rivoluzione francese.

crop rotation /ˈkrɒprəʊˌteɪʃn/ n. rotazione f. delle colture.

crop spray /ˈkrɒpˌspreɪ/ n. pesticida m.

crop sprayer /ˈkrɒpˌspreɪə(r)/ n. **1** *(machine)* irroratore m. di pesticidi **2** *(plane)* aereo m. per l'irrorazione di pesticidi.

crop spraying /ˈkrɒpˌspreɪɪŋ/ n. irrorazione f. delle colture (con pesticidi).

crop-spraying helicopter /ˈkrɒpˌspreɪɪŋˌhelɪkɒptə(r)/ n. elicottero m. per l'irrorazione di pesticidi.

crop top /ˈkrɒpˌtɒp/ n. ABBIGL. top m. (sportivo).

1.croquet /ˈkrəʊkeɪ, AE krəʊˈkeɪ/ ➧ **10** **I** n. croquet m. **II** modif. [*equipment*] da croquet; [*game*] di croquet.

2.croquet /ˈkrəʊkeɪ, AE krəʊˈkeɪ/ intr. giocare a croquet.

croquette /krəˈket/ n. crocchetta f.; ***potato ~s*** o ***~ potatoes*** crocchette di patate.

crosier /ˈkrəʊzɪə(r), AE ˈkrəʊʒər/ n. *(staff)* pastorale m.

▶ **1.cross** /krɒs, AE krɔːs/ **I** n. **1** *(shape)* croce f.; ***the Cross*** RELIG. la Santa Croce; ***to put a ~ against*** segnare con una croce [*name, item*]; ***"put a ~ in the box"*** "sbarrate la casella" *o* "segnate la casella con una croce" **2** BIOL. BOT. ZOOL. *(hybrid)* incrocio m., ibrido m. (**between** fra); ***a ~ between Hitler and Napoleon, Biarritz and Brighton*** FIG. un incrocio fra Hitler e Napoleone, Biarritz e Brighton **3** SART. sbieco m.; ***to cut sth. on the ~*** tagliare qcs. di sbieco **4** SPORT *(in football)* cross m., traversone m. **II** agg. **1** *(angry)* arrabbiato, irritato, di cattivo umore; ***to be ~ with sb.*** essere seccato con qcn.; ***to be ~ about sth.*** essere di cattivo umore per qcs.; ***to get ~*** arrabbiarsi *o* adirarsi (**with** con); ***to make sb. ~*** fare arrabbiare *o* innervosire qcn.; ***we've never had a ~ word (in 20 years)*** fra noi non c'è mai stata una parola risentita (in 20 anni) **2** *(transverse)* [*timber*] trasversale, obliquo **3** *(contrary to general direction)* [*breeze, swell*] contrario ◆ ***to have a*** o ***one's ~ to bear*** portare la propria croce.

▶ **2.cross** /krɒs, AE krɔːs/ **I** tr. **1** *(go across)* attraversare [*road, country, room, sea*]; passare, attraversare [*river*]; superare, oltrepassare [*border, line, threshold, mountains, ditch*]; [*bridge*] attraversare, scavalcare [*river, road*]; [*road, railway line, river*] tagliare, attraversare [*garden, country, desert*]; [*line*] attraversare, tagliare [*page*] **2** FIG. superare, oltrepassare [*limit, boundary*]; ***it ~ed his mind that*** gli è venuto in mente che; ***the thought had ~ed my mind*** mi era passato per la testa il pensiero (**that** che); ***a slight frown ~ed her features*** un'espressione di leggera disapprovazione le attraversò il volto; ***to ~ the class, race divide*** oltrepassare le barriere di classe, razziali; ***the programme ~ed the bounds of decency*** la trasmissione superò i limiti della decenza **3** *(meet)* [*road, path, railway line, river*] incrociare, intersecare [*road, path, railway line, river*]; ***to ~ each other*** incrociarsi **4** *(place in shape of a cross)* incrociare [*spoons, knives, ropes*]; ***to ~ one's legs*** incrociare *o* accavallare le gambe; ***to ~ one's arms*** incrociare le braccia **5** BIOL. BOT. ZOOL. incrociare, ibridare [*plants, animals, species*]; ***to ~ sth. with sth.*** incrociare qcs. con qcs. **6** *(oppose)* contrastare, opporsi a [*person*]; ***to be ~ed in love*** avere amori contrastati **7** *(draw line across)* (s)barrare; ***to ~ a "t"*** tagliare una "t"; ***to ~ a cheque*** BE (s)barrare un assegno **8** *(mark to indicate)* [*teacher*] segnare (come errato) [*answer*]; *(to indicate choice)* segnare, (s)barrare [*box*] **9** SPORT *(in football)* ***to ~ the ball*** crossare *o* fare un traversone **II** intr. **1** (anche **~ over**) *(go across)* fare una traversata; ***to ~ into Italy, Austria*** passare in Italia, Austria **2** *(meet)* [*roads, railway lines, cars, trains*] incrociarsi; [*lines*] intersecarsi; [*letters*] incrociarsi; ***my letter will ~ with your*** la mia lettera si incrocerà con la tua **3** *(lie in shape of cross)* [*straps, ropes, beams, bars*] incrociarsi **III** rifl. ***to ~ oneself*** RELIG. segnarsi *o* farsi il segno della croce ◆ ***we seem to have got our wires*** o ***lines ~ed*** sembra che tra noi ci sia stata un'incomprensione; ***X and Y have got their wires*** o ***lines ~ed*** fra X e Y c'è stato un equivoco; ***~ my heart (and hope to die)*** giurin giuretta; ***don't ~ your bridges before you come*** o ***get to them*** PROV. è inutile fasciarsi la testa prima di essersela rotta.

■ **cross off:** ~ **[sth., sb.] off,** ~ **off [sth., sb.]** cancellare, depennare [*name, thing*]; radiare [*person*]; ***to ~ sb.'s name off a list*** depennare il nome di qcn. da una lista.

■ **cross out:** ~ **out [sth.],** ~ **[sth.] out** cancellare.

■ **cross over 1** *(go across)* attraversare; ***to ~ over to sth.*** *(change allegiance)* passare a [*party*]; convertirsi a [*religion*] **2** *(be placed across)* [*straps*] incrociarsi.

■ **cross through:** ~ **through [sth.]** cancellare.

cross action /ˈkrɒsˌækʃn, AE ˈkrɔːs-/ n. DIR. impugnazione f.

crossbar /ˈkrɒsbɑː(r), AE ˈkrɔːs-/ n. sbarra f.; *(in football, rugby)* traversa f.; *(in high jump)* asticella f.

crossbeam /ˈkrɒsbiːm, AE ˈkrɔːs-/ n. ING. trave f. trasversale.

cross-bedding /ˈkrɒsˌbedɪŋ, AE ˈkrɔːs-/ n. GEOL. stratificazione f. incrociata.

cross-bench /ˈkrɒsˌbentʃ, AE ˈkrɔːs-/ n. gener. pl. BE POL. banco m. di deputato indipendente.

cross-bencher /ˈkrɒsˌbentʃə(r), AE ˈkrɔːs-/ n. deputato m. (-a) indipendente.

crossbill /ˈkrɒsbɪl, AE ˈkrɔːs-/ n. ZOOL. crociere m.

crossbones /ˈkrɒsbəʊnz, AE ˈkrɔːs-/ n.pl. → **skull and crossbones**.

cross-border /ˈkrɒsˌbɔːdə(r), AE ˈkrɔːs-/ agg. transfrontaliero.

crossbow /ˈkrɒsbəʊ, AE ˈkrɔːs-/ n. balestra f.

crossbred /ˈkrɒsbred, AE ˈkrɔːs-/ **I** pass., p.pass. → **2.crossbreed** **II** agg. ibrido, incrociato **III** n. ibrido m. (-a), incrocio m.

1.crossbreed /ˈkrɒsbriːd, AE ˈkrɔːs-/ n. *(animal)* ibrido m. (-a), incrocio m.; *(person)* SPREG. meticcio m. (-a), mezzosangue m. e f.

2.crossbreed /ˈkrɒsbriːd, AE ˈkrɔːs-/ **I** tr. (pass., p.pass. **-bred**) ibridare, incrociare [*plants, animals*]; ***to ~ sth. with*** incrociare qcs. con [*animal*]; ibridare qcs. con [*plant*] **II** intr. (pass., p.pass. **-bred**) ***to ~ with sth.*** incrociare, ibridare con qcs.

crossbreeding /ˈkrɒsˌbriːdɪŋ, AE ˈkrɔːs-/ n. ibridazione f., incrociamento m.

cross-Channel /ˌkrɒsˈtʃænl, AE ˌkrɔːs-/ agg. che attraversa la Manica.

1.cross-check /ˈkrɒstʃek, AE ˈkrɔːs-/ n. controllo m. incrociato.

2.cross-check /ˌkrɒsˈtʃek, AE ˌkrɔːs-/ **I** tr. fare un controllo incrociato su **II** intr. fare un controllo incrociato.

cross-claim /ˈkrɒskleɪm, AE ˈkrɔːs-/ n. domanda f. riconvenzionale.

cross-compiler /ˈkrɒskəmˌpaɪlə(r), AE ˈkrɔːs-/ n. INFORM. compilatore m. incrociato.

cross-correlation /ˈkrɒskɒrəˌleɪʃn, AE ˈkrɔːs-/ n. STATIST. correlazione f. incrociata.

▷ **cross-country** /ˌkrɒsˈkʌntrɪ, AE ˌkrɔːs-/ **I** ➧ **10** n. SPORT *(in running)* corsa f. campestre, cross-country m.; *(in skiing)* sci m. di fondo **II** agg. **1** SPORT *(in running)* [*race, champion, event, runner*] di corsa campestre; *(skiing)* [*skier*] di fondo; ***~ skiing*** sci di fondo **2** *(by way of fields etc.)* [*trip, walk, hike, run*] per i campi **3** *(across a country)* [*railway, road, route*] che attraversa la campagna **III** avv. [*run, walk, hike*] attraverso i campi.

cross-court /ˈkrɒskɔːt, AE ˈkrɔːs-/ agg. SPORT [*shot, volley*] incrociato.

cross-cultural /ˌkrɒsˈkʌltʃərəl, AE ˌkrɔːs-/ agg. interculturale.

crosscurrent /ˈkrɒskʌrənt, AE ˈkrɔːs-/ n. **1** corrente f. trasversale **2** FIG. corrente f., tendenza f. contraria.

cross-curricular /ˌkrɒskəˈrɪkjʊlə(r), AE ˌkrɔːs-/ agg. multidisciplinare.

crosscut /ˈkrɒskʌt, AE ˈkrɔːs-/ **I** n. TECN. taglio m. trasversale **II** agg. TECN. tagliato di traverso.

crosscut file /ˈkrɒskʌtˌfaɪl, AE ˈkrɔːs-/ n. TECN. lima f. a doppio taglio.

crosscut saw /ˈkrɒskʌtˌsɔː, AE ˈkrɔːs-/ n. TECN. segone m., sega f. per taglio trasversale.

cross-disciplinary /ˌkrɒsˈdɪsɪplɪnərɪ, AE ˌkrɔːsˈdɪsɪplɪnerɪ/ agg. SCOL. UNIV. [*course, syllabus*] interdisciplinare.
cross-dress /ˌkrɒsˈdres, AE ˌkrɔːs-/ intr. [*man*] travestirsi da donna; [*woman*] travestirsi da uomo.
cross-dresser /ˌkrɒsˈdresə(r), AE ˌkrɔːs-/ n. travestito m.
cross-dressing /ˌkrɒsˈdresɪŋ, AE ˌkrɔːs-/ n. travestitismo m.
crosse /krɒs/ n. SPORT racchetta f. da lacrosse.
crossed /krɒst, AE krɔːst/ **I** p.pass. → **2.cross II** agg. TEL. ***the lines are ~*** le linee fanno interferenza.
cross-examination /ˌkrɒsɪgˌzæmɪˈneɪʃn, AE ˌkrɔːs-/ n. DIR. controinterrogatorio m.
cross-examine /ˌkrɒsɪgˈzæmɪn, AE ˌkrɔːs-/ tr. **1** DIR. fare un controinterrogatorio a [*person*] **2** interrogare a fondo.
cross-eye /ˈkrɒsaɪ, AE ˈkrɔːs-/ n. MED. strabismo m.
cross-eyed /ˈkrɒsaɪd, AE ˈkrɔːs-/ agg. [*person*] strabico; ***to be ~*** essere strabico; ***to make sb. ~*** fare diventare qcn. strabico.
cross-fertilization /ˌkrɒsfɜːtəlaɪˈzeɪʃn, AE ˌkrɔːsfɜːtəlɪˈzeɪʃn/ n. BOT. ibridazione f.
cross-fertilize /ˌkrɒsˈfɜːtɪlaɪz, AE ˌkrɔːs-/ **I** tr. BOT. ibridare **II** intr. BOT. ibridarsi.
crossfire /ˈkrɒsfaɪə(r), AE ˈkrɔːs-/ n. MIL. FIG. fuoco m., tiro m. incrociato; ***to be*** o ***get caught in the ~*** essere sottoposto a un tiro incrociato (anche FIG.); ***to be*** o ***get caught in the ~ of questions, criticism*** FIG. essere vittima di un tiro incrociato di domande, critiche.
cross-grained /ˌkrɒsˈgreɪnd, AE ˌkrɔːs-/ agg. [*wood, timber*] con venature irregolari.
cross hairs /ˈkrɒsheəz, AE ˈkrɔːs-/ n.pl. reticolo m.sing.
crosshatch /ˈkrɒshætʃ, AE ˈkrɔːs-/ tr. ombreggiare (con tratteggio incrociato).
crosshatching /ˈkrɒsˌhætʃɪŋ, AE ˈkrɔːs-/ n. **1** *(act)* tratteggiamento m. incrociato **2** *(pattern)* tratteggio m. incrociato.
cross-head /ˈkrɒshed, AE ˈkrɔːs-/ n. **1** TIP. → **cross-heading 2** MECC. testa f. a croce.
cross-heading /ˈkrɒsˌhedɪŋ, AE ˈkrɔːs-/ n. TIP. sottotitolo m.
cross-index /ˌkrɒsˈɪndeks, AE ˌkrɔːs-/ tr. fare un rimando a, rimandare a.
▷ **crossing** /ˈkrɒsɪŋ, AE ˈkrɔːsɪŋ/ n. **1** *(journey) (over sea, lake)* traversata f.; *(over border)* attraversamento m. **2** *(for pedestrians)* attraversamento m., passaggio m. pedonale; FERR. (anche **level ~**) passaggio m. a livello **3** FERR. *(junction)* nodo m., raccordo m. **4** BIOL. BOT. ZOOL. incrocio m.
crossing-out /ˌkrɒsɪŋˈaʊt, AE ˌkrɔːs-/ n. (pl. **crossings-out**) cancellatura f.
crossing-over /ˌkrɒsɪŋˈəʊvə(r), AE ˌkrɔːs-/ n. BIOL. crossing over m.
cross-legged /ˌkrɒsˈlegɪd, AE ˌkrɔːs-/ **I** agg. con le gambe incrociate, accavallate **II** avv. [*sit*] a gambe incrociate, accavallate.
crosslet /ˈkrɒslɪt, AE ˈkrɔːs-/ n. ARALD. piccola croce f., crocetta f.
crossly /ˈkrɒslɪ, AE ˈkrɔːslɪ/ avv. in modo adirato, seccato.
crossness /ˈkrɒsnɪs, AE ˈkrɔːs-/ n. malumore m., irritabilità f.
crossover /ˈkrɒsəʊvə(r), AE ˈkrɔːs-/ **I** n. **1** MUS. fusione f. di generi **2** FERR. binario m. di raccordo **II** agg. ABBIGL. [*bodice, straps*] incrociato.
crossover network /ˈkrɒsəʊvəˌnetwɜːk, AE ˈkrɔːs-/ n. ELETTRON. circuito m. separatore di frequenza.
cross-party /ˌkrɒsˈpɑːtɪ, AE ˌkrɔːs-/ agg. POL. [*amendment, approach, initiative*] accettato da più partiti; [*group*] trasversale; [*support*] di diversi partiti.
crosspatch /ˈkrɒspætʃ, AE ˈkrɔːs-/ n. COLLOQ. SCHERZ. brontolone m. (-a), borbottone m. (-a).
crosspiece /ˈkrɒspiːs, AE ˈkrɔːs-/ n. traversa f.
crossply /ˈkrɒsplaɪ, AE ˈkrɔːs-/ **I** n. AUT. pneumatico m. a tele incrociate **II** agg. AUT. [*tyre*] a tele incrociate.
cross-pollinate /ˌkrɒsˈpɒlɪneɪt, AE ˌkrɔːs-/ **I** tr. BOT. fecondare con l'impollinazione incrociata **II** intr. essere soggetto a impollinazione incrociata.
cross-pollination /ˌkrɒspɒlɪˈneɪʃn, AE ˌkrɔːs-/ n. BOT. impollinazione f. incrociata.
cross-purposes /ˌkrɒsˈpɜːpəsɪz, AE ˌkrɔːs-/ n.pl. ***we are at ~ (with each other)*** *(misunderstanding)* ci siamo fraintesi (l'uno con l'altro); *(disagreement)* siamo in disaccordo (l'uno con l'altro); ***to talk at ~*** fraintendersi *o* non riuscire a capirsi.
cross-question /ˌkrɒsˈkwestʃən, AE ˌkrɔːs-/ tr. interrogare in contraddittorio [*person*].
cross-reaction /ˌkrɒsrɪˈækʃn, AE ˌkrɔːs-/ n. BIOL. reazione f. crociata.
cross-refer /ˌkrɒsrɪˈfɜː(r), AE ˌkrɔːs-/ tr. (forma in -ing ecc. **-rr-**) rimandare [*person*] (**to** a); ***to ~ sth. to sth.*** fare un rinvio da qcs. a qcs.
1.cross-reference /ˌkrɒsˈrefrəns, AE ˌkrɔːs-/ n. rinvio m., rimando m. (**to** a).
2.cross-reference /ˌkrɒsˈrefrəns, AE ˌkrɔːs-/ tr. fornire di rinvii [*book, dictionary*]; fare un rimando da [*entry, item*] (**to** a).
crossroads /ˈkrɒsrəʊdz, AE ˈkrɔːs-/ n. (pl. ~) + verbo sing. incrocio m., crocevia m.; FIG. bivio m., svolta f.
cross-section /ˌkrɒsˈsekʃn, AE ˌkrɔːs-/ n. **1** sezione f. trasversale; ***in ~*** in sezione trasversale **2** FIG. *(selection)* campione m., spaccato m. (**of** di).
cross-shaped /ˈkrɒsʃeɪpt, AE ˈkrɔːs-/ agg. a forma di croce, cruciforme.
1.cross-stitch /ˈkrɒsstɪtʃ, AE ˈkrɔːs-/ n. punto m. croce.
2.cross-stitch /ˈkrɒsstɪtʃ, AE ˈkrɔːs-/ **I** tr. ricamare a punto croce **II** intr. ricamare a punto croce.
cross-stratification /ˌkrɒsˌstrætɪfɪˈkeɪʃn, AE ˌkrɔːs-/ n. → **cross-bedding**.
crosstalk /ˈkrɒstɔːk, AE ˈkrɔːs-/ n. **1** RAD. diafonia f., interferenza f. acustica **2** BE *(repartee)* botta f. e risposta, scambio m. di battute.
crosstie /ˈkrɒstaɪ, AE ˈkrɔːs-/ n. AE FERR. traversina f. (di binario).
cross-town /ˌkrɒsˈtaʊn, AE ˌkrɔːs-/ agg. AE che attraversa la città.
crosstree /ˈkrɒstriːz, AE ˈkrɔːs-/ n. MAR. crocetta f., barra f. (di crocetta).
crosswalk /ˈkrɒswɔːk, AE ˈkrɔːs-/ n. AE passaggio m., attraversamento m. pedonale.
crossway /ˈkrɒsweɪ, AE ˈkrɔːs-/ n. AE incrocio m.
crosswind /ˈkrɒswɪnd, AE ˈkrɔːs-/ n. vento m. di traverso.
crosswise /ˈkrɒswaɪz, AE ˈkrɔːs-/ **I** agg. **1** *(diagonal)* diagonale **2** *(transverse)* trasversale **II** avv. **1** *(diagonally)* in diagonale, diagonalmente **2** *(transversely)* trasversalmente, di traverso.
crossword /ˈkrɒswɜːd, AE ˈkrɔːs-/ **I** n. (anche **~ puzzle**) parole f.pl incrociate, cruciverba m.; ***to do the ~*** fare le parole incrociate **II** modif. [*competition, book*] di parole incrociate.
crotch /krɒtʃ/ n. **1** ANAT. inforcatura f. **2** *(in trousers)* cavallo m.; ***too tight in the ~*** troppo stretto di cavallo.
crotchet /ˈkrɒtʃɪt/ n. BE MUS. semiminima f.
crotchet rest /ˈkrɒtʃɪtˌrest/ n. BE MUS. pausa f. di semiminima.
crotchety /ˈkrɒtʃɪtɪ/ agg. capriccioso; irritabile.
crotchless /ˈkrɒtʃlɪs/ agg. [*garment*] aperto sul cavallo.
croton /ˈkrəʊtn/ n. **1** croton m. **2** crotontiglio m.
1.crouch /kraʊtʃ/ n. (l')accovacciarsi, (il) rannicchiarsi.
▷ **2.crouch** /kraʊtʃ/ intr. (anche **~ down**) [*person*] rannicchiarsi; [*person, animal*] *(in order to hide)* accovacciarsi; *(for attack)* acquattarsi, appostarsi.
1.croup /kruːp/ n. MED. crup m., laringite f. difterica.
2.croup /kruːp/ n. *(of horse)* groppa f.
croupier /ˈkruːpɪə(r)/ ♦ **27** n. croupier m.
crouton /ˈkruːtɒn/ n. crostino m.
1.crow /krəʊ/ n. **1** *(bird)* cornacchia f., corvo m.; ***hooded ~*** cornacchia grigia **2** *(cock's cry)* canto m. del gallo ◆ ***as the ~ flies*** in linea d'aria; ***to make sb. eat ~*** AE COLLOQ. fare ingoiare un rospo a qcn.; ***stone the ~s!*** COLLOQ. accidenti! che sorpresa!
2.crow /krəʊ/ intr. **1** *(exult)* esultare, gridare di gioia **2** [*baby*] fare gridolini (di gioia) **3** (pass. **crowed**, ANT. **crew**) [*cock*] cantare.
■ **crow about:** ~ ***about*** [***sth.***] vantarsi di, gloriarsi di.
■ **crow over:** ~ ***over*** [***sb.***] dichiarare la propria superiorità su; ~ ***over*** [***sth.***] vantarsi di.
crowbar /ˈkrəʊbɑː(r)/ n. palanchino m.
crowberry /ˈkrəʊbrɪ, AE -berɪ/ n. **1** *(plant)* empetro m. **2** *(fruit)* frutto m. dell'empetro.
▶ **1.crowd** /kraʊd/ **I** n. **1** *(mass of people)* folla f., moltitudine f.; *(audience)* pubblico m., spettatori m.pl.; ***a ~ of 10,000*** una folla di 10.000 persone; SPORT 10.000 spettatori; ***~s of people*** una folla di gente; ***to draw*** o ***attract a ~*** attirare una moltitudine; ***a ~ gathered at the scene*** una folla si raccolse sul luogo; ***we are hoping for a big ~ at the concert*** speriamo che ci siano molti spettatori al concerto; ***the president waved to the ~(s)*** il presidente salutò la folla; ***we ski in Norway to avoid the ~s*** andiamo a sciare in Norvegia per evitare la calca; ***people came in ~s to hear him*** la gente accorse in massa per ascoltarlo; ***it's not very good, but it'll pass in a ~*** COLLOQ. non è bellissimo ma è accettabile; ***to follow*** o ***go*** o ***move with the ~*** seguire la massa *o* la corrente; ***to stand out from the ~*** distinguersi dalla massa *o* elevarsi al di sopra della folla **2** COLLOQ. *(group)* compagnia f., combriccola f.; ***"who's coming? - "the usual ~"*** "chi viene?" - "la solita combriccola *o* gente"; ***the ~ from the office*** la compagnia dell'ufficio; ***they're a friendly ~*** sono una simpatica compagnia **II** modif. [*behaviour, reaction*] di massa ◆ ***where two is company, three is a ~*** poca brigata, vita beata.

2.crowd /kraʊd/ **I** tr. **1** *(fill)* affollare, gremire, riempire, assiepare [*pavement, platform, road, beach*]; ***tourists ~ed the bars, trains*** i turisti gremivano i bar, treni; ***the roads were ~ed with cars*** le strade erano intasate dalle auto **2** *(squash)* stipare, pigiare [*people, animals, cars, furniture*] (**into** in); ***they have ~ed as many lines as possible onto the page*** hanno fatto stare nella pagina quante più righe possibili; ***they have ~ed a lot of information into this brochure*** hanno ammassato molte informazioni in questo opuscolo; ***she ~s too much detail into her pictures*** i suoi quadri sono eccessivamente ricchi di dettagli; ***we always try to ~ as much as possible into our visits to Paris*** cerchiamo sempre di sfruttare al massimo le nostre visite a Parigi **3** *(fill to excess)* riempire [*room, house, mind*] (**with** di); caricare, sovraccaricare [*design, page*] (**with** di); ***the house was ~ed with furniture, paintings*** la casa era piena zeppa di mobili, quadri **4** *(jostle)* spingere [*person, animal*]; urtare [*vehicle, boat*] **5** COLLOQ. *(put pressure on)* fare pressione su; ***stop ~ing me! let me think!*** smettila di starmi addosso! lasciami pensare! **II** intr. **1** ***to ~ into*** ammassarsi in [*room, lift, vehicle*]; ***to ~ onto*** accalcarsi, stiparsi su [*bus, train*]; ***to ~ through*** passare in massa attraverso [*door, gates*]; ***to ~ up, down sth.*** salire, scendere in massa [*stairs*]; ***to ~ (up) against*** accalcarsi *o* pigiarsi contro [*barrier*] **2** FIG. ***to ~ into*** [*thoughts, memories, ideas*] affollarsi in [*mind, memory*].

■ **crowd around, crowd round:** ***~ (a)round*** accalcarsi; ***~ around [sth.]*** assieparsi intorno a; ***don't ~ around the entrance*** non accalcatevi all'entrata.

■ **crowd in:** ***~ in*** [*people, animals*] accalcarsi; ***to ~ in on sb.*** [*people*] affollarsi intorno a qcn.; FIG. [*hills, walls*] opprimere, circondare qcn.; FIG. [*thoughts, memories*] affollarsi nella mente di qcn.; ***~ in [sth., sb.], ~ [sth., sb.] in*** stipare [*people, animals, furniture*]; accumulare [*words, lines, illustrations*].

■ **crowd out:** ***~ out [sth., sb.], ~ [sth., sb.] out*** lasciare fuori [*person*]; escludere [*business*].

■ **crowd round** → **crowd around**.

■ **crowd together:** ***~ together*** accalcarsi; ***~ [sth.] together, ~ together [sth.]*** affollare.

crowd control /ˈkraʊdkən͵trəʊl/ n. controllo m. della folla.

crowd control barrier /ˈkraʊdkən͵trəʊl͵bærɪə(r)/ n. transenna f.

▷ **crowded** /ˈkraʊdɪd/ **I** p.pass. → **2.crowd II** agg. **1** *(full of people)* [*train, hall, restaurant, shop, church*] affollato, gremito, stipato; [*private room, house*] pieno zeppo; [*beach, park, street, pavement*] affollato; [*area, town*] popoloso; ***to be ~ with*** essere pieno *o* stipato di [*people*] **2** *(cluttered)* [*house, room, area, surface, table*] ingombro (**with** di); [*car park*] pieno (**with** di); [*display, arrangement, design*] carico, sovraccarico (**with** di) **3** *(busy)* [*diary, holiday, life, day, week*] pieno (**with** di); [*timetable*] fitto di impegni.

crowding /ˈkraʊdɪŋ/ n. affollamento m., assembramento m.

crowd-puller /ˈkraʊd͵pʊlə(r)/ n. *(event)* grande attrazione f.; *(person)* richiamo m.

crowd-pulling /ˈkraʊd͵pʊlɪŋ/ agg. di grande richiamo.

crowd safety /ˈkraʊd͵seɪftɪ/ n. sicurezza f. del pubblico.

crowd scene /ˈkraʊd͵siːn/ n. CINEM. TEATR. scena f. di massa.

crowd trouble /ˈkraʊd͵trʌbl/ n. tumulto m., disordine m. tra la folla.

crowfoot /ˈkrəʊfʊt/ n. (pl. **~s**) ranuncolo m.

crowing /ˈkrəʊɪŋ/ n. **1** *(of cock)* canto m. del gallo **2** *(boasting)* vanto m., gloria f.

▶ **1.crown** /kraʊn/ n. **1** *(of monarch)* corona f.; ***a ~ of flowers, of thorns*** una corona di fiori, di spine; ***the Crown*** la Corona **2** GB DIR. pubblico ministero m.; ***a witness for the Crown*** un testimone d'accusa **3** *(in boxing)* campionato m. **4** *(top) (of hill)* cima f., sommità f.; *(of tree)* chioma f.; *(of hat)* cupola f., cocuzzolo m.; *(of road)* colmo m. **5** *(head)* testa f., cranio m. **6** MED. corona f., capsula f. **7** BOT. *(of tree)* corona f. **8** GB STOR. *(old coin)* corona f. **9** MAR. diamante m. **10** ARCH. *(of bridge)* chiave f. dell'arco; *(of arch)* chiave f. di volta.

2.crown /kraʊn/ **I** tr. **1** incoronare [*queen, champion*]; ***to ~ sb. emperor, champion*** incoronare qcn. imperatore, campione **2** *(bring to worthy end)* coronare; ***the prize ~ed her career*** il premio è giunto a coronamento della sua carriera; ***her efforts were ~ed by success*** i suoi sforzi sono stati coronati *o* ricompensati dal successo; ***to ~ it all, I won, the car broke down*** per coronare l'opera, ho vinto, l'auto ha avuto un guasto **3** COLLOQ. *(hit)* colpire in testa, dare una botta in testa a [*person*] **4** MED. incapsulare [*tooth*] **5** GASTR. dare il tocco finale a [*cake*] (**with** con) **6** GIOC. *(in draughts)* damare [*piece*] **II** rifl. COLLOQ. ***to ~ oneself*** sbattere con la testa (**on** contro).

Crown Agents /͵kraʊnˈeɪdʒənts/ n.pl. GB POL. = organismo incaricato di fornire servizi finanziari e commerciali a governi stranieri e a organismi internazionali.

crown cap /͵kraʊnˈkæp/ n. tappo m. a corona.

crown colony /͵kraʊnˈkɒlənɪ/ n. GB POL. colonia f. della Corona britannica.

Crown court /͵kraʊnˈkɔːt/ n. GB DIR. corte f. d'assise.

crowned /kraʊnd/ **I** p.pass. → **2.crown II** agg. **1** (in)coronato **2** **-crowned** in composti ***high-, low-~ hat*** cappello a cocuzzolo alto, basso.

crowned head /͵kraʊndˈhed/ n. POL. testa f. coronata.

crown green bowling /͵kraʊngriːnˈbəʊlɪŋ/ ♦ ***10*** n. BE SPORT = gioco di bocce disputato su un campo la cui parte centrale è rialzata rispetto a quelle laterali.

crowning /ˈkraʊnɪŋ/ **I** n. incoronazione f. **II** agg. [*touch*] finale; [*irony*] sommo; [*moment*] supremo; [*success, victory*] finale, definitivo; ***the ~ achievement of his career*** il coronamento della sua carriera.

crowning glory /͵kraʊnɪŋˈglɔːrɪ/ n. **1** *(achievement)* coronamento m. **2** *(hair)* ***her hair is her ~*** i suoi capelli la rendono splendente.

crown jewels /͵kraʊnˈdʒuːəlz/ n.pl. gioielli m. della Corona.

Crown land /͵kraʊnˈlænd/ n. GB DIR. proprietà f.pl., demanio m. della Corona.

crown law /͵kraʊnˈlɔː/ n. diritto m. penale.

crown prince /͵kraʊnˈprɪns/ n. principe m. ereditario.

crown princess /͵kraʊnprɪnˈses/ n. **1** *(heir)* principessa f. ereditaria **2** *(wife of heir)* principessa f. consorte.

Crown Prosecution Service /͵kraʊnprɒsɪˈkjuːʃn͵sɜːvɪs/ n. GB DIR. = polizia giudiziaria che collabora con il pubblico ministero.

Crown prosecutor /͵kraʊnˈprɒsɪkjuːtə(r)/ n. GB DIR. pubblico ministero m.

crown roast /͵kraʊnˈrəʊst/ n. GASTR. = arrosto di costolette di maiale, agnello o vitello disposte a forma di corona.

Crown servant /͵kraʊnˈsɜːvənt/ n. BE AMM. funzionario m. statale.

crown stopper /͵kraʊnˈstɒpə(r)/ n. → **crown cap**.

crown wheel /͵kraʊnˈwiːl, AE -ˈhwiːl/ n. **1** *(in clock)* ruota f. a corona, rotella f. di caricamento **2** MECC. corona f.; ***~ and pinion*** corona e pignone.

crow's feet /ˈkrəʊzfiːt/ n.pl. *(on face)* zampe f. di gallina, rughe f.

crow's nest /ˈkrəʊznest/ n. MAR. coffa f., gabbia f.

crozier → **crosier**.

cruces /ˈkruːsiːz/ → **crux**.

▶ **crucial** /ˈkruːʃl/ agg. **1** [*role, importance, moment*] cruciale; [*witness*] decisivo (**to, for** per); ***it is ~ that*** è fondamentale che **2** BE COLLOQ. *(great)* ottimo, fantastico.

crucially /ˈkruːʃəlɪ/ avv. ***~ important*** di cruciale *o* suprema importanza; ***~, he was there*** cosa fondamentale, lui era lì.

crucian /ˈkruːʃn/ n. carassio m.

cruciate /ˈkruːʃɪ͵eɪt/ agg. BOT. ZOOL. cruciforme.

crucible /ˈkruːsɪbl/ n. **1** crogiolo m. **2** FIG. dura prova f.

crucifer /ˈkruːsɪfə(r)/ n. **1** BOT. *(cruciferous plant)* crocifera f. **2** RELIG. *(cross-bearer)* crocifero m.

cruciferous /kruːˈsɪfərəs/ agg. **1** BOT. appartenente, relativo alle crocifere **2** RELIG. *(bearing a cross)* crocifero.

crucifier /ˈkruːsɪfaɪə(r)/ n. crocifissore m.

crucifix /ˈkruːsɪfɪks/ n. crocifisso m.

crucifixion /͵kruːsɪˈfɪkʃn/ n. crocifissione f.; ***the Crucifixion*** la Crocifissione.

cruciform /ˈkruːsɪfɔːm/ agg. cruciforme.

crucify /ˈkruːsɪfaɪ/ tr. **1** *(execute)* crocifiggere **2** COLLOQ. *(criticize)* stroncare; *(defeat)* annientare; *(punish)* tormentare, torturare, mortificare.

crud /krʌd/ n. POP. **1** U *(dirt)* deposito m. di sporcizia, grasso **2** AE *(illness)* malattia f. (venerea o della pelle) **3** AE SPREG. *(contemptible person)* persona f. spregevole, meschina.

▷ **crude** /kruːd/ **I** agg. **1** *(rough)* [*tool, method*] rudimentale; [*estimate*] approssimativo, sommario **2** *(unsophisticated)* [*person, manners*] rude; [*attempt, belief, metaphor, expression*] grossolano **3** *(vulgar, rude)* [*laughter, language, joke*] volgare; [*person*] rude, rozzo **4** *(raw, unprocessed)* [*rubber, ore*] grezzo, non lavorato; [*data, statistic*] bruto, approssimativo; ***~ oil*** petrolio greggio; ***~ birthrate*** tasso bruto di natalità **II** n. *(oil)* petrolio m. greggio.

crudely /ˈkruːdlɪ/ avv. **1** *(simply)* [*describe, express*] in modo semplice, sommariamente; ***~ speaking,...*** all'incirca,... parlando in modo approssimativo,... **2** *(roughly)* [*painted, made*] grossolanamente; [*assembled*] in modo approssimativo, alla meglio **3** *(vulgarly)* [*behave*] rozzamente; [*speak*] in modo volgare.

crudeness /ˈkruːdnɪs/ n. → **crudity**.

crudity /'kruːdɪtɪ/ n. 1 *(vulgarity)* rudezza f., volgarità f., grossolanità f. 2 *(of method)* semplicità f., (l')essere rudimentale 3 *(of metaphor)* crudezza f.

▷ **cruel** /'krʊəl/ agg. [*person, fate, treatment, world*] crudele (**to** con, nei confronti di); [*joke, irony*] crudele; [*winter, climate*] rigido, gelido; ***a ~ blow*** un colpo doloroso ◆ ***you have to be ~ to be kind*** PROV. = se si vuole bene è necessario saper castigare.

cruelly /'krʊəlɪ/ avv. crudelmente, in modo crudele.

▷ **cruelty** /'krʊəltɪ/ n. 1 *(of person, fate, treatment)* crudeltà f. (**to** nei confronti di) 2 *(cruel act)* crudeltà f.

cruelty-free /ˌkrʊəltɪ'friː/ agg. [*product*] non testato su animali.

cruet /'kruːɪt/ n. 1 BE (anche **~ stand**) ampolliera f., oliera f. 2 AE *(small bottle)* ampolla f. (dell'olio o dell'aceto) 3 RELIG. ampollina f.

▷ **1.cruise** /kruːz/ n. 1 MAR. crociera f.; ***to be on a, to go on a ~*** essere in, fare una crociera 2 MIL. → **cruise missile**.

▷ **2.cruise** /kruːz/ **I** tr. 1 ***to ~ a sea, a river*** [*ship, liner*] incrociare in un mare, su un fiume; [*tourist, sailor*] viaggiare in nave in un mare, su un fiume 2 [*car, driver, taxi*] percorrere [*street, city*] 3 COLLOQ. [*homosexual*] rimorchiare (un partner) in [*place*] **II** intr. 1 [*liner, tourist*] andare in crociera, fare una crociera (**in** in; **on** su; **along** lungo; **around** intorno a; **into** in, verso) 2 [*plane*] volare a velocità di crociera; ***to ~ at 10,000 metres, at 800 km/h*** volare a un'altitudine di crociera di 10.000 metri, alla velocità di crociera di 800 km/h 3 [*car*] viaggiare a velocità di crociera; ***to ~ at 80 km/h*** andare alla velocità di crociera di 80 km/h 4 COLLOQ. ***to ~ to victory, into first place*** [*competitor, team, candidate*] ottenere con facilità la vittoria, il primo posto; ***to ~ through an exam*** superare un esame senza alcuna difficoltà 5 COLLOQ. [*taxi*] girare (in cerca di clienti); [*police, car*] andare in perlustrazione; [*homosexual, teenager*] rimorchiare; ***a cruising taxi*** un taxi che gira in cerca di clienti ◆ ***to be cruising for a bruising*** AE COLLOQ. [*child, troublemaker*] andare in cerca di guai *o* provocare.

cruise control /'kruːzkənˌtrəʊl/ n. AUT. regolazione f. di crociera.

cruise liner /'kruːzˌlaɪnə(r)/ n. nave f. da crociera.

cruise missile /ˌkruːz'mɪsaɪl, AE -'mɪsl/ n. (missile) cruise m., missile m. da crociera.

▷ **cruiser** /'kruːzə(r)/ n. 1 MIL. incrociatore m. 2 *(cabin cruiser)* cruiser m., cabinato m. 3 AE *(police car)* radiomobile f. della polizia.

cruiserweight /'kruːzəweɪt/ n. SPORT mediomassimo m.

cruising range /'kruːzɪŋˌreɪndʒ/ n. AER. autonomia f. di crociera.

cruising speed /'kruːzɪŋˌspiːd/ n. velocità f. di crociera.

cruising yacht /'kruːzɪŋˌjɒt/ n. yacht m., panfilo m. da crociera.

cruller /'krʌlə(r)/ n. AE ciambella f. fritta.

1.crumb /krʌm/ n. 1 *(of food)* briciola f. 2 *(tiny amount)* ***a ~ of*** un briciolo di [*information, conversation*]; ***a ~ of comfort*** una briciola di conforto 3 COLLOQ. SPREG. *(person)* persona f. spregevole 4 (anche **~ rubber**) grumo m. di gomma.

2.crumb /krʌm/ tr. 1 *(break into fragments)* sbriciolare 2 *(cover with breadcrumbs)* impanare.

crumb-brush /'krʌmˌbrʌʃ/ n. spazzola f. per le briciole.

1.crumble /'krʌmbl/ n. BE ***apple ~*** = dolce al forno a base di mele cotte ricoperte da un impasto di farina, burro e zucchero.

▷ **2.crumble** /'krʌmbl/ **I** tr. (anche **~ up**) sbriciolare [*bread, biscuit, cheese*]; sgretolare [*soil*] **II** intr. 1 [*bread*] sbriciolarsi; [*soil, cliff, facade*] sgretolarsi; [*building*] diroccarsi 2 FIG. [*relationship, economy, empire*] crollare; [*opposition, hope, determination*] crollare, andare in pezzi.

crumbling /'krʌmblɪŋ/ **I** n. sgretolamento m., sbriciolamento m. **II** agg. 1 [*building*] fatiscente, cadente; [*facade, concrete*] che si sgretola; [*cliff*] friabile 2 [*economy, empire*] vacillante.

crumbly /'krʌmblɪ/ **I** agg. [*bread, cheese*] che si sbriciola; [*pastry, earth*] friabile **II** n. COLLOQ. SPREG. *(old person)* vecchio m. (-a) decrepito (-a).

crumbs /krʌmz/ inter. ANT. COLLOQ. caspita, accidenti.

crumb-tray /'krʌmˌtreɪ/ n. paletta f. per le briciole.

crumby /krʌmɪ/ agg. 1 pieno di briciole 2 [*bread*] soffice, molle.

crummy /'krʌmɪ/ agg. COLLOQ. SPREG. 1 *(seedy, substandard)* scadente, in cattivo stato 2 AE *(unwell)* ***to feel ~*** sentirsi poco bene.

1.crump /krʌmp/ n. 1 *(sound of bomb, shell)* bum m. 2 AE GERG. MIL. scoppio m., detonazione f.

2.crump /krʌmp/ intr. esplodere, scoppiare.

crumpet /'krʌmpɪt/ n. 1 GASTR. focaccina f. tostata e imburrata 2 **U** BE COLLOQ. SCHERZ. ***a bit of ~*** un gran pezzo di ragazza; ***the thinking woman's ~*** SCHERZ. l'uomo adatto per la donna intellettuale.

crumple /'krʌmpl/ **I** tr. spiegazzare [*paper*]; accartocciare [*can*]; ***to ~ sth. into a ball*** appallottolare qcs. **II** intr. 1 *(crush up)* [*paper, garment*] spiegazzarsi, sgualcirsi; ***his face ~d*** il suo volto si contrasse in una smorfia; ***the car ~d on impact*** l'auto si accartocciò per l'impatto 2 *(collapse)* [*opposition, resistance*] crollare; ***he ~d onto the floor*** si accasciò al suolo.

■ **crumple up:** ***~ [sth.] up, ~ up [sth.]*** spiegazzare, appallottolare.

crumpled /'krʌmpld/ **I** p.pass. → **crumple II** agg. [*dress, page*] sgualcito, spiegazzato; [*car*] accartocciata; ***to get ~*** sgualcirsi *o* spiegazzarsi.

▷ **1.crunch** /krʌntʃ/ n. 1 *(sound) (of gravel, snow, broken wood, bone, glass)* scricchiolio m.; *(of gears)* stridore m. 2 ECON. *(squeeze)* crisi f., stretta f.; ***credit ~*** strozzatura creditizia, rarefazione del credito; ***energy ~*** crisi energetica; ***housing ~*** crisi degli alloggi ◆ ***when*** o ***if it comes to the ~*** quando si arriva alla resa dei conti *o* al dunque; ***the ~ came when*** il momento decisivo arrivò quando; ***when it came to the ~ I...*** quando si arrivò al dunque, io...

▷ **2.crunch** /krʌntʃ/ **I** tr. 1 *(eat)* sgranocchiare [*apple, toast, biscuit*]; [*animal*] mordere, rosicchiare [*bone*] 2 *(crush)* schiacciare, frantumare [*nuts*] 3 *(making noise)* ***she ~ed her way across the gravel*** camminando faceva scricchiolare la ghiaia 4 AUT. ***to ~ the gears*** COLLOQ. fare grattare le marce 5 COLLOQ. INFORM. elaborare, trattare [*data*] **II** intr. [*snow, gravel, glass*] scricchiolare; ***his shoes ~ed on the gravel*** la ghiaia scricchiolava sotto le sue scarpe.

■ **crunch up:** ***~ up [sth.]*** frantumare, triturare [*glass, stones, metal*] (**into** in).

crunching /krʌntʃɪŋ/ agg. ***a ~ sound*** o ***noise*** *(of gravel, snow, glass, wood, bone)* uno scricchiolio; *(of gears)* uno stridore.

crunchy /'krʌntʃɪ/ agg. [*vegetables, biscuits*] croccante; [*snow, gravel*] che scricchiola.

crupper /'krʌpə(r)/ n. EQUIT. 1 *(strap)* groppiera f., sottocoda m. 2 *(horse's rump)* groppa f.

crural /'krʊərəl/ agg. crurale.

▷ **1.crusade** /kruː'seɪd/ n. 1 (anche **Crusade**) STOR. crociata f.; ***to go, be on a ~*** partire per una crociata, essere in crociata 2 *(campaign)* crociata f. (**for** per; **against** contro).

▷ **2.crusade** /kruː'seɪd/ intr. *(campaign)* fare, partecipare a una crociata (**against** contro; **for** per).

crusader /kruː'seɪdə(r)/ n. 1 (anche **Crusader**) STOR. crociato m. 2 *(campaigner)* persona f. che partecipa a una crociata (**against** contro, **for** per); ***moral ~*** chi si batte per l'ideale della moralità.

crusading /kruː'seɪdɪŋ/ agg. battagliero, combattivo.

cruse /kruːz/ n. ANT. orcio m., vaso m. di terracotta.

1.crush /krʌʃ/ n. 1 *(crowd)* calca f., affollamento m.; ***in the ~*** nella calca; ***it was a ~*** COLLOQ. *(in the car)* si stava strettissimi *o* uno sopra l'altro 2 COLLOQ. *(infatuation)* cotta f.; ***to have a ~ on sb.*** avere una cotta per qcn. 3 BE *(drink)* ***orange, lemon ~*** spremuta d'arancia, di limone.

▷ **2.crush** /krʌʃ/ **I** tr. 1 FIG. *(by force, argument)* annientare, piegare [*enemy, protester, uprising*]; reprimere, stroncare, soffocare [*protest*]; distruggere, frantumare [*hopes*]; *(by ridicule)* umiliare [*person*] 2 *(squash) (deliberately)* schiacciare [*can, fruit, vegetable*]; frantumare [*stone*]; tritare [*ice*]; *(in accident)* schiacciare [*person, vehicle*] (**against** contro); schiacciare [*part of body*]; ***to ~ sth. to a powder*** polverizzare qcs. *o* ridurre qcs. in polvere; ***to be ~ed to death*** *(by vehicle)* morire investito; *(by masonry)* morire schiacciato 3 *(crease)* sgualcire, spiegazzare [*garment, fabric*] 4 *(clasp)* stringere; ***he ~ed her to him*** la strinse a sé **II** intr. 1 ***to ~ forward*** precipitarsi in massa verso; ***to ~ together*** schiacciarsi gli uni contro gli altri *o* accalcarsi; ***to ~ into*** ammassarsi *o* stiparsi in [*room, vehicle*] 2 [*fabrics, garments*] sgualcirsi, spiegazzarsi.

■ **crush down:** ***~ [sth.] down, ~ down [sth.]*** 1 schiacciare 2 frantumare, triturare [*stone*] 3 FIG. annientare [*enemy*]; stroncare, schiacciare [*protest*].

■ **crush in:** ***~ [sb.] in, ~ in [sb.]*** fare entrare a forza [*people*].

■ **crush out:** ***~ [sth.] out, ~ out [sth.]*** ricavare, spremere [*juice*].

■ **crush up:** ***~ [sth.] up, ~ up [sth.]*** sbriciolare [*biscuits*]; frantumare, triturare [*rock*].

crush bar /'krʌʃˌbɑː(r)/ n. BE TEATR. bar m. del ridotto.

crush barrier /'krʌʃˌbærɪə(r)/ n. BE transenna f.

crushed /krʌʃt/ **I** p.pass. → **2.crush II** agg. ***to be ~ by*** essere annichilito *o* schiantato da [*sorrow, tragedy*]; essere sopraffatto da [*ill-treatment*].

crushed velvet /ˌkrʌʃt'velvɪt/ n. velluto m. riccio.

crusher /'krʌʃə(r)/ n. 1 IND. MIN. frantoio m., frantumatore m. meccanico 2 *(knockout)* duro colpo m. 3 *(overwhelming person, thing or event)* persona f., fatto m. travolgente.

crush-hat /ˌkrʌʃ'hæt/ n. gibus m.

crushing /'krʌʃɪŋ/ agg. **1** *(overpowering)* [*defeat, majority, weight*] schiacciante; [*blow*] tremendo; [*news*] clamoroso **2** *(humiliating)* [*remark, criticism*] umiliante; [*look*] mortificante.

crushingly /'krʌʃɪŋlɪ/ avv. [*say*] in modo tagliente; [*look*] in modo umiliante.

crushproof /'krʌʃpru:f/ agg. [*fabric*] ingualcibile; [*packing*] indeformabile, rigido.

crush-room /'krʌʃrʊm, -ru:m/ n. TEATR. ridotto m.

▷ **1.crust** /krʌst/ n. **1** *(on bread, pie)* crosta f.; ***a ~ of bread*** una crosta di pane; ***to earn one's ~*** BE COLLOQ. guadagnarsi il pane; ***he'd share his last ~*** dividerebbe anche il suo ultimo tozzo di pane **2** *(of mud, blood, snow)* crosta f.; ***to form a ~*** formare una crosta; ***the earth's ~*** la crosta terrestre **3** *(of wine, port)* incrostazione f., gromma f. **4** AE COLLOQ. faccia f. tosta; ***to have the ~ to do*** COLLOQ. avere la faccia tosta di fare.

2.crust /krʌst/ **I** tr. *(cover with a crust)* incrostare, coprire di croste **II** intr. *(become covered with a crust)* incrostarsi, coprirsi di croste.

crustacean /krʌ'steɪʃn/ n. crostaceo m.

crustaceous /krʌ'steɪʃəs/ agg. di crostaceo, dei crostacei.

crustal /krʌstl/ agg. crostale.

crusta lactea /ˌkʌstə'læktɪə/ n. crosta f. lattea.

crusted /'krʌstɪd/ **I** p.pass. → **2.crust II** agg. **1** *(having a crust)* crostoso, coperto di croste **2** [*wine*] grommato **3** *(antiquated)* antiquato, superato.

crustily /'krʌstɪlɪ/ avv. scontrosamente, bruscamente.

crustiness /'krʌstɪnɪs/ n. **1** durezza f. (della crosta) **2** *(irritability)* irritabilità f., scontrosità f.

crusty /'krʌstɪ/ agg. **1** [*bread*] crostoso **2** *(irritable)* irritabile, scontroso.

1.crutch /krʌtʃ/ n. **1** MED. gruccia f., stampella f.; ***to walk*** o ***be on ~es*** camminare con le stampelle **2** FIG. *(prop)* appoggio m., sostegno m.; ***religion is a ~ for*** o ***to her*** la religione rappresenta un sostegno per lei **3** BE *(crotch)* ANAT. inforcatura f.; *(in trousers)* cavallo m. **4** MAR. *(for oar)* scalmiera f., scalmo m.

2.crutch /krʌtʃ/ tr. *(prop up)* reggere, sostenere (con le grucce).

crutched /krʌtʃt/ **I** p.pass. → **2.crutch II** agg. *(furnished with a crutch)* provvisto di grucce.

crux /krʌks/ n. (pl. **~es, -ces**) punto m. cruciale; ***the ~ of the matter*** il nodo della questione.

Crux /krʌks/ n. ASTR. Croce f. del Sud.

▶ **1.cry** /kraɪ/ n. **1** *(shout, call)* *(of person)* grido m., urlo m.; *(of bird)* verso m., richiamo m.; ***a great ~ went up*** si alzò un forte grido; ***to utter a ~*** lanciare *o* gettare un grido; ***nobody heard his cries for help*** nessuno sentì le sue grida di aiuto; ***a ~ for help*** FIG. un grido di aiuto; ***there were cries of "shame!"*** la gente gridava allo scandalo; ***there have been cries for reprisals*** la gente gridava vendetta **2** *(weep)* ***to have a good ~*** COLLOQ. farsi un bel pianto **3** *(slogan)* motto m., slogan m.; ***their ~ was "we shall overcome!"*** la loro parola d'ordine era "vinceremo!" **4** VENAT. *(of hounds)* guaito m.; ***to be in full ~*** [*pack*] abbaiare forte; ***the crowd, press were in full ~ against them*** BE FIG. la folla, stampa si scagliava *o* si accaniva contro di loro ◆ ***it's a far ~ from the days when*** c'è una bella differenza rispetto ai giorni in cui; ***it's a far ~ from the luxury to which they were accustomed*** c'è una grande differenza rispetto al lusso a cui erano abituati; ***this small house is a far ~ from the palace where she was born*** non c'è confronto fra questa piccola casa e il palazzo in cui è nata.

▶ **2.cry** /kraɪ/ **I** tr. **1** *(shout)* ***"look out!" he cried*** "attenzione!" gridò **2** *(weep)* ***to ~ bitter tears, tears of joy*** piangere lacrime amare, di gioia; ***how many tears I have cried over you!*** quante lacrime ho versato per causa tua! **II** intr. **1** *(weep)* piangere (**about** a causa di, per); ***to ~ for joy*** piangere per la gioia; ***don't ~ about that!*** non piangere per questo! ***he was ~ing for his mother*** piangendo chiamava sua madre; ***to ~ with laughter*** ridere fino alle lacrime *o* piangere dal ridere; ***that'll give you something to ~ about!*** COLLOQ. ecco un buon motivo per cui piangere! **2** *(call out)* → **cry out** ◆ ***for ~ing out loud!*** in nome del cielo! ***to ~ one's eyes*** o ***heart out*** piangere tutte le proprie lacrime *o* piangere a dirotto.

■ **cry down** BE **~ *down [sth.]*** mettere a tacere [*opposition*]; denigrare [*view*].

■ **cry off** BE *(cancel appointment)* disdire; *(retract promise)* tirarsi indietro; ***they cried off at the last minute*** si è tirato indietro all'ultimo momento; ***to ~ off from*** ritirarsi da [*meeting*].

■ **cry out** *(with pain, grief etc.)* lanciare, emettere un grido; *(call)* gridare; ***to ~ out in anguish*** lanciare un grido d'angoscia; ***to ~ out to sb.*** chiamare qcn. gridando *o* ad alta voce; ***to ~ out for*** *(beg for)* invocare, implorare [*mercy*]; reclamare [*attention, assistance*]; *(need desperately)* chiedere a gran voce [*help, reforms, renovation*]; ***the country is ~ing out for aid*** il paese sta chiedendo aiuti a gran voce; ***these windows are ~ing out to be cleaned*** SCHERZ. queste finestre reclamano di essere lavate.

crybaby /'kraɪˌbeɪbɪ/ n. COLLOQ. piagnucolone m. (-a).

▷ **crying** /'kraɪɪŋ/ **I** n. **U** grida f.pl. **II** agg. **1** *(blatant)* [*injustice*] palese; [*need*] urgente; ***it's a ~ shame!*** è un vero peccato! *(stronger)* è davvero una vergogna! **2** *(weeping)* [*person*] piangente, in lacrime.

cryobiology /ˌkraɪəʊbaɪ'ɒlədʒɪ/ n. criobiologia f.

cryoelectronics /ˌkraɪəʊelek'trɒnɪks/ n. + verbo sing. crioelettronica f.

cryogen /'kraɪəʊdʒən/ n. fluido m. criogenico.

cryogenic /ˌkraɪə'dʒenɪk/ agg. criogenico.

cryogenics /ˌkraɪə'dʒenɪks/ n. BIOL. + verbo sing. criogenia f.

cryohydrate /ˌkraɪəʊ'haɪdreɪt/ n. crioidrato m.

cryolite /'kraɪəʊˌlaɪt/ n. criolite f.

cryology /ˌkraɪ'ɒlədʒɪ/ n. criologia f.

cryometer /ˌkraɪ'ɒmɪtə(r)/ n. criometro m.

cryonics /ˌkraɪ'ɒnɪks/ n. MED. + verbo sing. ibernazione f. di cadaveri.

cryoprobe /'kraɪəʊˌprəʊb/ n. criosonda f.

cryostat /'kraɪəʊˌstæt/ n. criostato m.

cryosurgery /ˌkraɪə'sɜ:dʒərɪ/ n. MED. criochirurgia f.

cryotherapy /ˌkraɪə'θerəpɪ/ n. MED. crioterapia f.

crypt /krɪpt/ n. cripta f.

cryptaesthesia /ˌkrɪptes'θi:zɪə/ n. criptestesia f.

cryptanalysis /ˌkrɪptə'næləsɪs/ n. (pl. **-es**) decrittazione f.

cryptic /'krɪptɪk/ agg. **1** [*remark, allusion*] enigmatico, sibillino; [*code, message*] criptico, segreto, misterioso **2** GIOC. [*crossword, clue*] crittografato.

cryptically /'krɪptɪklɪ/ avv. [*say, speak*] cripticamente, in modo enigmatico; ***~ worded*** con parole misteriose *o* sibilline.

cryptogamic /ˌkrɪptəʊ'gæmɪk/, **cryptogamous** /ˌkrɪp'tɒgəməs/ agg. crittogamico.

cryptogamy /ˌkrɪp'tɒgəmɪ/ n. crittogamia f.

cryptogram /'krɪptəgræm/ n. crittogramma m.

cryptographer /ˌkrɪp'tɒgrəfə(r)/ ♦ **27** n. crittografo m. (-a).

cryptographic(al) /ˌkrɪptəʊ'græfɪk(l)/ agg. crittografico.

cryptography /ˌkrɪp'tɒgrəfɪ/ n. crittografia f.

cryptophyte /'krɪptəʊˌfaɪt/ n. criptofita f.

crystal /'krɪstl/ **I** n. **1** CHIM. cristallo m.; ***wine ~s*** gromma del vino **2** MINER. cristallo m.; ***rock ~*** cristallo di rocca **3** *(glass)* cristallo m.; ***made of ~*** di cristallo **4** *(on watch)* vetro m. **II** modif. **1** [*chandelier, carafe*] di cristallo; [*jewellery*] in cristallo di rocca **2** [*water*] cristallino, limpido ◆ ***as clear as ~*** [*water, sound*] cristallino; [*explanation*] chiarissimo *o* che non lascia dubbi.

crystal ball /ˌkrɪstl'bɔ:l/ n. sfera f. di cristallo; ***to look into one's ~*** FIG. scrutare in una sfera di cristallo *o* cercare di indovinare il futuro.

crystal clear /ˌkrɪstl'klɪə(r)/ agg. **1** [*water, acoustics*] cristallino **2** [*explanation*] chiarissimo, che non lascia dubbi; ***let me make it ~*** lascia che te lo chiarisca completamente.

crystal gazing /'krɪstlˌgeɪzɪŋ/ n. predizione f. del futuro (con la sfera di cristallo).

crystal lattice /'krɪstlˌlætɪs/ n. reticolo m. cristallino.

crystalliferous /ˌkrɪstə'lɪfərəs/ agg. cristallifero.

crystalline /'krɪstəlaɪn/ agg. *(all contexts)* cristallino.

crystalline lens /'krɪstəlaɪnˌlenz/ n. cristallino m.

crystallite /'krɪstəˌlaɪt/ n. cristallite f.

crystallizable /'krɪstəlaɪzəbl/ agg. cristallizzabile.

crystallization /ˌkrɪstəlaɪ'zeɪʃn, AE -lɪ'z-/ n. cristallizzazione f.

crystallize /'krɪstəlaɪz/ **I** tr. **1** chiarire, definire [*views, ideas*]; cristallizzare, fossilizzare [*identity, divisions*] **2** cristallizzare [*syrup, solution, molten rock*] **II** intr. **1** [*ideas*] cristallizzarsi, fossilizzarsi **2** [*solution, molten rock*] cristallizzarsi.

crystallized /'krɪstəlaɪzd/ **I** p.pass. → **crystallize II** agg. [*fruit, ginger*] candito.

crystallographic(al) /ˌkrɪstələ'græfɪk(l)/ agg. cristallografico.

crystallography /ˌkrɪstə'lɒgrəfɪ/ n. cristallografia f.

crystalloid /'krɪstəlɔɪd/ **I** agg. cristalloide **II** n. cristalloide m.

crystal set /'krɪstlˌset/ n. RAD. ricevitore m. a galena.

crystal structure /'krɪstlˌstrʌktə(r)/ n. struttura f. cristallina.

crystal therapy /'krɪstlˌθerəpɪ/ n. cristalloterapia f.

crystal work /'krɪstlˌwɜ:k/ n. *(factory)* cristalleria f.

CSC n. GB (⇒ Civil Service Commission) = commissione per la selezione e l'assunzione degli impiegati statali.

CSE n. GB SCOL. (⇒ Certificate of Secondary Education) = diploma di istruzione secondaria.

C-section /ˈsiː,sekʃn/ n. MED. *(Caesarean section)* (taglio) cesareo m.
CSEU n. GB (⇒ Confederation of Shipbuilding and Engineering Unions) = confederazione dei sindacati dei lavoratori dei cantieri navali.
CS gas /siːˈes,gæs/ n. BE gas m. lacrimogeno.
CSM n. (⇒ company sergeant major) = maresciallo.
CST n. US (⇒ Central Standard Time) = ora solare della zona centrale dell'America settentrionale.
CSU n. GB (⇒ Civil Service Union) = sindacato dei pubblici funzionari.
ct ⇒ carat carato.
1.CT US ⇒ Connecticut Connecticut.
2.CT n. (⇒ computerized tomography tomografia computerizzata) TC f.
CTC n. GB (⇒ City Technology College) = scuola superiore specializzata in materie tecnologiche, localizzata nel centro della città e finanziata dalle industrie.
ctenoid /ˈtiːnɔɪd/ agg. ctenoide.
ctenophore /ˈtiːnə,fɔː(r)/ n. ctenoforo m.
cu ⇒ cubic cubo.
1.cub /kʌb/ n. **1** ZOOL. cucciolo m. (-a) **2** (anche **Cub scout**) lupetto m.
2.cub /kʌb/ **I** tr. partorire, figliare **II** intr. partorire, figliare.
Cuba /ˈkjuːbə/ ➧ ***6, 12*** n.pr. Cuba f.
cubage /ˈkjuːbɪdʒ/ n. cubatura f.
Cuban /ˈkjuːbən/ ➧ ***18*** **I** agg. cubano **II** n. cubano m. (-a).
Cuban heel /,kjuːbənˈhiːl/ n. tacco m. di media altezza.
cubature /ˈkjuːbətʃə(r)/ n. cubatura f.
cubbish /ˈkʌbɪʃ/ agg. **1** *(resembling a cub)* da cucciolo **2** *(awkward)* inesperto, goffo.
cubby-hole /ˈkʌbɪhəʊl/ n. COLLOQ. **1** *(cramped space)* bugigattolo m., nicchia f.; *(snug room)* = stanza intima e confortevole **2** *(storage space)* sgabuzzino m., ripostiglio m. **3** *(in desk)* cassettino m.
▷ **1.cube** /kjuːb/ n. **1** *(solid)* cubo m. **2** *(cubical object)* cubo m. **3** MAT. *(third power)* cubo m. **2** GASTR. *(of meat, stock)* cubetto m.; *(of sugar)* zolletta f.; ***ice ~*** cubetto di ghiaccio.
2.cube /kjuːb/ tr. **1** MAT. elevare al cubo; ***what is five ~d?*** qual è il cubo di cinque? **2** GASTR. tagliare a cubetti.
cube root /,kjuːbˈruːt/ n. radice f. cubica (**of** di).
cubic /ˈkjuːbɪk/ ➧ ***35, 3*** agg. **1** MAT. [*form*] cubico **2** *(measurement)* [*metre, centimetre*] cubo; ***two ~ metres*** due metri cubi **3** MAT. [*equation, expression*] cubico, di terzo grado.
cubical /ˈkjuːbɪkl/ agg. cubico; a forma di cubo.
cubic capacity /,kjuːbɪkəˈpæsətɪ/ n. *(of container)* volume m.; *(of engine)* cilindrata f.
cubicle /ˈkjuːbɪkl/ n. **1** *(in changing room)* cabina f.; *(in public toilets)* gabinetto m.; *(in library, office)* AE cabina f. **2** *(in dormitory)* celletta f., scompartimento m.
cubic measure /ˈkjuːbɪk,meʒə(r)/ n. unità f. di volume.
cubiform /ˈkjuːbɪfɔːm/ agg. cubiforme.
cubism /ˈkjuːbɪzəm/ n. (anche **Cubism**) cubismo m.
cubist /ˈkjuːbɪst/ **I** agg. cubistico, cubista **II** n. cubista m. e f.
cubit /ˈkjuːbɪt/ n. METROL. STOR. cubito m.
cubital /ˈkjuːbɪtl/ agg. cubitale, dell'ulna.
cubitus /ˈkjuːbɪtəs/ n. cubito m., ulna f.
cuboid /ˈkjuːbɔɪd/ agg. cuboide.
Cub pack /ˈkʌb,pæk/ n. *(in scouting)* branco m. di lupetti.
cub reporter /,kʌbrɪˈpɔːtə(r)/ ➧ ***27*** n. giornalista m. e f. praticante, tirocinante.
cucking-stool /ˈkʌkɪŋstuːl/ n. STOR. = sedia sulla quale i colpevoli venivano legati e immersi in acqua oppure esposti al pubblico ludibrio.
1.cuckold /ˈkʌkəʊld/ n. ANT. marito m. tradito, cornuto.
2.cuckold /ˈkʌkəʊld/ tr. ANT. tradire, cornificare [*husband*].
1.cuckoo /ˈkʊkuː/ **I** n. cuculo m.; ***he's the ~ in the nest*** FIG. SPREG. è una persona indesiderata **II** agg. COLLOQ. SCHERZ. *(mad)* pazzo, strambo.
2.cuckoo /ˈkʊkuː/ intr. fare il verso del cuculo.
cuckoo clock /ˈkʊkuː,klɒk/ n. orologio m. a cucù.
cuckoo flower /ˈkʊkuː,flaʊə(r)/ n. cardamine f., billeri m.
cuckoo pint /ˈkʊkuːpaɪnt/ n. BOT. gigaro m., lanternaria f.
cuckoo spit /ˈkʊkuː,spɪt/ n. = schiuma bianca in cui si avvolgono le larve dei Cercopidi.
cucullate(d) /ˈkjuːkʌleɪt(ɪd)/ agg. BOT. [*sepals*] a forma di cappuccio.
cucumber /ˈkjuːkʌmbə(r)/ **I** n. AGR. GASTR. cetriolo m. **II** modif. [*sandwich*] ai cetrioli; [*salad*] di cetrioli ◆ ***to be as cool as a ~*** essere impassibile *o* compassato.
cucumber tree /ˈkjuːkʌmbətriː/ n. magnolia f. acuminata.
cucurbit /kjʊˈkɜːbɪt/ n. cucurbita f., zucca f.
cucurbitaceous /kjʊ,kɜːbɪˈteɪʃəs/ agg. delle, relativo alle cucurbitacee.
cud /kʌd/ n. ***to chew the ~*** ruminare (anche FIG.).
cudbear /ˈkʌdbeə(r)/ n. *(colouring powder)* oricello m.
1.cuddle /ˈkʌdl/ n. abbraccio m. affettuoso, coccola f.; ***to have a ~*** abbracciarsi affettuosamente; ***to give sb. a ~*** abbracciare qcn. affettuosamente.
2.cuddle /ˈkʌdl/ **I** tr. abbracciare (affettuosamente), stringere fra le braccia, coccolare **II** intr. abbracciarsi (affettuosamente).
■ **cuddle up** rannicchiarsi (**against** contro); ***to ~ up for warmth*** accoccolarsi per riscaldarsi.
cuddlesome /ˈkʌdlsəm/ agg. che ispira tenerezza, carezze.
cuddly /ˈkʌdlɪ/ agg. **1** *(sweet)* adorabile, dolce; *(soft)* tenero; *(plump)* paffuto; ***he's very ~*** è un coccolone **2** *(fond of hugging)* affettuoso.
cuddly toy /ˈkʌdlɪ,tɔɪ/ n. BE peluche m.
1.cuddy /ˈkʌdɪ/ n. **1** MAR. *(small cabin)* cabina f., cambusa f. **2** *(small room or cupboard)* ripostiglio m., credenzina f.
2.cuddy /ˈkʌdɪ/ n. asino m., somaro m. (anche FIG.).
1.cudgel /ˈkʌdʒl/ n. bastone m., randello m. ◆ ***to take up the ~s for*** o ***on behalf of sb., sth.*** difendere qcn., qcs. a spada tratta.
2.cudgel /ˈkʌdʒl/ tr. (forma in -ing ecc. **-ll-**, **-l-** AE) bastonare, randellare ◆ ***to ~ one's brains*** COLLOQ. spremersi le meningi (**for, to** per).
cudweed /kʌdwiːd/ n. gnafalio m.
▷ **1.cue** /kjuː/ n. **1** TEATR. *(line)* battuta f. d'entrata; *(action)* segnale m. d'inizio; MUS. attacco m.; TELEV. RAD. CINEM. segnale m. d'azione; ***on ~*** *(after word)* dopo la battuta d'entrata; *(after action)* dopo il segnale d'azione; ***to come in on ~*** [*instrument*] entrare al segnale d'attacco; ***to give sb. the ~ to enter*** dare a qcn. il segnale di entrata **2** FIG. *(signal)* suggerimento m., imbeccata f.; ***to be sb.'s ~ (to do)*** essere il segnale d'inizio per qcn. (per fare); ***to take one's ~ from sb.*** prendere lo spunto da qcn.; ***as if on ~*** IRON. come se fosse stato fatto apposta; ***right on ~*** proprio al momento opportuno; ***(that's a) ~ for a song!*** è il momento giusto per una canzone.
2.cue /kjuː/ n. SPORT stecca f. da biliardo.
3.cue /kjuː/ tr. SPORT colpire con la stecca [*ball*].
■ **cue in:** ~ **[sb.] in**, ~ **in [sb.]** TELEV. CINEM. RAD. dare il segnale d'inizio a.
cue ball /ˈkjuː,bɔːl/ n. SPORT *(in billiards, snooker)* pallino m.
cue card /ˈkjuː,kɑːd/ n. TELEV. gobbo m.
cue rack /ˈkjuː,ræk/ n. rastrelliera f. per stecche da biliardo.
cuesta /ˈkwestə/ n. GEOGR. GEOL. costone m.
▷ **1.cuff** /kʌf/ **I** n. **1** *(at wrist)* polsino m.; *(turned back)* risvolto m. **2** AE *(on trousers)* risvolto m. **3** MED. *(for blood pressure)* manicotto m. (dello sfigmomanometro) **II** n.pl. **cuffs** COLLOQ. *(handcuffs)* manette f. ◆ ***to speak off the ~*** improvvisare un discorso; ***an off the ~ remark, discussion*** un'osservazione, una discussione improv-visata; ***to buy on the ~*** AE COLLOQ. comprare a credito.
2.cuff /kʌf/ tr. COLLOQ. *(handcuff)* mettere le manette a, ammanettare.
3.cuff /kʌf/ n. *(blow)* schiaffo m., scappellotto m.
4.cuff /kʌf/ tr. *(strike)* dare uno schiaffo, una sberla a; *(on head)* dare uno scappellotto a.
cuff link /ˈkʌflɪŋk/ n. gemello m. da camicia.
Cufic /ˈkjuːfɪk/ STOR. **I** agg. cufico **II** n. alfabeto m. cufico.
cuirass /kwɪˈræs/ n. STOR. ZOOL. corazza f.
cuirassier /,kwɪrəˈsɪə(r)/ n. corazziere m.
cuish /kwɪʃ/ n. STOR. cosciale m.
▷ **cuisine** /kwɪˈziːn/ n. cucina f., modo m. di cucinare; ***haute ~*** alta cucina *o* grande cucina.
cuisse → **cuish.**
cul-de-sac /ˈkʌldə,sæk/ n. *(street)* vicolo m. cieco, cul-de-sac m.; *(on roadsign)* strada f. senza uscita.
culinary /ˈkʌlɪnərɪ, AE -nerɪ/ agg. culinario.
1.cull /kʌl/ **I** n. **1** AGR. *(for livestock)* selezione f.; *(of foxes)* abbattimento m. selettivo **2** VENAT. *(for skin, meat)* uccisione f., massacro m. **3** *(animals killed)* quota f. di animali da abbattere; ***a ~ of 375 seals is to be allowed this year*** sarà possibile abbattere una quota di 375 foche quest'anno **II** modif. [*animal, cow, sow*] da eliminare, scartare.
2.cull /kʌl/ tr. **1** AGR. selezionare [*livestock*]; abbattere [*fox*] **2** VENAT. uccidere, massacrare [*seal, whale*] **3** *(gather)* selezionare [*information, details*] (**from sth.** da qcs.).
cullender /ˈkʌlɪndə(r)/ n. colino m.
cully /ˈkʌlɪ/ n. **1** semplicione m. (-a), ingenuo m. (-a) **2** *(mate)* amico m. (-a), compagno m. (-a).

1.culm /kʌlm/ n. ANT. carbone m. minuto grigliato.
2.culm /kʌlm/ n. BOT. culmo m.
culminant /ˈkʌlmɪnənt/ agg. culminante.
▷ **culminate** /ˈkʌlmɪneɪt/ tr. culminare (**in** in).
culmination /ˌkʌlmɪˈneɪʃn/ n. **1** *(outcome)* culmine m. (**of** di) **2** *(high point: of work, career)* culmine m., apogeo m. (**of** di) **3** ASTR. culminazione f.
culottes /kjuːˈlɒts/ n.pl. gonna f.sing. pantalone; ***a pair of ~*** una gonna pantalone.
culpability /ˌkʌlpəˈbɪlətɪ/ n. colpevolezza f.
culpable /ˈkʌlpəbl/ agg. colpevole (**for** di).
culpable homicide /ˌkʌlpəblˈhɒmɪsaɪd/ n. DIR. omicidio m. colposo.
culpable negligence /ˌkʌlpəblˈneglɪdʒəns/ n. DIR. negligenza f. colposa.
culprit /ˈkʌlprɪt/ n. **1** *(guilty person)* colpevole m. e f. **2** *(main cause)* principale responsabile m.
▷ **cult** /kʌlt/ **I** n. **1** RELIG. *(primitive)* culto m.; *(contemporary)* setta f. **2 U** *(worship)* culto m., venerazione f. (**of** di); ***~ of personality*** culto della personalità **3** *(craze)* culto m., cult m. **II** modif. ***a ~ band, film*** un gruppo, film di culto; ***to be a ~ figure*** essere una figura carismatica.
cultivability /ˌkʌltɪvəˈbɪlətɪ/ n. coltivabilità f.
cultivable /ˈkʌltɪvəbl/ agg. coltivabile.
cultivar /ˈkʌltɪvɑː(r)/ n. cultivar f.
cultivate /ˈkʌltɪveɪt/ tr. **1** coltivare [*land, soil*] **2** *(develop)* ***to ~ one's image, memory*** coltivare la propria immagine, memoria; ***to ~ one's mind*** esercitare la propria mente; ***to ~ the right people*** coltivarsi le persone giuste.
▷ **cultivated** /ˈkʌltɪveɪtɪd/ **I** p.pass. → **cultivate II** agg. **1** [*land, soil*] coltivato **2** *(refined, educated)* [*person*] colto, raffinato.
▷ **cultivation** /ˌkʌltɪˈveɪʃn/ n. **1** AGR. coltivazione f., coltura f.; ***under ~*** coltivato **2** *(development)* ***he considered the ~ of certain mannerisms essential to his image*** riteneva che coltivare determinate affettazioni fosse essenziale per la sua immagine.
cultivator /ˈkʌltɪveɪtə(r)/ ➧ **27** n. **1** *(mechanical)* coltivatore m.; *(motorized)* motocoltivatore m. **2** *(person)* coltivatore m. (-trice).
▶ **cultural** /ˈkʌltʃərəl/ agg. culturale.
cultural attaché /ˈkʌltʃərələˌtæʃeɪ/ ➧ **27** n. addetto m. (-a) culturale.
cultural desert /ˈkʌltʃərəlˌdezət/ n. deserto m. culturale.
▷ **culturally** /ˈkʌltʃərəlɪ/ avv. [*similar, different*] culturalmente; ***a ~ diverse country*** un paese che presenta una varietà di culture; ***~ (speaking)*** dal punto di vista culturale; ***to be ~ determined*** essere determinato dalla cultura.
Cultural Revolution /ˌkʌltʃərəlrevəˈluːʃn/ n. STOR. rivoluzione f. culturale.
▶ **1.culture** /ˈkʌltʃə(r)/ n. **1 U** *(art and thought)* cultura f.; ***high, popular ~*** cultura alta, popolare; ***to bring ~ to the masses*** diffondere la cultura **2** *(way of life)* cultura f.; ***minority, dominant ~s*** culture di minoranza, dominanti; ***street ~*** cultura di strada; ***drug ~*** il mondo della droga **3** *(cultivation)* coltura f.; ***sand ~*** coltura nella sabbia; ***olive ~*** coltivazione delle olive **4** BIOL. *(of bacteria)* coltura f.; ***tissue ~*** coltura dei tessuti **5** SPORT ***physical ~*** culturismo.
2.culture /ˈkʌltʃə(r)/ tr. BIOL. fare una coltura di [*bacteria, tissue*].
culture-bound /ˈkʌltʃəbaʊnd/ agg. **1** [*test*] che favorisce un gruppo culturale **2** LING. [*term*] specifico di una cultura, connotato culturalmente.
▷ **cultured** /ˈkʌltʃəd/ **I** p.pass. → **2.culture II** agg. **1** [*person*] colto **2** BIOL. coltivato.
cultured pearl /ˌkʌltʃədˈpɜːl/ n. perla f. coltivata.
culture-fair /ˈkʌltʃəˌfeə(r)/ agg. AE [*test, method, approach*] che non svantaggia nessun gruppo culturale.
culture gap /ˈkʌltʃəˌgæp/ n. gap m. culturale.
culture medium /ˈkʌltʃəˌmiːdɪəm/ n. BIOL. brodo m., terreno m. di coltura.
culture shock /ˈkʌltʃəʃɒk/ n. shock m. culturale.
culture-specific /ˈkʌltʃəspəˌsɪfɪk/ agg. specifico di una cultura.
culture vulture /ˈkʌltʃəˌvʌltʃə(r)/ n. COLLOQ. intellettualoide m. e f.
culturist /ˈkʌltʃərɪst/ n. **1** RAR. *(of plants)* coltivatore m. (-trice); *(of animals)* allevatore m. (-trice) **2** ***physical ~*** culturista.
culver /ˈkʌlvə(r)/ n. piccione m., colombo m. selvatico.
culverin /ˈkʌlvərɪn/ n. colubrina f.
culvert /ˈkʌlvət/ n. canale m. sotterraneo.
cum /kʌm/ n. POP. *(sperm)* sborra f.
-cum- /kʌm/ in composti ***garage~workshop*** garage-officina; ***gardener~handyman*** giardiniere-tuttofare.

1.cumber /ˈkʌmbə(r)/ n. ANT. **1** *(hindrance)* ostacolo m. **2** *(burden)* carico m., gravame m.
2.cumber/ˈkʌmbə(r)/ tr. **1** *(hinder)* ostacolare **2** *(encumber)* caricare, gravare (**with** di).
cumbersome /ˈkʌmbəsəm/ agg. [*luggage, furniture*] ingombrante; [*method*] scomodo; [*phrase*] goffo.
Cumbria /ˈkʌmbrɪə/ ➧ **24** n.pr. Cumbria f.
Cumbrian /ˈkʌmbrɪən/ ➧ **18 I** agg. della Cumbria, del Cumberland **II** n. nativo m. (-a), abitante m. e f. della Cumbria, del Cumberland.
cumbrous /ˈkʌmbrəs/ agg. LETT. pesante.
cumin /ˈkʌmɪn/ n. cumino m.
cum laude /ˌkʌmˈlɔːdɪ, ˌkʊmˈlaʊdeɪ/ avv. AE UNIV. con lode.
cummer /ˈkʌmə(r)/ n. SCOZZ. comare f.
cummerbund /ˈkʌməbʌnd/ n. fascia f. dello smoking.
1.cumulate /ˈkjuːmjʊlət/ agg. accumulato, ammassato.
2.cumulate /ˈkjuːmjʊleɪt/ **I** tr. accumulare, ammassare **II** intr. accumularsi, ammassarsi.
▷ **cumulative** /ˈkjuːmjʊlətɪv, AE -leɪtɪv/ agg. cumulativo.
cumulative action /ˈkjuːmjʊlətɪvˌækʃn, AE -leɪtɪv-/ n. MED. azione f. cumulativa.
cumulative evidence /ˌkjuːmjʊlətɪvˈevɪdəns, AE -leɪtɪv-/ n. prove f.pl. aggiuntive.
cumulatively /ˈkjuːmjʊlətɪvlɪ, AE -leɪtɪvlɪ/ avv. cumulativamente.
cumulative voting /ˌkjuːmjʊlətɪvˈvəʊtɪŋ, AE -leɪtɪv-/ n. votazione f. a voto cumulativo.
cumuli /ˈkjuːmjʊlaɪ/ → **cumulus.**
cumuliform /ˈkjuːmjʊləˌfɔːm/ agg. cumuliforme.
cumulonimbus /ˈkjuːmjʊləʊnɪmbəs/ n. (pl. **~es**, **-i**) cumulonembo m.
cumulus /ˈkjuːmjʊləs/ n. (pl. **-i**) *(cloud)* cumulo m.
cuneate(d) /ˈkjuːnɪeɪt(ɪd)/ agg. cuneato.
cuneiform /ˈkjuːnɪfɔːm, AE kjʊəˈnɪəfɔːrm/ **I** agg. cuneiforme **II** n. scrittura f. cuneiforme.
cunnilingus /ˌkʌnɪˈlɪŋgəs/ n. cunnilingio m.
cunning /ˈkʌnɪŋ/ **I** agg. **1** SPREG. [*person*] astuto, furbo; *(nastier)* scaltro; [*animal*] astuto; [*look, smile*] furbo; ***he's a ~ old fox*** è una vecchia volpe **2** *(clever)* [*trick, plot, device*] abile **II** n. SPREG. *(of person)* astuzia f., furbizia f.; *(nastier)* scaltrezza f.; *(of animal)* astuzia f.; ***he had a reputation for ~*** era reputato una persona furba.
cunningly /ˈkʌnɪŋlɪ/ avv. **1** [*disguised, concealed*] abilmente; [*devised*] abilmente, astutamente **2** [*look, smile, say*] con aria furba; SPREG. scaltramente.
cunt /kʌnt/ n. VOLG. **1** *(female genitals)* fica f. **2** *(person)* coglione m. (-a), testa f. di cazzo.
▶ **1.cup** /kʌp/ n. **1** *(container)* tazza f.; *(smaller)* tazzina f.; ***a ~ and saucer*** una tazza e un piattino **2** *(cupful)* tazza f.; *(smaller)* tazzina f.; ***a ~ of tea*** una tazza di tè; ***two ~s of flour*** due tazze di farina **3** SPORT coppa f.; ***to win a ~ for swimming, golf*** vincere una coppa nel nuoto, golf **4** *(in bra)* coppa f.; ***I am a B ~*** di coppa porto una B **5** *(of flower)* corolla f.; *(of acorn)* cupola f. **6** *(drink)* = cocktail preparato e servito in un grosso recipiente di vetro **7** RELIG. *(for communion)* calice m. ◆ ***to be in one's ~s*** essere un po' brillo.
2.cup /kʌp/ tr. (forma in -ing ecc. **-pp-**) ***to ~ sth. in one's hands*** prendere qcs. con le mani a coppa [*butterfly, water*]; tenere qcs. tra le mani [*chin*]; ***to ~ one's hands around*** racchiudere tra le mani [*insect*]; proteggere, riparare [qcs.] con la mano [*flame, match*]; ***to ~ one's hands around one's mouth*** farsi portavoce con le *o* delle mani; ***to ~ one's hand over*** coprire con la mano [*receiver*].
cupbearer /ˈkʌpˌbeərə(r)/ n. coppiere m. (-a) (**to** di).
▷ **cupboard** /ˈkʌbəd/ n. *(in kitchen)* credenza f.; *(for clothes)* armadio m. ◆ ***the ~ is bare*** le casse sono vuote.
cupboard love /ˈkʌbədlʌv/ n. BE SCHERZ. amore m. interessato.
cupboard space /ˈkʌbədˌspeɪs/ n. *(in house)* = spazio disponibile per riporre cose in armadi, ripostigli ecc.; *(in caravan, boat)* (spazio di) stivaggio m.
cupcake /ˈkʌpkeɪk/ n. **1** GASTR. = tortina cotta al forno e confezionata in piccoli contenitori di carta **2** AE COLLOQ. *(girl)* bel bocconcino m.
1.cupel /ˈkjuːpəl/ n. coppella f.
2.cupel /ˈkjuːpəl/ tr. coppellare.
cupellation /ˌkjuːpəˈleɪʃn/ n. coppellazione f.
cupful /ˈkʌpfʊl/ n. tazza f.; *(smaller)* tazzina f.; ***three ~s of milk*** tre tazze di latte.
cupid /ˈkjuːpɪd/ n. ART. cupido m.
Cupid /ˈkjuːpɪd/ n.pr. Cupido; ***~'s darts, ~'s arrows*** i dardi di Cupido.

cupidity /kjuːˈpɪdətɪ/ n. FORM. cupidità f., cupidigia f.
cup-moss /ˈkʌpmɒs/ n. lichene m. pissidato.
cupola /ˈkjuːpələ/ n. **1** ARCH. *(domed roof)* cupola f.; *(lantern)* lanterna f. **2** MIL. MAR. torretta f. **3** IND. *(furnace)* cubilotto m.
cuppa /ˈkʌpə/ n. BE COLLOQ. tazza f. di tè; ***let's have a ~*** prendiamoci un tè.
cupped /kʌpt/ **I** p.pass. → **2.cup II** agg. ***in one's ~ hand*** nell'incavo della mano.
cupping glass /ˈkʌpɪŋˌglɑːs, AE -ˌglæs/ n. MED. coppetta f. di suzione.
cuprammonium /ˌkjuːprəˈməʊnɪəm/ n. cuprammonio m.
cupreous /ˈkjuːprɪəs/ agg. **1** *(of, containing copper)* cuprico **2** *(copper-coloured)* ramato.
cupric /ˈkjuːprɪk/ agg. rameico.
cupriferous /kjuːˈprɪfərəs/ agg. cuprifero.
cuprite /ˈkjuːpraɪt/ n. cuprite f.
cupronickel /ˌkjuːprəʊˈnɪkl/ n. cupronichel m.
cuprous /ˈkjuːprəs/ agg. rameoso.
cuprum /ˈkjuːprəm/ n. ANT. rame m.
cupule /ˈkjuːpjuːl/ n. BOT. ZOOL. cupola f.
cup tie /ˈkʌptaɪ/ n. BE sfida f. di coppa.
cur /kɜː(r)/ n. LETT. SPREG. **1** *(dog)* cagnaccio m., (cane) bastardo m. **2** *(person) (cowardly)* vigliacco m. (-a), codardo m. (-a); *(worthless)* miserabile m. e f.
curability /ˌkjʊərəˈbɪlɪtɪ/ n. curabilità f.
curable /ˈkjʊərəbl/ agg. curabile.
curaçao /ˌkjʊərəˈsəʊ, AE -ˈsaʊ/ n. curaçao m.
curacy /ˈkjʊrəsɪ/ n. curazia f., vicariato m.
curare /kjʊˈrɑːrɪ/ n. curaro m.
curarine /kjʊˈrɑːrɪn/ n. curarina f.
curarize /ˈkjuːrəraɪz/ tr. curarizzare.
1.curate /ˈkjʊərət/ n. curato m., vicario m. ◆ ***it's like the ~'s egg*** non è poi così male.
2.curate /kjʊˈreɪt/ tr. curare [*exhibition*].
curative /ˈkjʊərətɪv/ agg. curativo.
curator /kjʊəˈreɪtə(r), AE *anche* ˈkjʊərətər/ ➧ **27** n. *(of museum, gallery)* conservatore m. (-trice).
curatorship /kjʊəˈreɪtə(r), AE *anche* ˈkjʊərətərʃɪp/ n. *(in museum, gallery)* conservatoria f.
▷ **1.curb** /kɜːb/ n. **1** *(control)* freno m. (**on** a) **2** AE *(sidewalk)* bordo m. del marciapiede, cordone m., cordolo m. **3** EQUIT. *(chain)* barbazzale m.; *(bit)* morso m.
▷ **2.curb** /kɜːb/ tr. **1** *(control)* tenere a freno [*desires*]; limitare [*powers, influence, spending, consumption*]; ***to ~ one's temper*** dominarsi **2** EQUIT. mettere il morso a **3** AE ***~ your dog!*** = invito rivolto ai possessori di cani a portare i loro animali a fare i propri bisogni in apposite aree.
curb bit /ˈkɜːbˌbɪt/ n. EQUIT. morso m.
curb exchange /ˈkɜːbɪksˌtʃeɪndʒ/, **curb market** /ˈkɜːbˌmɑːkɪt/ n. **1** US *(formerly)* Borsa f. Valori americana **2** GB → **kerb market**.
curb service /ˈkɜːbˌsɜːvɪs/ n. AE = servizio di vendita per clienti che restano al volante della loro auto.
curbstone /ˈkɜːbstəʊn/ n. AE pietra f. del cordone (del marciapiede).
curb weight /ˈkɜːbˌweɪt/ n. AE AUT. peso m. a vuoto.
curcuma /ˈkɜːkjuːmə/ n. curcuma f.
curd /kɜːd/ n. **1** (anche **~s**) cagliata f. **2** tofu m., formaggio m. di soia.
curd cheese /ˌkɜːdˈtʃiːz, ˈkɜːdtʃiːz/ n. = formaggio fresco simile al primosale.
curdle /ˈkɜːdl/ **I** tr. (fare) cagliare [*milk*]; fare impazzire [*sauce*] **II** intr. [*milk*] cagliare; [*sauce*] impazzire.
curdy /ˈkɜːdɪ/ agg. cagliato.
▷ **1.cure** /ˈkjʊə(r)/ n. **1** MED. FARM. *(remedy)* cura f. (**for** per, contro) **2** MED. *(recovery)* guarigione f.; ***to effect a ~*** FORM. portare alla guarigione; ***beyond ~*** [*patient*] incurabile; [*condition*] disperato **3** FIG. *(solution)* rimedio m. (**for** per); ***the situation is beyond ~*** la situazione è irrimediabile **4** MED. *(at spa etc.)* cura f.; ***to take a ~*** fare una cura termale **5** RELIG. (anche **~ of souls**) cura f.
▷ **2.cure** /ˈkjʊə(r)/ tr. **1** MED. guarire [*disease, patient*]; ***to ~ sb. of sth.*** guarire qcn. da qcs. **2** FIG. guarire [*bad habit, person*]; porre rimedio a [*unemployment, inflation, shortage*]; ***I'm ~ed of smoking*** sono guarito dal vizio del fumo; ***the economy is ~d of inflation*** l'economia è stata sollevata dall'inflazione **3** GASTR. *(dry)* seccare; *(salt)* salare; *(smoke)* affumicare **4** *(treat)* conciare [*hide, tobacco*].
cure-all /ˈkjʊərɔːl/ n. panacea f. (**for** per, contro).
curer /ˈkjʊərə(r)/ ➧ **27** n. **1** *(healer)* guaritore m. (-trice) **2** GASTR. salatore m. (-trice) di cibi **3** *(of tobacco)* conciatore m. (-trice).

curet → **1.curette**, **2.curette**.
curettage /ˌkjʊərɪˈtɑːʒ/ n. raschiamento m.
1.curette /kjʊəˈret/ n. cucchiaio m. chirurgico.
2.curette /kjʊəˈret/ tr. MED. raschiare, sottoporre a un raschiamento.
curfew /ˈkɜːfjuː/ n. coprifuoco m.; ***to impose a (ten o'clock) ~*** imporre il coprifuoco (a partire dalle dieci); ***to lift the ~*** togliere il coprifuoco.
curfew bell /ˈkɜːfjuːˌbel/ n. STOR. campana f. della sera.
curia /ˈkjʊərɪə/ n. (pl. **-ae**) **1** *(in ancient Rome)* curia f. **2** RELIG. (anche **Curia**) curia f.
curial /ˈkjʊərɪəl/ agg. RELIG. curiale.
curialism /ˈkjʊərɪəlɪzəm/ n. curialismo m.
curie /ˈkjʊərɪ/ n. curie m.
curing /ˈkjʊərɪŋ/ n. GASTR. *(drying)* essiccazione f.; *(salting)* salatura f.; *(smoking)* affumicatura f.
curio /ˈkjʊərɪəʊ/ n. (accorc. curiosity) (pl. **~s**) curiosità f., rarità f.
▷ **curiosity** /ˌkjʊərɪˈɒsətɪ/ n. **1** *(desire to know)* curiosità f. (**about** per, riguardo a); ***to arouse, satisfy sb.'s ~*** suscitare, soddisfare la curiosità di qcn.; ***out of (idle) ~*** per (pura) curiosità **2** *(nosiness)* curiosità f.; ***to be burning with ~*** morire di curiosità **3** *(object, text)* curiosità f., rarità f. **4** *(person)* originale m. e f., tipo m. stravagante ◆ ***~ killed the cat*** PROV. tanto va la gatta al lardo che ci lascia lo zampino.
▷ **curious** /ˈkjʊərɪəs/ agg. **1** *(interested)* curioso; ***~ to know how, why*** curioso di sapere come, perché; ***to be ~ about sth.*** provare curiosità per qcs.; ***I'm just ~!*** chiedevo solo per curiosità! tanto per sapere! **2** SPREG. *(nosy)* curioso **3** *(odd)* [*person, case, effect, place, phenomenon*] curioso, strano; ***a ~ mixture*** uno strano miscuglio.
▷ **curiously** /ˈkjʊərɪəslɪ/ avv. **1** *(oddly)* [*silent, detached*] stranamente; ***~ shaped*** con una forma curiosa; ***~ enough,...*** strano a dirsi,... **2** [*ask*] con curiosità.
curiousness /ˈkjʊərɪəsnɪs/ n. **1** *(desire to know)* curiosità f. **2** *(object, text)* curiosità f., rarità f.
curium /ˈkjʊərɪəm/ n. curio m.
▷ **1.curl** /kɜːl/ n. **1** *(of hair)* riccio m., ricciolo m.; ***to wear one's hair in ~s*** farsi i capelli ricci **2** *(of wood)* truciolo m.; *(of smoke)* spirale f. **3** ***with a ~ of one's lip*** con una smorfia di sdegno.
▷ **2.curl** /kɜːl/ **I** tr. **1** arricciare [*hair*] **2** *(wind, coil)* ***to ~ one's fingers around sth.*** [*person, animal*] afferrare qcs.; ***to ~ one's toes around sth.*** afferrare qcs. con le dita dei piedi; ***to ~ oneself*** o ***one's body around sth.*** [*person, cat*] raggomitolarsi attorno a qcs.; ***to ~ itself around sth.*** [*snake, caterpillar*] arrotolarsi attorno a qcs.; ***to ~ one's legs under oneself*** rannicchiare le gambe; ***to ~ one's lip*** [*person*] fare una smorfia di sdegno; [*dog*] digrignare i denti **II** intr. [*hair*] arricciarsi; [*paper, leaf*] accartocciarsi; [*edges, corner*] piegarsi; ***to ~ around sth.*** arrotolarsi attorno a qcs.; ***smoke ~ed upwards*** il fumo saliva in spirali; ***his lip ~ed*** fece una smorfia di sdegno ◆ ***to ~ up and die*** COLLOQ. sprofondare (dalla vergogna); ***to make sb.'s hair ~*** COLLOQ. *(in shock)* fare rizzare i capelli a qcn.
■ **curl up:** ~ up [*person*] rannicchiarsi; [*cat, dog*] raggomitolarsi; [*paper, leaf*] accartocciarsi; [*edges, corner*] piegarsi; ***to ~ up in bed, in a chair*** rannicchiarsi nel letto, su una poltrona; ***to be ~ed up on the sofa*** essere rannicchiato sul divano; ***to ~ up into a ball*** [*person*] raggomitolarsi; [*hedgehog*] appallottolare; ***to ~ up with laughter*** COLLOQ. torcersi dalle risate; ***to ~ up at the edges*** [*photo, paper*] piegarsi sui bordi; ~ up [sth.], ~ [sth.] up [*heat, moisture*] fare accartocciare [*paper, leaf*]; piegare [*edges, corner*]; ***to ~ oneself up*** raggomitolarsi.
curler /ˈkɜːlə(r)/ n. **1** *(roller)* bigodino m.; ***to be in ~s, to have one's hair in ~s*** avere i bigodini; ***to put one's ~s in*** mettersi i bigodini **2** SPORT giocatore m. (-trice) di curling.
curlew /ˈkɜːljuː/ n. chiurlo m.
curlicue /ˈkɜːlɪkjuː/ n. *(in writing)* ghirigoro m., svolazzo m.
curliness /ˈkɜːlɪnɪs/ n. arricciatura f., ondulazione f.
curling /ˈkɜːlɪŋ/ ➧ **10** n. SPORT curling m.
curling iron /ˈkɜːlɪŋˌaɪən, AE -ˌaɪərn/ n. ferro m. per capelli.
curling rink /ˈkɜːlɪŋˌrɪŋk/ n. campo m. da gioco per il curling.
curling stone /ˈkɜːlɪŋstəʊn/ n. pietra f. da curling.
curling tongs /ˈkɜːlɪŋˌtɒŋz/ n.pl. arricciacapelli m.sing.
curlpaper /ˈkɜːlpeɪpə(r)/ n. = striscia di carta che si usava per arricciare i capelli.
▷ **curly** /ˈkɜːlɪ/ agg. [*hair*] riccio, ricciuto; [*moustache*] arricciato; [*tail, eyelashes*] ricurvo; [*edge*] piegato, arrotolato.
curly-haired /ˌkɜːlɪˈheəd/, **curly-headed** /ˌkɜːlɪˈhedɪd/ agg. riccio, ricciuto, dai capelli ricci.
curly kale /ˈkɜːlɪˌkeɪl/ n. = varietà di cavolo a foglia riccia.
curly lettuce /ˈkɜːlɪˌletɪs/ n. lattuga f. crespa.

curmudgeon /kɜːˈmʌdʒən/ n. **1** *(bad-tempered person)* bisbetico m. (-a) **2** *(miser)* spilorcio m. (-a), taccagno m. (-a).
curmudgeonly /kɜːˈmʌdʒənlɪ/ agg. SPREG. bisbetico.
currach, curragh /ˈkʌrə/ n. SCOZZ. IRLAND. → **coracle**.
curragh /ˈkʌrə/ n. IRLAND. terreno m. paludoso.
currant /ˈkʌrənt/ **I** n. **1** *(dried)* (uva) sultanina f. **2** *(redcurrant, blackcurrant)* ribes m. **II** modif. ~ **bun** = panino dolce con uvetta; ~ ***loaf, bread*** pane con l'uva.
▷ **currency** /ˈkʌrənsɪ/ ➧ 7 n. **1** ECON. moneta f., valuta f.; ***what is the ~ of Poland?*** qual è la moneta della Polonia? ***to buy foreign ~*** comprare valuta straniera; ***have you any American ~?*** ha della valuta americana? **2** *(of word, term)* frequenza f.; *(of idea, opinion)* diffusione f.; ***to gain ~*** [*word, term*] diventare corrente; [*idea, opinion*] diffondersi; ***to give ~ to sth.*** mettere in circolazione qcs.
currency converter /ˈkʌrənsɪkənˌvɜːtə(r)/ n. convertitore m. di valute.
currency devaluation /ˈkʌrənsɪˌdiːvæljʊˌeɪʃn/ n. svalutazione f. ufficiale.
currency market /ˈkʌrənsɪˌmɑːkɪt/ n. mercato m. monetario.
currency unit /ˈkʌrənsɪˌjuːnɪt/ n. unità f. monetaria.
▶ **1.current** /ˈkʌrənt/ agg. **1** *(present)* [*leader, situation, policy, value*] attuale; [*developments, crisis, research*] in corso; [*year*] corrente, in corso; [*estimate*] corrente **2** *(in common use)* [*term, word*] corrente; ***in ~ use*** di uso comune *o* corrente.
▶ **2.current** /ˈkʌrənt/ n. **1** *(of electricity, water, air)* corrente f. **2** FIG. *(trend)* corso m., corrente f.; ***a ~ of opinion*** una corrente di opinione.
current account /ˈkʌrəntəˌkaʊnt/ n. **1** BE conto m. corrente **2** ECON. bilancia f. dei pagamenti correnti.
current account deficit /ˈkʌrəntəˌkaʊntˌdefɪsɪt/ n. deficit m. della bilancia dei pagamenti.
current account surplus /ˈkʌrəntəˌkaʊntˌsɜːpləs/ n. attivo m. della bilancia dei pagamenti.
current affairs /ˌkʌrəntəˈfeəz/ n. + verbo sing. attualità f.
current assets /ˈkʌrəntˌæsets/ n.pl. attività f. correnti.
current liabilities /ˌkʌrəntˌlaɪəˈbɪlətɪz/ n.pl. passività f. correnti.
▶ **currently** /ˈkʌrəntlɪ/ avv. attualmente, al momento.
curricle /ˈkʌrɪkl/ n. calessino m.
curricula /kəˈrɪkjʊlə/ → **curriculum**.
curricular /kʌˈrɪkjʊlə(r)/ agg. SCOL. curricolare, curriculare.
▷ **curriculum** /kəˈrɪkjʊləm/ n. (pl. **~s, -a**) SCOL. programma m. di studi, curriculum m.; ***in the ~*** nel programma.
curriculum development /kəˈrɪkjʊləmdɪˌveləpmənt/ n. SCOL. elaborazione f. dei programmi (di studio).
curriculum vitae /kəˌrɪkjʊləmˈviːtaɪ/ n. (pl. **curricola vitae**) curriculum (vitae) m.
currier /ˈkʌrɪə(r)/ ➧ 27 n. conciatore m. (-trice).
currish /ˈkɜːrɪʃ/ agg. **1** *(bad-tempered)* irascibile **2** *(vile)* basso, volgare.
1.curry /ˈkʌrɪ/ n. **1** *(dish)* ***chicken, prawn ~*** pollo, gamberi al curry; ***hot, mild ~*** = piatto al curry piccante, poco piccante **2** (anche ~ **powder**) curry m.
2.curry /ˈkʌrɪ/ tr. condire col curry [*chicken, meat*]; ***curried chicken*** pollo al curry.
3.curry /ˈkʌrɪ/ tr. **1** *(groom)* strigliare [*horse*] **2** conciare [*leather*] ◆ ***to ~ favour with sb.*** cercare di ingraziarsi qcn. con lusinghe.
curry comb /ˈkʌrɪˌkəʊm/ n. striglia f.
curry powder /ˈkʌrɪˌpaʊdə(r)/ n. curry m.
1.curse /kɜːs/ n. **1** *(problem)* disgrazia f., sventura f.; ***the ~ of poverty*** la piaga della povertà; ***that car is a ~!*** quella macchina ne ha sempre una! **2** *(swearword)* imprecazione f., bestemmia f.; ***~s!*** ANT. maledizione! **3** *(spell)* maledizione f.; ***to put a ~ on*** scagliare una maledizione contro; ***a ~ on them!*** siano maledetti! **4** BE ANT. EUFEM. ***to have the ~*** essere indisposta.
2.curse /kɜːs/ **I** tr. maledire; ***~d be the day that...*** maledetto il giorno in cui... **II** intr. imprecare (**at** contro); ***to ~ and swear*** bestemmiare come un turco.
cursed /kɜːst/ **I** p.pass. → **2.curse II** agg. **1** /ˈkɜːsɪd, kɜːst/ [*man, car*] maledetto **2** ***to be ~ with*** avere la disgrazia di avere [*bad eyes*]; SCHERZ. ***unfortunately, I'm ~ with perfect hearing*** sfortunatamente ci sento benissimo.
cursive /ˈkɜːsɪv/ **I** agg. corsivo; ***in ~ script*** in corsivo **II** n. corsivo m.
cursor /ˈkɜːsə(r)/ n. cursore m.
cursorial /kɜːˈsɔːrɪəl/ agg. [*bird*] corridore.
cursorily /ˈkɜːsərəlɪ/ avv. rapidamente; ***to glance ~ at*** dare una rapida occhiata a.
cursory /ˈkɜːsərɪ/ agg. [*glance, inspection*] rapido; ***to give sth. a ~ glance*** dare una rapida occhiata a.
curst /kɜːst/ pass., p.pass. ANT. → **2.curse**.
curt /kɜːt/ agg. [*person*] brusco (**with** con); [*manner, greeting, tone*] secco, brusco.
Curt /kɜːt/ n.pr. Curt (nome di uomo).
curtail /kɜːˈteɪl/ tr. **1** *(restrict)* limitare [*freedom, right*] **2** *(cut back)* ridurre [*service, expenditure*] **3** *(cut short)* accorciare [*holiday*].
curtailment /kɜːˈteɪlmənt/ n. **1** *(of rights, freedom)* limitazione f. **2** *(of expenditure, service)* riduzione f. **3** *(of holiday)* accorciamento m.
curtail step /kɜːˈteɪlstep/ n. ARCH. gradino m. di invito.
▷ **1.curtain** /ˈkɜːtn/ **I** n. **1** *(drape)* tenda f.; ***a pair of ~s*** delle tendine; ***to open, draw the ~s*** aprire *o* tirare le tende; ***a ~ of rain*** una cortina di pioggia **2** TEATR. sipario m.; ***after the final ~*** a spettacolo concluso; ***the ~ has fallen on*** FIG. si è chiuso *o* è la fine di [*career, era*] **II** modif. [*hook, ring*] delle tende; [*rail*] per le tende ◆ ***it will be ~s*** COLLOQ. sarà la fine (**for** per); ***to bring down the ~ on*** porre fine a.
2.curtain /ˈkɜːtn/ tr. mettere delle tende a [*window, room, house*].
■ **curtain off:** ~ ***[sth.] off,*** ~ ***off [sth.]*** separare con una tenda; ***to be ~ed off from sth.*** essere separato da qcs. con una tenda.
curtain call /ˈkɜːtnˌkɔːl/ n. TEATR. chiamata f. alla ribalta.
curtain pole /ˈkɜːtnˌpəʊl/ n. bastone m. per le tende.
curtain raiser /ˈkɜːtnˌreɪzə(r)/ n. farsa f. di apertura; FIG. prologo m.
curtain tape /ˈkɜːtnˌteɪp/ n. riloga f.
curtain wall /ˈkɜːtnˌwɔːl/ n. MIL. cortina f.; ARCH. muro m. non portante.
curtesy /ˈkɜːtɪsɪ/ n. = usufrutto a vita di un vedovo sui beni della moglie.
curtly /ˈkɜːtlɪ/ avv. bruscamente, seccamente.
curtness /ˈkɜːtnɪs/ n. *(all contexts)* bruschezza f.
1.curts(e)y /ˈkɜːtsɪ/ n. (pl. **~s, -ies**) *(salutation)* riverenza f.; ***to make*** o ***drop a ~*** fare una riverenza.
2.curts(e)y /ˈkɜːtsɪ/ intr. (pass., p.pass. **~ed, -sied**) fare una riverenza (**to** a).
curule /ˈkjʊəruːl/ agg. curule.
curvaceous /kɜːˈveɪʃəs/ agg. SCHERZ. [*woman*] tutta curve.
curvature /ˈkɜːvətʃə(r), AE -tʃʊər/ n. curvatura f. (anche FIS.); ***~ of the spine*** MED. deviazione della colonna vertebrale.
▶ **1.curve** /kɜːv/ n. *(in line, graph)* curva f.; *(of arch)* sesto m.; *(of beam)* curvatura f.; *(in road)* curva f., svolta f.; *(of landscape, cheek, hips)* curva f.; ***learning ~*** curva di apprendimento; ***price ~*** ECON. curva dei prezzi.
▶ **2.curve** /kɜːv/ **I** tr. curvare, piegare, incurvare **II** intr. [*arch*] incurvarsi; [*edge*] piegarsi; [*road, railway, wall*] fare una curva; ***the road ~s down to the sea*** la strada scende in curva verso il mare; ***the stream ~s through the valley*** il ruscello descrive una curva attraverso la valle.
▷ **curved** /kɜːvd/ **I** p.pass. → **2.curve II** agg. [*line, surface, wall, chairback, table edge, brim*] curvo; [*blade, nose, beak*] ricurvo; [*eyebrows*] arcuato; [*staircase*] curvilineo.
1.curvet /kɜːˈvet/ n. EQUIT. corvetta f.
2.curvet /kɜːˈvet/ intr. (forma in -ing ecc. **-tt-**) EQUIT. corvettare.
curvilinear /ˌkɜːvɪˈlɪnɪə(r)/ agg. curvilineo.
curvy /ˈkɜːvɪ/ agg. [*woman*] tutta curve.
cuscus /ˈkʌskʌs/ n. cusco m. (macchiato).
cushat /ˈkʌʃət/ n. colombaccio m.
▷ **1.cushion** /ˈkʊʃn/ n. **1** cuscino m.; ***a ~ of air*** un cuscino d'aria **2** FIG. *(protection, reserve)* protezione f., garanzia f. (**against** contro) **3** *(in snooker)* sponda f.; ***to play off the ~*** giocare di sponda.
2.cushion /ˈkʊʃn/ tr. attutire [*blow, impact, effects*]; ammortizzare [*costs*]; ***to ~ sb. against sth.*** proteggere qcn. da qcs.; ***to ~ sb.'s fall*** ammortizzare la caduta di qcn.
cushion cover /ˈkʊʃnˌkʌvə(r)/ n. copricuscino m.
cushioned /ˈkʊʃnd/ **I** p.pass. → **2.cushion II** agg. **1** *(padded)* imbottito; *(covered in cushions)* coperto di cuscini **2** FIG. [*youth, era*] iperprotetto.
cushiony /ˈkʊʃənɪ/ agg. che fa da cuscino, morbido, soffice.
cushy /ˈkʊʃɪ/ agg. COLLOQ. facile, comodo; ***a ~ number*** BE *(job)* un lavoro di tutto riposo.
cusp /kʌsp/ n. *(all contexts)* cuspide f.
cuspid /ˈkʌspɪd/ n. (dente) canino m.
cuspidal /ˈkʌspɪdl/ agg. cuspidale.
cuspidate /ˈkʌspɪdeɪt/ agg. cuspidato (anche BOT.).
cuspidor /ˈkʌspɪdɔː(r)/ n. AE sputacchiera f.
1.cuss /kʌs/ n. COLLOQ. **1** *(oath)* imprecazione f., bestemmia f. **2** *(person)* tipo m. (-a); ***a queer old ~*** uno strano vecchio.
2.cuss /kʌs/ intr. COLLOQ. imprecare, bestemmiare.
cussed /ˈkʌsɪd/ **I** p.pass. → **2.cuss II** agg. COLLOQ. **1** *(obstinate)* testardo **2** *(damned)* maledetto.

cussedness /'kʌsɪdnɪs/ n. COLLOQ. testardaggine f., ostinazione f.
cussword /'kʌswɜ:d/ n. AE parolaccia f.
custard /'kʌstəd/ n. BE *(creamy)* crema f. pasticciera; *(set, baked)* budino m. ◆ ***cowardy ~*** COLLOQ. fifone.
custard apple /'kʌstəd,æpl/ n. anona f.
custard cream /,kʌstəd'kri:m/ n. BE biscotto m. farcito (alla crema).
custard pie /,kʌstəd'paɪ/ n. = torta ripiena di crema pasticciera.
custard pie humour /,kʌstəd,paɪ'hju:mə(r)/ n. comicità f. da torte in faccia.
custard powder /'kʌstəd,paʊdə(r)/ n. BE preparato m. in polvere per crema pasticciera.
custard tart /'kʌstəd,tɑ:t/ n. crostata f. alla crema.
custodial /kʌ'stəʊdɪəl/ agg. **1** DIR. ***~ sentence*** pena detentiva; ***non-~ sentence*** pena non detentiva; ***to be put in ~ care*** [*child*] essere affidato a un istituto **2** *(in museum etc.)* ***~ staff*** personale di sorveglianza.
custodian /kʌ'stəʊdɪən/ ➧ **27** n. custode m. e f. (anche FIG.).
▷ **custody** /'kʌstədɪ/ n. **1** DIR. *(detention)* detenzione f.; ***in ~*** in detenzione; ***to take sb. into ~*** arrestare qcn.; ***to be remanded in ~*** essere in custodia cautelare; ***to escape from ~*** evadere dal carcere **2** DIR. *(of minor) (to divorcing parent)* affidamento m.; ***in the ~ of*** in affidamento a **3** FORM. *(keeping)* custodia f.; ***in the ~ of*** in custodia a; ***in safe ~*** sotto buona guardia.
▷ **custom** /'kʌstəm/ **I** n. **1** *(personal habit)* costume m., abitudine f., consuetudine f.; ***it is, was her ~ to do*** è, era sua abitudine fare; ***as is, was his ~*** com'è, com'era sua abitudine **2** *(convention)* costume m., usanza f., uso m.; ***it is, was the ~ to do*** si usa, usava fare; ***~ requires that*** l'usanza richiede che **3** COMM. *(patronage)* clientela f.; ***they've lost a lot of ~*** hanno perso molti clienti; ***I shall take my ~ elsewhere*** andrò a servirmi altrove **4** DIR. consuetudine f. **II** agg. [*article, equipment, system*] fatto su misura, personalizzato.
customable /'kʌstəməbl/ agg. soggetto a dazio doganale.
customarily /'kʌstəmərəlɪ, AE ,kʌstə'merəlɪ/ avv. abitualmente, solitamente.
customariness /'kʌstəmərɪnɪs, AE ,kʌstə'merɪnɪs/ n. abitudine f., consuetudine f.
▷ **customary** /'kʌstəmərɪ, AE -merɪ/ **I** agg. **1** abituale, consueto; ***it is, was ~ for sb. to do sth.*** è, era abitudine di qcn. fare qcs.; ***as is, was ~*** come d'abitudine *o* come di consueto **2** DIR. consuetudinario; ***~ law*** diritto consuetudinario **II** n. raccolta f. di usi e costumi.
custom-built /,kʌstəm'bɪlt/ agg. [*car*] fuoriserie; [*house*] costruito su commissione (per il proprietario).
custom car /'kʌstəm,kɑ:(r)/ n. automobile f. personalizzata.
custom-designed /,kʌstəmdɪ'zaɪnd/ agg. progettato su misura.
▶ **customer** /'kʌstəmə(r)/ n. **1** COMM. cliente m. e f., utente m. e f.; ***"~ services"*** "servizio clienti" **2** COLLOQ. *(person)* tipo m.; ***a nasty ~*** un tipo sporco; ***she's a difficult ~*** è un tipo difficile; ***he's an odd ~*** è un tipo strano.
customer careline /,kʌstəmə'keəlaɪn/ n. assistenza f. clienti (telefonica).
customer-driven /'kʌstəmə,drɪvn/ agg. orientato alla clientela.
customize /'kʌstəmaɪz/ tr. personalizzare.
custom-made /,kʌstəm'meɪd/ agg. (fatto) su ordinazione, su misura.
custom-tailored /,kʌstəm'teɪləd/ agg. [*clothes*] (fatto) su misura.
▷ **customs** /'kʌstəmz/ n. + verbo sing. o pl. *(authority, place)* dogana f.; ***at ~*** alla dogana; ***to go through ~*** passare la dogana.
Customs and Excise /,kʌstəmzənd'eksaɪz/ n. GB *(office)* dogana f.
customs barrier /'kʌstəmz,bærɪə(r)/ n. barriera f. doganale.
customs border patrol /,kʌstəmz'bɔ:dəpə,trəʊl/ n. polizia f. di frontiera.
customs clearance /,kʌstəmz'klɪərəns/ n. sdoganamento m., spedizione f. in dogana.
customs declaration /'kʌstəmzdeklə,reɪʃn/ n. dichiarazione f. doganale.
customs duties /'kʌstəmz,dju:tɪz, AE -,du:tɪz/ n.pl. dazi m. doganali.
customs hall /'kʌstəmzhɔ:l/ n. dogana f.
customs house /'kʌstəmzhaʊs/ n. edificio m. della dogana, ufficio m. della dogana.
customs inspection /'kʌstəmzɪn,spekʃn/ n. ispezione f. doganale.
customs officer /'kʌstəmzɒfɪsə(r), AE -ɔ:f-/, **customs official** /'kʌstəmzə,fɪʃl/ ➧ **27** n. funzionario m. (-a) della dogana.
customs post /'kʌstəmz,pəʊst/ n. posto m. di dogana.
customs service /'kʌstəmz,sɜ:vɪs/ n. amministrazione f. delle dogane.
customs shed /'kʌstəmz,ʃed/ n. posto m. di dogana.
customs union /'kʌstəmz,ju:nɪən/ n. unione f. doganale.
▶ **1.cut** /kʌt/ n. **1** *(incision)* taglio m.; *(in surgery)* incisione f.; ***to make a ~ in*** fare un taglio in [*cloth, wood*]; [*surgeon*] fare *o* praticare un'incisione in [*flesh*] **2** *(wound)* taglio m.; ***to get a ~ from sth.*** tagliarsi *o* farsi un taglio con qcs. **3** *(hairstyle)* taglio m.; ***a ~ and blow-dry*** taglio e piega **4** COLLOQ. *(share)* parte f., quota f.; ***a ~ of the profits, takings*** una quota dei profitti, degli incassi; ***she takes a 25% ~ of the total sum*** prende il 25% della somma totale **5** *(reduction)* riduzione f., taglio m. (**in** di); ***a ~ in prices, a price ~*** una riduzione dei prezzi; ***a ~ in the interest, unemployment rate*** una riduzione del tasso di interesse, del tasso di disoccupazione; ***job ~s*** tagli occupazionali; ***he agreed to take a ~ in salary*** ha accettato una riduzione del salario **6** *(trim)* ***to give [sth.] a ~*** tagliare [*hair, grass*] **7** GASTR. taglio m.; ***fillet is the most tender ~*** il filetto è il taglio più tenero **8** *(shape) (of gem, suit, jacket)* taglio m. **9** CINEM. *(removal of footage)* taglio m.; *(shot)* raccordo m., cut m. (**from** da; **to** a); ***final ~*** final cut (diritto riservato alla produzione di modificare il montaggio effettuato dal regista) **10** *(in editing)* taglio m.; ***to make ~s in*** fare dei tagli a [*article, story*] **11** *(shorter route)* scorciatoia f. **12** ART. TIP. cliché m., incisione f. **13** SPORT colpo m. tagliato **14** MUS. COLLOQ. *(track)* pezzo m.; ***classic ~s from the 60's*** i classici degli anni '60 ◆ ***to be a ~ above sb., sth.*** essere superiore a qcn., qcs.
▶ **2.cut** /kʌt/ **I** tr. (forma in -ing **-tt-**; pass., p.pass. **cut**) **1** *(slice)* tagliare [*bread, fabric, metal, paper, slice, wood*]; fare [*hole, slit*]; ***to ~ sth. out of*** ritagliare qcs. da [*fabric, magazine*]; ***to ~ sth. in half*** o ***in two*** tagliare a metà, in due qcs.; ***to ~ sth. into quarters, slices, pieces*** tagliare qcs. in quarti, a fette, a pezzi; ***to ~ sth. to shreds*** o ***ribbons*** tagliare qcs. a striscioline [*fabric, document*]; ***my hands were cut to shreds*** avevo le mani tutte tagliuzzate **2** *(sever)* tagliare [*rope, ribbon, throat, wire*]; tagliare, recidere [*flower, stem, vein*]; tagliare, mietere [*wheat*]; FIG. rompere [*ties, links*] **3** *(carve out)* fare [*notch*]; scavare [*channel, tunnel*]; incidere [*initials*] (**in** in); ***to ~ [sth.] open*** aprire [*packet, sack*]; [*surgeon*] aprire [*chest, stomach*]; ***to ~ one's way through*** aprirsi un passaggio in [*undergrowth*] **4** *(wound)* ferire [*victim*]; FIG. [*remark*] ferire [*person*]; ***to ~ one's finger, lip*** tagliarsi il dito, il labbro; ***the rocks cut their feet*** le rocce gli hanno tagliato i piedi; ***the wind cut me like a knife*** il vento era pungente **5** *(trim)* tagliare [*hair, grass, hedge*]; ***to ~ one's fringe, finger nails*** tagliarsi la frangia, le unghie; ***to have one's hair cut*** farsi tagliare i capelli **6** *(shape, fashion)* tagliare [*gem, marble, wood, pastry, suit*]; [*locksmith*] fare [*key*]; ***to ~ sth. into triangles, strips*** tagliare qcs. a triangoli, a strisce; ***to ~ sth. into the shape of a star*** ritagliare qcs. a forma di stella **7** *(liberate)* ***to ~ sb. from*** liberare qcn. da [*wreckage*]; ***to ~ sb., sth. free*** o ***loose*** liberare qcn., qcs. (**from** da) **8** *(edit)* tagliare [*article, film, scene*]; ***we cut the film to 90 minutes*** abbiamo accorciato il film a 90 minuti; ***I cut the article from 3,000 to 2,000 words*** ho ridotto l'articolo da 3.000 a 2.000 parole **9** *(reduce)* ridurre, tagliare [*rate, expenditure*]; ridurre [*cost, price, budget, inflation, list, number, staff, wages, salary, working day*] (**by** di); diminuire [*length, size*]; ***we've cut prices by 10%*** abbiamo abbassato i prezzi del 10%; ***we've cut the amount of time we spend on the phone*** passiamo meno tempo al telefono **10** *(grow)* ***to ~ a tooth, one's teeth*** mettere un dente, i denti **11** *(switch off)* spegnere [*headlights*] **12** *(record)* incidere [*album*]; registrare [*track*] **13** INFORM. tagliare [*paragraph, section*]; ***~ and paste*** taglia e incolla; ***~ the first paragraph and paste it in at the end*** taglia il primo paragrafo e incollalo al fondo **14** GIOC. tagliare [*cards, deck*] **15** *(dilute)* tagliare [*drink, drugs*] (**with** con) **16** *(intersect)* [*line*] intersecare [*circle*]; [*track*] tagliare [*road*] **17** COLLOQ. *(stop)* ***~ the chatter*** basta con le chiacchiere; ***~ the flattery, sarcasm!*** basta con le lusinghe, il sarcasmo! ***~ the crap!*** POP. basta con le stronzate! **18** COLLOQ. *(fail to attend)* marinare [*class, lesson*]; non andare a [*meeting, conference*] **19** *(snub)* ignorare [*person*]; ***she cut me dead in the street*** mi ha completamente ignorato per strada **20** CINEM. *(splice)* montare **II** intr. (forma in -ing **-tt-**; pass., p.pass. **cut**) **1** tagliare; ***this knife ~s well*** questo coltello taglia bene; ***cardboard ~s easily*** il cartone si taglia facilmente; ***~ along the dotted line*** tagliare lungo la linea tratteggiata; ***will the cake ~ into six?*** la torta basterà per sei? ***to ~ into*** tagliare [*cake, pie, fabric, paper*]; incidere [*flesh, organ*] **2** *(move, go)* ***to ~ across the park*** tagliare per il parco; ***our route ~s across Belgium*** il nostro itinerario attraversa il Belgio; ***the lorry cut across my path*** il camion mi ha tagliato la strada; ***to ~ down a side street*** tagliare per una via laterale; ***to ~ in front of sb.*** *(in a queue)* passare davanti a

qcn.; *(in a car)* sorpassare qcn. **3** CINEM. ***the camera cut to the president*** la macchina da presa staccò sul presidente; ***to ~ from the street to the courtroom*** [*camera*] staccare dalla via alla sala d'udienza **4** GIOC. tagliare; ***to ~ for the deal*** tagliare il mazzo (per stabilire chi dà le carte) **5** FIG. ***to ~ into*** *(impinge on)* incidere su [*leisure time, working day*] **III** rifl. (forma in -ing **-tt-**; pass., p.pass. **cut**) ***to ~ oneself*** tagliarsi; ***to ~ oneself on the foot, chin*** tagliarsi il piede, il mento; ***to ~ oneself on broken glass*** tagliarsi con un vetro rotto; ***to ~ oneself a slice of meat*** tagliarsi una fetta di carne; ***~ yourself some cake*** tagliati una fetta di torta ◆ ***to ~ and run*** FIG. darsela a gambe; ***to ~ both ways*** [*argument, measure*] essere a doppio taglio.

- **cut across:** ***~ across [sth.]*** **1** *(bisect)* [*path*] attraversare [*field*] **2** *(transcend)* [*issue, disease*] non tenere conto di [*class barriers, boundaries, distinctions*]; ***~ across [sb.]*** interrompere.
- **cut along** sbrigarsi; ***~ along home*** affrettarsi verso casa.
- **cut at:** ***~ at [sth.]*** cercare di tagliare [*trunk, branches, rope, stone*].
- **cut away:** ***~ away [sth.]*** tagliare via [*dead wood, diseased tissue*].
- **cut back:** ***~ back*** risparmiare (**on** su) ***~ back [sth.]***, ***~ [sth.] back*** **1** *(reduce)* ridurre [*production, spending, staffing levels*] (**to** a); limitare [*expansion*] (**to** a) **2** *(prune)* potare.
- **cut down:** ***~ down*** ridurre il consumo; ***"would you like a cigarette?" - "no, I'm trying to ~ down"*** "vuoi una sigaretta?" - "no, sto cercando di fumare di meno"; ***to ~ down on*** ridurre il consumo di [*alcohol, fatty foods*]; ***~ down [sth.]***, ***~ [sth.] down*** **1** *(chop down)* abbattere [*forest, tree*] **2** *(reduce)* ridurre [*consumption, spending, number, time, scale*] (**from** da; **to** a) **3** *(trim)* accorciare [*trousers, curtains*]; tagliare [*article, film*]; ***~ [sb.] down*** LETT. [*disease*] stroncare [*person*]; ***to ~ sb. down to size*** ridimensionare qcn.
- **cut in:** ***~ in*** **1** *(interrupt) (in conversation)* intervenire, intromettersi; ***"what about me?" he cut in*** "e io allora?" si intromise; ***"may I ~ in?"*** *(on dance floor)* "mi permette?"; ***to ~ in on sb.*** *(in conversation)* interrompere qcn. **2** *(in vehicle)* ***the taxi cut in in front of me*** il taxi mi ha sorpassato tagliandomi la strada; ***~ [sb.] in*** fare partecipare qcn. a un affare; ***they cut me in on the deal*** mi hanno coinvolto nell'affare.
- **cut off:** ***~ off [sth.]***, ***~ [sth.] off*** **1** *(remove)* tagliare [*hair, piece, slice, top, corner*]; levare, togliere [*excess, crusts*]; ***to ~ off one's finger*** mozzarsi il dito; ***to ~ off sb.'s head, fingers*** mozzare la testa, le dita a qcn.; ***she had all her hair cut off*** si è fatta tagliare i capelli molto corti **2** *(reduce)* ***to ~ 1% off inflation*** ridurre l'inflazione dell'1%; ***they've cut 10% off their prices*** hanno ridotto i prezzi del 10%; ***it cut 20 minutes off the journey*** ha accorciato il viaggio di 20 minuti; ***she cut ten seconds off the world record*** ha migliorato il primato mondiale di dieci secondi **3** *(disconnect)* staccare, tagliare [*power, telephone, gas, water, supply lines*]; ***~ off [sth.]*** **1** *(suspend)* sospendere [*allowance, grant*]; bloccare [*financial aid*] **2** *(isolate)* [*tide, army*] isolare [*area, town*] **3** *(block)* bloccare [*retreat, escape route*]; ***~ [sb.] off*** **1** TEL. interrompere; ***I was cut off*** è caduta la linea **2** *(disinherit)* diseredare; ***he cut me off without a penny*** non mi ha lasciato il becco di un quattrino **3** *(interrupt)* interrompere; ***she cut me off in mid-phrase*** mi ha interrotto a metà frase; ***~ [sb.] off***, ***~ off [sb.]*** *(isolate)* [*group, person*] tagliare fuori, isolare [*person*]; ***to be cut off by the tide*** essere isolati dalla marea; ***to feel cut off*** sentirsi isolato *o* tagliato fuori; ***to ~ oneself off*** isolarsi *o* tagliarsi fuori (**from** da).
- **cut out:** ***~ out*** [*engine, fan*] fermarsi; ***~ out [sth.]*** eliminare [*alcohol, fatty food*]; ***~ [sth.] out***, ***~ out [sth.]*** **1** *(snip out)* ritagliare [*article, piece, shape*] (**from** da) **2** *(remove)* asportare [*tumour*] (**from** da); eliminare [*reference, sentence, chapter*]; tagliare, eliminare [*scene*] **3** *(block out)* ostruire [*view*]; eliminare [*draught, noise, vibration*] **4** COLLOQ. *(stop)* ***~ the noise out!*** smettetela di fare rumore! ***~ out the laughing, fighting!*** smettetela di ridere, di bisticciare! ***~ it out!*** basta!; ***~ [sb.] out*** **1** *(isolate)* isolare, tagliare fuori; ***to ~ sb. out of one's will*** escludere qcn. dal proprio testamento **2** ***to be cut out for teaching, nursing*** essere tagliato per l'insegnamento, a fare l'infermiere; ***he's not cut out to be a teacher*** non è tagliato per l'insegnamento.
- **cut short:** ***~ short [sth.]***, ***~ [sth.] short*** accorciare, abbreviare [*holiday, visit, discussion*]; ***to ~ the conversation short*** tagliare corto; ***~ [sb.] short*** interrompere.
- **cut through:** ***~ through [sth.]*** [*knife, scissors*] tagliare [*cardboard, plastic*]; [*detergent*] togliere [*grease*]; [*whip*] sferzare [*air*]; [*boat*] fendere [*water*]; [*person*] abbreviare [*red tape*]; [*voice*] sovrastare [*noise*].
- **cut up:** ***~ up*** AE COLLOQ. fare baldoria; ***~ [sth.] up***, ***~ up [sth.]*** tritare [*food, meat, onions*]; sezionare [*specimen*]; [*murderer*] fare a pezzi [*corpse*]; ***to ~ sth. up into strips, pieces*** tagliare qcs. a strisce, a pezzi; ***~ [sb.] up*** **1** *(wound)* [*gangster*] accoltellare [*victim*] **2** *(upset)* ***to be very cut up*** essere sconvolto (**about**, **by** da) **3** AUT. COLLOQ. chiudere, stringere (dopo un sorpasso).

3.cut /kʌt/ **I** p.pass. → **2.cut II** agg. **1** *(sliced, sawn)* [*fabric, rope, pages, timber*] tagliato; ***ready~ slices*** fette già tagliate **2** *(shaped)* [*gem, stone*] tagliato; ***a well~ jacket*** una giacca di buon taglio; ***the trousers are ~ wide*** i pantaloni sono larghi **3** *(injured)* [*lip*] tagliato; ***to have a ~ finger, knee*** avere un taglio al dito, ginocchio **4** AGR. [*hay, grass*] tagliato; [*flowers*] tagliato, reciso **5** *(edited)* [*film, text*] con tagli, tagliato ◆ ***to have one's work ~ out to do*** avere il proprio (bel) daffare.

cut-and-dried /ˌkʌtən'draɪd/, **cut-and-dry** /ˌkʌtən'draɪ/ agg. [*procedure, formula*] fisso; [*idea, opinion*] definitivo; [*answer, solution*] chiaro e definitivo; ***a ~ case*** un caso semplice; ***I like everything to be ~*** mi piace che tutto sia ben definito.

cut and paste /ˌkʌtən'peɪst/ n. INFORM. taglia e incolla m.

cut and thrust /ˌkʌtən'θrʌst/ n. ***the ~ of debate*** la schermaglia del dibattito; ***the ~ of professional sport*** lo spirito competitivo dello sport professionistico.

cutaneous /kju:'teɪnɪəs/ agg. cutaneo.

cutaway /'kʌtəweɪ/ **I** n. **1** ARCH. TECN. spaccato m. **2** CINEM. inquadratura f. di stacco **II** modif. [*diagram, drawing*] in sezione.

cutback /'kʌtbæk/ n. **1** ECON. riduzione f.; ***~s in*** tagli nelle spese per [*defence, health, education*]; riduzione di [*credit, production*]; ***government ~s*** riduzione delle spese di governo **2** AE CINEM. flashback m.

cute /kju:t/ agg. AE COLLOQ. **1** *(sweet, attractive)* carino; SPREG. lezioso **2** *(clever)* abile, astuto; SPREG. scaltro, furbo; ***to get ~*** fare il furbo; ***to get ~ with sb.*** (cercare di) fare il furbo con qcn.; ***she thinks it's ~ to do*** pensa che sia una cosa furba fare.

cutely /'kju:tlɪ/ avv. **1** SPREG. *(sweetly)* leziosamente; ***to smile ~*** sorridere con leziosità **2** *(cleverly)* con astuzia.

cutes /'kju:tɪz/ → **cutis.**

cutesy /'kju:tsɪ/ agg. COLLOQ. lezioso.

cut glass /ˌkʌt'glɑ:s, AE -'glæs/ **I** n. vetro m. tagliato **II cut-glass** modif. **1** [*decanter, fruit bowl*] in vetro tagliato **2** COLLOQ. [*accent*] raffinato, ricercato.

cuticle /'kju:tɪkl/ n. ANAT. BOT. cuticola f.

cuticle remover /'kju:tɪklrɪˌmu:və(r)/ n. = crema per rimuovere la pelle secca attorno alle unghie.

cuticular /kju:'tɪkjʊlə(r)/ agg. cuticolare.

cutie /'kju:tɪ/, **cutie-pie** /'kju:tɪpaɪ/ AE COLLOQ. n. *(attractive child)* bambino m. (-a) carino (-a); *(clever child)* furbetto m. (-a).

cutireaction /'kju:tɪrɪˌækʃn/ n. cutireazione f.

cutis /'kju:tɪs/ n. (pl. **~es, -es**) cute f.

cutlass /'kʌtləs/ n. sciabola f. da abbordaggio.

cutler /'kʌtlə(r)/ ➧ **27** n. coltellinaio m. (-a).

cutlery /'kʌtlərɪ/ n. **U** posate f.pl.; ***a set of ~*** *(for one)* posate; *(complete suite)* servizio di posate.

cutlet /'kʌtlɪt/ n. *(meat)* cotoletta f.; *(fish)* trancio m.; ***a lamb ~*** una costoletta di agnello.

cut-off /'kʌtɒf/ **I** n. **1** *(upper limit)* limite m., tetto m. massimo **2** *(automatic switch) (for water-flow)* otturatore m. **3** AE *(shorter route)* scorciatoia f. **II cut-offs** n.pl. pantaloni m. tagliati al ginocchio.

cut-off date /'kʌtɒfˌdeɪt/ n. data f. limite.

cut-off point /'kʌtɒfˌpɔɪnt/ n. limite m.; ECON. limite m. massimo.

cut-out /'kʌtaʊt/ **I** n. **1** *(outline)* silhouette f.; ***cardboard ~*** silhouette di cartone **2** ELETTRON. interruttore m. **II** agg. [*doll, character, drawing*] ritagliato.

cut-over /'kʌtˌəʊvə(r)/ n. **1** = bosco dopo il taglio del legname **2** TECN. tempo m. di conversione.

cut-price /ˌkʌt'praɪs/ **I** agg. BE a prezzo ridotto **II** avv. [*offer, sell*] a prezzo ridotto.

cutpurse /'kʌtpɜ:s/ n. tagliaborse m. e f.

cut-rate /ˌkʌt'reɪt/ agg. AE → **cut-price.**

cutter /'kʌtə(r)/ n. **1** *(sharp tool) (for mining)* tagliatrice f.; *(for lino, carpet)* taglierina f., cutter m.; ***glass~*** tagliavetro; ***tile~*** taglierina per piastrelle **2** MAR. cutter m. **3** SART. tagliatore m. (-trice).

cutter bar /'kʌtəˌbɑ:(r)/ n. AGR. barra f. alesatrice.

cut-throat /'kʌtθrəʊt/ **I** n. tagliagole m. e f. **II** agg. **1** *(ruthless)* [*battle, competition, rivalry*] accanito; [*world*] spietato **2** SPORT ***a ~ game*** una partita giocata in tre.

cut-throat razor /'kʌtθrəʊtˌreɪzə(r)/ n. BE rasoio m.

▷ **cutting** /'kʌtɪŋ/ **I** n. **1** *(newspaper extract)* ritaglio m. (**from** da) **2** AGR. talea f.; ***to take a ~*** fare una talea **3** FERR. trincea f. **4** *(shaping) (of gem, glass)* taglio m. **5** *(digging) (of a tunnel)* scavo m. **6** *(slicing) (of cake, meat)* taglio m. **7** CINEM. montaggio m. **8** INFORM. ~

and pasting taglia e incolla **II cuttings** n.pl. *(of wood, metal)* trucioli m.; ***grass ~s*** fili di erba tagliata **III** agg. **1** *(sharp)* [*pain*] acuto; [*wind*] pungente; ***to deal sb. a ~ blow*** dare a qcn. un colpo violento; FIG. smontare qcn. **2** *(hurtful)* [*remark*] pungente, tagliente.
cutting board /ˈkʌtɪŋˌbɔːd/ n. *(for food)* tagliere m.; *(for sewing, crafts)* piano m. di lavoro.
cutting disc /ˈkʌtɪŋˌdɪsk/ n. *(on saw, food processor)* disco m.
cutting edge /ˌkʌtɪŋˈedʒ/ **I** n. **1** *(blade)* filo m. **2** FIG. avanguardia f.; ***to be at the ~ of*** essere all'avanguardia in [*technology, fashion*] **II** modif. [*film, industry, technology*] d'avanguardia.
cutting equipment /ˈkʌtɪŋɪˌkwɪpmənt/ n. = mezzi che si impiegano per liberare una persona dai rottami di un veicolo.
cuttingly /ˈkʌtɪŋlɪ/ avv. [*say, speak, reply*] in modo pungente.
cutting room /ˈkʌtɪŋˌruːm, -ˌrʊm/ n. CINEM. sala f. di montaggio; ***to end up on the ~ floor*** essere tagliato in montaggio.
cuttings library /ˈkʌtɪŋzˌlaɪbrərɪ, AE -brerɪ/, **cuttings service** /ˈkʌtɪŋzˌsɜːvɪs/ n. GIORN. agenzia f. di rassegna stampa.
cutting table /ˈkʌtɪŋˌteɪbl/ n. CINEM. tavolo m. di montaggio.
cuttle /ˈkʌtl/ n. **1** → **cuttlefish 2** → **cuttlebone**.
cuttlebone /ˈkʌtlbəʊn/ n. osso m. di seppia.
cuttlefish /ˈkʌtlfɪʃ/ n. (pl. **~**, **~es**) seppia f.
cutty /ˈkʌtɪ/ **I** agg. SCOZZ. corto, accorciato **II** n. SCOZZ. **1** *(pipe)* pipa f. corta **2** SPREG. *(immoral woman)* sgualdrina f., puttana f.
cutwater /ˈkʌtˌwɔːtə(r)/ n. **1** MAR. tagliamare m. **2** ING. *(of bridge)* tagliacque m.
cutworm /ˈkʌtwɜːm/ n. agrotide m.
CV, cv n. (⇒ curriculum vitae) curriculum vitae.
c.w.o., CWO 1 ⇒ cash with order contanti all'ordinazione **2** AE MIL. ⇒ chief warrant officer = grado massimo di sottufficiale dell'aviazione.
cwt ⇒ hundredweight = GB unità di misura di peso pari a 112 libbre, equivalente a 50,80 kg; US = unità di misura di peso pari a 110 libbre, equivalente a 45,36 kg.
cyan /ˈsaɪæn/ n. ciano m.
cyanamide /ˈsaɪənəmaɪd/ n. cianammide f.
cyanate /ˈsaɪəneɪt/ agg. cianato.
cyanic /saɪˈænɪk/ agg. cianico.
1.cyanide /ˈsaɪənaɪd/ n. cianuro m.
2.cyanide /ˈsaɪənaɪd/ tr. cianurare.
cyanine /ˈsaɪənaɪn/ n. cianina f.
cyanite /ˈsaɪənaɪt/ n. cianite f.
cyanogen /saɪˈænədʒən/ n. cianogeno m.
cyanosis /ˌsaɪəˈnəʊsɪs/ n. (pl. **-es**) cianosi f.
cyanotic /ˌsaɪəˈnɒtɪk/ agg. cianotico.
cyanurate /ˌsaɪəˈnjʊəreɪt/ n. cianurato m.
cyanuric /ˌsaɪəˈnjʊːrɪk/ agg. cianurico.
Cybele /sɪˈbiːlɪ, ˈsɪbɪlɪ/ n.pr. Cibele.
cybercafé /ˈsaɪbəkæfeɪ/ n. cybercafé m.
cybernetics /ˌsaɪbəˈnetɪks/ n. + verbo sing. cibernetica f.
cybernaut /ˈsaɪbənɔːt/ n. cibernauta m. e f.
cyberpunk /ˈsaɪbəpʌŋk/ n. cyberpunk m.
cybersex /ˈsaɪbəseks/ n. sesso m. virtuale.
cyberspace /ˈsaɪbəspeɪs/ n. INFORM. ciberspazio m.
cybersquatting /ˈsaɪbəˌskwɒtɪŋ/ n. cybersquatting m.
cyberterrorism /ˈsaɪbəˌterərɪzəm/ n. cyberterrorismo m., terrorismo m. informatico.
cyborg /ˈsaɪbɔːg/ n. cyborg m.
cycad /ˈsaɪkəd/ n. cicadacea f.
Cyclades /ˈsɪklədiːz/ ➧ ***12*** n.pr.pl. Cicladi f.
cyclamate /ˈsaɪkləmeɪt, ˈsɪk-/ n. ciclammato m.
cyclamen /ˈsɪkləmən, AE ˈsaɪk-/ n. ciclamino m.
▶ **1.cycle** /ˈsaɪkl/ n. **1** *(movement, series)* ciclo m.; ***washing ~*** ciclo di lavaggio **2** *(bicycle)* bicicletta f., bici f.
▶ **2.cycle** /ˈsaɪkl/ **I** intr. andare in bici; ***to go cycling*** andare in bici; ***she ~s to work*** va a lavorare in bici **II** tr. ***to ~ 15 miles*** fare 15 miglia in bici.
cycle car /ˈsaɪklˌkɑː(r)/ n. motocarro m.
cycle clip /ˈsaɪklclɪp/ n. fermacalzoni m.
cycle lane /ˈsaɪklˌleɪn/ n. pista f. ciclabile.
cycle race /ˈsaɪklreɪs/ n. corsa f. ciclistica.
cycle rack /ˈsaɪklræk/ n. rastrelliera f. per biciclette.
cycle shed /ˈsaɪklʃed/ n. tettoia f. per le biciclette.
cycle shop /ˈsaɪklʃɒp/ n. negozio m. di biciclette.
cycle track /ˈsaɪkltræk/ n. percorso m. ciclabile.
cyclic(al) /ˈsaɪklɪk(l)/ agg. ciclico.
▷ **cycling** /ˈsaɪklɪŋ/ ➧ ***10*** n. ciclismo m.; ***to do a lot of ~*** andare molto in bici.
cycling holiday /ˈsaɪklɪŋˌhɒlɪdeɪ/ n. BE cicloturismo m.; ***to go on a ~*** fare cicloturismo.
cycling shorts /ˈsaɪklɪŋˌʃɔːts/ n.pl. SPORT ABBIGL. ciclisti m.
cycling tour /ˈsaɪklɪŋˌtʊə(r), -ˌtɔː(r)/ n. giro m. in bicicletta.
cycling track /ˈsaɪklɪŋˌtræk/ n. *(professional)* velodromo m.
cycling vacation /ˈsaɪklɪŋvəˌkeɪʃn, AE -veɪ-/ AE → **cycling holiday**.
cyclist /ˈsaɪklɪst/ n. ciclista m. e f.
cyclization /ˌsaɪklɪˈzeɪʃn/ n. ciclizzazione f.
cyclo-cross /ˈsaɪkləˌkrɒs/ ➧ ***10*** n. ciclocross m.
cycloid /ˈsaɪklɔɪd/ n. cicloide m.
cycloidal /saɪˈklɔɪdl/ agg. cicloidale.
cyclometer /saɪˈklɒmɪtə(r)/ n. contachilometri m. per biciclette.
cyclone /ˈsaɪkləʊn/ n. ciclone m.; **~ *fence*** AE barriera anticiclone.
cyclonic /saɪˈklɒnɪk/ agg. ciclonico.
cyclonite /ˈsaɪklənaɪt/ n. ciclonite f.
cyclop(a)edia /ˌsaɪkləˈpiːdɪə/ n. ANT. enciclopedia f.
Cyclopean, Cyclopian /saɪˈkləʊpɪən/ agg. ciclopico (anche FIG.).
Cyclops /ˈsaɪklɒps/ n.pr. (pl. **-es**, **~es**) Ciclope.
cyclorama /ˌsaɪkləˈrɑːmə/ n. *(picture, curtain)* panorama m.
1.cyclostyle /ˈsaɪkləstaɪl/ n. ciclostile m.
2.cyclostyle /ˈsaɪkləstaɪl/ tr. ciclostilare.
cyclotomy /saɪˈklɒtəmɪ/ n. ciclotomia f.
cyclothymia /ˌsaɪkləʊˈθaɪmɪə/ ➧ ***11*** n. PSIC. ciclotimia f.
cyclotron /ˈsaɪklətrɒn/ n. ciclotrone m.
cygnet /ˈsɪgnɪt/ n. cigno m. giovane.
▷ **cylinder** /ˈsɪlɪndə(r)/ n. **1** AUT. MAT. TECN. TIP. cilindro m.; ***a four-~ engine*** un motore a quattro cilindri **2** *(of revolver, watch)* tamburo m.; *(of lock)* cilindro m. **3** BE (anche **hot water ~**) caldaia f. dell'acqua ◆ ***to be firing*** o ***working on all ~s*** COLLOQ. essere al massimo.
cylinder block /ˈsɪlɪndəˌblɒk/ n. blocco m. cilindri.
cylinder capacity /ˌsɪlɪndəkəˈpæsətɪ/ n. cilindrata f.
cylinder desk /ˈsɪlɪndəˌdesk/ n. scrittoio m. a tamburo.
cylinder head /ˈsɪlɪndəˌhed/ n. testa f. di cilindro.
cylinder head gasket /ˌsɪlɪndəhedˈgæskɪt/ n. guarnizione f. della testa di cilindro.
cylindrical /sɪˈlɪndrɪkl/ agg. cilindrico.
cylindroid /ˈsɪlɪndrɔɪd/ **I** agg. cilindroide **II** n. cilindroide m.
cyma /ˈsaɪmə/ n. (pl. **-ae**, **~s**) ARCH. gola f.
cymbal /ˈsɪmbl/ ➧ ***17*** n. cembalo m., piatto m.; ***antique ~s*** crotali.
cymbalist /ˈsɪmbəlɪst/ ➧ ***17, 27*** n. cembalista m. e f.
Cymbeline /ˈsɪmbɪliːn/ n.pr. Cimbelino.
cyme /saɪm/ n. BOT. cima f.
cymose /ˈsaɪməʊs/ agg. cimoso.
Cymric /ˈkɪmrɪk/ agg. cimrico.
Cynewulf /ˈkɪnɪwʊlf/ n.pr. Cynewulf.
cynic /ˈsɪnɪk/ **I** agg. cinico **II** n. cinico m. (-a).
Cynic /ˈsɪnɪk/ **I** agg. FILOS. cinico **II** n. FILOS. cinico m. (-a).
▷ **cynical** /ˈsɪnɪkl/ agg. cinico (**about** riguardo a).
cynically /ˈsɪnɪklɪ/ avv. cinicamente.
cynicism /ˈsɪnɪsɪzəm/ n. **1 Cynicism** FILOS. cinismo m. **2** *(attitude)* cinismo m.; *(remark)* osservazione f. cinica.
cynocephalus /ˌsaɪnəʊˈkefələs, -ˈsefələs/ n. (pl. **-i**) cinocefalo m.
cynosure /ˈsaɪnəzjʊə(r), AE ˈsaɪnəʃʊər/ n. ***to be the ~ of all eyes*** essere al centro dell'interesse *o* dell'attenzione.
Cynthia /ˈsɪnθɪə/ n.pr. Cinzia.
cypher → **1.cipher, 2.cipher**.
cypress (tree) /ˈsaɪprəs(triː)/ n. cipresso m.
Cyprian /ˈsɪprɪən/ ➧ ***18*** **I** agg. cipriota **II** n. **1** cipriota m. e f. **2** ANT. *(lewd person)* persona f. lasciva; *(prostitute)* prostituta f., cortigiana f.
Cypriot /ˈsɪprɪət/ ➧ ***18*** **I** agg. cipriota **II** n. cipriota m. e f.; ***a Greek ~*** un greco cipriota.
cypripedium /ˌsɪprəˈpiːdɪəm/ n. (pl. **~s**, **-ia**) cipripedio m.
Cyprus /ˈsaɪprəs/ ➧ ***12, 6*** n.pr. Cipro f.
Cyrenaic /ˌsaɪərəˈneɪk/ ➧ ***18*** **I** agg. cirenaico **II** n. cirenaico m. (-a).
Cyrenaica /ˌsaɪərəˈneɪkə/ ➧ ***24*** n.pr. Cirenaica f.
Cyrene /saɪˈriːn/ n.pr. Cirene f.
Cyril /ˈsɪrəl/ n.pr. Cirillo.
Cyrillic /sɪˈrɪlɪk/ agg. cirillico.
Cyrus /ˈsaɪərəs/ n.pr. Ciro.
cyst /sɪst/ n. cisti f., ciste f.
cystectomy /sɪsˈtektəmɪ/ n. cistectomia f.
cystic /ˈsɪstɪk/ agg. cistico.
cysticercus /ˌsɪstəˈsɜːkəs/ n. (pl. **-i**) cisticerco m.
cystic fibrosis /ˌsɪstɪkfaɪˈbrəʊsɪs/ ➧ ***11*** n. fibrosi f. cistica.
cystine /ˈsɪstiːn/ n. cistina f.

cystitis /sɪˈstaɪtɪs/ ➧ *11* n. cistite f.; ***to have ~*** avere la cistite.
cystocarp /ˈsɪstəkɑːp/ n. cistocarpo m.
cystocele /ˈsɪstəsiːl/ n. cistocele m.
cystopyelitis /ˌsɪstəʊpaɪˈlaɪtɪs/ ➧ *11* n. cistopielite f.
cystoscope /ˈsɪstəskəʊp/ n. cistoscopio m.
cystotomy /sɪsˈtɒtəmɪ/ n. cistotomia f.
Cytherean /ˌsɪθəˈriːən/ agg. **1** MITOL. di Venere Citerea, citereo **2** ASTR. di Venere, venusiano.
cytobiology /ˌsaɪtəʊbaɪˈɒlədʒɪ/ n. citobiologia f.
cytochrome /ˈsaɪtəkrəʊm/ n. citocromo m.
cytogenetic /ˌsaɪtədʒɪˈnetɪk/ agg. citogenetico.
cytogenetics /ˌsaɪtədʒɪˈnetɪks/ n. + verbo sing. citogenetica f.
cytological /ˌsaɪtəˈlɒdʒɪkl/ agg. citologico.
cytologist /saɪˈtɒlədʒɪst/ n. citologo m. (-a).
cytology /saɪˈtɒlədʒɪ/ n. citologia f.
cytoplasm /ˈsaɪtəplæzəm/ n. citoplasma m.
cytosine /ˈsaɪtəsaɪn/ n. citosina f.
cytosome /ˈsaɪtəsəʊm/ n. citosoma m.
cytostome /ˈsaɪtəstəʊm/ n. citostoma m.
cytotoxic /ˌsaɪtəˈtɒksɪk/ agg. citotossico.
czar, **Czar** /zɑː(r)/ ➧ *9* n. zar m.; ***Czar Nicholas*** lo zar Nicola.
czardas /ˈtʃɑːdɑːs/ n. ciarda f.
czardom /ˈtʃɑːdəm/ n. **1** *(authority)* autorità f. dello zar **2** *(territory)* impero m. zarista.
czarevitch /ˈzɑːrɪvɪtʃ/ n. zarevic m.
czarina /zɑːˈriːnə/ ➧ *9* n. zarina f.
czarism /ˈzɑːrɪzəm/ n. zarismo m.
czarist /ˈzɑːrɪst/ **I** agg. zarista **II** n. zarista m. e f.
Czech /tʃek/ ➧ *18, 14* **I** agg. ceco **II** n. **1** *(person)* ceco m. (-a) **2** *(language)* ceco m.
Czechoslovak(ian) /ˌtʃekəˈsləʊvæk(ɪən), ˌtʃekəsləˈvæk(ɪən)/ ➧ *18* **I** agg. cecoslovacco **II** n. cecoslovacco m. (-a).
Czechoslovakia /ˌtʃekəsləʊˈvækɪə/ ➧ *6* n.pr. STOR. Cecoslovacchia f.
Czech Republic /ˌtʃekrɪˈpʌblɪk/ ➧ *6* n.pr. Repubblica f. Ceca.

d

d, **D** /di:/ n. **1** *(letter)* d, D m. e f. **2** **D** MUS. re m. **3** **d** BE ANT. ⇒ penny penny **4** **d** ⇒ died morto (m.).
DA n. US DIR. (⇒ District Attorney) = procuratore distrettuale.
1.dab /dæb/ **I** n. **1** tocco m.; ***a ~ of*** un tocco di [*paint, powder*]; una goccia di [*glue*]; un velo di [*butter*] **2** *(blow)* colpo m., colpetto m. **II** **dabs** n.pl. BE COLLOQ. *(fingerprints)* impronte f. digitali.
2.dab /dæb/ tr. (forma in -ing ecc. **-bb-**) sfiorarsi [*one's eyes, mouth*]; tamponare [*wound*]; ***to ~ sth. on sth.*** applicare qcs. su qcs. con piccoli tocchi; ***to ~ sth. with sth.*** tamponare qcs. con qcs.
■ **dab at:** ***~ at [sth.]*** sfiorarsi [*one's eyes*]; tamponare [*stains, wound*].
■ **dab off:** ***~ off [sth.], ~ [sth.] off*** togliere tamponando.
■ **dab on:** ***~ on [sth.], ~ [sth.] on*** applicare con piccoli tocchi [*paint, ointment*]; mettersi [*perfume*].
3.dab /dæb/ n. platessa f.
4.dab /dæb/ n. → **dab hand**.
dabber /'dæbə(r)/ n. tampone m.
dabble /'dæbl/ **I** tr. ***to ~ one's fingers, toes in sth.*** immergere le dita in qcs. **II** intr. **1** *(take a slight interest)* dilettarsi (**in**, **at** di) [*painting, writing, politics*]; interessarsi un po' (**in**, **at** di) [*ideology*]; ***painting? I just ~ in*** pittura? mi ci diletto; ***to ~ in the Stock Exchange*** fare piccole speculazioni di borsa **2** *(try)* ***to ~ with several careers*** tentare varie carriere; ***to ~ with drugs*** = fare uso saltuario di droga.
dabbler /'dæblə(r)/ n. dilettante m. e f.
dabchick /'dæbtʃɪk/ n. ZOOL. tuffetto m.
dab hand /ˌdæb'hænd/ n. BE COLLOQ. ***to be a ~ at sth., at doing sth.*** essere un mago in qcs., a fare qcs.
Dacca /'dækə/ ♦ ***34*** n.pr. Dacca f.
dace /deɪs/ n. (pl. ~, **~s**) lasca f.
dacha /'dætʃə/ n. dacia f.
dachshund /'dækshʊnd/ n. (pl. **~s**, **~e**) bassotto m., dachshund m.
Dacia /'deɪʃə/ n.pr. Dacia f.
dacite /'deɪsaɪt/ n. dacite f.
Dacron® /'dækrɒn, 'deɪkrɒn/ n. dacron® m.
dactyl /'dæktɪl/ n. METR. dattilo m.
dactylic /dæk'tɪlɪk/ agg. dattilico.
▶ **dad** /dæd/ n. COLLOQ. papà m., babbo m.; *(old man)* SCHERZ. nonnino m.
Dada /'dɑ:dɑ:/ **I** agg. dada **II** n. dada m.
dadaism /'dɑ:dəɪzəm/ n. dadaismo m.
dadaist /'dɑ:dəɪst/ **I** agg. dada, dadaista **II** n. dadaista m. e f.
▷ **daddy** /'dædɪ/ n. COLLOQ. papà m., babbo m.
daddy-long-legs /ˌdædɪ'lɒŋlegz/ n. (pl. ~) BE tipula f.; AE opilione m.
dado /'deɪdəʊ/ n. (pl. **~es**, **~s**) **1** *(wainscot)* zoccolo m. **2** *(higher)* lambris m.
Dad's army /ˌdædz'ɑ:mɪ/ n. BE MIL. COLLOQ. SCHERZ. = milizia popolare formata durante la seconda guerra mondiale.
daedal /'di:dl/ agg. dedaleo.
Daedalean, Daedalian /di:'deɪlɪən/ agg. di Dedalo, dedaleo.
Daedalus /'di:dələs/ n.pr. Dedalo.
daemon ANT. → **demon**.
daemonic ANT. → **demonic**.
daff /dæf/ n. BE COLLOQ. (accorc. daffodil) trombone m., narciso m. giallo.
daffodil /'dæfədɪl/ **I** n. trombone m., narciso m. giallo **II** modif. [*bulb*] di trombone, di narciso giallo.
daffodil yellow /ˌdæfədɪl'jeləʊ/ **I** agg. giallo chiaro **II** n. giallo m. chiaro.
daffy /'dæfɪ/ agg. COLLOQ. pazzo.
daft /dɑ:ft, AE dæft/ **I** agg. COLLOQ. **1** *(silly)* sciocco, stupido **2** ***to be ~ about sth., sb.*** andare pazzo per qcs., qcn. **II** avv. COLLOQ. ***to talk ~*** dire (delle) sciocchezze ◆ ***~ as a brush*** BE COLLOQ. = molto stupido.
Dagestan /ˌdægɪ'stɑ:n/ n.pr. Daghestan m.
▷ **dagger** /'dægə(r)/ n. **1** *(weapon) (narrow)* stiletto m.; *(wider)* pu-gnale m. **2** TIP. croce f. (per indicare una parola obsoleta o una persona defunta) ◆ ***to be at ~s drawn*** essere ai ferri corti (**with** con); ***to look ~s at sb.*** guardare qcn. in cagnesco.
dago /'deɪgəʊ/ n. (pl. **~s**, **~es**) POP. SPREG. = persona di origine latina (specialmente spagnolo o portoghese).
daguerreotype /də'gerətaɪp/ n. dagherrotipo m.
daguerreotypy /də'gerətaɪpɪ/ n. dagherrotipia f.
dahlia /'deɪlɪə, AE 'dælɪə/ n. dalia f.
Dail Éireann /dɔɪl'eɪrən/ n. POL. = Camera dei Deputati irlandese.
▶ **daily** /'deɪlɪ/ **I** agg. [*routine, visit, journey*] quotidiano; [*wage, rate, intake, delivery*] giornaliero; [*sight, phenomenon*] di tutti i giorni; ***~ newspaper*** quotidiano; ***on a ~ basis*** tutti i giorni; ***to be paid on a ~ basis*** essere pagato alla giornata; ***to earn one's ~ bread*** guada-gnarsi il pane quotidiano; ***the ~ grind*** *(dull)* il trantran quotidiano; *(tiring)* la fatica quotidiana; ***the ~ round*** il trantran, la routine **II** n. **1** *(newspaper)* quotidiano m.; ***the national dailies*** i quotidiani nazionali **2** BE COLLOQ. (anche **~ help**, **~ maid**) domestica f. a giornata **III** avv. quotidianamente, giornalmente, tutti i giorni; ***to be taken twice ~*** da prendere due volte al giorno; ***he is expected ~*** FORM. lo si attende di giorno in giorno.
daintily /'deɪntɪlɪ/ avv. delicatamente, con raffinatezza.
daintiness /'deɪntɪnɪs/ n. delicatezza f., raffinatezza f.
dainty /'deɪntɪ/ **I** agg. **1** [*porcelain*] fine, delicato, raffinato; [*hand, foot, figure, movement*] delicato, grazioso; [*shoe, hat*] grazioso, bello **2** [*dish, cake*] squisito, prelibato; ***a ~ morsel*** un boccone prelibato **II** n. squisitezza f., prelibatezza f.
daiquiri /'dækərɪ, 'daɪ-/ n. daiquiri m.
▷ **dairy** /'deərɪ/ n. **1** *(on farm etc.)* piccolo caseificio m., latteria f.; *(shop)* latteria f. **2** *(company)* caseificio m.
dairy butter /'deərɪˌbʌtə(r)/ n. = burro fatto con la panna fresca.
dairy cattle /'deərɪˌkætl/ n. + verbo pl. mucche f.pl. da latte.
dairy cow /'deərɪˌkaʊ/ n. mucca f. da latte.
dairy cream /'deərɪˌkri:m/ n. panna f. fresca.
dairy farm /'deərɪˌfɑ:m/ n. = fattoria per la produzione di latte e latticini.
dairy farming /'deərɪˌfɑ:mɪŋ/ n. industria f. casearia.
dairy ice cream /'deərɪˌaiskri:m/ n. = gelato a base di latte e panna freschi.

dairying /ˈdeərɪɪŋ/ n. industria f. casearia.
dairymaid /ˈdeərɪmeɪd/ n. ANT. = donna che lavora in una latteria o un caseificio.
dairyman /ˈdeərɪmən/ n. (pl. **-men**) *(on farm etc.)* = uomo che lavora in un caseificio; *(in shop)* lattaio m.; AE *(farmer)* allevatore m. di mucche da latte.
dairy produce /ˈdeərɪˌprɒdjuːs, AE -duːs/ n. → **dairy products**.
dairy products /ˈdeərɪˌprɒdʌkts/ n.pl. latticini m.
dais /ˈdeɪɪs/ n. pedana f., palco m.
daisied /ˈdeɪzɪd/ agg. coperto di margherite.
daisy /ˈdeɪzɪ/ n. *(common)* margheritina f., pratolina f.; *(garden)* margherita f. ◆ ***to be as fresh as a ~*** essere fresco come una rosa; ***to be pushing up (the) daisies*** COLLOQ. vedere l'erba dalla parte delle radici.
Daisy /ˈdeɪzɪ/ n.pr. Margherita.
Daisy Duck /ˌdeɪzɪˈdʌk/ n.pr. Paperina.
daisy chain /ˈdeɪzɪˌtʃeɪn/ n. ghirlanda f. di margheritine.
daisy wheel /ˈdeɪzɪwiːl, AE -hwiːl/ **I** n. INFORM. TIP. margherita f. **II** modif. [*printer, terminal*] a margherita.
Dakota /dəˈkəʊtə/ **I** agg. dakota **II** n. **1** (pl. ~, **~s**) *(person)* dakota m. e f. **2** *(language)* dakota m.
Dalai Lama /ˌdælaɪˈlɑːmə/ n. dalai lama m.
dale /deɪl/ n. valle f., valletta f. ◆ ***up hill and down ~*** BE, ***over hill and ~*** AE per monti e per valli.
Dale /deɪl/ n.pr. Dale (nome di uomo).
Dallas /ˈdæləs/ ➧ ***34*** n.pr. Dallas f.
dalesman /ˈdeɪlzmən/ n. (pl. **-men**) valligiano m.
dalliance /ˈdælɪəns/ n. LETT. amoreggiamento m.; FIG. *(with idea, political party)* flirt m.
dally /ˈdælɪ/ intr. **1** ***to ~ with*** amoreggiare con [*person*] **2** ***to ~ with*** FIG. gingillarsi con [*idea, plan*]; flirtare con [*political party*] **3** *(linger)* esitare, indugiare (**over** su).
Dalmatia /dælˈmeɪʃjə/ ➧ ***24*** n.pr. Dalmazia f.
dalmatian, Dalmatian /dælˈmeɪʃn/ **I** agg. dalmata **II** n. **1** *(person)* dalmata m. e f. **2** *(dog)* dalmata m.
dalmatic /dælˈmætɪk/ n. dalmatica f.
daltonian /dɔːlˈtəʊnɪən/ n. daltonico m. (-a).
daltonism /ˈdɔːltənɪzəm/ ➧ ***11*** n. daltonismo m.
▷ **1.dam** /dæm/ n. **1** *(construction)* barriera f.; *(to prevent flooding)* diga f. **2** *(body of water)* bacino m. idrico (di una diga).
▷ **2.dam** /dæm/ tr. (forma in -ing ecc. **-mm-**) ING. arginare [*river, lake*]; *(to prevent flooding)* costruire dighe su [*river, lake*].
■ **dam up:** ~ ***up [sth.],*** ~ ***[sth.] up*** **1** → **2.dam 2** *(block up)* sbarrare [*river, canal*]; trattenere [*feelings*]; bloccare [*flow of words, money, supplies*].
3.dam /dæm/ n. *(animal)* madre f.
4.dam /dæm/ agg. e avv. COLLOQ. → **1.damn.**
▶ **1.damage** /ˈdæmɪdʒ/ **I** n. U **1** *(physical) (to building, machine, goods, environment)* danno m., danni m.pl. (**to** a; **from** causato da); ***to do*** o ***cause ~*** fare, causare danni; ***not much ~ was done to the car*** l'auto non ha subito molti danni; ***~ of £ 300 was done to the car*** l'auto ha subito danni per 300 sterline; ***storm ~*** danni causati da intemperie; ***water, frost ~*** danni causati dall'acqua, dal gelo; ***criminal ~*** DIR. atti vandalici; ***~ to property*** DIR. danno patrimoniale; ***~ or loss*** *(in insurance)* danni o perdita **2** MED. danno m., lesione f.; ***to cause ~ to*** danneggiare [*health, part of body*]; ***(irreversible) brain ~*** lesioni cerebrali irreversibili; ***psychological ~*** trauma psicologico **3** FIG. ***to do ~ to*** nuocere a [*cause, trade*]; minare [*self-confidence*]; rovinare, compromettere [*relationship, reputation*]; ***political ~*** danno politico; ***(a lot of) ~ was done to sth.*** qcs. è stato (seriamente) compromesso; ***it's too late, the ~ is done*** troppo tardi, il danno è fatto **II damages** n.pl. DIR. danni m., risarcimento m.sing. (dei) danni, indennizzo m.sing.; ***to claim for ~s*** chiedere il risarcimento (dei) danni (**against sb.** a qcn.); ***a claim for ~s*** una richiesta di risarcimento (dei) danni; ***he paid £ 700 (in) ~s*** ha pagato 700 sterline di risarcimento (dei) danni; ***~s for loss of earnings*** indennizzo per il mancato guadagno; ***agreed ~s*** risarcimento pattuito; ***to be liable for ~s*** rispondere dei danni ◆ ***what's the ~?*** COLLOQ. qual è la spesa? quant'è?
▶ **2.damage** /ˈdæmɪdʒ/ tr. **1** *(physically)* danneggiare, provocare danni a [*building, machine, furniture, environment, crop, health, part of body*] **2** FIG. rovinare, compromettere [*reputation, career, relationship, organization, negotiations*]; minare [*confidence*].
damageable /ˈdæmɪdʒəbl/ agg. danneggiabile, avariabile.
▷ **damaged** /ˈdæmɪdʒd/ **I** p.pass. → **2.damage II** agg. **1** danneggiato; [*goods*] avariato **2** *(in insurance)* sinistrato **3** PSIC. [*child*] traumatizzato.
damaging /ˈdæmɪdʒɪŋ/ agg. **1** *(to reputation, career, person)* compromettente (**to** per); [*effect, consequences*] dannoso, deleterio **2** *(to health, environment)* nocivo (**to** a, per).
damagingly /ˈdæmɪdʒɪŋlɪ/ avv. **1** [*harsh, lax*] dannosamente **2** [*do, say*] con effetti dannosi, deleteri.
1.damascene /ˈdæməsiːn/ n. damaschinatura f.
2.damascene /ˈdæməsiːn/ tr. damaschinare.
Damascene /ˈdæməsiːn/ **I** agg. damasceno, damaschino **II** n. damasceno m. (-a), damaschino m. (-a).
Damascus /dəˈmæskəs/ ➧ ***34*** n.pr. Damasco f.; ***the road to ~*** la via di Damasco.
1.damask /ˈdæməsk/ **I** n. **1** TESS. damasco m. **2** STOR. *(metal)* damasco m. **3** *(colour)* rosa m. antico **II** modif. [*cloth, robe*] damascato **III** agg. *(colour)* rosa antico.
2.damask /ˈdæməsk/ tr. **1** TESS. damascare **2** METALL. damaschinare.
damaskeen /ˈdæməskiːn/ tr. → **2.damascene**.
damask rose /ˈdæməskˌrəʊz/ n. rosa f. damascena.
Dam Busters /ˈdæmbʌstəz/ n.pl. GB MIL. STOR. ***the ~*** = membri di una squadriglia speciale della RAF incaricata del bombardamento di dighe tedesche durante la seconda guerra mondiale.
dame /deɪm/ n. **1** BE ANT. dama f.; ***the ~*** TEATR. = parte comica di donna anziana interpretata da un uomo; ***~ Fortune*** la Fortuna **2** **Dame** BE = titolo concesso a donna insignita di un ordine cavalleresco **3** AE COLLOQ. donna f.
dame school /ˈdeɪmˌskuːl/ n. = scuola elementare un tempo tenuta da anziane signore.
damfool /ˈdæmfuːl/ agg. COLLOQ. cretino, idiota.
Damian, Damien /ˈdeɪmɪən/ n.pr. Damiano.
dammit /ˈdæmɪt/ inter. COLLOQ. mannaggia, maledizione; ***(or) as near as ~*** BE COLLOQ. o poco ci manca.
1.damn /dæm/ **I** n. COLLOQ. ***I don't give a ~*** non me ne importa un fico, un accidente, un tubo; ***not to give a ~ about sb., sth.*** fregarsene di qcn., qcs.; ***it's not worth a ~*** COLLOQ. non vale un fico secco; ***he can't sing worth a ~*** AE non vale niente a cantare **II** agg. attrib. COLLOQ. [*object*] maledetto, dannato; ***your ~ husband*** il tuo maledetto marito; ***you ~ lunatic!*** dannato pazzo! ***I can't see a ~ thing*** non vedo un bel niente **III** avv. **1** COLLOQ. maledettamente; ***a ~ good film, meal*** un film proprio bello, un pranzo proprio buono; ***it's just ~ stupid, unfair*** è veramente stupido, disonesto; ***I should ~ well hope so!*** spero proprio di sì! **2** **damn near** COLLOQ. ***he ~ near killed me, ran me over*** per poco non mi uccideva, mi metteva sotto **IV** inter. COLLOQ. mannaggia, maledizione.
2.damn /dæm/ tr. **1** COLLOQ. *(curse)* ***~ you!*** va al diavolo! ***~ the weather, car!*** mannaggia al tempo, alla macchina! ***homework be ~ed, I'm going out!*** al diavolo i compiti, io esco! ***~ the consequences, the expense*** me ne frego delle conseguenze, della spesa; ***I 'll be ~ed!*** accidenti! ***I'll be*** o ***I'm ~ed if I'm going to pay!*** non pago manco morto! col cavolo che pago! ***I'm ~ed if I know!*** non so proprio! ***~ it!*** mannaggia! maledizione! **2** RELIG. dannare [*sinner, soul*] **3** *(condemn)* condannare [*person, action, behaviour*] (**for** per); ***to ~ sb. for doing*** condannare qcn. per avere fatto; ***to ~ sb. with faint praise*** = criticare qcn. fingendo di elogiarlo.
damnable /ˈdæmnəbl/ agg. **1** *(disgraceful)* esecrabile, odioso **2** ANT. COLLOQ. *(awful)* [*weather, person*] maledetto, schifoso.
damnably /ˈdæmnəblɪ/ avv. **1** *(disgracefully)* ***~ cruel, wicked*** di una crudeltà, una cattiveria odiosa **2** ANT. COLLOQ. *(extremely)* maledettamente.
damnation /dæmˈneɪʃn/ **I** n. RELIG. dannazione f. **II** inter. COLLOQ. maledizione, dannazione.
damnatory /ˈdæmnətərɪ, AE -tɔːrɪ/ agg. [*words*] di biasimo, di condanna.
damned /dæmd/ **I** p.pass. → **2.damn II** agg. **1** RELIG. dannato **2** COLLOQ. [*object*] maledetto, dannato; ***your ~ husband*** il tuo maledetto marito; ***you ~ lunatic!*** dannato pazzo! ***I can't see a ~ thing*** non vedo un bel niente **III** n. ***the ~*** + verbo pl. i dannati **IV** avv. COLLOQ. maledettamente; ***a ~ good film, meal*** un film proprio bello, un pranzo proprio buono; ***it's just ~ stupid, unfair*** è veramente stupido, disonesto; ***I should ~ well hope so!*** spero proprio di sì!
damnedest /ˈdæmdɪst/ n. COLLOQ. **1** *(hardest)* ***to do*** o ***try one's ~ (to do, for sb.)*** fare l'impossibile (per fare, per qcn.) **2** *(surprising)* ***the ~ thing happened yesterday*** ieri è successo qualcosa di incredibile; ***it was the ~ thing*** era incredibile.
damnification /ˌdæmnɪfɪˈkeɪʃn/ n. DIR. danneggiamento m.
damnify /ˈdæmnɪfaɪ/ tr. DIR. danneggiare.
damning /ˈdæmɪŋ/ agg. incriminante, schiacciante.
Damoclean /ˌdæməˈkliːən/ agg. **1** di Damocle **2** FIG. [*threat*] incombente.

Damocles /'dæməkliːz/ n.pr. Damocle; ***the Sword of ~*** la spada di Damocle.
Damon /'deɪmən/ n.pr. Damone.
▷ **1.damp** /dæmp/ **I** agg. [*atmosphere, building, cloth, clothes etc.*] umido; [*skin*] bagnato, madido **II** n. **1** *(atmosphere, conditions)* umidità f. **2** MIN. (anche **firedamp**) grisou m. **3** MIN. (anche **black ~**) = gas di miniera non esplosivi ma asfissianti.
2.damp /dæmp/ tr. **1** → **dampen 2** → **damp down 3** MUS. smorzare.
■ **damp down:** ~ ***[sth.] down***, ~ ***down [sth.]*** coprire [*fire*]; soffocare [*flames*]; smorzare [*anger*]; sdrammatizzare [*crisis, situation*].
■ **damp off** [*plant*] marcire (per l'umidità).
damp course /'dæmpkɔːs/ n. → **damp-proof course**.
dampen /'dæmpən/ tr. **1** inumidire [*cloth, sponge, ironing*] **2** FIG. raffreddare [*enthusiasm, optimism, ardour*]; diminuire [*hopes, resolve*]; ***to ~ sb.'s spirits*** scoraggiare qcn.
dampener /'dæmpənə(r)/ n. AE *(for stamps)* spugnetta f.; *(for ironing)* spruzzatore m.
damper /'dæmpə(r)/ n. **1** *(in fireplace, stove)* valvola f. di tiraggio **2** MUS. smorzatore m. **3** ELETTRON. MECC. smorzatore m. **4** *(for stamps)* spugnetta f.; *(for ironing)* spruzzatore m. ◆ ***the news put a ~ on the evening*** COLLOQ. la notizia ha smorzato l'allegria della serata; ***he always puts a ~ on everything*** COLLOQ. deve sempre fare il guastafeste.
damping /'dæmpɪŋ/ n. **1** inumidimento m. **2** ELETTRON. smorzamento m.
dampish /'dæmpɪʃ/ agg. umidiccio.
damply /'dæmplɪ/ avv. FIG. apaticamente.
dampness /'dæmpnɪs/ n. *(of climate, ground, room, clothes etc.)* umidità f.; *(of skin)* (l')essere bagnato, madido.
damp-proof /'dæmp,pruːf/ agg. a prova di umidità, impermeabile.
damp-proof course /'dæmp,pruːf,kɔːs/ n. EDIL. strato m. impermeabile.
damp squib /,dæmp'skwɪb/ n. FIG. flop m., fiasco m.
damsel /'dæmzl/ n. LETT. damigella f., donzella f.; ***a ~ in distress*** SCHERZ. una fanciulla che ha bisogno di aiuto.
damselfly /'dæmzlflaɪ/ n. libellula f.
damson /'dæmzn/ n. **1** *(fruit)* susina f. selvatica **2** *(tree)* susino m. selvatico.
dan /dæn/ n. SPORT dan m.
Dan /dæn/ n.pr. diminutivo di **Daniel**.
Dana /'deɪnə, 'dɑː-, 'dæ-/ n.pr. Dana (nome di uomo e di donna).
▶ **1.dance** /dɑːns, AE dæns/ **I** n. **1** *(movement)* ballo m., danza f.; *(art form)* **U** danza f.; ***modern ~*** danza moderna; ***to ask sb. for a ~*** invitare qcn. a ballare; ***may I have the next ~?*** mi concede il prossimo ballo? ***the Dance of Death*** danza macabra **2** *(social occasion)* ballo m., serata f. danzante; ***to give*** o ***hold a ~*** dare un ballo **II** modif. [*band, music, shoes, wear*] da ballo; [*company, step, studio*] di danza ◆ ***to lead sb. a merry ~*** rendere la vita difficile a qcn. *o* dare del filo da torcere a qcn.
▶ **2.dance** /dɑːns, AE dæns/ **I** tr. **1** ballare, fare [*dance*]; fare [*steps*]; ***he ~d her away*** l'ha portata via ballando **2** *(dandle)* fare ballare, fare saltellare **II** intr. ballare (anche FIG.), danzare (**with** con); ***to ~ for joy*** saltare dalla gioia; ***to ~ with rage*** fremere di rabbia; ***to ~ to disco music*** ballare musica da discoteca ◆ ***to ~ the night away*** passare la notte a ballare; ***to ~ to sb.'s tune*** piegarsi ai voleri di qcn.
■ **dance about** saltellare qua e là.
■ **dance off** AE COLLOQ. = essere giustiziato.
■ **dance up and down** → **dance about**.
danceable /'dɑːnsəbl, AE 'dæns-/ agg. ballabile.
dance-card /'dɑːnskɑːd, AE 'dæns-/ n. carnet m. di ballo.
dance floor /'dɑːnsflɔː(r), AE 'dæns-/ n. pista f. da ballo.
dance hall /'dɑːnshɔːl, AE 'dæns-/ n. sala f. da ballo.
dance notation /'dɑːnsnəʊ,teɪʃn, AE 'dæns-/ n. notazione f. coreografica.
dance programme /'dɑːns,prəʊgræm, AE 'dæns,prəʊgrəm/ n. carnet m. di ballo.
▷ **dancer** /'dɑːnsə(r), AE 'dænsər/ ➧ **27** n. ballerino m. (-a), danzatore m. (-trice).
dance step /'dɑːnsstep, AE 'dæns-/ n. passo m. di danza.
▷ **dancing** /'dɑːnsɪŋ, AE 'dænsɪŋ/ **I** agg. LETT. [*waves, sunbeams*] danzante; [*eyes*] vivace **II** ➧ **10** n. danza f., ballo m.; ***will there be ~?*** si ballerà? **III** modif. [*class, school, teacher*] di ballo, di danza; [*shoes*] da ballo.
dancing girl /'dɑːnsɪŋgɜːl, AE 'dænsɪŋ-/ ➧ **27** n. ballerina f. (di professione).
dancing master /'dɑːnsɪŋ,mɑːstə(r), AE 'dænsɪŋ,mæstə(r)/ ➧ **27** n. maestro m. di ballo.
dancing mistress /'dɑːnsɪŋ,mɪstrɪs, AE 'dænsɪŋ-/ ➧ **27** n. maestra f. di ballo.
dancing partner /'dɑːnsɪŋ,pɑːtnə(r), AE 'dænsɪŋ-/ n. compagno m. (-a) di ballo.
D and C n. MED. (⇒ dilation and curettage) = raschiamento.
dandelion /'dændɪlaɪən/ n. dente m. di leone.
dander /'dændə(r)/ n. COLLOQ. ***to get sb.'s ~ up*** fare arrabbiare qcn.; ***to get one's ~ up*** arrabbiarsi (**over, about** per).
dandified /'dændɪfaɪd/ **I** p.pass. → **dandify II** agg. [*person*] vestito come un dandy; [*appearance*] da dandy.
dandify /'dændɪfaɪ/ tr. rendere simile a un dandy.
dandle /'dændl/ tr. **1** ***to ~ a baby on one's knee*** fare ballare un bambino sulle ginocchia **2** *(fondle)* coccolare.
dandruff /'dændrʌf/ n. **U** forfora f.; ***to have ~*** avere la forfora; ***anti-~ shampoo*** shampoo antiforfora.
dandy /'dændɪ/ **I** n. dandy m. **II** agg. COLLOQ. *(excellent)* fantastico ◆ ***that's all fine and ~*** è perfetto.
dandy-brush /'dændɪ,brʌʃ/ n. spazzola f. di osso di balena.
dandyish /'dændɪʃ/ agg. da dandy.
dandyism /'dændɪzəm/ n. dandismo m.
dandy roll /'dændɪrəʊl/ n. TIP. tamburo m. ballerino.
Dane /deɪn/ ➧ **18** n. danese m. e f.
danegeld /'deɪngeld/ n. STOR. = tassa sui terreni originariamente imposta per raccogliere il denaro necessario ad allontanare gli invasori danesi dall'Inghilterra.
danewort /'deɪnwɜːt/ n. ebbio m.
dang /dæŋ/ AE → **3.darn**.
▶ **danger** /'deɪndʒə(r)/ n. pericolo m. (**of** di; **to** per); *(from different sources)* pericoli m.pl.; ***to be in ~ of doing sth.*** correre il rischio di fare qcs.; ***there is no ~ in doing sth.*** non c'è nessun pericolo nel fare qcs.; ***the ~ is that*** il rischio è che; ***there is a ~ that*** c'è il rischio che; ***there is a ~, no ~ that he will come*** c'è, non c'è pericolo che venga; ***to put sb. in ~*** mettere in pericolo qcn.; ***the road is a ~ to children*** la strada è pericolosa per i bambini; ***out of ~*** fuori pericolo; ***~!*** pericolo!
danger area /'deɪndʒər,eərɪə/ n. zona f. pericolosa.
danger list /'deɪndʒə,lɪst/ n. ***on the ~*** MED. in prognosi riservata.
danger money /'deɪndʒə,mʌnɪ/ n. indennità f. di rischio.
▶ **dangerous** /'deɪndʒərəs/ agg. pericoloso (**for** per; **to do** fare); ***~ driving*** AUT. guida pericolosa ◆ ***to be on ~ ground*** stare su un campo minato.
▷ **dangerously** /'deɪndʒərəslɪ/ avv. pericolosamente; [*ill*] gravemente; ***to live ~*** vivere pericolosamente.
dangerousness /'deɪndʒərəsnɪs/ n. pericolosità f.
danger signal /'deɪndʒə,sɪgnl/ n. segnale m. di pericolo (anche FIG.).
danger zone /'deɪndʒə,zəʊn/ n. → **danger area**.
dangle /'dæŋgl/ **I** intr. [*puppet, keys, rope etc.*] penzolare (**from** da); [*earrings*] pendere; ***with legs dangling*** con le gambe (a) penzoloni; ***to keep sb. dangling*** FIG. tenere qcn. sulla corda **II** tr. fare penzolare [*puppet, keys etc.*]; fare, lasciare penzolare [*legs*]; FIG. fare balenare [*prospect, reward*] (**before, in front of** a).
dangler /'dæŋglə(r)/ n. AE COLLOQ. trapezista m. e f.
Daniel /'dænjəl/ n.pr. Daniele.
Danish /'deɪnɪʃ/ ➧ **18, 14 I** agg. danese **II** n. **1** *(language)* danese m. **2** AE GASTR. → **Danish pastry**.
Danish blue (cheese) /,deɪnɪʃ'bluː(,tʃiːz)/ n. = formaggio simile al gorgonzola.
Danish pastry /,deɪnɪʃ'peɪstrɪ/ n. = dolce di pasta sfoglia ripieno di mele o pasta di mandorle e ricoperto di glassa.
dank /dæŋk/ agg. umido, malsano.
Danny /'dænɪ/ n.pr. diminutivo di **Daniel**.
Dante /'dæntɪ/ n.pr. Dante.
Dantean /'dæntɪən/, **Dantesque** /dæn'tesk/ agg. dantesco.
Danube /'dænjuːb/ ➧ **25** n.pr. Danubio m.; ***the Blue ~*** MUS. il bel Danubio blu.
dap /dæp/ **I** tr. (forma in -ing ecc. **-pp-**) fare rimbalzare **II** intr. (forma in -ing ecc. **-pp-**) **1** *(fish)* pescare tenendo l'esca a fior d'acqua **2** *(dip)* [*birds*] tuffarsi, immergersi **3** *(bounce)* rimbalzare.
daphne /'dæfnɪ/ n. BOT. dafne f.
Daphne /'dæfnɪ/ n.pr. Dafne.
daphnia /'dæfnɪə/ n. dafnia f.
dapper /'dæpə(r)/ agg. azzimato, agghindato.
1.dapple /'dæpl/ **I** agg. [*horse*] *(grey)* pomellato; *(bay)* pezzato; [*cow*] pezzato; [*sky*] punteggiato di nubi; [*shade, surface*] screziato di luce **II** n. **1** *(spot, patch)* chiazza f., screziatura f., macchia f. **2** *(horse)* (cavallo) pezzato m., (cavallo) pomellato m.
2.dapple /'dæpl/ **I** tr. chiazzare, screziare, macchiettare **II** intr. chiazzarsi, screziarsi.

dappled /ˈdæpld/ I p.pass. → **2.dapple** II agg. [*horse*] *(grey)* pomellato; *(bay)* pezzato; [*cow*] pezzato; [*sky*] punteggiato di nubi; [*shade, surface*] screziato di luce.

dapple-grey BE, **dapple-gray** AE /ˌdæplˈgreɪ/ I agg. grigio pomellato II n. (cavallo) pomellato m.

DAR n. US (⇒ Daughters of the American Revolution) = associazione patriottica composta dalle discendenti dei combattenti della rivoluzione americana.

darbies /ˈdɑːbɪz/ n.pl. BE ANT. COLLOQ. manette f.

Darby and Joan /ˌdɑːbɪənˈdʒəʊn/ I n. ***like ~*** come Filemone e Bauci II modif. ***~ Club*** BE = circolo per anziani.

dard /dɑːd/ n. BOT. dardo m.

Dardanelles /ˌdɑːdəˈnelz/ n.pr.pl. ***the ~*** i Dardanelli.

1.dare /deə(r)/ n. sfida f.; ***to do sth. for a ~*** fare qcs. per sfida.

▷ **2.dare** /deə(r)/ Dare can be used either as a common lexical verb or as a modal auxiliary: the latter construction is usually restricted to negative and interrogative sentences in the present tense; anyway, the regularized usage of *dare* is getting more and more common in English. The different constructions of *dare*, of course, do not impinge on the Italian equivalent forms. - For examples and uses of dare see the entry below. I mod. 1 *(to have the courage to)* osare (**do, to do** fare); ***few ~ (to) speak out*** pochi osano parlare; ***nobody ~d ask*** nessuno ha osato chiedere; ***the article ~s to criticize*** l'articolo osa criticare; ***I'd never ~ say it to her*** non avrei mai il coraggio di dirglielo; ***we wanted to watch but didn't ~*** volevamo guardare ma non abbiamo osato; ***they don't ~*** o ***daren't*** BE ***take the risk*** non hanno il coraggio di rischiare; ***read on if you ~*** SCHERZ. continua se hai il coraggio; ***~ we follow their example?*** FORM. ardiremo seguire il loro esempio? ***~ I say it*** posso (ben) dirlo; ***I ~ say, I daresay*** BE suppongo, credo (**that** che) 2 *(expressing anger, indignation)* osare (**do** fare); ***they wouldn't ~!*** *(rejecting suggestion)* non ne avranno il coraggio! ***he wouldn't ~ show his face here!*** non avrà il coraggio di farsi vedere qui! ***don't (you) ~ speak to me like that!*** non osare parlarmi in questo modo! ***don't you ~!*** *(warning)* non provarci! non pensarci nemmeno! ***how ~ you suggest that*** come osi insinuare che; ***how ~ you!*** come osi! II tr. ***to ~ sb. to do*** sfidare qcn. a fare; ***I ~ you to say it to her!*** ti sfido a dirglielo! ***go on, I ~ you!*** provaci, se hai il coraggio! ◆ ***who ~s wins*** la fortuna aiuta gli audaci.

daredevil /ˈdeədevl/ I agg. temerario, audace II n. scavezzacollo m. e f., temerario m. (-a).

daren't /deənt/ contr. dare not.

daresay /ˌdeəˈseɪ/ BE → **2.dare**.

daring /ˈdeərɪŋ/ I agg. 1 *(courageous)* audace, temerario; ***it was ~ of her to do it*** è stato coraggioso da parte sua farlo 2 *(innovative)* audace 3 *(shocking)* [*suggestion*] audace; [*dress*] osé II n. audacia f., temerarietà f., ardire m.

daringly /ˈdeərɪŋlɪ/ avv. [*suggest, adapt*] in modo audace, audacemente.

Darius /dəˈraɪəs/ n.pr. Dario.

▶ **1.dark** /dɑːk/ agg. 1 *(lacking in light)* [*room, alley, forest, day, sky*] buio; ***it is getting*** o ***growing ~*** comincia a farsi buio; ***it's ~*** è buio, notte; ***it's very ~ in here*** è molto buio qui; ***the sky went ~*** imbrunì; ***the ~ side of the moon*** la faccia nascosta della luna; ***in ~est Africa*** nell'Africa nera, nel cuore dell'Africa 2 *(in colour)* [*colour, suit, liquid*] scuro; ***~ blue, green*** blu, verde scuro; ***~ grey socks*** calze grigio scuro 3 *(physically)* [*hair, eyes, skin, complexion*] scuro; ***she's ~*** è scura; ***his hair is getting ~er*** i suoi capelli stanno diventando più scuri; ***a small ~*** o ***~-skinned woman*** una donna piccola con la carnagione scura 4 *(gloomy)* [*period, mood*] triste, nero; ***the ~ days of the recession*** i giorni bui della recessione; ***to look on the ~ side*** vedere tutto nero, essere pessimista 5 *(sinister)* [*secret, thought, prejudice, threat*] oscuro; [*influence, warning*] misterioso; ***the ~ side of*** il lato oscuro di [*person, regime*] 6 *(evil)* [*influence, force, power*] malefico 7 *(angry)* ***I got a ~ look from him*** mi ha lanciato un'occhiataccia 8 LING. ***~ l*** l scura ◆ ***keep it ~*** acqua in bocca! tientelo per te!

▶ **2.dark** /dɑːk/ n. ***the ~*** il buio, l'oscurità; ***in the ~*** al, nel buio, nell'oscurità; ***before ~*** prima del buio, prima di notte; ***until ~*** fino al calar della notte; ***after ~*** dopo il calar della notte ◆ ***to be in the ~*** essere all'oscuro (**about** di); ***I was completely in the ~*** ne ero completamente all'oscuro; ***to leave sb. in the ~*** lasciare qcn. all'oscuro; ***to keep sb. in the ~ about sth.*** tenere qcn. all'oscuro di qcs.; ***to take a leap*** o ***shot in the ~*** *(guess)* tirare a indovinare; *(risk)* fare un salto nel buio; ***to work in the ~*** BE proseguire a tentoni.

dark age /ˈdɑːkˌeɪdʒ/ n. FIG. periodo m. nero.

Dark Ages /ˈdɑːkˌeɪdʒɪz/ n. STOR. secoli m. bui.

dark chocolate /ˈdɑːkˌtʃɒklət/ n. AE cioccolato m. fondente.

dark-complexioned /ˈdɑːkkəmˌplekʃnd/ agg. dalla carnagione scura, scuro di carnagione.

Dark Continent /ˌdɑːkˈkɒntɪnənt/ n. continente m. nero.

darken /ˈdɑːkən/ I tr. 1 *(reduce light in)* oscurare [*sky, landscape*]; oscurare, rendere buio [*house, room*] 2 *(in colour)* scurire [*liquid, colour, skin, complexion*] 3 *(cloud)* rattristare [*atmosphere*]; rendere fosco [*future*] II intr. 1 *(lose light)* [*sky, room*] oscurarsi, farsi buio 2 *(in colour)* [*liquid, skin, hair*] scurirsi 3 *(show anger)* [*eyes, face*] rabbuiarsi 4 *(become gloomy)* [*atmosphere, mood, outlook*] incupirsi ◆ ***don't ever ~ my door again!*** SCHERZ. non rimettere più piede qui!

darkened /ˈdɑːkənd/ I p.pass. → **darken** II agg. [*room, house*] scuro, buio.

darkey → **darky**.

dark-eyed /ˌdɑːkˈaɪd/ agg. [*person*] con gli, dagli occhi scuri; ***she was pale and ~*** era pallida e con gli occhi scuri.

dark glasses /ˌdɑːkˈglɑːsɪz, AE -ˈglæsɪz/ n.pl. occhiali m. scuri.

dark-haired /ˌdɑːkˈheəd/ agg. [*person*] con i, dai capelli scuri.

dark horse /ˌdɑːkˈhɔːs/ n. 1 BE COLLOQ. *(enigmatic person)* mistero m.; ***you're a bit of a ~!*** COLLOQ. sei veramente un'incognita! 2 *(in sports)* outsider m. 3 AE POL. = candidato che viene eletto inaspettatamente.

darkening /ˈdɑːkənɪŋ/ agg. [*sky*] che si sta oscurando; [*wood*] che si sta scurendo; ***the ~ evenings*** = le sere in cui il buio arriva prima.

darkish /ˈdɑːkɪʃ/ agg. piuttosto scuro, buio.

dark lantern /ˈdɑːkˌlæntən/ n. lanterna f. cieca.

darkle /ˈdɑːkl/ intr. ANT. 1 *(grow dark)* oscurarsi, scurirsi 2 *(hide)* nascondersi nel buio.

darkling /ˈdɑːklɪŋ/ I agg. ANT. LETT. 1 [*journey*] (che si svolge) di notte 2 *(obscure)* oscuro II avv. ANT. LETT. nelle tenebre, nell'oscurità.

darkly /ˈdɑːklɪ/ avv. 1 *(grimly)* [*mutter, say*] cupamente; ***~ humorous*** di umore cupo 2 *(obscurely)* oscuramente, misteriosamente 3 *(in tones)* ***~ coloured*** di colore scuro 4 *(ominously)* [*eye, watch*] minacciosamente, in modo inquietante.

darkness /ˈdɑːknɪs/ n. 1 *(blackness)* oscurità f., buio m., tenebre f.pl.; ***to be in, to be plunged into ~*** essere, essere immerso nell'oscurità; ***as ~ fell*** quando scesero le tenebre; ***in, out of the ~*** nell'oscurità, alla luce 2 *(evil)* ***the forces of ~*** le forze delle tenebre.

darkroom /ˈdɑːkruːm, -rʊm/ n. camera f. oscura.

dark-skinned /ˌdɑːkˈskɪnd/ agg. [*person*] con la, dalla pelle scura.

darksome /ˈdɑːksəm/ agg. LETT. oscuro, cupo.

darky /ˈdɑːkɪ/ n. COLLOQ. SPREG. negro m. (-a).

▷ **darling** /ˈdɑːlɪŋ/ I agg. 1 *(expressing attachment)* [*child, husband*] caro 2 *(expressing approval, admiration)* ***a ~ little baby, kitten*** un bambino, un gattino carino; ***what a ~ little house!*** che casetta deliziosa! II n. 1 *(term of address) (to loved one)* tesoro m., caro m. (-a); *(to child)* tesoro m.; *(affectedly: to acquaintance)* mio caro m., mia cara f.; ***you poor ~*** poverino; ***~ Rosie*** la mia cara Rosie 2 *(kind, lovable person)* amore m., angelo m., tesoro m.; ***her father is a ~*** suo padre è un tesoro; ***the children have been little ~s*** i bambini sono stati degli angeli; ***be a ~ and pour me a drink*** da bravo, versami da bere 3 *(favourite) (of circle, public)* beniamino m. (-a); *(of family, parent, teacher)* cocco m. (-a).

1.darn /dɑːn/ n. rammendo m. (**in** a).

2.darn /dɑːn/ tr. *(mend)* rammendare.

3.darn /dɑːn/ I agg. COLLOQ. (anche **darned**) maledetto II avv. COLLOQ. maledettamente; ***~ good*** proprio buono III inter. COLLOQ. mannaggia, maledizione.

4.darn /dɑːn/ tr. *(damn)* maledire.

darnel /ˈdɑːnl/ n. BOT. zizzania f.

darning /ˈdɑːnɪŋ/ I n. *(all contexts)* rammendo m. II modif. [*wool, needle, egg*] da rammendo; [*stitch*] rammendo.

Darrel /ˈdærəl/ n.pr. Darrel (nome di uomo).

Darren /ˈdærən/ n.pr. Darren (nome di uomo).

▷ **1.dart** /dɑːt/ n. 1 SPORT freccetta f. 2 *(arrow)* dardo m.; FIG. strale m.; ***poisoned ~*** freccia avvelenata 3 *(movement)* ***to make a ~ for, at sth.*** precipitarsi verso, su qcs. 4 SART. pince f.

▷ **2.dart** /dɑːt/ I intr. lanciarsi, precipitarsi (**at** verso); ***to ~ in, out*** precipitarsi dentro, fuori; ***to ~ away*** schizzare via II tr. lanciare, scoccare [*glance*]; saettare [*tongue*]; ***the sun was darting its rays*** il sole dardeggiava.

dartboard /ˈdɑːtbɔːd/ n. bersaglio m. (per le freccette).

darter /ˈdɑːtə(r)/ n. 1 ORNIT. aninga f. 2 ITTIOL. perca f.

darting /ˈdɑːtɪŋ/ agg. [*glance, movement*] rapido, veloce.

dartre /ˈdɑːtə(r)/ n. herpes m., erpete m.

dartrous /ˈdɑːtrəs/ agg. erpetico.

darts /dɑːts/ ♦ 10 n. + verbo sing. freccette f.pl.; ***to play ~*** giocare a freccette; ***a game of ~*** una partita a freccette.

Darwinian /dɑːˈwɪnɪən/ agg. darwiniano.
Darwinism /ˈdɑːwɪnɪzəm/ n. darwinismo m.
Darwinist /ˈdɑːwɪnɪst/ n. darwinista m. e f.
DASD n. (⇒ direct access storage device) = unità di memoria ad accesso diretto.
▷ **1.dash** /dæʃ/ **I** n. **1** *(rush)* balzo m., corsa f.; ***it has been a mad ~ to do*** abbiamo dovuto correre come matti per fare; ***to make a ~ for it*** *(run off)* darsela a gambe; ***shall we make a ~ for it?*** *(to shelter)* corriamo laggiù? ***to make a ~ for the train*** correre per prendere il treno **2** *(small amount) (of liquid)* goccio m. (**of** di); *(of pepper, powder)* pizzico m. (**of** di); *(of colour)* tocco m. (**of** di); ***a ~ of humour*** un pizzico di umorismo **3** *(flair)* brio m., impeto m.; ***to have ~*** avere brio **4** *(punctuation mark)* trattino m. **5** *(in morse code)* linea f.; ***dot dot ~*** punto punto linea **6** AUT. COLLOQ. *(dashboard)* cruscotto m. **7** SPORT ***the 100 yard ~*** la corsa delle 100 iarde **II** inter. ANT. *(exasperated)* al diavolo; ***~ it all!*** *(indignant)* al diavolo tutto! ♦ ***to cut a ~*** fare una bella figura, un figurone.
▷ **2.dash** /dæʃ/ **I** tr. **1** *(smash)* ***to ~ sb., sth. against*** [*sea, person*] sbattere qcn., qcs. contro [*rocks*]; ***to ~ sth. to the ground*** scagliare qcs. per terra; ***to ~ sb.'s brains out against sth.*** fracassare la testa di qcn. contro qcs. **2** FIG. *(crush)* annientare [*hope*]; ***hopes of success were ~ed when*** le speranze di successo furono annientate quando **II** intr. *(hurry)* precipitarsi, correre; ***to ~ into*** precipitarsi in; ***to ~ out of*** precipitarsi fuori da; ***to ~ for cover*** correre al riparo; ***to ~ around*** o ***about*** correre di qua e di là; ***I must ~!*** devo proprio scappare!
■ **dash off:** ***~ off*** correre via, scappare; ***~ off [sth.], ~ [sth.] off*** buttare giù [*letter, essay*].
dashboard /ˈdæʃbɔːd/ n. cruscotto m., plancia f.
dashed /dæʃt/ agg. ANT. COLLOQ. maledetto.
dasher /ˈdæʃə(r)/ n. **1** *(of churn)* pestello m. **2** AE AUT. cruscotto m.
Dashiell /dəˈʃiːl/ n.pr. Dashiell (nome di uomo).
dashiki /ˈdɑːʃɪkɪ/ n. = ampia tunica africana senza bottoni.
dashing /ˈdæʃɪŋ/ agg. **1** [*person*] brioso, vivace **2** [*outfit*] elegante.
dastard /ˈdæstəd/ n. ANT. vile m. e f., codardo m. (-a).
dastardly /ˈdæstədlɪ/ agg. LETT. vile, codardo.
dasyure /ˈdæsɪjʊə(r)/ n. dasiuro m.
DAT n. (⇒ digital audio tape nastro per registrazione sonora digitale) DAT m.
data /ˈdeɪtə/ → **datum**.
data acquisition /ˌdeɪtəˌækwɪˈzɪʃn/ n. acquisizione f. dati, raccolta f. dati.
data analysis /ˌdeɪtəəˈnælɪsɪs/ n. analisi f. dei dati.
data bank /ˈdeɪtəbæŋk/ n. banca f. dati.
database /ˈdeɪtəbeɪs/ n. database m., base f. di dati.
database management system /ˌdeɪtəbeɪsˈmænɪdʒməntˌsɪstəm/ n. sistema m. di gestione di database.
datable /ˈdeɪtəbl/ agg. databile.
data capture /ˈdeɪtəˌkæptʃə(r)/ n. acquisizione f. dei dati.
data carrier /ˈdeɪtəˌkærɪə(r)/ n. supporto m. di memorizzazione dei dati.
data collection /ˈdeɪtəkəˌlekʃn/ n. raccolta f. di dati.
data communications /ˈdeɪtəkəmjuːnɪˌkeɪʃnz/ n.pl. trasmissione f.sing. dati.
data corruption /ˈdeɪtəkəˌrʌpʃn/ n. alterazione f. dei dati.
data dictionary /ˈdeɪtəˌdɪkʃənrɪ, AE -nerɪ/ n. dizionario m. dei dati.
data directory /ˈdeɪtədaɪˌrektərɪ, -dɪˌrek-/ n. directory f. di dati.
data disk /ˈdeɪtədɪsk/ n. disco m. dati.
data encryption /ˈdeɪtəenˌkrɪpʃən/ n. (il) criptare i dati.
data entry /ˈdeɪtəˌentrɪ/ n. inserimento m. dati.
data file /ˈdeɪtəfaɪl/ n. file m. (di) dati.
data handling /ˈdeɪtəˌhændlɪŋ/ n. trattamento m. dati.
data highway /ˈdeɪtəˌhaɪweɪ/ n. autostrada f. informatica.
data input /ˈdeɪtəˌɪnpʊt/ n. inserimento m. dati.
data item /ˈdeɪtəˌaɪtəm/ n. dato m.
data link /ˈdeɪtəlɪŋk/ n. collegamento m. in trasmissione dati, data link m.
data management /ˌdeɪtəˈmænɪdʒmənt/ n. gestione f. dei dati.
Datapost® /ˈdeɪtəpəʊst/ n. GB = servizio di postacelere.
data preparation /ˈdeɪtəprepəˌreɪʃn/ n. preparazione f. dei dati.
data processing /ˌdeɪtəˈprəʊsesɪŋ, AE -ˈprɒ-/ n. *(procedure)* elaborazione f. dei dati; *(career)* informatica f.; *(department)* centro m. elaborazione dati.
data processing manager /ˌdeɪtəˈprəʊsesɪŋˌmænɪdʒə(r), AE -ˈprɒ-/ n. responsabile m. e f. del centro elaborazione dati.
data processor /ˌdeɪtəˈprəʊsesə(r), AE -ˈprɒ-/ n. *(machine)* elaboratore m. di dati; *(worker)* addetto m. (-a) all'elaborazione di dati.
data protection /ˈdeɪtəprəˌtekʃn/ n. protezione f. dei dati.
data protection act /ˌdeɪtəprəˈtekʃnˌækt/ n. DIR. legge f. sulla protezione dei dati, legge f. per la tutela della privacy.
data retrieval /ˈdeɪtərɪˌtriːvl/ n. reperimento m. dei dati.
data security /ˈdeɪtəsɪˌkjʊərətɪ/ n. protezione f. dei dati.
data storage /ˈdeɪtəˌstɔːrɪdʒ/ n. *(process)* memorizzazione f. dei dati; *(medium)* archivio m. dei dati.
data structure /ˈdeɪtəˌstrʌktʃə(r)/ n. struttura f. dei dati.
data transmission /ˈdeɪtətrænzˌmɪʃn/ n. trasmissione f. dati.
data type /ˈdeɪtətaɪp/ n. tipo m. di dati.
1.date /deɪt/ n. **1** *(fruit)* dattero m. **2** *(tree)* (anche **~ palm**) palma f. da datteri.
▶ **2.date** /deɪt/ ◗ 8 n. **1** *(day of the month)* data f.; ***~ of birth*** data di nascita; ***~ of delivery, of expiry*** data di consegna, di scadenza; ***what ~ is your birthday?*** quando è il tuo compleanno? ***what ~ is it today? what's the ~ today?*** quanti ne abbiamo oggi? ***today's ~ is May 2*** oggi è il 2 maggio; ***there's no ~ on the letter*** la lettera non è datata; ***"~ as postmark"*** "fa fede la data del timbro postale"; ***to fix*** o ***set a ~*** fissare una data; ***let's set a ~ now*** fissiamo una data adesso; ***the ~ of the next meeting is...*** il prossimo incontro è fissato per il...; ***the ~ for the match is June 5*** la partita avrà luogo il 5 giugno; ***at a later ~*** in data futura, più avanti; *(in past tense)* in seguito; ***at a*** o ***some future ~*** in data futura, più avanti; ***of recent ~*** recente **2** *(year)* data f. **3** *(meeting)* appuntamento m.; ***he has a ~ with Jane tonight*** ha un appuntamento con Jane stasera; ***on our first ~*** al nostro primo appuntamento; ***I have a lunch ~ on Friday*** ho un impegno a pranzo venerdì; ***to make a ~ for Monday*** prendere (un) appuntamento per lunedì **4** *(person one is going out with)* ***John is her ~ for the party*** è John che la porta alla festa; ***who's your ~ for tonight?*** con chi esci stasera? **5** *(pop concert)* data f.; ***they're playing five ~s in Britain*** faranno cinque date in Gran Bretagna **6 to date** (fino) a oggi.
▶ **3.date** /deɪt/ **I** tr. **1** *(mark with date)* [*person*] datare [*letter, cheque*]; [*machine*] mettere la data su [*envelope, document*] **2** *(identify age of)* datare [*skeleton, building, object*]; ***scientists have ~d the skeleton at 300 BC*** gli scienziati fanno risalire lo scheletro al 300 a.C. **3** *(reveal age of)* ***the style of clothing ~s the film*** l'abbigliamento fa capire di che periodo è il film **4** *(go out with)* uscire con [*person*] **II** intr. **1** *(originate)* ***to ~ from, to ~ back to*** risalire a; ***the church ~s from*** o ***back to the 17th century*** la chiesa risale al XVII secolo; ***her problems ~ from*** o ***back to the accident*** i suoi problemi risalgono all'incidente; ***these customs ~ from*** o ***back to the Middle Ages*** queste usanze risalgono al Medioevo; ***their friendship ~s from*** o ***back to childhood*** la loro amicizia risale all'infanzia **2** *(become dated)* [*clothes, style*] passare di moda; [*slang*] cadere in disuso.
datebook /ˈdeɪtbʊk/ n. agenda f. da tavolo.
dated /ˈdeɪtɪd/ **I** p.pass. → **3.date II** agg. **1** ***a cheque, letter ~ March 21st*** un assegno datato, una lettera datata 21 marzo; ***a statuette ~ 1875*** una statuetta datata 1875 **2** [*clothes, style*] passato di moda; [*idea, convention, custom*] datato; [*word, expression, language*] in disuso; ***the book, film seems*** o ***looks rather ~ now*** il libro, il film è piuttosto datato; ***this style is becoming ~*** questo stile sta passando di moda.
dateless /ˈdeɪtlɪs/ agg. **1** *(without date)* senza data **2** *(timeless)* eterno.
dateline /ˈdeɪtlaɪn/ n. **1** *(on document, newspaper article)* = riga recante la data **2** GEOGR. (anche **date line**) linea f. del cambiamento di data.
date palm /ˈdeɪtpɑːm/ n. palma f. da datteri.
dater /ˈdeɪtə(r)/ n. *(stamp)* datario m.
date rape /ˈdeɪtreɪp/ n. = incontro galante che si conclude con uno stupro.
date stamp /ˈdeɪtstæmp/ n. **1** *(device)* datario m. **2** *(mark)* timbro m. a data.
date-stamp /ˈdeɪtstæmp/ tr. apporre la data su, datare (con un datario) [*bill, envelope, receipt*]; *(in post office)* apporre il timbro postale a [*envelope, letter*].
dating /ˈdeɪtɪŋ/ n. *(establishing the age)* datazione f.
dating agency /ˈdeɪtɪŋˌeɪdʒənsɪ/ n. agenzia f. di appuntamenti.
dation /ˈdeɪsn/ n. DIR. dazione f.
dative /ˈdeɪtɪv/ **I** n. LING. dativo m.; ***in the ~*** al dativo **II** agg. LING. [*ending*] del dativo; [*noun*] al dativo; ***~ case*** caso dativo.
▶ **datum** /ˈdeɪtəm/ n. (pl. **-a**) **1** *(assumption)* dato m., premessa f. **2** INFORM. dato m. **3** TOPOGR. riferimento m.
datura /dəˈtjʊərə/ n. datura f.
1.daub /dɔːb/ n. COLLOQ. SPREG. *(painting)* crosta f.
2.daub /dɔːb/ tr. ***to ~ sth. on a wall, to ~ a wall with sth.*** imbrattare, impiastrare il muro di qcs.; ***she had ~ed makeup on her face, she***

had ~ed her face with makeup SPREG. si era impiastricciata il viso.

dauber /ˈdɔːbə(r)/ n. COLLOQ. SPREG. imbrattatele m. e f.

dauby /ˈdɔːbɪ/ agg. **1** *(sticky)* vischioso **2** *(crudely painted)* ***a ~ painting*** una crosta.

▶ **daughter** /ˈdɔːtə(r)/ n. figlia f. (anche FIG.).

daughterboard /ˈdɔːtəˌbɔːd/ n. INFORM. scheda f. aggiuntiva.

daughter cell /ˈdɔːtəˌsel/ n. BIOL. cellula f. figlia.

daughter chromatid /ˈdɔːtəˌkrəʊmətɪd/ n. BIOL. cromatidio m. figlio.

daughter chromosome /ˈdɔːtəˌkrəʊməsəʊm/ n. BIOL. cromosoma m. figlio.

daughter-in-law /ˈdɔːtərɪnlɔː/ n. (pl. **daughters-in-law**) nuora f.

daughter language /ˈdɔːtəˌlæŋgwɪdʒ/ n. LING. lingua f. figlia.

daughterly /ˈdɔːtəlɪ/ agg. filiale, di figlia.

daughter nucleus /ˈdɔːtəˌnjuːklɪəs, AE -ˌnuː-/ n. BIOL. nucleo m. figlio.

daunt /dɔːnt/ tr. scoraggiare; ***to be ~ed by sth.*** essere scoraggiato da qcs.; ***not to be ~ed by sth.*** non lasciarsi scoraggiare, intimidire da qcs.; ***nothing ~ed, she continued on her way*** ha continuato sulla sua strada senza lasciarsi intimidire.

daunting /ˈdɔːntɪŋ/ agg. [*task, prospect*] scoraggiante; [*person*] che intimidisce; ***it is ~ to think, read*** è scoraggiante pensare, leggere; ***starting a new job, leaving home can be (quite) ~*** iniziare un nuovo lavoro, lasciare casa può spaventare; ***they were faced with a ~ amount of work, range of possibilities*** hanno dovuto affrontare una quantità spaventosa di lavoro, una spaventosa serie di possibilità.

dauntless /ˈdɔːntlɪs/ agg. intrepido, impavido.

dauntlessly /ˈdɔːntlɪslɪ/ avv. intrepidamente.

Dauphin /ˈdɔːfɪn/ n. STOR. delfino m.

Dauphiness /ˈdɔːfɪnɪs/ n. STOR. delfina f.

Dave /deɪv/ n.pr. diminutivo di **David**.

davenport /ˈdævnpɔːt/ n. **1** BE *(desk)* = stretto scrittoio con piano ribaltabile **2** AE *(sofa)* = ampio divano letto.

Davey /ˈdeɪvɪ/ n.pr. diminutivo di **David**.

David /ˈdeɪvɪd/ n.pr. Davide ◆ ***to be like ~ and Jonathan*** essere pappa e ciccia.

davit /ˈdævɪt/ n. MAR. gru f.

davy /ˈdeɪvɪ/ n. ANT. COLLOQ. giuramento m., dichiarazione f. giurata.

Davy Jones /ˌdeɪvɪˈdʒəʊnz/ n. COLLOQ. = spirito maligno del mare.

Davy Jones's Locker /ˌdeɪvɪdʒəʊnzɪzˈlɒkə(r)/ n. SCHERZ. ***to go to ~*** annegare, finire in fondo al mare.

Davy lamp /ˈdeɪvɪlæmp/ n. MIN. lampada f. Davy, lampada f. di sicurezza.

dawdle /ˈdɔːdl/ intr. **1** *(waste time)* perdere tempo; ***he ~d over breakfast, his homework*** ha perso tempo mentre faceva colazione, i compiti **2** *(amble along)* bighellonare, ciondolare; ***he ~d along the road, around the streets*** bighellonava per strada, nelle vie; ***she ~d back to the house, up the hill*** è rientrata a casa, è salita sulla collina ciondolando.

dawdler /ˈdɔːdlə(r)/ n. bighellone m. (-a), perdigiorno m. e f.

dawdling /ˈdɔːdlɪŋ/ n. ***no ~ on the way home!*** non bighellonare tornando a casa!

▷ **1.dawn** /dɔːn/ n. **1** alba f., aurora f.; ***at ~*** all'alba; ***before*** o ***by ~*** prima dell'alba; ***at the crack of ~*** all'alba (anche FIG.); ***~ broke*** spuntò il giorno; ***(I have to work) from ~ to*** o ***till dusk*** (devo lavorare) dall'alba al tramonto **2** FIG. *(beginning)* alba f.; ***the ~ of a new era, of a new century*** l'alba di una nuova era, di un nuovo secolo; ***the ~ of socialism, Thatcherism*** gli albori del socialismo, del thatcherismo; ***the ~ of a revolution*** l'inizio di una rivoluzione; ***a new ~ in computer technology, in Europe*** l'inizio di una nuova era per l'informatica, per l'Europa; ***the change in government was a false ~*** il cambio di governo non si è dimostrato l'inizio di una nuova era; ***since the ~ of time*** dall'inizio dei tempi.

▷ **2.dawn** /dɔːn/ intr. **1** *(become light)* [*day*] spuntare; ***the day ~ed sunny and warm*** il giorno si annunciava soleggiato e caldo; ***the day will ~ when*** FIG. verrà il giorno in cui; ***a new age has ~ed*** una nuova era sta nascendo **2** *(become apparent)* ***it ~ed on me, him etc. that*** mi, gli ecc. è apparso chiaro che; ***it suddenly ~ed on him why, how*** si rese improvvisamente conto del perché, di come.

dawn chorus /ˌdɔːnˈkɔːrəs/ n. = concerto mattutino degli uccelli.

dawning /ˈdɔːnɪŋ/ **I** n. FIG. alba f., albori m.pl. **II** agg. nascente.

dawn raid /ˌdɔːnˈreɪd/ n. **1** *(by police etc.)* = irruzione delle forze dell'ordine compiuta nelle prime ore della mattina **2** ECON. = nella Borsa di Londra, tentativo di acquistare grandi pacchetti azionari all'apertura delle contrattazioni.

▶ **day** /deɪ/ ♦ **33** **I** n. **1** *(24-hour period)* giorno m.; ***one summer's ~*** un giorno d'estate; ***what ~ is it today?*** che giorno è oggi? ***~ after ~*** un giorno dopo l'altro o giorno dopo giorno; ***~ in ~ out*** tutti i giorni; ***every ~*** tutti i giorni o ogni giorno; ***every other ~*** un giorno sì e uno no o a giorni alterni; ***from ~ to ~***, ***from one ~ to the next*** da un giorno all'altro o di giorno in giorno; ***from that ~ to this*** da quel giorno; ***any ~ now*** da un giorno all'altro o di giorno in giorno; ***on a ~ to ~ basis*** alla giornata; ***one ~***, ***some ~*** un giorno; ***one fine ~*** FIG. un bel giorno; ***within ~s*** a giorni o nel giro di qualche giorno; ***it's not every ~ that...*** non succede tutti i giorni che...; ***the ~ when*** o ***that*** il giorno in cui; ***it's ~s since I've seen him*** sono giorni che non lo vedo; ***it's 15 years to the ~ since...*** sono 15 anni oggi che...; ***to come on the wrong ~*** sbagliare giorno o arrivare il giorno sbagliato; ***it had to happen today of all ~s!*** proprio oggi doveva succedere! ***to this ~*** ancora oggi; ***all ~ and every ~*** sempre; ***the ~ after*** l'indomani, il giorno dopo; ***the ~ before*** il giorno prima; ***the ~ before yesterday*** l'altro ieri; ***the ~ after tomorrow*** dopodomani; ***two ~s after, two ~s before the wedding*** due giorni dopo, due giorni prima del matrimonio; ***from that ~ onwards*** da quel giorno; ***from this ~ forth*** LETT. da oggi in poi; ***she becomes more proficient by the ~*** diventa ogni giorno più esperta **2** *(until evening)* giornata f., giorno m.; ***working, school ~*** giornata lavorativa, di scuola; ***a hard, busy ~*** una dura giornata, una giornata piena; ***a ~ at the seaside, shops*** una giornata al mare, per negozi; ***an enjoyable ~'s tennis, golf*** una piacevole giornata all'insegna del tennis, del golf; ***all ~*** tutta la giornata; ***all that ~*** tutta la giornata; ***before the ~ was out*** prima della fine della giornata; ***during, for the ~*** durante, per la giornata; ***to be paid by the ~*** essere pagato a, alla giornata; ***to spend the ~ doing*** passare la giornata a fare; ***to take all ~ doing*** impiegare tutta la giornata a fare; ***pleased with their ~'s work*** contenti di ciò che hanno fatto nella giornata; ***we haven't got all ~!*** non abbiamo tutta la giornata a disposizione! ***it was a hot ~*** faceva caldo, era una giornata calda; ***have a nice ~!*** buona giornata! ***what a ~!*** che giornata! **3** *(as opposed to night)* giorno m.; ***it's almost ~*** è quasi giorno; ***the ~s are getting longer, shorter*** i giorni si allungano, si accorciano; ***to be on, to work ~s*** essere, lavorare di giorno; ***we rested by ~*** ci riposavamo di giorno; ***at close of ~*** LETT. sul finire del giorno **4** *(specific)* giorno m.; ***Independence, Ascension Day*** festa dell'indipendenza, dell'Ascensione; ***Tuesday is my shopping ~*** il martedì è il giorno della spesa; ***decision ~ for the government*** il giorno in cui il governo deve decidere; ***the ~ of judgment*** il giorno del giudizio; ***to her dying ~*** fino all'ultimo giorno, fino al giorno della sua morte; ***I might forget my lines on the ~*** quel giorno potrei dimenticarmi la parte; ***it's not your ~ is it?*** non è giornata per te, vero? ***I never thought I'd see the ~ when sb. would do*** non avrei mai pensato che un giorno avrei visto qcn. fare **5** gener. pl. *(as historical period)* tempo m., epoca f.; ***the ~s of rationing*** l'epoca del razionamento; ***in those ~s*** a quel tempo, a quell'epoca; ***of his ~*** del suo tempo; ***in his, their ~*** ai suoi, loro tempi; ***in her younger ~s*** quando era giovane; ***his early ~s as...*** il suo inizio come...; ***his fighting, dancing ~s*** la sua carriera da pugile, da ballerino; ***these ~s*** in questo periodo; ***to date from the ~s before sth.*** risalire al periodo prima di qcs. **II** modif. [*job, nurse*] di giorno ◆ ***in ~s gone by*** un tempo; ***it's all in a ~'s work*** è normale, è ordinaria amministrazione; ***not to give sb. the time of ~*** = non salutare qcn.; ***to pass the time of ~ with sb.*** = salutare e scambiare quattro chiacchiere con qcn.; ***it's one of those ~s!*** è una giornataccia! ***those were the ~s*** quelli sì che erano bei tempi; ***to be a bit late in the ~*** essere un po' troppo tardi; ***that'll be the ~!*** voglio proprio vedere! ***to call it a ~*** smettere (di lavorare, giocare ecc.); ***to carry*** o ***win the ~*** avere la meglio; ***to lose the ~*** avere la peggio; ***to have an off ~*** avere una giornata storta; ***to have had its ~*** avere fatto il proprio tempo; ***to have seen better ~s*** avere conosciuto tempi migliori; ***he's 50 if he's a ~*** ha 50 anni suonati; ***to make a ~ of it*** = approfittare di un'occasione per trascorrere un'intera giornata facendo qualcosa di piacevole; ***to save the ~*** salvare la situazione; ***to see the light of ~*** vedere la luce, nascere; ***to take one ~ at a time*** vivere alla giornata; ***your ~ will come*** verrà la tua ora; ***he doesn't know what ~ of the week it is*** ha la testa tra le nu-vole.

daybed /ˈdeɪbed/ n. **1** *(couch)* sofà m. **2** MED. *(in hospital)* = posto letto per ricoveri giornalieri.

day blindness /ˈdeɪˌblaɪndnɪs/ n. cecità f. crepuscolare.

day-boarder /ˈdeɪbɔːdə(r)/ n. semiconvittore m. (-trice).

daybook /ˈdeɪbʊk/ n. COMM. libro m. giornale.

dayboy /ˈdeɪbɔɪ/ n. BE SCOL. (allievo) esterno m.

daybreak /ˈdeɪbreɪk/ n. (lo) spuntare del giorno, alba f.

day-care /ˌdeɪˈkeə(r)/ **I** n. **1** *(for infirm) (in centre)* assistenza f. (sociale) diurna; *(in own home)* assistenza f. domiciliare **2** *(for* *young children)* asilo m. nido **II** agg. [*services*] di assistenza sociale.

day centre BE, **day center** AE /ˈdeɪˌsentə(r)/ n. = centro di accoglienza diurna per anziani, disoccupati ecc.

1.daydream /ˈdeɪdriːm/ n. sogni m.pl., sogno m. a occhi aperti; ***she was lost in a ~*** era immersa nelle sue fantasticherie.

2.daydream /ˈdeɪdriːm/ intr. sognare (a occhi aperti); SPREG. fantasticare; ***to ~ about sb., sth.*** sognare qcn., qcs.; ***to ~ about doing*** sognare di fare.

daydreamer /ˈdeɪdriːmə(r)/ n. sognatore m. (-trice).

daydreaming /ˈdeɪdriːmɪŋ/ n. (il) sognare (a occhi aperti).

day-fly /ˈdeɪflaɪ/ n. ZOOL. effimera f.

daygirl /ˈdeɪgɜːl/ n. BE SCOL. (allieva) esterna f.

day labourer BE, **day laborer** AE /ˈdeɪˌleɪbərə(r)/ n. avventizio m. (-a), giornaliero m. (-a).

▷ **daylight** /ˈdeɪlaɪt/ **I** n. **1** *(light)* giorno m., luce f. del giorno; ***it was still ~*** era ancora giorno; ***we have two hours of ~ left*** abbiamo ancora due ore di luce; ***in (the) ~*** *(by day)* di giorno; *(in natural light)* alla luce del giorno **2** *(dawn)* alba f.; ***they left before ~*** partirono prima che facesse giorno **II** modif. [*attack, bombing, raid*] diurno; ***during ~ hours*** durante le ore di luce ◆ ***to see ~*** *(understand)* vederci chiaro; *(finish)* vedere la fine del tunnel; ***to beat*** o ***knock the living ~s out of sb.*** COLLOQ. massacrare qcn. di botte; ***I'll beat*** o ***knock the living~s out of you!*** COLLOQ. ti ammazzo di botte!

daylight robbery /ˌdeɪlaɪtˈrɒbərɪ/ n. COLLOQ. ***it's ~!*** è un furto!

daylight saving time /ˌdeɪlaɪtˈseɪvɪŋtaɪm/ n. ora f. legale.

day lily /ˈdeɪˌlɪlɪ/ n. emerocallide f.

daylong /ˈdeɪlɒŋ/ **I** agg. che dura tutto il giorno **II** avv. per tutto il giorno.

day nursery /ˈdeɪˌnɜːsərɪ/ n. asilo m. nido.

day pass /ˈdeɪpɑːs, AE -pæs/ n. *(in skiing)* giornaliero m.

day patient /ˈdeɪˌpeɪʃnt/ n. paziente m. e f. di day hospital.

day release /ˌdeɪrɪˈliːs/ **I** n. = permesso giornaliero di studio concesso ai lavoratori **II** **day-release** modif. ***day-release course*** corso per lavoratori.

day return (ticket) /ˌdeɪrɪˈtɜːn(ˌtɪkɪt)/ n. BE FERR. = biglietto di andata e ritorno in giornata.

dayroom /ˈdeɪruːm, -rʊm/ n. sala f. di ricreazione.

day school /ˈdeɪskuːl/ n. *(as opposed to Sunday or night school)* scuola f. diurna; *(as opposed to boarding school)* esternato m.

day shift /ˈdeɪʃɪft/ n. turno m. di giorno; ***to be on ~*** fare il turno di giorno.

day surgery /ˈdeɪˌsɜːdʒərɪ/ n. chirurgia f. in day hospital.

▷ **daytime** /ˈdeɪtaɪm/ **I** n. giorno m.; ***during*** o ***in the ~*** durante il giorno **II** modif. [*hours, supervision, activity*] diurno.

▷ **day-to-day** /ˌdeɪtəˈdeɪ/ agg. quotidiano, giornaliero; ***on a ~ basis*** alla giornata.

day-trip /ˈdeɪtrɪp/ n. gita f. di un giorno, escursione f.

day-tripper /ˈdeɪtrɪpə(r)/ n. escursionista m. e f.

1.daze /deɪz/ n. ***in a ~*** *(from blow)* stordito; *(from drug)* inebetito; *(from news)* sbalordito, sconvolto; ***I am in a complete ~ this morning*** questa mattina non capisco niente; ***to be going around in a ~*** *(after bad news)* avere un'aria sconvolta; *(after good news)* non capire più niente dalla contentezza, dalla felicità.

2.daze /deɪz/ tr. **1** ***to be ~d by*** essere stordito da [*fall*]; essere sbalordito, sconvolto da [*news*] **2** LETT. *(dazzle)* [*light*] abbagliare.

▷ **dazed** /deɪzd/ **I** p.pass. → **2.daze** **II** agg. *(by blow)* stordito; *(by news)* sbalordito, sconvolto; ***he looks a bit ~*** sembra un po' stordito.

1.dazzle /ˈdæzl/ n. *(of sth. shiny)* bagliore m.; *(of sunlight, torch)* luce f. accecante.

2.dazzle /ˈdæzl/ tr. **1** [*sun, torch, beauty*] abbagliare; ***my eyes were*** o ***I was ~d by the sun*** ero abbagliato dal sole **2** [*skill, wealth*] impressionare, colpire, fare colpo su; ***to ~ sb. with*** fare colpo su qcn. con.

dazzle light /ˈdæzlˌlaɪt/ n. (faro) abbagliante m.

dazzlement /ˈdæzlmənt/ n. abbagliamento m.

dazzling /ˈdæzlɪŋ/ agg. [*sun, light*] accecante, abbagliante; [*beauty*] abbagliante; [*achievement, performance*] splendido.

dazzlingly /ˈdæzlɪŋlɪ/ avv. ***~ beautiful, white*** di una bellezza, di un bianco abbagliante; ***a ~ successful career*** una splendida carriera.

DBMS n. INFORM. (⇒ database management system sistema di gestione di database) DBMS m.

DBS n. TELEV. (⇒ direct broadcasting by satellite satellite per trasmissione diretta) DBS m.

DC **1** EL. ⇒ direct current corrente continua (c.c.) **2** US ⇒ District of Columbia distretto federale della Columbia **3** MUS. ⇒ da capo da capo (d.c.).

dd COMM. **1** ⇒ direct debit addebito diretto **2** ⇒ demand deposit deposito a vista.

DD n. UNIV. (⇒ Doctor of Divinity) = (diploma di) dottore in teologia (con specializzazione post-laurea).

D-day /ˈdiːdeɪ/ n. **1** *(important day)* giorno m. X **2** STOR. = il 6 giugno 1944, giorno dello sbarco degli Alleati in Normandia.

DDP n. (⇒ distributed data processing) = elaborazione distribuita dei dati.

DDT n. CHIM. (⇒ dichlorodiphenyltrichloroethane diclorodifeniltricloroetano) DDT m.

DE US ⇒ Delaware Delaware.

DEA n. US (⇒ Drug Enforcement Agency) = dipartimento di polizia incaricato di reprimere il traffico di droga, corrispondente all'incirca alla squadra narcotici italiana.

deacon /ˈdiːkən/ n. diacono m.

deaconess /ˌdiːkəˈnes, ˈdiːkənɪs/ n. diaconessa f.

deaconry /ˈdiːkənrɪ/, **deaconship** /ˈdiːkənʃɪp/ n. diaconato m.

deactivate /dɪˈæktɪveɪt/ tr. **1** disattivare [*bomb*] **2** AE MIL. smobilitare.

▶ **1.dead** /ded/ agg. **1** *(no longer living)* [*person, animal, tree, flower, leaf, skin*] morto; ***the ~ man, woman*** il morto, la morta; ***a ~ body*** un morto, un cadavere; ***to drop (down) ~*** cadere a terra morto; ***to play ~*** fare finta di essere morto, fare il morto; ***drop ~!*** COLLOQ. crepa! va' a quel paese! ***to shoot sb. ~*** uccidere qcn. (sparando); ***~ and buried*** morto e sepolto (anche FIG.); ***they're all ~ and gone now*** sono tutti morti ormai, non ci sono più; ***more ~ than alive*** più morto che vivo; ***"wanted, ~ or alive"*** "ricercato, vivo o morto"; ***to leave sb. for ~*** lasciare qcn. credendolo morto; ***to give sb. up for ~*** dare qcn. per spacciato; ***I'm absolutely ~ after that walk!*** COLLOQ. *(exhausted)* sono stanco morto dopo quella camminata! **2** *(extinct)* [*language, custom, law*] morto; [*issue, debate*] superato; [*cigarette*] spento; [*fire*] spento, estinto; [*match*] usato; ***are these glasses ~?*** BE posso portare via i bicchieri? **3** *(dull, not lively)* [*place*] morto; [*audience*] apatico; ***the ~ season*** la stagione morta **4** *(not functioning, idle)* [*battery*] scarico; [*bank account*] estinto; [*capital, money*] infruttifero, improduttivo; [*file*] che non si consulta più; ***the phone went ~*** il telefono diventò muto **5** *(impervious)* ***to be ~ to sth.*** essere insensibile a qcs. **6** *(numb)* [*limb*] informicolito, intirizzito; ***my arm has gone ~*** mi si è addormentato il braccio **7** *(absolute)* ***a ~ calm*** una calma assoluta, calma piatta; ***~ silence*** silenzio di tomba; ***to be a ~ shot*** COLLOQ. essere un buon tiratore; ***to come to a ~ stop*** fermarsi di colpo; ***she hit the target in the ~ centre*** colpì il bersaglio esattamente al centro ◆ ***to be ~ to the world*** dormire come un sasso; ***I wouldn't be seen ~ wearing that hat!*** non mi metterei quel cappello neanche morto! ***I wouldn't be seen ~ in a place like that!*** non vorrei essere visto in un posto così neanche morto! ***the affair is ~ but it won't lie down*** la questione è chiusa ma se ne sentirà parlare ancora; ***~ men tell no tales*** PROV. i morti non parlano; ***you do that and you're ~ meat!*** AE COLLOQ. fallo e sei un uomo morto!

2.dead /ded/ n. **1** ***the ~*** + verbo pl. *(people)* i morti; ***a monument to the ~*** un monumento ai caduti **2** *(death)* ***to rise, be raised from the ~*** risuscitare, essere risuscitato dai morti **3** FIG. *(depths)* ***at ~ of night, in the ~ of night*** nel cuore della notte, a notte fonda; ***in the ~ of winter*** in pieno inverno.

3.dead /ded/ avv. *(absolutely, completely)* assolutamente; ***are you ~ certain?*** ne sei completamente sicuro? ***he was staring ~ ahead*** stava guardando dritto davanti a lui; ***sail ~ ahead!*** dritto di prua! ***~ in the middle of the street*** proprio nel mezzo della strada; ***to be ~ level*** essere completamente piatto; ***to be ~ on time*** essere perfettamente in orario; ***I left (at) ~ on six o'clock*** sono partito alle sei spaccate; ***it's ~ easy!*** COLLOQ. è facilissimo! ***his shot was ~ on target*** ha fatto esattamente centro; ***they were ~ lucky not to get caught!*** COLLOQ. gli è andata veramente bene che non li abbiamo presi! ***~ drunk*** COLLOQ. ubriaco perso, completamente sbronzo; ***~ tired*** COLLOQ. stanco morto; ***I was ~ scared!*** COLLOQ. ero morto di paura! ***you're ~ right!*** COLLOQ. hai perfettamente ragione! ***~ good!*** benissimo! ***"~ slow"*** AUT. "a passo d'uomo"; ***to drive ~ slow*** procedere a passo d'uomo; ***~ straight*** tutto dritto; ***to be ~ against*** essere completamente contrario a [*idea, plan*]; ***to be ~ set on doing*** essere assolutamente deciso a fare; ***he's ~ on for that job*** AE COLLOQ. è assolutamente convinto di avere quel posto; ***you're ~ on!*** AE COLLOQ. hai perfettamente ragione! ***to stop ~*** fermarsi di colpo; ***to cut sb. ~*** fare finta di non vedere, ignorare qcn.

dead air /ˌdedˈeə(r)/ n. **U** RAD. TELEV. tempi m.pl. morti.

dead-and-alive /ˌdedəndəˈlaɪv/ agg. BE SPREG. [*place*] monotono, noioso.

dead ball /ˌded'bɔːl/ n. palla f. non in gioco; *(in rugby)* pallone m. morto.
dead-ball line /'dedˌbɔːlˌlaɪn/ n. *(in rugby)* linea f. di pallone morto.
deadbeat /'dedbiːt/ n. COLLOQ. fannullone m. (-a).
dead-beat /ˌded'biːt/ agg. COLLOQ. stanco morto, sfinito.
deadbolt /'dedbəʊlt/ n. chiavistello m. senza scatto.
dead centre /ˌded'sentə(r)/ n. TECN. punto m. morto.
dead duck /ˌded'dʌk/ n. BE COLLOQ. ***to be a ~*** [*scheme, proposal, person*] essere destinato al fallimento.
deaden /'dedn/ tr. calmare, attenuare [*pain*]; attutire [*blow, shock*]; smorzare [*sound, enthusiasm, passion*]; [*anaesthetic*] rendere insensibile, addormentare [*nerve*].
dead end /ˌded'end/ n. vicolo m. cieco (anche FIG.); ***to come to a ~*** finire in un vicolo cieco.
dead-end /'dedend/ agg. [*job etc.*] senza prospettive.
deadener /'dednə(r)/ n. materiale m. isolante.
deadening /'dednɪŋ/ **I** agg. MED. [*effect*] anestetizzante; ***television has a ~ effect on the imagination*** la televisione uccide la fantasia **II** n. *(of blow)* ammortizzamento m.; *(of sound)* insonorizzazione f.
dead eye /'dedaɪ/ n. MAR. bigotta f.
dead fire /'dedfaɪə(r)/ n. fuoco m. di sant'Elmo.
dead freight /'dedfreɪt/ n. nolo m. morto, vuoto m. per pieno.
dead hand /'dedhænd/ n. **1** DIR. manomorta f. **2** SPREG. ***the ~ of bureaucracy, of the past*** il peso della burocrazia, del passato.
1.deadhead /'dedhed/ n. **1** BE SPREG. *(stupid person)* testa f. di rapa **2** AE *(hippy)* hippy m. e f. **3** AE *(person with free ticket)* = persona provvista di biglietto omaggio **4** AE *(truck)* = camion che viaggia vuoto; *(train)* = treno che viaggia vuoto.
2.deadhead /'dedhed/ tr. togliere i fiori appassiti da [*plant*].
dead heat /ˌded'hiːt/ n. dead heat m.; ***it was a ~*** hanno fatto lo stesso tempo.
dead hole /'dedhəʊl/ n. MECC. foro m. cieco.
dead house /'dedhaʊs/ n. obitorio m.
dead letter /ˌded'letə(r)/ n. **1** *(undelivered letter)* lettera f. non recapitata, lettera f. giacente **2** ***to become a ~*** [*law, custom, rule etc.*] diventare lettera morta.
dead letter box /ˌdedletə'bɒks/, **dead letter drop** /ˌdedletə'drɒp/ n. = casella in cui si lasciano messaggi che possono essere presi senza che il mittente e il destinatario si incontrino.
dead-letter office /ˌdedˌletə'ɒfɪs, AE -'ɔːf-/ n. = ufficio posta giacente.
deadlight /'dedlaɪt/ n. MAR. oblò m. fisso.
▷ **deadline** /'dedlaɪn/ n. scadenza f., termine m. ultimo; ***to meet a ~*** rispettare una scadenza; ***to miss a ~*** non rispettare la scadenza; ***I have a 10 o'clock ~ for this article*** devo finire questo articolo per le 10; ***applicants must be able to meet ~s*** i candidati devono rispettare le scadenze; ***they have to work to very tight ~s*** devono lavorare con scadenze molto rigide; ***the ~ for applications is the 15th*** il termine ultimo per le domande è il 15.
deadliness /'dedlɪnɪs/ n. *(of poison, disease, blow)* (l')essere letale; *(of weapon)* micidialità f.
dead load /'dedləʊd/ n. EDIL. carico m. fisso.
deadlock /'dedlɒk/ n. **1** *(impasse)* punto m. morto; ***to reach (a) ~*** giungere a un punto morto; ***to be at (a) ~*** essere a un punto morto; ***to break the ~ between management and unions*** sbloccare l'impasse tra la direzione e i sindacati **2** *(lock)* serratura f. senza scatto.
deadlocked /'dedlɒkt/ agg. [*negotiations, situation*] (giunto) a un punto morto.
dead loss /ˌded'lɒs, AE -'lɔːs/ n. **1** COLLOQ. SPREG. *(person)* caso m. disperato; ***the film was a ~*** il film non valeva un soldo; ***these scissors are a ~!*** queste forbici non valgono niente! **2** COMM. perdita f. netta, secca.
▷ **1.deadly** /'dedlɪ/ agg. **1** *(lethal)* [*disease, attack*] mortale; [*poison*] mortale, letale; [*weapon*] micidiale, letale; FIG. [*enemy*] mortale; [*hatred*] mortale, implacabile; [*rivalry*] accanito; [*insult*] insopportabile; ***his aim is ~*** [*gunman*] ha una mira micidiale; [*sports player*] ha una mira infallibile; ***the cold was ~*** faceva terribilmente freddo **2** *(absolute, extreme)* ***in ~ earnest*** con grande serietà; ***with ~ accuracy*** con una precisione terribile **3** COLLOQ. *(dull, boring)* [*person, event*] noiosissimo **4** *(deathlike)* [*pallor, silence*] di morte.
▷ **2.deadly** /'dedlɪ/ avv. [*dull*] terribilmente; [*boring*] mortalmente, terribilmente; ***~ pale*** di un pallore cadaverico; ***to be ~ serious*** essere serissimo.
deadly nightshade /ˌdedlɪ'naɪtʃeɪd/ n. belladonna f.
deadly sin /ˌdedlɪ'sɪn/ n. peccato m. capitale, peccato m. mortale; ***the seven ~s*** i sette peccati capitali.
dead man's fingers /'dedmænzˌfɪŋgəz/ n. + verbo sing. *(coral)* mano f. di morto.
dead man's handle /'dedmænzˌhændl/ n. TECN. leva f. di arresto automatico; FERR. uomo m. morto, vigilante m.
dead matter /ˌded'mætə(r)/ n. materia f. inanimata, inerte.
dead men /'dedmen/ n.pl. BE COLLOQ. *(empty bottles)* morti m., cadaveri m.
deadness /'dednɪs/ n. *(of place)* (l')essere morto; *(of expression, eyes)* (l')essere apatico.
deadnettle /'dednetl/ n. ortica f. bianca.
dead on arrival /'dedɒnəˌraɪvl/ agg. MED. deceduto durante il trasporto (in ospedale).
deadpan /'dedpæn/ **I** agg. [*expression, face*] impassibile; [*humour*] anglosassone **II** avv. con faccia impassibile.
dead reckoning /ˌded'rekənɪŋ/ n. MAR. stima f.; ***by ~*** a stima.
dead ringer /'dedrɪŋgə(r)/ n. COLLOQ. ***to be a ~ for sb.*** essere la copia esatta, il ritratto vivente di qcn.
Dead Sea /ˌded'siː/ ➧ **20** n.pr. Mar m. Morto.
Dead Sea Scrolls /ˌdedˌsiː'skrəʊlz/ n.pl. manoscritti m. del Mar Morto.
dead set /'dedset/ n. **1** VENAT. *(of hunting dog)* punta f. **2** ***to make a ~ at sb.*** fare la posta a qcn.; ***to make a ~ at sth.*** accanirsi per ottenere qcs.
dead stock /ˌded'stɒk/ n. U **1** COMM. giacenze f.pl. (di merce) **2** AGR. scorte f.pl. morte.
dead weight /ˌded'weɪt/ n. **1** peso m. morto (anche FIG.) **2** MAR. portata f. lorda **3** AE FIG. *(unproductive staff)* rami m.pl. secchi.
dead wood /ˌded'wʊd/ n. legno m. secco; BE FIG. *(unproductive staff)* rami m.pl. secchi.
▷ **deaf** /def/ **I** agg. **1** [*person, animal*] sordo; ***to go ~*** diventare sordo; ***to be ~ in one ear*** essere sordo da un orecchio, non sentire da un orecchio; ***that's his ~ ear*** è sordo da quell'orecchio, da quell'orecchio non sente **2** FIG. ***to be ~ to*** essere sordo a; ***to turn a ~ ear*** fare orecchie da mercante; ***to turn a ~ ear to*** non dare ascolto a; ***to fall on ~ ears*** [*request, advice*] cadere nel vuoto, non essere ascoltato **II** n. ***the ~*** + verbo pl. i sordi ◆ ***to be as ~ as a post*** COLLOQ. essere sordo come una campana; ***there are none so ~ as those who will not hear*** PROV. non c'è peggior sordo di chi non vuol sentire. ⚠ Just as *hearing-impaired* is often used in English instead of *deaf*, Italian may substitute *non udente* for *sordo*.
deaf aid /'defeɪd/ n. BE apparecchio m. acustico.
deaf-and-dumb /ˌdefən'dʌm/ SPREG. → **deaf without speech**.
deafen /'defn/ tr. assordare, rendere sordo.
deafening /'defnɪŋ/ agg. assordante.
deafeningly /'defnɪŋlɪ/ avv. ***~ loud*** assordante.
deaf-mute /ˌdef'mjuːt/ **I** agg. sordomuto **II** n. sordomuto m. (-a).
deafness /'defnɪs/ n. sordità f.
deaf without speech /'defwɪˌðaʊtˌspiːtʃ/ **I** agg. sordomuto **II** n. ***the ~*** + verbo pl. i sordomuti.
▶ **1.deal** /diːl/ n. *(amount)* quantità f.; ***a great*** o ***good ~*** una grande quantità (**of** di); ***he's a good ~ older than me*** è molto più vecchio di me; ***they have a great ~ in common*** hanno molto in comune; ***she travels a great ~*** viaggia molto; ***she means a great ~ to me*** significa molto per me, è molto importante per me; ***this job means a great ~ to me*** questo lavoro significa molto per me, è molto importante per me.
▶ **2.deal** /diːl/ n. **1** *(agreement)* accordo m., patto m.; *(in commerce, finance)* affare m.; *(with friend, criminal)* patto m.; ***the pay, OPEC ~*** l'accordo salariale, dell'OPEC; ***to make*** o ***strike a ~ with sb.*** raggiungere *o* concludere un accordo con qcn.; *(in business)* concludere un affare con qcn.; ***to do a ~ with*** fare un patto, mettersi d'accordo con [*friend, criminal*]; concludere un affare con [*client, company*]; ***to do a ~*** *(in business)* concludere un affare; *(with friend, criminal)* fare un patto, mettersi d'accordo; ***to pull off a ~*** portare a buon fine un affare; ***it's a ~!*** d'accordo! affare fatto! ***the ~'s off*** l'accordo è saltato; ***it's no ~!*** niente affatto! non se parla nemmeno! ***a good ~*** un buon affare; ***to get the best of a ~*** ricavare il massimo da un affare; ***it's all part of the ~*** *(part of the arrangement)* fa parte dell'accordo; *(part of the price, package)* è incluso; ***to be in on the ~*** partecipare all'affare **2** *(sale)* vendita f.; ***cash, credit ~*** vendita in contanti, a credito; ***property ~*** vendita immobiliare; *(traffic)* ***arms ~*** traffico di armi **3** *(special offer, bargain)* ***for the best ~(s) in*** o ***on electrical goods come to...*** per le migliori offerte sul materiale elettrico venite da...; ***I got a good ~ on a used Fiat*** ho fatto un affarone comprando una Fiat usata **4** *(treatment)* ***to get a good, bad ~ (from sb.)*** essere trattato bene, male (da qcn.); ***to give sb. a fair ~*** trattare qcn. con onestà; ***he got a raw*** o ***rotten ~*** fu trattato in malo modo **5** GIOC. *(in cards)* (il) dare le carte; ***it's my ~***

tocca a me dare le carte, fare il mazzo ◆ ***big ~!*** COLLOQ. IRON. bella roba! bell'affare! ***it's no big ~*** COLLOQ. *(modestly)* non è nulla di eccezionale; ***if I lose it's no big ~*** COLLOQ. se perdo non è poi così drammatico; ***to make a big ~ out of sth.*** fare un sacco di storie per qcs.

▶ **3.deal** /di:l/ **I** tr. (pass., p.pass. **dealt**) **1** ***to ~ a blow to sb., sth.*** o ***to ~ sb., sth. a blow*** dare, assestare un colpo a qcn., qcs. (**with** con); FIG. colpire, sconvolgere, scioccare qcn., qcs. (**with** con) **2** GIOC. (anche **~ out**) dare, distribuire [*cards*]; dare [*hand*] **II** intr. (pass., p.pass. **dealt**) COMM. ECON. *(carry on business)* [*person, firm*] fare affari; *(operate on stock exchange)* fare operazioni in borsa; ***to ~ in*** occuparsi di, trattare [*commodity, product, shares*]; ***we ~ in software*** trattiamo software; ***we don't ~ in blackmail*** FIG. non accettiamo ricatti.

■ **deal out:** ***~ out [sth.], ~ [sth.] out*** **1** *(distribute)* distribuire [*money, profit, cards*] **2** *(mete out)* somministrare, infliggere [*punishment*]; dare, infliggere [*fine*].

■ **deal with:** ***~ with [sth.]*** **1** *(sort out)* occuparsi di [*complaint, emergency, matter, request, situation, work*]; affrontare [*social problem*]; ***leave it to James, he'll ~ with it*** lascialo a James, se ne occuperà lui; ***new measures to ~ with vandalism*** nuove misure per affrontare il vandalismo **2** *(consider, discuss)* trattare [*topic, question, issue*]; ***~ with [sb.]*** **1** *(attend to, handle)* occuparsi di [*client, customer, patient, public, troublemaker*]; ***she's a difficult person to ~ with*** è difficile avere a che fare con lei; ***he did not ~ fairly with us*** non è stato corretto con noi **2** *(do business with)* fare affari con, trattare con [*person, company*]; trattare con [*terrorist organization*]; [*supplier*] vendere a [*public*]; [*customer*] rifornirsi da [*stockist*].

4.deal /di:l/ n. *(timber)* (legno di) abete m., (legno di) pino m.

▷ **dealer** /'di:lə(r)/ ◗ **27** n. **1** COMM. commerciante m. e f., venditore m. (-trice), negoziante m. e f.; *(for a specific make of car, product)* concessionario m. (-a); ***art, carpet ~*** commerciante d'arte, di tappeti; ***authorized ~, licensed ~*** rivenditore autorizzato; ***second-hand car ~*** venditore di auto usate **2** *(trafficker)* trafficante m. e f.; ***arms ~*** trafficante d'armi **3** *(on the stock exchange)* operatore m. (-trice) di borsa **4** GIOC. mazziere m. **5** *(drug pusher)* spacciatore m. (-trice).

dealership /'di:ləʃɪp/ n. COMM. concessione f. (**for** di).

▷ **dealing** /'di:lɪŋ/ **I** n. **1** COMM. commercio m.; *(on the stock exchange)* operazione f., transazione f.; ***foreign exchange ~*** operazioni di cambio; ***~ resumed this morning*** le trattative sono riprese questa mattina; ***~ is slow on the London Stock Exchange*** la Borsa di Londra è fiacca; ***there's heavy ~ in oil shares*** le azioni petrolifere sono state al centro di molte operazioni; ***share ~*** compravendita di titoli; ***the company has a reputation for fair ~*** la società è conosciuta per la sua correttezza negli affari; ***~ in luxury goods is profitable*** il commercio di beni di lusso è redditizio **2** GIOC. (il) dare le carte **3** *(trafficking)* traffico m.; ***arms, drugs ~*** traffico di armi, di droga **II dealings** n.pl. relazioni f., rapporti m. (**with** con); COMM. rapporti m. d'affari (**with** con); ***to have ~s with sb.*** avere rapporti con qcn., essere in rapporto con qcn.; ***we've had business ~s with him for five years*** abbiamo rapporti d'affari con lui da cinque anni; ***I don't want any further ~s with her*** non voglio più avere a che fare con lei **III** modif. [*cost, firm, service*] commerciale.

dealing room /'di:lɪŋˌru:m, -rʊm/ n. ECON. sala f. contrattazioni.

dealmaker /'di:lmeɪkə(r)/ n. = operatore di Borsa privo di scrupoli.

dealt /delt/ pass., p.pass. → **3.deal**.

deambulation /dɪˌæmbjʊ'leɪʃn/ n. deambulazione f.

deambulatory /dɪ'æmbjʊlətərɪ, AE -tɔ:rɪ/ agg. deambulatorio.

1.dean /di:n/ n. **1** UNIV. preside m. e f. **2** RELIG. decano m.

2.dean /di:n/ n. valle f., valletta f.

Dean /di:n/ n.pr. Dean (nome di uomo).

deanery /'di:nərɪ/ n. RELIG. decanato m.

deanship /'di:nʃɪp/ n. **1** UNIV. presidenza f. **2** RELIG. decanato m.

▶ **1.dear** /dɪə(r)/ **I** agg. **1** *(expressing attachment)* [*friend, mother*] caro, amato; ***my ~*** o ***~est girl, Anne*** *(patronizing)* mia cara ragazza, mia cara, carissima Anne; ***my ~ fellow*** *(insisting)* caro amico; ***she's a very ~ friend of mine*** è una mia cara amica; ***he's my ~est friend*** è il mio più caro amico; ***~ old Richard*** caro vecchio Richard; ***to hold sb., sth. very ~*** essere molto affezionato a qcn., a qcs.; ***their niece, freedom is very ~ to them*** la nipote, libertà gli è molto cara; ***the project is ~ to his heart*** il progetto gli sta a cuore; ***her ~est wish is to do*** il suo più grande desiderio è fare **2** *(expressing admiration)* [*dress, house*] carino; [*puppy*] grazioso, adorabile; ***a ~ old lady*** una cara vecchia signora; ***she's a ~ child*** *(in appearance)* è una bambina molto graziosa; *(in behaviour)* è una bambina adorabile **3** *(in letter)* ***Dear Sir*** Egregio Signore; ***Dear Madam*** Gentile Signora; ***Dear Sirs*** Spettabile Ditta; ***Dear Mr Jones*** Egregio Signor Jones; ***Dear Mr and Mrs Jones*** Gentilissimi Signori Jones; ***Dear Anne*** Cara Anne; ***Dear Anne and Paul*** Cari Anne e Paul; Cara Anne, caro Paul; ***My ~ Catherine*** Mia cara Catherine; ***Dearest Robert*** Carissimo Robert **4** *(expensive)* [*article, shop, workman*] caro, costoso; ***to get ~er*** diventare caro, rincarare **II** n. *(term of address) (affectionate)* caro m. (-a); *(more formal, old-fashioned)* carissimo m. (-a); ***Anne ~,...*** *(affectionate)* Anne, cara...; *(less close)* mia cara Anne...; ***that's 50 pence, ~*** COLLOQ. fa 50 pence, mia cara; ***you poor ~*** *(to child)* povero piccolo; *(to adult)* povero caro; ***all the old ~s*** COLLOQ. tutti quei cari vecchietti; ***our uncle is a ~*** nostro zio è adorabile; ***be a ~ and answer the phone*** sii gentile, rispondi al telefono.

2.dear /dɪə(r)/ avv. [*buy*] a caro prezzo; [*cost*] caro (anche FIG.).

3.dear /dɪə(r)/ inter. ***oh ~!*** *(dismay, surprise)* oh mio Dio! *(less serious)* accidenti! ***~ me*** o ***~ ~, what a mess!*** accidenti, che disordine! ***~ me, no!*** povero me, no!

dear heart /dɪər'hɑ:t/ n. mio (-a) caro m. (-a).

dearie /'dɪərɪ/ **I** n. COLLOQ. *(term of address) (to friend)* mio (-a) caro m. (-a); *(to customer)* caro m. (-a) **II** inter. ***~ me!*** SCHERZ. povero me!

Dear John letter /dɪər'dʒɒnˌletə(r)/ n. = lettera di addio al fidanzato.

dearly /'dɪəlɪ/ avv. **1** *(very much)* ***to love sb. ~*** amare teneramente qcn., amare qcn. con tutto il cuore; ***to love sth. ~*** essere molto attaccato a qcs.; ***they would ~ love to see you*** a loro farebbe molto piacere vederti; ***I would ~ love to know*** mi piacerebbe molto sapere, vorrei tanto sapere; ***our ~ beloved son*** FORM. il nostro amato figliolo; ***"~ beloved,..."*** RELIG. "miei cari fratelli,..." **2** FIG. [*pay, buy*] caro, a caro prezzo; ***~ bought*** acquistato a caro prezzo ◆ ***to sell one's life ~*** vendere cara la pelle.

dearness /'dɪərnəs/ n. **1** *(affection)* tenerezza f., affetto m. **2** *(expensiveness)* (l')essere caro, dispendioso, costoso.

dearth /dɜ:θ/ n. *(of books, young people, ideas)* scarsità f., mancanza f. (**of** di); ***there is a ~ of funds*** mancano i fondi.

deary → **dearie**.

▶ **death** /deθ/ n. *(of person)* morte f., decesso m.; *(of animal)* morte f.; FIG. *(of hopes, plans, dreams, civilization, democracy)* fine f.; ***at (the time of) his ~*** alla sua morte; ***a ~ in the family*** un lutto in famiglia; ***~ by hanging, drowning*** morte per impiccagione, annegamento; ***to starve to ~*** morire di fame; ***to freeze to ~*** morire assiderato; FIG. morire di freddo; ***to burn to ~*** morire bruciato; ***to put sb. to ~*** mandare a morte qcn.; ***to sentence sb. to ~*** DIR. condannare a morte qcn.; ***~ to the king!*** a morte il re! ***a fight to the ~*** un combattimento all'ultimo sangue; ***they fought to the ~*** hanno combattuto fino alla morte; ***to drink oneself to ~*** uccidersi a forza di bere; ***to work oneself to ~*** ammazzarsi di lavoro; ***she's working herself to ~!*** si sta ammazzando di lavoro! ***she fell to her ~*** è morta cadendo; ***she jumped to her ~*** si è uccisa saltando nel vuoto; ***he met his ~ in a skiing accident*** morì in un incidente sugli sci; ***to come close to ~*** sfiorare la morte; ***he remains a controversial figure in ~ as in life*** anche da morto resta sempre un personaggio controverso, così come lo era da vivo; ***to die a violent ~*** morire di morte violenta; ***to do sb. to ~*** assassinare qcn.; ***that excuse, joke has been done to ~*** FIG. quella scusa, quello scherzo è vecchio come il cucco; ***that play has been done to ~*** quel pezzo è stato fatto e rifatto; ***they were united in ~*** sono stati uniti nella morte; ***till ~ do us part*** finché morte non ci separi; ***"Deaths"*** GIORN. "Necrologi"; ***a fall would mean*** o ***spell ~*** una caduta sarebbe fatale; ***this means*** o ***spells the ~ of the old industries*** questo provocherà la fine delle vecchie industrie ◆ ***to die a*** o ***the ~*** [*fashion, entertainer, play*] essere un fiasco; ***he died the ~*** ha fatto fiasco; ***those children will be the ~ of me!*** quei bambini mi faranno morire! ***that thesis, car will be the ~ of her!*** quella tesi, quell'auto la farà morire! ***don't tell him, it will be the ~ of him*** non dirglielo, lo ucciderebbe; ***it's a matter of life or ~*** è una questione di vita o di morte; ***to look like ~ warmed up*** sembrare un cadavere ambulante; ***I feel like ~ (warmed up)!*** mi sento uno zombie! ***to be at ~'s door*** essere in punto di morte; ***to be worried to ~*** COLLOQ. essere preoccupato da morire (**about** per); ***to be frightened to ~*** COLLOQ. aver paura da morire; ***to frighten*** o ***scare sb. to ~*** fare morire qcn. di paura; ***to be bored to ~*** COLLOQ. annoiarsi da morire; ***I'm sick*** o ***tired to ~ of this!*** COLLOQ. ne ho fin sopra i capelli! non ne posso più! ***you'll catch your ~ (of cold)*** COLLOQ. ti prenderai un malanno; ***to die a thousand ~s*** morire di vergogna.

deathbed /'deθbed/ **I** n. letto m. di morte; ***on one's ~*** in punto di morte **II** modif. ***to make a ~ conversion, confession*** convertirsi,

confessarsi in punto di morte; ~ ***scene*** CINEM. TEATR. scena sul letto di morte.
death benefit /'deθˌbenɪfɪt/ n. BE indennità f. in caso di morte.
death blow /'deθˌbləʊ/ n. colpo m. di grazia (anche FIG.); ***to deal sb., sth. a~*** dare il colpo di grazia a qcn., qcs. (anche FIG.).
death camp /'deθˌkæmp/ n. campo m. di sterminio.
death cell /'deθˌsel/ n. cella f. del condannato a morte.
death certificate /'deθsəˌtɪfɪkət/ n. DIR. certificato m. di morte.
death duties /'deθˌdju:tɪz, AE -du:tɪz/ n.pl. imposte f. di successione.
death duty /'deθdju:tɪ, AE -du:tɪ/ n. BE → **death duties**.
death grant /'deθˌgrɑ:nt, AE -grænt/ n. BE indennità f. in caso di morte.
deathhouse /'deθˌhaʊs/ n. AE braccio m. della morte.
death knell /'deθnel/ n. rintocco m. funebre; ***to sound*** o ***toll the~ for*** o ***of*** FIG. segnare la fine di [*democracy, regime*].
deathless /'deθlɪs/ agg. immortale, eterno, imperituro; ~ ***prose*** IRON. prosa immortale.
deathlike /'deθlaɪk/ agg. [*pallor*] cadaverico, mortale; [*calm, silence*] mortale.
death list /'deθˌlɪst/ n. lista f. dei morti, elenco m. delle vittime.
deathly /'deθlɪ/ **I** agg. [*pallor*] cadaverico, mortale; [*calm, silence*] mortale **II** avv. ~ ***pale*** di un pallore cadaverico; ***the house was~ quiet*** nella casa c'era una calma mortale.
Death March /'deθmɑ:tʃ/ n. MUS. marcia f. funebre.
death mask /'deθmɑ:sk/ n. maschera f. mortuaria.
▷ **death penalty** /'deθˌpenltɪ/ n. pena f. di morte.
death rate /'deθreɪt/ n. tasso m. di mortalità.
death rattle /'deθˌrætl/ n. rantolo m. dell'agonia.
death ray /'deθˌreɪ/ n. raggio m. mortale.
death roll /'deθˌrəʊl/ n. elenco m. dei caduti.
death row /ˌdeθ'rəʊ/ n. AE braccio m. della morte; ***to be on~*** essere nel braccio della morte.
death sentence /'deθˌsentəns/ n. condanna f. a morte (anche FIG.); ***to pass a~*** pronunciare una condanna a morte.
death's head /'deθshed/ n. teschio m., testa f. di morto.
death's head moth /'deθshedˌmɒθ, AE -ˌmɔ:θ/ n. ZOOL. sfinge f. testa di morto.
death squad /'deθskwɒd/ n. squadrone m. della morte.
death threat /'deθθret/ n. minaccia f. di morte.
death throes /'deθθrəʊz/ n.pl. agonia f.sing. (anche FIG.); ***in one's*** ~ in agonia.
death toll /'deθtəʊl/ n. numero m. dei morti, vittime f.pl.; ***the~ has risen to thirty*** il numero dei morti è salito a trenta.
death trap /'deθtræp/ n. trappola f. mortale; ***to be a~*** essere una trappola mortale.
death warrant /'deθˌwɒrənt, AE -wɔ:r-/ n. = ordine di esecuzione di una sentenza di morte; ***to sign one's own~*** FIG. firmare la propria condanna a morte.
death watch /'deθwɒtʃ/ n. veglia f. funebre.
death watch beetle /'deθwɒtʃˌbi:tl/ n. ENTOM. orologio m. della morte.
death wish /'deθwɪʃ/ n. PSIC. desiderio m. di morte; ***to have a~*** FIG. [*government, organization*] avere un comportamento suicida.
deb /deb/ n. COLLOQ. (accorc. debutante) debuttante f.
debacle /deɪ'bɑ:kl/ n. débâcle f., sconfitta f.
debag /ˌdi:'bæg/ tr. (forma in -ing ecc. **-gg-**) BE COLLOQ. ***to~ sb.*** togliere i pantaloni a qcn. (per scherzo).
debar /dɪ'bɑ:(r)/ tr. (forma in -ing ecc. **-rr-**) ***to~ sb. from*** escludere qcn. da [*club, ceremony, race*]; ***to be ~red from voting*** essere privato del diritto di voto.
debark /dɪ'bɑ:k/ **I** tr. sbarcare **II** intr. sbarcare.
debarkation /ˌdi:bɑ:'keɪʃn/ n. sbarco m.
debarment /dɪ'bɑ:mənt/ n. DIR. *(from a right)* esclusione f., privazione f.
debase /dɪ'beɪs/ **I** tr. **1** *(lower value, quality of)* svilire [*emotion, ideal*]; imbastardire [*word*]; svalutare [*metal, currency*] **2** *(degrade)* degradare [*person*] **II** rifl. ***to~ oneself*** svalutarsi (**by doing** facendo).
debased /dɪ'beɪst/ **I** p.pass. → **debase II** agg. [*language*] imbastardito; [*version*] degradato, impoverito.
debasement /dɪ'beɪsmənt/ n. **1** *(of person)* degradazione f.; *(of emotion)* svilimento m.; *(of word)* imbastardimento m. **2** *(of metal, currency)* svalutazione f.
debaser /dɪ'beɪsə(r)/ n. *(of currency)* deprezzatore m. (-trice).
debatable /dɪ'beɪtəbl/ agg. discutibile; ***that's ~!*** questo è discutibile! ***it is~ whether*** ci si può chiedere se.
▶ **1.debate** /dɪ'beɪt/ n. *(formal)* dibattito m. (**on, about** su); *(more informal)* discussione f. (**about** su); ***parliamentary~*** dibattito parlamentare; ***the abortion~*** il dibattito sull'aborto; ***to hold a~*** organizzare un dibattito; ***to hold a~ on*** fare un dibattito su [*issue, proposal*]; ***after (a) lengthy~*** dopo aver discusso a lungo; ***to be open to~*** essere discutibile; ***the plan is still under~*** il progetto è ancora in discussione.
▶ **2.debate** /dɪ'beɪt/ **I** tr. POL. *(formally)* dibattere [*issue, proposal*]; discutere [*bill*]; *(more informally)* discutere [*question*] (**with** con); ***I am debating whether to leave*** mi chiedo se devo partire; ***a much ~d issue*** una questione molto controversa **II** intr. ***to~ about sth.*** discutere di qcs. (**with** con).
debater /dɪ'beɪtə(r)/ n. chi partecipa a un dibattito; ***she's a good~*** è una buona argomentatrice.
debating /dɪ'beɪtɪŋ/ n. arte f. del dibattere.
debating point /dɪ'beɪtɪŋˌpɔɪnt/ n. argomento m. di discussione.
debating society /dɪ'beɪtɪŋsəˌsaɪətɪ/ n. = associazione i cui membri si incontrano per tenere e organizzare dibattiti.
1.debauch /dɪ'bɔ:tʃ/ n. dissolutezza f., sregolatezza f.
2.debauch /dɪ'bɔ:tʃ/ tr. depravare, pervertire, traviare.
debauchee /ˌdɪbɔ:'tʃi:, ˌdeb-/ n. debosciato m. (-a), dissoluto m. (-a).
debauched /dɪ'bɔ:tʃt/ **I** p.pass. → **2.debauch II** agg. [*person*] debosciato; ***a~ life*** una vita dissoluta.
debauchery /dɪ'bɔ:tʃərɪ/ n. dissolutezza f.
Debby /'debɪ/ n.pr. diminutivo di **Deborah**.
debenture /dɪ'bentʃə(r)/ n. **1** ECON. obbligazione f. **2** COMM. (anche **customs** ~) scontrino m. per il rimborso del dazio.
debenture bond /dɪ'bentʃəˌbɒnd/ n. obbligazione f. non garantita.
debenture holder /dɪ'bentʃəˌhəʊldə(r)/ n. obbligazionista m. e f.
debenture stock /dɪ'bentʃəˌstɒk/ n. obbligazioni f.pl. irredimibili.
debilitate /dɪ'bɪlɪteɪt/ tr. **1** *(physically)* debilitare **2** *(morally)* demoralizzare.
debilitating /dɪ'bɪlɪteɪtɪŋ/ agg. **1** [*disease*] debilitante **2** [*economic conditions, wrangling*] che indebolisce, che rende più fragile, vulnerabile.
debilitation /dɪ'bɪlɪˌteɪʃn/ n. debilitazione f.
debility /dɪ'bɪlətɪ/ n. **1** debolezza f. **2** MED. astenia f.
1.debit /'debɪt/ **I** n. AMM. ECON. debito m., addebito m. **II** modif. [*account, balance*] passivo; ~ ***entries*** registrazioni di addebito; ***on the~ side*** AMM. nella sezione dare; ***on the~ side...*** FIG. l'inconveniente è che...
2.debit /'debɪt/ tr. addebitare; ***to~ a sum to sb.'s account, to~ sb.*** o ***sb.'s account with a sum*** addebitare una somma sul conto di qcn.
debitable /'debɪtəbl/ agg. addebitabile.
debit card /'debɪtˌkɑ:d/ n. BE = tessera bancomat®.
debit note /'debɪtnəʊt/ n. nota f. di addebito.
debonair /ˌdebə'neə(r)/ agg. [*person*] affabile, cordiale; [*manner*] disinvolto, cordiale.
Deborah /'debrə, -ərə/ n.pr. Debora(h).
debouch /dɪ'baʊtʃ/ intr. **1** GEOGR. sfociare, sboccare (**into** in) **2** MIL. uscire allo scoperto.
debouchment /dɪ'baʊtʃmənt/ n. **1** GEOGR. sbocco m. **2** MIL. (l')uscire (allo scoperto).
debrief /ˌdi:'bri:f/ tr. chiamare a rapporto; ***to be ~ed*** [*diplomat, agent*] essere chiamato a rapporto; [*defector, freed hostage*] essere interrogato.
debriefing /ˌdi:'bri:fɪŋ/ n. **1 U** *(of freed hostage, defector)* interrogatorio m.; ***the soldiers will remain here for~*** i soldati resteranno qui per mettersi a rapporto **2 C** *(report)* rapporto m.
debris /'deɪbri:, 'de-, AE də'bri:/ n. **U 1** *(remains) (of plane)* rottami m.pl.; *(of building)* macerie f.pl.; SCHERZ. *(of meal)* avanzi m.pl., resti m.pl. **2** GEOL. detriti m.pl. **3** *(waste)* scorie f.pl.
▶ **debt** /det/ **I** n. **1** ECON. debito m. (**to** verso, con); ***bad ~s*** insolvenze; ***to cancel a~*** estinguere un debito; ***Third World~*** il debito del Terzo Mondo; ***to run up a~*** o ***~s*** contrarre un debito, fare debiti; ***to get into~*** indebitarsi; ***to be in~*** essere in debito; ***she is $ 2,000 in~*** ha un debito di $ 2.000; ***to be in~ to sb.*** avere un debito con qcn.; ***I'm in~ (to the bank) to the tune of £ 7,000*** ho un debito di £ 7.000 con la banca; ***to get out of~*** estinguere i debiti, sdebitarsi; ***to pay off one's ~s*** pagare i propri debiti **2** *(obligation)* debito m. (**to** verso, con); ***a~ of honour*** un debito d'onore; ***to pay one's ~ to society*** pagare il proprio debito con la società; ***to acknowledge one's~ to sb.*** riconoscere di essere in debito verso qcn.; ***I'm forever in your~*** ti sarò debitore per sempre **II** modif. ECON. [*collection, recovery, burden*] di debiti; [*interest*] passivo; [*payment*] di debito; [*capacity, level, ratio*] di indebitamento; [*crisis*] debitorio.
debt collector /'detkəˌlektə(r)/ ◗ ***27*** n. esattore m. (-trice) di crediti.

debt-laden /ˈdetˌleɪdn/ agg. [*country, company*] pesantemente indebitato; [*person*] indebitato fino al collo, pieno di debiti.
debtor /ˈdetə(r)/ **I** n. ECON. debitore m. (-trice) **II** modif. [*country, nation*] debitore.
debt-ridden /ˈdetrɪdn/ agg. indebitato fino al collo.
debug /ˌdiːˈbʌg/ tr. (forma in -ing ecc. **-gg-**) **1** INFORM. eseguire il debugging di [*machine, system, computer program*] **2** individuare ed eliminare microfoni spia in [*room, building*].
debugging /ˌdiːˈbʌgɪŋ/ n. INFORM. debugging m.
debunk /ˌdiːˈbʌŋk/ tr. ridimensionare [*theory, tradition*]; sfatare [*myth*].
debus /diːˈbʌs/ **I** tr. (forma in -ing ecc. **-ss-**) scaricare (da un veicolo a motore) [*goods*]; far scendere (da un veicolo a motore) [*troops, personnel*] **II** intr. (forma in -ing ecc. **-ss-**) scendere (da un veicolo a motore).
1.debut /ˈdeɪbjuː, AE dɪˈbjuː/ **I** n. **1** *(artistic, sporting)* debutto m., esordio m.; ***to make one's screen ~*** debuttare sullo schermo; ***to make one's ~ as*** esordire come [*musician, director, politician, player*]; [*actor, opera singer*] debuttare nella parte di **2** *(social)* debutto m. in società **II** modif. [*album, concert, role*] d'esordio.
2.debut /ˈdeɪbjuː, AE dɪˈbjuː/ intr. **1** [*film*] uscire nelle sale **2** ***to ~ as*** esordire come.
debutant /ˈdebjuːtɑːnt/ n. debuttante m. e f., esordiente m. e f.
debutante /ˈdebjuːtɑːnt/ n. debuttante f.
Dec ⇒ December dicembre (dic.).
decachord /ˈdekəkɔːd/ n. decacordo m.
▶ **decade** /ˈdekeɪd, dɪˈkeɪd/ n. **1** *(period)* decennio m.; ***a ~ ago*** dieci anni fa, una decina di anni fa **2** RELIG. *(of rosary)* decina f.
decadence /ˈdekədəns/ n. decadenza f.
decadent /ˈdekədənt/ **I** agg. **1** decadente **2** (anche **Decadent**) LETTER. decadente **II Decadent** n. LETTER. decadente m. e f.
decaf(f) /ˈdiːkæf/ n. COLLOQ. *(coffee)* decaffeinato m.; *(tea)* tè m. deteinato.
decaffeinate /ˌdiːˈkæfɪneɪt/ tr. decaffeinare.
decaffeinated /ˌdiːˈkæfɪneɪtɪd/ **I** p.pass. → **decaffeinate II** agg. decaffeinato.
decagon /ˈdekəgən/ n. decagono m.
decagonal /dɪˈkægənl/ agg. decagonale.
decagram(me) /ˈdekəgræm/ ♦ ***37*** n. decagrammo m.
decahedron /ˌdekəˈhiːdrən, -ˈhedrən, AE -drɒn/ n. (pl. **~s**, **-a**) decaedro m.
decal /ˈdiːkæl/ n. US (accorc. decalcomania) decalcomania f.
decalcification /diːˌkælsɪfɪˈkeɪʃn/ n. decalcificazione f.
decalcify /diːˈkælsɪfaɪ/ tr. decalcificare.
decalcomania /diːˌkælkəˈmeɪnɪə/ n. decalcomania f.
decalitre BE, **decaliter** AE /ˈdekəliːtə(r)/ ♦ ***3*** n. decalitro m.
Decalogue /ˈdekəlɒg/ n. Decalogo m.
decametre BE, **decameter** AE /ˈdekəmiːtə(r)/ ♦ ***15*** n. decametro m.
decamp /dɪˈkæmp/ intr. **1** *(leave)* andarsene, levare le tende; *(furtively)* svignarsela, squagliarsela; ***to ~ with sth.*** squagliarsela con qcs. **2** MIL. levare le tende.
decampment /dɪˈkæmpmənt/ n. **1** *(furtive leaving)* (l')andarsene furtivamente **2** MIL. (il) levare le tende.
decane /ˈdekeɪn/ n. CHIM. decano m.
decant /dɪˈkænt/ tr. **1** decantare, travasare [*wine, other liquid*] **2** FIG. trapiantare [*people*].
decantation /diːkænˈteɪʃn/ n. CHIM. decantazione f.
decanter /dɪˈkæntə(r)/ n. *(for wine)* caraffa f., decanter m.; *(for whisky)* bottiglia f.
decapitate /dɪˈkæpɪteɪt/ tr. decapitare.
decapitation /dɪˌkæpɪˈteɪʃn/ n. decapitazione f.
decapod /ˈdekəpɒd/ n. ZOOL. decapode m.
decarbonization /diːˌkɑːbənaɪˈzeɪʃn, AE -nɪˈz-/ n. TECN. decarburazione f.
decarbonize /diːˈkɑːbənaɪz/ tr. TECN. decarburare.
decarboxylate /diːkɑːˈbɒksəleɪt/ tr. decarbossilare.
decarboxylation /diːkɑːbɒksəˈleɪʃn/ n. decarbossilazione f.
decarburization /diːˌkɑːbjʊraɪˈzeɪʃn, AE -rɪˈz-/ n. TECN. decarburazione f.
decarburize /ˌdiːˈkɑːbjʊraɪz/ tr. TECN. decarburare.
decasualisation /diːkæʒʊəlaɪˈzeɪʃn/ n. = eliminazione della precarietà nel lavoro mediante la creazione di posti di lavoro statali.
decasyllabic /dekəsɪˈlæbɪk/, **decasyllable** /ˈdekəsɪləbl/ **I** agg. decasillabo **II** n. decasillabo m.
decathlete /dɪˈkæθliːt/ n. decatleta m. e f.
decathlon /dɪˈkæθlɒn/ n. decathlon m.
▷ **1.decay** /dɪˈkeɪ/ n. **1** *(rot) (of timber, meat, vegetation)* decomposizione f.; *(of building, area, façade)* decadimento m., rovina f.; ***to fall into ~*** [*building*] andare in rovina **2** MED. carie f.; ***tooth*** o ***dental ~*** carie dentaria; ***to have ~*** avere la carie; ***to prevent ~*** prevenire la carie **3** GEOL. alterazione f. **4** FIS. decadimento m. **5** FIG. *(of society, culture)* declino m.; *(of economy, institution, industry)* deterioramento m.; *(of nation, civilization)* decadenza f., decadimento m.; ***moral ~*** declino morale.
▷ **2.decay** /dɪˈkeɪ/ **I** tr. **1** far marcire [*timber*] **2** cariare [*teeth*] **II** intr. **1** *(rot)* [*timber, vegetation, food*] decomporsi, marcire; [*corpse*] decomporsi, putrefarsi; [*bone*] deteriorarsi; [*tooth*] cariarsi **2** *(disintegrate)* [*statue, façade, building*] rovinarsi, andare in rovina **3** FIG. *(decline)* [*civilization, institution*] decadere; [*beauty*] appassire **4** GEOL. alterarsi **5** FIS. decadere.
decayed /dɪˈkeɪd/ **I** p.pass. → **2.decay II** agg. **1** [*timber, vegetation, flesh*] marcio; [*tooth*] cariato; [*building*] in rovina **2** FIG. [*society*] in declino; [*beauty*] appassito **3** FIS. decaduto **4** GEOL. alterato.
decaying /dɪˈkeɪɪŋ/ agg. **1** [*timber, vegetation*] marcescente; [*tooth*] che tende a cariarsi; [*corpse, carcass*] in decomposizione, in putrefazione; MED. [*bone*] fragile **2** [*building*] in rovina; [*street, suburb*] in degrado **3** [*civilization, order, nation*] in declino.
decease /dɪˈsiːs/ n. decesso m.
▷ **deceased** /dɪˈsiːst/ **I** agg. deceduto, defunto; ***Anne Jones, ~*** Anne Jones, deceduta **II** n. ***the ~*** *(dead person)* il defunto; *(the dead collectively)* + verbo pl. i defunti.
decedent /dɪˈsiːdənt/ n. AE DIR. defunto m. (-a).
deceit /dɪˈsiːt/ n. **1** *(deceitfulness)* falsità f., disonestà f. **2** *(act)* inganno m., raggiro m., sotterfugio m. **3** DIR. frode f., dichiarazione f. fraudolenta.
deceitful /dɪˈsiːtfl/ agg. [*person*] falso, disonesto; [*word*] ingannevole, falso; [*behaviour*] disonesto; ***it was ~ of him*** è stato disonesto da parte sua.
deceitfully /dɪˈsiːtfəlɪ/ avv. [*speak*] ingannevolmente, falsamente.
deceitfulness /dɪˈsiːtflnɪs/ n. falsità f.
deceivable /dɪˈsiːvəbl/ agg. ingannabile.
▷ **deceive** /dɪˈsiːv/ **I** tr. **1** *(lie to and mislead)* ingannare, imbrogliare, raggirare [*parent, friend*]; ***to ~ sb. into doing*** raggirare qcn. perché faccia *o* convincere qcn. con l'inganno a fare qcs.; ***to ~ sb. into thinking that*** far credere (con l'inganno) a qcn. che *o* ingannare qcn. facendogli pensare che; ***to be ~d*** *(fooled)* essere imbrogliato; *(disappointed)* essere deluso; ***to be ~d in sb.*** ingannarsi sul conto di qcn.; ***don't be ~d*** non farti ingannare; ***don't be ~d by his mildness, good-humour*** non farti ingannare dalla sua dolcezza, dal suo buon umore; ***don't be ~d by appearances*** non fidatevi delle apparenze; ***do my eyes ~ me?*** i miei occhi mi ingannano? ***I thought my ears were deceiving me*** pensavo di non aver sentito bene, non riuscivo a credere alle mie orecchie **2** *(be unfaithful to)* tradire [*spouse, lover*] (**with** con) **II** intr. ***he likes to ~*** gli piace ingannare; ***with intent to ~*** con l'intento di imbrogliare, in malafede; ***appearances often ~*** l'apparenza spesso inganna **III** rifl. ***to ~ oneself*** ingannarsi; ***to ~ oneself into believing that*** convincersi a torto che.
deceiver /dɪˈsiːvə(r)/ n. ingannatore m. (-trice), imbroglione m. (-a).
decelerate /diːˈseləreɪt/ intr. **1** AUT. MECC. decelerare, rallentare **2** FIG. [*economic growth*] rallentare.
deceleration /diːˌseləˈreɪʃn/ n. AUT. MECC. decelerazione f., rallentamento m.; FIG. *(of economic growth)* rallentamento m.
▶ **December** /dɪˈsembə(r)/ ♦ ***16*** n. dicembre m.
decemvir /dɪˈsemvə(r)/ n. (pl. **~s**, **~i**) decemviro m.
decemvirate /dɪˈsemvɪrət/ n. decemvirato m.
decemviri /dɪˈsemvərɪ/ → **decemvir**.
decency /ˈdiːsnsɪ/ **I** n. **1** *(good manners, propriety)* decenza f., decoro m.; ***they might have had the ~ to thank us*** avrebbero potuto avere la decenza di ringraziarci, avrebbero potuto almeno ringraziarci; ***you can't in all ~ ask him to pay*** non sarebbe decoroso chiedergli di pagare; ***for the sake of ~*** per decenza **2** *(morality)* ***he hasn't an ounce of ~*** non ha il minimo senso morale **3** *(in sexual matters)* comune senso m. del pudore; ***he has no sense of ~*** non ha il minimo senso del pudore **II decencies** n.pl. convenienze f. sociali, norme f. del vivere civile; ***common decencies*** convenienze sociali; ***to observe the decencies*** FORM. osservare le convenienze sociali.
decennia /dɪˈsenɪə/ → **decennium**.
decennial /dɪˈsenɪəl/ **I** agg. decennale **II** n. decennale m.
decennially /dɪˈsenɪəlɪ/ avv. ogni dieci anni.
decennium /dɪˈsenɪəm/ n. (pl. **~s**, **-ia**) decennio m.

▷ **decent** /ˈdiːsnt/ agg. **1** *(respectable)* [*family, man, woman*] rispettabile, onesto; ***no ~ person would do a thing like that*** nessuna persona onesta farebbe una cosa del genere; ***she wanted to give him a ~ burial*** voleva che lui avesse una sepoltura decorosa; ***after a ~ interval, he remarried*** dopo un ragionevole intervallo di tempo si è risposato; ***he did the ~ thing and resigned*** fece la cosa giusta dimettendosi; ***try to persuade him to do the ~ thing*** cerca di convincerlo a fare la cosa giusta **2** *(pleasant)* simpatico, gentile, carino, buono; ***he's a ~ sort of chap*** COLLOQ. è un tipo per bene *o* è un bravo ragazzo; ***it's ~ of him to help you*** è stato gentile da parte sua aiutarti **3** *(adequate)* [*housing, facilities*] adeguato; [*wages*] adeguato, accettabile; [*standard, level*] discreto **4** *(not shabby, indecent)* [*garment, shoes, clothes, behaviour, language*] decente; ***I've nothing ~ to wear*** non ho niente di decente da mettermi; ***are you ~?*** sei presentabile? **5** *(good)* [*camera, choice, education, food, holiday, score, result, profit*] decente, discreto; ***to make a ~ living*** guadagnare discretamente; ***I need a ~ night's sleep*** ho bisogno di una buona notte di sonno; ***they do a ~ fish soup at the Nautilus*** non è male la zuppa di pesce del Nautilus; ***he serves a ~ claret*** il suo vino rosso non è male.

decently /ˈdiːsntlɪ/ avv. **1** *(fairly)* [*paid, treated*] adeguatamente; [*housed*] decentemente **2** *(respectably)* [*behave, treat*] convenevolmente, decentemente; [*dress*] *(discreetly)* decentemente; *(presentably)* in modo presentabile; ***we left as soon as we ~ could*** siamo andati via appena abbiamo potuto farlo senza sembrare maleducati; ***we'll leave as soon as ~ possible*** ce ne andremo appena potremo farlo senza sembrare maleducati; ***she was ~ brought up*** ha ricevuto una buona educazione.

decentralization /diːˌsentrəlaɪˈzeɪʃn, AE -lɪˈz-/ n. decentramento m., decentralizzazione f.

decentralize /diːˈsentrəlaɪz/ **I** tr. decentrare, decentralizzare **II** intr. decentrarsi, decentralizzarsi.

decent-sized /ˈdiːsntˌsaɪzd/ agg. [*house, room*] abbastanza grande.

▷ **deception** /dɪˈsepʃn/ n. **1 U** *(deceiving)* inganno m., insidia f.; DIR. frode f.; ***is she capable of such ~?*** è capace di tali inganni? ***to obtain sth. by ~*** ottenere qcs. con l'inganno **2** *(trick)* raggiro m., sotterfugio m.; *(to gain money, property etc.)* truffa f.

deceptive /dɪˈseptɪv/ agg. [*appearance, impression*] ingannevole, falso, fallace; ***her mild manner is ~*** la sua dolcezza è ingannevole; ***appearances can be ~*** le apparenze possono ingannare, non bisogna fidarsi delle apparenze.

deceptively /dɪˈseptɪvlɪ/ avv. **1** ***it's ~ easy*** è più difficile di quanto sembra **2** *(in advertisements)* ***the house is ~ spacious*** la casa è più spaziosa di quanto possa sembrare.

decibel /ˈdesɪbel/ n. decibel m.

decidable /dɪˈsaɪdəbl/ agg. che può essere deciso.

▶ **decide** /dɪˈsaɪd/ **I** tr. **1** *(reach a decision)* ***to ~ to do*** decidere di fare; *(after much thought)* decidersi a fare; ***I ~d that I would leave*** decisi di partire, che sarei partito; ***I ~d that he should leave*** decisi che doveva partire; ***to ~ how to do*** decidere come fare; ***to ~ where, when*** decidere dove, quando; ***he hasn't ~d whether to resign, sign*** non ha deciso se dimettersi o meno, se firmare o meno *o* non ha ancora deciso se si dimetterà, se firmerà; ***it was ~d to wait*** si decise di aspettare; ***have you ~d what you're going to do?*** hai deciso che cosa farai? ***nothing has been ~d yet*** non è ancora stato deciso niente **2** *(settle)* decidere, risolvere [*dispute, matter*]; decidere [*fate*]; decidere, stabilire [*outcome*]; [*goal, penalty*] decidere il risultato di [*match*]; ***to ~ a case*** [*jury*] prendere una decisione (su una causa) **3** *(persuade)* ***to ~ sb. to do*** indurre qcn. a fare; ***what finally ~d you to buy it?*** che cosa ti ha fatto decidere di comprarlo? ***it was his selfishness that finally ~d me to leave*** alla fine è stato il suo egoismo che mi ha fatto decidere di partire; ***that's what ~d him against moving house*** questo è stato il motivo per cui ha deciso di non traslocare **II** intr. decidere; ***let her ~*** lasciala decidere; ***it's up to him to ~*** tocca a lui decidere; ***I can't ~*** non riesco a decidere; ***fate ~d otherwise*** il destino ha deciso altrimenti; ***have you ~d?*** hai preso una decisione? ***to ~ against doing*** decidere di non fare; ***to ~ against*** pronunciarsi contro [*plan, idea, candidate*]; ***to ~ against the red dress*** *(choose not to buy)* decidere di non acquistare il vestito rosso; *(choose not to wear)* decidere di non indossare il vestito rosso; ***to ~ between*** scegliere tra [*applicants, books*]; ***to ~ in favour of doing*** decidere di fare; ***to ~ in favour of*** [*jury, judge*] pronunciarsi a favore di [*plaintiff*]; [*panel, judges*] scegliere [*candidate, applicant*].

▪ **decide on:** ~ on [sth.] **1** *(choose)* scegliere [*hat, wallpaper, holiday*]; fissare, stabilire [*date*]; ***to ~ on a career in law*** decidersi per la carriera legale **2** *(come to a decision on)* decidere a riguardo di, stabilire [*measure, policy, course of action, size, budget*]; ~ on [sb.] scegliere [*member, applicant*]; selezionare [*team*].

decided /dɪˈsaɪdɪd/ **I** p.pass. → **decide II** agg. **1** *(noticeable)* [*change, tendency*] innegabile, indubbio, netto, chiaro; [*increase, drop*] deciso; [*interest, effort*] reale **2** *(determined)* [*manner, tone*] deciso, risoluto; [*views*] fermo; ***to be quite ~ about doing*** essere proprio deciso a fare.

▷ **decidedly** /dɪˈsaɪdɪdlɪ/ avv. **1** *(distinctly)* [*smaller, better, happier, unwell, violent*] indubbiamente, innegabilmente; [*odd*] decisamente, davvero **2** *(resolutely)* [*say, declare*] decisamente, risolutamente.

decider /dɪˈsaɪdə(r)/ n. *(point)* punto m. decisivo; *(race)* corsa f. decisiva; *(goal)* goal m. decisivo; ***the ~*** *(game)* la gara decisiva, la bella.

deciding /dɪˈsaɪdɪŋ/ agg. [*factor, goal, race*] decisivo.

decidua /dɪˈsɪdjʊə, AE -dʊə/ n. (pl. **~s**, **-ae**) decidua f.

decidual /dɪˈsɪdjʊəl, AE -dʒʊ-/ agg. deciduale.

deciduous /dɪˈsɪdjʊəs, dɪˈsɪdʒʊəs/ agg. [*tree*] a foglie decidue; [*forest*] di alberi a foglie decidue; [*antlers, teeth, leaves*] deciduo, caduco.

decigram(me) /ˈdesɪgræm/ ➧ ***37*** n. decigrammo m.

decilitre BE, **deciliter** AE /ˈdesɪliːtə(r)/ ➧ ***3*** n. decilitro m.

decimal /ˈdesɪml/ **I** agg. [*system, currency, number*] decimale; ***~ coinage*** sistema monetario decimale; ***~ fraction*** frazione decimale; ***~ point*** = puntino usato per separare l'intero dalla parte decimale; ***to calculate to two ~ places*** calcolare i decimali fino alla seconda cifra; ***to go ~*** adottare il sistema decimale **II** n. decimale m.; → **circulating decimal**.

decimalization /ˌdesɪməlaɪˈzeɪʃn, AE -lɪˈz-/ n. MAT. *(of currency, unit, number)* adozione f. del sistema decimale.

decimalize /ˈdesɪməlaɪz/ tr. MAT. *(convert to decimal system)* decimalizzare, convertire al sistema decimale [*currency, system, unit*].

decimate /ˈdesɪmeɪt/ tr. decimare (anche FIG.).

decimation /ˌdesɪˈmeɪʃn/ n. decimazione f. (anche FIG.).

decimetre BE, **decimeter** AE /ˈdesɪmiːtə(r)/ ➧ ***15*** n. decimetro m.

decipher /dɪˈsaɪfə(r)/ tr. decifrare [*code, writing, message*].

decipherable /dɪˈsaɪfrəbl/ agg. *(all contexts)* decifrabile.

▶ **decision** /dɪˈsɪʒn/ n. *(all contexts)* decisione f.; ***my ~ to leave*** la mia decisione di partire; ***to make*** o ***take a ~*** prendere una decisione; ***to reach, come to a ~*** decidersi, arrivare a una decisione; ***the right, wrong ~*** la decisione giusta, sbagliata; ***the judges' ~ is final*** *(at show etc.)* la decisione dei membri della giuria è inappellabile; ***a woman of ~*** una donna risoluta, di grande fermezza.

decisional /dɪˈsɪʒnl/ agg. decisionale; DIR. ***~ law*** = diritto basato sui precedenti giurisprudenziali.

decision-maker /dɪˈsɪʒnˌmeɪkə(r)/ n. = centro decisionale, responsabile delle decisioni.

▷ **decision-making** /dɪˈsɪʒnˌmeɪkɪŋ/ **I** n. ***to be good at ~*** saper prendere delle decisioni **II** modif. ***~ skills*** capacità decisionali; ***the ~ processes*** i processi decisionali.

decision table /dɪˈsɪʒnˌteɪbl/ n. INFORM. tavola f. di decisione.

▷ **decisive** /dɪˈsaɪsɪv/ agg. **1** *(firm)* [*manner, tone, reply*] deciso, fermo, risoluto; ***he is not ~ enough*** non è abbastanza deciso; ***a more ~ leader*** un capo più risoluto **2** *(conclusive)* [*battle, factor, influence*] decisivo, determinante; [*argument*] conclusivo; ***it was ~ in forcing, persuading him to resign*** è stato determinante per obbligarlo, convincerlo a dimettersi.

decisively /dɪˈsaɪsɪvlɪ/ avv. [*speak, act*] con decisione, risolutamente.

decisiveness /dɪˈsaɪsɪvnɪs/ n. *(of character, approach, answer, gesture)* fermezza f., risolutezza f.

▷ **1.deck** /dek/ n. **1** MAR. *(on ship)* ponte m.; ***upper, car ~*** ponte di coperta, ponte auto; ***on ~*** sul ponte; ***to go (up*** o ***out) on ~*** salire sul ponte; ***below ~(s)*** sottocoperta **2** AE *(terrace)* terrazza f. **3** *(on bus, plane)* piano m.; ***upper, lower ~*** piano superiore, inferiore **4** *(for records)* piatto m.; *(for cassettes)* piastra f. **5** ***~ of cards*** mazzo di carte **6** AE COLLOQ. dose f. (di eroina) ◆ ***all hands on ~!*** MAR. equipaggio in coperta! ***to be on ~*** essere pronto all'azione; ***to clear the ~s*** prepararsi all'azione; ***to hit the ~*** COLLOQ. cadere a terra; ***he's not playing with a full ~*** COLLOQ. è un sempliciotto.

2.deck /dek/ tr. **1** *(decorate)* adornare, addobbare [*building, room, table*] (**with** con); addobbare, decorare [*tree*] (**with** con) **2** *(dress up)* vestire (elegantemente) [*person*] (**with**, **in** con) **3** AE COLLOQ. *(floor)* stendere a terra.

▪ **deck out:** ~ [sth.] out, ~ out [sth.] addobbare, abbellire [*place*] (**with**, **in** con); ~ [sb.] out abbellire (**in** con); ***he was ~ed out in his best suit*** era tutto in ghingheri.

deckchair /ˈdektʃeə(r)/ n. (sedia a) sdraio f.

deckhand /'dekhænd/ n. marinaio m. di coperta.
deckhouse /'dekhaʊs/ n. tuga f.
decking /'dekɪŋ/ n. **1** *(of a ship)* rivestimento m. del ponte **2** EDIL. manto m. dell'impalcato **3** *(of a terrace)* copertura f.
deckle-edged /ˌdekl'edʒd/ agg. TIP. [*handmade paper*] con riccio.
declaim /dɪ'kleɪm/ **I** tr. declamare **II** intr. **1** *(speak aloud)* declamare **2** *(protest)* ***to ~ against sth.*** *(in speech)* inveire, protestare contro qcs.; *(in writing)* scrivere una diatriba contro qcs.
declamation /ˌdeklə'meɪʃn/ n. **1** *(protest)* diatriba f., protesta f. (**against** contro) **2** *(rhetorical style)* declamazione f., arringa f.
declamatory /dɪ'klæmətərɪ, AE -tɔ:rɪ/ agg. declamatorio, retorico.
declarable /dɪ'kleərəbl/ agg. attrib. [*goods, duty*] da dichiarare; [*income*] da dichiarare, imponibile.
declarant /dɪ'kleərənt/ n. dichiarante m. e f.
▷ **declaration** /ˌdeklə'reɪʃn/ n. **1** *(proclamation)* dichiarazione f.; ***the Declaration of Independence*** la Dichiarazione d'Indipendenza; ***their ~s of innocence*** le loro dichiarazioni di innocenza; ***the ~ of the poll*** la proclamazione dei risultati elettorali **2** *(formal statement)* dichiarazione f.; ***a ~ of income*** una dichiarazione del reddito; ***to make a false ~*** DIR. dichiarare il falso; ***a customs ~*** una dichiarazione doganale **3** *(in cards)* dichiarazione f.

> **Declaration of Independence** Documento con cui le tredici colonie americane dichiararono la loro indipendenza dalla Gran Bretagna, redatto nel 1776 da Thomas Jefferson. Vi sono contenuti i principi fondamentali del nuovo stato, come l'uguaglianza fra gli uomini, il diritto alla vita, alla libertà e alla ricerca della felicità (v. ***Independence Day, Thirteen Colonies***).

declaration of association /deklə͵reɪʃnəvə͵səʊsɪ'eɪʃn/ n. dichiarazione f. di associazione.
declaration of bankruptcy /deklə͵reɪʃnəv'bæŋkrʌpsɪ/ n. dichiarazione f. di fallimento.
declaration of intent /deklə͵reɪʃnəvɪn'tent/ n. dichiarazione f. di intenti.
declaration of solvency /deklə͵reɪʃnəv'sɒlvənsɪ/ n. dichiarazione f. di solvibilità.
declarative /dɪ'klærətɪv/ agg. LING. dichiarativo.
declaratory /dɪ'klærətrɪ, AE -tɔ:rɪ/ agg. DIR. [*act, judgment*] dichiarativo.
▶ **declare** /dɪ'kleə(r)/ **I** tr. **1** *(state firmly)* dichiarare, proclamare (**that** che); *(state openly)* dichiarare [*intention, support*]; *(in cards)* dichiarare [*trumps*] **2** *(proclaim)* dichiarare, proclamare [*war, independence, siege*]; ***to ~ war on a country*** dichiarare guerra a una nazione; ***to ~ a state of emergency*** dichiarare lo stato di emergenza; ***to ~ sb. the winner, guilty*** proclamare qcn. vincitore, dichiarare qcn. colpevole; ***I ~ the meeting closed*** dichiaro chiusa la seduta; ENOL. ***to ~ a vintage*** = certificare il particolare pregio di un'annata **3** DIR. ECON. dichiarare, denunciare [*income*]; dichiarare [*dividend*]; ***nothing to ~*** niente da dichiarare; ***to ~ one's interest in a company*** dichiarare il proprio interesse verso una società **II** intr. **1** *(make choice)* dichiararsi (**for** a favore, in favore; **against** contrario, contro) **2** AE POL. = annunciare la propria candidatura alla presidenza **3** *(in cards)* dichiarare **III** rifl. ***to ~ oneself*** dichiararsi; ***they ~d themselves (to be) supporters of the rebels*** si sono dichiarati sostenitori dei ribelli ◆ ***well, I ~!*** ANT. perdindirindina!
declared /dɪ'kleərd/ **I** p.pass. → **declare II** agg. [*enemy, atheist, intention*] dichiarato.
declaredly /dɪ'kleərɪdlɪ/ avv. dichiaratamente, apertamente.
declarer /dɪ'kleərə(r)/ n. *(in cards)* dichiarante m. e f.
declassification /di:͵klæsɪfɪ'keɪʃn/ n. AMM. declassificazione f. (**of** di) (anche MIL.).
declassify /ˌdi:'klæsɪfaɪ/ tr. AMM. declassificare [*document, information*] (anche MIL.).
declension /dɪ'klenʃn/ n. LING. declinazione f.
declinable /dɪ'klaɪnəbl/ agg. declinabile.
declination /ˌdeklɪ'neɪʃn/ n. **1** GEOGR. ***magnetic ~*** declinazione magnetica **2** ASTR. declinazione f.
declinatory /dɪ'klaɪnətrɪ/ agg. declinatorio.
▶ **1.decline** /dɪ'klaɪn/ n. **1** *(of empire, civilization)* declino m., decadenza f., decadimento m. (**of** di); *(economy, industry, party, politician)* declino m. (**of** di); ***to be in ~*** essere in declino; ***to go into*** o ***fall into ~*** subire un declino; ***there has been a ~ in the popularity of sth.*** c'è stato un declino della popolarità di qcs.; ***there has been a ~ in support for the party*** il partito ha perso una parte dei sostenitori **2** *(of trade, demand, support)* diminuzione f., calo m., riduzione f., ribasso m., flessione f. (**in, of** di); ***to be on the*** o ***in ~*** essere in ribasso; ***the price of oil had a 5% ~ to 20 dollars a barrel*** il prezzo del petrolio è sceso a 20 dollari al barile con un calo del 5%; ***to go, fall into ~*** subire una riduzione **3** *(of health, condition, person)* peggioramento m. (**in, of** di); ***to go, fall into (a) ~*** deperire, perdere le forze; ***his ~ into madness*** il suo lento sprofondare nella pazzia.
▶ **2.decline** /dɪ'klaɪn/ **I** tr. **1** *(refuse)* declinare, rifiutare [*offer, honour*]; ***to ~ to do*** rifiutare di fare **2** LING. declinare **II** intr. **1** *(drop)* [*number, rate, demand, sales, quality*] diminuire, abbassarsi, calare (**by** di); [*support*] diminuire; [*business, trade*] rallentare, diminuire **2** *(wane)* [*influence*] svanire, calare; [*empire, status, career, team*] essere in declino **3** *(refuse)* rifiutare **4** LING. declinarsi **5** LETT. [*sun*] calare, tramontare.
declining /dɪ'klaɪnɪŋ/ agg. **1** *(getting fewer, less)* ***a ~ birth, inflation rate*** un decrescente tasso di natalità, d'inflazione; ***~ sales*** vendite in calo; ***the ~ interest in sth.*** il calo di interesse per qcs. **2** *(in decline)* [*empire, industry etc.*] in declino; ***in her ~ years*** nella vecchiaia **3** *(getting worse)* [*health, quality*] che peggiora.
declinometer /deklɪ'nɒmɪtə(r)/ n. declinometro m.
declivitous /dɪ'klɪvɪtəs/ agg. LETT. declive, ripido.
declivity /dɪ'klɪvətɪ/ n. declivio m., pendio m.
declutch /ˌdi:'klʌtʃ/ intr. BE staccare la frizione.
decoction /dɪ'kɒkʃn/ n. decozione f., decotto m.
decode /ˌdi:'kəʊd/ tr. decodificare, decifrare [*code, message, signal, handwriting, text*].
decoder /ˌdi:'kəʊdə(r)/ n. decoder m., decodificatore m.
decoding /ˌdi:'kəʊdɪŋ/ n. *(all contexts)* decodifica f., decodificazione f.
decoke /ˌdi:'kəʊk/ tr. BE TECN. decarburare.
decollate /dɪ'kɒleɪt/ tr. decollare.
decollation /ˌdɪkɒ'leɪʃ(ə)n/ n. decollazione f.
décolletage /ˌdeɪkɒl'tɑ:ʒ/ n. *(of a woman's dress)* décolleté m., scollatura f.
décolleté /deɪ'kɒlteɪ, AE -kɒl'teɪ/ **I** agg. décolleté, scollato **II** n. décolleté m., scollatura f.
decolonize /di:'kɒlənaɪz/ tr. decolonizzare.
decolorant /di:'kʌlərənt/ **I** agg. decolorante **II** n. decolorante m.
decolorization /di:kʌlə͵raɪ'zeɪʃən, AE -rɪ'z-/ n. decolorazione f.
decolorize /di:'kʌlə͵raɪz/ tr. decolorare.
decompartmentalization /ˌdi:kɒmpɑ:t͵mentəlaɪ'zeɪʃn, AE -lɪ'z-/ n. AMM. = eliminazione della divisione in compartimenti.
decompartmentalize /ˌdi:kɒmpɑ:t'mentəlaɪz/ tr. AMM. = eliminare la divisione in compartimenti.
decomposable /di:kəm'pəʊzəbl/ agg. decomponibile, scomponibile.
decompose /ˌdi:kəm'pəʊz/ **I** tr. **1** decomporre, far marcire [*leaves, wood*]; decomporre, far putrefare [*corpse*] **2** FIS. CHIM. scomporre (**into** in) **II** intr. decomporsi.
decomposer /ˌdi:kəm'pəʊzə(r)/ n. CHIM. agente m. di scomposizione.
decomposing /ˌdi:kəm'pəʊzɪŋ/ agg. [*corpse*] in decomposizione, in putrefazione.
decomposition /ˌdi:kɒmpə'zɪʃn/ n. decomposizione f.
decompress /ˌdi:kəm'pres/ tr. decomprimere.
decompression /ˌdi:kəm'preʃn/ n. decompressione f.
decompression chamber /ˌdi:kəm'preʃn͵tʃeɪmbə(r)/ n. camera f. di decompressione.
decompression sickness /ˌdi:kəm'preʃn͵sɪknɪs/ n. malattia f. dei cassoni.
decongest /ˌdi:kən'dʒest/ tr. decongestionare.
decongestant /ˌdi:kən'dʒestənt/ **I** agg. decongestionante **II** n. decongestionante m.
decongestion /ˌdi:kən'dʒestʃn/ n. decongestionamento m.
decongestive /ˌdi:kən'dʒestɪv/ agg. decongestionante.
deconsecrate /di:'kɒnsɪ͵kreɪt/ tr. sconsacrare [*church*].
deconsecration /di:kɒnsɪ'kreɪʃn/ n. *(of church)* sconsacrazione f.
decontaminate /ˌdi:kən'tæmɪneɪt/ tr. decontaminare.
decontamination /ˌdi:kən͵tæmɪ'neɪʃn/ n. decontaminazione f.
1.decontrol /ˌdi:kən'trəʊl/ n. ECON. liberalizzazione f.; *(of rents)* sblocco m.
2.decontrol /ˌdi:kən'trəʊl/ tr. (forma in -ing ecc. **-ll-**) ECON. liberalizzare; sbloccare [*rents*].
decor /'deɪkɔ:(r), AE deɪ'kɔ:r/ n. *(specific style) (of house)* décor m., arredamento m.; TEATR. décor m.
▷ **decorate** /'dekəreɪt/ **I** tr. **1** *(adorn)* decorare, ornare, addobbare [*room, street, Christmas tree*] (**with** con); guarnire, decorare [*cake*] (**with** con) **2** *(with paint)* imbiancare; *(with paper)* tappezzare; ***the whole house needs to be ~d*** tutta la casa ha bisogno di una bella

imbiancata **3** MIL. decorare (**for** a, per); ***the soldier was ~d for bravery*** il soldato è stato decorato al valore; ***they were ~d for their services to industry*** sono stati decorati per i servizi resi all'industria; ***to be ~d with*** essere decorato con, ricevere [*medal*] **II** intr. *(in house) (with paint)* dare il bianco; *(with paper)* tappezzare.

decorating /ˈdekəreɪtɪŋ/ n. *(of room, house)* lavori m.pl. di tappezzeria, imbiancatura f.; ***"painting and ~"*** "imbianchino e decoratore".

▷ **decoration** /ˌdekəˈreɪʃn/ n. **1** *(for festivities)* decorazione f., addobbo m.; *(on garment)* ornamento m.; ***to put up, take down ~s*** mettere, togliere le decorazioni **2** *(act or result) (for festivities)* decorazione f.; *(by painter)* imbiancatura f.; ***he helped us with the ~ of the study*** ci ha aiutato a imbiancare lo studio; ***the fireplace is only for ~*** il camino è puramente ornamentale **3** MIL. decorazione f.

▷ **decorative** /ˈdekərətɪv, AE ˈdekəreɪtɪv/ agg. [*border, frill, sculpture, design*] decorativo, ornamentale.

decorator /ˈdekəreɪtə(r)/ ♦ *27* n. decoratore m. (-trice), tappezziere m. (-a); ***"John Brown, painter and ~"*** "John Brown, imbianchino e decoratore".

decorous /ˈdekərəs/ agg. [*behaviour, language, manners*] decoroso.

decorously /ˈdekərəslɪ/ avv. [*behave, dress*] decorosamente.

decorticate /diːˈkɔːtɪˌkeɪt/ tr. decorticare.

decortication /diːˌkɔːtɪˈkeɪʃ(ə)n/ n. decorticazione (anche MED.).

decorum /dɪˈkɔːrəm/ n. ***with ~*** con decoro; ***sense of ~*** senso della dignità.

1.decoy /ˈdiːkɔɪ/ n. **1** *(person)* esca f.; *(vehicle)* auto f. civetta **2** *(in hunting)* uccello m. da richiamo, richiamo m.

2.decoy /dɪˈkɔɪ/ tr. **1** attirare in una trappola **2** *(in hunting)* attirare con richiami.

▷ **1.decrease** /ˈdiːkriːs/ n. diminuzione f., decremento m. (**in** di); *(in price)* ribasso m., calo m. (**in** di); ***~ in spending*** riduzione dei consumi; ***~ in strength*** indebolimento, diminuzione delle forze.

▷ **2.decrease** /dɪˈkriːs/ **I** tr. **1** diminuire, ridurre [*number, size, sales*] **2** *(in knitting)* calare [*stitches*] **II** intr. **1** [*size, weight, population*] diminuire, decrescere; [*price, cost, rate*] abbassarsi, calare; [*popularity*] diminuire, calare **2** *(in knitting)* calare.

decreasing /dɪˈkriːsɪŋ/ agg. [*size, amount*] decrescente; [*strength*] in calo; [*population, temperature*] in diminuzione; [*price*] in ribasso.

decreasingly /dɪˈkriːsɪŋlɪ/ avv. in modo decrescente.

▷ **1.decree** /dɪˈkriː/ n. **1** *(order)* decreto m., ordine m.; ***by royal ~*** per ordine del re **2** *(judgment)* sentenza f., ordinanza f.; ***~ absolute, nisi*** *(in divorce)* sentenza definitiva, provvisoria (di divorzio).

▷ **2.decree** /dɪˈkriː/ tr. decretare, ordinare [*amnesty, punishment*]; ***to ~ that*** decretare che ♦ ***fate had ~d otherwise*** il destino aveva deciso diversamente.

decrement /ˈdekrɪmənt/ n. **1** *(decrease)* decremento m., diminuzione f. **2** MAT. FIS. decremento m.

decrepit /dɪˈkrepɪt/ agg. [*building, horse, old person*] decrepito; [*chair, table*] vecchio e malridotto.

decrepitate /dɪˈkrepɪˌteɪt/ **I** tr. sottoporre a decrepitazione [*salt*] **II** intr. [*salt*] decrepitare.

decrepitation /dɪkrepɪˈteɪʃn/ n. decrepitazione f.

decrepitude /dɪˈkrepɪtjuːd, AE -tuːd/ n. *(of building, horse, old person)* decrepitezza f.

decrescent /dɪˈkresənt/ agg. ***~ moon*** luna calante.

decretal /dɪˈkriːtl/ n. RELIG. decretale f.

decriminalization /dɪˌkrɪmɪnəlaɪˈzeɪʃn, AE -lɪˈz-/ n. decriminalizzazione f.

decriminalize /dɪˈkrɪmɪnəlaɪz/ tr. decriminalizzare.

decry /dɪˈkraɪ/ tr. denigrare, screditare.

decrypt /diːˈkrɪpt/ tr. decriptare.

decryption /diːˈkrɪpʃn/ n. decriptazione f.

decubitus /dɪˈkjuːbɪtəs/ n. (pl. **-i**) decubito m.

decuman /ˈdekjʊmən/ agg. decumano.

decumbent /dɪˈkʌmbənt/ agg. **1** ANT. *(lying down)* disteso **2** BOT. decombente.

1.decuple /ˈdekjʊpl/ **I** agg. decuplo **II** n. decuplo m.

2.decuple /ˈdekjʊpl/ tr. decuplicare.

decurion /dɪˈkjʊərɪən/ n. decurione m.

decury /ˈdekjʊrɪ/ n. decuria f.

1.decussate /dɪˈkʌsət/ agg. decussato (anche BOT.).

2.decussate /dɪˈkʌseɪt/ tr. decussare.

decussation /diːkʌˈseɪʃn/ n. decussazione f.

dedendum /diːdendəm/ n. dedendum m.

dedicate /ˈdedɪkeɪt/ **I** tr. **1** *(devote)* dedicare, consacrare [*life, time*] (**to** a); dedicare [*book, performance, film*] (**to** a); ***she ~d her life to helping the poor*** dedicò la sua vita ad aiutare i poveri **2** RELIG. consacrare [*church, shrine*] (**to** a) **II** rifl. ***to ~ oneself to sth.*** dedicarsi a qcs.; ***to ~ oneself to doing*** dedicarsi a fare.

▷ **dedicated** /ˈdedɪkeɪtɪd/ **I** p.pass. → **dedicate II** agg. **1** *(keen, devoted)* [*teacher, doctor, worker*] che si dedica completamente alla propria attività; [*secretary, student, attitude*] zelante, scrupoloso; [*fan*] appassionato; [*mother, disciple*] devoto; [*socialist, opponent*] convinto; ***we only take on people who are really ~*** assumiamo solo persone molto motivate; ***she is ~ to looking after her old parents*** si è completamente dedicata alla cura dei suoi anziani genitori; ***he is ~ to social reform*** ha dedicato tutti i suoi sforzi alle riforme sociali **2** INFORM. ELETTRON. dedicato **3** *(personalized)* [*copy*] con dedica; [*area, zone*] riservato.

dedicatee /dedɪkəˈtiː/ n. dedicatario m. (-a).

dedicative /ˈdedɪkətɪv/ agg. dedicatorio.

▷ **dedication** /ˌdedɪˈkeɪʃn/ n. **1** *(devoted attitude)* dedizione f., impegno m. (**to** verso); ***thanks to the ~ of the surgeon who performed the operation*** grazie all'impegno del chirurgo che ha eseguito l'operazione; ***her ~ to duty*** la sua dedizione al dovere **2** *(in a book, on music programme, of performance)* dedica f.; ***there are several ~s for this record*** ci sono molte dediche per questo disco **3** RELIG. dedicazione f., consacrazione f.

dedicator /ˈdedɪkeɪtə(r)/ n. dedicatore m. (-trice).

dedicatory /ˈdedɪkətərɪ, AE -tɔːrɪ/ agg. → **dedicative**.

deduce /dɪˈdjuːs, AE -ˈduːs/ tr. dedurre, desumere (**from** da; **that** che).

deducible /dɪˈdjuːsəbl, AE -ˈduːs-/ agg. [*conclusion, theory*] deducibile, desumibile; ***this theory is not ~ from the limited evidence that we have*** questa teoria non si può dedurre dalle poche prove che abbiamo a disposizione.

deduct /dɪˈdʌkt/ tr. dedurre, detrarre [*sum, expenses, subscription*] (**from** da); ***income tax is ~ed at source*** le imposte sul reddito sono trattenute alla fonte.

deductible /dɪˈdʌktəbl/ **I** agg. ECON. COMM. deducibile, detraibile **II** n. AE franchigia f.

deduction /dɪˈdʌkʃn/ n. **1** ECON. *(on wages)* trattenuta f.; *(on bill)* detrazione f.; ***after ~s*** dopo aver effettuato le detrazioni; ***to make a ~ from*** effettuare una detrazione da *o* una trattenuta su; *(on tax)* effettuare una ritenuta fiscale su; ***I made a ~ of 10% from the invoice*** vi ho fatto una riduzione del 10% sulla fattura **2** *(conclusion)* deduzione f., conclusione f.; ***to make a ~*** trarre una conclusione (**from** da) **3** *(reasoning)* deduzione f.; ***by ~*** per deduzione.

deductive /dɪˈdʌktɪv/ agg. deduttivo.

deductively /dɪˈdʌktɪvlɪ/ avv. deduttivamente.

▷ **1.deed** /diːd/ n. **1** *(action)* atto m., azione f.; ***a brave ~*** un atto di coraggio; ***to do one's good ~ for the day*** fare la buona azione giornaliera **2** LETT. *(heroic feat)* impresa f. **3** DIR. *(document)* atto m., scrittura f.; *(for property)* atto m. di trasferimento di una proprietà ♦ ***in word and ~*** di nome e di fatto; ***in ~ if not in name*** non di nome ma di fatto.

2.deed /diːd/ tr. AE DIR. trasferire con atto legale.

deed box /ˈdiːdˌbɒks/ n. cassaforte f. per documenti.

deed of covenant /ˌdiːdəvˈkʌvənənt/ n. DIR. = accordo accessorio a un contratto immobiliare.

deed of partnership /ˌdiːdəvˈpɑːtnəʃɪp/ n. COMM. DIR. atto m. costitutivo di società.

deed poll /ˈdiːdˌpəʊl/ n. (pl. **deeds poll**) DIR. atto m. unilaterale; ***to change one's name by ~*** cambiare il proprio nome con un atto unilaterale.

deejay /ˈdiːdʒeɪ/ n. COLLOQ. deejay m. e f.

deem /diːm/ tr. considerare, stimare (**that** che); ***your essay was ~ed the best*** il tuo tema è stato considerato il migliore; ***we ~ed her worthy*** noi la riteniamo degna; ***it was ~ed necessary, advisable to do*** fu ritenuto necessario, opportuno fare.

▶ **1.deep** /diːp/ ♦ *15* agg. **1** *(vertically)* [*hole, ditch, water, wound, wrinkle, breath, sigh, drawer*] profondo; [*armchair*] in cui si sprofonda; [*snow, carpet, container, saucepan, grass*] alto; ***~ roots*** BOT. radici profonde (anche FIG.); ***~ cleansing*** COSMET. pulizia profonda; ***a ~-pile carpet*** moquette a pelo lungo; ***how ~ is the river, wound?*** quant'è profondo il fiume?, quant'è profonda la ferita? ***the lake is 13 m ~*** il lago ha una profondità di 13 m; ***a hole 5 cm ~, a 5 cm ~ hole*** un buco profondo 5 cm; ***the floor was 10 cm ~ in water*** il pavimento era coperto da 10 cm d'acqua; ***the sound, spring came from a source ~ in the earth*** il suono, la sorgente proveniva dal profondo della terra **2** *(horizontally)* [*border, band, strip, shelf, drawer, cupboard, alcove, stage*] largo, profondo; ***a shelf 30 cm ~*** una mensola larga 30 cm; ***people were standing six ~*** le persone in piedi erano disposte su sei file; ***cars were parked three ~*** le auto erano parcheggiate su tre file **3** FIG. *(intense)* [*admiration, depression, dismay, love, faith, impression, sorrow*] profondo; [*interest, regret, concern, shame*] profondo, grande; [*desire, need, pleasure*] grande; [*difficulty, trouble*] grosso; FISIOL. [*coma, sleep*] profondo; ***my ~est sympathy*** sentite condoglianze **4** *(impenetrable)* [*darkness, mystery*] profondo; [*forest, jungle*] impenetrabile; [*secret*] grande; [*person*] misterioso; ***they live in ~est Wales*** SCHERZ. vivono nel profondo Galles **5** *(cunning)* ***you're a ~ one!*** COLLOQ. sei un dritto! **6** *(intellectually profound)* [*idea, insight, meaning, truth, book, thinker*] profondo; [*knowledge, discussion*] approfondito; [*thought*] *(concentrated)* profondo; *(intimate)* intimo; ***at a ~er level*** a un livello più profondo **7** *(dark)* [*colour*] scuro, intenso, carico; [*tan*] intenso; ***~ blue eyes*** occhi di un blu intenso **8** *(low)* [*voice*] profondo; [*note, sound*] basso, grave **9** *(involved, absorbed)* ***to be ~ in*** essere immerso in [*thought, entertainment, book*]; essere intento in [*conversation, work*]; ***to be ~ in debt*** essere immerso nei debiti **10** [*shot, serve*] in profondità ◆ ***to be in ~*** COLLOQ. esserci dentro fino al collo; ***to be in ~ water*** essere in cattive acque.

2.deep /diːp/ n. LETT. *(sea)* ***the ~*** il mare, l'oceano.

▶ **3.deep** /diːp/ avv. **1** *(a long way down)* [*dig, bury, cut*] profondamente, in profondità; ***he thrust his hands ~ into his pockets, the snow*** affondò le mani nelle tasche, nella neve; ***she dived ~ into the lake*** si tuffò nelle profondità del lago; ***he plunged the knife ~ into her body*** affondò il coltello nel suo corpo; ***~ in the cellars*** giù nelle cantine; ***~ beneath the sea, the earth's surface*** in fondo al mare, a una grande profondità sotto la superficie terrestre; ***to sink, dig ~er*** affondare, scavare più in profondità; ***to dig ~er into an affair*** FIG. scavare più a fondo in una faccenda; ***to sink ~er into debt*** FIG. essere sempre più sommerso dai debiti; ***he drank ~ of the wine*** LETT. bevve vino in gran quantità **2** *(a long way in)* ***~ in*** o ***into*** nel centro, nel cuore di; ***~ in the forest, all was still*** nel cuore della foresta regnava il silenzio ; ***to go ~ into the woods*** addentrarsi nel bosco; ***~ in the heart of the maquis, of Texas*** nel cuore della macchia mediterranea, del Texas; ***~ in space*** nelle profondità dello spazio; ***~ in my heart*** nel profondo del mio cuore; ***to work, talk ~ into the night*** lavorare, discutere fino a tarda notte; ***he gazed ~ into my eyes*** LETT. mi fissava intensamente **3** FIG. *(emotionally, in psyche)* ***~ down*** o ***inside*** in fondo in fondo; ***~ down she was frightened*** in fondo in fondo aveva paura; ***~ down she's a nice woman*** in fondo è una donna simpatica; ***to go ~*** [*faith, emotion, loyalty, instinct*] essere profondo; ***his problems go ~er than that*** i suoi problemi sono più gravi di questo; ***to run ~*** [*belief, feeling, prejudice*] essere ben radicato **4** SPORT [*hit, kick, serve*] in profondità.

deep-draw /ˌdiːpˈdrɔː/ tr. (pass. **-drew**; p.pass. **-drawn**) imbutire [*metal etc.*].

deep-drawn /ˌdiːpˈdrɔːn/ p.pass. → **deep-draw**.

deep-drew /ˌdiːpˈdruː/ pass. → **deep-draw**.

deep-dyed /ˌdiːpˈdaɪd/ agg. **1** TESS. di colore indelebile **2** FIG. [*villain*] perfetto, fatto e finito.

▷ **deepen** /ˈdiːpən/ **I** tr. **1** *(dig out)* scavare [*channel, hollow*] **2** FIG. *(intensify)* aumentare [*admiration, concern, dismay, interest, love, shame*]; approfondire [*knowledge, awareness, understanding*] **3** *(make lower)* abbassare, rendere più grave [*voice, pitch, tone*] **4** *(make darker)* rendere più intenso, caricare [*colour*]; rendere più intenso [*tan*] **II** intr. **1** [*river, water, snow, mud, wrinkle, line*] diventare più profondo **2** FIG. *(intensify)* [*admiration, concern, dismay, interest, love, shame, mystery*] aumentare; [*knowledge, awareness, understanding*] approfondirsi; [*crisis, difficulties*] aggravarsi; [*silence*] diventare più profondo, aumentare; [*rift, gap*] allargarsi, farsi più profondo **3** *(grow lower)* [*voice, pitch, tone*] diventare più grave **4** *(grow darker)* [*colour, tan*] diventare più intenso; [*darkness, night*] diventare più profondo.

deepening /ˈdiːpənɪŋ/ agg. **1** FIG. *(intensifying)* [*darkness, emotion, interest, mystery, need, rift, confusion*] crescente; [*crisis*] sempre più grave; [*understanding, awareness, conviction*] sempre più profondo **2** LETT. [*water*] sempre più profondo; [*snow*] sempre più alto **3** *(becoming lower)* [*pitch, tone*] sempre più grave **4** *(becoming darker)* [*colour*] sempre più intenso.

deep end /ˈdiːpend/ n. = parte più profonda di una piscina ◆ ***to go off at the ~*** COLLOQ. dare in escandescenze; ***to go*** o ***jump in at the ~*** COLLOQ. andarsi a mettere nei guai; ***to throw sb. in at the ~*** COLLOQ. lasciare qcn. nelle peste *o* nei guai.

deep-felt /ˌdiːpˈfelt/ agg. [*admiration*] sincero; [*hatred*] profondo.

1.deep-freeze /ˌdiːpˈfriːz/ n. congelatore m., surgelatore m., freezer m.

2.deep-freeze /ˌdiːpˈfriːz/ tr. (pass. **-froze**; p.pass. **-frozen**) congelare, surgelare.

deep-fried /ˌdiːpˈfraɪd/ **I** p.pass. → **deep-fry II** agg. [*meat, vegetable*] fritto.

deep-froze /ˌdiːpˈfrəʊz/ pass. → **2.deep-freeze**.

deep-frozen /ˌdiːpˈfrəʊzn/ **I** p.pass. → **2.deep-freeze II** agg. congelato, surgelato.

deep-fry /ˈdiːpˌfraɪ/ tr. friggere in molto olio, grasso.

deep-(fat-)fryer /ˌdiːp(fæt)ˈfraɪə(r)/ n. friggitrice f.

deep-laid /ˌdiːpˈleɪd/ agg. [*plan*] ben ordito, architettato.

▷ **deeply** /ˈdiːplɪ/ avv. **1** *(intensely)* [*felt, moving, involved, committed*] profondamente; ***our most ~ held convictions*** le nostre convinzioni più profonde **2** *(analytically)* [*think, reflect, discuss, examine, study*] approfonditamente, a fondo; ***to go ~ into sth.*** analizzare qcs. approfonditamente; ***~ meaningful*** molto significativo **3** [*breathe, sigh, sleep*] profondamente **4** [*dig, cut*] profondamente, in profondità; [*thrust*] in profondità; [*drink*] a grandi sorsi; [*blush*] intensamente; ***~ tanned*** abbronzatissimo.

deepness /ˈdiːpnəs/ n. profondità f. (anche FIG.).

deep-rooted /ˌdiːpˈruːtɪd/ agg. [*fear, problem, belief, custom, habit*] profondamente radicato; [*loyalty, affection*] profondo.

deep-sea /ˈdiːpsiː/ agg. [*animal, plant*] d'alto mare; [*current, exploration*] sottomarino.

deep-sea diver /ˌdiːpsiːˈdaɪvə(r)/ ♦ **27** n. palombaro m.

deep-sea diving /ˌdiːpsiːˈdaɪvɪŋ/ n. immersione f. a grande profondità.

deep-sea fisherman /ˌdiːpsiːˈfɪʃəmən/ ♦ **27** n. (pl. **deep-sea fishermen**) pescatore m. d'altura, d'alto mare.

deep-sea fishing /ˌdiːpsiːˈfɪʃɪŋ/ n. pesca f. d'altura, d'alto mare.

deep-seated /ˌdiːpˈsiːtɪd/ agg. → **deep-rooted**.

deep-set /ˌdiːpˈset/ agg. infossato.

deep-six, **deep-6** /ˌdiːpˈsɪks/ tr. AE GIORN. eliminare, scartare [*document etc.*].

deep South /ˌdiːpˈsaʊθ/ n. AE profondo Sud m. (degli Stati Uniti).

deep space /ˌdiːpˈspeɪs/ n. spazio m. (profondo).

deep structure /ˌdiːpˈstrʌktʃə(r)/ n. LING. struttura f. profonda.

deep therapy /ˌdiːpˈθerəpɪ/ n. MED. radioterapia f. ad alta intensità.

deep-vein thrombosis /ˌdiːpveɪnθrɒmˈbəʊsɪs/ n. trombosi f. venosa profonda.

▷ **deer** /dɪə(r)/ **I** n. (pl. **~**, **~s**) *(red)* cervo m. (-a); *(roe)* capriolo m. (-a); *(fallow)* daino m. (-a) **II** modif. ***the ~ family*** la famiglia dei cervidi.

deerhound /ˈdɪəˌhaʊnd/ n. levriero m. scozzese.

deerskin /ˈdɪəˌskɪn/ n. pelle f. di daino.

deerstalker /ˈdɪəˌstɔːkə(r)/ n. *(person)* cacciatore m. di cervi; *(hat)* = berretto alla Sherlock Holmes.

deerstalking /ˈdɪəˌstɔːkɪŋ/ n. caccia f. al cervo.

de-escalate /ˌdiːˈeskəleɪt/ **I** tr. diminuire, ridurre [*tension, violence*]; frenare, ridurre [*crisis*]; fare entrare nella fase di de-escalation [*war*]; frenare, rallentare [*arms race*] **II** intr. [*tension, violence, crisis*] ridursi, diminuire; [*arms race*] rallentare; [*war*] entrare nella fase di de-escalation.

de-escalation /diːˌeskəˈleɪʃn/ n. de-escalation f.

deface /dɪˈfeɪs/ tr. **1** *(damage)* danneggiare, rovinare [*wall, door, furniture*]; deturpare, sfregiare [*painting, poster*]; deturpare, mutilare [*monument*]; ***do not ~ the book by writing in the margins*** non rovinate il libro scrivendo sui margini; ***to ~ sth. with*** deturpare qcs. con [*graffiti, slogans*]; *(scratch)* sfregiare qcs. con [*penknife*] **2** *(make illegible)* rendere illeggibile.

defacement /dɪˈfeɪsmənt/ n. *(of monument)* mutilazione f., deturpazione f.; *(of painting)* deturpazione f., sfregio m.; *(of inscription)* imbrattamento m.

de facto /ˌdeɪˈfæktəʊ/ agg. e avv. de facto, di fatto.

defalcate /ˈdiːfælˌkeɪt/ tr. appropriarsi indebitamente di [*property, funds*].

defalcation /diːfælˈkeɪʃn/ n. DIR. appropriazione f. indebita.

defamation /ˌdefəˈmeɪʃn/ n. DIR. diffamazione f.; ***~ of character*** diffamazione.

defamatory /dɪˈfæmətrɪ, AE -tɔːrɪ/ agg. diffamatorio.

defame /dɪˈfeɪm/ tr. diffamare.

defamer /dɪˈfeɪmə(r)/ n. diffamatore m. (-trice).

▷ **1.default** /dɪˈfɔːlt/ **I** n. **1** *(failure to keep up payments on mortgage, loan, fine, debt)* inadempienza f., inosservanza f. (**on** di); ***your home is at risk in the event of a ~*** la vostra casa è a rischio in caso di inadempienza di pagamento; ***to be in ~ of payment*** essere inadempiente; ***the company is in ~*** la società è inadempiente **2** DIR. *(nonappearance in court)* contumacia f. **3** INFORM. default m. **4 by default** *(automatically)* [*choose, select*] automaticamente; ***to win by ~*** vincere per abbandono; ***to be elected by ~*** essere eletto in quanto unico candidato **5 in default of** in assenza, in mancanza di **II** modif. [*attribute, case, option, position, value*] di default.

▷ **2.default** /dɪˈfɔːlt/ intr. **1** *(fail to make payments)* essere inadempiente; ***to ~ on payments, on a loan*** non pagare un mutuo, non restituire un prestito; ***to ~ on a fine*** non pagare una multa; ***to ~ on one's obligations*** venir meno ai propri impegni, obblighi; ***to ~ on a promise*** non mantenere una promessa **2** DIR. *(fail to appear in court)* essere contumace.

defaulter /dɪˈfɔːltə(r)/ n. **1** *(nonpayer)* inadempiente m. e f., debitore m. (-trice) moroso (-a); ***mortgage, fine ~*** persona che non paga un debito ipotecario, una multa **2** *(nonattender)* contumace m. e f.

defaulting /dɪˈfɔːltɪŋ/ agg. **1** [*mortgagor, ratepayer, party*] inadempiente, moroso **2** [*party, defendant, witness*] contumace; [*team, player*] che si ritira, che abbandona.

defeasance /dɪˈfiːz(ə)ns/ n. DIR. annullamento m., risoluzione f.

defeasible /dɪˈfiːzɪb(ə)l/ agg. [*estate, interest in land*] annullabile.

▶ **1.defeat** /dɪˈfiːt/ n. **1** *(in battle)* sconfitta f., disfatta f.; *(in election, contest)* sconfitta f.; ***to suffer a ~, to meet with ~*** subire, riportare una sconfitta; ***to accept ~*** accettare la sconfitta; ***to concede, admit ~*** [*team, troops, person*] ammettere la sconfitta, dichiararsi vinto, sconfitto; ***England's 3-2 ~ at the hands of*** o ***by Italy*** la sconfitta dell'Inghilterra per 3 a 2 da parte dell'Italia; ***election ~*** sconfitta elettorale; ***an air of ~*** un'aria sconfitta; ***an admission of ~*** un'ammissione di sconfitta; ***a personal ~*** una sconfitta personale **2** *(of proposal, bill)* rifiuto m. (**of** di).

▶ **2.defeat** /dɪˈfiːt/ tr. **1** *(beat)* sconfiggere, vincere [*enemy, army*]; battere, superare, sconfiggere [*team, opposition, candidate*]; causare una sconfitta a [*government*]; ***he has been ~ed by the republican candidate*** è stato sconfitto dal candidato repubblicano; ***the government was ~ed by a majority of 20*** il governo è stato sconfitto per 20 voti; ***don't let yourself be ~ed*** non lasciarti abbattere **2** *(reject)* respingere [*bill, proposal*] **3** *(thwart)* vanificare, far fallire [*attempt, plan, take-over bid*]; deludere [*ambitions*]; vincere [*inflation*]; ***that ~s the whole purpose of doing*** questo vanifica tutti i nostri propositi di fare; ***he was ~ed in his attempts to win*** i suoi tentativi di vincere furono vanificati **4** *(seem incomprehensible to)* ***it's a problem that has ~ed many great minds*** è un problema che molte grandi menti non sono riuscite a risolvere; ***it ~s me*** è al di sopra delle mie capacità.

defeated /dɪˈfiːtɪd/ **I** p.pass. → **2.defeat II** agg. [*troops, party, candidate, competitor*] sconfitto; ***to look ~*** aver l'aria abbattuta.

defeatism /dɪˈfiːtɪzəm/ n. disfattismo m.

defeatist /dɪˈfiːtɪst/ **I** agg. disfattista **II** n. disfattista m. e f.; ***don't be such a ~!*** non essere così disfattista!

defecate /ˈdefəkeɪt/ intr. FORM. defecare.

defecation /ˌdefəˈkeɪʃn/ n. FORM. defecazione f.

▷ **1.defect** /ˈdiːfekt/ n. **1** *(flaw)* difetto m.; *(minor)* imperfezione f.; ***character ~*** difetto di carattere; ***mechanical ~*** difetto meccanico; ***structural ~*** difetto strutturale **2** *(disability)* ***a hearing, sight, speech ~*** un difetto dell'udito, della vista, di pronuncia; ***birth ~*** o ***congenital ~*** malformazione congenita.

▷ **2.defect** /dɪˈfekt/ intr. defezionare, disertare; ***to ~ from*** disertare, abbandonare [*party*]; abbandonare [*cause, country*]; ***to ~ to the West, to the republican side*** passare all'occidente, dalla parte dei repubblicani.

defection /dɪˈfekʃn/ n. defezione f. (**from** da); ***after her ~ to the West*** da quando è passata all'occidente.

defective /dɪˈfektɪv/ **I** agg. **1** *(faulty)* [*reasoning, part, structure, work, method*] difettoso, imperfetto; [*sight, hearing*] difettoso; [*intelligence*] limitato; ***a breakdown caused by ~ workmanship*** un guasto provocato da difetti di fabbricazione; ***the building is structurally ~*** l'edificio presenta difetti di costruzione **2** SPREG. *(mentally deficient)* deficiente **3** LING. difettivo **II** n. SPREG. *(person)* deficiente m. e f.

defectively /dɪˈfektɪvlɪ/ avv. difettosamente.

difectiveness /dɪˈfektɪvnɪs/ n. difettosità f.

defector /dɪˈfektə(r)/ n. transfuga m. e f.

▶ **defence** BE, **defense** AE /dɪˈfens/ **I** n. **1** *(act of protecting)* difesa f. (**against** contro; **from** da; **of** di); ***to come to sb.'s ~*** *(help)* venire in aiuto di qcn.; ***to put up a spirited ~*** [*competitor, troops*] opporre una difesa coraggiosa; ***the cat uses its claws for ~*** il gatto usa gli artigli per difendersi; ***he has begun his ~ of his Wimbledon title*** ha cominciato a difendere il titolo vinto a Wimbledon; ***they marched in ~ of the right to strike*** hanno manifestato in difesa del diritto di sciopero; ***in the ~ of freedom*** in difesa della libertà; ***to die in the ~ of one's country*** morire in difesa della patria, dare la vita per la patria **2** *(means of protection)* difesa f. (**against** contro); ***a line of ~*** una linea di difesa; ***a means of ~*** un mezzo di difesa; PSIC. ZOOL. un meccanismo di difesa; ***a ~ against*** un modo per combattere [*anxiety, boredom*]; un modo per difendersi da [*cheating*] **3** *(support)* difesa f.; ***I have nothing to say in his ~*** non ho niente da dire in sua difesa; ***she spoke in his ~*** ha parlato in sua difesa; ***in my own ~ I must say that*** in mia difesa devo dire che; ***an article in ~ of monetarism*** un articolo in difesa del monetarismo; ***to come to sb.'s ~*** prendere le difese di qcn. **4** DIR. ***the ~*** *(representatives of the accused)* la difesa; *(case, argument)* la tesi della difesa; ***the case for the ~*** le tesi della difesa; ***to conduct one's own ~*** difendersi (in giudizio); ***the ~ argued that*** la difesa sosteneva che; ***her ~ was that she was provoked*** in sua difesa aveva detto di essere stata provocata; ***in her ~*** in sua difesa, a sua discolpa; ***counsel for the ~*** avvocato difensore; ***witness for the ~*** testimone a discarico; ***to give evidence for the ~*** fornire prove per la difesa **5** SPORT difesa f.; ***to play in ~*** giocare in difesa **6** UNIV. discussione f. (di tesi) **II defences** n.pl. **1** MIL. *(fortifications, barriers)* difese f.; ***air ~s*** difesa aerea **2** BIOL. PSIC. difese f.; ***the body's natural ~s*** le difese naturali del corpo; ***to break down sb.'s ~s*** fare crollare le difese di qcn. **III** modif. **1** MIL. [*adviser, chief, budget, industry*] della difesa; [*expenditure, contract*] per la difesa; [*electronics, policy, forces*] di difesa; [*cuts*] alla difesa **2** DIR. [*counsel, lawyer*] difensore; [*witness*] a discarico.

defenceless BE, **defenseless** AE /dɪˈfenslɪs/ agg. [*animal*] indifeso; [*person, town, country*] indifeso, inerme.

defencelessness BE, **defenselessness** AE /dɪˈfenslɪsnɪs/ n. *(of person, animal, town, country)* l'essere indifeso.

defence mechanism /dɪˈfensˌmekənɪzəm/ n. BE *(of body)* sistema m. immunitario; PSIC. meccanismo m. di difesa.

Defence minister /dɪˈfensˌmɪnɪstə(r)/ n. GB sottosegretario m. alla difesa.

▶ **defend** /dɪˈfend/ **I** tr. **1** *(guard, protect)* difendere [*fort, town, country*] (**against** contro; **from** da); difendere [*freedom, interests, rights*]; [*lawyer*] difendere [*client*]; ***the government must ~ its majority*** il governo deve cercare di mantenere la maggioranza **2** *(justify)* difendere, sostenere [*argument, belief, doctrine, opinion*]; giustificare [*actions, behaviour, decision*] **3** SPORT difendere [*title, record*] **4** UNIV. ***to ~ a thesis*** discutere una tesi **II** intr. SPORT giocare in difesa **III** rifl. ***to ~ oneself*** **1** *(protect oneself)* difendersi (anche FIG.) **2** DIR. [*accused*] difendersi.

▷ **defendant** /dɪˈfendənt/ n. *(in an appeal court)* convenuto m. (-a); *(in criminal court)* imputato m. (-a).

▷ **defender** /dɪˈfendə(r)/ n. difensore m. (anche SPORT); ***Defender of the Faith*** Difensore della Fede.

▷ **defending** /dɪˈfendɪŋ/ agg. [*counsel*] della difesa; ***the ~ champion*** il detentore del titolo.

defenestration /ˌdiːfenɪˈstreɪʃən/ n. defenestrazione f.

defense AE → **defence**.

defense mechanism AE → **defence mechanism**.

Defense Secretary /dɪˈfensˌsekrətrɪ, AE -rəterɪ/ n. US ministro m. della difesa.

defensibility /dɪfensɪˈbɪlətɪ/ n. difendibilità f.

defensible /dɪˈfensəbl/ agg. difendibile.

defensibly /dɪˈfensəblɪ/ avv. in modo da essere difeso.

▷ **defensive** /dɪˈfensɪv/ **I** agg. [*barrier, weapon, alliance*] difensivo; [*movement, reaction, behaviour*] difensivo, di difesa; [*person*] sulla difensiva, diffidente; ***they were very ~ about the new proposals*** avevano un atteggiamento molto diffidente nei confronti delle nuove proposte **II** n. difensiva f. (anche SPORT MIL.); ***to be on the ~*** stare *o* tenersi sulla difensiva; SPORT giocare in difesa; ***to put sb. on the ~*** mettere qcn. sulla difensiva.

defensively /dɪˈfensɪvlɪ/ avv. **1** [*behave, react*] in modo difensivo **2** *(on the defensive)* stando sulla difensiva.

defensiveness /dɪˈfensɪvnəs/ n. difensiva f.

1.defer /dɪˈfɜː(r)/ tr. (forma in -ing ecc. **-rr-**) *(postpone)* differire, rinviare [*decision, meeting, match, publication date, departure, journey*] (**until** a); sospendere [*judgment*] (**until** fino a); dilazionare, differire [*payment*]; ***to ~ selling the house*** posticipare la vendita della casa; ***to ~ making a decision*** rinviare la decisione; ***to ~ sentence*** DIR. sospendere una sentenza; ***to ~ sb.'s military service*** concedere a qcn. il rinvio del servizio militare.

2.defer /dɪˈfɜː(r)/ intr. (forma in -ing ecc. **-rr-**) ***to ~ to sb.*** inchinarsi di fronte a qcn.; ***to ~ to sb.'s judgment, experience*** rimettersi al giudizio, all'esperienza di qcn.; ***to ~ to sb.'s will*** o ***wishes*** inchinarsi ai voleri di qcn.

deference /ˈdefərəns/ n. deferenza f., rispetto m.; ***in ~ to, out of ~ to*** o ***for*** per deferenza verso; ***with all due ~ to X*** con tutto il dovuto rispetto per X.

deferent /ˈdefərənt/ **I** agg. **1** [*vessel, duct*] deferente **2** RAR. [*person, behaviour*] deferente, rispettoso (**to** verso, nei confronti di) **II** n. *(in the Ptolemaic system)* circolo m. deferente.

deferential /ˌdefəˈrenʃl/ agg. [*person, behaviour*] deferente, rispettoso (**to** verso, nei confronti di).
deferentially /ˌdefəˈrenʃəlɪ/ avv. deferentemente, con deferenza.
deferment /dɪˈfɜːmənt/, **deferral** /dɪˈfɜːrəl/ n. **1** *(postponement) (of meeting, journey, decision)* differimento m., rinvio m.; *(of judgment)* sospensione f.; ~ ***of a debt*** dilazione del pagamento di un debito **2** AE MIL. ~ ***of draft*** rinvio degli obblighi di leva; ***to apply for*** ~ chiedere il rinvio degli obblighi di leva.
deferred /dɪˈfɜːd/ **I** p.pass. → **2.defer II** agg. **1** [*departure, closure, purchase*] differito, rinviato **2** ECON. [*annuity, interest*] differito; [*sale*] a rate; ~ ***payment*** *(postponed)* pagamento dilazionato; *(staggered)* pagamento a rate; ~ ***payment plan*** contratto di vendita con pagamento a rate o dilazionato; ***a two-year*** ~ ***loan*** un prestito con restituzione a due anni; ~ ***share*** azione postergata; ~ ***sentence*** sentenza sospesa.
defiance /dɪˈfaɪəns/ n. **U** sprezzo m., disprezzo m. (**of** di); ***their*** ~ ***of danger*** il loro sprezzo del pericolo; ***their*** ~ ***of orders*** il loro rifiuto di obbedire agli ordini; ***in*** ~ ***of sth., sb.*** a dispetto di qcs., qcn.; ***a gesture, act of*** ~ un gesto, un atto di disprezzo; ***in*** ~ [*look*] con aria di sfida; [*say*] con tono di sfida, provocatoriamente.
defiant /dɪˈfaɪənt/ agg. [*person*] insolente; [*behaviour*] insolente, provocatorio.
defiantly /dɪˈfaɪəntlɪ/ avv. [*say*] con tono di sfida, provocatoriamente; [*stare*] con aria di sfida; ***she slammed the door*** ~ ha sbattuto la porta con insolenza.
defibrillation /ˌdiːfɪbrɪˈleɪʃən/ n. defibrillazione f.
defibrillator /ˌdiːˈfɪbrɪleɪtə(r)/ n. defibrillatore m.
▷ **deficiency** /dɪˈfɪʃənsɪ/ n. **1** *(shortage) (of funds, resources etc.)* mancanza f., scarsità f. (**of, in** di) **2** *(weakness) (of argument, answer)* debolezza f., carenza f.; ***his deficiencies as a poet*** le sue carenze come poeta **3** MED. *(shortage)* carenza f. (**of** di); ***iron, vitamin*** ~ carenza di ferro, di vitamine; ~ ***disease*** malattia da carenza; *(defect)* difetto m., insufficienza f.; ***a hearing*** ~ un difetto di udito; ***liver, heart*** ~ insufficienza epatica, cardiaca.
deficient /dɪˈfɪʃnt/ agg. *(inadequate)* insufficiente, inadeguato; *(faulty, flawed)* difettoso; ~ ***in sth.*** carente in qcs.; ***a*** ~ ***service*** un servizio inadeguato.
deficit /ˈdefɪsɪt/ n. COMM. ECON. deficit m., disavanzo m.; ***in*** ~ in deficit; ***budget*** ~ deficit di bilancio.
deficit spending /ˈdefɪsɪtˌspendɪŋ/ n. spesa f. in disavanzo.
defier /dɪˈfaɪə(r)/ n. sfidante m. e f.
1.defilade /defɪˈleɪd/ n. defilamento m.
2.defilade /defɪˈleɪd/ tr. defilare.
1.defile /ˈdiːfaɪl/ n. **1** *(valley)* gola f. **2** *(procession)* sfilata f.
2.defile /dɪˈfaɪl/ tr. **1** *(pollute)* inquinare, contaminare (anche FIG.) **2** RELIG. profanare.
defilement /dɪˈfaɪlmənt/ n. LETT. **1** *(pollution)* inquinamento m., contaminazione f. (anche FIG.) **2** RELIG. profanazione f.
defiler /ˈdiːfaɪlə(r)/ n. **1** *(of pollution)* inquinatore m. (-trice), contaminatore m. (-trice) **2** RELIG. profanatore m. (-trice).
definable /dɪˈfaɪnəbl/ agg. definibile.
▶ **define** /dɪˈfaɪn/ tr. **1** *(give definition of)* definire [*term, concept*] (**as** come) **2** *(specify)* determinare [*limits*]; definire [*duties, powers*]; ***clearly ~d responsibilities*** responsabilità ben precise **3** *(express clearly)* definire, chiarire [*problem*]; ***I can't*** ~ ***how I feel about him*** non riesco a definire ciò che provo per lui **4** *(stand out)* ***to be ~d against*** [*tree, building etc.*] stagliarsi contro [*sky*]; risaltare su [*background*].
▷ **definite** /ˈdefɪnɪt/ agg. **1** *(not vague)* [*view, plan, criteria, result, amount, sum, boundary*] (ben) definito, ben determinato, preciso; ***a*** ~ ***answer*** una risposta chiara e precisa; ~ ***evidence*** prova chiara, precisa; ***to have a*** ~ ***feeling that*** avere la netta sensazione che; ***it is*** ~ ***that*** è chiaro che; ***there's nothing*** ~ ***yet, nothing is*** ~ ***yet*** non c'è ancora niente di definito **2** *(firm)* [*contract, agreement*] sicuro; [*offer*] preciso; [*intention, decision*] certo, sicuro; [*refusal*] categorico, deciso **3** *(obvious)* [*change, improvement, increase, advantage*] netto, evidente; [*smell*] forte **4** *(decided)* [*manner, tone*] deciso, sicuro, determinato **5** ***to be*** ~ [*person*] *(sure)* essere sicuro (**about** di); *(firm)* essere determinato (**about** a).
definite article /ˌdefɪnɪtˈɑːtɪkl/ n. LING. articolo m. determinativo.
definite integral /ˌdefɪnɪtˈɪntɪgrəl/ n. MAT. integrale m. definito.
▷ **definitely** /ˈdefɪnɪtlɪ/ avv. **1** *(certainly)* certamente, senza alcun dubbio, di sicuro; ***he*** ~ ***said he wasn't coming*** disse che certamente non sarebbe venuto; ***she's*** ~ ***not there*** di sicuro non è là; ***I'm*** ~ ***not going*** ho deciso, non vado; ***is she*** ~ ***going to be there?*** ci sarà di sicuro? ***it's*** ~ ***colder today*** fa sicuramente più freddo oggi; ***this one is*** ~ ***the best, cheapest etc.*** questo è sicuramente il migliore, il più economico, ecc.; ***this*** ~ ***isn't going to work*** questo di sicuro non funzionerà; ***he's*** ~ ***not my type*** non è proprio il mio tipo; ***"do you support them?" - "~!"*** "li appoggiate?" - "certamente!" **2** *(categorically)* [*answer*] categoricamente; [*commit oneself, arrange*] in modo definitivo; ***she stated her opinion most*** o ***very*** ~ ha espresso la sua opinione in modo assolutamente categorico.
definiteness /ˈdefɪnɪtnəs/ n. definitezza f., determinatezza f.
▶ **definition** /ˌdefɪˈnɪʃn/ n. **1** *(of word, feeling, quality)* definizione f.; *(of role, duties)* definizione f., determinazione f.; ***by*** ~ per definizione **2** TELEV. INFORM. FOT. definizione f.; ***a photo with good, bad*** ~ una foto con una buona, cattiva definizione **3** *(of telescope)* potere m. risolvente.
▷ **definitive** /dɪˈfɪnətɪv/ agg. **1** [*version, answer, solution, etc.*] definitivo, finale; [*statement, decision*] irrevocabile; [*interpretation*] definitivo, autorevole **2** [*stamp*] ordinario; [*issue*] di francobolli ordinari.
definitively /dɪˈfɪnətɪvlɪ/ avv. [*decide, solve, eradicate*] definitivamente; [*answer*] in modo definitivo.
deflagrate /ˈdefləˌgreɪt/ **I** tr. CHIM. fare deflagrare **II** intr. CHIM. deflagrare.
deflagration /defləgˈreɪʃn/ n. CHIM. deflagrazione f.
deflagrator /ˈdefləˌgreɪtə(r)/ n. TECN. deflagratore m.
deflate /dɪˈfleɪt/ **I** tr. **1** sgonfiare [*tyre, balloon, ball, airbed*] **2** FIG. far crollare [*confidence, hopes*]; sminuire [*reputation*]; ridimensionare [*conceit*]; ridurre, sminuire [*importance*]; smontare [*person*] **3** ECON. deflazionare [*prices*]; ***to*** ~ ***the economy*** praticare una politica deflazionistica **II** intr. [*tyre, balloon etc.*] sgonfiarsi.
deflated /dɪˈfleɪtɪd/ **I** p.pass. → **deflate II** agg. **1** [*tyre, balloon etc.*] sgonfio, sgonfiato **2** FIG. [*person*] smontato.
deflation /dɪˈfleɪʃn/ n. **1** ECON. deflazione f. **2** *(of tyre, balloon etc.)* sgonfiamento m. **3** FIG. ***a feeling of*** ~ un senso di abbattimento.
deflationary /ˌdiːˈfleɪʃənərɪ, AE -nerɪ/ agg. deflazionistico.
deflationist /dɪˈfleɪʃənɪst/ **I** agg. deflazionista, deflazionistico **II** n. deflazionista m. e f.
deflator /dɪˈfleɪtə(r)/ n. deflatore m.
deflect /dɪˈflekt/ **I** tr. **1** fare deflettere, fare deviare [*missile*]; deviare [*water, air, light*]; ***the ball was ~ed into the goal*** la palla fu deviata in rete **2** FIG. allontanare [*blame*]; sviare [*criticism, attention*] **3** *(dissuade)* ***to*** ~ ***sb. from*** distogliere qcn. da [*aim, action*]; ***to*** ~ ***sb. from doing*** distogliere qcn. dal fare **II** intr. [*missile, indicator needle*] deviare (**from** da).
deflection /dɪˈflekʃn/ n. *(of missile, river, indicator needle)* deviazione f.; *(of angle)* inclinazione f.; FIS. *(of air)* deflessione f.; *(of light)* deviazione f.
deflectometer /diːflekˈtɒmɪtə(r)/ n. deflettometro m.
deflector /dɪˈflektə(r)/ n. deflettore m.
deflexion → **deflection**.
defloration /ˌdiːflɔːˈreɪʃn/ n. deflorazione f.
deflower /ˌdiːˈflaʊə(r)/ tr. LETT. deflorare [*girl*]; devastare, far appassire [*beauty*].
defoliant /ˌdiːˈfəʊlɪənt/ n. defogliante m.
defoliate /ˌdiːˈfəʊlɪeɪt/ tr. defogliare.
defoliation /ˌdiːfəʊlɪˈeɪʃn/ n. defogliazione f.
deforest /ˌdiːˈfɒrɪst/ tr. disboscare, diboscare.
deforestation /ˌdiːfɒrɪˈsteɪʃn/ n. disboscamento m., diboscamento m.
deform /dɪˈfɔːm/ **I** tr. *(all contexts)* deformare **II** intr. *(by arthritis etc.)* deformarsi.
deformation /ˌdiːfɔːˈmeɪʃn/ n. **1** MED. *(by arthritis etc.)* deformazione f., deformità f.; *(congenital)* deformazione f., malformazione f. **2** *(of metal, structure)* deformazione f.
deformed /dɪˈfɔːmd/ **I** p.pass. → **deform II** agg. **1** MED. *(from birth)* deforme **2** [*metal, structure*] deformato.
deformity /dɪˈfɔːmətɪ/ n. MED. deformità f., deformazione f.
DEFRA /ˈdefrə/ n. GB (⇒ Department for Environment, Food and Rural Affairs) = ministero per l'ambiente, l'alimentazione e le politiche agricole.
defraud /dɪˈfrɔːd/ tr. frodare [*client, employer, tax authority*]; ***to*** ~ ***sb. of sth.*** defraudare qcn. di qcs.; ***to*** ~ ***the taxman of £ 20,000*** frodare il fisco di £ 20.000.
defraudation /dɪfrɔːˈdeɪʃn/ n. defraudazione f.
defrauder /dɪˈfrɔːdə(r)/ n. frodatore m. (-trice), truffatore m. (-trice).
defray /dɪˈfreɪ/ tr. sostenere [*expenses*]; coprire [*cost*].
defrayable /dɪˈfreɪəbl/ agg. [*expenses*] sostenibile.
defrayal /dɪˈfreɪəl/, **defrayment** /dɪˈfreɪmənt/ n. rimborso m.
defreeze /diːˈfriːz/ tr. (pass. **defroze**; p.pass. **defrozen**) scongelare.
defrock /ˌdiːˈfrɒk/ tr. sospendere (a divinis), privare dell'abito [*priest*].

defrost /ˌdiːˈfrɒst/ **I** tr. scongelare [*food*]; sbrinare [*refrigerator, car window*] **II** intr. [*refrigerator*] sbrinarsi; [*food*] scongelarsi **III** rifl. ***to ~ itself*** [*freezer*] sbrinarsi.
defroster /ˌdiːˈfrɒstə(r)/ n. sbrinatore m.
defroze /ˌdiːˈfrəʊz/ pass. → **defreeze**.
defrozen /ˌdiːˈfrəʊz/ p.pass. → **defreeze**.
deft /deft/ agg. destro, abile; ***to be ~ at sth., at doing*** essere abile in qcs., a fare.
deftly /ˈdeftlɪ/ avv. abilmente, con destrezza.
deftness /ˈdeftnɪs/ n. destrezza f., abilità f.
defunct /dɪˈfʌŋkt/ agg. [*organization*] liquidato, sciolto; [*person*] defunto; [*practice*] concluso, liquidato.
defuse /ˌdiːˈfjuːz/ tr. **1** *(remove the fuse)* disinnescare **2** FIG. sdrammatizzare.
▷ **defy** /dɪˈfaɪ/ tr. **1** *(disobey)* sfidare [*authority, law*]; provocare [*person*]; non tener conto di [*advice*]; smentire [*expectations, predictions*] **2** *(challenge)* [*person*] sfidare, lanciare una sfida a [*person*]; sfidare [*death, gravity, reality*]; affrontare [*danger*]; ***to ~ sb. to do*** sfidare qcn. a fare **3** *(elude, resist)* sfuggire a qualsiasi tentativo di [*description, analysis, categorization*]; sfidare [*logic*]; ***to ~ sb.'s efforts, attempts to do*** resistere agli sforzi, ai tentativi di qcn. di fare.
dégagé /deɪˈgɑːʒeɪ/ agg. dégagé, disinvolto.
degas /diːˈgæs/ tr. degassificare, degassare [*container, vacuum tube, liquid, adsorbent, etc.*].
degassing /diːˈgæsɪŋ/ n. degassamento m.
degauss /diːˈgaʊs, -gɔːs/ tr. demagnetizzare, smagnetizzare.
degaussing /diːˈgaʊsɪŋ, -gɔːs-/ n. demagnetizzazione f., smagnetizzazione f.
degeneracy /dɪˈdʒenərəsɪ/ n. *(of society)* degenerazione f.; *(of person, way of life)* corruzione f.
1.degenerate /dɪˈdʒenərət/ **I** agg. **1** [*person*] degenere, degenerato; [*society, life*] corrotto **2** BIOL. FIS. degenerato **II** n. degenerato m. (-a).
2.degenerate /dɪˈdʒənəreɪt/ intr. [*race, morals, intellect, health, quality*] degenerare; ***to ~ into*** degenerare in [*chaos, war*]; ***the debate ~d into a bitter argument*** il dibattito è degenerato in un'aspra lite; ***to ~ into farce*** degenerare in farsa.
degeneration /dɪˌdʒenəˈreɪʃn/ n. **1** *(of quality of life, goods, economy, health)* degenerazione f. **2** BIOL. degenerazione f.
degenerative /dɪˈdʒenərətɪv/ agg. MED. degenerativo.
deglutinate /diːˈgluːtɪneɪt/ tr. estrarre il glutine da [*wheat*].
deglutition /diːgluːˈtɪʃn/ n. deglutizione f.
degradable /dɪˈgreɪdəbl/ agg. CHIM. degradabile.
▷ **degradation** /ˌdegrəˈdeɪʃn/ n. **1** *(humiliation)* degradazione f.; umiliazione f. (**of** di; **of doing** di fare) **2** *(debasement) (of person) (imposed)* umiliazione f.; *(voluntary)* avvilimento m.; *(of culture, knowledge, work)* scadimento m., svilimento m. **3** *(of environment, facilities)* degrado m. **4** *(squalor)* degrado m., miseria f. **5** BIOL. CHIM. GEOL. degradazione f.
degrade /dɪˈgreɪd/ **I** tr. **1** *(humiliate)* degradare, umiliare, avvilire [*person*] **2** *(debase)* svilire [*person, person's body, culture, artist*]; ***films which ~ women*** film che danno un'immagine degradante della donna **3** *(demote)* degradare [*person*] **4** degradare [*environment*] **II** intr. BIOL. CHIM. GEOL. degradarsi.
degrading /dɪˈgreɪdɪŋ/ agg. [*portrayal, conditions, film etc.*] degradante (**to** per); [*job, work*] degradante; [*treatment, punishment*] umiliante; *(stronger)* degradante.
▶ **degree** /dɪˈgriː/ n. **1** GEOGR. MAT. grado m.; ***at an angle of 40 ~s to the vertical*** a un angolo di 40 gradi rispetto alla verticale; ***turn the knob through 180 ~s*** gira la manopola di 180 gradi; ***ten ~s of latitude, longitude*** 10 gradi di latitudine, longitudine; ***20 ~s south of the equator*** 20 gradi a sud dell'equatore **2** METEOR. FIS. grado m.; ***30 ~s Celsius*** o ***centigrade*** 30 gradi centigradi; ***it was 40 ~s in the shade*** c'erano 40 gradi all'ombra; ***I had a temperature of 104 ~s*** avevo la febbre a 39 **3** UNIV. diploma m. universitario, laurea f.; ***first*** o ***bachelor's ~*** diploma di dottore (conseguito con un corso di studi di tre o quattro anni); ***higher ~*** *(master's)* diploma di dottore (conseguito con un corso di studi di cinque o sei anni); *(doctorate)* diploma di dottore con specializzazione post-laurea; ***to take, get a ~*** laurearsi; ***to have a ~*** avere la laurea *o* essere laureato **4** *(amount)* grado m., livello m.; ***this gives me a ~ of control*** questo mi dà un certo controllo; ***a high ~ of efficiency*** un alto grado di efficienza; ***the exact ~ of his influence is unknown*** non si sa quanto sia influente; ***to such a ~ that*** a tal punto che; ***an alarming ~ of ignorance*** un livello di ignoranza allarmante; ***to a ~***, ***to some ~*** fino a un certo punto; ***to a lesser ~*** in misura minore, in minor grado; ***I enjoy a*** o ***some ~ of autonomy*** godo di una certa autonomia; ***I was not in the slightest ~ anxious*** non ero per niente ansioso; ***by ~s*** per gradi; ***with varying ~s of accuracy, success*** con una precisione, con successo variabile **5** AE DIR. ***murder in the first ~*** omicidio di primo grado **6** MUS. grado m. **7** LING. grado m.; ***the ~s of comparison*** i gradi di comparazione **8** RAR. *(rank)* grado m., estrazione f.; ***a man of high, low ~*** un uomo di alta, bassa estrazione.
degree ceremony /dɪˈgriːˌserɪmənɪ, AE -məʊnɪ/ n. BE UNIV. cerimonia f. di consegna dei diplomi di laurea.
degree certificate /dɪˈgriːsəˌtɪfɪkət/ n. BE UNIV. certificato m., diploma m. di laurea.
degree course /dɪˈgriːkɔːs/ n. BE UNIV. corso m. di laurea.
degree examinations /dɪˈgriːɪgzæmɪˌneɪʃnz/ n.pl. BE UNIV. = esami che si devono sostenere al termine degli studi universitari per conseguire la laurea.
degree factory /dɪˈgriːˌfæktərɪ/ BE, **degree factory-mill** /dɪˈgriːˌfæktərɪmɪl/ AE n. COLLOQ. SPREG. = università di scarso prestigio in cui si rilasciano lauree con estrema facilità.
degression /dɪˈgreʃn/ n. **1** decrescenza f. **2** ECON. = riduzione progressiva dell'aliquota d'imposta.
degressive /dɪˈgreʃɪv/ agg. **1** decrescente **2** ECON. ***~ taxation*** imposizione fiscale progressivamente decrescente.
dehisce /diːˈhɪs/ intr. [*pod, seed*] schiudersi.
dehiscence /diːˈhɪsəns/ n. deiscenza f.
dehiscent /diːˈhɪsnt/ agg. deiscente.
dehorn /diːˈhɔːn/ tr. **1** tagliare le corna a [*cattle, sheep, goats*] **2** sfrondare [*log*]; potare [*tree*].
dehumanization /ˌdiːhjuːmənaɪˈzeɪʃn, AE -nɪˈz-/ n. disumanizzazione f.
dehumanize /ˌdiːˈhjuːmənaɪz/ tr. disumanizzare.
dehumidification /diːhjuːmɪdɪfɪˈkeɪʃn/ n. *(of air)* deumidificazione f.
dehumidifier /ˌdiːˈhjuːmɪdɪfaɪə(r)/ n. deumidificatore m.
dehumidify /ˌdiːˈhjuːmɪdɪfaɪ/ tr. deumidificare.
dehydrate /ˌdiːˈhaɪdreɪt/ **I** tr. disidratare **II** intr. disidratarsi.
dehydrated /ˌdiːˈhaɪdreɪtɪd/ **I** p.pass. → **dehydrate II** agg. **1** *(dried)* [*food*] disidratato; *(powdered)* in polvere **2** *(lacking fluids)* [*person*] disidratato; ***to become ~*** disidratarsi.
dehydration /ˌdiːhaɪˈdreɪʃn/ n. **1** *(of food)* disidratazione f. **2** MED. disidratazione f.
dehydrator /diːˈhaɪdreɪtə(r)/ n. disidratatore m.
dehydrogenase /diːhaɪˈdrɒdʒəneɪz, -ˈhaɪdrədʒ-/ n. deidrogenasi f.
dehydrogenate /ˌdiːˈhaɪˈdrɒdʒɪˌneɪt/ tr. deidrogenare.
dehydrogenation /ˌdiːhaɪdrɒdʒɪˈneɪʃn/ n. deidrogenazione f.
dehydrogenize /diːˈhaɪdrɒdʒɪnaɪz/ tr. deidrogenare.
de-ice /ˌdiːˈaɪs/ tr. sghiacciare, liberare dal ghiaccio.
de-icer /ˌdiːˈaɪsə(r)/ n. **1** AUT. antigelo m. **2** AER. dispositivo m. antighiaccio, sghiacciatore m.
de-icing /ˌdiːˈaɪsɪŋ/ **I** n. sghiacciamento m. **II** modif. [*product, device, process*] antigelo, antighiaccio.
deicide /ˈdiːɪˌsaɪd, ˈdeɪɪs-/ n. **1** *(killer)* deicida m. e f. **2** *(killing)* deicidio m.
deictic /ˈdeɪktɪk/ **I** agg. deittico **II** n. deittico m.
deification /ˌdiːˈfɪˈkeɪʃn/ n. deificazione f.
deify /ˈdiːɪfaɪ/ tr. deificare.
deign /deɪn/ tr. ***to ~ to do*** degnarsi di fare.
Deirdre /ˈdɪədrɪ/ n.pr. Deirdre (nome di donna).
deindustrialization /diːɪndʌstrɪəlaɪˈzeɪʃŋ, AE -lɪˈz-/ n. deindustrializzazione f.
deindustrialize /diːɪnˈdʌstrɪəlaɪz/ tr. deindustrializzare.
deionization /diːˌaɪənaɪˈzeɪʃn, AE -nɪˈz-/ n. *(of water, air)* deionizzazione f.
deionize /diːˈaɪəˌnaɪz/ tr. deionizzare [*water, air*].
deism /ˈdiːɪzəm/ n. deismo m.
deist /ˈdiːɪst/ n. deista m. e f.
deistic /ˈdiːɪstɪk/ agg. deistico.
deity /ˈdiːətɪ/ n. LETT. deità f.; divinità f.; ***the Deity*** Dio.
deixis /ˈdeɪksɪs/ n. deissi f.
déjà vu /ˌdeɪʒɑːˈvjuː/ n. déjà-vu m.; ***a feeling of ~*** una sensazione di déjà vu.
deject /dɪˈdʒekt/ tr. abbattere, deprimere.
dejected /dɪˈdʒektɪd/ **I** p.pass. → **deject II** agg. abbattuto, depresso; ***to become*** o ***get ~*** abbattersi, scoraggiarsi; ***to look ~*** sembrare depresso.
dejectedly /dɪˈdʒektɪdlɪ/ avv. [*look, stare*] con aria scoraggiata; [*say*] con tono avvilito e scoraggiato.
dejection /dɪˈdʒekʃən/ n. **1** *(depression)* abbattimento m., depressione f. **2** MED. *(defecation)* deiezione f., evacuazione f. **3** *(excrement)* deiezioni f.pl.

de jure /ˌdeɪˈdʒʊərɪ/ agg. e avv. de iure.
dekko /ˈdekəʊ/ n. BE COLLOQ. occhiata f., colpo m. d'occhio; ***to have*** o ***take a ~*** dare un'occhiata (**at** a).
delate /dɪˈleɪt/ tr. RAR. **1** denunciare, accusare **2** riportare [*offence*].
delation /dɪˈleɪʃn/ n. delazione f.
delator /dɪˈleɪtə(r)/ n. delatore m. (-trice).
Delaware /ˈdeləweə(r)/ ➧ ***24, 25*** n.pr. Delaware m.
▶ **1.delay** /dɪˈleɪ/ n. **1** *(of train, plane, post)* ritardo m. (**of** di); *(in traffic)* rallentamento m. (**of** di); ***~ in taking off*** ritardo nel decollo; ***we apologize for the ~*** ci scusiamo per il ritardo **2** *(slowness)* ***without (further) ~*** senza ulteriori indugi; ***to apologize for one's ~ in replying*** scusarsi per aver risposto in ritardo; ***the government's inexcusable ~ in publishing the report*** l'ingiustificabile ritardo del governo nella pubblicazione del rapporto; ***there's no time for ~*** non c'è tempo da perdere **3** *(time lapse)* ritardo m., lasso m. di tempo (**of** di; **between** tra); ***a few minutes' ~*** un ritardo di qualche minuto.
▶ **2.delay** /dɪˈleɪ/ **I** tr. **1** *(postpone, put off)* differire, rinviare, ritardare [*decision, publication, departure*] (**until, to** a, fino a); ***to ~ doing*** tardare a fare **2** *(hold up)* causare un ritardo a, fare ritardare [*train, arrival, post*]; rallentare [*traffic, change, process*]; ***bad weather ~ed us, we were ~ed by bad weather*** il brutto tempo ci ha fatto ritardare; ***flights were ~ed by up to 12 hours*** i voli hanno avuto fino a 12 ore di ritardo **II** intr. tardare, indugiare; ***don't ~!*** fai in fretta!
delayed /dɪˈleɪd/ **I** p.pass. → **2.delay II** agg. [*flight, train, passenger*] in ritardo; ***to have a ~ reaction*** avere una reazione ritardata (**to** a); ***to have a ~ effect*** avere un effetto ritardato.
delayed action /dɪˈleɪdˌækʃn/ agg. [*shutter*] ad azione ritardata; [*fuse*] a scoppio ritardato.
delaying /dɪˈleɪɪŋ/ agg. [*action, tactic*] dilatorio.
dele /ˌdiːlɪ/ n. deleatur m.
delectable /dɪˈlektəbl/ agg. [*meal, dish, drink, dress, room, child*] delizioso.
delectably /dɪˈlektəblɪ/ avv. deliziosamente.
delectation /ˌdiːlekˈteɪʃn/ n. diletto m.; ***for the ~ of*** per la gioia, il diletto di.
delegacy /ˈdelɪgəsɪ/ n. **1** delega f. **2** delegazione f.
▷ **1.delegate** /ˈdelɪgət/ n. **1** *(to conference, meeting)* delegato m. (-a) **2** AE POL. ***~ (to the Convention)*** delegato.
▷ **2.delegate** /ˈdelɪgeɪt/ **I** tr. delegare [*power, responsibility, task*] (**to** a; **to do** di fare); ***you've been ~d to make the tea*** SCHERZ. abbiamo deciso che tu avrai l'onore di preparare il tè **II** intr. fare una delega.
delegatee /delɪgəˈtiː/ n. delegatario m. (-a).
▷ **delegation** /ˌdelɪˈgeɪʃn/ n. **1** *(delegated power)* delega f. **2** *(deputation)* delegazione f.
▷ **delete** /dɪˈliːt/ tr. cancellare (**from** da); *(with pen)* barrare; INFORM. cancellare [*character, file*]; ***~ where inapplicable*** cancellare le voci che non interessano.
delete key /dɪˈliːtˌkiː/ n. INFORM. tasto m. di cancellazione.
deleterious /ˌdelɪˈtɪərɪəs/ agg. FORM. [*effect, influence*] deleterio; LETT. nocivo; ***to be ~ to sth.*** essere deleterio per qcs.
▷ **deletion** /dɪˈliːʃn/ n. **1** *(act)* cancellazione f. **2** *(word taken out, crossed out)* parola f. cancellata; *(line taken out, crossed out)* riga f. cancellata.
delft /delft/ n. ceramica f. di Delft.
deli /ˈdelɪ/ n. COLLOQ. (accorc. delicatessen) **1** *(shop)* gastronomia f. **2** AE *(eating place)* = locale dove le specialità gastronomiche possono essere sia portate via, sia consumate sul posto.
Delia /ˈdiːlɪə/ n.pr. Delia.
▷ **1.deliberate** /dɪˈlɪbərət/ agg. **1** *(intentional)* [*act, choice, decision*] deliberato, intenzionale; [*provocation, attempt, aggression, cruelty, violation, vandalism*] intenzionale, premeditato; [*policy*] premeditato; ***it's ~*** è voluto; ***it wasn't ~*** non era voluto **2** *(measured)* [*manner, movement etc.*] cauto, prudente.
2.deliberate /dɪˈlɪbəreɪt/ **I** tr. **1** *(discuss)* deliberare **2** *(consider)* considerare attentamente **II** intr. **1** *(discuss)* deliberare **2** *(reflect)* ponderare, riflettere (**over, about** su).
▷ **deliberately** /dɪˈlɪbərətlɪ/ avv. **1** *(intentionally)* [*do, say*] deliberatamente, volutamente; [*sarcastic, provocative etc.*] deliberatamente; ***I ~ addressed her by her first name*** mi sono deliberatamente rivolto a lei chiamandola per nome **2** *(slowly and carefully)* [*speak*] cautamente; [*walk*] prudentemente.
deliberateness /dɪˈlɪbərətnɪs/ n. **1** l'essere deliberato, voluto **2** cautela f., ponderatezza f.
deliberation /dɪˌlɪbəˈreɪʃn/ n. **1** *(reflection)* riflessione f.; ***after careful, long ~*** dopo un'attenta, una lunga riflessione **2** *(discussion, debate)* dibattito m.; DIR. decisione f. **3** *(slowness)* cautela f., prudenza f.; ***with ~*** con cautela.
deliberative /dɪˈlɪbərətɪv/ agg. **1** [*assembly, council*] deliberante **2** [*conclusion, decision, speech*] deliberativo.
delicacy /ˈdelɪkəsɪ/ n. **1** *(of features)* finezza f.; *(of beauty, colour, design, touch)* delicatezza f.; *(of china)* fragilità f. **2** *(of health)* debolezza f., gracilità f. **3** *(of mechanism, instrument)* sensibilità f. **4** *(awkwardness) (of situation, subject)* delicatezza f.; ***a matter of great ~*** una faccenda molto delicata **5** *(tact) (of person)* tatto m., delicatezza f. **6** GASTR. squisitezza f., leccornia f., ghiottoneria f.; ***caviar is a great ~*** il caviale è un cibo molto raffinato.
▷ **delicate** /ˈdelɪkət/ **I** agg. **1** *(fine)* [*features*] delicato, fine; [*patterning, hands, gesture*] delicato; *(subtle)* [*shade*] tenue; [*perfume*] delicato, tenue; [*touch*] delicato, leggero **2** *(easily damaged)* [*china*] fragile; [*fabric*] delicato **3** *(finely tuned)* [*mechanism, balance*] sensibile **4** *(not robust)* [*health, stomach*] delicato, debole; ***I feel a bit ~ this morning*** mi sento un po' debole questa mattina **5** *(requiring skill or tact)* [*operation, problem, moment, situation, subject*] delicato; ***her ~ handling of the problem*** la sua delicatezza nel trattare il problema **II delicates** n.pl. *(fabrics)* (tessuti) delicati m.
delicately /ˈdelɪkətlɪ/ avv. **1** [*crafted, embroidered, flavoured*] delicatamente, finemente **2** [*handle, treat, phrase*] con delicatezza.
delicatessen /ˌdelɪkəˈtesn/ n. **1** *(shop)* gastronomia f. **2** AE *(eating place)* = locale dove le specialità gastronomiche possono essere sia portate via, sia consumate sul posto.
▷ **delicious** /dɪˈlɪʃəs/ agg. **1** [*meal, smell*] delizioso, squisito **2** [*feeling*] piacevole; [*person, story*] delizioso, piacevole, divertente.
deliciously /dɪˈlɪʃəslɪ/ avv. deliziosamente; ***the water was ~ cool*** l'acqua era piacevolmente fredda.
deliciousness /dɪˈlɪʃəsnɪs/ n. *(of food)* bontà f.
▷ **1.delight** /dɪˈlaɪt/ n. diletto m., gioia f.; ***to take ~ in sth., in doing*** trarre diletto da qcs., dal fare; ***to take ~ in tormenting sb.*** provare piacere nel tormentare qcn.; ***her ~ at sth., at doing*** il suo piacere in qcs., nel fare; ***a cry of ~*** un grido di gioia; ***to laugh in sheer ~*** ridere di gioia; ***it is a ~ to do*** è un piacere fare; ***it gives me great ~ to do*** provo un gran piacere nel fare; ***(much) to my ~*** con mia grande gioia; ***he is his mother's ~*** è la gioia di sua madre; ***it's a gardener's, gastronomic ~*** è una gioia per gli occhi di un giardiniere, per il palato; ***it's a ~ to the senses*** è una gioia per i sensi; ***the ~s of camping*** le gioie del campeggio.
▷ **2.delight** /dɪˈlaɪt/ **I** tr. dilettare, deliziare, allietare [*person*] (**with** con); ***it ~s me that*** sono lietissimo che **II** intr. ***to ~ in sth.*** trarre piacere da qcs.; ***to ~ in doing*** provare diletto nel fare, dilettarsi a fare; ***I ~ed in his failure*** ho goduto del suo fallimento.
▶ **delighted** /dɪˈlaɪtɪd/ **I** p.pass. → **2.delight II** agg. [*smile, expression, person*] felice, beato (**about, at, by, with** di; **at doing, to do** di fare); ***to be ~ that*** essere lietissimi che; ***to be ~ with sb.*** essere molto contenti di qcn.; ***I'm ~ for you*** sono felice per te; ***(I should be) ~!*** ne sarei felicissimo! ***~ to meet you*** lieto di conoscerla.
delightedly /dɪˈlaɪtɪdlɪ/ avv. [*announce, agree, smile*] con aria molto felice; [*laugh, applaud, shriek*] con gioia, con soddisfazione.
▷ **delightful** /dɪˈlaɪtfl/ agg. **1** [*house, expression, laugh, party, weather, meal, idea*] delizioso; [*story, book, ballet*] dilettevole, molto piacevole; [*atmosphere, countryside, sight, hotel, village, setting*] incantevole; ***it is ~ to do, it is ~ doing*** è delizioso fare **2** [*person, personality, smile*] molto affascinante.
delightfully /dɪˈlaɪtfəlɪ/ avv. [*warm, peaceful*] deliziosamente, piacevolmente; [*sing, play*] in modo incantevole; ***he is ~ eccentric, shy*** è deliziosamente eccentrico, timido.
delightsome /dɪˈlaɪtsəm/ agg. LETT. piacevolissimo.
Delilah /dɪˈlaɪlə/ n.pr. BIBL. Dalila.
delimit /ˌdiːˈlɪmɪt/ tr. delimitare.
delimitation /ˌdiːlɪmɪˈteɪʃn/ n. delimitazione f.
delineate /dɪˈlɪnɪeɪt/ tr. **1** *(determine, specify)* determinare [*concerns, strategy, terms, subject, area*]; delineare [*aspects, features, character*] **2** FIG. *(mark boundaries of)* delineare, tracciare [*area, space*].
delineation /dɪˌlɪnɪˈeɪʃn/ n. FORM. *(of problem, plan)* descrizione f.; LETTER. *(of character)* ritratto m. psicologico; *(of line, picture)* delineazione f., traccia f.
delineator /dɪˈlɪnɪeɪtə(r)/ n. **1** *(person)* delineatore m. (-trice) **2** *(tailor's instrument)* squadra f. (da sarto).
delinquency /dɪˈlɪŋkwənsɪ/ n. **1** *(behaviour)* delinquenza f. **2** *(offence)* delitto m., crimine m. **3** AE ECON. insolvenza f.
delinquent /dɪˈlɪŋkwənt/ **I** agg. **1** [*behaviour*] da delinquente, delinquenziale; [*act*] criminale; ***~ youth, child*** delinquente mino-

rile 2 AE ECON. [*tax*] arretrato, non pagato; [*debtor*] moroso **II** n. delinquente m. e f.
deliquesce /ˌdelɪ'kwes/ intr. sciogliersi, liquefarsi.
deliquescence /ˌdelɪ'kwesns/ n. deliquescenza f.
deliquescent /ˌdelɪ'kwesnt/ agg. deliquescente.
deliria /dɪ'lɪrɪə/ → **delirium**.
delirious /dɪ'lɪrɪəs/ agg. **1** MED. delirante; ***to become ~*** cadere in delirio; ***to be ~*** delirare **2** FIG. [*crowd*] delirante, in delirio; [*fan*] in delirio; ***~ with joy*** delirante di gioia; ***the crowd grew ~ with excitement*** l'eccitazione della folla si trasformò in delirio.
deliriously /dɪ'lɪrɪəslɪ/ avv. FIG. freneticamente; ***~ happy*** ubriaco, ebbro di felicità.
delirium /dɪ'lɪrɪəm/ n. (pl. **~s, -ia**) MED. FIG. delirio m.
delirium tremens /dɪˌlɪrɪəm'triːmenz/ ➧ *11* n. delirium tremens m.
delitescence /delɪ'tesəns/ n. delitescenza f.
▶ **deliver** /dɪ'lɪvə(r)/ **I** tr. **1** *(take to address)* consegnare [*goods, milk, groceries*] (**to** a); *(to several houses)* consegnare, distribuire [*newspaper, mail*]; *(to an individual)* consegnare, recapitare [*newspaper, mail*] (**to** a); trasmettere [*note, written message, oral message*]; ***"~ed to your door"*** "consegna a domicilio" **2** MED. [*doctor, midwife*] far nascere [*baby*]; [*vet*] far nascere [*baby animal*]; ***to be ~ed*** [*baby*] essere partorito; ***she was ~ed of a son*** RAR. diede alla luce un maschio **3** *(utter)* pronunciare, tenere [*speech*]; tenere [*lecture*]; fare [*sermon, reprimand, rebuke*]; dare [*ultimatum*]; notificare [*decision*]; pronunciare [*verdict, ruling*]; recitare [*line, speech in play*]; lanciare [*verbal attack*]; raccontare [*joke*] **4** *(hand over)* consegnare, trasferire [*property, money, goods*] (**over to, up to** a); consegnare, cedere il controllo di [*town, ship*] (**over to, up to** a); ***to ~ sth., sb. into sb.'s care*** affidare qcs., qcn. alle cure di qcn. **5** COLLOQ. *(agree to have sex)* ***did she ~?*** c'è stata? **6** *(give, strike)* assestare, dare [*blow, punch*]; dare [*knife thrust*]; tirare [*bullets, round*]; fornire [*voltage*] (**to** a); ***to ~ the final blow to sth.*** FIG. dare il colpo di grazia a qcs. **7** *(rescue)* liberare, salvare [*person*] (**from** da); ***"~ us from evil"*** "liberaci dal male" **II** intr. **1** [*tradesman, company*] fare le consegne, recapitare; ***the postman doesn't ~ on Sundays*** il postino non recapita di domenica **2** COLLOQ. mantenere un impegno, non venir meno alle aspettative (**on** per quanto riguarda); ***ultimately, the film doesn't ~*** in definitiva il film delude **III** rifl. ***to ~ oneself of*** FORM. esprimere [*opinion*] ◆ ***stand and ~!*** la borsa o la vita! ***to ~ the goods*** COLLOQ. = mantenere i propri impegni.
deliverable /dɪ'lɪvərəbl/ agg. **1** consegnabile **2** ECON. trasferibile.
deliverance /dɪ'lɪvərəns/ n. **1** *(rescue from moral corruption, evil)* liberazione f., salvezza f. **2** *(of opinion)* dichiarazione f.
deliveree /dɪlɪvə'riː/ n. RAR. **1** *(consignee)* consegnatario m. (-a) **2** *(endorsee)* giratario m. (-a).
deliverer /dɪ'lɪvərə(r)/ ➧ *27* n. **1** *(of goods, groceries) (person)* addetto m. (-a) alla consegna, fattorino m. (-a); *(company)* servizio m. di consegna **2** *(saviour)* liberatore m. (-trice), salvatore m. (-trice).
▷ **delivery** /dɪ'lɪvərɪ/ **I** n. **1** *(of goods, milk)* consegna f.; *(of mail, newspaper) (to several houses)* consegna f., distribuzione f.; *(to individual)* consegna f., recapito m.; ***when can you take ~ of the goods?*** quando possiamo consegnarvi la merce? ***on ~*** alla consegna **2** *(way, speed of speaking)* dizione f.; eloquio m. **3** *(pronouncement) (of judgment, ruling)* enunciazione f., emissione f. **4** *(of baby)* parto m. **5** SPORT lancio m. **6** *(handing over of property)* consegna f., trasferimento m. **II** modif. [*cost, date, note, order, schedule, service, time*] di consegna; [*delay*] nella consegna; [*lorry, vehicle*] delle consegne.
delivery address /dɪ'lɪvərɪəˌdres, AE -ˌædres/ n. indirizzo m. del destinatario.
delivery boy /dɪ'lɪvərɪˌbɔɪ/ ➧ *27* n. fattorino m.
delivery charge /dɪ'lɪvərɪˌtʃɑːdʒ/ n. spese f.pl. di consegna.
delivery girl /dɪ'lɪvərɪˌgɜːl/ ➧ *27* n. fattorina f.
delivery man /dɪ'lɪvərɪˌmæn/ ➧ *27* n. (pl. **delivery men**) addetto m. alle consegne, fattorino m.
delivery room /dɪ'lɪvərɪˌruːm, -rʊm/ n. MED. sala f. parto.
delivery suite /dɪ'lɪvərɪˌswiːt/ n. BE MED. sala f. parto.
delivery woman /dɪ'lɪvərɪˌwʊmən/ ➧ *27* n. (pl. **delivery women**) addetta f. alle consegne, fattorina f.
dell /del/ n. LETT. = piccola valle boscosa.
Della /'delə/ n.pr. Della.
delouse /ˌdiː'laʊs/ tr. spidocchiare.
Delphi /'delfɪ/ n.pr. Delfi f.
Delphian /'delfɪən/, **Delphic** /'delfɪk/ agg. **1** MITOL. delfico, di Delfi; ***~ oracle*** oracolo di Delfi **2** *(mysterious)* sibillino, ambiguo.
delphinium /del'fɪnɪəm/ n. (pl. **~s, -ia**) delfinio m.
delta /'deltə/ n. **1** *(Greek letter)* delta m. e f. (anche MAT.) **2** GEOGR. delta m. **3** BE UNIV. = voto più basso con cui si può superare un esame universitario.
deltaic /del'teɪɪk/ agg. GEOGR. deltizio.
delta wing /'deltəˌwɪŋ/ n. ala f. a delta.
deltoid /'deltɔɪd/ **I** agg. deltoide, deltoideo **II** n. (anche **~ muscle**) (muscolo) deltoide m.
delude /dɪ'luːd/ **I** tr. illudere, ingannare (**with** con); ***he ~d them into believing that...*** li ha ingannati facendogli credere che... **II** rifl. ***to ~ oneself*** illudersi; ***to ~ oneself into believing that...*** illudersi credendo che...
deluded /dɪ'luːdɪd/ **I** p.pass. → **delude II** agg. ***to be ~*** essere ingannato, venire illuso; ***a ~ person*** un illuso.
1.deluge /'deljuːdʒ/ n. **1** diluvio m. (anche FIG.) **2** ***the Deluge*** BIBL. il diluvio universale.
2.deluge /'deljuːdʒ/ tr. sommergere (**with** di) (anche FIG.); ***to be ~d with*** essere sommerso da.
delusion /dɪ'luːʒn/ n. illusione f., inganno m.; PSIC. delirio m., allucinazione f.; ***to be under the ~ that...*** illudersi che...; ***to be under a ~*** essere illuso; ***to suffer from ~s*** PSIC. soffrire di allucinazioni; ***~s of grandeur*** manie di grandezza.
delusive /dɪ'luːsɪv/, **delusory** /dɪ'luːsərɪ, dɪ'ljuː-/ agg. illusorio, ingannevole.
de luxe /də'lʌks, -'lʊks/ agg. [*model, version, edition, accommodation*] di lusso.
delve /delv/ intr. **1** ***to ~ into*** frugare in [*pocket*]; fare ricerche in [*records*]; scavare in [*memory, past*]; approfondire [*subject, motive*]; ***he ~d into the book for some quotations*** ha ricercato attentamente delle citazioni sul libro; ***to ~ further*** o ***deeper into*** fare ricerche approfondite in [*records, book*]; approfondire [*subject etc.*] **2** BE LETT. *(dig)* scavare (**into** in).
Dem AE ⇒ Democrat, Democratic democratico.
demagnetization /diːmægnɪtaɪ'zeɪʃn, AE -tɪ'z-/ n. demagnetizzazione f., smagnetizzazione f.
demagnetize /diː'mægnɪtaɪz/ tr. demagnetizzare, smagnetizzare.
demagogic /ˌdemə'gɒgɪk/ agg. [*person, speech, manner*] demagogico.
demagogue /'deməgɒg/ n. demagogo m. (-a).
demagogy /'deməgɒgɪ/ n. demagogia f.
de-man /ˌdiː'mən/ tr. (forma in -ing ecc. **-nn-**) BE ridurre il personale di [*firm*].
▶ **1.demand** /dɪ'mɑːnd, AE dɪ'mænd/ n. **1** *(request)* domanda f., richiesta f.; ***there have been many ~s for his resignation*** molte persone hanno chiesto le sue dimissioni; ***on ~*** [*access*] a richiesta; ECON. [*payable*] a vista; [*available*] a richiesta **2** *(pressure)* esigenza f., pretesa f.; ***the ~s of*** le esigenze di; ***I have many ~s on my time*** sono molto impegnato; ***the purchase will make extra ~s on our finances*** questo acquisto comporterà un'ulteriore riduzione delle nostre finanze **3** ECON. domanda f. (**for** di); ***supply and ~*** l'offerta e la domanda **4** *(favour)* ***to be in ~*** essere richiesto; ***he's in great ~ as a singer*** è un cantante molto richiesto.
▶ **2.demand** /dɪ'mɑːnd, AE dɪ'mænd/ tr. **1** *(request)* chiedere [*reform, release*]; *(very forcefully)* richiedere, esigere, pretendere [*payment, attention, ransom*]; ***to ~ an inquiry*** esigere un'inchiesta; ***to ~ one's money back*** pretendere la restituzione dei propri soldi; ***to ~ sth. from sb.*** pretendere qcs. da qcn.; ***I ~ to know the truth*** chiedo di conoscere la verità; *(stronger)* esigo di conoscere la verità; ***to ~ to see sb.'s licence*** chiedere di vedere la patente di qcn.; ***she ~ed to be let in*** ha preteso di entrare; ***to ~ that sb. do*** pretendere che qcn. faccia; ***we ~ that we be included*** richiediamo di essere inclusi **2** *(require)* [*work, situation, employer*] richiedere [*patience, skill, time*] (**of sb.** da parte di qcn.); *(more imperatively)* esigere [*punctuality, qualities*]; ***to ~ of sb. that*** pretendere da qcn. che.
demandable /dɪ'mɑːndəbl, AE -'mæn-/ agg. esigibile, che si può richiedere.
demandant /dɪ'mɑːndənt, AE -'mæn-/ n. DIR. attore m. (-trice).
demand deposit /dɪ'mɑːnddɪˌpɒzɪt, AE dɪ'mænd-/ n. deposito m. a vista, bancario ritirabile a richiesta.
demand feeding /dɪ'mɑːndˌfiːdɪŋ, AE dɪ'mænd-/ n. allattamento m. a richiesta.
▷ **demanding** /dɪ'mɑːndɪŋ, AE -'mænd-/ agg. **1** [*person*] esigente **2** [*work, course, schedule*] arduo, impegnativo.
demand note /dɪ'mɑːndˌnəʊt, AE dɪ'mænd-/ n. **1** BE domanda f. di pagamento **2** AE cambiale f. a vista.
demand-pull inflation /dɪ'mɑːndˌpʊlɪnˌfleɪʃn, AE dɪ'mænd-/ n. inflazione f. da domanda.
demanning /ˌdiː'mænɪŋ/ n. BE riduzione f. del personale (di un'azienda, ecc.).

demarcate /'di:mɑ:keɪt/ tr. demarcare, tracciare [*space, scope, boundary*].
demarcation /ˌdi:mɑ:'keɪʃn/ n. **1** *(physical) (action, boundary)* demarcazione f. **2** DIR. AMM. competenza f.
demarcation dispute /ˌdi:mɑ:'keɪʃndɪ'spju:t/ n. conflitto m. di competenza.
démarche /'deɪmɑ:ʃ/ n. manovra f. diplomatica.
dematerialize /ˌdi:mə'tɪərɪəlaɪz/ **I** tr. smaterializzare **II** intr. smaterializzarsi.
deme /di:m/ n. STOR. BIOL. demo m.
demean /dɪ'mi:n/ rifl. ***to ~ oneself*** abbassarsi (**to do** a fare).
demeaning /dɪ'mi:nɪŋ/ agg. umiliante, degradante.
demeanour BE, **demeanor** AE /dɪ'mi:nə(r)/ n. FORM. *(behaviour, bearing)* contegno m., comportamento m., condotta f.
dement /dɪ'ment/ **I** tr. fare impazzire **II** intr. perdere la ragione, impazzire.
demented /dɪ'mentɪd/ **I** p.pass. → **dement II** agg. demente; ***to drive sb. ~*** COLLOQ. far diventare matto qcn.
dementedly /dɪ'mentɪdlɪ/ avv. come un, da demente.
dementia /dɪ'menʃə/ ♦ ***11*** n. demenza f.
demerara /demə'reərə/ n. (anche **~ sugar**) zucchero m. di canna (che proviene dall'omonimo distretto della Guyana).
demerge /di:'mɜ:dʒ/ **I** tr. scindere **II** intr. scindersi.
demerger /di:'mɜ:dʒə(r)/ n. scissione f.
demerit /ˌdi:'merɪt/ n. **1** demerito m. **2** AE SCOL. (anche **~ point**) nota f. di demerito.
demesne /dɪ'mi:n, -'meɪn/ n. **1** DIR. proprietà f.; ***to hold in ~*** avere la proprietà di **2** DIR. STOR. dominio m. **3** terreno m. adiacente a una grande villa.
Demeter /dɪ'mi:tə(r)/ n.pr. Demetra.
Demetrius /dɪ'mi:trɪəs/ n.pr. Demetrio.
demigod /'demɪgɒd/ n. semidio m.
demijohn /'demɪdʒɒn/ n. damigiana f.
demilitarization /di:ˌmɪlɪtəraɪ'zeɪʃn, AE -rɪ'z-/ n. demilitarizzazione f., smilitarizzazione f.
demilitarize /ˌdi:'mɪlɪtəraɪz/ tr. demilitarizzare, smilitarizzare; ***~d zone*** zona smilitarizzata.
demisable /dɪ'maɪzəbl/ agg. trasferibile, cedibile.
1.demise /dɪ'maɪz/ n. FORM. **1** *(of institution, system, movement, aspirations)* fine f., crollo m.; ***her political ~*** il suo crollo politico **2** EUFEM. SCHERZ. *(death)* morte f. **3** DIR. *(lease)* cessione f. in affitto, trasferimento m.; *(by inheritance)* trasmissione f., successione f.; ***~ of the crown*** POL. trasmissione della corona.
2.demise /dɪ'maɪz/ tr. **1** DIR. *(by lease)* cedere in affitto, trasferire; *(by will)* trasmettere **2** POL. trasmettere [*sovereignty, the Crown*].
demisemiquaver /ˌdemɪ'semɪkweɪvə(r)/ n. BE biscroma f.
demission /dɪ'mɪʃn/ n. *(resignation)* dimissione f.; *(relinquishment)* rinuncia f.; *(abdication)* abdicazione f.
demist /ˌdi:'mɪst/ tr. BE [*windscreen*] disappannare, sbrinare.
demister /ˌdi:'mɪstə(r)/ n. BE AUT. dispositivo m. di disappannamento, sbrinatore m.
demit /dɪ'mɪt/ ANT. **I** tr. (forma in -ing ecc. **-tt-**) ANT. dimettersi da [*office etc.*] **II** intr. (forma in -ing ecc. **-tt-**) dimettersi, dare le dimissioni.
demitasse /'demɪˌtæs, dəmɪ'tæs/ n. tazzina f. da caffè.
demiurge /'demɪˌɜ:dʒ/ n. demiurgo m.
▷ **demo** /'deməʊ/ **I** n. (pl. **~s**) COLLOQ. (accorc. demonstration) **1** POL. dimostrazione f., manifestazione f. **2** AUT. vettura f. dimostrativa **II** modif. ***~ tape, disk, cassette*** demo.
1.demob /ˌdi:'mɒb/ n. BE COLLOQ. (accorc. demobilization) smobilitazione f.
2.demob /ˌdi:'mɒb/ tr. (forma in -ing ecc. **-bb-**) BE COLLOQ. (accorc. demobilize) smobilitare.
demobilization /di:ˌməʊbɪlaɪ'zeɪʃn, AE -lɪ'z-/ n. smobilitazione f.
demobilize /di:'məʊbɪlaɪz/ tr. smobilitare.
democracy /dɪ'mɒkrəsɪ/ n. democrazia f.
democrat /'deməkræt/ n. democratico m. (-a).
Democrat /'deməkræt/ **I** n.US POL. democratico m. (-a) **II** modif. [*politician*] democratico, del Partito Democratico.
democratic /ˌdemə'krætɪk/ agg. **1** [*institution, country*] democratico **2** *(believing in freedom)* democratico.
Democratic /ˌdemə'krætɪk/ agg. US POL. ***the ~ party*** il Partito Democratico.
democratically /ˌdemə'krætɪklɪ/ avv. democraticamente.
democratism /dɪ'mɒkrətɪzəm/ n. democratismo m.
democratization /dɪˌmɒkrətaɪ'zeɪʃn, AE -tɪ'z-/ n. democratizzazione f.
democratize /dɪ'mɒkrətaɪz/ tr. democratizzare.
demodulate /di:'mɒdjʊˌleɪt/ tr. demodulare [*wave, signal*].
demodulation /ˌdi:mɒdjʊ'leɪʃn/ n. demodulazione f.
demographer /dɪ'mɒgrəfə(r)/ n. demografo m. (-a).
▷ **demographic** /ˌdemə'græfɪk/ agg. demografico.
demography /dɪ'mɒgrəfɪ/ n. demografia f.
demolish /dɪ'mɒlɪʃ/ tr. **1** demolire, distruggere [*building, person*]; demolire [*argument*] **2** COLLOQ. SCHERZ. divorare [*food*] **3** SPORT COLLOQ. stracciare.
demolition /ˌdemə'lɪʃn/ **I** n. demolizione f. (anche FIG.) **II** modif. [*area, squad, work*] di demolizione; ***~ worker*** demolitore.
demon /'di:mən/ **I** n. RELIG. demone m. (anche FIG.); ***the ~ drink*** il demone dell'alcol; ***the ~ of inflation*** il demone dell'inflazione **II** modif. [*drummer*] indiavolato; ***he's a ~ sportsman*** è uno che fa un sacco di sport.
demonetization /di:ˌmʌnɪtaɪ'zeɪʃn, AE -tɪ'z-/ n. demonetizzazione f.
demonetize /ˌdi:'mʌnɪtaɪz/ tr. demonetizzare.
demoniac /dɪ'məʊnɪæk/ **I** agg. → **demonic II** n. indemoniato m. (-a).
demoniacal /dɪmɒ'naɪəkl/ agg. [*aspect, person*] demoniaco, diabolico.
demonic /dɪ'mɒnɪk/ agg. [*aspect, person, power, etc.*] demoniaco, diabolico; [*music, noise*] infernale.
demonism /'di:məˌnɪzəm/ n. demonismo m.
demonist /'di:mənɪst/ n. seguace m. e f. del demonismo.
demonization /di:mənaɪ'zeɪʃn, AE -nɪ'z-/ n. demonizzazione f.
demonize /'di:mənaɪz/ tr. demonizzare.
demonology /ˌdi:mə'nɒlədʒɪ/ n. demonologia f.
demonstrability /demɒnstrə'bɪlətɪ, AE dɪmɒnstrə'bɪlɪtɪ/ n. dimostrabilità f.
demonstrable /de'mɒnstrəbl, AE dɪ'mɒnstrəbl/ agg. dimostrabile; ***the candidate will have ~ organizing skills*** il candidato dovrà provare di avere capacità organizzative.
demonstrably /'demɒnstrəblɪ, AE dɪ'mɒnstrəblɪ/ avv. *(obviously)* chiaramente, palesemente.
▶ **demonstrate** /'demənstreɪt/ **I** tr. **1** *(illustrate, prove)* dimostrare, provare [*theory, principle, truth*]; ***to ~ that*** dimostrare che; ***to ~ the principle, concept that*** dimostrare il principio, il concetto secondo il quale; ***as ~d by this experiment*** come è stato dimostrato da questo esperimento **2** *(show, reveal)* dimostrare, manifestare [*emotion, concern, support*]; dimostrare, rivelare [*skill*]; ***to ~ one's concern, one's support for sth.*** manifestare la propria preoccupazione per, il proprio sostegno a qcs.; ***as ~d by...*** come dimostrato da... **3** *(display)* fare la dimostrazione di [*machine, gadget, product*]; ***to ~ how to do*** mostrare come fare; ***to ~ how sth. works*** (di)mostrare il funzionamento di, come funziona qcs. **II** intr. POL. dimostrare, fare una dimostrazione, manifestare (**for** per; **against** contro).
▷ **demonstration** /ˌdemən'streɪʃn/ **I** n. **1** POL. dimostrazione f., manifestazione f. (**against** contro; **for** per); ***to stage a ~*** organizzare una dimostrazione **2** *(of emotion, support)* dimostrazione f., manifestazione f. **3** *(of machine, gadget etc.)* dimostrazione f.; ***cookery ~*** dimostrazione culinaria; ***to give a ~*** dare una dimostrazione **4** *(of theory, principle)* dimostrazione f., prova f. **II** modif. [*model*] di prova; [*match, sport*] dimostrativo.
demonstrative /dɪ'mɒnstrətɪv/ **I** agg. **1** *(illustrative)* [*material, machine*] dimostrativo **2** [*person, behaviour*] espansivo **3** FORM. ***to be ~ of*** essere rivelatore di [*belief, attitude, state of mind*] **4** LING. dimostrativo **II** n. LING. aggettivo m., pronome m. dimostrativo.
demonstratively /dɪ'mɒnstrətɪvlɪ/ avv. dimostrativamente.
demonstrator /'demənstreɪtə(r)/ ♦ ***27*** n. **1** POL. dimostrante m. e f., manifestante m. e f. **2** COMM. dimostratore m. (-trice) **3** BE UNIV. assistente m. e f. di laboratorio **4** COLLOQ. AUT. vettura f. dimostrativa.
demoralization /dɪˌmɒrəlaɪ'zeɪʃn, AE dɪˌmɔ:rəlɪ'zeɪʃn/ n. demoralizzazione f.
demoralize /dɪ'mɒrəlaɪz, AE -'mɔ:r-/ tr. demoralizzare; ***to become ~d*** demoralizzarsi.
demoralizing /dɪ'mɒrəlaɪzɪŋ, AE -'mɔ:r-/ agg. demoralizzante.
demos /'di:mɒs/ n. **1** STOR. demo m. **2** RAR. *(common people)* popolo m., gente f. comune.
demote /ˌdi:'məʊt/ tr. degradare [*person*]; mettere in secondo piano, ridurre l'importanza di [*idea, principle, policy etc.*]; fare retrocedere [*football team*].
demotic /dɪ'mɒtɪk/ agg. **1** FORM. *(of the populace)* popolare **2** LING. demotico.
demotion /dɪ'məʊʃn/ n. *(of person)* retrocessione f., degradazione f.; *(of idea, principle, policy)* messa f. in secondo piano; *(of football team)* retrocessione f.

demotivate /diːˈməʊtɪveɪt/ tr. demotivare.
demount /diːˈmaʊnt/ tr. smontare [*motor, gun etc.*].
demulcent /dɪˈmʌlsənt/ **I** agg. emolliente, lenitivo **II** n. emolliente m., lenitivo m.
1.demur /dɪˈmɜː(r)/ n. FORM. ***without ~*** senza esitazione.
2.demur /dɪˈmɜː(r)/ intr. (forma in -ing ecc. **-rr-**) **1** FORM. *(disagree)* sollevare obiezioni (**at** su) **2** FORM. *(complain)* fare difficoltà, essere riluttante (**at doing** a fare).
demure /dɪˈmjʊə(r)/ agg. **1** [*behaviour*] contegnoso, riservato; [*dress*] modesto; [*girl*] modesto, riservato **2** SPREG. *(coy)* falsamente modesto; ***a ~ young lady*** una santarellina.
demurely /dɪˈmjʊəlɪ/ avv. **1** *(modestly)* modestamente **2** SPREG. *(coyly)* con falsa modestia.
demureness /dɪˈmjʊənɪs/ n. **1** *(modesty)* modestia f. **2** SPREG. *(coyness)* falsa modestia f.
demurrable /dɪˈmɜːrəbl/ agg. contestabile (anche DIR.).
demurrage /dɪˈmʌrɪdʒ/ n. COMM. DIR. controstallia f.
demurrer /dɪˈmʌrə(r), AE -mɜː-/ n. *(objection)* obiezione f.; DIR. eccezione f. (perentoria).
demy /dɪˈmaɪ/ n. = formato di carta da stampa (cm 44,45 x 57,15) o da scrivere (cm 39,37 x 50,8).
demystification /diːˌmɪstɪfɪˈkeɪʃn/ n. demistificazione f.
demystify /ˌdiːˈmɪstɪfaɪ/ tr. demistificare.
demythologize /ˌdiːmɪˈθɒlədʒaɪz/ tr. demitizzare, smitizzare.
▷ **den** /den/ n. **1** *(of lion, fox)* tana f. **2** FIG. SPREG. *(of thieves, gamblers etc.)* covo m.; ***~ of vice*** o ***iniquity*** covo del vizio; ***drugs ~*** nascondiglio di droga **3** FIG. *(room)* topaia f. **4** AE COLLOQ. *(private room)* rifugio m.
denarius /dɪˈneərɪəs/ n. (pl. **-ii**) STOR. denaro m.
denary /ˈdiːnərɪ/ agg. MAT. decimale, in base dieci.
denationalization /diːˌnæʃənəlaɪˈzeɪʃn, AE -lɪˈz-/ n. denazionalizzazione f.
denationalize /ˌdiːˈnæʃənəlaɪz/ tr. denazionalizzare.
denaturalization /diːˌnætʃərəlaɪˈzeɪʃn, AE -lɪˈz-/ n. **1** DIR. POL. privazione f. della cittadinanza **2** *(alteration)* snaturamento m.
denaturalize /ˌdiːˈnætʃərəlaɪz/ tr. **1** DIR. POL. privare della cittadinanza **2** *(alter)* snaturare.
denaturant /diːˈneɪtʃərənt/ n. denaturante m.
denaturation /diːneɪtʃəˈreɪʃn/ n. denaturazione f.
denature /ˌdiːˈneɪtʃə(r)/, **denaturize** /diːˈneɪtʃəraɪz/ tr. denaturare.
denazify /dɪˈnɑːtsɪfaɪ/ tr. denazificare [*people, institutions*].
dendrite /ˈdendraɪt/ n. **1** MINER. dendrite f. **2** BIOL. dendrite m.
dendritic /denˈdrɪtɪk/ agg. MINER. BIOL. dendritico.
dendrochronology /ˌdendrəʊkrəˈnɒlədʒɪ/ n. dendrocronologia f.
1.dene /diːn/ n. duna f. (vicino al mare).
2.dene /diːn/ n. valletta f. boscosa.
denervate /ˈdenəveɪt/ tr. enervare.
dengue /ˈdeŋgɪ/ n. dengue f.
deniable /dɪˈnaɪəbl/ agg. negabile.
▷ **denial** /dɪˈnaɪəl/ n. **1** *(of accusation, rumour)* smentita f.; *(of guilt)* diniego m.; *(of doctrine, rights, freedom)* ripudio m., rifiuto m.; *(of request)* rifiuto m., rigetto m.; ***he issued a ~ of his involvement in the scandal*** ha negato di essere coinvolto nello scandalo; ***despite her ~ that she had met him*** nonostante lei abbia negato di averlo incontrato; ***Peter's ~ of Christ*** BIBL. il rinnegamento di Cristo fatto da san Pietro **2** PSIC. negazione f.
denial of justice /dɪˈnaɪələvˌdʒʌstɪs/ n. DIR. rifiuto m. della giustizia.
denier /ˈdenɪə(r)/ n. TESS. denaro m.; ***15 ~ tights*** BE, ***15 ~ panty hose*** AE collant 15 denari.
denigrate /ˈdenɪgreɪt/ tr. denigrare.
denigration /ˌdenɪˈgreɪʃn/ n. denigrazione f. (**of** di).
denigrator /ˈdenɪgreɪtə(r)/ n. denigratore m. (-trice).
denim /ˈdenɪm/ **I** n. *(material)* denim m. **II** modif. [*jacket, shirt*] in denim; ***~ jeans*** jeans **III denims** n.pl. *(trousers)* pantaloni m. in denim; *(suit)* completo m.sing. in denim; *(overalls)* tuta f. (da lavoro) in denim.
Denis /ˈdenɪs/ n.pr. Denis, Dionigi.
Denise /deˈniːz/ n.pr. Denise, Dionisia.
denitrate /diːˈnaɪtreɪt/ tr. denitrare.
denitration /diːnaɪˈtreɪʃn/ n. denitrazione f.
denitrify /diːˈnaɪtrɪfaɪ/ tr. denitrificare.
denizen /ˈdenɪzn/ n. **1** *(inhabitant) (person)* abitante m. e f. **2** *(naturalized) (animal)* animale m. acclimatato; *(plant)* pianta f. acclimatata **3** DIR. straniero m. (-a) naturalizzato (-a).
Denmark /ˈdenmɑːk/ ➧ **6** n.pr. Danimarca f.
Dennis → **Denis**.
denominate /dɪˈnɒmɪneɪt/ tr. **1** denominare **2** ECON. redigere, stendere [*contract*]; ***~d in*** espresso in [*dollars, euro*].
denomination /dɪˌnɒmɪˈneɪʃn/ n. **1** denominazione f. **2** RELIG. confessione f., setta f. religiosa **3** ECON. valore m., taglio m.; ***high, low ~ coin*** moneta di alto, basso valore; ***high, low ~ banknote*** banconota di grosso, piccolo taglio.
denominational /dɪˌnɒmɪˈneɪʃənl/ agg. [*school*] confessionale.
denominative /dɪˈnɒmɪnətɪv/ **I** agg. LING. denominativo, denominale **II** n. LING. verbo m. denominale, denominativo.
denominator /dɪˈnɒmɪneɪtə(r)/ n. denominatore m.
denotation /ˌdiːnəʊˈteɪʃn/ n. **1** LING. denotazione f. **2** *(symbol used)* referente m.; *(process)* denotazione f.
denotative /dɪˈnəʊtətɪv/ agg. LING. denotativo.
▷ **denote** /dɪˈnəʊt/ tr. **1** *(stand for)* [*written symbol*] *(on map etc.)* indicare; MAT. designare; [*word, phrase*] significare; [*notice, picture*] indicare **2** *(show proof of)* denotare [*taste, intelligence etc.*].
denouement /ˌdeɪˈnuːmɒŋ, AE ˌdeɪnuːˈmɔːŋ/ n. **1** LETTER. scioglimento m. di intreccio, epilogo m., finale m. **2** FIG. rivelazione f. finale.
▷ **denounce** /dɪˈnaʊns/ tr. **1** *(inform on)* denunciare (**to** a) **2** *(criticize)* denunciare, biasimare **3** *(accuse)* accusare (**for doing** per aver fatto); ***to be ~d as a traitor, thief*** essere accusato di tradimento, furto.
denouncement /dɪˈnaʊnsmənt/ n. denuncia f.
denouncer /dɪˈnaʊnsə(r)/ n. denunciatore m. (-trice).
▷ **dense** /dens/ agg. **1** denso (anche FIS.) **2** FIG. [*style*] denso **3** COLLOQ. *(stupid)* stupido, ottuso **4** AE [*book, statement*] profondo.
densely /ˈdenslɪ/ avv. ***~ populated*** densamente popolato; ***~ wooded*** ricco di boschi, di foreste.
denseness /ˈdensnɪs/ n. **1** → **density 2** COLLOQ. stupidità f., ottusità f.
densimeter /denˈsɪmɪtə(r)/ n. densimetro m.
densitometer /ˌdensɪˈtɒmɪtə(r)/ n. FOT. densitometro m.
density /ˈdensətɪ/ n. **1** FIS. INFORM. ELETTRON. densità f. **2** *(of housing, population)* densità f.; ***high, low ~ housing*** alta, bassa densità di alloggi.
1.dent /dent/ n. *(in wood)* tacca f.; *(in metal)* ammaccatura f.; ***to make a ~ in*** intaccare [*wood*]; ammaccare [*car*]; COLLOQ. FIG. intaccare, assottigliare [*savings*].
2.dent /dent/ tr. intaccare [*wood, pride*]; ammaccare [*car*].
▷ **dental** /ˈdentl/ **I** agg. **1** [*hygiene, decay, problem*] dentale, dentario; [*treatment*] dentistico **2** LING. [*consonant*] dentale **II** n. LING. dentale f.
dental appointment /ˈdentləˌpɔɪntmənt/ n. appuntamento m. dal dentista.
dental clinic /ˈdentlˌklɪnɪk/ n. clinica f. odontoiatrica.
dental floss /ˈdentlˌflɒs, AE -flɔːs/ n. filo m. interdentale.
dental hygienist /ˌdentlˈhaɪdʒiːnɪst/ ➧ **27** n. igienista m. e f.
dental nurse /ˈdentlˌnɜːs/ ➧ **27** n. infermiera f. di dentista.
dental plate /ˌdentlˈpleɪt/ n. dentiera f.
dental receptionist /ˌdentlrɪˈsepʃnɪst/ ➧ **27** n. segretaria f. di dentista.
dental school /ˈdentlˌskuːl/ n. = corso di laurea in odontoiatria.
dental surgeon /ˌdentlˈsɜːdʒən/ ➧ **27** n. odontoiatra m. e f.
dental surgery /ˌdentlˈsɜːdʒərɪ/ n. BE **1** *(premises)* studio m. dentistico **2** *(treatment)* chirurgia f. dentaria.
dental technician /ˌdentltekˌnɪʃn/ ➧ **27** n. odontotecnico m. (-a).
dentary /ˈdentərɪ/ agg. dentario.
dentate /ˈdenteɪt/ agg. dentato, dentellato.
dentation /denˈteɪʃn/ n. dentellatura f.
dentex /ˈdenteks/ n. dentice m.
denticle /ˈdentɪkl/ n. ZOOL. dentello m.
denticular /denˈtɪkjʊlə(r)/, **denticulate** /denˈtɪkjʊlət/, **denticulated** /denˈtɪkjʊleɪtɪd/ agg. dentellato.
denticulation /dentɪkjʊˈleɪʃn/ n. dentellatura f.
dentiform /ˈdentɪfɔːm/ agg. dentiforme.
dentifrice /ˈdentɪfrɪs/ n. dentifricio m.
dentil /ˈdentɪl/ n. dentello m.
dentin(e) /ˈdentiːn/ n. dentina f.
▷ **dentist** /ˈdentɪst/ ➧ **27** n. dentista m. e f.; ***to go to the ~'s*** andare dal dentista.
dentistry /ˈdentɪstrɪ/ n. odontoiatria f.; ***to study ~*** studiare odontoiatria.
dentition /ˌdenˈtɪʃn/ n. dentizione f.
denture /ˈdentʃə(r)/ **I** n. *(prosthesis)* protesi f. dentaria **II dentures** n.pl. dentiera f.sing.
denudation /ˌdiːnjuːˈdeɪʃn/ n. **1** GEOL. *(of land, etc.)* denudazione f. **2** denudamento m.

denude /dɪ'nju:d, AE -'nu:d/ tr. **1** denudare [*land, tree*] (**of** di) **2** FIG. ***~d of*** privato di.

denunciation /dɪˌnʌnsɪ'eɪʃn/ n. denuncia f. (**of** di).

denunciator /dɪ'nʌnsɪeɪtə(r)/ n. denunciatore m. (-trice).

Denver /'denvə(r)/ ➧ **34** n.pr. Denver f.

▶ **deny** /dɪ'naɪ/ tr. **1** negare, smentire [*rumour, report, charge, accusation*]; ***to ~ that*** negare che; ***she denies that this is true*** nega che questa sia la verità; ***to ~ the rumour, news that*** smentire le voci, la notizia che; ***to ~ doing*** o ***having done*** negare di aver fatto; ***to ~ all knowledge of sth.*** negare ogni tipo di conoscenza di qcs., dire di non sapere assolutamente nulla di qcs.; ***there's no ~ing his popularity*** non si può negare la sua popolarità **2** *(refuse)* ***to ~ sb. sth.*** rifiutare qcs. a qcn.; ***to ~ sb. admittance to a building, club*** negare l'accesso a un edificio, a un club a qcn.; ***to ~ oneself sth.*** privarsi di qcs.; ***he was denied bail*** DIR. gli venne rifiutata la richiesta di libertà su cauzione **3** *(renounce)* rinnegare [*God, religion*] **4** COMM. ***to ~ a signature*** disconoscere una firma.

deodar /'di:əˌdɑ:(r)/ n. deodara m.

deodorant /di:'əʊdərənt/ **I** agg. deodorante **II** n. *(personal, for room)* deodorante m.; ***underarm, foot ~*** deodorante per le ascelle, i piedi; ***roll-on, spray ~*** deodorante roll-on, spray.

deodorization /di:əʊdəraɪ'zeɪʃn, AE -rɪ'z-/ n. deodorazione f., deodorizzazione f.

deodorize /di:'əʊdəraɪz/ tr. deodorare, deodorizzare.

deodorizer /di:'əʊdəraɪzə(r)/ n. deodorante m.

deodorizing /di:'əʊdəraɪzɪŋ/ n. deodorizzazione f.

deontology /ˌdi:ɒn'tɒlədʒɪ/ n. deontologia f.

deoxidation /di:ɒksɪ'deɪʃn/, **deoxidization** /di:ɒksɪdaɪ'zeɪʃn, AE -dɪ'z-/ n. disossidazione f.

deoxidize /di:'ɒksɪdaɪz/ tr. disossidare.

deoxigenate /di:'ɒksɪdʒəˌneɪt/ tr. togliere ossigeno da [*water, air*].

deoxyribonucleic acid /dɪˌɒksɪˌraɪbəʊnju:ˌkleɪɪk'æsɪd, AE -nu:-/ n. acido m. desossiribonucleico.

depart /dɪ'pɑ:t/ **I** tr. ***to ~ this life*** LETT. lasciare questo mondo **II** intr. **1** FORM. [*person, train, bus*] partire (**from** da; **for** per); ***the train for London is about to ~*** il treno per Londra sta per partire; ***the train now ~ing from platform one*** il treno in partenza dal binario uno **2** *(deviate)* ***to ~ from*** allontanarsi da [*position, truth*]; abbandonare [*attitude, practice*].

▷ **departed** /dɪ'pɑ:tɪd/ **I** p.pass. → **depart II** agg. **1** *(dead)* EUFEM. defunto **2** LETT. *(vanished)* [*glory, youth*] passato **III** n. ***the ~*** EUFEM. *(dead person)* il defunto; *(dead people)* i defunti.

departing /dɪ'pɑ:tɪŋ/ agg. [*chairman, government*] uscente; [*guest*] che si appresta a partire.

▶ **department** /dɪ'pɑ:tmənt/ n. **1** COMM. ECON. *(section)* ufficio m., reparto m.; ***personnel ~*** ufficio personale **2** AMM. POL. *(governmental)* ministero m., dicastero m.; *(administrative)* dipartimento m.; ***social services ~*** dipartimento dei servizi sociali **3** COMM. *(in store)* reparto m.; ***electrical ~*** reparto materiale elettrico **4** *(in hospital)* reparto m.; ***casualty ~*** BE reparto di pronto soccorso; ***X ray ~*** radiologia **5** *(in university)* dipartimento m.; ***Italian ~*** dipartimento di italianistica **6** SCOL. dipartimento m. **7** AMM. GEOGR. *(district)* dipartimento m. **8** COLLOQ. *(area)* campo m.; ***that's not my ~!*** non è il mio campo!

departmental /ˌdi:pɑ:t'mentl/ agg. attrib. **1** POL. *(ministerial)* [*colleague, committee, meeting*] ministeriale; ***her ~ colleagues*** i suoi colleghi del ministero **2** AMM. *(of organization, business)* [*meeting*] dell'ufficio, di reparto; ***~ chief*** capoufficio, caporeparto.

departmentalization /ˌdi:pɑ:tˌmentəlaɪ'zeɪʃn, AE -lɪ'z-/ n. organizzazione f. in reparti.

departmentalize /ˌdi:pɑ:t'mentəlaɪz/ tr. organizzare in reparti.

Department for Constitutional Affairs /dɪˌpɑ:tməntfəkɒnstɪˌtju:ʃnlə'feəz, AE -ˌtu:-/ n. GB = ministero della giustizia.

Department for Trade and Industry /dɪˌpɑ:tməntfəˌtreɪdən'ɪndəstrɪ/ n. GB ministero m. del commercio e dell'industria.

department head /dɪ'pɑ:tməntˌhed/ n. **1** AMM. COMM. caporeparto m. e f. **2** UNIV. direttore m. (-trice) di dipartimento.

department manager /dɪ'pɑ:tməntˌmænɪdʒə(r)/ n. **1** *(of business)* capodipartimento m. e f., direttore m. di settore **2** *(of store)* responsabile m. e f. di reparto.

Department of Defense /dɪˌpɑ:tməntəvdɪ'fens/ n. US Dipartimento m. della difesa.

Department of Education and Skills /dɪˌpɑ:tməntəvedʒʊkeɪʃnən'skɪlz/ n. GB = ministero dell'istruzione.

Department of Energy /dɪˌpɑ:tməntəv'enədʒɪ/ n. US Dipartimento m. dell'energia.

Department of Health /dɪˌpɑ:tməntəv'helθ/ n. GB ministero m. della sanità.

Department of Health and Human Services /dɪˌpɑ:tməntəvˌhelθənˌhju:mən'sɜ:vɪsɪs/ n. US Dipartimento m. della sanità.

Department of Homeland Security /dɪˌpɑ:tməntəvˌhəʊmlændsɪ'kjʊərətɪ/ n. US Dipartimento m. per la sicurezza nazionale.

Department of Justice /dɪˌpɑ:tməntəv'dʒʌstɪs/ n. US Dipartimento m. della giustizia.

Department of Labor /dɪˌpɑ:tməntəv'leɪbə(r)/ n. US Dipartimento m. del lavoro

Department of Social Security /dɪˌpɑ:tməntəvˌsəʊʃlsɪ'kjʊərətɪ/ n. GB **1** *(ministry)* = in passato, ministero della previdenza sociale **2** *(local office)* = ufficio di assistenza sociale che si occupa di disoccupati, anziani ecc.

Department of State /dɪˌpɑ:tməntəv'steɪt/ → **State Department**.

Department of the Treasury /dɪˌpɑ:tməntəvðə'treʒərɪ/ n. US Dipartimento m. del tesoro.

department store /dɪ'pɑ:tməntˌstɔ:(r)/ n. grande magazzino m.

▷ **departure** /dɪ'pɑ:tʃə(r)/ **I** n. **1** *(of person, bus, train)* partenza f. (**from** da; **for** per); *(from job, office)* partenza f., allontanamento m. **2** FIG. *(start)* ***this marks a new ~ in physics*** questo segna l'inizio di una nuova fase per la fisica **3** *(from truth, regulation)* allontanamento m. (**from** da); *(from policy, tradition etc.)* distacco m. (**from** da); ***this technique is a total ~ from traditional methods*** questa tecnica si distacca completamente dai metodi tradizionali; ***in a ~ from standard practice...*** distaccandosi dalla prassi...; ***because of her frequent ~s from the truth*** a causa delle sue frequenti deviazioni dalla verità **4** LETT. *(death)* dipartita f. **II** modif. [*date, time*] di partenza.

departure gate /dɪ'pɑ:tʃəˌgeɪt/ n. gate m.

departure lounge /dɪ'pɑ:tʃəˌlaʊndʒ/ n. sala f. partenze.

departure platform /dɪ'pɑ:tʃəˌplætfɔ:m/ n. FERR. binario m. di partenza.

departures board /dɪ'pɑ:tʃəzˌbɔ:d/ n. tabellone m. delle partenze.

departures tax /dɪ'pɑ:tʃəzˌtæks/ n. tassa f. di imbarco.

▶ **depend** /dɪ'pend/ intr. **1** *(rely)* ***to ~ on sb., sth.*** contare su qcn., fare affidamento su qcs. (**for** per); ***to ~ on sb., sth. to do*** contare su qcn., confidare in qcs. per fare; ***you can ~ on him to spoil the evening*** puoi contare su di lui se vuoi rovinare la serata; ***you can't ~ on the bus arriving on time*** non è sicuro che l'autobus arrivi in orario *o* non si può fare affidamento sulla puntualità dell'autobus; ***you can ~ on it!*** ci puoi contare! **2** *(be influenced, determined by)* ***to ~ on sb., sth.*** dipendere da qcn., da qcs.; ***you choose, ~ing on how much you can afford*** puoi scegliere, dipende da quanto puoi spendere; ***the temperature varies ~ing on the season*** la temperatura varia a seconda della stagione; ***that ~s*** dipende **3** *(be financially dependent on)* ***to ~ on sb.*** dipendere da qcn. *o* essere a carico di qcn. **4** LING. dipendere (**on** da).

dependability /dɪˌpendə'bɪlətɪ/ n. *(of equipment)* affidabilità f.; *(of person)* affidabilità f., lealtà f.

dependable /dɪ'pendəbl/ agg. [*person*] affidabile, fidato, degno di fiducia; [*car, machine*] affidabile; [*forecast, source*] attendibile; [*news*] sicuro, certo.

dependableness /dɪ'pendəblnɪs/ n. → **dependability**.

dependance AE → **dependence**.

dependant /dɪ'pendənt/ n. DIR. persona f. a carico.

▷ **dependence**, **dependance** AE /dɪ'pendəns/ n. **1** *(reliance)* affidamento m. (**on** su); *(trust)* fiducia f. (**on** in) **2** *(addiction)* dipendenza f. (**on** da); ***alcohol ~*** alcolismo; ***drug ~*** tossicomania.

dependency /dɪ'pendənsɪ/ n. **1** POL. *(territory)* territorio m. dipendente **2** *(reliance)* dipendenza f.; ***his ~ on his mother*** la sua dipendenza dalla madre **3** *(addiction)* ***his ~ on heroin*** la sua dipendenza dall'eroina; ***alcohol, drug ~*** dipendenza dall'alcol, dalla droga.

dependency culture /dɪˌpendənsɪ'kʌltʃə(r)/ n. assistenzialismo m.

dependency grammar /dɪˌpendənsɪ'græmə(r)/ n. LING. grammatica f. della dipendenza.

dependency leave /dɪ'pendənsɪˌli:v/ n. BE = periodo di congedo dal lavoro al fine di potersi occupare di una persona a carico.

dependent /dɪ'pendənt/ agg. **1** *(reliant)* [*relative*] a carico; ***to be ~ on*** o ***upon sb., sth.*** dipendere da qcn., qcs.; *(financially)* essere a carico di qcn.; ***a drug~ patient*** un paziente che deve assumere un farmaco, dei farmaci a vita; ***an insulin~ patient*** un paziente che assume insulina **2** LING. [*clause*] dipendente, subordinato **3** MAT. [*variable*] dipendente.

depersonalization /dɪˌpɜ:sənəlaɪ'zeɪʃn, AE -lɪ'z-/ n. **1** *(deprivation of personality)* spersonalizzazione f. **2** PSIC. depersonalizzazione f.

depersonalize /ˌdi:'pɜ:sənəlaɪz/ tr. **1** *(make impersonal)* spersonalizzare **2** PSIC. indurre in stato di depersonalizzazione.

▷ **depict** /dɪˈpɪkt/ tr. *(visually)* raffigurare, rappresentare (**as** come); *(in writing)* dipingere, descrivere (**as** come).
depicter /dɪˈpɪktə(r)/ n. *(visually)* chi rappresenta; *(in writing)* chi dipinge, chi descrive.
▷ **depiction** /dɪˈpɪkʃn/ n. pittura f., rappresentazione f.
depictor → **depicter**.
depilate /ˈdepɪleɪt/ tr. depilare.
depilation /ˌdepɪˈleɪʃn/ n. depilazione f.
depilatory /dɪˈpɪlətrɪ, AE -tɔːrɪ/ **I** n. depilatorio m. **II** agg. depilatorio; ~ ***wax*** ceretta.
deplane /ˌdiːˈpleɪn/ intr. AE scendere dall'aereo, sbarcare (dall'aereo).
depletable /dɪˈpliːtəbl/ agg. ECON. esauribile, soggetto a esaurimento.
deplete /dɪˈpliːt/ tr. ridurre, esaurire [*reserves, funds*]; impoverire, esaurire [*resources*]; far diminuire [*numbers*]; ***a population ~d by war*** una popolazione decimata dalla guerra; ***reservoirs ~d of water*** bacini (quasi) privi d'acqua; ***a lake ~d of fish*** un lago ormai povero di pesci.
depleted uranium /dɪˈpliːtɪdjʊˌreɪnɪəm/ **I** n. uranio m. impoverito **II depleted-uranium** modif. [*weapon*] all'uranio impoverito; [*issue*] dell'uranio impoverito.
depletion /dɪˈpliːʃn/ n. *(of resources, funds, stock)* riduzione f., esaurimento m.
deplorable /dɪˈplɔːrəbl/ agg. deplorabile, deplorevole.
deplorably /dɪˈplɔːrəblɪ/ avv. [*treat, behave*] in modo deplorevole; [*late, negligent*] deplorabilmente.
deplore /dɪˈplɔː(r)/ tr. deplorare; ***to ~ the fact that*** deplorare il fatto che.
▷ **deploy** /dɪˈplɔɪ/ tr. MIL. schierare, spiegare [*troops*].
▷ **deployment** /dɪˈplɔɪmənt/ n. MIL. *(of troops)* schieramento m., spiegamento m.
deplume /dɪˈpluːm/ tr. **1** *(deprive of feathers)* spiumare, spennare **2** ANT. FIG. *(deprive of wealth, honour, etc.)* spogliare.
depolarization /diːˌpəʊləraɪˈzeɪʃn, AE -rɪˈz-/ n. **1** POL. *(of attitudes, parties)* riavvicinamento m. **2** MED. FIS. depolarizzazione f.
depolarize /diːˈpəʊləraɪz/ **I** tr. **1** AMM. POL. riavvicinare [*attitudes, parties*]; sbloccare [*discussion*] **2** MED. FIS. depolarizzare **II** intr. POL. riavvicinarsi, raggiungere un punto d'incontro.
depolarizer /ˌdiːˈpəʊləraɪzə(r)/ n. depolarizzatore m.
depoliticize /ˌdiːpəˈlɪtɪsaɪz/ tr. depoliticizzare, spoliticizzare.
depollute /ˌdipəˈluːt/ tr. disinquinare.
depollution /ˌdiːpəˈluːʃn/ n. disinquinamento m.
depone /dɪˈpəʊn/ → **depose**.
deponent /dɪˈpəʊnənt/ **I** agg. deponente **II** n. deponente m.
depopulate /ˌdiːˈpɒpjʊleɪt/ tr. spopolare [*country, land*].
depopulation /diːˌpɒpjʊˈleɪʃn/ n. spopolamento m.
deport /dɪˈpɔːt/ **I** tr. DIR. espellere [*immigrant, criminal*] (**to** in); STOR. deportare [*slaves*] **II** rifl. FORM. ***to ~ oneself*** comportarsi.
deportation /ˌdiːpɔːˈteɪʃn/ n. DIR. *(of immigrant, criminal)* espulsione f.; STOR. *(of slaves)* deportazione f.
deportation order /ˌdiːpɔːˈteɪʃnˌɔːdə(r)/ n. ordine m. di espulsione.
deportee /ˌdiːpɔːˈtiː/ n. deportato m. (-a).
deportment /dɪˈpɔːtmənt/ n. **1** FORM. *(posture)* portamento m. **2** ANT. *(behaviour)* condotta f.
depose /dɪˈpəʊz/ **I** tr. POL. DIR. *(all contexts)* deporre **II** intr. DIR. fare una deposizione.
▶ **1.deposit** /dɪˈpɒzɪt/ n. **1** *(to bank account)* deposito m.; ***to make a ~*** fare un deposito, un versamento; ***on ~*** in deposito **2** *(part payment) (on house, hire purchase goods)* anticipo m.; *(on holiday, goods)* acconto m.; ***to put down a ~ on a house*** dare un anticipo per una casa; ***to leave a ~ on sth.*** versare un acconto per qcs. **3** *(to secure goods, hotel room)* caparra f., acconto m.; ***"a small ~ will secure any item"*** "con un minimo anticipo è possibile prenotare qualsiasi articolo" **4** *(against damage)* cauzione f. **5** *(on bottle)* deposito m. **6** BE POL. cauzione f.; ***to lose one's ~*** perdere la cauzione **7** GEOL. GEOGR. *(of silt, mud)* deposito m.; *(of coal, mineral)* giacimento m. **8** CHIM. ENOL. *(sediment)* deposito m.
▶ **2.deposit** /dɪˈpɒzɪt/ tr. **1** *(put down)* depositare, deporre [*object*] **2** *(entrust)* depositare [*money, valuables*]; ***to ~ sth. with the bank, solicitor*** depositare qcs. in banca, presso l'avvocato; ***to ~ sth. with sb.*** affidare, lasciare in consegna qcs. a qcn.
deposit account /dɪˈpɒzɪtəˌkaʊnt/ n. BE ECON. conto m. di deposito.
depositary /dɪˈpɒzɪtərɪ/ n. **1** DIR. depositario m. **2** → **depository**.
deposition /ˌdepəˈzɪʃn/ n. *(all contexts)* deposizione f.
depositor /dɪˈpɒzɪtə(r)/ n. ECON. depositante m. e f.
depository /dɪˈpɒzɪtrɪ, AE -tɔːrɪ/ n. deposito m., magazzino m.
deposit slip /dɪˈpɒzɪtˌslɪp/ n. distinta f. di versamento.
depot /ˈdepəʊ, AE ˈdiːpəʊ/ n. **1** COMM. MIL. *(for storage)* deposito m. **2** AUT. FERR. ***bus, railway ~*** deposito degli autobus, ferroviario **3** AE AUT. *(bus station)* autostazione f.; FERR. stazione f. ferroviaria.
depravation /ˌdeprəˈveɪʃn/ n. depravazione f.
deprave /dɪˈpreɪv/ tr. depravare.
depraved /dɪˈpreɪvd/ agg. depravato.
depravity /dɪˈprævətɪ/ n. depravazione f.
deprecate /ˈdeprɪkeɪt/ tr. FORM. *(disapprove of)* deprecare.
deprecating /ˈdeprɪkeɪtɪŋ/ agg. *(disapproving)* [*smile*] di disapprovazione.
deprecatingly /ˈdeprɪkeɪtɪŋlɪ/ avv. [*smile*] *(about oneself)* con aria di scusa; *(about sb. else)* con aria di disapprovazione; [*speak*] con tono di disapprovazione.
deprecation /ˌdeprɪˈkeɪʃn/ n. *(disapprobation)* deprecazione f.
deprecative /ˈdeprɪkeɪtɪv/ agg. di disapprovazione.
deprecatory /ˌdeprɪˈkeɪtrɪ, AE -tɔːrɪ/ agg. **1** *(disapproving)* deprecativo **2** *(apologetic)* di scusa.
depreciable /dɪˈpriːʃɪəbl/ agg. ECON. deprezzabile; [*assets, cost*] ammortizzabile.
depreciate /dɪˈpriːʃɪeɪt/ intr. deprezzarsi (**against** rispetto a).
depreciatingly /dɪˈpriːɪeɪtɪŋlɪ/ agg. con aria, tono sprezzante.
depreciation /dɪˌpriːʃɪˈeɪʃn/ n. deprezzamento m.
depreciative /dɪˈpriːʃɪeɪtɪv/ agg. spregiativo.
depreciatory /dɪˈpriːʃjətrɪ, AE -tɔːrɪ/ agg. → **depreciative**.
depredate /ˈdeprɪdeɪt/ tr. depredare.
depredation /ˌdeprəˈdeɪʃn/ n. depredazione f.
depredator /ˈdeprɪdeɪtə(r)/ n. ANT. depredatore m. (-trice), predone m.
depredatory /dɪˈpredətrɪ, AE -tɔːrɪ/ agg. [*war, expedition*] caratterizzato da saccheggi, devastazioni.
▷ **depress** /dɪˈpres/ tr. **1** PSIC. deprimere [*person*] **2** COMM. ECON. deprimere, abbassare [*profits, investment, prices, currency*]; indebolire [*trading, stock market*] **3** *(press)* abbassare [*lever*]; premere [*button, switch*].
depressant /dɪˈpresənt/ **I** agg. FARM. deprimente, depressivo **II** n. FARM. deprimente m.
▷ **depressed** /dɪˈprest/ **I** p.pass. → **depress II** agg. **1** [*person, mood*] depresso, abbattuto; ***to get ~*** deprimersi, abbattersi; ***I got very ~ about it*** mi sono molto abbattuto per questo **2** ECON. COMM. [*region, market, trade, industry, sector*] depresso; [*sales, prices*] molto basso.
▷ **depressing** /dɪˈpresɪŋ/ agg. deprimente; ***that's what I find ~*** ecco ciò che trovo deprimente.
depressingly /dɪˈpresɪŋlɪ/ avv. [*talk, describe*] in modo deprimente; ~ ***slow*** di una lentezza esasperante.
depression /dɪˈpreʃn/ ➧ ***11*** n. **1** MED. PSIC. depressione f.; ***to suffer from ~*** *(permanently)* soffrire di depressione; *(temporarily)* avere una depressione **2** ECON. *(slump)* depressione f., crisi f. (**in** di); ***the (Great) Depression*** STOR. la grande depressione **3** *(hollow)* avvallamento m.; GEOL. depressione f. **4** METEOR. depressione f.
depressive /dɪˈpresɪv/ **I** agg. **1** MED. depressivo; ***a ~ illness*** una depressione **2** ECON. [*effect, policy*] depressivo **II** n. depresso m.
depressor /dɪˈpresə(r)/ n. **1** ANAT. [*muscle, nerve*] depressore m. **2** MED. ***tongue ~*** abbassalingua m. **3** CHIM. inibitore m., catalizzatore m. negativo.
depressurization /diːˌpreʃəraɪˈzeɪʃn, AE -rɪˈz-/ n. depressurizzazione f.
depressurize /ˌdiːˈpreʃəraɪz/ **I** tr. depressurizzare [*aircraft, container, machine*]; decomprimere [*gas, liquid*] **II** intr. [*aircraft, machine*] depressurizzarsi.
deprival /dɪˈpraɪvəl/ n. privazione f.
▷ **deprivation** /ˌdeprɪˈveɪʃn/ n. **1** *(poverty) (of person)* privazioni f.pl.; *(of society)* miseria f. **2** PSIC. deprivazione f. **3** *(removal) (of right, privilege)* privazione f., perdita f.
deprive /dɪˈpraɪv/ tr. privare (**of** di); ***to be ~d of*** essere privato di.
▷ **deprived** /dɪˈpraɪvd/ **I** p.pass. → **deprive II** agg. [*area, child, family*] svantaggiato; [*childhood, existence*] (pieno) di privazioni.
dept ⇒ department dipartimento (dip.).
▶ **depth** /depθ/ **I** n. **1** *(measurement) (of hole, box, water)* profondità f.; *(of layer)* spessore m.; ***to dive, dig to a ~ of 10 m*** immergersi, scavare a una profondità di 10 m; ***at a ~ of 30 m*** a 30 m di profondità; ***12 m in ~*** profondo 12 metri; ***to be out of one's ~*** *(in water)* non toccare (il fondo); FIG. non essere all'altezza (della situazione), trovarsi al di fuori della propria sfera di competenza **2** *(degree of intensity) (of colour)* intensità f.; *(of crisis, recession)*

gravità f.; *(of ignorance)* vastità f., abisso m.; *(of emotion)* intensità f.; *(of despair)* fondo m., massimo m.; ***to be in the ~s of despair*** essere nella disperazione più nera; ***with ~ of feeling*** con (grande) profondità di sentimenti **3** *(complexity) (of knowledge)* profondità f., vastità f.; *(of analysis, hero, novel, work)* profondità f.; ***to examine, study sth. in ~*** esaminare, studiare qcs. a fondo, nei particolari **4** MUS. *(lowness of pitch)* gravità f. **5** CINEM. FOT. ***~ of focus*** distanza focale; ***~ of field*** profondità di campo **II depths** n.pl. *(remote part)* profondità f., abissi m.; ***the ~s of the sea*** le profondità del mare; ***in the ~s of the countryside*** in piena campagna; ***in the ~s of the woods*** nel fitto del bosco; ***in the ~s of his consciousness*** nel profondo della (sua) coscienza; ***in the ~s of winter*** nel cuore dell'inverno, in pieno inverno.

depth bomb /ˈdepθˌbɒm/ n. MIL. bomba f. di profondità.

depth charge /ˈdepθˌtʃɑːdʒ/ n. MIL. carica f. di profondità.

depth gauge /ˈdepθˌgeɪdʒ/ n. **1** TECN. calibro m. di profondità **2** *(for scuba divers)* profondimetro m.

depthless /ˈdepθlɪs/ agg. **1** *(immeasurable in depth)* [*misery*] profondissimo; [*nature*] insondabile **2** *(shallow)* [*life*] superficiale, squallido.

depthometer /depθˈɒmɪtə(r)/ n. misuratore m. di profondità.

depurant /ˈdepjʊrənt/ **I** agg. depurativo, depurante **II** n. depurativo m.

depurate /ˈdepjʊreɪt/ **I** tr. depurare [*blood*] **II** rifl. depurarsi.

depuration /ˌdepjʊˈreɪʃn/ n. depurazione f.

depurative /ˈdepjʊreɪtɪv/ agg. depurativo.

deputation /ˌdepjʊˈteɪʃn/ n. deputazione f.

depute /dɪˈpjuːt/ tr. FORM. **1** deputare [*person*] (**for** per; **to do** a fare) **2** assegnare [*task*] (**to** a).

deputize /ˈdepjʊtaɪz/ intr. ***to ~ for sb.*** rappresentare qcn., fare le veci di qcn.

deputy /ˈdepjʊtɪ/ **I** n. **1** *(aide)* vice m. e f., aggiunto m. (**to sb.** di qcn.); *(replacement)* sostituto m. (-a); ***to act as (a) ~ for sb.*** sostituire qcn.; ***to be appointed as a ~ for sb.*** essere incaricato di sostituire qcn. **2** *(politician)* deputato m. (-a) **3** US (anche **~ sheriff**) vicesceriffo m. **II** modif. vice [*chief executive, director, editor, head, manager, mayor*].

deputy chairman /ˌdepjʊtɪˈtʃeəmən/ n. (pl. **deputy chairmen**) vicepresidente m.

deputy chief constable /ˌdepjʊtɪˌtʃiːfˈkʌnstəbl/ n. GB = vice capo di polizia (di una contea).

deputy judge /ˌdepjʊtɪˈdʒʌdʒ/ n. DIR. giudice m. supplente.

deputy leader /ˌdepjʊtɪˈliːdə(r)/ n. US POL. vicepresidente m. (-essa).

deputy premier /ˌdepjʊtɪˈpremɪə(r), AE -ˈpriːmɪər/ n. → **deputy prime minister**.

deputy president /ˈdepjʊtɪˈprezɪdənt/ n. POL. AMM. vicepresidente m. (-essa).

deputy prime minister /ˌdepjʊtɪˌpraɪmˈmɪnɪstə(r)/ n. POL. vice primo ministro m.

Deputy Speaker /ˌdepjʊtɪˈspiːkə(r)/ n. GB POL. vicepresidente m. (della Camera dei Comuni).

deracinate /dɪˈræsɪneɪt/ tr. sradicare, estirpare (anche FIG.).

derail /dɪˈreɪl/ **I** tr. (far) deragliare [*train*]; ***the train has been ~ed*** *(unintentionally)* il treno è uscito dai binari **II** intr. [*train*] deragliare.

derailleur gears /dəˈreɪljəˌgɪəz/ n.pl. cambio m.sing. di moltiplica.

derailment /dɪˈreɪlmənt/ n. deragliamento m.

derange /dɪˈreɪndʒ/ tr. **1** *(disarrange)* disordinare, scompigliare **2** *(disturb)* disturbare **3** *(make insane)* squilibrare, fare impazzire.

deranged /dɪˈreɪndʒd/ **I** p.pass. → **derange II** agg. *(insane)* squilibrato; SCHERZ. matto.

derangement /dɪˈreɪndʒmənt/ n. PSIC. squilibrio m. (mentale).

derate /ˌdɪˈreɪt/ tr. detassare; diminuire le imposte su [*real estate*].

deration /ˌdiːˈræʃn/ tr. abolire il razionamento di [*product*].

deratization /diːˌrætaɪˈzeɪʃn, AE -tɪˈz-/ n. derattizzazione f.

derby /ˈdɑːbɪ, AE ˈdɜːrbɪ/ n. **1** AE *(hat)* bombetta f. **2** EQUIT. *(competition)* derby m. **3** ***the Derby*** GB il derby di Epsom.

Derby /ˈdɑːbɪ/ ♦ ***34*** n.pr. Derby f.

Derbyshire /ˈdɑːbɪʃə(r)/ ♦ ***24*** n.pr. Derbyshire m.

derecognition /ˌdiːrekəgˈnɪʃn/ n. BE *(of nation)* disconoscimento m.; *(of body, union)* = disconoscimento del diritto di rappresentatività di un sindacato nelle negoziazioni.

derecognize /ˌdiːˈrekəgnaɪz/ tr. BE = disconoscere il diritto di rappresentatività di un ente, di un sindacato nelle negoziazioni.

deregistration /ˌdɪredʒɪˈstreɪʃn/ n. cancellazione f. (da un registro).

deregulate /ˌdiːˈregjʊleɪt/ tr. ECON. DIR. deregolamentare.

deregulation /diːˌregjʊˈleɪʃn/ n. ECON. DIR. deregolamentazione f.

Derek /ˈderɪk, -rək/ n.pr. Derek (nome di uomo).

derelict /ˈderəlɪkt/ **I** agg. [*building*] *(abandoned)* derelitto, abbandonato; *(ruined)* malandato, cadente, pericolante; ***to let sth. go ~*** lasciare qcs. all'abbandono **II** n. **1** *(person)* derelitto m. (-a); *(tramp)* vagabondo m. (-a) **2** MAR. relitto m.

dereliction /ˌderɪˈlɪkʃn/ n. abbandono m.; ***~ of duty*** DIR. omissione di doveri d'ufficio.

derequisition /ˈdiːˌrekwɪˈzɪʃn/ tr. derequisire.

derestrict /ˌdiːrɪˈstrɪkt/ tr. **1** togliere un divieto su **2** ECON. deregolamentare, liberalizzare.

derestricted /ˌdiːrɪˈstrɪktɪd/ **I** p.pass. → **derestrict II** agg. ***~ road*** BE AUT. strada senza limitazione di velocità.

derestriction sign /ˌdɪrɪˈstrɪkʃnˌsaɪn/ n. segnale m. di fine limitazione di velocità.

deride /dɪˈraɪd/ tr. deridere.

derider /dɪˈraɪdə(r)/ n. derisore m. (-a).

de rigueur /də rɪˈgɜː(r)/ agg. *(as etiquette, fashion)* di rigore.

derision /dɪˈrɪʒn/ n. derisione f.

derisive /dɪˈraɪsɪv/ agg. derisivo, derisorio.

derisively /dɪˈraɪsɪvlɪ/ avv. [*speak, write*] in tono derisorio; ***to laugh, smile ~*** ridere, sorridere derisoriamente.

derisory /dɪˈraɪsərɪ/ agg. derisorio.

derivable /dɪˈraɪvəbl/ agg. derivabile.

derivation /ˌderɪˈveɪʃn/ n. **1** *(source)* origine f., provenienza f. **2** *(process)* derivazione f.

derivative /dəˈrɪvətɪv/ **I** n. CHIM. LING. derivato m.; MAT. derivata f. **II** agg. **1** CHIM. LING. MAT. derivato **2** SPREG. [*style*] copiato, pedante.

▶ **derive** /dɪˈraɪv/ **I** tr. trarre [*benefit, satisfaction, pleasure*] (**from** da); ricavare [*income*] (**from** da); ottenere [*amount*] (**from** da); ***to be ~d from*** [*name, word*] derivare da, essere un derivato di; [*enzyme, vitamin*] essere un derivato di; [*rock, data*] provenire da **II** intr. ***to ~ from*** [*right, power, idea, custom*] provenire da; [*value, word*] derivare da.

derived /dɪˈraɪvd/ **I** p.pass. → **derive II** agg. derivato.

derm /dɜːm/, **derma** /ˈdɜːmə/ n. → **dermis**.

dermabrasion /ˌdɜːməˈbreɪʃn/ n. dermoabrasione f.

dermal /ˈdɜːml/ agg. dermico.

dermatitis /ˌdɜːməˈtaɪtɪs/ ♦ ***11*** n. dermatite f.; ***to have ~*** avere una dermatite.

dermatologist /ˌdɜːməˈtɒlədʒɪst/ ♦ ***27*** n. dermatologo m. (-a).

dermatology /ˌdɜːməˈtɒlədʒɪ/ n. dermatologia f.

dermatome /ˈdɜːmətəʊm/ n. MED. BIOL. ANAT. dermatomo m.

dermatoplasty /ˈdɜːmətəˌplæstɪ/ n. dermatoplastica f.

dermatosis /ˌdɜːməˈtəʊsɪs/ ♦ ***11*** n. (pl. **-es**) dermatosi f.

dermic /ˈdɜːmɪk/ agg. → **dermal**.

dermis /ˈdɜːmɪs/ n. derma m.

dermographia / ˌdɜːməˈgræfjə/ n. dermografia f.

dermographism /dəˈmɒgrəfɪzəm/ n. dermografismo m.

dermopteran /dəˈmɒptərən/ **I** agg. dermottero **II** n. dermottero m.

Dermot /ˈdɜːmət/ n.pr. Dermot (nome di uomo).

derogate /ˈderəgeɪt/ intr. FORM. ***to ~ from*** derogare a.

derogation /ˌderəˈgeɪʃn/ n. deroga f.

derogatory /dɪˈrɒgətrɪ, AE -tɔːrɪ/ agg. [*remark*] offensivo (**about** verso, nei confronti di); [*review*] denigratorio (**about** verso); [*person*] sprezzante (**about** nei confronti di); [*term*] spregiativo.

derrick /ˈderɪk/ n. derrick m.

Derrick /ˈderɪk/ n.pr. Derrick (nome di uomo).

derring-do /ˌderɪŋˈduː/ n. ANT. temerarietà f., ardimento m.

derringer /ˈderɪndʒə(r)/ n. = pistola da tasca a canna corta e di grosso calibro.

derris /ˈderɪs/ n. AGR. derride f.

Derry /ˈderɪ/ ♦ ***24*** n.pr. *(county)* contea f. di Derry; *(town)* Derry f.

derv /dɜːv/ n. BE AUT. gasolio m.

dervish /ˈdɜːvɪʃ/ n. derviscio m.

DES n. GB (⇒ Department of Education and Science) = in passato, ministero dell'istruzione e della ricerca scientifica.

desalinate /ˌdiːˈsælɪneɪt/ tr. desalinizzare.

desalination /diːˌsælɪˈneɪʃn/ **I** n. desalinizzazione f. **II** modif. [*equipment*] per la desalinizzazione; [*plant*] di desalinizzazione.

desalinator /diːˈsælɪneɪtə(r)/ n. dissalatore m., desalatore m.

desalt /ˌdiːˈsɔːlt/ tr. dissalare.

descale /ˌdiːˈskeɪl/ tr. BE disincrostare.

descaler /ˌdiːˈskeɪlə(r)/ n. BE disincrostante m.

1.descant /ˈdeskænt/ n. **1** discanto m. **2** *(upper voice)* soprano m.

2.descant /dɪˈskænt/ tr. discantare.

descant recorder /ˌdeskæntrɪˈkɔːdə(r)/ n. flauto m. dolce soprano.

▷ **descend** /dɪˈsend/ **I** tr. scendere [*steps, slope, path*] **II** intr. **1** *(go down)* [*person, plane*] scendere (**from** da); [*path*] discendere (**from** da); ***in ~ing order of importance*** in ordine decrescente di importanza **2** *(fall)* [*darkness*] calare; [*rain, mist*] scendere, cadere (**on, over** su) **3** *(be felt)* [*gloom, chill, exhaustion*] calare, abbattersi (**on** su); [*calm, peace*] scendere (**on** su) **4** *(arrive)* [*tourists, family*] arrivare, piombare; ***to ~ on sb., Oxford, the village*** piombare a casa di qcn., arrivare a Oxford, nel villaggio; ***to ~ on the enemy*** calare sul nemico, assalire il nemico **5** *(be related to)* ***to ~ from, to be ~ed from*** [*person, family*] discendere da **6** *(sink)* ***to ~ to doing*** abbassarsi a fare; ***to ~ so low*** o ***far as to do*** degradarsi fino al punto di fare *o* cadere così in basso da fare; ***to ~ into*** sprofondare in [*chaos*]; cadere in, abbandonarsi a [*sentimentality, alcoholism*]; cadere in [*crime*].

descendable /dɪˈsendəbl/ agg. → **descendible**.

descendance /dɪˈsendəns/ n. discendenza f.

▷ **descendant** /dɪˈsendənt/ n. discendente m. e f., rampollo m. (**of** di).

descendible /dɪˈsendɪbl/ agg. [*property*] trasmissibile.

descending /dɪˈsendɪŋ/ agg. discendente.

▷ **descent** /dɪˈsent/ n. **1** *(downward motion)* discesa f. (**on, upon** su); ***to make one's ~*** scendere; ***the aircraft began its ~*** l'aereo iniziò la discesa; ***his ~ into crime, alcoholism started in 1964*** cadde nel baratro del crimine nel 1964, cominciò a scendere la china dell'alcolismo nel 1964 **2** *(extraction)* discendenza f.; ***of Irish ~*** di discendenza, di origine irlandese; ***to claim ~ from*** sostenere di discendere da; ***a British citizen by ~*** un cittadino britannico di nascita; ***to trace one's line of ~ back to Henry VIII*** far risalire la propria genealogia fino a Enrico VIII.

descramble /ˌdiːˈskræmbl/ tr. RAD. TELEV. decodificare.

descrambler /ˌdiːˈskræmblə(r)/ n. RAD. TELEV. decodificatore m.

descrambling /ˌdiːˈskræmblɪŋ/ n. RAD. TELEV. decodificazione f.

describable /dɪˈskraɪbəbl/ agg. descrivibile.

▶ **describe** /dɪˈskraɪb/ tr. **1** *(give details of)* descrivere [*person, event, object*]; ***police ~ him as...*** la polizia lo descrive come... **2** *(characterize)* definire, descrivere; ***to ~ sb. as an idiot, sth. as useless*** definire qcn. un idiota, qcs. una cosa inutile; ***he's ~d as generous, as a recluse*** lo descrivono come una persona generosa, un eremita; ***I wouldn't ~ him as an artist*** non lo definirei un artista; ***it could be ~d as pretty*** potrebbe essere definito carino **3** MAT. TECN. descrivere [*circle, curve*].

describer /dɪˈskraɪbə(r)/ n. descrittore m. (-trice).

▶ **description** /dɪˈskrɪpʃn/ n. **1** *(of person, event, object)* descrizione f. (**of** di; **as** come); *(for police)* segnalazione f. (**of** di); ***to be beyond ~*** essere indescrivibile **2** *(type, kind)* tipo m., genere m.; ***of every ~, of all ~s*** di tutti i tipi; ***items of a similar ~*** articoli dello stesso genere; ***I need a table of some ~*** ho bisogno di un tavolo di qualche tipo.

descriptive /dɪˈskrɪptɪv/ agg. descrittivo.

descriptive geometry /dɪˌskrɪptɪvdʒɪˈɒmətrɪ/ n. geometria f. descrittiva.

descriptive linguistics /dɪˌskrɪptɪvlɪŋˈgwɪstɪks/ n. + verbo sing. linguistica f. descrittiva.

descriptivism /dɪˈskrɪptɪvɪzəm/ n. descrittivismo m.

descriptivist /dɪˈskrɪptɪvɪst/ agg. descrittivista.

descry /dɪˈskraɪ/ tr. ANT. scorgere.

Desdemona /ˌdezdɪˈməʊnə/ n.pr. Desdemona.

deseasonalization /dɪˌsiːzənəlaɪˈzeɪʃn, AE -lɪˈz-/ n. *(of data)* destagionalizzazione f.

desecrate /ˈdesɪkreɪt/ tr. **1** deturpare [*area, landscape*] **2** RELIG. profanare [*altar, shrine*].

desecration /ˌdesɪˈkreɪʃn/ n. **1** *(of area, landscape)* deturpazione f. **2** RELIG. *(of altar, shrine)* profanazione f.

desecrator /ˈdesɪkreɪtə(r)/ n. profanatore m. (-trice).

deseed /ˌdiːˈsiːd/ tr. togliere i semi da [*chilli*].

desegregate /ˌdiːˈsegrɪgeɪt/ tr. desegregare; ***to ~ a school, beach, neighbourhood*** abolire la segregazione in una scuola, su una spiaggia, in un quartiere.

desegregation /diːˌsegrɪˈgeɪʃn/ n. desegregazione f.

deselect /ˌdiːsɪˈlekt/ tr. **1** BE POL. ritirare la candidatura di [*person*]; ***to be ~ed*** perdere la candidatura **2** INFORM. deselezionare.

deselection /ˌdiːsɪˈlekʃn/ n. BE ritiro m. della candidatura.

desensitization /diːˌsensɪtaɪˈzeɪʃn, AE -tɪˈz-/ n. desensibilizzazione f.

desensitize /ˌdiːˈsensɪtaɪz/ tr. *(all contexts)* desensibilizzare (**to** a).

desensitizer /ˌdiːˈsensɪtaɪzə(r)/ n. desensibilizzatore m. (-trice).

desensitizing /ˌdiːˈsensɪtaɪzɪŋ/ **I** agg. desensibilizzante **II** n. desensibilizzazione f.

▷ **1.desert** /ˈdezət/ **I** n. *(all contexts)* deserto m. **II** modif. [*region*] desertico; [*flora, fauna*] del deserto.

▷ **2.desert** /dɪˈzɜːt/ **I** tr. abbandonare [*person, group, place*] (**for** per); MIL. abbandonare [*post*]; ***our luck ~ed us*** la fortuna ci abbandonò; ***his appetite ~ed him*** ha perduto l'appetito; ***has she ~ed you again?*** SCHERZ. ti ha lasciato di nuovo? **II** intr. [*soldier*] disertare; [*politician*] fare defezione; ***to ~ to the enemy camp*** passare al (campo) nemico.

desert boot /ˈdezətˌbuːt/ n. clark® f.

desert campaign /ˈdezətkæmˌpeɪn/ n. MIL. campagna f. nel deserto.

desert crossing /ˈdezətˌkrɒsɪŋ, AE -ɔːs-/ n. traversata f. del deserto.

▷ **deserted** /dɪˈzɜːtɪd/ **I** p.pass. → **2.desert II** agg. **1** *(empty)* deserto, disabitato **2** [*person*] abbandonato.

deserter /dɪˈzɜːtə(r)/ n. disertore m. (-trice) (**from** da).

deserticolous /ˌdezəˈtɪkələs/ agg. deserticolo.

desertification /dɪˌzɜːtɪfɪˈkeɪʃn/ n. desertificazione f.

desertion /dɪˈzɜːʃn/ n. **1** MIL. diserzione f. **2** DIR. abbandono m. del tetto coniugale; ***to sue for divorce on the grounds of ~*** chiedere il divorzio per abbandono del tetto coniugale.

desert island /ˌdezətˈaɪlənd/ n. isola f. deserta.

desertization /ˌdezɜːtaɪˈzeɪʃn, AE -tɪˈz-/ n. → **desertification**.

desert rat /ˈdezətˌræt/ n. ZOOL. gerboa m.

Desert Rat /ˈdezətˌræt/ n. BE MIL. Topo m. del deserto (militare della settima divisione corazzata britannica che combatté in Nord Africa nel 1941-42).

deserts /dɪˈzɜːts/ n.pl. ***to get one's (just) ~*** avere quello che ci si merita; ***he got his just ~*** ha avuto quello che si meritava.

▷ **deserve** /dɪˈzɜːv/ tr. meritare (**to do** di fare); ***to ~ well, ill of sb.*** FORM. meritare di essere trattato bene, male da qcn.; ***she ~s to be remembered as...*** merita di essere ricordata come...; ***you ~ better than this!*** ti meriti di meglio! ***they only got what they ~d*** non hanno avuto altro che quello che si meritavano; ***it was no more than they ~d*** non hanno avuto più di quello che si meritavano; ***what did we do to ~ this?*** che cosa abbiamo fatto per meritarci questo?

deserved /dɪˈzɜːvd/ **I** p.pass. → **deserve II** agg. [*victory, reward, success*] meritato; ***richly ~*** ampiamente meritato.

deservedly /dɪˈzɜːvɪdlɪ/ avv. meritatamente.

deservedness /dɪˈzɜːvɪdnɪs/ n. *(of punishment)* giustizia f., (l')essere meritato.

deserving /dɪˈzɜːvɪŋ/ agg. **1** [*winner*] degno; [*cause*] meritevole; [*charity*] meritorio, lodevole **2** ***to be ~ of*** FORM. essere degno di [*respect, consideration*].

desiccant /ˈdesɪkənt/ n. essiccante m.

desiccate /ˈdesɪkeɪt/ **I** tr. **1** essiccare [*food*] **2** seccare [*skin*] **II** intr. essiccarsi.

desiccated /ˈdesɪkeɪtɪd/ **I** p.pass. → **desiccate II** agg. **1** [*food stuff*] essiccato, secco **2** SPREG. *(dried up)* secco.

desiccation /ˌdesɪˈkeɪʃn/ n. essiccazione f.

desiccative /deˈsɪketɪv/ **I** agg. essiccativo **II** n. essiccante m.

desiccator /ˈdesɪkeɪtə(r)/ n. essiccatore m.

desiderata /dɪˌzɪdəˈrɑːtə/ n.pl. desiderata m.

desiderate /dɪˈzɪdəreɪt/ tr. RAR. desiderare [*explanation*]; sentire la mancanza di [*place*]; sentire la nostalgia di [*person*].

▶ **1.design** /dɪˈzaɪn/ n. **1** *(idea, conception)* progettazione f., concezione f.; ***of faulty ~*** mal progettato, mal concepito **2** *(planning, development) (of object, appliance)* design m., progettazione f.; *(of building, room)* progetto m.; *(of clothing)* creazione f. **3** *(drawing, plan) (detailed)* disegno m., piano m. (**for** di); *(sketch)* schizzo m., abbozzo m. (**for** di); *(for dress)* modello m. **4** *(model, completed object)* modello m.; ***this car is a very modern ~*** questa auto è un modello modernissimo; ***this season's new ~s*** i nuovi modelli di questa stagione; ***an exclusive ~ by Valentino*** una creazione originale di Valentino **5** *(art of designing)* design m.; *(fashion)* disegno m. di moda; ***to study ~*** studiare design **6** *(decorative pattern)* motivo m.; ***cup with a leaf ~*** tazza con motivo di foglie **7** *(intention)* disegno m., intenzione f. (**to do** di fare); ***by ~*** di proposito; ***to have ~s on*** avere delle mire su [*job, title*]; ambire ad avere [*car*]; ***to have (evil) ~s on sb., sth.*** avere delle (cattive) intenzioni nei confronti di qcn., qcs.

▶ **2.design** /dɪˈzaɪn/ tr. **1** *(conceive, plan out)* progettare, concepire [*object, appliance, building, experiment, course*]; disegnare [*garment*]; ***well, badly ~ed*** ben, mal progettato, concepito **2** *(intend)* ***to be ~ed for sth., to do*** *(destined for)* essere adatto a qcs., a fare; *(made for)* essere creato, concepito per qcs., per fare; ***a course ~ed for foreign students*** un corso creato per gli studenti stranieri; ***a track ~ed for the use of cyclists*** una pista destinata ai ciclisti; ***a bowl ~ed to hold four litres, for the microwave*** una vaschetta da quattro litri, adatta al microonde; ***to be ~ed as*** *(for particular purpose)* essere previsto, concepito come; *(in the style of)* essere creato nello stile di **3** *(draw plan for)* [*draughtsman*] fare il modello di [*garment*]; [*designer, stylist*] creare [*costume, garment, wardrobe*]; disegnare il progetto di [*building, bridge, object, appliance*].

1.designate /ˈdezɪgneɪt, -nət/ agg. [*president, director, chair person*] designato.

▷ **2.designate** /ˈdezɪgneɪt/ tr. [*word*] designare; ***to be ~d as prime minister*** essere designato primo ministro; ***they ~d the area (as) a nature reserve*** hanno dichiarato l'area riserva naturale; ***a room ~d (as) a non-smoking area*** una sala destinata ai non fumatori; ***to ~ sth. for sb., sth.*** destinare qcs. a qcn., qcs.; ***the funds ~d for this project*** i fondi destinati a questo progetto.

designation /ˌdezɪgˈneɪʃn/ n. designazione f.; ***the ~ of sth. as*** la destinazione di qcs. a [*national park, non-smoking area*]; ***his ~ as ambassador*** la sua nomina ad ambasciatore.

design award /dɪˈzaɪnəˌwɔːd/ n. *(for finished product)* premio m. per il miglior prodotto; *(for idea)* premio m. per il design, per la progettazione.

design centre /dɪˈzaɪnˌsentə(r)/ n. *(for exhibiting)* centro m. di esposizione permanente del design; *(for planning, conception)* centro m. studi di progettazione.

design consultant /dɪˈzaɪnkənˌsʌltənt/ n. consulente m. e f. per il design, per la progettazione.

design department /dɪˈzaɪndɪˌpɑːtmənt/ n. IND. reparto m. progettazione; TEATR. scenografia f.

designedly /dɪˈzaɪnɪdlɪ/ avv. apposta, di proposito.

design engineering /dɪˌzaɪnendʒɪˈnɪərɪŋ/ n. progettistica f.

designer /dɪˈzaɪnə(r)/ ◆ **27 I** n. designer m. e f.; *(of cars)* progettista m. e f.; *(of computers, software)* sviluppatore m. (-trice), programmatore m. (-trice); *(of furniture)* designer m. e f., disegnatore m. (-trice); *(of sets)* scenografo m. (-a); *(in fashion)* stilista m. e f., creatore m. (-trice) di moda; ***hat ~*** *(for women)* modista; *(for men)* cappellaio; ***costume ~*** TEATR. CINEM. costumista; ***industrial ~*** industrial designer; ***interior ~*** arredatore d'interni; ***product ~*** designer, progettista **II** modif. [*drink, cocktail*] di moda; [*hi-fi*] di design; [*sunglasses*] di grido, all'ultima moda; ***~ clothes, ~ labels*** *(made to order)* vestiti d'alta moda; *(available in various outlets)* vestiti firmati; ***~ jeans*** jeans firmati; ***~ label*** griffe; ***~ stubble*** SCHERZ. barba di due giorni (volutamente incolta).

designer drug /dɪˈzaɪnəˌdrʌg/ n. **1** MED. antibiotico m. specifico **2** *(narcotic substance)* droga f. sintetica.

design fault /dɪˈzaɪnˌfɔːlt/ n. difetto m. di fabbricazione.

design feature /dɪˈzaɪnˌfiːtʃə(r)/ n. *(of a product)* caratteristica f.

designing /dɪˈzaɪnɪŋ/ agg. SPREG. [*person*] intrigante, astuto.

design specification /dɪˈzaɪnˌspesɪfɪˌkeɪʃn/ n. dati m.pl. caratteristici, tecnici di un modello.

design student /dɪˈzaɪnˌstjʊːdnt, AE -ˈstuː-/ n. studente m. (-essa) di design.

desilverize /ˌdiːˈsɪlvəraɪz/ tr. disargentare [*lead*].

desirability /dɪˌzaɪərəˈbɪlətɪ/ n. **U 1** *(of plan, option, apartment, property)* appetibilità f., convenienza f. **2** *(sexual)* desiderabilità f., appeal m.

▷ **desirable** /dɪˈzaɪərəbl/ agg. **1** [*outcome, course of action, solution*] auspicabile; [*area, position*] ambito; [*job*] appetibile, attraente; [*gift*] ricercato, apprezzato; ***it is ~ that*** è auspicabile che; ***it was more ~ to do*** era preferibile fare; ***~ residence, ~ property*** *(in ad)* abitazione, proprietà di pregio **2** *(sexually)* desiderabile.

desirableness /dɪˈzaɪərəblnɪs/ n. desiderabilità f.

▶ **1.desire** /dɪˈzaɪə(r)/ n. desiderio m. (**for** di; **to do** di fare); ***to have no ~ to do*** non avere nessuna voglia di fare; ***it is my earnest ~ that*** è mio ardente desiderio che; ***her heart's ~*** LETT. il suo più grande desiderio.

▶ **2.desire** /dɪˈzaɪə(r)/ tr. desiderare, avere voglia di [*object, reward*]; ***to ~ to do*** desiderare di fare, voler fare; ***to ~ sb. to do sth., to ~ that sb. (should) do sth.*** desiderare che qcn. faccia qcs.; ***if you so ~*** FORM. se questo è il tuo desiderio; ***it leaves a lot to be ~d*** lascia molto a desiderare; ***to obtain the ~d effect*** ottenere l'effetto desiderato.

desirous /dɪˈzaɪərəs/ agg. FORM. desideroso (**of** di).

desist /dɪˈzɪst/ intr. FORM. desistere (**from** da; **from doing** dal fare).

desistance /dɪˈzɪstəns/ n. **1** desistenza f. **2** *(from cause)* remissione f.

▶ **desk** /desk/ **I** n. **1** *(furniture)* scrivania f.; MUS. leggio m.; ***writing ~*** scrittoio **2** *(in classroom) (pupil's)* banco m.; *(teacher's)* cattedra f. **3** *(in public building)* banco m.; ***reception ~*** reception; ***information, advice ~*** banco (delle) informazioni; ***cash ~*** cassa **4** *(in newspaper office)* ***the ~*** la redazione; ***picture ~*** archivio iconografico; ***sports ~*** redazione sportiva; ***news ~*** servizio di cronaca **5** *(in organization, government office) (department)* reparto m., ufficio m.; ***he has a ~ at the Foreign Office*** *(post)* lavora al Ministero degli Affari Esteri **II** modif. [*accessories, calendar, lamp, diary*] da tavolo; [*job*] sedentario; ***~ pad*** *(blotter)* tampone; *(notebook)* bloc-notes.

deskbound /ˈdeskbaʊnd/ agg. [*job*] sedentario; ***we are ~ all week*** siamo inchiodati alla scrivania tutta la settimana.

desk clerk /ˈdeskˌklɑːk, AE -ˌklɜːrk/ ◆ **27** n. AE receptionist m. e f.

deskill /ˌdiːˈskɪl/ tr. automatizzare [*job, process*]; dequalificare [*person*].

deskilling /ˌdiːˈskɪlɪŋ/ n. *(of workforce)* dequalificazione f.; *(of job, process)* automatizzazione f.

desk research /ˈdeskrɪˌsɜːtʃ, -ˌriːs-/ n. ricerca f., studio m. a tavolino.

▷ **desktop** /ˈdesktɒp/ **I** n. **1** piano m. della scrivania, scrivania f. **2** INFORM. *(microcomputer)* desktop m., computer m. da tavolo; *(area of the screen)* desktop m. **II** modif. [*model*] da tavolo.

desktop computer /ˌdesktɒpkəmˈpjuːtə(r)/, **desktop PC** /ˌdesktɒpˌpiːˈsiː/ n. computer m. da tavolo.

desktopper /ˈdeskˌtɒpə(r)/ n. *(unit)* unità f. da tavolo; *(computer)* computer m. da tavolo.

desktop publishing /ˌdesktɒpˈpʌblɪʃɪŋ/ n. desktop publishing m., editoria f. da tavolo.

deskwork /ˈdeskwɜːk/ n. lavoro m. d'ufficio, a tavolino (anche SPREG.).

desman /ˈdesmən/ n. **1** (anche **Russian ~**) desman m. **2** (anche **Pyrenean ~**) galemio m.

Des Moines /dɪˈmɔɪn/ ◆ **34** n.pr. Des Moines f.

Desmond /ˈdezmənd/ n.pr. Desmond (nome di uomo).

1.desolate /ˈdesələt/ agg. **1** *(deserted)* [*place, landscape*] desolato, disabitato; [*house*] abbandonato **2** *(devastated)* [*building, city*] devastato, in rovina **3** *(forlorn)* [*person*] solo, abbandonato; [*life*] triste, solitario; [*cry*] desolato, di desolazione **4** *(grief-stricken)* desolato, afflitto.

2.desolate /ˈdesəleɪt/ tr. devastare, spopolare [*town, country*]; desolare, affliggere [*person*].

desolately /ˈdesələtlɪ/ avv. [*say, look*] con desolazione, desolatamente.

desolation /ˌdesəˈleɪʃn/ n. **1** *(loneliness, grief, misery)* desolazione f.; ***a scene of utter ~*** una scena di estrema desolazione **2** *(devastation) (of city, country)* devastazione f.

desorb /diːˈsɔːb/ tr. deadsorbire.

desorption /diːˈsɔːpʃn/ n. deadsorbimento m., desorbimento m.

▷ **1.despair** /dɪˈspeə(r)/ n. **1** *(emotion)* disperazione f.; ***to be in ~ about*** o ***over sth.*** essere disperato per qcs.; ***to do sth. in*** o ***out of ~*** fare qcs. per disperazione; ***in ~ he phoned her*** in preda alla disperazione, le telefonò; ***to be in the depths of ~*** essere nella disperazione più nera; ***to drive sb. to ~*** spingere qcn. alla disperazione **2** [*person*] ***to be the ~ of sb.*** essere la disperazione di qcn.

▷ **2.despair** /dɪˈspeə(r)/ intr. disperare (**of** di; **of doing** di fare); ***don't ~*** non disperare!

despairing /dɪˈspeərɪŋ/ agg. disperato.

despairingly /dɪˈspeərɪŋlɪ/ avv. [*look*] con aria disperata; [*say*] in tono disperato.

despatch → **dispatch**.

desperado /ˌdespəˈrɑːdəʊ/ n. (pl. **~es, ~s**) desperado m.

▷ **desperate** /ˈdespərət/ agg. **1** [*person, act, attempt, measure, plea, situation*] disperato; [*criminal*] pronto a tutto; ***to be ~ to do*** essere disposto a tutto pur di fare; ***to be ~ for*** avere un disperato bisogno di [*affection, money, help, trade*]; essere in disperata attesa di [*news*]; ***the refugees are ~*** i profughi sono disperati; ***a ~ case*** un caso disperato; ***to do something ~*** agire alla disperata **2** COLLOQ. *(terrible)* estremo, tremendo.

▷ **desperately** /ˈdespərətlɪ/ avv. **1** [*plead, struggle, fight*] disperatamente; [*look*] con aria disperata, disperatamente; [*love*] perdutamente; ***to need, want sth. ~*** avere un bisogno disperato di qcs., volere qcs. con tutte le proprie forze **2** *(as intensifier)* [*poor, hungry, anxious*] estremamente, tremendamente; [*ill*] gravemente; ***~ in love*** perdutamente innamorato.

desperateness /ˈdespərətnɪs/ n. disperazione f., stato m. disperato.

▷ **desperation** /ˌdespəˈreɪʃn/ n. disperazione f.; ***in (sheer)~ she phoned the police*** in preda alla (totale) disperazione chiamò la polizia; ***to act out of~*** agire per disperazione; ***her~ to win, for another victory*** la sua disperata volontà di vincere, di riportare un'altra vittoria; ***to drive sb. to~*** spingere qcn. alla disperazione.
despicability /ˌdespɪkəˈbɪlətɪ/ n. spregevolezza f.
despicable /dɪˈspɪkəbl, ˈdespɪkəbl/ agg. spregevole.
despicably /dɪˈspɪkəblɪ, ˈdespɪkəblɪ/ avv. spregevolmente.
despise /dɪˈspaɪz/ tr. disprezzare (**for** per; **for doing** per aver fatto).
despisingly /dɪˈspaɪzɪŋlɪ/ avv. con disprezzo.
▶ **despite** /dɪˈspaɪt/ prep. nonostante, a dispetto di, malgrado; ~ ***the fact that*** nonostante; ~ ***oneself*** suo malgrado.
despiteful /dɪˈspaɪtfʊl/ agg. perfido, malevolo.
despoil /dɪˈspɔɪl/ tr. FORM. LETT. (di)spogliare, saccheggiare [*area, country*].
despoiler /dɪˈspɪlə(r)/ n. (di)spogliatore m. (-trice), saccheggiatore m. (-trice).
despond /dɪsˈpɒnd/ intr. ANT. abbattersi, scoraggiarsi, perdersi d'animo.
despondency /dɪˈspɒndənsɪ/, **despondence** /dɪˈspɒndəns/ n. abbattimento m., scoraggiamento m.
despondent /dɪˈspɒndənt/ agg. abbattuto, scoraggiato; ***she is~ about her results*** è depressa per i suoi risultati.
despondently /dɪˈspɒndəntlɪ/ avv. [*say*] con tono abbattuto, scoraggiato; [*look, walk*] con aria abbattuta, scoraggiata.
despot /ˈdespɒt/ n. despota m.
despotic /deˈspɒtɪk/ agg. dispotico.
despotically /deˈspɒtɪklɪ/ avv. [*act, behave*] dispoticamente, da despota.
despotism /ˈdespətɪzəm/ n. dispotismo m.
desquamate /ˈdeskwəmeɪt/ intr. squamarsi.
desquamation /ˌdeskwəˈmeɪʃn/ n. desquamazione f.
des res /ˌdez ˈrez/ n. COLLOQ. (accorc. desirable residence) *(in ad)* abitazione f. di pregio.
▷ **dessert** /dɪˈzɜːt/ **I** n. dessert m. **II** modif. [*fork, plate, etc.*] da dessert.
dessert apple /dɪˈzɜːtˌæpl/ n. mela f. (servita come dessert o dopo).
dessert chocolate /dɪˈzɜːtˌtʃɒklət/ n. = dolce al cucchiaio a base di cioccolato.
dessertspoon /dɪˈzɜːtspuːn/ n. cucchiaino m. da dessert.
dessert wine /dɪˈzɜːtˌwaɪŋ/ n. vino m. da dessert.
destabilization /ˌdiːsteɪbəlaɪˈzeɪʃn, AE -lɪˈz-/ n. destabilizzazione f.
destabilize /ˌdiːˈsteɪbəlaɪz/ tr. destabilizzare.
destabilizing /diːˈsteɪbəlaɪzɪŋ/ agg. destabilizzante.
destalinization /diːˌstɑːlɪnaɪˈzeɪʃn, AE -nɪˈz-/ n. destalinizzazione f.
destalinize /diːˈstɑːlɪnaɪz/ tr. destalinizzare.
▷ **destination** /ˌdestɪˈneɪʃn/ n. destinazione f.; ***we reached our~ at 3 o'clock*** giungemmo a destinazione alle tre.
destine /ˈdestɪn/ tr. destinare (**for** a).
▷ **destined** /ˈdestɪnd/ **I** p.pass. → **destine II** agg. **1** *(preordained)* destinato (**for, to** a; **to do** a fare); ***it was~ that*** fu stabilito che; ***they were~ never to meet again*** erano destinati a non rincontrarsi più; ***it was~ to happen*** era destino che succedesse; ***to be~ for higher things*** essere destinato a grandi cose **2** ~ ***for Paris*** [*plane, train, letter etc.*] per Parigi; [*traveller*] diretto a Parigi.
▷ **destiny** /ˈdestɪnɪ/ n. destino m.; ***it was her~ to become queen*** il suo destino era di diventare regina; ***nobody knows her, his~*** nessuno conosce il suo destino; ***a man of~*** *(saviour)* un uomo mandato dal destino; *(full of promise)* un uomo con un grande avvenire; ***Destiny had decreed that...*** il destino aveva decretato che...
destitute /ˈdestɪtjuːt, AE -tuːt/ **I** agg. **1** [*person, family, community*] bisognoso, indigente; ***to leave sb.~*** lasciare qcn. nell'indigenza **2** FORM. ***to be~ of*** essere privo, mancante di [*feeling, common sense, funds*] **II** n. ***the~*** + verbo pl. i bisognosi, gli indigenti.
destitution /ˌdestɪˈtjuːʃn, AE -tuː-/ n. indigenza f.
de-stress /diːˈstres/ intr. rilassarsi.
▶ **destroy** /dɪˈstrɔɪ/ tr. **1** distruggere [*building, town, landscape, data, letter, evidence, bacteria*]; distruggere, mettere fine a [*hopes, happiness, love, relationship, reputation, career*]; annientare [*person*]; neutralizzare [*bomb, suspicious package*]; ***brain, ozone-~ing*** che distrugge il cervello, lo strato di ozono **2** *(kill)* abbattere, sopprimere [*animal*]; distruggere, annientare [*population, enemy*] **3** SPORT COLLOQ. distruggere, stracciare [*opponent*].
destroyable /dɪˈstrɔɪəbl/ agg. distruggibile.
destroyer /dɪˈstrɔɪə(r)/ n. **1** MAR. cacciatorpediniere m. **2** *(person)* distruttore m. (-trice); *(killer)* uccisore m. **3** *(fire, flood, earthquake)* calamità f., flagello m.
1.destruct /dɪˈstrʌkt/ **I** n. autodistruzione f. **II** modif. [*mechanism*] di autodistruzione; ~ ***button*** pulsante di autodistruzione.
2.destruct /dɪˈstrʌkt/ **I** tr. distruggere, fare autodistruggere **II** intr. autodistruggersi.
destructible /dɪˈstrʌktəbl/ agg. distruttibile.
▷ **destruction** /dɪˈstrʌkʃn/ n. *(of building, town, environment, letter, evidence)* distruzione f.; *(of hopes, happiness, reputation, career)* distruzione f., rovina f.; *(of enemy, population)* annientamento m.; ***the gales caused widespread~*** la burrasca ha provocato ingenti danni.
▷ **destructive** /dɪˈstrʌktɪv/ agg. **1** *(causing destruction)* [*force*] distruttivo; [*behaviour, policy, method*] distruttivo, rovinoso; [*storm, fire*] distruttore, devastatore; ***to be~ of*** o ***to sth.*** essere deleterio per qcs.; ***a~ child*** un bambino che rompe tutto **2** *(having potential to destroy)* [*weapon, capacity*] distruttivo, di distruzione; [*urge, emotion, criticism*] distruttivo.
destructively /dɪˈstrʌktɪvlɪ/ avv. [*behave*] in modo distruttivo.
destructiveness /dɪˈstrʌktɪvnɪs/ n. *(of storm, weapon)* forza f. distruttiva, distruttrice; *(of emotion, behaviour)* distruttività f., effetto m. distruttivo; *(of child)* tendenza f. distruttiva; *(of argument, régime, theory)* carattere m. distruttivo.
destructor /dɪˈstrʌktə(r)/ n. **1** BE *(incinerator)* inceneritore m. **2** MIL. sistema m. di autodistruzione.
desuetude /dɪˈsjuːɪtjuːd, AE -tuːd/ n. FORM. desuetudine f.
desulphurization /diːˌsʌlfəraɪˈzeɪʃn, AE -rɪˈz-/ n. desolforazione f.
desulphurize /diːˈsʌlfəraɪz/ tr. desolforare.
desultorily /ˈdesəltərɪlɪ, AE -tɔː-/ avv. [*speak*] sconnessamente; [*study, work*] senza ordine, senza metodo; [*contact*] saltuariamente.
desultoriness /ˈdesəltərɪnɪs/ n. *(of conversation)* sconnessione f.; *(of work)* mancanza f. di metodo; *(of friendship)* discontinuità f.; *(of contacts)* saltuarietà f.
desultory /ˈdesəltrɪ, AE -tɔːrɪ/ agg. [*conversation*] sconnesso; [*attempt, effort*] sporadico; [*reading*] casuale, disordinato; [*friendship*] discontinuo; [*contact*] saltuario; ***she wandered about in a~ fashion*** girava a casaccio.
Det ⇒ Detective investigatore.
detach /dɪˈtætʃ/ **I** tr. **1** staccare (**from** da) **2** MIL. distaccare (**from** da) **II** rifl. ***to~ oneself*** staccarsi, distaccarsi (**from** da).
detachable /dɪˈtætʃəbl/ agg. [*coupon, strap, handle, collar*] staccabile; [*lens*] rimovibile.
detached /dɪˈtætʃt/ **I** p.pass. → **detach II** agg. **1** *(separate)* staccato, separato **2** *(emotionally, intellectually)* [*person, view*] distaccato; [*attitude, manner*] distaccato, distante; [*observer*] imparziale, obiettivo.
detached garage /dɪˈtætʃtˌgærɑːg, -rɪdʒ, AE -gəˌrɑːʒ/ n. garage m. indipendente.
detached house /dɪˈtætʃthaʊs/ n. casa f., villetta f. unifamiliare.
detachedly /dɪˈtætʃtlɪ/ avv. [*look, say*] con distacco; *(impartially)* in modo imparziale.
detachedness /dɪˈtætʃtnɪs/ n. distacco m.; *(impartiality)* imparzialità f.
detached retina /dɪˈtætʃtˌretɪnə, AE -tən-/ n. MED. retina f. staccata.
detachment /dɪˈtætʃmənt/ n. **1** *(separation)* separazione f., distacco m. (**from** da); ~ ***of the retina*** MED. distacco della retina **2** *(emotional, intellectual)* distacco m. **3** MIL. *(unit)* distaccamento m.
▷ **1.detail** /ˈdiːteɪl, AE dɪˈteɪl/ **I** n. **1** dettaglio m., particolare m.; ***point of~*** dettaglio; ***in (some)~*** in dettaglio, nei dettagli, dettagliatamente; ***in more*** o ***greater~*** più in dettaglio; ***in great*** o ***minute~*** nei minimi dettagli; ***to go into~s*** entrare, scendere nei particolari (**about** a proposito di); ***to have an eye for~, to show attention to~*** fare, prestare attenzione ai dettagli; ***I'll spare you the~s*** ti risparmierò i dettagli **2** ART. particolare m. **3** MIL. (piccolo) distaccamento m. **II details** n.pl. *(information)* ***for further~s...*** COMM. per ulteriori dettagli, informazioni...
2.detail /ˈdiːteɪl, AE dɪˈteɪl/ tr. **1** *(list)* esporre, descrivere minuziosamente, nei dettagli [*plans, changes*]; elencare [*items*] **2** MIL. distaccare; ***to~ sb. to sth.*** assegnare qcn. a qcs.
detail drawing /ˈdiːteɪlˌdrɔːɪŋ, AE dɪˈteɪl-/ n. disegno m. di particolari.
▶ **detailed** /ˈdiːteɪld, AE dɪˈteɪld/ **I** p.pass. → **2.detail II** agg. dettagliato, particolareggiato.
▷ **detain** /dɪˈteɪn/ tr. **1** *(delay)* trattenere; ***I won't~ you any longer*** non ti tratterrò oltre **2** *(keep in custody)* detenere, tenere in stato di

fermo [*prisoner*]; ***to be ~ed for questioning*** essere trattenuto, essere tenuto in stato di fermo per poter essere interrogato **3** *(in hospital)* tenere, trattenere.

▷ **detainee** /ˌdiːteɪˈniː/ n. *(general)* detenuto m. (-a); *(political)* prigioniero m. (-a) (politico).

detainer /dɪˈteɪnə(r)/ n. **1** *(of thing)* detenzione f. illegale **2** *(of person)* stato m. di arresto, di fermo **3** *(order)* ordine m. di detenzione, di incarcerazione.

detainment /dɪˈteɪnmənt/ n. detenzione f.; arresto m.; sequestro m.

detect /dɪˈtekt/ tr. **1** *(find, locate)* trovare [*error*]; rilevare [*traces, trend, change, evidence*]; scoprire [*crime, disease, leak, enemy plane*] **2** *(sense)* percepire, accorgersi di [*sound, smell*]; notare, avvertire [*mood*]; ***I ~ed a note of impatience in her voice*** avvertii una nota d'impazienza nella sua voce.

detectable /dɪˈtektəbl/ agg. rilevabile, percepibile.

detection /dɪˈtekʃn/ **I** n. *(of crime, disease)* scoperta f.; *(of error)* individuazione f.; ***the ~ of crime, crime ~*** la lotta alla criminalità; ***to escape ~*** [*criminal*] sfuggire, non essere scoperto; [*error*] sfuggire, non essere trovato; ***radar ~*** rilevazione radar; ***submarine ~*** rilevazione sottomarina **II** modif. ***(crime) ~ rate*** tasso degli arresti (di criminali).

▷ **detective** /dɪˈtektɪv/ ➧ *27* n. *(police)* investigatore m. (-trice), agente m. investigativo (della polizia); *(private)* detective m. e f., investigatore m. (-trice); ***store ~*** agente di sorveglianza (in un negozio, grande magazzino ecc.).

detective constable /dɪˈtektɪvˌkʌnstəbl, AE -ˈkɒn-/ n. GB = agente di polizia con funzioni investigative.

detective inspector /dɪˈtektɪvɪnˌspektə(r)/ n. GB = ispettore di polizia con funzioni investigative.

detective sergeant /dɪˈtektɪvˌsɑːdʒənt/ n. GB = sergente di polizia con funzioni investigative.

detective story /dɪˈtektɪvˌstɔːrɪ/ n. (romanzo) giallo m., romanzo m. poliziesco.

detective superintendent /dɪˈtektɪvˌsuːpərɪnˈtendənt, -sjuː-/ n. GB = sovrintendente di polizia con funzioni investigative.

detective work /dɪˈtektɪvˌwɜːk/ n. investigazione f. (anche FIG.).

▷ **detector** /dɪˈtektə(r)/ n. TECN. detector m., rivelatore m.

detent /dɪˈtent/ n. TECN. dente m. d'arresto, fermo m.

detente /ˌdeɪˈtɑːnt/ n. POL. distensione f.

▷ **detention** /dɪˈtenʃn/ n. **1** *(confinement)* detenzione f.; ***to be, die in ~*** essere detenuto, morire durante la detenzione **2** *(prison sentence)* reclusione f.; *(awaiting trial)* carcerazione f. preventiva **3** SCOL. = punizione consistente nell'essere trattenuti a scuola dopo il normale orario delle lezioni.

detention centre /dɪˈtenʃnˌsentə(r)/ BE, **detention home** /dɪˈtenʃnˌhəʊm/ AE n. istituto m. di detenzione (per minorenni).

▷ **deter** /dɪˈtɜː(r)/ tr. (forma in -ing ecc. **-rr-**) **1** *(dissuade)* dissuadere, trattenere; ***a scheme to ~ burglars, vandalism*** un progetto per scoraggiare i ladri, il vandalismo; ***nothing will ~ her*** niente potrà dissuaderla **2** *(prevent)* impedire (**from doing** di fare).

detergent /dɪˈtɜːdʒənt/ **I** agg. detergente, detersivo **II** n. detergente m., detersivo m.

deteriorate /dɪˈtɪərɪəreɪt/ intr. [*weather*] guastarsi; [*health, patient*] aggravarsi; [*relationship, situation*] deteriorarsi; [*economy, market, sales*] peggiorare; [*work, building, area*] degradarsi; [*leather, wood*] deteriorarsi; ***to ~ into*** [*discussion, debate etc.*] degenerare in.

deterioration /dɪˌtɪərɪəˈreɪʃn/ n. *(in weather)* peggioramento m. (**in** di); *(in health)* aggravamento m.; *(in situation, relationship)* deterioramento m. (**in** di); *(in work, performance)* peggioramento m. (**in** di); *(of building, area)* degradazione f.; *(of leather, wood)* deterioramento m.; ***~ in living standards*** abbassamento del tenore di vita.

determent /dɪˈtɜːmənt/ n. **1** *(dissuasion)* dissuasione f., freno m. **2** *(prevention)* impedimento m.

determinable /dɪˈtɜːmɪnəbl/ agg. **1** [*amount, fact*] determinabile **2** DIR. [*contract, right*] risolvibile.

determinant /dɪˈtɜːmɪnənt/ **I** agg. MAT. determinante **II** n. MAT. determinante m.

determinate /dɪˈtɜːmɪnət/ agg. determinato.

▷ **determination** /dɪˌtɜːmɪˈneɪʃn/ n. **1** *(quality)* determinazione f. (**to do** a fare) **2** *(of amount, date etc.)* determinazione f. **3** DIR. AMM. *(ruling)* decisione f.

determinative /dɪˈtɜːmɪnətɪv/ agg. determinativo (anche LING.).

▷ **determine** /dɪˈtɜːmɪn/ tr. **1** *(find out)* determinare [*cause, fact*]; ***to ~ how, when etc.*** stabilire come, quando ecc. **2** *(decide)* determinare, fissare [*date, price*]; ***to ~ to do*** decidere di fare; ***to ~ that, when etc.*** decidere che, quando ecc.; ***to ~ (up)on doing sth.*** decidersi, risolversi a fare qcs.; ***it was ~ed that*** fu stabilito che **3** *(control)* [*factor*] determinare [*outcome, progress*].

▶ **determined** /dɪˈtɜːmɪnd/ **I** p.pass. → **determine II** agg. [*person*] fermamente deciso (**to do** a fare); [*air, expression*] risoluto; [*attempt, approach*] fermo; ***to be ~ that*** essere deciso che.

determinedly /dɪˈtɜːmɪndlɪ/ avv. in modo determinato.

determiner /dɪˈtɜːmɪnə(r)/ n. LING. determinante m.

determining /dɪˈtɜːmɪnɪŋ/ agg. attrib. determinante.

determinism /dɪˈtɜːmɪnɪzəm/ n. determinismo m.

determinist /dɪˈtɜːmɪnɪst/ **I** agg. determinista **II** n. determinista m. e f.

deterrence /dɪˈterəns, AE -ˈtɜː-/ n. deterrenza f.

deterrent /dɪˈterənt, AE -ˈtɜː-/ **I** n. deterrente m.; ***to be a ~ to sb.*** essere un deterrente per qcn.; ***to act as a ~*** fungere da deterrente **II** agg. [*effect, measure*] deterrente.

detersive /dɪˈtɜːsɪv/ **I** agg. detersivo **II** n. detersivo m.

detest /dɪˈtest/ tr. detestare (**doing** fare).

detestable /dɪˈtestəbl/ agg. detestabile; *(stronger)* odioso.

detestably /dɪˈtestəblɪ/ avv. detestabilmente.

detestation /ˌdiːteˈsteɪʃn/ n. **1** *(hatred)* detestazione f., odio m. **2** *(object of hatred)* cosa f. detestata; *(person)* persona f. detestata.

dethrone /ˌdiːˈθrəʊn/ tr. detronizzare.

dethronement /ˌdiːˈθrəʊnmənt/ n. detronizzazione f.

detinue /ˈdetɪnjuː/ n. DIR. *(of chattel)* detenzione f. illegale; ***action of ~*** azione di rivendicazione.

detonate /ˈdetəneɪt/ **I** tr. fare detonare, esplodere **II** intr. detonare, esplodere.

detonation /ˌdetəˈneɪʃn/ n. detonazione f., esplosione f.

detonator /ˈdetəneɪtə(r)/ n. detonatore m.

1.detour /ˈdiːtʊə(r), AE dɪˈtʊər/ n. deviazione f.; ***it's worth a*** o ***the ~*** merita una deviazione; FIG. ne vale la pena.

2.detour /ˈdiːtʊə(r), AE dɪˈtʊər/ **I** tr. AE **1** *(redirect)* deviare, dirottare [*traffic*] **2** *(bypass)* girare intorno a, aggirare **II** intr. fare una deviazione.

1.detox /ˌdiːˈtɒks/ n. (accorc. detoxi(fi)cation) disintossicazione f.

2.detox /ˌdiːˈtɒks/ tr. (accorc. detoxify) disintossicare.

detoxicate /ˌdiːˈtɒksɪkeɪt/ tr. disintossicare.

detoxi(fi)cation /ˌdiːˌtɒksɪ(fɪ)ˈkeɪʃn/ **I** n. disintossicazione f.; ***to be in ~*** essere in cura di disintossicazione **II** modif. [*centre, treatment*] di disintossicazione.

detoxify /ˌdiːˈtɒksɪfaɪ/ tr. disintossicare.

DETR n. GB (⇒ Department of the Environment, Transport and the Regions) = in passato, ministero dell'ambiente, dei trasporti e delle regioni.

detract /dɪˈtrækt/ intr. ***to ~ from*** sminuire [*achievement, success, support, value*]; nuocere a [*harmony, image, publicity*]; diminuire [*pleasure, happiness*].

detraction /dɪˈtrækʃn/ n. denigrazione f.

detractive /dɪˈtræktɪv/ agg. denigratorio.

detractor /dɪˈtræktə(r)/ n. detrattore m. (-trice).

detrain /ˌdiːˈtreɪn/ MIL. **I** tr. fare scendere da un treno [*troops*] **II** intr. scendere da un treno.

detriment /ˈdetrɪmənt/ n. ***to the ~ of*** a detrimento di; ***to their ~*** a loro detrimento; ***to the great ~ of sth.*** con grande detrimento di qcs.; ***without ~ to*** senza apportare detrimento a.

detrimental /ˌdetrɪˈmentl/ agg. nocivo, dannoso (**to** a, per); ***to be ~ to, to have a ~ effect on*** nuocere a, essere dannoso per [*person, environment, wildlife*].

detrital /ˌdɪˈtraɪtl/ agg. GEOL. detritico.

detritus /dɪˈtraɪtəs/ n. **U 1** detrito m., detriti m.pl. (**of** di) **2** GEOL. ammasso m., ammassi m.pl. detritici.

Detroit /dɪˈtrɔɪt/ ➧ *34* n.pr. Detroit f.

detumescence /diːtjʊˈmesns/ n. detumefazione f., detumescenza f.

1.deuce /djuːs, AE duːs/ n. **1** *(in tennis)* ***~!*** parità! **2** *(in cards)* due m.

2.deuce /djuːs, AE duːs/ n. RAR. COLLOQ. ***what, where the ~?*** che, dove diamine?

deuced /ˈdjuːsɪd, djuːst, AE duːst/ COLLOQ. **I** agg. diabolico, maledetto **II** avv. maledettamente.

deuteragonist /djuːtəˈrægənɪst/ n. deuteragonista m.

deuterium /djuːˈtɪərɪəm/ n. deuterio m.

deuterogamy /ˌdjuːtəˈrɒgəmɪ/ n. **1** seconde nozze f.pl. **2** BIOL. deuterogamia f.

deuteron /djuːˈtərən/ n. deuterone m., deutone m.

Deuteronomy /ˌdjuːtəˈrɒnəmɪ, AE ˌduː-/ n.pr. Deuteronomio m.

devaluate /ˌdiːˈvæljʊeɪt/ tr. → **devalue.**

devaluation /ˌdiːvæljʊˈeɪʃn/ n. ECON. *(of currency)* svalutazione f.; ***a 12% ~*** una svalutazione del 12%.

devalue /ˌdiːˈvæljuː/ **I** tr. **1** ECON. svalutare (**against** rispetto a); ***to be ~d by 6%*** essere svalutato del 6% **2** *(underestimate)* sottovalutare **II** intr. ECON. [*currency, shares*] svalutarsi (**against** rispetto a); [*property*] diminuire di valore; [*government, country*] decidere, rendere operante una svalutazione.

devastate /ˈdevəsteɪt/ tr. **1** devastare [*land, town*] **2** FIG. distruggere, sconvolgere [*person*].

▷ **devastated** /ˈdevəsteɪtɪd/ **I** p.pass. → **devastate II** agg. **1** devastato **2** [*person*] distrutto, sconvolto (**by** da).

▷ **devastating** /ˈdevəsteɪtɪŋ/ agg. **1** [*attack, power, effect*] devastante; [*storm*] disastroso, rovinoso; FIG. [*beauty, charm*] sconvolgente **2** *(crushing)* [*news, loss, grief*] sconvolgente; [*comment, criticism, reply*] sferzante; [*argument*] schiacciante; ***to be ~ about sb., sth.*** demolire qcn., qcs.

devastatingly /ˈdevəsteɪtɪŋlɪ/ avv. terribilmente.

devastation /ˌdevəˈsteɪʃn/ n. **1** *(of land, town)* devastazione f. **2** *(of person)* distruzione f., sconvolgimento m.

devastator /ˈdevəsteɪtə(r)/ n. devastatore m. (-trice).

▶ **develop** /dɪˈveləp/ **I** tr. **1** *(acquire)* acquisire [*skill, knowledge*]; contrarre [*illness*]; prendere [*habit*]; presentare, manifestare [*symptom*]; ***to ~ an awareness of sth.*** prendere coscienza di qcs.; ***to ~ a taste*** o ***liking for sth.*** prendere gusto a qcs.; ***to ~ cancer*** sviluppare un cancro; ***the engine ~ed a fault*** il motore presentava un difetto **2** *(evolve)* sviluppare, ampliare [*plan, project*]; sviluppare, mettere a punto [*technique, procedures, invention*]; sviluppare [*theory, idea, argument*] **3** COMM. IND. *(create)* creare [*market*]; stabilire [*close ties, links*] **4** *(expand, build up)* sviluppare [*mind, physique*]; COMM. sviluppare, ampliare [*business, market*] **5** *(improve)* valorizzare; *(build on)* edificare [*land, site etc.*]; risanare [*city centre*] **6** FOT. sviluppare **II** intr. **1** *(evolve)* [*child, seed, embryo, intelligence*] svilupparsi; [*skills*] migliorare; [*society, country, region*] svilupparsi; [*plot, play*] svilupparsi; ***to ~ into*** diventare **2** *(come into being)* [*friendship, trouble, difficulty*] nascere; [*crack, hole*] formarsi, prodursi; [*illness, symptom*] manifestarsi **3** *(progress, advance)* [*friendship*] svilupparsi; [*difficulty*] accrescersi; [*crack, fault*] accentuarsi; [*war, illness*] aggravarsi; [*game, story*] svolgersi **4** *(in size, extent)* [*town, business*] svilupparsi.

developable /dɪˈveləpəbl/ agg. sviluppabile.

▷ **developed** /dɪˈveləpt/ **I** p.pass. → **develop II** agg. [*country, economy*] sviluppato.

developer /dɪˈveləpə(r)/ n. **1** (anche **property ~**) promotore m. (-trice) (immobiliare) **2** FOT. sviluppatore m., rivelatore m. **3** PSIC. SCOL. ***early ~*** bambino precoce; ***late ~*** bambino tardivo.

developing /dɪˈveləpɪŋ/ agg. [*area*] in via di sviluppo; [*economy*] in espansione.

developing bath /dɪˈveləpɪŋˌbɑːθ, AE -ˌbæθ/ n. FOT. bagno m. di sviluppo.

developing country /dɪˌveləpɪŋˈkʌntrɪ/ n. paese m. in via di sviluppo.

developing tank /dɪˈveləpɪŋˌtæŋk/ n. FOT. tank m.

▶ **development** /dɪˈveləpmənt/ n. **1** *(creation) (of commercial product)* creazione f.; *(of new housing, industry etc.)* sviluppo m.; ***new ~*** novità **2** *(evolution, growth) (human, economic, industrial etc.)* sviluppo m., evoluzione f. **3** *(fostering) (of links)* sviluppo m., ampliamento m.; *(of the arts, sport, industry)* sviluppo m. **4** *(of land)* valorizzazione f.; *(of building)* edificazione f.; *(of site, city centre etc.)* risanamento m., recupero m. **5** *(land etc. developed)* ***housing ~*** area di sviluppo urbano; *(individual houses)* complesso abitativo; ***office ~*** = complesso adibito a uffici; ***commercial ~*** complesso commerciale **6** *(innovation)* progresso m.; ***major ~s in surgery*** grandi progressi della chirurgia **7** *(event)* sviluppo m., cambiamento m.; ***recent ~s in Europe, in the pay dispute*** recenti sviluppi in Europa, nella vertenza sugli stipendi; ***the latest ~s*** gli ultimi sviluppi; ***to await ~s*** attendere gli sviluppi, l'evoluzione degli avvenimenti **8** *(of idea, theme etc.)* sviluppo m.

developmental /dɪˌveləpˈmentl/ agg. PSIC. dello sviluppo.

development area /dɪˈveləpməntˌeərɪə/ n. area f. di sviluppo urbano.

development bank /dɪˈveləpməntˌbæŋk/ n. banca f. di sviluppo.

development company /dɪˈveləpməntˌkʌmpənɪ/ n. società f. immobiliare.

development costs /dɪˈveləpməntˌkɒsts, AE -ˌkɔːs-/ n.pl. costi m. di sviluppo.

development period /dɪˈveləpməntˌpɪərɪəd/ n. periodo m. di avviamento.

development planning /dɪˌveləpməntˈplænɪŋ/ n. pianificazione f. dello sviluppo urbanistico.

deverbal /diːˈvɜːbl/, **deverbative** /diːˈvɜːbətɪv/ **I** agg. deverbale, deverbativo **II** n. deverbale m., deverbativo m.

deviable /ˈdiːvɪəbl/ agg. deviabile.

deviance /ˈdiːvɪəns/, **deviancy** /ˈdiːvɪənsɪ/ n. devianza f.

deviant /ˈdiːvɪənt/ **I** agg. deviante **II** n. deviante m. e f.

deviate /ˈdiːvɪeɪt/ intr. **1** *(from principles, intentions, norm)* deviare (**from** da) **2** [*ship, plane, missile*] deviare (**from** da).

▷ **deviation** /ˌdiːvɪˈeɪʃn/ n. **1** *(all contexts)* deviazione f. (**from** da) **2** STATIST. deviazione f., scarto m.; ***standard ~*** deviazione standard.

deviationism /ˌdiːvɪˈeɪʃənɪzəm/ n. POL. deviazionismo m.

deviationist /ˌdiːvɪˈeɪʃənɪst/ **I** agg. POL. deviazionista, deviazionistico **II** n. POL. deviazionista m. e f.

deviator /ˈdiːvɪeɪtə(r)/ n. deviatore m. (-trice).

▶ **device** /dɪˈvaɪs/ n. **1** *(household)* apparecchio m., arnese m., aggeggio m.; ***labour-saving ~*** (apparecchio) elettrodomestico **2** TECN. dispositivo m., congegno m., meccanismo m.; ***a ~ for measuring, to measure*** un dispositivo per misurare **3** *(system)* sistema m.; ***security ~*** sistema, dispositivo di sicurezza **4** INFORM. periferica f. **5** (anche **explosive ~, incendiary ~**) *(bomb)* ordigno m. (esplosivo, incendiario) **6** FIG. *(means)* mezzo m., accorgimento m. (**for doing, to do** per fare); ECON. misura f. (**for doing, to do** per fare) **7** LETTER. artificio m. **8** ARALD. emblema m. ◆ ***to be left to one's own ~s*** essere abbandonato a se stesso, essere costretto a cavarsela da solo; ***to leave sb. to their own ~s*** lasciare che qcn. se la sbrighi da solo.

▷ **1.devil** /ˈdevl/ n. **1** (anche **Devil**) RELIG. *(Satan)* ***the ~*** il diavolo **2** *(evil spirit)* diavolo m., demonio m.; ***possessed by ~s*** posseduto dal demonio, da spiriti malefici **3** COLLOQ. *(for emphasis)* ***what the ~ do you mean?*** che diavolo vuoi dire? ***why the ~ do you think I invited her?*** perché diavolo credi che l'abbia invitata? ***I wondered what the ~ he was talking about, why the ~ he had come*** mi chiedevo di che diavolo stesse parlando, perché diavolo era venuto; ***how the ~ should I know?*** come diavolo faccio a saperlo? ***we'll have a ~ of a job cleaning the house*** sarà un lavoro d'inferno pulire la casa **4** COLLOQ. *(expressing affection, sympathy)* ***a lucky ~*** un fortunello, un gran fortunato; ***he's a handsome, cheeky ~*** è un (gran) bel tipo, un bello sfacciato; ***the poor ~*** il povero diavolo; ***some poor ~ of a soldier*** qualche povero (diavolo di) soldato; ***that child is a little ~*** quel bambino è un (vero) diavoletto **5** COLLOQ. RAR. *(nuisance)* ***to be a ~ for doing*** avere la mania di fare; ***she's a ~ for contradicting people*** ha la mania di contraddire le persone; ***these pans are a ~ to clean*** queste padelle sono una maledizione da pulire; ***he's a ~ for gambling*** è un giocatore incallito **6** BE DIR. praticante ◆ ***be a ~!*** COLLOQ. dai, lasciati tentare! fai uno strappo! ***the ~ you know is better than the ~ you don't*** chi lascia la strada vecchia per la nuova sa quello che perde ma non quello che trova; ***to be caught between the ~ and the deep blue sea*** trovarsi tra l'incudine e il martello; ***we won - the ~ looks after his own*** SCHERZ. con molto culo abbiamo vinto; ***the ~ only knows where, why etc.*** Dio solo sa dove, perché ecc.; ***to have the luck of the ~*** BE COLLOQ. avere una fortuna del diavolo; ***like the ~*** COLLOQ. [*scream, run*] come un pazzo; ***speak of the ~!*** si parla del diavolo (e spuntano le corna)! ***there will be the ~ to pay when he finds out!*** saranno guai grossi, la pagheremo cara quando lo scoprirà! ***go to the ~!*** COLLOQ. va' al diavolo! ***the ~ you did!*** COLLOQ. non scherzare! figuriamoci! ***to give the ~ his due...*** per rendergli giustizia..., bisogna comunque riconoscergli che...

2.devil /ˈdevl/ intr. (forma in -ing ecc. **-ll-**) BE DIR. ***to ~ for sb.*** lavorare come praticante presso qcn.

devil-dodger /ˈdevlˌdɒdʒə(r)/ n. POP. cacciadiavoli m., prete m.

deviled AE → **devilled**.

devilfish /ˈdevlfɪʃ/ n. (pl. **~, ~es**) **1** *(octopus)* polpo m. **2** AE *(manta)* diavolo m. di mare.

devilish /ˈdevəlɪʃ/ **I** agg. **1** *(heinous)* [*crime, act, plan*] diabolico **2** FIG. [*smile, cunning*] diabolico; [*good looks*] da far dannare l'anima **II** avv. BE COLLOQ. RAR. dannatamente.

devilishly /ˈdevəlɪʃlɪ/ avv. **1** *(horribly)* ***~ cruel*** di una crudeltà diabolica **2** COLLOQ. [*clever, cunning, handsome*] dannatamente, maledettamente; ***it's ~ hard work*** è un lavoro tremendamente difficile; ***it was ~ hot*** faceva un caldo infernale.

devilishness /ˈdevlɪʃnɪs/ n. natura f. diabolica.

devilism /ˈdevɪlɪzəm/ n. RAR. satanismo m.

devilled BE, **deviled** AE /ˈdevld/ **I** p.pass. → **2.devil II** agg. GASTR. alla diavola.

devil-may-care /ˌdevlmeɪˈkeə(r)/ agg. incurante, strafottente.

devilment /ˈdevlmənt/ n. BE malignità f.; ***out of sheer ~*** per pura malignità; ***they're up to some ~ or other*** stanno combinando qualche diavoleria.

devilry /ˈdevlrɪ/, **deviltry** /ˈdevltrɪ/ AE n. *(mischief)* diavoleria f.; *(wickedness)* malvagità f.
devil's advocate /ˌdevlzˈædvəkət/ n. avvocato m. del diavolo; ***to play ~*** fare l'avvocato del diavolo.
devil's bit /ˈdevlzbɪt/ n. BOT. morso m. del diavolo.
devil's coach-horse /ˌdevlzˈkəʊtʃˌhɔːs/ n. stafilino m. odoroso.
devil's food cake /ˈdevlzˌfuːdˌkeɪk/ n. AE = torta di cioccolata.
devil's milk /ˈdevlzˌmɪlk/ n. BOT. euforbia f.
devil worship /ˈdevlˌwɜːʃɪp/ n. adorazione f. del demonio.
devil worshipper /ˈdevlˌwɜːʃɪpə(r)/ n. adoratore m. (-trice) del demonio.
devious /ˈdiːvɪəs/ agg. **1** *(sly)* [*person, mind, plan*] contorto, ambiguo; [*method*] complicato, contorto **2** *(winding)* [*road, path*] tortuoso.
deviously /ˈdiːvɪəslɪ/ avv. in modo contorto.
deviousness /ˈdiːvɪəsnɪs/ n. **1** *(of person, plan)* carattere m. contorto **2** *(of route)* tortuosità f.
devisable /dɪˈvaɪzəbl/ agg. **1** concepibile, immaginabile **2** DIR. [*property*] trasmissibile (in eredità).
1.devise /dɪˈvaɪz/ n. DIR. legato m.
▷ **2.devise** /dɪˈvaɪz/ tr. **1** *(invent)* concepire [*scheme, course*]; ideare, inventare [*product, machine*]; ***his problems are (entirely) of his own devising*** i suoi problemi se li crea lui stesso **2** DIR. legare [*land, property*] **3** TEATR. scrivere insieme, in gruppo.
devisee /ˌdɪvaɪˈziː/ n. DIR. legatario m. (-a).
deviser /dɪˈvaɪzə(r)/ n. creatore m. (-trice), ideatore m. (-trice), inventore m. (-trice).
devisor /dɪˈvaɪzə(r)/ n. DIR. testatore m. (-trice).
devitalization /ˌdiːˌvaɪtəlaɪˈzeɪʃn, AE -lɪˈz-/ n. indebolimento m.
devitalize /ˌdiːˈvaɪtəlaɪz/ tr. indebolire.
devitrify /ˌdiːˈvɪtrɪfaɪ/ tr. devetrificare.
devocalization /ˌdiːˌvəʊkəlaɪˈzeɪʃn, AE -lɪˈz-/ n. FON. assordimento m.
devocalize /ˌdiːˈvəʊkəlaɪz/, **devoice** /dɪˈvɔɪs/ tr. FON. assordire.
devoicing /dɪˈvɔɪsɪŋ/ n. → **devocalization**.
devoid /dɪˈvɔɪd/ agg. ***devoid of*** privo di [*talent, compassion*]; senza [*vanity, self-interest*].
devoir /dəˈvwɑː(r)/ **I** n. ANT. dovere m. **II devoirs** n.pl. omaggi m., ossequi m.; ***to pay one's ~s to sb.*** porgere i propri omaggi a qcn.
devolute /ˈdevəljuːt/ tr. RAR. devolvere.
devolution /ˌdiːvəˈluːʃn, AE ˌdev-/ n. **1** *(transfer)* trasmissione f., trasferimento m. (**from** da; **to** a) **2** POL. decentramento m., devoluzione f. **3** DIR. devoluzione f. **4** BIOL. involuzione f.
devolve /dɪˈvɒlv/ **I** tr. devolvere, delegare; ***to ~ sth. to*** o ***on sb., sth.*** affidare qcs. a qcn. **II** intr. **1** *(be the responsibility of)* [*responsibility, duty*] competere, spettare (**on** a); ***it ~s on sb. to do*** spetta a qcn. fare **2** DIR. passare (di proprietà) (**on, to** a) **3** BIOL. degenerare, avere un processo involutivo.
devolved /dɪˈvɒlvd/ **I** p.pass. → **devolve II** agg. decentralizzato.
Devon /ˈdevn/ ♦ ***24*** n.pr. Devon m.
Devonian /dɪˈvəʊnɪən/ **I** agg. **1** del Devon **2** GEOL. devoniano **II** n. **1** nativo m. (-a), abitante m. e f. del Devon **2** GEOL. devoniano m.
▷ **devote** /dɪˈvəʊt/ **I** tr. consacrare, dedicare (**to** a; **to doing** a fare) **II** rifl. ***to ~ oneself*** consacrarsi, dedicarsi (**to** a; **to doing** a fare).
▷ **devoted** /dɪˈvəʊtɪd/ **I** p.pass. → **devote II** agg. [*person, animal*] devoto (**to** a); [*friendship, service*] fedele; [*fan, following*] affezionato; [*couple*] affiatata; ***a chapter ~ to...*** un capitolo dedicato a...; ***they're ~ to each other*** sono molto affezionati l'uno all'altro.
devotedly /dɪˈvəʊtɪdlɪ/ avv. devotamente, con devozione.
devotee /ˌdevəˈtiː/ n. *(of music, sport etc.)* appassionato m. (-a), fanatico m. (-a) (**of** di); *(of political cause)* fautore m. (-trice), partigiano m. (-a) (**of** di); *(of person)* ammiratore m. (-trice) (**of** di); *(of religious sect)* fedele m. e f.
▷ **devotion** /dɪˈvəʊʃn/ **I** n. *(to person, work, homeland)* dedizione f. (**to** a); *(to doctrine, cause)* attaccamento m. (**to** a); *(to God)* devozione f. (**to** a); ***her ~ to duty, to detail*** il suo attaccamento al dovere, la sua attenzione ai dettagli; ***his ~ to the arts*** *(love)* il suo amore per le arti; *(support)* la sua dedizione alle arti **II devotions** n.pl. devozioni f., preghiere f.
devotional /dɪˈvəʊʃənl/ agg. [*activity*] devoto, pio; [*attitude*] di preghiera; [*writings*] devozionale, religioso.
devotionally /dɪˈvəʊʃnəlɪ/ avv. con devozione.
devour /dɪˈvaʊə(r)/ tr. **1** *(consume)* divorare [*food, book*] (anche FIG.); divorare, consumare [*petrol, resources*]; ***to be ~ed by*** essere divorato da [*passion, jealousy*]; ***to ~ sb. with one's eyes*** divorare qcn. con lo sguardo **2** *(destroy)* [*fire*] divorare, distruggere [*house, forest*].
devourer /dɪˈvaʊərə(r)/ n. divoratore m. (-trice) (anche FIG.).
devouring /dɪˈvaʊərɪŋ/ agg. **1** vorace **2** FIG. [*passion*] divorante.
devouringly /dɪˈvaʊərɪŋlɪ/ avv. voracemente.
devout /dɪˈvaʊt/ agg. **1** RELIG. [*Catholic, prayer*] devoto; [*act, person*] devoto, pio; ***a ~ believer*** un credente devoto, fervente **2** *(sincere)* [*hope, wish*] fervido, ardente; ***it is my ~ hope, wish that*** è mia fervida speranza, è mio ardente desiderio che.
devoutly /dɪˈvaʊtlɪ/ avv. **1** RELIG. [*pray, kneel*] devotamente **2** *(sincerely)* [*wish, hope*] fervidamente, ardentemente.
devoutness /dɪˈvaʊtnɪs/ n. devozione f.
1.dew /djuː, AE duː/ n. rugiada f.
2.dew /djuː, AE duː/ **I** tr. **1** bagnare di rugiada [*meadow*] **2** FIG. imperlare [*forehead*]; bagnare, inumidire [*eyes*] (**with** di) **II** intr. ***it dewed*** scese la rugiada.
DEW I n. AE MIL. (⇒ distant early warning) = (sistema difensivo di) avvistamento radar a distanza **II** modif. ***~ line*** catena radar Distant Early Warning.
Dewar flask /ˌdjuːəˈflæsk, AE ˌduː-/ n. vaso m. di Dewar.
dewberry /ˈdjuːberɪ, AE ˈduː-/ n. **1** *(plant)* rovo m. **2** *(fruit)* mora f.
dewclaw /ˈdjuːklɔː, AE ˈduː-/ n. ZOOL. sperone m.
dewdrop /ˈdjuːdrɒp, AE ˈduː-/ n. goccia f. di rugiada.
Dewey /ˈdjuːɪ, AE ˈduː-/ n.pr. *(cartoons' character)* Quo.
Dewey decimal system /ˌdjuːɪˈdesɪmlˌsɪstəm, AE ˌduː-/ n. BIBLIOT. sistema m. decimale (di) Dewey (per la classificazione dei libri).
dewfall /ˈdjuːfɔːl, AE ˈduː-/ n. formazione f. della rugiada.
dewiness /ˈdjuːnɪs, AE ˈduː-/ n. umidità f., freschezza f.
dewlap /ˈdjuːlæp, AE ˈduː-/ n. **1** ZOOL. *(of cattle, dog etc.)* giogaia f.; *(of bird)* bargiglio m. **2** SCHERZ. pappagorgia f.
dew point /ˈdjuːpɔɪnt, AE ˈduː-/ n. punto m. di rugiada.
dew pond /ˈdjuːpɒnd, AE ˈduː-/ n. stagno m. artificiale.
dew worm /ˈdjuːwɜːm, AE ˈduː-/ n. lombrico m.
dewy /ˈdjuːɪ, AE ˈduː-/ agg. rugiadoso, bagnato dalla rugiada.
dewy-eyed /ˌdjuːɪˈaɪd, AE ˌduː-/ agg. **1** *(emotional)* dagli occhi umidi (per la commozione), commosso **2** *(naïve)* ingenuo.
Dexedrine® /ˈdeksədriːn/ n. = solfato di anfetamina.
dexie /ˈdeksɪ/ n. COLLOQ. (accorc. Dexedrine®) pasticca f., compressa f. di solfato di anfetamina.
dexter /ˈdekstə(r)/ agg. ARALD. destro.
dexterity /dekˈsterətɪ/ n. destrezza f. (**at, in sth.** per qcs.; **at doing** nel fare).
dexterous /ˈdekstrəs/ agg. [*person*] destro, abile; [*hand*] abile; [*movement, mind*] agile; [*politician, manager*] capace, accorto (**at doing** nel fare); ***she's ~ with a needle, brush*** è abile con l'ago, con la spazzola.
dexterously /ˈdekstrəslɪ/ avv. [*move*] *(of person)* destramente, agilmente; *(of animal)* agilmente; [*think, manage*] abilmente.
dexterousness /ˈdekstərəsnɪs/ n. destrezza f.
dextral /ˈdekstrəl/ agg. ANAT. destro; FISIOL. destrimano; ZOOL. destrorso.
dextrality /dekˈstrælətɪ/ n. FISIOL. destrismo m.
dextrin(e) /ˈdekstrɪn/ n. destrina f.
dextrocardia /ˌdekstrəˈkɑːdɪə/ n. destrocardia f.
dextrorotatory /ˈdekstrəˌrəʊtəˈtɔːrɪ/ agg. destrogiro.
dextrorsal /dekˈstrɔːsəl/, **dextrorse** /dekˈstrɔːs/ agg. BOT. destrorso, destrogiro.
dextrose /ˈdekstrəʊs, -əʊz/ n. destrosio m.
dextrotropic /ˌdekstrəʊˈtrɒpɪk/ agg. BIOL. destrorso.
dextrous → **dexterous**.
dextrously → **dexterously**.
dextrousness → **dexterousness**.
DFC n. GB MIL. (⇒ Distinguished Flying Cross) = croce al valor militare conferita dall'aviazione britannica.
DFM n. GB MIL. (⇒ Distinguished Flying Medal) = medaglia al valor militare conferita dall'aviazione britannica.
DG n. (⇒ director general) = direttore generale.
dharma /ˈdɑːmə/ n. dharma m.
dhoti /ˈdəʊtɪ/ n. = fascia di tessuto che avvolge i fianchi e la parte superiore delle gambe, indossata dagli uomini in India.
dhow /daʊ/ n. MAR. sambuco m.
DI n. BE (⇒ Detective Inspector) = ispettore (di polizia) con funzioni investigative.
diabase /ˈdaɪəbeɪs/ n. diabase m.
▷ **diabetes** /ˌdaɪəˈbiːtiːz/ ♦ ***11*** n. diabete m.
▷ **diabetic** /ˌdaɪəˈbetɪk/ **I** agg. [*person, symptom*] diabetico; [*chocolate, jam*] per diabetici **II** n. diabetico m. (-a).
diablerie /dɪˈɑːblərɪ/ n. ANT. **1** *(mischief)* diavoleria f. **2** *(witchcraft)* negromanzia f.

diabolic /ˌdaɪəˈbɒlɪk/ agg. diabolico.
diabolical /ˌdaɪəˈbɒlɪkl/ agg. **1** COLLOQ. *(terrible)* [*food*] schifoso; [*weather*] infernale; [*result, behaviour*] vergognoso; ***it is ~ that*** è vergognoso che **2** *(evil)* [*cruelty, crime, lie*] diabolico **3** *(as intensifier)* COLLOQ. dannato, maledetto.
diabolically /ˌdaɪəˈbɒlɪklɪ/ avv. **1** *(badly)* [*sing, perform*] in modo schifoso, malissimo; [*behave*] in modo vergognoso, malissimo **2** *(wickedly)* [*laugh*] in modo diabolico; ~ ***cruel*** di una crudeltà diabolica.
diabolism /daɪˈæbəlɪzəm/ n. **1** *(witchcraft)* arte f. diabolica, magia f. nera **2** *(worship)* culto m. del demonio.
diabolo /dɪˈæbələʊ, daɪ-/ n. diabolo m.
diachronic /ˌdaɪəˈkrɒnɪk/ agg. diacronico.
diachronically /ˌdaɪəˈkrɒnɪklɪ/ avv. diacronicamente.
diachrony /ˌdaɪəˈkrɒnɪ/ n. diacronia f.
diacid /ˌdaɪˈæsɪd/ agg. biacido.
diaconal /daɪˈækənl/ agg. diaconale.
diaconate /daɪˈækənɪt/ n. diaconato m.
diacritic /ˌdaɪəˈkrɪtɪk/ **I** agg. **1** LING. diacritico **2** distintivo **II** n. LING. segno m. diacritico.
diacritical /ˌdaɪəˈkrɪtɪkl/ agg. diacritico; ~ ***mark*** segno diacritico.
diadelphous /ˌdaɪəˈdelfəs/ agg. diadelfo.
diadem /ˈdaɪədem/ n. diadema m.
diademed /ˈdaɪədemd/ agg. diademato, cinto di diadema.
diademed spider /ˌdaɪədemdˈspaɪdə(r)/ n. ragno m. crociato.
diaeresis BE, **dieresis** AE /daɪˈerəsɪs/ n. (pl. **-es**) dieresi f.
diagenesis /daɪəˈdʒenəsɪs/ n. (pl. **-es**) diagenesi f.
▷ **diagnose** /ˈdaɪəgnəʊz, AE ˌdaɪəgˈnəʊs/ **I** tr. **1** MED. diagnosticare [*illness*]; ***the illness was ~d as cancer*** la malattia fu riconosciuta come una forma di cancro; ***he was ~d (as a) diabetic, as having Aids*** gli diagnosticarono il diabete, l'AIDS; ***to ~ that*** diagnosticare che **2** FIG. diagnosticare, individuare [*problem, fault*] **II** intr. fare, formulare una diagnosi.
diagnosis /ˌdaɪəgˈnəʊsɪs/ n. (pl. **-es**) **1** diagnosi f. (anche MED.) **2** BOT. diagnosi f., fase f. diagnostica.
diagnostic /ˌdaɪəgˈnɒstɪk/ agg. diagnostico.
diagnosticate /ˌdaɪəgˈnɒstɪkeɪt/ tr. diagnosticare.
diagnostician /ˌdaɪəgnɒˈstɪʃn/ n. diagnostico m. (-a), diagnosta m. e f.
diagnostics /ˌdaɪəgˈnɒstɪks/ n. **1** + verbo sing. MED. diagnostica f. **2** + verbo pl. INFORM. *(program)* programma m.sing. diagnostico; *(output)* messaggio m.sing. d'errore.
diagonal /daɪˈægənl/ **I** n. **1** diagonale f. (anche MAT.) **2** TESS. diagonale m. **II** agg. [*line*] diagonale; [*stripe*] trasversale, (in) diagonale; ***our street is ~ to the main road*** la nostra strada è una traversa della via principale; ***a ~ path across a field*** un sentiero che attraversa in diagonale un campo.
diagonally /daɪˈægənəlɪ/ avv. diagonalmente, in diagonale, trasversalmente, di traverso (**to** rispetto a).
▷ **1.diagram** /ˈdaɪəgræm/ n. diagramma m.; ***in the ~*** nel diagramma.
2.diagram /ˈdaɪəgræm/ tr. (forma in -ing ecc. **-mm-**, **-m-**) AE diagrammare.
diagrammatic /ˌdaɪəgrəˈmætɪk/ agg. diagrammatico.
diagrammatically /ˌdaɪəgrəˈmætɪklɪ/ avv. mediante un diagramma.
1.dial /ˈdaɪəl/ n. *(of clock, instrument etc.)* quadrante m.; *(on a telephone)* disco m. combinatore.
▷ **2.dial** /ˈdaɪəl/ **I** tr. (forma in -ing ecc. **-ll-** BE, **-l-** AE) TEL. fare; *(more formal)* comporre [*number*]; chiamare [*person, city, country*]; ***she ~led 73-35-49*** fece, compose il 73-35-49; ***to ~ 999*** *(for police, ambulance, fire brigade)* chiamare il pronto intervento; ***to ~ the wrong number*** fare il numero sbagliato, sbagliare numero **II** in composti TEL. ***~-a-disc, ~-a-recipe*** *(service)* = servizio telefonico di ascolto di musica, di ricette registrate.
dialect /ˈdaɪəlekt/ **I** n. dialetto m.; ***to speak ~*** parlare in dialetto **II** modif. [*word, form*] dialettale; [*atlas, geography*] linguistico.
dialectal /ˌdaɪəˈlektl/ agg. dialettale.
dialectic /ˌdaɪəˈlektɪk/ **I** agg. dialettico **II** n. dialettica f.
dialectical /ˌdaɪəˈlektɪkl/ agg. dialettico.
dialectically /ˌdaɪəˈlektɪklɪ/ avv. [*interpret, proceed, argue*] dialetticamente, secondo il metodo dialettico.
dialectical materialism /ˌdaɪəˌlektɪklməˈtɪərɪəlɪzəm/ n. materialismo m. dialettico.
dialectical materialist /ˌdaɪəˌlektɪklməˈtɪərɪəlɪst/ n. materialista m. dialettico.
dialectician /ˌdaɪəlekˈtɪʃn/ n. dialettico m. (-a).
dialectics /ˌdaɪəˈlektɪks/ n. + verbo sing. dialettica f.
dialectologist /ˌdaɪəlekˈtɒlədʒɪst/ n. dialettologo m. (-a).
dialectology /ˌdaɪəlekˈtɒlədʒɪ/ n. dialettologia f.
diallage /daɪˈælədʒɪ/ n. MINER. diallagio m.
dialling BE, **dialing** AE /ˈdaɪəlɪŋ/ n. TEL. ***abbreviated ~*** selezione automatica di numeri memorizzati; ***direct ~*** teleselezione.
dialling code /ˈdaɪəlɪŋˌkəʊd/ n. BE TEL. prefisso m. (teleselettivo).
dialling tone /ˈdaɪəlɪŋˌtəʊn/ n. BE TEL. segnale m. di libero, di linea libera.
dialog AE → **1.dialogue**, **2.dialogue**.
dialogic /ˌdaɪəˈlɒdʒɪk/ agg. dialogico.
dialogism /ˌdaɪəˈlɒdʒɪzəm/ n. dialogismo m.
dialogist /ˌdaɪˈælədʒɪst/ ♦ ***27*** n. dialoghista m. e f., dialogista m. e f.
dialogistic /ˌdaɪəlɒˈdʒɪstɪk/ agg. dialogistico.
1.dialogue, **dialog** AE /ˈdaɪəlɒg, AE -lɔ:g/ n. *(all contexts)* dialogo m. (**between** tra; **with** con) ♦ ~ ***of the deaf*** dialogo fra sordi.
2.dialogue, **dialog** AE /ˈdaɪəlɒg, AE -lɔ:g/ **I** tr. dialogizzare, dialogare [*scene, story*] **II** intr. dialogare (**with** con).
dialogue box /ˈdaɪəlɒgˌbɒks, AE -lɔ:g-/ n. INFORM. finestra f. di dialogo.
dial tone /ˈdaɪəlˌtəʊn/ n. AE → **dialling tone**.
dial-up /ˈdaɪəlʌp/ agg. [*line*] commutato; [*network*] a linea commutata.
dialypetalous /ˌdaɪəlɪˈpetələs/ agg. dialipetalo.
dialysepalous /ˌdaɪəlɪˈsepələs/ agg. dialisepalo.
▷ **dialysis** /ˌdaɪˈæləsɪs/ n. (pl. **-es**) dialisi f.; ***to undergo kidney ~*** sottoporsi a (emo)dialisi.
dialysis machine /ˌdaɪˈæləsɪsməˌʃi:n/ n. MED. rene m. artificiale.
dialytic /daɪəˈlɪtɪk/ agg. dialitico.
dialyze /ˈdaɪəlaɪz/ tr. MED. CHIM. dializzare.
diamagnetic /ˌdaɪəmægˈnetɪk/ agg. diamagnetico.
diamagnetism /ˌdaɪəˈmægnɪtɪzəm/ n. diamagnetismo m.
diamanté /ˌdaɪəˈmæntɪ, dɪəˈmɒnteɪ/ **I** n. *(decorative trim, jewellery, material)* strass m.; *(fabric)* tessuto m. decorato con paillettes **II** modif. [*earrings*] di strass; [*fabric*] decorato con paillettes.
diamantiferous /ˌdaɪəmənˈtɪfərəs/ agg. diamantifero.
▷ **diameter** /daɪˈæmɪtə(r)/ n. MAT. diametro m.; ***the circle is 2 m in ~*** il cerchio ha un diametro di 2 metri, ha 2 metri di diametro; ***a circle with a ~ of 2 m*** un cerchio di 2 metri di diametro; ***to magnify 15 ~s*** ingrandire 15 volte.
diametral /daɪˈmɪtrəl/, **diametric(al)** /ˌdaɪəˈmetrɪk(l)/ agg. MAT. diametrale.
diametrically /ˌdaɪəˈmetrɪklɪ/ avv. *(all contexts)* diametralmente; FIG. ~ ***opposed to*** diametralmente opposto a.
diamine /daɪˈæmɪn/ n. diammina f.
▷ **1.diamond** /ˈdaɪəmənd/ ♦ ***10*** **I** n. **1** *(stone)* diamante m.; *(in jewellery)* brillante m., diamante m.; ***industrial ~*** diamante sintetico **2** *(shape)* rombo m., losanga f. **3** *(in baseball)* diamante m. **4** *(in cards)* carta f. di quadri; ***to play a ~*** giocare (una carta di) quadri **II** **diamonds** n.pl. + verbo sing. o pl. *(suit)* quadri m.; ***the five of ~*** il cinque di quadri **III** modif. [*ring*] con brillante, con brillanti; [*brooch*] di brillanti; [*dust*] di diamante; [*mine*] di diamanti; ~ ***necklace*** collana di brillanti, di diamanti.
2.diamond /ˈdaɪəmənd/ tr. ornare di diamanti, di brillanti.
diamondback (rattlesnake) /ˈdaɪəməndbæk(ˌrætlsneɪk)/ n. crotalo m. diamantino.
diamond-bearing /ˈdaɪəməndˌbeərɪŋ/ agg. diamantifero.
diamond cutter /ˈdaɪəməndˌkʌtə(r)/ n. tagliatore m. di diamanti.
diamond drill /ˈdaɪəməndˌdrɪl/ n. sonda f. a diamanti.
diamondiferous /ˌdaɪəmənˈdɪfərəs/ agg. diamantifero.
diamond jubilee /ˌdaɪəməndˈdʒu:bɪli:/ n. sessantesimo anniversario m.; *(wedding)* nozze f.pl. di diamante.
diamond merchant /ˈdaɪəməndˌmɜ:tʃənt/ ♦ ***27*** n. mercante m. di diamanti.
diamond point /ˈdaɪəməndˌpɔɪnt/ n. TECN. punta f. di diamante.
diamond-shaped /ˈdaɪəməndˌʃeɪpt/ agg. a forma di rombo, di losanga.
diamond wedding (anniversary) /ˌdaɪəməndˈwedɪŋ(ænɪˌvɜ:sərɪ)/ n. nozze f.pl. di diamante, sessantesimo anniversario m. di nozze.
Diana /daɪˈænə/ n.pr. Diana.
dianthus /daɪˈænθəs/ n. (pl. **-i**) dianto m.
diapason /ˌdaɪəˈpeɪsn/ n. diapason m.; ***open, stopped ~*** diapason largo, stretto.
1.diaper /ˈdaɪəpə(r), AE ˈdaɪpər/ n. AE *(for babies)* pannolino m.
2.diaper /ˈdaɪəpə(r), AE ˈdaɪpər/ tr. AE cambiare il pannolino a [*baby*].
diaphanous /daɪˈæfənəs/ agg. diafano.
diaphoresis /ˌdaɪəfəˈresɪs/ n. diaforesi f.

diaphoretic /ˌdaɪəfəˈretɪk/ **I** agg. diaforetico **II** n. diaforetico m.
1.diaphragm /ˈdaɪəfræm/ n. *(all contexts)* diaframma m.
2.diaphragm /ˈdaɪəfræm/ tr. diaframmare.
▪ **diaphragm down** OTT. diaframmare.
diaphragmatic /ˌdaɪəfrægˈmætɪk/ agg. diaframmatico.
diarchy /ˈdaɪɑːkɪ/ n. diarchia f.
diarist /ˈdaɪərɪst/ n. **1** *(author)* diarista m. e f. **2** GIORN. *(journalist)* cronista m. e f.
diarize /ˈdaɪəraɪz/ **I** tr. RAR. registrare, annotare in un diario **II** intr. RAR. tenere un diario.
diarrhoea BE, **diarrhea** AE /ˌdaɪəˈrɪə/ ♦ *11* n. diarrea f.; ***to have ~*** avere la diarrea.
diarrhoeal BE, **diarrheal** AE /ˌdaɪəˈrɪəl/ agg. diarroico.
diarthrosis /ˌdaɪɑːˈθrəʊsɪs/ n. (pl. **-es**) diartrosi f.
▷ **diary** /ˈdaɪərɪ/ n. **1** *(for appointments)* agenda f.; ***to put sth. in one's ~*** annotare qcs. sulla propria agenda; ***my ~ is full*** sono pieno di impegni **2** *(journal)* diario m. (personale); ***to keep a ~*** tenere un diario **3** GIORN. cronaca f.; ***sports ~*** cronaca sportiva.
diaspora /daɪˈæspərə/ n. diaspora f.; RELIG. STOR. ***the Diaspora*** la diaspora (ebraica).
diaspore /daɪəˈspɔː/ n. diasporo m.
diastase /ˈdaɪəsteɪz/ n. BIOL. CHIM. diastasi f.
diastasis /daɪˈæstəsɪs/ n. (pl. **-es**) MED. diastasi f.
diastem /ˈdaɪəstem/ n. GEOL. diastema m.
diastema /ˌdaɪəˈstiːmə/ n. (pl. **-ata**) MED. diastema m.
diastole /daɪˈæstəlɪ/ n. MED. diastole f.
diastolic /daɪəˈstɒlɪk/ agg. diastolico.
diastrophism /ˈdaɪəstrəʊˌfɪzəm/ n. diastrofismo m.
diathermal /ˌdaɪəˈθɜːml/ agg. → **diathermic.**
diathermanous /ˌdaɪəˈθɜːmənəs/ agg. diatermano.
diathermic /ˌdaɪˈθɜːmɪk/ agg. **1** MED. diatermico **2** FIS. diatermano.
diathermy /ˈdaɪəˌθɜːmɪ/ n. diatermia f.
diathesis /daɪˈæθɪsɪs/ n. (pl. **-es**) diatesi f.
diatom /ˈdaɪətəm, AE -tɒm/ n. diatomea f.
diatomaceous /ˌdaɪətəˈmeɪʃəs/ agg. di diatomea.
diatomic /ˌdaɪəˈtɒmɪk/ agg. diatomico.
diatomite /daɪˈætəmaɪt/ n. diatomite f.
diatonic /ˌdaɪəˈtɒnɪk/ agg. diatonico.
diatribe /ˈdaɪətraɪb/ n. diatriba f. (**against** contro).
diazepam® /daɪˈæzɪpæm/ n. FARM. diazepam® m.
diazo /daɪˈæzəʊ/ agg. ~ ***dye*** diazocolorante; ~ ***compound*** diazocomposto.
diazonium /ˌdaɪəˈzəʊnɪəm/ n. diazonio m.
dib /dɪb/ intr. (forma in -ing ecc. **-bb-**) PESC. pescare tenendo, tenere l'esca a fior d'acqua.
dibasic /daɪˈbeɪsɪk/ agg. dibasico.
dibber /ˈdɪbə(r)/ n. → **1.dibble.**
1.dibble /ˈdɪbl/ n. AGR. piantatoio m.
2.dibble /ˈdɪbl/ **I** tr. **1** seminare (con il piantatoio) [*seeds*]; piantare (con il piantatoio) [*plant*] **2** fare un buco (con il piantatoio) in [*earth*] **II** intr. fare un buco con il piantatoio.
dibs /dɪbz/ n.pl. AE COLLOQ. INFANT. ~ ***on the potato crisps*** a me le patatine.
▷ **1.dice** /daɪs/ ♦ *10* n. (pl. ~) *(object)* dado m.; *(game)* dadi m.pl., gioco m. dei dadi; ***to throw, roll the ~*** tirare, lanciare il dado, i dadi; ***no ~!*** COLLOQ. *(refusal, no luck)* niente da fare! ◆ ***the ~ are loaded*** i dadi sono truccati.
2.dice /daɪs/ **I** tr. GASTR. tagliare a dadini **II** intr. giocare a dadi; ***to ~ with death*** scherzare con la morte.
▪ **dice away:** *dice away [sth]* perdere ai dadi [*money*].
dice box /ˈdaɪsbɒks/ n. bussolotto m. dei dadi.
dicer /ˈdaɪsə(r)/ n. giocatore m. (-trice) di dadi.
dicey /ˈdaɪsɪ/ agg. COLLOQ. **1** *(risky)* azzardato; ***it's a ~ business*** è una faccenda rischiosa **2** *(uncertain, unreliable)* incerto, imprevedibile.
dichloride /daɪˈklɔːraɪd/ n. dicloruro m.
dichord /ˈdaɪkɔːd/ n. MUS. dicordo m.
dichotomous /daɪˈkɒtəməs/ agg. dicotomico.
dichotomy /daɪˈkɒtəmɪ/ n. dicotomia f.
dichroism /ˈdaɪkrəʊˌɪzəm/ n. dicroismo m.
dichromate /daɪˈkrəʊmeɪt/ n. dicromato m.
dichromatic /ˌdaɪkrəʊˈmætɪk/ agg. dicromatico.
dichromatism /daɪˈkrəʊmətɪzəm/ n. dicromatismo m.
1.dick /dɪk/ n. **1** VOLG. *(penis)* cazzo m., uccello m. **2** AE VOLG. *(person)* cazzone m.
2.dick /dɪk/ **I** intr. AE POP. (anche ~ **around**) smanacciare **II** tr. VOLG. scopare.
3.dick /dɪk/ n. AE COLLOQ. *(detective)* investigatore m., detective m.
Dick /dɪk/ n.pr. diminutivo di **Richard.**
dickens /ˈdɪkɪnz/ n. ANT. COLLOQ. ***where, who, what the ~...?*** dove, chi, che diamine...? ***to have the ~ of a time doing sth.*** passare un momento d'inferno a fare qcs.
Dickensian /dɪˈkenzɪən/ agg. [*character, world*] dickensiano; [*evening*] in costume stile dickensiano; SPREG. [*conditions*] miserabile, malsano; [*buildings*] squallido.
1.dicker /ˈdɪkə(r)/ n. COMM. *(of hides)* decina f.
2.dicker /ˈdɪkə(r)/ n. *(bargain)* affare m. (di poco conto), affaruccio m.; *(barter)* baratto m.
3.dicker /ˈdɪkə(r)/ intr. COLLOQ. *(bargain)* mercanteggiare; *(barter)* fare un baratto, dei baratti.
dickey → **1.dicky.**
dickhead /ˈdɪkhed/ n. VOLG. coglione m., testa f. di cazzo.
dickie bow /ˈdɪkiˌbəʊ/ n. COLLOQ. farfallino m.
1.dicky /ˈdɪkɪ/ n. sparato m., davantino m.
2.dicky /ˈdɪkɪ/ agg. BE COLLOQ. [*heart*] debole; [*condition*] precario.
dicky-bird /ˈdɪkɪbɜːd/ n. **1** INFANT. *(bird)* uccellino m. **2** SCHERZ. ***not a ~*** non una parola.
dicotyledon /ˌdaɪkɒtɪˈliːdən/ n. dicotiledone f.
dicotyledonous /ˌdaɪkɒtɪˈliːdənəs/ agg. dicotiledone.
dicta /ˈdɪktə/ → **dictum.**
Dictaphone® /ˈdɪktəfəʊn/ n. *(for dictation)* dittafono® m.
1.dictate /ˈdɪkteɪt/ n. *(decree)* dettame m.; ***to follow the ~s of one's conscience*** seguire i dettami della propria coscienza.
▷ **2.dictate** /dɪkˈteɪt, AE ˈdɪkteɪt/ **I** tr. **1** dettare [*text, letter*] (**to** a) **2** *(prescribe)* dettare [*terms*]; decidere di, determinare [*outcome*]; imporre [*choices, economy, policy*] (**to** a); ***to ~ that*** imporre che; ***to ~ how*** dare ordini su come **II** intr. **1** *(out loud)* ***to ~ to one's secretary, into a machine*** dettare (una lettera, un testo ecc.) alla propria segretaria, a una macchina **2** *(boss sb. around)* ***to ~ to sb.*** comandare qcn., imporsi su qcn.; ***I won't be ~d to (by someone like him)!*** non accetto imposizioni (da uno come lui)!
dictation /dɪkˈteɪʃn/ n. **1** SCOL. *(act of dictating)* dettatura f.; *(dictated utterance)* dettato m. **2** COMM. dettatura f.; ***to take ~*** scrivere sotto dettatura **3** FORM. *(authority)* imposizioni f.pl., ordini m.pl.
dictator /dɪkˈteɪtə(r), AE ˈdɪkteɪtər/ n. POL. dittatore m. (-trice) (anche FIG.).
dictatorial /ˌdɪktəˈtɔːrɪəl/ agg. [*person*] tirannico; [*regime, powers*] dittatoriale.
dictatorially /ˌdɪktəˈtɔːrɪəlɪ/ avv. in modo dittatoriale.
▷ **dictatorship** /dɪkˈteɪtəʃɪp, AE ˈdɪkt-/ n. POL. dittatura f. (anche FIG.).
diction /ˈdɪkʃn/ n. *(articulation)* dizione f.; *(choice of words)* stile m., linguaggio m.; ***poetic ~*** linguaggio poetico.
▷ **dictionary** /ˈdɪkʃənrɪ, AE -nerɪ/ **I** n. dizionario m.; ***to look up sth. in a ~*** cercare qcs. in un dizionario; ***English ~*** dizionario di inglese **II** modif. [*definition*] da, di dizionario; [*page*] di dizionario; [*publisher*] di dizionari; ~ ***entry*** voce di dizionario.
dictionary maker /ˈdɪkʃənrɪˌmeɪkə(r)/ ♦ *27* n. lessicografo m. (-a).
dictograph® /ˈdɪktəgrɑːf, AE -græf/ n. dittafono® m.
dictum /ˈdɪktəm/ n. (pl. **~s, -a**) **1** *(saying)* detto m., massima f. **2** DIR. → **obiter dicta.**
dicty /ˈdɪktɪ/ agg. AE COLLOQ. altezzoso.
did /dɪd/ pass. → **do.**
didactic /daɪˈdæktɪk, dɪ-/ agg. didattico.
didactics /daɪˈdæktɪks, dɪ-/ n. + verbo sing. didattica f.
diddle /ˈdɪdl/ tr. COLLOQ. **1** *(swindle)* imbrogliare, fregare [*person, company*]; ***to ~ sb. out of sth., to ~ sth. out of sb.*** soffiare qcs. a qcn. **2** AE *(dawdle)* gingillarsi.
diddly /ˈdɪdlɪ/ n. AE COLLOQ. (anche ~ **squat**) ***to know ~*** non sapere un tubo, un accidente (**about** su).
didgeridoo /ˌdɪdʒərɪˈduː/ ♦ *17* n. MUS. = strumento a fiato usato dagli aborigeni australiani, ricavato da una lunga canna di bambù.
▷ **didn't** /ˈdɪdnt/ contr. did not.
Dido /ˈdaɪdəʊ/ n.pr. Didone.
didst /dɪdst/ ANT. 2ª persona sing. pass. → **1.do.**
1.die /daɪ/ n. **1** (pl. **dice**) *(game)* dado m. **2** TECN. *(for stamping metal)* stampo m. **3** TECN. *(for screw threads)* filiera f., trafila f. ◆ ***the ~ is cast*** il dado è tratto; ***to be as straight as a ~*** FIG. essere una persona onestissima, integerrima.
▶ **2.die** /daɪ/ **I** tr. (forma in -ing **dying**; pass., p.pass. **died**) ***to ~ a natural, violent death*** morire di morte naturale, violenta; ***to ~ a slow, noble death*** avere una morte lenta, nobile; ***to ~ a hero's, soldier's death*** morire da eroe, da soldato **II** intr. (forma in -ing **dying**; pass., p.pass. **died**) **1** *(expire, end one's life)* [*animal*] morire; [*person*] morire, decedere FORM.; ***he was dying*** stava morendo; ***when I ~***

quando morirò; ***she ~d a year ago*** morì un anno fa; ***as she lay dying*** mentre giaceva morente; ***to be left to ~*** essere lasciato morire; ***to ~ in one's sleep, bed*** morire nel sonno, nel proprio letto; ***to ~ young, happy*** morire giovane, felice; ***to ~ a hero*** morire da eroe; ***to ~ a pauper*** morire povero; ***I'll ~ a happy man*** morirò felice; ***to ~ without doing*** morire senza aver fatto; ***to ~ of*** o ***from*** morire di [*starvation, disease*]; ***to ~ of natural causes*** morire per cause naturali; ***to ~ of a broken heart*** morire di crepacuore; ***nobody ever ~d of hard work*** nessuno è mai morto per il troppo lavoro **2** *(be killed)* morire, perire (**doing** facendo); ***to ~ in the attempt*** morire nel tentativo; ***to ~ in action*** morire, perire in combattimento; ***he'd sooner*** o ***rather ~ than do*** preferirebbe morire piuttosto che fare; ***I'd sooner ~!*** preferirei morire! ***to ~ by one's own hand*** LETT. morire per propria mano; ***to ~ for*** morire per [*beliefs, country, person*] **3** *(wither)* [*plant*] morire; [*crop*] seccare, rovinarsi **4** FIG. *(of boredom, shame, fright)* morire (**of** di); ***we nearly ~d!*** per poco morivamo! ***I'll ~ if I have to go there!*** preferirei morire piuttosto che andarci; ***I wanted to ~*** o ***I could have ~d when*** volevo morire, avrei voluto morire quando; ***I thought I'd, he'd ~ of shock*** credevo di morire, che sarebbe morto per lo shock; ***I nearly*** o ***could have ~d laughing*** per poco non morivo dal ridere **5** COLLOQ. *(long)* ***to be dying to do*** morire dalla voglia di fare; ***to be dying for*** morire dalla voglia di [*coffee, break, change*]; morire dietro a [*person*]; ***to be dying for sb., sth. to do*** desiderare ardentemente che qcn., qcs. faccia; ***to ~ for*** COLLOQ. *(very nice, good)* da perderci la testa, bello da morire **6** *(go out)* [*light, flame, spark*] spegnersi **7** *(fade)* [*love, hatred, resentment*] spegnersi, cessare; [*memory, knowledge, glory, fame*] estinguersi; [*enthusiasm*] smorzarsi, raffreddarsi; ***the secret ~d with her*** si è portata il segreto nella tomba **8** SCHERZ. *(cease functioning)* [*machine, engine*] arrestarsi, fermarsi, spegnersi; ***the car suddenly ~d on me*** la macchina mi ha piantato all'improvviso **9** COLLOQ. *(on stage)* [*comedian, entertainer*] fare fiasco ◆ ***never say ~!*** non bisogna mai arrendersi! ***to ~ hard*** essere duro a morire.

- **die away** [*sounds*] smorzarsi, svanire; [*applause*] spegnersi; [*wind, rain*] cessare.
- **die back** [*plant, flower*] appassire (dai germogli verso il fusto); [*leaves*] seccarsi.
- **die down 1** *(in intensity)* [*emotion, row*] calmarsi; [*scandal, rumours, opposition*] placarsi; [*publicity, fighting*] cessare; [*tremors, storm, wind*] calmarsi; [*pain, swelling*] diminuire; ***when all the fuss ~s down*** quando tutto il putiferio sarà cessato **2** *(in volume)* [*noise, laughter, chatter*] smorzarsi; [*applause, cheers*] attenuarsi **3** BOT. AGR. morire, appassire.
- **die off** [*people*] spegnersi; [*plant, bacteria*] morire.
- **die out 1** *(become extinct)* [*family, species, tradition, practice, language, skill*] scomparire, estinguersi **2** *(ease off)* [*showers, rain*] cessare.

die block /'daɪˌblɒk/ n. TECN. blocco m. stampo.

1.die-cast /'daɪkɑːst/ agg. pressofuso.

2.die-cast /'daɪkɑːst/ tr. (pass., p.pass. **-cast**) pressofondere.

die-casting /'daɪˌkɑːstɪŋ/ n. pressofusione f.

diehard /'daɪhɑːd/ **I** n. **1** POL. *(in party)* intransigente m. e f. **2** SPREG. *(conservative)* ultraconservatore m. (-trice) **3** *(stubborn person)* irriducibile m. e f. **II** agg. **1** POL. *(in party)* intransigente **2** SPREG. *(conservative)* retrogrado **3** *(stubborn)* duro a morire, irriducibile, ostinato.

dielectric /ˌdaɪɪ'lektrɪk/ **I** agg. dielettrico **II** n. dielettrico m.

diencephalon /daɪen'kefəlɒn, -en'se-/ n. diencefalo m.

dieresis /daɪ'erəsɪs/ n. AE → **diaeresis**.

▷ **diesel** /'diːzl/ **I** n. **1** *(fuel)* gasolio m. **2** *(vehicle, engine)* diesel m. **II** modif. [*motor*] diesel; ***~ fuel, oil*** gasolio; ***~ car*** (automobile) diesel.

diesel-electric /'diːzlɪˌlektrɪk/ agg. diesel-elettrico.

diesel engine /'diːzl'endʒɪn/ n. TECN. *(in train)* motrice f. diesel; *(in car)* (motore) diesel m.

diesel train /'diːzlˌtreɪn/ n. treno m. diesel.

diesinker /'daɪˌsɪŋkə(r)/ n. incisore m., costruttore m. (-trice) di stampi.

die stamping /'daɪˌstæmpɪŋ/ n. impressione f. a secco.

diestock /'daɪstɒk/ n. girafiliera f.

▷ **1.diet** /'daɪət/ **I** n. **1** *(food habits)* dieta f., alimentazione f. (**of** a base di) **2** MED. *(limiting food)* dieta f.; ***to be on a ~*** essere, stare a dieta; ***to go on a ~*** mettersi a dieta **3** FIG. *(habits)* cura f., regime m. (**of** di) **II** modif. [*biscuit, drink*] dietetico; [*pill*] dimagrante.

2.diet /'daɪət/ intr. essere a dieta, fare una dieta.

3.diet /'daɪət/ n. STOR. POL. dieta f.

▷ **dietary** /'daɪətrɪ, AE -terɪ/ agg. [*need, problem, habit*] alimentare; [*method*] dietetico.

dietary fibre BE, **dietary fiber** AE /ˌdaɪətrɪ'faɪbə(r), AE -terɪ-/ n. fibre f.pl. alimentari.

dietary supplement /ˌdaɪətrɪ'sʌplɪmənt, AE -terɪ-/ n. integratore m. alimentare.

diet doctor /'daɪətˌdɒktə(r)/ ➧ ***27*** n. AE dietologo m.

dieter /'daɪətə(r)/ n. = chi fa una dieta.

dietetic /ˌdaɪə'tetɪk/ agg. dietetico.

dietetics /ˌdaɪə'tetɪks/ n. + verbo sing. dietetica f., dietologia f.

dietician /ˌdaɪə'tɪʃn/ ➧ ***27*** n. dietista m. e f.

dieting /'daɪətɪŋ/ n. (lo) stare a dieta.

dietitian → **dietician**.

diff /dɪf/ n. AE COLLOQ. (accorc. difference) ***what's the ~?*** che differenza c'è?

differ /'dɪfə(r)/ intr. **1** *(be different)* differire, essere diverso (**from** da; **in** per; **in that** per il fatto che); ***to ~ widely, markedly*** essere assai, notevolmente diverso; ***tastes ~*** i gusti sono gusti **2** *(disagree)* dissentire (**on sth.** su qcs.; **from, with sb.** da qcn.), non essere d'accordo (**on sth.** su qcs.; **from, with sb.** con qcn.); ***I beg to ~*** mi si consenta di dissentire; ***we must agree to ~*** dobbiamo riconoscere la nostra divergenza di opinione.

▶ **difference** /'dɪfrəns/ n. **1** *(dissimilarity)* differenza f. (**between** tra; **in, of** di); ***age ~*** differenza d'età; ***what's the ~ between...?*** qual è la differenza tra...? ***what's the ~?*** *(it doesn't matter)* che differenza fa? ***to tell the ~ between*** trovare, vedere la differenza tra; ***I can't tell*** o ***see the ~*** non vedo la differenza; ***to make a ~*** fare la differenza, cambiare le cose; ***it makes no ~ what I do*** non importa quello che faccio; ***it makes all the*** o ***a world of ~*** questo cambia tutto *o* è tutta un'altra cosa; ***what a ~ that makes!*** che differenza (che fa)! ***it makes no ~ to me*** per me non fa nessuna differenza, per me fa lo stesso; ***what ~ does it make if...?*** che differenza fa *o* che cosa cambia se...? ***as near as makes no ~*** quasi lo stesso; ***a vacation with a ~*** una vacanza particolare, un po' diversa **2** *(disagreement)* divergenza f. (**between** tra; **over** su; **with** con); ***to settle one's ~s*** ap-pianare le proprie divergenze; ***a ~ of opinion*** una divergenza di opinioni; ***~s within sth.*** divergenze all'interno di qcs.

▶ **different** /'dɪfrənt/ agg. **1** *(dissimilar)* differente, diverso (**from, to** BE, **than** AE da); ***they are ~ in this respect, in their views*** differiscono a questo proposito, nelle opinioni; ***it's very ~*** è molto diverso; ***you're no ~ from them*** non sei diverso da loro; ***but I know ~*** COLLOQ. ma io so che non è vero **2** *(other)* altro, diverso; ***to be, feel a ~ person*** essere un'altra persona, sentirsi un altro; ***that's ~*** così è diverso *o* questa è un'altra cosa; ***that's a ~ matter*** questa è un'altra faccenda; ***it would have been a ~ story if...*** sarebbe stata tutta un'altra cosa se...; ***it's a ~ world!*** è tutta un'altra vita, cosa! **3** *(distinct)* differente, diverso; ***I've visited many ~ countries*** ho visitato molti paesi diversi **4** *(unusual)* diverso (dagli altri), originale; ***it's certainly ~!*** è senz'altro originale! ***he always has to be ~*** deve sempre distinguersi.

differential /ˌdɪfə'renʃl/ **I** n. **1** *(in price, rate, pay)* differenziale m.; ***pay*** o ***wage ~s*** differenziali salariali; ***tax ~ between two products*** differenza di tassazione tra due prodotti **2** MAT. differenziale m. **3** AUT. differenziale m. **II** agg. *(all contexts)* differenziale.

differential calculus /ˌdɪfəˌrenʃl'kælkjʊləs/ n. calcolo m. differenziale.

differential equation /ˌdɪfəˌrenʃlɪ'kweɪʒn/ n. equazione f. differenziale.

differential gear /ˌdɪfəˌrenʃl'gɪə(r)/ n. AUT. differenziale m.

differentially /ˌdɪfə'renʃəlɪ/ avv. [*affect, benefit*] diversamente; ***to tax sth. ~*** applicare una tassazione differente a qcs.

differential operator /ˌdɪfəˌrenʃl'ɒpəreɪtə(r)/ n. operatore m. differenziale.

differential pricing /ˌdɪfəˌrenʃl'praɪsɪŋ/ n. differenziazione f. dei prezzi.

▷ **differentiate** /ˌdɪfə'renʃɪeɪt/ **I** tr. **1** *(tell the difference)* distinguere (**from** da) **2** *(make the difference)* differenziare (**from** da); ***to be ~d by sth.*** differenziarsi per qcs. **3** MAT. derivare **II** intr. **1** *(tell, show the difference)* distinguere (**between** tra) **2** *(discriminate)* fare (delle) differenze (**between** tra).

differentiated /ˌdɪfə'renʃɪeɪtɪd/ **I** p.pass. → **differentiate II** agg. [*product*] distinto, diverso; ***the characters are clearly ~*** i personaggi sono nettamente distinti.

differentiation /ˌdɪfərenʃɪ'eɪʃn/ n. **1** *(distinction)* differenziazione f. (**of** di; **between** tra); ***product ~*** COMM. differenziazione dei prodotti **2** MAT. derivazione f.

▷ **differently** /'dɪfrəntlɪ/ avv. **1** *(in another way)* diversamente (**from** da); ***I'd have done it ~*** io lo avrei fatto diversamente; ***when you're older you'll think ~*** quando sarai più grande, più vecchio la penserai diversamente **2** *(in different ways)* in modo diverso (**from** da); ***it affects men and women*** ~ colpisce gli uomini e le donne in modo diverso; ***we all see this*** ~ la vediamo tutti in modo diverso.

differently abled /ˈdɪfrəntlɪˌeɪbld/ agg. EUFEM. diversamente abile.

▶ **difficult** /ˈdɪfɪkəlt/ agg. **1** *(hard, not easy to do)* [*task, choice, question, puzzle*] difficile; ***it is ~ to learn Russian*** è difficile imparare il russo; ***Russian is ~ to learn*** il russo è difficile da imparare; ***it will be ~ to decide*** sarà difficile decidere; ***it will be ~ for me to decide*** mi sarà difficile decidere; ***to find it ~ to do*** trovare difficile fare; ***it's ~ to accept that*** è difficile accettare che **2** *(complex, inaccessible)* [*author, novel, piece, concept*] difficile, complesso **3** *(awkward)* [*period, age, position, personality, client, case*] difficile; ***to make life ~ for*** rendere la vita difficile a; ***it's a ~ area*** *(of law, policy, ethics)* è un ambito difficile; ***he's ~ to live with, to get on with*** è difficile viverci, andarci d'accordo.

▶ **difficulty** /ˈdɪfɪkəltɪ/ n. **1** *(of task, activity, situation)* difficoltà f.; ***the ~ of doing*** la difficoltà di fare; ***to have ~ (in) doing sth.*** avere difficoltà, faticare a fare qcs.; ***to have great ~ (in) doing*** avere grande difficoltà, faticare molto a fare; ***to have ~ with one's eyesight*** avere dei problemi di vista; ***I have ~ with that idea*** faccio difficoltà ad accettare quest'idea **2** *(obstacle)* difficoltà f.; ***the difficulties of forming a government, of living here*** le difficoltà del formare un governo, del vivere qui; ***the ~ is that*** la difficoltà è che; ***to run into difficulties*** incontrare delle difficoltà; ***I can't see any ~ in doing*** non vedo alcuna difficoltà nel fare **3** *(trouble)* **in ~** in difficoltà.

diffidence /ˈdɪfɪdəns/ n. insicurezza f., timidezza f.; ***~ about doing*** esitazione a fare.

diffident /ˈdɪfɪdənt/ agg. [*person*] insicuro, timido; [*smile, gesture*] timido; ***to be ~ about doing*** esitare a fare.

diffidently /ˈdɪfɪdəntlɪ/ avv. [*do*] in modo esitante; [*speak, say*] timidamente, in tono esitante.

diffract /dɪˈfrækt/ tr. diffrangere.

diffraction /dɪˈfrækʃn/ n. diffrazione f.

diffraction grating /dɪˈfrækʃnˌgreɪtɪŋ/ n. reticolo m. di diffrazione.

diffractometer /ˌdɪfrækˈtɒmɪtə(r)/ n. diffrattometro m.

1.diffuse /dɪˈfjuːs/ agg. *(all contexts)* diffuso.

2.diffuse /dɪˈfjuːz/ **I** tr. diffondere (**in** in) **II** intr. diffondersi (**into** in).

diffused /dɪˈfjuːz/ **I** p.pass. → **2.diffuse II** agg. [*light, lighting*] diffuso.

diffusely /dɪˈfjuːslɪ/ avv. diffusamente.

diffuseness /dɪˈfjuːsnɪs/ n. **1** *(of argument)* diffusione f., prolissità f. **2** *(of organization)* diffusione f., capillarità f.

diffuser /dɪˈfjuːzə(r)/ n. diffusore m.

diffusibility /dɪˌfjuːzəˈbɪlətɪ/ n. diffusibilità f.

diffusible /dɪˈfjuːzəbl/ agg. diffusibile.

diffusion /dɪˈfjuːʒn/ n. **1** *(of knowledge, information etc.)* diffusione f. **2** FIS. diffusione f.

diffusive /dɪˈfjuːsɪv/ agg. **1** diffusivo **2** [*style*] diffuso, prolisso.

1.dig /dɪg/ **I** n. **1** *(poke)* spintone m., colpo m.; *(with elbow)* gomitata f. (**in** in); *(with fist)* pugno m. (**in** in); ***to give sb. a ~ in the ribs*** dare una gomitata nelle costole a qcn. **2** COLLOQ. FIG. *(jibe)* frecciata f., stoccata f. (**at** a); ***to take*** o ***get in a ~ at sb.*** lanciare una frecciata a qcn.; ***that was a ~ at you*** quella era una frecciata per te **3** ARCHEOL. scavi m.pl.; ***to go on a ~*** (andare a) fare degli scavi **4** AGR. scavo m., sterro m.; ***to give the garden a ~*** dare una zappata al giardino **II digs** n.pl. BE *(lodgings)* camera f.sing. (ammobiliata), camera f.sing. d'affitto (presso privati); ***to live in ~s*** abitare in una camera d'affitto.

▷ **2.dig** /dɪg/ **I** tr. (forma in -ing **-gg-**; pass., p.pass. **dug**) **1** *(excavate)* scavare [*ditch, tunnel, grave, trench*] (**in** in); ***to ~ a path through the snow*** scavare un sentiero nella neve; ***to ~ one's way*** o ***oneself out of sth.*** scavarsi un passaggio per uscire da qcs. **2** AGR. zappare [*garden, plot*]; ARCHEOL. scavare, fare degli scavi in [*site*] **3** *(extract)* cavare [*potatoes*]; raccogliere [*root crops*]; estrarre [*coal, turf*] (**out of** da) **4** *(embed)* piantare, conficcare, affondare [*knife, needle etc.*] (**into** in); ***you're ~ging your nails into my arm!*** mi stai conficcando le unghie nel braccio! **5** AE COLLOQ. *(like)* ***she really ~s that guy*** quel ragazzo le piace un sacco; ***I don't ~ soap operas*** non mi piacciono le telenovelas **6** AE RAR. COLLOQ. *(look at)* guardare, dare un'occhiata a; ***~ that tie!*** guarda un po' quella cravatta! **II** intr. (forma in -ing **-gg-**; pass., p.pass. **dug**) **1** *(excavate)* scavare (**into** in); AGR. zappare; ARCHEOL. scavare, fare degli scavi (**into** in); ***to ~ for*** scavare alla ricerca di, per trovare [*ore, treasure, remains*]; ***to ~ into one's reserves*** intaccare le proprie riserve; FIG. scavare a fondo nelle proprie conoscenze **2** *(search)* ***to ~ in*** o ***into*** frugare in [*pockets, bag*]; frugare fra [*records*]; ***she dug into her bag for the ticket*** frugò nella sua borsa per cercare il biglietto; ***to ~ into sb.'s past*** scavare nel passato di qcn. **3** ***to ~ into*** *(uncomfortably)* [*springs, thorns*] piantarsi, conficcarsi, affondare in [*body part*].

■ **dig at:** ~ ***at [sb.]*** punzecchiare.

■ **dig in:** ~ ***in*** **1** MIL. trincerarsi (anche FIG.) **2** COLLOQ. *(eat)* buttarsi sul cibo; ***~ in everybody!*** *(at meal)* fatevi sotto! ~ ***in [sth.]***, ~ ***[sth.] in*** AGR. sotterrare [*compost etc.*]; *(embed)* piantare, conficcare, affondare [*teeth, weapon, stake*]; ***to ~ oneself in*** MIL. trincerarsi.

■ **dig into:** ~ ***into [sth.]*** **1** frugare in [*bag, pockets*] **2** FIG. scavare in [*sb.'s past*] **3** COLLOQ. *(eat)* buttarsi su [*meal, cake*].

■ **dig out:** ~ ***out [sth.]***, ~ ***[sth.] out*** stanare [*animal*] (**of** da); dissotterrare [*root*] (**of** da); estirpare [*weed*] (**of** da); estrarre [*splinter, nail*] (**of** da); disseppellire, estrarre [*body*] (**of** da); FIG. pescare, scovare [*book*] (**of** in); scoprire, cavare fuori [*facts, information*] (**of** in).

■ **dig up:** ~ ***up [sth.]***, ~ ***[sth.] up*** *(unearth)* disseppellire [*body*]; (ri)portare alla luce [*ruin, treasure*]; raccogliere [*roots, crops*]; sradicare [*plant*]; dissotterrare [*road*]; *(turn over)* dissodare [*ground, soil*]; zappare [*garden*]; FIG. *(discover)* scoprire, cavare fuori [*information, facts*]; riesumare [*scandal*].

digamous /ˈdɪgəməs/ agg. DIR. passato a seconde nozze.

digamy /ˈdɪgəmɪ/ n. DIR. seconde nozze f.pl.

digastric /daɪˈgæstrɪk/ n. (anche ~ **muscle**) (muscolo) digastrico m.

digerati /dɪdʒəˈrɑːtɪ/ n.pl. SCHERZ. = esperti di informatica.

1.digest /ˈdaɪdʒest/ n. **1** *(periodical)* digest m., selezione f. (da testi diversi) **2** *(summary)* sunto m., riassunto m., compendio m.

▷ **2.digest** /daɪˈdʒest, dɪ-/ **I** tr. **1** digerire [*food*] **2** assimilare [*information*] **II** intr. [*food*] essere digerito.

digestant /daɪˈdʒestənt/ **I** agg. digestivo **II** n. digestivo m.

digester /dɪˈdʒestə(r)/ n. **1** *(person)* chi digerisce **2** CHIM. digestore m. **3** MED. digestivo m.

digestibility /dɪˌdʒestəˈbɪlətɪ/ n. digeribilità f.

digestible /dɪˈdʒestəbl/ agg. [*food*] digeribile; [*information*] assimilabile.

▷ **digestion** /daɪˈdʒestʃn, dɪ-/ n. *(of food)* digestione f.; *(of information)* assimilazione f.

digestive /dɪˈdʒestɪv, daɪ-/ **I** n. BE (anche ~ **biscuit**) = biscotto di farina integrale **II** agg. digestivo.

digestive system /dɪˈdʒestɪvˌsɪstəm, daɪ-/ n. apparato m. digerente.

digestive tract /dɪˌdʒestɪvˈtrækt, daɪ-/ n. tubo m. digerente.

digger /ˈdɪgə(r)/ n. **1** *(excavator)* escavatore m., escavatrice f. **2** *(worker)* sterratore m. (-trice) **3** (anche **Digger**) COLLOQ. *(Australian)* australiano m. (-a).

digging /ˈdɪgɪŋ/ **I** n. **1** *(in garden)* zappatura f.; ***to do some ~*** zappare, dare una zappata **2** ING. scavo m., sterro m.; ***it will require several days' ~*** occorreranno diversi giorni di scavi **3** MIN. perforazione f., trivellazione f. (**for** per trovare) **4** ARCHEOL. scavi m.pl. **II diggings** n.pl. *(material)* ARCHEOL. materiale m.sing. di scavo; MIN. materiale m.sing. di sterro.

▷ **digit** /ˈdɪdʒɪt/ n. **1** *(number)* cifra f.; ***a two~ number*** un numero di due cifre **2** ANAT. *(finger, toe)* dito m.

digital /ˈdɪdʒɪtl/ agg. **1** [*display, recording, camera*] digitale; [*clock, watch*] digitale, con display digitale **2** ANAT. digitale.

digital (access) lock /ˌdɪdʒɪtl(ˌækses)ˈlɒk/ n. serratura f. digitale.

digital audio tape /ˌdɪdʒɪtlˌɔːdɪəʊˈteɪp/ n. *(tape)* nastro m. per registrazione sonora digitale; *(cassette)* audiocassetta f. digitale.

digital computer /ˌdɪdʒɪtlkəmˈpjuːtə(r)/ n. computer m. digitale.

digitalin /ˌdɪdʒɪˈteɪlɪn/ n. CHIM. digitossina f.

digitalis /ˌdɪdʒɪˈteɪlɪs/ n. **1** BOT. digitale f. **2** FARM. digitalina f.

digitalization /ˌdɪdʒɪtəlaɪˈzeɪʃn, AE -lɪˈz-/ n. digitalizzazione f.

digital signature /ˌdɪdʒɪtlˈsɪgnətʃə(r)/ n. firma f. elettronica, digitale.

digital television /ˌdɪdʒɪtlˈtelɪvɪʒn/ n. televisione f. digitale.

digital terrestrial television /ˌdɪdʒɪtltəˌrestrɪəlˈtelɪvɪʒn/ n. televisione f. digitale terrestre, digitale terrestre m.

digital TV /ˌdɪdʒɪtltiːˈviː/ n. TV f. digitale.

digital video disc /ˌdɪdʒɪtəlˌvɪdɪəʊˈdɪsk/ n. DVD m.

digitate /ˈdɪdʒɪteɪt/ agg. BOT. ZOOL. digitato.

digitation /ˌdɪdʒɪˈteɪʃn/ n. BOT. ZOOL. ANAT. digitazione f.

digitigrade /ˈdɪdʒɪtɪˌgreɪd/ **I** agg. digitigrado **II** n. digitigrado m.

digitize /ˈdɪdʒɪtaɪz/ tr. INFORM. digitalizzare.

digitizer /ˈdɪdʒɪtaɪzə(r)/ n. INFORM. digitalizzatore m., convertitore m. digitale.

diglossia /daɪˈglɒsɪə/ n. LING. diglossia f.
dignified /ˈdɪgnɪfaɪd/ agg. [*person, status*] dignitoso, degno; [*manner*] compunto, contegnoso.
dignify /ˈdɪgnɪfaɪ/ tr. dare lustro a [*occasion, building*]; ***I wouldn't ~ that painting by calling it art*** non nobiliterei quel dipinto definendolo un'opera d'arte.
dignitary /ˈdɪgnɪtərɪ/ n. dignitario m. (-a).
▷ **dignity** /ˈdɪgnətɪ/ n. **1** *(of person, occasion)* dignità f.; ***to be beneath sb.'s ~*** non essere degno di qcn.; ***to stand on one's ~*** esigere, pretendere rispetto **2** *(title)* dignità f., carica f.
digraph /ˈdaɪgrɑːf, AE -græf/ n. LING. digramma m.
digress /daɪˈgres/ intr. divagare, fare una digressione; ***to ~ from*** divagare da [*subject*].
digression /daɪˈgreʃn/ n. digressione f.
digressive /daɪˈgresɪv/ agg. [*writer, speaker*] che tende a divagare, che fa (molte) digressioni; [*style*] digressivo.
dihedral /daɪˈhiːdrəl/ **I** agg. MAT. diedrale **II** n. MAT. AER. diedro m.
dik dik /ˈdɪkdɪk/ n. dik dik m.
1.dike AE → **1.dyke, 2.dyke.**
2.dike /daɪk/ tr. arginare, contenere con una diga [*river*]; proteggere con dighe, con argini [*village*].
diktat /ˈdɪktæt/ n. diktat m.
dilacerate /dɪˈlæsəreɪt/ tr. RAR. dilacerare.
dilapidate /dɪˈlæpɪdeɪt/ **I** tr. **1** ANT. dilapidare [*fortune*] **2** trascurare, mandare in rovina [*building*] **II** intr. rovinarsi, cadere in rovina.
dilapidated /dɪˈlæpɪdeɪtɪd/ **I** p.pass. → **dilapidate II** agg. [*building*] fatiscente, in rovina; [*car*] sgangherato.
dilapidation /dɪˌlæpɪˈdeɪʃn/ n. **1** *(squandering)* dilapidazione f. **2** *(decay)* fatiscenza f.
dilatability /daɪleɪtəˈbɪlətɪ/ n. dilatabilità f.
dilatable /daɪˈleɪtəbl/ agg. dilatabile.
dilatation /ˌdaɪleɪˈteɪʃn/ n. dilatazione f.
dilatator /ˈdaɪləteɪtə(r)/ n. → **dilator.**
dilate /daɪˈleɪt/ **I** tr. dilatare **II** intr. **1** *(widen)* dilatarsi **2** *(discuss at length)* ***to ~ on a subject*** dilungarsi su di un argomento.
dilated /daɪˈleɪtɪd/ **I** p.pass. → **dilate II** agg. [*pupils, nostrils*] dilatato; ***to be 5 cm ~*** *(in labour)* avere una dilatazione di 5 cm.
dilation /daɪˈleɪʃn/ n. dilatazione f.
dilatometer /ˌdɪləˈtɒmɪtə(r)/ n. dilatometro m.
dilatometry /ˌdɪləˈtɒmɪtrɪ/ n. dilatometria f.
dilator /daɪˈleɪtə(r)/ n. **1** ANAT. muscolo m. dilatatore **2** MED. dilatatore m.
dilatoriness /ˈdɪlətərɪnɪs, AE -tɔːrɪ-/ n. FORM. lentezza f. (**in doing** a fare).
dilatory /ˈdɪlətrɪ, AE -tɔːrɪ/ agg. FORM. **1** *(slow)* lento **2** *(time-wasting)* dilatorio (anche DIR.).
dilatory plea /ˌdɪlətrɪˈpliː, AE -tɔːrɪ/ n. DIR. eccezione f. dilatoria.
dildo /ˈdɪldəʊ/ n. **1** *(object)* fallo m. artificiale **2** *(idiot)* POP. coglione m. (-a), imbecille m. e f.
▷ **dilemma** /daɪˈlemə, dɪ-/ n. dilemma m. (**about, over** su, a riguardo di); ***in a ~*** di fronte a un dilemma ◆ ***to be on the horns of a ~*** trovarsi dinanzi a un dilemma.
dilettante /ˌdɪlɪˈtæntɪ/ **I** n. (pl. **-i, -es**) dilettante m. e f. **II** agg. [*person*] dilettante; [*attitude*] da dilettante.
dilettantish /ˌdɪlɪˈtæntɪʃ/ agg. da dilettante, dilettantesco.
dilettantism /ˌdɪlɪˈtæntɪzəm/ n. dilettantismo m.
1.diligence /ˈdɪlɪdʒəns/ n. **1** diligenza f., zelo m. (**in** in; **in doing** nel fare) **2** DIR. ***to exercise due ~*** impiegare la dovuta diligenza.
2.diligence /ˈdɪlɪdʒəns/ n. diligenza f., carrozza f.
diligent /ˈdɪlɪdʒənt/ agg. diligente; ***to be ~ in doing sth.*** essere diligente nel fare qcs.
diligently /ˈdɪlɪdʒəntlɪ/ avv. [*work*] diligentemente, con diligenza.
dill /dɪl/ n. aneto m.
dill pickle /ˌdɪlˈpɪkl/ n. sottaceto m. (aromatizzato) all'aneto; *(cucumber)* cetriolo m. sott'aceto (aromatizzato) all'aneto.
dilly /ˈdɪlɪ/ n. AE COLLOQ. *(person)* portento m., tipo m. (-a) straordinario (-a); *(thing)* cosa f. sensazionale; ***a ~ of an earthquake*** un terremoto eccezionale.
dillydally /ˈdɪlɪdælɪ/ intr. COLLOQ. **1** *(dawdle)* gingillarsi **2** *(be indecisive)* tentennare.
dillydallying /ˈdɪlɪdælɪɪŋ/ n. COLLOQ. **U** tentennamento m.
diluent /ˈdɪljʊənt/ **I** agg. diluente **II** n. diluente m.
1.dilute /daɪˈljuːt, AE -ˈluːt/ agg. diluito.
2.dilute /daɪˈljuːt, AE -ˈluːt/ tr. **1** diluire [*liquid, colour*] (**with** con) **2** FIG. smorzare, attenuare.
▷ **diluted** /daɪˈljuːtɪd/ **I** p.pass. → **2.dilute II** agg. FIG. smorzato, attenuato (**with** con).
diluted shares /daɪˌljuːtɪdˈʃeəz/ n.pl. ECON. azioni f. emesse.
diluter /daɪˈljuːtə(r), AE -ˈluːt-/ n. diluente m.
▷ **dilution** /daɪˈljuːʃn, AE -ˈluː-/ n. **1** diluizione f. (**of** di); FIG. attenuazione f. **2** ECON. ***~ of equity*** diluizione del capitale azionario.
diluvia /daɪˈluːvɪə/ → **diluvium.**
diluvial /daɪˈluːvɪəl/, **diluvian** /daɪˈluːvɪən/ agg. ANT. diluviale.
diluvium /daɪˈluːvɪəm/ n. (pl. **~s, -ia**) diluvium m.
▷ **1.dim** /dɪm/ agg. **1** *(badly lit)* [*office, room, interior*] oscuro, buio **2** *(weak)* [*light, flame*] debole, fioco; [*eye*] offuscato, annebbiato; [*eyesight*] debole; ***to grow ~*** affievolirsi, indebolirsi **3** *(hard to see)* [*shape, figure*] confuso, indistinto **4** *(vague)* [*recollection, appreciation*] vago; ***to have a ~ memory of*** avere un vago ricordo di **5** COLLOQ. *(stupid)* [*person*] ottuso; [*remark*] stupido **6** *(not favourable)* [*prospect, future*] cupo, oscuro ◆ ***to take a ~ view of sth., of people doing*** vedere di cattivo occhio qcs., il fatto che le persone facciano.
▷ **2.dim** /dɪm/ **I** tr. (forma in -ing ecc. **-mm-**) **1** *(turn down)* abbassare, smorzare [*light, oil lamp*] **2** *(cause to fade)* offuscare [*beauty*]; smorzare [*colour*] **3** AE abbassare [*headlights*] **II** intr. (forma in -ing ecc. **-mm-**) **1** [*lights, lamp*] abbassarsi **2** [*memory*] offuscarsi **3** [*eyes*] offuscarsi, annebbiarsi; [*sight*] indebolirsi **4** [*colour*] smorzarsi; [*beauty*] offuscarsi; [*hope*] affievolirsi.
1.dime /daɪm/ n. AE moneta f. da dieci centesimi, dieci centesimi m.pl. ◆ ***I haven't got a ~*** non ho un soldo; ***they're a ~ a dozen*** COLLOQ. [*goods*] te li tirano dietro; [*books*] non valgono niente; ***it isn't worth a ~*** COLLOQ. non vale un soldo, un centesimo; ***to stop on a ~*** COLLOQ. fermarsi di colpo.
2.dime /daɪm/ intr. fare una soffiata.
dime bag /ˈdaɪmˌbæg/ n. AE COLLOQ. bustina f. di droga (da dieci dollari).
dime novel /ˈdaɪmˌnɒvl/ n. AE romanzetto m. da quattro soldi.
dimension /dɪˈmenʃn/ **I** n. **1** *(aspect)* dimensione f., proporzioni f.pl.; ***to take on a whole new ~*** assumere proporzioni del tutto nuove; ***to bring*** o ***add a new ~ to*** dare una nuova dimensione a [*discussion, problem*] **2** *(measurement)* dimensione f.; ARCH. MAT. TECN. lato m.; ***of huge ~s*** di dimensioni enormi **II dimensions** n.pl. *(scope)* portata f.sing., grandezza f.sing., importanza f.sing. (**of** di).
dimensional /dɪˈmenʃənl/ agg. in composti ***two-~*** bidimensionale, a due dimensioni; ***three-~*** tridimensionale, a tre dimensioni.
dimensionless /dɪˈmenʃnlɪs/ agg. **1** senza dimensioni **2** [*space*] illimitato, infinito.
dimer /ˈdaɪmə(r)/ n. dimero m.
dimerous /ˈdɪmərəs/ agg. dimero.
dimeter /ˈdɪmɪtə(r)/ n. dimetro m.
dime store /ˈdaɪmˌstɔː(r)/ n. AE bazar m., negozio m. con merce a basso prezzo.
▷ **diminish** /dɪˈmɪnɪʃ/ **I** tr. **1** *(reduce)* diminuire [*numbers, quantity*]; ridurre [*popularity, resources*] **2** *(weaken)* indebolire, ridimensionare [*authority, influence, strength*]; attenuare, far diminuire [*emotion*] **3** *(denigrate)* sminuire, screditare **4** MUS. diminuire **II** intr. **1** *(decrease)* [*numbers*] diminuire; [*funds, resources*] diminuire, ridursi **2** *(weaken)* [*emotion*] attenuarsi, diminuire; [*authority, influence, strength*] diminuire, indebolirsi.
diminishable /dɪˈmɪnɪʃəbl/ agg. diminuibile.
▷ **diminished** /dɪˈmɪnɪʃt/ **I** p.pass. → **diminish II** agg. **1** [*amount, enthusiasm, income, force, level, rate, awareness, support*] ridotto; ***to feel ~*** sentirsi sminuito **2** DIR. ***on grounds of ~ responsibility*** per motivi di parziale incapacità **3** MUS. diminuito.
diminishing /dɪˈmɪnɪʃɪŋ/ agg. [*number*] decrescente; [*funds, resources*] in diminuzione; [*group*] sempre meno importante; [*influence*] sempre più debole, ridotta; ***the law of ~ returns*** la legge dei rendimenti decrescenti.
diminuendo /dɪˌmɪnjʊˈendəʊ/ **I** n. MUS. diminuendo m. **II** modif. ***~ passage*** diminuendo **III** avv. diminuendo.
diminution /ˌdɪmɪˈnjuːʃn, AE -ˈnuːʃn/ n. **1** *(of size, quantity, wages)* diminuzione f. (**in, of** di); *(of level, intensity, power, role)* indebolimento m. (**in, of** di) **2** MUS. diminuzione f.
diminutival /dɪˌmɪnjʊˈtaɪvl/ agg. diminutivo.
diminutive /dɪˈmɪnjʊtɪv/ **I** n. LING. diminutivo m. **II** agg. [*object*] minuscolo; [*person*] minuto.
diminutiveness /dɪˈmɪnjʊtɪvnɪs/ n. minutezza f., (estrema) piccolezza f.
dimissory /ˈdɪmɪsərɪ/ agg. dimissorio.
dimity /ˈdɪmətɪ/ n. basino m.
dimly /ˈdɪmlɪ/ avv. **1** [*lit*] debolmente **2** [*perceive, make out*] vagamente, indistintamente; ***~ visible*** appena visibile **3** [*recall, register, sense*] vagamente; ***to be ~ aware of*** rendersi vagamente conto di.
dimmer /ˈdɪmə(r)/ n. (anche **~ switch**) dimmer m., regolatore m. di luminosità.

dimming /ˈdɪmɪŋ/ n. **1** *(of lights)* abbassamento m., attenuazione f. **2** *(of hope)* affievolimento m.; *(of glory)* offuscamento m.

dimness /ˈdɪmnɪs/ n. **1** *(of interior)* oscurità f.; *(of light, lamp)* debolezza f. **2** *(of recollection, figure, outline)* vaghezza f.

dimorphic /daɪˈmɔːfɪk/ agg. dimorfo.

dimorphism /daɪˈmɔːfɪzəm/ n. BIOL. CHIM. dimorfismo m.

dimorphous /daɪˈmɔːfəs/ → **dimorphic**.

1.dimple /ˈdɪmpl/ n. *(in flesh)* fossetta f.; *(on water)* increspatura f.

2.dimple /ˈdɪmpl/ **I** tr. **1** [*smile*] far venire le fossette su [*cheeks*] **2** [*wind*] increspare [*water*] **II** intr. **1** [*flesh*] formare una fossetta, delle fossette **2** [*water*] incresparsi.

dimpled /ˈdɪmpld/ agg. [*cheeks*] con le fossette; [*chin*] con la fossetta; [*limb*] paffuto; [*surface*] rientrante; [*water*] increspato; [*glass*] fallato.

dimpling /ˈdɪmplɪŋ/ n. ritrazione f. cutanea.

dimwit /ˈdɪmwɪt/ n. COLLOQ. testa f. vuota, imbecille m. e f.

dim-witted /ˈdɪmˌwɪtɪd/ agg. COLLOQ. ottuso, imbecille.

1.din /dɪn/ n. *(of machines)* fracasso m., baccano m.; *(of people)* chiasso m.

2.din /dɪn/ tr. (forma in -ing ecc. **-nn-**) ***to ~ sth. into sb.*** COLLOQ. ficcare qcs. in testa a qcn. (a forza di insistere).

Dinah /ˈdaɪnə/ n.pr. Dina.

dinar /ˈdiːnɑː(r)/ ♦ **7** n. dinaro m.

dine /daɪn/ **I** tr. [*person*] offrire un pranzo a **II** intr. pranzare, cenare ♦ ***to wine and ~*** mangiare molto bene (in un buon ristorante); ***she's always being wined and ~d*** la invitano sempre nei migliori ristoranti; FIG. è molto corteggiata.

▪ **dine in** pranzare, cenare a casa.

▪ **dine off, dine on:** ~ ***off [sth.]*** pranzare, cenare a base di qcs.

▪ **dine out** pranzare, cenare fuori; ***to ~ out on*** parlare a pranzo e a cena, in continuazione di [*story, anecdote*].

▷ **diner** /ˈdaɪnə(r)/ n. **1** *(person)* commensale m. e f.; *(at a restaurant)* cliente m. e f. **2** AE *(restaurant)* piccolo ristorante m. (economico) **3** *(in train)* vagone m. ristorante.

dinero /ˈdaɪnərəʊ/ n. AE COLLOQ. denaro m., soldi m.pl.

dinette /daɪˈnet/ n. AE **1** *(room)* zona f. pranzo **2** *(furniture)* (anche **~ set**) tinello m.

1.ding /dɪŋ/ n. *(sound of bell)* din m.

2.ding /dɪŋ/ intr. [*bell*] fare din (don).

dingaling /ˌdɪŋəˈlɪŋ/ n. **1** *(sound)* drin drin m. **2** AE COLLOQ. *(fool)* tipo m. (-a) suonato (-a), pazzoide m. e f.

dingbat /ˈdɪŋbæt/ n. COLLOQ. balordo m. (-a), scemo m. (-a).

dingdong /ˈdɪŋdɒŋ/ **I** n. COLLOQ. **1** BE *(quarrel)* bisticcio m., battibecco m. **2** *(sound)* din don m. **3** **DingDong**® AE GASTR. = merendina alla crema e cioccolato **II** agg. BE ***a ~ argument*** una discussione accanita.

dinge /dɪndʒ/ n. AE POP. SPREG. negro m. (-a).

dinghy /ˈdɪŋɡɪ/ n. **1** (anche **sailing ~**) dinghy m. **2** *(inflatable)* canotto m. (gonfiabile), gommone m.

dinginess /ˈdɪndʒɪnɪs/ n. **1** *(grimness)* squallore m., tetraggine f. **2** *(dirt)* sudiciume m.

dingle /ˈdɪŋɡl/ n. LETTER. valletta f. (ombrosa).

dingo /ˈdɪŋɡəʊ/ n. *(dog)* dingo m.

dingus /ˈdɪŋɡəs/ n. AE COLLOQ. coso m., affare m., arnese m.

dingy /ˈdɪndʒɪ/ agg. [*colour, surroundings*] scuro, tetro; [*street, building, room*] squallido, sudicio.

dining car /ˈdaɪnɪŋkɑː(r)/ n. vagone m. ristorante.

dining chair /ˈdaɪnɪŋˌtʃeə(r)/ n. sedia f. (per tavolo da pranzo).

dining hall /ˈdaɪnɪŋhɔːl/ n. *(private)* sala f. da pranzo; *(in institution)* mensa f., refettorio m.

▷ **dining room** /ˈdaɪnɪŋrʊm/ **I** n. *(in house)* sala f. da pranzo; *(in hotel)* salone m. ristorante **II** modif. [*furniture*] per sala da pranzo.

dining table /ˈdaɪnɪŋˌteɪbl/ n. tavolo m. da pranzo.

dink /dɪŋk/ n. SPORT *(in tennis)* smorzata f.

dinkum /ˈdɪŋkəm/ agg. AUSTRAL. COLLOQ. onesto, genuino, sincero.

dinky /ˈdɪŋkɪ/ agg. COLLOQ. **1** BE *(sweet)* carino **2** *(small)* piccolo.

DINKY n. COLLOQ. (⇒ dual income no kids) = persona che fa parte di una coppia con doppio reddito e senza figli.

▶ **dinner** /ˈdɪnə(r)/ n. **1** *(meal) (evening)* cena f.; *(midday)* pranzo m.; ***at ~*** a cena, a pranzo; ***to have friends to ~*** avere amici a cena; ***to go out, be invited out to ~*** pranzare fuori, essere invitato fuori a pranzo; ***to be invited to ~ at sb.'s*** essere invitato a cena da qcn.; ***to have ~*** cenare, pranzare; ***we'll be ten for ~*** saremo dieci a cena; ***we're having chicken for ~*** c'è pollo per cena; ***to give the dog its ~*** dare da mangiare al cane; ***"~!"*** "a tavola!" **2** *(banquet)* pranzo m., cena f. (ufficiale) (**for sb.** in onore di qcn.) **3** *(baby food)* alimento m. per lattanti, per bambini piccoli; ***vegetable ~*** pappa di verdure ♦ ***he's had more affairs, problems than you've had hot ~s*** COLLOQ. ha avuto più relazioni (amorose), più problemi di quanti tu possa immaginare.

dinner bell /ˈdɪnəbel/ n. *(in house)* campana f. della cena; *(in school)* campanella f. del pranzo.

dinner dance /ˈdɪnədɑːns, AE -dæns/ n. cena f. danzante.

dinner duty /ˈdɪnəˌduːtɪ/ n. BE SCOL. servizio m. di sorveglianza della mensa scolastica.

dinner fork /ˈdɪnəfɔːk/ n. forchetta f. (da tavola).

dinner hour /ˈdɪnərˌaʊə(r)/ n. BE SCOL. ora f. del pranzo.

dinner jacket /ˈdɪnəˌdʒækɪt/ n. smoking m.

dinner knife /ˈdɪnənaɪf/ n. (pl. **dinner knives**) coltello m. da tavola.

dinner lady /ˈdɪnəˌleɪdɪ/ n. BE SCOL. donna f. addetta al servizio mensa.

dinner money /ˈdɪnəˌmʌnɪ/ n. BE SCOL. = somma di denaro data dai genitori agli studenti per pagare la mensa scolastica.

dinner party /ˈdɪnəˌpɑːtɪ/ n. pranzo m. (con invitati).

dinner party conversation /ˈdɪnəˌpɑːtɪkɒnvəˈseɪʃn/ n. conversazione f. da salotto.

dinner plate /ˈdɪnəˌpleɪt/ n. piatto m. piano (da tavola).

dinner roll /ˈdɪnərəʊl/ n. panino m.

dinner service /ˈdɪnəˌsɜːvɪs/, **dinner set** /ˈdɪnəset/ n. servizio m. da tavola.

dinner table /ˈdɪnəˌteɪbl/ n. ***at the ~*** [*discuss, tell*] a tavola.

dinner theater /ˈdɪnəˌθɪətə(r)/ n. AE = teatro in cui viene servita la cena durante lo spettacolo.

dinnertime /ˈdɪnəˌtaɪm/ n. ora f. di pranzo, di cena.

dinnerware /ˈdɪnəweə/ n. AE stoviglie f.pl.

dino /ˈdiːnəʊ/ n. AE SPREG. italiano m.

▷ **dinosaur** /ˈdaɪnəsɔː(r)/ n. dinosauro m. (anche FIG.).

1.dint /dɪnt/ n. ***by dint of*** grazie a [*effort, wit, support*].

2.dint /dɪnt/ tr. ANT. fare una tacca su, segnare.

diocesan /daɪˈɒsɪsn/ **I** agg. diocesano **II** n. diocesano m. (-a).

diocese /ˈdaɪəsɪs/ n. diocesi f.

Diocletian /ˌdaɪəˈkliːʃjən/ n.pr. Diocleziano.

diode /ˈdaɪəʊd/ n. diodo m.

Diogenes /daɪˈɒdʒɪniːz/ n.pr. Diogene.

dioecious /daɪˈiːʃəs/ agg. dioico.

Dion /ˈdaɪən/ n.pr. Dion (nome di uomo).

Dionysiac /ˌdaɪəˈnɪzɪæk/, **Dionysian** /ˌdaɪəˈnɪzɪən/ agg. dionisiaco.

Dionysus /ˌdaɪəˈnaɪsəs/ n.pr. Dioniso.

diopside /daɪˈɒpsaɪd/ n. diopside f.

dioptre, diopter AE /daɪˈɒptə(r)/ n. diottria f.

dioptric /daɪˈɒptrɪk/ agg. diottrico.

dioptrics /daɪˈɒptrɪks/ n. + verbo sing. diottrica f.

diorama /ˌdaɪəˈrɑːmə/ n. diorama m.

diorite /ˈdaɪəraɪt/ n. diorite f.

dioxide /daɪˈɒksaɪd/ n. diossido m.

dioxin /daɪˈɒksɪn/ n. diossina f.

▷ **1.dip** /dɪp/ n. **1** *(bath)* tuffo m., nuotata f.; ***to go for a ~*** andare a fare un tuffo, buttarsi in acqua; ***to have a quick ~*** fare una nuotata veloce **2** *(hollow) (in ground, road)* avvallamento m. **3** *(downward movement) (of plane, head)* inclinazione f. **4** FIG. *(in prices, rate, sales)* (lieve) caduta f., calo m. (**in** di) **5** GASTR. salsina f., crema f. (per intingere crostini, cracker ecc.) **6** AGR. (anche **sheep ~**) bagno m. antiparassitario **7** GEOL. *(of stratum)* inclinazione f. **8** FIS. (anche **angle of ~, magnetic ~**) inclinazione f. magnetica.

▷ **2.dip** /dɪp/ **I** tr. (forma in -ing ecc. **-pp-**) **1** *(put partially)* intingere, bagnare [*finger, toe, stick, brush*] (**in, into** in) **2** *(immerse)* immergere [*garment*] (**in, into** in); tuffare, inzuppare [*food*] (**in, into** in); AGR. bagnare [*sheep*] **3** *(bend)* ***to ~ one's head, knee*** piegare (leggermente) la testa, il ginocchio (per fare un inchino) **4** BE AUT. ***to ~ one's headlights*** abbassare i fari, mettere gli anabbaglianti; ***~ped headlights*** anabbaglianti; ***to drive with ~ped headlights*** guidare con gli anabbaglianti **5** TECN. *(galvanize)* bagnare [*metal*] **II** intr. (forma in -ing ecc. **-pp-**) **1** *(move downwards)* [*bird, plane*] abbassarsi; ***to ~ below the horizon*** [*sun*] scendere, tramontare dietro l'orizzonte **2** *(slope downwards)* [*land, field, road*] scendere, digradare **3** FIG. *(decrease)* [*price, value, exchange rate*] scendere, calare; [*speed, rate*] scendere **4** *(put hand)* ***to ~ into one's bag for sth.*** cercare qcs. nella borsa; ***to ~ into the till, one's savings for sth.*** FIG. attingere alla cassa, ai propri risparmi per qcs. **5** *(read a little)* ***to ~ into*** scorrere velocemente, dare un'occhiata a [*book, report*].

Dip ⇒ diploma diploma (dipl.).

DIP /dɪp/ n. INFORM. (⇒ dual in-line package) = in un circuito stampato, contenitore con doppia fila di conduttori.

diphase /ˈdaɪfeɪz/ agg. bifase.

diphasic /daɪˈfeɪzɪk/ agg. difasico.

diphtheria /dɪfˈθɪərɪə/ ➧ *11* n. difterite f.
diphtherial /dɪfˈθɪərɪəl/, **diphtheric** /dɪfˈθerɪk/, **diphtheritic** /ˌdɪfθəˈrɪtɪk/ agg. difterico.
diphtheroid /ˈdɪfθərɔɪd/ agg. difteroide.
diphthong /ˈdɪfθɒŋ, AE -θɔːŋ/ n. dittongo m.
diphthongal /dɪfˈθɒŋgl, AE -θɔːŋ-/ agg. di dittongo, che forma un dittongo.
diphthongization /dɪfθɒŋaɪˈzeɪʃn, AE -ŋɪˈz-/ n. dittongazione f.
diphthongize /ˈdɪfθɒŋaɪz, AE -θɔːŋ-/ **I** tr. dittongare **II** intr. dittongare.
diplegia /ˌdaɪˈpliːdʒə/ n. diplegia f.
diploe /ˈdɪpləʊiː/ n. diploe f.
diploid /ˈdɪplɔɪd/ **I** n. BIOL. diploide m. **II** agg. BIOL. diploide.
diploma /dɪˈpləʊmə/ n. (pl. **~s, -ata**) diploma m. (**in** in).
▷ **diplomacy** /dɪˈpləʊməsɪ/ n. diplomazia f. (anche POL.).
diploma'd, diplomaed /dɪˈpləʊməd/ agg. diplomato.
diploma mill /dɪˈpləʊməˌmɪl/ n. AE COLLOQ. SPREG. diplomificio m.
▷ **diplomat** /ˈdɪpləmæt/ ➧ *27* n. diplomatico m. (-a) (anche POL.).
▷ **diplomatic** /ˌdɪpləˈmætɪk/ agg. **1** POL. diplomatico; ***a ~ presence*** una rappresentanza diplomatica; ***through ~ channels*** attraverso canali diplomatici **2** *(astute, tactful)* [*person, behaviour*] diplomatico.
diplomatically /ˌdɪpləˈmætɪklɪ/ avv. *(all contexts)* diplomaticamente; ***~ embarrassing*** imbarazzante sotto il profilo diplomatico.
diplomatic bag /ˌdɪpləˌmætɪkˈbæg/ n. BE valigia f. diplomatica.
diplomatic corps /ˌdɪpləˈmætɪkˌkɔː(r)/ n. corpo m. diplomatico.
diplomatic immunity /ˌdɪpləˌmætɪkɪˈmjuːnətɪ/ n. immunità f. diplomatica.
diplomatic passport /ˌdɪpləˌmætɪkˈpɑːspɔːt, AE ˈpæs-/ n. passaporto m. diplomatico.
diplomatic pouch /ˌdɪpləˌmætɪkˈpaʊtʃ/ n. AE valigia f. diplomatica.
diplomatic relations /ˌdɪpləˌmætɪkrɪˈleɪʃnz/ n.pl. relazioni f. diplomatiche (**with** con).
diplomatics /ˌdɪpləˈmætɪks/ n. + verbo sing. **1** *(diplomacy)* diplomazia f. **2** *(study of documents)* diplomatica f.
diplomatist /dɪˈpləʊmətɪst/ ➧ *27* n. diplomatico m. (-a).
diplomatize /dɪˈpləʊmətaɪz/ intr. agire diplomaticamente, usare diplomazia.
dip needle /ˈdɪpˌniːdl/ n. FIS. inclinometro m.
diplopia /dɪpˌləʊpɪə/, **diplopy** /ˈdɪpləpɪ/ ➧ *11* n. diplopia f.
dipnoan /ˈdɪpnəʊən/ **I** agg. = dei dipnoi, relativo ai dipnoi **II** n. dipnoo m.
dipody /ˈdɪpədɪ/ n. dipodia f.
dipole /ˈdaɪpəʊl/ n. **1** EL. FIS. dipolo m. **2** (anche **~ aerial**) antenna f. a dipolo.
dipper /ˈdɪpə(r)/ n. **1** ZOOL. merlo m. acquaiolo **2** AE *(ladle)* mestolo m. **3** AE ASTR. → **Big Dipper, Little Dipper.**
dipping /ˈdɪpɪŋ/ n. **1** *(immersion)* immersione f. **2** *(of lights)* abbassamento m., affievolimento m. **3** *(of plane, head)* inclinazione f. **3** *(of land)* avvallamento m.
dippy /ˈdɪpɪ/ agg. COLLOQ. pazzo, matto.
dipshit /ˈdɪpʃɪt/ n. VOLG. SPREG. *(person)* stronzo m. (-a).
dipso /ˈdɪpsəʊ/ n. COLLOQ. SPREG. (accorc. dipsomaniac) ubriacone m. (-a).
dipsomania /ˌdɪpsəˈmeɪnɪə/ n. dipsomania f.
dipsomaniac /ˌdɪpsəˈmeɪnɪæk/ n. dipsomane m. e f.
dipstick /ˈdɪpstɪk/ n. **1** AUT. asta f. di livello dell'olio **2** *(idiot)* COLLOQ. imbecille m. e f.
dip switch /ˈdɪpswɪtʃ/ n. AUT. commutatore m. dei fari.
dipsy /ˈdɪpsɪ/ agg. **1** *(drunk)* ubriaco **2** *(stupid)* stupido.
dipsy-doodle /ˌdɪpsɪˈduːdl/ n. raggiro m., imbroglio m.
diptera /ˈdɪptərə/ n.pl. Ditteri m.
dipteral /ˈdɪptərəl/ agg. ARCH. diptero.
dipteran /ˈdɪptərən/ n. ZOOL. dittero m.
dipterous /ˈdɪptərəs/ agg. **1** ZOOL. dei Ditteri, relativo ai Ditteri **2** BOT. alato.
diptych /ˈdɪptɪk/ n. dittico m.
▷ **dire** /ˈdaɪə(r)/ agg. **1** *(terrible)* [*consequence*] terribile, spaventoso; [*situation*] disperato, disastroso; [*poverty*] estremo; [*warning*] minaccioso; ***to be in ~ need of*** avere un bisogno disperato di; ***in ~ straits*** in grandi difficoltà, in una situazione disperata **2** COLLOQ. *(awful)* [*food*] terribile; [*performance*] orrendo.
▶ **1.direct** /daɪˈrekt, dɪ-/ **I** agg. **1** *(without intermediary)* [*appeal, aid, control, link, participation, talks*] diretto; ***in ~ contact with*** *(touching)* a diretto contatto con; *(communicating)* in diretto contatto con; ***to keep sth. away from ~ heat, sunlight*** non esporre qcs. direttamente a fonti di calore, alla diretta luce del sole **2** *(without detour)* [*access, route, flight, train*] diretto; ***to be a ~ descendant of*** essere un discendente diretto di, discendere in linea diretta da **3** *(clear)* [*cause, comparison, evidence, impact, influence, reference, threat*] diretto; [*result*] immediato; [*contrast*] netto; ***to be the ~ opposite of*** essere l'esatto opposto di; ***to be of no ~ value*** non avere un valore in sé, di per sé; ***to be in no ~ danger*** non correre rischi immediati **4** *(straightforward)* [*approach, answer, method, question, response*] diretto; [*person*] diretto, franco; ***to be ~ with sb.*** essere franco con qcn. **II** avv. **1** *(without intermediary)* [*deal, negotiate, speak, write, dial*] direttamente; ***available ~ from the manufacturer*** direttamente disponibile presso il produttore, la fabbrica; ***to pay sth. ~ into sb.'s account*** accreditare qcs. direttamente sul conto di qcn. **2** *(without detour)* [*come, go*] direttamente (**from** da); ***to fly ~*** fare un volo diretto.
▶ **2.direct** /daɪˈrekt, dɪ-/ **I** tr. **1** FIG. *(address, aim)* indirizzare, rivolgere [*appeal, criticism, protest, remark*] (**at** a; **against** contro); orientare [*campaign*] (**at** verso); dirigere [*effort, resource*] (**to, towards** verso); ***to ~ one's attention to*** dirigere la propria attenzione su; ***to ~ sb.'s attention to*** richiamare, volgere l'attenzione di qcn. su **2** *(control)* dirigere [*company, operation, project, traffic*] **3** *(point, aim)* dirigere [*attack, light, car, look*] (**at** verso); volgere [*steps*] (**at** verso); puntare [*gun*] (**at** contro) **4** CINEM. RAD. TELEV. dirigere, realizzare [*film, play, drama*]; TEATR. dirigere, mettere in scena [*play*]; dirigere [*actor, cameraman, musician, opera*]; ***~ed by Hitchcock*** diretto da Hitchcock **5** *(instruct)* ***to ~ sb. to do*** ordinare a qcn. di fare; DIR. imporre a qcn. di fare; ***to ~ that sth. (should) be done*** ordinare che sia fatto qcs.; ***he ~ed that the money be repaid*** impose che la somma di denaro fosse rimborsata; ***he did it as ~ed*** ha agito, lo ha fatto secondo le istruzioni; ***"to be taken as ~ed"*** FARM. "seguire attentamente le modalità d'uso" **6** *(show route)* ***to ~ sb. to sth.*** indicare a qcn. la strada per qcs.; ***can you ~ me to the station?*** può indicarmi la strada per la stazione? **II** intr. CINEM. RAD. TELEV. dirigere, curare la regia; TEATR. dirigere, curare la realizzazione; ***Spielberg ~ed*** (con la) regia di Spielberg *o* Spielberg ha curato la regia.
direct access /daɪˌrektˈækses, dɪ-/ n. INFORM. accesso m. diretto.
direct access device /daɪˌrektˈæksesdɪˌvaɪs, dɪ-/ n. INFORM. unità f. ad accesso diretto.
direct access file /daɪˌrektˈæksesˌfaɪl, dɪ-/ n. INFORM. file m. ad accesso diretto.
direct access storage device /daɪˌrektˈæksesˌstɔːrɪdʒdɪˌvaɪs, dɪˌre-/ n. INFORM. unità f. di memoria ad accesso diretto.
direct action /daɪˌrektˈækʃn, dɪ-/ n. azione f. diretta.
direct broadcasting by satellite /daɪˌrektˌbrɔːdkɑːstɪŋbaɪˈsætəlaɪt, dɪ-/ n. TELEV. trasmissione f. diretta via satellite.
direct current /daɪˌrektˈkʌrənt, dɪ-/ n. EL. corrente f. continua.
direct debit /daɪˌrektˈdebɪt, dɪ-/ n. addebito m. diretto; *(of telephone bills etc.)* domiciliazione f.; ***by ~*** con addebito diretto.
direct dialling /daɪˌrektˈdaɪəlɪŋ, dɪ-/ n. teleselezione f.
direct discourse /daɪˌrektˈdɪskɔːs, dɪ-/ n. AE → **direct speech.**
direct election /daɪˌrektɪˈlekʃn, dɪ-/ n. elezione f. diretta.
direct grant school /daɪˌrektˈgrɑːntˌskuːl, dɪ-/ n. GB = istituto scolastico privato convenzionato con lo stato.
direct hit /daɪˌrektˈhɪt, dɪ-/ n. MIL. colpo m. messo a segno, centro m.; *(in archery, game)* centro m.; ***to make a ~*** MIL. fare centro, centrare l'obiettivo; ***the hospital received*** o ***sustained a ~*** l'ospedale è stato centrato (da una bomba).
▶ **direction** /daɪˈrekʃn, dɪ-/ **I** n. **1** *(left, right, north, south)* direzione f.; ***in the ~ of*** in direzione di; ***to gesture in sb.'s ~*** gesticolare in direzione di qcn.; ***in the right, wrong ~*** nella direzione giusta, sbagliata; ***in this, that ~*** in questa, quella direzione; ***to go in the opposite ~*** andare nella direzione opposta; ***in the opposite ~ to me*** nella direzione opposta alla mia *o* nel senso opposto al mio; ***from all ~s*** da tutte le direzioni *o* da tutte le parti; ***a step in the right ~*** FIG. un passo nella giusta direzione *o* sulla strada giusta **2** *(taken by company, government, career)* orientamento m.; ***a change of ~*** un cambiamento di rotta; ***the right, wrong ~ for sb.*** la strada giusta, sbagliata per qcn.; ***we have taken different ~s*** abbiamo preso strade diverse; ***to lack ~*** mancare di *o* essere senza obiettivi precisi **3** CINEM. RAD. TELEV. regia f.; TEATR. messa f. in scena; MUS. direzione f.; ***under the ~ of*** [*orchestra*] sotto la direzione di **4** *(control)* direzione f.; *(guidance)* guida f. **II directions** n.pl. **1** *(for route)* indicazioni f.; ***to give sb. ~s*** dare a qcn. delle indicazioni; ***to ask for ~s*** chiedere indicazioni stradali (**from** a) **2** *(for use)* istruzioni f. (**as to, about** per, su); ***~s for use*** istruzioni per l'uso, modalità d'impiego.
directional /daɪˈrekʃənl, dɪ-/ agg. direzionale.
direction finder /daɪˈrekʃənˌfaɪndə(r), dɪ-/ n. radiogoniometro m.

▷ **directive** /daɪ'rektɪv, dɪ-/ **I** n. **1** AMM. direttiva f. (**on** su, relativa a); ***an EU ~*** una direttiva della UE **2** INFORM. istruzione f. **II** agg. direttivo.

direct labour BE, **direct labor** AE /daɪˌrekt'leɪbə(r), dɪ-/ n. manodopera f. diretta.

▶ **directly** /daɪ'rektlɪ, dɪ-/ **I** avv. **1** *(without a detour)* [*connect, contact, challenge, move, negotiate, quote, refer*] direttamente; [*aim, point*] dritto; [*come, go*] direttamente, dritto; ***to look ~ at*** guardare dritto verso; ***to look ~ at sb.*** fissare qcn.; ***to be ~ descended from*** discendere direttamente, in linea diretta da **2** *(exactly)* proprio [*above, behind, opposite*]; [*compare*] in tutto e per tutto; [*contradict*] completamente; ***to be ~ proportional to*** essere direttamente proporzionale a **3** *(at once)* subito, immediatamente; ***~ after, before*** subito dopo, prima **4** *(very soon)* subito, fra poco; ***he'll be back ~*** arriva subito **5** *(frankly)* [*speak*] francamente; [*refuse, deny*] categoricamente **II** cong. BE *(as soon as)* (non) appena; ***~ he saw me he stopped*** (non) appena mi ha visto si è fermato.

direct mail /daɪˌrekt'meɪl, dɪ-/ n. mailing m., pubblicità f. diretta per corrispondenza.

direct marketing /daɪˌrekt'mɑːkɪtɪŋ, dɪ-/ n. direct marketing m., vendita f. diretta.

direct memory access /daɪˌrekt'memərɪˌækses, dɪ-/ n. INFORM. accesso m. diretto alla memoria.

direct method /daɪˌrekt'meθəd, dɪ-/ n. *(in language teaching)* metodo m. diretto.

directness /daɪ'rektnɪs, dɪ-/ n. **1** *(of person, attitude)* franchezza f. **2** *(of play, work, writing)* immediatezza f.

direct object /daɪˌrekt'ɒbdʒɪkt, dɪ-/ n. oggetto m. diretto, complemento m. oggetto.

▶ **director** /daɪ'rektə(r), dɪ-/ ♦ **27** n. **1** AMM. COMM. *(of company, organization, programme) (solely in control)* direttore m.; *(one of board)* amministratore m. (-trice); ***~ of Education, of Social Services*** BE funzionario responsabile della Local Education Authority, dei servizi sociali **2** *(of project, investigation)* responsabile m. **3** CINEM. TELEV. RAD. *(of film, play)* regista m. e f.; *(of orchestra, choir)* direttore m.; ***artistic ~*** direttore artistico; ***~ of programmes*** TELEV. direttore dei programmi televisivi **4** SCOL. UNIV. ***~ of studies*** = docente responsabile dell'organizzazione del programma di studi; ***~ of admissions*** responsabile dell'ufficio iscrizioni.

directorate /daɪ'rektərət, dɪ-/ n. *(board)* consiglio m. di amministrazione; ***member of the social security ~*** membro dell'amministrazione della previdenza sociale.

director general /daɪˌrektər'dʒenrəl, dɪ-/ ♦ **27** n. direttore m. generale.

directorial /ˌdaɪrek'tɔːrɪəl, ˌdɪ-/ agg. **1** AMM. [*duties*] direttoriale **2** CINEM. TEATR. [*debut*] di regista; [*style*] di regia.

Director of Public Prosecutions /daɪˌrektərəvˌpʌblɪkprɒsɪ'kjuːʃns, dɪ-/ n. BE = procuratore generale.

director's chair /daɪ'rektəzˌtʃeə(r), dɪ-/ n. sedia f. da regista.

directorship /daɪ'rektəʃɪp, dɪ-/ n. *(in organization, institution)* carica f. di direttore; *(in company)* carica f. di amministratore; ***to hold a ~*** ricoprire la carica di amministratore.

directors' report /daɪˌrektəzrɪ'pɔːt, dɪ-/ n. relazione f. del consiglio di amministrazione.

▷ **directory** /daɪ'rektərɪ, dɪ-/ n. **1** TEL. elenco m., guida f.; ***local ~*** elenco telefonico locale **2** COMM. elenco m. di indirizzi; ***street ~*** stradario **3** INFORM. directory f.

directory assistance /daɪˌrektərɪə'sɪstəns, dɪ-/ n. AE → **directory enquiries.**

directory enquiries /daɪˌrektərɪɪn'kwaɪərɪz, dɪ-/ n.pl. BE servizio m.sing. informazioni elenco abbonati; ***to call ~*** chiamare il servizio informazioni.

direct primary /daɪˌrekt'praɪmərɪ, dɪ-/ n. AE elezione f. primaria diretta.

direct question /daɪˌrekt'kwestʃən, dɪ-/ n. LING. interrogativa f. diretta.

directress /daɪ'rektrɪs, dɪ-/ ♦ **27** n. direttrice f.

directrix /daɪ'rektrɪks, dɪ-/ n. MAT. (pl. **~es, -ces**) direttrice f.

direct rule /daɪˌrekt'ruːl, dɪ-/ n. POL. governo m. diretto.

direct sales /daɪˌrekt'seɪls, dɪ-/ n. vendita f. diretta.

direct speech /daɪˌrekt'spiːtʃ, dɪ-/ n. LING. discorso m. diretto.

direct tax /daɪˌrekt'tæks, dɪ-/ n. ECON. imposta f. diretta.

direct taxation /daɪˌrektˌtæk'seɪʃn, dɪ-/ n. ECON. imposizione f. diretta.

direct transfer /daɪˌrekt'trænsfɜːr, dɪ-/ n. ECON. bonifico m. diretto.

direful /'daɪəˌfl/ agg. LETT. spaventoso, terribile.

dirge /dɜːdʒ/ n. **1** MUS. LETTER. canto m. funebre, nenia f. **2** *(mournful song)* cantilena f. lamentosa **3** SCHERZ. SPREG. *(lengthy complaint)* lagna f.

dirigibility /dɪrɪdʒə'bɪlətɪ/ n. dirigibilità f.

dirigible /'dɪrɪdʒəbl/ n. dirigibile m.

diriment /'dɪrɪmənt/ agg. DIR. dirimente.

1.dirk /dɜːk/ n. = lungo pugnale un tempo in uso in Scozia.

2.dirk /dɜːk/ tr. pugnalare (con il dirk).

Dirk /dɜːk/ n.pr. Dirk (nome di uomo).

dirndl /'dɜːndl/ n. **1** *(costume)* vestito m. alla tirolese **2** (anche **~ skirt**) gonna f. alla tirolese.

▷ **dirt** /dɜːt/ n. **1** *(mess) (on clothing, in room)* sporcizia f., sporco m.; *(on body, cooker)* sporco m.; *(in carpet, engine, filter)* sporcizia f.; ***wash the ~ off your face!*** lavati la faccia! togliti lo sporco dalla faccia! ***that floor shows the ~*** su quel pavimento lo sporco si vede subito **2** *(soil)* terra f.; *(mud)* fango m. **3** COLLOQ. SPREG. *(gossip)* pettegolezzi m.pl.; ***to dig up ~ on*** scovare pettegolezzi su; ***to dish the ~ on*** o ***about*** spettegolare su **4** EUFEM. *(obscenity)* oscenità f.pl., porcherie f.pl. **5** COLLOQ. *(excrement)* ***dog ~*** cacca di cane ♦ ***to make sb. eat ~*** COLLOQ. far mangiare merda a qcn.; ***to treat sb. like ~*** trattare qcn. come una pezza da piedi.

dirtbike /'dɜːtbaɪk/ n. moto f. fuoristrada, enduro m.

dirt cheap /ˌdɜːt'tʃiːp/ **I** agg. COLLOQ. [*item*] regalato **II** avv. COLLOQ. [*get, buy*] a prezzo stracciato.

dirt farmer /'dɜːtˌfɑːmə(r)/ n. AE coltivatore m. (-trice) diretto (-a).

dirtily /'dɜːtɪlɪ/ avv. sporcamente, in modo sporco (anche FIG.).

dirtiness /'dɜːtɪnɪs/ n. **1** *(of person, conditions, surroundings)* sporcizia f. **2** *(obscenity)* oscenità f.

dirt road /ˌdɜːt'rəʊd/ n. strada f. sterrata.

dirt track /'dɜːtˌtræk/ n. **1** SPORT dirt-track f., pista f. di cenere **2** *(road)* → **dirt road.**

▷ **1.dirty** /dɜːtɪ/ **I** agg. **1** *(messy, soiled)* [*face, clothing, dish, carpet, mark, nappy, car, street, beach, work, job*] sporco; ***to get ~*** sporcarsi; ***to get*** o ***make sth. ~*** sporcare qcs.; ***to get one's hands ~*** FIG. sporcarsi le mani **2** MED. *(not sterile)* [*needle*] già usato; [*wound*] infetto **3** COLLOQ. *(obscene)* [*book, joke*] sporco, osceno; [*word*] volgare, sporco; [*idea*] osceno; [*mind*] malato; ***to have a ~ mind*** avere la mente malata **4** *(unhygienic, disgusting)* [*habit, child*] sporco, lurido; ***you ~ pig!*** COLLOQ. lurido maiale! **5** COLLOQ. *(dishonest)* [*contest, election*] truccato; [*fighter, player*] scorretto, sleale; [*cheat, rascal, liar, lie*] sporco; ***you ~ rat!*** lurida carogna! ***that was a ~ trick*** quello è stato un colpo basso, una bastardata; ***it's a ~ business*** è un affare losco **6** [*colour*] sporco; ***~ green, white*** verde, bianco sporco **7** *(stormy)* [*weather, night*] orribile, da lupi **II** avv. COLLOQ. **1** *(dishonestly)* ***to play ~*** giocare sporco, slealmente; ***to fight ~*** combattere slealmente **2** *(obscenely)* [*talk*] sporco, volgarmente; ***to think ~*** avere dei pensieri sporchi **3** *(as intensifier)* ***a ~ great dog*** un cane veramente grosso ♦ ***his name seems to be a ~ word around here*** il suo nome sembra essere tabù da queste parti; ***to do the ~ on*** COLLOQ. farla sporca a, tirare un colpo basso a; ***to give sb. a ~ look*** COLLOQ. lanciare un'occhiataccia a qcn.; ***to send sb. to do one's ~ work*** COLLOQ. far fare a qcn. il proprio lavoro sporco; ***do your own ~ work!*** COLLOQ. fattelo tu questo lavoro di merda!

2.dirty /dɜːtɪ/ tr. sporcare, sporcarsi [*carpet, nappy*]; ***to ~ one's hands doing*** FIG. sporcarsi le mani facendo.

dirty-minded /ˌdɜːtɪ'maɪndɪd/ agg. COLLOQ. dalla mente malata.

dirty old man /ˌdɜːtɪəʊld'mæn/ n. COLLOQ. vecchio bavoso m., vecchio porco m.

dirty protest /ˌdɜːtɪ'prəʊtest/ n. BE = protesta dei detenuti che esprimono il loro malcontento imbrattando i muri con le loro feci.

dirty tricks /ˌdɜːtɪ'trɪks/ n.pl. POL. = attività illegali tese a screditare i propri oppositori.

dirty tricks campaign /ˌdɜːtɪ'trɪkskæmˌpeɪn/ n. campagna f. diffamatoria.

dirty war /ˌdɜːtɪ'wɔː(r)/ n. guerra f. sporca (condotta con ogni mezzo).

dirty weekend /ˌdɜːtɪwiːk'end/ n. COLLOQ. = week-end trascorso in compagnia dell'amante.

dis /dɪs/ tr. (forma in -ing ecc. **-ss-**) AE (accorc. distance) tenere a distanza, escludere.

▷ **disability** /ˌdɪsə'bɪlətɪ/ **I** n. **1** MED. *(handicap)* invalidità f., handicap m.; ***multiple disabilities*** handicap multipli; ***mental, physical ~*** infermità mentale, fisica; ***partial, total ~*** invalidità parziale, totale; ***~ for work*** invalidità al lavoro **2** FIG. *(disadvantage)* handicap m. **3** DIR. *(disqualification)* interdizione f. **II** modif. [*benefit, pension*] di invalidità.

disability cover /ˌdɪsəbɪlətɪˈkʌvə(r)/ n. assicurazione f. per l'invalidità.

disable /dɪsˈeɪbl/ tr. **1** MED. [*accident, sudden illness*] inabilitare, mutilare; [*chronic illness, permanent handicap*] rendere invalido; ***to be ~d by arthritis*** essere reso invalido dall'artrite **2** *(render useless)* mettere fuori servizio [*machine*]; avariare [*ship*] **3** MIL. mettere fuori uso [*weapon, ship, vehicle*] **4** INFORM. disattivare **5** DIR. *(disqualify)* interdire; ***to be ~d from doing*** essere interdetto dal fare.

▷ **disabled** /dɪsˈeɪbld/ **I** p.pass. → **disable II** agg. **1** MED. disabile, invalido, handicappato; ***severely ~*** gravemente handicappato; ***to be mentally ~*** essere handicappato mentale, avere un'infermità mentale **2** attrib. [*facility, equipment*] per handicappati; ***~ access*** accesso facilitato per disabili **III** n. ***the ~*** + verbo pl. i disabili.

disabled driver /dɪsˌeɪbldˈdraɪvə(r)/ n. conducente m. e f. invalido (-a).

disabled list /dɪsˈeɪbldˌlɪst/ n. AE SPORT = elenco dei giocatori infortunati.

disabled person /dɪsˈeɪbldˌpɜːsn/ n. invalido m. (-a).

disablement /dɪsˈeɪblmənt/ **I** n. **1** MED. invalidità f. **2** DIR. interdizione f. **II** modif. [*benefit, pension*] di invalidità.

disabling /dɪsˈeɪblɪŋ/ agg. [*illness, defect*] invalidante, inabilitante.

disabuse /ˌdɪsəˈbjuːz/ tr. FORM. disilludere (**of** circa, su).

disaccharide /daɪˈsækəraɪd/ n. disaccaride m.

1.disaccord /ˌdɪsəˈkɔːd/ n. disaccordo m.

2.disaccord /ˌdɪsəˈkɔːd/ intr. ANT. essere in disaccordo, dissentire.

disaccustom /ˌdɪsəˈkʌstəm/ tr. disabituare.

▷ **1.disadvantage** /ˌdɪsədˈvɑːntɪdʒ, AE -ˈvæn-/ n. **1** *(drawback)* svantaggio m., inconveniente m.; ***the ~ is that*** l'inconveniente è che **2** *(position of weakness)* ***to be at a ~*** essere in svantaggio, svantaggiato; ***to put sb. at a ~*** mettere qcn. in (condizioni di) svantaggio; ***to catch sb. at a ~*** prendere qcn. alla sprovvista; ***to get sb. at a ~*** approfittare del proprio vantaggio su qcn.; ***to my, his ~*** a mio, suo svantaggio; ***to sell at a ~*** vendere a condizioni svantaggiose **3** *(discrimination)* discriminazione f.

2.disadvantage /ˌdɪsədˈvɑːntɪdʒ, AE -ˈvæn-/ tr. mettere in svantaggio.

disadvantaged /ˌdɪsədˈvɑːntɪdʒd, AE -ˈvæn-/ **I** p.pass. → **2.disadvantage II** agg. sfavorito, svantaggiato **III** n. ***the ~*** + verbo pl. i diseredati.

disadvantageous /dɪsˌædvɑːnˈteɪdʒəs, AE -væn-/ agg. svantaggioso, sfavorevole (**to** per).

disaffect /ˌdɪsəˈfekt/ tr. scontentare, rendere insoddisfatto; disaffezionare.

disaffected /ˌdɪsəˈfektɪd/ **I** p.pass. → **disaffect II** agg. scontento, insoddisfatto; disaffezionato (**with** di).

disaffection /ˌdɪsəˈfekʃn/ n. insoddisfazione f., malcontento m.; disaffezione f. (**with** verso).

disaffirm /ˌdɪsəˈfɜːm/ tr. **1** rinnegare, smentire, ritrattare [*statement*] **2** DIR. risolvere, rescindere [*contract*]; annullare, revocare [*agreement, decision*].

disagio /ˌdɪsˈædʒɪəʊ/ n. (pl. **~s**) ECON. disaggio m.

▷ **disagree** /ˌdɪsəˈgriː/ intr. **1** *(differ)* dissentire, non essere d'accordo (**with** con; **on, about** su); ***I ~ completely*** non sono affatto d'accordo; ***to ~ about what time to leave, which was the best restaurant*** non essere d'accordo sull'ora della partenza, su quale fosse il ristorante migliore; ***we often ~*** spesso non siamo d'accordo; ***to agree to ~*** riconoscere di avere opinioni diverse **2** *(oppose)* ***to ~ with*** opporsi a [*plan, proposal*] **3** *(conflict)* [*facts, results, statistics*] essere in disaccordo, non concordare (**with** con) **4** ***to ~ with sb.*** *(upset)* [*food*] non fare bene a qcn.; [*weather*] non giovare, fare bene a qcn.; ***work ~s with me*** SCHERZ. io e il lavoro non andiamo d'accordo.

disagreeable /ˌdɪsəˈgriːəbl/ agg. [*person*] sgradevole, antipatico; [*reaction*] spiacevole; [*remark, appearance*] sgradevole.

disagreeableness /ˌdɪsəˈgriːəblnɪs/ n. *(of task)* spiacevolezza f., sgradevolezza f.; *(of person, remark)* sgradevolezza f.

disagreeably /ˌdɪsəˈgriːəblɪ/ avv. in modo sgradevole.

▷ **disagreement** /ˌdɪsəˈgriːmənt/ n. **1** *(difference of opinion)* disaccordo m., divergenza f. (**about, on** su; **as to** quanto a); ***to be in total ~ with sb.*** essere in totale disaccordo con qcn.; ***there was a ~ about who was to be leader, about what method to use*** c'era disaccordo su chi dovesse essere il capo, sul metodo da adottare; ***there was (serious) ~ among the participants*** i partecipanti erano in (grave) disaccordo; ***there is some, no ~ as to the aims of the project*** quanto agli obiettivi del progetto c'è un po' di disaccordo, non c'è alcun disaccordo **2** *(argument)* diverbio m., lite f. (**about, over** su) **3** *(inconsistency)* discordanza f., differenza f. (**between** tra).

disallow /ˌdɪsəˈlaʊ/ tr. **1** SPORT annullare [*goal*] **2** AMM. DIR. rifiutare, non accettare, respingere [*appeal, claim, decision*].

disallowance /ˌdɪsəˈlaʊəns/ n. **1** SPORT *(of goal)* annullamento m. **2** AMM. DIR. *(of appeal, claim, decision)* rifiuto m., rigetto m.

disambiguate /ˌdɪsæmˈbɪgjʊeɪt/ tr. disambiguare.

disannul /ˌdɪsəˈnʌl/ tr. (forma in -ing ecc. **-ll-**) annullare.

disanoint /ˌdɪsəˈnɔɪnt/ tr. RELIG. sconsacrare.

▶ **disappear** /ˌdɪsəˈpɪə(r)/ **I** tr. POL. EUFEM. fare sparire [*dissident*] **II** intr. *(all contexts)* scomparire, sparire, svanire; ***to ~ from view*** sparire alla vista; ***to ~ without trace*** scomparire senza lasciare traccia; ***the rain forest is fast ~ing*** la foresta pluviale è in via di sparizione ◆ ***to do a ~ing act*** volatilizzarsi.

▷ **disappearance** /ˌdɪsəˈpɪərəns/ n. sparizione f., scomparsa f. (**of** di).

disappeared /ˌdɪsəˈpɪəd/ n.pl. POL. EUFEM. ***the ~*** + verbo pl. le persone scomparse.

▷ **disappoint** /ˌdɪsəˈpɔɪnt/ tr. **1** *(let down)* deludere [*person*] **2** *(upset)* deludere [*hopes, dream*]; sconvolgere [*plan*].

▷ **disappointed** /ˌdɪsəˈpɔɪntɪd/ **I** p.pass. → **disappoint II** agg. **1** *(let down)* deluso (**about, at, by, with sth.** per, da, di qcs.); ***to be ~ that*** essere deluso dal fatto che; ***to be ~ to see that*** essere deluso vedendo che; ***I am ~ in you*** tu mi deludi **2** *(unfulfilled)* deluso.

disappointedly /ˌdɪsəˈpɔɪntɪdlɪ/ avv. con aria delusa, con tono deluso.

▷ **disappointing** /ˌdɪsəˈpɔɪntɪŋ/ agg. deludente; ***it is ~ that*** è deludente che; ***how ~!*** che delusione!

▷ **disappointment** /ˌdɪsəˈpɔɪntmənt/ n. **1** *(feeling)* delusione f., disappunto m.; ***to sb.'s ~*** con disappunto di qcn.; ***there was general ~ at the results*** i risultati hanno deluso tutti **2** *(source of upset)* ***to be a ~ to sb.*** essere una delusione per qcn.; ***he is a real ~ to us*** è una vera delusione per noi.

disapprobation /dɪsˌæprəˈbeɪʃn/ n. FORM. disapprovazione f.

disapprobative /dɪsˈæprəbeɪtɪv/, **disapprobatory** /dɪsˌæprəˈbeɪtrɪ, dɪsˈæprəʊbətrɪ, AE -tɔːrɪ/ agg. di disapprovazione.

▷ **disapproval** /ˌdɪsəˈpruːvl/ n. disapprovazione f. (**of** di).

▷ **disapprove** /ˌdɪsəˈpruːv/ intr. disapprovare, non essere d'accordo; ***to ~ of*** disapprovare [*person, behaviour, lifestyle*]; disapprovare, essere contrario a [*smoking, hunting*]; ***to ~ of sb. doing*** disapprovare che qcn. faccia.

▷ **disapproving** /ˌdɪsəˈpruːvɪŋ/ agg. [*look, gesture*] di disapprovazione; ***to be ~*** non essere d'accordo.

disapprovingly /ˌdɪsəˈpruːvɪŋlɪ/ avv. [*frown, look, say*] con disapprovazione.

disarm /dɪsˈɑːm/ **I** tr. **1** disarmare [*criminal*]; disarmare, smilitarizzare [*country*] **2** FIG. disarmare [*critic, opponent*] **II** intr. [*country*] disarmare, disarmarsi.

disarmament /dɪsˈɑːməmənt/ **I** n. disarmo m. **II** modif. [*conference*] sul disarmo; [*proposals*] di disarmo.

disarmer /dɪsˈɑːmə(r)/ n. disarmista m. e f.

disarming /dɪsˈɑːmɪŋ/ **I** n. disarmo m. **II** agg. [*smile, frankness*] disarmante.

disarmingly /dɪsˈɑːmɪŋlɪ/ avv. [*smile, apologize*] in modo disarmante; ***~ frank*** di una franchezza disarmante.

disarrange /ˌdɪsəˈreɪndʒ/ tr. scompigliare, mettere in disordine.

disarranged /ˌdɪsəˈreɪndʒd/ **I** p.pass. → **disarrange II** agg. disordinato, scompigliato, in disordine.

disarrangement /ˌdɪsəˈreɪndʒmənt/ n. disordine m., scompiglio m.

disarray /ˌdɪsəˈreɪ/ n. **1** *(confusion)* confusione f., caos m.; ***in complete, total ~*** nella confusione più completa, totale **2** *(disorder)* disordine m.; ***in ~*** in disordine.

disarticulate /ˌdɪsɑːˈtɪkjʊˌleɪt/ tr. disarticolare (anche MED.).

disarticulation /ˌdɪsɑːtɪkjʊˈleɪʃn/ n. disarticolazione f. (anche MED.).

disassemble /ˌdɪsəˈsembl/ tr. smontare [*gun, engine*].

disassembly /ˌdɪsəˈsemblɪ/ n. *(of gun, engine)* smontaggio m.

disassimilation /ˌdɪsəsɪmɪˈleɪʃn/ → **dissimilation**.

disassociate /ˌdɪsəˈsəʊʃɪeɪt/ → **dissociate**.

disassociation /ˌdɪsəˌsəʊʃɪˈeɪʃn/ → **dissociation**.

▷ **disaster** /dɪˈzɑːstə(r), AE -zæs-/ n. calamità f., catastrofe f. (anche FIG.); *(long-term)* disastro m.; ***environmental ~*** disastro ecologico; ***air, rail ~*** disastro aereo, ferroviario; ***financial ~*** disastro finanziario; ***to be heading for ~*** andare incontro a una catastrofe, essere destinato a finire in un disastro; ***the maths teacher is a ~*** COLLOQ. il prof di matematica è un (vero) disastro; ***~ struck*** disastrato.

disaster area /dɪˈzɑːstər,eərɪə, AE -zæs-/ n. zona f. disastrata, sinistrata; FIG. disastro m.
disaster fund /dɪˈzɑːstər,fʌnd, AE -zæs-/ n. fondo m. di soccorso.
disaster movie /dɪˈzɑːstər,muːvɪ, AE -zæs-/ n. film m. catastrofico.
disaster victim /dɪˈzɑːstər,vɪktɪm, AE -zæs-/ n. disastrato m. (-a), sinistrato m. (-a).
▷ **disastrous** /dɪˈzɑːstrəs, AE -zæs-/ agg. disastroso, catastrofico.
disastrously /dɪˈzɑːstrəslɪ, AE -zæs-/ avv. [*end, turn out*] in modo disastroso; [*fail*] disastrosamente; [*expensive, extravagant etc.*] terribilmente; ***to go ~ wrong*** andare in modo disastroso, volgersi in catastrofe.
disavow /,dɪsəˈvaʊ/ tr. FORM. disconoscere, sconfessare, rinnegare [*opinion, commitment*]; disconoscere, negare [*connection*].
disavowal /,dɪsəˈvaʊəl/ n. sconfessione f., disconoscimento m.
disband /dɪsˈbænd/ **I** tr. disperdere, sciogliere, sbandare [*group*]; MIL. smobilitare, sbandare [*regiment, unit*] **II** intr. disperdersi, sbandarsi.
disbanding /dɪsˈbændɪŋ/, **disbandment** /dɪsˈbændmənt/ n. *(of group)* dispersione f., sbandamento m. (**of** di); *(of troops)* sbandamento m., smobilitazione f. (**of** di).
disbar /dɪsˈbɑː(r)/ tr. (forma in -ing ecc. **-rr-**) DIR. radiare (dall'albo).
disbarment /dɪsˈbɑːmənt/ n. radiazione f. (dall'albo).
▷ **disbelief** /,dɪsbɪˈliːf/ n. incredulità f., scetticismo m.; ***in ~*** con incredulità.
disbelieve /,dɪsbɪˈliːv/ tr. FORM. non credere, rifiutare di credere.
disbeliever /,dɪsbɪˈliːvə(r)/ n. incredulo m. (-a), scettico m. (-a).
disbelieving /,dɪsbɪˈliːvɪŋ/ agg. incredulo, scettico.
disbranch /dɪsˈbrɑːntʃ/ tr. spogliare dei rami, scapezzare, potare.
disbud /dɪsˈbʌd/ tr. BOT. sbocciolare, accecare.
disburden /dɪsˈbɜːdn/ tr. liberare da un peso (anche FIG.).
disburse /dɪsˈbɜːs/ tr. FORM. sborsare, erogare.
disbursement /dɪsˈbɜːsmənt/ n. FORM. **1** *(sum)* sborso m. **2** *(act)* esborso m.
▷ **disc** /dɪsk/ n. **1** MUS. disco m.; ***on ~*** su disco **2** ANAT. disco m. (intervertebrale); ***to have a slipped ~*** avere l'ernia del disco **3** MIL. ***identity ~*** piastrina di riconoscimento **4** AUT. ***tax ~*** bollo di circolazione.
discalced /dɪsˈkælst/ agg. RELIG. [*friar, nun*] scalzo.
1.discard /ˈdɪs,kɑːd/ n. *(in cards)* scarto m., carta f. scartata; *(cast-off garment, item)* scarto m.
▷ **2.discard** /dɪsˈkɑːd/ **I** tr. **1** *(get rid of)* smettere, scartare [*clothes*]; sbarazzarsi di [*possessions*]; gettare per terra [*litter*]; GASTR. scartare [*stalks, bones etc.*]; buttare via [*appliance, furniture*] **2** *(drop)* abbandonare [*idea, plan, policy*]; scaricare, tagliare i ponti con [*person*] **3** *(take off)* togliersi [*garment*] **4** *(in cards)* scartare **II** intr. *(in cards)* scartare.
discarnate /dɪsˈkɑːnət/ agg. disincarnato, incorporeo.
disc brakes /ˈdɪskbreɪks/ n.pl. AUT. freni m. a disco.
discern /dɪˈsɜːn/ tr. FORM. discernere, scorgere [*object*]; percepire [*meaning, truth, intention*].
discernible /dɪˈsɜːnəbl/ agg. discernibile, percettibile.
discernibly /dɪˈsɜːnəblɪ/ avv. discernibilmente, percettibilmente.
discerning /dɪˈsɜːnɪŋ/ agg. perspicace.
discernment /dɪˈsɜːnmənt/ n. discernimento m.
▷ **1.discharge** /ˈdɪstʃɑːdʒ/ n. **1** *(release) (of soldiers)* congedo m.; *(of patient)* dimissione f.; ***to get one's ~*** essere congedato, dimesso **2** *(pouring out) (of gas, liquid, waste)* scarico m.; MED. spurgo m. **3** *(substance released) (waste)* scarichi m.pl.; MED. *(from eye, wound etc.)* escrezione f. **4** DIR. rilascio m., liberazione f. **5** *(repayment)* estinzione f.; ***in ~ of a debt*** in estinzione di un debito **6** EL. scarica f. **7** *(performance)* adempimento m., esercizio m.; ***the ~ of his duties as manager*** l'esercizio delle sue funzioni di direttore **8** *(firing)* scarica f. **9** *(unloading)* scarico m. **10** *(termination) (of bankrupt)* riabilitazione f.; *(of contract)* estinzione f.
▷ **2.discharge** /dɪsˈtʃɑːdʒ/ **I** tr. **1** *(release)* congedare [*soldier*]; dimettere [*patient*]; assolvere [*accused*]; ***to be ~d from hospital*** essere dimesso dall'ospedale; ***to be ~d from the army*** essere congedato dall'esercito **2** *(dismiss)* licenziare [*employee*]; ***to ~ sb. from his duties*** dimettere qcn. dalle sue funzioni **3** *(give off)* emettere [*gas, smoke*]; scaricare [*sewage, water, waste*] **4** MED. ***to ~ pus, fluid*** secernere pus, liquido; ***to ~ blood*** buttare sangue *o* sanguinare **5** ECON. estinguere [*debt*]; riabilitare [*bankrupt*] **6** *(perform)* adempiere a, compiere [*duty*]; assolvere [*obligation*]; ***to ~ one's responsibilities*** assolvere le proprie responsabilità **7** *(unload)* scaricare [*cargo*]; sbarcare [*passengers*] **8** ELETTRON. FIS. [*battery*] emettere [*current*] **9** *(fire)* scaricare [*rifle*] **II** intr. [*wound*] suppurare **III** rifl. ***to ~ oneself (from hospital)*** [*patient*] lasciare l'ospedale.
dischargeable /dɪsˈtʃɑːdʒəbl/ agg. che si può dimettere, congedare, assolvere.
dischargee /dɪstʃɑːˈdʒiː/ n. chi è stato dimesso, congedato, assolto.
discharger /dɪsˈtʃɑːdʒə(r)/ n. scaricatore m.
disc harrow /ˈdɪsk,hærəʊ/ n. AGR. erpice m. a dischi.
▷ **disciple** /dɪˈsaɪpl/ n. discepolo m.
discipleship /dɪˈsaɪplʃɪp/ n. discepolato m.
disciplinable /,dɪsɪˈplɪnəbl/ agg. disciplinabile.
disciplinal /,dɪsɪˈplɪnl/ agg. → **disciplinary**.
disciplinarian /,dɪsɪplɪˈneərɪən/ n. chi disciplina; ***to be a ~*** essere severo in materia di disciplina, tenere la disciplina.
disciplinary /ˈdɪsɪplɪnərɪ, AE -nerɪ/ agg. [*action, measure*] disciplinare; [*problem*] relativo alla disciplina.
▶ **1.discipline** /ˈdɪsɪplɪn/ n. **1** *(controlled behaviour)* disciplina f. **2** *(punishment)* punizione f. **3** *(academic subject)* disciplina f., materia f.
2.discipline /ˈdɪsɪplɪn/ **I** tr. *(control)* disciplinare; *(punish)* punire **II** rifl. ***to ~ oneself*** disciplinarsi.
disciplined /ˈdɪsɪplɪnd/ agg. [*person, group, manner*] disciplinato; [*approach*] metodico, disciplinato.
disc jockey /ˈdɪsk,dʒɒkɪ/ ➧ **27** n. disc jockey m. e f.
disclaim /dɪsˈkleɪm/ tr. negare, rifiutare.
disclaimer /dɪsˈkleɪmə(r)/ n. smentita f.; ***to issue a ~*** pubblicare una smentita.
▷ **disclose** /dɪsˈkləʊz/ tr. lasciar vedere [*sight, scene*]; svelare, divulgare, rivelare [*information, secret*]; ***disclosing tablets*** MED. rivelatori di placca.
▷ **disclosure** /dɪsˈkləʊʒə(r)/ n. rivelazione f. (**of** di).
▷ **1.disco** /ˈdɪskəʊ/ n. (pl. **~s**) *(event)* serata f. in discoteca; *(club)* discoteca f.; *(music)* disco f. music, disco f.
2.disco /ˈdɪskəʊ/ intr. ballare (in discoteca).
discobolus /dɪsˈkɒbələs/ n. (pl. **-i**) discobolo m.
discography /dɪsˈkɒgrəfɪ/ n. discografia f.
discoid /ˈdɪskɔɪd/ **I** agg. discoide **II** n. discoide m.
discoidal /dɪˈskɔɪdl/ agg. discoidale.
discolouration BE, **discoloration** AE /,dɪskʌləˈreɪʃn/ n. scoloramento m., decolorazione f.; *(of teeth)* ingiallimento m.
discolour BE, **discolor** AE /dɪsˈkʌlə(r)/ **I** tr. decolorare, scolorire; ingiallire [*teeth*] **II** intr. decolorarsi, scolorirsi; ingiallire.
discombobulate /,dɪskəmˈbɒbjʊleɪt/ tr. SCHERZ. scombussolare.
discomfit /dɪsˈkʌmfɪt/ tr. LETT. sconcertare, confondere, imbarazzare (**by** con).
discomfiture /dɪsˈkʌmfɪtʃə(r)/ n. LETT. sconcerto m., imbarazzo m.
▷ **1.discomfort** /dɪsˈkʌmfət/ n. **1** *(physical)* fastidio m., malessere m. **2** *(embarrassment)* disagio m., imbarazzo m.
2.discomfort /dɪsˈkʌmfət/ tr. mettere a disagio.
discommode /,dɪskəˈməʊd/ tr. incomodare, scomodare.
discompose /,dɪskəmˈpəʊz/ tr. **1** *(disconcert)* sconcertare, confondere **2** *(disarrange)* scompigliare, sconvolgere.
discomposedly /,dɪskəmˈpəʊzɪdlɪ/ avv. **1** *(disconcertingly)* in modo confuso **2** *(in disarray)* in modo scomposto.
discomposure /,dɪskəmˈpəʊʒə(r)/ n. LETT. confusione f.
disconcert /,dɪskənˈsɜːt/ tr. sconcertare, imbarazzare.
disconcerting /,dɪskənˈsɜːtɪŋ/ agg. *(worrying)* sconcertante; *(unnerving)* snervante.
disconcertingly /,dɪskənˈsɜːtɪŋlɪ/ avv. [*behave*] in modo sconcertante; ***to be ~ frank, self-assured*** essere di una franchezza, sicurezza sconcertante.
disconcertment /,dɪskənˈsɜːtmənt/ n. sconcerto m., imbarazzo m.
disconformity /,dɪskənˈfɔːmətɪ/ n. GEOL. discordanza f.
disconnect /,dɪskəˈnekt/ **I** tr. scollegare, disinserire [*pipe, flex*]; staccare (la spina di) [*appliance*]; staccare, togliere [*telephone, gas, electricity*]; staccare [*carriage*]; ***to have*** o ***get sth. ~ed*** fare staccare, togliere qcs.; ***I've been ~ed*** *(on telephone)* è caduta la linea; *(because of nonpayment of bill etc.)* mi hanno staccato il telefono **II** intr. INFORM. disconnettersi, scollegarsi.
disconnected /,dɪskəˈnektɪd/ **I** p.pass. → **disconnect II** agg. [*remarks*] sconnesso, incoerente.
disconnectedly /,dɪskəˈnektɪdlɪ/ avv. in modo sconnesso, incoerentemente.
disconnectedness /,dɪskəˈnektɪdnɪs/ n. sconnessione f.
disconnection, disconnexion /,dɪskəˈnekʃn/ n. **1** sconnessione f., disgiunzione f. **2** EL. MECC. disinnesto m., disinserimento m.
disconsolate /dɪsˈkɒnsələt/ agg. **1** *(depressed)* sconsolato, affranto **2** LETT. *(inconsolable)* inconsolabile.
disconsolately /dɪsˈkɒnsələtlɪ/ avv. con aria sconsolata.

1.discontent /ˌdɪskən'tent/ n. malcontento m., scontento m.; ***the winter of ~*** = crisi socioeconomica che ha avuto luogo in Gran Bretagna nell'inverno del 1978-79.
2.discontent /ˌdɪskən'tent/ tr. scontentare.
discontented /ˌdɪskən'tentɪd/ **I** p.pass. → **2.discontent II** agg. scontento, insoddisfatto (**with** di).
discontentedly /ˌdɪskən'tentɪdlɪ/ avv. con aria scontenta.
discontentedness /ˌdɪskən'tentɪdnɪs/, **discontentment** /ˌdɪskən'tentmənt/ n. scontentezza f., insoddisfazione f., malcontento m.
discontinuance /ˌdɪskən'tɪnjʊəns/, **discontinuation** /ˌdɪskəntɪnjʊ'eɪʃn/ n. FORM. *(of service)* soppressione f., cessazione f.; *(of product)* arresto m. (della produzione).
discontinue /ˌdɪskən'tɪnju:/ tr. sopprimere [*service*]; arrestare [*production*]; cessare, interrompere [*visits*]; ***"~d line"*** COMM. linea fuori produzione.
discontinuity /dɪsˌkɒntɪ'nju:ətɪ/ n. FORM. *(incoherence)* discontinuità f.; *(interruption)* interruzione f.
discontinuous /ˌdɪskən'tɪnjʊəs/ agg. FORM. discontinuo.
discontinuously /ˌdɪskən'tɪnjʊəslɪ/ avv. FORM. in modo discontinuo.
discophile /'dɪskəfaɪl/ n. discofilo m. (-a).
1.discord /'dɪskɔ:d/ n. **1** discordia f., dissenso m.; ***a note of ~*** una nota di discordia **2** MUS. dissonanza f. ◆ ***apple of ~*** pomo della discordia.
2.discord /dɪ'skɔ:d/ intr. **1** ANT. discordare, dissentire **2** MUS. dissonare.
discordance /dɪ'skɔ:dəns/, **discordancy** /dɪ'skɔ:dənsɪ/ n. **1** *(of sounds or colours)* discordanza f. **2** discordia f., dissenso m.
discordant /dɪ'skɔ:dənt/ agg. dissonante; ***to strike a ~ note*** produrre una nota dissonante.
discotheque /'dɪskətek/ n. discoteca f.
▷ **1.discount** /'dɪskaʊnt/ n. COMM. ribasso m. (**on** su); *(on minor purchase)* riduzione f. (**on** su); ECON. sconto m.; ***to give sb. a ~*** fare uno sconto a qcn.; ***I got a ~ on the chairs*** mi hanno fatto uno sconto sulle sedie; ***~ for cash*** sconto di cassa, sconto per pagamento in contanti; ***to buy sth. at a ~*** comprare qcs. in sconto; ***to be sold at a ~*** ECON. [*shares*] essere venduto sotto la pari.
2.discount /dɪs'kaʊnt, AE 'dɪskaʊnt/ tr. *(reject)* scartare [*idea, theory, claim, possibility*]; non tenere conto di [*advice, report*].
3.discount /'dɪskaʊnt/ tr. COMM. scontare, mettere in saldo [*goods*]; fare uno sconto di [*sum of money*].
discountable /dɪ'skaʊntəbl/ agg. **1** scontabile **2** FIG. [*news*] poco attendibile.
1.discountenance /dɪ'skaʊntɪnəns/ n. disapprovazione f.
2.discountenance /dɪ'skaʊntɪnəns/ tr. **1** *(humiliate)* umiliare, far vergognare **2** *(discourage)* disapprovare, scoraggiare.
discounter /dɪ'skaʊntə(r)/ n. scontista m. e f.
discount flight /ˌdɪskaʊnt'flaɪt/ n. volo m. a tariffa ridotta.
discount house /'dɪskaʊnthaʊs/ n. **1** BE ECON. istituto m. di sconto **2** AE → **discount store**.
discounting /dɪs'kaʊntɪŋ/ n. sconto m., (lo) scontare.
discount rate /'dɪskaʊntreɪt/ n. tasso m. di sconto.
discount store /'dɪskaʊntstɔ:(r)/ n. discount m.
▷ **discourage** /dɪ'skʌrɪdʒ/ tr. **1** *(dishearten)* scoraggiare; ***to become ~d*** scoraggiarsi; ***don't be ~d!*** non essere scoraggiato, non lasciarti scoraggiare! **2** *(deter)* scoraggiare, dissuadere (**from** da; **from doing** dal fare).
discouragement /dɪ'skʌrɪdʒmənt/ n. **1** *(despondency)* scoraggiamento m. **2** *(disincentive)* ***it's more of a ~ than an incentive*** più che uno stimolo è un freno **3** *(disapproval)* disapprovazione f.
discouraging /dɪ'skʌrɪdʒɪŋ/ agg. scoraggiante.
▷ **1.discourse** /'dɪskɔ:s/ n. FORM. *(speech)* discorso m. (anche LING.); *(conversation)* conversazione f.
2.discourse /dɪ'skɔ:s/ intr. FORM. discorrere (**on** di; **about** a proposito di).
discourse analysis /ˌdɪskɔ:sə'nælɪsɪs/ n. LING. analisi f. del discorso.
discourteous /dɪs'kɜ:tɪəs/ agg. scortese, maleducato.
discourteously /dɪs'kɜ:tɪəslɪ/ avv. in modo scortese, maleducato.
discourtesy /dɪs'kɜ:təsɪ/ n. **1 U** *(rudeness)* scortesia f., maleducazione f. **2** *(rude remark or act)* scortesia f.
▶ **discover** /dɪs'kʌvə(r)/ tr. *(all contexts)* scoprire.
discoverable /dɪs'kʌvərəbl/ agg. scopribile.
discoverer /dɪs'kʌvərə(r)/ n. **1** *(of process, phenomenon)* ***the ~ of sth.*** lo scopritore di qcs. **2** *(of new land)* scopritore m. (-trice).
▷ **discovery** /dɪ'skʌvərɪ/ n. **1** scoperta f.; ***a voyage of ~*** un viaggio di scoperta; ***she's a real ~*** è una vera scoperta, rivelazione **2** DIR. *(of documents)* presentazione f., esibizione f.

1.discredit /dɪs'kredɪt/ n. discredito m.; ***to bring ~ on sb.*** gettare il discredito su qcn.; ***to his ~*** a suo sfavore *o* discredito.
2.discredit /dɪs'kredɪt/ tr. discreditare, screditare [*person, organization*]; screditare, mettere in dubbio [*idea, report, theory*]; ***he ~ed the theory*** ha screditato la teoria.
discreditable /dɪs'kredɪtəbl/ agg. [*behaviour*] disonorevole, disdicevole.
discredited /dɪs'kredɪtɪd/ **I** p.pass. → **2.discredit II** agg. screditato.
discreet /dɪ'skri:t/ agg. [*action, behaviour*] discreto, pieno di tatto; [*colour, elegance*] sobrio.
discreetly /dɪ'skri:tlɪ/ avv. [*act, behave*] discretamente; [*dress*] sobriamente, con sobrietà; [*make up*] in modo leggero, leggermente.
▷ **discrepancy** /dɪs'krepənsɪ/ n. discrepanza f. (**in** in; **between** tra).
discrete /dɪ'skri:t/ agg. **1** [*events, characteristics*] distinto, separato **2** MAT. FIS. LING. discreto.
▷ **discretion** /dɪ'skreʃn/ n. **1** *(authority)* discrezione f.; ***in*** o ***at my, his ~*** a mia, sua discrezione; ***in*** o ***at the committee's ~*** a discrezione del comitato; ***to use one's ~*** agire a propria discrezione; ***absolute ~*** discrezione assoluta; ***I have ~ over that decision*** quella decisione è a mia discrezione; ***the age of ~*** l'età della ragione **2** *(tact)* discrezione f.; ***the soul of ~*** la discrezione in persona.
discretionary /dɪ'skreʃənərɪ, AE -nerɪ/ agg. discrezionale.
discriminant /dɪ'skrɪmɪnənt/ **I** agg. discriminante **II** n. discriminante m.
1.discriminate /dɪ'skrɪmɪnət/ agg. discriminato.
▷ **2.discriminate** /dɪ'skrɪmɪneɪt/ intr. **1** *(act with prejudice)* fare discriminazioni, discriminare; ***to ~ against sb.*** fare discriminazioni nei confronti di qcn., discriminare qcn.; ***to ~ in favour of sb.*** fare discriminazioni a favore di qcn. **2** *(distinguish)* ***to ~ between X and Y*** discriminare, distinguere tra X e Y.
discriminating /dɪ'skrɪmɪneɪtɪŋ/ agg. [*person*] discriminante; acuto.
▷ **discrimination** /dɪˌskrɪmɪ'neɪʃn/ n. **1** *(prejudice)* discriminazione (**against** nei confronti di, contro; **in favour of** a favore di) f.; ***positive ~*** discriminazione positiva; ***racial, sexual ~*** discriminazione razziale, sessuale; ***tax ~*** discriminazione fiscale, delle imposte **2** *(taste)* discernimento m., giudizio m. **3** *(ability to differentiate)* capacità f. di discriminare.
discriminative /dɪ'skrɪmɪnətɪv/ agg. discriminativo.
discriminatory /dɪ'skrɪmɪnətərɪ, AE -tɔ:rɪ/ agg. discriminatorio.
discrown /dɪs'kraʊn/ tr. detronizzare, deporre.
discursive /dɪ'skɜ:sɪv/ agg. digressivo, che divaga.
discus /'dɪskəs/ n. (pl. **~es**) *(object)* disco m.; *(event)* lancio m. del disco.
▶ **discuss** /dɪ'skʌs/ **I** tr. *(talk about)* discutere di; *(in book, article, lecture)* trattare; ***we'll have to ~ it*** se ne dovrà discutere; ***there's nothing to ~*** non c'è nulla di cui discutere **II** intr. discutere.
discussant /dɪ'skʌsənt/ n. chi discute, chi interviene a un dibattito.
discussible /dɪ'skʌsəbl/ agg. discutibile.
▶ **discussion** /dɪ'skʌʃn/ n. discussione f.; *(in public)* dibattito m. (**on, about** su; **of** di); *(in lecture, book, article)* analisi f. (**of** di); ***to be under ~*** essere in discussione; ***to bring sth. up for ~*** sottoporre qcs. a discussione; ***the plans are coming up for ~*** i progetti verranno discussi tra breve; ***to be open to ~*** essere da discutere.
discussion document /dɪ'skʌʃnˌdɒkjʊmənt/ n. → **discussion paper**.
discussion group /dɪ'skʌʃnˌgru:p/ n. gruppo m. di discussione.
discussion paper /dɪ'skʌʃnˌpeɪpə(r)/ n. progetto m. di massima.
discus thrower /'dɪskəsˌθrəʊə(r)/ n. discobolo m. (-a), lanciatore m. (-trice) di disco.
1.disdain /dɪs'deɪn/ n. (di)sdegno m., disprezzo m. (**for** per).
2.disdain /dɪs'deɪn/ tr. (di)sdegnare, disprezzare; ***to ~ to do sth.*** disdegnare di fare qcs.
disdainful /dɪs'deɪnfl/ agg. sdegnoso, sprezzante (**to** verso; **of** di).
disdainfully /dɪs'deɪnfəlɪ/ avv. in modo sprezzante, sdegnoso.
▶ **disease** /dɪ'zi:z/ n. MED. AGR. **1** *(specific illness)* malattia f. **2 U** *(range of infections)* malattie f.pl.; ***to spread ~*** propagare le malattie.
diseased /dɪ'zi:zd/ agg. malato (anche FIG.).
diseconomy /ˌdɪsɪ'kɒnəmɪ/ n. diseconomia f.
disembark /ˌdɪsɪm'bɑ:k/ **I** tr. sbarcare **II** intr. sbarcare.
disembarkation /dɪsˌembɑ:'keɪʃn/ n. sbarco m.
disembarrass /ˌdɪsɪm'bærəs/ tr. **1** togliere d'imbarazzo **2** *(of burden)* sbarazzare, liberare.

disembodied /ˌdɪsɪmˈbɒdɪd/ **I** p.pass. → **disembody II** agg. disincarnato, incorporeo.
disembodiment /ˌdɪsɪmˈbɒdɪmənt/ n. liberazione f. dal corpo, incorporeità f.
disembody /ˌdɪsɪmˈbɒdɪ/ tr. disincarnare, liberare dal corpo.
disembosom /ˌdɪsɪmˈbʊzm/ tr. rivelare [*secret*].
disembowel /ˌdɪsɪmˈbaʊəl/ tr. (forma in -ing ecc. **-ll-** BE, **-l-** AE) sbudellare, sventrare.
disembroil /ˌdɪsɪmˈbrɔɪl/ tr. ANT. districare, sbrogliare.
disenchant /ˌdɪsɪnˈtʃɑːnt, AE -ˈtʃænt/ tr. disincantare, disilludere.
disenchanted /ˌdɪsɪnˈtʃɑːntɪd, AE -ˈtʃænt-/ **I** p.pass. → **disenchant II** agg. disincantato, disilluso; ***to become ~ with sth.*** disilludersi su qcs.
disenchantment /ˌdɪsɪnˈtʃɑːntmənt, AE -ˈtʃænt-/ n. disillusione f., disincanto m.
disencumber /ˌdɪsɪnˈkʌmbə(r)/ tr. **1** sgombrare, sbarazzare **2** DIR. sgravare da un'ipoteca.
disencumbrance /ˌdɪsɪnˈkʌmbrəns/ n. **1** sgombero m. **2** DIR. sgravio m.
disendow /ˌdɪsɪnˈdaʊ/ tr. espropriare [*church*].
disendowment /ˌdɪsɪnˈdaʊmənt/ n. *(of church)* espropriazione f.
disenfranchise /ˌdɪsɪnˈfræntʃaɪz/ tr. ***to ~ sb.*** privare qcn. dei diritti civili, elettorali.
disengage /ˌdɪsɪnˈgeɪdʒ/ **I** tr. disimpegnare, liberare (**from** da); ***to ~ the clutch*** AUT. disinnestare la frizione **II** intr. **1** MIL. sganciarsi **2** ***to ~ from sth.*** liberarsi da qcs. (anche MIL.) **III** rifl. ***to ~ oneself*** disimpegnarsi, liberarsi (**from** da).
disengaged /ˌdɪsɪnˈgeɪdʒd/ **I** p.pass. → **disengage II** agg. FORM. libero.
disengagement /ˌdɪsɪnˈgeɪdʒmənt/ n. MIL. sganciamento m.; POL. disimpegno m.
disentail /ˌdɪsɪnˈteɪl/ tr. DIR. svincolare.
disentangle /ˌdɪsɪnˈtæŋgl/ tr. districare, sbrogliare (**from** da) (anche FIG.).
disentanglement /ˌdɪsɪnˈtæŋglmənt/ n. sbrogliamento m. (**from** da) (anche FIG.).
disentomb /ˌdɪsɪnˈtuːm/ tr. dissotterrare.
disequilibrium /ˌdɪsiːkwɪˈlɪbrɪəm/ n. (pl. **~s**, **-ia**) disequilibrio m., squilibrio m.
disestablish /ˌdɪsɪˈstæblɪʃ/ tr. ***to ~ the Church*** separare la Chiesa dallo Stato.
disestablishment /ˌdɪsɪˈstæblɪʃmənt/ n. = separazione della Chiesa dallo Stato.
1.disfavour BE, **disfavor** AE /dɪsˈfeɪvə(r)/ n. FORM. **1** *(disapproval)* disapprovazione f.; ***to look on sb., sth. with ~*** guardare qcn., qcs. con disapprovazione **2** ***to be in ~*** essere in disgrazia *o* malvisto (**with** agli occhi di, presso); ***to fall into ~*** cadere in disgrazia.
2.disfavour BE, **disfavor** AE /dɪsˈfeɪvə(r)/ tr. FORM. disapprovare.
disfeature /dɪsˈfiːtʃə(r)/ tr. sfigurare.
disfiguration /dɪsfɪgəˈreɪʃn/ n. → **disfigurement**.
disfigure /dɪsˈfɪgə(r), AE dɪsˈfɪgjər/ tr. sfigurare, deturpare (anche FIG.).
disfigured /dɪsˈfɪgəd, AE dɪsˈfɪgjəd/ **I** p.pass. → **disfigure II** agg. sfigurato (**by** da).
disfigurement /dɪsˈfɪgəmənt, AE dɪsˈfɪgjə-/ n. *(all contexts)* deturpazione f., sfregio m.
disfranchise /dɪsˈfræntʃaɪz/ tr. → **disenfranchise**.
disfranchisement /dɪsˈfræntʃɪzəmənt/ n. privazione f. dei diritti civili, elettorali.
disfrock /dɪsˈfrɒk/ tr. spretare, privare dell'abito sacerdotale.
disgorge /dɪsˈgɔːdʒ/ **I** tr. riversare, vomitare, rigettare [*liquid*]; ***the train ~d a crowd of commuters*** dal treno fuoriuscì una moltitudine di pendolari; MED. rendere [*obstruction*] **II** rifl. ***to ~ itself*** [*river*] riversarsi, sfociare.
▷ **1.disgrace** /dɪsˈgreɪs/ n. **1** *(shame)* vergogna f., disgrazia f., disonore m. (**of doing** di fare); ***to bring ~ on sb.*** disonorare qcn.; ***to be in ~*** *(officially)* essere (caduto) in disgrazia (anche SCHERZ.); ***there's no ~ in that*** non c'è niente di cui vergognarsi **2** *(scandal)* vergogna f., infamia f., onta f.; ***it's a ~ that*** è una vergogna che; ***he's a ~ to the school*** è la vergogna della scuola; ***it's a ~!*** è una vergogna! ***it's an absolute ~!*** è uno scandalo!
▷ **2.disgrace** /dɪsˈgreɪs/ **I** tr. disonorare [*team, family*] **II** rifl. ***to ~ oneself*** *(dishonour oneself)* disonorarsi, coprirsi d'infamia; *(behave badly)* comportarsi vergognosamente; ***he ~d himself*** si è comportato in modo vergognoso.
disgraced /dɪsˈgreɪst/ **I** p.pass. → **2.disgrace II** agg. [*leader, player*] caduto in disgrazia.
disgraceful /dɪsˈgreɪsfl/ agg. [*conduct, situation*] vergognoso, infame, scandaloso; ***it's ~*** *(shameful)* è vergognoso; *(intolerable)* è scandaloso.
disgracefully /dɪsˈgreɪsfəlɪ/ avv. vergognosamente.
disgracefulness /dɪsˈgreɪsfəlnɪs/ n. vergogna f., infamia f.
disgregate /ˈdɪsgrəgeɪt/ tr. disgregare.
disgregation /dɪsgrəˈgeɪʃn/ n. disgregazione f.
disgruntled /dɪsˈgrʌntld/ agg. scontento, di cattivo umore.
disgruntlement /dɪsˈgrʌntlmənt/ n. scontento m., malumore m.
▷ **1.disguise** /dɪsˈgaɪz/ n. *(costume)* travestimento m.; ***in ~*** travestito; FIG. sotto mentite spoglie; ***a master of ~*** un maestro dei travestimenti ◆ ***it was a blessing in ~ for her*** in fondo è stato un bene per lei.
▷ **2.disguise** /dɪsˈgaɪz/ **I** tr. travestire, camuffare [*person*]; camuffare, contraffare [*voice*]; mascherare, nascondere [*blemish, emotion, fact*]; ***~d as a priest*** travestito da prete; ***there's no disguising the fact that*** non si può nascondere che, bisogna ammettere che **II** rifl. ***to ~ oneself*** travestirsi, mascherarsi (**as** da).
disguisement /dɪsˈgaɪzəmənt/ n. travestimento m.
▷ **1.disgust** /dɪsˈgʌst/ n. *(physical)* disgusto m., nausea f. (**at** per); *(moral)* disgusto m., ripugnanza f. (**at** verso); ***in ~*** disgustato; ***to his ~*** con suo disgusto.
▷ **2.disgust** /dɪsˈgʌst/ tr. *(physically)* disgustare, nauseare; *(morally)* disgustare.
▷ **disgusted** /dɪsˈgʌstɪd/ **I** p.pass. → **2.disgust II** agg. *(physically, morally)* disgustato, nauseato (**at**, **by**, **with** da); ***I am ~ with him for cheating*** sono disgustato dal suo tradimento.
disgustedly /dɪsˈgʌstɪdlɪ/ avv. con disgusto.
▷ **disgustful** /dɪsˈgʌstfl/, **disgusting** /dɪsˈgʌstɪŋ/ agg. *(morally)* disgustoso, nauseante; *(physically)* ripugnante.
disgustingly /dɪsˈgʌstɪŋlɪ/ avv. **1** ***to be ~ dirty, fat*** essere disgustosamente sporco, grasso; ***to be ~ smelly*** puzzare in modo disgustoso **2** FIG. COLLOQ. ***he is ~ rich*** è disgustosamente ricco.
▷ **1.dish** /dɪʃ/ **I** n. **1** *(plate) (for eating)* piatto m.; *(for serving)* (anche **serving ~**) piatto m. da portata; ***meat ~*** piatto da portata per la carne; ***vegetable ~*** legumiera; ***a set of ~es*** un servizio di piatti **2** GASTR. *(food)* piatto m.; ***chicken, fish ~*** piatto di pollo, di pesce; ***side ~*** contorno **3** TELEV. (anche **satellite ~**) antenna f. parabolica, satellitare **4** COLLOQ. *(good-looking person) (female)* bel bocconcino m., *(male)* bel tipo m. **II dishes** n.pl. stoviglie f., piatti m.; ***to do the ~es*** lavare i piatti ◆ ***this is just my ~*** AE COLLOQ. questo è il mio piatto forte.
2.dish /dɪʃ/ **I** tr. COLLOQ. **1** ANT. *(ruin)* rovinare, buttare al vento [*plans*]; frustrare [*hopes*] **2** *(gossip)* ***to ~ the dirt on sb.*** spettegolare, dire malignità su qcn. **II** intr. AE COLLOQ. spettegolare.
■ **dish out:** ***~ out [sth.]*** distribuire [*advice, compliments, money, punishments, rebukes, rewards, supplies*]; servire [*food*]; ***she knows how to ~ it out*** COLLOQ. *(criticize)* è brava a criticare; *(play jokes on sb.)* è brava a fare scherzi.
■ **dish up:** ***~ up [sth.]*** servire [*meal*].
dishabituate /dɪshəˈbɪtʃʊeɪt/ tr. disabituare.
disharmonious /dɪsˈhɑːməʊnɪəs/ agg. disarmonico.
disharmonize /dɪsˈhɑːməʊnaɪz/ tr. disarmonizzare, rendere disarmonico.
disharmony /dɪsˈhɑːmənɪ/ n. disarmonia f.
dishcloth /ˈdɪʃklɒθ/ n. strofinaccio m., canovaccio m. per i piatti.
dishcover /ˈdɪʃkʌvə(r)/ n. copripiatti m.
dishearten /dɪsˈhɑːtn/ tr. demoralizzare, scoraggiare; ***don't be ~ed!*** non ti demoralizzare!
disheartening /dɪsˈhɑːtnɪŋ/ agg. demoralizzante, scoraggiante.
disheartenment /dɪsˈhɑːtnmənt/ n. scoraggiamento m., demoralizzazione f.
dished /dɪʃt/ agg. **1** concavo **2** MECC. [*wheels*] convergente **3** COLLOQ. [*person*] rovinato.
dishevel /dɪˈʃevl/ tr. (forma in -ing ecc. **-ll-**, **-l-** AE) arruffare, scarmigliare [*hair*]; mettere in disordine [*clothes*].
dishevelled, **disheveled** AE /dɪˈʃevld/ **I** p.pass. → **dishevel II** agg. [*person*] trasandato; [*hair*] scarmigliato; [*clothes*] in disordine.
dishevelment /dɪˈʃevlmənt/ n. arruffamento m., disordine m.
dishful /ˈdɪʃfl/ n. *(food served in a dish)* piatto m., porzione f.
▷ **dishonest** /dɪsˈɒnɪst/ agg. disonesto.
▷ **dishonestly** /dɪsˈɒnɪstlɪ/ avv. in modo disonesto, disonestamente.
dishonesty /dɪsˈɒnɪstɪ/ n. *(financial)* disonestà f.; *(moral, intellectual)* slealtà f., disonestà f.; DIR. malafede f.
1.dishonour BE, **dishonor** AE /dɪsˈɒnə(r)/ n. disonore m.; ***to bring ~ on sb.*** disonorare qcn.
2.dishonour BE, **dishonor** AE /dɪsˈɒnə(r)/ tr. **1** disonorare [*memory, person*] **2** ECON. non onorare [*cheque etc.*].

dishonourable BE, **dishonorable** AE /dɪs'ɒnərəbl/ agg. [*act, behaviour*] disonorevole, vergognoso.
dishonourable discharge /dɪs,ɒnərəbl'dɪstʃɑːdʒ/ n. radiazione f. dall'esercito (per condotta disonorevole).
dishonourably BE, **dishonorably** AE /dɪs'ɒnərəblɪ/ avv. [*behave, act*] in modo disonorevole, vergognoso.
dishorn /dɪs'hɔːn/ tr. privare delle corna.
dishouse /dɪs'haʊz/ tr. sfrattare, buttare fuori casa.
dishpan /'dɪʃpæn/ n. AE bacinella f. per lavare i piatti.
dishrag /'dɪʃræg/ n. AE strofinaccio m. (da cucina).
dishtowel /'dɪʃtaʊəl/ n. strofinaccio m. per (asciugare) i piatti.
dishwarmer /'dɪʃ,wɔːmə(r)/ n. scaldapiatti m., scaldavivande m.
dishwasher /'dɪʃ,wɒʃə(r)/ ♦ **27** n. *(person)* lavapiatti m. e f.; *(machine)* lavastoviglie f.
dishwasher detergent /'dɪʃwɒʃədɪ,tɜːdʒənt/ n. detersivo m. per lavastoviglie.
dishwasher powder /'dɪʃwɒʃə,paʊdə(r)/ n. detersivo m. (in polvere) per lavastoviglie.
dishwasher salt /'dɪʃwɒʃə,sɔːlt/ n. sale m. per lavastoviglie.
dishwater /'dɪʃwɔːtə(r)/ n. acqua f. dei piatti, risciacquatura f.; *(weak drink)* FIG. SPREG. risciacquatura f.; ***as dull as ~*** AE noioso da morire.
dishy /'dɪʃɪ/ agg. BE COLLOQ. attraente, affascinante.
1.disillusion /,dɪsɪ'luːʒn/ n. disillusione f. (**with** nei confronti di, su).
2.disillusion /,dɪsɪ'luːʒn/ tr. ***to ~ sb.*** disilludere qcn.; ***I hate to ~ you, but...*** mi spiace disilluderti, ma...
disillusioned /,dɪsɪ'luːʒnd/ **I** p.pass. → **2.disillusion II** agg. disilluso; ***to be ~ with sth., sb.*** perdere le proprie illusioni, disilludersi su qcs., qcn.
disillusionize /,dɪsɪ'luːʒənaɪz/ tr. → **2.disillusion.**
disillusionment /,dɪsɪ'luːʒnmənt/ n. disillusione f. (**with** nei confronti di, su).
disincentive /,dɪsɪn'sentɪv/ n. disincentivo m.; ***it acts as*** o ***is a ~ to work, to investment*** fa da *o* è un disincentivo per il lavoro, per gli investimenti.
disinclination /,dɪsɪnklɪ'neɪʃn/ n. FORM. ***a ~ to do*** riluttanza a fare.
disincline /,dɪsɪn'klaɪn/ tr. ***to ~ sb. to do, from doing sth.*** distogliere qcn. dal fare qcs.
disinclined /,dɪsɪn'klaɪnd/ **I** p.pass. → **disincline II** agg. FORM. restio, riluttante.
disincorporate /,dɪsɪn'kɔːpəreɪt/ tr. sciogliere [*corporate body*].
disinfect /,dɪsɪn'fekt/ tr. disinfettare.
disinfectant /,dɪsɪn'fektənt/ n. disinfettante m.
disinfection /,dɪsɪn'fekʃn/ n. disinfezione f.
disinfest /,dɪsɪn'fest/ tr. disinfestare.
disinfestation /,dɪsɪn'festeɪʃn/ n. disinfestazione f.
disinflate /,dɪsɪn'fleɪt/ tr. ECON. disinflazionare.
disinflation /,dɪsɪn'fleɪʃn/ n. ECON. disinflazione f.
disinflationary /,dɪsɪn'fleɪʃənərɪ, AE -nerɪ/ agg. ECON. disinflazionistico.
disinformation /,dɪsɪnfə'meɪʃn/ n. disinformazione f.
disingenuous /,dɪsɪn'dʒenjʊəs/ agg. [*comment, reply*] insincero; [*smile*] falso; ***you're being ~*** non stai dicendo la verità.
disingenuously /,dɪsɪn'dʒenjʊəslɪ/ avv. FORM. [*say, answer*] in modo poco sincero.
disingenuousness /,dɪsɪn'dʒenjʊəsnɪs/ n. FORM. insincerità f.
disinherit /,dɪsɪn'herɪt/ tr. diseredare.
disinheritance /,dɪsɪn'herɪtəns/ n. diseredamento m.
disinhibit /,dɪsɪn'hɪbɪt/ tr. disinibire.
disinhibiting /dɪsɪn'hɪbɪtɪŋ/ agg. che disinibisce.
disinhibition /,dɪsɪnhɪ'bɪʃn/ n. disinibizione f.
disinhibitory /,dɪsɪn'hɪbɪtrɪ, AE -tɔːrɪ/ agg. disinibitorio.
disintegrate /dɪs'ɪntɪgreɪt/ **I** intr. **1** [*aircraft*] disintegrarsi; [*cloth, paper, wood*] disfarsi, sfibrarsi **2** [*power, relationship, mind*] disintegrarsi; [*organization*] disgregarsi, disintegrarsi **II** tr. disintegrare.
disintegration /dɪs,ɪntɪ'greɪʃn/ n. **1** disintegrazione f. (anche FIS.); *(of cloth, wood)* disfacimento m. **2** *(of organization)* disgregazione f.; *(of relationship)* disintegrazione f.
disintegrator /dɪs'ɪntɪgreɪtə(r)/ n. disintegratore m.
disinter /,dɪsɪn'tɜː(r)/ tr. (forma in -ing ecc. **-rr-**) dissotterrare, esumare.
disinterest /dɪs'ɪntrəst/ **I** tr. disinteressare **II** rifl. ***to ~ oneself*** disinteressarsi.
disinterested /dɪs'ɪntrəstɪd/ **I** p.pass. → **disinterest II** agg. **1** *(impartial)* [*observer, party, stance, advice*] disinteressato **2** *(uninterested)* indifferente, non interessato (**in** a). ⚠ In its second meaning it is advisable to replace *disinterested* with *uninterested*: the Italian translation will be *indifferente* or *non interessato* instead of *disinteressato*.
disinterestedness /dɪs'ɪntrəstɪdnɪs/ n. **1** disinteresse m. **2** indifferenza f.
disintermediation /,dɪsɪntəmiːdɪ'eɪʃn/ n. disintermediazione f.
disinterment /,dɪsɪn'tɜːmənt/ n. dissotterramento m., esumazione f.
disinvest /,dɪsɪn'vest/ tr. disinvestire, smobilizzare.
disinvestment /,dɪsɪn'vestmənt/ n. disinvestimento m., smobilizzo m.
disjoin /dɪs'dʒɔɪn/ **I** tr. disgiungere, separare **II** intr. disgiungersi, separarsi.
1.disjoint /dɪs'dʒɔɪnt/ agg. disgiunto.
2.disjoint /dɪs'dʒɔɪnt/ tr. **1** disgiungere, disgregare **2** MED. disarticolare.
disjointed /dɪs'dʒɔɪntɪd/ **I** p.pass. → **2.disjoint II** agg. [*programme, effort*] disarticolato; [*report, speech*] sconnesso, incoerente; [*organization*] smembrato.
disjointedly /dɪs'dʒɔɪntɪdlɪ/ avv. [*speak, write*] in modo sconnesso.
disjointedness /dɪs'dʒɔɪntɪdnɪs/ n. sconnessione f., incoerenza f.
disjointing /dɪs'dʒɔɪntɪŋ/ n. **1** disgregazione f., smembramento m. **2** MED. disarticolazione f.
disjunct /dɪs'dʒʌŋkt/ agg. **1** FORM. LING. MUS. disgiunto **2** ZOOL. disarticolato.
disjunction /dɪs'dʒʌŋkʃn/ n. FORM. disgiunzione f., separazione f.
disjunctive /dɪs'dʒʌŋktɪv/ **I** agg. LING. disgiuntivo **II** n. LING. *(conjunction)* congiunzione f. disgiuntiva; *(proposition)* proposizione f. disgiuntiva.
▷ **disk** /dɪsk/ n. **1** INFORM. disco m.; ***on ~*** su disco; ***floppy ~*** floppy disk, dischetto; ***hard ~*** hard disk, disco fisso **2** AE → **disc.**
disk drive (unit) /'dɪskdraɪv(,juːnɪt)/ n. unità f. disco, disk drive m.
diskette /dɪ'sket/ n. INFORM. dischetto m.
disk player /'dɪsk,pleɪə(r)/ n. INFORM. lettore m. di dischi.
disk space /'dɪsk,speɪs/ n. spazio m. su disco.
▷ **1.dislike** /dɪs'laɪk/ n. avversione f., antipatia f.; ***her ~ of sb., sth.*** la sua antipatia per qcn., qcs.; ***to take a ~ to sb., sth.*** prendere qcn., qcs. in antipatia; *(stronger)* prendere qcn., qcs. in odio; ***I took an instant ~ to him*** non mi è piaciuto fin dal primo istante; ***one's likes and ~s*** le cose che uno ama e (quelle che) non ama; ***we all have our likes and ~s*** abbiamo tutti le nostre preferenze.
▷ **2.dislike** /dɪs'laɪk/ tr. provare antipatia per; ***to ~ doing*** non piacere fare; ***I have always ~d him*** non mi è mai piaciuto, mi è sempre stato antipatico; ***I ~ her intensely*** la detesto cordialmente; ***I don't ~ city life*** non mi dispiace la vita di città.
dislocate /'dɪsləkeɪt, AE 'dɪsləʊkeɪt/ tr. **1** MED. ***to ~ one's shoulder, hip*** slogarsi la spalla, lussarsi l'anca **2** FORM. *(disrupt)* ostacolare, intralciare [*transport, system*]; dissestare [*economy, social structure*]; disperdere [*population*].
dislocated /'dɪsləkeɪtɪd, AE 'dɪsləʊkeɪtɪd/ **I** p.pass. → **dislocate II** agg. MED. slogato, lussato.
dislocation /,dɪslə'keɪʃn, AE ,dɪsləʊ'keɪʃn/ n. **1** *(of hip, knee)* lussazione f., slogatura f. **2** FORM. *(disruption) (of transport)* intralcio m.; *(of economy, social structure)* dissesto m.; *(of population)* dispersione f.
dislodge /dɪs'lɒdʒ/ tr. rimuovere, togliere [*rock, tile, obstacle, foreign body*] (**from** da); scacciare [*dictator*] (**from** da); snidare [*sniper*] (**from** da).
dislodg(e)ment /dɪs'lɒdʒmənt/ n. *(of rock, tile, obstacle, foreign body)* rimozione f.; *(of dictator)* cacciata f.; *(of sniper)* (lo) snidare.
disloyal /dɪs'lɔɪəl/ agg. sleale (**to** verso).
disloyally /dɪs'lɔɪəlɪ/ avv. slealmente.
disloyalty /dɪs'lɔɪəltɪ/ n. slealtà f. (**to** verso).
dismal /'dɪzməl/ agg. **1** [*place, sight*] tetro, lugubre **2** COLLOQ. [*failure, attempt*] penoso.
dismally /'dɪzməlɪ/ avv. **1** [*stare, wander*] tetramente, lugubremente **2** [*fail*] miseramente; ***they failed ~ to attract investment*** hanno fallito miseramente nel tentativo di attirare gli investimenti; ***to perform ~*** [*business*] avere un fatturato misero.
dismalness /'dɪzməlnɪs/ n. tetraggine f.
dismantle /dɪs'mæntl/ tr. **1** *(take apart)* demolire [*construction*]; smontare [*machine, missile*] **2** *(phase out)* smantellare [*structure, organization, service*].
dismantlement /dɪs'mæntlmənt/, **dismantling** /dɪs'mæntlɪŋ/ n. **1** *(of machine)* smontaggio m.; *(of construction)* demolizione f. **2** *(of organization, system)* smantellamento m.
dismast /dɪs'mɑːst, AE -'mæst/ tr. MAR. disalberare [*ship*].
▷**1.dismay** /dɪs'meɪ/ n. costernazione f., sgomento m. (**at** davanti a); ***with ~*** con costernazione; ***to my, her ~*** con mia, sua (grande)

costernazione *o* con mio, suo sgomento; ***"No!", he said in*** ~ "No!", disse lui costernato.

2.dismay /dɪs'meɪ/ tr. costernare, sgomentare.

dismayed /dɪs'meɪd/ **I** p.pass. → **2.dismay II** agg. costernato, sgomento (**at sth.** davanti a qcs.; **to do** di fare); ~ ***that*** costernato (del fatto) che.

dismember /dɪs'membə(r)/ tr. **1** smembrare [*corpse*]; ***it ~s its prey*** smembra le sue prede **2** FIG. smembrare [*country*]; smembrare, smantellare [*organization*].

dismembered /dɪs'membəd/ **I** p.pass. → **dismember II** agg. [*corpse*] smembrato.

dismemberment /dɪs'membəmənt/ n. (lo) smembrare; FIG. *(of organization)* smembramento m., smantellamento m.

▶ **dismiss** /dɪs'mɪs/ tr. **1** *(reject)* scartare, accantonare [*idea, suggestion*]; escludere [*possibility*]; ***to ~ sth. as insignificant*** liquidare qcs. perché poco importante **2** *(put out of mind)* scacciare [*thought, worry*] **3** *(sack)* licenziare [*employee, worker, servant*] (**for** per; **for doing** per aver fatto); licenziare, destituire [*civil servant*] (**for** per; **for doing** per aver fatto); destituire dalla carica di [*director, official*]; ***to be ~ed as head of...*** essere destituito dalla carica di... **4** *(end interview with)* congedare [*person*]; *(send out)* [*teacher*] congedare, lasciar uscire [*class*] **5** DIR. respingere, rigettare [*appeal, claim*]; ***the charges against him were ~ed*** le accuse che pesavano su di lui sono state respinte; ***the case was ~ed*** il caso è stato archiviato **6** *(in cricket)* mandare fuori gioco [*team, player*].

▷ **dismissal** /dɪs'mɪsl/ n. **1** *(of idea, threat)* accantonamento m., rifiuto m. di prendere in considerazione **2** *(of employee, worker, servant)* licenziamento m.; *(of civil servant)* licenziamento m., destituzione f.; *(of manager, director, minister)* destituzione f.; ***unfair*** o ***wrongful*** ~ licenziamento senza giusta causa **3** DIR. *(of appeal, claim)* rifiuto m., rigetto m.

dismissible /dɪs'mɪsəbl/ agg. **1** [*idea, suggestion*] che si può accantonare **2** [*employee, worker, servant*] licenziabile; [*civil servant, director, official*] destituibile **3** [*person, class*] congedabile.

dismissive /dɪs'mɪsɪv/ agg. [*person*] sdegnoso, che ha scarsa considerazione; [*attitude, gesture*] sbrigativo; ***to be ~ of*** avere scarsa considerazione per.

dismissively /dɪs'mɪsɪvlɪ/ avv. [*say, shrug*] con aria sdegnosa; [*speak*] con tono sbrigativo; [*describe, label*] in modo sdegnoso.

1.dismount /dɪs'maʊnt/ n. (lo) smontare.

2.dismount /dɪs'maʊnt/ **I** tr. smontare [*gun*] **II** intr. scendere, smontare; ***to ~ from*** smontare, scendere da [*horse, bicycle*].

dismountable /dɪs'maʊntəbl/ agg. smontabile.

dismounted /dɪs'maʊntɪd/ **I** p.pass. → **2.dismount II** agg. smontato.

disobedience /ˌdɪsə'biːdɪəns/ n. disubbidienza f., disobbedienza f.

disobedient /ˌdɪsə'biːdɪənt/ agg. [*child*] disubbidiente, disobbediente (**to** nei confronti di); ***if they were ~, he...*** se fossero disubbidienti, lui...

disobediently /ˌdɪsə'biːdɪəntlɪ/ avv. disubbidientemente, disobbedientemente, da disubbidiente, con disubbidienza.

disobey /ˌdɪsə'beɪ/ **I** tr. disubbidire, disobbedire a [*person*]; infrangere [*law, order, rule*] **II** intr. disubbidire, disobbedire.

disoblige /ˌdɪsə'blaɪdʒ/ tr. **1** non accontentare, non soddisfare le richieste di **2** essere scortese verso, offendere.

disobliging /ˌdɪsə'blaɪdʒɪŋ/ agg. scortese, sgarbato.

1.disorder /dɪs'ɔːdə(r)/ n. **1 U** *(lack of order)* disordine m., confusione f.; ***in*** ~ in disordine; ***to retreat in*** ~ MIL. ritirarsi disordinatamente **2 U** POL. *(disturbances)* disordini m.pl.; ***civil*** ~ tumulto popolare; ***the march ended in*** ~ al termine della manifestazione si sono verificati disordini **3 C** MED. PSIC. *(malfunction)* disturbo m.; *(disease)* malattia f.; ***blood, lung*** ~ malattia del sangue, polmonare; ***eating*** ~ disturbo dell'alimentazione; ***mental, personality*** ~ disturbo mentale, della personalità.

2.disorder /dɪs'ɔːdə(r)/ tr. MED. PSIC. alterare, disturbare.

disordered /dɪs'ɔːdəd/ **I** p.pass. → **2.disorder II** agg. [*life*] disordinato; MED. [*mind, brain*] malato, squilibrato.

disorderliness /dɪs'ɔːdəlɪnɪs/ n. **1** *(untidiness)* disordine m., confusione f. **2** *(disorganization)* sregolatezza f., disordine m. **3** *(unruliness)* turbolenza f.

disorderly /dɪs'ɔːdəlɪ/ agg. **1** *(untidy)* [*room*] disordinato, in disordine **2** *(disorganized)* [*person, arrangement, existence*] sregolato, disordinato; MIL. [*retreat*] disordinato **3** *(unruly)* [*crowd, demonstration, meeting*] turbolento, caotico; FIG. [*imagination*] sfrenato.

disorderly behaviour /dɪsˌɔːdəlɪbɪ'heɪvjə(r)/, **disorderly conduct** /dɪsˌɔːdəlɪ'kɒndʌkt/ n. DIR. disturbo m. della quiete pubblica.

disorderly house /dɪsˌɔːdəlɪ'haʊs/ n. DIR. *(brothel)* casa f. chiusa; *(gaming house)* casa f. da gioco, bisca f. clandestina.

disorganic /dɪsɔː'gænɪk/ agg. disorganico.

disorganization /dɪsˌɔːgənaɪ'zeɪʃn, AE -nɪ'z-/ n. disorganizzazione f.

disorganize /dɪs'ɔːgənaɪz/ tr. disorganizzare.

disorganized /dɪs'ɔːgənaɪzd/ **I** p.pass. → **disorganize II** agg. disorganizzato.

disorient /dɪs'ɔːrɪənt/, **disorientate** /dɪs'ɔːrɪənteɪt/ tr. disorientare.

disorientated /dɪs'ɔːrɪənteɪtɪd/ **I** p.pass. → **disorientate II** agg. disorientato.

disorientation /dɪsɔːrɪən'teɪʃn/ n. disorientamento m.

disown /dɪs'əʊn/ tr. **1** disconoscere, rinnegare [*person*]; disconoscere, riprovare [*politician*] **2** disconoscere [*document, article, play*].

disownment /dɪs'əʊnmənt/ n. DIR. disconoscimento m.

disparage /dɪ'spærɪdʒ/ tr. FORM. denigrare, disprezzare, sminuire.

disparagement /dɪ'spærɪdʒmənt/ n. FORM. denigrazione f., disprezzo m.

disparaging /dɪ'spærɪdʒɪŋ/ agg. denigratorio, sprezzante (**about** a proposito di).

disparagingly /dɪ'spærɪdʒɪŋlɪ/ avv. [*say, comment*] in modo denigratorio; ***she referred to them ~ as amateurs*** si è riferita a loro con disprezzo definendoli dei dilettanti.

disparate /'dɪspərət/ agg. **1** *(very different)* disparato; ***a ~ group*** un gruppo eterogeneo **2** *(incompatible)* incompatibile.

disparity /dɪ'spærətɪ/ n. disparità f. (**between** tra).

dispart /dɪ'spɑːt/ **I** tr. ANT. dividere, separare **II** intr. ANT. dividersi, separarsi.

dispassionate /dɪ'spæʃənət/ agg. **1** *(impartial)* spassionato, imparziale, obiettivo (**about** su, a riguardo di) **2** *(unemotional)* spassionato, freddo.

dispassionately /dɪ'spæʃənətlɪ/ avv. **1** [*observe, assess, react*] spassionatamente **2** *(unemotionally)* freddamente.

dispassionateness /dɪ'spæʃənətnɪs/ n. **1** *(impartiality)* spassionatezza f., imparzialità f. **2** freddezza f.

▷ **1.dispatch** /dɪ'spætʃ/ n. **1** *(report)* dispaccio m., rapporto m.; ***mentioned in ~es*** MIL. [*soldier*] che ha avuto una menzione **2** *(sending)* spedizione f., invio m.; ***date of*** ~ data di spedizione **3** *(speed)* prontezza f., sollecitudine f.; ***with*** ~ con sollecitudine, prontezza.

▷ **2.dispatch** /dɪ'spætʃ/ tr. **1** *(send)* inviare [*person, troops*] (**to** a); spedire [*letter, parcel*] (**to** a) **2** *(consume)* SCHERZ. trangugiare, buttare giù [*plateful, drink*] **3** *(complete)* smaltire [*work*]; risolvere [*problem*] **4** EUFEM. *(kill)* mandare all'altro mondo.

dispatch box /dɪ'spætʃbɒks/ n. **1** borsa f. diplomatica **2 Dispatch Box** GB POL. = alla Camera dei Comuni, scatola di legno vicino a cui stanno in piedi i ministri quando prendono la parola.

dispatcher /dɪ'spætʃə(r)/ n. mittente m. e f.

dispatch rider /dɪ'spætʃˌraɪdə(r)/ ♦ ***27*** n. **1** MIL. staffetta f., portaordini m. **2** COMM. corriere m.

dispel /dɪ'spel/ tr. (forma in -ing ecc. **-ll-**) **1** dissipare, fugare [*doubt, fear, illusion, rumour*]; dissipare, scacciare [*myth, notion*] **2** FORM. dissipare, disperdere [*mist, cloud*].

dispensable /dɪ'spensəbl/ agg. [*person, thing*] non necessario, non indispensabile, superfluo; ***to be*** ~ [*thing, idea*] essere superfluo; [*person*] non essere indispensabile.

dispensary /dɪ'spensərɪ/ n. **1** *(clinic)* dispensario m. **2** BE *(in hospital)* farmacia f.; *(in chemist's)* laboratorio m.

dispensation /ˌdɪspen'seɪʃn/ n. FORM. **1** *(dispensing)* *(of justice)* amministrazione f., esercizio m.; *(of alms)* distribuzione f., elargizione f.; *(of funds)* attribuzione f. **2** DIR. RELIG. *(permission)* dispensa f., esenzione f. **3** POL. RELIG. *(system)* ordinamento m.

dispensatory /dɪ'spensətrɪ, AE -tɔːrɪ/ **I** agg. che dispensa **II** n. farmacopea f.

dispense /dɪ'spens/ tr. **1** [*machine*] distribuire [*food, drinks, money*] **2** FORM. amministrare [*justice*]; dispensare, fare [*charity*]; dispensare [*advice*]; attribuire [*funds*] **3** FARM. preparare [*medicine, prescription*] **4** *(exempt)* dispensare, esentare (**from** da) (anche RELIG.).

▪ **dispense with** *(manage without)* fare a meno di [*services*]; bandire [*formalities*]; *(get rid of)* abbandonare [*policy, regulations etc.*]; *(make unnecessary)* rendere inutile [*resource, facility*]; ***this ~s with the need for a dictionary*** grazie a questo, si può fare a meno del dizionario, il dizionario è inutile.

dispenser /dɪ'spensə(r)/ n. distributore m., dispenser m.

dispensing chemist /dɪˌspensɪŋ'kemɪst/ ♦ ***27*** n. BE farmacista m. e f. (autorizzato alla preparazione di prodotti galenici).

dispensing optician /dɪˌspensɪŋɒpˈtɪʃn/ ➧ *27* n. ottico m. (-a).
dispeople /dɪsˈpiːpl/ tr. spopolare.
dispermous /daɪˈspɜːməs/ agg. BOT. dispermo.
dispersal /dɪˈspɜːsl/ n. **1** *(scattering) (of people, birds, fumes)* dispersione f.; *(of seeds)* disseminazione f. **2** *(spread) (of industry, factories, installations)* diffusione f. disordinata.
dispersant /dɪˈspɜːsənt/ n. additivo m. disperdente.
disperse /dɪˈspɜːs/ **I** tr. **1** *(scatter)* disperdere [*crowd, fumes*]; disseminare [*seeds*] **2** *(distribute)* disseminare, sparpagliare [*agents, troops, factories*] **3** CHIM. decomporre [*particle*] **II** intr. **1** [*crowd*] disperdersi **2** [*fumes, pollution, mist*] disperdersi, dissiparsi **3** CHIM. decomporsi.
dispersedly /dɪˈspɜːsɪdlɪ/ avv. qua e là; in ordine sparso.
dispersion /dɪˈspɜːʃn, AE dɪˈspɜːrʒn/ n. **1** *(of light, radiation)* dispersione f. **2** FORM. *(of people)* dispersione f. **3** STATIST. dispersione f.
dispersive /dɪˈspɜːsɪv/ agg. dispersivo.
dispirit /dɪˈspɪrɪt/ tr. scoraggiare.
dispirited /dɪˈspɪrɪtɪd/ **I** p.pass. → **dispirit II** agg. [*look*] scoraggiato; [*air, mood*] sconsolato.
dispiritedly /dɪˈspɪrɪtɪdlɪ/ avv. [*speak, sigh, trudge*] sconsolatamente.
dispiriting /dɪˈspɪrɪtɪŋ/ agg. [*results, remark, attitude*] scoraggiante, deprimente; [*progress*] scoraggiante; ***it is ~ to see that*** è scoraggiante vedere che.
displace /dɪsˈpleɪs/ tr. **1** *(replace)* soppiantare, rimpiazzare [*competitor, leader*]; rimpiazzare, sostituire [*worker*] **2** *(expel)* cacciare (via), allontanare [*person, population*] **3** MAR. dislocare **4** FIS. spostare.
displaceable /dɪsˈpleɪsəbl/ agg. soppiantabile, rimpiazzabile.
displaced person /dɪsˌpleɪstˈpɜːsn/ n. rifugiato m. (-a), profugo m. (-a).
▷ **displacement** /dɪsˈpleɪsmənt/ n. **1** *(of workers, jobs)* sostituzione f. **2** *(of population)* spostamento m. **3** MAR. dislocamento m. **4** FIS. spostamento m. **5** PSIC. dislocazione f. affettiva.
displacement activity /dɪsˈpleɪsməntækˌtɪvətɪ/ n. dislocamento m.
displacement tonnage /dɪsˈpleɪsməntˌtʌnɪdʒ/ n. tonnellaggio m. di dislocamento.
▶ **1.display** /dɪˈspleɪ/ n. **1** COMM. *(for sale)* esposizione f.; ***window ~*** esposizione in vetrina; ***to be on ~*** essere in esposizione, esposto; ***on ~ in the window*** esposto in vetrina; ***to put sth. on ~*** esporre qcs., mettere in mostra qcs.; ***"for ~ purposes"*** COMM. *(book)* "campionario di presentazione"; *(object)* "articolo di presentazione" **2** *(for decoration, to look at) (showing)* esposizione f., mostra f.; ***to be*** o ***go on ~*** essere in mostra; ***to put sth. on ~*** esporre qcs.; ***what a lovely ~ of flowers*** che bella disposizione di fiori; ***"do not touch the ~"*** "si prega di non toccare" **3** *(demonstration) (of art, craft, skill)* dimostrazione f.; *(of dance, sport)* esibizione f.; ***to put on*** o ***mount a ~ of*** organizzare una dimostrazione, una esibizione di; ***air ~*** esibizione aeronautica **4** *(of emotion, failing, quality, strength)* dimostrazione f.; *(of wealth)* sfoggio m.; ***in a ~ of*** con una dimostrazione, un gesto di [*anger, impatience*]; ***in a ~ of solidarity, affection*** con una manifestazione di solidarietà, di affetto; ***to make a ~ of*** SPREG. fare sfoggio di [*wealth, knowledge*] **5** AUT. AER. INFORM. display m., schermo m., monitor m.; ***digital ~*** display digitale **6** TIP. GIORN. ***full page ~*** [*ad*] a tutta pagina **7** ZOOL. parata f.
▶ **2.display** /dɪˈspleɪ/ **I** tr. **1** COMM. INFORM. *(show, set out)* esporre [*information, price, times*]; esporre, affiggere [*notice, poster*]; esporre, mettere in mostra [*object*]; ***the total is ~ed here*** il totale è esposto qui **2** *(reveal)* manifestare, dimostrare [*enthusiasm, intelligence, interest, skill, strength*]; manifestare, rivelare [*emotion, ignorance, vice, virtue*] **3** SPREG. *(flaunt)* fare mostra, sfoggio di [*beauty, knowledge, wealth*]; mettere in mostra [*legs, chest*] **II** intr. ZOOL. spiegare le penne in parata; [*peacock*] fare la ruota.
display advertisement /dɪˌspleɪədˈvɜːtɪsmənt, AE -ædvərˈtaɪzmənt/ n. annuncio m. a tutta pagina.
display artist /dɪˈspleɪˌɑːtɪst/ ➧ *27* n. COMM. vetrinista m. e f.
display cabinet /dɪˈspleɪˌkæbɪnɪt/, **display case** /dɪˈspleɪˌkeɪs/ n. *(in house)* vetrina f., vetrinetta f.; *(in museum)* bacheca f.
display panel /dɪˈspleɪˌpænl/ n. bacheca f.
display rack /dɪˈspleɪˌræk/ n. COMM. espositore m.
display type /dɪˈspleɪˌtaɪp/ n. carattere m. evidenziato, corpo m. maggiore.
display unit /dɪˈspleɪˌjuːnɪt/ n. **1** INFORM. unità f. video **2** COMM. → **display rack.**
display window /dɪˈspleɪˌwɪndəʊ/ n. *(in shop)* vetrina f.
displease /dɪsˈpliːz/ tr. scontentare, dare un dispiacere a.
displeased /dɪsˈpliːzd/ **I** p.pass. → **displease II** agg. scontento (**with**, **at** di; **to do** di fare).
displeasing /dɪsˈpliːzɪŋ/ agg. spiacevole, sgradevole; ***to be ~ to sb., sth.*** non piacere a qcn., qcs.
displeasure /dɪsˈpleʒə(r)/ n. disappunto m., scontentezza f. (**at** per); ***to my great ~*** con mio grande disappunto; ***much to the ~ of*** con grande dispiacere di.
disport /dɪˈspɔːt/ rifl. LETT. SCHERZ. ***to ~ oneself*** divertirsi.
disposability /dɪspəʊzəˈbɪlətɪ/ n. disponibilità f.
disposable /dɪˈspəʊzəbl/ **I** agg. **1** *(throwaway)* [*lighter*] usa e getta, non ricaricabile; [*nappy, plate, razor*] usa e getta, monouso **2** *(available)* disponibile, a disposizione **II disposables** n.pl. articoli m. monouso.
disposable income /dɪˌspəʊzəblˈɪŋkʌm/ n. reddito m. disponibile, al netto delle tasse.
disposable load /dɪˌspəʊzəblˈləʊd/ n. AER. carico m. utile, portata f.
▷ **disposal** /dɪˈspəʊzl/ n. **1** *(removal) (of waste product)* smaltimento m., eliminazione f.; ***waste ~*** smaltimento dei rifiuti; ***for ~*** usa e getta **2** *(sale) (of company, property, deeds, securities)* cessione f., vendita f. **3** *(completion)* esecuzione f. **4** *(for use, access)* ***to be at sb.'s ~*** essere a disposizione di qcn.; ***to put*** o ***place sth. at sb.'s ~*** mettere qcs. a disposizione di qcn.; ***to have sth. at one's ~*** avere qcs. a propria disposizione; ***all the means at my ~*** tutti i mezzi a mia disposizione **5** *(arrangement)* disposizione f., collocazione f.
disposal value /dɪˌspəʊzlˈvæljuː/ n. ECON. valore m. di cessione.
dispose /dɪˈspəʊz/ tr. **1** *(arrange)* disporre [*furniture, ornaments*]; schierare [*troops*] **2** *(encourage)* ***to ~ sb. to sth., to do*** indurre *o* predisporre qcn. a qcs., a fare.
▪ **dispose of: ~ *of [sth., sb.]*** **1** *(get rid of)* sbarazzarsi di [*body, rival, rubbish, victim*]; smaltire [*waste*]; distruggere, demolire [*evidence*]; disarmare [*bomb*]; ***"please, ~ of properly"*** "non disperdere nell'ambiente" **2** COMM. smaltire [*stock*]; *(sell)* vendere [*car, house, shares*] **3** *(deal with speedily)* sbrigare, sistemare [*business*]; risolvere, sistemare [*problem*]; eliminare [*theory*].
disposed /dɪˈspəʊzd/ **I** p.pass. → **dispose II** agg. ***to be ~ to sth., to do*** essere disposto a qcs., a fare; ***ill-, well-~*** mal, ben disposto; ***should you feel so ~*** FORM. se vi facesse piacere, se ne aveste voglia.
disposedly /dɪˈspəʊzɪdlɪ/ avv. *(with a good bearing)* a passi misurati.
disposer /dɪˈspəʊzə(r)/ n. AE tritarifiuti m.
▷ **disposition** /ˌdɪspəˈzɪʃn/ n. **1** *(temperament)* disposizione f., indole f., temperamento m.; ***a friendly, irritable ~*** un temperamento socievole, irritabile; ***to be of a nervous ~*** essere di indole nervosa; ***to have a cheerful ~*** avere un carattere allegro, essere allegro di natura **2** *(tendency)* disposizione f., tendenza f.; ***to have a ~ to be, to do*** avere la tendenza a essere, a fare **3** *(arrangement)* disposizione f., collocazione f. **4** DIR. cessione f., vendita f.
dispossess /ˌdɪspəˈzes/ tr. **1** DIR. ***to ~ sb. of*** espropriare, spogliare qcn. di [*land, property*]; sfrattare qcn. da [*house*] **2** *(in football)* ***to ~ sb.*** rubare la palla a qcn.; ***to be ~ed*** farsi prendere la palla.
dispossessed /ˌdɪspəˈzest/ **I** p.pass. → **dispossess II** agg. attrib. [*family*] espropriato, sfrattato; [*son*] diseredato; ***a ~ people*** *(poor)* un popolo diseredato; *(politically)* un popolo spossessato delle sue terre **III** n. ***the ~*** + verbo pl. i diseredati.
dispossession /ˌdɪspəˈzeʃn/ n. espropriazione f., sfratto m.
dispossessor /ˌdɪspəˈzesə(r)/ n. DIR. espropriante m. e f.
1.dispraise /dɪsˈpreɪz/ n. critica f., biasimo m.
2.dispraise /dɪsˈpreɪz/ tr. criticare, biasimare.
disproof /dɪsˈpruːf/ n. confutazione f.
disproportion /ˌdɪsprəˈpɔːʃn/ n. sproporzione f. (**between** tra).
disproportional /ˌdɪsprəˈpɔːʃənl/, **disproportionate** /ˌdɪsprəˈpɔːʃənət/ agg. sproporzionato (**to** rispetto a).
disproportionately /ˌdɪsprəˈpɔːʃənətlɪ/ avv. ***~ high*** [*costs*] sproporzionato, esorbitante; [*expectations*] sproporzionato, assurdo; ***he had ~ long legs*** aveva gambe sproporzionatamente lunghe; ***the city's population is ~ young*** la popolazione della città conta un numero sproporzionato di giovani; ***ethnic minorities are ~ affected by...*** le minoranze etniche sono coinvolte in modo sproporzionato da...
disproportioned /ˌdɪsprəˈpɔːʃnd/ agg. sproporzionato (**to** rispetto a).
disprove /dɪsˈpruːv/ tr. (pass. **-proved**; p.pass. **-proved**, ANT. **-proven**) confutare.
disputable /dɪˈspjuːtəbl, ˈdɪspjʊ-/ agg. disputabile, discutibile, controverso.
disputant /dɪˈspjuːtənt, ˈdɪspjʊtənt/ n. FORM. disputante m. e f.

disputation /ˌdɪspjuːˈteɪʃn/ n. FORM. disputa f., discussione f., controversia f.
disputatious /ˌdɪspjuːˈteɪʃəs, ˈdɪspjʊ-/ agg. litigioso, cavilloso.
1.dispute /dɪˈspjuːt/ n. **1** *(quarrel) (between individuals)* disputa f., discussione f. (**between** tra; **with** con); *(between groups)* conflitto m. (**over, about** su, a proposito di; **between** tra; **with** con); ***border ~*** lite di confine; ***pay ~*** vertenza salariale; ***to be in ~ with*** essere in conflitto con; ***to have a ~ with*** avere una discussione con; ***to enter into a ~ with*** entrare in conflitto con **2 U** *(controversy)* controversia f. (**over, about** su); ***to be, not to be in ~*** [*cause, fact, problem*] essere, non essere controverso; ***beyond ~*** indiscutibile, fuori discussione; ***without ~*** indiscutibilmente, senza discussioni; ***there is some ~ about the cause*** la causa è piuttosto controversa; ***it is a matter of ~*** è una questione controversa; ***to be open to ~*** essere una questione ancora aperta, essere tutto da vedere; ***it is open to ~ whether this solution would work*** è ancora da vedere se questa soluzione potrebbe funzionare.
2.dispute /dɪˈspjuːt/ **I** tr. **1** *(question truth of)* contestare, mettere in discussione [*claim, figures, result, theory*]; ***I ~ that!*** mi oppongo! **2** *(claim possession of)* disputare, contendere [*property, territory, title*] **II** intr. disputare, discutere; ***to ~ with sb. about*** discutere con qcn. di.
disputed /dɪˈspjuːtɪd/ **I** p.pass. → **2.dispute II** agg. [*fact, theory*] discusso, contestato; [*territory*] conteso; DIR. contenzioso.
disputer /dɪˈspjuːtə(r)/ n. disputatore m.
disqualification /dɪsˌkwɒlɪfɪˈkeɪʃn/ n. **1** *(from post, career)* esclusione f. (**from** da) **2** SPORT squalifica f. (**from** da; **for doing** per avere fatto) **3** BE DIR. interdizione f., sospensione f.; ***a six months' ~ for sth.*** una sospensione di sei mesi per qcs. **4** AUT. DIR. ***~ from driving*** (anche **driving ~**) sospensione della patente **5** *(thing which disqualifies)* ***his lack of experience is not a ~ for the post*** la sua mancanza di esperienza non gli preclude il posto.
disqualify /dɪsˈkwɒlɪfaɪ/ tr. **1** *(from post, career)* escludere (**from** da); ***to ~ sb. from doing*** vietare a qcn. di fare; ***your age disqualifies you from this post*** la tua età non ti permette di accedere a questo lavoro **2** SPORT [*regulation*] squalificare (**from** da); [*physical condition*] impedire (**from doing** di fare); ***the regulation disqualifies him from entering the game*** il regolamento gli vieta di partecipare alla gara; ***he was disqualified for taking drugs*** è stato squalificato per avere assunto stupefacenti **3** BE AUT. DIR. ***to ~ sb. from driving*** sospendere la patente a qcn.; ***he's been disqualified for six months*** gli hanno sospeso la patente per sei mesi; ***driving while disqualified*** guida durante il periodo di sospensione della patente.
disqualifying /dɪsˈkwɒlɪfaɪɪŋ/ agg. da, che squalifica.
1.disquiet /dɪsˈkwaɪət/ n. FORM. inquietudine f., ansia f. (**about, over** riguardo a); ***general public ~*** disagio diffuso.
2.disquiet /dɪsˈkwaɪət/ tr. FORM. inquietare, mettere in ansia.
disquieting /dɪsˈkwaɪətɪŋ/ agg. FORM. inquietante.
disquietingly /dɪsˈkwaɪətɪŋlɪ/ avv. FORM. in modo inquietante, stranamente.
disquietude /dɪsˈkwaɪəˌtjuːd/ n. → **1.disquiet**.
disquisition /ˌdɪskwɪˈzɪʃn/ n. FORM. disquisizione f., dissertazione f. (**on** su).
disrate /dɪsˈreɪt/ tr. MAR. degradare [*officer*].
▷ **1.disregard** /ˌdɪsrɪˈɡɑːd/ n. *(for problem, feelings, person)* indifferenza f. (**for sth.** verso qcs.; **for sb.** verso, nei confronti di qcn.); *(for danger, human life, convention, law, right)* disprezzo m. (**for** di); ***to show ~*** dimostrare indifferenza (**for** verso), disprezzo (**for** per).
2.disregard /ˌdɪsrɪˈɡɑːd/ tr. **1** *(discount)* non considerare, trascurare, non tenere conto di [*irrelevance, trivia, problem, evidence, remark*]; chiudere gli occhi su [*wrongdoing*]; disprezzare [*danger*] **2** *(disobey)* disattendere, non osservare [*law, instruction*].
disregardful /ˌdɪsrɪˈɡɑːdful/ agg. indifferente, sprezzante.
1.disrelish /dɪsˈrelɪʃ/ n. ANT. disgusto m., ripugnanza f., avversione f.
2.disrelish /dɪsˈrelɪʃ/ tr. ANT. provare disgusto, ripugnanza, avversione per.
disremember /ˌdɪsrɪˈmembə(r)/ tr. AE o IRLAND. non ricordarsi di.
disrepair /ˌdɪsrɪˈpeə(r)/ n. cattivo stato m., fatiscenza f.; ***in (a state of) ~*** in cattivo stato; ***to fall into ~*** [*building, machinery*] andare, cadere in rovina.
disreputable /dɪsˈrepjʊtəbl/ agg. **1** *(unsavoury)* [*person*] poco raccomandabile, di cattiva reputazione; [*district, establishment*] malfamato; [*behaviour*] disdicevole, scorretto **2** *(tatty)* [*clothes, appearance*] malandato, sciupato **3** *(discredited)* [*method*] screditato.
disreputably /dɪsˈrepjʊtəblɪ/ avv. [*behave*] in modo disdicevole.
disrepute /ˌdɪsrɪˈpjuːt/ n. ***to be held in ~*** [*person*] avere una cattiva reputazione; [*work, method*] essere screditato; ***to bring sb., sth. into ~*** screditare, portare discredito a qcn., qcs.; ***to be brought into ~*** cadere in discredito.
disrespect /ˌdɪsrɪˈspekt/ n. mancanza f. di rispetto, irriverenza f. (**for** nei confronti di); ***to show ~ to, towards sb.*** mancare di rispetto a qcn.; ***he meant no ~*** non aveva intenzione di mancare di rispetto; ***no ~ (to you)*** con rispetto parlando; ***no ~ (to him, her)*** col rispetto che gli, le è dovuto.
disrespectful /ˌdɪsrɪˈspektfl/ agg. [*person, remark, behaviour*] irrispettoso, irriverente (**to, towards** nei confronti di); ***it was most ~ of her to do*** è stata una grave mancanza di rispetto da parte sua fare.
disrespectfully /ˌdɪsrɪˈspektfəlɪ/ avv. [*behave, act, speak*] in modo irrispettoso, irriverentemente.
disrobe /dɪsˈrəʊb/ intr. [*official, monarch*] togliersi gli abiti da cerimonia; SCHERZ. *(undress)* svestirsi.
disroot /dɪsˈruːt/ tr. sradicare (anche FIG.).
▷ **disrupt** /dɪsˈrʌpt/ tr. disturbare, interrompere [*communications*]; interrompere [*traffic, trade, meeting, electricity supply*]; sciogliere [*meeting*]; sconvolgere [*lifestyle, schedule, routine, plan*].
disrupter /dɪsˈrʌptə(r)/ n. chi disturba, sconvolge.
▷ **disruption** /dɪsˈrʌpʃn/ n. **1 U** *(disorder)* disturbo m. (**in** di); ***to cause ~ to sth.*** disturbare qcs. **2** *(disrupting) (of service, trade, meeting, electricity supply)* interruzione f.; *(of meeting)* scioglimento m.; *(of schedule, routine, plan)* sconvolgimento m. **3** *(upheaval)* sconvolgimento m.
disruptive /dɪsˈrʌptɪv/ agg. **1** disturbatore; ***a ~ influence*** un influsso disgregatore **2** EL. ***~ discharge*** scarica disruptiva.
disruptively /dɪsˈrʌptɪvlɪ/ avv. [*behave*] in modo indisciplinato.
disruptiveness /dɪsˈrʌptɪvnɪs/ n. indisciplina f.
disruptor → **disrupter**.
diss /dɪs/ tr. COLLOQ. sparlare di [*person*].
dissatisfaction /dɪˌsætɪsˈfækʃn/ n. *(discontent)* malcontento m. (**with** per, verso); *(milder)* insoddisfazione f.
dissatisfied /dɪˈsætɪsfaɪd/ **I** p.pass. → **dissatisfy II** agg. scontento, insoddisfatto (**with, at** di; **that** del fatto che).
dissatisfy /dɪˈsætɪsˌfaɪ/ tr. non soddisfare, scontentare.
dissaving /dɪˈseɪvɪŋ/ n. risparmio m. negativo.
disseat /dɪˈsiːt/ tr. ANT. privare del posto a sedere; *(in Parliament)* privare del seggio.
dissect /dɪˈsekt/ tr. **1** *(cut up)* sezionare, dissezionare [*cadaver, animal, plant*]; scomporre [*molecule, gene*] **2** SPREG. *(analyse)* smontare pezzo per pezzo [*performance, relationship, system*]; spulciare [*book, play*].
dissected /dɪˈsektɪd, daɪ-/ **I** p.pass. → **dissect II** agg. BOT. GEOL. dissezionato.
dissection /dɪˈsekʃn, daɪ-/ n. *(all contexts)* dissezione f., scomposizione f.
dissector /dɪˈsektə(r), daɪ-/ n. **1** *(person)* dissettore m. (-trice) **2** *(instrument)* dissettore m.
disseise /dɪˈsiːz/ tr. DIR. spossessare, espropriare.
disseisin /dɪˈsiːzɪn, AE -zn/ n. spoglio m. del possesso.
disseize → **disseise**.
disseizin → **disseisin**.
dissemble /dɪˈsembl/ **I** tr. FORM. dissimulare, simulare **II** intr. FORM. dissimulare, fare l'ipocrita.
dissembler /dɪˈsemblə(r)/ n. FORM. dissimulatore m. (-trice), ipocrita m. e f.
dissembling /dɪˈsemblɪŋ/ **I** agg. FORM. che dissimula **II** n. FORM. dissimulazione f., ipocrisia f.
disseminate /dɪˈsemɪneɪt/ tr. disseminare; diffondere, divulgare [*information, ideas, views*]; promuovere [*products*].
dissemination /dɪˌsemɪˈneɪʃn/ n. disseminazione f.; *(of information, ideas)* diffusione f., divulgazione f.; *(of products)* promozione f.
disseminator /dɪˈsemɪneɪtə(r)/ n. disseminatore m. (-trice); *(of information, ideas)* divulgatore m. (-trice); *(of products)* promotore m. (-trice).
dissension /dɪˈsenʃn/ n. *(discord)* dissenso m., discordia f. (**among** tra).
1.dissent /dɪˈsent/ n. **U 1** POL. dissenso m., divergenza f. di opinioni; SPORT protesta f.; ***~ from*** dissenso da [*policy, decision, opinion*] **2** RELIG. dissidenza f., dissenso m. **3** (anche **~ing opinion**) AE DIR. opinione f. dissenziente.
2.dissent /dɪˈsent/ intr. **1** DIR. *(disagree)* dissentire, discordare; ***to ~ from sth.*** dissentire da qcs. **2** RELIG. essere dissenziente, dissidente.
dissenter /dɪˈsentə(r)/ n. dissenziente m. e f., dissidente m. e f.
Dissenter /dɪˈsentə(r)/ n. BE STOR. RELIG. nonconformista m. e f.

dissentient /dɪˈsenʃənt/ n. FORM. POL. dissenziente m. e f., dissidente m. e f.
dissenting /dɪˈsentɪŋ/ agg. **1** POL. [*group, opinion, voice*] dissenziente **2** BE STOR. RELIG. nonconformista.
dissertate /ˈdɪsəteɪt/ intr. RAR. dissertare (**on** su) .
dissertation /ˌdɪsəˈteɪʃn/ n. **1** BE UNIV. dissertazione f. (**on** su) **2** AE UNIV. tesi f. (**on** su) **3** FORM. *(treatise)* trattato m. (**on** su).
dissertationist /ˌdɪsəˈteɪʃnɪst/, **dissertator** /ˌdɪsəˈteɪtə(r)/ n. RAR. dissertatore m. e f. (-trice).
disservice /dɪsˈsɜːvɪs/ n. ***to do a ~ to sb.***, ***to do sb. a ~*** rendere un cattivo servizio a qcn.; ***to do a ~ to*** danneggiare [*country*]; nuocere a [*cause, ideal*].
dissever /dɪˈsevə(r)/ **I** tr. dividere, separare **II** intr. dividersi, separarsi.
disseverance /dɪˈsevərəns/ n. divisione f., separazione f.
dissidence /ˈdɪsɪdəns/ n. dissidenza f., dissenso m.
dissident /ˈdɪsɪdənt/ **I** n. dissidente m. e f. **II** agg. dissidente.
dissimilar /dɪˈsɪmɪlə(r)/ agg. dissimile, diverso; ~ ***to*** dissimile da; ***a painter not ~ in style to...*** un pittore non dissimile nello stile da... *o* il cui stile ricorda...
dissimilarity /ˌdɪsɪmɪˈlærətɪ/ n. **1 U** *(lack of similarity)* dissimilarità f., diversità f. (**in** in; **between** tra) **2** *(difference)* differenza f. (**in** in; **between** tra).
dissimilate /dɪˈsɪmɪˌleɪt/ tr. dissimilare (anche FON.).
dissimilation /dɪˌsɪmɪˈleɪʃn/ n. **1** differenziazione f. **2** FON. dissimilazione f.
dissimilitude /ˌdɪsɪˈmɪlɪˌtjuːd/ n. dissimilitudine f.
dissimulate /dɪˈsɪmjʊleɪt/ **I** tr. FORM. dissimulare **II** intr. FORM. dissimulare.
dissimulation /dɪˌsɪmjʊˈleɪʃn/ n. FORM. dissimulazione f.
dissimulator /dɪˌsɪmjʊˈleɪtə(r)/ n. FORM. dissimulatore m. (-trice).
dissipate /ˈdɪsɪpeɪt/ **I** tr. FORM. dissipare, dissolvere [*fear, anger, mist*]; dissolvere, infrangere [*hope*]; spegnere [*enthusiasm*]; dissipare, dilapidare [*fortune*]; sprecare [*advantage, energy, talent*] **II** intr. FORM. *(all contexts)* dissiparsi, disperdersi.
dissipated /ˈdɪsɪpeɪtɪd/ **I** p.pass. → **dissipate II** agg. [*person, behaviour*] dissipato, dissoluto; ***to lead a ~ life*** condurre un'esistenza dissipata.
dissipation /ˌdɪsɪˈpeɪʃn/ n. FORM. **1** *(of fears, anger, mist)* dissolvimento m.; *(of hopes)* crollo m., (il) dissolversi; *(of energy, wealth)* dissipazione f. **2** *(debauchery)* dissipazione f.
dissipative /ˈdɪsɪpətɪv, AE -peɪ-/ agg. dissipativo (anche FIS.), che dissipa.
dissipator /ˈdɪsɪpeɪtə(r)/ n. dissipatore m. (-trice).
dissociable /dɪˈsəʊʃəbl/ agg. **1** dissociabile (anche CHIM.) **2** *(asocial)* asociale, poco socievole, dissociale.
dissocialize /dɪˈsəʊʃəlaɪz/ tr. rendere asociale, poco socievole.
dissociate /dɪˈsəʊʃɪeɪt/ **I** tr. dissociare (**from** da) (anche CHIM.) **II** intr. dissociarsi (anche CHIM.) **III** rifl. ***to ~ oneself*** dissociarsi (**from** da).
dissociation /dɪˌsəʊʃɪˈeɪʃn/ n. **1** dissociazione f. (**from** da) (anche CHIM.) **2** PSIC. dissociazione f.
dissociative /dɪˈsəʊʃətɪv/ agg. *(all contexts)* dissociativo.
dissolubility /dɪsɒljʊˈbɪlətɪ/ n. dissolubilità f., solubilità f.
dissoluble /dɪˈsɒljʊbl/ agg. dissolubile, solubile.
dissolute /ˈdɪsəluːt/ agg. [*lifestyle*] dissoluto; ***a ~ man*** un uomo dissoluto; ***she was denounced as ~*** è stata accusata di dissolutezza; ***to lead a ~ life*** condurre una vita dissoluta.
dissolutely /ˈdɪsəluːtlɪ/ avv. dissolutamente.
dissolution /ˌdɪsəˈluːʃn/ n. **1** *(of Parliament, assembly, partnership, marriage)* scioglimento m.; ***the Dissolution (of the Monasteries)*** BE STOR. lo scioglimento dei monasteri **2** *(disappearance)* scomparsa f., estinzione f. **3** *(of lifestyle, person)* dissolutezza f.
dissolvability /dɪzɒlvəˈbɪlətɪ/ n. → **dissolubility**.
dissolvable /dɪˈzɒlvəbl/ agg. → **dissoluble**.
1.dissolve /dɪˈzɒlv/ n. CINEM. dissolvenza f.
▷ **2.dissolve** /dɪˈzɒlv/ **I** tr. **1** [*acid, water*] disciogliere, dissolvere [*solid, grease, dirt, powder*] **2** [*person*] (far) sciogliere [*tablet, sugar, powder*] (**in** in) **3** *(break up)* sciogliere [*assembly, parliament, partnership*]; annullare, sciogliere [*marriage*] **II** intr. **1** *(liquefy)* sciogliersi (**in** in; **into** in) **2** *(fade)* [*hope, feeling, opposition*] dissolversi, svanire; [*outline, image*] dissolversi, scomparire; ***one scene ~s into another*** CINEM. le scene si susseguono per dissolvenza **3** *(collapse)* ***to ~ into tears*** sciogliersi in lacrime; ***to ~ into giggles*** o ***laughter*** scompisciarsi dalle risa **4** *(break up)* [*assembly, party, organization*] sciogliersi.
dissolvent /dɪˈzɒlvnt/ **I** agg. dissolvente **II** n. solvente m., dissolvente m.

dissonance /ˈdɪsənəns/ n. **1** MUS. dissonanza f. **2** FORM. *(of sounds, colours, beliefs etc.)* discordanza f., dissonanza f.
dissonant /ˈdɪsənənt/ agg. **1** MUS. dissonante **2** FORM. [*sounds, colours, beliefs etc.*] discordante, dissonante.
dissuade /dɪˈsweɪd/ tr. dissuadere (**from doing** dal fare).
dissuasion /dɪˈsweɪʒn/ n. dissuasione f.
dissuasive /dɪˈsweɪsɪv/ agg. dissuasivo.
dissyllabic → **disyllabic**.
dissyllable → **disyllable**.
dissymmetric /dɪsɪˈmetrɪk/ agg. asimmetrico.
dissymmetry /dɪˈsɪmɪtrɪ/ n. asimmetria f.
distaff /ˈdɪstɑːf, AE ˈdɪstæf/ n. rocca f. ◆ ***on the ~ side*** da, per parte di madre.
distal /ˈdɪstl/ agg. distale.
▶ **1.distance** /ˈdɪstəns/ ♦ ***15*** **I** n. distanza f. (anche FIG.) (**between** tra; **from** da; **to** a); ***a ~ of*** una distanza di; ***at a ~ of 50 metres*** a (una distanza di) 50 metri; ***at a*** o ***some ~ from*** a una certa distanza da; ***at, from this ~*** a, da questa distanza; ***at a safe ~*** a distanza di sicurezza; ***at an equal ~*** alla stessa distanza; ***a long, short ~ away*** lontano, non lontano; ***to keep sb. at a ~*** tenere qcn. a distanza, mantenere le di-stanze da qcn.; ***to keep one's ~*** stare alla larga, tenere le distanze (**from** da) (anche FIG.); ***to go the ~*** SPORT arrivare, reggere fino in fondo (anche FIG.); ***to put some ~ between oneself and London, the border*** allontanarsi da Londra, dal confine; ***from a ~*** da lontano; ***in the ~*** in lontananza; ***it's no ~*** è vicinissimo, a due passi; ***it's within walking ~*** è a quattro passi da qui, è raggiungibile a piedi; ***call him, he's within shouting ~*** chiamalo, è a portata di voce; ***"free delivery, ~ no object"*** "consegna gratuita per tutte le destinazioni"; ***at a ~ it's easy to see that I made mistakes*** guardando le cose con distacco è facile vedere che ho commesso degli errori **II** modif. [*running, race*] di fondo; ~ ***runner*** fondista.
2.distance /ˈdɪstəns/ **I** tr. **1** separare, allontanare [*two people*]; ***to ~ sb. from sb., sth.*** *(emotionally)* allontanare qcn. da qcn., da qcs.; ***to become ~d from sb.*** allontanarsi, staccarsi da qcn.; ***to ~ sb.'s remarks from the government view*** dichiarare le osservazioni di qcn. non conformi alla posizione del governo **2** *(outdistance)* distanziare [*runner, rival*] **II** rifl. ***to ~ oneself*** *(dissociate oneself)* tenere le distanze (**from** da); *(stand back)* prendere le distanze, allontanarsi (**from** da).
distance learning /ˈdɪstənsˌlɜːnɪŋ/ n. SCOL. UNIV. istruzione f. a distanza.
▷ **distant** /ˈdɪstənt/ agg. **1** *(remote)* [*land, spire, hill, star*] lontano, distante; [*cry, voice, gunfire, bell*] lontano, in lontananza; ***the ~ shape, sound of sth.*** il profilo, il rumore lontano di qcs.; ~ ***from*** lontano da; ***40 km ~ from*** a 40 km da; ***in the ~ past, future*** in un passato, futuro lontano; ***in the dim and ~ past*** in un passato remoto, moltissimo tempo fa; ***in the not too ~ future*** in un futuro non troppo lontano **2** *(faint)* [*memory, prospect, hope, possibility, similarity*] lontano, vago; [*connection*] lontano; [*concept*] vago; ~ ***from*** lontano da **3** *(far removed)* [*relative, cousin, descendant*] lontano **4** *(cool)* [*person, manner*] freddo, distaccato.
distantly /ˈdɪstəntlɪ/ avv. [*remembered, connected*] vagamente; [*say, look, greet, act*] *(coolly)* freddamente, con distacco; *(vaguely)* con aria distratta; ***to be ~ related to sb.*** essere parente alla lontana di qcn.; ***they're ~ related*** sono parenti alla lontana.
distaste /dɪsˈteɪst/ n. *(slight)* antipatia f.; *(marked)* disgusto m.; ~ ***for*** avversione per [*person, regime, activity, idea*].
distasteful /dɪsˈteɪstfl/ agg. antipatico, spiacevole; *(markedly)* disgustoso, ripugnante; ***to be ~ to sb.*** [*idea, incident, sight*] essere spiacevole, offensivo per qcn.; [*person*] essere antipatico a qcn.; ***I find the remark ~*** trovo che questa osservazione sia di cattivo gusto.
1.distemper /dɪˈstempə(r)/ n. VETER. ZOOL. *(in dogs)* cimurro m.; *(in horses)* adenite f. equina.
2.distemper /dɪˈstempə(r)/ n. *(paint, technique)* tempera f.
3.distemper /dɪˈstempə(r)/ tr. dipingere a tempera.
distend /dɪˈstend/ **I** tr. dilatare, gonfiare **II** intr. dilatarsi, gonfiarsi.
distended /dɪˈstendɪd/ **I** p.pass. → **distend II** agg. ~ ***stomach*** stomaco dilatato; ~ ***bladder*** vescica gonfia.
distensible /dɪˈstensɪbl/ agg. dilatabile.
distension, distention AE /dɪˈstenʃn/ n. MED. dilatazione f.
distich /ˈdɪstɪk/ n. distico m.
distil BE, **distill** AE /dɪˈstɪl/ **I** tr. (forma in -ing ecc. **-ll-**) **1** *(purify)* distillare [*liquid*]; ***to ~ sth. from sth.*** distillare qcs. da qcs. **2** *(make)* distillare [*alcohol*] (**from** da) **3** FORM. *(cull)* distillare [*thought, wisdom*]; ***to ~ sth. from*** estrarre qcs. da **II** intr. (forma in -ing ecc. **-ll-**) *(all contexts)* distillare.
■ **distil off:** ***~ off [sth.]*** eliminare per distillazione.

distillable /dɪ'stɪləbl/ agg. distillabile.
distillate /'dɪstɪ͵leɪt/ n. distillato m.
distillation /͵dɪstɪ'leɪʃn/ n. **1** *(of liquids)* distillazione f. **2** *(of emotions, images, ideas)* distillato m., concentrato m.
distilled /dɪ'stɪld/ **I** p.pass. → **distil II** agg. [*knowledge, wisdom*] distillato.
distilled water /dɪ'stɪld͵wɔ:tə(r)/ n. acqua f. distillata.
distiller /dɪ'stɪlə(r)/ n. distillatore m. (-trice).
distillery /dɪ'stɪlərɪ/ n. distilleria f.
▷ **distinct** /dɪ'stɪŋkt/ agg. **1** [*image, object*] *(not blurred)* nitido; *(easily visible)* distinto **2** *(definite)* [*preference, impression, improvement, advantage*] netto; [*resemblance, progress, memory, possibility*] chiaro **3** *(separable)* distinto (**from** da) **4** *(different)* diverso (**from** da); ***X, as ~ from Y*** X, a differenza di Y.
▷ **distinction** /dɪ'stɪŋkʃn/ n. **1** *(differentiation)* distinzione f.; ***a fine ~*** una sottile distinzione; ***to make*** o ***draw a ~ between A and B*** fare una distinzione *o* distinguere tra A e B; ***the ~ of A from B*** la distinzione tra A e B; ***class ~*** distinzione di livello sociale **2** *(difference)* differenza f. (**between** tra); ***to blur the ~ between*** attenuare la differenza tra **3** *(pre-eminence)* merito m.; ***with ~*** con merito; ***of ~*** distinto; ***to win ~*** distinguersi; ***to have the ~ of doing*** *(have the honour)* avere l'onore di fare; *(to be the only one)* avere la particolarità di fare **4** *(elegance)* distinzione f., raffinatezza f.; ***a woman of great ~*** una donna molto distinta, di grande distinzione **5** *(specific honour)* decorazione f., onorificenza f.; ***to win a ~ for bravery*** essere decorato per atti di valore **6** MUS. SCOL. UNIV. riconoscimento m., menzione f.; ***with ~*** *(school mark)* e lode.
▷ **distinctive** /dɪ'stɪŋktɪv/ agg. **1** caratteristico, peculiare (**of** di) **2** LING. [*feature*] distintivo.
▷ **distinctly** /dɪ'stɪŋktlɪ/ avv. **1** [*hear*] distintamente; [*speak, see, remember*] chiaramente; [*say, tell*] esplicitamente **2** *(very noticeably)* [*possible, embarrassing, odd*] decisamente.
distinctness /dɪ'stɪŋktnɪs/ n. chiarezza f., precisione f.
▶ **distinguish** /dɪ'stɪŋgwɪʃ/ **I** tr. **1** *(see, hear)* distinguere, percepire **2** *(mark out, separate)* distinguere (**from** da; **between** tra); ***to be ~ed from*** distinguersi da; ***to be ~ed by*** distinguersi per; ***to ~ one from another*** distinguere l'uno dall'altro **II** rifl. ***to ~ oneself*** IRON. distinguersi (**as** come; **in** in; **by doing** facendo).
distinguishable /dɪ'stɪŋgwɪʃəbl/ agg. **1** *(able to be told apart)* distinguibile (**from** da); ***the two cars are not easily ~*** non è facile distinguere le due auto **2** *(visible, audible)* percettibile.
▷ **distinguished** /dɪ'stɪŋgwɪʃt/ **I** p.pass. → **distinguish II** agg. **1** *(elegant)* distinto; ***~-looking*** dall'aria distinta **2** *(famous)* illustre, famoso.
distinguishing /dɪ'stɪŋgwɪʃɪŋ/ agg. [*factor, feature, mark*] distintivo, caratteristico; ***~ marks*** *(on passport)* segni particolari; ZOOL. caratteristiche.
distort /dɪ'stɔ:t/ **I** tr. **1** *(misrepresent)* distorcere, travisare [*statement, opinion, fact, history, understanding*]; distorcere, falsare [*truth, assessment*] **2** *(skew)* distorcere, falsare [*figures*]; alterare, truccare [*results*] **3** *(physically)* distorcere, deformare [*features, metal*]; distorcere [*vision, sound*] **II** intr. [*metal*] distorcersi, deformarsi.
▷ **distorted** /dɪ'stɔ:tɪd/ **I** p.pass. → **distort II** agg. **1** *(skewed)* [*report, interpretation*] distorto; [*figures*] falsato **2** *(twisted)* [*face, features*] deformato; [*structure, metal*] distorto; [*image, sound*] distorto, deformato.
▷ **distortion** /dɪ'stɔ:ʃn/ n. **1** *(of truth, reality, opinion, facts)* distorsione f., travisamento m. **2** *(of figures)* distorsione f., falsificazione **3** *(physical) (of metal)* distorsione f., deformazione f.; *(of sound)* distorsione f.; *(of features)* distorsione f., alterazione f. **4** *(visual)* distorsione f.
distortional /dɪ'stɔ:ʃənl/ agg. di distorsione, di deformazione.
distract /dɪ'strækt/ tr. **1** *(break concentration)* distrarre [*driver, player, worker*]; ***to be (easily) ~ed by*** distrarsi (facilmente) da; ***to ~ sb. from sth.*** distrarre, distogliere qcn. da qcs.; ***to ~ sb. from doing*** distrarre, distogliere qcn. dal fare; ***I was ~ed by the noise*** il rumore mi ha distratto, deconcentrato **2** *(divert)* ***to ~ attention*** distogliere l'attenzione (**from** da); ***to ~ sb.'s attention*** distogliere l'attenzione di qcn. (**from** da) **3** *(amuse)* distrarre, svagare.
▷ **distracted** /dɪ'stræktɪd/ **I** p.pass. → **distract II** agg. **1** *(anxious)* preoccupato, turbato; ***~ with*** fuori di sé per, sconvolto da [*grief, worry*] **2** *(abstracted)* [*look*] distratto, assente **3** ANT. *(mad)* impazzito.
distractedly /dɪ'stræktɪdlɪ/ avv. **1** [*look, wander*] con aria assente, distratta **2** [*run, weep*] come un pazzo; ***to love sb. ~*** amare qcn. alla follia.
distracting /dɪ'stræktɪŋ/ agg. [*sound, presence, flicker*] che distrae; ***I found the noise too ~*** il rumore mi impediva di concentrarmi.
▷ **distraction** /dɪ'strækʃn/ n. **1** *(from concentration)* distrazione f., disattenzione f.; ***I don't want any ~s*** *(environmental)* non voglio essere distratto; *(human)* non voglio essere disturbato **2** *(being distracted)* disattenzione f.; ***a moment's ~*** un momento di disattenzione **3** *(diversion)* distrazione f.; ***to be a ~ from*** distogliere l'attenzione da [*problem, priority*] **4** *(entertainment)* distrazione f., diversivo m., svago m.; ***a ~ from*** una distrazione da; ***to come as a welcome ~ from*** essere un piacevole diversivo a **5** ANT. *(madness)* follia f., pazzia f.; ***to drive sb. to ~*** spingere qcn. alla pazzia, far impazzire qcn.; ***to love sb. to ~*** amare qcn. alla follia.
distrain /dɪ'streɪn/ intr. DIR. ***to ~ upon sb.*** pignorare qcn.; ***to ~ upon sb.'s goods*** sequestrare i beni di qcn.
distrainable /dɪ'streɪnəbl/ agg. DIR. sequestrabile.
distrainee /dɪstreɪ'ni:/ n. DIR. chi subisce un sequestro.
distrainer /dɪ'streɪnə(r)/, **distrainor** /dɪ'streɪnɔ:(r)/ n. DIR. sequestratore m. (-trice).
distraint /dɪ'streɪnt/ n. DIR. sequestro m.
distrait /dɪ'streɪ/ agg. distratto.
distraught /dɪ'strɔ:t/ agg. [*person*] turbato, sconvolto (**with** da); ***to be ~ at, over sth.*** essere sconvolto da, per qcs.; ***they were ~ to learn that*** sono stati sconvolti dalla notizia che.
▷ **1.distress** /dɪ'stres/ n. **1** *(anguish)* angoscia f., pena f.; ***to be in ~*** essere in pena; *(stronger)* essere angosciato; ***to cause sb. ~*** angosciare, fare penare qcn.; ***in his ~*** nel suo (profondo) dolore; ***to my, his ~, they...*** con mio, suo grande dolore, loro... **2** *(physical trouble)* dolore m.; ***to be in ~*** avere molto male; ***foetal ~*** MED. sofferenza fetale **3** *(poverty)* miseria f.; ***in ~*** [*person*] in miseria **4** MAR. ***in ~*** in pericolo **5** DIR. sequestro m.
2.distress /dɪ'stres/ **I** tr. far penare [*person*] (**to do** a fare); *(stronger)* angosciare [*person*] (**to do** a fare) **II** rifl. ***to ~ oneself*** angosciarsi.
distress call /dɪ'stres͵kɔ:l/ n. richiesta f. di soccorso, SOS m.
distressed /dɪ'strest/ **I** p.pass. → **2.distress II** agg. **1** *(upset)* [*person*] addolorato (**at, by** da; **to do** a fare); *(stronger)* angosciato (**at, by** da; **to do** a fare); ***to be ~ that*** essere angosciato che; ***in a ~ state*** in una condizione di angoscia **2** *(poor)* [*area*] povero; ***in ~ circumstances*** FORM. in condizioni di estrema povertà; ***~ gentlewomen*** ANT. nobildonne decadute **3** *(artificially aged)* [*furniture*] anticato.
distressful /dɪ'stresfl/ agg. **1** angoscioso, penoso **2** ANT. disgraziato, infelice.
distressing /dɪ'stresɪŋ/ agg. [*case, event, idea, news, sight*] angosciante; [*consequence*] doloroso; ***it is ~ that*** è angosciante che; ***it is, was ~ for him*** è, è stato doloroso per lui (**to do** fare).
distress merchandise /dɪ'stres͵mɜ:tʃəndaɪz/ n. AE merce f. ribassata.
distress rocket /dɪ'stres͵rɒkɪt/ n. razzo m. di segnalazione.
distress sale /dɪ'stres͵seɪl/ n. COMM. vendita f. di liquidazione.
distress signal /dɪ'stres͵sɪgnl/ n. segnale m. di pericolo.
distributable /dɪ'strɪbjʊtəbl/ agg. distribuibile.
distributary /dɪ'strɪbjʊtərɪ, AE -terɪ/ n. *(of river)* emissario m.
▷ **distribute** /dɪ'strɪbju:t/ tr. **1** *(share out)* distribuire [*information, documents, supplies, money*] (**to** a; **among** tra) **2** COMM. distribuire [*goods, books*] **3** CINEM. distribuire [*films*] **4** *(spread out)* ripartire [*weight, load, tax burden*] **5** *(disperse)* ***to be ~d*** [*flora, fauna, mineral deposits*] essere diffuso **6** GIORN. TIP. scomporre [*type*].
distributed data processing /dɪ'strɪbju:tɪd͵deɪtəprəʊsesɪŋ, AE -prɒ-/ n. INFORM. elaborazione f. distribuita dei dati.
distributed system /dɪ'strɪbju:tɪd͵sɪstəm/ n. INFORM. sistema m. distribuito.
▶ **distribution** /͵dɪstrɪ'bju:ʃn/ **I** n. **1** *(sharing) (of funds, information, food, resources)* distribuzione f. (**to sb.** a qcn.; **to sth.** in qcs.); ***for ~ to schools*** da distribuire nelle scuole; ***the ~ of wealth*** POL. la ripartizione della ricchezza **2** COMM. CINEM. distribuzione f. **3** *(of flora, fauna, minerals)* diffusione f., distribuzione f. **4** STATIST. distribuzione f. **5** *(of weight, burden)* ripartizione f. **II** modif. COMM. ECON. [*channel, company, costs, system*] di distribuzione; CINEM. [*rights*] di distribuzione; [*network*] di distribuzione (anche INFORM.).
distributional /͵dɪstrɪ'bju:ʃənl/ agg. LING. distribuzionale.
distribution list /͵dɪstrɪ'bju:ʃn͵lɪst/ n. indirizzario m.
distributive /dɪ'strɪbjʊtɪv/ agg. distributivo.
distributivity /dɪstrɪbjʊ'tɪvətɪ, AE -bjə-/ n. MAT. distributività f.
▷ **distributor** /dɪ'strɪbjʊtə(r)/ n. **1** COMM. CINEM. distributore m. (**for sth.** di qcs.); ***sole ~ for*** concessionario in esclusiva di **2** AUT. *(engine part)* distributore m., spinterogeno m.
▶ **1.district** /'dɪstrɪkt/ n. **1** *(in country)* regione f., zona f. **2** *(in city)* quartiere m. **3** *(sector) (administrative)* distretto m.; AE *(electoral)*

circoscrizione f. (elettorale); *(postal)* settore m. postale; ***health ~*** BE circoscrizione dei servizi sanitari.

2.district /ˈdɪstrɪkt/ tr. AE pol. dividere in circoscrizioni elettorali.

district attorney /ˌdɪstrɪktəˈtɜːnɪ/ ♦ *27* n. AE procuratore m. distrettuale.

district council /ˌdɪstrɪktˈkaʊnsl/ n. BE consiglio m. distrettuale; ***urban ~*** consiglio distrettuale municipale.

district court /ˌdɪstrɪktˈkɔːt/ n. AE corte f. distrettuale federale.

district manager /ˌdɪstrɪktˈmænɪdʒə(r)/ ♦ *27* n. direttore m. (-trice) di zona.

district nurse /ˌdɪstrɪktˈnɜːs/ ♦ *27* n. BE assistente f. sanitaria di zona.

District of Columbia /ˌdɪstrɪktəvkəˈlʌmbɪə/ ♦ *24* n.pr. Distretto m. (federale) di Columbia.

1.distrust /dɪsˈtrʌst/ n. sfiducia f., diffidenza f. (**of** nei confronti di).

2.distrust /dɪsˈtrʌst/ tr. diffidare di, non fidarsi di [*person, motive, government*].

distrustful /dɪsˈtrʌstfl/ agg. diffidente (**of** nei confronti di); ***to be ~ of sb., sth.*** non fidarsi di qcn., qcs.

▷ **disturb** /dɪˈstɜːb/ **I** tr. **1** *(interrupt)* disturbare [*person, work, burglar, silence, sleep*]; ***"do not ~"*** *(on notice)* "(si prega di) non disturbare" **2** *(upset)* turbare [*person*]; *(concern)* preoccupare [*person*]; ***to ~ the peace*** DIR. turbare la quiete pubblica; ***it ~s me that*** mi preoccupa che; ***they were ~ed to learn...*** furono turbati dalla notizia che... **3** *(disarrange)* mettere in disordine; buttare all'aria [*papers, bedclothes*]; agitare [*surface of water, sediment*] **II** rifl. ***to ~ oneself*** *(be inconvenienced)* disturbarsi; ***please don't ~ yourself on my account*** per favore, non disturbarti per me.

▷ **disturbance** /dɪˈstɜːbəns/ n. **1** *(interruption, inconvenience)* disturbo m. **2** *(riot)* disordini m.pl., tumulto m.; *(fight)* litigio m.; ***to cause a ~ of the peace*** turbare la quiete pubblica **3** METEOR. perturbazione f. **4** PSIC. disturbo m.; *(more serious)* turba f.

▷ **disturbed** /dɪˈstɜːbd/ **I** p.pass. → **disturb II** agg. **1** PSIC. disturbato, affetto da turbe psichiche; ***emotionally ~*** che ha disturbi psicologici; ***mentally ~*** che ha disturbi mentali **2** *(concerned)* mai attrib. turbato (**by** da; **to do** al fare) **3** *(restless)* [*sleep, night*] agitato, inquieto.

disturber /dɪˈstɜːbə(r)/ n. disturbatore m. (-trice).

▷ **disturbing** /dɪˈstɜːbɪŋ/ agg. [*book, film, painting*] inquietante; [*report, increase, development*] preoccupante; *(stronger)* allarmante; ***it is ~ that*** è preoccupante che; ***it is ~ to see, hear...*** è preoccupante vedere, apprendere che...

disturbingly /dɪˈstɜːbɪŋlɪ/ avv. ***the quality is ~ low*** è preoccupante che la qualità sia (così) scadente; ***~, unemployment has risen*** desta preoccupazione il fatto che ci sia stato un aumento della disoccupazione; ***~ for them, for the team, they lost again*** loro, i giocatori sono preoccupati perché la squadra ha di nuovo perso.

distyle /ˈdɪstaɪl/ n. distilo m.

disulphate /daɪˈsʌlfeɪt/ n. CHIM. disolfato m.

disulphide /daɪˈsʌlfaɪd/ n. CHIM. disolfuro m.

disunion /ˌdɪsˈjuːnɪən/ n. FORM. disunione f.

disunite /ˌdɪsjuːˈnaɪt/ tr. FORM. disunire, separare.

disunited /ˌdɪsjuːˈnaɪtɪd/ **I** p.pass. → **disunite II** agg. FORM. disunito, separato.

disunity /dɪsˈjuːnətɪ/ n. FORM. → **disunion.**

1.disuse /dɪsˈjuːz/ n. *(of machinery)* disuso m.; ***to be in ~*** [*plant, buildings*] essere in disuso; ***to fall into ~*** [*plant, building*] essere abbandonato; [*practice, tradition*] cadere in disuso.

2.disuse /dɪsˈjuːz/ tr. RAR. mettere in disuso, abbandonare [*plant, buildings*]; abbandonare [*practice, tradition*].

disused /dɪsˈjuːzd/ **I** p.pass. → **2.disuse II** agg. abbandonato, disusato, in disuso.

disutility /ˌdɪsjuːˈtɪlətɪ/ n. ECON. disutilità f.

disyllabic /ˌdaɪsɪˈlæbɪk, ˌdɪ-/ **I** n. LING. bisillabo m., disillabo m. **II** agg. LING. bisillabico, disillabico, bisillabo.

disyllable /dɪˈsɪləbl/ n. LING. bisillabo m., disillabo m.

▷ **1.ditch** /dɪtʃ/ n. fossato m., fosso m.

▷ **2.ditch** /dɪtʃ/ **I** tr. COLLOQ. **1** *(get rid of)* disfarsi, sbarazzarsi di [*friend, ally, stolen goods, car, machine*]; dare il benservito a, licenziare [*employee*]; abbandonare [*system*]; annullare [*agreement*]; piantare, mollare [*girlfriend, boyfriend*] **2** AE *(evade)* sfuggire a [*police*]; ***to ~ school*** marinare la scuola **3** *(crash-land)* ***to ~ a plane*** compiere un ammaraggio di fortuna **4** AE *(crash)* far deragliare [*train*]; distruggere (di proposito) [*car*] **II** intr. compiere un ammaraggio di fortuna.

ditchdigger AE /ˈdɪtʃdɪgə(r)/, **ditcher** /ˈdɪtʃə(r)/ ♦ *27* n. sterratore m. (-trice), terrazziere m. (-a).

ditching /ˈdɪtʃɪŋ/ n. **1** AGR. *(digging)* scavo m. di fossati; *(maintenance)* ripulitura m. dei fossati; ***hedging and ~*** manutenzione delle siepi e dei fossati **2** AER. ammaraggio m. di fortuna.

ditchwater /ˈdɪtʃwɔːtə(r)/ n. ***as dull as ~*** noioso da morire.

ditheism /ˈdaɪθiːˌɪzəm/ n. RELIG. diteismo m.

1.dither /ˈdɪðə(r)/ n. COLLOQ. ***to be in a ~***, ***to be all of a ~*** essere inquieto, non sapere cosa fare.

2.dither /ˈdɪðə(r)/ intr. tergiversare, esitare (**about, over** su); ***stop ~ing!*** smettila di perdere tempo! ***she's not one to ~*** non è il tipo da avere esitazioni.

ditherer /ˈdɪðərə(r)/ n. SPREG. indeciso m. (-a).

dithionic /daɪθaɪˈɒnɪk/ agg. CHIM. ditionico.

dithyramb /ˈdɪθɪˌræm, -ˌræmb/ n. LETTER. ditirambo m.

dithyrambic /ˌdɪθɪˈræmbɪk/ agg. LETTER. ditirambico.

ditsy, ditzy /ˈdɪtsɪ/ agg. AE COLLOQ. SPREG. [*woman*] svampito.

dittany /ˈdɪtənɪ/ n. BOT. **1** dittamo m., frassinella f. **2** dittamo m. cretico.

1.ditto /ˈdɪtəʊ/ **I** n. (pl. **~s**) AE copia f. **II** avv. COLLOQ. idem, pure, come sopra; ***the food is awful and ~ the nightlife*** il cibo fa schifo e la vita notturna idem *o* pure; ***"I'm fed up" - "~"*** COLLOQ. "sono stufo" - "io idem".

2.ditto /ˈdɪtəʊ/ tr. AE ciclostilare, copiare.

dittography /dɪˈtɒgrəfɪ/ n. LING. dittografia f.

dittology /dɪˈtɒlədʒɪ/ n. LING. dittologia f.

ditto marks /ˈdɪtəʊˌmɑːks/ n.pl. virgolette f. (per indicare una ripetizione).

ditty /ˈdɪtɪ/ n. ANT. motivetto m.

diuresis /ˌdaɪjʊˈriːsɪs/ n. (pl. **-es**) diuresi f.

diuretic /ˌdaɪjʊˈretɪk/ **I** n. diuretico m. **II** agg. diuretico.

diurnal /daɪˈɜːnl/ agg. diurno.

diva /ˈdiːvə/ n. (pl. **~s, -ae**) diva f.

divagate /ˈdaɪvəˌgeɪt/ tr. divagare.

divagation /daɪvəˈgeɪʃn/ n. divagazione f.

divalent /daɪˈveɪlənt, AE ˈdaɪ-/ agg. CHIM. divalente, bivalente.

divan /dɪˈvæn, AE ˈdaɪvæn/ n. divano m. (anche STOR.)

divan bed /dɪˌvænˈbed, AE ˌdaɪvæn-/ n. divano-letto m.

1.divaricate /daɪˈværɪˌkət/ agg. divergente; [*branch*] biforcato.

2.divaricate /daɪˈværɪˌkeɪt/ intr. divergere; *(of branches)* biforcarsi.

divarication /daɪˌværɪˈkeɪʃn/ n. biforcazione f.

1.dive /daɪv/ n. **1** *(plunge into water)* tuffo m. (anche SPORT) **2** *(swimming under sea)* immersione f.; ***to be on a ~*** essere in immersione **3** *(descent) (of plane, bird)* picchiata f.; ***to pull out of a ~*** uscire da una picchiata; ***to take a ~*** FIG. [*prices*] precipitare; ***the party's fortunes have taken a ~*** la situazione del partito è precipitata **4** *(lunge)* ***to make a ~ for sth.*** lanciarsi, precipitarsi verso qcs. **5** COLLOQ. *(deliberate fall) (in fixed fight)* ***to take a ~*** andare (volontariamente) al tappeto; *(in football)* ***that was a ~!*** si è buttato! **6** COLLOQ. SPREG. *(bar, club)* bettola f.

▷ **2.dive** /daɪv/ intr. (pass. **~d** BE, **dove** AE) **1** SPORT *(into water)* tuffarsi (**off, from** da; **into** in; **down to** fino a) **2** [*plane, bird*] scendere in picchiata (**from** da) **3** *(go diving) (as hobby)* fare immersioni, fare (il) sub; *(as job)* fare il sommozzatore **4** *(lunge, throw oneself)* ***to ~ into the bushes, under the bed*** tuffarsi nei cespugli, sotto il letto; ***to ~ into a bar, shop*** tuffarsi in un bar, un negozio; ***he ~d into his pocket and produced some money*** ha cacciato la mano in tasca e ne ha tirato fuori dei soldi.

■ **dive for:** ***~ for [sth.]*** **1** [*diver*] tuffarsi in cerca di [*pearls, coral*] **2** [*player*] tuffarsi su, verso [*ball*] **3** [*person*] tuffarsi, precipitarsi verso [*exit, door*]; ***to ~ for cover*** tuffarsi, gettarsi a terra in cerca di riparo.

■ **dive in 1** tuffarsi **2** FIG. *(act impulsively)* lanciarsi, tuffarsi.

dive-bomb /ˈdaɪvbɒm/ tr. MIL. bombardare in picchiata; *(in swimming pool)* fare la bomba.

dive-bomber /ˈdaɪvˌbɒmə(r)/ n. bombardiere m. in picchiata.

dive-bombing /ˈdaɪvˌbɒmɪŋ/ n. bombardamento m. in picchiata.

▷ **diver** /ˈdaɪvə(r)/ ♦ *27* n. **1** tuffatore m. (-trice) **2** *(underwater)* sommozzatore m. (-trice); *(scuba diver)* sub m. e f.; *(deep-sea)* palombaro m. **3** ZOOL. *(species of bird)* strolaga f.; *(diving bird generally)* uccello m. tuffatore.

diverge /daɪˈvɜːdʒ/ intr. **1** [*interests, opinions, experiences*] divergere, differire, essere divergente **2** ***to ~ from*** deviare da [*truth, norm, belief, stance*] **3** [*railway line, road*] dividersi, separarsi (**from** da); ***their paths ~d*** FIG. le loro strade si sono separate.

divergence /daɪˈvɜːdʒəns/, **divergency** /daɪˈvɜːdʒənsɪ/ n. divergenza f. (**between** tra).

divergent /daɪˈvɜːdʒənt/ agg. divergente; ***~ thinking*** PSIC. ragionamento divergente.

diverging lens /daɪˈvɜːdʒɪŋˌlenz/ n. lente f. divergente.
divers /ˈdaɪvəz/ agg. LETT. ANT. parecchi, diversi.
▷ **diverse** /daɪˈvɜːs/ agg. **1** *(varied)* vario **2** *(different)* diverso.
diversification /daɪˌvɜːsɪfɪˈkeɪʃn/ n. diversificazione f.
diversify /daɪˈvɜːsɪfaɪ/ **I** tr. diversificare **II** intr. diversificarsi.
diversion /daɪˈvɜːʃn, AE daɪˈvɜːrʒn/ n. **1** *(redirection) (of watercourse, traffic)* deviazione f.; *(of money)* storno m.; ~ ***of funds*** ECON. DIR. storno dei fondi **2** *(distraction, break)* diversivo m., distrazione f. (**from** da); ***to create a*** ~ creare un diversivo; MIL. fare una diversione **3** BE *(detour)* deviazione f. **4** ANT. *(entertainment)* divertimento m., svago m.
diversionary /daɪˈvɜːʃənərɪ, AE daɪˈvɜːrʒənerɪ/ agg. [*tactic, attack, manoeuvre*] diversivo, di diversione; [*argument, laughter*] diversivo.
diversion sign /daɪˈvɜːʃnˌsaɪn/ n. BE cartello m. di deviazione.
diversity /daɪˈvɜːsətɪ/ n. diversità f., varietà f., molteplicità f. (**of** di).
divert /daɪˈvɜːt/ **I** tr. **1** *(redirect)* deviare [*watercourse, flow, traffic*] (**onto** verso; **through** per); dirottare [*flight, plane*] (**to** su); spostare [*resources, supplies, funds, manpower*] (**from** da; **to** a); ***to*** ~ ***funds*** ECON. DIR. stornare i fondi **2** *(distract)* distrarre, distogliere [*attention, person, team*] (**from** da); spostare, dirottare [*efforts, conversation*] (**from** da) **3** ANT. *(amuse)* divertire **II** intr. ***to*** ~ ***to*** deviare su.
diverticula /ˌdaɪvɜːˈtɪkjʊlə/ → **diverticulum**.
diverticulitis /ˌdaɪvɜːˌtɪkjʊˈlaɪtɪs/ ♦ ***11*** n. MED. diverticolite f.
diverticulosis /ˌdaɪvɜːˌtɪkjʊˈləʊsɪs/ ♦ ***11*** n. MED. diverticolosi f.
diverticulum /ˌdaɪvɜːˈtɪkjʊləm/ n. ANAT. (pl. **-a**) diverticolo m.
diverting /daɪˈvɜːtɪŋ/ agg. divertente.
Dives /ˈdaɪviːz/ **I** n.pr. BIBL. il ricco Epulone **II** n. FIG. epulone m.
divest /daɪˈvest/ **I** tr. FORM. ***to*** ~ ***sb. of sth.*** *(of power, rights etc.)* privare, spossessare, spogliare qcn. di qcs.; *(of robes, regalia)* svestire, spogliare qcn. di qcs. **II** rifl. FORM. ***to*** ~ ***oneself of*** sbarazzarsi, spogliarsi di [*robes, regalia*]; liberarsi di, abbandonare [*ideas, beliefs*]; COMM. ECON. cedere [*asset, subsidiary*].
divesting /daɪˈvestɪŋ/, **divestiture** /daɪˈvestʃə(r)/, **divestment** /daɪˈvestmənt/ n. privazione f., spoliazione f.
1.divide /dɪˈvaɪd/ n. **1** *(split)* divisione f. (**between** tra); ***the North-South*** ~ il divario tra Nord e Sud **2** *(watershed)* FIG. spartiacque m. (**between** tra); GEOGR. linea f. di displuvio, spartiacque m. ◆ ***to cross the great*** ~ *(death)* fare l'ultimo viaggio.
▶ **2.divide** /dɪˈvaɪd/ **I** tr. **1** *(split up into parts)* dividere, suddividere [*area, food, money, time, work, class, house, room*] (**into** in); ***to*** ~ ***the house into flats, the class into three groups*** dividere la casa in appartamenti, la classe in tre gruppi; ***he*** ~***d the pupils into boys and girls*** ha diviso gli allievi in maschi e femmine **2** *(share)* suddividere, spartire (**between** tra); ***he*** ~***s his time*** o ***attention between home and office*** divide il suo tempo, la sua attenzione tra casa e ufficio; ***they*** ~***d the profits among themselves*** si sono spartiti gli utili **3** *(separate)* separare (**from** da) **4** *(cause disagreement)* dividere [*friends, management, nation, party*]; ~ ***and rule*** divide et impera **5** GB POL. fare votare [*House*] **6** MAT. dividere [*number*]; ***to*** ~ ***2 into 14*** o ***to*** ~ ***14 by 2*** dividere 14 per 2; ***will 14*** ~ ***by 2?*** 14 sarà divisibile per 2? **II** intr. **1** [*road, river, train*] dividersi in due; [*group*] dividersi, suddividersi; [*crowd, cell, organism*] dividersi **2** GB POL. [*House*] dividersi per votare **3** MAT. essere divisibile.
■ **divide off:** ~ ***[sth.] off***, ~ ***off [sth.]*** separare (**from** da).
■ **divide out:** ~ ***[sth.] out***, ~ ***out [sth.]*** distribuire.
■ **divide up:** ~ ***[sth.] up***, ~ ***up [sth.]*** dividere, ripartire (**among** tra).
divided /dɪˈvaɪdɪd/ **I** p.pass. → **2.divide II** agg. [*party, government, society*] diviso; [*interests, opinions*] diviso, divergente, discorde; ~ ***highway*** AE strada divisa da spartitraffico; ***the party is*** ~ ***on the issue*** il partito è diviso sulla questione.
divided skirt /dɪˌvaɪdɪdˈskɜːt/ n. gonna f. pantalone.
▷ **dividend** /ˈdɪvɪdend/ n. **1** ECON. *(share)* dividendo m.; ***final*** ~ dividendo definitivo; ***to raise, pass the*** ~ aumentare il dividendo; ***to pay*** ~***s*** pagare i dividendi; FIG. rivelarsi fruttuoso, rendere **2** FIG. *(bonus)* vantaggio m., bonus m.; ***peace*** ~ POL. vantaggi portati dalla pace **3** MAT. dividendo m. **4** *(in football pools)* quota f.
dividend cover /ˌdɪvɪdendˈkʌvə(r)/ n. rapporto m. utili-dividendi.
dividend yield /ˌdɪvɪdendˈjiːld/ n. tasso m. di rendimento azionario.
divider /dɪˈvaɪdə(r)/ n. *(in room)* tramezzo m., divisorio m.; *(in file)* intercalato m.
dividers /dɪˈvaɪdəz/ n.pl. compasso m.sing. a punte fisse.
dividing /dɪˈvaɪdɪŋ/ agg. [*wall, fence*] divisorio.
dividing line /dɪˈvaɪdɪŋˌlaɪn/ n. linea f. di demarcazione (**between** tra).
dividing point /dɪˈvaɪdɪŋˌpɔɪnt/ n. punto m. di divergenza.
dividual /dɪˈvɪdjʊəl, AE -dʒʊəl/ agg. RAR. **1** *(distinct)* diviso, distinto **2** *(divisible)* divisibile, separabile.
divination /ˌdɪvɪˈneɪʃn/ n. divinazione f.
▷ **1.divine** /dɪˈvaɪn/ **I** agg. **1** [*inspiration, retribution, intervention*] divino; [*service*] religioso, divino; ~ ***providence*** la divina Provvidenza **2** COLLOQ. *(wonderful)* divino, magnifico, splendido **II** n. **1** (anche **Divine**) *(God)* ***the*** ~ Dio *o* Iddio **2** *(priest)* ecclesiastico m.
2.divine /dɪˈvaɪn/ tr. **1** LETT. *(intuit)* divinare, predire **2** *(dowse)* scoprire con la rabdomanzia.
divinely /dɪˈvaɪnlɪ/ avv. **1** *(by God)* [*revealed*] da Dio; ***to be*** ~ ***inspired*** [*texts*] essere di ispirazione divina; [*prophet*] essere ispirato da Dio; ***a*** ~ ***ordained event*** un evento voluto da Dio **2** COLLOQ. *(wonderfully)* [*dance, smile*] divinamente; ~ ***simple*** di una divina semplicità.
diviner /dɪˈvaɪnə(r)/ n. indovino m. (-a); *(for water only)* rabdomante m. e f.
divine right /dɪˌvaɪnˈraɪt/ n. diritto m. divino.
▷ **diving** /ˈdaɪvɪŋ/ **I** n. **1** *(from a board)* tuffi m.pl. **2** *(swimming under the sea)* immersione f., immersioni f.pl.; ***to go*** ~ fare immersioni **II** modif. [*equipment, gear, helmet, mask*] da sub, per immersioni; [*club*] di immersioni.
diving bell /ˈdaɪvɪŋˌbel/ n. campana f. subacquea.
diving board /ˈdaɪvɪŋˌbɔːd/ n. trampolino m.
diving suit /ˈdaɪvɪŋˌsuːt, -ˌsjuːt/ n. scafandro m. (da palombaro).
divining /dɪˈvaɪnɪŋ/ n. **1** divinazione f. **2** rabdomanzia f.
divining rod /dɪˈvaɪnɪŋˌrɒd/ n. bacchetta f. da rabdomante.
divinity /dɪˈvɪnətɪ/ n. **1** *(of deity, person)* divinità f. **2** *(deity)* divinità f.; ***the Divinity*** la Divinità, Dio **3** *(theology)* teologia f.
divinization /dɪvɪnaɪˈzeɪʃn, AE -nɪˈz-/ n. divinizzazione f.
divinize /ˈdɪvɪnaɪz/ tr. divinizzare.
divisibility /dɪvɪzəˈbɪlətɪ/ n. divisibilità f.
divisible /dɪˈvɪzəbl/ agg. divisibile (**by** per).
▶ **division** /dɪˈvɪʒn/ n. **1** *(splitting)* BIOL. BOT. MAT. divisione f. (**into** in) **2** *(sharing) (of one thing)* ripartizione f., suddivisione f.; *(of several things)* distribuzione f. **3** MIL. MAR. divisione f.; AMM. circoscrizione f. **4** COMM. *(branch, sector)* divisione f., settore m.; *(department, team)* reparto m., servizio m.; ***chemicals*** ~ settore chimico; ***sales*** ~ reparto vendite **5** *(in football)* serie f., divisione f.; ***to be in*** ~ ***one, in the first*** ~ essere in serie A, in prima divisione; ***a second*** ~ ***club*** una squadra di seconda divisione **6** *(dissent)* divisione f., disaccordo m. (**between** tra) **7** *(in container)* compartimento m. **8** GB POL. = nel parlamento britannico, operazione di voto in cui coloro che sono a favore si schierano da una parte e quelli che sono contrari dall'altra; ***to claim a*** ~ = chiedere la messa ai voti **9** AE UNIV. istituto m.
divisional /dɪˈvɪʒənl/ agg. [*commander, officer*] MIL. divisionale, di divisione; [*championship*] SPORT di divisione.
Divisional Court /dɪˈvɪʒənlˌkɔːt/ n. GB DIR. = corte d'appello composta da due o più giudici.
division bell /dɪˈvɪʒnˌbel/ n. GB POL. = campanello che annuncia una votazione per divisione.
division of labour /dɪˌvɪʒnəvˈleɪbə(r)/ n. divisione f. del lavoro.
division sign /dɪˈvɪʒnˌsaɪn/ n. MAT. segno m. di divisione.
divisive /dɪˈvaɪsɪv/ agg. [*measure, policy*] che crea divisione, che semina discordia; ***to be socially, racially*** ~ creare una divisione sociale, razziale.
divisor /dɪˈvaɪzə(r)/ n. MAT. divisore m.
▷ **1.divorce** /dɪˈvɔːs/ n. divorzio m. (**from** da; **between** tra) (anche FIG.); ***she's asked me for a*** ~ mi ha chiesto il divorzio; ***to file for*** ~, ***to sue for*** ~ DIR. intentare un'azione di divorzio; ***to grant a*** ~ DIR. concedere il divorzio.
▷ **2.divorce** /dɪˈvɔːs/ **I** tr. **1** ***to*** ~ divorziare da [*husband, wife*]; ***she*** ~***d him, she was*** ~***d from him*** ha divorziato da lui; ***they were*** ~***d in 1997*** hanno divorziato nel 1997 **2** FIG. separare, tenere separato, scindere (**from** da); ***to*** ~ ***science from morality*** separare la scienza dalla morale; ~***d from reality*** distaccato dalla realtà **II** intr. divorziare, ottenere il divorzio.
divorce court /dɪˈvɔːsˌkɔːt/ n. = tribunale che si occupa delle pratiche di divorzio.
divorcee /dɪˌvɔːˈsiː/ n. divorziato m. (-a).
divorcement /dɪˈvɔːsmənt/ n. **1** RAR. divorzio m. **2** FIG. separazione f.
divorce proceedings /dɪˈvɔːsprəˌsiːdɪŋs/ n. pratiche f.pl. di divorzio; ***to start*** ~ iniziare le pratiche di divorzio.
divorcer /dɪˈvɔːsə(r)/ n. chi divorzia, divorziando m. (-a).
divorce settlement /dɪˈvɔːsˌsetlmənt/ n. *(conditions)* condizioni f.pl. di divorzio; *(sum of money)* alimenti m.pl.
divot /ˈdɪvət/ n. zolla f. erbosa, piota f.

divulgation /daɪvʌl'geɪʃn/ n. divulgazione f.
divulge /daɪ'vʌldʒ/ tr. divulgare.
divulgement /daɪ'vʌldʒmənt/, **divulgence** /daɪ'vʌldʒəns/ n. divulgamento m.
divulsion /daɪ'vʌlʃn/ n. MED. divulsione f.
divulsor /daɪ'vʌlsə(r)/ n. MED. divulsore m.
1.divvy /'dɪvɪ/ n. BE COLLOQ. ANT. (accorc. dividend) dividendo m.
2.divvy /'dɪvɪ/ tr. BE COLLOQ. ANT. → **divvy up**.
■ **divvy up:** ~ **[sth.] up**, ~ **up [sth.]** spartire.
dixie /'dɪksɪ/ n. BE MIL. marmitta f.
Dixie /'dɪksɪ/ n.pr. (anche **Dixieland**) = gli stati del sud (degli Stati Uniti) ◆ ***I'm not just whistling*** ~ AE non sto scherzando, parlo sul serio.
Dixie cup® /'dɪksɪˌkʌp/ n. AE bicchiere m. di carta cerata.
Dixieland jazz /ˌdɪksɪlænd'dʒæz/ n. MUS. dixieland m.
dixy /'dɪksɪ/ n. → **dixie**.
DIY n. BE (⇒ do-it-yourself) = fai da te, bricolage.
dizygotic /daɪzaɪ'gɒtɪk/ agg. dizigotico.
dizzily /'dɪzɪlɪ/ avv. [*stagger, reel*] per le vertigini; [*rise, spiral*] vertiginosamente.
dizziness /'dɪzɪnɪs/ n. U vertigini f.pl., capogiro m.; ***to suffer from*** ~ soffrire di vertigini.
▷ **1.dizzy** /'dɪzɪ/ agg. **1** *(physically)* che ha le vertigini, il capogiro; ***to make sb.*** ~ far venire, dare le vertigini a qcn.; ***to suffer from*** ~ ***spells*** soffrire di vertigini, avere giramenti di testa; ***to feel*** ~ avere la testa che gira, il capogiro **2** *(mentally)* ***to be*** ~ ***with*** essere ebbro di, stordito da [*delight, surprise*] **3** [*height*] vertiginoso **4** *(scatterbrained)* stupido, sciocco.
2.dizzy /'dɪzɪ/ tr. LETT. far venire, dare le vertigini a [*person*].
dizzying /'dɪzɪŋ/ agg. [*height, drop*] vertiginoso.
▷ **DJ** n. **1** (⇒ disc jockey disc jockey) DJ m. e f. **2** BE (⇒ dinner jacket) = smoking.
Djakarta /dʒə'kɑːtə/ ♦ *6* n.pr. Giacarta f.
Djibouti /dʒɪ'buːtɪ/ ♦ *6* n.pr. Gibuti f.
DMA n. (⇒ direct memory access) = accesso diretto alla memoria.
DMZ n. (⇒ demilitarized zone) = zona demilitarizzata.
DNA I n. (⇒ deoxyribonucleic acid acido desossiribonucleico) DNA m. **II** modif. [*test, testing*] del DNA; [*molecule, synthetizer*] di DNA.
D-notice /'diːˌnəʊtɪs/ n. BE POL. GIORN. = richiesta ufficiale rivolta alla stampa per evitare la pubblicazione di informazioni riservate per motivi di sicurezza pubblica.
▶ **1.do** /*forma debole* də, *forma forte* duː/ **I** tr. (3ª persona sing. pres. **does**; pass. **did**; p.pass. **done**) **1** *(perform task, be busy)* fare [*washing up, ironing etc.*]; ***lots, nothing to*** ~ molto, niente da fare; ***it all had to be done again*** era tutto da rifare, si doveva rifare tutto da capo; ***what are you ~ing?*** che cosa fai, stai facendo? ***are you ~ing anything tonight?*** fai qualcosa questa sera? ***she's been ~ing too much lately*** sta facendo troppe cose negli ultimi tempi; ***she does nothing but moan*** non fa altro che lamentarsi; ***what can I ~ for you?*** che cosa posso fare per te, per lei? ***will you ~ something for me?*** faresti una cosa per me? **2** *(make smart)* ***to ~ sb.'s hair*** pettinare, acconciare qcn.; ***to ~ one's teeth*** lavarsi i denti; ***he's ~ing the living room in pink*** sta facendo il salotto rosa **3** *(finish)* fare [*military service*]; fare, scontare [*period of time*]; finire [*job*]; ***I've already done three months*** ho già fatto tre mesi; ***the job's almost done*** il lavoro è quasi fatto, finito; ***to have done doing sth.*** COLLOQ. avere finito di fare qcs.; ***have you done complaining?*** COLLOQ. hai finito di lamentarti? ***tell him now and have done with it*** diglielo adesso e falla finita; ***it's as good as done*** è come se fosse già fatto; ***that's done it*** *(task successfully completed)* fatto; *(expressing dismay)* non ci mancava che questo **4** *(complete through study)* [*student*] fare [*subject, book, author, homework*]; ***to ~ a degree*** UNIV. frequentare un corso di laurea **5** *(write)* fare [*translation, critique, biography*] **6** *(effect change)* fare; ***to ~ sb. good, harm*** fare del bene, del male a qcn.; ***what have you done to the kitchen?*** che cosa avete fatto alla cucina? ***has she done something to her hair?*** ha fatto qualcosa ai capelli? ***I haven't done anything with your pen!*** non l'ho toccata, la tua penna! ***what are we to ~ with you!*** che cosa dobbiamo fare con te! ***that hat, dress etc. does a lot for her*** quel cappello, vestito ecc. le dona molto **7** *(cause harm)* ***to ~ something to one's foot, arm*** farsi qualcosa al piede, braccio; ***I won't ~ anything to you*** non ti farò niente; ***I'll ~ you!*** COLLOQ. ti sistemo io! **8** COLLOQ. *(deal with)* ***the hairdresser says she can ~ you now*** la pettinatrice dice che può farti passare adesso; ***they don't ~ theatre tickets*** non vendono, tengono biglietti per il teatro; ***to ~ breakfasts*** servire la colazione **9** *(cook)* fare, preparare [*sausages, spaghetti etc.*]; ***I'll ~ you an omelette*** ti farò una omelette; ***well done*** [*meat*] ben cotto **10** *(prepare)* preparare [*vegetables*] **11** *(produce)* mettere in scena [*play*]; fare [*film, programme*] (**on** su) **12** *(imitate)* fare, imitare [*celebrity, voice, mannerism*] **13** *(travel at)* fare; ***to ~ 60*** fare i 60 all'ora **14** *(cover distance of)* fare; ***we've done 30 km since noon*** abbiamo fatto 30 km da mezzogiorno **15** COLLOQ. *(see as tourist)* visitare, fare [*Venice, the Louvre etc.*] **16** COLLOQ. *(satisfy needs of)* ***will this ~ you?*** ti basterà? **17** COLLOQ. *(cheat)* ***we've been done*** siamo stati fregati; ***to ~ sb. out of*** scucire a qcn. [*money*]; ***he did me out of the job*** mi ha fregato il lavoro **18** COLLOQ. *(sterilize)* ***to be done*** [*person, animal*] essere sterilizzato **19** COLLOQ. *(rob)* ***to ~ a bank*** fare una rapina in banca **20** COLLOQ. *(arrest, convict)* ***to get done for*** farsi beccare in [*illegal parking etc.*]; ***to ~ sb. for speeding*** multare qcn. per eccesso di velocità **II** intr. (3ª persona sing. pres. **does**; pass. **did**; p.pass. **done**) **1** *(behave)* fare; ~ ***as you're told*** *(here and now)* fai quello che ti ho detto; *(when with others)* fai quello che ti si dice **2** *(serve purpose)* fare la funzione; ***that box, those trousers will*** ~ quella scatola andrà bene, quei pantaloni andranno bene **3** *(be acceptable)* ***this really won't ~!*** *(as reprimand)* non si può andare avanti così! **4** *(be sufficient)* bastare; ***will five dollars ~?*** basteranno cinque dollari? ***that'll ~!*** *(as reprimand)* basta così! ne ho abbastanza! **5** *(finish)* finire; ***have you done?*** hai finito? **6** *(get on) (in competitive situation)* [*person*] riuscire; [*business*] andare bene; *(in health)* [*person*] migliorare; ***how will they ~ in the elections?*** come andranno le elezioni per loro? ***he's ~ing as well as can be expected*** *(of patient)* date le sue condizioni sta abbastanza bene; ***my lettuces are ~ing well*** la mia insalata sta venendo bene **7** BE COLLOQ. ANT. *(clean)* fare le pulizie; ***the woman who does for us*** la donna che ci fa le pulizie **8** BE COLLOQ. *(be active)* ***you'll be up and ~ing again in no time*** sarai di nuovo in forma in men che non si dica **III** aus. (3ª persona sing. pres. **does**; pass. **did**; p.pass. **done**) **1** *(with questions, negatives)* ***did he like his present?*** gli è piaciuto il suo regalo? ***own up, did you or didn't you take my pen?*** ammettilo, sei stato tu a prendere la mia penna? ***didn't he look wonderful!*** non era stupendo? **2** *(for emphasis)* ***he did ~ it really!*** l'ha fatto davvero! ***so you ~ want to go after all!*** allora in fin dei conti ci vuoi andare! ***I ~ wish you'd let me help you*** vorrei proprio che mi permettessi di aiutarti **3** *(referring back to another verb)* ***he said he'd tell her and he did*** disse che glielo avrebbe detto e l'ha fatto; ***he says he'll come along but he never does*** dice sempre che viene e poi non lo fa mai, non viene mai; ***you draw better than I ~*** tu disegni meglio di me; ***you either did or you didn't*** o l'hai fatto, o non l'hai fatto **4** *(in requests, imperatives)* ~ ***sit down*** prego, si accomodi, accomodati; ***"may I take a leaflet?" - "~"*** "posso prendere un dépliant?" - "prego"; ~ ***shut up!*** stai zitto! chiudi il becco! ***don't you tell me what to ~!*** non dirmi che cosa devo fare! **5** *(in tag questions and responses)* ***he lives in France, doesn't he?*** vive in Francia, vero? ***"who wrote it?" - "I did"*** "chi l'ha scritto?" - "io"; ***"shall I tell him?" - "no don't"*** "devo dirglielo?" - "no, non farlo"; ***"he knows the President" - "does he?"*** "lui conosce il Presidente" - "davvero?"; ***so ~ they, you*** anche loro, voi; ***neither does he, she etc.*** neanche lui, lei ecc. **6** *(with inversion)* ***only rarely does he write letters*** è raro che lui scriva delle lettere; ***little did he suspect, think that*** non sospettava, pensava minimamente che ◆ ~ ***as you would be done by*** non fare agli altri quello che non vorresti fosse fatto a te; ***how ~ you ~*** piacere; ***it doesn't ~ to be*** non serve a niente essere; ***it was all I could ~ not to...*** era già tanto che non...; ***nothing ~ing!*** *(no way)* non se ne parla neanche! escluso! ***there's nothing ~ing here*** non c'è niente da fare qui; ***well done!*** ben fatto! bravo! ***what are you ~ing with yourself these days?*** che cosa combini in questi giorni? ***what are you going to ~ for...?*** che cosa hai intenzione di fare per...? [*money, shelter etc.*]; ***what's done is done*** quel che è fatto è fatto; ***what's this doing here?*** che cosa ci fa questo qui?
■ **do away with:** ~ **away with [sth.]** abolire, eliminare [*procedure, custom, rule, feature*]; sopprimere [*bus service etc.*]; demolire [*building*]; ~ **away with [sb.]** COLLOQ. *(kill)* eliminare, far fuori [*person*].
■ **do down** BE COLLOQ. ~ **[sb.] down** sparlare di, dire peste e corna di [*person*]; ***don't ~ yourself down*** non ti buttare giù.
■ **do for** COLLOQ. ~ **for [sb., sth.]** *(kill)* [*illness*] distruggere [*person*]; FIG. mettere fine a [*ambition, project*]; ***I'm done for*** FIG. sono finito.
■ **do in** COLLOQ. ~ **[sb.] in 1** *(kill)* fare fuori, togliere di mezzo **2** *(exhaust)* sfinire, stremare; ***I feel done in*** sono stanco morto.
■ **do out** COLLOQ. ~ **[sth.] out**, ~ **out [sth.]** pulire, riordinare [*spare room, garage*].
■ **do over:** ~ **[sth.] over** AE *(redo)* rifare [*job, work*]; ~ **[sb.] over** COLLOQ. menare, pestare.

1.do

- The direct Italian equivalent of the verb *to do* in *subject + to do + object sentences* is *fare*:

she's doing her homework	= sta facendo i compiti
what are you doing?	= che cosa stai facendo?
what has he done with the newspaper?	= che cosa ha fatto del giornale?

Italian *fare* functions in very much the same way as *to do* does in English, and it is safe to assume it will work in the great majority of cases. For the conjugation of the verb *fare*, see the Italian verb tables.

- In some cases, however, *do* cannot be translated by *fare*:

I must do my hair	= devo pettinarmi
that will do, James, thank you	= può bastare, James, grazie
that won't do!	= così non va!
I like my steak well done	= la bistecca mi piace ben cotta
how do you do?	= piacere!

Note that *(non c'è) niente da fare* is the only translation of *there is nothing to do* (meaning *one gets bored*), *there is nothing to be done* (meaning *there is no help for it*), and *nothing doing!* (meaning *refusal*).

GRAMMATICAL FUNCTIONS

- ***In questions***

In Italian there is no use of an auxiliary verb in questions equivalent to the use of *do* in English. In principle, there is no structural difference between a declarative and an interrogative sentence, and there is no fixed order for the words in an interrogative sentence; in order to ask a question, Italian depends almost entirely on the intonation of the voice (and, of course, on the question mark in written texts); compare the following sentences:

Lucia loves the English teacher	= Lucia ama l'insegnante d'inglese
Does Lucia love the English teacher?	= Lucia ama l'insegnante d'inglese?

Note, however, that the standard intonational pattern can be modified in English for semantic reasons, and the Italian word order and intonation can vary accordingly:

Does <u>Lucia</u> love the English teacher? (meaning Lucia, and not Maria etc.)	= <u>Lucia</u> ama l'insegnante d'inglese? / è <u>Lucia</u> che ama l'insegnante d'inglese?
Does Lucia <u>love</u> the English teacher? (meaning love, and not hate etc.)	= Lucia <u>ama</u> l'insegnante d'inglese?
Does Lucia love the <u>English</u> teacher? (meaning English, and not Spanish etc.)	= Lucia ama l'insegnante <u>d'inglese</u>? / è l'insegnante <u>d'inglese</u> che Lucia ama?
Does Lucia love the English <u>teacher</u>? (meaning teacher, and not student etc.)	= Lucia ama <u>l'insegnante</u> d'inglese? / è <u>l'insegnante</u> d'inglese che Lucia ama?

- ***In negatives***

Equally, auxiliaries are not used in negatives in Italian:

I don't like Chopin	= Chopin non mi piace
you didn't feed the cat	= non hai dato da mangiare al gatto
don't do that!	= non farlo!

- ***In emphatic uses***

There is no verbal equivalent for the use of *do* in such expressions as *I <u>do</u> like your dress*. An Italian speaker will find another way, according to the context, of expressing the force of the English *do*. Here are a few useful examples:

I <u>do</u> like your dress	= il tuo vestito mi piace davvero
I <u>do</u> hope she remembers	= spero proprio che si ricordi
I <u>do</u> think you should see a doctor	= penso sul serio che dovresti andare dal dottore
<u>do</u> be quiet!	= ma stai tranquillo!
<u>do</u> tell me!	= ti prego, dimmelo!

- ***When referring back to another verb***

In this case the verb *do* is only rarely translated by *fare* in Italian:

I don't esteem him any more than you do	= non lo stimo più di quanto faccia tu
I don't like him any more than you do	= non mi piace più di quanto piaccia a te
he said he would buy that sportscar and he did	= disse che avrebbe comprato quella macchina sportiva, e lo fece davvero / e la comprò.
I live in Oxford and so does Lily	= io abito a Oxford, e Lily pure
she gets paid more than I do	= lei viene pagata più di me
I haven't written as much as I ought to have done	= non ho scritto tanto quanto avrei dovuto
"I love strawberries" "so do I"	= "mi piacciono le fragole" "anche a me"

- ***In polite requests***

In polite requests the phrase *La prego / prego* can often be used to render the meaning of *do:*

do sit down	= si sieda, La prego / prego, si sieda / La prego di sedersi (very formal)
do have a piece of cake	= prego, prenda / prendi una fetta di torta
"may I take a peach?" "yes, do"	= "posso prendere una pesca?" "prego" / "sì, prego"

- ***In imperatives***

In Italian there is no use of an auxiliary verb in imperatives:

don't shut the door!	= non chiudere la porta! / non chiuda la porta!
don't tell her anything	= non dirle niente! / non le dica niente!

- ***In tag questions***

Italian has no direct equivalent of tag questions like *doesn't he?* or *didn't it?* There is a general tag question *è vero? / non è vero?* (literally *is it true? / isn't it true?*) which will work in many cases:

you like fish, don't you?	= ti piace il pesce, non è vero?
he does not live in London, does he?	= non abita a Londra, vero?

Note that *è vero?* is used for positive tag questions and *non è vero?* for negative ones. In colloquial Italian, the tag *no?* is also used: ti piace il pesce, no?

In many cases, however, the tag question is simply not translated at all and the speaker's intonation will convey the implied question.

- ***In short answers***

Again, there is no direct equivalent for short answers like *yes I do, no he doesn't* etc. Therefore, in response to standard enquiry, the tag will not be translated:

"do you like strawberries?" "yes I do"	= "ti piacciono le fragole?" "sì"
"did you meet her?" "no I didn't"	= "l'hai incontrata?" "no"

Where the answer *yes* is given to contradict a negative question or statement, or *no* to contradict a positive one, an intensifier – an adverb or a phrase – may be used together with *sì* e *no* in Italian:

"she does not speak Chinese" "yes she does!"	= "lei non parla il cinese!" "e invece sì!" (*or* "sì che lo parla!")
"didn't you betray her?" "no I didn't!"	= "non l'hai tradita?" "ma no!" (*or* "no che non l'ho tradita!")
"you did break it!" "no I didn't!"	= "l'hai rotto!" "ma no!" (*or* "no che non l'ho rotto!")

For more examples and particular usages, see the entry **1.do**.

▪ **do up:** *~ <u>up</u>* [*dress, coat*] abbottonarsi; ***~ <u>[sth.] up</u>, <u>~ up [sth.]</u>*** **1** *(fasten)* legare [*laces*]; chiudere [*zip*]; ***~ up your buttons*** abbottonati **2** *(wrap)* confezionare [*parcel*]; ***to ~ one's hair up into a bun*** tirare su, raccogliere i capelli in una crocchia **3** *(renovate)* restaurare, ristrutturare [*house, furniture*]; ***<u>~ oneself up</u>*** farsi bello, aggiustarsi; ***I was all done up*** mi ero fatta tutta bella.

▪ **do with:** ***<u>~ with [sth., sb.]</u>*** **1** *(involve)* ***it has something, nothing to ~ with*** ha qualcosa, non ha niente a che fare con; ***what's that got to ~ with it?*** che cosa c'entra quello? ***what's it (got) to ~ with you?***

che cosa c'entri tu? ***it's got everything to ~ with it*** è tutto lì il problema; ***his shyness is to ~ with his childhood*** la sua timidezza è legata alla sua infanzia; *(talk to)* ***he won't have anything to ~ with me any more*** non vuole più avere a che fare con me; *(concern)* ***it has nothing to ~ with you*** non ha nulla a che fare con te, non ti riguarda **2** *(tolerate)* sopportare; ***I can't ~ with loud music, all these changes*** non sopporto la musica forte, tutti questi cambiamenti **3** *(need)* ***I could ~ with a drink, with a holiday*** avrei proprio bisogno di bere, di una vacanza **4** *(finish)* ***it's all over and done with*** è tutto finito; ***have you done with my pen, the photocopier?*** hai finito con la mia penna, con la fotocopiatrice? ***I've done with all that*** FIG. non voglio più avere a che fare *o* ho chiuso con tutto ciò.

▪ **do without:** ~ *without [sb., sth.]* fare a meno di, cavarsela senza [*person, advice etc.*]; ***I can ~ without your sympathy*** puoi risparmiarti la tua pietà; ***I can't ~ without the car*** non posso fare a meno della macchina; ***you'll have to ~ without!*** dovrai farne a meno!

2.do /dəʊ/ n. (pl. **~s**) BE COLLOQ. festa f.; ***his leaving ~*** la sua festa d'addio ◆ ***it's a poor ~ if*** COLLOQ. non è carino che; ***all the ~s and don'ts*** tutto quello che si deve *o* può e non si deve *o* può fare.

3.do /dəʊ/ n. MUS. → **doh.**

do. /dəʊ/ n. (accorc. ditto) → **1.ditto.**

DOA agg. (⇒ dead on arrival) = deceduto durante il trasporto (in ospedale).

doable /'du:əbl/ agg. COLLOQ. fattibile, attuabile.

doat /dəʊt/ intr. → **dote.**

dob /dɒb/ tr. (forma in -ing ecc. **-bb-**) COLLOQ. AUSTRAL. → **dob in.**

▪ **dob in:** ~ *in [sb.]*, ~ *[sb.] in* denunciare [*person*].

d.o.b. n. (⇒ date of birth) = data di nascita.

dobbin /'dɒbɪn/ n. cavallo m. da tiro.

Doberman /'dəʊbəmən/, **Doberman pinscher** /ˌdəʊbəmən'pɪnʃə(r)/ n. dobermann m.

doc /dɒk/ n. COLLOQ. (accorc. doctor) dottore m.

Doc /dɒk/ n.pr. Dotto.

docent /dəʊ'sent/ n. **1** *(in certain US universities)* docente m. e f. **2** AE *(in museums)* guida f.

docile /'dəʊsaɪl, AE 'dɒsl/ agg. docile.

docility /dəʊ'sɪlətɪ/ n. docilità f.

▷ **1.dock** /dɒk/ **I** n. **1** MAR. IND. dock m., bacino m.; *(for repairing ship)* darsena f.; ***to come into ~*** entrare in bacino; ***to be in ~*** *(for repairs)* essere in (bacino per) riparazione **2** AE *(wharf)* banchina f., molo m. **3** AE (anche **loading ~**) zona f. di carico **II docks** n.pl. MAR. IND. docks m., zona f.sing. portuale; ***to work in*** o ***at the ~s*** lavorare nei docks **III** modif. (anche **~s**) MAR. IND. [*area*] dei docks; [*strike*] dei portuali.

▷ **2.dock** /dɒk/ **I** tr. **1** MAR. mettere in bacino [*ship*] **2** agganciare [*spaceship*] **II** intr. **1** MAR. [*ship*] *(come into dock)* entrare in porto, attraccare; *(moor)* accostare alla banchina, ormeggiarsi; ***the ship ~ed at Southampton*** *(at end of voyage)* la nave ha attraccato a Southampton; *(as stage on voyage)* la nave ha fatto scalo a Southampton; ***they were refused permission to ~ in Britain*** è stato negato loro il permesso di attraccare in Gran Bretagna **2** [*spaceship*] agganciare, effettuare un docking.

3.dock /dɒk/ n. BE DIR. banco m. degli imputati; ***the prisoner in the ~*** l'imputato; ***to put sb., sth. in the ~*** FIG. mettere qcn., qcs. sotto accusa.

4.dock /dɒk/ n. *(of animal's tail)* mozzicone m.

5.dock /dɒk/ tr. **1** VETER. mozzare la coda a [*dog, horse*]; mozzare [*tail, ears*] **2** BE *(reduce)* diminuire, tagliare [*wages*]; togliere [*points, marks*]; ***they had their pay ~ed for going on strike*** hanno tagliato loro lo stipendio perché hanno partecipato allo sciopero; ***to ~ £ 50 from sb.'s wages*** trattenere 50 sterline dallo stipendio di qcn.

6.dock /dɒk/ n. BOT. romice f.

docker /'dɒkə(r)/ ♦ **27** n. scaricatore m. (-trice) di porto, portuale m. e f.

1.docket /'dɒkɪt/ n. **1** COMM. AMM. *(label)* etichetta f., cartellino m.; *(customs certificate)* ricevuta f. doganale **2** AE *(list)* registro m.; DIR. registro m. delle sentenze; *(list of cases to be tried)* ruolo m. generale; ***the court has several other cases on its ~*** la corte ha molte altre cause a ruolo.

2.docket /'dɒkɪt/ tr. **1** COMM. etichettare, mettere il cartellino a [*parcel, package*] **2** AE DIR. *(summarize)* riassumere, fare l'estratto di [*case, proceedings*]; *(prepare for trial)* iscrivere a ruolo [*case*].

docking /'dɒkɪŋ/ n. *(of ship)* attracco m., ormeggio m., accosto m.; *(of spaceship)* docking m., agganciamento m.

docking station /'dɒkɪŋˌsteɪʃn/ n. docking station f.

dockize /'dɒkaɪz/ tr. RAR. provvedere di bacino, di banchine [*river*].

dock labourer /'dɒkˌleɪbərə(r)/ ♦ **27** n. → **dockworker.**

dockland /'dɒklənd/ n. (anche **~s**) zona f. portuale.

dockside /'dɒksaɪd/ n. (anche **~s**) scalo m.

dock walloper /'dɒkˌwɒləpə(r)/ ♦ **27** n. AE COLLOQ. → **dockworker.**

dockworker /'dɒkˌwɜ:kə(r)/ ♦ **27** n. scaricatore m. (-trice) di porto, portuale m. e f.

dockyard /'dɒkjɑ:d/ n. cantiere m. navale; MIL. arsenale m.

▶ **1.doctor** /'dɒktə(r)/ ♦ **27, 9** n. **1** MED. medico m., dottore m. (-essa); ***thank you, ~*** grazie, dottore; ***to go to the ~('s)*** andare dal medico, dal dottore; ***she's a ~*** lei fa il medico, il dottore; ***who is your ~?*** chi è il tuo medico (curante)? ***he trained as a ~*** ha studiato per diventare dottore; ***to be under a ~*** BE essere in cura da un dottore; ***Doctor Armstrong*** il dottor Armstrong; ***to play ~s and nurses*** giocare al dottore **2** UNIV. dottore m. e f. ◆ ***that's just what the ~ ordered!*** è proprio quel che ci vuole!

2.doctor /'dɒktə(r)/ tr. **1** *(tamper with)* adulterare [*food, wine*]; falsare, truccare [*accounts, figures*]; falsificare [*document*]; alterare, modificare [*text*] **2** BE VETER. castrare [*animal*].

doctoral /'dɒktərəl/ agg. [*thesis*] di dottorato; [*research*] per un dottorato; [*student*] in dottorato.

doctorate /'dɒktərət/ n. dottorato m.; ~ ***in science, theology*** dottorato in scienze, in teologia.

doctorial /dɒk'tɔ:rɪəl/ agg. → **doctoral.**

doctoring /'dɒktərɪŋ/ n. **1** cure f.pl. mediche **2** professione f. di medico.

Doctor of Divinity /ˌdɒktərəvdɪ'vɪnətɪ/ n. = (diploma di) dottore in teologia (con specializzazione post-laurea).

Doctor of Philosophy /ˌdɒktərəvfɪ'lɒsəfɪ/ n. = (diploma di) dottore in discipline umanistiche (con specializzazione post-laurea).

doctor's note /'dɒktəzˌnəʊt/ n. certificato m. medico.

doctorship /'dɒktəʃɪp/ n. dottorato m.; (l')essere dottore.

doctrinaire /ˌdɒktrɪ'neə(r)/ **I** agg. dottrinario, dogmatico **II** n. dottrinario m. (-a).

doctrinal /dɒk'traɪnl, AE 'dɒktrɪnl/ agg. dottrinale.

doctrinarian /ˌdɒktrɪ'neərɪən/ agg. e n. → **doctrinaire.**

doctrinarianism /ˌdɒktrɪ'neərɪənɪzəm/ n. dottrinarismo m.

▷ **doctrine** /'dɒktrɪn/ n. dottrina f.

docudrama /'dɒkjʊˌdrɑ:mə/ n. film m. verità.

▶ **1.document** /'dɒkjʊmənt/ n. documento m.; DIR. atto m.; ***legal ~*** documento (avente valore) legale; ***to study all the ~s in a case*** DIR. studiare tutti i documenti inerenti a un caso; ***travel, insurance, identity ~s*** documenti di viaggio, di assicurazione, d'identità; ***policy ~*** POL. documento programmatico.

2.document /'dɒkjʊmənt/ tr. **1** *(give account of, record)* documentare, attestare [*development, events*]; ***this chapter in her career is not well ~ed*** questo periodo della sua carriera non è ben documentato; ***the only ~ed case of this phenomenon*** l'unico caso di questo fenomeno di cui si ha notizia **2** *(support or prove with documents)* documentare, provare [*case, claim*]; ***all applications must be properly ~ed*** tutte le domande devono essere documentate, accompagnate dai documenti richiesti **3** MAR. munire dei documenti necessari [*ship*].

documentalist /ˌdɒkjʊ'mentəlɪst/ n. documentalista m. e f.

▷ **documentary** /ˌdɒkjʊ'mentrɪ, AE -terɪ/ **I** n. documentario m. (**about, on** su); ***television ~*** documentario televisivo; ***radio ~*** reportage radiofonico **II** agg. [*film, realism, technique, source*] documentario; ~ ***evidence*** DIR. prova documentaria, documentale; *(in historical research)* testimonianze documentarie.

documentary bill /dɒkjʊˌmentrɪ'bɪl, AE -terɪ-/ n. COMM. ECON. cambiale f. documentaria, documentata.

documentary credit /dɒkjʊˌmentrɪ'kredɪt, AE -terɪ-/ n. COMM. ECON. credito m. documentario, documentato.

documentary letter of credit /dɒkjʊˌmentrɪletərəv'kredɪt, AE -terɪ-/ n. COMM. ECON. lettera f. di credito documentaria.

▷ **documentation** /ˌdɒkjʊmen'teɪʃn/ n. **U 1** *(documents)* documentazione f.; COMM. documenti m.pl., pezze f.pl. giustificative **2** *(act of recording)* ***one of the historian's tasks is the ~ of social change*** uno dei compiti degli storici è di documentare i cambiamenti in campo sociale.

document case /'dɒkjʊməntˌkeɪs/ n. valigetta f. (portadocumenti).

document holder /'dɒkjʊməntˌhəʊldə(r)/ n. cartellina f. (portadocumenti).

document reader /'dɒkjʊməntˌri:də(r)/ n. INFORM. lettore m. di documenti.

document retrieval /'dɒkjʊməntrɪˌtri:vl/ n. INFORM. ricerca f. di documenti.

document wallet /'dɒkjʊmənt͵wɒlɪt/ n. portadocumenti m.
docusoap /'dɒkjʊsəʊp/ n. = programma che mostra in forma documentaristica aspetti della vita quotidiana di gente comune.
DOD n. US (⇒ Department of Defense) = dipartimento della difesa.
1.dodder /'dɒdə(r)/ n. BOT. cuscuta f.
2.dodder /'dɒdə(r)/ intr. **1** *(totter)* vacillare, barcollare **2** *(tremble in old age)* tremare, tremolare.
doddered /'dɒdəd/ **I** p.pass. → **2.dodder II** agg. [*tree*] cimato, con i rami superiori caduti.
dodderer /'dɒdərə(r)/ n. vecchio m. (-a) decrepito (-a).
doddering /'dɒdərɪŋ/, **doddery** /'dɒdərɪ/ agg. **1** [*person*] *(unsteady)* tremante, malfermo; [*movement*] titubante, vacillante **2** *(senile)* decrepito, rimbambito.
doddle /'dɒdl/ n. BE COLLOQ. ***it's a ~*** è una bazzecola.
dodecagon /͵dəʊ'dekəgən, AE -ɒn/ n. dodecagono m.
dodecahedron /͵dəʊdekə'hi:drən, -'hedrən, AE -drɒn/ n. (pl. **~s**, **-a**) dodecaedro m.
Dodecanese /͵dəʊdɪkə'ni:z/ n.pr.pl. Dodecaneso m.sing.
▷ **1.dodge** /dɒdʒ/ n. **1** *(movement)* schivata f., scivolata f.; SPORT *(in boxing, football)* schivata f., scatto m. laterale; ***he made a quick ~ to the right*** è scattato velocemente sulla destra; *(in boxing)* ha schivato un colpo saltando verso destra **2** BE COLLOQ. *(trick)* espediente m., stratagemma m.; ***a ~ for avoiding taxation*** uno stratagemma per evitare di pagare le tasse; ***to be up to all the ~s*** conoscere tutti i trucchi.
▷ **2.dodge** /dɒdʒ/ tr. schivare [*bullet, blow*]; sfuggire a [*pursuers*]; FIG. schivare, scansare [*difficulty, question, duty*]; sottrarsi a [*confrontation, accusation*]; evadere [*tax*]; evitare, sfuggire a [*person*]; ***to ~ the issue*** evitare la questione; ***to ~ military service, to ~ the draft*** AE imboscarsi.
dodgem /'dɒdʒəm/ n. (anche **~ car**) BE autoscontro m.; ***to go on the ~s*** andare, fare un giro sull'autoscontro.
dodger /'dɒdʒə(r)/ n. **1** *(trickster)* imbroglione m. (-a); *(shirker)* scansafatiche m. e f.; ***draft ~*** AE renitente (alla leva); ***tax ~*** evasore fiscale **2** MAR. parapetto m. (di murata).
dodgy /'dɒdʒɪ/ agg. BE COLLOQ. **1** *(untrustworthy)* [*person*] inaffidabile, poco raccomandabile; [*business, establishment, method*] losco, sospetto **2** *(risky, dangerous)* [*decision, plan, investment*] rischioso; [*situation, moment*] delicato; [*finances*] precario; [*weather*] instabile; ***his health is a bit ~*** è un po' malmesso di salute.
dodo /'dəʊdəʊ/ n. (pl. **~s**) ZOOL. dronte m., dodo m. ◆ ***to be as dead as a ~*** essere morto e sepolto.
doe /dəʊ/ n. ZOOL. *(of deer, rabbit, hare)* femmina f.
DOE n. US (⇒ Department of Energy) = dipartimento dell'energia.
doe-eyed /'dəʊaɪd/ agg. con gli occhi da cerbiatto.
doer /'du:ə(r)/ n. *(active person)* chi fa, chi agisce; persona f. dinamica.
does /dʌz, dəz/ 3ª persona sing. pres. → **1.do**.
doeskin /'dəʊskɪn/ **I** n. pelle f. di daino **II** modif. [*gloves, jacket*] di daino.
doesn't /'dʌznt/ contr. does not.
doest /du:ɪst/ ANT. 2ª persona sing. pres. → **1.do**.
doeth /du:ɪθ/ ANT. 3ª persona sing. pres. → **1.do**.
doff /dɒf, AE dɔ:f/ tr. ANT. togliersi, levarsi [*hat, coat*]; ***to ~ one's hat to sb.*** levarsi, togliersi il cappello davanti a qcn. (in segno di saluto).
▶ **1.dog** /dɒg, AE dɔ:g/ **I** n. **1** ZOOL. cane m.; *(female)* cagna f. **2** *(male fox, wolf, etc.)* maschio m. **3** COLLOQ. *(person)* ***you lucky ~!*** che culo, che fondello! ***you dirty*** o ***vile ~!*** lurido bastardo! ***he's a crafty old ~!*** è un vecchio marpione! *o* è una vecchia volpe! **4** POP. *(unattractive woman)* racchia f., cesso m. **5** AE COLLOQ. *(poor quality machine, object etc.)* ***it's a ~*** è una schifezza! è una baracca! **6** TECN. brida f.; *(on roof)* grappa f.; *(pawl)* dente m. d'arresto **II dogs** n.pl. BE SPORT COLLOQ. *(greyhound racing)* ***the ~s*** le corse dei cani ◆ ***it's ~ eat ~*** mors tua vita mea; ***every ~ has its day*** per tutti arriva il momento giusto *o* ognuno ha il suo momento di gloria; ***give a ~ a bad name (and hang him)*** PROV. = nulla è più dannoso della calunnia; ***to put on the ~*** AE COLLOQ. darsi delle arie, avere la puzza sotto il naso; ***love me, love my ~*** bisogna prendermi come sono; ***to go and see a man about a ~*** EUFEM. SCHERZ. *(relieve oneself)* andare in bagno, andare in quel posto; *(go on unspecified business)* = avere un affare urgente da sbrigare; ***they don't have a ~'s chance*** non hanno la benché minima possibilità (di successo); ***it's a ~'s life*** è una vita da cani; ***to lead a ~'s life*** fare una vita da cani; ***to lead sb. a ~'s life*** far fare a qcn. una vita da cani; ***there's life in the old ~ yet*** *(of oneself)* sono ancora in circolazione, non sono ancora morto; *(of sb. else)* è ancora in circolazione, non è ancora morto; ***to go to the ~s*** COLLOQ. andare in malora, in rovina; ***to treat sb. like a ~*** trattare qcn. come un cane; ***to be dressed*** o ***got up like a ~'s dinner*** COLLOQ. essere vestito come un pagliaccio; ***it's a real ~'s breakfast!*** COLLOQ. è un vero casino, pasticcio! ***you wouldn't put a ~ out on a night like this!*** fa un tempo da cani stasera! ***you can't teach an old ~ new tricks*** = è impossibile fare cambiare idee o abitudini a persone che le hanno ormai da tempo.
2.dog /dɒg, AE dɔ:g/ tr. (forma in -ing ecc. **-gg-**) **1** *(follow)* seguire, pedinare [*person*]; ***to ~ sb.'s footsteps*** essere sulle orme di, pedinare qcn. **2** *(plague)* perseguitare; ***to be ~ged by misfortune*** essere perseguitato dalla sfortuna; ***to be ~ged by uncertainty*** essere in preda all'incertezza; ***poor health had ~ged his childhood*** la salute cagionevole ha afflitto la sua infanzia.
dog-ape /'dɒgeɪp, AE 'dɔ:g-/ n. → **baboon**.
dogate /'dəʊgeɪt/ n. dogato m.
dog basket /'dɒg͵ba:skɪt, AE 'dɔ:g͵bæskɪt/ n. cuccia f.
dogberry /'dɒgbrɪ, AE 'dɔ:gberɪ/ n. *(plant)* sanguinella f.; *(fruit)* frutto m. della sanguinella.
dog biscuit /'dɒgbɪskɪt, AE 'dɔ:g-/ n. biscotto m. per cani.
dog breeder /'dɒgbri:də(r), AE 'dɔ:g-/ ➧ ***27*** n. allevatore m. (-trice) di cani.
dog cart /'dɒgka:t, AE 'dɔ:g-/ n. calessino m., barroccino m.
dog-catcher /'dɒg͵kætʃə(r), AE 'dɔ:g-/ ➧ ***27*** n. accalappiacani m. e f.
dog-cheap /͵dɒg'tʃi:p, AE ͵dɔ:g-/ **I** agg. convenientissimo, (praticamente) regalato **II** avv. a prezzo bassissimo.
dog collar /'dɒg͵kɒlə(r), AE 'dɔ:g-/ n. **1** collare m. da cane **2** COLLOQ. SCHERZ. *(clergyman's collar)* collare m. da prete.
dog days /'dɒgdeɪz, AE 'dɔ:g-/ n.pl. **1** *(hot weather)* canicola f.sing. **2** FIG. *(slack period)* periodo m.sing. morto.
doge /dəʊdʒ/ n. doge m.
dog-ear /'dɒg͵ɪə AE 'dɔ:g-/ tr. fare le orecchie a [*pages*].
dog-eared /'dɒg͵ɪəd, AE 'dɔ:g-/ **I** p.pass. → **dog-ear II** agg. [*pages*] con le orecchie.
dog-end /͵dɒg'end, AE ͵dɔ:g-/ n. COLLOQ. mozzicone m. (di sigaretta), cicca f.
dogface /'dɒgfeɪs, AE 'dɔ:g-/ n. AE COLLOQ. fantaccino m., fante m.
dog-faced /'dɒgfeɪst, AE 'dɔ:g-/ agg. [*ape, baboon*] dal muso di cane.
dog-faced baboon /͵dɒgfeɪstbə'bu:n, AE ͵dɔ:g-/ n. → **baboon**.
dog-fancier /'dɒg͵fænsɪə(r), AE 'dɔ:g-/ n. **1** *(connoisseur)* cinofilo m. **2** *(breeder)* allevatore m. (-trice) di cani.
dog-fennel /'dɒgfenl, AE 'dɔ:g-/ n. camomilla f. mezzana, camomilla f. fetida.
dogfight /'dɒgfaɪt, AE 'dɔ:g-/ n. **1** lotta f., combattimento m. tra cani; *(between people)* zuffa f., lotta f. accanita **2** MIL. AER. combattimento m., duello m. aereo.
dogfighting /'dɒgfaɪtɪŋ, AE 'dɔ:g-/ n. combattimenti m.pl. di cani.
dogfish /'dɒgfɪʃ, AE 'dɔ:g-/ n. (pl. **~**, **~es**) ZOOL. pescecane m.; GASTR. (anche **spotted ~**) gattuccio m.; (anche **smooth ~**) palombo m.
dog food /'dɒgfu:d, AE 'dɔ:g-/ n. cibo m. per cani.
dogged /'dɒgɪd, AE 'dɔ:gɪd/ **I** p.pass. → **2.dog II** agg. [*attempt*] caparbio, ostinato; [*persistence, insistence*] tenace; [*refusal*] ostinato; [*resistance*] tenace, accanito; [*person*] tenace, caparbio, ostinato; ***a ~ campaigner for human rights*** un caparbio attivista per i diritti umani.
doggedly /'dɒgɪdlɪ, AE 'dɔ:g-/ avv. [*persist*] tenacemente; [*work*] tenacemente, con tenacia; [*resist*] caparbiamente, accanitamente.
doggedness /'dɒgɪdnɪs, AE 'dɔ:g-/ n. ostinazione f., tenacia f., caparbietà f.
dogger /'dɒgə(r), AE 'dɔ:g-/ n. MAR. dogre m.
doggerel /'dɒgərəl, AE 'dɔ:g-/ n. LETTER. = versi scanditi e scadenti (di poesia burlesca).
doggie /'dɒgɪ, AE 'dɔ:gɪ/ n. COLLOQ. cagnolino m.
doggish /'dɒgɪʃ, AE 'dɔ:g-/ agg. **1** di, da cane, canino **2** ANT. *(surly)* ringhioso, ostile.
doggo /'dɒgəʊ, AE 'dɔ:gəʊ/ avv. BE COLLOQ. ***to lie ~*** fare il morto.
doggone /'dɒgɒn, AE 'dɔ:gɔ:n/ AE COLLOQ. **I** agg. (anche **~d**) dannato, maledetto **II** avv. (anche **~d**) dannatamente, maledettamente **III** inter. ***~ it!*** COLLOQ. dannazione! maledizione!
doggy /'dɒgɪ, AE 'dɔ:gɪ/ **I** n. COLLOQ. cagnolino m. **II** agg. [*odour*] di cane.
doggy bag /'dɒgɪ͵bæg, AE 'dɔ:gɪ-/ n. = sacchetto degli avanzi che si portano a casa dal ristorante per il cane.
doggy fashion /'dɒgɪ͵fæʃn, AE 'dɔ:gɪ-/ avv. COLLOQ. [*eat*] come i cani; [*swim*] a cagnolino; [*make love*] alla pecorina.

doggy paddle /ˈdɒgɪpædl, AE ˈdɔːgɪ-/ COLLOQ. → **1.dog paddle, 2.dog paddle.**

dog handler /ˈdɒghændlə(r), AE ˈdɔːg-/ ♦ *27* n. poliziotto m. (-a) di unità cinofila.

dog-headed /ˈdɒg,hedɪd, AE ˈdɔːg-/ agg. dalla testa di cane, cinocefalo.

dog-hip /ˈdɒghɪp, AE ˈdɔːg-/ n. cinorrodo m.

doghouse /ˈdɒghaʊs, AE ˈdɔːg-/ n. AE *(for dog)* cuccia f.; *(for several dogs)* canile m. ◆ ***to be in the ~*** COLLOQ. essere caduto in disgrazia (**with sb.** presso qcn.).

dogie /ˈdəʊgɪ/ n. AE = vitellino senza la madre (in una mandria).

dog in the manger /,dɒgɪnðəˈmeɪndʒə(r), AE ,dɔːg-/ **I** n. = chi impedisce agli altri di godere di ciò che a lui non serve **II dog-in-the-manger** modif. [*attitude, behaviour*] (stupidamente) egoista.

dog kennel /ˈdɒg,kenl, AE ˈdɔːg-/ n. *(for dog)* cuccia f.; *(for several dogs)* canile m.

dog Latin /,dɒgˈlætɪn, AE ,dɔːgˈlætn/ n. latino m. maccheronico.

dogleg /ˈdɒgleg, AE ˈdɔːg-/ n. AUT. curva f. a gomito.

dog licence /ˈdɒg,laɪsns, AE ˈdɔːg-/ n. = tassa pagata dai possessori di cani.

doglike /ˈdɒg,laɪk, AE ˈdɔːg-/ agg. [*devotion, fidelity*] da cane.

dogma /ˈdɒgmə, AE ˈdɔːgmə/ n. (pl. **~s, -ata**) dogma m.

dogmatic /dɒgˈmætɪk, AE dɔːg-/ agg. dogmatico (**about** su).

dogmatically /dɒgˈmætɪklɪ, AE dɔːg-/ avv. [*insist, maintain*] dogmaticamente; [*refuse, oppose, say*] categoricamente.

dogmatics /dɒgˈmætɪks, AE dɔːg-/ n. + verbo sing. dogmatica f.

dogmatism /ˈdɒgmətɪzəm, AE ˈdɔːg-/ n. dogmatismo m.

dogmatist /ˈdɒgmətɪst, AE ˈdɔːg-/ n. dogmatista m. e f.

dogmatize /ˈdɒgmətaɪz, AE ˈdɔːg-/ intr. dogmatizzare (**about** su).

do-gooder /duːˈgʊdə(r)/ n. COLLOQ. SPREG. benefattore m. (-trice), filantropo m. (-a) (zelante e sprovveduto).

do-goodery /duːˈgʊdərɪ/ n. COLLOQ. SPREG. carità f. (zelante e sprovveduta).

1.dog paddle /ˈdɒgpædl, AE ˈdɔːg-/ n. nuoto m. a cagnolino.

2.dog paddle /ˈdɒgpædl, AE ˈdɔːg-/ intr. nuotare a cagnolino.

dog rose /ˈdɒgrəʊz, AE ˈdɔːg-/ n. rosa f. canina.

dogsbody /ˈdɒgzbɒdɪ, AE ˈdɔːg-/ n. BE COLLOQ. (anche **general ~**) *(man, woman)* bestia f. da soma.

dog's grass /ˈdɒgzgrɑːs, AE ˈdɔːgzgræs/ n. **1** agrostide f. canina **2** → **couch grass.**

dog's home /ˈdɒgzhəʊm, AE ˈdɔːg-/ n. COLLOQ. canile m.

dogshow /ˈdɒgʃəʊ, AE ˈdɔːg-/ n. mostra f. canina.

dog's nose /ˈdɒgznəʊz, AE ˈdɔːg-/ n. = bevanda a base di birra e gin.

dog's tail /ˈdɒgzteɪl, AE ˈdɔːg-/ n. ventolana f., coda f. di cane.

Dog Star /ˈdɒgstɑː(r), AE ˈdɔːg-/ n. ASTR. Sirio f.

dog's tongue /ˈdɒgztʌŋ, AE ˈdɔːg-/ n. cinoglossa f., erba f. vellutina.

dog tag /ˈdɒgtæg, AE ˈdɔːg-/ n. AE COLLOQ. = piastrina di riconoscimento dei militari americani.

dog-tired /,dɒgˈtaɪəd, AE ,dɔːg-/ agg. COLLOQ. stanco morto, distrutto.

dogtooth /ˈdɒgtuːθ, AE ˈdɔːg-/ n. (pl. **-teeth**) **1** *(canine)* (dente) canino m. **2** ARCH. dente m. di cane.

dog-tooth check /ˈdɒgtuːθ,tʃek, AE ˈdɔːg-/ **I** n. pied-de-poule m. **II** agg. pied-de-poule.

dogtooth violet /ˈdɒgtuːθ,vaɪələt, AE ˈdɔːg-/ n. dente m. di cane, gramigna f.

dogtrack /ˈdɒgtræk, AE ˈdɔːg-/ n. cinodromo m.

dogtrot /ˈdɒgtrɒt, AE ˈdɔːg-/ n. EQUIT. piccolo m. trotto.

dogwatch /ˈdɒgwɒtʃ, AE ˈdɔːg-/ n. MAR. gaettone m.

dogwood /ˈdɒgwʊd, AE ˈdɔːg-/ n. sanguinella f.

dogy AE → **dogie.**

doh /dəʊ/ n. MUS. do m.

doily /ˈdɔɪlɪ/ n. *(under plate)* centrino m.; *(under cup, glass)* sottocoppa f.

doing /ˈduːɪŋ/ **I** n. ***this is her ~*** è opera sua, è stata lei; ***all of this is your ~*** tutto questo è opera tua *o* tutto questo è accaduto per colpa tua; ***it's none of my ~*** non è opera mia *o* non sono stato io; ***it takes some ~!*** ci vuole del bello e del buono! **II doings** n.pl. **1** *(actions)* azioni f., imprese f.; *(events)* avvenimenti m., eventi m. **2** BE COLLOQ. affare m.sing., coso m.sing.

doit /dɔɪt/ n. **1** *(Dutch coin)* = antica piccola moneta olandese **2** *(trifle)* nonnulla m., inezia f.; ***I don't care a ~*** non me ne importa un bel niente.

do-it-yourself /,duːɪtjɔːˈself/ **I** n. fai da te m., bricolage m. **II** modif. [*shop, materials*] per il fai da te, per il bricolage; [*book*] di bricolage; [*enthusiast*] del fai da te, del bricolage; ***~ kit*** kit (fai da te).

do-it-yourselfer /,duːɪtjɔːˈselfə(r)/ n. chi pratica il fai da te.

dojo /ˈdəʊdʒəʊ/ n. dojo m. (palestra per arti marziali giapponesi).

Dolby (stereo)® /ˈdɒlbɪ(,sterɪəʊ)/ n. dolby® m.

doldrums /ˈdɒldrəmz/ n.pl. **1** METEOR. *(area)* doldrums m., zona f.sing. delle calme equatoriali; *(weather)* calma f.sing. equatoriale **2** FIG. *(stagnation)* ***to be in the ~*** [*person*] essere malinconico, essere depresso; [*economy, company*] essere in crisi, essere in un periodo di stagnazione.

1.dole /dəʊl/ n. BE COLLOQ. sussidio m. di disoccupazione; ***to be on the ~*** percepire il sussidio di disoccupazione; ***to go on the ~*** = iscriversi alle liste di disoccupazione.

2.dole /dəʊl/ tr. dare, distribuire (in piccole quantità).

■ **dole out:** *~ out [sth.], ~ [sth.] out* distribuire (in piccole quantità).

3.dole /dəʊl/ n. LETT. duolo m., dolore m.

doleful /ˈdəʊlfl/ agg. dolente, addolorato.

dolefully /ˈdəʊlfəlɪ/ avv. [*say, remark*] in tono addolorato; [*look, gesture*] in modo addolorato.

dolefulness /ˈdəʊlfəlnɪs/ n. dolore m., afflizione f.

dole queue /ˈdəʊl,kjuː/ n. BE **1** = coda per ritirare il sussidio di disoccupazione **2** FIG. (anche **~s**) numero m. dei disoccupati.

dolerite /ˈdɒləraɪt/ n. dolerite f.

dolichocephalic /,dɒlɪ,kəʊkɪˈfælɪk, -sɪˈfælɪk/ agg. dolicocefalo.

dolina /dɒˈliːnə/, **doline** /dəˈliːn/ n. dolina f.

▷ **doll** /dɒl, AE dɔːl/ n. **1** bambola f.; ***to play with a ~, with one's ~s*** giocare con la bambola, con le bambole; ***~'s bed, clothes*** letto, vestiti della bambola **2** COLLOQ. *(pretty girl)* pupa f., bambola f.; *(attractive man)* bello m., bel tipo m.; ***hi, ~!*** *(to woman)* ciao, bambola! *(to man)* ciao, bello! **3** *(nice person)* ***you're a ~!*** sei un tesoro!

▷ **dollar** /ˈdɒlə(r)/ ♦ *7* n. dollaro m.

dollar area /ˈdɒlər,eərɪə/ n. area f. del dollaro.

dollar bill /,dɒləˈbɪl/ n. banconota f., biglietto m. da un dollaro.

dollar diplomacy /,dɒlədɪˈpləʊməsɪ/ n. diplomazia f. del dollaro (politica di incoraggiamento degli investimenti all'estero).

dollar sign /ˈdɒləsaɪn/ n. simbolo m. del dollaro.

dollop /ˈdɒləp/ n. COLLOQ. *(of food)* piccola quantità f., cucchiaiata f. (**of** di); FIG. pizzico m. (**of** di).

doll's hospital /ˈdɒlz,hɒspɪtl, AE ˈdɔːl-/ n. clinica f. delle bambole.

doll's house /ˈdɒlz,haʊs, AE ˈdɔːl-/ n. casa f. della bambola.

doll up /ˈdɒlʌp/ tr. COLLOQ. agghindare, vestire con ricercatezza [*person*]; ornare, adornare [*room, house*]; ***she was all dolled up*** era tutta agghindata; ***to doll oneself up, to get dolled up*** agghindarsi.

1.dolly /ˈdɒlɪ, AE ˈdɔːlɪ/ n. **1** COLLOQ. *(doll)* bambola f., bambolina f. **2** *(mobile platform)* carrello m., piattaforma f. mobile; CINEM. TELEV. dolly m. **3** *(for washing clothes)* mestola f. di lavandaia **4** AE FERR. *(locomotive)* locomotiva f. a scartamento ridotto **5** TECN. *(for rivet)* controstampo m. **6** SPORT colpo m., lancio m. facile.

2.dolly /ˈdɒlɪ, AE ˈdɔːlɪ/ intr. CINEM. TELEV. ***to ~ in, out*** fare una carrellata in avanti, all'indietro.

Dolly /ˈdɒlɪ/ n.pr. diminutivo di **Dorothea.**

dolly bird /ˈdɒlɪbɜːd, AE ˈdɔːlɪ-/ n. BE ANT. SPREG. = bella ragazza con poco cervello.

dollyman /ˈdɒlɪmən, AE ˈdɔːlɪ-/ ♦ *27* n. (pl. **-men**) CINEM. TELEV. carrellista m.

dolly mixture /ˈdɒlɪ,mɪkstʃə(r), AE ˈdɔːlɪ-/ n. = piccola caramella colorata.

dolly-shop /ˈdɒlɪʃɒp, AE ˈdɔːlɪ-/ n. AER. carrello m. di sostegno della coda.

dolmades /dɒlˈmɑːðez/ n.pl. INTRAD. m. (involtini di foglie di vite con ripieno di riso e carne).

dolman /ˈdɒlmən/ n. dolman m.

dolman sleeve /,dɒlmənˈsliːv/ n. manica f. a pipistrello.

dolmen /ˈdɒlmən/ n. dolmen m.

dolomite /ˈdɒləmaɪt/ n. *(mineral)* dolomite f.; *(rock)* dolomia f.

Dolomites /ˈdɒləmaɪts/ n.pr.pl. ***the ~*** le Dolomiti.

dolomitic /,dɒləˈmɪtɪk/ agg. dolomitico.

dolor AE → **dolour.**

dolorific /dɒləˈrɪfɪk/ agg. dolorifico.

dolorous /ˈdɒlərəs, AE ˈdəʊ-/ agg. LETT. doloroso, penoso.

dolostone /ˈdɒləstəʊn/ n. dolomia f.

dolour /ˈdɒlə(r), AE ˈdəʊlə(r)/ n. LETT. dolore m., pena f.

▷ **dolphin** /ˈdɒlfɪn/ n. ZOOL. delfino m.

dolphinarium /,dɒlfɪˈneərɪəm/ n. (pl. **~s, -ia**) delfinario m.

dolphin striker /ˈdɒlfɪn,straɪkə(r)/ n. pennaccino m.

dolt /dəʊlt/ n. SPREG. stupido m. (-a), stolto m. (-a).

doltish /ˈdəʊltɪʃ/ agg. stupido, stolto.

doltishness /ˈdəʊltɪʃnɪs/ n. stupidità f., stoltezza f.

Dom /dɒm/ ♦ *9* n. *(title)* don.

domain /dəʊ'meɪn/ n. **1** dominio m. (**of** di) **2** *(field of knowledge)* campo m., settore m. **3** MAT. dominio m.
domain name /dəʊ'meɪn,neɪm/ n. INFORM. nome m. di dominio.
▷ **dome** /dəʊm/ n. **1** ARCH. cupola f., volta f. **2** *(stately building)* palazzo m. **3** TECN. duomo m.
domed /dəʊmd/ agg. **1** [*skyline, tower, city*] ricco di cupole, con cupole **2** [*roof, ceiling*] a volta **3** [*forehead*] bombato, tondeggiante **4** [*helmet*] a cupola.
Domesday Book /'du:mzdeɪbʊk/ n. BE STOR. = il libro del catasto d'Inghilterra (fatto compilare da Guglielmo il Conquistatore nel 1086).
▶ **domestic** /də'mestɪk/ **I** agg. **1** POL. *(home)* [*market, affairs, consumption, policy, flight, demand, price*] interno, nazionale; [*consumer*] nazionale; [*crisis, issue*] di politica interna **2** *(of house)* [*activity, animal*] domestico; ~ ***chores*** lavori di casa, faccende domestiche; ~ ***staff*** personale di servizio **3** *(family)* [*life, harmony*] familiare, domestico; [*situation*] familiare; [*dispute*] coniugale; ~ ***bliss*** SCHERZ. la felicità domestica **II** n. **1** ANT. *(servant)* domestico m. (-a) **2** COLLOQ. *(argument)* lite f. coniugale.
domesticable /də'mestɪkəbl/ agg. [*animal*] addomesticabile.
domestically /də'mestɪklɪ/ avv. POL. [*produced*] nel paese, in patria; [*sold*] sul mercato interno; ***these are difficult times for the president*** ~ in politica interna sono momenti difficili per il presidente; ~, ***the decision was a disaster*** sul piano interno, a livello di politica interna, la decisione fu un disastro.
domestic appliance /də,mestɪkə'plaɪəns/ n. elettrodomestico m.
domesticate /də'mestɪkeɪt/ tr. addomesticare [*animal*].
domesticated /də'mestɪkeɪtɪd/ **I** p.pass. → **domesticate II** agg. **1** [*animal*] addomesticato **2** [*countryside, landscape*] civilizzato **3** ***to be*** ~ [*person*] amare la vita di casa.
domestication /də,mestɪ'keɪʃn/ n. addomesticamento m.
domestic help /də,mestɪk'help/ n. collaboratore m. (-trice) familiare.
domesticity /,dɒmə'stɪsətɪ, ,dəʊ-/ n. **1** *(home life)* vita f. domestica, vita f. familiare **2** *(household duties)* lavori m.pl. di casa, faccende f.pl. domestiche.
domestic science /də,mestɪk'saɪəns/ **I** n. BE economia f. domestica **II** modif. [*teacher, exam*] di economia domestica.
domestic servant /də,mestɪk'sɜ:vənt/ n. persona f. di servizio.
domestic service /də,mestɪk'sɜ:vɪs/ **I** n. ***to be in*** ~ lavorare a servizio **II domestic services** n.pl. lavori m. di casa.
domestic violence /də,mestɪk'vaɪələns/ n. violenza f. in famiglia, tra le mura domestiche.
domett /dəʊ'met/ n. = tessuto economico con l'ordito di cotone e la trama di lana (in seguito solo di cotone).
1.domicile /'dɒmɪsaɪl/ n. AMM. DIR. domicilio m.
2.domicile /'dɒmɪsaɪl/ **I** tr. **1** fissare la residenza di [*person*] **2** domiciliare [*bill of exchange*] **II** intr. fissare il proprio domicilio, domiciliarsi.
domiciled /'dɒmɪsaɪld/ **I** p.pass. → **2.domicile II** agg. domiciliato.
domiciliary /,dɒmɪ'sɪlɪərɪ, AE -erɪ/ agg. **1** [*visit, care, health service*] domiciliare, a domicilio **2** [*rights, information*] relativo al domicilio; [*premises*] di domicilio.
domiciliate /dəmɪ'sɪlɪeɪt/ → **2.domicile**.
▷ **dominance** /'dɒmɪnəns/, **dominancy** /'dɒmɪnənsɪ/ n. **1** *(fact of dominating group or individual)* dominio m. (**of** di) **2** *(numerical strength)* predominio m., preponderanza f. (**of** di) **3** BIOL. ZOOL. dominanza f.
dominant /'dɒmɪnənt/ **I** agg. **1** BIOL. dominante **2** MUS. [*chord, key*] dominante **II** n. **1** MUS. *(fifth note)* dominante f.; *(chord)* accordo m. di dominante **2** BIOL. carattere m. dominante **3** *(animal species, plant)* specie f. dominante.
▶ **dominate** /'dɒmɪneɪt/ **I** tr. dominare [*person, region, town*]; ***to*** ~ ***the market, industry*** dominare il mercato, l'industria; ***to be*** ~***d by*** [*market, industry*] essere dominato da, essere nelle mani di [*company, group*]; [*committee, university*] essere dominato da [*group*]; ***life in the West is*** ~***d by the car, by television*** la vita in occidente è dominata dall'automobile, dalla televisione; ***an area*** ~***d by factories, shops*** un'area fortemente industrializzata, fortemente commerciale **II** intr. **1** *(control others)* [*person*] dominare **2** *(predominate)* [*issue, topic, question*] predominare, prevalere.
dominating /'dɒmɪneɪtɪŋ/ agg. dominante.
▷ **domination** /,dɒmɪ'neɪʃn/ n. dominazione f. (**of** di; **by** da parte di); ***the*** ~ ***of the curriculum by science subjects*** la predominanza delle materie scientifiche nel programma.
dominator /'dɒmɪneɪtə(r)/ n. dominatore m. (-trice).
domineer /,dɒmɪ'nɪə(r)/ intr. tiranneggiare, spadroneggiare.
domineering /,dɒmɪ'nɪərɪŋ/ agg. [*person, behaviour, attitude*] dispotico, prepotente, tirannico; [*ways*] prepotente, da prepotente; [*tone, voice*] imperioso, autoritario.
Dominica /də'mɪnɪkə/ ➧ **6** n.pr. Dominica f.
1.Dominican /də'mɪnɪkən/ ➧ **18 I** agg. GEOGR. [*person, river, economy*] dominicano **II** n. dominicano m. (-a).
2.Dominican /də'mɪnɪkən/ **I** agg. RELIG. domenicano **II** n. domenicano m.
Dominican Republic /də,mɪnɪkənrɪ'pʌblɪk/ ➧ **6** n.pr. Repubblica f. Dominicana.
Dominic(k) /'dɒmɪnɪk/ n.pr. Domenico.
dominie /'dɒmɪnɪ/ n. **1** SCOZZ. *(schoolmaster)* maestro m. di scuola **2** AE = pastore della Chiesa Riformista Olandese **3** AE pastore m., prete m.
dominion /də'mɪnɪən/ n. **1** *(authority)* dominio m., sovranità f. (**over** su) **2** *(area ruled)* dominio m. **3** BE STOR. *(of empire)* (anche **Dominion**) dominion m.
domino /'dɒmɪnəʊ/ ➧ **10 I** n. (pl. **~s**) **1** GIOC. *(piece)* tessera f. del domino **2** STOR. SART. *(cloak)* domino m.; *(eye mask)* mascherina f. **II dominoes** n.pl. GIOC. domino m.sing.
domino effect /'dɒmɪnəʊɪ,fekt/ n. effetto m. domino.
domino theory /'dɒmɪnəʊ,θɪərɪ/ n. POL. = durante la guerra fredda, teoria politica secondo la quale se un paese del Sud-Est asiatico fosse diventato comunista, lo sarebbero divenuti anche i paesi vicini.
domotics /də'mɒtɪks/ n. + verbo sing. domotica f.
domsat /'dɒm,sæt/ n. (⇒ domestic satellite) = satellite per le telecomunicazioni.
1.don /dɒn/ n. **1** BE UNIV. docente m. e f. universitario (-a) **2** AE *(in mafia)* capomafia m., pezzo m. da novanta.
2.don /dɒn/ tr. (forma in -ing ecc. **-nn-**) LETT. indossare, mettere [*hat, gloves*].
Don /dɒn/ n.pr. diminutivo di **Donald**.
donah /'dəʊnə/ n. ANT. POP. *(girlfriend)* donna f., innamorata f.
Donalbain /'dɒnlbeɪn/ n.pr. Donalbain (nome di uomo).
Donald /'dɒnld/ n.pr. Donaldo.
Donald Duck /,dɒnld'dʌk/ n.pr. Paperino.
▷ **donate** /dəʊ'neɪt, AE 'dəʊneɪt/ **I** tr. donare [*money, kidney, body*] (**to** a); ***to be*** ~***d by sb.*** essere donato da qcn. **II** intr. fare una donazione.
▷ **donation** /dəʊ'neɪʃn/ n. donazione f. (**of** di; **to** a).
donative /'dəʊnətɪv/ n. donativo m., dono m.
donator /dəʊ'neɪtə(r)/ n. FORM. donatore m. (anche DIR.).
donatress /dəʊ'neɪtrɪs/ n. FORM. donatrice f. (anche DIR.).
done /dʌn/ **I** p.pass. → **1.do II** agg. *(socially acceptable)* ***it's not the*** ~ ***thing*** non si fa *o* non sta bene; ***it's not*** ~ ***to do*** non sta bene fare **III** inter. *(making deal)* d'accordo, affare fatto.
donee /dəʊ'ni:/ n. donatario m. (-a).
Donegal /,dʌnɪ'gɔ:l/ ➧ **24** n.pr. Donegal m.
doner kebab /,dəʊnəkə'bæb/ n. INTRAD. m. (pietanza a base di carne arrostita e insalata servite con pane azzimo e salsa di peperoncino rosso).
1.dong /dɒŋ/ n. **1** *(sound of bell)* (don) don m. **2** POP. *(penis)* cazzo m.
2.dong /dɒŋ/ ➧ **7** n. dong m.
donjon /'dɒndʒən/ n. torrione m. di castello.
Don Juan /,dɒn'dʒu:ən/ **I** n.pr. Don Giovanni **II** n. FIG. dongiovanni m.
donkey /'dɒŋkɪ/ n. ZOOL. asino m., somaro m. (anche FIG.) ◆ ***she could talk the hind leg off a*** ~***!*** parlava moltissimo, parlava come una macchinetta; ~***'s years ago*** COLLOQ. un sacco di tempo fa; ***I've known him for*** ~***'s years*** COLLOQ. lo conosco da un sacco di tempo.
donkey boiler /'dɒŋkɪ,bɔɪlə(r)/ n. TECN. calderina f.
donkey engine /'dɒŋkɪ,endʒɪn/ n. **1** MAR. TECN. motore m. ausiliario **2** FERR. locomotiva f. da manovra.
donkey jacket /'dɒŋkɪ,dʒækɪt/ n. = giaccone di stoffa impermeabile, usato soprattutto da addetti stradali ecc.
donkey pump /'dɒŋkɪ,pʌmp/ n. MAR. TECN. cavallino m.
donkey ride /'dɒŋkɪ,raɪd/ n. passeggiata f. in groppa a un asino.
donkey work /'dɒŋkɪwɜ:k/ n. lavoro m. ingrato, faticoso.
Donna /'dɒnə/ n.pr. Donna (nome di donna).
donnish /'dɒnɪʃ/ agg. [*person*] studioso, intellettuale; SPREG. pedante, pignolo.
▷ **donor** /'dəʊnə(r)/ n. *(of organ, money)* donatore m. (-trice); ***blood, kidney*** ~ donatore di sangue, di rene.
donor card /'dəʊnəkɑ:d/ n. tessera f. di donatore di organi.
Don Quixote /,dɒn'kwɪksət/ n.pr. Don Chisciotte.
▷ **don't** /dəʊnt/ contr. do not.

donut AE → **doughnut**.
doodah /ˈduːdɑː/ BE, **doodad** /ˈduːdæd/ AE n. **1** aggeggio m., affare m., coso m. **2** ***to be all of a ~*** [*person*] essere tutto agitato.
1.doodle /ˈduːdl/ n. ghirigoro m., scarabocchio m.
2.doodle /ˈduːdl/ intr. scarabocchiare, fare scarabocchi, ghirigori (**on** su).
doodlebug /ˈduːdlbʌg/ n. BE STOR. MIL. bomba f. volante, V1 f.
doofus /ˈduːfəs/ n. AE COLLOQ. imbecille m. e f., cretino m. (-a).
doolally /ˈduːlælɪ/ agg. COLLOQ. SCHERZ. tocco, picchiato; matto; ***to go ~*** diventare matto.
▷ **1.doom** /duːm/ n. *(death)* tragico destino m., destino m. di morte; *(unhappy destiny)* rovina f., catastrofe f.; ***to have a sense of impending ~*** avere un tragico presentimento; ***to prophecy ~*** predire la catastrofe ◆ ***to spread*** o ***preach ~ and gloom*** annunciare disastri; ***it's not all ~ and gloom!*** la situazione non è così nera!
▷ **2.doom** /duːm/ tr. condannare [*person, project*] (**to** a); ***to be ~ed to do*** essere condannato a fare; ***to be ~ed to failure*** essere destinato a fallire; ***to be ~ed from the start*** essere destinato al fallimento fin dall'inizio.
doom-laden /ˈduːmleɪdn/ agg. [*pronouncement, forecast*] apocalittico, carico di cattivi presagi.
doomsday /ˈduːmzdeɪ/ **I** n. (giorno del) Giudizio m. Universale; ***until ~*** SCHERZ. per sempre, fino alla fine del mondo **II** modif. ***a ~ scenario*** uno scenario apocalittico.
doomster /ˈduːmstə(r)/ n. catastrofista m. e f.
doomwatch /ˈduːmwɒtʃ/ n. **1** *(in ecology)* catastrofismo m. **2** *(surveillance)* = controllo per la prevenzione di disastri ecologici.
▶ **door** /dɔː(r)/ n. **1** porta f. (**to** di; **in** in); ***the ~ to the terrace, kitchen*** la porta della terrazza, della cucina; ***their house is a few ~s down*** abitano qualche casa più in là; ***behind closed ~s*** in segreto, a porte chiuse; ***to shut, slam the ~ on sb.*** o ***in sb.'s face*** chiudere, sbattere la porta in faccia a qcn.; ***to shut*** o ***close the ~ on sth.*** FIG. sbarrare la strada a qcs.; ***to slam the ~ in sb.'s face*** FIG. sbattere la porta in faccia a qcn. **2** AUT. porta f., portiera f.; FERR. porta f., sportello m.; ***a four-~ car*** un'automobile a quattro porte; ***"mind the ~s please"*** "attenzione alla chiusura delle porte" **3** *(entrance)* porta f., entrata f.; ***to be on the ~*** stare sulla porta; ***"pay at the ~"*** "pagare all'entrata" ◆ ***to be at, look as if one is at death's ~*** avere un piede nella fossa, avere l'aria di chi ha un piede nella fossa; ***to get a foot in the ~*** aprirsi la strada; ***to lay sth. at sb.'s ~*** imputare qcs. a qcn.; ***to open the ~(s) to sth.*** aprire la strada a qcs.; ***to leave the ~ open for*** o ***to sth.*** lasciare la porta aperta a qcs.; ***this will open ~s for him*** questo gli aprirà (del)le porte; ***one ~ shuts, another opens*** si chiude una porta, se ne apre un'altra; ***to show sb. the ~*** mettere qcn. alla porta.
▷ **door bell** /ˈdɔːbel/ n. campanello m. della porta.
door chime /ˈdɔːtʃaɪm/ n. (suono del) campanello m.
door frame /ˈdɔːfreɪm/ n. intelaiatura f. della porta.
door handle /ˈdɔːˌhændl/ n. *(lever type)* maniglia f. della porta; *(turning type)* pomello m. della porta; AUT. maniglia f.
door jamb /ˈdɔːdʒæm/ n. stipite m., montante m. della porta.
doorkeeper /ˈdɔːˌkiːpə(r)/ ♦ ***27*** n. portinaio m. (-a), portiere m. (-a).
door-knob /ˈdɔːnɒb/ n. pomello m. della porta.
doorman /ˈdɔːmən/ ♦ ***27*** n. (pl. **-men**) *(at hotel)* portiere m.; *(at cinema)* maschera f.
doormat /ˈdɔːmæt/ n. **1** zerbino m. **2** FIG. *(person)* pezza f. da piedi.
doormen /ˈdɔːmen/ → **doorman**.
doornail /ˈdɔːneɪl/ n. borchia f. della porta ◆ ***to be as dead as a ~*** essere morto stecchito.
door plate /ˈdɔːpleɪt/ n. *(of doctor, lawyer)* targhetta f. (sulla porta).
door porter /ˈdɔːˌpɔːtə(r)/ ♦ ***27*** n. portinaio m. (-a), portiere m. (-a).
doorpost /ˈdɔːpəʊst/ n. stipite m., montante m. della porta.
door-scraper /ˈdɔːˌskreɪpə(r)/ n. *(on doorstep)* raschietto m.
1.doorstep /ˈdɔːstep/ n. **1** *(step)* gradino m. della porta **2** *(threshold)* soglia f.; ***on the*** o ***one's ~*** *(nearby)* a due passi *o* sotto casa; *(unpleasantly close)* in casa **3** COLLOQ. *(chunk of bread)* grossa fetta f. di pane.
2.doorstep /ˈdɔːstep/ tr. (forma in -ing ecc. **-pp-**) BE POL. *(canvass)* ***to ~ sb.*** = visitare qcn. nel corso di una campagna elettorale porta a porta.
door-stepping /ˈdɔːstepɪŋ/ n. BE POL. campagna f. elettorale porta a porta.
doorstop /ˈdɔːstɒp/ n. fermaporta m.
door-to-door /ˌdɔːtəˈdɔː/ **I** agg. [*car service, salesman*] a domicilio; [*canvassing*] porta a porta; ***~ selling*** vendita porta a porta, a domicilio **II door to door** avv. [*sell*] porta a porta, a domicilio; ***it's 90 minutes ~*** sono 90 minuti da porta a porta.
▷ **doorway** /ˈdɔːweɪ/ n. **1** *(frame of door)* vano m. della porta **2** *(area in front of door)* entrata f.; ***to shelter in a shop ~*** ripararsi nell'entrata di un negozio; ***to block the ~*** bloccare l'entrata.
dopamine /ˈdəʊpəmiːn/ n. dopamina f.
dopant /ˈdəʊpənt/ n. ELETTRON. agente m. di drogaggio.
1.dope /dəʊp/ n. **1** COLLOQ. *(cannabis)* erba f., roba f. **2** COLLOQ. *(fool)* cretino m. (-a), tonto m. (-a), scemo m. (-a) **3** COLLOQ. *(information)* soffiata f. (**on** su); ***OK, what's the ~ on Joe?*** OK, che sappiamo di Joe? **4** AUT. TECN. *(additive)* additivo m. **5** IND. *(in dynamite manufacture)* materiale m. assorbente **6** *(varnish)* vernice f., rivestimento m.
2.dope /dəʊp/ tr. **1** *(give drug to)* drogare [*person*]; SPORT dopare, drogare, somministrare stimolanti a [*horse, athlete*] **2** *(put drug in)* drogare [*food, drink*].
■ **dope off** addormentarsi, essere intontito (come per effetto di una droga).
■ **dope out:** ***~ out [sth.], ~ [sth.] out*** scoprire [*plan, answer*].
doped /dəʊpt/ **I** p.pass. → **2.dope II** agg. (anche **~ up**) [*person*] drogato; [*horse, athlete*] dopato, drogato.
dope fiend /ˈdəʊpfiːnd/ n. COLLOQ. tossico m. (-a), drogato m. (-a).
dope peddler /ˈdəʊpˌpedlə(r)/ n. spacciatore m. (-trice).
dope test /ˈdəʊptest/ n. SPORT (controllo) antidoping m.
dope-test /ˈdəʊptest/ tr. SPORT sottoporre a (controllo) antidoping, fare l'antidoping a [*horse, athlete*].
dopey /ˈdəʊpɪ/ agg. COLLOQ. **1** *(silly)* stupido, rimbambito **2** *(not fully awake)* assonnato, intontito.
Dopey /ˈdəʊpɪ/ n.pr. Cucciolo.
doping /ˈdəʊpɪŋ/ n. SPORT doping m.
doppelganger /ˈdɒplgeŋə(r)/ n. sosia m. e f., doppio m.
Doppler effect /ˈdɒplərɪˌfekt/ n. effetto m. Doppler.
dopy → **dopey**.
dor /dɔː(r)/ n. **1** *(hornet)* calabrone m. **2** *(dorbeetle)* (scarabeo) stercorario m.
Dora /ˈdɔːrə/ n.pr. Dora.
dorado /dəˈrɑːdəʊ/ n. (pl. **~s**) corifena f.
dorbeetle /ˈdɔːˌbiːtl/ n. (scarabeo) stercorario m.
Doreen /dɔːˈriːn/ n.pr. Dorina.
1.Dorian /ˈdɒrɪən/ **I** agg. dorico **II** n. dorio m. (-a).
2.Dorian /ˈdɒrɪən/ n.pr. Dorian, Doriano.
Doric /ˈdɒrɪk/ **I** agg. dorico **II** n. *(dialect)* dorico m.
dork /dɔːk/ n. AE AUSTRAL. COLLOQ. stupido m. (-a), scemo m. (-a).
dorm /dɔːm/ n. BE SCOL. COLLOQ. (accorc. dormitory) dormitorio m.
dormancy /ˈdɔːmənsɪ/ n. **1** FIG. sonno m., letargo m. **2** GEOL. *(of volcano)* inattività f. **3** BOT. dormienza f., quiescenza f.
dormant /ˈdɔːmənt/ agg. **1** *(latent)* [*emotion, sensuality, talent, potential*] latente; ***to lie ~*** rimanere latente **2** GEOL. [*volcano*] inattivo **3** ARALD. disteso, sdraiato **4** BOT. dormiente.
dormer /ˈdɔːmə(r)/ n. (anche **~ window**) abbaino m., lucernario m.
dormitory /ˈdɔːmɪtrɪ, AE -tɔːrɪ/ **I** n. **1** BE dormitorio m. **2** AE UNIV. casa f., alloggio m. per studenti **II** modif. [*suburb, town*] dormitorio.
dormitory car /ˈdɔːmɪtrɪˌkɑː(r), AE -tɔːrɪ-/ n. AE = vagone letto per il personale viaggiante.
Dormobile® /ˈdɔːməbiːl/ n. camper m., autocaravan m.
dormouse /ˈdɔːmaʊs/ n. (pl. **dormice**) ghiro m.
Dorothea /ˌdɒrəˈθɪə/, **Dorothy** /ˈdɒrəθɪ/ n.pr. Dorotea.
Dorrit /ˈdɒrɪt, AE ˈdɔː-/ n.pr. Dorrit (nome di donna).
dorsal /ˈdɔːsl/ agg. dorsale.
Dorset /ˈdɔːsɪt/ ♦ ***24*** n.pr. Dorset m.
dorsosacral /ˌdɔːsəʊˈseɪkrəl/ agg. dorsosacrale.
1.dory /ˈdɔːrɪ/ n. AE dory m.
2.dory /ˈdɔːrɪ/ n. pesce m. san Pietro.
DOS /dɒs/ n. INFORM. (⇒ disk operating system sistema operativo su disco) DOS m.
dosage /ˈdəʊsɪdʒ/ n. **1** *(administration of drugs)* posologia f. **2** *(dose)* dose f.
1.dose /dəʊs/ n. MED. dose f. (**of** di) (anche FIG.); ***a ~ of originality, optimism*** una dose di originalità, di ottimismo; ***to have a ~ of shingles, measles*** avere il fuoco di sant'Antonio, avere il morbillo; ***a ~ of flu*** una brutta influenza; ***to catch a ~*** COLLOQ. *(of VD)* prendere la gonorrea ◆ ***like a ~ of salts*** in quattro e quattr'otto; ***he's all right in small ~s*** è sopportabile a piccole dosi.
2.dose /dəʊs/ **I** tr. ***to ~ sb. with medicine*** somministrare una medicina a qcn. **II** rifl. ***to ~ oneself up*** imbottirsi di medicine.
dosh /dɒʃ/ n. BE COLLOQ. grana f., quattrini m. pl.
dosimeter /dəʊˈsɪmɪtə(r)/ n. dosimetro m.
dosimetry /dəʊˈsɪmɪtrɪ/ n. dosimetria f.
1.doss /dɒs/ n. BE COLLOQ. ***it's a ~!*** facile!

2.doss /dɒs/ intr. POP. dormire in un dormitorio pubblico.
■ **doss down** COLLOQ. dormire.
dossal /ˈdɒsl/ n. RELIG. dossale m.
dosser /ˈdɒsə(r)/ n. **1** COLLOQ. *(tramp)* vagabondo m. (-a) **2** *(lazy person)* pigrone m. (-a), fannullone m. (-a).
dosshouse /ˈdɒshaʊs/ n. COLLOQ. dormitorio m. pubblico.
dossier /ˈdɒsɪə(r), -ɪeɪ/ n. dossier m., incartamento m. (**on** su).
dost /dʌst/ ANT. 2ª persona sing. pres. → **1.do**.
▷ **1.dot** /dɒt/ n. punto m., puntino m.; *(in Internet and e-mail addresses)* punto m.; *(on fabric, wallpaper)* pallino m., pois m.; ***"~, ~, ~"*** "puntini, puntini, puntini", "puntini di sospensione" ◆ ***since the year ~*** COLLOQ. da secoli, da un sacco di tempo; ***on the ~*** in punto; ***at two o'clock on the ~*** alle due in punto, spaccate.
2.dot /dɒt/ tr. (forma in -ing ecc. **-tt-**) **1** *(in writing)* mettere un puntino, un punto su [*letter*] **2** GASTR. cospargere [*chicken, joint*] (**with** di, con) **3** *(be scattered along)* ***fishing villages ~ the coast*** o ***the coast is ~ted with fishing villages*** la costa è punteggiata di villaggi di pescatori; ***there were houses, people ~ted around*** c'erano case, persone (sparse) qua e là; ***they were ~ted around the town, square*** erano sparpagliati per la città, nella piazza.
DOT n. US (⇒ Department of Transportation) = ministero dei trasporti.
dotage /ˈdəʊtɪdʒ/ n. ***to be in one's ~*** essere un vecchio rimbambito.
dotal /ˈdəʊtl/ agg. RAR. dotale.
dotard /ˈdəʊtəd/ n. vecchio m. (-a) rimbambito (-a).
dot-com /ˈdɒtkɒm/ **I** n. = azienda che opera in Internet **II** modif. [*era, revolution*] di Internet, dot-com; [*society*] che opera in Internet.
dote /dəʊt/ intr. ***to ~ on sb., sth.*** amare alla follia, adorare qcn., qcs.; stravedere per, non capire più niente per qcs., qcn.
doth /dʌθ/ ANT. 3ª persona sing. pres. → **1.do**.
doting /ˈdəʊtɪŋ/ agg. ***her ~ parents*** i suoi genitori che l'adorano; ***he's a ~ son*** è un figlio che ama *o* adora i suoi genitori.
dotingly /ˈdəʊtɪŋlɪ/ avv. [*look, gaze*] con adorazione.
dot matrix printer /ˌdɒtˈmeɪtrɪksˌprɪntə(r)/ n. stampante f. a matrice di punti.
dotted /ˈdɒtɪd/ **I** p.pass. → **2.dot II** agg. **1** SART. *(spotted)* a pois, a pallini **2** MUS. [*note*] puntato.
dotted line /ˌdɒtɪdˈlaɪn/ n. linea f. tratteggiata; ***"tear along ~"*** "strappare lungo il tratteggio"; ***to sign on the ~*** firmare sulla linea tratteggiata; FIG. accettare a occhi chiusi.
dotterel /ˈdɒtərəl/ n. piviere m. tortolino.
dottle /ˈdɒtl/ n. *(in a pipe)* residuo m. di tabacco.
dottrel /ˈdɒtrəl/ n. → **dotterel**.
dotty /ˈdɒtɪ/ agg. BE COLLOQ. [*person*] suonato, picchiato; [*scheme*] strampalato.
▶ **1.double** /ˈdʌbl/ **I** agg. **1** *(twice as much)* [*portion, dose*] doppio; ***he was given a ~ helping of strawberries*** gli hanno servito una porzione doppia di fragole; ***a ~ vodka*** una vodka doppia **2** *(when spelling, giving number)* ***Anne is spelt*** BE o ***spelled*** AE ***with a ~ "n"*** Anne si scrive con due "n"; ***eight ~ five four (8554)*** otto cinque cinque quattro; ***two ~ four (244)*** due quattro quattro **3** *(dual, twofold)* ***~ advantage*** doppio, duplice vantaggio; ***to serve a ~ purpose*** servire a un duplice scopo; ***a remark with a ~ meaning*** un'affermazione con un doppio senso; ***~ murder*** duplice omicidio; ***~-page advertisement*** pubblicità su pagina doppia **4** *(intended for two people or things)* [*sheet, blanket*] matrimoniale; [*garage etc.*] doppio; [*ticket, invitation*] per due **5** BOT. doppio **II** avv. **1** *(twice)* il doppio, due volte tanto; ***she earns ~ what I earn*** guadagna il doppio di me; ***I need ~ this amount*** ho bisogno del doppio di questa quantità; ***it'll take ~ the time*** impiegherò il doppio del tempo; ***she's ~ his age*** ha il doppio della sua età; ***unemployment is ~ what it was last year*** la disoccupazione è il doppio dell'anno scorso; ***~ three is six*** due volte tre fa sei **2** [*fold, bend*] in due; ***to be bent ~ with pain, laughter*** essere piegato in due dal dolore, dalle risate; ***to see ~*** vedere doppio.
▶ **2.double** /ˈdʌbl/ **I** n. **1** ***I'll have a ~ please*** *(drink)* per me doppio, grazie **2** *(of person)* sosia m. e f.; CINEM. controfigura f.; TEATR. sostituto m. (-a); ***he's your ~!*** è il tuo sosia! **3** *(in horseracing) (bet)* duplice f. **4** GIOC. *(in bridge)* contre m.; *(in dominoes)* pariglia f.; ***to throw a ~*** *(in darts, board game)* fare un doppio **II doubles** n.pl. *(in tennis)* doppio m.sing.; ***ladies', men's, mixed ~s*** doppio femminile, maschile, misto; ***to play a game of ~s*** giocare un doppio *o* fare una partita di doppio ◆ ***on*** o ***at the ~*** FIG. di corsa, in fretta; MIL. a passo di corsa; ***~ or quits!*** *(in gambling)* lascia o raddoppia!
▶ **3.double** /ˈdʌbl/ **I** tr. **1** *(increase twofold)* raddoppiare [*amount, price, rent, dose etc.*]; moltiplicare per due [*number*] **2** (anche **~ over**) *(fold, bend)* piegare in due [*blanket, dressing etc.*]; raddoppiare, mettere doppio [*thread*] **3** *(in spelling)* raddoppiare [*letter*] **4** *(in cards) (when making call in bridge)* contrare; ***to ~ the stakes*** raddoppiare la posta **5** MUS. raddoppiare; ***to ~ a part*** raddoppiare una parte **6** MAR. doppiare [*cape*] **II** intr. **1** [*sales, prices, salaries etc.*] raddoppiare; ***to ~ in value*** raddoppiare di valore **2** *(in bridge)* raddoppiare **3** ***to ~ for sb.*** CINEM. fare la controfigura di qcn.; TEATR. fare il sostituto di qcn. **4** *(serve dual purpose)* ***the sofa ~s as a bed*** il divano fa anche da letto; ***the study ~s as a bedroom*** lo studio fa anche da camera da letto; ***the gardener ~s as a chauffeur*** il giardiniere fa anche da autista; ***this actor ~s as the king in Act II*** questo attore interpreta anche la parte del re nel secondo atto.
■ **double back** [*person*] ritornare sui propri passi, fare dietro front; [*animal*] ritornare sui propri passi; [*road, track etc.*] tornare indietro.
■ **double over:** *~ [sth.] over* *(fold, bend)* piegare in due [*blanket, dressing etc.*]; raddoppiare, mettere doppio [*thread*].
■ **double up:** *~ up* **1** *(bend one's body)* piegarsi in due; ***he ~d up in pain, with laughter, he was ~d up with pain, with laughter*** si piegava in due, era piegato in due dal dolore, dalle risate **2** *(share sleeping accommodation)* dividere la stanza **3** BE *(in betting)* fare una duplice.
double-acting /ˈdʌblˌæktɪŋ/ agg. MECC. a doppia azione, a doppio effetto.
double agent /ˌdʌblˈeɪdʒənt/ n. agente m. doppio.
double album /ˌdʌblˈælbəm/ n. album m. doppio.
double-banked /ˌdʌblˈbæŋkt/ agg. [*boat*] a due ordini di remi.
double bar /ˌdʌblˈbɑː(r)/ n. MUS. doppia barra f.
double-barrelled BE, **double-barreled** AE /ˌdʌblˈbærəld/ agg. [*gun*] a due canne; ***~ name*** BE FIG. cognome doppio.
double bass /ˌdʌblˈbeɪs/ ♦ ***17*** n. *(instrument)* contrabbasso m.; *(player)* contrabbassista m. e f.
double bassoon /ˌdʌblbəˈsuːn/ ♦ ***17*** n. controfagotto m.
double bed /ˌdʌblˈbed/ n. letto m. a due piazze, letto m. matrimoniale.
double-bedded /ˌdʌblˈbedɪd/ agg. [*room*] doppio.
double bend /ˌdʌblˈbend/ n. AUT. doppia curva f., curva f. a S.
double bill /ˌdʌblˈbɪl/ n. TEATR. = rappresentazione con due opere in programma; CINEM. = spettacolo con due film di seguito.
double bind /ˌdʌblˈbaɪnd/ n. **1** dilemma m. (irrisolvibile); ***to be caught in a ~*** essere finito in un vicolo cieco **2** PSIC. doppio legame m.; ***to put sb. in a ~*** porre qcn. in una situazione di doppio legame.
double-blind /ˌdʌblˈblaɪnd/ agg. [*test, experiment, method*] in doppio cieco.
double bluff /ˌdʌblˈblʌf/ n. = il dire la verità a qcn. facendo credere che sia una bugia.
double boiler /ˌdʌblˈbɔɪlə(r)/ n. AE → **double saucepan**.
double-book /ˌdʌblˈbʊk/ **I** tr. ***to ~ a room, seat etc.*** = accettare la prenotazione di una camera, di un posto da due persone diverse; ***they had ~ed the whole flight*** *(deliberately)* l'intero volo era in overbooking **II** intr. [*hotel, airline, company*] *(as practice)* = accettare prenotazioni da due persone diverse.
double booking /ˌdʌblˈbʊkɪŋ/ n. overbooking m.
double bounce /ˌdʌblˈbaʊns/ n. *(in tennis)* doppio rimbalzo m.
double-breasted /ˌdʌblˈbrestɪd/ agg. [*jacket*] (a) doppio petto.
double check /ˌdʌblˈtʃek/ n. secondo controllo m.
double-check /ˌdʌblˈtʃek/ tr. ricontrollare, controllare di nuovo [*figures, arrangements, date, time etc.*].
double chin /ˌdʌblˈtʃɪn/ n. doppio mento m., pappagorgia f.; ***to have several ~s*** avere diverse pieghe sotto il mento.
double-chinned /ˌdʌblˈtʃɪnd/ agg. dal, con il doppio mento.
double-click /ˌdʌblˈklɪk/ **I** tr. fare doppio clic su [*icon*] **II** intr. fare doppio clic (**on** su).
double-clutch /ˌdʌblˈklʌtʃ/ intr. AE → **double-declutch**.
double consonant /ˌdʌblˈkɒnsənənt/ n. consonante f. doppia, geminata.
double cream /ˌdʌblˈkriːm/ n. BE GASTR. = panna molto densa.
1.double-cross /ˌdʌblˈkrɒs/ n. COLLOQ. inganno m., doppio gioco m.
2.double-cross /ˌdʌblˈkrɒs/ tr. ingannare, tradire, fare il doppio gioco con [*person*].
double-crosser /ˌdʌblˈkrɒsə(r)/ n. COLLOQ. doppiogiochista m. e f., imbroglione m. (-a).
double cuff /ˌdʌblˈkʌf/ n. polsino m. alla moschettiera.
double daggers /ˌdʌblˈdægəz/ n.pl. TIP. doppia croce f.
double date /ˌdʌblˈdeɪt/ n. AE ***to go on a ~*** uscire in due coppie.
double-date /ˌdʌblˈdeɪt/ intr. AE uscire in due coppie.
double-dealer /ˌdʌblˈdiːlə(r)/ n. doppiogiochista m. e f.

double-dealing /ˌdʌblˈdiːlɪŋ/ **I** n. doppiezza f., doppio gioco m. **II** agg. doppio, sleale.
double-decker /ˌdʌblˈdekə(r)/ n. **1** BE *(bus)* autobus m. a due piani **2** *(sandwich)* sandwich m. doppio.
double-declutch /ˌdʌbldiːˈklʌtʃ/ intr. BE AUT. fare una doppia debraiata, fare la doppietta.
double density /ˌdʌblˈdensətɪ/ agg. INFORM. a doppia densità.
double-digit /ˌdʌblˈdɪdʒɪt/ agg. a due cifre; ~ ***inflation*** inflazione a due cifre.
1.double-dip /ˌdʌblˈdɪp/ intr. (forma in -ing ecc. **-pp-**) AE = avere due fonti di reddito non compatibili, come una pensione e uno stipendio.
2.double-dip /ˌdʌblˈdɪp/ n. (anche ~ **cone**) AE = cono gelato con due palline.
double-dipper /ˈdʌblˌdɪpə(r)/ n. AE = chi ha due fonti di reddito non compatibili, come una pensione e uno stipendio.
double door /ˌdʌblˈdɔː(r)/ n. (anche **~s**) porta f. a due battenti.
double Dutch /ˌdʌblˈdʌtʃ/ n. COLLOQ. linguaggio m. incomprensibile, arabo m.; ***to talk*** ~ parlare arabo; ***it's all ~ to me!*** per me è arabo!
double-dyed /ˌdʌblˈdaɪd/ agg. **1** tinto due volte **2** FIG. *(confirmed)* matricolato.
double-eagle /ˌdʌblˈiːgl/ n. AE = antica moneta americana del valore di venti dollari.
double-edged /ˌdʌblˈedʒd/ agg. a doppio taglio (anche FIG.).
double entendre /ˌduːblɑːnˈtɑːndrə/ n. **1** *(word, phrase)* doppio senso m. **2** *(act, practice)* ***to resort to*** ~ ricorrere ai *o* utilizzare doppi sensi.
double entry /ˌdʌblˈentrɪ/ AMM. **I** n. partita f. doppia **II double-entry** modif. [*bookkeeping, accounts, system*] in partita doppia.
double exposure /ˌdʌblɪkˈspəʊʒə(r)/ n. FOT. doppia esposizione f.
double-faced /ˌdʌblˈfeɪst/ agg. **1** [*fabric, material*] double-face; [*shelving*] = non appoggiato al muro ma accessibile da entrambi i lati **2** SPREG. [*person*] doppio, ipocrita.
double fault /ˌdʌblˈfɔːlt/ n. *(in tennis)* doppio fallo m.
double-fault /ˌdʌblˈfɔːlt/ intr. commettere (un) doppio fallo.
double feature /ˌdʌblˈfiːtʃə(r)/ n. CINEM. = spettacolo con due film di seguito.
double-figure /ˌdʌblˈfɪgə(r)/ agg. a due cifre.
double figures /ˌdʌblˈfɪgəz/ n.pl. ***to go into*** ~ [*inflation*] raggiungere le due cifre, arrivare a un numero a due cifre.
double first /ˌdʌblˈfɜːst/ n. GB UNIV. = (chi consegue) il massimo dei voti nelle due discipline di laurea.
double flat /ˌdʌblˈflæt/ n. doppio bemolle m.
double-fronted /ˌdʌblˈfrʌntɪd/ agg. [*house*] = con finestre che si aprono su entrambi i lati dell'ingresso.
double game /ˌdʌblˈgeɪm/ n. ***to play a*** ~ fare il doppio gioco.
double-glaze /ˌdʌblˈgleɪz/ tr. mettere i doppi vetri a [*window*].
double-glazed /ˌdʌblˈgleɪzd/ **I** p.pass. → **double-glaze II** agg. con doppi vetri; ***all the houses are fully*** ~ tutte le case hanno i doppi vetri.
double glazing /ˌdʌblˈgleɪzɪŋ/ n. doppi vetri m.pl.; ***to put in*** ~ mettere i doppi vetri.
double-headed /ˈdʌblˌhedɪd/ agg. **1** a due teste, bicipite **2** FIG. falso, ipocrita
double helix /ˌdʌblˈhiːlɪks/ n. (pl. **double helices**, **double helixes**) BIOL. *(of DNA)* doppia elica f.
double indemnity /ˌdʌblɪnˈdemnɪtɪ/ n. AE doppio indennizzo m. (nelle assicurazioni sulla vita, il pagamento del doppio della somma assicurata in caso di morte dovuta a un incidente).
double jeopardy /ˌdʌblˈdʒepədɪ/ n. AE DIR. = impossibilità di istruire un secondo processo contro una persona già processata per lo stesso reato.
double-jointed /ˌdʌblˈdʒɔɪntɪd/ agg. [*person, limb, finger*] snodato.
double knit /ˌdʌblˈnɪt/ **I** n. maglia f. doppia **II double-knit** modif. [*garment*] di maglia doppia.
double knitting (wool) /ˌdʌblˈnɪtɪŋ(wʊl)/ n. = filato di lana molto grosso.
double knot /ˌdʌblˈnɒt/ n. doppio nodo m.
double-length cassette /ˌdʌblˈleŋθˌkəˌset/ n. cassetta f. (a) doppia durata.
double lock /ˌdʌblˈlɒk/ n. *(two bolts)* serratura f. doppia; *(two turns of key)* doppia mandata f.
double-lock /ˌdʌblˈlɒk/ tr. chiudere a doppia mandata [*door*].
double march /ˌdʌblˈmɑːtʃ/ n. MIL. passo m. di corsa.
doubleness /ˈdʌblnɪs/ n. doppiezza f., ipocrisia f.
double negative /ˌdʌblˈnegətɪv/ n. LING. doppia negazione f.
double-o /ˌdʌblˈəʊ/ n. AE COLLOQ. *(close examination)* esame m. accurato, approfondito, ai raggi X.
double-park /ˌdʌblˈpɑːk/ **I** tr. parcheggiare in doppia fila [*vehicle*] **II** intr. parcheggiare in doppia fila.
double parking /ˌdʌblˈpɑːkɪŋ/ n. parcheggio m. in doppia fila.
double pneumonia /ˌdʌblnjuːˈməʊnɪə, AE -nuː-/ ♦ ***11*** n. polmonite f. doppia.
double-quick /ˌdʌblˈkwɪk/ **I** agg. ***in ~ time*** in un attimo, in un baleno **II** avv. molto velocemente, in un baleno.
double room /ˌdʌblˈruːm, -ˈrʊm/ n. camera f. doppia.
double saucepan /ˌdʌblˈsɔːspən/ n. BE *(utensil)* bagnomaria m.
double sharp /ˌdʌblˈʃɑːp/ n. doppio diesis m.
double-sided disk /ˌdʌblsaɪdɪdˈdɪsk/ n. INFORM. dischetto m. doppia faccia.
double-sided tape /ˌdʌblsaɪdɪdˈteɪp/ n. nastro m. biadesivo.
double-space /ˌdʌblˈspeɪs/ tr. scrivere, battere a macchina con spaziatura, con interlinea doppia [*letter, text*].
double spacing /ˌdʌblˈspeɪsɪŋ/ n. interlinea f. doppia.
double spread /ˌdʌblˈspred/ n. GIORN. articolo m., pubblicità f. su pagina doppia.
double standard /ˌdʌblˈstændəd/ n. ***to have ~s*** usare due pesi e due misure.
double star /ˌdʌblˈstɑː(r)/ n. stella f. doppia.
double-stop /ˌdʌblˈstɒp/ **I** tr. suonare su due corde insieme [*notes, parts*] **II** intr. suonare su due corde insieme.
double stopping /ˌdʌblˈstɒpɪŋ/ n. (il) suonare su due corde insieme.
doublet /ˈdʌblɪt/ n. **1** STOR. SART. farsetto m. **2** LING. allotropo m.
double take /ˌdʌblˈteɪk/ n. ***to do a*** ~ reagire a scoppio ritardato.
double talk /ˈdʌblˌtɔːk/ n. SPREG. linguaggio m., discorso m. contorto, oscuro.
double think /ˈdʌblˌθɪŋk/ n. ***to do a*** ~ = pensare, volontariamente o inconsciamente, in modo doppio, contraddittorio, specialmente dal punto di vista ideologico.
double time /ˌdʌblˈtaɪm/ n. **1** ***to be paid*** ~ ricevere una doppia paga, un doppio salario **2** AE MIL. passo m. di corsa; ***in*** ~ a passo di corsa.
doubleton /ˈdʌbltən/ n. GIOC. *(in bridge etc.)* doppia f.
double vision /ˌdʌblˈvɪʒn/ n. diplopia f.; ***to have*** ~ vedere doppio, soffrire di diplopia.
double wedding /ˌdʌblˈwedɪŋ/ n. ***the sisters had a*** ~ le due sorelle si sono sposate insieme, nello stesso giorno.
double whammy /ˌdʌblˈwæmɪ, AE -ˈhwæmɪ/ n. COLLOQ. doppia sfortuna f.
double yellow line /ˌdʌblˌjeləʊˈlaɪn/ n. **1** (anche **~s**) = doppie strisce gialle che delimitano una zona dove è vietato parcheggiare **2** AE = linea di mezzeria che indica il divieto di sorpasso.
double yolk /ˌdʌblˈjəʊk/ n. ***an egg with a*** ~ un uovo con due tuorli.
doubling /ˈdʌblɪŋ/ n. *(of cost, salary, amount, size, strength, number)* raddoppio m.; *(of letter)* raddoppiamento m., geminazione f.; ***the new tax will result in the ~ of prices*** la nuova tassa causerà un raddoppio dei prezzi.
doubloon /dʌˈbluːn/ n. doblone m.
doubly /ˈdʌblɪ/ avv. [*punished, deprived*] due volte; [*difficult, disappointed, confident*] doppiamente; ***I made ~ sure that*** sono doppiamente sicuro che; ***to be ~ careful*** essere, stare doppiamente attento; ***she is ~ gifted - as a writer and as an artist*** è doppiamente dotata - come scrittrice e come artista.
doubry /ˈduːbrɪ/ n. COLLOQ. *(whatsit)* aggeggio m., affare m., coso m.
▶ **1.doubt** /daʊt/ n. dubbio m.; ***there is no ~ (that)*** non c'è (alcun) dubbio (che); ***there is little ~ (that)*** è quasi, praticamente certo (che); ***there is no ~ about sth.*** non ci sono dubbi su qcs.; ***there is no ~ about her guilt*** o ***that she is guilty*** non c'è alcun dubbio sulla sua colpevolezza, che sia colpevole; ***(there's) no ~ about it*** (non c'è) nessun dubbio a riguardo; ***there is some ~ about its authenticity*** ci sono alcuni dubbi circa la sua autenticità; ***there's (some) ~ about*** o ***as to whether he will be able to come*** non si sa se sarà in grado di venire; ***there is no ~ in my mind that I'm right*** sono sicuro di avere ragione; ***to have no ~ (that)*** non aver dubbi, non dubitare che; ***I have no ~ about her guilt*** o ***that she is guilty*** non ho dubbi che sia colpevole; ***to have one's ~s about sth.*** avere, nutrire dubbi su, circa qcs.; ***I have my ~s!*** ho i miei dubbi! ***to have one's ~s (about) whether*** dubitare che; ***I have my ~s about whether he's telling the truth*** dubito che dica la verità; ***to have one's ~s about doing*** avere dubbi sul fare; ***no*** ~ senza dubbio; ***no ~ the police will want to speak to you*** o ***the police will no ~ want to speak to you*** senza dubbio la polizia vorrà parlare con lei; ***to leave sb. in no ~ about sth.*** non lasciare a qcn. alcun *o* nessun dubbio riguardo qcs.;

to be in ~ [*outcome, project*] essere incerto, in forse; [*future*] essere incerto; [*honesty, innocence, guilt*] essere dubbio; *(on particular occasion)* essere messo in dubbio; [*person*] essere in dubbio, avere, nutrire dei dubbi; ***this report has put the whole project in*** ~ questo rapporto ha messo in dubbio l'intero progetto; ***the election result is not in any*** ~ i risultati dell'elezione non sono in dubbio; ***if, when in*** ~ nel dubbio; ***to be open to*** ~ [*evidence, testimony*] dare adito a dubbi; ***to cast*** o ***throw*** ~ ***on sth.*** [*person*] sollevare dubbi su qcs.; [*evidence, book*] sollevare dubbi su qcs., mettere qcs. in forse; ***beyond (all)*** ~, ***without (a)*** ~ senza (alcun) dubbio, senza possibilità di dubbio; ***to prove sth. beyond (all)*** ~ dimostrare qcs. al di là di ogni dubbio; ***without the slightest*** ~ senza il minimo dubbio; ***there is room for*** ~ (ciò) dà adito a dubbi, lascia spazio a dubbi; ***there is no room for*** ~ (ciò) non dà adito a dubbi, non lascia spazio a dubbi ◆ ***to give sb. the benefit of*** ~ concedere a qcn. il beneficio del dubbio.

▶ **2.doubt** /daʊt/ **I** tr. dubitare di, mettere in dubbio [*fact, evidence, value, ability, honesty*]; dubitare di [*person*]; ***I*** ~ ***it (very much)!*** ne dubito (molto)! ***to*** ~ ***(if*** o ***that*** o ***whether)*** dubitare che; ***I don't*** ~ ***that you're telling the truth*** non dubito che tu dica la verità; ***I didn't*** ~ ***that she would succeed*** non dubitavo, non avevo dubbi che ce l'avrebbe fatta **II** intr. dubitare.

doubtable /ˈdaʊtəbl/ agg. dubitabile.

doubter /ˈdaʊtə(r)/ n. scettico m. (-a), persona f. dubbiosa.

▷ **doubtful** /ˈdaʊtfl/ **I** agg. **1** *(unsure)* [*person, expression*] incerto, dubbioso; [*future, weather*] incerto; [*argument, evidence, result, benefit*] dubbio, discutibile, incerto; ***it is*** ~ ***if*** o ***that*** o ***whether*** è dubbio, poco probabile che; ***I am*** ~ ***that*** o ***whether*** dubito che; ***to be*** ~ ***about doing*** essere incerto *o* in dubbio se fare; ***to be*** ~ ***about*** o ***as to*** essere scettico su *o* essere poco convinto di [*idea, explanation, plan*]; avere dei dubbi su, essere scettico su [*job, object, purchase*]; ***she was*** ~ ***about this*** era scettica riguardo a ciò; ***I am*** ~ ***as to his suitability for the job*** ho dei dubbi sul fatto che sia la persona adatta per questo lavoro; ***to be*** ~ [*person*] essere indeciso, nutrire dei dubbi **2** *(questionable)* [*character, past, activity, taste*] dubbio, discutibile **II** n. POL. indeciso m. (-a).

doubtfully /ˈdaʊtfəlɪ/ avv. **1** *(hesitantly)* [*speak, say*] con tono esitante, incerto; [*look, listen*] con aria esitante, incerta **2** *(with disbelief)* [*speak, say*] con tono dubbioso, scettico; [*look, listen*] con aria dubbiosa, scettica, perplessa **3** *(not convincingly)* [*argue*] in modo discutibile.

doubtfulness /ˈdaʊtfəlnɪs/ n. **1** *(uncertainty)* incertezza f.; *(scepticism)* scetticismo m., perplessità f. **2** *(questionable nature) (of person's past)* equivocità f., ambiguità f.; *(of taste)* (l')essere dubbio.

doubting Thomas /ˌdaʊtɪŋˈtɒməs/ n. incredulo m. (-a), scettico m. (-a); ***to be a*** ~ essere come san Tommaso.

doubtless /ˈdaʊtlɪs/, **doubtlessly** /ˈdaʊtlɪslɪ/ avv. indubbiamente, senza dubbio.

1.douche /duːʃ/ n. MED. irrigazione f., lavaggio m.

2.douche /duːʃ/ **I** tr. MED. fare irrigazioni, lavare **II** rifl. ***to*** ~ ***oneself*** MED. farsi irrigazioni, lavaggi.

Doug /dʌg/ n.pr. diminutivo di **Douglas**.

Dougal /ˈduːgəl/ n.pr. Dougal (nome di uomo).

dough /dəʊ/ n. **1** GASTR. pasta f., impasto m.; ***bread, pizza*** ~ pasta per il pane, per la pizza **2** COLLOQ. *(money)* quattrini m.pl., grana f.

doughboy /ˈdəʊbɔɪ/ n. AE ANT. POP. soldato m. di fanteria, fantaccino m. (soprattutto nella prima guerra mondiale).

doughnut, **donut** AE /ˈdəʊnʌt/ n. bombolone m., ciambella f. (fritta); ***jam, cream*** ~ bombolone alla marmellata, alla crema ◆ ***it's dollars to*** ~***s that*** COLLOQ. scommetto (quello che vuoi) che.

doughty /ˈdaʊtɪ/ agg. ANT. [*person, courage, defence, deed*] valoroso, eroico.

doughy /ˈdəʊɪ/ agg. [*substance, consistency, taste*] pastoso; [*bread*] soffice; [*skin, complexion*] pallido, terreo.

Douglas /ˈdʌgləs/ n.pr. Douglas (nome di uomo).

Douglas fir /ˌdʌgləsˈfɜː(r)/ n. abete m. di Douglas, abete m. odoroso.

doum /duːm/ n. (anche ~ **palm**) palma f. dum.

dour /dʊə(r)/ agg. [*person, expression*] arcigno, accigliato; [*resentement, indifference*] ostinato; [*landscape, mood*] cupo, triste; [*building*] austero.

dourly /ˈdʊəlɪ/ avv. [*say, speak*] in tono cupo; [*frown*] con espressione arcigna; [*smile*] con aria severa.

dourness /ˈdʊənɪs/ n. *(of person)* (l')essere arcigno, accigliato; *(of landscape)* cupezza f., tristezza f.; *(of building)* austerità f.

1.douse /daʊs/ tr. bagnare [*person, room*]; gettare acqua su, spegnere [*flame, fire*] (**with** con); ***to*** ~ ***sb., sth. with water*** bagnare qcn., qcs. con acqua; ***to*** ~ ***sb., sth. with*** o ***in petrol*** cospargere qcn., qcs. di benzina.

2.douse /daʊs/ tr. MAR. ammainare [*sail*].

▷ **1.dove** /dʌv/ n. ZOOL. colomba f. (anche POL.).

2.dove /dəʊv/ pass. AE → **2.dive**.

dove-colour BE, **dove-color** AE /ˈdʌvˌkʌlə(r)/ n. (color) tortora m.

dove-coloured BE, **dove-colored** AE /ˈdʌvˌkʌləd/ ➧ **5** agg. (color) tortora.

dovecot /ˈdʌvkɒt/, **dovecote** /ˈdʌvkəʊt/ n. colombaia f., piccionaia f.

dove-grey BE, **dove-gray** AE /ˌdʌvˈgreɪ/ ➧ **5 I** agg. (grigio) tortora **II** n. (grigio) tortora m.

doveish /ˈdʌvɪʃ/ agg. POL. [*person*] pacifista, contrario al ricorso alla violenza; [*policy, speech, opinion*] di, da colomba.

Dover /ˈdəʊvə(r)/ ➧ **34** n.pr. Dover f.; ***the Straits of*** ~ lo stretto di Dover.

Dover sole /ˌdəʊvəˈsəʊl/ n. sogliola f. di Dover.

1.dovetail /ˈdʌvteɪl/ n. ING. *(joint)* incastro m. a coda di rondine; *(part of joint)* coda f. di rondine.

2.dovetail /ˈdʌvteɪl/ **I** tr. **1** ING. unire, collegare con un incastro a coda di rondine [*pieces*] **2** FIG. fare combaciare, combinare, collegare [*plans, policies, research, arguments*] (**with** con) **II** intr. **1** ING. fare un incastro a coda di rondine **2** FIG. (anche ~ **together**) combaciare, combinarsi; ***to*** ~ ***with sth.*** combaciare (perfettamente) con qcs.

dovish → **doveish**.

dowager /ˈdaʊədʒə(r)/ **I** n. vedova f. titolata; SCHERZ. = vecchia signora dall'aspetto austero **II** agg. ***the*** ~ ***queen, duchess*** la regina madre, la duchessa madre.

dowdiness /ˈdaʊdɪnɪs/ n. trascuratezza f., sciatteria f.

dowdy /ˈdaʊdɪ/ agg. [*woman*] trasandato, sciatto; [*clothes*] poco elegante; fuori moda; [*image*] trasandato, trascurato; ***I look so*** ~***!*** ho l'aria così trasandata!

1.dowel /ˈdaʊəl/ n. TECN. caviglia f., spina f.

2.dowel /ˈdaʊəl/ tr. (forma in -ing ecc. **-ll-** BE, **-l-** AE) incavigliare.

1.dower /ˈdaʊə(r)/ n. **1** STOR. DIR. *(of widow)* legittima f.; usufrutto m. accordato alla vedova **2** ANT. *(dowry)* dote f. **2** FIG. *(talent)* dote f., talento m.

2.dower /ˈdaʊə(r)/ tr. **1** *(give a dowry)* assegnare una dote a [*woman*] **2** *(furnish with talent)* dotare.

Dow-Jones /ˌdaʊˈdʒəʊnz/ n. (anche ~ **industrial average**) (indice) Dow Jones m.

dowlas /ˈdaʊləs/ n. = pesante tela di lino o cotone.

▶ **1.down** /daʊn/ *Down* often occurs as the second element in verb combinations in English (*go down, fall down, get down, keep down, put down* etc). For translations, consult the appropriate verb entry (**go**, **fall**, **get**, **keep**, **put** etc.). - When used after such verbs as *sit* or *lie*, *down* implies the action being done. Compare the following examples and their translations: *she is sitting* = lei siede / è seduta; *she is sitting down* = lei si siede / si sta sedendo. - When used to indicate vague direction, *down* often has no explicit translation in Italian: *to go down to London* = andare a Londra; *down in Brighton* = a Brighton. - For examples and further usages, see the entry below. avv. **1** *(from higher to lower level)* ***to go*** ~ andare giù, scendere; ***to come*** ~ venire giù, scendere; ***to fall*** ~ cadere (giù), crollare; ***to sit*** ~ ***on the floor*** sedersi per terra; ***to pull*** ~ ***a blind*** tirare giù una tapparella; ***I'm on my way*** ~ sto scendendo; ***I'll be right*** ~ scendo, vengo giù subito; ~***!*** *(to dog)* a cuccia! *"~" (in crossword)* "verticali"; ***read*** ~ ***to the end of the paragraph*** leggere fino alla fine del paragrafo **2** *(indicating position at lower level)* ~ ***below*** giù, in basso; *(when looking down from height)* laggiù; ***the noise was coming from*** ~ ***below*** il rumore veniva da giù; ***they could see the lake*** ~ ***below*** vedevano il lago a valle; ~ ***there*** laggiù; ***"where are you?" - "~ here!"*** "dove sei?" - "quaggiù!"; ***to keep one's head*** ~ tenere la testa bassa, abbassata; ***the blinds were*** ~ le tapparelle erano abbassate; ***a sports car with the hood*** ~ un'automobile sportiva con la capote abbassata; ***several trees were blown*** ~ diversi alberi erano stati abbattuti dal vento; ***a bit further*** ~ un po' più giù; ***their office is two floors*** ~ il loro ufficio è due piani sotto, più giù; ***it's on the second shelf*** ~ è sul secondo scaffale partendo dall'alto; ***the coal lies 900 metres*** ~ il carbone si trova 900 metri più in basso; ***it's*** ~ ***at the bottom of the lake*** è giù in fondo al lago; ***the telephone lines are*** ~ le linee telefoniche sono fuori uso **3** *(from upstairs)* ***is Tim*** ~ ***yet?*** è già sceso Tim? **4** *(indicating direction)* ***to go*** ~ ***to Naples, Brighton, London*** andare (giù) a Napoli, Brighton, Londra; ~ ***in Brighton*** (giù) a Brighton; ***they've gone*** ~ ***to the country for the day*** sono andati in campagna a trascorrere la giornata; ***they moved*** ~ ***here from Scot-***

land a year ago si sono trasferiti qui dalla Scozia un anno fa; ***they live ~ south*** COLLOQ. vivono nel Sud **5** *(in a range, scale, hierarchy)* ***children from the age of 10 ~*** i bambini dai dieci anni in giù; ***everybody from the Prime Minister ~*** tutti dal Primo Ministro in giù; ***everybody from the lady of the manor ~ to the lowliest servant*** tutti, dalla signora del castello al più umile dei servitori; ***from the sixteenth century ~ to the present day*** dal sedicesimo secolo (fino) ai giorni nostri **6** *(indicating loss of money, decrease in profits etc.)* ***hotel bookings are ~ by a half this year*** le prenotazioni negli hotel si sono dimezzate, sono diminuite della metà quest'anno; ***this year's profits are well ~ on last year's*** i profitti di quest'anno sono nettamente inferiori a quelli dell'anno scorso; ***I'm £ 10 ~*** sono sotto di 10 sterline; ***tourism is ~ 40% this year*** il turismo ha avuto un crollo del 40% quest'anno **7** *(indicating decrease in extent, volume, quality, process)* ***to get one's weight ~*** dimagrire, perdere peso; ***we managed to get the price ~ to £ 200*** siamo riusciti a far ridurre il prezzo a 200 sterline; ***in the end she managed to get the article ~ to five pages*** alla fine è riuscita a ridurre l'articolo a cinque pagine; ***I'm ~ to my last fiver, cigarette*** non mi resta che una banconota da cinque sterline, che una sigaretta; ***he described her exactly, right ~ to the colour of her eyes*** descrisse ogni sua caratteristica fisica, anche il colore degli occhi; ***"dollar fever ~ on Wall St"*** GIORN. "la speculazione sul dollaro in calo a Wall Street"; ***that's seven ~, three to go!*** fatti sette *o* via sette, ne restano tre! **8** *(in writing)* ***to put sth. ~ (on paper*** *o* ***in writing)*** mettere qcs. per iscritto; ***it's set ~ here in black and white*** è messo nero su bianco qui **9** *(on list, programme, schedule)* ***to put sb.'s name ~ for sth.*** mettere il nome di qcn. in lista per qcs.; ***you're ~ to speak next*** tu sei il prossimo a parlare; ***I've got you ~ for next Thursday*** *(in appointment book)* le ho fissato un appuntamento per giovedì prossimo **10** *(incapacitated)* ***to be ~ with the flu, with malaria*** avere l'influenza *o* essere a letto con l'influenza, avere la malaria **11** SPORT *(behind)* ***to be two sets, two points ~*** [*tennis player*] essere in svantaggio di due set, di due punti; ***the team is ~ 12-6*** la squadra sta perdendo 12 a 6 **12** *(as deposit)* ***to pay £ 40 ~*** pagare 40 sterline in contanti **13** *(downwards)* ***he was lying face ~*** giaceva a faccia in giù *o* prono; ***the bread fell with the buttered side ~*** il pane è caduto in terra dalla parte imburrata ◆ ***to be ~ on sb.*** COLLOQ. avercela con qcn.; ***you don't hit a man when he's ~*** PROV. = non si colpisce l'avversario quando è a terra; ***it's ~ to you to do it*** dipende da te farlo; ***it's ~ to you now*** tocca a te ora; ***~ with tyrants, the king!*** abbasso i tiranni, il re!

▶ **2.down** /daʊn/ prep. **1** *(from higher to lower point)* ***they came running ~ the hill*** scesero correndo giù dalla collina; ***tears ran ~ his face*** le lacrime gli scendevano lungo il volto; ***did you enjoy the journey ~?*** hai fatto buon viaggio? ***she's gone ~ town*** è andata (giù) in città **2** *(at a lower part of)* ***they live ~ the road*** abitano più giù in questa strada; ***it's ~ the corridor to your right*** è in fondo al corridoio alla sua destra; ***it's a few miles ~ the river from here*** è qualche miglio più a valle; ***the kitchen is ~ those stairs*** la cucina è in fondo a quelle scale **3** *(along)* ***to go ~ the street*** andare lungo la strada; ***a dress with buttons all ~ the front*** un vestito abbottonato sul davanti; ***he looked ~ her throat*** le ha guardato in gola; ***to look ~ a tunnel, telescope*** guardare in un tunnel, in un telescopio **4** *(throughout)* ***~ the ages*** o ***centuries*** nel corso dei secoli.

3.down /daʊn/ agg. **1** COLLOQ. *(depressed)* depresso, giù; ***to feel ~*** sentersi giù, a terra **2** [*escalator, elevator*] che scende; BE FERR. [*train, line*] che va in provincia (dalla città principale) **3** INFORM. fuori uso, guasto.

4.down /daʊn/ tr. COLLOQ. **1** abbattere, buttare a terra [*person*]; abbattere [*plane*] **2** *(drink)* ***he ~ed his beer*** si è scolato *o* ha tracannato la sua birra.

5.down /daʊn/ n. ***to have a ~ on sb.*** COLLOQ. avercela con qcn.

6.down /daʊn/ n. **1** *(of birds)* piumino m. **2** *(of body, plants)* lanugine f., peluria f.

7.down /daʊn/ n. **1** → **downs** **2** RAR. *(dune)* duna f.

Down /daʊn/ ♦ ***24*** n.pr. contea f. di Down.

down-and-out /ˌdaʊnən'aʊt/ **I** n. (anche **~er**) *(tramp)* vagabondo m. (-a); barbone m. (-a); *(destitute person)* poveraccio m. (-a) **II** agg. ***to be ~*** *(vagrant homeless)* essere un vagabondo; *(destitute)* essere un poveraccio.

down-at-heel /ˌdaʊnət'hi:l/ agg. scalcagnato, male in arnese.

downbeat /'daʊnbi:t/ **I** n. MUS. *(of conductor)* attacco m.; *(first beat of a bar)* primo tempo m. **II** agg. COLLOQ. **1** *(depressed)* [*person*] depresso; *(pessimistic)* [*view, assessment*] pessimistico **2** *(laidback)* rilassato.

down-bow /'daʊnbəʊ/ n. MUS. arcata f. in giù.

downcast /'daʊnkɑ:st, AE -kæst/ agg. **1** *(directed downwards)* [*look*] (rivolto) verso il basso; ***with ~ eyes*** con gli occhi bassi **2** *(dejected)* abbattuto, depresso.

downcomer /'daʊnkʌmə(r)/ n. TECN. *(in a boiler)* tubo m. d'acqua discendente.

downdraught /'daʊndrɑ:ft, AE -'dræft/ n. AE corrente f. d'aria discendente.

downer /'daʊnə(r)/ n. COLLOQ. **1** ***to be on a ~*** *(be depressed)* essere depresso, giù di corda **2** *(pill)* tranquillante m.

downfall /'daʊnfɔ:l/ n. **1** *(of person, government, dynasty)* caduta f., crollo m.; ***she, drink proved to be his ~*** lei, il bere fu la causa della sua rovina **2** *(of rain)* rovescio m., acquazzone m.; ***a ~ of snow*** una nevicata.

1.downgrade /'daʊngreɪd/ n. AE discesa f., pendenza f.; ***to be on the ~*** FIG. essere in declino.

2.downgrade /'daʊngreɪd/ tr. **1** *(demote)* degradare, retrocedere [*employee*]; ***the hotel has been ~d to a guesthouse*** l'hotel è stato declassato a pensione **2** *(degrade)* svilire, sminuire l'importanza di [*task, occupation*].

downhearted /ˌdaʊn'hɑ:tɪd/ agg. abbattuto, scoraggiato.

1.downhill /ˌdaʊn'hɪl/ n. ANT. *(slope)* pendio m., discesa f.

2.downhill /ˌdaʊn'hɪl/ **I** agg. [*path, road*] in discesa, in pendio, in pendenza **II** avv. ***to go ~*** [*path, road*] essere in discesa; [*person, vehicle*] andare in discesa; FIG. [*person*] *(in social status etc.)* essere in declino; *(in health)* andare peggiorando; ***she has gone ~ a lot since you saw her last*** la sua salute è molto peggiorata da quando l'hai vista l'ultima volta; ***since he took over as manager business has gone ~*** da quando è diventato direttore gli affari vanno male; ***from now on it's ~ all the way*** FIG. *(easy)* d'ora in poi è tutta discesa, facile; *(disastrous)* da adesso inizia il declino.

downhill race /ˌdaʊnhɪl'reɪs/ n. (gara di) discesa f. (libera).

downhill ski /ˌdaʊnhɪl'ski:/ n. sci m. da discesa.

downhill skiing /ˌdaʊnhɪl'ski:ɪŋ/ n. sci m. alpino.

down-home /daʊn'həʊm/ agg. AE COLLOQ. *(from Southern states)* del Sud (degli Stati Uniti); *(rustic)* campagnolo; *(unpretentious)* alla buona.

downiness /'daʊnɪnɪs/ n. (l')essere lanuginoso; morbidezza f.

Downing Street /'daʊnɪŋˌstri:t/ n. GB = il governo britannico.

> ℹ **Downing Street** Breve via del centro di Londra, compresa fra gli edifici pubblici di Whitehall, dove, al numero 10, si trova la residenza ufficiale del primo ministro. *10 Downing Street* o semplicemente *Downing Street* sono usate, soprattutto nel linguaggio giornalistico, per indicare il primo ministro o il governo britannico. Nella stessa via si trovano la residenza del *Chancellor of the Exchequer* e la sede del ministero degli Affari Esteri e del *Commonwealth*. La strada prende il nome da George Downing, che la progettò intorno al 1680.

down-in-the-mouth /ˌdaʊnɪnðə'maʊθ/ agg. COLLOQ. giù (di morale), giù di corda, abbattuto.

downland /'daʊnlænd/ n. zona f. collinare.

▷ **1.download** /'daʊnləʊd/ tr. INFORM. scaricare [*data, files*].

2.download /'daʊnləʊd/ n. INFORM. download m.

downloadable /daʊn'ləʊdəbl/ agg. INFORM. scaricabile.

downloading /'daʊnləʊdɪŋ/ n. INFORM. downloading m., download m.

downmarket /'daʊnˌmɑ:kɪt/ agg. [*products, goods, hotel, restaurant*] di livello medio-basso; [*area, neighbourhood, newspaper, programme*] popolare.

downmost /'daʊnməʊst/ agg. e avv. (il) più in basso (di tutti).

down payment /ˌdaʊn'peɪmənt/ n. acconto m., anticipo m., caparra f.; ***to make a ~ of £ 50*** versare un acconto di 50 sterline.

downpipe /'daʊnpaɪp/ n. BE pluviale m., doccia f.

downplay /'daʊnˌpleɪ/ tr. COLLOQ. minimizzare [*event, incident*].

downpour /'daʊnpɔ:(r)/ n. acquazzone m., rovescio m. di pioggia.

downright /'daʊnraɪt/ **I** agg. **1** *(absolute)* [*insult*] bell'e buono; [*refusal*] chiaro; ***he's a ~ fool, liar*** è un idiota, un bugiardo bell'e buono, è un autentico idiota, bugiardo; ***that's a ~ lie!*** è una bugia bell'e buona! **2** *(forthright)* [*person*] franco, schietto, onesto **II** avv. proprio, assolutamente; ***he's ~ stupid*** è davvero stupido.

downrightness /'daʊnraɪtnɪs/ n. RAR. rettitudine f., onestà f.

downriver /ˌdaʊn'rɪvə(r)/ agg. e avv. a valle.

downs /daʊnz/ n.pl. BE *(hills)* colline f.; ***the Downs*** le Downs (colline situate nel sud dell'Inghilterra).

1.downshift /'daʊnʃɪft/ n. AE AUT. (lo) scalare le marce.

2.downshift /ˈdaʊnʃɪft/ intr. AE **1** AUT. scalare le marce **2** *(in work)* = decidere di lavorare meno (anche rinunciando al proprio tenore di vita).

downshifter /ˈdaʊnʃɪftə(r)/ n. = chi rinuncia a un lavoro ben retribuito e ne sceglie uno più modesto, specialmente per motivi sociali.

▷ **downside** /ˈdaʊnsaɪd/ n. COLLOQ. **1** svantaggio m., inconveniente m., lato m. negativo (**of** di) **2 downside up** AE capovolto, sottosopra.

downspout /ˈdaʊnspaʊt/ n. AE → **downpipe**.

Down's syndrome /ˈdaʊnzsɪndrəʊm/ ♦ *11* **I** n. sindrome f. di Down **II** modif. [*person*] down.

downstage /ˌdaʊnˈsteɪdʒ/ agg. e avv. verso la ribalta (**from** rispetto a).

▷ **downstairs** /ˌdaʊnˈsteəz/ **I** avv. al piano inferiore, giù, di sotto; ***to go ~*** scendere (al piano) di sotto; ***a noise came from ~*** si sentì un rumore venire dal piano di sotto **II** agg. [*room*] al piano inferiore, di sotto; *(on ground-floor specifically)* al pianterreno; ***the ~ flat*** BE o ***apartment*** AE l'appartamento al pianterreno; ***"with ~ bathroom"*** "con il bagno al pianterreno" **III** n. pianterreno m.

downstate /ˈdaʊnsteɪt/ AE **I** n. ***to come from ~*** *(south)* venire dal sud (di uno stato); *(rural)* venire dagli estremi confini di uno stato **II** agg. del sud (di uno stato) **III** avv. [*go*] nel sud, verso il sud (di uno stato).

downstream /ˈdaʊnstriːm/ agg. e avv. a valle (**of** di) (anche FIG.); ***to go ~*** scendere a valle *o* scendere seguendo la corrente.

downstream industry /ˌdaʊnstriːmˈɪndəstrɪ/ n. = industria per la raffinazione, distribuzione e vendita del petrolio e dei suoi derivati.

downstroke /ˈdaʊnstrəʊk/ n. *(in writing)* pieno m.

downswept /ˈdaʊnswept/ agg. AER. [*wings*] curvato verso il basso.

downswing /ˈdaʊnswɪŋ/ n. **1** *(in golf)* = oscillazione all'indietro della mazza da golf **2** ECON. → **downtrend**.

downtime /ˈdaʊntaɪm/ n. **1** INFORM. tempo m. di fermo per guasto **2** AE *(in factory, workplace)* tempo m. di attesa, di inattività; tempo m. passivo.

down-to-earth /ˌdaʊntəˈɜːθ/ agg. [*person, approach*] realistico, concreto; ***she's very ~*** *(practical)* ha i piedi per terra; *(unpretentious)* è un tipo semplice *o* alla buona.

▷ **downtown** /ˌdaʊnˈtaʊn/ **I** agg. AE [*store, hotel, streets etc.*] del centro; ***~ New York, Boston*** il centro di New York, di Boston **II** avv. AE in centro.

downtrain /ˈdaʊntreɪn/ n. = treno che porta dalla città principale ai centri minori e in provincia.

downtrend /ˈdaʊntrend/ n. ECON. tendenza f. al ribasso.

downtrodden /ˈdaʊnˌtrɒdn/ agg. [*person, country*] oppresso, calpestato.

▷ **downturn** /ˈdaʊntɜːn/ n. *(in career)* svolta f. sfavorevole (**in** di); *(in economy, demand, profits, spending)* ribasso m., calo m., flessione f. (**in** di).

down under /ˌdaʊnˈʌndə(r)/ **I** n. COLLOQ. *(Australia)* Australia f.; *(New Zealand)* Nuova Zelanda f. **II** avv. COLLOQ. ***to go ~*** andare agli antipodi *o* in Australia *o* in Nuova Zelanda.

▷ **downward** /ˈdaʊnwəd/ **I** agg. [*movement, glance, stroke*] verso il basso; [*path*] in discesa; ***to be on the ~ path*** FIG. sulla via della rovina **II** avv. → **downwards**.

downward mobility /ˌdaʊnwədməʊˈbɪlətɪ/ n. SOCIOL. mobilità f. verso il basso.

▷ **downwards** /ˈdaʊnwədz/ avv. [*look*] in giù, verso il basso; [*gesture*] verso il basso; ***to slope ~*** digradare, scendere (**to** verso); ***read the list from the top ~*** leggere la lista dall'alto verso il basso, dalla cima verso il fondo; ***she laid the cards face ~ on the table*** mise le carte capovolte sul tavolo; ***he was floating face ~*** galleggiava a faccia in giù; ***from the 15th century ~*** dal quindicesimo secolo in poi; ***everybody from the boss ~*** tutti dal capo in giù.

downward trend /ˈdaʊnwədˌtrend/ n. ECON. tendenza f. al ribasso.

downwash /ˈdaʊnwɒʃ/ n. AER. deflessione f.

downwind /ˌdaʊnˈwɪnd/ avv. sottovento; ***to be ~ of sth.*** VENAT. essere in buona posizione rispetto a qcs.; ***the ashes drifted ~ from the fire*** le ceneri furono portate via dal vento.

1.downy /ˈdaʊnɪ/ agg. **1** [*skin, cheek*] coperto di peluria; [*fruit*] coperto di peluria, vellutato **2** [*pillow, bed*] di piume.

2.downy /ˈdaʊnɪ/ agg. [*country*] ondulato.

dowry /ˈdaʊərɪ/ n. dote f. (anche FIG.).

1.dowse /daʊz/ tr. → **1.douse**.

2.dowse /daʊz/ intr. *(for water, minerals)* cercare con la bacchetta da rabdomante.

dowser /ˈdaʊzə(r)/ n. *(water diviner)* rabdomante m. e f.

dowsing /ˈdaʊzɪŋ/ n. rabdomanzia f.

doxology /dɒkˈsɒlədʒɪ/ n. dossologia f.

1.doxy /ˈdɒksɪ/ n. ANT. POP. *(prostitute)* prostituta f., donna f. di facili costumi; *(mistress)* amante f.

2.doxy /ˈdɒksɪ/ n. TEOL. opinione f., dottrina f.

doyen /ˈdɔɪən/ n. FORM. decano m.

doyenne /dɔɪˈen/ n. FORM. decana f.

doz ⇒ dozen dozzina.

1.doze /dəʊz/ n. sonnellino m., pisolino m.; ***to have a ~*** fare, schiacciare un pisolino; ***to fall into a ~*** assopirsi.

2.doze /dəʊz/ intr. [*person, cat*] sonnecchiare, dormicchiare.

■ **doze off** *(momentarily)* assopirsi; *(to sleep)* addormentarsi.

dozed /dəʊzd/ agg. IRLAND. [*wood*] marcio.

▷ **dozen** /ˈdʌzn/ n. **1** *(twelve)* dozzina f.; ***two ~ eggs*** due dozzine di uova; ***a ~ people*** una dozzina di persone; ***"£ 1 a ~"*** "una sterlina la dozzina"; ***by the ~*** a dozzine **2** *(several)* ***I've told you a ~ times!*** te l'ho già detto dozzine di volte! ***~s of*** un sacco di [*people, things, times*]; ***I can think of a ~ good reasons (for doing)*** posso trovare un sacco di buone ragioni (per fare).

dozenth /ˈdʌznθ/ agg. **1** *(twelfth)* dodicesimo **2** *(umpteenth)* COLLOQ. ennesimo; ***I'm telling you for the ~ time*** te lo dico per l'ennesima volta.

dozer /ˈdəʊzə(r)/ n. COLLOQ. (accorc. bulldozer) bulldozer m.

dozy /ˈdəʊzɪ/ agg. **1** *(drowsy)* sonnolento **2** BE COLLOQ. *(stupid)* tonto, stupido.

DPhil n. (⇒ Doctor of Philosophy) = (diploma di) dottore, specialmente in discipline umanistiche (con specializzazione post-laurea).

DPP n. BE (⇒ Director of Public Prosecutions) = direttore della pubblica accusa.

Dr 1 ⇒ Doctor *(man)* dottore (dott., dr.); *(woman)* dottoressa (dott.ssa, dr.ssa) **2** ⇒ Drive viale, strada privata.

1.drab /dræb/ n. ANT. **1** *(untidy woman)* sciattona f. **2** *(prostitute)* sgualdrina f.

2.drab /dræb/ intr. ANT. (forma in -ing ecc. **-bb-**) frequentare prostitute.

3.drab /dræb/ **I** n. TESS. *(fabric)* = tela grigia o marrone **II** agg. [*colour, decor*] smorto; [*lifestyle*] monotono, scialbo; [*day*] grigio, bigio; [*building, suburb*] grigio, tetro.

drabbet /ˈdræbɪt/ n. = tessuto grossolano di lino.

drabble /ˈdræbl/ **I** tr. ANT. infangare, imbrattare **II** intr. ANT. infangarsi, imbrattarsi.

drably /ˈdræblɪ/ avv. in modo incolore, monotono.

drabness /ˈdræbnɪs/ n. *(of colour, decor, clothes)* (l')essere smorto; *(of building, place, life)* grigiore m., monotonia f.

dracaena /drəˈsiːnə/ n. dracena f.

drachm /dræm/ n. **1** FARM. = unità di misura di peso pari a 1/16 di oncia "avoirdupois", equivalente a 1,77 grammi **2** → **drachma**.

drachma /ˈdrækmə/ ♦ *7* n. (pl. **~s**, **-ae**) dracma f., dramma f.

draconian /drəˈkəʊnɪən/ agg. draconiano (anche FIG.).

draff /dræf/ n. *(dregs)* *(of wine)* feccia f.; *(of malt)* scorie f.pl.

▶ **1.draft** /drɑːft, AE dræft/ **I** n. **1** *(of letter, article, speech)* abbozzo m., bozza f.; *(of novel, play)* stesura f.; *(of contract, law, plan)* bozza f., schema m., progetto m. **2** ECON. tratta f. (**on** su); ***to make a ~ on a bank*** spiccare una tratta su una banca **3** AE MIL. *(conscription)* coscrizione f., leva f. **4** MIL. *(intake)* distaccamento m., contingente m. **5** AE → **draught II** modif. DIR. [*agreement, resolution, version*] preliminare; ***~ directive*** *(in EU)* direttiva preliminare; ***~ legislation*** progetto di legge; ***~ report*** prima stesura; ***~ ruling*** decisione preliminare, bozza di delibera.

▶ **2.draft** /drɑːft, AE dræft/ tr. **1** preparare, abbozzare [*letter, article, speech*]; redigere la bozza, il progetto di [*contract, law, plan*] **2** AE MIL. *(conscript)* arruolare (**into** in) **3** BE *(transfer)* distaccare [*personnel*] (**to** presso; **from** da); ***he's been ~ed to India*** è stato distaccato in India **4** SPORT selezionare, scegliere **5** AE *(choose)* ***to ~ sb. to do*** scegliere qcn. per fare.

■ **draft in** BE ~ ***in [sb.]***, ~ ***[sb.] in*** convocare, chiamare [*personnel, experts, police*] (**to do** per fare).

draft board /ˈdrɑːftbɔːd, AE ˈdræft-/ n. AE MIL. commissione f. di leva.

draft card /ˈdrɑːftˌkɑːd, AE ˈdræft-/ n. AE MIL. cartolina f. precetto.

draft dodger /ˈdrɑːftˌdɒdʒə(r), AE ˈdræft-/ n. AE MIL. renitente m. alla leva, imboscato m. COLLOQ.

draftee /ˌdrɑːfˈtiː, AE ˌdræfˈtiː/ n. AE MIL. coscritto m.

drafter /ˈdrɑːftə(r), AE ˈdræft-/ n. *(of contract, document etc.)* estensore m.

draftiness AE → **draughtiness**.

drafting /ˈdrɑːftɪŋ, AE dræft-/ n. *(of contract, plan, law etc.)* stesura f., redazione f.

drafting table /ˈdrɑːftɪŋˌteɪbl, AE ˈdræftɪŋ-/ n. AE tavolo m. da disegno.

draftproof AE → **1.draughtproof, 2.draughtproof.**

draftproofing AE → **draughtproofing.**

draftsman /ˈdrɑːftsmən, AE ˈdræft-/ ♦ **27** n. AE (pl. **-men**) **1** TECN. disegnatore m. (-trice) tecnico (-a); progettista m. e f. **2** ART. disegnatore m. (-trice).

draftsmanship AE → **draughtsmanship.**

draftsmen /ˈdrɑːftsmen, AE ˈdræft-/ → **draftsman.**

drafty AE → **draughty.**

1.drag /dræg/ **I** n. **1** COLLOQ. *(bore)* barba f., lagna f.; ***Peter's a ~*** Peter è una lagna; ***the lecture was a ~*** la conferenza è stata una barba *o* di una noia mortale; ***I know it's a ~ but*** so che è noioso ma; ***it's such a ~ having to do*** che barba dover fare; ***what a ~!*** che barba! **2** AER. FIS. resistenza f. **3** FIG. *(hindrance)* impedimento m., ostacolo m. (**to** a) **4** *(sledge)* slitta f., treggia f. **5** *(hook)* rampino m. **6** VENAT. preda f. simulata **7** COLLOQ. *(puff)* tiro m., tirata f.; ***to have a ~ on*** fare un tirata a **8** *(women's clothes worn by men)* abbigliamento m. da travestito; ***to dress up in ~*** travestirsi; ***to be in ~*** essere travestito **9** AE COLLOQ. *(influence)* influenza f., autorità f. **10** COLLOQ. *(road)* ***the main ~*** la strada principale **II** modif. **1** TEATR. [*artist, act, show*] en travesti; [*ball*] di travestiti **2** AUT. SPORT [*race, racer, racing*] di dragster.

▷ **2.drag** /dræg/ **I** tr. (forma in -ing ecc. **-gg-**) **1** *(pull)* tirare, trascinare [*boat, log, sledge*] (**to, up to** fino a; **towards** verso); ***to ~ a chair over to the window*** trascinare una sedia verso la finestra; ***to ~ sth. along the ground*** trascinare qcs. per terra; ***to ~ sb. from*** tirare qcn. giù da [*chair, bed*]; ***to ~ sb. to*** trascinare qcn. a [*match*]; trascinare qcn. da [*dentist*]; ***to ~ sb. into*** trascinare qcn. in, dentro [*room, bushes*]; trascinare qcn. dentro, coinvolgere qcn. in [*argument, dispute*]; ***don't ~ me into this*** non tiratemi dentro *o* non voglio immischiarmi; ***don't ~ my mother into this*** non tirare dentro mia madre *o* non coinvolgere mia madre in questo; ***to ~ sb. through the courts*** trascinare qcn. in tribunale; ***to ~ sb.'s name through*** o ***in the mud*** trascinare il nome di qcn. nel fango **2** *(search)* dragare [*river, pond*] **3** INFORM. trascinare [*icon*]; ***~ and drop*** drag and drop, trascina e rilascia **4** *(trail)* trascinare, strascicare; ***to ~ sth. in the dirt*** trascinare qcs. in terra; ***to ~ one's feet*** o ***heels*** strascicare i piedi; FIG. essere riluttante (**on** riguardo a), tirarla per le lunghe **II** intr. (forma in -ing ecc. **-gg-**) **1** *(go slowly)* [*hours, days*] trascinarsi; [*story, plot*] trascinarsi, procedere pesantemente; ***the third act ~ged*** il terzo atto è andato per le lunghe **2** *(trail)* ***to ~ in*** [*hem, belt*] strisciare, strascicare nel [*mud*] **3** *(rub)* [*brake*] sfregare **4** *(inhale)* ***to ~ on*** fare un tiro, una tirata a [*cigarette*] **III** rifl. ***to ~ oneself to*** trascinarsi (fino) a [*work*].

▪ **drag along:** ~ ***[sth.] along*** trascinare; ~ ***[sb.] along to*** trascinare a [*opera, show, lecture*].

▪ **drag away:** ~ ***[sb.] away*** trascinare via; ***to ~ sb. away from*** trascinare qcn. via da [*party, TV*]; ~ ***[oneself] away from [sth.]*** andarsene (di malavoglia) da [*party*]; ***I couldn't ~ myself away*** non riuscivo ad andarmene.

▪ **drag down:** ~ ***[sth.] down*** trascinare verso il basso [*level, standard*]; ***to be ~ged down to sb.'s level*** essere trascinato al livello di qcn.; ***he ~ged me down with him*** FIG. mi ha trascinato con lui nella rovina.

▪ **drag in:** ~ ***[sth.] in,*** ~ ***in [sth.]*** tirare in ballo, menzionare [*name, story*].

▪ **drag on** [*conflict, speech*] protrarsi, andare per le lunghe; ***to let sth. ~ on*** lasciare che qualcosa si protragga; ***the war ~ged on until 1918*** la guerra si protrasse fino al 1918.

▪ **drag out:** ~ ***[sth.] out*** tirare per le lunghe, protrarre [*speech, meeting*] ~ ***[sth.] out of sb.*** strappare a qcn. [*apology, truth*].

▪ **drag up:** ~ ***[sth.] up,*** ~ ***up [sth.]*** tirare fuori [*secret*]; rinvangare [*past*]; ***where were you ~ged up?*** SCHERZ. ma da dove arrivi?

drag boat /ˈdrægbəʊt/ n. peschereccio m. a strascico.

drag chain /ˈdrægtʃeɪn/ n. FERR. catena f. d'aggancio.

drag coefficient /ˈdrægkəʊɪˌfɪʃnt/ n. AUT. AER. coefficiente m. di resistenza.

dragée /ˈdrɑːʒeɪ/ n. confetto m. (anche FARM.).

drag factor /ˈdrægˌfæktə(r)/ n. → **drag coefficient.**

draggle /drægl/ **I** tr. infangare, inzaccherare **II** intr. infangarsi, inzaccherarsi.

draggle-tail /ˈdrægl teɪl/ n. ANT. POP. sciattona f.

draggy /ˈdrægɪ/ agg. COLLOQ. noioso, barboso, palloso.

drag harrow /ˈdrægˌhærəʊ/ n. AGR. erpice m.

drag hunt /ˈdrægˌhʌnt/ n. VENAT. drag m., caccia f. con preda simulata.

drag lift /ˈdræglɪft/ n. SPORT skilift m.

dragline /ˈdræglaɪn/ n. **1** escavatrice f. a benna trascinata **2** *(of a balloon)* fune f. d'ormeggio, fune f. di frenatura.

dragnet /ˈdrægnet/ n. **1** PESC. rete f. a strascico **2** VENAT. strascino m. **3** *(raid)* retata f.

dragoman /ˈdrægəmən/ n. ANT. (pl. **~s, -men**) dragomanno m.

dragon /ˈdrægən/ n. **1** drago m., dragone m. **2** SPREG. SCHERZ. *(woman)* strega f., megera f., cerbero m. ◆ ***to chase the ~*** *(in drug addicts' slang)* drogarsi, farsi.

dragonfly /ˈdrægənflaɪ/ n. libellula f.

dragon's blood /ˈdrægənzblʌd/ n. sangue m. di drago.

dragon tree /ˈdrægəntriː/ n. dracena f.

1.dragoon /drəˈguːn/ n. MIL. dragone m.

2.dragoon /drəˈguːn/ tr. ***to ~ sb. into doing sth.*** costringere qcn. a fare qcs. con la forza.

drag queen /ˈdrægˌkwiːn/ n. TEATR. COLLOQ. drag queen f., travestito m.

dragster /ˈdrægstə(r)/ n. AUT. SPORT dragster m.

dragstrip /ˈdrægstrɪp/ n. AUT. SPORT pista f. (per dragster).

▷ **1.drain** /dreɪn/ n. **1** *(in street)* fognatura f., chiavica f.; ***to unblock the ~s*** spurgare i tombini; ***open ~*** fogna a cielo aperto; ***to drop sth. down a ~*** fare cadere qualcosa in un tombino **2** *(in building)* *(sewer)* tubatura f.; *(waste water pipe)* (tubo di) scarico m. **3** *(ditch)* canale m. di scolo, scolmatore m.; *(on marshland)* canale m. di prosciugamento **4** *(loss)* *(of people, skills, money)* perdita f., emorragia f. (**of** di); ***to be a ~ on*** essere un salasso per [*profits, funds, resources*] **5** MED. drenaggio m. ◆ ***to go down the ~*** COLLOQ. andare perso, essere buttato via, andare in fumo; ***that's £ 100 down the ~*** COLLOQ. sono 100 sterline buttate via; ***to laugh like a ~*** COLLOQ. sganasciarsi dalle risate.

▷ **2.drain** /dreɪn/ **I** tr. **1** prosciugare, drenare [*land, lake*]; fare uscire liquido da, spurgare [*radiator, boiler*] **2** scolare [*pasta, canned food, dishes*] **3** *(sap)* esaurire, prosciugare [*strength, energy, resources, funds*]; ***to ~ sb. of strength, energy*** privare qcn. delle sue forze, energie *o* prosciugare le forze, le energie di qcn.; ***to ~ sth. of resources, funds*** esaurire, prosciugare le risorse, i fondi di qcs. **4** *(drink)* svuotare [*glass*]; scolarsi [*contents, drink*] **5** [*river*] raccogliere le acque di [*area, basin*] **6** MED. drenare [*wound*] **II** intr. **1** *(empty)* [*water, liquid*] defluire, scolare (**out of, from** da); [*bath, radiator, sink*] svuotarsi; ***to ~ into*** scaricare (le acque) in [*sea, river, gutter, ditch*]; filtrare in [*soil, rock*]; ***the blood*** o ***colour ~ed from her face*** sbiancò in volto; ***I can see the life ~ing out of him*** vedo che la vita lo abbandona a poco a poco **2** *(become dry)* [*dishes, food*] scolare; ***to leave sth. to ~*** lasciare qcs. a scolare, a sgocciolare.

▪ **drain away 1** [*water, liquid*] scorrere via, defluire **2** [*courage, hope*] esaurirsi; [*strength, funds*] prosciugarsi, esaurirsi.

▪ **drain off:** ~ ***off*** [*water, liquid*] scorrere via; ~ ***[sth.] off,*** ~ ***off [sth.]*** fare defluire, fare scorrere via [*fluid, water*].

drainable /ˈdreɪnbl/ agg. prosciugabile, bonificabile.

▷ **drainage** /ˈdreɪnɪdʒ/ **I** n. **1** *(of land, marsh)* bonifica f., prosciugamento m., drenaggio m. **2** *(of wound)* drenaggio m. **3** *(system of pipes, ditches)* rete f. fognaria **II** modif. [*channel, hole, pipe*] di scolo, di drenaggio; [*technique*] di drenaggio.

drainage area /ˈdreɪnɪdʒˌeərɪə/, **drainage basin** /ˈdreɪnɪdʒˌbeɪsn/ n. bacino m. idrografico, bacino m. imbrifero.

drainage tube /ˈdreɪnɪdʒˌtjuːb, AE -ˌtuːb/ n. MED. tubo m. di drenaggio.

drainboard /ˈdreɪnbɔːd/ n. AE → **draining board.**

drained /dreɪnd/ **I** p.pass. → **2.drain II** agg. [*person*] spossato, esausto; [*face*] estenuato.

drained weight /ˈdreɪndˌweɪt/ n. peso m. netto sgocciolato.

drainer /ˈdreɪnə(r)/ n. scolapiatti m. da appoggiare sul lavello.

1.draining /ˈdreɪnɪŋ/ n. *(of marsh, land)* prosciugamento m., bonifica f.; *(of rain, water in pipes)* deflusso m., scolo m.

2.draining /ˈdreɪnɪŋ/ agg. *(emotionally, physically)* spossante, estenuante.

draining board /ˈdreɪnɪŋbɔːd/ n. scolatoio m. (del lavello).

drainpipe /ˈdreɪnpaɪp/ **I** n. *(for rain water)* pluviale m., doccia f.; grondaia f.; *(for waste water, sewage)* (canale, tubo di) scarico m. **II drainpipes** n.pl. BE COLLOQ. (anche **drainpipe trousers**) pantaloni m. a tubo.

1.drake /dreɪk/ n. maschio m. dell'anatra.

2.drake /dreɪk/ n. **1** *(bait)* = insetto usato come esca **2** ZOOL. efemera f.

dram /dræm/ n. **1** FARM. = unità di misura di peso pari a 1/16 di oncia "avoirdupois", corrispondente a 1,77 grammi **2** SCOZZ. COLLOQ. *(drink)* goccio m., bicchierino m.

▷ **drama** /ˈdrɑːmə/ **I** n. **1** *(genre)* teatro m.; TELEV. RAD. *(as opposed to documentary programme)* fiction f.; ***modern ~*** il teatro moderno **2** *(acting, directing)* arte f. drammatica **3** *(play)* dramma m.; TELEV. RAD. fiction f. **4** GIORN. SCHERZ. *(dramatic event)* dramma m.; ***a human ~*** un dramma umano **5** *(fuss)* dramma m.; ***to make a ~ out of sth.*** fare un dramma (di qcs.) **6 U** *(excitement)* ***her life was full of ~*** la sua vita è stata piena di emozioni **II** modif. [*school, course, student*] d'arte drammatica, di teatro; ***~ critic*** critico teatrale; ***~ documentary*** TELEV. film verità.

▷ **dramatic** /drəˈmætɪk/ agg. **1** LETTER. TEATR. [*literature, art, irony, effect*] drammatico; [*gesture, entrance, exit*] teatrale, plateale; ***for ~ effect*** per creare un effetto drammatico **2** *(tense)* [*situation, event*] drammatico; *(exciting)* emozionante **3** *(sudden, radical)* [*change, impact*] radicale; [*goal*] spettacolare, sensazionale; [*landscape*] spettacolare.

▷ **dramatically** /drəˈmætɪklɪ/ avv. **1** *(radically)* radicalmente **2** *(causing excitement)* in modo spettacolare **3** LETTER. TEATR. teatralmente, dal punto di vista teatrale **4** *(in a theatrical way)* [*gesture, pause*] in modo teatrale.

dramatics /drəˈmætɪks/ n.pl. + verbo sing. o pl. **1** arte f.sing. drammatica **2** SPREG. comportamento m.sing. teatrale, plateale.

dramatic society /drə͵mætɪksəˈsaɪətɪ/ n. filodrammatica f.

dramatis personae /͵dræmətɪspɜːˈsəʊnaɪ/ n.pl. FORM. *(characters)* personaggi m.; *(actors)* interpreti m.

dramatist /ˈdræmətɪst/ ➧ **27** n. drammaturgo m. (-a).

dramatization /͵dræmətaɪˈzeɪʃn, AE -tɪˈz-/ n. **1** *(dramatized version)* *(of novel, event)* drammatizzazione f.; riduzione f. teatrale; ***TV, musical ~*** riduzione televisiva, musicale **2** *(technique)* *(for stage)* adattamento m., riduzione f. teatrale; *(for screen)* adattamento m. televisivo, cinematografico **3** *(exaggeration)* esagerazione f.

dramatize /ˈdræmətaɪz/ **I** tr. **1** *(adapt)* TEATR. drammatizzare, ridurre in forma di dramma; CINEM. TELEV. adattare per lo schermo; RAD. adattare per la radio **2** *(enact, depict)* rappresentare, dipingere **3** *(make dramatic)* rendere drammatico; SPREG. drammatizzare, esagerare [*event, problem*] **II** intr. drammatizzare, esagerare.

dramatized /ˈdræmətaɪzd/ **I** p.pass. → **dramatize II** agg. [*account*] drammatico; ***~ documentary*** film verità; ***~ version*** TEATR. riduzione teatrale; CINEM. riduzione cinematografica; TELEV. riduzione televisiva; ***~ series*** sceneggiato a puntate.

dramaturgic /͵dræməˈtɜːdʒɪk/ agg. drammaturgico.

dramaturgist /͵dræməˈtɜːdʒɪst/ ➧ **27** n. drammaturgo m. (-a).

dramaturgy /ˈdræmə͵tɜːdʒɪ/ n. drammaturgia f.

drank /dræŋk/ pass. → **2.drink**.

1.drape /dreɪp/ n. **1** gener. pl. AE *(curtain)* tende f.pl., tendaggi m.pl. **2** *(of fabric)* drappeggio m.

2.drape /dreɪp/ tr. ***to ~ sth. with sth., to ~ sth. over sth.*** drappeggiare, coprire qcs. con qcs.; ***walls ~d with...*** pareti addobbate di...; ***~d in sth.*** [*person, statue*] avvolto in qcs.; ***to ~ oneself over an armchair*** sprofondare in una poltrona; ***she was ~d around his neck*** COLLOQ. SCHERZ. gli stava appesa al collo.

draper /ˈdreɪpə(r)/ ➧ **27** n. BE negoziante m. e f. di stoffe, di tessuti; ***~'s shop*** negozio di stoffe, di tessuti.

drapery /ˈdreɪpərɪ/ **I** n. **1** *(decorative)* drappeggi m.pl. **2** *(fabrics)* stoffe f.pl. **II draperies** n.pl. AE tende f., tendaggi m.

▷ **drastic** /ˈdræstɪk/ agg. **1** *(severe)* [*policy, step, measure, reduction, remedy*] drastico; [*effect*] catastrofico **2** *(dramatic)* [*change*] radicale, drastico.

drastically /ˈdræstɪklɪ/ avv. **1** *(profoundly)* [*change, reduce*] drasticamente, radicalmente **2** *(severely)* [*reduce, limit*] drasticamente, severamente; ***things went ~ wrong*** le cose sono andate malissimo.

drat /dræt/ inter. COLLOQ. ***~ (it)!*** maledizione! accidenti! ***~ that man!*** accidenti a quell'uomo! ***you're right, ~ you!*** hai ragione, accidenti a te!

dratted /ˈdrætɪd/ agg. COLLOQ. [*person, thing*] maledetto.

▷ **draught** BE, **draft** AE /drɑːft, AE dræft/ **I** n. **1** *(cold air)* corrente f. (d'aria), spiffero m. **2** *(in fireplace)* tiraggio m. **3 *on ~*** [*beer etc.*] alla spina **4** *(of liquid)* sorso m.; *(of air)* boccata f.; ***in a single ~*** in un solo sorso; ***taking long ~s of cool air*** respirando aria fresca a pieni polmoni **5** ANT. *(potion)* pozione f., filtro m. **6** *(of ship)* pescaggio m. **7** BE GIOC. *(piece)* pedina f. (della dama) **II** modif. **1** [*beer, cider*] alla spina **2** [*animal, horse*] da tiro ◆ ***to feel the ~*** COLLOQ. sentirne gli effetti.

draughtboard /ˈdrɑːftbɔːd, AE ˈdræft-/ n. BE scacchiera f.

draught excluder /͵drɑːftɪkˈskluːdə(r), AE ͵dræft-/ n. guarnizione f. (di porta, finestra).

draughtiness BE, **draftiness** AE /ˈdrɑːftɪnɪs, AE ˈdræftɪnɪs/ n. (l')essere esposto a correnti d'aria.

1.draughtproof BE, **draftproof** AE /ˈdrɑːftpruːf, AE ˈdræft-/ agg. antispifferi.

2.draughtproof BE, **draftproof** AE /ˈdrɑːftpruːf, AE ˈdræft-/ tr. isolare (dalle correnti d'aria) [*door, window*].

draughtproofing BE, **draftproofing** AE /ˈdrɑːftpruːfɪŋ, AE ˈdræft-/ n. **1** *(insulation)* isolamento m. **2** *(material)* (materiale) isolante m.

draughts /drɑːfts, AE dræfts/ ➧ **10** n. + verbo sing. BE gioco m. della dama, dama f.; ***to play ~*** giocare a dama.

draughtsman BE, **draftsman** AE /ˈdrɑːftsmən, AE ˈdræft-/ ➧ **27** n. (pl. **-men**) **1** TECN. disegnatore m. (-trice) tecnico (-a); progettista m. e f. **2** ART. disegnatore m. (-trice) **3** BE GIOC. pedina f. (della dama).

draughtsmanship BE, **draftsmanship** AE /ˈdrɑːftsmənʃɪp, AE ˈdræft-/ n. **1** TECN. padronanza f. del disegno tecnico **2** ART. abilità f. nel disegno.

draughtsmen /ˈdrɑːftsmen, AE ˈdræft-/ → **draughtsman**.

draughty BE, **drafty** AE /ˈdrɑːftɪ, AE ˈdræftɪ/ agg. [*room*] pieno di correnti d'aria, pieno di spifferi; ***I was sitting in a ~ seat*** ero seduto in un posto in mezzo alla corrente.

1.draw /drɔː/ n. **1** *(raffle)* sorteggio m., estrazione f. (di lotteria); ***to win (sth. in) a ~*** vincere (qcs.) alla lotteria **2** *(tie)* *(in match)* pareggio m., pari m.; ***it was a ~*** *(in match)* è stato un pareggio, hanno pareggiato; *(in race)* sono arrivati ex aequo, a pari merito **3** *(attraction)* *(person, film, event, place)* attrazione f.; ***Bob Dylan was the big ~*** Bob Dylan era la grande attrazione **4** *(on cigarette, pipe)* tirata f., tiro m. **5** AE *(hand of cards)* mano f.; carte f.pl. ◆ ***to be quick, slow on the ~*** COLLOQ. *(in understanding)* essere pronto, lento a capire; *(in replying)* avere, non avere la battuta pronta; [*cowboy*] essere veloce, lento nell'estrarre (l'arma); ***to beat sb. to the ~*** [*rival, competitor*] giocare d'anticipo su qcn. *o* battere qcn. sul tempo; [*cowboy*] anticipare qcn. nell'estrarre l'arma *o* battere qcn. sul tempo.

▶ **2.draw** /drɔː/ **I** tr. (pass. **drew**; p.pass. **drawn**) **1** *(on paper etc.)* fare, disegnare [*picture, plan, portrait, sketch, cartoon diagram*]; disegnare [*person, face, object*]; tracciare [*line, circle, square*]; ***to ~ a picture*** fare un disegno; ***to ~ (a picture of) a boat*** disegnare una barca; ***to ~ a map*** *(giving directions)* fare una mappa, una piantina; *(in school)* disegnare una cartina geografica; ***to ~ sb. sth., to ~ sth. for sb.*** fare qcs. a qcn. [*picture, plan, cartoon, sketch, diagram*]; disegnare qcs. a qcn. [*person, face, object*] **2** FIG. rappresentare, tratteggiare [*character, picture*]; tracciare [*analogy, comparison, distinction, parallel*] **3** *(pull)* [*animal, car, engine*] tirare, trainare [*object, cart, plough*]; tirare [*rope*]; [*machine, suction*] aspirare [*liquid, gas*]; ***to ~ a plough along*** tirare un aratro; ***the water is drawn along the pipe*** l'acqua viene aspirata nel tubo; ***I drew the book towards me*** ho tirato il libro verso di me; ***he drew the child towards him*** tirò a sé il bambino; ***to ~ a bolt, the curtains*** tirare un catenaccio, le tende; ***I drew the string as tight as I could*** ho tirato il laccio più forte che potevo; ***she drew a ten pound note from her purse*** tirò fuori dalla borsa una banconota da dieci sterline; ***he drew his finger along the shelf*** passò un dito lungo lo scaffale; ***to ~ a handkerchief across one's forehead, a comb through one's hair*** passarsi un fazzoletto sulla fronte, un pettine nei capelli; ***she drew his arm through hers*** fece passare il braccio di lui sotto il suo; ***she drew her shawl round her shoulders*** si avvolse le spalle nello scialle; ***to ~ water from a well*** attingere acqua da un pozzo; ***to ~ a pint of beer*** spillare una pinta di birra; ***to ~ blood*** cavare sangue; ***to ~ a bow*** tendere un arco **4** *(derive)* trarre, tirare [*conclusion*] (**from** da); ***I drew comfort from the fact that, from doing*** ho tratto conforto dal fatto che, dal fare; ***to ~ a lesson, a moral from sth.*** ricavare una lezione, una morale da qcs.; ***to ~ inspiration from sth.*** trarre ispirazione da qcs.; ***he drew hope, encouragement from this*** ciò gli ha dato speranza, coraggio; ***to be drawn from*** [*energy, information*] essere ricavato, ottenuto da; ***his friends, our readers are drawn from all walks of life*** i nostri amici, lettori provengono da tutti i ceti sociali **5** *(cause to talk)* fare parlare [*person*] (**about, on** di); ***I hoped she'd tell me, but she wouldn't be drawn*** *o* ***she refused to be drawn*** speravo che me lo dicesse, ma non riuscii a farla parlare; ***to ~ sth. from*** o ***out of sb.*** ottenere da qcn. *o* carpire a qcn. [*information*]; far dire, strappare a qcn. [*truth*]; ***she drew tears of laughter from the audience*** ha fatto ridere il pubblico fino alle lacrime; ***I managed to ~ a smile from him*** sono riuscito a strappargli un sorriso **6** *(attract)* [*person, event, film*] attirare [*crowd, person*] (**to** verso); suscitare [*reaction, criticism, praise, interest*]; ***the idea drew much criticism from both sides, from the experts*** l'idea ha suscitato molte critiche in entrambi gli schieramenti, da parte degli esperti; ***the course ~s students from all over the world*** il corso richiama studenti da tutto il mondo; ***his speech drew great applause*** il suo discorso ricevette molti applausi; ***to ~ sb.'s attention to sth.*** attirare, richiamare l'attenzione di qcn. su qcs.; ***to ~ attention to oneself*** attirare l'attenzione su di sé; ***to feel drawn to sb.*** sentirsi attratto da qcn.; ***to ~ sb. to*** attrarre qcn. a, spingere qcn. verso [*profession, person, religion*]; ***the sound of the explosion drew her to the window*** il rumore dell'esplosione la fece correre alla finestra; ***to ~ sb. into*** coinvolgere qcn. in [*conversation*]; attirare qcn. in [*argument, battle*]; ***I'm not going to be drawn into an argument with you*** non ho intenzione di farmi trascinare, coinvolgere in una discussione con te; ***they were drawn together by their love of animals*** li avvicinò il comune amore per gli animali; ***to ~ the enemy fire*** offrire un bersaglio al fuoco nemico; ***to ~ sb.'s fire*** FIG. attirarsi le critiche di qcn. **7** ECON. *(take out)* prelevare [*money*] (**from** da); emettere [*cheque*] (**on su**); emettere, spiccare [*bill of exchange, promissory note*] (**on** su); *(receive)* ritirare, ricevere [*wages, pension*] **8** GIOC. *(choose at random)* tirare a sorte, estrarre [*name, ticket, winner*]; ***they asked him to ~ the winner (out of the hat)*** gli chiesero di estrarre il nome del vincitore (dal cappello); ***to ~ a winning ticket*** [*competitor*] pescare il biglietto vincente; ***Italy has been drawn against Spain*** o ***to play Spain*** l'Italia è stata sorteggiata per giocare contro la Spagna; ***Jones drew Smith in the first round*** il sorteggio ha messo di fronte Jones e Smith al primo turno **9** SPORT ***to ~ a match*** pareggiare, terminare l'incontro con un pareggio **10** *(remove, pull out)* togliere, estrarre [*tooth, thorn, splinter, sting*] (**from** da); togliere [*cork*] (**from** a); estrarre, sguainare [*sword, dagger*]; estrarre [*knife, gun*]; prendere, estrarre [*card*]; ***to ~ a gun on sb.*** spianare una pistola contro qcn.; ***to ~ a knife on sb.*** estrarre un coltello minacciando qcn. **11** *(disembowel)* eviscerare [*chicken, turkey, goose*]; STOR. sventrare [*prisoner*] **12** VENAT. stanare [*animal*] **13** GIOC. ***to ~ trumps*** calare le briscole **14** TECN. trafilare [*wire, metal*]; stirare [*glass*] **15** MAR. ***the ship ~s six metres*** la barca pesca sei metri, ha un pescaggio di sei metri **16** ANT. *(run)* ***~ a bath*** riempire la vasca per il bagno **II** intr. (pass. **drew**; p.pass. **drawn**) **1** *(make picture)* disegnare; ***he ~s very well*** disegna molto bene; ***to ~ round*** o ***around*** disegnare seguendo il contorno di [*hand, template*] **2** *(move)* ***to ~ ahead (of sth., sb.)*** [*vehicle, person*] superare (qcs., qcn.); FIG. [*person, company*] superare, sopravanzare (qcn., qcs.); ***to ~ alongside*** [*boat*] accostare; ***the car drew alongside the lorry*** l'automobile si accostò al camion; ***to ~ close*** o ***near*** [*time, date, ordeal*] avvicinarsi; ***the time, day is ~ing close when...*** si avvicina l'ora, il giorno in cui...; ***they drew nearer to listen*** si avvicinarono per ascoltare; ***to ~ into*** [*bus*] arrivare in [*station*]; ***the train drew into the station*** il treno entrò in stazione; ***to ~ level*** pareggiare, raggiungere (gli altri); ***to ~ level with the other athletes*** *(in score)* avere ottenuto lo stesso punteggio degli altri atleti, raggiungere gli altri atleti; *(in race)* raggiungere gli altri atleti; ***to ~ over*** [*vehicle*] accostare; ***the lorry drew over to the right-hand side of the road*** il camion accostò a destra; ***to ~ to one side*** [*person*] scostarsi; ***to ~ round*** o ***around*** [*people*] avvicinarsi; ***they drew round the teacher*** si avvicinarono all'insegnante *o* si raccolsero attorno all'insegnante; ***to ~ to a halt*** fermarsi; ***to ~ to a close*** o ***an end*** [*day, event, life*] avvicinarsi alla fine *o* volgere al termine **3** SPORT *(in match)* [*teams*] pareggiare; *(finish at same time in race)* [*runners, racers*] arrivare ex aequo; *(finish equal, with same points)* terminare ex aequo, con gli stessi punti, a pari merito; ***they drew for second place*** sono arrivati secondi a pari merito; ***X drew with Y*** *(in match)* X e Y hanno pareggiato; *(in race)* X Y sono arrivati a pari merito **4** *(choose at random)* ***to ~ for sth.*** tirare, estrarre a sorte qcs.; ***they drew for partners*** tirarono a sorte i propri compagni **5** [*chimney, pipe*] tirare; [*pump, vacuum cleaner*] aspirare, tirare; ***to ~ on*** o ***at one's pipe, cigarette*** fare un tiro di pipa, di sigaretta **6** [*tea*] essere, stare in infusione ◆ ***to ~ the line*** porre un limite; ***you've got to ~ the line somewhere*** devi porre un limite a un certo punto; ***to ~ the line at doing*** rifiutarsi di fare; ***she drew the line at blackmail*** si rifiutò di fare ricatti; ***I ~ the line at violence*** tutto ma non la violenza; ***the union agreed to longer working hours but drew the line at wage cuts*** il sindacato ha accettato un prolungamento dell'orario di lavoro, ma ha rifiutato i tagli salariali.

▪ **draw apart** [*two people*] separarsi, allontanarsi; ***the land masses drew apart*** le terre emerse si separarono.

▪ **draw aside: ~ [sth.] aside, ~ aside [sth.]** scostare, tirare da parte [*curtain, screen, object*] **~ [sb.] aside** prendere da parte.

▪ **draw away: ~ away** [*vehicle, train, person*] allontanarsi (**from** da); [*person*] *(move away, recoil)* allontanarsi, ritrarsi; **~ [sth.] away, ~ away [sth.]** allontanare, tirare via [*hand, foot*]; ***~ the chair away from the fire*** allontana la sedia dal fuoco; **~ [sb.] away from** allontanare da [*fire, scene*]; distogliere, distrarre da [*book, task*].

▪ **draw back: ~ back** *(move back, recoil)* tirarsi indietro, ritrarsi; **~ [sth.] back, ~ back [sth.]** aprire, scostare [*curtains*]; [*person*] tirare indietro, allontanare [*hand, foot*]; **~ [sb.] back, ~ back [sb.]** fare tornare [*person*]; ***the company will have difficulty ~ing its customers back*** la società avrà difficoltà a recuperare i clienti.

▪ **draw down: ~ [sth.] down, ~ down [sth.]** tirare giù, abbassare [*blind, screen, veil*].

▪ **draw forth: ~ forth [sth.], ~[sth.] forth** suscitare [*laugh, comments*].

▪ **draw in: ~ in 1** [*days*] accorciarsi; ***the days are ~ing in*** le giornate si stanno accorciando **2** *(arrive)* [*bus*] arrivare; [*train*] arrivare, entrare in stazione; **~ [sth.] in, ~ in [sth.] 1** ART. *(in picture)* schizzare, abbozzare [*background, detail*] **2** tirare (a sé) [*reins, rope*]; tirare in dentro [*stomach*]; ritrarre [*claws*] **3** *(suck in)* [*person*] aspirare [*air*]; [*pump, machine*] aspirare [*liquid, gas, air*]; ***to ~ in one's breath*** inspirare **4** *(attract)* attrarre, attirare [*people*]; attirare [*fund*].

▪ **draw off: ~ off** [*vehicle, train*] partire, allontanarsi; [*army*] ritirarsi, battere in ritirata; **~ [sth.] off, ~ off [sth.]** estrarre, aspirare [*beer, water*]; MED. eliminare [*fluid*]; togliersi, levarsi [*gloves*].

▪ **draw on: ~ on** *(approach)* [*time, date, season*] avvicinarsi; *(pass)* [*time*] passare; [*evening, day, season*] avanzare **~ on [sth.]** attingere a, ricorrere a [*reserves, savings*]; ricorrere a [*skill, strength*]; ***in her novels she ~s on childhood memories*** nei suoi romanzi attinge alle memorie d'infanzia; ***the report ~s on information from...*** il rapporto attinge informazioni da...; ***to ~ on one's experience*** ricorrere alla propria esperienza; **~ on [sth.], ~ [sth.] on** mettersi, infilarsi [*gloves, shoes, garment*].

▪ **draw out: ~ out 1** *(leave)* [*train, bus*] partire; ***the train drew out of the station*** il treno lasciò la stazione, uscì dalla stazione; ***a car drew out in front of me*** una macchina davanti a me uscì dalla fila **2** *(get longer)* [*day, night*] allungarsi; ***the nights are ~ing out*** le notti si stanno allungando; **~ [sth.] out, ~ out [sth.] 1** tirare fuori [*handkerchief, purse, cigarette, knife*] (**from, out of** da); togliere, estrarre [*tooth, splinter, nail*] (**from, of** da); aspirare, tirare [*liquid, air*] **2** ECON. prelevare [*cash, money*] **3** *(cause to last longer)* prolungare [*meeting, speech, meal*]; *(unnecessarily)* protrarre [*meeting, speech, meal*] **4** *(extract)* ottenere [*information, confession*]; *(using force)* strappare, estorcere [*information, confession*]; ***they managed to ~ a confession out of him*** riuscirono a strappargli una confessione **5** TECN. *(stretch)* trafilare [*wire, metal*]; stirare [*glass, thread*]; **~ [sb.] out** *(make less shy)* fare uscire dal proprio guscio; ***I managed to ~ him out of his silence*** riuscii a farlo sciogliere un po'; ***I drew the old man out about the war*** riuscii a far parlare il vecchio della guerra.

▪ **draw up: ~ up** [*vehicle*] accostare, fermarsi; [*boat*] accostare; **~ up [sth.], ~ [sth.] up 1** redigere, preparare, stilare [*contract, report, budget, programme, proposals, questionnaire*]; preparare, compilare [*list, inventory*]; preparare [*plan*]; redigere [*will*] **2** *(pull upwards)* tirare su [*bucket*] **3** *(bring)* accostare, avvicinare [*chair, stool*] (**to** a) **4** *(gather up)* tirare su [*thread, drawstring*]; **~ oneself up** tirarsi su, drizzarsi; ***she drew herself up to her full height*** si raddrizzò in tutta la sua altezza.

drawback /'drɔ:bæk/ n. **1** inconveniente m., svantaggio m.; ***it has its ~s*** presenta degli inconvenienti; ***the ~ of doing that is that...*** il lato negativo nel fare ciò è che... **2** COMM. *(on exports)* drawback m., rimborso m. del dazio doganale.

drawbridge /'drɔ:brɪdʒ/ n. *(over moat)* ponte m. levatoio; *(over river)* ponte m. mobile.

drawdown /'drɔ:daʊn/ n. **1** GEOL. *(of water level)* calo m.; abbassamento m. piezometrico **2** *(borrowing)* prestito m.

drawee /drɔ:'i:/ n. trattario m., trassato m.

▷ **drawer** /'drɔ:(r)/ **I** n. **1** *(in chest, cabinet, table etc.)* cassetto m.; ***cutlery, desk ~*** cassetto delle posate, della scrivania **2** *(of pictures)* disegnatore m. (-trice) **3** ECON. traente m. **II drawers** n.pl. ANT. mutande f. (lunghe), mutandoni m.

drawer liner /'drɔ:ˌlaɪnə(r)/ n. = carta per rivestire i cassetti.

▷ **drawing** /'drɔ:ɪŋ/ **I** n. **1** *(picture)* disegno m.; ***pencil, charcoal ~*** disegno a matita, a carboncino; ***a rough ~*** uno schizzo **2** *(action, occupation)* disegno m.; ***classes in ~*** corsi di disegno; ***most of the ~ is done by Rolf*** la maggior parte dei disegni è stata fatta da Rolf **II** modif. [*course, class, teacher*] di disegno; [*paper, pen, book, tools*] da disegno.

drawing account /'drɔ:ɪŋəˌkaʊnt/ n. *(current account)* conto m. corrente.

drawing block /'drɔ:ɪŋˌblɒk/ n. blocco m. da disegno.

drawing board /'drɔ:ɪŋbɔ:d/ n. **1** *(board)* tavola f. da disegno; *(table)* tavolo m. da disegno **2** FIG. ***we'll have to go back to the ~***

dovremo ricominciare da capo; ***the project never got off the* ~** il progetto non è mai andato al di là dello stadio iniziale.

drawing card /ˈdrɔːɪŋkɑːd/ n. **1** *(popular artiste, event)* attrazione f. **2** AE *(marketable skill, asset)* dote f., qualità f.

drawing office /ˈdrɔːɪŋˌɒfɪs, AE -ˌɔːf-/ n. sala f. (dei) disegnatori.

drawing paper /ˈdrɔːɪŋˌpeɪpə(r)/ n. carta f. da disegno.

drawing pen /ˈdrɔːɪŋpen/ n. tiralinee m.

drawing pencil /ˈdrɔːɪŋˌpensl/ n. matita f. da disegno.

drawing pin /ˈdrɔːɪŋpɪn/ n. puntina f. da disegno.

drawing room /ˈdrɔːɪŋrʊm, -ruːm/ n. salotto m.

drawing table /ˈdrɔːɪŋˌteɪbl/ n. tavolo m. da disegno.

1.drawl /drɔːl/ n. pronuncia f. strascicata; ***in a thick Texas* ~** con un forte accento del Texas *o* con la pronuncia strascicata tipica del Texas.

2.drawl /drɔːl/ **I** tr. ***"how about that!" she ~ed*** "ma va!" disse strascicando le parole **II** intr. strascicare le parole.

▷ **drawn** /drɔːn/ **I** p.pass. → **2.draw II** agg. **1** [*face, look*] tirato, teso; ***he looked pale and* ~** aveva un aspetto pallido e tirato; ***her face ~ with sorrow*** il suo viso contratto per il dolore **2** SPORT [*game, match*] pari, in pareggio **3** ***with ~ sword*** con la spada sguainata.

drawn butter /ˌdrɔːnˈbʌtə(r)/ n. = burro fuso aromatizzato con erbe o altri condimenti.

drawn-out /drɔːnaʊt/ agg. [*story, interview, lecture*] lungo, tirato per le lunghe.

drawn(-thread) work /ˈdrɔːn(θred)ˌwɜːk/ n. sfilato m.

draw poker /ˈdrɔːˌpəʊkə(r)/ ♦ **10** n. AE poker m. (in cui si possono cambiare le carte dopo la prima distribuzione).

drawsheet /ˈdrɔːʃiːt/ n. traversa f. (per il letto).

drawstring /ˈdrɔːstrɪŋ/ **I** n. laccio m., cordoncino m. **II** modif. [*bag, hood*] con il cordoncino; ***(with a) ~ waist*** che si stringe in vita con un cordoncino.

draw ticket /ˈdrɔːˌtɪkɪt/ n. biglietto m. della tombola.

draw-top table /ˈdrɔːtɒpˌteɪbl/ n. tavolo m. allungabile.

dray /dreɪ/ n. STOR. = carro per il trasporto di carichi pesanti, specialmente quello usato per trasportare i barili di birra.

drayman /ˈdreɪmən/ ♦ **27** n. (pl. **-men**) carrettiere m., barrocciaio m.

drayhorse /ˈdreɪhɔːs/ n. STOR. cavallo m. da tiro.

▷ **1.dread** /dred/ **I** n. paura f., spavento m., terrore m.; ***to have a ~ of sth.*** *(real fear)* avere terrore di qcs.; *(weaker)* avere paura di qcs.; ***to live in ~ of sth., sb.*** essere terrorizzato da qcs., qcn.; ***to live in ~ of sth. happening*** vivere nel terrore che accada qcs.; ***it's his constant* ~** è il suo timore costante; ***her ~ that her husband might return*** la paura che suo marito possa tornare **II** agg. LETT. temibile, paventato; *(stronger)* terribile, spaventoso.

▷ **2.dread** /dred/ tr. temere, avere paura (**doing sth.** di fare qcs.); *(stronger)* avere terrore (**doing sth.** di fare qcs.); ***to ~ that*** temere che; ***she ~s him coming*** ha paura che arrivi; ***"what would she say?" - "I ~ to think!"*** "cosa potrebbe dire?" - "il solo pensiero mi fa paura!".

dreaded /ˈdredɪd/ **I** p.pass. → **2.dread II** agg. attrib. temuto, paventato.

▷ **dreadful** /ˈdredfl/ agg. **1** *(unpleasant)* [*weather, person*] orribile; [*day*] terribile, tremendo; *(emphatic)* ***what a ~ nuisance!*** che seccatura! ***a ~ mess, waste of time*** un gran casino, un'incredibile perdita di tempo; ***he made a ~ fuss*** ha fatto un sacco di storie; ***I had a ~ time trying to convince him*** ho dovuto sudare sette camicie per convincerlo **2** *(poor quality)* [*film, book, meal*] orribile **3** *(horrifying)* [*accident, injury*] spaventoso, terribile; [*crime*] atroce **4** *(ill)* ***to feel* ~** sentirsi malissimo; ***to look* ~** avere un aspetto terribile **5** LETT. *(inspiring fear)* [*foe, weapon*] temibile **6** *(embarrassed)* ***to feel ~ about sth., about doing, about having done*** vergognarsi di qcs., di fare, di avere fatto.

dreadfully /ˈdredfəlɪ/ avv. **1** *(emphatic)* [*disappointed, cross*] tremendamente; [*short of money*] completamente; [*sorry, wrong*] davvero; ***I miss her* ~** mi manca tantissimo, terribilmente **2** *(horribly)* [*suffer*] terribilmente; [*treat*] malissimo; [*behave*] malissimo, in maniera terribile.

dreadfulness /ˈdredfəlnɪs/ n. spaventosità f., orrore m.

dreadlocks /ˈdredlɒks/ n.pl. treccine f. rasta.

dreadnought /ˈdrednɔːt/ n. MIL. dreadnought f.

▶ **1.dream** /driːm/ **I** n. **1** *(while asleep)* sogno m.; ***I had a ~ about sth., about doing*** ho sognato qcs., che facevo; ***to have a ~ that*** sognare che; ***"sweet*** o ***pleasant ~s!"*** "sogni d'oro!"; ***it was like a bad* ~** è stato come un brutto sogno **2** *(while awake)* sogno m. (a occhi aperti), fantasticheria f.; ***to be in a* ~** essere con la testa fra le nuvole; ***to be living in a* ~** *(because of happiness)* vivere (in) un sogno; *(because of shock)* essere come in trance **3** *(hope)* sogno m.; ***I have a ~ that*** sogno che, il mio sogno è che; ***to have ~s of doing*** sognare di fare; ***it was (like) a ~ come true*** è stato come se si realizzasse un sogno; ***to make sb.'s ~s come true*** realizzare i sogni di qcn. *o* fare diventare realtà i sogni di qcn.; ***the car, man of your ~s*** l'automobile, l'uomo dei tuoi sogni; ***to have success beyond one's wildest ~s*** avere successo come neanche ci si sognava; ***to be rich beyond one's wildest ~s*** essere ricco al di là di ogni propria aspettativa; ***never in her wildest ~s had she thought...*** neanche in sogno aveva pensato...; ***you couldn't imagine a more vicious person, even in your wildest ~s*** non potresti immaginare una persona più dissoluta, neppure nei tuoi sogni più sfrenati **4** *(wonderful person or thing)* ***the car is a ~ to drive*** è un sogno guidare questa macchina; ***he's a* ~** è splendido; ***the house, dress is a* ~** la casa, l'abito è un sogno; ***this cake is a* ~** questo dolce è magnifico; ***to go like a* ~** [*car, engine*] andare che è una meraviglia; ***it worked like a* ~** funzionava a meraviglia **II** modif. [*house, kitchen, car, vacation*] da sogno; [*job*] che si sogna.

▶ **2.dream** /driːm/ **I** tr. (pass., p.pass. **dreamt**, **~ed**) **1** *(while asleep)* sognare (**that** che) **2** *(imagine)* ***I never dreamt (that)*** non avrei mai immaginato (che); *(stronger)* non avrei mai lontanamente immaginato (che) **II** intr. (pass., p.pass. **dreamt**, **~ed**) **1** *(while asleep)* sognare; ***he dreamt about*** o ***of sth., doing*** sognava qcs., che faceva **2** *(while awake)* sognare, fantasticare; SPREG. fare castelli in aria, perdersi in fantasticherie; ***to ~ about*** o ***of sth.*** fantasticare di, su qcs. **3** *(hope)* sognare; ***to ~ of sth., of doing*** sognare qcs., di fare; ***you're*** o ***you must be ~ing if you think...*** stai sognando se pensi...; ***~ on!*** IRON. continua pure a sognare! **4** *(consider)* ***I, he wouldn't ~ of doing*** non mi sarei, non si sarebbe sognato di fare; ***"don't tell them!" - "I wouldn't ~ of it!"*** "non dirglielo!" - "neanche per sogno!"

■ **dream away** ***to ~ away the hours, the afternoon*** passare le ore, il pomeriggio in fantasticherie.

■ **dream up:** ***~ up [sth.]*** escogitare, trovare [*plan, excuse, idea, theory*]; immaginare [*character, plot*].

dreamboat /ˈdriːmbəʊt/ n. COLLOQ. SCHERZ. *(man)* uomo m. da sogno, dei propri sogni; *(woman)* donna f. da sogno, dei propri sogni.

dreamer /ˈdriːmə(r)/ n. **1** *(inattentive person)* sognatore m. (-trice), acchiappanuvoli m. e f. **2** *(idealist)* sognatore m. (-trice), utopista m. e f. **3** *(person having dream)* sognatore m. (-trice).

dreamily /ˈdriːmɪlɪ/ avv. **1** *(in a dream)* [*move, wander, say*] come in sogno; [*look, smile*] con aria trasognata **2** *(gently)* lievemente, soavemente.

dreaminess /ˈdriːmɪnɪs/ n. **1** stato m. di sogno **2** *(absent-mindedness)* trasognatezza f.

dreamland /ˈdriːmlænd/ n. paese m., mondo m. dei sogni.

dreamless /ˈdriːmlɪs/ agg. [*sleep*] senza sogni.

dreamlessly /ˈdriːmlɪslɪ/ avv. [*sleep*] senza sogni, senza sognare.

dreamlike /ˈdriːmlaɪk/ agg. fantastico, irreale.

dreamt /dremt/ pass., p.pass. → **2.dream**.

dreamtime /ˈdriːmtaɪm/ n. AUSTRAL. ANTROP. = nella mitologia degli aborigeni australiani, l'epoca della creazione del mondo e dell'uomo.

dreamworld /ˈdriːmwɜːld/ n. **1** *(place of dreams)* mondo m. dei sogni **2** *(imagination)* ***to be (living) in a* ~** vivere nel mondo dei sogni, vivere di illusioni; ***she's living in a ~ if she thinks...*** si illude se pensa...

dreamy /ˈdriːmɪ/ agg. **1** *(distracted)* sognante, perso in fantasticherie, trasognato **2** *(gentle)* [*sound, music*] soave, languido **3** *(dreamlike)* [*story, scene, day*] irreale **4** ANT. COLLOQ. *(attractive)* [*person*] seducente, incantevole; [*house, car, dress*] incantevole, da sogno.

dreariness /ˈdrɪərɪnɪs/ n. *(of life)* monotonia f.; *(of landscape)* desolazione f.; *(of weather)* uggiosità f.; *(of person)* (l')essere noioso.

dreary /ˈdrɪərɪ/ agg. [*weather*] tetro, uggioso; [*landscape*] desolato, cupo; [*person*] noioso; [*life, routine*] noioso, monotono.

1.dredge /dredʒ/ n. *(machine, boat)* draga f.

2.dredge /dredʒ/ **I** tr. dragare [*mud, river, channel*] **II** intr. scavare con la draga.

■ **dredge up:** ***~ up [sth.], ~ [sth.] up*** ripescare, riportare in superficie dragando; FIG. riportare alla memoria [*memories*]; rinvangare [*unpleasant story, idea etc.*].

3.dredge /dredʒ/ tr. GASTR. cospargere (**with** di).

1.dredger /ˈdredʒə(r)/ ♦ **27** n. **1** *(person)* dragatore m. (-trice), draghista m. e f. **2** *(boat)* draga f.

2.dredger /ˈdredʒə(r)/ n. = recipiente con tappo bucherellato per spargere sale, zucchero ecc.

dreggy /ˈdregɪ/ agg. feccioso, torbido.

dregs /dregz/ n.pl. **1** *(of wine)* feccia f.sing., deposito m.sing.; *(of coffee)* fondi m.; *(last drops)* ***she threw away the ~ of the tea*** ha buttato via il tè avanzato nella tazza; ***to drink sth. (down) to the ~*** bere qcs. fino all'ultima goccia **2** FIG. ***the ~ of society, humanity*** SPREG. la feccia della società, dell'umanità.

1.drench /drentʃ/ n. **1** *(potion)* pozione f.; medicina f. **2** *(act of drenching)* inzuppamento m., infradiciamento m. **3** *(downpour)* scroscio m., rovescio m. di pioggia.

2.drench /drentʃ/ tr. *(in rain, sweat)* bagnare, infradiciare, inzuppare [*person, clothes*] (**in** di); *(in perfume)* inondare, riempire (**in** di).

drenched /drentʃt/ **I** p.pass. → **2.drench II** agg. bagnato (fradicio), inzuppato (**in** di); ***~ to the skin*** bagnato fino alle ossa; ***she was ~ in perfume*** si era riempita di profumo.

drenching /ˈdrentʃɪŋ/ **I** n. ***to get a ~*** prendersi una bella bagnata **II** agg. ***~ rain*** pioggia penetrante, che bagna fino alle ossa.

drencher /ˈdrentʃə(r)/ n. COLLOQ. acquazzone m.

Dresden /ˈdrezdən/ ♦ *34* **I** n.pr. Dresda f. **II** n. (anche **~ china**) porcellana f. di Sassonia; ***a piece of ~*** una porcellana di Sassonia.

▶ **1.dress** /dres/ ♦ *28* **I** n. **1** *(item of women's clothing)* vestito m., abito m. (da donna); ***a silk, cotton ~*** un vestito di seta, di cotone **2** U *(clothing)* abbigliamento m., vestiario m.; ***his style of ~*** lo stile del suo abbigliamento; ***casual, formal ~*** abbigliamento casual, formale; ***military ~*** abiti militari **II** modif. [*material, pattern*] per abiti; [*design*] di vestito.

▶ **2.dress** /dres/ **I** tr. **1** *(put clothes on)* vestire, abbigliare [*person*]; ***to get ~ed*** vestirsi **2** *(decorate)* addobbare [*Christmas tree*]; MAR. pavesare [*ship*]; ***to ~ a shop window*** allestire una vetrina **3** GASTR. condire [*salad*]; preparare, pulire [*chicken, crab, game*] **4** MED. medicare, bendare [*wound*] **5** *(finish)* levigare, squadrare [*stone*]; levigare [*timber*]; conciare [*hide*] **6** AGR. *(fertilize)* concimare [*land*] **7** AGR. *(prune)* potare [*tree, shrub*] **8** MIL. mettere in riga, allineare [*troops*] **II** intr. **1** *(put on clothes)* vestirsi; ***to ~ in a suit, uniform*** indossare un vestito, un'uniforme; ***to ~ in red, black*** vestirsi di rosso, di nero; ***to ~ for dinner, for the theatre*** vestirsi per il pranzo, per il teatro **2** MIL. [*troops*] mettersi in riga, allinearsi **III** rifl. ***to ~ oneself*** vestirsi.

▪ **dress down:** **~ down** [*person*] vestirsi alla buona, mettersi (addosso) una cosa qualsiasi; **~ [sb.] down**, **~ down [sb.]** dare una strigliata a, fare una lavata di capo a.

▪ **dress up:** **~ up 1** *(smartly)* vestirsi con eleganza, mettersi in ghingheri **2** *(in fancy dress)* vestirsi, travestirsi (**as** da); **~ [sb.] up**, **~ up [sb.]** *(disguise)* mascherare, camuffare; **~ [sth.] up**, **~ up [sth.]** *(improve)* abbellire [*garment, outfit*]; FIG. abbellire [*facts*].

dressage /ˈdresɑːʒ/ n. EQUIT. dressage m.

dress circle /ˈdres,sɜːkl/ n. TEATR. prima galleria f.

dress clothes /ˈdres,kləʊðz, AE -,kləʊz/ n.pl. AE vestiti m. eleganti, della festa.

dress coat /ˈdres,kəʊt/ n. marsina f.

dress code /ˈdres,kəʊd/ n. norme f.pl. di abbigliamento (in una scuola, una ditta ecc.).

dress designer /ˈdresdɪ,zaɪnə(r)/ ♦ *27* n. stilista m. e f., figurinista m. e f.

▷ **dressed** /drest/ **I** p.pass. → **2.dress II** agg. vestito (**in** di); ***well ~*** ben vestito ◆ ***~ to kill*** vestita in modo da far colpo; ***to be ~ up to the nines*** essere (tutto) in ghingheri.

1.dresser /ˈdresə(r)/ n. **1** *(person)* ***to be a sloppy, stylish ~*** vestire in modo trasandato, in modo elegante **2** TEATR. costumista m. e f. **3** *(tool)* levigatrice f.

2.dresser /ˈdresə(r)/ n. *(piece of furniture) (for dishes)* credenza f.; AE *(for clothes)* cassettone m.

▷ **dressing** /ˈdresɪŋ/ **I** n. **1** MED. medicazione f., fasciatura f. **2** *(sauce)* condimento m., salsa f. **3** AE *(stuffing)* ripieno m., farcia f. **4** TECN. *(of stone)* squadratura f.; *(of wood)* levigatura f. **5** *(of hide)* concia f. **6** AGR. *(fertilizer)* concime m. **II dressings** n.pl. ARCH. decorazioni f., finiture f.

dressing case /ˈdresɪŋ,keɪs/ n. beauty-case m., nécessaire m.

dressing-down /ˈdresɪŋ,daʊn/ n. sgridata f., ramanzina f.; ***to give sb. a ~*** fare una (bella) lavata di capo a qcn.

dressing gown /ˈdresɪŋ,gaʊn/ n. veste f. da camera, vestaglia f.

dressing room /ˈdresɪŋ,ruːm, -,rʊm/ n. TEATR. camerino m.; *(in house)* spogliatoio m.

dressing station /ˈdresɪŋ,steɪʃn/ n. MIL. MED. posto m. di medicazione, di pronto soccorso.

dressing table /ˈdresɪŋ,teɪbl/ n. *(piece of furniture)* toeletta f.

dressing table set /ˈdresɪŋ,teɪblset/ n. accessori m.pl. per la toeletta.

dressing-up /,dresɪŋˈʌp/ n. *(in masquerade)* mascherata f.; *(in one's best clothes)* (il) mettersi in ghingheri.

dressmaker /ˈdres,meɪkə(r)/ ♦ *27* n. sarto m. (-a) (da donna).

dressmaking /ˈdres,meɪkɪŋ/ n. sartoria f. (da donna).

dress parade /ˈdrespə,reɪd/ n. MIL. parata f. in alta uniforme.

dress rehearsal /ˈdresriː,hɜːsl/ n. TEATR. prova f. generale (in costume) (anche FIG.).

dress sense /ˈdres,sens/ n. ***to have ~*** vestirsi con gusto, avere gusto nel vestire; ***to have no ~*** non avere gusto nel vestire.

dress shield /ˈdresʃiːld/ n. sottoascella f.

dress shirt /ˈdresʃɜːt/ n. ABBIGL. sparato m.

dress suit /,dresˈsuːt, -ˈsjuːt/ n. abito m. (maschile) da cerimonia, da sera.

dress uniform /ˈdres,juːnɪfɔːm/ n. alta uniforme f.

dressy /ˈdresɪ/ agg. COLLOQ. elegante, ricercato.

drew /druː/ pass. → **2.draw**.

1.dribble /ˈdrɪbl/ n. **1** *(of liquid)* (s)gocciolamento m. **2** *(of saliva)* bava f. **3** SPORT dribbling m.

2.dribble /ˈdrɪbl/ **I** tr. **1** *(spill)* fare (s)gocciolare [*paint*] (**on, onto** su); ***he's dribbling soup all down his bib*** sta sbrodolando tutto il bavaglino di minestra **2** SPORT ***he ~d (the ball) past two defenders*** ha dribblato due difensori **II** intr. **1** [*liquid*] (s)gocciolare (**on, onto** su; **from** da); ***soup ~d down his bib*** la minestra gli cadeva sul bavaglino **2** [*baby, old person*] sbavare **3** SPORT fare, eseguire un dribbling.

▪ **dribble in** [*money, contributions*] arrivare in piccole quantità, col contagocce.

▪ **dribble out:** **~ [sth.] out**, **~ out [sth.]** assegnare, distribuire [qcs.] in piccole quantità, col contagocce [*cash, funds*].

dribbler /ˈdrɪblə(r)/ n. **1** *(baby)* ***he's a ~*** sbava molto **2** SPORT dribblatore m.

dribbling /ˈdrɪblɪŋ/ n. dribbling m.

driblet /ˈdrɪblɪt/ n. gocciolina f., piccola quantità f.

dribs and drabs /,drɪbzənˈdræbz/: **in ~** [*arrive, leave*] un po' alla volta, alla spicciolata; [*pay, receive*] un po' alla volta.

▷ **dried** /draɪd/ **I** p.pass. → **2.dry II** agg. **1** [*fruit, herb, flower*] secco, essiccato; [*bean, pulse*] secco **2** [*milk, egg*] in polvere.

dried-up /,draɪdˈʌp/ agg. **1** [*river bed, reservoir etc.*] in secca **2** SPREG. [*person*] inaridito.

drier /ˈdraɪə(r)/ n. **1** *(for hair)* asciugacapelli m.; *(helmet type for hair)* casco m. (asciugacapelli); *(for clothes)* asciugatrice f. **2** *(for paint, varnish)* essiccante m.

▷ **1.drift** /drɪft/ n. **1** *(flow, movement)* ***the ~ of the current*** il moto *o* il movimento della corrente; ***to be carried downstream by the ~ of the current*** essere spinto a valle dalla corrente; ***the ~ of events*** FIG. il corso degli eventi; ***the ~ from the land*** la fuga *o* l'esodo dalle campagne; ***the ~ of refugees to the border*** il flusso dei rifugiati verso il confine; ***the slow ~ of strikers back to work*** il lento ritorno al lavoro degli scioperanti **2** *(ocean current)* corrente f., deriva f. (anche GEOL.); ***North Atlantic ~*** corrente dell'Atlantico settentrionale **3** *(deviation) (of projectile)* deviazione f.; *(of ship, plane)* deriva f. **4** *(mass) (of snow, leaves, sand)* cumulo m., mucchio m.; *(of smoke, mist)* nuvola f.; ***the rain, snow was falling in ~s*** la pioggia, la neve cadeva a raffiche **5** *(general meaning)* senso m. ge-nerale, tenore m.; ***to catch the ~ of sb.'s argument*** cogliere il senso di ciò che qcn. dice; ***I don't catch*** o ***follow your ~*** non capisco dove vuoi arrivare; ***get the ~?*** COLLOQ. capisci? capito? **6** GEOL. *(glacial deposit)* detrito m. glaciale **7** *(in mining)* galleria f. in direzione **8** LING. alterazione f. diacronica **9** EL. RAD. deviazione f.

▷ **2.drift** /drɪft/ **I** intr. **1** *(be carried by tide, current)* [*boat*] essere trasportato dalla corrente, andare alla deriva; *(by wind)* [*balloon*] andare, volare alla deriva; [*smoke, fog*] essere trasportato dal vento; ***to ~ out to sea*** lasciarsi trasportare al largo; ***to ~ off course*** [*boat*] derivare, lasciarsi trasportare dalla corrente fuori rotta; [*plane*] derivare, allontanarsi dalla rotta; ***to ~ downstream*** essere portato a valle dalla corrente; ***to ~ onto the rocks*** finire contro gli scogli; ***clouds ~ed across the sky*** delle nuvole si muovevano, vagavano nel cielo; ***mist was ~ing in from the sea*** la nebbia si stava alzando dal mare; ***voices ~ed into the garden*** giungevano delle voci in giardino **2** *(pile up)* [*snow, leaves*] accumularsi, ammucchiarsi; ***~ing snow*** tormenta di neve **3** ***to ~ along*** [*person*] bighellonare; FIG. andare avanti senza preoccuparsi; ***to ~ around*** o ***about the house*** gironzolare per casa; ***the strikers are ~ing back to work*** gli scioperanti stanno ritornando poco per volta al lavoro; ***to ~ into, out of the room*** entrare nella stanza, uscire dalla stanza facendo finta di niente; ***to ~ from job to job*** passare da un lavoro all'altro; ***to ~ from town to town*** andare di città in città; ***to ~***

through life lasciarsi andare alla deriva; ***the country is ~ing towards recession, war*** il paese sta scivolando verso la recessione, verso la guerra; ***I'm content to let things ~*** mi accontento di lasciar andare le cose per il loro verso **4** FIG. *(stray)* ***to ~ into teaching, publishing*** finire nell'insegnamento, nell'editoria; ***to ~ into crime, prostitution*** scivolare nel crimine, nella prostituzione; ***the conversation ~ed onto politics*** si finì per parlare di politica **II** tr. **1** [*current*] far andare alla deriva; trascinare **2** accumulare, ammucchiare [*snow, leaves*].

- **drift apart** [*friends, couple, lovers*] allontanarsi l'uno dall'altro (poco per volta); ***we have ~ed apart*** ci siamo allontanati (l'uno dall'altro) a poco a poco.
- **drift away** [*crowd, spectators*] allontanarsi (**from** da); FIG. [*person*] *(from belief etc.)* allontanarsi, distaccarsi (**from** da).
- **drift off** **1** *(doze off)* appisolarsi **2** *(leave)* allontanarsi a poco a poco.

driftage /ˈdrɪftɪdʒ/ n. **1** (l')andare alla deriva **2** *(drifted material)* detriti m.pl.; materiale m. di deposito.

drift anchor /ˈdrɪftˌæŋkə(r)/ n. ancora f. di deriva.

drifter /ˈdrɪftə(r)/ n. **1** PESC. drifter m.; peschereccio m. con tramaglio **2** *(aimless person)* vagabondo m. (-a).

drift ice /ˈdrɪftˌaɪs/ n. **U** banchi m.pl., lastroni m.pl. di ghiaccio alla deriva.

drift-net /ˈdrɪftnet/ n. rete f. alla deriva; tramaglio m.

driftwood /ˈdrɪftwʊd/ n. = rami, rottami di legno ecc. trasportati dalla corrente.

▷ **1.drill** /drɪl/ n. **1** *(tool) (for wood, metal, masonry)* trapano m.; *(for oil)* trivella f.; *(for mining)* sonda f., trivella f.; MED. trapano m.; ***power, hand ~*** trapano elettrico, a mano **2** MIL. esercitazione f., addestramento m.; ***rifle ~*** esercitazione col fucile **3** *(practice)* ***lifeboat, fire ~*** esercitazione di salvataggio, antincendio **4** SCOL. *(repetition)* esercizio m. (orale) **5** BE COLLOQ. *(procedure)* ***the ~*** il modo, la maniera.

▷ **2.drill** /drɪl/ **I** tr. **1** forare, trapanare [*wood, metal, masonry*]; trivellare [*shaft, well, tunnel*]; MED. trapanare [*tooth*]; ***to ~ a hole*** praticare, fare un foro (**in** in) **2** MIL. esercitare, addestrare [*troops*] **3** ***to ~ sb. in sth.*** esercitare qcn. *o* far fare esercizio a qcn. in qcs. **4** ***to ~ sth. into sb.*** inculcare qcs. in qcn., fare entrare qcs. in testa a qcn.; ***we had good manners ~ed into us*** ci hanno inculcato le buone maniere **II** intr. **1** *(in wood, metal, masonry)* fare un buco (**into** in); MED. fare perforazioni (con il trapano) (**into** in); ***to ~ for*** eseguire delle trivellazioni alla ricerca di [*oil, water*] **2** MIL. fare esercitazioni, addestramento; ***they're ~ing*** stanno facendo addestramento.

3.drill /drɪl/ n. **1** *(furrow)* solco m. **2** AGR. *(machine)* seminatrice f.

4.drill /drɪl/ tr. AGR. seminare in solchi, con la seminatrice.

5.drill /drɪl/ n. TESS. traliccio m.

6.drill /drɪl/ n. ZOOL. drillo m.

drill-bit /ˈdrɪlbɪt/ n. punta f. da trapano.

driller /ˈdrɪlə(r)/ ♦ **27** n. **1** *(of holes)* trapanista m. e f.; *(of wells)* sondatore m. (-trice) **2** MIL. istruttore m. **3** *(machine)* perforatrice f.

drilling /ˈdrɪlɪŋ/ n. *(for oil, gas, water)* trivellazione f., perforazione f. (**for** per cercare); *(in wood, metal, masonry)* trapanazione f., perforazione f.; MED. trapanazione f.; ***oil, gas ~*** trivellazione alla ricerca di petrolio, di gas; ***the ~ has been going on all day!*** hanno trapanato tutto il giorno!

drilling derrick /ˈdrɪlɪŋˌderɪk/ n. torre f. di trivellazione.

drilling platform /ˈdrɪlɪŋˌplætfɔːm/ n. piattaforma f. della torre di trivellazione.

drilling rig /ˈdrɪlɪŋˌrɪg/ n. *(at sea)* piattaforma f. di trivellazione; *(on land)* impianto m. di trivellazione.

drill sergeant /ˈdrɪlˌsɑːdʒənt/ n. sergente m. istruttore.

drily /ˈdraɪlɪ/ avv. **1** *(with dry wit)* ironicamente, sarcasticamente **2** *(coldly)* asciuttamente, seccamente, freddamente.

▶ **1.drink** /drɪŋk/ n. **1** *(nonalcoholic)* bevanda f., bibita f.; ***orange, pineapple ~*** bibita all'arancia, all'ananas; ***to have a ~*** bere qualcosa; ***could I have a ~ of water?*** potrei avere un bicchiere *o* un sorso d'acqua? ***to give sb. a ~*** dare da bere a qcn.; ***to give a plant a ~*** dare un'innaffiata a una pianta **2** *(alcoholic)* bevanda f. alcolica, drink m.; ***to have a ~*** prendere un drink; ***would you like a ~?*** vuoi un drink? ***a quick ~*** un bicchierino; ***to go for a ~*** andare a bere; ***he likes a ~*** gli piace bere **3** *(act of drinking)* ***to take*** o ***have a ~ of sth.*** bere un sorso di qcs. **4** **U** *(collectively)* bevande f.pl.; *(alcoholic)* alcol m.; ***food and ~*** cibo e bevande; ***to smell of ~*** puzzare d'alcol; ***to be under the influence of ~*** essere in stato d'ebbrezza; ***to take to ~*** darsi al bere **5** COLLOQ. *(sea)* ***in the ~*** in mare ♦ ***don't listen to him, it's the ~ talking*** non ascoltarlo, è l'alcol che lo fa parlare.

▶ **2.drink** /drɪŋk/ **I** tr. (pass. **drank**, p.pass. **drunk**) bere [*liquid, glass*]; ***he's had nothing to ~ all day*** non ha bevuto niente tutto il giorno; ***to ~ sth. from a cup, can*** bere qcs. dalla tazza, dalla lattina; ***you can ~ some white wines chilled*** alcuni vini bianchi si bevono freddi; ***to ~ a toast to sb.*** fare un brindisi a *o* bere alla salute di qcn.; ***"...and what would you like to ~?"*** *(in restaurant)* "...e da bere?"; ***what are you ~ing?*** cosa bevi? cosa vuoi da bere? **II** intr. (pass, **drank**; p.pass. **drunk**) **1** *(consume liquid)* bere (**from, out of** in, da); ***to ~ (straight) from the bottle*** bere alla bottiglia **2** *(consume alcohol)* bere; ***his mother drank*** sua madre beveva; ***have you been ~ing?*** hai bevuto? ***don't ~ and drive*** non guidate se avete bevuto **3** *(as toast)* ***to ~ to the bride, to the health of Mr X*** bere, brindare alla sposa, alla salute del signor X **III** rifl. ***to ~ oneself stupid*** o ***silly*** bere fino a istupidirsi ♦ ***I'll ~ to that!*** ottimo! idea eccellente!

- **drink away:** ***~ away [sth.], ~ [sth.] away*** annegare [qcs.] nell'alcol [*troubles, sorrows*]; bersi, sperperare bevendo [*fortune, inheritance, wages*]; ***to ~ the night away*** passare la notte a bere.
- **drink in:** ***~ in [sth.]*** [*person*] respirare, assaporare [*air*]; assaporare [*atmosphere*]; bere, bersi [*words*]; [*plant, roots*] assorbire [*water*].
- **drink up:** ***~ up*** finire di bere; ***~ up [sth.], ~ [sth.] up*** finire (di bere) [*milk, beer etc.*]; ***~ it up!*** bevilo tutto!

drinkable /ˈdrɪŋkəbl/ agg. **1** *(safe to drink)* potabile **2** *(acceptable)* bevibile.

drink-driver /ˌdrɪŋkˈdraɪvə(r)/ n. BE = chi guida in stato di ebbrezza.

drink-driving /ˌdrɪŋkˈdraɪvɪŋ/ **I** n. BE guida f. in stato di ebbrezza **II** modif. [*offence, charge*] di guida in stato di ebbrezza; [*fine*] per guida in stato di ebbrezza.

drinker /ˈdrɪŋkə(r)/ n. **1** chi beve, bevitore m. (-trice); ***coffee, beer ~s*** i bevitori di caffè, di birra **2** *(habitual consumer of alcohol)* ***to be a ~*** bere, essere un bevitore; ***Bill's not much of a ~*** Bill non è un gran bevitore; ***he's a heavy ~*** è un gran bevitore **3** *(person in bar)* cliente m. e f.

▷ **drinking** /ˈdrɪŋkɪŋ/ **I** n. *(consumption of alcohol)* (il) bere (alcolici); ***~ and driving*** guidare dopo avere bevuto; ***there was a lot of ~ at the party*** si è bevuto molto alla festa **II** modif. [*laws*] sulla vendita e il consumo di alcol; [*companion*] di bevute; ***a ~ session*** = una serata passata a bere con gli amici, una bevuta; ***you must change your ~ habits*** deve cambiare le sue abitudini in fatto di alcolici **III -drinking** in composti ***beer, whisky-~*** (il) bere birra, whisky.

drinking bout /ˈdrɪŋkɪŋbaʊt/ n. grande bevuta f.

drinking chocolate /ˈdrɪŋkɪŋˌtʃɒklət/ n. BE bevanda f. al cioccolato.

drinking fountain /ˈdrɪŋkɪŋˌfaʊntɪn, AE -tn/ n. *(outdoor)* fontana f., fontanella f. pubblica; *(indoor)* fontanella f.

drinking problem /ˈdrɪŋkɪŋˌprɒbləm/ n. AE → **drink problem**.

drinking song /ˈdrɪŋkɪŋˌsɒŋ/ n. canzone f. conviviale, da osteria.

drinking-up time /ˌdrɪŋkɪŋˈʌpˌtaɪm/ n. BE = tempo concesso per terminare la propria bevanda prima della chiusura del locale.

drinking water /ˈdrɪŋkɪŋˌwɔːtə(r)/ n. acqua f. potabile.

drink problem /ˈdrɪŋʀˌprɒbləm/ n. BE problema m. del bere, dell'alcolismo; ***to have a ~*** *(serious)* essere alcolizzato; *(less serious)* bere, avere dei problemi con l'alcol.

drinks cabinet /ˈdrɪŋksˌkæbɪnɪt/, **drinks cupboard** /ˈdrɪŋksˌkʌbəd/ n. BE (mobile) bar m.

drinks dispenser /ˈdrɪŋksdɪˌspensə(r)/, **drinks machine** /ˈdrɪŋksməˌʃɪn/ n. BE distributore m. automatico di bevande.

drinks party /ˈdrɪŋksˌpɑːtɪ/ n. BE festa f. con alcolici.

1.drip /drɪp/ n. **1** *(drop)* ***to catch the ~s*** raccogliere le gocce che cadono; FIG. non sprecare neanche le briciole **2** *(sound)* (s)gocciolio m.; ***the constant ~ of rain, of a tap*** il rumore continuo della pioggia, il gocciolare continuo di un rubinetto **3** BE MED. fleboclisi f., flebo f.; ***to be on a ~*** avere la flebo **4** COLLOQ. SPREG. *(insipid person)* persona f. insignificante, insulsa.

2.drip /drɪp/ **I** tr. (forma in -ing ecc. **-pp-**) **1** [*leak, roof, brush*] fare gocciolare [*rain, water, paint*]; [*person, fingers*] grondare [*sweat, blood*]; ***the engine was ~ping*** il motore perdeva (olio); ***to ~ sth. onto*** o ***down sth.*** fare cadere goccia a goccia *o* fare gocciolare qcs. su qcs.; ***to ~ sth. all over the place*** fare gocciolare qcs. dappertutto **2** FIG. *(ooze)* ***he ~ped contempt*** gli si leggeva il disprezzo in volto; ***he ~s charm*** emana fascino; ***his voice ~ped smugness*** si sentiva un tono di sufficienza nella sua voce **II** intr. (forma in -ing ecc. **-pp-**) **1** [*water, blood, oil, rain*] (s)gocciolare; ***to ~ from*** o ***off*** gocciolare da; ***to ~ down sth.*** gocciolare giù per, lungo qcs.; ***to ~ into, onto*** gocciolare in, su **2** [*tap, branches*] gocciolare; [*washing, wet cloth*] sgrondare, sgocciolare (**onto** su); [*engine*] perdere (olio);

[*wound*] sanguinare; ***to be ~ping with*** grondare [*blood*]; perdere [*oil, grease*]; grondare di [*sweat*]; FIG. emanare [*sentiment, condescension*]; ***~ping with greasy sauce*** che cola una salsa unta.

1.drip-dry /ˌdrɪp'draɪ/ agg. = che si asciuga rapidamente e non ha bisogno di stiratura.

2.drip-dry /ˌdrɪp'draɪ/ tr. ***"wash and ~"*** "lavare e asciugare appeso".

drip fed /'drɪpfed/ pass., p.pass. → **2.drip feed.**

1.drip feed /'drɪpfiːd/ n. **1** MED. fleboclisi f. **2** MECC. alimentazione f. a goccia.

2.drip feed /ˌdrɪp'fiːd/ tr. (pass., p.pass. **drip fed**) **1** MED. alimentare per fleboclisi **2** MECC. alimentare a goccia.

drip mat /'drɪpmæt/ n. sottobicchiere m.

drip pan /'drɪppæn/ n. leccarda f., ghiotta f.

dripping /'drɪpɪŋ/ **I** n. GASTR. = grasso che cola dalle carni che arrostiscono **II** agg. [*tap*] che perde; [*branch, eaves*] che gocciola; [*washing, clothes*] che sgocciola, che sgronda.

dripping pan /'drɪpɪŋˌpæn/ n. leccarda f., ghiotta f.

dripping wet /ˌdrɪpɪŋ'wet/ agg. [*cloth, clothes, person*] bagnato fradicio.

drippy /'drɪpɪ/ agg. AE **1** *(sentimental)* sdolcinato, sentimentale **2** *(insipid)* insipido, insulso.

dripstone /'drɪpstəʊn/ n. **1** GEOL. = carbonato di calcio in forma di stalattite o stalagmite **2** ARCH. gocciolatoio m. (di pietra).

▶ **1.drive** /draɪv/ **I** n. **1** *(car journey)* ***to go for a ~*** andare a fare un giro in auto; ***to take sb. for a ~*** portare qcn. a fare un giro in auto; ***to take the car for a ~*** prendere l'auto per fare un giro; ***it's only five minutes' ~ from here*** è solo a cinque minuti d'auto da qui; ***it's a 40 km ~ to the hospital*** ci sono 40 km (di strada) fino all'ospedale; ***it's an easy ~*** è un percorso semplice; ***it's a magnificent ~*** è un percorso splendido **2** *(campaign, effort)* campagna f., sforzo m. (**against** contro; **for, towards** per; **to do** per fare); *(military)* offensiva f., attacco m.; ***sales ~*** campagna di vendita **3** *(motivation, energy)* iniziativa f., energia f.; *(inner urge)* pulsione f., istinto m.; ***human ~s*** gli impulsi umani; ***the ~ to win*** la volontà di vincere; ***her ~ for perfection*** la sua brama di perfezione **4** INFORM. drive m., unità f. **5** MECC. *(mechanism to transmit power)* trasmissione f. **6** *(path) (of house)* vialetto m., strada f. privata; ***the car is in*** o ***on the ~*** l'auto è nel vialetto **7** SPORT *(in golf)* drive m., colpo m. lungo; *(in tennis)* drive m., diritto m. **II** modif. MECC. [*mechanism, system*] di trasmissione.

▶ **2.drive** /draɪv/ **I** tr. (pass. **drove**; p.pass. **driven**) **1** [*driver*] guidare, condurre [*car, bus, van, train*]; pilotare [*racing car*]; trasportare [*cargo, load, passenger*]; percorrere (in auto) [*distance*]; ***what (car) do you ~?*** quale auto guidi? ***to ~ sb. to school, to the station*** portare qcn. a scuola, alla stazione (in auto); ***to ~ tourists round town*** portare i turisti in giro per la città; ***she drove me home*** mi portò a casa (in auto); ***he hates being driven*** detesta farsi portare in macchina; ***I ~ 15 km every day*** guido per 15 km ogni giorno; ***to ~ sth. into*** portare qcs. dentro [*garage, carpark, space*]; ***he drove his truck into a wall*** andò a sbattere con il camion contro un muro; ***he drove the car straight at me*** venne con l'auto dritto verso di me; ***she drove her car over a cliff*** precipitò con l'auto da una scogliera **2** *(force, compel)* [*poverty, greed, urge*] spingere [*person*] (**to do** a fare); ***he was driven to suicide, to drink*** fu spinto al suicidio, all'alcolismo (**by** da); ***hunger drove him to it*** la fame l'ha spinto a questo; ***to be driven into debt*** essere costretto a indebitarsi; ***to be driven out of business*** essere costretto a cessare l'attività, a ritirarsi dagli affari; ***to ~ the rate up, down*** fare aumentare, abbassare il tasso; ***to ~ sb. mad*** o ***crazy*** COLLOQ. fare impazzire qcn., fare diventare matto qcn. (anche FIG.) **3** *(chase or herd)* spingere, condurre [*herd, cattle*]; spingere [*game*]; fare fluitare [*logs*]; ***to ~ sheep into a field*** condurre le pecore in un campo; ***to ~ sb. off one's land, out of her home*** cacciare qcn. dalla propria terra, da casa sua; ***he was driven from*** o ***out of the country*** fu cacciato dal paese; ***to ~ evil thoughts from one's mind*** allontanare dalla propria mente i cattivi pensieri **4** *(power, propel)* azionare, fare funzionare [*engine, pump, fan*]; ***the generator is driven by steam*** il generatore viene azionato dal vapore; ***what ~s the economy?*** qual è il motore dell'economia? ***what ~s you?*** che cosa ti spinge (ad agire)? qual è la tua molla? **5** *(push)* [*tide, wind*] spingere, sospingere [*boat, clouds*]; ***the wind drove the clouds along*** il vento sospingeva le nuvole; ***to ~ a nail in(to)*** piantare *o* conficcare un chiodo in *o* dentro; ***to ~ a tunnel through sth.*** scavare, fare passare una galleria attraverso qcs.; ***to ~ a road through an area*** fare passare una strada in un'area; ***to ~ sth. into sb.'s head*** FIG. fare entrare qcs. nella testa di qcn., ficcare qcs. in testa a qcn. **6** *(force to work hard)* incalzare, fare lavorare sodo [*pupil, recruit*]; ***you're driving that child too hard*** stai troppo addosso a quel bambino **7** SPORT *(in golf)* colpire, tirare con un drive [*ball*]; *(in tennis)* colpire di diritto [*ball*]; ***to ~ the ball into the rough*** *(in golf)* lanciare la palla nell'erba alta **II** intr. (pass. **drove**; p.pass. **driven**) **1** AUT. [*driver*] guidare; ***can you ~?*** sai guidare? ***will you ~?*** puoi guidare tu? ***he ~s for Ferrari*** SPORT è un pilota della Ferrari; ***to ~ along*** percorrere (in auto); ***I took pictures as we drove along*** feci delle foto mentre viaggiavamo in auto; ***you can't ~ along the High Street*** non è possibile percorrere in auto la via principale; ***to ~ on the left, at 80 km per hour, on the main road*** guidare a sinistra, a 80 km all'ora, lungo la strada principale; ***to ~ to work, to London*** andare a lavorare, a Londra in auto; ***to ~ into*** entrare (con l'auto) in [*garage, carpark, space*]; andare a sbattere contro [*tree, lamppost*]; ***I drove into a ditch*** sono finito in un fosso con l'auto; ***to ~ up, down a hill*** salire su, scendere da una collina (in auto); ***to ~ past*** passare (con l'auto); ***to ~ at sb.*** andare con l'auto contro qcn.; ***the taxi drove out of the station*** il taxi si allontanò dalla stazione; ***you use a lot of petrol driving around town*** si consuma molta benzina guidando in città **2** SPORT *(in golf, tennis)* fare un drive **III** rifl. **1** AUT. ***the Minister ~s himself*** il ministro in persona guida l'auto; ***to ~ oneself to hospital*** andare in ospedale con la propria auto **2** *(push oneself)* ***to ~ oneself to do*** sforzarsi di fare; ***to ~ oneself too hard*** sforzarsi troppo.

■ **drive at** ***what are you driving at?*** a che cosa miri? dove vuoi arrivare?

■ **drive away:** ***~ away*** allontanarsi; ***~ away [sth., sb.], ~ [sth., sb.] away*** **1** AUT. [*driver*] fare partire [*vehicle*] **2** *(get rid of)* scacciare [*wolves, insects*]; fare andare via [*tourists, visitors, clients*]; allontanare [*lover, friend*]; fugare [*doubt, suspicion*]; allontanare, scacciare [*fear, cares*].

■ **drive back:** ***~ back*** (ri)tornare in auto; ***to ~ there and back in one day*** andare lì e tornare in un giorno; ***~ back [sth., sb.], ~ [sth., sb.] back*** **1** *(repel)* respingere [*crowd, enemy, animals*]; ***we were driven back by bad weather*** il cattivo tempo ci costrinse a tornare indietro **2** AUT. riportare [*car, passenger*].

■ **drive forward** *(in football)* spingere (in avanti), attaccare.

■ **drive off** **1** AUT. partire, andare via **2** SPORT *(in golf)* eseguire un drive (all'inizio del gioco).

■ **drive on:** ***~ on*** *(continue)* proseguire; *(set off again)* ripartire; ***~ [sb.] on*** spingere; ***to ~ sb. on to do*** spingere qcn. a fare.

■ **drive out:** ***~ out [sth., sb.], ~ [sth., sb.] out*** cacciare, mandare via [*people, invader, spirits, thought*].

drive-by /'draɪvbaɪ/, **drive-by shooting** /ˌdraɪvbaɪ'ʃuːtɪŋ/ n. AE = sparatoria da un'auto in corsa.

drive-in /'draɪvɪn/ **I** n. **1** *(cinema)* drive-in m. **2** *(restaurant)* ristorante m. drive-in **II** modif. [*restaurant, bank*] drive-in.

1.drivel /'drɪvl/ n. **U** COLLOQ. bave f.pl. ◆ ***to talk ~*** dire stupidaggini.

2.drivel /'drɪvl/ intr. (forma in -ing ecc. **-ll-** BE, **-l-** AE) COLLOQ. (anche **~ on**) raccontare sciocchezze (**about** su).

driveline /'draɪvlaɪn/ n. MECC. trasmissione f.

driveller /'drɪvlə(r)/ n. **1** *(one that drivels)* sbavone m. (-a) **2** *(silly, foolish)* ciancione m. (-a), sciocco m. (-a).

driven /'drɪvn/ **I** p.pass. → **2.drive II** agg. **1** [*person*] motivato, entusiasta **2 -driven** in composti ***petrol-, motor-, steam-~*** a benzina, a motore, a vapore; ***market-~*** determinato dal mercato; ***menu-~*** INFORM. a menù.

▶ **driver** /'draɪvə(r)/ n. **1** conducente m. e f.; AUT. automobilista m. e f.; *(for a living)* autista m. e f.; ***to be a good, bad ~*** guidare bene, male; ***a careful, reckless ~*** un automobilista prudente, spericolato **2** *(mechanical component)* elemento m. motore **3** *(golf club)* driver m. **4** *(overseer of slaves)* ***slave ~*** STOR. sorvegliante di schiavi; FIG. negriero.

driver's education /'draɪvəzedʒʊˌkeɪʃn/ n. AE corso m. di educazione stradale.

driver's license /'draɪvəzˌlaɪsns/ n. AE → **driving licence.**

driver's seat /'draɪvəzˌsiːt/ n. → **driving seat.**

drive shaft /'draɪvˌʃɑːft, AE -ˌʃæft/ n. TECN. albero m. motore.

driveteria /ˌdraɪvɪ'tɪərɪə/ n. AE = drive-in con tavola calda.

drive-through /'draɪvθruː/ n. AE = negozio, ristorante, banca dotato di una finestra attraverso la quale i clienti possono essere serviti senza scendere dall'auto.

drivetime /'draɪvtaɪm/ n. RAD. fascia f. di massimo ascolto.

drive-time music /'draɪvtaɪmˌmjuːzɪk/ n. AE RAD. = musica trasmessa durante la fascia di massimo ascolto.

drive unit /'draɪvˌjuːnɪt/ n. unità f. per dischi.

drive-up window /'draɪvʌpˌwɪndəʊ/ n. AE = sportello bancario presso il quale è possibile prelevare denaro senza scendere dall'auto.

▷ **driveway** /ˈdraɪvweɪ/ n. *(private road)* accesso m. (per auto), passo m. carraio; *(longer road)* strada f. di accesso.

drive-wheel /ˈdraɪvˌwiːl, AE -ˌhwiːl/ n. → **driving wheel**.

▷ **driving** /ˈdraɪvɪŋ/ **I** n. guida f.; ***motorway, night ~*** guida in autostrada, notturna; ***~ is difficult, fun*** guidare è difficile, divertente; ***his ~ has improved*** il suo modo di guidare è migliorato **II** modif. [*skills, habits, offence, position*] di guida **III** agg. [*rain*] battente, sferzante; [*wind*] sferzante; [*hail*] fitto.

driving belt /ˈdraɪvɪŋˌbelt/ n. cinghia f. di trasmissione.

driving examiner /ˈdraɪvɪŋɪgˌzæmɪnə(r)/ n. esaminatore m. (-trice) di scuola guida.

driving force /ˈdraɪvɪŋˌfɔːs/ n. *(person)* trascinatore m. (-trice) (**behind** di); *(money, ambition, belief)* volano m., forza f. trainante (**behind** di).

driving instructor /ˈdraɪvɪŋɪnˌstrʌktə(r)/ ♦ *27* n. istruttore m. (-trice) di scuola guida.

driving lesson /ˈdraɪvɪŋˌlesn/ n. lezione f. di guida.

driving licence /ˈdraɪvɪŋˌlaɪsns/ n. BE patente f. di guida.

driving mirror /ˈdraɪvɪŋˌmɪrə(r)/ n. (specchietto) retrovisore m.

driving power /ˈdraɪvɪŋˌpaʊə(r)/ n. forza f. motrice.

driving pulley /ˈdraɪvɪŋˌpʊlɪ/ n. puleggia f. di trasmissione.

driving range /ˈdraɪvɪŋˌreɪndʒ/ n. *(in golf)* = area attrezzata per esercitarsi a eseguire drive.

driving school /ˈdraɪvɪŋˌskuːl/ n. scuola f. guida, autoscuola f.

driving seat /ˈdraɪvɪŋˌsiːt/ n. posto m. di guida ♦ ***to be in the ~*** essere al posto di comando.

driving shaft /ˈdraɪvɪŋˌʃɑːft, AE -ˌʃæft/ n. → **drive shaft**.

driving test /ˈdraɪvɪŋˌtest/ n. esame m. di guida; ***to take, pass, fail one's ~*** fare, superare, non passare l'esame di guida.

driving wheel /ˈdraɪvɪŋˌwiːl, AE -ˌhwiːl/ n. TECN. ruota f. motrice.

1.drizzle /ˈdrɪzl/ n. pioggerella f.

2.drizzle /ˈdrɪzl/ **I** tr. GASTR. ***~ the salad with oil*** versare un filo d'olio sull'insalata **II** intr. METEOR. piovigginare; ***it's drizzling*** sta piovigginando.

drizzly /ˈdrɪzlɪ/ agg. [*day, weather*] piovigginoso.

drogue /drəʊg/ n. **1** MAR. *(sea anchor)* ancora f. galleggiante **2** AER. *(small parachute)* paracadute m. frenante.

droll /drəʊl/ agg. **1** *(amusing)* buffo **2** ANT. *(quaint, odd)* strambo.

drollery /ˈdrəʊlərɪ/ n. **1** *(joke)* scherzo m., facezia f. **2** *(buffoonery)* buffoneria f., pagliacciata f.

drollness /ˈdrəʊlnɪs/ n. comicità f., buffoneria f.

drolly /ˈdrəʊlɪ/ avv. comicamente, in modo scherzoso.

drome /drəʊm/ n. aerodromo m.

dromedary /ˈdrɒmədərɪ, AE -ədərɪ/ n. dromedario m.

▷ **1.drone** /drəʊn/ n. **1** *(of engine, insects)* ronzio m.; ***I could hear his monotonous ~*** sentivo il suo monotono mormorio **2** ZOOL. fuco m., pecchione m.; FIG. *(parasite)* fannullone m. (-a), parassita m. e f. **3** *(pilotless aircraft)* aeromobile m. radioguidato, drone m. **4** MUS. *(chord, pipe)* bordone m.

▷ **2.drone** /drəʊn/ **I** tr. ***"as you like," he ~d*** "come vuoi," disse in tono monotono **II** intr. [*engine, insect*] ronzare; [*person*] parlare con voce monotona; ***bombers ~d overhead*** i bombardieri passavano in cielo ronzando.

▪ **drone on** SPREG. continuare a fare discorsi noiosi (**about** su).

drongo /ˈdrɒŋgəʊ/ n. AUSTRAL. COLLOQ. SPREG. stupido m. (-a), sempliciotto m. (-a).

droning /ˈdrəʊnɪŋ/ agg. [*insect*] che ronza.

1.drool /druːl/ n. COLLOQ. sciocchezza f., fesseria f.

2.drool /druːl/ intr. **1** sbavare **2** COLLOQ. FIG. sbavare; ***to ~ over sth., sb.*** andare pazzo *o* sbavare per qcs., qcn.; ***to ~ at the thought of sth.*** sbavare *o* impazzire al pensiero di qcs.; ***to ~ at the mouth*** perdere le bave **3** COLLOQ. parlare a vanvera, dire sciocchezze.

1.droop /druːp/ n. abbassamento m.; accasciamento m. (anche FIG.).

2.droop /druːp/ intr. **1** *(sag)* [*eyelids*] abbassarsi, chiudersi; [*head*] ricadere, chinarsi; [*branch, shoulders, wings*] curvarsi, piegarsi; [*moustache*] essere spiovente; [*flower, plant*] afflosciarsi, appassire **2** *(flag)* [*person*] cedere, abbattersi.

drooping /ˈdruːpɪŋ/ agg. **1** [*eyelids*] abbassato, chiuso; [*head*] chino; [*moustache*] spiovente; [*shoulders, branch*] ricurvo, piegato; [*flower, plant*] afflosciato, appassito **2** FIG. ***~ spirits*** spirito languente.

droopy /ˈdruːpɪ/ agg. [*moustache*] spiovente; [*flower, leaf*] appassito; [*stomach*] floscio; [*bottom*] cadente, cascante.

▶ **1.drop** /drɒp/ n. **1** *(drip, globule)* goccia f. (anche MED.); ***~ by ~*** goccia a goccia; ***add the oil in ~s*** aggiungere l'olio goccia a goccia; ***would you like a ~ of milk, whisky?*** vorresti un goccio di latte, whisky? ***just a ~*** solo un goccio; ***a ~ more milk*** ancora un goccio di latte; ***this isn't a bad ~ of wine, whisky*** non male questo vino, whisky; ***he's definitely had a ~ too much!*** EUFEM. ne ha bevuto uno di troppo! **2** *(decrease) (in prices, inflation, numbers, birthrate, exports, demand)* caduta f. (**in** di), flessione f. (**in** di); *(in speed, pressure, noise)* diminuzione f. (**in** di); *(in temperature)* abbassamento m. (**in** di); ***there has been a sharp ~ in unemployment*** c'è stata una forte flessione della disoccupazione; ***a 5% ~ in sth.***, ***a ~ of 5% in sth.*** un calo del 5% in qcs. **3** *(vertical distance, slope)* ***there's a ~ of 100 m from the top to the water below*** c'è un salto di 100 m dalla cima fino all'acqua in basso; ***don't lean out - it's a big ~*** non sporgerti - è un bel salto; ***it's quite a ~ from the top of the cliff, tower*** è un bel salto dalla cima della scogliera, torre; ***there was a steep ~ on either side of the ridge*** c'era uno strapiombo da entrambi i lati del crinale; ***a sheer ~ (of 200 m) to the rocks below*** un ripido dislivello (di 200 m) fino alle rocce in basso **4** *(delivery) (from aircraft)* lancio m.; *(from lorry, van)* consegna f.; *(parachute jump)* lancio m.; ***to make a ~*** [*parachutist*] fare un lancio; ***a ~ of food and blankets was made to the stricken area*** furono lanciati cibo e coperte sull'area disastrata **5** *(on necklace, earring)* goccia f., pendente m.; *(on chandelier)* goccia f. **6** *(sweet)* ***pear, lemon ~*** drop alla pera, al limone; ***chocolate ~*** cioccolatino (a forma di goccia) **7** *(gallows)* trabocchetto m. **8** TEATR. sipario m. ♦ ***a ~ in the bucket*** o ***ocean*** una goccia nel mare; ***to get, have the ~ on sb.*** AE essere in vantaggio su qcn.

▶ **2.drop** /drɒp/ **I** tr. (forma in -ing ecc. **-pp-**) **1** *(allow to fall) (by accident)* fare cadere; *(on purpose)* lasciare, fare cadere; ***mind you don't ~ it!*** sta attento a non farlo cadere! ***she ~ped a stone into the well*** gettò un sasso nel pozzo; ***~ it!*** lascialo! ***she ~ped a coin into the slot*** mise *o* introdusse una moneta nella fessura; ***she ~ped a letter into the box*** imbucò una lettera nella cassetta; ***he ~ped a 30-foot putt*** *(in golf)* fece un colpo da 9 metri (col putt); ***she ~ped the shuttlecock over the net*** fece cadere il volano sopra al nido **2** *(deliver)* [*aircraft*] lanciare, paracadutare [*supplies, equipment*]; paracadutare [*person*]; sganciare [*bomb, shell*] **3** *(leave)* (anche **~ off**) fare scendere, lasciare [*person*]; deporre [*object*]; ***can you ~ me (off) at the post office, at Claire's, please?*** puoi lasciarmi all'ufficio postale, da Claire, per favore? **4** *(lower)* abbassare [*curtain, sail, hem, neckline, price*]; ***to ~ one's eyes, gaze, voice*** abbassare gli occhi, lo sguardo, la voce; ***to ~ one's trousers*** COLLOQ. calare le brache; ***to ~ one's speed*** diminuire la velocità **5** *(give casually)* ***to ~ a hint about sth.*** fare un accenno a qcs.; ***to ~ sb. a card, a note, a letter*** mandare a qcn. una cartolina, un biglietto, una lettera; ***he just ~ped it into the conversation that he was leaving*** durante la conversazione ha solo accennato al fatto che stesse andando via **6** *(exclude) (deliberately)* tralasciare [*article, episode, word*]; escludere [*team member, player*]; *(by mistake)* omettere, saltare [*figure, letter, digit, item on list*]; non pronunciare [*syllable, sound*]; ***he's been ~ped from the team*** è stato escluso dalla squadra **7** *(abandon)* rompere con, mollare [*friend, boyfriend*]; *(give up)* abbandonare [*school subject, work*]; rinunciare a [*habit, custom, idea, plan*]; lasciare cadere [*conversation, matter*]; ritirare, lasciare cadere [*charges, accusation, claim*]; ***to ~ everything*** rinunciare a tutto, abbandonare tutto; ***can we ~ that subject, please?*** potremmo tralasciare quell'argomento, per favore? ***just ~ it, will you!*** COLLOQ. basta così; ***let's ~ the formalities*** mettiamo da parte le formalità **8** *(lose)* perdere [*money, point, game, serve*] **9** ZOOL. *(give birth to)* partorire [*calf, foal, young*] **10** *(take drugs)* ***to ~ acid*** farsi un acido **II** intr. (forma in -ing ecc. **-pp-**) **1** *(fall, descend)* [*object, liquid, curtain, leaf*] cadere; [*person*] *(deliberately)* lasciarsi cadere; *(by accident)* cadere; ***we ~ped to the ground as the plane flew over*** ci gettammo a terra quando l'aereo passò sopra di noi; ***to ~ to one's knees*** cadere in ginocchio; ***to ~ into a chair*** lasciarsi cadere, abbandonarsi su una sedia; ***the pen ~ped from*** o ***out of his hand*** la penna gli cadde di mano; ***the key must have ~ped out of the hole in my pocket*** la chiave mi deve essere caduta dal buco nella tasca; ***his arm ~ped to his side*** lasciò cadere un braccio su un fianco; ***his mouth ~ped open*** *(from surprise)* rimase a bocca aperta; *(in sleep)* si addormentò con la bocca aperta; ***the sun ~ped below the horizon*** il sole tramontò all'orizzonte; ***the plane ~ped to an altitude of 1,000 m*** l'aereo si abbassò fino a un'altitudine di 1.000 m **2** *(fall away)* ***the cliff ~s into the sea*** la scogliera è a strapiombo sul mare; ***the road ~s steeply down the mountain*** la strada discende ripida lungo la montagna; → **drop away** **3** *(decrease, lower)* [*prices, inflation, noise, wind, temperature, level, speed*] diminuire, abbassarsi; ***to ~ (from sth.) to sth.*** [*prices, inflation, temperature, speed*] scendere, calare (da qcs.) a qcs.; [*person*] scendere (da qcs.) a qcs.; ***the temperature ~ped (from 6°C) to 0° C*** la temperatura scese (da 6°C) a 0°C; ***she ~ped to***

third place scese al terzo posto **4** COLLOQ. *(collapse)* ***he was ready*** o ***fit to*** ~ non stava in piedi dalla stanchezza; ***to do sth. until one ~s*** o ***is ready to*** ~ fare qcs. fino a che non ci si regge in piedi dalla stanchezza **5** *(come to an end)* ***to let [sth.]*** ~ lasciare cadere, perdere [*subject, conversation*]; lasciare perdere [*matter, course, job*] **6** SART. [*curtain, garment*] scucirsi; ***the hem of my skirt has ~ped*** l'orlo della gonna si è scucito ◆ ***to ~ a brick*** o ***clanger*** COLLOQ. fare una gaffe; ***to ~ sb. in it*** COLLOQ. mettere qcn. in imbarazzo.

▪ **drop away 1** *(diminish)* [*attendance, numbers, support, interest*] diminuire, scendere; [*concentration*] calare **2** *(fall steeply)* [*path, road*] scendere a picco, scendere ripido; *(end)* interrompersi improvvisamente.

▪ **drop back** *(deliberately)* rimanere indietro; *(because unable to keep up)* essere lasciato indietro.

▪ **drop behind 1** → **drop back 2** FIG. *(in school, at work)* rimanere indietro; ***to ~ behind sb., sth.*** *(deliberately)* restare indietro a qcn., qcs.; FIG. accumulare del ritardo, rimanere in ritardo rispetto a qcn., qcs.

▪ **drop by** passare, fare una breve visita; ***if there's anything you need just ~ by*** se avete bisogno di qualcosa venite pure a trovarci; ***I ~ped by to see her today*** sono passato da lei oggi.

▪ **drop in: ~ *in*** passare, fare visita; ***~ in and have a cup of tea*** passate a prendere una tazza di tè; ***to ~ in on sb.*** andare a trovare qcn. *o* fare visita a qcn.; ***to ~ in at the baker's*** passare *o* fare un salto dal panettiere; ***~ [sth.] in, ~ in [sth.]*** portare, consegnare; ***I'll ~ it in (to you) later*** passerò a portartelo più tardi.

▪ **drop off: ~ *off* 1** *(fall off)* [*handle, leaf, label, hat*] cadere, staccarsi **2** ***~ off (to sleep)*** addormentarsi, appisolarsi **3** *(become weaker, fewer etc.)* [*attendance, numbers, business, demand, interest*] calare, diminuire; ***~ [sth., sb.] off, ~ off [sth., sb.]*** *(leave)* fare scendere, lasciare [*person*]; deporre [*object*]; ***can you ~ me off at the post office, at Claire's, please?*** puoi lasciarmi all'ufficio postale, da Claire, per favore?

▪ **drop out 1** *(fall out)* [*object, handkerchief, contact lens, page*] cadere (**of** da) **2** *(withdraw) (from contest, race)* ritirarsi; *(from project)* abbandonare; *(from school, university)* ritirarsi, abbandonare gli studi; *(from society)* emarginarsi; ***to ~ out of*** ritirarsi da [*contest, race*]; abbandonare [*politics*]; ***to ~ out of school, university*** abbandonare la scuola, l'università; ***that word has virtually ~ped out of the language*** quella parola è praticamente uscita dalla lingua; ***terms that ~ped out of usage years ago*** termini scomparsi dall'uso molti anni fa; ***the coins will gradually ~ out of circulation*** le monete verranno gradualmente ritirate dalla circolazione.

▪ **drop over** → **drop round**.

▪ **drop round: ~ *round*** passare; ***I'll ~ round (to your house) later*** farò un salto (a casa tua) più tardi; ***~ [sth.] round, ~ round [sth.]*** consegnare, portare; ***I'll ~ your books round after school*** passerò a portarti i libri dopo la scuola.

drop-add period /ˈdrɒpæd,pɪərɪəd/ n. AE UNIV. = periodo iniziale in cui è possibile cambiare i corsi scelti.

dropcloth /ˈdrɒpklɒθ, AE -klɔːθ/ n. AE telo m., fodera f. (per proteggere dagli schizzi di vernice).

drop curtain /ˈdrɒp,kɜːtn/ n. TEATR. sipario m.

drop-dead /ˈdrɒpded/ avv. COLLOQ. da morire; ***~ gorgeous*** fichissimo.

drop-down menu /ˈdrɒpdaʊn,menjuː/ n. INFORM. menu m. a tendina.

drop forge /ˈdrɒp,fɔːdʒ/ n. maglio m. a caduta libera.

drop goal /ˈdrɒp,gəʊl/ n. drop m., marcatura f. su rimbalzo; ***to score a ~*** marcare su calcio di rimbalzo.

drop hammer /ˈdrɒp,hæmə(r)/ n. → **drop forge**.

drop handlebars /ˈdrɒp,hændlbɑːz/ n.pl. manubrio m.sing. da corsa.

drop kick /ˈdrɒp,kɪk/ n. drop m., calcio m. di rimbalzo.

drop leaf /ˈdrɒp,liːf/ n. (pl. **drop leaves**) *(of table)* ribalta f.

drop-leaf table /ˈdrɒpliːf,teɪbl/ n. tavolo m. a ribalta.

droplet /ˈdrɒplɪt/ n. gocciolina f.

drop-off /ˈdrɒpɒf/ n. caduta f., abbassamento m. (**in** di).

dropout /ˈdrɒpaʊt/ n. **1** *(from society)* emarginato m. (-a), dropout m.; *(from school)* disperso m. (-a), dropout m. **2** SPORT *(in rugby)* rimessa f. in gioco.

dropper /ˈdrɒpə(r)/ n. contagocce m.

droppings /ˈdrɒpɪŋz/ n.pl. *(of animals)* escrementi m., sterco m.sing.; *(of insect)* cacatura f.sing.

dropping zone /ˈdrɒpɪŋ,zəʊn/ n. → **drop zone**.

drop scene /ˈdrɒp,siːn/ n. sipario m.

drop scone /ˈdrɒp,skɒn, -,skəʊn, AE -,skəʊn/ n. = scone fritto.

drop shipment /ˈdrɒp,ʃɪpmənt/ n. spedizione f. diretta.

drop shot /ˈdrɒp,ʃɒt/ n. SPORT drop shot m., colpo m. smorzato; ***to play a ~*** fare un tiro smorzato.

dropsical /ˈdrɒpsɪkl/ agg. ANT. MED. idropico.

dropsy /ˈdrɒpsɪ/ n. idropisia f.

drop tank /ˈdrɒp,tæŋk/ n. AER. serbatoio m. sganciabile.

dropwort /ˈdrɒpwɜːt/ n. filipendula f., erba f. peperina.

drop zone /ˈdrɒp,zəʊn/ n. *(for supplies, parachutist)* zona f. di lancio.

drosera /ˈdrɒsərə/ n. drosera f.

droshky /ˈdrɒʃkɪ/, **drosky** /ˈdrɒskɪ/ n. troika f.

drosometer /drɒˈsɒmɪtə(r)/ n. drosometro m.

drosophila /drəˈsɒfɪlə/ n. (pl. **~s, -ae**) drosofila f.

dross /drɒs/ n. **U 1** *(rubbish)* rifiuti m.pl.; ***it's ~*** non ha nessun valore **2** IND. materiali m.pl. di scarto, scorie f.pl.

drossy /ˈdrɒsɪ/ agg. **1** *(rubbishy)* senza valore, di scarto **2** IND. pieno di scorie.

▷ **drought** /ˈdraʊt/ n. siccità f.

droughty /ˈdraʊtɪ/ agg. **1** *(dry)* secco, arido **2** *(thirsty)* assetato.

drouth /draʊθ/ n. ANT. → **drought**.

1.drove /drəʊv/ pass. → **2.drive**.

2.drove /drəʊv/ n. *(of animals)* branco m., gregge m. in movimento; ***~s of people*** una moltitudine; ***in ~s*** FIG. in massa.

3.drove /drəʊv/ intr. fare il mandriano.

drover /ˈdrəʊvə(r)/ ⧫ **27** n. mandriano m. (-a), bovaro m. (-a).

▷ **drown** /draʊn/ **I** tr. **1** *(kill by immersion)* affogare, annegare [*person, animal*]; ***20 people were ~ed in the accident*** 20 persone morirono affogate nell'incidente; ***the entire crew was ~ed*** l'intero equipaggio morì annegato **2** *(make inaudible)* soffocare, coprire, smorzare [*song, sound, voice*] **3** *(flood)* sommergere, allagare [*land, village, valley*]; FIG. allungare, annacquare [*drink*] (**in** con); ricoprire [*food*] (**in** di); ***to be ~ed in*** [*meat, potatoes*] nuotare in [*gravy, sauce*] **II** intr. affogare, annegare **III** rifl. ***to ~ oneself*** affogarsi, annegarsi ◆ ***to ~ one's sorrows*** annegare i propri dispiaceri (nell'alcol).

▪ **drown out: ~ *[sth.] out, ~ out [sth.]*** coprire, smorzare [*noise, sound, music*]; ***~ [sb.] out*** coprire la voce di [*person*].

drowning /ˈdraʊnɪŋ/ **I** n. annegamento m., affogamento m. **II** agg. [*person*] che sta annegando ◆ ***a ~ man will clutch at a straw*** PROV. un uomo che affoga si aggrappa a uno stelo.

1.drowse /draʊz/ n. ***to be in a ~*** essere assopito, assonnato.

2.drowse /draʊz/ intr. *(be half asleep)* essere mezzo addormentato; *(sleep lightly)* sonnecchiare; ***to ~ the afternoon away*** passare il pomeriggio a sonnecchiare.

drowsily /ˈdraʊzɪlɪ/ avv. [*say*] con voce addormentata; [*move*] con aria sonnolenta.

drowsiness /ˈdraʊzɪnɪs/ n. sonnolenza f., assopimento m.; ***"may cause ~"*** *(on medication)* "può indurre sonnolenza".

drowsy /ˈdraʊzɪ/ agg. **1** [*person*] insonnolito, mezzo addormentato; [*look, smile*] sonnolento; ***to feel ~*** essere insonnolito; ***to grow ~*** assopirsi **2** LETT. *(sleep-inducing)* sonnolento; ***a ~ summer afternoon*** un sonnolento pomeriggio d'estate.

drub /drʌb/ tr. (forma in -ing ecc. **-bb-**) **1** *(beat with a stick)* bastonare, battere **2** *(defeat utterly)* stracciare, battere **3** *(abuse or criticize roundly)* stroncare, criticare.

drubbing /ˈdrʌbɪŋ/ n. COLLOQ. bastonatura f.; ***to give sb. a (good) ~*** dare a qcn. delle (belle) legnate; ***to get a ~*** prendersi una bastonatura.

1.drudge /drʌdʒ/ n. = chi fa lavori duri, umili e ingrati; ***to be the household ~*** essere una bestia da soma.

2.drudge /drʌdʒ/ intr. sfacchinare, sgobbare.

drudgery /ˈdrʌdʒərɪ/ n. **U** lavoro m. ingrato, faticata f., sgobbata f.; ***household ~*** le faticate dei lavori di casa; ***it's sheer ~*** è un'autentica corvée *o* è una vera sfacchinata.

▶ **1.drug** /drʌg/ **I** n. **1** MED. FARM. medicina f., farmaco m.; ***a pain-relieving ~*** un farmaco antidolorifico; ***a ~ to fight infection*** un medicinale per combattere l'infezione; ***to be on ~s*** fare uso di medicinali **2** *(narcotic)* droga f. (anche FIG.); ***hard, soft ~s*** droghe pesanti, leggere; ***to be on*** o ***to take ~s*** fare uso di droga; SPORT doparsi; ***to do ~s*** COLLOQ. farsi, drogarsi **II** modif. **1** *(narcotic)* [*shipment, smuggler, trafficking, use*] di droga; [*problem, culture*] della droga; [*crime*] connesso alla droga **2** MED. FARM. [*company, industry*] farmaceutico ◆ ***a ~ on the market*** un prodotto invendibile.

2.drug /drʌg/ tr. (forma in -ing ecc. **-gg-**) **1** *(sedate)* [*kidnapper*] narcotizzare [*victim*]; [*vet*] anestetizzare, addormentare [*animal*] **2** *(dope)* [*person*] drogare [*drink*]; [*vet*] mettere un narcotico in [*meal*]; [*trainer*] drogare [*horse*].

drug abuse /ˈdrʌgə,bjuːs/ n. abuso m. di droghe.

drug abuser /ˈdrʌɡəˌbju:zə(r)/ n. drogato m. (-a), tossicodipendente m. e f.
drug addict /ˈdrʌɡˌædɪkt/ n. tossicomane m. e f., tossicodipendente m. e f.
drug addiction /ˈdrʌɡəˌdɪkʃn/ n. tossicomania f., tossicodipendenza f.
drug fiend /ˈdrʌɡˌfi:nd/ n. → **drug addict**.
drugged /drʌɡd/ **I** p.pass → **2.drug II** agg. **1** *(under the influence of medicine)* [*person*] sotto l'effetto di farmaci; [*state, feeling*] di alterazione; ***to be ~ up to the eyeballs*** COLLOQ. essere imbottito di farmaci, droga; ***to be in a ~ sleep*** dormire come sotto l'effetto di un sonnifero **2** *(poisoned)* [*drink*] drogato.
drugget /ˈdrʌɡɪt/ n. TESS. bigello m.
druggist /ˈdrʌɡɪst/ ♦ *27* n. AE farmacista m. e f.
druggy /ˈdrʌɡɪ/ n. COLLOQ. tossico m. (-a).
drug habit /ˈdrʌɡˌhæbɪt/ n. vizio m. della droga.
drug peddler /ˈdrʌɡˌpedlə(r)/, **drugs pusher** /ˈdrʌɡˌpʊʃə(r)/ n. spacciatore m. (-trice) di droga.
drug rape /ˈdrʌɡˌreɪp/ n. = violenza carnale in cui la vittima viene drogata.
drug-related /ˈdrʌɡrɪˌleɪtɪd/ agg. legato, connesso alla droga.
drugs charges /ˈdrʌɡzˌtʃɑ:dʒɪz/ n.pl. → **drugs offence**.
drugs offence /ˈdrʌɡzəˌfens/ n. detenzione f., spaccio m. di stupefacenti.
Drug Squad /ˈdrʌɡˌskwɒd/, **Drugs Squad** /ˈdrʌɡzˌskwɒd/ n. BE squadra f. antidroga.
drugs raid /ˈdrʌɡzˌreɪd/ n. operazione f. antidroga.
drugs ring /ˈdrʌɡzˌrɪŋ/ n. rete f. di trafficanti di droga.
drugs scene /ˈdrʌɡzˌsi:n/ n. mondo m. della droga.
▷ **drugstore** /ˈdrʌɡstɔ:(r)/ n. AE drugstore m.
drugstore cowboy /ˌdrʌɡstɔ:ˈkaʊbɔɪ/ n. AE COLLOQ. **1** = persona che si veste come un cowboy pur non essendolo **2** = persona che passa il tempo bighellonando nei locali pubblici.
drug taker /ˈdrʌɡˌteɪkə(r)/ n. tossicomane m. e f., tossicodipendente m. e f.
drug-taking /ˈdrʌɡˌteɪkɪŋ/ n. uso m. di stupefacenti; SPORT doping m.
drug test /ˈdrʌɡˌtest/ n. MED. SPORT controllo m. antidoping.
drug user /ˈdrʌɡˌju:zə(r)/ n. tossicomane m. e f., tossicodipendente m. e f.
druid /ˈdru:ɪd/ n. druida m., druido m.
druidess /ˈdru:ɪdɪs/ n. druidessa f.
druidical /dru:ˈɪdɪkl/ agg. druidico.
druidism /ˈdru:ɪdɪzəm/ n. druidismo m.
▷ **1.drum** /drʌm/ ♦ *17* **I** n. **1** MUS. MIL. tamburo m. **2** IND. COMM. bidone m.; *(larger)* fusto m.; ***a 10 litre ~*** un bidone da 10 litri **3** TECN. AUT. tamburo m. **4** *(spool for rope, cable)* tamburo m. **5** *(in a washing machine)* cestello m. **II drums** n.pl. batteria f.sing.; ***John Bonham on ~s*** John Bonham alla batteria ♦ ***to beat the ~ for sth.*** FIG. battere la grancassa a qcs.
2.drum /drʌm/ **I** tr. (forma in -ing ecc. **-mm-**) ***to ~ one's fingers, feet*** tamburellare con le dita, i piedi (**on** su); ***to ~ sth. into sb.*** FIG. fare entrare qcs. in testa a qcn., inculcare qcs. a qcn. **II** intr. (forma in -ing ecc. **-mm-**) **1** *(beat drum)* suonare il tamburo **2** *(make drumming sound)* [*rain*] tamburellare; ***to ~ on the table with one's fingers*** tamburellare sul tavolo con le dita.
▪ **drum home:** ***~ [sth.] home*** riuscire a fare entrare in testa [*lesson, point*]; riuscire a fare passare [*message*].
▪ **drum out:** ***~ [sb.] out*** espellere [*person*].
▪ **drum up:** ***~ up [sth.]*** incrementare [*business, custom, trade*]; ***~ up [sb.]*** procurarsi [*clients, customers*]; ***to ~ up sb.'s support for*** cercare il consenso di qcn. per [*candidate, plan*].
drumbeat /ˈdrʌmbi:t/ n. colpo m. di tamburo.
drumbeater /ˈdrʌmbi:tə(r)/ n. AE COLLOQ. = persona che pubblicizza qualcosa.
drum brake /ˈdrʌmˌbreɪk/ n. freno m. a tamburo.
drumfish /ˈdrʌmfɪʃ/ n. (pl. **~**, **~es**) borbottone m., grugnitore m.
drumhead /ˈdrʌmhed/ n. pelle f. di tamburo.
drumhead court-martial /ˌdrʌmhedˈkɔ:tˌmɑ:ʃl/ n. corte f. marziale straordinaria.
drum kit /ˈdrʌmˌkɪt/ n. batteria f.
drumlin /ˈdrʌmlɪn/ n. GEOL. = collinetta costituita da detrito glaciale.
drum machine /ˈdrʌmməˌʃi:n/ n. batteria f. elettronica.
drum major /ˌdrʌmˈmeɪdʒə(r)/ n. tamburo maggiore m., mazziere m.
drum majorette /ˌdrʌmmeɪdʒəˈret/ n. majorette f.
▷ **drummer** /ˈdrʌmə(r)/ ♦ *27, 17* n. **1** *(in military band)* tamburo m. **2** *(jazz or pop musician)* batterista m. e f. **3** *(classical musician)* percussionista m. e f. **4** AE COLLOQ. *(salesman)* commesso m. viaggiatore, venditore m. (-trice).
drummer boy /ˈdrʌməˌbɔɪ/ n. tamburino m.
drumming /ˈdrʌmɪŋ/ n. **1** *(activity)* (il) suonare la batteria; *(in orchestra)* (il) suonare le percussioni **2** *(noise made on drum)* rullo m. di tamburo; ***the ~ faded away*** il rullo del tamburo si smorzò **3** *(of fingers, feet, rain)* (il) tamburellare.
drumroll /ˈdrʌmrɒl/ n. rullo m. del tamburo.
drumstick /ˈdrʌmstɪk/ n. **1** MUS. bacchetta f. di tamburo, mazza f. di tamburo **2** GASTR. *(of chicken)* coscia f.
▷ **drunk** /drʌŋk/ **I** p.pass. → **2.drink II** agg. **1** ubriaco, sbronzo; ***to get ~*** ubriacarsi (**on** con); ***to get sb. ~*** fare ubriacare qcn.; ***~ driver*** automobilista in stato di ebbrezza; ***~ driving*** guida in stato di ubriachezza; ***to be ~ and disorderly*** DIR. essere in stato di ubriachezza molesta; ***it is illegal to be ~ in charge of a motor vehicle*** DIR. è illegale condurre un veicolo in stato di ubriachezza; ***to be arrested for being ~ in charge of a motor vehicle*** DIR. essere arrestato per aver guidato in stato di ubriachezza **2** FIG. ***~ with*** ebbro di [*power, passion, freedom*] **III** n. ubriaco m. (-a), ubriacone m. (-a) ♦ ***as ~ as a lord*** BE o ***skunk*** AE COLLOQ. essere ubriaco fradicio.
drunkard /ˈdrʌŋkəd/ n. ubriacone m. (-a).
▷ **drunken** /ˈdrʌŋkən/ agg. [*person*] ubriaco; [*party, evening*] a base di alcolici; [*sleep, stupor*] da ubriachezza; [*state*] di ebbrezza, ubriachezza; [*rage, fury*] provocato dall'ubriachezza.
drunkenly /ˈdrʌnkənlɪ/ avv. [*say, shout, laugh*] con voce impastata, da ubriaco; [*walk*] in modo traballante; FIG. ***to lurch ~*** [*vehicle*] zigzagare; *(as if drunk)* [*person*] barcollare.
drunkenness /ˈdrʌŋkənnɪs/ n. **1** *(state)* ebbrezza f. **2** *(habit)* ubriachezza f.
drunkometer /ˌdrʌŋˈkɒmɪtə(r)/ n. AE etilometro m.
drupaceous /dru:ˈpeɪʃəs/ agg. drupaceo.
drupe /dru:p/ n. drupa f.
druse /dru:z/ n. drusa f.
druthers /ˈdrʌðəz/ n.pl. AE COLLOQ. ***if I had my ~*** se potessi scegliere, se dipendesse da me.
▶ **1.dry** /draɪ/ **I** agg. **1** *(not wet or moist)* [*clothing, ground, hair, hand, paint, crackle*] asciutto; [*skin, hair, throat, mouth, cough*] secco; [*rustle, riverbed, well*] arido, secco; ***to run ~*** [*river, funds, supplies*] prosciugarsi; ***~ bread*** pane asciutto; ***to be*** o ***feel ~*** *(thirsty)* [*person*] essere assetato; ***to keep sth. ~*** tenere qcs. all'asciutto, al riparo dall'umidità; ***to keep (oneself) ~*** rimanere asciutto; ***to get ~*** seccarsi, asciugarsi; ***to get sth. ~*** fare asciugare qcs.; ***to wipe sth. ~*** asciugare qcs.; ***the kettle has boiled ~*** l'acqua nel pentolino è evaporata bollendo; ***on ~ land*** sulla terraferma **2** *(not rainy)* [*climate, month, heat*] secco; [*weather, season*] asciutto; [*day, spell*] senza pioggia; ***it will be ~ tomorrow*** domani farà bel tempo, non pioverà **3** *(not sweet)* [*wine, sherry etc.*] secco **4** *(ironic)* [*wit, person, remark*] pungente, ironico; *(cold)* [*person, remark*] freddo, caustico **5** *(dull)* [*book, reading, subject matter*] arido, noioso **6** *(forbidding alcohol)* [*state, country*] proibizionista **7** BE POL. [*view, minister*] ultraconservatore; ***a ~ Tory*** un Tory convinto, accanito **II** n. BE POL. ultraconservatore m. (-trice) ♦ ***(as) ~ as a bone*** completamente asciutto, secco; ***(as) ~ as dust*** noioso da morire.
▶ **2.dry** /draɪ/ **I** tr. fare asciugare [*clothes, washing*]; seccare, fare seccare [*fruit, meat, flowers*]; ***to ~ the dishes*** asciugare i piatti; ***to ~ sb.'s hair*** asciugare i capelli a qcn.; ***to ~ one's hair, hands*** asciugarsi i capelli, le mani; ***to ~ one's eyes*** asciugarsi gli occhi, le lacrime **II** intr. [*sheet, clothes, hair, paint, concrete*] asciugarsi; [*blood*] seccarsi **III** rifl. ***to ~ oneself*** asciugarsi.
▪ **dry off:** ***~ off*** [*material, object, person*] asciugarsi; ***~ off [sb., sth.]***, ***~ [sb., sth.] off*** asciugare [*person, object*]; ***to ~ oneself off*** asciugarsi.
▪ **dry out:** ***~ out*** **1** [*wood, walls, clay, soil*] seccarsi; ***don't let the plant ~ out*** non fare seccare la pianta **2** COLLOQ. [*alcoholic*] disintossicarsi; ***~ out [sth., sb.]***, ***~ [sth., sb.] out*** **1** fare seccare [*wood, clay*]; [*sun*] seccare [*skin, earth*] **2** COLLOQ. disintossicare [*alcoholic*].
▪ **dry up:** ***~ up*** **1** [*river, well, spring*] prosciugarsi; [*ground, jar of liquid*] asciugarsi **2** FIG. *(run out)* [*supply, source, funds, money*] prosciugarsi, esaurirsi **3** *(wipe crockery etc.)* [*person*] asciugare le stoviglie **4** COLLOQ. *(be unable to speak)* [*speaker, actor, interviewee*] ammutolire, restare senza parole; ***oh, ~ up will you!*** BE vuoi stare zitto? ***~ up [sth.]***, ***~ [sth.] up*** **1** [*heat, drought*] prosciugare, inaridire [*puddle, river, pond*] **2** [*person*] asciugare [*plates, crockery*].
dryad /ˈdraɪæd, ˈdraɪəd/ n. MITOL. driade f.
dryasdust /ˈdraɪəzˌdʌst/ agg. FIG. noioso, arido, pedante.
dry cell /ˌdraɪˈsel/ n. pila f. a secco.

dry-clean /ˌdraɪˈkliːn/ tr. lavare a secco; ***to have sth. ~ed*** fare lavare qcs. a secco; ***"~ only"*** "lavare solo a secco".
dry-cleaner's /ˌdraɪˈkliːnəz/ ▸ ***27*** n. lavanderia f., tintoria f.
dry-cleaning /ˌdraɪˈkliːnɪŋ/ n. lavaggio m. a secco.
dry dock /ˌdraɪˈdɒk/ n. bacino m. di carenaggio.
dryer → **drier**.
dry-eyed /ˌdraɪˈaɪd/ agg. [*person*] con gli occhi asciutti; ***to be, remain ~*** essere, rimanere a ciglio asciutto.
dry farming /ˌdraɪˈfɑːmɪŋ/ n. aridocoltura f., dry-farming m.
dry fly /ˌdraɪˈflaɪ/ n. mosca f. artificiale.
dry goods /ˌdraɪˈgʊdz/ n.pl. AE ANT. mercerie f.
dry goods store /ˈdraɪgʊdzˌstɔː(r)/ n. AE ANT. negozio m. di mercerie.
dry ice /ˌdraɪˈaɪs/ n. ghiaccio m. secco.
drying /ˈdraɪɪŋ/ **I** n. *(of fruit)* essiccazione f., essiccamento m.; *(of clothes)* asciugatura f. **II** agg. [*wind, weather*] che fa asciugare; ***a good ~ day*** un giorno adatto per fare asciugare il bucato.
drying rack /ˈdraɪɪŋˌræk/, **drying room** /ˈdraɪɪŋˌruːm, -ˌrʊm/ n. essiccatoio m.
drying-up /ˌdraɪɪŋˈʌp/ n. BE ***to do the ~*** asciugare le stoviglie.
drying-up cloth /ˌdraɪɪŋˈʌpˌklɒθ, AE -ˌklɔːθ/ n. BE strofinaccio m. per asciugare le stoviglie.
dryly → **drily**.
dry martini /ˌdraɪmɑːˈtiːnɪ/ n. *(cocktail)* martini dry m.
dry measure /ˈdraɪˌmeʒə(r)/ n. misura f. per aridi.
dryness /ˈdraɪnɪs/ n. **1** *(of weather, soil)* siccità f., aridità f.; *(of skin)* secchezza f. **2** *(of wit, humour)* causticità f., ironia f.
dry nurse /ˈdraɪnɜːs/ n. balia f. asciutta.
drypoint /ˈdraɪpɔɪnt/ n. puntasecca f.
dry rot /ˌdraɪˈrɒt/ n. carie f. del legno.
dry run /ˌdraɪˈrʌn/ n. verifica f., prova f. finale.
dry-salt /ˈdraɪˌsɔːlt/ tr. salare, mettere sotto sale.
drysalter /ˈdraɪˌsɔːltə(r)/ n. ANT. droghiere m.
drysaltery /ˈdraɪˌsɔːltərɪ/ n. ANT. drogheria f.
dry shampoo /ˌdraɪʃæmˈpuː/ n. shampoo m. a secco.
dry shave /ˌdraɪˈʃeɪv/ n. rasatura f. a secco.
dry-shod /ˌdraɪˈʃɒd/ **I** agg. ANT. con i piedi asciutti **II** avv. ANT. a piedi asciutti.
dry ski slope /draɪˈskiːˌsləʊp/ n. pista f. artificiale (di sci).
drystone wall /ˌdraɪstəʊnˈwɔːl/ n. muro m. a secco.
DSc n. (⇒ Doctor of Science) = (diploma di) dottore in discipline scientifiche (con specializzazione post-laurea).
DSS n. GB (⇒ Department of Social Security) **1** *(ministry)* = in passato, ministero della previdenza sociale **2** *(local office)* = ufficio di assistenza sociale che si occupa di disoccupati, anziani ecc.
DST n. (⇒ daylight saving time) = ora legale.
DT n. (⇒ data transmission) = trasmissione dati.
DTI n. GB (⇒ Department of Trade and Industry) = ministero del commercio e dell'industria.
DTP n. (⇒ desktop publishing) = desktop publishing, editoria da tavolo.
DT's n.pl. COLLOQ. (⇒ delirium tremens) = delirium tremens; ***the ~*** il delirium tremens.
DTT n. (⇒ Digital Terrestrial Television Televisione Digitale Terrestre) TDT f.
▷ **dual** /ˈdjuːəl, AE ˈduːəl/ **I** agg. doppio, duplice **II** n. LING. duale m.
dual band /ˌdjuːəlˈbænd, AE ˌduːəl-/ agg. [*mobile phone*] dual band.
dual carriageway /ˌdjuːəlˈkærɪdʒweɪ, AE ˌduːəl-/ n. BE strada f. a due corsie.
dual-circuit brakes /ˌdjuːəlsɜːkɪtˈbreɪks, AE ˌduːəl-/ n.pl. freni m. a doppio circuito.
dual-control /ˌdjuːəlkənˈtrəʊl, AE ˌduːəl-/ agg. a doppio comando.
dual controls /ˌdjuːəlkənˈtrəʊlz, AE ˌduːəl-/ n.pl. doppi comandi m.
dualism /ˈdjuːəlɪzəm, AE ˈduː-/ n. dualismo m.
dualist /ˈdjuːəlɪst, AE ˈduː-/ n. dualista m. e f.
dualistic /ˌdjuːəˈlɪstɪk, AE ˌduː-/ agg. dualistico.
duality /djuːˈælətɪ, AE duː-/ n. dualità f.
dual heritage /ˌdjuːəlˈherɪtɪdʒ, AE ˌduːəl-/ n. = doppia appartenenza etnica di un individuo.
dual nationality /ˌdjuːəlˌnæʃəˈnælətɪ, AE ˌduːəl-/ n. doppia nazionalità f.
dual personality /ˌdjuːəlˌpɜːsəˈnælətɪ, AE ˌduːəl-/ n. sdoppiamento m. della personalità.
dual-purpose /ˌdjuːəlˈpɜːpəs, AE ˌduːəl-/ agg. a doppio uso.
Duane /dweɪn/ n.pr. Duane (nome di uomo).
1.dub /dʌb/ tr. (forma in -ing ecc. **-bb-**) *(into foreign language)* doppiare [*film*] (**into** in); *(add soundtrack)* postsincronizzare [*film*]; missare [*sound effect*] (**onto** in).
2.dub /dʌb/ tr. (forma in -ing ecc. **-bb-**) **1** GIORN. *(nickname)* soprannominare [*person*]; *(describe as)* [*person, affair*] descrivere, qualificare come **2** *(knight)* ***to ~ sb. (a) knight*** creare qcn. cavaliere.
Dubai /duːˈbaɪ/ ▸ ***6, 34*** n.pr. **1** *(emirate)* Dubai m. **2** *(city)* Dubai f.
dubbed /dʌbd/ **I** p.pass. → **2.dub** **II** agg. [*film*] doppiato.
dubbin /ˈdʌbɪn/ n. BE = patina di olio e sego per ammorbidire e impermeabilizzare il cuoio.
dubbing /ˈdʌbɪŋ/ n. **1** *(into foreign language)* doppiaggio m. **2** *(adding soundtrack)* postsincronizzazione f.; *(sound mixing)* missaggio m.
dubiety /djuːˈbaɪətɪ/ n. FORM. dubbiosità f.
▷ **dubious** /ˈdjuːbɪəs, AE ˈduː-/ agg. **1** *(showing doubt)* [*response, look*] incerto, dubbioso; ***to be ~ (about sth.)*** [*person*] essere dubbioso, incerto (su qcs.); ***I am ~ about accepting*** sono in dubbio se accettare o meno; ***to be ~ whether sth. is true*** dubitare che qcs. sia vero **2** *(arguable)* [*translation, answer*] discutibile; ***that's a ~ point*** è un punto discutibile **3** *(suspect)* [*motive, claim*] sospetto; [*reputation, person*] dubbio **4** *(equivocal)* [*distinction*] equivoco, ambiguo; ***a ~ honour, compliment*** un dubbio onore, un complimento ambiguo.
dubiously /ˈdjuːbɪəslɪ, AE ˈduː-/ avv. **1** *(expressing doubt)* [*say*] dubbiosamente, con tono incerto; [*look at*] con aria dubbiosa **2** *(arousing doubt)* ***he claims, ~, to be ill*** dice di essere malato.
dubiousness /ˈdjuːbɪəsnɪs, AE ˈduː-/ n. **U** **1** *(doubt)* incertezza f. **2** *(of claim, evidence, motive)* dubbiosità f. **3** *(of distinction)* discutibilità f.
dubitable /ˈdjuːbɪtəbl, AE ˈduː-/ agg. RAR. dubitabile.
dubitation /djːbɪˈteɪʃn, AE duː-/ n. ANT. dubbio m., incertezza f.
dubitative /ˈdjuːbɪtətɪv, AE ˈduː-/ agg. **1** dubitativo, dubbioso **2** LING. [*mood*] dubitativo.
Dublin /ˈdʌblɪn/ ▸ ***34*** n.pr. Dublino f.
Dublin Bay prawn /ˌdʌblɪnbeɪˈprɔːn/ n. BE ZOOL. scampo m.
Dubliner /ˈdʌblɪnə(r)/ n. dublinese m. e f.
ducal /ˈdjuːkl, AE ˈduː-/ agg. ducale.
ducat /ˈdʌkət/ n. STOR. *(old coin)* ducato m.
duchess /ˈdʌtʃɪs/ ▸ ***9*** n. duchessa f.
duchy /ˈdʌtʃɪ/ n. *(territory of a duke or duchess)* ducato m.
▷ **1.duck** /dʌk/ n. **1** (pl. **~s**, **~**) ZOOL. GASTR. anatra f. **2** *(in cricket)* ***to be out for*** o ***to make a ~*** non segnare un punto; ***to break one's ~*** segnare il primo punto; FIG. riportare la prima vittoria **3** BE COLLOQ. (anche **~s**) *(form of address) (to child)* cocco m. (-a), amore m.; *(to woman)* tesoro m., cara f. ◆ ***he took to it like a ~ to water*** lo fece con estrema naturalezza; ***(there's no point in telling him off) it's like water off a ~'s back*** (rimproverarlo non serve a nulla) è solo fiato sprecato.
▷ **2.duck** /dʌk/ **I** tr. **1** *(lower)* ***to ~ one's head*** chinare, piegare la testa **2** *(dodge)* schivare, scansare [*punch, ball*] **3** FIG. *(avoid)* evitare [*issue, question*]; sottrarsi a, evitare [*responsibility*] **4** *(push under water)* immergere nell'acqua, cacciare sott'acqua [*person*] **II** intr. [*person*] chinare la testa; [*boxer*] scansare, schivare un colpo; ***I ~ed into a side street to avoid meeting her*** mi infilai in una strada la-terale per evitare di incontrarla; ***to ~ behind sth.*** nascondersi, cacciarsi dietro qcs.
▪ **duck out** COLLOQ. ***~ out of [sth.]*** uscire (per un momento) da [*office, room*]; ***~ out of doing*** evitare di fare.
3.duck /dʌk/ **I** n. TESS. tela f. olona **II** **ducks** n.pl. ABBIGL. pantaloni m. in tela olona.
duckbill /ˈdʌkbɪl/ n. **1** → **duck-billed platypus** **2** pesce m. spatola.
duck-billed platypus /ˌdʌkbɪldˈplætɪpəs/ n. ornitorinco m.
duckboard /ˈdʌkbɔːd/ n. passerella f. in legno.
duck-egg blue /ˌdʌkegˈbluː/ **I** agg. verdeazzurro chiaro, turchese chiaro **II** n. verdeazzurro m. chiaro, turchese m. chiaro.
ducker /ˈdʌkə(r)/ n. ANT. uccello m. tuffatore.
duckie /ˈdʌkɪ/ n. BE COLLOQ. *(form of address) (to child)* cocco m. (-a), amore m.; *(to woman)* tesoro m., cara f.
ducking /ˈdʌkɪŋ/ n. ***to get a ~*** andare a finire nell'acqua, bagnarsi completamente.
ducking stool /ˈdʌkɪŋˌstuːl/ n. STOR. = sgabello al quale il colpevole veniva legato e poi immerso in acqua.
duckling /ˈdʌklɪŋ/ n. anatroccolo m.
duck pond /ˈdʌkˌpɒnd/ n. stagno m., laghetto m. delle anatre.
ducks and drakes /ˌdʌksənˈdreɪks/ n. GIOC. ***to play ~*** giocare a rimbalzello; FIG. buttare via i soldi, sperperare denaro.
duck shooting /ˈdʌkˌʃuːtɪŋ/ n. caccia f. alle anatre.
duck soup /ˈdʌkˌsuːp/ n. AE COLLOQ. ***it's ~!*** è un gioco da ragazzi!

duckweed /ˈdʌkwiːd/ n. BOT. lenticchia f. d'acqua.

ducky /ˈdʌkɪ/ **I** n. BE COLLOQ. *(form of address) (to child)* cocco m. (-a), amore m.; *(to woman)* tesoro m., cara f. **II** agg. AE COLLOQ. *(cute)* carino, grazioso.

duct /dʌkt/ n. **1** TECN. *(for air, water)* condotto m., conduttura f.; *(for wiring)* canaletta f., tubazione f. **2** ANAT. dotto m., canale m.; ***bile ~*** dotto biliare; ***tear ~*** condotto lacrimale.

ductile /ˈdʌktaɪl, AE -tl/ agg. **1** [*metal*] duttile **2** FIG. FORM. [*person*] docile, malleabile.

ductility /dʌkˈtɪlətɪ/ n. duttilità f. (anche FIG.).

ductless gland /ˌdʌktlɪsˈglænd/ n. ghiandola f. endocrina.

dud /dʌd/ **I** n. COLLOQ. ***to be a ~*** [*coin, banknote*] essere falso; [*engine, machine*] essere guasto, difettoso; [*battery*] essere scarico, a terra; [*person*] essere un incapace; [*book, movie*] essere un fiasco; [*firework*] essere difettoso, rovinato **II** agg. [*coin, banknote*] falso; [*cheque*] a vuoto; [*engine, radio etc.*] guasto; [*battery*] scarico, a terra; [*book, movie*] che non vale nulla; [*firework*] difettoso, rovinato.

▷ **1.dude** /djuːd, AE duːd/ n. COLLOQ. **1** *(man)* tipo m., tizio m.; ***a cool ~*** un tipo giusto; ***hey, ~*** ehi, amico **2** AE *(city dweller)* cittadino m., uomo m. di città; *(dandy)* damerino m., bellimbusto m.

2.dude /djuːd, AE duːd/ → **dude up**.

■ **dude up:** ***~ [sth.] up, ~ up [sth.]*** agghindare [*apartment, car*]; ***to get ~d up*** agghindarsi; ***to be ~d up*** essere azzimato.

dudeen /duːˈdiːn/ n. IRLAND. pipa f. corta di terracotta.

dude ranch /ˈdjuːdˌrɑːntʃ, AE ˈduːdˌræntʃ/ n. AE ranch m. per turisti.

dudgeon /ˈdʌdʒən/ n. ***in high ~*** *(offended)* profondamente indignato, risentito; *(angry)* infuriato.

dudish /ˈdjuːdɪʃ/ agg. lezioso, affettato.

Dudley /ˈdʌdlɪ/ n.pr. Dudley (nome di uomo).

duds /dʌdz/ n.pl. COLLOQ. ANT. panni m., abiti m.

▶ **1.due** /djuː, AE duː/ **I** agg. **1** mai attrib. *(payable)* ***to be, fall ~*** [*rent, next instalment*] scadere, essere esigibile; ***when ~*** alla scadenza; ***the rent is ~ on, no later than the 6th*** l'affitto scade il 6, deve essere pagato non più tardi del 6; ***the balance ~*** il saldo debitore; ***debts ~ to the company, by the company*** crediti, debiti della compagnia **2** *(entitled to)* ***they should pay him what is ~ to him*** dovrebbero pagargli quello che gli spetta, è dovuto; ***the prisoner made the phone calls ~ him*** AE COLLOQ. il prigioniero fece le telefonate alle quali aveva diritto **3** COLLOQ. *(about to be paid, given)* ***I'm ~ some back pay, four days' holiday*** mi spettano degli arretrati, quattro giorni di vacanza; ***we are ~ (for) a wage increase soon*** *(as is normal)* a breve i nostri salari saranno aumentati; *(if all goes well)* a breve i nostri salari dovrebbero subire un aumento **4** attrib. *(appropriate)* ***with ~ solemnity*** con la dovuta solennità; ***after ~ consideration*** dopo accurata, adeguata riflessione; ***with all ~ respect to a man of his age*** con tutto il rispetto che si deve a un uomo della sua età; ***to show ~ respect*** o ***consideration for sb., sth.*** mostrare il dovuto rispetto nei confronti di qcn., qcs.; ***to give all ~ praise to sb.*** dare a qcn. tutto l'onore che si merita; ***you will receive a letter in ~ course*** riceverà una lettera a tempo debito; ***in ~ course it transpired that*** al momento opportuno si venne a sapere che **5** DIR. *(in phrases)* ***in ~ form*** nella debita forma; ***~ diligence*** diligenza debita, richiesta dalle circostanze; ***to be charged with driving without ~ care and attention*** essere accusato di aver guidato senza la debita cura e attenzione **6** *(scheduled, expected)* ***to be ~ to do*** dovere fare; ***we are ~ to leave there in the evening*** (è programmato che) partiremo in serata; ***the changes ~ in the year 2000*** i cambiamenti previsti per l'anno 2000; ***to be ~ (in)*** o ***~ to arrive*** [*train, bus*] essere atteso; [*person*] essere in arrivo; ***to be ~ back soon, at 8*** dover rientrare presto, alle 8; ***to be ~ out*** [*coach, boat etc.*] dovere partire; [*book*] dovere uscire, essere atteso; ***the book is ~ out in the shops soon*** il libro dovrebbe essere presto disponibile nelle librerie; ***to be ~ for completion, demolition*** dovere essere completato, demolito; ***when is your baby ~?*** quando deve nascere il tuo bambino? ***the baby is ~ next week*** il bambino deve nascere la prossima settimana **7 due to** *(because of)* a causa di; ***~ to bad weather, a fall in demand*** a causa del cattivo tempo, di una diminuzione della domanda; ***~ to the fact that the satellite link had broken down*** in seguito all'interruzione del collegamento via satellite; ***he resigned ~ to the fact that*** diede le sue dimissioni in seguito al fatto che; ***to be ~ to*** [*delay, cancellation etc.*] essere dovuto a; ***~ to unforeseen circumstances*** a causa di circostanze impreviste; ***"closed ~ to illness"*** "chiuso per malattia"; ***"cancelled ~ to high winds"*** "annullato a causa dei forti venti"; *(thanks to)* grazie a, per merito di; ***it's all ~ to you*** è tutto merito tuo, lo si deve solo a te **II** avv. *(directly)* ***to face ~ north, east etc.*** [*building*] essere volto direttamente a nord, est ecc.; [*hiker etc.*] essere rivolto, guardare dritto verso nord, est ecc.; ***to go ~ south, west etc.*** andare verso sud, ovest ecc.; ***to sail ~ south*** navigare in direzione sud; ***to march ~ north*** marciare verso nord; ***~ east there is...*** in direzione est si trova...

2.due /djuː, AE duː/ **I** n. dovuto m., giusto m.; ***it was his ~*** era ciò che gli era dovuto; *(of money, inheritance etc.)* era ciò che gli spettava; *(of praise, recognition etc.)* gli era dovuto, se lo meritava; ***the Tax Office, give them their ~, actually refunded the money*** l'ufficio delle imposte, a onor del vero, ha effettivamente restituito il denaro **II dues** n.pl. *(for membership)* quota f.sing. sociale; *(for import, taxes etc.)* diritti m.; ***to pay one's ~s*** pagare la propria quota; FIG. fare il proprio dovere.

due bill /ˈdjuːˌbɪl, AE ˈduː-/ n. AE COMM. cambiale f. scaduta.

due date /ˈdjuːˌdeɪt, AE ˈduː-/ n. scadenza f., termine m. utile, ultima data f. utile.

1.duel /ˈdjuːəl, AE ˈduːəl/ n. duello m. (anche FIG.); ***to fight a ~*** battersi in duello.

2.duel /ˈdjuːəl, AE ˈduːəl/ intr. (forma in -ing ecc. **-ll-**) battersi in duello, duellare; FIG. ingaggiare un duello, iniziare una lotta.

dueller /ˈdjuːələ(r), AE ˈduːəl-/ n. duellante m. e f.

duelling /ˈdjuːəlɪŋ, AE ˈduːəl-/ n. (il) duellare.

duellist /ˈdjuːəlɪst, AE ˈduː-/ n. duellante m. e f.

duenna /djuːˈenə, AE ˈduː-/ n. anziana governante f.; dama f. di compagnia.

due process of law /ˌdjuːprəʊsesəvˈlɔː, AE ˌduːprɒses-/ n. AE DIR. procedura f. regolare e conforme alla legge.

duet /djuːˈet, AE duː-/ n. *(composition)* duetto m. (anche FIG.); ***to play a ~*** suonare un duetto; ***guitar, piano ~*** duetto per chitarra, piano.

1.duff /dʌf/ n. **1** *(dough)* pasta f., impasto m. **2** *(boiled pudding)* = budino di farina con uvetta e limone fatto bollire in un sacchetto di tela.

2.duff /dʌf/ agg. BE COLLOQ. **1** *(defective)* [*machine*] guasto, rotto **2** MUS. [*note*] falso **3** SPORT ***a ~ shot*** un colpo mancato **4** *(stupid)* [*idea, suggestion*] cattivo, stupido.

3.duff /dʌf/ tr. COLLOQ. **1** *(alter)* alterare, falsificare [*stolen goods*] **2** BE SPORT sbagliare, mancare [*shot*].

■ **duff in, duff up:** ***~ [sb.] in, ~ [sb.] up*** malmenare, picchiare.

4.duff /dʌf/ n. COLLOQ. sedere m., fondoschiena m.

duffel /ˈdʌfl/ n. mollettone m.

duffel bag /ˈdʌflˌbæg/ n. sacca f. da viaggio.

duffel coat /ˈdʌflˌkəʊt/ n. montgomery m.

duffer /ˈdʌfə(r)/ n. ANT. COLLOQ. *(ungifted person)* incapace m. e f., inetto m. (-a); ***to be a ~ at*** BE o ***in*** AE ***French*** essere una schiappa in francese.

duffle → **duffel**.

1.dug /dʌg/ pass., p.pass. → **2.dig**.

2.dug /dʌg/ n. **1** *(udder)* mammella f. **2** ANT. SPREG. *(breast)* seno m.

dugong /ˈduːgɒŋ/ n. (pl. ~, **~s**) dugongo m.

dugout /ˈdʌgaʊt/ n. **1** *(boat)* piroga f. **2** SPORT panchina f. **3** MIL. trincea f., rifugio m.

duiker /ˈdaɪkə(r)/ n. (pl. ~, **~s**) cefalofo m.

▷ **1.duke** /djuːk, AE duːk/ **I** ♦ *9* n. duca m.; ***the Duke of York*** il duca di York **II dukes** n.pl. AE COLLOQ. pugni m.; ***to put up one's ~s*** mettersi in guardia.

2.duke /djuːk, AE duːk/ **I** tr. AE COLLOQ. stringere la mano a, salutare [*person*] **II** intr. AE COLLOQ. fare a pugni.

dukedom /ˈdjuːkdəm, AE ˈduːk-/ n. *(territory, title)* ducato m.

dulcamara /dʌlkəˈmeərə/ n. BOT. dulcamara f.

dulcet /ˈdʌlsɪt/ agg. attrib. LETT. melodioso; ***her ~ tones*** SCHERZ. la sua voce soave.

dulcification /ˌdʌlsɪfɪˈkeɪʃn/ n. dolcificazione f.

dulcify /ˈdʌlsɪfaɪ/ tr. RAR. dolcificare.

dulcimer /ˈdʌlsɪmə(r)/ n. **1** *(percussion instrument)* dulcimero m., salterio m. **2** *(in folk music)* dulcimer m.

dulia /ˈdjuːlɪə, AE ˈduː-/ n. dulia f.

▷ **1.dull** /dʌl/ agg. **1** *(uninteresting)* [*person, lecture, play, book, music*] noioso, tedioso; [*life, journey*] monotono; [*meal, dish*] scipito, insipido; [*appearance, outfit, hairstyle*] scialbo; ***never a ~ moment!*** mai un attimo di monotonia! **2** *(not bright)* [*eye, colour*] smorto, spento; [*weather, day, sky*] uggioso, fosco; [*glow*] fioco, debole; [*complexion*] opaco, scialbo **3** *(muffled)* [*explosion, thud*] sordo, soffocato **4** *(not sharp)* [*ache, pain*] sordo; [*blade*] spuntato, smussato; ***to have a ~ wit*** essere ottuso, tardo **5** ECON. [*market*] fiacco, fermo.

2.dull /dʌl/ **I** tr. **1** *(make matt)* sbiadire, appannare [*shine, finish*] **2** *(make blunt)* smussare, spuntare [*blade*]; intorpidire, ottundere

[*senses*]; calmare, placare [*appetite*]; alleviare, lenire [*pain*] **II** intr. [*sound*] smorzarsi, attenuarsi; [*colour*] smorzarsi, offuscarsi.
dullard /'dʌləd/ n. ANT. SPREG. stupido m. (-a), persona f. ottusa.
dullish /'dʌlɪʃ/ agg. piuttosto noioso, monotono.
dullness /'dʌlnɪs/ n. *(of life)* noia f., tediosità f.; *(of person)* ottusità f.; *(of routine)* monotonia f.; *(of company, conversation)* noiosità f.; *(of weather)* uggiosità f.
dullsville /'dʌlsvɪl/ n. COLLOQ. *(dull town)* città f. noiosa; *~! (of a situation)* che noia mortale!
dull-witted /dʌl'wɪtɪd/ agg. ottuso, tardo.
dully /'dʌlɪ/ avv. **1** [*say, repeat*] monotonamente **2** [*gleam*] fiocamente **3** [*move, trail*] lentamente, pigramente.
duly /'dju:lɪ, AE 'du:-/ avv. **1** *(in proper fashion)* debitamente (anche DIR.) **2** *(as expected, as arranged)* a tempo debito, come convenuto; in tempo utile.
▷ **1.dumb** /dʌm/ agg. **1** *(handicapped)* muto; ***a ~ person*** un muto; ***~ animals*** gli animali **2** *(temporarily)* ammutolito (**with** per); ***to be struck ~*** ammutolire **3** COLLOQ. *(stupid)* [*person*] ottuso, stupido; [*question, action, idea*] sciocco; ***to act ~*** fare il finto tonto. ⚠ Although *speech impaired* is often used in English instead of *dumb*, the Italian translation is *muto* for both English expressions.
2.dumb /dʌm/ **I** tr. *(make dumb)* fare ammutolire **II** intr. ANT. *(become dumb)* (anche **~ up**) ammutolire.
▪ **dumb down:** ***~ [sth.] down, ~ down [sth.]*** abbassare il livello di [*show, programme*].
dumb-ass /'dʌmæs/ n. AE POP. fesso m. (-a), stupido m. (-a).
dumbbell /'dʌmbel/ n. **1** SPORT manubrio m. **2** AE COLLOQ. imbecille m. e f., sciocco m. (-a).
dumb blonde /ˌdʌm'blɒnd/ n. SPREG. bionda f. svampita, oca f. giuliva.
dumb cluck /ˌdʌm'klʌk/ n. COLLOQ. fesso m. (-a), tonto m. (-a).
dumbfound /dʌm'faʊnd/ tr. sbalordire, stupire.
dumbfounded /dʌm'faʊndɪd/ **I** p.pass. → **dumbfound II** agg. sbalordito, stupito.
dumbly /'dʌmlɪ/ avv. in silenzio, senza dire una parola.
dumbness /'dʌmnɪs/ n. **1** *(handicap)* SPREG. mutismo m. **2** COLLOQ. *(stupidity)* stupidità f.
dumbo /'dʊmbəʊ/ n. COLLOQ. tonto m. (-a), sciocco m. (-a).
dumb piano /ˌdʌmpɪ'ænəʊ/ n. (pl. **dumb pianos**) tastiera f. muta.
dumb show /'dʌmˌʃəʊ/ n. TEATR. pantomima f., scena f. muta.
dumbstruck /'dʌmstrʌk/ agg. esterrefatto, senza parole.
dumb terminal /ˌdʌm'tɜ:mɪnl/ n. INFORM. terminale m. passivo.
dumbwaiter /ˌdʌm'weɪtə(r)/ n. **1** *(elevator)* montavivande m. **2** *(food trolley)* carrello m. portavivande, servo m. muto **3** BE *(revolving tray)* vassoio m. girevole.
dumdum /'dʌmdʌm/ n. **1** ARM. (anche **~ bullet**) dumdum m., proiettile m. dumdum **2** COLLOQ. stupido m. (-a), zuccone m. (-a).
dumfound → **dumbfound**.
Dumfries and Galloway /dʌmˌfri:sən'gæləweɪ/ ➧ ***24*** n.pr. (anche **~ Region**) Dumfries and Galloway m.
1.dummy /'dʌmɪ/ **I** n. **1** *(model)* manichino m.; ***tailor's ~*** manichino da sarto; ***ventriloquist's ~*** pupazzo del ventriloquo **2** BE *(for baby)* ciuccio m., succhiotto m. **3** BE SPORT finta f.; ***to sell sb. a ~*** fare una finta a qcn. **4** COLLOQ. *(stupid person)* stupido m. (-a), tonto m. (-a) **5** *(imitation, object)* imitazione f., falso m. **6** TIP. menabò m. **7** ECON. prestanome m., fiduciario m. **8** *(in bridge) (hand)* mano f. con il morto; *(player)* morto m.; ***to play from ~*** giocare col morto **9** LING. elemento m. vuoto **II** modif. [*fruit, furniture, drawer*] finto; [*passport, document*] falso; [*bullet*] a salve; [*shell, bomb*] inerte; ECON. [*company*] fittizio, di comodo.
2.dummy /'dʌmɪ/ BE SPORT **I** tr. fintare **II** intr. fintare, fare una finta.
▪ **dummy up** AE COLLOQ. non parlare, tacere.
dummy bridge /ˌdʌmɪ'brɪdʒ/ ➧ ***10*** n. GIOC. bridge m. giocato col morto.
dummy element /ˌdʌmɪ'elɪmənt/ n. LING. elemento m. vuoto.
dummy load /ˌdʌmɪ'ləʊd/ n. EL. carico m. fittizio.
dummy pass /ˌdʌmɪ'pɑ:s, AE -'pæs/ n. BE SPORT passaggio m. fintato.
dummy run /ˌdʌmɪ'rʌn/ n. *(trial)* prova f. generale (di funzionamento); MIL. attacco m. simulato.
dummy symbol /ˌdʌmɪ'sɪmbl/ n. LING. simbolo m. vuoto.
dummy variable /ˌdʌmɪ'veərɪəbl/ n. MAT. variabile f. di comodo.
▷ **1.dump** /dʌmp/ n. **1** *(public)* discarica f. pubblica; ***municipal ~, town ~*** discarica municipale, cittadina; ***rubbish ~*** BE ***garbage ~*** AE discarica **2** *(rubbish heap)* ammasso m., mucchio m. di rifiuti **3** MIL. ***arms, munitions ~*** deposito di armi, munizioni **4** COLLOQ. SPREG. *(town, village)* buco m., posto m. squallido; *(house, hotel)* topaia f. **5** INFORM. = scaricamento dei dati di memoria su un supporto esterno; *(printout)* listato m. **6** AE VOLG. ***to take a ~*** fare una cacata.
▷ **2.dump** /dʌmp/ tr. **1** [*person*] gettare [*refuse*]; smaltire [*sewage, nuclear waste*]; [*factory, ship*] scaricare [*waste, pollutants*] **2** *(sell)* ***to ~ goods on the market*** *(on home market)* vendere merci sottocosto; *(abroad)* praticare il dumping **3** COLLOQ. *(get rid of)* scaricare, piantare [*boyfriend*]; scaricare [*tedious person*]; liberarsi di [*car, shopping*]; abbandonare [*idea, policy*] **4** COLLOQ. *(put down)* mettere giù, posare [*bag, object*] **5** INFORM. *(transfer)* scaricare [*data*]; *(print out)* listare [*data*] **6** MIL. *(store)* formare un deposito di [*weapons, explosives*].
▪ **dump on** COLLOQ. ***~ on [sb.]*** AE POP. denigrare, criticare aspramente.
3.dump /dʌmp/ n. **1** *(of dumpy shape) (object)* oggetto m. tozzo, informe; *(person)* persona f. tozza, tarchiata **2** *(small coin)* soldo m. centesimo m. **3** GIOC. pallina f. di piombo.
4.dump /dʌmp/ n. *(low spirits)* depressione f., avvilimento m. ◆ ***to be down in the ~s*** COLLOQ. essere avvilito, giù di corda.
dumper /'dʌmpə(r)/ n. **1** *(small)* carretto m. ribaltabile **2** *(large truck)* dumper m., autocarro m. ribaltabile.
dumper truck /'dʌmpəˌtrʌk/ n. dumper m., autocarro m. ribaltabile.
dumpiness /'dʌmpɪnɪs/ n. (l')essere tozzo, tarchiato.
dumping /'dʌmpɪŋ/ n. **1** *(of liquid waste, sand)* scarico m.; ***"no ~", "~ prohibited"*** "divieto di discarica" **2** ECON. COMM. dumping m., esportazione f. sottocosto.
dumping ground /'dʌmpɪŋˌgraʊnd/ n. discarica f. (**for** per) (anche FIG.).
dumpling /'dʌmplɪŋ/ n. **1** GASTR. = gnocco di pasta bollito; ***fruit ~*** frutta avvolta in uno strato di pasta e cotta al forno **2** COLLOQ. *(person)* persona f. cicciottella, rotondetta.
dump truck /'dʌmpˌtrʌk/ n. → **dumper truck**.
1.dumpy /'dʌmpɪ/ agg. *(plump)* tozzo, grassottello.
2.dumpy /'dʌmpɪ/ agg. AE COLLOQ. *(run-down)* abbattuto, depresso.
dumpy-level /'dʌmpɪˌlevl/ n. TOPOGR. livello m. a cannocchiale fisso.
1.dun /dʌn/ **I** agg. [*material*] grigio brunastro opaco; [*horse*] pomellato nero **II** n. **1** *(colour)* grigio m. brunastro opaco **2** *(horse)* pomellato m. nero.
2.dun /dʌn/ tr. (forma in -ing ecc. **-nn-**) rendere grigio, scuro; scurire.
3.dun /dʌn/ n. **1** ANT. *(importunate creditor)* creditore m. (-trice) insistente, importuno (-a) **2** *(demand for money)* sollecitazione f. di pagamento.
4.dun /dʌn/ tr. (forma in -ing ecc. **-nn-**) ***to ~ for a debtor*** sollecitare (con insistenza) un debitore.
dun-bird /'dʌnbɜ:d/ n. moriglione m.
Duncan /'dʌŋkən/ n.pr. Duncan (nome di uomo).
dunce /dʌns/ n. asino m. (-a), ignorante m. e f.; ***to be a ~ at maths*** essere un asino in matematica.
dunce's cap /'dʌnsɪzkæp/ n. orecchie f.pl. d'asino.
Dundee /dʌn'di:/ ➧ ***34*** n.pr. Dundee f.
dunder /'dʌndə(r)/ n. feccia f. (della canna da zucchero).
dunderhead /'dʌndəhed/ n. ANT. testone m. (-a), stupido m. (-a).
dun diver /'dʌndaɪvə(r)/ n. smergo m. femmina.
dune /dju:n, AE du:n/ n. duna f.
dune buggy /'dju:nˌbʌgɪ, AE 'du:n-/ n. *(car)* dune buggy f.
dun fly /'dʌnflaɪ/ n. tafano m.
1.dung /dʌŋ/ n. **U** *(of animals)* escrementi m.pl., sterco m.; *(for manure)* letame m., stallatico m.
2.dung /dʌŋ/ tr. concimare.
dungarees /ˌdʌŋgə'ri:z/ n.pl. **1** *(fashionwear)* salopette f.sing. **2** *(workwear)* pantaloni m. da lavoro.
dung beetle /'dʌŋˌbi:tl/ n. scarabeo m. stercorario.
dungeon /'dʌndʒən/ n. segreta f., prigione f. sotterranea.
dung heap /'dʌŋhi:p/, **dunghill** /'dʌŋhɪl/ n. letamaio m.
dunk /dʌŋk/ tr. **1** *(dip)* inzuppare [*bread, biscuit*] (**in** in); immergere [*person, head*] (**in** in; **under** sotto) **2** *(in basketball)* fare una schiacciata.
Dunkirk /dʌn'kɜ:k/ ➧ ***34*** n.pr. Dunkerque f.
dunk shot /'dʌŋkˌʃɒt/ n. *(in basketball)* schiacciata f.
dunlin /'dʌnlɪn/ n. piovanello m. pancianera.
dunnage /'dʌnɪdʒ/ n. **1** MAR. pagliolo m. **2** COLLOQ. effetti m.pl. personali, bagaglio m.
dunno /də'nəʊ/ COLLOQ. contr. don't know.
dunnock /'dʌnək/ n. passera f. scopaiola.

dunny /'dʌnɪ/ n. AUSTRAL. COLLOQ. gabinetto m., bagni m.pl.
Duns /dʌnz/ n.pr. Duns (nome di uomo).
Dunsinane /dʌn'sɪnən/ n.pr. Dunsinane f.
duo /'dju:əʊ, AE 'du:əʊ/ n. (pl. **~s**) **1** TEATR. *(double act)* duo m. (anche FIG.); ***musical, comedy ~*** duo musicale, comico **2** MUS. *(duet)* duetto m.
duodecennial /ˌdju:əʊdɪ'senɪəl, AE ˌdu:ədɪ'senɪəl/ agg. dodicennale.
duodecimal /ˌdju:əʊ'desɪml, AE ˌdu:ə'desəml/ agg. duodecimale.
duodecimo /ˌdju:əʊ'desɪməʊ, AE ˌdu:ə'desəməʊ/ n. (pl. **~s**) *(format)* formato m. in dodicesimo; *(book)* libro m. in dodicesimo.
duodena /ˌdju:əʊ'di:nə, AE ˌdu:ə'di:nə/ → **duodenum**.
duodenal /ˌdju:ə'di:nl, AE ˌdu:ə'di:nl/ agg. [*ulcer*] duodenale.
duodenitis /dju:əʊdi:'naɪtɪs/ ♦ ***11*** n. duodenite f.
duodenum /ˌdju:əʊ'di:nəm, AE ˌdu:ə'di:nəm/ n. (pl. **-a**, **~s**) duodeno m.
duologue /'dju:əlɒg, AE 'du:-/ n. TEATR. scena f., dialogo m. a due.
duopoly /dju:'ɒpəlɪ, AE du:-/ n. duopolio m.
duopsony /dju:'ɒpsənɪ/ n. duopsonio m.
DUP n. GB (⇒ Ulster Democratic Unionist Party) = partito dell'Irlanda del Nord che sostiene l'appartenenza al Regno Unito.
dupable /'dju:pəbl/ agg. ingannabile, raggirabile.
1.dupe /dju:p, AE du:p/ n. credulone m. (-a), sempliciotto m. (-a).
2.dupe /dju:p, AE du:p/ tr. ingannare, imbrogliare [*victim, investor*]; ***to be ~d*** essere ingannato; ***to ~ sb. into doing sth.*** far fare qcs. a qcn. con un raggiro; ***we've been ~d!*** siamo stati raggirati!
dupery /'du:pərɪ/ n. inganno m., raggiro m.
duple time /ˌdu:pl'taɪm/ n. tempo m. doppio, binario.
duplex /'dju:pleks, AE 'du:-/ **I** n. AE *(apartment)* duplex m.; *(house)* villa f. bifamiliare **II** agg. TECN. duplex.
▷ **1.duplicate** /'dju:plɪkət, AE 'du:pləkət/ **I** n. **1** *(copy) (of document)* duplicato m. (**of** di); *(of painting, cassette, video)* copia f.; *(of film)* controtipo m.; ***in ~*** in duplice copia **2** *(photocopy)* fotocopia f. **3** *(repetition) (of performance, action)* replica f. **II** agg. **1** *(copied)* [*cheque, receipt*] duplicato; ***a ~ key, document*** una controchiave, un documento in copia autenticata **2** *(in two parts)* [*form, invoice*] in duplice copia.
▷ **2.duplicate** /'dju:plɪkeɪt, AE 'du:pləkeɪt/ **I** tr. **1** *(copy)* duplicare, fare una copia di [*document*]; riprodurre [*painting*]; duplicare [*cassette, video*]; stampare un controtipo di [*film*] **2** *(photocopy)* fotocopiare **3** *(repeat)* ripetere, raddoppiare [*work*]; ripetere [*action, performance*]; ***to ~ resources*** = avere personale che svolge una duplice mansione **II** intr. BIOL. duplicarsi.
duplicating machine /ˌdju:plɪkeɪtɪŋˌmə'ʃi:n, AE ˌdu:pləkeɪtɪŋ-/ n. duplicatore m.
duplication /ˌdju:plɪ'keɪʃn, AE ˌdu:plə'keɪʃn/ n. **1** *(copying)* duplicazione f., riproduzione f. **2** *(copy) (of cassette, book etc.)* copia f. **3** *(repeating) (of effort, work)* ripetizione f.; ***the ~ of resources*** = utilizzo di personale per svolgere una duplice mansione.
duplicator /'dju:plɪkeɪtə(r), AE 'du:pləkeɪtə(r)/ n. duplicatore m.
duplicitous /dju:'plɪsətəs, AE du:-/ agg. doppio, ipocrita.
duplicity /dju:'plɪsətɪ, AE du:-/ n. **1** *(character trait)* duplicità f. **2** *(double-dealing)* doppiezza f., finzione f.
durability /ˌdjʊərə'bɪlətɪ, AE ˌdʊərə-/ n. *(of material)* durabilità f., durevolezza f.; *(of friendship, marriage)* solidità f.
durable /'djʊərəbl, AE 'dʊərəbl/ **I durables** n.pl. beni m. durevoli **II** agg. [*material*] durevole; [*equipment*] resistente; [*friendship, tradition*] solido, duraturo; ***~ goods*** beni durevoli.
durableness /'djʊərəblnɪs, AE 'dʊərəblnɪs/ n. durevolezza f.
durably /'djʊərəblɪ, AE 'dʊərəblɪ/ avv. durevolmente.
Duralumin® /djʊə'ræljʊmɪn, AE dʊə-/ n. duralluminio m.
dura mater /ˌdjʊərə'meɪtə(r)/ n. duramadre f.
duramen /djʊə'reɪmen/ n. durame m.
durance /'djʊərəns/ n. ANT. DIR. carcerazione f., prigionia f.
duration /djʊ'reɪʃn, AE dʊ'reɪʃn/ n. durata f.; ***of long ~*** di lunga durata; ***of two years' ~*** della durata di due anni; ***for the ~ of the war, meeting*** per l'intera durata della guerra, della riunione ◆ ***for the ~*** COLLOQ. *(for ages)* a tempo indeterminato, per lunghissimo tempo.
durative /'djʊərətɪv/ agg. LING. durativo.
Durban /'dɜ:bən/ ♦ ***34*** n.pr. Durban f.
duress /djʊ'res, AE dʊ'res/ n. DIR. costrizione f.; ***to do sth. under ~*** fare qcs. sotto minaccia, coercizione.
Durex® /'djʊəreks, AE 'dʊəreks/ n. preservativo m., profilattico m.
Durham /'dʌrəm/ ♦ ***24, 34*** n.pr. **1** *(county)* contea f. di Durham, Durham m. **2** *(city)* Durham f.
durian /'dʊrɪən/ n. durio m.
duricrust /'djʊərɪkrʌst, AE 'dʊə-/ n. crostone m. desertico.
▶ **during** /'djʊərɪŋ/ prep. durante, nel corso di; ***~ this time*** durante questo periodo.
durmast /'dɜ:mɑ:st/ n. rovere m.
durra /'dʊrə/ n. dura f., durra f.
durst /dɜ:st/ pass. ANT. → **2.dare**.
1.dusk /dʌsk/ n. *(twilight)* crepuscolo m.; *(semidarkness)* semioscurità f., penombra f.; ***at ~*** al crepuscolo; ***in the ~*** nella luce del crepuscolo; ***~ was falling*** la notte stava calando; ***I don't like driving at ~*** non mi piace guidare all'imbrunire; ***~ to dawn curfew*** coprifuoco dal tramonto all'alba.
2.dusk /dʌsk/ **I** tr. LETT. *(make dim)* oscurare, offuscare **II** intr. LETT. *(become dim)* imbrunire, oscurarsi.
duskiness /'dʌskɪnɪs/ n. *(of person, limbs, cheeks)* carnagione f. scura; *(of room)* semioscurità f., penombra f.
dusky /'dʌskɪ/ agg. [*complexion*] scuro; [*person, limbs*] dalla pelle scura; [*room, colour*] oscuro, tetro.
dusky pink /'dʌskɪˌpɪŋk/ **I** agg. rosa antico **II** n. rosa m. antico.
▷ **1.dust** /dʌst/ n. **1** *(grime, grit)* polvere f.; ***chalk, coal ~*** polvere di gesso, carbone; ***cosmic, radioactive, volcanic ~*** polvere cosmica, radioattiva, vulcanica; ***thick with ~*** coperto di polvere; ***a speck of ~*** un granello di polvere; ***to allow the ~ to settle*** lasciar posare *o* depositare la polvere; FIG. lasciar calmare le acque **2** *(fine powder)* ART. IND. polvere f.; ***gold ~*** polvere d'oro **3** LETT. *(ground)* terreno m., suolo m. ◆ ***to throw ~ in sb.'s eyes*** gettare polvere negli occhi a qcn.; ***to shake the ~ (of a place) off one's feet*** = andarsene (da un luogo) con sdegno; ***to bite the ~*** [*person*] *(die)* cadere stecchito; [*plan, idea*] fallire.
▷ **2.dust** /dʌst/ **I** tr. **1** *(clean)* spolverare [*furniture, house*] **2** *(coat lightly)* spolverare, cospargere [*cake*] (**with** di, con); cospargere [*face*] (**with** di, con) **II** intr. spolverare, togliere la polvere.
▪ **dust down:** ***~ [sth.] down, ~ down [sth.]*** spolverare [*chair, table*]; ***to ~ oneself down*** togliersi la polvere di dosso.
▪ **dust off:** ***~ [sth.] off, ~ off [sth.]*** **1** *(clean)* spolverare [*surface, table*] **2** *(brush off)* togliere (spazzolando) [*crumbs, powder*] (**from** da).
dust bag /'dʌstˌbæg/ n. sacchetto m. dell'aspirapolvere.
dust bath /'dʌstˌbɑ:θ, AE -ˌbæθ/ n. *(of a bird)* = il rotolarsi nella polvere per pulirsi le piume.
dustbin /'dʌstbɪn/ n. BE bidone m. della spazzatura, pattumiera f.
dustbin lid /'dʌstbɪnˌlɪd/ n. BE coperchio m. del bidone della spazzatura.
dustbin man /'dʌstbɪnˌmæn/ n. BE spazzino m.
dust bowl /'dʌstˌbəʊl/ **I** n. GEOGR. regione f. desertica **II Dust Bowl** n.pr. AE = area degli Stati Uniti centro meridionali divenuta desertica a causa delle frequenti tempeste di vento durante gli anni '30.
dustcart /'dʌstkɑ:t/ n. BE camion m. dell'immondizia, per la raccolta rifiuti.
dust cloth /'dʌstˌklɒθ, AE -ˌklɔ:θ/ n. AE straccio m. per la polvere.
dust cloud /'dʌstˌklaud/ n. polverone m.
dust coat /'dʌstˌkəʊt/ n. ABBIGL. spolverino m.
dust cover /'dʌstˌkʌvə(r)/ n. *(on book)* sovraccoperta f.; foderina f.; *(on furniture)* fodera f.
dust devil /'dʌstˌdevl/ n. turbine m. di polvere.
duster /'dʌstə(r)/ n. **1** *(cloth)* straccio m. per la polvere; *(for blackboard)* cancellino m.; *(block)* spazzola f.; ***feather ~*** piumino **2** AE *(housecoat)* spolverino m. **3** AGR. polverizzatore m.
dust-free room /'dʌstfri:ˌru:m, -ˌrʊm/ n. camera f. asettica.
dust heap /'dʌstˌhi:p/ n. **1** mucchio m. di rifiuti **2** FIG. rifiuto m., scarto m.; ***to be thrown on the ~*** essere gettato fra i rifiuti.
Dustin /'dʌstɪn/ n.pr. Dustin (nome di uomo).
dustiness /'dʌstɪnɪs/ n. (l')essere polveroso.
dusting /'dʌstɪŋ/ n. **1** *(cleaning)* spolverata f.; ***to do the ~*** togliere la polvere, spolverare **2** *(of snow)* spolvero m., spolverata f. **3** GASTR. *(of sugar, chocolate etc.)* spolverata f.
dusting powder /'dʌstɪŋˌpaʊdə(r)/ n. talco m. in polvere.
dust jacket /'dʌstˌdʒækɪt/ n. *(on book)* sovraccoperta f.
dustman /'dʌstmæn/ ♦ ***27*** n. (pl. **-men**) BE spazzino m.
dust mite /'dʌstˌmaɪt/ n. acaro m. della polvere.
dust mote /'dʌstˌməʊt/ n. granello m., bruscolo m. di polvere.
dustpan /'dʌstpæn/ n. paletta f. per la spazzatura; ***a ~ and brush*** una paletta e una scopetta.
dust sheet /'dʌstˌʃi:t/ n. telo m., fodera f. (per proteggere dalla polvere).
dust storm /'dʌstˌstɔ:m/ n. tempesta f. di polvere.
dust-up /'dʌstʌp/ n. COLLOQ. **1** *(quarrel)* lite f. **2** *(fight)* rissa f.; ***to get into*** o ***have a ~ with sb.*** litigare con qcn., fare una rissa con qcn.
dust wrapper /'dʌstˌræpə(r)/ n. → **dust cover**.

▷ **dusty** /ˈdʌstɪ/ agg. [*house, table, road*] polveroso; [*climb, journey*] in mezzo alla polvere; ***to get ~*** impolverarsi ◆ ***to give sb. a ~ answer*** dare una risposta vaga a qcn.
dusty blue /ˈdʌstɪˌbluː/ **I** agg. azzurro polvere **II** n. azzurro m. polvere.
dusty pink /ˈdʌstɪˌpɪŋk/ **I** agg. rosa antico **II** n. rosa m. antico.
Dutch /dʌtʃ/ ⧫ *18, 14* **I** agg. [*culture, food, football, politics*] olandese **II** n. **1** *(language)* olandese m. **2** ***the ~*** + verbo pl. gli olandesi **III** modif. *(of Dutch)* [*teacher, lesson, textbook, dictionary*] di olandese; *(into Dutch)* [*translation*] in olandese ◆ ***to be in ~ with sb.*** COLLOQ. essere in disgrazia presso qcn.; ***to go ~*** COLLOQ. pagare alla romana; ***to go ~ with sb.*** COLLOQ. dividere le spese con qcn.; ***to talk to sb. like a ~ uncle*** fare la paternale a qcn.
Dutch auction /ˌdʌtʃˈɔːkʃn, AE -ˈɒkʃn/ n. asta f. al ribasso.
Dutch barn /ˌdʌtʃˈbɑːn/ n. fienile m.
Dutch cap /ˌdʌtʃˈkæp/ n. diaframma m. (contraccettivo).
Dutch courage /ˌdʌtʃˈkʌrɪdʒ/ n. = coraggio che deriva dal consumo di bevande alcoliche; ***I need (some) ~*** ho bisogno di bere per darmi coraggio.
Dutch door /ˌdʌtʃˈdɔː(r)/ n. AE porta f. a scuderia.
Dutch East Indies /ˌdʌtʃiːstˈɪndɪz/ n.pr. STOR. Indie f. orientali olandesi.
Dutch elm disease /ˌdʌtʃˈelmdɪˌziːz/ n. grafiosi f. dell'olmo.
Dutch Guiana /ˌdʌtʃgaɪˈænə/ n.pr. STOR. Guiana f. olandese.
Dutchman /ˈdʌtʃmən/ n. (pl. **-men**) olandese m. ◆ ***"it's true, or I'm a ~," said Bob*** "che mi venga un colpo se non è vero" disse Bob.
Dutch metal /ˌdʌtʃˈmetl/ n. tombacco m.
Dutch oven /ˌdʌtʃˈʌvn/ n. forno m. portatile.
Dutch School /ˌdʌtʃˈskuːl/ n. ART. scuola f. fiamminga.
Dutch treat /ˌdʌtʃˈtriːt/ n. = pranzo, festa in cui ognuno paga la propria parte.
Dutch West Indies /ˌdʌtʃwestˈɪndɪz/ n.pr.pl. Indie f. occidentali olandesi.
Dutchwoman /ˈdʌtʃwʊmən/ n. (pl. **-women**) olandese f.
duteous /ˈdjuːtjəs, AE ˈduː-/ agg. ANT. ubbidiente, rispettoso.
dutiable /ˈdjuːtɪəbl, AE ˈduː-/ agg. tassabile; *(at customs)* schiavo di dazio, soggetto a dazio doganale.
dutiful /ˈdjuːtɪfl, AE ˈduː-/ agg. **1** *(obedient)* [*person*] rispettoso, deferente; [*act*] di ubbidienza, rispetto; [*smile*] cortese **2** *(conscientious)* [*person*] coscienzioso.
dutifully /ˈdjuːtɪfəlɪ, AE ˈduː-/ avv. **1** *(obediently)* in modo rispettoso, deferente **2** *(conscientiously)* [*work*] coscienziosamente.
▶ **duty** /ˈdjuːtɪ, AE ˈduːtɪ/ **I** n. **1** *(obligation)* dovere m. (**to** verso, nei confronti di); ***to have a ~ to do*** avere il dovere di fare; ***to make it one's ~ to do*** considerare un proprio dovere fare; ***it is my ~ to do*** è mio dovere fare; ***to do one's ~*** fare il proprio dovere; ***to do one's ~ by sb.*** fare il proprio dovere verso qcn.; ***in the course of ~*** MIL. nell'adempimento delle proprie funzioni; ***~ calls!*** il dovere chiama! ***to feel ~ bound to do*** sentirsi in dovere di fare; ***to neglect one's duties*** venir meno ai propri doveri; ***out of a sense of ~*** per senso del dovere; ***moral ~*** dovere, obbligo morale; ***legal ~, statutory ~*** dovere legale **2** gener. pl. *(task)* mansioni f.pl., compiti m.pl.; ***to take up one's duties*** cominciare il proprio lavoro; ***to perform o carry out one's duties*** svolgere le proprie mansioni (**as** di) **3 U** *(work)* servizio m.; ***to be on, off ~*** MIL. MED. essere in, fuori servizio; SCOL. essere, non essere di sorveglianza; ***to go on, off ~*** montare di servizio, smontare dal servizio; ***day, night ~*** servizio diurno, notturno; ***to do ~ for*** o ***as sth.*** servire da qcs., fare da qcs.; ***to do ~ for sb.*** sostituire, supplire qcn. **4** dazio m., imposta f.; ***customs duties*** dazi doganali; ***to pay ~ on sth.*** pagare il dazio doganale su qcs. **II** modif. [*nurse, security guard*] di servizio, di turno.
duty call /ˌdjuːtɪˈkɔːl, AE ˌduː-/ n. visita f. di dovere.
duty chemist /ˌdjuːtɪˈkemɪst, AE ˌduː-/ n. farmacista m. e f. di turno.
duty-free /ˌdjuːtɪˈfriː, AE ˌduː-/ **I** agg. esente da dazio **II** avv. in franchigia doganale.
duty-free allowance /ˌdjuːtɪfriːəˈlaʊəns, AE ˌduː-/ n. = quantità autorizzata di merci in franchigia doganale.
duty-frees /ˌdjuːtɪˈfriːz, AE ˌduː-/ n.pl. merci f. in franchigia doganale.
duty-free shop /ˈdjuːtɪriːˌʃɒp, AE ˈduː-/ n. negozio m. in franchigia doganale, dutyfree m.
duty-free shopping /ˌdjuːtɪfriːˈʃɒpɪŋ, AE ˌduː-/ n. acquisto m. di merci esenti da dazio.
duty officer /ˌdjuːtɪˈɒfɪsə(r), AE ˌduːtɪˈɔːfɪsə(r)/ n. MIL. ufficiale m. di servizio, di giornata.
duty-paid /ˌdjuːtɪˈpeɪd, AE ˌduː-/ agg. [*sale*] dazio incluso; [*goods*] sdoganato.
duty roster /ˌdjuːtɪˈrɒstə(r), AE ˌduː-/, **duty rota** /ˌdjuːtɪˈrəʊtə, AE ˌduː-/ n. AMM. lista f. dei turni di servizio.
duty solicitor /ˌdjuːtɪsəˈlɪsɪtə(r), AE ˌduː-/ n. BE DIR. = avvocato di servizio presso un tribunale o un posto di polizia; difensore d'ufficio.
duumvir /djuːˈʌmvə(r)/ n. (pl. **~s, ~i**) duumviro m.
duumvirate /djuːˈʌmvɪrət/ n. duumvirato m.
duumviri /djuːˈʌmvəraɪ/ → **duumvir**.
duvet /ˈduːveɪ/ n. BE piumino m., trapunta f.
duvet cover /ˈduːveɪˌkʌvə(r)/ n. BE copripiumino m.
▷ **DVD** n. (⇒ Digital Video Disc video disco digitale) DVD m.
DVD player /diːviːˌdiːˈpleɪə(r)/ n. (lettore) DVD m.
DVLA n. BE (⇒ Driver and Vehicle Licencing Agency) = agenzia incaricata della concessione delle patenti e dell'immatricolazione dei veicoli.
DVM n. US (⇒ Doctor of Veterinary Medicine) = (diploma di) dottore in veterinaria (con specializzazione post-laurea).
DVR n. (⇒ Digital Video Recorder videoregistratore digitale) DVR m.
dwale /dweɪl/ n. ANT. belladonna f.
Dwane /dweɪn/ n.pr. Dwane (nome di uomo).
▷ **1.dwarf** /dwɔːf/ **I** agg. *(all contexts)* nano **II** n. nano m. (-a).
2.dwarf /dwɔːf/ tr. *(make appear small, insignificant)* fare sembrare piccolo [*person, object etc.*]; sminuire [*achievement, issue*]; ***the houses were ~ed by the tower block*** le case erano schiacciate dalla mole del grattacielo.
dwarfish /ˈdwɔːfɪʃ/ agg. da, di nano.
dwarfishness /ˈdwɔːfɪʃnɪs/ n. nanismo m.
1.dwell /dwel/ n. MECC. *(of a machine)* pausa f., sosta f.
2.dwell /dwel/ intr. (pass., p.pass. **dwelt**) **1** LETT *(live)* abitare, dimorare (**in** in) **2** FIG. LETT. ***~ in*** fissarsi, rimanere in [*mind, heart*]; dimorare in [*person*].
■ **dwell on:** ***~ on [sth.]*** *(talk about)* dilungarsi, diffondersi su; *(think about)* [*person, mind*] soffermarsi su; ***to ~ on the past*** soffermarsi sul passato; ***don't ~ on it!*** non pensarci sopra!
dweller /ˈdwelə(r)/ n. abitante m. e f., abitatore m. (-trice); ***city ~, town ~*** cittadino; ***country ~*** persona che abita in campagna.
dwelling /ˈdwelɪŋ/ n. LETT. AMM. abitazione f., dimora f.
dwelling house /ˈdwelɪŋˌhaʊs/ n. casa f. d'abitazione.
dwelling place /ˈdwelɪŋˌpleɪs/ n. dimora f., luogo m. di residenza.
dwelt /dwelt/ pass., p.pass. → **2.dwell**.
DWI n. US DIR. (⇒ driving while intoxicated) = guida in stato di ubriachezza.
Dwight /dwaɪt/ n.pr. Dwight (nome di uomo).
dwindle /ˈdwɪndl/ intr. (anche **~ away**) [*numbers, resources*] diminuire, assottigliarsi; [*strength, interest, enthusiasm*] scemare, diminuire; [*health*] peggiorare, rovinarsi; ***to ~ to*** ridursi in.
dwindling /ˈdwɪndlɪŋ/ **I** n. *(of numbers, resources)* (l')assottigliarsi, (il) diminuire; *(of strength, enthusiasm, interest)* (lo) scemare, (il) diminuire **II** agg. [*numbers, resources, audience*] in calo; [*strength, interest*] che scema, diminuisce; [*health*] che peggiora, che si rovina.
dyad /ˈdaɪəd/ n. **1** MAT. coppia f. **2** CHIM. diade f., coppia f. di elementi.
▷ **1.dye** /daɪ/ n. **1** *(commercial product)* tintura f., tinta f.; ***hair ~*** tintura per capelli **2** *(substance)* colorante m.; ***vegetable, synthetic ~*** colorante vegetale, sintetico.
▷ **2.dye** /daɪ/ **I** tr. tingere, colorare [*fabric*]; ***to ~ sth. red, black*** tingere qcs. di rosso, nero; ***to ~ one's hair*** tingersi i capelli **II** intr. [*fabric*] tingersi.
dyed /daɪd/ **I** p.pass. → **2.dye II** agg. [*hair, fabric*] tinto.
dyed-in-the-wool /ˌdaɪdɪnðəˈwʊl/ agg. impenitente, incallito.
dyeing /ˈdaɪɪŋ/ n. tintura f.
dyer /ˈdaɪə(r)/ ⧫ *27* n. tintore m. (-a).
dyer's broom /ˈdaɪəzˌbruːm/ n. ginestrella f., baccellina f.
dyestuff /ˈdaɪstʌf/ n. colorante m.
dyeworks /ˈdaɪwɜːks/ n. tintoria f.
Dyfed /ˈdʌvɪd/ ⧫ *24* n.pr. Dyfed m.
▷ **dying** /ˈdaɪɪŋ/ **I** agg. **1** *(about to die)* [*person, animal*] morente, moribondo; [*forest*] morente; ***the ~ man's wish*** l'ultimo desiderio del moribondo; ***the ~ woman*** la moribonda, la donna in fin di vita; ***to his ~ day*** fino al giorno della sua morte; ***with her ~ breath*** con il suo ultimo respiro **2** *(disappearing)* [*art, practice, industry, tradition*] che va scomparendo; [*town, community*] agonizzante; ***she's one of a ~ breed*** appartiene ad una specie in via d'estinzione **3** *(final)* [*minutes, stages, moments*] ultimo **4** *(fading)* [*sun*] morente; [*light, fire, embers*] languente **II** n. **1** *(people)* ***the ~*** + verbo pl. i moribondi, i morenti; ***prayer for the ~*** preghiera

per i moribondi **2** *(death)* morte f. ◆ ***to look like a ~ duck (in a thunderstorm)*** COLLOQ. SCHERZ. avere un'espressione sbalordita.

1.dyke, **dike** AE /daɪk/ n. **1** *(embankment) (to prevent flooding)* diga f.; *(beside ditch)* argine m. **2** BE *(ditch)* fossato m. **3** GEOL. dicco m. **4** SCOZZ. *(wall)* muro m. di cinta.

2.dyke, **dike** AE /daɪk/ n. POP. SPREG. *(lesbian)* lesbica f.

Dylan /ˈdɪlən/ n.pr. Dylan (nome di uomo).

▷ **dynamic** /daɪˈnæmɪk/ **I** agg. *(all contexts)* dinamico **II** n. forza f. motrice, energia f.

dynamical /daɪˈnæmɪkl/ agg. dinamico.

dynamically /daɪˈnæmɪklɪ/ avv. **1** dinamicamente **2** FIS. ***~-tested*** sottoposto a test dinamici.

dynamics /daɪˈnæmɪks/ n. **1** *(science)* + verbo sing. dinamica f. **2** *(motive forces)* + verbo pl. forze f. motrici (anche FIG.).

dynamism /ˈdaɪnəmɪzəm/ n. *(all contexts)* dinamismo m.

dynamitard /ˈdaɪnəmɪtɑːd/ n. RAR. dinamitardo m. (-a).

1.dynamite /ˈdaɪnəmaɪt/ **I** n. **1** dinamite f. **2** FIG. ***this story is political ~*** dal punto di vista politico, questa storia è dinamite; ***she's ~*** *(sexy)* è dinamite; *(dynamic)* è piena di energia **II** agg. AE COLLOQ. eccezionale, favoloso.

2.dynamite /ˈdaɪnəmaɪt/ tr. fare saltare con la dinamite.

dynamo /ˈdaɪnəməʊ/ n. **1** EL. dinamo f. **2** COLLOQ. FIG. *(person)* ***he's a real ~*** è un tipo davvero dinamico.

dynamo-electric /ˌdaɪnəməʊɪˈlektrɪk/ agg. dinamoelettrico.

dynamometer /ˌdaɪnəˈmɒmɪtə(r)/ n. dinamometro m.

dynamometric(al) /ˌdaɪnəməʊˈmetrɪkl/ agg. dinamometrico.

dynast /ˈdɪnæst, AE ˈdaɪ-/ n. dinasta m.

dynastic /dɪˈnæstɪk, AE daɪ-/ agg. dinastico.

▷ **dynasty** /ˈdɪnəstɪ, AE ˈdaɪ-/ n. dinastia f.; ***the Tudor ~*** la dinastia dei Tudor.

dyne /daɪn/ n. dina f.

dyscrasia /dɪsˈkreɪzjə/ n. discrasia f.

dysenteric /ˌdɪsənˈterɪk/ agg. dissenterico.

dysentery /ˈdɪsəntrɪ, AE -terɪ/ ♦ ***11*** n. dissenteria f.

dysfunction /dɪsˈfʌŋkʃn/ n. disfunzione f.

dysfunctional /dɪsˈfʌŋkʃənl/ agg. disfunzionale.

dysgenic /dɪsˈdʒenɪk/ agg. disgenico.

dyskinesia /dɪskiˈniːzɪə/ n. discinesia f.

dyslexia /dɪsˈleksɪə, AE dɪsˈlekʃə/ n. dislessia f.; ***to suffer from ~*** soffrire di dislessia.

dyslexic /dɪsˈleksɪk/ **I** agg. dislessico **II** n. dislessico m. (-a).

dysmenorrhea /ˌdɪsmenəˈriːə/ ♦ ***11*** n. dismenorrea f.

dysmetria /dɪsˈmetrɪə/ n. dismetria f.

dyspepsia /dɪsˈpepsɪə/ ♦ ***11*** n. dispepsia f.

dyspeptic /dɪsˈpeptɪk/ agg. **1** *(with indigestion)* dispeptico **2** ANT. *(irritable)* irritabile.

dysphagia /dɪsˈfeɪdʒɪə/ n. disfagia f.

dysphasia /dɪsˈfeɪzɪə/ ♦ ***11*** n. disfasia f.

dysphemia /dɪsˈfiːmɪə/ n. disfemia f.

dysphonia /dɪsˈfəʊnɪə/ n. disfonia f.

dysplasia /dɪsˈpleɪzɪə/ n. displasia f.

dyspn(o)ea /dɪspˈniːə/ n. dispnea f.

dyspraxia /dɪsˈpræksɪə/ ♦ ***11*** n. MED. disprassia f.

dysprosium /dɪsˈprəʊsɪəm/ n. disprosio m.

dystonia /dɪsˈtəʊnjə/ n. distonia f.

dystonic /dɪsˈtɒnɪk/ agg. distonico.

dystopia /dɪsˈtəʊpɪə/ n. utopia f. negativa.

dystrophic /dɪsˈtrɒfɪk/ agg. distrofico.

dystrophy /ˈdɪstrəfɪ/ ♦ ***11*** n. distrofia f.

dysuria /dɪsˈjʊərɪə/, **dysury** /ˈdɪsjʊərɪ/ n. disuria f.

e

e, E /iː/ n. **1** *(letter)* e, E m. e f. **2 E** MUS. mi m. **3 E** GEOGR. ⇒ east est (E) **4 E** COLLOQ. *(ecstasy)* ecstasy m.

▶ **each** /iːtʃ/ *Each* is used for any number of persons or things considered separately (whereas *every* implies any number considered together): *each boy has his own bike* = ciascun ragazzino ha la propria bicicletta. - *Each* takes a singular verb except when it comes after a plural word: *each of them is coming* but *they each are coming* = viene ognuno di loro. - Note that *each* is accompanied by a plural pronoun when both males and females are referred to: *each student must have their own book* = ogni studente deve avere il suo libro. **I** determ. [*person, group, object*] ogni, ciascuno; ***~ time I, you do*** ogni volta che faccio, fai; ***~ morning*** ogni mattina, tutte le mattine; ***~ person will receive*** ogni persona *o* ognuno riceverà; ***~ and every day*** tutti i giorni; *(exasperatedly)* tutti i santi giorni; ***he lifted ~ box in turn, ~ one heavier than the last*** sollevò una scatola dopo l'altra, ciascuna più pesante della precedente **II** pron. ognuno m. (-a), ciascuno m. (-a); ***~ will receive*** ognuno riceverà; ***we ~ want something different*** ciascuno di noi vuole qualcosa di diverso; ***~ of you, of them etc.*** ciascuno, ognuno di voi, loro ecc.; ***three bundles of ten notes ~*** tre mazzette da dieci banconote ciascuna; ***~ is equally desirable*** *(of two)* entrambi sono ugualmente auspicabili; *(of several)* tutti sono ugualmente auspicabili; ***I'll try a little of ~*** ne assaggerò un po' di ognuno; ***oranges at 30p ~*** arance a 30 penny l'una.

▶ **each other** /ˌiːtʃˈʌðə(r)/ *Each other* - which is never used as the subject of a sentence - is very often translated in Italian by using a reflexive pronoun. For examples and particular usages see the entry below. pron. (anche **one another**) ***they know ~*** si conoscono; ***we hate ~*** ci odiamo; ***they're fond of ~*** si vogliono molto bene; ***to help ~*** aiutarsi l'un l'altro; ***they wear ~'s clothes*** si scambiano i vestiti; ***to worry about ~*** preoccuparsi l'uno per l'altro; ***kept apart from ~*** tenuti l'uno lontano dall'altro.

each way /ˌiːtʃˈweɪ/ **I** agg. ***to place an ~ bet on a horse, dog*** fare una scommessa su un cavallo, cane piazzato **II** avv. ***to bet on a horse, dog ~*** puntare su un cavallo, cane piazzato.

▷ **eager** /ˈiːɡə(r)/ agg. **1** *(keen)* desideroso, bramoso (**to do** di fare) **2** *(impatient)* ansioso, impaziente (**to do** di fare); ***to be ~ for*** essere avido, affamato di [*wealth, experience, fame*]; ***the people are ~ for change*** la gente desidera dei cambiamenti; ***to be ~ to please*** fare di tutto per compiacere gli altri **3** *(excited)* [*supporter, crowd*] entusiasta; [*face, look*] acceso, attento; [*acceptance*] entusiastico; [*anticipation*] ansioso, impaziente; [*student*] diligente, volenteroso.

eager beaver /ˌiːɡəˈbiːvə(r)/ n. COLLOQ. ***to be an ~*** essere uno sgobbone.

▷ **eagerly** /ˈiːɡəlɪ/ avv. [*talk*] con ardore, infervoratamente; [*listen*] avidamente, con grande attenzione; [*seize upon*] alacremente, con molto entusiasmo; [*wait*] ansiosamente, con impazienza; [*pursue*] smaniosamente; ***~ awaited*** sospirato, a lungo atteso.

eagerness /ˈiːɡənɪs/ n. **1** *(keenness)* desiderio m., brama f. (**to do** di fare) **2** *(impatience)* ansia f., impazienza f. (**to do** di fare); ***their ~ for sacrifice*** la loro ansia di sacrificarsi **3** *(enthusiasm)* entusiasmo m.; ***the ~ of their faces*** l'entusiasmo dei loro volti.

▷ **eagle** /ˈiːɡl/ n. **1** ZOOL. aquila f. **2** *(emblem)* aquila f. **3** *(lectern)* leggio m. (a forma d'aquila) **4** SPORT *(in golf)* = buca giocata due colpi al di sotto del par.

eagle eye /ˌiːɡlˈaɪ/ n. FIG. *(sharp)* occhio m. d'aquila; *(watchful)* occhio m. vigile.

eagle-eyed /ˌiːɡlˈaɪd/ agg. *(sharp-eyed)* dagli occhi d'aquila; *(vigilant)* dall'occhio vigile.

eagle owl /ˌiːɡlˈaʊl/ n. gufo m. reale.

eagle ray /ˈiːɡlreɪ/ n. ITTIOL. aquila f. di mare.

eagle scout /ˌiːɡlˈskaʊt/ n. AE = capo scout.

eaglet /ˈiːɡlɪt/ n. aquilotto m.

eagre /ˈeɪɡə(r)/ n. mascheretto m.

Eamon /ˈeɪmən/ n.pr. Eamon (nome di uomo).

▶ **1.ear** /ɪə(r)/ ♦ *2* **I** n. **1** ANAT. ZOOL. orecchio m., orecchia f.; ***inner, middle, outer ~*** orecchio interno, medio, esterno; ***to be deaf in one ~*** essere sordo da un orecchio **2** *(hearing, perception)* orecchio m.; ***pleasant to the ~*** gradevole all'orecchio; ***to the trained, untrained ~*** all'orecchio esercitato, non esercitato; ***to sound odd to the English ~*** suonare strano all'orecchio di un inglese; ***to play music by ~*** suonare a orecchio; ***to have a good ~ for languages*** avere orecchio per le lingue; ***to have an ~ for music*** avere orecchio per la musica; ***to have a good ~ for accents*** (riuscire a) riconoscere bene gli accenti; ***to have good ~s*** avere l'udito fine **II** modif. [*infection, operation*] *(of one ear)* all'orecchio; *(of both ears)* alle orecchie ◆ ***he is wet behind the ~s*** ha ancora il latte alla bocca; ***it has come to my ~s that*** mi è giunto all'orecchio che; ***about*** o ***around one's ~s*** tutto intorno a sé; ***my ~s are burning*** mi fischiano le orecchie; ***to be all ~s*** COLLOQ. essere tutto orecchi; ***to be on one's ~*** COLLOQ. IRLAND. *(drunk)* essere sbronzo; ***to bend sb.'s ~*** importunare qcn. con troppe chiacchiere; ***to be out on one's ~*** COLLOQ. *(from job)* essere licenziato su due piedi *o* messo alla porta; *(from home)* essere cacciato *o* mandato via; ***to be up to one's ~s in debt, work*** essere indebitato, pieno di lavoro fin sopra ai capelli *o* fino al collo; ***to get a thick ~*** COLLOQ. prendersi uno schiaffone; ***to give sb. a thick ~*** COLLOQ. dare uno schiaffone a qcn.; ***to have a word in sb.'s ~*** dire una parola all'orecchio di qcn.; ***to close*** o ***shut one's ~(s) to sth., sb.*** tapparsi le orecchie per non sentire qcs., qcn. *o* non voler sentire qcs., qcn.; ***to go in one ~ and out the other*** entrare da un orecchio e uscire dall'altro; ***to have*** o ***keep one's ~ to the ground*** stare all'erta; ***to have the ~ of sb.*** avere ascolto presso qcn.; ***I'll keep my ~s open*** terrò le orecchie bene aperte; ***to lend*** o ***give a sympathetic ~ to sb.*** porgere orecchio benigno a qcn.; ***to listen with (only) half an ~*** ascoltare con un orecchio solo *o* distrattamente; ***to play it, sth. by ~*** FIG. improvvisare; ***to set*** o ***put sb. on his, her ~*** AE COLLOQ. fare arrabbiare qcn.

2.ear /ɪə(r)/ n. BOT. *(of wheat)* spiga f.; *(of corn)* pannocchia f.

3.ear /ɪə(r)/ intr. spigare, fare la spiga.

earache /ˈɪəreɪk/ n. ***to have ~*** BE o ***an ~*** avere mal d'orecchie.

earbashing /ˈɪəˌbæʃɪŋ/ n. COLLOQ. ***to give sb. an ~*** parlare incessantemente a qcn.

eardrops /ˈɪədrɒps/ n.pl. MED. gocce f. per le orecchie.

eardrum /ˈɪədrʌm/ n. ANAT. timpano m., membrana f. timpanica.

ear-duster /ˈɪəˌdʌstə(r)/ n. AE COLLOQ. pettegolezzo m., chiacchiera f.
eared /ɪəd/ agg. **1** ZOOL. fornito di orecchie **2 -eared** in composti dalle orecchie; ***long~*** dalle orecchie lunghe.
eared seal /ˌɪəd'si:l/ n. otaria f.
earflap /ˈɪəflæp/ n. *(on hat)* paraorecchie m.
earful /ˈɪəfʊl/ n. COLLOQ. ***to give sb. an ~*** *(scold)* dare una lavata di capo a qcn.; *(talk excessively)* riempire di chiacchiere le orecchie di qcn.; ***to get an ~*** *(be scolded)* prendersi una lavata di capo; ***to get an ~ of sb.'s problems*** sorbirsi i problemi di qcn.; ***get an ~ of this!*** sta' un po' a sentire!
ear-hole /ˈɪəhəʊl/ n. atrio m. auricolare, ingresso m. dell'orecchio.
1.earing /ˈɪərɪŋ/ n. *(of wheat, corn)* spigatura f.
2.earing /ˈɪərɪŋ/ n. MAR. matafione m.
earl /3:l/ n. conte m.
earldom /ˈ3:ldəm/ n. **1** *(title)* titolo m. di conte **2** *(land)* contea f.
1.earless /ˈɪəlɪs/ agg. **1** *(having no ears)* senza orecchie **2** *(without an ear for music)* stonato, che non ha orecchio.
2.earless /ˈɪəlɪs/ agg. senza spiga.
earliness /ˈ3:lɪnɪs/ n. *(of a plant)* precocità f.
earlobe /ˈɪələʊb/ n. lobo m. dell'orecchio.
▶ **early** /ˈ3:lɪ/ **I** agg. **1** *(one of the first)* [*attempt, role, years, play*] primo; ***in an ~ role*** in una delle sue prime apparizioni; ***the author's ~ novels*** i primi romanzi dell'autore; ***the ~ weeks of the strike*** le prime settimane dello sciopero; ***one of the earliest attempts*** uno dei primissimi tentativi; ***~ man*** uomo primitivo; ***in an earlier life*** in una vita precedente **2** *(sooner than usual)* [*death*] prematuro; [*delivery, settlement*] rapido; [*vegetable, fruit*] precoce, primaticcio; ***to have an ~ lunch, night, lecture*** pranzare, andare a letto, avere lezione presto; ***to catch the earlier train*** prendere il treno prima; ***to take an ~ holiday*** BE o ***vacation*** AE prendersi una vacanza in anticipo (rispetto ai colleghi); ***to take ~ retirement*** andare in prepensionamento; ***at the earliest possible opportunity*** alla primissima occasione; ***at your earliest convenience*** FORM. non appena possibile, con cortese sollecitudine; ***Easter falls*** o ***is ~ this year*** Pasqua cade presto *o* è bassa quest'anno **3** *(in period of time)* ***in ~ childhood*** nella prima infanzia; ***at an ~ age*** in giovane età; ***to be in one's ~ thirties*** essere sulla trentina; ***to make an ~ start*** partire presto *o* di buonora; ***to take the ~ train*** prendere il primo treno; ***at the earliest*** al più presto; ***the earliest I can manage is Monday*** non posso prima di lunedì; ***at an ~ hour*** di buonora; ***in the ~ hours*** nelle prime ore del mattino; ***in the ~ Middle Ages, 60's*** nell'alto Medioevo, nei primi anni 60; ***in the ~ spring*** all'inizio della primavera; ***in the ~ afternoon*** nel primo pomeriggio; ***at an ~ date*** *(in future)* in data vicina, prossimamente; ***the earliest days of the cinema*** l'avvento del cinema; ***an earlier attempt, experience*** un tentativo, un'esperienza precedente **4** BIOL. [*gene*] precoce **II** avv. **1** *(in period of time)* [*leave, arrive, book, start*] presto, per tempo; [*get up, go to bed*] presto, di buonora; ***it's still ~*** è ancora presto; ***it's too ~ to say*** è troppo presto per dirlo; ***can you let me know as ~ as possible?*** potrebbe farmelo sapere al più presto possibile? ***can you make it earlier?*** *(arranging date)* potremmo fare prima? ***five minutes earlier*** cinque minuti prima; ***Fred can't get there earlier than 3 pm*** Fred non può arrivare prima delle tre del pomeriggio; ***as ~ as 1983*** fin dal 1983; ***~ next year, in the film*** all'inizio del prossimo anno, del film; ***~ in the afternoon*** nel primo pomeriggio; ***(very) ~ on*** agli inizi *o* albori; ***~ on in her career*** agli inizi della sua carriera; ***I realized ~ on that*** mi resi immediatamente conto che; ***as I said earlier*** come ho detto prima; ***"post ~ for Christmas"*** "spedite in anticipo gli auguri di Natale" **2** *(before expected, too soon)* [*arrive, leave, ripen*] in anticipo; ***I'm sorry to arrive a bit ~*** o ***I'm sorry I'm a bit ~*** mi spiace, sono un po' in anticipo; ***the postman called*** o ***was ~ today*** il postino è arrivato prima stamattina; ***the strawberries are ~ this year*** le fragole quest'anno sono primaticce, precoci; ***to do sth. two days, three weeks ~*** fare qcs. con due giorni, tre settimane di anticipo; ***to retire ~*** andare in prepensionamento ◆ ***~ to bed ~ to rise*** il mattino ha l'oro in bocca; ***it's ~ days yet*** è solo l'inizio *o* è presto per dirlo; ***it's the ~ bird that catches the worm!*** PROV. chi dorme non piglia pesci; ***to be an ~ bird*** essere mattiniero; ***to be a bit ~ in the day to say*** essere un po' troppo presto per dire.
Early American /ˌ3:lɪəˈmerɪkən/ agg. [*architecture, furniture*] in stile coloniale.
early closing day /ˌ3:lɪˈkləʊzɪŋˌdeɪ/ n. BE ***Thursday is ~*** giovedì è il giorno di chiusura pomeridiana.
Early English /ˌ3:lɪˈɪŋglɪʃ/ **I** agg. ARCH. gotico inglese **II** n. ARCH. gotico m. inglese.
early riser /ˈ3:lɪˌraɪzə(r)/ n. mattiniero m. (-a).
early warning /ˌ3:lɪˈwɔ:nɪŋ/ **I** n. ***to be*** o ***come as an ~ of sth.*** essere il presagio di qcs. **II** modif. [*sign*] premonitore; [*symptom*] prodromico.
early warning system /ˌ3:lɪˈwɔ:nɪŋˌsɪstəm/ n. MIL. sistema m. d'allarme avanzato.
1.earmark /ˈɪəmɑ:k/ n. *(on livestock)* marchio m. (applicato all'orecchio); FIG. caratteristica f.; ***to have all the ~s of sth.*** avere tutte le caratteristiche di qcs.
2.earmark /ˈɪəmɑ:k/ tr. marchiare [*animal*]; FIG. destinare, assegnare [*money, person, site*] (**for** a, per).
earmarking /ˈɪəˌmɑ:kɪŋ/ n. ECON. assegnazione f., destinazione f.
earmuffs /ˈɪəmʌfs/ n.pl. paraorecchie m.sing.
▶ **earn** /3:n/ tr. **1** [*person*] guadagnare [*money, sum*] (**by doing** facendo); percepire [*salary, wage*]; ***to ~ a*** o ***one's living*** guadagnarsi da vivere **2** FIG. ***it ~ed her the respect, admiration of her colleagues*** si è guadagnata il rispetto, l'ammirazione dei suoi colleghi; ***to ~ sb.'s respect*** meritarsi il rispetto di qcn.; ***he's ~ed it!*** se lo è meritato! ***well-~ed*** meritato **3** ECON. [*investment, shares*] rendere, fruttare [*interest, profit*].
earned income /ˌ3:ndˈɪŋkʌm/ n. reddito m. da lavoro.
earner /ˈ3:nə(r)/ n. **1** *(person)* salariato m. (-a) **2** BE COLLOQ. *(source of money)* ***a nice little ~*** una bella fonte di guadagno.
▷ **1.earnest** /ˈ3:nɪst/ **I** agg. **1** *(serious)* [*person*] serio **2** *(sincere)* [*intention, promise*] sincero; [*desire*] ardente; [*wish*] profondo **3** *(fervent)* [*plea, prayer*] fervido **II** n. *(seriousness)* ***to be in ~*** fare sul serio; ***to begin*** o ***start in ~*** cominciare sul serio (**to do** a fare).
2.earnest /ˈ3:nɪst/ n. **1** (anche **~ money**) COMM. caparra f. **2** ECON. COMM. *(guarantee)* cauzione f., garanzia f.
earnestly /ˈ3:nɪstlɪ/ avv. **1** *(seriously)* [*speak, discuss, ask*] seriamente **2** *(sincerely)* [*hope, wish*] profondamente **3** *(fervently)* [*plead, pray*] con fervore.
earnestness /ˈ3:nɪstnɪs/ n. **1** *(seriousness)* serietà f. **2** *(sincerity)* sincerità f. **3** *(fervour)* fervore m.
earning power /ˈ3:nɪŋˌpaʊə(r)/ n. capacità f. di produrre reddito.
▷ **earnings** /ˈ3:nɪŋz/ n.pl. *(of person)* salario m.sing., stipendio m.sing. (**from** da); *(of company)* profitti m., utili m. (**from** da); ECON. *(from shares)* rendimento m.sing.; ***export ~*** profitti *o* utili (prodotti) da esportazione.
earnings growth /ˌ3:nɪŋzˈgrəʊθ/ n. aumento m. dei salari, degli stipendi.
earnings-related /ˌ3:nɪŋzrɪˈleɪtɪd/ agg. basato sul salario, sullo stipendio.
ear nose and throat department /ˌɪənəʊzənˈθrəʊtdɪˌpɑ:tmənt/ n. reparto m. di otorinolaringoiatria.
ear nose and throat specialist /ˌɪənəʊzənˈθrəʊtˌspeʃəlɪst/ ♦ **27** n. otorinolaringoiatra m. e f.
earphones /ˈɪəfəʊnz/ n.pl. *(over ears)* cuffie f.; *(in ears)* auricolari m.
earpiece /ˈɪəpi:s/ n. **1** TEL. ricevitore m.; *(connected to radio etc.)* auricolare m. **2** *(of glasses)* stanghetta f. **3** GIORN. orecchia f.
ear-piercing /ˈɪəpɪəsɪŋ/ **I** n. piercing m. dell'orecchio, delle orecchie **II** agg. → **ear-splitting**.
earplug /ˈɪəplʌg/ n. *(for noise, water)* tappo m. per le orecchie.
earring /ˈɪərɪŋ/ n. orecchino m.
ear shell /ˈɪəʃel/ n. ZOOL. orecchia f. di mare.
earshot /ˈɪəʃɒt/ n. ***out of, within ~*** fuori dalla portata, a portata d'orecchio *o* di voce; ***out of, within ~ of*** fuori dalla portata, a portata d'orecchio di [*person*].
ear-splitting /ˈɪəsplɪtɪŋ/ agg. [*scream, shout*] penetrante; [*noise*] assordante.
▶ **1.earth** /3:θ/ **I** n. **1** (anche **Earth**) *(planet)* terra f.; ***life on ~*** la vita sulla terra; ***the things here on ~*** RELIG. le cose terrene; ***the ~'s atmosphere, surface*** l'atmosfera, la superficie terrestre; ***to vanish off the face of the ~*** scomparire dalla faccia della terra; ***to the ends of the ~*** in capo al mondo *o* ai confini del mondo; ***the oldest city on ~*** la città più antica del mondo; ***to come down to ~*** FIG. tornare con i piedi per terra *o* alla realtà; ***to bring sb. back down to ~*** riportare qcn. con i piedi per terra *o* alla realtà **2** COLLOQ. *(as intensifier)* ***how, where, who on ~...?*** come, dove, chi diamine *o* diavolo...? ***what on ~ do you mean?*** che diamine vuoi dire? ***nothing on ~ would persuade me to do*** per niente al mondo mi convincerei a fare **3** *(soil)* terreno m., terra f., suolo m. **4** *(foxhole)* tana f.; ***to go to ~*** rintanarsi (anche FIG.); ***to run sb., sth. to ~*** FIG. scovare qcn., qcs. **5** BE EL. terra f. **6** CHIM. terra f. **7** COLLOQ. *(huge amount)* ***to cost the ~*** costare una fortuna *o* un occhio della testa; ***to expect the ~*** pretendere la luna **II** modif. BE EL. [*electrode, cable, terminal, wire*] a terra ◆ ***did the ~ move for you?*** COLLOQ. SCHERZ. *(after sex)* ti è piaciuto? ***to look like nothing on ~*** [*person*] avere uno strano

aspetto; [*food*] avere un pessimo aspetto; ***I feel like nothing on ~*** *(ill)* mi sento malissimo.

2.earth /ɜːθ/ tr. BE EL. mettere, collegare a terra.

■ **earth up** AGR. **~ up [sth.], ~ [sth.] up** coprire di terra, interrare, rincalzare [*roots*].

earth-bath /ˈɜːθbɑːθ/ n. fanghi m.pl.

earthborn /ˈɜːθbɔːn/ agg. *(mortal)* umano, mortale.

earthbound /ˈɜːθbaʊnd/ agg. **1** *(which cannot fly)* terrestre; FIG. terreno **2** [*meteorite, spaceship*] diretto verso la terra.

earth closet /ˈɜːθˌklɒsɪt/ n. BE gabinetto m. a fossa.

earth-dam /ˈɜːθdæm/ n. diga f. di terra.

earthen /ˈɜːθn/ agg. **1** *(made of earth)* di terra **2** *(made of clay)* [*pot*] in terracotta.

earthenware /ˈɜːθnweə(r)/ **I** n. *(substance)* terracotta f.; *(crockery)* vasellame m. di terracotta, terrecotte f.pl. **II** modif. [*crockery*] di terracotta.

earthfall /ˈɜːθfɔːl/ n. smottamento m.

earthflow /ˈɜːθfləʊ/ n. frana f. di ammollimento.

earthiness /ˈɜːθɪnɪs/ n. FIG. grossolanità f., rozzezza f.

earthing /ˈɜːθɪŋ/ n. BE EL. messa f. a terra.

earthlight /ˈɜːθlaɪt/ n. → **earthshine.**

earthliness /ˈɜːθlɪnɪs/ n. mondanità f.

earthling /ˈɜːθlɪŋ/ n. abitante m. e f. della terra, terrestre m. e f.

earthly /ˈɜːθlɪ/ agg. **1** *(terrestrial)* terreno **2** COLLOQ. ***it's no ~ use*** non serve assolutamente a niente; ***there's no ~ reason*** non c'è nessuna ragione al mondo; ***I haven't an ~ (idea)*** BE non ho assolutamente idea.

earthman /ˈɜːθmən/ n. (pl. **-men**) *(in science fiction)* abitante m. della terra, terrestre m.

earth mother /ˈɜːθˌmʌðə(r)/ n. **1** COLLOQ. *(maternal woman)* donna f. sensuale e materna **2** RELIG. *(goddess)* dea f. della fertilità; *(the earth)* madre terra f.

earthmover /ˈɜːθˌmuːvə(r)/ n. macchina f. movimento terra.

earth-moving equipment /ˌɜːθmuːvɪŋɪˈkwɪpmənt/ n. macchine f.pl. per movimento terra.

earth-nut /ˈɜːθnʌt/ n. **1** bulbocastano m., castagna f. di terra **2** *(peanut)* arachide f. **3** *(truffle)* tartufo m.

earth-pig /ˈɜːθpɪg/ n. → **aardvark.**

earth-plate /ˈɜːθpleɪt/ n. EL. piastra f. di terra.

▷ **earthquake** /ˈɜːθkweɪk/ n. terremoto m., sisma m.

earthquake-resistant construction /ˌɜːθkweɪkrɪˌzɪstəntkənˈstrʌkʃn/ n. costruzione f. antisismica.

earth science /ˈɜːθˌsaɪəns/ n. scienze f.pl. della Terra.

earthshaking /ˈɜːθˌʃeɪkɪŋ/, **earthshattering** /ˈɜːθˌʃætərɪŋ/ agg. COLLOQ. clamoroso, sconvolgente.

earthshine /ˈɜːθʃaɪn/ n. ASTR. *(on the moon)* luce f. cinerea.

earth sign /ˈɜːθˌsaɪn/ n. ASTROL. segno m. di terra.

earth tremor /ˈɜːθˌtremə(r)/ n. scossa f. di terremoto, sismica.

earthwards /ˈɜːθwədz/ avv. verso terra.

earthwork /ˈɜːθwɜːk/ n. (pl. **~, ~s**) *(embankment)* terrapieno m.; *(excavation work)* lavori m.pl. di sterro, sterramento m.

earthworm /ˈɜːθwɜːm/ n. lombrico m.

earthy /ˈɜːθɪ/ agg. **1** *(natural)* [*person, wisdom*] spontaneo; [*humour*] grossolano; [*vigour*] primitivo **2** [*taste, smell*] di terra; [*colour*] della terra **3** *(covered in soil)* terroso.

ear trumpet /ˈɪəˌtrʌmpɪt/ n. cornetto m. acustico.

earwax /ˈɪəwæks/ n. cerume m.

earwig /ˈɪəwɪg/ n. forficola f., forbicina f.

earwitness /ˌɪəˈwɪtnɪs/ n. testimone m. e f. auricolare.

▶ **1.ease** /iːz/ n. **1** *(lack of difficulty)* facilità f.; ***for ~ of*** per comodità di [*use, reference*]; ***with ~*** con facilità *o* senza (fare) fatica **2** *(freedom from anxiety)* ***at ~*** a proprio agio; ***at ~!*** MIL. riposo! ***ill at ~*** a disagio; ***to put sb. at ~, at their ~*** mettere qcn. a proprio agio; ***to take one's ~*** rilassarsi *o* riposarsi; ***to put sb.'s mind at ~*** rassicurare qcn. (**about** circa); ***her mind was at ~ at last*** alla fine si mise l'animo in pace **3** *(confidence of manner)* disinvoltura f., naturalezza f. **4** *(affluence)* agiatezza f., benessere m.; ***to live a life of ~*** fare una vita comoda.

▶ **2.ease** /iːz/ **I** tr. **1** *(lessen)* attenuare, lenire [*pain*]; allentare [*tension*]; alleviare [*worry*]; allontanare [*crisis, problem*]; ridurre [*shortage, congestion, restrictions*]; liberarsi di [*burden*] **2** *(make easier)* distendere [*situation*]; facilitare [*communication, development, transition*] **3** *(move carefully)* ***to ~ sth. into*** fare entrare delicatamente qcs. in; ***to ~ sth. out of*** fare uscire delicatamente qcs. da **II** intr. **1** *(lessen)* [*tension*] allentarsi; [*pain, pressure*] attenuarsi; [*congestion, overcrowding*] ridursi; [*rain, snow, rate*] diminuire; [*fog*] diradarsi **2** *(become less difficult)* [*situation*] distendersi; [*problem*] semplificarsi **3** ECON. [*price*] calare, scendere **III** rifl. ***to ~ oneself into*** lasciarsi scivolare in [*seat, bath*]; ***to ~ oneself out of*** alzarsi delicatamente da [*chair*]; ***to ~ oneself through*** scivolare attraverso [*gap*].

■ **ease back: ~ [sth.] back, ~ back [sth.]** tirare delicatamente [*cover, bandage*].

■ **ease down** MAR. **~ down** rallentare.

■ **ease off: ~ off 1** *(lessen)* [*business*] rallentare; [*demand, congestion*] ridursi; [*traffic, rain, snow*] diminuire; [*fog*] diradarsi **2** *(work less hard)* [*person*] ridurre il ritmo, rallentare; **~ [sth.] off, ~ off [sth.]** *(remove gently)* togliere delicatamente [*lid, boot*].

■ **ease up** *(relax)* rilassarsi, distendersi; ***to ~ up on sb., on sth.*** essere meno severo nei confronti di qcn., qcs.

easeful /ˈiːzfl/ agg. RAR. riposante, calmante.

easel /ˈiːzl/ n. *(frame)* cavalletto m.

easement /ˈiːzmənt/ n. DIR. servitù f., diritto m. di passaggio.

▶ **easily** /ˈiːzɪlɪ/ avv. **1** *(with no difficulty)* [*move, win, open*] facilmente, agevolmente; ***to be ~ forgotten, obtainable*** essere facile da dimenticare, ottenere; ***~ accessible*** facilmente accessibile **2** *(readily)* [*trust, laugh, cry*] facilmente; ***to get bored ~*** annoiarsi facilmente **3** *(comfortably)* [*sleep, breathe*] bene, senza difficoltà; [*talk*] con disinvoltura **4** *(unquestionably)* senza dubbio; ***~ the funniest film*** senza dubbio il film più divertente; ***it's ~ 80 kilometres*** saranno senz'altro 80 chilometri **5** *(probably)* ***she could ~ die*** è probabile che muoia.

easiness /ˈiːzɪnɪs/ n. **1** *(lack of difficulty)* semplicità f., facilità f. **2** *(comfort) (of life, conditions)* benessere m., comodità f.

▶ **east** /iːst/ ♦ ***21*** **I** n. est m., oriente m. **II East** n.pr. **1** GEOGR. ***the East*** *(Orient)* l'Oriente; *(of country, continent)* l'Est **2** *(in cards)* est m. **III** agg. attrib. [*side, face, door*] est; [*coast*] orientale; [*wind*] dell'est, di levante; ***in, from ~ London*** nella, dalla zona est di Londra **IV** avv. [*live, lie*] a est (**of** di); [*move*] verso est; ***to go ~ of sth.*** passare a est di qcs. ♦ ***~ or west, home is best*** PROV. a ogni uccello il suo nido è bello.

East Africa /ˌiːstˈæfrɪkə/ n.pr. Africa f. orientale.

East African /ˌiːstˈæfrɪkən/ **I** agg. [*state, town, river*] dell'Africa orientale **II** n. nativo m. (-a), abitante m. e f. dell'Africa orientale.

East Anglia /ˌiːstˈæŋglɪə/ n.pr. East Anglia m.

East Berlin /ˌiːstbɜːˈlɪn/ n.pr. POL. STOR. Berlino f. Est.

eastbound /ˈiːstbaʊnd/ agg. [*carriageway, traffic*] in direzione est; ***the ~ platform, train*** BE *(in underground)* il binario, il treno in direzione est.

East End /ˌiːstˈend/ n.pr. BE ***the ~*** l'East End (quartiere industriale a est del centro di Londra).

▷ **Easter** /ˈiːstə(r)/ **I** n. **1** RELIG. *(festival)* Pasqua f.; ***at ~*** a Pasqua; ***over ~*** a Pasqua *o* durante le vacanze di Pasqua **2** *(in greetings)* ***Happy ~*** Buona Pasqua **II** modif. [*egg*] di Pasqua; [*candle, bunny*] pasquale; [*bonnet*] nuovo (per Pasqua); ***~ parade*** = parata eseguita nel periodo pasquale in cui i partecipanti indossano abiti nuovi o molto particolari.

easterly /ˈiːstəlɪ/ **I** agg. [*wind, area*] dell'est; [*point*] a oriente; [*breeze*] di levante; ***in an ~ direction*** in direzione, verso est **II** n. *(wind)* vento m. dell'est.

Easter Monday /ˌiːstəˈmʌndeɪ, -dɪ/ n. lunedì m. dell'Angelo; pasquetta f. COLLOQ.

▶ **eastern** /ˈiːstən/ ♦ ***21*** agg. attrib. **1** GEOGR. [*coast, border*] orientale; [*town, custom, accent*] dell'est; [*Europe, United States*] dell'est; ***~ Italy*** l'Italia orientale **2** (anche **Eastern**) *(oriental)* orientale.

Eastern bloc /ˈiːstənˌblɒk/ n. POL. STOR. ***the ~*** il blocco orientale.

eastern bloc country /ˈiːstənblɒkˌkʌntrɪ/ n. paese m. del blocco orientale.

Eastern Church /ˌiːstənˈtʃɜːtʃ/ n. Chiesa f. orientale.

Eastern Daylight Time /ˌiːstənˈdeɪlaɪtˌtaɪm/ n. AE = ora legale adottata negli stati orientali dell'America settentrionale.

easterner /ˈiːstənə(r)/ n. **1 *~s*** la gente dell'est; ***to be an ~*** venire dall'est **2** AE nativo m. (-a), abitante m. e f. degli stati dell'est (degli Stati Uniti).

Eastern European Time /ˌiːstənjʊərəˈpɪənˌtaɪm/ n. fuso m. orario dell'Europa orientale.

easternmost /ˈiːstənməʊst/ agg. (il) più a est, (il) più orientale.

Eastern Standard Time /ˌiːstənˈstændədˌtaɪm/ n. = ora solare degli stati orientali dell'America settentrionale.

Easter Sunday /ˌiːstəˈsʌndeɪ, -dɪ/ n. domenica f. di Pasqua.

Eastertide /ˈiːstətaɪd/ n. periodo m. pasquale.

east-facing /ˌiːstˈfeɪsɪŋ/ agg. rivolto, orientato a est.

East German /ˌiːstˈdʒɜːmən/ ♦ ***18*** **I** agg. POL. STOR. tedesco-orientale, della Germania dell'est **II** n. POL. STOR. tedesco m. (-a) dell'est.

East Germany /ˌiːstˈdʒɜːmənɪ/ ♦ ***6*** n.pr. POL. STOR. Germania f. dell'est.

East Indian /ˌi:st'ɪndɪən/ **I** agg. delle Indie orientali **II** n. nativo m. (-a), abitante m. e f. delle Indie orientali.
East Indies /ˌi:st'ɪndɪz/ n.pr.pl. Indie f. orientali.
easting /'i:stɪŋ/ n. MAR. = distanza percorsa in direzione est.
East Sussex /ˌi:st'sʌsɪks/ n.pr. East Sussex m.
East Timor /i:st'ti:mɔ:(r)/ n.pr. Timor Est f.
eastward /'i:stwəd/ ♦ *21* **I** agg. [*side*] orientale; [*wall, slope*] rivolto a est; [*journey, route, movement*] verso est; ***in an ~ direction*** in direzione est **II** avv. (anche **~s**) verso est.
East-West relations /ˌi:stˌwestrɪ'leɪʃnz/ n.pl. POL. relazioni f. Est-Ovest.
▶ **easy** /'i:zɪ/ **I** agg. **1** *(not difficult)* [*job, question, victory*] facile; [*life*] agiato, comodo; ***that's ~ to fix*** è facile da riparare; ***it's not ~ to talk to him, he's not an ~ man to talk to*** non è facile parlare con lui; ***that's ~ for you to say!*** fai presto a dirlo! hai un bel dire! ***it's all*** o ***only too ~ to*** è davvero troppo facile per; ***she makes it look ~*** la fa sembrare facile; ***it's an ~ walk from here*** da qui è una passeggiata; ***to be an ~ winner*** vincere facilmente; ***within ~ reach*** a poca distanza (**of** da); ***that's easier said than done*** è più facile a dirsi che a farsi; ***to make it*** o ***things easier*** facilitare le cose (**for** a); ***to make life easier (for sb.)*** semplificare la vita (a qcn.); ***to make life*** o ***things too ~ for*** rendere la vita troppo facile a [*criminal, regime*]; ***to have an ~ ride*** FIG. avere vita facile; ***we didn't have an ~ time of it*** non ce la siamo passata bene in quel periodo; ***to take the ~ way out*** scegliere la strada più semplice **2** *(untroubled, relaxed)* [*smile, grace, elegance*] disinvolto; [*style*] scorrevole; [*manner*] spigliato, disinvolto; ***at an ~ pace*** con passo tranquillo; ***to feel ~ (in one's mind) about*** sentirsi tranquillo riguardo a **3** *(weak)* [*victim, prey*] facile; ***he's ~ game*** o ***meat*** è un sempliciotto *o* un pollo **4** COLLOQ. SPREG. *(promiscuous)* [*person*] facile, dai facili costumi; ***she's an ~ lay*** è una che ci sta **5** COLLOQ. *(having no preference)* ***I'm ~*** per me è lo stesso **6** ECON. [*market*] tranquillo, poco attivo **II** avv. **1** *(in a relaxed way)* ***to take it*** o ***things ~*** prendersela con calma *o* prendere la vita come viene; ***take it ~!*** *(stay calm)* calma! non prendertela! ***stand ~!*** MIL. riposo! **2** COLLOQ. *(in a careful way)* ***to go ~ on*** o ***with*** non essere troppo severo con [*person*]; ***go ~ on the gin*** vacci piano con il gin *o* non esagerare con il gin; ***~ does it!*** piano! adagio! ◆ ***to be ~ on the eye*** essere piacevole da guardare; ***as ~ as pie*** o ***ABC*** o ***anything*** o ***falling off a log*** facile come bere un bicchiere d'acqua; ***~ come, ~ go*** tanti presi, tanti spesi; ***~ does it*** stai attento, vacci piano.
easy-care /'i:zɪˌkeə(r)/ agg. [*fabric, shirt, curtain*] pratico, resistente.
easy chair /'i:zɪˌtʃeə(r)/ n. poltrona f., sedia f. a braccioli.
easygoing /ˌi:zɪ'gəʊɪŋ/ agg. [*person*] accomodante, indulgente; [*manner, attitude*] tollerante.
easy listening /ˌi:zɪ'lɪsnɪŋ/ n. easy listening m.
easy money /ˌi:zɪ'mʌnɪ/ n. guadagni m.pl., soldi m.pl. facili.
easy over /ˌi:zɪ'əʊvə(r)/ n. AE = uovo al tegamino girato per un attimo affinché sia cotto su entrambi i lati.
easy-peasy /ˌi:zɪ'pi:zɪ/ agg. INFANT. facile-facile.
Easy Street /'i:zɪˌstri:t/ n. COLLOQ. ***to be on ~*** vivere nell'agiatezza.
easy terms /ˌi:zɪ't3:mz/ n.pl. ECON. COMM. agevolazioni f. di pagamento.
▶ **eat** /i:t/ **I** tr. (pass. **ate**; p.pass. **eaten**) **1** *(consume)* [*person, animal*] mangiare [*cake, food, snack*]; consumare [*meal*]; ***I don't ~ meat*** non mangio carne; ***to ~ (one's) breakfast*** fare colazione; ***to ~ (one's) lunch*** fare pranzo *o* pranzare; ***to ~ (one's) dinner*** fare cena, cenare; ***I ate lunch in town*** ho pranzato in città; ***to ~ sth. for lunch, dinner*** mangiare qcs. per pranzo, cena; ***to ~ oneself sick*** COLLOQ. rimpinzarsi fino alla nausea (**on** di); ***it's not fit to ~*** *(poisonous)* è velenoso *o* non è buono da mangiare; *(inedible)* non è commestibile; ***it looks too good to ~*** ha un aspetto troppo bello per essere mangiato; ***she looks good enough to ~!*** è così bella che me la mangerei! ***to ~ one's way through a whole cake*** mangiare una torta intera; ***to ~ sb., sth. alive*** [*person, piranha, mosquitoes*] divorare qcn., qcs.; ***she'll ~ you alive!*** COLLOQ. [*seductress*] ti mangerà vivo! ti divorerà! ***don't be afraid, I won't ~ you!*** non aver paura, non ti mangio; ***to ~ one's words*** FIG. rimangiarsi la propria parola **2** COLLOQ. *(guzzle)* [*car*] consumare, bere [*petrol*] **3** COLLOQ. *(worry)* rodere, preoccupare; ***what's ~ing you?*** che cosa ti preoccupa? **II** intr. (pass. **ate**; p.pass. **eaten**) **1** *(take food)* mangiare; ***to ~ from*** o ***out of*** mangiare in [*plate, bowl*]; ***I'll soon have him ~ing out of my hand*** FIG. presto lo avrò in pugno *o* farò di lui quello che voglio **2** *(have a meal)* mangiare, consumare i pasti; ***I never ~ in the canteen*** non mangio mai in mensa; ***we ~ at six*** ceniamo alle sei ◆ ***~ your heart out!*** roditi il fegato! ***to ~ sb. out of house and home*** svuotare la dispensa a qcn.

■ **eat away:** ***~ [sth.] away, ~ away [sth.]*** [*water, wind*] erodere [*cliff, stone*]; [*acid, rust, termites*] corrodere, attaccare; ***~ away at [sth.]*** [*acid, rust*] corrodere, attaccare; [*woodworm*] rodere, attaccare; [*disease*] intaccare; FIG. [*bills, fees*] intaccare [*profits, savings*].
■ **eat in** mangiare a casa.
■ **eat into:** ***~ into [sth.]*** **1** *(damage)* [*acid, rust*] corrodere, fare un buco in [*metal, paint*] **2** *(encroach on)* ***the continual interruptions ate into my day*** le continue interruzioni mi hanno portato via molto tempo; ***I don't like my duties to ~ into my leisure time*** non mi va che i miei doveri mi portino via del tempo libero **3** *(use up)* [*bills, fees*] intaccare [*profits, savings*].
■ **eat out** mangiare fuori.
■ **eat up:** ***~ up*** finire di mangiare, mangiare tutto; ***~ up!*** mangia tutto! ***~ [sth.] up, ~ up [sth.]*** **1** *(finish)* finire [*meal, vegetables*] **2** *(guzzle)* [*car*] divorare [*miles*]; consumare, bere [*petrol*] **3** *(use up)* [*bills*] divorare, distruggere [*savings*] **4** FIG. ***to be ~en up with*** [*person*] essere roso da [*envy, worry*]; essere divorato da [*desire, curiosity, guilt*].
eatable /'i:təbl/ agg. → **edible**.
eaten /'i:tn/ p.pass. → **eat**.
eater /'i:tə(r)/ n. **1** *(consumer of food)* mangiatore m. (-trice); ***a big ~*** un mangione *o* una buona forchetta; ***a big fruit ~*** un gran mangiatore di frutta; ***she's a fussy ~*** è schizzinosa nel mangiare; ***he's a fast, messy ~*** mangia velocemente, in modo disordinato **2** *(fruit)* = frutto da mangiare crudo.
eatery /'i:tərɪ/ n. AE ***one of the most well-known eateries in San Diego*** uno dei ristoranti più conosciuti di San Diego.
eat-in /i:t'ɪn/ agg. [*meal*] da consumare sul posto.
▷ **eating** /'i:tɪŋ/ n. ***~ is a pleasure*** mangiare è un piacere; ***healthy ~ is essential*** una sana alimentazione è essenziale; ***to make excellent, poor ~*** essere eccellente, immangiabile.
eating apple /'i:tɪŋˌæpl/ n. = mela da mangiare cruda.
eating disorder /'i:tɪŋdɪsˌɔ:də(r)/ n. MED. disturbo m. dell'alimentazione.
eating habits /'i:tɪŋˌhæbɪts/ n.pl. abitudini f. alimentari.
eating hall /'i:tɪŋˌhɔ:l/ n. refettorio m.
eating house /'i:tɪŋˌhaʊs/ n. trattoria f.
eating out /ˌi:tɪŋ'aʊt/ n. ***I love ~*** mi piace andare a mangiare fuori.
eating place /'i:tɪŋˌpleɪs/ n. ***are there any good ~s around here?*** ci sono posti dove si mangia bene da queste parti?
eats /i:ts/ n.pl. COLLOQ. cibo m.sing., roba f.sing. da mangiare.
eau de Cologne /ˌəʊdəkə'ləʊn/ n. acqua f. di Colonia.
eaves /'i:vz/ n.pl. gronda f.sing., cornicione m.sing.
1.eavesdrop /'i:vzdrɒp/ n. acqua f. di grondaia.
2.eavesdrop /'i:vzdrɒp/ intr. (forma in -ing ecc. **-pp-**) origliare; ***to ~ on*** ascoltare di nascosto [*person, conversation*]; ***to ~ on sb.*** *(electronically)* intercettare qcn.
eavesdropper /'i:vzdrɒpə(r)/ n. chi origlia.
eavesdropping /'i:vzdrɒpɪŋ/ n. **1** (l')origliare **2** intercettazione f. elettronica.
1.ebb /eb/ n. riflusso m.; ***the tide is on the ~*** la marea è discendente *o* bassa; ***the ~ and flow*** il flusso e riflusso (anche FIG.) ◆ ***to be at a low ~*** essere in forte declino *o* in ribasso.
2.ebb /eb/ intr. **1** [*tide*] calare, rifluire; ***to ~ and flow*** fluire e rifluire **2** FIG. [*support*] declinare.
■ **ebb away** [*strength, enthusiasm, support*] declinare, venire meno.
ebb tide /ˌeb'taɪd/ n. bassa marea f.
EBD n. (⇒ emotional and behavioural disorder) = turbe affettive e comportamentali.
E-boat /'i:bəʊt/ n. STOR. motosilurante f. tedesca.
ebon /'ebən/ agg. LETT. d'ebano, simile a ebano.
Ebonics /e'bɒnɪks/ n. AE = inglese semplificato parlato da una parte degli afro-americani.
ebonite /'ebənaɪt/ n. ebanite f.
ebonize /'ebənaɪz/ tr. verniciare in tonalità ebano [*furniture*].
ebony /'ebənɪ/ ♦ *5* **I** n. **1** *(wood, tree)* ebano m. **2** *(colour)* ebano m., nero m. ebano **II** modif. [*casket, veneer*] in ebano; [*branch, bark*] di ebano; [*skin, eyes*] d'ebano.
e-book /'i:bʊk/ n. e-book m., libro m. elettronico.
EBRD n. (⇒ European Bank for Reconstruction and Development Banca Europea per la Ricostruzione e lo Sviluppo) BERS f.
ebriety /i:'braɪətɪ/ n. RAR. ebrietà f.
ebrious /'i:brɪəs/ agg. ebbro, ubriaco (anche FIG.).
ebullience /ɪ'bʌlɪəns, ɪ'bʊlɪəns/ n. **1** *(boiling)* ebollizione f. **2** FIG. esuberanza f., vitalità f.
ebullient /ɪ'bʌlɪənt, ɪ'bʊlɪənt/ agg. **1** *(boiling)* in ebollizione **2** FIG. esuberante, pieno di vita.
ebulliometer /ɪˌbʌlɪ'ɒmɪtə(r)/ n. ebulliometro m.

ebulliometry /ɪˌbʌlɪˈɒmɪtrɪ/ n. ebulliometria f.
ebullioscope /ɪˈbʌljəskəʊp/ n. ebullioscopio m.
ebullioscopy /ɪˌbʌlɪˈɒskəpɪ/ n. ebullioscopia f.
ebullition /ˌebəˈlɪʃn/ n. **1** ebollizione f. **2** FIG. *(of war)* scoppio m.; *(of emotion)* accesso m.
e-business /ˈiːbɪznɪs/ n. e-business m.
EC n. (⇒ European Community) = comunità europea.
e-cash /ˈiːkæʃ/ n. moneta f. elettronica.
ECB n. (⇒ European Central Bank Banca Centrale Europea) BCE f.
▷ **eccentric** /ɪkˈsentrɪk/ **I** agg. *(all contexts)* eccentrico **II** n. **1** *(person)* eccentrico m. (-a) **2** TECN. eccentrico m.
eccentrically /ɪkˈsentrɪklɪ/ avv. eccentricamente, in modo eccentrico.
eccentricity /ˌeksenˈtrɪsətɪ/ n. eccentricità f.
ecchymosis /ˌekɪˈməʊsɪs/ n. (pl. **-es**) ecchimosi f.
Eccles cake /ˈekəlzˌkeɪk/ n. BE = dolce con ripieno di frutta secca.
ecclesia /ɪˈkliːzjə/ n. (pl. **-ae**) STOR. ecclesia f., assemblea f.
ecclesiast /ɪˈkliːzɪæst/ n. ecclesiaste m.
Ecclesiastes /ɪˌkliːzɪˈæstiːz/ n.pr. Ecclesiaste m.
ecclesiastic /ɪˌkliːzɪˈæstɪk/ n. ecclesiastico m.
ecclesiastical /ɪˌkliːzɪˈæstɪkl/ agg. ecclesiastico.
ecclesiasticism /ɪˌkliːzɪˈæstɪsɪzəm/ n. norme f.pl., principi m.pl. ecclesiastici.
ecclesiology /ɪˌkliːzɪˈɒlədʒɪ/ n. ecclesiologia f.
ecdysis /ˈekdəsɪs/ n. (pl. **-es**) ecdisi f., muta f.
ECG n. **1** (⇒ electrocardiogram elettrocardiogramma) ECG m. **2** (⇒ electrocardiograph) = elettrocardiografo.
1.echelon /ˈeʃəlɒn/ n. **1** MIL. scaglione m. **2** *(level)* grado m.
2.echelon /ˈeʃəlɒn/ tr. MIL. scaglionare.
echidna /ɪˈkɪdnə/ n. (pl. **~s**, **-ae**) echidna f.
echinate /ˈekɪneɪt/ agg. echinato.
echini /eˈkaɪnaɪ/ → **echinus**.
echinococci /ɪˌkaɪnəʊkəˈkɒkaɪ, ˈekɪn-/ → **echinococcus**.
echinococcosis /ɪˌkaɪnəʊkəˈkəʊsɪs, ˈekɪn-/ ♦ ***11*** n. (pl. **-es**) echinococcosi f.
echinococcus /ɪˌkaɪnəʊkəˈkɒkəs, ˈekɪn-/ n. (pl. **-i**) echinococco m.
echinoderm /ɪˈkaɪnədɜːm, ˈekɪn-/ n. echinoderma m.
echinus /eˈkaɪnəs/ n. (pl. **-i**) **1** ZOOL. echino m., riccio m. di mare **2** ARCH. echino m.
1.echo /ˈekəʊ/ n. (pl. **~es**) **1** *(of sound)* eco f. e m.; ***to cheer to the ~*** applaudire fragorosamente qcn. **2** *(overtone)* eco f. e m., risonanza f. **3** *(of idea, opinion etc.)* ***to have ~es of sth.*** avere reminiscenze di qcs., riecheggiare qcs.
2.echo /ˈekəʊ/ **I** tr. **1** rimandare l'eco di [*sound, voice*] **2** *(repeat)* ripetere, riecheggiare [*idea, opinion etc.*] **3** *(resemble)* fare eco a [*artist, style*] **II** intr. echeggiare, risuonare (**to, with** di; **around** intorno a).
echocardiography /ˌekəʊˌkɑːdɪˈɒgrəfɪ/ n. ecocardiografia f.
echo chamber /ˈekəʊˌtʃeɪmbə(r)/ n. RAD. TELEV. camera f. di riverberazione.
echograph /ˈekəʊˌgrɑːf, AE -ˌgræf/ n. ecografo m.
echography /iːˈkɒgrəfɪ/ n. ecografia f.
echoing /ˈekəʊɪŋ/ agg. sonoro.
echolalia /ˌekəʊˈleɪlɪə/ n. ecolalia f.
echoless /ˈekəʊlɪs/ agg. privo d'eco.
echolocation /ˈekəʊləʊˌkeɪʃn/ n. ZOOL. ecolocazione f.
echo sounder /ˈekəʊˌsaʊndə(r)/ n. ecometro m., ecoscandaglio m.
echo sounding /ˈekəʊˌsaʊndɪŋ/ n. scandaglio m. a ultrasuoni.
ECJ n. (⇒ European Court of Justice Corte di Giustizia Europea) CGE f.
éclair /eɪˈkleə(r), ɪˈkleə(r)/ n. GASTR. bignè m.
eclampsia /ɪˈklæmpsɪə/ ♦ ***11*** n. eclampsia f.
éclat /ˈeɪklɑː/ n. splendore m., fulgore m.
eclectic /ɪˈklektɪk/ **I** agg. eclettico **II** n. eclettico m. (-a).
eclecticism /ɪˈklektɪsɪzəm/ n. eclettismo m.
▷ **1.eclipse** /ɪˈklɪps/ n. **1** ASTR. eclissi f. (**of** di); ***partial, total ~*** eclissi parziale, totale; ***solar, lunar ~*** eclissi di sole, di luna; ***the moon is in ~*** c'è un'eclissi di luna **2** FIG. eclissi f., declino m. (**of** di); ***to be in, to go into ~*** [*person, movement*] essere in declino.
2.eclipse /ɪˈklɪps/ tr. *(all contexts)* eclissare.
eclipsing binary /ɪˌklɪpsɪŋˈbaɪnərɪ/ n. stella f. fotometrica binaria.
ecliptic /ɪˈklɪptɪk/ **I** agg. eclittico **II** n. eclittica f.
eclogue /ˈeklɒg/ n. egloga f.
eclosion /ɪˈkləʊʒn/ n. schiusa f.
eco /ˈiːkəʊ/ **I** n. (accorc. ecology) ecologia f. **II** modif. [*group*] ecologista.
eco-aware /ˌiːkəʊəˈweə(r)/ agg. consapevole dei problemi ambientali.
ecocatastrophe /ˌiːkəkəˈtæstrəfɪ/ n. ecocatastrofe f., catastrofe f. ecologica.
ecocidal /ˈiːkəsaɪdl/ agg. che distrugge l'ambiente.
ecocide /ˈiːkəsaɪd/ n. ecocidio m., distruzione f. ecologica.
eco-freak /ˈiːkəʊfriːk/ n. COLLOQ. SPREG. ecologista m. e f. accanito (-a).
eco-friendly /ˈiːkəʊˌfrendlɪ/ avv. ecologico, che rispetta l'ambiente.
eco-label /ˈiːkəʊˌleɪbl/ n. ecoetichetta f.
E. coli /iːˈkəʊlaɪ/ n. colibacillo m., colibatterio m.
▷ **ecological** /ˌiːkəˈlɒdʒɪkl/ agg. ecologico.
ecologically /ˌiːkəˈlɒdʒɪklɪ/ avv. ecologicamente.
ecologist /iːˈkɒlədʒɪst/ **I** agg. ecologista **II** n. ecologista m. e f.
ecology /ɪˈkɒlədʒɪ/ **I** n. *(all contexts)* ecologia f. **II** modif. POL. [*movement, issue*] ecologista.
Ecology Party /ɪˈkɒlədʒɪˌpɑːtɪ/ n. POL. partito m. ecologista, dei verdi.
e-commerce /ˈiːkɒmɜːs/ n. e-commerce m.
econometric /ɪˌkɒnəˈmetrɪk/ agg. econometrico.
econometrician /ɪˌkɒnəməˈtrɪʃn/ ♦ ***27*** n. econometrista m. e f.
econometrics /ɪˌkɒnəˈmetrɪks/ n. + verbo sing. econometria f.
econometrist /ɪˌkɒnəˈmetrɪst/ ♦ ***27*** n. → **econometrician**.
▶ **economic** /ˌiːkəˈnɒmɪk, ˌek-/ agg. **1** [*change, crisis, forecast, performance, policy, sanction*] economico; ***to make ~ sense*** essere interessante dal punto di vista economico **2** *(profitable)* [*proposition, business*] redditizio, rimunerativo; ***to make ~ sense*** essere redditizio dal punto di vista economico.
economical /ˌiːkəˈnɒmɪkl, ˌek-/ agg. **1** [*car, machine*] economico, che consuma poco; [*method*] vantaggioso, che fa risparmiare; ***to be ~ to run*** essere conveniente da usare; ***to be ~ on petrol*** consumare poca benzina **2** [*person*] economo, parsimonioso **3** FIG. [*style, writer*] sintetico, conciso; ***to be ~ with words*** essere parco di parole; ***to be ~ with the truth*** IRON. non dire tutta la verità.
▷ **economically** /ˌiːkəˈnɒmɪklɪ, ˌek-/ avv. **1** [*strong, weak, viable, united*] economicamente, dal punto di vista economico **2** *(sparingly)* [*run, operate*] in modo economico, parsimoniosamente **3** [*write, convey*] sinteticamente, in modo conciso.
economic analyst /ˌiːkənɒmɪkˈænəlɪst, ˌek-/ ♦ ***27*** n. analista m. e f. economico (-a).
economic and monetary union /ˌiːkənɒmɪkənˌmʌnɪtrɪˈjuːnɪən, ˌek-/ n. unione f. monetaria ed economica.
economic cost /ˌiːkənɒmɪkˈkɒst, ˌek-, AE -ˈkɔːst/ n. costo m. economico.
economic development /ˌiːkənɒmɪkdɪˈveləpmənt, ˌek-/ n. sviluppo m. economico.
economic geography /ˌiːkənɒmɪkdʒɪˈɒgrəfɪ, ˌek-/ n. geografia f. economica.
economic growth /ˌiːkənɒmɪkˈgrəʊθ, ˌek-/ n. crescita f. economica.
economic history /ˌiːkənɒmɪkˈhɪstrɪ, ˌek-/ n. storia f. economica.
economic indicator /ˌiːkənɒmɪkˈɪndɪkeɪtə(r), ˌek-/ n. indicatore m. economico.
economic management /ˌiːkənɒmɪkˈmænɪdʒmənt, ˌek-/ n. gestione f. economica.
economic migrant /ˌɪːkənɒmɪkˈmaɪgrənt, ˌek-/ n. = chi emigra per motivi esclusivamente economici, in contrapposizione a chi cerca asilo politico.
▷ **economics** /ˌiːkəˈnɒmɪks, ˌek-/ **I** n. **1** *(science)* + verbo sing. economia f.; ***an expert on ~*** un esperto di economia **2** SCOL. UNIV. *(subject of study)* + verbo sing. economia f., scienze f.pl. economiche; ***to study ~*** studiare scienze economiche **3** *(financial aspects)* + verbo pl. aspetti m. economici (**of** di) **II** modif. [*degree*] in economia; [*textbook, faculty*] di economia; [*editor, expert, correspondent*] economico.
economic system /ˌiːkənɒmɪkˈsɪstəm, ˌek-/ n. sistema m. economico.
economic theory /ˌiːkənɒmɪkˈθɪərɪ, ˌek-/ n. teoria f. economica.
economism /ɪˈkɒnəmɪzəm/ n. economismo m.
▷ **economist** /ɪˈkɒnəmɪst, eˈk-/ ♦ ***27*** n. economista m. e f.; ***business ~*** aziendalista *o* economista aziendale.
economization /ɪˌkɒnəmaɪˈzeɪʃn, AE -mɪˈz-/ n. (l')economizzare, (il) fare economia.
economize /ɪˈkɒnəmaɪz/ **I** tr. economizzare, risparmiare **II** intr. economizzare, fare economia (**on** su).
economizer /ɪˈkɒnəmaɪzə(r)/ n. **1** *(device)* economizzatore m. **2** *(person)* economizzatore m. (-trice), risparmiatore m. (-trice).
▶ **economy** /ɪˈkɒnəmɪ/ n. *(all contexts)* economia f.; ***to make economies*** risparmiare *o* fare economia; ***for reasons of ~*** per

motivi economici; ***with (an) ~ of effort*** con un minimo sforzo; ***economies of scale*** economie di scala; ***the ~*** l'economia della nazione.

economy class /ɪˈkɒnəmɪˌklɑːs, AE -klæs/ n. AER. classe f. economica, turistica.

economy drive /ɪˈkɒnəmɪˌdraɪv/ n. campagna f. di risparmio.

economy pack /ɪˈkɒnəmɪˌpæk/, **economy size** /ɪˈkɒnəmɪˌsaɪz/ n. confezione f. famiglia, risparmio.

econut /ˈiːkənʌt/ n. → **eco-freak**.

ecosphere /ˈiːkəʊsfɪə(r)/ n. ecosfera f.

ecosystem /ˈiːkəʊsɪstəm/ n. ecosistema m.

eco-terrorist /ˌiːkəˈterərɪst/ n. ecoterrorista m. e f.

ecotone /ˈiːkətəʊn/ n. ecotono m.

ecotourism /ˈiːkəʊtʊərɪzəm, -tɔːr-/ n. ecoturismo m.

ecotype /ˈiːkətaɪp/ n. ecotipo m.

eco-warrior /ˈiːkəʊwɒrɪə(r), AE -wɔːr-/ n. estremista m. e f. ecologico (-a).

ecru /ˈeɪkruː/ ➧ *5* **I** agg. écru **II** n. écru m.

ECSC n. (⇒ European Coal and Steel Community Comunità Europea del Carbone e dell'Acciaio) CECA f.

ecstasize /ˈekstəsaɪz/ **I** tr. estasiare, mandare in estasi **II** intr. estasiarsi, andare in estasi.

▷ **ecstasy** /ˈekstəsɪ/ n. **1** estasi f.; ***religious, sexual ~*** estasi religiosa, sessuale; ***to be in ~*** o ***ecstasies*** essere in estasi *o* in visibilio (**over** per) **2** (anche **Ecstasy, E, XTC**) *(drug)* ecstasy f.

ecstatic /ɪkˈstætɪk/ agg. **1** *(happy)* [*person*] estasiato, incantato, rapito (**about** da) **2** [*happiness, joy, trance, state, smile*] estatico; [*welcome, reception, crowd, fan*] entusiasta.

ecstatically /ɪkˈstætɪklɪ/ avv. [*applaud, read, welcomed*] estaticamente; ***~ happy*** estasiato, incantato; ***to be ~ reviewed*** essere recensito in modo entusiastico.

ECT n. MED. (⇒ electroconvulsive therapy) = terapia elettroconvulsiva, elettroshockterapia.

ectocyst /ˈektəʊsɪst/ n. ectocisti f.

ectoderm /ˈektəʊdɜːm/ n. ectoderma m.

ectodermal /ˌektəˈdɜːml/ agg. ectodermico.

ectomorph /ˈektəʊmɔːf/ n. = persona di corporatura estremamente magra.

ectopia /ekˈtəʊpɪə/ n. ectopia f.

ectopic pregnancy /ekˌtɒpɪkˈpregnənsɪ/ n. gravidanza f. extrauterina.

ectoplasm /ˈektəplæzəm/ n. ectoplasma m.

ectoplasmic /ektəˈplæzmik/ agg. ectoplasmatico.

ecu, ECU /eɪˈkuː/ ➧ *7* **I** n.STOR. (⇒ European Currency Unit unità monetaria europea) ecu m., ECU m.; ***hard ~*** ecu forte **II** modif. STOR. [*value*] in ecu; ***~ bond*** obbligazione in ecu.

Ecuador /ˈekwədɔː(r)/ ➧ *6* n.pr. Ecuador m.

Ecuadorian /ˌekwəˈdɔːrɪən/ ➧ *18* **I** agg. ecuadoriano **II** n. ecuadoriano m. (-a).

ecumenical /ˌiːkjuːˈmenɪkl, ˌek-/ agg. ecumenico.

ecumenicity /ˌiːkjuːmɪˈnɪsɪtɪ/ n. ecumenicità f.

ecumenism /iːˈkjuːmənɪzəm/ n. ecumenismo m.

eczema /ˈeksɪmə, AE ɪgˈziːmə/ ➧ *11* n. eczema m.; ***to suffer from ~*** avere un eczema.

eczema sufferer /ˈeksɪməˌsʌfərə(r), AE ɪgˈziːmə-/ n. eczematoso m. (-a).

eczematous /ekˈsemətəs/ agg. eczematoso.

Ed /ed/ n.pr. diminutivo di **Edgar**, **Edmund** e **Edward**.

edacious /ɪˈdeɪʃəs/ agg. LETT. edace, vorace.

edacity /ɪˈdæsɪtɪ/ n. LETT. voracità f.

edaphic /ɪˈdæfɪk/ agg. edafico.

edaphology /ɪˌdæˈfɒlədʒɪ/ n. edafologia f.

Ed.B n. US UNIV. (⇒ Bachelor of Education) = (diploma di) dottore in pedagogia (con laurea breve).

E-day /ˈiːdeɪ/ n. = giorno dell'ingresso del Regno Unito nella Comunità Economica Europea.

EDD n. (⇒ estimated date of delivery) = data presunta del parto.

Eddie /ˈedɪ/ n.pr. diminutivo di **Edgar**, **Edmund**, **Edward** e **Edwin**.

1.eddy /ˈedɪ/ n. gorgo m., vortice m.

2.eddy /ˈedɪ/ intr. [*tide, liquid*] muoversi vorticosamente; [*smoke, crowd*] turbinare.

edelweiss /ˈeɪdlvaɪs/ n. (pl. ~) stella f. alpina, edelweiss m.

edema AE → **oedema**.

edematous /ɪˈdemətəs/ agg. edematoso.

Eden /ˈiːdn/ n.pr. BIBL. Eden m., paradiso m. terrestre (anche FIG.); ***the garden of ~*** il giardino dell'Eden.

Edenic /ɪˈdenɪk/ agg. edenico (anche FIG.).

edentate /ɪˈdenteɪt/ **I** agg. ZOOL. relativo agli sdentati **II** n. ZOOL. sdentato m.

Edgar /ˈedgə(r)/ n.pr. Edgardo.

▶ **1.edge** /edʒ/ n. **1** *(outer limit) (of table, field)* bordo m.; *(of coin)* contorno m.; *(of road)* ciglio m.; *(of lake)* sponda f.; *(of wood, clearing)* margine m., limitare m.; ***at the water's ~*** sulla riva; ***on the ~ of the city*** ai limiti *o* all'estrema periferia della città; ***the film had us on the ~ of our seats*** il film ci ha tenuto col fiato sospeso **2** *(sharp side)* taglio m., filo m.; ***a blade with a sharp ~*** una lama ben affilata; ***to put an ~ on*** affilare [*blade*] **3** *(side) (of book, plank)* taglio m. **4** *(sharpness)* ***to give an ~ to*** stimolare [*appetite*]; ***to take the ~ off*** rovinare, guastare [*pleasure*]; placare, calmare [*anger, appetite*]; ottundere, lenire [*pain*]; ***there was an ~ to his voice*** aveva la voce un po' alterata; ***to lose one's ~*** [*writing, style*] perdere la propria incisività *o* il proprio mordente; [*person*] perdere il proprio smalto **5** *(advantage)* ***to have the ~ over*** o ***on*** essere in vantaggio rispetto a [*competitor, rival*]; ***to give sb. the ~ over*** concedere a qcn. un vantaggio su; ***to have a slight ~*** avere un leggero vantaggio (**over** su) **6** **on edge** ***to be on ~*** [*person*] essere nervoso; ***my nerves are on ~*** ho i nervi tesi; ***that sound sets my teeth on ~*** quel suono mi urta **7** FIG. *(extremity)* ***to live on the ~*** vivere pericolosamente; ***the news pushed him over the ~*** la notizia lo ha sconvolto.

2.edge /edʒ/ **I** tr. **1** *(move slowly)* ***to ~ sth. towards*** spostare lentamente qcs. verso; ***he ~d the car closer to the kerb*** accostò l'auto al bordo del marciapiede; ***to ~ one's way along*** procedere costeggiando [*cliff, parapet*] **2** *(trim)* bordare, orlare [*collar, handkerchief*] **3** AGR. fiancheggiare [*lawn*] **II** intr. *(advance)* ***to ~ forward*** procedere lentamente; ***to ~ up to*** salire a poco a poco a; ***to ~ out of a parking space*** uscire lentamente da un parcheggio; ***to ~ closer to*** avvicinarsi a [*victory, independence*]; ***to ~ towards*** procedere lentamente verso [*door, victory*].

■ **edge out** [*car, driver*] *(of space, of side street)* uscire piano piano, lentamente (**of** da); ***I ~d out of the room, door*** scivolai fuori dalla stanza, porta; ***to ~ sb. out of*** scalzare qcn. da [*job*]; ***we've ~d our competitors out of the market*** abbiamo estromesso dal mercato i nostri concorrenti.

■ **edge up:** ***~ up*** **1** [*prices, figure*] aumentare lentamente **2** ***to ~ up to sb.*** avvicinarsi a poco a poco a qcn.

edge course /ˈedʒkɔːs/ n. EDIL. accoltellato m.

edged /edʒd/ **I** p.pass. → **2.edge** **II -edged** agg. in composti ***sharp-~*** affilato, tagliente; ***double-~*** a doppio taglio.

edgeless /ˈedʒlɪs/ agg. **1** *(without outer limit)* senza bordo **2** *(dull)* senza taglio, smussato.

edger /ˈedʒə(r)/ n. MECC. tagliolo m.

edgeways /ˈedʒweɪz/, **edgewise** /ˈedʒwaɪz/ avv. *(sideways)* [*move*] lateralmente; *(along its side)* [*lay, put*] di fianco, di traverso ◆ ***I can't get a word in ~*** non riesco a inserirmi nella conversazione.

edgily /ˈedʒɪlɪ/ avv. nervosamente.

edginess /ˈedʒɪnɪs/ n. nervosismo m., irritabilità f.

edging /ˈedʒɪŋ/ n. **1** *(border)* bordo m. **2** *(making a border) (in garden)* (il) rifilare i bordi (del prato); *(on fabric)* orlatura f.

edging shears /ˈedʒɪŋˌʃɪəz/ n.pl. cesoie f. (da siepe).

edgy /ˈedʒɪ/ agg. nervoso, irritabile.

edibility /ˌedɪˈbɪlətɪ/ n. commestibilità f.

edible /ˈedɪbl/ agg. [*fruit, plant, mushroom, snail*] commestibile, mangereccio; [*meal*] mangiabile.

edibles /ˈedɪblz/ n.pl. commestibili m.

edict /ˈiːdɪkt/ n. **1** STOR. editto m. **2** DIR. POL. decreto m.; ***to issue an ~*** emanare *o* promulgare un decreto.

edification /ˌedɪfɪˈkeɪʃn/ n. FORM. edificazione f.

edificatory /ˈedɪfɪkeɪtərɪ, AE -tɔːrɪ/ agg. RAR. edificatorio.

edifice /ˈedɪfɪs/ n. edificio m. (anche FIG.).

edifier /ˈedɪfaɪə(r)/ n. edificatore m. (-trice).

edify /ˈedɪfaɪ/ tr. edificare, educare con l'esempio.

edifying /ˈedɪfaɪɪŋ/ agg. edificante.

Edinburgh /ˈedɪnbərə/ ➧ *34* n.pr. Edimburgo f.

> **Edinburgh Festival** Festival artistico internazionale che ha luogo ogni estate, dal 1947, a Edimburgo, capitale della Scozia. È il più grande festival di questo genere in Europa, rinomato per la qualità della musica e delle rappresentazioni teatrali, oltre che per il cosiddetto *Fringe Festival*, festival non ufficiale che si svolge parallelamente.

1.edit /ˈedɪt/ n. *(of film)* montaggio m.; *(for publication)* revisione f.

▷ **2.edit** /'edɪt/ tr. **1** *(check for publishing)* rivedere, curare [*text, novel*] **2** *(annotate, select)* curare, annotare, commentare [*essays, letters, works*]; commentare [*author*]; curare [*anthology*] **3** *(cut down)* tagliare [*account, version, reader's letter*] **4** GIORN. dirigere [*newspaper, journal*]; curare [*section, page*] **5** TELEV. CINEM. montare [*film, programme*] **6** INFORM. editare [*data*].

▪ **edit out** CINEM. **~ out [sth.], ~ [sth.] out** tagliare in fase di montaggio.

Edith /'i:dɪθ/ n.pr. Edith.

editing /'edɪtɪŋ/ n. **1** *(tidying for publication)* revisione f., editing m. **2** *(of essays, letters, author, collection, anthology)* redazione f. **3** *(of film)* montaggio m. **4** *(of newspaper)* direzione f. **5** INFORM. *(of data)* editing m.

▷ **edition** /ɪ'dɪʃn/ n. **1** edizione f.; ***first, new ~*** prima, nuova edizione; ***morning, evening ~*** edizione del mattino, della sera **2** TELEV. *(of soap opera)* puntata f.; *(of news)* edizione f.; *(generally)* trasmissione f. **3** *(of coins, porcelain)* tiratura f.

▶ **editor** /'edɪtə(r)/ ♦ **27** n. **1** *(of newspaper)* direttore m. (**of** di); *(of newspaper articles)* redattore m. (-trice); ***political, sports, fashion ~*** redattore politico, sportivo, di moda **2** *(of book, manuscript)* correttore m. (-trice), revisore m. **3** *(of writer, works, anthology)* curatore m. (-trice); ***he's the ~ of Keats' letters*** è il curatore delle lettere di Keats **4** *(of dictionary)* redattore m. (-trice) **5** *(of film)* tecnico m. del montaggio.

editorial /,edɪ'tɔ:rɪəl/ **I** agg. **1** GIORN. [*policy, freedom, independence*] di redazione; [*staff*] redazionale; [*interference*] all'interno della redazione; ***~ office*** redazione *o* ufficio redazionale; ***to have ~ control*** essere a capo della redazione; ***the ~ page*** la pagina dell'editoriale **2** *(in publishing)* [*policy, decision*] editoriale; ***to have ~ control*** avere il controllo editoriale; ***to do ~ work*** fare del lavoro editoriale **II** n. editoriale m., articolo m. di fondo (**on** su).

editorialist /,edɪ'tɔ:rɪəlɪst/ n. AE editorialista m. e f.

editorialize /,edɪ'tɔ:rɪəlaɪz/ intr. [*newspaper*] esprimere un'opinione con un editoriale; FIG. proclamare la propria opinione.

editorially /,edɪ'tɔ:rɪəlɪ/ avv. a livello di redazione, redazionalmente.

editorship /'edɪtəʃɪp/ n. direzione f.; ***under the ~ of*** sotto la direzione di.

editress /'edɪtrɪs/ n. RAR. **1** *(of newspaper)* redattrice f., direttrice f. **2** *(of writer, works, anthology)* curatrice f.

Edmund /'edmənd/ n.pr. Edmondo.

Edna /'ednə/ n.pr. Edna.

EDP n. (⇒ electronic data processing elaborazione elettronica dei dati) EDP m.

EDS n. (⇒ exchangeable disk storage) = memoria a dischi removibili.

EDT n. US (⇒ Eastern Daylight Time) = ora legale adottata negli stati orientali dell'America settentrionale.

educable /'edʒʊkəbl/ agg. educabile.

▷ **educate** /'edʒʊkeɪt/ **I** tr. **1** *(teach)* [*teacher*] istruire [*pupil, student*] **2** *(provide education for)* [*school, parent*] provvedere all'istruzione di, educare [*child, pupil*]; ***to ~ one's children privately, at a state school*** fare studiare i propri figli in una scuola privata, pubblica; ***to be ~d at Oxford, in Paris*** compiere i propri studi a Oxford, a Parigi **3** *(inform)* [*campaign, person, book*] informare [*public, smokers, drivers*] (**about, in** su); ***to ~ sb. to do*** insegnare a qcn. a fare **4** *(refine)* educare [*palate, tastes, mind*] **II** rifl. ***to ~ oneself*** istruirsi (da solo); ***to ~ oneself to do*** imparare da solo a fare.

▷ **educated** /'edʒʊkeɪtɪd/ **I** p.pass. → **educate II** agg. [*person*] *(having an education)* istruito; *(cultivated)* colto; [*mind, palate, taste, style*] raffinato; [*language, judgment, accent*] di persona istruita; ***to be very poorly ~*** essere poco istruito **III** n. ***the ~*** + verbo pl. *(having an education)* le persone istruite; *(cultivated)* le persone colte ♦ ***to make an ~ guess*** fare un'ipotesi plausibile.

▶ **education** /,edʒʊ'keɪʃn/ **I** n. **1** *(training)* educazione f., istruzione f.; *(in health, road safety)* informazione f.; ***musical, political, moral ~*** educazione musicale, politica, morale; ***~ is the key to success*** l'istruzione è la chiave del successo **2** *(formal schooling)* studi m.pl., istruzione f.; ***private, state school ~*** istruzione privata, pubblica; ***to continue one's ~*** continuare gli studi; ***~ should be available to all*** l'istruzione dovrebbe essere accessibile a tutti; ***to have had a university*** o ***college ~*** avere ricevuto un'istruzione superiore; ***to get a good ~*** ricevere una buona istruzione; ***she has had little ~*** non è molto colta **3** *(national system)* istruzione f., insegnamento m.; ***primary, secondary ~*** scuola primaria, secondaria; ***government spending on ~ is to be reduced*** le spese per l'istruzione devono essere ridotte **4** UNIV. *(field of study)* pedagogia f., scienze f.pl. della formazione **II** modif. [*budget, spending*] per l'istruzione; [*crisis*] SCOL. UNIV. dell'insegnamento; [*method*] SCOL. UNIV. di insegnamento; [*Minister, Ministry*] AMM. dell'istruzione; [*department*] UNIV. di scienze della formazione; [*diploma*] UNIV. in scienze della formazione; [*allowance*] per lo studio; ***~ standards*** livelli di istruzione; ***the ~ system in Italy, Britain*** il sistema educativo italiano, britannico.

education act /,edʒʊ'keɪʃn,ækt/ n. legge f. sull'istruzione.

education adviser /,edʒʊ'keɪʃnəd'vaɪzə(r)/ n. = consigliere agli studi.

educational /,edʒʊ'keɪʃənl/ agg. **1** [*establishment, system*] educativo; [*method*] di insegnamento; [*developments*] dell'insegnamento; [*policy*] in materia di istruzione; [*standards*] di istruzione; [*supplies*] per l'istruzione; ***what kind of ~ background does she have?*** quale tipo di istruzione ha avuto? **2** *(instructive)* [*toy, game, programme, value*] educativo; [*experience, talk*] istruttivo.

educationalist /,edʒʊ'keɪʃənəlɪst/ n. pedagogista m. e f.

educationally /,edʒʊ'keɪʃənəlɪ/ avv. **1** [*worthless, useful*] pedagogicamente **2** SCOL. [*disadvantaged, privileged*] dal punto di vista dell'istruzione.

educationally subnormal /,edʒʊ'keɪʃənəlɪsʌb,nɔ:ml/ **I** agg. [*pupil*] mentalmente ritardato **II** n. ***the ~*** + verbo pl. gli allievi mentalmente ritardati.

educational psychologist /,edʒʊ'keɪʃənlsaɪ,kɒlədʒɪst/ ♦ **27** n. psicologo m. (-a) dell'educazione.

educational psychology /,edʒʊ'keɪʃənlsaɪ,kɒlədʒɪ/ n. psicologia f. dell'educazione.

educational television /,edʒʊ'keɪʃənl,telɪvɪʒn, -,vɪʒn/ n. AE programmi m.pl. educativi.

Educational Welfare Officer /,edʒʊ,keɪʃənl'welfeər,ɒfɪsə(r), AE -,ɔ:f-/ n. BE = assistente sociale della Local Education Authority che si occupa specificamente di questioni scolastiche.

education authority /,edʒʊ'keɪʃnɔ:,θɒrətɪ/ n. GB = ente amministrativo locale o regionale che si occupa dell'istruzione pubblica.

education committee /,edʒʊ'keɪʃnkə,mɪtɪ/ n. GB = commissione che si occupa delle questioni relative all'istruzione nell'ambito del territorio regionale.

education department /,edʒʊ'keɪʃndɪ,pɑ:tmənt/ n. **1** GB **Education Department** (anche **Department of Education and Science**) = in passato, ministero dell'istruzione **2** GB *(in local government)* assessorato m. all'istruzione **3** *(in university, college)* dipartimento m. di scienze della formazione.

education officer /,edʒʊ'keɪʃn,ɒfɪsə(r), AE -'ɔ:f-/ n. = membro di un education committee.

educative /'edʒʊkətɪv/ agg. istruttivo, educativo.

▷ **educator** /'edʒʊkeɪtə(r)/ n. **1** *(teacher)* educatore m. (-trice) **2** *(educationist)* pedagogista m. e f.

educe /ɪ'dʒu:s/ tr. FORM. portare alla luce, estrarre.

educible /ɪ'dʒu:sibl/ agg. estraibile.

educt /'ɪdʌkt/ n. **1** CHIM. elemento m. liberato **2** deduzione f.

eduction /ɪ'dʌkʃn/ n. **1** (il) portare alla luce, estrazione f. **2** MECC. *(in steam engine)* emissione f., scarico m.

edulcorate /ɪ'dʌlkəreɪt/ tr. **1** ANT. edulcorare **2** CHIM. purificare.

edulcoration /ɪ'dʌlkəreɪʃn/ n. **1** ANT. edulcorazione f. **2** CHIM. purificazione f.

edutainment /,edjʊ'teɪnmənt/ n. edutainment m.

Edward /'edwəd/ n.pr. Edoardo.

Edwardian /ed'wɔ:dɪən/ **I** agg. edoardiano; ***in ~ times*** all'epoca di Edoardo VII; ***the ~ Age*** o ***Era*** = la belle époque **II** n. STOR. contemporaneo m. (-a) di Edoardo VII.

Edwin /'edwɪn/ n.pr. Edwin (nome di uomo).

Edwina /'edwi:nə/ n.pr. Edwina (nome di donna).

EEC I n. (⇒ European Economic Community Comunità Economica Europea) CEE f. **II** modif. [*policy, directive*] della CEE, comunitario; [*country*] della CEE.

EEG n. **1** (⇒ electroencephalogram elettroencefalogramma) EEG m. **2** (⇒ electroencephalograph) = elettroencefalografo.

eel /i:l/ n. anguilla f. ♦ ***he's as slippery as an ~*** sfugge via come un'anguilla.

eelgrass /'i:lgrɑ:s, AE -græs/ n. **1** zostera f. **2** *(tape grass)* vallisneria f.

eelpout /'i:lpaʊt/ n. zoarce m.

eelworm /'i:lwɜ:m/ n. anguillula f.

e'en /i:n/ ANT. o LETT. → **2.even.**

EEOC n. AE (⇒ Equal Employment Opportunity Commission) = commissione per le pari opportunità nel mondo del lavoro.

e'er /eə(r)/ ANT. → **ever.**

eerie /'ɪərɪ/ agg. [*silence*] lugubre; [*place, feeling, scream*] misterioso, strano.
eerily /'ɪərɪlɪ/ avv. misteriosamente, stranamente, lugubremente.
eeriness /'ɪərɪnɪs/ n. (l')essere lugubre, stranezza f.
EET n. (⇒ Eastern European Time) = tempo medio dell'Europa orientale.
eff /ef/ intr. COLLOQ. ***to ~ and blind*** bestemmiare come un turco; ***~ off!*** POP. va' a farti friggere!
efface /ɪ'feɪs/ tr. cancellare (anche FIG.).
effaceable /ɪ'feɪsəbl/ agg. cancellabile.
effacement /ɪ'feɪsmənt/ n. cancellazione f.
▶ **1.effect** /ɪ'fekt/ **I** n. **1** *(net result)* effetto m. (**of** di; **on** su); ***to have the ~ of doing*** avere l'effetto di fare; ***the ~ of advertising is to increase demand*** l'effetto della pubblicità è quello di aumentare la richiesta; ***to have an ~ on sth., sb.*** avere un effetto su qcs., qcn.; ***to have a damaging ~ on sth.*** avere un effetto nocivo su qcs.; ***to have little ~ on sth., sb.*** avere poco effetto su qcs., qcn.; ***criticism doesn't seem to have any ~ on him*** le critiche non sembrano avere effetto su di lui; ***the film had quite an ~ on me*** il film mi ha impressionato molto; ***to use sth. to good ~*** usare qcs. con buoni risultati; ***to use sth. to dramatic ~*** usare qcs. per ottenere un effetto drammatico; ***to feel the ~(s) of sth.*** sentire gli effetti di qcs. **2** *(repercussions)* ripercussioni f.pl. (**of** di; **on** su) **3** *(power, efficacy)* efficacia f.; ***the treatment loses ~ over time*** il trattamento perde la sua efficacia col tempo; ***my advice was of no ~*** il mio consiglio non ha avuto effetto; ***she warned him, but to little ~*** lo ha avvertito, ma senza risultato; ***we took precautions, to no ~*** abbiamo preso delle precauzioni, ma invano; ***to take ~*** [*price increases*] avere effetto; [*law, ruling*] entrare in vigore; [*pills, anaesthetic*] cominciare a fare effetto; ***to come into ~*** DIR. AMM. entrare in vigore; ***to put policies into ~*** applicare le direttive; ***with ~ from January 1, contributions will increase by 5%*** a partire dal primo gennaio, i contributi aumenteranno del 5% **4** *(theme)* ***the ~ of what he is saying is that*** ciò che sta dicendo è che; ***she left a note to the ~ that*** ha lasciato un appunto per dire che; ***rumours to this ~*** voci in questo senso; ***yes, she made a remark to that ~*** sì, ha fatto un'osservazione in questo senso; ***she said "I do not intend to resign" or words to that ~*** disse "non ho intenzione di dare le dimissioni" o qualcosa del genere **5** *(impression)* effetto m., impressione f.; ***the overall ~*** l'impressione complessiva; ***the lighting gives*** o ***creates the ~ of moonlight*** l'illuminazione dà l'impressione del chiaro di luna; ***to achieve an ~*** ottenere un effetto; ***she uses her wit to deadly ~*** usa la sua arguzia con effetti devastanti; ***he paused for ~*** fece una pausa a effetto; ***she dresses like that for ~*** si veste così per fare colpo; ***a beautiful marbled ~*** un bell'effetto marmorizzato **6** FIS. CHIM. effetto m.; ***the Doppler, placebo ~*** l'effetto Doppler, placebo **7 in effect** effettivamente, in realtà **II effects** n.pl. DIR. *(belongings)* beni m., effetti m.
2.effect /ɪ'fekt/ tr. effettuare [*reduction, repair, sale, transformation*]; attuare, applicare [*reform*]; apportare [*improvement*]; portare a [*reconciliation, settlement*].
effectible /ɪ'fektɪbl/ agg. effettuabile.
▶ **effective** /ɪ'fektɪv/ agg. **1** [*deterrent, drug, protest, device, treatment*] efficace (**against** contro; **in doing** per fare); ***it's more ~ to replace the whole system*** è più efficace sostituire l'intero sistema; ***I'm only 50% ~*** sono efficiente soltanto al 50% **2** *(operational)* [*legislation, regulation*] in vigore; ***to become ~*** entrare in vigore; ***the new rates will be ~ from August 27*** le nuove tariffe entreranno in vigore a partire dal 27 agosto **3** *(striking, impressive)* [*speech, contrast, demonstration*] che fa effetto, che colpisce **4** *(actual)* [*exchange rate, value, income*] reale; [*control*] effettivo; ***they have lost ~ power*** hanno perso il loro potere reale.
▶ **effectively** /ɪ'fektɪvlɪ/ avv. **1** *(efficiently)* [*work, solve, cure, compete, communicate*] efficacemente **2** *(in effect)* effettivamente, in realtà **3** *(impressively)* ***the design works very ~*** ha un design ottimale; ***the statistics ~ demonstrate the failure of the policy*** le statistiche dimostrano in modo eloquente il fallimento della politica attuata.
▷ **effectiveness** /ɪ'fektɪvnɪs/ n. **1** *(efficiency)* efficacia f. (**of** di) **2** *(impressiveness)* ***the ~ of the decor, of the lecture*** il grande effetto prodotto dalla decorazione, dalla conferenza.
effector /ɪ'fektə(r)/ n. effettore m.
effects man /ɪ'fektsmən/ ♦ *27* n. (pl. **effects men**) CINEM. tecnico m. degli effetti sonori.
effectual /ɪ'fektʃʊəl/ agg. **1** FORM. *(effective)* [*method, cure, punishment*] efficace **2** DIR. [*agreement, document*] valido.
effectuality /ɪˌfektʃʊ'ælɪtɪ/ n. **1** FORM. efficacia f. **2** DIR. validità f.
effectually /ɪ'fektʃʊəlɪ/ avv. efficacemente.
effectualness /ɪ'fektʃʊəlnɪs/ n. FORM. efficacia f.
effectuate /ɪ'fektjʊeɪt/ tr. effettuare [*change*]; attuare [*reform*]; ***to ~ the policies of the Act*** DIR. applicare le misure previste dalla legge.
effectuation /ɪˌfektjʊ'eɪʃn/ n. effettuazione f., realizzazione f.
effeminacy /ɪ'femɪnəsɪ/ n. effeminatezza f.
1.effeminate /ɪ'femɪnət/ **I** agg. effeminato **II** n. effeminato m.
2.effeminate /ɪ'femɪneɪt/ **I** tr. RAR. effeminare **II** intr. RAR. effeminarsi.
efferent /'efərənt/ agg. efferente.
effervesce /ˌefə'ves/ intr. **1** [*liquid*] essere effervescente, essere in effervescenza; [*drink*] essere effervescente; [*gas*] liberarsi per effervescenza **2** FIG. [*person*] essere effervescente.
effervescence /ˌefə'vesns/ n. effervescenza f.
effervescent /ˌefə'vesnt/ agg. effervescente (anche FIG.).
effete /ɪ'fi:t/ agg. **1** SPREG. [*person*] effeminato, svigorito; [*civilization, philosophy*] inaridito **2** ZOOL. BOT. sterile, inaridito.
effeteness /ɪ'fi:tnɪs/ n. **1** SPREG. *(of person)* effeminatezza f., svigorimento m.; *(of civilization, philosophy)* aridità f. **2** ZOOL. BOT. sterilità f., aridità f.
efficacious /ˌefɪ'keɪʃəs/ agg. efficace (**to do** fare).
efficaciously /ˌefɪ'keɪʃəslɪ/ avv. efficacemente, in modo efficace.
efficacy /'efɪkəsɪ/ n. efficacia f. (**of** di); ***the drug's ~ in curing TB*** l'efficacia della medicina nella cura della tbc.
efficiency /ɪ'fɪʃnsɪ/ n. **1** *(of person, staff, organization)* efficienza f. (**in doing** nel fare); *(of method)* efficacia f. (**in doing** nel fare); ***to improve, impair ~*** migliorare, danneggiare l'efficienza **2** *(of machine, engine)* rendimento m.; ***the (fuel) ~ of a car*** il rendimento di un'automobile; ***to produce electricity at 50% ~*** produrre elettricità con un rendimento del 50%.
efficiency apartment /ɪ'fɪʃnsɪəˌpɑ:tmənt/ n. AE appartamentino m., monolocale m.
▷ **efficient** /ɪ'fɪʃnt/ agg. **1** [*person, employee, management*] efficiente (**at doing** nel fare); ***to make ~ use of energy*** fare un uso razionale dell'energia **2** [*machine, engine*] ad alto rendimento; ***to be 40% ~*** aver un rendimento del 40%.
▷ **efficiently** /ɪ'fɪʃntlɪ/ avv. [*work, deal with, carry out*] efficientemente, in modo efficiente; ***the machine operates ~*** la macchina ha un buon rendimento.
effigy /'efɪdʒɪ/ n. *(all contexts)* effigie f.; ***to burn an ~ of sb.*** bruciare qcn. in effigie.
effing /'efɪŋ/ agg. POP. ***the ~ computer is down again*** questo maledetto computer è di nuovo rotto; ***what ~ business is it of yours?*** cosa diavolo te ne importa?
effloresce /ˌeflɔ:'res/ intr. **1** CHIM. GEOL. MED. formare l'efflorescenza **2** BOT. fiorire, sbocciare, schiudersi.
efflorescence /ˌeflɔ:'resns/ n. **1** CHIM. GEOL. MED. efflorescenza f. **2** BOT. fioritura f. (anche FIG.).
efflorescent /ˌeflɔ:'resnt/ agg. **1** CHIM. efflorescente **2** BOT. fiorito, in fiore.
effluence /'eflʊəns/ n. efflusso m., emanazione f.
effluent /'eflʊənt/ **I** n. **1** effluente m. **2** GEOGR. *(of stream)* ramo m. **II** modif. [*treatment, management*] degli effluenti.
effluvium /ɪ'flu:vɪəm/ n. (pl. **~s, -ia**) **1** *(waste)* effluente m. **2** *(offensive gas)* effluvio m.
efflux /'eflʌks/ n. **1** *(flowing out)* efflusso m. **2** *(effusion)* emanazione f.
▶ **effort** /'efət/ n. **1** *(energy)* sforzo m.; ***all our ~*** o ***~s*** tutti i nostri sforzi; ***to put a lot of ~ into sth., into doing*** fare molti sforzi per qcs., per fare; ***to put all one's ~(s) into doing*** concentrare tutti i propri sforzi nel fare; ***to redouble one's ~*** raddoppiare gli sforzi; ***to spare no ~*** non risparmiare fatiche; ***it's a waste of ~*** è uno sforzo inutile; ***to be worth the ~*** valerne la pena **2** *(difficulty)* fatica f.; ***with ~*** con fatica; ***without ~*** senza fatica; ***it is, was an ~ to do*** è, era faticoso fare **3** *(attempt)* ***to make the ~*** fare lo sforzo; ***he made no ~ to apologize*** non ha fatto nessun tentativo di scusarsi; ***his ~s at doing*** i suoi tentativi di fare; ***her ~s on my behalf*** i suoi sforzi per aiutarmi; ***to make every ~*** fare tutto il possibile; ***in an ~ to do*** nel tentativo di fare; ***joint ~*** sforzo comune; ***this painting is my latest, first ~*** questo dipinto è il mio ultimo, il mio primo lavoro; ***not a bad ~ for a first try*** non male come inizio **4** *(initiative)* iniziativa f.; ***peace ~*** iniziativa di pace; ***war ~*** sforzo bellico **5** FIG. *(exercise)* sforzo m.; ***an ~ of will, imagination*** sforzo di volontà, di immaginazione.
effortless /'efətlɪs/ agg. **1** *(easy)* facile **2** *(innate)* [*grace, skill, superiority*] naturale.
effortlessly /'efətlɪslɪ/ avv. senza sforzo, senza fatica.
effortlessness /'efətlɪsnɪs/ n. **1** *(ease)* facilità f. **2** *(naturalness)* naturalezza f.
effrontery /ɪ'frʌntərɪ/ n. sfrontatezza f., sfacciataggine f.
effulgence /ɪ'fʌldʒns/ n. LETT. fulgore m., splendore m.

effulgent /ɪ'fʌldʒnt/ agg. fulgido, splendido.
1.effuse /ɪ'fju:s/ agg. effuso.
2.effuse /ɪ'fju:z/ **I** tr. effondere, emanare **II** intr. effondersi.
effusion /ɪ'fju:ʒn/ n. **1** *(flowing) (of blood, liquid, gas)* effusione f. **2** FIG. *(enthusiasm)* effusione f. **3** *(emotional outpouring)* effusioni f.pl.
effusive /ɪ'fju:sɪv/ agg. [*person, style*] effusivo, espansivo; [*thanks*] caloroso; ***to bestow ~ praise on sb.*** profondersi in elogi a qcn.; ***to give sb. an ~ welcome*** accogliere qcn. calorosamente.
effusively /ɪ'fju:sɪvlɪ/ avv. [*speak*] con effusione; [*welcome, thank*] calorosamente.
effusiveness /ɪ'fju:sɪvnɪs/ n. *(of welcome)* calorosità f.; *(in manner)* espansività f.; *(stylistic)* eccessiva fioritura f.
EFL I n. (⇒ English as a Foreign Language) = inglese come lingua straniera **II** modif. [*teacher, course*] di inglese come lingua straniera.
eft /eft/ n. tritone m. punteggiato.
EFT n. (⇒ electronic funds transfer) = trasferimento fondi elettronico.
EFTA /'eftə/ n. (⇒ European Free Trade Association Associazione Europea di Libero Scambio) EFTA f.
EFTPOS /'eftpɒs/ n. (⇒ electronic funds transfer at point of sale) = trasferimento fondi elettronico tramite POS.
eftsoon(s) /eft'su:n(z)/ avv. ANT. LETT. **1** *(soon afterwards)* poco dopo, di lì a poco **2** *(repeatedly)* di frequente, sovente.
eg (⇒ exempli gratia, letto **for example, for instance**) per esempio (p.e., p. es.).
egad /ɪ'gæd/ inter. ANT. perdinci.
egalitarian /ɪˌgælɪ'teərɪən/ **I** agg. egualitario **II** n. egualitario m. (-a).
egalitarianism /ɪˌgælɪ'teərɪənɪzəm/ n. egualitarismo m.
egest /i:'dʒest/ tr. **1** *(from the digestive tract)* evacuare **2** *(from the skin, lungs, kidneys)* espellere.
▶ **1.egg** /eg/ **I** n. **1** GASTR. BIOL. ZOOL. uovo m.; ***a chocolate ~*** un uovo di cioccolato **2** ANT. COLLOQ. *(fellow)* ***he's a good, bad ~*** è un brav'uomo, un tipaccio **II** modif. [*sandwich*] con l'uovo; [*collector*] di uova; [*farm*] produttore di uova; [*mayonnaise, sauce*] con le uova; [*noodles*] all'uovo ◆ ***to kill sth. in the ~*** uccidere qcs. sul nascere; ***to put all one's ~s in one basket*** puntare tutto su una carta sola; ***to have ~ on one's face*** COLLOQ. fare una figuraccia; ***as sure as ~s is ~s*** sicuro come due più due fa quattro; ***to lay an ~*** AE COLLOQ. TEATR. fare cilecca *o* fare fiasco; ***to tread on ~s*** camminare sulle uova.
2.egg /eg/ tr. AE COLLOQ. *(throw eggs at)* tirare delle uova a [*person*].
▪ **egg on:** *~ [sb.] on* incitare, istigare; ***to ~ sb. on to do*** incitare qcn. a fare.
egg-and-spoon race /ˌegən'spu:nˌreɪs/ n. = corsa nella quale i partecipanti devono portare un uovo in un cucchiaio.
eggbeater /'egbi:tə(r)/ n. **1** GASTR. sbattiuova m. **2** AE COLLOQ. *(helicopter)* elicottero m.
egg box /'egbɒks/ n. (pl. **egg boxes**) portauova m.
egg case /'egkeɪs/ n. ooteca f.
egg cell /'egsel/ n. ovulo m.
egg cleavage /'egˌkli:vɪdʒ/ n. (lo) schiudersi dell'uovo.
egg cosy /'egkəʊzɪ/ n. copriuovo m.
egg cream /'egkri:m/ n. AE = bevanda a base di latte, sciroppo aromatico e selz.
eggcup /'egkʌp/ n. portauovo m.
egg custard /'egˌkʌstəd/ n. *(baked)* budino m. (con le uova).
egg donation /'egdəʊˌneɪʃn/ n. ovodonazione f.
egg donor /'egˌdəʊnə(r)/ n. donatrice f. di ovociti.
egger /'egə(r)/ n. bombice m. della quercia.
egg flip /'egflɪp/ n. → **eggnog**.
egg fried rice /ˌegˌfraɪd'raɪs/ n. riso m. alla cantonese.
egghead /'eghed/ n. COLLOQ. SPREG. testa f. d'uovo.
eggnog /'egnɒg/ n. = bevanda a base di uova, latte, zucchero, brandy o altro alcolico, generalmente consumata fredda.
eggplant /'egplɑ:nt, AE -plænt/ n. AE melanzana f.
eggs Benedict /ˌegz'benɪdɪkt/ n. + verbo sing. AE = uova in camicia poste su una fetta di pane tostato e prosciutto ricoperte di salsa olandese.
egg-shaped /'egʃeɪpt/ agg. a forma di uovo.
eggshell /'egʃel/ n. guscio m. d'uovo.
eggshell blue /'egʃelˌblu:/ ♦ ***5*** n. celeste m. chiaro.
eggshell china /'egʃelˌtʃaɪnə/ n. *(china)* guscio m. d'uovo.
eggshell finish /'egʃelˌfɪnɪʃ/ n. vernice f. semilucida di finitura.
egg slicer /'egˌslaɪsə(r)/ n. tagliauova m.
egg spoon /'egspu:n/ n. cucchiaio m. da uovo.
egg timer /'egˌtaɪmə(r)/ n. = timer per misurare il tempo di cottura delle uova.
egg whisk /'egwɪsk, AE -hwɪsk/ n. sbattiuova m.
egg white /'egwaɪt, AE -hwaɪt/ n. bianco m. d'uovo.
eggy /'egɪ/ agg. BE COLLOQ. ***to be ~*** essere incavolato; ***to get ~ with sb.*** incavolarsi con qcn.
egg yolk /'egjəʊk/ n. rosso m. d'uovo.
eglantine /'egləntaɪn/ n. eglantina f., rosa f. canina.
ego /'egəʊ, 'i:gəʊ, AE 'i:gəʊ/ n. **1** *(self-esteem)* amor m. proprio; ***it was a real ~ trip for her*** le ha dato la carica; ***to be on an ~-trip*** essere gasato; ***it boosted his ~*** ha rafforzato la sua fiducia in sé; ***to have an inflated ~*** essere pieno di presunzione **2** PSIC. io m., ego m.
egocentric /ˌegəʊ'sentrɪk, 'i:gəʊ-, AE 'i:g-/ agg. egocentrico.
egocentricity /ˌegəʊsən'trɪsətɪ, ˌi:gəʊ-, AE ˌi:g-/, **egocentrism** /ˌegəʊ'sentrɪzəm, ˌi:gəʊ-, AE ˌi:g-/ n. egocentricità f., egocentrismo m.
egoism /'egəʊɪzəm, 'i:g-, AE 'i:g-/ n. egoismo m.
egoist /'egəʊɪst, 'i:g-, AE 'i:g-/ n. egoista m. e f.
egoistic(al) /ˌegəʊ'ɪstɪk(l), ˌi:g-, AE ˌi:g-/ agg. egoistico.
egomania /ˌegəʊ'meɪnɪə, ˌi:g-, AE ˌi:g-/ n. mania f. di egocentrismo.
egomaniac /ˌegəʊ'meɪnɪæk, ˌi:g-, AE ˌi:g-/ **I** agg. egocentrico **II** n. egocentrico m. (-a).
ego-surfing /'egəʊˌsɜ:fɪŋ, 'i:gəʊ-, AE 'i:gəʊ-/ n. ego-surfing m. (il cercare il proprio nome su Internet).
egotism /'egəʊtɪzəm, 'i:g-, AE 'i:g-/ ♦ ***11*** n. egotismo m.
egotist /'egəʊtɪst, 'i:g-, AE 'i:g-/ n. egotista m. e f.
egotistic(al) /ˌegəʊ'tɪstɪk(l), ˌi:g-, AE ˌi:g-/ agg. egotistico.
egotize /'egəʊtaɪz, 'i:g-, AE 'i:g-/ intr. egotizzare.
egregious /ɪ'gri:dʒɪəs/ agg. [*error*] madornale; [*exception*] notevole.
egress /'i:gres/ n. FORM. *(action)* egresso m.; *(exit point)* via f. d'uscita; ***right of ~*** DIR. diritto di uscita.
egression /i:'greʃn/ n. FORM. egresso m.
egressive /ɪ'gresɪv/ agg. egressivo.
egret /'i:grɪt/ n. egretta f., garzetta f.
Egypt /'i:dʒɪpt/ ♦ ***6*** n.pr. Egitto m.
Egyptian /ɪ'dʒɪpʃn/ ♦ ***18, 14*** **I** agg. egiziano; STOR. egizio **II** n. **1** *(person)* egiziano m. (-a); STOR. egizio m. (-a) **2** STOR. *(language)* egiziano m.
Egyptologist /ˌi:dʒɪp'tɒlədʒɪst/ n. egittologo m. (-a).
Egyptology /ˌi:dʒɪp'tɒlədʒɪ/ n. egittologia f.
▷ **eh** /eɪ/ inter. COLLOQ. eh.
EIB n. BE (⇒ European Investment Bank Banca Europea per gli Investimenti) BEI f.
eider /'aɪdə(r)/ n. edredone m.
eiderdown /'aɪdədaʊn/ n. **1** *(quilt)* piumino m., trapunta f. **2** *(down)* piumino m.
eidetic /aɪ'detɪk/ agg. eidetico.
eidograph /'aɪdəʊgrɑ:f, AE -græf/ n. pantografo m.
eidolon /aɪ'dəʊlɒn/ n. (pl. **~s, -a**) **1** ANT. *(phantom)* apparizione f., fantasma m. **2** *(idealized image)* immagine f. ideale.
eigenfunction /'aɪgənˌfʌŋkʃn/ n. MAT. autofunzione f.
eigenvalue /'aɪgənˌvælju:/ n. MAT. autovalore m.
▶ **eight** /eɪt/ ♦ ***19, 1, 4*** **I** determ. otto; ***~ people, pages*** otto persone, pagine; ***~-hour day*** giornata di otto ore; ***to work ~-hour shifts*** fare turni di otto ore **II** pron. otto; ***there are ~ of them*** ce ne sono otto **III** n. **1** otto m.; ***to multiply by ~*** moltiplicare per otto; ***the ~ of clubs*** l'otto di fiori **2** *(rowing team)* otto m.; ***coxed ~*** otto con **IV Eights** n.pl. ***the Eights*** = le gare di canottaggio tra le università di Oxford e Cambridge ◆ ***to have had*** o ***to be one over the ~*** COLLOQ. essersi preso una sbornia *o* avere bevuto un bicchiere di troppo.
eight ball /'eɪtbɔ:l/ n. **1** *(in pool)* palla f. nera **2** SPREG. negro m. (-a) ◆ ***to be behind the ~*** trovarsi in una situazione difficile.
▶ **eighteen** /eɪ'ti:n/ ♦ ***19, 1, 4*** **I** determ. diciotto; ***~ people, pages*** diciotto persone, pagine; ***~-hole golf course*** percorso a diciotto buche **II** pron. diciotto; ***there are ~ of them*** ce ne sono diciotto **III** n. diciotto m.; ***to multiply by ~*** moltiplicare per diciotto.
eighteenmo /eɪ'ti:nməʊ/ n. TIP. diciottesimo m.
eighteenth /eɪ'ti:nθ/ ♦ ***19, 8*** **I** determ. diciottesimo; ***the ~ page*** la diciottesima pagina; ***the ~-richest man in the world*** il diciottesimo uomo più ricco del mondo **II** pron. **1** *(in order)* diciottesimo m. (-a); ***the ~ in line*** il diciottesimo della fila **2** *(of month)* diciotto m.; ***the ~ of May*** il diciotto maggio **III** n. *(fraction)* diciottesimo m. **IV** avv. [*come, finish*] diciottesimo, in diciottesima posizione.
eightfold /'eɪtfəʊld/ **I** agg. **1** *(eight times as great)* ottuplo **2** *(having eight parts)* ottuplice **II** avv. (per) otto volte.

▷ **eighth** /eɪtθ/ ➧ *19, 8* **I** determ. ottavo; ***the ~ page*** l'ottava pagina; ***the ~-richest man in the world*** l'ottavo uomo più ricco del mondo **II** pron. **1** *(in order)* ottavo m. (-a); ***the ~ in line*** l'ottavo della fila **2** *(of month)* otto m.; ***the ~ of May*** l'otto maggio **III** n. **1** *(fraction)* ottavo m. **2** MUS. ottava f. **IV** avv. [*come, finish*] ottavo, in ottava posizione.
eighth note /'eɪtθnəʊt/ n. AE MUS. croma f.
eightly /'eɪtθlɪ/ avv. RAR. all'ottavo posto, in ottavo luogo.
eightieth /'eɪtɪəθ/ ➧ *19* **I** determ. ottantesimo; ***the ~ page*** l'ottantesima pagina; ***the ~-richest man in the world*** l'ottantesimo uomo più ricco del mondo **II** pron. *(in order)* ottantesimo m. (-a); ***the ~ in line*** l'ottantesimo della fila **III** n. *(fraction)* ottantesimo m. **IV** avv. [*come, finish*] ottantesimo, in ottantesima posizione.
eightsome /'eɪtsəm/ n. = danza scozzese eseguita da otto persone.
▶ **eighty** /'eɪtɪ/ ➧ *19, 1, 8* **I** determ. ottanta; ***~ people, pages*** ottanta persone, pagine **II** pron. ottanta; ***there are ~ of them*** ce ne sono ottanta **III** n. ottanta m.; ***to multiply by ~*** moltiplicare per ottanta **IV eighties** n.pl. **1** *(decade)* ***the eighties*** gli anni '80 **2** *(age)* ***to be in one's eighties*** aver passato gli ottanta; ***a man in his eighties*** un ottantenne *o* un ottuagenario.
eighty-eight /'eɪtɪeɪt/ ➧ *19, 1* **I** determ. ottantotto **II** n. **1** ottantotto m. **2** AE COLLOQ. pianoforte m.
1.eighty-six /ˌeɪtɪ'sɪks/ ➧ *19, 1* **I** determ. ottantasei **II** n. **1** ottantasei m. **2** AE COLLOQ. = cliente di locale che non viene più servito.
2.eighty-six /ˌeɪtɪ'sɪks/ tr. AE COLLOQ. *(in restaurant, pub)* ***~ that drunk*** non servire più alcolici a quell'ubriaco; ***~ the salmon*** il salmone è finito.
Eileen /'aɪli:n/ n.pr. Eileen (nome di donna).
einkorn /'aɪnkɔ:n/ n. farro m.
einsteinium /aɪn'staɪnɪəm/ n. einsteinio m.
Eire /'eərə/ ➧ *6* n.pr. Eire m., Irlanda f.

> **i** **Eire** Nome gaelico dell'Irlanda, adottato come nome ufficiale dal 1937 al 1949. A partire dal 1949 la denominazione ufficiale dello stato irlandese è *Republic of Ireland*.

Eisteddfod /ˌaɪ'stedfəd, ˌaɪ'steðvɒd/ n. = uno dei concorsi annuali di musica, poesia e teatro che si tengono nel Galles.
▶ **either** /'aɪðər, AE 'i:ðər/ When used as coordinating conjunctions *either... or* are translated by *o... o*, although the first *o* may be omitted: *she must be either silly or very lazy* = deve essere (o) stupida o molto pigra; *you can have either tea or coffee* = può prendere (o) tè o caffè; *they can either phone me or send me a fax* = possono (o) telefonarmi o mandarmi un fax. - When used as a conjunction in a negative sentence, *either... or* are translated by *né... né*, although the first *né* may be omitted: *you're not being either truthful or fair* = non sei (né) sincero né giusto. - When used as an adverb in a negative sentence, *either* can be translated by *neppure, nemmeno* or *neanche*; note that, while *either* is usually placed at the end of the sentence in this case, its Italian equivalent is at the beginning: *I can't do it either* = neanche io posso farlo. Note also that, if *not + either* is substituted by *neither*, the Italian translation does not change: *I didn't go there either* = *neither did I go there* = nemmeno io ci andai. - For examples and further uses, see the entry below. **I** determ. **1** *(one or the other)* l'uno o l'altro; ***you can take ~ road*** puoi prendere una strada o l'altra; ***~ one will do*** tutti e due andranno bene; *(in the negative)* ***I can't see ~ child*** non vedo né un bambino né l'altro **2** *(both)* ***~ one of the solutions is acceptable*** entrambe le soluzioni sono accettabili; ***in ~ case*** in entrambi i casi; ***at ~ side of the street*** su ciascun lato della strada; ***at ~ side of the fire*** dai due lati del camino; ***in ~ hand*** in ciascuna mano; ***~ way, you win*** in un modo o nell'altro vinci; ***~ way, it will be difficult*** in ogni caso sarà difficile; ***I don't care ~ way*** in un modo o nell'altro è lo stesso; ***I don't have strong views ~ way*** in un modo o nell'altro non ne sono pienamente convinto; ***~ way, you can't confirm it*** in ogni caso non puoi confermarlo **II** pron. **1** *(one or other)* l'uno o l'altro, l'una o l'altra; ***you can take ~ (of them)*** puoi prendere l'uno o l'altro; ***~ or both of you can do it*** potete farlo tutti e due; ***"which book do you want?" - "~"*** "quale libro vuoi?" - "fa lo stesso"; *(in the negative)* ***I don't like ~ (of them)*** non mi piace né l'uno né l'altro, nessuno dei due; ***I don't believe ~ of you*** non credo né all'uno né all'altro; ***without ~ (of them)*** senza l'uno né l'altro; ***there was no sound from ~ of the rooms*** non proveniva nessun rumore né da una camera né dall'altra **2** *(both)* ***~ of the two is possible*** entrambi sono possibili; ***~ would be difficult to repair*** entrambi sarebbero difficili da riparare; ***~ of us could win*** tutti e due potremmo vincere **III** avv. neanche, nemmeno, neppure; ***I can't do it ~*** neanche io posso farlo; ***there's no answer to that question ~*** neppure a questa domanda c'è risposta; ***not only was it expensive, but it didn't work ~*** non solo era caro ma nemmeno funzionava **IV** cong. **1** *(as alternatives)* ***I was expecting him ~ Tuesday or Wednesday*** lo aspettavo martedì o mercoledì; ***you ~ love him or hate him*** o lo adori o lo detesti; ***~ by cheating or by lying*** ingannando o mentendo; ***it's ~ him or me*** o lui o io; ***available in ~ pink or blue*** disponibile in rosa o in blu; ***I confessed, it was ~ that or be tortured*** ho confessato altrimenti mi avrebbero torturato **2** *(in the negative)* ***I wouldn't reward ~ Patrick or Emily*** non ricompenserei né Patrick né Emily; ***you're not being ~ truthful or fair*** non sei né sincero né giusto **3** *(as an ultimatum)* ***~ you finish your work or you will be punished!*** o finisci il lavoro o sarai punito! ***put the gun down, ~ that or I call the police*** posa la pistola altrimenti chiamo la polizia.
either-or /'aɪðərˌɔ:(r), AE 'i:ðər-/ agg. ***it's an ~ situation, you have to decide*** è un bel dilemma, spetta a te decidere.
ejaculate /ɪ'dʒækjʊleɪt/ **I** tr. **1** *(exclaim)* esclamare **2** FISIOL. espellere [*semen, fluid*] **II** intr. eiaculare.
ejaculation /ɪˌdʒækjʊ'leɪʃn/ n. **1** *(verbal)* esclamazione f. **2** FISIOL. eiaculazione f.
ejaculatory /ɪ'dʒækjʊleɪtərɪ, AE -tɔ:rɪ/ agg. [*function*] eiaculatorio; [*vessel, muscle*] eiaculatore.
eject /ɪ'dʒekt/ **I** tr. **1** *(give out)* [*machine, system*] emettere [*gases, waste*] (**from** da); [*volcano*] eruttare [*lava, rocks*] **2** fare uscire [*cassette*] **3** *(throw out)* espellere, buttare fuori [*troublemaker, intruder, enemy*] (**from** da) **II** intr. [*pilot*] eiettarsi.
ejecta /ɪ'dʒektə/ n. **1** GEOL. materiali m.pl. piroclastici **2** FISIOL. escrementi m.pl.
eject button /ɪ'dʒektˌbʌtn/ n. *(in tape recorder)* tasto m. eject.
ejection /ɪ'dʒekʃn/ n. **1** *(of gases, waste)* emissione f.; *(of lava)* eruzione f., eiezione f. **2** *(of troublemaker, enemy)* espulsione f. (**from** da) **3** AER. *(of pilot)* eiezione f.
ejection seat /ɪ'dʒekʃnˌsi:t/ n. AE AER. seggiolino m. eiettabile.
ejectment /ɪ'dʒektmənt/ n. DIR. azione f. di sfratto, spoglio m., espulsione f., evizione f.
ejector /ɪ'dʒektə(r)/ n. **1** TECN. eiettore m. **2** ARM. estrattore m.
ejector seat /ɪ'dʒektəˌsi:t/ n. AER. seggiolino m. eiettabile.
eke out /ˌi:k'aʊt/ tr. *(by saving)* fare bastare [*income, supplies*] (**by** a forza di; **by doing** facendo); *(by supplementing)* aumentare [*income, supplies*] (**with** con; **by doing** facendo); ***to eke the food out*** fare bastare il cibo; ***to ~ a living*** o ***an existence*** sbarcare il lunario.
el /el/ n. AE (accorc. elevated railroad) ferrovia f. soprelevata.
▷ **1.elaborate** /ɪ'læbərət/ agg. **1** [*system, network, apparatus, plan*] elaborato, complesso; [*compromise, attempt, meal, ritual*] elaborato; [*solution, game*] complicato **2** [*architecture, design, carving, costume, clothes*] elaborato; [*painting, sculpture*] elaborato, ornato **3** [*joke, excuse, explanation, anecdote, question*] complicato; [*precaution*] accurato; [*preparation*] minuzioso.
▷ **2.elaborate** /ɪ'læbəreɪt/ **I** tr. elaborare [*theory, hypothesis, scheme*]; sviluppare [*point, statement, idea*] **II** intr. entrare nei dettagli; ***to ~ on*** aggiungere dettagli a [*plan, proposal, remark, offer, statement*].
elaborately /ɪ'læbərətlɪ/ avv. **1** [*carved, decorated, dressed*] in modo elaborato **2** [*defined, described, arranged, constructed*] minuziosamente.
elaborateness /ɪ'læbərətnɪs/ n. *(complexity)* elaboratezza f., complessità f.
elaboration /ɪˌlæbə'reɪʃn/ n. *(of plan, theory, point etc.)* elaborazione f. (**of** di).
Elaine /ɪ'leɪn/ n.pr. Elaine (nome di donna).
élan /eɪ'lɑ:n/ n. slancio m., brio m.
eland /'i:lənd/ n. eland m., antilope f. alcina.
elapse /ɪ'læps/ intr. passare, trascorrere.
elastic /ɪ'læstɪk/ **I** agg. elastico **II** n. elastico m.
elasticated /ɪ'læstɪkeɪtɪd/ agg. [*waistband, bandage*] elastico, elasticizzato.
elastic band /ɪˌlæstɪk'bænd/ n. elastico m., fettuccia f. elastica.
elasticity /ˌɪlæs'tɪsətɪ, eˌlæ-/ n. elasticità f.
elastin /ɪ'læstɪn/ n. elastina f.
elastomer /ɪ'læstəmə(r)/ n. elastomero m.
elastomeric /ɪlæstə'merɪk/ agg. elastomerico.
elate /ɪ'leɪt/ tr. animare, esaltare.
elated /ɪ'leɪtɪd/ **I** p.pass. → **elate II** agg. esaltato, esultante; ***I was ~ at having won*** ero euforico per la vittoria; ***she was ~ by this success*** era esultante per questo successo.
elater /ɪ'leɪtə(r)/ n. BOT. ZOOL. elaterio m.

elaterite /ɪ'lætəraɪt/ n. elaterite f.
elation /ɪ'leɪʃn/ n. esaltazione f., esultanza f.; ***to be filled with ~*** essere al colmo della gioia.
Elba /'elbə/ ➧ *12* n.pr. isola f. d'Elba.
▷ **1.elbow** /'elbəʊ/ ➧ *2* n. **1** gomito m.; ***to lean on one's ~s*** appoggiarsi sui gomiti; ***at sb.'s ~*** a portata di mano; ***to wear a jacket through at the ~s*** bucare i gomiti di una giacca **2** MECC. gomito m.; ***there is an ~ in the pipe*** la tubatura fa un gomito **3** *(of chair)* bracciolo m. ◆ ***more power to your, his etc. ~*** BE ti, gli ecc. auguro successo; ***to be out at (the) ~(s)*** [*person*] essere malmesso; [*garment*] essere consunto, logoro ai gomiti; ***to be up to the ~s in sth.*** essere immerso fino al collo in qcs.; ***to bend the*** o ***an ~*** COLLOQ. alzare il gomito; ***to give sb. the ~*** COLLOQ. sbarazzarsi di qcn.; ***to rub ~s with sb.*** AE COLLOQ. essere in confidenza con qcn.
2.elbow /'elbəʊ/ **I** tr. ***to ~ sb. in the stomach*** tirare una gomitata nello stomaco a qcn.; ***to ~ sb. aside*** o ***out of the way*** allontanare qcn. a gomitate **II** intr. ***to ~ through sth.*** farsi largo tra qcs. a gomitate; ***to ~ (one's way) forward*** avanzare a gomitate.
elbow bender /'elbəʊˌbendə(r)/ n. AE COLLOQ. ***to be an ~*** essere uno che alza il gomito.
elbow chair /'elbəʊˌtʃeə(r)/ n. sedia f. con i braccioli.
elbow grease /'elbəʊˌgri:s/ n. olio m. di gomito.
elbow joint /'elbəʊˌdʒɔɪnt/ n. articolazione f. del gomito.
elbowroom /'elbəʊru:m/ n. **1** *(room to move, work)* spazio m. per muoversi; ***there isn't much ~ in this kitchen, office*** non c'è molto spazio in questa cucina, in questo ufficio **2** FIG. *(room for manoeuvre)* spazio m. di manovra.
▷ **1.elder** /'eldə(r)/ **I** agg. (compar. di **old**) più vecchio, maggiore; ***the ~ girl*** la ragazza più vecchia **II** n. **1** *(older person)* maggiore m. e f., (il) più vecchio, (la) più vecchia; ***respect your ~s and betters*** rispetta chi è più vecchio di te **2** *(in tribe etc.)* anziano m. (-a); ***village ~*** anziano del villaggio; ***party ~*** POL. anziano del partito **3** RELIG. *(in early church)* sacerdote m. **4** RELIG. *(in Presbyterian church)* anziano m.
2.elder /'eldə(r)/ n. BOT. sambuco m.
elderberry /'eldəˌbrɪ, AE -berɪ/ n. bacca f. di sambuco.
elderberry wine /'eldəˌbrɪwaɪn, AE -berɪ-/ n. vino m. di sambuco.
elderflower /'eldəˌflaʊə(r)/ n. fiore m. di sambuco.
▶ **elderly** /'eldəlɪ/ **I** agg. **1** [*person, population*] anziano; ***her ~ father*** il suo anziano padre; ***an ~ couple*** una coppia di anziani **2** [*vehicle, machinery, aircraft*] vecchio, antiquato **II** n. ***the ~*** + verbo pl. gli anziani; ***care of the ~*** cura degli anziani.
eldership /'eldəʃɪp/ n. **1** *(being the elder)* anzianità f. **2** RELIG. carica f. di anziano.
elder statesman /ˌeldə'steɪtsmən/ n. (pl. **elder statesmen**) *(all contexts)* decano m.
eldest /'eldɪst/ **I** agg. (superl. di **old**) più vecchio, maggiore; ***the ~ child*** il figlio maggiore; ***I'm the ~ girl*** sono la ragazza più vecchia **II** n. maggiore m. e f., (il) più vecchio, (la) più vecchia; ***my ~*** il mio primogenito.
El Dorado /eldə'rɑ:dəʊ/ n. eldorado m.
eldritch /'eldrɪtʃ/ agg. SCOZZ. LETT. soprannaturale, spaventoso.
Eldred /'eldrɪd/ n.pr. Eldred (nome di uomo).
Eleanor /'elɪnə(r)/ n.pr. Eleonora.
e-learning /i:'lɜ:nɪŋ/ n. e-learning m.
elecampane /ˌelɪkæm'peɪn/ n. enula f.
1.elect /ɪ'lekt/ **I** agg. eletto, designato, prescelto; ***the president ~*** = il presidente eletto ma non ancora insediato **II** n. ***the ~*** + verbo pl. gli eletti.
▶ **2.elect** /ɪ'lekt/ tr. **1** *(by vote)* eleggere [*representative, president etc.*] (**from, from among** tra); ***to be ~ed to the presidency, parliament*** essere eletto alla presidenza, al parlamento; ***to ~ sb. (as) president*** eleggere qcn. presidente **2** *(choose)* scegliere, decidere [*method, system etc.*]; ***to ~ to do*** scegliere di fare; ***to be ~ed a member, as leader*** essere nominato membro, capo.
electable /ɪ'lektəbl/ agg. [*party*] eleggibile, che può essere eletto; ***to make sb. more ~*** aumentare la popolarità di qcn.
▷ **elected** /ɪ'lektɪd/ **I** p.pass. → **2.elect II** agg. [*authority, government, officer, representative*] eletto; ***~ office*** carica elettiva.
▶ **election** /ɪ'lekʃn/ **I** n. **1** *(ballot)* elezione f.; ***in*** o ***at the ~*** alle elezioni; ***to win, lose an ~*** vincere, perdere alle elezioni **2** *(appointment)* elezione f. (**to** a); ***to stand for ~*** presentarsi (come candidato) alle elezioni **II** modif. [*campaign, manifesto, fever*] elettorale; [*day, results*] delle elezioni.
1.electioneer /ɪˌlekʃə'nɪə(r)/ n. galoppino m. (-a) elettorale.
2.electioneer /ɪˌlekʃə'nɪə(r)/ intr. fare propaganda elettorale.
electioneering /ɪˌlekʃə'nɪərɪŋ/ n. *(campaigning)* propaganda f. elettorale.
elective /ɪ'lektɪv/ **I** agg. **1** *(elected)* [*office, official, assembly*] elettivo; *(empowered to elect)* [*body*] elettorale **2** SCOL. UNIV. [*course, subject*] facoltativo, opzionale **II** n. AE SCOL. UNIV. corso m. facoltativo.
electivity /ɪ'lektɪvɪtɪ/ n. elettività f.
elector /ɪ'lektə(r)/ n. **1** *(voter)* elettore m. (-trice) **2** US POL. = membro dell'electoral college.
▷ **electoral** /ɪ'lektərəl/ agg. elettorale.
electoral boundary /ɪˌlektərəl'baʊndrɪ/ n. limite m. della circoscrizione elettorale.
electoral college /ɪˌlektərəl'kɒlɪdʒ/ n. **1** *(body of electors)* collegio m. elettorale **2** US POL. = assemblea elettiva incaricata di eleggere il presidente e il vicepresidente.
electoral district /ɪˌlektərəl'dɪstrɪkt/ n. circoscrizione f. elettorale.
electorally /ɪ'lektərəlɪ/ avv. [*necessary, damaging*] sul piano elettorale.
electoral register /ɪˌlektərəl'redʒɪstə(r)/, **electoral roll** /ɪˌlektərəl'rəʊl/ n. lista f. elettorale.
electoral vote /ɪˌlektərəl'vəʊt/ n. AE = voto dei membri dell'electoral college.
▷ **electorate** /ɪ'lektərət/ n. elettorato m., elettori m.pl.
Electra /ɪ'lektrə/ n.pr. Elettra.
Electra complex /ɪ'lektrəˌkɒmpleks, AE -kəm'pleks/ n. complesso m. di Elettra.
electress /ɪ'lektrɪs/ n. RAR. elettrice f.
electret /ɪ'lektrɪt/ n. elettrete m.
▷ **electric** /ɪ'lektrɪk/ **I** agg. elettrico (anche FIG.) **II electrics** n.pl. BE AUT. COLLOQ. circuito m.sing. elettrico.
▷ **electrical** /ɪ'lektrɪkl/ agg. elettrico.
electrical engineer /ɪˌlektrɪklˌendʒɪ'nɪə(r)/ ➧ *27* n. ingegnere m. elettrotecnico.
electrical engineering /ɪˌlektrɪklˌendʒɪ'nɪərɪŋ/ n. (ingegneria) elettrotecnica f.
electrically /ɪ'lektrɪklɪ/ avv. elettricamente.
electric blanket /ɪˌlektrɪk'blæŋkɪt/ n. termocoperta f.
electric blue /ɪˌlektrɪk'blu:/ ➧ *5* **I** n. blu m. elettrico **II** agg. blu elettrico.
electric chair /ɪˌlektrɪk'tʃeə(r)/ n. sedia f. elettrica.
electric eel /ɪˌlektrɪk'i:l/ n. anguilla f. elettrica.
electric eye /ɪˌlektrɪk'aɪ/ n. fotocellula f.
electric fence /ɪˌlektrɪk'fens/ n. recinzione f. elettrificata.
electric field /ɪˌlektrɪk'fi:ld/ n. campo m. elettrico.
electric guitar /ɪˌlektrɪkgɪ'tɑ:(r)/ n. chitarra f. elettrica.
electrician /ˌɪlek'trɪʃn/ ➧ *27* n. elettricista m. e f.
▷ **electricity** /ˌɪlek'trɪsətɪ/ **I** n. elettricità f. (anche FIG.); ***to turn on, off the ~*** attaccare, staccare la corrente **II** modif. [*generator*] di corrente; [*cable, charges*] elettrico; [*bill*] della luce.
electricity board /ˌɪlek'trɪsətɪˌbɔ:d/ n. BE azienda f. elettrica.
electricity supply /ˌɪlek'trɪsətɪsəˌplaɪ/ n. erogazione f. dell'elettricità.
electric shock /ɪˌlektrɪk'ʃɒk/ n. scossa f. elettrica; ***to get an ~*** prendere la scossa.
electric storm /ɪˌlektrɪk'stɔ:m/ n. temporale m.
electric window /ɪˌlektrɪk'wɪndəʊ/ n. alzacristalli m. elettrico.
electrifiable /ɪ'lektrɪfaɪəbl/ agg. **1** elettrificabile **2** FIS. elettrizzabile (anche FIG.).
electrification /ɪˌlektrɪfɪ'keɪʃn/ n. **1** *(of railway, region etc.)* elettrificazione f. **2** FIS. elettrizzazione f. (anche FIG.).
electrified /ɪ'lektrɪfaɪd/ **I** p.pass. → **electrify II** agg. **1** [*railway, region*] elettrificato **2** FIS. elettrizzato (anche FIG.).
electrify /ɪ'lektrɪfaɪ/ tr. **1** elettrificare [*railway, region*] **2** FIS. elettrizzare (anche FIG.).
electrifying /ɪ'lektrɪfaɪɪŋ/ **I** agg. elettrizzante (anche FIG.); ***an ~ speech*** un discorso elettrizzante **II** n. → **electrification**.
electroacoustics /ɪˌlektrəʊə'ku:stɪks/ n. + verbo sing. elettroacustica f.
electroanalysis /ɪˌlektrəʊə'nælɪsɪs/ n. elettroanalisi f.
electrocardiogram /ɪˌlektrəʊ'kɑ:dɪəgræm/ n. elettrocardiogramma m.
electrocardiograph /ɪˌlektrəʊ'kɑ:dɪəgrɑ:f, AE -græf/ n. elettrocardiografo m.
electrocatalysis /ɪˌlektrəʊkə'tælɪsɪs/ n. (pl. **-es**) elettrocatalisi f.
electrochemical /ɪˌlektrəʊ'kemɪkl/ agg. elettrochimico.
electrochemistry /ɪˌlektrəʊ'kemɪstrɪ/ n. elettrochimica f.
electrochromatography /ɪˌlektrəʊˌkrəʊmə'tɒgrəfɪ/ n. elettrocromatografia f.
electroconvulsive therapy /ɪˌlektrəʊkənˌvʌlsɪv'θerəpɪ/ n. terapia f. elettroconvulsiva, elettroshockterapia f.; ***he had ~*** gli hanno fatto una elettroshockterapia.

electrocute /ɪ'lektrəkju:t/ **I** tr. fulminare; ***to be ~d*** *(accidentally)* fulminarsi; *(in electric chair)* essere giustiziato sulla sedia elettrica **II** rifl. ***to ~ oneself*** fulminarsi.
electrocution /ɪˌlektrə'kju:ʃn/ n. elettrocuzione f.
electrode /ɪ'lektrəʊd/ n. elettrodo m.
electrodialysis /ɪˌlektrəʊdaɪ'ælɪsɪs/ n. (pl. **-es**) elettrodialisi f.
electrodynamics /ɪˌlektrəʊdaɪ'næmɪks/ n. + verbo sing. elettrodinamica f.
electroencephalogram /ɪˌlektrəʊen'kefələgræm, -en'se-/ n. elettroencefalogramma m.
electroencephalograph /ɪˌlektrəʊen'kefələgrɑ:f, AE -en'sefələgræf/ n. elettroencefalografo m.
electrofishing /ɪˌlektrəʊ'fɪʃɪŋ/ n. = pesca mediante l'utilizzo di deboli campi elettrici.
electrokinetics /ɪˌlektrəʊkaɪ'netɪks/ n. + verbo sing. elettrocinetica f.
electrolier /ɪˌlektrəʊ'lɪə(r)/ n. lampadario m. (elettrico) a bracci.
electrology /ˌɪlek'trɒlədʒɪ/ n. elettrologia f.
electrolyse /ɪ'lektrəlaɪz/ tr. elettrolizzare.
electrolysis /ˌɪlek'trɒləsɪs/ n. **1** CHIM. elettrolisi f. **2** *(hair removal)* = epilazione mediante diatermia.
electrolyte /ɪ'lektrəlaɪt/ n. elettrolita m.
electrolytic /ɪ'lektrəlɪtɪk/ agg. elettrolitico.
electrolyze AE → **electrolyse**.
electromagnet /ɪˌlektrəʊ'mægnɪt/ n. elettrocalamita f., elettromagnete m.
electromagnetic /ɪˌlektrəʊmæg'netɪk/ agg. elettromagnetico.
electromagnetism /ɪˌlektrəʊ'mægnɪtɪzəm/ n. elettromagnetismo m.
electromechanical /ɪˌlektrəʊmɪ'kænɪkl/ agg. elettromeccanico.
electrometallurgy /ɪˌlektrəʊmɪ'tælədʒɪ, AE -'metəl3:rdʒɪ/ n. elettrometallurgia f.
electrometer /ˌɪlek'trɒmɪtə(r)/ n. elettrometro m.
electromotive /ɪˌlektrəʊ'məʊtɪv/ agg. elettromotore.
electromotive force /ɪˌlektrəʊˌməʊtɪv'fɔ:s/ n. forza f. elettromotrice.
electromotor /ɪˌlektrəʊ'məʊtə(r)/ n. elettromotore m.
▷ **electron** /ɪ'lektrɒn/ n. elettrone m.
electronegative /ɪˌlektrəʊ'negətɪv/ agg. elettronegativo.
electronegativity /ɪˌlektrəʊˌnegə'tɪvətɪ/ n. elettronegatività f.
electron gun /ɪˌlektrɒn'gʌn/ n. ELETTRON. cannone m. elettronico.
▷ **electronic** /ˌɪlek'trɒnɪk/ agg. *(all contexts)* elettronico.
electronically /ˌɪlek'trɒnɪklɪ/ avv. elettronicamente.
electronic directory /ˌɪlekˌtrɒnɪkdaɪ'rektərɪ, -dɪ-/ n. elenco m. computerizzato.
electronic engineer /ˌɪlekˌtrɒnɪkˌendʒɪ'nɪə(r)/ ♦ ***27*** n. ingegnere m. elettronico.
electronic engineering /ˌɪlekˌtrɒnɪkˌendʒɪ'nɪərɪŋ/ n. (ingegneria) elettronica f.
electronic eye /ˌɪlekˌtrɒnɪk'aɪ/ n. cellula f. fotoelettrica, fotocellula f.
electronic funds transfer /ˌɪlekˌtrɒnɪk'fʌndzˌtrænsf3:(r)/ n. trasferimento m. fondi elettronico.
electronic funds transfer system /ˌɪlekˌtrɒnɪk'fʌndzˌtrænsf3:ˌsɪstəm/ n. sistema m. di trasferimento fondi elettronico.
electronic mail /ˌɪlekˌtrɒnɪk'meɪl/ n. posta f. elettronica.
electronic mail system /ˌɪlekˌtrɒnɪk'meɪlˌsɪstəm/ n. sistema m. di posta elettronica.
electronic media /ˌɪlekˌtrɒnɪk'mi:dɪə/ n.pl. mezzi m. di informazione elettronici.
electronic news gathering /ˌɪlekˌtrɒnɪk'nju:zˌgæðərɪŋ, AE -'nu:z-/ n. = sistema di raccolta e diffusione di notizie via computer.
electronic office /ˌɪlekˌtrɒnɪk'ɒfɪs, AE -'ɔ:f-/ n. ufficio m. informatizzato.
electronic organizer /ɪlekˌtrɒnɪk'ɔ:gənaɪzə(r)/ n. agenda f. elettronica, organizer m.
electronic pointer /ˌɪlekˌtrɒnɪk'pɔɪntə(r)/ n. → **electronic stylus**.
electronic publishing /ˌɪlekˌtrɒnɪk'pʌblɪʃɪŋ/ n. editoria f. elettronica.
▷ **electronics** /ˌɪlek'trɒnɪks/ n. + verbo sing. elettronica f.
electronic stylus /ˌɪlekˌtrɒnɪk'staɪləs/ n. penna f. ottica.
electronic surveillance /ˌɪlekˌtrɒnɪks3:'veɪləns/ n. sorveglianza f. elettronica.
electronic tag /ɪlekˌtrɒnɪk'tæg/ n. braccialetto m. elettronico.
electron microscope /ɪˌlektrɒn'maɪkrəskəʊp/ n. microscopio m. elettronico.
electron volt /ɪ'lektrɒnˌvəʊlt/ n. elettronvolt m.
electro-optics /ɪˌlektrəʊ'ɒptɪks/ n. + verbo sing. elettroottica f.
electro-osmosis /ɪˌlektrəʊɒz'məʊsɪs/ n. (pl. **-es**) elettrosmosi f.
electropainting /ɪˌlektrəʊ'peɪntɪŋ/ n. verniciatura f. elettrolitica.
electrophilic /ɪˌlektrəʊ'fɪlɪk/ agg. elettrofilo.
electrophoresis /ɪˌlektrəʊfə'ri:sɪs/ n. elettroforesi f.
electrophoretic /ɪˌlektrəʊfə'retɪk/ agg. elettroforetico.
electrophorus /ˌɪlek'trɒfərəs/ n. (pl. **-i**) elettroforo m.
electrophysics /ɪˌlektrəʊ'fɪsɪks/ n. + verbo sing. elettrofisica f.
electrophysiology /ɪˌlektrəʊˌfɪsɪ'ɒlədʒɪ/ n. elettrofisiologia f.
1.electroplate /ɪ'lektrəpleɪt/ n. = oggetti placcati (mediante galvanoplastica o galvanostegia).
2.electroplate /ɪ'lektrəpleɪt/ tr. placcare (mediante galvanostegia).
electroplating /ɪˌlektrə'pleɪtɪŋ/ n. **1** *(technique, process)* galvanostegia f. **2** *(coating)* = strato di metallo applicato mediante galvanostegia.
electropositive /ɪˌlektrəʊ'pɒsɪtɪv/ agg. elettropositivo.
electropositivity /ɪˌlektrəʊˌpɒsɪ'tɪvətɪ/ n. elettropositività f.
electrorefining /ɪˌlektrəʊrɪ'faɪnɪŋ/ n. elettroraffinazione f.
electroscope /ɪ'lektrəskəʊp/ n. elettroscopio m.
electroshock /ɪˌlektrəʊ'ʃɒk/ n. elettroshock m.
electroshock therapy /ɪˌlektrəʊˌʃɒk'θerəpɪ/, **electroshock treatment** /ɪˌlektrəʊˌʃɒk'tri:tmənt/ n. elettroshockterapia f.; ***he had ~*** gli hanno fatto una elettroshockterapia.
electrostatic /ɪˌlektrəʊ'stætɪk/ agg. elettrostatico.
electrostatics /ɪˌlektrəʊ'stætɪks/ n. + verbo sing. elettrostatica f.
electrostriction /ɪˌlektrəʊ'strɪkʃn/ n. elettrostrizione f.
electrosynchrotron /ɪˌlektrəʊ'sɪŋkrətrɒn/ n. elettrosincrotrone m.
electrosurgery /ɪˌlektrəʊ's3:dʒərɪ/ n. elettrochirurgia f.
electrosynthesis /ɪˌlektrəʊ'sɪnθəsɪs/ n. elettrosintesi f.
electrotechnics /ɪˌlektrəʊ'teknɪks/ n. + verbo sing. elettrotecnica f.
electrotechnology /ɪˌlektrəʊtek'nɒlədʒɪ/ n. elettrotecnica f.
electrotherapeutics /ɪˌlektrəʊˌθerə'pju:tɪks/ n. + verbo sing. elettroterapia f.
electrotherapist /ɪˌlektrəʊ'θerəpɪst/ ♦ ***27*** n. elettroterapista m. e f.
electrotherapy /ɪˌlektrəʊ'θerəpɪ/ n. elettroterapia f.
electrothermal /ɪˌlektrəʊ'θ3:ml/ agg. elettrotermico.
electrothermancy /ɪˌlektrəʊ'θ3:mənsɪ/ n. elettrotermia f.
electrotropism /ɪˌlektrəʊ'trəʊpɪzəm/ n. elettrotropismo m.
1.electrotype /ɪ'lektrəʊtaɪp/ n. galvanotipia f.
2.electrotype /ɪ'lektrəʊtaɪp/ tr. stereotipizzare mediante galvanotipia.
electrotyping /ɪ'lektrəʊtaɪpɪŋ/ n. galvanotipia f.
electrovalence /ɪˌlektrəʊ'veɪləns/, **electrovalency** /ɪˌlektrəʊ'veɪlənsɪ/ n. elettrovalenza f.
electrovalent /ɪˌlektrəʊ'veɪlənt/ agg. [*bond*] elettrovalente.
electrum /ɪ'lektrəm/ n. *(alloy)* elettro m.
electuary /ɪ'lektjʊərɪ, AE -tʃu:erɪ/ n. elettuario m.
eleemosynary /eli:'mɒsɪnərɪ, AE -nerɪ/ agg. **1** *(pertaining to alms)* di elemosina, di carità **2** *(dependent on alms)* che vive di elemosina.
elegance /'elɪgəns/ n. eleganza f.
▷ **elegant** /'elɪgənt/ agg. **1** *(refined, graceful)* [*person, gesture, clothes*] elegante; [*manners*] raffinato; [*restaurant*] elegante, chic **2** *(neat)* [*solution*] elegante; [*proof*] preciso; [*novel, essay*] ben strutturato, armonico.
elegantly /'elɪgəntlɪ/ avv. [*dress, write*] in modo elegante, con eleganza; [*dressed, furnished*] in modo elegante, elegantemente.
elegiac /ˌelɪ'dʒaɪək/ agg. [*lament, couplet*] elegiaco.
elegy /'elədʒɪ/ n. elegia f. (**for** per).
elektron /ɪ'lektrɒn/ n. electron m.
▶ **element** /'elɪmənt/ **I** n. **1** *(constituent)* elemento m.; ***a key, important ~ in her philosophy*** un elemento chiave, importante della sua filosofia; ***the key ~ in his success*** l'elemento chiave del suo successo; ***the poor salary was just one ~ in my dissatisfaction*** il magro stipendio era solo uno dei motivi della mia insoddisfazione **2** *(factor)* fattore m.; ***the time ~*** il fattore tempo; ***the ~ of luck*** il fattore fortuna **3** *(small part)* parte f.; ***an ~ of risk, danger*** una componente di rischio, pericolo **4** *(constituent group)* elemento m., gruppo m.; ***the violent ~ in the audience*** gli elementi violenti del pubblico **5** CHIM. MAT. RAD. elemento m. **6** EL. componente m.; *(of battery)* elemento m. **II elements** m.pl. **1** *(rudiments)* *(of courtesy, diplomacy)* rudimenti m.; *(of grammar, mathematics etc.)* rudimenti m., elementi m. **2** *(air, water etc.)* ***the four ~s*** i quattro elementi; ***the ~s*** *(weather)* gli elementi atmosferici; ***to brave the ~s*** SCHERZ. affrontare la furia degli elementi; ***exposed to the ~s*** esposto alle intemperie ♦ ***to be in, out of one's ~*** trovarsi nel, fuori dal proprio elemento.

elemental /ˌelɪˈmentl/ agg. **1** *(basic)* primario, fondamentale **2** *(of natural forces)* degli elementi **3** CHIM. elementare.

▷ **elementary** /ˌelɪˈmentrɪ/ agg. **1** *(basic, simple, fundamental)* elementare **2** GB STOR., US SCOL. [*school*] elementare; [*teacher*] di scuola elementare.

▷ **elephant** /ˈelɪfənt/ n. elefante m.; ***baby ~*** elefantino ◆ ***to have a memory like an ~*** avere la memoria di un elefante; ***to see pink ~s*** avere le traveggole *o* vederci doppio.

elephant fish /ˈelɪfəntˌfɪʃ/ n. (pl. **elephant fish, elephant fishes**) pesce m. elefante.

elephantiasis /ˌelɪfənˈtaɪəsɪs/ ♦ **11** n. (pl. **-es**) elefantiasi f.

elephantine /ˌelɪˈfæntaɪn/ agg. **1** ZOOL. elefantino **2** FIG. [*joke, humour*] pesante; [*person*] elefantesco.

elephant seal /ˈelɪfəntˌsiːl/ n. elefante m. marino.

elephant's ear /ˈelɪfəntsɪə(r)/ n. **1** *(begonia)* begonia f. **2** *(taro)* taro m.

Eleusinian /ˌeljuːˈsɪnɪən/ agg. eleusino.

Eleusis /ɪˈljuːsɪs/ ♦ **34** n.pr. Eleusi f.

elevate /ˈelɪveɪt/ tr. **1** *(in rank, status)* elevare [*person, principle, quality*] (**to** a); ***to ~ sth. to (the status of) a religion*** elevare qcs. al rango di una religione; ***to ~ sb. to the status of a star*** elevare qcn. al rango di star; ***to ~ sb. to the peerage*** elevare qcn. alla carica di pari **2** *(uplift)* elevare, innalzare [*mind, soul*].

▷ **elevated** /ˈelɪveɪtɪd/ **I** p.pass. → **elevate II** agg. **1** *(lofty)* [*tone, language, rank*] elevato **2** *(lifted up)* [*site*] elevato; [*railway, canal*] soprelevato.

elevated highway /ˌelɪveɪtɪdˈhaɪweɪ/ n. AE autostrada f. soprelevata.

elevated railroad /ˌelɪveɪtɪdˈreɪlrəʊd/ n. AE ferrovia f. soprelevata.

elevating /ˈeɪlɪveɪtɪŋ/ agg. TECN. elevatore, di elevazione.

▷ **elevation** /ˌelɪˈveɪʃn/ n. **1** *(in rank, status)* elevazione f. (**to** a) **2** ARCH. alzato m., prospetto m.; ***side, front ~*** prospetto laterale, frontale **3** *(height)* altezza f., altitudine f.; ***at an ~ of 200 metres*** a un'altezza di 200 metri; ***angle of ~*** angolo di elevazione **4** *(of gun)* elevazione f. **5** (anche **Elevation**) RELIG. elevazione f. **6** *(hill)* altura f.

▷ **elevator** /ˈelɪveɪtə(r)/ n. **1** AE *(in building)* ascensore m. **2** *(hoist)* elevatore m., montacarichi m. **3** AE *(for grain)* silo m. **4** *(of aircraft)* equilibratore m.

elevator operator /ˈelɪveɪtərˌɒpəreɪtə(r)/ n. AE ragazzo m. (-a) addetto (-a) all'ascensore.

▶ **eleven** /ɪˈlevn/ ♦ **19, 1, 4 I** determ. undici; ***~ people, pages*** undici persone, pagine **II** pron. undici; ***there are ~ of them*** ce ne sono undici **III** n. **1** undici m.; ***to multiply by ~*** moltiplicare per undici **2** SPORT ***the football ~*** l'undici; ***a football ~*** una squadra di calcio; ***the first, second ~*** la prima, seconda squadra; ***to play for the first ~*** giocare in prima squadra; ***a cricket ~*** una squadra di cricket **3** GB SCOL. ***~ plus*** = esame che un tempo si sosteneva dopo la primary school per determinare quale tipo di scuola superiore frequentare.

elevenses /ɪˈlevnzɪz/ n. BE COLLOQ. = spuntino a metà mattinata.

eleventh /ɪˈlevnθ/ ♦ **19, 8 I** determ. undicesimo; ***the ~ page*** l'undicesima pagina; ***the ~-richest man in the world*** l'undicesimo uomo più ricco del mondo **II** pron. **1** *(in order)* undicesimo m. (-a); ***the ~ in line*** l'undicesimo della fila **2** *(of month)* undici m.; ***the ~ of May*** l'undici maggio **III** n. **1** *(fraction)* undicesimo m. **2** MUS. undicesima f., intervallo m. di undicesima **IV** avv. [*come, finish*] undicesimo, in undicesima posizione.

eleventh hour /ɪˈlevnθˌaʊə(r)/ **I** n. ***at the ~*** all'ultima ora **II eleventh-hour** modif. [*intervention, decision*] dell'ultima ora.

elevon /ˈelɪvɒn/ n. elevone m.

▷ **elf** /elf/ n. (pl. **elves**) **1** MITOL. elfo m. **2** FIG. folletto m.

elfin /ˈelfɪn/ agg. [*charm, magic*] di un elfo; [*features*] da elfo.

elfish /ˈelfɪʃ/ agg. **1** *(like an elf)* da elfo **2** [*child*] birichino.

Elfrida /elˈfriːdə/ n.pr. Elfrida.

Eli /ˈiːlaɪ/ n.pr. Elì.

Elias /ɪˈlaɪəs/ n.pr. Elia.

elicit /ɪˈlɪsɪt/ tr. strappare [*judgment, opinion*] (**from** a); suscitare [*reaction, response*] (**from** di); ottenere [*explanation*] (**from** da).

elicitation /ɪlɪsɪˈteɪʃn/ n. *(of judgement, opinion)* (lo) strappare.

elide /ɪˈlaɪd/ tr. LING. elidere.

eligibility /ˌelɪdʒəˈbɪlətɪ/ n. *(to sit exam, for pension, benefit, award)* diritto m. (**for** a; **to do** di fare); ***this may affect your ~*** questo potrebbe intaccare i suoi diritti; ***to determine sb.'s ~ for*** decidere se qcn. ha diritto a.

▷ **eligible** /ˈelɪdʒəbl/ agg. **1** *(qualifying)* ***to be ~ for*** avere diritto a [*allowance, benefit, membership*]; ***to be ~ for appointment*** avere i requisiti per una nomina; ***to be ~ to do*** avere il diritto di fare; ***the ~ candidates, students*** i candidati, gli studenti aventi diritto; ***the 4 million ~ voters*** i 4 milioni di aventi diritto al voto **2** *(marriageable)* ***an ~ bachelor*** ANT. un buon partito.

Elijah /ɪˈlaɪdʒə/ n.pr. Elia.

eliminable /ɪˈlɪmɪnəbl/ agg. eliminabile.

eliminate /ɪˈlɪmɪneɪt/ tr. **1** *(omit from consideration)* eliminare [*candidate, team*]; eliminare, escludere, scartare [*hypothesis, possibility*]; escludere, scartare [*suspect*] **2** *(eradicate)* eliminare [*costs, fat, disease*] **3** *(kill)* eliminare, uccidere [*person*] **4** MAT. FISIOL. eliminare.

▷ **elimination** /ɪˈlɪmɪneɪʃn/ n. eliminazione f.; ***by a process of ~*** (procedendo) per eliminazione.

eliminative /ɪˈlɪmɪnətɪv/ agg. eliminatorio.

eliminator /ɪˈlɪmɪneɪtə(r)/ n. TECN. soppressore m.

eliminatory /ɪˈlɪmɪnətərɪ, AE -tɔːrɪ/ agg. eliminatorio.

Elisabeth /ɪˈlɪzəbəθ/ n.pr. Elisabetta.

Elise /ɪˈliːz/ n.pr. Elisa.

Elisha /ɪˈlaɪʃə/ n.pr. Eliseo.

elision /ɪˈlɪʒn/ n. LING. elisione f.

élite /eɪˈliːt/ **I** n. **1** *(group)* + verbo sing. o pl. élite f. **2** TIP. carattere m. élite **II** agg. [*group, minority*] elitario; [*restaurant, club*] per l'élite; [*troop, team, squad*] scelto.

élitism /eɪˈliːtɪzəm/ n. elitarismo m.

élitist /eɪˈliːtɪst/ **I** agg. elitista **II** n. elitista m. e f.

elixir /ɪˈlɪksɪə(r)/ n. elisir m.; ***the ~ of life*** l'elisir di lunga vita.

Eliza /ɪˈlaɪzə/ n.pr. Elisa.

Elizabeth /ɪˈlɪzəbəθ/ n.pr. Elisabetta.

Elizabethan /ɪˌlɪzəˈbiːθn/ **I** agg. elisabettiano; ***the ~ Age*** l'età elisabettiana **II** n. elisabettiano m. (-a).

elk /elk/ n. (pl. **~, ~s**) **1** *(European, Asian)* alce m. **2** AE *(wapiti)* wapiti m.

ell /el/ n. = antica unità di misura di lunghezza corrispondente a circa 114 cm.

Ella /ˈelə/ n.pr. Ella (nome di donna).

Ellen /ˈelən/ n.pr. Ellen (nome di donna).

Ellery /ˈelərɪ/ n.pr. Ellery (nome di uomo).

Ellie /ˈelɪ/ n.pr. diminutivo di **Eleanor**.

ellipse /ɪˈlɪps/ n. **1** MAT. ellisse f. **2** LING. ellissi f.

ellipsis /ɪˈlɪpsɪs/ n. (pl. **-es**) **1** LING. ellissi f. **2** TIP. segno m. di omissione.

ellipsoid /ɪˈlɪpsɔɪd/ **I** agg. ellissoidale **II** n. ellissoide m.

ellipsoidal /ɪˈlɪpsɔɪdl/ agg. ellissoidale.

elliptic(al) /ɪˈlɪptɪk(l)/ agg. *(all contexts)* ellittico.

elliptically /ɪˈlɪptɪklɪ/ avv. *(all contexts)* ellitticamente.

ellipticity /ˌelɪpˈtɪsətɪ/ n. MAT. ellitticità f.

Ellis /ˈelɪs/ n.pr. Ellis (nome di uomo).

> **i** **Ellis Island** Isoletta situata nella baia di New York che fu, dal 1891 al 1943, la prima tappa americana per circa 20 milioni d'immigrati, che vi venivano registrati dalle autorità e sottoposti a visita medica. Oggi vi si può visitare il museo dell'immigrazione.

elm /elm/ n. *(tree, wood)* olmo m.

elm grove /ˈelmgrəʊv/ n. olmeto m., olmaia f.

Elmer /ˈelmə(r)/ n.pr. Elmer (nome di uomo).

elocution /ˌeləˈkjuːʃn/ n. elocuzione f., dizione f.

elocutionary /ˌeləˈkjuːʃənərɪ, AE -nerɪ/ agg. di elocuzione, di dizione.

elocutionist /ˌeləˈkjuːʃnɪst/ n. **1** *(teacher)* maestro m. (-a) di dizione **2** *(speaker)* dicitore m. (-trice), declamatore m. (-trice).

Eloise /eləʊˈiːz/ n.pr. Eloisa.

1.elongate /ˈiːlɒŋgeɪt, AE ɪˈlɔːŋ-/ agg. BOT. ZOOL. allungato, oblungo.

2.elongate /ˈiːlɒŋgeɪt, AE ɪˈlɔːŋ-/ **I** tr. *(lengthen)* allungare; *(stretch)* estendere **II** intr. allungarsi.

elongated /ˈiːlɒŋgeɪtɪd, AE ɪˈlɔːŋ-/ **I** p.pass. → **2.elongate II** agg. allungato; ***to become ~*** allungarsi.

elongation /ˌiːlɒŋˈgeɪʃən/ n. ASTR. elongazione f.

elope /ɪˈləʊp/ intr. [*couple*] fuggire insieme; [*man, woman*] fuggire (**with** con).

elopement /ɪˈləʊpmənt/ n. fuga f. d'amore.

eloquence /ˈeləkwəns/ n. eloquenza f.

eloquent /ˈeləkwənt/ agg. [*orator, speech, praise, gesture*] eloquente; ***her silence was ~*** il suo silenzio era eloquente.

eloquently /ˈeləkwəntlɪ/ avv. [*speak, argue, express*] eloquentemente, con eloquenza.

Elroy /ˈelrɔɪ/ n.pr. Elroy (nome di uomo).

Elsa /ˈelsə/ n.pr. Elsa.
El Salvador /ˌelˈsælvədɔ:(r)/ ❥ *6* n.pr. Salvador m.
▶ **else** /els/ Else means *in addition to, apart from* or *instead of* when it follows such indefinite pronouns as *somebody, anything*, etc. or such interrogative pronouns as *who, what, why*, etc.: *somebody else did it* = l'ha fatto qualcun altro; *what else could I do?* = che altro potrei fare? - *Else* means *otherwise* when it is preceded by *or*: *Hurry up, or else you'll miss the train* = sbrigati, o altrimenti perderai il treno. avv. **1** altro; ***somebody ~*** qualcun altro; ***nobody, nothing ~*** nessun altro, nient'altro; ***something ~*** qualcos'altro; ***somewhere*** o ***someplace*** AE ~ da qualche altra parte; ***where ~ can it be?*** in quale altro posto può essere? ***who ~ is coming?*** chi altri viene? ***who ~'s can we borrow?*** quello di chi altri possiamo prendere in prestito? ***how ~ can we do it, explain it?*** come possiamo farlo, spiegarlo altrimenti? ***what ~ would you like?*** cos'altro vorresti? ***there's little*** o ***not much ~ to do, say*** non c'è molto altro da fare, dire; ***he talks of little ~*** parla quasi solamente di questo; ***everyone ~ but me went to the football match*** tutti sono andati a vedere la partita di calcio tranne me; ***was anyone ~ there?*** c'era qualcun altro? ***anyone ~ would go to bed early, but you...*** chiunque altro andrebbe a letto presto, ma tu...; ***if it were*** o ***was anybody ~ but him I'd help*** di chiunque altro si fosse trattato, lo avrei aiutato; ***anywhere ~ it wouldn't matter*** da qualsiasi altra parte non avrebbe importanza; ***he didn't see anybody ~*** non ha visto nessun altro; ***she didn't say anything ~*** non ha detto nient'altro; ***nothing ~ but a change of government can save the economy*** solo un cambio di governo può salvare l'economia; ***if nothing ~ he's polite*** se non altro è educato; ***whatever ~ he might be he's not a liar*** potrebbe essere tutto tranne un bugiardo; ***she's something ~!*** COLLOQ. *(very nice)* è fantastica! *(unusual)* è speciale! ***"is that you, David?" - "who ~?"*** "sei tu, David?" - "e chi altri?"; ***"so what ~ is new?"*** IRON. "come se non lo sapessimo!" **2 or else** altrimenti, se no; ***eat this or ~ you'll be hungry later*** mangia questo, altrimenti più tardi avrai fame; ***either he's already left or ~ he can't hear the phone*** o è già uscito o non sente il telefono; ***stop that now, or ~...!*** COLLOQ. smettila subito, altrimenti...
▶ **elsewhere** /ˌelsˈweə(r), AE ˈelshweər/ avv. altrove, in qualche altro luogo; ***from ~*** da qualche altro luogo.
Elsie /ˈelsɪ/ n.pr. diminutivo di **Elizabeth**.
Elspeth /ˈelspəθ/ n.pr. Elspeth (nome di donna).
ELT n. (⇒ English Language Teaching) = insegnamento della lingua inglese.
eluate /ˈeljʊeɪt/ n. eluito m.
elucidate /ɪˈlu:sɪdeɪt/ **I** tr. delucidare [*mystery, problem*]; spiegare, delucidare [*text, concept*] **II** intr. spiegare.
elucidation /ɪˌlu:sɪˈdeɪʃn/ n. delucidazione f., spiegazione f.
elucidative /ɪˈlu:sɪdeɪtɪv/ agg. delucidativo.
elucidator /ɪˈlu:sɪdeɪtə(r)/ n. esplicatore m.
elucidatory /ɪˈlu:sɪdeɪtərɪ, AE -tɔ:rɪ/ agg. delucidativo.
elude /ɪˈlu:d/ tr. **1** *(escape)* eludere [*pursuer, observer, attention*]; sfuggire, sottrarsi a [*police*]; schivare, evitare [*blow*] **2** *(be beyond the reach of)* sfuggire a [*person, understanding, definition*]; ***her name ~s me*** il suo nome mi sfugge.
elusion /ɪˈlu:ʒn/ n. elusione f., (lo) sfuggire.
▷ **elusive** /ɪˈlu:sɪv/ agg. [*person, animal, happiness, concept*] elusivo, inafferrabile; [*prize, victory*] irraggiungibile; [*scent, memory, dream*] sfuggevole, evanescente.
elusively /ɪˈlu:sɪvlɪ/ avv. in modo elusivo, elusivamente.
elusiveness /ɪˈlu:sɪvnɪs/ n. *(of person, victory, concept)* inafferrabilità f.; *(of dream, scent, memory)* sfuggevolezza f.
elute /ɪˈlu:t/ tr. eluire.
elution /ɪˈlu:ʃn/ n. eluizione f.
elutriation /ɪˌlu:trɪˈeɪʃn/ n. elutriazione f.
elutriator /ɪˈlu:trɪeɪtə(r)/ n. elutriatore m.
eluvia /ɪˈlu:vɪə/ → **eluvium**.
eluvial /ɪˈlu:vɪəl/ agg. eluviale.
eluvium /ɪˈlu:vɪəm/ n. (pl. **-ia**) eluvio m.
elver /ˈelvə(r)/ n. ITTIOL. ceca f.
elves /elvz/ → **elf**.
Elvina /elˈvi:nə/ n.pr. Elvina.
Elvira /elˈvaɪərə/ n.pr. Elvira.
Elvis /ˈelvɪs/ n.pr. Elvis (nome di uomo).
Elysian /ɪˈlɪzɪən/ agg. MITOL. elisio; ***the ~ fields*** i Campi Elisi.
Elysium /ɪˈlɪzɪəm/ n.pr. MITOL. (campi) elisi m.pl., elisio m.
elytron /ˈelɪtrɒn/, **elytrum** /ˈelɪtrəm/ n. (pl. **-a**) elitra f.
Elzevir /ˈelzɪˌvɪə(r)/ **I** agg. elzeviro **II** n. elzeviro m.
em /em/ n. TIP. **1** *(piece of type)* quadratone m. **2** *(pica)* pica f.
'em /əm/ COLLOQ. → **them**.
emaciate /ɪˈmeɪʃɪeɪt/ **I** tr. emaciare, fare dimagrire **II** intr. emaciarsi, dimagrire.
emaciated /ɪˈmeɪʃɪeɪtɪd/ **I** p.pass. → **emaciate II** agg. [*person, face, feature*] emaciato; [*limb, body*] scarno; [*animal*] deperito; ***to become ~*** [*person, face*] emaciarsi; [*limbs, body*] diventare scarno.
emaciation /ɪˌmeɪʃɪˈeɪʃn/ n. emaciazione f., dimagrimento m.
email → **1.e-mail**, **2.e-mail**.
▷ **1.e-mail** /ˈi:meɪl/ **I** n. **1** *(medium)* posta f. elettronica, e-mail f.; ***to be on ~*** avere la posta elettronica **2** *(mail item)* messaggio m., e-mail m. e f.; ***to send sb. an ~*** mandare a qcn. un e-mail **II** modif. [*address, message*] di posta elettronica, e-mail.
▷ **2.e-mail** /ˈi:meɪl/ tr. mandare per e-mail; ***to ~ sb. sth., to ~ sth. to sb.*** mandare qcs. a qcn. per e-mail.
emanate /ˈeməneɪt/ **I** tr. emanare [*radiation*]; emanare, diffondere [*serenity*] **II** intr. [*light, gas, heat*] emanare (**from** da); [*order, report, rumour, tradition*] provenire (**from** da).
emanation /ˌeməˈneɪʃn/ n. *(all contexts)* emanazione f.
emancipate /ɪˈmænsɪpeɪt/ tr. emancipare, liberare [*slave, serf*]; emancipare [*women*].
emancipated /ɪˈmænsɪpeɪtɪd/ **I** p.pass. → **emancipate II** agg. [*woman*] emancipato; ***to become ~*** [*woman*] emanciparsi.
emancipation /ɪˌmænsɪˈpeɪʃn/ n. emancipazione f.
emancipator /ɪˈmænsɪpeɪtə(r)/ n. emancipatore m. (-trice).
Emanuel /ɪˈmænjʊəl/ n.pr. Emanuele.
1.emasculate /ɪˈmæskjʊlət/ agg. evirato (anche FIG.).
2.emasculate /ɪˈmæskjʊleɪt/ tr. evirare (anche FIG.).
emasculated /ɪˈmæskjʊleɪtɪd/ **I** p.pass. → **2.emasculate II** agg. → **1.emasculate**.
emasculation /ɪˌmæskjʊˈleɪʃn/ n. **1** emasculazione f. **2** FIG. evirazione f.
embalm /ɪmˈbɑ:m, AE -ˈbɑ:lm/ tr. **1** imbalsamare [*corpse*] **2** FIG. conservare.
embalmed /ɪmˈbɑ:md, AE -ˈbɑ:lmd/ **I** p.pass. → **embalm II** agg. **1** [*corpse*] imbalsamato **2** AE COLLOQ. ubriaco.
embalmer /ɪmˈbɑ:mə(r), AE -ˈbɑ:lm-/ ❥ *27* n. imbalsamatore m. (-trice).
embalming /ɪmˈbɑ:mɪŋ/ n. imbalsamazione f.
embalmment /ɪmˈbɑ:mənt/ n. → **embalming**.
embank /ɪmˈbæŋk/ tr. arginare [*river, road*].
embankment /ɪmˈbæŋkmənt/ n. **1** *(to carry railway, road)* massicciata f., terrapieno m. **2** *(to hold back water)* argine m., diga f.
embarcation → **embarkation**.
1.embargo /ɪmˈbɑ:gəʊ/ n. (pl. **~es**) POL. ECON. embargo m. (**on** su; **against** contro); ***trade, oil ~*** embargo commerciale, petrolifero; ***arms ~*** embargo sulle armi; ***to impose an ~ on sth.*** imporre l'embargo su qcs.; ***to lift an ~*** togliere un embargo.
2.embargo /ɪmˈbɑ:gəʊ/ tr. mettere l'embargo su [*trade*].
▷ **embark** /ɪmˈbɑ:k/ **I** tr. MAR. imbarcare **II** intr. **1** MAR. *(board)* imbarcarsi (**for** per) **2** ***to ~ on*** iniziare [*journey, tour, visit, relationship, process*]; intraprendere [*campaign, career, reform*]; lanciarsi in [*project*]; SPREG. avventurarsi su [*dubious path*]; imbarcarsi in [*dubious process*].
embarkation /ˌembɑ:ˈkeɪʃn/ n. *(of passengers, goods, vehicles)* imbarco m.
▷ **embarrass** /ɪmˈbærəs/ tr. mettere in imbarazzo, a disagio [*person, government, celebrity*]; ***to be, feel ~ed*** essere, sentirsi in imbarazzo; ***to be ~ed by*** o ***about*** essere imbarazzato da [*situation, remark, joke, compliment*]; provare vergogna per [*person, spouse, ignorance*]; ***to be ~ed about doing*** trovare imbarazzante fare; ***I feel ~ed about doing*** mi imbarazza fare; ***to be financially ~ed*** avere delle difficoltà economiche.
▷ **embarrassing** /ɪmˈbærəsɪŋ/ agg. [*situation, experience, question, performance, attempt*] imbarazzante; [*person*] che crea imbarazzo; ***to put sb. in an ~ position*** mettere qcn. in una situazione imbarazzante; ***how ~!*** com'è imbarazzante!
embarrassingly /ɪmˈbærəsɪŋlɪ/ avv. [*behave*] in modo imbarazzante; ***~ frank*** di una franchezza imbarazzante; ***it was ~ obvious*** era assolutamente ovvio; ***most ~...*** cosa ancor più imbarazzante...
▷ **embarrassment** /ɪmˈbærəsmənt/ n. **1** *(feeling)* imbarazzo m., disagio m. (**about, at** davanti a); ***to cause sb. ~*** mettere qcn. in imbarazzo; ***to my ~*** con mio imbarazzo; ***he left the room in ~*** ha lasciato la stanza imbarazzato **2** *(person, action, event etc.)* ***to be an ~ to sb.*** [*person*] essere motivo di disagio per qcn.; ***his past is an ~ to him*** prova vergogna per il suo passato **3** *(superfluity)* FORM. sovrabbondanza f.; ***an ~ of riches*** l'imbarazzo della scelta.
▷ **embassy** /ˈembəsɪ/ n. ambasciata f.; ***the Italian ~*** l'ambasciata italiana.

embattle /ɪm'bætl/ tr. **1** MIL. ANT. schierare in ordine di battaglia [*troops*] **2** MIL. fortificare [*town, castle etc.*].

embattled /ɪm'bætld/ agg. **1** FIG. [*person*] tormentato; [*government, organization*] in difficoltà **2** MIL. [*city, country*] assediato; [*army, forces*] accerchiato **3** ARCH. ARALD. merlato.

embattlement /ɪm'bætlmənt/ n. ARCH. ARALD. merlatura f.

embay /ɪm'beɪ/ tr. **1** *(form into a bay)* formare una baia intorno a **2** *(surround)* circondare, racchiudere **3** MAR. costringere a riparare in una baia [*ship*].

embayment /ɪm'beɪmənt/ n. insenatura f., baia f.

embed /ɪm'bed/ tr. (forma in -ing ecc. **-dd-**) **1** *(fix)* ***to be ~ded in*** [*thorn, splinter, nail, screw*] essere conficcato in [*paw, flesh, wood, wall*]; [*plant*] essere piantato, radicato in [*soil*]; [*plaque*] essere incassato in [*floor, paving*]; [*rock*] essere conficcato in [*mud, lawn*]; ***to be ~ded in sb.'s eye*** essere conficcato nell'occhio di qcn. **2** FIG. ***to be ~ded in*** [*notion, belief, value*] essere radicato in [*language, thinking, memory*] **3** LING. incassare [*clause*] (**in** in) **4** INFORM. inserire, integrare (**in** in).

embedded /ɪm'bedɪd/ agg. **1** INFORM. [*microprocessor*] integrato **2** [*journalist, photographer*] aggregato (a un'unità militare).

embedding /ɪm'bedɪŋ/ n. LING. incassatura f.

embellish /ɪm'belɪʃ/ tr. **1** *(exaggerate)* ricamare su, colorire, infiorettare [*account, description, story*]; abbellire [*truth*] **2** *(decorate)* decorare [*manuscript*]; abbellire, ornare [*garment, building, architecture*].

embellishment /ɪm'belɪʃmənt/ n. **1** *(of story)* infiorettatura f. **2** *(ornament)* ornamento m.

ember /'embə(r)/ n. tizzone m.; ***the ~s*** la brace, le ceneri ardenti.

Ember days /'embədeɪz/ n.pl. RELIG. tempora f.

ember goose /'embəgu:s/ n. (pl. **ember geese**) strolaga f. maggiore.

embezzle /ɪm'bezl/ tr. appropriarsi indebitamente di, malversare [*funds*] (**from** di).

embezzlement /ɪm'bezlmənt/ n. appropriazione f. indebita, malversazione f.

embezzler /ɪm'bezlə(r)/ n. malversatore m. (-trice).

embitter /ɪm'bɪtə(r)/ tr. amareggiare, esacerbare [*person*].

embittered /ɪm'bɪtəd/ **I** p.pass. → **embitter II** agg. [*person*] amareggiato; ***to become ~*** amareggiarsi.

embitterment /ɪm'bɪtəmənt/ n. amarezza f., inasprimento m.

emblazon /ɪm'bleɪzn/ tr. *(decorate)* ornare, decorare [*shirt, flag*] (**with** con); ***to be ~ed with a coat of arms*** [*place*] recare un blasone; ***to be ~ed across*** [*logo, name*] spiccare su [*garment, newspapers*].

emblazonry /ɪm'bleɪznrɪ/ n. ARALD. blasone m.

emblem /'embləm/ n. emblema m.

emblematic(al) /ˌemblə'mætɪk(l)/ agg. emblematico; ***the dove is ~ of peace*** la colomba è l'emblema della pace.

emblematize /em'blemətaɪz/ tr. simboleggiare, rappresentare.

emblements /'emblmənts/ n.pl. DIR. = frutti annuali del suolo.

embodiment /ɪm'bɒdɪmənt/ n. *(incarnation of quality, idea)* incarnazione f., personificazione f.

▷ **embody** /ɪm'bɒdɪ/ tr. **1** *(incarnate)* [*person, institution*] incarnare [*virtue, evil, ideal*]; ***to be embodied in*** essersi incarnato in **2** [*work, chapter*] dare corpo a [*theory, philosophy*] **3** *(legally incorporate)* incorporare, includere [*rights, proposals, statutes, documents*] (**in** in).

embolden /ɪm'bəʊldən/ tr. incoraggiare; ***to ~ sb. to do*** incoraggiare qcn. a fare.

emboldened /ɪm'bəʊldənd/ **I** p.pass. → **embolden II** agg. incoraggiato.

emboli /'embəlaɪ/ → **embolus**.

embolic /em'bɒlɪk/ agg. embolico.

embolism /'embəlɪzəm/ n. embolia f.

embolus /'embələs/ n. (pl. **-i**) embolo m.

embosom /ɪm'bʊzəm/ tr. **1** *(embrace)* stringere al seno **2** FIG. avvolgere, circondare, racchiudere.

emboss /ɪm'bɒs/ tr. goffrare [*fabric, paper, leather*]; lavorare a sbalzo [*metal*].

embossed /ɪm'bɒst/ **I** p.pass. → **emboss II** agg. [*fabric, paper, leather*] goffrato; [*metal*] lavorato a sbalzo; ***~ lettering*** caratteri in rilievo.

embosser /ɪm'bɒsə(r)/ ➧ ***27*** n. **1** *(person)* goffratore m. (-trice) **2** *(machine)* goffratrice f.

embossing /ɪm'bɒsɪŋ/ n. *(of fabric, paper, leather)* goffratura f.; *(of metal)* lavorazione f. a sbalzo.

embossing machine /ɪm'bɒsɪŋməˌʃi:n/ n. goffratrice f.

embossment /ɪm'bɒsmənt/ n. *(of fabric, paper, leather)* goffratura f.; *(of metal)* lavoro m. a sbalzo.

embouchure /'ɒmbʊʃʊə(r)/ n. MUS. imboccatura f.

embowel /ɪm'baʊəl/ tr. ANT. sbudellare.

1.embrace /ɪm'breɪs/ n. **1** *(affectionate)* abbraccio m.; ***to hold sb. in a warm, fond ~*** stringere qcn. in un caldo, tenero abbraccio **2** FIG. *(of ideology etc.)* adozione f., sostegno m.

2.embrace /ɪm'breɪs/ **I** tr. **1** *(hug)* abbracciare **2** FIG. *(espouse, adopt)* abbracciare [*religion, ideology, cause*]; sostenere [*policy*]; adottare [*principle, technology, method*]; ***to ~ the challenge of Europe*** accettare la sfida dell'Europa **3** FIG. *(include)* comprendere [*subject areas*]; abbracciare, contenere [*cultures, opinions, beliefs*] **II** intr. abbracciarsi.

embracement /ɪm'breɪsmənt/ n. **1** *(affectionate)* abbraccio m. **2** FIG. adozione f., sostegno m.

embracery /ɪm'breɪsərɪ/ n. DIR. subornazione f.

embranchment /ɪm'brɑ:ntʃmənt/ n. diramazione f.

embrangle /ɪm'bræŋgl/ tr. RAR. **1** *(entangle)* complicare, imbrogliare **2** *(confuse)* confondere.

embranglement /ɪm'bræŋglmənt/ n. RAR. **1** *(entanglement)* complicazione f. **2** *(confusion)* confusione f.

embrasure /ɪm'breɪʒə(r)/ n. **1** MIL. cannoniera f., feritoia f. **2** ARCH. strombatura f.

embrocate /'embrəʊkeɪt/ tr. embrocare.

embrocation /ˌembrəʊ'keɪʃn/ n. embrocazione f.

embroider /ɪm'brɔɪdə(r)/ **I** tr. **1** *(with needlework)* ricamare (**with** con) **2** FIG. ricamare su, infiorettare [*story*]; ricamare su [*fact*]; abbellire [*truth*] **II** intr. ricamare.

embroidered /ɪm'brɔɪdəd/ **I** p.pass. → **embroider II** agg. ricamato.

embroiderer /ɪm'brɔɪdərə(r)/ ➧ ***27*** n. ricamatore m. (-trice).

embroidery /ɪm'brɔɪdərɪ/ **I** n. ricamo m. **II** modif. [*frame, silk, thread*] da ricamo.

embroil /ɪm'brɔɪl/ tr. coinvolgere, immischiare (**in** in).

embroiled /ɪm'brɔɪld/ **I** p.pass. → **embroil II** agg. coinvolto; ***to become ~ in*** lasciarsi coinvolgere in [*dispute, controversy*].

embroilment /ɪm'brɔɪlmənt/ n. coinvolgimento m.

embrown /ɪm'braʊn/ tr. abbrunare, rendere bruno.

embryo /'embrɪəʊ/ **I** n. (pl. **~s**) BIOL. embrione m. (anche FIG.); ***in ~*** in embrione **II** agg. → **embryonal**.

embryogenesis /ˌembrɪəʊ'dʒenəsɪs/ n. embriogenesi f.

embryogenetic /ˌembrɪəʊdʒɪ'netɪk/ agg. embriogenetico.

embryological /ˌembrɪə'lɒdʒɪkl/ agg. embriologico.

embryologist /ˌembrɪ'ɒlədʒɪst/ ➧ ***27*** n. embriologo m. (-a).

embryology /ˌembrɪ'ɒlədʒɪ/ n. embriologia f.

embryonal /'embrɪənl/, **embryonic** /ˌembrɪ'ɒnɪk/ agg. BIOL. embrionale (anche FIG.).

embus /ɪm'bʌs/ **I** tr. (forma in -ing ecc. **-ss-**) MIL. fare salire su automezzo [*troops*] **II** intr. (forma in -ing ecc. **-ss-**) MIL. [*troops*] salire su automezzo.

1.emcee /ˌem'si:/ n. AE presentatore m. (-trice).

2.emcee /ˌem'si:/ tr. AE presentare.

em dash /'emdæʃ/ n. TIP. trattino m. lungo, lineato m.

emend /ɪ'mend/ tr. emendare, correggere.

emendable /ɪ'mendəbl/ agg. emendabile.

emendation /ˌi:men'deɪʃn/ n. emendazione f., correzione f.

emendator /'i:mendeɪtə(r)/ n. emendatore m. (-trice).

emendatory /ɪ'mendətərɪ, AE -tɔ:rɪ/ agg. emendativo.

emerald /'emərəld/ ➧ ***5*** **I** n. **1** *(stone)* smeraldo m. **2** *(colour)* (color) smeraldo m. **II** agg. **1** [*ring, necklace*] di smeraldi **2** *(colour)* smeraldo.

emerald green /ˌemərəld'gri:n/ ➧ ***5*** **I** n. verde m. smeraldo **II** agg. verde smeraldo.

emeraldine /'emərəldaɪn/ agg. smeraldino.

Emerald Isle /ˌemərəld'aɪl/ n. Isola f. di smeraldo.

▶ **emerge** /ɪ'mɜ:dʒ/ intr. **1** [*person, animal*] emergere, venire fuori, spuntare (**from** da) **2** FIG. [*issue, news, result, model, surprise, message*] apparire; [*truth, problem, talent*] emergere; [*doubt*] presentarsi; [*trend, pattern, design*] rivelarsi; [*evidence*] risultare; [*new nation, ideology, religion*] nascere; ***a picture is beginning to ~*** *(of situation)* la situazione inizia a farsi più chiara; ***to ~ as an influence, priority*** risultare influente, prioritario; ***to ~ from the education system*** emergere dal sistema educativo; ***to ~ victorious*** uscire vincitore; ***it ~ed that*** è emerso che.

▷ **emergence** /ɪ'mɜ:dʒəns/ n. *(of truth, ideas, problem)* (l')emergere; *(of religion, movement, literary genre)* origine f.

▷ **emergency** /ɪ'mɜ:dʒənsɪ/ **I** n. **1** *(crisis)* emergenza f.; ***in an ~, in case of ~*** in caso di emergenza; ***in times of ~*** in tempo di crisi; ***state of ~*** POL. stato di emergenza; ***to declare a state of ~*** dichiarare lo stato di emergenza **2** MED. *(hospital case)* urgenza f., emergenza

f. **II** modif. [*plan, measures, repairs, situation, accommodation*] di emergenza; [*operation*] d'urgenza; [*stores*] in caso d'emergenza; POL. [*meeting, session*] straordinario; [*vehicle*] di soccorso; ~ ***brakes*** freno a mano.
emergency aid /ɪ'mɜːdʒənsɪˌeɪd/ n. soccorso m. in caso emergenza, primi aiuti m.pl., primo soccorso m.
emergency ambulance service /ɪˌmɜːdʒənsɪ'æmbjʊləns ˌsɜːvɪs/ n. = servizio di ambulanze per il pronto intervento.
emergency blanket /ɪ'mɜːdʒənsɪˌblæŋkɪt/ n. = coperta d'emergenza rivestita al suo interno da un sottile foglio di alluminio e usata per conservare il calore corporeo.
emergency call /ɪ'mɜːdʒənsɪˌkɔːl/ n. chiamata f. d'urgenza.
emergency case /ɪ'mɜːdʒənsɪˌkeɪs/ n. MED. urgenza f.
emergency centre BE, **emergency center** AE /ɪ'mɜːdʒənsɪˌsentə(r)/ n. *(for refugees etc.)* centro m. di accoglienza; *(medical)* punto m. di soccorso; *(on roads)* punto m. di assistenza.
emergency cord /ɪ'mɜːdʒənsɪˌkɔːd/ n. segnale m. di allarme.
emergency exit /ɪ'mɜːdʒənsɪˌeksɪt/ n. uscita f. di sicurezza.
emergency landing /ɪ'mɜːdʒənsɪˌlændɪŋ/ n. AER. atterraggio m. d'emergenza.
emergency laws /ɪ'mɜːdʒənsɪˌlɔːz/ n.pl. POL. leggi f. speciali.
emergency medical service /ɪˌmɜːdʒənsɪ'medɪklˌsɜːvɪs/ n. AE = servizio di ambulanze per il pronto intervento.
emergency number /ɪ'mɜːdʒənsɪˌnʌmbə(r)/ n. numero m. di emergenza.
emergency powers /ɪ'mɜːdʒənsɪˌpaʊəz/ n.pl. POL. = poteri straordinari.
emergency rations /ɪ'mɜːdʒənsɪˌræʃnz/ n.pl. razioni f. di sopravvivenza.
emergency room /ɪ'mɜːdʒənsɪˌruːm, -ˌrʊm/ n. AE → **emergency ward**.
emergency service /ɪ'mɜːdʒənsɪˌsɜːvɪs/ n. *(medical, on roads)* servizio m. di soccorso.
emergency services /ɪ'mɜːdʒənsɪˌsɜːvɪsɪz/ n.pl. *(police, ambulance, fire brigade)* servizi m. di emergenza.
emergency stop /ɪ'mɜːdʒənsɪˌstɒp/ n. sosta f. d'emergenza.
emergency surgery /ɪ'mɜːdʒənsɪˌsɜːdʒərɪ/ n. chirurgia f. d'urgenza; ***to undergo*** ~ essere operato d'urgenza.
emergency ward /ɪ'mɜːdʒənsɪˌwɔːd/ n. pronto soccorso m.
emergency worker /ɪ'mɜːdʒənsɪˌwɜːkə(r)/ n. soccorritore m. (-trice).
emergent /ɪ'mɜːdʒənt/ agg. **1** [*industry, nation, artist, literary genre*] emergente **2** FILOS. emergente.
emerging /ɪ'mɜːdʒɪŋ/ agg. [*market, democracy, writer, actor*] emergente; [*opportunity*] che si presenta.
emeritus /ɪ'merɪtəs/ agg. emerito.
emersion /ɪ'mɜːʃn/ n. emersione f.
emery /'emərɪ/ n. smeriglio m.
emery board /'emərɪˌbɔːd/ n. limetta f. per unghie.
emery cloth /'emərɪˌklɒθ, AE -ˌklɔːθ/ n. tela f. smeriglio.
emery paper /'emərɪˌpeɪpə(r)/ n. carta f. smerigliata.
emery paste /'emərɪˌpeɪst/ n. spoltiglio m.
emery rubbing /'emərɪˌrʌbɪŋ/ n. smerigliatura f.
emetic /ɪ'metɪk/ **I** agg. emetico **II** n. emetico m.
emetin(e) /'emɪtɪn/ n. emetina f.
emiction /ɪ'mɪkʃn/ n. minzione f.
emigrant /'emɪgrənt/ **I** n. *(about to leave)* emigrante m. e f.; *(settled elsewhere)* emigrato m. (-a) **II** modif. [*worker*] emigrato; [*family*] di emigrati.
emigrate /'emɪgreɪt/ intr. emigrare (**to** in).
emigration /ˌemɪ'greɪʃn/ n. emigrazione f.
émigré /'emɪgreɪ, AE ˌemɪ'greɪ/ n. rifugiato m. (-a) politico (-a).
Emil /'iːmɪl/ n.pr. Emilio.
Emily /'emɪlɪ/ n.pr. Emilia.
eminence /'emɪnəns/ n. **1** *(distinction, fame)* eminenza f. **2** *(honour)* eminenza f. **3** LETT. *(hill, height)* altura f., eminenza f.
eminency /'emɪnənsɪ/ → **eminence**.
eminent /'emɪnənt/ agg. [*person, scholar, career*] eminente; ***to be ~ in one's field*** essere una personalità eminente nel proprio campo.
eminently /'emɪnəntlɪ/ avv. [*respectable, capable, fair, sensible, suitable, plausible*] perfettamente; [*desirable*] altamente.
emir /e'mɪə(r)/ n. emiro m.
emirate /'emɪərəɪt/ n. emirato m.
emissary /'emɪsərɪ/ n. emissario m. (-a) (**to** presso).
▷ **emission** /ɪ'mɪʃn/ n. **1** *(of gas, heat, radiation, signal)* emissione f. (**from** da); *(of smell)* emanazione f. (**from** da) **2** *(of sound)* emissione f. (**from** da) **3** *(of semen)* eiaculazione f. **4** *(of banknote)* emissione f.
emission spectrum /ɪ'mɪʃnˌspektrəm/ n. spettro m. di emissione.
emissive /ɪ'mɪsɪv/ agg. emissivo, d'emissione.
emissivity /ˌɪmɪ'sɪvətɪ/ n. emissività f.
▷ **emit** /ɪ'mɪt/ tr. (forma in -ing ecc. **-tt-**) **1** *(discharge)* emettere [*gas, heat, radiation, lava, signal, spark*]; emanare [*smell, vapour*] **2** *(utter)* emettere [*sound*]; lanciare [*cry*] **3** *(issue)* emettere [*banknote*].
emitter /ɪ'mɪtə(r)/ n. ELETTRON. emettitore m.
Emlyn /'emlɪn/ n.pr. Emlyn (nome di donna).
Emma /'emə/ n.pr. Emma.
Emmanuel /ɪ'mænjʊəl/ n.pr. Emanuele.
emmenagogue /ɪ'menəgɒg/ **I** agg. emmenagogo **II** n. emmenagogo m.
emmetropia /emə'trəʊpɪə/ n. emmetropia f.
emmetropic /emə'trɒpɪk/ agg. emmetropico.
Emmy /'emɪ/ n. AE TELEV. Emmy m. (premio per il miglior programma televisivo).
emollient /ɪ'mɒlɪənt/ **I** agg. emolliente **II** n. emolliente m.
emoluments /ɪ'mɒljʊmənts/ n.pl. FORM. *(salary)* emolumenti m.; *(fee)* onorari m.
e-money /'iːmʌnɪ/ n. moneta f. elettronica.
emote /ɪ'məʊt/ intr. emozionarsi in modo eccessivo.
emoticon /ɪ'məʊtɪkɒn, -'mɒtɪ-/ n. emoticon m.
▷ **emotion** /ɪ'məʊʃn/ n. **1** *(reaction such as anger, joy, fear)* emozione f.; *(feeling such as love, hate, jealousy)* sentimento m.; ***he won't talk about his ~s*** non vuole parlare dei suoi sentimenti **2** *(strong feeling)* emozione f.; ***to show no ~*** non mostrare alcuna emozione.
▷ **emotional** /ɪ'məʊʃənl/ agg. [*development, impact, charge, need, problem, reaction, response*] emotivo; [*distress, content, power, state*] emozionale; [*tie*] affettivo; [*film*] emozionante; [*campaign*] appassionato; [*speech*] commovente; [*atmosphere, farewell, occasion, scene*] carico di emozione; ***to feel ~*** provare emozione (**about** per); ***she's rather ~*** si emoziona piuttosto facilmente; ***he gets rather ~*** *(cries easily)* si commuove piuttosto facilmente; *(gets irrational)* si innervosisce piuttosto facilmente; ~ ***health*** sanità mentale; ~ ***abuse*** PSIC. violenza psichica.
emotionalism /ɪ'məʊʃənəlɪzəm/, **emotionality** /ɪˌməʊʃə'nælətɪ/ n. emotività f.
▷ **emotionally** /ɪ'məʊʃənəlɪ/ avv. **1** *(with emotion)* [*speak*] con emozione; [*react*] emotivamente; ~ ***charged*** [*relationship*] intenso; [*atmosphere*] carico d'emozione; [*language*] che esprime emozione; ***an ~ worded tribute*** un omaggio carico di emozione **2** *(from an emotional standpoint)* [*drained, involved*] emotivamente; [*immature*] sul piano emotivo; ~ ***deprived*** privato degli affetti; ~ ***disturbed*** con turbe emotive.
emotionless /ɪ'məʊʃnlɪs/ agg. senza emozione, impassibile.
emotionlessly /ɪ'məʊʃnlɪslɪ/ avv. senza emozione.
emotionlessness /ɪ'məʊʃnlɪsnɪs/ n. impassibilità f.
emotive /ɪ'məʊtɪv/ agg. [*issue*] che infiamma gli animi; [*word*] carico di emozione.
emotiveness /ɪ'məʊtɪvnɪs/ n. *(of issue)* (l')essere commovente, toccante; *(of word)* (l')essere carico di emozione.
empanel /ɪm'pænl/ tr. (forma in -ing ecc. **-ll-**, **-l-** AE) *(place on list)* iscrivere in una lista [*juror*]; *(select)* costituire [*jury*].
empanelment /ɪm'pænlmənt/ n. iscrizione f. in una lista.
empathetic /ˌempæ'θetɪk/, **empathic** /em'pæθɪk/ agg. [*person*] empatico.
empathize /'empəθaɪz/ intr. ***to ~ with*** identificarsi con [*person*].
empathy /'empəθɪ/ n. empatia f.
▷ **emperor** /'empərə(r)/ n. imperatore m.
▶ **emphasis** /'emfəsɪs/ n. (pl. **-es**) **1** *(importance)* enfasi f., importanza f.; ***to lay*** o ***place*** o ***put the ~ on sth.*** dare rilevo a qcs.; ***to shift the ~ from sth. to sth.*** spostare l'accento *o* l'attenzione da qcs. a qcs.; ***the ~ is on sth.*** è dato risalto a qcs.; ***the government is placing more ~ on training*** il governo attribuisce maggiore importanza alla formazione; ***the new ~ on training*** l'importanza recentemente attribuita alla formazione; ***to put special ~ on sth.*** dare un'importanza speciale a qcs. **2** *(vocal stress)* enfasi f.
▶ **emphasize** /'emfəsaɪz/ tr. **1** *(give importance to)* dare importanza a [*policy, need, support, etc.*]; ***to ~ that*** sottolineare che; ***to ~ the importance of sth.*** sottolineare l'importanza di qcs. **2** *(stress vocally)* pronunciare con enfasi **3** *(highlight)* mettere in evidenza [*eyes etc.*].
emphatic /ɪm'fætɪk/ agg. **1** *(insistent, firm)* [*statement, refusal, denial*] categorico; [*voice, manner*] energico; [*tone, style*] vigoroso; ***to be ~ about*** essere categorico su; ***to be ~ that*** insistere che; ***he was most ~ that I should go*** ha insistito perché ci andassi **2** *(clear)* [*victory*] netto **3** LING. *(with emphasis)* enfatico.

emphatically /ɪm'fætɪklɪ/ avv. 1 *(vehemently)* [*speak, insist*] in modo energico; [*condemn, refuse, deny*] categoricamente; ***and I say this most*** ~ e lo affermo con convinzione 2 *(undeniably)* [*win*] a mani basse; [*be defeated*] senza possibilità di appello; ***he is most ~ not a genius*** non è certamente un genio.
emphysema /ˌemfɪ'siːmə/ ♦ **11** n. enfisema m.
emphysematous /ˌemfɪ'siːmətəs/ agg. enfisematoso.
emphyteusis /ˌemfɪ'tjuːsɪs/ n. (pl. **-es**) enfiteusi f.
emphyteuta /ˌemfɪ'tjuːtə/ n. (pl. **-ae**) enfiteuta m. e f.
emphyteutic /ˌemfɪ'tjuːtɪk/ agg. enfiteutico.
▷ **empire** /'empaɪə(r)/ n. impero m. (anche FIG.).
Empire /'empaɪə(r)/ agg. [*furniture, fashions*] (stile) impero.
empire builder /ˌempaɪə'bɪldə(r)/ n. fondatore m. di imperi (anche FIG.).
Empire line /ˌempaɪəlaɪn/ agg. [*dress*] (in) stile impero.
Empire State /ˌempaɪə'steɪt/ n.pr. Stato m. di New York.
empiric /ɪm'pɪrɪk/ **I** agg. empirico **II** n. empirico m. (-a).
empirical /ɪm'pɪrɪkl/ agg. empirico.
empirically /ɪm'pɪrɪklɪ/ avv. empiricamente.
empiricism /ɪm'pɪrɪsɪzəm/ n. empirismo m.
empiricist /ɪm'pɪrɪsɪst/ **I** agg. empiristico **II** n. empirista m. e f.
emplacement /ɪm'pleɪsmənt/ n. MIL. postazione f., piazzola f.
1.employ /ɪm'plɔɪ/ n. FORM. ***the firm has 40 workers in its*** ~ la ditta ha 40 dipendenti; ***in his*** ~ alle sue dipendenze.
▶ **2.employ** /ɪm'plɔɪ/ tr. 1 impiegare [*person, company*]; ***to ~ sb. as*** impiegare *o* assumere qcn. come [*driver, accountant, etc.*]; ***she is ~ed as a secretary*** è impiegata come segretaria 2 *(use)* adoperare [*machine, tool*]; utilizzare [*practice, strategy, tactics*]; impiegare [*method, technique, expression, term, metaphor*]; ricorrere a [*measures*]; ***to be ~ed in doing*** *(busy)* essere occupato a fare; ***her talents would be better ~ed in advertising*** il suo talento sarebbe impiegato in modo migliore nella pubblicità.
employable /ɪm'plɔɪəbl/ agg. [*person*] idoneo al lavoro.
employed /ɪm'plɔɪd/ **I** p.pass. → **2.employ II** agg. *(in work)* occupato; *(as employee)* dipendente **III** n. ***the*** ~ + verbo pl. gli occupati.
▶ **employee** /ˌemplɔɪ'iː, ɪm'plɔiː/ n. dipendente m. e f.
▶ **employer** /ɪm'plɔɪə(r)/ n. datore m. (-trice) di lavoro; ***~s' organizations*** associazioni imprenditoriali.
▶ **employment** /ɪm'plɔɪmənt/ n. *(paid activity)* impiego m., lavoro m.; *(action)* impiego m.; ***to take up*** ~ iniziare a lavorare; ***to seek*** ~ cercare impiego; ***to find*** ~ trovare lavoro; ***to be in*** ~ avere un lavoro; ***without*** ~ senza occupazione; ***people in*** ~ gli occupati; ***place of*** ~ posto di lavoro; ***the ~ of sb. as sth., to do*** l'impiego di qcn. come qcs., per fare; ***the service industries give ~ to several million people*** il terziario dà impiego a diversi milioni di persone.
employment agency /ɪm'plɔɪməntˌeɪdʒənsɪ/ n. agenzia f. di collocamento.
employment contract /ɪm'plɔɪməntˌkɒntrækt/ n. contratto m. di lavoro.
employment exchange /ɪm'plɔɪməntɪksˌtʃeɪndʒ/ n. ufficio m. di collocamento.
Employment Minister /ɪm'plɔɪməntˌmɪnɪstə(r)/, **Employment Secretary** /ɪm'plɔɪməntˌsekrətrɪ, AE -terɪ/ n. ministro m. del lavoro.
empoison /ɪm'pɔɪzn/ tr. avvelenare (anche FIG.).
emporium /ɪm'pɔːrɪəm/ n. (pl. **~s, -ia**) FORM. o SCHERZ. emporio m.
▷ **empower** /ɪm'paʊə(r)/ tr. 1 *(legally)* ***to ~ sb. to do*** autorizzare qcn. a fare; ***the police are ~ed to do*** la polizia è autorizzata a fare 2 *(politically)* dare più potere a [*women, young, consumer*]; ***to feel ~ed*** sentirsi rafforzato (**by** da).
empress /'emprɪs/ n. imperatrice f.
emptily /'emptɪlɪ/ avv. in modo vacuo.
emptiness /'emptɪnɪs/ n. *(of ideas)* vacuità f.; *(of space, house, life)* vuoto m.; *(of promise, threat, hopes)* vanità f.; *(in stomach)* buco m., vuoto m.; ***I was surprised by the ~ of the cinema, train*** mi sorprese vedere il cinema, il treno così vuoto.
emption /'empʃn/ n. acquisto m., compera f.
emptor /'emptə(r)/ n. acquirente m. e f., compratore m. (-trice).
▶ **1.empty** /'emptɪ/ **I** agg. 1 *(lacking people)* [*room, building, theatre, beach, street*] vuoto, deserto; [*desk*] vuoto, libero; ***to stand ~*** [*house*] essere libero, vuoto; [*office*] essere vacante 2 *(lacking contents)* [*container, pocket, diary, page*] vuoto; [*desktop*] libero; [*stomach*] vuoto 3 *(unfulfilled)* [*promise, threat, dream*] vano; [*argument, rhetoric, gesture*] vuoto; ***~ of meaning*** privo *o* vuoto di senso 4 *(purposeless)* [*life, days, person*] vuoto (**of** di) **II empties** n.pl. BE COLLOQ. *(bottles)* vuoti m.; *(glasses)* bicchieri m. vuoti.

▶ **2.empty** /'emptɪ/ **I** tr. 1 *(clear)* vuotare, svuotare [*building, theatre, container, mind*] 2 *(pour)* versare [*liquid*]; ***have you emptied the rubbish?*** hai vuotato la pattumiera? **II** intr. [*building, container, public place, vehicle*] vuotarsi, svuotarsi; [*river*] buttarsi; [*contents*] riversarsi.
■ **empty out:** ~ ***out*** [*building, container, public place, vehicle*] vuotarsi, svuotarsi; [*river*] buttarsi (**into** in); [*contents*] riversarsi (**into** in); ~ ***[sth.] out***, ~ ***out [sth.]*** 1 *(clear)* vuotare [*building, theatre, container, mind*] 2 *(pour)* versare [*liquid*]; ***he emptied the wastepaper out onto the floor*** svuotò il cestino della carta in terra.
empty-handed /ˌemptɪ'hændɪd/ agg. [*arrive, leave, return*] a mani vuote.
empty-headed /ˌemptɪ'hedɪd/ agg. scervellato.
empty-nester /'emptɪˌnestə(r)/ n. = genitore con figli cresciuti che vivono fuori casa.
empurple /em'pɜːpl/ tr. imporporare.
empyema /ˌempaɪ'iːmə, ˌempɪ-/ n. (pl. **~s, -ata**) empiema m.
empyreal /ˌempaɪ'riːəl/ agg. empireo.
empyrean /ˌempaɪ'riːən/ **I** agg. empireo **II** n. empireo m.
EMS n. 1 (⇒ European Monetary System Sistema Monetario Europeo) SME m. 2 (⇒ emergency medical service) = servizio di ambulanze per il pronto intervento.
emu /'iːmjuː/ n. emù m.
EMU n. (⇒ European Monetary Union Unione Monetaria Europea) UME f.
emulate /'emjʊleɪt/ tr. FORM. 1 *(imitate)* emulare; *(rival)* rivaleggiare con 2 INFORM. emulare.
emulation /ˌemjʊ'leɪʃn/ n. emulazione f. (anche INFORM.); ***in ~ of sb., sth.*** a emulazione di qcn., qcs.
emulative /'emjʊlətɪv/ agg. emulativo.
emulator /'emjʊleɪtə(r)/ n. INFORM. emulatore m.
emulous /'emjʊləs/ agg. 1 *(seeking to imitate)* emulo 2 ANT. bramoso, invidioso.
emulsification /ɪˌmʌlsɪfɪ'keɪʃn/ n. emulsificazione f.
emulsifier /ɪ'mʌlsɪfaɪə(r)/ n. emulsionante m.
emulsify /ɪ'mʌlsɪfaɪ/ **I** tr. emulsionare **II** intr. essere sottoposto a emulsione.
emulsion /ɪ'mʌlʃn/ n. 1 CHIM. FOT. emulsione f. 2 ~ ***(paint)*** pittura a emulsione.
emulsive /ɪ'mʌlsɪv/ agg. emulsivo.
emunctory /ɪ'mʌŋktərɪ/ **I** agg. emuntore **II** n. emuntorio m.
en /en/ n. TIP. quadratino m.
▶ **enable** /ɪ'neɪbl/ tr. 1 ***to ~ sb. to do*** permettere a qcn. di fare 2 *(facilitate)* permettere, favorire [*development, growth*]; favorire [*learning*] 3 *(encourage)* ***to ~ sb.*** incoraggiare qcn.
enabler /ɪ'neɪblə(r)/ n. ***to be an*** ~ [*teacher, trainer*] favorire l'apprendimento.
enabling /ɪ'neɪblɪŋ/ agg. 1 DIR. ~ ***act*** o ***legislation*** = legge che conferisce nuovi poteri 2 [*teaching method etc.*] che favorisce l'apprendimento.
▷ **enact** /ɪ'nækt/ tr. 1 *(perform)* rappresentare [*scene, play*]; recitare [*part*]; ***the scene that was being ~ed before us*** la scena che veniva rappresentata davanti a noi 2 DIR. POL. *(pass)* approvare; *(bring into effect)* promulgare; ***to ~ that*** ordinare che *o* decretare che; ***as by law ~ed*** a termini di legge.
enactment /ɪ'næktmənt/ n. 1 *(of play, scene)* rappresentazione f. 2 DIR. POL. promulgazione f.
1.enamel /ɪ'næml/ **I** n. 1 **U** MED. *(substance, coating)* smalto m. 2 *(object)* oggetto m. smaltato, smalto m. 3 (anche ~ **paint**) smalto m., vernice f. a smalto **II** modif. [*bowl, pan, ring, box*] smaltato.
2.enamel /ɪ'næml/ tr. (forma in -ing ecc. **-ll-**, **-l-** AE) smaltare.
enamelled, enameled AE /ɪ'næmld/ **I** p.pass. → **2.enamel II** agg. [*glass, pottery, saucepan, ornament*] smaltato; ~ ***cast iron*** ghisa smaltata.
enamelling, enameling AE /ɪ'næmlɪŋ/ n. *(process)* smaltatura f.; *(art)* decorazione f. a smalto.
enamellist /ɪ'næmlɪst/ ♦ **27** n. smaltatore m. (-trice).
enamelware /ɪ'næmlweə(r)/ n. vasellame m. smaltato.
enamelwork /ɪ'næmlˌwɜːk/ n. ART. decorazione f. a smalto.
enamour /ɪ'næmə(r)/ tr. innamorare, affascinare.
enamoured BE, **enamored** AE /ɪ'næməd/ **I** p.pass. → **enamour II** agg. ***to be ~ of*** essere innamorato di [*person*]; essere affascinato da [*activity*]; ***his boss is not too ~ with him at the moment*** in questo periodo il capo non stravede per lui; ***I'm not too ~ of the idea of spending a whole day with him*** non sono molto entusiasta all'idea di passare un intero giorno con lui.
enantiomer /ɪ'næntɪəʊmər/ n. enantiomero m.
enantiomorphism /ɪˌnæntɪə'mɔːfɪzəm/ n. enantiomorfismo m.

enantiotropy /ɪˌnæntɪˈɒtrəpɪ/ n. enantiotropia f.
enarthrosis /ˌenɑːˈθrəʊsɪs/ n. (pl. **-es**) enartrosi f.
en bloc /ˌɒnˈblɒk/ avv. in blocco.
enc. → **encl.**
encage /ɪnˈkeɪdʒ/ tr. ingabbiare.
encamp /ɪnˈkæmp/ **I** tr. accampare **II** intr. accamparsi.
encampment /ɪnˈkæmpmənt/ n. accampamento m.
encapsulate /ɪnˈkæpsjʊleɪt/ tr. **1** *(summarize)* riassumere, sintetizzare **2** *(include, incorporate)* contenere, racchiudere; ***more information than can be ~d in one article*** più informazioni di quante possano essere contenute in un articolo.
encase /ɪnˈkeɪs/ tr. rivestire, ricoprire (**in** di); ***to be ~d in*** essere ricoperto di [*concrete, plaster*].
encash /ɪnˈkæʃ/ tr. BE incassare [*money order*].
encashment /ɪnˈkæʃmənt/ n. BE incasso m.
encaustic /ɪnˈkɔːstɪk/ **I** n. encaustica f., encausto m. **II** agg. [*tile*] decorato a fuoco.
encephala /enˈkefələ, enˈse-/ → **encephalon**.
encephalic /ˌenkɪˈfælɪk, ˌensɪ-/ agg. encefalico.
encephalitis /ˌenkefəˈlaɪtɪs, ˌense-/ n. (pl. **-ides**) encefalite f.
encephalogram /enˈkefələgræm, enˈse-/ n. encefalogramma m.
encephalography /ˌenkefəˈlɒgrəfɪ, ˌense-/ n. encefalografia f.
encephalomyelitis /enˌkefələʊmaɪəˈlaɪtɪs, enˌse-/ ♦ **11** n. encefalomielite f.
encephalon /enˈkefəlɒn, enˈse-/ n. (pl. **-a**) encefalo m.
encephalopathy /ˌenkefəˈlɒpəθɪ, ˌense-/ ♦ **11** n. encefalopatia f.
enchain /ɪnˈtʃeɪn/ tr. incatenare (anche FIG.).
enchant /ɪnˈtʃɑːnt, AE -ˈtʃænt/ tr. **1** *(delight)* incantare, affascinare **2** *(cast spell on)* incantare, stregare.
enchanted /ɪnˈtʃɑːntɪd, AE -ˈtʃæntɪd/ **I** p.pass. → **enchant II** agg. [*garden, wood, ring*] incantato; [*place*] incantato, incantevole.
enchanter /ɪnˈtʃɑːntə(r), AE -ˈtʃæntər/ n. mago m., stregone m.
enchanting /ɪnˈtʃɑːntɪŋ, AE -ˈtʃænt-/ agg. [*vision, place, village*] incantevole; [*person, smile*] incantevole, affascinante.
enchantingly /ɪnˈtʃɑːntɪŋlɪ, AE -ˈtʃænt-/ avv. [*sing, dance, smile*] in modo incantevole; ***she is ~ beautiful*** è incantevolmente bella.
enchantment /ɪnˈtʃɑːntmənt, AE -ˈtʃænt-/ n. **1** *(delight)* incanto m., fascino m. **2** *(spell)* incantesimo m.
enchantress /ɪnˈtʃɑːntrɪs, AE -ˈtʃænt-/ n. maga f., strega f.
enchase /ɪnˈtʃeɪs/ → **4.chase**.
enchilada /ˌentʃɪˈlɑːdə/ n. **1** GASTR. = tortilla fritta, ripiena di carne e servita con chili **2** AE COLLOQ. *(big shot)* **big ~** pezzo grosso.
encipher /ɪnˈsaɪfə(r)/ tr. cifrare [*message*].
encircle /ɪnˈsɜːkl/ tr. [*troops, police*] accerchiare [*building*]; [*fence, wall*] circondare, cingere; [*belt, bracelet*] cingere.
encirclement /ɪnˈsɜːklmənt/ n. accerchiamento m.
encl. **1** ⇒ enclosure allegato (all.) **2** ⇒ enclosed (in) allegato.
enclasp /ɪŋˈklɑːsp/ tr. abbracciare, stringere.
enclave /ˈenkleɪv/ n. enclave f.
enclitic /enˈklɪtɪk/ **I** agg. enclitico **II** n. enclitica f.
enclose /ɪnˈkləʊz/ tr. **1** *(surround)* circondare (**with, by** con); *(with fence, wall)* cingere (**with, by** con); *(in outer casing)* racchiudere (**in** in); *(within brackets)* mettere (**in** tra) **2** *(insert in letter)* accludere, allegare (**with, in** a); ***a cheque for £ 10 is ~d*** è accluso un assegno da 10 sterline; ***I'll ~ your letter with mine*** allegherò la tua lettera alla mia; ***a letter enclosing a cheque*** una lettera con un assegno allegato; ***please find ~d*** allegato alla presente.
▷ **enclosed** /ɪnˈkləʊzd/ **I** p.pass. → **enclose II** agg. [*shelter, cabin, sea*] chiuso; [*passage, precinct*] coperto; [*bath, appliance*] incassato; [*life*] ritirato; [*garden*] recintato; ***~ space*** spazio recintato; ***~ order*** RELIG. ordine di clausura.
enclosure /ɪnˈkləʊʒə(r)/ n. **1** *(space)* recinto m. **2** *(fence)* recinto m., staccionata f. **3** GB STOR. AGR. = appropriazione con atto parlamentare di terra comune da parte di privati tramite recinzione **4** *(with letter)* allegato m.
enclothe /ɪnˈkləʊð/ tr. rivestire.
encode /ɪnˈkəʊd/ tr. **1** cifrare, codificare [*message*] **2** INFORM. LING. codificare.
encodement /ɪnˈkəʊdmənt/ n. codifica f.
encoder /ɪnˈkəʊdə(r)/ n. INFORM. codificatore m.
encoding /ɪnˈkəʊdɪŋ/ n. INFORM. LING. codificazione f., codifica f.
encomia /enˈkəʊmɪə/ → **encomium**.
encomiast /ɪnˈkəʊmɪæst/ n. encomiasta m.
encomiastic(al) /ɪnˌkəʊmɪˈæstɪk(l)/ agg. encomiastico.
encomium /enˈkəʊmɪəm/ n. (pl. **~s, -ia**) FORM. encomio m.
encompass /ɪnˈkʌmpəs/ tr. **1** *(include)* comprendere, racchiudere [*activities, aspects, range of subjects*]; racchiudere, contenere [*themes*]; raggruppare [*people, ideas, theories*] **2** *(cover)* [*empire, state*] comprendere [*districts, territories, empire, estate*]; coprire [*acres, hectares*].
1.encore /ˈɒŋkɔː(r)/ **I** n. TEATR. bis m.; ***to give*** o ***play an ~*** concedere un bis; ***they got*** o ***received an ~*** gli chiesero un bis **II** inter. ***~!*** bis!
2.encore /ˈɒŋkɔː(r)/ tr. TEATR. chiedere il bis a [*singer*].
▶ **1.encounter** /ɪnˈkaʊntə(r)/ n. **1** incontro m. (**with** con); ***brief ~*** breve incontro; ***chance ~*** incontro casuale; ***through a chance ~*** durante un incontro casuale; ***I had a close ~ with a lamppost*** SCHERZ. ho avuto un incontro ravvicinato con un lampione **2** MIL. scontro m.
▶ **2.encounter** /ɪnˈkaʊntə(r)/ tr. incontrare [*resistance, problem, difficulties*]; imbattersi in [*setback*]; incontrare, incrociare [*person*]; SPORT affrontare, incontrare.
encounter group /ɪnˈkaʊntəˌgruːp/ n. PSIC. gruppo m. di incontro.
▶ **encourage** /ɪnˈkʌrɪdʒ/ tr. **1** *(boost, support)* incoraggiare, incitare; *(raise morale of)* incoraggiare, confortare; *(reassure)* rassicurare; ***to ~ sb. to do*** incoraggiare qcn. a fare; ***this only ~d him in his desire to do*** questo non ha fatto altro che stimolare il suo desiderio di fare; ***these observations ~d him in his belief that*** queste osservazioni hanno rafforzato la sua convinzione che; ***don't laugh at his jokes, it'll only ~ him!*** non ridere alle sue battute altrimenti gli darai corda! **2** *(foster)* stimolare [*investment*]; favorire [*rise, growth*].
▷ **encouragement** /ɪnˈkʌrɪdʒmənt/ n. *(support)* incoraggiamento m. (**to** per); *(inducement)* incitamento m. (**to** a); ***she needs no ~ to do*** non c'è bisogno di pregarla per fare; ***to give ~ to sb.*** incoraggiare qcn.; ***to be an ~ to sb.*** essere di incoraggiamento per qcn.; ***without ~ from me*** senza il mio sostegno.
encourager /ɪnˈkʌrɪdʒə(r)/ n. incoraggiatore m. (-trice), sostenitore m. (-trice).
▷ **encouraging** /ɪnˈkʌrɪdʒɪŋ/ agg. incoraggiante.
encouragingly /ɪnˈkʌrɪdʒɪŋlɪ/ avv. [*say, smile*] con aria incoraggiante; ***complaints are ~ few*** per fortuna i reclami sono pochi; ***an ~ high percentage*** una percentuale incoraggiante.
encrimson /ɪnˈkrɪmzn/ tr. arrossare, rendere color cremisi.
encroach /ɪnˈkrəʊtʃ/ intr. ***to ~ on*** [*vegetation*] invadere; [*sea*] avanzare su; [*enemy*] invadere [*territory*]; usurpare [*rights*]; ***to ~ on sb.'s privacy*** violare la privacy di qcn.; ***to ~ on sb.'s territory*** o ***turf*** FIG. invadere il campo di qcn.
encroacher /ɪnˈkrəʊtʃə(r)/ n. **1** DIR. usurpatore m. (-trice) **2** *(intruder)* intruso m. (-a).
encroachment /ɪnˈkrəʊtʃmənt/ n. *(of sea)* (l')avanzare (**on** su); *(of enemy)* invasione f. (**on** di); FIG. *(on sb.'s rights)* usurpazione f. (**on** di); *(on sb.'s privacy)* violazione f. (**on** di).
encrust /ɪnˈkrʌst/ tr. ***to be ~ed with*** essere ricoperto di [*moss, ice, dried blood*]; essere incrostato di [*jewels*].
encrustation /ˌɪnkrʌsˈteɪʃn/ n. **1** *(of blood, earth)* crosta f. **2** *(of jewels)* incrostazione f.
encrypt /enˈkrɪpt/ tr. criptare.
encryption /enˈkrɪpʃən/ n. TELEV. TEL. (il) criptare.
encumber /ɪnˈkʌmbə(r)/ tr. intralciare [*person, traffic*] (**with** con); ingombrare [*room, street*] (**with** di, con); ***to be ~ed with debts*** [*estate*] essere gravato di debiti.
encumberment /ɪnˈkʌmbəmənt/ n. RAR. intralcio m., ingombro m.
encumbrance /ɪnˈkʌmbrəns/ n. **1** *(to movement)* intralcio m., ingombro m. (**to** di); *(to one's freedom)* restrizione f. (**to** di) **2** FIG. *(burden)* peso m. (**to** per) **3** DIR. ***an estate free from ~(s)*** una proprietà libera da vincoli *o* ipoteche.
encyclical /enˈsɪklɪkl/ **I** agg. enciclico **II** n. enciclica f.
encyclop(a)edia /ɪnˌsaɪkləˈpiːdɪə/ n. enciclopedia f.; ***she's a walking ~*** SCHERZ. è un'enciclopedia ambulante.
encyclop(a)edic /ɪnˌsaɪkləˈpiːdɪk/ agg. enciclopedico.
encyclop(a)edism /ɪnˌsaɪkləˈpiːdɪzəm/ n. enciclopedismo m.
encyclop(a)edist /ɪnˌsaɪkləˈpiːdɪst/ n. enciclopedista m. e f.
encyst /enˈsɪst/ intr. BIOL. incistarsi.
encystment /enˈsɪstmənt/ n. BIOL. incistamento.
▶ **1.end** /end/ **I** n. **1** *(finish, final part)* *(of week, holiday, journey, game, story, sentence)* fine f.; ***"The End"*** *(of film, book etc.)* "Fine"; ***at the ~ of*** alla fine di [*year, story*]; ***at the ~ of May*** alla fine di maggio; ***by the ~ of*** entro la fine di [*year, journey, game*]; ***to put an ~ to sth., to bring sth. to an ~*** mettere, porre fine a qcs.; ***to get to the ~ of*** arrivare alla fine di [*holiday, story, work*]; ***to come to an ~*** finire *o* terminare; ***to be at an ~*** essere finito *o* terminato; ***in the ~ I went home*** alla fine sono andato a casa; ***in the ~, at the ~ of the day*** *(all things considered)* tutto sommato; ***it's the ~ of the line*** o ***road for the project*** il progetto è alla fine; ***for days, months on ~*** per giorni e giorni, mesi e mesi; ***there is no ~ to his talent*** il suo talento

non ha limiti; ***no ~ of letters, trouble*** COLLOQ. un sacco di lettere, fastidi; ***that really is the ~!*** COLLOQ. è veramente troppo! ***you really are the ~!*** COLLOQ. tu esageri! ***I'm not going and that's the ~ of that!*** non ci vado, punto e basta! **2** *(extremity) (of nose, tail, branch)* punta f.; *(of string, table)* estremità f.; *(of queue)* fine f.; ***at the ~ of, on the ~ of*** in fondo a [*bed, road*]; sulla punta di [*nose*]; ***at the ~ of the garden*** in fondo al giardino; ***from one ~ to another*** da una parte all'altra *o* da un capo all'altro; ***from ~ to ~*** da cima a fondo; ***to lay sth. ~ to ~*** mettere qcs. testa a testa; ***the lower ~ of the street*** il fondo della strada; ***the northern ~ of the town*** la parte settentrionale della città; ***the front, back ~ of the car*** la parte anteriore, posteriore dell'auto; ***the third from the ~*** il terzo a partire dal fondo; ***to look at sth. ~ on*** guardare qcs. di fronte; ***to stand sth. on its ~*** o ***on ~*** mettere qcs. diritto *o* in posizione verticale; ***it will come out the other ~*** SCHERZ. *(of swallowed object)* entrato da una parte uscirà dall'altra **3** *(side of conversation, transaction)* parte f.; ***things are fine at my*** o ***this ~*** per quanto mi riguarda va tutto bene; ***how does it look from your ~?*** come sembra dal tuo punto di vista? ***she takes care of the business ~*** lei si occupa della parte commerciale; ***to keep one's ~ of the bargain*** fare la propria parte nell'accordo; ***there was silence at the other ~*** dall'altro capo nessuno parlava **4** *(of scale, spectrum)* estremità f.; ***at the lower ~ of the scale*** al fondo della scala; ***this suit is from the cheaper*** o ***bottom ~ of the range*** questo abito è tra i meno cari della serie **5** *(aim)* fine m., scopo m.; ***to this*** o ***that ~*** a questo scopo; ***an ~ in itself*** un fine in sé; ***a means to an ~*** un mezzo per arrivare a uno scopo **6** SPORT campo m.; ***to change ~s*** cambiare campo **7** *(scrap) (of rope, string)* pezzo m.; *(of loaf, joint of meat)* avanzo m.; ***candle ~*** mozzicone di candela **8** *(death)* fine f.; ***to meet one's ~*** trovare la morte; ***to be nearing one's ~*** avvicinarsi alla propria fine; ***to come to a bad*** o ***sticky ~*** fare una brutta fine; ***and that was the ~ of the witch!*** e quella fu la fine per la strega! **II** modif. [*house, seat*] in fondo; [*carriage*] di coda ◆ ***the ~ justifies the means*** il fine giustifica i mezzi; ***to have*** o ***get hold the wrong ~ of the stick*** prendere un abbaglio; ***to get one's ~ away*** POP. bagnare il biscottino; ***to keep one's ~ up*** COLLOQ. = mantenere fede ai propri impegni.

▶ **2.end** /end/ **I** tr. porre fine a [*strike, war, friendship, rumour, search, marriage*]; porre fine a, concludere [*meeting, debate, programme*]; concludere, terminare [*match*]; ***to ~ sth. with*** concludere, terminare qcs. con; ***to ~ sth. by doing*** concludere, terminare qcs. facendo; ***he ~ed his days in hospital*** finì i suoi giorni in ospedale; ***they ~ed the day in a restaurant*** conclusero la giornata in un ristorante; ***we ~ed the first half ahead*** abbiamo concluso il primo tempo in vantaggio; ***to ~ one's life*** porre fine ai propri giorni; ***to ~ it all*** *(to commit suicide)* farla finita; ***the sale to ~ all sales*** saldi eccezionali **II** intr. **1** *(finish in time)* [*day, meeting, career, relationship, book, war*] finire, terminare; [*contract, agreement*] terminare, cessare; ***to ~ in*** concludersi con [*failure, divorce*]; concludersi *o* finire in [*tragedy*]; ***it ~ed in a fight, in victory*** terminò con uno scontro, una vittoria; ***to ~ with*** terminare con; ***it ~s with him being murdered*** termina con il suo assassinio; ***the word ~s in*** o ***with an "e"*** la parola finisce con la *o* in "e"; ***where will it all ~?*** come andrà a finire? **2** *(finish in space)* [*path, line, queue, river*] terminare, finire ◆ ***all's well that ~s well*** tutto è bene quel che finisce bene.

▪ **end up:** ~ up [sth.] finire col diventare [*president, alcoholic, rich*]; finire con l'essere [*bored*]; ***to ~ up as*** finire per diventare; ***I don't know how he'll ~ up*** non so dove andrà a finire; ***to ~ up (by) doing*** finire col fare; ***to ~ up in*** finire a [*London, hospital*]; ***to ~ up at home*** ritrovarsi a casa; ***to ~ up with*** ritrovarsi con [*person, prize*].

endanger /ɪn'deɪndʒə(r)/ tr. mettere in pericolo, mettere a repentaglio [*health, life*]; danneggiare, mettere a repentaglio [*environment, species*]; danneggiare [*reputation, career, prospects*].

▷ **endangered** /ɪn'deɪndʒəd/ **I** p.pass. → **endanger II** agg. in pericolo; ***~ species*** specie a rischio; FIG. SCHERZ. razza in via d'estinzione.

en dash /'endæʃ/ n. TIP. trattino m. medio.

end bulb /'endbʌlb/ n. ANAT. placca f. sensoriale.

end-consumer /'endkən,sju:mə(r), AE -,su:m-/ n. consumatore m. finale.

endear /ɪn'dɪə(r)/ **I** tr. ***to ~ sb. to*** fare affezionare qcn. a [*person*]; ***his humanity ~ed him to the nation*** la sua umanità lo ha reso caro a tutto il paese; ***what ~s her to me is her simplicity*** ciò che mi piace di lei è la sua semplicità **II** rifl. ***to ~ oneself to sb.*** farsi benvolere da qcn.

endearing /ɪn'dɪərɪŋ/ agg. [*child, personality, habit*] che suscita tenerezza; [*quality*] affascinante; [*remark*] toccante; [*smile*] che conquista; ***there's nothing very ~ about him*** non c'è nulla di affascinante in lui.

endearingly /ɪn'dɪərɪŋlɪ/ avv. [*smile, remark*] con dolcezza; ***~ honest*** di un'onestà commovente.

endearment /ɪn'dɪəmənt/ n. parola f. affettuosa; ***term of ~*** espressione affettuosa; ***words of ~*** parole affettuose *o* dolci.

▷ **1.endeavour, endeavor** AE /ɪn'devə(r)/ n. **1** *(attempt)* tentativo m. (**to do** di fare); ***to make every ~ to do*** fare tutto il possibile per fare **2** *(industriousness)* sforzo m. **3** *(project)* progetto m.

▷ **2.endeavour, endeavor** AE /ɪn'devə(r)/ tr. ***to ~ to do*** *(do one's best)* fare tutto il possibile per fare; *(find a means)* trovare il modo di fare; *(succeed)* riuscire a fare.

endemic /en'demɪk/ **I** agg. endemico (**in, to** in) **II** n. endemia f.

endemicity /,endɪ'mɪsətɪ/ n. endemicità f.

endemism /'endɪmɪzəm/ n. endemismo m.

endermic /en'dɜ:mɪk/ agg. endermico.

endgame /'endgeɪm/ n. GIOC. fine m. partita.

▷ **ending** /'endɪŋ/ n. **1** *(of book, play, film)* fine f., finale m. **2** LING. desinenza f.

endive /'endɪv, AE -daɪv/ n. **1** *(curly lettuce)* scarola f. **2** *(blanched chicory)* indivia f.

▷ **endless** /'endlɪs/ agg. **1** *(unlimited)* [*patience, energy, choice, possibility*] infinito; [*supply, stock*] inesauribile; ***to go to ~ trouble to do*** fare una fatica infinita per fare **2** *(interminable)* [*line, path, drop, list, meeting, search, journey*] interminabile; ***~ letters*** una lettera dopo l'altra.

endlessly /'endlɪslɪ/ avv. **1** *(unlimitedly)* infinitamente; ***~ patient, tolerant*** infinitamente paziente, tollerante **2** *(without stopping)* [*talk, cry, argue*] senza sosta, incessantemente; [*search, play, try*] incessantemente **3** *(to infinity)* [*stretch, extend*] all'infinito.

endline /'endlaɪn/ n. SPORT linea f. di fondocampo.

end matter /'end,mætə(r)/ n. *(in books)* appendici f.pl.

endocardia /,endəʊ'kɑ:dɪə/ → **endocardium**.

endocardial /,endəʊ'kɑ:dɪəl/ agg. endocardico.

endocarditis /,endəʊkɑ:'daɪtɪs/ ➧ ***11*** n. endocardite f.

endocardium /,endəʊ'kɑ:dɪəm/ n. (pl. **-ia**) endocardio m.

endocarp /'endəʊkɑ:p/ n. endocarpo m.

endocrania /,endəʊ'kreɪnɪə/ → **endocranium**.

endocranial /,endəʊ'kreɪnɪəl/ agg. endocranico.

endocranium /,endəʊ'kreɪnɪəm/ n. (pl. **-ia**) endocranio m.

endocrine /'endəʊkraɪn, -,krɪn/ agg. [*glands, secretions, system*] endocrino; [*disorder*] all'apparato endocrino.

endocrinologist /,endəʊkrɪ'nɒlədʒɪst/ ➧ ***27*** n. endocrinologo m. (-a).

endocrinology /,endəʊkrɪ'nɒlədʒɪ/ n. endocrinologia f.

endoderm /'endəʊdɜ:m/ n. endoderma m.

end of term /,endəv'tɜ:m/ **I** n. BE SCOL. UNIV. fine f. del trimestre, del quadrimestre, del semestre **II end-of-term** modif. BE SCOL. UNIV. [*party, ball, exam, report*] di fine trimestre, quadrimestre, semestre.

endogamic /,endəʊ'gæmɪk/ agg. endogamico.

endogamous /en'dɒgəməs/ agg. endogamo.

endogamy /en'dɒgəmɪ/ n. endogamia f.

endogenic /,endəʊ'dʒenɪk/, **endogenous** /en'dɒdʒɪnəs/ agg. endogeno.

endolymph /'endəʊlɪmf/ n. endolinfa f.

endometria /,endəʊ'mi:trɪə/ → **endometrium**.

endometriosis /,endəʊmi:trɪ'əʊsɪs/ ➧ ***11*** n. endometriosi f.

endometrium /,endəʊ'mi:trɪəm/ n. (pl. **-ia**) endometrio m.

endomorph /'endəʊmɔ:f/ n. minerale m. endomorfo.

endoplasm /'endəʊplæzəm/ n. endoplasma m.

endoplasmic /,endəʊ'plæzmɪk/ agg. endoplasmatico.

endorphin /en'dɔ:fɪn/ n. endorfina f.

▷ **endorse** /ɪn'dɔ:s/ tr. **1** approvare [*view, policy, principle, decision*]; appoggiare [*candidate*]; COMM. approvare [*product*]; girare, avallare per girata [*cheque, bill*]; approvare [*claim*] **2** BE AUT. ***to have one's licence ~d*** ricevere delle annotazioni sulla patente per infrazioni.

endorsee /,endɔ:'si:/ n. giratario m. (-a).

▷ **endorsement** /ɪn'dɔ:smənt/ n. **1** *(of opinion, decision, claim)* approvazione f. (**of** di); *(of candidate)* appoggio m. (**of** a); *(of cheque)* girata f.; ***expenses claims should be submitted to your superior for ~*** le richieste di rimborso dovrebbero essere sottoposte all'approvazione del suo superiore **2** AUT. ***he has had two ~s for speeding*** ha ricevuto due annotazioni sulla patente per eccesso di velocità.

endorser /ɪn'dɔ:sə(r)/ n. **1** girante m., avallante m., garante m. **2** *(in advertising)* testimonial m. e f.

endoscope /'endəʊskəʊp/ n. endoscopio m.

endoscopy /en'dɒskəpɪ/ n. endoscopia f.

endoskeleton /'endəʊskelɪtn/ n. endoscheletro m.

endosmometer /ˌendɒz'mɒmɪtə(r)/ n. endosmometro m.
endosmosis /ˌendɒz'məʊsɪs/ n. endosmosi f.
endosperm /'endəʊspɜːm/ n. endosperma m.
endospore /'endəʊspɔː(r)/ n. endospora f.
endothelium /ˌendəʊ'θiːlɪəm/ n. (pl. **-ia**) endotelio m.
endothermic /ˌendəʊ'θɜːmɪk/ agg. endotermico.
endotoxin /ˌendəʊ'tɒksɪn/ n. endotossina f.
endow /ɪn'daʊ/ tr. **1** *(with money)* sovvenzionare [*hospital, charity*]; dotare di fondi [*ward*]; istituire [*academic post*]; ***the hospital has been ~ed 100 beds*** l'ospedale ha ricevuto fondi per creare 100 posti letto **2** *(bestow)* dotare [*person*] (**with** di).
endowed /ɪn'daʊd/ **I** p.pass. → **endow II** agg. **1** *(with money)* [*hospital, charity*] sovvenzionato; [*ward*] dotato di fondi **2** *(bestowed)* dotato (**with** di); ***she is well-~*** COLLOQ. è ben dotata da madre natura; ***he's well-~*** COLLOQ. è ben fornito.
endowment /ɪn'daʊmənt/ n. **1** *(action) (of hospital, school)* sovvenzionamento m.; *(of prize, academic post)* istituzione f. **2** *(money given)* sovvenzione f., donazione f.; ***capital ~*** dotazione in capitale **3** *(talent, ability)* dote f., talento m. naturale.
endowment insurance /ɪn'daʊməntɪnˌʃɔːrəns, AE -ˌʃʊər-/ n. assicurazione f. mista sulla vita, assicurazione f. in caso di sopravvivenza.
endowment mortgage /ɪn'daʊməntˌmɔːgɪdʒ/ n. ipoteca f. legata a un'assicurazione mista sulla vita.
endowment policy /ɪn'daʊməntˌpɒləsɪ/ n. polizza f. mista.
endpaper /'endˌpeɪpə(r)/ n. *(in books)* risguardo m.
end product /'endˌprɒdʌkt/ n. COMM. prodotto m. finito.
end result /ˌendrɪ'zʌlt/ n. risultato m. finale.
end table /'endteɪbl/ n. AE tavolino m.
end-to-end /ˌendtə'end/ agg. [*control*] da utente a utente.
endue /ɪn'djuː, AE ɪn'duː/ tr. **1** *(endow)* dotare, fornire (**with** di) **2** RAR. vestire (**with** con).
endurable /ɪn'djʊərəbl, AE -'dʊə-/ agg. sopportabile, tollerabile.
▷ **endurance** /ɪn'djʊərəns, AE -'dʊə-/ n. *(physical)* sopportazione f. (**of** di), resistenza f. (**of** a); *(moral)* pazienza f. (**of** verso); *(of cold)* resistenza f. (**of** a); ***to test your powers of ~ to the full*** per mettere alla prova la vostra resistenza; ***to show great powers of ~*** mostrare grandi capacità di resistenza; ***past*** o ***beyond (all) ~*** insopportabile; ***to provoke sb. beyond ~*** provocare qcn. oltre ogni limite di sopportazione.
endurance test /ɪn'djʊərənsˌtest, AE -'dʊə-/ n. SPORT MIL. prova f. di resistenza; SPREG. SCHERZ. vero supplizio m.
▷ **endure** /ɪn'djʊə(r), AE -'dʊər/ **I** tr. resistere a [*personal experience, humiliation, hardship*]; sopportare, tollerare [*behaviour, sight, lifestyle, person*]; subire [*attack, defeat, imprisonment*] **II** intr. *(last)* durare.
enduring /ɪn'djʊərɪŋ, AE -'dʊə-/ agg. [*influence, charm, fame, grudge*] duraturo; [*ability*] costante; [*government*] stabile.
enduringly /ɪn'djʊərɪŋlɪ, AE -'dʊə-/ avv. ***to be ~ popular*** restare popolare.
end user /ˌend'juːzə(r)/ n. COMM. INFORM. utente m. finale.
endways /'endweɪz/, **endwise** /'endwaɪs/ avv. **1** *(with the end forward)* testa contro testa, di faccia **2** *(vertically)* in posizione verticale **3** *(lenghtways)* longitudinalmente.
Endymion /en'dɪmɪən/ n.pr. Endimione.
enema /'enɪmə/ n. (pl. **~s**, **-ata**) MED. clistere m., enteroclisma m.; ***to give sb. an ~*** fare un clistere a qcn.
▶ **enemy** /'enəmɪ/ **I** n. **1** nemico m. (-a) (anche FIG.); ***to make enemies*** farsi dei nemici; ***to make an ~ of sb.*** farsi nemico qcn.; ***his arrogance made him many enemies*** la sua arroganza gli ha procurato molti nemici; ***public ~ number one*** nemico pubblico numero uno; ***to be one's own worst ~*** essere il peggiore nemico di se stesso **2** MIL. ***the ~*** + verbo sing. o pl. il nemico; ***to go over to the ~*** passare al nemico **II** modif. [*forces, aircraft, propaganda, territory, agent*] nemico; ***~ alien*** = residente straniero di nazionalità nemica in tempo di guerra; ***killed by ~ action*** caduto sotto il fuoco nemico; ***under ~ occupation*** sotto l'occupazione nemica.
▷ **energetic** /ˌenə'dʒetɪk/ agg. **1** *(full of life)* [*person*] energico, attivo; [*exercise*] vigoroso; [*child*] pieno d'energia; ***I'm not feeling very ~ today*** oggi non mi sento molto in forma **2** *(vigorous)* [*reforms, programme, administration, campaign*] vigoroso; [*debate*] acceso, animato.
energetically /ˌenə'dʒetɪklɪ/ avv. [*work, exercise*] con vigore; [*argue, speak*] energicamente; [*deny, promote, publicize*] con forza, con decisione; ***to stride ~*** camminare con passo deciso.
energetics /ˌenə'dʒetɪks/ n. + verbo sing. FIS. energetica f.
energize /'enədʒaɪz/ tr. **1** *(invigorate)* ravvivare, stimolare **2** EL. mettere sotto tensione.
energizing /'enədʒaɪzɪŋ/ agg. [*influence, work*] stimolante.
energumen /ˌenə'gjuːmen/ n. energumeno m.
▶ **energy** /'enədʒɪ/ n. **1** *(strength, vitality)* energia f.; ***to have the ~ to do*** avere l'energia per fare; ***to devote all one's ~ to sth., to doing*** dedicare tutte le proprie energie a qcs., a fare; ***it would be a waste of ~*** sarebbero energie sprecate **2** *(power, fuel)* energia f.; ***nuclear ~*** energia nucleare; ***to save, waste ~*** risparmiare, sprecare energia **3** ***Department of Energy*** US Dipartimento dell'energia; ***Energy Secretary, Energy Minister*** ministro dell'energia **4** FIS. energia f.
energy consumption /ˌenədʒɪkən'sʌmpʃn/ n. consumo m. di energia.
energy efficiency /ˌenədʒɪɪ'fɪʃnsɪ/ n. ottimizzazione f. energetica.
energy-efficient /ˌenədʒɪɪ'fɪʃnt/ agg. [*heating system, lighting, building*] ottimizzato.
energy level /'enədʒɪˌlevl/ n. FIS. livello m. di energia.
energy resources /ˌenədʒɪrɪ'sɔːsɪz, -'zɔːsɪz, AE -'riːsɔːrsɪz/ n.pl. risorse f. energetiche.
energy saving /ˌenədʒɪ'seɪvɪŋ/ **I** n. risparmio m. energetico **II** **energy-saving** agg. [*device*] a risparmio energetico; [*measure*] per il risparmio energetico.
1.enervate /'enəveɪt/ agg. snervato, debilitato.
2.enervate /'enəveɪt/ tr. snervare, infiacchire.
enervating /'enəveɪtɪŋ/ agg. snervante.
enervation /ˌenə'veɪʃn/ n. snervamento m., infiacchimento m.
enface /ɪn'feɪs/ tr. scrivere, stampare sulla prima pagina di [*document*].
enfeeble /ɪn'fiːbl/ tr. indebolire, debilitare.
enfeeblement /ɪn'fiːblmənt/ n. indebolimento m., debilitazione f.
enfeoff /ɪn'fiːf/ tr. investire di un feudo, infeudare.
enfeoffment /ɪn'fiːfmənt/ n. infeudazione f.
enfetter /ɪn'fetə(r)/ tr. incatenare, mettere in ceppi.
1.enfilade /ˌenfɪ'leɪd/ n. MIL. tiro m. d'infilata.
2.enfilade /ˌenfɪ'leɪd/ tr. MIL. colpire d'infilata, infilare.
enfold /ɪn'fəʊld/ tr. avvolgere; ***to ~ sb. in one's arms*** stringere qcn. fra le braccia.
▷ **enforce** /ɪn'fɔːs/ tr. **1** *(impose)* imporre [*rule, policy, decision, silence, discipline*]; fare rispettare, applicare [*law, court order*]; fare valere [*legal rights*]; esigere [*payment*]; fare rispettare [*contract*] **2** *(strengthen)* rafforzare [*opinion, hypothesis, argument, theory*].
enforceable /ɪn'fɔːsəbl/ agg. che può essere imposto; DIR. [*law, ruling, verdict*] esecutorio; [*rule*] applicabile; ***to be ~*** DIR. avere forza esecutiva.
enforced /ɪn'fɔːst/ **I** p.pass. → **enforce II** agg. [*acceptance, abstinence, redundancy*] forzato; [*discipline*] imposto.
▷ **enforcement** /ɪn'fɔːsmənt/ n. *(of law, regulation)* applicazione f., esecuzione f.; *(of policy, decision)* applicazione f.; *(of discipline)* imposizione f.; ***~ action, ~ measures*** DIR. misure di esecuzione.
enframe /ɪn'freɪm/ tr. incorniciare.
enfranchise /ɪn'fræntʃaɪz/ tr. **1** *(give right to vote to)* concedere il diritto di voto a; *(give political rights to)* concedere diritti politici a **2** *(emancipate)* affrancare.
enfranchisement /ɪn'fræntʃaɪzmənt/ n. **1** POL. concessione f. del diritto di voto **2** *(emancipation)* affrancamento m.
▶ **engage** /ɪn'geɪdʒ/ **I** tr. **1** FORM. *(interest, attract)* attirare [*person, attention*]; risvegliare [*interest, sympathy, imagination*]; ***to ~ sb. in conversation*** attaccare discorso con qcn.; ***to be otherwise ~d*** avere altri impegni **2** *(involve)* ***to be ~d in*** partecipare a [*activity, practice, search*]; prendere parte a [*conspiracy*]; ***to be ~d in discussions, negotiations*** prendere parte alle discussioni, ai negoziati; ***to be ~d in doing*** stare facendo **3** *(employ)* prendere, ingaggiare [*lawyer, interpreter*]; assumere [*cleaner, secretary, worker*] **4** MECC. innestare, ingranare [*gear*]; ***to ~ the clutch*** innestare la frizione **5** MIL. attaccare [*enemy*] **II** intr. FORM. *(be, become involved)* ***to ~ in*** partecipare a [*activity, practice*]; lanciarsi in [*argument, research*]; prendere parte a [*discussion, dialogue, negotiations*]; MIL. ingaggiare, dare inizio a [*combat*]; dare inizio a [*hostilities*].
▷ **engaged** /ɪn'geɪdʒd/ **I** p.pass. → **engage II** agg. **1** *(before marriage)* ***to be ~*** essere fidanzato (**to** con); ***to get ~*** fidanzarsi (**to** con); ***we were ~ for three years before getting married*** siamo stati fidanzati per tre anni prima di sposarci **2** [*toilet, phone, line, taxi*] occupato.
engaged tone /ɪn'geɪdʒdˌtəʊn/ n. BE segnale m. di occupato; ***I keep getting an ~*** continuo a trovare occupato.
▷ **engagement** /ɪn'geɪdʒmənt/ n. **1** FORM. *(appointment)* appuntamento m.; *(for performer, artist)* ingaggio m.; ***official*** o ***public ~*** impegno ufficiale; ***social ~*** impegno mondano; ***prior ~*** impegno precedente; ***I have a dinner ~ tomorrow evening*** domani sera ho una cena **2** *(before marriage)* fidanzamento m.; ***to break off one's***

~ rompere il fidanzamento **3** MIL. *(initial skirmish)* scontro m. (**with** con); *(battle)* combattimento m. (**with** con); ***rules of ~*** regole di ingaggio.
engagement book /ɪn'geɪdʒmənt,bʊk/ n. agenda f.
engagement ring /ɪn'geɪdʒmənt,rɪŋ/ n. anello m. di fidanzamento.
engaging /ɪn'geɪdʒɪŋ/ agg. [*shyness, character*] accattivante; [*person, smile*] affascinante; [*laugh*] simpatico; [*performance, tale*] avvincente.
engagingly /ɪn'geɪdʒɪŋlɪ/ avv. [*behave, smile, write*] in modo accattivante; ***he is ~ frank*** la sua franchezza ti conquista.
engarland /ɪn'gɑːlənd/ tr. inghirlandare.
engender /ɪn'dʒendə(r)/ tr. generare, causare.
▶ **engine** /'endʒɪn/ n. **1** *(motor) (in car, train, aeroplane, boat)* motore m.; *(in jet aircraft)* reattore m.; *(in ship)* macchine f.pl.; ***steam ~*** motore a vapore; ***jet ~*** motore a getto, a reazione **2** FERR. *(locomotive)* locomotiva f., locomotore m., motrice f.; ***diesel, steam ~*** locomotiva diesel, a vapore; ***to sit facing, with one's back to the ~*** essere seduto nel senso di marcia, in senso contrario alla marcia.
engine block /'endʒɪn,blɒk/ n. blocco m. motore.
engine driver /'endʒɪn,draɪvə(r)/ ➧ ***27*** n. macchinista m. e f.
▶ **1.engineer** /,endʒɪ'nɪə(r)/ ➧ ***27*** n. *(graduate)* ingegnere m.; *(in factory)* meccanico m.; *(repairer)* tecnico m.; *(on ship)* macchinista m. e f.; AE FERR. macchinista m. e f.; ***the (Royal) Engineers*** MIL. il genio; ***chief ~*** MAR. capomacchinista; ***heating ~*** caldaista; ***telephone ~*** tecnico dei telefoni; ***civil ~*** ingegnere civile.
2.engineer /,endʒɪ'nɪə(r)/ tr. **1** *(plot)* organizzare [*revolt, fall, success, conspiracy*]; architettare [*plot*] **2** *(build)* costruire.
▷ **engineering** /,endʒɪ'nɪərɪŋ/ n. **1** *(subject, science)* ingegneria f.; ***civil, chemical ~*** ingegneria civile, chimica; ***to study ~*** studiare ingegneria; ***an extraordinary feat of ~*** una straordinaria opera di ingegneria **2** *(industry)* industria f. meccanica; ***light, heavy ~*** industria leggera, pesante **3** *(structure)* costruzione f. meccanica.
engineering and design department /,endʒɪ'nɪərɪŋənd-dɪ,zaɪndɪ,pɑːtmənt/ n. IND. ufficio m. tecnico.
engineering company /,endʒɪ'nɪərɪŋ,kʌmpənɪ/ n. società f. di costruzioni meccaniche.
engineering course /,endʒɪ'nɪərɪŋ,kɔːs/ n. UNIV. corso m. di ingegneria.
engineering degree /,endʒɪ'nɪərɪŋdɪ,griː/ n. UNIV. laurea f. in ingegneria.
engineering department /,endʒɪ'nɪərɪŋdɪ,pɑːtmənt/ n. UNIV. dipartimento m. di ingegneria.
engineering drawing /,endʒɪ'nɪərɪŋ,drɔːɪŋ/ n. disegno m. industriale.
engineering factory /,endʒɪ'nɪərɪŋ,fæktərɪ/ n. fabbrica f. di costruzioni meccaniche.
engineering industry /,endʒɪ'nɪərɪŋ,ɪndəstrɪ/ n. industria f. meccanica.
engineering science /,endʒɪ'nɪərɪŋ,saɪəns/ n. UNIV. ingegneria f.
engineering student /,endʒɪ'nɪərɪŋ,stjuːdnt, AE -,stuː-/ n. UNIV. studente m. (-essa) di ingegneria.
engineering worker /,endʒɪ'nɪərɪŋ,wɜːkə(r)/ n. operaio m. (-a) di industria meccanica.
engineering works /,endʒɪ'nɪərɪŋ,wɜːks/ n.pl. fabbrica f.sing. di costruzioni meccaniche.
engine failure /'endʒɪn,feɪljə(r)/ n. AUT. AER. guasto m. al motore; *(in jet aircraft)* guasto m. al reattore.
engine oil /'endʒɪn,ɔɪl/ n. olio m. per motori.
engine room /'endʒɪn,ruːm, -,rʊm/ n. sala f. macchine.
engine shed /'endʒɪn,ʃed/ n. FERR. deposito m. macchine.
engird /ɪn'gɜːd/ tr. cingere.
England /'ɪŋglənd/ ➧ ***6*** n.pr. Inghilterra f.
Englander /'ɪŋgləndə(r)/ n. RAR. inglese m. e f.
english /'ɪŋglɪʃ/ n. AE *(in billiards)* effetto m.
English /'ɪŋglɪʃ/ ➧ ***18, 14*** **I** agg. [*town, custom, food, economy, etc.*] inglese **II** n. **1** *(language)* inglese m.; ***the King's*** o ***Queen's ~*** il King's *o* Queen's English (varietà più corretta dell'inglese britannico) **2** ***the ~*** + verbo pl. gli inglesi **III** modif. *(of English)* [*teacher, exam, course*] di inglese; *(into English)* [*translation*] in inglese.
English as a Foreign Language /,ɪŋglɪʃəzə'fɒrən,læŋgwɪdʒ, AE -'fɔːr-/ n. inglese m. come lingua straniera.
English as a Second Language /,ɪŋglɪʃəzə'sekənd,læŋgwɪdʒ/ n. inglese m. come seconda lingua.
English breakfast /,ɪŋglɪʃ'brekfəst/ n. colazione f. all'inglese.
English Channel /,ɪŋglɪʃ'tʃænl/ n. ***the ~*** il canale della Manica, la Manica.

> **English Civil War** La guerra civile inglese (1642-1651) vide contrapposti i sostenitori del re Carlo I (*Royalists* o *Cavaliers*) e le forze parlamentari (*Roundheads*, perché portavano i capelli corti, in contrapposizione ai sostenitori del re, che portavano voluminose parrucche), capeggiate dal puritano Oliver Cromwell. Le cause che provocarono tale conflitto erano legate ai problemi religiosi ed economici dell'epoca. Fin dai tempi di Enrico VIII il parlamento aveva lottato per ottenere maggior potere di fronte al sovrano; il tentativo di Carlo I di farne arrestare i membri, che gli avevano negato i fondi necessari per continuare la sua politica assolutista, fu all'origine del conflitto militare. Sconfitto nelle battaglie di Marston Moor (1644) e Naseby (1645), il re si consegnò all'esercito scozzese un anno più tardi. Condannato a morte da una commissione parlamentare, fu giustiziato nel 1649. Durante gli anni del regime repubblicano (*Commonwealth*) che seguirono, Cromwell si mostrò intollerante tanto quanto il suo predecessore, sciolse il parlamento in più occasioni e governò come un dittatore. La monarchia fu restaurata nel 1660 con Carlo II, figlio di Carlo I.

Englisher /'ɪŋglɪʃə(r)/ n. **1** RAR. inglese m. e f. **2** *(translator)* traduttore m. (-trice) in inglese.
English for Special Purposes /'ɪŋglɪʃfə,speʃl,pɜːpəsɪz/ n. inglese m. per usi specifici.

> **English Heritage** Organizzazione creata dal Parlamento britannico nel 1984 con la funzione di salvaguardare e promuovere il patrimonio storico inglese. Ha sotto la sua tutela più di 400 castelli, fortezze, chiese e monumenti su tutto il territorio nazionale (v. anche ***National Trust***).

Englishism /'ɪŋglɪʃɪzəm/ n. **1** *(anglicism)* anglicismo m. **2** *(English custom)* = caratteristica e modo di vivere degli inglesi **3** ANT. anglofilia f.
English Language Teaching /,ɪŋglɪʃ'læŋgwɪdʒ,tiːtʃɪŋ/ n. insegnamento m. della lingua inglese.
Englishman /'ɪŋglɪʃmən/ n. (pl. **-men**) inglese m. ◆ ***an ~'s home is his castle*** PROV. = in casa propria ciascuno è re.
Englishness /'ɪŋglɪʃnɪs/ n. *(of custom, behaviour etc.)* = caratteristica tipica degli inglesi; *(of person)* = caratteristica tipicamente inglese.
English rose /'ɪŋglɪʃ,rəʊz/ n. = ragazza inglese giovane e carina dalla carnagione chiara.
Englishry /'ɪŋglɪʃrɪ/ n. RAR. **1** *(being English)* (l')essere inglese **2** *(in Ireland)* = popolazione di origine inglese.
English speaker /'ɪŋglɪʃ,spiːkə(r)/ n. anglofono m. (-a).
English-speaking /'ɪŋglɪʃ,spiːkɪŋ/ agg. [*country, community, world, person*] anglofono.
English walnut /'ɪŋglɪʃ,wɔːlnʌt/ n. AE **1** *(fruit)* noce f. **2** *(tree)* noce m.
Englishwoman /'ɪŋglɪʃ,wʊmən/ n. (pl. **-women**) inglese f.
Eng Lit /'ɪŋglɪt/ n. (⇒ English Literature) = letteratura inglese.
englobe /ɪn'gləʊb/ tr. inglobare.
engorge /ɪn'gɔːdʒ/ tr. **1** *(devour)* divorare, ingollare **2** *(feed greedily)* ingozzare **3** MED. congestionare.
engorgement /ɪn'gɔːdʒmənt/ n. **1** ingurgitamento m. **2** MED. congestione f.
engraft /ɪn'grɑːft/ tr. BOT. innestare (**on** su).
engraftation /ɪn'grɑːfteɪʃn/ n. BOT. innesto m.
engrail /ɪn'greɪl/ tr. dentellare.
engrailment /ɪn'greɪlmənt/ n. dentellatura f.
engrain /ɪn'greɪn/ tr. **1** *(dye)* tingere in tinta forte **2** FIG. inculcare, radicare.
engram /'engræm/ n. engramma m.
engrave /ɪn'greɪv/ tr. **1** incidere (anche FIG.); ***~d on the heart, mind*** inciso nel cuore, nella memoria **2** TIP. riprodurre mediante incisione.
engraver /ɪn'greɪvə(r)/ ➧ ***27*** n. incisore m. (-a), intagliatore m. (-trice).
engraving /ɪn'greɪvɪŋ/ n. incisione f.
engraving plate /ɪn'greɪvɪŋ,pleɪt/ n. lastra f. da incisione.
engross /ɪn'grəʊs/ tr. **1** avvincere [*audience*]; ***to be ~ed in*** essere completamente assorbito *o* preso da [*book, spectacle, work*]; essere preso da [*problems*] **2** DIR. redigere **3** AE *(dominate)* dominare [*market*].

engrossing /ɪn'grəʊsɪŋ/ agg. [*book*] avvincente; [*programme, problem*] interessante; [*activity*] affascinante.
engrossment /ɪn'grəʊsmənt/ n. redazione f. definitiva.
engulf /ɪn'gʌlf/ tr. [*sea, waves*] inghiottire; [*fire*] divorare; [*silence*] avvolgere; [*panic*] prendere; ***to be ~ed by hatred, grief*** essere preda dell'odio, del dolore.
enhance /ɪn'hɑːns, AE -hæns/ tr. **1** *(improve)* migliorare [*prospects, status, reputation*]; accrescere [*rights, privileges, authority, power*]; ritoccare [*image, photo*]; esaltare, valorizzare [*appearance, beauty, qualities*] **2** *(increase)* aumentare [*value, pension, salary*].
▷ **enhancement** /ɪn'hɑːnsmənt, AE -hæns-/ n. *(of reputation, prospects, status)* miglioramento m.; *(of rights, privileges, power)* accrescimento m.; *(of beauty, quality)* esaltazione f., valorizzazione f.; *(of pension, salary)* aumento m.
enharmonic /ˌenhɑː'mɒnɪk/ agg. enarmonico.
Enid /'iːnɪd/ n.pr. Enid (nome di donna).
enigma /ɪ'nɪgmə/ n. (pl. **~s, -ata**) enigma m.
enigmatic(al) /ˌenɪg'mætɪk(l)/ agg. enigmatico.
enigmatically /ˌenɪg'mætɪklɪ/ avv. enigmaticamente, in modo enigmatico.
enigmatize /ɪ'nɪgmətaɪz/ tr. rendere enigmatico.
enisle /ɪn'aɪl/ tr. LETT. **1** *(put on an island)* relegare su un'isola **2** FIG. isolare **3** *(make into an island)* trasformare in un'isola.
enjambement /ɪn'dʒæmmənt/ n. LETTER. enjambement m.
enjoin /ɪn'dʒɔɪn/ tr. **1** *(impose, urge)* imporre [*silence, obedience, discipline*] (**on** a); raccomandare [*discretion, caution*] (**on** a); ***to ~ sb. to do*** comandare a qcn. di fare **2** AE *(prohibit)* ***to ~ sb. from doing*** proibire a qcn. di fare.
enjoinment /ɪn'dʒɔɪnmənt/ n. **1** *(injunction)* ingiunzione f., ordine m. **2** AE *(prohibition)* proibizione f., divieto m.
▶ **enjoy** /ɪn'dʒɔɪ/ **I** tr. **1** *(get pleasure from)* amare [*reading, swimming, sport, hobby, etc.*]; amare, apprezzare [*art, music, wine*]; ***I ~ gardening, cooking*** mi piace fare giardinaggio, cucinare; ***don't worry, I'll ~ looking after Paul*** non preoccupatevi, sono contento di occuparmi di Paul; ***she ~s life*** ama la vita; ***he knows how to ~ life*** sa vivere *o* sa come godersi la vita; ***I ~ed the match, party*** mi è piaciuta la partita, la festa; ***I ~ed the film*** mi è piaciuto il film; ***I ~ed my day in Rome*** ho trascorso una bella giornata a Roma; ***she ~ed her stay in London*** si è divertita durante il soggiorno a Londra; ***I didn't ~ the party*** non mi sono divertito alla festa; ***we ~ed it immensely*** ci è piaciuto moltissimo; ***the tourists are ~ing the good weather*** i turisti approfittano del bel tempo; ***~ your meal!*** buon appetito! ***~ our hotel's excellent restaurant*** provate l'eccellente ristorante del nostro albergo; ***he ~ed a meal, coffee in the restaurant*** ha gustato un pasto, un caffè al ristorante **2** *(benefit from)* godere di [*privilege, right, advantage, good health, popularity, success*] **II** intr. ***~!*** AE divertiti! **III** rifl. ***to ~ oneself*** divertirsi; ***to ~ oneself doing*** divertirsi a fare; ***~ yourselves!*** divertitevi!
▷ **enjoyable** /ɪn'dʒɔɪəbl/ agg. divertente, piacevole.
enjoyably /ɪn'dʒɔɪəblɪ/ avv. [*chat, dine*] in modo piacevole; ***we spent the morning ~ in the museum*** abbiamo passato una gradevole mattinata al museo.
▷ **enjoyment** /ɪn'dʒɔɪmənt/ n. **1 U** *(pleasure)* piacere m., divertimento m.; ***much to the ~ of*** con grande piacere di; ***~ of sport, reading*** il piacere del fare sport, della lettura; ***to get ~ from chess, television*** divertirsi a giocare a scacchi, a guardare la televisione; ***he never reads for ~*** non legge mai per diletto **2** FORM. *(of privileges, rights)* godimento m. (**of** di).
enkindle /ɪn'kɪndl/ tr. accendere, infiammare.
enlace /ɪn'leɪs/ tr. **1** *(encircle)* stringere, cingere **2** FIG. stringere, intrecciare.
▷ **enlarge** /ɪn'lɑːdʒ/ **I** tr. ampliare [*space*]; allargare [*opening, business*]; ingrandire [*document, photograph*]; espandere [*empire*]; aumentare [*capacity*]; ***to have a photograph ~d*** fare ingrandire una fotografia **II** intr. **1** *(get bigger)* [*space*] ampliarsi; [*opening*] allargarsi; [*influence, majority, population*] aumentare **2** MED. [*pupil*] dilatarsi; [*tonsils*] ingrossarsi; [*joint*] gonfiare **3** ***to ~ on*** *(explain)* dilungarsi su [*subject*]; sviluppare [*theory, idea*]; ***can you ~ on what has just been said?*** può sviluppare quello che è appena stato detto?
enlarged /ɪn'lɑːdʒd/ **I** p.pass. → **enlarge II** agg. MED. [*pupil, pore*] dilatato; [*tonsils*] ingrossato; [*joint*] gonfio; [*heart, liver*] ipertrofico.
▷ **enlargement** /ɪn'lɑːdʒmənt/ n. **1** *(of space)* ampliamento m.; *(of opening, business)* allargamento m.; *(of territory)* espansione f.; *(of index)* aumento m.; *(of photograph, document)* ingrandimento m. **2** MED. *(of pupil)* dilatazione f.; *(of heart, liver)* ipertrofia f.
enlarger /ɪn'lɑːdʒə(r)/ n. FOT. ingranditore m.
enlighten /ɪn'laɪtn/ tr. illuminare (**on** su, riguardo a); ***I'm waiting to be ~ed*** IRON. sto aspettando di essere illuminato; ***I'm no more ~ed now than I was at the beginning*** non ne so più di quanto ne sapessi all'inizio.
enlightened /ɪn'laɪtnd/ **I** p.pass. → **enlighten II** agg. **1** [*person, mind*] di larghe vedute; [*opinions*] illuminato; ***in these ~ days*** IRON. in questo secolo illuminato **2** STOR. illuminato.
enlightening /ɪn'laɪtnɪŋ/ agg. [*book*] istruttivo; ***that conversation was most ~*** IRON. la conversazione è stata molto istruttiva.
▷ **enlightenment** /ɪn'laɪtnmənt/ **I** n. **1** *(edification)* istruzione f., diffusione f. della cultura **2** *(clarification)* chiarimento m. (**on** su); ***for your ~*** per vostro chiarimento **II Enlightenment** n.pr. (anche **Age of the Enlightenment**) STOR. Illuminismo m.
▷ **enlist** /ɪn'lɪst/ **I** tr. MIL. arruolare, chiamare alla leva [*soldier*]; FIG. arruolare [*volunteer, helper*]; ***to ~ sb.'s help, cooperation*** assicurarsi l'aiuto, la cooperazione di qcn. **II** intr. MIL. arruolarsi.
enlisted man /ɪn'lɪstɪdˌmæn/ n. (pl. **enlisted men**) AE MIL. militare m. di leva.
enlistment /ɪn'lɪstmənt/ n. MIL. arruolamento m.
enliven /ɪn'laɪvn/ tr. animare [*conversation*]; ravvivare [*speech, meal*].
enmesh /ɪn'meʃ/ tr. ***to be ~ed in a family feud*** rimanere invischiato in una faida familiare.
enmeshed /ɪn'meʃt/ **I** p.pass. → **enmesh II** agg. ***to become ~ in*** [*person*] intrappolarsi in [*net, rope*]; [*fish*] rimanere intrappolato in [*net*].
enmity /'enmətɪ/ n. inimicizia f., ostilità f. (**towards** verso; **for** per).
ennoble /ɪ'nəʊbl/ tr. nobilitare, fare nobile [*person*]; FIG. nobilitare [*person, mind, spirit*].
ennoblement /ɪ'nəʊblmənt/ n. nobilitazione f.
ennui /ɒn'wiː/ n. noia f., tedio m.
Enoch /'iːnɒk/ n.pr. Enoch (nome di uomo).
enol /'iːnɒl/ n. enolo m.
enologist AE → **oenologist**.
enology AE → **oenology**.
enophthalmos /ˌenɒf'θælməs/ n. enoftalmo m.
enormity /ɪ'nɔːmətɪ/ n. **1** *(of crime)* enormità f., mostruosità f.; *(of problem, task)* enormità f., vastità f. **2** FORM. *(crime)* atrocità f. **3** *(mistake)* enormità f.
▶ **enormous** /ɪ'nɔːməs/ agg. [*house, animal, difference, problem, effort*] enorme; ***an ~ amount of*** una quantità enorme di; ***an ~ number of people*** un numero enorme di persone *o* numerosissime persone; ***to his ~ delight*** con sua grandissima gioia.
enormously /ɪ'nɔːməslɪ/ avv. [*change, enjoy, vary*] enormemente; [*big, long, complex, impressed*] enormemente, estremamente; ***we enjoyed ourselves ~*** ci siamo divertiti moltissimo.
▶ **1.enough** /ɪ'nʌf/ When *enough* is used as an adverb, it is most frequently translated by *abbastanza*: *is the house big enough?* = è abbastanza grande la casa? / la casa è grande abbastanza? (note that *abbastanza* usually comes before the adjective, though it may come after as well). - For more examples and particular usages, see the entry below. avv. abbastanza, sufficientemente; ***tall, sweet ~*** abbastanza alto, dolce; ***big ~ for us*** abbastanza grande per noi; ***big ~ to hold 50 people*** abbastanza grande per contenere 50 persone; ***quite big ~*** proprio grande a sufficienza (**for** per; **to do** per fare); ***just wide ~*** proprio largo quanto basta (**for** per; **to do** per fare); ***to eat ~*** mangiare abbastanza; ***she seems happy ~*** sembra piuttosto felice; ***it's a common ~ complaint*** è un reclamo piuttosto frequente; ***there was hardly ~*** ce n'era a malapena abbastanza; ***you're not trying hard ~*** ci stai provando senza sforzarti abbastanza; ***is he old ~ to vote?*** ha l'età per votare? ***curiously ~, I like her*** per quanto possa sembrare strano, mi piace; ***he's ~ of a fool*** o ***he's fool ~ to believe it*** è abbastanza stupido da crederlo; ***she's a nice ~ woman*** è una donna piuttosto carina; ***she said she would do it and sure ~ she did*** disse che l'avrebbe fatto e così è stato.
▶ **2.enough** /ɪ'nʌf/ When used as a determiner or a pronoun, *enough* is generally translated by *abbastanza*, which may either precede or follow the noun: *we haven't bought enough meat* = non abbiamo comprato abbastanza carne; *there's enough meat for two meals / six people* = c'è carne abbastanza per due pasti / sei persone; *have you got enough chairs?* = avete abbastanza sedie?; *will there be enough?* = ce ne sarà abbastanza? (note that if the sentence does not specify what there is enough of, the pronoun *ne*, meaning *of it / of them*, must be added before the verb in Italian). - For more examples and particular usages, see the entry below. **I** determ. abbastanza, sufficiente; ***~ money,***

seats abbastanza soldi, sedie; ***he has ~ money to buy a car*** ha abbastanza soldi per poter acquistare un'automobile **II** pron. ***will that be ~ (money)?*** basterà? ***there's more than ~ for everybody*** ce n'è più che a sufficienza per tutti; ***is there ~?*** ce n'è abbastanza? ***have you had ~ to eat?*** avete mangiato a sufficienza? ***I've had ~ of him, of his rudeness*** ne ho abbastanza di lui, della sua maleducazione; ***I've had ~ of working for one day*** ho lavorato abbastanza per oggi; ***I've got ~ to worry about*** ho già abbastanza preoccupazioni; ***I think you have said ~*** penso che tu abbia parlato abbastanza; ***once was ~ for me!*** una volta mi è bastata! ***that's ~ (from you)!*** basta! ***it's ~ to put you off*** c'è di che essere disgustati; ***~ said!*** ho capito! ***~'s ~*** basta così ◆ ***~ is as good as a feast*** PROV. il troppo stroppia.

enquire → **inquire**.

▶ **enquiry** → **inquiry**.

enrage /ɪn'reɪdʒ/ tr. irritare, far andare in collera, rendere furioso.

enraged /ɪn'reɪdʒd/ **I** p.pass. → **enrage II** agg. **1** [*person*] adirato, incollerito, arrabbiato; ***to be ~ at sb.*** essere adirato con qcn. **2** [*bull*] inferocito; [*dog*] rabbioso.

enrapture /ɪn'ræptʃə(r)/ tr. rapire, estasiare, incantare.

▷ **enrich** /ɪn'rɪtʃ/ tr. *(all contexts)* arricchire; ***this experience has ~ed her*** questa esperienza l'ha arricchita.

enriched uranium /ɪn,rɪtʃtjʊ'reɪnɪəm/ n. uranio m. arricchito.

enriched nuclear fuel /ɪn,rɪtʃt,nju:klɪə'fju:əl, AE -,nu:-/ n. combustibile m. nucleare arricchito.

enrichment /ɪn'rɪtʃmənt/ n. arricchimento m.

enrobe /ɪn'rəʊb/ tr. vestire, rivestire.

enrol, **enroll** AE /ɪn'rəʊl/ **I** tr. (forma in -ing ecc. **-ll-**) iscrivere [*member, student, child*]; MIL. arruolare [*recruit*] **II** intr. (forma in -ing ecc. **-ll-**) iscriversi; MIL. arruolarsi (**in** in); ***to ~ on a course, at a university*** iscriversi a un corso, all'università; ***to ~ in history*** iscriversi a storia.

▷ **enrolment**, **enrollment** AE /ɪn'rəʊlmənt/ n. iscrizione f. (**in**, **on** a); MIL. arruolamento m.; ***school ~s*** iscrizioni scolastiche; ***the total ~ in each class*** il totale degli iscritti in ogni classe; ***the drop in ~s*** la diminuzione delle iscrizioni.

en route /,ɒn'ru:t/ avv. in viaggio.

ens /enz/ n. (pl. **-tia**) FILOS. ente m., entità f.

ensanguine /ɪn'sæŋgwɪn/ tr. insanguinare.

ensconce /ɪn'skɒns/ **I** tr. ***to be ~d*** *(in a room, a job, situation)* essere sistemato *o* piazzato; *(in an armchair)* essere sprofondato **II** rifl. ***to ~ oneself*** *(in a place)* sistemarsi, piazzarsi; *(in an armchair)* sprofondare.

▷ **ensemble** /ɒn'sɒmbl/ n. **1** MUS. TEATR. ensemble m. **2** ABBIGL. completo m., coordinato m. **3** *(things as a whole)* insieme m. **4** *(total effect)* effetto m. d'insieme **5** FIS. ensemble m.

enshrine /ɪn'ʃraɪn/ tr. RELIG. mettere in una teca [*relic*]; FIG. conservare, custodire gelosamente [*memory*]; mantenere [*principle*]; mantenere, conservare [*tradition*]; ***~d in law*** tutelato dalla legge.

enshroud /ɪn'ʃraʊd/ tr. avvolgere, coprire completamente (anche FIG.); ***to be ~ed in mist*** essere avvolto dalla nebbia.

ensiform /'ensɪfɔ:m/ agg. ensiforme.

ensign /'ensən/ n. **1** *(flag)* insegna f., bandiera f., stendardo m.; ***to fly the ~*** battere bandiera; ***red ~*** = bandiera della marina mercantile britannica; ***white ~*** = bandiera della marina militare britannica; ***blue ~*** = bandiera della riserva navale britannica **2** *(officer)* AE MAR. guardiamarina m.; BE MIL. alfiere m., portabandiera m.; STOR. sottotenente m. di fanteria.

ensigncy /'ensaɪnsɪ/, **ensignship** /'ensaɪnʃɪp/ n. BE MIL. grado m. di alfiere; AE MAR. grado m. di guardiamarina.

ensilage /'ensɪlɪdʒ/ n. **1** *(of fodder)* insilamento m. **2** *(silage)* insilato m.

ensile /ɪn'saɪl/ tr. insilare [*fodder*].

enslave /ɪn'sleɪv/ tr. schiavizzare, asservire, assoggettare (anche FIG.); ***to be ~d by passion*** essere schiavo della passione.

enslavement /ɪn'sleɪvmənt/ n. schiavitù f., asservimento m. (anche FIG.).

ensnare /ɪn'sneə(r)/ tr. prendere in trappola, intrappolare; ***he was ~d by her charms*** FIG. si è lasciato adescare dalle sue grazie.

ensphere /ɪn'sfɪə(r)/ tr. **1** *(enclose)* racchiudere (in una sfera) **2** *(shape)* modellare a forma di sfera.

ensue /ɪn'sju:, AE -'su:/ intr. seguire, conseguire, derivare, risultare; ***to ~ from*** derivare da.

ensuing /ɪn'sju:ɪŋ, AE -'su:-/ agg. [*damages*] conseguente, derivante.

en suite /,ɒn'swi:t/ **I** agg. ***with an ~ bathroom*** o ***with bathroom ~*** con bagno **II** n. *(in hotel)* camera f. con bagno.

▶ **ensure** /ɪn'ʃɔ:(r), AE ɪn'ʃʊər/ tr. assicurare, garantire; ***to ~ that*** assicurare che; ***to ~ sb.*** garantire a qcn. [*place*]; procurare sicuramente [qcs.] a qcn. [*ticket*].

enswathe /ɪn'sweɪð/ tr. LETT. fasciare, bendare.

ENT I n. (⇒ Ear, Nose and Throat orecchio, naso, gola) ORL m. **II** modif. [*department*] di otorinolaringoiatria; ***~ specialist*** otorinolaringoiatra.

entablature /ɪn'tæblətʃə(r)/ n. trabeazione f.

entablement /ɪn'teɪblmənt/ n. *(of statue)* basamento m.

1.entail /ɪn'teɪl/ n. DIR. eredità f. inalienabile.

▷ **2.entail** /ɪn'teɪl/ tr. **1** implicare, comportare [*travel, action, work, change, development, expense, responsibility, study*]; richiedere [*patience, sacrifice, discretion, effort, time*]; ***to ~ sb. doing*** implicare che qcn. faccia; ***to ~ that*** comportare che **2** DIR. lasciare in eredità (con vincolo di inalienabilità) **3** FILOS. MAT. implicare.

entailment /ɪn'teɪlmənt/ n. FILOS. MAT. LING. implicazione f.

entangle /ɪn'tæŋgl/ tr. **1** ***to become ~d*** intrappolarsi (**in** in); ***to be ~d in sth.*** essere intrappolato in qcs. **2** FIG. *(involve)* ***to be ~d with*** [*person*] essere profondamente legato a [*ideology*]; *(sexually)* avere una relazione con [*person*]; ***to be ~d in*** [*person*] essere immischiato in [*conspiracy*].

entanglement /ɪn'tæŋglmənt/ n. **1** *(complicated situation)* imbroglio m., groviglio m., complicazione f. **2** *(involvement)* coinvolgimento m.; relazione f. (**with** con); ***his sexual ~s*** le sue relazioni sessuali **3** MIL. ***barbed wire ~s*** reticolato.

entasis /'entəsɪs/ n. (pl. **-es**) entasi f.

entelechy /ɪn'teləkɪ/ n. entelechia f.

entellus /ɪn'teləs/ n. entello m.

▶ **enter** /'entə(r)/ **I** tr. **1** *(go into)* entrare in [*room, building*]; ***to ~ the house by the back door*** entrare in casa dalla porta di servizio; ***here the river ~s the sea*** qui il fiume si getta nel mare **2** *(commence)* entrare in, iniziare [*phase, period*]; iniziare [*new term, final year*]; ***she is ~ing her third year as president*** inizia il suo terzo anno di presidenza; ***he is ~ing his fiftieth year*** entra nei cinquanta; ***the country is ~ing a recession*** il paese sta entrando in una fase di recessione **3** *(join, sign up for)* iniziare [*profession*]; entrare in [*firm, convent*]; entrare in, partecipare a [*race, competition*]; iscriversi a [*school, university, party*]; arruolarsi in [*army*]; entrare in, entrare a far parte di [*EU*]; ***to ~ parliament*** entrare in parlamento; ***to ~ the war*** entrare in guerra; ***to ~ the Church*** prendere gli ordini **4** *(put forward)* iscrivere [*competitor, candidate, pupil, horse*] (**for** a); presentare [*poem, picture*] (**for** a) **5** *(register, record) (on form, list, ledger)* registrare [*detail, figure, fact*] (**in** in); *(in diary, notebook)* annotare, segnare [*fact, appointment*] (**in** in); ***to ~ an item in the books*** AMM. registrare una voce in contabilità; ***to ~ an objection*** avanzare un'obiezione; ***to ~ a plea of guilty*** dichiararsi colpevole **6** *(penetrate)* entrare in, penetrare in; ***the bullet ~ed the lung*** la pallottola è penetrata nel polmone **7** FIG. *(come into)* ***to ~ sb.'s mind*** o ***head*** venire in mente a qcn.; ***it never ~ed my mind that*** non mi era mai passato per la testa che; ***a note of anger ~ed her voice*** la sua voce cominciava ad assumere un tono irritato **8** INFORM. inserire [*data*] **II** intr. **1** [*person, animal*] entrare; ***the bullet ~ed above the ear*** la pallottola è entrata sopra l'orecchio; ***"~ Ophelia"*** TEATR. "entra Ofelia" **2** *(enrol)* ***to ~ for*** iscriversi a [*exam, race*]; ***I hope they don't ~*** spero che non si iscrivano.

▪ **enter into:** ~ into [sth.] **1** *(embark on)* entrare in, avviare, iniziare [*correspondence, conversation*]; intavolare [*negotiation, debate, argument*]; iniziare a dare [*explanations*]; iniziare a fare [*apologies*]; entrare in [*deal, alliance*]; concludere [*agreement, contract*]; ***to ~ into detail*** entrare nei particolari **2** *(become involved in)* entrare in [*spirit*]; condividere [*problem*]; ***to ~ into the spirit of the game*** entrare nello spirito del gioco **3** *(be part of)* entrare in, rientrare in, far parte di [*plans, calculations*]; ***that doesn't ~ into it*** questo non c'entra.

▪ **enter on** → **enter upon**.

▪ **enter up:** ~ up [sth.], ~ [sth.] up registrare [*figure, total, detail*].

▪ **enter upon:** ~ upon [sth.] **1** *(undertake)* cominciare, iniziare [*war, marriage*] **2** DIR. entrare in possesso di [*inheritance*].

enterable /'entərəbl/ agg. **1** [*building*] accessibile **2** *(in a race)* iscrivibile **3** *(on books)* registrabile.

enteric /en'terɪk/ agg. enterico.

enteric fever /en'terɪk,fi:və(r)/ ♦ **11** n. febbre f. enterica, intestinale.

enteritis /,entə'raɪtɪs/ ♦ **11** n. (pl. **~es**, **-ides**) enterite f.

enterobacteria /,entərəʊbæk'tɪərɪə/ n.pl. enterobatteri m.

enterocolitis /entərəʊkə'laɪtɪs/ ♦ **11** n. enterocolite f.

enterolith /'entərəʊlɪθ/ n. enterolito m.

enterorrhagia /entərəʊ'reɪdʒɪə/ n. enterorragia f.

enterostomy /,entə'rɒstəmɪ/ n. enterostomia f.

enterotomy /,entə'rɒtəmɪ/ n. enterotomia f.

enterovirus /,entərəʊ'vaɪərəs/ n. enterovirus m.

enterprise /'entəpraɪz/ n. **1** *(undertaking)* impresa f.; *(venture)* avventura f. **2** *(initiative)* iniziativa f., intraprendenza f. **3** *(company, firm)* impresa f., azienda f. **4** ECON. impresa f.; ***private ~*** l'impresa privata.

enterprise allowance /'entəpraɪzəˌlaʊəns/ n. BE AMM. finanziamenti m.pl. alle imprese.

enterprise culture /'entəpraɪzˌkʌltʃə(r)/ n. cultura f. imprenditoriale.

enterprise zone /'entəpraɪzˌzəʊn/ n. = zona economicamente depressa in cui lo stato concede delle agevolazioni per incoraggiare gli investimenti.

enterprising /'entəpraɪzɪŋ/ agg. [*person*] intraprendente; [*plan*] audace; ***it was very ~ of you to organize a concert*** avete mostrato un notevole spirito d'iniziativa organizzando un concerto.

enterprisingly /'entəpraɪzɪŋlɪ/ avv. [*act, say*] intraprendentemente, di propria iniziativa.

▷ **entertain** /ˌentə'teɪn/ **I** tr. **1** *(keep amused, make laugh)* divertire **2** *(keep occupied, keep company with)* intrattenere **3** *(play host to)* ricevere, ospitare; ***to ~ sb. to dinner*** avere qcn. a cena; ***she's being ~ed to dinner by some friends*** si è fermata a cena da alcuni amici **4** *(nurture)* accarezzare [*idea, hope*]; accogliere [*suggestion*]; nutrire [*doubt, ambition, passion, illusion*]; ***I couldn't ~ the thought that*** non potevo pensare che **II** intr. ricevere, dare ricevimenti; ***we don't ~ much*** non riceviamo spesso degli ospiti.

entertainer /ˌentə'teɪnə(r)/ ♦ **27** n. *(comic)* comico m. (-a); *(performer, raconteur)* intrattenitore m. (-trice); ***an all-round ~*** un animale da palcoscenico.

▷ **entertaining** /ˌentə'teɪnɪŋ/ **I** agg. divertente, piacevole **II** n. ***they do a lot of ~*** hanno spesso ospiti; ***I love ~*** mi piace molto avere gente; ***ideal for ~!*** ideale per intrattenere i vostri amici!

entertainingly /ˌentə'teɪnɪŋlɪ/ avv. in modo divertente, piacevolmente.

▷ **entertainment** /ˌentə'teɪnmənt/ n. **1 U** divertimento m., trattenimento m.; ***what do you do for ~ here?*** quali divertimenti ci sono qui? ***television is her only ~*** la televisione è la sua unica distrazione; ***for sb.'s ~*** per far divertire qcn.; ***for her own ~*** per divertirsi; ***(much) to the ~ of sb.*** per il divertimento di qcn.; ***the world of ~*** o ***the ~ world*** il mondo dello spettacolo **2** *(performance, event)* spettacolo m.

entertainment allowance /ˌentə'teɪnməntəˌlaʊəns/ n. indennità f., fondo m. per spese di rappresentanza.

entertainment expenses /ˌentə'teɪnməntɪkˌspensɪz/ n.pl. spese f. di rappresentanza.

entertainment industry /ˌentə'teɪnməntˌɪndəstrɪ/ n. industria f. del divertimento.

enthalpy /'enθəlpɪ, en'θælpɪ/ n. entalpia f.

enthral(l) /ɪn'θrɔːl/ tr. (forma in -ing ecc. **-ll-**) **1** *(captivate)* [*performance, novel, scenery*] affascinare; [*beauty, charm*] affascinare, ammaliare; ***to be ~ed by sb.'s beauty*** rimanere ammaliato dalla bellezza di qcn. **2** ANT. *(enslave)* asservire, assoggettare.

enthralling /ɪn'θrɔːlɪŋ/ agg. [*novel, performance*] affascinante; [*beauty*] affascinante, ammaliante.

enthrallment /ɪn'θrɔːlmənt/ n. **1** *(captivating quality)* malia f. **2** ANT. *(enslavement)* asservimento m., assoggettamento m., cattività f.

enthrone /ɪn'θrəʊn/ tr. insediare, mettere sul trono [*monarch*]; insediare, investire, intronizzare [*bishop*].

enthroned /ɪn'θrəʊnd/ **I** p.pass. → **enthrone II** agg. ***to sit ~*** LETT. sedere in trono; ***~ in the hearts of millions*** nel cuore di milioni di persone.

enthronement /ɪn'θrəʊnmənt/ n. insediamento m. (sul trono) (anche FIG.).

enthuse /ɪn'θjuːz, AE -'θuːz/ **I** tr. entusiasmare; ***"superb!" he ~d*** "magnifico!" disse entusiasmato **II** intr. entusiasmarsi (**about, over** per) (anche IRON.).

▷ **enthusiasm** /ɪn'θjuːzɪæzəm, AE -'θuːz-/ n. **1 U** entusiasmo m. (**for** per); ***to show ~ for*** o ***about doing*** mostrare entusiasmo all'idea di fare; ***to arouse ~ in sb.*** suscitare l'entusiasmo di qcn.; ***to arouse sb. to ~*** entusiasmare qcn.; ***to feel ~ for sth.*** entusiasmarsi per qcs.; ***to fill sb. with ~*** riempire qcn. di entusiasmo; ***I haven't much ~ for going*** non mi entusiasma molto l'idea di andare **2** *(hobby)* passione f.

▷ **enthusiast** /ɪn'θjuːzɪæst, AE -'θuːz-/ n. *(for sport, gardening, DIY, music)* appassionato m. (-a), fanatico m. (-a); ***a rugby ~*** un appassionato di rugby; ***to be an ~ for sth.*** essere appassionato di qcs.

▷ **enthusiastic** /ɪnˌθjuːzɪ'æstɪk, AE -ˌθuːz-/ agg. [*crowd, worker*] entusiasta; [*member*] fanatico; [*response, welcome*] entusiastico; [*discussion*] appassionato; [*cheer*] di entusiasmo; ***to be ~ about sth.*** essere entusiasta di qcs.; ***they were not very ~ about going to the museum*** non erano molto entusiasti all'idea di andare al museo; ***he's not very ~ about his work*** non è entusiasta del suo lavoro; ***an ~ gardener, photographer, computer user*** un appassionato di giardinaggio, di fotografia, di computer.

enthusiastically /ɪnˌθjuːzɪ'æstɪklɪ, AE -ˌθuːz-/ avv. [*praise, work, participate*] entusiasticamente; [*reverential*] fanaticamente.

enthymeme /'enθɪˌmiːm/ n. entimema m.

entia /'enʃə/ → **ens**.

entice /ɪn'taɪs/ tr. *(with offer, prospects)* attirare, allettare; *(with charms)* sedurre, attirare; *(with food, money)* attirare, allettare, adescare; ***to ~ sb. to do*** indurre qcn. a fare; ***the sunshine ~d them into the water*** il sole li spinse a entrare in acqua.

■ **entice away: ~ [sb.] away** distogliere; ***to ~ sb. away from*** persuadere qcn. a lasciare [*activity, work*].

enticement /ɪn'taɪsmənt/ n. **1** *(offer, prospect)* attrattiva f., allettamento m. **2** *(act)* ***the ~ of new recruits into the army is no easy matter*** non è facile attirare nuove reclute nell'esercito.

enticing /ɪn'taɪsɪŋ/ agg. [*prospect, offer*] allettante; [*person, look*] seducente, attraente; [*food, smell*] invitante.

enticingly /ɪn'taɪsɪŋlɪ/ avv. in modo allettante, attraente; ***~ picturesque*** deliziosamente pittoresco; ***~ cool*** di una freschezza allettante.

▶ **entire** /ɪn'taɪə(r)/ agg. **1** ***the ~ family*** tutta la famiglia *o* l'intera famiglia; ***our ~ support*** tutto il nostro sostegno **2** *(of time)* intero; ***an ~ day*** un'intera giornata; ***throughout her ~ career*** per tutta la sua carriera **3** ***the ~ world*** tutto il mondo; ***throughout the ~ house*** in tutta la casa; ***along its ~ length*** per tutta la lunghezza **4** [*number, sum*] intero; ***the ~ 50,000 dollars*** tutti i 50.000 dollari; ***the ~ three million population*** l'intera popolazione di tre milioni di abitanti **5** *(emphasizing)* ***the ~ atmosphere changed*** l'atmosfera cambiò completamente; ***the ~ purpose of his visit*** il solo scopo della sua visita; ***we are in ~ agreement with you*** siamo completamente d'accordo con voi.

▶ **entirely** /ɪn'taɪəlɪ/ avv. [*destroy, cancel, reject*] interamente, completamente; [*escape*] completamente; [*innocent, different, unnecessary*] completamente; ***that changes things ~*** questo cambia completamente le cose; ***I ~ agree*** sono completamente d'accordo; ***I was ~ to blame*** era tutta colpa mia; ***that's ~ up to you*** questo dipende solamente da te; ***~ free of additives*** totalmente privo di additivi; ***~ at your own risk*** completamente a vostro rischio e pericolo; ***not ~*** non completamente.

entirety /ɪn'taɪərətɪ/ n. interezza f., totalità f., complesso m., insieme m.; ***in its ~*** nel suo complesso; ***the film will be shown in its ~*** il film verrà trasmesso in versione integrale; ***they have not rejected the report in its ~*** non hanno rifiutato tutto il rapporto.

▶ **entitle** /ɪn'taɪtl/ tr. **1** *(authorize)* ***to ~ sb. to sth.*** dare a qcn. il diritto a qcs.; ***to ~ sb. to do*** autorizzare qcn. a fare; ***to be ~d to sth.*** avere diritto a qcs.; ***to be ~d to do*** essere autorizzato a fare *o* avere il diritto di fare; ***I'm only claiming what I'm ~d to*** rivendico solo ciò che mi spetta; ***after three hours she's ~d to a rest*** dopo tre ore ha diritto a una pausa; ***everyone's ~d to their own opinion*** ognuno ha diritto di avere la propria opinione **2** *(call)* intitolare, dare un titolo a [*text, music, work of art*]; ***the sculpture is ~d "The Apple Tree"*** la scultura s'intitola "Il Melo"; ***the poem is ~d "Love"*** la poesia s'intitola "Amore".

▷ **entitlement** /ɪn'taɪtlmənt/ n. diritto m. (**to sth.** a qcs.; **to do** di fare); ***~ to vote*** diritto di voto.

▷ **entity** /'entətɪ/ n. entità f.

entomb /ɪn'tuːm/ tr. LETT. seppellire, inumare, tumulare; FIG. seppellire.

entombment /ɪn'tuːmənt/ n. LETT. sepoltura f., inumazione f., tumulazione f.; FIG. *(of a memory)* (il) seppellire.

entomic /ɪn'tɒmɪk/ agg. relativo agli insetti.

entomological /ˌentəmə'lɒdʒɪkl/ agg. entomologico.

entomologist /ˌentə'mɒlədʒɪst/ ♦ **27** n. entomologo m. (-a).

entomology /ˌentə'mɒlədʒɪ/ n. entomologia f.

entomophagous /ˌentə'mɒfəgəs/ agg. entomofago.

entomophilous /ˌentə'mɒfɪləs/ agg. entomofilo.

entourage /ˌɒntʊ'rɑːʒ/ n. entourage m.

entozoon /entə'zəʊən/ n. (pl. **entozoa**) entozoo m.

entr'acte /'ɒntrækt/ n. intermezzo m., intervallo m.

entrails /'entreɪlz/ n.pl. interiora f., visceri m.; FIG. viscere f.

entrain /ɪn'treɪn/ **I** tr. AE fare salire sul treno **II** intr. AE salire sul treno.

▷ **1.entrance** /'entrəns/ n. **1** *(door, gate, passage, hallway)* entrata f., ingresso m., accesso m.; ***main ~*** entrata principale **2** *(act of*

entering) entrata f., ingresso m.; ***to make an ~*** TEATR. entrare in scena (anche FIG.); ***to give ~ to*** permettere l'accesso a **3** *(right of way)* ammissione f.; ***to gain ~ to*** essere ammesso a [*club, university*]; ***to deny*** o ***refuse sb. ~*** non ammettere qcn.
2.entrance /ɪn'trɑːns, AE -'træns/ tr. estasiare, rapire.
entrance examination /'entrənsɪɡˌzæmɪˌneɪʃn/ n. BE **1** SCOL. UNIV. esame m. d'ammissione **2** *(for civil service)* concorso m.
entrance fee /'entrənsˌfiː/ n. tassa f. di ammissione.
entrance hall /'entrənsˌhɔːl/ n. *(in house, mansion)* entrata f.; *(in public building)* entrata f., hall f.
entrancement /ɪn'trɑːnsmənt, AE -'træns-/ n. estasi f., rapimento m.
entrance requirements /'entrənsrɪˌkwaɪəmənts/ n.pl. requisiti m. per l'ammissione.
entrance ticket /'entrənsˌtɪkɪt/ n. biglietto m. d'ingresso.
entrancing /ɪn'trɑːnsɪŋ, AE -'træns-/ agg. incantevole, che manda in estasi.
entrancingly /ɪn'trɑːnsɪŋlɪ, AE -'træns-/ avv. [*smile, dance, sing*] incantevolmente; ***she is ~ beautiful*** è di una bellezza incantevole.
entrant /'entrənt/ n. *(in race, competition)* concorrente m. e f.; *(in exam)* candidato m. (-a); *(to profession)* debuttante m. e f.; *(to police force)* recluta f.
entrap /ɪn'træp/ tr. (forma in -ing ecc. **-pp-**) intrappolare, prendere in trappola; ***to ~ sb. into doing*** raggirare qcn. per fargli fare.
entrapment /ɪn'træpmənt/ n. AE DIR. = attività di polizia volta a ottenere la flagranza di reato.
entreat /ɪn'triːt/ tr. implorare, supplicare, pregare (**to do** di fare); ***to ~ sth. of sb.*** chiedere insistentemente qcs. a qcn.; ***spare his life, I ~ you!*** risparmiategli la vita, vi supplico!
entreating /ɪn'triːtɪŋ/ agg. implorante, supplicante, supplichevole.
entreatingly /ɪn'triːtɪŋlɪ/ avv. [*beg, ask, gaze*] supplichevolmente.
entreaty /ɪn'triːtɪ/ n. implorazione f., supplica f.; ***at sb.'s ~*** alle suppliche di qcn.; ***a look, gesture of ~*** uno sguardo supplicante, un atto di supplica; ***he was deaf to all ~*** era insensibile a qualsiasi tipo di supplica.
entrecôte /'ɒntrəˌkəʊt/ n. (pl. ~) entrecôte f.
entrée /'ɒntreɪ/ n. **1** BE GASTR. entrée f., prima portata f. **2** AE *(main course)* piatto m. principale **3** *(into society)* ***her wealth gave her an ~ into high society*** la sua ricchezza le ha permesso di entrare nell'alta società.
entremets /ˌɒntrə'meɪ/ n. (pl. ~) entremets m.
entrench /ɪn'trentʃ/ tr. MIL. trincerare.
entrenched /ɪn'trentʃt/ **I** p.pass. → **entrench II** agg. **1** MIL. trincerato **2** FIG. [*opinion, idea*] radicato; [*tradition*] radicato, solido; [*powers*] stabile, solido; ***he is ~ in his views*** è irremovibile nelle sue opinioni; ***a society ~ in superstition*** una società fossilizzata nella superstizione.
entrenchment /ɪn'trentʃmənt/ n. MIL. trinceramento m., trincee f.pl.; FIG. riparo m.
entrepôt /'ɒntrəpəʊ/ n. **1** *(warehouse)* magazzino m. **2** *(trading centre)* punto m. franco.
▷ **entrepreneur** /ˌɒntrəprə'nɜː(r)/ n. COMM. imprenditore m. (-trice).
entrepreneurial /ˌɒntrəprə'nɜːrɪəl/ agg. ***to have ~ spirit, skills*** avere spirito, capacità imprenditoriale.
entrepreneurship /ɒntrəprə'nɜːʃɪp/ n. COMM. imprenditorialità f.
entresol /'ɒntrəˌsɒl/ n. ammezzato m., mezzanino m.
entropy /'entrəpɪ/ n. entropia f.
entropy diagram /'entrəpɪˌdaɪəɡræm/ n. diagramma m. entropico.
entrust /ɪn'trʌst/ tr. affidare, consegnare; ***to ~ sb. with sth., to ~ sth. to sb.*** affidare qcs. a qcn.; ***to ~ sb. with the task of doing sth.*** affidare a qcn. il compito di fare; ***I ~ed the child to her (care)*** le ho affidato il bambino.
entrustment /ɪn'trʌstmənt/ n. affidamento m., consegna f.
▶ **entry** /'entrɪ/ n. **1** *(act of entering)* entrata f., ingresso m.; ***sb.'s ~ into*** l'ingresso di qcn. in [*room, politics, profession, EU*]; ***to gain ~ to*** o ***into*** riuscire a entrare in [*building*]; accedere a [*computer file*]; ***he failed to gain ~*** *(to building)* non è riuscito a entrare; ***to force ~ to*** o ***into*** introdursi a forza in **2** *(admission) (to club, institution, university, country)* ammissione f.; ***he was refused ~*** non l'hanno ammesso; ***free ~*** ingresso libero *o* entrata libera; ***"no ~"*** *(on door)* "vietato l'ingresso"; *(in one way street)* "divieto d'accesso" **3** *(door, gate, passage)* entrata f., ingresso m. **4** *(recorded item) (in dictionary)* entrata f., lemma m., voce f.; *(in encyclopedia)* voce f.; *(of ship's log)* entrata f.; *(in diary)* annotazione f.; *(in register)* registrazione f.; *(in ledger, accounts book)* scrittura f.; ***to make an ~ in one's diary*** annotare qcs. sulla propria agenda; ***there is no ~ in his diary for July 13*** non c'è scritto niente sulla sua agenda per il 13 luglio; ***to make an ~ in a ledger*** inserire una voce in un libro mastro **5** *(for poetry, painting, writing competition)* opera f. presentata; *(for song contest)* pezzo m., brano m., canzone f.; ***the winning ~*** l'opera vincitrice; ***this is my ~ for the fancy dress contest*** questo è il mio costume per il concorso; ***we received 1,000 entries for the crossword competition*** 1.000 persone hanno partecipato al concorso enigmistico; ***send your ~ to...*** inviate la vostra risposta a...; ***there was a large ~ for the contest*** c'è stata un'ampia partecipazione al concorso.
entry fee /'entrɪˌfiː/ n. quota f. di ammissione.
entry form /'entrɪˌfɔːm/ n. modulo m. d'iscrizione.
entryism /'entrɪˌɪzəm/ n. POL. entrismo m.
entry-level /'entrɪˌlevl/ agg. [*product*] entry-level, base, di ingresso; ***an ~ computer*** un modello base di computer.
entry permit /'entrɪˌpɜːmɪt/ n. permesso m. d'entrata.
entry phone /'entrɪˌfəʊn/ n. citofono m.
entry requirements /'entrɪrɪˌkwaɪəmənts/ n.pl. requisiti m. per l'ammissione.
entryway /'entrɪweɪ/ n. AE entrata f., ingresso m.
entry word /'entrɪˌwɜːd/ n. AE entrata f., lemma m., voce f.
entry wound /'entrɪˌwuːnd/ n. foro m. d'entrata.
ents /ents/ n.pl. BE UNIV. COLLOQ. (accorc. entertainments) = intrattenimenti culturali, come concerti musicali e spettacoli teatrali, organizzati all'università dagli studenti.
entwine /ɪn'twaɪn/ **I** tr. intrecciare [*ribbon, stems, initials*]; legare [*fate, lives*] (**with** a) **II** intr. [*ribbons, stems, initials*] intrecciarsi; [*bodies*] allacciarsi; [*arms*] incrociarsi; [*memories, lives*] legarsi; ***to ~ around*** avvinghiarsi a [*pole, tree, body*].
entwist /ɪn'twɪst/ tr. intrecciare, stringere insieme.
E number /'iːnʌmbə(r)/ n. BE *(number, additive)* = lettera E seguita da un codice numerico che indica gli additivi alimentari approvati dalle direttive CEE.
enucleate /ɪ'njuːklɪˌeɪt/ tr. **1** BIOL. privare del nucleo [*cell*] **2** MED. enucleare [*organ*] **3** ANT. *(clarify)* enucleare.
enucleation /ɪnjuːklɪ'eɪʃn/ n. **1** BIOL. asportazione f. del nucleo **2** MED. enucleazione f. **3** ANT. *(clarification)* enucleazione f.
enumerate /ɪ'njuːməreɪt, AE -'nuː-/ tr. FORM. enumerare.
enumeration /ɪˌnjuːmə'reɪʃn, AE -ˌnuː-/ n. FORM. enumerazione f.
enumerative /ɪ'njuːmərətɪv/ agg. enumerativo.
enunciable /ɪ'nʌnsɪəbl/ agg. enunciabile.
enunciate /ɪ'nʌnsɪeɪt/ tr. articolare [*words, clause*]; proclamare [*truth*]; enunciare [*principle, policy*].
enunciation /ɪˌnʌnsɪ'eɪʃn/ n. *(of sound, word)* articolazione f.; *(of facts, clause, law)* proclamazione f.; *(of principle, policy, problem)* enunciazione f.
enunciative /ɪ'nʌnsɪˌətɪv/ agg. enunciativo.
enunciator /ɪ'nʌnsɪeɪtə(r)/ n. enunciatore m. (-trice).
enure → **inure**.
enuresis /ˌenjʊə'riːsɪs, AE ˌenʊə-/ n. enuresi f.
enuretic /ˌenjʊə'retɪk, AE ˌenʊə-/ agg. enuretico.
envelop /ɪn'veləp/ tr. avvolgere; ***~ed in*** avvolto in [*cape, blanket*]; avvolto da [*flames, smoke*].
▷ **envelope** /'envələʊp, 'ɒn-/ n. **1** busta f.; ***to put sth. in an ~*** mettere qcs. in una busta; ***in the same ~*** nella stessa busta; ***in a sealed ~*** in busta chiusa **2** *(membrane)* AER. ANAT. BIOL. BOT. involucro m. **3** MAT. inviluppo m. ◆ ***to push the ~*** superare i limiti.
envelopment /ɪn'veləpmənt/ n. MIL. avvolgimento m.
envenom /ɪn'venəm/ tr. avvelenare.
enviable /'envɪəbl/ agg. invidiabile.
enviably /'envɪəblɪ/ avv. ***he was ~ slim*** aveva una linea invidiabile; ***~ rich*** ricco da fare invidia.
envious /'envɪəs/ agg. [*person*] invidioso; [*look*] d'invidia; ***to be ~ of sb., sth.*** essere invidioso di qcn., qcs.; ***to make sb. ~*** suscitare l'invidia di qcn.; ***some people were ~ of her good fortune*** alcune persone erano invidiose della sua fortuna.
enviously /'envɪəslɪ/ avv. invidiosamente.
▶ **environment** /ɪn'vaɪərənmənt/ n. **1** BIOL. ZOOL. *(physical)* ambiente m. **2** *(cultural, moral)* ambiente m.; *(social)* condizione f.; ***friendly ~*** ambiente amichevole; ***working ~*** condizioni lavorative **3** BE *(in ecology)* ***the ~*** l'ambiente **4** PSIC. ambiente m. **5** INFORM. ambiente m.
▶ **environmental** /ɪnˌvaɪərən'mentl/ agg. **1** BIOL. ZOOL. [*conditions, changes*] ambientale **2** [*concern, issue*] ambientalista; [*damage, pollution*] ambientale; [*protection*] dell'ambiente; ***~ effect*** conseguenze sull'ambiente; ***~ group*** gruppo ecologista; ***~ disaster*** disastro ecologico **3** PSIC. legato all'ambiente.
environmental health /ɪnvaɪərənˌmentl'helθ/ n. igiene f. pubblica.

Environmental Health Officer /ɪnvaɪərən,mentl'helθ,ɒfɪsə(r)/ n. ispettore m. dell'ufficio di igiene.
environmentalism /ɪn,vaɪərən'mentəlɪzəm/ n. ambientalismo m.
▷ **environmentalist** /ɪn,vaɪərən'mentəlɪst/ n. POL. ambientalista m. e f., ecologista m. e f.
environmentally /ɪn,vaɪərən'mentəlɪ/ avv. ~ ***safe***, ~ ***sound*** sicuro per l'ambiente; ~ ***speaking*** per quanto riguarda l'ambiente; ~ ***friendly product*** prodotto che rispetta l'ambiente; ~ ***aware*** consapevole dei problemi ambientali; ~ ***compatible*** ecocompatibile; ~ ***sensitive area*** area a rischio ambientale.
Environmental Protection Agency /ɪnvaɪərən,mentl-prə'tekʃn,eɪdʒənsɪ/ n. ente m. per la protezione ambientale.
environmental scientist /ɪnvaɪərən,mentl'saɪəntɪst/ n. ambientalista m. e f., ecologista m. e f., ecologo m. (-a).
Environmental Studies /ɪnvaɪərən,mentl'stʌdɪz/ n.pl. BE *(discipline)* scienze f. dell'ambiente; SCOL. educazione f.sing. ambientale.
environs /ɪn'vaɪərənz/ n.pl. dintorni m.; ***in the ~ of*** nei dintorni di.
envisage /ɪn'vɪzɪdʒ/ tr. *(anticipate)* prevedere (**doing** di fare); *(visualize)* immaginare (**doing** di fare); ***it is ~d that*** *(anticipated)* è previsto che.
envision /ɪn'vɪʒən/ tr. AE → **envisage**.
1.envoy /'envɔɪ/ n. **1** inviato m. (-a), messo m. (diplomatico) **2** (anche ~ **extraordinary**) ministro m. plenipotenziario.
2.envoy /'envɔɪ/ n. (anche **envoi**) LETTER. commiato m.
envoyship /'envɔɪʃɪp/ n. carica f., ufficio m. di inviato.
▷ **1.envy** /'envɪ/ n. invidia f., gelosia f.; ***out of ~*** per invidia; ***to be the ~ of sb.*** fare invidia a qcn.; ***her success caused considerable ~*** il suo successo ha provocato molte gelosie ◆ ***to be green with ~*** essere verde d'invidia *o* morire d'invidia.
▷ **2.envy** /'envɪ/ tr. invidiare; ***to ~ sb. sth.*** invidiare a qcn. qcs.
enwind /ɪn'waɪnd/ tr. (pass., p.pass. **enwound**) avvolgere.
enwomb /ɪn'wu:m/ tr. portare in grembo.
enwound /ɪn'waʊnd/ pass., p.pass. → **enwind**.
enwrap /ɪn'ræp/ tr. (forma in -ing ecc. **-pp-**) avvolgere, avviluppare.
enwrapped /ɪn'ræpt/ **I** p.pass. → **enwrap II** agg. ***to be ~ in thought*** essere immerso in pensieri.
enwreath /ɪn'ri:ð/ tr. inghirlandare.
enzootic /,enzəʊ'ɒtɪk/ **I** agg. enzootico **II** n. enzoozia f.
enzyme /'enzaɪm/ n. enzima m.
EOC n. BE (⇒ Equal Opportunities Commission) = commissione per le pari opportunità.
Eocene /'i:əʊ,si:n/ **I** n. eocene m. **II** agg. eocenico.
eon AE → **aeon**.
eosin(e) /'i:əsɪn/ n. eosina f.
eosinophil(e) /,i:ə'sɪnəfɪl/ n. eosinofilo m.
eosinophilia /,i:əsɪnə'fɪlɪə/ n. eosinofilia f.
eosinophilic /,i:əsɪnə'fɪlɪk/ agg. eosinofilo.
eozoic /,i:əʊ'zəʊɪk/ agg. eozoico.
epact /'i:pækt/ n. epatta f.
eparch /'epɑ:k/ n. eparco m.
eparchy /'epɑ:kɪ/ n. eparchia f.
EPA n. (⇒ Environmental Protection Agency) = ente per la protezione ambientale.
e-pal /'ɪ:pæl/ n. e-pal m. e f., amico m. (-a) di tastiera.
epaulet(te) /'epəlet/ n. *(on coat, uniform)* spallina f.
epaxial /e'pæksɪəl/ agg. epiassiale.
epeirogenesis /e,paɪrəʊ'dʒənɪsɪs/ n. epirogenesi f.
epenthesis /e'penθɪsɪs/ n. (pl. **-es**) epentesi f.
ephebe /'efi:b/ n. efebo m.
ephedrine /'efədrɪn/ n. efedrina f.
ephemera /ɪ'femərə, ɪ'fi:m-/ n. (pl. **~s**, **-ae**) **1** ZOOL. efemera f., effimera f. **2** *(short-lived thing)* cosa f. effimera, di breve durata.
ephemeral /ɪ'femərəl/ agg. *(all contexts)* effimero.
ephemerality /ɪfemə'rælətɪ/ n. (l')essere effimero.
ephemerid /ɪ'femərɪd/ n. efemeroideo m.
ephemeris /ɪ'femərɪs/ n. (pl. **-ides**) ASTR. effemeride f.
Ephesian /ɪ'fi:ʒən/ **I** agg. efesino **II** n. efesino m. (-a) **III Ephesians** n.pl. + verbo sing. BIBL. Lettere f.pl. agli Efesini.
ephod /'i:fɒd, 'efɒd/ n. efod m.
ephor /'efɔ:(r)/ n. (pl. **~s**, **~i**) eforo m.
Ephraim /'i:freɪm/ n.pr. Efraim.
▷ **epic** /'epɪk/ **I** agg. LETTER. epico; FIG. [*task*] eroico; [*struggle, undertaking, voyage*] epico **II** n. LETTER. epica f., epopea f.; *(poem)* poema m. epico; *(prose)* epos m. in prosa; *(film)* = film storico spettacolare; *(novel)* romanzo m. fiume.
epicardium /,epɪ'kɑ:dɪəm/ n. (pl. **-ia**) epicardio m.
epicarp /'epɪkɑ:p/ n. epicarpo m.
epicedium /,epɪ'si:dɪəm/ n. (pl. **-ia**) epicedio m.
epicene /'epɪsi:n/ agg. **1** FORM. *(effeminate)* [*person, tastes*] effeminato **2** LING. epiceno.
epicentre BE, **epicenter** AE /'epɪsentə(r)/ n. epicentro m.
epicure /'epɪkjʊə(r)/ n. buongustaio m. (-a).
epicurean /,epɪkjʊ'ri:ən/ **I** agg. epicureo **II** n. epicureo m. (-a).
Epicurean /,epɪkjʊ'ri:ən/ **I** agg. FILOS. epicureo **II** n. FILOS. epicureo m. (-a).
epicureanism /,epɪkjʊ'ri:ənɪzəm/ n. **1 Epicureanism** FILOS. epicureismo m. **2** FIG. epicureismo m.
Epicurus /epɪ'kjʊərəs/ n.pr. Epicuro.
epicycle /'epɪ,saɪkl/ n. epiciclo m.
epicycloid /epɪ'saɪklɔɪd/ n. epicicloide f.
epideictic /epɪ'daɪktɪk/ agg. epidittico.
▷ **epidemic** /,epɪ'demɪk/ **I** agg. epidemico **II** n. epidemia f. (anche FIG.).
epidemical /,epɪ'demɪkl/ agg. epidemico.
epidemiology /,epɪdi:mɪ'ɒlədʒɪ/ n. epidemiologia f.
epidermal /,epɪ'dɜ:ml/, **epidermic**/,epɪ'dɜ:mɪk/ agg. epidermico.
epidermis /,epɪ'dɜ:mɪs/ n. epidermide f.
epidiascope /,epɪ'daɪəskəʊp/ n. epidiascopio m.
epididymis /,epɪ'dɪdɪmɪs/ n. (pl. **-ides**) epididimo m.
epidural /,epɪ'djʊərəl/ **I** agg. MED. [*anaesthetic*] epidurale, peridurale **II** n. MED. *(anaesthetic)* (anestesia) epidurale f., peridurale f.
epigastria /,epɪ'gæstrɪə/ → **epigastrium**.
epigastric /,epɪ'gæstrɪk/ agg. epigastrico.
epigastrium /,epɪ'gæstrɪəm/ n. (pl. **-ia**) epigastrio m.
epigeal /,epɪ'dʒi:əl/ agg. epigeo.
epigenesis /,epɪ'dʒenəsɪs/ n. epigenesi f.
epigenetic /,epɪdʒə'netɪk/ agg. epigenetico.
epiglottic /,epɪ'glɒtɪk/ agg. epiglottico.
epiglottis /,epɪ'glɒtɪs/ n. (pl. **~es**, **-ides**) epiglottide f.
epigone /'epɪ,gəʊn/ n. (pl. **~s**, **-i**) epigono m. (-a).
epigram /'epɪgræm/ n. epigramma m.
epigrammatic(al) /,epɪgrə'mætɪk(l)/ agg. epigrammatico.
epigrammatist /epɪ'græmətɪst/ n. epigrammatista m. e f., epigrammista m. e f.
epigrammatize /epɪ'græmə,taɪz/ intr. scrivere epigrammi.
epigraph /'epɪgrɑ:f, AE -græf/ n. epigrafe f.
epigraphic /,epɪ'græfɪk/ agg. epigrafico.
epigraphist /e'pɪgrəfɪst/ n. epigrafista m. e f.
epigraphy /e'pɪgrəfɪ/ n. epigrafia f.
epilepsy /'epɪlepsɪ/ ♦ ***11*** n. epilessia f.
epileptic /,epɪ'leptɪk/ **I** agg. [*person*] epilettico; ~ ***fit*** attacco epilettico **II** n. epilettico m. (-a).
epileptical /,epɪ'leptɪkl/ agg. → **epileptic**.
epilogist /e'pɪlədʒɪst/ n. scrittore m. (-trice) di epiloghi.
epilogue /'epɪlɒg/ n. epilogo m. (anche FIG.).
epinephrine /,epɪ'nefrɪn/ n. AE MED. epinefrina f., adrenalina f.
epiphany /ɪ'pɪfənɪ/ n. **1** RELIG. LETTER. epifania f. **2 Epiphany** *(festival)* l'Epifania, il giorno dell'Epifania.
epiphenomenon /,epɪfɪ'nɒmɪnən/ n. (pl. **-a**) epifenomeno m.
epiphyllum /epɪ'fɪləm/ n. epifillo m.
epiphyseal /epɪ'fɪzɪəl/ agg. epifisario.
epiphysis /e'pɪfɪsɪs/ n. (pl. **-es**) epifisi f.
epiphyte /'epɪ,faɪt/ n. epifita f.
epiphytic /,epɪ'fɪtɪk/ agg. epifitico.
episcopacy /ɪ'pɪskəpəsɪ/ n. episcopato m.
episcopal /ɪ'pɪskəpl/ agg. episcopale, vescovile; ~ ***ring*** anello episcopale.
Episcopal Church /ɪ'pɪskəpl,tʃɜ:tʃ/ n.pr. Chiesa f. Episcopale.
Episcopalian /ɪ,pɪskə'peɪlɪən/ **I** agg. episcopaliano **II** n. episcopaliano m. (-a).
Episcopalianism /ɪpɪskə'peɪlɪənɪzəm/ n. = dottrina e organizzazione della Chiesa Episcopale.
episcopate /ɪ'pɪskəpət/ n. episcopato m.
episcope /'epɪskəʊp/ n. BE episcopio m.
episiotomy /ə,pi:zɪ'ɒtəmɪ/ n. episiotomia f.
episode /'epɪsəʊd/ n. *(all contexts)* episodio m.
episodic /,epɪ'sɒdɪk/ agg. episodico.
epispastic /epɪ'spæstɪk/ **I** agg. epispastico **II** n. medicamento m. epispastico, revulsivo m. vescicante.
episperm /'epɪspɜ:m/ n. episperma m.
epistaxis /,epɪ'stæksɪs/ n. (pl. **-es**) epistassi f.
epistemological /ɪ,pɪstɪmə'lɒdʒɪkl/ agg. epistemologico.
epistemology /ɪ,pɪstɪ'mɒlədʒɪ/ n. epistemologia f.
epistle /ɪ'pɪsl/ n. LETTER. epistola f. (anche SCHERZ.); ***Epistle to the Corinthians*** BIBL. Lettera ai Corinzi.

epistolary /ɪ'pɪstələrɪ, AE -lerɪ/ agg. epistolare.
epistrophe /ɪ'pɪstrəfɪ/ n. epistrofe f.
epistyle /'epɪˌstaɪl/ n. epistilio m., architrave m.
epitaph /'epɪtɑ:f, AE -tæf/ n. epitaffio m. (anche FIG.).
epitasis /ɪ'pɪtəsɪs/ n. (pl. **-es**) epitasi f.
epitaxial /epɪ'tæksɪəl/ agg. epitassiale.
epitaxy /'epɪˌtæksɪ/ n. epitassia f.
epithalami /epɪ'θæləmaɪ/ → **epithalamus**.
epithalamium /ˌepɪθə'leɪmɪəm/ n. (pl. **~s**, **-ia**) epitalamio m.
epithalamus /epɪ'θæləməs/ n. (pl. **-i**) epitalamo m.
epithelia /epɪ'θi:lɪələ/ → **epithelium**.
epithelial /epɪ'θi:lɪəl/ agg. epiteliale.
epithelioma /epɪθi:lɪ'əʊmə/ n. (pl. **~s**, **-ata**) epitelioma m.
epithelium /ˌepɪ'θi:lɪəm/ n. (pl. **~s**, **-ia**) epitelio m.
epithet /'epɪθet/ n. epiteto m.
epitome /ɪ'pɪtəmɪ/ n. *(abstract)* epitome f.; FIG. ***the ~ of kindness*** la personificazione della bontà; ***the ~ of a philosopher*** il filosofo per eccellenza.
epitomist /ɪ'pɪtəmɪst/ n. epitomatore m. (-trice).
epitomize /ɪ'pɪtəmaɪz/ tr. *(embody)* personificare, incarnare.
epizoon /ˌepɪ'zəʊɒn/ n. (pl. **epizoa**) epizoo m.
epizootic /ˌepɪzəʊ'ɒtɪk/ agg. [*disease*] epizootico.
epizooty /ˌepɪ'zəʊətɪ/ n. epizoozia f.
EPNS n. (⇒ electroplated nickel silver) = alpacca placcata.
epoch /'i:pɒk, AE 'epək/ n. **1** *(period)* epoca f., era f., età f.; ***to mark an ~*** fare epoca **2** GEOL. epoca f.
epochal /'i:pɒkl, AE 'epəkl/ agg. epocale.
epoch-making /'i:pɒkˌmeɪkɪŋ, AE 'epək-/ agg. [*changes*] epocale; ***that was an ~ event*** è stato un evento che ha fatto epoca; ***the ~ discovery of America*** la scoperta dell'America, che segnò il passaggio a una nuova era.
epode /'epəʊd/ n. epodo m.
eponym /'epənɪm/ n. eponimo m. (-a).
eponymous /ɪ'pɒnɪməs/ agg. LETTER. eponimo.
epopee /'epəʊpi:/, **epopeia** /epəʊ'pi:ə/ n. RAR. *(epic)* epopea f.
EPOS /'i:pɒs/ **I** n. (⇒ electronic point of sale punto di vendita elettronico) POS m. **II** modif. ~ ***terminal*** POS.
epoxide /ɪ'pɒksaɪd/ n. epossido m.
epoxy /ɪ'pɒksɪ/ agg. epossidico.
epoxy resin /ɪ'pɒksɪˌrezɪn, AE -'rezn/ n. resina f. epossidica.
EPROM n. (⇒ erasable programmable read-only memory memoria a sola lettura cancellabile e programmabile) EPROM f.
eps n.pl. (⇒ earnings per share) = rendimento per azione.
epsilon /'epsɪˌlən/ n. epsilon m. e f.
Epsom salts /'epsəmˌsɔ:lts/ n.pl. + verbo sing. o pl. epsomite f.sing, sali m. di Epson, sali m. inglesi.
equable /'ekwəbl/ agg. [*climate*] costante, uniforme; [*temperament*] equilibrato, sereno.
equability /ekwə'bɪlətɪ/ n. *(of climate)* uniformità f.; *(of temperament)* equilibrio m., serenità f.
equably /'ekwəblɪ/ avv. costantemente.
▶ **1.equal** /'i:kwəl/ **I** agg. **1** *(numerically the same)* [*number, quantity*] uguale, pari (**to** a); ***a sum ~ to one month's salary*** una cifra equivalente *o* pari a un mese di stipendio; ***"~ work ~ pay"*** "stesso lavoro, pari salario"; ***to fight for ~ pay*** lottare per la parità salariale; ***to demand ~ time on television*** chiedere la par condicio televisiva **2** *(equivalent, similar)* [*skill, ease, delight*] stesso, uguale; ***with ~ pleasure, violence*** con lo stesso piacere, la stessa violenza; ***to have ~ difficulty*** avere la stessa difficoltà; ***they're about ~*** [*candidates*] c'è pochissima differenza fra loro **3** *(not inferior or superior)* [*partner*] uguale, pari; ***on ~ terms*** [*fight*] ad armi pari; [*compete*] a pari condizioni; [*judge, place*] senza favoritismi; ***to have an ~ relationship*** avere un rapporto paritario **4** *(up to)* ***to be, feel ~ to*** essere, sentirsi all'altezza di [*task, job*]; ***to feel ~ to doing*** sentirsi in grado di fare **II** n. uguale m. e f.; ***to be the ~ of*** essere uguale a; ***to treat sb. as an ~*** trattare qcn. da pari a pari; ***to have no ~*** non avere pari **III** avv. SPORT [*finish*] in parità; ***to come ~ third*** arrivare terzo a pari merito *o* ex aequo (**with** con) ◆ ***all things being ~*** salvo imprevisti.
▶ **2.equal** /'i:kwəl/ tr. (forma in -ing ecc. **-ll-**, **-l-** AE) **1** *(add up to)* essere uguale a (anche MAT.); ***health plus money ~s happiness*** salute più soldi uguale felicità **2** *(match)* essere pari a, uguagliare [*person, thing*]; uguagliare [*record, time*].
equalitarian /i:ˌkwɒlɪ'teərɪən/ **I** agg. egualitario **II** n. egualitario m. (-a).
▷ **equality** /ɪ'kwɒlətɪ/ n. uguaglianza f., parità f.; ***sexual ~*** parità sessuale; ***~ of opportunity*** pari opportunità.
equalization /ˌi:kwəlaɪ'zeɪʃn, AE -lɪ'z-/ n. **1** ECON. ***~ of wages*** livellamento *o* perequazione salariale; ***~ of taxes*** perequazione tributaria, fiscale **2** ECON. *(of exchange)* stabilizzazione f. **3** EL. equalizzazione f.
equalize /'i:kwəlaɪz/ **I** tr. **1** *(make equal)* rendere uguale **2** *(bring to the same level)* equiparare, parificare [*wages, pensions*] **3** *(make uniform)* rendere uniforme, regolarizzare [*pressure, temperature*] **4** EL. equalizzare **II** intr. SPORT segnare il punto del pareggio.
equalizer /'i:kwəlaɪzə(r)/ n. **1** SPORT punto m. del pareggio **2** EL. equalizzatore m. **3** AE COLLOQ. *(gun)* arma f. da fuoco, pistola f.
▶ **equally** /'i:kwəlɪ/ avv. **1** [*divide, share*] in parti uguali; ***~ difficult, pretty*** ugualmente difficile, carino **2** *(in the same way)* allo stesso modo; ***~, we might say that...*** allo stesso modo, potremmo dire che...
Equal Opportunities Commission /ˌi:kwəlˌɒpə'tju:nətɪzkəˌmɪʃn, AE -'tu:n-/ n. BE commissione f. per le pari opportunità.
equal opportunity /ˌi:kwəlˌɒpə'tju:nətɪ/ **I equal opportunities** n.pl. pari opportunità f. **II** modif. [*employer*] che applica i criteri di pari opportunità; [*legislation*] per le pari opportunità.
equal rights /ˌi:kwəl'raɪts/ n.pl. parità f.sing. di diritti.
Equal Rights Amendment /ˌi:kwəl'raɪtsəˌmendmənt/ n. AE emendamento m. sulla parità di diritti.
equals sign/'i:kwəlzˌsaɪn/ BE, **equal sign** /'i:kwəlˌsaɪn/ AE n. (segno di) uguale m.
equanimity /ˌekwə'nɪmətɪ/ n. LETT. serenità f., calma f.
equanimous /ɪ'kwænɪməs/ agg. sereno, calmo.
equate /ɪ'kweɪt/ tr. **1** *(identify)* fare corrispondere (**with** a) **2** *(compare)* considerare uguale (**with** a), mettere sullo stesso piano (**with** di) **3** MAT. uguagliare (**with** a).
equation /ɪ'kweɪʒn/ n. **1** MAT. equazione f. **2** FIG. ***the ~ of wealth with happiness is misguided*** non è sempre vero che il denaro fa la felicità; ***the other side of the ~ is...*** l'altra faccia della medaglia è...; ***there is an ~ between...*** c'è una corrispondenza tra...
equational /ɪ'kweɪʒnl/ agg. equazionale.
equator /ɪ'kweɪtə(r)/ n. *(all contexts)* equatore m.; ***the Equator*** *(the line)* l'equatore.
equatorial /ˌekwə'tɔ:rɪəl/ agg. equatoriale.
Equatorial Guinea /ˌekwəˌtɔ:rɪəl'gɪnɪ/ n.pr. Guinea f. equatoriale.
equerry /'ekwərɪ, ɪ'kwerɪ/ n. *(at the British court)* scudiero m.
equestrian /ɪ'kwestrɪən/ **I** agg. [*statue, portrait*] equestre; [*dress, gloves*] da equitazione; [*event, competition*] ippico **II** n. *(acrobat)* cavallerizzo m.
equestrienne /ɪˌkwestrɪ'ən/ n. cavallerizza f.
equiangular /ˌi:kwɪ'æŋgjʊlə(r)/ agg. equiangolo.
equidistant /ˌi:kwɪ'dɪstənt/ agg. equidistante (**from** da) (anche MAT.).
equilateral /ˌi:kwɪ'lætərəl/ agg. equilatero.
equilibrate /ɪ'kwɪlɪˌbreɪt/ **I** tr. equilibrare **II** intr. equilibrarsi.
equilibria /ˌi:kwɪ'lɪbrɪə/ → **equilibrium**.
equilibrist /ɪ'kwɪlɪbrɪst/ ➧ ***27*** n. equilibrista m. e f.
▷ **equilibrium** /ˌi:kwɪ'lɪbrɪəm/ n. (pl. **~s**, **-ia**) *(all contexts)* equilibrio m.; ***in ~*** in equilibrio.
equine /'ekwaɪn/ **I** agg. [*disease*] equino, degli equini; [*species*] equino; [*face, features*] da cavallo, cavallino **II** n. equino m.
equinoctial /ˌi:kwɪ'nɒkʃl, ˌek-/ agg. [*year, line, gales, tides*] equinoziale.
equinox /'i:kwɪnɒks, 'ek-/ n. equinozio m.; ***spring, autumnal ~*** equinozio di primavera, d'autunno.
equip /ɪ'kwɪp/ **I** tr. (forma in -ing ecc. **-pp-**) **1** equipaggiare [*person*] (**for** per); attrezzare [*building, room, factory*] (**for** per); ***to ~ sth. with sth.*** attrezzare qcs. con qcs. (**for** per); ***to ~ sb. with sth.*** dotare qcn. di qcs.; ***to ~ a room, building as sth.*** adibire una stanza, un edificio a qcs. **2** FIG. *(psychologically)* preparare [*person*] **II** rifl. (forma in -ing ecc. **-pp-**) ***to ~ oneself*** attrezzarsi.
equipage /'ekwɪpɪdʒ/ n. **1** ANT. *(equipment)* equipaggiamento m. **2** *(carriage and horses)* equipaggio m.
equipartition /i:kwɪpɑ:'tɪʃn/ n. equipartizione f.
▶ **equipment** /ɪ'kwɪpmənt/ n. **1** MIL. equipaggiamento m.; SPORT equipaggiamento m., attrezzatura f.; IND. apparecchiatura f., dispositivo m. **2** *(of office)* arredo m.; *(electrical, photographic)* apparecchiatura f.; ***a piece*** o ***item of ~*** una parte dell'apparecchiatura **3** *(action)* attrezzamento m., equipaggiamento m.
equipoise /'ekwɪˌpɔɪz, 'i:-/ tr. bilanciare, equilibrare.
equipollence /i:kwɪ'pɒləns/, **equipollency** /i:kwɪ'pɒlənsɪ/ n. equipollenza f.
equipollent /ˌi:kwɪ'pɒlənt/ agg. ANT. equipollente.
equiponderant /i:kwɪ'pɒndərənt/ agg. **1** *(of equal weight)* di ugual peso **2** *(well balanced)* ben bilanciato (anche FIG.).
equiponderate /i:kwɪ'pɒndəreɪt/ **I** tr. controbilanciare, equilibrare (anche FIG.) **II** intr. controbilanciarsi, equilibrarsi (anche FIG.).

equipotential /ˌi:kwɪpə'tenʃl/ agg. equipotenziale.
▷ **equipped** /ɪ'kwɪpd/ **I** p.pass. → **equip II** agg. **1** ***well ~*** ben equipaggiato; ***well ~ with sth.*** ben fornito di qcs.; ***fully ~ kitchen*** cucina completamente attrezzata **2** FIG. *(psychologically)* ***~ for life*** preparato per affrontare la vita; ***she wasn't ~ to cope with the problem*** non era pronta ad affrontare il problema; ***we were well~ to answer their questions*** eravamo ben preparati per rispondere alle loro domande.
equisetum /ˌekwɪ'si:təm/ n. (pl. **~s, -a**) equiseto m.
equitable /'ekwɪtəbl/ agg. equo, giusto.
equitably /'ekwɪtəblɪ/ avv. equamente.
equitation /ˌekwɪ'teɪʃn/ n. FORM. equitazione f.
▷ **equity** /'ekwətɪ/ **I** n. **1** *(fairness)* equità f., giustizia f. **2** ECON. *(investment)* partecipazione f.; ***shareholders' ~*** capitale netto **3** DIR. = insieme di norme integrative della common law, che si applicano quando quest'ultima non si dimostra efficace **II equities** n.pl. ECON. azioni f. ordinarie **III Equity** n.pr. TEATR. = sindacato degli attori.
equity capital /'ekwətɪˌkæpɪtl/ n. ECON. capitale m. azionario.
Equity card /'ekwətɪˌkɑ:d/ n. = tessera del sindacato degli attori.
equity financing /'ekwətɪˌfaɪnænsɪŋ, -fɪˌnæ-/ n. ECON. finanziamento m. tramite emissione di azioni.
equity market /'ekwətɪˌmɑ:kɪt/ n. ECON. mercato m. azionario.
equity of redemption /ˌekwətɪəvrɪ'dempʃn/ n. DIR. diritto m. di riscatto dell'ipoteca.
equivalence /ɪ'kwɪvələns/ n. equivalenza f.
▶ **equivalent** /ɪ'kwɪvələnt/ **I** agg. equivalente; ***to be ~ to sth.*** essere equivalente a qcs. *o* equivalere a qcs. **II** n. equivalente m.
equivocal /ɪ'kwɪvəkl/ agg. **1** *(ambiguous)* [*words, reply, attitude*] equivoco, ambiguo; [*result, conclusion*] incerto, dubbio **2** *(dubious)* [*behaviour, circumstances, reputation*] equivoco, sospetto.
equivocality /ɪˌkwɪvə'kælətɪ/ n. equivocità f., ambiguità f.
equivocally /ɪ'kwɪvəklɪ/ avv. equivocamente.
equivocalness /ɪ'kwɪvəkəlnɪs/ n. → **equivocality**.
equivocate /ɪ'kwɪvəkeɪt/ intr. esprimersi in modo equivoco, ambiguo.
equivocation /ɪˌkwɪvə'keɪʃn/ n. equivoci m.pl.; ***without ~*** senza equivoci.
equivocator /ɪ'kwɪvəkeɪtə(r)/ n. chi gioca sull'equivoco.
equivoke, **equivoque** /'ekwɪˌvəʊk/ n. gioco m. di parole.
er /ə, ɜ:/ inter. *(expressing hesitation)* ehm.
ER 1 ⇒ Elizabeth Regina = le cifre ufficiali della regina Elisabetta II **2** ⇒ emergency room pronto soccorso.
era /'ɪərə/ n. GEOL. STOR. era f., epoca f., età f.; *(in politics, fashion etc.)* epoca f.; ***the ~ of the mini-skirt*** l'epoca della minigonna; ***the Christian ~*** l'era cristiana; ***to mark the end of an ~*** segnare la fine di un'epoca; ***the Hollywood ~*** l'epoca hollywoodiana.
ERA n. (⇒ Equal Rights Amendment) = emendamento sulla parità di diritti.
eradiate /ɪ'reɪdɪeɪt/ **I** tr. irradiare, irraggiare **II** intr. raggiare.
eradiation /ɪreɪdɪ'eɪʃn/ n. irradiazione f., irradiamento m.
eradicable /ɪ'rædɪkəbl/ agg. sradicabile, estirpabile.
eradicate /ɪ'rædɪkeɪt/ tr. sradicare, estirpare [*weeds*]; sradicare [*superstition, crime*]; debellare [*disease, poverty*].
eradication /ɪˌrædɪ'keɪʃn/ n. *(of weeds)* estirpazione f.; *(of superstition)* sradicamento m.; *(of disease)* il debellare.
erasable /ɪ'reɪzəbl/ agg. cancellabile.
▷ **erase** /ɪ'reɪz, AE ɪ'reɪs/ tr. **1** cancellare (anche INFORM.) **2** FIG. eliminare [*hunger, poverty*]; cancellare [*memory*] **3** AE COLLOQ. *(kill)* eliminare.
erase head /ɪ'reɪzˌhed, AE ɪ'reɪs-/ n. testina f. di cancellazione.
eraser /ɪ'reɪzə(r), AE -sər/ n. *(for paper)* gomma f.; *(for blackboard)* cancellino m., cimosa f.
eraser head /ɪ'reɪzəˌhed, AE -sə-/ n. → **erase head**.
erasion /ɪ'reɪʒn/ n. **1** *(erasure)* cancellazione f. **2** MED. raschiamento m.
Erasmian /ɪ'ræzmɪən/ agg. erasmiano.
Erasmus /ɪ'ræzməs/ n.pr. Erasmo.
Erasmus scheme /ɪ'ræzməsˌski:m/ n. UNIV. (progetto) Erasmus m.
erasure /ɪ'reɪʒə(r)/ n. *(act)* cancellazione f.; *(result)* cancellatura f.
erbium /'ɜ:bɪəm/ n. erbio m.
ERDF n. (⇒ European Regional Development Fund Fondo Europeo di Sviluppo Regionale) FESR m.
ere /eə(r)/ **I** prep. ANT. LETT. prima di; ***~ long*** *(future)* fra breve; *(past)* poco dopo; ***~ now*** prima d'ora **II** cong. ANT. LETT. prima che, prima di.
▷ **1.erect** /ɪ'rekt/ agg. [*posture*] eretto, dritto, ritto; [*tail, ears*] dritto; [*construction*] eretto; [*penis*] in erezione; ***with head ~*** a testa alta; ***to hold oneself*** o ***to stand ~*** stare dritto.
▷ **2.erect** /ɪ'rekt/ tr. **1** erigere [*monument, building*]; montare [*scaffolding*]; montare, rizzare [*tent*]; mettere, collocare [*sign*]; innalzare [*screen*] **2** FIG. erigere [*system*].
erectile /ɪ'rektaɪl, AE -tl/ agg. erettile.
erection /ɪ'rekʃn/ n. **1** *(putting up) (of monument, building)* erezione f.; *(of bridge)* costruzione f.; *(of tent)* montaggio m.; *(of sign)* collocazione f. **2** *(edifice)* edificio m., costruzione f. **3** *(of penis)* erezione f.
erectness /ɪ'rektnɪs/ n. portamento m. eretto, posizione f. eretta.
erector /ɪ'rektə(r)/ n. **1** *(muscle)* (muscolo) erettore m. **2** *(person)* chi erige, edificatore m. (-trice).
erector set /ɪ'rektəˌset/ n. AE meccano® m.
eremite /'erɪˌmaɪt/ n. eremita m.
eremitical /erɪ'mɪtɪkl/ agg. eremitico.
erepsin /ɪ'repsɪn/ n. erepsina f.
erethism /'erɪˌθɪzəm/ n. eretismo m.
erg /ɜ:g/ n. erg m.
ergative /'ɜ:gətɪv/ **I** n. ergativo m. **II** agg. LING. ergativo.
ergo /'ɜ:gəʊ/ avv. FORM. ergo, dunque.
ergodic /ɜ:'gɒdɪk/ agg. ergodico.
ergonomic /ˌɜ:gə'nɒmɪk/ agg. ergonomico.
ergonomics /ˌɜ:gə'nɒmɪks/ n. + verbo sing. ergonomia f.
ergonomist /ɜ:'gɒnəmɪst/ ⧫ **27** n. ergonomo m. (-a).
ergosterol /ɜ:'gɒstəˌrɒl/ n. ergosterolo m., ergosterina f.
ergot /'ɜ:gət/ n. **1** AGR. fungo m. della segale cornuta **2** FARM. ergotina f.
ergotherapy /ɜ:gəʊ'θerəpɪ/ n. ergoterapia f.
ergotine /'ɜ:gəti:n/ n. ergotina f.
ergotism /'ɜ:gətɪzəm/ n. ergotismo m.
Eric /'erɪk/ n.pr. Eric.
Erica, **Erika** /'erɪkə/ n.pr. Erica.
Erie /'ɪəri:/ ⧫ ***13*** n.pr. ***Lake ~*** il lago Erie.
Erin /'erɪn, 'ɪərɪn/ n.pr. ANT. LETT. Irlanda f.
Erinys /ɪ'rɪni:z/ n. (pl. **Erinyes**) Erinni f.; ***the Erinyes*** le Erinni.
eristic /e'rɪstɪk/ agg. eristico.
Eritrea /erɪ'treɪə/ ⧫ ***6*** n.pr. Eritrea f.
Eritrean /erɪ'treɪən/ ⧫ ***18*** **I** agg. eritreo **II** n. eritreo m. (-a).
erk /ɜ:k/ n. BE AER. COLLOQ. aviere m. semplice; BE MAR. COLLOQ. marinaio m. semplice.
erlking /'ɜ:lkɪŋ/ n. re m. degli elfi.
ERM n. (⇒ Exchange Rate Mechanism) = sistema di cambio dello SME.
ermine /'ɜ:mɪn/ n. (pl. **~**, **~s**) *(animal, fur)* ermellino m.
ermined /'ɜ:mɪnd/ agg. **1** [*robe*] guarnito di ermellino **2** ARALD. ermellinato **3** [*person*] rivestito di ermellino.
erne, **ern** /ɜ:n/ n. aquila f. di mare.
Ernest /'ɜ:nɪst/ n.pr. Ernesto.
Ernestine /'ɜ:nɪsti:n/ n.pr. Ernestina.
1.Ernie /'ɜ:nɪ/ n.pr. diminutivo di **Ernest**.
2.Ernie /'ɜ:nɪ/ n. BE (⇒ Electronic random number indicator equipment) = sistema computerizzato per selezionare i numeri vincenti delle lotterie.
▷ **erode** /ɪ'rəʊd/ tr. erodere [*coastline*]; erodere, corrodere [*rock*]; corrodere [*metal*]; FIG. minare, intaccare [*confidence, authority*].
erogenous /ɪ'rɒdʒənəs/ agg. erogeno.
Eros /'ɪərɒs/ **I** n.pr. MITOL. Eros **II** n. PSIC. eros m.
▷ **erosion** /ɪ'rəʊʒn/ n. **1** *(of coastline)* erosione f.; *(of metal)* corrosione f.; ***soil ~*** erosione del suolo **2** FIG. sgretolamento m.
erosional /ɪ'rəʊʒnl/, **erosive** /ɪ'rəʊsɪv/ agg. erosivo.
▷ **erotic** /ɪ'rɒtɪk/ agg. erotico.
erotica /ɪ'rɒtɪkə/ n.pl. LETTER. letteratura f.sing. erotica, di carattere erotico; CINEM. film m. erotici; ART. opere f. d'arte di carattere erotico.
eroticism /ɪ'rɒtɪsɪzəm/ n. erotismo m.
eroticize /ɪ'rɒtɪsaɪz/ tr. erotizzare.
erotization /erətaɪ'zeɪʃn, AE -tɪ'z-/ n. erotizzazione f.
erotize /'erətaɪz/ tr. erotizzare.
erotogenic /ɪˌrɒtə'dʒenɪk/ agg. → **erogenous**.
erotomania /ɪˌrɒtə'meɪnɪə/ n. erotomania f.
erotomaniac /ɪˌrɒtə'meɪnɪæk/ **I** agg. erotomane **II** n. erotomane m. e f.
err /ɜ:(r)/ intr. **1** *(make mistake)* errare, sbagliare; ***to ~ in one's judgment*** sbagliarsi nel giudicare **2** *(stray)* peccare; ***to ~ on the side of caution, generosity*** peccare per eccesso di prudenza, di generosità ◆ ***to ~ is human*** PROV. errare è umano.
errancy /'erənsɪ/ n. *(making mistake)* (l')errare.
errand /'erənd/ n. commissione f.; ***to go on*** o ***to run an ~ for sb.*** (andare a) fare una commissione per qcn.; ***to send sb. on an ~***

mandare qcn. a fare una commissione; ~ ***of mercy*** missione di carità ◆ ***to go*** o ***be sent on a fool's*** ~ = imbarcarsi in un'impresa inutile.
errand boy /ˈerənd̩bɔɪ/ n. fattorino m.
errant /ˈerənt/ agg. FORM. *(misbehaving)* che sbaglia, in errore.
errantry /ˈerəntrɪ/ n. = stile di vita di un cavaliere errante.
errata /eˈrɑːtə/ → **erratum**.
erratic /ɪˈrætɪk/ **I** agg. [*behaviour, person*] eccentrico, stravagante, bizzarro; [*performance*] irregolare, disuguale; [*driver*] imprevedibile; [*moods*] mutevole; [*timetable*] inaffidabile; [*movements, attempts, deliveries*] irregolare; ***the clock is rather*** ~ l'orologio non va molto bene; ***he's a very*** ~ ***player*** il suo gioco è molto irregolare **II** n. GEOL. masso m. erratico.
erratically /ɪˈrætɪklɪ/ avv. [*play, perform, work*] in modo irregolare, discontinuo; [*drive*] in modo imprevedibile.
erratum /eˈrɑːtəm/ n. (pl. **-a**) errore m. di stampa.
Errol /ˈerəl/ n.pr. Errol (nome di uomo).
erroneous /ɪˈrəʊnɪəs/ agg. erroneo.
erroneously /ɪˈrəʊnɪəslɪ/ avv. erroneamente.
erroneousness /ɪˈrəʊnɪəsnɪs/ n. erroneità f.
▶ **error** /ˈerə(r)/ n. **1** *(in spelling, grammar, typing, arithmetic)* errore m.; ***to make a serious*** ~ *(in arithmetic)* fare un grave errore; *(of judgment)* commettere un errore grave; ***an*** ~ ***of, in sth.*** un errore di, in qcs.; ***by*** o ***in*** ~ per errore; ~ ***of judgment*** errore di giudizio; ~ ***of 10%*** o ***10%*** ~ errore del 10%; ***margin of*** ~ margine di errore; ***human*** ~ errore umano; ~***s and omissions excepted*** COMM. salvo errori e omissioni **2** INFORM. errore m.; ~ ***message*** messaggio di errore; ~ ***correction*** correzione di errore ◆ ***to see the*** ~ ***of one's ways*** rendersi conto dei propri sbagli.
ersatz /ˈeəzæts, ˈɜːsɑːts/ **I** n. surrogato m. **II** agg. ***it's*** ~ ***tobacco, culture*** è un surrogato di tabacco, cultura.
Erse /ɜːs/ **I** agg. LING. *(Scottish)* (del gaelico) scozzese; *(Irish)* (del gaelico) irlandese **II** n. *(language) (Scottish)* (gaelico) scozzese m.; *(Irish)* (gaelico) irlandese m.
Erskine /ˈɜːskɪn/ n.pr. Erskine (nome di donna).
erstwhile /ˈɜːstwaɪl/ **I** agg. LETT. di un tempo, di una volta **II** avv. LETT. prima, un tempo, una volta.
erubescence /eruːˈbesns/ n. erubescenza f.
erubescent /ˌeruːˈbesnt/ agg. erubescente.
eruct /ɪˈrʌkt/ intr. AE → **eructate**.
eructate /eˈrʊkteɪt/ intr. FORM. *(belch)* eruttare.
eructation /ˌiːrʌkˈteɪʃn/ n. FORM. *(belching)* eruttazione f.
erudite /ˈeruːdaɪt/ agg. [*person, book, discussion*] erudito.
eruditely /ˈeruːdaɪtlɪ/ avv. eruditamente.
erudition /ˌeruːˈdɪʃn/ n. erudizione f.
▷ **erupt** /ɪˈrʌpt/ intr. **1** [*volcano*] entrare in eruzione **2** FIG. [*war*] scoppiare; [*violence*] scoppiare, esplodere; [*gunfire*] sparare; [*laughter*] scoppiare; [*person*] *(with anger)* esplodere (**with** di) **3** MED. [*tooth*] spuntare; ***a rash*** ~***ed all over her back*** le è venuta un'eruzione cutanea su tutta la schiena.
eruption /ɪˈrʌpʃn/ n. **1** *(of volcano)* eruzione f. **2** FIG. *(of violence, laughter)* esplosione f.; *(of hostilities)* scoppio m.; *(of political movement)* comparsa f. **3** MED. eruzione f.
eruptive /ɪˈrʌptɪv/ agg. GEOL. ASTR. MED. eruttivo; ~ ***rock*** roccia eruttiva.
Ervin /ˈɜːvɪn/ n.pr. Ervin (nome di uomo).
erysipelas /ˌerɪˈsɪpɪləs/ ♦ ***11*** n. erisipela f.
erythema /ˌerɪˈθiːmə/ n. eritema m.
erythrite /ɪˈrɪθraɪt/ n. eritrite f.
erythritol /ɪˈrɪθrɪtɒl/ n. eritritolo m.
erythroblast /ɪˈrɪθrəʊˌblæst/ n. eritroblasto m.
erythrocyte /ɪˈrɪθrəʊsaɪt/ n. eritrocita m.
erythrocytosis /ɪrɪθrəʊsaɪˈtəʊsɪs/ n. eritrocitosi f.
erythromycin /ɪrɪθrəˈmaɪsɪn/ n. eritromicina f.
erythrosin /ɪˈrɪθrəsɪn/ n. eritrosina f.
ESA n. (⇒ European Space Agency Agenzia Spaziale Europea) ASE f.
Esau /ˈiːsɔː/ n.pr. Esaù.
1.escalade /ˌeskəˈleɪd/ n. STOR. MIL. *(of fortifications)* scalata f.
2.escalade /ˌeskəˈleɪd/ tr. STOR. MIL. dare la scalata a [*fortifications*].
escalate /ˈeskəleɪt/ **I** tr. intensificare [*war*]; intensificare, aumentare [*efforts*]; aumentare [*inflation*] **II** intr. [*conflict*] intensificarsi, aggravarsi; [*violence*] intensificarsi; [*problem*] aggravarsi; [*prices, inflation*] salire, aumentare; [*unemployment*] aumentare, crescere; ***to*** ~ ***into a major crisis*** trasformarsi in una grave crisi.
escalation /ˌeskəˈleɪʃn/ n. *(of war, violence)* escalation f., intensificazione f. (**in, of** di); *(of prices, inflation)* aumento m. (**in, of** di).
escalation clause /ˌeskəˈleɪʃnˌklɔːz/ n. → **escalator clause**.
escalator /ˈeskəleɪtə(r)/ n. scala f. mobile (anche ECON.).
escalator clause /ˈeskəleɪtəˌklɔːz/ n. clausola f. di indicizzazione.
escallop /ɪˈskæləp/ n. **1** → **1.scallop 2** ARALD. codifica f.
escalope /ˈeskələʊp/ n. scaloppina f.
escapade /ˈeskəpeɪd, ˌeskəˈpeɪd/ n. *(adventure)* avventura f.; *(prank)* scappatella f.
▶ **1.escape** /ɪˈskeɪp/ n. **1** *(of person)* evasione f., fuga f. (**from** da; **to** verso); FIG. scampo m., salvezza f.; ***to make good one's*** ~ riuscire a evadere; FIG. riuscire a salvarsi *o* riuscire a trovare una via di scampo; ***to make an*** o ***one's*** ~ evadere; ***to have a narrow*** o ***lucky*** ~ scamparla bella **2** *(leak) (of water, gas)* fuga f., perdita f. (**from** da).
▶ **2.escape** /ɪˈskeɪp/ **I** tr. **1** *(avoid)* ***to*** ~ ***death, danger, persecution*** sfuggire alla morte, al pericolo, alle persecuzioni; ***to*** ~ ***responsibility, defeat*** evitare le responsabilità, la sconfitta; ***to*** ~ ***detection*** [*person*] evitare di essere scoperto; [*fault*] non essere scoperto; ***we cannot*** ~ ***the fact that*** non possiamo ignorare il fatto che; ***he cannot*** ~ ***the accusation*** o ***charge*** non può evitare di essere accusato; ***to*** ~ ***reality*** evadere dalla realtà **2** *(elude)* [*name, fact*] sfuggire a [*person*]; ***to*** ~ ***sb.'s attention*** o ***notice*** sfuggire all'attenzione di qcn. **II** intr. **1** *(get away)* [*person*] evadere, fuggire; [*animal*] scappare, fuggire (**from** da); FIG. rifugiarsi; ***to*** ~ ***into*** o ***to somewhere*** rifugiarsi da qualche parte; ***to*** ~ ***unharmed, without a scratch*** uscirne indenne, senza neanche un graffio; ***to*** ~ ***by the skin of one's teeth*** farcela per un pelo *o* salvarsi per il rotto della cuffia; ***to (manage to)*** ~ ***with one's life*** uscirne vivo **2** *(leak)* [*water, gas*] fuoriuscire.
escape artist /ɪˈskeɪpˌɑːtɪst/ n. → **escapologist**.
escape character /ɪˈskeɪpˌkærəktə(r)/ n. INFORM. carattere m. di scambio codice.
escape chute /ɪˈskeɪpˌʃuːt/ n. AER. scivolo m. (di emergenza).
escape clause /ɪˈskeɪpˌklɔːz/ n. DIR. COMM. clausola f. di recesso.
escape cock /ɪˈskeɪpˌkɒk/ n. TECN. valvola f. di scarico.
escaped /ɪˈskeɪpt/ **I** p.pass. → **2.escape II** agg. [*prisoner, convict*] evaso; [*animal*] scappato.
escapee /ɪˌskeɪˈpiː/ n. evaso m. (-a), fuggiasco m. (-a).
escape hatch /ɪˈskeɪpˌhætʃ/ n. MAR. portello m. per uscita di sicurezza.
escape key /ɪˈskeɪpˌkiː/ n. (tasto di) escape m.
escapement /ɪˈskeɪpmənt/ n. MECC. scappamento m.
escape plan /ɪˈskeɪpˌplæn/ n. piano m. di evasione.
escape road /ɪˈskeɪpˌrəʊd/ n. corsia f. di decelerazione.
escape route /ɪˈskeɪpˌruːt/ n. via f. di fuga.
escape sequence /ɪˈskeɪpˌsiːkwəns/ n. INFORM. sequenza f. di escape.
escape shaft /ɪˈskeɪpˌʃɑːft, AE -ˌʃæft/ n. MIN. galleria f. di emergenza.
escape valve /ɪˈskeɪpˌvælv/ n. TECN. valvola f. di scarico.
escape velocity /ɪˈskeɪpvɪˌlɒsətɪ/ n. velocità f. di fuga.
escape wheel /ɪˈskeɪpˌwiːl, AE -ˌhwiːl/ n. *(in watches)* ruota f. di scappamento.
escapism /ɪˈskeɪpɪzəm/ n. SPREG. *(in literature, cinema)* evasione f.; *(of person)* evasione f. dalla realtà, escapismo m.; ***it's pure*** ~ è una vera e propria fuga dalla realtà.
escapist /ɪˈskeɪpɪst/ **I** agg. [*literature, film*] di evasione **II** n. ***she's an*** ~ cerca di sfuggire alla realtà.
escapologist /ˌeskəˈpɒlədʒɪst/ ♦ ***27*** n. = illusionista specializzato nel liberarsi da catene, uscire da bauli chiusi a chiave ecc.
escapology /ˌeskəˈpɒlədʒɪ/ n. = metodi e tecniche usate dall'illusionista per liberarsi da catene, uscire da bauli chiusi ecc.
1.escarp /ɪˈskɑːp/ n. scarpata f.
2.escarp /ɪˈskɑːp/ tr. *(make into)* ridurre a scarpata; *(provide with)* munire di scarpata.
escarpment /ɪˈskɑːpmənt/ n. scarpata f.
eschalot /ˈeʃəlɒt/ n. scalogno m.
eschar /ˈeskɑː(r)/ n. MED. escara f.
eschatological /ˌeskətəˈlɒdʒɪkl/ agg. escatologico.
eschatology /ˌeskəˈtɒlədʒɪ/ n. escatologia f.
escheat /ɪsˈtʃiːt/ n. **1** *(reversion)* = incameramento di proprietà privata da parte dello stato per mancanza di eredi **2** *(property)* = proprietà privata incamerata dallo stato per mancanza di eredi.
eschew /ɪsˈtʃuː/ tr. FORM. evitare [*discussion*]; sfuggire a [*temptation*]; evitare, rifuggire [*violence*].
▷ **1.escort** /ˈeskɔːt/ **I** n. **1** MIL. MAR. scorta f.; ***military*** ~ scorta militare; ***police*** ~ scorta della polizia; ***armed*** ~ scorta armata; ***to put under*** ~ scortare **2** *(companion)* accompagnatore m.; *(to a dance)* cavaliere m.; *(in agency)* accompagnatore m. (-trice) **II** modif. ~ ***agency*** agenzia di accompagnatori; ~ ***duty*** MAR. MIL. servizio di scorta; ~ ***vessel*** avviso scorta.

▷ **2.escort** /ɪ'skɔ:t/ tr. **1** MIL. scortare; ***to ~ sb. in, out*** scortare qcn. dentro, fuori **2** *(to a function, home, to the door)* accompagnare.
escribe /ɪ'skraɪb/ tr. ***to ~ a circle*** tracciare un cerchio exinscritto.
escribed /ɪ'skraɪbd/ **I** p.pass. → **escribe II** agg. [*circle*] exinscritto.
escritoire /ˌeskrɪ'twɑ:(r)/ n. scrittoio m., scrivania f.
escrow /'eskrəʊ/ n. DIR. = soldi, beni, documenti scritti consegnati a un terzo per essere poi da lui riconsegnati dopo l'adempimento di talune condizioni; ***in ~*** in consegna.
escrow account /'eskrəʊəˌkaʊnt/ n. AE DIR. conto m. destinato a garanzia.
esculent /'eskjʊlənt/ agg. esculento.
escutcheon /ɪ'skʌtʃən/ n. **1** ARALD. scudo m., stemma m., blasone m. **2** *(on lock)* bocchetta f. ◆ ***to be a blot on one's ~*** essere una macchia sul proprio onore.
e-shopping /'i:ˌʃɒpɪŋ/ n. acquisti m.pl. on-line, e-shopping m.
e-signature /'i:ˌsɪgnətʃə(r)/ n. firma f. elettronica.
esker /'eskə(r)/ n. GEOL. esker m.
Eskimo /'eskɪməʊ/ **I** agg. eschimese; ***~ dog*** cane eschimese; ***~ kiss*** naso naso **II** n. **1** (pl. **~**, **~s**) *(person)* eschimese m. e f. **2** LING. eschimese m., eskimo m.
ESL I n. (⇒ English as a Second Language) = inglese come seconda lingua **II** modif. [*teacher, course*] di inglese come seconda lingua.
Esmé /'ezmɪ/ n.pr. Esmé (nome di donna).
ESN (⇒ educationally subnormal) = mentalmente ritardato.
ESOL /'ɪ:sɒl, AE 'i:sɑ:l/ **I** n. (⇒ English for Speakers of Other Languages inglese per parlanti di altre lingue) ESOL m. **II** modif. [*examination, program*] ESOL.
esophageal AE → **oesophageal**.
esophagus AE → **oesophagus**.
esoteric /ˌi:səʊ'terɪk, ˌe-/ agg. [*language, knowledge, practices, argument*] esoterico.
esoterica /ˌi:səʊ'terɪkə, ˌe-/ n.pl. AE cose f. misteriose, misteri m.
esotericism /ˌi:səʊ'terɪsɪzəm, ˌe-/ n. esoterismo m.
esp ⇒ especially specialmente.
ESP I n. **1** (⇒ extrasensory perception) = percezione extrasensoriale **2** (⇒ English for Special Purposes) = inglese per usi specifici **II** modif. [*teacher, course*] di inglese per usi specifici.
espagnolette /espænɪəʊ'let/ n. *(of window)* spagnoletta f.
1.espalier /ɪ'spælɪeɪ, AE ɪ'spæljər/ n. *(tree)* pianta f. a spalliera; *(trellis)* spalliera f.
2.espalier /ɪ'spælɪeɪ, AE ɪ'spæljər/ tr. coltivare a spalliera.
esparto /e'spɑ:təʊ/ n. (pl. **~s**) (anche **~ grass**) sparto m., alfa f.
especial /ɪ'speʃl/ agg. FORM. eccezionale; [*benefit*] particolare, speciale.
▶ **especially** /ɪ'speʃəlɪ/ avv. **1** *(above all)* specialmente, soprattutto, particolarmente; ***~ as it's so hot*** soprattutto perché fa così caldo; ***he ~ ought to be told*** lui in particolare dovrebbe essere informato; ***why her ~?*** perché lei in particolare? **2** *(on purpose)* appositamente, apposta; ***he came ~ to see me*** è venuto apposta per vedermi **3** *(unusually)* particolarmente.
Esperantist /ˌespə'ræntɪst/ n. esperantista m. e f.
Esperanto /ˌespə'ræntəʊ/ ♦ ***14*** **I** agg. esperanto **II** n. esperanto m.
espial /ɪ'spaɪəl/ n. ANT. **1** *(spying)* (lo) spiare **2** *(being espied)* (l')essere scorto, visto.
espionage /'espɪənɑ:ʒ/ n. spionaggio m.
esplanade /ˌesplə'neɪd/ n. **1** *(promenade)* passeggiata f. (a mare) **2** MIL. spianata f.
espousal /ɪ'spaʊzəl/ n. **1** *(of new beliefs)* adozione f. **2** ANT. *(marriage vows)* sponsale m.
espouse /ɪ'spaʊz/ tr. **1** FORM. sposare, abbracciare [*cause*] **2** ANT. *(marry)* sposare.
espresso /e'spresəʊ/ n. (pl. **~s**) (caffè) espresso m.
espy /ɪ'spaɪ/ tr. ANT. LETT. scorgere, intravedere.
Esq BE (⇒ esquire /ɪ'skwʌɪə(r)/) egregio (Egr.); ***John Roberts Esq*** Egr. sig. John Roberts.
ESR n. (⇒ Erythrocyte Sedimentation Rate velocità di eritrosedimentazione) VES f.
▷ **1.essay** /'eseɪ/ **I** n. **1** SCOL. componimento m., tema m. (**on**, **about** su); *(extended)* dissertazione f. (**on** su); AE UNIV. = relazione scritta al termine di un corso, un seminario ecc.; LETTER. saggio m. (**on** su) **2** LETT. *(endeavour)* tentativo m., prova f. **II** modif. ***~ question*** oggetto della dissertazione; ***~ test*** AE UNIV. prova scritta.
2.essay /'eseɪ/ tr. LETT. **1** *(attempt)* tentare, cercare (**to do** di fare) **2** *(test)* saggiare, provare, mettere alla prova.
essayist /'eseɪɪst/ ♦ ***27*** n. saggista m. e f.
▷ **essence** /'esns/ n. **1** *(soul, kernel)* FILOS. essenza f.; ***the ~ of the problem, of the argument*** l'essenza del problema, del discorso; ***this is the very ~ of jazz*** questa è la vera essenza del jazz; ***it's the ~ of stupidity*** è un concentrato di stupidità; ***it's the ~ of greed*** è il massimo della golosità; ***time, speed is of the ~*** il tempo è estremamente importante *o* la rapidità è essenziale **2** COSMET. GASTR. essenza f. **3** ***in ~*** in sostanza.
Essene /'esi:n, e'si:n/ n. esseno m.
▶ **essential** /ɪ'senʃl/ **I** agg. **1** *(vital)* [*services, role*] essenziale; [*ingredient*] indispensabile; ***~ goods*** beni di prima necessità; ***~ maintenance work*** lavori di manutenzione indispensabili; ***it is ~ to do*** è essenziale *o* bisogna fare; ***it is ~ that*** è essenziale *o* indispensabile che; ***to be ~ for sth.*** essere indispensabile a qcs.; ***it is ~ for us to agree*** è indispensabile essere d'accordo fra noi **2** *(basic)* [*feature, element*] essenziale; [*difference*] fondamentale; [*reading*] indispensabile, fondamentale; ***humanity's ~ goodness*** la bontà insita nell'uomo **3** *(perfect)* ***his ~ humility*** la sua perfetta umiltà **II** n. *(object)* cosa f. indispensabile; *(quality, element)* elemento m. essenziale; ***I packed a few ~s*** ho imballato le cose indispensabili; ***food and other ~s*** generi alimentari e altri beni di prima necessità; ***a car is not an ~*** un'auto non è una cosa indispensabile; ***there are two ~s in comedy*** ci sono due elementi essenziali nella commedia; ***money is an ~*** i soldi sono una cosa indispensabile **III essentials** n.pl. ***the ~s*** l'essenziale; ***to get down to ~s*** venire al dunque.
essentiality /ɪˌsenʃɪ'ælətɪ/ n. essenzialità f.
▷ **essentially** /ɪ'senʃəlɪ/ avv. **1** *(basically)* essenzialmente, fondamentalmente, in fondo; ***~, it's an old argument*** in fondo, è una vecchia discussione **2** *(emphatic) (above all)* soprattutto; ***our role is ~ supervisory*** il nostro ruolo è soprattutto quello di sorvegliare **3** *(more or less)* [*correct, true*] grossomodo.
essential oil /ɪˌsenʃl'ɔɪl/ n. olio m. essenziale.
Essex /'esɪks/ ♦ ***24*** n.pr. Essex m.
est ⇒ established fondato.
EST n. **1** US (⇒ Eastern Standard Time) = ora solare della zona orientale dell'America settentrionale **2** MED. (⇒ electroshock therapy) = elettroshockterapia.
▶ **establish** /ɪ'stæblɪʃ/ **I** tr. **1** *(set up)* stabilire [*guidelines*]; costituire, fondare [*state*]; fondare [*firm*]; gettare [*basis*]; istituire [*tribunal*]; instaurare [*relations*] **2** *(gain acceptance for)* stabilire [*principle*]; confermare, provare, dimostrare [*theory*]; provare, fare riconoscere [*authority, supremacy*]; ***to ~ a reputation for oneself as*** farsi un nome come *o* affermarsi come [*singer, actor, expert*]; farsi la nomea di [*cheat, liar*] **3** *(determine, prove)* provare [*guilt, innocence, ownership, paternity, facts*]; determinare [*cause*]; ***to ~ that*** dimostrare che; ***to ~ what, why, whether*** stabilire ciò che, perché, se; ***to ~ the cause of death*** determinare le cause del decesso **II** rifl. ***to ~ oneself*** stabilirsi; ***to ~ oneself as a butcher*** mettere su una macelleria.
▷ **established** /ɪ'stæblɪʃt/ **I** p.pass. → **establish II** agg. [*institution*] fondato, istituito; [*artist*] affermato; [*view*] consolidato; ***it's a well ~ fact that*** è un fatto consolidato che; ***~ in 1920*** fondato nel 1920; ***~ procedure*** prassi; ***the ~ church*** la Chiesa ufficiale.
establisher /ɪ'stæblɪʃə(r)/ n. fondatore m. (-trice).
▶ **establishment** /ɪ'stæblɪʃmənt/ **I** n. **1** *(setting up) (of business)* creazione f. (**of** di); *(of law, rule)* instaurazione f. **2** *(institution, organization)* fondazione f., istituto m.; ***research ~*** istituto di ricerca **3** *(shop, business)* azienda f., impresa f. **4** *(staff)* personale m. (**of** di); *(of household)* personale m. di una casa, servitù f. **II Establishment** n.pr. BE *(ruling group, social order)* establishment m.; ***the literary, art ~*** l'establishment letterario, artistico; ***the medical, legal ~*** le istituzioni mediche, giuridiche; ***to join*** o ***become part of the Establishment*** entrare a far parte della classe dirigente **III** modif. [*values, artist, figure, views*] dell'establishment.
establishmentarian /ɪˌstæblɪʃmən'teərɪən/ **I** agg. = che sostiene i principi di una Chiesa nazionale **II** n. = chi sostiene i principi di una Chiesa nazionale.
▶ **estate** /ɪ'steɪt/ n. **1** *(stately home and park)* proprietà f., tenuta f. **2** *(assets)* beni m.pl., patrimonio m.; ***to divide one's ~*** dividere il proprio patrimonio; ***a large ~*** un grande patrimonio **3** *(condition)* stato m., condizione f.; ***the (holy) ~ of matrimony*** lo stato coniugale; ***to reach man's ~*** ANT. raggiungere la maggiore età **4** ANT. STOR. *(class)* stato m., ceto m., classe f. sociale; ***the three ~s of the realm*** i tre stati del regno; ***of high, low ~*** di alta, bassa estrazione sociale.
estate agency /ɪ'steɪtˌeɪdʒənsɪ/ n. BE agenzia f. immobiliare.
estate agent /ɪ'steɪtˌeɪdʒənt/ ♦ ***27*** n. BE agente m. e f. immobiliare.
estate car /ɪ'steɪtˌkɑ:(r)/ n. BE station wagon f., familiare f.
estate duty /ɪ'steɪtˌdju:tɪ, AE -ˌdu:tɪ/ n. BE imposta f. di successione.

Estates General /ɪˈsteɪtsˌdʒenrəl/ n.pl. stati m. generali.
estate tax /ɪˈsteɪtˌtæks/ n. AE imposta f. di successione.
1.esteem /ɪˈstiːm/ n. stima f., considerazione f.; ***to hold sb. in high ~*** avere qcn. in grande stima; ***a book held in high ~*** un libro molto apprezzato; ***to go up, down in sb.'s ~*** crescere, diminuire nella stima di qcn.
2.esteem /ɪˈstiːm/ tr. FORM. **1** *(admire)* stimare [*person*]; apprezzare [*quality, work*]; ***our highly ~ed colleague*** FORM. il nostro stimatissimo collega **2** *(think)* stimare, considerare, ritenere, reputare; ***I ~ it an honour to be here*** FORM. considero un onore essere qui *o* mi sento onorato di essere qui.
Estella /ɪˈstelə/ n.pr. Estella (nome di donna).
ester /ˈestə(r)/ n. estere m.
esterase /ˈestəreɪz/ n. esterasi f.
esterification /estərɪfɪˈkeɪʃn/ n. esterificazione f.
esterify /eˈsterɪˌfaɪ/ tr. esterificare.
Esther /ˈestə(r)/ n.pr. Ester.
esthete AE → **aesthete**.
esthetic AE → **aesthetic**.
esthetically AE → **aesthetically**.
estheticism AE → **aestheticism**.
esthetics AE → **aesthetics**.
Esthonian → **Estonian**.
estimable /ˈestɪməbl/ agg. FORM. stimabile, degno di stima; ***my ~ colleague*** il mio stimatissimo collega.
▶ **1.estimate** /ˈestɪmət/ n. **1** *(assessment of size, quantity etc.)* stima f., valutazione f.; ***to make an ~*** fare una stima; ***by the government's ~*** secondo la stima del governo; ***by his own ~*** stando alla sua valutazione; ***at a rough ~*** a una valutazione approssimativa; ***at a conservative ~*** senza esagerazioni **2** COMM. *(quote)* preventivo m.; ***to put in an ~ for sth.*** fare un preventivo per qcs.; ***a higher, lower ~*** un preventivo più alto, più basso **3** spesso pl. AMM. *(budget)* previsione f. di spesa; ***defence ~s*** previsioni della spesa pubblica per la difesa **4** *(estimation)* giudizio m. (**of sb.** di qcn.).
▶ **2.estimate** /ˈestɪmeɪt/ tr. **1** *(guess)* stimare [*price, value*]; valutare [*size, speed, distance*]; ***to ~ that*** valutare che; ***to ~ sth. to be*** stimare che qcs. sia; ***the cost was ~d at 1,000 pounds*** il costo è stato stimato in 1.000 sterline **2** *(submit)* [*builder, tenderer*] preventivare [*price, cost*]; ***to ~ (a price) for sth.*** fare il preventivo di qcs.
▷ **estimated** /ˈestɪmeɪtɪd/ **I** p.pass. → **2.estimate II** agg. [*cost, figure*] preventivato, approssimativo; ***an ~ 300 people*** circa 300 persone; ***the ~ 1,000 victims*** le vittime stimate intorno al migliaio...
estimated date of delivery /ˌestɪmeɪtɪdˌdeɪtəvdɪˈlɪvərɪ/ n. MED. data f. presunta del parto.
estimated time of arrival /ˌestɪmeɪtɪdˌtaɪməvəˈraɪvl/ n. ora f. prevista di arrivo.
estimated time of departure /ˌestɪmeɪtɪdˌtaɪməvdɪˈpɑːtʃə(r)/ n. ora f. prevista di partenza.
▷ **estimation** /ˌestɪˈmeɪʃn/ n. **1** *(esteem)* stima f., considerazione f.; ***to go up, down in sb.'s ~*** crescere, diminuire nella stima di qcn. **2** *(judgment)* opinione f., giudizio m.; ***in her ~*** secondo lei *o* a suo avviso **3 U** *(evaluating)* stima f., valutazione f.
estimative /ˈestɪmətɪv, AE -eɪtɪv/ agg. estimativo.
estimator /ˈestɪmeɪtə(r)/ n. *(valuer)* estimatore m. (-trice).
estival AE → **aestival**.
estivate AE → **aestivate**.
Estonia /ɪˈstəʊnɪə/ ♦ ***6*** n.pr. Estonia f.
Estonian /ɪˈstəʊnɪən/ ♦ ***18, 14*** **I** agg. estone **II** n. **1** *(person)* estone m. e f. **2** *(language)* estone m.
estop /ɪˈstɒp/ tr. (forma in -ing ecc. **-pp-**) DIR. precludere.
estoppel /ɪˈstɒpl/ n. DIR. preclusione f., inammissibilità f., eccezione f.
estovers /ɪˈstəʊvəs/ n.pl. legnatico m.sing.
estrade /eˈstrɑːd/ n. piattaforma f., palco m.
estrange /ɪˈstreɪndʒ/ tr. allontanare, alienare, estraniare (**from** da).
estranged /ɪˈstreɪndʒd/ **I** p.pass. → **estrange II** agg. ***to be ~ from sb.*** essere separato da qcn.; ***her ~ husband*** il marito, da cui è separata.
estrangement /ɪˈstreɪndʒmənt/ n. allontanamento m., alienazione f., estraniazione f.
1.estreat /ɪˈstriːt/ n. DIR. estratto m., copia f. (di atto giudiziario).
2.estreat /ɪˈstriːt/ tr. DIR. fare un estratto, una copia di.
estrogen AE → **oestrogen**.
estrone AE → **oestrone**.
estrous AE → **oestrous**.
estrus AE → **oestrus**.
estuarine /ˈestjʊəˌraɪn/ agg. di, da estuario; ***~ environment*** ambiente di estuario.
estuary /ˈestʃʊərɪ, AE -ʊerɪ/ n. estuario m.
esurience /ɪˈsjʊərɪəns, AE ɪˈsʊə-/, **esuriency** /ɪˈsjʊərɪənsɪ/ n. ANT. *(hunger)* fame f., voracità f.; *(greed)* avidità f.
esurient /ɪˈsjʊərɪənt, AE ɪˈsʊə-/ agg. ANT. *(hungry)* affamato, vorace; *(greedy)* avido.
E Sussex GB ⇒ East Sussex East Sussex.
ETA n. (⇒ estimated time of arrival) = ora prevista di arrivo.
etacism /ˈeɪtəsɪzəm/ n. etacismo m.
e-tailing /ˈiːteɪlɪŋ/ n. vendita f. on-line.
et al /etˈæl/ ⇒ et alii e altri (et al.); SCHERZ. e tutti quanti gli altri.
etc, etc. ⇒ et cetera eccetera (ecc.).
et cetera, etcetera /ɪtˈsetərə, et-/ avv. eccetera.
etceteras /ɪtˈsetərəz, et-/ n.pl. annessi e connessi m.
etch /etʃ/ **I** tr. ART. TIP. incidere all'acquaforte; ***~ed on her memory*** FIG. impresso nella memoria **II** intr. ART. TIP. fare incisioni all'acquaforte.
etcher /ˈetʃə(r)/ ♦ ***27*** n. acquafortista m. e f.
etching /ˈetʃɪŋ/ n. **1** *(technique)* (incisione all')acquaforte f. **2** *(picture)* acquaforte f. ◆ ***come up and see my ~s*** SCHERZ. vieni a vedere le mie stampe giapponesi *o* la mia collezione di farfalle.
ETD n. (⇒ estimated time of departure) = ora prevista di partenza.
▷ **eternal** /ɪˈtɜːnl/ **I** agg. eterno (anche FILOS. RELIG.); SPREG. [*chatter, complaints*] eterno, continuo, incessante; ***he's an ~ optimist*** è un inguaribile ottimista; ***the ~ feminine*** l'eterno femminino; ***it is to his ~ credit that*** va a suo imperituro merito che **II Eternal** n. RELIG. ***the Eternal*** l'Eterno.
Eternal City /ɪˌtɜːnlˈsɪtɪ/ n.pr. città f. eterna.
eternalize /iːˈtɜːnəlaɪz/ tr. → **eternize**.
eternally /ɪˈtɜːnəlɪ/ avv. eternamente; ***~ grateful*** eternamente riconoscente.
eternal triangle /ɪˌtɜːnlˈtraɪæŋgl/ n. ménage m. à trois, triangolo m.; ***it's the ~*** è l'eterno *o* il classico triangolo.
▷ **eternity** /ɪˈtɜːnətɪ/ n. eternità f. (anche RELIG.); ***for ~*** [*remain, survive*] per sempre; ***to wait for an ~*** attendere un'eternità; ***it seemed an ~ before he answered*** ha impiegato un'eternità per rispondere.
eternity ring /ɪˈtɜːnətɪˌrɪŋ/ n. = anello incastonato con pietre preziose, dato come simbolo di eterno affetto.
eternize /iːˈtɜːnaɪz/ tr. eternare, immortalare.
ethane /ˈeθeɪn, ˈiːθ-/ n. etano m.
ethanol /ˈeθənɒl/ n. alcol m. etilico, etanolo m.
Ethel /ˈeθl/ n.pr. Ethel (nome di donna).
Ethelbert /ˈeθlbɜːt/ n.pr. Ethelbert (nome di uomo).
Ethelred /ˈeθlred/ n.pr. Ethelred (nome di uomo).
ethene /ˈeθiːn/ n. etilene m.
ether /ˈiːθə(r)/ n. *(all contexts)* etere m.
ethereal /ɪˈθɪərɪəl/ agg. etereo.
ethereality /iːθɪərɪˈælətɪ/ n. (l')essere etereo.
etherealization /iːθɪərɪəlaɪˈzeɪʃn, AE -lɪˈz-/ n. **1** *(spiritualization)* spiritualizzazione f. **2** CHIM. eterificazione f.
etherealize /iːˈθɪərɪəlaɪz/ tr. **1** *(spiritualize)* rendere etereo, spiritualizzare **2** CHIM. eterificare.
etherification /iːθerɪfɪˈkeɪʃn/ n. eterificazione f.
etherify /iːˈθerɪfaɪ/ **I** tr. eterificare [*alcohol*] **II** intr. [*alcohol*] eterificarsi.
etherism /ˈiːθərɪzəm/ n. eterismo m.
etherization /iːθəraɪˈzeɪʃn, AE -rɪˈz-/ n. eterizzazione f.
etherize /ˈiːθəˌraɪz/ tr. eterizzare.
etheromania /iːθərəʊˈmeɪnɪə/ n. eteromania f.
▷ **ethic** /ˈeθɪk/ n. FILOS. etica f., morale f.; ***the success ~*** il culto del successo.
▷ **ethical** /ˈeθɪkl/ agg. [*problem, objection, principle, theory*] etico, morale; ***~ code*** codice deontologico; ***not to be ~*** essere contrario alla morale.
ethically /ˈeθɪklɪ/ avv. eticamente, moralmente.
▷ **ethics** /ˈeθɪks/ n. **1** + verbo sing. FILOS. etica f. **2** + verbo pl. *(moral code)* morale f.; *(of group, profession)* etica f.; ***professional ~*** deontologia; ***medical ~*** deontologia medica.
Ethiopia /ˌiːθɪˈəʊpɪə/ ♦ ***6*** n.pr. Etiopia f.
Ethiopian /ˌiːθɪˈəʊpɪən/ ♦ ***18*** **I** agg. etiope, etiopico **II** n. etiope m. e f.
Ethiopic /ˌiːθɪˈɒpɪk/ ♦ ***14*** **I** agg. LING. etiopico **II** n. LING. etiopico m.
ethmoid /ˈeθmɔɪd/ **I** agg. etmoidale **II** n. etmoide m.
▷ **ethnic** /ˈeθnɪk/ **I** agg. [*group, minority, unrest, food, music, clothes*] etnico **II** n. SPREG. = membro di una minoranza etnica.
ethnically /ˈeθnɪklɪ/ avv. etnicamente.
ethnic cleansing /ˌeθnɪkˈklenzɪŋ/ n. pulizia f. etnica.
▷ **ethnicity** /eθˈnɪsətɪ/ n. **U** etnicità f.; **C** etnia f.

ethnic minority /ˌeθnɪkmaɪˈnɒrətɪ, AE -ˈnɔːr-/ n. minoranza f. etnica.
ethnocentric /ˌeθnəʊˈsentrɪk/ agg. etnocentrico.
ethnographer /eθˈnɒgrəfə(r)/ ➧ *27* n. etnografo m. (-a).
ethnographical /eθnəʊˈgræfɪkl/ agg. etnografico.
ethnography /eθˈnɒgrəfɪ/ n. etnografia f.
ethnolinguistics /ˌeθnəʊlɪŋˈgwɪstɪks/ n. + verbo sing. etnolinguistica f.
ethnological /eθnəˈlɒdʒɪkl/ agg. etnologico.
ethnologist /eθˈnɒlədʒɪst/ ➧ *27* n. etnologo m. (-a).
ethnology /eθˈnɒlədʒɪ/ n. etnologia f.
ethological /iːθəʊˈlɒdʒɪkl/ agg. etologico.
ethologist /iːˈθɒlədʒɪst/ ➧ *27* n. etologo m. (-a).
ethology /iːˈθɒlədʒɪ/ n. etologia f.
ethos /ˈiːθɒs/ n. *(spirit)* ethos m.; *(approach)* filosofia f.; ***company** ~* filosofia della società.
ethyl /ˈiːθaɪl, ˈeθɪl/ n. etile m.
ethyl acetate /ˌiːθaɪlˈæsɪteɪt, ˈeθɪl-/ n. acetato m. di etile.
ethyl alcohol /ˌiːθaɪlˈælkəhɒl, ˈeθɪl-, AE -hɔːl/ n. alcol m. etilico.
ethylene /ˈeθɪliːn/ n. etilene m.
ethylic /eˈθɪlɪk/ agg. etilico.
etiolate /ˈiːtɪəʊˌleɪt/ tr. **1** BOT. rendere eziolato [*plant*] **2** FIG. (fare) intristire.
etiolation /ɪtɪəʊˈleɪʃn/ n. **1** BOT. eziolamento m. **2** FIG. intristimento m.
etiquette /ˈetɪket, -kət/ n. **1** *(social)* etichetta f. **2** *(diplomatic)* protocollo m.; ***professional** ~* etica professionale *o* deontologia **3** *(ceremonial)* etichetta f.
Etna /ˈetnə/ n.pr. ***(Mount)** ~* l'Etna.
Eton /ˈiːtn/ ➧ *34* n.pr. Eton f.
Eton collar /ˌiːtnˈkɔːlə(r)/ n. = ampio colletto inamidato risvoltato sulla giacca.
Etonian /iːˈtəʊnɪən/ **I** agg. di Eton **II** n. studente m. (-essa) di Eton.
Eton jacket /ˌiːtnˈdʒækɪt/ n. = giacca nera a vita.
Etruria /etˈrʊərɪə/ n.pr. STOR. Etruria f.
Etrurian /ɪˈtrʊərɪən/, **Etruscan** /ɪˈtrʌskən/ **I** agg. etrusco **II** n. **1** *(person)* etrusco m. (-a) **2** *(language)* etrusco m.
Etta /ˈetə/ n.pr. diminutivo di **Henrietta**.
ETV n. US (⇒ educational television) = programmi educativi.
etyma /ˈetɪmə/ → **etymon**.
etymological /ˌetɪməˈlɒdʒɪkl/ agg. etimologico.
etymologically /ˌetɪməˈlɒdʒɪklɪ/ avv. etimologicamente.
etymologist /etɪˈmɒlədʒɪst/ ➧ *27* n. etimologo m. (-a).
etymologize /ˌetɪˈmɒləˌdʒaɪz/ **I** tr. etimologizzare [*word*] **II** intr. etimologizzare.
etymology /ˌetɪˈmɒlədʒɪ/ n. etimologia f.
etymon /ˈetɪmən/ n. (pl. **~s**, **-a**) etimo m.
EU n. (⇒ European Union Unione Europea) UE f.
eucalypti /ˌjuːkəˈlɪptaɪ/ → **eucalyptus**.
eucalyptol /juːkəˈlɪptɒl, AE -əʊl-, -ɔːl-/ n. eucaliptolo m.
eucalyptus /ˌjuːkəˈlɪptəs/ **I** n. (pl. **~es**, **-i**) BOT. FARM. eucalipto m. **II** modif. [*oil, leaf*] d'eucalipto.
Eucharist /ˈjuːkərɪst/ n. Eucarestia f.
Eucharistical /juːkəˈrɪstɪkl/ agg. eucaristico.
1.euchre /ˈjuːkə(r)/ ➧ *10* n. AE INTRAD. m. (gioco di carte americano).
2.euchre /ˈjuːkə(r)/ tr. AE COLLOQ. *(trick)* ***to** ~ **sb. out of sth.*** fregare qcs. a qcn.
Euclid /ˈjuːklɪd/ n.pr. Euclide.
Euclidean /juːˈklɪdɪən/ agg. euclideo.
eudaemonism /juːˈdiːmənɪzəm/ n. eudemonismo m.
eudiometer /juːdɪˈɒmɪtə(r)/ n. eudiometro m.
eudiometric(al) /juːdɪəʊˈmetrɪk(l)/ agg. eudiometrico.
eudiometry /juːdɪˈɒmətrɪ/ n. eudiometria f.
Eugene /ˈjuːdʒiːn/ n.pr. Eugenio.
Eugenia /juːˈdʒiːnɪə/ n.pr. Eugenia.
eugenic /juːˈdʒenɪk/ agg. eugenico, eugenetico.
eugenics /juːˈdʒenɪks/ n. + verbo sing. eugenetica f.
eugenol /ˈjuːdʒənɒl, AE -ɔːl/ n. eugenolo m.
euhemerism /juːˈhiːmərɪzəm/ n. evemerismo m.
eukaryote /juːˈkærɪˌɒt/ n. eucariote m.
Eulalia /juːˈleɪljə/ n.pr. Eulalia.
eulogic /ˈjuːlədʒɪk/, **eulogistic** /juːləˈdʒɪstɪk/ agg. elogiativo, laudativo; ***in** ~ **terms*** in termini elogiativi.
eulogize /ˈjuːlədʒaɪz/ **I** tr. elogiare, lodare, fare il panegirico di **II** intr. ***to** ~ **over sth.*** fare l'elogio di qcs.
eulogy /ˈjuːlədʒɪ/ n. elogio m., panegirico m.; RELIG. elogio m. funebre; ***to deliver*** *o* ***say the** ~ **for sb.*** AE fare l'elogio funebre di qcn.
Eumenides /juːˈmenɪdiːz/ n.pl. Eumenidi f.
Eunice /ˈjuːnɪs/ n.pr. Eunice.
eunuch /ˈjuːnək/ n. eunuco m. (anche FIG.).
euonymus /juːˈɒnɪməs/ n. evonimo m.
eupepsia /juːˈpepsɪə/, **eupepsy** /juːˈpepsɪ/ n. eupepsia f.
eupeptic /juːˈpeptɪk/ agg. eupeptico.
Euphemia /juːˈfiːmjə/ n.pr. Eufemia.
euphemism /ˈjuːfəmɪzəm/ n. eufemismo m.
euphemistic /ˌjuːfəˈmɪstɪk/ agg. eufemistico.
euphemistically /ˌjuːfəˈmɪstɪklɪ/ avv. eufemisticamente.
euphemize /ˈjuːfɪmaɪz/ **I** tr. esprimere per mezzo di eufemismi **II** intr. usare eufemismi.
euphonic /juːˈfɒnɪk/ agg. [*variant, sounds*] eufonico.
euphonium /juːˈfəʊnɪəm/ n. eufonio m.
euphonize /ˈjuːfənaɪz/ tr. rendere eufonico.
euphony /ˈjuːfənɪ/ n. eufonia f.
euphorbia /juːˈfɔːbɪə/ n. euforbia f.
euphorbium /juːˈfɔːbɪəm/ n. euforbio m.
euphoria /juːˈfɔːrɪə/ n. euforia f.
euphoriant /juːˈfɔːrɪənt/ **I** agg. euforizzante **II** n. euforizzante m.
euphoric /juːˈfɒrɪk, AE -ˈfɔːr-/ agg. euforico.
euphory /ˈjuːfərɪ/ → **euphoria**.
Euphrasia /juːˈfreɪzɪə/ n.pr. Eufrasia.
euphrasy /ˈjuːfrəsɪ/ n. eufrasia f.
Euphrates /juːˈfreɪtiːz/ ➧ *25* n.pr. Eufrate m.
Euphues /ˈjuːfjʊiːz/ n.pr. Euphues (nome di uomo).
euphuism /ˈjuːfjuːɪzəm/ n. eufuismo m.
euphuist /ˈjuːfjuːɪst/ n. eufuista m. e f.
euphuistic /juːfjuːˈɪstɪk/ agg. eufuistico.
Eurafrican /jʊəˈræfrɪkən/ agg. eurafricano.
Eurasia /jʊəˈreɪʒə/ n.pr. Eurasia f.
Eurasian /jʊəˈreɪʒn/ **I** agg. [*people, region, continent*] eurasiatico **II** n. eurasiatico m. (-a).
EURATOM /ˈjʊərətɒm/ n. (⇒ European Atomic Energy Community Comunità Europea dell'Energia Atomica) EURATOM f.
eureka /jʊəˈriːkə/ inter. eureka.
eurhythmic BE, **eurythmic** AE /juːˈrɪðmɪk/ agg. **1** *(harmonious)* euritmico **2** SPORT della ginnastica ritmica.
eurhythmics BE, **eurythmics** AE /juːˈrɪðmɪks/ n. + verbo sing. ginnastica f. ritmica.
eurhythmy BE, **eurythmy** AE /juːˈrɪðmɪ/ n. euritmia f.
Euripides /juːˈrɪpɪdiːz/ n.pr. Euripide.
▷ **euro** /ˈjʊərəʊ/ ➧ *7* **I** n. (pl. **~s**) euro m. **II** modif. [*payment, cheque*] in euro.
Eurobeach /ˈjʊərəʊbiːtʃ/ n. = spiaggia conforme ai regolamenti della Comunità Europea in materia di inquinamento.
Eurobond /ˈjʊərəʊbɒnd/ n. eurobond m., eurobbligazione f.
eurocentric /ˌjʊərəʊˈsentrɪk/ agg. eurocentrico.
eurocentrism /ˌjʊərəʊˈsentrɪzəm/ n. eurocentrismo m.
eurochange /ˈjʊərəʊˌtʃeɪndʒ/ n. passaggio m. all'euro.
eurocheque /ˈjʊərəʊˌtʃek/ n. eurochèque m.; ~ ***card*** carta eurochèque.
Eurocommunism /ˌjʊərəʊˈkɒmjʊˌnɪzəm/ n. eurocomunismo m.
Eurocrat /ˈjʊərəʊkræt/ n. eurocrate m. e f.
Eurocurrency /ˈjʊərəʊˌkʌrənsɪ/ n. eurodivisa f., euromoneta f., eurovaluta f.; ~ ***market*** euromercato.
Eurodollar /ˈjʊərəʊˌdɒlə(r)/ n. eurodollaro m.
Euroland /ˈjʊərəʊˌlænd/ n.pr. Eurolandia f.
Euromarket /ˈjʊərəʊˌmɑːkɪt/ n. euromercato m.; ***in the** ~* nell'euromercato.
Euro-MP /ˌjʊərəʊemˈpiː/ n. europarlamentare m. e f.
Europe /ˈjʊərəp/ ➧ *6* n.pr. Europa f.; ***to go into** ~* [*country*] entrare in Europa.
European /ˌjʊərəˈpɪən/ **I** agg. europeo **II** n. europeo m. (-a).
European Atomic Energy Community /ˌjʊərəpɪənəˌtɒmɪkˈenədʒɪkəˌmjuːnətɪ/ n. Comunità f. Europea dell'Energia Atomica.
European Bank for Reconstruction and Development /ˌjʊərəpɪənˌbæŋkfəriːkənˈstrʌkʃnəndɪˌveləpmənt/ n. Banca f. Europea per la Ricostruzione e lo Sviluppo.
European Central Bank /jʊərəˌpɪənˌsentrəlˈbæŋk/ n. Banca f. Centrale Europea.
European Commission /ˌjʊərəpɪənkəˈmɪʃn/ n. Commissione f. Europea.
European Court of Human Rights /ˌjʊərəpɪənˌkɔːtəvˌhjuːmənˈraɪts/ n. Corte f. Europea per i Diritti dell'Uomo.
European Court of Justice /ˌjʊərəpɪənˌkɔːtəvˈdʒʌstɪs/ n. Corte f. di Giustizia (dell'Unione) Europea.

European Cup /ˌjʊərəpɪən'kʌp/ n. SPORT Coppa f. dei Campioni.
European Economic Community /ˌjʊərəpɪəniːkəˌnɒmɪk-kə'mjuːnətɪ/ n. Comunità f. Economica Europea.
European Free Trade Association /ˌjʊərəpɪənˌfriː-'treɪdəsəʊsɪˌeɪʃn/ n. Associazione f. Europea di Libero Scambio.
European Investment Bank /ˌjʊərəpɪənɪn'vestmənt ˌbæŋk/ n. Banca f. Europea degli Investimenti.
Europeanism /ˌjʊərə'piːənɪzəm/ n. europeismo m.
Europeanize /ˌjʊərə'piːənaɪz/ tr. europeizzare; ***to become ~d*** europeizzarsi.
European Monetary System /ˌjʊərəpɪən'mʌnɪtrɪˌsɪstəm/ n. Sistema m. Monetario Europeo.
European Monetary Union /ˌjʊərəpɪən'mʌnɪtrɪˌjuːnɪən/ n. Unione f. Monetaria Europea.
European Parliament /ˌjʊərəpɪən'pɑːləmənt/ n. Parlamento m. Europeo.
European standard /ˌjʊərəpɪən'stændəd/ n. IND. COMM. norme f.pl. europee, standard m.pl. europei.
European Union /ˌjʊərəpɪən'juːnɪən/ n. Unione f. Europea.
europium /jʊ'rəʊpɪəm/ n. europio m.
eurosceptic /'jʊərəʊˌskeptɪk/ n. BE euroscettico m. (-a).
Eurostar® /'jʊərəʊstɑː(r)/ n. Eurostar m.
Eurotunnel /'jʊərəʊˌtʌnl/ n. tunnel m. della Manica.
Eurovision /'jʊərəʊˌvɪʒn/ n. eurovisione f.
Euro zone /'jʊərəʊˌzəʊn/ n. area f. dell'euro.
Eurus /'jʊərəs/ n. MITOL. Euro m.
Eurydice /jʊə'rɪdɪsɪ/ n.pr. Euridice.
eurythmic AE → **eurhythmic**.
eurythmics AE → **eurhythmics**.
Eusebius /juː'siːbɪəs/ n.pr. Eusebio.
Eustace /'juːstəs/ n.pr. Eustachio.
Eustachian tube /juːˌsteɪʃn'tjuːb, AE -'tuːb/ n. tromba f. d'Eustachio.
eustasy /'juːstəsɪ/ n. eustatismo m.
eustatic /juː'stætɪk/ agg. eustatico.
eustatism /'juːstætɪzəm/ n. → **eustasy**.
eutectic /juː'tektɪk/ agg. eutettico; ***~ alloy*** lega eutettica.
eutectoid /juː'tektɔɪd/ **I** agg. eutettoide **II** n. eutettoide m.
Euterpe /juː'tɜːpɪ/ n.pr. Euterpe.
euthanasia /ˌjuːθə'neɪzɪə, AE -'neɪʒə/ n. eutanasia f.
eutrophic /juː'trɒfɪk/ agg. [*lake*] eutrofico.
eutrophication /ˌjuːtrəfɪ'keɪʃn/ n. eutrofizzazione f.
Eva /'iːvə/ n.pr. Eva.
evacuant /ɪ'vækjʊənt/ **I** agg. purgante, lassativo **II** n. purgante m., lassativo m.
evacuate /ɪ'vækjʊeɪt/ tr. evacuare (anche FISIOL.).
evacuation /ɪˌvækjʊ'eɪʃn/ n. evacuazione f. (anche FISIOL.).
evacuee /ɪˌvækjuː'iː/ n. sfollato m. (-a), evacuato m. (-a).
evadable /ɪ'veɪdəbl/ agg. [*problem*] evitabile.
evade /ɪ'veɪd/ tr. evitare [*look*]; schivare [*blow*]; eludere, evitare [*question, problem*]; sottrarsi a, evitare [*responsibility*]; sfuggire a [*pursuer*]; ***to ~ taxes*** evadere le tasse; ***so far he has ~d capture*** finora è riuscito a non farsi catturare.
evaluate /ɪ'væljʊeɪt/ tr. valutare, giudicare [*situation, results, ability, responsibilities, performance, method, progress, person, application*].
evaluation /ɪˌvæljʊ'eɪʃn/ n. *(all contexts)* valutazione f.
Evan /'evən/ n.pr. Evan (nome di uomo).
evanesce /iːvə'nes, e-/ intr. [*smoke, mist*] svanire, scomparire.
evanescence /iːvə'nesns/ n. LETT. evanescenza f.
evanescent /ˌiːvə'nesnt, AE ˌe-/ agg. LETT. evanescente.
▷ **evangelical** /ˌiːvæn'dʒelɪkl/ agg. evangelico.
evangelically /ˌiːvæn'dʒelɪklɪ/ avv. evangelicamente.
Evangeline /ɪ'vændʒɪliːn/ n.pr. Evangelina.
evangelicalism /ˌiːvæn'dʒelɪkəlɪzəm/, **evangelism** /ɪ'vændʒəlɪzəm/ n. evangelismo m.
evangelist /ɪ'vændʒəlɪst/ n. **1** *(preacher, missionary)* evangelizzatore m. (-trice) **2 Evangelist** BIBL. evangelista m.; ***(Saint) John the Evangelist*** san Giovanni (l')Evangelista.
evangelistic /ɪˌvændʒə'lɪstɪk/ agg. **1** *(missionary)* [*purposes*] di evangelizzazione **2** RELIG. [*movement, organization*] evangelico **3** BIBL. *(pertaining to the Evangelists)* degli evangelisti.
evangelization /ɪˌvændʒəlaɪ'zeɪʃn, AE -lɪ'z-/ n. evangelizzazione f.
evangelize /ɪ'vændʒəlaɪz/ **I** tr. evangelizzare **II** intr. predicare il Vangelo.
evaporable /ɪ'væpərəbl/ agg. evaporabile.
evaporate /ɪ'væpəreɪt/ **I** tr. fare evaporare [*liquid*] **II** intr. **1** [*liquid*] evaporare **2** FIG. [*hopes, enthusiasm, confidence, anger, fears*] svanire.
evaporated milk /ɪˌvæpəreɪtɪd'mɪlk/ n. latte m. evaporato.
evaporation /ɪˌvæpə'reɪʃn/ n. evaporazione f.
evaporative /ɪ'væpərətɪv/ agg. evaporativo.
evaporator /ɪ'væpərətə(r)/ n. evaporatore m.
evaporimeter /ɪvæpə'rɪmɪtə(r)/ n. evaporimetro m.
evapotranspiration /ɪvæpəʊtrænspə'reɪʃn/ n. = evaporazione dell'umidità dal terreno e dalle foglie.
evasion /ɪ'veɪʒn/ n. **1** ***~ of responsibility*** lo sfuggire alle (proprie) responsabilità; ***tax ~*** evasione fiscale **2** *(excuse)* scusa f., pretesto m. **3** *(making excuses)* ***he resorted to ~*** è stato volutamente evasivo.
evasive /ɪ'veɪsɪv/ agg. evasivo; [*look*] sfuggente; ***an ~ answer*** una risposta evasiva; ***to take ~ action*** MAR. AER. disimpegnarsi; BE AUT. cercare di evitare un incidente; FIG. schivare il pericolo.
evasively /ɪ'veɪsɪvlɪ/ avv. evasivamente.
evasiveness /ɪ'veɪsɪvnɪs/ n. *(manner)* evasività f.; *(remarks)* scuse f.pl.
▷ **eve** /iːv/ n. **1** vigilia f.; ***on the ~ of*** (al)la vigilia di; ***Christmas ~*** vigilia di Natale **2** ANT. *(evening)* sera f.
Eve /iːv/ n.pr. BIBL. Eva.
evection /ɪ'vekʃn/ n. evezione f.
Evelina /ˌevɪ'liːnə/ n.pr. Evelina.
Evelyn /'iːvlɪn/ n.pr. **1** *(female name)* Evelina **2** *(male name)* Evelino.
▶ **1.even** /'iːvn/ agg. **1** *(level)* [*ground, surface*] uguale, piano, piatto, regolare; ***to be ~ with*** essere allo stesso livello di [*wall, floor*] **2** *(regular)* [*teeth, hemline, breath*] regolare; [*temperature*] costante **3** *(calm)* [*voice*] calmo; [*tone, disposition, temper*] costante, calmo, tranquillo **4** *(equal)* [*contest*] equilibrato, alla pari; ***to be ~*** [*competitors*] essere alla pari (**with** con) **5** *(fair)* [*exchange, distribution*] equo, giusto **6** *(quits, owing nothing)* ***we're ~*** siamo pari; ***to get ~ with sb.*** saldare i conti con qcn. **7** MAT. [*number*] pari.
▶ **2.even** /'iːvn/ The adverb *even* can be translated by *persino, anche, addirittura* (or *stesso / stessa*, as in the example below), and by *nemmeno* or *neanche* in negative sentences: *even Dad had heard about it* = persino papà / papà stesso ne aveva sentito parlare; *he didn't even try* = non ha nemmeno provato. avv. **1** *(showing surprise, emphasizing point)* perfino, anche, addirittura; ***he didn't ~ try*** non ha nemmeno provato; ***don't you ~ remember?*** non ti ricordi neanche? ***~ when I explained it to him*** perfino quando gliel'ho spiegato; ***without ~ apologizing*** senza neanche scusarsi; ***disease or ~ death*** la malattia o anche la morte; ***I can't ~ swim, never mind dive*** non so neppure nuotare, figuriamoci tuffarmi; ***don't tell anyone, not ~ Bob*** non dire niente a nessuno, neanche a Bob; ***not ~ you could believe that!*** neanche tu ci crederesti! ***~ scrubbing won't shift that stain*** neanche strofinando si riuscirà a fare andare via quella macchia; ***~ if*** anche se; ***~ now*** anche adesso; ***~ today*** anche oggi **2** *(with comparative)* ancora; ***it's ~ colder today*** fa ancora più freddo oggi; ***~ more carefully*** ancora più prudentemente **3** FORM. *(just)* ***~ as I watched*** proprio mentre guardavo; ***she died ~ as she had lived*** è morta proprio come ha vissuto **4 even so** comunque, in ogni caso; ***it was interesting ~ so*** comunque è stato interessante **5 even then** *(at that time)* anche allora; *(all the same)* nonostante ciò, ugualmente **6 even though** anche se; ***he rents his house ~ though he's so rich*** nonostante sia così ricco, affitta lo stesso la sua casa.
3.even /'iːvn/ n. ANT. LETT. sera f., vespro m.
4.even /'iːvn/ **I** tr. **1** → **even out 2** → **even up II** intr. → **even out**.
■ **even out:** ~ ***out*** [*differences, imbalance, inequalities*] attenuarsi, livellarsi; ~ ***[sth.] out***, ~ ***out [sth.]*** suddividere [*burden*]; attenuare [*disadvantage, inequalities*]; ***to ~ out the distribution of work among the employees*** ridistribuire equamente il lavoro tra gli impiegati.
■ **even up:** ~ ***[sth.] up***, ~ ***up [sth.]*** equilibrare [*contest*]; ***it will ~ things up*** questo rimetterà in pari le cose.
evenfall /'iːvnfɔːl/ n. LETT. crepuscolo m.
even-handed /ˌiːvn'hændɪd/ agg. imparziale.
▶ **evening** /'iːvnɪŋ/ ♦ 4 **I** n. **1** sera f.; *(with emphasis on duration)* serata f.; ***in the ~*** di sera *o* (al)la sera; ***during the ~*** durante la serata; ***at 6 o'clock in the ~*** alle sei di sera; ***this ~*** questa sera; ***later this ~*** più tardi questa sera; ***tomorrow, yesterday ~*** domani, ieri sera; ***on the ~ of the 14th*** la sera del 14; ***on Friday ~*** venerdì sera; ***on Friday ~s*** il venerdì sera; ***on the following*** o ***next ~*** la sera dopo, la sera seguente; ***the previous ~, the ~ before*** la sera prima, la sera precedente; ***on the ~ of their arrival*** la sera del loro arrivo; ***every ~*** ogni

sera; ***every Thursday ~*** tutti i giovedì sera; ***on a fine summer ~*** in una bella serata estiva; ***the long winter ~s*** le lunghe serate invernali; ***I'll be in all ~*** starò a casa tutta la sera; ***what do you do in the ~s?*** cosa fai la sera? ***she came in the ~*** arrivò di sera; ***let's have an ~ in for a change*** restiamo a casa la sera per una volta; ***to work ~s*** lavorare di sera; ***to be on ~s*** andare in scena ogni sera **2** ***musical, theatrical ~*** serata musicale, teatrale **3** FIG. LETT. ***in the ~ of one's life*** al tramonto della propria vita **II** modif. [*bag, shoe*] da sera; [*meal, walk*] serale; [*newspaper*] della sera **III** inter. COLLOQ. sera.

evening class /'i:vnɪŋ,klɑ:s, AE -,klæs/ n. corso m. serale.

evening dress /'i:vnɪŋ,dres/ n. **1** *(formal clothes)* abito m. da sera; ***in ~*** in abito da sera **2** *(gown)* vestito m. da sera.

evening fixture /'i:vnɪŋ,fɪkstʃə(r)/ n. BE SPORT notturna f.

evening game /'i:vnɪŋ,geɪm/, **evening match** /'i:vnɪŋ,mætʃ/ n. → **evening fixture**.

evening paper /'i:vnɪŋ,peɪpə(r)/ n. giornale m. della sera.

evening performance /'i:vnɪŋpə,fɔ:məns/ n. rappresentazione f. serale.

evening prayers /,i:vnɪŋ'preəz/ n.pl. vespri m.

evening primrose /,i:vnɪŋ'prɪmrəʊz/ n. enotera f.

evening service /'i:vnɪŋ,sɜ:vɪs/ n. *(prayer)* vespro m., preghiera f. della sera; *(mass)* funzione f. serale.

evening shift /'i:vnɪŋ,ʃɪft/ n. turno m. serale.

evening showing /'i:vnɪŋ,ʃəʊɪŋ/ n. CINEM. spettacolo m. serale.

evening star /'i:vnɪŋ,stɑ:(r)/ n. stella f. della sera, espero m.

▷ **evenly** /'i:vnlɪ/ avv. **1** [*spread, apply*] uniformemente; [*breathe*] regolarmente; [*share, divide*] in parti uguali; ***~ distributed*** [*money*] equamente distribuito; [*paint, colour*] dato uniformemente; [*disease, phenomenon*] diffuso uniformemente; ***to be ~ matched*** essere di pari forza **2** *(placidly)* [*say*] con calma, pacatamente, tranquillamente.

evenness /'i:vnnɪs/ n. *(of ground, surface)* uniformità f.; *(of distribution)* equità f.; *(of breathing, movement)* regolarità f.; *(of temperament)* calma f.; *(of quality)* costanza f.

evens /'i:vnz/ **I** n.pl. ***I'll give you ~ that*** per me esiste una possibilità su due che **II** modif. ***to be ~ favourite*** essere dato alla pari.

evensong /'i:vnsɒŋ/ n. *(Catholic)* vespro m.; *(Anglican)* preghiera f. della sera.

▶ **event** /ɪ'vent/ n. **1** *(incident)* evento m., avvenimento m.; ***a chain of ~s*** una serie di avvenimenti; ***~s are moving so fast*** gli eventi si succedono così velocemente; ***the police were unable to control ~s*** la polizia non era in grado di controllare la situazione; ***the course of ~s*** il corso degli eventi **2** *(eventuality)* caso m., eventualità f.; ***in the ~ of*** in caso di [*fire, accident etc.*]; ***in the unlikely ~ that he (should) fail the exam*** nell'improbabile caso in cui non dovesse superare l'esame; ***in that ~*** in questo caso; ***in either ~*** in entrambi i casi; ***in the ~*** BE *(as things turned out)* di fatto, in realtà; ***in any ~*** o ***at all ~s*** in ogni caso **3** *(occasion)* ***social ~*** avvenimento mondano; ***it was quite an ~*** è stato un avvenimento importante **4** *(in athletics)* prova f., competizione f., gara f.; ***field, track ~*** gara su campo, su pista; ***men's, women's ~*** gara maschile, femminile **5** EQUIT. ***three-day ~*** concorso ippico che dura tre giorni ◆ ***to be wise after the ~*** giudicare col senno di poi.

even-tempered /,i:vn'tempəd/ agg. calmo, equilibrato.

eventer /ɪ'ventə(r)/ n. EQUIT. *(person)* partecipante m. e f. a un concorso ippico; ***he's a good ~*** *(horse)* è un buon cavallo.

eventful /ɪ'ventfl/ agg. movimentato, ricco di avvenimenti.

eventide /'i:vntaɪd/ n. LETT. sera f., vespro m.

eventide home /'i:vntaɪd,həʊm/ n. BE casa f. di riposo.

eventing /ɪ'ventɪŋ/ n. BE EQUIT. = concorso ippico che dura tre giorni.

▷ **eventual** /ɪ'ventʃʊəl/ agg. [*aim*] finale; [*hope*] futuro; ***it led to the ~ collapse of the talks*** questo portò infine al fallimento delle trattative; ***his ~ success*** il suo successo finale *o* il successo che infine è riuscito a ottenere.

eventuality /ɪ,ventʃʊ'ælətɪ/ n. eventualità f.

▶ **eventually** /ɪ'ventʃʊəlɪ/ avv. *(at last, after series of events)* alla fine, infine, finalmente; ***to do sth. ~*** finire per fare qcs.

eventuate /ɪ'ventʃʊeɪt/ intr. FORM. risolversi; ***to ~ in*** risolversi in.

▶ **ever** /'evə(r)/ avv. **1** *(at any time)* mai; ***nothing was ~ said*** non è mai stato detto niente; ***no-one will ~ forget*** nessuno dimenticherà mai; ***I don't think I'll ~ come back, she'll ~ come back*** penso che non tornerò mai, che non tornerà mai; ***I doubt if I'll ~ come back, he'll ~ come back*** non penso che tornerò mai, che tornerà mai; ***the money is unlikely ~ to be paid back*** è molto improbabile che i soldi vengano mai rimborsati; ***I don't remember ~ seeing them*** non ricordo di averli mai visti; ***I don't remember her ~ saying that*** non ricordo che lo abbia mai detto; ***I can't say I ~ noticed it*** non posso dire di averlo mai notato; ***seldom*** o ***rarely, if ~*** raramente, se mai; ***hardly ~*** quasi mai; ***we hardly ~ meet*** ci incontriamo raramente *o* non ci incontriamo quasi mai; ***she never ~ comes*** non viene mai; ***something I would never ~ do*** qualcosa che non farei mai (e poi mai); ***has he ~ lived abroad?*** ha mai vissuto all'estero? ***haven't you ~ been to Greece?*** sei mai stato in Grecia? ***will she ~ forget?*** riuscirà mai a dimenticare? ***do you ~ make mistakes?*** non ti sbagli mai? ***if you ~ see*** o ***if ~ you see*** se mai vedessi; ***he said if ~ I was passing through Oxford...*** disse che se un giorno fossi passato da Oxford...; ***if ~ someone deserved a rise, she did*** se mai qualcuno ha meritato un aumento, è proprio lei; ***this was proof if ~ proof was needed*** è stata la prova se mai ce ne fosse stato bisogno; ***she's a genius if ~ I saw one*** o ***if ~ there was one!*** è un genio, se mai ne esiste uno! **2** *(when making comparisons)* ***more beautiful, difficult than ~*** più bello, difficile che mai; ***it's windier than ~ today*** oggi c'è più vento che mai *o* non c'è mai stato tanto vento quanto oggi; ***more than ~ before*** più che mai; ***competition is tougher than ~ before*** la competizione è più accesa che mai; ***more women than ~ before are working*** le donne che lavorano non sono mai state così numerose; ***we have more friends than ~ before*** non abbiamo mai avuto così tanti amici; ***he's happier than he's ~ been*** non è mai stato così felice; ***she's more gifted than he'll ~ be!*** non avrà mai il suo stesso talento! non sarà mai dotato quanto lei! ***you work harder than I ~ did*** lavori più di quanto io abbia mai lavorato; ***the worst mistake I ~ made*** il peggior sbaglio della mia vita *o* che io abbia mai fatto; ***the best film ~ made*** il miglior film che sia stato mai girato; ***she's the funniest actress ~!*** è l'attrice più divertente che ci sia! ***the first, last time anyone ~ saw him*** la prima, l'ultima volta che è stato visto; ***the first ~*** il primo (in assoluto); ***my first ~ car*** la mia prima automobile *o* la prima auto che ho avuto **3** *(at all times, always)* sempre; ***~ loyal, hopeful*** sempre fedele, speranzoso; ***to be as cheerful as ~*** essere sempre così allegro; ***peace seems as far away as ~*** la pace sembra più lontana che mai; ***the same as ~*** sempre lo stesso; ***they're the same as ~*** sono sempre gli stessi; ***they lived happily ~ after*** vissero felici e contenti; ***~ the optimist, diplomat*** l'eterno ottimista, diplomatico; ***your ~ loving father*** ANT. tuo padre che ti vuole tanto bene *o* il tuo affezionatissimo padre; ***~ yours, yours ~*** sempre tuo **4** *(expressing anger, irritation)* ***you never ~ write to me!*** non mi scrivi proprio mai! ***don't (you) ~ do that again!*** non farlo mai più! ***if you ~ speak to me like that again*** se mai ti rivolgerai a me ancora in quel modo; ***do you ~ think about anyone else?*** ti è mai capitato di pensare a qualcun'altra? ***that's the last time he ~ comes here!*** è l'ultima volta che viene qui! ***have you ~ heard such rubbish!*** hai mai sentito delle simili sciocchezze? ***did you ~ see such a mess?*** hai mai visto un tale disordine? ***why did I ~ leave?*** perché mai sono partita? ***you were a fool ~ to believe it!*** sei stato uno sciocco a crederci! ***that's all he ~ does!*** è tutto quello che sa fare! ***all you ~ do is moan!*** sai solo lamentarti! **5** *(expressing surprise)* ***why ~ not?*** BE perché no? ***who ~ would have guessed?*** chi l'avrebbe mai detto? ***what ~ do you mean?*** cosa volete mai dire? **6** BE *(very)* ***~ so*** così tanto; ***I'm ~ so glad you came!*** sono così contento che siate venuti! ***it's ~ so slightly damp*** è un po' umidiccio; ***thanks ~ so much!*** tante grazie! ***he's ~ so much better*** sta molto meglio; ***I've received ~ so many letters*** ho ricevuto così tante lettere; ***be it ~ so humble*** FORM. per quanto sia umile; ***she's ~ such a bright child*** è una bambina così intelligente; ***it's ~ such a shame!*** è davvero un peccato! **7** COLLOQ. *(in exclamations)* ***is he ~ dumb!*** è talmente stupido! ***am I ~ glad to see you!*** sono felicissimo *o* come sono felice di vederti! ***do I ~!*** *(emphatic yes)* eccome! altroché! **8** **as ever** come sempre; ***they were, as ~, ready to...*** come sempre, erano pronti a... **9** **ever more** sempre più **10** **ever since ~** ***since we arrived*** da quando siamo arrivati; ***he wrote his first big hit last summer and he's been in the charts ~ since*** scrisse il suo primo grande successo l'estate scorsa e da allora è sempre nella hit-parade **11** **before ever** prima ancora (**doing** di fare); ***she was unhappy before ~ we left*** era triste ancora prima che partissimo **12** **ever-** in composti sempre; ***~-growing*** o ***-increasing*** in continuo aumento; ***~-present*** onnipresente; ***~-changing*** in continuo cambiamento.

Everest /'evərɪst/ n.pr. ***(Mount) ~*** l'Everest.

Everglades /'evə,gleɪdz/ ➧ **24** n.pr. AE ***the ~*** le Everglades (regione paludosa della Florida meridionale).

evergreen /'evəgri:n/ **I** agg. attrib. **1** BOT. [*plant, tree*] sempreverde **2** FIG. *(popular)* [*song, programme*] evergreen, sempre di moda **II** n. BOT. *(tree, plant)* sempreverde m. e f.

everlasting /,evə'lɑ:stɪŋ, AE -'læst-/ agg. eterno, immortale.

evermore /,evə'mɔ:(r)/ avv. sempre, eternamente; ***for ~*** *(for ever)* per sempre; *(continually)* di continuo, incessantemente; ***not ~*** mai più.

eversion /ɪ'vɜːʃn, AE -ʒn/ n. MED. eversione f.
evert /ɪ'vɜːt/ tr. provocare l'eversione di [*organ, bodily part*].
▶ **every** /'evrɪ/ *Every* is usually used in front of a singular countable noun: *every student* = ogni studente. When *every* precedes a plural countable noun, it means that something happens at regular periods of time, after a certain distance, etc.: *he smokes a cigarette every two hours* = fuma una sigaretta ogni due ore; *you'll have to fill up with petrol every 450 miles* = dovrai fare il pieno di benzina ogni 450 miglia. - *Every* is most frequently translated by *tutti / tutte* + plural noun: *every day* = tutti i giorni. When *every* is emphasized to mean *every single*, it can also be translated by *ogni* o *ciascuno*. For examples and exceptions, see the entry below. determ. **1** *(each)* ***~ house in the street*** tutte le case della via; ***she answered ~ (single) question*** ha risposto a ogni (singola) domanda; ***~ time I go there*** ogni volta che vado lì *o* ogni volta che ci vado; ***I've read ~ one of her books*** ho letto tutti i suoi libri; ***he ate ~ one of them*** li ha mangiati tutti; ***~ one of us is implicated*** siamo tutti coinvolti; ***that goes for ~ one of you!*** questo è valido per ognuno di voi *o* per tutti! ***I enjoyed ~ minute of it*** ho goduto di ogni minuto *o* mi sono gustato ogni minuto; ***she ate ~ last crumb of the cake*** ha mangiato la torta fino all'ultima briciola; ***he spent ~ last penny of the money*** ha speso fino all'ultimo centesimo; ***he had none but ~ other child had one*** lui non ne aveva, ma tutti gli altri bambini ne avevano uno; ***five out of ~ ten*** cinque su dieci; ***there are three women for ~ ten men*** ci sono tre donne ogni dieci uomini; ***from ~ side*** da ogni parte; ***in ~ way*** *(from every point of view)* sotto ogni aspetto; *(using every method)* in tutti i modi **2** *(emphatic)* ***her ~ word, action*** ogni sua singola parola, ogni suo singolo gesto; ***your ~ wish*** ogni tuo minimo desiderio; ***I have ~ confidence in you*** ho la massima fiducia in te *o* ho riposto in te tutta la mia fiducia; ***there is ~ chance of a good harvest*** ci sono tutte le premesse per un buon raccolto *o* ci sono buone probabilità di avere un raccolto abbondante; ***we have ~ expectation that*** ci aspettiamo proprio che; ***you have ~ reason to be pleased*** hai tutte le ragioni di essere contento; ***they have ~ right to complain*** hanno tutti i diritti di lamentarsi; ***I wish you ~ success*** ti auguro di avere molto successo; ***not ~ family is so lucky*** non tutte le famiglie sono così fortunate; ***he is ~ bit as handsome as his father*** è bello proprio come suo padre; ***it was ~ bit as good as her last film*** è stato bello proprio come il suo ultimo film; ***~ bit as much as*** proprio tanto quanto *o* esattamente quanto **3** *(indicating frequency)* ***~ day, Thursday*** ogni giorno, giovedì *o* tutti i giorni, i giovedì; ***~ month, year*** ogni mese, anno; ***~ week*** ogni settimana; ***once ~ few minutes*** ogni cinque minuti; ***~ second, third day*** ogni due, tre giorni; ***once ~ few days*** ogni pochi giorni; ***it's not ~ day that*** non capita tutti i giorni che; ***~ 20 kilometres*** ogni 20 chilometri **4 every other** *(alternate)* ***~ other day*** ogni due giorni *o* un giorno sì e uno no; ***~ other Sunday*** ogni due domeniche *o* una domenica sì e una no *o* una domenica su due; ***~ other page*** ogni due pagine *o* una pagina sì e una no ◆ ***~ now and then*** o ***~ now and again*** o ***~ so often*** o ***~ once in a while*** di tanto in tanto *o* di quando in quando *o* a volte; ***~ little (bit) helps*** *(when donating money)* anche una piccola offerta può aiutare; *(when saving money)* tutto fa (brodo); ***it's ~ man for himself*** ciascuno per sé; ***~ man for himself!*** si salvi chi può! ***~ man Jack of them*** tutti senza eccezioni; ***~ which way*** in ogni senso.
▶ **everybody** /'evrɪbɒdɪ/ pron. ognuno m. (-a), ciascuno m. (-a), tutti m.pl. (-e); ***~ else*** tutti gli altri; ***~ knows ~ else around here*** tutti si conoscono qui; ***you can't please ~*** non si può piacere a tutti; ***he's mad, ~ knows that*** è matto, lo sanno tutti; ***~ who is anybody*** tutte le persone che contano.
▷ **everyday** /'evrɪdeɪ/ agg. [*activity, routine*] quotidiano; [*clothes*] di tutti i giorni; ***~ life*** la vita di tutti i giorni; ***this is not an ~ occurrence*** questa non è una cosa che capita tutti i giorni; ***~ English*** l'inglese comune; ***in ~ use*** [*object, device, word*] d'uso corrente.
everyhow /'evrɪhaʊ/ avv. AE in tutti i modi.
Everyman /'evrɪˌmən/ n. l'uomo della strada, l'uomo qualunque.
▶ **everyone** /'evrɪwʌn/ pron. → **everybody**.
everyplace /'evrɪpleɪs/ avv. AE COLLOQ. → **everywhere**.
▶ **everything** /'evrɪθɪŋ/ *Everything* - which is followed by a verb in the singular - is almost always translated by *tutto*: *everything is ready in its place* = tutto è pronto al suo posto. For examples and particular usages, see below. pron. ogni cosa, tutto; ***is ~ all right?*** è tutto a posto? va tutto bene? ***you mustn't believe ~ you hear*** non devi credere a tutto quello che senti; ***they've eaten ~ else*** hanno mangiato tutto il resto; ***money isn't ~*** i soldi non sono tutto; ***he's got ~ going for him*** ha tutto dalla sua parte; ***she meant ~ to him*** era tutto per lui; ***have you got your papers and ~?*** avete i documenti e tutto il resto? ***I like him and ~, but I wouldn't choose to go on holiday with him*** COLLOQ. mi piace, è vero, ma non sceglierei mai di andare in vacanza con lui.
▷ **everywhere** /'evrɪweə(r), AE -hweər/ avv. dappertutto, ovunque, in ogni luogo; ***~ else*** da ogni altra parte; ***~ I go it's the same*** ovunque vada, è lo stesso; ***she's been ~*** è stata dappertutto; ***~ people are becoming concerned*** dovunque le persone cominciano a preoccuparsi; ***~ looks different at night*** qualsiasi posto sembra diverso di notte.
evict /ɪ'vɪkt/ tr. sfrattare (**from** da).
evictee /ɪvɪk'tiː/ n. sfrattato m. (-a).
eviction /ɪ'vɪkʃn/ n. sfratto m. (**from** da).
eviction notice /ɪ'vɪkʃnˌnəʊtɪs/, **eviction order** /ɪ'vɪkʃnˌɔːdə(r)/ n. ingiunzione f. di sfratto, sfratto m.
evictor /ɪ'vɪktə(r)/ n. = chi dà ingiunzione di sfratto.
▶ **1.evidence** /'evɪdəns/ n. **1 U** DIR. *(proof)* prova f., prove f.pl. (**that** che; **of** di; **for** a favore di; **against** contro); ***a piece of ~*** una prova; ***insufficient ~*** insufficienza di prove; ***video ~*** prove fornite da una videoripresa; ***~ to support, show sth.*** prove che vanno a sostegno di, che mostrano qcs.; ***there is ~ to suggest that*** ci sono delle prove che fanno pensare che; ***there is no ~ that*** non ci sono prove che; ***all the ~ is*** o ***suggests that*** tutte le prove fanno pensare che; ***to show ~ of genius*** dar prova di genialità; ***to believe the ~ of one's own eyes*** credere a ciò che si vede; ***on the ~ of his last performance he...*** a giudicare dalle cose che ha fatto ultimamente, lui... **2** DIR. *(testimony)* deposizione f., testimonianza f. (**from** di); ***to take*** o ***hear sb.'s ~*** ascoltare la deposizione di qcn.; ***on the ~ of sb.*** secondo la deposizione di qcn.; ***to be convicted on the ~ of sb.*** essere condannato in base alle deposizioni di qcn.; ***to be used in ~ against sb.*** essere usato come prova contro qcn.; ***to give ~*** testimoniare, deporre (**for sb.** a favore di qcn.; **against sb.** contro qcn.); ***to give ~ for the prosecution, the defence*** fornire prove per l'accusa, per la difesa **3** *(trace)* traccia f., segno m. evidente (**of** di); ***to be (much) in ~*** essere ben visibile; ***she's not very much in ~ these days*** non la si vede molto in questi giorni; ***he was nowhere in ~*** non lo si notava mai.
2.evidence /'evɪdəns/ tr. FORM. attestare, provare, testimoniare, dimostrare; ***(as) ~d by sth.*** come è dimostrato da qcs.
▷ **evident** /'evɪdənt/ agg. [*anger, concern, relief*] evidente, manifesto; ***to be ~ from sth. that*** essere evidente da qcs. che; ***it is ~ to me that*** per me è chiaro che; ***his fear is ~ in his behaviour*** da come si comporta si capisce che ha paura; ***his fear is ~ in his expression*** gli si legge in faccia che ha paura; ***this reaction is most ~ in men*** questa reazione è tipicamente maschile.
evidential /ˌevɪ'denʃl/ agg. DIR. probatorio; ***~ matter*** elemento probatorio.
▷ **evidently** /'evɪdəntlɪ/ avv. **1** *(obviously)* [*afraid, happy*] chiaramente, evidentemente **2** *(apparently)* evidentemente; ***"isn't it illegal?" - "~ not!"*** "è illegale?" - "evidentemente no!".
▷ **evil** /'iːvl/ **I** agg. [*person*] cattivo, maligno; [*act, intent, genius, temper*] cattivo; [*destiny*] sfortunato, disgraziato; [*smell*] cattivo, sgradevole; [*plan, spirit*] malefico; ***to have an ~ tongue*** essere una malalingua; ***The Evil One*** il Maligno **II** n. **1** *(wickedness)* male m.; ***to speak ~ of sb.*** parlare male di qcn.; ***the forces of ~*** le forze del male **2** *(bad thing) (of war, disease, social problem, doctrine)* male m., danno m., effetto m. dannoso; ***the ~s of drink, drugs*** i danni provocati dall'alcol, dalla droga; ***the ~s of racism*** i danni del razzismo ◆ ***to give sb. the ~ eye*** fare il malocchio a qcn.; ***the lesser of two ~s*** il minore dei mali; ***hear no ~, see no ~, speak no ~*** PROV. non sento, non vedo, non parlo; ***money is the root of all ~*** il denaro è la causa di tutti i mali; ***to put off the ~ hour*** o ***day*** = rimandare, rinviare un evento spiacevole; ***to return good for ~*** ricambiare il bene per il male.
evildoer /'iːvlˌduːə(r)/ n. LETT. malfattore m. (-trice).
evil-minded /'iːvlˌmaɪndɪd/ agg. *(having a bad disposition)* malvagio, maligno; *(having bad intentions)* malintenzionato.
evil-smelling /'iːvlˌsmelɪŋ/ agg. puzzolente.
evince /ɪ'vɪns/ tr. FORM. dimostrare, rivelare [*intelligence, talent*].
evincive /ɪ'vɪnsɪv/ agg. ANT. dimostrativo, indicativo.
evirate /'iːvɪreɪt/ tr. evirare (anche FIG.).
eviration /evɪ'reɪʃn, iːv-/ n. evirazione f.
eviscerate /ɪ'vɪsəreɪt/ tr. FORM. **1** *(disembowel)* sventrare, eviscerare, sviscerare [*animal*] **2** FIG. *(weaken)* svuotare di contenuto, indebolire.
evisceration /ɪvɪsə'reɪʃn/ n. sventramento m.
evocation /ˌevə'keɪʃn/ n. evocazione f.
evocative /ɪ'vɒkətɪv/ agg. evocativo, suggestivo.
evocatively /ɪ'vɒkətɪvlɪ/ avv. [*described*] suggestivamente.

evocator /ˈiːvəʊkeɪtə(r)/ n. evocatore m. (-trice).
evocatory /ɪˈvɒkətrɪ, AE -tɔːrɪ/ agg. → **evocative**.
▷ **evoke** /ɪˈvəʊk/ tr. **1** evocare [*memory, feeling*] **2** suscitare [*response, interest, admiration*].
evolute /ˈiːvəluːt/ n. MAT. evoluta f.
evolution /ˌiːvəˈluːʃn/ n. evoluzione f. (**from** da, a partire da).
evolutionary /ˌiːvəˈluːʃənərɪ, AE -nerɪ/ agg. evolutivo.
evolutionism /iːvəˈluːʃənɪzəm/ n. evoluzionismo m.
evolutionist /iːvəˈluːʃənɪst/ n. evoluzionista m. e f.
evolutionistic /iːvəluːʃəˈnɪstɪk/ agg. evoluzionistico.
evolutive /iːˈvɒljuːtɪv/ agg. evolutivo.
▷ **evolve** /ɪˈvɒlv/ **I** tr. evolvere, sviluppare [*theory, system, policy*] **II** intr. **1** [*theory, situation*] evolversi, svilupparsi; ***to ~ from sth.*** svilupparsi da qcs. **2** [*animal*] svilupparsi; [*organism*] evolversi; ***to ~ from sth.*** discendere da qcs.
evolvement /ɪˈvɒlvmənt/ n. evoluzione f., sviluppo m.
evolvent /ɪˈvɒlvənt/ agg. evolvente.
evulsion /ɪˈvʌlʃn/ n. RAR. estirpazione f., estrazione f.
Ewan /ˈjuːən/ n.pr. Ewan (nome di uomo).
ewe /juː/ n. pecora f.; ***~ lamb*** agnella.
ewer /ˈjuːə(r)/ n. brocca f.
▷ **1.ex** /eks/ prep. COMM. ***~ works*** o ***~ factory*** [*price*] franco fabbrica; ***~ wharf*** o ***~ dock*** franco banchina; ***~ coupon*** ECON. ex cedola.
▷ **2.ex** /eks/ n. COLLOQ. *(former partner)* ex m. e f.
exacerbate /ɪgˈzæsəbeɪt/ tr. esacerbare, inasprire, aggravare [*pain, situation*]; aggravare [*disease*].
exacerbation /ɪgzæsəˈbeɪʃn/ n. *(of pain, situation)* esacerbazione f., inasprimento m.; *(of disease)* aggravamento m.
▷ **1.exact** /ɪgˈzækt/ agg. [*amount, calculation, copy, number, replica, time*] esatto; [*moment, instant, description, detail*] preciso; ***it's not an ~ science*** non è una scienza esatta; ***it's the ~ opposite*** è l'esatto contrario; ***tell me your ~ whereabouts*** dimmi esattamente dove ti trovi; ***those were her ~ words*** queste sono state esattamente le sue parole; ***to be (more) ~*** per essere più preciso; ***it was in summer, July to be ~*** è stato in estate, a luglio per la precisione; ***can you be more ~?*** puoi essere più preciso? ***the ~ same hat*** COLLOQ. esattamente lo stesso cappello; ***he did the ~ same thing*** COLLOQ. fece esattamente la stessa cosa.
2.exact /ɪgˈzækt/ tr. richiedere [*price*]; esigere, pretendere [*payment, ransom, obedience*] (**from** da); ***to ~ revenge*** vendicarsi.
exacta /ɪgˈzæktə/ n. AE *(in horseracing)* accoppiata f.
exactable /ɪgˈzæktəbl/ agg. esigibile.
exacting /ɪgˈzæktɪŋ/ agg. esigente.
exaction /ɪgˈzækʃn/ n. estorsione f., concussione f., pretesa f. di tangenti.
exactitude /ɪgˈzæktɪtjuːd, AE -tuːd/ n. esattezza f.
▶ **exactly** /ɪgˈzæktlɪ/ avv. **1** *(just, precisely)* esattamente, precisamente, proprio; ***~ as promised*** proprio come promesso; ***no-one knew ~ why, who*** nessuno sapeva esattamente perché, chi; ***not ~*** non esattamente; ***it would have been ~ the same*** *(of situation)* sarebbe stato esattamente lo stesso; ***my feelings*** o ***opinion ~!*** esattamente! ***what ~*** o ***~ what were you doing?*** che cosa stavi facendo precisamente? ***she wasn't ~ overjoyed, surprised*** IRON. non era proprio felice, sorpresa **2** *(with exactitude)* [*calculate, know, describe*] esattamente, con precisione.
exactness /ɪgˈzæktnɪs/ n. esattezza f.
exactor /ɪgˈzæktə(r)/ n. esattore m. (-trice).
▷ **exaggerate** /ɪgˈzædʒəreɪt/ **I** tr. *(in one's own mind)* esagerare, ingrandire [*problem, importance, risk*]; *(highlight)* esagerare [*effect, size, movement, expression*] **II** intr. esagerare.
▷ **exaggerated** /ɪgˈzædʒəreɪtɪd/ **I** p.pass. → **exaggerate II** agg. esagerato; ***he has an ~ sense of his own importance*** presume troppo di sé.
exaggeration /ɪgˌzædʒəˈreɪʃn/ n. esagerazione f.; ***it's no ~ to say that*** si può dire senza esagerare che; ***...and that's no ~*** ...e non è un'esagerazione.
exaggerative /ɪgˈzædʒərətɪv/ agg. *(marked by exaggeration)* esagerato; *(given to exaggeration)* che tende a esagerare.
exaggerator /ɪgˈzædʒəreɪtə(r)/ n. esageratore m. (-trice).
exalt /ɪgˈzɔːlt/ tr. FORM. **1** *(glorify)* esaltare, lodare **2** *(raise in rank, power)* innalzare, elevare.
exaltation /ˌegzɔːlˈteɪʃn/ n. esaltazione f.
exalted /ɪgˈzɔːltɪd/ **I** p.pass. → **exalt II** agg. FORM. **1** *(elevated)* [*rank, position*] elevato; [*person*] altolocato, eminente **2** *(jubilant)* [*person*] esaltato, estasiato; [*mood*] di esaltazione **3** *(exaggerated)* ***to have an ~ opinion of oneself*** presumere di sé.
▷ **exam** /ɪgˈzæm/ n. SCOL. UNIV. COLLOQ. esame m.
examinable /ɪgˈzæmɪnəbl/ agg. esaminabile.
examinant /ɪgˈzæmɪnənt/ n. esaminatore m. (-trice).
▶ **examination** /ɪgˌzæmɪˈneɪʃn/ **I** n. **1** SCOL. UNIV. esame m. (**in** di); ***French, Biology ~*** esame di francese, di biologia; ***to take an ~*** sostenere *o* dare un esame; ***to pass an ~*** superare un esame **2** *(inspection)* MED. esame m., controllo m., visita f.; AMM. controllo m., verifica f.; ***medical ~*** visita medica; ***on ~*** in seguito a controllo; ***under ~*** sotto esame; ***after close, further ~*** a un più attento esame, dopo ulteriori esami; ***to have an ~*** MED. sottoporsi a un esame *o* a un controllo; ***to give sb. an ~*** MED. prescrivere un esame a qcn. **3** DIR. *(of accused, witness)* interrogatorio m. **II** modif. SCOL. UNIV. [*certificate, question*] di esame; [*results*] dell'esame; [*candidate*] a un esame.
examination board /ɪgˌzæmɪˈneɪʃnˌbɔːd/ n. commissione f. d'esame.
examination copy /ɪgˌzæmɪˈneɪʃnˌkɒpɪ/ n. copia f. saggio.
examination paper /ɪgˌzæmɪˈneɪʃnˌpeɪpə(r)/ n. prova f. d'esame.
examination script /ɪgˌzæmɪˈneɪʃnˌskrɪpt/ n. elaborato m., compito m. di un esaminando.
examinator /ɪgˈzæmɪneɪtə(r)/ n. esaminatore m. (-trice).
▶ **examine** /ɪgˈzæmɪn/ tr. **1** *(intellectually)* esaminare [*facts, problem, question*]; esaminare, controllare [*evidence*]; verificare [*theory*] **2** *(visually)* esaminare [*object, evidence*]; controllare [*document*]; ispezionare [*luggage*]; verificare, controllare [*accounts*]; MED. visitare [*person*]; esaminare, controllare [*part of body*]; ***to have sth. ~d*** MED. farsi controllare qcs. **3** SCOL. UNIV. esaminare [*candidate, pupil*] (**in** in; **on** su); ***they are ~d in maths every year*** ogni anno sostengono un esame di matematica **4** DIR. interrogare [*person*] ◆ ***you need your head ~d!*** COLLOQ. devi farti visitare!
examinee /ɪgˌzæmɪˈniː/ n. candidato m. (-a), esaminando m. (-a).
examiner /ɪgˈzæmɪnə(r)/ n. esaminatore m. (-trice).
examining board /ɪgˈzæmɪnɪŋˌbɔːd/, **examining body** /ɪgˈzæmɪnɪŋˌbɒdɪ/ n. SCOL. commissione f. d'esame.
examining justice /ɪgˌzæmɪnɪŋˈdʒʌstɪs/, **examining magistrate** /ɪgˌzæmɪnɪŋˈmædʒɪstreɪt/ n. giudice m. per le indagini preliminari.
exam nerves /ɪgˈzæmˌnɜːvz/ n.pl. stress m.sing. da esame.
▶ **example** /ɪgˈzɑːmpl, AE -ˈzæmpl/ n. esempio m.; ***for ~*** per esempio; ***to follow sb.'s ~*** seguire l'esempio di qcn.; ***following the ~ of Gandhi*** seguendo l'esempio di Gandhi; ***to set a good ~*** dare il buon esempio; ***he's an ~ to us all*** è un esempio per tutti noi; ***you're setting a bad ~ for the others*** non dai il buon esempio agli altri *o* non sei certo un esempio da imitare; ***to offer sth. as an ~*** [*salesman*] offrire un campione di qcs. in prova; [*translator*] offrire un saggio del proprio lavoro; ***he was punished as an ~ to others*** è stato punito perché servisse da esempio agli altri; ***to make an ~ of sb.*** infliggere a qcn. una punizione esemplare; ***children learn by ~*** i bambini apprendono per imitazione.
exanimate /ɪkˈsænɪmət/ agg. esanime.
exanthema /ˌeksænˈθiːmə/ n. (pl. **~s**, **-ata**) esantema m.
exaration /eksəˈreɪʃn/ n. esarazione f.
exarch /ˈeksɑːk/ n. esarca m.
exarchate /ˈeksɑːkeɪt/ n. esarcato m.
exasperate /ɪgˈzæspəreɪt/ tr. esasperare, irritare.
exasperated /ɪgˈzæspəreɪtɪd/ **I** p.pass. → **exasperate II** agg. esasperato (**by**, **at** da); ***she was ~ with him*** l'aveva portata all'esasperazione; ***to get ~*** esasperarsi.
exasperating /ɪgˈzæspəreɪtɪŋ/ agg. esasperante.
exasperatingly /ɪgˈzæspəreɪtɪŋlɪ/ avv. ***~ clumsy, stupid*** di una goffaggine, stupidità esasperante.
exasperation /ɪgˌzæspəˈreɪʃn/ n. esasperazione f.; ***he stamped his foot in ~*** esasperato, batté il piede per terra.
ex cathedra /ˌekskəˈθiːdrə/ agg. e avv. ex cathedra.
excavate /ˈekskəveɪt/ **I** tr. **1** ARCHEOL. portare alla luce [*site, object*] **2** ING. scavare [*ground, trench, tunnel*] **II** intr. ARCHEOL. fare scavi.
excavation /ˌekskəˈveɪʃn/ **I** n. scavo m.; ***~ work*** lavori di scavo **II** **excavations** n.pl. ARCHEOL. scavi m.
excavator /ˈekskəveɪtə(r)/ n. **1** *(machine)* escavatore m., escavatrice f. **2** ARCHEOL. *(person)* scavatore m. (-trice).
▷ **exceed** /ɪkˈsiːd/ tr. andare al di là di, eccedere [*functions*]; oltrepassare [*authority*]; superare [*speed limit, sum of money*] (**by** di); ***when expenses ~ income*** quando le uscite superano le entrate; ***to ~ all expectations*** superare ogni aspettativa; ***arrested for ~ing the speed limit*** arrestato per avere superato i limiti di velocità.
exceeding /ɪkˈsiːdɪŋ/ agg. [*quality, feeling*] eccessivo, estremo, straordinario.
exceedingly /ɪkˈsiːdɪŋlɪ/ avv. FORM. estremamente.
▷ **excel** /ɪkˈsel/ **I** tr. (forma in -ing ecc. **-ll-**) superare (**in** in) **II** intr. (forma in -ing ecc. **-ll-**) eccellere, primeggiare (**at**, **in** in; **at**, **in doing**

nel fare) **III** rifl. (forma in -ing ecc. **-ll-**) ***to ~ oneself*** superare se stesso (anche IRON.).

▷ **excellence** /'eksələns/ ♦ *9* n. **1** eccellenza f. **2 Excellence** → **Excellency**.

Excellency /'eksələnsɪ/ ♦ *9* n. Eccellenza f.; ***Your ~*** Vostra Eccellenza.

▶ **excellent** /'eksələnt/ **I** agg. eccellente **II** inter. ottimo.

excellently /'eksələntlɪ/ avv. eccellentemente, in modo eccellente.

excelsior /ɪk'selsɪɔ:(r)/ n. AE trucioli m.pl. per imballaggio.

excentre /ek'sentə(r)/ n. excentro m.

▶ **1.except** /ɪk'sept/ There are four frequently used translations for *except* when used as a preposition: by far the most frequent of these is *tranne* (*every day except Sundays* = tutti i giorni tranne la domenica); the others are *eccetto, fatta eccezione per* and *all'infuori di*. Note, however, that in *what/where/who* questions, *except* is translated by *se non*. - For examples and the phrases *except for* and *except that*, see the entry below. **I** prep. **1** ***everybody ~ Lisa*** tutti tranne Lisa; ***nothing ~*** nient'altro che; ***nobody ~*** nessuno eccetto; ***~ when*** tranne quando; ***~ if*** a meno che (non); ***~ that*** salvo che; ***who could have done it ~ him?*** chi avrebbe potuto farlo se non lui? ***where could she be ~ at home?*** dove potrebbe essere se non a casa? **2 except for** salvo per *o* fatta eccezione per **II** cong. ANT. ***~ he be dead*** a meno che non sia morto.

2.except /ɪk'sept/ tr. escludere (**from** da); ***not ~ing*** senza escludere *o* compreso; ***present company ~ed*** esclusi i presenti.

excepting /ɪk'septɪŋ/ prep. eccetto, salvo, tranne; ***always ~*** sempre escludendo.

▶ **exception** /ɪk'sepʃn/ n. **1** *(special case)* eccezione f. (**for** per); ***with the (possible) ~ of*** con la sola (possibile) eccezione di; ***the only ~ being*** a eccezione di; ***without ~*** senza eccezioni; ***with some ~s*** o ***with certain ~s*** con alcune eccezioni; ***to make an ~*** fare un'eccezione; ***there can be no ~s*** non si faranno eccezioni; ***an ~ to the rule*** un'eccezione alla regola; ***a notable ~*** un'eccezione notevole; ***the ~ proves the rule*** l'eccezione conferma la regola **2** ***to take ~ to*** *(dislike)* offendersi, irritarsi per [*remark, suggestion*].

exceptionable /ɪk'sepʃnəbl/ agg. eccepibile, criticabile.

▷ **exceptional** /ɪk'sepʃənl/ agg. **1** eccezionale **2** AE SCOL. *(handicapped)* con problemi; *(gifted)* (particolarmente) dotato.

exceptionality /ɪksepʃə'nælətɪ/ n. eccezionalità f.

▷ **exceptionally** /ɪk'sepʃənəlɪ/ avv. eccezionalmente.

exceptive /ɪk'septɪv/ agg. [*clause*] eccettuativo.

1.excerpt /'eksɜ:pt/ n. brano m. (scelto), estratto m., passo m.

2.excerpt /'eksɜ:pt/ tr. stralciare, citare [*passage*].

excerption /ɪk'sɜ:pʃn/ n. **1** *(action)* stralcio m., citazione f. **2** *(excerpt)* brano m. (scelto), estratto m., passo m.

▷ **excess** /ɪk'ses/ **I** n. **1** eccesso m. (**of** di); ***to eat, drink to ~*** mangiare, bere eccessivamente; ***carried to ~*** portato all'eccesso; ***a life of ~*** una vita di eccessi; ***any ~ can be frozen*** tutto ciò che avanza può essere congelato; ***to be in ~ of*** eccedere, superare; ***it is far in ~ of what is reasonable*** supera di gran lunga i limiti della ragionevolezza; ***the ~ of supply over demand*** ECON. l'offerta eccedente **2** BE *(in insurance)* franchigia f. **II excesses** n.pl. eccessi m. **III** agg. ***~ alcohol*** abuso di alcol; ***~ speed*** eccesso di velocità; ***~ weight*** sovrappeso; ***to drive with ~ alcohol*** BE guidare in stato di ebbrezza; ***drain off the ~ water*** lasciar scolare l'acqua in eccesso; ***remove ~ fat*** *(on meat)* sgrassare.

excess baggage /ɪkˌses'bægɪdʒ/ n. bagaglio m. eccedente.

excess fare /ɪkˌses'feə(r)/ n. supplemento m.

▷ **excessive** /ɪk'sesɪv/ agg. eccessivo; ***~ drinking*** bere smodato.

excessively /ɪk'sesɪvlɪ/ avv. **1** *(inordinately)* [*harsh, long, expensive*] eccessivamente; [*drink, spend*] eccessivamente, smodatamente **2** COLLOQ. *(very)* [*dull, embarrassing*] troppo.

excessiveness /ɪk'sesɪvnɪs/ n. eccessività f.

excess luggage /ɪkˌses'lʌgɪdʒ/ → **excess baggage**.

excess postage /ɪkˌses'pəʊstɪdʒ/ n. soprattassa f. postale.

excess profits /ɪkˌses'prɒfɪts/ n.pl. sovraprofitti m.

excess profits tax /ɪkˌses'prɒfɪtsˌtæks/ n. *(in wartime)* tassa f. sui sovraprofitti.

▶ **1.exchange** /ɪks'tʃeɪndʒ/ n. **1** *(swap)* cambio m., scambio m.; ***in ~*** in cambio (**for** di); ***~ of ideas, information*** scambio di idee, di informazioni; ***~ of contracts*** GB COMM. DIR. = scambio di consensi al momento della stipulazione di un contratto, che ha valore di rogito; ***~ of vows*** scambio di promesse **2** COMM. ECON. cambio m.; ***the rate of ~*** il tasso di cambio; ***bill of ~*** cambiale; ***first, second, third of ~*** prima, seconda, terza di cambio **3** *(discussion)* scambio m. di opinioni; *(in parliament)* scontro m.; ***a heated*** o ***an angry ~*** un acceso scambio di opinioni **4** *(visit)* scambio m.; ***to go on an ~*** partecipare a uno scambio; ***~ student*** studente che partecipa a uno scambio; ***~ visit*** viaggio di scambio **5** COMM. ECON. *(place of business)* Borsa f. **6** TEL. (anche **telephone ~**) centrale f., centralino m.

▶ **2.exchange** /ɪks'tʃeɪndʒ/ tr. cambiare, scambiare; ***to ~ sth. for sth.*** cambiare qcs. con qcs.; ***to ~ sth. with sb.*** scambiare qcs. con qcn.; ***to ~ contracts*** COMM. DIR. = fare un rogito; ***to ~ looks*** scambiare un'occhiata (**with** con); ***to ~ blows*** venire alle mani (**with** con); ***they ~d hostages*** hanno fatto uno scambio di ostaggi.

exchangeability /ɪkstʃeɪndʒə'bɪlətɪ/ n. possibilità f. di cambio, di scambio.

exchangeable /ɪks'tʃeɪndʒəbl/ agg. scambiabile, cambiabile (**for, against** con).

exchangeable disk /ɪksˌtʃeɪndʒəbl'dɪsk/ n. INFORM. disco m. rimovibile.

exchangeable disk storage /ɪksˌtʃeɪndʒəblˌdɪsk'stɔ:rɪdʒ/ n. INFORM. memoria f. a dischi rimovibili.

exchange bureau /ɪks'tʃeɪndʒˌbjʊərəʊ, AE -bjʊəˌrəʊ/ n. (pl. **exchange bureaus, exchange bureaux**) ufficio m. cambi.

exchange control /ɪks'tʃeɪndʒkənˌtrəʊl/ n. controllo m. dei cambi.

exchange controls /ɪks'tʃeɪndʒkənˌtrəʊlz/ n.pl. misure f. di controllo dei cambi.

exchanger /ɪk'stʃeɪndʒə(r)/ n. **1** chi cambia **2** STOR. cambiavalute m. e f.

exchange rate /ɪks'tʃeɪndʒˌreɪt/ n. tasso m. di cambio.

Exchange Rate Mechanism /ɪks'tʃeɪndʒˌreɪtˌmekənɪzəm/ n. sistema m. di cambio dello SME.

exchequer /ɪks'tʃekə(r)/ **I** n. **1** AMM. *(national supply of money)* tesoro m. **2** SCHERZ. *(funds)* fondi m.pl., finanze f.pl. **II Exchequer** n.pr. GB ***the Exchequer*** lo Scacchiere (ministero delle finanze e del tesoro).

excipient /ɪk'sɪpɪənt/ **I** agg. eccipiente **II** n. eccipiente m.

excisable /ɪk'saɪzəbl/ agg. soggetto a imposta sui consumi.

1.excise /'eksaɪz/ n. (anche **~ duty**) accisa f.

2.excise /ɪk'saɪz/ tr. **1** MED. asportare **2** *(from text)* omettere.

exciseman /'eksaɪzˌmən/ n. (pl. **-men**) = agente delle imposte indirette; STOR. daziere m.

excision /ɪk'sɪʒn/ n. **1** MED. escissione f., asportazione f. **2** *(from text)* omissione f.

excitability /ɪksaɪtə'bɪlətɪ/ n. eccitabilità f.

excitable /ɪk'saɪtəbl/ agg. [*person, disposition*] eccitabile, emotivo; [*animal*] nervoso, agitato; MED. [*nerve*] eccitabile; ***an ~ child*** un bambino emotivo.

excitant /'eksɪtənt/ n. eccitante m.

excitation /ˌeksɪ'teɪʃn/ n. eccitazione f.

excitative /ek'saɪtətɪv/ agg. eccitativo.

▷ **excite** /ɪk'saɪt/ tr. **1** *(make excited)* eccitare, agitare; *(fire with enthusiasm)* entusiasmare; *(sexually)* eccitare **2** *(stimulate, give rise to)* stimolare, eccitare [*imagination*]; stimolare, suscitare [*interest, admiration, anger*]; suscitare, far nascere [*controversy, curiosity, suspicion, passion, envy*] **3** *(incite)* provocare [*rebellion, riot*] **4** MED. FISIOL. eccitare.

▷ **excited** /ɪk'saɪtɪd/ **I** p.pass. → **excite II** agg. [*person, crowd*] eccitato; [*animal*] agitato; *(sexually)* eccitato; [*voice*] emozionato; [*conversation*] animato; [*imagination*] esaltato; FISIOL. eccitato; ***to be ~ about sth.*** *(enthusiastic)* essere eccitato per qcs.; *(in anticipation)* essere eccitato all'idea di qcs.; ***she's ~ about going to Greece*** l'idea di andare in Grecia la entusiasma; ***to get ~*** [*person, crowd*] eccitarsi, agitarsi; ***it's nothing to get ~ about!*** non è niente! ***don't get ~!*** *(cross)* non agitarti!

excitedly /ɪk'saɪtɪdlɪ/ avv. ***they were whispering ~*** stavano bisbigliando tutti eccitati; ***"listen!" she said ~*** "ascolta!" disse emozionata.

▷ **excitement** /ɪk'saɪtmənt/ n. **1** *(emotion)* eccitazione f., agitazione f., emozione f.; ***what an ~!*** che emozione! ***in the ~ we forgot to lock the car*** nell'agitazione ci siamo dimenticati di chiudere la macchina; ***the news caused great ~*** la notizia provocò grande agitazione; ***I want some ~ out of life*** voglio una vita più emozionante; ***he was in a state of great ~*** era molto eccitato **2** *(exciting experience)* esperienza f. eccitante, stimolo m., incitamento m.

exciter /ɪk'saɪtə(r)/ n. **1** stimolante m., eccitante m. **2** EL. *(loop)* eccitatore m.; *(generator)* eccitatrice f.

▶ **exciting** /ɪk'saɪtɪŋ/ agg. [*idea, event, experience, film*] eccitante, emozionante; ***an ~ new acting talent*** un attore promettente; ***that's not a very ~ prospect*** non è una prospettiva molto eccitante.

exciton /ek'saɪtɒn/ n. eccitone m.

excl. ⇒ excluding escluso.

exclaim /ɪk'skleɪm/ **I** tr. esclamare (**that** che); ***"what?" he ~ed*** "cosa?" esclamò **II** intr. gridare, prorompere in esclamazioni (**at** di fronte a); *(in protest)* protestare (**at** per); ***to ~ in anger*** gridare *o* inveire per la collera.
exclamation /ˌekskləˈmeɪʃn/ n. esclamazione f.
▷ **exclamation mark** /ˌekskləˈmeɪʃnˌmɑːk/, **exclamation point** /ˌekskləˈmeɪʃnˌpɔɪnt/ AE n. punto m. esclamativo.
exclamatory /ɪk'sklæmətrɪ, AE -tɔːrɪ/ agg. esclamativo.
▶ **exclude** /ɪk'skluːd/ tr. *(keep out)* escludere [*person, group*] (**from** da); *(leave out)* escludere, non includere [*name*]; escludere, scartare [*issue, possibility*]; ***to ~ a pupil*** *(for a set period)* sospendere un alunno; *(permanently)* espellere un alunno; ***~d from membership of the party*** escluso dal partito; ***they are ~d from (applying for) these jobs*** non possono fare domanda per questi impieghi; ***they have been ~d from the inquiry*** sono stati esclusi dall'inchiesta; ***to ~ from the jurisdiction of a court*** DIR. sottrarre alla competenza di un tribunale.
▷ **excluding** /ɪk'skluːdɪŋ/ prep. eccetto, tranne; ***£ 38 ~ breakfast*** 38 sterline esclusa la colazione.
▷ **exclusion** /ɪk'skluːʒn/ n. **1** esclusione f. (**from** da); *(expulsion)* espulsione f. (**from** da); ***the ~ of women from...*** l'esclusione delle donne da...; ***to the ~ of*** con l'esclusione di *o* escludendo **2** SCOL. *(for a set period)* sospensione f.; *(permanent)* espulsione f.
exclusionary rule /ɪkˌskluːʒnerɪ'ruːl/ n. AE DIR. = norma per cui le prove ottenute con mezzi lesivi dei diritti costituzionali dell'imputato non possono essere prodotte a suo carico.
exclusion order /ɪk'skluːʒnˌɔːdə(r)/ n. DIR. = disposizione che ordina al coniuge violento di lasciare il tetto coniugale e/o gli proibisce di accedervi.
exclusion zone /ɪk'skluːʒnˌzəʊn/ n. *(all contexts)* zona f. vietata.
▷ **exclusive** /ɪk'skluːsɪv/ **I** agg. **1** [*occasion*] unico; [*club, social circle, school*] esclusivo; [*hotel, goods, district*] esclusivo, di lusso; [*friendship*] esclusivo **2** GIORN. TELEV. RAD. [*story, report*] esclusivo; ***an ~ interview with sb.*** un'intervista (in) esclusiva con qcn.; ***to have ~ coverage of sth.*** avere l'esclusiva per la copertura di qcs. **3** COMM. esclusivo; ***~ to Harrods*** un'esclusiva di Harrods; ***to have ~ (marketing) rights for sth.*** avere l'esclusiva di qcs.; ***to have ~ use of sth.*** avere l'uso esclusivo di qcs. **4** ***to be mutually ~*** essere incompatibili; ***~ of meals*** esclusi i pasti **II** n. GIORN. TELEV. RAD. esclusiva f.; ***a BBC ~*** un'esclusiva della BBC.
▷ **exclusively** /ɪk'skluːsɪvlɪ/ avv. esclusivamente.
exclusiveness /ɪk'skluːsɪvnɪs/ n. esclusività f.
exclusivism /ɪk'skluːsɪvɪzəm/ n. esclusivismo m.
exclusivist /ɪk'skluːsɪvɪst/ n. esclusivista m. e f.
excogitate /eks'kɒdʒɪteɪt/ tr. escogitare.
excogitation /eksˌkɒdʒɪ'teɪʃn/ n. escogitazione f.
excogitative /eks'kɒdʒɪtətɪv/ agg. escogitativo.
excommunicable /ˌekskə'mjuːnɪkəbl/ agg. scomunicabile.
1.excommunicate /ˌekskə'mjuːnɪkeɪt/ tr. scomunicare.
2.excommunicate /ˌekskə'mjuːnɪkət/ n. scomunicato m. (-a).
excommunication /ˌekskəˌmjuːnɪ'keɪʃn/ n. scomunica f.
excommunicative /ˌekskə'mjuːnɪkeɪtɪv/ agg. di scomunica.
excommunicator /ˌekskə'mjuːnɪkeɪtə(r)/ n. chi scomunica.
excommunicatory /ˌekskə'mjuːnɪkətrɪ, AE -tɔːrɪ/ agg. → **excommunicative**.
ex-con /ˌeks'kɒn/ n. COLLOQ. (accorc. ex-convict) ex carcerato m. (-a), ex detenuto m. (-a).
excoriate /eks'kɔːrɪeɪt/ tr. escoriare.
excoriation /eksˌkɔːrɪ'eɪʃn/ n. escoriazione f.
excrement /'ekskrɪmənt/ n. escremento m.
excremental /ˌekskrɪ'mentl/, **excrementitious** /ˌekskrɪmen'tɪʃəs/ agg. escrementizio.
excrescence /ɪk'skresns/ n. escrescenza f.
excrescent /ɪk'skresnt/ agg. escrescente.
excreta /ɪk'skriːtə/ n.pl. FORM. *(faeces)* escrementi m.; *(waste matter)* escrezioni f.
excrete /ɪk'skriːt/ tr. espellere [*faeces, waste matter*]; BOT. secernere.
excretion /ɪk'skriːʃn/ n. escrezione f.
excretive /ɪk'skriːtɪv/ agg. escretivo.
excretory /ɪk'skriːtrɪ, AE -tɔːrɪ/ agg. escretore.
excruciate /ɪk'skruːʃɪeɪt/ tr. [*situation, pain*] torturare, tormentare.
excruciating /ɪk'skruːʃɪeɪtɪŋ/ agg. **1** [*pain*] atroce, straziante; [*situation*] penoso, insostenibile; [*unhappiness*] tormentoso; [*noise*] insopportabile **2** *(awful)* COLLOQ. [*performance*] straziante, penoso.
excruciatingly /ɪk'skruːʃɪeɪtɪŋlɪ/ avv. [*painful*] atrocemente; [*embarrassing*] terribilmente, tremendamente; [*boring*] mortalmente, terribilmente; ***~ funny*** incredibilmente divertente *o* da morire dal ridere.
excruciation /ɪkˌskrʊːʃɪ'eɪʃn/ n. strazio m., tortura f., tormento m.
exculpate /'ekskʌlpeɪt/ tr. discolpare.
exculpation /ˌekskʌl'peɪʃn/ n. discolpa f.
exculpatory /eks'kʌlpətrɪ, AE -tɔːrɪ/ agg. che discolpa.
excurrent /eks'kʌrənt/ agg. **1** BIOL. defluente **2** BOT. [*stem, trunk*] indiviso; [*rib*] prominente.
excurse /ɪk'skɜːs/ intr. **1** *(ramble)* vagare; *(go on an excursion)* fare un'escursione **2** FIG. *(digress)* divagare, fare una digressione, delle digressioni.
excursion /ɪk'skɜːʃn/ n. **1** *(organized)* escursione f., gita f.; *(casual)* passeggiata f. **2** *(into subject, field)* excursus m. (**into** in) **3** *(digression)* digressione f.
excursionist /ɪk'skɜːʃnɪst/ n. escursionista m. e f.
excursion ticket /ɪk'skɜːʃnˌtɪkɪt/ n. = biglietto di andata e ritorno a prezzo ridotto per destinazioni di interesse turistico.
excursion train /ɪk'skɜːʃnˌtreɪn/ n. = treno speciale per destinazioni di interesse turistico.
excursive /ek'skɜːsɪv/ agg. [*book*] digressivo; [*person*] che tende alla digressione.
excursiveness /ek'skɜːsɪvnɪs/ n. *(of book)* (l')essere digressivo; *(of person)* (il) tendere alla digressione.
excursus /ɪk'skɜːsəs/ n. (pl. **~**, **~es**) *(digression)* excursus m., digressione f.
excusability /ɪkˌskjuːzə'bɪlətɪ/ n. scusabilità f.
excusable /ɪk'skjuːzəbl/ agg. scusabile.
excusableness /ɪk'skjuːzəblnɪs/ n. → **excusability**.
excusatory /ɪk'skjuːzətrɪ, AE -tɔːrɪ/ agg. di scusa.
▷ **1.excuse** /ɪk'skjuːs/ **I** n. **1** *(reason)* scusa f., giustificazione f.; *(pretext)* scusa f., pretesto m. (**for** per; **for doing**, **to do** per fare); ***to make*** o ***find an ~*** trovare una scusa; ***you're always making ~s!*** trovi sempre delle scuse! ***to be an ~ to do*** o ***for doing*** essere una scusa per fare; ***I have a good ~ for not doing it*** ho una buona ragione per non farlo; ***this gave me an ~ to leave early*** questo mi diede una scusa per andare via presto; ***so what's his ~ this time?*** e questa volta che scusa ha trovato? ***is that the best ~ you can come up with?*** non hai una scusa migliore? ***any ~ for a day off work!*** tutte le scuse sono buone per saltare un giorno di lavoro! ***this is a poor ~ for a meal!*** è un pasto davvero misero! ***he's a poor ~ for a man!*** è solo l'ombra di un uomo *o* un surrogato di uomo! **2** *(justification)* scusante f.; ***there's no ~ for cheating*** non si accettano scuse per chi copia; ***there's no ~ for such behaviour*** non c'è scusante per un simile comportamento; ***that's no ~*** non è una scusa valida **II excuses** n.pl. ***to make one's ~s*** fare le proprie scuse (**to** a); ***to make ~s to sb.*** scusarsi con qcn.
▷ **2.excuse** /ɪk'skjuːz/ **I** tr. **1** *(forgive)* scusare [*person, rudeness*]; perdonare [*error*]; ***to ~ sb. for doing*** scusare qcn. per aver fatto; ***you could be ~d for misinterpreting him*** ti si può scusare per averlo capito male; ***if you'll ~ the expression*** se mi si consente l'espressione; ***~ me!*** scusa(mi)! mi scusi! chiedo scusa! ***~ me, is this the London train?*** mi scusi, è questo il treno per Londra? ***~ me for asking, but do you live here?*** mi scusi se glielo chiedo *o* mi perdoni la domanda, ma lei abita qui? ***you'll have to ~ me for not inviting you in*** mi devi scusare se non ti invito a entrare; ***~ me, but I think you're mistaken*** scusa, ma credo che ti sbagli; ***~ me, but I did not get the sack*** COLLOQ. mi spiace (tanto per te), ma non sono stato licenziato; ***if you'll ~ me, I have work to do*** se mi vuoi scusare, ho del lavoro da fare; ***"would you like a drink?" - "~ me?"*** AE "vuoi qualcosa da bere?" - "(come) scusa?"; ***may I be ~d?*** BE eufem. *(requesting permission from teacher)* posso uscire? posso andare al bagno? **2** *(justify)* giustificare [*action, measure*]; scusare, giustificare [*person*] **3** *(exempt)* dispensare (**from** da; **from doing** dal fare); ***to be ~d from games*** essere esonerato dalle lezioni di educazione fisica **II** rifl. ***to ~ oneself*** **1** scusarsi; ***to ~ oneself for sth., for doing*** scusarsi di qcs., di aver fatto **2** *(ask for exemption)* farsi dispensare, esentare (**from** da).
ex-directory /ˌeksdaɪ'rektrɪ, -dɪ-/ agg. BE ***an ~ number*** un numero non in elenco; ***he's ~, his number is ~*** (il suo numero di telefono) non è in elenco *o* sull'elenco (telefonico); ***to go ~*** farsi togliere *o* fare togliere il proprio numero dall'elenco (telefonico).
ex dividend /ˌeks'dɪvɪdend/ agg. ex dividendo.
exeat /'eksɪæt/ n. UNIV. = nei college universitari di Cambridge e Oxford, permesso di assentarsi.
exec /ɪk'zek/ n. AE COLLOQ. (accorc. executive) executive m. e f., dirigente m. e f.
execrable /'eksɪkrəbl/ agg. FORM. esecrabile.
execrably /'eksɪkrəblɪ/ avv. FORM. esecrabilmente.
execrate /'eksɪkreɪt/ tr. FORM. **1** *(abhor)* esecrare **2** *(curse)* maledire.

execration /ˌeksɪˈkreɪʃn/ n. FORM. **1** *(abhorrence)* esecrazione f. **2** *(curse)* maledizione f.
execrative /ˈeksɪkreɪtɪv/, **execratory** /ˈeksɪkreɪtrɪ, AE -tɔːrɪ/ agg. esecratorio, di esecrazione.
executable /ˈeksɪkjuːtəbl/ **I** agg. **1** [*prisoner*] giustiziabile **2** [*order, plan*] eseguibile; [*idea*] realizzabile **3** INFORM. eseguibile; ***an ~ file*** un (file) eseguibile **II** n. INFORM. eseguibile m.
executant /ɪgˈzekjʊtnt/ n. MUS. esecutore m. (-trice).
▷ **execute** /ˈeksɪkjuːt/ tr. **1** *(kill)* giustiziare; ***to be ~d for sth.*** essere giustiziato per qcs. **2** *(carry out)* eseguire [*order*]; mettere in atto [*plan*]; adempiere, svolgere [*task*]; realizzare [*wish, idea, artistic concept*] **3** INFORM. eseguire.
▷ **execution** /ˌeksɪˈkjuːʃn/ n. **1** *(killing)* esecuzione f. (**by** per mano di, ad opera di) **2** *(of plan)* esecuzione f., realizzazione f.; *(of task)* adempimento m.; *(of artistic concept)* realizzazione f.; *(by musician)* esecuzione f.; ***to put sth. into ~*** eseguire, realizzare qcs.; ***in the ~ of his duty*** nell'esercizio delle sue funzioni **3** INFORM. esecuzione f. **4** DIR. esecuzione f.
executioner /ˌeksɪˈkjuːʃənə(r)/ n. boia m., carnefice m.
▶ **executive** /ɪgˈzekjʊtɪv/ **I** agg. **1** *(administrative)* [*power, section*] esecutivo; [*status, post*] da dirigente, dirigenziale; ***to have ~ ability, potential*** avere capacità, attitudini direttive **2** *(luxury)* [*chair, desk*] executive, di lusso; [*car*] di rappresentanza, di lusso **II** n. **1** *(administrator)* COMM. executive m. e f., dirigente m. e f. (aziendale); *(in Civil Service)* dirigente m. e f., funzionario m. (-a); ***finance ~*** dirigente finanziario; ***sales ~*** dirigente commerciale; ***top ~*** alto dirigente *o* funzionario; ***he's an ~ with Fiat*** è un dirigente Fiat **2** *(committee)* AMM. comitato m. direttivo; POL. (comitato) esecutivo m.; ***party, trade union ~*** esecutivo del partito, del sindacato **3** AE ***the ~*** l'esecutivo *o* il potere esecutivo.
executive agreement /ɪgˌzekjʊtɪvəˈgriːmənt/ n. US POL. = accordo firmato dall'esecutivo, che non richiede la ratifica del Senato.
executive arm /ɪgˌzekjʊtɪvˈɑːm/ n. organo m. esecutivo.
executive board /ɪgˈzekjʊtɪvˌbɔːd/ n. consiglio m. direttivo.
executive branch /ɪgˌzekjʊtɪvˈbrɑːntʃ, AE -ˈbræntʃ/ n. → **executive arm**.
executive briefcase /ɪgˌzekjʊtɪvˈbriːfkeɪs/ n. valigetta f. executive.
executive committee /ɪgˈzekjʊtɪvkəˌmɪtɪ/ n. POL. comitato m. esecutivo.
executive council /ɪgˌzekjʊtɪvˈkaʊnsl/ n. *(of company)* consiglio m. direttivo; *(of trade union, political party)* commissione f. esecutiva.
executive director /ɪgˌzekjʊtɪvdaɪˈrektə(r), -dɪ-/ ♦ ***27*** n. direttore m. esecutivo.
executive jet /ɪgˌzekjʊtɪvˈdʒet/ n. jet m. executive.
Executive Mansion /ɪgˌzekjʊtɪvˈmænʃn/ n.pr. AE *(White House)* ***the ~*** la Casa Bianca.
executive member /ɪgˌzekjʊtɪvˈmembə(r)/ n. membro m. del comitato esecutivo, dell'esecutivo.
executive officer /ɪgˌzekjʊtɪvˈɒfɪsə(r), AE -ˈɔːf-/ n. COMM. alto dirigente m.; POL. funzionario m. (-a) dell'esecutivo.
executive order /ɪgˌzekjʊtɪvˈɔːdə(r)/ n. US provvedimento m. legislativo del Presidente.
executive privilege /ɪgˌzekjʊtɪvˈprɪvəlɪdʒ/ n. US = diritto del Presidente di non divulgare determinate informazioni.
executive producer /ɪgˌzekjʊtɪvprəˈdjuːsə(r)/ ♦ ***27*** n. CINEM. produttore m. esecutivo.
executive program /ɪgˌzekjʊtɪvˈprəʊgræm/ n. INFORM. programma m. esecutivo.
executive secretary /ɪgˌzekjʊtɪvˈsekrətrɪ, AE -rəterɪ/ ♦ ***27*** n. AMM. segretario m. (-a) esecutivo (-a), amministrativo (-a); *(manager's secretary)* segretario m. (-a) di direzione.
executive session /ɪgˌzekjʊtɪvˈseʃn/ n. US = seduta del Senato in cui sono discusse le disposizioni dell'esecutivo.
executive suite /ɪgˈzekjʊtɪvˌswiːt/ n. suite f. di rappresentanza.
executive toy /ɪgˌzekjʊtɪvˈtɔɪ/ n. giocattolo m. antistress.
executor /ɪgˈzekjʊtə(r)/ n. DIR. esecutore m. testamentario.
executory /ɪgˈzekjʊtrɪ, -tɔːrɪ/ agg. **1** [*process*] esecutivo **2** DIR. [*agreement, contract*] da eseguirsi; [*sale*] incompleto, non perfezionato; [*bequest*] condizionato, futuro; [*interests*] futuro.
executrix /ɪgˈzekjʊtrɪks/ n. (pl. **-ces**, **~es**) DIR. esecutrice f. testamentaria.
exedra /ˈeksɪdrə/ n. (pl. **-ae**) esedra f.
exegesis /ˌeksɪˈdʒiːsɪs/ n. (pl. **-es**) esegesi f.
exegete /ˈeksɪdʒiːt/ n. esegeta m. e f.
exegetic(al) /ˌeksɪˈdʒetɪk(l)/ agg. esegetico.
exegetics /ˌeksɪˈdʒetɪks/ n. + verbo sing. *(discipline)* esegesi f.
exemplar /ɪgˈzemplə(r), -plɑː(r)/ n. FORM. **1** *(copy)* esemplare m. **2** *(model)* esemplare m., modello m.
exemplarily /ɪgˈzemplərɪlɪ, AE -lerɪlɪ/ avv. esemplarmente, in modo esemplare.
exemplariness /ɪgˈzemplərɪnɪs, AE -lerɪnɪs/ n. esemplarità f.
exemplary /ɪgˈzemplərɪ, AE -lerɪ/ agg. **1** [*behaviour, virtue, life*] esemplare; [*student*] modello **2** [*punishment, justice*] esemplare; ***~ damages*** DIR. risarcimento esemplare.
exemplifiable /ɪgˈzemplɪfaɪəbl/ agg. esemplificabile.
exemplification /ɪgˌzemplɪfɪˈkeɪʃn/ n. esemplificazione f.
exemplify /ɪgˈzemplɪfaɪ/ tr. *(all contexts)* esemplificare.
▷ **1.exempt** /ɪgˈzempt/ agg. esente (**from** da).
▷ **2.exempt** /ɪgˈzempt/ tr. esentare [*person*] (**from sth.** da qcs.); ***to ~ sb. from doing*** dispensare qcn. dal fare.
exemption /ɪgˈzempʃn/ n. esenzione f. (**from** da); *(from exam)* dispensa f. (**from** da); ***tax ~*** esenzione fiscale.
exenterate /egˈzentəreɪt/ tr. MED. eviscerare.
exenteration /egˌzentəˈreɪʃn/ n. MED. eviscerazione f.
exequies /ˈeksɪkwɪz/ n.pl. esequie f.
exercisable /eksəˈsaɪzəbl/ agg. [*right, authority*] esercitabile.
▶ **1.exercise** /ˈeksəsaɪz/ **I** n. **1 U** *(exertion)* esercizio m.; ***physical ~*** esercizio fisico; ***to take*** o ***get some ~*** fare un po' di esercizio (fisico) *o* di moto; ***I could do with some ~ - shall we go jogging?*** ho bisogno di fare un po' di moto - andiamo a correre? **2** *(training task)* MUS. SCOL. SPORT esercizio m.; ***maths, piano ~s*** esercizi di matematica, di piano; ***academic ~*** *(pointless)* esercizio accademico **3** *(application) (of duties, intellect, power, rights)* esercizio m. (**of** di); ***her writings show considerable ~ of the imagination*** i suoi scritti sono ricchi di fantasia **4** *(performance)* prova f. (**in** di); ***an ~ in democracy, diplomacy*** una prova di democrazia, di diplomazia **5** AMM. COMM. POL. operazione f.; *(long-term or large-scale)* strategia f.; ***marketing ~*** operazione di marketing; ***public relations ~*** campagna di pubbliche relazioni **6** MIL. esercitazione f., manovre f.pl.; ***to go on (an) ~*** (andare a) fare le manovre **7** ECON. esecuzione f.; ***~ price, notice*** prezzo, avviso di esecuzione **II exercises** n.pl. AE cerimonia f.sing.; ***opening ~s*** cerimonia di apertura.
▶ **2.exercise** /ˈeksəsaɪz/ **I** tr. **1** *(apply)* esercitare [*authority, control, power*]; esercitare, fare valere [*rights*]; prestare, usare [*care, caution*]; esercitare, dare prova di [*patience, tolerance*] **2** *(exert physically)* esercitare [*body, mind, limb, muscles*]; fare fare esercizio a [*dog, horse*] **3** *(worry)* preoccupare; ***a problem which has ~d many great minds*** un problema che ha turbato molte grandi menti **4** ECON. esercitare [*option*] **II** intr. esercitarsi, fare (dell')esercizio.
exercise area /ˈeksəsaɪzˌeərɪə/ n. MIL. area f. addestrativa.
exercise bicycle /ˈeksəsaɪzˌbaɪsɪkl/ n. cyclette® f., bicicletta f. da camera.
exercise book /ˈeksəsaɪzˌbʊk/ n. quaderno m.
exercise programme /ˈeksəsaɪzˌprəʊgræm, AE -grəm/ n. MED. SPORT programma m. degli esercizi, di allenamento.
exerciser /ˈeksəsaɪzə(r)/ n. AE **1** → **exercise bicycle** **2** *(person)* chi fa esercizio.
exergue /ekˈsɜːg/ n. esergo m.
▷ **exert** /ɪgˈzɜːt/ **I** tr. esercitare [*pressure, influence*] (**on** su); fare uso di [*force*]; ***to ~ every effort*** fare ogni sforzo *o* fare tutto il possibile (**to do** per fare) **II** rifl. ***to ~ oneself*** sforzarsi; ***you shouldn't ~ yourself*** non dovresti sforzarti *o* fare troppi sforzi; ***don't ~ yourself!*** IRON. non ti sforzare troppo!
exertion /ɪgˈzɜːʃn/ n. **1** *(physical effort)* sforzo m.; ***the ~s of the climb*** lo sforzo dell'ascesa **2** *(exercising) (of pressure)* esercizio m.; *(of force)* impiego m.; ***the ~ of influence on sb.*** l'esercizio della propria influenza su qcn.
Exeter /ˈeksɪtə(r)/ ♦ ***34*** n.pr. Exeter f.
exeunt /ˈeksɪənt/ TEATR. ***~ soldiers*** escono i soldati.
exfoliant /ˌeksˈfəʊlɪənt/ n. crema f. esfoliante.
exfoliate /ˌeksˈfəʊlɪeɪt/ **I** tr. **1** esfoliare [*bark, rock, skin*] **2** COSMET. fare il peeling a [*skin*] **II** intr. [*bark, rock*] esfoliarsi, sfaldarsi; [*skin*] esfoliarsi.
exfoliating scrub /ˌeksˈfəʊlɪeɪtɪŋˌskrʌb/ n. COSMET. trattamento m. esfoliante, peeling m.
exfoliation /eksˌfəʊlɪˈeɪʃn/ n. GEOL. esfoliazione f., sfaldamento m.; MED. esfoliazione f.; COSMET. peeling m.
ex gratia /ˌeksˈgreɪʃə/ agg. [*award, payment*] a titolo di favore.
exhalant /eksˈheɪlənt/ agg. esalante.
exhalation /ˌekshəˈleɪʃn/ n. *(of breath)* espirazione f.; *(of smoke)* emissione f.; *(of fumes)* esalazione f.

exhale /eks'heɪl/ **I** tr. esalare [*vapour, smell*]; [*person*] espirare, mandare fuori [*air, smoke*]; [*chimney*] emettere [*smoke*] **II** intr. [*person*] espirare.
1.exhaust /ɪg'zɔːst/ n. AUT. **1** *(pipe)* tubo m. di scappamento, tubo m. di scarico **2** *(fumes)* gas m.pl. di scarico.
2.exhaust /ɪg'zɔːst/ **I** tr. **1** consumare (del tutto), esaurire [*supply*]; esaurire [*possibilities, options, topic*] **2** stancare, spossare [*person*] **II** rifl. ***to ~ oneself*** stancarsi, spossarsi.
exhaust centre BE, **exhaust center** AE /ɪg'zɔːstˌsentə(r)/ n. = officina specializzata nel controllo e nella messa a punto dei dispositivi di scarico dei veicoli.
▷ **exhausted** /ɪg'zɔːstɪd/ **I** p.pass. → **2.exhaust II** agg. [*person*] esausto, spossato.
exhaust emissions /ɪg'zɔːstɪˌmɪʃnz/ n.pl. gas m. di scarico.
exhauster /ɪg'zɔːstə(r)/ n. ventilatore m. di scarico, aspiratore m.
exhaust fumes /ɪg'zɔːstˌfjuːmz/ → **exhaust emissions**.
exhaustibility /ɪgˌzɔːstə'bɪlətɪ/ n. *(of fumes etc.)* esauribilità f., aspirabilità f.
exhaustible /ɪg'zɔːstəbl/ agg. [*fumes*] esauribile, aspirabile.
exhausting /ɪg'zɔːstɪŋ/ agg. spossante, estenuante.
▷ **exhaustion** /ɪg'zɔːstʃn/ n. **1** *(tiredness)* spossatezza f., sfinimento m. **2** *(of supply)* esaurimento m.
exhaustive /ɪg'zɔːstɪv/ agg. [*inquiry, study, report*] esaustivo; [*coverage, list*] completo; [*analysis, description, notes, survey*] esauriente, dettagliato; [*inspection, investigation, research*] approfondito.
exhaustively /ɪg'zɔːstɪvlɪ/ avv. [*study, discuss*] esaustivamente, a fondo; [*survey, enumerate*] esaurientemente, dettagliatamente.
exhaustiveness /ɪg'zɔːstɪvnɪs/ n. esaustività f.
exhaust pipe /ɪg'zɔːstˌpaɪp/ n. tubo m. di scappamento, tubo m. di scarico.
exhaust system /ɪg'zɔːstˌsɪstəm/ n. (sistema di) scarico m.
exhaust valve /ɪg'zɔːstˌvælv/ n. valvola f. di scarico.
exhedra /eks'hiːdrə/ n. (pl. **-ae**) → **exedra**.
▷ **1.exhibit** /ɪg'zɪbɪt/ n. **1** *(work of art)* opera f. esposta; *(item on display)* oggetto m. esposto **2** AE *(exhibition)* esposizione f., mostra f.; ***to be on ~*** essere in mostra *o* in esposizione; ***a Gauguin ~*** una mostra su *o* di Gauguin **3** DIR. prova f., documento m. prodotto in giudizio; ***~ A*** prova A.
▷ **2.exhibit** /ɪg'zɪbɪt/ **I** tr. **1** *(display)* esibire, esporre [*artefact, goods*] **2** *(show)* manifestare [*curiosity, preference*]; mostrare [*heroism, devotion, sign*] **II** intr. esporre.
▶ **exhibition** /ˌeksɪ'bɪʃn/ **I** n. **1** *(of art, goods)* esposizione f., mostra f.; ***art ~*** mostra d'arte; ***the Picasso ~*** la mostra su *o* di Picasso; ***to be on ~*** essere in mostra *o* in esposizione; ***to make an ~ of oneself*** SPREG. dare spettacolo **2** *(of skill, technique)* dimostrazione f. **3** FIG. *(of arrogance, rudeness)* esibizione f. **4** *(of film)* presentazione f. **5** BE UNIV. borsa f. di studio **II** modif. [*catalogue*] della mostra; [*gallery, hall, stand*] d'esposizione, espositivo.
exhibition centre BE, **exhibition center** AE /ˌeksɪ'bɪʃnˌsentə(r)/ n. centro m. espositivo.
exhibitioner /ˌeksɪ'bɪʃənə(r)/ n. BE UNIV. borsista m. e f.
exhibitionism /ˌeksɪ'bɪʃənɪzəm/ n. esibizionismo m. (anche PSIC.).
exhibitionist /ˌeksɪ'bɪʃənɪst/ **I** agg. esibizionista, esibizionistico **II** n. esibizionista m. e f. (anche PSIC.).
exhibitor /ɪg'zɪbɪtə(r)/ n. **1** *(of art, goods)* espositore m. (-trice) **2** AE *(of cinema)* proprietario m. (-a), gestore m. (-trice).
exhibitory /ɪg'zɪbɪtrɪ, AE -tɔːrɪ/ agg. [*item*] da esposizione, da mostra.
exhilarant /ɪg'zɪlərənt/ agg. esilarante.
exhilarate /ɪg'zɪləreɪt/ tr. [*breeze*] ravvivare; [*atmosphere, music, speed*] esaltare; [*action, scene, thought*] esilarare; ***to be ~d at*** o ***by the thought of*** essere esilarato all'idea di.
exhilarating /ɪg'zɪləreɪtɪŋ/ agg. [*breeze*] vivificante; [*contest, game*] esaltante, coinvolgente; [*experience, ride, run*] esaltante; [*music, dance*] trascinante; [*speed*] inebriante.
exhilaration /ɪgˌzɪlə'reɪʃn/ n. euforia f.
exhilarative /ɪg'zɪlərətɪv/ agg. → **exhilarant**.
exhort /ɪg'zɔːt/ tr. esortare (**to do** a fare); ***to ~ sb. to action*** esortare qcn. all'azione *o* ad agire.
exhortation /ˌegzɔː'teɪʃn/ n. esortazione f. (**to** a; **to do** a fare).
exhortative /ɪg'zɔːtətɪv/, **exhortatory** /ɪg'zɔːtətrɪ, AE -tɔːrɪ/ agg. esortativo, esortatorio.
exhumation /eksˌhjuː'meɪʃn, AE ɪgˌzuː-/ n. esumazione f. (anche FIG.).
exhumation order /eksˌhjuː'meɪʃnˌɔːdə(r), AE ɪgˌzuːm-/ n. DIR. ordine m. di esumazione.
exhume /eks'hjuːm, AE ɪg'zuːm/ tr. esumare (anche FIG.).
ex-husband /ˌeks'hʌsbənd/ n. ex marito m.
exigencies /'eksɪdʒənsɪz/ n.pl. FORM. esigenze f.
exigent /'eksɪdʒənt/ agg. FORM. esigente.
exigible /'eksɪdʒɪbl/ agg. esigibile.
exiguity /ˌegzɪ'gjuːətɪ/ n. *(of income, means)* esiguità f.; *(of room)* piccolezza f.
exiguous /eg'zɪgjʊəs/ agg. [*income, means*] esiguo; [*room*] molto piccolo.
▷ **1.exile** /'eksaɪl/ **I** n. **1** *(person)* esiliato m. (-a) **2** *(expulsion)* esilio m. (**from** da); ***in ~*** in esilio; ***political ~*** esilio politico; ***to live in, go into ~*** vivere, andare in esilio; ***a place of ~*** un luogo d'esilio **II Exile** n.pr. RELIG. ***the Exile*** l'Esilio (degli Ebrei a Babilonia).
2.exile /'eksaɪl/ tr. esiliare; ***to ~ for life*** esiliare a vita; ***to ~ sb. from a country*** esiliare qcn. da un paese.
exiled /'eksaɪld/ **I** p.pass. → **2.exile II** agg. in esilio; ***the ~ Mr Knox today said...*** oggi il signor Knox, dall'esilio, ha detto che...
exilic /eg'zɪlɪk/ agg. RELIG. relativo all'Esilio (degli Ebrei a Babilonia).
▶ **exist** /ɪg'zɪst/ intr. **1** *(be)* esistere; ***it really does ~*** esiste davvero **2** *(survive)* sopravvivere; ***they can do no more than ~ on that wage*** con quello stipendio riescono appena a sopravvivere **3** *(live)* vivere; ***to ~ on a diet of potatoes*** vivere di (sole) patate; ***how can he ~ without friends?*** come fa a vivere senza amici?
▶ **existence** /ɪg'zɪstəns/ n. **1** *(being)* esistenza f. (**of** di); ***the largest plane in ~*** l'aereo più grande che esista; ***I wasn't aware of its ~*** non sapevo *o* non ero a conoscenza della sua esistenza; ***to come into, go out of ~*** nascere, morire **2** *(life)* esistenza f., vita f.; ***to struggle for one's very ~*** lottare per la propria stessa sopravvivenza.
existent /ɪg'zɪstənt/ agg. FORM. esistente.
existential /ˌegzɪ'stenʃl/ agg. esistenziale (anche FILOS.).
existentialism /ˌegzɪ'stenʃəlɪzəm/ n. esistenzialismo m.
existentialist /ˌegzɪ'stenʃəlɪst/ **I** agg. esistenzialista **II** n. esistenzialista m. e f.
existing /ɪg'zɪstɪŋ/ agg. [*product, laws, order, institution*] esistente; [*policy, management, leadership*] attuale.
▷ **1.exit** /'eksɪt/ n. uscita f.; *(on motorway)* ***"no ~"*** "uscita chiusa"; *(on door)* "porta chiusa"; ***to make an ~*** uscire; TEATR. uscire di scena; SPORT essere eliminato; ***to make a quick*** o ***hasty ~*** eclissarsi; ***to make one's final ~*** EUFEM. = morire.
2.exit /'eksɪt/ **I** intr. uscire (anche INFORM.) **II** tr. ***to ~ stage left, right*** TEATR. uscire a sinistra, a destra del palcoscenico.
3.exit /'eksɪt/ TEATR. ***"~ Hamlet"*** "esce Amleto".
Exit /'eksɪt/ n.pr. BE = associazione a favore dell'eutanasia.
exit point /'eksɪtˌpɔɪnt/ n. INFORM. punto m. di uscita.
exit poll /'eksɪtˌpəʊl/ n. POL. exit poll m.
exit ramp /'eksɪtˌræmp/ n. AE *(on highway)* rampa f. di uscita.
exit sign /'eksɪtˌsaɪn/ n. cartello m., segnale m. di uscita.
exit visa /'eksɪtˌviːzə/ n. visto m. d'uscita.
exit wound /'eksɪtˌwuːnd/ n. foro m. d'uscita.
ex-libris /eks'laɪbrɪs, -'liːbrɪs/ n. (pl. ~) ex libris m.
Exocet /'eksəset/ n.pr. (anche **~ missile**) MIL. (missile) Exocet m.
exocrine /'eksəʊkraɪn/ agg. esocrino.
exoderm /'eksəˌdɜːm/ n. BOT. esoderma m.
exodus /'eksədəs/ **I** n. esodo m. **II Exodus** n.pr. ***the Exodus*** BIBL. l'Esodo; ***the (Book of) Exodus*** il libro dell'Esodo *o* l'Esodo.
exoergic /ˌeksəʊ'ɜːdʒɪk/ agg. esotermico.
ex officio /ˌeksə'fɪʃɪəʊ/ **I** agg. [*member*] di diritto **II** avv. [*attend, speak*] ex officio, d'ufficio.
exogamous /ek'sɒgəməs/ agg. esogamo.
exogamy /ek'sɒgəmɪ/ n. esogamia f.
exogenetic /ˌeksədʒə'netɪk/, **exogenic** /ˌedsə'dʒenɪk/ agg. GEOL. → **exogenous**.
exogenous /ek'sɒdʒɪnəs/ agg. esogeno.
exon /'eksɒn/ n. BE STOR. MIL. = uno dei quattro ufficiali delle Guardie della Torre di Londra.
exonerate /ɪg'zɒnəreɪt/ tr. discolpare, prosciogliere (**from** da); ***to ~ sb. from blame*** discolpare qcn.
exoneration /ɪgˌzɒnə'reɪʃn/ n. discolpa f., proscioglimento m.
exonerative /ɪg'zɒnərətɪv, AE -reɪtɪv/ agg. che discolpa, che proscioglie.
exophthalmic /ˌeksɒf'θælmɪk/ agg. esoftalmico.
exophthalmos /ˌeksɒf'θælmɒs/, **exophthalmus** /ˌeksɒf'θælməs/ n. esoftalmo m.
exorable /'eksərəbl/ agg. [*person*] arrendevole.
exorbitance /ɪg'zɔːbɪtəns/, **exorbitancy** /ɪg'zɔːbɪtənsɪ/ n. esorbitanza f., eccessività f.

exorbitant /ɪɡ'zɔːbɪtənt/ agg. [*price, rent, increase*] esorbitante; [*demand*] eccessivo; ***to go to ~ lengths to do*** spingersi a eccessi estremi per fare; ***to an ~ degree*** in misura esorbitante.
exorbitantly /ɪɡ'zɔːbɪtəntlɪ/ avv. [*charge, spend*] in modo esorbitante; [*pay, reward*] eccessivamente; [*expensive*] in modo esorbitante; ***~ priced*** dal prezzo esorbitante.
exorcism /'eksɔːsɪzəm/ n. esorcismo m.; ***to carry out an ~ of sth., on sb.*** compiere un esorcismo su qcs., su qcn.
exorcist /'eksɔːsɪst/ n. esorcista m. e f.
exorcize /'eksɔːsaɪz/ tr. esorcizzare [*demon, memory, past*].
exordia /ek'sɔːdɪə/ → **exordium**.
exordial /ek'sɔːdɪəl/ agg. di esordio, introduttivo.
exordium /ek'sɔːdɪəm/ n. (pl. **~s, -ia**) esordio m.
exorheic /eksəʊ'reɪɪk/ agg. esoreico.
exoskeleton /ˌeksəʊ'skelɪtn/ n. esoscheletro m.
exosmose /'eksɒzməʊs/, **exosmosis** /'eksɒzməʊsɪz/ n. esosmosi f.
exosphere /'eksəʊsfɪə(r)/ n. esosfera f.
exostosis /ˌeksɒs'təʊsɪs/ n. (pl. **~es**) esostosi f.
exoteric /ˌeksəʊ'terɪk/ agg. essoterico.
exothermic /ˌeksəʊ'θɜːmɪk/ agg. esotermico.
▷ **exotic** /ɪɡ'zɒtɪk/ **I** agg. **1** *(foreign)* esotico **2** EUFEM. *(erotic)* [*appeal, pleasure, literature*] erotico; ***~ dancer*** = spogliarellista **II** n. **1** *(person)* personaggio m. originale, bizzarro **2** *(animal)* animale m. esotico; *(plant)* pianta f. esotica.
exotica /ɪɡ'zɒtɪkə/ n. = (insieme, raccolta di) oggetti esotici.
exoticism /ɪɡ'zɒtɪsɪzəm/ n. **1** *(quality)* esotismo m., esoticità f. **2** LING. esotismo m.
▶ **expand** /ɪk'spænd/ **I** tr. **1** espandere, ampliare [*activity, business, network*]; aumentare [*provision*]; ampliare, estendere [*range, scope*]; ampliare, sviluppare [*concept*]; ampliare, allargare [*horizon, knowledge*]; estendere, accrescere [*influence*]; aumentare, accrescere [*production, sales, workforce*]; estendere, espandere [*empire*]; gonfiare [*lungs, muscles*] **2** MAT. sviluppare **3** INFORM. espandere **II** intr. **1** [*activity, business, economy, market, sector, town*] espandersi, allargarsi; [*capacity, population, production, provision, sales, skill*] aumentare; [*gas, metal*] dilatarsi; [*accommodation, building, institution*] ampliarsi, ingrandirsi; [*chest*] dilatarsi, gonfiarsi; [*universe*] espandersi; ***heat makes it ~*** il calore lo fa dilatare; ***the company is ~ing into overseas markets*** COMM. la società comincia a espandersi sui mercati esteri **2** *(relax)* [*person*] distendersi.
▪ **expand (up)on:** ~ (up)on [sth.] diffondersi, dilungarsi su [*argument, aspect, theory*].
expandable /ɪk'spændəbl/ agg. espansibile.
expander /ɪk'spændə(r)/ n. **1** TECN. espansore m. **2** TESS. tenditore m.
▷ **expanded** /ɪk'spændɪd/ **I** p.pass. → **expand II** agg. **1** [*programme*] ampliato; [*article*] ampio, diffuso; [*version*] esteso **2** TECN. [*metal*] stirato; [*plastic, polystyrene*] espanso.
▷ **expanding** /ɪk'spændɪŋ/ agg. **1** *(growing)* [*area, business, economy, population, service, sector, town*] in espansione; [*project*] in corso di sviluppo; [*possibilities*] crescente; [*role*] di crescente importanza **2** [*file*] espandibile; [*suitcase*] estensibile.
expanse /ɪk'spæns/ n. *(of land, water)* distesa f.; *(of fabric)* superficie f.; ***her dress exposed a large ~ of thigh*** SCHERZ. il vestito le lasciava scoperta una generosa porzione di cosce.
expansibility /ɪk'spænsəbɪlətɪ/ n. espansibilità f.
expansible /ɪk'spænsəbl/ agg. estensibile, espansibile.
expansion /ɪk'spænʃn/ n. **1** *(of business, economy, trade)* espansione f., sviluppo m. (**in** di; **into** in); *(of population, production, range, membership, borrowing, sales)* aumento m., crescita f.; *(of buildings, site)* ampliamento m., ingrandimento m.; ***rate of ~*** tasso di crescita **2** FIS. *(of metal, gas)* dilatazione f. **3** MAT. *(of expression)* sviluppo m. **4** TECN. *(in engine)* espansione f.
expansionary /ɪk'spænʃənərɪ, AE -nerɪ/ agg. ECON. espansionistico.
expansion board /ɪk'spænʃnˌbɔːd/, **expansion card** /ɪk'spænʃnˌkɑːd/ n. INFORM. scheda f. di espansione.
expansion bolt /ɪk'spænʃnˌbəʊlt/ n. tassello m. a espansione.
expansionism /ɪk'spænʃənɪzəm/ n. ECON. POL. espansionismo m.
expansionist /ɪk'spænʃənɪst/ **I** agg. ECON. POL. [*person*] espansionista; [*policy*] espansionista, espansionistico **II** n. espansionista m. e f.
expansion joint /ɪk'spænʃnˌdʒɔɪnt/ n. giunto m. di dilatazione.
expansion programme /ɪk'spænʃnˌprəʊɡræm, AE -ɡrəm/, **expansion scheme** /ɪk'spænʃnˌskiːm/ n. COMM. programma m. di espansione.
expansion slot /ɪk'spænʃnˌslɒt/ n. INFORM. slot m. di espansione.
expansion tank /ɪk'spænʃnˌtæŋk/ n. AUT. serbatoio m. di espansione.
expansive /ɪk'spænsɪv/ agg. **1** *(effusive)* [*person, mood*] espansivo; [*gesture*] ampio; *(grand)* [*theme, vision*] grandioso **2** *(extensive)* [*brow, chest*] ampio; [*desert, square*] vasto **3** *(extendable)* [*gas*] espansivo; [*material*] espansibile **4** *(exerting force)* [*force*] espansivo.
expansively /ɪk'spænsɪvlɪ/ avv. **1** *(effusively)* [*greet, smile*] espansivamente; ***to gesture, wave ~*** fare ampi gesti **2** *(in detail)* [*describe*] diffusamente, profusamente.
expansiveness /ɪk'spænsɪvnɪs/ n. *(of person)* espansività f.; *(of gesture)* ampiezza f.; *(of landscape)* immensità f.
expansivity /ˌekspæn'sɪvɪtɪ/ n. FIS. coefficiente m. di dilatazione.
expat /eks'pæt/ **I** n. COLLOQ. (accorc. expatriate) **1** *(emigrant)* emigrato m. (-a) **2** *(exile)* esule m. e f. **II** agg. COLLOQ. (accorc. expatriate) **1** *(emigrant)* emigrato **2** *(exiled)* esule.
expatiate /ɪk'speɪʃɪeɪt/ intr. dissertare, dilungarsi (**upon, on** su).
expatiation /ekˌspeɪʃɪ'eɪʃn/ n. dissertazione f.
expatiatory /ek'speɪʃjətrɪ, AE -tɔːrɪ/ agg. prolisso.
1.expatriate /ˌeks'pætrɪət/ **I** n. **1** *(emigrant)* emigrato m. (-a) **2** *(exile)* esule m. e f. **II** agg. **1** *(emigrant)* emigrato **2** *(exiled)* esule.
2.expatriate /ˌeks'pætrɪeɪt/ tr. *(exile)* esiliare, mandare in esilio.
expatriation /eksˌpætrɪ'eɪʃn/ n. *(exile)* esilio m.
▶ **expect** /ɪk'spekt/ **I** tr. **1** *(anticipate)* aspettarsi [*event, victory, defeat, trouble*]; ***to ~ the worst*** aspettarsi il peggio; ***we ~ fine weather*** dovrebbe fare bel tempo; ***what did you ~?*** che cosa ti aspettavi? ***I ~ed as much*** me l'aspettavo; ***you knew what to ~*** sapevi quello che c'era da aspettarsi; ***to ~ sb. to do*** aspettarsi che qcn. faccia; ***she is ~ed to win*** ci si aspetta che vinca (lei) *o* dovrebbe vincere (lei); ***he is ~ed to arrive at six*** è previsto che arrivi alle sei; ***to ~ that*** aspettarsi che; ***I ~ (that) I'll lose*** mi aspetto di perdere *o* prevedo che perderò; ***it is only to be ~ed that he should go*** sarebbe del tutto normale se andasse; ***it was hardly to be ~ed that she should agree*** era difficile che accettasse; ***more, worse than ~ed*** più, peggio del previsto; ***not as awful as I had ~ed*** non così terribile come me l'ero aspettato **2** *(rely on)* aspettarsi, contare su [*sympathy, help*] (**from** di, da parte di); ***don't ~ any sympathy from me!*** non aspettarti nessuna comprensione da parte mia! ***I ~ you to be punctual*** mi aspetto che tu sia puntuale **3** *(await)* aspettare [*baby, guest, company*]; ***I'm ~ing someone*** aspetto qualcuno; ***what time shall we ~ you?*** per che ora ti aspettiamo? ***~ me when you see me*** BE non so a che ora arrivo *o* quando arrivo arrivo **4** *(require)* aspettarsi, richiedere [*commitment, hard work*] (**from** da, da parte di); ***you will be ~ed to work at weekends*** ci si aspetta che tu lavori durante il fine settimana; ***I can't be ~ed to know everything*** non si può pretendere che io sappia tutto; ***it's too much to ~*** questo è chiedere troppo **5** BE *(suppose)* ***I ~ so*** penso di sì; ***I don't ~ so*** non penso *o* penso di no *o* credo di no; ***I ~ you're tired*** suppongo che tu sia stanco; ***I ~ you'd like a bath*** immagino che tu voglia fare un bagno **II** intr. **1** *(anticipate)* ***to ~ to do*** aspettarsi di fare; ***I ~ to lose, to be working late*** mi aspetto di perdere, di dover lavorare fino a tardi; ***I was ~ing to do better*** contavo di fare meglio **2** *(require)* ***to ~ to do*** aspettarsi, contare di fare; ***I ~ to see you there*** conto di vederti là **3** *(be pregnant)* ***to be ~ing*** aspettare un bambino *o* essere in stato interessante.
expectable /ɪk'spektəbl/ agg. prevedibile.
expectance /ɪk'spektəns/, **expectancy** /ɪk'spektənsɪ/ n. ***to have an air of ~*** avere l'aria di chi aspetta qualcosa; ***a feeling of ~*** una sensazione di attesa.
expectant /ɪk'spektənt/ agg. **1** [*look, expression*] pieno d'attesa; *(hopeful)* pieno di speranza; ***to look ~*** avere l'aria di chi è in attesa di qualcosa **2** [*mother*] in attesa, in stato interessante; [*father*] futuro.
expectantly /ɪk'spektəntlɪ/ avv. [*wait, look, listen*] con l'aria di chi aspetta qualcosa; *(in hope)* con aria speranzosa.
▶ **expectation** /ˌekspek'teɪʃn/ n. **1** *(assumption, prediction)* aspettativa f., previsione f.; ***it is my ~ that*** mi aspetto che; ***to have ~s of success*** avere delle speranze di successo; ***against all ~(s)*** contro tutte le previsioni; ***beyond all ~(s)*** oltre ogni aspettativa; ***it is in line with ~(s)*** è in linea con le previsioni; ***you have been chosen in the ~ that*** sei stato scelto con la speranza che; ***in the ~ of a shortage*** in previsione di scarsità **2** *(aspiration, hope)* aspirazione f., attesa f.; ***to live up to, fail to live up to sb.'s ~s*** corrispondere, non (riuscire a) rispondere alle aspettative di qcn.; ***I don't want to raise their ~s*** non voglio illuderli; ***to have great ~s of*** aspettarsi molto da; ***an atmosphere of ~*** un'atmosfera d'attesa **3** *(requirement, demand)* aspettativa f., richiesta f.; ***to have certain ~s of*** esigere determinate cose da [*police, employee*].

expectative /ɪk'spektətɪv/ agg. di aspettazione, di attesa.

▷ **expected** /ɪk'spektɪd/ **I** p.pass. → **expect II** agg. [*guest, letter*] atteso; [*attack, reaction, income, price rise, sales*] previsto; ***the ~ 9 million dollar loss*** la perdita prevista di nove milioni di dollari.

expectorant /ɪk'spektərənt/ **I** agg. espettorante **II** n. espettorante m.

expectorate /ɪk'spektəreɪt/ **I** tr. espettorare **II** intr. espettorare.

expectoration /ek,spektə'reɪʃn/ n. **1** *(expulsion)* espettorazione f. **2** *(sputum)* espettorato m., escreato m.

expedience /ɪk'spi:djəns/, **expediency** /ɪk'spi:dɪənsɪ/ n. **1** *(appropriateness)* convenienza f., opportunità f. **2** *(self-interest)* opportunismo m.

expedient /ɪk'spi:dɪənt/ **I** n. espediente m. **II** agg. **1** *(appropriate)* conveniente, opportuno **2** *(advantageous)* opportunistico.

expediently /ɪk'spi:dɪəntlɪ/ avv. convenientemente, opportunamente.

expedite /'ekspɪdaɪt/ tr. FORM. **1** *(speed up)* accelerare [*operation, process*]; facilitare [*task, work*] **2** *(finish)* sbrigare [*business*] **3** *(send)* spedire [*data, document*].

▷ **expedition** /,ekspɪ'dɪʃn/ n. **1** *(to explore)* spedizione f.; ***to go on an ~*** (andare a) fare una spedizione **2** *(for leisure)* ***climbing ~*** escursione alpinistica; ***hunting, fishing ~*** partita di caccia, di pesca; ***sightseeing ~*** gita turistica; ***to go on a shopping ~*** andare a fare spese **3** FORM. *(speed)* ***with ~*** con speditezza *o* prontamente.

expeditionary force /,ekspɪ'dɪʃənərɪ,fɔ:s, AE -nerɪ-/ n. corpo m. di spedizione.

expeditionist /,ekspɪ'dɪʃənɪst/ n. membro m. di una spedizione.

expeditious /,ekspɪ'dɪʃəs/ agg. FORM. [*action, decision, response*] pronto, rapido; [*method, procedure*] spedito.

expeditiously /,ekspɪ'dɪʃəslɪ/ avv. FORM. [*act, respond*] prontamente, rapidamente.

▷ **expel** /ɪk'spel/ tr. (forma in -ing ecc. **-ll-**) **1** espellere [*alien, diplomat, dissident, member, player, pupil*] (**from** da); cacciare [*invader*] (**from** da); sfrattare [*tenant*] **2** espellere [*air, gas, water*].

expellent /ɪk'spelənt/ **I** agg. vermifugo **II** n. vermifugo m.

expend /ɪk'spend/ tr. **1** *(devote)* dedicare [*effort, time*]; *(spend)* spendere [*energy, money*]; prodigare [*sympathy*] **2** *(exhaust)* consumare [*resources, supply*].

expendability /ɪk,spendə'bɪlətɪ/ n. ***to make decisions about the ~ of troops and tanks*** prendere delle decisioni circa l'ammontare di perdite accettabili di uomini e carri armati; ***the ~ of staff*** il fatto che il personale non è indispensabile.

expendable /ɪk'spendəbl/ agg. **1** MIL. [*troops, equipment*] sacrificabile **2** *(disposable)* [*booster, fuel tank, launcher*] eliminabile; [*materials, stationery, stores*] usabile; ***~ goods*** beni di consumo; ***to be ~*** [*worker*] non essere indispensabile.

▷ **expenditure** /ɪk'spendɪtʃə(r)/ n. **1** *(amount spent)* spesa f., spese f.pl.; ***~ on education, defence*** spese per l'istruzione, per la difesa; ***capital, consumer ~*** spese di investimento, di consumo; ***public ~*** spesa pubblica **2** *(in bookkeeping)* uscita f.; ***income and ~*** entrate e uscite *o* introiti e spese **3** *(spending) (of energy, time, money)* dispendio m.; *(of resources)* consumo m., impiego m.; ***a useful ~ of time*** un proficuo impiego di tempo.

▶ **expense** /ɪk'spens/ **I** n. **1** *(cost)* spesa f.; ***at vast ~*** ad alto prezzo; ***at one's own ~*** a proprie spese; ***at public ~*** a spese dello stato *o* della comunità; ***to go to some ~*** fare delle spese; ***to go to great ~*** o ***to go to a great deal of ~*** sostenere forti spese (**to do** per fare); ***to put sb. to ~*** fare sostenere delle spese a qcn.; ***to spare no ~*** non badare a spese; ***no ~ has been spared*** non si è badato a spese; ***to go to the ~ of renting a villa*** sostenere la spesa dell'affitto di una villa; ***to save oneself the ~ of a hotel*** risparmiarsi la spesa dell'albergo **2** *(cause for expenditure)* spesa f.; ***a wedding is a big ~*** un matrimonio è una grossa spesa; ***petrol is a big ~ for me*** la benzina per me è una forte spesa **3** *(loss)* ***at the ~ of*** a scapito di [*health, public, safety*]; ***at the ~ of jobs*** a prezzo di sacrificare dei posti di lavoro; ***at sb.'s ~*** [*laugh, joke*] alle spalle di qcn. **II expenses** n.pl. COMM. spese f.; ***tax-deductible ~s*** spese deducibili dalle tasse; ***to cover sb.'s ~s*** [*person*] farsi carico delle spese di qcn.; [*sum*] coprire le spese di qcn.; ***to get one's ~s paid*** farsi rimborsare le spese; ***all ~s paid*** tutto spesato; ***to claim ~s*** richiedere il rimborso delle spese; ***to fiddle ~s*** COLLOQ. fare la cresta sulla nota spese.

expense account /ɪk'spensə,kaʊnt/ n. nota f. spese.

▶ **expensive** /ɪk'spensɪv/ agg. [*car, coat, house*] caro, costoso; [*area*] caro; [*holiday, procedure, mistake, repair, taste*] costoso; ***~ to maintain*** caro da mantenere; ***it's getting ~ to eat out*** sta diventando caro (andare a) mangiare fuori.

expensively /ɪk'spensɪvlɪ/ avv. [*live*] dispendiosamente; [*eat*] spendendo molto; ***~ furnished*** arredato lussuosamente; ***to be ~ dressed*** portare vestiti molto costosi.

expensiveness /ɪk'spensɪvnɪs/ n. dispendiosità f., alto costo m.

▶ **1.experience** /ɪk'spɪərɪəns/ n. **1** *(expertise)* esperienza f.; ***driving, management, teaching ~*** esperienza di guida, gestionale, di insegnamento; ***from my own ~*** dalla mia esperienza; ***in my ~*** secondo la mia esperienza; ***in all my 20 years' ~ as headmistress, I have never...*** in vent'anni di esperienza come preside, non ho mai...; ***to have ~ of sth.*** avere esperienza di qcs.; ***to have ~ with children, animals*** avere esperienza di bambini, di animali; ***to have ~ (in working) with computers, cars*** avere pratica *o* dimestichezza (nel lavorare) con i computer, con le auto; ***to acquire*** o ***gain ~*** acquisire esperienza; ***to know from, learn by ~*** sapere per esperienza, imparare con l'esperienza; ***to judge from ~*** giudicare in base all'esperienza *o* alla luce dell'esperienza **2** *(incident)* esperienza f.; ***to have*** o ***go through a new ~*** fare una nuova esperienza; ***a world tour: the ~ of a lifetime!*** il giro del mondo: un'esperienza unica! ***that was quite an ~!*** quella sì che è stata un'avventura *o* una bella esperienza!

▶ **2.experience** /ɪk'spɪərɪəns/ tr. vivere, sperimentare [*change*]; patire, subire [*defeat, ill-treatment, loss*]; incontrare [*problem, difficulty*]; provare [*emotion, sensation, physical pleasure*]; ***to ~ sth. personally, at first hand*** sperimentare qcs. di persona, fare l'esperienza diretta di qcs.

▷ **experienced** /ɪk'spɪərɪənst/ **I** p.pass. → **2.experience II** agg. [*worker, professional*] esperto; [*eye*] allenato; ***to be ~ in working with computers*** essere pratico di computer; ***an ~ traveller*** un viaggiatore esperto.

experiential /ɪk,spɪərɪ'enʃl/ agg. sperimentale, empirico.

experientialism /ɪk,spɪərɪ'enʃəlɪzəm/ n. → **experimentalism**.

experientialist /ɪk,spɪərɪ'enʃəlɪst/ n. → **experimentalist**.

▶ **1.experiment** /ɪk'sperɪmənt/ n. esperimento m. (**in** di; **on** su); ***to conduct, carry out an ~*** compiere, fare un esperimento; ***as, by way of an ~*** come, per esperimento.

▶ **2.experiment** /ɪk'sperɪmənt/ intr. sperimentare, fare degli esperimenti (**on** su); ***to ~ with sth.*** sperimentare *o* provare qcs.

experimental /ɪk,sperɪ'mentl/ agg. [*design, method, music, scheme, theatre, writing*] sperimentale; [*season, week*] di prova; [*laboratory*] per gli esperimenti, sperimentale; [*novelist*] sperimentalista; ***~ model, ~ machine*** prototipo; ***on an ~ basis*** a titolo sperimentale.

experimentalism /ek,sperɪ'mentəlɪzəm/ n. sperimentalismo m.

experimentalist /ek,sperɪ'mentəlɪst/ n. sperimentalista m. e f.

experimentally /ɪk,sperɪ'mentəlɪ/ avv. [*establish, test*] sperimentalmente; [*lick, nibble*] per assaggiare; [*touch*] per provare, per saggiare; [*try*] per prova.

▷ **experimentation** /ɪk,sperɪmen'teɪʃn/ n. **1** *(use of experiments)* sperimentazione f. **2** *(experiment)* esperimenti m.pl.; ***recent ~*** esperimenti recenti; ***animal ~*** esperimenti sugli animali.

experimenter /ɪk'sperɪmentə(r)/ n. sperimentatore m. (-trice).

▶ **expert** /'ekspɜ:t/ **I** agg. [*person*] esperto, abile; [*knowledge*] specialistico; [*opinion, advice*] di un esperto, di uno specialista; ***an ~ cook*** un cuoco provetto; ***to be ~ at doing*** essere abile nel fare; ***an ~ eye*** un occhio esperto *o* clinico; ***to require ~ handling*** [*situation*] dover essere gestito con perizia **II** n. esperto m. (-a), specialista m. e f. (**in** in, di); ***to be an ~ in law*** essere uno specialista di diritto; ***to be an ~ at doing*** essere un esperto nel fare; ***forensic ~*** medico legale; ***computer ~*** esperto di informatica; ***to ask the ~s*** chiedere *o* rivolgersi agli esperti; ***you're the ~!*** sei tu l'esperto!

▷ **expertise** /,ekspɜ:'ti:z/ n. **1** competenza f., perizia f.; ***~ in*** competenza nel settore di [*subject*]; ***Italian ~ in telecommunications*** la competenza italiana nel settore delle telecomunicazioni; ***his ~ as a builder*** la sua competenza di costruttore; ***to have, lack the ~ to do*** avere, non avere la competenza (necessaria) per fare **2** DIR. autenticazione f.

expertly /'ekspɜ:tlɪ/ avv. [*constructed*] competentemente, con perizia; [*cooked*] con maestria; [*presented*] in modo sapiente; ***~ he knotted his tie*** si annodò la cravatta con mano esperta.

expertness /'ekspɜ:tnɪs/ n. competenza f., perizia f.

expert system /,ekspɜ:t'sɪstəm/ n. sistema m. esperto.

expert witness /,ekspɜ:t'wɪtnɪs/ n. DIR. = perito, consulente tecnico chiamato a testimoniare in un processo.

expiable /'ekspɪəbl/ agg. [*crime, guilt, sin*] espiabile.

expiate /'ekspɪeɪt/ tr. espiare [*crime, guilt, sin*].

expiation /,ekspɪ'eɪʃn/ n. *(of crime, guilt, sin)* espiazione f.

expiator /'ekspɪətə(r)/ n. espiatore m. (-trice).

expiatory /'ekspɪətrɪ, AE -tɔ:rɪ/ agg. espiatorio.

expiration /,ekspɪ'reɪʃn/ n. **1** *(termination)* scadenza f. **2** *(exhalation) (of breath)* espirazione f.; *(of gas, vapour)* emissione f.

expiration date /,ekspɪ'reɪʃn,deɪt/ n. AE → **expiry date**.

expiratory /ɪk'spaɪərətrɪ, AE -tɔ:rɪ/ agg. **1** [*muscle*] espiratore **2** LING. [*accent*] espiratorio.

▷ **expire** /ɪk'spaɪə(r)/ intr. **1** AMM. COMM. *(end)* [*document, contract, deadline, offer*] scadere; [*period*] finire, terminare; ***my passport has ~d*** il mio passaporto è scaduto **2** *(exhale)* espirare **3** *(die)* [*person*] esalare l'ultimo respiro, spirare; SCHERZ. [*machine*] morire.

expiry /ɪk'spaɪərɪ/ n. *(of contract, document)* scadenza f.; *(of time period)* fine f.; *(of deadline, mandate)* termine m.

expiry date /ɪk'spaɪərɪdeɪt/ n. BE *(of perishable item)* data f. di scadenza; *(on label)* "da consumarsi entro il..."; *(of credit card, permit)* data f. di scadenza, (data di) fine f. validità; *(of contract)* termine m., cessazione f.; *(of loan)* data f. di estinzione.

▶ **explain** /ɪk'spleɪn/ **I** tr. *(all contexts)* spiegare (**that** che; **to** a); ***"it's like this," he ~ed*** "è così", spiegò; ***can you ~?*** puoi spiegare *o* spiegarmelo? ***I can't ~*** non posso spiegare *o* non so spiegarlo; ***that ~s it!*** questo spiega *o* chiarisce tutto! **II** rifl. ***to ~ oneself*** spiegarsi.

▪ **explain away:** ~ away [sth.], ~ [sth.] away dare spiegazioni (soddisfacenti) di [*problem*]; giustificare (in modo soddisfacente) [*change*].

explainable /ɪk'spleɪnəbl/ agg. spiegabile.

explainer /ɪk'spleɪnə(r)/ n. chi spiega.

▶ **explanation** /ˌeksplə'neɪʃn/ n. spiegazione f. (**of** di; **for** per); ***to accept sb.'s ~ that*** accettare la spiegazione di qcn. secondo la quale; ***by way of ~, in ~*** per, come spiegazione; ***there is no ~*** non c'è spiegazione; ***we want a full ~*** vogliamo una spiegazione esauriente; ***it needs no ~*** non ha bisogno di spiegazioni.

explanatory /ɪk'splænətrɪ, AE -tɔ:rɪ/ agg. [*notes, leaflet, film, diagram*] esplicativo; ***an ~ statement*** un chiarimento.

1.explant /'ekspla:nt, AE -plænt/ n. BIOL. *(piece of tissue)* espianto m.

2.explant /ɪk'spla:nt, AE -'splænt/ tr. BIOL. espiantare [*tissue*].

explantation /ekspla:n'teɪʃn, AE -plæn't-/ n. BIOL. espiantazione f., espianto m.

expletive /ɪk'spli:tɪv, AE 'eksplətɪv/ **I** agg. FORM. espletivo (anche LING.) **II** n. **1** FORM. *(exclamation)* esclamazione f.; EUFEM. *(swearword)* imprecazione f. **2** LING. particella f. espletiva, riempitivo m.

expletory /ɪk'spli:trɪ, AE -tɔ:rɪ/ agg. LING. espletivo.

explicable /ɪk'splɪkəbl, 'ek-/ agg. spiegabile; ***to be ~ in terms of, in the light of*** poter essere spiegato in termini di, alla luce di.

explicate /'eksplɪkeɪt/ tr. FORM. **1** *(explain)* spiegare, chiarire **2** *(develop)* esplicare [*principle, notion*].

explication /ˌeksplɪ'keɪʃn/ n. FORM. *(explanation)* spiegazione f., chiarimento m.; *(development)* esplicazione f.

explicative /ek'splɪkətɪv/, **explicatory** /ek'splɪkətrɪ, AE -tɔ:rɪ/ agg. FORM. esplicativo.

▷ **explicit** /ɪk'splɪsɪt/ agg. **1** *(precise)* [*instructions, directions, reasons, command*] esplicito, preciso **2** *(open)* [*denial*] netto; [*declaration*] esplicito, aperto; [*permission*] esplicito; [*aim*] esplicito, dichiarato; [*opposition, support*] chiaro, dichiarato; ***to be ~*** essere esplicito (**about** su); ***sexually ~*** [*film, picture*] che mostra in modo esplicito scene di sesso **3** MAT. esplicito.

explicitly /ɪk'splɪsɪtlɪ/ avv. [*mention, forbid, show*] esplicitamente; [*deny*] nettamente; [*order*] esplicitamente, chiaramente; [*admit*] esplicitamente, apertamente.

▷ **explode** /ɪk'spləʊd/ **I** tr. fare esplodere [*bomb*]; FIG. demolire [*theory, argument*]; screditare [*rumour*]; distruggere [*myth*] **II** intr. **1** [*bomb, boiler, firework*] esplodere, scoppiare; [*gas, gunpowder*] esplodere; [*building, ship*] saltare; [*thunder*] rimbombare **2** FIG. [*person*] *(with anger)* esplodere, scoppiare; [*issue, controversy*] scoppiare; [*population*] esplodere; ***to ~ with rage*** esplodere, scoppiare (per la rabbia); ***to ~ with laughter*** scoppiare a ridere; ***the streets ~d into life*** le strade si animarono all'improvviso; ***the country ~d into civil war*** nel paese scoppiò la guerra civile; ***they ~d onto the rock music scene in 1977*** COLLOQ. sfondarono nel mondo della musica rock nel 1977.

exploded /ɪk'spləʊdɪd/ **I** p.pass. → **explode II** agg. TECN. ***~ drawing*** o ***diagram*** (disegno) esploso.

exploding star /ɪkˌspləʊdɪŋ'sta:(r)/ n. stella f. variabile.

1.exploit /'eksplɔɪt/ n. exploit m.; ***amorous ~s*** SCHERZ. exploit amorosi.

▷ **2.exploit** /ɪk'splɔɪt/ tr. *(all contexts)* sfruttare.

exploitable /ɪk'splɔɪtəbl/ agg. sfruttabile.

▷ **exploitation** /ˌeksplɔɪ'teɪʃn/ n. *(all contexts)* sfruttamento m.

exploitative /ɪk'splɔɪtətɪv/ agg. [*system, organization*] basato sullo sfruttamento; [*firm*] che sfrutta i dipendenti.

exploiter /ɪk'splɔɪtə(r)/ n. sfruttatore m. (-trice).

▷ **exploration** /ˌeksplə'reɪʃn/ n. esplorazione f. (anche MED.); ***oil ~*** sondaggio petrolifero.

explorative /ek'splɒrətɪv/ agg. esplorativo.

exploratory /ɪk'splɒrətrɪ, AE -tɔ:rɪ/ agg. **1** *(investigative)* [*expedition*] esplorativo, di esplorazione **2** *(preliminary)* POL. [*talks, calculations*] esplorativo **3** MED. [*surgery*] esplorativo.

▶ **explore** /ɪk'splɔ:(r)/ tr. **1** esplorare; ***to go exploring*** andare in esplorazione; ***to ~ for oil*** cercare il petrolio; ***a few hours to ~ the city*** qualche ora per esplorare *o* scoprire la città **2** FIG. studiare [*idea, issue, opportunity*]; ***to ~ ways and means of doing*** studiare tutti i modi possibili di fare; ***to ~ every avenue*** esaminare tutte le possibilità.

explorer /ɪk'splɔ:rə(r)/ n. esploratore m. (-trice).

▷ **explosion** /ɪk'spləʊʒn/ n. **1** *(of bomb, boiler, dynamite)* esplosione f., scoppio m.; *(of gas, building, ship)* esplosione f.; ***to hear an ~*** udire un'esplosione **2** FIG. *(of mirth, rage, activity)* esplosione f.; *(of group, movement)* sviluppo m., boom m.; *(of prices)* impennata f.; ***population ~*** esplosione demografica.

▷ **explosive** /ɪk'spləʊsɪv/ **I** agg. **1** [*bomb, device, force, mixture*] esplosivo **2** FIG. [*situation, violence, issue*] esplosivo; [*temperament*] collerico, irascibile **3** FON. → **plosive II** n. **1** esplosivo m.; ***to be charged with possessing ~s*** essere accusato di detenzione di esplosivi **2** FON. → **plosive**.

explosively /ɪk'spləʊsɪvlɪ/ avv. esplosivamente, in modo esplosivo.

explosiveness /ɪk'spləʊsɪvnɪs/ n. esplosività f. (anche FIG.).

exponent /ɪk'spəʊnənt/ n. **1** *(of policy, theory, method, art form)* esponente m. e f. **2** *(of music)* interprete m. e f.; *(of sport)* figura f., personaggio m.; ***Ma is a leading exponent of cello-playing*** Ma è un violoncellista di spicco **3** MAT. *(symbol)* esponente m.

exponential /ˌekspəʊ'nenʃl/ agg. esponenziale.

exponentially /ˌekspəʊ'nenʃəlɪ/ avv. [*expand, rise*] esponenzialmente (anche MAT.).

▶ **1.export** /'ekspɔ:t/ n. **1** esportazione f., export m. (**of** di); ***"for ~ only"*** *(on product)* "solo per l'esportazione"; ***visible and invisible ~s*** esportazioni visibili e invisibili; ***a ban on ~s*** un embargo sulle esportazioni **2** *(item)* prodotto m., merce f. d'esportazione; ***it's our best-known ~*** è la nostra merce d'esportazione più rinomata (anche FIG.).

▶ **2.export** /ɪk'spɔ:t/ **I** tr. *(all contexts)* esportare (**from** da); ***to ~ sth. to England, to several countries*** esportare qcs. in Inghilterra, in diversi paesi **II** intr. esportare; ***to ~ to England, to many countries*** esportare in Inghilterra, in diversi paesi.

exportable /ɪk'spɔ:təbl/ agg. esportabile.

export agent /'ekspɔ:tˌeɪdʒənt/ n. esportatore m. (-trice).

exportation /ˌekspɔ:'teɪʃn/ n. esportazione f.; ***for ~ only*** solo per l'esportazione.

export control /'ekspɔ:tkənˌtrəʊl/ n. controllo m. delle esportazioni.

export credit /'ekspɔ:tˌkredɪt/ n. credito m. all'esportazione.

export drive /'ekspɔ:tˌdraɪv/ n. campagna f. di esportazioni.

export duty /'ekspɔ:tˌdju:tɪ, AE -ˌdu:tɪ/ n. dazio m. di esportazione.

export earnings /'ekspɔ:tˌɜ:nɪŋz/ n.pl. utili m. di esportazione.

exporter /ɪk'spɔ:tə(r)/ n. esportatore m. (-trice) (**of** di).

export finance /'ekspɔ:tˌfaɪnæns, -fɪˌnæns/ n. finanziamento m. delle esportazioni.

export-import company /ˌekspɔ:t'ɪmpɔ:tˌkʌmpənɪ/ n. ditta f. (di) import-export.

export licence BE, **export license** AE /'ekspɔ:tˌlaɪsns/ n. licenza f. di esportazione.

export manager /'ekspɔ:tˌmænɪdʒə(r)/ n. direttore m. dell'export.

export-orientated /'ekspɔ:tˌɔ:rɪənteɪtɪd/ BE, **export-oriented** /'ekspɔ:tˌɔ:rɪəntɪd/ AE agg. favorevole all'esportazione.

export trade /'ekspɔ:tˌtreɪd/ n. commercio m. con l'estero.

▷ **expose** /ɪk'spəʊz/ **I** tr. **1** *(display)* mostrare, scoprire [*body, skin*]; mostrare [*teeth*]; *(provocatively)* esibire [*chest, thighs*]; ***to ~ one's ignorance*** mostrare la propria ignoranza **2** *(make public)* rivelare [*fact, identity, secret*]; denunciare [*injustice, person, scandal*]; ***to ~ sb. as a spy*** denunciare qcn. come spia; ***to ~ sb. for what they are*** mostrare qcn. per quello che è veramente *o* rivelare la vera natura di qcn. **3** *(uncover)* esporre [*contents, inside*]; mettere a nudo [*dirt*]; scoprire [*wire, nerve*]; [*low tide*] lasciare scoperto [*rocks*]; [*excavations*] portare alla luce [*fossil, remains*] **4** *(introduce)* ***to ~ sb. to*** avvicinare qcn. a [*opera, politics*]; esporre qcn. a [*effect, influence*]; mettere qcn. di fronte a [*reality*] **5** *(make vulnerable)* ***to ~ sb., sth. to*** esporre qcn., qcs. a [*danger, infection, light, ridicule*]; ***to ~ sb. to temptation*** indurre qcn. in tentazione **6** FOT. esporre, impressionare [*film*] **7** ANT. *(abandon)* esporre [*baby*] **II** rifl. **1** ***to ~ oneself*** *(exhibit one's body)* esibirsi, esibire le parti intime (**to** di fronte a); DIR. commettere oltraggio al pudore **2** ***to ~ oneself to*** *(make oneself vulnerable)* esporsi a [*risk, danger*].

exposé /ek'spəʊzeɪ, AE ˌekspə'zeɪ/ n. **1** *(exposure)* rivelazioni f.pl. (**of sth.** su qcs.) **2** *(study)* exposé m., esposto m.

▷ **exposed** /ɪk'spəʊzd/ **I** p.pass. → **expose II** agg. **1** [*area*] scoperto, non riparato; [*chest*] scoperto, nudo; [*wire*] scoperto **2** FOT. [*film*] esposto, impressionato **3** ING. [*beam, stonework*] a vista.

exposition /ˌekspə'zɪʃn/ n. **1** *(presentation) (of facts, theory)* esposizione f. **2** *(exhibition)* esposizione f., mostra f.

expositive /ek'spɒzɪtɪv/ agg. espositivo, descrittivo.

expositor /ek'spɒzɪtə(r)/ n. *(commentator)* espositore m. (-trice), commentatore m. (-trice).

expostulate /ɪk'spɒstjʊleɪt/ **I** tr. FORM. ***"no," he ~d*** "no", protestò indignato **II** intr. FORM. *(remonstrate)* fare rimostranze (**with** a), protestare (**with** con).

expostulation /ɪkˌspɒstjʊ'leɪʃn/ n. FORM. rimostranze f.pl., protesta f.

expostulative /ɪk'spɒstjʊlətɪv/, **expostulatory** /ɪk'spɒstjʊlətrɪ, AE -tɔ:rɪ/ agg. di rimostranza, di protesta.

exposure /ɪk'spəʊʒə(r)/ n. **1** *(disclosure) (of secret, crime)* rivelazione f.; ***to fear ~*** temere di essere smascherato; ***to threaten sb. with ~*** minacciare qcn. di denuncia **2** *(to light, sun, radiation)* esposizione f. (**to** a); FIG. *(to art, ideas, politics)* contatto m. (**to** con); ***too much ~ to the sun is bad for you*** l'esposizione eccessiva al sole ti fa male **3** *(to cold, weather)* ***to die of ~*** MED. morire per assideramento; ***to suffer from ~*** assiderarsi **4** GIORN. TELEV. RAD. copertura f. (dei media); ***film stars get a lot of press ~*** la stampa dedica molto spazio alle star del cinema **5** *(orientation)* esposizione f.; ***to have a northern ~*** essere esposto a nord **6** *(display of body)* esibizione f. (**of** di); ***indecent ~*** oltraggio al pudore **7** FOT. esposizione f.; *(aperture and shutter speed)* tempo m. di esposizione, di posa; *(picture)* posa f.; ***a 24 ~ film*** una pellicola da 24 foto(grammi) **8** ECON. rischio m.

exposure meter /ɪk'spəʊʒəˌmi:tə(r)/ n. FOT. esposimetro m.

exposure time /ɪk'spəʊʒəˌtaɪm/ n. FOT. tempo m. di esposizione, di posa.

expound /ɪk'spaʊnd/ **I** tr. esporre [*theory, opinion*] **II** intr. ***~ on*** fare un'esposizione di.

expounder /ɪk'spaʊndə(r)/ n. → **expositor**.

ex-president /ˌeks'presɪdənt/ n. POL. ex presidente m. e f.

▶ **1.express** /ɪk'spres/ **I** agg. **1** *(rapid)* [*letter, parcel*] espresso; [*delivery, coach, train*] rapido; [*goods*] spedito per espresso **2** FORM. *(explicit)* [*instruction, order*] espresso, esplicito; [*promise, undertaking*] chiaro, dichiarato; ***on the ~ condition that*** alla precisa condizione che; ***I left ~ instructions not to admit visitors*** ho lasciato precise istruzioni affinché non si lascino entrare visitatori; ***with the ~ aim*** o ***purpose of doing*** con il preciso scopo di fare **II** avv. ***to send sth. ~*** mandare qcs. per espresso.

2.express /ɪk'spres/ n. (treno) rapido m.

▶ **3.express** /ɪk'spres/ **I** tr. **1** *(show)* esprimere [*desire, doubt, hatred, fear, wish, thanks*]; esprimere, manifestare [*interest, support*]; dichiarare [*truth*]; ***he ~ed anxiety about*** manifestò la sua preoccupazione per; ***I can hardly ~ my gratitude*** non so come esprimere la mia riconoscenza; ***words can't ~ how I feel*** non vi sono parole per esprimere come mi sento **2** MAT. esprimere [*number, quantity*]; ***to ~ sth. as a percentage*** esprimere qcs. in percentuale; ***to ~ sth. in its simplest form*** ridurre qcs. alla sua forma più semplice **3** *(squeeze out)* estrarre, spremere [*fluid*] **4** AE COMM. mandare per espresso **II** rifl. ***to ~ oneself*** esprimersi (**in** in; **through** per mezzo di).

expressage /ɪk'spresɪdʒ/ n. AE COMM. **1** *(conveyance)* trasporto m. (per) espresso **2** *(fee)* spese f.pl. di trasporto (per) espresso.

express highway /ɪk'spresˌhaɪweɪ/ n. AE autostrada f.

expressible /ɪk'spresəbl/ agg. esprimibile.

▶ **expression** /ɪk'spreʃn/ n. **1** *(phrase)* espressione f.; ***if you'll pardon the ~*** se mi si consente l'espressione **2** *(look)* espressione f.; ***from her ~ I knew she was sad*** dalla sua espressione capii che era triste; ***there was a puzzled ~ on her face*** aveva un'espressione sconcertata; ***not a flicker of ~ crossed his face*** nessuna emozione trasparì dal suo volto **3** *(utterance)* espressione f.; ***freedom of ~*** libertà di espressione *o* di parola; ***to give ~ to one's fears, feelings*** dare sfogo *o* voce alle proprie paure, ai propri sentimenti; ***beautiful beyond ~*** bello oltre ogni dire **4** *(manifestation)* espressione f.; *(of friendship, gratitude)* manifestazione f.; ***the riots are an ~ of social unrest*** le rivolte sono un'espressione di disagio sociale; ***my feelings find their ~ in music*** i miei sentimenti trovano espressione nella musica; ***as an ~ of my gratitude*** a dimostrazione della mia gratitudine **5** *(feeling)* espressione f.; ***put some ~ into your playing!*** metti un po' di espressione nella tua esecuzione! ***to read with ~*** leggere con espressione **6** MAT. espressione f.

expressionism /ɪk'spreʃənɪzəm/ n. (anche **Expressionism**) espressionismo m.

expressionist /ɪk'spreʃənɪst/ **I** agg. espressionista **II** n. espressionista m. e f.

expressionistic /ɪk'spreʃənɪstɪk/ avv. espressionistico.

expressionless /ɪk'spreʃnlɪs/ agg. [*eyes, face*] inespressivo; [*tone, voice, playing*] privo di espressione; ***he remained ~ throughout the interview*** rimase impassibile per tutta la durata dell'intervista.

expression mark /ɪk'spreʃnˌmɑ:k/ n. MUS. indicazione f. agogica.

▷ **expressive** /ɪk'spresɪv/ agg. [*eyes, face, features, function, language*] espressivo; [*look*] eloquente, significativo; [*potential, power*] espressivo, di espressione; ***to be ~ of sth.*** esprimere qcs.

expressively /ɪk'spresɪvlɪ/ avv. in modo espressivo, espressivamente.

expressiveness /ɪk'spresɪvnɪs/ n. *(of face)* espressività f.; *(of words)* forza f. espressiva; *(of work of art, performance)* espressività f., intensità f. espressiva.

expressivity /ɪkˌspre'sɪvətɪ/ n. **1** *(of style, picture)* espressività f., forza f. espressiva **2** BIOL. espressività f.

express letter /ɪk'spresˌletə(r)/ n. lettera f. espresso, espresso m.

expressly /ɪk'spreslɪ/ avv. **1** *(explicitly)* [*ask, authorize, tell*] espressamente, esplicitamente; [*promise*] chiaramente; [*forbid*] apertamente, dichiaratamente; ***smoking is ~ forbidden*** è proibito fumare **2** *(specifically)* [*designed, intended*] espressamente, appositamente.

express rifle /ɪk'spresˌraɪfl/ n. fucile m. (da caccia) a tiro rapido.

expressway /ɪk'spresweɪ/ n. AE autostrada f.

expropriate /ˌeks'prəʊprɪeɪt/ tr. DIR. espropriare [*land, property*].

expropriation /ˌeksˌprəʊprɪ'eɪʃn/ n. espropriazione f. (**of** di).

expulsion /ɪk'spʌlʃn/ n. espulsione f.

expulsive /ɪk'spʌlsɪv/ agg. espulsivo.

expunction /ɪk'spʌnkʃn/ n. espunzione f.

expunge /ɪk'spʌndʒ/ tr. **1** FORM. espungere (**from** da) **2** FIG. annientare.

expurgate /'ekspəgeɪt/ tr. espurgare.

expurgation /ˌekspə'geɪʃn/ n. espurgazione f.

expurgator /'ekspəgeɪtə(r)/ n. espurgatore m. (-trice).

expurgatorial /ekˌspɜgə'tɔ:rɪəl/, **expurgatory** /ek'spɜ:gətrɪ, AE -tɔ:rɪ/ agg. espurgatorio.

▷ **exquisite** /'ekskwɪzɪt, ɪk'skwɪzɪt/ agg. **1** *(lovely, perfect)* [*features, manners, tact*] squisito; [*face*] dalle fattezze squisite, delicate; [*object*] raffinato, ricercato; [*setting, precision*] mirabile; ***she has ~ taste*** ha un gusto squisito; ***of ~ craftsmanship*** di squisita fattura **2** *(intense)* [*pain*] acuto, intenso; [*pleasure, relief*] vivo.

exquisitely /ek'skwɪzɪtlɪ/ avv. **1** *(perfectly)* [*dressed, made, written*] in modo squisito, raffinato; [*timed, judged*] mirabilmente; ***~ beautiful, polite*** di una bellezza raffinata, di una gentilezza squisita **2** *(intensely)* estremamente.

exsanguine /eks'sæŋgwɪŋ/ agg. esangue.

exscind /ek'sɪnd/ tr. **1** *(cut off)* recidere **2** FIG. omettere.

exsect /ek'sekt/ tr. MED. asportare.

exsection /ek'sekʃn/ n. MED. asportazione f.

exsert /ek'sɜ:t/ tr. protrudere, sporgere [*lips*].

ex-serviceman /ˌeks'sɜ:vɪsmən/ n. (pl. **ex-servicemen**) ex militare m.

ex-servicewoman /ˌeks'sɜ:vɪswʊmən/ n. (pl. **ex-servicewomen**) ex militare m.

exsiccate /'eksɪkeɪt/ tr. essiccare.

exstrophy /'ekstrəfɪ/ n. estrofia f.

extant /ek'stænt, AE 'ekstənt/ agg. *(surviving)* ancora esistente; *(currently existing)* esistente.

extemporaneous /ɪkˌstempə'reɪnɪəs/ agg. → **extemporary**.

extemporaneously /ɪkˌstempə'reɪnɪəslɪ/ avv. estemporaneamente.

extemporaneousness /ɪkˌstempə'reɪnɪəsnɪs/ n. estemporaneità f.

extemporarily /ɪk'stempərərɪlɪ, AE -ərerɪlɪ/ avv. estemporaneamente.

extemporary /ɪk'stempərərɪ, AE -ərerɪ/ agg. estemporaneo.

extempore /ek'stempərɪ/ **I** agg. → **extemporary II** avv. estemporaneamente.

extemporization /ɪkˌstempəraɪ'zeɪʃn, AE -rɪ'z-/ n. improvvisazione f.

extemporize /ɪk'stempəraɪz/ tr. e intr. improvvisare.

extemporizer /ɪk'stempəraɪzə(r)/ n. improvvisatore m. (-trice).

▶ **extend** /ɪk'stend/ **I** tr. **1** *(enlarge)* ampliare [*house, factory*]; allungare, prolungare [*road, runway*]; ampliare [*knowledge, vocabulary*]; estendere [*circle of friends*]; estendere, aumentare [*influence, powers*]; estendere, ampliare [*range, scope*]; estendere, approfondire [*research, study*]; ***to ~ clients*** ampliare la clientela **2** *(prolong)* prolungare [*visit, visa*]; dilazionare [*loan*]; prorogare [*contract*]; protrarre [*show*]; ***the deadline was ~ed by six months*** la scadenza fu spostata di sei mesi **3** *(stretch)* distendere [*arm, leg, wing*]; tendere [*neck*]; ***to ~ one's hand*** *(in greeting)* tendere la mano **4** *(offer)* FORM. presentare [*congratulations*]; accordare [*credit, loan*]; dare [*help*]; fare [*invitation*]; ***to ~ a welcome to sb.*** dare il benvenuto a qcn. **5** AMM. riportare [*balance, total*] **II** intr. **1** *(stretch)* [*beach, carpet, damage, forest, lake, weather*] estendersi (**as far as**, **up to** fino a; **beyond** oltre; **from** da); ***the railway ~s from Moscow to Vladivostok*** la ferrovia va da Mosca a Vladivostok; ***the rail network ~s over the whole of England*** la rete ferroviaria copre tutta l'Inghilterra **2** *(last)* ***to ~ into September, next week*** durare *o* protrarsi fino a settembre, alla prossima settimana; ***to ~ over a month, two weeks*** [*course, strike*] durare un mese, due settimane **3** *(reach)* ***to ~ beyond*** [*enthusiasm, interest*] andare oltre, oltrepassare [*politeness*]; [*experience, knowledge*] andare al di là di, oltrepassare **4** FIG. *(go as far as)* ***to ~ to doing*** arrivare a fare; ***my charity doesn't ~ to writing cheques*** la mia carità non arriva fino al punto di firmare degli assegni.

extendable /ɪk'stendəbl/ agg. **1** *(of adjustable length)* [*handle, cable, lead, ladder*] allungabile **2** *(renewable)* [*contract, lease, visa*] rinnovabile (**by** per).

▷ **extended** /ɪk'stendɪd/ **I** p.pass. → **extend II** agg. **1** [*premises*] ampliato, ingrandito; [*area*] esteso, vasto; [*bulletin*] completo; [*family*] allargato **2** [*stay, visit, guarantee, contract, leave, sentence*] prolungato, prorogato, differito; [*credit*] dilazionato.

extender /ɪk'stendə(r)/ n. **1** *(in paint) (to add body)* carica f.; *(to dilute)* diluente m. **2** *(in plastics)* diluente m.

extendible /ɪk'stendəbl/ agg. estendibile, estensibile; [*loan, credit*] dilazionabile.

extensibility /ɪk,stensɪ'bɪlətɪ/ n. estensibilità f.

extensible /ɪk'stensəbl/ agg. INFORM. estensibile.

▷ **extension** /ɪk'stenʃn/ n. **1** *(extra section) (of cable, table)* prolunga f.; *(of road, track)* prolungamento m.; ***the new ~ to the hospital*** la nuova ala dell'ospedale; ***I had a kitchen ~ built*** mi sono fatto ingrandire la cucina; ***a good tool functions as an ~ of the hand*** un buon utensile funziona come un prolungamento della mano **2** TEL. *(appliance)* (apparecchio) interno m.; *(number)* (numero) interno m.; ***he's on ~ 243*** è all'interno 243 **3** *(prolongation) (of contract, visa, loan)* proroga f.; *(for piece of work, essay)* proroga f., dilazione f. **4** *(widening) (of powers, rights, scheme, services, demand)* ampliamento m.; *(of knowledge)* estensione f., ampliamento m.; *(of meaning)* estensione f.; *(of idea, theory)* sviluppo m., ampliamento m.; *(of business)* allargamento m., ampliamento m.; ***by ~*** *(logically)* per estensione **5** MED. estensione f., trazione f. **6** *(in hairdressing)* extension f. **7** INFORM. estensione f.

extension cable /ɪk'stenʃn,keɪbl/ n. ELETTRON. prolunga f.

extension ladder /ɪk'stenʃn,lædə(r)/ n. scala f. allungabile.

extension lead /ɪk'stenʃn,li:d/ n. EL. prolunga f.

extension ring /ɪk'stenʃn,rɪŋ/ n. FOT. anello m. distanziatore.

extension tube /ɪk'stenʃn,tju:b, AE -,tu:b/ n. FOT. tubo m. distanziatore.

▶ **extensive** /ɪk'stensɪv/ agg. **1** *(wide-ranging)* [*network, range, programme*] vasto; [*list*] lungo; [*investigation, study, knowledge, tests*] ampio, approfondito; [*operations, changes, developments*] di vaste proporzioni; [*training*] completo; [*tour*] ampio, largo; ***~ powers*** ampi poteri **2** *(wide)* [*garden*] ampio; [*forest*] vasto **3** *(substantial)* [*investment*] notevole, considerevole; [*damage, loss*] grave, considerevole; [*flooding*] di vaste proporzioni; [*burns*] esteso; ***we make ~ use of computers*** facciamo ampio uso di computer **4** AGR. FIS. estensivo.

▷ **extensively** /ɪk'stensɪvlɪ/ avv. [*correct*] complessivamente; [*discuss, quote, write*] ampiamente; [*read, travel, advertise, publish*] moltissimo; [*damaged*] gravemente, notevolmente; [*used*] ampiamente.

extensometer /,eksten'sɒmətə(r)/ n. estensimetro m.

extensor /ɪk'stensə(r)/ n. (muscolo) estensore m.

▶ **extent** /ɪk'stent/ n. **1** *(size) (of park, garden, universe, empire)* estensione f.; *(of problem)* vastità f.; ***to open to its full ~*** aprirsi completamente **2** *(amount) (of damage, knowledge)* vastità f.; *(of power, influence)* estensione f., ampiezza f.; *(of commitment, involvement)* ampiezza f. **3** *(degree)* misura f.; ***to what ~...?*** in quale misura...? fino a che punto...? ***to a certain*** o ***to some ~*** in una certa misura *o* fino a un certo punto; ***to a great*** o ***large ~*** in larga misura; ***to the ~ that we have any control over our lives*** nella misura in cui abbiamo il controllo delle nostre vite; ***he did not participate to any great ~*** non partecipò granché; ***to do sth. to such an ~ that*** fare qcs. a tal punto che.

extenuate /ɪk'stenjʊeɪt/ tr. attenuare.

extenuating /ɪk'stenjʊeɪtɪŋ/ agg. attenuante; ***~ circumstances*** circostanze attenuanti.

extenuation /ɪk,stenjʊ'eɪʃn/ n. **1** attenuazione f. **2** DIR. attenuante f.

extenuative /ɪk'stenjʊətɪv/, **extenuatory** /ɪk'stenjʊətrɪ, AE -tɔ:rɪ/ agg. → **extenuating**.

▷ **exterior** /ɪk'stɪərɪə(r)/ **I** agg. **1** esterno (**to** a), esteriore; ***~ decorating*** decorazioni esterne; ***for ~ use*** *(paint)* per esterni **2** CINEM. FOT. ***~ shots*** riprese esterne **II** n. **1** *(of building, vehicle)* esterno m. (**of** di); ***on the ~*** all'esterno; ***beneath his tough ~ he's very sensitive*** dietro quell'aspetto rude è molto sensibile; ***her liberal ~*** SPREG. la sua facciata tollerante **2** ART. CINEM. esterno m.

exterior angle /ɪk,stɪərɪər'æŋgl/ n. angolo m. esterno.

exteriority /ɪk,stɪərɪ'ɒrətɪ/ n. esteriorità f.

exteriorization /ɪk,stɪərɪəraɪ'zeɪʃn, AE -rɪ'z-/ n. esteriorizzazione f.

exteriorize /ɪk'stɪərɪəraɪz/ tr. MED. PSIC. esteriorizzare.

exteriorly /ɪk'stɪərɪəlɪ/ avv. esteriormente, esternamente.

exterminate /ɪk'stɜ:mɪneɪt/ tr. eliminare [*vermin*]; sterminare [*people, race*].

extermination /ɪk,stɜ:mɪ'neɪʃn/ n. *(of vermin)* eliminazione f., disinfestazione f.; *(of people, race)* sterminio m.

extermination camp /ɪk,stɜ:mɪ'neɪʃn,kæmp/ n. campo m. di sterminio.

exterminative /ɪk'stɜ:mɪnətɪv/ agg. sterminatore, di sterminio.

exterminator /ɪk'stɜ:mɪneɪtə(r)/ n. AE **1** *(person)* disinfestatore m. (-trice) **2** *(substance)* disinfestante m.

exterminatory /ɪk'stɜ:mɪnətrɪ, AE -tɔ:rɪ/ agg. → **exterminative**.

extern /'ekstɜ:n/ n. AE *(doctor etc.)* esterno m. (-a).

external /ɪk'stɜ:nl/ agg. **1** *(outer)* [*appearance*] esteriore; [*world, object, reality*] esterno (**to** a); [*surface, injury*] esterno; ***"for ~ use only"*** "solo per uso esterno" **2** *(from outside)* [*source, force, influence, mail, call*] esterno **3** UNIV. [*auditor, examiner*] esterno; ***~ student*** = studente universitario che sostiene esami a distanza; ***~ examination*** = esame sostenuto a distanza **4** *(foreign)* [*affairs, trade, debt*] estero **5** INFORM. esterno.

external angle /ɪk,stɜ:nl'æŋgl/ n. → **exterior angle**.

external degree /ɪk,stɜ:nldɪ'gri:/ n. UNIV. = laurea conferita a distanza.

external diameter /ɪk,stɜ:nldaɪ'æmɪtə(r)/ n. diametro m. esterno.

externality /,ekstɜ:'nælətɪ/ n. esteriorità f.

externalization /ɪk,stɜ:nəlaɪ'zeɪʃn, AE -lɪ'z-/ n. esternazione f.

externalize /ɪk'stɜ:nəlaɪz/ tr. esternare.

externally /ɪk'stɜ:nəlɪ/ avv. **1** *(on the outside)* [*calm, healthy*] apparentemente; ***in good condition ~*** apparentemente in buone condizioni; ***to resemble sth. ~*** sembrare qcs. esteriormente **2** [*examined, investigated*] da un esterno.

externals /ɪk'stɜ:nlz/ n.pl. apparenze f.

exterritorial /eks,terɪ'tɔ:rɪəl/ agg. → **extraterritorial**.

exterritoriality /eks,terɪ,tɔ:rɪ'ælətɪ/ n. → **extraterritoriality**.

extinct /ɪk'stɪŋkt/ agg. **1** *(dead)* [*species, animal, plant*] estinto; [*custom, value*] scomparso; ***to become ~*** [*species, animal, plant*] estinguersi; [*way of life*] scomparire **2** *(extinguished)* [*fire, volcano*] spento, estinto; [*emotion, passion*] spento, morto; ***to become ~*** [*fire, volcano*] spegnersi, estinguersi.

▷ **extinction** /ɪk'stɪŋkʃn/ n. **1** *(of species, plant, animal)* estinzione f. **2** *(of fire, volcano)* spegnimento m., estinzione f.; *(of hopes)* annientamento m.; ***to be threatened with ~*** rischiare l'estinzione *o* essere in via di estinzione **3** COMM. ECON. *(of debt)* estinzione f.

extinctive /ɪk'stɪŋktɪv/ agg. che estingue, che spegne.

extinguish /ɪk'stɪŋgwɪʃ/ tr. **1** estinguere, spegnere [*fire*]; spegnere [*light, cigarette, passion, enthusiasm*]; cancellare [*memory*]; annientare [*hope*] **2** COMM. ECON. estinguere [*debt*].

extinguishable /ɪk'stɪŋgwɪʃəbl/ agg. estinguibile.

extinguisher /ɪk'stɪŋgwɪʃə(r)/ n. estintore m.

extinguishment /ɪk'stɪŋgwɪʃmənt/ n. *(of fire)* estinzione f., spegnimento m.; *(of hope)* annientamento m.

extirpate /'ekstəpeɪt/ tr. estirpare (anche FIG.).

extirpation /,ekstə'peɪʃn/ n. estirpazione f.

extirpator /'ekstəpeɪtə(r)/ n. AGR. estirpatore m.

extn ⇒ extension interno (int.).

extol BE, **extoll** AE /ɪk'stəʊl/ tr. (forma in -ing ecc. **-ll-**) celebrare [*person, deity*]; decantare [*deeds, merits*]; esaltare [*performance*]; magnificare [*idea, system*]; ***to ~ the virtues of*** decantare le virtù di.

extoller /ɪk'stəʊlə(r)/ n. celebratore m. (-trice), esaltatore m. (-trice).

extolment /ɪk'stəʊlmənt/ n. esaltazione f.

extort /ɪk'stɔ:t/ tr. estorcere [*money*] (**from** a); strappare [*confession, promise, price*] (**from** a); ***he ~ed a signature from him*** lo costrinse a firmare.

extortion /ɪk'stɔ:ʃn/ n. DIR. estorsione f.

extortionate /ɪk'stɔ:ʃənət/ agg. esorbitante.

extortioner /ɪk'stɔ:ʃnə(r)/, **extortionist** /ɪk'stɔ:ʃənɪst/ n. estorsore m., estortore m.

▶ **extra** /'ekstrə/ **I** agg. [*staff*] supplementare; [*expense*] extra, addizionale, aggiuntivo; [*bus*] straordinario; [*hour*] supplementare, in più; [*fabric*] in più; ***it will cost an ~ £ 1,000*** verrà a costare 1.000 sterline in più; ***delivery, postage is ~*** le spese di consegna, di spedizione sono extra *o* escluse *o* a parte; ***to take ~ trouble*** o ***pains to do*** darsi ancora più da fare per fare; ***you need to take ~ care when washing wool*** devi fare particolare attenzione quando lavi la lana **II** avv. ***to be ~ careful, kind*** essere ancora più attento, gentile (del solito); ***he tried ~ hard to be patient*** si sforzò moltissimo di essere paziente; ***she worked ~ hard today*** ha lavorato moltissimo oggi; ***we charge ~ for postage*** facciamo pagare un supplemento per le spese di spedizione; ***the deluxe model costs ~*** il modello di lusso costa di più; ***you have to pay ~ for a sunroof*** c'è un supplemento da pagare per il tettuccio apribile **III** n. **1** *(additional charge)* extra m., supplemento m.; ***there are no hidden ~s*** non ci sono spese aggiuntive non dichiarate **2** *(additional feature)* accessorio m. opzionale, optional m.; ***the sunroof is an ~*** il tettuccio apribile è un optional; ***the little ~s in life*** *(luxuries)* i piccoli lussi della vita **3** CINEM. TEATR. comparsa f. **4** GIORN. edizione f. speciale, straordinaria.

extracellular /ˌekstrə'seljʊlə(r)/ agg. extracellulare.

extra charge /ˌekstrə'tʃɑ:dʒ/ n. maggiorazione f. (di prezzo), sovrapprezzo m., supplemento m.; ***at no ~*** senza maggiorazione di prezzo.

1.extract /'ekstrækt/ n. *(all contexts)* estratto m. (**from** di); ***meat ~*** estratto di carne; ***vanilla ~*** essenza di vaniglia.

2.extract /ɪk'strækt/ tr. **1** *(pull out)* estrarre [*tooth, bullet, splinter*] (**from** da); *(from pile, drawer, pocket)* estrarre, tirare fuori [*wallet, paper, object*] (**from** da) **2** FIG. *(obtain)* strappare [*confession, promise, secret*] (**from** a); ricavare [*money, energy, heat, pleasure*] (**from sth.** da qcs.); ***to ~ money from sb.*** spillare denaro a qcn. **3** CHIM. estrarre [*mineral, oil, essence*] (**from** da) **4** MAT. estrarre [*root*] **5** FIG. *(derive)* trarre [*sense*]; prendere [*nuance*].

extractable /ɪk'stræktəbl/ agg. estraibile.

extraction /ɪk'strækʃn/ n. **1** *(of mineral, peat)* estrazione f. (**of** di); *(of fumes, air, smell)* aspirazione f. (**of** di) **2** MED. *(of tooth, bullet, etc.)* estrazione f.; ***to have an ~*** farsi estrarre un dente **3** MAT. estrazione f. **4** *(origin)* estrazione f., origine f.; ***of Italian ~*** di origine italiana.

extractive /ɪk'stræktɪv/ agg. [*industry, process*] estrattivo; ***~ crop*** = coltura che depaupera il terreno.

extractor /ɪk'stræktə(r)/ n. **1** estrattore m. **2** → **extractor fan**.

extractor fan /ɪk'stræktəˌfæn/ n. aspiratore m.

extra-curricular /ˌekstrəkə'rɪkjʊlə(r)/ agg. SCOL. UNIV. [*activity*] extracurricolare.

extraditable /'ekstrədaɪtəbl/ agg. [*person*] estradabile; [*offence, crime*] passibile di estradizione.

extradite /'ekstrədaɪt/ tr. estradare (**from** da; **to** in).

extradition /ˌekstrə'dɪʃn/ **I** n. estradizione f. (**from** da; **to** in) **II** modif. [*proceedings, treaty*] di estradizione.

extrados /eks'treɪdɒs/ n. ARCH. estradosso m.

extra-dry /ˌekstrə'draɪ/ agg. [*sherry, wine*] molto secco; [*champagne*] brut.

extra-European /ˌekstrəˌjʊərə'pi:ən/ agg. extraeuropeo.

extra-fast /ˌekstrə'fɑ:st, AE -'fæst/ agg. extrarapido.

extra-fine /ˌekstrə'faɪn/ agg. extrafino.

extragalactic /ˌekstrəgə'læktɪk/ agg. extragalattico.

extrajudicial /ˌekstrədʒu:'dɪʃl/ agg. extragiudiziale.

extra-large /ˌekstrə'lɑ:dʒ/ ➧ *28* agg. [*pullover, shirt, coat*] extra-large; ***an ~ bottle, tin*** una maxibottiglia, una maxilattina.

extralinguistic /ˌekstrəlɪŋ'gwɪstɪk/ agg. extralinguistico.

extramarital /ˌekstrə'mærɪtl/ agg. extraconiugale.

extra-mural /ˌekstrə'mjʊərəl/ agg. **1** BE UNIV. [*course, lecture*] libero **2** AE SCOL. ***~ sports*** incontri (sportivi) interistituto.

extraneous /ɪk'streɪnɪəs/ agg. **1** *(outside)* [*element, event*] estraneo, esterno; [*noise, people*] esterno, proveniente dall'esterno **2** *(not essential)* [*issue, considerations*] estraneo, non pertinente; [*detail, information*] non pertinente; ***to be ~ to sth.*** essere estraneo a qcs.

extraneously /ɪk'streɪnɪəslɪ/ avv. estraneamente, in modo estraneo.

extraneousness /ɪk'streɪnɪəsnɪs/ n. estraneità f.

extraordinarily /ɪk'strɔ:dnrəlɪ, AE -dənerɪlɪ/ avv. [*able, gifted, kind*] straordinariamente; [*large, difficult, complex*] straordinariamente, estremamente.

▷ **extraordinary** /ɪk'strɔ:dnrɪ, AE -dənerɪ/ agg. **1** *(exceptional)* [*person, ability, career*] straordinario; ***there's nothing ~ about her playing*** il suo modo di suonare non ha niente di straordinario **2** *(peculiar)* straordinario, incredibile; ***the most ~ thing has happened*** è successa una cosa assolutamente straordinaria; ***to go to ~ lengths to do sth.*** fare cose incredibili per fare qcs.; ***to find it ~ that*** trovare straordinario che; ***it seems ~ that he should resign*** sembra incredibile che lui rassegni le dimissioni; ***isn't it ~ how people react*** è incredibile il modo in cui la gente reagisce **3** *(special)* [*meeting, session*] straordinario **4** POL. ***ambassador ~*** ambasciatore straordinario.

extraordinary general meeting /ɪkˌstrɔ:dnrɪˌdʒenrəl'mi:tɪŋ, AE -dənerɪ-/ n. assemblea f. generale straordinaria.

extraparliamentary /ˌekstrəˌpɑ:lə'mentrɪ, AE -terɪ/ agg. extraparlamentare.

extra pay /ˌekstrə'peɪ/ n. extrareddito m., gratifica f.

extrapolate /ɪk'stræpəleɪt/ tr. estrapolare (**from** da) (anche MAT.).

extrapolation /ɪkˌstræpə'leɪʃn/ n. estrapolazione f. (**from** da).

extrasensory /ˌekstrə'sensərɪ, AE -sɔ:rɪ/ agg. extrasensoriale.

extrasensory perception /ˌekstrəˌsensərɪpə'sepʃn, AE -sɔ:rɪ-/ n. percezione f. extrasensoriale.

extra-special /ˌekstrə'speʃl/ agg. specialissimo, eccezionale.

extra-strong /ˌekstrə'strɒŋ, AE -'strɔ:ŋ/ agg. [*coffee*] ristretto; [*paper*] extrastrong; [*thread*] super-resistente; [*disinfectant, weed killer*] extra-forte.

extrasystole /ˌekstrə'sɪstəlɪ/ n. extrasistole f.

extraterrestrial /ˌekstrətə'restrɪəl/ **I** agg. extraterrestre **II** n. extraterrestre m. e f.

extraterritorial /ˌekstrəˌterɪ'tɔ:rɪəl/ agg. [*rights, privileges*] extraterritoriale; [*water*] extraterritoriale, internazionale.

extraterritoriality /ˌekstrəˌterɪˌtɔ:rɪ'ælətɪ/ n. extraterritorialità f.

extraterritorial possessions /ˌekstrəterɪ'tɔ:rɪəlpə'zeʃnz/ n. possedimenti m. extraterritoriali.

extra time /ˌekstrə'taɪm/ n. SPORT tempo m. supplementare; ***to go into, play ~*** andare ai, giocare i tempi supplementari.

extrauterine /ˌekstrə'ju:tərɪn/ agg. [*pregnancy*] extrauterino.

extravagance /ɪk'strævəgəns/ n. **1** SPREG. *(prodigality)* prodigalità f. (eccessiva), sperpero m. **2** *(luxury)* lusso m. **3** *(of exaggerated behaviour, claim)* stravaganza f., eccesso m.

extravagant /ɪk'strævəgənt/ agg. **1** [*person*] (eccessivamente) prodigo, sprecone; [*needs, tastes, way of life*] dispendioso; ***to be ~ with sth.*** sperperare *o* sprecare qcs. **2** *(luxurious)* [*meal, dish*] sontuoso; [*plan*] grandioso, faraonico **3** [*claim, demand, idea, behaviour*] stravagante **4** [*praise*] sperticato.

extravagantly /ɪk'strævəgəntlɪ/ avv. **1** [*furnished, decorated*] sfarzosamente; ***to spend ~*** spendere largamente; ***to use sth. ~*** usare smodatamente qcs. **2** [*praise, claim*] sperticatamente **3** [*behave*] in modo stravagante.

extravaganza /ɪkˌstrævə'gænzə/ n. **1** TEATR. grande spettacolo m. **2** SPORT grande evento m.; ***football ~*** grande evento calcistico.

extravasation /ekˌstrævə'seɪʃn/ n. *(of blood)* travaso m.; *(of serum, lympha)* fuoriuscita f.

extravascular /ˌekstrə'væskjʊlə(r)/ agg. extravascolare.

extravehicular /ˌekstrəvi:'hɪkjʊlə(r)/ agg. ASTR. [*activity*] extraveicolare.

extra virgin olive oil /ˌekstrə'vɜ:dʒɪnˌɒlɪvˌɔɪl/ n. GASTR. olio m. extravergine (di oliva).

▶ **extreme** /ɪk'stri:m/ **I** agg. **1** *(as intensifier)* estremo; ***to live in ~ poverty*** vivere in estrema povertà; ***to have ~ difficulty doing*** incontrare estrema difficoltà nel fare **2** *(outside normal range)* [*example, case, weather conditions, situation, step, measure, reaction*] estremo; [*view, idea, nationalist*] estremista; ***this is Cubism at its most ~*** questo è cubismo nella sua forma più estrema; ***to believe sth. to an ~ degree*** credere in qcs. in modo estremista; ***to be on the ~ right, left*** essere all'estrema destra, sinistra; ***to go to ~ lengths to do*** spingersi a limiti estremi per fare; ***to be ~ in one's views*** avere delle posizioni estremiste; ***I find him rather ~*** trovo che sia piuttosto estremista **3** *(furthest, highest, lowest etc.)* [*heat, cold, temperature, fringe, edge, limit*] estremo; ***in the ~ north, south*** all'estremo nord, sud **II** n. *(all contexts)* estremo m.; ***to go from one ~ to the other*** andare *o* passare da un estremo all'altro; ***to take*** o ***carry sth. to its logical ~*** portare qcs. alle sue estreme conseguenze; ***at one ~ of sth.*** a un estremo *o* a una estremità di qcs.; ***the ~s of love and hate*** gli estremi dell'odio e dell'amore; ***to withstand ~s of temperature*** resistere a temperature estreme; ***to take, carry sth. to ~s*** portare, spingere qcs. all'estremo; ***to go to ~s*** andare agli estremi; ***to be driven to ~s*** essere spinto all'estremo; ***~s of passion, cruelty*** gli estremi della passione, della crudeltà; ***to go to any ~*** non fermarsi davanti a niente; ***cautious, naïve in the ~*** estremamente prudente, ingenuo.

▶ **extremely** /ɪk'stri:mlɪ/ avv. estremamente; ***to do ~ well*** riuscire estremamente bene *o* benissimo.

extreme sports /ɪk'stri:m͵spɔ:ts/ n.pl. sport m. estremi.

extreme unction /ɪk͵stri:m'ʌŋkʃn/ n. RELIG. estrema unzione f.

extremism /ɪk'stri:mɪzəm/ n. estremismo m.

▷ **extremist** /ɪk'stri:mɪst/ **I** agg. estremista **II** n. estremista m. e f.

extremity /ɪk'stremətɪ/ n. **1** *(furthest point)* estremità f. (**of** di) (anche FIG.); ***they stand at opposite extremities*** sono agli estremi opposti **2** *(of body)* estremità f. **3** *(extremeness)* grado m. estremo (**of** di) **4** *(dire situation)* situazione f. estrema, caso m. disperato; ***to save sth. in ~*** salvare qcs. in extremis; ***to be reduced to extremities*** essere ridotto in condizioni disperate.

extricable /'ekstrɪkəbl/ agg. che si può districare, districabile.

extricate /'ekstrɪkeɪt/ **I** tr. *(from trap, net)* districare (**from** da); *(from situation)* liberare (**from** da) **II** rifl. ***to ~ oneself from*** districarsi da [*place*]; sciogliersi da [*embrace*]; liberarsi da [*situation*].

extrication /͵ekstrɪ'keɪʃn/ n. *(from situation)* liberazione f. (**from** da).

extrinsic /ek'strɪnsɪk/ agg. **1** [*factor, advantage*] estrinseco **2** [*stimulus, influence*] esterno.

extrorse /ek'strɔ:s/ agg. BOT. estrorso.

extroversion /͵ekstrə'vɜ:ʃn, AE -'vɜ:rʒn/ n. estroversione f.

extrovert /'ekstrəvɜ:t/ **I** agg. estroverso **II** n. estroverso m. (-a).

extroverted /'ekstrəvɜ:tɪd/ agg. estroverso.

extrude /ɪk'stru:d/ tr. **1** *(force out)* fare uscire [*glue, toothpaste*] (**from** da) **2** IND. estrudere [*metal, plastic*].

extruder /ɪk'stru:də(r)/ n. TECN. estrusore m.

extrusion /ɪk'stru:ʒn/ n. estrusione f.

extrusive /ɪk'stru:sɪv/ agg. [*rock*] estrusivo.

exuberance /ɪg'zju:bərəns, AE -'zu:-/, **exuberancy** /ɪg'zju:bərənsɪ, AE -'zu:-/ n. *(all contexts)* esuberanza f.

exuberant /ɪg'zju:bərənt, AE -'zu:-/ agg. *(all contexts)* esuberante.

exuberantly /ɪg'zju:bərəntlɪ, AE -'zu:-/ avv. [*play, sing*] in modo esuberante; [*shout, wave*] vivacemente.

exuberate /ɪg'zju:bəreɪt/ intr. **1** *(be exhuberant)* [*person*] essere esuberante **2** *(abound)* abbondare.

exudate /'egzjʊdeɪt/ n. essudato m.

exudation /egzjʊ'deɪʃn/ n. essudazione f.

exudative /eg'zjʊdətɪv/ agg. essudativo.

exude /ɪg'zju:d, AE -'zu:d/ **I** tr. **1** *(radiate)* emanare [*charm, authority*]; trasmettere [*confidence*] **2** *(give off)* trasudare, emettere [*sap*]; emanare [*smell*] **II** intr. **1** [*confidence, conviction*] trasmettersi (**from** da) **2** [*sap, gum*] essudare (**from** da); [*smell*] emanare (**from** da).

exult /ɪg'zʌlt/ intr. esultare (**in doing** nel fare); ***to ~ at*** o ***in sth.*** esultare per qcs.; ***to ~ over one's enemy*** esultare per aver sconfitto il nemico.

exultance /ɪg'zʌltəns/, **exultancy** /ɪg'zʌltənsɪ/ n. → **exultation**.

exultant /ɪg'zʌltənt/ agg. [*tone, mood, look*] esultante; [*cry*] di esultanza; ***to be ~*** essere esultante *o* esultare.

exultantly /ɪg'zʌltəntlɪ/ avv. con esultanza.

exultation /͵egzʌl'teɪʃn/ n. esultanza f.; ***with, in ~*** con esultanza, per l'esultanza.

exultingly /ɪg'zʌltɪŋlɪ/ avv. con esultanza.

exurbia /͵eks'ɜ:bɪə/ n. AE periferia f. residenziale.

exuviae /ɪg'zju:vɪi:/ n.pl. ZOOL. esuvia f.sing.

exuvial /ɪg'zju:vɪəl/ agg. ZOOL. esuviale.

exuviate /ɪg'zju:vɪeɪt/ intr. [*animal, snake*] perdere l'esuvia.

exuviation /ɪg͵zju:vɪ'eɪʃn/ n. ZOOL. esuviazione f.

ex-wife /͵eks'waɪf/ n. (pl. **ex-wives**) ex moglie f.

ex-works /͵eks'wɜ:ks/ agg. [*price, value*] franco fabbrica.

▶ **1.eye** /aɪ/ ➧ **2 I** n. **1** ANAT. occhio m.; ***with blue, green ~s*** con gli *o* dagli occhi blu, verdi; ***to raise, lower one's ~s*** alzare, abbassare gli occhi; ***in front of*** o ***before your (very) ~s*** davanti *o* sotto ai tuoi stessi occhi; ***to the expert, untrained ~*** per l'occhio esperto, non allenato; ***there was sorrow, fear in his ~s*** i suoi occhi tradivano la tristezza, la paura; ***with sorrow, fear in his ~s*** con gli occhi pieni di sofferenza, di paura; ***I wouldn't have believed it, if I hadn't seen it with my own ~s*** non lo avrei creduto, se non lo avessi visto con i miei occhi; ***I could do it with my ~s closed*** saprei farlo a occhi chiusi; ***keep your ~s on the road!*** guarda la strada! ***keep your ~ on the ball!*** tieni gli occhi sulla palla! ***to keep an ~ on sth., sb.*** tenere d'occhio qcs., qcn.; ***under the watchful, critical ~ of sb.*** sotto lo sguardo vigile, critico di qcn.; ***to have one's ~ on sb., sth.*** *(watch)* tenere d'occhio qcn., qcs.; *(desire)* mettere gli occhi addosso a [*person*]; mettere gli occhi su [*dress, car, house*]; *(lust after)* mangiarsi con gli occhi [*food, person*]; *(aim for)* mirare a [*job*]; ***with an ~ to doing*** pensando di fare *o* con l'intenzione di fare; ***they have their ~ on you for the director's job*** hanno messo gli occhi su di te per il posto di direttore; ***she had one ~ on her work and the other on the clock*** con un occhio seguiva il proprio lavoro e con l'altro guardava l'orologio; ***to keep one*** o ***half an ~ on sth., sb.*** tenere un occhio su qcs., qcn.; ***I've never clapped*** o ***laid*** o ***set ~s on him before in my life*** COLLOQ. non l'ho mai visto prima d'ora; ***the first time I clapped*** o ***laid*** o ***set ~s on it, I knew...*** la prima volta che lo vidi *o* al primo colpo d'occhio, seppi...; ***all ~s were on him*** tutti gli occhi erano su di lui; ***to cast*** o ***run one's ~ over sth.*** dare una scorsa a qcs.; ***to catch sb.'s ~*** attirare l'attenzione di qcn.; ***to close*** o ***shut one's ~s*** chiudere gli occhi; ***to close*** o ***shut one's ~s to sth.*** FIG. chiudere gli occhi di fronte a qcs.; ***to open one's ~s*** aprire gli occhi; ***to open sb.'s ~s to sth.*** FIG. aprire gli occhi a qcn. su qcs.; ***to do sth. with one's ~s open*** FIG. fare qcs. in tutta consapevolezza; ***to go around with one's ~s shut*** non accorgersi di niente, avere gli occhi foderati di prosciutto COLLOQ.; ***to keep an ~ out*** o ***one's ~s open for sb., sth.*** tenere gli occhi aperti per trovare qcn., qcs.; ***to keep one's ~s peeled*** o ***skinned*** tenere gli occhi ben aperti; ***to keep one's ~ peeled*** o ***skinned for sb., sth.*** tenere gli occhi ben aperti per cercare qcn., qcs.; ***London, seen through the ~s of a child*** o ***a child's ~ view of London*** Londra, vista attraverso gli occhi di un bambino; ***as far as the ~ can see*** fin dove arriva l'occhio *o* a perdita d'occhio; ***I've got ~s in my head!*** ce li ho gli occhi per vedere! non sono mica cieco! ***use your ~s! it's on the table in front of you!*** ma sei cieco? è sul tavolo davanti a te! ***to take one's ~ off sth., sb.*** distogliere lo sguardo da qcs., qcn.; ***she couldn't take her ~s off him*** non riusciva a togliergli gli occhi di dosso; ***to get one's ~ in*** BE SPORT fare l'occhio a qcs.; ***"my ~!"*** COLLOQ. "accidenti!"; ***"~s right, left!"*** MIL. "attenti a destr, a sinistr!" **2** *(opinion)* ***in the ~s of the church, law, world*** agli occhi della chiesa, della legge, del mondo; ***in my father' s, teacher's ~s...*** agli occhi di mio padre, del mio insegnante...; ***in your, his ~s...*** ai miei occhi, ai suoi occhi... **3** *(flair)* ***to have a good ~*** avere buon occhio; ***to have an ~ for*** avere occhio per [*detail, colour*]; essere un buon conoscitore di [*antiques, livestock*]; ***to have an ~ for a bargain*** avere occhio per i buoni affari **4** SART. *(hole in needle)* cruna f.; *(to attach hook to)* occhiello m. **5** *(on potato)* occhio m., gemma f. **6** *(on peacock's tail)* occhio m., ocello m. **7** METEOR. *(of hurricane, tornado, storm)* occhio m.; ***the ~ of the storm*** l'occhio del ciclone (anche FIG.); ***the ~ of the wind*** il letto del vento **II** modif. [*operation*] agli occhi; [*muscle, tissue*] dell'occhio, oculare; [*movement*] degli occhi, oculare; [*ointment, lotion*] per gli occhi; ***~ disease*** malattia dell'occhio *o* degli occhi; ***to have ~ trouble*** avere dei problemi agli occhi **III -eyed** agg. in composti ***blue-, brown-~d*** dagli *o* con gli occhi blu, marroni ◆ ***to be all ~s*** essere tutt'occhi; ***to be in it up to one's ~s*** esserci dentro fino al collo; ***to be up to one's ~s in*** essere sommerso da [*mail, complaints, work*]; ***to be up to one's ~s in debt*** essere indebitato fin sopra ai capelli; ***an ~ for an ~ (a tooth for a tooth)*** occhio per occhio (, dente per dente); ***it was one in the ~ for him*** se l'è meritato; ***to have ~s in the back of one's head*** avere cento occhi; ***to make ~s at sb.*** o ***to give sb. the glad ~*** fare gli occhi dolci a qcn.; ***to see ~ to ~ with sb. (about sth.)*** vedere le cose allo stesso modo di qcn. (su qcs.); ***what the ~ doesn't see (the heart doesn't grieve over)*** PROV. occhio non vede, cuore non duole.

2.eye /aɪ/ tr. **1** *(look at)* guardare (fisso), fissare [*person, object*]; ***to ~ sth., sb. with suspicion, caution*** squadrare qcs., qcn. con sospetto, con diffidenza; ***to ~ sth. with envy*** guardare qcs. con invidia **2** COLLOQ. *(ogle)* → **eye up**.

■ **eye up** COLLOQ. **~ [sb.] up, ~ up [sb.]** tenere d'occhio, osservare.

■ **eye up and down: ~ [sb.] up and down** *(suspiciously)* squadrare qcn. dall'alto in basso; *(appreciatively)* mangiare qcn. con gli occhi.

1.eyeball /'aɪbɔ:l/ n. bulbo m., globo m. oculare; ***to be ~ to ~ with sb.*** essere ai ferri corti con qcn.

2.eyeball /'aɪbɔ:l/ tr. fissare, guardare (di brutto) [*person*].

eye bank /'aɪ͵bæŋk/ n. banca f. degli occhi.

eyebath /'aɪbɑ:θ, AE -bæθ/ n. occhiera f.

eyebolt /'aɪ͵bəʊlt/ n. TECN. bullone m. a occhio.

eyebright /'aɪbraɪt/ n. BOT. eufrasia f.

eyebrow /ˈaɪbraʊ/ n. sopracciglio m.; ***to raise one's*** o ***an ~*** *(in surprise, disapproval)* alzare *o* inarcare le sopracciglia; ***to raise a few ~s*** suscitare il disappunto di più di una persona.

eyebrow pencil /ˈaɪbraʊˌpensl/ n. COSMET. matita f. per le sopracciglia.

eye candy /ˈaɪˌkændɪ/ n. **1** INFORM. GERG. immagine f. frattale **2** COLLOQ. *(man)* bellone m.; *(woman)* bellona f.

eye-catching /ˈaɪˌkætʃɪŋ/ agg. [*colour*] chiassoso; [*design*] vistoso, appariscente; [*dress, hat*] vistoso, che dà nell'occhio; [*advertisement, headline, poster*] che cattura lo sguardo.

eye contact /ˈaɪˌkɒntækt/ n. scambio m. di sguardi; ***to make ~ with sb.*** cercare lo sguardo di qcn.; *(accidentally)* incrociare lo sguardo di qcn.

eyecup /ˈaɪkʌp/ n. **1** FOT. oculare m. **2** AE *(for bathing eyes)* occhiera f.

eyedrops /ˈaɪdrɒps/ n.pl. collirio m.sing.

eyeful /ˈaɪfʊl/ n. **1** *(amount)* ***to get an ~ of*** riempirsi gli occhi di [*dust, sand*] **2** COLLOQ. *(good look)* ***to get an ~ (of sth.)*** dare una (bella) occhiata (a qcs.); ***get an ~ of that!*** dai un po' un'occhiata! ***she's an ~!*** AE è un piacere per gli occhi!

eyeglass /ˈaɪglɑːs, AE -glæs/ **I** n. **1** *(monocle)* monocolo m. **2** → **eyepiece II eyeglasses** n.pl. AE occhiali m. (da vista).

eye-ground /ˈaɪgraʊnd/ n. fondo m. dell'occhio, fondo m. oculare.

eye hole /ˈaɪhəʊl/ n. **1** *(socket)* orbita f. **2** *(in door)* spioncino m. **3** *(in mask)* buco m. per gli occhi.

eye hospital /ˈaɪˌhɒspɪtl/ n. ospedale m. oftalmico.

eyelash /ˈaɪlæʃ/ n. ciglio m.

eyelet /ˈaɪlɪt/ n. occhiello m.

eye level /ˈaɪlevl/ **I** n. ***at ~*** all'altezza degli occhi **II eye-level** agg. [*display, shelf*] all'altezza degli occhi.

eyelid /ˈaɪlɪd/ n. palpebra f.

eyeliner /ˈaɪˌlaɪnə(r)/ n. COSMET. eye-liner m.

eye make-up /ˈaɪˌmeɪkʌp/ n. COSMET. trucco m. per gli occhi.

eye make-up remover /ˌaɪˌmeɪkʌprɪˈmuːvə(r)/ n. COSMET. struccante m. per (gli) occhi.

eye mask /ˈaɪmɑːsk, AE -mæsk/ n. **1** mascherina f. per gli occhi **2** COSMET. maschera f. contorno occhi.

eye-opener /ˈaɪəʊpnə(r)/ n. COLLOQ. **1** *(revelation)* rivelazione f.; ***the trip was a real ~ for him*** il viaggio gli ha (veramente) aperto gli occhi **2** AE *(drink)* = bicchierino bevuto di primo mattino.

eye-patch /ˈaɪˌpætʃ/ n. benda f. (su un occhio).

eye pencil /ˈaɪˌpensl/ n. matita f. (per gli occhi).

eyepiece /ˈaɪpiːs/ n. oculare m.

eye rhyme /ˈaɪraɪm/ n. LETTER. rima f. all'occhio.

eyeshade /ˈaɪʃeɪd/ n. visiera f.

eye shadow /ˈaɪˌʃædəʊ/ n. COSMET. ombretto m.

eyeshot /ˈaɪʃɒt/ n. vista f., visuale f.; ***within ~*** a portata d'occhio.

eyesight /ˈaɪsaɪt/ n. vista f., capacità f. visiva; ***to have good, poor ~*** avere, non avere la vista buona.

eye socket /ˈaɪˌsɒkɪt/ n. ANAT. orbita f.

eyes-only /ˈaɪzˌəʊnlɪ/ agg. AE riservato, confidenziale.

eyesore /ˈaɪsɔː(r)/ n. ***to be an ~*** essere un pugno in un occhio.

eye specialist /ˈaɪˌspeʃəlɪst/ ➧ ***27*** n. oculista m. e f.

eye splice /ˈaɪˌsplaɪs/ n. impiombatura f., giunto m. a occhiello.

eyespot /ˈaɪspɒt/ n. **1** BOT. occhio m. **2** ZOOL. ocello m.

eye strain /ˈaɪstreɪn/ n. affaticamento m. oculare.

eye surgeon /ˈaɪˌsɜːdʒən/ ➧ ***27*** n. medico m. specialista in chirurgia oculistica.

eye test /ˈaɪˌtest/ n. esame m. della vista.

eyetooth /ˈaɪtuːθ/ n. (pl. **-teeth**) MED. canino m. superiore ◆ ***I'd give my eyeteeth for that job, car*** darei un occhio della testa per quel lavoro, quella macchina.

eyewash /ˈaɪwɒʃ/ n. **1** MED. collirio m. **2** FIG. *(nonsense)* fumo m. negli occhi, fandonie f.pl.

1.eyewitness /ˈaɪwɪtnɪs/ **I** n. testimone m. e f. oculare **II** modif. [*account, report*] di un testimone oculare.

2.eyewitness /ˈaɪwɪtnɪs/ tr. essere testimone oculare di [*crime*].

eyot /ˈeɪət/ n. ANT. isolotto m.

eyre /eə(r)/ n. STOR. DIR. **1** corte f. (di giustizia) itinerante **2** seduta f. di una corte (di giustizia) itinerante.

eyrie, eyry /ˈeərɪ, ˈaɪərɪ/ n. nido m. d'aquila.

Ezekiel /ɪˈziːkjəl/ n.pr. Ezechiele.

e-zine /ˈiːziːn/ n. e-zine f., rivista f. telematica.

Ezra /ˈezrə/ n.pr. Esdra.

f

f, **F** /ef/ n. **1** *(letter)* f, F m. e f. **2** **F** MUS. fa m. **3** **F** ⇒ Fahrenheit Fahrenheit (F).

fa /fɑː/ n. MUS. fa m.

FA n. BE **1** (⇒ Football Association) = federazione calcistica britannica, corrispondente alla FIGC italiana **2** (⇒ fuck all, EUFEM. Fanny Adams) ***sweet ~*** POP. un tubo, un fico; VOLG. un cazzo.

FAA n. AE (⇒ Federal Aviation Administration) = ente aeronautico federale.

fab /fæb/ agg. BE COLLOQ. (accorc. fabulous) favoloso.

Fabian /ˈfeɪbɪən/ **I** agg. fabiano **II** n. fabiano m. (-a) **III** n.pr. Fabiano.

Fabian Society /ˈfeɪbɪənsəˌsaɪətɪ/ n. Società f. Fabiana.

Fabius /ˈfeɪbɪəs/ n.pr. Fabio.

fable /ˈfeɪbl/ n. **1** LETTER. *(moral tale)* favola f.; *(legend)* leggenda f. **2** *(play, film)* apologo m., storia f. moralista **3** *(lie)* fandonia f., frottola f.

fabled /ˈfeɪbld/ agg. **1** *(of legend)* leggendario **2** *(acclaimed)* famoso.

fabler /ˈfeɪblə(r)/ n. → **fabulist**.

Fablon® /ˈfæblɒn/ n. BE vipla® f. (adesiva).

▷ **fabric** /ˈfæbrɪk/ n. **1** *(cloth)* stoffa f., tessuto m. **2** FIG. *(basis)* tessuto m., struttura f.; ***the ~ of society*** il tessuto sociale **3** *(of building)* struttura f.

fabricate /ˈfæbrɪkeɪt/ tr. **1** fabbricare, inventare [*story, excuse, evidence*] **2** falsificare [*object, document*].

fabrication /ˌfæbrɪˈkeɪʃn/ n. **1** *(lie)* fandonia f., menzogna f. **2** *(invention)* invenzione f., montatura f.; ***that's pure*** o ***complete ~*** è pura invenzione **3** *(of object, document)* falsificazione f.

fabricator /ˈfæbrɪkeɪtə(r)/ n. mentitore m. (-trice), bugiardo m. (-a).

Fabricius /fəˈbrɪʃɪəs/ n.pr. Fabrizio.

fabric conditioner /ˈfæbrɪkkənˌdɪʃənə(r)/, **fabric softener** /ˈfæbrɪkˌsɒfnə(r), AE -ˌsɔːf-/ n. ammorbidente m.

fabulist /ˈfæbjʊlɪst/ n. **1** *(storyteller)* favolista m. e f. **2** *(liar)* bugiardo m. (-a), mentitore m. (-trice).

fabulosity /fæbjʊˈlɒsətɪ/ n. favolosità f.

▷ **fabulous** /ˈfæbjʊləs/ **I** agg. **1** COLLOQ. *(wonderful)* favoloso, fantastico; [*price, income*] favoloso **2** [*beast, realm*] favoloso, leggendario **II** inter. COLLOQ. fantastico.

fabulously /ˈfæbjʊləslɪ/ avv. [*beautiful*] magnificamente; [*rich*] favolosamente; ***~ expensive*** incredibilmente caro; ***to be ~ successful*** avere un successo straordinario.

▷ **façade**, **facade** /fəˈsɑːd/ n. facciata f. (**of** di) (anche FIG.).

▶ **1.face** /feɪs/ ♦ **2** **I** n. **1** *(of person)* faccia f., viso m., volto m.; *(of animal)* muso m.; ***to have an honest ~*** avere una faccia onesta; ***to have ink on one's ~*** avere dell'inchiostro sulla faccia; ***he punched me in the ~*** mi ha dato un pugno in faccia; ***to spit in sb.'s ~*** sputare in faccia a qcn.; ***to slam the door in sb.'s ~*** sbattere la porta in faccia a qcn. (anche FIG.); ***to laugh in sb.'s ~*** ridere in faccia a qcn.; ***I know that ~!*** conosco quella faccia! ***to look sb. in the ~*** guardare qcn. in faccia (anche FIG.); ***I told him to his ~ that he was lazy*** gli dissi in faccia che era pigro; ***I dare not show my ~*** FIG. non oso farmi vedere; ***don't you dare show your ~ in here again!*** non osare mai più farti rivedere qui! ***to be ~ up, down*** [*person*] essere a faccia in su, in giù; ***to put one's ~ on*** COLLOQ. SCHERZ. truccarsi **2** *(expression)* aria f.; ***the smug ~ of the interviewer*** l'aria compiaciuta dell'intervistatore; ***she looked at me with a puzzled ~*** mi guardò con aria perplessa; ***a long ~*** un muso lungo; ***to pull*** o ***make a ~*** fare le smorfie *o* le boccacce; ***I can't wait to see his ~ when you tell him!*** non vedo l'ora di vedere la sua faccia quando glielo dirai! ***you should have seen their ~s!*** avresti dovuto vedere le loro facce! **3** FIG. *(outward appearance)* ***to change the ~ of*** cambiare il volto di [*industry, countryside*]; ***the changing ~ of education, Europe*** il volto dell'educazione, dell'Europa che cambia; ***the ugly ~ of the regime*** il brutto volto del regime; ***the acceptable ~ of capitalism*** il volto accettabile del capitalismo; ***on the ~ of it, it sounds easy*** a prima vista, di primo acchito, sembra facile **4** *(dignity)* ***to lose ~*** perdere la faccia; ***to save ~*** salvare la faccia; ***to avoid a loss of ~ he lied*** per evitare di perdere la faccia mentì **5** BE COLLOQ. *(nerve)* faccia f. tosta; ***they had the ~ to ask for more money!*** hanno avuto la faccia tosta di chiedere altri soldi! **6** *(dial)* *(of clock, watch)* quadrante m. **7** *(surface)* *(of gem, dice, coin)* faccia f.; *(of planet)* faccia f.; ***the largest island on the ~ of the earth*** o ***globe*** l'isola più grande del mondo; ***to disappear*** o ***vanish off the ~ of the earth*** COLLOQ. [*person*] sparire dalla faccia della terra; [*keys*] volatilizzarsi; ***the hidden ~ of the moon*** la faccia nascosta della luna **8** GEOL. *(of cliff, mountain, rock)* parete f.; *(of mineral seam)* fronte f. **9** *(printed surface)* *(of playing card)* faccia f.; *(of document)* recto m.; ***~ up, down*** a faccia in su, in giù; [*playing card*] scoperto, coperto **10** TIP. occhio m. **11** **in the face of** *(despite)* nonostante [*overwhelming odds*]; *(in confrontation with)* di fronte a *o* davanti a [*opposition, enemy, danger*] **II -faced** agg. in composti ***ugly~d*** con una brutta faccia; ***sad~d*** dalla, con la faccia triste ◆ ***in your ~*** COLLOQ. *(bold, brash)* vistoso; ***in your ~!*** AE COLLOQ. ben ti sta! ***to feed*** o ***fill*** o ***stuff one's ~*** COLLOQ. rimpinzarsi, strafogarsi (**with** di); ***to set one's ~ against sb., sth.*** opporsi fermamente a qcn., qcs.

▶ **2.face** /feɪs/ **I** tr. **1** *(look towards)* [*person*] stare, essere di fronte a [*person, audience*]; [*building, room*] dare su [*park, beach*]; ***to ~ north, south*** [*person*] guardare a nord, sud; [*building*] essere rivolto verso nord, sud; ***he turned to ~ the door, class*** si girò verso la porta, la classe; ***she stood facing the class*** stava in piedi di fronte alla classe; ***facing me, our house, there is...*** di fronte a me, alla nostra casa, c'è...; ***a seat facing the engine*** FERR. un posto (a sedere) nel senso di marcia; ***~ the front!*** guarda avanti (a te)! **2** *(confront)* affrontare, fare fronte a [*challenge, crisis*]; dover pagare [*fine*]; essere prossimo a, essere sull'orlo di [*defeat, redundancy, ruin*]; trovarsi di fronte a, dover fare [*choice*]; dover prendere [*decision*]; fronteggiare [*attacker*]; trovarsi di fronte a [*rival, team*]; ***to be ~d with*** trovarsi di fronte a [*problem, decision*]; ***~d with such a hard decision, I panicked*** di fronte ad una decisione così difficile, mi lasciai prendere dal panico; ***to be ~d with the task of doing*** dover affrontare il compito di fare; ***~d with the prospect of having to resign, move house*** di fronte alla prospettiva di dover dare le dimissioni, traslocare; ***I'm facing the prospect of being unemployed*** mi trovo davanti alla prospettiva di rimanere disoccupato;

to ~ sb. with mettere qcn. di fronte a [*truth, evidence*]; ***he ~s 18 months in prison*** lo aspettano 18 mesi di prigione; ***the president has agreed to ~ the press, cameras*** il presidente ha accettato di confrontarsi con la stampa, di comparire davanti alle telecamere **3** *(acknowledge)* ***~ the facts, you're finished!*** guarda in faccia la realtà, sei finito! ***let's ~ it, nobody's perfect*** parliamoci chiaro, nessuno è perfetto **4** *(tolerate prospect)* ***I can't ~ doing*** non ce la faccio a fare; ***I can't ~ him*** non ce la faccio a vederlo; ***he couldn't ~ the thought of walking, eating*** non sopportava l'idea di camminare, mangiare; ***I don't think I can ~ another curry tonight*** non credo che riuscirò a mangiare dell'altra roba al curry stasera **5** *(run the risk of)* rischiare [*fine, suspension*]; ***you ~ spending 20 years in jail*** rischi di passare vent'anni in prigione **6** SART. *(reinforce)* foderare [*armhole*]; *(trim)* bordare [*cuff, jacket*] **7** ING. rivestire, ricoprire [*façade, wall*] (**with** di) **8** TIP. [*photo etc.*] essere di fronte a [*page*] **II** intr. **1** ***to ~ towards*** [*person*] guardare, essere rivolto verso [*camera, audience*]; [*chair*] essere girato, rivolto verso [*fire*]; [*window, house*] dare su [*street, garden*]; ***to ~ forward*** guardare avanti (a sé); ***to ~ backwards*** [*person*] voltare la schiena, essere di spalle; ***to be facing forward, backwards*** [*person*] essere di faccia, di spalle; ***to be facing up, down*** [*card*] essere scoperto, coperto; [*exam paper*] essere a faccia in su, in giù **2** MIL. ***about ~!*** dietro front! ***left ~!*** fronte a sinistr!

- **face away** voltarsi, guardare dall'altra parte.
- **face down** AE ~ ***[sb.] down*** intimidire.
- **face out:** ~ ***[sb.] out*** tenere testa a [*opponent, critic*]; ~ ***[sth.] out*** fare fronte a [*criticism*].
- **face up:** ~ ***up to [sth.]*** fare fronte a, affrontare [*problem, responsibilities, fears*]; ~ ***up to [sb.]*** affrontare [*person*].

faceache /ˈfeɪseɪk/ n. COLLOQ. **1** *(neuralgia)* nevralgia f. facciale **2** *(miserable person)* BE POP. faccia f. da funerale.
face card /ˈfeɪskɑːd/ n. AE *(in cards)* figura f.
facecloth /ˈfeɪsˌklɒθ, AE -ˌklɔːθ/ n. BE piccolo asciugamano m. per il viso.
face cream /ˈfeɪsˌkriːm/ n. crema f. per il viso.
face flannel /ˈfeɪsˌflænl/ n. → **facecloth**.
faceguard /ˈfeɪsˌgɑːd/ n. IND. TECN. visiera f. di protezione; SPORT maschera f. protettiva.
faceless /ˈfeɪslɪs/ agg. FIG. anonimo.
face-lift /ˈfeɪslɪft/ n. **1** COSMET. lifting m.; ***to have a ~*** farsi il lifting **2** FIG. restauro m.; ***to give sth. a ~*** restaurare [*building*]; ristrutturare [*town centre*]; cambiare l'impostazione di [*magazine*]; rinnovare [*political party*].
face-off /ˈfeɪsɒf/ n. **1** AE *(confrontation)* confronto m., scontro m. **2** SPORT *(in ice hockey)* ingaggio m.
face-pack /ˈfeɪsˌpæk/ n. maschera f. di bellezza.
face powder /ˈfeɪsˌpaʊdə(r)/ n. cipria f.
facer /ˈfeɪsə(r)/ n. BE COLLOQ. **1** *(blow)* colpo m. al volto **2** FIG. batosta f.; ***what a ~!*** che batosta! ***that's the ~*** ecco il problema.
face-saver /ˈfeɪsseɪvə(r)/ n. espediente m. per salvare la faccia; ***his resignation was nothing more than a ~*** le sue dimissioni non erano altro che un espediente per salvare la faccia.
face-saving /ˈfeɪsseɪvɪŋ/ agg. [*plan, solution*] che permette di salvare la faccia; ***he offered me a ~ solution*** mi ha offerto una soluzione che consente di salvare le apparenze.
1.facet /ˈfæsɪt/ n. **1** *(of gemstone)* faccetta f. **2** *(of question, problem)* aspetto m., faccia f. **3** *(of personality)* sfaccettatura f., lato m.
2.facet /ˈfæsɪt/ tr. sfaccettare [*gem*].
facetious /fəˈsiːʃəs/ agg. [*remark*] faceto; ***she's being ~*** sta scherzando.
facetiously /fəˈsiːʃəslɪ/ avv. [*say, remark*] in tono faceto.
facetiousness /fəˈsiːʃəsnɪs/ n. scherzosità f.
face-to-face /ˌfeɪstəˈfeɪs/ **I** agg. ***a ~ discussion, interview, meeting*** una discussione, un'intervista, un incontro faccia a faccia *o* un faccia a faccia **II face to face** avv. [*be seated*] faccia a faccia; ***to come face to face with*** trovarsi faccia a faccia con [*person, death*]; ***to meet sb. face to face*** incontrarsi faccia a faccia con qcn.; ***to tell sb. sth. face to face*** dire qcs. in faccia a qcn.; ***to talk to sb. face to face*** parlare di persona con qcn.
face value /ˈfeɪsˌvæljuː/ n. **1** ECON. valore m. nominale **2** FIG. ***to take sth. at ~*** prendere alla lettera [*claim, figures, remark, compliment*]; ***to take sb. at ~*** giudicare qcn. in base alle apparenze; ***at ~ it looks like a good idea*** a prima vista *o* di primo acchito, sembra una buona idea.
facia /ˈfeɪʃə/ n. (pl. **-ae**) insegna f. (di negozio).
facial /ˈfeɪʃl/ **I** agg. [*hair*] del viso; [*injury*] al viso; [*angle, massage, muscle, nerve*] facciale; ***~ expression*** espressione (del viso) **II** n. trattamento m., pulizia f. del viso; ***to have a ~*** farsi fare la pulizia del viso.
facial palsy /ˌfeɪʃlˈpɔːlzɪ/ ♦ **11** n. MED. paralisi f. facciale.
facies /ˈfeɪʃiːz/ n. (pl. ~) facies f.
facile /ˈfæsaɪl, AE ˈfæsl/ agg. **1** *(specious, glib)* [*assumption, comparison*] superficiale; [*suggestion*] specioso **2** *(easy)* [*success, victory*] facile.
▷ **facilitate** /fəˈsɪlɪteɪt/ tr. facilitare [*change, choice, progress, talks, sale*]; favorire [*development, growth*]; ***his rudeness didn't exactly ~ matters*** la sua maleducazione non ha proprio facilitato le cose.
facilitation /fəˌsɪlɪˈteɪʃn/ n. facilitazione f.
facilities management /fəˈsɪlətɪzˌmænɪdʒmənt/ n. gestione f. degli impianti.
▶ **facility** /fəˈsɪlətɪ/ **I** n. **1** *(building)* impianto m., installazione f.; ***manufacturing ~*** complesso industriale; ***computer ~*** struttura informa-tica; ***warehouse ~*** magazzino, deposito; ***cold-storage ~*** deposito frigorifero **2** *(ease)* facilità f.; ***with ~*** con facilità **3** *(ability)* facilità f., abilità f.; ***to have a ~ for*** avere facilità a imparare *o* essere portato per [*languages*]; essere portato per [*painting*] **4** *(feature)* funzione f.; ***a pause, spell-check ~*** una funzione di pausa, di controllo ortografico **5** AMM. COMM. facilitazione f.; ***credit, overdraft ~*** facilitazioni di credito, di scoperto; ***we have facilities to send books*** abbiamo la possibilità di inviare libri; ***I have no facilities for photocopying*** non ho la possibilità di fare fotocopie; ***"fax facilities available"*** "si fanno fax" **6** *(department)* servizio m. **II facilities** n.pl. **1** *(equipment)* attrezzature f.; ***medical, leisure facilities*** attrezzature sanitarie, per il tempo libero; ***computing facilities*** attrezzatura informatica; ***facilities for the disabled*** attrezzature, servizi per i disabili; ***toilet facilities*** servizi igienici; ***to have cooking and washing facilities*** essere dotato di cucina e lavanderia **2** *(infrastructure)* impianti m.; ***harbour facilities*** strutture portuali; ***shopping facilities*** negozi; ***tourist facilities*** strutture turistiche; ***sporting facilities*** impianti sportivi; ***postal facilities*** servizio postale **3** *(area)* ***changing facilities*** guardaroba; ***parking facilities*** (area di) parcheggio.
facing /ˈfeɪsɪŋ/ n. **1** ARCH. ING. rivestimento m.; ***stone, stucco ~*** rivestimento di pietra, di stucco **2** SART. fodera f. **3** *(in fashion)* risvolto m., revers m.; ***a jacket with contrasting ~s*** una giacca con i revers di colore contrastante.
1.facsimile /fækˈsɪməlɪ/ **I** n. **1** facsimile m.; ***in ~*** in facsimile **2** *(sculpture)* riproduzione f. **3** FORM. *(fax)* facsimile m., telefax m. **II** modif. [*manuscript, edition*] in facsimile; ***~ machine*** telefax.
2.facsimile /fækˈsɪməlɪ/ tr. fare un facsimile di.
▶ **fact** /fækt/ n. **1** *(accepted thing)* fatto m.; ***the ~ that*** *(beginning sentence)* il fatto che; ***it is a ~ that*** è un fatto che; ***to know for a ~ that*** sapere per certo che; ***owing*** o ***due to the ~ that*** per il fatto che; ***the ~ remains (that)*** rimane il fatto che; ***~s and figures*** i fatti e le cifre **2 U** *(truth)* realtà f., verità f.; ***~ and fiction*** realtà e finzione; ***to mix (up) ~ and fiction*** mescolare finzione e realtà; ***the ~ (of the matter) is (that)*** la realtà (delle cose) è (che); ***it is not speculation it is ~*** non è una supposizione, è vero; ***to accept sth. as ~*** accettare la realtà di qcs.; ***the story was presented as ~*** la storia fu presentata come un fatto realmente accaduto; ***to be based on ~*** essere basato su fatti reali **3** *(thing which really exists)* realtà f.; ***the ~ of recession means that*** la realtà della recessione significa che; ***space travel is now a ~*** i viaggi spaziali sono ormai una realtà **4** DIR. *(deed)* fatto m. **5 in fact, as a matter of fact** in effetti, effettivamente; *(when reinforcing point)* a dire il vero, veramente; *(when contrasting, contradicting)* in realtà; ***they promised to pay and in ~ that's what they did*** promisero di pagare ed effettivamente è quello che fecero; ***I don't mind at all, in ~ I'm delighted*** non mi dispiace affatto, in realtà mi fa molto piacere ◆ ***I'm bored and that's a ~*** mi sto annoiando, e questo è un dato di fatto *o* e su questo non ci piove; ***is that a ~?*** davvero? (anche IRON.); ***to know, learn the ~s of life*** *(sex)* sapere, imparare come nascono i bambini; ***the ~s of life*** *(unpalatable truths)* la realtà della vita; ***the economic, political ~s of life*** la realtà dell'economia, della politica.
fact-finding /ˈfæktˌfaɪndɪŋ/ agg. [*mission, trip, tour*] d'informazione, d'indagine; ***~ committee*** commissione d'inchiesta.
▷ **1.faction** /ˈfækʃn/ n. **1** *(group)* fazione f. **2** *(discord)* dissenso m.
2.faction /ˈfækʃn/ n. TELEV. film-verità m.; TEATR. teatro-verità m.
factional /ˈfækʃənl/ agg. **1** [*leader, activity*] di una fazione **2** [*fighting, arguments*] tra fazioni.
factionalize /ˈfækʃənəlaɪz/ intr. dividersi in fazioni.
factious /ˈfækʃəs/ agg. fazioso.
factiousness /ˈfækʃəsnɪs/ n. faziosità f.
factitious /fækˈtɪʃəs/ agg. fittizio.
factitive /ˈfæktɪtɪv/ agg. fattitivo.

▶ **1.factor** /'fæktə(r)/ n. 1 fattore m. (anche MAT.); ***2 and 5 are ~s of 10*** MAT. 2 e 5 sono fattori di 10; ***common ~*** fattore comune; ***human ~*** fattore umano; ***unknown ~*** incognita; ***plus ~*** fattore positivo; ***~ of safety*** TECN. coefficiente di sicurezza; ***protection ~*** *(of suntan lotion)* fattore, indice di protezione 2 COMM. factor m. 3 *(of commodities)* commissionario m. (-a) 4 SCOZZ. *(estate manager)* fattore m.
2.factor /'fæktə(r)/ I tr. AE MAT. → **factorize** II intr. COMM. esercitare il factoring.
▪ **factor in:** ~ [sb.] in, ~ in [sb.] tenere conto di.
factor 8 /ˌfæktər'eɪt/ n. MED. fattore m. 8.
factorage /'fæktərɪdʒ/ n. *(of agent)* commissione f.
factor analysis /'fæktərə'nælɪsɪs/ n. analisi f. fattoriale.
factorial /fæk'tɔːrɪəl/ I agg. fattoriale II n. fattoriale m.
factoring /'fæktərɪŋ/ n. factoring m.
factorize /'fæktəraɪz/ tr. MAT. fattorizzare, scomporre in fattori.
▶ **factory** /'fæktərɪ/ I n. 1 fabbrica f.; ***car ~*** fabbrica di automobili; ***shoe ~*** fabbrica di scarpe, calzaturificio; ***tobacco ~*** manifattura tabacchi 2 *(illegal)* ***bomb ~*** fabbrica clandestina di bombe; ***drugs ~*** laboratorio clandestino di stupefacenti II modif. [*owner, chimney, price*] di fabbrica.
Factory Acts /'fæktərɪˌækts/ n.pl. BE STOR. = legislazione sul lavoro industriale (del diciannovesimo secolo).
factory farm /'fæktərɪˌfɑːm/ n. *(place)* allevamento m. industriale.
factory farming /'fæktərɪˌfɑːmɪŋ/ n. *(activity)* allevamento m. industriale.
factory floor /ˌfæktərɪ'flɔː(r)/ n. *(place)* officina f.; *(workers)* operai m.pl.
factory inspector /'fæktərɪɪnˌspektə(r)/ ♦ ***27*** n. ispettore m. del lavoro.
factory-made /'fæktərɪˌmeɪd/ agg. prodotto in fabbrica.
factory outlet /ˌfæktərɪˌaʊtlet/ n. spaccio m. aziendale.
factory ship /'fæktərɪˌʃɪp/ n. factory ship f., nave f. fattoria.
factory system /'fæktərɪˌsɪstəm/ n. sistema m. di produzione industriale.
factory unit /'fæktərɪˌjuːnɪt/ n. unità f. di produzione (industriale).
factory worker /'fæktərɪˌwɜːkə(r)/ ♦ ***27*** n. operaio m. (-a) (di fabbrica).
factotum /fæk'təʊtəm/ n. factotum m. e f.; ***general ~*** SCHERZ. tuttofare.
fact sheet /'fæktˌʃiːt/ n. bollettino m. d'informazione.
factual /'fæktʃʊəl/ agg. [*information*] fattuale; [*evidence*] reale, effettivo; [*account, description*] dei fatti, basato sui fatti; ***~ programme*** BE TELEV. RAD. reportage; ***~ error*** errore di fatto.
factually /'fæktʃʊəlɪ/ avv. [*incorrect, complete*] relativamente ai fatti.
facula /'fækjʊlə/ n. (pl. **-ae**) facola f. (solare).
facultative /'fækəltətɪv/ agg. facoltativo.
▷ **faculty** /'fækltɪ/ n. 1 *(power, ability)* facoltà f. (**of, for** di; **for doing** di fare); ***to be in possession*** o ***command of all one's faculties*** essere in (pieno) possesso delle proprie facoltà; ***critical faculties*** capacità critica 2 BE UNIV. facoltà f.; ***~ of Arts, Science*** facoltà di lettere, di scienze 3 AE UNIV. SCOL. *(staff)* corpo m. insegnante.
faculty advisor /ˌfækltɪəd'vaɪzə(r)/ n. 1 AE UNIV. = consigliere di facoltà 2 SCOL. = consigliere didattico.
Faculty Board /'fækltɪˌbɔːd/ n. BE UNIV. consiglio m. di facoltà.
faculty lounge /'fækltɪˌlaʊndʒ/ n. AE SCOL. sala f. (dei) professori.
faculty meeting /'fækltɪˌmiːtɪŋ/ n. AE UNIV. consiglio m. di facoltà; SCOL. consiglio m. d'istituto.
fad /fæd/ n. 1 *(craze)* moda f. (passeggera), mania f. (**for** di) 2 *(whim)* pallino m., mania f. 3 *(person)* ***she's a food ~*** è una fissata, maniaca dell'alimentazione.
faddiness /'fædɪnɪs/ n. fissazione f., fissazioni f.pl., mania f., manie f.pl.; ***I'm tired of his ~!*** sono stufo delle sue manie!
faddish /'fædɪʃ/ agg. → **faddy**.
faddishness /'fædɪʃnɪs/, **faddism** /'fædɪzəm/ n. → **faddiness**.
faddy /'fædɪ/ agg. BE 1 *(fussy)* [*person*] difficile, schizzinoso (**about** in); ***she's a ~ eater*** è difficile nel mangiare 2 [*thing*] di moda, modaiolo.
1.fade /feɪd/ n. 1 CINEM. TELEV. dissolvenza f. 2 RAD. attenuazione f.
▷ **2.fade** /feɪd/ I tr. [*light, age*] sbiadire, scolorire [*curtains, clothes*]; sbiadire [*colour*] II intr. 1 *(get lighter)* [*fabric*] scolorire, scolorirsi, stingere, stingersi; [*colour*] stingere; [*lettering, typescript*] cancellarsi; ***to ~ in the wash*** [*garment, fabric*] stingere, stingersi durante il lavaggio; [*colour*] stingere durante il lavaggio; ***the cloth ~d to a dull blue*** la stoffa stingendo è diventata di un azzurro opaco; ***jeans guaranteed to ~*** jeans che si stingono; ***guaranteed not to ~*** a tenuta di colore garantita 2 *(wither)* [*flowers*] appassire, avvizzire 3 *(disappear)* [*image, drawing*] sbiadire, svanire; [*sound*] affievolirsi; [*smile, memory*] svanire, cancellarsi; [*interest, hope*] svanire, venire meno; [*excitement*] smorzarsi; ***to ~ into the crowd*** sparire tra la folla; ***to ~ into the background*** confondersi con lo sfondo; FIG. passare in secondo piano; ***her looks are beginning to ~*** la sua bellezza sta cominciando a offuscarsi 4 *(deteriorate)* [*hearing, light, sight*] abbassarsi, calare.
▪ **fade away** [*sound*] smorzarsi; [*sick person*] deperire, spegnersi; [*actor, star*] scomparire (dalle scene); [*distinction, division*] sfumare, attenuarsi.
▪ **fade in:** ~ [sth.] in alzare (gradualmente) [*sound, voice*]; fare apparire in dissolvenza [*image*]; aprire in dissolvenza [*scene*].
▪ **fade out:** ~ out [*speaker, scene*] svanire in dissolvenza; ~ [sth.] out CINEM. fare svanire in dissolvenza [*picture, scene*].
faded /'feɪdɪd/ I p.pass. → **2.fade** II agg. [*colour, decor, drawing, photo, picture, wallpaper*] sbiadito; [*clothing, carpet, jeans*] scolorito, stinto; [*glory*] passato; [*flower, beauty*] appassito, avvizzito; [*writing, lettering*] (quasi) cancellato; [*aristocrat*] decaduto.
fade-in /'feɪdɪn/ n. CINEM. TELEV. *(appearance)* dissolvenza f.; RAD. inserzione f. graduale.
fade-out /'feɪdaʊt/ n. CINEM. TELEV. *(disappearance)* dissolvenza f.; RAD. disinserzione f. graduale.
fading /'feɪdɪŋ/ n. 1 CINEM. TELEV. dissolvenza f. 2 EL. fading m., evanescenza f.
faecal, fecal AE /'fiːkəl/ agg. fecale.
faeces, feces AE /'fiːsiːz/ n.pl. feci f.
faerie, faery /'feɪərɪ/ n. ANT. 1 *(being)* fata f. 2 *(land)* regno m. delle fate.
faff /fæf/ tr. COLLOQ. → **faff about, faff around**.
▪ **faff about** COLLOQ., **faff around** BE COLLOQ. ciondolare, gingillarsi.
1.fag /fæg/ n. 1 COLLOQ. *(cigarette)* cicca f. 2 BE COLLOQ. *(nuisance)* lavoraccio m.; sfacchinata f. 3 AE COLLOQ. SPREG. frocio m., checca f. 4 BE ANT. SCOL. = nelle scuole private inglesi, allievo delle prime classi che svolge piccoli servizi per un allievo delle classi superiori.
2.fag /fæg/ intr. (forma in -ing ecc. **-gg-**) BE ANT. SCOL. = svolgere piccoli servizi per un allievo delle classi superiori ◆ ***I can't be ~ged to do it*** COLLOQ. non ho nessuna intenzione di farlo.
▪ **fag out** COLLOQ. ~ [sb.] out stremare; ***I'm completely ~ged out*** sono completamente stremato.
fag end /'fægend/ n. 1 COLLOQ. *(cigarette, butt)* cicca f., mozzicone m. 2 FIG. *(of material)* rimasuglio m.; *(of decade, conversation)* fine f., ultima parte f.
fagging /'fægɪŋ/ n. 1 sfacchinata f., sgobbata f. 2 BE ANT. SCOL. = servizi fatti da allievi delle prime classi ad allievi delle classi superiori.
1.faggot /'fægət/ n. 1 *(meatball)* = grossa polpetta di carne e interiora, specialmente di maiale 2 *(firewood)* fascina f. 3 AE POP. SPREG. *(homosexual)* frocio m., checca f.
2.faggot /'fægət/ tr. (forma in -ing ecc. **-tt-**, **-t-**) ANT. legare in fascine.
faggoting /'fægətɪŋ/ n. SART. ricamo m. a giorno.
fagotti /fə'gɒtɪ/ → **fagotto**.
fagottist /fə'gɒtɪst/ ♦ ***17, 27*** n. fagottista m. e f.
fagotto /fə'gɒtəʊ/ n. (pl. **~s**, **-i**) ♦ ***17*** MUS. fagotto m.
fah /fɑː/ n. MUS. fa m.
Fahrenheit /'færənhaɪt/ agg. Fahrenheit.
faience /ˌfaɪ'ɑːns/ n. faentina f.
1.fail /feɪl/ n. 1 SCOL. UNIV. *(in an examination)* bocciatura f.; *(mark)* insufficienza f.; ***to get a ~*** BE essere bocciati, prendere un'insufficienza (**in** in) 2 **without fail** [*arrive, do*] senza fallo, certamente, sicuramente; [*happen*] a colpo sicuro, immancabilmente.
▶ **2.fail** /feɪl/ I tr. 1 SCOL. UNIV. essere bocciato, respinto a, non passare [*exam, driving test*]; essere bocciato in [*subject*]; bocciare, respingere [*candidate, pupil*]; ***to ~ sb.*** bocciare qcn. (**in** in) 2 *(omit)* ***to ~ to do*** mancare di fare; ***to ~ to keep one's word*** mancare di parola; ***it never ~s to annoy her*** non manca mai di infastidirla; ***it never ~s to work*** funziona sempre; ***to ~ to mention that...*** dimenticare di dire che...; ***to ~ to appear (in court)*** DIR. non comparire (in tribunale, in giudizio); ***if you ~ to complete, return the form*** se non completate, restituite la scheda 3 *(be unable)* ***to ~ to do*** non riuscire a fare; ***I ~ed to recognize her*** non l'ho riconosciuta; ***one could hardly ~ to notice that*** non si poteva fare a meno di notare che; ***I ~ to see, understand why*** non vedo perché, non riesco a capire perché; ***the machine ~ed to meet our standards*** la macchina non ha soddisfatto i nostri standard; ***to ~ to respond to treatment*** non rispondere al trattamento 4 *(let down)* abbandonare [*friend*]; venir meno agli impegni presi nei confronti di [*dependant, sup-*

porter]; [*courage*] venir meno a, abbandonare [*person*]; [*memory*] tradire [*person*]; ***I've never ~ed you yet!*** non ti ho mai deluso finora! ***the government has ~ed the nation*** il governo è venuto meno agli impegni presi verso la nazione; ***words ~ me!*** sono senza parole! mi mancano le parole! **II** intr. **1** *(be unsuccessful)* [*exam candidate*] essere bocciato, respinto; [*attempt, technique, plan, negotiations*] fallire; ***he ~ed in the exams, in history*** è stato bocciato agli esami, in storia; ***to ~ in one's attempt to do*** fallire nel tentativo di fare; ***to ~ miserably*** fallire miseramente; ***to ~ in one's duty*** venir meno al proprio dovere; ***if all else ~s*** se tutto il resto dovesse andar male, non dovesse funzionare **2** *(weaken)* [*eyesight, hearing*] abbassarsi, indebolirsi; [*health*] peggiorare; [*person*] deperire; [*voice*] abbassarsi; [*light*] abbassarsi, smorzarsi; ***to be ~ing fast*** [*person, health*] peggiorare rapidamente **3** *(not function)* [*brakes*] guastarsi; [*engine*] fermarsi, guastarsi; [*power, electricity*] mancare, essere interrotto; [*food, water supply*] mancare **4** AGR. [*crop*] essere scarso **5** *(go bankrupt)* fallire **6** MED. [*heart*] arrestarsi; ***his liver, kidneys ~ed*** ha avuto un blocco epatico, renale.

▷ **failed** /feɪld/ **I** p.pass. → **2.fail II** agg. [*actor, writer, coup d'état*] mancato, fallito; [*project*] fallito.

▷ **failing** /ˈfeɪlɪŋ/ **I** n. debolezza f., manchevolezza f. **II** agg. ***she has ~ eyesight*** le si sta indebolendo la vista; ***to be in ~ health*** non essere in buona salute **III** prep. ~ ***that***, ~ ***this*** se no, in caso contrario, altrimenti.

failing grade /ˈfeɪlɪŋ,greɪd/ n. AE SCOL. insufficienza f.

fail-safe /ˈfeɪlseɪf/ agg. [*device, machine, system*] fail-safe.

fail soft /ˈfeɪlsɒft/ agg. INFORM. [*system*] fail-soft.

▶ **failure** /ˈfeɪljə(r)/ n. **1** *(lack of success)* fallimento m., insuccesso m. (**in** in); ECON. fallimento m.; ***his ~ to understand the problem*** la sua mancata comprensione del problema *o* la sua incapacità di capire il problema; ***to end in ~*** concludersi con un fallimento, fallire **2** *(unsuccessful person)* fallito m. (-a), incapace m. e f.; *(unsuccessful venture or event)* insuccesso m., fiasco m.; ***he was a ~ as a teacher*** come insegnante era un fallimento, un disastro; ***to be a ~ at tennis*** essere una frana a tennis; ***to feel a ~*** sentirsi un fallito; ***the operation was a ~*** l'operazione fu un insuccesso **3** *(breakdown) (of engine, machine)* guasto m.; MED. *(of organ)* arresto m., blocco m.; ***power ~*** interruzione di corrente; ***due to a mechanical ~*** a causa di un guasto meccanico **4** AGR. ***crop ~*** cattivo raccolto **5** *(omission)* ~ ***to keep a promise*** il mancare a una promessa; ~ ***to appear (in court)*** DIR. mancata comparizione (in giudizio); ~ ***to comply with the rules*** inosservanza delle regole *o* del regolamento; ~ ***to pay*** mancato pagamento; ***they were surprised at his ~ to attend the meeting*** rimasero sorpresi dal fatto che non fosse andato alla riunione.

fain /feɪn/ **I** agg. ANT. **1** *(glad)* contento, lieto (**of** di; **to do** di fare) **2** *(willing)* disposto (**to do** a fare) **3** *(obliged)* costretto (**to do** a fare) **II** avv. ANT. con piacere, volentieri.

▷ **1.faint** /feɪnt/ agg. **1** *(slight)* [*smell, trace, breeze, accent*] lieve, leggero; [*glow, sound*] lieve; [*markings, streak*] appena visibile; [*signature*] appena leggibile **2** [*recollection, suspicion*] vago; [*chance*] minimo; ***there is only a ~ possibility that he'll come*** c'è solo una remota possibilità che venga; ***I haven't the ~est idea*** non ne ho la più pallida *o* la benché minima idea; ***he hadn't the ~est idea who she was*** non aveva la più pallida idea di chi fosse; ***to give a ~ smile*** abbozzare un sorriso **3** *(weak)* [*voice*] debole; [*breathing*] leggero **4** *(dizzy)* ***to feel ~*** sentirsi debole, svenire; ***I'm ~ with hunger*** mi sento svenire per la fame **5** *(ineffectual)* [*attempt*] timido; [*protest*] debole ◆ ~ ***heart never won fair lady*** PROV. chi non risica non rosica; ***to damn sb. with ~ praise*** = criticare qcn. fingendo di elogiarlo.

2.faint /feɪnt/ n. svenimento m., mancamento m.; ***to fall into a ~*** svenire; ***to fall to the floor in a ~*** cadere a terra svenuto; ***a dead ~*** MED. una sincope.

3.faint /feɪnt/ intr. svenire; *(more seriously)* avere una sincope; ***to ~ from*** svenire per [*heat, exhaustion, hunger*]; ***she ~ed from loss of blood*** perse i sensi a causa della perdita di sangue.

faint-heart /ˌfeɪntˈhɑːt/ n. codardo m. (-a).

fainthearted /ˌfeɪntˈhɑːtɪd/ **I** agg. [*attempt, reform*] timido **II** n. ***the ~*** + verbo pl. *(cowardly)* i codardi, i pavidi; *(oversensitive)* i timidi.

fainting /ˈfeɪntɪŋ/ n. (lo) svenire, svenimenti m.pl.

fainting fit /ˈfeɪntɪŋˌfɪt/ n. svenimento m.

▷ **faintly** /ˈfeɪntlɪ/ avv. **1** *(slightly)* [*glisten, shine*] debolmente; [*coloured, tinged*] lievemente, leggermente, appena; [*disappointed, disgusted*] leggermente; ~ ***silly*** un po' sciocco; ***not even ~ amusing*** per niente divertente; ***to be ~ reminiscent of sth.*** ricordare vagamente qcs. **2** *(weakly)* [*breathe*] appena; [*smile*] debolmente; *(gently)* [*snore*] leggermente; [*murmur*] dolcemente.

faintness /ˈfeɪntnɪs/ n. **1** *(of sound, cry)* debolezza f.; *(of breathing)* leggerezza f. **2** *(dizziness)* debolezza f., mancamento m.

1.fair /feə(r)/ n. **1** *(market)* fiera f., mercato m.; *(funfair)* fiera f., luna park m., parco m. dei divertimenti **2** COMM. *(exhibition)* fiera f., salone m.; ***book ~*** fiera del libro.

▶ **2.fair** /feə(r)/ **I** agg. **1** *(just, reasonable)* [*arrangement, person, punishment, ruling, share, trial, wage*] giusto, equo (**to** verso, nei confronti di); [*comment, decision, point*] giusto, buono, lecito; [*competition, dealing*] leale, corretto; ***it's only ~ that he should go, that she should be first*** è più che giusto che vada, che sia lei la prima; ***to give sb. a ~ deal*** o ***shake*** AE trattare qcn. in modo equo; ***I give you ~ warning*** ti avviso per tempo; ***it's ~ to say that...*** è giusto dire, bisogna dire che...; ***that's a ~ question*** è una domanda lecita; ***a ~ sample*** un buon esempio; ***to be ~ he did try to pay*** (a essere onesti,) bisogna ammettere che provò a pagare; ***it is*** o ***seems only ~ to do*** è, (mi) sembra giusto, corretto fare; ***~'s ~*** bisogna essere giusti, quel che è giusto è giusto; ***it (just) isn't ~!*** non è giusto! ***~ enough!*** mi sembra giusto! va bene! d'accordo! ***a plea of ~ comment*** DIR. = in un procedimento per diffamazione, azione legale con la quale l'imputato dimostra che le parole usate non erano diffamatorie ma legittime e di dominio pubblico; ***that's a ~ comment*** è una buona osservazione **2** *(moderately good)* [*chance, condition, performance, skill*] discreto, abbastanza buono; SCOL. discreto; ***it's a ~ bet that...*** COLLOQ. è abbastanza probabile che... **3** *(quite large)* [*amount, number, size*] discreto, buono; ***we were going at a ~ old pace*** o ***speed*** COLLOQ. stavamo andando di buon passo, a una certa velocità; ***he's had a ~ bit of luck, trouble*** COLLOQ. ha avuto un bel po' di fortuna, un sacco di guai; ***I've travelled around a ~ amount*** ho viaggiato un bel po'; ***the car was still a ~ way off*** l'automobile era ancora piuttosto distante **4** METEOR. *(fine)* [*weather*] bello, sereno; [*forecast*] buono; [*wind*] favorevole, a favore; ***to be set ~*** [*weather*] mantenersi bello; [*barometer*] segnare il bel tempo stabile; FIG. [*arrangements*] essere a posto **5** *(light-coloured)* [*hair*] biondo; [*complexion, skin*] chiaro **6** LETT. *(beautiful)* [*lady, maid, city, promises, words*] bello; ***with her own ~ hands*** SCHERZ. con le sue belle manine; ***the ~ sex*** SCHERZ. il gentil sesso **II** avv. [*play*] lealmente, in modo corretto ◆ ***to be ~ game for sb.*** essere considerato una preda *o* un bersaglio legittimo da qcn.; ***to be in a ~ way to do sth.*** avere delle buone probabilità di riuscire a fare qcs.; ~ ***dos*** COLLOQ. quel che è giusto è giusto; ***come on, ~ dos, it's my turn*** non vale, tocca a me; ***you can't say ~er than that*** COLLOQ. non si potrebbe dire meglio (di così); ~ ***and square*** onesto e leale; ***to win ~ and square*** vincere lealmente.

fair copy /ˌfeəˈkɒpɪ/ n. bella (copia) f.; ***to make a ~ of sth.*** fare la bella (copia) di qcs. *o* copiare qcs. in bella.

fair dealing /ˌfeəˈdiːlɪŋ/ n. condotta f. leale.

fairground /ˈfeəgraʊnd/ n. piazzale m. della fiera, fiera f.

fair-haired /ˌfeəˈheəd/ agg. biondo, dai capelli biondi; ***a ~ child*** un bambino dai, con i capelli biondi.

fair-haired boy /ˌfeəheədˈbɔɪ/ n. AE FIG. COLLOQ. *(of public, media)* beniamino m.; *(teacher)* prediletto m., cocco m.; *(of influential person)* protetto m.

1.fairing /ˈfeərɪŋ/ n. AUT. AER. carenatura f.

2.fairing /ˈfeərɪŋ/ n. ANT. = oggetto acquistato a una fiera.

fairish /ˈfeərɪʃ/ agg. **1** *(mediocre)* mediocre, discreto, passabile **2** *(blond)* biondiccio.

▶ **fairly** /ˈfeəlɪ/ avv. **1** *(quite, rather)* abbastanza, piuttosto; ~ ***sure*** abbastanza sicuro **2** *(completely, actually)* ***the hours ~ flew past*** le ore passavano molto velocemente; ***the house ~ shook to the loud music*** la casa tremò letteralmente per l'alto volume della musica **3** *(justly)* [*describe*] in modo corretto; [*obtain, win*] onestamente, lealmente; [*say*] onestamente.

fair-minded /ˌfeəˈmaɪndɪd/ agg. imparziale, giusto.

▷ **fairness** /ˈfeənɪs/ n. **1** *(justness) (of person)* equità f., correttezza f., onestà f.; *(of judgment)* imparzialità f.; ***in all ~*** in tutta onestà; ***in ~ to him, he did phone*** (per rendergli giustizia,) bisogna ammettere che ha telefonato **2** *(lightness) (of complexion)* bianchezza f., candore m.; *(of hair)* (l')essere biondo, biondezza f.

fair play /ˌfeəˈpleɪ/ n. fair play m.; ***to have a sense of ~*** giocare, comportarsi con fair play, correttamente; ***to ensure ~*** fare rispettare le regole del gioco.

fair rent /ˌfeəˈrent/ n. DIR. equo canone m.

fair-sized /ˌfeəˈsaɪzd/ agg. piuttosto grande.

fair-skinned /ˌfeəˈskɪnd/ agg. dalla, con la pelle chiara.

fair trade /ˌfeə'treɪd/ n. **1** reciprocità f. commerciale **2** AE correttezza f. commerciale **3** *(with developing countries)* commercio m. equo e solidale.
fairway /'feəweɪ/ n. **1** *(in golf)* fairway m. **2** MAR. canale m. (navigabile).
fair-weather friend /ˌfeəweðə'frend/ n. SPREG. ***he's a ~*** è un amico solo nei tempi buoni.
▷ **fairy** /'feərɪ/ n. **1** *(magical being)* fata f.; ***the wicked ~*** la fata cattiva **2** POP. SPREG. *(homosexual)* checca f., frocio m. ◆ ***to be away with the fairies*** COLLOQ. non esserci con la testa, avere la testa fra le nuvole.
fairydom /'feərɪdəm/ n. regno m. delle fate.
fairy godmother /ˌfeərɪ'gɒdmʌðə(r)/ n. fata f. buona; FIG. benefattrice f.; ***to play ~*** fare (la parte del)la fata buona.
fairy lamp /'feərɪˌlæmp/ n. lampioncino m. alla veneziana.
fairyland /'feərɪlænd/ n. paese m., regno m. delle fate.
fairy lights /'feərɪlaɪts/ n.pl. BE decorazioni f. luminose.
fairy-like /'feərɪˌlaɪk/ agg. fiabesco.
fairy queen /'feərɪˌkwi:n/ n. regina f. delle fate.
fairy ring /ˌfeərɪ'rɪŋ/ n. BOT. cerchio m. delle streghe.
fairy story /'feərɪˌstɔ:rɪ/ n. → **fairy tale**.
▷ **fairy tale** /'feərɪˌteɪl/ **I** n. **1** racconto m. di fate, fiaba f. **2** EUFEM. *(lie)* favola f., fandonia f. **II** modif. (anche **fairy-tale, fairytale**) [*romance*] da favola; [*princess*] delle favole.
▷ **faith** /feɪθ/ n. **1** *(confidence)* fiducia f., fede f.; ***to have ~ in sb.*** avere fiducia in qcn.; ***to have ~ in sb.'s ability*** avere fiducia nelle capacità di qcn.; ***to have ~ in a party*** avere fiducia in un partito; ***to have ~ in a method*** avere fiducia in un metodo; ***to put one's ~ in sth.*** riporre la propria fiducia in qcs.; ***he has no ~ in socialism*** non ha fiducia nel socialismo; ***I have no ~ in her*** non ho fiducia in lei; ***in good ~*** in buonafede; ***to act in bad ~*** agire in malafede **2** *(belief)* fede f. (**in** in) **3** *(system of beliefs)* fede f.; ***the Christian, Muslim ~*** la fede cristiana, musulmana **4** *(denomination)* religione f.; ***people of all ~s*** gente di tutte le confessioni.
Faith /feɪθ/ n.pr. Fede.
faith cure /'feɪθˌkjʊə(r)/ n. → **faith healing**.
▷ **faithful** /'feɪθfl/ **I** agg. **1** *(loyal)* fedele (**to** a); ***the ~ few*** i pochi (veramente) fedeli **2** *(accurate)* [*representation, adaptation*] fedele (**of** di; **to** a); [*quotation*] esatta **II** n. ***the ~*** + verbo pl. i fedeli (anche FIG.).
▷ **faithfully** /'feɪθfəlɪ/ avv. **1** [*follow, serve*] fedelmente **2** *(accurately)* [*reproduced, adapted, recreated*] fedelmente **3** *(in letter writing)* ***yours ~*** distinti saluti.
faithfulness /'feɪθflnɪs/ n. **1** *(loyalty)* fedeltà f. (**to sb.** a, verso qcn.; **to sth.** a qcs.) **2** *(accuracy) (of reproduction, adaptation)* fedeltà f.
faith healer /'feɪθˌhi:lə(r)/ n. guaritore m. (-trice).
faith healing /'feɪθˌhi:lɪŋ/ n. = guarigione ottenuta per mezzo delle preghiere o della suggestione.
faithless /'feɪθlɪs/ agg. LETT. [*husband*] infedele; [*servant, friend*] infedele, sleale.
▷ **1.fake** /feɪk/ **I** n. **1** *(jewel, work of art etc.)* falso m.; ***to be a ~*** essere un falso; ***the bomb was a ~*** la bomba era un falso allarme **2** *(person)* imbroglione m. (-a), truffatore m. (-trice) **3** AE SPORT finta f. **II** agg. **1** [*gem*] falso, finto; [*fur*] finto, sintetico; [*flower*] artificiale; ***it's ~ wood, granite*** è finto legno, granito; ***~ Louis XV furniture*** mobili in stile Luigi XV **2** [*interview*] finto; [*emotion, smile*] falso; ***a ~ trial*** un processo farsa **3** *(counterfeit)* [*passport*] falso, contraffatto.
▷ **2.fake** /feɪk/ tr. **1** *(forge)* falsificare, contraffare [*signature, document*] **2** COLLOQ. *(falsify)* truccare [*election*]; falsificare [*results*] **3** *(pretend)* fingere, simulare [*emotion, illness*]; ***he hadn't planned his lecture so he ~d his way through it*** AE non aveva preparato la lezione e così ha improvvisato; ***to ~ it*** *(pretend illness etc.)* fare la commedia; *(pretend knowledge)* AE bluffare; *(ad-lib)* AE improvvisare **4** AE SPORT ***to ~ a pass*** fintare un passaggio.
■ **fake out** AE COLLOQ. ***~ [sb.] out, ~ out [sb.]*** **1** SPORT fare una finta a, fintare **2** FIG. bluffare; ***he really ~d me out*** mi ha proprio fregato.
3.fake /feɪk/ n. MAR. duglia f.
4.fake /feɪk/ tr. MAR. addugliare.
fakement /'feɪkmənt/ n. ANT. falsificazione f., truffa f.
fakeout /'feɪkaʊt/ n. AE SPORT finta f. (anche FIG.).
faker /'feɪkə(r)/ n. truffatore m. (-trice), falsificatore m. (-trice).
fakir /'feɪkɪə(r), AE fə'kɪə(r)/ n. fachiro m.
falbala /'fælbələ/ n. falpalà m.
falcate /'fælkeɪt/ agg. BIOL. falcato, falciforme.
falchion /'fɔ:ltʃn/ n. falcione m.
falciform /'fælsɪˌfɔ:m/ agg. BIOL. ANAT. falciforme.
falcon /'fɔ:lkən, AE 'fælkən/ n. falcone m.
falconer /'fɔ:lkənə(r), AE 'fæl-/ n. falconiere m.
falconet /'fɔ:lkənɪt, AE 'fæl-/ n. **1** MIL. falconetto m. **2** ZOOL. falchetto m., microierace m.
falconry /'fɔ:lkənrɪ, AE 'fæl-/ n. falconeria f.
falderal /'fældəˌræl/, **falderol** /'fældəˌrɒl/ n. ANT. ritornello m.
faldstool /'fɔ:ldstu:l/ n. RELIG. **1** *(backless foldable seat)* faldistorio m. **2** *(desk for kneeling)* inginocchiatoio m.
Falernian /fə'lɜ:nɪən/ agg. falerno, di Falerno; ***~ wine*** (vino) falerno.
Falkland Islander /ˌfɔ:klənd'aɪləndə(r)/ n. nativo m. (-a), abitante m. e f. delle (isole) Falkland.
Falklands /'fɔ:kləndz/ ➧ *12* n.pr.pl. (anche **Falkland Islands**) ***the ~*** le (isole) Falkland.
▶ **1.fall** /fɔ:l/ ➧ *26* **I** n. **1** *(of person, horse, rocks)* caduta f. (**from** da); *(of snow, hail)* caduta f.; *(of earth, soot)* caduta f.; *(of axe, hammer)* colpo m.; ***a ~ of 20 metres*** o ***a 20-metre ~*** una caduta di 20 metri; ***a heavy ~ of rain*** un forte rovescio di pioggia; ***to have a ~*** cadere, fare una caduta; ***curtain ~*** TEATR. il calar del sipario **2** *(in temperature, shares, production, demand, quality, popularity)* diminuzione f., calo m. (**in** di); *(more drastic)* crollo m. (**in** di); ***the pound has suffered a sharp ~, a slight ~*** la sterlina ha subito un forte, un leggero ribasso; ***a ~ in value*** un deprezzamento; ***to have a ~ of 10% to 125*** arrivare a 125 con un ribasso del 10% **3** *(of leader, fortress, town)* caduta f.; *(of regime, empire, monarchy)* crollo m., caduta f.; *(of seat)* perdita f.; ***the government's ~ from power*** la caduta del governo **4** ***~ from grace*** o ***favour*** caduta in disgrazia, perdita del favore; ***the Fall*** RELIG. la caduta (di Adamo) **5** AE *(autumn)* autunno m.; ***in the ~ of 1992*** nell'autunno del 1992 **6** *(in pitch, intonation)* abbassamento m. **7** *(in wrestling)* schienata f.; *(in judo)* caduta f. **II falls** n.pl. cascata f.sing.
▶ **2.fall** /fɔ:l/ intr. (pass. **fell**; p.pass. **fallen**) **1** *(come down)* cadere; [*rocks, materials*] franare; ***to ~ 10 metres*** cadere per 10 metri; ***five centimetres of snow fell*** sono caduti cinque centimetri di neve; ***to ~ from*** o ***out of*** cadere da [*boat, nest, bag, hands*]; ***to ~ off*** o ***from*** cadere da [*chair, table, roof, bike, wall*]; ***the skirt ~s well*** la gonna cade bene; ***to ~ on*** cadere su [*person, town*]; ***it fell on my head*** mi è caduto sulla testa; ***to ~ on the floor*** cadere per terra; ***to ~ on one's back*** cadere sulla schiena; ***to ~ in*** o ***into*** cadere in [*bath, river, sink*]; ***to ~ down*** cadere in [*hole, shaft*]; ***to ~ down*** cadere giù da [*stairs*]; ***to ~ under*** cadere sotto [*table*]; cadere, andare sotto [*bus, train*]; ***to ~ through*** cadere attraverso [*ceiling, hole*]; ***to ~ through the air*** cadere nel vuoto; ***to ~ to earth*** cadere sulla terra; ***to ~ to the floor*** o ***to the ground*** cadere per terra; ***~ing rain*** la pioggia che cade; ***he was hurt by ~ing masonry*** è stato ferito dal crollo di un pezzo di muro **2** *(drop)* [*volume, quality, standard*] diminuire; [*speed, level, temperature, price, inflation, wages, production, number, attendance*] scendere, diminuire; [*morale*] scendere; *(more dramatically)* crollare; ***to ~ (by)*** diminuire, scendere di [*amount, percentage*]; ***to ~ to*** scendere a [*amount, place*]; ***to ~ from*** scendere da; ***to ~ below zero, below 5%*** scendere sotto lo zero, sotto il 5%; ***to ~ in the charts*** perdere posizioni in classifica **3** *(yield position)* cadere; ***to ~ from power*** perdere il potere; ***to ~ to*** cadere nelle mani di [*enemy, allies*]; ***the seat fell to Labour*** il seggio è caduto in mano ai laburisti **4** EUFEM. *(die)* cadere; ***to ~ on the battlefield*** cadere sul campo di battaglia **5** FIG. *(descend)* [*darkness, night, beam, silence, gaze*] cadere (**on** su); [*blame*] ricadere (**on** su); [*shadow*] cadere (**over** su); ***suspicion fell on her husband*** i sospetti sono caduti su suo marito **6** *(occur)* [*stress*] cadere (**on** su); ***Christmas ~s on a Monday*** Natale cade di lunedì; ***to ~ into, outside a category*** rientrare, non rientrare in una categoria; ***to ~ under the heading of...*** trovarsi alla voce... **7** *(be incumbent on)* ***it ~s to sb. to do*** tocca a qcn. fare **8** *(throw oneself)* ***to ~ into bed, into a chair*** lasciarsi cadere nel, crollare sul letto, su una sedia; ***to ~ to*** o ***on one's knees*** cadere in ginocchio; ***to ~ at sb.'s feet*** gettarsi, cadere ai piedi di qcn.; ***to ~ into sb.'s, each other's arms*** cadere nelle braccia di qcn., l'uno dell'altro; ***to ~ on each other*** abbracciarsi *o* cadere nelle braccia l'uno dell'altro; ***to ~ on sb.'s neck*** gettarsi al collo di qcn. **9** [*ground*] digradare **10** *(become)* ***to ~ ill*** ammalarsi *o* cadere malato; ***to ~ asleep*** addormentarsi; ***to ~ silent*** [*room*] farsi silenzioso; [*person*] tacere; ***to ~ in love with*** innamorarsi di **11** RELIG. cadere (nel peccato) **12** BE COLLOQ. *(get pregnant)* rimanere incinta ◆ ***did he ~ or was he pushed?*** SCHERZ. = l'ha fatto di sua spontanea volontà o è stato obbligato? ***the bigger you are*** o ***the higher you climb, the harder you ~*** più sali in alto (nella scala sociale), più ti fai male quando cadi; ***to stand or ~ on sth.*** = farsi giudicare in base a qcs., dipendere da qcs.

- **fall about** BE COLLOQ. ***to ~ about (laughing*** o ***with laughter)*** sbellicarsi dalle risa.
- **fall apart 1** [*bike, car, table*] cadere a pezzi; [*shoes*] rompersi; [*house, hotel*] cadere in rovina, a pezzi **2** [*marriage, country*] andare, cadere a pezzi **3** COLLOQ. [*person*] crollare, cadere a pezzi.
- **fall away 1** [*paint, plaster*] staccarsi (**from** da) **2** [*ground*] digradare (**to** verso) **3** [*demand, support, numbers*] diminuire, calare.
- **fall back** indietreggiare, ritirarsi; MIL. ripiegare (**to** su).
- **fall back on:** ***~ back on [sth.]*** fare ricorso, ricorrere a [*savings, parents, old method*]; ***to have something to ~ back on*** avere qualcosa a cui fare ricorso *o* avere un'ultima risorsa.
- **fall behind:** ***~ behind*** [*runner, country, student, work*] rimanere indietro; ***to ~ behind with*** BE o ***in*** AE rimanere indietro con [*work, project*]; rimanere indietro, essere in ritardo, in arretrato con [*payments, rent, correspondence*]; ***~ behind [sth., sb.]*** farsi, lasciarsi superare da [*horses, classmates, competitors*].
- **fall down 1** [*person, child, tree, poster*] cadere; [*tent, wall, house, scaffolding*] crollare, venire giù; ***this whole place is ~ing down*** questo posto sta cadendo a pezzi **2** BE FIG. [*argument, comparison, plan*] non reggere; ***where he ~s down is...*** il suo punto debole è..., si dimostra inadeguato quando...; ***to ~ down on*** cadere su [*detail, question, obstacle*]; ***to ~ down on a promise, on the job*** non essere in grado di mantenere una promessa, di fare bene il proprio lavoro.
- **fall for:** ***~ for [sth.]*** cascare in [*trick*]; abboccare a [*story*]; ***~ for [sb.]*** prendersi una cotta per [*person*].
- **fall in 1** [*sides, walls, roof*] crollare, cedere **2** MIL. [*soldier*] mettersi in riga; [*soldiers*] rientrare nei ranghi; ***~ in!*** adunata! in riga!
- **fall in with:** ***~ in with [sth., sb.]*** **1** *(get involved with)* unirsi a, mettersi a frequentare [*group*]; ***to ~ in with a bad crowd*** finire in un brutto giro **2** *(go along with)* adeguarsi a [*timetable, plans, action*] **3** *(be consistent with)* essere conforme a, concordare con [*expectations, concerns*].
- **fall off 1** [*person, leaf, hat*] cadere; [*label*] staccarsi **2** FIG. [*attendance, takings, sales, output, enthusiasm, support, interest*] diminuire; [*standard, quality*] peggiorare, scendere; [*curve on graph*] decrescere, scendere.
- **fall on:** ***~ on [sth.]*** gettarsi su [*food, treasure*]; ***~ on [sb.]*** attaccare, gettarsi su [*person*].
- **fall open** [*book*] aprirsi (casualmente); [*robe*] aprirsi.
- **fall out 1** [*page, contact lens*] cadere; ***his hair, tooth fell out*** gli sono caduti i capelli, gli è caduto un dente **2** MIL. [*soldiers*] rompere le righe; ***~ out!*** rompete le righe! **3** COLLOQ. *(quarrel)* litigare, bisticciare (**over** per); ***to ~ out with sb.*** *(quarrel)* litigare con qcn. **4** BE *(turn out)* accadere; ***it fell out that...*** è successo che...
- **fall over:** ***~ over*** [*person*] cadere (per terra); [*object*] cadere a terra, rovesciarsi; ***~ over [sth.]*** inciampare su [*object*]; ***to ~ over oneself to help sb.*** COLLOQ. farsi in quattro per aiutare qcn.; ***people were ~ing over themselves to buy shares*** la gente faceva a pugni per comprare le azioni.
- **fall through** [*plans, deal*] fallire, andare in fumo.
- **fall to:** ***~ to*** attaccare; ***~ to doing*** rimettersi, ricominciare a fare.
- **fall upon** → **fall on**.

fallacious /fəˈleɪʃəs/ agg. fallace, ingannevole, erroneo.
fallaciously /fəˈleɪʃəslɪ/ avv. fallacemente, erroneamente.
fallaciousness /fəˈleɪʃəsnɪs/ n. fallacia f.
fallacy /ˈfæləsɪ/ n. *(belief)* errore m., falsa credenza f.; *(argument)* fallacia f.
fallal /fæˈlæl/ n. *(showy ornament)* fronzolo m.
fallback position /ˈfɔːlbækpəˌzɪʃn/ n. via f. di scampo, alternativa f.
▷ **fallen** /ˈfɔːlən/ **I** p.pass. → **2.fall II** n. ***the ~*** + verbo pl. i caduti **III** agg. [*leaf, soldier*] morto, caduto; [*angel*] caduto; [*tree*] abbattuto; ***~ woman*** ANT. peccatrice, adultera.
fall guy /ˈfɔːlgaɪ/ n. COLLOQ. *(scapegoat)* capro m. espiatorio; *(dupe)* pollo m., sempliciotto m. (-a).
fallibility /ˌfæləˈbɪlətɪ/ n. fallibilità f.
fallible /ˈfæləbl/ agg. fallibile, soggetto a errore.
falling-off /ˌfɔːlɪŋˈɒf/ n. (anche **falloff**) diminuzione f. (**in** di).
falling-out /ˌfɔːlɪŋˈaʊt/ n. litigio m., bisticcio m.; ***to have a ~*** litigare (**with** con).
falling star /ˌfɔːlɪŋˈstɑː(r)/ n. stella f. cadente.
fall line /ˈfɔːllaɪn/ n. **1** *(in skiing)* linea f. di massima pendenza **2** GEOGR. linea f. di caduta.
Fallopian tube /fəˌləʊpɪənˈtjuːb/ n. tuba f. di Falloppio.
fallout /ˈfɔːlaʊt/ n. **U 1** NUCL. fallout m., precipitazione f. radioattiva, ricaduta f. radioattiva **2** FIG. *(side effect)* ricaduta f.
fallout shelter /ˈfɔːlaʊtˌʃeltə(r)/ n. rifugio m. antiatomico.
1.fallow /ˈfæləʊ/ agg. [*land*] a maggese, incolto; ***to lie ~*** [*land*] rimanere incolto, stare a riposo; [*idea*] essere accantonato, inutilizzato; ***a ~ period*** COMM. un periodo di scarsa attività.
2.fallow /ˈfæləʊ/ tr. maggesare, tenere a maggese.
3.fallow /ˈfæləʊ/ agg. fulvo, rossastro.
fallow deer /ˈfæləʊˌdɪə(r)/ n. (pl. **~**, **~s**) daino m.
fallowness /ˈfæləʊnɪs/ n. (l')essere lasciato a maggese; FIG. (l')essere inutilizzato.
▷ **false** /fɔːls/ agg. **1** *(mistaken)* [*impression, idea, information*] falso; [*belief*] erroneo; *(proved wrong)* [*allegations, rumour, statement*] falso; ***their fears, expectations may well prove ~*** i loro timori, le loro speranze potrebbero dimostrarsi infondati, infondate; ***a ~ sense of security*** un falso senso di sicurezza **2** *(fraudulent)* [*banknotes, passport, tax returns, name, address*] falso; ***to give ~ information*** DIR. dare informazioni false; ***to give ~ evidence*** DIR. apportare prove false; ***to bear ~ witness*** DIR. prestare falsa testimonianza; ***charged with ~ accounting*** AMM. DIR. accusato di falsificazione contabile **3** *(artificial)* [*eyelashes, nose, hem*] finto **4** *(affected, disloyal)* [*person*] falso.
false alarm /ˌfɔːlsəˈlɑːm/ n. falso allarme m. (anche FIG.).
false bottom /ˌfɔːlsˈbɒtəm/ n. *(in bag, box)* doppiofondo m.
false ceiling /ˌfɔːlsˈsiːlɪŋ/ n. controsoffitto m.
false economy /ˌfɔːlsɪˈkɒnəmɪ/ n. ***buying a cheap radio is a ~*** comprare una radio che costa poco è un finto risparmio.
false floor /ˌfɔːlsˈflɔː(r)/ n. pavimento m. galleggiante.
false friend /ˌfɔːlsˈfrend/ n. LING. falso amico m.
falsehood /ˈfɔːlshʊd/ n. **1** *(dishonesty)* ***to tell truth from ~*** distinguere il vero dal falso **2** *(lie)* bugia f., menzogna f.; ***to tell a ~*** dire una bugia.
false imprisonment /ˌfɔːlsɪmˈprɪznmənt/ n. detenzione f. abusiva.
falsely /ˈfɔːlslɪ/ avv. **1** *(wrongly)* [*represent, state*] falsamente; ***~ accused*** *(accidentally)* ingiustamente accusato; *(deliberately)* falsamente accusato; ***to ~ imprison sb.*** DIR. detenere qcn. abusivamente **2** *(mistakenly)* [*confident, assume, believe*] ingiustamente, a torto **3** [*smile, laugh*] falsamente, con falsità.
false move /ˌfɔːlsˈmuːv/ n. mossa f. falsa.
falseness /ˈfɔːlsnɪs/ n. falsità f.
false note /ˌfɔːlsˈnəʊt/ n. nota f. stonata, stecca f.; *(in film, novel)* stonatura f.; ***to strike a ~*** [*person*] prendere una stecca; FIG. toccare un tasto falso.
false pretences /ˌfɔːlsprɪˈtensɪz/ n.pl. ***on*** o ***under ~*** con un sotterfugio, con l'inganno; DIR. *(by an action)* con la frode; *(in speech, writing)* con false dichiarazioni.
false rib /ˌfɔːlsˈrɪb/ n. ANAT. falsa costa f., costola f. fluttuante.
false start /ˌfɔːlsˈstɑːt/ n. falsa partenza f. (anche FIG.).
false step /ˌfɔːlsˈstep/ n. passo m. falso.
false teeth /ˌfɔːlsˈtiːθ/ n.pl. dentiera f.sing.; ***to put in, take out one's ~*** mettersi, togliersi la dentiera.
falsetto /fɔːlˈsetəʊ/ **I** n. (pl. **~s**) falsetto m. **II** agg. [*voice, whine*] di falsetto **III** avv. [*sing*] in falsetto.
falsies /ˈfɔːlsɪz/ n.pl. COLLOQ. ANT. seno m. finto.
falsifiable /ˈfɔːlsɪfaɪəbl/ agg. falsificabile.
falsification /ˌfɔːlsɪfɪˈkeɪʃn/ n. **1** *(alteration) (of document, of figures)* falsificazione f., contraffazione f.; ***~ of accounts*** DIR. falso contabile, falsificazione dei conti **2** *(distortion) (of the truth, of facts)* travisamento m., distorsione f.
falsifier /ˈfɔːlsɪfaɪə)r)/ n. falsificatore m. (-trice), contraffattore m. (-trice).
falsify /ˈfɔːlsɪfaɪ/ tr. **1** *(alter)* falsificare, contraffare [*documents, results, accounts*] **2** *(distort)* travisare, distorcere [*facts, story, sb.'s judgment*].
falsity /ˈfɔːlsətɪ/ n. *(of accusation, statement)* falsità f.; *(of beliefs)* erroneità f.
Falstaff /ˈfɔːlstɑːf/ n.pr. Falstaff (nome di uomo).
▷ **falter** /ˈfɔːltə(r)/ **I** tr. (anche **~ out**) balbettare, borbottare [*word, phrase*] **II** intr. **1** [*demand*] diminuire; [*economy*] perdere i colpi **2** [*person, team, courage*] vacillare **3** *(when speaking)* [*person*] balbettare; [*voice*] vacillare, tremare; ***to speak without ~ing*** parlare con sicurezza **4** *(when walking)* [*person*] inciampare; [*footstep*] essere malfermo; ***to walk without ~ing*** camminare con passo sicuro.
faltering /ˈfɔːltərɪŋ/ agg. [*economy*] in declino; [*demand*] in diminuzione; [*footsteps*] incerto, malfermo; [*voice*] tremolante; ***to make a ~ start*** iniziare male.
falteringly /ˈfɔːltərɪŋlɪ/ avv. [*speak*] con voce tremolante; [*walk*] con passo incerto; ***to start ~*** iniziare male.
▷ **1.fame** /feɪm/ n. fama f., celebrità f. (**as** come); ***to rise to ~*** diventare famoso, acquistare fama, celebrità; ***the film brought him***

~ il film lo ha fatto diventare famoso; ***to acquire ~*** acquistare fama, farsi un nome; ***this was her (chief) claim to ~*** questo era il suo principale motivo di vanto; ***~ and fortune*** fama e ricchezza; ***the road to ~*** il cammino verso la gloria.

2.fame /feɪm/ tr. RAR. rendere famoso.

famed /feɪmd/ agg. famoso, celebre (**for** per; **as** come).

familial /fə'mɪlɪəl/ agg. *(of or relating to the family)* familiare, di famiglia.

▶ **familiar** /fə'mɪlɪə(r)/ **I** agg. **1** *(well-known)* [*landmark, phrase, sight, shape, sound*] familiare (**to** a); [*face, figure, name, story, voice*] familiare (**to** a), conosciuto (**to** da); ***her face looked ~ to me*** il suo viso mi sembrava familiare; ***that name has a ~ ring to it, that name sounds ~*** quel nome mi suona familiare, non mi è nuovo; ***I thought her voice sounded ~*** mi sembrava di aver già sentito la sua voce *o* mi è sembrato di riconoscere la sua voce; ***to be on ~ ground*** FIG. essere su un terreno familiare **2** *(customary)* [*argument, complaint, excuse, feeling*] solito **3** *(acquainted)* ***to be ~ with sb., sth.*** conoscere bene qcn., qcs.; ***to make oneself ~ with sth.*** prendere confidenza, familiarizzarsi con qcs. **4** *(intimate)* [*language, manner, tone*] familiare; ***to be on ~ terms with sb.*** essere in confidenza con qcn.; ***to be too ~ with sb.*** essere troppo invadente con qcn. **II** n. **1** MITOL. = spirito al servizio di una strega, che solitamente assume forma animale **2** *(friend)* intimo m. (-a).

familiarity /fə,mɪlɪ'ærətɪ/ n. **1** *(acquaintance) (with author, art, subject, politics etc.)* familiarità f. (**with** con), conoscenza f. (**with** di) **2** *(of surroundings, place)* carattere m. familiare **3** *(informality)* familiarità f.; ***the ~ of his tone, style*** la familiarità del suo tono, stile ◆ ***~ breeds contempt*** PROV. (la) confidenza genera irriverenza.

familiarization /fə,mɪlɪəraɪ'zeɪʃn, AE -rɪ'z-/ n. (il) familiarizzare.

familiarize /fə'mɪlɪəraɪz/ **I** tr. ***to ~ sb. with*** familiarizzare qcn. con [*area, fact, job, procedure, environment, person*] **II** rifl. ***to ~ oneself with*** familiarizzarsi con [*facts, system, work, person, place*].

familiarly /fə'mɪlɪəlɪ/ avv. [*address, speak*] con familiarità; [*behave*] familiarmente (**towards** verso).

▶ **family** /'fæməlɪ/ **I** n. *(group)* famiglia f. (anche LING. ZOOL.); *(children)* figli m.pl., famiglia f.; ***to run in the ~*** essere una caratteristica di famiglia; ***to be one of the ~*** essere uno di famiglia, fare parte della famiglia; ***to start a ~*** metter su famiglia; ***do you have any ~?*** hai figli? ***a ~ of four*** una famiglia di quattro persone **II** modif. [*affair, feud, home, friend*] di famiglia; [*member*] della famiglia; [*responsibilities, accommodation*] familiare; ***for ~ reasons*** per motivi familiari ◆ ***to be in the ~ way*** COLLOQ. SCHERZ. aspettare famiglia.

Family Allowance /,fæməlɪə'laʊəns/ n. BE assegni m.pl. familiari.

family business /,fæməlɪ'bɪznɪs/ n. azienda f. familiare.

family butcher /,fæməlɪ'bʊtʃə(r)/ n. macellaio m. di fiducia.

family circle /,fæməlɪ'sɜːkl/ n. **1** *(group)* cerchia f. familiare **2** AE TEATR. seconda galleria f.

family court /,fæməlɪ'kɔːt/ n. US DIR. = tribunale che si occupa di casi attinenti al diritto di famiglia (divorzi, adozioni ecc.).

Family Credit /,fæməlɪ'kredɪt/ n. BE assegni m.pl. familiari.

Family Crisis Intervention Unit /,fæməlɪ,kraɪsɪsɪntə'venʃn,juːnɪt/ n. = gruppo di pronto intervento che agisce in caso di drammi familiari.

family doctor /,fæməlɪ'dɒktə(r)/ n. *(profession)* medico m. generico; *(of a particular family)* medico m. di famiglia.

family entertainment /,fæməlɪentə'teɪnmənt/ n. spettacolo m. per tutta la famiglia *o* per famiglie.

family-friendly /'fæməlɪ,frendlɪ/ agg. [*policy*] favorevole alle famiglie.

family grouping /,fæməlɪ'gruːpɪŋ/ n. GB SCOL. = sistema in uso nelle scuole materne che consiste nel raggruppare bambini di età diverse in un'unica classe.

Family Income Supplement /,fæməlɪ'ɪŋkʌm,sʌplɪmənt/ n. *(formerly)* → **family allowance**.

family man /'fæməlɪ,mæn/ n. buon padre m. di famiglia, uomo m. tutto famiglia.

family name /'fæməlɪ,neɪm/ n. cognome m.

family-owned /,fæməlɪ'əʊnd/ agg. [*business*] a conduzione familiare.

family planning /,fæməlɪ'plænɪŋ/ n. pianificazione f. familiare.

Family planning Association /,fæməlɪ'plænɪŋəsəʊsɪ,eɪʃn/ n. = associazione per la pianificazione familiare.

family planning clinic /,fæməlɪ'plænɪŋ,klɪnɪk/ n. clinica f. per la pianificazione familiare.

family practice /,fæməlɪ'præktɪs/ n. AE ***to have a ~*** fare il medico generico, di famiglia.

family practitioner /,fæməlɪpræk'tɪʃənə(r)/ ➧ **27** n. MED. medico m. generico, di famiglia.

family romance /,fæməlɪrəʊ'mæns/ n. AE psic. = fantasia infantile in cui il bambino crede che suo padre e sua madre non siano i suoi veri genitori, ma pensa di provenire da una famiglia di classe sociale superiore.

family room /'fæməlɪ,ruːm, -,rʊm/ n. AE soggiorno m.

family-size(d) /'fæməlɪ,saɪz(d)/ agg. [*packet*] formato famiglia.

family style /'fæməlɪ,staɪl/ **I** agg. AE [*dinner*] = con i commensali seduti tutti allo stesso tavolo che si servono direttamente dai piatti da portata **II** avv. AE [*help oneself*] = direttamente dai piatti da portata.

family tree /,fæməlɪ'triː/ n. albero m. genealogico.

family unit /,fæməlɪ'juːnɪt/ n. SOCIOL. nucleo m. familiare.

family viewing /,fæməlɪ'vjuːɪŋ/ n. trasmissione f. per tutta la famiglia *o* per famiglie.

▷ **famine** /'fæmɪn/ n. carestia f.

famish /'fæmɪʃ/ **I** tr. affamare, fare morire di fame **II** intr. essere affamato, morire di fame.

famished /'fæmɪʃt/ agg. COLLOQ. ***I'm ~*** sto morendo di fame.

▶ **famous** /'feɪməs/ agg. famoso (**for** per); [*school, university*] rinomato (**for** per); ***a ~ victory*** una celebre vittoria; ***~ last words!*** IRON. le ultime parole famose!

▷ **famously** /'feɪməslɪ/ avv. **1** *(wonderfully)* benissimo, splendidamente, a meraviglia; ***to get on*** o ***along ~*** intendersi a meraviglia **2** ***Churchill is ~ quoted as saying...*** vengono spesso citate le famose parole di Churchill...

famousness /'feɪməsnɪs/ n. (l')essere famoso, fama f.

famulus /'fæmjʊləs/ n. (pl. **-i**) **1** famulo m. **2** RAR. apprendista m. stregone.

▶ **1.fan** /fæn/ n. **1** *(enthusiast)* fan m. e f., appassionato m. (-a); *(of team)* tifoso m. (-a), sostenitore m. (-trice); ***football, jazz ~*** appassionato di calcio, di jazz **2** *(of star, actor etc.)* fan m. e f.; *(admirer)* ammiratore m. (-trice); ***he's a Presley ~*** è un fan di Elvis Presley; ***I'm not one of her ~s*** non sono un suo ammiratore; ***I'm a ~ of American TV*** adoro la TV americana.

▶ **2.fan** /fæn/ n. **1** *(for cooling) (electric)* ventilatore m.; *(handheld)* ventaglio m. **2** AUT. ventilatore m. **3** AGR. *(manual)* setaccio m.; *(mechanical)* vaglio m.

3.fan /fæn/ **I** tr. (forma in -ing ecc. **-nn-**) **1** *(stimulate)* attizzare [*fire, hatred, passion, hostility, hysteria*]; ravvivare [*spark, flame, hopes, anxiety*] **2** *(cool)* [*breeze*] rinfrescare; ***to ~ one's face*** farsi vento al *o* sventolarsi il viso **3** AE COLLOQ. *(spank)* sculacciare **II** rifl. (forma in -ing ecc. **-nn-**) ***to ~ oneself*** farsi vento, sventolarsi (**with** con) ◆ ***to ~ the air*** AE colpire a vuoto *o* menare colpi in aria.

▪ **fan out** [*lines, railway lines*] diramarsi a ventaglio; [*police*] disporsi (a ventaglio); ***they ~ned out across the plain*** si sparsero a ventaglio su tutta la pianura; ***~ [sth.] out, ~ out [sth.]*** aprire a ventaglio [*cards, papers*]; ***the bird ~ned out its feathers*** l'uccello ha aperto le penne a ventaglio.

fanatic /fə'nætɪk/ n. *(all contexts)* fanatico m. (-a).

fanatical /fə'nætɪkl/ agg. *(all contexts)* fanatico; ***to be ~ about sth.*** essere un fanatico di qcs.

fanatically /fə'nætɪklɪ/ avv. fanaticamente, in modo fanatico.

fanaticism /fə'nætɪsɪzəm/ n. fanatismo m.

fanaticize /fə'nætɪ,saɪz/ **I** tr. RAR. rendere, fare diventare fanatico **II** intr. RAR. *(become)* diventare fanatico; *(behave)* comportarsi da fanatico.

fan belt /'fæn,belt/ n. AUT. cinghia f. del ventilatore.

fanciable /'fænsɪəbl/ agg. BE COLLOQ. [*person*] mica male.

fancied /'fænsɪd/ **I** p.pass. → **2.fancy II** agg. [*contender*] favorito; ***to be ~ for*** [*competitor, horse*] essere (dato per) favorito in [*competition*]; [*candidate, party*] essere (dato per) favorito in [*election*].

fancier /'fænsɪə(r)/ n. *(of animals etc.) (breeder)* allevatore m. (-trice); *(lover)* appassionato m. (-a).

fanciful /'fænsɪfl/ agg. [*idea, name, person*] stravagante, bizzarro; [*explanation*] fantasioso; [*building*] originale; ***to be ~*** [*person*] essere capriccioso, stravagante.

fancifully /'fænsɪfəlɪ/ avv. [*decorated*] in modo eccentrico; [*named*] in modo stravagante; ***to think*** o ***imagine ~ that*** fantasticare che.

fancifulness /'fænsɪ,fʊlnɪs/ n. **1** (l')essere fantasioso, stravagante **2** fantasticheria f., capriccio m.

fancily /'fænsɪlɪ/ avv. [*dressed, displayed*] *(with fancy)* in modo eccentrico; *(elaborately)* in modo ricercato.

fan club /'fæn,klʌb/ n. fan club m. (anche FIG.).

▷ **1.fancy** /'fænsɪ/ **I** n. **1** *(liking)* ***to catch*** o ***take sb.'s ~*** [*object*] piacere a qcn.; ***have whatever takes your ~*** prendi tutto quello che ti piace; ***he had taken her ~*** *(sexually)* aveva fatto colpo su di lei; *(not sexually)* le era piaciuto; ***to take a ~ to sb.*** BE *(sexually)* incapricciarsi di qcn.; *(non-sexually)* affezionarsi a qcn.; ***I've taken a ~ to that dress, car*** quel vestito, quell'auto mi piace molto **2** *(whim)* capriccio m.; ***a passing ~*** un capriccio passeggero; ***as, when the ~ takes me*** come, quando ne ho voglia **3** *(fantasy)* immaginazione f., fantasia f.; ***is it fact or ~?*** è vero o te lo sei inventato? ***a flight of ~*** un volo della fantasia **4** BE FORM. *(vague idea)* ***to have a ~ (that)*** avere idea *o* l'impressione che **5** BE *(cake)* pasticcino m. (elaborato) **II** agg. **1** *(elaborate)* [*lighting, equipment*] sofisticato; ***nothing ~*** niente di speciale **2** COLLOQ. SPREG. *(pretentious)* [*place*] da fichetti; [*price*] esorbitante, salato; [*idea, project, name*] stravagante, bizzarro; [*food, gadget, equipment*] complicato, eccessivamente elaborato; [*clothes*] ricercato **3** *(decorative)* [*paper, box*] fantasia **4** COMM. [*food*] di lusso **5** ZOOL. [*breed*] di razza selezionata.

▷ **2.fancy** /ˈfænsɪ/ **I** tr. **1** COLLOQ. *(want)* avere voglia di [*food, drink*]; [*object, plan, entertainment*] piacere a; ***~ a coffee?*** ti va un caffè? ***what do you ~ for lunch?*** che cosa ti va per pranzo? ***to ~ doing*** avere voglia di fare; ***do you ~ going to the cinema, coming out with me?*** ti va di andare al cinema, di uscire con me? ***I don't ~ the idea of sharing a flat*** non mi attira l'idea di condividere un appartamento **2** BE COLLOQ. *(feel attracted to)* ***I ~ her*** lei mi piace **3** *(expressing surprise)* ***~ her remembering my name!*** pensa che si è ricordata come mi chiamo! ***~ anyone buying that old car!*** figurati se qualcuno comprerà quella carretta! ***~ seeing you here!*** COLLOQ. che combinazione vederti qui! ***~ that!*** COLLOQ. pensa un po'! *o* ma guarda! **4** ANT. *(believe)* credere, avere l'impressione; *(imagine)* immaginarsi **5** SPORT dare per favorito [*athlete, horse*] **II** rifl. **1** COLLOQ. SPREG. *(be conceited)* ***he fancies himself*** è pieno di sé; ***she fancies herself in that hat*** si piace molto con quel cappello **2** COLLOQ. *(wrongly imagine)* ***to ~ oneself as*** credersi; ***he fancies himself as James Bond*** si crede (di essere) James Bond ◆ ***a little of what you ~ does you good*** = ogni tanto fa bene concedersi qualche sfizio; ***to ~ one's chances*** BE COLLOQ. essere molto sicuro di sé; ***I don't ~ his chances*** COLLOQ. secondo me non ha nessuna possibilità.

fancy dress /ˌfænsɪˈdres/ **I** n. **U** BE costume m., maschera f.; ***to wear ~*** portare un costume; ***in ~*** in maschera **II** modif. (anche **fancy-dress**) [*ball, party*] in maschera, costume; [*prize, competition*] per il miglior costume.

fancy goods /ˌfænsɪˈgʊdz/ n.pl. BE articoli m. vari.

fancy man /ˈfænsɪˌmæn/ n. (pl. **fancy men**) COLLOQ. ANT. amante m.; SPREG. *(pimp)* pappone m.

fancy woman /ˈfænsɪˌwʊmən/ n. (pl. **fancy women**) COLLOQ. ANT. amante f., amichetta f.

fancywork /ˈfænsɪwɜːk/ n. SART. ricamo m.

fandangle /fænˈdæŋgl/ n. ANT. **1** ornamento m. fantasioso, bizzarro **2** *(nonsense)* sciocchezza f., stupidaggine f.

fandango /fænˈdæŋgəʊ/ n. (pl. **~s**) fandango m.

fane /feɪn/ n. LETT. *(temple)* fano m.

fanfare /ˈfænfeə(r)/ n. fanfara f.; ***in*** o ***with a ~ of publicity*** FIG. con una grancassa pubblicitaria.

fanfaronade /ˌfænfærəˈneɪd/ n. fanfaronata f.

▷ **1.fang** /fæŋ/ n. *(of dog, wolf)* zanna f.; *(of snake)* dente m. (velenifero).

2.fang /fæŋ/ tr. **1** azzannare **2** TECN. adescare [*pump*].

fanged /ˈfæŋd/ agg. provvisto di zanne, zannuto.

fan heater /ˈfænˌhiːtə(r)/ n. termoventilatore m.

fanjet /ˈfænˌdʒet/ n. *(engine, plane)* turbogetto m.

fan letter /ˈfænˌletə(r)/ n. lettera f. di fan.

fanlight /ˌfænˈlaɪt/ n. ARCH. lunetta f. a ventaglio.

fan magazine /ˈfænmægəˌziːn/ n. → **fanzine.**

fan mail /ˈfænˌmeɪl/ n. lettere f.pl. inviate dai fan.

fanner /ˈfænə(r)/ n. **1** chi fa vento **2** *(machine)* vagliatrice f.

Fannie, Fanny /ˈfænɪ/ n.pr. Fannie, Fanny (nome di donna).

fanny /ˈfænɪ/ n. **1** BE POP. *(vagina)* fica f. **2** AE COLLOQ. *(buttocks)* sedere m., culo m.

fanny pack /ˈfænɪˌpæk/ n. AE marsupio m.

fanon /ˈfænən/ n. RELIG. fanone m.

fan(-assisted) oven /ˌfæn(əˌsɪstɪd)ˈʌvn/ n. forno m. ventilato.

fan-shaped /ˈfænˌʃeɪpt/ agg. [*leaf, stain*] a forma di ventaglio; [*window*] a forma di mezzaluna.

fantail (pigeon) /ˈfænteɪl(ˌpɪdʒɪn)/ n. = razza di piccione con coda a ventaglio.

fantasia /fænˈteɪzɪə, AE -ˈteɪʒə/ n. MUS. fantasia f.

fantasize /ˈfæntəsaɪz/ **I** tr. sognare (**that** che) **II** intr. fantasticare (**about** su); ***to ~ about doing*** sognare, fantasticare di fare.

fantast /ˈfæntæst/ n. ANT. fantasticatore m. (-trice), sognatore m. (-trice).

fantastic /fænˈtæstɪk/ agg. **1** COLLOQ. *(wonderful)* [*holiday, news*] fantastico, splendido; [*view, weather*] magnifico; ***you look ~!*** hai un aspetto fantastico! **2** *(unrealistic)* irreale, fantastico **3** COLLOQ. *(huge)* [*profit*] favoloso, incredibile; [*speed, increase*] vertiginoso **4** *(magical)* fantastico, immaginario ◆ ***to trip the light ~*** SCHERZ. = ballare.

fantastically /fænˈtæstɪklɪ/ avv. **1** COLLOQ. [*wealthy*] immensamente; [*expensive*] incredibilmente **2** COLLOQ. [*increase*] in modo vertiginoso; [*perform*] in modo fantastico **3** [*coloured, portrayed*] con fantasia, in modo fantasioso.

fantasy /ˈfæntəsɪ/ **I** n. **1** *(desired situation)* fantasia f.; PSIC. prodotto m. dell'immaginazione **2** *(imagination)* fantasia f., immaginazione f. **3** *(untruth)* fantasia f., illusione f. **4** *(genre)* fantasy m. e f. **5** *(story, film etc.)* storia f. fantastica **6** MUS. fantasia f. **II** modif. ***a ~ world*** un mondo immaginario.

fantasy football /ˌfæntəsɪˈfʊtbɔːl/ n. Fantacalcio® m.

fan vault /ˈfænˌvɔːlt/ n. volta f. a ventaglio.

fan vaulting /ˈfænˌvɔːltɪŋ/ n. volte f.pl. a ventaglio.

fanzine /ˈfænziːn/ n. fanzine f.

1.FAO n. (⇒ Food and Agriculture Organization Organizzazione per l'Alimentazione e l'Agricoltura) FAO f.

2.FAO ⇒ for the attention of (alla) cortese attenzione di (c.a.).

FAQ n. (⇒ frequently asked questions) = domande poste con maggiore frequenza.

faquir /ˈfeɪkɪə(r), AE fəˈkɪə(r)/ n. → **fakir.**

▶ **far** /fɑː(r)/ Note the different Italian translations of *far* from when it is followed by a noun, a verb or an adjective: *we are far from home / from London* = siamo lontani da casa / da Londra; *far from being stupid, he's actually very intelligent* = lungi dall'essere stupido, in realtà è molto intelligente; *far from angry* = lungi dall'essere arrabbiato / tutt'altro che arrabbiato. - When used in front of a comparative, *far* is translated by *molto* or *assai*: *far older* = molto / assai più vecchio. **I** avv. **1** *(to, at, from a long distance)* lontano, distante; ***is it ~?*** è lontano? ***it's not very ~*** non è molto lontano; ***have you come ~?*** vieni da lontano? ***is it ~ to York?*** York è lontana da qui? ***~ off, ~ away*** lontano; ***he doesn't live ~ away*** non abita lontano; ***to be ~ from home, the city*** essere lontano da casa, dalla città; ***~ beyond the city*** ben oltre la città; ***~ above the trees*** ben al di sopra degli alberi; ***~ out at sea*** in mare aperto; ***~ into the jungle*** nel cuore della giungla **2** *(expressing specific distance)* ***how ~ is it to Leeds?*** quanto è lontana Leeds? quanti chilometri ci sono da qui a Leeds? ***how ~ is Glasgow from London?*** quanto è lontana Glasgow da Londra? ***I don't know how ~ it is to Chicago from here*** non so quanti chilometri ci sono da qui a Chicago; ***he didn't go as ~ as the church*** non è nemmeno arrivato fino alla chiesa; ***he walked as ~ as her*** o ***as she did*** è arrivato lontano quanto lei **3** *(to, at a long time away)* ***~ back in the past*** nel lontano passato; ***I can't remember that ~ back*** non riesco a ricordarmi così tanto tempo fa; ***as ~ back as 1965*** già nel 1965; ***as ~ back as he can remember*** per quanto riesce a, può ricordare; ***the holidays are not ~ off*** le vacanze non sono lontane; ***he's not ~ off 70*** non è lontano dai 70 anni; ***peace seems very ~ away*** o ***off*** la pace sembra essere molto lontana; ***a change in government cannot be ~ away*** un cambio di governo è alle porte; ***he worked ~ into the night*** ha lavorato fino a tarda notte **4** *(to a great degree, very much)* molto; ***~ better, shorter, more expensive*** molto meglio, più corto, più caro; ***~ too fast, cold*** di gran lunga troppo veloce, freddo; ***~ too much money*** fin troppi soldi; ***~ too many people*** decisamente troppa gente; ***~ more*** molto più; ***~ above, below the average*** molto al di sopra, sotto della media; ***the results fell ~ short of expectations*** i risultati sono stati ben lontani da quel che ci si aspettava; ***interest rates haven't come down very ~*** i tassi di interesse non sono scesi di molto; ***they are ~ ahead of their competitors*** sono molto avanti rispetto ai loro concorrenti **5** *(to what extent, to the extent that)* ***how ~ is it possible to...?*** fino a che punto è possibile...? ***how ~ have they got with the work?*** a che punto sono arrivati col lavoro? ***we must wait and see how ~ the policy is successful*** dobbiamo aspettare di vedere fino a che punto questa politica avrà successo; ***I wouldn't trust him very ~*** non mi fiderei troppo di lui; ***as*** o ***so ~ as we can, as*** o ***so ~ as possible*** per quanto possiamo, possibile; ***as*** o ***so ~ as we know, can see*** per quanto ne sappiamo, da quel che possiamo vedere; ***as*** o ***so ~ as I can remember*** per quanto mi ricordo; ***as*** o ***so ~ as I am, they are concerned*** per quanto mi, li riguarda, quanto a me, loro; ***as*** o ***so ~ as the money is concerned*** per quanto riguarda i soldi; ***as*** o ***so ~ as that goes*** fino a questo punto; ***it's OK as ~ as it goes, but...*** fino a questo punto va bene, ma... **6** *(to extreme degree)* lontano; ***to go too ~*** esagerare, passare il segno; ***this has gone ~ enough!*** adesso basta! ***she took*** o ***carried the joke too ~*** ha spinto lo scherzo troppo in là; ***to push sb. too ~*** spingere troppo avanti qcn.; ***to go so ~ as to do*** arrivare al punto di fare; ***I wouldn't go so ~ as to say that...*** non mi spingerei fino *o* non arriverei a dire che... **7 by far** di gran lunga; ***it's by ~ the nicest, the most expensive*** o ***it's the nicest, the most expensive by ~*** è di gran lunga il più bello, il più caro **8 far and away** di gran lunga; ***he's ~ and away the best, the most intelligent*** è di gran lunga il migliore, il più intelligente **9 so far** *(up till now)* finora, per ora; ***she's only written one book so ~*** finora ha scritto soltanto un libro; ***we've managed so ~*** fino a qui ce l'abbiamo fatta; ***we have £ 3,000 so ~*** per ora abbiamo 3.000 sterline; ***so ~, so good*** fin qui tutto bene; *(up to a point)* ***the money will only go so ~*** i soldi basteranno fino a un certo punto; ***they will only compromise so ~*** scenderanno a compromessi solo fino a un certo punto; ***you can only trust him so ~*** puoi fidarti di lui solo fino a un certo punto **10 thus far** finora, per ora; ***thus ~ we don't have any information*** finora non abbiamo informazioni **II** agg. **1** *(remote)* ***the ~ north, south (of)*** l'estremo nord, sud (di); ***the ~ east, west (of)*** l'estremo oriente, occidente (di); ***a ~ country*** un paese lontano **2** *(further away, other)* altro; ***at the ~ end of the room*** all'altro lato della stanza; ***on the ~ side of the wall*** dall'altra parte del muro **3** POL. ***the ~ right, left*** l'estrema destra, sinistra **4 far from** lungi da; ***~ from satisfied, certain*** lungi dall'essere soddisfatto, sicuro; ***~ from complaining, I am very pleased*** lungi dal lamentarmi, sono molto contento; ***I'm not tired, ~ from it!*** non sono stanco, al contrario! ***"are you angry?" - "~ from it!"*** "sei arrabbiato?" - "tutt'altro!" ◆ ***not to be ~ off*** o ***out*** o ***wrong*** non essere lontano dalla verità; ***~ and wide, ~ and near*** in lungo e in largo, dappertutto; ***~ be it from me to do*** lungi da me l'idea di fare; ***to be a ~ cry from*** essere ben lontano da; ***he is pretty ~ gone*** *(ill)* ha già un piede nella tomba, è più di là che di qua; *(drunk)* è completamente andato; ***how ~ gone*** o AE ***along is she (in her pregnancy)?*** a che mese (di gravidanza) è? ***she will go ~*** farà strada, andrà lontano; ***this wine, food won't go very ~*** questo vino, cibo non durerà molto.

farad /'færəd/ n. FIS. farad m.

faradaic /ˌfærə'deɪk/ agg. FIS. faradico.

faraway /'fɑːrəweɪ/ agg. attrib. lontano (anche FIG.).

1.farce /fɑːs/ n. TEATR. FIG. farsa f.; ***the trial was a ~*** FIG. il processo è stato una farsa.

2.farce /fɑːs/ tr. ANT. GASTR. *(stuff)* farcire.

farcical /'fɑːsɪkl/ agg. farsesco, ridicolo.

farcicality /ˌfɑːsɪ'kælətɪ/ n. (l')essere farsesco.

farcically /'fɑːsɪkəlɪ/ avv. farsescamente.

farcy /'fɑːsɪ/ n. VETER. farcino m.

fardel /'fɑːdl/ n. ANT. fardello m. (anche FIG.).

far-distant /ˌfɑː'dɪstənt/ agg. [*land, mountains, region*] lontano; ***in the ~ future*** in un lontano futuro.

▷ **1.fare** /feə(r)/ n. **1** *(cost of travelling) (on bus, underground, train, plane)* (prezzo del) biglietto m.; ***air, train, bus ~*** prezzo del biglietto aereo, del treno, dell'autobus; ***taxi ~*** prezzo della corsa; ***child, adult ~*** biglietto per bambini, per adulti; ***half, full ~*** tariffa ridotta, intera; ***return ~*** prezzo del biglietto di andata e ritorno; ***~s are going up*** le tariffe sono in aumento; ***the ~ to Piccadilly (on the underground) is 80p*** il biglietto (della metropolitana) per Piccadilly costa 80 pence; ***he paid my (air) ~ to Tokyo*** mi ha pagato il biglietto (aereo) per Tokyo; ***how much is the ~ to London by train?*** quanto costa un biglietto (del treno) per Londra? ***I haven't got the ~ for the bus*** non ho il biglietto per l'autobus; ***"please have the correct ~ ready"*** "preparare denaro contato, per favore" **2** *(taxi passenger)* cliente m. e f. di un taxi **3** ANT. *(food)* cibo m., vitto m.; ***plain ~*** cibo semplice; ***hospital ~*** regime alimentare ospedaliero *o* dieta da ospedale; ***prison ~*** vitto da carcerati; ***bill of ~*** lista delle vivande, menù.

2.fare /feə(r)/ intr. **1** *(get on)* ***how did you ~?*** come vi è andata, come ve la siete passata? ***we ~d badly, well*** ce la siamo passata male, bene; ***the team ~d well in the final*** la squadra è andata bene nella finale **2** *(progress)* [*economy, industry, political party*] andare; ***the company is faring well despite the recession*** l'azienda sta andando bene nonostante la recessione.

Far East /ˌfɑːr'iːst/ n.pr. Estremo Oriente m.

Far Eastern /ˌfɑːr'iːstən/ agg. [*affairs, influence, markets*] dell'Estremo Oriente.

fare dodger /'feərˌdɒdʒə(r)/ n. chi viaggia senza biglietto, portoghese m. e f.

fare-paying passenger /ˌfeərpeɪɪŋ'pæsɪndʒə(r)/ n. passeggero m. (-a) munito di biglietto.

fare stage /'feəˌsteɪdʒ/ n. *(section of journey)* tratta f.

fare-thee-well /ˌfeʌiː"wel/: **to a fare-thee-well** AE **1** *(perfectly)* alla perfezione **2** *(very hard)* [*thrash*] molto severamente.

farewell /ˌfeə'wel/ **I** n. addio m.; ***to say one's ~s*** dire, dirsi addio **II** inter. addio **III** modif. [*party, gift, speech*] di addio.

far-fetched /ˌfɑː'fetʃt/ agg. [*comparison*] forzato, stiracchiato, tirato per i capelli; [*story, account*] incredibile, esagerato.

far-flung /ˌfɑː'flʌŋ/ agg. **1** *(remote)* [*area, country, outpost*] lontano, remoto **2** *(widely distributed)* [*countries, towns, regions etc.*] distanti tra loro; [*network*] esteso.

farina /ˌfə'raɪnə, -'riːnə/ n. **1** farina f. **2** CHIM. ANT. amido m. (ricavato dalle patate) **3** BOT. polline m.

farinaceous /ˌfærɪ'neɪʃəs/ agg. farinaceo.

farinose /'færɪnəʊs/ agg. farinoso.

farl /fɑːl/ n. = focaccina di farina d'avena.

▶ **1.farm** /fɑːm/ **I** n. fattoria f., cascina f.; ***chicken, pig, sheep ~*** allevamento di polli, di maiali, di pecore; ***to work on a ~*** lavorare in una fattoria **II** modif. [*building*] agricolo; [*animal*] d'allevamento.

2.farm /fɑːm/ **I** tr. coltivare [*land*] **II** intr. fare l'agricoltore.

■ **farm out:** ~ *out [sth.]* dare in appalto [*work*] (**to** a); *~ [sb.] out* **1** affidare [*child, pupil, guest*] (**to** a) **2** AE SPORT = mandare (un professionista) a giocare in una squadra di baseball di seconda divisione.

farmable /'fɑːməbl/ agg. coltivabile.

farm club /'fɑːmˌklʌb/ n. AE SPORT *(minor league baseball team)* squadra f. di baseball di seconda divisione.

farmed /fɑːmd/ **I** p.pass. → **2.farm II** agg. [*fish*] allevato in un vivaio.

▶ **farmer** /'fɑːmə(r)/ ♦ ***27*** n. *(in general)* contadino m. (-a); *(in official terminology)* agricoltore m. (-trice); *(arable)* coltivatore m. (-trice); ***chicken, pig, sheep ~*** allevatore di polli, di maiali, di pecore.

farm gate price /ˌfɑːmgeɪt'praɪs/ n. prezzo m. pagato al produttore.

farm hand /'fɑːmhænd/ ♦ ***27*** n. → **farm worker.**

farmhouse /'fɑːmhaʊs/ n. casa f. colonica, fattoria f., cascina f.

farmhouse loaf /'fɑːmhaʊsˌləʊf/ n. (pl. **farmhouse loaves**) BE = pagnotta di pane casereccio.

▷ **farming** /'fɑːmɪŋ/ **I** n. **1** *(profession)* agricoltura f. **2** *(of area, land)* coltivazione f.; ***chicken, pig, sheep ~*** allevamento dei polli, dei maiali, delle pecore **II** modif. [*community*] rurale; [*method*] di coltivazione; [*subsidy*] all'agricoltura.

farm labourer /'fɑːmˌleɪbərə(r)/ ♦ ***27*** n. → **farm worker.**

farmland /'fɑːmlænd/ n. **U** *(for cultivation)* terreno m. coltivabile; *(under cultivation)* terreno m. coltivato, campagna f.

farm produce /'fɑːmˌprɒdjuːs, AE -duːs/ n. prodotti m.pl. della terra, agricoli.

farm shop /'fɑːmʃɒp/ n. = negozio annesso ad una fattoria che si occupa della vendita diretta dei prodotti.

farmstead /'fɑːmsted/ n. ANT. fattoria f.

farm worker /'fɑːmˌwɜːkə(r)/ ♦ ***27*** n. bracciante m. e f. agricolo (-a).

farmyard /'fɑːmjɑːd/ n. aia f., cortile m. di fattoria.

farmyard chicken /ˌfɑːmjɑːd'tʃɪkɪn/ n. pollo m. ruspante.

faro /'feərəʊ/ ♦ ***10*** n. (pl. **~s**) *(gambling card game)* faraone m.

Faroes /'feərəʊz/ ♦ ***12*** n.pr.pl. (anche **Faroe Islands**) ***the ~*** le isole Feroe.

far-off /'fɑːrɒf/ agg. lontano.

farouche /fə'ruːʃ/ agg. *(socially inept)* scontroso; *(shy)* timido.

far out /ˌfɑːr'aʊt/ **I** agg. COLLOQ. *(modern)* originale, innovativo **II** inter. COLLOQ. *(great)* fantastico.

farraginous /fə'rɑːdʒɪnəs/ agg. farraginoso.

farrago /fə'rɑːgəʊ/ n. (pl. **~es**) farragine f.

far-reaching /ˌfɑː'riːtʃɪŋ/ agg. [*effect, implication*] considerevole; [*change, reform*] radicale, di vasta portata; [*investigation*] su larga scala; [*programme, plan, proposal*] di vasta portata.

farrier /'færɪə(r)/ ♦ ***27*** n. BE maniscalco m.

farriery /'færɪərɪ/ n. BE mascalcia f.

1.farrow /'færəʊ/ n. *(piglets)* figliata f. (di scrofa).

2.farrow /'færəʊ/ intr. [*sow*] figliare.

far-seeing /ˌfɑː'siːɪŋ/ agg. → **far-sighted.**

far-sighted /ˌfɑː'saɪtɪd/ agg. **1** *(prudent)* [*person*] previdente; [*policy, idea*] lungimirante; [*view*] prudente **2** AE MED. [*person*] ipermetrope.

far-sightedness /ˌfɑː'saɪtɪdnɪs/ n. AE MED. ipermetropia f.

1.fart /fɑːt/ n. POP. **1** *(wind)* peto m., scoreggia f. **2** *(stupid person)* ***you silly old ~!*** razza di cretino!

2.fart /fɑːt/ intr. POP. petare, scoreggiare.

■ **fart about** POP., **fart around** POP. **1** *(fool about)* fare il cretino **2** *(do nothing)* oziare, poltrire.

▷ **farther** /ˈfɑːðə(r)/ When you are referring to real distances and places, you can use either *farther* or *further* (which is the usual form in spoken English); only *further* is used, however, with the figurative meaning *extra, additional, more.* **I** avv. (compar. di **far**) **1** *(to or at a greater physical distance)* più lontano; ***John walked ~ than me*** John è arrivato più lontano di me; ***how much ~ is it?*** quanto è ancora lontano?; ***to get ~ and ~ away*** allontanarsi sempre di più; ***~ north*** più a nord; ***~ back, forward*** più indietro, avanti; ***~ on*** ancora più lontano **2** FIG. *(at or to a more advanced point)* ***I'll go so far but no ~*** arriverò fin là ma non oltre; ***the government went even ~*** il governo è andato ancora più in là, oltre; ***we're ~ forward than we thought*** siamo più avanti di quanto pensassimo; ***nothing could be ~ from the truth*** niente potrebbe essere più lontano dalla verità **II** agg. (compar. di **far**) *(more distant)* più lontano, altro, opposto; ***the ~ end, side*** l'altro capo, lato; ***the ~ bank*** la riva opposta.

farthermost /ˈfɑːðəməʊst/ agg. (il) più lontano.

farthest /ˈfɑːðɪst/ agg. e avv. (superl. di **far**) → **furthest**.

farthing /ˈfɑːðɪŋ/ n. BE STOR. = moneta fuori corso del valore di un quarto di penny; ***I haven't got a ~*** COLLOQ. sono senza un centesimo.

farthingale /ˈfɑːðɪŋˌgeɪl/ n. STOR. guardinfante m., crinolina f.

FAS n. (⇒ foetal alcohol syndrome) = sindrome da intossicazione alcolica del feto.

fascia /ˈfeɪʃə/ n. (pl. **~s**, **-ae**) **1** BE AUT. *(dashboard)* cruscotto m. **2** BE *(over shop)* insegna f. **3** ZOOL. BOT. striscia f., striatura f. **4** ANAT. fascia f.

fasciate /ˈfæʃɪˌeɪt/, **fasciated** /ˈfæʃɪˌeɪtɪd/ agg. **1** BOT. fascicolato, affastellato **2** ZOOL. striato.

fascicle /ˈfæsɪkl/ n. **1** ANAT. fascetto m. **2** BOT. fascicolo m. **3** TIP. fascicolo m.

fasciculate /fæˈsɪkjʊlət/ agg. BOT. fascicolato.

fasciculation /fæsɪkjʊˈleɪʃn/ n. BOT. formazione f. in fascetti.

fascicule /ˈfæsɪˌkjuːl/ n. TIP. fascicolo m.

fasciculus /fæˈsɪkjʊləs/ n. (pl. **-i**) → **fascicule**.

fascinate /ˈfæsɪneɪt/ tr. **1** *(interest)* appassionare; *(stronger)* affascinare, incantare **2** *(petrify)* [*snake etc.*] ipnotizzare, incantare.

fascinated /ˈfæsɪneɪtɪd/ agg. *(by spectacle, person, subject)* affascinato, incantato (**by** da).

▷ **fascinating** /ˈfæsɪneɪtɪŋ/ agg. [*book, discussion*] appassionante; [*person*] affascinante.

▷ **fascination** /ˌfæsɪˈneɪʃn/ n. **1** *(interest)* passione f. (**with**, **for** per); ***in ~*** affascinato; *(stronger)* stregato **2** *(power)* fascino m.; ***this subject has*** o ***holds a great ~ for me*** questo argomento mi affascina moltissimo.

fascinator /ˈfæsɪneɪtə(r)/ n. **1** affascinatore m. (-trice) **2** RAR. *(scarf)* fisciù m.

fascine /fæˈsiːn/ n. fascina f. (per fortificazioni).

fascism, **Fascism** /ˈfæʃɪzəm/ n. fascismo m.

▷ **fascist**, **Fascist** /ˈfæʃɪst/ **I** n. fascista m. e f. **II** agg. fascista (anche FIG.).

fash /fæʃ/ n. SCOZZ. disturbo m., fastidio m.

▶ **1.fashion** /ˈfæʃn/ **I** n. **1** *(manner)* modo m., maniera f.; ***in my own ~*** a modo mio; ***in the Chinese, French ~*** alla (maniera) cinese, francese; ***I can swim, cook after a ~*** so nuotare, cucinare a modo mio **2** *(vogue, trend)* moda f.; ***in ~*** di moda; ***out of ~*** fuori moda; ***to come into ~*** diventare di moda; ***to go out of ~*** passare di moda; ***the ~ for mini-skirts*** la moda delle minigonne; ***the latest ~*** l'ultima moda; ***the ~ is for long coats this winter*** quest'inverno sono di moda i cappotti lunghi; ***to be a slave to ~*** essere schiavo della moda; ***to start a ~*** lanciare una moda; ***to be all the ~*** essere molto di moda, fare furore; ***to set the ~*** dettare la moda **II** modif. [*accessory*] di, alla moda; [*tights*] fantasia; ***~ jewellery*** bigiotteria; ***to make a ~ statement*** avere uno stile unico **III fashions** n.pl. ***ladies' ~s*** abiti da donna; ***Paris, 1930s ~s*** la moda parigina, degli anni 30.

2.fashion /ˈfæʃn/ tr. **1** *(mould)* modellare [*clay, wood*] (**into** in) **2** *(make)* fabbricare, fare [*artefact*] (**out of**, **from** con).

▷ **fashionable** /ˈfæʃnəbl/ agg. [*colour, garment*] alla, di moda (**among**, **with** tra); [*name, style*] di moda (**among**, **with** tra); [*area, resort, restaurant*] chic, alla moda (**among**, **with** tra); [*opinion, pastime, topic*] in voga (**among**, **with** tra); ***it's ~ to be cynical about these theories*** è di moda mostrarsi scettico riguardo a queste teorie; ***it's no longer ~ to do*** non è più di moda, non si usa più fare.

fashionableness /ˈfæʃnəblnɪs/ n. (l')essere alla moda, eleganza f.

fashionably /ˈfæʃnəblɪ/ avv. alla moda, con eleganza.

fashion business /ˈfæʃnˌbɪznɪs/ n. industria f. della moda.

fashion buyer /ˈfæʃnˌbaɪə(r)/ ♦ ***27*** n. buyer m. e f. di moda.

fashion-conscious /ˈfæʃnˌkɒnʃəs/ agg. [*person*] attento alla moda (del momento).

fashion designer /ˈfæʃndɪˌzaɪnə(r)/ ♦ ***27*** n. stilista m. e f.; ***the great ~s*** i grandi stilisti.

fashion editor /ˈfæʃnedɪtə(r)/ ♦ ***27*** n. GIORN. redattore m. (-trice) (di una rivista) di moda.

fashion house /ˈfæʃnhaʊs/ n. casa f. di moda.

fashion-magazine /ˈfæʃnmægəˌziːn/ n. rivista f. di moda.

fashion model /ˈfæʃnˌmɒdl/ ♦ ***27*** n. modello m. (-a).

fashion parade /ˈfæʃnpəˌreɪd/ n. → **fashion show**.

fashion-plate /ˈfæʃnˌpleɪt/ n. figurino m. (anche FIG.).

fashion show /ˈfæʃnˌʃəʊ/ n. sfilata f. di moda.

fashion victim /ˈfæʃnˌvɪktɪm/ n. schiavo m. (-a) della moda, delle mode.

▶ **1.fast** /fɑːst, AE fæst/ **I** agg. **1** *(speedy)* veloce, rapido; ***a ~ train*** un espresso; ***a ~ time*** SPORT un buon tempo; ***to be a ~ walker, reader, writer*** camminare, leggere, scrivere velocemente; ***he's a ~ worker*** COLLOQ. è uno che nel lavoro non perde tempo; *(in seduction)* è uno che non perde tempo **2** SPORT [*court, pitch, track*] veloce **3** *(ahead of time)* ***my watch is ~*** il mio orologio è avanti; ***you're five minutes ~*** il tuo orologio è avanti *o* sei avanti di cinque minuti **4** SPREG. *(immoral)* [*person*] dissoluto, libertino; ***to lead a ~ life*** condurre una vita dissoluta **5** FOT. [*film, exposure*] ad alta sensibilità **6** *(firm)* mai attrib. [*door, lid*] ben chiuso; [*rope*] ben legato; ***to make*** [***sth.***] ***~*** assicurare, ormeggiare [*boat*]; legare [*rope*] **7** *(loyal)* [*friend*] fedele; [*friendship*] solido **8** *(permanent)* ***~ dye*** colore solido; ***is this dye ~?*** questo colore non stinge? **II** avv. **1** *(rapidly)* [*move, speak, write*] velocemente, rapidamente; ***how ~ can you knit, read?*** quanto sei veloce a lavorare a maglia, a leggere? ***I need help ~*** ho bisogno di aiuto al più presto; ***I ran as ~ as my legs would carry me*** ho corso più veloce che potevo *o* me la sono data a gambe; ***these customs are ~ disappearing*** queste usanze stanno scomparendo velocemente; ***education is ~ becoming a luxury*** in breve tempo l'istruzione diventerà un lusso; ***the time is ~ approaching when I will do...*** il momento di fare... si sta avvicinando velocemente; ***not so ~!*** con calma! non correre! ***as ~ as I make the toast, he eats it*** non faccio in tempo a preparare il pane tostato, che se lo mangia; ***I couldn't get out of there ~ enough!*** COLLOQ. non vedevo l'ora di andare via di lì! **2** *(firmly)* [*hold*] stretto; [*stuck*] saldamente; [*shut*] bene; ***to stand ~*** tenere duro *o* non cedere; ***to be ~ asleep*** dormire profondamente **3 fast by** LETT. a due passi da **III** n. *(abstinence)* digiuno m.; ***to break one's ~*** smettere di digiunare *o* rompere il digiuno ◆ ***to pull a ~ one on sb.*** giocare un brutto tiro a qcn.; ***he pulled a ~ one on me*** me l'ha fatta; ***to play ~ and loose*** fare a tira e molla; ***to play ~ and loose with sb.*** fare a tira e molla con qcn.

2.fast /fɑːst, AE fæst/ intr. *(abstain from food)* digiunare.

fastback /ˈfɑːstbæk, AE ˈfæst-/ n. BE AUT. coupé m.

fast breeder reactor /ˌfɑːstˌbriːdərɪˈæktə(r), AE ˌfæst-/ n. NUCL. reattore m. autofertilizzante a neutroni veloci.

fast day /ˈfɑːstˌdeɪ, AE ˈfæst-/ n. RELIG. giorno m. di digiuno.

▷ **fasten** /ˈfɑːsn, AE ˈfæsn/ **I** tr. **1** *(close)* chiudere [*bolt, lid, case*]; allacciare [*belt, sandals, necklace, buckle*]; abbottonare [*coat*] **2** *(attach)* fissare, attaccare [*notice, shelf*] (**to** a; **onto** su); legare, assicurare [*lead, rope*] (**to** a); ***to ~ the ends together*** attaccare insieme le estremità; ***to ~ onto sb.*** attaccarsi a qcn. **3** FIG. *(fix)* ***his eyes ~ed on me*** il suo sguardo era fisso su di me; ***to ~ the blame, responsibility on*** addossare, affibbiare la colpa, responsabilità a **II** intr. [*box*] chiudersi; [*necklace, belt, skirt*] allacciarsi; ***to ~ at the back, side*** abbottonarsi dietro, sul fianco.

■ **fasten down:** ***~ down [sth.]***, ***~ [sth.] down*** chiudere [*hatch, lid*].

■ **fasten on:** ***~ on*** [*lid, handle*] attaccarsi; ***~ [sth.] on*** attaccare [*lid, handle*]; ***~ on [sth.]*** FIG. mettersi in testa [*idea*]; ***he ~ed on the idea of escaping*** si è messo in testa l'idea di evadere.

■ **fasten up:** ***~ up [sth.]***, ***~ [sth.] up*** chiudere [*case*]; allacciare [*shoe*]; abbottonare [*coat*].

fastener /ˈfɑːsnə(r), AE ˈfæsnə(r)/ n. **1** SART. TECN. *(hook)* gancio m. **2** *(tie)* laccio m., legaccio m.; *(clasp)* fermaglio m.; ***snap ~*** bottone automatico *o* a pressione.

fastening /ˈfɑːsnɪŋ, AE ˈfæsnɪŋ/ **I** n. *(hook)* gancio m.; *(tie)* laccio m., legaccio m.; *(clasp)* fermaglio m. **II -fastening** agg. in composti ***front-, back-~*** che si allaccia sul davanti, di dietro.

faster /ˈfɑːstə(r), AE ˈfæstə(r)/ n. digiunatore m. (-trice).

fast-flowing /ˌfɑːstˈfləʊɪŋ, AE ˌfæst-/ agg. a scorrimento rapido.

▷ **fast food** /ˌfɑːst'fuːd, AE ˌfæst-/ **I** n. fast food m. **II** modif. [*chain, counter*] di fast food; [*outlet, industry*] del fast food; ***a ~ restaurant*** un fast food.
1.fast-forward /ˌfɑːst'fɔːwəd, AE ˌfæst-/ **I** n. *(on a cassette or video recorder)* avanzamento m. veloce **II** modif. [*key, button*] di avanzamento veloce.
2.fast-forward /ˌfɑːst'fɔːwəd, AE ˌfæst-/ tr. fare andare avanti velocemente.
fast-growing /ˌfɑːst'grəʊɪŋ, AE ˌfæst-/ agg. in forte crescita.
fastidious /fæ'stɪdɪəs/ agg. **1** *(extremely careful)* [*person*] meticoloso, pedante, pignolo (**about** per quanto riguarda); [*tastes*] difficile **2** *(easily disgusted)* [*person*] schizzinoso, schifiltoso.
fastidiously /fæ'stɪdɪəslɪ/ avv. [*work*] meticolosamente; [*tidy*] estremamente; [*dressed*] di tutto punto.
fastidiousness /fæ'stɪdɪəsnɪs/ n. meticolosità f.
fastigiate /fæ'stɪdʒət/ agg. ARCH. BOT. fastigiato.
fasting /'fɑːstɪŋ, AE 'fæstɪŋ/ n. digiuno m.
fast lane /'fɑːstˌleɪn, AE 'fæst-/ n. AUT. corsia f. di sorpasso; ***to live in the ~*** FIG. vivere una vita iperattiva; ***to enjoy life in the ~*** FIG. amare la vita iperattiva.
fast living /ˌfɑːst'lɪvɪŋ, AE ˌfæst-/ n. dissolutezza f.
fast-moving /ˌfɑːst'muːvɪŋ, AE ˌfæst-/ agg. rapido.
fastness /'fɑːstnɪs, AE 'fæst-/ n. **1** *(speed)* rapidità f., velocità f. **2** *(of dye)* solidità f. **3** (pl. **~es**) LETT. *(stronghold)* fortezza f.
fast rewind /ˌfɑːstriː'waɪnd, AE ˌfæst-/ n. *(on a cassette or video recorder)* riavvolgimento m. rapido.
fast-talk /ˌfɑːst'tɔːk, AE ˌfæst-/ tr. COLLOQ. imbonire, darla a bere a [*person*]; ***to ~ sb. into doing*** imbonire qcn. perché faccia, fino a fargli fare.
fast-talking /ˌfɑːst'tɔːkɪŋ, AE ˌfæst-/ agg. COLLOQ. ***a ~ salesperson*** un imbonitore.
1.fast-track /'fɑːstˌtræk, AE 'fæst-/ **I** n. FIG. corsia f. preferenziale; ***to apply for the ~*** voler far carriera in fretta **II** modif. [*scheme, plan*] per far carriera velocemente; [*place*] che permette di far carriera velocemente.
2.fast-track /ˌfɑːst'træk, AE ˌfæst-/ tr. far fare carriera velocemente a [*employee*].
▶ **fat** /fæt/ **I** agg. **1** *(overweight)* [*person, animal, body*] grasso; [*tummy, bottom, thigh*] grosso; [*cheek*] paffuto; ***to get ~*** ingrassare; ***to get ~ on chocolates*** ingrassare a forza di mangiare cioccolatini; ***to get*** o ***grow ~ on sth.*** FIG. ingrassare, ingrassarsi con qcs. **2** *(full, swollen)* [*wallet*] gonfio; [*envelope, file, novel, magazine*] spesso, voluminoso; [*cushion*] morbido; [*fruit*] carnoso, polposo; [*pea pod*] carnoso **3** *(remunerative)* [*profit*] grosso; [*cheque, fee*] consistente; ***a nice ~ job*** un lavoro ben rimunerato **4** *(fertile)* [*land*] fertile, grasso; [*valley*] fertile; [*year*] grasso **5** *(worthwhile)* [*role*] bello, impegnativo **6** *(fatty)* [*meat, bacon*] grasso **7** COLLOQ. IRON. *(not much)* ***that's a ~ lot of good!*** questo sì (che) ci serve! ***you're a ~ lot of use!*** sei veramente di grande aiuto! ***a ~ lot you know*** o ***you care!*** per quel che ne sai! che te ne frega! ***"will she go?" - "~ chance!"*** "ci andrà?" - "sarà facile!" *o* "impossibile!" **II** n. **1** *(in diet)* grassi m.pl.; ***~ intake*** consumo di grassi; ***animal, vegetable ~s*** grassi animali, vegetali **2** *(on meat)* grasso m.; ***you can leave the ~*** puoi scartare il grasso **3** *(for cooking)* grasso m. (alimentare); *(from meat)* grasso m.; ***pig, goose ~*** grasso di maiale, d'oca; ***fried in ~*** fritto nello strutto **4** *(in body)* grasso m., adipe m.; ***body ~*** grasso corporeo; ***to lay down reserves of ~*** accumulare riserve di grasso; ***to run to ~*** prendere peso **5** CHIM. grasso m. ◆ ***the ~'s in the fire*** COLLOQ. adesso sono guai; ***to be in ~ city*** AE COLLOQ. essere pieno di soldi; ***to live off the ~ of the land*** non farsi mancare niente.
▷ **fatal** /'feɪtl/ agg. **1** *(lethal)* [*accident, injury, blow, shot, toxin*] mortale (**to** per); [*delay*] fatale (**to** per) **2** *(disastrous)* [*weakness, flaw, mistake*] fatale; [*decision*] funesto; [*day, hour*] fatidico; ***to be ~ to sb., sth.*** essere fatale a qcn., qcs.; ***it would be ~ to do*** sarebbe un errore fatale fare.
fatalism /'feɪtəlɪzəm/ n. fatalismo m.
fatalist /'feɪtəlɪst/ n. fatalista m. e f.
fatalistic /ˌfeɪtə'lɪstɪk/ agg. fatalistico.
fatalistically /ˌfeɪtə'lɪstɪklɪ/ avv. [*react, accept*] con atteggiamento fatalistico, con rassegnazione.
fatality /fə'tælətɪ/ n. **1** *(person killed)* morto m. (-a); ***there have been no fatalities*** non ci sono stati morti; ***road fatalities*** morti in incidenti stradali **2** *(deadliness)* carattere m. mortale **3** *(fate)* fatalità f.
fatally /'feɪtəlɪ/ avv. **1** [*injured, wounded*] mortalmente; ***to be ~ ill*** avere una malattia mortale, essere condannato **2** FIG. [*flawed, compromised*] irrimediabilmente.
fat-ass /ˌfæt'æs/ n. AE POP. culone m. (-a), ciccione m. (-a).
fatback /ˌfæt'bæk/ n. AE carré m. (di maiale).
fat cat /ˌfæt'kæt/ n. COLLOQ. SPREG. pezzo m. grosso.
fate /feɪt/ n. **1** *(controlling power)* (anche **the ~s**) sorte f., destino m.; ***~ was on my side, against me*** la sorte era con me, contro di me; ***a (cruel) twist of ~*** un (crudele) scherzo del destino; ***to tempt ~*** sfidare il destino **2** *(death)* morte f.; ***to meet a sad ~*** finire tristemente *o* fare una triste fine **3** *(destiny)* sorte f., destino m., fato m.; ***to be resigned, left to one's ~*** essere rassegnato, abbandonato al proprio destino; ***his ~ is sealed*** la sua sorte è segnata; ***a ~ worse than death*** SCHERZ. un destino peggiore della morte **4** MITOL. ***the Fates*** le Parche.
fated /'feɪtɪd/ agg. **1** *(destined)* ***to be ~ to do*** essere destinato a fare **2** *(doomed)* condannato (**to do** a fare) **3** *(decreed by fate)* predestinato.
fateful /'feɪtfl/ agg. [*decision, event, words, day*] fatidico.
fat farm /'fætˌfɑːm/ n. COLLOQ. clinica f. per cure dimagranti.
fat-free /ˌfæt'friː/ agg. senza grassi.
fathead /'fæthed/ n. COLLOQ. SPREG. testone m. (-a), stupido m. (-a).
fat-headed /ˌfæt'hedɪd/ agg. COLLOQ. SPREG. testone, stupido.
▶ **1.father** /'fɑːðə(r)/ n. **1** *(parent)* padre m.; ***to be like a ~ to sb.*** essere come un padre per qcn.; ***from ~ to son*** di padre in figlio **2** *(ancestor)* padre m., antenato m., avo m.; ***land of our ~s*** terra dei nostri padri *o* avi **3** *(originator)* padre m., fondatore m.; ***the ~ of the motor car, of English theatre*** il padre dell'automobile, del teatro inglese ◆ ***like ~ like son*** tale (il) padre, tale (il) figlio; ***the ~ and mother of a row*** COLLOQ. un violento litigio.
2.father /'fɑːðə(r)/ tr. generare, procreare [*child*].
Father /'fɑːðə(r)/ ♦ *9* n. **1** RELIG. *(God)* Padre m.; ***the Our ~*** *(prayer)* il Padre Nostro; ***God the ~*** Dio Padre **2** *(title for priest)* padre m.; ***~ Smith*** padre Smith; ***thank you, ~*** grazie, padre.
Father Christmas /ˌfɑːðə'krɪsməs/ n. BE Babbo m. Natale.
father confessor /ˌfɑːðəkən'fesə(r)/ n. RELIG. confessore m.; FIG. *(confidant)* padre m. spirituale.
father figure /'fɑːðəˌfɪgə(r), AE -ˌfɪgjər/ n. figura f. paterna; ***he's a ~ to her*** per lei rappresenta una figura paterna.
fatherhood /'fɑːðəhʊd/ n. paternità f.
father-in-law /'fɑːðərɪnˌlɔː/ n. (pl. **fathers-in-law**) suocero m.
fatherland /'fɑːðəlænd/ n. patria f.
fatherless /'fɑːðəlɪs/ agg. orfano di padre.
fatherlike /'fɑːðəlaɪk/ agg. paterno.
fatherliness /'fɑːðəlɪnɪs/ n. amore m. paterno.
fatherly /'fɑːðəlɪ/ agg. paterno.
Father's Day /'fɑːðəzˌdeɪ/ n. festa f. del papà.
fathers-in-law /'fɑːðəzɪnˌlɔː/ → **father-in-law**.
Father Time /'fɑːðəˌtaɪm/ n. il Tempo m.
1.fathom /'fæðəm/ n. (pl. **~s, ~**) METROL. MAR. braccio m., fathom m. (= 1,83 m).
2.fathom /'fæðəm/ tr. **1** METROL. MAR. *(sound)* sondare, scandagliare; *(measure)* misurare [*depth*] **2** (anche BE **~ out**) *(understand)* andare a fondo di, comprendere.
fathomable /'fæðəməbl/ agg. **1** METROL. MAR. sondabile; misurabile **2** comprensibile.
fathomless /'fæðəmlɪs/ agg. [*ocean*] insondabile; [*eyes*] inscrutabile.
▷ **1.fatigue** /fə'tiːg/ **I** n. **1** *(of person)* affaticamento m.; ***muscle, mental ~*** affaticamento muscolare, mentale; ***battle ~*** trauma psichico da combattimento **2** TECN. ***metal ~*** fatica, usura dei metalli **3** AE MIL. corvée f. **II fatigues** n.pl. MIL. **1** *(uniform)* tenuta f.sing. di fatica; ***camouflage ~s*** tenuta mimetica **2** *(duties)* corvée f.sing.; ***to be on ~s*** essere di corvée **III** modif. MIL. [*duty, detail, party*] di corvée.
2.fatigue /fə'tiːg/ tr. **1** affaticare [*person*] **2** TECN. sottoporre a fatica [*metal*].
fatigued /fə'tiːgd/ **I** p.pass. → **2.fatigue II** agg. [*person*] affaticato; [*metal*] sottoposto a fatica.
fatiguing /fə'tiːgɪŋ/ agg. affaticante.
fatless /'fætlɪs/ agg. senza grassi.
fatling /'fætlɪŋ/ n. (giovane) animale m. da ingrasso.
fatly /'fætlɪ/ avv. **1** *(richly)* grassamente, nell'abbondanza **2** *(heavily)* pesantemente.
fatness /'fætnɪs/ n. corpulenza f., grassezza f. (anche FIG.).
fatso /'fætsəʊ/ n. (pl. **~es**) COLLOQ. SPREG. grassone m. (-a), ciccione m. (-a).
fat-soluble /ˌfæt'sɒljʊbl/ agg. liposolubile, solubile in (solventi) grassi.
fatstock /'fætˌstɒk/ n. BE bestiame m. da macello.
fatten /'fætn/ **I** tr. → **fatten up II** intr. [*animal*] ingrassare.
■ **fatten up:** ***~ [sb., sth.] up, ~ up [sb., sth.]*** **1** ingrassare [*animal*]; fare ingrassare [*person*] **2** FIG. fare grossi investimenti in [*industry*].

fattener /ˈfætənə(r)/ n. **1** chi ingrassa [*animal*] **2** animale m. da ingrasso.
fattening /ˈfætnɪŋ/ **I** n. ingrassamento m. **II** agg. [*food, drink*] che fa ingrassare; ***beer is very*** ~ la birra fa molto ingrassare.
fattiness /ˈfætɪnəs/ n. **1** grassezza f. **2** untuosità f.
fattish /ˈfætɪʃ/ agg. grassoccio, grassottello, cicciottello.
fattism /ˈfætɪzəm/ n. COLLOQ. = discriminazione nei confronti delle persone obese.
fatty /ˈfætɪ/ **I** n. COLLOQ. SPREG. grassone m. (-a), ciccione m. (-a) **II** agg. **1** [*tissue, deposit*] adiposo **2** [*food, meat*] grasso.
fatty acid /ˌfætɪˈæsɪd/ n. acido m. grasso.
fatty degeneration /ˌfætɪdɪˌdʒenəˈreɪʃn/ n. degenerazione f. grassa.
fatuity /fəˈtju:ətɪ, AE -ˈtu:ətɪ/ n. *(of person, remark)* fatuità f., stupidità f.
fatuous /ˈfætʃʊəs/ agg. [*comment, smile*] fatuo, stupido; [*attempt, decision*] stupido; [*exercise, activity*] futile.
fatuousness /ˈfætʃʊəsnɪs/ n. → **fatuity.**
faucal /ˈfɔ:kl/ agg. **1** ANAT. delle fauci **2** FON. faucale.
fauces /ˈfɔ:si:z/ n.pl. fauci m.
▷ **faucet** /ˈfɔ:sɪt/ n. AE rubinetto m.
faugh /fɔ:/ inter. puah.
▶ **1.fault** /fɔ:lt/ n. **1** *(responsibility, guilt)* colpa f.; ***to be sb.'s*** ~, ***to be the*** ~ ***of sb.*** essere colpa di qcn.; ***to be sb.'s*** ~ ***that*** essere colpa di qcn. che; ***it's all your*** ~ è tutta colpa tua; ***it's my own*** ~ è solo *o* tutta colpa mia; ***it's your own silly*** ~ COLLOQ. è solo colpa tua, stupido; ***it's not my*** ~ non è colpa mia; ***it's hardly their*** ~ non è veramente colpa loro; ***whose*** ~ ***was it?*** di chi era la colpa? ***whose*** ~ ***will it be if we're late?*** IRON. di chi sarà la colpa se saremo in ritardo? ***my*** ~ ***entirely*** è tutta colpa mia; ***the*** ~ ***lies with him, the company*** la colpa è sua, della ditta; ***through no*** ~ ***of his, her own*** non per colpa sua; ***to be at*** ~ essere in *o* avere torto; ***he's always finding*** ~ trova sempre qualcosa da ridire **2** *(flaw in system, wiring, machine, person)* difetto m. (**in** in); *(electrical failure, breakdown)* guasto m.; ***structural, design, software*** ~ difetto strutturale, progettuale, di software; ***my greatest*** ~ il mio principale difetto; ***for all his*** ~***s*** nonostante tutti i suoi difetti; ***to be generous, scrupulous to a*** ~ essere generoso, scrupoloso all'eccesso **3** SPORT *(call)* fallo! ***to serve a*** ~ fare un fallo su servizio **4** DIR. colpa f.; ***no-*** ~ ***compensation*** indennizzo corrisposto indipendentemente dalla responsabilità del danno; ***no-*** ~ ***divorce*** divorzio consensuale; ***no-*** ~ ***insurance*** AE AUT. = assicurazione in cui l'indennizzo viene corrisposto all'assicurato indipendentemente dalla responsabilità dell'incidente **5** GEOL. faglia f.
2.fault /fɔ:lt/ tr. biasimare, criticare; ***you can't*** ~ ***her*** non puoi fargliene una colpa; ***it cannot be*** ~***ed*** è irreprensibile; ***to*** ~ ***sb. for sth.*** rimproverare qcs. a qcn.; ***to*** ~ ***sb. for doing*** rimproverare a qcn. di avere fatto.
fault-finder /ˈfɔ:ltfaɪndə(r)/ n. **1** TECN. chi, cosa individua i guasti **2** *(person)* criticone m. (-a).
fault-finding /ˈfɔ:ltfaɪndɪŋ/ **I** n. **1** TECN. *(locating built-in flaw)* individuazione f. dei difetti; *(locating breakdown)* individuazione f. dei guasti **2** *(of person)* = tendenza a criticare tutto **II** agg. [*person*] che critica tutto; [*attitude*] negativo.
faultily /ˈfɔ:ltɪlɪ/ avv. imperfettamente, in modo difettoso.
faultiness /ˈfɔ:ltɪnɪs/ n. imperfezione f., difettosità f.
faulting /ˈfɔ:ltɪŋ/ n. GEOL. fagliatura f., fagliamento m.
faultless /ˈfɔ:ltlɪs/ agg. **1** [*performance, German, manners*] impeccabile, irreprensibile; [*taste*] perfetto **2** EQUIT. [*round*] senza fallo.
faultlessly /ˈfɔ:ltlɪslɪ/ avv. in modo impeccabile.
fault line /ˈfɔ:ltˌlaɪn/ n. (linea di) faglia f.
fault plane /ˈfɔ:ltˌpleɪn/ n. piano m. di faglia.
faulty /ˈfɔ:ltɪ/ agg. **1** [*wiring, car part, machine, product*] difettoso **2** [*logic, policy, philosophy, argument*] fallace, erroneo.
faun /fɔ:n/ n. MITOL. fauno m.
fauna /ˈfɔ:nə/ n. (pl. **~s, -ae**) fauna f.
faunal /ˈfɔ:nəl/ agg. faunistico.
faunist /ˈfɔ:nɪst/ n. studioso m. (-a) della fauna.
Faust /faʊst/ n.pr. Faust.
Faustian /ˈfaʊstɪən/ agg. faustiano.
Faustus /ˈfɔ:stəs/ n.pr. Fausto.
faux pas /ˌfəʊˈpɑ:/ n. (pl. ~) FORM. passo m. falso.
favism /ˈfɑ:vɪzəm/ ♦ ***11*** n. MED. favismo m.
favonian /fəˈvəʊnɪən/ agg. **1** METEOR. del favonio **2** FIG. favorevole, propizio.
▶ **1.favour** BE, **favor** AE /ˈfeɪvə(r)/ **I** n. **1** *(kindness)* favore m.; ***to do sb. a*** ~ fare un piacere, favore a qcn.; ***in return for all your*** ~***s*** in cambio di tutti favori che mi hai fatto; ***they're not doing themselves any*** ~***s*** vanno contro il loro interesse (**by doing** facendo); ***do me a*** ~***!*** *(as prelude to rebuff)* vuoi farmi un favore? *(ironic)* ma fammi il piacere! ma va! *(in exasperation)* lasciami in pace! ***as a (special)*** ~ come piacere personale, in via del tutto eccezionale; ***she did it as a*** ~ ***to her boss*** l'ha fatto a titolo di piacere personale per il suo capo; ***to ask a*** ~ ***of sb.***, ***to ask sb. a*** ~ chiedere un favore a qcn.; ***to owe sb. a*** ~ avere un debito *o* essere in debito verso qcn. *o* dovere un favore a qcn.; ***you owe me a*** ~ mi devi un piacere; ***to return a*** ~ ricambiare *o* restituire un favore; ***to return the*** ~ IRON. restituire il favore (**by doing** facendo) **2** *(approval)* ***to look with*** ~ ***on sb., sth., look on sb., sth. with*** ~ approvare qcn., qcs., guardare qcn., qcs. con favore, di buon occhio; ***to regard sb., sth. with*** ~ considerare qcn., qcs. con benevolenza; ***to win, lose*** ~ ***with sb.*** conquistare, perdere il favore di qcn.; ***to find*** ~ ***with sb.*** godere del favore di qcn. *o* essere nelle buone grazie di qcn.; ***to gain*** ~ ***with sb.*** ottenere il favore *o* entrare nelle grazie di qcn.; ***to be out of*** ~ ***with sb.*** [*person*] non essere più nelle grazie di qcn.; [*idea, fashion, method*] non incontrare più il favore di qcn.; ***to fall out of*** o ***from*** ~ ***with sb.*** [*person*] cadere in disgrazia di qcn.; ***to fall*** o ***go out of*** ~ [*idea, fashion, method*] passare di moda *o* finire nel dimenticatoio **3** *(favouritism)* ***to show*** ~ ***to sb.***, ***to show sb.*** ~ riservare un trattamento di favore a qcn. **4** *(advantage)* ***to be in sb.'s*** ~ [*situation*] essere a favore di *o* vantaggioso per qcn.; [*financial rates, wind*] essere favorevole a qcn.; ***to have sth. in one's*** ~ avere qcs. a proprio favore *o* vantaggio; ***everything was in her*** ~ tutto le era favorevole; ***the plan has a lot in its*** ~ il progetto ha molti punti a suo favore; ***if the case doesn't go in our*** ~ se il caso non volge a nostro favore; ***in your*** ~ [*money, balance*] a vostro credito, favore **5** ANT. *(small gift)* omaggio m., pensierino m. **6** STOR. *(token)* pegno m. **7 in favour of** *(on the side of)* a, in favore di; *(out of preference for)* [*reject etc.*] a favore di; ***to be in*** ~ ***of sb., sth.*** essere a favore di *o* favorevole a qcn., qcs.; ***to vote in*** ~ ***of sth.*** votare a favore di qcs.; ***I'm in*** ~ ***of that*** io sono favorevole; ***to be in*** ~ ***of changing the law*** essere favorevole all'emendamento della legge; ***to speak in*** ~ ***of*** parlare a favore di *o* sostenere [*motion, idea, plan*]; ***to speak in sb.'s*** ~ parlare *o* pronunciarsi a favore di qcn.; ***to come out in*** ~ ***of*** esprimersi a favore di [*plan, person*]; *(to the advantage of)* ***to work*** o ***be weighted in*** ~ ***of sb.*** avvantaggiare qcn.; ***to decide in sb.'s*** ~ dare ragione a qcn.; DIR. decidere a favore di qcn. **II favours** n.pl. EUFEM. *(sexual)* favori m.
2.favour BE, **favor** AE /ˈfeɪvə(r)/ tr. **1** *(prefer)* preferire [*choice, method, solution, horse, team, clothing, colour, date*]; sostenere, essere partigiano di [*political party*]; ***to*** ~ ***sb.*** preferire *o* mostrare una preferenza per qcn.; *(unfairly)* favorire *o* accordare un trattamento di favore a qcn.; ***I*** ~ ***closing the business*** sono a favore della chiusura dell'attività **2** *(benefit)* [*plans, circumstances*] favorire, avvantaggiare; [*law, balance of power*] favorire, privilegiare **3** *(approve of)* approvare [*course of action*]; appoggiare [*proposal*] **4** FORM. IRON. *(honour)* ***to*** ~ ***sb. with sth.*** fare a qcn. il favore *o* l'onore di qcs. *o* concedere a qcn. (l'onore di) qcs.
▷ **favourable** BE, **favorable** AE /ˈfeɪvərəbl/ agg. **1** *(good)* [*conditions, position*] favorevole (**to** a), vantaggioso (**to** per); [*impression, reaction, reply, time, weather*] favorevole (**to** a); [*report, result, sign*] buono; ***to have a*** ~ ***reception*** ricevere un'accoglienza favorevole; ***in a*** ~ ***light*** sotto una luce favorevole; ***conditions are*** ~ ***to setting up a business*** le condizioni (finanziarie) sono favorevoli all'avviamento di un'attività commerciale **2** *(in agreement)* ***to be*** ~ essere favorevole (**to sth.** a qcs.); ***my father is not*** ~ ***to my going alone*** mio padre non è d'accordo a lasciarmi andare da sola.
favourably BE, **favorably** AE /ˈfeɪvərəblɪ/ avv. [*speak, write*] in termini favorevoli; [*look on, consider*] di buon occhio, favorevolmente; [*impress, review*] favorevolmente; ***to be*** ~ ***situated*** essere in (una) posizione favorevole; ***to be*** ~ ***disposed to sb., to sth.*** essere ben disposto verso qcn., qcs.; ***to be*** ~ ***received*** essere accolto favorevolmente; ***to compare*** ~ ***with sth.*** reggere il paragone con qcs.
favoured BE, **favored** AE /ˈfeɪvəd/ **I** p.pass. → **2.favour II** agg. **1** *(most likely)* [*course of action, date, plan, view*] privilegiato; [*candidate*] favorito **2** *(favourite)* favorito, preferito.
▶ **favourite** BE, **favorite** AE /ˈfeɪvərɪt/ **I** n. **1** preferito m. (-a); ***a*** ~ ***of his*** uno dei suoi preferiti; ***to be a great*** ~ ***with sb.*** essere tra i, uno dei preferiti di qcn.; ***my*** ~***!*** è il mio preferito! **2** SPORT favorito m. (-a) **II** agg. preferito, favorito; ***his*** ~ ***way of relaxing*** quello che preferisce fare per rilassarsi.
favouritism BE, **favoritism** AE /ˈfeɪvərɪtɪzəm/ n. favoritismo m.
favus /ˈfeɪvəs/ n. MED. favo m.
1.fawn /fɔ:n/ ♦ ***5*** **I** n. **1** ZOOL. daino m., cerbiatto m. **2** *(colour)* fulvo m. chiaro **II** agg. fulvo chiaro.

2.fawn /fɔːn/ intr. ***to ~ on sb.*** [*dog*] fare le feste a qcn.; SPREG. [*person*] leccare, adulare qcn.
fawner /ˈfɔːnə(r)/ n. adulatore m. (-trice), lecchino m. (-a), leccapiedi m. e f.
fawning /ˈfɔːnɪŋ/ agg. servile, strisciante.
fawnlike /ˈfɔːnˌlaɪk/ agg. di, da cerbiatto.
▷ **1.fax** /fæks/ n. (pl. **~es**) **1** *(document)* fax m. **2** *(machine)* fax m.; ***by ~*** per *o* via fax.
▷ **2.fax** /fæks/ tr. faxare, mandare via fax [*document*]; mandare un fax a [*person*].
fax directory /ˈfæksdaɪˌrektərɪ, -dɪ-/ n. elenco m. dei numeri di fax.
fax machine /ˈfæksməˌʃiːn/ n. fax m.
fax message /ˈfæksˌmesɪdʒ/ n. fax m.
fax number /ˈfæksˌnʌmbə(r)/ n. numero m. di fax.
1.fay /feɪ/ n. LETT. fata f.
2.fay /feɪ/ n. ANT. fede f.; ***by my ~!*** affé mia! in fede mia!
Fay /feɪ/ n.pr. Fay (nome di donna).
faze /feɪz/ tr. COLLOQ. sconcertare, turbare.
FBI n. US (⇒ Federal Bureau of Investigation Ufficio Federale Investigativo) FBI f.
FCA n. US (⇒ Farm Credit Administration) = ente preposto alla gestione del credito agrario.
FCC n. US (⇒ Federal Communications Commission) = commissione federale per le telecomunicazioni.
FCO n. GB (⇒ Foreign and Commonwealth Office) = ministero degli esteri e per i rapporti con i paesi del Commonwealth.
FDA n. US (⇒ Food and Drug Administration) = ente governativo per il controllo di alimenti e farmaci.
FE n. BE (⇒ further education) = istruzione post-scolastica non universitaria.
fealty /ˈfiːəltɪ/ n. ANT. omaggio m., fedeltà f. (al vassallo); ***to take an oath of ~*** fare giuramento di fedeltà *o* atto d'omaggio.
▶ **1.fear** /fɪə(r)/ n. **1** *(dread, fright)* paura f., timore m.; ***~ of death*** paura della morte; ***I couldn't move for, from ~*** non riuscivo a muovermi per la, dalla paura; ***he accepted out of ~*** ha accettato per paura; ***have no ~!*** LETT. o SCHERZ. non avere paura! ***to live in ~*** vivere nella paura; ***to live*** o ***go in ~ of one's life*** temere per la propria vita; ***he lives in ~ of being found out*** o ***that he will be found out*** vive nel terrore di essere scoperto *o* col terrore che verrà scoperto; ***for ~ of doing*** per paura di fare; ***for ~ that*** per paura che; ***I kept quiet for ~ of waking them, that they would wake up*** sono stato in silenzio per paura di svegliarli, per paura che si svegliassero; ***for ~ of death, punishment*** per paura di morire, di essere punito; ***to have no ~ of sth.*** non avere paura di qcs.; ***to have no ~ that*** non avere (alcuna) paura che; ***~ of God*** timore di Dio; ***the news struck ~ into his heart*** LETT. la notizia l'ha riempito di paura **2** *(worry, apprehension)* paura f., ansia f. (**for** per); ***their ~s for their son, the future*** le loro paure per i figli, per il futuro; ***my ~s proved groundless*** le mie paure si sono rivelate infondate; ***my worst ~s were confirmed (when...)*** i miei peggiori timori hanno trovato conferma (quando...); ***my ~s about the company collapsing*** o ***that the company would collapse*** il mio timore che la società fallisse; ***~s are growing for sb.*** c'è un crescente timore per qcn. *o* si teme sempre di più per qcn.; ***~s are growing that his life may be in danger*** si teme sempre più che la sua vita sia in pericolo; ***(grave) ~s have arisen that*** si comincia a temere (fortemente) che; ***I told him my ~s that*** gli ho confidato la mia paura che; ***the future, the operation holds no ~s for her*** non ha paura del futuro, per l'operazione **3** *(possibility)* ***there's not much ~ of sb.('s) doing*** non c'è pericolo che qcn. faccia; ***there's no ~ of him*** o ***his being late*** non c'è pericolo che lui sia in ritardo; ***there's no ~ of that happening*** non c'è pericolo che ciò accada; ***no ~!*** non c'è pericolo! ◆ ***without ~ or favour*** in modo imparziale; ***in ~ and trembling*** tremante di paura.
▶ **2.fear** /fɪə(r)/ **I** tr. **1** *(be afraid of)* avere paura di, temere; ***to ~ to do*** avere paura di fare; ***experts ~ a crisis if the situation continues to worsen*** se la situazione continua ad aggravarsi, gli esperti temono una crisi; ***to ~ that*** temere *o* avere paura che; ***she ~ed that her proposals might not be accepted*** temeva che le sue proposte non venissero accettate; ***I ~ (that) she may be dead*** ho paura *o* temo che sia morta; ***it is ~ed (that)*** si teme che; ***it is ~ed (that) the recession may get worse*** si teme che la recessione possa peggiorare; ***this substance is ~ed to cause cancer*** si teme che questa sostanza possa essere cancerogena; ***20 people are ~ed to have died*** o ***are ~ed dead in the accident*** si teme che nell'incidente siano morte 20 persone; ***a ruler who was greatly ~ed*** un sovrano che era fortemente temuto; ***she's a woman to be ~ed*** è una donna da temere *o* di cui avere paura; ***to ~ the worst*** temere il peggio **2** *(think)* ***I ~ not*** temo di no; ***I ~ so*** *(to positive question)* temo di sì; *(to negative question)* temo di no; ***I ~ I'm late, it's raining*** ho paura di essere in ritardo, che piova **II** intr. ***to ~ for sth., sb.*** avere paura per qcs., qcn.; ***I ~ for her safety, life*** temo per la sua sicurezza, vita; ***never ~!*** niente paura! non temere!
fearful /ˈfɪəfl/ agg. **1** *(afraid)* pauroso, timoroso; ***to be ~*** avere paura; ***to be ~ of sth., of doing*** avere paura di qcs., di fare; ***to be ~ for sb.*** temere *o* avere paura per qcn. **2** *(dreadful)* [*noise, sight*] spaventoso; [*rage, argument, anxiety, heat*] spaventoso, terribile; ***it's a ~ nuisance*** è una terribile scocciatura; ***he's a ~ bore*** è di una noia paurosa.
fearfully /ˈfɪəfəlɪ/ avv. **1** *(timidly)* paurosamente, timorosamente **2** *(dreadfully)* [*cold, hot, complicated, expensive*] spaventosamente, terribilmente; [*old-fashioned, nice*] terribilmente; [*discreet*] estremamente.
fearless /ˈfɪəlɪs/ agg. senza paura, intrepido, coraggioso.
fearlessly /ˈfɪəlɪslɪ/ avv. senza paura.
fearlessness /ˈfɪəlɪsnɪs/ n. intrepidezza f., coraggio m.
fearsome /ˈfɪəsəm/ agg. **1** *(frightening)* pauroso, spaventoso **2** *(frightful)* pauroso, timoroso **3** *(formidable)* pauroso, eccezionale.
feasibility /ˌfiːzəˈbɪlətɪ/ n. **1** *(of idea, plan, proposal)* fattibilità f., praticabilità f. (**of** di); ***the ~ of doing*** la possibilità di fare **2** *(of claim, story)* verosimiglianza f. (**of** di).
feasibility study /ˌfiːzəˈbɪlətɪˌstʌdɪ/ n. studio m. di fattibilità.
▷ **feasible** /ˈfiːzəbl/ agg. **1** *(possible)* [*project*] realizzabile, fattibile; ***it is, was ~ that*** è, era possibile che; ***to be ~ to do sth.*** essere possibile fare qcs. **2** [*excuse, explanation*] plausibile.
▷ **1.feast** /fiːst/ n. **1** *(sumptuous meal)* festino m., convito m.; *(formal, celebratory)* banchetto m.; ***wedding ~*** banchetto di nozze; ***midnight ~*** festino notturno **2** FIG. *(for eyes, senses)* piacere m. (**to, for** per); ***there will be a ~ of music*** ci sarà musica a volontà **3** RELIG. festa f.; ***~ day*** giorno di festa ◆ ***enough is as good as a ~*** chi si accontenta, gode.
2.feast /fiːst/ **I** tr. **1** FIG. ***to ~ one's eyes on sth.*** rifarsi gli occhi con *o* godersi la vista di qcs. **2** pascere [*person*] (**on, with** di) **II** intr. pascersi, dilettarsi (**on** di).
feaster /ˈfiːstə(r)/ n. **1** *(partaker)* convitato m. (-a) **2** ANT. *(host)* anfitrione m. **3** FIG. festaiolo m. (-a).
feasting /ˈfiːstɪŋ/ n. festeggiamento m.
1.feat /fiːt/ n. **1** *(achievement)* impresa f., prodezza f.; ***it was no mean ~ to do*** non è stata impresa da poco fare **2** ***a ~ of*** un trionfo di [*technology, surgery etc.*].
2.feat /fiːt/ agg. **1** *(skilful)* abile, destro **2** *(suitable)* adatto, atto **3** *(neat)* lindo, ordinato.
▷ **1.feather** /ˈfeðə(r)/ **I** n. piuma f., penna f. **II** modif. [*boa, cushion, mattress*] di piume ◆ ***as light as a ~*** leggero come una piuma; ***birds of a ~ (flock together)*** PROV. Dio li fa e poi li accoppia *o* chi si assomiglia si piglia; ***in full ~*** in gran forma; ***that'll make the ~s fly*** se ne vedranno delle belle; ***that's a ~ in his cap*** è il suo fiore all'occhiello; ***you could have knocked me down with a ~*** = ero stupefatto, allibito.
2.feather /ˈfeðə(r)/ tr. **1** *(in rowing)* spalare [*blade*] **2** AER. mettere in bandiera.
feather bed /ˈfeðəˌbed/ n. letto m. di piume.
feather-bed /ˈfeðəˌbed/ intr. (forma in -ing ecc. **-dd-**) IND. = offrire situazioni di lavoro agevolate.
feather-bedding /ˈfeðəˌbedɪŋ/ n. IND. = norme create per offrire situazioni di lavoro agevolate.
featherbrain /ˈfeðəbreɪn/ n. cervello m. di gallina, stupido m. (-a).
feather-brained /ˈfeðəbreɪnd/ agg. stupido, senza testa.
feather cut /ˈfeðəkʌt/ n. = taglio di capelli femminile a ciocche corte e sfumate.
feather duster /ˈfeðəˌdʌstə(r)/ n. piumino m., spolverino m.
feathered /ˈfeðəd/ **I** p.pass. → **2.feather II** agg. piumato; ***our ~ friends*** i nostri amici pennuti.
featheriness /ˈfeðərɪnɪs/ n. **1** (l')essere pennuto, piumato **2** FIG. leggerezza f.
feathering /ˈfeðərɪŋ/ n. **1** piumaggio m. **2** ARCH. ornamento m. a fogliame.
featherless /ˈfeðəlɪs/ agg. implume, senza piume.
1.featherstitch /ˈfeðəstɪtʃ/ n. punto m. spiga.
2.featherstitch /ˈfeðəstɪtʃ/ tr. cucire a punto spiga.
featherweight /ˈfeðəweɪt/ **I** n. *(weight)* pesi m.pl. piuma; *(boxer)* peso m. piuma **II** modif. [*champion, title*] dei pesi piuma; [*match, contest*] di pesi piuma.
feathery /ˈfeðərɪ/ agg. [*touch*] leggero (come una piuma); [*snowflake*] soffice; [*leaf, shape*] piumoso.
▶ **1.feature** /ˈfiːtʃə(r)/ **I** n. **1** *(distinctive characteristic)* tratto m., caratteristica f.; ***a ~ of those times*** una caratteristica tipica di quel-

l'epoca; ***a stylistic, unique ~ of sth.*** una caratteristica stilistica, unica di qcs.; ***to become a permanent ~*** diventare una caratteristica permanente; ***to make a ~ of sth.*** mettere in risalto qcs. *o* valorizzare qcs. **2** *(aspect)* aspetto m.; ***the plan has some good ~s*** il piano ha degli aspetti positivi; ***a worrying ~ of the incident*** un aspetto inquietante dell'incidente; ***to have no redeeming ~s*** non avere niente di buono **3** *(of car, computer, product)* accessorio m.; ***optional ~s*** optional; ***built-in safety ~s*** dispositivi di sicurezza di serie **4** *(of face)* tratto m., lineamento m.; ***with sharp, coarse ~s*** dai lineamenti spigolosi, grossolani; ***his eyes are his best ~*** gli occhi sono la cosa migliore che ha **5** *(film)* lungometraggio m., film m.; ***a double ~*** un programma con la proiezione di due film di seguito **6** GIORN. servizio m. speciale, reportage m. (**on** su); ***to have, do a ~ on*** pubblicare, fare un servizio speciale su; ***she does a ~ in the Times*** scrive per il "Times" **7** TELEV. RAD. servizio m. speciale, reportage m. (**on** su) **8** LING. tratto m. **II -featured** agg. in composti ***coarse-, sharp-, fine~d*** dai lineamenti grossolani, spigolosi, fini.

▶ **2.feature** /ˈfiːtʃə(r)/ **I** tr. **1** *(present)* [*film, concert, event*] presentare [*star*]; [*magazine*] presentare, contenere [*story, photo, work*]; [*advert, poster*] rappresentare, ritrarre [*person, scene*]; ***to be ~d in sth., on the cover of sth.*** apparire in qcs., sulla copertina di qcs. **2** *(highlight)* [*car, computer, new model*] essere caratterizzato da, distinguersi per [*facility, accessory*] **3** AE COLLOQ. *(imagine)* immaginare **II** intr. **1** *(figure)* comparire, avere un ruolo (importante); ***Shakespeare ~s prominently*** Shakespeare ha un ruolo importantissimo **2** TELEV. CINEM. [*performer*] avere un ruolo, recitare (**in, on** in).

feature article /ˈfiːtʃər‚ɑːtɪkl/ n. servizio m. speciale.

feature film /ˈfiːtʃə‚fɪlm/ n. lungometraggio m.

feature-length /ˈfiːtʃə‚leŋθ/ agg. [*film*] di durata normale.

featureless /ˈfiːtʃəlɪs/ agg. piatto, scialbo, noioso.

feature writer /ˈfiːtʃə‚raɪtə(r)/ ♦ ***27*** n. reporter m. e f.

Feb ⇒ February febbraio (feb.).

febrifugal /febrɪˈfjuːgl, feˈbrɪfjʊgl/ agg. febbrifugo.

febrifuge /ˈfebrɪfjuːdʒ/ **I** agg. → **febrifugal II** n. febbrifugo m.

febrile /ˈfiːbraɪl/ agg. **1** [*condition, activity*] febbrile **2** MED. [*patient*] febbricitante; [*convulsion*] febbrile.

▶ **February** /ˈfebrʊərɪ, AE -ʊrɪ/ ♦ ***16*** n. febbraio m.

fecal AE → **faecal**.

feces AE → **faeces**.

feckless /ˈfeklɪs/ agg. **1** *(improvident)* irresponsabile, incosciente **2** *(helpless)* indifeso, debole **3** *(inept)* inetto, incapace.

feculence /ˈfekjʊləns/ n. **1** *(dregs)* feccia f., sedimento m. **2** *(filthiness)* sporcizia f., sudiciume m.

feculent /ˈfekjʊlənt/ agg. **1** *(dreggy)* feccioso **2** *(filthy)* sporco, sudicio.

fecund /ˈfiːkənd, ˈfekənd/ agg. LETT. *(all contexts)* fecondo.

fecundate /ˈfiːkən‚deɪt, ˈfekən-/ tr. fecondare.

fecundation /‚fiːkənˈdeɪʃn, ‚fekən-/ n. fecondazione f.

fecundity /fɪˈkʌndətɪ/ n. LETT. fecondità f.

fed /fed/ pass., p.pass. → **2.feed**.

1.Fed /fed/ n. AE COLLOQ. agente m. federale, dell'FBI.

2.Fed ⇒ federal, federation federale, federazione.

FED n. (⇒ Federal Reserve Board) = consiglio che regola il Federal Reserve System.

▷ **federal** /ˈfedərəl/ **I** agg. AMM. POL. [*court, judge, police*] federale; ***the ~ government*** AE il governo federale; ***~ architecture*** AE = stile architettonico in voga negli Stati Uniti dopo la guerra d'indipendenza **II Federal** n.pr. **1** US STOR. *(party supporter)* federalista m. e f.; *(soldier)* nordista m. **2** → **1.Fed** ♦ ***to make a ~ case out of sth.*** AE fare di qcs. un caso di stato.

Federal Communications Commission /‚fedərəlkəmjuːnɪˈkeɪʃnzkə‚mɪʃn/ n. US = commissione federale per le telecomunicazioni.

Federal Energy Regulating /‚fedərəlˈenədʒɪregjʊ‚leɪtɪŋ/ n. US = commissione preposta al controllo dell'energia.

federal holiday /‚fedərəlˈhɒlɪdeɪ/ n. AE festa f. nazionale.

Federal Housing Administration /‚fedərəlˈhaʊzɪŋədmɪnɪ‚streɪʃn/ n. US = ente preposto al controllo delle condizioni di erogazione di mutui ipotecari per l'edilizia abitativa.

federalism /ˈfedərəlɪzəm/ n. federalismo m.

federalist /ˈfedərəlɪst/ **I** agg. federalista **II** n. federalista m. e f.

federalize /ˈfedərəlaɪz/ tr. federare.

Federal Land Bank /‚fedərəlˈlænd‚bænk/ n. US = banca federale di credito agrario.

federally /ˈfedərəlɪ/ avv. **1** [*elect, govern*] a livello federale **2** AE [*funded, built*] dal governo federale.

Federal Republic of Germany /‚fedərəlrɪ‚pʌblɪkəvˈdʒɜːmənɪ/ n. STOR. Repubblica f. Federale Tedesca.

Federal Reserve Bank /‚fedərəlrɪˈzɜːv‚bænk/ n. US = banca della riserva federale.

Federal Reserve Board /‚fedərəlrɪˈzɜːv‚bɔːd/ n. US = consiglio della riserva federale.

Federal Reserve System /‚fedərəlrɪˈzɜːv‚sɪstəm/ n. US = sistema della riserva federale.

> **i** **Federal Reserve Bank – Federal Reserve System** Il *Federal Reserve System* è l'insieme delle istituzioni che svolgono funzioni di banca centrale degli Stati Uniti. Controlla il volume della massa monetaria in circolazione e stabilisce i tassi d'interesse, ed è quindi determinante per l'economia nazionale. Creato nel 1913, è articolato in 12 distretti in ciascuno dei quali opera una *Federal Reserve Bank*. È diretto dal *Federal Reserve Board*, consiglio costituito da 7 membri nominati direttamente dal presidente degli Stati Uniti.

Federal Trade Commission /‚fedərəlˈtreɪdkə‚mɪʃn/ n. US = commissione federale per il commercio.

1.federate /ˈfedəreɪt/ agg. federato.

2.federate /ˈfedəreɪt/ **I** tr. federare **II** intr. federarsi.

federation /‚fedəˈreɪʃn/ n. federazione f.

federative /ˈfedərətɪv/ agg. federativo.

fedora /fɪˈdɔːrə/ n. cappello m. di feltro a tesa larga.

Fedora /fɪˈdɔːrə/ n.pr. Fedora.

fed up /‚fedˈʌp/ agg. COLLOQ. ***to be ~*** essere stufo *o* averne abbastanza (**about, with, of** di; **with doing, of doing** di fare); ***he's ~ about her leaving*** non ha digerito il fatto che se ne sia andata.

▶ **fee** /fiː/ n. **1** *(for professional service)* onorario m., parcella f.; *(for artistic service)* compenso m., cachet m. **2** *(for a service)* tariffa f., costo m.; ***the ~ for the X-ray is £ 20*** il costo della radiografia è di 20 sterline; ***school ~s*** tasse scolastiche; ***service ~*** commissione; ***to pay a ~*** pagare; ***he charged us a ~ of $ 200*** ci ha fatto pagare 200 dollari; ***to be paid on a ~ basis*** ricevere un onorario; ***he will do it for a ~*** lo farà se verrà pagato **3** *(for admission)* tassa f. d'i-scrizione; *(for membership)* quota f.; ***to pay, receive a ~*** pagare, ricevere una somma di denaro; ***admission ~, entry ~*** ingresso; ***registration ~*** quota d'iscrizione; ***what is the membership ~?*** qual è la quota di associazione? quanto costa associarsi?

Feebie /ˈfiːbɪ/, **Feeb** /fiːb/ n. AE COLLOQ. agente m. federale, dell'FBI.

feeble /ˈfiːbl/ agg. **1** [*person, animal, intellect, institution*] debole **2** [*light, sound*] debole, tenue, fioco; [*movement*] debole, lieve; [*increase*] lieve **3** [*argument, attempt, excuse*] debole, poco convincente; [*joke, performance*] mediocre.

feeble-minded /ˈfiːbl‚maɪndɪd/ agg. **1** *(stupid)* deficiente, stupido **2** EUFEM. *(handicapped)* debole di mente, ritardato mentale **3** *(indecisive)* indeciso, debole (di carattere).

feeble-mindedness /‚fiːblˈmaɪndɪdnɪs/ n. **1** *(stupidity)* deficienza f., stupidità f. **2** EUFEM. *(handicap)* ritardo m. mentale **3** *(indecision)* indecisione f., debolezza f. (di carattere).

feebleness /ˈfiːblnɪs/ n. debolezza f.; ***the ~ of the light*** la tenuità della luce.

feebly /ˈfiːblɪ/ avv. **1** [*burn, cry, fight, smile, wave*] debolmente **2** [*protest*] debolmente, fiaccamente; [*explain*] debolmente, in modo poco convincente; [*joke*] controvoglia.

1.feed /fiːd/ n. BE **1** *(meal) (for animal)* pasto m.; *(for baby) (breast)* poppata f.; *(bottle)* biberon m. **2** COLLOQ. *(hearty meal)* mangiata f., scorpacciata f.; ***to have a ~*** abbuffarsi; ***to have a good ~*** farsi una bella mangiata **3** AGR. (anche **~ stuffs**) mangimi m.pl., foraggio m., pascolo m. **4** IND. TECN. *(material)* rifornimento m.; *(mechanism)* sistema m. di alimentazione, alimentazione f.; ***sheet paper ~*** INFORM. alimentatore di carta a fogli singoli; ***paper ~*** *(for photocopier)* alimentatore di carta **5** *(in comedy) (actor)* spalla f.; *(line)* battuta f., imbeccata f.

▶ **2.feed** /fiːd/ **I** tr. (pass., p.pass. **fed**) **1** *(supply with food)* dare da mangiare a, nutrire [*animal, pet, family, starving people*] (**on** con); nutrire [*plant*]; vettovagliare [*army*]; cucinare per [*guests*]; imbeccare [*fledgling*]; ***to ~ a baby*** *(on breast)* allattare *o* dare il latte a un bambino; *(on bottle)* dare il biberon a un bambino; ***I shall have ten to ~*** dovrò cucinare per dieci **2** *(give food to)* ***to ~ sth. to sb., ~ sb. sth.*** dare qcs. da mangiare a qcn.; ***she was ~ing bread to the ducks*** o ***~ing the ducks bread*** stava dando il pane alle anatre **3** *(supply)* alimentare [*lake, fire, machine*]; inserire, mettere monete in [*meter*]; fornire [*information, secrets*] (**to** a); ***to ~ sth. into*** inserire *o* mettere qcs. in [*meter, slot machine, slot, hole, pipe, machine, computer*]; ***to ~ a machine with*** alimentare *o* rifornire una macchina con [*paper, materials*] **4** FIG. *(fuel)* alimentare [*ambition, prejudice, desire*]; ***to ~ a drug habit*** procurarsi della droga **5** SPORT passare [*ball*] (**to** a) **6** TEATR. dare la battuta, suggerire a [*comedian*] **II** intr. (pass., p.pass. **fed**) **1** *(eat)* mangiare; ***the baby's ~ing*** *(on milk)* il bambino sta prendendo il latte; *(on solids)* il bambino sta mangiando **2** *(survive)* ***to ~ on*** nutrirsi *o* cibarsi di *o* mangiare [*substance, prey*] **3** FIG. *(thrive)* ***to ~ on*** alimentarsi *o* nutrirsi di [*emotion, conditions*] **4** *(enter)* ***to ~ into*** [*paper, tape*] entrare *o* inserirsi in [*machine*] **III** rifl. (pass., p.pass. **fed**) ***to ~ oneself*** [*child, invalid*] *(eat)* mangiare, alimentarsi; *(eat unassisted)* mangiare da solo.

▪ **feed back:** *~ [sth.] back, ~ back [sth.]* ritrasmettere [*information, results*] (**to** a).

▪ **feed up** BE *~ [sth., sb.] up* nutrire in abbondanza [*child, invalid*]; (far) ingrassare [*animal*].

▷ **feedback** /ˈfiːdbæk/ n. **U 1** *(from people)* reazione f., informazioni f.pl. di ritorno (**on** su; **from** da parte di); *(from test, experiment)* informazioni f.pl. di ritorno, feedback m. (**from** da; **on** su) **2** INFORM. feedback m. **3** *(on hi-fi)* retroazione f.

feedbag /ˈfiːdbæg/ n. musetta f.

feeder /ˈfiːdə(r)/ n. **1** *(person, animal)* ***he's a good, poor ~*** è uno che mangia molto, poco; ***to be a noisy, slow ~*** mangiare rumorosamente, lentamente **2** (anche **~ bib**) BE biberon m. **3** (anche **~ road** BE) raccordo m. (auto)stradale; (anche **~ canal**) canale m. adduttore **4** (anche **~ line**) FERR. binario m. di raccordo **5** *(for printer, photocopier)* alimentatore m. **6** AGR. mangiatoia f. automatica **7** EL. *(conductor)* conduttore m., linea f. d'alimentazione **8** (anche **~ stream**) GEOGR. affluente m.

feeder school /ˈfiːdəˌskuːl/ n. = scuola associata a un'altra di ordine superiore, cui manda regolarmente i propri allievi al termine del ciclo di studi.

feed grains /ˈfiːdˌgreɪnz/ n.pl. cereali m. foraggeri.

▷ **feeding** /ˈfiːdɪŋ/ n. alimentazione f.

feeding bottle /ˈfiːdɪŋˌbɒtl/ n. BE biberon m.

feeding stuffs /ˈfiːdɪŋˌstʌfs/ n.pl. mangimi m.

feeding time /ˈfiːdɪŋˌtaɪm/ n. ora f. del pasto.

feed pipe /ˈfiːdˌpaɪp/ n. tubo m. di alimentazione.

fee-faw-fum /fiːfɔːˈfʌm/ **I** inter. ~ ***(I smell the blood of an Englishman)*** ucci ucci (sento odor di cristianucci) **II** n. RAR. **1** *(person)* orco m. **2** *(nonsense)* frottole f.pl., fandonie f.pl.

fee income /ˈfiːˌɪŋkʌm/ n. reddito m. di libero professionista.

1.feel /fiːl/ n. **1** *(atmosphere, impression created)* atmosfera f.; ***I like the ~ of this place*** mi piace l'atmosfera di questo posto; ***there was a relaxed, conspiratorial ~ about it*** c'era un'atmosfera rilassata, di cospirazione; ***it has the ~ of a country cottage*** sembra di essere in una casa di campagna; ***the town has a friendly ~*** la città ha un'aria accogliente **2** *(sensation to the touch)* sensazione f. (tattile, al tatto); ***the ~ of sand between one's toes*** la (sensazione della) sabbia tra le dita dei piedi; ***you can tell by the ~ (that)*** si riconosce al tatto (che); ***to have an oily, slimy ~*** essere unto, viscido al tatto; ***I like the ~ of silk*** mi piace la sensazione che si prova a toccare la seta **3** *(act of touching, feeling)* ***to have a ~ of sth.*** o ***to give sth. a ~*** toccare qcs.; ***let me have a ~*** o ***give me a ~*** *(touch)* fammi toccare; *(hold, weigh)* fammi sentire **4** *(familiarity, understanding)* ***to get the ~ of*** prendere la mano con [*controls, system*]; ***to get the ~ of doing*** abituarsi *o* imparare a fare; ***it gives you a ~ of*** o ***for the controls, the job market*** ti dà un'idea dei comandi, del mercato del lavoro **5** *(flair)* dono m., facilità f. (**for** di); ***to have a ~ for languages*** essere portato per le lingue; ***to have a ~ for language*** avere facilità di parola *o* saper parlare bene.

▶ **2.feel** /fiːl/ **I** tr. (pass., p.pass. **felt**) **1** *(experience)* provare, sentire [*affection, desire, unease*]; sentire [*bond, hostility, obligation, strain, effects, consequences*]; provare [*envy, pride*]; ***to ~ a sense of isolation*** provare una sensazione di solitudine; ***I no longer ~ anything for her*** non provo più nulla per lei; ***the impact of the legislation is still being felt*** gli effetti della legge si fanno ancora sentire; ***the effects will be felt throughout the country*** gli effetti si faranno sentire in tutto il paese; ***to make one's displeasure felt*** manifestare il proprio malcontento; ***to ~ sb.'s loss very deeply*** essere sconvolto dalla perdita di qcn.; ***I felt my spirits rise*** mi sentii rincuorato **2** *(believe, think)* ***to ~ (that)*** credere *o* sentire che; ***she ~s she has no option*** pensa di non avere scelta; ***I ~ I should warn you*** mi sento in obbligo di avvertirvi; ***I ~ he's hiding something*** ho l'impressione che nasconda *o* sento che nasconde qualcosa; ***I ~ deeply*** o ***strongly that they are wrong*** ho la netta sensazione *o* sono convinto che si sbaglino; ***to ~ sth. to be*** sentire che qcs. è; ***I felt it best to refuse*** sentivo che sarebbe stato meglio rifiutare; ***we ~ it necessary to complain*** pensiamo che sia necessario protestare **3** *(physically)* sentire [*blow, pressure, motion, draught, heat, object, twinge, ache, stiffness, effects*]; ***I felt something soft*** ho sentito qualcosa di morbido; ***you can ~ the vibrations*** puoi sentire le vibrazioni; ***I can't ~ anything in my leg*** non mi sento più la gamba; ***she ~s, doesn't ~ the cold*** è, non è freddolosa *o* patisce, non patisce il freddo; ***you'll ~ the cold when you go back to England*** sentirai il freddo *o* avrai freddo quando tornerai in Inghilterra; ***I felt the house shake*** ho sentito tremare la casa; ***I felt something crawl(ing) up my arm*** ho sentito qualcosa che mi strisciava sul braccio; ***I can ~ it getting warmer*** sento che si sta riscaldando; ***I felt the tablets doing me good*** sentivo che le pastiglie mi stavano facendo bene **4** *(touch deliberately)* toccare, sentire [*texture, cloth*]; toccare, tastare [*leaf, parcel, washing*]; palpare [*patient, body part*]; ***to ~ the weight of sth.*** soppesare qcs.; ***to tell what it is by ~ing it*** dire che cos'è al tocco; ***to ~ how cold, soft it is*** sentire come è freddo, morbido; ***to ~ one's breasts for lumps*** palparsi il seno per vedere se ci sono dei noduli *o* fare l'autopalpazione del seno; ***to ~ sb. for weapons*** perquisire qcn. per vedere se è armato; ***to ~ one's way*** procedere tentoni *o* a tastoni (anche FIG.); ***to ~ one's way out of the room*** uscire a tastoni dalla stanza; ***to ~ one's way towards a solution*** procedere tentoni verso una soluzione **5** *(sense, be aware of)* sentire, essere consapevole di, avere coscienza di [*presence, tension, resentment, importance, seriousness*]; avere il senso di [*justice, irony*]; ***I could ~ her frustration*** sentivo la sua frustrazione; ***can't you ~ which notes come next?*** non riesci a indovinare quali note vengono dopo? **II** intr. (pass., p.pass. **felt**) **1** *(emotionally)* sentirsi, essere [*sad, happy, nervous, sure*]; sentirsi [*stupid, safe*]; essere [*angry, surprised*]; sentirsi, avere l'impressione di essere [*trapped, betrayed, cheated*]; ***to ~ afraid*** avere paura; ***to ~ ashamed*** vergognarsi; ***to ~ like a star*** sentirsi una star; ***to ~ as if*** o ***as though*** sentirsi come se; ***I felt as if nobody cared*** avevo l'impressione che non gliene importasse niente a nessuno; ***how do you ~?*** come ti senti? ***how do you ~ about being in charge?*** come ti senti a essere il responsabile? ***how do you ~ about marriage?*** che cosa ne pensi del matrimonio? ***how do you ~ about Tim?*** *(for a job, role)* che cosa ne pensi di Tim? *(emotionally)* che cosa provi per Tim? ***how does it ~*** o ***what does it ~ like to be a dad?*** come ci si sente *o* cosa si prova a essere papà? ***now you know how it ~s!*** adesso sai come ci si sente *o* cosa vuol dire! ***how would you ~?*** come ti sentiresti tu? ***if that's the way you ~...*** se è così che la pensi... **2** *(physically)* sentirsi [*ill, better, tired, young, fat*]; ***to ~ hot, cold, hungry, thirsty*** avere caldo, freddo, fame, sete; ***how do you ~?*** o ***how are you ~ing?*** come ti senti? ***I'll see how I ~*** o ***what I ~ like tomorrow*** vedo come mi sento domani; ***it ~s like being hit with a hammer*** è come se avessi preso una botta in testa; ***I ~ as if*** o ***as though I haven't slept a wink*** mi sento come se non avessi chiuso occhio; ***it felt as if I was floating*** avevo l'impressione di galleggiare; ***you're as young as you ~*** ognuno ha gli anni che si sente; ***she isn't ~ing herself today*** è un po' fuori fase oggi **3** *(create certain sensation)* sembrare, dare un'impressione di [*cold, soft, slimy, smooth*]; sembrare, avere un'aria [*eerie*]; ***the house ~s empty*** la casa sembra vuota; ***that ~s nice!*** che bella sensazione! ***your arm will ~ sore at first*** il braccio ti farà male all'inizio; ***something doesn't ~ right*** c'è qualcosa che non va; ***it ~s strange living alone*** fa uno strano effetto vivere da solo; ***it ~s like leather*** sembra pelle; ***it ~s like (a) Sunday*** sembra domenica; ***the bone ~s as if it's broken*** l'osso sembra rotto; ***it ~s as if it's going to rain, it ~s like rain*** sembra che stia per *o* debba piovere; ***it ~s to me as if there's a lump*** ho l'impressione *o* mi sembra che ci sia un bernoccolo **4** *(want)* ***to ~ like sth., like doing*** avere voglia di qcs., di fare; ***I ~ like crying*** ho voglia di piangere; ***I ~ like a drink*** ho voglia di bere; ***what do you ~ like for lunch?*** di che cosa hai voglia per pranzo? ***I don't ~ like it*** non ne ho voglia; ***stop whenever you ~ like it*** fermati quando ne hai voglia; ***"why did you do that?" - "I just felt like it"*** "perché l'hai fatto?" - "perché ne avevo voglia" **5** *(touch, grope)* ***to ~ in*** frugare *o* rovistare in [*bag, drawer*]; frugare in [*pocket*]; ***to ~ along*** procedere tentoni lungo [*edge, wall*]; ***to ~ down the back of the sofa*** cercare (a tastoni) dietro lo schienale del divano **III** rifl. (pass., p.pass. **felt**) ***to ~ oneself doing*** sentire di fare; ***she felt herself losing her temper*** sentiva che stava perdendo la pazienza; ***he felt himself falling in love*** sentiva che si stava innamorando ◆ ***to ~ a fool*** *(ridiculous)* sentirsi ridicolo; *(stupid)* sentirsi stupido.

▪ **feel around, feel about:** *~ around* brancolare, procedere tentoni; ***to ~ around in*** frugare *o* rovistare in [*bag, drawer*]; ***to ~ around for*** cercare a tastoni.

▪ **feel for:** *~ for [sth.]* cercare a tastoni; ***to ~ for a ledge with one's foot*** cercare (a tastoni) un appoggio con il piede; ***to ~ for broken***

bones palpare qcn. per vedere se ha qualcosa di rotto; ***~ for [sb.]*** compatire, provare compassione per [*person*].
▪ **feel out** AE ***~ out [sb.], ~ [sb.] out*** sondare [*person*].
▪ **feel up** COLLOQ. ***~ up [sb., sth.], ~ [sb., sth.] up*** tastare, palpare [*person, body part*]; ***to be felt up*** essere palpato; ***to ~ each other up*** palparsi.
▪ **feel up to:** ***~ up to [sth.]*** sentirsi all'altezza di; ***to ~ up to doing*** sentirsi all'altezza, sentirsela di fare; ***do you ~ up to it?*** te la senti?
feeler /'fi:lə(r)/ n. antenna f.; *(of snail)* tentacolo m., antenna f. ◆ ***to put out ~s*** drizzare le antenne.
feeler gauge /'fi:lə,geɪdʒ/ n. calibro m. a spessori.
feelgood /'fi:lgʊd/ agg. SPREG. [*rhetoric, imagery*] dei buoni sentimenti; [*speech, atmosphere*] (falsamente) rassicurante; ***the government is playing on the ~ factor*** il governo sta cercando di attuare una politica dei buoni sentimenti.
▶ **feeling** /'fi:lɪŋ/ **I** n. **1** *(emotion)* sentimento m., sensazione f.; ***~ and reason*** ragione e sentimento; ***a guilty ~*** un senso di colpa; ***it is a strange ~ to be*** è una strana sensazione essere; ***to hide, show one's ~s*** nascondere, mostrare i propri sentimenti; ***to put one's ~s into words*** trovare le parole per dire quel che si prova *o* esprimere a parole i propri sentimenti; ***to spare sb.'s ~s*** avere riguardo per i sentimenti di qcn.; ***to hurt sb.'s ~s*** ferire i sentimenti di qcn.; ***what are your ~s for her?*** quali sono i tuoi sentimenti per lei? ***to have tender ~s for*** o ***towards sb.*** provare tenerezza per qcn.; ***I know the ~!*** so quello che provi! ***"never!" she said with ~*** "mai!" disse lei con trasporto **2** *(opinion, belief)* sensazione f., opinione f.; ***there is a growing ~ that*** si sta diffondendo la sensazione che; ***the ~ among Russians is that*** la sensazione dei russi è che; ***my own ~ is that, my own ~s are that*** la mia opinione è che; ***to have strong ~s about sth.*** avere le idee ben chiare su qcs.; ***popular, religious ~*** il sentimento popolare, religioso; ***~s are running high*** gli spiriti si infiammano *o* la tensione è alle stelle **3** *(sensitivity)* sensibilità f.; ***a person of ~*** una persona sensibile; ***have you no ~?*** non hai un po' di cuore? ***he played with ~*** la sua interpretazione è stata piena di sentimento; ***to speak with great ~*** parlare con molta passione; ***to have no ~ for nature*** essere insensibile alla natura **4** *(impression)* impressione f.; ***it's just a ~*** è solo un'impressione; ***a ~ of being trapped*** l'impressione di essere in trappola; ***I've got a horrible ~ (that) I've forgotten my passport*** ho la terribile impressione di avere dimenticato il passaporto; ***I had a ~ you'd say that*** sentivo che lo avresti detto; ***I had a ~ (that) I might see you*** avevo il presentimento che ti avrei visto; ***I get the ~ he doesn't like me*** IRON. ho (come) l'impressione di non piacergli; ***I've got a bad ~ about this*** ho un brutto presentimento riguardo a questo; ***I've got a bad ~ about her*** ho una brutta sensazione riguardo a lei **5** *(physical sensation)* sensazione f.; ***a dizzy ~*** un senso di vertigine; ***a loss of ~ in*** una perdita di sensibilità in [*limb*] **6** *(atmosphere)* atmosfera f.; ***an eerie ~*** un'atmosfera sinistra; ***there was a general ~ of tension*** l'atmosfera era tesa *o* si avvertiva una certa tensione nell'aria; ***the general ~ was that you were right*** l'opinione generale era che tu avessi ragione **7** *(instinct)* dono m., facilità f. (**for** per) **II** agg. [*person*] sensibile; [*gesture, remark*] compassionevole.
feelingly /'fi:lɪŋlɪ/ avv. [*describe, play, write, speak*] con passione, con sentimento; [*say, comfort*] con compassione.
fee-paying /'fi:peɪɪŋ/ **I** n. pagamento m. delle rette scolastiche **II** agg. [*school*] a pagamento; [*parent, pupil*] pagante.
fee simple /,fi:'sɪmpl/ n. (pl. **fees simple**) proprietà f. assoluta.
fee-splitting /'fi:splɪtɪŋ/ n. AE = spartizione dell'onorario tra il medico specialista e il medico generico che gli ha affidato il paziente.
feet /fi:t/ → **1.foot.**
feign /feɪn/ tr. FORM. fingere [*innocence, surprise*]; simulare [*illness, sleep*]; ***with ~ed surprise*** con simulata sorpresa.
feigner /'feɪnə(r)/ n. simulatore m. (-trice).
1.feint /feɪnt/ n. **1** SPORT finta f. **2** MIL. finto attacco m.
2.feint /feɪnt/ intr. **1** SPORT fintare, fare una finta **2** MIL. lanciare un finto attacco.
3.feint /feɪnt/ n. TIP. regolo m. fine; ***narrow ~ paper*** carta a righe fini.
feisty /'fɪstɪ/ agg. COLLOQ. **1** *(lively)* esuberante, pieno di vita **2** AE COLLOQ. *(quarrelsome)* irritabile, aggressivo.
feldspar /'feldspɑ:(r)/ n. feldspato m.
feldspathic /,feld'spæθɪk/ agg. feldspatico.
Felicia /fə'lɪʃə, AE -'lɪ:-/ n.pr. Felicita.
felicitate /fə'lɪsɪteɪt/ tr. FORM. felicitarsi, congratularsi con (**on** per).
felicitation /fə,lɪsɪ'teɪʃn/ n. FORM. felicitazione f., congratulazione f. (**on** per).
felicitous /fə'lɪsɪtəs/ agg. FORM. *(all contexts)* felice.
felicity /fə'lɪsətɪ/ **I** n. FORM. **1** *(appropriateness)* appropriatezza f., felicità f. **2** *(happiness)* felicità f. **II felicities** n.pl. *(remarks, effects)* felicitazioni f.
Felicity /fə'lɪsətɪ/ n.pr. Felicita.
felid /'fi:lɪd/ n. felino m., felide m.
feline /'fi:laɪn/ **I** agg. felino (anche FIG.) **II** n. felino m.
felinity /'fi:lɪnətɪ/ n. felinità f. (anche FIG.).
Felix /'fi:lɪks/ n.pr. Felice.
1.fell /fel/ pass., p.pass. → **2.fall.**
2.fell /fel/ n. BE **1** *(in names)* monte m. **2** *(in moorland)* altura f.
3.fell /fel/ n. ANT. *(animal skin)* pelle f., pellame m.
4.fell /fel/ n. **1** AE abbattimento m., tagliata f. stagionale **2** SART. ribattitura f.
5.fell /fel/ tr. **1** abbattere [*tree*]; FIG. atterrare, abbattere [*person*] **2** SART. ribattere [*seam*].
6.fell /fel/ agg. **1** *(cruel)* feroce, crudele **2** *(deadly)* mortale ◆ ***in one ~ swoop*** d'un sol colpo; ***with one ~ blow*** con un colpo solo.
fella /'felə/ n. COLLOQ. tipo m., tizio m.
fellatio /fə'leɪʃi:əʊ/ n. fellatio f.
1.feller /'felə(r)/ n. COLLOQ. tipo m., tizio m.
2.feller /'felə(r)/ n. **1** taglialegna m. **2** SART. macchina f. per ribattiture.
felling /'felɪŋ/ n. *(of tree)* taglio m.
felloe /'feləʊ/ n. cerchione m.
▶ **fellow** /'feləʊ/ **I** n. **1** COLLOQ. *(man)* tipo m., tizio m.; ***a nice ~*** un tipo simpatico; ***an old ~*** un vecchio; ***poor old ~*** povero vecchio; ***poor little ~*** poveretto; ***my dear ~*** mio caro; ***look here old ~*** guarda, vecchio mio; ***a strange ~*** un tipo strano; ***what do you ~s think?*** che cosa ne pensate, voialtri? ***some poor ~ will have to do it*** qualche poveraccio lo dovrà fare; ***give a ~ a bit of room!*** fammi un po' di posto! **2** *(of society, association) (also in titles)* membro m. (**of** di) **3** BE UNIV. *(lecturer)* membro m. del corpo docenti di un college universitario; *(governor)* membro m. del senato accademico **4** AE *(researcher)* ricercatore m. (-trice) universitario (-a) **5** ANT. COLLOQ. *(boyfriend)* compagno m., uomo m. **II** modif. ***her ~ lawyers, teachers*** i suoi colleghi avvocati, professori; ***he and his ~ students, sufferers*** lui e i suoi compagni di corso, di sofferenza; ***a ~ Englishman*** un compatriota inglese.
fellow being /,feləʊ'bi:ɪŋ/ n. → **fellow creature.**
fellow citizen /,feləʊ'sɪtɪzn/ n. concittadino m. (-a).
fellow countryman /,feləʊ'kʌntrɪmən/ n. (pl. **fellow countrymen**) compatriota m.
fellow countrywoman /,feləʊ'kʌntrɪwʊmən/ n. (pl. **fellow countrywomen**) compatriota f.
fellow creature /,feləʊ'kri:tʃə(r)/ n. simile m. e f.; ***to love one's ~s*** amare i propri simili.
fellow drinker /,feləʊ'drɪŋkə(r)/ n. compagno m. (-a) di bagordi.
fellow feeling /,feləʊ'fi:lɪŋ/ n. *(understanding)* comprensione f.; *(solidarity)* solidarietà f.
fellow human being /,feləʊ,hju:mən'bi:ɪŋ/ n. → **fellow creature.**
fellow man /,feləʊ'mæn/ n. (pl. **fellow men**) → **fellow creature.**
fellow member /,feləʊ'membə(r)/ n. *(of club)* consocio m. (-a); *(of learned society) (man)* confratello m.; *(woman)* consorella f.
fellow passenger /,feləʊ'pæsɪndʒə(r)/ n. compagno m. (-a) di viaggio.
fellowship /,feləʊ'ʃɪp/ n. **1** *(companionship) (social)* compagnia f., cameratismo m.; *(religious)* fratellanza f. **2** *(association) (social)* associazione f.; *(religious)* confraternita f. **3** UNIV. *(post)* = carica di membro del corpo docenti di un college; *(funding)* fellowship f. (borsa di studio per ricercatori).
fellow traveller BE, **fellow traveler** AE /,feləʊ'trævlə(r)/ n. compagno m. (-a) di viaggio; FIG. POL. simpatizzante m. e f. (in particolare per il partito comunista).
fellow worker /,feləʊ'wɜ:kə(r)/ n. collega m. e f. (di lavoro).
fell-walking /'felwɔ:kɪŋ/ n. BE = escursionismo in brughiera.
felly /'felɪ/ n. → **felloe.**
felo de se /,fi:ləʊdi:'si:/ n. (pl. **felones de se**, **felos de se**) DIR. **1** *(suicide)* suicidio m. **2** *(person)* suicida m. e f.
1.felon /'felən/ **I** n. STOR. DIR. criminale m. e f. **II** agg. ANT. crudele, malvagio.
2.felon /'felən/ n. MED. ANT. patereccio m., giradito m.
felones de se /,fi:ləʊni:ʒdi:'si:/ → **felo de se.**
felonious /fɪ'ləʊnɪəs/ agg. **1** STOR. DIR. criminoso, delittuoso **2** ANT. crudele, malvagio.
felonry /'felənrɪ/ n. STOR. DIR. criminalità f., criminali m.pl.
felony /'felənɪ/ n. **1** DIR. crimine m. **2** STOR. fellonia f.
felos de se /,fi:ləʊzdi:'si:/ → **felo de se.**

felsite /'felsaɪt/ n. felsite f.
felspar /'felspɑ:(r)/ n. → **feldspar**.
1.felt /felt/ pass., p.pass. → **2.feel**.
2.felt /felt/ **I** n. **1** *(cloth) (thick)* feltro m.; *(thinner)* feltrino m. **2** *(object)* feltro m. **II** modif. [*cloth, cover*] *(thick)* di feltro; *(thinner)* di feltrino; *~ hat* (cappello di) feltro.
3.felt /felt/ **I** tr. infeltrire [*clothes*] **II** intr. infeltrire, infeltrirsi.
felting /'feltɪŋ/ n. **1** *(action)* infeltrimento m., feltratura f. **2** *(cloth)* tessuto m. feltrato.
felt-tip /ˌfelt'tɪp/, **felt-tip pen** /feltˌtɪp'pen/ n. pennarello m.
felucca /fɪ'lʌkə/ n. MAR. feluca f.
fem /fem/ n. COLLOQ. *(lesbian)* lesbica f. (con ruolo passivo).
FEMA n.US (⇒ Federal Emergency Management Agency) agenzia federale per la gestione delle emergenze.
▷ **female** /'fi:meɪl/ **I** n. **1** BIOL. ZOOL. femmina f.; ***in the ~*** nella femmina; ***the ~s*** *(of species)* la femmina **2** *(woman)* donna f.; SPREG. buona donna f.; *(younger)* ragazzotta f. **II** agg. **1** BOT. ZOOL. femmina; ***~ cat*** gatta; ***~ rabbit*** coniglia **2** *(relating to women)* [*company, condition, population, sex, trait*] femminile; [*role, emancipation*] della donna; ***a ~ voice*** una voce di donna; ***the ~ body, voice*** il corpo, la voce femminile; ***~ singer*** cantante; ***~ student*** studentessa; ***~ employee*** impiegata **3** EL. femmina.
female circumcision /ˌfi:meɪl'sɜ:kəmˌsɪʒn/ n. escissione f.
female condom /ˌfi:meɪl'kɒndɒm/ n. preservativo m. femminile.
femineity /ˌfemɪ'ni:ɪtɪ/ n. ANT. → **femininess**.
▷ **feminine** /'femənɪn/ **I** n. LING. femminile m.; ***in the ~*** al femminile **II** agg. **1** [*clothes, colour, style, features*] femminile; [*occupation*] da donna; [*issue*] che riguarda le donne; ***the ~ side of his nature*** il suo lato femminile **2** LING. femminile.
femininely /'femənɪnlɪ/ avv. femminilmente.
femininity /ˌfemə'nɪnətɪ/, **femininess** /'femənɪnɪs/ n. femminilità f.
▷ **feminism** /'femɪnɪzəm/ n. femminismo m.
▷ **feminist** /'femɪnɪst/ **I** n. femminista m. e f. **II** modif. [*lobby, response*] femminista.
feminize /'femɪˌnaɪz/ **I** tr. femminilizzare, rendere femminile **II** intr. effeminarsi, diventare effeminato.
femme /fæm/ n. AE → **fem**.
femora /'fi:mərə/ → **femur**.
femoral /'femərəl/ agg. femorale.
femur /'fi:mə(r)/ n. (pl. **~s, -mora**) femore m.
fen /fen/ **I** n. palude f., acquitrino m. **II the Fens** n.pr.pl. = zona bassa e paludosa dell'Inghilterra orientale.
▷ **1.fence** /fens/ n. **1** *(barrier)* recinto m., recinzione f.; ***steel, wooden ~*** recinzione di ferro, di legno; ***security ~*** recinto di sicurezza **2** *(in showjumping)* ostacolo m.; *(in horseracing)* fence f. **3** COLLOQ. *(receiver of stolen goods)* ricettatore m. (-trice) **4** TECN. *(on saw)* guida f. di appoggio ◆ ***to mend ~s*** rappacificarsi (**with** con); ***to sit on the ~*** non prendere posizione, rimanere neutrale.
2.fence /fens/ **I** tr. **1** recintare [*area, garden*] **2** COLLOQ. ricettare [*stolen goods*] **II** intr. **1** SPORT tirare di scherma **2** *(be evasive)* schermirsi, rispondere in modo evasivo **3** COLLOQ. *(receive stolen goods)* fare il ricettatore.
■ **fence in:** ***~ [sth.] in, ~ in [sth.]*** recintare [*area, garden*]; rinchiudere in un recinto [*animals*]; ***~ [sb.] in*** FIG. imprigionare; ***to feel ~d in*** sentirsi imprigionato.
■ **fence off:** ***~ [sth.] off, ~ off [sth.]*** recintare.
fencer /'fensə(r)/ n. SPORT schermitore m. (-trice, -tora).
fencing /'fensɪŋ/ ♦ **10 I** n. **1** SPORT scherma f. **2** *(fences)* recinti m.pl., staccionate f.pl.; *(wire)* grata f. **II** modif. [*mask*] da scherma; [*lesson*] di scherma; ***~ teacher*** maestro di scherma.
fend /fend/ tr. ANT. difendere.
■ **fend for** ***to ~ for oneself*** badare a se stesso, arrangiarsi.
■ **fend off:** ***~ off [sb., sth.], ~ [sb., sth.] off*** respingere [*attacker*]; parare, schivare [*blow*]; eludere, evitare [*question*].
fender /'fendə(r)/ n. **1** *(for fire)* parafuoco m. **2** AE AUT. parafango m. **3** AE FERR. respingente m. **4** MAR. parabordo m.
fender-bender /'fendəˌbendə(r)/ n. AE COLLOQ. ***we had a ~ at the lights*** ci siamo toccati (con la macchina) al semaforo.
feneration /ˌfenə'reɪʃn/ n. DIR. usura f.
fenestrate /fɪ'nestreɪt/ agg. BOT. fenestrato.
fenestration /ˌfenɪ'streɪʃn/ n. **1** ARCH. = disposizione delle finestre in un edificio **2** MED. fenestrazione f.
Fenian /'fi:nɪən/ n. STOR. feniano m.
fenland /'fenlænd/ n. zona f. bassa e paludosa.
fennel /'fenl/ n. finocchio m.
fennelflower /'fenlflaʊə(r)/ n. nigella f.
fenny /'fenɪ/ agg. **1** *(swampy)* paludoso **2** [*bird, snake, plant*] palustre.
fenugreek /'fenu:gri:k/ n. fieno m. greco, trigonella f.
feoff /fi:f, fef/ tr. STOR. infeudare, dare in feudo.
feoffee /fe'fi:, fi:-/ n. **1** STOR. feudatario m. (-a) **2** DIR. concessionario m. (-a).
feoffment /'fi:fmənt, 'fef-/ n. STOR. infeudamento m.
feoffor /'fi:fə(r), 'fef-/ n. **1** STOR. chi dà terreni in feudo **2** DIR. concedente m. e f.
feracious /fə'reɪʃəs/ agg. ferace.
feracity /fə'ræsətɪ/ n. feracità f.
1.feral /'fɪərəl, AE 'ferəl/ agg. ferino, bestiale, selvaggio.
2.feral /'fɪərəl, AE 'ferəl/ agg. **1** *(deadly)* ferale, funesto **2** *(funereal)* funereo, tetro.
Ferd /fɜ:d/, **Ferdie** /'fɜ:dɪ/ n.pr. diminutivo di **Ferdinand**.
Ferdinand /'fɜ:dɪnənd/ n.pr. Ferdinando.
feretory /'ferɪtərɪ/ n. **1** *(shrine)* reliquiario m. **2** RAR. *(bier)* feretro m.
Fergus /'fɜ:gəs/ n.pr. Fergus (nome di uomo).
ferial /'fɪərɪəl, AE 'fer-/ agg. RAR. feriale.
ferine /'fɪəraɪn, AE 'fer-/ agg. → **1.feral**.
Fermanagh /ˌfə'mænə/ ♦ **24** n.pr. Fermanagh m.
fermata /fɜ:'mɑ:tə/ n. MUS. corona f.
1.ferment /'fɜ:ment/ n. *(unrest)* fermento m.; ***in (a state of) ~*** in fermento; *(political, racial)* fermento m., agitazione f.
2.ferment /fə'ment/ **I** tr. fare fermentare [*beer, wine*]; FIG. fomentare [*trouble*] **II** intr. [*wine, beer, yeast, fruit etc.*] fermentare.
fermentable /fə'mentəbl/ agg. fermentabile.
fermentation /ˌfɜ:men'teɪʃn/ n. fermentazione f.
fermentative /fə'mentətɪv/ agg. fermentativo.
fermion /'fɜ:mɪˌɒn/ n. fermione m.
fermium /'fɜ:ˌmɪəm/ n. fermio m.
fern /fɜ:n/ n. felce f.
fernery /'fɜ:nərɪ/ n. **1** *(place)* felceta f. **2** *(plants)* felci f.pl.
ferny /'fɜ:nɪ/ agg. coperto di felci.
ferocious /fə'rəʊʃəs/ agg. [*animal, attack, violence*] feroce; [*dagger, spike*] terribile; [*wind*] violento; [*heat*] atroce; [*climate*] rigido.
ferociously /fə'rəʊʃəslɪ/ avv. [*attack*] *(verbally)* violentemente; *(physically)* ferocemente; [*bark*] con ferocia; ***a ~ fought campaign*** una campagna spietata.
ferocity /fə'rɒsətɪ/ n. ferocia f., crudeltà f.
ferrate /'fereɪt/ n. CHIM. ferrato m.
ferreous /'ferɪəs/ agg. ferreo.
1.ferret /'ferɪt/ n. ZOOL. furetto m.
2.ferret /'ferɪt/ intr. (forma in -ing ecc. **-tt-**) **1** andare a caccia con il furetto **2** *(search)* ***to ~ for*** cercare dappertutto [*keys*].
■ **ferret about** frugare, curiosare (**in** in).
■ **ferret out** ***~ [sth.] out, ~ out [sth.]*** cacciare con il furetto [*rabbit, mouse*]; COLLOQ. scovare [*bargain*]; scoprire [*truth, information*]; ***~ [sb.] out*** stanare, snidare [*agent, thief*].
3.ferret /'ferɪt/ n. fettuccia f., nastro m.
ferrety /'ferətɪ/ agg. [*features*] da furetto.
ferriage /'ferɪɪdʒ/ n. (prezzo del) trasporto m. in traghetto.
ferric /'ferɪk/ agg. ferrico.
ferriferous /fe'rɪfərəs/ agg. ferrifero.
Ferris wheel /'ferɪsˌwi:l, AE -hwi:l/ n. ruota f. panoramica.
ferrite /'feraɪt/ n. ferrite f.
ferrochromium /ˌferəʊ'krəʊmɪəm/ n. ferrocromo m.
ferroconcrete /ˌferəʊ'kɒnkri:t/ n. cemento m. armato.
ferrocyanide /ˌferəʊ'saɪənaɪd/ n. ferrocianuro m.
ferroelectric /ˌferəʊɪ'lektrɪk/ agg. ferroelettrico.
ferromagnetic /ˌferəʊmæg'netɪk/ agg. ferromagnetico.
ferromagnetism /ˌferəʊ'mægnɪˌtɪzəm/ n. ferromagnetismo m.
ferromanganese /ˌferəʊ'mæŋgəni:z/ n. ferromanganese m.
ferronickel /ˌferəʊ'nɪkl/ n. ferronichel m.
ferrosilicon /ˌferəʊ'sɪlɪkən/ n. ferrosilicite f.
ferrotype /'ferəʊtaɪp/ n. **1** *(photograph)* ferrotipo m. **2** *(process)* ferrotipia f.
ferrous /'ferəs/ agg. ferroso.
ferruginous /fə'ru:dʒɪnəs/ agg. ferruginoso.
ferrule /'feru:l, AE 'ferəl/ n. ghiera f.
▷ **1.ferry** /'ferɪ/ **I** n. *(over short distances)* traghetto m.; *(long-distance)* nave f. traghetto; ***car ~*** nave traghetto per il trasporto di autoveicoli **II** modif. [*crossing*] in traghetto; [*disaster*] marittimo; ***~ sailing times*** orari dei traghetti; ***~ services*** servizi di traghetto.
▷ **2.ferry** /'ferɪ/ tr. **1** *(by boat)* traghettare [*passenger, person, goods*] **2** ***to ~ sb. to*** portare qcn. a [*school, station*]; ***to ~ sb. away*** portare via qcn.; ***he's always ~ing them to and from school*** li porta e li va a prendere a scuola tutti i giorni.
ferryboat /'ferɪbəʊt/ n. traghetto m., ferry-boat m.

ferryman /'ferɪmæn/ n. (pl. **-men**) traghettatore m.
▷ **fertile** /'fɜːtaɪl, AE 'fɜːrtl/ agg. [*land, valley, soil*] fertile; [*human, animal, egg*] fecondo; FIG. [*imagination, mind*] fertile; [*environment*] fervido.
▷ **fertility** /fə'tɪlətɪ/ **I** n. **1** *(of land)* fertilità f., fecondità f.; *(of human, animal, egg)* fecondità f. **2** FIG. *(of mind, imagination)* fertilità f. **II** modif. [*symbol, rite*] di fertilità.
fertility drug /fə'tɪlətɪ,drʌg/ n. medicina f. contro la sterilità.
fertility treatment /fə'tɪlətɪ,triːtmənt/ n. cura f. della fertilità; ***to have ~*** fare una cura della fertilità.
▷ **fertilization** /,fɜːtɪlaɪ'zeɪʃn, AE -lɪ'z-/ n. *(of land)* fertilizzazione f.; *(of human, animal, plant, egg)* fecondazione f.
fertilize /'fɜːtɪlaɪz/ tr. fertilizzare, concimare [*land*]; fecondare [*human, animal, plant, egg*].
▷ **fertilizer** /'fɜːtɪlaɪzə(r)/ n. fertilizzante m., concime m.; ***organic, chemical ~*** concime organico, chimico.
ferula /'ferʊlə/ n. (pl. **~s, -ae**) BOT. ferula f.
ferule /'feruːl/ n. *(rod for punishment)* ferula f., bacchetta f.
fervency /'fɜːvənsɪ/ n. → **fervour**.
fervent /'fɜːvənt/ agg. [*admirer*] fervente, fervido; [*support*] incondizionato; ***to be a ~ believer in sth.*** credere appassionatamente in qcs.
fervently /'fɜːvəntlɪ/ avv. [*declare*] con fervore; [*hope*] vivamente, fervidamente; ***to believe ~ in sth.*** credere appassionatamente in qcs.
fervid /'fɜːvɪd/ agg. FORM. fervido, appassionato.
fervour BE, **fervor** AE /'fɜːvə(r)/ n. fervore m., ardore m.
Fescennine /'fesənaɪn/ agg. fescennino (anche FIG.).
fescue /'feskjuː/ n. **1** BOT. festuca f. **2** *(straw, stick)* fuscello m. **3** ANT. *(pointer)* canna f., bacchetta f.
fess /fes/ intr. → **fess up**
▪ **fess up** AE COLLOQ. confessare, parlare.
fesse /fes/ n. ARALD. fascia f.
festal /'festl/ agg. ANT. festivo, di festa.
1.fester /'festə(r)/ n. ulcera f. suppurativa.
2.fester /'festə(r)/ intr. [*wound, sore*] suppurare; [*situation*] inasprirsi, deteriorarsi; [*feeling*] acuirsi.
▷ **festival** /'festɪvl/ n. festa f., festività f.; *(arts event)* festival m.
festive /'festɪv/ agg. [*person*] gioioso, festoso; [*occasion*] di festa; ***a ~ air*** un'aria di festa; ***the ~ season*** le feste; ***to be in (a) ~ mood*** avere voglia di fare festa.
festivity /fe'stɪvətɪ/ **I** n. **U** *(merriment)* festosità f., festa f.; ***the wedding was an occasion of great ~*** il matrimonio è stato un momento di grande festa **II festivities** n.pl. festeggiamenti m.
1.festoon /fe'stuːn/ **I** n. festone m. (anche ARCH.) **II** modif. [*curtains*] a festone.
2.festoon /fe'stuːn/ tr. festonare, ornare di festoni; ***to ~ a room with paper flowers*** decorare una stanza con festoni di fiori di carta.
fetal AE → **foetal**.
▷ **fetch** /fetʃ/ tr. **1** *(bring)* andare a prendere; ***(go and) ~ a ladder, the foreman*** va a prendere una scala, a chiamare il caposquadra; ***to ~ sth. for sb.*** andare a prendere qcs. per qcn.; *(carry back)* riportare qcs. a qcn.; ***~ him a chair please*** portagli una sedia, per favore; ***she'll come and ~ you*** verrà a prenderti; ***~!*** *(to dog)* porta! ***to ~ sb. back*** riportare indietro qcn. **2** *(bring financially)* [*goods*] ottenere, spuntare; ***to ~ a good price*** ottenere *o* spuntare un buon prezzo; ***it won't ~ much*** non frutterà molto; ***these vases can ~ up to £ 600*** questi vasi possono fruttare fino a 600 sterline **3** COLLOQ. *(hit)* ***to ~ sb. a blow*** assestare un colpo a qcn. ◆ ***to ~ and carry for sb.*** fare lavoretti per qcn.
▪ **fetch in** COLLOQ. ***~ [sth.] in, ~ in [sth.]*** portare dentro [*chairs, washing etc.*]; ***~ [sb.] in*** far entrare.
▪ **fetch out** COLLOQ. ***~ [sth.] out, ~ out [sth.]*** portare fuori [*object*]; ***~ [sb.] out, ~ out [sb.]*** fare uscire [*person*].
▪ **fetch up** COLLOQ. ***to ~ up in Rome*** finire *o* capitare a Roma.
fetching /'fetʃɪŋ/ agg. [*child*] incantevole; [*habit*] accattivante; [*photo*] affascinante; [*outfit*] seducente; [*hat*] delizioso.
fetchingly /'fetʃɪŋlɪ/ avv. [*smile*] in modo seducente, accattivante; [*say*] in modo suadente; ***she was dressed very ~*** era vestita in modo molto sexy, seducente.
1.fete /feɪt/ n. *(of church, village)* festa f. (parrocchiale); ***charity ~*** festa di beneficenza.
2.fete /feɪt/ tr. festeggiare, celebrare [*celebrity, hero*].
feticide /'fiːtɪsaɪd/ n. feticidio m.
fetid /'fetɪd, AE 'fiːtɪd/ agg. fetido, nauseabondo.
fetidity /'fetɪdətɪ, AE 'fiː-/ n. fetore m.
fetidly /'fetɪdlɪ, AE 'fiː-/ avv. fetidamente.
fetidness /'fetɪd, AE 'fiːtɪd/ n. → **fetidity**.
fetish /'fetɪʃ/ n. **1** *(object)* feticcio m. **2** *(obsessive interest)* mania f., fissazione f. **3** *(excessive devotion)* culto m.; ***to make a ~ of sth.*** avere un culto, una venerazione per qcs. **4** ANTROP. feticcio m., idolo m., oggetto m. di culto.
fetishism /'fetɪʃɪzəm/ n. feticismo m.
fetishist /'fetɪʃɪst/ n. feticista m. e f.
fetishistic /fetɪ'ʃɪstɪk/ agg. feticistico.
fetlock /'fetlɒk/ n. *(of horse) (joint)* nodello m., nocca f.; *(tuft of hair)* barbetta f.
fetor /'fiːtə(r)/ n. fetore m.
fetter /'fetə(r)/ tr. **1** mettere ai ferri, ai ceppi, incatenare **2** FIG. impastoiare [*union, party*].
fetterlock /'fetə,lɒk/ n. **1** pastoia f. **2** → **fetlock**.
fetters /'fetəz/ n.pl. **1** *(of prisoner, slave)* ceppi m., ferri m.; ***in ~*** ai ferri, in catene **2** FIG. ***the ~ of authority, totalitarianism*** le pastoie dell'autorità, del totalitarismo.
1.fettle /'fetl/ n. ***in fine*** o ***good ~*** in forma (eccellente).
2.fettle /'fetl/ tr. **1** METALL. *(remove from cast)* sbavare [*moulding*] **2** METALL. *(line)* rivestire [*furnace*].
3.fettle /'fetl/ tr. BE RAR. **1** *(arrange)* preparare **2** *(repair)* riparare.
fetus AE → **foetus.**
feu /fjuː/ n. SCOZZ. DIR. enfiteusi f.
1.feud /fjuːd/ n. faida f., ostilità f. (**with** con; **between** tra); ***to carry on a ~ with sb.*** portare avanti una faida con qcn.; ***family ~*** faida familiare; ***blood ~*** vendetta di sangue.
2.feud /fjuːd/ intr. portare avanti una faida, essere in lotta (**with** con; **about** per).
3.feud /fjuːd/ n. STOR. feudo m.
feudal /'fjuːdl/ agg. feudale.
feudalism /'fjuːdəlɪzəm/ n. feudalesimo m.
feudalist /'fjuːdəlɪst/ n. STOR. fautore m. (-trice) del feudalesimo.
feudality /fjuː'dælətɪ/ n. feudalità f.
feudalize /'fjuːdəlaɪz/ tr. feudalizzare.
feudally /'fjuːdəlɪ/ avv. feudalmente.
feudatory /'fjuːdətərɪ/ **I** n. feudatario m. (-a) **II** agg. feudatario.
feuding /'fjuːdɪŋ/ **I** n. faida f. **II** agg. [*factions, families*] in conflitto.
feu duty /fjuːdjuːtɪ, AE -duː-/ n. SCOZZ. DIR. canone m. enfiteutico annuo.
▷ **1.fever** /'fiːvə(r)/ n. **1** *(temperature)* febbre f.; ***to have a ~*** avere la febbre; ***her ~ has broken*** o ***subsided*** la febbre le è scesa **2** *(excited state)* febbre f., eccitazione f.; ***in a ~ of excitement*** in un'agitazione febbrile **3** *(craze)* febbre f.; ***gold, rock-and-roll ~*** la febbre dell'oro, del rock and roll; ***he's got gambling ~*** ha la febbre del gioco.
2.fever /'fiːvə(r)/ tr. fare venire la febbre a.
fevered /'fiːvəd/ agg. [*brow*] che scotta; [*imagination*] acceso, infervorato.
feverfew /'fiːvə(r)/ n. partenio m., amarella f.
feverish /'fiːvərɪʃ/ agg. **1** [*person, eyes*] febbricitante; [*dreams*] delirante **2** [*excitement*] febbrile; ***in a burst of ~ activity*** in uno scoppio di attività febbrile.
feverishly /'fiːvərɪʃlɪ/ avv. **1** MED. per la febbre **2** *(frenetically)* febbrilmente, affannosamente.
feverishness /'fiːvərɪʃnɪs/ n. MED. stato m. febbrile.
fever pitch /'fiːvə,pɪtʃ/ n. ***to bring sb. to ~*** [*music, orator*] scatenare [*crowd*]; ***our excitement had reached ~*** il nostro entusiasmo era giunto al parossismo.
▶ **few** /fjuː/ (compar. **fewer**; superl. **fewest**) When *few* is used as a quantifier to indicate the smallness or insufficiency of a given number or quantity (*few horses, few shops, few people*), it is translated by *pochi* + masculine nouns and *poche* + feminine nouns: *pochi cavalli, pochi negozi, poche persone*. Equally *the few* is translated by *i pochi / le poche*: *the few people who knew her* = le poche persone che la conoscevano. For examples and particular usages, see **I.1** in the entry below. - When *few* is used as a quantifier in certain expressions to mean *several*, translations vary according to the expression: see **I.2** in the entry below. - When *a few* is used as a quantifier (*a few books*), it can often be translated by *qualche*, which is invariable and is always followed by the singular: *qualche libro*; however, for expressions such as *quite a few books, a good few books*, see **I.3** in the entry below. - For translations of *few* used as a pronoun (*few of us succeeded, I only need a few*), see **II** in the entry below. - For translations of *the few* used as a noun (*the few who voted for him*), see **III** in the entry below. ➧ ***22*** **I** quantif. **1** *(not many)* pochi; ***~ visitors, letters*** pochi visitatori, poche lettere; ***~ people came to the meeting*** poche persone sono venute alla riu-

nione; ***very ~ houses, families*** pochissime case, famiglie; ***there are very ~ opportunities for graduates*** ci sono pochissime opportunità per i laureati; ***one of my ~ pleasures*** uno dei miei pochi piaceri; ***on the ~ occasions that she has visited this country*** le rare volte che ha visitato questo paese; ***their needs are ~*** hanno poche necessità; ***their demands are ~*** sono poco esigenti *o* di poche pretese; ***to be ~ in number*** essere pochi di numero; ***there are too ~ women in this profession*** le donne sono troppo poche in questo mestiere; ***with ~ exceptions*** con rare eccezioni; ***a man of ~ words*** un uomo di poche parole; *(approvingly)* un uomo che non si perde in chiacchiere **2** *(some, several)* ***every ~ days*** a intervalli di pochi giorni *o* ogni due o tre giorni; ***over the next ~ days, weeks*** *(in past)* nei giorni successivi, nelle settimane successive; *(in future)* nei giorni, nelle settimane a venire; ***these past ~ days*** nei giorni scorsi; ***the first ~ weeks*** le prime settimane; ***the ~ books she possessed*** i pochi libri che possedeva **3 a few** qualche, alcuni; ***a ~ people, houses*** alcune persone, case; ***I would like a ~ more*** ne vorrei ancora qualcuno; ***quite a ~ people, houses*** parecchie persone, case *o* un bel po' di persone, case; ***we've lived here for a good ~ years*** viviamo qui da un bel po' di anni; ***a ~ weeks earlier*** qualche settimana fa, prima; ***in a ~ minutes*** tra qualche minuto; ***in a ~ more months*** tra qualche mese ancora; ***a ~ more times*** ancora qualche volta **III** pron. **1** *(not many)* pochi m.pl. (-e); ***~ of us succeeded*** pochi di noi ci sono riusciti; ***~ of them could swim*** erano in pochi a saper nuotare; ***~ of them survived*** pochi di loro sono sopravvissuti; ***there are so ~ of them that*** *(objects)* ce ne sono così pochi che; *(people)* sono talmente pochi che; ***there are four too ~*** ne mancano quattro; ***as ~ as four people turned up*** sono arrivate soltanto quattro persone; ***~ can deny that*** poche persone possono negare che **2** *(some)* ***a ~ of the soldiers, countries*** alcuni dei soldati, dei paesi; ***I only need a ~*** me ne servono solo alcuni; ***a ~ of us*** qualcuno di noi; ***there were only a ~ of them*** *(objects)* ce n'erano solo alcuni; *(people)* c'erano solo alcuni di loro; ***quite a ~ of the tourists come from Germany*** un buon numero di turisti viene dalla Germania; ***a good ~ of the houses were damaged*** sono state danneggiate un bel po' di case; ***there are only a very ~ left*** *(objects)* ne sono rimasti pochissimi; *(people)* sono rimasti in pochissimi; ***a ~ wanted to go on strike*** alcuni volevano entrare in sciopero **IV** n. ***the ~ who voted for him*** i pochi, le poche persone che hanno votato per lui; ***great wealth in the hands of the ~*** una grande ricchezza nelle mani di pochi; ***music that appeals only to the ~*** musica che piace solo ad una minoranza (di persone) ◆ ***to be ~ and far between*** essere rarissimi; ***such people, opportunities are ~ and far between*** persone, occasioni come queste sono rarissime; ***villages in this area are ~ and far between*** ci sono pochissimi paesi in questa zona; ***to have had a ~ (too many)*** COLLOQ. avere bevuto qualche bicchiere di troppo.

▶ **fewer** /'fju:ə(r)/ (compar. di **few**) **I** agg. meno; ***there are ~ trains on Sundays*** di domenica ci sono meno treni; ***there were ~ people, cases than last time*** c'erano meno persone, valigie rispetto alla volta scorsa; ***~ and ~ people*** sempre meno gente; ***there are ~ and ~ opportunities for doing this kind of thing*** le occasioni di fare questo genere di cose sono sempre più rare **II** pron. meno; ***~ than 50 people*** meno di 50 persone; ***no ~ than*** non meno di; ***I have seen ~ recently*** ne ho visti meno ultimamente; ***they were ~ than before*** erano meno di prima.

▶ **fewest** /'fju:ɪst/ (superl. di **few**) **I** agg. meno, il minor numero di; ***they have the ~ clothes*** hanno il minor numero di vestiti; ***the ~ accidents happened in this area*** è in questa zona che c'è stato il minor numero di incidenti **II** pron. ***he sold the ~*** ha venduto meno di tutti; ***the country where the ~ survived*** il paese con il minor numero di sopravvissuti.

fewness /'fju:nɪs/ n. scarsità f., numero m. ristretto.

fey /feɪ/ agg. **1** *(clairvoyant)* visionario **2** *(whimsical)* strambo, stravagante.

fez /fez/ n. (pl. **~zes**) fez m.

ff ⇒ following seguente (s., seg., sg.), seguenti (segg., sgg.).

FHA n. AE (⇒ Federal Housing Administration) = ente preposto al controllo delle condizioni di erogazione di mutui ipotecari per l'edilizia abitativa.

fiancé /fɪ'ɒnseɪ, AE ˌfi:ɑ:n'seɪ/ n. fidanzato m.

fiancée /fɪ'ɒnseɪ, AE ˌfi:ɑ:n'seɪ/ n. fidanzata f.

fiasco /fɪ'æskəʊ/ n. (pl. **~es, ~s**) fiasco m.; ***to turn into a ~*** rivelarsi un fiasco; ***to end in ~*** risolversi in un fiasco; ***a complete, an utter ~*** un fiasco completo, totale.

1.fiat /'faɪæt, AE 'fi:ət/ n. FORM. **1** *(decree)* decreto m., ordinanza f. giudiziaria **2** *(permission)* autorizzazione f.

2.fiat /'faɪæt, AE 'fi:ət/ tr. FORM. *(decree)* decretare.

fiat money /ˌfaɪæt'mʌnɪ, AE ˌfi:ət-/ n. ECON. moneta f. a corso forzoso.

1.fib /fɪb/ n. COLLOQ. balla f., frottola f., storia f.; ***to tell ~s*** COLLOQ. (rac)contare balle, storie.

2.fib /fɪb/ intr. (forma in -ing ecc. **-bb-**) (rac)contare balle, storie.

fibber /'fɪbə(r)/ n. COLLOQ. contaballe m. e f., ballista m. e f.; ***you ~!*** che contaballe!

▷ **fibre** BE, **fiber** AE /'faɪbə(r)/ n. **1** *(filament, strand) (of thread, wood)* fibra f. **2** TESS. fibra f.; ***a synthetic, artificial ~*** una fibra sintetica, artificiale **3** *(in diet)* fibre f.pl.; ***a high ~ diet*** una dieta ricca di fibre **4** BOT. *(cell)* fibra f.; FISIOL. *(of muscle, nerve)* fibra f.; ***root ~s*** radichette **5** FIG. *(strength)* fibra f., tempra f.

fibreboard BE, **fiberboard** AE /'faɪbəbɔ:d/ n. truciolato m.; ***a piece of ~*** un pannello di truciolato.

fibrefill BE, **fiberfill** AE /'faɪbəfɪl/ n. imbottitura f. sintetica.

fibreglass BE, **fiberglass** AE /'faɪbəglɑ:s/ n. **U** fibra f. di vetro, fiberglass m.; ***a ~ panel*** un pannello di fibra di vetro.

fibreless BE, **fiberless** AE /'faɪbəlɪs/ agg. **1** senza fibra **2** FIG. senza nerbo (morale).

fibre optic BE, **fiber optic** AE /ˌfaɪbər'ɒptɪk/ agg. [*cable*] a fibre ottiche; [*link*] a fibra ottica.

fibreoptics BE, **fiberoptics** AE /ˌfaɪbər'ɒptɪks/ n. + verbo sing. fibre f.pl. ottiche.

fibrescope BE, **fiberscope** AE /'faɪbəskəʊp/ n. fibroscopio m.

fibre tip /'faɪbəˌtɪp/ n. pennarello m.

fibriform /'faɪbrɪˌfɔ:m/ agg. fibriforme.

fibril /'faɪbrɪl/ n. fibrilla f.

fibrillate /'faɪbrɪleɪt/ intr. [*heart*] fibrillare.

fibrillation /ˌfaɪbrɪ'leɪʃn/ n. fibrillazione f.

fibrillose /'faɪbrɪləʊs/ agg. fibrillare.

fibrin /'faɪbrɪn/ n. fibrina f.

fibrinogen /faɪ'brɪnədʒən/ n. fibrinogeno m.

fibrinous /'faɪbrɪnəs/ agg. fibrinoso.

fibroblast /'faɪbrəblæst/ n. fibroblasto m.

fibro-cement /faɪbrəʊsɪ'ment/ n. eternit® m.

fibrocyte /'faɪbrəsaɪt/ n. fibrocito m.

fibroid /'faɪbrɔɪd/ **I** agg. fibroide **II** n. RAR. fibroide m.

fibroin /'faɪbrəʊɪn/ n. fibroina f.

fibroma /faɪ'brəʊmə/ ➧ ***11*** n. (pl. **~s, -ata**) fibroma m.

fibrosarcoma /faɪbrəʊsɑ:'kəʊmə/ ➧ ***11*** n. (pl. **~s, -ata**) fibrosarcoma m.

fibrosis /ˌfaɪ'brəʊsɪs/ ➧ ***11*** n. (pl. **-es**) fibrosi f.

fibrositis /ˌfaɪbrə'saɪtɪs/ ➧ ***11*** n. fibrosite f.

fibrous /'faɪbrəs/ agg. fibroso.

fibrousness /'faɪbrəsnɪs/ n. fibrosità f.

fibula /'fɪbjʊlə/ n. (pl. **~s, -ae**) **1** ANAT. perone m., fibula f. **2** *(brooch)* fibula f.

fiche /fi:ʃ/ n. microfiche f.

fichu /'fi:ʃu:/ n. fisciù m.

fickle /'fɪkl/ agg. [*lover*] incostante; [*fate, follower, public opinion*] mutevole; [*weather*] variabile, instabile; [*friend*] volubile, capriccioso; [*stock market*] instabile; [*wine*] torbido.

fickleness /'fɪklnɪs/ n. *(of lover, friend)* incostanza f., volubilità f.; *(of behaviour)* volubilità f., mutevolezza f.; *(of weather)* variabilità f., instabilità f.; *(of fortune, of stock market)* instabilità f.; ***the ~ of his moods*** i suoi sbalzi d'umore.

fictile /'fɪktaɪl/ agg. **1** fittile, di terracotta **2** *(relating to the craft of pottery)* dell'arte ceramica.

▷ **fiction** /'fɪkʃn/ n. **1** *(literary genre)* narrativa f. **2** *(books)* opere f.pl. di narrativa; ***to write ~*** scrivere opere di narrativa; ***light ~*** letteratura, romanzi di evasione; ***American ~*** la narrativa americana; ***in ~*** nella finzione letteraria, nei romanzi; ***children's ~*** letteratura per l'infanzia **3** *(delusion)* illusione f.; ***liberty is a ~*** la libertà è un'illusione **4** *(untruth)* invenzione f., finzione f.; ***his address is a ~*** il suo indirizzo è inventato; ***do you really believe that ~ that she was sick?*** davvero credi alla storia che era malata? **5** *(creation of the imagination)* fantasie f.pl., invenzione f. **6** *(pretence)* ***they keep up the ~ that*** fanno credere che.

▷ **fictional** /'fɪkʃənl/ agg. **1** [*character, event*] immaginario, inventato **2** [*device*] narrativo **3** *(false)* [*address, identity*] falso, fittizio.

fictionalize /'fɪkʃənəlaɪz/ tr. romanzare.

fictionist /'fɪkʃnɪst/ ➧ ***27*** n. → **fiction writer**.

fiction list /'fɪkʃnlɪst/ n. elenco m. delle opere di narrativa.

fiction writer /'fɪkʃnˌraɪtə(r)/ ➧ ***27*** n. romanziere m. (-a), scrittore m. (-trice).

fictitious /fɪk'tɪʃəs/ agg. **1** *(false)* [*name, address*] falso, fittizio; [*justification, report*] fasullo, inventato **2** *(imaginary)* immaginario, inventato; ***all the characters in this film are ~*** tutti i personaggi in questo film sono immaginari.

fictitiously /fɪk'tɪʃəslɪ/ avv. in modo falso, fittizio.

fictitiousness /fɪk'tɪʃəsnɪs/ n. finzione f.
fictive /'fɪktɪv/ agg. RAR. **1** *(able to create fiction)* dotato di immaginazione, di inventiva **2** *(fictitious)* fittizio, immaginario, inventato.
ficus /'fi:kəs/ n. ficus m.
fid /fɪd/ n. MAR. **1** *(in splicing)* caviglia f. **2** *(of top mast)* chiave f. d'albero.
▷ **1.fiddle** /'fɪdl/ n. COLLOQ. **1** *(dishonest scheme)* imbroglio m., truffa f.; ***to work a ~*** fare una truffa; ***it's a complete ~!*** è un imbroglio! ***tax ~*** frode fiscale; ***to be on the ~*** vivere di truffe **2** ⧫ *17* *(violin)* violino m. ◆ ***to be as fit as a ~*** essere sano come un pesce; ***to have a face as long as a ~*** avere una faccia da funerale; ***to play second ~ to sb.*** avere un ruolo marginale rispetto a qcn.
▷ **2.fiddle** /'fɪdl/ **I** tr. COLLOQ. *(illegally)* falsificare, truccare [*tax return, figures*] **II** intr. **1** *(fidget)* ***to ~ with sth.*** giocherellare, gingillarsi con qcs. **2** *(adjust)* ***to ~ with*** trafficare, armeggiare con [*knobs, controls*] **3** *(interfere)* ***to ~ with*** rovistare, frugare in [*possessions*]; ◆ ***to ~ while Rome burns*** = perdere il tempo in sciocchezze mentre accade qualcosa di molto importante o di grave.
■ **fiddle around 1** *(be idle)* perdere tempo **2** ***to ~ around with*** *(readjust)* aggiustare alla bell'e meglio [*typewriter, engine*]; *(fidget)* giocherellare, gingillarsi con [*corkscrew, elastic band*].
fiddle-bow /'fɪdlbəʊ/ n. archetto m. del violino.
fiddle-de-dee /fɪdldɪ'di:/ inter. sciocchezze.
1.fiddle-faddle /'fɪdlfædl/ n. COLLOQ. ***(what) ~!*** (che) sciocchezze, fesserie!
2.fiddle-faddle /'fɪdlfædl/ intr. **1** *(be idle)* perdere tempo **2** *(fidget)* gingillarsi, giocherellare **3** *(talk nonsense)* dire sciocchezze.
fiddler /'fɪdlə(r)/ ⧫ *17, 27* n. violinista m. e f.
fiddler crab /'fɪdlə,kræb/ n. granchio m. violinista.
fiddlesticks /'fɪdlstɪks/ inter. COLLOQ. ANT. sciocchezze, fesserie.
fiddling /'fɪdlɪŋ/ **I** n. COLLOQ. imbroglio m.; ***tax ~*** frode fiscale **II** agg. insignificante, futile, da nulla.
fiddly /'fɪdlɪ/ agg. [*job, task*] difficile, delicato; rognoso; [*clasp, fastening*] scomodo, poco pratico; ***~ to open, attach*** difficile da aprire, da attaccare.
fidelity /fɪ'deləti/ n. fedeltà f. (**of** di; **to** a) (anche ELETTRON.).
1.fidget /'fɪdʒɪt/ **I** n. ***they're real ~s*** sono così irrequieti, nervosi **II fidgets** n.pl. ***to have the ~s*** stare sulle spine, essere agitato.
2.fidget /'fɪdʒɪt/ intr. *(move about)* agitarsi; *(get impatient)* diventare irrequieto; ***he's always ~ing*** è sempre sulle spine, è sempre agitato; ***stop ~ing!*** stai tranquillo, calmati! ***to ~ with sth.*** giocherellare nervosamente con qcs.
■ **fidget about, fidget around** muoversi nervosamente.
fidgetiness /'fɪdʒɪtɪnɪs/ n. agitazione f., irrequietezza f.
fidgety /'fɪdʒɪtɪ/ agg. *(physically)* agitato, irrequieto; *(psychologically)* nervoso; ***meetings, concerts make me ~*** le riunioni, i concerti mi agitano.
fiducial /fɪ'dju:ʃl, AE -'du:-/ agg. **1** *(founded on faith)* fideistico **2** *(fiduciary)* fiduciario **3** ASTR. MAT. [*point*] di riferimento **4** STATIST. ***~ limits*** limiti di confidenza.
fiduciary /fɪ'dju:ʃərɪ, AE -'du:-/ agg. DIR. fiduciario.
fie /faɪ/ inter. ANT. o SCHERZ. oibò, vergogna.
fief /fi:f/, **fiefdom** /'fi:fdəm/ n. **1** STOR. feudo m. **2** FIG. sfera f. d'influenza.
▶ **1.field** /fi:ld/ n. **1** AGR. campo m. (**of** di); ***wheat ~*** campo di frumento **2** GEOGR. GEOL. distesa f., banco m.; *(basin)* bacino m.; ***ice, lava, snow ~*** distesa di ghiaccio, lava, neve **3** SPORT *(ground)* campo m., terreno m. di gioco; ***football, sports ~*** campo da calcio, sportivo; ***to take to the ~*** [*team*] scendere in campo **4** + verbo sing. o pl. SPORT *(competitors) (athletes)* concorrenti m.pl.; *(horses)* cavalli m.pl. in gara; VENAT. gruppo m. di cacciatori; ***to lead*** o ***be ahead of the ~*** essere in testa (anche FIG.) **5** *(area of knowledge)* campo m., settore m. (**of** di); ***it's outside his ~*** non è il suo campo **6** LING. ***semantic ~*** campo semantico **7** *(real environment)* ***to test sth. in the ~*** provare qcs. sul campo; ***to work in the ~*** lavorare sul campo **8** MIL. ***the ~ of battle*** il campo di battaglia; ***to die in the ~*** morire sul campo; ***to take the ~*** scendere in campo; ***to hold the ~*** tenere il campo; FIG. [*theory*] dominare la scena **9** *(range)* campo m.; ***~ of force*** EL. campo di forza; ***~ of vision*** o ***view*** campo visivo; ***~ of fire*** MIL. campo di tiro **10** INFORM. MAT. FIS. campo m. **11** ART. sfondo m.; ARALD. campo m. **12** *(airfield)* campo m. d'aviazione, di volo ◆ ***to play the ~*** correre la cavallina.
2.field /fi:ld/ **I** tr. **1** SPORT prendere (e rilanciare) [*ball*] **2** SPORT *(select)* mettere in campo [*team, player*]; presentare [*candidate*] **3** *(put at disposal)* approntare [*equipment*]; mobilitare [*nurses, soldiers*] **4** *(respond to)* rispondere (bene) a [*questions*] **II** intr. SPORT giocare in difesa.
field ambulance /'fi:ld,æmbjʊləns/ n. MIL. MED. ambulanza f.
field day /'fi:lddeɪ/ n. **1** SCOL. UNIV. uscita f. didattica; ***a geography ~*** un'uscita didattica di geografia **2** MIL. giornata f. delle grandi manovre **3** AE *(sports day)* = giornata di sport all'aperto, riunione di atletica all'aperto ◆ ***to have a ~*** *(have fun)* avere un'occasione di grande divertimento; *(maliciously)* [*press, critics*] avere un'occasione per gioire; *(make money)* [*bookmakers, ice-cream vendors*] fare grossi affari; ***the press had a ~ with the story, scandal*** la stampa ha tratto grossi profitti dalla storia, dallo scandalo.
field drain /'fi:lddreɪn/ n. drenaggio m.
fielder /'fi:ldə(r)/ n. SPORT esterno m.
field event /'fi:ldɪ,vent/ n. SPORT *(in athletics)* = gara di salto o di lancio.
fieldfare /'fi:ldfeə(r)/ n. ZOOL. cesena f.
field glasses /'fi:ld,glɑ:sɪz, AE -,glæsɪz/ n.pl. binocolo m.sing. da campagna.
field goal /'fi:ldgəʊl/ n. AE *(in football, rugby)* drop m.; *(in basketball)* canestro m. (da due punti).
field gun /'fi:ld,gʌn/ n. MIL. cannone m. da campagna.
field hand /'fi:ldhænd/ n. AE bracciante m. e f. agricolo.
field hockey /'fi:ld,hɒkɪ/ ⧫ *10* n. AE SPORT hockey m. su prato.
field hospital /,fi:ld'hɒspɪtl/ n. MIL. MED. ospedale m. da campo.
field house /'fi:ldhaʊʃ/ n. AE SPORT **1** *(changing room)* spogliatoi m.pl. **2** *(sports centre)* centro m. sportivo.
field ice /'fi:ldaɪs/ n. banchisa f.
field kitchen /'fi:ld,kɪtʃɪn/ n. cucina f. da campo.
field label /'fi:ld,leɪbl/ n. LING. etichetta f. di linguaggio settoriale, etichetta f. dell'ambito specialistico.
field marshal /,fi:ld'mɑ:ʃl/ ⧫ *23* n. feldmaresciallo m.
fieldmouse /'fi:ldmaʊs/ n. (pl. **-mice**) ZOOL. topo m. selvatico.
field officer /'fi:ld,ɒfɪsə(r)/ n. MIL. ufficiale m. superiore.
fieldpiece /'fi:ldpi:s/ n. → **field gun**.
fieldsman /'fi:ldzmən/ n. (pl. **-men**) AE SPORT → **fielder**.
field sports /'fi:ld,spɔ:ts/ n.pl. SPORT = sport che si praticano nella natura, come caccia e pesca.
field strength /'fi:ld,streŋθ/ n. RAD. TELEV. intensità f. di campo.
fieldstrip /'fi:ld,strɪp/ tr. smontare [*firearm*].
field study /'fi:ld,stʌdɪ/ n. ricerca f. sul campo.
1.field test /'fi:ldtest/ n. collaudo m. in condizioni reali di utilizzo.
2.field test /'fi:ldtest/ tr. collaudare in condizioni reali di utilizzo [*weapon*].
field trials /'fi:ld,traɪəlz/ n.pl. collaudi m. in condizioni reali di utilizzo.
field trip /'fi:ldtrɪp/ n. SCOL. UNIV. *(one day)* uscita f. didattica; *(longer)* gita f., viaggio m. d'istruzione.
fieldwork /'fi:ldwɜ:k/ n. **1** ricerca f. sul campo **2** MIL. fortificazione f. provvisoria.
fieldworker /'fi:ldwɜ:kə(r)/ ⧫ *27* n. studioso m. (-a) che fa ricerche sul campo; *(for social organization)* operatore m. (-trice) che lavora sul campo.
fiend /fi:nd/ n. **1** *(evil spirit)* diavolo m., demone m. **2** *(cruel person)* mostro m.; ***a cruel, selfish ~*** un mostro di crudeltà, di egoismo **3** COLLOQ. *(mischievous person)* persona f. maligna **4** COLLOQ. *(fanatic)* ***he's a racing, football ~*** è un fanatico delle corse, del calcio; ***dope ~*** tossicomane, drogato; ***fresh-air ~*** maniaco dell'aria fresca.
fiendish /'fi:ndɪʃ/ agg. **1** *(cruel)* [*tyrant*] crudele, malvagio; [*cruelty*] spietato; [*expression, glee*] diabolico; ***to take a ~ delight in sth., in doing*** provare un piacere perverso per qcs., nel fare **2** *(ingenious)* [*plan, gadget*] diabolico, ingegnoso **3** COLLOQ. *(difficult)* [*problem, job*] infernale **4** COLLOQ. *(awful)* [*traffic*] infernale, spaventoso, micidiale.
fiendishly /'fi:ndɪʃlɪ/ avv. **1** [*smile, scheme, plot*] diabolicamente, malvagiamente **2** [*difficult, ambitious*] tremendamente.
fiendishness /'fi:ndɪʃnɪs/ n. **1** *(cruelty)* crudeltà f., malvagità f. **2** *(of plan)* diabolicità f., ingegnosità f.
▷ **fierce** /fɪəs/ agg. **1** [*animal, expression, person*] feroce; [*storm, anger*] violento; [*battle*] accanito, violento; [*hatred*] violento; [*criticism, speech*] veemente; [*competition*] accanito **2** [*determination, loyalty*] incrollabile; [*advocate, supporter*] accanito, fervente **3** [*flames, heat*] ardente, intenso; ***he has a ~ temper*** ha un carattere impetuoso.
▷ **fiercely** /'fɪəslɪ/ avv. **1** [*compete, defend, hit, oppose*] con accanimento; [*fight*] ferocemente, accanitamente; [*stare*] con ferocia; [*shout*] violentemente; [*speak*] veementemente **2** [*competitive, critical, hot, jealous*] terribilmente; [*determined, loyal*] in modo incrollabile **3** [*burn, blaze*] con intensità, ardentemente.

fierceness /ˈfɪəsnɪs/ n. **1** *(ferocity) (of animal, person, expression)* ferocia f.; *(of storm, battle)* violenza f. **2** *(intensity) (of heat, flames)* intensità f.; *(of criticism)* violenza f.; *(of competition)* accanimento m.; *(of loyalty, determination)* ardore m., (l')essere incrollabile; ***the ~ of his anger*** la sua rabbia violenta.
fierily /ˈfaɪərɪlɪ/ avv. ardentemente, focosamente.
fieriness /ˈfaɪərɪnɪs/ n. **1** *(of person)* ardore m., foga f.; irascibilità f. **2** *(of volcano, furnace)* calore m. **3** *(of gas)* infiammabilità f.
▷ **fiery** /ˈfaɪərɪ/ agg. **1** [*person, orator*] ardente, infervorato; [*speech, performance*] appassionato; ***he has a ~ temper*** ha un temperamento focoso **2** [*sunset, sky*] fiammeggiante; [*eyes*] fiammeggiante, di fuoco; [*heat*] ardente; [*volcano, furnace*] incandescente, ardente; [*wound*] bruciante; ***~ red, orange*** rosso, arancione acceso *o* fuoco **3** [*gas*] infiammabile **4** [*food, drink*] piccante.
fiesta /fɪˈestə/ n. festa f.
FIFA /ˈfiːfə/ n. (⇒ Fédération internationale de football association Federazione Calcistica Internazionale) FIFA f.
1.fife /faɪf/ ♦ *17* n. piffero m.
2.fife /faɪf/ **I** tr. ANT. suonare col piffero [*tune etc.*] **II** intr. ANT. suonare il piffero.
Fife /faɪf/ ♦ *24* n.pr. (anche ~ **Region**) Fife m.
fifer /ˈfaɪfə(r)/ n. pifferaio m. (-a).
▶ **fifteen** /ˌfɪfˈtiːn/ ♦ *19, 1, 4* **I** determ. quindici; ***~ people, pages*** quindici persone, pagine **II** pron. quindici; ***there are ~ of them*** ce ne sono quindici **III** n. **1** quindici m.; ***to multiply by ~*** moltiplicare per quindici **2** *(in rugby)* quindici m.
fifteenth /ˌfɪfˈtiːnθ/ ♦ *19, 8* **I** determ. quindicesimo; ***the ~ page*** la quindicesima pagina; ***the ~-richest man in the world*** il quindicesimo uomo più ricco del mondo **II** pron. **1** *(in order)* quindicesimo m. (-a); ***the ~ in line*** il quindicesimo della fila **2** *(of month)* quindici m.; ***the ~ of May*** il quindici maggio **III** n. *(fraction)* quindicesimo m. **IV** avv. [*come, finish*] quindicesimo, in quindicesima posizione.
▷ **fifth** /fɪfθ/ ♦ *19, 8* **I** determ. quinto; ***the ~ page*** la quinta pagina; ***the ~-richest man in the world*** il quinto uomo più ricco del mondo **II** pron. **1** *(in order)* quinto m. (-a); ***the ~ in line*** il quinto della fila **2** *(of month)* cinque m.; ***the ~ of May*** il cinque maggio **III** n. **1** *(fraction)* quinto m. **2** MUS. quinta f. **3** (anche **~ gear**) AUT. quinta f. **4** AE quinto m. di gallone **IV** avv. [*come, finish*] quinto, in quinta posizione.
Fifth Amendment /ˌfɪfθəˈmendmənt/ n. US DIR. quinto emendamento m.; ***to take*** o ***invoke the ~*** invocare il *o* appellarsi al quinto emendamento (esercitare il diritto di tacere in giudizio per non essere incriminato).
fifth column /ˌfɪfθˈkɒləm/ n. STOR. quinta colonna f.
fifth columnist /ˌfɪfθˈkɒləmnɪst/ n. collaborazionista m. e f.
fifth generation /ˌfɪfθdʒenəˈreɪʃn/ agg. INFORM. [*computer*] della quinta generazione.
fifthly /ˈfɪfθlɪ/ avv. in quinto luogo.
fifth wheel /ˌfɪfθˈwiːl, AE -ˈhwiːl/ n. MECC. ralla f. ♦ ***to be the ~*** essere l'ultima ruota del carro.
fiftieth /ˈfɪftɪəθ/ ♦ *19, 8* **I** determ. cinquantesimo; ***the ~ page*** la cinquantesima pagina; ***the ~-richest man in the world*** il cinquantesimo uomo più ricco del mondo **II** pron. *(in order)* cinquantesimo m. (-a); ***the ~ in line*** il cinquantesimo della fila **III** n. *(fraction)* cinquantesimo m. **IV** avv. [*come, finish*] cinquantesimo, in cinquantesima posizione.
▶ **fifty** /ˈfɪftɪ/ ♦ *19, 1, 4, 8* **I** determ. cinquanta; ***~ people, pages*** cinquanta persone, pagine **II** pron. cinquanta; ***there are ~ of them*** ce ne sono cinquanta **III** n. cinquanta m.; ***to multiply by ~*** moltiplicare per cinquanta **IV fifties** n.pl. **1** *(decade)* ***the fifties*** gli anni '50 **2** *(age)* ***to be in one's fifties*** aver passato i cinquanta; ***a man in his fifties*** un cinquantenne.
fifty-fifty /ˌfɪftɪˈfɪftɪ/ **I** agg. ***her chances of success are only ~*** ha solo il 50% di possibilità di successo; ***to have a ~ chance*** avere il 50% di possibilità *o* una possibilità su due (**of doing** di fare) **II** avv. ***to split*** o ***share sth. ~*** dividere qcs. a metà; ***to go ~*** fare a metà; ***to go ~ on sth.*** dividere, pagare qcs. a metà, fifty-fifty.
1.fig /fɪg/ n. *(fruit)* fico m.; ***dried, fresh ~s*** fichi secchi, freschi.
2.fig /fɪg/ n. COLLOQ. **1** *(dress)* ***in full ~*** in ghingheri *o* in pompa magna *o* tutto in tiro **2** *(form)* ***in fine, great ~*** in buona, grande forma.
fig. **1** ⇒ figurative figurato (fig.) **2** ⇒ figure figura (fig.); ***see ~ 3*** vedi fig. 3.
fig-eater /ˈfɪgiːtə(r)/ n. beccafico m.
▶ **1.fight** /faɪt/ n. **1** *(struggle)* lotta f. (**against** contro; **for** per; **to do** per fare); ***the ~ for survival*** la lotta per la sopravvivenza; ***the ~ for life*** la lotta per la vita; ***to keep up the ~*** proseguire *o* continuare la lotta; ***to put up a ~*** opporre resistenza *o* resistere (**against** a), lottare (**against** contro); ***a ~ to the death*** combattimento all'ultimo sangue *o* lotta senza quartiere, a oltranza (anche FIG.) **2** *(outbreak of fighting) (between civilians)* rissa f., zuffa f. (**between** tra; **over** per); MIL. combattimento m., battaglia f. (**between** tra; **for** per); *(between animals)* combattimento m. (**between** tra); ***to get into*** o ***have a ~ with sb.*** battersi con qcn. *o* fare a pugni con qcn.; ***to start a ~*** ingaggiare una lotta *o* provocare una rissa (**with** contro, con); ***a ~ between two dogs*** una zuffa tra due cani **3** *(in boxing)* incontro m. (**between** tra); ***to win, lose a ~*** vincere, perdere un incontro; ***a straight ~ (between)*** un combattimento leale (tra) (anche FIG.) **4** *(argument)* lite f., litigio m. (**over** per; **with** con); ***to have a ~ with sb.*** litigare con qcn. **5** *(combative spirit) (physical)* combattività f., volontà f. di combattere; *(psychological)* spirito m. combattivo; ***there was no ~ left in her*** non aveva più voglia di lottare.
▶ **2.fight** /faɪt/ **I** tr. (pass., p.pass. **fought**) **1** lottare contro, combattere contro [*disease, evil, opponent, emotion, problem, proposal, tendency*]; lottare contro [*fire*]; combattere [*campaign, war*] (**against** contro); ***to ~ one's way through*** farsi largo a fatica *o* con la forza tra [*crowd*]; superare lottando [*difficulties, obstacles*]; ***to ~ sb.*** SPORT battersi, combattere contro qcn.; FIG. combattere *o* lottare contro qcn.; ***to ~ each other*** battersi **2** POL. [*candidate*] contendere [*seat*]; [*candidates*] contendersi, disputarsi [*seat*]; ***~ an election*** sostenere una battaglia elettorale **3** DIR. intentare, fare [*cause*]; difendere [*case*] **II** intr. (pass., p.pass. **fought**) **1** lottare, combattere (**for** per; **against** contro; **to do** per fare); ***to ~ hard*** lottare accanitamente; ***to ~ for one's country*** combattere per il proprio paese; ***to ~ in a battle*** combattere in battaglia; ***to ~ for one's life*** battersi per la vita; ***to ~ for breath*** cercare disperatamente di non soffocare; ***to stand and ~*** resistere *o* opporre resistenza; ***to go down ~ing*** morire combattendo; FIG. combattere fino alla morte; ***to ~ over*** contendersi *o* di-sputarsi [*land, possessions*] **2** *(squabble)* litigare, bisticciare (**over** per) ♦ ***to ~ the good fight*** battersi per una buona causa.
■ **fight back:** ~ **back** *(physically, tactically)* rispondere a un attacco, contrattaccare; *(emotionally)* reagire; ~ **back** [**sth.**] ricacciare, trattenere [*tears*]; tenere a freno, reprimere [*fear, anger*].
■ **fight down:** ~ **down** [**sth.**] reprimere, soffocare [*emotion*].
■ **fight off:** ~ **off** [**sth.**], ~ [**sth.**] **off** respingere (combattendo) [*attacker, attack*]; vincere [*troops*]; ~ **off** [**sth.**] FIG. lottare contro [*illness, despair*]; respingere, rifiutare [*challenge, criticism, proposal, takeover bid*].
■ **fight on** continuare a combattere.
■ **fight out:** ~ **out** [**sth.**], ~ [**sth.**] **out** battersi per risolvere [*differences etc.*]; ***leave them to ~ it out*** lascia che se la vedano tra loro.
fighter /ˈfaɪtə(r)/ n. **1** *(determined person)* combattente m. e f., lottatore m. (-trice); ***to be a ~*** essere un combattente *o* una persona che non si arrende **2** (anche **~ plane**) (aereo da) caccia m. **3** *(boxer)* pugile m., fighter m.
fighter bomber /ˈfaɪtəˌbɒmə(r)/ n. cacciabombardiere m.
fighter pilot /ˈfaɪtəˌpaɪlət/ n. pilota m. e f. da caccia.
▷ **fighting** /ˈfaɪtɪŋ/ **I** n. **1** MIL. combattimento m., battaglia f., lotta f. (**between** tra); ***heavy ~*** combattimento duro, intenso; ***~ has broken out*** è iniziata la lotta **2** *(less serious)* rissa f., zuffa f.; ***no ~ in the playground*** niente risse in cortile **II** agg. **1** MIL. [*unit, force*] di, da combattimento; ***~ man*** (soldato) combattente; ***~ strength*** forza *o* effettivi **2** *(aggressive)* [*talk, words*] aggressivo; ***to have a ~ spirit*** avere uno spirito combattivo.
fighting chance /ˌfaɪtɪŋˈtʃɑːns, AE -ˈtʃæns/ n. ***to have a ~*** avere una possibilità (di successo) (**of doing** di fare).
fighting cock /ˈfaɪtɪŋˌkɒk/ n. gallo m. da combattimento ♦ ***to live like ~s*** vivere da pascià *o* avere ogni ben di Dio.
fighting fit /ˌfaɪtɪŋˈfɪt/ agg. ***to be ~*** essere in gran forma.
fig leaf /ˈfɪgliːf/ n. (pl. **fig leaves**) BOT. foglia f. di fico (anche ART.); FIG. ***it's just a ~!*** è solo per salvare le apparenze!
figment /ˈfɪgmənt/ n. ***a ~ of the*** o ***your imagination*** un prodotto, un frutto della tua immaginazione.
figpecker /ˈfɪgpekə(r)/ n. → **fig-eater**.
fig tree /ˈfɪgtriː/ n. fico m.
figurant /ˈfɪgjʊrənt/ ♦ *27* n. **1** *(ballet dancer)* ballerino m. classico **2** TEATR. figurante m. e f., comparsa f.
figurante /ˌfɪgjʊˈræntɪ/ n. (pl. **~s, -i**) RAR. *(ballet dancer)* ballerina f. classica.
figuration /fɪgəˈreɪʃn/ n. **1** figurazione f., rappresentazione f. **2** *(figurative representation)* allegoria f. **3** MUS. figurazione f.
figurative /ˈfɪgərətɪv/ agg. **1** LING. figurato, traslato, metaforico; ***in the ~ sense*** in senso figurato **2** ART. figurativo.

figuratively /'fɪgərətɪvlɪ/ avv. [*speak, mean*] in senso figurato; ~ ***speaking,...*** metaforicamente parlando,...; ***literally and*** ~ in senso proprio e figurato.
figurativeness /'fɪgərətɪvnɪs/ n. (l')essere figurato.
▶ **1.figure** /'fɪgə(r), AE 'fɪgjər/ n. **1** *(number, amount)* cifra f., numero m.; ***a provisional, disappointing*** ~ un numero provvisorio, deludente; ***a ~ of 15 million*** un numero di 15 milioni; ***a ~ of £ 150*** una somma di 150 sterline; ***government, official ~s*** le cifre del governo, ufficiali; ***a four-, six-~ sum*** una somma a quattro, sei cifre; ***her salary runs into six ~s*** ha uno stipendio altissimo; ***inflation is in single, double ~s*** il tasso d'inflazione è inferiore al 10%, è a due cifre; ***to have a head for ~s, to be good with ~s*** essere bravo in matematica, con i numeri **2** *(known or important person)* figura f., personaggio m.; ***a controversial, well-known, political*** ~ una figura controversa, nota, politica; ***a minor*** o ***marginal*** ~ un personaggio minore, marginale; ***a legendary ~ in rugby, rock music*** una figura leggendaria del rugby, del rock **3** *(person, human form)* figura f., forma f.; *(in painting, sculpture)* figura f.; ***a familiar, imposing, diminutive*** ~ una figura familiare, imponente, minuscola; ***human, reclining*** ~ ART. figura umana, distesa; ***a ~ appeared through the mist*** una figura apparve tra la nebbia **4** *(representative or symbol)* ***mother, father*** ~ figura materna, paterna; ***authority*** ~ figura, simbolo dell'autorità; ***hate*** ~ bestia nera; ***she is something of a Cassandra, Lady Macbeth*** ~ è una specie di Cassandra, Lady Macbeth **5** *(body shape)* linea f., figura f.; ***to keep one's*** ~ mantenere la linea; ***to lose one's*** ~ perdere la linea; ***to watch one's*** ~ fare attenzione alla linea; ***to have a great*** ~ COLLOQ. avere un gran bel fisico; ***made for a man's, woman's*** ~ fatto per la figura maschile, femminile **6** *(geometric or other shape)* figura f.; ***plane, solid*** ~ figura piana, solida **7** *(diagram)* figura f., illustrazione f., diagramma m.; ***see ~ 4*** vedi la figura 4 **8** *(in dance, skating)* figura f. ◆ ***to cut a sorry*** ~ fare una brutta figura, una figuraccia; ***to cut a fine*** ~ fare una bella figura *o* un figurone; ***to cut a dashing*** ~ fare un figurone.
▶ **2.figure** /'fɪgə(r), AE 'fɪgjər/ **I** tr. **1** COLLOQ. *(suppose)* ***to ~ (that)*** immaginare, figurarsi che **2** LETTER. *(express)* raffigurare, rappresentare **II** intr. **1** *(feature, appear)* figurare, apparire; ***to ~ in*** o ***on a list*** apparire in una lista; ***to ~ in a novel, report*** comparire in un romanzo, in un rapporto **2** COLLOQ. *(make sense)* quadrare, tornare; ***that ~s*** la cosa quadra; ***it doesn't*** ~ non quadra.
■ **figure in** AE ***~ in [sth.], ~ [sth.] in*** tener conto di, includere (in un prezzo, in una spesa).
■ **figure on** COLLOQ. ***~ on [sth.]*** contare su, fare affidamento su; ***I hadn't ~d on that!*** non avevo fatto affidamento su ciò! ***to ~ on doing*** contare di fare; ***to ~ on sb. doing*** aspettarsi che qcn. faccia.
■ **figure out:** ***~ out [sth.], ~ [sth.] out*** immaginare, trovare [*answer, reason, best way*]; ***to ~ out who, why, how etc.*** riuscire a capire chi, perché, come ecc.; ***I can't ~ him out*** non riesco a capirlo; ***she's got her future ~d out*** il suo avvenire è tracciato.
figured /'fɪgəd, AE 'fɪgjərd/ **I** p.pass. → **2.figure II** agg. **1** *(decorated)* figurato, decorato **2** [*fabric*] stampato.
figure-dance /'fɪgədɑ:ns, AE 'fɪgjərdæns/ n. ballo m. figurato.
figured bass /ˌfɪgəd'beɪs, AE ˌfɪgjərd-/ n. MUS. basso m. cifrato.
figure eight /ˌfɪgər'eɪt, AE ˌfɪgjər-/ n. → **figure of eight**.
figurehead /'fɪgəhed, AE 'fɪgjər-/ n. **1** prestanome m., uomo m. di paglia **2** *(of ship)* figura f. di prua, polena f.
figure of eight /ˌfɪgərəv'eɪt, AE ˌfɪgjər-/ n. otto m.; ***to do a*** ~ [*skater, plane*] fare un otto.
figure of speech /ˌfɪgərəv'spi:tʃ, AE ˌfɪgjər-/ n. LETTER. LING. figura f. retorica; ***it's just a*** ~ è solo un modo di dire.
figure skater /'fɪgəˌskeɪtə(r), AE 'fɪgjər-/ n. pattinatore m. (-trice) (di pattinaggio artistico).
figure skating /'fɪgəskeɪtɪŋ, AE 'fɪgjər-/ ➧ ***10*** n. pattinaggio m. artistico.
figurine /ˌfɪgəri:n, AE ˌfɪgjə'ri:n/ n. figurina f., statuetta f.
figwort /'fɪgwɒ:t/ n. scrofularia f.
Fiji /ˌfi:'dʒi:, 'fi:dʒi:/ ➧ ***6, 12*** n.pr. Figi f.pl.; ***the ~ Islands*** le isole Figi; ***in, to*** ~ alle Figi.
Fijian /fɪ'dʒi:ən/ ➧ ***18, 14*** **I** agg. figiano, delle (isole) Figi **II** n. **1** *(person)* figiano m. (-a), nativo m. (-a), abitante m. e f. delle isole Figi **2** *(language)* lingua f. delle (isole) Figi.
filament /'fɪləmənt/ n. **1** ANAT. BOT. EL. ELETTRON. filamento m. **2** *(of fibre)* filo m., filamento m.
filamentary /ˌfɪlə'mentərɪ/, **filamentous** /ˌfɪlə'mentəs/ agg. filamentoso.
filature /'fɪlətʃə(r)/ n. **1** *(spinning)* filatura f. **2** *(reel)* filatoio m. **3** *(spinning mill)* filanda f.
filbert /'fɪlbət/ n. **1** *(nut)* nocciola f. **2** *(shrub)* nocciolo m., avellano m.
filch /fɪltʃ/ tr. COLLOQ. rubare, rubacchiare (**from** a).
filcher /'fɪltʃə(r)/ n. COLLOQ. ladruncolo m. (-a).
filching /'fɪltʃɪŋ/ n. COLLOQ. (il) rubacchiare, rubacchiamento m.
▶ **1.file** /faɪl/ **I** n. **1** *(for papers etc.)* archivio m.; *(cardboard)* cartella f.; *(ring binder)* raccoglitore m.; *(card tray)* schedario m. **2** *(record)* dossier m., pratica f., incartamento m. (**on** su); ***to have, keep a ~ on sb.*** avere, tenere un dossier su qcn.; ***his fingerprints, details are on*** ~ le sue impronte digitali sono schedate, i suoi dati sono schedati; ***she's on*** ~ è schedata *o* in archivio; ***to open a ~ on sb., sth.*** aprire un dossier *o* istruire una pratica su qcn., qcs.; ***it's time to close the*** ~ FIG. è tempo di archiviare la questione **3** INFORM. file m., archivio m.; ***computer*** ~ file **II** modif. INFORM. [*editing, management, name, organization, protection*] del, dei file.
2.file /faɪl/ **I** tr. **1** AMM. archiviare, schedare [*letter, record*]; registrare [*invoice*]; ***to ~ sth. under (the heading) "clients"*** archiviare in (*o* nella rubrica) "clienti" **2** DIR. presentare, inoltrare, depositare [*application, complaint, request*] (**with** presso); ***to ~ a petition in bankruptcy*** presentare istanza di fallimento; ***to ~ a lawsuit (against sb.)*** intentare (una) causa (a, contro qcn.); ***to ~ papers for adoption*** presentare una *o* fare domanda d'adozione; ***to ~ a claim for damages against sb.*** intentare una causa per risarcimento danni **3** GIORN. inviare [*report*] **II** intr. DIR. ***to ~ for (a) divorce*** presentare istanza di divorzio.
3.file /faɪl/ n. *(tool)* lima f.
4.file /faɪl/ tr. limare [*wood, metal*]; ***to ~ one's nails*** limarsi le unghie; ***to ~ through a bar*** segare le sbarre (con la lima).
■ **file down:** ***~ [sth.] down, ~ down [sth.]*** levigare [*surface*]; limare [*tooth, claw*].
5.file /faɪl/ n. **1** *(line)* fila f., coda f.; ***to walk in single*** ~ camminare in fila indiana **2** *(in chess)* fila f., colonna f.
6.file /faɪl/ intr. *(walk)* marciare, camminare in fila; ***they ~d into, out of the classroom*** entrarono in, uscirono dalla classe in fila; ***we ~d past the coffin*** passammo in fila davanti alla bara.
file cabinet /'faɪlˌkæbɪnɪt/ n. AE → **filing cabinet**.
file card /'faɪlkɑ:d/ n. AE cartellino m., scheda f.
file clerk /'faɪlklɑ:k, AE -klɜ:rk/ n. AE → **filing clerk**.
file-closer /'faɪlˌkləʊzə(r)/ n. MIL. serrafila m.
file copy /'faɪlˌkɒpɪ/ n. copia f. d'archivio.
file dust /'faɪldʌst/ n. limatura f.
file folder /'faɪlˌfəʊldə(r)/ n. raccoglitore m.
filemot /'fɪlɪmɒt/ **I** n. ANT. colore m. delle foglie morte **II** agg. ANT. del colore delle foglie morte.
filer /'faɪlə(r)/ ➧ ***27*** n. limatore m. (-trice).
file server /'faɪlˌsɜ:və(r)/ n. INFORM. file server m.
file sharing /'faɪlˌʃeərɪŋ/ **I** n. file sharing m. **II** modif. [*network, software*] di file sharing.
filial /'fɪlɪəl/ agg. filiale.
filiation /fɪlɪ'eɪʃn/ n. filiazione f.
1.filibuster /'fɪlɪbʌstə(r)/ n. ostruzionismo m. parlamentare, filibustering m.
2.filibuster /'fɪlɪbʌstə(r)/ intr. fare ostruzionismo parlamentare.
filibusterer /'fɪlɪbʌstərə(r)/ n. ostruzionista m. e f. (parlamentare).
filibustering /'fɪlɪbʌstərɪŋ/ n. filibustering m., ostruzionismo m. parlamentare.
filiform /'faɪlɪfɔ:m/ agg. filiforme.
filigrane /'fɪlɪgreɪn/ n. RAR. filigrana f.
filigree /'fɪlɪgri:/ **I** n. filigrana f. **II** modif. [*work, brooch*] in filigrana; ***~ silver*** filigrana d'argento.
filigreed /'fɪlɪgri:d/ agg. filigranato, lavorato a filigrana.
filing /'faɪlɪŋ/ n. archiviazione f., schedatura f.
filing box /'faɪlɪŋˌbɒks/ n. scatola f. per schede.
filing cabinet /'faɪlɪŋˌkæbɪnɪt/ n. casellario m.
filing card /'faɪlɪŋˌkɑ:d/ n. cartellino m., scheda f.
filing clerk /'faɪlɪŋˌklɑ:k, AE -klɜ:rk/ ➧ ***27*** n. archivista m. e f.
filings /'faɪlɪŋz/ n.pl. *(dust)* limatura f.sing.
filing system /'faɪlɪŋˌsɪstəm/ n. sistema m. di raccolta a schede.
filing tray /'faɪlɪŋˌtreɪ/ n. cassettina f. per l'archiviazione.
Filipino /ˌfɪlɪ'pi:nəʊ/ ➧ ***18*** **I** agg. filippino **II** n. filippino m. (-a).
1.fill /fɪl/ n. ***to eat, drink one's*** ~ mangiare, bere a sazietà; ***to have had one's*** ~ averne (avuto) abbastanza (**of** di; **of doing** di fare).
▶ **2.fill** /fɪl/ **I** tr. **1** [*person, water, rain, fruit, soil*] riempire [*container*] (**with** di); ***fruit ~ed the baskets*** o ***the baskets were ~ed with fruit*** i cesti erano pieni di frutta; ***tears ~ed his eyes*** gli occhi gli si riempirono di lacrime; ***to ~ the kettle*** riempire il bollitore **2** [*crowd, audience, sound, laughter*] riempire [*building, room, street, train*]; [*smoke, gas, protesters*] invadere [*building, room*]; ***the speaker had ~ed the hall*** l'oratore aveva riempito la sala; ***to ~ one's house with flowers, antiques*** riempire la casa di fiori, di

pezzi d'antiquariato; ***the smell of flowers ~ed the house*** il profumo dei fiori si diffuse in tutta la casa; ***the sunlight ~ed the room*** la luce del sole si diffuse in tutta la stanza *o* riempì la stanza **3** *(plug)* otturare, chiudere [*crack, hole, hollow*] (**with** con); otturare, riempire i buchi di [*wall, doorframe*]; FIG. riempire [*vacuum, gap, void*] (**with** con) **4** *(fulfil)* soddisfare [*need*] **5** *(occupy, take up)* riempire, occupare interamente [*page, chapter, volumes, tape*] (**with** con); occupare [*time, day, hours*]; ***to ~ one's days with work*** occupare le proprie giornate col lavoro; ***~ (one's) time doing*** occupare il proprio tempo facendo **6** [*company, university*] assegnare, affidare [*post, vacancy, place, chair*]; [*applicant*] occupare, ricoprire [*post, vacancy*]; ***there are still 10 places to ~*** restano ancora 10 posti da assegnare **7** [*emotion, thought*] riempire, colmare [*heart, mind*]; ***fear ~ed him*** fu preso dalla paura; ***to ~ sb.'s mind, heart with*** riempire l'animo, il cuore di qcn. di; ***to ~ sb.'s head with nonsense*** riempire la testa di qcn. di sciocchezze **8** *(stuff, put filling in)* riempire, imbottire [*cushion, quilt, pie, sandwich*] (**with** di) **9** [*dentist*] otturare [*tooth, cavity*] **10** [*wind*] gonfiare [*sail*] **11** *(carry out)* eseguire [*order*] **12** *(with food)* rimpinzare **II** intr. **1** [*bath, bucket, theatre, hall, streets, eyes*] riempirsi (**with** di); ***to ~ with light, smoke*** riempirsi di luce, di fumo **2** [*sail*] gonfiarsi.

■ **fill in:** ***~ in*** [*person*] sostituire, rimpiazzare; ***to ~ in for sb.*** rimpiazzare qcn.; ***~ in [sth.]*** occupare [*time, hour, day*]; ***~ in [sth.], ~ [sth.] in*** **1** *(complete)* riempire, completare [*form, box, section*] **2** *(plug)* otturare, riempire [*hole, crack, gap*] (**with** con) **3** *(supply)* fornire, scrivere [*detail, information, name, date*] **4** *(colour in)* colorare [*shape, panel*]; ***to ~ sth. in with pencil, in red*** colorare qcs. a matita, di rosso; ***~ in [sb.], ~ [sb.] in*** **1** *(inform)* mettere [qcn.] al corrente, informare (**on** su, di) **2** BE COLLOQ. *(beat up)* pestare, riempire di botte [*person*].

■ **fill out:** ***~ out*** **1** [*person*] ingrassare, mettere su peso **2** [*face, cheeks*] arrotondarsi, farsi più pieno; ***~ out [sth.], ~ [sth.] out*** compilare, riempire [*form, application*]; compilare, fare [*certificate, prescription*].

■ **fill up:** ***~ up*** [*bath, theatre, bus*] riempirsi (**with** di); ***to ~ up on*** [*person*] rimpinzarsi, riempirsi di [*bread, sweets*]; ***~ up [sth.], ~ [sth.] up*** riempire [*kettle, box, room*] (**with** di); ***to ~ up the whole room*** riempire *o* occupare tutta la stanza; ***~ it*** o ***her up!*** *(with petrol)* (faccia) il pieno! ***to ~ up the time*** passare il tempo; ***~ up [sb.], ~ [sb.] up*** rimpinzare (**with** di); ***it ~s you up*** riempie, sazia; ***to ~ oneself up*** rimpinzarsi (**with** di).

filled /fɪld/ **I** p.pass. → **2.fill II -filled** agg. in composti pieno di; ***smoke-, book~ room*** stanza piena di fumo, di libri.

filler /ˈfɪlə(r)/ **I** n. **1** *(for wood)* stucco m. da legno; *(for car body)* stucco m. da carrozzieri; *(for wall)* stucco m. da muro, per edilizia **2** GIORN. TELEV. *(article, photo, music)* zeppa f., tappabuchi m.; ***to use sth. as a ~*** usare qcs. come riempitivo **II** modif. [*article, photo, material*] usato come zeppa, come riempitivo.

filler cap /ˈfɪləˌkæp/ n. BE AUT. tappo m. del serbatoio.

1.fillet /ˈfɪlɪt, AE fɪˈleɪ/ n. filetto m.; ***400 g of beef ~*** 400 gr. di filetto di manzo; ***a pork ~*** un filetto di maiale; ***three sole ~s*** o ***three ~s of sole*** tre filetti di sogliola.

2.fillet /ˈfɪlɪt, AE fɪˈleɪ/ tr. sfilettare [*fish*]; ***~ed cod*** filetti di merluzzo.

fillet steak /ˈfɪlɪtˌsteɪk, AE fɪˈleɪ-/ n. bistecca f. di filetto.

fill-in /ˈfɪlɪn/ n. COLLOQ. tappabuchi m. e f.

▷ **filling** /ˈfɪlɪŋ/ **I** n. **1** GASTR. *(of sandwich, baked potato)* ripieno m.; *(stuffing for vegetable, meat, pancake)* farcitura f., farcia f.; ***pie with blackberry ~*** torta con (un) ripieno di more; ***use jam as a ~ for the cake*** usate la marmellata per farcire la torta **2** *(for tooth)* materiale m. da otturazione, otturazione f.; ***to have a ~ (done)*** farsi fare un'otturazione **3** *(of quilt, pillow, cushion, bed, mattress)* imbottitura f. **II** agg. [*food, dish*] che riempie, che sazia.

filling station /ˈfɪlɪŋˌsteɪʃn/ n. stazione f. di servizio.

1.fillip /ˈfɪlɪp/ n. stimolo m., scossa f., incentivo m.; ***to give a ~ to*** dare una scossa a, stimolare.

2.fillip /ˈfɪlɪp/ tr. stimolare, incentivare.

fillister /ˈfɪlɪstə(r)/ n. **1** TECN. (anche **~ plane**) incorsatoio m. **2** *(of window)* scanalatura f., incassatura f.

filly /ˈfɪlɪ/ n. puledra f., cavallina f.

▶ **1.film** /fɪlm/ n. **1** CINEM. *(movie)* film m.; ***there's a new ~ on*** c'è un nuovo film in programmazione; ***to be*** o ***work in ~s*** lavorare nel cinema; ***short ~*** cortometraggio **2** FOT. *(for snapshots, movies)* pellicola f., film m.; ***a colour ~*** una pellicola a colori; ***to capture sth. on ~*** registrare qcs. su pellicola **3** *(layer)* pellicola f., strato m. sottile; ***a ~ of oil, of dust*** uno strato sottile di olio, di polvere; ***to look at sb. through a ~ of tears*** guardare qcn. attraverso un velo di lacrime **4** GASTR. cellofan m., pellicola f. trasparente.

▶ **2.film** /fɪlm/ **I** tr. [*person*] filmare [*event, programme*]; [*person*] adattare per il cinema [*novel, play*]; [*camera*] filmare, registrare [*action, scene*] **II** intr. [*camera man*] filmare, girare; [*crew*] girare un film; ***the cast are ~ing in Egypt*** il cast sta girando (un film) in Egitto.

■ **film over** [*glass, windscreen*] ricoprirsi di una patina.

film archive /ˈfɪlmˌɑːkaɪv/ n. archivio m. cinematografico.

film award /ˌfɪlməˈwɔːd/ n. premio m. cinematografico.

film badge /ˈfɪlmˌbædʒ/ n. pellicola f. dosimetrica.

film buff /ˈfɪlmbʌf/ n. COLLOQ. patito m. (-a) di cinema.

film camera /ˈfɪlmˌkæmərə/ n. cinecamera f., cinepresa f.

film club /ˈfɪlmklʌb/ n. cineclub m.

film contract /ˈfɪlmˌkɒntrækt/ n. contratto m. cinematografico.

film coverage /ˈfɪlmˌkʌvərɪdʒ/ n. ***to have the ~ of the match*** avere le riprese della partita.

film critic /ˈfɪlmˌkrɪtɪk/ ♦ ***27*** n. critico m. (-a) cinematografico (-a).

film director /ˈfɪlmdaɪˌrektə(r), -dɪ-/ ♦ ***27*** n. regista m. e f.

film festival /ˈfɪlmˌfestɪvl/ n. festival m. del cinema, cinematografico.

filmgoer /ˈfɪlmgəʊə(r)/ n. frequentatore m. (-trice) di cinema.

filmily /ˈfɪlmɪlɪ/ avv. **1** *(transparently)* in modo trasparente **2** *(in a cloudy way)* in modo confuso.

film industry /ˈfɪlmˌɪndəstrɪ/ n. industria f. cinematografica.

filminess /ˈfɪlmɪnɪs/ n. **1** *(thinness)* trasparenza f. **2** *(cloudiness)* nebulosità f., opacità f.

filming /ˈfɪlmɪŋ/ n. CINEM. (il) girare un film; riprese f.pl.

film laboratory /ˈfɪlmləˌbɒrətrɪ, AE -ˌlæbrətɔːrɪ/ n. laboratorio m. cinematografico.

filmland /ˈfɪlmlænd/ n. mondo m. del cinema.

film library /ˈfɪlmˌlaɪbrərɪ, AE -brerɪ/ n. cineteca f.

film magazine /ˈfɪlmmægəˌziːn/ n. rivista f. di cinema, cinematografica.

▷ **film-maker** /ˈfɪlmˌmeɪkə(r)/ ♦ ***27*** n. cineasta m. e f., regista m. e f.

film-making /ˈfɪlmˌmeɪkɪŋ/ n. cinematografia f., cinema m.

film music /ˈfɪlmˌmjuːzɪk/ n. musica f. da film.

filmography /fɪlˈmɒgrəfɪ/ n. filmografia f.

film poster /ˈfɪlmˌpəʊstə(r)/ n. locandina f. (cinematografica).

film premiere /ˈfɪlmˌpremɪeə(r), AE -ˌpriːmɪə(r)/ n. prima f. cinematografica.

film producer /ˈfɪlmprəˌdjuːsə(r), AE -ˌduːs-/ ♦ ***27*** n. produttore m. (-trice) cinematografico (-a).

film production /ˈfɪlmprəˌdʌkʃn/ n. produzione f. cinematografica.

> **Film rating** (USA), **film certificate** (GB) Qualifica attribuita a film e video che stabilisce la fascia di pubblico a cui è consigliata la visione. Negli Stati Uniti si individuano sei fasce: *G* (*general audiences*), per tutti; *PG* (*parental guidance*), visione consentita ai bambini con il permesso dei genitori; *PH-13* (*parental guidance for children under 13*), visione consentita ai minori di 13 anni solo con la presenza di un genitore; *R* (*restricted*), visione consentita ai minori di 17 anni solo con la presenza di un genitore; *NC-17* (*no children-17*) e *X*, vietato ai minori di 17 anni. In Gran Bretagna le fasce sono cinque: *U*, per tutti; *PG*, visione consentita ai minori con la presenza di un adulto; *12*, visione consentita ai maggiori di 12 anni; *15*, visione consentita ai maggiori di 15 anni; *18*, visione consentita ai maggiori di 18 anni.

film rights /ˈfɪlmˌraɪts/ n.pl. diritti m. cinematografici.

film script /ˈfɪlmˌskrɪpt/ n. copione m. cinematografico.

film sequence /ˈfɪlmˌsiːkwəns/ n. sequenza f. cinematografica.

1.filmset /ˈfɪlmset/ n. set m. cinematografico.

2.filmset /ˈfɪlmset/ tr. (forma in -ing **-tt-**, pass., p.pass. **~**) fotocomporre.

filmsetter /ˈfɪlmsetə(r)/ n. fotocompositrice f.

filmsetting /ˈfɪlmsetɪŋ/ n. fotocomposizione f.

film show /ˈfɪlmʃəʊ/ n. rappresentazione f., rassegna f. cinematografica.

film star /ˈfɪlmstɑː(r)/ ♦ ***27*** n. divo m. (-a), stella f. del cinema, star f. cinematografica.

film stock /ˈfɪlmstɒk/ n. pellicola f. non ancora utilizzata.

film strip /ˈfɪlmˌstrɪp/ n. filmina f.

film studio /ˈfɪlmˌstjuːdɪəʊ, AE -ˌstuː-/ n. studio m. cinematografico.

film test /ˈfɪlmtest/ n. provino m. cinematografico.

film version /ˈfɪlmˌvɜːʃn, AE -vɜːrʒn/ n. versione f. cinematografica.

filmy /'fɪlmɪ/ agg. **1** *(thin)* [*dress*] leggero, trasparente; [*fabric, screen*] trasparente; [*cloud, layer*] leggero **2** *(cloudy)* [*glass, lens*] appannato.
filoselle /'fɪləsel/ n. filaticcio m.
1.filter /'fɪltə(r)/ n. **1** TECN. filtro m.; ***air, oil, water ~*** filtro dell'aria, dell'olio, dell'acqua **2** FOT. filtro m. **3** INFORM. filtro m. **4** COSMET. filtro m.; ***sun ~*** filtro solare **5** (anche **~ lane**) BE AUT. corsia f. riservata ai veicoli che svoltano **6** BE AUT. *(arrow)* freccia f. direzionale (di semaforo).
2.filter /'fɪltə(r)/ **I** tr. filtrare [*liquid, gas, coffee*] **II** intr. **1** (anche **~ off**) BE AUT. ***to ~ off to the left*** incanalarsi nella corsia di sinistra per svoltare **2** *(trickle)* ***to ~ into*** [*light, sound, water*] filtrare in [*area*]; ***to ~ back, out*** [*crowd, people*] uscire, fluire lentamente.
▪ **filter in** [*light, sound, details*] filtrare, trapelare.
▪ **filter out: ~ *out*** [*details, news*] trapelare, filtrare; [*light, noise*] filtrare; ***~ out [sth.], ~ [sth.] out*** filtrare, eliminare filtrando [*applicants, impurities, light, noise*].
▪ **filter through: ~ *through*** [*details, light, sound*] filtrare, trapelare; ***to ~ through to sb.*** [*news*] trapelare fino a qcn.; ***~ through [sth.]*** [*sound, light*] filtrare attraverso [*screen, curtain*].
filter bed /'fɪltəbed/ n. letto m. filtrante.
filter cigarette /'fɪltəsɪgəˌret, AE -ˌsɪgərət/ n. sigaretta f. con filtro.
filter coffee /'fɪltəˌkɒfɪ, AE /-ˌkɔːfɪ/ n. *(cup of coffee)* caffè m. americano; *(ground coffee)* caffè m. macinato per filtri.
filter coffee maker /'fɪltəˌkɒfɪmeɪkə(r), AE -kɔːfɪ-/, **filter coffee machine** /'fɪltəˌkɒfɪməˌʃiːn, AE -ˌkɔːfɪ-/ n. macchina f. del caffè (all'americana).
filter funnel /'fɪltəˌfʌnl/ n. filtro m. di Büchner.
filter paper /'fɪltəpeɪpə(r)/ n. carta f. filtrante, da filtro.
filter pump /'fɪltəpʌmp/ n. pompa f. di filtrazione.
filter tip /'fɪltətɪp/ n. **1** *(of cigarette)* filtro m. **2** *(cigarette)* sigaretta f. col filtro.
filter-tipped /ˌfɪltə'tɪpt/ agg. [*cigarette*] col filtro.
filth /fɪlθ/ n. **1** *(dirt)* lordura f., sporcizia f., sudiciume m. **2** *(vulgarity)* oscenità f., indecenza f.; *(swearing)* oscenità f.pl., turpiloquio m. **3** BE POP. SPREG. *(police)* **the ~** gli sbirri.
filthily /'fɪlθɪlɪ/ avv. **1** *(in a dirty way)* sozzamente, sudiciamente **2** *(in a vulgar way)* oscenamente, indecentemente.
filthiness /'fɪlθɪnɪs/ n. **1** *(dirt)* lordura f. **2** *(vulgarity)* oscenità f., volgarità f.
▷ **filthy** /'fɪlθɪ/ agg. **1** *(dirty)* lordo, sporco, sudicio; *(revolting)* ripugnante, schifoso; ***that's a ~ habit*** è un'abitudine rivoltante **2** *(vulgar)* [*language*] osceno; [*mind*] perverso **3** BE *(unpleasant)* [*weather*] schifoso; [*look*] indecente; ***he's in a ~ humour*** è di pessimo umore.
filthy rich /ˌfɪlθɪ'rɪtʃ/ agg. COLLOQ. ricco sfondato.
1.filtrate /'fɪltreɪt/ n. (liquido) filtrato m.
2.filtrate /'fɪltreɪt/ **I** tr. filtrare **II** intr. filtrare.
filtration /fɪl'treɪʃn/ n. filtrazione f.
fimbriate(d) /'fɪmbrɪeɪt(ɪd)/ agg. BOT. ZOOL. sfrangiato, fimbriato.
1.fin /fɪn/ n. **1** ZOOL. *(of fish)* pinna f.; *(of seal)* natatoia f. **2** AER. pinna f., deriva f. **3** TECN. AUT. aletta f. **4** MAR. piano m. di deriva, deriva f.
▷ **2.fin** /fɪn/ n. AE POP. banconota f. da cinque dollari.
finable /'faɪnəbl/ agg. multabile.
finagle /fɪ'neɪgl/ tr. AE COLLOQ. **1** *(wangle)* rimediare, procurarsi (in modo disonesto) [*grade, ticket etc.*] **2** *(trick)* ***to ~ sb. into doing*** fare in modo (con l'inganno) che qcn. faccia.
finagler /fɪ'neɪglə(r)/ n. AE COLLOQ. SPREG. imbroglione m. (-a), intrallazzatore m. (-trice).
finagling /fɪ'neɪglɪŋ/ n. AE COLLOQ. intrallazzi m.pl.
▶ **final** /'faɪnl/ **I** agg. **1** attrib. *(last)* [*day, question, meeting*] finale, ultimo; ***~ examinations*** BE UNIV. esami finali; AE UNIV. esami di fine semestre; ***~ instalment*** COMM. ultima rata **2** *(definitive)* [*decision, answer*] definitivo, finale; [*result*] finale; [*judgment*] irrevocabile, definitivo; ***that's ~!*** (e) basta! ***to have the ~ word*** avere l'ultima parola; ***she has the ~ say*** è lei che ha l'ultima parola, la decisione finale spetta a lei; ***the referee's decision is ~*** la decisione dell'arbitro è inappellabile **II** n. **1** SPORT finale f. **2** GIORN. *(edition)* ultima edizione f.; ***the late ~*** l'ultima edizione della notte.
final approach /ˌfaɪnlə'prəʊtʃ/ n. AER. avvicinamento m.
final cause /ˌfaɪnl'kɔːz/ n. FILOS. causa f. ultima.
final demand /ˌfaɪnldɪ'mɑːnd, AE -dɪ'mænd/ n. COMM. ultimo avviso m.
final dividend /ˌfaɪnl'dɪvɪdend/ n. ECON. dividendo m. di fine anno; dividendo m. finale.
finale /fɪ'nɑːlɪ, AE -nælɪ/ n. MUS. TEATR. finale m.; ***grand ~*** gran finale.
final invoice /ˌfaɪnl'ɪnvɔɪs/ n. COMM. fattura f. definitiva.
▷ **finalist** /'faɪnəlɪst/ n. finalista m. e f.
finality /faɪ'nælətɪ/ n. (l')essere definitivo, decisivo, definitività f.; ***with ~*** in modo perentorio.
finalization /ˌfaɪnəlaɪ'zeɪʃn, AE -lɪ'z-/ n. finalizzazione f., (il) finalizzare.
finalize /'faɪnəlaɪz/ tr. concludere [*letter, purchase, contract, deal*]; definire [*plan, decision, details*]; completare, ultimare [*report*]; completare [*team*]; fissare, definire [*timetable, route*]; passare in giudicato [*divorce*].
▶ **finally** /'faɪnəlɪ/ avv. **1** *(eventually)* [*decide, accept, arrive, happen*] alla fine, finalmente; ***they ~ arrived*** alla fine sono arrivati **2** *(lastly)* infine; ***~ I would like to thank...*** infine, vorrei ringraziare... **3** *(definitively)* [*settle, resolve, decide*] definitivamente.
final notice /ˌfaɪnl'nəʊtɪs/ n. COMM. ultimo avviso m.
finals /'faɪnlz/ n.pl. **1** UNIV. BE esami m. finali; AE esami m. di fine semestre **2** SPORT *(last few games)* finali f., fase f.sing. finale; *(last game)* finale f.sing.
Final Solution /ˌfaɪnlsə'luːʃn/ n. STOR. soluzione f. finale.
▶ **1.finance** /'faɪnæns, fɪ'næns/ **I** n. **1** *(banking, money systems)* finanza f.; ***high ~*** l'alta finanza **2** *(funds)* finanze f.pl., mezzi m.pl. finanziari; ***to get*** o ***obtain ~*** ottenere i mezzi finanziari, i fondi (**for** per; **from** da) **3** *(credit)* finanziamento m.; ***free ~!, 0% ~!*** finanziamento a tasso 0! **II finances** n.pl. *(financial situation) (of person)* finanze f.; *(of company, country)* situazione f. finanziaria **III** modif. [*minister, ministry*] delle finanze; [*committee, director, page, correspondent*] finanziario.
▶ **2.finance** /'faɪnæns, fɪ'næns/ tr. finanziare [*project*].
finance bill /'faɪnænsˌbɪl, fɪ'næns-/ n. progetto m. di legge finanziaria.
finance company /'faɪnænsˌkʌmpənɪ, fɪ'næns-/, **finance house** /'faɪnænsˌhaʊs, fɪ'næns-/ n. società f. finanziaria.
▷ **financial** /faɪ'nænʃl, fɪ-/ agg. [*adviser, backing, institution, problem, service*] finanziario.
financial backer /faɪ'nænʃlˌbækə(r), fɪ-/ n. finanziatore m. (-trice), sovvenzionatore m. (-trice).
financial futures market /faɪˌnænʃl'fjuːtʃəzˌmɑːkɪt, fɪ-/ n. mercato m. finanziario dei futures.
▷ **financially** /faɪ'nænʃəlɪ, fɪ-/ avv. finanziariamente.
financial year /faɪˌnænʃl'jɪə(r), fɪ-, -'jɜː(r)/ n. BE anno m. finanziario, esercizio m. finanziario.
1.financier /faɪ'nænsɪə(r), AE ˌfɪnən'sɪər/ ♦ ***27*** n. finanziere m.
2.financier /faɪ'nænsɪə(r), AE ˌfɪnən'sɪər/ **I** tr. *(swindle)* truffare, frodare **II** intr. SPREG. fare operazioni finanziarie.
financing /'faɪnænsɪŋ, fɪ'nænsɪŋ/ n. finanziamento m.
finch /fɪntʃ/ n. **1** fringuello m. **2** *(in taxonomy)* fringillide m.
1.find /faɪnd/ n. *(discovery)* scoperta f., ritrovamento m.; *(lucky purchase)* scoperta f.; ***an arms ~*** la scoperta di un nascondiglio di armi; ***she's a real ~*** COLLOQ. è un vero tesoro.
▶ **2.find** /faɪnd/ **I** tr. (pass., p.pass. **found**) **1** *(discover by chance)* trovare, ritrovare (per caso) [*thing, person*]; ***"found: black kitten"*** "(è stato) ritrovato (un) gattino nero"; ***I found a letter lying on the table*** ho trovato una lettera sul tavolo; ***to leave sth. as one found it*** lasciare qcs. come la si è trovata; ***to ~ sb. doing*** scoprire *o* sorprendere qcn. a fare; ***to ~ sth. locked, sb. dead*** trovare qcs. chiuso, qcn. morto; ***to ~ sth. to be locked, sb. to be dead*** constatare *o* rendersi conto che qcs. è chiuso, che qcn. è morto; ***to ~ that*** constatare che *o* rendersi conto che; ***she arrived (only) to ~ that the train had left*** arrivò giusto in tempo per constatare che il treno era partito **2** *(discover by looking)* trovare, ritrovare [*thing, person*]; ***I can't ~ my keys*** non trovo le (mie) chiavi; ***to ~ sth. on a map*** trovare qcs. su una cartina; ***to ~ one's place in a book*** trovare il segno (in un libro); ***I found her glasses for her*** le ho ritrovato gli occhiali; ***to ~ one's*** o ***the way*** trovare la strada; ***to ~ one's way out of*** riuscire ad uscire da [*building, forest, city*]; ***to ~ one's own way home*** ritrovare la strada di casa **3** *(discover desired thing)* trovare [*job, vocation, flat, car, seat, solution*]; ***you'll ~ lingerie downstairs*** *(in shop)* troverà la lingerie al piano inferiore; ***to ~ room for*** trovare lo spazio per [*object, food*]; ***to ~ (the) time, the energy, the money for*** trovare il tempo, l'energia, i soldi per; ***to ~ sth. for sb.*** o ***to ~ sb. sth.*** trovare qcs. a qcn.; ***to ~ something for sb. to do*** o ***to ~ sb. something to do*** trovare qcs. da fare a qcn.; ***to ~ oneself sth.*** trovarsi qcs. **4** *(encounter)* trovare [*word, term*]; incontrare, trovare [*species*]; ***it is not found in Europe*** non lo si trova in Europa; ***it is to be found in the Louvre*** lo si può vedere al Louvre **5** *(judge, consider)* trovare, considerare (**that** che); ***how did you ~ her?*** come l'hai trovata? ***to ~ sb. polite, a bore*** trovare qcn. gentile, noioso; ***to ~ sb., sth. to be*** trovare che qcn., qcs. sia; ***to ~ sth. easy, hard etc.***

to do trovare qcs. facile, difficile ecc. da fare; ***to ~ it easy, painful, difficult to do*** trovare facile, doloroso, difficile, fare *o* trovare che sia facile, doloroso, difficile fare; ***to ~ it incredible, encouraging that*** trovare incredibile, incoraggiante che **6** *(experience)* provare [*pleasure, satisfaction*] (**in** in; **in doing** a, nel fare); trovare [*comfort*] (**in** in; **in doing** nel fare) **7** *(reach)* ***to ~ its mark, its target*** colpire il bersaglio, andare a segno; ***to ~ its, one's (own) level*** raggiungere il suo, il proprio livello; ***to ~ its way to, into*** riuscire a raggiungere [*bin, pocket, area*]; ***how did it ~ its way into your bag?*** come è riuscito a entrare nella tua borsa? **8** DIR. ***to ~ that*** dichiarare che; ***to ~ sb. guilty, not guilty*** dichiarare qcn. colpevole, innocente; ***to be found guilty*** essere giudicato, dichiarato colpevole; ***how do you ~ the accused?*** come giudicate gli imputati? **9** *(arrive to find)* [*letter, card, day*] trovare [*person*]; ***I hope this card ~s you well*** spero che questa cartolina ti trovi in buona salute; ***the next day found him feeling ill*** il giorno dopo si sentì male **10** INFORM. trovare, cercare **II** intr. (pass., p.pass. **found**) DIR. ***to ~ for, against sb.*** pronunciarsi a favore, contro qcn. **III** rifl. (pass., p.pass. **found**) ***to ~ oneself*** **1** *(discover suddenly)* ritrovarsi; ***to ~ oneself in Crewe, trapped*** ritrovarsi a Crewe, intrappolato; ***to ~ oneself unable to do*** sentirsi incapace di fare; ***to ~ oneself agreeing, wishing that*** sorprendersi a essere d'accordo, a desiderare che; ***to ~ oneself being swept along by the crowd*** ritrovarsi trascinato dalla folla **2** *(discover one's vocation)* scoprire la propria vocazione ♦ ***to ~ one's feet*** cavarsela, camminare con le proprie gambe; ***to take sb. as one ~s him, her*** prendere qcn. così com'è.

▪ **find out:** ~ *out* scoprire; ***I hope no-one ~s out*** spero che non lo scopra nessuno; ~ *out [sth.]*, ~ *[sth.] out* scoprire, trovare [*fact, answer, name, cause, truth*]; ~ *out who, why, where etc.* scoprire chi, perché, dove ecc.; ~ *out that* scoprire che; ~ *[sb.] out* scoprire, smascherare [*person*]; ***to be found out*** essere scoperto, smascherato; ~ *out about* **1** *(discover, learn by chance)* scoprire (per caso) [*plan, affair, breakage*] **2** *(research, investigate)* informarsi su, fare ricerche su [*subject, topic*].

findable /ˈfaɪndəbl/ agg. trovabile, che si può trovare.

finder /ˈfaɪndə(r)/ n. **1** *(of treasure, lost thing)* chi trova, scopritore m. (-trice); ***the ~ will receive a reward*** chi lo ritrova riceverà una ricompensa **2** *(telescope)* (cannocchiale) cercatore m. **3 -finder** in composti ***job~*** = chi gestisce un'agenzia di collocamento; ***house~*** agente immobiliare; ***fact~*** chi indaga sui fatti ♦ ***~s keepers (losers weepers)*** = chi trova qualcosa se la tiene.

finding /ˈfaɪndɪŋ/ n. **I** *(of court, committee, research)* accertamento m., reperimento m. **II findings** n.pl. *(of enquiry)* conclusione f.sing.; ***they made the following ~s*** hanno tratto le seguenti conclusioni.

▶ **1.fine** /faɪn/ **I** agg. **1** *(very good)* [*performance, writer, example, specimen, quality, standard*] buono, eccellente; ***to be in ~ form*** essere in buona *o* ottima forma; ***a ~ figure of a woman*** ANT. o SCHERZ. una gran bella donna **2** *(satisfactory)* [*holiday*] bello; [*meal, arrangement*] buono, soddisfacente; ***that's ~*** bene *o* va bene; ***to be, feel ~*** stare, sentirsi bene; ***"~, thanks"*** "(molto) bene, grazie"; ***"we'll go now, OK?" - "~"*** "andiamo adesso, va bene?" - "bene *o* d'accordo"; ***that's ~ by*** o ***with me*** per me va bene **3** COLLOQ. IRON. ***a ~ friend you are!*** bell'amico che sei! ***you picked a ~ time to tell me!*** hai scelto proprio il momento giusto per dirmelo! ***you're, she's a ~ one to talk!*** senti chi parla *o* parli proprio tu, parla proprio lei! ***that's all very ~, but...*** va tutto bene, però... **4** *(nice)* [*weather, morning, day*] bello; ***it's, the weather's ~*** fa bello, il tempo è bello; ***to keep*** o ***stay ~*** continuare a far bello; ***one ~ day*** un bel giorno; ***one of these ~ days*** uno di questi giorni *o* un giorno o l'altro **5** *(very thin, delicate)* [*hair, thread, line, feature, comb, fabric, spray, mist, layer*] fine, sottile; [*sieve, net*] a maglie fitte; [*mesh*] fitto **6** *(small-grained)* [*powder, soil, particles*] fine **7** *(subtle)* [*detail, distinction, judgment*] sottile; [*adjustment*] ingegnoso **8** *(delicate and high quality)* [*china, crystal*] finissimo; [*lace, linen*] fine, di pregiata fattura; [*wine*] pregiato **9** *(refined, grand)* [*lady, gentleman, clothes, manners*] raffinato, elegante, fine; ***sb.'s ~r feelings*** i sentimenti elevati di qcn. **10** *(commendable)* [*person*] bravo; ***he's a ~ man*** è un brav'uomo **11** *(pure)* [*gold, silver*] fino, puro **II** avv. **1** [*get along, come along, do*] bene; ***you're doing ~*** stai facendo *o* andando bene; ***that suits me ~*** mi va (molto) bene **2** [*cut, chop, slice*] finemente, a piccoli pezzi ♦ ***not to put too ~ a point on it*** per dirla tutta *o* per dirla senza mezzi termini; ***a chance would be a ~ thing!*** COLLOQ. mi piacerebbe *o* sarebbe davvero bello! ***to cut it a bit ~*** farcela per un pelo; ***there is a ~ line between X and Y*** c'è una sottile distinzione tra X e Y; ***to tread a ~ line*** agire in modo prudente.

2.fine /faɪn/ **I** tr. schiarire [*beer, wine*] **II** intr. [*beer, wine*] schiarirsi.

▪ **fine away:** ~ *[sth.] away* assottigliare, smussare [*angles*]; levigare [*surface*].

▪ **fine down, fine off** → **fine away**.

3.fine /faɪn/ n. ammenda f.; *(for traffic offence)* multa f., contravvenzione f. (**for** per); ***to get*** o ***be given a ~*** prendere una multa; ***to impose a ~ of £ 50, the maximum ~ on sb.*** condannare qcn. a una multa di 50 sterline, al massimo dell'ammenda; ***"no smoking - maximum ~ £ 50"*** "vietato fumare - multe fino a 50 sterline."

4.fine /faɪn/ tr. multare [*offender*] (**for** per; **for doing** per aver fatto); *(for traffic offence)* multare, elevare una contravvenzione a [*offender*]; ***to ~ sb. £ 50*** multare qcn. di 50 sterline.

fine art /ˌfaɪnˈɑːt/ n. belle arti f.pl.; ***to study ~*** studiare belle arti; ***the ~s*** le belle arti ♦ ***she's got lying down to a ~*** è un'artista *o* una maestra della menzogna.

fine-draw /ˌfaɪnˈdrɔː/ tr. (pass. **fine-drew**; p.pass. **fine-drawn**) riparare con rammendo invisibile.

fine-drawn /ˌfaɪnˈdrɔːn/ **I** p.pass. → **fine-draw II** agg. [*distinction*] sottile.

fine-drew /ˌfaɪnˈdruː/ pass. → **fine-draw**.

fine grain /ˌfaɪnˈgreɪn/ agg. FOT. a grana fine.

fine-grained /ˌfaɪnˈgreɪnd/ agg. **1** [*wood, leather*] a grana fine **2** [*salt, sugar*] fino.

▷ **finely** /ˈfaɪnlɪ/ avv. **1** [*chopped, grated, ground, minced*] finemente **2** [*balanced, controlled, judged, poised*] accuratamente **3** [*carved, wrought*] finemente, delicatamente **4** [*written, painted, executed*] benissimo, magnificamente **5** *(sumptuously)* [*dressed, furnished*] elegantemente, finemente.

fineness /ˈfaɪnnɪs/ n. *(of metal)* titolo m.

fineness ratio /ˈfaɪnnɪsˌreɪʃɪəʊ/ n. rapporto m. di finezza.

fine print /ˌfaɪnˈprɪnt/ n. **U** caratteri m.pl. minuti.

1.finery /ˈfaɪnərɪ/ n. eleganza f.; abbigliamento m. sfarzoso; ***in all her ~*** in tutto il suo splendore.

2.finery /ˈfaɪnərɪ/ n. METALL. forno m. di puddellaggio.

fine-spoken /ˈfaɪnˌspəʊkən/ agg. [*person*] che parla bene.

finespun /ˈfaɪnspʌn/ agg. [*notion, argument*] (molto) sottile.

1.finesse /fɪˈnes/ n. **1** finezza f., delicatezza f. **2** *(in cards)* impasse f.

2.finesse /fɪˈnes/ **I** tr. **1** *(handle adroitly)* trattare con delicatezza, diplomazia [*situation, person*]; aggirare [*objections*] **2** *(in cards)* fare l'impasse giocando [*card, king, queen*] **II** intr. *(in cards)* fare un'impasse.

fine-tooth(ed) comb /ˌfaɪnˈtuːθ(t)kəʊm/ n. pettine m. a denti fitti, pettinella f. ♦ ***to go over*** o ***through sth. with a ~*** passare qcs. al setaccio.

fine-tune /ˌfaɪnˈtjuːn, AE -ˈtuːn/ tr. MECC. mettere a punto.

fine tuning /ˌfaɪnˈtjuːnɪŋ, AE -ˈtuːnɪŋ/ n. MECC. messa f. a punto.

Fingal /ˈfɪŋgl/ n.pr. Fingal (nome di uomo).

▶ **1.finger** /ˈfɪŋgə(r)/ ♦ **2 I** n. **1** ANAT. dito m.; ***first*** o ***index ~*** indice; ***second ~*** medio; ***third*** o ***ring ~*** anulare; ***fourth*** o ***little ~*** mignolo; ***to wear a ring on one's index ~*** portare un anello all'indice; ***he put a ring on her ~*** ha messo un anello al suo dito; ***to point one's ~ at sb., sth.*** indicare qcn., qcs. col dito, mostrare a dito qcn., qcs.; ***she ran her ~s through his hair*** gli ha passato le dita nei capelli; ***to run one's ~s over sth.*** passare le dita sopra qcs.; ***something is wrong, but I can't quite put my ~ on it*** FIG. qualcosa non va, ma non riesco a individuarlo con precisione; ***he didn't lift*** o ***raise a ~ to help*** non alzò *o* mosse un dito per aiutare; ***I didn't lay a ~ on her*** non l'ho sfiorata (neanche con un dito); ***if you so much as lay a ~ on my hi-fi I'll...*** se solo ti azzardi a toccare il mio stereo io...; ***I didn't lay a ~ on it*** non l'ho (neppure) toccato, non l'ho neanche sfiorato; ***to put two ~s up at sb.*** BE COLLOQ., ***to give sb. the ~*** AE COLLOQ. mandare qcn. a prenderlo in quel posto (con un gesto della mano); ***I can count the number of beers he has bought me on the ~s of one hand*** IRON. le birre che mi ha offerto si contano sulle dita di una mano **2** *(of glove)* dito m. **3** *(narrow strip)* *(of land)* striscia f.; *(of mist, smoke)* filo m. **4** *(small amount)* dito m.; ***two ~s of whisky*** due dita di whisky **II -fingered** agg. in composti ***light~ed*** dalle dita leggere; FIG. *(skilful at stealing)* dalle mani lunghe ♦ ***to get one's ~s burnt*** scottarsi le dita; ***to twist*** o ***wrap sb. around one's little ~*** rigirarsi qcn., fare ciò che si vuole di qcn.; ***to keep one's ~s crossed*** incrociare le dita, toccare ferro (**for sb.** per qcn.); ***to point the ~ at sb.*** puntare il dito contro, incolpare qcn.; ***to point the ~ of suspicion at sb.*** gettare dei sospetti su qcn.; ***to put the ~ on sb.*** denunciare qcn.; ***to pull one's ~ out*** POP. muoversi, darsi una mossa; ***to slip through sb.'s ~s*** [*opportunity*] sfuggire (di tra le dita); [*wanted man*] (riuscire a) scappare.

2.finger /ˈfɪŋgə(r)/ tr. **1** toccare, tastare [*fruit, goods*]; toccare, palpare [*fabric, silk*]; toccare con le dita [*tie, necklace*]; ***to ~ one's beard*** toccarsi la barba **2** MUS. diteggiare.

finger-alphabet /ˈfɪŋɡərˌælfəbet/ n. linguaggio m. dei segni (utilizzato dai sordomuti).
finger biscuit /ˈfɪŋɡəˌbɪskɪt/ n. = biscotto dalla forma allungata come lingua di gatto, savoiardo ecc.
fingerboard /ˈfɪŋɡəbɔːd/ n. MUS. tastiera f.
finger bowl /ˈfɪŋɡəbəʊl/ n. vaschetta f. lavadita, lavadita m.
fingerbreadth /ˈfɪŋɡəbredθ/ n. dito m. (unità di misura pari a circa 3 cm).
finger buffet /ˈfɪŋɡəˌbʊfeɪ, AE -bəˌfeɪ/ n. = buffet durante il quale vengono serviti cibi, come crostini, tartine ecc., che possono essere presi con le mani.
finger cot /ˈfɪŋɡəkɒt/ n. → **finger-stall**.
finger cymbal /ˈfɪŋɡəˌsɪmbl/ ♦ *17* n. castagnette f.pl., nacchere f.pl.
finger-dry /ˌfɪŋɡəˈdraɪ/ tr. ***to ~ one's hair*** passare le dita nei capelli per farli asciugare.
fingered /ˈfɪŋɡəd/ **I** p.pass. → **2.finger II** agg. **1** BOT. [*leaf*] digitato **2** MUS. diteggiato.
finger exercises /ˈfɪŋɡərˌeksəsaɪzɪz/ n.pl. MUS. esercizi m. di diteggiatura.
finger fern /ˈfɪŋɡəfɜːn/ n. **1** cedracca f., asplenio m. **2** scolopendrio m.
finger food /ˈfɪŋɡəfuːd/ n. = cibi, come crostini, tartine ecc., che possono essere presi con le mani.
finger hole /ˈfɪŋɡəhəʊl/ n. foro m. (di strumento musicale a fiato).
1.fingering /ˈfɪŋɡərɪŋ/ n. diteggiatura f.
2.fingering /ˈfɪŋɡərɪŋ/ n. lana f. grossa da calze.
fingerless glove /ˈfɪŋɡəlɪsˌɡlʌv/ n. mezzoguanto m.
fingerling /ˈfɪŋɡəlɪŋ/ n. **1** *(diminutive thing)* cosa f. minuscola **2** *(young fish)* pesciolino m.; *(salmon)* piccolo salmone m.
finger mark /ˈfɪŋɡəmɑːk/ n. ditata f., impronta f. lasciata da un dito.
finger-nail /ˈfɪŋɡəneɪl/ n. unghia f. della mano.
finger-paint /ˈfɪŋɡəˌpeɪnt/ intr. dipingere con le dita.
finger painting /ˈfɪŋɡəˌpeɪntɪŋ/ n. **1** *(technique)* pittura f. con le dita **2** *(picture)* dipinto m. fatto con le dita.
finger plate /ˈfɪŋɡəpleɪt/ n. piastrina f. protettiva dalle ditate (su una porta).
finger post /ˈfɪŋɡəpəʊst/ n. cartello m. stradale indicatore di direzione.
▷ **1.fingerprint** /ˈfɪŋɡəprɪnt/ **I** n. impronta f. digitale; ***to take sb.'s ~s*** prendere le impronte digitali a qcn.; ***a set of ~s*** = le impronte digitali di una persona schedate da un'autorità; ***genetic ~, DNA ~*** marcatore genetico, prova del DNA **II** modif. [*expert*] di impronte digitali.
2.fingerprint /ˈfɪŋɡəprɪnt/ tr. prendere le impronte digitali a [*person*]; rilevare le impronte digitali su [*glass, surface, weapon*].
fingerprinting /ˈfɪŋɡəˌprɪntɪŋ/ n. (il) rilevare le impronte digitali.
fingerprinting kit /ˈfɪŋɡəprɪntɪŋˌkɪt/ n. attrezzatura f. per l'accertamento dattiloscopico.
finger-stall /ˈfɪŋɡəstɔːl/ n. salvadito m., copridito m.; ditale m.
finger tight /ˈfɪŋɡətaɪt/ agg. stretto (il più possibile) a mano.
▷ **fingertip** /ˈfɪŋɡətɪp/ n. punta f. del dito; ***to touch sth. with one's ~s*** toccare qcs. con la punta delle dita ♦ ***to have sth. at one's ~s*** sapere qcs. a menadito *o* avere qcs. sulla punta delle dita; ***she's an aristocrat to her ~s*** è un'aristocratica dalla testa ai piedi *o* è una vera aristocratica.
fingertip control /ˈfɪŋɡətɪpkənˌtrəʊl/ n. = controllo, comando azionabile con le dita.
finger trouble /ˈfɪŋɡəˌtrʌbl/ n. INFORM. COLLOQ. errore m. di battitura.
fingerwagging /ˈfɪŋɡəwæɡɪŋ/ **I** n. rimprovero m., accusa f. **II** modif. [*memo, minister*] accusatore.
finial /ˈfɪnɪəl/ n. ARCH. fiore m. cruciforme di pinnacolo.
finical /ˈfɪnɪkl/ agg. → **finickin**.
finicalness /ˈfɪnɪklnɪs/ n. *(excessive precision)* pignoleria f., meticolosità f.
finically /ˈfɪnɪkəlɪ/ avv. schizzinosamente, meticolosamente.
finickin /ˈfɪnɪkɪn/, **finicking** /ˈfɪnɪkɪŋ/, **finicky** /ˈfɪnɪkɪ/ agg. **1** [*person*] pignolo, schizzinoso, difficile (**about** riguardo a) **2** [*job, task*] meticoloso, minuzioso.
finis /ˈfɪnɪs/ n. *(at the end of books, films etc.)* fine f.
▶ **1.finish** /ˈfɪnɪʃ/ n. **1** *(end)* fine f.; ***from start to ~*** dall'inizio alla fine; ***it will be a fight to the ~*** si combatterà fino all'ultimo (anche FIG.); ***to be in at the ~*** essere presente alla fine, all'ultima fase, vedere il finale **2** SPORT finale m., arrivo m.; ***it was a close ~*** fu un arrivo serrato, un arrivo al fotofinish; ***an athlete with a good ~*** un atleta con un buono sprint finale **3** *(surface, aspect) (of clothing, wood, car)* finitura f.; *(of fabric, leather)* appretto m.; ***a car with a metallic ~*** un'auto con la vernice metallizzata; ***paint with a matt, silk ~*** vernice opaca, satinata; ***a wine with a smooth ~*** un vino abboccato.
▶ **2.finish** /ˈfɪnɪʃ/ **I** tr. **1** *(complete)* finire [*chapter, sentence, task*]; finire, terminare, portare a termine [*building, novel, sculpture, opera*]; ***to ~ doing*** finire di fare; ***I must get this report ~ed*** devo finire questo rapporto **2** *(leave)* finire [*work, studies*]; ***I ~ work at 5.30 pm*** smetto di lavorare alle 17 e 30; ***she ~es school, university next year*** finirà la scuola, l'università l'anno prossimo **3** *(consume)* finire [*cigarette, drink, meal*]; ***who ~ed all the biscuits?*** chi ha finito tutti i biscotti? **4** *(put an end to)* porre fine a, troncare [*career*] **5** COLLOQ. *(exhaust)* sfinire, distruggere; *(demoralize)* distruggere [*person*]; ***that long walk ~ed me!*** quella lunga camminata mi ha distrutto! ***this news nearly ~ed him*** la notizia lo ha quasi distrutto **II** intr. **1** *(end)* [*conference, programme, term, holidays*] finire, terminare; ***the meeting ~es at 3 pm*** la riunione finisce alle 15; ***the film ~es on Thursday*** il film non sarà più in programmazione da giovedì; ***I'll see you when the concert ~es*** ci vediamo quando finisce il concerto; ***wait until the music ~es*** aspetta che finisca la musica; ***as the concert was ~ing*** quando stava finendo il concerto; ***after the lecture ~es we'll have lunch*** pranzeremo quando finirà la conferenza; ***I'm waiting for the washing machine to ~*** aspetto che la lavatrice abbia finito **2** *(reach end of race)* finire, arrivare; ***my horse ~ed first*** il mio cavallo è arrivato primo; ***the horse, the athlete failed to ~*** il cavallo, l'atleta non è riuscito ad arrivare alla fine **3** *(conclude)* [*speaker*] finire, concludere; ***he won't let me ~*** non mi fa finire (di parlare); ***let me ~*** lasciami finire; ***she ~ed with a quotation*** concluse con una citazione **4** *(leave employment)* ***I ~ed at the bank yesterday*** ieri ho smesso di lavorare in banca.
■ **finish off:** *~ [sth.] off, ~ off [sth.]* **1** *(complete)* finire, terminare [*letter, task*]; ***I'll just ~ off the ironing*** finisco solo di stirare **2** *(round off)* ***to ~ off the meal with a glass of brandy*** terminare il pasto con un bicchiere di brandy; *~ [sb.] off* **1** *(exhaust)* sfinire, distruggere; *(demoralize)* distruggere [*person*] **2** *(kill)* finire [*person, animal*].
■ **finish up:** *~ up* [*person*] *(at end of journey)* finire, andare a finire; *(in situation)* finire, ritrovarsi; ***they ~ed up in London*** finirono a Londra; ***he ~ed up in prison*** finì in prigione; ***to ~ up as a teacher*** alla fine divenne insegnante; ***to ~ up (by) doing*** finire per fare; *~ [sth.] up, ~ up [sth.]* finire [*milk, paint, cake*].
■ **finish with:** *~ with [sth.]* finire con; ***have you ~ed with the newspaper?*** hai finito di leggere il giornale? ***hurry up and ~ with the scissors, I need them*** sbrigati con le forbici, ne ho bisogno; ***pass the pen to me when you've ~ed with it*** passami la penna quando hai finito; ***I'm ~ed with school, politics!*** basta con la scuola, con la politica! *o* con la scuola, la politica ho chiuso! *~ with [sb.]* **1** *(split up)* farla finita, rompere con [*girlfriend, boyfriend*] **2** *(stop punishing)* ***I haven't ~ed with you yet!*** con te non ho ancora finito! ***you'll be sorry when I've ~ed with you!*** saranno guai quando avrò finito con te!
▷ **finished** /ˈfɪnɪʃt/ **I** p.pass. → **2.finish II** agg. **1** ***beautifully ~*** [*furniture, interior etc.*] elegantemente rifinito; ***interior ~ in marble, grey*** finiture interne in marmo, in grigio; ***walls ~ in blue gloss*** muri verniciati di blu brillante; ***the ~ product*** il prodotto finito **2** *(accomplished)* [*performance*] eccellente, perfetto **3** *(ruined)* finito, rovinato; ***as a boxer he's ~*** come pugile è finito; ***after the scandal her career was ~*** dopo lo scandalo la sua carriera era finita.
finisher /ˈfɪnɪʃə(r)/ ♦ *27* n. finitore m. (-trice), rifinitore m. (-trice).
▷ **finishing** /ˈfɪnɪʃɪŋ/ **I** n. **1** finitura f., rifinitura f. **2** SPORT *(in football)* ***Filippo's ~ is deadly*** Filippo è un grandissimo realizzatore **II** agg. [*stroke*] conclusivo, finale.
finishing line /ˈfɪnɪʃɪŋlaɪn/ n. BE linea f. d'arrivo, traguardo m.
finishing post /ˈfɪnɪʃɪŋpəʊst/ n. traguardo m.
finishing school /ˈfɪnɪʃɪŋskuːl/ n. SCOL. = scuola di buone maniere per ragazze.
finishing touch /ˈfɪnɪʃɪŋˌtʌtʃ/ n. ultimo tocco m., tocco m. finale; ***to put the ~es to*** dare gli ultimi tocchi a [*painting, speech, room*].
finish line /ˈfɪnɪʃˌlaɪn/ n. AE → **finishing line**.
finite /ˈfaɪnaɪt/ agg. **1** [*resources*] limitato **2** MAT. FILOS. LING. finito.
finitely /ˈfaɪnaɪtlɪ/ avv. limitatamente.
finiteness /ˈfaɪnaɪtnɪs/ n. (l')essere limitato.
1.fink /fɪŋk/ n. AE POP. SPREG. **1** *(informer)* spione m. (-a), spia f. **2** *(contemptible person)* carogna f.
2.fink /fɪŋk/ intr. AE POP. SPREG. *(inform)* ***to ~ on sb.*** fare la spia su qcn.
■ **fink out** POP. fare marcia indietro, ritirarsi; ***to ~ out on sb.*** piantare in asso qcn.

Finlander /ˈfɪnləndə(r)/ ➧ *18* n. RAR. finlandese m. e f.
Finland /ˈfɪnlənd/ ➧ *6* n.pr. Finlandia f.
Finn /fɪn/ ➧ *18* n. finlandese m. e f.
finnan /ˈfɪnən/ n. *(haddock)* eglefino m. affumicato.
finned /ˈfɪnd/ agg. dotato di pinne.
Finnegan /ˈfɪnɪgən/ n.pr. Finnegan (nome di uomo).
finner /ˈfɪnə(r)/ n. balenottera f. comune.
Finnic /ˈfɪnɪk/ agg. finnico.
Finnish /ˈfɪnɪʃ/ ➧ *18, 14* **I** agg. finlandese **II** n. LING. finlandese m.
Finno-Ugric /ˌfɪnəʊˈuːgrɪk/ ➧ *14* **I** agg. ugro-finnico **II** n. ugro-finnico m.
finny /ˈfɪnɪ/ agg. **1** *(having fins)* dotato di pinne **2** *(resembling a fin)* simile a una pinna **3** LETT. pescoso.
Fiona /fɪˈəʊnə/ n.pr. Fiona (nome di donna).
fiorin /ˈfaɪərɪn/ n. agrostide f.
fiord → **fjord**.
fir /fɜː(r)/ n. (anche ~ **tree**) abete m.
fir cone /ˈfɜːkəʊn/ n. pigna f. (d'abete).
▶ **1.fire** /ˈfaɪə(r)/ **I** n. **1** *(element)* fuoco m.; ***to set ~ to sth., to set sth. on ~*** dare fuoco a qcs., appiccare il fuoco a qcs.; ***to be on ~*** essere in fiamme; ***to be destroyed by ~*** essere distrutto dal fuoco; ***to catch ~*** prendere fuoco; ***to be on ~ with love, desire*** bruciare d'amore, dal desiderio **2** *(blaze)* incendio m.; ***to start a ~*** provocare un incendio; ***a ~ broke out*** scoppiò un incendio; ***the ~ is out*** l'incendio è spento **3** *(for warmth)* fuoco m.; ***to make*** o ***build a ~*** fare *o* accendere un fuoco; ***to sit by the ~*** sedersi accanto al fuoco; ***a lovely ~*** un bel fuoco; ***a roaring ~*** un gran fuoco; ***electric ~*** BE stufa elettrica **4 U** *(shots)* fuoco m., tiro m.; ***to open ~ on sb.*** aprire il fuoco *o* fare fuoco su, contro qcn.; ***to exchange ~*** ingaggiare uno scontro a fuoco; ***to be, come under enemy ~*** essere, finire sotto il fuoco, tiro del nemico; ***the police, passersby came under ~*** i poliziotti, alcuni passanti sono finiti sotto il fuoco; ***to be under ~*** FIG. essere fortemente criticato (**from** da); ***to draw sb.'s ~*** FIG. attirarsi le critiche di qcn.; ***to hold one's ~*** *(refrain)* non sparare; *(stop)* smettere di sparare, cessare il fuoco; ***to return sb.'s ~*** rispondere al fuoco di qcn.; ***a burst of machine-gun ~*** una raffica di mitragliatrice **5** *(verve)* foga f., entusiasmo m. **II** inter. **1** *(raising alarm)* al fuoco **2** *(order to shoot)* ~! fuoco! ◆ ***to hang ~*** MIL. [*firearm*] essere lento a sparare; FIG. [*plans, project*] andare per le lunghe; [*person*] indugiare, tirarla per le lunghe; ***to hold ~*** aspettare, restare in attesa; ***to play with ~*** scherzare col fuoco; ***he'll never set the world on ~*** COLLOQ. non farà mai nulla di eccezionale; ***I'd go through ~ and water for you*** mi butterei nel fuoco per te; ***he went through ~ and water for her*** ne ha passate di cotte e di crude a causa sua; ***to get on like a house on ~*** andare d'amore e d'accordo *o* intendersela a meraviglia.
▶ **2.fire** /ˈfaɪə(r)/ **I** tr. **1** MIL. scaricare [*gun, weapon*]; sparare [*shot*]; tirare [*arrow*]; lanciare [*rock, missile*]; ***to ~ a shot at sb., sth.*** sparare un colpo su, contro qcn., qcs. **2** *(ceremonially)* ***to ~ a (21 gun) salute*** sparare una salva (di 21 colpi di cannone) in segno di saluto **3** FIG. *(shoot)* ***to ~ questions at sb.*** bombardare qcn. di domande *o* sottoporre qcn. a un fuoco di fila di domande **4** *(inspire)* ***to be ~d with enthusiasm*** essere acceso d'entusiasmo, entusiasmarsi (**for** per); ***to ~ sb.'s imagination*** accendere la fantasia di qcn. **5** *(dismiss)* licenziare [*person*]; ***you're ~d!*** lei è licenziato **6** TECN. cuocere [*ceramics*] **II** intr. **1** MIL. sparare, fare fuoco (**at, on** su, contro) **2** MECC. [*engine*] accendersi ◆ ***~ away!*** spara! fuori il rospo!
▪ **fire off:** ~ ***off [sth.]*** **1** scaricare [*gun*]; sparare [*round, bullets*] **2** FIG. SCHERZ. *(send)* spedire [*letter, memo*].
▪ **fire up:** ~ ***[sb.] up,*** ~ ***up [sb.]*** eccitare, esaltare; ***he was all ~d up*** era tutto su di giri.
fire alarm /ˈfaɪərəˌlɑːm/ n. allarme m. antincendio.
fire-and-brimstone /ˌfaɪərəndˈbrɪmstəʊn/ agg. [*sermon*] apocalittico; [*preacher*] che annuncia l'apocalisse.
fire appliance /ˈfaɪərəˌplaɪəns/ n. autopompa f.
▷ **firearm** /ˈfaɪərɑːm/ n. arma f. da fuoco.
fireback /ˈfaɪəbæk/ n. piastra f. metallica del caminetto.
fireball /ˈfaɪəbɔːl/ n. **1** NUCL. sfera f. di fuoco **2** ASTR. bolide m., meteora f. **3** METEOR. fulmine m. globulare **4** FIG. *(person)* persona f. energica, dinamica.
firebase /ˈfaɪəbeɪs/ n. MIL. base f. di sbarramento.
fire bell /ˈfaɪəbel/ n. allarme m. antincendio.
fire-bird /ˈfaɪəbɜːd/ n. ittero m. di Baltimora.
fire-blight /ˈfaɪəblaɪt/ n. = malattia del luppolo.
fireboat /ˈfaɪəbəʊt/ n. battello m. antincendio.
1.firebomb /ˈfaɪəbɒm/ n. bomba f. incendiaria.
2.firebomb /ˈfaɪəbɒm/ tr. attaccare con bombe incendiarie [*building*].
firebox /ˈfaɪəbɒks/ n. FERR. focolare m. di caldaia.
firebrand /ˈfaɪəbrænd/ n. **1** tizzone m. ardente **2** FIG. seminatore m. (-trice) di discordia, agitatore m. (-trice), sobillatore m. (-trice).
firebreak /ˈfaɪəbreɪk/ n. tagliafuoco m.
firebrick /ˈfaɪəˌbrɪk/ n. mattone m. refrattario.
fire brigade /ˈfaɪəbrɪˌgeɪd/ n. vigili m.pl. del fuoco, corpo m. dei vigili del fuoco, pompieri m.pl.
firebug /ˈfaɪəbʌg/ n. COLLOQ. incendiario m. (-a), piromane m. e f.
fire chief /ˈfaɪətʃiːf/ n. AE comandante m. dei vigili del fuoco.
fireclay /ˈfaɪəkleɪ/ n. argilla f. refrattaria.
fire cover /ˈfaɪəˌkʌvə(r)/ n. assicurazione f. contro l'incendio.
firecracker /ˈfaɪəˌkrækə(r)/ n. petardo m.
firecrest /ˈfaɪəkrest/ n. fiorrancino m.
fire-damaged /ˈfaɪəˌdæmɪdʒd/ agg. danneggiato dal fuoco.
firedamp /ˈfaɪədæmp/ n. **U** grisou m.
fire department /ˈfaɪədɪˌpɑːtmənt/ n. AE → **fire brigade**.
firedog /ˈfaɪədɒg/ n. alare m. (del caminetto).
fire door /ˈfaɪədɔː(r)/ n. porta f. antincendio.
fire drill /ˈfaɪədrɪl/ n. esercitazione f. antincendio.
fire-eater /ˈfaɪəˌiːtə(r)/ n. mangiatore m. (-trice) di fuoco.
fire engine /ˈfaɪərˌendʒɪn/ n. autopompa f.
fire escape /ˈfaɪərɪˌskeɪp/ n. scala f. antincendio.
fire exit /ˈfaɪərˌeksɪt/ n. uscita f. di sicurezza.
fire extinguisher /ˈfaɪərɪkˌstɪŋgwɪʃə(r)/ n. estintore m.
▷ **firefighter** /ˈfaɪəfaɪtə(r)/ ➧ *27* n. vigile m. del fuoco, pompiere m.
firefighting /ˈfaɪəfaɪtɪŋ/ **I** n. lotta f. contro gli incendi **II** modif. [*operation, plane*] antincendio.
fire-flair /ˈfaɪəˌfleə(r)/ n. ZOOL. pastinaca f. comune.
firefly /ˈfaɪəflaɪ/ n. lucciola f.
fireguard /ˈfaɪəgɑːd/ n. parafuoco m.
fire hazard /ˈfaɪəˌhæzəd/ n. rischio m. d'incendio; ***to be a ~*** essere in grado di provocare incendi.
fire hose /ˈfaɪəhəʊz/ n. idrante m., manichetta f. antincendio.
firehouse /ˈfaɪəhaʊs/ n. AE caserma f. dei vigili del fuoco.
fire hydrant /ˈfaɪəˌhaɪdrənt/ n. idrante m. (antincendio).
fire insurance /ˈfaɪərɪnˌʃɔːrəns, AE -ˌʃʊər-/ n. assicurazione f. contro l'incendio.
fire irons /ˈfaɪəraɪənz, AE -ˌaɪərnz/ n.pl. ferri m. per il caminetto.
firelight /ˈfaɪəlaɪt/ n. **U** luce f. del fuoco; ***in the ~, by ~*** alla luce del fuoco.
firelighter /ˈfaɪəlaɪtə(r)/ n. esca f. per il fuoco.
firelock /ˈfaɪəlɒk/ n. fucile m. ad acciarino.
fire loss adjuster /ˈfaɪəlɒsəˌdʒʌstə(r), AE -lɔːs-/ n. perito m. liquidatore (dei danni provocati da un incendio).
fireman /ˈfaɪəmən/ ➧ *27* n. (pl. **-men**) vigile m. del fuoco, pompiere m.
fire marshall /ˈfaɪəˌmɑːʃl/ n. AE **1** = pubblico ufficiale che investiga sulle cause degli incendi e che si occupa di far osservare le leggi sulla prevenzione **2** = responsabile di un'organizzazione per la prevenzione degli incendi.
firemen /ˈfaɪəmen/ → **fireman**.
▷ **fireplace** /ˈfaɪəpleɪs/ n. caminetto m., camino m., focolare m.
fire plug /ˈfaɪəplʌg/ n. AE → **fire hydrant**.
fire-policy /ˈfaɪəˌpɒləsɪ/ n. polizza f. antincendio.
fire power /ˈfaɪəˌpaʊə(r)/ n. MIL. potenza f. di fuoco.
fire practice /ˈfaɪəˌpræktɪs/ n. → **fire drill**.
1.fireproof /ˈfaɪəpruːf/ agg. [*door*] antincendio; [*clothing*] a prova di fuoco, ignifugo.
2.fireproof /ˈfaɪəpruːf/ tr. rendere incombustibile, a prova di fuoco, ignifugo.
fire raiser /ˈfaɪəˌreɪzə(r)/ n. BE incendiario m. (-a), piromane m. e f.
fire-raising /ˈfaɪəˌreɪzɪŋ/ n. BE incendio m. doloso.
fire regulations /ˈfaɪəregjʊˌleɪʃnz/ n.pl. *(laws)* leggi f., norme f. antincendio; *(instructions)* istruzioni f. in caso d'incendio.
fire-resistant /ˈfaɪərɪˌzɪstənt/ agg. resistente al fuoco.
fire risk /ˈfaɪərɪsk/ n. rischio m. d'incendio.
fire sale /ˈfaɪəseɪl/ n. = vendita di merci danneggiate da un incendio; ***to have a ~ of assets*** ECON. liberarsi dell'attivo.
fire screen /ˈfaɪəskriːn/ n. → **fireguard**.
fire service /ˈfaɪəsɜːvɪs/ n. → **fire brigade**.
fireship /ˈfaɪəʃɪp/ n. brulotto m.
fireside /ˈfaɪəsaɪd/ n. angolo m., cantuccio m. del focolare.
fire station /ˈfaɪəˌsteɪʃn/ n. caserma f. dei vigili del fuoco.
fire-step /ˈfaɪəstep/ n. MIL. banchina f. di tiro.
firestone /ˈfaɪəstəʊn/ n. pietra f. focaia, selce f.
fire tower /ˈfaɪəˌtaʊə(r)/ n. torre m. di vigilanza antincendio.

firetrap /'faɪətræp/ n. = edificio che può prendere fuoco facilmente, o senza uscite di sicurezza.
firetruck /'faɪəˌtrʌk/ n. AE autopompa f.
firewall /'faɪəwɔːl/ n. **1** muro m. tagliafuoco **2** INFORM. firewall m.
firewarden /'faɪəˌwɔːdn/ ➧ *27* n. = ufficiale responsabile della lotta contro gli incendi e della loro prevenzione, specialmente nelle foreste.
firewater /'faɪəwɔːtə(r)/ n. COLLOQ. **U** superalcolico m.
firewood /'faɪəwʊd/ n. legna f. da ardere.
▷ **firework** /'faɪəwɜːk/ **I** n. fuoco m. d'artificio **II fireworks** n.pl. **1** fuochi m. d'artificio **2** FIG. *(trouble)* ***there'll be ~s!*** succederà il finimondo! ***to wait for the ~s to die down*** aspettare che la tempesta si plachi.
fireworks display /'faɪəwɜːksdɪˌspleɪ/ n. spettacolo m. pirotecnico, fuochi m.pl. d'artificio.
fireworks factory /'faɪəwɜːksˌfæktərɪ/ n. fabbrica f. di fuochi d'artificio.
fire-worship /'faɪəˌwɜːʃɪp/ n. adorazione f. del fuoco.
firing /'faɪərɪŋ/ n. **1** *(of guns)* tiro m., spari m.pl., (il) far fuoco; ***there was continuous ~*** c'erano continui spari **2** *(of ceramics)* cottura f.
firing line /'faɪərɪŋlaɪn/ n. ***to be in the ~*** essere sulla linea di tiro; ***to be first in the ~*** FIG. *(under attack)* essere in prima linea.
firing party /'faɪərɪŋˌpɑːtɪ/ n. → **firing squad**.
firing pin /'faɪərɪŋpɪn/ n. *(of firearm)* percussore m.
firing point /'faɪərɪŋˌpɔɪnt/ n. **1** CHIM. FIS. punto m., temperatura f. di fusione **2** MIL. postazione f. di tiro.
firing squad /'faɪərɪŋˌskwɒd/ n. plotone m. d'esecuzione; ***to face the ~*** essere davanti al plotone d'esecuzione.
firing step /'faɪərɪŋˌstep/ n. → **fire-step**.
firkin /'fɜːkɪŋ/ n. **1** = unità di misura di capacità pari a 9 galloni, equivalente a 40,91 litri **2** *(small cask)* barilotto m.
▶ **1.firm** /fɜːm/ n. *(business)* ditta f., società f., impresa f.; ***electronics, haulage ~*** ditta di elettronica, di trasporti; ***small ~*** piccola impresa; ***taxi ~*** compagnia di taxi; ***security ~*** società di sorveglianza; ***~ of architects*** studio associato di architetti; ***law ~*** studio legale.
▶ **2.firm** /fɜːm/ **I** agg. **1** *(hard)* [*mattress*] duro; [*fruit*] sodo, duro; [*handshake*] energico; ***to get a ~ grip on sth.*** tenere stretto qcs.; ***to give sth. a ~ tap, tug*** dare un colpo, uno strattone deciso a qcs. **2** *(steady)* [*table, ladder*] fermo, stabile, saldo **3** FIG. *(strong)* [*foundation, base, basis*] solido, sicuro; [*grasp*] sicuro; [*friend*] fidato, fedele; ***one must keep a ~ grip on the facts*** bisogna attenersi rigorosamente ai fatti; ***it's my ~ belief that*** è mio fermo convincimento che; ***the ~ favourite*** il grande favorito **4** *(definite)* [*offer, commitment*] stabile; [*intention, assurance, refusal*] fermo; [*date*] definitivo; [*evidence*] concreto, sicuro **5** *(resolute)* [*person, voice, purpose, response*] fermo (**with sb.** con qcn.); [*stand, leadership*] saldo; ***he needs a ~ hand*** bisogna guidarlo con mano ferma **6** ECON. [*pound, dollar, yen, market*] stabile **II** avv. ***to stand ~*** stare saldo; FIG. mantenere le proprie convinzioni; non cedere (**against** a); ***to remain*** o ***hold ~*** [*currency*] rimanere stabile (**against** in rapporto a).
3.firm /fɜːm/ intr. [*share, price*] *(stabilize)* stabilizzarsi (**at** a); *(rise)* consolidarsi (**to** a).
■ **firm up: ~ up** [*arrangement, deal*] consolidarsi; [*muscle, flesh*] rassodarsi; **~ up [sth.], ~ [sth.] up** consolidare [*arrangement, deal*]; rassodare [*muscle, flesh*].
firmament /'fɜːməmənt/ n. LETT. firmamento m.
firmamental /ˌfɜːmə'mentl/ agg. LETT. del firmamento, celeste.
firman /fɜː'mɑːn/ n. STOR. firmano m.
Firmin /'fɜːmɪn/ n.pr. Firmino.
▶ **firmly** /'fɜːmlɪ/ avv. **1** [*say, answer, state*] con fermezza; ***tell him ~ but politely...*** digli con fermezza, ma gentilmente...; ***to deal ~ with sb., sth.*** trattare qcn., qcs. con fermezza **2** [*believe, deny, be committed, be convinced, reject, resist*] fermamente; ***~ held beliefs*** ferme convinzioni **3** [*clasp, grip, hold, push, press*] in modo fermo; [*attach, fasten, tie*] saldamente; ***to be ~ rooted*** o ***embedded in sth.*** FIG. essere saldamente radicato in qcs.; ***we have it ~ under control*** è sotto il nostro completo controllo; ***she keeps her feet ~ on the ground*** ha i piedi per terra.
firmness /'fɜːmnɪs/ n. **1** fermezza f. **2** ECON. *(of price, pound, share)* stabilità f.
firmware /'fɜːmweə(r)/ n. INFORM. firmware m.
firn /fɜːn/ n. firn m., neve f. granulosa dei ghiacciai.
▶ **first** /fɜːst/ ➧ *19, 8* **I** determ. **1** *(of series, group)* primo; ***the ~ three pages, people, the three ~ pages, people*** le prime tre pagine, persone; ***the ~ few minutes*** i primi minuti *o* i minuti iniziali; ***the ~ person to do*** la prima persona a fare; ***the ~ person that did*** *(first of several)* la prima persona ad aver fatto *o* che ha fatto; *(first ever)* la prima persona che abbia mai fatto **2** *(in phrases)* ***at ~ glance*** o ***sight*** a prima vista; ***for the ~ time*** per la prima volta; ***I warned him not for the ~ time that*** non era la prima volta che lo avvertivo che; ***for the ~ and last time*** per la prima e ultima volta; ***I'll ring ~ thing tomorrow, in the morning*** per prima cosa domani, domani mattina telefono; ***I'll do it ~ thing*** lo farò per prima cosa **3** *(slightest)* ***he doesn't know the ~ thing about politics*** non sa assolutamente nulla di politica; ***I don't know the ~ thing about him*** non so assolutamente nulla di lui; ***she didn't have the ~ idea what to do, where to go*** non aveva la più pallida idea di cosa fare, su dove andare **II** pron. **1** *(of series, group)* primo m. (-a) (**to do** a fare); ***Beethoven's ~*** MUS. la prima di Beethoven; ***she'd be the ~ to complain, to admit it*** sarebbe la prima a lamentarsi, a ammetterlo; ***she was one of*** o ***among the ~ to arrive*** fu tra i primi ad arrivare **2** *(of month)* ***the ~ (of May)*** il primo (maggio) **3** *(initial moment)* ***the ~ I knew about his death was a letter from his wife*** ho saputo per la prima volta della sua morte da una lettera di sua moglie; ***that's the ~ I've heard of it!*** è la prima volta che lo sento! **4** *(beginning)* inizio m.; ***from the (very) ~*** (fin) dall'inizio; ***from ~ to last*** dall'inizio alla fine **5** *(new experience)* ***a ~ for sb., sth.*** la prima volta di *o* per qcn., qcs.; ***a ~ for Germany!*** la prima volta della Germania! (anche SPORT) **6 at first** dapprima, all'inizio, in principio **III** n. **1** AUT. *(gear)* (anche **~ gear**) ***to be in ~*** [*driver, car*] essere in prima **2** BE UNIV. *(degree)* massimo m. dei voti; *(person)* chi ottiene il massimo dei voti; ***to get a ~ in history*** o ***a history ~*** laurearsi in storia con il massimo dei voti **IV** avv. **1** *(before others)* [*arrive, leave*] per primo; ***Louise left ~*** Louise è partita per prima; ***to get there ~*** arrivare per primo (anche FIG.); ***you go ~!*** dopo di lei! *o* prego! ***ladies ~!*** prima le signore! ***women and children ~*** prima le donne e i bambini **2** *(at top of ranking)* ***to come ~*** GIOC. SPORT arrivare primo (**in** in); FIG. venire prima di tutto; ***his career comes ~ with him*** per lui la carriera viene prima di tutto; ***to put sb., sth. ~*** dare la precedenza a qcn., qcs. *o* mettere qcn., qcs. davanti a tutto; ***put your family ~*** metta la sua famiglia davanti a tutto **3** *(to begin with)* per prima cosa; ***~ of all*** prima di tutto; ***~ we must decide*** prima dobbiamo decidere; ***~ mix the eggs and sugar*** prima mescolate le uova e lo zucchero; ***~ she tells me one thing, then something else*** prima mi dice una cosa, poi un'altra; ***there are two reasons: ~...*** ci sono due ragioni: primo...; ***when we were ~ married*** all'inizio del nostro matrimonio *o* quando eravamo appena sposati; ***when he ~ arrived*** appena arrivato; ***he was a gentleman ~ and last*** era un autentico gentiluomo **4** *(for the first time)* per la prima volta; ***I ~ met him in Paris*** lo incontrai per la prima volta a Parigi **5** *(rather)* piuttosto; ***move to the country? I'd die ~!*** trasferirmi in campagna? piuttosto morirei! *o* preferirei morire! ◆ ***there are only a few tickets: it's ~ come ~ served*** ci sono solo alcuni biglietti: saranno distribuiti ai primi che arriveranno; ***seats are allocated on a ~ come ~ served basis*** i posti verranno assegnati secondo l'ordine d'arrivo; ***~ things ~*** procediamo con ordine *o* prima le cose importanti; ***to put ~ things ~*** procedere con ordine *o* pensare prima alle cose importanti.
first aid /ˌfɜːst'eɪd/ **I** n. **1 U** pronto soccorso m.; ***to give sb. ~*** prestare i primi soccorsi a qcn. **2** *(as skill)* pronto soccorso m.; ***lessons in ~*** lezioni di pronto soccorso **II first-aid** modif. [*equipment, room, station*] di pronto soccorso; [*training*] per il pronto soccorso.
first aider /ˌfɜːst'eɪdə(r)/ n. COLLOQ. volontario m. (-a) del pronto soccorso.
first aid kit /ˌfɜːst'eɪdˌkɪt/ n. cassetta f. del pronto soccorso.
first aid officer /ˌfɜːst'eɪdˌɒfɪsə(r), AE -'ɔːf-/ n. addetto m. (-a) al pronto soccorso.
first base /ˌfɜːst'beɪs/ n. SPORT prima base f.; ***to get to ~*** SPORT raggiungere la prima base; ***not to get to ~*** FIG. non raggiungere neppure il primo stadio.
first-born /'fɜːstbɔːn/ **I** n. primogenito m. (-a) **II** agg. ***their ~ child*** o ***son*** il loro primogenito; ***their ~ daughter*** la loro primogenita.
▷ **first class** /ˌfɜːst'klɑːs, AE -'klæs/ **I** n. **1** *(in trains, ships etc.)* prima classe f. **2** GB = posta prioritaria **II first-class** agg. **1** [*compartment, seat, ticket*] di prima classe; [*accommodation, hotel*] di prima categoria **2** GB **~ *stamp*** = francobollo per posta prioritaria; ***a ~ letter*** = una lettera spedita con posta prioritaria; ***~ mail*** = posta prioritaria **3** BE UNIV. [*degree*] con lode **4** *(excellent)* eccellente, di prim'ordine **III** avv. **1** [*travel*] in prima classe **2** [*send*] con posta prioritaria.
first course /'fɜːstˌkɔːs/ n. *(of meal)* primo (piatto) m.
first cousin /ˌfɜːst'kʌzn/ n. *(male)* cugino m. (primo); *(female)* cugina f. (prima).
first day cover /ˌfɜːstdeɪ'kʌvə(r)/ n. BE = busta recante il timbro del primo giorno.

first-degree burn /ˌfɜːstdɪgriː'bɜːn/ n. ustione f. di primo grado.
first-degree murder /ˌfɜːstdɪˌgriː'mɜːdə(r)/ n. AE DIR. omicidio m. premeditato.
first edition /ˌfɜːstɪ'dɪʃn/ n. prima edizione f.
first estate /ˌfɜːstɪ'steɪt/ n. POL. STOR. primo stato m.
first-ever /ˌfɜːst'evə(r)/ agg. ***the ~ man landed on the moon*** il primo uomo (che sia mai) sbarcato sulla luna.
First Family /ˌfɜːst'fæməlɪ/ n. US POL. = la famiglia del presidente degli Stati Uniti.
first floor /ˌfɜːst'flɔː(r)/ **I** n. BE primo piano m.; AE pianterreno m. **II first-floor** modif. [*room, apartment etc.*] BE al primo piano; AE al pianterreno.
first-footing /ˌfɜːst'fʊtɪŋ/ n. SCOZZ. ***to go ~*** = andare a trovare qualcuno per primo il giorno di capodanno.
first form /'fɜːstˌfɔːm/ n. BE SCOL. prima f. (classe).
first-former /'fɜːstˌfɔːmə(r)/ n. BE SCOL. alunno m. (-a) di prima.
first fruits /'fɜːstfruːts/ n.pl. **1** primizie f. **2** FIG. primi frutti m. (del proprio lavoro ecc.).
first-generation /ˌfɜːstdʒenə'reɪʃn/ agg. *(all contexts)* di, della prima generazione.
first grade /'fɜːstˌgreɪd/ n. AE SCOL. prima f. elementare.
▷ **firsthand** /ˌfɜːst'hænd/ agg. e avv. di prima mano; ***at first hand*** di prima mano.
First Lady /ˌfɜːst'leɪdɪ/ n. US POL. first lady f.; FIG. donna f. di primo piano.
first language /ˌfɜːst'læŋgwɪdʒ/ n. prima lingua f., lingua f. madre.
first light /ˌfɜːst'laɪt/ n. alba f., prime luci f.pl.; ***at ~*** alle prime luci.
firstling /fɜːstlɪŋ/ n. ANT. **1** *(fruit)* primizia f.; FIG. primi frutti m.pl. (del lavoro ecc.) **2** *(of animals)* primo nato m.
▷ **firstly** /'fɜːstlɪ/ avv. in primo luogo.
first mate /ˌfɜːst'meɪt/ ➧ ***23*** n. MAR. → **first officer**.
first name /'fɜːstneɪm/ n. nome m. (di battesimo); ***to be on ~ terms with sb.*** dare del tu a qcn.
first night /ˌfɜːst'naɪt/ **I** n. TEATR. prima f. **II first-night** modif. [*nerves, audience*] della prima; [*ticket, party*] per la prima.
first-nighter /ˌfɜːst'naɪtə(r)/ n. TEATR. spettatore m. (-trice) assiduo (-a) di prime.
first offender /ˌfɜːstə'fendə(r)/ n. DIR. reo m. (-a) non recidivo, senza precedenti penali, incensurato m. (-a).
first officer /ˌfɜːst'ɒfɪsə(r), AE -'ɔːf-/ ➧ ***23*** n. AER. MAR. primo ufficiale m. di bordo.
first past the post system /ˌfɜːstpɑːstðə'pəʊstˌsɪstəm, AE -pæst-/ n. BE = sistema elettorale per cui viene eletto il candidato che ottiene la maggioranza semplice.
first performance /ˌfɜːstpə'fɔːməns/ n. MUS. TEATR. prima f.
first person /ˌfɜːst'pɜːsn/ n. LING. prima persona f.; ***in the ~*** alla prima persona; ***~ singular, plural*** prima persona singolare, plurale.
first-person shooter /fɜːstˌpɜːsn'ʃuːtə(r)/ n. first-person shooter m. (videogioco di combattimento in cui è simulata sullo schermo la visuale di un personaggio che deve abbattere dei nemici a colpi di arma da fuoco).
first principle /ˌfɜːst'prɪnsəpl/ n. principio m. primo; ***to go back to ~s*** ritornare ai principi primi.
first-rate /ˌfɜːst'reɪt/ agg. eccellente, di prima qualità.
first-refusal /ˌfɜːstrɪ'fjuːzl/ n. **U** GB DIR. COMM. diritto m. d'opzione.
first school /'fɜːstskuːl/ n. GB SCOL. = scuola per bambini tra i 5 e gli 8 anni.
first-strike /ˌfɜːst'straɪk/ agg. MIL. [*missile*] per attacco di sorpresa; [*capability*] di attacco di sorpresa.
first-string /ˌfɜːst'strɪŋ/ agg. **1** SPORT titolare **2** *(important)* importante, di primo piano.
first-time buyer /ˌfɜːstaɪm'baɪə(r)/ n. chi acquista la prima casa.
first-timer /ˌfɜːst'taɪmə(r)/ n. COLLOQ. *(in sport, activity)* principiante m. e f.; *(in new experience)* inesperto m. (-a), novellino m. (-a); ***he's a ~*** è un novellino.
first violin /fɜːstˌvaɪə'lɪn/ n. primo violino m.
first water /ˌfɜːst'wɔːtə(r)/ n. ***of the ~*** [*diamond*] della più bell'acqua, d'acqua purissima; FIG. della più bell'acqua.
First World /ˌfɜːst'wɜːld/ n. (anche **First World countries**) paesi m.pl. industrializzati.
first year /'fɜːstˌjɪə(r), -ˌjɜː(r)/ **I** n. SCOL. UNIV. *(group)* primo anno m.; *(pupil)* alunno m. (-a) di prima; *(student)* studente m. (-essa) del, al primo anno **II first-year** modif. [*student*] del, al primo anno; [*course*] del primo anno; [*teacher*] di prima; ***the first-year class*** la prima.
firth /fɜːθ/ n. estuario m., stretto m.
fir-wood /'fɜːwʊd/ n. abetaia f.
▷ **fiscal** /'fɪskl/ agg. fiscale, tributario.
fiscally /'fɪskəlɪ/ avv. fiscalmente.
fiscal year /ˌfɪskl'jɪə(r), -'jɜː(r)/ n. anno m. finanziario, esercizio m. finanziario.
▶ **1.fish** /fɪʃ/ **I** n. (pl. ~, ~es) **1** ZOOL. pesce m.; ***to catch a ~*** prendere un pesce; ***freshwater, saltwater*** o ***sea ~*** pesce d'acqua dolce, di mare **2** GASTR. **U** pesce m.; ***to eat, cook ~*** mangiare, cucinare (il) pesce; ***wet ~*** = pesce fresco, conservato in salamoia o sotto sale in contrapposizione a quello essiccato, surgelato o congelato **3** ASTROL. ***the Fishes*** i Pesci **II** modif. [*course, bone, glue*] di pesce; [*knife, fork*] da pesce ◆ ***to be neither ~ nor fowl (nor good red herring)*** non essere né carne né pesce; ***to be like a ~ out of water*** essere *o* sentirsi come un pesce fuor d'acqua; ***to drink like a ~*** COLLOQ. bere come una spugna; ***to have other ~ to fry*** COLLOQ. avere cose più importanti da fare; ***he's a queer ~*** COLLOQ. è un tipo strano; ***he's a cold ~*** COLLOQ. è un tipo freddo; ***there are plenty more ~ in the sea*** morto un papa se ne fa un altro.
▶ **2.fish** /fɪʃ/ **I** tr. pescare in [*waters, river*] **II** intr. **1** pescare; ***to ~ for trout, cod*** pescare trote, merluzzi **2** FIG. *(test for response)* ***"why did he ask me that?" - "he was just ~ing!"*** "perché me l'ha chiesto?" - "voleva farti parlare"; ***to ~ for information*** cercare informazioni; ***to ~ for compliments*** andare in cerca di complimenti.
▪ **fish around** frugare, cercare (**in** in; **for** per trovare).
▪ **fish out:** ~ ***out*** [***sth.***] **1** *(from bag, pocket, box)* tirare fuori [*money, handkerchief, pen*] (**of** da) **2** *(from water)* tirare fuori, ripescare [*body, object*] (**of** da).
▪ **fish up:** ~ ***up*** [***sth.***] **1** *(from water)* tirare fuori, ripescare [*person, object*] **2** FIG. tirare fuori [*excuse*].
3.fish /fɪʃ/ n. lapazza f.
4.fish /fɪʃ/ tr. **1** lapazzare **2** MECC. unire con un giunto a ganasce.
fish and chips /ˌfɪʃn'tʃɪps/ n. fish and chips m. (pesce fritto e patatine).
fish and chip shop /ˌfɪʃn'tʃɪpˌʃɒp/ ➧ ***27*** n. GB = friggitoria dove si può comprare fish and chips.
fishball /'fɪʃbɔːl/ n. polpetta f. di pesce.
fishbolt /'fɪʃbəʊlt/ n. chiavarda f., bullone m. per giunta a ganascia.
fishbowl /'fɪʃbəʊl/ n. boccia f. di vetro per i pesci.
fish cake /'fɪʃkeɪk/ n. crocchetta f. di pesce.
fish eater /'fɪʃˌiːtə(r)/ n. AE SPREG. cattolico m. (-a).
fisher /'fɪʃə(r)/ n. pescatore m. (-trice).
▷ **fisherman** /'fɪʃəmən/ ➧ ***27*** n. (pl. **-men**) pescatore m.
▷ **fishery** /'fɪʃərɪ/ n. **1** *(processing plant)* stabilimento m. per la lavorazione del pesce **2** *(activity)* pesca f.
fishery protection vessel /ˌfɪʃərɪprə'tekʃnˌvesl/ n. nave f. guardapesca.
fisheye /'fɪʃaɪ/ n. **1** FOT. → **fish-eye lens** **2** COLLOQ. *(suspicious stare)* occhiata f. malevola, sospettosa.
fish-eye lens /ˌfɪʃaɪ'lenz/ n. FOT. occhio m. di pesce, fisheye m.
fish farm /'fɪʃˌfɑːm/ n. allevamento m. ittico, vivaio m.
fish farming /'fɪʃˌfɑːmɪŋ/ n. piscicoltura f.
fish finger /'fɪʃˌfɪŋgə(r)/ n. BE bastoncino m. di pesce.
fish food /'fɪʃfʊd/ n. mangime m. per pesci.
fish fry /'fɪʃfraɪ/ n. AE = picnic dove si cucina e si mangia pesce.
fish-glue /'fɪʃgluː/ n. colla f. di pesce.
fish hook /'fɪʃhʊk/ n. amo m.
fishily /'fɪʃɪlɪ/ avv. **1** *(like fish)* da pesce, come un pesce **2** COLLOQ. *(arousing suspicion)* in modo equivoco, sospetto.
▷ **fishing** /'fɪʃɪŋ/ **I** n. pesca f.; ***deep-sea, offshore ~*** pesca d'altura *o* d'alto mare; ***mackerel, salmon ~*** pesca dello sgombro, del salmone; ***to go ~*** andare a pesca **II** modif. [*boat, fleet, net*] da pesca; ***~ port*** porto peschereccio.
fishing ground /'fɪʃɪŋˌgraʊnd/ n. zona f. di pesca.
fishing industry /'fɪʃɪŋˌɪndəstrɪ/ n. industria f. ittica.
fishing line /'fɪʃɪnlaɪn/ n. lenza f.
fishing net /'fɪʃɪŋnet/ n. rete f. da pesca.
fishing rod /'fɪʃɪŋrɒd/ n. canna f. da pesca.
fishing tackle /'fɪʃɪŋˌtækl/ n. **U** attrezzi m.pl. da pesca; *(in shop)* articoli m.pl. da pesca.
fishing village /'fɪʃɪŋˌvɪlɪdʒ/ n. villaggio m. di pescatori.
fish kettle /'fɪʃˌketl/ n. pesciera f.
fish ladder /'fɪʃˌlædə(r)/ n. scala f. di monta per salmoni.
fish market /'fɪʃmɑːkɪt/ n. mercato m. del pesce.
fish meal /'fɪʃmiːl/ n. **U** farina f. di pesce.
fishmonger /'fɪʃmʌŋgə(r)/ ➧ ***27*** n. BE pescivendolo m. (-a); ***~'s (shop)*** pescheria.
fishnet /'fɪʃnet/ agg. [*tights, stockings*] a rete.
fish paste /'fɪʃpeɪst/ n. BE pasta f. di pesce.

fishplate /ˈfɪʃpleɪt/ n. TECN. FERR. stecca f. a ganascia, stecca f. per giunto a ganascia.

fishpond /ˈfɪʃpɒnd/ n. **1** stagno m. dei pesci; *(ornamental)* vasca f. **2** *(at fish farm)* vivaio m., vasca f.

fish pot /ˈfɪʃpɒt/ n. nassa f.

fish restaurant /ˈfɪʃˌrestrɒnt, AE -tərənt/ n. ristorante m. di pesce.

fish shop /ˈfɪʃʃɒp/ ➧ **27** n. BE pescheria f.

fish slice /ˈfɪʃslaɪs/ n. *(for frying)* spatola f. per il pesce; *(for serving at table)* paletta f. per il pesce.

fish-sound /ˈfɪʃsaʊnd/ n. vescica f. natatoria.

fish stick /ˈfɪʃstɪk/ n. AE → **fish finger**.

fish store /ˈfɪʃstɔː(r)/ n. AE → **fish shop**.

1.fish-tail /ˈfɪʃteɪl/ agg. a coda di pesce.

2.fishtail /ˈfɪʃteɪl/ intr. AUT. AER. slittare di coda.

fish tank /ˈfɪʃtæŋk/ n. peschiera f.

fishwife /ˈfɪʃwaɪf/ n. (pl. **-wives**) pescivendola f.; ***to shout like a ~*** gridare come una pescivendola.

fishy /ˈfɪʃɪ/ agg. **1** [*smell, taste*] di pesce **2** FIG. COLLOQ. *(suspect)* ambiguo, sospetto; ***it sounds a bit ~ to me*** mi puzza un po'.

fissile /ˈfɪsaɪl, AE ˈfɪsl/ agg. fissile.

fissility /fɪˈsɪlətɪ/ n. fissilità f.

fission /ˈfɪʃn/ n. **1** (anche **nuclear ~**) FIS. fissione f. **2** BIOL. scissione f.

fissionable /ˈfɪʃənəbl/ agg. FIS. fissile, fissionabile.

fissure /ˈfɪʃə(r)/ n. **1** *(in ground)* crepa f.; *(in wood, wall)* fessura f., fenditura f. **2** ANAT. fessura f., scissura f.

fissured /ˈfɪʃəd/ agg. crepato, fesso; *(cracked)* incrinato.

1.fist /fɪst/ n. pugno m.; ***to shake one's ~ at sb.*** agitare il pugno contro qcn. ◆ ***to make money hand over ~*** guadagnare un sacco di soldi, guadagnare soldi a palate; ***to make a good, poor ~ of doing sth.*** fare bene, male qcs.

2.fist /fɪst/ tr. **1** *(strike)* colpire col pugno **2** ANT. *(grasp)* afferrare.

fist fight /ˈfɪstfaɪt/ n. rissa f., scazzottata f.

fistful /ˈfɪstfʊl/ n. pugno m., manciata f. (**of** di).

fistic(al) /ˈfɪstɪk(l)/ agg. ANT. SCHERZ. pugilistico.

fisticuffs /ˈfɪstɪkʌfs/ n.pl. COLLOQ. scazzottata f.sing., scazzottatura f.sing.

fistula /ˈfɪstjʊlə/ n. (pl. **~s** o **-ae**) fistola f.

fistular /ˈfɪstjʊlə(r)/, **fistulous** /ˈfɪstjʊləs/ agg. fistoloso.

▶ **1.fit** /fɪt/ **I** agg. **1** [*person*] *(in trim)* in forma; *(not ill)* in buona salute; ***you're looking ~ and well!*** ti trovo bene! ***to keep, feel ~*** tenersi, sentirsi in forma; ***to get ~*** riacquistare la forma **2** *(suitable, appropriate)* ***to be ~ company for*** essere una buona *o* la giusta compagnia per; ***it's not a ~ time to do*** non è il momento adatto *o* giusto per fare; ***to be ~ for*** *(worthy of)* essere degno di [*person, hero, king*]; *(capable of)* essere idoneo *o* adatto a [*job*]; essere adatto a [*role*]; ***a land ~ for heroes*** una terra degna degli eroi; ***to be only ~ for the bin*** essere buono per la pattumiera; ***to be ~ for nothing*** non servire a niente; ***~ for human consumption*** adatto all'alimentazione umana; ***not ~ for swimming*** non balneabile; ***to be ~ to do*** *(worthy of)* essere degno di fare; *(in a condition to)* essere in condizione, in grado di fare; *(qualified to)* essere adatto, idoneo a fare; ***he's not ~ to live*** non è degno di vivere; ***to be ~ to drive*** essere in condizione di guidare; ***to be ~ to govern*** essere capace di governare *o* essere adatto al governo; ***~ to drink*** potabile; ***~ to eat*** buono da mangiare *o* commestibile; ***~ to live in*** abitabile; ***I'm not ~ to be seen!*** non sono presentabile! ***to see*** o ***think ~ to do*** ritenere giusto *o* opportuno fare; ***do as you see*** o ***think ~*** faccia come crede *o* come le sembra opportuno; ***when you see*** o ***think ~*** quando ti sembra il momento giusto; ***to be in no ~ state to do*** non essere in condizione *o* in grado di fare; ***it is ~ that*** FORM. è opportuno, giusto che **II** avv. COLLOQ. *(in emphatic phrases)* ***to laugh ~ to burst*** ridere a crepapelle *o* scoppiare dal ridere; ***to cry ~ to burst, to break your heart*** piangere come una vite tagliata *o* da spezzare il cuore; ***to be ~ to drop*** cascare dalla fatica.

2.fit /fɪt/ n. *(of garment)* ***to be a good ~*** stare a pennello *o* essere della taglia giusta; ***to be a poor ~*** non essere della misura giusta; ***to be a tight ~*** essere stretto.

▶ **3.fit** /fɪt/ **I** tr. (pass. **fitted**, **fit** AE; p.pass. **fitted**) **1** *(be the right size)* [*garment*] andare bene a, essere della taglia di; [*shoe*] essere della misura di; [*object*] andare bene con, su [*top, surface*]; andare (bene) in [*envelope, space*]; ***that dress doesn't ~ me*** quel vestito non mi va bene (come misura); ***the key ~s this lock, this box*** la chiave entra nella *o* va bene per la serratura, apre questa scatola; ***to ~ size X to Y*** andare bene per le taglie da X a Y; ***to ~ ages 3 to 5*** andare bene ai bambini dai 3 ai 5 anni; ***the jacket doesn't ~ me across the shoulders*** la giacca non mi va bene sulle spalle; ***"one size ~s all"*** "taglia unica" **2** *(make or find room for)* ***to ~ sth. in*** o ***into*** mettere qcs. in, trovare il posto a qcn. in [*room, house, car*]; ***can you ~ this on your desk?*** riesci a trovare il posto per questo sulla tua scrivania? **3** *(install)* montare, installare [*lock, door, window, kitchen, shower*]; ***to have sth. ~ted*** fare montare qcs.; ***to ~ A to B, to ~ A and B together*** incastrare, fare combaciare A con B; ***to ~ sth. into place*** mettere qcs. correttamente *o* al posto giusto; ***to ~ sth. with*** fornire qcs. di [*attachment, lock*]; ***to be ~ted with a radio*** essere fornito di radio *o* essere equipaggiato con una radio **4** ***to ~ sb. for*** provare a qcn. *o* prendere le misure a qcn. per [*garment, uniform*]; ***he's being ~ted for a suit*** gli stanno prendendo le misure per un abito; ***to ~ sb. with*** dotare qcn. di [*hearing aid, prosthesis, pacemaker*] **5** *(be compatible with)* corrispondere a [*description, requirements*]; adattarsi a, accordarsi con [*decor, colour scheme*]; ***we have no-one ~ting that description*** non abbiamo nessuno che corrisponda a quella descrizione; ***the punishment should ~ the crime*** la pena dovrebbe essere commisurata al reato; ***to ~ the bill*** essere adatto *o* andare bene **6** *(qualify, make suitable)* ***to ~ sb. for, to do*** [*experience, qualifications*] rendere qcn. idoneo per, a fare; ***to be ~ted for a role*** essere adatto *o* idoneo a un ruolo **II** intr. (pass. **fitted**, **fit** AE; p.pass. **fitted**) **1** *(be the right size)* [*garment*] andare bene, essere della taglia giusta; [*shoes*] andare bene, essere della misura giusta; [*object, lid, sheet*] andare bene, essere adatto; ***these jeans ~, I'll take them*** questi jeans sono della mia taglia, li prendo; ***your jeans ~ really well*** i tuoi jeans ti vanno a pennello; ***this key doesn't ~*** questa chiave non va (bene) *o* non entra **2** *(have enough room)* stare, andare (**into** in); ***the toys should ~ into that box*** i giocattoli dovrebbero starci in quella scatola; ***will the table ~ in that corner?*** ci starà il tavolo in quell'angolo? **3** *(go into designated place)* ***to ~ inside one another*** andare uno nell'altro; ***to ~ into a slot*** entrare (perfettamente) in una fessura; ***to ~ into place*** [*part, handle*] andare a posto; [*cupboard, brick*] entrare *o* stare perfettamente **4** FIG. *(tally, correspond)* ***his story doesn't ~*** la sua storia non combacia *o* non corrisponde; ***something doesn't quite ~ here*** qualcosa non quadra qui; ***to ~ with*** corrispondere a *o* combaciare con [*statement, story, facts*]; ***to ~ into*** adattarsi a *o* accordarsi con [*ideology, colour scheme*]; ***it all ~s into place!*** tutto quadra!

■ **fit in:** ***~ in*** **1** [*key, object*] andare bene, essere adatto; ***will you all ~ in?*** *(to car, room)* ci starete tutti? ***these books won't ~ in*** questi libri non ci stanno tutti **2** FIG. *(be in harmony)* inserirsi (**with** in), andare d'accordo (**with** con); ***he doesn't ~ in*** non si ambienta; ***I'll ~ in with your plans*** concilierò i miei progetti con i tuoi; ***~ [sth.] in, ~ in [sth.]*** **1** *(find room for)* fare stare [*books, objects*]; fare entrare [*key*] **2** *(find time for)* includere, fare entrare [*game, meeting, break*]; ***~ [sb.] in, ~ in [sb.]*** ricevere, trovare il tempo di vedere, per vedere [*patient, colleague*].

■ **fit on:** ***~ on*** andare; ***where does it ~ on?*** dove va questo? ***~ on(to) [sth.]*** andare su; ***this part ~s on(to) this section*** questa parte va su quella sezione; ***~ [sth.] on*** mettere [*top, piece*].

■ **fit out, fit up:** ***~ [sth.] out*** o ***up***, ***~ out*** o ***up [sth.]*** attrezzare, equipaggiare (**with** con); ***to ~ sth. out as an office*** arredare qcs. da ufficio; ***to ~ sb. out*** o ***up with*** mettere a qcn. [*costume, garment, hearing aid*].

4.fit /fɪt/ n. **1** MED. attacco m., accesso m., crisi f.; ***to have a ~*** *(unspecified)* avere un attacco, una crisi; *(epileptic)* avere una crisi epilettica **2** *(of rage)* scatto m., impeto m.; *(of jealousy, panic)* crisi f.; *(of passion)* impeto m.; ***in a ~ of anger*** in uno scatto di rabbia; ***~ of coughing*** attacco, accesso di tosse; ***~ of crying*** crisi di pianto; ***to have a ~ of the giggles*** avere un attacco di ridarella; ***to have sb. in ~s*** COLLOQ. fare ridere qcn. a crepapelle; ***to have*** o ***throw a ~*** COLLOQ. *(be mad)* uscire dai gangheri ◆ ***by*** o ***in ~s and starts*** a sbalzi, a scatti.

5.fit /fɪt/ n. ANT. LETTER. *(canto)* canto m.; *(of poem, song)* parte f., divisione f.

fitch /fɪtʃ/, **fitchew** /ˈfɪtʃuː/ n. ANT. **1** ZOOL. puzzola f. **2** *(fur)* pelle f. di puzzola.

fitful /ˈfɪtfl/ agg. [*sleep*] discontinuo; [*night*] agitato, insonne; [*wind, mood*] incostante, capriccioso; [*showers, light*] irregolare, intermittente.

fitfully /ˈfɪtfəlɪ/ avv. [*sleep*] in modo discontinuo; [*rain, shine*] in modo irregolare, intermittente, a sprazzi.

fitfulness /ˈfɪtfəlnɪs/ n. *(of sleep, rain)* irregolarità f.

fitly /ˈfɪtlɪ/ avv. convenientemente, appropriatamente.

fitment /ˈfɪtmənt/ n. **1** *(in bathroom)* ***the ~s*** i sanitari **2** *(process)* attrezzamento m.

▷ **fitness** /ˈfɪtnɪs/ **I** n. **1** *(physical condition)* forma f. fisica, fitness m. e f. **2** *(aptness)* *(of person)* attitudine f., idoneità f. (**for** per, a; **to do** a fare); ***to doubt sth.'s ~ for a task*** dubitare che qcs. sia adatto a un compito; ***to doubt sb.'s ~ for a job*** dubitare che qcn. sia adatto *o* idoneo a un lavoro **II** modif. [*centre*] di fitness; [*plan*] per acquistare la forma; ~ ***club, gym*** palestra; ~ ***room*** stanza adibita a palestra; ~ ***level*** forma fisica *o* condizione fisica.

fitness consultant /ˈfɪtnɪskən,sʌltənt/ n. esperto m. (-a) di fitness.

fitness fanatic /ˈfɪtnɪsfə,nætɪk/ n. fanatico m. (-a) della fitness.

fitness test /ˈfɪtnɪs,test/ n. test m. sulla condizione fisica.

fitness training /ˈfɪtnɪs,treɪnɪŋ/ n. **U** ginnastica f., esercizi m.pl. fisici.

fitted /ˈfɪtɪd/ **I** p.pass. → **3.fit II** agg. **1** [*clothes*] aderente, attillato **2** [*wardrobe, furniture, unit*] su misura; [*bedroom, kitchen*] componibile.

fitted carpet /,fɪtɪdˈkɑːpɪt/ n. moquette f.

fitted sheet /,fɪtɪdˈʃiːt/ n. lenzuolo m. con gli angoli elasticizzati.

fitter /ˈfɪtə(r)/ ♦ *27* n. **1** *(of machines, electrical equipment)* aggiustatore m. (-trice), installatore m. (-trice) **2** (anche **carpet** ~) moquettista m. e f. **3** *(of garment)* sarto m. (-a); sarto m. (-a) addetto alla prova degli abiti.

▷ **fitting** /ˈfɪtɪŋ/ **I** n. **1** *(standardized part) (bathroom, electrical, gas)* attrezzatura f., apparecchiatura f., impianto m.; ***furniture and ~s*** mobili e impianti; ***kitchen ~s*** mobili da cucina; ***shop ~*** mobili *o* arredamenti per negozi **2** *(for clothes, hearing aid)* prova f.; ***to go for a ~*** andare a fare una prova **3** *(width of shoe)* misura f. **II** agg. **1** *(apt)* [*description, language, site, memorial*] adatto, adeguato, appropriato; ***it was a ~ end for such a man*** è stata la fine che si confaceva a un uomo simile; ***a ~ tribute to her work*** un giusto tributo al suo lavoro; ***it is ~ that*** è conveniente, si confà che **2** *(seemly)* [*behaviour*] decoroso, decente **3 -fitting** in composti ***well-~*** della taglia giusta *o* che calza bene; ***badly-~*** [*garment*] della taglia sbagliata, che calza male; [*dentures*] che non si mette bene; ***loose-, tight-~*** stretto, largo.

fittingly /ˈfɪtɪŋlɪ/ avv. *(appropriately)* [*situated, named*] convenientemente, appropriatamente.

fittingness /ˈfɪtɪŋnɪs/ n. convenienza f., appropriatezza f.

fitting-out /,fɪtɪŋˈaʊt/ n. *(of ship)* allestimento m.

fitting room /ˈfɪtɪŋ,ruːm, -,rʊm/ n. sala f. di prova, camerino m. di prova.

fit-up /ˈfɪtʌp/ n. TEATR. = palcoscenico e scenario che possono essere smontati e trasportati.

▶ **five** /faɪv/ ♦ *19, 1, 4* **I** determ. cinque; ~ ***people, pages*** cinque persone, pagine **II** pron. cinque; ***there are ~ of them*** ce ne sono cinque **III** n. **1** cinque m.; ***to multiply by ~*** moltiplicare per cinque **2** AE COLLOQ. *(five dollar note)* banconota f. da cinque dollari **IV fives** n.pl. BE SPORT gioco m. della palla a muro, pallamuro f. ◆ ***to take ~*** AE COLLOQ. fare cinque minuti d'intervallo; ***gimme ~*** AE COLLOQ. batti *o* dammi cinque.

five-and-ten /,faɪvnˈten/, **five-and-dime** /,faɪvənˈdaɪm/ n. AE = negozio che vende articoli vari a prezzi bassi.

five-a-side /,faɪvəˈsaɪd/ **I** n. BE (anche ~ **football**) calcio m. a cinque, calcetto m. **II** modif. [*tournament, match*] di calcio a cinque.

five-finger /ˈfaɪv,fɪŋə(r)/ **I** n. **1** ZOOL. stella f. di mare **2** BOT. cinquefoglie m.; potentilla f. **II** agg. MUS. ~ ***exercises*** esercizi per le cinque dita.

fivefold /ˈfaɪvfəʊld/ **I** agg. **1** *(five times as great)* quintuplo **2** *(having five parts)* quintuplice **II** avv. (per) cinque volte.

Five Nations Championship /,faɪv,neɪʃnzˈtʃæmpɪənʃɪp/ n. *(in rugby)* Torneo m. delle Cinque Nazioni.

five o'clock shadow /,faɪvəklɒkˈʃædəʊ/ n. = ombra di barba che compare nel tardo pomeriggio.

fivepence /ˈfaɪvpens/ n. *(coin)* moneta f. da cinque penny, cinque penny m.pl.

fiver /ˈfaɪvə(r)/ n. BE COLLOQ. = banconota da cinque sterline.

five spot /ˈfaɪvspɒt/ n. AE COLLOQ. = banconota da cinque dollari.

five-star /ˈfaɪvstɑː(r)/ n. [*hotel, restaurant*] a cinque stelle.

five-year man /,faɪvˈjɪə,mæn, -ˈjɜː-/ n. (pl. **five-year men**) AE SPREG. eterno ripetente m.

five-year plan /,faɪvjɪəˈplæn, -jɜː-/ n. piano m. quinquennale.

1.fix /fɪks/ n. **1** COLLOQ. *(quandary)* difficoltà f., pasticcio m.; ***to be in a ~*** essere in un bel pasticcio, nei pasticci, nei guai **2** COLLOQ. *(dose) (of drugs)* dose f., buco m.; *(of entertainment)* dose f.; ***to get a ~*** bucarsi *o* farsi **3** *(means of identification)* ***to take a ~ on*** AER. MAR. fare il punto di [*ship*]; ***to get a ~ on sth.*** FIG. circoscrivere *o* inquadrare qcs.; ***let's get a ~ on the problem*** circoscriviamo il problema **4** COLLOQ. *(rigged arrangement)* ***it was a ~*** era (tutto) combinato.

▶ **2.fix** /fɪks/ **I** tr. **1** *(establish, set)* fissare, stabilire [*date, time, venue, amount, price, limit*]; determinare [*chronology, position on map*]; ***to ~ tax at 20%*** fissare le tasse al 20%; ***on the date ~ed*** il giorno stabilito *o* nella data stabilita; ***nothing is ~ed yet*** non c'è ancora nulla di stabilito **2** *(organize)* organizzare [*meeting, trip, visit*]; preparare [*drink, meal, snack*]; ***to ~ one's hair*** mettersi a posto *o* sistemarsi i capelli; ***to ~ one's face*** COLLOQ. sistemarsi il trucco; ***how are we ~ed for time, money?*** come siamo messi col tempo, con i soldi? ***how are you ~ed for tonight, next week?*** come sei messo per stasera, per la prossima settimana? **3** *(mend)* aggiustare, riparare [*article, equipment*]; *(sort out)* risolvere [*problem*] **4** *(attach, insert)* fissare, montare [*curtain, handle, shelf*]; attaccare [*notice*] (**on** su; **to** a); fissare, piantare [*post, stake*] (**into** in); piantare [*hook, nail*] (**into** in); fissare, attaccare [*rope, string*] (**to** a); FIG. fare cadere [*suspicion*] (**on** su); attribuire, dare [*blame*] (**on** a); ***to ~ sth. into place*** piazzare qcn.; ***her name was firmly ~ed in my mind*** il suo nome era inciso nella mia memoria **5** *(concentrate)* fissare, concentrare [*attention*] (**on** su); riporre [*hopes*] (**on** in); fissare, rivolgere [*thoughts*] (**on** su); ***to ~ one's gaze on sb.*** fissare *o* fermare il proprio sguardo su qcn.; ***she ~ed him with an angry stare*** l'ha fissato con uno sguardo furioso; ***his hopes were ~ed on going to university*** riponeva le sue speranze nel fatto che sarebbe andato all'università **6** COLLOQ. *(rig, corrupt)* truccare [*contest, election, match*]; corrompere [*judge, jury, witness*] **7** COLLOQ. *(get even with)* saldare i conti con, sistemare [*bully, criminal*]; ***I'll soon ~ him (for you)!*** (te) lo sistemo io! **8** ART. BIOL. CHIM. FOT. TESS. fissare **II** intr. COLLOQ. *(inject oneself)* farsi, bucarsi.

■ **fix on, fix upon:** ~ ***on*** ***[sth.]*** scegliere [*person, place, food, object*]; fissare, stabilire [*date, time, venue, amount*]; ~ ***on [sth.]***, ~ ***[sth.] on*** *(attach)* fissare, attaccare [*object*].

■ **fix up:** ~ ***up [sth.]***, ~ ***[sth.] up*** **1** *(organize)* fissare, organizzare [*holiday, meeting*]; fissare, stabilire [*date*]; ***to ~ up to do*** stabilire di fare; ***it's all ~ed up*** è tutto organizzato **2** *(decorate)* sistemare, mettere a posto [*room, house*]; ***he ~ed up the bedroom as a study*** ha trasformato la camera da letto in uno studio **3** *(construct, put up)* montare, fissare [*shelf*]; attaccare [*notice*]; *(amateurishly)* aggiustare [*shelter, storage*]; ~ ***sb. up with sth.*** trovare, procurare [qcs.] a qcn. [*accommodation, drink, equipment, vehicle*]; procurare, fare avere [qcs.] a qcn. [*ticket, pass, meal, document*]; ~ ***sb. up with sb.*** AE COLLOQ. fare un combino.

fixated /fɪkˈseɪtɪd/ agg. ***to be ~ on sth.*** essere fissato con *o* avere la fissazione di qcs.; ***she is ~ on her son*** ha un attaccamento morboso per il figlio.

fixation /fɪkˈseɪʃn/ n. **1** PSIC. fissazione f.; ***to have a ~ on*** o ***about*** avere la fissazione di; ***mother ~*** fissazione sulla madre **2** FOT. fissaggio m. **3** CHIM. fissazione f.

fixative /ˈfɪksətɪv/ n. ART. MED. TESS. fissativo m.; *(for hair, perfume)* fissatore m. (anche FOT.).

▷ **fixed** /fɪkst/ **I** p.pass. → **2.fix II** agg. [*address, gaze, vacation, idea, income, focus, order, price, rate, proportion*] fisso; [*intervals*] fisso, regolare; [*behaviour, method*] fisso, immutabile; [*aim*] stabilito; [*determination*] irremovibile, fermo; [*desire*] tenace; [*intention*] fermo; [*smile, expression*] immobile, stereotipato; [*menu*] a prezzo fisso; ***of no ~ address*** senza fissa dimora.

fixed assets /,fɪkstˈæsets/ n.pl. attività f. fisse, immobilizzazioni f.

fixed charges /,fɪkstˈtʃɑːdʒɪz/ n.pl. spese f. fisse.

fixed costs /,fɪkstˈkɒsts, AE -ˈkɔːsts/ n.pl. costi m. fissi.

fixedly /ˈfɪksɪdlɪ/ avv. [*look, gaze*] fissamente; ***to smile ~*** avere un sorriso immobile *o* stereotipato.

fixedness /ˈfɪksɪdnɪs/ n. fissità f., immobilità f.

fixed point /,fɪkstˈpɔɪnt/ n. INFORM. MAT. punto m. fisso.

fixed rate financing /,fɪkstreɪtˈfaɪnænsɪŋ, -fɪˈnænsɪŋ/ n. finanziamento m. a tasso fisso.

fixed star /,fɪkstˈstɑː(r)/ n. stella f. fissa.

fixed term contract /,fɪksttɜːmˈkɒntrækt/ n. contratto m. a tempo determinato.

fixer /ˈfɪksə(r)/ n. **1** COLLOQ. *(schemer)* corruttore m. (-trice), faccendiere m. (-a) **2** FOT. fissatore m.

fixing /ˈfɪksɪŋ/ **I** n. **1** ECON. fixing m. **2** CHIM. FOT. fissaggio m. **II fixings** n.pl. **1** GASTR. guarnizione f.sing. **2** *(screws, bolts)* bulloneria f.sing.

fixity /ˈfɪksətɪ/ n. fissità f.; ~ ***of purpose*** determinazione.

▷ **fixture** /ˈfɪkstʃə(r)/ n. **1** ING. TECN. ***~s*** = insieme degli impianti sanitari, elettrici ecc. e degli infissi di una casa; ***~s and fittings*** impianti e arredi **2** BE SPORT. gara f., incontro m. di calendario **3** COLLOQ. *(person)* istituzione f. **4** DIR. immobile m. per destinazione.

fixture list /ˈfɪkstʃə,lɪst/ n. SPORT calendario m. (degli avvenimenti sportivi).

fizgig /ˈfɪzgɪg/ n. ANT. **1** *(frivolous girl)* ragazza f. volubile, farfallina f. **2** *(firecracker)* petardo m.

1.fizz /fɪz/ n. **U 1** *(of drink)* (il) frizzare, effervescenza f. **2** *(of match, firework)* sibilo m., crepitio m. **3** BE COLLOQ. *(drink) (champagne)* champagne m.; *(sparkling wine)* spumante m.

2.fizz /fɪz/ intr. **1** [*drink*] spumeggiare, frizzare **2** [*match, firework*] sibilare, crepitare.

▪ **fizz up** spumare.

fizziness /'fɪzɪnɪs/ n. effervescenza f.

fizzle /'fɪzl/ intr. [*drink*] spumeggiare, frizzare.

▪ **fizzle out** [*interest, enthusiasm, romance*] spegnersi; [*strike, campaign, project*] essere un insuccesso, finire in nulla; [*story*] finire in una bolla di sapone, avere un finale deludente; [*firework*] fare cilecca.

fizzy /'fɪzɪ/ agg. frizzante, effervescente.

fjord /fɪ'ɔ:d/ n. fiordo m.

FL US ⇒ Florida Florida.

flab /flæb/ n. COLLOQ. carne f. floscia, flaccida.

flabbergast /'flæbəgɑ:st, AE -gæst/ tr. sbalordire, fare rimanere a bocca aperta; ***to be ~ed*** essere sbalordito (**at** da).

flabby /'flæbɪ/ agg. **1** [*skin, muscle*] flaccido, floscio; [*person*] flaccido; [*handshake*] molle **2** FIG. [*person, temperament*] debole, fiacco, moscio, senza energia; [*excuse, argument*] debole.

flabellate /flə'belɪt/, **flabelliform** /flə'belɪfɔ:m/ agg. flabellato, flabelliforme.

flaccid /'flæsɪd/ agg. flaccido, floscio, molle.

flaccidity /ˌflæ'sɪdətɪ/ n. flaccidità f., flaccidezza f.

1.flack /flæk/ n. AE COLLOQ. agente m. e f. pubblicitario (-a).

2.flack /flæk/ intr. AE COLLOQ. ***to ~ for sb.*** essere l'agente pubblicitario di qcn.

3.flack → **flak**.

flackery /'flækərɪ/ n. AE COLLOQ. attività f. promozionale, pubblicità f.

flack vest /'flækˌvest/ n. AE → **flak jacket**.

▷ **1.flag** /flæg/ n. **1** *(national symbol)* bandiera f.; ***to hoist*** o ***run up a ~*** issare una bandiera; ***to wave a ~*** sventolare una bandiera; ***a ~ flew from every building*** su ogni edificio sventolava una bandiera; ***to sail under the Liberian ~*** MAR. battere bandiera liberiana **2** *(as signal)* MAR. bandiera f.; FERR. bandierina f. di segnalazione; ***to show the white ~*** alzare *o* sventolare bandiera bianca (anche FIG.); ***with ~s flying*** MAR. a bandiere spiegate **3** *(on map)* bandierina f. **4** INFORM. indicatore m., flag m. ◆ ***to fly the ~*** portare alta la bandiera del proprio paese; ***we must keep the ~ flying*** dobbiamo mantenere alto l'onore *o* tenere alta la bandiera; ***to wave the ~*** tenere alta la bandiera.

2.flag /flæg/ tr. (forma in -ing ecc. **-gg-**) **1** *(mark with tab)* segnalare, mettere un segno su [*text*] **2** *(signal)* segnalare [*problem*] **3** INFORM. mettere un flag in.

▪ **flag down:** ~ **[sth.] down**, ~ **down [sth.]** fermare facendo segnalazioni [*train*]; fare cenno di fermarsi a [*taxi*].

3.flag /flæg/ n. → **flagstone**.

4.flag /flæg/ tr. lastricare.

5.flag /flæg/ n. BOT. acoro m. falso.

6.flag /flæg/ n. *(of a bird)* penna f. dell'ala.

7.flag /flæg/ intr. (forma in -ing ecc. **-gg-**) [*interest*] affievolirsi, venir meno; [*morale, strength*] venir meno; [*conversation*] languire; [*athlete, campaigner*] mollare, desistere.

flag-bearer /'flægˌbeərə(r)/ n. portabandiera m. e f.

flag boat /'flægbəʊt/ n. = barca utilizzata come punto di riferimento nelle gare nautiche.

flag captain /ˌflæg'kæptɪn/ n. capitano m. di nave ammiraglia.

flag carrier /'flægˌkærɪə/ n. compagnia f. di bandiera.

flag day /'flægdeɪ/ n. GB = giorno in cui si vendono bandierine, stemmi, adesivi ecc. per beneficenza.

Flag Day /'flægdeɪ/ n. US = il 14 giugno, anniversario dell'adozione della bandiera nazionale, avvenuta nel 1777.

flagellant /'flædʒələnt/ n. **1** STOR. RELIG. flagellante m. **2** *(sexual) (sadist)* = sadico che prova piacere nel frustare il partner; *(masochist)* = masochista che prova piacere nel farsi frustare.

1.flagellate /'flædʒəleɪt/ **I** agg. BIOL. (anche **~d**) flagellato **II** n. BIOL. flagellato m.

2.flagellate /'flædʒəleɪt/ **I** tr. flagellare **II** rifl. ***to ~ oneself*** flagellarsi.

flagellation /ˌflædʒə'leɪʃn/ n. flagellazione f.

flagellator /'flædʒəleɪtə(r)/ n. flagellatore m. (-trice).

flagelliform /flə'dʒəlɪfɔ:m/ agg. BIOL. flagelliforme.

flagellum /flə'dʒeləm/ n. (pl. **-a**, **~s**) BIOL. flagello m.

flageolet /ˌflædʒə'let, 'flædʒ-/ n. zufolo m.

flagged /'flægd/ **I** p.pass. → **4.flag II** agg. [*floor, room*] lastricato.

1.flagging /'flægɪŋ/ n. *(stones)* lastrico m., lastricato m.; *(action)* pavimentazione f.

2.flagging /'flægɪŋ/ agg. **1** [*hope*] sempre più debole **2** [*demand*] in calo, in ribasso.

flaggy /'flægɪ/ agg. RAR. debole, fiacco.

flagitious /flə'dʒɪʃəs/ agg. infame, atroce, scellerato.

flagitiousness /flə'dʒɪʃəsnɪs/ n. infamia f., atrocità f., scelleratezza f.

flag-lieutenant /ˌflæglef'tenənt, AE -lu:'t-/ ➧ ***23*** n. tenente m. di vascello aiutante di bandiera (di ammiraglio).

flag of convenience /ˌflægəvkən'vi:nɪəns/ n. bandiera f. ombra, bandiera f. di comodo.

flag officer /'flægˌɒfɪsə(r), AE -ɔ:f-/ ➧ ***23*** n. MAR. aiutante m. di bandiera (di ammiraglio).

flagon /'flægən/ n. *(bottle)* bottiglione m., fiasco m.; *(jug)* boccale m., caraffa f.

flagpole /'flægpəʊl/ n. asta f. della bandiera; ***we'll run it*** o ***the idea up the ~*** FIG. lanceremo l'idea.

flagrancy /'fleɪgrənsɪ/ n. flagranza f., evidenza f.

flagrant /'fleɪgrənt/ agg. flagrante, evidente.

flagrantly /'fleɪgrəntlɪ/ avv. [*behave, do*] in modo manifesto, esplicito; [*artificial, dishonest etc.*] manifestamente, palesemente.

flagship /'flægʃɪp/ **I** n. MAR. nave f. ammiraglia **II** modif. [*company, product*] principale, più importante; ***~ car*** AUT. ammiraglia.

flagstaff /'flægstɑ:f, AE -stæf/ n. asta f. della bandiera.

flagstone /'flægstəʊn/ n. lastra f. di pietra, pietra f. da lastrico.

flag stop /'flægstɒp/ n. AE *(in public transportation)* fermata f. a richiesta, facoltativa (su segnalazione con bandierine).

flag-waving /'flægweɪvɪŋ/ n. SPREG. *(patriotism)* patriottismo m. sciovinista; *(patriotic statements)* dichiarazioni f.pl. scioviniste.

1.flail /fleɪl/ n. correggiato m.

2.flail /fleɪl/ **I** tr. **1** AGR. battere con il correggiato [*corn*] **2** agitare convulsamente [*arms, legs*] **II** intr. [*person*] dimenarsi, agitarsi convulsamente; [*arms, legs*] agitarsi convulsamente.

▪ **flail about, flail around:** ~ **about**, ~ **around** [*person*] dimenarsi, agitarsi convulsamente; [*arms, legs*] agitarsi convulsamente ~ **[sth.] about**, ~ **[sth.] around** agitare convulsamente [*arms, legs*].

flair /'fleə(r)/ n. **1** *(talent)* attitudine f., predisposizione f. (**for** per; **for doing** a fare) **2** *(style)* eleganza f., stile m.

flak /flæk/ n. **U 1** MIL. fuoco m. contraereo, artiglieria f. contraerea **2** COLLOQ. FIG. *(criticism)* critica f., opposizione f.; ***I got*** o ***took a lot of ~ from my boss*** il mio capo mi ha fatto a pezzi.

1.flake /fleɪk/ n. **1** *(of snow, cereal)* fiocco m.; *(of soap, chocolate, cheese)* scaglia f. **2** *(of paint, rust)* scaglia f.; *(of metal)* lamina f., scaglia f.; *(of rock, flint)* scheggia f. **3** AE COLLOQ. *(eccentric)* tipo m. bizzarro, stravagante.

2.flake /fleɪk/ **I** tr. squamare [*fish*] **II** intr. **1** (anche **~ off**) [*paint, varnish, stone*] sfaldarsi; [*skin*] squamarsi **2** [*cooked fish*] squamarsi.

▪ **flake off** AE POP. squagliarsela, svignarsela, tagliare la corda.

▪ **flake out** COLLOQ. *(fall asleep)* addormentarsi, crollare per la stanchezza; *(flop)* cadere pesantemente.

3.flake /fleɪk/ n. = grata su cui si mettono a seccare i pesci e altri cibi.

flaked almonds /ˌfleɪkt'ɑ:məndz/ n.pl. mandorle f. a scaglie.

flake white /ˌfleɪk'waɪt, AE -'hwaɪt/ n. biacca f.

flakey /'fleɪkɪ/ agg. [*person*] eccentrico, bizzarro; [*idea, movie*] stravagante, strano.

flak jacket /'flækˌdzækɪt/ n. BE giubbotto m. antiproiettile.

flaky /'fleɪkɪ/ agg. **1** [*paint*] che si sfalda; [*plaster, statue*] che si sgretola; [*skin*] che si squama; [*rock*] lamellare, che si sfalda **2** [*snow*] fioccoso, a fiocchi **3** AE COLLOQ. *(eccentric)* [*person*] eccentrico, bizzarro; [*idea, movie*] stravagante, strano.

flaky pastry /ˌfleɪkɪ'peɪstrɪ/ n. pasta f. sfoglia.

flam /flæm/ n. RAR. **1** *(falsehood)* inganno m., imbroglio m. **2** *(drivel)* fandonia f., frottola f.

flambeau /'flambəʊ/ n. (pl. **~s**, **~x**) fiaccola f.

flamboyance /flæm'bɔɪəns/ n. (l')essere sgargiante, vistoso.

flamboyant /flæm'bɔɪənt/ agg. **1** [*person*] (vestito in modo) sgargiante; [*lifestyle, image, behaviour*] ostentato, esibito; [*colour, clothes, style*] vistoso, sgargiante; [*gesture*] di grande effetto, teatrale **2** ARCH. flamboyant, fiammeggiante.

▷ **1.flame** /fleɪm/ ➧ ***5*** **I** n. **1** fiamma f.; ***a naked ~*** = una fiamma non coperta da vetro o da altra protezione; ***to be in ~s*** essere in fiamme; ***to go up in ~s*** andare a fuoco *o* incendiarsi; ***to burst into ~s*** prendere fuoco *o* divampare; ***over a low, high ~*** GASTR. a fuoco lento, vivo; ***to be shot down in ~s*** [*aircraft*] essere abbattuto; FIG. [*theory, proposal*] essere bocciato, essere distrutto **2** FIG. fiamma f., fuoco m. (**of** di); ***to burn with a brighter ~*** risplendere di una luce più brillante; ***to fan*** o ***fuel the ~s of love*** ravvivare la fiamma dell'amore; ***to fan the ~s of violence*** soffiare sul fuoco della violenza *o* alimentare la violenza;

an old ~ COLLOQ. *(person)* una vecchia fiamma **3** *(colour)* rosso m. fuoco, rosso m. vivo **4** INFORM. GERG. flame m. (e-mail di tono offensivo o aggressivo) **II** agg. [*hair, leaf, flower*] rosso fuoco.

2.flame /fleɪm/ **I** tr. **1** GASTR. fiammeggiare, flambare **2** INFORM. GERG. ***to ~ sb.*** = inviare a qcn. un'e-mail di tono offensivo o aggressivo **II** intr. **1** [*fire, torch*] ardere, fiammeggiare **2** [*sunset, tree*] ardere, avvampare; [*face*] infiammarsi (**with** di) **3** [*emotion*] ardere, prorompere.

▪ **flame up** [*fire*] ardere, fiammeggiare, avvampare.

flame-coloured BE, **flame-colored** AE /ˈfleɪmkʌləd/ agg. [*tree, hair, sky, fabric*] (color) rosso fuoco.

flamenco /fləˈmeŋkəʊ/ **I** n. flamenco m. **II** modif. [*dancer*] di flamenco; ***~ dancing*** flamenco.

flameproof /ˈfleɪmpruːf/ agg. ignifugo; resistente al fuoco.

flame retardant /ˈfleɪmrɪˌtɑːdənt/ **I** agg. [*substance, chemical*] ignifugo; [*furniture, fabric*] resistente al fuoco **II** n. sostanza f. ignifuga.

flamethrower /ˈfleɪmθrəʊə(r)/ n. lanciafiamme m.

flaming /ˈfleɪmɪŋ/ agg. **1** [*garment, vehicle, building*] in fiamme; [*torch*] acceso, fiammeggiante **2** [*face*] infiammato; [*sky, colour*] acceso **3** [*row*] violento **4** COLLOQ. *(emphatic)* dannato, maledetto; ***~ idiot!*** dannato idiota!

flamingo /fləˈmɪŋgəʊ/ n. (pl. **~s, ~es**) fenicottero m.

flammable /ˈflæməbl/ agg. infiammabile; ***highly ~*** facilmente infiammabile.

flan /flæn/ n. *(savoury)* flan m., sformato m.; *(sweet)* flan m.; ***apricot ~*** flan di albicocche; ***cheese ~*** sformato al formaggio.

Flanders /ˈflɑːndəz/ ♦ ***24*** n.pr.pl. (le) Fiandre f.

1.flange /flændʒ/ n. MECC. flangia f., bordo m.

2.flange /flændʒ/ tr. munire di flangia, di bordo.

flanged /ˈflændʒd/ **I** p.pass. → **2.flange II** agg. [*pipe, wheel etc.*] flangiato.

1.flank /flæŋk/ n. **1** *(of animal, mountain)* fianco m. **2** MIL. fianco m. **3** POL. SPORT ala f. **4** GASTR. soccoscio m.

2.flank /flæŋk/ tr. essere di fianco a [*person, door*]; fiancheggiare, costeggiare [*path, area*]; ***~ed by*** [*person, door*] affiancato da; [*path, area*] costeggiato da.

flanker /ˈflæŋkə(r)/ n. *(in rugby)* ala f.

1.flannel /ˈflænl/ n. **1** TESS. flanella f. **2** BE (anche **face ~**) = piccolo asciugamano per lavarsi il viso **3** BE COLLOQ. *(talk)* chiacchiere f.pl., balle f.pl.

2.flannel /ˈflænl/ intr. (forma in -ing ecc. **-ll-**, **-l-** AE) BE COLLOQ. dire balle.

flannelette /ˌflænəˈlet/ n. flanella f. di cotone.

flannels /ˈflænəlz/ n.pl. **1** pantaloni m. di flanella **2** AE biancheria f.sing. intima di flanella.

▷ **1.flap** /flæp/ n. **1** *(on pocket)* risvolto m., patta f.; *(on envelope)* lembo m., linguetta f.; *(on hat)* tesa f.; *(on tent)* lembo m. **2** *(made of wood) (on table, bar)* ribalta f.; *(of trapdoor)* botola f.; *(for cat)* gattaiola f. **3** *(movement) (of wings)* battito m. (**of** di); *(of sail)* (lo) sbattere (**of** di) **4** AER. flap m., ipersostentatore m. **5** COLLOQ. *(panic)* ***to be in a ~*** essere agitato *o* eccitato; ***to get into a ~*** agitarsi *o* eccitarsi **6** LING. monovibrante f.

▷ **2.flap** /flæp/ **I** tr. (forma in -ing ecc. **-pp-**) [*wind*] fare sbattere, agitare [*sail, cloth*]; fare sbattere [*paper, clothes*]; [*person*] scuotere [*sheet, cloth etc.*]; sventolare, agitare [*paper, letter*]; ***to ~ sth. at sb., sth.*** agitare qcs. verso qcn., qcs.; ***the bird was ~ping its wings*** l'uccello batteva le ali; ***he ~ped his arms around*** agitava le braccia **II** intr. (forma in -ing ecc. **-pp-**) **1** *(move)* [*wing*] battere; [*sail, flag, material, door*] sbattere; [*paper, clothes*] sventolare; ***the birds ~ped away*** gli uccelli si allontanarono battendo le ali **2** COLLOQ. *(panic)* agitarsi; ***stop ~ping!*** calmati!

flapdoodle /ˈflæpˌduːdl/ n. **U** COLLOQ. sciocchezze f.pl., idiozie f.pl.

flap-eared /ˈflæpˌɪəd/ agg. [*dog etc.*] dalle orecchie a penzoloni; [*person*] dalle orecchie a sventola.

flapjack /ˈflæpdʒæk/ n. GASTR. **1** BE INTRAD. m. (biscotto a base di farina d'avena) **2** AE frittella f.

flapjaw /ˈflæpdʒɔː/ n. AE COLLOQ. **1** *(talkative person)* chiacchierone m. (-a) **2** *(chat)* chiacchierata f.

flapper /ˈflæpə(r)/ n. COLLOQ. (anche **~ girl**) maschietta f.

▷ **1.flare** /fleə(r)/ **I** n. **1** *(light signal)* AER. *(on runway)* radiofaro m.; MIL. *(on target)* razzo m. illuminante; MAR. *(distress signal)* razzo m. (di segnalazione di pericolo) **2** *(burst of light) (of match, lighter)* chiarore m.; *(of fireworks)* bagliore m. **3** IND. *(in petroleum processing)* torcia f. **4** SART. svasatura f., scampanatura f. **5** ASTR. (anche **solar ~**) brillamento m. solare, flare m. **6** FOT. flare m. **II flares** n.pl. *(trousers)* pantaloni m. a zampa d'elefante; ***a pair of ~s*** un paio di pantaloni a zampa d'elefante.

▷ **2.flare** /fleə(r)/ **I** tr. **1** *(widen)* svasare [*skirt, trouser leg*] **2** IND. bruciare in una torcia [*gases*] **II** intr. **1** *(burn briefly)* [*firework, match, torch*] scintillare, brillare **2** *(erupt)* [*violence*] divampare, scoppiare; ***tempers started to ~*** gli animi cominciarono a scaldarsi **3** (anche **~ out**) *(widen)* [*skirt*] allargarsi, scampanare **4** [*nostrils*] allargarsi, dilatarsi.

▪ **flare up 1** *(burn brightly)* [*fire*] divampare **2** FIG. *(erupt)* [*trouble, violence*] divampare; [*anger, revolution*] scoppiare; [*person*] prendere fuoco, infiammarsi; [*epidemic*] scoppiare, dilagare **3** *(recur)* [*illness, symptoms, pain*] ricomparire, riacutizzarsi.

flared /fleəd/ **I** p.pass. → **2.flare II** agg. SART. scampanato, svasato; ***a ~ skirt*** una gonna scampanata; ***a pair of ~ trousers*** un paio di pantaloni a zampa d'elefante.

flare path /ˈfleəpɑːθ/ n. AER. pista f. illuminata (per l'atterraggio).

flare-up /ˈfleərʌp/ n. **1** *(of fire, light)* fiammata f., vampata f. **2** *(outburst) (of fighting, trouble, anger)* scoppio m.; *(of dispute)* inasprimento m.; *(of war)* recrudescenza f.; ***a violent ~*** una fiammata di violenza **3** *(argument)* lite f., rissa f. **4** *(recurrence) (of feeling)* ritorno m.; *(of disease)* riacutizzazione f.

flaring /ˈflærɪŋ/ agg. **1** *(dazzling)* abbagliante **2** *(flamboyant)* sgargiante, vistoso **3** MECC. svasato.

▷ **1.flash** /flæʃ/ n. **1** *(sudden light) (of torch, headlights)* bagliore m. improvviso, lampo m.; *(of jewels, metal, knife)* bagliore m., scintillio m.; ***a ~ of lightning*** un lampo; ***a ~ of light*** una luce improvvisa **2** FIG. ***a ~ of colour*** uno sprazzo *o* un lampo di colore; ***a ~ of inspiration, genius*** un momento d'ispirazione, un lampo di genio; ***a ~ of intuition*** un'intuizione improvvisa; ***a ~ of wit*** uno sprazzo di umorismo; ***it came to him in a ~ that*** improvvisamente gli sovvenne che; ***it was all over in*** o ***like a ~*** in un baleno fu tutto finito **3** FOT. flash m. **4** *(bulletin)* flash m., notizia f. flash **5** *(stripe) (on clothing)* mostrina f.; *(on car)* banda f. (decorativa) laterale **6** *(on horse) (on head)* stella f. (bianca); *(elsewhere)* macchia f. bianca **7** BE COLLOQ. *(display)* ***give us a quick ~!*** SCHERZ. facci vedere (un po')! ◆ ***to be a ~ in the pan*** essere un fuoco di paglia; ***quick as a ~*** veloce come un lampo.

▷ **2.flash** /flæʃ/ **I** tr. **1** COLLOQ. *(display)* [*person*] mostrare velocemente [*ID card, credit card, money*]; ***to ~ sth. at sb.*** [*person*] mostrare velocemente qcs. a qcn.; *(flaunt)* sfoggiare, esibire qcs. con qcn. **2** *(shine)* ***to ~ a signal*** o ***message to sb.*** mandare un segnale a qcn. con una lampada; ***to ~ a torch on*** o ***at sth.*** fare luce con una pila su qcs. *o* illuminare qcs. con una pila; ***~ your torch three times*** fai luce tre volte con la pila; ***to ~ one's headlights (at)*** fare i fari *o* lampeggiare (a) **3** FIG. *(send)* lanciare [*look, smile*] (**at** a) **4** *(transmit)* [*TV station*] trasmettere, diffondere [*pictures, news*]; *(briefly)* fare apparire [*message*] **II** intr. **1** *(shine)* [*lighthouse, warning light*] lampeggiare; [*jewels*] scintillare; [*eyes*] scintillare, lampeggiare; ***to ~ on and off*** lampeggiare; ***his right indicator was ~ing*** aveva la freccia destra accesa **2** *(appear suddenly)* ***a thought ~ed through my mind*** un pensiero mi balenò in mente **3** COLLOQ. *(expose oneself)* [*man*] scoprire i genitali, fare l'esibizionista (**at** davanti a).

▪ **flash about, flash around:** ***~ [sth.] about*** esibire [*credit card, banknote*]; fare sfoggio di [*money*].

▪ **flash back** [*film*] tornare con un flashback (**to** a).

▪ **flash by** [*person, bird*] passare accanto come un lampo; [*time*] passare in un baleno; [*landscape*] scorrere accanto.

▪ **flash forward** *(with one's mind)* proiettarsi nel futuro.

▪ **flash on** [*light*] accendersi di colpo, all'improvviso.

▪ **flash out:** ***~ out*** **1** *(burst into anger)* avvampare di rabbia; *(burst into excitement)* avvampare di eccitazione **2** *(be evident)* essere evidente **3** *(cry out)* esclamare (con rabbia), esplodere.

▪ **flash past** → **flash by**.

▪ **flash up:** ***~ up*** [*message, result*] apparire; ***~ [sth.] up, ~ up [sth.]*** affiggere, pubblicare [*message, results*] (**on** su).

3.flash /flæʃ/ agg. COLLOQ. SPREG. *(posh)* [*hotel*] di lusso; [*car*] vistoso; [*suit*] pacchiano; [*friend*] sbruffone.

flashback /ˈflæʃbæk/ n. **1** CINEM. flashback m. (**to** a), scena f. retrospettiva (**to** su) **2** *(memory)* flashback m., ricordo m.

flashbulb /ˈflæʃbʌlb/ n. lampada f. per flash.

flash burn /ˈflæʃbɜːn/ n. MED. ustione f. causata da radiazioni di calore.

flash card /ˈflæʃkɑːd/ n. *(for teaching)* flash card f.; *(for awarding points)* tabellone m. del punteggio.

flash cube /ˈflæʃkjuːb/ n. cubo-flash m.

flasher /ˈflæʃə(r)/ n. COLLOQ. **1** *(exhibitionist)* esibizionista m. e f. **2** AUT. lampeggiatore m.

flash flood /ˌflæʃˈflʌd/ n. inondazione f., piena f. improvvisa.

flash-forward /ˈflæʃˌfɔːwəd/ n. CINEM. flashforward m.

flash-fry steak /ˈflæʃfraɪˌsteɪk/ n. GASTR. = bistecca sottile che cuoce in fretta.
flash gun /ˈflæʃɡʌn/ n. FOT. *(for holding a flashbulb)* flash m., lampeggiatore m.
flash Harry /ˈflæʃˌhærɪ/ n. BE COLLOQ. SPREG. sbruffone m., spaccone m.
flashily /ˈflæʃɪlɪ/ avv. [*dress*] in modo appariscente, vistoso.
flashiness /ˈflæʃɪnɪs/ n. cattivo gusto m., volgarità f.
flashing /ˈflæʃɪŋ/ **I** n. **1** ING. scossalina f. **2** COLLOQ. *(exhibitionism)* esibizionismo m. **II** agg. [*light, sign*] lampeggiante, scintillante.
flash lamp /ˈflæʃlæmp/ n. flash m.
flash light /ˈflæʃlaɪt/ n. torcia f. elettrica, lampada f. portatile.
flash memory /ˈflæʃˌmemərɪ/ n. INFORM. memoria f. flash.
flash photography /ˌflæʃfəˈtɒɡrəfɪ/ n. fotografia f. con il flash.
flashpoint /ˈflæʃpɔɪnt/ n. **1** CHIM. punto m. d'infiammabilità **2** FIG. *(trouble spot)* punto m. caldo **3** FIG. *(explosive situation)* punto m. critico.
flashy /ˈflæʃɪ/ agg. COLLOQ. SPREG. [*driver, player*] sbruffone; [*move, stroke*] da sbruffone; [*car, dress, tie*] vistoso, di cattivo gusto; [*colour*] sgargiante, pacchiano; [*jewellery*] appariscente, brillante; [*campaign, image, presentation*] di cattivo gusto, pacchiano; ***he's a ~ dresser*** veste in modo pacchiano *o* vistoso.
flask /flɑːsk, AE flæsk/ n. **1** CHIM. *(large)* beuta f., bottiglia f.; *(small) (round-bottomed)* pallone m.; *(flat-bottomed)* fiala f. **2** *(large)* fiasco m.; *(small)* fiaschetta f., borraccetta f.; *(vacuum)* thermos® m.; ***(hip) ~*** fiaschetta da tasca.
flasket /ˈflɑːskɪt, AE ˈflæskɪt/ n. ANT. **1** cesta f. allungata **2** *(small flask)* fiaschetto, m. fiaschetta f.
▶ **1.flat** /flæt/ **I** agg. **1** *(level)* [*surface, landscape, road*] piatto, piano; [*roof*] piatto; *(not rounded)* [*stone*] piatto; [*stomach, chest, face*] piatto; [*nose*] schiacciato, camuso; *(shallow)* [*dish*] piano; [*basket, box*] piatto, poco profondo; ***to be ~ on one's back, face*** essere (lungo) disteso sulla schiena, stare bocconi; ***to hammer sth. ~*** appiattire qcs. col martello; ***to be squashed ~*** essere schiacciato **2** *(deflated)* [*tyre, ball*] sgonfio; ***to have a ~ tyre*** avere uno pneumatico sgonfio *o* una gomma a terra; ***to go ~*** sgonfiarsi **3** *(pressed close)* ***her feet ~ on the floor*** con i piedi che appoggiavano bene a terra **4** SART. [*shoes, heels*] basso **5** *(absolute)* [*refusal, rejection, denial*] netto, secco, deciso; ***you're not going and that's ~!*** non ci vai, e su questo non ci sono dubbi *o* non ci piove! **6** *(standard)* [*fare, fee*] fisso, forfettario; [*charge*] fisso **7** *(monotonous)* [*voice, tone*] monotono, monocorde; *(unexciting)* [*performance, story, style*] noioso, piatto; [*colour*] spento, opaco; [*taste*] insipido **8** *(not fizzy)* [*beer, lemonade*] sgassato, non più frizzante; ***to go ~*** [*beer*] perdere l'effervescenza **9** *(depressed)* ***to feel ~*** [*person*] sentirsi depresso *o* giù di corda *o* a terra; ***he sounded a bit ~*** sembrava un po' giù di morale *o* giù di corda **10** BE [*battery*] scarico; ***to go ~*** EL. scaricarsi; AUT. essere a terra *o* essere scarico **11** COMM. ECON. *(slow)* [*market, trade*] inattivo, in ristagno; [*spending, profits*] ristagnante **12** MUS. [*note*] bemolle; *(off key)* [*voice, instrument*] stonato; ***in the key of B ~ minor*** in si bemolle minore **13** *(matt)* [*paint, surface*] opaco **II** avv. **1** *(horizontally)* [*lay, lie*] disteso; [*fall*] (lungo) disteso; ***to knock sb. ~*** atterrare qcn.; ***to lay sb. ~*** stendere *o* buttare a terra qcn.; ***they laid the village ~*** hanno raso al suolo il villaggio; ***to lie ~*** [*person*] giacere (lungo) disteso; [*hair*] essere piatto; [*pleat*] essere appiattito, piatto; ***to lie, land ~ on one's back*** giacere, cadere disteso sulla schiena; ***I was lying ~ on my back*** giacevo disteso sulla schiena *o* supino; ***to fall ~ on one's face*** cadere lungo disteso *o* bocconi; FIG. rompersi il collo **2** *(in close contact)* ***we pressed ~ against the wall*** ci schiacciammo contro il muro; ***she pressed her nose ~ against the window*** incollò il naso alla finestra **3** *(exactly)* ***in 10 minutes ~*** in dieci minuti esatti **4** COLLOQ. *(absolutely)* decisamente, seccamente; ***she told me ~ that*** mi ha detto chiaro e tondo che; ***to turn [sth.] down ~*** rifiutare [qcs.] recisamente [*offer, proposal*]; ***they went ~ against their orders*** hanno deliberatamente disobbedito agli ordini **5** MUS. [*sing, play*] in tono più basso (del dovuto), in modo stonato ◆ ***to fall ~*** [*play*] fare fiasco; [*joke*] cadere nel vuoto; [*party, evening, plan*] essere un fiasco, un insuccesso.
2.flat /flæt/ **I** n. **1** *(level part)* ***the ~ of*** il palmo di [*hand*]; il piatto di [*oar, sword*]; ***on the ~*** BE [*walk, park*] in piano, su terreno piano **2** COLLOQ. *(on car, bike)* pneumatico m. sgonfio, gomma f. a terra **3** MUS. *(note, sign)* bemolle m. **4** TEATR. fondale m. **5** GEOGR. ***salt ~*** piana salina **II flats** n.pl. **1** AE COLLOQ. *(shoes)* scarpe f. basse **2** GEOGR. *(marshland)* terreno m.sing. basso, palude f.sing.
3.flat /flæt/ **I** tr. (forma in -ing ecc. **-tt-**) **1** *(make flat)* spianare, appiattire **2** MUS. bemollizzare **3** opacizzare [*paint*] **II** intr. (forma in -ing ecc. **-tt-**) appiattirsi, spianarsi.
▶ **4.flat** /flæt/ n. BE *(apartment)* appartamento m.; ***one-bedroom ~*** appartamento con una camera da letto.
flat brush /ˈflætbrʌʃ/ n. pennellessa f.
flat-bed lorry /ˌflætbedˈlɒrɪ, AE -ˈlɔːrɪ/ n. autocarro m. a pianale aperto.
flat-bottomed /ˌflætˈbɒtəmd/ agg. [*boat*] a fondo piatto.
flat broke /ˈflætˌbrəʊk/ agg. COLLOQ. senza il becco di un quattrino, in bolletta.
flat cap /ˌflætˈkæp/ n. BE berretto m. floscio.
flatcar /ˈflætkɑː(r)/ n. AE carro m. senza sponde, pianale m.
flat-chested /ˌflætˈtʃestɪd/ agg. ***a ~ woman*** una donna piatta *o* senza seno.
flat course /ˈflætˌkɔːs/ n. AE EQUIT. corsa f. piana.
flat feet /ˌflætˈfiːt/ n.pl. piedi m. piatti; ***to have ~*** avere i piedi piatti.
flatfish /ˈflætˌfɪʃ/ n. (pl. **~**, **~es**) = qualsiasi pesce dalla forma piatta come platessa, sogliola ecc.
flat food /ˈflætfuːd/ n. AE COLLOQ. = piatti pronti serviti da tavole calde e ristoranti anche a domicilio.
flat foot /ˈflætfʊt/ n. (pl. **flat foots**, **flat feet**) BE COLLOQ. SPREG. piedipiatti m.
flat-footed /ˌflætˈfʊtɪd/ agg. **1** MED. [*person*] dai piedi piatti; ***to be ~*** avere i piedi piatti **2** COLLOQ. *(clumsy)* [*person*] indeciso, maldestro **3** COLLOQ. SPREG. *(tactless)* [*attempt, manner, remark*] da bifolco ◆ ***to catch sb. ~*** COLLOQ. prendere qcn. alla sprovvista, in contropiede.
flat-hunting /ˈflæthʌntɪŋ/ n. BE ***to go ~*** cercare un appartamento.
flatiron /ˈflætaɪən, AE -ˌaɪərn/ n. *(formerly)* ferro m. da stiro.
flat jockey /ˈflætˌdʒəʊkɪ/ ♦ ***27*** n. fantino m. di corse piane.
flatlands /ˈflætlændz/ n.pl. territori m. pianeggianti, pianura f.sing.
flatlet /ˈflætlɪt/ n. BE appartamentino m.
flatline /ˈflætlaɪn/ intr. COLLOQ. = morire.
flatly /ˈflætlɪ/ avv. **1** *(absolutely)* [*refuse, contradict, reject*] nettamente, decisamente; [*deny*] in modo deciso, recisamente; ***to be ~ opposed to sth.*** opporsi nettamente a qcs. **2** *(unemotionally)* [*say etc.*] monotonamente, in modo piatto.
flatmate /ˈflætmeɪt/ n. BE compagno m. (-a) d'appartamento.
flatness /ˈflætnɪs/ n. **1** *(of terrain, landscape)* (l')essere piano, piattezza f.; *(of roof)* (l')essere piatto; *(of surface)* (l')essere piano; *(of stone)* (l')essere piatto, piattezza f. **2** *(dullness) (of voice)* monotonia f.; *(of colours)* opacità f.; *(of style, description, story)* piattezza f., noiosità f.
flat out /ˌflætˈaʊt/ **I** agg. BE COLLOQ. (anche **~ tired** AE) stanco morto, distrutto **II** avv. [*drive, go, ride*] a tutto gas, a rotta di collo; [*work*] a più non posso; ***it only does 120 km per hour ~*** a tavoletta fa solo 120 km all'ora; ***to tell sb. ~ that*** AE dire a qcn. chiaro e tondo che ◆ ***to go ~ for sth.*** farsi in quattro per qcs.
flat-pack /ˈflætpæk/ agg. in kit.
flat race /ˈflætreɪs/ n. EQUIT. corsa f. piana.
flat racing /ˈflætˌreɪsɪŋ/ ♦ ***10*** n. EQUIT. **U** corse f.pl. piane.
flat rate /ˌflætˈreɪt/ **I** n. tasso m. fisso, rendimento m. fisso; importo m. fisso, forfettario **II flat-rate** modif. [*contribution, fee, tax*] forfettario.
flat screen /ˈflætskriːn/ agg. [*TV*] a, con schermo piatto.
flat season /ˈflætˌsiːzn/ n. stagione f. delle corse piane.
flat-sharing /ˈflætˌʃeərɪŋ/ n. = il condividere l'alloggio (specialmente da parte di studenti o di giovani lavoratori single).
flat silver /ˌflætˈsɪlvə(r)/ n. AE posate f.pl. d'argento.
flat spin /ˌflætˈspɪn/ n. AER. vite f. piatta ◆ ***to be in a ~*** BE COLLOQ. essere agitato *o* eccitato.
flatten /ˈflætn/ **I** tr. **1** *(level)* [*rain, storm*] appiattire, coricare [*crops, grass*]; abbattere [*tree, fence*]; [*bombing, earthquake*] distruggere, radere al suolo [*building, town*]; ***he ~ed him with a single punch*** l'ha steso con un solo pugno; ***he'll ~ you!*** COLLOQ. ti spaccherà il muso! ti metterà k.o.! **2** *(smooth out)* rendere piano, spianare [*surface, ground, road*]; appiattire [*metal*] **3** *(crush)* schiacciare [*animal, fruit, hat, box etc.*] **4** COLLOQ. FIG. *(beat)* schiacciare [*person, team*] **5** MUS. bemollizzare [*note*] **6** BE scaricare [*battery*] **II** intr. [*slope, road, ground*] diventare piano; [*graph, curve, flight path*] diventare piatto; [*growth, exports, decline*] stabilizzarsi **III** rifl. ***to ~ oneself*** appiattirsi (**against** contro) [*wall, door etc.*].
▪ **flatten out:** ***~ out*** [*slope, road, ground*] diventare piano; [*graph, curve, flight path*] diventare piatto; [*growth, exports, decline*] stabilizzarsi; ***~ out [sth.], ~ [sth.] out*** rendere piano, spianare [*ground, road*]; ***he ~ed the map out on the table*** ha disteso la carta geografica sul tavolo.
flattened /ˈflætnd/ **I** p.pass. → **flatten II** agg. [*shape, nose, head*] appiattito; [*box, can*] schiacciato; *(by rain, storm)* [*grass, weeds*] coricato; *(by earthquake, bombs)* [*building, district*] raso al suolo.

flattening /'flætnɪŋ/ n. 1 *(of ground)* (lo) spianare, spianatura f.; *(of metal)* (l')appiattire 2 AE COLLOQ. *(humiliation)* umiliazione f.
flatter /'flætə(r)/ I tr. 1 *(compliment)* adulare, lusingare (**on** per); ***to be ~ed that*** essere lusingato che 2 *(enhance)* [*light, dress*] donare, abbellire; [*portrait*] fare più bello (della realtà) II rifl. ***to ~ oneself*** compiacersi, vantarsi (**on being** di essere); ***I ~ myself that I know a bit about computers*** mi vanto di sapere un po' d'informatica.
flatterer /'flætərə(r)/ n. adulatore m. (-trice).
flattering /'flætərɪŋ/ agg. 1 [*remark*] adulatorio, lusinghiero 2 [*dress etc.*] che dona; [*portrait*] che rende più bello; ***she was wearing a ~ hat, dress*** indossava un cappello, un vestito che le donava.
flatteringly /'flætərɪŋlɪ/ avv. in modo lusinghiero; ***~ attentive*** d'una attenzione lusinghiera.
flattery /'flætərɪ/ n. adulazione f., lusinga f., lusinghe f.pl. ◆ ***~ will get you nowhere*** con le lusinghe non otterrai nulla.
flatties /'flæti:z/ n.pl. BE COLLOQ. scarpe f. basse.
flatting /'flætɪŋ/ n. 1 METALL. laminatura f. 2 *(matt coat)* verniciatura f. opaca.
flattop /'flæt,tɒp/ n. COLLOQ. 1 *(aircraft carrier)* portaerei f. 2 *(short haircut)* taglio m. a spazzola.
flat-topped /'flættɒpt/ agg. [*hill, mountain*] dalla sommità piatta.
flatulence /'flætjʊlens/ n. flatulenza f.
flatulent /'flætjʊlənt/ agg. 1 MED. [*person*] che soffre di flatulenza; [*indigestion*] flatulento; [*food*] che causa flatulenza 2 FIG. [*style*] pretenzioso, tronfio.
flatware /'flætweə(r)/ n. AE 1 *(cutlery)* posate f.pl. 2 *(crockery)* piatti m.pl. piani.
flatways /'flætweɪz/, **flatwise** /'flætwaɪz/ avv. di piatto.
flatworm /'flætwɜ:m/ n. verme m. piatto.
1.flaunt /flɔ:nt/ n. ANT. sfoggio m., ostentazione f.
2.flaunt /flɔ:nt/ I tr. 1 SPREG. *(show off)* ostentare, esibire [*wealth, possession*]; fare sfoggio di [*knowledge, superiority, charms*]; sbandierare [*opinion, ability, quality*]; sfoggiare [*lover*] 2 *(display)* ***~ what you've got*** valorizza i tuoi pregi II rifl. ***to ~ oneself*** pavoneggiarsi.
flaunting /'flɔ:ntɪŋ/ agg. pomposo, sfarzoso.
flautist /'flɔ:tɪst/ ➧ ***27*** n. flautista m. e f.
flavescent /fleɪ'vesənt/ agg. LETT. flavescente, flavo.
Flavian /'fleɪvjən/ n.pr. Flavio.
flavin /'fleɪvɪn/ n. flavina f.
flavone /'fleɪvəʊn/ n. flavone m.
▷ **1.flavour** BE, **flavor** AE /'fleɪvə(r)/ n. 1 GASTR. gusto m., sapore m., aroma m.; ***with a coffee ~*** al (gusto di) caffè; ***to bring out the ~*** esaltare il gusto; ***banana ~ yoghurt*** yogurt alla banana; ***full of ~*** saporito 2 *(atmosphere) (of period, place)* profumo m., atmosfera f.; *(hint)* idea f., accenno m. ◆ ***to be ~ of the month*** COLLOQ. [*thing*] essere la moda del momento; [*person*] essere l'idolo del momento.
▷ **2.flavour** BE, **flavor** AE /'fleɪvə(r)/ tr. 1 GASTR. *(improve taste)* dare sapore a, insaporire; *(add specific taste)* aromatizzare (**with** con) 2 FIG. condire (**with** con).
flavoured BE, **flavored** AE /'fleɪvəd/ I p.pass. → **2.flavour** II agg. GASTR. profumato, saporito, aromatizzato; ***coffee-~*** al (gusto di) caffè; ***fully-~*** saporito *o* pieno di sapore.
flavour-enhancer BE, **flavor-enhancer** AE /'fleɪvər,ɪnhænsə(r)/ n. esaltatore m. di sapidità.
flavouring BE, **flavoring** AE /'fleɪvərɪŋ/ n. aroma m., aromi m.pl.; ***natural, artificial ~*** aromi naturali, artificiali.
flavourless BE, **flavorless** AE /'fleɪvəlɪs/ agg. insipido, insapore, senza sapore.
flavoursome BE, **flavorsome** AE /'fleɪvəsəm/ agg. saporito, gustoso.
1.flaw /flɔ:/ n. *(in object)* difetto m., imperfezione f.; *(in suggestion, character)* difetto m., pecca f. (**in** in); *(in reasoning, theory)* errore m. (**in** in); DIR. *(in contract)* vizio m.
2.flaw /flɔ:/ I tr. *(make faulty)* rovinare, guastare II intr. *(become faulty)* rovinarsi, guastarsi.
3.flaw /flɔ:/ n. 1 *(sudden gust of wind)* raffica f., folata f. 2 *(spell of bad weather)* scroscio m., breve temporale m. 3 ANT. *(sudden outburst of feeling)* scoppio m., sfogo m.
flawed /'flɔ:d/ I p.pass. → **2.flaw** II agg. fallato, difettoso; [*character, person*] pieno di difetti, di pecche.
flawless /'flɔ:lɪs/ agg. [*complexion*] perfetto; [*argument*] ineccepibile; [*performance, technique*] impeccabile.
flawlessly /'flɔ:ləslɪ/ avv. senza difetti, impeccabilmente.
flawlessness /'flɔ:ləsnɪs/ n. perfezione f., impeccabilità f.
flax /flæks/ n. BOT. TESS. lino m.
flaxen /'flæksn/ agg. 1 [*fabric*] di lino 2 *(fair)* biondo (chiaro); ***a ~-haired child*** un bambino con i capelli chiarissimi.
flay /fleɪ/ tr. 1 *(remove skin)* scorticare 2 *(beat)* frustare, battere 3 *(criticize)* criticare severamente, stroncare.
flayer /'fleɪə(r)/ n. 1 *(skinner)* scorticatore m. (-trice) 2 *(harsh critic)* critico m. (-a) severo (-a).
flaying /'fleɪɪŋ/ n. scorticamento m.
flea /fli:/ n. pulce f. ◆ ***to send sb. away with a ~ in their ear*** COLLOQ. mandare via qcn. in malo modo.
fleabag /'fli:bæg/ n. COLLOQ. SPREG. 1 BE *(person)* pulcioso m. (-a); *(animal)* sacco m. di pulci 2 AE *(hotel)* = albergo d'infimo ordine.
fleabite /'fli:baɪt/ n. 1 morso m. di pulce 2 FIG. *(trifle)* inezia f., bazzecola f.
flea-bitten /'fli:bɪtn/ agg. 1 [*animal*] infestato dalle pulci; [*part of body*] morso dalle pulci 2 COLLOQ. *(shabby)* pulcioso, lurido.
flea collar /'fli:,kɒlə(r)/ n. collare m. antipulci.
fleam /fli:m/ n. VETER. lancetta f.
flea market /'fli:,mɑ:kɪt/ n. mercato m. delle pulci.
Fleance /'fli:əns/ n.pr. Fleance (nome di uomo).
fleapit /'fli:pɪt/ n. BE COLLOQ. SPREG. = locale, cinema, teatro ecc. di infima categoria.
flea powder /'fli:,paʊdə(r)/ n. polvere f. antiparassitaria.
1.fleck /flek/ n. *(of colour)* macchia f., puntino m.; *(of light)* chiazza f.; *(of foam)* schizzo m.; *(of blood, paint)* macchiolina f.; *(of dust, powder)* granello m.
2.fleck /flek/ tr. chiazzare, macchiare; ***to be ~ed with*** essere macchiato di [*colour, blood, paint*]; essere chiazzato di [*light*]; ***hair ~ed with grey*** capelli striati di grigio; ***eyes ~ed with green*** occhi screziati di verde.
flecker /'flekə(r)/ tr. → **2.fleck**.
fled /fled/ pass., p.pass. → **flee**.
fledge /fledʒ/ I tr. 1 = allevare un uccellino finché non è in grado di volare 2 impennare [*arrow*] II intr. [*young bird*] impiumarsi, coprirsi di penne.
fledged /fledʒd/ agg. → **fully-fledged**.
fledgeless /'fledʒlɪs/ agg. RAR. implume, incapace di volare.
fledg(e)ling /'fledʒlɪŋ/ I n. ZOOL. uccellino m. (che ha appena lasciato il nido) II modif. FIG. [*artist*] in erba, alle prime armi; [*barrister etc.*] alle prime armi; [*party, group*] nascente; [*democracy, enterprise*] giovane.
flee /fli:/ I tr. (pass., p.pass. **fled**) fuggire da, abbandonare II intr. (pass., p.pass. **fled**) 1 [*person, animal*] fuggire, scappare (**before, in the face of** davanti a); ***to ~ from sth.*** fuggire da qcs. 2 LETT. [*hope, happiness etc.*] svanire, involarsi.
1.fleece /fli:s/ I n. 1 *(on animal)* vello m. 2 TESS. tessuto m. felpato; *(sportswear)* pile m. II modif. [*garment*] di pile; ***~-lined jacket, slippers*** giaccone, ciabatte foderate di pelliccia sintetica.
2.fleece /fli:s/ tr. COLLOQ. *(overcharge)* pelare, stangare; *(swindle)* derubare, spogliare.
fleecer /'fli:sə(r)/ n. COLLOQ. truffatore m. (-trice).
fleecy /'fli:sɪ/ agg. [*fabric*] di consistenza lanosa; [*clouds*] a pecorelle.
1.fleer /flɪə(r)/ n. RAR. *(derisory grin)* risata f. di scherno.
2.fleer /flɪə(r)/ intr. RAR. *(grin)* sogghignare, ghignare; ***to ~ at sb.*** dileggiare *o* schernire qcn.
▷ **1.fleet** /fli:t/ n. 1 *(of ships, planes)* flotta f.; *(of small vessels)* flottiglia f.; ***fishing ~*** flottiglia di pescherecci 2 *(of vehicles) (in reserve)* parco m.; *(on road)* convoglio m.; ***car ~*** parco macchine.
2.fleet /fli:t/ agg. LETT. *(swift in movement)* agile, rapido.
3.fleet /fli:t/ I tr. 1 ANT. *(cause to pass rapidly)* fare passare velocemente [*time*] 2 MAR. spostare la posizione di [*block, rope*] II intr. 1 *(move rapidly)* muoversi rapidamente 2 ANT. *(glide away)* scomparire, svanire 3 ANT. *(float)* galleggiare 4 MAR. spostarsi, cambiare posizione.
4.fleet /fli:t/ n. ANT. *(small inlet)* piccola insenatura f.
5.fleet /fli:t/ I agg. *(shallow)* [*water*] basso, poco profondo II avv. in superficie, poco profondamente.
fleet admiral /,fli:t'ædmərəl/ ➧ ***23*** n. US Grande Ammiraglio m.
Fleet Air Arm /,fli:teər'ɑ:m/ n. GB STOR. aviazione f. di marina.
fleet chief petty officer /,fli:t,tʃi:fpetɪ'ɒfɪsə(r)/ ➧ ***23*** n. GB MIL. MAR. capo m.
fleet-footed /,fli:t'fʊtɪd/ agg. lesto (di gambe), veloce (nella corsa).
fleeting /'fli:tɪŋ/ agg. [*memory, pleasure*] passeggero, effimero; [*visit*] rapido, breve; [*moment*] fuggente; [*glance*] fugace.
fleetingly /'fli:tɪŋlɪ/ avv. [*appear, glimpse*] di sfuggita; [*glance*] fugacemente.
fleet of foot /,fli:təv'fʊt/ agg. → **fleet-footed**.

Fleet Street /'fliːtˌstriːt/ n. = la stampa, il giornalismo inglese.

> **Fleet Street** Via londinese, nella zona della *City*, dove aveva sede la maggior parte dei quotidiani britannici. Anche se molti di essi si sono trasferiti altrove, ancora oggi questa espressione è usata per indicare gli organi di stampa e i giornalisti.

Fleming /'flemɪŋ/ n. fiammingo m. (-a).

Flemish /'flemɪʃ/ **I** agg. fiammingo **II** n. **1** ♦ **14** *(language)* fiammingo m. **2** ***the*** ~ i fiamminghi.

flench /flentʃ/, **flense** /flens/ tr. **1** = fare a pezzi e privare del grasso [*whale*] **2** *(flay)* scuoiare [*seal*].

▷ **1.flesh** /fleʃ/ n. **1** *(of human, animal)* carne f. **2** *(of fruit)* polpa f. **3** FIG. ***I'm only ~ and blood*** sono fatto di carne e ossa; ***it's more than ~ and blood can bear*** è più di quanto un essere umano possa tollerare *o* supera i limiti dell'umana sopportazione; ***one's own ~ and blood*** sangue del proprio sangue; ***in the*** ~ in carne e ossa; ***the pleasures, sins of the*** ~ i piaceri, peccati della carne *o* carnali; ***it makes my ~ creep*** mi fa rabbrividire *o* accapponare la pelle ♦ ***to demand one's pound of*** ~ esigere fino all'ultimo centesimo (di un debito); ***to go the way of all*** ~ LETT. EUFEM. *(die)* andarsene; ***to press the*** ~ COLLOQ. stringersi la mano.

2.flesh /fleʃ/ tr. **1** *(incite) (by the taste of blood)* aizzare, incitare [*hound*] **2** ANT. *(initiate to bloodshed)* iniziare, dare il battesimo del fuoco a [*troops*] **3** ANT. RAR. *(arouse) (by foretaste of success)* incitare, infiammare (con prospettive di successo) [*person*] **4** *(plunge into flesh)* immergere nella carne [*weapon*]; *(use for the first time)* insanguinare (per la prima volta) [*sword*] **5** *(remove flesh)* scarnire [*skin, hide*].

▪ **flesh out:** ~ ***[sth.] out***, ~ ***out [sth.]*** rimpolpare [*speech, article, report*] (**with** con).

flesh colour BE, **flesh-color** AE /'fleʃˌkʌlə(r)/ n. color m. carne.

flesh-coloured BE, **flesh-colored** AE /'fleʃˌkʌləd/ ♦ **5** agg. (color) carne, carnicino; ~ ***tights*** collant color carne.

flesh-eating /'fleʃˌiːtɪŋ/ agg. carnivoro.

flesher /'fleʃə(r)/ n. SCOZZ. macellaio m. (-a).

fleshiness /'fleʃɪnɪs/ n. *(of person)* corpulenza f.; *(of fruit)* carnosità f.

fleshings /'fleʃɪŋz/ n.pl. calzamaglia f.sing. (di un costume teatrale).

fleshless /'fleʃlɪs/ agg. *(lean)* [*person, face*] scarno.

fleshliness /'fleʃlɪnɪs/ n. carnalità f., sensualità f.

fleshly /'fleʃlɪ/ agg. carnale, sensuale.

fleshpot /'fleʃˌpɒt/ **I** n. FIG. luogo m. di perdizione **II fleshpots** n.pl. ***to enjoy the ~s*** fare la bella vita.

flesh wound /'fleʃˌwuːnd/ n. ferita f. superficiale.

fleshy /'fleʃɪ/ agg. [*lip, leaf*] carnoso; [*fruit*] polposo, carnoso; [*arm, leg*] pieno, polputo; [*breasts*] florido; [*buttocks*] rotondo; [*person*] corpulento, in carne.

fleur-de-lis /ˌflɜːdə'liː/ n. (pl. **fleurs-de-lis**) **1** BOT. iris m. **2** ARALD. giglio m.

fleuret /flʊə'ret/ n. ARCH. *(ornament)* fiore m.

fleuron /ˌflɜː'rɔːn/ n. ARCH. fiorone m., rosone m.

fleury /'flʊərɪ/ agg. ARALD. gigliato.

flew /fluː/ pass. → **2.fly**.

1.flex /fleks/ n. BE *(for electrical appliance)* filo m. flessibile, cordoncino m.

▷ **2.flex** /fleks/ tr. **1** *(contract)* contrarre [*muscle*]; ***to ~ one's muscles*** FIG. mostrare i muscoli **2** *(bend and stretch)* flettere [*limb*]; piegare [*finger, toe*].

▷ **flexibility** /ˌfleksə'bɪlətɪ/ n. flessibilità f., elasticità f.; ***to allow ~ in doing sth.*** ammettere una certa elasticità nel fare qcs.

▷ **flexible** /'fleksəbl/ agg. **1** [*working hours, arrangement*] flessibile; [*plan, agenda*] non rigido; [*repayment plan*] a scadenza flessibile, variabile **2** FIG. [*person*] docile, arrendevole (**over, about** riguardo a) **3** [*tube, wire, stem*] flessibile; [*plastic, road surface*] elastico.

flexibleness /'fleksəblnɪs/ → **flexibility**.

flexible response /ˌfleksəblrɪ'spɒns/ n. MIL. risposta f. flessibile.

flexibly /'fleksəblɪ/ avv. in modo flessibile, elastico.

flexi disc /'fleksɪdɪsk/ n. INFORM. dischetto m., floppy disk m.

flexile /'fleksaɪl/ agg. ANT. **1** *(supple)* flessibile **2** FIG. *(tractable)* docile, arrendevole **3** *(versatile)* versatile.

flexility /flek'sɪlɪtɪ/ n. RAR. → **flexibility**.

flexion /'flekʃn/ n. *(act of bending)* flessione f.

flexitime /'fleksɪtaɪm/ n. orario m. (di lavoro) flessibile; ***to work ~*** avere un orario flessibile.

flexor /'fleksə(r)/ n. ANAT. (muscolo) flessore m.

flexuosity /ˌfleksjʊ'ɒsɪtɪ/ n. RAR. flessuosità f., sinuosità f.

flexuous /'fleksjʊəs/ agg. RAR. [*stream, river*] sinuoso.

flexure /'flekʃə(r)/ n. **1** *(act of bending)* flessione f. **2** MAT. curvatura f. **3** GEOL. flessura f.

flibbertigibbet /ˌflɪbətɪ'dʒɪbɪt/ n. COLLOQ. scervellato m. (-a).

▷ **1.flick** /flɪk/ n. **1** *(blow) (with finger, tongue, whip)* colpetto m.; *(sound)* schiocco m.; ***to give sb. a ~ with sth.*** dare a qcn. un piccolo colpo con qcs. **2** *(movement)* movimento m. improvviso, scatto m., guizzo m.; ***with a ~ of the wrist, its tail*** con un rapido movimento del polso, della coda; ***at the ~ of a switch*** (semplicemente) premendo l'interruttore; ***to have a ~ through a book*** dare una veloce scorsa a un libro.

▷ **2.flick** /flɪk/ tr. **1** *(strike) (with finger, tail, cloth)* dare un colpetto a; ***to ~ a crumb off sth.*** levare una briciola da qcs. con un colpetto delle dita; ***to ~ sth. at sb.*** *(with finger)* tirare qcs. a qcn. (con un colpetto delle dita); ***to ~ sth. open*** aprire qcs. con un colpetto; ***he ~ed his ash onto the floor*** scosse la cenere sul pavimento; ***to ~ a duster over the chairs*** passare lo straccio per la polvere sulle sedie **2** *(press)* premere, schiacciare [*switch*]; ***to ~ the television on, off*** accendere, spegnere la televisione **3** SPORT colpire leggermente [*ball*].

▪ **flick away:** ~ ***[sth.] away***, ~ ***away [sth.]*** *(with finger)* levare, togliere (con un colpo delle dita); *(with tail, object)* scacciare via.

▪ **flick back:** ~ ***[sth.] back***, ~ ***back [sth.]*** scuotere all'indietro [*hair*].

▪ **flick off:** ~ ***[sth.] off***, ~ ***off [sth.]*** *(with finger)* levare, togliere (con un colpo delle dita); *(with tail, cloth)* scacciare via.

▪ **flick out:** ~ ***out*** [*tongue*] guizzare; ~ ***[sth.] out***, ~ ***out [sth.]*** tirare fuori rapidamente [*tongue*]; estrarre rapidamente [*blade*].

▪ **flick over:** ~ ***[sth.] over***, ~ ***over [sth.]*** sfogliare, scorrere [*pages*].

▪ **flick through:** ~ ***through [sth.]*** sfogliare, scorrere [*book, report*]; ***to ~ through the channels*** TELEV. fare zapping.

3.flick /flɪk/ **I** n. BE COLLOQ. *(film)* film m. **II flicks** n.pl. BE COLLOQ. cinema m.sing.

▷ **1.flicker** /'flɪkə(r)/ n. **1** *(unsteady light) (of light, flame, candle, lightning)* guizzo m.; *(of image)* sfarfallamento m., tremolio m. **2** *(slight sign) (of interest)* filo m.; *(of surprise, anger, guilt)* fremito m. (**of** di); ***the ~ of a smile*** l'ombra di un sorriso **3** *(movement) (of eye, eyelid)* battito m.; *(of indicator)* oscillazione f.

▷ **2.flicker** /'flɪkə(r)/ intr. **1** *(shine unsteadily)* [*fire, light, flame*] tremolare, guizzare, baluginare; [*lightning*] guizzare; [*image*] sfarfallare **2** *(pass quickly)* ***a suspicion ~ed across*** o ***through his mind*** gli baluginò un sospetto **3** *(move)* [*eye, eyelid*] battere.

3.flicker /'flɪkə(r)/ n. AE picchio m. dorato.

flickering /'flɪkərɪŋ/ agg. [*light, flame, candle*] tremolante, guizzante; [*image*] che sfarfalla.

flick knife /'flɪknaɪf/ n. (pl. **flick knives**) BE coltello m. a scatto.

▷ **flier** /'flaɪə(r)/ n. **1** *(animal)* volatore m.; ***a swift, powerful ~*** *(bird)* un volatore veloce, potente; ***to be a graceful ~*** avere un volo elegante **2** *(pilot)* aviatore m. (-trice) **3** *(aircraft)* velivolo m. **4** *(handbill)* volantino m., opuscolo m.

▶ **1.flight** /flaɪt/ **I** n. **1** AER. *(journey)* volo m. (**to** per; **from** da); ***a scheduled, charter ~*** un volo di linea, un volo charter; ***the ~ to, from Paris*** *(in airport, announcement)* il volo per, (proveniente) da Parigi; ***the ~ from Dublin to London*** il volo da Dublino a Londra; ***the ~ over the Alps was superb*** la trasvolata delle Alpi è stata magnifica; ***we hope you enjoyed your ~*** speriamo che abbiate fatto buon viaggio; ***we took the next ~ (out) to New York*** abbiamo preso il volo successivo per New York **2** *(course) (of bird, insect)* volo m.; *(of missile, bullet)* traiettoria f. **3** *(power of locomotion)* volo m.; ***to have the power of ~*** essere in grado di volare; ***in ~*** [*bird, plane*] in volo; ***in full ~*** in volo; FIG. al volo **4** *(group)* ***a ~ of*** uno stormo di [*birds*]; una schiera di [*angels*]; un nembo *o* una scarica di [*arrows*]; ***a ~ of aircraft*** una squadriglia **5** *(set)* ***a ~ of steps*** o ***stairs*** una rampa di scale; ***six ~s (of stairs)*** sei rampe di scale; ***we live four ~s up*** abitiamo al quarto piano; ***a ~ of hurdles*** SPORT una serie di ostacoli; ***a ~ of locks*** un sistema di chiuse; ***a ~ of columns*** una fuga di colonne; ***a ~ of terraces*** una serie di terrazze **6** gener. pl. *(display)* ***~s of fancy, imagination*** volo dell'immaginazione, della fantasia; ***~s of rhetoric*** volo, slancio oratorio **II** modif. [*delay, information, schedule, time*] di volo ♦ ***to be in the top ~*** essere eccellente; ***he's in the top ~ of goalkeepers*** è uno dei portieri migliori.

2.flight /flaɪt/ intr. [*birds*] migrare.

3.flight /flaɪt/ n. *(escape)* fuga f.; ~ ***from*** fuga da [*enemy, poverty, war, starvation*]; ***to take ~*** darsi alla fuga; ***to put sb. to ~*** mettere in fuga qcn.; ***a ~ of capital*** ECON. una fuga di capitali.

flight attendant /ˈflaɪtəˌtendənt/ ➧ *27* n. AER. assistente m. e f. di volo; *(male)* steward m.; *(female)* hostess f.
flight bag /ˈflaɪtˌbæg/ n. bagaglio m. a mano.
flight control /ˈflaɪtkənˌtrəʊl/ n. **1** *(by radio)* controllo m. di volo **2** *(control system)* sistema m. di controllo in volo.
flight crew /ˈflaɪtkruː/ n. AER. equipaggio m.
flight deck /ˈflaɪtˌdek/ n. **1** AER. *(compartment)* cabina f. di pilotaggio; *(personnel)* piloti m.pl. **2** MAR. ponte m. di volo.
flight engineer /ˈflaɪtendʒɪˌnɪə(r)/ ➧ *27* n. motorista m. e f. di bordo.
flightily /flaɪtɪlɪ/ avv. **1** *(fickly)* in modo volubile, con leggerezza **2** *(crazily)* in modo instabile.
flightiness /ˈflaɪtɪnɪs/ n. **1** *(fickleness)* volubilità f., leggerezza f. **2** *(craziness)* instabilità f.
flightless /ˈflaɪtlɪs/ agg. [*bird, insect*] incapace di volare; ***the order of ~ birds*** l'ordine degli uccelli incapaci di volare.
flight lieutenant /ˌflaɪtlefˈtenənt, AE -luːˈ-/ ➧ *23* n. MIL. tenente m. pilota.
flight log /ˈflaɪtˌlɒg, AE -ˌlɔːg/ n. AER. libro m. di bordo.
flight path /ˈflaɪtˌpɑːθ, AE -ˌpæθ/ n. rotta f. di volo.
flight plan /ˈflaɪtˌplæn/ n. piano m. di volo.
flight recorder /ˈflaɪtrɪˌkɔːdə(r)/ n. registratore m. di volo, scatola f. nera.
flight sergeant /ˈflaɪtˌsɑːdʒənt/ ➧ *23* n. MIL. maresciallo m. (di terza classe).
flight simulator /ˈflaɪtˌsɪmjʊleɪtə(r)/ n. AER. simulatore m. di volo.
flight-test /ˈflaɪtˌtest/ tr. collaudare in volo.
flighty /ˈflaɪtɪ/ agg. [*person*] frivolo, capriccioso; [*imagination*] instabile, mutevole; [*account*] svagato; [*partner*] incostante, volubile.
1.flimflam /ˈflɪmflæm/ n. AE COLLOQ. **1** *(nonsense)* sciocchezze f.pl., stupidaggini f.pl. **2** *(trick)* imbroglio m., trucco m.
2.flimflam /ˈflɪmflæm/ tr. AE COLLOQ. imbrogliare, ingannare.
flimsily /ˈflɪmzɪlɪ/ avv. [*dressed*] in modo leggero; ***~ built*** costruito in modo poco solido.
flimsiness /ˈflɪmzɪnɪs/ n. *(of clothes, fabric)* leggerezza f.; *(of paper)* scarsa consistenza f.; *(of construction)* fragilità f.; *(of excuse, evidence)* fragilità f., inconsistenza f.
flimsy /ˈflɪmzɪ/ **I** agg. [*clothes, fabric*] leggero; [*structure, appliance*] fragile; [*argument*] inconsistente, debole; [*excuse, evidence*] fragile, inconsistente **II** n. BE ANT. carta f. velina.
flinch /flɪntʃ/ intr. *(psychologically)* esitare, tirarsi indietro; *(physically)* trasalire; ***without ~ing*** senza batter ciglio; ***to ~ from sth.*** sottrarsi a qcs.; ***to ~ at criticism, an insult*** sobbalzare sentendosi criticare, insultare.
flincher /ˈflɪntʃə(r)/ n. chi esita, chi si tira indietro.
flinching /ˈflɪntʃɪŋ/ n. (il) trasalire, (il) tirarsi indietro.
1.fling /flɪŋ/ n. **1** COLLOQ. *(spree)* periodo m. di divertimento, di baldoria; ***to have a ~*** godersela, spassarsela; ***to have a last*** o ***final ~*** fare un'ultima festa *o* fare baldoria per l'ultima volta **2** *(dance)* danza f.; ***Highland ~*** danza scozzese **3** COLLOQ. *(affair) (sexual)* avventura f., storia f.; *(intellectual)* infatuazione f.; ***to have a brief ~ with Marxism*** avere una breve infatuazione per il marxismo ◆ ***youth must have its ~*** finché si è giovani ci si deve divertire.
▷ **2.fling** /flɪŋ/ **I** tr. (pass., p.pass. **flung**) *(throw)* lanciare [*ball, grenade, stone*] (**onto** su; **into** in); lanciare, scagliare [*insult, accusation*] (**at** contro); ***to ~ a scarf around one's shoulders*** gettarsi una sciarpa sulle spalle; ***to ~ a few things into a suitcase*** buttare un po' di cose in una valigia; ***to ~ sb. to the ground*** [*person*] gettare qcn. per terra; [*blast*] scaraventare qcn. a terra; ***to ~ sb. against sth.*** [*blast, person*] scaraventare qcn. contro qcs.; ***I flung my arms around her neck*** le gettai le braccia al collo; ***to ~ sb. into prison*** buttare, sbattere qcn. in prigione **II** rifl. ***to ~ oneself*** lanciarsi, buttarsi (**across** attraverso; **into** in; **onto** su; **over** sopra; **under** sotto); ***to ~ oneself off sth.*** lanciarsi, buttarsi da [*bridge, cliff*]; ***he flung himself at her feet*** si gettò ai suoi piedi ◆ ***to ~ oneself at sb.'s head*** fare una corte spietata a qcn.
▪ **fling about, fling around:** ~ ***[sth.] around*** sciupare, sperperare [*money*].
▪ **fling away:** ~ ***[sth.] away*** gettare via.
▪ **fling back:** ~ ***[sth.] back***, ~ ***back [sth.]*** rilanciare, ributtare [*ball*]; buttare indietro [*hair, head*]; spalancare [*door*].
▪ **fling down:** ~ ***[sth.] down***, ~ ***down [sth.]*** gettare in terra [*coat, newspaper*].
▪ **fling on:** ~ ***on [sth.]*** buttarsi addosso, infilare velocemente [*dress, coat*].
▪ **fling open:** ~ ***[sth.] open***, ~ ***open [sth.]*** spalancare [*door, window*].
▪ **fling out:** ~ ***[sb.] out*** buttare fuori, mettere alla porta [*lover, troublemaker*].
flint /flɪnt/ **I** n. **1** GEOL. ANTROP. selce f. **2** ANT. *(for kindling)* pietra f. focaia **3** *(in lighter)* pietrina f. **II** modif. [*church*] in selce; [*axe, arrowhead*] di selce; [*nodule, pebble*] siliceo.
flint glass /ˈflɪntˌglɑːs, AE -ˌglæs/ n. flint m.
flintiness /ˈflɪntɪnɪs/ n. durezza f.; FIG. durezza f., spietatezza f.
flintlock /ˈflɪntlɒk/ n. fucile m. a pietra focaia.
flinty /ˈflɪntɪ/ agg. **1** GEOL. [*soil, cliff*] siliceo **2** *(hard)* [*surface*] duro; FIG. [*face, expression*] duro, spietato.
1.flip /flɪp/ **I** n. **1** *(of finger)* colpetto m.; ***to give sth. a ~*** dare un colpetto a qcs.; ***with a ~ (of the fingers)*** con un colpetto; ***to decide sth. by the ~ of a coin*** decidere qcs. facendo testa o croce **2** *(somersault)* capriola f. **3** *(short flight)* = breve volo in aereo; *(quick trip)* giretto m. **4** *(glance)* ***to have a ~ through*** dare un'occhiata *o* una scorsa a [*magazine, guide*] **II** agg. [*person, attitude, remark, reply*] impertinente, insolente **III** inter. BE COLLOQ. ***~!*** maledizione!
2.flip /flɪp/ **I** tr. (forma in -ing ecc. **-pp-**) **1** *(toss)* lanciare [*coin*]; girare [*pancake*]; ***let's ~ a coin to decide*** facciamo testa o croce **2** *(flick)* premere, schiacciare [*switch*]; ***to ~ sth. on, off*** accendere, spegnere qcs.; ***to ~ sth. open, shut*** aprire, chiudere qcs. **II** intr. (forma in -ing ecc. **-pp-**) COLLOQ. **1** *(get angry)* incavolarsi **2** *(go mad)* uscire di testa, andare fuori di testa, partire **3** *(get excited)* eccitarsi (**over** per) ◆ ***to ~ one's lid*** o ***top*** AE o ***wig*** uscire dai gangheri.
▪ **flip out** COLLOQ. **1** *(get angry)* incavolarsi **2** *(go mad)* uscire di testa, andare fuori di testa, partire.
▪ **flip over:** ~ ***over*** [*vehicle*] ribaltarsi; [*plane*] capovolgersi; ~ ***[sth.] over***, ~ ***over [sth.]*** **1** *(toss)* girare [*omelette, pancake*]; lanciare [*coin*] **2** *(turn)* girare, sfogliare [*pages*].
▪ **flip through:** ~ ***through [sth.]*** sfogliare, scorrere [*book, magazine*]; scorrere [*index*].
3.flip /flɪp/ n. = bevanda alcolica a base di uova sbattute e zucchero.
4.flip /flɪp/ agg. → **flippant**.
flipboard BE /ˈflɪpbɔːd/, **flipchart** /ˈflɪptʃɑːt/ n. blocco m. di fogli per lavagna.
flip-flop /ˈflɪpflɒp/ n. **1** *(sandal)* (sandalo) infradito m. e f. **2** ELETTRON. *(device)* flip-flop m., multivibratore m. bistabile **3** AE *(about-face)* voltafaccia m.
flippancy /ˈflɪpənsɪ/ n. *(lack of seriousness)* frivolezza f., leggerezza f.; *(lack of respect)* irriverenza f., impertinenza f.; ***the ~ of his tone*** il suo tono irriverente.
flippant /ˈflɪpənt/ agg. *(not serious)* [*remark, person*] frivolo, leggero; *(lacking respect)* [*tone, attitude, behaviour*] irriverente, impertinente; ***don't be ~!*** fai la persona seria! ***I'm not being ~*** non sto scherzando.
flippantly /ˈflɪpəntlɪ/ avv. [*ask, observe*] in modo impertinente.
flipper /ˈflɪpə(r)/ n. **1** ZOOL. pinna f., natatoia f. **2** *(for swimmer)* pinna f.
flipping /ˈflɪpɪŋ/ **I** agg. BE COLLOQ. dannato, maledetto; ***~ heck!*** maledizione! **II** avv. BE COLLOQ. [*stupid, rude*] tremendamente; [*painful, cold*] maledettamente; ***that tastes ~ horrible!*** ha un gusto davvero orrendo!
flip side /ˈflɪpsaɪd/ n. MUS. *(on record)* lato m. B; FIG. *(other side)* altra faccia f. (**of, to** di).
flip-top /ˈflɪptɒp/ **I** n. **1** *(table)* tavolo m. a libro **2** *(of plastic bottle)* tappino m. a scatto; *(of box, packet)* apertura f. a scatto **II** modif. [*box, packet*] con apertura a scatto.
1.flirt /flɜːt/ n. *(man)* cascamorto m.; *(woman)* civetta f.
2.flirt /flɜːt/ intr. flirtare, amoreggiare; ***to ~ with*** flirtare con [*person*]; scherzare con [*danger*]; giocare con [*image*]; accarezzare [*idea*]; avere un interesse passeggero per [*ideology*].
flirtation /ˌflɜːˈteɪʃn/ n. **1** *(relationship)* flirt m.; ***to have a ~ with sb.*** amoreggiare con qcn.; *(longer-lived)* avere una relazione con qcn. **2** *(interest)* breve passione f., interesse m. (**with** per).
flirtatious /ˌflɜːˈteɪʃəs/ agg. [*person*] leggero; [*glance, wink, laugh*] civettuolo.
▷ **flirting** /ˈflɜːtɪŋ/ n. (il) flirtare.
1.flit /flɪt/ n. **1** ***to do a (moonlight) ~*** COLLOQ. *(move house)* cambiare casa di nascosto (per sfuggire ai creditori); *(leave)* andarsene alla chetichella **2** AE POP. SPREG. *(homosexual)* finocchio m.
2.flit /flɪt/ intr. (forma in -ing ecc. **-tt-**) **1** *(fly)* (anche **~ about**) [*bird, bat, moth*] svolazzare; ***to ~ from tree to tree*** volare di albero in albero **2** *(move quickly and lightly)* ***she was ~ting about the house*** si spostava velocemente per la casa **3** *(flash)* ***a look of panic ~ted across his face*** un'espressione di panico gli attraversò il viso; ***an idea ~ted through my mind*** un'idea mi passò per la testa **4** *(move*

restlessly) ***to ~ from one thing to another*** saltare da una cosa all'altra; ***to ~ from one country to another*** spostarsi continuamente da un paese all'altro.

1.flitch /flɪtʃ/ n. *(of bacon)* = striscia di pancetta salata e affumicata.

2.flitch /flɪtʃ/ tr. tagliare a strisce.

flitter /'flɪtə(r)/ intr. RAR. volteggiare, svolazzare.

1.flitting /'flɪtɪŋ/ agg. COLLOQ. → **flitty**.

2.flitting /'flɪtɪŋ/ **I** agg. *(brief, transitory)* transitorio, evanescente **II** n. *(fluttering)* battito m. d'ali.

3.flitting /'flɪtɪŋ/ n. SCOZZ. trasloco m.

flitty /'flɪtɪ/ agg. AE SPREG. effeminato.

flivver /'flɪvə(r)/ n. AE COLLOQ. *(old car)* macinino m., trabiccolo m.

Flo /fləʊ/ n.pr. diminutivo di **Florence**.

1.float /fləʊt/ n. **1** PESC. *(on net, line)* galleggiante m., sughero m. **2** AER. galleggiante m. **3** *(in plumbing)* galleggiante m. **4** BE *(swimmer's aid)* tavoletta f.; AE *(lifejacket)* giubbotto m. di salvataggio **5** *(vehicle)* carro m. allegorico; ***carnival ~*** carro carnevalesco; ***milk ~*** BE furgoncino del latte **6** COMM. (anche **cash ~**) *(in till)* = monetine (utilizzate per dare il resto ai clienti) **7** AE *(drink)* = bibita alla quale viene aggiunta una pallina di gelato **8** BE EDIL. frattazzo m., pialletto m. **9** AE ECON. *(time period)* = periodo di tempo che intercorre fra l'utilizzo di titoli di credito e il loro addebito all'emittente; *(value)* = massa di moneta rappresentata da titoli di credito che sono stati usati ma non ancora addebitati all'emittente; titoli m.pl. in corso di compensazione.

▷ **2.float** /fləʊt/ **I** tr. **1** [*person*] far galleggiare, (ri)mettere in acqua [*boat*]; [*tide*] fare di nuovo galleggiare [*ship*]; ***to ~ logs down a waterway*** flottare i tronchi lungo un corso d'acqua **2** ECON. emettere [*shares, securities*]; lanciare (con titoli) [*company*]; lanciare [*loan*]; lasciare fluttuare [*currency*] **3** *(propose)* lanciare [*idea, suggestion*] **II** intr. **1** *(on liquid)* galleggiare; *(in air)* fluttuare; ***there were leaves ~ing on the water*** alcune foglie galleggiavano sull'acqua; ***to ~ on one's back*** [*swimmer*] fare il morto; ***to ~ back up to the surface*** risalire in superficie *o* tornare a galla; ***the logs ~ed down the river*** i tronchi fluitavano lungo il fiume; ***the boat was ~ing out to sea*** la barca prendeva il largo; ***the balloon ~ed up into the air*** la mongolfiera si librava in aria **2** FIG. *(waft)* [*smoke, mist*] fluttuare; ***clouds ~ed across the sky*** le nuvole fluttuavano in cielo; ***music ~ed out into the garden*** la musica si diffondeva per il giardino; ***she ~ed into the room*** entrò nella stanza con passo leggero; ***the thought ~ed through his mind*** il pensiero le attraversò la mente **3** ECON. [*currency*] fluttuare.

■ **float about, float around 1** *(circulate)* [*idea, rumour*] circolare, diffondersi **2** COLLOQ. *(be nearby)* ***are my keys ~ing around?*** ci sono le mie chiavi in giro da qualche parte? ***your glasses are ~ing around somewhere*** i tuoi occhiali devono essere qui da qualche parte **3** COLLOQ. *(aimlessly)* [*person*] ciondolare, bighellonare; ***he just ~s about the house all day*** ciondola per casa tutto il giorno.

■ **float away** → **float off**.

■ **float off** [*boat*] andare alla deriva; [*balloon*] alzarsi, librarsi in volo; [*feather*] volare via; [*person*] andarsene con passo leggero, con grazia.

floatable /'fləʊtəbl/ agg. **1** *(capable of floating)* che può galleggiare **2** *(navigable)* [*river*] navigabile.

floatage /'fləʊtɪdʒ/ n. **1** *(action of floating)* galleggiamento m. **2** MAR. opera f. morta **3** *(ships afloat on a river)* imbarcazioni f.pl., natanti m.pl. **4** *(floating masses)* masse f.pl. galleggianti.

floatation → **flotation**.

floater /'fləʊtə(r)/ n. AE **1** = persona che cambia spesso occupazione o resistenza **2** *(employee)* jolly m. **3** *(at party, reception)* = persona incaricata di controllare l'andamento della serata **3** POL. COLLOQ. *(voter)* → **floating voter 5** → **floating policy**.

float glass /'fləʊt,glɑːs, AE -,glæs/ n. float m.

▷ **floating** /'fləʊtɪŋ/ **I** n. **1** *(of ship)* galleggiamento m.; *(of logs)* fluitazione f. **2** ECON. *(of company, loan)* lancio m. (in borsa); *(of shares)* emissione f.; *(of currency)* fluttuazione f. **II** agg. **1** *(on water)* [*bridge, debris*] galleggiante **2** *(unstable)* [*population*] fluttuante.

floating assets /,fləʊtɪŋ'æsets/ n.pl. ECON. attività f. correnti, disponibilità f.

floating capital /,fləʊtɪŋ'kæpɪtl/ n. ECON. capitale m. fluttuante.

floating cheque /,fləʊtɪŋ'tʃek/ n. = assegno che deve essere ancora incassato.

floating currency /,fləʊtɪŋ'kʌrənsɪ/ n. ECON. valuta f. a tasso di cambio fluttuante.

floating debt /,fləʊtɪŋ'det/ n. ECON. debito m. fluttuante.

floating decimal (point) /,fləʊtɪŋ'desɪml(pɔɪnt)/ n. MAT. virgola f. mobile.

floating dock /,fləʊtɪŋ'dɒk/ n. MAR. bacino m. galleggiante.

floating exchange rate /,fləʊtɪŋɪks'tʃeɪndʒ,reɪt/ n. ECON. tasso m. di cambio fluttuante.

floating islands /,fləʊtɪŋ'aɪləndz/ n.pl. GASTR. = dessert alla crema decorato con meringhe.

floating kidney /,fləʊtɪŋ'kɪdnɪ/ n. ANAT. rene m. mobile.

floating point representation /,fləʊtɪŋpɔɪnt,reprɪzen'teɪʃn/ n. rappresentazione f. in virgola mobile.

floating policy /,fləʊtɪŋ'pɒləsɪ/ n. polizza f. flottante.

floating rate /,fləʊtɪŋ'reɪt/ n. ECON. tasso m. di cambio fluttuante.

floating rate interest /,fləʊtɪŋreɪt'ɪntrəst/ n. ECON. tasso m. d'interesse variabile.

floating rate note /,fləʊtɪŋreɪt'nəʊt/ n. ECON. obbligazioni m.pl. a tasso fluttuante, carta f. a tasso di interesse variabile.

floating restaurant /,fləʊtɪŋ'restrɒnt, AE -tərənt/ n. battello-ristorante m.

floating rib /,fləʊtɪŋ'rɪb/ n. ANAT. costola f. fluttuante.

floating vote /,fləʊtɪŋ'vəʊt/ n. POL. voti m.pl. migranti.

floating voter /,fləʊtɪŋ'vəʊtə(r)/ n. POL. = elettore indeciso.

floatplane /'fləʊt,pleɪn/ n. AE idroplano m. con galleggianti portanti.

floccillation /,flɒksɪ'leɪʃn/ n. carfologia f.

floccose /'flɒkəʊs/ agg. BOT. [*growths*] fioccoso, lanuginoso.

floccule /'flɒkjuːl/ n. fiocco m., ciuffo m.

flocculent /'flɒkjʊlənt/ agg. attrib. CHIM. [*precipitate*] fioccoso.

flocculus /'flɒkjʊləs/ n. (pl. **-i**) **1** ASTR. facola f. solare, flocculo m. **2** ANAT. flocculo m.

▷ **1.flock** /flɒk/ n. **1** *(of sheep, goats)* gregge m.; *(of birds)* stormo m. **2** *(of people)* folla f., stuolo m.; ***in ~s*** a frotte **3 U** RELIG. gregge m. (di fedeli).

▷ **2.flock** /flɒk/ intr. [*animals*] riunirsi; [*people*] affollarsi, accalcarsi (**around** attorno; **into** in); ***to ~ to do*** riunirsi per fare; ***to ~ together*** riunirsi ◆ ***birds of a feather ~ together*** PROV. chi si assomiglia si piglia *o* Dio li fa e poi li accoppia.

3.flock /flɒk/ n. **1** TESS. fiocco m., bioccolo m.; ***wool ~*** fiocco di lana **2** *(fleecy tuft)* ciuffo m.

4.flock /flɒk/ tr. *(fill with flock)* imbottire.

flock wallpaper /'flɒk,wɔːlpeɪpə(r)/ n. carta f. da parati rugosa, a rilievo.

flocky /'flɒkɪ/ agg. fioccoso, lanuginoso.

floe /fləʊ/ n. banco m. di ghiaccio (galleggiante).

flog /flɒg/ tr. (forma in -ing ecc. **-gg-**) **1** *(beat)* battere, fustigare; *(punish)* punire corporalmente **2** BE COLLOQ. *(sell)* sbolognare, rifilare; ***to ~ sb. sth., to ~ sth. to sb.*** rifilare qcs. a qcn ◆ ***to ~ the engine into the ground*** o ***to death*** BE COLLOQ. rovinare il motore *o* ridurre il motore un rottame; ***to ~ oneself into the ground*** o ***to death*** BE COLLOQ. ammazzarsi di lavoro; ***to ~ a joke, story to death*** COLLOQ. ripetere sempre la stessa barzelletta, la stessa storia.

flogger /'flɒgə(r)/ n. **1** *(one that flogs)* fustigatore m. (-trice) **2** BE = persona che crede nelle punizioni corporali.

flogging /'flɒgɪŋ/ n. *(beating)* fustigazione f.; *(punishment)* punizione f. corporale; ***to give sb. a ~*** punire corporalmente qcn.

▷ **1.flood** /flʌd/ n. **1** inondazione f., alluvione f.; ***destroyed by ~*** distrutto dall'alluvione; ***insured against ~*** assicurato contro le alluvioni; ***"~!"*** *(on roadsign)* "strada allagata"; ***the river is in ~*** il fiume è in piena; ***the Flood*** BIBL. il diluvio (universale) **2** FIG. ***a ~ of*** una marea, una fiumana di [*people, visitors*]; un mare di [*memories*]; un'ondata di [*light*]; una valanga di [*letters, complaints*]; ***to be in ~s of tears*** essere in un mare di lacrime **3** FOT. TEATR. COLLOQ. → **floodlight**.

▷ **2.flood** /flʌd/ **I** tr. **1** inondare, allagare [*area, house*]; [*rain*] fare straripare [*river*] **2** FIG. [*light, tears*] inondare; [*mail*] sommergere, inondare; ***memories ~ed her mind*** i ricordi le affollavano la mente; ***relief ~ed his face*** un'espressione di sollievo gli illuminò il viso **3** COMM. *(oversupply)* inondare, subissare [*shops, market*] (**with** di) **4** AUT. ingolfare [*engine, carburettor*] **II** intr. **1** [*meadow, street, cellar*] allagarsi; [*river*] straripare **2** FIG. ***to ~ into sth.*** [*light*] inondare qcs.; [*people*] riversarsi in qcs.; ***tears ~ed down his cheeks*** le lacrime gli inondavano le guance; ***a blush ~ed over his face*** gli si imporporò il viso; ***to ~ over*** o ***through sb.*** [*emotion*] assalire, travolgere qcn.

■ **flood back** [*memories*] riemergere.

■ **flood in** [*light, water*] irrompere; FIG. [*contributions, refugees*] affluire.

■ **flood out: ~ out** [*water, liquid*] uscire a ondate, tracimare; ***~ [sth., sb.] out*** inondare; ***to be ~ed out*** [*person*] essere sfollato a causa dell'alluvione.

flood control /ˈflʌdkənˌtrəʊl/ n. controllo m. delle piene, difesa f. fluviale.
flood damage /ˈflʌdˌdæmɪdʒ/ n. danni m.pl. provocati da inondazioni, da alluvioni.
flooded /flʌdɪd/ **I** p.pass. → **2.flood II** agg. [*area, house*] allagato; ***to be ~ with*** essere inondato da [*light, tears*]; essere subissato, tempestato di [*calls*]; essere sommerso da [*complaints*]; essere invaso da [*refugees*].
floodgate /ˈflʌdgeɪt/ n. cateratta f., chiusa f.; ***to open the ~s*** FIG. dare libero sfogo *o* dare la stura (**to, for sb., sth.** a qcn., qcs.); ***this decision, conference may open the ~s*** FIG. questa decisione, conferenza susciterà un vespaio; ***to open the ~s of revolution*** FIG. spalancare le porte alla rivoluzione.
flooding /ˈflʌdɪŋ/ n. **1** *(floods)* inondazione f., allagamento m.; ***"road liable to ~"*** "strada allagabile" **2** *(overflowing) (of river)* straripamento m.
flood level /ˈflʌdˌlevl/ n. livello m. di piena.
1.floodlight /ˈflʌdlaɪt/ n. proiettore m., riflettore m.; ***to play under ~s*** giocare in notturna.
2.floodlight /ˈflʌdlaɪt/ tr. (pass., p.pass. **floodlit**) illuminare con riflettori [*building, stage, stadium*].
floodlit /ˈflʌdlɪt/ **I** pass., p.pass. → **2.floodlight II** agg. [*match*] (giocato) in notturna; [*building, pageant*] illuminato con riflettori.
flood mark /ˈflʌdˌmɑːk/ n. livello m. di guardia.
flood plain /ˈflʌdˌpleɪn/ n. alveo m. di piena, golena f.
flood tide /ˈflʌdˌtaɪd/ n. flusso m. di marea, alta marea f.
flood waters /ˈflʌdˌwɔːtəz/ n.pl. acque f. alluvionali.
flood way /ˈflʌdweɪ/ n. canale m. scolmatore.
► **1.floor** /flɔː(r)/ n. **1** *(of room)* pavimento m.; *(of car)* pianale m.; ***dance ~*** pista da ballo; ***to polish the ~*** lucidare il pavimento; ***to fall, sit, sleep on the ~*** cadere, sedersi, dormire sul pavimento *o* per terra; ***to take the ~*** [*dancer*] scendere in pista **2** *(of sea, tunnel, valley)* fondo m.; ***the forest ~*** il sottobosco **3** *(of stock exchange)* recinto m. alle grida, corbeille f., parquet m.; *(of debating Chamber)* = parte riservata ai deputati; *(of factory)* officina f., reparto m.; ***questions from the ~*** = domande provenienti dall'uditorio; ***to have, hold, take the ~*** avere, mantenere, prendere la parola; ***the ~ is yours*** a lei la parola; ***to be elected from the ~*** essere eletto con votazione palese **4** *(storey)* piano m.; ***on the first ~*** BE al primo piano; AE al piano terra; ***the top ~*** l'ultimo piano; ***ground ~, bottom ~*** BE piano terra, pianterreno; ***we're six ~s up*** *(on the sixth storey)* stiamo al sesto piano; *(six storeys above this storey)* stiamo sei piani più su **5** ECON. *(of prices, charges)* (livello) minimo m. (**on** su) ◆ ***to wipe the ~ with sb.*** dare una bella lezione a qcn.; ***to cross the ~*** cambiare partito.
2.floor /flɔː(r)/ tr. **1** pavimentare [*room*]; ***an oak~ed room*** una stanza con il pavimento in quercia **2** *(knock over)* stendere, atterrare [*attacker*]; mandare al tappeto [*boxer*] **3** FIG. *(silence)* fare ammutolire, fare rimanere senza parole [*person, critic*]; *(stump)* [*question*] sbalordire, mettere in difficoltà [*candidate*]; ***the news ~ed me*** la notizia mi ha lasciato di stucco **4** AE AUT. COLLOQ. spingere a fondo [*accelerator*]; ***to ~ it*** COLLOQ. andare a tutto gas, andare a tavoletta.
floor area /ˈflɔːrˌeərɪə/ n. *(of house, flat)* superficie f. (calpestabile).
floorboard /ˈflɔːbɔːd/ n. tavola f., asse f. (del parquet).
floor cloth /ˈflɔːˌklɒθ, AE -ˌklɔːθ/ n. straccio m. per pavimenti.
floor covering /ˈflɔːˌkʌvərɪŋ/ n. pavimentazione f.
floorer /ˈflɔːrə(r)/ n. **1** *(knock-down blow)* = colpo che atterra, mette al tappeto **2** COLLOQ. *(baffling question)* domanda f. difficile, sconcertante; *(problem)* problema m. complesso, imbarazzante.
floor exercises /ˈflɔːrˌeksəsaɪzɪz/ n.pl. esercizi m. a terra.
flooring /ˈflɔːrɪŋ/ n. pavimento m.; *(action)* pavimentazione f.
floor lamp /ˈflɔːˌlæmp/ n. AE lampada f. a stelo, a piantana.
floor leader /ˈflɔːˌliːdə(r)/ n. AE POL. capogruppo m. parlamentare.
floor-length /ˈflɔːleŋθ/ agg. che arriva fino al pavimento, a terra.
floor manager /ˈflɔːˌmænɪdʒə(r)/ ♦ **27** n. **1** TELEV. direttore m. artistico, di scena **2** COMM. *(in a large shop)* caporeparto m. e f.
floor plan /ˈflɔːˌplæn/ n. ARCH. pianta f.
floor polish /ˈflɔːˌpɒlɪʃ/ n. cera f. da pavimenti.
floor polisher /ˈflɔːˌpɒlɪʃə(r)/ n. lucidatrice f.
floor rate /ˈflɔːˌreɪt/ n. ECON. interesse m. minimo.
floor show /ˈflɔːˌʃəʊ/ n. spettacolo m. di varietà.
floor space /ˈflɔːˌspeɪs/ n. superficie f. utilizzabile, utile; ***we have 400 m² of ~ to let*** abbiamo una superficie di 400 m² da affittare.
floor-through /ˈflɔːˌθruː/ n. = appartamento che occupa un intero piano.
floorwalker /ˈflɔːˌwɔːkə(r)/ n. **1** AE *(in a large shop)* caporeparto m. e f. **2** BE = addetto alla sorveglianza in un grande magazzino.
floosie, floozy /ˈfluːzɪ/ n. COLLOQ. SPREG. sgualdrina f.
▷ **1.flop** /flɒp/ n. **1** *(heavy movement)* ***to sit down with a ~*** sedersi con un tonfo **2** COLLOQ. *(failure)* flop m., fiasco m. **3** AE COLLOQ. → **flophouse**.
▷ **2.flop** /flɒp/ intr. (forma in -ing ecc. **-pp-**) **1** *(move heavily)* ***to ~ down*** crollare di peso; ***to ~ down on*** lasciarsi cadere su [*bed, sofa*] **2** *(hang loosely)* [*hair*] ricadere; [*dog's ear*] penzolare; [*head*] ciondolare **3** COLLOQ. *(fail)* [*play, film*] fare fiasco, essere un flop; [*project, business venture*] fallire **4** AE COLLOQ. *(sleep)* (restare, andare a) dormire; ***to look for a place to ~ at nights*** cercare un posto dove passare la notte.
■ **flop out** AE COLLOQ. *(rest)* riposare; *(sleep)* (restare, andare a) dormire.
■ **flop over** AE COLLOQ. cambiare opinione; ***~ over to [sth.]*** fare proprio [*idea*].
flophouse /ˈflɒphaʊs/ n. AE COLLOQ. *(shelter)* dormitorio m. pubblico; *(sordid hotel)* topaia f.
flopover /ˈflɒpˌəʊvə(r)/ n. TELEV. sganciamento m. del verticale.
flopper /ˈflɒpə(r)/ n. AE COLLOQ. transfuga m. e f. politico (-a).
floppy /ˈflɒpɪ/ **I** agg. [*hair*] che ricade; [*ears*] pendulo; [*hat*] floscio; [*clothes*] ampio, largo; [*flesh, body*] flaccido; ***to let one's arm go ~*** abbandonare *o* fare cadere il braccio **II** n. INFORM. floppy m., dischetto m.
floppy disk /ˌflɒpɪˈdɪsk/ n. INFORM. floppy m. (disk), dischetto m.
floppy drive /ˌflɒpɪˈdraɪv/ n. drive m., unità f. per dischetti.
flora /ˈflɔːrə/ n. (pl. **~s, -æ**) flora f.; ***the ~ and fauna*** la flora e la fauna.
Flora /ˈflɔːrə/ n.pr. Flora.
▷ **floral** /ˈflɔːrəl/ agg. [*design, fabric*] a fiori, a fiorami; [*arrangement, art*] floreale; [*fragrance*] fiorito; ***~ tribute*** omaggio floreale.
Florence /ˈflɒrəns/ ♦ **34** n.pr. **1** *(city)* Firenze f. **2** *(first name)* Fiorenza.
Florentine /ˈflɒrəntaɪn/ **I** agg. fiorentino **II** n. fiorentino m. (-a).
florescence /flɔːˈresns/ n. fioritura f. (anche FIG.).
floret /ˈflɔːrɪt/ n. **1** flosculo m. **2** GASTR. panna f. del latte.
floriate /ˈflɔːrɪeɪt/ tr. RAR. decorare con motivi floreali.
floribunda /ˌflɒrɪˈbʌndə/ n. = varietà di rosa con fiori a mazzetti.
floricultural /ˌflɔːrɪˈkʌltʃərəl/ agg. floricolo, della floricoltura.
floriculture /ˈflɔːrɪkʌltʃə(r)/ n. floricoltura f.
floriculturist /ˌflɔːrɪˈkʌltʃərɪst/ ♦ **27** n. floricoltore m. (-trice).
florid /ˈflɒrɪd, AE ˈflɔːr-/ agg. **1** *(ornate)* [*writing, style, language*] fiorito, elaborato **2** *(ruddy)* [*person, face*] rubicondo, florido.
Florida /ˈflɒrɪdə/ ♦ **24** n.pr. Florida f.
floridity /flɒˈrɪdɪtɪ, AE ˈflɔːr-/ n. floridezza f.
floriferous /flɔːˈrɪfərəs/ agg. BOT. [*seed, plant*] fiorifero.
florilegium /ˌflɒrɪˈliːdʒɪəm/ n. (pl. **-ia**) florilegio m., antologia f.
florin /ˈflɒrɪn, AE ˈflɔːrɪn/ ♦ **7** n. **1** STOR. fiorino m. **2** *(guilder)* fiorino m. olandese **3** *(until 1971) (coin)* fiorino m. inglese (d'argento).
florist /ˈflɒrɪst, AE ˈflɔːrɪst/ ♦ **27** n. *(person)* fioraio m. (-a), fiorista m. e f.; ***~'s*** *(shop)* fioraio, fiorista.
1.floss /flɒs, AE flɔːs/ n. **1** *(fluff)* lanugine f. **2** *(of silk)* bava f. (del bozzolo) **3** *(for embroidery)* seta f. non ritorta **4** MED. filo m. interdentale.
2.floss /flɒs, AE flɔːs/ tr. ***to ~ one's teeth*** usare, passare il filo interdentale.
Flossie /ˈflɒsɪ/ n.pr. diminutivo di **Florence**.
flossy /ˈflɒsɪ/ agg. AE COLLOQ. *(flashy)* vistoso, appariscente.
flotation /fləʊˈteɪʃn/ **I** n. **1** ECON. *(of a company, industry, loan)* lancio m.; *(of shares, stock)* emissione f.; *(of currency)* fluttuazione f.; ***stock market ~*** lancio in borsa **2** CHIM. IND. flottazione f. **II** modif. [*costs, plan, price, prospectus*] di emissione.
flotation bag /fləʊˈteɪʃnˌbæg/ n. AER. galleggiante m.
flotation device /fləʊˈteɪʃndɪˌvaɪs/ n. AE *(lifejacket)* giubbotto m. di salvataggio; AER. galleggiante m.
flotilla /fləˈtɪlə/ **I** n. flottiglia f. **II** modif. [*yacht*] da crociera; ***~ holiday*** BE = crociera compiuta da una piccola flotta di yacht.
flotsam /ˈflɒtsəm/ n. **U** relitti m.pl. (galleggianti); ***~ and jetsam*** *(on water)* relitti, rottami; FIG. *(odds and ends)* cianfrusaglie; *(people)* vagabondi, relitti umani.
1.flounce /flaʊns/ n. *(movement)* rapido gesto m., rapido movimento m. (**of** di).
2.flounce /flaʊns/ intr. **1** ***to ~ in, out, off*** *(indignantly)* entrare, uscire, andarsene con un moto di indignazione; *(angrily)* entrare, uscire, andarsene con un gesto di stizza **2** *(move)* (anche **~ around, ~ about**) agitarsi, dibattersi, dimenarsi.

3.flounce /flaʊns/ n. ABBIGL. *(frill)* balza f., falpalà m.
4.flounce /flaʊns/ tr. ABBIGL. ornare di balze, di falpalà.
flounced /flaʊnst/ **I** p.pass. → **4.flounce II** agg. ABBIGL. a balze.
1.flounder /ˈflaʊndə(r)/ n. **1** BE passera f. di mare, platessa f. **2** AE → **flatfish**.
2.flounder /ˈflaʊndə(r)/ n. *(action)* (il) dibattersi; *(clumsy movement)* movimento m. impacciato.
3.flounder /ˈflaʊndə(r)/ intr. **1** *(move with difficulty)* [*animal, person*] dibattersi (**in** in); ***to ~ through*** dibattersi in [*mud, water*] **2** FIG. *(falter)* [*speaker*] impappinarsi, sbagliarsi; [*economy*] stagnare; [*career, company, leader, project*] essere in difficoltà; ***to ~ through a speech*** pronunciare un discorso impappinandosi *o* facendo molti errori.
▪ **flounder about, flounder around** dibattersi, dimenarsi (**in** in).
floundering /ˈflaʊndərɪŋ/ agg. [*company*] in difficoltà; [*economy, industry*] in (gravi) difficoltà.
▷ **1.flour** /ˈflaʊə(r)/ **I** n. farina f.; ***~ and water paste*** colla a base di farina e acqua **II** modif. [*sifter*] per la farina; ***~ bin*** madia; ***~ bomb*** gavettone di farina.
2.flour /ˈflaʊə(r)/ tr. cospargere di farina, infarinare [*cake tin, board*].
▷ **1.flourish** /ˈflʌrɪʃ/ n. **1** *(gesture)* gesto m. plateale; ***to do sth. with a ~*** fare qcs. con ostentazione *o* affettazione **2** *(detail, touch)* ***with a rhetorical, an emphatic ~*** con uno stile retorico, enfatico; ***the show ended with a ~*** lo spettacolo finì in bellezza; *(in a piece of music)* ***the final ~*** la fioritura finale **3** *(ornamental) (in style)* ghirigoro m., svolazzo m.; ***to sign sth. with a ~*** firmare qcs. con uno svolazzo.
▷ **2.flourish** /ˈflʌrɪʃ/ **I** tr. agitare, sventolare [*ticket, document*]; ***to ~ sth. in sb.'s face*** sventolare qcs. in faccia a qcn. **II** intr. [*tree, plant*] crescere rigoglioso, prosperare; [*bacteria*] proliferare; [*child*] crescere (sano e robusto); [*firm, democracy*] fiorire, prosperare; ***the family is ~ing*** la famiglia gode di ottima salute.
flourishing /ˈflʌrɪʃɪŋ/ agg. [*business, society, town*] fiorente; [*plants, garden, wildlife*] rigoglioso; [*trade, industry*] prospero, fiorente.
flourmill /ˈflaʊəˌmɪl/ n. mulino m. (da grano).
floury /ˈflaʊərɪ/ agg. [*hands, apron*] coperto, sporco di farina, infarinato; [*potato, apple*] farinoso.
1.flout /flaʊt/ n. beffa f., scherno m.
2.flout /flaʊt/ tr. sfidare, farsi beffe di [*convention, rules*].
flouter /ˈflaʊtə(r)/ n. sbeffeggiatore m. (-trice).
floutingly /ˈflaʊtɪŋlɪ/ avv. in modo beffardo, con scherno.
▶ **1.flow** /fləʊ/ n. **1** *(movement) (of liquid)* flusso m., corso m.; *(of refugees)* flusso m.; *(of words)* fiume m.; *(of information)* flusso m., circolazione f.; *(of time)* (il) fluire, flusso m.; ***to go with the ~*** COLLOQ. seguire la corrente; ***the ~ of oil to the West*** il rifornimento di petrolio all'Occidente; ***to be in full ~*** FIG. essere nel bel mezzo del discorso **2** *(circulation) (of blood)* circolazione f., flusso m.; *(of water, electricity)* flusso m., corrente f.; ***to impede traffic ~*** bloccare il flusso del traffico *o* la circolazione; ***to increase the ~ of adrenalin*** aumentare il flusso di adrenalina **3** GEOGR. *(of tide)* flusso m.
▶ **2.flow** /fləʊ/ intr. **1** *(move)* [*liquid, gas*] fluire (**into** in); ***to ~ south*** scorrere verso sud; ***to ~ in, back*** affluire, rifluire; ***to ~ upwards, downwards*** scorrere verso l'alto, il basso; ***to ~ past sth.*** oltrepassare qcs.; ***to ~ from*** sgorgare da; FIG. *(follow)* derivare da, provenire da; ***the river ~s into the sea*** il fiume si getta *o* sfocia in mare **2** *(be continuous)* [*conversation, words*] fluire, scorrere; [*wine, beer*] scorrere a fiumi; ***the days ~ed past*** i giorni passavano; ***money is ~ing in*** sta affluendo del denaro **3** *(move within a system)* [*blood*] circolare, scorrere; [*water, adrenalin*] fluire, scorrere; [*electricity*] passare (**through**, **round** in); ***pleasure ~ed through her*** un fremito di piacere la percorse **4** *(move gracefully)* [*hair*] ricadere morbidamente; [*dress*] ondeggiare; [*pen*] scorrere (**across** su) **5** GEOGR. [*tide*] salire, montare.
flowchart /ˈfləʊtʃɑːt/ n. **1** INFORM. flowchart m., diagramma m. di flusso **2** IND. diagramma m. (di flusso).
▶ **1.flower** /ˈflaʊə(r)/ n. **1** *(bloom, plant)* fiore m.; ***to be in ~*** essere in fiore; ***to come into ~*** fiorire; ***the roses are just coming into ~*** le rose cominciano ora a fiorire *o* a schiudersi; ***in full ~*** in piena fioritura; ***"No ~s by request"*** "Non fiori ma opere di bene" **2** FIG. *(best part)* ***the ~ of*** il fior fiore di [*group*]; il meglio di [*age, era*]; ***in the ~ of her youth*** nel fiore della giovinezza; ***in full ~*** in pieno splendore.
2.flower /ˈflaʊə(r)/ intr. [*flower, tree*] fiorire; [*idea*] svilupparsi, formarsi; [*love, person, talent*] sbocciare.
flower arrangement /ˈflaʊərəˌreɪndʒmənt/ n. composizione f. floreale.
flower arranging /ˈflaʊərəˌreɪndʒɪŋ/ n. decorazione f. floreale, addobbo m. floreale.
flowerbed /ˈflaʊəbed/ n. aiuola f.
flower-bud /ˈflaʊəˌbʌd/ n. gemma f. fiorale.
flower child /ˈflaʊəˌtʃaɪld/ n. (pl. **flower children**) *(hippie)* figlio m. (-a) dei fiori.
flower cup /ˈflaʊəˌkʌp/ n. BOT. calice m.
flower-dust /ˈflaʊəˌdʌst/ n. polline m.
flowered /ˈflaʊəd/ **I** p.pass. → **2.flower II** agg. **1** [*fabric*] a fiori, a fiorami, fiorato **2** [*plant*] in fiore, fiorito.
flowerer /ˈflaʊərə(r)/ n. *(plant)* ***a late ~*** una pianta a fioritura tardiva.
floweret /ˈflaʊərɪt/ n. RAR. → **floret**.
flower garden /ˈflaʊəˌgɑːdn/ n. giardino m. ornamentale.
flower girl /ˈflaʊəˌgɜːl/ n. *(bride's attendant)* damigella f. d'onore.
flower grower /ˈflaʊəˌgrəʊə(r)/ ➧ ***27*** n. floricoltore m. (-trice).
flower head /ˈflaʊəˌhed/ n. BOT. capolino m.
floweriness /ˈflaʊərɪnɪs/ n. FIG. *(of style)* infiorettatura f.
flowering /ˈflaʊərɪŋ/ **I** n. **1** BOT. fioritura f. (**of** di) **2** FIG. *(development)* fioritura f., sviluppo m. (**of** di) **II** agg. **1** *(producing blooms)* [*shrub, tree*] da fiore **2** *(in bloom)* [*plant, shrub*] fiorito, in fiore; ***early-, late-~*** a fioritura precoce, tardiva; ***summer-~*** a fioritura estiva.
flowerpot /ˈflaʊəpɒt/ n. vaso m. da fiori.
flower power /ˈflaʊəˌpaʊə(r)/ n. = movimento dei figli dei fiori.
flower seller /ˈflaʊəˌselə(r)/ ➧ ***27*** n. fioraio m. (-a).
flower shop /ˈflaʊəˌʃɒp/ ➧ ***27*** n. negozio m. di fiori.
flower show /ˈflaʊəˌʃəʊ/ n. esposizione f., mostra f. floreale.
flower stalk /ˈflauəˌstɔːk/ n. BOT. peduncolo m.
flower stall /ˈflaʊəˌstɔːl/ n. chiosco m. di fioraio, banco m. di fiori.
flowery /ˈflaʊərɪ/ agg. [*hillside, field*] fiorito, in fiore; [*design, fabric*] a fiori, a fiorami, fiorato; [*wine*] fruttato; [*scent*] fiorito; [*language, speech, style*] fiorito, infiorato, infiorettato.
flowing /ˈfləʊɪŋ/ agg. [*style, handwriting*] fluido, scorrevole; [*movement*] fluido, sciolto; [*rhythm, melody*] dolce; [*line, clothes*] morbido; [*hair, mane*] fluente.
flowingness /ˈfləʊɪŋnɪs/ n. *(of language, style)* fluidità f., scorrevolezza f.
flown /fləʊn/ p.pass. → **2.fly**.
flow sheet /ˈfləʊˌʃiːt/ n. → **flowchart**.
fl oz ➧ ***35*** ⇒ fluid ounce oncia fluida (fl.oz).
▷ **flu** /fluː/ ➧ ***11*** **I** n. influenza f.; ***to come down with ~*** prendersi l'influenza **II** modif. [*victim*] dell'influenza; [*attack, epidemic*] di influenza; [*injection, vaccine*] contro l'influenza, antinfluenzale; ***~ virus*** virus influenzale.
1.flub /flʌb/ n. (anche **~-up**) AE COLLOQ. *(botch)* errore m., pasticcio m.
2.flub /flʌb/ tr. (forma in -ing ecc. **-bb-**) AE COLLOQ. *(botch)* pasticciare, incasinare.
▪ **flub up** COLLOQ. **~ up** fare pasticci; **~ up [sth.]** pasticciare, incasinare.
fluctuant /ˈflʌktjʊənt/ agg. *(unstable)* fluttuante, oscillante.
fluctuate /ˈflʌktjʊeɪt/ intr. [*rate, temperature, mood*] fluttuare, oscillare (**between** tra).
fluctuating /ˈflʌktjʊeɪtɪŋ/ agg. [*mood, mortgage rate*] fluttuante, oscillante.
▷ **fluctuation** /ˌflʌktjʊˈeɪʃn/ n. fluttuazione f., oscillazione f. (**in**, **of** di) (anche ECON.).
1.flue /fluː/ n. *(of chimney)* condotta f., canna f. fumaria; *(of stove, boiler)* tubo m.
2.flue /fluː/ n. *(fishing net)* = rete da pesca fissa o a strascico.
3.flue /fluː/ n. *(fluffy matter)* lanugine f.
4.flue /fluː/ **I** tr. EDIL. allargare [*opening*] **II** intr. [*opening*] allargarsi.
flue gas /ˈfluːˌgæs/ n. gas m. di combustione.
fluency /ˈfluːənsɪ/ n. *(all contexts)* fluidità f., scorrevolezza f.; ***with great ~*** con grande scioltezza; ***you must improve your ~*** devi imparare a parlare in modo più sciolto; ***the ~ of his writing*** la scorrevolezza della sua scrittura; ***sb.'s ~ in German*** la scioltezza di qcn. nel parlare tedesco.
fluent /ˈfluːənt/ agg. **1** *(in language)* ***~ French*** francese parlato correntemente; ***her French is ~*** parla con scioltezza il francese; ***I speak ~ Greek*** parlo il greco speditamente; ***a ~ Greek speaker*** una persona che parla correntemente il greco; ***he answered in ~ English*** rispose in un inglese ottimo; ***to be ~ in sth.*** parlare correntemente qcs. **2** *(eloquent)* [*account, speech*] eloquente; [*speaker*] eloquente, dalla parola facile; [*writer*] prolifico **3** *(graceful)* [*style*] scorrevole, fluido; [*movement*] sciolto.

fluently /'flu:əntlɪ/ avv. 1 *(accurately)* [*speak a language*] correntemente 2 *(with ease)* speditamente.

flue pipe /'flu:ˌpaɪp/ n. MUS. canna f. d'organo.

1.fluff /flʌf/ n. 1 *(down) (on clothes)* peluria f.; *(on carpet, under furniture)* bioccoli m.pl. di polvere, laniccio m.; *(on animal)* peluria f., lanugine f. 2 COLLOQ. *(girl)* ***a bit of ~*** VOLG. un bel pezzo di fica 3 COLLOQ. *(mistake)* gaffe f.; TEATR. TELEV. papera f. 4 AE COLLOQ. *(trivia)* sciocchezze f.pl., banalità f.pl. 5 AE *(boredom)* noia f.

2.fluff /flʌf/ tr. 1 (anche **~ up**) *(puff up)* [*bird, cat*] arruffare [*feathers, tail*]; sprimacciare [*cushion*]; rendere vaporoso, gonfiare [*hair*] 2 COLLOQ. *(get wrong)* sbagliare [*exam, cue, line*]; steccare [*note*]; mancare [*shot*]; ***I ~ed it!*** l'ho mancato! ho preso un granchio!

fluffiness /'flʌfɪnɪs/ n. morbidezza f., leggerezza f.

fluffy /'flʌfɪ/ agg. 1 [*kitten*] dal pelo morbido; [*chick*] dalle soffici piume; [*down, fur, rug, sweater*] morbido, soffice; [*hair*] vaporoso; [*toy*] di peluche 2 *(light)* [*mixture*] leggero, soffice; [*egg white*] montato a neve; ***~ rice*** = riso lessato i cui chicchi sono gonfi e non appiccicosi 3 *(feather-brained)* [*person*] senza testa; *(indecisive)* [*person*] indeciso; *(vague)* [*idea*] vago.

fluid /'flu:ɪd/ I agg. 1 liquido 2 CHIM. TECN. fluido 3 *(flexible)* [*arrangement, situation*] fluido, instabile; ***my opinions, ideas are fairly ~*** le mie opinioni, idee sono piuttosto mutevoli 4 *(graceful)* [*gesture, movement, style, lines*] fluido, sciolto II n. 1 BIOL. liquido m. 2 CHIM. TECN. fluido m.; ***cleaning ~*** detersivo liquido.

fluid assets /ˌflu:ɪd'æsets/ n.pl. AE disponibilità f.sing., capitale m.sing. circolante.

fluid capital /ˌflu:ɪd'kæpɪtl/ n. U AE ECON. fondo m. di cassa.

fluidics /flu:'ɪdɪks/ n. + verbo sing. fluidica f.

fluidify /flu:'ɪdɪfaɪ/ tr. fluidificare [*substance*].

fluidity /flu:'ɪdətɪ/ n. 1 *(of substance)* fluidità f. 2 *(of plans, ideas)* fluidità f., mutevolezza f., instabilità f. 3 *(of style, movement, lines)* fluidità f., scioltezza f.

fluidization /ˌflu:ɪdaɪ'zeɪʃn, AE -dɪ'z-/ n. CHIM. fluidizzazione f.

fluidize /'flu:ɪdaɪz/ tr. CHIM. fluidizzare [*solids*].

fluid mechanics /ˌflu:ɪdmɪ'kænɪks/ n. + verbo sing. FIS. meccanica f. dei fluidi.

fluid ounce /ˌflu:ɪd'aʊns/ ♦ 35 n. oncia f. fluida.

1.fluke /flu:k/ I n. *(lucky chance)* colpo m. di fortuna; ***by a (sheer) ~*** per puro caso; ***what a ~!*** che fortuna! II agg. → **flukey, fluky**.

2.fluke /flu:k/ tr. ottenere per caso.

3.fluke /flu:k/ n. MAR. *(of anchor)* patta f.; *(of harpoon, arrow)* punta f.

4.fluke /flu:k/ n. ZOOL. fasciola f.; ***liver ~*** fasciola epatica; ***blood ~*** schistosoma.

flukey, **fluky** /'flu:kɪ/ agg. 1 *(lucky)* [*coincidence*] fortuito, fortunato; [*circumstances, goal, shot*] fortunoso; ***to be a ~ winner*** vincere per pura fortuna 2 *(changeable)* [*wind, weather*] variabile, incostante.

1.flume /flu:m/ n. GEOGR. *(ravine)* burrone m.; *(channel)* canale m. artificiale.

2.flume /flu:m/ tr. RAR. trasportare [qcs.] per mezzo di canali artificiali [*logs*].

flummery /'flʌmərɪ/ n. 1 GASTR. INTRAD. m. (dolce a base di uova sbattute, gelatina, zucchero e farina d'avena) 2 ANT. *(nonsense)* sciocchezze f.pl., complimenti m.pl. sciocchi.

flummox /'flʌməks/ tr. COLLOQ. imbarazzare, sconcertare, disorientare.

flummoxed /'flʌməkst/ I p.pass. → **flummox** II agg. COLLOQ. sconcertato, imbarazzato, disorientato.

1.flump /flʌmp/ n. *(heavy dull thud)* tonfo m., colpo m. sordo.

2.flump /flʌmp/ I tr. *(throw down)* fare cadere, buttare giù con un tonfo II intr. *(move heavily)* muoversi pesantemente; *(fall)* fare un tonfo.

flung /flʌŋ/ pass., p.pass. → **2.fling**.

1.flunk /flʌŋk/ n. AE SCOL. UNIV. COLLOQ. *(in an examination)* ***to get a ~*** [*student*] essere stangato.

2.flunk /flʌŋk/ I tr. AE SCOL. UNIV. COLLOQ. 1 [*student*] essere stangato a [*exam*]; ***to ~ history*** essere stangato in storia 2 [*teacher*] bocciare, stangare [*class, pupil*] II intr. [*student*] essere bocciato, stangato.

■ **flunk out** *(after failing an examination)* [*student*] essere mandato via; ***I ~ed out of high school*** alle superiori ho mollato (dopo la bocciatura).

flunkey BE, **flunky** AE /'flʌŋkɪ/ n. (pl. **~s** BE, **-ies** AE) 1 *(servant)* lacchè m., valletto m. 2 FIG. SPREG. lacchè m., leccapiedi m. e f.

flunkeyism /'flʌŋkɪɪzəm/ n. servilismo m.

fluor /'flu:ɔ:(r)/ n. MIN. fluorite f.

fluorene /'flʊəri:n/ n. fluorene m.

fluoresce /flʊə'res/ intr. essere fluorescente.

fluorescein /flɔ:'resi:n, AE ˌflʊə'resi:n/ n. fluoresceina f.

fluorescence /flɔ:'resəns, AE flʊə'r-/ n. fluorescenza f.

▷ **fluorescent** /flɔ:'resənt, AE flʊə'r-/ agg. *(all contexts)* fluorescente.

fluoridate /'flɔ:rɪdeɪt, AE 'flʊər-/ tr. fluorizzare.

fluoridation /ˌflɔ:rɪ'deɪʃn, AE ˌflʊər-/ n. fluorizzazione f.

fluoride /'flɔ:raɪd, AE 'flʊəraɪd/ I n. fluoruro m. II modif. [*toothpaste, mouthwash*] al fluoro.

fluoridization /ˌflɔ:rɪdaɪ'zeɪʃn, AE ˌflʊərɪdɪ'zeɪʃn/ n. AE fluorizzazione f.

fluoridize /'flɔ:rɪdaɪz, AE 'flʊər-/ tr. → **fluoridate**.

fluorinate /'flɔ:rɪneɪt, AE 'flʊər-/ tr. fluorurare.

fluorine /'flɔ:ri:n, AE 'flʊər-/ n. fluoro m.

fluorite /'flʊəraɪt/ n. AE → **fluorspar**.

fluorocarbon /ˌflɔ:rəʊ'kɑ:bən, AE ˌflʊər-/ n. fluorocarbonio m.

fluorosis /flʊə'rəʊsɪs/ n. fluorosi f.

fluorspar /'flɔ:spɑ:(r)/ n. fluorite f.

1.flurry /'flʌrɪ/ n. 1 *(gust) (of rain)* scroscio m., rovescio m.; *(of snow)* spruzzo m., spruzzata f.; *(of wind)* raffica f., folata f.; *(of dust, leaves)* turbine m. 2 *(bustle)* agitazione f., trambusto m.; ***a ~ of activity*** un turbinio di attività; ***a ~ of excitement*** un'ondata di entusiasmo; ***a ~ of interest*** un'ondata di interesse; ***a ~ of wings*** un frullio d'ali 3 *(burst) (of complaints, enquiries)* diluvio m. 4 ECON. *(on the stock exchange)* = breve e improvviso periodo caratterizzato dall'aumento delle contrattazioni e dall'oscillazione dei prezzi; ***a ~ of buying*** una corsa agli acquisti.

2.flurry /'flʌrɪ/ tr. mettere in agitazione, innervosire [*person*].

▷ **1.flush** /flʌʃ/ n. 1 *(blush) (on cheeks, skin)* rossore m.; *(in sky)* bagliore m.; ***there was a ~ in her cheeks*** una vampata le arrossò le guance 2 *(surge)* ***a ~ of*** un impeto di [*desire*]; un moto di [*pride, pleasure, shame*]; un accesso, un impeto di [*anger*]; un'ondata di [*excitement*]; ***in the first ~ of success, victory*** nell'ebbrezza del successo, della vittoria; ***they were no longer in the first ~ of youth*** non erano più nel fiore degli anni 3 *(toilet device)* sciacquone m.; ***to give the toilet a ~*** tirare l'acqua.

▷ **2.flush** /flʌʃ/ I tr. 1 *(clean with water)* ***to ~ the toilet*** tirare l'acqua *o* lo sciacquone; ***to ~ sth. down the toilet*** buttare qcs. nel gabinetto; ***to ~ (out) a pipe, drain with water*** spurgare un tubo di scarico, un canale di scolo con un getto d'acqua 2 *(colour)* ***to ~ sb.'s cheeks, face*** arrossare le guance, il viso di qcn. II intr. 1 *(redden)* arrossire (**with** di, per) 2 *(operate)* ***the toilet doesn't ~*** lo sciacquone non funziona; ***we heard the toilet ~*** abbiamo sentito tirare l'acqua.

3.flush /flʌʃ/ agg. 1 ING. *(level)* ***to be ~ with*** essere a filo *o* a livello di [*wall, work surface*] 2 COLLOQ. *(rich)* ***to be, feel ~*** essere, sentirsi pieno di soldi.

4.flush /flʌʃ/ n. GIOC. *(set)* colore m.

5.flush /flʌʃ/ n. *(of birds)* (il) levarsi in volo.

6.flush /flʌʃ/ I tr. 1 *(rouse)* fare alzare in volo [*birds*] 2 FIG. snidare, stanare [*enemy*] II intr. *(rouse)* [*birds*] levarsi in volo.

■ **flush away:** ***~ [sth.] away, ~ away [sth.]*** fare scomparire [*waste, evidence*].

■ **flush out:** ***~ out [sb., sth.]*** stanare [*pest, rodent*]; FIG. snidare, stanare [*sniper, rebel, spy*]; ***to ~ sb., sth. out of*** snidare, tirare fuori qcs., qcn. da [*shelter, hiding place*].

flushed /flʌʃt/ I p.pass. → **2.flush** II agg. 1 *(reddened)* [*face, cheeks*] arrossato, acceso; ***~ with*** rosso di [*shame, excitement*]; ***to be ~*** avere il viso infuocato 2 *(glowing)* ***~ with*** [*person*] raggiante di [*happiness*]; inebriato da [*pleasure*]; gonfio di [*pride*]; ***~ with success, victory, they...*** infiammati dal successo, dalla vittoria, essi...

flusher /'flʌʃə(r)/ n. 1 *(person)* = addetto alla pulizia delle fogne 2 AE COLLOQ. *(loo)* gabinetto m., cesso m.

flushing /'flʌʃɪŋ/ n. *(of skin)* rossore m.; *(hot flush)* vampata f., caldana f.

1.fluster /'flʌstə(r)/ n. agitazione f., confusione f.; ***to be in a ~*** essere agitato, confuso.

2.fluster /'flʌstə(r)/ tr. agitare, confondere; ***to get*** o ***become ~ed*** agitarsi; ***to look ~ed*** avere un'aria confusa.

▷ **1.flute** /flu:t/ ♦ 17 I n. 1 MUS. flauto m. 2 ARCH. scanalatura f. 3 *(glass)* flûte m. II modif. [*lesson*] di flauto; [*part, case*] del flauto; [*composition*] per flauto.

2.flute /flu:t/ I tr. 1 MUS. suonare [qcs.] con il flauto 2 ARCH. scanalare, scannellare II intr. MUS. suonare il flauto.

fluted /'flu:tɪd/ I p.pass. → **2.flute** II agg. [*collar*] scannellato, a cannoncino; [*column, glass*] scanalato; [*flan tin*] a bordi scanalati.

fluting /'flu:tɪŋ/ n. *(of fabric)* pieghe f.pl., cannoncini m.pl.; *(on china, glass, column)* scanalature f.pl.

flutist /'flu:tɪst/ ➧ *17, 27* n. AE flautista m. e f.

▷ **1.flutter** /'flʌtə(r)/ n. **1** *(rapid movement) (of wings)* battito m., frullio m.; *(of lashes)* battito m.; *(of leaves, papers)* (il) volteggiare; *(of flags, bunting)* sventolio m.; ***with a ~ of her eyelashes*** con un battito di ciglia; ***heart ~*** MED. flutter, palpitazione **2** *(stir)* ***a ~ of excitement, panic*** un'ondata di eccitazione, panico; ***to be all in*** o ***of a ~*** BE essere tutto agitato; ***to cause a ~*** fare colpo **3** BE COLLOQ. *(bet)* ***to have a ~ on the horses*** fare una scommessa alle corse (dei cavalli); ***she likes the odd ~*** di tanto in tanto le piace scommettere; ***to have a ~ on the Stock Exchange*** fare delle speculazioni in borsa **4** ELETTRON. *(in sound)* flutter m. **5** AER. *(fault)* vibrazione f., sbattimento m.

▷ **2.flutter** /'flʌtə(r)/ **I** tr. **1** *(beat)* ***the bird, moth ~ed its wings*** l'uccello, la falena batteva le ali **2** *(move)* agitare [*fan*]; sventolare [*handkerchief*]; ***to ~ one's eyelashes (at sb.)*** fare gli occhi dolci (a qcn.) **II** intr. **1** *(beat)* ***the bird's wings still ~ed*** le ali dell'uccello battevano ancora **2** *(fly rapidly)* svolazzare **3** *(move rapidly)* [*flag, bunting, ribbons*] sventolare; [*clothes, curtains*] muoversi, ondeggiare; [*hand*] agitarsi; [*eyelids, lashes*] sbattere; ***flags ~ed in the breeze, above the streets, from the mast*** le bandiere sventolavano alla brezza, sulle strade, sull'albero maestro **4** *(spiral)* (anche **~ down**) [*petals, leaves*] volteggiare **5** *(beat irregularly)* [*heart*] palpitare (**with** per); [*pulse*] battere in modo irregolare.

fluttering /'flʌtərɪŋ/ **I** n. **1** *(flapping) (of birds, insects)* svolazzamento m.; *(of wings)* frullio m.; *(of flag, clothes)* sventolio m.; *(of leaves)* (il) volteggiare **2** *(beating) (of heart)* palpitazioni f.pl.; *(of pulse)* battito m. **II** agg. attrib. [*flag, bunting*] che sventola; [*dress*] ondeggiante; [*birds*] svolazzante.

fluty /'flu:tɪ/ agg. dal tono flautato.

fluvial /'flu:vɪəl/ agg. fluviale.

fluvioglacial /ˌflu:vɪəʊ'gleɪsɪəl, AE /-'gleɪʃl/ agg. fluvioglaciale.

1.flux /flʌks/ n. **1** *(uncertainty)* cambiamento m. continuo; ***to be in (a state of) ~*** essere soggetto a frequenti mutamenti **2** FIS. flusso m. **3** TECN. *(for metals)* fondente m. **4** MED. flusso m.

2.flux /flʌks/ **I** tr. trattare con fondente [*metals*] **II** intr. *(become fluid)* fondersi.

flux density /'flʌksˌdensətɪ/ n. FIS. densità f. di flusso.

fluxion /'flʌkʃn/ n. **1** MAT. ANT. flussione f. di differenziale **2** MED. ANT. flussione f. **3** RAR. *(flux)* cambiamento m. continuo.

fluxional /'flʌkʃənl/ agg. **1** MAT. ANT. di flussione **2** RAR. *(subject to flux)* variabile, mutevole.

fluxmeter /'flʌksmɪtə(r)/ n. flussometro m.

1.fly /flaɪ/ **I** n. **1** *(of trousers)* patta f. **2** *(of tent)* telo m. esterno **3** *(of flag) (outer edge)* lembo m. estremo; *(length)* lunghezza f. **4** BE STOR. *(carriage)* carrozza f., calesse m. **II flies** n.pl. **1** *(of trousers)* patta f.sing.; ***your flies are undone*** hai la patta aperta **2** TEATR. soffitta f.sing.

▶ **2.fly** /flaɪ/ **I** tr. (pass. **flew**; p.pass. **flown**) **1** *(operate)* pilotare [*aircraft, spacecraft*]; fare volare [*model aircraft, kite*]; ***the pilot flew the plane to...*** il pilota portò l'aereo a... **2** *(transport by air)* trasportare (in aereo) [*person, animal, wounded, supplies, food*]; ***we will ~ you to New York for £ 150*** vi portiamo in aereo a New York per 150 sterline; ***to ~ troops, food out to the scene*** trasportare sul posto truppe, viveri **3** *(cross by air)* attraversare in aereo [*Atlantic, Channel*] **4** *(cover by air)* [*bird, aircraft, spacecraft*] percorrere [*distance*]; ***I ~ over 10,000 km a year*** percorro *o* faccio più di 10.000 km all'anno in aereo **5** *(display)* [*ship*] battere [*flag*]; inalberare [*ensign, colours*]; [*organization*] esporre [*flag*]; [*person*] agitare, sventolare [*flag*]; ***the embassy was ~ing the German flag*** sull'ambasciata era issata la bandiera tedesca **6** FORM. *(flee)* abbandonare, lasciare [*country*] **II** intr. (pass. **flew**; p.pass. **flown**) **1** [*bird, insect, aircraft, rocket, balloon, kite*] volare (**from** da; **to** a); ***to ~ north, south*** volare verso nord, sud; ***to ~ over*** o ***across sth.*** sorvolare qcs.; ***to ~ past*** o ***over(head)*** passare in volo; ***a swan flew past the window*** un cigno passò in volo davanti alla finestra; ***to ~ into a cage*** entrare volando in una gabbia; ***to ~ into a tree*** andare a sbattere contro un albero (volando); ***to ~ into Gatwick*** atterrare a Gatwick; ***the bird flew down and ate the bread*** l'uccello si calò in volo e mangiò il pane; ***there's a mosquito ~ing around*** c'è una zanzara in giro; ***rumours were ~ing (around)*** giravano delle voci **2** [*passenger*] viaggiare in aereo; [*pilot*] pilotare, volare; ***to ~ from Heathrow*** decollare *o* partire da Heathrow; ***to ~ from Rome to Athens*** volare da Roma ad Atene; ***to ~ in Concorde*** volare con il Concorde; ***she flew to Madrid in a helicopter*** volò a Madrid in elicottero; ***we ~ to Boston twice a day*** [*airline*] ci sono due voli giornalieri per Boston; ***to ~ out to*** partire in volo verso; ***to ~ home*** tornare in aereo; ***to ~ around the world*** fare il giro del mondo in aereo **3** *(be propelled)* [*bullet, glass, sparks, insults, threats*] volare; ***to ~ over the wall, across the room, into the room*** volare oltre il muro, attraverso la stanza, nella stanza; ***a splinter flew into his eye*** una scheggia gli si conficcò nell'occhio; ***to ~ in all directions*** volare da tutte le parti; ***to ~ open*** spalancarsi; ***to go ~ing*** COLLOQ. [*person, object*] fare un volo; ***to send sb. ~ing*** COLLOQ. mandare qcn. a gambe all'aria; ***to send sth. ~ing*** COLLOQ. fare volare qcs.; ***to ~ at sb.*** assalire qcn.; ***to ~ into a rage*** o ***temper*** FIG. andare in collera *o* infuriarsi; ***to ~ into a panic*** FIG. farsi prendere dal panico **4** *(rush, hurry)* ***I must ~!*** devo (proprio) scappare! ***to ~ past*** passare *o* superare a tutta velocità; ***to ~ in, out etc.*** precipitarsi dentro, fuori ecc. **5** *(go quickly)* (anche **~ past, ~ by**) [*time, holidays*] volare, passare in fretta; ***time flies when you're having fun!*** il tempo vola quando ci si diverte! **6** *(flutter, wave)* [*flag, scarf, cloak*] sventolare; [*hair*] ondeggiare, volare; ***to ~ in the wind*** volare *o* sventolare al vento **7** FORM. *(flee)* fuggire; ***to ~ from sb., sth.*** fuggire da qcn., qcs. ◆ ***to ~ in the face of*** *(defy)* sfidare [*authority, danger, tradition*]; *(contradict)* essere in palese contraddizione con [*evidence, proof*]; ***to let ~ (with)*** scoccare [*arrow*]; scaricare [*hail of bullets*]; ***to let ~ a stream of abuse*** rovesciare una sfilza di improperi; ***to let ~ at sb.*** attaccare qcn., scagliarsi contro qcn.; ***he really let ~*** si è davvero infuriato.

■ **fly away** volare via (anche FIG.).

■ **fly in: ~ in** [*person*] arrivare in volo; ***to ~ in from Oslo*** arrivare in aereo da Oslo; **~ [sth., sb.] in, ~ in [sth., sb.]** portare con l'aereo [*food, supplies*]; ***to have sb., sth. flown in*** fare arrivare qcn., qcs. in aereo.

■ **fly off** [*bird, insect*] volare via.

▶ **3.fly** /flaɪ/ n. ZOOL. PESC. mosca f. ◆ ***to drop, die like flies*** cadere, morire come le mosche; ***he wouldn't hurt*** o ***harm a ~*** non farebbe male a una mosca; ***there are no flies on her*** non si fa mettere nel sacco da nessuno.

4.fly /flaɪ/ agg. COLLOQ. **1** *(clever)* furbo, sveglio **2** AE chic.

fly agaric /'flaɪˌægərɪk/ n. agarico m. muscarico, ovolo m. malefico.

flyaway /'flaɪəˌweɪ/ agg. [*person*] incostante, volubile; [*hair*] che non sta a posto.

flyback /'flaɪˌbæk/ n. assegno m. scoperto.

flybane /'flaɪˌbeɪn/ n. BOT. **1** *(catchfly)* silene f. **2** *(lychnis)* fiore m. di cuculo **3** *(mushroom)* → **fly agaric**.

flyblow /'flaɪˌbləʊ/ n. uovo m. di mosca.

flyblown /'flaɪˌbləʊn/ agg. **1** *(not bright and new)* [*furniture, object*] rovinato, sciupato; [*joke, metaphor*] logoro **2** *(infested with fly eggs)* [*meat, food*] invaso da uova di mosca.

flyboat /'flaɪˌbəʊt/ n. battello m. veloce.

flyboy /'flaɪˌbɔɪ/ n. AE COLLOQ. pilota m.

flyby /'flaɪbaɪ/ n. **1** *(of spacecraft)* flyby m. **2** AER. *(flypast)* parata f. aerea.

fly-by-night /'flaɪbaɪnaɪt/ **I** n. **1** *(person)* persona f. inaffidabile **2** *(business)* società f. sospetta **II** agg. [*company, operation*] sospetto; [*person*] inaffidabile.

fly-by-wire (control) system /ˌflaɪbaɪwaɪə(kənˌtrəʊl)'sɪstəm/ n. AER. sistema m. di comandi di volo elettrici.

fly-casting /'flaɪˌkɑ:stɪŋ, AE -ˌkæstɪŋ/ n. PESC. lancio m. dell'esca.

flycatcher /'flaɪˌkætʃə(r)/ n. ZOOL. acchiappamosche m.

fly-drive /'flaɪdraɪv/ agg. con formula fly and drive.

flyer → **flier**.

fly-fishing /'flaɪˌfɪʃɪŋ/ ➧ *10* n. pesca f. con la mosca.

fly-half /'flaɪˌhɑ:f, AE -ˌhæf/ n. SPORT mediano m. d'apertura.

▷ **flying** /'flaɪɪŋ/ **I** n. **1** *(in plane)* ***to be afraid of ~*** avere paura di volare; ***to take up ~*** cominciare a volare *o* imparare a pilotare; ***my hobby is ~*** l'aviazione è il mio hobby **2** *(by bird, animal)* volo m.; ***adapted for ~*** atto al volo **II** modif. [*course, lesson, instructor*] di volo; [*school*] di volo, di pilotaggio; [*goggles, helmet, suit, jacket*] da aviatore **III** agg. **1** *(able to fly)* [*animal, insect, machine*] volante **2** *(in process of flying)* [*object, broken glass*] volante, che vola; ***the dancer's ~ feet*** i piedi agili del ballerino; ***to take a ~ leap*** o ***jump*** saltare con la rincorsa ◆ ***with ~ colours*** [*emerge, pass, come through*] brillantemente, trionfalmente.

flying boat /ˌflaɪɪŋ'bəʊt/ n. idrovolante m. a scafo.

flying bomb /ˌflaɪɪŋ'bɒm/ n. bomba f. volante.

flying bridge /ˌflaɪɪŋ'brɪdʒ/ n. MAR. **1** *(temporary bridge)* passerella f. volante, provvisoria **2** controplancia f.

flying buttress /ˌflaɪɪŋ'bʌtrɪs/ n. arco m. rampante.

flying doctor /ˌflaɪɪŋ'dɒktə(r)/ n. = medico che visita i pazienti in zone molto distanti spostandosi con un mezzo aereo.

Flying Dutchman /ˌflaɪɪŋ'dʌtʃmən/ n. ***the ~*** *(in legend)* il vascello fantasma.

flying fish /ˈflaɪɪŋˌfɪʃ/ n. (pl. **flying fish**, **flying fishes**) pesce m. volante, esoceto m.
flying fox /ˌflaɪɪŋˈfɒks/ n. *(bat)* volpe f. volante.
flying officer /ˈflaɪɪŋˌɒfɪsə(r), AE -ˌɔːf-/ ▸ *23* n. BE tenente m. pilota.
flying picket /ˌflaɪɪŋˈpɪkɪt/ n. picchetto m. volante.
flying saucer /ˌflaɪɪŋˈsɔːsə(r)/ n. disco m. volante.
flying squad /ˈflaɪɪŋˌskwɒd/ n. (squadra) volante f.
flying start /ˌflaɪɪŋˈstɑːt/ n. SPORT partenza f. lanciata; ***to get off to a ~*** FIG. partire in quarta.
flying tackle /ˌflaɪɪŋˈtækl/ n. SPORT placcaggio m. alle gambe.
flying time /ˈflaɪɪŋˌtaɪm/ n. **1** AER. *(of pilots)* ore f.pl. di volo **2** AE COLLOQ. sonno m.
flying visit /ˌflaɪɪŋˈvɪzɪt/ n. *(quick call)* salto m., visita f. lampo.
fly kick /ˈflaɪˌkɪk/ n. calcio m. al volo.
flyleaf /ˈflaɪliːf/ n. (pl. **-leaves**) TIP. risguardo m.
fly-on-the-wall /ˌflaɪɒnðəˈwɔːl/ agg. [*documentary, film*] dal vero; ***a ~ report*** un reportage dal vero.
flyover /ˈflaɪəʊvə(r)/ n. **1** BE cavalcavia m., sopraelevata f. **2** AE AER. parata f. aerea.
flypaper /ˈflaɪˌpeɪpə(r)/ n. carta f. moschicida.
flypast /ˈflaɪpɑːst/ n. BE AER. parata f. aerea.
flyposting /ˈflaɪˌpəʊstɪŋ/ n. affissione f. illegale.
fly sheet /ˈflaɪʃiːt/ n. **1** *(of tent)* telo m. esterno **2** *(handbill)* volantino m.
fly speck /ˈflaɪspek/ n. escremento m. di mosca.
fly spray /ˈflaɪˌspreɪ/ n. (spray) moschicida m.
fly swatter /ˈflaɪˌswɒtə(r)/ n. *(device)* acchiappamosche m.
flytipping /ˈflaɪˌtɪpɪŋ/ n. BE = il gettare rifiuti in una discarica abusiva.
flytrap /ˈflaɪˌtræp/ n. BOT. acchiappamosche m., pigliamosche m.
flyweight /ˈflaɪweɪt/ **I** n. *(weight)* pesi m.pl. mosca; *(boxer)* peso m. mosca **II** modif. [*champion, title*] dei pesi mosca; [*match, contest*] di pesi mosca.
flywheel /ˈflaɪwiːl, AE -hwiːl/ n. MECC. volano m.
fly whisk /ˈflaɪˌwɪsk, AE -ˌhwɪsk/ n. scacciamosche m.
FM **1** MIL. ⇒ field marshal feldmaresciallo **2** RAD. ⇒ frequency modulation modulazione di frequenza (FM, MF).
FO n. GB (⇒ Foreign Office) = fino al 1968, denominazione del ministero degli esteri britannico.
1.foal /fəʊl/ n. puledro m.; ***to be in ~*** [*mare, she-ass*] essere pregna.
2.foal /fəʊl/ intr. [*mare, she-ass*] figliare, partorire.
▷ **1.foam** /fəʊm/ n. **1** *(on sea, drinks)* spuma f., schiuma f.; *(on bath)* schiuma f.; ***the ~*** LETT. *(sea)* i flutti **2** *(on animal)* sudore m. **3** *(from mouth)* schiuma f., bava f. **4** *(chemical)* schiuma f. **5** *(made of rubber, plastic)* gomma f. espansa, gommapiuma® f.
▷ **2.foam** /fəʊm/ intr. **1** *(froth)* [*beer, water*] spumare; [*sea*] spumeggiare; ***to ~ at the mouth*** avere la schiuma alla bocca (anche FIG.) **2** *(sweat)* [*horse*] sudare.
■ **foam up** [*beer, lemonade*] spumare.
foam-backed /ˌfəʊmˈbækt/ agg. [*fabric*] = imbottito con un sottile strato di gommapiuma.
foam bath /ˌfəʊmˈbɑːθ, AE -ˈbæθ/ n. bagnoschiuma m.
foam-filled /ˈfəʊmˌfɪld/ agg. schiumoso, pieno di schiuma.
foaming /ˈfəʊmɪŋ/ **I** n. schiuma f. **II** agg. → **foamy**.
foam insulation /ˌfəʊmɪnsjʊˈleɪʃn, AE -səˈl-/ n. isolamento m. in gommapiuma.
foam mattress /ˌfəʊmˈmætrɪs/ n. materasso m. di gommapiuma.
foam rubber /ˈfəʊmˌrʌbə(r)/ n. gommapiuma® f.
foamy /ˈfəʊmɪ/ agg. [*sea*] spumeggiante; [*beer, lemonade*] spumoso.
1.fob /fɒb/ n. **1** *(pocket)* taschino m. **2** *(watch chain)* catenella f. **3** *(ornament)* ciondolo m., ornamento m.; ***key ~*** portachiavi.
2.fob /fɒb/ tr. (forma in -ing ecc. **-bb-**) mettere nel taschino [*watch*].
3.fob /fɒb/ tr. (forma in -ing ecc. **-bb-**) ANT. imbrogliare, gabbare.
■ **fob off:** ~ **[sb.] off**, ~ **off [sb.]** **1** *(palm off)* ***to ~ sb. off with sth.*** rifilare qcs. a qcn. **2** *(get rid of)* liberarsi di, sbarazzarsi di [*person*]; ***I won't be fobbed off this time*** questa volta non si libereranno facilmente di me; **~off [sth.]** sottrarsi a [*attempt, enquiry*]; ***to ~ off sth. onto sb.*** rifilare qcs. a qcn.
FOB agg. e avv. (⇒ free on board franco a bordo) FOB.
fob watch /ˈfɒbˌwɒtʃ/ n. orologio m. da tasca.
FOC agg. e avv. (⇒ free of charge) = gratis.
focal /ˈfəʊkl/ agg. focale.
focal infection /ˌfəʊklɪnˈfekʃn/ n. infezione f. focale.
focal length /ˌfəʊklˈleŋθ/ n. distanza f. focale.
focalization /ˌfəʊkəlaɪˈzeɪʃn, AE -lɪˈz-/ n. FOT. messa f. a fuoco, focalizzazione f.
focalize /ˈfəʊkəlaɪz/ tr. FOT. mettere a fuoco, focalizzare.
focal plane /ˈfəʊklˌpleɪn/ n. piano m. focale.
focal point /ˈfəʊklˌpɔɪnt/ n. **1** *(in optics)* fuoco m. **2** *(of village, building)* centro m. (**of** di; **for** per); ***the room lacks a ~*** nella stanza manca un punto centrale che attiri l'attenzione **3** *(main concern)* punto m. focale, nodo m.; ***to act as a ~ for discussion*** costituire l'argomento centrale della discussione.
foci /ˈfəʊsaɪ/ → **1.focus**.
fo'c'sle → **forecastle**.
▶ **1.focus** /ˈfəʊkəs/ n. (pl. **~es**, **-i**) **1** *(focal point)* fuoco m.; ***to be out of ~*** [*device*] essere fuori fuoco; [*image*] essere sfocato; ***to be in ~*** essere a fuoco; ***to go out of ~*** [*device*] andare fuori fuoco; [*image*] sfocarsi; ***to bring sth. into ~*** mettere a fuoco qcs.; ***to come into ~*** mettersi a fuoco **2** *(device on lens)* messa f. a fuoco; ***to get the ~ right*** regolare la messa a fuoco **3** *(centre of interest)* punto m. centrale, centro m.; ***to become the ~ of controversy*** diventare l'oggetto della controversia; ***to become a ~ for the press*** diventare un obiettivo della stampa; ***to provide a ~ for research*** fornire un obiettivo per la ricerca **4** *(emphasis)* accento m.; ***the ~ will be on health*** si porrà l'accento sulla salute.
▶ **2.focus** /ˈfəʊkəs/ **I** tr. (forma in -ing ecc. **-s-**, **-ss-**) **1** *(direct)* focalizzare, fare convergere [*ray, beam*] (**on** su); fissare, concentrare [*gaze*]; puntare [*eyes*] (**on** su) **2** *(adjust)* mettere a fuoco [*lens, microscope, camera*]; ***to ~ one's lens on*** mettere a fuoco l'obiettivo su [*object*] **3** *(concentrate)* concentrare [*attention, mind*] (**on** su) **II** intr. (forma in -ing ecc. **-s-**, **-ss-**) **1** *(home in)* ***to ~ on*** [*rays*] convergere su; [*astronomer, photographer, camera*] mettere a fuoco; [*eyes*] fissarsi su; [*gaze, attention*] fissarsi su, concentrarsi su **2** *(concentrate)* ***to ~ on*** [*person, report, survey, study*] concentrarsi su.
focused, **focussed** /ˈfəʊkəst/ **I** p.pass. → **2.focus** **II** agg. **1** [*telescope, image*] a fuoco **2** [*person*] determinato, concentrato; ***she's very ~*** è molto determinata.
focus group /ˈfəʊkəsgruːp/ n. gruppo m. di discussione.
focusing /ˈfəʊkəsɪŋ/ n. messa f. a fuoco, focalizzazione f. (anche FIG.).
1.fodder /ˈfɒdə(r)/ n. **1** *(for animals)* foraggio m. **2** SCHERZ. *(for people)* cibo m. **3** FIG. *(raw material)* materiale m.
2.fodder /ˈfɒdə(r)/ tr. foraggiare, dare il foraggio a [*horses*].
foe /fəʊ/ n. LETT. nemico m. (-a), antagonista m. e f. (anche FIG.).
FoE n. (⇒ Friends of the Earth) = Amici della Terra.
foeman /fəʊmən/ n. (pl. **-men**) ANT. *(in war)* nemico m.
foetal, **fetal** AE /ˈfiːtl/ agg. fetale; ***in the ~ position*** in posizione fetale.
foetal alcohol syndrome /ˌfiːtlˈælkəhɒlsɪndrəʊm, AE -hɔːl-/ n. sindrome f. da intossicazione alcolica del feto.
foeti /ˈfiːtaɪ/ → **foetus**.
foetid → **fetid**.
foetus, **fetus** AE /ˈfiːtəs/ n. (pl. **~es**, **-i**) feto m.
▷ **1.fog** /fɒg/ n. **1** METEOR. nebbia f.; ***a patch, blanket of ~*** un (piccolo) banco, una coltre di nebbia; ***we get thick ~s here*** in questa zona troviamo delle fitte nebbie; ***a ~ of cigarette smoke*** una densa nuvola di fumo di sigaretta **2** FIG. *(confusion)* confusione f.; ***to be in a ~*** avere una gran confusione in testa **3** FOT. velo m., velatura f.
2.fog /fɒg/ tr. (forma in -ing ecc. **-gg-**) **1** (anche ~ **up**) [*steam*] appannare [*glass*]; [*light*] velare [*film*] **2** FIG. *(confuse)* ***to ~ the issue*** confondere la questione.
3.fog /fɒg/ n. **1** AGR. *(second growth of grass)* guaime m. **2** AGR. *(grass left to grow in winter)* erba f., fieno m. non falciato.
4.fog /fɒg/ tr. (forma in -ing ecc. **-gg-**) **1** AGR. *(leave under fog)* lasciare [qcs.] a guaime [*land*] **2** AGR. *(feed on fog)* fare pascolare [qcs.] sul guaime [*cattle*].
fog bank /ˈfɒgˌbæŋk/ n. banco m. di nebbia.
fogbound /ˈfɒgbaʊnd/ agg. [*plane, passenger*] bloccato dalla nebbia; [*airport*] chiuso per nebbia.
fogey /ˈfəʊgɪ/ n. COLLOQ. SPREG. codino m. (-a), parruccone m. (-a); ***he's a young ~*** è giovane ma ha idee da parruccone.
foggily /ˈfɒgɪlɪ/ avv. confusamente, indistintamente.
fogginess /ˈfɒgɪnɪs/ n. **1** METEOR. nebbiosità f. **2** FIG. confusione f., nebulosità f.
foggy /ˈfɒgɪ/ agg. **1** METEOR. [*day, landscape, weather*] nebbioso; ***it will be ~ tomorrow*** domani ci sarà nebbia **2** FIG. [*idea, notion*] confuso; ***I haven't the foggiest idea*** COLLOQ. non ne ho la più pallida idea.
Foggy Bottom /ˌfɒgɪˈbɒtəm/ n. US COLLOQ. = il Dipartimento di Stato.
foghorn /ˈfɒghɔːn/ n. MAR. sirena f. da nebbia; ***to have a voice like a ~*** avere un vocione.

foglamp /ˈfɒɡˌlæmp/ n. AUT. (faro) antinebbia m., fendinebbia m.; ***front*** ~ fendinebbia; ***rear*** ~ retronebbia.

fogle /ˈfəʊɡl/ n. ANT. COLLOQ. fazzoletto m. di seta.

fogless /ˈfɒɡlɪs/ agg. [*sky*] limpido, senza nebbia.

foglight /ˈfɒɡlaɪt/ n. → **foglamp**.

fog patch /ˈfɒɡˌpætʃ/ n. (piccolo) banco m. di nebbia.

fogy → **fogey**.

fogydom /ˈfəʊɡɪdəm/ n. COLLOQ. SPREG. passatismo m.

foible /ˈfɔɪbl/ n. piccola mania f., fissazione f.

▷ **1.foil** /fɔɪl/ **I** n. **1** (anche **tin** ~) *(for wrapping)* (carta) stagnola f.; ***a sheet of*** ~ un foglio di carta stagnola; ***~-wrapped*** avvolto in fogli di stagnola *o* di alluminio **2** *(for gilding, backing etc.)* ***silver, gold*** ~ foglia *o* lamina d'argento, d'oro **3** *(setting)* ***to be*** o ***act as a*** ~ ***to*** o ***for*** fare risaltare *o* mettere in rilievo **II** modif. [*container, wrapper*] di stagnola, di alluminio.

2.foil /fɔɪl/ tr. **1** *(cover)* rivestire con lamine di metallo **2** RAR. fare risaltare, mettere in rilievo.

3.foil /fɔɪl/ n. ANT. smacco m., sconfitta f.

4.foil /fɔɪl/ tr. ostacolare, contrastare [*person*]; sventare [*plot*]; vanificare [*attempt*]; frustrare [*hope*]; ***to be ~ed in one's attempt to do sth.*** vedere vanificato il proprio tentativo di fare qcs.; ***~ed again!*** fregato di nuovo!

5.foil /fɔɪl/ ➧ ***10*** n. SPORT fioretto m.

foist /fɔɪst/ tr. ***to*** ~ ***sth., sb. on sb.*** *(impose)* imporre qcs., qcn. a qcn.; ***to*** ~ ***sth. on sb.*** *(off-load)* rifilare, appioppare qcs. a qcn.

▷ **1.fold** /fəʊld/ **I** n. **1** *(crease) (in fabric, paper, skin)* piega f.; ***the skirt, the curtain hung in soft ~s*** la gonna, la tenda ricadeva in morbide pieghe **2** GEOGR. avvallamento m.; ***a*** ~ ***in the hills*** un avvallamento tra le colline **3** GEOL. piega f. **II -fold** in composti ***to increase twofold, threefold*** raddoppiare, triplicare; ***the problems are threefold*** i problemi sono triplici; ***interest rates have increased ninefold*** i tassi di interesse sono aumentati (di) nove volte.

▷ **2.fold** /fəʊld/ **I** tr. **1** *(crease)* piegare [*paper, towel, shirt*]; chiudere (piegando) [*chair, table*]; piegare, chiudere [*folding umbrella*]; ripiegare, chiudere [*wings*]; ~ ***the piece of paper in half*** o ***two*** piegare la carta a metà, in due; ~ ***some newspaper around the vases*** avvolgere i vasi con fogli di giornale **2** *(intertwine)* incrociare [*arms*]; congiungere [*hands*]; ***he ~ed his arms across his chest*** incrociò le braccia sul petto *o* si mise a braccia conserte; ***to*** ~ ***sb. into one's arms*** stringere qcn. fra le braccia **3** GASTR. *(add)* mescolare, unire, incorporare (**into** a) **II** intr. **1** [*chair, table*] chiudersi, essere pieghevole **2** *(fail)* [*play*] lasciare il cartellone; [*company*] chiudere i battenti; [*project*] fallire, andare in fumo; [*course*] essere annullato.

■ **fold away:** ~ **away** [*bed, table*] piegarsi, essere pieghevole; ~ **away [sth.]**, ~ **[sth.] away** piegare e mettere a posto [*clothes, linen*]; chiudere (piegando) [*chair*].

■ **fold back:** ~ **back** [*door, shutters*] aprirsi (**against** contro); ~ **back [sth.]**, ~ **[sth.] back** aprire [*shutters*]; rimboccare [*sleeve*]; (ri)piegare indietro [*collar*]; ***to*** ~ ***back the sheet*** *(making bed)* rimboccare le lenzuola; *(getting the bed ready)* tirare giù il lenzuolo.

■ **fold down:** ~ **down** [*car seat*] essere ribaltabile, abbassarsi; [*pram hood*] abbassarsi; ~ **[sth.] down**, ~ **down [sth.]** ripiegare [*collar, flap*]; tirare giù [*sheets*]; abbassare [*seat, pram hood*]; ***to*** ~ ***down the corner of the page*** piegare l'angolo della pagina.

■ **fold in:** ~ **in [sth.]**, ~ **[sth.] in** unire, incorporare [*sugar, flour*].

■ **fold out:** ~ **out [sth.]**, ~ **[sth.] out** aprire, spiegare [*map, newspaper*].

■ **fold over:** ~ **over** sovrapporsi; ~ **[sth.] over** (ri)piegare [*flap*].

■ **fold up:** ~ **up** [*chair, pram*] chiudersi, piegarsi; [*umbrella*] chiudersi; ~ **[sth.] up**, ~ **up [sth.]** piegare [*newspaper*]; chiudere [*chair, umbrella*]; ***to*** ~ ***sth. up again*** ripiegare qcs.

3.fold /fəʊld/ n. **1** *(group)* gregge m.; *(of church)* fedeli m.pl. **2** AGR. ovile m.; ***sheep*** ~ recinto per le pecore ◆ ***to stay in, return to the*** ~ rimanere, tornare all'ovile; ***to return to the family, party*** ~ ritornare in seno alla famiglia, al partito.

4.fold /fəʊld/ tr. **1** *(enclose)* chiudere nell'ovile [*sheep*] **2** *(manure)* stabbiare [*land*].

foldaway /ˈfəʊldəweɪ/ agg. [*bed*] ribaltabile, a scomparsa; [*table*] a ribalta.

folded /ˈfəʊldɪd/ **I** p.pass. → **2.fold II** agg. **1** [*sheet, newspaper*] piegato **2** ***(with one's) arms*** ~ a braccia conserte *o* con le braccia incrociate; ***to sit with one's hands*** ~ ***in one's lap*** sedere con le mani in grembo; ***she sat with her legs*** ~ ***under her*** sedette accoccolata.

▷ **folder** /ˈfəʊldə(r)/ n. **1** *(for papers)* cartella f., cartellina f.; ***cardboard, plastic*** ~ cartellina di cartone, di plastica **2** *(for artwork)* cartella f. da disegno **3** *(brochure)* volantino m., dépliant m. **4** TECN. macchina f. piegafogli **5** INFORM. cartella f.

folding /ˈfəʊldɪŋ/ agg. [*bed, bicycle, table, umbrella*] pieghevole; [*camera*] a soffietto; [*door*] a fisarmonica, a soffietto.

folding machine /ˈfəʊldɪŋməˌʃiːn/ n. TECN. macchina f. piegafogli.

folding money /ˈfəʊldɪŋˌmʌnɪ/ n. biglietti m.pl. di banca, moneta f. cartacea.

folding seat /ˈfəʊldɪŋˌsiːt/ n. sedile m. ribaltabile.

folding stool /ˈfəʊldɪŋˌstuːl/ n. seggiolino m. pieghevole.

folding top /ˈfəʊldɪŋˌtɒp/ n. AUT. capote f.; ***a car with a*** ~ un'auto decappottabile.

fold mark /ˈfəʊldˌmɑːk/ n. *(on a page)* segno m., orecchia f.

foldout /ˈfəʊldaʊt/ n. *(in a magazine)* inserto m., pagina f. apribile, a soffietto.

foliaceous /ˌfəʊlɪˈeɪʃəs/ agg. foliaceo.

foliage /ˈfəʊlɪɪdʒ/ n. fogliame m.

foliaged /ˈfəʊlɪɪdʒd/ agg. RAR. coperto, decorato di fogliame.

foliar /ˈfəʊlɪə(r)/ agg. fogliare, di foglia.

1.foliate /ˈfəʊlɪət/ agg. **1** *(leaflike)* simile a foglia **2** *(having leaves)* fronzuto.

2.foliate /ˈfəʊlɪeɪt/ **I** tr. TIP. **1** *(numerate)* numerare i fogli di [*book*] **2** *(coat)* rivestire con una lamina **II** intr. **1** *(split)* [*metal, stone*] sfaldarsi **2** *(grow leaves)* [*plants*] mettere foglie.

foliation /ˌfəʊlɪˈeɪʃn/ n. **1** BOT. fogliazione f. **2** TIP. numerazione f. dei fogli (di un libro) **3** GEOL. foliazione f. **4** ARCH. decorazione f. con foglie.

folic acid /ˌfəʊlɪkˈæsɪd/ n. acido m. folico.

folio /ˈfəʊlɪəʊ/ **I** n. *(paper)* foglio m., pagina f.; *(book)* in folio m.; ***to publish a book in*** ~ pubblicare un libro in folio **II** modif. [*edition, volume*] in folio.

foliole /ˈfəʊlɪəʊl/ n. BOT. *(of compound leaf)* fogliolina f.

▷ **folk** /fəʊk/ **I** n. **1** *(people)* + verbo pl. gente f.sing.; ***country, city*** ~ gente di campagna, di città; ***old, young, poor*** ~ i vecchi, i giovani, i poveri **2** MUS. + verbo sing. folk m. **II folks** n.pl. **1** COLLOQ. *(parents)* genitori m.; ***my, your ~s*** i miei, i tuoi **2** COLLOQ. *(addressing people)* ***that's all, ~s!*** COLLOQ. è tutto, gente! **III** modif. **1** *(traditional)* [*dance, dancing, music*] folcloristico, tradizionale, popolare; [*song, singer, tale, art, culture, tradition*] popolare **2** *(modern)* [*music, concert, song, singer, group*] folk; [*club*] di musica folk.

folk etymology /ˈfəʊketɪˌmɒlədʒɪ/ n. falsa etimologia f., etimologia f. popolare.

folk hero /ˈfəʊkˌhɪərəʊ/ n. eroe m. popolare.

folkie /ˈfəʊkɪ/ n. COLLOQ. appassionato m. (-a) di musica folk.

folklore /ˈfəʊklɔː(r)/ n. folclore m.

folklorist /ˈfəʊkˌlɔːrɪst/ n. folclorista m. e f.

folk medicine /ˈfəʊkˌmedsn, AE -ˌmedɪsn/ n. medicina f. popolare.

folk memory /ˌfəʊkˈmemərɪ/ n. memoria f. collettiva.

folk rock /ˈfəʊkˌrɒk/ n. folk rock m.

folksy /ˈfəʊksɪ/ agg. COLLOQ. **1** *(friendly)* [*person*] alla buona **2** *(rustic)* [*clothes*] campagnolo; [*house*] rustico, di campagna **3** SPREG. *(hippy)* fricchettone **4** AE SPREG. ***to act*** ~ comportarsi da bifolco, da zoticone.

folk tale /ˈfəʊkˌteɪl/ n. leggenda f. popolare.

folkways /fəʊkweɪz/ n.pl. = usi e costumi di un popolo.

folk wisdom /ˈfəʊkˌwɪzdəm/ n. *(knowledge)* saggezza f. popolare; *(beliefs)* credenze f.pl. popolari.

follicle /ˈfɒlɪkl/ n. **1** ANAT. BOT. follicolo m. **2** ZOOL. bozzolo m.

follicular /fəˈlɪkjʊlə(r)/ agg. ANAT. BOT. follicolare.

folliculate(d) /fəˈlɪkjʊleɪt(ɪd)/ agg. ZOOL. provvisto di bozzolo.

▶ **follow** /ˈfɒləʊ/ **I** tr. **1** *(move after)* seguire [*person, car*] (**into** in); ~ ***that cab!*** segui *o* insegui quel taxi! ***to have sb. ~ed*** fare seguire qcn.; ***I think I'm being ~ed*** credo di essere seguito; ***~ed by*** seguito da; ***to*** ~ ***sb. in, out*** entrare, uscire seguendo qcn.; ***she ~ed her father into politics*** si diede alla politica come suo padre; ***they'll*** ~ ***us on a later flight*** ci raggiungeranno con un volo successivo **2** *(come after in time)* fare seguire [*event, period, incident, item on list*]; succedere a [*leader, monarch*]; ***I chose the salad and ~ed it with fish*** ho preso un'insalata e poi ho ordinato del pesce; ***I ~ed up my swim with a sauna*** dopo aver nuotato ho fatto una sauna; ***~ed by*** seguito da **3** *(go along, be guided by)* seguire [*clue, path, river, arrow, map, line of inquiry, tradition, fashion, instinct, instructions*]; ***if you*** ~ ***this argument to its logical conclusion...*** se segui questo ragionamento fino alla sua conclusione logica... **4** *(support, be led by)* seguire [*teachings, example*]; praticare, professare [*religion*]; aderire a [*faith, ideas*]; essere seguace di [*person, leader*]; ***on this question I*** ~ ***Freud*** su questa questione mi attengo a Freud; ***he ~s his sister in everything*** imita sua sorella in tutto **5** *(watch or read* *closely)* seguire [*sport, stock market, serial, trial, lecture, film*]; ***to ~ sth. with one's eyes*** seguire qcs. con lo sguardo; ***to ~ the play in one's book*** seguire la rappresentazione leggendo il testo; ***to ~ the fortunes of*** seguire le vicende di [*person*]; tifare per, seguire [*team*] **6** *(understand)* seguire [*explanation, reasoning, plot*]; ***do you ~ me?*** mi segui? ***if you ~ my meaning*** o ***if you ~ me*** se riesci a capire quello che voglio dire **7** *(practise)* esercitare, fare [*trade, profession*]; proseguire [*career*]; seguire [*way of life*] **II** intr. **1** *(move after)* seguire; ***she ~ed on her bike*** venne dietro in bicicletta; ***to ~ in sb.'s footsteps*** seguire le tracce di qcn.; FIG. seguire *o* ricalcare le orme di qcn. **2** *(come after in time)* seguire; ***in the days that ~ed*** nei giorni seguenti; ***there ~ed a lengthy debate*** seguì un lungo dibattito; ***what ~s is just a summary*** ciò che segue è solo un riassunto; ***there's ice cream to ~*** a seguire ci sarà del gelato; ***the results were as ~s*** i risultati furono i seguenti; ***the sum is calculated as ~s*** la somma viene calcolata come segue *o* nel seguente modo **3** *(be logical consequence)* conseguire, derivare; ***it ~s that*** ne consegue che; ***it doesn't necessarily ~ that*** non ne consegue necessariamente che; ***problems are sure to ~*** sicuramente ne deriveranno dei problemi; ***that doesn't ~*** non c'è alcun nesso; ***that ~s*** ha senso; ***to ~ from sth. that...*** derivare da qcs. che... **4** *(understand)* seguire; ***I don't ~*** non capisco ◆ ***~ that!*** COLLOQ. vediamo se sai fare meglio!

■ **follow about, follow around:** ***~ [sb.] around*** seguire [qcn.] ovunque.

■ **follow on** [*person*] seguire; ***to ~ on from*** essere la conseguenza di *o* derivare da; ***~ing on from yesterday's lecture...*** riprendendo la lezione di ieri *o* riprendendo da dove ci siamo fermati ieri...

■ **follow out** AE ***~ out [sth.]*** seguire attentamente [*orders, instructions, advice*].

■ **follow through:** ***~ through*** SPORT accompagnare un colpo; ***~ through [sth.]***, ***~ [sth.] through*** portare a termine [*project, scheme, experiment*]; mantenere [*promise*]; mettere in atto [*threat*]; portare avanti [*idea, theory, argument*].

■ **follow up:** ***~ up [sth.]***, ***~ [sth.] up*** **1** *(reinforce, confirm)* sfruttare [*victory, success*] (**with** con); approfittare di [*good start, debut*]; fare seguito a [*letter, visit, threat*]; ***to ~ up a letter with sth.*** fare seguito a una lettera con qcs.; ***he ~ed up with a left hook*** [*boxer*] continuò assestando un gancio sinistro **2** *(act upon, pursue)* indagare su [*story, lead*]; dare seguito a [*complaint, offer, call, article*]; seguire [*tip, suggestion, hint*]; ***~ up [sb.]***, ***~ [sb.] up*** *(maintain contact with)* seguire [*patient, person*].

▷ **follower** /ˈfɒləʊwə(r)/ n. **1** *(of religious leader, thinker, artist)* discepolo m. (-a); *(of political or military leader)* sostenitore m. (-trice); *(of religion, teachings, theory, tradition)* seguace m. e f. **2** *(of sport, TV series, soap opera)* appassionato m. (-a); *(of team)* tifoso m. (-a), sostenitore m. (-trice); ***~s of politics, of her career will know that...*** chi segue la politica, la sua carriera saprà che...; ***dedicated ~s of fashion*** gli appassionati di moda **3** *(not a leader)* gregario m. **4** ANT. *(suitor)* ammiratore m., spasimante m.

▷ **following** /ˈfɒləʊwɪŋ/ **I** n. **1 U** *(of theorist, religion)* seguaci m.pl., seguito m.; *(of cult)* adepti m.pl.; *(of party, political figure)* sostenitori m.pl.; *(of soap opera, show)* pubblico m.; *(of sports team)* tifosi m.pl., sostenitori m.pl.; ***the cult has a huge, small ~*** la setta ha moltissimi, pochi adepti; ***a writer with a loyal, young ~*** uno scrittore con un pubblico fedele, giovane; ***the party wants to build up its ~ in the south*** il partito vuole accrescere il proprio seguito nel sud **2** *(before list or explanation)* ***you will need the ~*** avrete bisogno di quel che segue; ***the ~ have been elected*** sono state elette le seguenti persone; ***the ~ is a guide to...*** ciò che segue è una guida a... **II** agg. attrib. **1** *(next)* [*day, year, article, chapter, remark*] seguente, successivo; ***they were married the ~ June*** si sposarono nel giugno successivo; ***the ~ women, reasons*** le seguenti donne, ragioni **2** *(from the rear)* [*wind*] in poppa; ***my car will do 160 km/h with a ~ wind*** SCHERZ. la mia macchina fa 160 km/h quando ha il vento in poppa **III** prep. in seguito a, a seguito di [*incident, allegation, publication*]; ***~ your request for information*** in seguito alla sua richiesta di informazioni.

follow-my-leader /ˌfɒləʊmaɪˈliːdə(r)/ ♦ ***10*** n. = gioco in cui i partecipanti ripetono i gesti del capofila.

follow-on /ˌfɒləʊˈɒn/ n. conseguenza f.; ***as a ~ from sth.*** come conseguenza di qcs.

follow-through /ˌfɒləʊˈθruː/ n. **1** SPORT *(of a stroke)* accompagnamento m. **2** *(completion)* esecuzione f., completamento m.

▷ **follow-up** /ˈfɒləʊʌp/ **I** n. **1** *(film, record, single, programme)* seguito m. (**to** di); ***as a ~ to the programme, conference*** come seguito del programma, della conferenza; ***this letter is a ~ to my call*** la presente fa seguito alla mia chiamata **2** *(of patient, social-work case)* follow-up m.; ***after the operation there is no ~*** non c'è assistenza postoperatoria **II** modif. **1** *(supplementary)* [*study, survey, work, article, programme*] = che costituisce il seguito, la prosecuzione di qcs.; [*interview, inspection*] di controllo; [*discussion, article, programme, meeting*] successivo; [*letter*] di sollecitazione **2** *(of patient, ex-inmate)* ***a ~ visit*** un follow-up; ***~ care for ex-prisoners*** assistenza per il reinserimento nella società degli ex detenuti; ***~ care for patients*** follow-up dei pazienti.

folly /ˈfɒlɪ/ n. **1** *(madness)* follia f., pazzia f.; ***it would be ~ to accept*** sarebbe una follia accettare; ***an act of ~*** un gesto di follia **2** *(foolish act)* cosa f. folle, follia f.; ***the follies of youth*** le follie della giovinezza **3** ARCH. = costruzione stravagante.

foment /fəʊˈment/ tr. **1** MED. applicare fomenti a **2** FIG. fomentare, istigare.

fomentation /ˌfəʊmenˈteɪʃn/ n. **1** MED. fomentazione f. **2** FIG. fomentazione f., istigazione f.

fomenter /fəʊˈmentə(r)/ n. fomentatore m. (-trice), istigatore m. (-trice).

▷ **fond** /fɒnd/ agg. **1** *(loving)* [*farewell, gesture, embrace*] affettuoso; [*person*] amorevole, tenero, affezionato; [*eyes*] pieno di affetto; [*heart*] tenero; ***~ memories*** dolci, cari ricordi; ***"with ~est love, Julie"*** "con tutto il mio affetto, Julie" **2** *(heartfelt)* [*ambition, wish*] ardente; [*hope*] vivo **3** *(naive)* [*imagination*] ingenuo; ***in the ~ hope that*** nella vana, nell'infondata speranza che **4** *(partial)* ***to be ~ of sb.*** essere legato, affezionato a qcn.; ***to be ~ of sth.*** essere appassionato di qcs.; ***to be ~ of doing*** amare fare; ***to be very ~ of sb., sth.*** adorare qcn., qcs.; ***she's very ~ of her grandmother's dresser*** tiene molto alla credenza di sua nonna **5** *(irritatingly prone)* ***to be ~ of doing*** avere il vizio di fare, la tendenza a fare.

fondant /ˈfɒndənt/ n. fondant m., fondente m.

fondle /ˈfɒndl/ tr. accarezzare, coccolare [*baby*]; accarezzare, toccare [*girlfriend*].

fondling /ˈfɒndlɪŋ/ n. **1** *(darling)* beniamino m. (-a), prediletto m. (-a) **2 U** moine f.pl., coccole f.pl.

fondly /ˈfɒndlɪ/ avv. **1** *(lovingly)* affettuosamente, amorevolmente, teneramente **2** *(naively)* [*believe, imagine*] ingenuamente.

fondness /ˈfɒndnɪs/ n. **1** *(love for person)* affetto m., amorevolezza f., tenerezza f. (**for** per, nei confronti di) **2** *(liking for thing, activity)* passione f., inclinazione f. (**for** per) **3** *(irritating penchant)* tendenza f., vizio m.; ***his ~ for criticizing*** il suo vizio di criticare.

fondue /fɒnˈduː/ n. GASTR. fonduta f.

1.font /fɒnt/ n. RELIG. fonte m. battesimale.

2.font /fɒnt/ n. **1** TIP. carattere m., font m. **2** INFORM. font m.

fontal /ˈfɒntl/ agg. **1** *(baptismal)* battesimale **2** *(original, primary)* originario, primario.

fontanelle BE, **fontanel** AE /ˌfɒntəˈnel/ n. ANAT. fontanella f.

▶ **food** /fuːd/ **I** n. **1** *(sustenance)* cibo m., nutrimento m.; ***~ and drink*** cibi e bevande *o* il mangiare e il bere; ***~ is short*** c'è poco da mangiare **2 U** *(foodstuffs)* cibo m., alimenti m.pl.; ***cat ~*** cibo per gatti; ***frozen ~*** surgelati **3 U** *(provisions)* provviste f.pl., scorte f.pl.; ***to shop for ~*** fare provviste; ***we have no ~ in the house*** non abbiamo scorte di cibo in casa **4** *(cuisine, cooking)* cucina f., cibo m.; ***Chinese ~*** la cucina cinese; ***is the ~ good in Japan?*** si mangia bene in Giappone? ***to be a lover of good ~*** essere un amante della buona cucina; ***he likes his ~*** gli piace mangiare *o* è una buona forchetta; ***to be off one's ~*** soffrire di inappetenza **5** *(fuel)* ***~ for speculation, argument*** argomento *o* materia di meditazione, di discussione; ***that's ~ for thought*** offre spunti di riflessione *o* fa riflettere **II** modif. [*additive*] per alimenti; [*industry, product*] alimentare; [*rationing*] dei viveri; [*producer, production, shop, counter, sales*] di (generi) alimentari.

food aid /ˈfuːdˌeɪd/ n. aiuti m.pl. alimentari.

Food and Agriculture Organization /fuːdəndˌæɡrɪkʌltʃərɔːɡənaɪˈzeɪʃn, AE -nɪˈz-/ n. Organizzazione f. per l'Alimentazione e l'Agricoltura.

Food and Drug Administration /fuːdənˈdrʌɡədˌmɪnɪˌstreɪʃn/ n. US = ente governativo per il controllo di alimenti e farmaci.

food chain /ˈfuːdˌtʃeɪn/ n. catena f. alimentare.

food crop /ˈfuːdˌkrɒp/ n. AGR. colture f.pl. per uso alimentare.

foodie /ˈfuːdɪ/ n. COLLOQ. amante m. e f. della buona cucina, buongustaio m. (-a).

foodless /ˈfuːdlɪs/ agg. senza cibo, a digiuno.

food mixer /ˈfuːdˌmɪksə(r)/ n. *(kitchen appliance)* mixer m.

food parcel /ˈfuːdˌpɑːsl/ n. pacco m. viveri.

food poisoning /ˈfuːdˌpɔɪzənɪŋ/ n. intossicazione f. alimentare.

food processing /ˈfuːdˌprəʊsesɪŋ, AE -ˌprɒ-/ n. lavorazione f. degli alimenti.

food processor /ˈfuːdˌprəʊsesə(r)/, AE -ˌprɒ-/ n. robot m. da cucina.

food science /'fu:dˌsaɪəns/ n. scienza f. dell'alimentazione.
food stamp /'fu:dˌstæmp/ n. US buono m. viveri, tessera f. annonaria.
foodstuff /'fu:dstʌf/ n. derrate f.pl. alimentari, generi m.pl. alimentari.
food subsidies /'fu:dˌsʌbsɪdɪz/ n.pl. sovvenzioni f. all'industria agroalimentare.
food supply /'fu:dsəˌplaɪ/ n. **U** **1** *(of the world, a country)* risorse f.pl. alimentari **2** *(for army, town)* rifornimenti m.pl., viveri m.pl.; ***to cut off sb.'s food supplies*** tagliare i viveri a qcn.
food value /'fu:dˌvælju:/ n. valore m. nutritivo.
foofaraw /'fu:fərɔ:/ n. AE COLLOQ. **1** FIG. *(frill)* fronzoli m.pl. **2** *(fuss)* chiasso m., baccano m.
▷ **1.fool** /fu:l/ **I** n. **1** *(silly person)* sciocco m. (-a), stupido m. (-a); ***the poor ~*** il povero stupido; ***you stupid ~!*** COLLOQ. pezzo di cretino! ***don't be (such) a ~!*** non fare l'idiota! ***I was a ~ to believe him*** sono stato uno stupido a credergli; ***I was ~ enough to believe him*** sono stato così scemo da credergli; ***to make sb. look a ~*** far fare a qcn. la figura dello scemo; ***to make a ~ of sb.*** prendersi gioco di qcn. *o* prendere in giro qcn.; ***to be ~ enough to agree*** essere abbastanza sciocco da accettare; ***she's no ~, she's nobody's ~*** è tutt'altro che stupida; ***any ~ could do that*** COLLOQ. chiunque saprebbe farlo; ***(the) more ~ you!*** COLLOQ. bravo scemo! ***to act*** o ***play the ~*** fare lo scemo **2** STOR. *(jester)* buffone m., giullare m. **II** modif. AE COLLOQ. [*politician*] stupido; ***that's a ~ thing to do, say*** è una cosa sciocca da fare, dire ◆ ***a ~ and his money are soon parted*** PROV. = le persone stupide sprecano presto il loro denaro; ***there is no ~ like an old ~*** = nessuno è più imbecille di un vecchio imbecille.
▷ **2.fool** /fu:l/ **I** tr. ingannare, imbrogliare; ***you don't ~ anybody*** non prendi in giro nessuno; ***don't let that ~ you!*** non cascarci! ***who are you trying to ~?*** chi stai cercando di imbrogliare? ***you don't ~ me for a minute*** non ti credo neanche un po'; ***to ~ sb. into doing*** convincere (con l'inganno) qcn. a fare; ***to ~ sb. into believing that*** fare credere a qcn. che; ***to ~ sb. out of*** sottrarre [qcs.] a qcn. con l'inganno [*money*]; ***to be ~ed*** farsi imbrogliare *o* beffare (**by** da); ***don't be ~ed!*** non farti abbindolare! ***you really had me ~ed!*** ci ero proprio cascato! **II** intr. *(joke, tease)* scherzare, fare lo stupido; ***no ~ing!*** IRON. dici davvero? **III** rifl. ***to ~ oneself*** illudersi; ***to ~ oneself into doing sth.*** illudersi di poter fare qcs. ◆ ***you could have ~ed me!*** COLLOQ. a chi vuoi darla a bere!
▪ **fool about, fool around** BE COLLOQ. **~ about, around** **1** *(waste time)* perdere tempo **2** *(act stupidly)* fare lo stupido (**with** con) **3** *(have affairs)* fare lo scemo, il farfallone; **~ around with [sb., sth.]** **1** *(flirt)* fare lo scemo con [*lover*] **2** *(mess around)* gingillarsi, trastullarsi con [*gadget, toy*].
▪ **fool away:** **~ [sth.] away** *(fritter)* sprecare, sciupare [*time, money*].
3.fool /fu:l/ n. BE GASTR. ***rhubarb, fruit ~*** dessert con crema al rabarbaro, alla frutta e crema pasticciera.
foolery /'fu:lərɪ/ n. **1** *(behaviour)* stupidità f., idiozia f. **2** *(act)* sciocchezza f., scemenza f.
foolhardiness /'fu:lhɑ:dɪnɪs/ n. temerarietà f., sconsideratezza f.
foolhardy /'fu:lhɑ:dɪ/ agg. temerario, sconsiderato.
▷ **foolish** /'fu:lɪʃ/ agg. **1** *(naïvely silly)* [*person*] sciocco, ingenuo; ***to be ~ enough to do*** essere così ingenuo da fare **2** *(stupid)* [*grin, look*] stupido, scemo; ***to look, feel ~*** sembrare, sentirsi stupido; ***to make sb. look ~*** mettere qcn. in ridicolo, fare fare a qcn. la figura dello stupido **3** *(misguided)* [*decision, question, remark*] insensato, assurdo; ***that was a ~ thing to do*** è stata una cosa assurda, folle da fare.
foolishly /'fu:lɪʃlɪ/ avv. **1** [*behave, believe, forget, ignore, reject*] scioccamente; ***~, I believed him*** ingenuamente gli ho creduto **2** [*smile, grin, stare, stand there*] come uno stupido.
foolishness /'fu:lɪʃnɪs/ n. stupidità f., follia f.; ***it is (sheer) ~ to do*** è una vera sciocchezza fare.
foolproof /'fu:lpru:f/ agg. **1** [*method, way, plan*] infallibile, sicurissimo **2** [*camera, machine*] semplicissimo (da utilizzare).
foolscap /'fu:lzkæp/ **I** n. BE *(paper)* carta f. formato protocollo **II** agg. [*format, sheet*] protocollo; [*book*] in formato protocollo.
fool's gold /ˌfu:lz'gəʊld/ n. *(pyrites)* pirite f.
foosball /'fʊsbɔ:l/ n. AE *(game)* calcio-balilla m., calcetto m.
▶ **1.foot** /fʊt/ ♦ ***2, 15*** **I** n. (pl. **feet**) **1** *(of person, horse)* piede m.; *(of rabbit, cat, dog)* zampa f.; *(of chair)* piede m.; *(of stocking, sock)* pedule m.; ***on ~*** a piedi; ***this carpet is soft under ~*** è piacevole camminare su questo tappeto; ***he hasn't set ~ in this house, in England for 10 years*** non mette piede in questa casa, in Inghilterra da 10 anni; ***from head to ~*** dalla testa ai piedi; ***to rise to one's feet*** alzarsi in piedi; ***to help sb. to their feet*** aiutare qcn. ad alzarsi; ***her speech brought the audience to its feet*** tutto l'uditorio si alzò in piedi per applaudire il suo discorso; ***to be on one's feet*** essere in piedi; ***to be on one's feet again*** FIG. essere di nuovo in piedi; ***to get sb. back on their feet*** *(after illness)* rimettere in piedi qcn.; ***to get sb., sth. back on their, its feet*** *(after setback)* rimettere in piedi qcn., qcs.; ***to be quick on one's feet*** essere un gambalesta, essere veloce; ***bound*** o ***tied hand and ~*** legato mani e piedi; ***to sweep sb. off their feet*** fare cadere qcn. *o* fare perdere l'equilibrio a qcn.; FIG. fare perdere la testa a qcn.; ***to sit at sb.'s feet*** sedere ai piedi di qcn.; FIG. = essere un seguace, un allievo di qcn.; ***my ~!*** COLLOQ. un accidente! un corno! neanche per sogno! **2** *(measurement)* piede m. (= 0,3048 m) **3** *(bottom) (of mountain)* piedi m.pl. (**of** di); ***at the ~ of*** ai piedi di [*bed, stairs*]; alla fine di, in fondo a [*list, letter*]; a piè di [*page*]; in fondo a [*table*] **4** SART. *(of sewing machine)* piedino m. **5** MIL. fanteria f. **6** LETTER. *(in poetry)* piede m. **II -footed** agg.in composti ***four-~ed*** quadrupede; ***bare-~ed*** a piedi nudi ◆ ***not to put a ~ wrong*** non sbagliare un colpo; ***to be, get under sb.'s feet*** stare fra i piedi a qcn.; ***to be rushed off one's feet*** non avere un attimo di tregua, avere il fiato sul collo; ***to catch sb. on the wrong ~*** prendere qcn. in contropiede, cogliere qcn. in fallo; ***to cut the ground from under sb.'s feet*** fare mancare la terra sotto i piedi a qcn. *o* spiazzare qcn.; ***to dance, walk sb. off their feet*** fare ballare, camminare qcn. fino allo sfinimento; ***to fall*** o ***land on one's feet*** cadere in piedi; ***to keep both*** o ***one's feet on the ground*** tenere i piedi *o* stare coi piedi per terra; ***to have two left feet*** = essere goffo, maldestro; ***to leave somewhere feet first*** uscire da un luogo con i piedi davanti; ***to put one's ~ down*** COLLOQ. *(accelerate)* schiacciare l'acceleratore; *(be firm)* insistere; ***to put one's best ~ forward*** *(do one's best)* fare del proprio meglio; *(hurry)* allungare il passo *o* affrettarsi; ***to put one's ~ in it*** COLLOQ. fare una gaffe; ***to put one's feet up*** = rilassarsi, riposarsi; ***to stand on one's own (two) feet*** essere indipendente, camminare con le proprie gambe; ***to start off*** o ***get off on the wrong, right ~*** partire col piede sbagliato, giusto (**with sb.** con qcs.); ***to wait on sb. hand and ~*** essere servile nei confronti di qcn.
2.foot /fʊt/ tr. ***to ~ the bill*** pagare il conto (**for** di).
▷ **footage** /'fʊtɪdʒ/ n. **U** **1** TELEV. filmato m.; CINEM. *(piece of film)* metraggio m.; ***some ~ of*** alcune immagini di; ***news ~*** filmati d'attualità **2** METROL. lunghezza f. in piedi.
foot and mouth (disease) /ˌfʊtən'maʊθ(dɪˌzi:z)/ n. VETER. afta f. epizootica.
▶ **football** /'fʊtbɔ:l/ ♦ ***10*** **I** n. **1** *(game)* BE calcio m.; AE football m. americano; ***to play ~*** giocare a calcio; ***to be good, bad at ~*** giocare bene, male a calcio **2** *(ball)* BE pallone m. da calcio; AE palla f. ovale **II** modif. [*boot, kit*] da calcio; [*match, team, practice*] di calcio; [*pitch*] da, di calcio; [*club, season*] calcistico; AE [*helmet, uniform*] da football (americano).
football coach /'fʊtbɔ:lˌkəʊtʃ/ ♦ ***27*** n. allenatore m. (-trice) di calcio.
football coupon /'fʊtbɔ:lˌku:pɒn/ n. BE schedina f. del totocalcio.
▷ **footballer** /'fʊtbɔ:lə(r)/ ♦ ***27*** n. BE giocatore m. (-trice) di calcio, calciatore m. (-trice).
football game /'fʊtbɔ:lˌgeɪm/ n. AE partita f. di football (americano).
Football League /'fʊtbɔ:lˌli:g/ n. BE SPORT. *(competition)* campionato m. di calcio; *(association of clubs)* lega f. calcio.
football player /'fʊtbɔ:lˌpleɪə(r)/ ♦ ***27*** n. giocatore m. (-trice) di calcio, calciatore m. (-trice).
football pools /'fʊtbɔ:lˌpu:lz/ n.pl. BE totocalcio m.sing.
football special /'fʊtbɔ:lˌspeʃl/ n. BE treno m. speciale (per tifosi in trasferta).
football supporter /'fʊtbɔ:lˌsəpɔ:tə(r)/ n. tifoso m. (-a) (di una squadra di calcio).
footbath /'fʊtbɑ:θ/ n. *(act)* pediluvio m.; *(basin) (at home)* bacinella f. per pediluvio *(bath) (at swimming pool)* vasca f. per i piedi.
footboard /'fʊtbɔ:d/ n. **1** *(on carriage) (to stand on)* predellino m.; *(to rest foot on)* poggiapiedi m. **2** *(on bed)* pediera f.
footboy /'fʊtbɔɪ/ n. paggio m., valletto m.
foot brake /'fʊtˌbreɪk/ n. AUT. freno m. a pedale.
footbridge /'fʊtbrɪdʒ/ n. passerella f., ponticello m. pedonale.
footcloth /'fʊtklɒθ, AE -klɔ:θ/ n. ANT. gualdrappa f.
1.footer /'fʊtə(r)/ n. **1** BE COLLOQ. calcio m., pallone m. **2** TIP. piè m. di pagina.
2.footer /'fʊtə(r)/ n. in composti **1** ***he's a six-~*** è alto sei piedi **2** *(boat)* ***a 50-~*** una barca da 50 piedi.
footfall /'fʊtfɔ:l/ n. rumore m. di passi, passi m.pl.
foot fault /'fʊtˌfɔ:lt/ n. *(in tennis)* fallo m. di piede.

footgear /ˈfʊtgɪə(r)/ n. U ANT. COLLOQ. calzature f.pl.
footguards /ˈfʊtgɑːdz/ n.pl. MIL. guardie f. a piedi.
foothills /ˈfʊthɪlz/ n.pl. colline f. pedemontane.
foothold /ˈfʊthəʊld/ n. appiglio m., punto m. d'appoggio; ***to gain a, lose one's ~*** ritornare in equilibrio, perdere l'equilibrio; ***to gain*** o ***get a ~*** FIG. [*company*] affermarsi; [*ideology*] prendere piede; [*plant*] attecchire; [*insect*] diffondersi.
footing /ˈfʊtɪŋ/ n. **1** *(basis)* ***on a firm ~*** su solide basi; ***on a war ~*** sul piede di guerra; ***to place*** o ***put sth. on a legal ~*** fare rientrare qcs. in una normativa legale; ***to be on an equal*** o ***even ~ with sb.*** essere su un piano di parità con qcn.; ***to be on a friendly, formal ~ with sb.*** intrattenere relazioni amichevoli, formali con qcn. **2** *(grip for feet)* ***to keep one's ~*** mantenere l'equilibrio; ***to lose one's ~*** perdere l'equilibrio.
foot-in-mouth disease /ˌfʊtɪnˈmaʊθdɪˌziːz/ n. AE COLLOQ. = tendenza a fare continue gaffe.
footle /ˈfuːtl/ intr. RAR. *(play the fool)* fare lo scemo.
■ **footle about, footle around** COLLOQ. gingillarsi, trastullarsi.
footlights /ˈfʊtlaɪts/ n.pl. TEATR. luci f. della ribalta; ***to go behind the ~*** FIG. calcare le scene.
footling /ˈfuːtlɪŋ/ agg. attrib. COLLOQ. insignificante.
footlocker /ˈfʊtlɒkə(r)/ n. AE MIL. = piccolo baule posto ai piedi delle brande nelle caserme.
footloose /ˈfʊtluːs/ agg. libero, indipendente ◆ ***~ and fancy free*** libero e senza legami.
footman /ˈfʊtmən/ n. ANT. (pl. **-men**) valletto m., lacchè m.
footmark /ˈfʊtmɑːk/ n. orma f., impronta f. (di piede).
footmen /ˈfʊtmen/ → **footman**.
footnote /ˈfʊtnəʊt/ n. nota f. a piè di pagina; FIG. *(additional comment)* postilla f.
footpad /ˈfʊtpæd/ n. ANT. *(robber)* brigante m.
foot passenger /ˈfʊtˌpæsɪndʒə(r)/ n. *(on a ferry, train)* passeggero m. (-a) senza vettura al seguito.
footpath /ˈfʊtpɑːθ, AE -pæθ/ n. *(in countryside)* sentiero m.; *(in town)* marciapiede m.
foot patrol /ˈfʊtpəˌtrəʊl/ n. *(in police force)* pattuglia f. a piedi.
footplate /ˈfʊtpleɪt/ n. STOR. FERR. piattaforma f. (di locomotiva a vapore).
footprint /ˈfʊtprɪnt/ n. orma f., impronta f. (di piede).
foot pump /ˈfʊtˌpʌmp/ n. pompa f. a pedale.
footrace /ˈfʊtreɪs/ n. corsa f. a piedi, gara f. podistica.
footrest /ˈfʊtrest/ n. poggiapiedi m.
foot rot /ˈfʊtˌrɒt/ n. VETER. zoppina f.
footrule /ˈfʊtruːl/ n. = regolo lungo un piede.
footsie /ˈfʊtsɪ/ n. COLLOQ. ***to play ~ with sb.*** fare piedino a qcn.
Footsie /ˈfʊtsɪ/ n. ECON. COLLOQ. (⇒ Financial Times Stock Exchange Index) = indice della Borsa di Londra basato sui 100 titoli principali.
footslog /ˈfʊtslɒg/ intr. (forma in -ing ecc. **-gg-**) COLLOQ. marciare, scarpinare.
footslogging /ˈfʊtˌslɒgɪŋ/ n. scarpinata f.
foot soldier /ˈfʊtˌsəʊldʒə(r)/ n. STOR. MIL. soldato m. di fanteria; fante m.; *(in mafia)* manovale m.
footsore /ˈfʊtsɔː(r)/ agg. [*person*] con i piedi doloranti; ***to be ~*** avere male ai piedi.
▷ **footstep** /ˈfʊtstep/ n. passo m. ◆ ***to follow in sb.'s ~s*** seguire le orme di qcn.
footstalk /ˈfʊtstɔːk/ n. BOT. ZOOL. peduncolo m., picciolo m.
footstool /ˈfʊtstuːl/ n. poggiapiedi m.
footwall /ˈfʊtwɔːl/ n. GEOL. *(below fault plane)* roccia f. di letto.
foot-warmer /ˈfʊtˌwɔːmə(r)/ n. scaldino m., scaldapiedi m.
footway /ˈfʊtweɪ/ n. RAR. → **footpath**.
footwear /ˈfʊtweə(r)/ n. U calzature f.pl.
footwell /ˈfʊtwel/ n. AUT. pozzetto m.
footwork /ˈfʊtwɜːk/ n. SPORT lavoro m., gioco m. di gambe.
footy /ˈfʊtɪ/ n. COLLOQ. calcio m., pallone m.
fop /fɒp/ n. SPREG. bellimbusto m., damerino m.
foppery /ˈfɒpərɪ/ n. ANT. affettazione f., vanità f.
foppish /ˈfɒpɪʃ/ agg. SPREG. [*person*] affettato, vanitoso; [*clothes*] frivolo; [*manners*] affettato.
foppishness /ˈfɒpɪʃnɪs/ → **foppery**.
▶ **for** /*forma debole* fə(r), *forma forte* fɔː(r)/ *For* often appears in English after a verb (*ask for, hope for, look for* etc.) or an adjective (*sorry for, ready for, useful for*): for translations, consult the appropriate entry (**ask, hope, look, sorry, ready, useful** etc.). - For further uses of *for*, see the entry below. **I** prep. **1** *(intended to belong to or be used by)* per; ***who are the flowers ~?*** per chi sono i fiori? ***~ her*** per lei; ***to buy sth. ~ sb.*** comprare qcs. per qcn.; ***she bought a book ~ me*** mi ha comprato un libro; ***she bought presents ~ the family*** ha comprato dei regali per la famiglia; ***a club ~ young people*** un locale per i giovani; ***a play area ~ children*** giochi per bambini; ***keep some pancakes ~ us!*** tienici da parte qualche frittella! ***not ~ me thanks*** per me no, grazie **2** *(intended to help or benefit)* per; ***to do sth. ~ sb.*** fare qcs. per qcn.; ***you risked your life ~ us*** hai rischiato la vita per noi; ***let me carry it ~ you*** lascia che te lo porti io; ***could you book a seat ~ me?*** potrebbe prenotarmi un posto? ***he cooked dinner ~ us*** ci preparò la cena; ***play a tune ~ us*** suonaci qualcosa **3** *(indicating purpose)* a, per; ***what's it ~?*** a che serve? ***it's ~ removing stains*** serve a smacchiare; ***what's this spring ~?*** a che serve questa molla? ***it's not ~ cleaning windows*** non è fatto per pulire le finestre; ***an attic ~ storing furniture*** una soffitta per tenerci i mobili; ***"I need it" - "what ~?"*** "mi serve" - "per farne cosa?"; ***what did you say that ~?*** perché l'hai detto? ***let's stop ~ a rest*** fermiamoci a riposare; ***to do sth. ~ a laugh*** fare qcs. (tanto) per ridere; ***to go ~ a swim, meal*** andare a fare una nuotata, a mangiare; ***I need something ~ my cough*** ho bisogno di qualcosa per la tosse; ***she's being treated ~ depression*** sta seguendo una cura per la depressione; ***a cure ~ Aids*** una cura contro l'AIDS; ***I sent it away ~ cleaning*** l'ho mandato a lavare; ***I brought her home ~ you to meet her*** l'ho portata a casa perché la incontrassi; ***the bell rang ~ class to begin*** il suono della campana indicò l'inizio della lezione; ***~ this to be feasible*** affinché ciò sia possibile; ***more investment is needed ~ economic growth to occur*** sono necessari maggiori investimenti perché si verifichi una crescita economica; ***the idea was ~ you to work it out yourself*** l'idea era che tu lo risolvessi da solo **4** *(as representative, member, employee of)* per; ***to work ~ a company*** lavorare per una ditta; ***to play ~ Italy*** giocare per l'Italia; ***the MP ~ Oxford*** il deputato eletto a Oxford; ***Minister ~ Foreign Affairs*** Ministro degli Affari Esteri **5** *(indicating cause or reason)* per; ***the reason ~ doing*** la ragione per fare; ***~ this reason, I'd rather...*** per questo motivo, preferirei...; ***grounds ~ divorce, ~ hope*** motivi di divorzio, di speranza; ***to jump ~ joy*** saltare di gioia; ***imprisoned ~ murder*** detenuto per omicidio; ***she left him ~ another man*** l'ha lasciato per un altro uomo; ***famous ~ its wines*** celebre per i suoi vini; ***to praise sb. ~ his actions*** lodare qcn. per le sue azioni; ***she's been criticized ~ her views*** è stata criticata per le sue opinioni; ***I was unable to sleep ~ the pain, the noise*** non sono riuscito a dormire dal dolore, dal rumore; ***if it weren't ~ her we wouldn't be here*** se non fosse per lei, non saremmo qui; ***if it hadn't been ~ the traffic jams, we'd have made it*** se non fosse stato per il traffico, ce l'avremmo fatta; ***the plant died ~ want of water*** la pianta morì per mancanza d'acqua; ***she is annoyed with me ~ contradicting her*** è seccata con me perché l'ho contraddetta **6** *(indicating consequence)* perché; ***it's too cold ~ her to go out*** fa troppo freddo perché esca; ***they spoke too quickly ~ us to understand*** parlavano troppo velocemente perché potessimo capire; ***she said it loudly enough ~ all to hear*** l'ha detto a voce sufficientemente alta perché tutti potessero sentire; ***I haven't the patience*** o ***enough patience ~ sewing*** non ho abbastanza pazienza per il cucito; ***there's not enough time ~ us to have a drink*** non c'è abbastanza tempo per bere qualcosa **7** *(indicating person's attitude)* per; ***to be easy ~ sb. to do*** essere semplice per qcn. fare; ***~ her it's almost like a betrayal*** per lei è quasi come un tradimento; ***the film was too earnest ~ me*** il film era troppo serio per me; ***it was a shock ~ him*** è stato uno shock per lui; ***what counts ~ them is...*** ciò che conta per loro è...; ***living in London is not ~ me*** vivere a Londra non fa per me; ***that's good enough ~ me!*** per me va bene! **8** *(stressing particular feature)* per; ***~ further information write to...*** per ulteriori informazioni, scrivere a...; ***I buy it ~ flavour, freshness*** lo compro per il gusto, per la freschezza; ***~ efficiency, there is no better system*** quanto a efficienza, non esiste sistema migliore **9** *(considering)* per; ***to be mature ~ one's age*** essere maturo per la propria età; ***she's very young ~ a doctor*** è molto giovane per essere un medico; ***it's warm ~ the time of year*** fa caldo per questo periodo dell'anno; ***it's not a bad wine ~ the price*** il vino non è male per il prezzo che ha; ***suitably dressed ~ the climate*** vestito in modo adatto al clima **10** *(towards)* per, verso; ***to have admiration, respect ~ sb.*** provare ammirazione, rispetto per qcn.; ***to feel sorry ~ sb.*** essere addolorato per qcn.; ***to feel contempt ~ sb.*** provare disprezzo verso qcn. **11** *(on behalf of)* per; ***to be delighted, pleased ~ sb.*** essere felice per qcn.; ***to be anxious ~ sb.*** essere preoccupato per qcn.; ***say hello to him ~ me*** salutalo per me; ***I can't do it ~ you*** non posso farlo al posto tuo; ***let her answer ~ herself*** lascia che risponda da sola; ***I speak ~ everyone here*** parlo a nome di tutti i presenti **12** *(as regards)* ***to be a stickler ~ punctuality*** essere un maniaco della puntualità; ***he's a great one ~ jokes*** è

bravissimo a raccontare le barzellette; ***to be all right ~ money*** non avere problemi di denaro; ***luckily ~ her*** fortunatamente per lei **13** *(indicating duration) (taking account of past events)* ***this is the best show I've seen ~ years*** è il migliore spettacolo che abbia visto da anni *o* sono anni che non vedo uno spettacolo così bello; ***we've been together ~ 2 years*** stiamo insieme da due anni; ***she hasn't slept ~ a week*** non dorme da una settimana *o* è una settimana che non dorme; ***they hadn't seen each other ~ 10 years*** non si vedevano da 10 anni; ***he hasn't been seen ~ several days*** sono parecchi giorni che non si vede in giro; *(stressing expected duration)* ***she's off to Paris ~ the weekend*** va a Parigi per il fine settimana; ***I'm going to Spain ~ 6 months*** vado in Spagna per sei mesi; ***they are stored in the cellar ~ the winter*** sono conservati in cantina per l'inverno; ***will he be away ~ long?*** starà via a lungo? ***you can stay ~ a year*** puoi restare per un anno; ***to be away ~ a year*** stare via per un anno; *(stressing actual duration)* ***they were married ~ 25 years*** sono stati sposati per 25 anni; ***she remained silent ~ a few moments*** rimase in silenzio per qualche momento; ***I was in Paris ~ 2 weeks*** rimasi a Parigi per due settimane; ***to last ~ hours*** durare per ore **14** *(indicating a deadline)* ***it will be ready ~ Saturday*** sarà pronto per sabato; ***when is the essay ~?*** per quando deve essere pronto il tema? ***the car won't be ready ~ another 6 weeks*** la macchina non sarà pronta per altre sei settimane; ***you don't have to decide ~ a week yet*** hai ancora una settimana di tempo per decidere *o* non è necessario che tu prenda una decisione prima di una settimana **15** *(on the occasion of)* per; ***to go to China ~ Christmas*** andare in Cina per Natale; ***invited ~ Easter*** invitati per Pasqua; ***he got a bike ~ his birthday*** ha ricevuto una bici per il suo compleanno **16** *(indicating scheduled time)* per; ***the summit scheduled ~ next month*** l'incontro è fissato per il mese prossimo; ***that's all ~ now*** è tutto per ora; ***I'd like an appointment ~ Monday*** vorrei fissare un appuntamento per lunedì; ***I have an appointment ~ 4 pm*** ho un appuntamento per le 4 del pomeriggio; ***it's time ~ bed*** è ora di andare a dormire; ***now ~ some fun, food!*** ora andiamo a divertirci, a mangiare! **17** *(indicating distance)* per; ***to drive ~ miles*** guidare per miglia; ***lined with trees ~ 3 km*** fiancheggiato da alberi per 3 km; ***the last shop ~ 30 miles*** l'ultimo negozio per le prossime 30 miglia; ***there is nothing but desert ~ miles around*** per miglia intorno non c'è nient'altro che deserto **18** *(indicating destination)* per; ***a ticket ~ Dublin*** un biglietto per Dublino; ***the train leaves ~ London*** il treno va a Londra; ***to leave ~ work*** andare a lavorare *o* al lavoro; ***to head ~ the beach*** andare in spiaggia; ***to swim ~ the shore*** nuotare verso la riva **19** *(indicating cost, value)* per; ***it was sold ~ £ 100*** è stato venduto per 100 sterline; ***they bought the car ~ £ 6,000*** hanno comprato l'auto per 6.000 sterline; ***10 apples ~ £ 1*** 10 mele per una sterlina; ***he'll fix it ~ £ 10*** la metterà a posto per 10 sterline; ***I wouldn't do it ~ anything!*** non lo farei per nulla al mondo! ***you paid too much ~ that dress!*** hai pagato troppo per quel vestito! ***I'll let you have it ~ £ 20*** ve lo vendo per 20 sterline; ***a cheque ~ £ 20*** un assegno di 20 sterline; ***to exchange sth. ~ sth. else*** cambiare qcs. con qcs. altro **20** *(in favour of)* ***to be ~*** essere per, a favore di [*peace, divorce, reunification*]; ***to be all ~ it*** essere pienamente favorevole *o* approvare; ***I'm ~ going to a nightclub*** io sono per andare al night; ***who's ~ a game of football?*** chi vuole fare una partita di calcio? **21** *(stressing appropriateness)* ***she's the person ~ the job*** è la persona giusta per il lavoro; ***that's ~ us to decide*** tocca a noi decidere; ***it's not ~ him to tell us what to do*** non spetta a lui dirci che fare **22** *(in support of)* in, a favore di; ***to vote ~ change*** votare a favore del cambiamento; ***the argument ~ recycling*** le ragioni in favore del riciclaggio; ***there's no evidence ~ that*** non ci sono prove a favore **23** *(indicating availability)* ***~ sale*** in vendita, vendesi; ***"caravans ~ hire"*** "si noleggiano roulotte" **24** *(as part of ratio)* ***one teacher ~ five pupils*** un insegnante ogni cinque alunni; ***~ every female judge there are ten male judges*** per ogni giudice donna ci sono dieci giudici uomini **25** *(equivalent to)* ***T ~ Tom*** T come Tom; ***what's the Italian ~ "boot"?*** come si dice "boot" in italiano? ***the technical term ~ it is "chloasma"*** il termine tecnico corrispondente è "cloasma"; ***what is CD ~?*** per che cosa sta CD? ***green is ~ go*** il verde indica avanti **26** *(in explanations)* ***~ one thing... and ~ another...*** in primo luogo... e in secondo luogo...; ***~ that matter*** in quanto a ciò *o* quanto a questo; ***~ example*** per esempio; ***I, ~ one, agree with her*** per quanto mi riguarda, sono d'accordo con lei **27** *(when introducing clauses)* ***it would be unwise ~ us to generalize*** sarebbe imprudente da parte nostra generalizzare; ***it's not convenient ~ them to come today*** non è comodo per loro venire oggi; ***the best thing would be ~ them to leave*** la cosa migliore sarebbe che se ne andassero; ***it must have been serious ~ her to cancel the class*** deve essere stato molto grave se ha annullato il corso; ***there's nothing worse than ~ someone to spy on you*** non c'è niente di peggio di qualcuno che ti spia; ***there's no need ~ people to get upset*** non c'è di che turbarsi **28** *(after)* ***to name a child ~ sb.*** dare a un bambino il nome di qcn. **II** cong. FORM. poiché, dal momento che ◆ ***oh ~ a nice hot bath!*** se potessi farmi un bel bagno caldo! ***I'll be (in) ~ it if...*** BE COLLOQ. finirò nei guai se...; ***right, you're ~ it!*** BE COLLOQ. bene, sei nei guai! ***to have it in ~ sb.*** COLLOQ. avercela con qcn.; ***that's adolescents ~ you!*** è proprio tipico degli adolescenti! *o* cosa altro aspettarsi dagli adolescenti! ***there's gratitude ~ you!*** è così che mi sei riconoscente!

FOR agg. e avv. (⇒ free on rail) = franco ferrovia.

fora /ˈfɔːrə/ → **forum**.

1.forage /ˈfɒrɪdʒ, AE ˈfɔːr-/ n. **1** *(animal feed)* foraggio m. **2** *(search)* ***to go on a ~ for*** andare in cerca di [*food, wood*].

2.forage /ˈfɒrɪdʒ, AE ˈfɔːr-/ **I** tr. foraggiare [*animals*] **II** intr. ***to ~ (about*** o ***around) for sth.*** rovistare in cerca di qcs.

forage cap /ˈfɒrɪdʒˌkæp, AE ˈfɔːr-/ n. MIL. bustina f.

forage-press /ˈfɒrɪdʒˌpres, AE ˈfɔːr-/ n. pressaforaggio m.

foramen /fəʊˈreɪmən/ n. (pl. **~s, -mina**) ANAT. forame m., orifizio m.

forasmuch /ˌfɔːrəzˈmʌtʃ/ cong. FORM. **~ *as*** poiché, giacché, considerato che.

1.foray /ˈfɒreɪ, AE ˈfɔːreɪ/ n. **1** *(first venture)* tentativo m. (di sfondare) (**into** in); ***to make a ~ into*** fare un tentativo di affermarsi in [*politics, acting, sport*] **2** MIL. *(raid)* incursione f., scorreria f. (**into** in).

2.foray /ˈfɒreɪ, AE ˈfɔːreɪ/ intr. MIL. ***to ~ into*** fare un'incursione in.

forbad(e) /fɔːˈbæd, AE fəˈbeɪd/ pass. → **forbid**.

forbear /fɔːˈbeə(r)/ intr. (pass. **forbore**; p.pass. **forborne**) FORM. astenersi (**from sth.** da qcs.; **from doing, to do** dal fare).

forbearance /fɔːˈbeərəns/ n. FORM. indulgenza f., tolleranza f.; ***to show ~ towards*** essere indulgente nei confronti di.

forbearing /fɔːˈbeərɪŋ/ agg. FORM. indulgente, tollerante, paziente.

forbears → **forebears**.

▷ **forbid** /fəˈbɪd/ **I** tr. (forma in -ing ecc. **-dd-**; pass. **forbad(e)**; p.pass. **forbidden**) **1** *(disallow)* proibire, vietare; ***~ sb. to do*** proibire a qcn. di fare; ***~ sb. sth.*** proibire qcs. a qcn.; ***to ~ sth. categorically, expressly*** proibire categoricamente, espressamente qcs. **2** *(prevent, preclude)* impedire; ***his health ~s it*** il suo stato di salute glielo impedisce; ***God ~!*** Dio scampi *o* me ne guardi! ***God ~ she should do that!*** Dio non voglia che lo faccia! **II** rifl. ***to ~ oneself sth., to do*** proibirsi qcs., imporsi di non fare.

forbiddance /fəˈbɪdəns/ n. RAR. proibizione f., divieto m.

▷ **forbidden** /fəˈbɪdn/ **I** p.pass. → **forbid II** agg. proibito, vietato; ***he is ~ to do*** gli è proibito fare; ***smoking is ~*** è vietato fumare; ***~ place*** luogo vietato; ***~ subject*** argomento tabù; ***~ fruit*** frutto proibito.

forbidding /fəˈbɪdɪŋ/ agg. [*edifice*] minaccioso; [*landscape*] inospitale, ostile; [*expression, look*] arcigno, torvo.

forbiddingly /fəˈbɪdɪŋlɪ/ avv. [*scowl, frown*] in modo arcigno, torvamente; [*rise*] minacciosamente.

forbore /fɔːˈbɔː(r)/ pass. → **forbear**.

forborne /fɔːˈbɔːn/ p.pass. → **forbear**.

▶ **1.force** /fɔːs/ **I** n. **1** *(physical strength, impact) (of blow, explosion, collision, earthquake)* forza f., violenza f.; *(of sun's rays)* potenza f., sferza f.; *(of fall)* impatto m.; ***he was knocked over by the ~ of the blast, the blow*** fu buttato a terra dalla potenza dell'esplosione, del colpo; ***I hit him with all the ~ I could muster*** lo colpii con tutte le mie forze **2** *(physical means)* forza f.; ***to use ~*** impiegare la forza *o* la violenza *o* ricorrere alla violenza; ***by ~*** a forza; ***by ~ of arms, by military ~*** ricorrendo alla forza (militare) **3** FIG. *(strength) (of intellect, memory, enthusiasm, logic, grief)* forza f.; ***by*** o ***out of*** o ***from ~ of habit, of circumstance, of numbers*** per forza d'abitudine, per cause di forza maggiore, con la forza del numero; ***"no," she said with some ~*** "no," disse piuttosto energicamente; ***to have the ~ of law*** avere forza di legge **4** *(strong influence)* forza f.; ***a ~ for good, change*** una forza che tende al bene, a un cambiamento; ***the ~s of evil*** le forze del male; ***she's a ~ in the democratic movement*** è una figura determinante all'interno del movimento democratico; ***market ~s*** forze del mercato; ***this country is no longer a world ~*** questo paese non è più una potenza mondiale **5 U** *(organized group)* forze f.pl.; ***expeditionary, peacekeeping ~*** corpo di spedizione, forza di pace; ***naval, ground ~*** forze navali, di terra; ***labour ~*** o ***work~*** forza lavoro; ***task ~*** MIL. task force *o* unità operativa; *(of police)* squadra speciale **6** *(police)* (anche **Force**) ***the ~*** la polizia **7** FIS. forza f.; ***centrifugal, centripetal ~*** forza centrifuga, centripeta; ***~ of gravity*** forza di gravità **8** METEOR. forza f.; ***a ~ 10 gale*** un vento forza 10 **9 in force** *(in large numbers, strength)* in forze; *(effective)* [*law, act, prices, ban, curfew*] in vigore; ***to come***

into **~** entrare in vigore **II forces** n.pl. MIL. (anche **armed ~s**) ***the ~s*** le forze armate.

▶ **2.force** /fɔ:s/ **I** tr. **1** *(compel, oblige)* forzare, obbligare, costringere; ***to ~ sb., sth. to do*** costringere qcn., qcs. a fare; ***to be ~d to do*** essere costretto a fare; ***he ~d his voice to remain calm*** si sforzò di mantenere un tono di voce calmo; ***to ~ a smile, a laugh*** fare un sorriso sforzato, ridere sforzatamente; ***the earthquake ~d the evacuation of hundreds of residents*** il terremoto costrinse centinaia di residenti a evacuare; ***protesters have ~d a public inquiry*** i dimostranti hanno fatto in modo che si conducesse un'inchiesta pubblica **2** *(push, thrust)* ***to ~ one's way through [sth.]*** farsi largo fra [*crowd*]; aprirsi un varco in [*jungle*]; ***to ~ sb. to the ground, up against sth.*** spingere qcn. a terra, contro qcs.; ***she ~d him to his knees*** lo costrinse a inginocchiarsi; ***the car ~d the motorbike off the road, into the ditch*** la macchina mandò la moto fuori strada, nel fosso; ***bad weather ~d him off the road for a week*** il cattivo tempo gli impedì di rimettersi in marcia per una settimana; ***she ~d her way to the top through sheer perseverance*** si è fatta strada *o* è arrivata in alto solo grazie alla sua grande costanza **3** *(apply great pressure to)* forzare [*door, window, lock, safe, engine*]; sforzare [*bolt, screw*]; ***to ~ an entry*** DIR. entrare con la forza; ***to ~ the pace*** forzare il passo *o* l'andatura **4** AGR. *(speed up growth)* forzare la crescita di [*plant*]; ingrassare, mettere all'ingrasso [*animal*] **II** rifl. **1** *(push oneself)* ***to ~ oneself*** sforzarsi (**to do** di fare) **2** *(impose oneself)* ***to ~ oneself on sb.*** imporre la propria presenza a qcn.; ***I wouldn't want to ~ myself on you*** non vorrei importi la mia presenza ◆ ***to ~ sb.'s hand*** forzare la mano a qcn.

▪ **force back:** ***~ [sth.] back, ~ back [sth.]*** **1** respingere [*crowd, army*]; ***she ~d him back against the wall*** lo spinse contro il muro **2** FIG. ricacciare, trattenere [*tears*]; contenere, trattenere [*emotion, anger*].

▪ **force down:** ***~ [sth.] down, ~ down [sth.]*** **1** *(cause to land)* costringere all'atterraggio [*aircraft*] **2** *(eat reluctantly)* mandare giù, ingoiare [*food*]; ***to ~ sth. down sb.*** costringere qcn. a mangiare qcs.; ***don't ~ your ideas down my throat!*** COLLOQ. non puoi costringermi ad accettare le tue idee! **3** ECON. *(reduce)* fare calare, ridurre [*prices, wages, currency value, demand, profits, inflation*]; ridurre, diminuire [*output*]; ***to ~ down unemployment*** fare calare la disoccupazione **4** *(squash down)* schiacciare, pigiare [*contents, objects*].

▪ **force in:** ***~ [sth.] in, ~ in [sth.]*** *(into larger space)* fare entrare (con la forza); *(into small opening)* inserire, fare passare (a forza).

▪ **force into:** ***~ [sb., sth.] into sth., doing*** **1** *(compel)* costringere, obbligare [qcn., qcs.] a fare; ***to be ~d into doing*** essere costretto a fare; ***I was ~d into it*** fui costretto a farlo **2** *(push, thrust)* ***she ~d him into the car*** lo obbligò a salire in macchina; ***he ~d his clothes into a suitcase*** fece entrare i suoi vestiti in una valigia; ***he ~d his way into the house*** entrò con la forza nella casa.

▪ **force on:** ***~ [sth.] on sb.*** imporre a qcn.; ***the decision was ~d on him*** fu obbligato ad accettare la decisione; ***team X ~d a draw on team Y*** la squadra X costrinse la squadra Y a un pareggio.

▪ **force open:** ***~ [sth.] open, ~ open [sth.]*** forzare [*door, window, box, safe*]; ***she ~d the patient's mouth open*** spalancò la bocca del paziente; ***he ~d his eyes open*** si sforzò di aprire gli occhi.

▪ **force out:** ***~ [sth.] out, ~ out [sth.]*** *(by physical means)* costringere a uscire [*invader, enemy, object*]; fare uscire, togliere [*cork*]; ***the government was ~d out in the elections*** in seguito alle elezioni il governo fu costretto a dimettersi; ***she ~d out a few words*** si sforzò di dire due parole; ***to ~ one's way out (of sth.)*** trovare una via di fuga (da qcs.); ***to ~ [sth.] out of sb.*** strappare a qcn. [*information, apology, smile*]; estorcere a qcn., strappare a qcn. [*confession*]; ***the injury ~d him out of the game*** l'infortunio lo costrinse ad abbandonare la partita.

▪ **force through:** ***~ [sth.] through, ~ through [sth.]*** fare pressione per fare approvare [*legislation, measures*].

▪ **force up:** ***~ [sth.] up, ~ up [sth.]*** [*inflation, crisis, situation*] fare salire, fare crescere [*prices, costs, demand, unemployment*]; [*government, company, minister*] fare aumentare [*prices, output, wages, exchange rate*].

3.force /fɔ:s/ n. BE *(waterfall)* cascata f.

forceable → **forcible**.

▷ **forced** /fɔ:st/ **I** p.pass. → **2.force II** agg. **1** *(false)* [*laugh, smile, interpretation*] forzato; [*conversation*] innaturale, di circostanza **2** *(imposed)* [*labour, march, saving*] forzato; [*currency*] forzoso; [*landing*] forzato; [*wedding*] riparatore **3** AGR. [*plant*] forzato.

forcedly /fɔ:sɪdlɪ/ avv. forzatamente, con la forza.

force-feed /'fɔ:sfi:d/ tr. (pass., p.pass. **force-fed**) ingozzare, sottoporre ad alimentazione forzata [*animal, bird*] (**on**, **with** con); alimentare artificialmente [*person*] (**on**, **with** con); ***her parents ~ her (on*** o ***with) Mozart*** FIG. i suoi genitori la imbottivano di musica di Mozart.

force-feeding /fɔ:s,fi:dɪŋ/ n. *(of animal, bird)* alimentazione f. forzata; *(of person)* alimentazione f. artificiale.

forceful /'fɔ:sfl/ agg. [*person*] forte (di carattere), energico; [*character, behaviour*] forte, deciso; [*attack, defence*] energico; [*speech*] efficace, convincente, vibrato.

forcefully /'fɔ:sfəlɪ/ avv. [*say, argue*] energicamente; [*hit*] con forza.

forcefulness /'fɔ:sfəlnɪs/ n. forza f., energia f., efficacia f.

forcemeat /'fɔ:smi:t/ n. BE GASTR. carne f. da ripieno.

forceps /'fɔ:seps/ **I** n. (pl. ~) forcipe m. **II** modif. [*birth, delivery*] con forcipe.

forcible /'fɔ:səbl/ agg. **1** [*repatriation, removal*] forzato; ***~ eviction*** sfratto giudiziario **2** [*speech, argument*] convincente.

forcibly /'fɔ:səblɪ/ avv. [*restrain, remove, repatriate*] a forza.

forcing /'fɔ:ʃɪŋ/ n. **1** *(of door, safe)* il forzare; DIR. scasso m. **2** AGR. coltura f. forzata.

forcing bid /'fɔ:ʃɪŋ,bɪd/ n. *(in bridge)* dichiarazione f. forzante.

forcing house /'fɔ:ʃɪŋ,haʊs/ n. AGR. serra f.; FIG. vivaio m.

1.ford /fɔ:d/ n. guado m.

2.ford /fɔ:d/ tr. ***to ~ a river*** guadare un fiume.

fordable /fɔ:dəbl/ agg. [*river*] guadabile.

1.fore /fɔ:(r)/ **I** n. **1** ***to, at, in the ~*** nella parte anteriore *o* davanti; FIG. ***to be*** o ***come to the ~*** [*person*] venire alla ribalta; [*issue*] diventare di attualità; [*quality*] emergere, spiccare; [*team, party, competitor*] farsi avanti, mettersi in evidenza; ***to bring to the ~*** fare risaltare [*talent, quality*]; mettere in primo piano [*issue, problem*] **2** MAR. prua f. **II** agg. **1** anteriore, davanti **2** MAR. di prua.

2.fore /fɔ:(r)/ inter. *(in golf)* occhio, attenzione.

fore-and-aft /,fɔ:rən'ɑ:ft/ agg. MAR. ***~ sail*** vela aurica *o* di taglio; ***~ rig*** attrezzatura con vele auriche.

1.forearm /'fɔ:rɑ:m/ ♦ ***2*** n. avambraccio m.

2.forearm /'fɔ:rɑ:m/ tr. FORM. *(prepare or arm in advance)* premunire, preparare (**against** contro) (anche FIG.) ◆ ***forewarned is ~ed*** PROV. uomo avvisato mezzo salvato.

forebears /'fɔ:beəz/ n.pl. FORM. progenitori m., antenati m.

forebode /fɔ:'bəʊd/ tr. FORM. presagire, presentire.

foreboding /fɔ:'bəʊdɪŋ/ n. presentimento m., presagio m.; ***to have a ~ that*** avere il presentimento che; ***to have ~s about sth.*** avere il presentimento di qcs.; ***a sense of ~*** una specie di presentimento; ***full of ~*** carico di presagi.

forebrain /'fɔ:breɪn/ n. proencefalo m.

forecabin /'fɔ:kæbɪn/ n. MAR. cabina f. di prua.

▷ **1.forecast** /'fɔ:kɑ:st, AE -kæst/ **I** n. **1** (anche **weather ~**) previsioni f.pl. del tempo; ***the ~ is for rain*** è prevista pioggia **2** COMM. ECON. previsione f.; ***profits, sales ~*** previsione degli utili, delle vendite **3** *(in horseracing)* ***a (racing) ~*** un pronostico (su una corsa) **4** *(outlook)* prospettive f.pl. **II** agg. [*growth, demand, deficit, fall*] previsto.

▷ **2.forecast** /'fɔ:kɑ:st, AE -kæst/ tr. (pass., p.pass. **forecast**) predire, prevedere, pronosticare (**that** che); ***as forecast*** come previsto; ***sunshine is forecast for tomorrow*** per domani è previsto bel tempo; ***investment is forecast to fall*** è previsto un calo degli investimenti.

forecaster /'fɔ:kɑ:stə(r), AE -kæst-/ n. **1** *(of weather)* meteorologo m. (-a) **2** *(economic)* esperto m. (-a) di previsioni economiche **3** SPORT = chi fa pronostici.

forecasting /'fɔ:kɑ:stɪŋ, AE -kæst-/ n. **1** previsioni f.pl. **2** ***weather ~*** previsioni meteorologiche *o* del tempo **3** COMM. ECON. POL. ***economic ~*** previsioni economiche; ***electoral, market ~*** previsioni elettorali, di mercato.

forecastle /'fəʊksl/ n. MAR. castello m.

foreclose /fɔ:'kləʊz/ **I** tr. FORM. **1** ECON. DIR. precludere la facoltà di riscattare [*mortgage, loan*] **2** *(remove)* precludere, escludere [*possibility, chance*] **II** intr. precludere il riscatto; ***to ~ on sb.*** privare qcn. della facoltà di riscattare un'ipoteca; ***to ~ on a mortgage, loan*** precludere *o* escludere la facoltà di riscattare un'ipoteca, un prestito.

foreclosure /fɔ:'kləʊʒə(r)/ n. FORM. pignoramento m. di beni ipotecati; ECON. DIR. = decadenza dal diritto di riscatto del bene ipotecato.

forecourt /'fɔ:kɔ:t/ n. **1** BE *(of shop, hypermarket)* piazzale m.; *(of garage)* area f. di rifornimento; ***the price on the ~*** il prezzo alla pompa **2** BE FERR. *(of station)* piazzale m. **3** *(of church)* sagrato m.; *(of castle)* corte f., cortile m. **4** *(in tennis)* zona f. di battuta.

foredate /fɔ:'deɪt/ tr. RAR. antidatare [*letter*].

foredeck /ˈfɔːdek/ n. ponte m. di prua.
foredoom /fɔːˈduːm/ tr. FORM. condannare in anticipo.
fore-edge /ˈfɔːredʒ/ n. *(of pages)* margine m. esterno.
forefathers /ˈfɔːfɑːðəz/ n.pl. antenati m., progenitori m.
forefeet /ˈfɔːfiːt/ → **forefoot**.
forefinger /ˈfɔːfɪŋgə(r)/ ♦ *2* n. (dito) indice m.
forefoot /ˈfɔːfʊt/ n. (pl. **-feet**) zampa f. anteriore.
forefront /ˈfɔːfrʌnt/ n. ***to be at*** o ***in the ~ of*** essere all'avanguardia in [*change, research*]; essere in prima linea in [*campaign, struggle, debate*]; ***it's in the ~ of my mind*** è in cima ai miei pensieri; ***the issue should be brought to the ~*** la questione dovrebbe essere portata in primo piano.
foregather → **forgather**.
foregift /ˈfɔːgɪft/ n. DIR. buonentrata f.
1.forego /fɔːˈgəʊ/ tr. (pass. **-went**; p.pass. **-gone**) ANT. precedere.
2.forego → **forgo**.
foregoer /fɔːˈgəʊ(r)/ n. **1** *(leader)* precursore m. (-corritrice) **2** *(predecessor)* predecessore m.
foregoing /ˈfɔːgəʊɪŋ/ **I** n. ***the ~*** FORM. ciò che precede **II** agg. precedente, suddetto.
foregone /ˈfɔːgɒn, AE -ˈgɔːn/ **I** p.pass. → **1.forego II** agg. ***it is, was a ~ conclusion*** è, fu una conclusione scontata.
1.foreground /ˈfɔːgraʊnd/ n. primo piano m.; ***in the ~*** in primo piano.
2.foreground /ˈfɔːgraʊnd/ tr. mettere in primo piano, dare rilievo a.
forehand /ˈfɔːhænd/ **I** n. SPORT diritto m.; ***to sb.'s ~*** al diritto di qcn. **II** modif. [*return, volley*] di diritto.
forehanded /ˈfɔːˌhændɪd/ agg. **1** SPORT [*stroke*] di diritto **2** *(thrifty)* previdente, parsimonioso **3** AE *(well-to-do)* benestante.
▷ **forehead** /ˈfɒrɪd, ˈfɔːhed, AE ˈfɔːrɪd/ ♦ *2* n. fronte f.; ***high, low ~*** fronte alta, bassa; ***on one's ~*** in fronte.
▶ **foreign** /ˈfɒrən, AE ˈfɔːr-/ agg. **1** [*country, company, trade*] estero; [*investment, travel*] all'estero; [*imports*] dall'estero; ***in ~ parts*** all'estero; ***on the ~ market*** sul mercato estero **2** *(alien, unknown)* [*concept, idea*] estraneo (**to** a).
foreign affairs /ˌfɒrənəˈfeəz, AE ˌfɔːr-/ n.pl. affari m. esteri.
foreign aid /ˌfɒrənˈeɪd, AE ˌfɔːr-/ n. *(received)* aiuti m.pl. dai paesi esteri; *(given)* aiuti m. pl. ai paesi esteri.
Foreign and Commonwealth Office /ˌfɒrənənˈkɒmənwelθˌɒfɪs, AE ˌfɔːrənənˈkɒmənwelθˌɔːfɪs/ n. GB = ministero degli esteri (e per i rapporti con i paesi del Commonwealth).
foreign body /ˌfɒrənˈbɒdɪ, AE ˌfɔːr-/ n. corpo m. estraneo.
foreign correspondent /ˌfɒrənkɒrɪˈspɒndənt, AE ˌfɔːrənkɔːr-/ ♦ *27* n. corrispondente m. e f. dall'estero, inviato m. (-a) all'estero.
▷ **foreigner** /ˈfɒrənə(r)/ n. straniero m. (-a), forestiero m. (-a).
foreign exchange /ˌfɒrənɪksˈtʃeɪndʒ, AE ˌfɔːr-/ n. cambio m. estero, valuta f. estera.
foreign exchange dealer /ˌfɒrənɪksˈtʃeɪndʒˌdiːlə(r), AE ˌfɔːr-/ ♦ *27* n. cambista m. e f., cambiavalute m. e f.
foreign exchange market /ˌfɒrənɪksˈtʃeɪndʒˌmɑːkɪt, AE ˌfɔːr-/ n. mercato m. dei cambi.
foreign legion /ˌfɒrənˈliːdʒən, AE ˌfɔːr-/ n. legione f. straniera.
foreign minister /ˌfɒrənˈmɪnɪstə(r), AE ˌfɔːr-/ n. ministro m. degli esteri.
foreign ministry /ˌfɒrənˈmɪnɪstrɪ, AE ˌfɔːr-/ n. ministero m. degli esteri.
Foreign Office /ˈfɒrənˌɒfɪs, AE ˈfɔːrənˌɔːfɪs/ n. GB = fino al 1968, denominazione del ministero degli esteri britannico.
foreign-owned /ˌfɒrənˈəʊnd, AE ˌfɔːr-/ agg. [*company*] a controllo estero.
foreign policy /ˌfɒrənˈpɒləsɪ, AE ˌfɔːr-/ n. politica f. estera.
foreign secretary /ˌfɒrənˈsekrətrɪ, AE ˌfɔːrənˈsekrəterɪ/ n. GB → **foreign minister**.
foreign service /ˈfɒrənˌsɜːvɪs, AE ˌfɔːr-/ n. rappresentanza f. diplomatica.
forejudge /fɔːˈdʒʌdʒ/ tr. giudicare a priori [*event, circumstance*].
foreknow /fɔːˈnəʊ/ tr. (pass. **-knew**; p.pass. **-known**) conoscere in anticipo, prevedere.
foreknowledge /ˌfɔːˈnɒlɪdʒ/ n. **U** FORM. ***to have ~ of*** prevedere [*crime, disaster*].
foreknown /fɔːˈnəʊn/ p.pass. → **foreknow**.
forel /ˈfɒrəl/ n. = finta pergamena per ricoprire libri.
foreland /ˈfɔːlənd/ n. promontorio m.
foreleg /ˈfɔːleg/ n. zampa f. anteriore.
forelimb /ˈfɔːlɪm/ n. arto m. anteriore.
forelock /ˈfɔːlɒk/ n. *(of person, horse)* ciuffo m.; ***to touch*** o ***tug one's ~*** BE = salutare con deferenza, con servilismo.
foreman /ˈfɔːmən/ ♦ *27* n. (pl. **-men**) **1** *(supervisor)* caposquadra m. **2** DIR. capo m. dei giurati.
foremast /ˈfɔːmɑːst, -məst/ n. albero m. di trinchetto.
foremen /ˈfɔːmen/ → **foreman**.
forementioned /fɔːˈmenʃnd/ agg. suddetto.
foremost /ˈfɔːməʊst/ **I** agg. primo, principale, migliore; ***one of the city's ~ experts*** uno degli esperti più eminenti della città; ***one of the city's ~ jazz bands*** una delle migliori orchestre jazz della città; ***we have many problems, ~ among these are...*** abbiamo molti problemi, tra cui i principali sono...; ***the issue is ~ in our minds*** è il problema che ci preoccupa di più **II** avv. ***first and ~*** anzitutto.
forename /ˈfɔːneɪm/ n. nome m. (di battesimo).
forenoon /ˈfɔːnuːn/ n. mattina f., mattinata f.
forensic /fəˈrensɪk, AE -zɪk/ agg. **1** *(in crime detection)* ***~ tests*** perizia medico-legale; ***~ evidence*** risultati della perizia medico-legale; ***~ expert*** esperto in medicina legale **2** FORM. *(in debate)* [*skill, eloquence, attack*] forense.
forensic medicine /fəˈrensɪkˌmedsn, AE -zɪkˌmedɪsn/, **forensic science** /fəˈrensɪkˌsaɪəns, AE -zɪk-/ n. medicina f. legale e delle assicurazioni.
forensics /fəˈrensɪks, AE -zɪks/ n. + verbo sing. o pl. **1** AE *(public speaking)* (arte) oratoria f. **2** *(police department)* scientifica f.
forensic scientist /fəˈrensɪkˌsaɪəntɪst, AE -zɪk-/ ♦ *27* n. medico m. legale.
foreordain /ˌfɔːrɔːˈdeɪn/ tr. **1** *(predestine)* predestinare **2** *(ordain beforehand)* preordinare.
foreordination /ˌfɔːrɔːdɪˈneɪʃn/ n. **1** *(predestination)* predestinazione f. **2** *(ordination beforehand)* preordinazione f.
forepart /ˈfɔːpɑːt/ n. **1** *(of ship)* prua f. **2** *(of period of time)* prima parte f.
forepaw /ˈfɔːpɔː/ n. zampa f. anteriore.
forepeak /ˈfɔːpiːk/ n. gavone m. di prua.
foreplay /ˈfɔːpleɪ/ n. **U** *(of sexual intercourse)* preliminari m.pl.
forequarter /ˈfɔːkwɔːtə(r)/ **I** n. *(of carcass)* quarto m. anteriore **II forequarters** n.pl. *(of horse)* treno m.sing. anteriore.
foreran /fɔːˈræn/ pass. → **2.forerun**.
forereach /fɔːˈriːtʃ/ **I** tr. *(overtake)* superare, sorpassare **II** intr. **1** *(gain ground)* guadagnare terreno (**on** su) **2** MAR. mantenere l'abbrivo.
1.forerun /ˈfɔːrʌn/ n. CHIM. testa f., prodotto m. di testa.
2.forerun /fɔːˈrʌn/ tr. (pass. **-ran**; p.pass. **-run**) **1** ANT. *(precede)* precedere **2** *(foreshadow)* presagire **3** *(anticipate)* precorrere, anticipare.
forerunner /ˈfɔːrʌnə(r)/ n. **1** *(predecessor) (person)* precursore m., antesignano m. (-a); *(institution, invention, model)* antenato m. **2** SPORT apripista m. e f. **3** *(sign)* presagio m., indizio m., sintomo m.
foresail /ˈfɔːseɪl/ n. vela f. di trinchetto.
foresee /fɔːˈsiː/ tr. (pass. **-saw**; p.pass. **-seen**) prevedere (**that** che); ***nobody foresaw her being elected*** nessuno si aspettava che sarebbe stata eletta; ***I don't ~ any problems*** non prevedo problemi *o* non penso che ci saranno problemi.
foreseeable /fɔːˈsiːəbl/ agg. prevedibile (**that** che); ***for the ~ future*** o ***in the ~ future*** in un futuro immediato.
foreseen /fɔːˈsiːn/ p.pass. → **foresee**.
foreshadow /fɔːˈʃædəʊ/ tr. presagire.
foreshore /ˈfɔːʃɔː(r)/ n. battigia f.
foreshorten /fɔːˈʃɔːtn/ tr. **1** ART. *(in drawing)* [*artist*] scorciare; [*angle, distance*] rimpicciolire **2** FIG. *(shorten)* accorciare, ridurre.
foreshortened /fɔːˈʃɔːtnd/ **I** p.pass. → **foreshorten II** agg. accorciato, ridotto.
foreshortening /fɔːˈʃɔːtnɪŋ/ n. ART. scorcio m.
foresight /ˈfɔːsaɪt/ n. previsione f. (**to do** di fare).
foresighted /fɔːˈsaɪtɪd/ agg. **1** *(prescient)* preveggente **2** *(prudent)* prudente.
foreskin /ˈfɔːskɪn/ n. ANAT. prepuzio m.
▶ **forest** /ˈfɒrɪst, AE ˈfɔːr-/ n. foresta f., bosco m.; ***oak, pine ~*** foresta di querce, di pini; ***(tropical) rain ~*** foresta tropicale; ***500 hectares of ~*** 500 ettari di foresta.
1.forestage /ˈfɒrɪstɪdʒ/ n. STOR. legnatico m.
2.forestage /ˈfɔːsteɪdʒ/ n. TEATR. proscenio m.
forestal /ˈfɒrɪstl, AE ˈfɔːr-/ agg. forestale.
forestall /fɔːˈstɔːl/ tr. prevenire [*action, event, discussion, person*].
forestation /fɒrɪˈsteɪʃn/ n. forestazione f., imboschimento m.
forestay /ˈfɔːsteɪ/ n. strallo m. di trinchetto.
forest decline /ˌfɒrɪstdɪˈklaɪn, AE ˌfɔːr-/ n. riduzione f. delle foreste.
forested /ˈfɒrɪstɪd, AE ˈfɔːr-/ agg. boscoso; ***densely ~*** molto boscoso.

forester /'fɒrɪstə(r), AE 'fɔ:r-/ n. **1** ♦ **27** *(forestry worker)* guardia f. forestale, guardaboschi m. e f. **2** ZOOL. zigena f. **3** *(inhabitant)* abitante m. e f. delle foreste, dei boschi.
forest fire /'fɒrɪst,faɪə(r), AE 'fɔ:r-/ n. incendio m. boschivo.
forest floor /,fɒrɪst'flɔ:(r), AE ,fɔ:r-/ n. suolo m. forestale.
forest management /,fɒrɪst'mænɪdʒmənt, AE ,fɔ:r-/ n. *(industry)* selvicoltura f., silvicoltura f.
forest ranger /'fɒrɪst,reɪndʒə(r), AE 'fɔ:r-/ ♦ **27** n. AE guardia f. forestale.
forestry /'fɒrɪstrɪ, AE 'fɔ:r-/ n. selvicoltura f., silvicoltura f.
Forestry Commission /'fɒrɪstrɪkə,mɪʃn, AE 'fɔ:r-/ n. GB = ente forestale britannico.
forestry worker /'fɒrɪstrɪ,wɜ:kə(r), AE 'fɔ:r-/ ♦ **27** n. BE *(maintenance)* guardia f. forestale; *(lumberjack)* taglialegna m.
1.foretaste /'fɔ:teɪst/ n. assaggio m. (**of** di).
2.foretaste /fɔ:'teɪst/ tr. assaggiare, pregustare.
foreteeth /'fɔ:ti:θ/ → **foretooth**.
foretell /fɔ:'tel/ tr. (pass., p.pass. **-told**) predire (**that** che); ***to ~ the future*** predire il futuro.
foretelling /fɔ:'telɪŋ/ n. predizione f., profezia f.
forethought /'fɔ:θɔ:t/ n. **U** premeditazione f.
1.foretoken /'fɔ:təʊkən/ n. presagio m., premonizione f.
2.foretoken /fɔ:'təʊkən/ tr. presagire, preannunciare.
foretold /fɔ:'təʊld/ pass., p.pass → **foretell**.
foretooth /'fɔ:tu:θ/ n. (pl. **-teeth**) *(dente)* incisivo m.
foretop /'fɔ:tɒp/ n. coffa f. di trinchetto.
▷ **forever** /fə'revə(r)/ avv. **1** (anche **for ever**) *(eternally)* [*last, live, love*] per sempre; ***captured ~ in a photo*** immortalato in una foto; ***it can't go on*** o ***last ~*** [*situation, success*] non può durare per sempre *o* in eterno; ***I want it to be like this ~*** vorrei che fosse così per sempre; ***~ after(wards)*** per sempre; ***the desert seemed to go on ~*** sembrava che il deserto non finisse più **2** (anche **for ever**) *(definitively)* [*leave, lose, close, change, stay, disappear*] per sempre, definitivamente; [*exile*] per sempre; [*destroy*] definitivamente; ***I can't keep doing this ~!*** non posso continuare a fare questo per sempre! **3** *(persistently)* ***to be ~ doing sth.*** fare qcs. in continuazione; ***he's ~ moaning*** COLLOQ. si lamenta in continuazione **4** COLLOQ. (anche **for ever**) *(ages)* ***to take ~*** [*task, procedure*] non finire più; [*person*] metterci una vita (**to do** a fare); ***it seemed to go on ~*** [*pain, noise*] sembrava che dovesse durare per sempre *o* che non dovesse più finire **5** *(always)* sempre; ***~ patient*** sempre paziente; ***~ on the brink of doing*** sempre sul punto di fare **6** *(in acclamations)* ***Scotland ~!*** viva la Scozia!
forevermore /fə,revə'mɔ:(r)/ avv. per sempre, in eterno.
forewarn /fɔ:'wɔ:n/ tr. preavvisare, preavvertire (**of** di; **that** che) ♦ ***~ed is forearmed*** PROV. uomo avvisato mezzo salvato.
forewarning /fɔ:'wɔ:nɪŋ/ n. preavviso m., preavvertimento m.
forewent /fɔ:'went/ pass. → **1.forego**.
forewoman /'fɔ:,wʊmən/ ♦ **27** n. (pl. **-women**) **1** caporeparto f. **2** DIR. prima giurata f.
foreword /'fɔ:wɜ:d/ n. prefazione f., introduzione f.
1.forfeit /'fɔ:fɪt/ **I** n. **1** *(action, process)* confisca f. (**of** di) **2** *(sum, token)* pegno m. **3** *(in game)* pegno m., penitenza f.; ***to play ~s*** giocare a giochi con pegni **4** DIR. COMM. *(fine)* ammenda f., multa f.; *(for breach of contract)* penale f. **II** agg. ***to be ~*** FORM. [*property*] essere confiscato (**to** a).
2.forfeit /'fɔ:fɪt/ tr. **1** *(under duress)* perdere, essere privato di [*right, support, liberty*] **2** *(voluntarily)* rinunciare a [*right, free time*] **3** DIR. COMM. dover pagare [*sum*].
forfeitable /'fɔ:fɪtəbl/ agg. confiscabile.
forfeiter /'fɔ:fɪtə(r)/ n. DIR. = chi perde qualcosa per confisca.
forfeiture /'fɔ:fɪtʃə(r)/ n. DIR. *(of property, money)* confisca f. (**of** di); *(of right)* decadenza f. (**of** di).
forfend /fɔ:'fend/ tr. **1** AE *(protect)* proteggere, conservare **2** ANT. *(prevent)* prevenire [*evil*]; ***Heaven ~!*** Dio scampi!
forgather /fɔ:'gæðə(r)/ intr. **1** *(gather)* adunarsi, riunirsi **2** RAR. *(meet)* incontrarsi per caso **3** *(associate with)* stringere rapporti d'amicizia (**with** con).
forgave /fə'geɪv/ pass. → **forgive**.
1.forge /fɔ:dʒ/ n. forgia f.
2.forge /fɔ:dʒ/ tr. **1** forgiare, fucinare [*metal*] **2** *(fake, alter)* contraffare, falsificare [*signature*]; falsificare [*banknotes, date, certificate, will*]; contraffare [*branded goods*]; ***to ~ a painting*** fare un falso **3** *(establish)* formare [*alliance*]; creare [*identity, link*]; elaborare [*plan*].
3.forge /fɔ:dʒ/ intr. ***to ~ ahead*** avanzare con decisione; FIG. [*company, industry*] essere in pieno sviluppo *o* fare notevoli progressi; ***to ~ ahead*** o ***forward with*** procedere spedito in [*plan*]; ***to ~ into the lead*** prendere il comando.
▷ **forged** /'fɔ:dʒd/ **I** p.pass. → **2.forge II** agg. **1** [*metal*] forgiato, fucinato **2** *(counterfeit)* ***a ~ passport, signature*** un passaporto falso, una firma falsa.
forger /'fɔ:dʒə(r)/ n. *(of documents)* contraffattore m. (-trice); *(of artefacts, money)* falsario m. (-a).
forgery /'fɔ:dʒərɪ/ n. **1** *(counterfeiting) (of document, work of art, banknotes)* falsificazione f. **2** *(fake item) (signature)* firma f. falsa; *(banknote)* soldi m.pl. falsi; *(picture, document)* falso m.
▶ **forget** /fə'get/ **I** tr. (forma in -ing **-tt-**; pass. **-got**; p.pass. **-gotten**) **1** *(not remember)* dimenticare, scordare, non ricordare [*date, face, number, appointment, poem*]; ***to ~ that*** dimenticare che; ***to ~ to do*** dimenticare di fare; ***to ~ how*** dimenticare come; ***three people, not ~ting the baby*** tre persone, senza dimenticare il bambino; ***I'm in charge and don't you ~ it!*** sono io il responsabile, non scordatelo! ***~ it!*** *(no way)* dimenticatelo! *(drop the subject)* lascia perdere! *(think nothing of it)* non pensarci! **2** *(put aside)* dimenticare [*past, quarrel*]; ***~ I ever mentioned him*** fai come se non ti avessi mai parlato di lui; ***she'll never let me ~ it*** me lo ricorderà sempre **3** *(leave behind)* dimenticare [*hat, passport*]; FIG. dimenticare [*inhibitions, traditions, family*] **II** intr. (forma in -ing **-tt-**; pass. **-got**; p.pass. **-gotten**) dimenticarsi, scordarsi, non ricordarsi; ***"how many?" - "I ~"*** "quanti?" - "non me lo ricordo" **III** rifl. (forma in -ing **-tt-**; pass. **-got**; p.pass. **-gotten**) ***to ~ oneself*** perdere le staffe ♦ ***once seen, never forgotten*** indimenticabile.
■ **forget about:** ~ **about** **[sth., sb.]** *(overlook)* dimenticare [*appointment, birthday*]; dimenticarsi di [*person*].
forgetful /fə'getfl/ agg. **1** *(absent-minded)* [*person*] smemorato; ***to become*** o ***grow ~*** cominciare a perdere la memoria **2** *(negligent)* ***~ of the danger, she...*** noncurante del pericolo, lei...; ***to be ~ of one's duties*** essere dimentico dei propri doveri.
forgetfully /fə'getflɪ/ avv. **1** *(absent-mindedly)* smemoratamente **2** *(negligently)* in modo noncurante.
forgetfulness /fə'getflnɪs/ n. **1** *(absent-mindedness)* smemoratagine f. **2** *(carelessness)* noncuranza f.
forget-me-not /fə'getmɪ,nɒt/ n. nontiscordardimé m.
forget-me-not blue /fə,getmɪnɒt'blu:/ ♦ **5** n. azzurro m. chiaro.
forgettable /fə'getəbl/ agg. [*day, fact*] poco memorabile; [*film, actor, writer*] dimenticabile.
forgetter /fə'getə(r)/ n. chi dimentica.
forgivable /fə'gɪvəbl/ agg. perdonabile.
▷ **forgive** /fə'gɪv/ **I** tr. (pass. **-gave**; p.pass. **-given**) perdonare, [*person, act, remark*]; condonare [*debt, crime*]; ***to ~ sb. sth.*** perdonare qcs. a qcn.; ***to ~ sb. for doing*** perdonare a qcn. d'aver fatto; ***he could be forgiven for believing her*** non gli si può fare una colpa di averle creduto; ***such a crime cannot be forgiven*** un reato del genere non si può perdonare; ***~ my curiosity, but...*** scusa la mia indiscrezione, ma...; ***~ me for interrupting*** scusatemi per l'interruzione **II** rifl. (pass. **-gave**; p.pass. **-given**) ***to ~ oneself*** perdonarsi ♦ ***to ~ and forget*** metterci una pietra sopra.
▷ **forgiveness** /fə'gɪvnɪs/ n. **1** *(for action, crime)* perdono m. **2** *(of debt)* condono m. **3** *(willingness to forgive)* indulgenza f., clemenza f.; ***to be full of ~*** essere molto indulgente.
forgiving /fə'gɪvɪŋ/ agg. [*attitude, person*] clemente, indulgente; [*climate*] clemente; [*terrain*] agevole.
forgo /fɔ:'gəʊ/ tr. (pass. **-went**; p.pass. **-gone**) rinunciare a [*opportunity, pleasure*].
forgot /fə'gɒt/ pass. → **forget**.
forgotten /fə'gɒtn/ p.pass. → **forget**.
▷ **1.fork** /fɔ:k/ n. **1** *(for eating)* forchetta f. **2** *(tool)* forca f., forcone m. **3** *(division) (in tree)* ramo m. biforcuto, forcella f.; *(in river, railway)* biforcazione f.; *(in road)* biforcazione f., bivio m.; *(on bicycle)* forcella f.; ***to come to a ~ in the road*** arrivare a un bivio **4** *(in chess)* forchetta f.
2.fork /fɔ:k/ **I** tr. **1** *(lift with fork)* inforcare [*hay*]; smuovere con la forca [*manure, earth*] **2** *(in chess)* fare forchetta a [*opponent, chess-piece*] **II** intr. (anche **~ off**) [*road, river, railway line*] biforcarsi; [*driver*] deviare, girare, svoltare; ***you ~ to the left*** svolta a sinistra.
■ **fork out:** ~ **out** COLLOQ. pagare, sborsare (**for** per); ~ **out** **[sth.]** sborsare, tirar fuori [*money*].
■ **fork over:** ~ **[sth.]** **over**, ~ **over** **[sth.]** **1** *(turn over)* smuovere (con la forca) [*manure*]; voltare (con la forca) [*hay*]; smuovere (con la forca) il terreno di [*garden*] **2** AE COLLOQ. FIG. *(hand over)* ***~ it over!*** su, sgancia!
■ **fork up** → **fork over**.
forked /fɔ:kt/ **I** p.pass. → **2.fork II** agg. [*twig, branch, tongue*] biforcuto ♦ ***to speak with ~ tongue*** avere la lingua biforcuta.

forked lightning /fɔːkt'laɪtnɪŋ/ n. **U** = fulmine biforcato o a zigzag.

forkful /'fɔːkfʊl/ n. *(of food)* forchettata f.; *(of hay)* forcata f.

forklift /'fɔːklɪft/ tr. sollevare (con un carrello elevatore) [*pallets*].

forklift truck /ˌfɔːklɪft'trʌk/ n. BE carrello m. elevatore.

fork spanner /'fɔːkˌspænə(r)/ n. chiave f. a forcella.

fork supper /'fɔːkˌsʌpə(r)/ n. cena f. in piedi.

forlorn /fə'lɔːn/ agg. **1** *(sad)* [*child*] derelitto; [*appearance*] misero; [*place, landscape*] desolato; [*sight, scene*] triste **2** *(desperate)* [*attempt*] disperato, vano; ***in the ~ hope of doing*** nella vana speranza di fare.

forlornly /fə'lɔːnlɪ/ avv. [*wander, search, echo*] tristemente.

▶ **1.form** /fɔːm/ **I** n. **1** *(kind, manifestation) (of activity, energy, exercise, transport, government, protest, work, substance, entertainment, disease)* forma f.; *(of taxation)* sistema m.; ***different ~s of life*** o ***life ~s*** diverse forme di vita; ***it's a ~ of blackmail*** è una forma di ricatto; ***some ~ of control is needed*** c'è bisogno di un qualche sistema di controllo; ***in the ~ of crystals, a loan*** sotto forma di cristalli, di prestito; ***in a new, different ~*** in una forma nuova, diversa; ***to publish articles in book ~*** pubblicare degli articoli raccolti in volume; ***he won't touch alcohol in any ~*** non beve nessun tipo di alcolico; ***to take various ~s*** prendere diverse forme; ***to take the ~ of a strike*** consistere in uno sciopero **2** *(document)* modulo m., formulario m.; ***to fill in*** o ***fill out*** o ***complete a ~*** compilare un modulo; ***blank ~*** modulo in bianco **3** *(shape)* forma f., aspetto m.; ***to take*** o ***assume the ~ of a man, a swan*** assumere le sembianze di un uomo, di un cigno **4** *(of athlete, horse, performer)* forma f., condizioni f.pl. fisiche; ***to be in good ~*** essere in piena forma; ***to be on ~*** BE essere in forma; ***to return to ~*** ritrovare la forma; ***to return to one's best ~*** ritrovare la propria forma migliore **5** LETTER. ART. *(structure)* forma f.; *(genre)* genere m.; ***~ and content*** forma e contenuto; ***a literary ~*** un genere letterario; ***theatrical ~s*** forme teatrali; ***verse ~s*** generi di poesia; ***the limitations of this ~*** i limiti di questo genere **6** *(etiquette)* ***it is bad ~*** non sta bene *o* non è educato (**to do** fare); ***purely as a matter of ~*** soltanto pro forma *o* per pura formalità; ***I never know the ~ at these ceremonies*** non so mai come comportarmi in queste occasioni; ***you know the ~*** tu sai come ci si comporta **7** BE SCOL. classe f.; ***in the first, fourth ~*** in prima, quarta **8** *(prescribed set of words)* formula f.; ***they object to the ~ of words used*** disapprovano la formula usata **9** BE COLLOQ. *(criminal record)* ***to have ~*** avere la fedina penale sporca (**for** per) **10** LING. forma f.; ***in question ~*** in forma interrogativa **11** *(hare's nest)* tana f. **12** *(bench)* panca f., banco m. **II** modif. BE SCOL. ***~ captain*** capoclasse; ***~ room*** classe.

▶ **2.form** /fɔːm/ **I** tr. **1** *(organize or create, constitute)* formare [*queue, circle, barrier*]; formare, costituire [*club, cartel, alliance, government, union, band, jury, cabinet, panel*]; allacciare [*friendship, relationship*]; formare [*sentence, tense*]; ***the 12 people who ~ the jury*** le 12 persone che formano la giuria; ***please ~ a circle*** per favore, formate un cerchio; ***how are stalactites ~ed?*** come si formano le stalattiti? ***to ~ part of sth.*** fare parte di qcs.; ***to ~ a large part, the basis of sth.*** costituire una grande parte, le basi di qcs. **2** *(conceive)* farsi [*impression, image, picture, opinion, idea*]; nutrire [*admiration*]; ***to ~ the habit of doing*** prendere l'abitudine di fare **3** *(mould)* formare, istruire, educare [*child, pupil*]; formare, sviluppare [*personality, taste, ideas, attitudes*]; ***tastes ~ed by television*** gusti indotti dalla televisione **II** intr. *(all contexts)* formarsi.

▪ **form into:** ~ ***into [sth.]*** [*people*] formare [*groups, classes, teams*]; ***to ~ sth. into*** organizzare qcs. in [*paragraphs, sentence*]; mettere qcs. in [*circle*]; disporre, dividere qcs. in [*groups, teams, classes*]; ***to ~ objects into patterns*** raggruppare gli oggetti in campioni dello stesso tipo.

▪ **form up** [*people*] mettersi in riga, allinearsi.

▶ **formal** /'fɔːml/ agg. **1** *(official)* [*agreement, announcement, application, complaint, enquiry, invitation, reception*] formale, ufficiale **2** *(not casual)* [*language, register, style*] formale; [*occasion*] formale, solenne; [*welcome, manner*] formale, convenzionale, cerimonioso; [*clothing, outfit, jacket*] da cerimonia; *(on invitation)* ***"dress: ~"*** "abito scuro"; ***"assistance" is a ~ word for "help"*** "assistenza" è una parola più formale di "aiuto"; ***he sounded very ~*** SPREG. sembrava molto formale; ***~ teaching methods*** metodi tradizionali di insegnamento **3** *(structured)* [*logic, proof, grammar, linguistics, reasoning*] formale **4** *(in recognized institution)* [*training*] professionale; [*qualification*] riconosciuto; ***he had no ~ education*** non è mai andato a scuola **5** LETTER. ART. [*brilliance, symmetry, weakness*] formale.

formaldehyde /fɔː'mældɪhaɪd/ n. formaldeide f.

formal dress /'fɔːmlˌdres/ n. abito m. da cerimonia; MIL. alta uniforme f.

formal garden /'fɔːmlˌgɑːdn/ n. giardino m. classico, all'italiana.

formalin /'fɔːməlɪn/ n. formalina f.

formalism /'fɔːməlɪzəm/ n. formalismo m.

formalist /'fɔːməlɪst/ **I** agg. formalistico **II** n. formalista m. e f.

formalistic /fɔːmə'lɪstɪk/ agg. formalistico.

formality /fɔː'mælətɪ/ n. **1** *(legal or social convention)* formalità f.; ***to dispense with*** o ***skip the formalities*** fare a meno delle formalità; ***let's skip the formalities*** bando alle formalità; ***a mere ~*** o ***just a ~*** una pura formalità; ***customs formalities*** formalità doganali **2** *(formal nature) (of language, register, style, occasion, manner)* formalità f.; *(of dress, layout, table setting)* eleganza f. formale; ***with a minimum of ~*** con un minimo di formalità.

formalize /'fɔːməlaɪz/ tr. **1** *(make official)* formalizzare, rendere formale [*arrangement, agreement, relations*] **2** *(in logic, computing)* formalizzare.

▷ **formally** /'fɔːməlɪ/ avv. **1** *(officially)* [*accuse, admit, announce, declare, end, notify, offer, recognize, withdraw*] formalmente **2** *(not casually)* [*speak, write, address, greet, entertain, celebrate*] in modo formale; ***to dress ~*** vestirsi in modo formale; ***he was not dressed ~ enough*** non era vestito in modo abbastanza elegante.

1.format /'fɔːmæt/ n. **1** *(general formulation) (of product, publication, passport)* formato m.; *(of band, musical group)* formazione f.; ***the standard VHS ~*** il formato standard VHS; ***available in all ~s: cassette, CD...*** disponibile su cassetta, CD... **2** *(size, style of book or magazine)* formato m.; ***folio ~*** formato in folio **3** TELEV. RAD. format m.; ***a new ~ for quiz shows*** un nuovo format per i quiz **4** INFORM. *(of document, data)* formato m.; ***in tabular ~*** in formato tabellare; ***standard display ~*** formato standard.

2.format /'fɔːmæt/ tr. (forma in -ing ecc. **-tt-**) formattare.

formate /'fɔːmeɪt/ n. formiato m.

formation /fɔː'meɪʃn/ **I** n. **1** *(creation) (of government, committee, alliance, company)* formazione f., costituzione f.; *(of crater, new word, character, impression, idea)* formazione f.; *(of friendship, relationship)* nascita f. **2** *(shape, arrangement)* formazione f. (anche MIL. GEOL.); ***to fly in ~*** volare in formazione; ***in close, V~*** in formazione serrata, a V; ***a cloud ~*** una formazione nuvolosa **II** modif. [*dancing, flying*] in formazione.

formative /'fɔːmətɪv/ **I** agg. **1** [*period, influence, experience*] formativo **2** LING. [*element, affix*] formativo **II** n. LING. (elemento) formativo m.

formatting /'fɔːmætɪŋ/ n. formattazione f.

forme /fɔːm/ n. TIP. forma f. di stampa.

▷ **formed** /fɔːmd/ **I** p.pass. → **2.form II -formed** agg. in composti ***half-, perfectly-~*** formato a metà, perfettamente.

▶ **1.former** /'fɔːmə(r)/ **I** agg. **1** *(earlier)* [*era, life, size, state*] precedente; ***to restore sth. to its ~ glory*** restituire a qcs. il suo splendore originale; ***of ~ days*** o ***times*** di una volta *o* d'altri tempi; ***in ~ times*** nei tempi andati *o* passati; ***he's a shadow of his ~ self*** non è più lo stesso *o* quello di prima **2** *(no longer)* ex [*leader, employer, husband, champion*] **3** *(first of two)* [*proposal, course, method*] primo, precedente **II** n. ***the ~*** *(the first of two)* il primo; ***the ~ is simple, the latter is complex*** il primo è semplice, il secondo è complesso.

2.former /'fɔːmə(r)/ agg. **-former** in composti BE SCOL. ***fourth-~*** studente del quarto anno.

3.former /'fɔːmə(r)/ n. AER. ordinata f.

▷ **formerly** /'fɔːməlɪ/ avv. **1** *(in earlier times)* precedentemente, anteriormente **2** *(no longer)* un tempo, una volta, in passato; ***Mr Green, ~ with Grunard's*** il signor Green, che una volta lavorava per la Grunard; ***Mrs Vincent, ~ Miss Martin*** la signora Vincent, da nubile signorina Martin.

formic /'fɔːmɪk/ agg. formico.

Formica® /fɔː'maɪkə/ **I** n. formica® f. **II** modif. [*surface*] di formica®.

formic acid /ˌfɔːmɪk'æsɪd/ n. acido m. formico.

formication /ˌfɔːmɪ'keɪʃn/ n. MED. formicolio m.

▷ **formidable** /'fɔːmɪdəbl, fɔː'mɪd-/ agg. *(intimidating, awe-inspiring)* formidabile, spaventoso.

forming /'fɔːmɪŋ/ n. formazione f.

formless /'fɔːmlɪs/ agg. [*mass, object*] informe; [*novel, music, work*] privo di struttura.

form master /'fɔːmˌmɑːstə(r), AE -ˌmæs-/, **form mistress** /'fɔːmˌmɪstrɪs/, **form teacher** /'fɔːmˌtiːtʃə(r)/ n. BE SCOL. = professore che, oltre a insegnare la propria materia, è incaricato di organizzare attività di classe e di seguire gli studenti, aiutandoli in caso di problemi scolastici, personali ecc.

form of address /ˌfɔːməvə'dres, AE -'ædres/ n. modo m. di rivolgersi; ***what is the correct ~ for an archbishop?*** come ci si rivolge a un arcivescovo?

Formosa /fɔːˈməʊsə/ ♦ *12* n.pr. STOR. Formosa f.

▷ **formula** /ˈfɔːmjʊlə/ **I** n. (pl. **~s, -ae**) **1** formula f. (**for** di; **for doing** per fare); ***the ~ for water*** la formula dell'acqua **2** AE *(for babies) (powder)* latte m. in polvere; (anche **~ milk**) latte m. ricostituito **3 Formula** AUT. SPORT. ***Formula One, Two, Three*** Formula uno, due, tre **II Formula** modif. AUT. SPORT **~** ***One, Two Grand Prix*** gran premio di Formula uno, due.

formularize /ˈfɔːmjʊləraɪz/ tr. → **formulate.**

formulary /ˈfɔːmjʊlərɪ, AE -lerɪ/ **I** agg. messo, espresso in formula **II** n. **1** CHIM. formulario m. **2** FARM. prontuario m.

▷ **formulate** /ˈfɔːmjʊleɪt/ tr. formulare [*rules, plan, principles, reply, idea, charge, bill, programme, policy*]; elaborare [*design*].

▷ **formulation** /ˌfɔːmjʊˈleɪʃn/ n. *(of idea, reply, charge, principles, bill)* formulazione f.; *(of strategy)* esposizione f. esatta.

formwork /ˈfɔːmwɜːk/ n. cassaforma f.

fornicate /ˈfɔːnɪkeɪt/ intr. fornicare.

fornication /ˌfɔːnɪˈkeɪʃn/ n. fornicazione f.

fornicator /ˈfɔːnɪkeɪtə(r)/ n. fornicatore m. (-trice).

fornix /ˈfɔːnɪks/ n. (pl. **-ices**) fornice m.

Forrest /ˈfɒrɪst/ n.pr. Forrest (nome di uomo).

forsake /fəˈseɪk/ tr. (pass. **-sook**; p.pass. **-saken**) FORM. abbandonare [*person, home*]; rinunciare a [*habit*].

forsaken /fəˈseɪkən/ **I** p.pass. → **forsake II** agg. abbandonato.

forsook /fəˈsʊk/ pass. → **forsake**.

forsooth /fəˈsuːθ/ inter. ANT. in verità, affé.

forspent /fəˈspent/ agg. ANT. esausto, stremato.

forswear /fɔːˈsweə(r)/ tr. (pass. **-swore**; p.pass. **-sworn**) **1** FORM. *(renounce)* rinunciare a [*claim, ambition, vice*] **2** DIR. FORM. *(deny)* negare [*knowledge, collusion*].

forsythia /fɔːˈsaɪθɪə, AE fərˈsɪθɪə/ n. forsythia f., forsizia f.

▷ **fort** /fɔːt/ n. forte m. ♦ ***to hold*** o ***hold down the ~*** = badare alla casa, occuparsi di tutto.

fortalice /ˈfɔːtəlɪs/ n. ANT. fortilizio m.

1.forte /ˈfɔːteɪ, AE fɔːrt/ n. *(strong point)* ***to be sb.'s ~*** essere il forte di qcn.

2.forte /ˈfɔːteɪ, AE fɔːrt/ **I** n. MUS. forte m. **II** modif. **~** ***passage*** forte **III** avv. MUS. forte.

fortepiano /ˌfɔːtɪpɪˈænəʊ/ ♦ *17* n. (pl. **~s**) MUS. STOR. forte-piano m.

forth /fɔːθ/ *Forth* often appears in English after a verb (*bring forth, set forth, sally forth* etc). For translations, consult the appropriate verb entry (**bring**, **set**, **sally** etc). - For further uses of *forth*, see the entry below. avv. *(onwards)* ***from this day ~*** da oggi in poi; ***from that day ~*** da allora in poi; ***back and ~*** avanti e indietro; ***and so ~*** e così via.

Forth Bridge /ˌfɔːθˈbrɪdʒ/ n. BE ***it's like painting the ~*** è un lavoro che non finisce mai, è la tela di Penelope.

▷ **forthcoming** /ˌfɔːθˈkʌmɪŋ/ agg. **1** *(happening soon)* [*book, event, election, season*] prossimo **2** mai attrib. *(available)* disponibile, pronto; ***no information, money was ~ from the government*** il governo non era pronto a fornire informazioni, a concedere finanziamenti; ***the loan was not ~*** il prestito non era disponibile **3** *(communicative)* [*person*] cordiale, affabile; ***to be ~ about sth.*** essere disposti a parlare di qcs.; ***he wasn't very ~ about it*** era piuttosto riservato sull'argomento.

forthright /ˈfɔːθraɪt/ agg. [*person, manner, reply, statement*] diretto, franco, schietto, esplicito; ***in ~ terms*** in termini espliciti; ***to be ~ in condemning, in pronouncing*** condannare, pronunciare esplicitamente.

forthwith /fɔːθˈwɪθ, AE -ˈwɪð/ avv. FORM. immediatamente; ***to become effective ~*** DIR. entrare in vigore con effetto immediato.

fortieth /ˈfɔːtɪɪθ/ ♦ *19* **I** determ. quarantesimo; ***the ~ page*** la quarantesima pagina; ***the ~-richest man in the world*** il quarantesimo uomo più ricco del mondo **II** pron. *(in order)* quarantesimo m. (-a); ***the ~ in line*** il quarantesimo della fila **III** n. *(fraction)* quarantesimo m. **IV** avv. [*finish*] quarantesimo, in quarantesima posizione.

fortifiable /ˈfɔːtɪfaɪəbl/ agg. fortificabile.

fortification /ˌfɔːtɪfɪˈkeɪʃn/ n. fortificazione f. (**of** di).

fortified /ˈfɔːtɪfaɪd/ **I** p.pass. → **fortify II** agg. **~** ***wine*** vino liquoroso; **~** ***milk, diet*** latte vitaminizzato, dieta arricchita di vitamine; **~** ***with vitamins*** [*cereal etc.*] arricchito di vitamine *o* vitaminizzato.

fortify /ˈfɔːtɪfaɪ/ **I** tr. **1** fortificare [*place*]; FIG. fortificare, rinvigorire [*person*] (**against** contro) **2** irrobustire [*wine*] **II** rifl. ***to ~ oneself*** fortificarsi, corroborarsi.

Fortinbras /ˈfɔːtɪnbræs/ n.pr. Fortebraccio.

fortissimo /fɔːˈtɪsɪməʊ/ **I** n. (pl. **~s, -i**) MUS. fortissimo m. **II** modif. **~** ***passage*** fortissimo **III** avv. fortissimo.

fortitude /ˈfɔːtɪtjuːd, AE -tuːd/ n. forza f. d'animo, fermezza f.

Fort Knox /ˌfɔːtˈnɒks/ n.pr. Fort Knox m. (base militare del Kentucky, sede della riserva aurea statunitense) ♦ ***as secure as ~*** = molto sicuro.

▷ **fortnight** /ˈfɔːtnaɪt/ ♦ *33* n. BE quindici giorni m.pl., due settimane f.pl., quindicina f.; ***a ~'s holiday*** una vacanza di quindici giorni; ***the first ~ in August*** la prima quindicina di agosto.

fortnightly /ˈfɔːtnaɪtlɪ/ **I** agg. BE [*meeting, visit, magazine*] quindicinale, bimensile **II** avv. BE [*publish, meet*] ogni due settimane, quindicinalmente.

Fortran /ˈfɔːtræn/ **I** n. INFORM. fortran m. **II** INFORM. modif. [*statement*] in fortran.

fortress /ˈfɔːtrɪs/ n. fortezza f., piazzaforte f.

fortuitism /fɔːˈtjuːɪtɪzəm, AE -ˈtuː-/ n. casualismo m.

fortuitist /fɔːˈtjuːɪtɪst, AE -ˈtuː-/ n. sostenitore m. (-trice) del casualismo.

fortuitous /fɔːˈtjuːɪtəs, AE -ˈtuː-/ agg. FORM. fortuito, casuale.

fortuitously /fɔːˈtjuːɪtəslɪ, AE -ˈtuː-/ avv. FORM. fortuitamente, casualmente.

fortuitousness /fɔːˈtjuːɪtəsnɪs, AE -ˈtuː-/, **fortuity** /fɔːˈtjʊːɪtɪ, AE -ˈtuː-/ n. **1** *(quality)* casualità f. **2** *(accident)* casualità f., avvenimento m. fortuito.

▷ **fortunate** /ˈfɔːtʃənət/ agg. [*person, coincidence, event*] fortunato; ***it was ~ for him that you arrived*** è stata una fortuna per lui che tu sia arrivata; ***to be ~ in sb., sth.*** essere fortunato con qcn., in qcs.; ***to be ~ in doing*** essere fortunato a fare; ***to be ~ (enough) to do*** avere la fortuna di fare; ***he is ~ in that he doesn't have to work*** ha la fortuna di non dover lavorare; ***how ~ that...*** che fortuna che...; ***we should remember those less ~ than ourselves*** dovremmo ricordarci di chi è meno fortunato di noi.

▷ **fortunately** /ˈfɔːtʃənətlɪ/ avv. fortunatamente (**for** per).

▷ **fortune** /ˈfɔːtʃuːn/ **I** n. **1** *(wealth)* fortuna f.; ***a small ~*** una piccola fortuna; ***to make a ~*** accumulare una fortuna; ***to spend, cost a ~*** spendere, costare una fortuna; ***a man of ~*** un uomo ricco; ***to seek fame and ~*** cercare (successo e) fortuna **2** *(luck)* fortuna f., sorte f.; ***to have the good ~ to do*** avere la fortuna di fare; ***by good ~*** per fortuna; ***ill ~*** sfortuna; ***to tell sb.'s ~*** predire il futuro a qcn. **II fortunes** n.pl. vicende f.; ***the ~s of war*** le vicende della guerra ♦ **~** ***favours the brave*** PROV. la fortuna aiuta gli audaci; **~** ***smiled on us*** siamo stati baciati dalla fortuna.

fortune cookie /ˈfɔːtʃuːnˌkʊkɪ/ n. AE biscotto m. della fortuna.

fortune hunter /ˈfɔːtʃuːnˌhʌntə(r)/ n. SPREG. *(man)* cacciatore m. di dote; *(woman)* = donna che cerca di sposare un uomo ricco.

fortuneless /ˈfɔːtʃuːnlɪs/ agg. **1** *(unfortunate)* sfortunato **2** *(poor)* povero, senza beni.

fortune-teller /ˈfɔːtʃuːnˌtelə(r)/ n. indovino m. (-a), chiromante m. e f.

fortune-telling /ˈfɔːtʃuːnˌtelɪŋ/ n. divinazione f., chiromanzia f.

▶ **forty** /ˈfɔːtɪ/ ♦ *19, 1, 4, 8* **I** determ. quaranta; **~** ***people, pages*** quaranta persone, pagine **II** pron. quaranta; ***there are ~ of them*** ce ne sono quaranta **III** n. quaranta m.; ***to multiply by ~*** moltiplicare per quaranta **IV forties** n.pl. **1** *(decade)* ***the forties*** gli anni '40 **2** *(age)* ***to be in one's forties*** aver passato i quaranta; ***a man in his forties*** un quarantenne.

forty-niner /ˌfɔːtɪˈnaɪnə(r)/ n. US STOR. = cercatore d'oro durante la corsa all'oro in California nel 1849.

forum /ˈfɔːrəm/ n. (pl. **~s, -a**) **1** STOR. DIR. *(place)* foro m. **2** forum m. (anche INFORM.); ***in an open ~*** in un'assemblea pubblica; ***this page of the newspaper is a ~ for public argument*** questa pagina del giornale è uno spazio aperto al dibattito.

▷ **1.forward** /ˈfɔːwəd/ **I** agg. **1** *(bold)* impertinente, sfrontato, sfacciato, insolente; ***it was ~ of me to ask*** sono stato sfacciato a chiedere **2** *(towards the front)* [*roll*] in avanti; [*gears*] avanti; **~** ***pass*** *(in rugby)* passaggio in avanti; **~** ***troops*** MIL. prima linea; ***to be too far ~*** [*seat, head rest*] essere troppo in avanti **3** *(advanced)* [*plant*] precoce, primaticcio; [*season*] in anticipo; ***how far ~ are you?*** a che punto siete? ***I'm no further ~*** non ho fatto progressi; ***we're not very far ~ yet*** non abbiamo fatto molti progressi **4** ECON. [*delivery*] differito; [*buying, purchase*] per consegna differita; [*market*] delle operazioni per consegna differita; [*rate*] a termine; **~** ***price*** prezzo per consegna differita **II** n. SPORT attaccante m. e f.

▶ **2.forward** /ˈfɔːwəd/ avv. **1** *(ahead)* ***to step, leap ~*** fare un passo, un salto in avanti; ***to fall*** o ***topple ~*** cadere in avanti; ***to go*** o ***walk ~*** avanzare; ***to rush ~*** precipitarsi in avanti; ***to move sth. ~*** spostare qcs. in avanti; FIG. fare avanzare qcs.; ***"~ march!"*** "avanti, marsc!"; ***a seat facing ~*** un posto rivolto in avanti, in direzione di marcia; ***a way ~*** una soluzione; ***there is no other way ~*** non ci sono altre soluzioni; ***it's the only way ~*** è l'unica soluzione; ***she isn't back-***

ward in coming ~ non esita a farsi avanti **2** *(towards the future)* ***to travel*** o ***go*** ~ ***in time*** viaggiare nel futuro; ***from this day*** ~ da oggi in poi; ***from that day*** o ***time*** ~ da allora in poi **3** *(from beginning to end)* ***to wind [sth.]*** ~ fare andare avanti [*cassette, tape*].

3.forward /ˈfɔːwəd/ tr. **1** FORM. *(dispatch)* spedire, inviare [*goods, catalogue, document, parcel*] (**to** a) **2** *(send on)* inoltrare, far pervenire [*mail*] (**to** a); ***"please*** ~***"*** "pregasi inoltrare".

forward defence /ˌfɔːwəddɪˈfens/ n. MIL. difesa f. avanzata.

forwarder /ˈfɔːwədə(r)/ ♦ **27** n. *(of freight)* spedizioniere m.; *(of mail)* mittente m. e f.

forwarding /ˈfɔːwədɪŋ/ n. *(of freight, mail)* spedizione f., invio m.

forwarding address /ˈfɔːwədɪŋəˌdres, AE -ˌædres/ n. recapito m.; ***to leave no*** ~ non lasciare nessun recapito.

forwarding agent /ˈfɔːwədɪŋˌeɪdʒənt/ ♦ **27** n. spedizioniere m.

forwarding charges /ˈfɔːwədɪŋˌtʃɑːdʒɪz/ n.pl. spese f. di spedizione.

forwarding country /ˈfɔːwədɪŋˌkʌntrɪ/ n. = paese da cui parte la spedizione.

forwarding instructions /ˈfɔːwədɪŋɪnˌstrʌkʃnz/ n.pl. = istruzioni relative alla spedizione.

forwarding station /ˈfɔːwədɪŋˌsteɪʃn/ n. stazione f. di partenza.

forward-looking /ˈfɔːwədˌlʊkɪŋ/ agg. *(having modern ideas)* [*person*] con idee avanzate, progressista; *(planning for the future)* [*person, company*] lungimirante.

forwardness /ˈfɔːwədnɪs/ n. *(of child, behaviour)* impertinenza f., insolenza f., sfacciataggine f.

forward planning /ˈfɔːwədˌplænɪŋ/ n. pianificazione f. a lungo termine.

▶ **forwards** /ˈfɔːwədz/ avv. → **2.forward**.

forward slash /ˈfɔːwədslæʃ/ n. barretta f. obliqua.

forwent /fɔːˈwent/ pass. → **forgo**.

Fosbury flop /ˌfɒzbrɪˈflɒp/ n. SPORT (salto) fosbury m.

fossa /ˈfɒsə/ n. (pl. **-ae**) ANAT. fossa f.

fosse /fɒs/ n. *(trench)* trincea f.; *(moat)* fossato m.

fossick /ˈfɒsɪk/ intr. AUSTRAL. **1** *(rummage about)* cercare qua e là, rovistare **2** *(search for gold)* cercare oro.

▷ **fossil** /ˈfɒsl/ **I** n. **1** GEOL. fossile m. **2** SPREG. *(person)* fossile m. **II** modif. [*hunter, collection*] di fossili; [*organism*] fossile.

fossiliferous /ˌfɒsəˈlɪfərəs/ agg. fossilifero.

fossil fuel /ˈfɒslfjuːəl/ n. combustibile m. fossile.

fossilization /fɒsəlaɪˈzeɪʃn, AE -lɪˈz-/ n. fossilizzazione f.

fossilize /ˈfɒsəlaɪz/ **I** tr. fossilizzare **II** intr. fossilizzarsi.

fossilized /ˈfɒsəlaɪzd/ **I** p.pass. → **fossilize II** agg. **1** [*bone, shell*] fossilizzato **2** FIG. [*thinking, system*] fossilizzato.

fossorial /fɒˈsɔːrɪəl/ **I** agg. ZOOL. scavatore **II** n. animale m. scavatore.

▷ **1.foster** /ˈfɒstə(r)/ agg. attrib. [*child*] adottivo; *(formerly)* a balia; DIR. in affidamento; [*parent*] adottivo; DIR. affidatario; [*brother*] adottivo; *(formerly)* di latte.

▷ **2.foster** /ˈfɒstə(r)/ tr. **1** *(encourage)* incoraggiare, favorire [*attitude, spirit*]; promuovere, incrementare [*activity, image*] **2** *(cherish)* nutrire [*hope, thought*] **3** *(act as parent to)* prendere in affidamento [*child*] **4** *(place in care of)* ***to*** ~ ***sb. with*** affidare qcn. a, dare qcn. in affidamento a [*family*].

fosterage /ˈfɒstərɪdʒ/ n. **1** *(of a child)* affidamento m.; *(formerly)* baliatico m. **2** *(encouragement)* incoraggiamento m.

foster care /ˈfɒstəkeə(r)/ n. ***in*** ~ in affidamento.

foster family /ˈfɒstəˌfæməlɪ/ n. famiglia f. affidataria.

foster home /ˈfɒstəˌhəʊm/ n. famiglia f. affidataria.

fostering /ˈfɒstərɪŋ/ n. *(by family)* (il) prendere in affidamento; *(by social services)* (il) dare in affidamento.

fosterling /ˈfɒstəlɪŋ/ n. bambino m. (-a) adottivo (-a); *(formerly)* bambino m. (-a) a balia; DIR. bambino m. (-a) in affidamento.

fought /fɔːt/ **I** pass. p.pass. → **2.fight II -fought** agg. in composti ***close-*** ~ ravvicinato; ***hard-*** ~ duramente combattuto.

▷ **1.foul** /faʊl/ agg. **1** *(putrid)* [*place, slum*] sporco, sozzo, sudicio; [*conditions*] di estrema sporcizia; [*air*] viziato; [*breath*] cattivo; [*smell*] ripugnante, schifoso; [*water*] putrido; [*taste*] disgustoso **2** *(grim)* [*weather, day, atmosphere*] orribile; ***to be in a*** ~ ***humour*** o ***mood*** essere di pessimo umore *o* di un umore schifoso COLLOQ.; ***to have a*** ~ ***temper*** avere un carattere orribile; ***it's a*** ~ ***job!*** è un lavoraccio! ***in fair weather or*** ~ con qualsiasi tempo *o* con il bello o con il cattivo tempo **3** *(evil)* [*person, creature*] malvagio, perfido, infame; [*act, crime, deed, treachery*] infame; ***"murder most*** ~***"*** "orribile assassinio" **4** *(offensive)* [*language*] scurrile; ***to have a*** ~ ***tongue*** esprimersi con un linguaggio scurrile **5** SPORT *(unsporting)* sleale.

▷ **2.foul** /faʊl/ n. SPORT fallo m. (**by** di; **on** su); ***sent off for a*** ~ espulso per aver commesso un fallo; ***cries of*** ~ FIG. grida di protesta.

▷ **3.foul** /faʊl/ avv. ***to taste*** ~ avere un sapore disgustoso ◆ ***to fall*** o ***run*** ~ ***of sb.*** *(fall out with)* scontrarsi con qcn. *o* entrare in conflitto con qcn.; ***to fall*** ~ ***of the law*** incorrere nei rigori della legge.

▷ **4.foul** /faʊl/ **I** tr. **1** *(pollute)* inquinare, contaminare [*atmosphere, environment, sea*]; sporcare [*pavement, play area*] **2** *(become tangled)* [*weeds, nets, ropes*] impigliarsi in [*engine, anchor, propeller*]; ***the propeller was*** ~***ed by nets*** delle reti si sono impigliate nell'elica **3** *(clog)* bloccare [*mechanism, device*]; ostruire [*pipe, channel*] **4** SPORT *(obstruct)* commettere un fallo su [*player*] **5** MAR. *(collide)* entrare in collisione con [*vessel*] **II** intr. **1** SPORT commettere un fallo **2** MAR. ***to*** ~ ***on*** entrare in collisione con [*rocks*].

■ **foul out** *(in baseball)* = essere espulso per aver commesso un fallo sull'avversario.

■ **foul up:** ~ ***up*** COLLOQ. fare confusione, incasinarsi; ~ ***up [sth.]***, ~ ***[sth.] up*** **1** *(bungle)* rovinare, mandare all'aria [*plan, system*]; rovinare, sciupare [*opportunity*]; ***he always manages to*** ~ ***things up*** riesce sempre a rovinare tutto *o* a mandare tutto all'aria **2** *(pollute)* inquinare [*air, soil*].

foulard /ˈfuːlɑːd/ n. foulard m.

foully /ˈfaʊlɪ/ avv. [*treated, abused, slandered*] vergognosamente; [*swear*] in modo scurrile.

foul-mouthed /ˌfaʊlˈmaʊðd/ agg. SPREG. sboccato, scurrile.

foulness /ˈfaʊlnɪs/ n. **1** *(filth)* sporcizia f., sozzura f. **2** *(of language)* scurrilità f. **3** *(evil)* malvagità f., perfidia f., slealtà f.

foul play /ˌfaʊlˈpleɪ/ n. **1** *(malicious act)* delitto m., crimine m. **2** SPORT gioco m. irregolare; ***several instances of*** ~ diverse irregolarità.

foul-smelling /ˌfaʊlˈsmelɪŋ/ agg. FORM. nauseabondo.

foul-tasting /ˌfaʊlˈteɪstɪŋ/ agg. [*food*] disgustoso.

foul-up /ˈfaʊlʌp/ n. COLLOQ. pasticcio m., casino m.

foumart /ˈfuːmɑːt/ n. ANT. puzzola f.

1.found /faʊnd/ pass., p.pass. → **2.find**.

▷ **2.found** /faʊnd/ tr. **1** *(establish)* fondare [*school, town, organization*]; ***"~ed 1875"*** "fondato nel 1875" **2** *(base)* fondare, basare (**on** su); ***to be ~ed on*** [*society, philosophy, opinion, suspicion*] essere basato su; ***to be ~ed on fact*** essere basato sui fatti.

3.found /faʊnd/ tr. TECN. fondere [*metal, glass*].

▶ **foundation** /ˌfaʊnˈdeɪʃn/ n. **1** *(base)* fondamenta f.pl.; FIG. *(of society, culture, belief)* fondamenta f. pl., base f. (**of, for** di); ***to lay the ~s for sth.*** gettare le fondamenta di qcs. (anche FIG.); ***to rock*** o ***shake sth. to its ~s*** minare le fondamenta di qcs. (anche FIG.) **2** FIG. *(truth)* ***without*** ~ senza fondamento; ***there is no*** ~ ***in the report that*** è infondata la voce secondo cui **3** *(founding) (of school, town, organization)* fondazione f. (**of** di) **4** ECON. (anche **Foundation**) *(trust)* fondazione f.

foundation course /faʊnˈdeɪʃnˌkɔːs/ n. BE UNIV. corso m. propedeutico.

foundation cream /faʊnˈdeɪʃnkriːm/ n. fondotinta m.

foundationer /faʊnˈdeɪʃənə(r)/ n. SCOL. UNIV. borsista m. e f.

foundation garment /faʊnˈdeɪʃnˌgɑːmənt/ n. ANT. *(girdle)* guaina f.; *(with bodice)* bustino m.

foundation stone /faʊnˈdeɪʃnstəʊn/ n. ING. prima pietra f.

▷ **1.founder** /ˈfaʊndə(r)/ n. fondatore m. (-trice).

2.founder /ˈfaʊndə(r)/ intr. **1** *(sink)* [*ship*] affondare; [*car, person*] impantanarsi (**in** in) **2** *(fail)* [*marriage*] fallire; [*hopes*] svanire; [*career, plans, talks*] essere compromesso (**on** da).

founder member /ˌfaʊndəˈmembə(r)/ n. BE membro m. fondatore.

Founder's Day /ˈfaʊndəzˌdeɪ/ n. BE SCOL. anniversario m. della fondazione.

founders' shares /ˈfaʊndəzˌʃeəz/ n.pl. BE ECON. azioni f. di fondazione.

▷ **founding** /ˈfaʊndɪŋ/ **I** n. fondazione f. **II** agg. fondatore.

founding father /ˌfaʊndɪŋˈfɑːðə(r)/ n. FIG. fondatore m.; ***the Founding Fathers*** US STOR. i Padri Fondatori.

> **i** **Fouding Fathers** Furono chiamati "Padri Fondatori" i 55 delegati delle tredici colonie americane che si riunirono nella Convenzione di Filadelfia nel 1787, per redigere e firmare la costituzione americana, che fu ratificata due anni dopo. Facevano parte dei delegati George Washington, Thomas Jefferson, Benjamin Franklin, Alexander Hamilton, John Adams e James Madison (v. ***Constitution***).

foundling /ˈfaʊndlɪŋ/ n. ANT. trovatello m. (-a).

foundress /ˈfaʊndrɪs/ n. fondatrice f.

foundry /'faʊndrɪ/ n. fonderia f.
foundry worker /'faʊndrɪˌwɜːkə(r)/ ➧ *27* n. fonditore m. (-trice).
1.fount /faʊnt/ n. LETT. fonte f., sorgente f.
2.fount /faʊnt/ n. TIP. font m.
▷ **fountain** /'faʊntɪn, AE -tn/ n. **1** *(structure)* fontana f.; ***drinking ~*** fontana d'acqua potabile *o* fontanella **2** *(spray) (of water)* getto m., zampillo m.; *(of light)* fascio m.; *(of sparks)* pioggia f., cascata f. **3** *(firework)* fontana f.
fountainhead /'faʊntɪnhed, AE -tn-/ n. sorgente f.; FIG. fonte f., origine f.
fountain pen /'faʊntɪnˌpen, AE -tn-/ n. (penna) stilografica f.
▶ **four** /fɔː(r)/ ➧ *19, 1, 4* **I** determ. quattro; ***~ people, pages*** quattro persone, pagine **II** pron. quattro; ***there are ~ of them*** ce ne sono quattro **III** n. **1** quattro m.; ***to multiply by ~*** moltiplicare per quattro; ***to make up a ~*** fare il quarto **2** *(rowing team)* quattro m.; ***coxed ~*** quattro con ◆ ***on all ~s*** a quattro zampe *o* a carponi; ***to the ~ winds*** ai quattro venti.
four-ball /'fɔːbɔːl/ agg. *(in golf)* ***~ match*** = partita di golf fra due squadre composte da due persone, in cui ogni giocatore usa la sua pallina.
fourchette /ˌfʊə'ʃet/ n. ANAT. forchetta f. vulvare.
four-colour process /ˌfɔːˌkʌlə'prɒses/ BE, **four-color process** /ˌfɔːˌkʌlə'praʊses/ AE n. TIP. quadricromia f.
four-door /'fɔːdɔː(r)/ agg. AUT. [*model*] a quattro porte.
four-engined /ˌfɔːr'endʒɪnd/ agg. AER. quadrimotore.
four eyes /'fɔːraɪz/ n. SPREG. quattrocchi m. e f.
four-flush /'fɔːflʌʃ/ intr. AE *(in cards)* bluffare con un colore marcato.
fourfold /'fɔːfəʊld/ **I** agg. **1** *(four times as great)* quadruplo; ***a ~ increase*** una quadruplicazione **2** *(having four parts)* quadruplice, quadruplo **II** avv. per quattro volte; ***to increase ~*** quadruplicare.
four-four time /ˌfɔːˌfɔː'taɪm/ n. MUS. ***in ~*** in quattro quarti.
four-handed /ˌfɔː'hændɪd/ agg. **1** MUS. a quattro mani **2** *(in cards)* a quattro.
four-in-hand /ˌfɔːrɪn'hænd/ n. EQUIT. tiro m. a quattro.
four-leaf clover /ˌfɔːliːf'kləʊvə(r)/, **four-leaved clover** /ˌfɔːliːvd'kləʊvə(r)/ n. quadrifoglio m.
four-legged friend /ˌfɔːlegd'frend/ n. amico m. a quattro zampe.
four-letter word /ˌfɔːletə'wɜːd/ n. parolaccia f., parola f. sconcia.
fourpenny /'fɔːpənɪ/ agg. da quattro pence.
four-piece band /ˌfɔːˌpiːs'bænd/ n. *(jazz, classical)* quartetto m.
four-ply /ˌfɔː'plaɪ/ agg. [*wool*] a quattro fili.
four-poster /ˌfɔː'pəʊstə(r)/, **four-poster bed** /ˌfɔːˌpəʊstə'bed/ n. letto m. a baldacchino.
fourscore /ˌfɔː'skɔː(r)/ **I** agg. ANT. ottanta **II** n. ANT. ottanta m.
four-seater /'fɔːˌsiːtə(r)/ n. AUT. COLLOQ. automobile f. a quattro posti.
foursome /'fɔːsəm/ n. COLLOQ. quartetto m.
foursome reel /ˌfɔːsəm'riːl/ n. *(dance)* quadriglia f.
foursquare /ˌfɔː'skweə(r)/ **I** agg. [*building*] squadrato; FIG. solido; [*style*] squadrato; [*account, attitude*] franco; [*decision*] saldo **II** avv. [*stand, place*] saldamente.
four-star /'fɔːstɑː(r)/ **I** n. BE (anche **~ petrol**) (benzina) super f. **II** agg. [*hotel, restaurant*] a quattro stelle.
four-stroke /'fɔːstrəʊk/ agg. AUT. [*engine*] a quattro tempi.
▶ **fourteen** /ˌfɔː'tiːn/ ➧ *19, 1, 4* **I** determ. quattordici; ***~ people, pages*** quattordici persone, pagine; ***~-hole golf course*** percorso a quattordici buche **II** pron. quattordici; ***there are ~ of them*** ce ne sono quattordici **III** n. quattordici m.; ***to multiply by ~*** moltiplicare per quattordici.
fourteenth /ˌfɔː'tiːnθ/ ➧ *19, 8* **I** determ. quattordicesimo; ***the ~ page*** la quattordicesima pagina; ***the ~-richest man in the world*** il quattordicesimo uomo più ricco del mondo **II** pron. **1** *(in order)* quattordicesimo m. (-a); ***the ~ in line*** il quattordicesimo della fila **2** *(of month)* quattordici m.; ***the ~ of May*** il quattordici maggio **III** n. *(fraction)* quattordicesimo m. **IV** avv. [*come, finish*] quattordicesimo, in quattordicesima posizione.
▷ **fourth** /fɔːθ/ ➧ *19, 8* **I** determ. quarto; ***the ~ page*** la quarta pagina; ***the ~-richest man in the world*** il quarto uomo più ricco del mondo; ***the moon is in its ~ quarter*** la luna è all'ultimo quarto **II** pron. **1** *(in order)* quarto m. (-a); ***the ~ in line*** il quarto della fila **2** *(of month)* quattro m.; ***the ~ of May*** il quattro maggio **III** n. **1** *(fraction)* quarto m. **2** MUS. quarta f. **3** AUT. (anche **~ gear**) quarta f. **IV** avv. [*come, finish*] quarto, in quarta posizione.
fourth-class /ˌfɔːθ'klɑːs, AE -'klæs/ **I** agg. **1** AE [*mail, matter*] non urgente **2** COLLOQ. SPREG. [*citizen*] di serie C **II** avv. AE [*send*] senza urgenza.
fourth dimension /ˌfɔːθdɪ'menʃn/ n. quarta dimensione f.
fourth estate /ˌfɔːθɪ'steɪt/ n. ***the ~*** il quarto potere.
fourthly /'fɔːθlɪ/ avv. in quarto luogo.
fourth-rate /ˌfɔːθ'reɪt/ agg. SPREG. [*job, hotel, film*] di quart'ordine.
four-wheel /'fɔːwiːl, AE -hwiːl/ agg. AUT. [*drive*] a trazione integrale; [*brakes*] sulle quattro ruote; ***~ drive (vehicle)*** 4x4.
fovea /'fəʊvɪə/ n. (pl. **~s**, **-ae**) fovea f.
1.fowl /faʊl/ n. **1** *(one bird)* pollo m.; *(group)* pollame m. **2** ANT. *(bird)* uccello m., volatile m.; ***the ~ of the air*** BIBL. gli uccelli del cielo ◆ ***neither fish nor ~*** né carne né pesce.
2.fowl /faʊl/ intr. ***to go ~ing*** andare a caccia di uccelli.
fowler /'faʊlə(r)/ n. cacciatore m. di uccelli.
fowling piece /'faʊlɪŋˌpiːs/ n. fucile m. da caccia.
fowl pest /'faʊlpest/ n. peste f. aviaria.
▷ **1.fox** /fɒks/ **I** n. **1** *(animal)* volpe f. (anche FIG.) **2** AE COLLOQ. *(attractive man)* bel ragazzo m.; *(attractive woman)* bella ragazza f. **II** modif. (anche **~ fur**) [*coat, hat*] di volpe.
2.fox /fɒks/ tr. COLLOQ. ingannare, imbrogliare; ***that's got me ~ed*** BE mi ha fregato.
fox cub /'fɒksˌkʌb/ n. volpacchiotto m.
fox fur /'fɒksˌfɜː(r)/ n. *(skin, coat)* (pelliccia di) volpe f.
foxglove /'fɒksglʌv/ n. BOT. digitale f.
foxhole /'fɒkshəʊl/ n. tana f. di volpe; MIL. buca f. di appostamento.
foxhound /'fɒkshaʊnd/ n. foxhound m.
fox hunt /'fɒksˌhʌnt/ n. *(battue)* caccia f. alla volpe.
fox hunter /'fɒksˌhʌntə(r)/ n. **1** *(hunter)* cacciatore m. (-trice) di volpi **2** *(horse)* cavallo m. per la caccia alla volpe.
fox hunting /'fɒksˌhʌntɪŋ/ n. *(activity)* caccia f. alla volpe.
foxiness /'fɒksɪnɪs/ n. astuzia f.
foxtail /'fɒksteɪl/ n. **1** *(brush)* coda f. di volpe **2** (anche **~ grass**) coda f. di volpe.
fox terrier /ˌfɒks'terɪə(r)/ n. fox terrier m.
1.foxtrot /'fɒkstrɒt/ n. fox-trot m.
2.foxtrot /'fɒkstrɒt/ intr. ballare il fox-trot.
foxy /'fɒksɪ/ agg. **1** *(crafty)* astuto **2** COLLOQ. *(sexy)* attraente, sensuale.
foy /fɔɪ/ n. SCOZZ. festa f. d'addio.
foyer /'fɔɪeɪ, AE 'fɔɪər/ n. ARCH. atrio m.; *(in theatre)* ridotto m., foyer m.
FPA n. (⇒ Family Planning Association) = associazione per la pianificazione familiare.
FPS **1** ⇒ feet per second piedi al secondo **2** INFORM. ⇒ frames per second frame al secondo **3** *(game)* ⇒ first-person shooter first-person shooter.
fr ECON. ⇒ franc franco (fr.).
Fr RELIG. ⇒ Father Padre (p.).
fracas /'frækɑː, AE 'freɪkəs/ n. alterco m., lite f. rumorosa.
fractal /'fræktl/ **I** n. frattale m. **II** agg. [*geometry*] frattale.
fraction /'frækʃn/ n. **1** *(portion)* frazione f. (anche MAT.) (**of** di) **2** *(tiny amount)* minima parte f.; ***a ~ of what I need*** una minima parte di ciò di cui ho bisogno; ***to miss by a ~*** mancare per un pelo; ***to move a ~*** spostare leggermente; ***a ~ higher, lower*** leggermente più alto, più basso.
fractional /'frækʃənl/ agg. **1** [*rise, decline, difference*] esiguo, irrilevante **2** MAT. [*equation*] frazionario; ***~ part*** parte decimale.
fractional currency /ˌfrækʃənl'kʌrənsɪ/ n. ECON. moneta f. divisionaria.
fractional distillation /ˌfrækʃənldɪstɪ'leɪʃn/ n. CHIM. distillazione f. frazionata.
fractionally /'frækʃənəlɪ/ avv. leggermente.
fractionate /'frækʃəneɪt/ tr. **1** *(separate into fractions)* frazionare **2** CHIM. sottoporre a distillazione frazionata.
fractionation /ˌfrækʃə'neɪʃn/ n. CHIM. frazionamento m.
fractionize /'frækʃənaɪz/ tr. *(separate into fractions)* frazionare.
fractious /'frækʃəs/ agg. [*person, personality*] irritabile, stizzoso; [*situation, confrontation*] teso.
▷ **1.fracture** /'fræktʃə(r)/ n. frattura f. (anche MED.).
▷ **2.fracture** /'fræktʃə(r)/ **I** tr. fratturare, rompere [*bone*]; spaccare [*rock*]; FIG. incrinare [*economy, unity*] **II** intr. [*bone*] fratturarsi, rompersi; [*pipe, masonry*] spaccarsi.
fraena /'friːnə/ → **fraenum**.
fraenulum /'friːnjʊləm/ n. (pl. **-a**) frenulo m.
fraenum /'friːnəm/ n. (pl. **~s**, **-a**) frenulo m.
▷ **fragile** /'frædʒaɪl, AE -dʒl/ agg. **1** *(delicate)* [*glass, structure, system*] fragile; [*state*] delicato; ***to feel ~*** *(physically)* sentirsi debole; *(emotionally)* essere fragile **2** *(tenuous)* [*link, hold*] debole.
fragility /frə'dʒɪlətɪ/ n. fragilità f.
1.fragment /'frægmənt/ n. *(of rock, shell)* frammento m.; *(of music)* brano m.; *(of manuscript)* frammento m., brano m.; *(of*

china) coccio m.; *(of glass)* scheggia f., coccio m.; *(of food)* pezzo m.; ***~s of conversation*** stralci di conversazione; ***to break into ~s*** andare in pezzi.

2.fragment /fræg'ment/ **I** tr. frammentare [*organization, task*] **II** intr. [*party, system*] frammentarsi (**into** in).

fragmental /ˌfræg'mentl/ agg. GEOL. frammentario.

fragmentary /'frægməntrɪ, AE -terɪ/ agg. **1** [*evidence, recollection, nature*] frammentario **2** GEOL. [*material*] frammentario.

fragmentation /ˌfrægmən'teɪʃn/ n. frammentazione f.

fragmentation bomb /ˌfrægmən'teɪʃnˌbɒm/ n. MIL. bomba f. dirompente, bomba f. a frammentazione.

fragmented /'frægmentɪd/ **I** p.pass. → **2.fragment II** agg. [*account, argument, play*] frammentario; [*group, civilization, job, system, world*] frammentato; [*rhythm*] spezzato; ***to become ~*** frammentarsi.

fragrance /'freɪgrəns/ n. fragranza f., profumo m.

fragrance-free /'freɪgrənsfri:/ agg. non profumato.

fragrant /'freɪgrənt/ agg. fragrante, profumato; ***~ memories*** LETT. piacevoli ricordi.

fraidy-cat /'freɪdɪkæt/ n. AE INFANT. coniglio m., fifone m. (-a).

frail /freɪl/ agg. **1** *(delicate)* [*person*] delicato, fragile, debole [*health*] cagionevole **2** *(fragile)* [*hope*] debole; [*state*] delicato; ***human nature is ~*** la natura umana è fragile.

frailty /'freɪltɪ/ n. *(of person, human nature)* fragilità f.; *(of structure, health)* debolezza f.; *(of state)* delicatezza f.

1.fraise /freɪz/ n. MIL. palizzata f. inclinata.

2.fraise /freɪz/ n. MECC. fresa f.

framboesia /fræm'bi:zɪə/ n. framboesia f.

▶ **1.frame** /freɪm/ **I** n. **1** *(structure) (of building, boat, roof)* struttura f., ossatura f.; *(of car, bicycle, racquet, bed)* telaio m.; *(of tent)* struttura f. **2** *(border) (of picture)* cornice f.; *(of window)* telaio m.; *(of door)* infisso m. **3** FIG. *(context)* cornice f. **4** ANAT. *(skeleton)* ossatura f.; *(body)* costituzione f. fisica, corporatura f.; ***his athletic, huge ~*** la sua corporatura atletica, massiccia **5** *(picture)* CINEM. frame m., fotogramma m.; TELEV. FOT. quadro m. **6** *(for weaving)* telaio m. **7** *(in snooker) (triangle)* triangolo m.; *(single game)* partita f. **8** INFORM. *(of transmitted data)* frame m. **9** COLLOQ. *(set-up)* montatura f.; ***to put sb. in the ~*** incastrare qcn. **II frames** n.pl. montatura f.sing. degli occhiali **III -framed** agg. in composti ***steel-, timber~d*** [*house*] con la struttura in acciaio, in legno.

▶ **2.frame** /freɪm/ tr. **1** *(enclose)* incorniciare (anche FIG.) [*picture, photograph, view*]; [*hair*] incorniciare [*face*] **2** *(formulate in words)* formulare [*question, reply etc.*] **3** *(devise)* elaborare [*plan, policy, legislation*] **4** *(mouth)* articolare [*words*] **5** COLLOQ. *(set up)* [*police*] montare un'accusa contro, incastrare [*suspect*]; [*criminal*] fare cadere i sospetti su, tramare contro [*associate*]; ***I've been ~d!*** mi hanno incastrato!

frame frequency /'freɪmˌfri:kwənsɪ/ n. CINEM. cadenza f.; TELEV. frequenza f. di quadro.

frame house /'freɪmˌhaʊs/ n. = casa con strutture in legno.

frameless /'freɪmlɪs/ agg. [*spectacles*] senza montatura; [*mirror, picture*] senza cornice.

frame line /'freɪmˌlaɪn/ n. CINEM. interlinea f.

frame of mind /ˌfreɪməv'maɪnd/ n. stato m. d'animo; ***to be in the right ~ for sth., to do*** essere dell'umore giusto per qcs., per fare; ***to be in the wrong ~ for sth., to do*** non essere dell'umore giusto per qcs., per fare.

frame of reference /ˌfreɪməv'refərəns/ n. MAT. SOCIOL. quadro m. di riferimento.

framer /'freɪmə(r)/ ◆ ***27*** n. corniciaio m. (-a).

frame rucksack /ˌfreɪm'rʌksæk/ n. zaino m. con armatura.

frame-up /'freɪmʌp/ n. COLLOQ. macchinazione f., montatura f.

framework /'freɪmwɜ:k/ n. **1** struttura f., ossatura f. **2** FIG. *(basis) (of society, system, novel, play)* struttura f.; *(of agreement, theory)* base f.; ***legal, political, moral ~*** base giuridica, politica, morale; ***a ~ for sth., for doing*** una base per qcs., per fare; ***within the ~ of the UN, the constitution*** nel quadro delle Nazioni Unite, della costituzione; ***Common European Framework of Reference*** quadro comune europeo di riferimento.

framing /'freɪmɪŋ/ n. **1** *(of picture, photograph)* incorniciatura f. **2** CINEM. inquadratura f.

Fran /fræn/ n.pr. diminutivo di **Frances**.

franc /fræŋk/ ◆ ***7*** n. franco m.

France /frɑ:ns, AE fræns/ ◆ ***6*** n.pr. Francia f.

Frances /'frɑ:nsɪs, AE 'fræn-/ n.pr. Francesca.

▷ **1.franchise** /'fræntʃaɪz/ **I** n. **1** POL. diritto m. di voto; ***universal ~*** suffragio universale **2** COMM. esclusiva f., privativa f. **3** DIR. concessione f., licenza f. **4** STOR. DIR. franchigia f. **5** *(in marine insurance)* franchigia f. **II** modif. COMM. [*auction*] esclusivo; [*business, chain*] in franchising.

2.franchise /'fræntʃaɪz/ tr. AE *(subcontract)* concedere in esclusiva [*product, service*].

franchisee /ˌfræntʃaɪ'zi:/, **franchise holder** /'fræntʃaɪzˌhəʊldə(r)/ n. **1** DIR. appaltatore m. **2** COMM. esclusivista m. e f. **3** *(in franchising)* franchisee m. e f.

franchiser /'fræntʃaɪzə(r)/ n. **1** POL. chi ha diritto di voto **2** COMM. concedente m. di un diritto di esclusiva.

franchising /'fræntʃaɪzɪŋ/ n. franchising m.

Francis /'frɑ:nsɪs, AE 'fræn-/ n.pr. Francesco; ***St ~ of Assisi*** san Francesco d'Assisi; ***~ Bacon*** Francesco Bacone.

Franciscan /fræn'sɪskən/ **I** agg. francescano **II** n. francescano m. (-a).

francium /'frænsɪəm/ n. francio m.

franco /'fræŋkəʊ/ avv. COMM. franco; ***~ domicile, frontier*** franco domicilio, di dogana.

francolin /'fræŋkəlɪn/ n. francolino m.

Francophile /'fræŋkəʊfaɪl/ **I** agg. francofilo **II** n. francofilo m. (-a).

Francophobe /'fræŋkəʊfəʊb/ **I** agg. francofobo **II** n. francofobo m. (-a).

francophone /'fræŋkəfəʊn/ **I** agg. francofono **II** n. francofono m. (-a).

frangibility /frændʒɪ'bɪlətɪ/ n. frangibilità f.

frangible /'frændʒɪbl/ agg. frangibile.

frangipane /'frændʒɪpeɪn/ n. **1** GASTR. = crema o pasta di mandorle **2** → **frangipani**.

frangipani /frændʒɪ'pɑ:nɪ/ n. (pl. **~, ~s**) *(shrub)* frangipani m.; *(perfume)* profumo m. di gelsomino.

Franglais /'frɑ:ŋgleɪ/ n. franglais m.

▷ **1.frank** /fræŋk/ agg. franco, schietto, aperto (**about** su); ***to be perfectly ~,...*** a essere del tutto sincero,...

2.frank /fræŋk/ tr. affrancare [*letter, parcel*]; obliterare [*stamp*].

Frank /fræŋk/ **I** n. STOR. franco m. (-a) **II** n.pr. Franco.

Frankfurt /'fræŋkfət/ ◆ ***34*** n.pr. Francoforte f.

frankfurter /'fræŋkfɜ:tə(r)/ n. würstel m., salsicciotto m.

frankincense /'fræŋkɪnsens/ n. incenso m.

franking machine /'fræŋkɪŋməˌʃi:n/ n. affrancatrice f.

Frankish /'fræŋkɪʃ/ **I** agg. STOR. franco **II** n. LING. franco m.

franklin /'fræŋklɪn/ n. STOR. = libero proprietario terriero non nobile.

▷ **frankly** /'fræŋklɪ/ avv. francamente.

frankness /'fræŋknɪs/ n. franchezza f.

▷ **frantic** /'fræntɪk/ agg. **1** *(wild)* [*activity, excitement*] frenetico, convulso; [*applause, rate*] frenetico **2** *(desperate)* [*effort, struggle, search*] disperato, affannoso, frenetico; [*shout, tone*] disperato; [*person*] agitatissimo, in grande apprensione; ***to be ~ with*** essere fuori di sé da; ***in a ~ state*** in uno stato di grande agitazione; ***to drive sb. ~*** fare diventare matto qcn.

▷ **frantically** /'fræntɪklɪ/ avv. **1** *(wildly)* [*wave, cheer*] freneticamente **2** *(desperately)* [*struggle, search*] disperatamente, affannosamente, freneticamente.

franticness /'fræntɪknɪs/ n. frenesia f.

frap /fræp/ tr. (forma in -ing ecc. **-pp-**) MAR. tesare, cazzare [*halyard*].

frappé /'fræpeɪ/ **I** n. AE *(frozen drink)* = liquore con ghiaccio tritato; *(milkshake)* frappè m. **II** agg. dopo nome BE [*drink*] frappè.

frat /fræt/ n. AE UNIV. (accorc. fraternity) = associazione studentesca maschile.

fraternal /frə'tɜ:nl/ agg. fraterno.

fraternally /frə'tɜ:nəlɪ/ avv. fraternamente.

> **Fraternity** Associazione maschile presente in molti *colleges* e università degli Stati Uniti. I suoi membri vivono insieme in una *fraternity house.* Ogni *fraternity* ha come nome due o più lettere greche, ad esempio "Lambda Delta Chi". Le *fraternities* organizzano iniziative benefiche, alcune delle quali concorrono a determinare il successo accademico dei membri. Sono state criticate come elitarie e discriminatorie, ma attualmente sono accettate in quanto il vivere in comunità riduce il costo della vita per gli studenti, in un'epoca e in una società in cui l'istruzione è sempre più cara (v. ***Sorority***).

fraternity /frə'tɜ:nətɪ/ n. **1** *(brotherhood)* fraternità f., fratellanza f. **2** *(sharing profession)* associazione f.; SPREG. consorteria f.; ***medical, banking ~*** associazione di medici, di banchieri **3** US UNIV. = associazione studentesca maschile.

fraternity pin /frə'tɜːnətɪˌpɪn/ n. US UNIV. = spilla che simboleggia l'appartenenza a una fraternity.

fraternization /ˌfrætənaɪ'zeɪʃn, AE -nɪ'z-/ n. fraternizzazione f. (**with** con).

fraternize /'frætənaɪz/ intr. fraternizzare (**with** con).

fratricidal /ˌfrætrɪ'saɪdl/ agg. fratricida; ***a ~ war*** una guerra fratricida.

fratricide /'frætrɪsaɪd/ n. **1** *(murder)* fratricidio m. **2** *(person)* fratricida m. e f.

▷ **fraud** /frɔːd/ **I** n. frode f., truffa f.; ***computer, credit card ~*** truffa informatica, con carta di credito **II** modif. [*allegations, charge, claim*] di frode; [*investigation, investigator*] su una frode; [*trial*] per frode.

Fraud Squad /'frɔːdˌskwɒd/ n. BE = squadra speciale di polizia che ha il compito di prevenire e combattere le frodi industriali, corrispondente ai NAS italiani.

fraudulence /'frɔːdjʊləns, AE -dʒʊ-/ n. **1** → **fraud 2** *(of signature, figures)* falsificazione f.

fraudulent /'frɔːdjʊlənt, AE -dʒʊ-/ agg. [*system, practice, dealing, use, application, claim*] fraudolento; [*signature, cheque*] falso; [*statement*] falso; [*gain, earnings*] illecito.

fraudulent conversion /'frɔːdjʊləntkənˌvɜːʃn, AE -dʒʊ-/ n. DIR. appropriazione f. indebita.

fraudulently /'frɔːdjʊləntlɪ, AE -dʒʊ-/ avv. [*borrow, act*] fraudolentemente.

fraught /frɔːt/ agg. [*meeting, situation, atmosphere*] teso, carico di tensione; [*relationship*] teso; [*person*] pieno (**with** di); ***to be ~ with*** [*situation*] essere pieno di [*danger, difficulty, etc.*].

fraxinella /fræksɪ'nelə/ n. frassinella f.

1.fray /freɪ/ n. FORM. ***the ~*** la lotta; ***to enter*** o ***join the ~*** entrare nella mischia.

2.fray /freɪ/ **I** tr. **1** [*friction*] consumare, logorare [*material*]; consumare [*rope*]; [*person*] consumare, sfilacciare [*material, rope*] **2** FIG. *(irritate)* logorare [*nerves*] **II** intr. [*material, rope*] consumarsi, logorarsi; [*temper, nerves*] logorarsi.

frayed /freɪd/ **I** p.pass. → **2.fray II** agg. [*material*] consumato, logorato, sfilacciato; [*nerves*] logoro; ***tempers were ~*** la gente era nervosa.

1.frazzle /'fræzl/ n. COLLOQ. ***to burn sth. to a ~*** bruciare completamente qcs. *o* ridurre qcs. in cenere; ***to be worn to a ~*** [*person*] essere ridotto a uno straccio.

2.frazzle /'fræzl/ tr. COLLOQ. **1** *(burn)* bruciare completamente, ridurre in cenere **2** logorare [*nerves*]; ***to feel ~d*** sentirsi a pezzi *o* essere esaurito.

▷ **1.freak** /friːk/ **I** n. **1** *(deformed person)* SPREG. mostro m.; ***a ~ of nature*** uno scherzo di natura **2** *(strange person)* tipo m. strano, stravagante m. e f. **3** *(unusual occurrence)* bizzarria f., anomalia f., stramberia f. **4** COLLOQ. *(enthusiast)* patito m. (-a), fanatico m. (-a); ***he's a jazz, fitness ~*** è un patito della musica jazz, del fitness; ***he's a religious ~*** è un fanatico religioso **5** COLLOQ. *(hippy)* freak m. e f., fricchettone m. (-a) **II** modif. [*accident, occurrence, weather, storm*] strano, anomalo, fuori dal comune; [*variable*] aleatorio; ***~ wave*** onda anomala.

▷ **2.freak** /friːk/ intr. COLLOQ. (anche **~ out**) *(get upset)* andare fuori di testa.

■ **freak out:** **~ out** COLLOQ. andare fuori di testa; ***to ~ out on LSD*** sballarsi con l'LSD; **~ *[sb.]* out, ~ out *[sb.]*** *(upset)* mettere in agitazione, spaventare.

freakish /'friːkɪʃ/ agg. **1** *(monstrous)* [*appearance, person, creature*] mostruoso **2** *(surprising)* [*event, success, weather*] strano, anomalo **3** *(unusual)* [*person, behaviour, clothes*] bizzarro, stravagante, fuori dal comune.

freak show /'friːkˌʃəʊ/ n. *(at circus, fair)* = in passato, spettacolo in cui si esibivano persone con evidenti anomalie fisiche.

freaky /'friːkɪ/ agg. COLLOQ. bizzarro.

1.freckle /'frekl/ n. lentiggine f., efelide f.

2.freckle /'frekl/ intr. [*person, skin*] coprirsi di lentiggini.

freckled /'frekld/ **I** p.pass. → **2.freckle II** agg. lentigginoso.

Fred /fred/, **Freddie**, **Freddy** /'fredɪ/ n.pr. diminutivo di **Alfred**, **Frederick**.

Frederica /ˌfredə'riːkə/ n.pr. Federica.

Frederick /'fredrɪk/ n.pr. Federico.

▶ **1.free** /friː/ **I** agg. **1** *(unhindered, unrestricted)* [*person, country, election, press, translation, access, choice*] libero; ***to be ~ to do*** essere libero di fare; ***to leave sb. ~ to do*** lasciare qcn. libero di fare; ***to feel ~ to do*** sentirsi libero di fare; ***feel ~ to ask questions*** chiedete pure; ***"may I use your phone?" - "feel ~"*** "posso usare il telefono?" - "certamente"; ***feel ~ to make yourself a coffee*** fatti pure un caffè se vuoi; ***to break ~ of*** o ***from*** liberarsi da [*influence, restriction*]; ***to set sb. ~ from*** liberare qcn. da [*situation, task*]; ***to set sb. ~ to do*** lasciare a qcn. la libertà di fare; ***a school where children are allowed ~ expression*** una scuola dove i bambini possono esprimersi liberamente; ***in the European Union there is ~ movement of workers*** nell'Unione Europea c'è libera circolazione dei lavoratori; ***I oiled the hinges to allow ~ movement*** ho lubrificato i cardini perché si aprisse e si chiudesse meglio; ***roadworks have restricted the ~ movement of traffic*** i lavori stradali hanno ridotto la scorrevolezza del traffico **2** *(not captive or tied)* [*person, limb*] libero; [*animal, bird*] libero, in libertà; ***she grabbed it with her ~ hand*** l'ha afferrato con la mano libera; ***one more tug and the rope was ~*** ancora uno strattone e la corda si sciolse; ***to set [sb., sth.] ~*** liberare [*prisoner, hostage*]; liberare, dare la libertà a [*animal, bird*]; ***to pull a person, an animal ~*** liberare una persona, un animale (**from, of** da); ***to pull [sth.] ~*** liberare [*object, shoe*]; ***to break ~*** [*person, animal*] liberarsi; ***the boat broke ~ from*** o ***of its moorings*** l'imbarcazione ruppe gli ormeggi; ***how did the parrot get ~?*** come si è liberato il pappagallo? ***they had to cut the driver ~ from his car*** hanno dovuto tagliare la lamiera per liberare l'autista dalla macchina; ***we managed to cut the rabbit ~*** *(from trap)* siamo riusciti a liberare il coniglio **3** *(devoid)* ***to be ~ from*** o ***of sb.*** [*person*] essersi liberato di qcn.; ***~ from*** o ***of litter, weeds*** libero dai rifiuti, dalle erbacce; ***~ from*** o ***of pollution*** non inquinato; ***he's not entirely ~ from*** o ***of blame*** non è del tutto innocente; ***a day ~ from*** o ***of interruptions*** una giornata senza interruzioni; ***she was ~ from*** o ***of any bitterness, hatred*** non provava nessun rancore, odio; ***I'm finally ~ from*** o ***of debt*** mi sono finalmente liberato dei debiti; ***to be ~ from*** o ***of pain*** non soffrire; ***this soup is ~ from*** o ***of artificial colourings*** questa zuppa non contiene coloranti artificiali; ***~ of*** o ***from tax*** ECON. non soggetto a imposta; ***~ of*** o ***from interest*** ECON. senza interessi **4** *(costing nothing)* [*ticket, meal, delivery, sample*] gratuito; ***"admission ~"*** "ingresso gratuito"; ***~ gift*** COMM. omaggio; ***she only came with us in the hope of a ~ meal, ride*** è venuta solo perché sperava di mangiare gratis, di fare un giro gratis; ***you can't expect a ~ ride*** FIG. ogni cosa ha il suo prezzo; ***he's had a ~ ride*** FIG. non ha faticato molto per arrivare **5** *(not occupied)* [*person, time, morning, chair, room*] libero; ***are you ~ for lunch on Monday?*** sei libero per pranzo lunedì? ***is this seat ~?*** (questo posto) è libero? ***I'm trying to keep Tuesday ~ to go and see her*** sto cercando di tenermi il martedì libero per farle visita; ***"please leave*** o ***keep this parking space ~ for disabled drivers"*** "posto riservato ai disabili" **6** *(generous, lavish)* ***to be ~ with food, drink*** dare da mangiare, da bere generosamente; ***to be ~ with compliments, advice*** essere prodigo di complimenti, consigli; ***they've always been very ~ with money*** sono sempre stati degli spendaccioni; ***to make ~ with sth.*** SPREG. prendere qcs. *o* servirsi di qcs. senza (troppi) complimenti **7** *(familiar)* disinvolto, sfacciato, impudente; ***he's too ~ in his manner*** ha dei modi troppo confidenziali, si prende troppa confidenza; ***to make ~ with sb.*** prendersi delle libertà con qcn. **8** CHIM. [*atom, nitrogen*] libero **9** LING. [*form, morpheme, vowel, stress*] libero **10** **-free** in composti ***oil, sugar, additive-~*** senza olio, zucchero, additivi; ***interest-~*** ECON. senza interessi; ***dust-~*** privo di *o* senza polvere ***smoke-~*** dove non si fuma **II** n. (anche **~ period**) SCOL. ora f. libera, ora f. buca ◆ ***to give sb. a ~ hand*** lasciare mano libera a qcn. (**in** per); ***to have a ~ hand*** avere mano libera (**in** per; **in doing** per fare); ***~ as a bird*** o ***the air*** libero come l'aria; ***the best things in life are ~*** nella vita le cose migliori sono gratuite; ***it's a ~ country*** siamo in un paese libero; ***there's no such thing as a ~ lunch*** con niente non si fa niente.

▶ **2.free** /friː/ avv. **1** *(at liberty)* [*run, roam*] liberamente; ***to go ~*** [*hostage*] essere liberato; [*murderer, criminal*] circolare liberamente; ***the rapist walked ~ from the court*** lo stupratore è stato dichiarato innocente **2** *(without payment)* [*give, mend, repair, travel*] gratuitamente, gratis; ***buy two, get one ~*** (offerta) tre per due; ***children are admitted ~*** l'ingresso è gratuito per i bambini **3** **for free** [*give, mend, repair, work*] gratuitamente, gratis, per niente; ***I'll tell you this for ~*** COLLOQ. posso dirtelo.

▶ **3.free** /friː/ **I** tr. **1** *(set at liberty) (from prison, captivity, slavery, chains, trap)* liberare [*person, animal*]; *(from wreckage)* liberare; ***to ~ sth. from sth.*** liberare qcs. da qcs.; ***to ~ sb. from*** liberare qcn. da [*prison, oppression, anxiety, guilt, burden, prejudice, suffering, disease*]; esentare qcn. da [*blame, responsibility*]; ***to ~ sth. from state control*** esonerare qcs. dal controllo statale **2** *(make available)* sbloccare, rendere disponibile [*money, capital, resources*]; liberare [*person, hands*]; ***early retirement ~d him to pursue his hobby*** il pensionamento anticipato gli ha permesso di dedicarsi liberamente al suo hobby; ***she wants to ~*** o ***~ up some time for*** *interviewing* vuole ritagliare uno spazio di tempo per le interviste **II** rifl. ***to ~ oneself*** *(from chains, wreckage)* liberarsi; ***to ~ oneself from*** liberarsi da [*chains, wreckage, control, influence, guilt, burden*]; liberarsi di [*anxiety*]; sbarazzarsi, liberarsi di [*burden*]; sottrarsi a [*blame, responsibility*].

free agent /ˌfriː'eɪdʒənt/ n. ***to be a ~*** essere padrone di sé *o* un uomo libero.

free alongside ship /friːəˌlɒŋsaɪd'ʃɪp, AE -əlɔːŋˌsaɪd-/ agg. franco sottobordo nave.

free and easy /friːənd'iːzɪ/ agg. [*person*] informale, alla mano; SPREG. troppo disinvolto; [*atmosphere*] rilassato; [*life, relationship*] libero.

free association /ˌfriːəsəʊsɪ'eɪʃn/ n. PSIC. libera associazione f.

freebase /'friːbeɪs/ n. = cocaina riscaldata e mescolata all'etere, che si assume per inalazione o fumandone i residui.

freebie, freebee /'friːbiː/ **I** n. COLLOQ. *(free gift)* omaggio m.; *(newspaper)* copia f. omaggio; *(trip)* viaggio m. gratis **II** modif. COLLOQ. [*object*] omaggio; [*meal, trip*] gratis.

freeboard /'friːbɔːd/ n. MAR. bordo m. libero.

freebooter /'friːbuːtə(r)/ n. pirata m., filibustiere m. (anche FIG.).

freeborn /ˌfriː'bɔːn/ agg. DIR. nato libero.

Free Church /ˌfriː'tʃɜːtʃ/ n. Chiesa f. non conformista.

free city /ˌfriː'sɪtɪ/ n. città f. libera.

free climbing /'friːˌklaɪmɪŋ/ ♦ ***10*** n. *(in mountaineering)* free climbing m., arrampicata f. libera.

free collective bargaining /friːkəˌlektɪv'bɑːgɪnɪŋ/ n. **U** libera contrattazione f. collettiva.

freedman /'friːdmən/ n. (pl. **-men**) liberto m.

▶ **freedom** /'friːdəm/ n. **1** *(liberty)* libertà f. (**to do** di fare); ***~ of choice, of the press*** libertà di scelta, di stampa; ***~ of action, of speech*** libertà d'azione, di parola; ***~ of information*** libertà di informazione; ***~ of movement*** *(of person)* libertà di movimento; *(of part, screw etc.)* gioco; ***to give sb. his, her ~*** restituire a qcn. la sua libertà **2** *(entitlement to use)* ***they gave us the ~ of their house while they were away*** hanno messo la loro casa a nostra disposizione quando erano via; ***to give sb., receive the ~ of a city*** dare a qcn., ricevere la cittadinanza onoraria; ***~ of the seas*** libertà dei mari **3** ***~ from*** *(lack of)* assenza di [*fear, hunger, control*]; *(immunity from)* il non avere [*fear, hunger, disease*]; il non dovere subire [*influence*]; ***to have*** o ***enjoy ~ from*** non dover soffrire [*famine, hunger*]; essere libero da [*fear*]; non dovere soffrire per [*war*]; ***the new government promised ~ from hunger, from want to all its people*** il nuovo governo ha promesso di non far più soffrire la fame alla popolazione, di liberare la popolazione dal bisogno **4** *(ease of manner)* disinvoltura f., scioltezza f.

freedom fighter /'friːdəmˌfaɪtə(r)/ n. combattente m. e f. per la libertà.

free enterprise /ˌfriː'entəpraɪz/ **I** n. iniziativa f. privata, libera iniziativa f., libera impresa f. **II** modif. [*economy*] di mercato; [*system*] di libera impresa.

freefall /ˌfriː'fɔːl/ **I** n. caduta f. libera; ***in ~*** in caduta libera (anche FIG.) **II free-fall** modif. [*bomb*] a caduta libera; [*racket*] infernale.

free flight /'friːˌflaɪt/ n. volo m. libero.

free-floating /ˌfriː'fləʊtɪŋ/ agg. [*object*] che galleggia liberamente; [*idea, emotion*] incerto.

free-flowing /friː'fləʊɪŋ/ agg. [*liquid*] che sgorga liberamente; [*music, conversation*] fluido; [*idea*] spontaneo.

Freefone® /'friːfəʊn/ **I** n. BE numero m. verde **II** modif. ***~ service*** numero verde; ***dial ~ 123*** chiamate il numero verde 123; ***dial ~ recovery service*** chiamate il numero verde per il servizio di soccorso stradale.

free-for-all /ˌfriːfər'ɔːl/ **I** agg. aperto a tutti **II** n. *(discussion)* dibattito m. aperto; *(fight)* mischia f., rissa f.; *(deregulated contest)* competizione f. senza regole.

freehand /'friːhænd/ agg. e avv. a mano libera.

free hit /ˌfriː'hɪt/ n. *(in polo)* tiro m. libero, di punizione.

freehold /'friːhəʊld/ **I** n. proprietà f. assoluta; ***to have the ~ of sth.*** avere la proprietà assoluta di qcs. **II** modif. [*property, tenancy, land*] in proprietà assoluta.

freeholder /'friːhəʊldə(r)/ n. = titolare di un diritto di proprietà assoluta.

free house /ˌfriː'haʊs/ n. GB = locale che può approvvigionarsi di birra di qualsiasi marca.

free kick /ˌfriː'kɪk/ n. calcio m. di punizione.

free labour BE, **free labor** AE /friː'leɪbə(r)/ n. = operai non iscritti al sindacato.

▷ **1.freelance** /'friːlɑːns, AE -læns/ ♦ ***27*** **I** n. free-lance m. e f., libero (-a) professionista m. e f. **II** agg. [*journalist, work*] free-lance, indipendente; ***on a ~ basis*** in free-lance **III** avv. [*work*] (in) free-lance.

2.freelance /'friːlɑːns, AE -læns/ intr. lavorare (in) free-lance, lavorare in proprio.

freelancer /'friːlɑːnsə(r), AE -læns-/ ♦ ***27*** n. free-lance m. e f., libero (-a) professionista m. e f.

freeload /'friːləʊd/ intr. COLLOQ. vivere a sbafo, a scrocco.

freeloader /'friːləʊdə(r)/ n. COLLOQ. parassita m. e f., scroccone m. (-a).

free love /ˌfriː'lʌv/ n. libero amore m.

▷ **freely** /'friːlɪ/ avv. **1** *(without restriction)* [*act, travel, sell, speak*] li-beramente; ***to breathe ~*** respirare liberamente; FIG. sentirsi sollevato; *(abundantly)* [*spend*] senza preoccupazioni; [*give*] generosamente; [*perspire*] abbondantemente; ***to move ~*** [*part of body*] muoversi facilmente; [*machinery*] avere libero gioco; [*person*] *(around building, country)* circolare liberamente; ***to be ~ available*** *(easy to find)* [*commodity, drug, help, information*] trovarsi facilmente; *(accessible)* [*information, education*] essere aperto a tutti; ***wine flowed ~*** scorrevano fiumi di vino **2** *(willingly)* [*admit, confess*] spontaneamente **3** *(not strictly)* [*translate, adapt*] liberamente.

freeman /'friːmən/ n. (pl. **-men**) (anche **~ of the city**) cittadino m. onorario.

free market /ˌfriː'mɑːkɪt/ **I** n. (anche **~ economy**) economia f. di mercato; ***in a ~*** in un'economia di mercato **II** modif. [*forces, policy, system*] di mercato.

free marketeer /friːˌmɑːkɪ'tɪə(r)/ n. fautore m. (-trice) dell'economia di mercato.

Freemason /'friːmeɪsn/ n. frammassone m., massone m.

Freemasonry /'friːˌmeɪsnrɪ/ n. frammassoneria f., massoneria f.

freemen /'friːmen/ → **freeman**.

free of charge /friːəv'tʃɑːdʒ/ **I** agg. [*delivery, service, admission*] gratuito **II** avv. [*mend, repair, replace*] gratuitamente.

free on board /friːɒn'bɔːd/ agg. e avv. BE franco a bordo; AE franco vagone partenza.

free on rail /friːɒn'reɪl/ agg. franco ferrovia.

free period /ˌfriː'pɪərɪəd/ n. SCOL. ora f. libera, ora f. buca.

Freephone® → **Freefone**®.

free port /ˌfriː'pɔːt/ n. porto m. franco.

freepost /'friːpəʊst/ **I** n. BE *(also on envelope)* spese f.pl. postali a carico del destinatario **II** modif. BE [*system, service*] di spese postali a carico del destinatario; [*address*] che non richiede affrancatura.

free-range /ˌfriː'reɪndʒ/ agg. [*hen, chicken*] ruspante; [*pig*] allevato all'aperto.

free-range eggs /friːˌreɪndʒ'egz/ n.pl. uova f. di galline ruspanti.

free school /friː'skuːl/ n. scuola f. gratuita.

free sheet /friː'ʃiːt/ n. giornale m. gratuito.

freesia /'friːzɪə, 'friːʒə/ n. fresia f.

free speech /ˌfriː'spiːtʃ/ n. libertà f. di parola.

free spirit /friː'spɪrɪt/ n. ***to be a ~*** essere uno spirito libero.

free-spirited /friː'spɪrɪtɪd/ agg. [*person*] che ha uno spirito libero; [*character, outlook*] libero.

free-standing /ˌfriː'stændɪŋ/ agg. [*lamp*] a stelo; [*statue*] senza piedistallo; [*cooker, heater, bath*] non fissato al muro; FIG. [*organization, company*] indipendente.

Free State /'friːˌsteɪt/ n. AE STOR. Stato m. abolizionista.

freestone /'friːstəʊn/ n. **U** pietra f. da taglio.

freestyle /'friːstaɪl/ **I** n. *(in swimming, snowboarding)* free-style m.; *(in skiing)* free-style m., sci m. acrobatico; *(in wrestling)* lotta f. libera **II** modif. [*skiing*] acrobatico; [*wrestling*] libero; [*race, event*] *(in swimming, snowboarding)* free-style; *(in skiing)* di sci acrobatico; *(in wrestling)* di lotta libera.

freethinker /ˌfriː'θɪŋkə(r)/ n. libero pensatore m.

freethinking /ˌfriː'θɪŋkɪŋ/ **I** n. (anche **free thought**) libero pensiero m. **II** agg. ***~ person*** libero pensatore.

free throw /ˌfriː'θrəʊ/ n. *(in basketball)* tiro m. libero.

free-throw line /'friːθrəʊˌlaɪn/ n. *(in basketball)* linea f. di tiro libero.

free-to-air /ˌfriːtʊ'eə(r)/ agg. BE [*TV programme, channel*] non a pagamento, in chiaro.

free trade /ˌfriː'treɪd/ **I** n. libero scambio m. **II** modif. [*agreement, economist, movement*] di libero scambio; ***~ zone*** zona franca.

free trader /ˌfriː'treɪdə(r)/ n. liberoscambista m. e f.

free verse /ˌfriː'vɜːs/ n. verso m. libero.

free vote /friː'vəʊt/ n. = voto parlamentare non soggetto alla disciplina del partito.

freeware /'friːweə(r)/ n. INFORM. freeware m., software m. gratuito.

freeway /'fri:weɪ/ n. AE autostrada f. (senza pedaggio), superstrada f.

1.freewheel /ˌfri:'wi:l, AE -'hwi:l/ n. MECC. *(of bicycle, vehicle)* ruota f. libera.

2.freewheel /ˌfri:'wi:l, AE -'hwi:l/ intr. *(on bike)* andare a ruota libera; *(on car)* andare in folle; FIG. [*person*] essere disinvolto, noncurante.

freewheeler /ˌfri:'wi:lə(r), AE -'hwi:l-/ n. ***to be a ~*** essere disinvolto, noncurante.

freewheeling /ˌfri:'wi:lɪŋ, AE -'hwi:l-/ agg. [*style, approach*] disinvolto; [*imagination*] libero; [*person, attitude*] disinvolto, noncurante.

free will /ˌfri:'wɪl/ n. **1** FILOS. libero arbitrio m. **2** ***to do sth. of one's (own) ~*** fare qcs. di propria (spontanea) volontà.

1.freeze /fri:z/ n. **1** METEOR. gelo m., gelata f.; ***the big ~*** il grande gelo **2** ECON. *(of credits, assets, prices, wages)* congelamento m., blocco m. (**on** di); ***benefit, price, rent, wage ~*** il blocco delle indennità, dei prezzi, degli affitti, dei salari.

▶ **2.freeze** /fri:z/ **I** tr. (pass. **froze**; p.pass. **frozen**) **1** congelare [*food*]; [*cold weather*] gelare [*liquid, pipes*]; ***the lock was frozen*** la serratura era bloccata dal gelo **2** ECON. congelare, bloccare [*price, loan, wages, assets*] **3** CINEM. bloccare [*frame, picture*] **4** *(anaesthetize)* anestetizzare con il freddo [*gum, wart, skin*] **5** INFORM. bloccare [*window*] **II** intr. (pass. **froze**; p.pass. **frozen**) **1** *(become solid)* [*water, river, pipes*] gelare; [*food*] congelarsi; ***to ~ to sth.*** rimanere attaccato a qcs. per il freddo **2** *(feel cold)* [*person*] gelare; ***to ~ to death*** morire assiderato; ***to be freezing to death*** FIG. morire di freddo **3** FIG. *(become motionless)* [*person, animal*] irrigidirsi, rimanere immobile; [*blood*] raggelarsi; ***the smile froze on his face*** il sorriso si raggelò sul suo volto; ***~!*** ferma! fermi tutti! ***to ~ with horror, surprise*** raggelarsi per l'orrore, per lo stupore **4** FIG. *(become haughty)* [*person*] diventare borioso **III** impers. METEOR. gelare; ***it's freezing hard*** fa un freddo terribile *o* si gela.

▪ **freeze out:** ***~ [sb., sth.] out, ~ out [sb., sth.]*** COLLOQ. [*person*] escludere [*colleague, friend*]; COMM. escludere [*competitor, company*]; eliminare dal mercato [*goods*].

▪ **freeze over** [*lake, river*] gelare, ghiacciare; [*window, windscreen*] coprirsi di ghiaccio; ***the windscreen is frozen over*** il parabrezza si è coperto di ghiaccio; ***I can wait until hell ~s over*** posso aspettare tutto il tempo necessario; *(negative)* posso aspettare fino al giorno del giudizio; ***when hell ~s over!*** quando gli asini voleranno!

▪ **freeze up** [*pipe*] gelarsi; [*lock*] bloccarsi per il gelo; [*window*] coprirsi di ghiaccio.

freeze-dried /ˌfri:z'draɪd/ **I** p.pass. → **freeze-dry II** agg. liofilizzato.

freeze-dry /'fri:zdraɪ/ tr. liofilizzare.

freeze frame /ˌfri:z'freɪm/ n. CINEM. TELEV. fermo m. immagine.

freezer /'fri:zə(r)/ n. **1** *(for food storage)* freezer m., congelatore m. **2** AE *(ice-cream maker)* gelatiera f.

freezer bag /'fri:zəˌbæg/ n. sacchetto m. per congelare i cibi.

freezer compartment /'fri:zəkəmˌpɑ:tmənt/ n. *(in a fridge)* freezer m.

freezer trawler /'fri:zəˌtrɔ:lə(r)/ n. motopeschereccio m. frigorifero.

▷ **freezing** /'fri:zɪŋ/ **I** n. **1** METEOR. *(action)* congelamento m.; (anche **~ point**) punto m. di congelamento; ***below ~*** sotto zero **2** ECON. *(of prices)* congelamento m., blocco m. **II** agg. mai attrib. [*person*] gelato; [*room, weather*] gelido; ***I'm ~*** sto congelando; ***it's ~ in here*** fa un freddo glaciale qui.

freezing cold /'fri:zɪŋˌkəʊld/ **I** n. freddo m. gelido, glaciale **II** agg. [*room, wind, water*] gelido; [*shower*] gelato.

freezing point /'fri:zɪŋpɔɪnt/ n. punto m. di congelamento.

▷ **1.freight** /freɪt/ **I** n. **1** *(goods)* merce f. trasportata, carico m. **2** *(transport system)* trasporto m.; ***air, rail, sea ~*** trasporto aereo, ferroviario, marittimo **3** *(cost)* spese f.pl. di trasporto, porto m. **II** modif. COMM. [*company*] di trasporti; [*route*] di trasporto; [*transport, service, wagon, train*] merci; ***~ traffic*** traffico di merci.

2.freight /freɪt/ tr. COMM. [*person, company*] trasportare [*goods*].

freightage /'freɪtɪdʒ/ n. **1** *(charge)* spese f.pl. di trasporto **2** *(goods)* carico m.

freight car /'freɪtˌkɑ:(r)/ n. FERR. carro m. merci.

freight charges /'freɪtˌtʃɑ:dʒɪz/ n.pl. COMM. spese f. di trasporto.

freight collect /'freɪtkəˌlekt/ avv. AE COMM. porto assegnato.

freight costs /'freɪtˌkɒsts, AE -ˌkɔ:sts/ n.pl. spese f. di trasporto.

freighter /'freɪtə(r)/ n. **1** MAR. cargo m., nave f. da carico **2** AER. cargo m., aereo m. da carico.

freight forward /'freɪtˌfɔ:wəd/ avv. BE COMM. porto assegnato.

freight forwarder /'freɪtˌfɔ:wədə(r)/, **freight forwarding agent** /'freɪtˌfɔ:wədɪŋˌeɪdʒənt/ ➧ **27** n. COMM. trasportatore m.

freight insurance /'freɪtɪnˌʃɔ:rəns, AE -ˌʃʊər-/ n. assicurazione f. del carico.

freightliner /'freɪtˌlaɪnə(r)/ n. FERR. treno m. merci per container.

freight note /'freɪtˌnəʊt/ n. lettera f. di vettura.

freight operator /'freɪtˌɒpəreɪtə(r)/ ➧ **27** n. COMM. trasportatore m.

freight terminal /'freɪtˌtɜ:mɪnl/ n. AER. terminal m. merci.

freight ton /'freɪtˌtʌn/ n. tonnellata f. di nolo.

freight yard /'freɪtˌjɑ:d/ n. scalo m. merci.

fremitus /'fremɪtəs/ n. (pl. **~**) MED. fremito m.

French /frentʃ/ ➧ **18, 14 I** agg. [*town, custom, food, economy etc.*] francese; [*ambassador, embassy*] francese, di Francia **II** n. (pl. **~**) **1** *(people)* ***the ~*** + verbo pl. i francesi **2** *(language)* francese m.; ***pardon my ~*** SCHERZ. scusate il linguaggio **III** modif. *(of French)* [*teacher, exam, course*] di francese; *(into French)* [*translation*] in francese ◆ ***to take ~ leave*** filarsela all'inglese *o* tagliare la corda.

French bean /ˌfrentʃ'bi:n/ n. BE fagiolino m.

French Canadian /ˌfrentʃkə'neɪdɪən/ ➧ **14 I** agg. [*person, accent*] francocanadese; [*town, custom*] del Canada francofono **II** n. **1** *(person)* francocanadese m. e f. **2** LING. francocanadese m.

French chalk /ˌfrentʃ'tʃɔ:k/ n. gesso m. per sarti.

French doors /ˌfrentʃ'dɔ:z/ n.pl. AE portafinestra f.sing.

French dressing /ˌfrentʃ'dresɪŋ/ n. = salsa a base di olio e aceto, usata specialmente per condire insalate.

French fried potatoes /ˌfrentʃfraɪdpə'teɪtəʊz/ n.pl. patatine f. fritte (a bastoncino).

French fries /ˌfrentʃ'fraɪz/ n.pl. patatine f. fritte (a bastoncino).

French Guiana /ˌfrentʃgaɪ'ænə/ n.pr. Guiana f. francese.

French horn /ˌfrentʃ'hɔ:n/ ➧ **17** n. corno m. francese.

French horn player /ˌfrentʃ'hɔ:nˌpleɪə(r)/ ➧ **27** n. cornista m. e f.

Frenchified /'frentʃɪfaɪd/ **I** p.pass. → **Frenchify II** agg. COLLOQ. francesizzato.

Frenchify /'frentʃɪfaɪ/ tr. SPREG. o SCHERZ. francesizzare, infrancesare.

French kiss /ˌfrentʃ'kɪs/ n. COLLOQ. bacio m. (alla) francese, in bocca; ***to give sb. a ~*** dare un bacio in bocca a qcn.

French knickers /ˌfrentʃ'nɪkəz/ n.pl. BE culottes f.

French letter /ˌfrentʃ'letə(r)/ n. ANT. COLLOQ. *(contraceptive)* guanto m. di Parigi.

French loaf /ˌfrentʃ'ləʊf/ n. (pl. **French loaves**) baguette f.

Frenchman /'frentʃmən/ n. (pl. **-men**) francese m.

French marigold /ˌfrentʃ'mærɪgəʊld/ n. tagete m. indiano.

Frenchmen /'frentʃmen/ → **Frenchman**.

French mustard /ˌfrentʃ'mʌstəd/ n. mostarda f., senape f.

French pleat /ˌfrentʃ'pli:t/ n. **1** SART. = in una tenda, piega composta da tre pieghe più piccole **2** *(hairstyle) (roll)* = chignon di capelli arrotolati verso l'alto sulla nuca; *(pleat)* treccia f. a lisca di pesce.

1.French polish /ˌfrentʃ'pɒlɪʃ/ n. vernice f. a spirito.

2.French polish /ˌfrentʃ'pɒlɪʃ/ tr. verniciare a spirito.

French poodle /ˌfrentʃ'pu:dl/ n. barboncino m.

French Revolution /ˌfrentʃˌrevə'lu:ʃn/ n. rivoluzione f. francese.

French Riviera /ˌfrentʃˌrɪvɪ'eərə/ n. Costa f. Azzurra.

French seam /ˌfrentʃ'si:m/ n. = cucitura in cui non si vede il risvolto.

French-speaking /ˌfrentʃ'spi:kɪŋ/ agg. francofono.

French stick /ˌfrentʃ'stɪk/ n. baguette f.

French toast /ˌfrentʃ'təʊst/ n. **U** = fetta di pane passata nell'uovo e fritta.

French West Africa /ˌfrentʃwest'æfrɪkə/ n.pr. Africa f. occidentale francese.

French window /ˌfrentʃ'wɪndəʊ/ n. portafinestra f.

Frenchwoman /'frentʃwʊmən/ n. (pl. **-women**) francese f.

frenetic /frə'netɪk/ agg. [*activity, life, lifestyle*] frenetico.

frenetically /frə'netɪklɪ/ avv. freneticamente.

frenulum /'frenjʊləm/ AE → **fraenulum**.

frenum AE → **fraenum**.

frenzied /'frenzɪd/ agg. [*activity*] frenetico; [*passion, lust*] smodato; [*mob*] *(happy)* in delirio; *(angry)* scatenato; [*attempt, effort*] disperato; ***to make a ~ attack on sb.*** attaccare violentemente qcn.; ***to be the victim of a ~ attack*** essere la vittima di un attacco di follia; ***we had to make a ~ dash to the airport*** SCHERZ. abbiamo dovuto correre come dei pazzi per arrivare all'aeroporto.

▷ **frenzy** /'frenzɪ/ n. frenesia f., impeto m., parossismo m.; ***media ~*** la frenesia dei media; ***to be in a state of ~*** essere in uno stato di frenesia; ***to drive [sb., sth.] into a ~*** incitare [*crowd*]; fare diventare pazzo [*person*]; ***cooking for ten reduces me to a state of ~*** SCHERZ.

cucinare per dieci persone mi manda fuori di testa; ***there is, was a ~ of activity*** c'è, c'era un'attività frenetica; ***in a ~ of joy*** in un trasporto di gioia; ***in a ~ of anxiety, hatred*** nel parossismo dell'ansia, dell'odio; ***in a ~ of anticipation*** nell'agitazione dell'attesa.

frequency /'fri:kwənsɪ/ n. *(all contexts)* frequenza f. (**of** di); ***in order of ~*** in ordine di frequenza; ***these incidents have been occurring with increasing ~*** questi incidenti sono sempre più frequenti.

frequency band /'fri:kwənsɪˌbænd/ n. banda f. di frequenza.

frequency distribution /'fri:kwənsɪdɪstrɪˌbju:ʃn/ n. distribuzione f. di frequenza.

frequency hopping /'fri:kwənsɪˌhɒpɪŋ/ n. cambio m. di frequenza.

frequency modulation /'fri:kwənsɪmɒdjʊˌleɪʃn, AE -dʒʊ-/ n. modulazione f. di frequenza.

▷ **1.frequent** /'fri:kwənt/ agg. **1** *(common, usual)* [*expression, use*] frequente, abituale, comune, diffuso; ***it's quite ~, it's quite a ~ occurrence*** è una cosa che capita spesso **2** *(happening often)* [*attempt, change, departure, discussion, visit*] frequente; ***to make ~ use of sth.*** usare qcs. frequentemente; ***to be in ~ contact with sb.*** avere frequenti contatti con qcn.; ***she's a ~ visitor to our house*** viene spesso da noi; ***to be sb.'s ~ companion*** accompagnare spesso qcn.

2.frequent /frɪ'kwent/ tr. frequentare [*place, circle*].

frequentable /frɪ'kwentəbl/ agg. frequentabile.

frequentation /fri:kwen'teɪʃn/ n. frequentazione f.

frequentative /frɪ'kwentətɪv/ **I** agg. frequentativo **II** n. (verbo) frequentativo m.

frequenter /frɪ'kwentə(r)/ n. frequentatore m. (-trice).

frequent flyer /ˌfri:kwənt'flaɪə(r)/ n. frequent flyer m. (chi abitualmente viaggia in aereo, specialmente sulla stessa rotta o con la stessa compagnia aerea).

▶ **frequently** /'fri:kwəntlɪ/ avv. frequentemente.

1.fresco /'freskəʊ/ n. (pl. **~s, ~es**) affresco m.

2.fresco /'freskəʊ/ tr. affrescare.

▶ **fresh** /freʃ/ agg. **1** *(not old)* [*foodstuff*] fresco; ***to look ~*** avere un aspetto fresco; ***it feels, tastes, smells ~*** al tatto, dal sapore, dall'odore sembra fresco; ***eggs ~ from the farm*** uova fresche di fattoria; ***flowers ~ from the garden*** fiori freschi raccolti in giardino; ***bread ~ from the oven*** pane appena sfornato **2** GASTR. *(not processed)* [*herbs, pasta, coffee*] fresco; ***~ orange juice*** spremuta d'arancia **3** *(renewed, other)* [*clothes*] nuovo, pulito; [*linen*] fresco, pulito; [*cigarette*] non incominciato; [*ammunition*] supplementare; [*information, evidence, supplies, attempt, assignment, inquiry*] nuovo; ***a ~ coat of paint*** una nuova mano di vernice; ***a ~ glass of wine*** un altro bicchiere di vino; ***to take a ~ look at sth.*** guardare qcs. con uno sguardo nuovo; ***to make a ~ start*** cominciare di nuovo **4** *(recent)* [*fingerprint, blood*] fresco; [*memory, news*] fresco, recente; [*cut*] recente; ***write it down while it is still ~ in your mind*** scrivilo subito intanto che *o* mentre te lo ricordi ancora bene; ***the accident is still ~ in her memory*** l'incidente è ancora ben impresso nella sua memoria **5** *(recently returned)* ***young people ~ from*** o ***out of school*** giovani freschi di studi; ***to be ~ from a trip abroad*** essere appena tornato da un viaggio all'estero **6** *(refreshing, original)* [*approach, outlook, way*] nuovo; ***a ~ approach to the problem*** un nuovo modo di affrontare il problema **7** *(energetic, alert)* ***to feel, be ~*** sentirsi, essere in forza; ***you will feel ~er in the morning*** ti sentirai meglio al mattino **8** *(cool, refreshing)* [*air, day, water*] fresco **9** AE COLLOQ. *(over-familiar)* impertinente, sfacciato, insolente; ***to be ~ with sb.*** essere sfacciato con qcn.; ***to get ~ with sb.*** *(sexually)* prendersi delle libertà con qcn. **10** METEOR. ***a ~ breeze*** una brezza tesa ◆ ***to be ~ out of*** COLLOQ. avere appena terminato [*supplies etc.*].

fresh air /ˌfreʃ'eə(r)/ n. aria f. fresca; ***to let in some ~*** lasciare entrare dell'aria fresca; ***to get some ~*** prendere un po' d'aria; ***~ and exercise*** aria aperta e attività fisica; ***they don't get enough ~*** non prendono abbastanza aria.

fresh-air fiend /ˌfreʃ'eəfi:nd/ n. **1** COLLOQ. *(outdoor type)* fanatico m. (-a) della vita all'aria aperta **2** COLLOQ. *(liking ventilation)* maniaco m. (-a) dell'aria condizionata.

freshen /'freʃn/ intr. METEOR. ***winds ~ing from the east*** venti freschi da est.

▪ **freshen up** darsi una rinfrescata.

fresher /'freʃə(r)/ n. BE UNIV. COLLOQ. matricola f.; ***~'s week*** = settimana dedicata all'accoglienza delle matricole.

freshet /'freʃɪt/ n. **1** *(stream)* corso m. d'acqua, ruscello m. **2** *(flood)* piena f. di fiume.

fresh-faced /ˌfreʃ'feɪst/ agg. dal viso, dall'aspetto fresco.

▷ **freshly** /'freʃlɪ/ avv. [*cut, ground, picked, painted*] di fresco, recentemente; ***~ baked bread*** pane appena sfornato; ***~ ironed sheets*** lenzuola appena stirate; ***~ washed*** o ***laundered*** appena lavato *o* fresco di bucato; ***~ brewed coffee*** caffè appena fatto; ***~ ground pepper*** pepe macinato al momento.

▷ **freshman** /'freʃmən/ n. (pl. **-men**) **1** UNIV. matricola f. **2** AE FIG. *(in Congress, in firm)* ultimo arrivato m., nuovo arrivo m.

fresh money /ˌfreʃ'mʌnɪ/ n. ECON. denaro m. fresco.

freshness /'freʃnɪs/ n. **1** *(of produce, linen)* freschezza f.; *(of paintwork)* (l')essere fresco **2** *(coolness)* freschezza f. **3** *(of skin, complexion)* freschezza f. **4** *(originality)* novità f.; ***the ~ of her approach*** l'originalità del suo approccio.

▷ **fresh water** /'freʃwɔ:tə(r)/ **I** n. acqua f. dolce **II freshwater** modif. [*fish, plant, lake*] d'acqua dolce.

freshwoman /'freʃwʊmən/ n. (pl. **-women**) UNIV. matricola f.

1.fret /fret/ n. MUS. *(on string instruments)* tasto m., traversina f.

2.fret /fret/ n. **1** *(erosion)* corrosione f. **2** *(eroded spot)* punto m. corroso **3** *(irritation)* irritazione f., stizza f.; *(torment)* inquietudine f., afflizione f.; ***to be in a ~*** *(irritated)* essere irritato; *(impatient)* essere agitato.

3.fret /fret/ **I** tr. (forma in -ing ecc. **-tt-**) corrodere, intaccare [*wood, screen*] **II** intr. (forma in -ing ecc. **-tt-**) **1** *(be anxious)* agitarsi; *(be annoyed)* irritarsi; *(be distressed)* affliggersi, inquietarsi (**over, about** per); ***don't ~*** non agitarti; ***she has been ~ting all week*** è stata agitata tutta la settimana **2** *(cry)* [*baby*] piangere, piagnucolare **3** *(pine)* ***he's ~ting for his mother*** vuole *o* gli manca sua madre.

4.fret /fret/ n. **1** ARCH. (anche **Greek ~**) greca f. **2** ARALD. cancello m. **3** STOR. *(for hair)* (acconciatura a) rete f.

5.fret /fret/ tr. (forma in -ing ecc. **-tt-**) ARCH. *(with Greek frets)* decorare con greche; *(with fretwork)* decorare a intaglio, intagliare [*wood, screen*].

fretful /'fretfl/ agg. [*child*] piagnucolone; [*adult*] irritabile, nervoso, scontroso.

fretfully /'fretfəlɪ/ avv. [*ask, speak*] con tono irritato; ***to pace ~ to and fro*** passeggiare nervosamente su e giù; ***to cry ~*** piagnucolare.

fretsaw /'fretsɔ:/ n. seghetto m. da traforo.

fretted /'fretɪd/ agg. [*string instrument*] fornito di tasti, di traversine.

fretwork /'fretwɜ:k/ n. lavoro m. di intaglio, di traforo.

Freudian /'frɔɪdɪən/ **I** agg. freudiano **II** n. freudiano m. (-a); ***my analyst is a ~*** il mio analista è un freudiano.

Freudianism /'frɔɪdɪənɪzəm/ n. freudismo m.

Freudian slip /ˌfrɔɪdɪən'slɪp/ n. lapsus m. freudiano; ***to make a ~*** avere un lapsus.

FRG n. STOR. (⇒ Federal Republic of Germany Repubblica Federale Tedesca) RFT f.

Fri ⇒ Friday venerdì (ven.).

friability /ˌfraɪə'bɪlətɪ/ n. friabilità f.

friable /'fraɪəbl/ agg. friabile.

friableness /'fraɪəblnɪs/ n. friabilità f.

friar /'fraɪə(r)/ n. frate m.

friary /'fraɪərɪ/ n. convento m. di frati.

1.fribble /'frɪbl/ n. **1** *(person)* persona f. frivola **2** *(quality)* frivolezza f.

2.fribble /'frɪbl/ intr. frivoleggiare.

Fribourg /fri:bɜ:g/ ♦ ***34*** n.pr. Friburgo f.; ***the canton of ~*** il cantone di Friburgo.

fricandeau /'frɪkənˌdəʊ/ n. (pl. **~s, ~x**) fricandò m.

fricassee /'frɪkəsi:/ n. fricassea f.

fricative /'frɪkətɪv/ **I** agg. [*consonant*] fricativo **II** n. fricativa f.

friction /'frɪkʃn/ n. **1** FIS. attrito m. **2** *(rubbing)* attrito m., sfregamento m., frizione f. **3 U** FIG. *(conflict)* attrito m., frizione f., frizioni f.pl. (**between** tra); ***there is growing ~ between management and workforce*** c'è un crescente contrasto tra i dirigenti e la forza lavoro; ***there is a certain amount of ~ in any family*** in tutte le famiglie ci sono degli attriti; ***this decision is bound to cause ~*** questa decisione provocherà dei dissensi.

frictional /'frɪkʃənl/ agg. frizionale, di attrito.

friction-driven /'frɪkʃnˌdrɪvn/ agg. [*toy*] a frizione.

frictionless /'frɪkʃnlɪs/ agg. privo di attrito.

friction tape /'frɪkʃnˌteɪp/ n. AE nastro m. isolante.

▶ **Friday** /'fraɪdeɪ, -dɪ/ ♦ ***36*** n. venerdì m.

▷ **fridge** /frɪdʒ/ n. BE frigo(rifero) m.

fridge-freezer /ˌfrɪdʒ'fri:zə(r)/ n. frigocongelatore m.

fried /fraɪd/ **I** p.pass. → **2.fry II** agg. fritto; ***~ fish*** pesce fritto; ***~ food*** fritto *o* frittura; ***~ egg*** uovo fritto; ***~ potatoes*** patate fritte.

▶ **friend** /frend/ **I** n. **1** *(person one likes)* amico m. (-a) (**of** di); ***he's a ~ of my father's*** è un amico di mio padre; ***to make ~s*** *(form* *friendship)* farsi degli amici; *(form a friendship)* fare amicizia; ***to make ~s with sb.*** fare amicizia con qcn.; ***to be ~s with sb.*** essere amico di qcn.; ***they've been ~s for 15 years*** sono amici da 15 anni; ***to be the best of ~s*** essere molto amici *o* avere una bellissima amicizia; ***to be a good ~ to sb.*** essere un vero amico per qcn.; ***he's no ~ of mine!*** non è un mio amico! ***Rosie is a ~ of mine*** Rosie è una mia amica; ***the house belongs to a photographer ~ of his*** la casa appartiene a un suo amico fotografo; ***we're just good ~s*** siamo solo buoni amici; ***that's what ~s are for*** a questo servono gli amici; ***let's be ~s!*** *(after quarrel)* facciamo pace; ***who goes there? ~ or foe?*** chi va là? amico o nemico? ***not forgetting our old ~ the taxman*** IRON. senza dimenticare il nostro caro amico, il fisco **2** FIG. *(supporter, fellow-member, ally)* amico m. (-a), sostenitore m. (-trice); ***the party has many ~s in industry*** il partito ha molti sostenitori tra gli industriali; ***the Friends of Covent Garden*** gli amici del Covent Garden; ***~s in high places*** amici influenti *o* che contano **3** FIG. *(familiar object)* ***this book is an old ~*** questo libro mi è molto caro **II Friend** n.pr. RELIG. quacchero m. (-a) ◆ ***with ~s like him, her, who needs enemies?*** con amici di questo tipo, non c'è bisogno di avere dei nemici; ***a ~ in need is a ~ indeed*** PROV. gli amici si vedono nel momento del bisogno.

friendless /ˈfrendlɪs/ agg. senza amici.

friendliness /ˈfrendlɪnɪs/ n. amichevolezza f., cordialità f. (**of** di).

▶ **friendly** /ˈfrendlɪ/ **I** agg. **1** [*person*] amichevole, cordiale, affabile; [*animal*] affettuoso; [*behaviour, attitude*] amichevole, cordiale; [*argument, match, agreement*] amichevole; [*smile*] *(polite)* amabile; *(warm)* cordiale; [*government, nation*] amico; [*hotel, shop*] accogliente; ***a ~ gathering*** una riunione amichevole; ***to be ~ with sb.*** essere amico di qcn.; ***to get*** o ***become ~ with sb.*** diventare amico di qcn.; ***to be on ~ terms with sb.*** essere in buoni rapporti con qcn.; ***to be ~ to*** essere ben disposto verso [*new ideas, small firms, local groups*]; ***to have a ~ relationship with sb.*** essere in amicizia con qcn.; ***the people round here are very ~*** le persone da queste parti sono molto cordiali; ***he's very ~ with the boss all of a sudden*** improvvisamente è diventato molto amico del capo; ***we're ~ enough, but...*** ci capiamo abbastanza, ma...; ***let me give you some ~ advice*** lascia che ti dia dei consigli da amico; ***that's not very ~!*** questo non è molto gentile! **2 -friendly** in composti ***environment-~*** che non danneggia l'ambiente; ***dolphin-~*** che non nuoce alla salute dei delfini; ***user-~*** facile da usare *o* di facile impiego; ***child-~*** a misura di bambino; ***customer-~*** attento alle esigenze dei clienti **II** n. SPORT amichevole f.

friendly fire /ˌfrendlɪˈfaɪə(r)/ n. MIL. EUFEM. fuoco m. amico; ***to be killed by ~*** venire ucciso dal fuoco amico.

Friendly Islands /ˈfrendlɪˌaɪləndz/ ♦ *12* n.pr.pl. Tonga f., isole f. dell'Amicizia.

friendly society /ˈfrendlɪsəˌsaɪətɪ/ n. BE società f. di mutuo soccorso.

▷ **friendship** /ˈfrendʃɪp/ n. *(all contexts)* amicizia f.; ***to form ~s*** farsi degli amici.

friendship bracelet /ˈfrendʃɪpˌbreɪslət/ n. braccialettino m. portafortuna (brasiliano).

Friends of the Earth /ˌfrendzəvðɪˈɜːθ/ n.pl. Amici m. della terra.

frier → **fryer**.

▷ **fries** /fraɪz/ n.pl. AE COLLOQ. patatine f. fritte (a bastoncino).

Friesian /ˈfriːzjən, ˈfriːʒən/ n. **1** *(cow)* frisona f. **2** LING. → **Frisian**.

Friesland /ˈfriːzlənd/ ♦ *24* n.pr. Frisia f.

1.frieze /friːz/ n. TESS. ratina f.

2.frieze /friːz/ tr. TESS. ratinare.

3.frieze /friːz/ n. ARCH. fregio m.

frig /frɪg/ intr. (forma in -ing ecc. **-gg-**) VOLG. fottere, scopare.

■ **frig about** POP. fare lo stupido.

frigate /ˈfrɪgɪt/ n. MAR. ZOOL. fregata f.

frigging /ˈfrɪgɪŋ/ agg. POP. fottuto, maledetto.

fright /fraɪt/ n. **1** *(feeling of terror)* paura f., spavento m.; ***to be paralyzed with ~*** essere paralizzato dallo spavento; ***she gave a cry of ~*** urlò di paura; ***to take ~*** spaventarsi; ***the horse took ~ at the noise*** il cavallo si spaventò al rumore **2** *(shock)* paura f., spavento m.; ***to have*** o ***get a ~*** prendersi uno spavento; ***to give sb. a ~*** fare prendere uno spavento a qcn.; ***it gave me such a ~*** mi ha fatto prendere un tale spavento; ***the accident gave him such a ~ that he'll be more careful in future*** l'incidente l'ha spaventato così tanto che starà più attento in futuro; ***I had the ~ of my life!*** sono morto di paura! **3** COLLOQ. *(person)* mostro m.; ***I look a ~!*** faccio spavento! sono un orrore! ***doesn't he look a ~?*** non sembra un mostro?

▷ **frighten** /ˈfraɪtn/ tr. [*person, situation*] spaventare, impaurire, terrorizzare; ***~ sb. into doing*** fare fare qcs. a qcn. intimorendolo; ***to ~ sb. into submission*** sottomettere qcn. facendogli paura ◆ ***to ~ sb. out of their wits*** far morire qcn. di paura.

■ **frighten away:** ***~ away [sb., sth.], ~ [sb., sth.] away*** fare fuggire (spaventando).

■ **frighten off:** ***~ off [sb.], ~ [sb.] off*** allontanare (spaventando) [*intruder, rival, buyer, bidder*].

▷ **frightened** /ˈfraɪtnd/ **I** p.pass. → **frighten II** agg. spaventato, impaurito, intimorito; ***to be ~*** avere paura (**of** di; **to do** di fare); ***to be ~ that*** temere che; ***to be too ~ even to look*** avere paura persino a guardare; ***to be ~ about what might happen, about losing one's job*** avere paura di quel che potrebbe accadere, di perdere il posto; ***to be ~ at the thought of doing*** essere spaventato dall'idea di fare; ***I've never been so ~ in my life*** non ho mai avuto così tanta paura in vita mia; ***he's a very ~ man*** ha molta paura *o* è molto spaventato ◆ ***to be ~ to death*** avere paura da morire.

▷ **frightening** /ˈfraɪtnɪŋ/ agg. **1** *(scary)* [*monster, story, experience, accident*] spaventoso **2** FIG. *(alarming, disturbing)* [*prospect, rate, speed*] spaventoso; [*statistics, results*] allarmante.

frighteningly /ˈfraɪtnɪŋlɪ/ avv. [*close*] paurosamente; [*expensive*] spaventosamente, paurosamente; [*simple*] terribilmente.

frightful /ˈfraɪtfl/ agg. **1** *(inducing horror)* [*scene, sight*] spaventoso **2** COLLOQ. *(terrible, bad)* [*prospect, possibility, mistake*] spaventoso, terribile, orribile; [*headache*] terribile; ***he had a ~ time of it*** è stato terribile per lui; ***he's a ~ bore*** è terribilmente noioso **3** COLLOQ. *(expressing disgust)* [*person, child, decor*] spaventoso, orribile; ***that wallpaper looks ~*** quella carta da parati è orribile; ***that ~ woman!*** quell'orribile donna! **4** BE *(great)* ***this strike is a ~ nuisance*** questo sciopero è un'orribile seccatura; ***would it be a ~ nuisance for you to bring it round?*** ti seccherebbe portarlo? ***it's a ~ shame*** è una vergogna terribile.

frightfully /ˈfraɪtfəlɪ/ avv. BE COLLOQ. terribilmente, spaventosamente; ***we're going to be ~ late*** saremo *o* finiremo per essere terribilmente in ritardo; ***he was ~ tired*** era terribilmente stanco; ***I'm ~ sorry*** mi spiace tantissimo; ***it's ~ kind of you*** è veramente gentile da parte tua; ***I'm not ~ keen*** non sono molto entusiasta.

fright wig /ˈfraɪtwɪg/ n. parrucca f. da clown.

frigid /ˈfrɪdʒɪd/ agg. **1** MED. [*woman*] frigido **2** GEOGR. [*zone*] glaciale.

frigidity /frɪˈdʒɪdətɪ/ n. **1** MED. frigidità f. **2** FIG. freddezza f.

frigidly /ˈfrɪdʒɪdlɪ/ avv. [*reply, respond*] freddamente.

frill /frɪl/ **I** n. **1** *(on dress)* balza f. arricciata, volant m., gala f.; *(on shirt front)* jabot m. **2** GASTR. *(on chop, chicken)* = piccolo cappuccio di carta pieghettata che si infila sull'osso della braciola o della coscia di pollo per poterlo afferrare senza sporcarsi **II frills** n.pl. **1** *(on clothes, furniture)* fronzoli m., orpelli m. **2** *(on car, appliance)* optional m.; ***this is the basic model, with no ~s*** questo è il modello base senza optional; ***give us a reliable system, with no ~s*** dateci un sistema affidabile, senza cose superflue **3** *(in writing)* svolazzi m.; *(in drawing)* motivi m. ornamentali.

frilled /frɪld/ agg. [*garment*] a balze, a volant; [*collar*] increspato.

frillies /ˈfrɪlɪz/ n.pl. sottoveste f.sing. (con gale).

frilling /ˈfrɪlɪŋ/ n. increspatura f.

frilly /ˈfrɪlɪ/ agg. [*garment, underwear*] ornato di gale.

▷ **1.fringe** /frɪndʒ/ **I** n. **1** BE *(of hair)* frangia f. **2** *(decorative trim)* frangia f., frange f.pl. **3** *(edge) (of forest)* margine m. (**of** di); *(of town)* confine m. (**of** di); ***to be on the ~ of the crowd*** essere ai margini della folla **4** POL. SOCIOL. *(group)* frangia f.; ***the extremist ~ of the movement*** la frangia estremista del movimento **5** TEATR. ***the ~*** il teatro d'avanguardia *o* sperimentale **II fringes** n.pl. ***on the (outer) ~s of the town*** alla periferia della città; ***on the ~s of society*** ai margini della società; ***he drifted around the ~s of showbusiness, the art world*** bazzicava ai margini del mondo dello spettacolo, del mondo artistico **III** modif. **1** TEATR. [*theatre, performance*] d'avanguardia, sperimentale **2** POL. SOCIOL. [*activity*] marginale; ***~ group*** frangia; ***~ elements*** elementi marginali *o* emarginati.

2.fringe /frɪndʒ/ tr. **1** *(put trim on)* ornare di frange, frangiare [*curtains, cloth*] **2** *(form border)* [*trees*] contornare [*field*].

fringe benefits /ˈfrɪndʒˌbenɪfɪts/ n.pl. **1** *(pensions, life or medical cover)* indennità f.sing. accessoria, beneficio m.sing. accessorio **2** *(of job)* fringe benefit m.sing., indennità f.sing. accessoria, beneficio m.sing. accessorio.

fringed /ˈfrɪndʒd/ **I** p.pass. → **2.fringe II** agg. **1** SART. [*garment*] con frange, frangiato **2** *(edged)* contornato (**with, by** di); ***a lagoon ~ with palms*** una laguna contornata di palme.

fringing reef /ˈfrɪndʒɪŋˌriːf/ n. = scogliera corallina che circonda un'isola.

fringy /ˈfrɪndʒɪ/ agg. frangiato, ornato di frange.

frippery /ˈfrɪpərɪ/ n. **U 1** *(trivia)* banalità f.pl., sciocchezze f.pl. **2** *(impractical items)* cianfrusaglie f.pl.

frisbee® /ˈfrɪzbiː/ n. frisbee m.

Frisco /ˈfrɪskəʊ/ n.pr. COLLOQ. San Francisco f.

Frisian /ˈfrɪzɪən/ ➧ **14** **I** agg. frisone; ***the ~ Islands*** le Isole frisoni **II** n. **1** *(person)* frisone m. (-a) **2** LING. frisone m.

1.frisk /frɪsk/ n. perquisizione f.

2.frisk /frɪsk/ **I** tr. perquisire [*person*] **II** intr. [*lamb, puppy*] saltellare, ruzzare, fare capriole.

frisket /ˈfrɪskɪt/ n. fraschetta f.

frisky /ˈfrɪskɪ/ agg. **1** *(playful, high-spirited)* [*puppy*] vivace, giocherellone **2** *(skittish)* [*horse*] nervoso **3** COLLOQ. *(sexy)* ***to be feeling ~*** sentirsi in forma *o* su di giri.

frisson /ˈfriːsɒn/ n. brivido m., fremito m. (di eccitazione).

1.frit /frɪt/ n. **1** *(glass)* vetro m. poroso **2** *(for porcelain)* fritta f.

2.frit /frɪt/ tr. (forma in -ing ecc. **-tt-**) IND. fondere, agglomerare.

frit fly /ˈfrɪtflaɪ/ n. mosca f. frit.

frith /frɪθ/ n. ANT. → **firth.**

fritillary /frɪˈtɪlərɪ/ n. **1** BOT. fritillaria f. **2** ZOOL. arginnide f.

1.fritter /ˈfrɪtə(r)/ n. frittella f.

2.fritter /ˈfrɪtə(r)/ tr. RAR. sminuzzare, spezzettare.

▪ **fritter away:** ~ ***away*** [***sth.***], ~ [***sth.***] ***away*** sprecare, buttare via, sperperare, scialacquare [*money*]; sprecare [*resources, opportunities, time*]; ***he ~s away his money on silly things*** spreca i soldi comprando cose futili.

fritz /frɪts/: **on the fritz** AE fuori uso.

frivol /ˈfrɪvl/ **I** tr. (forma in -ing ecc. **-ll**, **-l-** AE) (anche **~ away**) sprecare [*time*]; sprecare, buttare via, sperperare, scialacquare [*money*] **II** intr. frivoleggiare.

frivolity /frɪˈvɒlətɪ/ n. *(all contexts)* frivolezza f.

frivolous /ˈfrɪvələs/ agg. **1** *(not serious)* [*person, attitude, comment, activity*] frivolo **2** SPREG. *(time-wasting)* [*allegation, enquiry*] futile, vano.

frivolously /ˈfrɪvələslɪ/ avv. [*behave, spend money*] con leggerezza.

frivolousness /ˈfrɪvələsnɪs/ n. frivolezza f.

frizz /frɪz/ tr. arricciare [*hair*]; ***to have one's hair ~ed*** farsi arricciare i capelli.

frizzle /ˈfrɪzl/ **I** tr. arricciare [*hair*] **II** intr. **1** [*hair*] arricciarsi **2** [*fried meat*] sfrigolare.

frizzy /ˈfrɪzɪ/ agg. [*hair*] crespo, riccio; ***~-haired*** dai *o* con i capelli crespi.

fro /frəʊ/ avv. ***to and ~*** avanti e indietro, su e giù.

frock /frɒk/ ➧ **28** n. **1** abito m., vestito m. da donna **2** *(of monk)* tonaca f.

frock coat /ˈfrɒkkəʊt/ n. redingote f.

▷ **frog** /frɒg, AE frɔːg/ n. **1** ZOOL. rana f., ranocchio m. **2** *(on violin bow)* nasetto m. **3** FERR. bivio m. **4** ABBIGL. alamaro m. **5 Frog** COLLOQ. SPREG. francese m. e f. ◆ ***to have a ~ in one's throat*** avere la raucedine.

froggy /ˈfrɒgɪ, AE ˈfrɔːgɪ/ **I** agg. **1** *(like a frog)* [*voice*] da rana **2** *(full of frogs)* pieno di rane **II** n. (anche **Froggy**) COLLOQ. SPREG. francese m. e f.

frogman /ˈfrɒgmən, AE ˈfrɔːg-/ n. (pl. **-men**) uomo m. rana.

frog-march /ˈfrɒgmɑːtʃ, AE ˈfrɔːg-/ tr. BE **1** spingere, trascinare [qcn.] con le braccia legate dietro la schiena [*person*] **2** trascinare [qcn.] a faccia in giù [*prisoner*].

frogmen /ˈfrɒgmen/ → **frogman.**

frogs' legs /ˈfrɒgzlegz, AE ˈfrɔːg-/ n.pl. cosce f. di rana.

frog-spawn /ˈfrɒgspɔːn, AE ˈfrɔːg-/ n. **U** uova f.pl. di rana.

1.frolic /ˈfrɒlɪk/ n. **1** *(bit of fun)* divertimento m., spasso m. **2** *(prank)* birichinata f., scherzo m. **3** TEATR. CINEM. *(lively film)* commedia f.; *(play)* farsa f.

2.frolic /ˈfrɒlɪk/ intr. (forma in -ing ecc. **-ck-**) divertirsi, spassarsela; FIG. darsi alla bella vita; ***to ~ in the waves*** sguazzare fra le onde.

frolicsome /ˈfrɒlɪksəm/ agg. [*person, manner*] allegro, vivace, scherzoso.

▶ **from** /*forma debole* frəm, *forma forte* frɒm/ When *from* is used as a straightforward preposition in English, it is translated by *da* in Italian: *from Rome* = da Roma; *from Lisa* = da Lisa. Remember that the preposition *from + the* is translated by one word in Italian; the following cases may occur: *from the cinema* = (da + il) dal cinema; *from the stadium* = (da + lo) dallo stadio; *from the church* = (da + la) dalla chiesa; *from the hospital, from the abbey, from the hotel* = (da + l') dall'ospedale, dall'abbazia, dall'hotel; *from the mountains* = (da + i) dai monti; *from the open spaces* = (da + gli) dagli spazi aperti; *from the houses* = (da + le) dalle case. - *From* is often used after verbs in English (*suffer from, benefit from, protect from* etc.): for translations, consult the appropriate verb entry (**suffer**, **benefit**, **protect** etc.). - *From* is used after certain nouns and adjectives in English (*shelter from, exemption from, free from, safe from* etc.): for translations, consult the appropriate noun or adjective entry (**shelter**, **exemption**, **free**, **safe** etc.). - This dictionary contains lexical notes on such topics as **NATIONALITIES**, **COUNTRIES AND CONTINENTS**, **REGIONS**. Many of these use the preposition *from*. For these notes see the end of the English-Italian section. - For examples of the above and particular usages of *from*, see the entry below. prep. **1** *(indicating place of origin)* ***goods ~ Denmark*** merci dalla Danimarca; ***a flight, train ~ Naples*** un volo, un treno da Napoli; ***a friend ~ Chicago*** un amico di Chicago; ***a colleague ~ Japan*** un collega giapponese; ***people ~ Spain*** gli spagnoli; ***where is he ~?*** da dove viene? di dov'è? ***she comes ~ Oxford*** è di Oxford; ***a tunnel ~ X to Y*** una galleria che unisce X con Y; ***the road ~ A to B*** la strada (che va) da A a B; ***noises ~ upstairs*** rumori (che provengono) dal piano di sopra; ***to take sth. ~ one's bag, one's pocket*** tirare fuori qcs. dalla borsa, dalla *o* di tasca; ***to take sth. ~ the table, the shelf*** prendere qcs. sul tavolo, sulla mensola; ***~ under the table*** da sotto il tavolo **2** *(expressing distance)* ***10 km ~ the sea*** a 10 km dal mare; ***it's not far ~ here*** non è lontano da qui; ***the journey ~ A to B*** il viaggio da A a B **3** *(expressing time span)* ***open ~ 2 pm until 5 pm*** aperto dalle 14.00 alle 17.00; ***~ June to August*** da giugno ad agosto; ***15 years ~ now*** fra 15 anni; ***one month ~ now*** un mese a partire da adesso; ***~ today, July*** da oggi, luglio; ***deaf ~ birth*** sordo dalla nascita; ***~ the age of 8 he wanted to act*** voleva recitare da quando aveva 8 anni; ***~ day to day*** di giorno in giorno; ***~ that day on*** a partire da quel giorno **4** *(using as a basis)* ***~ a short story by Maupassant*** da un racconto di Maupassant; ***~ life*** dal vero; ***to grow geraniums ~ seed*** seminare dei gerani; ***to speak ~ notes*** parlare consultando degli appunti; ***to speak ~ experience*** parlare per esperienza **5** *(representing, working for)* ***a man ~ the council*** un uomo del comune; ***a representative ~ Grunard*** un rappresentante della Grunard **6** *(among)* ***to select*** o ***choose*** o ***pick ~*** scegliere tra **7** *(indicating a source)* ***a card ~ Pauline*** una cartolina di Pauline; ***a letter ~ them*** una loro lettera; ***where did it come ~?*** da dove arriva? ***where does he come ~?*** da dove viene? ***an extract, a quote ~ sb.*** un brano, una citazione di qcn.; ***to read ~ the Bible*** leggere un passo della Bibbia; ***I got no sympathy ~ him*** non ha mostrato alcuna compassione per me; ***you can tell him ~ me that*** puoi dirgli da parte mia che **8** *(expressing extent, range)* ***wine ~ £ 5 a bottle*** vino a partire da £ 5 (al)la bottiglia; ***children ~ the ages of 12 to 15*** bambini dai 12 ai 15 anni; ***to rise ~ 10 to 17%*** passare dal 10 al 17%; ***it costs anything ~ 50 to 100 dollars*** costa dai 50 ai 100 dollari; ***everything ~ paperclips to wigs*** tutto dalle graffette alle parrucche; ***~ start to finish*** o ***~ beginning to end*** dall'inizio alla fine **9** *(in subtraction)* ***10 ~ 27 leaves 17*** 27 meno 10 fa 17 **10** *(because of, due to)* ***I know ~ speaking to her that*** parlando con lei ho saputo che; ***he knows her ~ work*** l'ha conosciuta sul lavoro **11** *(judging by)* da, a giudicare da; ***~ what she said*** da ciò che ha detto; ***~ what I saw*** da ciò che ho visto; ***~ his expression, I'd say he was furious*** dalla sua espressione, avrei detto che era furioso; ***~ the way he talks you'd think he was an expert*** dal modo in cui parla si potrebbe pensare che sia un esperto.

frond /frɒnd/ n. *(of fern, seaweed, palm)* fronda f.

frondage /ˈfrɒndɪdʒ/ n. fronde f.pl.

Fronde /frɒnd/ n. STOR. fronda f. (anche FIG.).

frondose /frɒnˈdəʊs/ agg. frondoso.

▶ **1.front** /frʌnt/ n. **1** *(forward facing area) (of house, shop)* facciata f.; *(of cupboard, box)* davanti m., parte f. anteriore; *(of sweater)* davanti m.; *(of book, folder)* copertina f.; *(of card)* faccia f.; *(of coin, banknote)* recto m.; *(of car, boat)* parte f. anteriore, davanti m.; *(of fabric)* diritto m.; ***the dress buttons at the ~*** il vestito si abbottona sul davanti; ***write the address on the ~ of the envelope*** scrivete l'indirizzo sulla busta **2** *(furthest forward part) (of train, queue)* testa f.; *(of building)* davanti m.; *(of auditorium)* prima fila f.; ***at the ~ of the line, procession*** in testa alla fila, alla processione; ***at the ~ of the house*** sul davanti della casa; ***to sit at the ~ of the class*** sedersi in prima fila; ***he pushed to the ~ of the crowd*** si portò in prima fila facendosi largo tra la folla; ***face the ~!*** guardate avanti! ***I'll sit in the ~ with the driver*** mi siedo davanti vicino all'autista; ***there's room at the ~ of the coach*** c'è posto davanti sul pullman; ***from ~ to back of the house*** per tutta la lunghezza della casa; ***how long is the car from ~ to back?*** quanto è lunga l'automobile? **3** MIL. POL. fronte m.; ***at the ~*** al fronte **4** *(stomach)* ***to sleep, lie on one's ~*** dormire, stare a pancia in giù; ***to spill sth. down one's ~*** rovesciarsi qcs. addosso **5** BE *(promenade)* passeggiata f., lungomare m.; ***on the sea, river ~*** sul lungomare, lungofiume; ***a hotel on the ~*** un albergo sul lungomare **6** METEOR. fronte m. **7** *(area of activity)* fronte m.; ***changes on the domestic*** o ***home ~*** POL. cambiamenti di politica interna; ***there's nothing new on the wages ~*** non ci sono novità per quanto riguarda i salari; ***there are problems on the financial ~*** ci sono problemi sul piano finanziario **8** FIG. *(outer appearance)* facciata f.; ***his cynicism is just a ~*** il suo cinismo è solo una facciata; ***to put on a brave ~*** fingere coraggio; ***to present a united ~*** presentare un fronte unitario **9** COLLOQ. *(cover)* copertura f.; ***to be a ~ for sth.*** fare da copertura a qcs. **10 in front** *(ahead)* ***who's in ~?*** chi è in testa? ***I'm 30 points in ~*** ho 30 punti di vantaggio; ***the Italian car is in ~ on the tenth lap*** l'automobile italiana è in testa al decimo giro **11 in front of** *(before)* davanti a; ***sit, walk in ~ of me*** siediti, cammina davanti a me; ***in ~ of the mirror, TV, house*** davanti allo specchio, alla televisione, alla casa; *(in the presence of)* davanti a, di fronte a; ***not in ~ of the children!*** non davanti ai bambini!

▶ **2.front** /frʌnt/ agg. attrib. **1** *(facing street)* [*entrance*] anteriore; [*garden, window, wall*] davanti; [*bedroom*] sul davanti della casa **2** *(furthest from rear)* [*tyre, wheel, paw, leg*] anteriore, davanti; [*seat*] *(in cinema)* in prima fila; *(in vehicle)* davanti; [*tooth*] davanti; [*edge*] anteriore; [*carriage, coach*] di testa; ***in the ~ row*** in prima fila; ***go and sit in the ~ seat*** vai a sederti davanti; ***~ panel*** *(in car radio)* frontalino **3** *(first)* [*page*] primo; [*racing car, horse*] in testa **4** *(head-on)* [*view*] frontale.

3.front /frʌnt/ **I** tr. **1** *(face)* [*house*] essere di fronte a, su [*river, sea*] **2** COLLOQ. *(lead)* essere a capo di, capeggiare [*band, company, party*] **3** TELEV. presentare [*TV show*] **II** intr. **1** *(face)* ***to ~ onto*** BE o ***on*** AE [*house, shop*] guardare, dare su [*main road*]; essere di fronte a, su [*sea*] **2** *(serve as a cover)* ***to ~ for*** [*person, organization*] servire da copertura a [*group*].

frontage /ˈfrʌntɪdʒ/ n. **1** ARCH. *(of house, shop)* facciata f. **2** *(access)* ***with ocean, river ~*** che dà sull'oceano, sul fiume.

frontager /ˈfrʌntɪdʒə(r)/ n. DIR. frontista m.

▷ **frontal** /ˈfrʌntl/ **I** agg. **1** *(head-on)* [*assault, attack*] frontale **2** ANAT. [*lobe*] frontale **3** METEOR. ***~ system*** fronte **4** CINEM. FOT. [*lighting*] frontale **II** n. RELIG. paliotto m.

frontally /ˈfrʌntəlɪ/ avv. frontalmente, di fronte.

front bench /ˌfrʌntˈbentʃ/ **I** n. GB POL. **1** *(seats)* = i banchi del partito di governo; ***the opposition ~*** = i banchi dell'opposizione **2** *(members)* = ministri e altri esponenti del partito al governo; ***the opposition ~*** = i massimi esponenti dell'opposizione **II front-bench** modif. [*spokesperson, politician*] del governo.

frontbencher /ˌfrʌntˈbentʃə(r)/ n. BE POL. COLLOQ. *(government)* = membro del governo; *(opposition)* = esponente di spicco, portavoce dell'opposizione.

front cover /ˌfrʌntˈkʌvə(r)/ n. *(of book)* copertina f.; TIP. prima f. di copertina.

▷ **front door** /ˌfrʌntˈdɔː(r)/ n. porta f. d'ingresso.

front-end /ˌfrʌntˈend/ INFORM. **I** n. (anche **~ processor**) preprocessore m. **II** modif. [*system*] front-end.

front-end fee /ˌfrʌntˈendˌfiː/ n. ECON. spese f.pl. iniziali.

front-end load /ˌfrʌntˈendˌləʊd/ n. ECON. *(in insurance)* caricamento m. iniziale.

▷ **frontier** /ˈfrʌntɪə(r), AE frʌnˈtɪər/ **I** n. frontiera f. (anche FIG.); ***the ~s of science*** le frontiere della scienza; ***the ~ between Italy and France*** il confine italo-francese; ***the wild ~*** *(Wild West)* la frontiera **II** modif. [*town, zone*] di frontiera; [*controls*] alla frontiera.

frontier post /ˈfrʌntɪəˌpəʊst, AE frʌnˈtɪər-/ n. posto m. di frontiera.

frontiersman /ˈfrʌntɪəzmən, AE frʌnˈtɪər-/ n. (pl. **-men**) **1** *(living on a frontier)* abitante m. di una zona di confine **2** *(in Wild West)* uomo m. della frontiera.

frontispiece /ˈfrʌntɪspiːs/ n. **1** ARCH. frontespizio m. **2** TIP. = illustrazione sul controfrontespizio.

frontlet /ˈfrʌntlɪt/ n. **1** *(piece of armour or harness)* frontale m. **2** ZOOL. *(forehead)* fronte f. **3** RELIG. paliotto m. **4** RELIG. *(phylactery)* filatterio m.

▷ **front line** /ˈfrʌntlaɪn/ **I** n. **1** MIL. fronte m.; ***troops in*** BE o ***on*** AE ***the ~*** truppe al fronte **2** FIG. *(exposed position)* prima linea f.; ***to be in*** BE o ***on*** AE ***the ~*** essere in prima linea; ***I don't want to be in the ~ when the complaints start*** non voglio che si vengano a lamentare principalmente con me **3** SPORT *(in rugby)* ***the ~*** gli attaccanti *o* gli avanti **II front-line** modif. **1** MIL. [*troops, units, aircraft, positions*] di prima linea **2** POL. [*area*] vicino ai combattimenti; [*country, state*] confinante con uno stato in guerra.

Front line States /ˌfrʌntlaɪnˈsteɪts/ n.pl. POL. = stati confinanti con il Sudafrica e ostili alla politica dell'apartheid.

front-loader /ˌfrʌntˈləʊdə(r)/ n. COLLOQ. lavatrice f. con carica davanti.

frontman /ˈfrʌntmən/ n. (pl. **-men**) **1** *(figurehead)* uomo m. di paglia (**for** per) **2** *(TV presenter)* presentatore m. **3** *(lead musician)* leader m.

front matter /ˈfrʌntˌmætə(r)/ n. **U** = avantesto m.

frontmen /ˈfrʌntmen/ → **frontman**.

front money /ˈfrʌntˌmʌnɪ/ n. AE acconto m.

front office /ˈfrʌntˌɒfɪs, AE -ˈɔːf-/ n. AE *(management)* direzione f.

front of house /ˈfrʌntəvhaʊs/ BE **I** n. TEATR. foyer m., ridotto m. **II front-of-house** modif. [*staff, manager, duties*] del teatro.

fronton /ˈfrʌntən/ n. ARCH. frontone m.

▷ **front page** /ˈfrʌntpeɪdʒ/ **I** n. *(of newspaper, book)* prima pagina f.; ***the merger made the ~*** GIORN. la prima pagina è stata dedicata alla fusione **II front-page** modif. [*picture, story*] di prima pagina; ***the ~ headlines*** i titoli di prima pagina; ***to be ~ news*** essere una notizia da prima pagina.

front-runner /ˌfrʌntˈrʌnə(r)/ n. **1** POL. *(favourite)* capolista m. e f. (**in** di) **2** SPORT = chi è in testa, chi conduce.

front vowel /ˈfrʌntˌvaʊəl/ n. LING. vocale f. anteriore, palatale.

front-wheel drive /ˌfrʌntˌwiːlˈdraɪv, AE -ˌhwiːl-/ **I** n. trazione f. anteriore **II** modif. ***a ~ car*** un'automobile a trazione anteriore.

frore /frɔː(r)/ agg. RAR. gelato, ghiacciato.

▷ **1.frost** /frɒst/ n. **1** *(weather condition)* gelo m., freddo m. (sotto zero); ***10° of ~*** meno 10° *o* 10° sotto zero; ***there may be a touch of ~ tonight*** potrebbe gelare questa notte; ***there's a touch of ~ in the air*** l'aria è gelata **2 C** *(one instance)* gelata f.; ***there was a hard ~*** ha gelato molto **3** *(icy coating)* brina f. (**on** su).

2.frost /frɒst/ tr. GASTR. glassare [*cake*].

■ **frost over, frost up** [*window, windscreen*] gelare, ghiacciare; ***the windshield has ~ed over*** il parabrezza si è coperto di ghiaccio.

frostbite /ˈfrɒstbaɪt/ n. **U** sintomi m.pl. da congelamento, congelamento m.; ***to have*** o ***get ~*** avere sintomi da congelamento.

frostbitten /ˈfrɒstbɪtn/ agg. MED. congelato.

frostbound /ˈfrɒstbaʊnd/ agg. gelato, ghiacciato.

frosted /frɒstɪd/ **I** p.pass. → **2.frost II** agg. **1** COSMET. [*nail varnish, eye shadow*] madreperlato **2** *(iced)* [*cake*] glassato **3** *(opaque)* [*glass*] smerigliato **4** *(chilled)* [*drinking glass*] ghiacciato.

frostily /ˈfrɒstɪlɪ/ avv. FIG. in modo glaciale, gelidamente.

frostiness /ˈfrɒstɪnɪs/ n. **1** *(frost)* gelo m., freddo m. gelido **2** FIG. freddezza f.

frosting /ˈfrɒstɪŋ/ n. *(action)* glassatura f.; *(icing on cake)* glassa f.

frost-resistant /ˈfrɒstrɪzɪstənt/ agg. [*variety, vegetable*] resistente al gelo, al freddo.

frosty /ˈfrɒstɪ/ agg. **1** [*air, weather, morning*] gelido; [*windscreen, windowpane*] ghiacciato; ***it was a ~ night, day*** quella notte, quel giorno gelò; ***it has been a ~ night*** ha gelato questa notte; ***tomorrow will start ~*** domattina ci saranno delle gelate; ***we're in for a spell of ~ weather*** stiamo entrando in un periodo di grande freddo **2** FIG. [*smile, atmosphere, reception*] gelido.

1.froth /frɒθ, AE frɔːθ/ n. **1** *(foam)* *(on beer, champagne)* spuma f.; *(on water)* schiuma f.; *(around the mouth)* bava f. **2 U** FIG. *(trivia)* inezie f.pl., futilità f.pl.

2.froth /frɒθ, AE frɔːθ/ intr. [*water, liquid*] schiumare, fare schiuma; ***the beer ~ed over the edge of the glass*** la spuma della birra fuoriusciva dal bicchiere; ***to ~ at the mouth*** avere la bava alla bocca (anche FIG.).

frothy /ˈfrɒθɪ, AE ˈfrɔːθɪ/ agg. **1** *(foamy)* [*beer*] spumoso; [*coffee*] con la schiuma; [*liquid, surface of sea*] schiumoso **2** *(lacy)* [*lingerie*] leggero, vaporoso.

froufrou /ˈfruːfruː/ n. *(of woman's skirts)* fru fru m., fruscio m.

froward /ˈfrəʊəd/ agg. ANT. ostinato, indocile, caparbio.

1.frown /fraʊn/ n. cipiglio m.; ***a worried ~*** un'espressione preoccupata; ***to reply, say with a ~*** rispondere, dire aggrottando le sopracciglia.

▷ **2.frown** /fraʊn/ intr. aggrottare le sopracciglia, accigliarsi; ***to ~ at sb.*** guardare male qcn.; ***he ~ed at the bad news, interruption*** accolse la cattiva notizia, l'interruzione con un viso corrucciato.

■ **frown on, frown upon:** ***~ on*** o ***upon [sth.]*** disapprovare [*behaviour, activity, attitude*]; ***to be ~ed upon*** [*behaviour, dress*] essere criticato.

frowning /ˈfraʊnɪŋ/ agg. **1** [*face*] accigliato, aggrondato, corrucciato **2** LETT. [*cliff, crag*] minaccioso.

frowst /ˈfraʊst/ n. BE aria f. viziata, surriscaldata.

frowsty /ˈfraʊstɪ/ agg. BE [*room*] che sa di chiuso; [*air*] viziato, caldo.

frowsy /ˈfraʊzɪ/ agg. [*person*] sciatto, trasandato; [*room*] che sa di chiuso; [*atmosphere*] viziato.

frowziness /ˈfraʊzɪnɪs/ n. **1** *(shabbiness)* sciatteria f., trasandatezza f. **2** *(staleness)* puzza f. di chiuso, tanfo m., lezzo m.

frowzy → **frowsy**.

froze /frəʊz/ pass. → **2.freeze**.

▷ **frozen** /ˈfrəʊzn/ **I** p.pass. → **2.freeze II** agg. **1** [*lake, ground, pipe*] gelato, ghiacciato; [*person, fingers*] gelato, congelato; ***I'm ~*** sono congelato; ***to be ~ stiff*** o ***to the bone*** essere gelato dal freddo; ***the ~ North*** il Grande Nord **2** FIG. ***to be ~ with fear*** essere agghiacciato dalla paura; ***to be ~ to the spot*** rimanere impietrito **3** GASTR. [*vegetables, meat etc.*] *(bought)* surgelato; *(home-prepared)* congelato **4** ECON. [*prices, assets, capital*] congelato **5** MED. [*embryo*] congelato.

FRS n. (⇒ Fellow of the Royal Society) = membro della Royal Society.

fructiferous /frʌkˈtɪfərəs/ agg. [*plant, tree*] fruttifero.

fructification /ˌfrʌktɪfɪˈkeɪʃn/ n. BOT. fruttificazione f.; LETT. FIG. (il) dare frutto.

fructify /ˈfrʌktɪfaɪ/ intr. BOT. LETT. fruttificare.

fructose /ˈfrʌktəʊz/ n. fruttosio m.

fructuous /ˈfrʌktjʊəs/ agg. [*plant*] fruttifero; FIG. fruttuoso, fruttifero.

frugal /ˈfruːgl/ agg. [*person, life, lifestyle, meal*] frugale.

frugality /fruːˈgælətɪ/ n. frugalità f.

frugally /ˈfruːgəlɪ/ avv. [*live*] frugalmente; [*manage, stock*] con parsimonia.

frugivorous /frʊˈdʒɪvərəs/ agg. frugivoro.

▶ **1.fruit** /fruːt/ n. **1 U** *(edible)* frutta f.; ***a piece of ~*** un frutto; ***tropical ~*** frutta tropicale; ***have some ~*** prendi della frutta **2** *(edible, inedible)* frutto m.; ***the ~s of the earth*** LETT. i frutti della terra; ***to be in ~*** [*tree, plant*] avere frutti; ***to bear ~*** [*tree, plant*] portare frutti **3** FIG. frutto m.; ***to enjoy the ~(s) of one's labours, of victory*** godere i frutti del proprio lavoro, della vittoria; ***her efforts finally bore ~*** i suoi sforzi alla fine hanno dato frutti; ***the ~ of their union*** LETT. il frutto della loro unione **4** AE POP. SPREG. *(homosexual)* finocchio m.

2.fruit /fruːt/ intr. [*tree, plant*] dare frutti.

fruitarian /fruːˈteərɪən/ n. fruttariano m. (-a).

fruit bowl /ˈfruːtˌbəʊl/ n. fruttiera f.

fruit cake /ˈfruːtkeɪk/ n. **1** GASTR. torta f. di frutta secca **2** COLLOQ. SCHERZ. ***he's a ~*** è fuori di testa ◆ ***to be as nutty as a ~*** essere fuori di testa.

fruit cocktail /ˌfruːtˈkɒkteɪl/ n. GASTR. macedonia f. di frutta.

fruit cup /ˈfruːtˌkʌp/ n. coppa f. per la macedonia.

fruit dish /ˈfruːtˌdɪʃ/ n. compostiera f.

fruit drop /ˈfruːtˌdrɒp/ n. caramella f. alla frutta.

fruiter /ˈfruːtə(r)/ ➧ **27** n. **1** *(fruit farmer)* frutticoltore m. (-trice) **2** *(tree)* albero m. da frutto **3** *(ship)* nave f. per il trasporto di frutta.

fruiterer /ˈfruːtərə(r)/ ➧ **27** n. commerciante m. e f. di frutta; fruttivendolo m. (-a).

fruitery /ˈfruːtərɪ/ n. ANT. **1** *(place of storage)* magazzino m. per la frutta **2** *(fruit)* frutta f.

fruit farm /ˈfruːtˌfɑːm/ n. *(place)* azienda f. frutticola; ***he runs a ~*** è un frutticoltore.

fruit farmer /ˈfruːtˌfɑːmə(r)/ ➧ **27** n. frutticoltore m. (-trice).

fruit farming /ˈfruːtˌfɑːmɪŋ/ n. frutticoltura f.

fruit fly /ˈfruːtflaɪ/ n. drosofila f., moscerino m. della frutta.

fruitful /ˈfruːtfl/ agg. **1** FIG. [*partnership, relationship, discussion, years, source*] fruttuoso; ***this is not a ~ line of enquiry*** questa pista non ci condurrà da nessuna parte **2** LETT. [*earth*] fruttifero, fertile.

fruitfully /ˈfruːtfəlɪ/ avv. **1** *(with positive results)* [*teach*] fruttuosamente, con successo **2** *(usefully)* [*spend time*] fruttuosamente.

fruitfulness /ˈfruːtflnɪs/ n. **1** LETT. *(of earth)* fruttuosità f., fertilità f. **2** FIG. *(of approach, line of questioning)* utilità f., vantaggio m.

fruit gum /ˈfruːtgʌm/ n. caramella f. gommosa alla frutta.

fruition /fruːˈɪʃn/ n. ***to come to ~*** realizzarsi; ***to be close to ~*** essere sul punto di realizzarsi; ***to bring sth. to ~*** portare qcs. a compimento.

fruit knife /ˈfruːtnaɪf/ n. (pl. **fruit knives**) coltello m. da frutta.

fruitless /ˈfruːtlɪs/ agg. [*attempt, search*] infruttuoso, vano; [*trip*] inutile; [*discussion*] sterile.

fruit machine /ˈfruːtməˌʃiːn/ n. BE slot machine f. (che ha come simboli dei frutti).

fruit salad /ˌfruːtˈsæləd/ n. macedonia f. di frutta.

fruits of the forest /ˈfruːtsəvðəˌfɒrɪst, AE -ˈfɔːr-/ n.pl. frutti m. di bosco.

fruit tree /ˈfruːtˌtriː/ n. albero m. da frutto.

fruity /ˈfruːtɪ/ agg. **1** *(flavoured)* [*wine, fragrance, olive oil*] fruttato **2** *(mellow)* [*voice, tone*] morbido, pastoso **3** *(salacious)* [*joke*] spinto **4** AE COLLOQ. *(crazy)* fuori di testa.

frumentaceous /fruːmənˈteɪʃəs/ agg. frumentaceo.

frumentarious /fruːmənˈteərɪəs/ agg. frumentario.

frumentation /fruːmənˈteɪʃn/ n. frumentazione f.

frumenty /ˈfruːməntɪ/ n. = frumento bollito nel latte e zuccherato.

frump /frʌmp/ n. SPREG. *(woman)* sciattona f.

frumpish /ˈfrʌmpɪʃ/ agg. SPREG. [*woman*] sciatto, trasandato.

frusta /ˈfrʌstə/ → **frustum**.

frustrate /frʌˈstreɪt, AE ˈfrʌstreɪt/ tr. **1** *(irk, annoy)* frustrare [*person*]; ***it really ~s me having to wait so long!*** è veramente frustrante dover aspettare così a lungo! **2** *(thwart)* vanificare [*effort, attempt*]; ostacolare [*move*]; fare fallire [*plan, project*].

▷ **frustrated** /frʌˈstreɪtɪd, AE ˈfrʌst-/ **I** p.pass. → **frustrate II** agg. **1** *(irritated)* irritato; ***a ~ President told reporters...*** GIORN. era un presidente piuttosto irritato quello che ha detto ai giornalisti...; ***to become ~ at sth.*** innervosirsi per qcs.; ***I'm so ~, my work is going really badly*** sono molto nervoso, ho dei grossi problemi sul lavoro **2** *(unfulfilled in aspirations)* [*person*] frustrato; [*desire, urge*] insoddisfatto; ***why stay in a job where you feel so ~?*** perché continui a lavorare in quel posto così frustrante per te? **3** *(thwarted)* [*plan, effort, attempt*] frustrato, vanificato **4** *(would-be)* ***a ~ diplomat*** un diplomatico mancato **5** *(sexually)* frustrato.

frustrating /frʌˈstreɪtɪŋ, AE ˈfrʌst-/ agg. **1** *(irritating)* irritante; ***you locked yourself out? how ~!*** sei rimasto chiuso fuori? chissà che nervi! ***there's nothing more ~!*** non c'è niente di più irritante! **2** *(unsatisfactory, thwarting)* [*morning, situation*] frustrante; ***it was a ~ experience*** è stata un'esperienza frustrante; ***it is ~ to be unable*** o ***not being able to do*** è frustrante non poter fare.

frustratingly /frʌˈstreɪtɪŋlɪ, AE ˈfrʌst-/ avv. ***it is ~ difficult*** è di una difficoltà davvero frustrante; ***I find my spare time is ~ short*** trovo frustrante il fatto di avere così poco tempo libero; ***~, my team lost*** deludendomi molto, la mia squadra ha perso.

▷ **frustration** /frʌˈstreɪʃn/ n. **1** *(thwarted feeling)* frustrazione f. (**at, with** per); ***to feel anger and ~*** sentirsi in collera e frustrato; ***in ~, he...*** irritato, lui...; ***to seethe with ~*** bollire di rabbia; ***the delay has caused ~*** il ritardo ha causato grande irritazione **2** *(annoying aspect)* ***one ~ of watching sport on television is that*** ciò che è frustrante nel guardare lo sport per televisione è che; ***the ~s of house-buying are endless*** acquistare una casa è un'esperienza lunga e frustrante **3** *(ruination)* delusione f.; ***the ~ of all my hopes*** la delusione di tutte le mie speranze **4** *(sexual)* frustrazione f.

frustule /ˈfrʌstjuːl/ n. BOT. frustolo m.

frustum /ˈfrʌstəm/ n. (pl. **~s**, **-a**) *(of a cone, pyramid)* tronco m.

frutescent /fruːˈtesnt/ agg. *(shrubby)* arbustivo.

frutex /ˈfruːteks/ n. (pl. **-ices**) frutice m., arbusto m.

fruticose /ˈfrʊːtɪkəʊs/ agg. fruticoso.

1.fry /fraɪ/ n. **1** + verbo pl. ZOOL. avannotti m. **2** FIG. ***small ~*** + verbo pl. *(children)* bambini; *(unimportant people)* pesci piccoli.

▷ **2.fry** /fraɪ/ **I** tr. GASTR. friggere **II** intr. GASTR. friggere; ***there's a smell of ~ing*** c'è puzza di fritto.

fryer /ˈfraɪə(r)/ n. **1** *(person)* friggitore m. (-trice) **2** *(utensil)* friggitrice f. **3** *(chicken)* pollo m. novello (da friggere).

frying pan /ˈfraɪŋˌpæn/ n. BE padella f. per friggere ◆ ***to jump out of the ~ into the fire*** cascare dalla padella nella brace.

fry-up /ˈfraɪʌp/ n. BE fritto m. misto, frittura f. mista.

FTP I n. (⇒ file transfer protocol protocollo trasferimento file) FTP m. **II** modif. [*client, server, site, software*] FTP.

FTSE 100 n. (⇒ Financial Times Stock Exchange Index) = indice della Borsa di Londra basato sui 100 titoli principali.

fuchsia /ˈfjuːʃə/ ➧ **5 I** n. **1** *(plant)* fucsia f. **2** *(colour)* fucsia m. **II** agg. fucsia.

fuci /ˈfjuːsaɪ/ → **fucus**.

1.fuck /fʌk/ n. VOLG. **1** *(act)* scopata f., chiavata f.; ***to have a ~*** fottere, scopare, chiavare **2** *(person)* ***to be a good ~*** scopare bene **3** *(as insult)* ***you ~!*** brutto stronzo! pezzo di merda! ***I don't give a ~*** non me ne frega un cazzo.

2.fuck /fʌk/ inter. VOLG. cazzo, porca puttana; ***~ you!*** va' a farti fottere! vaffanculo! ***what the ~ is he doing here?*** che cazzo ci fa qui?

3.fuck /fʌk/ **I** tr. VOLG. scoparsi, chiavarsi [*person*] **II** intr. VOLG. fottere, scopare, chiavare ◆ ***I'm ~ed if I know*** o ***~ knows!*** VOLG. che cazzo ne so! ***it's ~ed*** VOLG. *(broken)* è andato a puttane; ***we're ~ed*** VOLG. siamo fottuti; ***~ me!*** *(expressing surprise)* porca puttana! minchia! 'sti cazzi!

▪ **fuck about, fuck around** VOLG. ***~ about*** o ***around*** cazzeggiare, non fare un cazzo; ***~ [sb.] about*** o ***around*** prendere per il culo.

▪ **fuck off** VOLG. ***~ off*** levarsi dai coglioni, togliersi dalle palle; ***~ off!*** vaffanculo!

▪ **fuck up** VOLG. ***~ up*** fare casini, fare cazzate; ***~ [sb.] up***, ***~ up [sb.]*** FIG. fottere, inculare; ***~ [sth.] up*** mandare a puttane.

fuck-all /ˌfʌk'ɔ:l/ avv. BE VOLG. un cazzo (di niente); ***he knows ~ about it*** non ne sa un cazzo; ***he does ~ in this office*** non fa un cazzo di niente in questo ufficio.

fucked-up /'fʌktˌʌp/ agg. VOLG. **1** *(psychologically disturbed)* fuori di testa **2** *(misfit)* ***he's a ~ kid*** è un ragazzo con un casino di problemi.

fucking /'fʌkɪŋ/ **I** agg. VOLG. ***this ~ machine!*** questa fottuta macchina! questa cazzo di macchina! ***what a ~ shambles!*** cazzo, che casino! ***you ~ idiot!*** coglione! **II** avv. VOLG. *(as intensifier)* ~ ***gorgeous*** strafico.

fuck-up /'fʌkʌp/ n. VOLG. ***there's been a ~*** è andato tutto a puttane; ***what a ~!*** che puttanaio!

fucus /'fju:kəs/ n. (pl. **~es, -i**) BOT. fuco m.

1.fuddle /'fʌdl/ n. COLLOQ. stordimento m., rimbambimento m.

2.fuddle /'fʌdl/ tr. COLLOQ. [*drugs, drink*] stordire, rimbambire [*brain*].

fuddled /'fʌdld/ **I** p.pass. → **2.fuddle II** agg. COLLOQ. **1** *(confused)* [*idea, brain*] incasinato; [*state*] di rimbambimento; [*person*] rimbambito **2** *(the worse for drink)* brillo.

fuddy-duddy /'fʌdɪdʌdɪ/ **I** agg. COLLOQ. [*style, institution*] vecchio; ***to have ~ ways*** essere all'antica **II** n. COLLOQ. matusa m. e f.

1.fudge /fʌdʒ/ n. **1** GASTR. *(soft sweet)* INTRAD. m. (caramelle a base di zucchero, burro, panna, simili alle caramelle mou) **2** AE GASTR. *(hot sauce)* INTRAD. m. (crema a base di zucchero, latte, burro e cioccolato) **3** GIORN. TIP. *(stop press news)* notizie f.pl. dell'ultima ora; *(box or column for stop press)* = su un giornale, spazio riservato alle notizie dell'ultima ora **4** COLLOQ. *(compromise)* ***it's a ~*** è un pastrocchio; ***the wording is a classic ~*** è espresso in modo incomprensibile.

2.fudge /fʌdʒ/ inter. sciocchezze, frottole.

3.fudge /fʌdʒ/ **I** tr. COLLOQ. **1** *(evade)* evitare [*issue, problem*] **2** *(falsify)* truccare [*figures*]; falsificare [*accounts*] **II** intr. COLLOQ. *(dodge issue)* essere evasivo.

fudge sauce /'fʌdʒˌsɔ:s/ n. GASTR. = crema a base di zucchero, latte e burro.

▶ **1.fuel** /'fju:əl/ **I** n. **1** combustibile m.; NUCL. combustibile m. nucleare; *(for car, plane, machinery)* carburante m.; ***several types of ~*** diversi tipi di combustibili **2** FIG. ***to provide ~ for*** alimentare [*claims*]; fomentare [*hatred, discord*] **II** modif. [*costs, prices, bill, crisis*] del combustibile, del carburante; [*shortage*] di combustibile, di carburante ◆ ***to add ~ to the flames*** o ***fire*** aggiungere esca al fuoco.

2.fuel /'fju:əl/ tr. (forma in -ing ecc. **-ll-**, **-l-** AE) **1** *(make run)* [*gas, oil*] alimentare [*furnace, engine*]; ***to be ~led by oil, gas*** andare a petrolio, a gas **2** *(put fuel into)* [*person*] rifornire di carburante [*plane, vehicle*] **3** FIG. *(spur)* alimentare, suscitare [*tension, fears*]; fomentare [*hatred, discord*]; favorire [*speculation*].

fuel cell /'fju:əlˌsel/ n. cella f. a combustibile.

fuel consumption /'fju:əlkənˌsʌmpʃn/ n. *(of plane, car)* consumo m. di carburante; *(in industry)* consumo m. di combustibile.

fuel-efficient /'fju:əlɪˌfɪʃnt/ agg. [*system, engine*] a bassi consumi.

fuel injection /'fju:əlɪnˌdʒekʃn/ n. iniezione f. (di carburante).

fuel injection engine /ˌfju:əlɪnˌdʒekʃn'endʒɪn/ n. motore m. a iniezione.

fuel injector /'fju:əlɪnˌdʒektə(r)/ n. iniettore m. (di carburante).

fuel oil /'fju:əlˌɔɪl/ n. olio m. combustibile, gasolio m.

fuel pump /'fju:əlˌpʌmp/ n. *(in a motor vehicle)* pompa f. dell'alimentazione.

fuel rod /'fju:əlˌrɒd/ n. NUCL. barra f. di combustibile.

fuel saving /'fju:əlˌseɪvɪŋ/ **I** n. risparmio m. energetico **II** agg. [*measure, policy*] per il risparmio energetico.

fuel tank /'fju:əlˌtæŋk/ n. serbatoio m. (del carburante).

1.fug /fʌg/ n. BE COLLOQ. aria f. viziata; ***there was a terrible ~ in the bar*** c'era troppo fumo nel bar; ***the ~ of exhaust fumes*** l'inquinamento dei gas di scarico.

2.fug /fʌg/ intr. (forma in -ing ecc. **-gg-**) RAR. stare al chiuso.

fugacious /fju:'geɪʃəs/ agg. **1** *(transitory)* fugace, fuggevole, transitorio **2** BOT. [*plant*] effimero.

fugacity /fju:'gæsətɪ/ n. CHIM. FIS. fugacità f.

fuggy /'fʌgɪ/ agg. BE [*atmosphere*] *(smoky)* fumoso; *(airless)* viziato.

fugitive /'fju:dʒətɪv/ **I** agg. **1** LETT. *(fleeting)* [*happiness*] effimero, fugace; [*impression, sensation*] fugace, fuggevole **2** *(in flight)* [*leader, criminal*] fuggiasco, fuggitivo **II** n. fuggiasco m. (-a), fuggitivo m. (-a); ***to be a ~ from justice*** essere un latitante *o* un ricercato.

fugleman /'fju:glmən/ n. (pl. **-men**) **1** ANT. MIL. capofila m. **2** FIG. capofila m. e f.

1.fugue /fju:g/ n. **1** MUS. fuga f.; ***a Bach ~*** una fuga di Bach **2** PSIC. fuga f.

2.fugue /fju:g/ intr. **1** MUS. *(compose)* comporre una fuga **2** MUS. *(perform)* eseguire una fuga.

fuguist /'fju:gɪst/ ♦ **27** n. MUS. *(composer)* compositore m. (-trice) di fughe; *(performer)* esecutore m. (-trice) di fughe.

fulcrum /'fʊlkrəm/ n. (pl. **~s, -a**) fulcro m. (anche FIG.).

▷ **fulfil** BE, **fulfill** AE /fʊl'fɪl/ **I** tr. (forma in -ing ecc. **-ll-**) **1** *(realize, carry out)* realizzare [*ambition, dream, desire*]; fare avverare, fare adempiere [*prophecy*]; mantenere, adempiere [*promise*]; fare avverare [*hope*]; soddisfare [*need*]; ***to ~ one's potential*** realizzarsi **2** *(satisfy)* [*job, life, role*] appagare [*person*] **3** *(satisfy requirements of)* adempiere [*role, duty, contract*]; rispettare [*conditions*]; ***unless these conditions are ~led*** in caso di inadempienza **II** rifl. (forma in -ing ecc. **-ll-**) ***to ~ oneself*** realizzarsi.

▷ **fulfilled** /fʊl'fɪld/ **I** p.pass. → **fulfil, fulfill II** agg. ***to be, feel ~*** essere, sentirsi realizzato.

▷ **fulfilling** /fʊl'fɪlɪŋ/ agg. [*job, career, marriage, experience*] appagante.

fulfilment BE, **fulfillment** AE /fʊl'fɪlmənt/ n. **1** *(satisfaction)* soddisfazione f., appagamento m.; ***sexual ~*** appagamento sessuale; ***personal ~*** soddisfazione personale; ***~ still eluded her*** non si sentiva ancora realizzata; ***to seek, find ~*** cercare, trovare appagamento; ***to find ~ in acting, nursing*** realizzarsi recitando, facendo l'infermiere **2** *(realization)* ***the ~ of*** la realizzazione di [*ambition, desire*]; il soddisfacimento di [*need*]; l'adempimento di [*prophecy, promise*] **3** *(carrying out) (of role, duty, obligation)* adempimento m. **4** *(meeting requirements)* ***the ~ of the contract will entail...*** il contratto prevede...

fulgency /'fʌldʒənsɪ/ n. fulgidezza f., fulgore m.

fulgent /'fʌldʒənt/ agg. fulgente, fulgido.

fulgid /'fʌldʒɪd/ agg. fulgido.

fuliginous /fju:'lɪdʒɪnəs/ agg. **1** *(smoky)* fuligginoso **2** *(dark)* caliginoso, scuro.

Fulke /fʊlk/ n.pr. Fulke (nome di uomo).

▶ **1.full** /fʊl/ **I** agg. **1** *(completely filled)* [*box, glass, room, cupboard, theatre*] pieno; [*hotel, flight, car park*] completo; ***a ~ tank of petrol*** un serbatoio pieno di benzina; ***a ~ bottle of whisky*** una bottiglia di whisky piena; ***~ to the brim*** pieno fino all'orlo; ***~ to overflowing*** [*bucket*] traboccante; [*room, suitcase*] pieno (zeppo); ***I've got my hands ~*** ho le mani piene; FIG. sono pieno di cose da fare; ***don't speak with your mouth ~*** non parlare con la bocca piena; ***~ of*** pieno di [*ideas, life, energy, surprises*]; ***the hotel, the train is ~ of tourists*** l'albergo, il treno è pieno di turisti; ***the papers are ~ of the accident*** i giornali dedicano molte pagine all'incidente; ***he's ~ of his holiday plans*** è preso dai progetti per le vacanze; ***to be ~ of oneself*** SPREG. essere pieno di sé; ***to be ~ of one's own importance*** darsi un sacco di importanza **2** *(sated)* (anche ~ **up**) [*stomach*] pieno; ***to drink, swim on a ~ stomach*** bere, nuotare a stomaco pieno; ***I'm ~*** COLLOQ. sono sazio *o* pieno **3** *(busy)* [*day, week*] pieno, intenso; ***my diary is ~ for this week*** la mia agenda è piena questa settimana; ***she leads a very ~ life*** conduce una vita molto intensa **4** *(complete)* [*pack of cards, set of teeth, name, address, breakfast, details*] completo; [*story*] intero, completo; [*price*] intero; [*control, responsibility, support*] pieno, completo; [*understanding, awareness*] pieno, totale; [*inquiry, investigation*] approfondito; ***the ~ extent of the damage*** la reale entità del danno; ***the ~ extent of the disaster*** le vere *o* reali proporzioni del disastro; ***the ~ implications of his gesture*** tutto ciò che il suo gesto comporta; ***he has a ~ head of hair*** ha molti capelli; ***to be in ~ view*** essere perfettamente visibile; ***in ~ view of sb.*** sotto gli occhi di qcn. **5** *(officially recognized)* [*member, partner*] a tutti gli effetti; [*right*] pieno **6** *(maximum)* [*employment, bloom, power*] pieno; ***he has the radio at ~ volume*** tiene la radio a tutto volume; ***at ~ speed*** a tutta velocità; ***in ~ sunlight*** in pieno sole; ***to make ~ use of sth.*** o ***to use sth. to ~ advantage*** sfruttare al massimo qcs. [*opportunity, situation*]; ***to get ~ marks*** BE ottenere il massimo dei voti; ***she deserves ~ marks for courage*** BE merita le congratulazioni per il suo coraggio **7** *(for emphasis)* [*hour, month*] buono, intero; [*kilo*] buono; ***it took them three ~ weeks to reply*** gli sono volute tre settimane buone per rispondere; ***turn the knob a ~ 180 degrees*** girare la manopola di 180 gradi **8** *(rounded)* [*cheeks, face*] pieno; [*lips*] carnoso; [*figure*] robusto; [*skirt, sleeve*] ampio; ***clothes for the ~er figure*** vestiti per taglie forti **9** ASTR. [*moon*] pieno; ***there's a ~ moon*** c'è la luna piena; ***when the moon is ~*** quando la luna è piena **10** *(rich)* [*flavour, tone*] intenso **II** avv. **1** *(directly)* ***to hit sb. ~ in the face, stomach*** colpire qcn. in pieno volto, in pieno stomaco; ***to look sb. ~ in the face*** guardare qcn. diritto negli occhi, guardare in faccia qcn. **2** *(very)* ***to know ~ well that*** sapere benissimo *o* perfettamente bene che; ***as you know ~ well*** come ben sai **3** *(to the maximum)* ***is the volume turned up ~?*** è al massimo il volume? ***with the heating up ~*** con il riscaldamento al massimo **4 in full** ***to write sth. in ~*** scrivere qcs. per esteso; ***to pay sb. in ~*** pagare qcn. per intero; FIG. saldare il conto con qcn.; ***to publish, describe sth. in ~*** pubblicare, descrivere qcs. in forma integrale **III** n. *(the greatest degree)* massimo m., colmo m., pieno m.; *(the greatest extent)* pienezza f., massima estensione f. ◆ ***to enjoy*** o ***live life to the ~*** vivere la vita pienamente *o* appieno.

2.full /fʊl/ **I** tr. raccogliere in ampie pieghe [*dress*] **II** intr. [*moon*] diventare piena.

3.full /fʊl/ tr. TESS. follare.

full-back /ˈfʊlbæk/ n. SPORT *(in football)* terzino m.; *(in rugby)* estremo m.

full beam /ˈfʊlˌbiːm/ n. ***on ~*** AUT. con gli abbaglianti accesi.

full blast /ˌfʊlˈblɑːst, AE -ˈblæst/ avv. COLLOQ. ***the TV, radio was on*** o ***going at ~*** la tivù, la radio era a tutto volume; ***we had the heater on at ~*** avevamo il riscaldamento al massimo.

full-blooded /ˌfʊlˈblʌdɪd/ agg. **1** *(vigorous)* [*argument*] appassionato; [*condemnation*] vigoroso **2** *(committed)* [*socialism, monetarism*] allo stato puro **3** *(purebred)* [*person*] di razza pura; [*horse*] purosangue **4** *(passionate)* [*person*] focoso.

full-blown /ˌfʊlˈbləʊn/ agg. **1** MED. [*disease*] conclamato; [*epidemic*] devastante; ***to have ~ Aids*** avere l'AIDS in fase conclamata **2** *(qualified)* [*doctor, lawyer*] con (tutte) le carte in regola **3** *(large-scale)* [*recession, crisis*] generale, su vasta scala; [*war*] totale **4** [*rose*] in piena fioritura.

full board /ˌfʊlˈbɔːd/ n. pensione f. completa.

full-bodied /ˌfʊlˈbɒdɪd/ agg. [*wine*] corposo.

full-bottomed /ˌfʊlˈbɒtəmd/ agg. **1** ~ ***wig*** GB = parrucca con i capelli lunghi sulla nuca indossata da alcuni membri della professione forense **2** MAR. [*ship*] dalla stiva capiente.

full colour /ˌfʊlˈkʌlə(r)/ **I** n. TIP. ***with 20 illustrations in ~*** con 20 illustrazioni a colori **II full-colour** modif. [*illustration, plate*] a colori.

full-cream milk /ˌfʊlˌkriːmˈmɪlk/ n. BE latte m. intero.

full dress /ˌfʊlˈdres/ **I** n. abito m. da cerimonia; MIL. alta uniforme f.; ***officers in ~*** ufficiali in alta uniforme **II full-dress** modif. **1** MIL. [*officer, parade*] in alta uniforme; ~ ***uniform*** alta uniforme **2** POL. [*debate*] ufficiale.

fuller /ˈfʊlə(r)/ ♦ **27** n. TESS. follatore m. (-trice).

fuller's earth /ˌfʊləzˈɜːθ/ n. terra f. da follone.

full-face /ˌfʊlˈfeɪs/ agg. e avv. FOT. di fronte.

full-fledged /ˌfʊlˈfledʒd/ agg. AE → **fully-fledged**.

full-frontal /ˌfʊlˈfrʌntl/ agg. [*photograph*] = che ritrae una persona nuda vista di fronte; [*nudity*] integrale.

full-grown /ˌfʊlˈgrəʊn/ agg. **1** [*person*] adulto **2** [*tree*] che ha raggiunto il massimo della crescita.

full house /ˌfʊlˈhaʊs/ n. **1** TEATR. ***to have a ~*** fare il tutto esaurito; ***to play to a ~*** recitare a sala piena **2** GIOC. *(in poker)* full m.

▷ **full-length** /ˌfʊlˈleŋθ/ **I** agg. **1** CINEM. ***a ~ film*** un lungometraggio **2** *(head to toe)* [*portrait, photo*] a figura intera; [*mirror*] a figura intera, intero; ~ ***window*** finestra a tutta altezza *o* finestrone **3** *(long)* [*coat, curtain, sleeve*] lungo; [*novel, opera*] in versione integrale **II** avv. [*lie*] lungo disteso; [*fall*] lungo e tirato.

full-mouthed /ˌfʊlˈmaʊðd/ agg. **1** [*livestock*] che ha messo tutti i denti **2** [*oath*] a voce alta.

full name /ˌfʊlˈneɪm/ n. nome m. per esteso.

fullness /ˈfʊlnɪs/ n. **1** *(width) (of sleeve, dress)* ampiezza f. **2** *(roundness) (of breasts)* rotondità f.; *(of lips)* carnosità f. **3** *(of flavour)* intensità f. ◆ ***in the ~ of time*** *(with the passage of time)* a tempo debito; *(eventually)* a suo tempo.

full-page /ˌfʊlˈpeɪdʒ/ agg. TIP. a piena pagina, a tutta pagina.

full pay /ˌfʊlˈpeɪ/ n. stipendio m. intero.

full price /ˌfʊlˈpraɪs/ agg. e avv. a prezzo intero.

full professor /ˌfʊlprəˈfesə(r)/ n. US UNIV. professore m. ordinario.

full-scale /ˌfʊlˈskeɪl/ agg. **1** *(in proportion)* [*drawing, plan*] a grandezza naturale **2** *(extensive)* [*operation, search*] su vasta scala; [*investigation, study*] su vasta scala, approfondito **3** *(total)* [*alert, panic, crisis*] generale; [*war*] totale **4** *(complete)* [*performance*] grande, completo.

full-size(d) /ˌfʊlˈsaɪz(d)/ agg. **1** *(large)* a grandezza naturale **2** *(not for children)* [*violin, bike*] per adulti.

▷ **full stop** /ˌfʊlˈstɒp/ n. BE **1** *(in punctuation)* punto m.; ***I'm not leaving, ~!*** non parto, punto e basta! **2** *(impasse)* ***negotiations have come to a ~*** i negoziati sono giunti a un punto fermo **3** *(halt)* ***work has come to a ~*** i lavori si sono interrotti.

full-throated /ˌfʊlˈθrəʊtɪd/ agg. ***to give a ~ laugh, cry*** ridere, urlare a piena gola.

▷ **full time** /ˌfʊlˈtaɪm/ **I** n. SPORT fine f. della partita; ***he blew the whistle for ~*** ha fischiato la fine della partita **II full-time** modif. **1** SPORT [*score, whistle*] finale **2** *(permanent)* [*job, worker, student, secretary*] a tempo pieno; ***to be in full-time education*** frequentare una scuola a tempo pieno **III** avv. [*study, teach, work*] a tempo pieno.

full-timer /ˌfʊlˈtaɪmə(r)/ n. lavoratore m. (-trice) a tempo pieno.

full word /ˌfʊlˈwɜːd/ n. LING. parola f. piena.

▶ **fully** /ˈfʊlɪ/ avv. **1** *(completely)* [*understand*] perfettamente; [*succeed, recover*] pienamente, completamente; [*equipped, furnished, awake, developed*] completamente; [*dressed, illustrated*] interamente; [*aware, informed*] perfettamente; ***to be ~ qualified*** avere tutti i requisiti; ***I ~ intend to do it*** ho proprio l'intenzione di farlo; ***he doesn't ~ realize what he's doing*** non si rende completamente conto di quello che sta facendo **2** *(to the maximum)* [*open, closed, stretched, unwound*] completamente; ~ ***booked*** al completo; ***a ~ loaded truck*** un camion a pieno carico; ***my time is ~ occupied*** sono pieno di impegni **3** *(comprehensively)* [*examine, study*] a fondo; [*explain, describe*] in modo dettagliato; ***I'll write more ~ later*** ti scriverò una lettera più lunga la prossima volta **4** *(at least)* ***it's ~ ten years since I last saw you*** sono almeno dieci anni che non ci vediamo; ***the hotel is ~ 20 km from the station*** l'albergo è ad almeno 20 km dalla stazione; ***it took me ~ two hours*** ci ho messo due ore buone.

fully-fashioned /ˌfʊlɪˈfæʃnd/ agg. ABBIGL. aderente, attillato.

fully-fledged /ˌfʊlɪˈfledʒd/ agg. **1** ZOOL. [*bird*] che ha messo tutte le penne **2** *(established)* [*member, officer*] effettivo; [*accountant, lawyer*] esperto.

fully-grown /ˌfʊlɪˈgrəʊn/ → **full-grown**.

fulmar /ˈfʊlmə(r)/ n. fulmaro m.

fulminant /ˈfʌlmɪnənt, AE ˈfʊl-/ agg. fulminante.

1.fulminate /ˈfʌlmɪneɪt, AE ˈfʊl-/ n. CHIM. fulminato m.

2.fulminate /ˈfʌlmɪneɪt, AE ˈfʊl-/ intr. scagliare fulmini, inveire (**against** contro).

fulmination /fʌlmɪˈneɪʃn, AE fʊl-/ n. invettiva f.

fulminatory /ˈfʌlmɪnətrɪ, AE ˈfʊlmɪnətɒrɪ-/ agg. [*words*] di invettiva.

fulmine /ˈfʌlmɪn/ intr. ANT. → **2.fulminate**.

fulminic /fʌlˈmɪnɪk/ agg. fulminico.

fulsome /ˈfʊlsəm/ agg. FORM. [*praise, compliments*] smaccato; [*manner*] eccessivamente ossequioso; ***to be ~ in one's praise of sth.*** lodare eccessivamente qcs.

fulsomely /ˈfʊlsəmlɪ/ avv. con eccessivo ossequio, smaccatamente.

fulsomeness /ˈfʊlsəmnɪs/ n. eccesso m., esagerazione f.

fulvous /ˈfʌlvəs/ agg. fulvo.

fumaric /fjuːˈmærɪk/ agg. fumarico.

fumarole /ˈfjuːmərəʊl/ n. fumarola f.

1.fumble /ˈfʌmbl/ n. AE SPORT liscio m.

2.fumble /ˈfʌmbl/ **I** tr. **1** SPORT lasciarsi sfuggire [*ball*] **2** *(fluff, bungle)* sbagliare [*entrance*]; fallire [*attempt*] **II** intr. **1** *(fiddle clumsily)* ***to ~ in one's bag for a cigarette, a tissue*** frugare nella borsa alla ricerca di una sigaretta, di un fazzoletto di carta; ***to ~ with*** armeggiare, giocherellare con [*zipper, buttons*] **2** *(search clumsily)* → **fumble about 3** FIG. ***to ~ for words*** cercare le parole.

■ **fumble about:** ~ ***about*** *(in dark)* brancolare, andare a tentoni (**to do** per fare); ***to ~ about in*** frugare in [*bag, drawer*].

▷ **fume** /fjuːm/ intr. **1** COLLOQ. [*person*] fumare di rabbia, essere furioso; ***he was fuming at the delay*** era furibondo per il ritardo; ***to ~ with anger*** fumare di rabbia; ***to ~ with impatience*** friggere **2** [*mixture, chemical*] fumare, esalare vapori.

fumes /fjuːmz/ n.pl. esalazioni f.; ***petrol ~*** BE o ***gas ~*** AE vapori della benzina; ***factory ~*** fumi delle fabbriche; ***traffic*** o ***exhaust ~*** gas di scarico.

fumigate /ˈfjuːmɪgeɪt/ tr. suffumicare, disinfettare con fumi.

fumigation /ˌfjuːmɪˈgeɪʃn/ n. suffumicazione f.

fumitory /ˈfjuːmɪtrɪ, AE -tɔrɪ/ n. fumaria f.

▶ **1.fun** /fʌn/ **I** n. divertimento m.; ***to have ~*** divertirsi (**doing** a fare; **with** con); ***have ~!*** divertiti! divertitevi! ***we had great, good ~*** ci siamo divertiti molto; ***it is ~ to do sth.*** o ***doing sth. is ~*** è divertente fare qcs.; ***card games are great ~*** i giochi con le carte sono molto divertenti; ***to do sth. for ~, to do sth. for the ~ of it*** fare qcs. per divertimento; ***it's just for ~*** è solo per scherzo; ***to do sth. in ~*** fare qcs. per scherzo *o* per ridere; ***half the ~ of sth., of doing is...*** la cosa più divertente di qcs., del fare è...; ***it's all good clean ~*** non c'è nulla di male; ***it's not much ~*** non è molto divertente (**for** per); ***it's no ~ doing sth.*** non è molto divertente fare qcs.; ***it' s not my idea of ~*** non è il massimo del divertimento; ***to spoil sb.'s ~*** rovinare il divertimento a qcn. *o* guastare la festa a qcn.; ***it takes the ~ out of it*** questo toglie ogni piacere; ***to be full of ~*** essere una persona divertente; ***he has a sense of ~*** sa divertirsi; ***he's (such) ~*** è (veramente) uno spasso; ***she is great ~ to be with*** ci si diverte molto con lei; ***we had ~ cleaning up*** IRON. ci siamo divertiti a pulire; ***that looks like ~!*** IRON. deve essere divertente! **II** agg. [*person*] divertente, spassoso; ***it's a ~ thing to do*** è una cosa divertente ◆ ***to become a figure of ~*** diventare lo zimbello (**for** di); ***to have ~ and games*** divertirsi un mondo (anche IRON.); ***like ~!*** COLLOQ. manco per scherzo! ***to make ~ of*** o ***poke ~ at sb.*** prendersi gioco di qcn. *o* prendere in giro qcn.

2.fun /fʌn/ intr. (forma in -ing ecc. **-nn-**) COLLOQ. scherzare.

funambulism /fjuːˈnæmbjʊlɪzəm/ n. funambolismo m.

funambulist /fjuːˈnæmbjʊlɪst/ ➧ ***27*** n. funambolo m. (-a).

▶ **1.function** /ˈfʌŋkʃn/ n. **1** *(role) (of person, body, organ, tool)* funzione f.; ***to fulfil a ~*** [*person*] adempiere una funzione; ***to perform a ~ as*** [*person, object*] svolgere la funzione di; ***in her ~ as...*** nella sua funzione di...; ***that is not part of my ~*** non rientra nelle mie funzioni; ***the ~ of the heart is to do*** il cuore ha la funzione di fare; ***bodily ~s*** funzioni fisiologiche *o* corporee **2** *(occasion) (reception)* ricevimento m.; *(ceremony)* cerimonia f. **3** INFORM. MAT. funzione f.; ***to be a ~ of*** essere funzione di; FIG. essere in funzione di.

▶ **2.function** /ˈfʌŋkʃn/ intr. **1** *(work properly)* funzionare **2** *(operate as)* ***to ~ as*** [*object*] fungere da, avere la funzione di; [*person*] avere la funzione di.

functional /ˈfʌŋkʃənl/ agg. **1** [*design, furniture*] funzionale **2** *(in working order)* funzionante; ***he's barely ~ before 10 o'clock*** SCHERZ. prima delle 10 non è operativo **3** ***~ disorder*** MED. disturbo funzionale.

functionalism /ˈfʌŋkʃənəlɪzəm/ n. funzionalismo m.

functionalist /ˈfʌŋkʃənəlɪst/ **I** agg. funzionalistico **II** n. funzionalista m. e f.

functionally /ˈfʌŋkʃənlɪ/ avv. funzionalmente.

functionary /ˈfʌŋkʃənərɪ, AE -nerɪ/ n. funzionario m. (-a); SPREG. burocrate m.

function key /ˈfʌŋkʃənˌkiː/ n. tasto m. funzione.

function room /ˈfʌŋkʃənˌruːm, -ˌrʊm/ n. sala f. per i ricevimenti.

function word /ˈfʌŋkʃənˌwɜːd/ n. parola f. funzionale.

functor /ˈfʌŋktə(r)/ n. MAT. funtore m.

▶ **1.fund** /fʌnd/ **I** n. **1** *(cash reserve)* fondo m.; ***emergency, relief ~*** fondo per le emergenze, di assistenza; ***strike, disaster ~*** stanziamento a favore degli scioperanti, delle popolazioni colpite **2** FIG. *(store)* ***she's a ~ of wisdom, wit*** è una persona di grande saggezza, spirito; ***he has a ~ of experience*** ha un grosso bagaglio di esperienza **II funds** n.pl. **1** *(capital)* fondi m.; ***to be in ~s*** avere mezzi; ***to be out of ~s*** essere al verde; ***government ~, public ~*** fondi governativi, pubblici **2** *(credit balance)* capitale m., disponibilità f. **3** *(on cheque)* ***"No ~s"*** o ***"insufficient ~s"*** "insufficienza fondi" **III Funds** n.pr.pl. GB ***the Funds*** titoli di stato britannici.

▶ **2.fund** /fʌnd/ tr. **1** *(finance)* finanziare [*company, project*] **2** *(convert)* consolidare [*debt*].

fundament /ˈfʌndəmənt/ n. **1** *(theory, principle)* fondamento m. **2** *(foundation)* fondamenta f.pl. **3** EUFEM. *(buttocks)* fondoschiena m.

▶ **fundamental** /ˌfʌndəˈmentl/ **I** agg. [*question, issue, meaning*] fondamentale (**to** per); [*error*] gravissimo; [*concern*] principale; ***to be ~ to*** essere essenziale per; ***of ~ importance*** di importanza capitale **II fundamentals** n.pl. ***the ~s*** i fondamenti *o* le basi (**of** di); ***let's get down to ~s*** veniamo al sodo.

fundamentalism /ˌfʌndəˈmentəlɪzəm/ n. fondamentalismo m.; *(Islam)* fondamentalismo m. islamico, integralismo m. islamico.

fundamentalist /ˌfʌndəˈmentəlɪst/ **I** agg. fondamentalista, fondamentalistico; *(Islam)* fondamentalista, integralista **II** n. fondamentalista m. e f.; *(Islam)* fondamentalista m. e f. islamico (-a), integralista m. e f. islamico.

▷ **fundamentally** /ˌfʌndəˈmentəlɪ/ avv. [*opposed, incompatible*] fondamentalmente; [*change*] radicalmente; ***the project is ~ flawed*** il progetto ha un difetto di base; ***what concerns me ~ is...*** quello che mi preoccupa maggiormente è...; ***~, I think that...*** in fondo, penso che...; ***he's ~ a socialist*** è fondamentalmente un socialista; ***you are ~ mistaken*** stai facendo un grave errore.

funded /ˈfʌndɪd/ **I** p.pass. → **2.fund II** agg. ***government~*** finanziato dal governo; ***a publicly ~ project*** un progetto realizzato con fondi pubblici; ***under~*** finanziato in modo non adeguato.

fund-holder /ˈfʌndˌhəʊldə(r)/ n. = detentore di titoli di stato britannici.

funding /ˈfʌndɪŋ/ n. ECON. **1** *(financial aid)* finanziamento m.; ***~ from the private sector*** finanziamenti dal settore privato; ***to receive ~ from sb.*** ricevere finanziamenti da qcn.; ***self-~*** autofinanziamento **2** *(of debt)* consolidamento m.

funding agency /ˈfʌndɪŋˌeɪdʒənsɪ/, **funding body** /ˈfʌndɪŋˌbɒdɪ/ n. ente m. per il reperimento e la gestione di fondi.

fund manager /ˈfʌndˌmænɪdʒə(r)/ ➧ ***27*** n. ECON. gestore m. (-trice) di fondi.

▷ **fund-raiser** /ˈfʌndreɪzə(r)/ n. *(person)* = chi raccoglie fondi; *(event)* raccolta f. fondi.

▷ **fund-raising** /ˈfʌndreɪzɪŋ/ **I** agg. [*event*] per la raccolta di fondi **II** n. raccolta f. fondi.

▷ **funeral** /ˈfjuːnərəl/ **I** n. funerale m., esequie f.pl. **II** modif. [*march, oration, service*] funebre ◆ ***that's your, her ~!*** COLLOQ. peggio per te, per lei!

funeral director /ˈfjuːnərəldaɪˌrektə(r), -dɪ-/ ➧ ***27*** n. impresario m. (-a) di pompe funebri.

funeral home /ˈfjuːnərəlˌhəʊm/ n. AE → **funeral parlour**.

funeral parlour BE, **funeral parlor** AE /ˈfjuːnərəlˌpɑːlə(r)/ n. **1** *(business)* impresa f. di pompe funebri **2** *(room)* camera f. ardente (all'interno di una impresa di pompe funebri).

funeral procession /ˈfjuːnərəlprəˌseʃn/ n. *(on foot)* corteo m. funebre; *(by car)* convoglio m. funebre.

funeral pyre /ˈfjuːnərəlˌpaɪə(r)/ n. pira f.

funerary /ˈfjuːnərərɪ, AE -rerɪ/ agg. funerario, funebre.

funereal /fjuːˈnɪərɪəl/ agg. [*atmosphere*] lugubre, funereo; [*voice*] lugubre.

fun fair /ˈfʌnfeə(r)/ n. luna park m., parco m. dei divertimenti.

fun fur /ˈfʌnˌfɜː(r)/ n. pelliccia f. sintetica, ecologica.

fungal /ˈfʌŋgl/ agg. [*spore, growth*] del fungo; ***~ infection*** infezione fungina.

fungi /fʌŋgaɪ, -dʒaɪ/ → **fungus**.

fungibility /ˌfʌndʒɪˈbɪlətɪ/ n. fungibilità f.

fungible /ˈfʌndʒɪbl/ agg. fungibile.

fungicide /ˈfʌŋgɪsaɪd, ˈfʌndʒɪsaɪd/ n. fungicida m.

fungiform /ˈfʌŋgɪfɔːm, ˈfʌndʒɪfɔːm/ agg. fungiforme.

fungoid /ˈfʌŋgɔɪd/ agg. fungoide.

fungous /ˈfʌŋgəs/ agg. fungoso.

▷ **fungus** /ˈfʌŋgəs/ n. (pl. **~es**, **-i**) **1** *(plant)* fungo m. **2** *(mould)* muffa f. **3** MED. fungo m.

fun house /ˈfʌnˌhaʊs/ n. AE = in un parco dei divertimenti, edificio in cui si trovano, disposti su un percorso, specchi deformanti, scene fantastiche ecc.

funicle /ˈfjuːnɪkl/ → **funiculus**.

funicular /fjuːˈnɪkjʊlə(r)/ **I** agg. funicolare **II** n. funicolare f.

funiculus /fjuːˈnɪkjʊləs/ n. (pl. **-i**) ANAT. BOT. funicolo m.

1.funk /fʌŋk/ n. **1** MUS. funk m. **2** AE COLLOQ. *(foul odour)* puzza f., tanfo m.

2.funk /fʌŋk/ n. **1** COLLOQ. *(fear)* fifa f., tremarella f.; ***to be in a (blue) ~*** avere una fifa blu **2** *(coward)* fifone m. (-a).

3.funk /fʌŋk/ tr. COLLOQ. ***to ~ it*** tirarsi indietro (per paura).

funk hole /ˈfʌŋkhəʊl/ n. **1** MIL. ricovero m. sotterraneo **2** *(job)* = un lavoro che permette l'esenzione dal servizio militare.

1.funky /ˈfʌŋkɪ/ agg. **1** MUS. funky **2** AE COLLOQ. *(evil-smelling)* puzzolente **3** AE COLLOQ. *(authentic)* naturale, autentico.

2.funky /ˈfʌŋkɪ/ agg. COLLOQ. *(fearful)* fifone.

fun-loving /ˈfʌnlʌvɪŋ/ agg. ***he's very ~*** è un gran buontempone.

1.funnel /ˈfʌnl/ n. **1** *(for liquids etc.)* imbuto m. **2** *(on ship, engine)* fumaiolo m.

2.funnel /ˈfʌnl/ **I** tr. (forma in -ing ecc. **-ll-**, **-l-** AE) **1** ***to ~ sth. into, through*** fare passare qcs. in, attraverso; ***to ~ sth. out*** fare uscire qcs. **2** FIG. *(channel)* incanalare [*funds, aid*] (**to** verso); ***to ~ funds into sth., into doing*** convogliare fondi in qcs., nel fare **II** intr. (forma in -ing ecc. **-ll-**, **-l-** AE) ***to ~ into, through*** [*crowd, wind*] infilarsi in, attraverso; [*liquid*] incanalarsi, infilarsi in, attraverso.

funnelled, **funneled** AE /ˈfʌnld/ **I** p.pass. → **2.funnel II** agg. **1** *(provided with a funnel)* [*ship*] con ciminiera **2** *(funnel-shaped)* imbutiforme.

funnel-shaped /ˈfʌnlʃeɪpt/ agg. imbutiforme.

funnies /ˈfʌnɪz/ n.pl. AE COLLOQ. *(in a newspaper)* striscia f.sing. (di vignette).

funnily /ˈfʌnɪlɪ/ avv. *(oddly)* [*walk, talk*] in modo buffo, strano, curioso; ***~ enough,...*** strano a dirsi,...

funniness /ˈfʌnɪnɪs/ n. **1** *(amusing side)* comicità f. **2** *(oddity)* stranezza f., bizzarria f.

▶ **1.funny** /ˈfʌnɪ/ **I** agg. **1** *(amusing)* [*person, incident*] divertente, buffo; [*film, joke*] divertente; ***are you trying to be ~?*** COLLOQ. stai cercando di fare lo spiritoso? ***very ~!*** IRON. molto divertente! **2** *(odd)* [*hat, smell, noise*] strano; [*person*] strano, bizzarro, buffo; ***a ~ voice*** una strana voce; ***it's ~ that she hasn't phoned*** è strano che non abbia telefonato; ***it's ~ how people change*** è curioso quanto la gente cambi; ***there's something ~ about him*** ha qualcosa di strano; ***something ~'s going on*** sta succedendo qualcosa di strano; ***it's a ~ feeling but...*** è una strana sensazione ma...; ***it's ~ you should mention it*** è strano che tu ne parli **3** COLLOQ. *(unwell)* ***to feel ~*** non sentirsi un granché **II** avv. COLLOQ. [*walk, talk, act*] in modo strano, bizzarro ◆ ***~ peculiar or ~ ha-ha?*** = strano o buffo?

2.funny /'fʌnɪ/ n. = imbarcazione con un solo rematore.

funny bone /'fʌnɪˌbəʊn/ n. COLLOQ. = parte immediatamente sopra al gomito che, se colpita, provoca una sensazione simile alla scossa elettrica.

funny business /'fʌnɪˌbɪznɪs/ n. COLLOQ. **U** intrallazzi m.pl., intrighi m.pl.

funny farm /'fʌnɪˌfɑːm/ n. COLLOQ. manicomio m.

funny man /ˌfʌnɪ'mæn/ n. (pl. **funny men**) **1** *(clown)* pagliaccio m., clown m. **2** AE (attore) comico m.

funny money /'fʌnɪˌmʌnɪ/ n. COLLOQ. *(inflated currency)* denaro m. che vale poco; *(counterfeit money)* soldi m.pl. falsi.

fun run /'fʌnrʌn/ n. = corsa a piedi, spesso organizzata a scopo di beneficenza, alla quale partecipano molte persone.

▷ **1.fur** /fɜː(r)/ **I** n. **U 1** *(on animal)* pelo m., pelame m.; *(for garment)* pelliccia f.; ***she was dressed in ~s*** indossava una pelliccia **2** BE *(in kettle, pipes)* incrostazione m. **II** modif. [*collar, lining, jacket*] di pelliccia; ~ ***coat*** pelliccia ◆ ***that'll make the ~ fly!*** ne vedremo delle belle!

2.fur /fɜː(r)/ tr. (forma in -ing ecc. **-rr-**) **1** *(line with fur)* foderare di pelliccia [*garment*] **2** *(trim with fur)* guarnire con pelliccia [*garment*] **3** *(clothe)* vestire con una pelliccia [*person*].

▪ **fur up** BE [*kettle, pipes*] incrostarsi.

1.furbelow /'fɜːbɪləʊ/ n. ANT. falpalà m.

2.furbelow /'fɜːbɪləʊ/ tr. decorare con falpalà.

furbish /'fɜːbɪʃ/ tr. *(renovate)* rinnovare [*room*]; ristrutturare [*building*].

1.furcate /'fɜːkeɪt/ agg. forcuto, biforcuto.

2.furcate /'fɜːkeɪt/ intr. biforcarsi.

furcation /fɜː'keɪʃn/ n. biforcazione f.

fur-clad /'fɜːˌklæd/ agg. in pelliccia, impellicciato.

fur-collared /ˌfɜː'kɒləd/ agg. con il collo di pelliccia.

fur dresser /'fɜːˌdresə(r)/ ♦ ***27*** n. pellicciaio m. (-a).

furfur /'fɜːfə(r)/ n. (pl. **~es**) forfora f.

furfuraceous /fɜːfə'reɪʃəs/ agg. forforoso.

furfural /'fɜːfəræl/ n. furfurolo m.

Furies /'fjʊərɪz/ n.pr.pl. ***the ~*** MITOL. le Furie.

▷ **furious** /'fjʊərɪəs/ agg. **1** *(angry)* furioso, furibondo (**with, at** con); ***I was ~ with myself*** ero infuriato con me stesso; ***he's ~ about it*** questo lo ha reso furioso; ***I was ~ with her for coming*** o ***that she had come*** ero furibondo per il fatto che fosse venuta; ***he was ~ at being cheated*** o ***that he'd been cheated*** era furibondo per l'imbroglio; ***I was ~ to learn that...*** mi infuriai nel sapere che...; ***he was absolutely ~*** era arrabbiato da morire **2** FIG. *(violent)* [*struggle, storm*] furioso; [*debate*] accanito, acceso; ***at a ~ rate*** a un ritmo forsennato ◆ ***the pace was fast and ~*** il ritmo era indiavolato; ***the questions came fast and ~*** le domande arrivavano a raffica.

▷ **furiously** /'fjʊərɪəslɪ/ avv. furiosamente; [*struggle*] furiosamente, accanitamente; ***he was ~ angry*** era fuori di sé dalla rabbia; ***he was waving his hands ~*** agitava le mani freneticamente.

furl /fɜːl/ **I** tr. ammainare [*sail*]; arrotolare (intorno all'asta) [*flag*] **II** intr. [*smoke*] ***to ~ out, upwards*** uscire, salire in volute *o* a spire.

furlong /'fɜːlɒŋ, AE -lɔːŋ/ ♦ ***15*** n. = unità di misura di lunghezza pari a 1/8 di miglio, equivalente a circa 201 m.

1.furlough /'fɜːləʊ/ n. **1** MIL. licenza f. **2** *(of employees)* permesso m., congedo m.

2.furlough /'fɜːləʊ/ tr. **1** MIL. accordare una licenza a [*soldier*] **2** concedere un permesso, un congedo a [*employee*].

furmenty /'fɜːməntɪ/, **furmety** /'fɜːmətɪ/ → **frumenty**.

furnace /'fɜːnɪs/ n. **1** *(in houses)* bruciatore m.; *(in foundry)* (alto)forno m.; *(for forging)* forgia f. **2** FIG. forno m., fornace f.

furnish /'fɜːnɪʃ/ tr. **1** *(put furniture in)* ammobiliare, arredare [*room, apartment*] (**with** con) **2** *(provide)* fornire [*document, facts, excuse*]; ***to ~ sb. with sth.*** fornire qcs. a qcn. [*document, facts, clothing, equipment*].

furnished /'fɜːnɪʃt/ **I** p.pass. → **furnish II** agg. [*apartment*] ammobiliato, arredato.

furnisher /'fɜːnɪʃə(r)/ n. ANT. fornitore m. (-trice); *(of furniture)* mobiliere m. (-a).

furnishing /'fɜːnɪʃɪŋ/ **I** n. *(action)* ammobiliamento m., arredamento m. (**of** di) **II furnishings** n.pl. *(complete decor)* arredamento m.sing.; *(furniture)* mobili m., mobilio m.sing. **III** modif. [*fabric*] da arredamento; ***~ department*** reparto arredamento.

▷ **furniture** /'fɜːnɪtʃə(r)/ **I** n. **U** mobili m.pl., mobilio m.; ***a piece of ~*** un mobile; ***bedroom ~*** mobili della camera da letto; ***door ~*** maniglieria per porte; ***garden*** o ***lawn ~*** mobili da giardino; ***office ~*** mobili da ufficio; ***street ~*** arredo urbano **II** modif. [*shop, business, factory, maker, restorer*] di mobili; [*industry*] del mobile ◆ ***to be part of the ~*** COLLOQ. SCHERZ. fare parte dell'arredamento.

furniture depot /'fɜːnɪtʃəˌdepəʊ, AE -ˌdiːpəʊ/ n. AE *(store)* negozio m. di mobili; *(warehouse)* magazzino m. (per la custodia dei mobili).

furniture polish /'fɜːnɪtʃəˌpɒlɪʃ/ n. lucidante m. per mobili.

furniture polisher /'fɜːnɪtʃəˌpɒlɪʃə(r)/ ♦ ***27*** n. lucidatore m. (-trice) di mobili.

furniture remover /'fɜːnɪtʃərɪˌmuːvə(r)/ ♦ ***27*** n. BE operaio m. (-a) addetto ai traslochi.

furniture store /'fɜːnɪtʃəˌstɔː(r)/ n. negozio m. di mobili.

furniture van /'fɜːnɪtʃəˌvæn/ n. camioncino m. dei traslochi.

furore /fjʊ'rɔːrɪ/, **furor** AE /'fjuːrɔːr/ n. *(acclaim)* entusiasmo m., furore m.; *(criticism)* scalpore m.; ***to cause a ~*** *(reaction, excitement)* suscitare molto entusiasmo; *(outrage)* fare scalpore; *(acclaim)* fare furore; ***there was a ~ over*** o ***about*** si è fatto molto rumore su.

furred /fɜːd/ **I** p.pass. → **2.fur II** agg. **1** BE [*kettle, pipes*] incrostato **2** [*tongue*] impastato.

furrier /'fʌrɪə(r)/ ♦ ***27*** n. pellicciaio m. (-a).

furring /'fɜːrɪŋ/ n. **1** *(lining of fur)* fodera f. di pelliccia **2** *(trimming of fur)* guarnizione f. di pelliccia **3** *(of kettle, pipes)* incrostazione f. **3** *(on tongue)* patina f. **4** EDIL. rivestimento m.

1.furrow /'fʌrəʊ/ n. **1** *(in earth, snow)* solco m. **2** *(on brow)* ruga f. profonda ◆ ***to plough a lonely ~*** andare per la propria strada.

2.furrow /'fʌrəʊ/ **I** tr. corrugare [*brow*]; ***his brow was ~ed in concentration*** la sua fronte era corrugata per la concentrazione **II** intr. ***his brow ~ed*** corrugò la fronte.

furrowed /'fʌrəʊd/ **I** p.pass. → **2.furrow II** agg. corrugato, solcato; ***her ~ brow*** la sua fronte corrugata.

furrow-weed /'fʌrəʊˌwiːd/ n. BOT. zizzania f.

furry /'fɜːrɪ/ agg. **1** [*toy*] di peluche; [*kitten*] dal pelo folto **2** BE [*tongue*] impastato.

▶ **1.further** /'fɜːðə(r)/ When you are referring to real distances and places, you can use either *farther* or *further* (which is the usual form in spoken English); only *further* is used, however, with the figurative meaning *extra, additional, more.* **I** avv. (compar. di **far**) **1** *(to or at a greater physical distance)* (anche **farther**) più lontano; ***I can't go any ~*** non posso più andare avanti, oltre; ***John walked ~ than me*** John è arrivato più lontano di me; ***how much ~ is it?*** quanto manca ancora? ***how much ~ have they got to go?*** quanta strada devono ancora fare? ***to get ~ and ~ away*** allontanarsi sempre di più; ***~ north*** più a nord; ***~ back, forward*** più indietro, avanti; ***~ away*** o ***off*** più lontano, più in là; ***~ on*** ancora più lontano, in là; ***to move ~ back*** spostarsi più indietro **2** FIG. *(at or to a more advanced point)* (anche **farther**) ***I'll go so far but no ~*** più in là di così non vado; ***the government went even ~*** il governo è andato ancora più in là, oltre; ***she didn't get any ~ with him than I did*** con lui non è andata più in là di quanto avessi fatto io; ***we're ~ forward than we thought*** siamo più avanti di quanto pensassimo; ***all that work and we're no ~ forward*** tutto questo lavoro e non siamo andati avanti; ***nothing could be ~ from the truth, from my mind*** niente potrebbe essere più lontano dalla verità, dai miei pensieri **3** *(to or at a greater distance in time)* ***~ back than 1964*** prima del 1964; ***a year ~ on*** un anno dopo; ***we must look ~ ahead*** dobbiamo guardare ancora più avanti; ***I haven't read ~ than page twenty*** non sono andato più in là di pagina venti **4** *(to a greater extent, even more)* ***prices fell, increased (even) ~*** i prezzi si sono abbassati, sono aumentati ulteriormente; ***his refusal to cooperate angered them ~*** il suo rifiuto a cooperare li ha irritati ancora di più; ***we will enquire ~ into the matter*** faremo delle ricerche più approfondite; ***I won't delay you any ~*** non voglio trattenerla oltre; ***they didn't question him any ~*** non gli hanno fatto altre domande **5** *(in addition, furthermore)* inoltre, in più; ***the company ~ agrees to...*** inoltre la società accetta di...; ***she ~ argued that*** inoltre ha sostenuto che; ***~, I must say that*** in più devo dire che **6 further to** FORM. in seguito a; ***~ to your letter of 2nd May*** in seguito alla Sua lettera del 2 maggio **II** agg. (compar. di **far**) **1** *(additional)* ***a ~ 10%, 500 people*** un altro 10%, altre 500 persone; ***~ reforms, changes, increases, questions*** ulteriori riforme, cambiamenti, aumenti, domande; ***there have been ~ allegations that*** stando alle ultime dichiarazioni; ***~ research*** ulteriori ricerche; ***~ details can***

be obtained by writing to the manager per ulteriori dettagli scrivere al direttore; ***to have no ~ use for sth.*** non avere più bisogno di qcs.; ***without ~ delay*** senza ulteriori ritardi *o* senza indugio; ***there's nothing ~ to discuss*** non c'è nient'altro da dire; ***is there anything ~?*** c'è altro ancora? **2** *(more distant)* (anche **farther**) più lontano, altro, opposto; ***the ~ end, side*** l'altro capo, lato; ***the ~ bank*** la riva opposta.

2.further /'fɜːðə(r)/ tr. aumentare [*chances*]; favorire [*career, plan*]; promuovere [*cause*].

furtherance /'fɜːðərəns/ n. *(of aim)* perseguimento m.; ***in (the) ~ of*** per perseguire [*ambition*]; per sostenere [*cause*].

further education /'fɜːðəredʒʊˌkeɪʃn/ n. GB = istruzione postscolastica non universitaria.

furthermore /ˌfɜːðə'mɔː(r)/ avv. inoltre, in più.

furthermost /'fɜːðəməʊst/ agg. più lontano (**from** da); ***the ~ point*** il punto estremo; ***the ~ chair*** la sedia più distante.

furthest /'fɜːðɪst/ When you are referring to real distances and places, you can use either *farthest* or *furthest* (which is the usual form in spoken English); only *furthest* is used, however, with the figurative meaning to the greatest degree or amount. **I** avv. (superl. di **far**) **1** *(to, at the greatest distance in space)* (anche **the ~**) (il) più lontano; ***Tom ran (the) ~*** Tom corse più lontano (di tutti); ***the ~ north, west*** il più a nord, a ovest; ***this plan goes ~ towards solving the problem*** FIG. questo progetto si avvicina più (di tutti) alla soluzione del problema **2** *(at, to greatest distance in time)* ***the ~ back I can remember is 1978*** non ricordo nulla prima del 1978; ***the ~ ahead we can look is next week*** non possiamo guardare più in là della prossima settimana **II** agg. (superl. di **far**) *(the most distant)* [*point, place, part, side, bank*] più lontano; ***the tree ~ (away) from the window*** l'albero più lontano dalla finestra; ***the houses ~ (away) from the river*** le case più lontane dal fiume; ***which of the three is (the) ~?*** qual è il più lontano dei tre?

furtive /'fɜːtɪv/ agg. [*glance, movement*] furtivo; [*person*] che agisce furtivamente; [*behaviour*] sospetto; [*deal, meeting*] segreto; ***~ drink*** bicchierino bevuto di nascosto; ***~ photograph*** foto scattata di nascosto.

furtively /'fɜːtɪvlɪ/ avv. [*glance, act*] furtivamente; [*eat, smoke*] di nascosto.

furuncle /'fjʊərʌŋkl/ n. foruncolo m.

furuncular /fjʊə'rʌŋkjʊlə(r)/, **furunculous** /fjʊə'rʌŋkjʊləs/ agg. foruncoloso.

furunculosis /fjʊˌrʌŋkjʊ'ləʊsɪs/ ♦ **11** n. (pl. **-es**) foruncolosi f.

▷ **fury** /'fjʊərɪ/ n. **1** furia f., furore m.; FIG. *(of storm, sea)* furia f.; ***to be in a ~*** essere infuriato; ***to clench one's fists in ~*** stringere i pugni dalla rabbia; ***he flew at her in a ~*** si scagliò su di lei come una furia **2** FIG. *(person)* furia f. ◆ ***like ~*** COLLOQ. [*run, work*] come un matto.

furze /fɜːz/ n. **U** ginestrone m.

furzy /'fɜːzɪ/ agg. coperto di ginestroni.

fusain /fjuː'zeɪn/ n. fusite f.

fuscous /'fʌskəs/ agg. ANT. LETT. fosco, scuro.

1.fuse /fjuːz/ n. EL. fusibile m.; ***a ~ has blown*** è saltato un fusibile; ***to blow a ~*** fare saltare un fusibile; FIG. COLLOQ. andare su tutte le furie.

▷ **2.fuse** /fjuːz/ **I** tr. **1** BE EL. ***to ~ the lights*** fare saltare i fusibili **2** munire di fusibile [*plug*] **3** TECN. *(unite)* saldare [*wires*]; fondere [*metals*] **4** FIG. fondere [*ideas, images*] **II** intr. **1** BE EL. ***the lights have ~d*** i fusibili sono saltati **2** TECN. [*metals, chemicals*] fondersi **3** FIG. (anche **~ together**) [*images, ideas*] fondersi.

3.fuse /fjuːz/ n. **1** *(cord) (for explosive device)* miccia f. **2** *(detonator)* detonatore m., spoletta f. ◆ ***to be on a short ~*** arrabbiarsi facilmente.

4.fuse /fjuːz/ tr. munire di spoletta [*bomb*].

fuse box /'fjuːzˌbɒks/ n. EL. cassetta f. di interruzione.

fused /fjuːzd/ **I** p.pass. → **2.fuse II** agg. EL. [*plug*] con fusibile.

fusee /fjuː'ziː/ n. **1** *(in early clocks and watches)* fuso m. **2** *(match)* fiammifero m. controvento.

fusel /'fjuːzl/ n. (anche **~ oil**) olio m. di flemma, fuselol m.

fuselage /'fjuːzəlɑːʒ, -lɪdʒ/ n. AER. fusoliera f.

fuse wire /'fjuːzˌwaɪə(r)/ n. EL. filo m. fusibile.

fusibility /ˌfjuːzə'bɪlətɪ/ n. fusibilità f.

fusible /'fjuːzəbl/ agg. [*metal, alloy*] fusibile; ***~ interfacing*** *(for sewing)* tela termoadesiva.

fusiform /'fjuːzɪfɔːm/ agg. fusiforme.

fusil /'fjuːzɪl/ n. schioppo m., fucile m.

fusilier /ˌfjuːzə'lɪə(r)/ n. fuciliere m.

1.fusillade /ˌfjuːzə'leɪd, AE -sə-/ n. **1** *(discharge of firearms)* salva f. (di fucileria) **2** *(execution)* fucilazione f. **3** FIG. *(of criticism, questions)* raffica f.

2.fusillade /ˌfjuːzə'leɪd, AE -sə-/ tr. attaccare con una salva (di fucileria).

▷ **fusion** /'fjuːʒn/ n. **1** FIS. fusione f. **2** FIG. *(of styles, ideas, images, parties)* fusione f.

▷ **1.fuss** /fʌs/ n. **1** *(agitation)* trambusto m.; *(verbal)* chiasso m.; ***to make a ~*** fare chiasso; ***to make a ~ about sth.*** fare molto rumore per qcs.; ***to make a lot of ~ over accepting*** fare molte storie prima di accettare; ***what's all the ~ about?*** cosa è tutto questo trambusto? ***there's no need to make such a ~*** non è il caso di fare tutte queste storie; ***with a minimum of ~*** senza tanti casini; ***to make a big ~ about nothing*** fare un sacco di storie per nulla; ***I don't see what all the ~ is about*** non vedo dove è il problema **2** *(angry scene)* scenate f.pl.; ***to kick up a ~ about sth.*** piantare un casino per qcs.; ***there was a big ~ when she found out*** quando lo ha scoperto è successo il finimondo **3** *(attention)* ***to make a ~ of*** avere mille attenzioni nei riguardi di [*person*]; coccolare [*animal*]; ***there's no need to make a ~ of him*** non è necessario occuparsi di lui; ***he likes to be made a ~ of*** *(of person, pet)* gli piace essere coccolato *o* prendersi le coccole; ***she doesn't want any ~*** *(of dignitary, visitor)* vuole essere ricevuta senza cerimonie.

▷ **2.fuss** /fʌs/ **I** tr. AE *(bother)* innervosire, mettere in agitazione **II** intr. **1** *(worry)* agitarsi, preoccuparsi (**about** per); ***he's always ~ing over*** o ***about his appearance*** si preoccupa sempre per il suo aspetto; ***don't ~, I've got a key*** non ti preoccupare, ho una chiave **2** *(be agitated)* agitarsi; ***stop ~ing!*** smettila di agitarti! **3** *(show attention)* ***to ~ over sb.*** COLLOQ. darsi da fare per qcn.

■ **fuss up** AE COLLOQ. **~ [sb., sth.]** agghindare.

fussbudget /'fʌsbʌdʒɪt/ n. AE COLLOQ. → **fusspot**.

fussily /'fʌsɪlɪ/ avv. **1** *(anxiously)* con pignoleria **2** *(ornately)* in modo troppo elaborato.

fussiness /'fʌsɪnɪs/ n. **1** *(of decoration)* (l')essere troppo elaborato; *(of prose style)* enfasi f. **2** *(choosiness)* pignoleria f., meticolosità f.

fussing /'fʌsɪŋ/ n. ***endless ~ about*** o ***over details*** attenzione maniacale ai dettagli; ***endless ~ about nothing*** un sacco di storie *o* di paranoie per niente.

fusspot /'fʌspɒt/ n. BE COLLOQ. **1** *(finicky person)* pignolo m. (-a) **2** *(worrier)* ansioso m. (-a).

fussy /'fʌsɪ/ agg. **1** *(difficult to please)* ***to be ~ about one's food, about details*** essere esigente riguardo al cibo, maniaco dei dettagli; ***"when do you want to leave?" - "I'm not ~"*** "quando vuoi partire?" - "per me fa lo stesso" **2** *(over-elaborate)* [*furniture, decoration, pattern*] troppo elaborato; [*curtains*] troppo ornato; [*prose style*] enfatico, carico di fronzoli; ***this dress is too ~*** questo vestito ha troppi fronzoli.

fustanella /ˌfʌstə'nelə/ n. fustanella f.

fustian /'fʌstɪən, AE -tʃən/ n. fustagno m.

fustigate /'fʌstɪgeɪt/ tr. fustigare.

fustigation /ˌfʌstɪ'geɪʃn/ n. fustigazione f.

fustiness /'fʌstɪnɪs/ n. **1** *(smell of damp)* odore m. di muffa, odore m. di stantio **2** *(being old-fashioned)* (l')essere antiquato.

fusty /'fʌstɪ/ agg. **1** [*smell*] di muffa, di stantio; ***to smell ~*** sentire odore di muffa **2** *(old-fashioned)* [*person, idea, attitude*] antiquato.

futhark /'fjuːθɑːk/, **futhorc** /'fjuːθɔːk/ n. = alfabeto runico.

futile /'fjuːtaɪl, AE -tl/ agg. **1** *(vain)* vano, inutile; ***it is ~ to do*** è inutile fare **2** *(inane)* futile.

futility /fjuː'tɪlətɪ/ n. inutilità f.

futtock /'fʌtək/ n. MAR. scalmo m.

futtock-shroud /'fʌtəkʃraʊd/ n. riggia f.

▶ **future** /'fjuːtʃə(r)/ **I** agg. attrib. [*generation, developments, investment, earnings*] futuro; [*prospects*] per l'avvenire; [*queen, prince etc.*] futuro; ***at some ~ date*** in data futura; ***I keep all travel brochures for ~ reference*** tengo tutti i dépliant in caso dovessero servirmi; ***that would be useful for ~ reference*** questo potrebbe essere utile per il futuro **II** n. **1** *(on time scale)* futuro m., avvenire m.; ***in the ~*** in futuro *o* in avvenire; ***in the near*** o ***not too distant ~*** in un prossimo futuro; ***in ~*** in futuro; ***the train, shopping centre of the ~*** il treno, il centro commerciale del futuro; ***who knows what the ~ holds*** o ***might bring?*** chi sa cosa ci riserva il futuro? ***to see into the ~*** leggere il futuro **2** *(prospects) (of person, industry, company, sport)* futuro m.; ***she, the company has a ~*** lei, la società ha un futuro; ***to have a (bright) ~*** avere un (roseo) futuro; ***there's no ~ in this kind of work*** questo tipo di lavoro non ha alcun futuro **3** LING. (anche **~ tense**) futuro m.; ***in the ~*** al futuro **III futures** n.pl. ECON. *(on the stock exchange)* futures m.; ***currency ~s*** futures sulla valuta; ***to deal in ~s*** comprare e vendere futures.

futureless /'fjuːtʃəlɪs/ agg. senza futuro, senza avvenire.

future perfect /ˌfjuːtʃə'pɜːfɪkt/ n. futuro m. anteriore.

futures contract /'fju:tʃəz,kɒntrækt/ n. futures m.
futures exchange /'fju:tʃəzɪks,tʃeɪndʒ/ n. mercato m. a termine.
futures market /'fju:tʃəz,mɑ:kɪt/ n. mercato m. a termine, dei futures.
futures options /'fju:tʃəz,ɒpʃnz/ n.pl. opzioni f. sui futures.
futures trader /'fju:tʃəz,treɪdə(r)/ ➧ *27* n. operatore m. (-trice) addetto ai futures.
futurism /'fju:tʃərɪzəm/ n. (anche **Futurism**) futurismo m.
futurist /'fju:tʃərɪst/ (anche **Futurist**) **I** agg. futurista **II** n. futurista m. e f.
futuristic /,fju:tʃə'rɪstɪk/ agg. futuristico.
futurity /fju:'tjʊərətɪ, AE -tʊər-/ n. FORM. **1** *(future)* futuro m., avvenire m. **2** *(existence after death)* vita f. dopo la morte.
futurologist /,fju:tʃə'rɒlədʒɪst/ n. futurologo m. (-a).
futurology /,fju:tʃə'rɒlədʒɪ/ n. futurologia f.
fuze AE → **3.fuse, 4.fuse**.
1.fuzz /fʌz/ n. **1** *(mop of hair)* zazzera f.; *(beard)* barbetta f.; *(downy hair)* lanugine f., peluria f. **2** COLLOQ. *(police)* ***the*** ~ + verbo pl. la pula.
2.fuzz /fʌz/ **I** tr. offuscare [*image, vision*] **II** intr. **1** (anche ~ **over**) [*image, vision*] offuscarsi **2** [*hair*] arruffarsi, incresparsi.
fuzz-ball /'fʌzbɔ:l/ n. → **puffball**.
fuzzbuster /'fʌzbʌstə(r)/ n. = dispositivo per il rilevamento di autovelox®.
fuzzily /'fʌzɪlɪ/ avv. indistintamente, confusamente.
fuzziness /'fʌzɪnɪs/ n. **1** *(of image, photograph)* sfocatura f. **2** *(of idea, understanding)* confusione f.
▷ **fuzzy** /'fʌzɪ/ agg. **1** [*hair, beard*] *(curly)* increspato; *(downy)* lanuginoso **2** *(blurry)* [*image, vision, photo*] sfocato **3** *(vague)* [*idea, mind, understanding, logic*] confuso; [*distinction*] approssimativo.
fuzzy-wuzzy /'fʌzɪwʌzɪ/ n. (pl. **-ies**, ~) COLLOQ. SPREG. = persona di colore dai capelli crespi.
fwd ⇒ forward avanti.
FWD n. **1** (⇒ four-wheel drive trazione integrale) 4WD f. **2** (⇒ front-wheel drive) = trazione anteriore.
fylfot /'fɪlfɒt/ n. RAR. croce f. uncinata, svastica f.

g

g, G /dʒiː/ n. **1** *(letter)* g, G m. e f. **2 G** MUS. sol m.
G8 n. G8 m.
GA US ⇒ Georgia Georgia.
1.gab /gæb/ n. COLLOQ. chiacchiera f., parlantina f. ◆ ***to have the gift of the ~*** COLLOQ. avere una bella parlantina.
2.gab /gæb/ intr. (forma in -ing ecc. **-bb-**) COLLOQ. chiacchierare, ciarlare; ***to ~ on about sth.*** parlare in continuazione di qcs.; ***what's he ~bing on about?*** di cosa sta cianciando?
gabardine /ˈgæbədiːn, -ˈdiːn/ n. *(fabric, raincoat)* gabardine f.
gabbard /ˈgæbəd/, **gabbart** /ˈgæbət/ n. gabarra f.
gabber /ˈgæbə(r)/ n. COLLOQ. chiacchierone m. (-a), ciarlone m. (-a).
gabbing /ˈgæbɪŋ/ n. COLLOQ. chiacchiere f.pl., ciance f.pl., ciarle f.pl.; ***stop your ~!*** smettila di chiacchierare!
1.gabble /ˈgæbl/ n. barbugliamento m.; ***~ of conversation*** cicalecio di conversazioni.
2.gabble /ˈgæbl/ **I** tr. **1** barbugliare [*words*] **2** → **gabble out II** intr. barbugliare.
▪ **gabble away**, **gabble on** farfugliare, biascicare.
▪ **gabble out:** ~ out [sth.] bofonchiare [*excuse, apology*].
gabbro /ˈgæbrəʊ/ n. gabbro m.
gabby /ˈgæbɪ/ agg. COLLOQ. loquace.
gabelle /gəˈbel/ n. *(tax)* gabella f.
gaberdine /ˈgæbədiːn, -ˈdiːn/ n. **1** *(fabric, raincoat)* gabardine f. **2** ANT. palandrana f.
gabfest /ˈgæbfest/ n. AE COLLOQ. **1** *(chat)* chiacchierata f. **2** *(occasion)* = occasione in cui ci sono ampi e numerosi dibattiti.
gabion /ˈgeɪbɪən/ n. MIL. ING. gabbione m.
gabionade /ˌgeɪbɪəˈneɪd/ n. gabbionata f.
gable /ˈgeɪbl/ n. ARCH. timpano m., frontone m.
gabled /ˈgeɪbld/ agg. ARCH. munito di timpano, munito di frontone.
gable end /ˌgeɪblˈend/ n. ARCH. fastigio m.
gable roof /ˌgeɪblˈruːf/ n. tetto m. a doppia falda.
gable window /ˌgeɪblˈwɪndəʊ/ n. = finestra situata nel timpano.
Gabon /gəˈbɒn/ ➧ ***6*** n.pr. Gabon m.
Gabonese /ˌgæbəˈniːz/ ➧ ***18*** **I** agg. gabonese **II** n. gabonese m. e f.
Gabriel /ˈgeɪbrɪəl/ n.pr. Gabriele.
Gabriella /ˌgeɪbrɪˈelə/, **Gabrielle** /ˈgeɪbrɪəl/ n.pr. Gabriella.
1.gad /gæd/ n. ANT. ***to be on*** o ***upon the ~*** essere sempre in giro.
2.gad /gæd/ intr. (forma in -ing ecc. **-dd-**) → **gad about**, **gad around**.
▪ **gad about**, **gad around** COLLOQ. bighellonare, gironzolare, girandolare.
3.gad /gæd/ n. **1** MIN. punciotto m., sbarra f. a cuneo **2** *(for cattle)* pungolo m. **3** AE *(spur)* sperone m.
4.gad /gæd/ tr. (forma in -ing ecc. **-dd-**) spezzare con un punciotto [*rock*].
5.gad /gæd/ inter. ANT. (anche **by ~**) perdiana, perdinci.
gadabout /ˈgædəbaʊt/ n. COLLOQ. bighellone m. (-a), girandolone m. (-a).
gadder /ˈgædə(r)/ n. → **gadabout**.
gadfly /ˈgædflaɪ/ n. tafano m. (anche FIG.).
gadget /ˈgædʒɪt/ n. aggeggio m., arnese m. (**for doing, to do** per fare).
gadgetry /ˈgædʒɪtrɪ/ n. **U** aggeggi m.pl., arnesi m.pl.
Gadhelic /gæˈdelɪk/ agg. e n. → **Gaelic**.
gadoid /ˈgeɪdɔɪd/ n. = pesce della famiglia dei gadidi.
gadolinite /ˈgædəlɪnaɪt/ n. gadolinite f.
gadolinium /ˌgædəˈlɪnɪəm/ n. gadolinio m.
gadroon /gəˈdruːn/ n. **1** *(on silver articles)* orlatura f. increspata **2** ARCH. ovolo m.
gadwall /ˈgædwɔːl/ n. canapiglia f.
1.Gael /geɪl/ n. *(Gaelic-speaking person)* = persona che parla gaelico; *(Scottish person)* = scozzese di origine celtica.
2.Gael /geɪl/ n.pr. diminutivo di **Abigail**.
Gaelic /ˈgeɪlɪk, ˈgæ-/ ➧ ***14*** **I** agg. gaelico **II** n. gaelico m.

> **Gaelic** Lingua celtica parlata in Irlanda e nelle regioni delle *Highlands* e delle Ebridi in Scozia. È, insieme all'inglese, la lingua ufficiale della Repubblica d'Irlanda, dove viene insegnata a scuola. In Scozia, invece, è obbligatoria la trasmissione di programmi radiotelevisivi in gaelico. Nonostante ci siano considerevoli differenze fra il gaelico d'Irlanda e di Scozia, i parlanti delle due lingue si capiscono fra loro.

gaelic coffee /ˌgeɪlɪkˈkɒfɪ, AE -ˈkɔːfɪ/ n. = bevanda a base di caffè e whisky scozzese.
1.gaff /gæf/ n. **1** PESC. arpione m., fiocina f. **2** MAR. picco m.
2.gaff /gæf/ tr. PESC. arpionare, fiocinare.
3.gaff /gæf/ n. COLLOQ. cavolata f., baggianata f. ◆ ***to blow the ~*** BE parlare o fare una soffiata; ***to blow the ~ on sth.*** BE fare una soffiata su [*conspiracy*]; ***to stand the ~*** AE incassare o abbozzare.
4.gaff /gæf/ n. BE COLLOQ. *(home)* casa f.
gaffe /gæf/ n. gaffe f.; ***to make a ~*** fare una gaffe.
gaffer /ˈgæfə(r)/ ➧ ***27*** n. **1** BE *(foreman)* caposquadra m. e f. **2** BE *(boss)* padrone m. (-a), capo m. **3** CINEM. TELEV. *(electrician)* capoelettricista m. **4** ANT. *(old man)* vecchio m.
gaffer tape /ˈgæfəˌteɪp/ n. nastro m. telato.
▷ **1.gag** /gæg/ n. **1** *(piece of cloth)* bavaglio m.; ***to put a ~ over sb.'s mouth*** imbavagliare qcn. **2** GIORN. COLLOQ. *(censorship)* bavaglio m.; ***to put a ~ on democracy, free speech*** mettere il bavaglio alla democrazia, alla libertà di parola; ***to put a ~ on the press*** mettere il bavaglio alla stampa o imbavagliare la stampa **3** MED. apribocca m. **4** COLLOQ. *(joke)* gag f., battuta f.
▷ **2.gag** /gæg/ **I** tr. (forma in -ing ecc. **-gg-**) imbavagliare [*hostage*]; GIORN. imbavagliare [*media, journalist, informant*]; ***to ~ sb. with a handkerchief*** imbavagliare qcn. con un fazzoletto **II** intr. (forma in -ing ecc. **-gg-**) **1** *(choke)* soffocare, strozzarsi; ***he ~ged on his soup*** si strozzò con la minestra **2** *(feel sick)* avere conati di vomito; ***they ~ged at the smell*** la puzza fece venire loro il vomito.
gaga /ˈgɑːgɑː/ agg. COLLOQ. rimbambito; ***to go ~*** rimbambirsi.
1.gage /geɪdʒ/ n. **1** *(pledge)* pegno m., garanzia f. **2** *(glove)* guanto m. di sfida.
2.gage /geɪdʒ/ tr. *(pledge)* dare in pegno, in garanzia.
3.gage /geɪdʒ/ AE → **1.gauge**, **2.gauge**.

4.gage /geɪdʒ/ n. (accorc. greengage) prugna f. regina Claudia.
1.gaggle /'gægl/ n. *(of geese, people)* branco m.
2.gaggle /'gægl/ intr. [*geese*] schiamazzare.
gag law /'gæg,lɔ:/ n. US = legge che consente di limitare il dibattito in un organo legislativo.
gagman /'gægmæn/ ➧ **27** n. (pl. **-men**) **1** *(writer)* scrittore m. (-trice) di gag **2** *(actor)* = improvvisatore di gag.
gag rule /'gæg,ru:l/ n. → **gag law**.
gagster /'gægstə(r)/ n. → **gagman**.
gaiety /'geɪətɪ/ n. gaiezza f., allegria f.
gaiety girl /'geɪətɪ,gɜ:l/ n. ballerina f. di fila.
Gail /geɪl/ n.pr. diminutivo di **Abigail**.
gaily /'geɪlɪ/ avv. **1** *(brightly)* [*laugh, say*] allegramente; **~ coloured** BE **~ colored** AE dai colori vivaci; **~ decorated** decorato in modo vivace; **~ dressed** vestito con colori vivaci **2** *(casually)* [*announce, reveal*] allegramente, senza farsi troppi problemi.
▶ **1.gain** /geɪn/ **I** n. **1** *(increase)* aumento m.; **~ in weight, value** aumento di peso, di valore; **~ in time** guadagno di tempo; **~s in productivity** aumento della produttività **2** *(profit)* guadagno m., profitto m.; **material, financial ~** guadagno materiale, finanziario; **to do sth. for material ~** fare qcs. per guadagnare **3** *(advantage, improvement)* vantaggio m.; *(in status, knowledge)* acquisizione f.; **electoral, diplomatic ~s** vantaggi elettorali, diplomatici; **the ~s of women's liberation** le conquiste dell'emancipazione femminile; **to make ~s** [*political party*] rafforzarsi; **it's her loss but our ~** lei ci perde ma noi ci guadagniamo **II gains** n.pl. COMM. ECON. *(profits)* guadagni m., profitti m.; *(winnings)* vincite f.; *(on stock market)* guadagni m.; **losses and ~s** perdite e profitti; **to make ~s** [*currency, shares*] essere in rialzo.
▶ **2.gain** /geɪn/ **I** tr. **1** *(acquire)* acquisire [*experience*] (**from** da); ottenere [*information*] (**from** da); ottenere, guadagnare [*respect, support, approval*]; conquistare [*freedom*]; **to ~ popularity** guadagnare in popolarità; **to ~ time** guadagnare tempo; **to ~ sth. by doing** ottenere qcs. facendo; **to ~ credibility by doing** guadagnare credibilità facendo; **the advantages to be ~ed from adopting this strategy** i vantaggi derivanti dall'adozione di questa strategia; **we have nothing to ~ from this investment** non abbiamo nulla da guadagnare in questo investimento; **to ~ the impression that** avere l'impressione che; **to ~ control of sth.** ottenere il controllo di qcs.; **to ~ possession of sth.** assicurarsi il possesso di qcs.; **to ~ ground** guadagnare terreno (**on** su) **2** *(increase) (in speed, height, etc.)* **to ~ speed, momentum** [*driver, vehicle, plane*] prendere velocità, lo slancio; **to ~ weight** prendere peso; **to ~ 4 kilos** prendere 4 chili; **to ~ 3 minutes** [*watch, clock, competitor*] essere avanti di 3 minuti; **my watch has started to ~ time** il mio orologio ha iniziato a correre **3** *(win)* **to ~ points** guadagnare punti; **the Republicans ~ed four seats** i repubblicani hanno vinto quattro seggi; **they ~ed four seats from the Democrats** hanno preso quattro seggi ai democratici; **to ~ a comfortable victory** vincere facilmente; **to ~ the upper hand** prevalere, spuntarla; **we have everything to ~ and nothing to lose** abbiamo tutto da guadagnare e niente da perdere **4** *(reach)* raggiungere [*place*] **II** intr. **1** *(improve)* **to ~ in prestige, popularity** guadagnarci in prestigio, in popolarità; **to ~ in confidence** acquisire sicurezza **2** *(profit)* **she's not ~ed by it** non ci ha guadagnato nulla; **do you think we'll ~ by adopting this strategy?** pensa che ci guadagneremo adottando questa strategia?
▪ **gain on: ~ on [sb., sth.]** guadagnare distanza su [*person, vehicle*]; **the opposition are ~ing on the government** l'opposizione sta guadagnando terreno sul governo; **the desert is ~ing on the land** il deserto sta avanzando.
3.gain /geɪn/ n. TECN. incassatura f., mortasa f.
4.gain /geɪn/ tr. TECN. mortasare, fare un incavo in.
gainer /'geɪnə(r)/ n. **1** *(person, group)* = chi guadagna **2** ECON. *(share)* titolo m. in rialzo.
gainful /'geɪnfl/ agg. [*occupation, employment*] rimunerativo, redditizio.
gainfully /'geɪnfəlɪ/ avv. **to be ~ employed** avere un impiego redditizio.
gainings /'geɪnɪŋz/ n.pl. guadagni m., profitti m.
gainsaid /,geɪn'seɪd/ pass., p.pass. → **gainsay**.
gainsay /,geɪn'seɪ/ tr. (pass., p.pass. **-said**) FORM. negare [*argument*]; contraddire [*person*]; **there's no ~ing it** è innegabile.
gainst, 'gainst /geɪnst, genst/ prep. LETT. → **against**.
gait /geɪt/ n. LETT. *(of person)* andatura f., passo m.; *(of animal)* andatura f.
gaiter /'geɪtə(r)/ n. ghetta f., uosa f.
gaitered /'geɪtəd/ agg. con le ghette, con le uose.
1.gal /gæl/ n. COLLOQ. *(girl)* ragazza f.
2.gal ⇒ gallon gallone (gal).
gala /'gɑ:lə/ **I** n. galà m.; **swimming ~** kermesse natatoria **II** modif. [*dress*] di gala.
galactagogue /gə'læktəgɒg/ **I** agg. galattagogo **II** n. galattagogo m.
galactic /gə'læktɪk/ agg. galattico.
galactometer /,gælək'tɒmɪtə(r)/ n. galattometro m.
galactose /gə'læktəʊs/ n. galattosio m.
galago /gə'leɪgəʊ/ n. (pl. **~s**) galagone m.
galantine /'gælənti:n/ n. galantina f.
galanty show /gə'læntɪ,ʃəʊ/ n. = spettacolo di ombre cinesi.
Galapagos /gə'læpəgəs/ ➧ **12** n.pr.pl. (anche **~ Islands**) **the ~** le (isole) Galapagos.
Galapagos tortoise /gə'læpəgəs,tɔ:təs/ n. tartaruga, f. delle Galapagos.
galatea /,gælə'tɪə/ n. = stoffa di cotone a righe.
Galatians /gə'leɪʃnz/ n. + verbo sing. BIBL. Lettera f. ai Galati.
▷ **galaxy** /'gæləksɪ/ n. ASTR. galassia f. (anche FIG.).
galbanum /'gælbənəm/ n. galbano m.
1.gale /geɪl/ n. vento m. forte, burrasca f.; **a force 9 ~** vento forza 9; **~ force winds** venti di burrasca; **a ~ was blowing** o **it was blowing a ~** soffiava un forte vento; **~s of laughter** FIG. scoppio di risa.
2.gale /geɪl/ n. mortella f.
3.gale /geɪl/ n. BE RAR. affitto m.
Gale /geɪl/ n.pr. diminutivo di **Abigail**.
galeeny /gə'li:nɪ/ n. COLLOQ. gallina f. faraona.
galena /gə'li:nə/ n. galena f.
galenical /gə'lenɪkl/ **I** agg. galenico **II** n. preparato m. galenico.
gale warning /'geɪl,wɔ:nɪŋ/ n. avviso m. di burrasca.
Galicia /gə'lɪsjə/ ➧ **24** n.pr. Galizia f.
Galician /gə'lɪsjən/ **I** agg. galiziano **II** n. galiziano m. (-a).
1.Galilean /,gælɪ'li:ən/ BIBL. GEOGR. **I** agg. galileo **II** n. galileo m. (-a).
2.Galilean /,gælɪ'li:ən/ ASTR. **I** agg. galileiano **II** n. galileiano m. (-a).
galilee /'gælɪli:/ n. = portico o cappella situati all'entrata di alcune chiese medievali in Inghilterra.
Galilee /'gælɪli:/ ➧ **24, 20** n.pr. Galilea f.; **the Sea of ~** il mare di Galilea.
galingale /'gælɪŋgeɪl/ n. galanga f.
galipot /'gælɪpɒt/ n. trementina f. grezza, resina f. di pino.
1.gall /gɔ:l/ n. **1** MED. bile f. **2** *(of edible animal)* bile f., fiele m. **3** *(resentment)* fiele m., amarezza f. **4** *(cheek)* impudenza f.; **to have the ~ to do** avere la sfacciataggine di fare.
2.gall /gɔ:l/ n. VETER. escoriazione f. (causata da sfregamento).
3.gall /gɔ:l/ tr. irritare, infastidire; **it ~s me to see, hear that** mi dà fastidio vedere, sentire che; **that's what ~s me** è questo che mi irrita; **it ~s me to say so** mi secca dire questo.
4.gall /gɔ:l/ n. BOT. galla f.
1.gallant /'gælənt/ **I** agg. **1** *(courageous)* [*soldier*] valoroso; [*struggle, attempt*] eroico; **~ deeds** gesta valorose **2** ANT. *(courteous)* [*man, manners*] galante **3** ANT. [*ship, steed*] splendido **II** n. ANT. SCHERZ. galante m.
2.gallant /'gælənt/ **I** tr. corteggiare [*woman*] **II** intr. fare il galante.
gallantly /'gæləntlɪ/ avv. **1** *(bravely)* valorosamente **2** ANT. *(courteously)* galantemente.
gallantry /'gæləntrɪ/ n. **1** *(courage)* coraggio m., valore m. **2** ANT. *(courtesy)* galanteria f.
gall bladder /'gɔ:l,blædə(r)/ ➧ **2** n. cistifellea f.
galleon /'gælɪən/ n. galeone m.
gallery /'gælərɪ/ n. **1** (anche **art ~**) galleria f. **2** ARCH. galleria f.; *(in parliament: for press, public)* tribuna f. **3** TEATR. galleria f., loggione m. **4** *(in cave)* galleria f. **5** AE *(auction room)* sala f. d'aste ◆ **to play to the ~** cercare di fare colpo.
gallery deck /'gælərɪ,dek/ n. MAR. ponte m. di batteria.
galley /'gælɪ/ n. **1** *(ship)* galea f., galera f. **2** *(ship's, aircraft's kitchen)* cucina f. di bordo **3** TIP. (anche **~ proof**) bozza f. in colonna.
galley slave /'gælɪ,sleɪv/ n. galeotto m.; FIG. sgobbone m.
galley-west /'gælɪ,west/ avv. AE **to knock sb. ~** stordire, intontire qcn.
gall-fly /'gɔ:lflaɪ/ n. cinipe f.
galliard /'gælɪ,ɑ:d/ n. gagliarda f.
galliass /'gælɪəs/ n. galeazza f.
gallic /'gælɪk/ agg. CHIM. gallico.
Gallic /'gælɪk/ agg. gallico; **the ~ wars** le guerre galliche; **the ~ nation** la Francia.
Gallican /'gælɪkən/ **I** agg. gallicano **II** n. gallicano m. (-a).

gallicism /'gælɪsɪzəm/ n. gallicismo m.
gallicize /'gælɪsaɪz/ **I** tr. gallicizzare **II** intr. gallicizzarsi.
galligaskins /ˌgælɪ'gæskɪnz/ n. = pantaloni ampi usati nel XVII secolo.
gallimaufry /ˌgælɪ'mɔ:frɪ/ n. ANT. miscuglio m., guazzabuglio m.
gallinacean /ˌgælɪ'neɪʃn/ n. gallinaceo m.
gallinaceous /ˌgælɪ'neɪʃəs/ agg. gallinaceo.
galling /'gɔ:lɪŋ/ agg. [*remark, criticism*] irritante, fastidioso; ***it was ~ to hear that*** era fastidioso sentire che; ***I find it ~ that*** mi infastidisce che.
gallinule /'gælɪnju:l, AE -nu:l/ n. gallinula f.
galliot /'gælɪət/ n. galeotta f.
gallipot /'gælɪpɒt/ n. = vaso di terracotta smaltato usato nelle farmacie.
gallium /'gælɪəm/ n. gallio m.
gallivant /'gælɪvænt/ intr. → **gallivant around, gallivant about**.
■ **gallivant around, gallivant about:** ~ **around** andare in giro; ***he's off ~ing around somewhere*** è a bighellonare da qualche parte; ~ **around [sth.]** andare in giro per [*Europe, region, countryside*].
▷ **gallon** /'gælən/ ➧ *3* n. gallone m. (GB = 4,546 litri; US = 3,785 litri); ***a 5~ drum*** un bidone da 5 galloni.
galloon /gə'lu:n/ n. gallone m., nastro m.
1.gallop /'gæləp/ n. **1** EQUIT. *(fast gait)* galoppo m.; ***to break into a ~*** mettersi a galoppare; ***at a ~*** al galoppo (anche FIG.); ***at full ~*** a gran galoppo, di gran carriera **2** EQUIT. *(fast ride)* galoppata f.; ***to go for a ~*** andare a fare una galoppata **3** ***a ~ through European history*** FIG. un excursus sulla storia europea.
2.gallop /'gæləp/ **I** tr. fare galoppare [*horse*] **II** intr. **1** EQUIT. galoppare; ***to ~ away, back*** partire, tornare al galoppo **2** FIG. ***he came ~ing down the stairs, street*** scese le scale, fece la strada di corsa; ***Japan is ~ing ahead in this field*** il Giappone è all'avanguardia in questo campo; ***to ~ through one's work*** fare il proprio lavoro di corsa.
galloper /'gæləpə(r)/ n. **1** *(person)* galoppatore m. (-trice) **2** *(horse)* galoppatore m. **3** MIL. *(gun)* cannone m. leggero da campo **4** MIL. *(orderly)* aiutante m. di campo.
galloping /'gæləpɪŋ/ agg. **1** [*horse*] al galoppo **2** FIG. [*inflation, consumption*] galoppante.
gallows /'gæləʊz/ n. (pl. **~es**, **~**) forca f.; ***to die on the ~*** morire sulla forca; ***to end up on the ~*** finire sulla forca.
gallows bird /'gæləʊzˌbɜ:d/ n. ANT. avanzo m. di galera, pendaglio m. da forca.
gallows humour BE, **gallows humor** AE /ˌgæləʊz'hju:mə(r)/ n. umorismo m. macabro.
gallows-tree /'gæləʊztri:/ n. forca f.
gallstone /'gɔ:lstəʊn/ n. calcolo m. biliare.
Gallup poll /'gæləpˌpəʊl/ n. sondaggio m. Gallup.
galluses /'gæləsɪz/ n.pl. COLLOQ. bretelle f.
galoot /gə'lu:t/ n. COLLOQ. zotico m. (-a).
galop /'gæləp/ n. galop m., galoppo m.
galore /gə'lɔ:(r)/ agg. e avv. [*prizes, bargains, goals, nightclubs*] in quantità; [*cocktails, whisky, sandwiches*] a volontà, a gogò.
galosh /gə'lɒʃ/ n. galoche f.
galumph /gə'lʌmf/ intr. (anche **~ about**) SCHERZ. camminare in modo sgraziato.
galvanic /gæl'vænɪk/ agg. **1** EL. galvanico **2** FIG. ***to have a ~ effect on sb.*** avere un effetto galvanizzante su qcn.
galvanism /'gælvənɪzəm/ n. MED. galvanizzazione f.
galvanization /ˌgælvənaɪ'zeɪʃn, AE -nɪ'z-/ n. IND. galvanizzazione f.
galvanize /'gælvənaɪz/ tr. **1** MED. IND. galvanizzare **2** FIG. galvanizzare [*group, community*]; stimolare [*support, campaign*]; ***to ~ sb. into doing*** spingere qcn. a fare; ***to ~ sb. into action*** stimolare qcn. all'azione.
galvanometer /ˌgælvə'nɒmɪtə(r)/ n. galvanometro m.
galvanometric(al) /ˌgælvənə'metrɪk(l)/ agg. galvanometrico.
galvanoplastic /ˌgælvənə'plæstɪk/ agg. galvanoplastico.
galvanoplastics /ˌgælvənə'plæstɪks/ n. + verbo sing. galvanoplastica f.
galvanoplasty /ˌgælvənə'plæstɪ/ n. galvanoplastica f.
galvanoscope /'gælvənəskəʊp/ n. galvanoscopio m.
Galway /'gɔ:lweɪ/ ➧ *34, 24* n.pr. **1** *(town)* Galway f. **2** *(county)* Galway m.
1.gam /gæm/ n. **1** *(school of whales)* branco m. di balene **2** MAR. = scambio di visite tra gli equipaggi di baleniere.
2.gam /gæm/ intr. (forma in -ing ecc. **-mm-**) **1** [*whales*] riunirsi in branchi **2** MAR. [*crew*] scambiarsi visite.
gambado /gæm'beɪdəʊ/ n. (pl. **~s, ~es**) **1** EQUIT. corvetta f. **2** *(gambol)* capriola f.
Gambia /'gæmbɪə/ ➧ *6* n.pr. ***the ~*** la Gambia.
Gambian /'gæmbɪən/ ➧ *18* **I** agg. gambiano **II** n. gambiano m. (-a).
gambit /'gæmbɪt/ n. **1** *(in chess)* gambetto m. **2** mossa f.; ***opening ~*** mossa iniziale.
▷ **1.gamble** /'gæmbl/ n. **1** *(bet)* scommessa f.; ***to have a ~ on sth.*** scommettere su qcs. **2** FIG. *(risk)* rischio m.; ***to take a ~*** rischiare; ***that's a bit of a ~*** è un po' rischioso; ***a safe ~*** un rischio calcolato; ***his ~ paid off*** ha vinto la scommessa.
▷ **2.gamble** /'gæmbl/ **I** tr. scommettere, arrischiare [*money*]; FIG. puntare (**on** su); ***to ~ everything on sth.*** puntare tutto su qcs. **II** intr. *(at cards)* giocare d'azzardo; *(in horseracing)* scommettere; FIG. puntare (**on** su); ***to ~ on the horses*** scommettere sui cavalli; ***to ~ at cards*** giocare a carte con i soldi; ***to ~ for high stakes*** giocare pesante (anche FIG.); ***to ~ on the Stock Exchange*** giocare in borsa; ***to ~ with sb.'s life*** giocare con la vita di qcn.; ***he ~d that the shares would rise*** ha scommesso sul rialzo delle azioni; ***she hadn't ~d on his being there*** non era convinta che ci sarebbe stato.
■ **gamble away:** ~ **away [sth.]**, ~ **[sth.] away** perdere al gioco [*money, fortune*]; ***he had ~d all his money away*** aveva perso tutti i soldi al gioco.
gambler /'gæmblə(r)/ n. giocatore m. (-trice) di azzardo; ***heavy ~*** grosso giocatore d'azzardo.
Gamblers Anonymous /ˌgæmbləzə'nɒnɪməs/ n. = associazione per il recupero dei giocatori d'azzardo.
▷ **gambling** /'gæmblɪŋ/ **I** n. gioco m. d'azzardo; ***his compulsive ~*** la sua passione per il gioco **II** modif. [*debt*] di gioco; [*hall, table, house*] da gioco; ***~ syndicate*** = gruppo di persone che dividono la posta e l'eventuale vincita di una scommessa.
gambling casino /'gæmblɪŋkəˌsi:nəʊ/ n. casinò m.
gambling den /'gæmblɪŋˌden/ n. bisca f.
gambling joint /'gæmblɪŋˌdʒɔɪnt/ n. COLLOQ. → **gambling den**.
gambling losses /'gæmblɪŋˌlɒsɪz, AE -ˌlɔ:sɪz/ n.pl. perdite f. al gioco.
gambling man /'gæmblɪŋˌmæn/ n. (pl. **gambling men**) giocatore m. d'azzardo.
gamboge /gæm'bəʊʒ, -'bu:ʒ/ n. gommagutta f.
1.gambol /'gæmbl/ n. salto m., capriola f.
2.gambol /'gæmbl/ intr. (forma in -ing ecc. **-ll-**, **-l-** AE) LETT. [*child*] sgambettare; [*animal*] saltellare.
gambrel /'gæmbrəl/ n. *(of horse)* garretto m.
▶ **1.game** /geɪm/ **I** n. **1** *(activity)* gioco m.; ***to play a ~*** fare un gioco; ***a ~ for three players*** un gioco per tre giocatori; ***~ of chance, of skill*** gioco d'azzardo, di abilità; ***it's only a ~!*** è soltanto un gioco! ***this isn't a ~, you know!*** guarda che non è un gioco! ***to play the ~*** FIG. stare al gioco; ***don't play ~s with me!*** *(tell me the truth)* non mi raccontare storie! *(don't try to be smart)* non cercare di fare il furbo! **2** *(session, match) (of chess, cards, poker, darts, hide-and-seek, football, hockey, cricket)* partita f.; ***to have*** o ***play a ~ of cards, of chess*** fare una partita a carte, a scacchi; ***let's have a ~ of football*** facciamo una partita a calcio? ***let's have a ~ of cowboys*** giochiamo ai cowboy? **3** AE *(professional sporting event)* partita f. **4** *(section of tournament) (in tennis)* gioco m.; *(in bridge)* manche f.; ***four ~s to one*** quattro giochi a uno; ***we're two ~s all*** siamo a due giochi pari; ***~ to Hadman*** gioco a Hadman; ***~, set and match*** gioco, set e incontro **5** *(skill at playing)* gioco m.; ***how to improve your ~*** come migliorare il vostro gioco; ***grass suits my ~*** l'erba è adatta al mio gioco; ***she plays a great ~ of chess*** gioca bene a scacchi; ***to put sb. off his*** o ***her ~*** distrarre qcn. dal gioco **6** COLLOQ. *(trick, scheme)* gioco m., trucco m.; ***what's your ~?*** a che gioco stai giocando? ***so that's his ~!*** così è questo il suo giochetto! ***I have no choice but to play his ~*** non ho altra scelta che stare al suo gioco; ***I decided to play the same ~*** ho deciso di fare lo stesso gioco; ***he's up to his old ~s again*** sta di nuovo facendo i suoi giochetti **7** COLLOQ. SPREG. o SCHERZ. *(activity, occupation)* ***the insurance, marketing ~*** il giro *o* il mondo delle assicurazioni, del marketing; ***the politics ~*** il gioco della politica; ***I've been in this ~ 10 years*** sono nel giro da 10 anni; ***he's new to this ~*** è nuovo del giro **8** VENAT. GASTR. cacciagione f., selvaggina f. **II games** n.pl. **1** BE SCOL. educazione f.sing. fisica, ginnastica f.sing.; ***good at ~s*** bravo in ginnastica **2** (anche **Games**) *(sporting event)* giochi m. **III** modif. **1** [*pâté, dish, stew*] di selvaggina; [*soup*] a base di selvaggina **2** **games** BE [*teacher, lesson, master, mistress*] di educazione fisica ◆ ***that's the name of the ~*** è quello che conta; ***the ~'s up*** la partita è persa *o* non c'è più niente da fare; ***to beat sb. at his, their own ~*** battere qcn. con le sue stesse armi; ***to be*** o ***go on the ~*** BE COLLOQ. fare la vita; ***to give the ~ away*** tradirsi; ***two can play at that ~*** chi la fa l'aspetti.

2.game /geɪm/ agg. 1 *(willing to try)* ardito, risoluto; ***he's ~ for anything*** è pronto a tutto; ***she's always ~ for an adventure, a laugh*** è sempre pronta a tentare l'avventura, a ridere; ***OK, I'm ~*** d'accordo, ci sto 2 *(plucky)* coraggioso.
3.game /geɪm/ agg. *(lame)* [*leg*] zoppo; ***to have a ~ leg*** essere zoppo.
game bag /'geɪm,bæg/ n. carniere m.
game birds /'geɪm,bɜ:dz/ n.pl. selvaggina f.sing. di penna.
game chips /'geɪm,tʃɪps/ n.pl. = patatine fritte servite con la selvaggina.
game cock /'geɪm,kɒk/ n. gallo m. da combattimento.
game fish /'geɪm,fɪʃ/ n. (pl. **game fish**, **game fishes**) = qualsiasi pesce oggetto di pesca sportiva.
gamekeeper /'geɪm,ki:pə(r)/ ♦ *27* n. *(on private estate)* guardacaccia m. e f.
game laws /'geɪm,lɔ:z/ n.pl. leggi m. sulla caccia.
gamely /'geɪmlɪ/ avv. coraggiosamente.
gameness /'geɪmnɪs/ n. ardimento m., coraggio m.
game park /'geɪm,pɑ:k/ n. → **game reserve**.
game pie /'geɪm,paɪ/ n. = torta salata con ripieno di selvaggina.
game plan /'geɪm,plæn/ n. SPORT tattica f.
game point /'geɪm,pɔɪnt/ n. *(in tennis)* game point m.
gamer /'geɪmə(r)/ n. *(in a computer or role-playing game)* giocatore m.
game reserve /'geɪmrɪ,zɜ:v/ n. *(for hunting)* riserva f. di caccia; *(for preservation)* riserva f. naturale.
game show /'geɪm,ʃəʊ/ n. gioco m. televisivo.
gamesmanship /'geɪmzmənʃɪp/ n. U SPREG. = capacità di un giocatore di vincere usando l'astuzia e senza violare le regole del gioco.
gamesome /'geɪmsəm/ agg. allegro, gioioso, scherzoso.
gamester /'geɪmstə(r)/ n. giocatore m. (-trice) d'azzardo.
game(s) theory /'geɪm(z),θɪərɪ/ n. teoria f. dei giochi.
gamete /'gæmi:t/ n. gamete m.
gametogenesis /gə,mi:təʊ'dʒenəsɪs/ n. gametogenesi f.
gametophyte /gə'mi:təʊ,faɪt/ n. gametofito m.
game warden /'geɪm,wɔ:dn/ n. *(in game reserve)* guardacaccia m. e f.
gamic /'gæmɪk/ agg. gamico.
gamin /'gæmɪn/ n. LETT. monello m.
gamine /gæ'mi:n/ I n. monella f. II modif. [*hairstyle*] alla maschietta.
gaminess /'geɪmɪnɪs/ n. 1 *(flavour of game)* gusto m. di selvatico 2 RAR. ardimento m., coraggio m.
▷ **gaming** /'geɪmɪŋ/ n. 1 *(gambling)* gioco m. d'azzardo 2 *(role-play games)* gioco m. di ruolo.
gaming debt /'geɪmɪŋ,det/ n. debito m. di gioco.
gaming house /'geɪmɪŋ,haʊs/ n. ANT. casa f. da gioco.
gaming laws /'geɪmɪŋ,lɔ:z/ n.pl. leggi f. sul gioco d'azzardo.
gaming machine /'geɪmɪŋmə,ʃi:n/ n. slot-machine f.
gaming table /'geɪmɪŋ,teɪbl/ n. tavolo m. da gioco.
gamma /'gæmə/ n. gamma m. e f.
gamma radiation /,gæməreɪdɪ'eɪʃn/ n. U raggi m.pl. gamma.
gamma ray /,gæmə'reɪ/ I n. raggio m. gamma II modif. [*emissions*] di raggi gamma.
gammer /'gæmə(r)/ n. ANT. vecchia (comare) f.
1.gammon /'gæmən/ I n. prosciutto m. II modif. [*steak*] di prosciutto; ***a ~ joint*** un prosciutto.
2.gammon /'gæmən/ n. 1 *(victory)* = nel gioco del backgammon, vittoria che conta per due partite vinte 2 ANT. *(backgammon)* backgammon m.
3.gammon /'gæmən/ tr. *(in backgammon)* vincere con un gammon [*adversary*]; *(in competition)* vincere bene [*adversary*].
4.gammon /'gæmən/ n. COLLOQ. 1 *(nonsense)* fandonie f.pl., frottole f.pl. 2 *(deceit)* inganno m., imbroglio m.; ***to give ~ to sb.*** fare il palo a qcn. [*pickpocket*].
5.gammon /'gæmən/ I tr. imbrogliare, ingannare II intr. raccontare fandonie.
6.gammon /'gæmən/ n. MAR. trinca f. del bompresso.
7.gammon /'gæmən/ tr. MAR. trincare [*bowsprit*].
gammy /'gæmɪ/ agg. COLLOQ. [*leg, shoulder etc.*] fuori uso; ***to have a ~ leg*** avere la gamba gigia.
gamopetalous /,gæmə'petələs/ agg. gamopetalo.
gamosepalous /,gæmə'sepələs/ agg. gamosepalo.
gamp /gæmp/ n. COLLOQ. ombrello m.
gamut /'gæmət/ n. 1 MUS. gammaut m. 2 FIG. gamma f., serie f.; ***the whole ~ of sth.*** l'intera gamma di qcs.; ***I've run the ~ of parenthood*** sono passato attraverso tutti i problemi del genitore.
gamy /'geɪmɪ/ agg. COLLOQ. che sa di selvatico; ***the meat smells a bit ~*** la carne ha un leggero odore di selvatico.

gander /'gændə(r)/ n. 1 ZOOL. papero m. 2 BE COLLOQ. ***to take*** o ***have a ~ at sth.*** dare un'occhiata a qcs.
ganef /'gænef/ n. AE COLLOQ. furfante m.
▷ **1.gang** /gæŋ/ n. 1 *(group) (of criminals)* banda f., gang f.; *(of youths)* SPREG. banda f.; ***in ~s*** in bande; ***to join a ~*** entrare in una banda; ***the Gang of Four*** STOR. la Banda dei Quattro 2 *(of friends etc.)* banda f., gruppo m.; ***to be one of the ~*** fare parte del gruppo 3 *(team) (of workmen)* squadra f.; *(of prisoners)* gruppo m. 4 TECN. *(of tools)* batteria f.
2.gang /gæŋ/ I tr. TECN. mettere in serie [*components*] II intr. formare una banda.
■ **gang together** raggrupparsi (**to do** per fare).
■ **gang up** allearsi, coalizzarsi (**on, against** contro; **to do** per fare).
3.gang /gæŋ/ intr. SCOZZ. camminare, passeggiare.
gangbang /'gæŋbæŋ/ n. VOLG. = orgia alla quale partecipano più uomini e una sola donna.
gangbuster /'gæŋbʌstə(r)/ n. AE COLLOQ. 1 *(person)* = membro di un'organizzazione anticrimine 2 ***to go ~s*** avere molto successo.
ganger /'gæŋə(r)/ n. BE *(of labourers)* caposquadra m.
Ganges /'gændʒi:z/ ♦ *25* n.pr. Gange m.
gang fight /'gæŋ,faɪt/ n. scontro m. tra bande.
gangland /'gæŋlænd/ I n. mala(vita) f. II modif. [*killing, crime*] della mala(vita).
gang leader /'gæŋ,li:də(r)/ n. capobanda m. e f.
ganglia /'gæŋglɪə/ → **ganglion**.
gangliar /'gæŋglɪə(r)/ agg. gangliare.
gangliform /'gæŋglɪfɔ:m/ agg. gangliforme.
gangling /'gæŋglɪŋ/ agg. allampanato; ***a ~ boy*** o ***youth*** un giovane allampanato.
ganglion /'gæŋglɪən/ n. (pl. **-ia**) ganglio m.
ganglionic /,gæŋglɪ'ɒnɪk/ agg. gangliare.
gangplank /'gæŋ,plæŋk/ n. MAR. passerella f., scalandrone m.
gang-rape /'gæŋ,reɪp/ n. stupro m. di gruppo.
1.gangrene /'gæŋgri:n/ n. cancrena f. (anche FIG.).
2.gangrene /'gæŋgri:n/ I tr. fare incancrenire II intr. incancrenire.
gangrenous /'gæŋgrɪnəs/ agg. cancrenoso; ***to go ~*** incancrenirsi.
gangsta rap /'gæŋstə,ræp/ n. gangsta rap m.
gangster /'gæŋstə(r)/ I n. gangster m. e f., malvivente m. e f. II modif. [*film, story*] di gangster; [*boss, tactics*] dei gangster.
gangsterism /'gæŋstərɪzəm/ n. gangsterismo m.
gangue /gæŋ/ n. ganga f.
gangway /'gæŋweɪ/ n. 1 *(passage)* passaggio m.; ***"~!"*** "largo!" 2 MAR. passerella f.
ganja /'gændʒə/ n. ganja f.
gannet /'gænɪt/ n. 1 ZOOL. sula f. 2 FIG. SCHERZ. ***he, she's a real ~*** mangia in continuazione.
ganoid /'gænɔɪd/ I agg. ganoide II n. ganoide m.
gantry /'gæntrɪ/ n. 1 FERR. incastellatura f. a cavalletto 2 *(for a rocket)* torre f. di lancio.
gaol BE → **1.jail**, **2.jail**.
gaoler BE → **jailer**.
▶ **gap** /gæp/ n. 1 *(empty space) (between planks, curtains)* interstizio m. (**in** tra); *(in fence, wall)* buco m., varco m. (**in** in); *(between buildings, cars, furniture)* spazio m. (**in** tra); *(in text, diagram)* spazio m. (vuoto) (**in** in); *(in hills)* passaggio m. (**in** tra); *(in cloud)* squarcio m. (**in** tra); ***to have ~s between one's teeth*** avere i denti distanziati; ***his death left a ~ in my life*** la sua morte ha lasciato un vuoto nella mia vita; ***to fill a ~*** colmare un vuoto (anche FIG.) 2 *(break in continuity) (in timetable)* buco m.; *(in conversation)* silenzio m., vuoto m.; *(in accounts, records, report)* lacuna f., buco m.; *(of time)* intervallo m.; *(in event, performance)* interruzione f.; ***after a ~ of six years*** dopo un intervallo di sei anni 3 *(discrepancy) (in age)* differenza f.; *(between opinions)* divergenza f.; *(between scores)* differenza f., scarto m. (**in** tra); *(of status)* divario m.; ***a 15-year age ~*** una differenza d'età di 15 anni; ***the ~ between the rich and the poor*** il divario tra i ricchi e i poveri; ***the ~ between myth and reality*** la differenza tra mito e realtà; ***to close the ~ on sth.*** avvicinarsi a qcs. 4 *(deficiency) (in knowledge, education)* lacuna f. (**in** in); ***there's a ~ in my memory*** c'è un buco nella mia memoria; ***technology ~*** gap tecnologico; ***training ~*** lacuna nella formazione 5 COMM. nicchia f. di mercato; ***to look for a ~ in the market*** cercare una nicchia di mercato; ***to fill a ~ in the market*** occupare una nicchia di mercato 6 ECON. deficit m., disavanzo m.; ***trade ~*** deficit commerciale; ***dollar ~*** carenza di dollari.
1.gape /geɪp/ n. 1 *(staring)* (il) guardare a bocca aperta 2 *(of vertebrate)* apertura f. boccale 3 *(stare)* sguardo m. a bocca aperta.
2.gape /geɪp/ intr. 1 *(stare)* restare a bocca aperta; ***to ~ at sth., sb.*** guardare qcs., qcn. a bocca aperta 2 *(open wide)* [*chasm, hole*]

aprirsi; [*wound*] essere aperta; [*garment*] essere aperto; ***his shirt ~d open*** aveva la camicia aperta.

gap financing /'gæp,faɪnænsɪŋ, -fɪ,nænsɪŋ/ n. finanziamento m. in disavanzo.

gaping /'geɪpɪŋ/ agg. **1** *(staring)* [*person*] stupito; ***he was greeted by a ~ crowd*** è stato salutato da una folla a bocca aperta; ***~ onlookers*** spettatori stupiti **2** *(open)* [*shirt, wound*] aperto; [*beak*] spalancato; [*hole*] grosso; ***their ~ mouths*** le loro bocche aperte.

gapingly /'geɪpɪŋlɪ/ avv. a bocca aperta.

gappy /'gæpɪ/ agg. COLLOQ. ***~ teeth*** denti radi.

gap-toothed /'gæptu:θt/ agg. [*person*] dai denti radi; [*smile*] sdentato; ***to be ~*** avere i denti radi.

gap year /'gæp,jɪə(r)/ n. = periodo di un anno tra la fine della scuola superiore e l'inizio dell'università, che spesso gli studenti trascorrono viaggiando o facendo esperienze lavorative.

gar /gɑ:(r)/ n. belone m.

▷ **1.garage** /'gærɑ:ʒ, 'gærɪdʒ, AE gə'rɑ:ʒ/ **I** n. **1** *(shelter for vehicles)* garage m. **2** *(repair shop)* autofficina f., stazione f. di servizio **II** modif. [*wall, door*] del garage.

2.garage /'gærɑ:ʒ, 'gærɪdʒ, AE gə'rɑ:ʒ/ tr. mettere nel garage [*vehicle*].

garage mechanic /'gærɑ:ʒmɪ,kænɪk, 'gærɪdʒ-, AE gə'rɑ:ʒ-/ ♦ **27** n. meccanico m.

garage owner /'gærɑ:ʒ,əʊnə(r), 'gærɪdʒ-, AE gə'rɑ:ʒ-/ n. garagista m. e f.

garage sale /'gærɑ:ʒ,seɪl, 'gærɪdʒ-, AE gə'rɑ:ʒ-/ n. = vendita di oggetti usati che in genere avviene nel garage di un'abitazione privata.

garaging /'gærədʒɪŋ/ n. ***with, without ~*** con, senza rimessaggio.

garb /gɑ:b/ n. abito m., costume m.; ***in peasant ~*** in abito da contadino; ***in clerical ~*** in abiti religiosi.

▷ **garbage** /'gɑ:bɪdʒ/ n. **U** **1** AE rifiuti m.pl., immondizia f.; ***to dispose of ~*** [*person*] buttare i rifiuti; [*local authority*] smaltire i rifiuti; ***to put the ~ out*** portare fuori l'immondizia **2** FIG. *(nonsense)* sciocchezze f.pl.; ***to talk ~*** dire sciocchezze **3** INFORM. informazioni m.pl. parassite, rifiuti m.pl. ◆ ***~ in ~ out*** INFORM. = a un input errato corrisponde un output errato; FIG. = non si può ottenere un risultato di qualità con mezzi o prodotti scadenti.

garbage can /'gɑ:bɪdʒ,kæn/ n. AE bidone m. dell'immondizia, pattumiera f.

garbage chute /'gɑ:bɪdʒ,ʃu:t/ n. AE condotto m. della pattumiera.

garbage collector /'gɑ:bɪdʒkə,lektə(r)/ ♦ **27** n. AE spazzino m.

garbage disposal /'gɑ:bɪdʒdɪ,spəʊzl/ n. smaltimento m. dei rifiuti.

garbage disposal unit /,gɑ:bɪdʒdɪ,spəʊzl'ju:nɪt/ n. AE tritarifiuti m.

garbage man /'gɑ:bɪdʒ,mæn/ ♦ **27** n. (pl. **garbage men**) spazzino m.

garbage truck /'gɑ:bɪdʒ,trʌk/ n. AE camion m. della nettezza urbana.

garbage TV /'gɑ:bɪdʒti:,vi:/ n. TV f. spazzatura.

garble /'gɑ:bl/ tr. alterare, ingarbugliare [*story, facts*]; alterare [*instructions, message*].

garbled /'gɑ:bld/ **I** p.pass. → **garble** **II** agg. [*account, instructions*] alterato.

garda /'gɑ:də/ n. (pl. **~i**) *(in Ireland) (police)* polizia f.; *(policeman)* poliziotto m.

Garda /'gɑ:də/ ♦ **13** n.pr. GEOGR. ***Lake ~*** il lago di Garda.

gardai /'gɑ:di:/ → **garda**.

▶ **1.garden** /'gɑ:dn/ **I** n. **1** BE *(area surrounding house)* giardino m. (anche FIG.); ***front, back ~*** giardino davanti, dietro alla casa; ***we don't have much ~*** non abbiamo un giardino molto grande **2** AE *(flower)* aiuola f.; *(vegetable)* orto m. **II gardens** n.pl. *(municipal)* giardini m. pubblici; ***botanic ~s*** giardino botanico **III** modif. [*plant, furniture*] da giardino; [*wall, fence, shed*] del giardino ◆ ***to lead sb. up*** o ***down*** AE ***the ~ path*** COLLOQ. menare qcn. a spasso *o* menare qcn. per il naso; ***everything in the ~'s rosy*** COLLOQ. IRON. non potrebbe andare meglio.

2.garden /'gɑ:dn/ intr. lavorare nel giardino, fare giardinaggio.

garden apartment /'gɑ:dnə,pɑ:tmənt/ n. → **garden flat**.

garden centre BE, **garden center** AE /'gɑ:dn,sentə(r)/ n. centro m. per il giardinaggio.

garden city /,gɑ:dn'sɪtɪ/ n. BE città f. giardino.

garden cress /'gɑ:dn,kres/ n. crescione m. inglese, crescione m. d'orto.

▷ **gardener** /'gɑ:dnə(r)/ ♦ **27** n. giardiniere m. (-a); ***to be a keen ~*** *(amateur)* essere appassionato di giardinaggio.

garden flat /'gɑ:dn,flæt/ n. BE = appartamento, di solito situato nel seminterrato, con accesso al giardino.

garden-fresh /'gɑ:dn,freʃ/ agg. fresco dell'orto.

garden gnome /'gɑ:dn,nəʊm/ n. nano m., nanetto m. (di gesso) da giardino.

gardenia /gɑ:'di:nɪə/ n. gardenia f.

gardening /'gɑ:dnɪŋ/ **I** n. giardinaggio m. **II** modif. [*tools, equipment*] per il giardinaggio.

Garden of Eden /,gɑ:dnəv'i:dn/ n. giardino m. dell'Eden.

garden of remembrance /,gɑ:dnəvrɪ'membrəns/ n. parco m. della rimembranza.

garden party /'gɑ:dn,pɑ:tɪ/ n. garden-party m.

garden produce /'gɑ:dn,prɒdju:s, AE -du:s/ n. **U** prodotti m.pl. dell'orto.

garden shears /'gɑ:dn,ʃɪəz/ n.pl. cesoie f. (da giardinaggio).

garden snail /'gɑ:dn,sneɪl/ n. chiocciola f.

garden suburb /,gɑ:dn'sʌbɜ:b/ n. periferia f. residenziale.

garden-variety /'gɑ:dnvə,raɪətɪ/ agg. AE [*writer, book*] insignificante.

garden-white /,gɑ:dn'waɪt, AE -'hwaɪt/ n. cavolaia f.

garefowl /'geəfaʊl/ n. (pl. **~**, **~s**) alca f.

Gareth /'gæreθ/ n.pr. Gareth (nome di uomo).

garfish /'gɑ:fɪʃ/ n. (pl. **~**, **~es**) aguglia f.

garganey /'gɑ:gənɪ/ n. marzaiola f.

gargantuan /gɑ:'gæntjʊən/ agg. LETT. gargantuesco.

garget /'gɑ:gɪt/ n. *(of cattle)* mastite f. cronica.

1.gargle /'gɑ:gl/ n. *(act, liquid)* gargarismo m.; ***to have a ~*** fare gargarismi.

2.gargle /'gɑ:gl/ intr. fare gargarismi (**with** con).

gargoyle /'gɑ:gɔɪl/ n. gargouille f.

garish /'geərɪʃ/ agg. [*colour, garment*] sgargiante, vistoso; [*light*] abbagliante.

garishly /'geərɪʃlɪ/ agg. [*dressed*] in modo vistoso; [*decorated*] in modo sfarzoso; ***the bar was ~ lit*** nel bar c'era una luce fredda e accecante.

garishness /'geərɪʃnɪs/ n. *(of decor)* sfarzosità f.; *(of colour, clothes)* vistosità f.; *(of light)* (l')essere abbagliante.

1.garland /'gɑ:lənd/ n. ghirlanda f.

2.garland /'gɑ:lənd/ tr. inghirlandare (**with** di).

▷ **garlic** /'gɑ:lɪk/ **I** n. aglio m. **II** modif. [*sausage, crouton, salt*] all'aglio; [*sauce, mushrooms*] con l'aglio; ***~ butter*** burro all'aglio; ***~ bread*** = fetta di pane spalmata di burro all'aglio e riscaldata.

garlicky /'gɑ:lɪkɪ/ agg. COLLOQ. [*food, breath*] che sa d'aglio.

garlic press /'gɑ:lɪk,pres/ n. spremiaglio m.

▷ **1.garment** /'gɑ:mənt/ n. capo m. di vestiario, indumento m.

2.garment /'gɑ:mənt/ tr. abbigliare, vestire.

1.garner /'gɑ:nə(r)/ n. **1** ANT. granaio m. **2** *(place for storage)* magazzino m.

2.garner /'gɑ:nə(r)/ tr. FORM. *(gather)* mettere insieme [*information, fact*] (**from sth.** da qcs.); *(store)* raccogliere, immagazzinare [*memories, knowledge*].

garnet /'gɑ:nɪt/ **I** n. **1** MINER. granato m., granata f. **2** *(colour)* granata m. **II** modif. [*ring, brooch*] con granati **III** agg. granata.

1.garnish /'gɑ:nɪʃ/ n. GASTR. guarnizione f., contorno m. (**of** di).

2.garnish /'gɑ:nɪʃ/ tr. **1** GASTR. guarnire (**with** con) **2** *(in jewellery)* ornare (**with** di).

1.garnishee /,gɑ:nɪ'ʃi:/ n. DIR. terzo pignorato m.

2.garnishee /,gɑ:nɪ'ʃi:/ tr. DIR. pignorare, sequestrare.

garnisher → **garnishor**.

garnishing /'gɑ:nɪʃɪŋ/ n. GASTR. guarnizione f., contorno m.

garnishment /'gɑ:nɪʃmənt/ n. DIR. pignoramento m., sequestro m. presso terzi.

garnishor /'gɑ:nɪʃə(r)/ n. DIR. pignorante m., sequestrante m. presso terzi.

garniture /'gɑ:nɪtʃə(r)/ n. decorazione f., ornamento m.

garpike /'gɑ:paɪk/ n. → **garfish**.

garret /'gærət/ n. ANT. soffitta f., solaio m.

1.garrison /'gærɪsn/ **I** n. guarnigione f. **II** modif. [*troops, life*] della guarnigione; [*town*] di presidio.

2.garrison /'gærɪsn/ tr. [*officer*] fornire di guarnigione [*town, zone*]; [*troops*] presidiare [*town, zone*]; ***to ~ troops in the area*** mandare truppe in servizio di guarnigione nell'area; ***to be ~ed in*** essere in servizio di guarnigione in.

garron /'gærən/ n. cavalluccio m., ronzino m.

garrot /'gærət/ n. quattrocchi m.

1.garrotte BE, **garrote** AE /gə'rɒt/ n. garrot(t)a f.

2.garrotte BE, **garrote** AE /gə'rɒt/ tr. *(officially)* garrot(t)are; *(strangle)* strangolare.

garrulity /gəˈruːlətɪ/ n. → **garrulousness**.
garrulous /ˈgærʊləs/ agg. garrulo, loquace.
garrulously /ˈgærʊləslɪ/ avv. in modo garrulo, in modo loquace.
garrulousness /ˈgærʊləsnɪs/ n. garrulità f., loquacità f.
garter /ˈgɑːtə(r)/ n. **1** *(for stocking, sock)* giarrettiera f. **2** BE *(title)* ***Knight, Order of the Garter*** cavaliere, Ordine della Giarrettiera ◆ ***I'll have your guts for ~s!*** COLLOQ. ti farò a pezzi!

> **Garter, Order of the** Ordine cavalleresco fondato nel 1348 dal re Edoardo III, il cui motto francese "Honi soit qui mal y pense" (male ne incolga a chi pensa male) compare sullo stemma reale. Si dice che Edoardo III avrebbe pronunciato queste parole nel corso di una festa, dopo aver raccolto ed essersi legato al ginocchio la giarrettiera che la contessa di Salisbury aveva perso ballando. L'Ordine della Giarrettiera è la più antica e più alta onorificenza del Regno Unito.

garter belt /ˈgɑːtəˌbelt/ n. AE reggicalze m.
garter snake /ˈgɑːtəˌsneɪk/ n. serpente m. giarrettiera.
garter stitch /ˈgɑːtəˌstɪtʃ/ n. *(in knitting)* legaccio m.
garth /gɑːθ/ n. **1** ARCH. chiostro m. **2** ANT. cortile m.
Gary /ˈgærɪ/ n.pr. Gary (nome di uomo).
▶ **1.gas** /gæs/ **I** n. (pl. **~es, ~ses**) **1** *(fuel)* gas m.; ***to heat a house, to cook with ~*** riscaldare la casa, cucinare con il gas; ***to turn up, turn down the ~*** alzare, abbassare il gas; ***on a low ~*** *(in cooking)* a fuoco lento *o* a fiamma bassa; ***on a medium ~*** a fuoco medio; ***on a high ~*** a fuoco alto; ***to use bottled ~*** usare gas in bombole **2** CHIM. gas m. **3** MED. *(anaesthetic)* anestetico m.; ***to have ~*** essere anestetizzato **4** MIL. gas m. (asfissiante) **5** AE *(petrol)* benzina f. **6** (anche **~ pedal**) AE COLLOQ. *(accelerator)* acceleratore m. **7** BE ANT. COLLOQ. *(chat, talk)* ***to have a ~*** cianciare **8** COLLOQ. *(funny experience, person)* ***it was a ~!*** è stato uno spasso! ***what a ~!*** che spasso! che forte! ***he's a ~*** è uno spasso **II** modif. [*industry, company, pipe*] del gas; [*explosion*] di gas ◆ ***to step on the ~*** accelerare.
2.gas /gæs/ **I** tr. (forma in -ing ecc. **-ss-**) MIL. gassare [*person, animal*] **II** intr. (forma in -ing ecc. **-ss-**) **1** *(give off gas)* emettere gas **2** BE ANT. COLLOQ. *(chatter)* ciarlare; *(go on at length)* parlare in continuazione **III** rifl. (forma in -ing ecc. **-ss-**) ***to ~ oneself*** suicidarsi con il gas.
▪ **gas up** AE fare benzina.
gasbag /ˈgæsˌbæg/ n. COLLOQ. chiacchierone m. (-a), ciancione m. (-a).
gas black /ˈgæsˌblæk/ n. nerofumo m.
gas board /ˈgæsˌbɔːd/ n. società f. del gas.
gas bracket /ˈgæsˌbrækɪt/ n. = braccio per lampada a gas.
gas burner /ˈgæsˌbɜːnə(r)/ n. bruciatore m. di gas, becco m. a gas.
gas carrier /ˈgæsˌkeərɪə(r)/ n. = chi trasporta e consegna bombole di gas.
gas chamber /ˈgæsˌtʃeɪmbə(r)/ n. camera f. a gas.
gas chromatograph /ˌgæsˈkrəʊmætəgrɑːf, AE -græf/ n. gascromatografo m.
gas chromatography /ˌgæsˌkrəʊməˈtɒgrəfɪ/ n. gascromatografia f.
Gascon /ˈgæskən/ **I** agg. guascone **II** n. **1** *(person)* guascone m. (-a) **2** *(dialect)* dialetto m. guascone.
gasconade /ˌgæskəˈneɪd/ n. guasconata f.
Gascony /ˈgæskənɪ/ ➧ ***24*** n.pr. Guascogna f.
gas cooker /ˈgæsˌkʊkə(r)/ n. cucina f. a gas.
gas-cooled /ˌgæsˈkuːld/ agg. raffreddato a gas.
gas cylinder /ˈgæsˌsɪlɪndə(r)/ n. bombola f. di gas.
gaseous /ˈgæsɪəs, ˈgeɪsɪəs/ agg. gassoso.
gas fire /ˈgæsˌfaɪə(r)/ n. BE stufa f. a gas.
gas-fired /ˌgæsˈfaɪəd/ agg. [*boiler, water-heater, central heating*] a gas.
gas fitter /ˈgæsˌfɪtə(r)/ ➧ ***27*** n. gassista m. e f.
gas fittings /ˈgæsˌfɪtɪŋz/ n.pl. apparecchi m. per impianti a gas.
gas guzzler /ˈgæsˌgʌzlə(r)/ n. AE COLLOQ. = auto che consuma molto carburante.
1.gash /gæʃ/ n. taglio m. (**in, on** in); *(in boiler, ship's hull)* squarcio m. (**in** in).
2.gash /gæʃ/ tr. tagliare, squarciare; ***to ~ one's leg, hand*** tagliarsi una gamba, una mano (**on** con).
3.gash /gæʃ/ agg. COLLOQ. *(not needed)* superfluo.
gas heater /ˈgæsˌhiːtə(r)/ n. *(for room)* stufa f. a gas; *(for water)* scaldabagno m. a gas.
gas helmet /ˈgæsˌhelmɪt/ n. = casco munito di respiratore.
gasholder /ˈgæshəʊldə(r)/ n. gasometro m.
gasification /ˌgæsɪfɪˈkeɪʃn/ n. gassificazione f.
gasify /ˈgæsɪfaɪ/ tr. gassificare.
gas jet /ˈgæsˌdʒet/ n. **1** *(burner)* bruciatore m. di gas, becco m. a gas **2** *(stream of gas)* getto m. di gas.
gasket /ˈgæskɪt/ n. **1** TECN. guarnizione f.; ***to blow a ~*** AUT. fare saltare una guarnizione; FIG. SCHERZ. esplodere *o* andare fuori dai gangheri **2** MAR. *(for sail)* gerlo m.
gas lamp /ˈgæsˌlæmp/ n. *(domestic)* lampada f. a gas; *(in street)* lampione m. a gas.
gaslight /ˈgæslaɪt/ n. **1 C** *(lamp)* lampada f. a gas; *(streetlamp)* lampione m. a gas **2 U** *(illumination)* luce f. della lampada a gas; *(of street lamp)* luce f. del lampione.
gas lighter /ˈgæsˌlaɪtə(r)/ n. *(for cooker)* accendigas m.; *(for cigarette)* accendino m.
gas lighting /ˈgæsˌlaɪtɪŋ/ n. illuminazione f. a gas.
gas line /ˈgæsˌlaɪn/ n. AE = coda alla pompa di benzina.
gaslit /ˈgæsˌlɪt/ agg. illuminato a gas.
gas main /ˈgæsˌmeɪn/ n. conduttura f. del gas.
gas man /ˈgæsˌmæn/ ➧ ***27*** n. (pl. **gas men**) operaio m. del gas.
gas mantle /ˈgæsˌmæntl/ n. reticella f. a incandescenza.
gas mask /ˈgæsˌmɑːsk, AE -ˌmæsk/ n. maschera f. antigas.
gas men /ˈgæsˌmen/ → **gas man**.
gas meter /ˈgæsˌmiːtə(r)/ n. contatore m. del gas.
gas mileage /ˈgæsˌmaɪlɪdʒ/ n. AE consumo m. di benzina.
gasohol /ˈgæsəhɒl/ n. miscela f. benzina-alcol.
gas oil /ˈgæsˌɔɪl/ n. gasolio m.
▷ **gasoline** /ˈgæsəliːn/ n. AE benzina f.; ***~-powered*** AUT. a benzina.
gasometer /gæˈsɒmɪtə(r)/ n. gasometro m.
gas oven /ˈgæsˌʌvn/ n. forno m. a gas.
1.gasp /gɑːsp/ n. *(breathing)* rantolo m.; ***to give*** o ***let out a ~*** emettere un rantolo; ***to give a ~ of horror*** ansimare dallo spavento; ***there were ~s of amazement from the crowd*** la folla trasalì per lo stupore; ***at the last ~*** FIG. all'ultimo momento; ***to be at one's last ~*** essere in punto di morte; FIG. essere proprio alla fine.
2.gasp /gɑːsp/ **I** tr. ***"Help!" he ~ed*** "Aiuto!" disse ansimando; ***she ~ed (out) a few words*** disse qualche parola col fiato mozzo **II** intr. **1** *(for breath, air)* ansimare; ***to ~ for breath*** fare sforzi per respirare **2** *(show surprise)* rimanere senza fiato; ***to ~ in*** o ***with amazement*** restare a bocca aperta dallo stupore **3** COLLOQ. ***to be ~ing for a drink, cigarette*** morire dalla voglia di bere, di fumare una sigaretta.
gas pedal /ˈgæsˌpedl/ n. AE pedale m. dell'acceleratore.
gasper /ˈgɑːspə(r)/ n. BE ANT. POP. *(cigarette)* zampirone m.
gas-permeable /ˌgæsˈpɜːmɪəbl/ agg. gaspermeabile.
gaspingly /ˈgɑːspɪŋlɪ/ avv. affannosamente.
gas pipeline /ˌgæsˈpaɪplaɪn/ n. gasdotto m.
gas poker /ˈgæsˌpəʊkə(r)/ n. = dispositivo a gas per accendere il fuoco nei caminetti.
gas-powered /ˈgæsˌpaʊəd/ agg. a gas.
gas range /ˈgæsˌreɪndʒ/ n. cucina f. a gas.
gas ring /ˈgæsˌrɪŋ/ n. BE fornello m. a gas.
gas station /ˈgæsˌsteɪʃn/ n. AE stazione f. di servizio, distributore m. di benzina, stazione f. di rifornimento.
gas stove /ˈgæsˌstəʊv/ n. cucina f. a gas.
gassy /ˈgæsɪ/ agg. [*drink*] gassato.
gas tank /ˈgæsˌtæŋk/ n. AE AUT. serbatoio m.
gas tap /ˈgæsˌtæp/ n. rubinetto m. del gas.
gastralgia /gæsˈtrældʒə/ ➧ ***11*** n. gastralgia f.
gastrectomy /gæˈstrektəmɪ/ n. gastrectomia f.
gastric /ˈgæstrɪk/ agg. [*juices, ulcer, pain*] gastrico; ***~ flu*** influenza intestinale.
gastritis /gæˈstraɪtɪs/ ➧ ***11*** n. (pl. **-ides**) gastrite f.
gastroenteric /ˌgæstrəʊenˈterɪk/ agg. gastroenterico.
gastroenteritis /ˌgæstrəʊˌentəˈraɪtɪs/ ➧ ***11*** n. gastroenterite f.
gastroenterologist /ˌgæstrəʊˌentəˈrɒlədʒɪst/ ➧ ***27*** n. gastroenterologo m. (-a).
gastroenterology /ˌgæstrəʊˌentəˈrɒlədʒɪ/ n. gastroenterologia f.
gastrointestinal /ˌgæstrəʊɪnˈtestɪnl/ agg. gastrointestinale.
gastronome /ˈgæstrənəʊm/, **gastronomer** /gæˈstrɒnəmə(r)/ n. FORM. gastronomo m. (-a).
gastronomic(al) /ˌgæstrəˈnɒmɪk(l)/ agg. FORM. gastronomico.
gastronomist /gæˈstrɒnəmɪst/ n. FORM. gastronomo m. (-a).
gastronomy /gæˈstrɒnəmɪ/ n. FORM. gastronomia f.
gastropod /ˈgæstrəpɒd/ n. gasteropode m.
gastropodous /gæˈstrɒpədəs/ agg. dei gasteropodi.
gastroscope /ˈgæstrəskəʊp/ n. gastroscopio m.
gastroscopy /gæˈstrɒskəpɪ/ n. gastroscopia f.
gastrotomy /gæˈstrɒtəmɪ/ n. gastrotomia f.
gastrula /ˈgæstrələ/ n. (pl. **-ae, ~s**) gastrula f.

gastrulation /ˌgæstrəˈleɪʃn/ n. gastrulazione f.
gas turbine /ˈgæsˌtɜːbaɪn/ n. turbina f. a gas.
gas worker /ˈgæsˌwɜːkə(r)/ ♦ *27* n. operaio m. del gas.
gasworks /ˈgæswɜːks/ n. + verbo sing. o pl. stabilimento m. del gas.
gat /gæt/ n. AE POP. *(gun)* pistola f.
▶ **1.gate** /geɪt/ n. **1** *(of level crossing)* sbarra f.; *(in underground railway)* cancelletto m.; *(of town)* porta f.; *(of courtyard, palace, prison)* portone m.; *(with rails)* cancello m.; *(at airport)* uscita f., gate m.; ***please proceed to ~ 12*** per favore dirigersi verso il cancello 12; ***at the ~*** all'entrata **2** SPORT ***there was a good ~ at the match*** *(money)* la partita ha fatto un buon incasso; ***there was a ~ of 29,000*** c'erano 29.000 spettatori (paganti) **3** *(in skiing)* porta f. **4** INFORM. gate m. ◆ ***to give sb. the ~*** AE COLLOQ. mettere qcn. alla porta; ***to get the ~*** AE COLLOQ. essere messo alla porta.
2.gate /geɪt/ tr. BE COLLOQ. = punire uno studente costringendolo a rimanere nel college.
3.gate /geɪt/ n. SCOZZ. via f.
4.gate /geɪt/ n. **1** *(channel)* canale m. di colata **2** *(metal)* colame m.
gâteau /ˈgætəʊ, AE gæˈtəʊ/ n. (pl. **~x**, **~s**) gâteau m.
gatecrash /ˈgeɪtkræʃ/ **I** tr. COLLOQ. *(without paying)* entrare senza pagare a [*concert*]; *(without invitation)* imbucarsi a [*party*] **II** intr. COLLOQ. *(at concert)* entrare senza pagare; *(at party)* andare senza essere invitato.
gatecrasher /ˈgeɪtkræʃə(r)/ n. COLLOQ. *(at concert)* portoghese m. e f.; *(at party)* imbucato m. (-a).
gatefold /ˈgeɪtfəʊld/ n. *(in magazine)* inserto m. pieghevole.
gatehouse /ˈgeɪthaʊs/ n. *(at park, estate)* casetta f. del portinaio; *(at lock)* cabina f. dei comandi.
gatekeeper /ˈgeɪtkiːpə(r)/ ♦ *27* n. portinaio m. (-a), guardiano m. (-a).
gateleg table /ˈgeɪtlegˌteɪbl/ n. = tavolo allungabile con gambe ripiegabili.
gate lodge /ˈgeɪtˌlɒdʒ/ n. casetta f. del custode.
gate money /ˈgeɪtˌmʌnɪ/ n. SPORT incasso m.
gatepost /ˈgeɪtpəʊst/ n. *(of gate)* pilastro m. ◆ ***between you, me and the ~*** COLLOQ. detto tra noi.
gate valve /ˈgeɪtˌvælv/ n. MECC. valvola f. a saracinesca.
▷ **gateway** /ˈgeɪtweɪ/ n. entrata f.; FIG. porta f., via f., strada f.; ***the ~ to success*** la strada del successo; ***the ~ to fame*** la via della gloria; ***Dover is England's ~ to Europe*** per gli inglesi Dover è la porta per l'Europa.
gateway drug /ˈgeɪtweɪˌdrʌg/ n. droga f. di passaggio.
1.gather /ˈgæðə(r)/ n. SART. piega f., increspatura f.
▶ **2.gather** /ˈgæðə(r)/ **I** tr. **1** *(collect)* raccogliere [*fruit, nuts, mushrooms, flowers, wood*]; raccogliere, accumulare [*data, information, evidence*]; riscuotere [*taxes*]; chiamare a raccolta [*followers, strength*]; prendere [*courage*]; ***to ~ one's strength*** raccogliere le proprie forze; ***the movement is ~ing strength*** il movimento sta acquistando forza; ***to ~ dust*** prendere polvere (anche FIG.); ***to ~ momentum*** prendere lo slancio; FIG. prendere l'abbrivio; ***to ~ speed*** prendere velocità; ***to ~ way*** MAR. prendere l'abbrivio; ***we are ~ed here today to do*** siamo qui riuniti oggi per fare **2** *(embrace)* ***to ~ sb. to*** stringere qcn. contro [*oneself, one's bosom*] **3** *(deduce, conclude)* ***to ~ that*** dedurre che; ***I ~ (that) he was there*** ho capito che c'era; ***I ~ from her (that) he was there*** stando a quanto mi ha detto lei, lui era là; ***I ~ed from this (that) he was angry*** da questo ho capito che era arrabbiato; ***as you will have ~ed*** come avete potuto capire; ***as far as I can ~*** per quanto ne riesco a capire **4** SART. raccogliere, pieghettare; ***to ~ a dress at the waist*** arricciare un vestito in vita **5** TIP. raccogliere [*sections of book*] **II** intr. **1** [*people, crowd*] radunarsi, raccogliersi; [*family*] riunirsi; [*clouds*] addensarsi; [*darkness*] infittirsi; ***the clouds were ~ing all over Europe*** FIG. un'ombra minacciosa incombeva sull'Europa **2** MED. [*boil, abscess*] maturare **III** rifl. ***to ~ oneself*** *(after shock, illness)* rimettersi *o* riprendersi; *(in preparation)* raccogliersi.
▪ **gather around** → **gather round**.
▪ **gather in:** ***~ [sth.] in, ~ in [sth.]*** raccogliere [*essays, papers, harvest, crop*]; riscuotere [*money, contributions*].
▪ **gather round:** ***~ round*** raccogliersi, radunarsi; ***~ round!*** avvicinatevi!; ***~ round [sth., sb.]*** radunarsi attorno a [*teacher, object*]; ***~ [sth.] round oneself*** avvolgersi in [*shawl*].
▪ **gather together:** ***~ together*** [*family, people*] riunirsi; ***~ [sth.] together, ~ together [sth.]*** raccogliere [*belongings, notes, followers, data, facts, information, evidence*].
▪ **gather up:** ***~ [sth.] up, ~ up [sth.]*** raccogliere [*objects, belongings, skirts, strength, energy*]; ***to ~ one's hair up into a bun*** raccogliere i capelli in uno chignon.
gatherer /ˈgæðərə(r)/ n. raccoglitore m. (-trice).
▷ **gathering** /ˈgæðərɪŋ/ **I** n. **1** *(meeting)* riunione f., raduno m.; ***social, family ~*** riunione tra amici, familiare **2** *(action of collecting) (of fruit, mushrooms, flowers, wood)* raccolta f.; *(of information, data, evidence)* raccolta f. **3** SART. pieghe f.pl., arricciamento m. **4** TIP. raccolta f. **II** agg. *(growing)* [*dusk, gloom, speed*] crescente; ***the ~ clouds of war*** l'ombra incombente della guerra.
gator /ˈgeɪtər/ n. AE COLLOQ. alligatore m.
GATT /gæt/ n. (⇒ General Agreement on Tariffs and Trade Accordo Generale sulle Tariffe e sul Commercio) GATT m.
gauche /gəʊʃ/ agg. [*person, attitude*] goffo; [*remark*] privo di tatto; [*style, writing*] sgraziato.
gaucheness /ˈgəʊʃnɪs/ n. *(of person)* goffaggine f.; *(of remark)* mancanza f. di tatto.
gaucherie /ˈgəʊʃərɪ/ n. **1** → **gaucheness** **2** *(action)* azione f. goffa.
gaucho /ˈgaʊtʃəʊ/ n. (pl. **~s**) gaucho m.
gaud /gɔːd/ n. ANT. fronzolo m., ninnolo m.
gaudery /ˈgɔːdərɪ/ n. eleganza f. vistosa.
gaudily /ˈgɔːdɪlɪ/ avv. ***~ painted*** [*banner, wagon*] dai colori vistosi; ***~ dressed*** vestito in modo vistoso.
gaudiness /ˈgɔːdɪnɪs/ n. sfarzo m., vistosità f.
gaudy /ˈgɔːdɪ/ agg. sfarzoso, vistoso.
▷ **1.gauge** /geɪdʒ/ n. **1** *(standard measure) (for gun)* calibro m.; *(of metal, plastic sheet)* spessore m.; *(of needle, screw)* diametro m.; TESS. finezza f.; ***a thin-~ steel lid*** un coperchio di acciaio di piccolo spessore **2** FERR. scartamento m.; ***standard, narrow ~*** scartamento normale, ridotto **3** *(measuring instrument)* misuratore m.; ***fuel ~*** AUT. AER. indicatore del livello di benzina; ***oil ~*** indicatore del li-vello dell'olio **4** *(way of judging)* criterio m. di misurazione; ***the best ~ of his experience*** il miglior modo per misurare la sua esperienza; ***it's a good ~ of character*** è un buon metro per giudicare il carattere **5** CINEM. formato m.
▷ **2.gauge** /geɪdʒ/ tr. **1** *(measure accurately)* misurare [*diameter, distance, quantity, oil level*]; misurare il calibro di [*shotgun*]; misurare il diametro di [*screw*] **2** *(estimate)* valutare [*mood, reaction*]; ***to ~ whether their prices are too high*** calcolare se i prezzi sono troppo alti; ***to ~ what is happening*** valutare cosa sta succedendo.
gaugeable /ˈgeɪdʒəbl/ agg. misurabile.
gauger /ˈgeɪdʒə(r)/ n. agente m. del dazio.
Gaul /gɔːl/ **I** n.pr. Gallia f. **II** n. *(person)* gallo m. (-a).
Gaulish /ˈgɔːlɪʃ/ **I** agg. gallico **II** n. gallico m.
Gaullist /ˈgɔːlɪst/ **I** agg. gollista **II** n. gollista m. e f.
gaunt /gɔːnt/ agg. **1** [*person, face, figure*] magro, scarno **2** [*landscape, building*] desolato.
1.gauntlet /ˈgɔːntlɪt/ n. **1** *(protective glove)* guanto m. di protezione **2** *(in armour)* guanto m., manopola f. ◆ ***to throw down the ~*** gettare il guanto; ***to pick up*** o ***take up the ~*** raccogliere il guanto.
2.gauntlet /ˈgɔːntlɪt/ n. = un tempo, punizione militare consistente nel fare correre il punito tra due file di uomini che lo colpiscono ◆ ***to run the ~ of criticism, danger*** esporsi al fuoco delle critiche, al pericolo.
gauntness /ˈgɔːntnɪs/ n. **1** *(of person, face, figure)* estrema magrezza f. **2** *(of landscape, building)* desolazione f.
gauss /gaʊs/ n. (pl. ~) gauss m.
Gaussian /ˈgaʊsɪən/ agg. gaussiano.
gauze /gɔːz/ **I** n. **1** *(fabric)* mussolina f., garza f.; ***cotton ~*** garza di cotone **2** *(wire mesh)* reticella f. metallica **II** modif. [*curtain*] di mussolina; [*bandage*] di garza.
gauzy /ˈgɔːzɪ/ agg. trasparente.
gave /geɪv/ pass. → **1.give**.
gavel /ˈgævl/ n. martelletto m. (di presidente di assemblea, di banditore d'aste e di giudice).
gavial /ˈgeɪvɪəl/ n. gaviale m.
Gavin /ˈgævɪn/ n.pr. Gavino.
gavotte /gəˈvɒt/ n. *(dance)* gavotta f.
Gawain(e) /ˈgɑːweɪn, ˈgæ-, -wɪn, gəˈweɪn/ n.pr. Gawain(e) (nome di uomo).
Gawd /gɔːd/ inter. ANT. COLLOQ. perdinci.
1.gawk /gɔːk/ n. COLLOQ. tonto m. (-a).
2.gawk /gɔːk/ intr. COLLOQ. guardare intontito.
gawker /ˈgɔːkə(r)/ n. AE COLLOQ. = persona che guarda imbambolata.
gawky /ˈgɔːkɪ/ agg. tonto, goffo.
gawp /gɔːp/ intr. COLLOQ. → **2.gawk**.
gay /geɪ/ **I** agg. COLLOQ. **1** [*person, centre, couple, community, culture*] gay, omosessuale; [*club, magazine, area*] gay; ***~ rights*** i diritti degli omosessuali **2** *(lively, bright)* [*person, atmosphere, laughter*] gaio, allegro; [*colour, music*] allegro; [*street, café*] animato **3** *(carefree)* spensierato; ***she likes the ~ life*** le piace la vita spensie-

rata; ***to do sth. with ~ abandon*** fare qcs. a cuor leggero **II** n. COLLOQ. gay m. e f., omosessuale m. e f.

Gayl /geɪl/ n.pr. diminutivo di **Abigail**.

gay lib /ˈgeɪˌlɪb/, **gay liberation** /ˈgeɪlɪbəˌreɪʃn/ n. = movimento per il riconoscimento dei diritti degli omosessuali.

gayness /ˈgeɪnɪs/ n. omosessualità f.

Gaza strip /ˌgɑːzəˈstrɪp/ n.pr. striscia f. di Gaza.

1.gaze /geɪz/ n. sguardo m. fisso; ***to hold sb.'s ~*** reggere lo sguardo di qcn.

2.gaze /geɪz/ intr. ***to ~ at sb., sth.*** fissare qcn., qcs.; *(in wonder)* contemplare qcn., qcs.; ***to ~ out of the window, into the distance*** guardare fisso fuori dalla finestra, nel vuoto.

▪ **gaze about**, **gaze around** guardarsi attorno; ***stop gazing about!*** smettila di guardarti in giro!

gazebo /gəˈziːbəʊ/ n. (pl. **~s**, **~es**) gazebo m.

gazelle /gəˈzel/ n. (pl. **~s**, **~**) gazzella f.

gazer /ˈgeɪzə(r)/ n. AE COLLOQ. = agente della squadra narcotici.

1.gazette /gəˈzet/ n. **1** GIORN. *(newspaper title)* ***Gazette*** Gazzetta **2** BE *(official journal)* = gazzetta ufficiale contenente informazioni di pubblico interesse come le liste delle nomine del go-verno e dei fallimenti.

2.gazette /gəˈzet/ tr. pubblicare sulla gazzetta ufficiale.

gazetteer /ˌgæzəˈtɪə(r)/ n. dizionario m. geografico.

gazump /gəˈzʌmp/ tr. BE COLLOQ. SPREG. = vendere un immobile al migliore offerente venendo meno a un accordo precedente con un altro acquirente.

gazumping /gəˈzʌmpɪŋ/ n. BE COLLOQ. SPREG. = il vendere un immobile al migliore offerente venendo meno a un accordo precedente con un altro acquirente.

1.GB ⇒ Great Britain Gran Bretagna (GB).

2.GB n. (⇒ gigabyte) GB m.

GBH n. (⇒ grievous bodily harm) = lesioni personali gravi.

GC n. GB (⇒ George Cross) = croce al valore civile conferita dalle autorità britanniche.

GCB ⇒ Knight, Dame Grand Cross of the Order of the Bath cavaliere, dama di gran croce dell'ordine del bagno.

GCE n. (pl. **~s**) BE (⇒ General Certificate of Education) = diploma di scuola superiore.

GCHQ n. BE (⇒ General Communications Headquarters) = quartier generale per le intercettazioni di telecomunicazioni.

GCSE n. (pl. **~s**) BE (⇒ General Certificate of Secondary Education) = diploma conseguito a conclusione del primo ciclo di scuola secondaria superiore.

gdn ⇒ garden giardino.

Gdns ⇒ Gardens Giardini.

GDP n. (⇒ gross domestic product prodotto interno lordo) PIL m.

GDR n. STOR. (⇒ German Democratic Republic Repubblica Democratica Tedesca) RDT f.

geanticline /dʒiːˈæntɪklaɪn/ n. geoanticlinale f.

▷ **1.gear** /gɪə(r)/ **I** n. **1** *(equipment)* attrezzatura f., equipaggiamento m.; ***climbing, fishing, gardening ~*** attrezzatura da arrampicata, da pesca, da giardinaggio **2** COLLOQ. *(personal possessions, stuff)* cose f.pl.; ***don't leave your ~ all over the place*** non lasciare tutte le tue cose in giro **3** *(clothes)* vestiti m.pl.; ***tennis, football ~*** tenuta da tennis, da calcio **4** AUT. marcia f.; ***bottom*** o ***first ~*** la prima marcia; ***to be in second, third ~*** essere in seconda, in terza; ***to change ~*** cambiare marcia; ***to put a car in ~*** ingranare la marcia; ***you're not in ~*** sei in folle; ***you're in the wrong ~*** hai messo la marcia sbagliata; ***"keep in low ~"*** *(on sign)* "utilizzare il freno motore"; ***to get (oneself) into ~ for sth.*** FIG. prepararsi per qcs. **5** TECN. *(toothed wheel)* ruota f. dentata **6** COLLOQ. *(drugs)* droghe f.pl. **II gears** n.pl. **1** AUT. cambio m.sing. **2** TECN. ingranaggio m.sing.

2.gear /gɪə(r)/ tr. **1** *(tailor)* ***to be ~ed to*** o ***towards sb., sth.*** [*course, policy, system, tax*] essere mirato a qcn., qcs.; ***to be ~ed to*** o ***towards doing*** essere mirato a fare **2** AUT. TECN. *(provide with gearing)* fornire di cambio [*car*]; fornire di ingranaggio [*other machinery*].

▪ **gear up:** ***~ up*** prepararsi; ***~ [sb.] up*** preparare; ***to be ~ed up to do*** essere pronto per fare; ***to be ~ed up for*** essere pronto per [*party, interview, trip*].

gearbox /ˈgɪəbɒks/ n. scatola f. del cambio.

gear change /ˈgɪəˌtʃeɪndʒ/ n. cambio m. di marcia.

gearing /ˈgɪərɪŋ/ n. **1** ECON. rapporto m. di indebitamento **2** TECN. ingranaggio m., sistema f. di ingranaggi.

gear lever /ˈgɪəˌliːvə(r), AE -ˌlevə(r)/ n. BE leva f. del cambio.

gear ratio /ˈgɪəˌreɪʃɪə/ n. rapporto m. di ingranaggio.

gearshift /ˈgɪəʃɪft/ n. AE **1** *(lever)* leva f. del cambio **2** *(process)* cambio m. di marcia.

gear stick /ˈgɪəˌstɪk/ n. BE AUT. leva f. del cambio.

gear wheel /ˈgɪəˌwiːl, AE -ˌhwiːl/ n. *(on bicycle)* moltiplica f.

gecko /ˈgekəʊ/ n. (pl. **~s**, **~es**) geco m.

1.gee /dʒiː/ inter. AE COLLOQ. caspita; ***~ it's nice to see you*** caspita, mi fa proprio piacere vederti.

2.gee /dʒiː/ n. AE COLLOQ. *(thousand dollars)* bigliettone m. da mille.

3.gee /dʒiː/ **I** tr. fare muovere, agitare **II** intr. muoversi.

▪ **gee up** COLLOQ. ***~ [sb., sth.] up***, ***~ up [sb., sth.]*** FIG. risvegliare [*person*]; fare muovere [*animal*]; ***~ up!*** *(to horse)* arri!

gee-gee /ˈdʒiːdʒiː/ n. INFANT. cavallino m.

geek /giːk/ n. **1** AE POP. imbecille m. e f. **2** *(computer buff)* fanatico m. (-a) del computer.

geek speak /ˈgiːkˌspiːk/ n. COLLOQ. gergo m. dei computer.

geese /giːs/ → **1.goose**.

gee whiz /ˌdʒiːˈwɪz/ inter. COLLOQ. caspita.

geezer /ˈgiːzə(r)/ n. BE COLLOQ. **1** *(old man)* vecchio m. **2** *(odd man)* tipo m. bislacco.

Gehenna /gəˈhenə/ n.pr. Geenna f.

Geiger counter /ˈgaɪgəˌkaʊntə(r)/ n. contatore m. Geiger.

geisha /ˈgeɪʃə/ n. (anche **~ girl**) geisha f.

▷ **1.gel** /dʒel/ n. gel m.

2.gel /dʒel/ intr. (forma in -ing ecc. **-ll-**) **1** GASTR. gelificare, gelificarsi **2** *(take shape)* [*idea, plan*] prendere forma.

gelatin(e) /ˈdʒelətiːn, -tɪn/ n. gelatina f.

gelatin(e) dynamite /ˌdʒelətiːnˈdaɪnəmaɪt, -tɪn-/ n. → **gelignite**.

gelatinize /dʒəˈlætɪnaɪz/ **I** tr. **1** CHIM. gelatinizzare **2** FOT. coprire con uno strato di gelatina **II** intr. gelatinizzarsi.

gelatinoid /dʒəˈlætɪnɔɪd/ **I** agg. gelatinoso **II** n. sostanza f. gelatinosa.

gelatinous /dʒəˈlætɪnəs/ agg. gelatinoso.

gelation /dʒəˈleɪʃn/ n. **1** *(forming into a gel)* gelificazione f. **2** *(freezing)* congelamento m.

geld /geld/ tr. (pass., p.pass. **~ed**, **gelt**) castrare.

gelding /ˈgeldɪŋ/ n. **1** *(horse)* castrone m. **2** *(castration)* castrazione f.

gelid /ˈdʒelɪd/ agg. RAR. gelido.

gelignite /ˈdʒelɪgnaɪt/ n. gelignite f.

1.gelt /gelt/ n. AE COLLOQ. *(money)* grana f.

2.gelt /gelt/ pass., p.pass. → **geld**.

▷ **1.gem** /dʒem/ n. **1** *(stone)* gemma f. **2** *(appreciative term)* ***the ~ of*** la perla di [*collection*]; ***a ~ of a village*** un paese meraviglioso; ***this book is a real ~*** questo libro è veramente bello; ***she's a ~*** COLLOQ. *(very capable)* è una perla; *(very pleasant)* è un amore **3** *(amusing feature in newspaper)* perla f., chicca f.

2.gem /dʒem/ tr. (forma in -ing ecc. **-mm-**) ingemmare (anche FIG.).

geminate /ˈdʒemɪnət/ **I** agg. geminato **II** n. consonante f. geminata.

Gemini /ˈdʒemɪnaɪ, -niː/ ♦ ***38*** n. ASTROL. Gemelli m.pl.; ***to be (a) ~*** essere dei Gemelli *o* essere un Gemelli.

gemma /ˈdʒemə/ n. (pl. **-ae**) BIOL. gemma f.

1.gemmate /ˈdʒemət/ agg. che ha gemme.

2.gemmate /ˈdʒemeɪt/ intr. gemmare.

gemmation /dʒeˈmeɪʃn/ n. gemmazione f.

gemmiferous /dʒeˈmɪfərəs/ agg. gemmifero.

gemmological /ˌdʒeməˈlɒdʒɪkl/ agg. gemmologico.

gemmologist /ˌdʒemˈɒlədʒɪst/ ♦ ***27*** n. gemmologo m. (-a).

gemmology /ˌdʒemˈɒlədʒɪ/ n. gemmologia f.

gemmule /ˈdʒemjuːl/ n. gemmula f.

gemmy /ˈdʒemɪ/ agg. **1** *(covered with gems)* ingemmato **2** *(resembling a gem)* gemmeo.

gemological → **gemmological**.

gemologist → **gemmologist**.

gemology → **gemmology**.

gemsbok /ˈgemzbɒk/ n. (pl. **~**, **~s**) antilope f. gazzella.

gemstone /ˈdʒemstəʊn/ n. gemma f. grezza.

1.gen /dʒen/ n. BE COLLOQ. informazioni f.pl.; ***to get the ~ on sb., sth.*** ottenere informazioni su qcn., qcs.; ***what's the ~ on this?*** che informazioni ci sono su questo?

2.gen /dʒen/ **I** agg. (accorc. general) BE COLLOQ. generale **II** avv. (accorc. generally) BE COLLOQ. generalmente.

3.gen /dʒen/ tr. e intr. (forma in -ing ecc. **-nn-**) → **gen up**.

▪ **gen up** BE COLLOQ. ***~ up*** informarsi (**on** su); ***~ [sb.] up*** dare istruzioni a (**on** su); ***to be ~ned up on*** o ***about sth.*** essere informato su qcs.

Gen. ⇒ General generale (Gen.).

gendarme /ˈʒɒndɑːm/ n. gendarme m.

gendarmerie /ʒɒnˈdɑːmərɪ/ n. gendarmeria f.

gender /ˈdʒendə(r)/ n. **1** LING. genere m.; ***of common ~*** epiceno; ***to be feminine in ~*** essere di genere femminile **2** *(of person, animal)* sesso m.; ***female ~*** sesso femminile.
gender-bender /ˈdʒendəˌbendə(r)/ n. COLLOQ. SCHERZ. travestito m.
gender bias /ˈdʒendəˌbaɪəs/ n. = discriminazione a favore di un sesso.
gender dysphoria /ˈdʒendədɪsˌfɔːrɪə/ n. = disforia legata a problemi di identità sessuale.
gender gap /ˈdʒendəˌgæp/ n. divergenza f. tra i sessi.
genderless /ˈdʒendələs/ agg. = che non ha distinzioni di genere.
gender reassignment /ˈdʒendəriːəˌsaɪnmənt/ n. cambiamento m. di sesso.
gene /dʒiːn/ n. BIOL. gene m.; ***it's in his ~s*** SCHERZ. ce l'ha nel sangue.
Gene /dʒiːn/ n.pr. diminutivo di **Eugene**.
genealogical /ˌdʒiːnɪəˈlɒdʒɪkl/ agg. genealogico.
genealogist /ˌdʒiːnɪˈælədʒɪst/ ♦ *27* n. genealogista m. e f.
genealogize /ˌdʒiːnɪˈælədʒaɪz/ **I** tr. fare la genealogia a **II** intr. fare ricerche genealogiche.
genealogy /ˌdʒiːnɪˈælədʒɪ/ n. genealogia f.
gene bank /ˈdʒiːnˌbæŋk/ n. genoteca f.
gene cluster /ˈdʒiːnˌklʌstə(r)/ n. cluster m. genico.
genecology /ˌdʒenɪˈkɒlədʒɪ, ˌdʒiːn-/ n. ecogenetica f.
gene library /ˈdʒiːnˌlaɪbrərɪ, AE -brerɪ/ n. genoteca f.
gene mapping /ˈdʒiːnˌmæpɪŋ/ n. → **genetic mapping**.
gene pool /ˈdʒiːnˌpuːl/ n. pool m. genetico.
genera /ˈdʒenərə/ → **genus**.
generable /ˈdʒenərəbl/ agg. generabile.
▶ **1.general** /ˈdʒenrəl/ agg. **1** *(widespread)* [*interest, concern, approval, effort, feeling, opinion, chaos, ban, paralysis, reaction, response*] generale; ***to be a ~ favourite*** essere apprezzato da tutti; ***in ~ use*** [*word, term, equipment*] di uso comune **2** *(overall)* [*condition, appearance, standard, rise, fall, decline, impression*] generale; [*attitude, behaviour*] generale, comune; ***to improve one's ~ fitness*** migliorare la propria forma; ***do you get the ~ idea?*** ti è chiaro in generale? ***that's the ~ idea*** questa è l'idea generale; ***the ~ plan is to do*** il progetto generale prevede di fare **3** *(rough, usually applying)* [*rule, principle, axiom, conclusion*] generale; ***as a ~ rule*** in genere *o* di solito **4** *(not detailed or specific)* [*description, statement, information*] generico; [*promise, assurance*] vago; ***to talk in ~ terms*** parlare in termini generali; ***a ~ discussion about*** una discussione generale su; ***to keep the conversation ~*** mantenere la conversazione su argomenti generali; ***to give sb. a ~ idea of*** dare a qcn. un'idea generale di; ***to head in the ~ direction of*** andare nella direzione di **5** *(not specialized)* [*medicine, linguistics*] generale; [*programme, magazine*] di interesse generale; [*user, reader*] medio; [*store, shop, dealer*] che vende di tutto; ***~ office duties*** lavori d'ufficio; ***~ assistant*** assistente **6** *(miscellaneous)* [*category, index, enquiry, expenses*] generale; ***we sell ~ antiques*** vendiamo antichità varie **7** *(usual, normal)* [*practice, method, routine*] abituale; ***in the ~ way of things*** di solito; ***the ~ run of people*** il grande pubblico **8 in general** *(usually or non-specifically)* in genere; ***in ~ I like the theatre, but...*** in genere mi piace il teatro, ma...; ***adults in ~ and parents in particular*** gli adulti in generale e i genitori in particolare; ***he is fed up with life in ~*** ne ha abbastanza della vita in generale; *(overall, mostly)* nell'insieme; ***in ~ it seems quite simple*** nell'insieme sembra abbastanza semplice.
2.general /ˈdʒenrəl/ ♦ *23* n. **1** MIL. generale m.; ***~ of the army, air force*** AE generale dell'esercito, dell'aereonautica; ***to make sb. a ~*** nominare qcn. generale; ***General Franco*** il generale Franco; ***yes, ~*** agli ordini, generale **2** ***the ~ and the particular*** il generale e il particolare.
general anaesthetic BE, **general anesthetic** AE /ˌdʒenrəlænɪsˈθetɪk/ n. anestesia f. totale.
general assembly, **General Assembly** /ˌdʒenrələˈsemblɪ/ n. assemblea f. generale.
general confession /ˌdʒenrəlkənˈfeʃn/ n. confessione f. generale.
general degree /ˌdʒenrəldɪˈgriː/ n. BE = laurea.
general delivery /ˌdʒenrəldɪˈlɪvərɪ/ n. AE fermoposta m.
general election /ˌdʒenrəlɪˈlekʃn/ n. elezioni f.pl. politiche (a livello nazionale).
general headquarters /ˌdʒenrəlhedˈkwɑːtəz/ n. + verbo sing. o pl. quartier m. generale.
general hospital /ˌdʒenrəlˈhɒspɪtl/ n. ospedale m.
generalissimo /ˌdʒenrəˈlɪsɪməʊ/ n. (pl. **~s**) generalissimo m.
generalist /ˈdʒenrəlɪst/ n. = persona specializzata in vari campi.
generality /ˌdʒenəˈrælətɪ/ n. **1** *(general remark)* osservazione f. di carattere generale; ***to talk in, confine oneself to generalities*** fare, limitarsi a fare osservazioni generali **2** *(overall nature)* carattere m. generale (**of** di) **3** *(majority)* + verbo sing. o pl. ***the ~ of people*** la maggior parte della gente; ***the ~ of shareholders*** la maggioranza degli azionisti; ***the ~*** *(people at large)* la gente in generale.
generalization /ˌdʒenrəlaɪˈzeɪʃn, AE -lɪˈz-/ n. generalizzazione f. (**about** su); ***to make a ~*** fare una generalizzazione; ***he's always making ~s*** SPREG. generalizza sempre.
generalize /ˈdʒenrəlaɪz/ **I** tr. **1** *(make more general)* generalizzare [*education*]; rendere più generale [*curriculum, syllabus*] **2** *(draw)* ***to ~ a conclusion, a principle*** concludere in modo generale, stabilire un principio generale **II** intr. generalizzare (**about** su).
generalized /ˈdʒenrəlaɪzd/ **I** p.pass. → **generalize II** agg. **1** *(widespread)* [*discontent, hostility, anxiety, sickness*] generale; [*use*] abituale **2** *(vague or unspecific)* [*accusation, conclusion, information, promise, statement*] generico.
general knowledge /ˌdʒenrəlˈnɒlɪdʒ/ n. cultura f. generale.
▶ **generally** /ˈdʒenrəlɪ/ avv. **1** *(widely)* [*accepted, agreed, believed, denounced, recognized, regarded, welcomed*] generalmente; ***a ~ accepted definition*** una definizione ampiamente accettata; ***~ available*** disponibile su vasta scala **2** *(usually)* generalmente, di solito; ***it's ~ best to wait*** in genere è meglio aspettare; ***~ (speaking)...*** generalmente... **3** *(overall)* ***the industry ~ will be affected*** il mondo dell'industria in generale ne subirà le conseguenze; ***he's ~ unwell at the moment*** al momento non è proprio in forma; ***the quality is ~ good*** nell'insieme la qualità è buona; ***she was dancing, drinking and ~ enjoying herself*** ballava, beveva, in sostanza si divertiva **4** *(vaguely)* [*talk, discuss, refer*] in modo generico.
general manager /ˌdʒenrəlˈmænɪdʒə(r)/ ♦ *27* n. general manager m. e f., direttore m. (-trice) generale.
general meeting /ˌdʒenrəlˈmiːtɪŋ/ n. riunione f. generale.
general officer /ˌdʒenrəlˈɒfɪsə(r), AE -ˌɔːf-/ n. ufficiale m. generale.
general partner /ˌdʒenrəlˈpɑːtnə(r)/ n. socio m. accomodatario.
general practice /ˌdʒenrəlˈpræktɪs/ n. **1** *(field of doctor's work)* medicina f. generale; ***to go into ~*** diventare medico generico **2** *(health centre)* studio m. di medicina generale.
general practitioner /ˌdʒenrəlprækˈtɪʃənə(r)/ ♦ *27* n. medico m. generico, medico m. di base.
general public /ˌdʒenrəlˈpʌblɪk/ n. ***the ~*** il grande pubblico.
general-purpose /ˌdʒenrəlˈpɜːpəs/ agg. [*tool, knife, detergent*] multiuso; [*dictionary*] generale.
general science /ˌdʒenrəlˈsaɪəns/ n. SCOL. scienze f.pl.
general secretary /ˌdʒenrəlˈsekrətrɪ, AE -terɪ/ n. segretario m. generale.
generalship /ˈdʒenrəlʃɪp/ n. *(duties, office, rank)* generalato m.; ***his skilful ~*** la sua abilità di generale.
general staff /ˌdʒenrəlˈstɑːf, AE -ˈstæf/ n. MIL. stato m. maggiore.
general store /ˌdʒenrəlˈstɔː(r)/ n. emporio m.
general strike /ˌdʒenrəlˈstraɪk/ n. sciopero m. generale.
general studies /ˌdʒenrəlˈstʌdɪz/ n. GB = cultura generale (come materia di scuola superiore).
▶ **generate** /ˈdʒenəreɪt/ tr. **1** produrre [*income, sales, data, documents, graphics, noise, waste*]; creare [*employment*]; suscitare [*interest, debate, tension, feeling, ideas*]; generare [*traffic, loss, profit, publicity*] **2** EL. LING. MAT. generare.
generating set /ˈdʒenəreɪtɪŋˌset/ n. gruppo m. elettrogeno.
generating station /ˈdʒenəreɪtɪŋˌsteɪʃn/ n. centrale f. elettrica.
▶ **generation** /ˌdʒenəˈreɪʃn/ n. **1** *(in family, society)* generazione f.; ***from ~ to ~*** di generazione in generazione; ***the younger, older ~*** la nuova, la vecchia generazione; ***people of my ~*** la gente della mia generazione; ***a new ~ of*** una nuova generazione di; ***first ~ Australian*** australiano della prima generazione **2** *(period of time)* generazione f.; ***it's been like this for ~s*** è così da generazioni **3** *(in product development)* generazione f.; ***second ~ robots*** i robot della seconda generazione **4** *(of electricity, income, traffic, data)* produzione f.; *(of employment)* creazione f.
generation gap /ˌdʒenəˈreɪʃnˌgæp/ n. gap m. generazionale.
generative /ˈdʒenərətɪv/ agg. **1** generatore, generativo **2** LING. generativo; ***~ grammar*** grammatica generativa **3** BOT. ***~ cell*** cellula generativa.
generator /ˈdʒenəreɪtə(r)/ n. **1** EL. generatore m.; *(in hospital, on farm etc.)* gruppo m. elettrogeno; ***electric ~*** generatore elettrico; *(machine producing gas)* gasogeno m. **2** *(person) (of ideas)* creatore m. (-trice).
generatrix /ˈdʒenəreɪtrɪks/ n. (pl. **-ices**) MAT. generatrice f.
▷ **generic** /dʒɪˈnerɪk/ agg. generico; ***~ drugs*** (farmaci) generici.

generically /dʒɪ'nerɪklɪ/ avv. genericamente; ~ ***similar*** affine; ~ ***distinct*** di specie differenti.
generic drugs /dʒɪ'nerɪk,drʌgz/ n.pl. = medicinali non tutelati dal marchio registrato.
▷ **generosity** /,dʒenə'rɒsətɪ/ n. generosità f. (**to, towards** con); ***her ~ with her money*** la generosità con la quale distribuisce il suo denaro; ~ ***of mind*** o ***spirit*** spirito generoso; ***such ~!*** IRON. che generosità!
▷ **generous** /'dʒenərəs/ agg. **1** *(beneficent, lavish)* [*person*] generoso; ***to be ~ with*** essere prodigo di [*praise*]; donare [*time*] **2** *(magnanimous)* [*person*] magnanimo; ***the most ~ interpretation is that*** l'interpretazione più magnanima è che **3** *(large)* [*quantity, supply*] ricco, abbondante; [*funding*] generoso; [*size*] abbondante; [*hem*] buono, abbondante.
▷ **generously** /'dʒenərəslɪ/ avv. generosamente; GASTR. [*sprinkle, grease*] abbondantemente; ~ ***cut*** ampio; ***give ~!*** siate generosi!
genesis /'dʒenəsɪs/ **I** n. (pl. **-es**) genesi f. **II Genesis** n.pr. BIBL. Genesi f.
genet /'dʒenɪt/ n. **1** ZOOL. genetta f. **2** *(fur)* pelliccia f. di genetta.
gene tagging /'dʒi:n,tægɪŋ/ n. mappatura f. genetica.
gene therapy /'dʒi:n,θerəpɪ/ n. terapia f. genica.
▷ **genetic** /dʒɪ'netɪk/ agg. genetico.
genetically /dʒɪ'netɪklɪ/ avv. geneticamente; ~ ***engineered***, ~ ***manipulated*** ottenuto con manipolazione genetica.
genetically modified /dʒɪ,netɪklɪ'mɒdɪfaɪd/ agg. geneticamente modificato, transgenico.
genetic code /dʒɪ,netɪk'kəʊd/ n. codice m. genetico.
genetic counselling /dʒɪ,netɪk'kaʊnsəlɪŋ/ n. consulenza f. genetica.
genetic engineering /dʒɪ,netɪk,endʒɪ'nɪərɪŋ/ n. ingegneria f. genetica.
genetic fingerprinting /dʒɪ,netɪk'fɪŋgəprɪntɪŋ/ n. = identificazione di impronte genetiche.
genetic ID card /dʒɪ,netɪk,aɪ'di:,kɑ:d/ n. carta f. d'identità genetica.
geneticist /dʒɪ'netɪsɪst/ ♦ ***27*** n. genetista m. e f.
genetic manipulation /dʒɪ,netɪkmə,nɪpjʊ'leɪʃn/ n. **U** manipolazione f. genetica.
genetic map /dʒɪ,netɪk'mæp/ n. mappa f. cromosomica.
genetic mapping /dʒɪ,netɪk'mæpɪŋ/ n. mappatura f. genetica.
▷ **genetics** /dʒɪ'netɪks/ n. + verbo sing. genetica f.
genetic testing /dʒɪ,netɪk'testɪŋ/ n. **U** test m.pl. genetici.
Geneva /dʒɪ'ni:və/ ♦ ***34, 13*** n.pr. Ginevra f.; ***Lake ~*** il lago di Ginevra.
Geneva Convention /dʒɪ,ni:vəkən'venʃn/ n. Convenzione f. di Ginevra.
Genevan /dʒɪ'ni:vən/ **I** agg. ginevrino **II** n. ginevrino m. (-a).
Genevese /,dʒenɪ'vi:z/ **I** agg. ginevrino **II** n. (pl. ~) ginevrino m. (-a).
1.genial /'dʒi:nɪəl/ agg. **1** *(cheerful)* cordiale, gioviale **2** LETT. [*climate*] mite.
2.genial /dʒə'ni:əl/ agg. del mento.
geniality /dʒi:nɪ'ælətɪ/ n. cordialità f., giovialità f.
genially /'dʒi:nɪəlɪ/ avv. cordialmente, giovialmente.
genic /'dʒi:nɪk/ agg. genico, del gene.
genie /'dʒi:nɪ/ n. (pl. **~s, -ii**) *(spirit)* genio m.
Genie /'dʒi:nɪ/ n.pr. diminutivo di **Eugenia**.
genii /'dʒi:nɪaɪ/ → **genie, genius**.
genista /dʒɪ'nɪstə/ n. ginestra f.
▷ **genital** /'dʒenɪtl/ agg. genitale; ***in the ~ area*** al basso ventre.
genital herpes /,dʒenɪtl'hɜ:pi:z/ ♦ ***11*** n. erpete m. genitale.
genitalia /,dʒenɪ'teɪlɪə/ n.pl. → **genitals**.
genitals /'dʒenɪtlz/ ♦ ***2*** n.pl. (organi) genitali m.
genitival /,dʒenɪ'taɪvl/ agg. del genitivo.
genitive /'dʒenətɪv/ **I** n. LING. genitivo m.; ***in the ~*** al genitivo **II** agg. LING. [*ending*] del genitivo; [*noun*] al genitivo; ~ ***case*** caso genitivo.
genito-urinary /,dʒenɪtə'jʊərɪnərɪ, AE -nerɪ/ agg. genitourinario.
▷ **genius** /'dʒi:nɪəs/ n. **1** (pl. **~es**) *(prodigy)* genio m.; ***a mathematical, musical ~*** un genio della matematica, della musica; ***you're a ~!*** COLLOQ. sei un genio! **2** (pl. **~es**) *(with special skills)* ***a mechanical ~*** un genio della meccanica **3** *(skill)* ***to have a ~ for doing*** essere tagliato per fare; ***to have a ~ for saying the wrong thing*** IRON. avere il dono di dire sempre la cosa sbagliata **4** (pl. **-ii**) LETT. *(spirit)* genio m.
Genoa /'dʒenəʊə/ ♦ ***34*** n.pr. Genova f.
Genoa cake /,dʒenəʊə'keɪk/ n. GASTR. = torta di frutta ricoperta di mandorle.
genocidal /'dʒenəsaɪdl/ agg. di genocidio.
▷ **genocide** /'dʒenəsaɪd/ n. genocidio m.
Genoese /'dʒenəʊi:z/ **I** agg. genovese **II** n. (pl. ~) genovese m. e f.
genome /'dʒi:nəʊm/ n. genoma m.
genotype /'dʒenəʊtaɪp/ n. genotipo m.
genotypic(al) /,dʒi:nəʊ'tɪpɪk(l)/ agg. genotipico.
genre /'ʒɑ:nrə/ n. **1** genere m. **2** ART. pittura f. di genere.
gent /dʒent/ **I** n. COLLOQ. *(gentleman)* ***he's a (real) ~*** è un vero gentiluomo; ***"this way, ~s!"*** "da questa parte, signori!" ***~s' hairdresser's, clothing*** parrucchiere per, abiti da uomo **II gents** n.pl. COLLOQ. *(toilets)* bagno m.sing. (degli uomini); *(on sign)* "uomini".
genteel /dʒen'ti:l/ agg. **1** ANT. *(refined)* [*person, manners*] distinto, signorile; ***to live in ~ poverty*** condurre un'esistenza povera ma dignitosa **2** SPREG. IRON. *(affected)* [*person*] manieroso; [*behaviour*] affettato.
genteelism /dʒen'ti:lɪzəm/ n. eufemismo m.
gentian /'dʒenʃn/ n. genziana f.
gentianella /dʒenʃə'nelə/ n. genzianella f.
gentian violet /,dʒenʃn'vaɪələt/ n. blu m. di metilene.
Gentile /'dʒentaɪl/ **I** agg. RELIG. gentile **II** n. RELIG. gentile m. e f.
gentility /dʒen'tɪlətɪ/ n. **1** ANT. *(refinement)* distinzione f. **2** IRON. o SPREG. *(affectation)* affettazione f.
▷ **1.gentle** /'dʒentl/ agg. **1** *(not harsh)* [*person, reprimand*] cortese, garbato; [*animal, expression*] dolce; [*dentist, nurse*] che ha la mano leggera; [*shampoo, cleanser*] delicato; [*heat*] lieve; [*hint, reminder*] discreto; [*teasing, parody*] bonario; ***be ~ with her, she's tired*** sii gentile con lei, è stanca; ***if we use a little ~ persuasion*** IRON. se si usano le maniere dolci; ***the ~ sex*** LETT. o IRON. il gentil sesso **2** *(quiet)* [*voice, music*] dolce; [*noises*] lieve **3** *(gradual)* [*slope*] lieve; [*curve, stop*] dolce; [*transition*] graduale; ***to come to a ~ stop*** fermarsi dolcemente **4** *(light)* [*pressure, push, breeze*] leggero; [*exercise*] poco faticoso; [*touch, massage*] delicato, leggero; [*stroll*] tranquillo **5** ANT. *(high-born)* nobile; ***of ~ birth*** di nobili natali; ***"~ reader"*** ANT. o SCHERZ. "gentile lettore".
2.gentle /'dʒentl/ n. = larve, vermi ecc. usati come esche.
3.gentle /'dʒentl/ tr. AE **1** *(mollify)* addolcire [*judgment*] **2** *(placate)* placare, calmare.
gentlefolk /'dʒentlfəʊk/ n.pl. BE ANT. = gente della buona società.
▶ **gentleman** /'dʒentlmən/ **I** n. (pl. **-men**) **1** *(man)* signore m.; ***this ~ wants...*** questo signore vorrebbe...; ***"gentlemen of the jury"*** "signori giurati"; ***a ~ of leisure*** un ricco signore **2** *(well-bred)* gentiluomo m., gentleman m.; ***he's a perfect ~*** è un perfetto gentiluomo; ***he's no ~*** BE non è affatto un gentiluomo; ***one of nature's gentlemen*** un gentiluomo nato **3** *(at court)* gentiluomo m. **4** AE POL. *(congressman)* deputato m.; ***the ~ from Ohio*** il deputato dell'Ohio **II Gentlemen** n.pl. *(on sign)* "Signori" ♦ ***to give sb. a ~'s C*** AE non avere molta stima di qcn.
gentleman-at-arms /,dʒentlmənət'ɑ:mz/ n. (pl. **gentlemen-at-arms**) GB = membro della guardia del corpo che accompagna il sovrano durante le cerimonie ufficiali.
gentleman-farmer /,dʒentlmən'fɑ:mə(r)/ n. (pl. **gentlemen-farmers**) proprietario m. terriero.
gentlemanlike /'dʒentlmənlaɪk/, **gentlemanly** /'dʒentlmənlɪ/ agg. [*behaviour, manner*] signorile, da gentiluomo; [*person, appearance*] distinto.
gentleman's agreement /,dʒentlmənzə'gri:mənt/ n. gentleman's agreement m.
gentleman's gentleman /,dʒentlmənz'dʒentlmən/ n. ANT. maggiordomo m.
gentlemen /'dʒentlmen/ → **gentleman**.
gentleness /'dʒentlnɪs/ n. cortesia f., dolcezza f.
gentlewoman /'dʒentlwʊmən/ n. (pl. **-women**) ANT. **1** STOR. *(lady-in-waiting)* dama f. di compagnia **2** *(well-born)* gentildonna f.
▷ **gently** /'dʒentlɪ/ avv. **1** *(not harshly)* [*rock, blow, stir*] dolcemente; [*comb, treat, cleanse*] delicatamente; [*cook*] a fuoco lento **2** *(kindly)* [*speak, look, tease, admonish*] gentilmente; ***treat her ~*** trattala con gentilezza; ***to break the news ~*** annunciare la notizia con delicatezza **3** *(lightly)* [*exercise*] senza affaticarsi; ***he kissed her ~ on the cheek*** la baciò delicatamente sulla guancia; ***"squeeze ~"*** *(washing instructions)* "strizzare con delicatezza" **4** *(gradually)* ***to slope ~ up, down*** salire, scendere dolcemente; ***~ does it!*** piano!
gentrification /,dʒentrɪfɪ'keɪʃn/ n. SPREG. = trasformazione di un quartiere popolare in uno residenziale.
gentrify /'dʒentrɪfaɪ/ tr. SPREG. = trasformare in un quartiere residenziale; ***to become gentrified*** imborghesirsi.
gentry /'dʒentrɪ/ n. **1** STOR. piccola nobiltà f.; ***the landed ~*** l'aristocrazia terriera **2** SCHERZ. gente f., individui m.pl.

genuflect /ˈdʒenju:flekt/ intr. FORM. genuflettersi.
genuflexion BE, **genuflection** AE /ˌdʒenju:ˈflekʃn/ n. FORM. genuflessione f.
▷ **genuine** /ˈdʒenjʊɪn/ agg. **1** *(real)* [*bargain, reason, motive*] vero; ***many poor families are in ~ difficulty*** molte famiglie povere sono veramente in difficoltà; ***in case of ~ emergency*** in caso di assoluta emergenza **2** *(authentic)* [*work of art*] autentico; [*jewel, substance*] vero; ***it's the ~ article*** COLLOQ. è proprio quello vero *o* originale; ***he's the ~ article*** COLLOQ. è proprio lui **3** *(sincere)* [*person, emotion, effort, interest*] sincero; [*simplicity, inability*] vero; [*buyer*] serio; ***it was a ~ mistake*** è stato un semplice errore.
genuinely /ˈdʒenjʊɪnlɪ/ avv. **1** *(really and truly)* [*feel, want, worried, upset*] veramente **2** *(in reality)* [*independent*] realmente.
genuineness /ˈdʒenjʊɪnnɪs/ n. *(of person)* sincerità f.; *(of artwork)* autenticità f.
genus /ˈdʒi:nəs/ n. (pl. **~es, -era**) *(all contexts)* genere m.
geobiology /ˌdʒi:əʊbaɪˈɒlədʒɪ/ n. geobiologia f.
geocentric /ˌdʒi:əʊˈsentrɪk/ agg. geocentrico.
geochemical /ˌdʒi:əʊˈkemɪkl/ agg. geochimico.
geochemist /ˌdʒi:əʊˈkemɪst/ ➧ ***27*** n. geochimico m. (-a).
geochemistry /ˌdʒi:əʊˈkemɪstrɪ/ n. geochimica f.
geochronology /ˌdʒi:əʊkrəˈnɒlədʒɪ/ n. geocronologia f.
geode /ˈdʒi:əʊd/ n. geode m.
geodesic /ˌdʒi:əʊˈdesɪk/ **I** agg. geodetico; ***~ dome*** cupola geodetica **II** n. geodetica f.
geodesy /dʒi:ˈɒdɪsɪ/ n. geodesia f.
geodetic(al) /ˌdʒi:əˈdetɪk(l)/ agg. geodetico.
Geoff /dʒef/ n.pr. diminutivo di **Geoffrey.**
Geoffrey /ˈdʒefrɪ/ n.pr. Goffredo.
geognosy /dʒi:ˈɒgnəsɪ/ n. geognosia f.
geographer /dʒɪˈɒgrəfə(r)/ ➧ ***27*** n. geografo m. (-a).
▷ **geographic(al)** /ˌdʒɪəˈgræfɪk(l)/ agg. geografico.
geographically /ˌdʒɪəˈgræfɪklɪ/ avv. geograficamente; ***~ speaking*** in termini geografici *o* dal punto di vista della geografia.
geographical mile /ˌdʒɪəˌgræfɪklˈmaɪl/ n. miglio m. geografico; MAR. miglio m. marino.
▷ **geography** /dʒɪˈɒgrəfɪ/ **I** n. *(study)* geografia f.; *(layout)* configurazione f. geografica; ***to have a sense of ~*** avere il senso dell'orientamento **II** modif. [*student, teacher, lesson, book*] di geografia.
geoid /ˈdʒi:ɔɪd/ n. geoide m.
▷ **geological** /dʒɪəˈlɒdʒɪkl/ agg. geologico.
geologist /dʒɪˈɒlədʒɪst/ ➧ ***27*** n. geologo m. (-a).
geologize /dʒɪˈɒlədʒaɪz/ **I** tr. studiare la geologia di [*place*] **II** intr. [*student*] studiare geologia; [*scholar*] compiere studi geologici.
geology /dʒɪˈɒlədʒɪ/ **I** n. geologia f. **II** modif. [*course, department*] di geologia; [*degree*] in geologia.
geomagnetic /ˌdʒi:əʊmægˈnetɪk/ agg. geomagnetico.
geomagnetism /ˌdʒi:əʊˈmægnɪtɪzəm/ n. geomagnetismo m.
geomancer /ˈdʒi:əmænsə(r)/ n. geomante m. e f.
geomancy /ˈdʒi:əmænsɪ/ n. geomanzia f.
geomantic /ˈdʒi:əmæntɪk/ agg. geomantico.
geometer /dʒɪˈɒmɪtə(r)/ n. **1** RAR. *(person)* geometra m. e f., esperto m. (-a) di geometria **2** ZOOL. *(moth)* geometra m.
geometric(al) /ˌdʒɪəʊˈmetrɪk(l)/ agg. geometrico.
geometrically /ˌdʒɪəʊˈmetrɪklɪ/ avv. geometricamente.
geometrician /ˌdʒɪəʊməˈtrɪʃn/ ➧ ***27*** n. geometra m. e f.
▷ **geometry** /dʒɪˈɒmətrɪ/ **I** n. geometria f. **II** modif. [*lesson, book*] di geometria; ***~ set*** set di squadra, righello, goniometro, ecc.
geomorphologic(al) /ˌdʒi:əˌmɔ:fəˈlɒdʒɪk(l)/ agg. geomorfologico.
geomorphology /ˌdʒi:əʊmɔ:ˈfɒlədʒɪ/ n. geomorfologia f.
geonomics /ˌdʒi:əʊˈnɒmɪks/ n. + verbo sing. geografia f. economica.
geophagous /dʒɪˈɒfəgəs/ agg. geofago.
geophagy /dʒɪˈɒfədʒɪ/ n. geofagia f.
geophone /ˈdʒɪɒfəʊn/ n. geofono m.
geophysical /ˌdʒi:əʊˈfɪzɪkl/ agg. geofisico.
geophysicist /ˌdʒi:əʊˈfɪzɪsɪst/ ➧ ***27*** n. geofisico m. (-a).
geophysics /ˌdʒi:əʊˈfɪzɪks/ n. + verbo sing. geofisica f.
geophyte /ˈdʒi:əfaɪt/ n. geofita f.
geopolitical /ˌdʒi:əʊpəˈlɪtɪkl/ agg. geopolitico.
geopolitics /ˌdʒi:əʊˈpɒlətɪks/ n. + verbo sing. geopolitica f.
Geordie /ˈdʒɔ:dɪ/ **I** agg. BE COLLOQ. del Tyneside **II** n. BE COLLOQ. nativo m. (-a), abitante m. e f. del Tyneside.
George /dʒɔ:dʒ/ n.pr. **1** Giorgio **2** ***by ~!*** ANT. COLLOQ. perbacco! ***by ~ he's done it!*** SCHERZ. santo cielo, ci è riuscito!
George Cross /ˌdʒɔ:dʒˈkrɒs/ n. GB = croce al valore civile conferita dalle autorità britanniche.
georgette /dʒɔ:ˈdʒet/ n. georgette f.
1.Georgia /ˈdʒɔ:dʒɪə/ ➧ ***24, 6*** n.pr. GEOGR. **1** *(in the US)* Georgia f. **2** *(in Asia)* Georgia f.
2.Georgia /ˈdʒɔ:dʒɪə/ n.pr. Giorgia.
1.Georgian /ˈdʒɔ:dʒɪən/ ➧ ***18, 14*** GEOGR. **I** agg. georgiano **II** n. **1** *(inhabitant)* georgiano m. (-a) **2** *(language)* georgiano m.
2.Georgian /ˈdʒɔ:dʒɪən/ **I** agg. GB **1** LETTER. [*poet, poetry*] georgiano **2** STOR. ARCH. [*style, architecture*] georgiano; ***the ~ period*** il periodo georgiano **II** n. GB LETTER. = persona che visse nel periodo georgiano.
Georgiana /ˌdʒɔ:dʒɪˈɑ:nə/ n.pr. Giorgiana.
georgic /ˈdʒɔ:dʒɪk/ agg. georgico.
Georgie /ˈdʒɔ:dʒɪ/ n.pr. diminutivo di **George, 2.Georgia.**
geoscience /ˌdʒi:əʊˈsaɪəns/ n. **U** scienze f.pl. della Terra; ***a ~*** una delle scienze della Terra.
geoscientist /ˌdʒi:əʊˈsaɪəntɪst/ ➧ ***27*** n. studioso m. (-a) di scienze della Terra.
geosphere /ˈdʒi:əsfɪə(r)/ n. geosfera f.
geostationary /ˌdʒi:əʊˈsteɪʃənərɪ, AE -nerɪ/ agg. geostazionario.
geosynchronous /ˌdʒi:əʊˈsɪnkrənəs/ agg. geosincrono.
geosyncline /ˌdʒi:əʊˈsɪnklaɪn/ n. geosinclinale f.
geothermal /ˌdʒi:əʊˈθɜ:ml/ agg. geotermico.
geotropic /ˌdʒɪəʊˈtrɒpɪk/ agg. geotropico.
geotropism /ˌdʒɪˈɒtrəpɪzəm/ n. geotropismo m.
Gerald /ˈdʒerəld/ n.pr. Gerardo, Gherardo.
Geraldine /ˈdʒerəldi:n/ n.pr. Geraldina.
geranium /dʒəˈreɪnɪəm/ n. geranio m.
Gerard /ˈdʒerɑ:d/ n.pr. Gerardo, Gherardo.
gerbil /ˈdʒɜ:bɪl/ n. gerbillo m.
gerfalcon /ˈdʒɜ:ˌfɔ:lkən/ n. → **gyrfalcon.**
geriatric /ˌdʒerɪˈætrɪk/ **I** agg. **1** MED. [*hospital, ward*] geriatrico; ***~ care*** cure geriatriche; ***~ medicine*** medicina geriatrica *o* geriatria **2** COLLOQ. SPREG. (vecchio) bacucco, rimbambito **II** n. **1** MED. anziano m. (-a) **2** COLLOQ. SPREG. vecchio m. (-a) bacucco (-a), rimbambito (-a).
geriatrician /ˌdʒerɪəˈtrɪʃn/ ➧ ***27*** n. geriatra m. e f.
geriatrics /ˌdʒerɪˈætrɪks/ n. + verbo sing. geriatria f.
geriatrist /ˈdʒerɪətrɪst/ ➧ ***27*** n. → **geriatrician.**
▷ **1.germ** /dʒɜ:m/ n. **1** *(microbe)* germe m.; ***to carry ~s*** essere veicolo di germi **2** *(seed)* germe m. (anche FIG.); ***the ~ of an idea*** il germe di un'idea.
2.germ /dʒɜ:m/ intr. FIG. germinare, nascere.
Germaine /dʒɜ:ˈmeɪn/ n.pr. Germana.
German /ˈdʒɜ:mən/ ➧ ***18, 14*** **I** agg. [*town, custom, food, economy etc.*] tedesco; [*ambassador, embassy, emperor*] tedesco, della Germania; ***East, West ~*** STOR. tedesco dell'Est, dell'Ovest **II** n. **1** *(person)* tedesco m. (-a) **2** *(language)* tedesco m.; ***Low, Middle, High ~*** basso, medio, alto tedesco **III** modif. *(of German)* [*teacher, exam, course*] di tedesco; *(into German)* [*translation*] in tedesco.
German Democratic Republic /ˌdʒɜ:mənˌdeməˌkrætɪkrɪˈpʌblɪk/ ➧ ***6*** n. STOR. Repubblica f. Democratica Tedesca.
germander /dʒɜ:ˈmændə(r)/ n. teucrio m.
germane /dʒɜ:ˈmeɪn/ agg. [*point, remark*] pertinente, appropriato; ***~ to*** che ha pertinenza con *o* pertinente a [*inquiry, topic*].
Germanic /dʒɜ:ˈmænɪk/ agg. LING. germanico.
Germanist /ˈdʒɜ:mənɪst/ n. germanista m. e f.
germanium /dʒɜ:ˈmeɪnɪəm/ n. germanio m.
germanization /ˌdʒɜ:mənaɪˈzeɪʃn, AE -nɪˈz-/ n. germanizzazione f.
germanize /ˈdʒɜ:mənaɪz/ **I** tr. **1** germanizzare [*country, language*] **2** tradurre in tedesco [*text*] **II** intr. germanizzarsi.
German measles /ˌdʒɜ:mənˈmi:zlz/ ➧ ***11*** n. + verbo sing. rosolia f.
Germanophile /dʒɜ:ˈmænəfaɪl/ **I** agg. germanofilo **II** n. germanofilo m. (-a).
Germanophobe /dʒɜ:ˈmænəfəʊb/ **I** agg. germanofobo **II** n. germanofobo m. (-a).
German sheepdog /ˌdʒɜ:mənˈʃi:pdɒg/, **German shepherd** /ˌdʒɜ:mənˈʃepəd/ n. pastore m. tedesco, cane m. lupo.
German silver /ˌdʒɜ:mənˈsɪlvə(r)/ n. alpacca f., argentone m.
German-speaking /ˈdʒɜ:mənˌspi:kɪŋ/ agg. germanofono.
Germany /ˈdʒɜ:mənɪ/ ➧ ***6*** n.pr. Germania f.; ***East, West ~*** STOR. Germania dell'Est, dell'Ovest.
germ carrier /ˈdʒɜ:mˌkærɪə(r)/ n. veicolo m. di germi.
germ cell /ˈdʒɜ:msel/ n. cellula f. germinale.
germ-free /ˌdʒɜ:mˈfri:/ agg. privo di germi, sterile.
germicidal /ˌdʒɜ:mɪˈsaɪdl/ agg. germicida.
germicide /ˈdʒɜ:mɪsaɪd/ n. germicida m.
germinal /ˈdʒɜ:mɪnəl/ agg. BIOL. germinale.
germinant /ˈdʒɜ:mɪnənt/ agg. germinante.

germinate /ˈdʒɜːmɪneɪt/ **I** tr. fare germinare (anche FIG.) **II** intr. germinare (anche FIG.).
germination /ˌdʒɜːmɪˈneɪʃn/ n. germinazione f.
germinative /ˈdʒɜːmɪneɪtɪv/ agg. germinativo.
germ-killer /ˈdʒɜːmˌkɪlə(r)/ n. → **germicide**.
germproof /ˈdʒɜːmˌpruːf/ agg. *(germ-free)* sterile; *(germ-resistant)* resistente ai germi.
germ warfare /ˌdʒɜːmˈwɔːfeə(r)/ n. guerra f. batteriologica.
gerontocracy /ˌdʒerɒnˈtɒkrəsɪ/ n. gerontocrazia f.
gerontologist /ˌdʒerɒnˈtɒlədʒɪst/ ➧ *27* n. gerontologo m. (-a).
gerontology /ˌdʒerɒnˈtɒlədʒɪ/ n. gerontologia f.
Gerry /ˈdʒerɪ/ n.pr. diminutivo di **Gerald**, **Gerard**.
1.gerrymander /ˌdʒerɪˈmændə(r)/ n. SPREG. = broglio consistente nel suddividere i collegi elettorali a proprio vantaggio.
2.gerrymander /ˌdʒerɪˈmændə(r)/ SPREG. **I** tr. delimitare a proprio vantaggio [*boundaries, constituency*] **II** intr. commettere brogli elettorali.
gerrymanderer /ˌdʒerɪˈmændərə(r)/ n. SPREG. = chi commette brogli elettorali suddividendo le circoscrizioni elettorali a proprio vantaggio.
gerrymandering /ˌdʒerɪˈmændərɪŋ/ n. → **1.gerrymander**.
Gertrude /ˈgɜːtruːd, AE ˈgɜːr-/ n.pr. Gertrude.
gerund /ˈdʒerənd/ n. gerundio m.
gerund-grinder /ˈdʒerəndˌgraɪndə(r)/ n. ANT. COLLOQ. insegnante m. e f. pedante.
gerundial /dʒɪˈrʌndɪəl/ agg. del gerundio.
gerundive /dʒeˈrʌndɪv/ **I** agg. gerundivo **II** n. gerundivo m.
Gervase /ˈdʒɜːvəs/ n.pr. Gervaso.
gesso /ˈdʒesəʊ/ n. (pl. **~es**) **1** *(for bas-relief, painting)* gesso m. **2** *(on wood)* stucco m.
gestalt /gəˈstɑːlt/ n. gestalt f.
gestalt psychology /gəˈstɑːltsaɪkɒlədʒɪ/ n. gestaltismo m.
Gestapo /geˈstɑːpəʊ/ **I** n.pr. Gestapo f. **II** modif. [*agent, headquarters, prison*] della Gestapo.
gestate /dʒeˈsteɪt/ **I** tr. **1** BIOL. aspettare, portare in grembo [*young*] **2** FIG. preparare [*plan*] **II** intr. BIOL. essere in stato di gravidanza; FIG. essere in gestazione.
gestation /dʒeˈsteɪʃn/ n. gestazione f. (anche FIG.).
gestatorial /ˌdʒestəˈtɔːrɪəl/ agg. gestatorio; **~ *chair*** sedia gestatoria.
gesticulate /dʒeˈstɪkjʊleɪt/ intr. gesticolare.
gesticulation /dʒeˌstɪkjʊˈleɪʃn/ n. gesticolazione f.
gesticulator /dʒeˈstɪkjʊleɪtə(r)/ n. RAR. chi gesticola.
gesticulatory /dʒeˈstɪkjʊlətərɪ/ agg. **1** [*movement*] simile a un gesto **2** [*person*] che gesticola.
gestosis /dʒeˈstəʊsɪs/ ➧ *11* n. (pl. **-es**) gestosi f.
gestural /ˈdʒestʃərəl/ agg. gestuale.
1.gesture /ˈdʒestʃə(r)/ n. gesto m. (**of** di) (anche FIG.); ***a nice ~*** un bel gesto; ***a political, humanitarian ~*** un'azione politica, umanitaria; ***a ~ of goodwill, solidarity*** una manifestazione di buona volontà, di solidarietà; ***an empty ~*** un gesto privo di significato.
2.gesture /ˈdʒestʃə(r)/ **I** tr. ***to ~ one's assent*** fare un cenno d'assenso **II** intr. fare un gesto, fare gesti; ***to ~ at*** o ***towards sth.*** indicare qcn. (a gesti); ***to ~ to sb.*** fare segno a qcn. (**to do** di fare).
▶ **get** /get/ This much-used verb has no multipurpose equivalent in Italian and therefore it is very often translated by choosing a synonym: *to get lunch* = *to prepare lunch* = preparare il pranzo. - *Get* is used in many different contexts and has many different meanings, the most important of which are the following: *obtain* or *receive* (*I got it free* = l'ho avuto gratis), *move* or *travel* (*I got there in time* = ci sono arrivato in tempo), *have* or *own* (*she has got black hair and green eyes* = ha i capelli neri e gli occhi verdi), *become* (*I'm getting old* = sto invecchiando), and *understand* (*got the meaning?* = capito?). - *Get* is also used in many idiomatic expressions (*to get something off one's chest* etc), whose translations will be found in the appropriate entry (**chest** etc). This is also true of offensive comments (**get stuffed** etc) where the appropriate entry would be **stuff**. - When *get* + object + infinitive is used in English to mean *to persuade somebody to do something, fare* is used in Italian followed by an infinitive: *she got me to clear the table* = mi ha fatto sparecchiare la tavola. When *get* + object + past participle is used to express the idea that a job is done not by you but by somebody else, *fare* followed by an infinitive is also used in Italian: *to get a room painted* = fare verniciare una stanza. - When *get* has the meaning of *become* and is followed by an adjective (*to get rich / drunk* etc), *diventare* is sometimes useful but check the appropriate entry (**rich**, **drunk** etc) as a single verb often suffices (*arricchirsi, ubriacarsi* etc). - For examples and further uses of *get* see the entry below. **I** tr. (forma in -ing **-tt-**; pass. **got**; p.pass. **got, gotten** AE) **1** *(receive)* ricevere [*letter, school report, grant*]; ricevere, percepire [*salary, pension*]; TELEV. RAD. ricevere, prendere [*channel, programme*]; ***did you ~ much for it?*** ti hanno dato molto (per quello)? ***what did you ~ for your car?*** quanto hai preso per la tua macchina? ***we ~ a lot of rain*** dalle nostre parti, qui piove molto; ***our garden ~s a lot of sun*** il nostro giardino prende molto sole *o* è molto soleggiato; ***we ~ a lot of tourists*** abbiamo molti turisti; ***you ~ lots of attachments with this cleaner*** danno un sacco di accessori insieme a questo aspirapolvere; ***you ~ what you pay for*** si riceve quello che si paga; ***he's ~ting help with his science*** si fa aiutare per studiare scienze **2** *(inherit)* ***to ~ sth. from sb.*** ereditare da qcn. [*article, money*]; FIG. prendere da qcn. [*trait, feature*] **3** *(obtain)* *(by applying)* ottenere [*permission, divorce, custody, licence*]; trovare, ottenere [*job*]; *(by contacting)* trovare [*plumber, accountant*]; chiamare [*taxi*]; *(by buying)* comprare, acquistare [*food item, clothing*] (**from** da); ottenere, comprare [*theatre seat, ticket*]; ***to ~ something for nothing, at a discount*** avere qcs. per niente, con uno sconto; ***to ~ sb. sth.*** o ***to ~ sth. for sb.*** *(by buying)* prendere *o* comprare qcs. a, per qcn.; ***I'll ~ sth. to eat at the airport*** prenderò qcs. da mangiare all'aeroporto **4** *(subscribe to)* essere abbonato a [*newspaper*] **5** *(acquire)* farsi [*reputation*]; ***he got his money in oil*** si è fatto i soldi con il petrolio **6** *(achieve)* ottenere [*grade, mark, answer*]; ***he got it right*** *(of calculation)* ha trovato il risultato giusto; *(of answer)* ha risposto bene, ha dato la risposta giusta; ***how many do I need to ~?*** *(when scoring)* quanto devo totalizzare? ***he's got four more points to ~*** deve ottenere ancora quattro punti **7** *(fetch)* prendere [*object, person*]; cercare [*help*]; ***go and ~ a chair, Mr Red*** vada a prendere *o* prenda una sedia, Signor Red; ***to ~ sb. sth.*** o ***to ~ sth. for sb.*** prendere qcs. a *o* per qcn.; ***~ her a chair*** prendile una sedia; ***can I ~ you your coat?*** posso portarti il cappotto? **8** *(manoeuvre, move)* ***to ~ sb., sth. upstairs, downstairs*** portare qcn., qcs. (al piano) di sopra, di sotto; ***a car for me is just something to ~ me from A to B*** per me l'auto è solo un mezzo per spostarmi da un posto all'altro; ***I'll ~ them there somehow*** ce li porterò in qualche modo; ***can you ~ between the truck and the wall?*** riesci a passare *o* infilarti tra il camion ed il muro? **9** *(help progress)* ***is this discussion ~ting us anywhere?*** a cosa ci porta questa discussione? ***I listened to him and where has it got me?*** gli ho dato ascolto e a cosa mi è servito? ***this is ~ting us nowhere*** questo non ci porta da nessuna parte; ***where will that ~ you?*** dove, a che cosa ti porterà (questo)? **10** *(contact)* ***did you manage to ~ Dany on the phone?*** sei riuscito a sentire Dany al telefono? **11** *(deal with)* ***I'll ~ it*** *(of phone)* rispondo io; *(of doorbell)* vado io **12** *(prepare)* preparare [*breakfast, lunch etc.*] **13** *(take hold of)* prendere [*person*] (**by** per); ***I've got you, don't worry*** ti tengo, non ti preoccupare; ***to ~ sth. from*** o ***off*** prendere qcs. da [*shelf, table*]; ***to ~ sth. from*** o ***out of*** prendere qcs. da [*drawer, cupboard*] **14** COLLOQ. *(oblige to give)* ***to ~ sth. from*** o ***out of sb.*** ottenere da qcn. [*money*]; FIG. strappare a qcn. [*truth*] **15** COLLOQ. *(catch)* prendere [*escapee*]; ***got you!*** ti ho preso! *(caught in act)* (ti ho) beccato! ti ho visto! ***a shark got him*** uno squalo l'ha preso; ***when I ~ you, you won't find it so funny*** quando ti pesco, non ti divertirai più tanto **16** MED. prendere, contrarre [*disease*]; ***he got the measles from his sister*** ha preso il morbillo da sua sorella *o* sua sorella gli ha attaccato il morbillo **17** *(use as transport)* prendere [*bus, train*] **18** *(have)* ***to have got*** avere [*object, money, friend etc.*]; ***I've got a headache*** ho il mal di testa; ***I've got a bad back*** ho il mal di schiena; *(chronically)* ho la schiena malandata **19** *(start to have)* ***to ~ (hold of) the idea*** o ***impression that*** farsi l'idea, avere l'impressione che **20** *(suffer)* ***to ~ a surprise*** avere una sorpresa; ***to ~ a shock*** ricevere uno choc; ***to ~ a bang on the head*** ricevere un colpo in testa **21** *(be given as punishment)* prendere [*fine*]; ***to ~ (a) detention*** essere condannato a una pena detentiva; ***he got five years*** gli hanno dato cinque anni **22** *(hit)* ***to ~ sb., sth. with*** prendere *o* colpire qcn., qcs. con [*stone, arrow, ball*]; ***got it!*** *(of target)* preso! ***the arrow got him in the bottom*** la freccia lo ha colpito nel sedere **23** *(understand, hear)* capire; ***I didn't ~ what you said, his last name*** non ho sentito quello che hai detto, non ho capito il suo cognome; ***did you ~ it?*** hai capito? ***now let me ~ this right...*** adesso fammi capire bene...; ***"where did you hear that?" - "I got it from Kathy"*** "dove l'hai sentito?" - "l'ho saputo da Kathy"; ***~ this! he was arrested this morning*** senti questa! è stato arrestato stamattina **24** COLLOQ. *(annoy, affect)* ***what ~s me is...*** quello che mi dà fastidio è che...; ***what really got me was...*** quello che mi ha veramente dato fastidio è che... **25** *(learn, learn of)* ***to ~ to do*** COLLOQ. finire per fare; ***to ~ to like sb.*** finire per apprezzare

qcn.; ***how did you ~ to know*** o ***hear of our organization?*** come siete venuti a conoscenza *o* da chi avete sentito parlare della nostra organizzazione? ***we got to know them last year*** abbiamo fatto la loro conoscenza l'anno scorso **26** *(have opportunity)* ***to ~ to do*** avere l'occasione di fare; ***do you ~ to use the computer?*** ti capita *o* hai l'occasione di usare il computer? ***it's not fair, I never ~ to drive the tractor*** non è giusto, non mi fanno mai guidare il trattore; ***when do we ~ to eat the cake?*** quand'è che possiamo mangiare la torta? **27** *(start)* ***to ~ (to be)*** cominciare a essere *o* a diventare; ***he's ~ting to be proficient*** o ***an expert*** sta cominciando a essere bravo, a diventare un esperto; ***it got to be quite unpleasant*** cominciò a diventare piuttosto sgradevole; ***he's ~ting to be a big boy now*** sta cominciando a diventare grande *o* si sta facendo ragazzo; ***to ~ to doing*** COLLOQ. cominciare a fare; ***we got to talking, dreaming about the holidays*** cominciammo a parlare, a sognare le vacanze; ***then I got to thinking that*** poi ho cominciato a pensare che; ***we'll have to ~ going*** bisogna che andiamo **28** *(must)* ***to have got to do*** dover fare [*homework, chore*]; ***it's got to be done*** va fatto; ***you've got to realize that*** devi renderti conto che; ***if I've got to go, I will*** se dovrò andare, andrò; ***there's got to be a reason*** ci deve essere una ragione **29** *(persuade)* ***to ~ sb. to do sth.*** far fare qcs. a qcn.; ***I got her to talk about her problems*** riuscii a farla parlare dei suoi problemi; ***did you ~ anything out of her?*** sei riuscito a tirarle fuori qualcosa? **30** *(have somebody do)* ***to ~ sth. done*** far(si) fare qcs.; ***to ~ the car repaired, valeted*** fare riparare, pulire la macchina; ***to ~ one's hair cut*** farsi tagliare i capelli; ***how do you ever ~ anything done?*** come riesci a concludere qualcosa? **31** *(cause)* ***to ~ the car going*** fare partire la macchina; ***to ~ the dishes washed*** lavare i piatti; ***this won't ~ the dishes washed!*** i piatti non si lavano da soli! ***to ~ sb. pregnant*** COLLOQ. mettere qcn. incinta; ***as hot, cold as you can ~ it*** il più caldo, freddo possibile; ***to ~ one's socks wet*** bagnarsi i calzini; ***I got my finger trapped in the drawer*** mi sono preso *o* pizzicato il dito nel cassetto **II** intr. (forma in -ing **-tt-**; pass. **got**; p.pass. **got, gotten** AE) **1** *(become)* diventare [*suspicious, rich, old*]; ***how lucky, stupid can you ~!*** quanto si può essere fortunati, stupidi! com'è fortunata, stupida certa gente! ***it's ~ting late*** si sta facendo tardi; ***how did he ~ like that?*** come ha fatto a diventare così? **2** *(forming passive)* ***to ~ killed, trapped*** rimanere ucciso, restare intrappolato; ***to ~ oneself killed, trapped*** farsi uccidere, intrappolare; ***to ~ hurt*** essere ferito **3** *(become involved in)* ***to ~ into*** *(as hobby)* COLLOQ. darsi a [*astrology etc.*]; *(as job)* dedicarsi a [*teaching, publishing*]; FIG. ***to ~ into a fight*** buttarsi nella mischia **4** *(arrive)* ***to ~ there*** arrivarci; ***to ~ to the airport, Switzerland*** arrivare all'aeroporto, in Svizzera; ***to ~ (up) to the top*** *(of hill etc.)* arrivare fino in cima *o* raggiungere la cima; ***how did your coat ~ here?*** come ha fatto il tuo cappotto a finire qua? ***how did you ~ here?*** *(by what miracle)* come hai fatto ad arrivare fin qua? *(by what means)* come sei arrivato qua? ***to ~ into a corner*** cacciarsi in un angolo; ***where did you ~ to?*** dove sei andato? ***we've got to page 10*** siamo arrivati a pagina 10 **5** *(progress)* ***it got to 7 o'clock*** si sono fatte le 7; ***I'd got as far as underlining the title*** avevo appena iniziato a sottolineare il titolo; ***I'm ~ting nowhere with this essay*** non sto approdando a niente con questo saggio; ***are you ~ting anywhere with your investigation?*** stai facendo progressi con le tue ricerche? ***now we're ~ting somewhere*** *(making progress)* ora sì che facciamo progressi; *(receiving fresh lead)* adesso sì che si comincia a fare qualcosa; ***it's a slow process but we're ~ting there*** è un processo lento, ma ci stiamo arrivando; ***it's not perfect yet but we're ~ting there*** non è ancora perfetto ma ci stiamo avvicinando **6** COLLOQ. *(put on)* ***to ~ into*** mettere *o* mettersi [*pyjamas, overalls*] ◆ ***~ along with you!*** BE COLLOQ. non essere ridicolo! ma non scherzare! AE COLLOQ. fila via! ***~ away with you!*** COLLOQ. ma non dire sciocchezze! ***~ her!*** COLLOQ. ma guarda quella! ***~ him in that hat!*** COLLOQ. ma guardalo (un po') con quel cappello! ***he got his*** *(was killed)* COLLOQ. ci ha lasciato le penne; ***I'll ~ you for that*** COLLOQ. te la farò pagare (per questo); ***I'm ~ting there*** ci sto arrivando; ***it ~s me right here!*** mi fai venire da piangere! ***I've, he's got it bad*** COLLOQ. ho, ha preso una bella cotta; ***I've got it*** ho capito; ***to ~ above oneself*** montarsi la testa; ***to ~ it together*** COLLOQ. darsi una regolata; ***to ~ it up*** POP. averlo duro *o* avercelo duro; ***to ~ one's in*** AE COLLOQ. prendersi la rivincita; ***to tell sb. where to ~ off*** mandare qcn. a quel paese; ***to ~ with it*** COLLOQ. muoversi *o* darsi una mossa; ***what's got into her, them?*** che cosa le, gli ha preso? ***where does he ~ off?*** COLLOQ. chi si crede di essere? ***you've got me there!*** bella domanda!

■ **get about 1** *(manage to move)* spostarsi, muoversi (**by doing** facendo); ***she doesn't ~ about very well now*** adesso fa fatica a muoversi **2** *(travel)* viaggiare, spostarsi, girare; ***do you ~ about much in your job?*** viaggi molto per lavoro? ***he ~s about a bit*** *(travels)* viaggia un bel po'; *(knows people)* vede parecchia gente **3** *(be spread)* [*news*] diffondersi; [*rumour*] correre, diffondersi; ***it got about that*** si è diffusa la notizia che, è corsa voce che.

■ **get across: ~ across 1** *(pass to other side)* attraversare, passare **2** *(be communicated)* [*message*] arrivare, essere recepito; **~ across [sth.]** *(cross)* attraversare [*river, road etc.*]; **~ [sth.] across 1** *(transport)* ***how will we ~ it across?*** *(over stream, gap etc.)* come faremo a portarlo dall'altra parte? ***I'll ~ a copy across to you*** *(in separate office, building etc.)* te ne farò pervenire una copia **2** *(communicate)* fare arrivare, trasmettere [*message, meaning*] (**to** a); **~ across [sb.]** AE COLLOQ. *(annoy)* irritare [*person*].

■ **get ahead 1** *(make progress)* [*person*] andare avanti, fare progressi; ***to ~ ahead of*** essere più avanti di, superare [*competitor*] **2** *(go too fast)* ***let's not ~ ahead of ourselves*** non mettiamo il carro davanti ai buoi.

■ **get along 1** *(progress)* ***how's the project ~ting along?*** come sta procedendo il progetto? ***how are you ~ting along?*** *(in job)* come te la stai cavando? *(to sick or old person)* come va, come stai? *(in school subject)* stai facendo progressi? vai bene? **2** *(cope)* tirare avanti, cavarsela; ***we can't ~ along without a computer, her*** non possiamo tirare avanti senza computer, senza di lei **3** *(be suited as friends)* andare d'accordo (**with** con) **4** *(go)* ***I must be ~ting along*** devo andare.

■ **get around: ~ around 1** *(move, spread)* → **get about 2** ***to ~ around to doing*** finire per fare; ***she'll ~ around to visiting us eventually*** finirà per venire a trovarci prima o poi; ***I must ~ around to reading his article*** bisogna che mi decida a leggere il suo articolo; ***I haven't got around to it yet*** non ci sono ancora arrivato *o* non ho ancora avuto il tempo di occuparmene; **~ around [sth.]** *(circumvent)* aggirare [*problem, law*]; ***there's no ~ting around it*** non c'è modo di evitarlo.

■ **get at** COLLOQ. **~ at [sb., sth.] 1** *(reach)* arrivare a, raggiungere [*object, person*]; FIG. arrivare a, scoprire [*truth*]; ***let me ~ at her*** *(in anger)* aspetta che riesca ad averla per le mani **2** *(spoil)* ***the ants have got at the sugar*** le formiche hanno attaccato lo zucchero **3** *(criticize)* dare addosso a [*person*] **4** *(intimidate)* sottoporre a pressioni; *(bribe)* corrompere [*witness*] **5** *(insinuate)* ***what are you ~ting at?*** dove vuoi arrivare?

■ **get away: ~ away 1** *(leave)* andare via, andarsene **2** *(escape)* [*person*] fuggire, scappare; ***the fish got away*** il pesce è riuscito a sfuggire **3** FIG. *(escape unpunished)* ***to ~ away with a crime*** farla in barba alla giustizia; ***to ~ away with murder*** farla in barba a tutti; ***you'll never ~ away with it!*** non la passerai liscia! non credere di farla franca! ***he mustn't be allowed to ~ away with it*** non bisogna permettergli di farla franca; ***she can ~ away with bright colours*** si può permettere di vestire con *o* portare colori vivaci; **~ [sb., sth.] away** *(for break)* portare via, distogliere qcn.; ***to ~ sb. away from a bad influence*** allontanare qcn. da una cattiva influenza; ***to ~ sth. away from sb.*** togliere *o* sequestrare a qcn. [*weapon, dangerous object*].

■ **get away from: ~ away from [sth.] 1** *(leave)* lasciare [*town*]; ***I must ~ away from here*** o ***this place!*** devo andarmene da qui! devo lasciare questo posto! ***"~ away from it all"*** *(in advert)* "piantate tutto" **2** FIG. *(deny)* negare [*fact*]; ***there's no ~ting away from it*** non c'è modo di negarlo **3** FIG. *(leave behind)* farla finita con, abbandonare [*practice, method*]; **~ away from [sb.]** sfuggire a (anche FIG.).

■ **get back: ~ back 1** *(return)* ritornare; *(after short time)* tornare; ***when we ~ back*** quando ritorneremo, al nostro ritorno **2** *(move backwards)* tornare indietro, andare indietro, indietreggiare; ***~ back!*** indietro! **3** *(take revenge)* ***to ~ back at*** vendicarsi di [*aggressor*]; **~ back to [sth.] 1** *(return to)* ritornare a, rientrare a [*house*]; ritornare in [*office, centre, city*]; ritornare a [*point*]; ***we got back to Belgium*** tornammo in Belgio; ***when we ~ back to London*** quando ritorniamo a Londra **2** *(return to former condition)* tornare a [*teaching, publishing*]; ***to ~ back to sleep*** tornare a dormire *o* riaddormentarsi; ***to ~ back to normal*** tornare alla normalità **3** *(return to earlier stage)* tornare a [*main topic, former point*]; ***to ~ back to your problem,...*** per tornare al tuo problema,...; **~ back to [sb.] 1** *(return to)* tornare, ritornare da [*group, person*] **2** *(on telephone)* ***I'll ~ right back to you*** ti richiamo subito; **~ [sb., sth.] back 1** *(return) (personally)* riportare, restituire [*object*]; riportare [*person*]; *(by post etc.)* rispedire; SPORT *(in tennis etc.)* rinviare [*ball*]; ***when they got him back to his cell*** quando lo riaccompagnarono alla sua cella **2** *(regain)* riavere, recuperare [*lost object, loaned item*]; FIG. riprendere, recuperare [*strength*]; ***she got her money back*** ha avuto indietro i suoi soldi; ***she got her old job***

back ha riavuto il suo vecchio lavoro; ***he got his girlfriend back*** si è rimesso insieme alla sua ragazza.

▪ **get behind:** ~ ***behind*** *(delayed)* restare indietro, essere in ritardo; ~ ***behind [sth.]*** mettersi dietro [*hedge, sofa etc.*].

▪ **get by 1** *(pass)* passare **2** *(survive)* cavarsela, farcela (**on, with** con); ***we'll never ~ by without a consultant, them*** non ce la faremo mai senza un consulente, senza di loro.

▪ **get down:** ~ ***down* 1** *(descend)* scendere (**from, out of** da) **2** *(leave table)* alzarsi (da tavola) **3** *(lower oneself) (to floor)* abbassarsi; *(to crouching position)* accucciarsi; ***to ~ down on one's knees*** mettersi in ginocchio *o* inginocchiarsi; ***to ~ down to*** *(descend to reach)* abbassarsi fino a [*lower level etc.*]; abbassarsi verso [*trapped person etc.*]; *(apply oneself to)* mettersi a [*work*]; ***to ~ down to the pupils' level*** FIG. mettersi al livello degli scolari; ***let's ~ down to business*** mettiamoci al lavoro; ***when you ~ right down to it*** quando lo si guarda un po' più da vicino; ***when we ~ right down to it, we're saying the same thing*** alla fin fine stiamo dicendo la stessa cosa; ***to ~ down to doing*** mettersi a fare; ~ ***down [sth.]*** venire giù, andare giù, scendere da [*slope*]; ***if we ~ down the mountain alive*** se arriveremo vivi ai piedi della montagna; ***when we got down the hill*** quando scendemmo giù dalla collina; ~ ***[sth.] down***, ~ ***down [sth.]* 1** *(from height)* mettere giù, tirare giù [*book, jar etc.*] **2** *(swallow)* buttar giù, ingoiare [*medicine, pill*] **3** *(record)* prendere nota di, trascrivere [*speech*]; scrivere [*dictation*]; ~ ***[sb.] down* 1** *(from height)* fare scendere [*person*] **2** *(depress)* COLLOQ. buttare giù, deprimere [*person*].

▪ **get in:** ~ ***in* 1** *(to building)* entrare; *(to vehicle)* salire **2** FIG. *(participate)* ***to ~ in on*** riuscire a entrare in [*project, scheme*]; ***to ~ in on the deal*** COLLOQ. fare parte dell'affare **3** *(return home)* rientrare **4** *(arrive at destination)* [*train, coach*] arrivare **5** *(penetrate)* [*water, sunlight*] entrare, penetrare **6** POL. [*Labour, Tories etc.*] salire al potere; [*candidate*] essere eletto **7** SCOL. UNIV. [*applicant*] entrare, essere ammesso **8** *(associate)* ***to ~ in with*** fare amicizia con [*person*]; ***he's got in with a bad crowd*** è entrato in un brutto giro; ~ ***[sth.] in***, ~ ***in [sth.]* 1** *(buy in)* fare provvista, scorta di [*supplies*] **2** *(fit into space)* ***I can't ~ the drawer in*** non riesco a fare entrare *o* rimettere dentro il cassetto **3** AGR. *(harvest)* raccogliere [*crop*] **4** AGR. *(plant)* piantare [*bulbs etc.*] **5** *(deliver, hand in)* consegnare [*essay, competition entry*] **6** *(include) (in article, book)* mettere dentro, inserire [*section, remark, anecdote*]; ***he got in a few punches*** inserì qualche battuta **7** *(fit into schedule)* fare un po' di [*tennis, golf*]; ***I'll try to ~ in a bit of tennis*** COLLOQ. cercherò di fare un po' di tennis; ~ ***[sb.] in*** fare entrare [*person*].

▪ **get into:** ~ ***into [sth.]* 1** *(enter)* entrare in [*building*]; salire su [*vehicle*] **2** *(be admitted) (as member)* entrare in, diventare membro di [*club*]; *(as student)* entrare in, essere ammesso a [*school, university*]; ***I didn't know what I was ~ting into*** FIG. non sapevo in che cosa mi stavo imbarcando **3** *(squeeze into)* entrare in [*garment, size*]; ***to ~ into debt*** indebitarsi; ***to ~ into the habit of doing sth.*** prendere l'abitudine di fare qcs.; ***to ~ into trouble*** [*person*] mettersi nei guai; [*company, business*] trovarsi in difficoltà; ~ ***[sb., sth.] into*** fare entrare qcn. in [*good school, building*]; fare entrare qcs. in [*room, space*].

▪ **get off:** ~ ***off* 1** *(from bus etc.)* scendere (**at** a) **2** *(start on journey)* partire **3** *(leave work)* smettere, staccare **4** *(escape punishment)* COLLOQ. cavarsela (**with** con) **5** ***to ~ off to*** partire per [*destination*]; ***did they ~ off to school OK?*** sono andati a scuola senza problemi? *(make headway)* ***to ~ off to a good, poor start*** partire bene, male; ***to ~ off to sleep*** addormentarsi; ***to ~ off on doing*** COLLOQ. SPREG. *(get buzz from)* prendere gusto a fare; ***to ~ off with*** BE farsi [*person*]; ~ ***off [sth.]* 1** *(climb down from)* scendere da [*wall, ledge*] **2** *(alight from)* scendere da [*bus etc.*] **3** *(remove oneself from)* ***~ off my nice clean floor, the grass*** non camminare sul mio bel pavimento pulito, sull'erba **4** FIG. *(depart from)* allontanarsi da [*subject*]; ~ ***off [sb.]*** *(leave hold)* COLLOQ. ***~ off me!*** lasciami! toglimi le mani di dosso!; ~ ***[sb., sth.] off* 1** *(lift down)* mettere giù, tirare giù [*object*]; fare scendere [*person*] **2** *(dispatch)* mandare, spedire [*parcel, letter, person*]; ***I've got the children off to school*** ho mandato i bambini a scuola **3** *(remove)* togliere [*stain*] **4** *(send to sleep)* COLLOQ. (far) addormentare [*baby*].

▪ **get on:** ~ ***on* 1** *(climb aboard)* salire (**at** a) **2** *(work)* ***~ on a bit faster, more sensibly*** procedi un po' più svelto, con un po' più di criterio **3** *(continue with work)* ***let's ~ on!*** andiamo avanti! **4** BE *(like each other)* andare d'accordo **5** *(fare)* ***how did you ~ on?*** com'è *o* come ti è andata? **6** *(cope)* ***how are you ~ting on?*** come va? come te la stai cavando? **7** BE *(approach)* ***he's ~ting on for 40*** va per i quaranta; ***it's ~ting on for midnight*** è quasi mezzanotte; ***there are ~ting on for 80 people*** COLLOQ. ci sono quasi ottanta persone **8** *(grow late)* ***time's ~ting on*** si sta facendo tardi **9** *(grow old)* ***to be ~ting on a bit*** cominciare a invecchiare *o* a essere avanti con gli anni; ~ ***on [sth.]*** *(board)* salire su [*vehicle*]; ~ ***[sth.] on***, ~ ***on [sth.]*** *(put on)* mettere, mettersi [*boots, clothing*]; mettere su, montare [*tyre*]; mettere [*lid, tap washer etc.*].

▪ **get onto:** ~ ***onto [sth.]* 1** *(board)* salire su [*vehicle*] **2** *(be appointed)* entrare in, essere nominato in [*Board*] **3** *(start to discuss)* arrivare a, affrontare [*topic, subject*] **4** BE *(contact)* contattare, rivolgersi a; ***I'll ~ onto the authorities*** mi rivolgerò alle autorità.

▪ **get on with:** ~ ***on with [sth.]*** *(continue to do)* ***to ~ on with one's work, with preparing the meal*** continuare il proprio lavoro, a preparare il pranzo; ***let's ~ on with the job!*** andiamo avanti (col lavoro)! ~ ***on with [sb.]*** BE andare d'accordo con [*person*].

▪ **get out:** ~ ***out* 1** *(exit)* uscire (**through, by** da); ***~ out and don't come back!*** vattene e non tornare più! ***they'll never ~ out alive*** non ne usciranno vivi **2** *(make social outing)* uscire; ***you should ~ out more*** dovresti uscire di più **3** *(resign, leave)* andarsene **4** *(alight)* scendere **5** *(be let out)* [*prisoner*] uscire, essere rilasciato; ***he ~s out on the 8th*** esce *o* lo rilasciano il giorno 8 **6** *(leak)* [*news*] venire fuori, trapelare; ~ ***[sth.] out***, ~ ***out [sth.]* 1** *(bring out)* tirare fuori [*handkerchief, ID card*] **2** *(extract)* tirare fuori, via [*cork, stuck object*]; tirare via, estrarre [*tooth*] **3** *(erase)* fare andar via, togliere [*stain*] **4** *(take on loan)* prendere in prestito [*library book*] **5** *(produce)* tirar fuori [*plans, product*] **6** *(utter)* ***I couldn't ~ the words out*** non riuscivo a tirare fuori *o* fare uscire le parole **7** *(solve)* fare [*puzzle*]; ~ ***[sb.] out*** *(release)* fare uscire, (far) rilasciare [*prisoner*]; ***to ~ sb. out of sth.*** *(free from detention) (personally)* tirare qcn. fuori *o* fare uscire qcn. da qcs.; *(by persuasion)* fare rilasciare qcn. da qcs. [*prisoner*]; ***to ~ sth. out of sth.*** *(bring out)* tirare fuori qcs. da qcs. [*handkerchief etc.*]; *(find and remove)* tirare fuori [*required object*]; tirare via qcs. da qcs. [*stuck object*]; ***I can't ~ it out of my mind*** non riesco a togliermelo dalla mente.

▪ **get out of:** ~ ***out of [sth.]* 1** *(exit from)* uscire da [*building, bed*] **2** *(alight from)* scendere da [*vehicle*] **3** *(leave at end of)* uscire da [*meeting*] **4** *(be freed from)* uscire da [*prison*] **5** *(withdraw from)* uscire da, lasciare [*organization*]; sfuggire a, sottrarsi a [*responsibilities*]; ***he's got out of oil*** *(as investment)* COLLOQ. si è tolto dal petrolio **6** *(avoid doing)* evitare, sottrarsi a [*appointment, meeting*]; ***I'll try to ~ out of it*** cercherò di liberarmi; ***I accepted the invitation and now I can't ~ out of it*** ho accettato l'invito e adesso non posso mancare; ***to ~ out of doing*** evitare di fare **7** *(no longer do)* perdere [*habit*] **8** *(gain from)* ***what do you ~ out of your job?*** che cosa ricavi dal tuo lavoro? ***what will you ~ out of it?*** che cosa ci guadagnerai?

▪ **get over:** ~ ***over*** *(cross)* passare; ~ ***over [sth.]* 1** *(cross)* attraversare [*bridge, stream*] **2** *(recover from)* superare, rimettersi da [*illness, shock*]; ***to ~ over the fact that*** accettare il fatto che; ***I can't ~ over it*** *(in amazement)* non me ne capacito; ***I couldn't ~ over how she looked*** non riesco a dimenticare il suo aspetto; ***I can't ~ over how you've grown*** è incredibile vedere quanto sei cresciuto **3** *(surmount)* superare [*problem*]; ***to ~ sth. over with*** farla finita con qcs.; ***let's ~ it over with*** facciamola finita **4** *(stop loving)* dimenticare; ***she never got over him*** non lo ha mai dimenticato; ~ ***[sb., sth.] over* 1** *(cause to cross)* fare passare [*injured person, object*]; fare attraversare a qcn., fare passare qcs. su [*bridge*]; fare superare a qcn., a qcs. [*wall etc.*] **2** *(cause to arrive)* ***~ the plumber over here at once*** fai venire qui subito l'idraulico **3** *(communicate)* fare arrivare, fare recepire [*message*].

▪ **get round** BE ~ ***round***, ~ ***round [sth.]*** → **get around**; ~ ***round [sb.]*** COLLOQ. convincere qcn., persuadere qcn.; ***can't you ~ round him?*** non riesci a convincerlo? ***she easily ~s round her father*** riesce a convincere facilmente suo padre.

▪ **get through:** ~ ***through* 1** *(squeeze through)* passare **2** TEL. ***to ~ through to sb.*** parlare con qcn. (al telefono); ***I couldn't ~ through*** non sono riuscito ad avere la linea **3** ***to ~ through to*** *(communicate with)* comunicare con, convincere [*person*] **4** *(arrive)* [*news, supplies*] arrivare **5** *(survive)* farcela (**by doing** facendo) **6** SCOL. UNIV. [*examinee*] passare, farcela; ~ ***through [sth.]* 1** *(make way through)* attraversare, passare attraverso [*checkpoint, mud*] **2** *(reach end of)* arrivare alla fine di, finire [*book, revision*]; finire [*meal, task*]; [*actor*] arrivare alla fine di, concludere [*performance*] **3** *(survive mentally)* ***I thought I'd never ~ through the week*** credevo di non arrivare alla fine della settimana **4** *(complete successfully)* [*candidate, competitor*] superare, passare [*exam, qualifying round*]; ***I got through the interview*** ho fatto il colloquio **5** *(consume, use)* fare fuori, finire [*supply of food*]; fare fuori, scolarsi [*supply of drink*]; fare fuori, sperperare [*money*]; ***I ~ through two notebooks a week*** consumo due block notes alla settimana; ~ ***[sb., sth.] through* 1** *(squeeze through)* fare passare [*car, object, person*] **2** *(help to endure)* [*pills, encouragement, strength of character*] aiutare ad andare, a tirare avanti; ***her advice, these pills got me through the day*** i suoi consigli, queste pastiglie mi hanno aiutato ad arrivare alla fine della giornata **3** *(help through frontier etc.)* fare passare [*person, imported goods*] **4** SCOL. UNIV. *(help to pass)* aiutare a passare, a riuscire [*candidate*] **5** POL. fare passare [*bill*].

- **get together:** ***~ together*** *(assemble)* trovarsi, riunirsi (**about, over** per parlare, discutere di); ***~ [sb., sth.] together, ~ together [sb., sth.]*** **1** *(assemble)* mettere insieme, riunire [*different people, groups*] **2** *(accumulate)* mettere insieme, raccogliere [*money, food parcels, truckload*] **3** *(form)* formare [*company*]; formare, raggruppare [*action group*].
- **get under:** ***~ under*** passare (di) sotto; ***~ under [sth.]*** passare sotto (a) [*barrier, floorboards etc.*].
- **get up:** ***~ up*** **1** *(from bed)* alzarsi; *(from chair etc.)* alzarsi, tirarsi su (**from** da); ***~ up off the grass!*** tirati su dall'erba! togliti dall'erba! **2** *(on horse, ledge etc.)* montare; ***how did you ~ up there?*** come hai fatto a salire, ad arrampicarti lassù? **3** METEOR. [*storm*] prepararsi; [*wind*] levarsi **4** ***to ~ up to*** *(reach)* arrivare (fino) a [*page, upper floor*]; ***what did you ~ up to?*** FIG. *(sth. enjoyable)* che cosa hai fatto di bello? *(sth. mischievous)* che cosa hai combinato?; ***~ up [sth.]*** **1** arrivare in cima a [*hill, ladder*] **2** *(increase)* aumentare [*speed*] **3** *(start, muster)* formare [*group*]; fare [*petition*]; suscitare [*sympathy*]; ottenere [*support, sympathy*]; ***~ [sth.] up*** organizzare; ***~ [oneself] up in*** COLLOQ. mettere, indossare [*outfit*].

getatable /ˌget'ætəbl/ agg. COLLOQ. ***to be, not to be ~*** [*object*] essere facile, difficile a ottenersi.
getaway /'getəweɪ/ **I** n. ***to make a quick ~*** partire alla svelta *o* fare un fugone **II** modif. ***the robbers had a ~ car outside the bank*** i rapinatori avevano un'auto per scappare pronta fuori dalla banca.
Gethsemane /geθ'semənɪ/ n.pr. Getsemani m.
get-out /'getaʊt/ n. via f. d'uscita, scappatoia f.
get-rich-quick scheme /ˌgetrɪtʃ'kwɪkˌski:m/ n. COLLOQ. sistema m. per arricchirsi rapidamente.
gettable /'getəbl/ agg. ottenibile.
getter /'getə(r)/ n. **1** *(person)* chi ottiene **2** TECN. getter m.
get-together /'gettəgeðə(r)/ n. ***we ought to have a ~*** dovremmo combinare di vederci; ***we had a bit of a ~*** facemmo una piccola festicciola.
getup /'getʌp/ n. COLLOQ. SPREG. aspetto m., tenuta f.
get-up-and-go /ˌgetʌpən'gəʊ/ n. energia f., dinamismo m.
get well /ˌget'wel/ agg. [*card, wishes*] di pronta guarigione.
geum /'dʒi:əm/ n. cariofillata f.
gewgaw /'gju:gɔ:/ n. fronzolo m., gingillo m.
geyser /'gi:zə(r), 'gaɪ-/ n. **1** GEOL. geyser m. **2** BE *(water-heater)* scaldaacqua m. (a gas).
G-force /'dʒi:ˌfɔ:s/ n. forza f. di gravità.
Ghana /'gɑ:nə/ ➧ ***6*** n.pr. Ghana m.
Ghanaian /gɑ:'neɪən/ ➧ ***18*** **I** agg. ghaneano, ghanaese **II** n. ghaneano m. (-a), ghanaese m. e f.
gharry /'gærɪ/ n. INDIAN. RAR. vettura f. a cavalli.
ghastliness /'gɑ:stlɪnɪs, AE 'gæst-/ n. **1** *(of look)* aspetto m. orrendo, spaventoso; *(of scene)* orrore m. **2** *(of complexion)* pallore m. spettrale.
ghastly /'gɑ:stlɪ, AE 'gæstlɪ/ **I** agg. **1** *(dreadful)* [*accident, scene, sight*] orribile, spaventoso **2** *(sickly)* [*person, family, decor, colour, taste*] orribile, orrendo; [*light*] spettrale; ***to be ~ pale*** o ***to have a ~ pallor*** essere pallido come un morto *o* essere di un pallore spettrale **II** avv. **1** *(dreadfully)* spaventosamente [*pale*] **2** *(seriously)* gravemente [*ill*].
gha(u)t /gɔ:t/ n. INDIAN. **1** *(mountain pass)* passo m. **2** *(mountain range)* catena f. montuosa **3** *(flight of steps)* (rampa di) scala f. che porta a un fiume.
ghee /gi:/ n. burro m. chiarificato.
gherkin /'gɜ:kɪn/ n. cetriolo m., cetriolino m. sott'aceto.
ghetto /'getəʊ/ **I** n. (pl. ~ o **~es**) ghetto m. **II** modif. [*child, poverty*] del ghetto, dei ghetti; [*life, upbringing*] nel ghetto, nei ghetti.
ghetto blaster /'getəʊˌblɑ:stə(r), AE -ˌblæ-/ n. COLLOQ. (grosso) stereo m. portatile.
ghettoization /ˌgetəʊaɪ'zeɪʃn, AE -əʊɪ'z-/ n. *(of people)* ghettizzazione f.; ***the ~ of an issue*** FIG. il relegare una questione in secondo piano.
ghettoize /'getəʊaɪz/ tr. ghettizzare [*immigrants*]; FIG. relegare in secondo piano [*subject, issue*].
Ghibelline /'gɪbɪlaɪn/ **I** agg. ghibellino **II** n. ghibellino m. (-a).
ghibli /'gɪblɪ/ n. ghibli m.
1.ghost /gəʊst/ n. **1** *(spectre)* fantasma m., spettro m.; ***to believe in ~s*** credere ai fantasmi; ***you look as if you've seen a ~!*** hai l'aria di uno che ha appena visto un fantasma! **2** FIG. ***the ~ of a smile*** l'ombra di un sorriso; ***they haven't the ~ of a chance of winning!*** non hanno la minima possibilità di vincere! ***to lay the ~s of one's past*** esorcizzare i fantasmi del passato **3** *(writer)* scrittore m. (-trice) fantasma, negro m. **4** TELEV. immagine f. fantasma ◆ ***to give up the ~*** esalare lo spirito *o* rendere l'anima a Dio.
2.ghost /gəʊst/ **I** tr. ***to ~ sb.'s books*** scrivere libri per conto di qcn. **II** intr. ***to ~ for sb.*** fare lo scrittore fantasma per qcn.
ghost image /'gəʊstˌɪmɪdʒ/ n. immagine f. fantasma.
ghostliness /'gəʊstlɪnɪs/ n. l'essere spettrale.
ghostly /'gəʊstlɪ/ agg. spettrale.
ghost ship /'gəʊstˌʃɪp/ n. nave f. fantasma.
ghost story /'gəʊstˌstɔ:rɪ/ n. storia f. di fantasmi.
ghost town /'gəʊstˌtaʊn/ n. città f. fantasma.
ghost train /'gəʊstˌtreɪn/ n. *(at funfair etc.)* tunnel m. degli orrori.
ghostwrite /'gəʊstˌraɪt/ tr. e intr. (pass. **-wrote**; p.pass. **-written**) → **2.ghost**.
ghostwriter /'gəʊstˌraɪtə(r)/ ➧ ***27*** n. scrittore m. (-trice) fantasma, negro m.
ghoul /gu:l/ n. **1** *(spirit)* = demone malefico che divora cadaveri **2** SPREG. *(person)* ***to be a ~*** essere amante del macabro.
ghoulish /'gu:lɪʃ/ agg. *(all contexts)* macabro.
GHQ n. (⇒ General Headquarters Quartier Generale) Q.G. m.
GI n. (⇒ Government Issue) = soldato statunitense.
▷ **giant** /'dʒaɪənt/ **I** n. *(all contexts)* gigante m.; ***industrial ~*** gigante dell'industria; ***intellectual ~*** gigante intellettuale, gigante dello spirito **II** agg. [*size*] gigante; ***a ~ company*** un gigante.
giant anteater /ˌdʒaɪənt'ænti:tə(r)/ n. formichiere m. gigante.
giantess /'dʒaɪəntes/ n. gigantessa f.
giant-killer /'dʒaɪəntˌkɪlə(r)/ n. vincitore m. (-trice) a sorpresa.
giantism /'dʒaɪəntɪzəm/ n. gigantismo m.
giant panda /ˌdʒaɪənt'pændə/ n. panda m. gigante.
giant-size(d) /'dʒaɪəntˌsaɪz(d)/ agg. di dimensioni enormi, gigante.
giant slalom /ˌdʒaɪənt'slɑ:ləm/ n. slalom m. gigante.
giant star /ˌdʒaɪənt'stɑ:(r)/ n. stella f. gigante.
giaour /'dʒaʊə(r)/ n. giaurro m.
1.gib /gɪb/ n. gatto m. maschio castrato.
2.gib /gɪb/ n. **1** MIN. puntello m. (provvisorio) **2** MECC. cuneo m., zeppa f.
1.gibber /'dʒɪbə(r)/ n. → **gibberish**.
2.gibber /'dʒɪbə(r)/ intr. **1** *(with fear)* farfugliare; *(rage)* borbottare; ***what's he ~ing on about?*** COLLOQ. SPREG. che cosa sta farfugliando? ***~ing idiot*** COLLOQ. SPREG. imbecille farneticante **2** [*monkey*] strillare, berciare.
gibberish /'dʒɪbərɪʃ/ n. borbottio m.
1.gibbet /'dʒɪbɪt/ n. forca f., patibolo m.
2.gibbet /'dʒɪbɪt/ tr. **1** *(hang)* impiccare [*criminal*]; esporre sulla forca [*corpse*] **2** ANT. FIG. mettere alla berlina.
gibbon /'gɪbən/ n. gibbone m.
gibbose /gɪ'bəʊs/ agg. gibboso.
gibbosity /gɪ'bɒsətɪ/ n. gibbosità f.
gibbous /'gɪbəs/ agg. gibboso.
gibbous moon /ˌgɪbəs'mu:n/ n. = ultimo quarto di luna crescente.
gibe → **1.jibe, 2.jibe**.
giber /'dʒaɪbə(r)/ n. schernitore m. (-trice).
gibingly /'dʒaɪbɪŋlɪ/ avv. in modo beffardo, con scherno.
giblets /'dʒɪblɪts/ n.pl. rigaglie f.
gibli → **ghibli**.
Gibraltar /dʒɪ'brɔ:ltə(r)/ ➧ ***34*** n.pr. Gibilterra f.
GI bride /ˌdʒi:aɪ'braɪd/ n. = moglie (straniera) di un soldato statunitense.
giddily /'gɪdɪlɪ/ avv. **1** *(dizzily)* vertiginosamente **2** *(frivolously)* volubilmente.
giddiness /'gɪdɪnɪs/ n. **1** *(dizziness)* vertigine f., vertigini f.pl. **2** *(frivolity)* volubilità f.
1.giddy /'gɪdɪ/ agg. **1** *(dizzy)* ***to feel ~*** avere le vertigini *o* il capogiro **2** *(exhilarating)* [*height, speed, success*] vertiginoso; [*social whirl*] vorticoso **3** *(frivolous)* [*person*] volubile; [*behaviour*] frivolo.
2.giddy /'gɪdɪ/ **I** tr. fare venire il capogiro, le vertigini a **II** intr. avere il capogiro, le vertigini.
giddy spell /'gɪdɪˌspel/ n. (attacco m. di) vertigini f.pl., capogiro m.
giddy up /ˌgɪdɪ'ʌp/ inter. arri.
Gideon /'gɪdɪən/ n.pr. **1** *(male name)* Gedeone **2** STOR. = membro di un'associazione cristiana laica che promuoveva la diffusione della Bibbia.

Gideon Bible /ˌgɪdɪən'baɪbl/ n. = Bibbia messa nelle camere degli hotel da un'associazione cristiana laica.

▶ **1.gift** /gɪft/ n. **1** *(present)* dono m., regalo m. (**from** da; **to** a); ***a farewell, wedding ~*** un regalo d'addio, di nozze; ***to give a ~ to sb.*** o ***to give sb. a ~*** fare un dono *o* dare un regalo a qcn.; ***to give sb. a ~ of crystal*** regalare a qcn. un oggetto di cristallo; ***to give sb. a ~ of money*** fare a qcn. un dono in denaro; ***they gave it to us as a ~*** ce lo hanno dato come regalo; ***it's for a ~*** è (per) un regalo; ***"how to claim your free ~"*** *(in advertisement)* "come richiedere il vostro regalo"; ***a ~ from the gods*** un dono divino *o* del cielo; ***the ~ of life, sight*** il dono della vita, della vista; FIG. ***it was a ~ of a goal*** COLLOQ. è stato un gol regalato; ***at that price, it's a ~!*** a quel prezzo, è regalato *o* è un regalo! **2** *(donation)* dono m., donazione f. (**from** da; **to** a); ***a ~ of £ 10,000, of an incubator*** una donazione di 10.000 sterline, la donazione di una incubatrice; ***to make a ~ of sth. to sb.*** fare dono di qcs. a qcn. **3** *(talent)* dono m., talento m. (**for sth.** per qcs.); ***to have a ~ for*** o ***of doing*** avere un dono per fare *o* il dono di (saper) fare **4** DIR. *(of property)* donazione f.; ***to make sb. a ~ of sth.*** lasciare in donazione qcs. a qcn.; ***by way of a ~*** in donazione; ***to be in sb.'s ~*** FORM. essere facoltà di qcn. ◆ ***don't look a ~ horse in the mouth*** PROV. a caval donato non si guarda in bocca.

2.gift /gɪft/ tr. donare, regalare.

GIFT n. MED. (⇒ gamete intra-fallopian transfer trasferimento del gamete nelle trombe di Falloppio) GIFT m.

gift certificate /'gɪftsəˌtɪfɪkət/ n. AE → **gift token, gift voucher**.

gifted /'gɪftɪd/ **I** p.pass. → **2.gift II** agg. *(talented)* [*actor, athlete, musician, artist*] dotato, di talento; *(intellectually)* [*child*] superdotato; ***a linguistically, musically ~ student*** uno studente molto portato per le lingue, dotato per la musica; ***a ~ amateur*** un dilettante (molto) dotato.

gift shop /'gɪftʃɒp/ n. negozio m. di articoli da regalo.

gift token /'gɪftˌtəʊkən/, **gift voucher** /'gɪftˌvaʊtʃə(r)/ n. BE buono m. d'acquisto.

gift wrap /'gɪftræp/ n. (anche **~ping**) carta f. da regalo.

gift-wrap /'gɪftˌræp/ tr. (forma in -ing ecc. **-pp-**) ***would you like it ~ped?*** lo vuole incartato? le faccio un pacchetto regalo?

1.gig /gɪg/ n. MUS. COLLOQ. concerto m., serata f.; ***to do*** o ***play a ~*** fare un concerto, suonare.

2.gig /gɪg/ n. **1** *(carriage)* calesse m. **2** MAR. lancia f., piccola barca f. a remi.

3.gig /gɪg/ intr. (forma in -ing ecc. **-gg-**) andare in calesse.

4.gig /gɪg/ n. PESC. fiocina f.

5.gig /gɪg/ tr. (forma in -ing ecc. **-gg-**) PESC. fiocinare.

6.gig /gɪg/ n. TESS. cilindro m. garzatore.

7.gig /gɪg/ tr. (forma in -ing ecc. **-gg-**) TESS. garzare.

8.gig /gɪg/ n. MIL. rapporto m.; punizione f. (lieve).

9.gig /gɪg/ tr. (forma in -ing ecc. **-gg-**) MIL. fare rapporto a; *(punish)* punire.

gigabyte /'gaɪgəbaɪt/ n. gigabyte m.

gigantesque /ˌdʒaɪgæn'tesk/, **gigantic** /dʒaɪ'gæntɪk/ agg. gigantesco.

gigantically /dʒaɪ'gæntɪkəlɪ/ avv. ***~ tall*** enormemente alto *o* gigantesco; ***to be ~ successful*** COLLOQ. avere un successo enorme.

gigantism /'dʒaɪgəntɪzəm/ ➧ ***11*** n. gigantismo m.

gigawatt /'gaɪgəwɒt/ n. gigawatt m.

▷ **1.giggle** /'gɪgl/ n. **1** *(silly)* risolino m.; *(nervous)* risatina f.; ***to have a fit of the ~s*** avere la ridarella; ***to get the ~s*** essere preso dalla ridarella **2** BE COLLOQ. *(joke)* ***to do sth. for a ~*** COLLOQ. fare qcs. per ridere *o* per scherzo; ***we had a good ~!*** COLLOQ. abbiamo riso un bel po'! ci siamo proprio divertiti!

▷ **2.giggle** /'gɪgl/ **I** tr. ***"I don't know!" he ~d*** "non lo so!" disse con un risolino **II** intr. *(stupidly)* ridacchiare; *(nervously)* ridere nervosamente; ***he was giggling helplessly*** aveva una ridarella irrefrenabile.

giggler /'gɪglə(r)/ n. chi ridacchia.

giggly /'gɪglɪ/ agg. SPREG. [*person*] che ridacchia; ***~ laughter*** *(nervous)* risatina (nervosa); *(silly)* risolino (sciocco); ***to be in a ~ mood*** avere la ridarella.

giglot /'gɪglət/ n. ANT. sgualdrinella f., puttanella f.

GIGO n. INFORM. (⇒ garbage in garbage out) = a un input errato corrisponde un output errato.

gigolo /'ʒɪgələʊ/ n. (pl. **~s**) gigolo m.

gigot /'dʒɪgət/ n. gigotto m.

Gil /gɪl/ n.pr. diminutivo di **Gilbert**.

Gila monster /'hiːləˌmɒnstə/ n. mostro m. di Gila, eloderma m.

Gilbert /'gɪlbət/ n.pr. Gilberto.

gild /gɪld/ tr. (pass., p.pass. **gilded, gilt**) **1** dorare, indorare [*frame, ornament*] **2** *(light up)* [*sun, light*] illuminare, fare risplendere.

Gilda /'gɪldə/ n.pr. Gilda.

gilded /'gɪldɪd/ **I** p.pass. → **gild II** agg. dorato; ***~ youth*** gioventù dorata; ***to be a bird in a ~ cage*** vivere in una prigione dorata.

gilder /'gɪldə(r)/ n. doratore m. (-trice).

gilding /'gɪldɪŋ/ n. doratura f.

Giles /dʒaɪlz/ n.pr. Egidio.

gilhooley /'gɪlhuːlɪ/ n. AE AUT. COLLOQ. testacoda m.

1.gill /gɪl/ n. **1** *(of fish)* branchia f. **2** *(of mushroom)* lamella f. ◆ ***green about the ~s*** COLLOQ. pallido come un cencio.

2.gill /gɪl/ tr. **1** sbuzzare, pulire [*fish*] **2** mondare, togliere le lamelle a [*mushroom*].

3.gill /dʒɪl/ ➧ ***3*** n. gill m.

Gill /dʒɪl/ n.pr. Gill (nome di uomo e di donna).

Gillian /'dʒɪlɪən/ n.pr. Gillian (nome di donna).

gillie, gilly /'gɪlɪ/ n. SCOZZ. = accompagnatore che assiste un cacciatore, un pescatore.

gillyflower /'dʒɪlɪflaʊə(r)/ n. garofano m.

gilt /gɪlt/ **I** p.pass. → **gild II** agg. [*frame, paint*] dorato **III** n. doratura f.

gilt-cup /'gɪltkʌp/ n. botton m. d'oro.

gilt-edged /ˌgɪlt'edʒd/ agg. **1** [*page*] con il taglio dorato **2** [*investment, opportunity*] d'oro.

gilt-edged securities /ˌgɪltˌedʒdsɪ'kjʊərətɪz/ n.pl. titoli m. di stato, di prim'ordine.

gilt-edged stock /ˌgɪltˌedʒd'stɒk/ n. titoli m.pl., obbligazioni f.pl. di stato, di prim'ordine.

gilt-edged stocks /ˌgɪltˌedʒd'stɒks/ n.pl. → **gilt-edged stock**.

gilthead bream /'gɪltheddˌbriːm/ n. orata f.

gilts /'gɪlts/ ECON. **I** n.pl. → **gilt-edged securities, gilt-edged stock II** modif. [*market, profit, yield*] di titoli ed obbligazioni di stato.

gimbals /'dʒɪmblz/ n.pl. sospensione f.sing. cardanica.

gimcrack /'dʒɪmkræk/ **I** n. cianfrusaglia f. **II** agg. vistoso e dozzinale.

gimcrackery /'dʒɪmkrækərɪ/ n. cianfrusaglie f.pl., ciarpame m.

1.gimlet /'gɪmlɪt/ n. succhiello m. ◆ ***to have eyes like ~s, to be ~-eyed*** avere lo sguardo penetrante.

2.gimlet /'gɪmlɪt/ tr. forare con un succhiello.

gimme /'gɪmɪ/ COLLOQ. contr. give me.

gimmick /'gɪmɪk/ n. SPREG. **1** *(stunt to attract attention)* stratagemma m., trucco m.; *(gadget)* aggeggio m., arnese m.; ***sales, publicity ~*** stratagemma promozionale, trovata pubblicitaria; ***cheap ~s to attract customers*** espedienti per attirare clienti **2** AE ***what's his ~?*** a che cosa mira?

gimmickry /'gɪmɪkrɪ/ n. **U** SPREG. trucchi m.pl.

gimmicky /'gɪmɪkɪ/ agg. SPREG. [*theatrical production*] pieno di effettacci; [*clothes*] pieno di fronzoli; ***~ jewellery*** chincaglieria; [*theory*] di moda; ***~ idea*** trovata.

1.gimp /gɪmp/ n. TESS. rinforzo m.

2.gimp /gɪmp/ n. AE COLLOQ. ***to have a ~*** zoppicare.

3.gimp /gɪmp/ intr. AE COLLOQ. zoppicare.

1.gin /dʒɪn/ n. *(drink)* gin m.

2.gin /dʒɪn/ n. **1** TESS. ginnatrice f. **2** (anche **~ trap**) VENAT. trappola f.

3.gin /dʒɪn/ tr. (forma in -ing ecc. **-nn-**) **1** TESS. ginnare **2** VENAT. intrappolare.

gin and it /ˌdʒɪnən'ɪt/ n. BE = bevanda a base di gin e vermut.

gin and tonic /ˌdʒɪnən'tɒnɪk/ n. gin tonic m.

gin and tonic belt /ˌdʒɪnənˌtɒnɪk'belt/ n. BE = periferia residenziale agiata delle città dell'Inghilterra del Sud.

gin block /'dʒɪnˌblɒk/ n. puleggia f. di carico.

ginch /gɪntʃ/ n. AE POP. *(woman)* pupa f., bambola f.

1.ginger /'dʒɪndʒə(r)/ ➧ ***5*** **I** n. **1** BOT. GASTR. zenzero m.; ***root*** o ***fresh ~*** zenzero fresco **2** *(colour) (of hair)* fulvo m., rossiccio m. **3** *(nickname)* SPREG. pel m. di carota **II** modif. **1** GASTR. [*cake, biscuit*] allo zenzero **2** *(reddish)* [*hair, beard*] fulvo, rossiccio; [*cat*] dal pelo fulvo.

2.ginger /'dʒɪndʒə(r)/ tr. aromatizzare con zenzero.

■ **ginger up:** ***~ up [sth.]*** animare [*evening*]; stimolare [*metabolism*].

gingerade /ˌdʒɪndʒər'eɪd/ n. → **ginger ale, ginger beer**.

ginger ale /ˌdʒɪndʒər'eɪl/ n. = bevanda gassata aromatizzata allo zenzero.

ginger beer /ˌdʒɪndʒər'bɪə(r)/ n. = bevanda gassata lievemente alcolica aromatizzata allo zenzero.

gingerbread /'dʒɪndʒəbred/ n. **1** GASTR. = dolce aromatizzato allo zenzero simile al panpepato **2** *(ornamentation)* AE ornamento m. pacchiano ◆ ***that takes the gilt off the ~*** questo rovina tutto.

gingerbread man /'dʒɪndʒəbredˌmæn/ n. (pl. **gingerbread men**) omino m. di panpepato.

ginger group /'dʒɪndʒəˌgruːp/ n. BE *(in party, organization)* gruppo m. di pressione.

ginger-haired /ˈdʒɪndʒəˌheəd/ agg. dai, con i capelli fulvi, rossicci.
gingerly /ˈdʒɪndʒəlɪ/ avv. cautamente.
gingernut /ˈdʒɪndʒəˌnʌt/, **ginger snap** /ˈdʒɪndʒəˌsnæp/ n. GASTR. = tipo di biscotto aromatizzato allo zenzero.
gingery /ˈdʒɪndʒərɪ/ agg. **1** *(reddish)* [*hair, beard, colour*] fulvo, rossiccio **2** GASTR. [*flavour*] di zenzero.
gingham /ˈgɪŋəm/ **I** n. percalle m. **II** modif. [*garment*] di percalle.
gingiva /ˌdʒɪnˈdʒaɪvə/ n. (pl. **-ae**) gengiva f.
gingival /ˌdʒɪnˈdʒaɪvəl/ agg. gengivale.
gingivitis /ˌdʒɪndʒɪˈvaɪtɪs/ ♦ ***11*** n. gengivite f.
gink /gɪŋk/ n. COLLOQ. SPREG. tipo m. (strano), tizio m.
ginkgo /ˈgɪŋkəʊ/ n. (pl. **~s, ~es**) ginkgo m.
gin mill /ˈdʒɪnˌmɪl/ n. AE COLLOQ. SPREG. bar m., saloon m.
Ginny /ˈdʒɪnɪ/ n.pr. diminutivo di **Virginia**.
gin rummy /ˌdʒɪnˈrʌmɪ/ ♦ ***10*** n. pinnacolo m.
ginseng /ˈdʒɪnseŋ/ n. ginseng m.
gin sling /ˈdʒɪnˌslɪŋ/ n. gin fizz m.
gin trap /ˈdʒɪnˌtræp/ n. GERG. becco m., bocca f.
ginzo /ˈgɪnzəʊ/ n. (pl. **~s**) AE GERG. SPREG. italiano m. (-a).
gippo /ˈdʒɪpəʊ/ n. (pl. **~s**) BE ANT. COLLOQ. SPREG. *(gipsy)* zingaro m. (-a).
gippy /ˈdʒɪpɪ/ agg. BE ANT. COLLOQ. ***to have a ~ tummy*** avere le coliche.
gipsy n. → **gypsy**.
giraffe /dʒɪˈrɑːf, AE dʒəˈræf/ n. giraffa f.; ***baby ~*** cucciolo di giraffa.
girandole /ˈdʒɪrəndəʊl/ n. RAR. **1** *(firework)* girandola f. **2** *(chandelier)* candeliere m. a bracci **3** *(earring)* = orecchino dotato di una pietra preziosa circondata da pietre più piccole.
girasol(e) /ˈdʒɪrəsəʊl/ n. opale m. di fuoco.
gird /gɜːd/ **I** tr. (pass., p.pass. **girded** o **girt**) LETT. cingere **II** rifl. (pass., p.pass. **girded** o **girt**) LETT. ***to ~ oneself*** accingersi (**for** a fare) ◆ ***to ~ (up) one's loins*** SCHERZ. rimboccarsi le maniche, accingersi a fare qualcosa.
girder /ˈgɜːdə(r)/ n. trave f.; ***box ~*** trave a scatola.
girder rail /ˈgɜːdəˌreɪl/ n. rotaia f. a gola (per tranvia).
1.girdle /ˈgɜːdl/ n. **1** *(corset)* busto m. **2** *(belt)* cintura f. **3** GASTR. → **griddle**.
2.girdle /ˈgɜːdl/ tr. **1** cingere **2** BOT. cercinare [*tree*].
▶ **girl** /gɜːl/ **I** n. **1** *(child)* bambina f.; *(teenager)* ragazza f.; ***~'s bicycle*** bicicletta da bambina; ***~'s coat*** cappotto da donna; ***~s' school*** scuola femminile; ***the ~s' changing room, toilets*** lo spogliatoio, i bagni delle femmine; ***baby ~*** bimba; ***little ~*** bambina piccola; ***teenage ~*** adolescente; ***young ~*** ragazzina; ***when I was a ~*** *(referring to childhood)* quand'ero bambina; *(referring to adolescence)* quand'ero ragazza; ***good morning, ~s and boys*** buongiorno, ragazzi; ***come on, ~s!*** *(to children)* forza, bambine! *(to women)* SCHERZ. forza, ragazze! ***be a good ~*** *(to child)* fai la brava (bambina); *(to adult)* SCHERZ. sii gentile; ***good ~!*** brava! ***the new ~*** SCOL. la (bambina *o* ragazza) nuova **2** *(daughter)* figlia f.; ***the Smith ~*** la figlia degli Smith **3** *(servant)* donna f.; ***factory ~*** operaia; ***office ~*** impiegata; ***sales*** o ***shop ~*** commessa **4** *(man's sweetheart)* ragazza f. **5** *(female animal)* ***down ~*** giù! buona! ***easy ~!*** calma! buona! **II** modif. ***a ~ singer*** una (giovane) cantante; ***~ talk*** COLLOQ. chiacchiere da donne; ***he's having ~ trouble*** ha dei problemi con le ragazze ◆ ***~ next door*** ragazza della porta accanto.
girl Friday /ˌgɜːlˈfraɪdeɪ, -dɪ/ n. impiegata f. tuttofare.
▷ **girlfriend** /ˈgɜːlfrend/ n. *(sweetheart)* ragazza f., girlfriend f.; *(friend)* amica f.
girl guide /ˌgɜːlˈgaɪd/ n. BE guida f.
girlhood /ˈgɜːlhʊd/ n. *(childhood)* infanzia f.; *(adolescence)* adolescenza f.; *(youth)* gioventù f.
girlie /ˈgɜːlɪ/ n. COLLOQ. ragazzina f.
girlie mag(azine) /ˈgɜːlɪˌmæg(əˌziːn)/ n. COLLOQ. rivista f. per soli uomini.
girlie show /ˈgɜːlɪˌʃəʊ/ n. COLLOQ. spettacolo m. per soli uomini.
girlish /ˈgɜːlɪʃ/ agg. da ragazzina.
girlishness /ˈgɜːlɪʃnɪs/ n. modi m.pl., carattere m. di ragazzina.
girlishly /ˈgɜːlɪʃlɪ/ avv. come una ragazzina.
girl scout /ˌgɜːlˈskaʊt/ n. AE → **girl guide**.
girls' wear department /ˈgɜːlzˌweədɪˌpɑːtmənt/ n. reparto m. abbigliamento (per) bambina.
girly n. → **girlie**.
girn /gɜːn/ intr. SCOZZ. *(show the teeth)* mostrare i denti (anche FIG.); *(snarl)* ringhiare (anche FIG.).
giro /ˈdʒaɪrəʊ/ **I** n. (pl. **~s**) BE ECON. **1** *(system)* (sistema di) giroconto m.; ***to pay by ~*** pagare con giroconto **2** *(cheque)* assegno m. postale **II** modif. ***~ payment*** o ***~ transfer*** *(through bank)* giroconto bancario; *(through post office)* postagiro.
Girondist /dʒɪˈrɒndɪst/ **I** agg. girondino **II** n. girondino m. (-a).
girt /gɜːt/ **I** pass., p.pass. → **gird II** tr. → **gird**.
1.girth /gɜːθ/ n. **1** *(of person)* girovita m.; *(of tree, pillar)* circonferenza f. **2** EQUIT. sottopancia m.
2.girth /gɜːθ/ **I** tr. **1** ANT. *(surround)* cingere, circondare **2** *(fit with a girth)* assicurare la sella a [*horse*] **II** intr. *(measure in girth)* misurare (in circonferenza).
gismo n. COLLOQ. → **gizmo**.
gist /dʒɪst/ n. essenza f., sostanza f., succo m., nocciolo m. (**of** di).
git /gɪt/ n. BE POP. SPREG. coglione m. (-a).
gittern /ˈgɪtɜːn/ n. cetera f.
▶ **1.give** /gɪv/ **I** tr. (pass. **gave**; p.pass. **given**) **1** *(hand over)* [*person*] dare [*object, money, medal, prize, punishment, hand, arm*] (**to** a); offrire [*present, drink, sandwich*] (**to** a); ***to ~ sb. sth.*** dare qcs. a qcn.; *(politely, as gift)* offrire qcs. a qcn.; ***~ it (to) me!, ~ me it!*** dallo a me! ***~ him a drink*** offrigli una bibita *o* da bere; ***to ~ sb. sth. for*** dare qcs. a qcn. per [*birthday, Christmas*]; ***how much*** o ***what will you ~ me for it?*** quanto mi dai per questo? ***I'll ~ you 50 cents for it*** ti darò 50 centesimi (per questo); ***I'd ~ anything for, to do*** darei qualsiasi cosa per, per fare; ***what wouldn't I ~ for...!*** che cosa non darei per...! ***to ~ sb. sth. as*** dare qcs. a qcn. come [*present, token, symbol*]; ***to ~ sb. sth. to carry, look after*** dare a qcn. qcs. da portare, cui badare **2** *(cause to have)* ***to ~ sb. [sth.], to ~ [sth.] to sb.*** fare venire a qcn. [*headache, indigestion, vertigo, nightmares*]; dare a qcn. [*satisfaction*]; attaccare, trasmettere a qcn. [*disease, infection, virus*]; ***he's given me his cough*** mi ha attaccato la tosse; ***to ~ sb. pleasure*** dare *o* fare piacere a qcn. **3** *(provide, produce)* dare [*milk, flavour, light, result, answer, sum*]; fornire [*heat, vitamin, nutrient*]; ***blue and yellow ~ (you) green*** il blu e il giallo danno il verde; ***the number was given to three decimal places, in metric units*** il numero fu dato fino al terzo decimale, in unità metrico-decimali **4** *(allow, accord)* [*authority*] affidare [*custody*]; concedere, accordare [*grant, bursary*]; cedere [*seat*]; [*hotelier*] dare [*room*]; ***to ~ sb. sth.*** dare, concedere a qcn. [*time, time period*] (**to do** per fare); ***~ me a minute*** dammi un minuto; ***to ~ sb. enough room*** dare *o* lasciare a qcn. spazio sufficiente; ***I'll ~ him another hour, then I'm calling the police*** gli do *o* gli concedo ancora un'ora, poi chiamo la polizia; ***she gave him a week to decide*** gli diede una settimana per decidere; ***he was given six months to live*** gli diedero sei mesi di vita; ***how long do you ~ the new boss, their marriage?*** quanto tempo dai al nuovo capo, al loro matrimonio? ***it is not given to all of us to do*** FORM. non è dato a tutti di fare; ***she can sing, I'll ~ her that*** sa cantare, devo riconoscerglielo; ***it's original, I'll ~ you that*** è originale, te lo concedo; ***she could ~ her opponent five years*** potrebbe concedere al suo avversario al massimo cinque anni; ***the polls ~ Labour a lead*** i sondaggi danno il partito laburista in testa **5** MED. ***to ~ sb. sth.*** o ***to ~ sth. to sb.*** dare qcs. a qcn. [*treatment, medicine*]; trapiantare qcs. a qcn. [*organ*]; mettere qcs. a qcn. [*artificial limb, pacemaker*]; fare qcs. a qcn. [*facelift, injection, massage*]; ***can you ~ me something for the pain?*** mi può dare qcs. per il dolore? **6** *(communicate)* dare [*advice, information, appointment*]; ***I was given to understand*** o ***believe that*** mi fu dato a intendere, fatto credere che **7** TEL. ***to ~ sb. sth.*** passare a qcn. [*extension, number, department*]; ***~ me the sales manager, please*** mi passi il direttore commerciale, per favore **8** *(give birth to)* ***she gave him two daughters*** gli diede due figlie **II** intr. (pass. **gave**; p.pass. **given**) **1** *(contribute)* dare, donare; ***to ~ to sth.*** *(habitually)* fare delle offerte, delle donazioni a qcs.; ***she never ~s to charity*** non dà mai niente in beneficenza; ***"please ~ generously"*** "donate con generosità" **2** *(bend, flex)* [*mattress, sofa*] infossarsi (**under** sotto); [*shelf, bridge, floorboard*] cedere (**under** sotto); [*branch*] piegarsi (**under** sotto); [*leather, fabric*] cedere **3** *(yield, break)* → **give way** **4** *(concede, yield)* [*person, side*] cedere; ***something has to ~*** qualcosa si deve pur concedere **III** rifl. (pass. **gave**; p.pass. **given**) ***to ~ oneself to*** *(devote oneself)* dedicarsi a [*cause, good works*]; EUFEM. *(sexually)* darsi a [*person*] ◆ ***don't ~ me that!*** COLLOQ. non cercare di darmela a bere! ***~ or take an inch (or two)*** centimetro più, centimetro meno; ***~ me a nice cup of tea any day*** o ***every time!*** COLLOQ. non c'è niente come una bella tazza di tè! ***if this is the big city, ~ me a village every time*** COLLOQ. se questa è la grande città, preferisco mille volte i paesini; ***"I ~ you the bride and groom!"*** = formula che si usa al termine di un discorso per brindare agli sposi; ***I'll ~ you something to cry about!*** COLLOQ. te la do io una ragione per piangere! ***I'll ~ you something to complain about!*** COLLOQ. te la do io una ragione per lamentarti! ***more money? I'll ~ you more money!*** COLLOQ. altri soldi? te li do io, i soldi! ***to ~ and take*** fare un com-

promesso; ***to ~ as good as one gets*** rendere colpo su colpo; ***to ~ it all one's got*** COLLOQ. metterci l'anima; ***to ~ sb. what for*** COLLOQ. dare a qcn. una lavata di capo; ***what ~s?*** COLLOQ. che cosa succede?

■ **give away:** ~ away [sth.], ~ [sth.] away **1** *(as gift, offer, charity)* dare via, regalare [*item, sample, ticket*] (**to** a); distribuire [*samples, tickets*]; ***we're practically giving them away!*** li stiamo praticamente regalando! ***they're not exactly giving it away*** IRON. non lo regalano certo; ***we've got 100 copies to ~ away!*** abbiamo 100 copie da regalare! **2** *(reveal)* rivelare, spifferare [*secret*] (**to** a); rivelare [*answer, story, ending*] (**to** a); ***the flavour ~s it away*** l'aroma lo rivela **3** *(waste, lose carelessly)* regalare [*match, goal, advantage*] (**to** a); ~ [sb.] away, ~ away [sb.] **1** *(betray)* [*expression, fingerprints*] tradire; [*person*] denunciare [*person*] (**to** a); ***to ~ oneself away*** tradirsi (**by doing** facendo) **2** *(in marriage)* portare all'altare.

■ **give back:** ~ [sth.] back, ~ back [sth.] **1** *(restore, return)* dare indietro, restituire [*possession*]; restituire [*appetite, sight*]; rendere, restituire [*freedom*] (**to** a); ***~ it back!*** restituiscilo! ***...or we'll ~ you your money back...*** o sarete rimborsati **2** *(reflect)* rimandare [*echo, sound*]; riflettere [*light*].

■ **give forth** LETT. ~ forth [sth.] emanare [*smell*]; emettere [*sound*] (anche SCHERZ.).

■ **give in:** ~ in **1** *(to temptation, threat, person)* cedere (**to** a) **2** *(stop trying)* arrendersi; ***I ~ in - tell me!*** cedo - dimmelo!; ~ in [sth.], ~ [sth.] in consegnare [*homework, essay, key*]; presentare [*ticket, petition*].

■ **give off:** ~ off [sth.] emettere [*signal, radiation, light, fumes*]; emanare [*scent, heat*]; liberare [*oxygen*]; ***he was giving off hostile signals*** dava segni di ostilità.

■ **give onto:** ~ onto [sth.] dare su [*street, yard etc.*].

■ **give out:** ~ out [*strength, battery, ink, fuel, supplies*] esaurirsi; [*engine, machine*] guastarsi, andare in panne; ~ out [sth.], ~ [sth.] out **1** *(distribute)* distribuire [*books, leaflets, gifts*] (**to** a) **2** *(emit)* → **give off 3** *(announce)* dare, rendere pubblico [*information, details*].

■ **give over:** ~ over COLLOQ. smettere; ***~ over!*** smettila! ***to ~ over doing*** COLLOQ. smettere di fare; ~ over [sth.], ~ [sth.] over **1** tenere [*place, room*] (**to** a, per) **2** dedicare [*time, life*] (**to** a); ***the rest of the day was given over to*** il resto della giornata fu dedicato a **3** *(hand over)* affidare qcs. a [*person*]; ~ oneself over to **1** *(devote oneself)* dedicarsi a [*good works, writing*] **2** *(let oneself go)* abbandonarsi a [*despair, joy*] **3** *(hand oneself to)* consegnarsi a [*police*].

■ **give up:** ~ up rinunciare, arrendersi; ***do you ~ up?*** ti arrendi? ***I ~ up!*** *(exasperated)* mi arrendo! ci rinuncio! ***don't ~ up!*** non arrenderti! ***to ~ up on*** lasciar perdere [*diet, crossword*]; considerare irrecuperabile [*pupil*]; dare per spacciato [*patient*]; piantare [*friend, partner, associate*]; ***I've given up on him*** con lui ho perso ogni speranza; ~ up [sth.], ~ [sth.] up **1** *(renounce or sacrifice)* abbandonare, perdere [*vice, habit*]; rinunciare a [*social life, throne, title, claim*]; sacrificare [*free time, Saturdays etc.*]; lasciare [*job, work*]; ***to ~ up smoking, drinking*** smettere di fumare, di bere; ***to ~ everything up for sb.*** lasciare tutto per qcn.; ***to ~ up one's free time for sth.*** sacrificare il proprio tempo libero per qcs. **2** *(abandon, drop)* abbandonare [*search, hope, struggle, school subject*]; rinunciare a [*idea, thought*]; ***to ~ up trying, writing*** smettere di cercare, di scrivere **3** *(surrender)* cedere [*seat, place, territory*]; restituire [*passport, key*]; svelare [*secret, treasure*]; ~ up [sb.], ~ [sb.] up **1** *(hand over)* consegnare (**to** a); ***to ~ oneself up*** arrendersi *o* consegnarsi (**to** a) **2** BE *(stop expecting to arrive)* rinunciare ad aspettare qcn.; ***I'd given you up!*** ti avevo dato per disperso! **3** *(stop expecting to recover)* dare qcn. per spacciato **4** *(discontinue relations with)* lasciare [*lover*]; lasciar perdere, abbandonare [*friend*].

■ **give way:** ~ way **1** *(collapse)* [*bridge, table, chair*] cedere (**under** sotto); [*wall, fence, ceiling*] cedere, crollare (**under** sotto); [*fence, cable, rope*] cedere, rompersi, spezzarsi (**under** sotto); ***his legs gave way under the weight, when he heard the news*** quando udì la notizia gli cedettero le gambe **2** BE *(when driving)* cedere il passo, dare la precedenza (**to** a) **3** *(concede, yield)* cedere; ***to ~ way to*** *(yield to)* cedere a [*pressure, demands, person, fear, temptation, urge*]; abbandonarsi a [*despair, base instincts*]; *(be replaced by)* lasciare il posto a [*sunshine, relief, new methods*].

2.give /gɪv/ n. elasticità f.; ***this surface has more ~*** questa superficie è più elastica.

give-and-take /ˌgɪvən'teɪk/ n. **U** compromesso m., scambio m. di concessioni.

giveaway /'gɪvəweɪ/ n. **1** *(revealing thing)* ***to be a ~*** essere una rivelazione *o* una prova; ***her expression was a ~*** l'espressione del suo volto era rivelatrice *o* la tradiva; ***it was a dead ~*** COLLOQ. era un indizio schiacciante; ***oops! what a ~!*** COLLOQ. ops! mi sono tradito! **2** *(free gift, sample)* omaggio m.; ***at £ 20 it's a ~*** COLLOQ. per venti sterline, è regalato.

given /'gɪvn/ **I** p.pass. → **1.give II** agg. **1** *(certain, specified)* [*point, level, number*] dato; [*volume, length*] dato, determinato; ***the ~ date*** la data stabilita; ***at any ~ moment*** a un dato momento **2** *(prone)* ***to be ~ to sth., to doing*** essere dedito a qcs., avere l'abitudine di fare; ***I am not ~ to losing my temper*** non sono solito perdere la pazienza **III** prep. **1** *(in view of)* se si verificasse [*fact*]; ***~ that*** *(seeing as)* dato che; *(assuming that)* supponendo che **2** MAT. ***~ a triangle ABC*** dato un triangolo ABC; ***~ that x = 2*** dato x = 2 **3** *(with)* con [*training, proper care*]; ***~ the right training*** con *o* previa la giusta formazione; ***she could have been a writer, ~ the chance*** sarebbe potuta diventare una scrittrice, se ne avesse avuto l'opportunità; ***~ an opportunity I'll tell her this evening*** se si presenterà l'occasione glielo dirò questa sera; ***~ the right conditions the plant will grow*** nelle giuste condizioni la pianta crescerà.

given name /'gɪvnˌneɪm/ n. nome m. di battesimo.

giver /'gɪvə(r)/ n. *(donor to charity etc.)* donatore m. (-trice); ***the ~ of life*** colui che dona la vita.

giver-on /ˌgɪvər'ɒn/ n. ECON. AMM. riportato m.

give-up /'gɪvʌp/ n. ECON. retrocessione f.

give way sign /ˌgɪv'weɪˌsaɪn/ n. BE segnale m. di obbligo di precedenza.

giving /'gɪvɪŋ/ n. (il) dare, donazione f.; ***~ for the call, put*** acquisto, vendita a premio.

giving out /ˌgɪvɪŋ'aʊt/ n. distribuzione f.

gizmo /'gɪzməʊ/ n. (pl. **~s**) COLLOQ. coso m., affare m., aggeggio m.

gizzard /'gɪzəd/ n. ventriglio m.

glabrous /'gleɪbrəs/ agg. glabro.

glacé /'glæseɪ, AE glæ'seɪ/ agg. [*fruit*] candito; [*leather*] glacé, glassato; ***~ icing*** glassa.

glacial /'gleɪsɪəl, AE 'gleɪʃl/ agg. **1** GEOL. glaciale; ***~ period*** periodo glaciale **2** FIG. [*atmosphere, stare*] glaciale **3** CHIM. glaciale.

glaciated /'gleɪsɪeɪtɪd/ agg. GEOL. glaciale, eroso da ghiacciaio.

glaciation /ˌgleɪsɪ'eɪʃn/ n. glaciazione f.

glacier /'glæsɪə(r)/ n. ghiacciaio m.

glaciological /ˌgleɪsɪə'lɒdʒɪkl/ agg. glaciologico.

glaciologist /ˌgleɪsɪ'ɒlədʒɪst/ n. glaciologo m. (-a).

glaciology /ˌgleɪsɪ'ɒlədʒɪ/ n. glaciologia f.

glacis /'glæsɪs/ n. (pl. **~**, **~es**) **1** pendio m. dolce **2** MIL. spalto m.

▷ **1.glad** /glæd/ agg. **1** *(pleased)* contento, lieto, felice (**about** di; **that** che; **to do** di fare); ***I am ~ (that) you are able to come*** sono contento che voi possiate venire; ***I'd be ~ to help you*** sarei felice di aiutarti *o* ti aiuterò volentieri; ***oh, I am ~!*** oh, come sono felice! ***he was only too ~ to help me*** non chiedeva altro che di aiutarmi **2** *(cheering)* [*news*] lieto ◆ ***to give sb. the ~ eye*** guardare qcn. con occhi languidi; ***to give sb. the ~ hand*** riservare un'accoglienza (fin troppo) calorosa a qcn.; ***in one's ~ rags*** COLLOQ. in ghingheri; ***I'll be ~ to see the back*** o ***last of them*** COLLOQ. non vedo l'ora che se ne vadano *o* sarei ben felice di non vederli mai più.

2.glad /glæd/ tr. ANT. → **gladden**.

gladden /glædn/ tr. rallegrare, allietare.

glade /gleɪd/ n. radura f.

gladiator /'glædɪeɪtə(r)/ n. gladiatore m.

gladiatorial /ˌglædɪə'tɔːrɪəl/ agg. [*combat*] gladiatorio, di gladiatori; FIG. [*politics*] gladiatorio.

gladiolus /ˌglædɪ'əʊləs/ n. (pl. **~es**, **-i**) gladiolo m.

gladly /'glædlɪ/ avv. *(willingly)* volentieri; *(with pleasure)* con piacere ◆ ***she doesn't suffer fools ~*** mal tollera gli idioti.

gladness /'glædnɪs/ n. contentezza f., felicità f.

gladsome /'glædsəm/ agg. RAR. contento, lieto, felice.

Gladstone /'glædstəʊn/ n. (anche **~ bag**) valigetta f. a soffietto.

Gladys /'glædɪs/ n.pr. Gladys (nome di donna).

Glagolitic /ˌglægəʊ'lɪtɪk/ agg. glagolitico.

1.glair /gleə(r)/ n. RAR. **1** *(egg white)* albume m. **2** *(substance)* liquido m. vischioso, colla f. per albuminare.

2.glair /gleə(r)/ tr. **1** spalmare, ricoprire di albume **2** albuminare [*paper, fabric*].

glaive /gleɪv/ n. ANT. LETTER. spada f.

glam /glæm/ agg. COLLOQ. (accorc. glamorous) affascinante, seducente.

glamor AE → **glamour**.

glamorize /'glæməraɪz/ tr. rendere affascinante [*person*]; valorizzare [*place*]; rendere attraente [*attitude, idea*]; dare lustro a [*event*].

glamorous /'glæmərəs/ agg. [*person, look*] affascinante, seducente; [*older person*] affascinante, elegante; [*image*] affascinante, incantevole; [*dress*] stupendo; [*occasion*] particolare; [*job*] prestigioso.

glamour, **glamor** AE /ˈglæmə(r)/ n. *(of person)* fascino m., seduzione f.; *(of job)* prestigio m.; *(of travel, fast cars)* fascino m.; ***to lend ~ to sth.*** dare fascino a qcs. *o* rendere qcs. affascinante.
glamour boy /ˈglæməˌbɔɪ/ n. RAR. COLLOQ. SPREG. bello m., tipo m. affascinante.
glamour girl /ˈglæməˌgɜːl/ n. RAR. COLLOQ. bella f., bellezza f., ragazza f. affascinante.
glamour model /ˈglæməˌmɒdl/ n. pin up f.
glamour photography /ˈglæməfəˌtɒgrəfɪ/ n. fotografia f. di moda.
glamour puss /ˈglæməˌpʊs/ n. COLLOQ. → **glamour boy**, **glamour girl**.
glamour stock /ˈglæməˌstɒk/ n. **U** ECON. titoli m.pl. affascinanti.
1.glance /glɑːns, AE glæns/ n. sguardo m., occhiata f.; ***to have a ~ at*** dare un'occhiata a; ***to exchange ~s*** scambiarsi delle occhiate; ***to be able to tell sth. at a ~*** saper dire *o* distinguere qcs. a colpo d'occhio; ***you can tell at a ~ that*** basta un'occhiata per vedere che; ***at first ~*** a prima vista; ***without a backward ~*** senza voltarsi indietro.
2.glance /glɑːns, AE glæns/ intr. ***to ~ at*** dare un'occhiata a; ***to ~ out of the window*** dare un'occhiata fuori dalla finestra; ***to ~ down*** gettare uno sguardo verso il basso; ***to ~ around the room*** gettare un'occhiata in giro per la stanza.
■ **glance off:** ~ **off** **[sth.]** [*bullet, stone*] schizzare via da qcs.; [*ball*] rimbalzare su, contro; [*ray, beam*] riflettersi su.
3.glance /glɑːns/ n. MINER. minerale m. luccicante (per il contenuto metallico); ***iron ~*** oligisto; ***lead ~*** galena; ***silver ~*** argentite.
glance coal /ˈglɑːnsˌkəʊl/ n. MINER. antracite f.
glancing /ˈglɑːnsɪŋ, AE ˈglænsɪŋ/ agg. [*blow, kick*] di striscio; ***a ~ reference*** un'allusione, un accenno fugace.
▷ **1.gland** /glænd/ n. **1** ANAT. ghiandola f.; ***to have swollen ~s*** avere le ghiandole gonfie **2** BOT. ghianda f.
2.gland /glænd/ n. TECN. premistoppa m.
glandered /ˈglændəd/, **glanderous** /ˈglændərəs/ agg. VETER. affetto da morva.
glanders /ˈglændəz/ n. + verbo sing. VETER. morva f.
glandes /ˈglændɪs/ → **glans**.
glandiferous /glænˈdɪfərəs/ agg. ghiandifero.
glandular /ˈglændjʊlə(r), AE -dʒʊ-/ agg. MED. ghiandolare.
glandular fever /ˌglændjʊləˈfiːvə(r), AE -dʒʊ-/ ♦ ***11*** n. mononucleosi f. infettiva.
glandule /ˈglændjuːl/ n. ANAT. ghiandoletta f.
glans /glænz/ n. (pl. **-des**) glande m.
1.glare /gleə(r)/ n. **1** *(angry look)* sguardo m. truce **2** *(from light, headlights, etc.; of sun)* bagliore m.; ***in the ~ of publicity*** FIG. sotto i riflettori (dei media).
2.glare /gleə(r)/ intr. **1** [*person*] lanciare uno sguardo truce (**at** a) **2** [*light, sun*] abbagliare, accecare.
glare-free /ˈgleəfriː/ agg. [*screen*] antiriflesso.
▷ **glaring** /ˈgleərɪŋ/ agg. **1** *(obvious)* [*contradiction, example, error, injustice, omission*] lampante **2** *(blinding)* [*light*] abbagliante, accecante **3** *(angry)* [*look*] truce.
glaringly /ˈgleərɪŋlɪ/ avv. ***it's ~ obvious*** è palesemente ovvio.
glary /ˈglærɪ/ agg. → **glaring**.
Glasgow /ˈglɑːsgəʊ/ ♦ ***34*** n.pr. Glasgow f.
glasnost /ˈglæznɒst/ n. glasnost f., trasparenza f.
▶ **1.glass** /glɑːs, AE glæs/ **I** n. **1** *(substance)* vetro m.; ***a piece of ~*** un pezzo di vetro; *(tiny)* un frammento di vetro; ***to cultivate sth. under ~*** coltivare qcs. in serra; ***behind ~*** [*books, ornaments etc.*] in vetrina **2** *(drinking vessel)* bicchiere m.; ***wine ~*** bicchiere da vino; ***a ~ of wine*** un bicchiere di vino **3** **U** (anche **glassware**) cristalleria f.; *(glasses only)* servizio m., servizi m.pl. di bicchieri **4** *(mirror)* ANT. specchio m. **5** *(telescope)* cannocchiale m. **6** *(barometer)* barometro m.; ***the ~ is rising, falling*** il barometro sta salendo, sta scendendo **II** modif. [*bottle, ornament, shelf, tube, vase*] di vetro **III** **glasses** n.pl. **1** *(spectacles)* occhiali m.; ***a pair of ~es*** un paio di occhiali; ***he wears reading ~es*** porta gli occhiali (da vista) per leggere **2** *(binoculars)* binocolo m.sing. ◆ ***people in ~ houses shouldn't throw stones*** chi è senza peccato scagli la prima pietra.
2.glass /glɑːs, AE glæs/ tr. **1** mettere sotto vetro [*food*]; imbottigliare [*wine*] **2** *(reflect)* specchiare; ***to ~ oneself*** specchiarsi *o* riflettersi (**in** in) **3** *(provide with glass)* invetriare, dotare di vetri [*window*]; proteggere con vetrate [*terrace*].
■ **glass in:** ~ **[sth.] in**, ~ **in [sth.]** invetriare, dotare di vetri [*shelves*]; proteggere con vetrate [*courtyard*].
■ **glass over** → **glass in.**
glass blower /ˈglɑːsˌbləʊə(r), AE ˈglæs-/ ♦ ***27*** n. soffiatore m. di vetro.
glass blowing /ˈglɑːsˌbləʊɪŋ, AE ˈglæs-/ n. soffiatura f. del vetro.
glass case /ˌglɑːsˈkeɪs, AE ˌglæs-/ n. *(box)* vetrina f.; *(dome)* campana f. di vetro.
glass cloth /ˈglɑːsˌklɒθ, AE ˈglæsˌklɔːθ/ n. strofinaccio m. (per i vetri).
glass cutter /ˈglɑːsˌkʌtə(r), AE ˈglæs-/ ♦ ***27*** n. *(worker)* tagliatore m. (-trice) di vetro; *(tool)* tagliavetro m.
glass door /ˈglɑːsˌdɔː(r), AE ˈglæs-/ n. porta f. a vetri.
glass eye /ˈglɑːsaɪ, AE ˈglæs-/ n. occhio m. di vetro.
glass factory /ˈglɑːsˌfæktərɪ, AE ˈglæs-/ n. vetreria f.
glass fibre BE, **glass fiber** AE /ˈglɑːsˌfaɪbə(r), AE ˈglæs-/ n. fibra f. di vetro.
glassful /ˈglɑːsfʊl, AE ˈglæs-/ n. bicchiere m., bicchierata f.; ***three ~s of milk*** tre bicchieri di latte; ***half a ~*** mezzo bicchiere.
glasshouse /ˈglɑːsˌhaʊs, AE ˈglæs-/ n. **1** BE *(greenhouse)* serra f. **2** BE MIL. GERG. *(prison)* prigione f. **3** AE *(glassworks)* vetreria f.
glassiness /ˈglɑːsɪnɪs, AE ˈglæs-/ n. trasparenza f., vetrosità f.
glassmaking /ˈglɑːsˌmeɪkɪŋ, AE ˈglæs-/ n. fabbricazione f. del vetro.
glass-painting /ˈglɑːsˌpeɪntɪŋ, AE ˈglæs-/ n. pittura f. su vetro.
glass paper /ˈglɑːsˌpeɪpə(r), AE ˈglæs-/ n. carta f. vetrata.
glassware /ˈglɑːsweə(r), AE ˈglæs-/ n. cristalleria f.; *(glasses only)* servizio m., servizi m.pl. di bicchieri.
glass wool /ˌglɑːsˈwʊl, AE ˌglæs-/ n. lana f. di vetro.
glassworks /ˈglɑːswɜːks, AE ˈglæs-/ n. + verbo sing. o pl. vetreria f.
glasswort /ˈglɑːswɜːt, AE ˈglæs-/ n. BOT. **1** salicornia f. **2** (anche **prickly ~**) erba f. cali.
glassy /ˈglɑːsɪ, AE ˈglæsɪ/ agg. **1** *(resembling glass)* [*substance*] vetroso, vitreo; [*bead, object*] vitreo, simile al vetro **2** *(slippery)* [*surface, rock*] liscio; [*road*] *(from ice)* ghiacciato; *(from rain)* scivoloso **3** [*waters*] *(calm)* piatto; *(clear)* trasparente **4** *(cold)* [*air*] gelido, ghiacciato; [*chill*] gelido, glaciale **5** [*eyes*] *(from drink, illness)* vitreo; *(with hostility)* gelido, glaciale.
glassy-eyed /ˌglɑːsɪˈaɪd, AE ˌglæs-/ agg. [*person*] *(from drink, illness)* dagli occhi vitrei; *(with hostility)* dallo sguardo gelido, glaciale.
Glaswegian /glæzˈwiːdʒən/ **I** agg. [*accent, humour*] di Glasgow **II** n. nativo m. (-a), abitante m. e f. di Glasgow.
glaucoma /glɔːˈkəʊmə/ ♦ ***11*** n. glaucoma m.; ***to have ~*** avere il glaucoma.
glaucous /ˈglɔːkəs/ agg. glauco.
1.glaze /gleɪz/ n. **1** *(on pottery, bricks, tiles)* vernice f. vitrea, smalto m.; *(on leather)* vernice f.; *(on fabric)* lustro m., lucido m. **2** *(substance) (for ceramics)* vetrina f.; *(in oil painting)* vernice f. trasparente (protettiva); GASTR. *(of icing)* glassa f.; *(of jam, jelly)* gelatina f. **3** AE *(ice)* ghiaccio m.
2.glaze /gleɪz/ **I** tr. **1** BE invetriare, munire di vetri [*door, window*]; mettere il vetro a [*picture*] **2** *(apply glaze to)* invetriare, smaltare [*ceramics*]; verniciare [*leather*]; lustrare [*fabric*]; GASTR. glassare; FOT. patinare **3** AE [*ice*] rendere scivoloso [*road*] **II** intr. (anche ~ **over**) [*eyes*] diventare vitreo.
glazed /gleɪzd/ **I** p.pass. → **2.glaze** **II** agg. **1** *(fitted with glass)* [*door*] a vetri; [*window*] invetriato, dotato di vetri **2** [*ceramics*] invetriato **3** *(shiny)* [*leather*] verniciato, lucido; [*fabric*] lustro, lucido; [*paper*] patinato **4** GASTR. glassato **5** FIG. ***to have a ~ look in one's eyes*** avere lo sguardo vitreo **6** AE *(ice-covered)* ghiacciato **7** AE COLLOQ. *(drunk)* ubriaco.
glazer /ˈgleɪzə(r)/ ♦ ***27*** n. verniciatore m. (-trice) a smalto, smaltatore m. (-trice).
glazier /ˈgleɪzɪə(r), AE -ʒər/ ♦ ***27*** n. vetraio m. (-a); ***the ~'s*** la vetreria.
glazing /ˈgleɪzɪŋ/ n. **1** *(act, process)* invetriatura f., applicazione f. di vetri **2** *(panes of glass)* vetri m.pl. **3** *(on pottery, bricks, tiles)* smalto m., smaltatura f.; *(on leather)* vernice f.; *(on fabric)* lustro m., lucido m.
glazing bar /ˈgleɪzɪŋˌbɑː(r)/ n. traversa f. di serramento.
glazy /ˈgleɪzɪ/ agg. RAR. simile a vetro, vetroso, vitreo.
GLC n. (⇒ Greater London Council) = consiglio amministrativo di Londra, abolito nel 1986.
▷ **1.gleam** /gliːm/ n. *(of candle, lamp, moonlight)* barlume m., bagliore m.; *(of sunshine)* barlume m., sprazzo m.; *(of gold, polished surface)* scintillio m.; *(of water)* luccichio m.; FIG. *(of hope, intelligence)* barlume m.; ***there was a malicious ~ in his eye*** gli brillava negli occhi una luce maligna.
▷ **2.gleam** /gliːm/ intr. [*candle, lamp, moon*] baluginare; [*gold, knife, leather, polished surface*] rilucere; [*jewel*] scintillare; [*water*] luccicare; [*eyes, teeth*] brillare; ***her eyes ~ed with mischief*** i suoi occhi scintillarono pieni di malizia.
gleaming /ˈgliːmɪŋ/ agg. [*candle, lamp, star, moonlight*] brillante; [*brass, leather, polished surface*] rilucente; [*eyes, teeth*] brillante;

[*water*] luccicante; [*jewel*] scintillante; [*bathroom, kitchen etc.*] splendente.
gleamy /'gli:mɪ/ avv. RAR. luccicante.
glean /gli:n/ **I** tr. spigolare (anche FIG.) **II** intr. spigolare (anche FIG.).
gleaner /'gli:nə(r)/ n. spigolatore m. (-trice).
gleanings /'gli:nɪŋz/ n.pl. spigolatura f.sing.; FIG. spigolature f.
glebe /gli:b/ n. **1** BE RELIG. = terreno facente parte di un beneficio ecclesiastico **2** LETT. gleba f.
glee /gli:/ n. **1** *(joy)* gaiezza f., allegrezza f.; *(spiteful pleasure)* gioia f.; ***to shout with*** o ***in ~*** gridare per, di gioia **2** MUS. canto m. corale, canone m. a più voci.
glee club /'gli:ˌklʌb/ n. AE MUS. corale f.
gleeful /'gli:fl/ agg. [*laughter, smile*] gioioso, allegro; ***to be ~*** *(spitefully)* gongolare (di gioia).
gleefully /'gli:fəlɪ/ avv. *(happily)* gaiamente, allegramente; *(spitefully)* gongolando (di gioia).
gleeman /'gli:mən/ n. (pl. **-men**) menestrello m.
gleesome /'gli:səm/ agg. RAR. gaio, gioioso, allegro.
gleet /glɪ:t/ ➧ ***11*** n. MED. scolo m., gonorrea f. cronica.
glen /glen/ n. SCOZZ. GEOGR. valle f.
Glen /glen/ n.pr. Glen (nome di uomo).
Glenda /'glendə/ n.pr. Glenda.
glengarry /glen'gærɪ/ n. = tipo di berretto scozzese senza tesa e con nastri che pendono dietro.
glia /'glaɪə/ n. MED. glia f.
gliadin /'glaɪədɪn/ n. gliadina f.
glib /glɪb/ agg. SPREG. disinvolto.
glibly /'glɪblɪ/ avv. SPREG. con disinvoltura.
glibness /'glɪbnɪs/ n. SPREG. disinvoltura f.
1.glide /glaɪd/ n. **1** *(in skating, dancing)* passo m. scivolato **2** *(in air)* volo m. planato **3** MUS. legatura f. **4** FON. legamento m. **5** *(castor)* pattino m.
▷ **2.glide** /glaɪd/ intr. **1** *(move smoothly)* [*skater, car, boat*] scivolare (**on, over** su) **2** *(in air)* [*bird, plane*] planare (**for** su).
glide path /'glaɪdˌpɑ:θ, AE -ˌpæθ/ n. traiettoria f. di planata.
glider /'glaɪdə(r)/ n. **1** AER. aliante m. **2** AE *(swing)* dondolo m.
glider pilot /'glaɪdəˌpaɪlət/ n. pilota m. e f. di aliante.
gliding /'glaɪdɪŋ/ ➧ ***10*** n. SPORT volo m. a vela.
glidingly /'glaɪdɪŋlɪ/ avv. scivolando, scorrevolmente.
glim /glɪm/ **I** n. ANT. *(light)* lume m.; *(candle)* candela f. **II glims** n.pl. *(eyeglasses)* occhiali m. (da vista).
1.glimmer /'glɪmə(r)/ n. **1** *(faint light)* baluginio m., barlume m. (**of** di) **2** *(trace)* barlume m.; ***a ~ of hope*** FIG. un barlume di speranza; ***without a ~ of interest*** senza un minimo d'interesse.
2.glimmer /'glɪmə(r)/ intr. baluginare, rilucere.
glimmering /'glɪmərɪŋ/ **I** n. *(of lights, stars)* scintillio m.; ***a ~ of hope*** un barlume di speranza; ***the ~ of an idea*** il barlume di un'idea; ***the first ~s of a problem*** le prime avvisaglie di un problema **II** agg. [*sea, star*] scintillante.
▷ **1.glimpse** /glɪmps/ n. **1** *(sighting)* (rapida) occhiata f., sguardo m. (veloce) (**of** di); ***to catch a ~ of sth.*** intravedere qcs. *o* vedere qcs. di sfuggita **2** FIG. *(insight)* scorcio m. (**of, at** di).
2.glimpse /glɪmps/ tr. intravedere, vedere di sfuggita (anche FIG.).
1.glint /glɪnt/ n. riflesso m. (**of** di); *(in eye)* luccichio m. (**of** di); ***to have a ~ in one's eye*** FIG. avere gli occhi scintillanti.
2.glint /glɪnt/ intr. scintillare.
glioma /glaɪ'əʊmə/ n. (pl. **~s, -ata**) MED. glioma m.
1.glissade /glɪ'seɪd, AE -'sɑ:d/ n. SPORT scivolata f.; *(dance step)* glissé m.
2.glissade /glɪ'seɪd, AE -'sɑ:d/ intr. SPORT fare una scivolata.
glissando /glɪ'sændəʊ/ n. (pl. **-i**) MUS. glissando m.
1.glisten /'glɪsn/ n. luccichio m., scintillio m.
2.glisten /'glɪsn/ intr. [*eyes, surface*] luccicare, scintillare; [*hair, fur*] splendere; [*tears, water*] luccicare; [*silk*] sfavillare.
glistening /'glɪsnɪŋ/ agg. luccicante (**with** di, per).
glister /'glɪstə(r)/ intr. ANT. LETT. → **2.glitter**.
glitch /glɪtʃ/ n. COLLOQ. **1** *(minor problem)* intoppo m. **2** INFORM. problema m. tecnico, anomalia f.
▷ **1.glitter** /'glɪtə(r)/ n. **1 U** *(substance)* paillettes f.pl., lustrini m.pl. **2** *(of diamonds, frost)* scintillio m., luccichio m.; *(of performance, occasion)* splendore m.
▷ **2.glitter** /'glɪtə(r)/ intr. [*star*] splendere, scintillare; [*frost, diamond*] scintillare, luccicare ◆ ***all that ~s is not gold*** PROV. non è tutto oro quel che luccica.
glitterati /ˌglɪtə'rɑ:tɪ/ n.pl. gente f.sing. alla moda, bel mondo m.sing., società f.sing. patinata.
glittering /'glɪtərɪŋ/ agg. [*stars, jewels*] splendente, scintillante; FIG. [*career, future, social life*] brillante.
glittery /'glɪtərɪ/ agg. → **glittering**.
glitz /glɪts/ n. COLLOQ. sfarzo m.
glitzy /'glɪtsɪ/ agg. COLLOQ. sfarzoso, appariscente.
gloaming /'gləʊmɪŋ/ n. ***in the ~*** al crepuscolo.
1.gloat /gləʊt/ n. RAR. soddisfazione f. maligna.
2.gloat /gləʊt/ intr. gongolare (**at, over** per); ***there's no need to ~*** non c'è bisogno di gongolare.
gloating /'gləʊtɪŋ/ agg. gongolante, malignamente soddisfatto.
gloatingly /'gləʊtɪŋlɪ/ avv. [*say*] gongolando; [*smile*] con gioia maligna.
glob /glɒb/ n. COLLOQ. *(of liquid, grease)* (grossa) goccia f. (**of** di); *(of chewing gum)* pallina f.
▷ **global** /'gləʊbl/ agg. **1** *(world wide)* [*environment, market, problem*] globale **2** *(comprehensive)* [*analysis, discussion, view*] globale **3** *(spherical)* sferico.
globalism /'gləʊbəlɪzəm/ n. ECON. globalizzazione f.
globalization /ˌgləʊbəlaɪ'zeɪʃn, AE -lɪ'z-/ n. globalizzazione f.
globalize /'gləʊbəlaɪz/ tr. globalizzare, mondializzare.
globally /'gləʊbəlɪ/ avv. [*compete*] a livello mondiale; [*produce*] su scala mondiale; [*famous, influential*] in tutto il mondo; [*sold, produced*] in tutto il mondo.
global village /ˌgləʊbl'vɪlɪdʒ/ n. villaggio m. globale.
global warming /ˌgləʊbl'wɔ:mɪŋ/ n. riscaldamento m. globale.
globate /'gləʊbeɪt/ agg. FORM. globiforme.
▷ **globe** /gləʊb/ n. **1** *(world)* ***the ~*** il globo (terrestre); ***all around*** o ***across the ~*** in tutto il globo *o* il mondo; ***from all corners of the ~*** da tutti gli angoli del globo **2** *(model)* mappamondo m. **3** *(lamp etc.)* globo m.
globe artichoke /'gləʊbˌɑ:tɪtʃəʊk/ n. carciofo m.
globefish /'gləʊbfɪʃ/ n. (pl. **~, ~es**) pesce m. palla.
globe flower /'gləʊbˌflaʊə(r)/ n. BOT. botton m. d'oro.
globe lightning /'gləʊbˌlaɪtnɪŋ/ n. fulmine m. globulare.
globetrotter /'gləʊbˌtrɒtə(r)/ n. globe-trotter m. e f., giramondo m. e f.
globetrotting /'gləʊbˌtrɒtɪŋ/ **I** n. il viaggiare per il mondo **II** agg. che viaggia per il mondo.
globin /'gləʊbɪn/ n. globina f.
globose /'gləʊbəʊs/ agg. FORM. globoso.
globosity /gləʊ'bɒsətɪ/ n. FORM. globosità f.
globous /'gləʊbəs/ agg. FORM. → **globose**.
globular /'glɒbjʊlə(r)/ agg. **1** *(globule shaped)* globulare, globuloso **2** *(globe shaped)* globoso.
globularity /ˌglɒbjʊ'lærətɪ/ n. **1** *(globule shape)* forma f. globulare **2** *(globe shape)* globosità f.
globule /'glɒbju:l/ n. *(small globe)* globulo m. (**of** di).
globulin /'glɒbjʊlɪn/ n. globulina f.
glockenspiel /'glɒkənʃpi:l/ n. glockenspiel m.
glomerular /glɒ'merələ(r)/ agg. glomerulare.
glomerule /'glɒməru:l/ n. glomerulo m.
1.gloom /glu:m/ n. **1** *(darkness)* oscurità f., buio m., tetraggine f. **2** *(dejection)* malinconia f., depressione f., tristezza f. (**about, over** per); ***economic ~*** depressione *o* crisi economica; ***to cast a ~ over sb.*** rattristare qcn.; ***to cast a ~ over sth.*** rendere qcs. triste *o* malinconico; ***doom and ~*** tristezza e malinconia; ***to spread ~ and despondency*** diffondere pessimismo e scoraggiamento.
2.gloom /glu:m/ intr. **1** [*person*] essere triste, depresso, malinconico **2** [*weather*] *(become dark)* oscurarsi, offuscarsi; *(become cloudy)* rannuvolarsi.
gloomily /'glu:mɪlɪ/ avv. [*say, do*] malinconicamente, tristemente.
gloominess /'glu:mɪnɪs/ n. **1** *(darkness)* oscurità f., buio m. **2** *(sadness)* tristezza f., tetraggine f.
gloomy /'glu:mɪ/ agg. **1** *(dark)* oscuro, buio, tetro **2** *(sad)* [*expression, person, voice*] malinconico, depresso, triste; [*weather*] scuro; [*news, outlook*] deprimente; ***to be ~ about sth.*** essere pessimista a proposito di qcs.; ***to paint a ~ picture of the economy*** dipingere un quadro pessimista dell'economia.
glop /glɒp/ n. AE COLLOQ. sbobba f.
Gloria /'glɔ:rɪə/ n.pr. Gloria.
glorification /ˌglɔ:rɪfɪ'keɪʃn/ n. **1** RELIG. glorificazione f. **2** esaltazione f., celebrazione f.
glorified /'glɔ:rɪfaɪd/ **I** p.pass. → **glorify II** agg. ***the "villa" was a glorified bungalow*** quella che pomposamente chiamavano "villa" non era che una semplice casetta.
glorifier /'glɔ:rɪfaɪə(r)/ n. glorificatore m. (-trice).
glorify /'glɔ:rɪfaɪ/ tr. glorificare, rendere lode a [*God*]; esaltare, celebrare [*person, event, tradition*]; *(wrongly)* esaltare [*regime, terrorism, violence, war*].

gloriole /'glɔːrɪəʊl/ n. METEOR. alone m.

▷ **glorious** /'glɔːrɪəs/ agg. **1** *(marvellous)* [*sight, view, weather, colour*] magnifico, splendido; [*holiday, outing*] meraviglioso; ***we had a ~ day!*** abbiamo trascorso una giornata splendida! **2** *(illustrious)* [*reign, revolution, victory*] glorioso; [*exploit*] memorabile **3** IRON. *(dreadful)* grande, bello, terribile [*mess, muddle*]; ***what a ~ mess!*** che confusione tremenda!

gloriously /'glɔːrɪəslɪ/ avv. magnificamente, meravigliosamente; ***a ~ sunny day*** una splendida giornata di sole.

▷ **1.glory** /'glɔːrɪ/ **I** n. **1** *(honour, distinction)* (anche RELIG.) gloria f.; ***to cover oneself in ~*** coprirsi di gloria; ***to the greater ~ of God*** a maggior gloria di Dio; ***my hour of ~*** il mio momento di gloria **2** *(splendour)* splendore m.; ***in all her ~*** in tutto il suo splendore **3** *(source of pride)* vanto m., orgoglio m.; ***the cathedral is the ~ of the city*** la cattedrale è il vanto della città **II glories** n.pl. meraviglie f.; ***the glories of nature, Venice*** le meraviglie della natura, di Venezia; ***past glories*** glorie passate ◆ ***~ be!*** santo cielo! ***to go to ~*** EUFEM. andare al Creatore.

2.glory /'glɔːrɪ/ intr. ***to ~ in*** gloriarsi di *o* essere fiero di [*status, strength, tradition*]; ***to ~ in the name Caesar*** SCHERZ. portare il nome altisonante di Cesare.

glory days /'glɔːrɪˌdeɪz/ n.pl. giorni m. di gloria.

glory hole /'glɔːrɪˌhəʊl/ n. **1** *(room)* ripostiglio m., stanzino m. **2** MAR. cambusa f.

gloryingly /'glɔːrɪɪŋlɪ/ avv. vanagloriosamente.

Glos GB ⇒ Gloucestershire Gloucestershire.

1.gloss /glɒs/ n. **1** *(lustre) (of wood, metal, paintwork, leather, hair etc.)* lucentezza f., brillantezza f.; *(of paper)* lucidezza f.; FIG. SPREG. *(superficial glamour)* lustro m.; ***to lose its ~*** perdere lucentezza; FIG. perdere lustro; ***to take the ~ off*** *(by accident)* portar via il lucido; *(on purpose)* sverniciare [*wood*]; satinare [*metal*]; FIG. fare perdere lustro a [*proceedings, ceremony*] **2** FIG. *(outer appearance, veneer)* patina f., vernice f., apparenza f.; ***a ~ of respectability*** una patina di rispettabilità; ***to put a favourable, different ~ on sth.*** FIG. mettere qcs. sotto una luce favorevole, diversa **3** *(paint)* vernice f. brillante; ***walls painted in blue ~*** muri verniciati di blu brillante.

2.gloss /glɒs/ tr. *(polish)* lucidare, fare brillare.

■ **gloss over:** ~ ***over [sth.]*** *(pass rapidly over)* sorvolare su; *(hide)* dissimulare, mascherare.

3.gloss /glɒs/ n. **1** *(in text)* glossa f., chiosa f. **2** AE SPREG. interpretazione f. errata.

4.gloss /glɒs/ tr. *(explain, clarify)* glossare, chiosare [*word, text*]; riassumere [*report*].

glossal /'glɒsl/ agg. ANAT. linguale.

glossarial /glɒ'seərɪəl/ agg. relativo a, di glossario.

glossarist /'glɒsərɪst/ n. compilatore m. (-trice) di glossari.

glossary /'glɒsərɪ/ n. glossario m.

glossator /glɒ'seɪtə(r)/ n. glossatore m. (-trice), chiosatore m. (-trice).

gloss coat /'glɒsˌkəʊt/ n. strato m. di vernice brillante.

glosseme /'glɒsiːm/ n. glossema m.

gloss finish /'glɒsˌfɪnɪʃ/ n. vernice f. lucida di rifinitura.

glossitis /glɒ'saɪtɪs/ ♦ **11** n. MED. glossite f.

glossographer /glɒ'sɒgrəfə(r)/ n. glossografo m. (-a).

glossolalia /ˌglɒsə'leɪlɪə/ n. RELIG. PSIC. glossolalia f.

glossology /glɒ'sɒlədʒɪ/ n. ANT. glottologia f.

gloss paint /'glɒsˌpeɪnt/ n. vernice f. lucida.

glossy /'glɒsɪ/ **I** agg. [*hair, fur, material*] lucente, lucido; [*wood, metal*] lucido, brillante; [*leaves*] lucido, luccicante; [*photograph*] lucido, su carta patinata; [*brochure, catalogue*] patinato; FIG. SPREG. [*production, film, interior*] patinato, specioso **II** n. COLLOQ. → **glossy magazine**.

glossy magazine /ˌglɒsɪˌmægə'ziːn/ n. rivista f. (illustrata su carta) patinata.

glottal /'glɒtl/ agg. ANAT. glottale; LING. glottidale.

glottal stop /'glɒtlˌstɒp/ n. LING. colpo m. di glottide.

glottis /'glɒtɪs/ n. glottide f.

glottologist /glɒ'tɒlədʒɪst/ ♦ **27** n. glottologo m. (-a).

glottology /glɒ'tɒlədʒɪ/ n. glottologia f.

Gloucester /glɒ'stə(r)/ ♦ **34** n.pr. Gloucester f.

Gloucestershire /'glɒstəʃə(r)/ ♦ **24** n.pr. Gloucestershire m.

▷ **1.glove** /glʌv/ n. guanto m.; ***to put on, take off one's ~s*** mettersi, togliersi i guanti; ***with the ~s off*** FIG. [*argue, quarrel*] senza esclusione di colpi ◆ ***it fits like a ~*** calza come un guanto; ***to be hand in ~ (with sb.)*** essere pane e cacio *o* pappa e ciccia *o* culo e camicia POP. (con qcn.); ***an iron fist in a velvet ~*** pugno di ferro in guanto di velluto.

2.glove /glʌv/ tr. inguantare.

glove box /'glʌvbɒks/, **glove compartment** /'glʌvkəmˌpɑːtmənt/ n. vano m., cassetto m. portaoggetti.

gloved /glʌvd/ **I** p.pass. → **2.glove II** agg. guantato; ***her ~ hands*** le sue mani guantate.

glove factory /'glʌvˌfæktərɪ/ n. guanteria f.

glove maker /'glʌvˌmeɪkə(r)/ ♦ **27** n. guantaio m. (-a).

glove puppet /'glʌvˌpʌpɪt/ n. burattino m.

glover /'glʌvə(r)/ ♦ **27** n. guantaio m. (-a).

glove shop /'glʌvˌʃɒp/ ♦ **27** n. guanteria f.

glove stretcher /'glʌvˌstretʃə(r)/ n. forma f. per guanti.

▷ **1.glow** /gləʊ/ n. **1** *(of coal, furnace)* incandescenza f.; *(of room)* luce f. viva; *(of candle)* bagliore m., baluginio m. **2** *(colour)* colore m. acceso; ***there was a ~ in her cheeks*** *(from happiness)* il suo viso era raggiante; ***after the exercise there was a ~ in her cheeks*** dopo aver fatto movimento le sue guance avevano un colorito acceso **3** *(feeling)* sensazione f. di benessere; ***a contented ~*** un'espressione radiosa; ***to take on a ~ of nostalgia*** assumere un'aria nostalgica; ***it gives you a warm ~*** ti scalda il cuore.

▷ **2.glow** /gləʊ/ intr. **1** *(give off light)* [*coal, furnace*] essere incandescente, ardere; [*metal*] essere incandescente; [*lamp, cigarette*] brillare; ***the furnace ~ed a deep red*** la fornace ardeva di un rosso cupo; ***paint that ~s in the dark*** vernice fluorescente; ***the room ~ed in the firelight*** la stanza era illuminata dalla calda luce del camino **2** *(look vibrant)* [*colour*] essere acceso, vivido; ***her skin ~ed*** la sua pelle *o* carnagione era radiosa; ***to ~ with health*** [*person*] essere in piena salute; ***her cheeks ~ed with health*** il suo viso risplendeva di salute; ***to ~ with pride, delight*** infiammarsi d'orgoglio, brillare di gioia; ***his eyes ~ed with anger*** i suoi occhi fiammeggiavano per la rabbia **3** *(feel warm)* ***she was beginning to ~*** stava cominciando a riscaldarsi.

1.glower /'glaʊə(r)/ n. sguardo m. torvo.

2.glower /'glaʊə(r)/ intr. lanciare degli sguardi torvi (**at** a).

glowering /'glaʊərɪŋ/ agg. [*person, eyes, face*] corrucciato; [*clouds, sky*] minaccioso.

gloweringly /'glaʊərɪŋlɪ/ avv. [*look, stare*] in modo corrucciato; [*hang over*] minacciosamente.

▷ **glowing** /'gləʊɪŋ/ agg. **1** *(bright)* [*ember*] ardente; [*lava*] incandescente; [*face, cheeks*] *(from exercise)* rosso; *(from pleasure)* radioso; [*colour*] brillante **2** *(complimentary)* [*account, description*] elogiativo, lusinghiero; ***to paint a ~ picture of sth.*** fare un quadro lusinghiero di qcs.

glowworm /'gləʊwɜːm/ n. lucciola f.

gloxinia /glɒk'sɪnɪə/ n. gloxinia f.

gloze /gləʊz/ **I** tr. minimizzare **II** intr. minimizzare.

glucic /'gluːsɪk/ agg. di glucosio.

glucinum /gluː'saɪnəm/ n. ANT. glucinio m.

gluconate /'gluːkəneɪt/ n. gluconato m.

▷ **glucose** /'gluːkəʊs/ **I** n. glucosio m. **II** modif. [*powder, syrup, tablets*] di glucosio; [*drink*] al glucosio.

glucoside /'gluːkəˌsaɪd/ n. glucoside m.

glucosidic /ˌgluːkə'sɪdɪk/ agg. glucosidico.

▷ **1.glue** /gluː/ n. **1** colla f.; ***to sniff ~*** inalare *o* sniffare colla **2** FIG. cemento m. ◆ ***to stick like ~ to sb.*** incollarsi *o* essere incollato a qcn.

▷ **2.glue** /gluː/ tr. incollare, appiccicare; ***to ~ sth. on*** o ***down*** incollare qcs.; ***to ~ sth. back on*** rincollare qcs.; ***to ~ two things together*** incollare due cose insieme; ***to ~ two things back together*** rincollare insieme due cose; ***to ~ sth. (on) to sth.*** incollare qcs. a qcs.

glued /gluːd/ **I** p.pass. → **2.glue II** agg. COLLOQ. ***to have one's eyes ~ to sb., sth.*** tenere gli occhi addosso a qcn., avere gli occhi incollati a qcs.; ***to be ~ to the TV*** essere incollati davanti alla tivù; ***to have one's face*** o ***nose ~ to sth.*** tenere il naso incollato a qcs.; ***to be ~ to the spot*** essere inchiodato sul posto; ***to stay ~ to sb.'s side*** rimanere incollato a qcn.

glue ear /'gluːˌɪə(r)/ ♦ **11** n. otite f. sierosa.

glue pen /'gluːpen/ n. = colla liquida trasparente contenuta in un distributore a forma di penna.

glue-sniffer /'gluːˌsnɪfə(r)/ n. sniffatore m. (-trice) di colla.

glue-sniffing /'gluːˌsnɪfɪŋ/ n. (lo) sniffare colla.

glue stick /'gluːˌstɪk/ n. colla f. in stick.

gluey /'gluːɪ/ agg. *(viscous)* viscoso; *(sticky)* colloso, appiccicoso.

glug /glʌg/ intr. (forma in -ing ecc. **-gg-**) gorgogliare.

gluish /'gluːɪʃ/ agg. colloso, appiccicoso.

glum /glʌm/ agg. cupo, tetro, depresso.

glume /gluːm/ n. BOT. gluma f.

glumiferous /gluː'mɪfərəs/ agg. BOT. glumifero.

glumly /'glʌmlɪ/ avv. cupamente, tetramente.

glumness /'glʌmnɪs/ n. tetraggine f., depressione f.

gluon /ˈgluːɒn/ n. gluone m.
1.glut /glʌt/ n. sovrabbondanza f. (**of** di); eccesso m. (**of** di).
2.glut /glʌt/ **I** tr. (forma in -ing ecc. **-tt-**) saturare [*economy, market*] **II** rifl. (forma in -ing ecc. **-tt-**) ***to ~ oneself*** rimpinzarsi (**with, on** di).
3.glut /glʌt/ n. **1** cuneo m. **2** EDIL. pezzo m. di mattone.
glutamate /ˈgluːtəmeɪt/ n. glutammato m.
glutamic acid /gluːˈtæmɪkˌæsɪd/ n. acido m. glutammico.
glutamine /ˈgluːtəmɪn/ n. glutammina f.
gluteal /ˈgluːtɪəl/ agg. gluteo.
glutei /ˈgluːtɪaɪ/ → **gluteus**.
gluten /ˈgluːtn/ n. glutine m.
gluten bread /ˈgluːtnˌbred/ n. pane m. di glutine.
gluten flour /ˈgluːtnˌflaʊə(r)/ n. farina f. di glutine.
gluten-free /ˌgluːtnˈfriː/ agg. senza glutine.
glutenous /ˈgluːtənəs/ agg. glutinoso.
gluteus /ˈgluːtɪəs/ n. (pl. **-i**) (muscolo) gluteo m.; ***~ maximus, minimus*** grande, piccolo gluteo.
glutinosity /ˌgluːtɪˈnɒsətɪ/ n. glutinosità f.
glutinous /ˈgluːtənəs/ agg. colloso, viscido e appiccicoso.
glutted /ˈglʌtɪd/ **I** p.pass. → **2.glut II** agg. ripieno (**with** di) (anche FIG.); ***~ with food*** satollo.
glutton /ˈglʌtn/ n. **1** *(greedy person)* goloso m. (-a), ghiottone m. (-a), ingordo m. (-a) **2** FIG. ***a ~ for punishment*** un masochista; ***a ~ for hard work*** uno stacanovista.
gluttonous /ˈglʌtənəs/ agg. goloso, ingordo.
gluttony /ˈglʌtənɪ/ n. golosità f., ghiottoneria f., gola f., ingordigia f.
glyc(a)emia /glaɪˈsiːmɪə/ n. MED. glicemia f.
glyceric /glɪˈserɪk/ agg. glicerico.
glyceride /ˈglɪsəraɪd/ n. gliceride m.
glycerin(e) /ˈglɪsəriːn, AE -rɪn/ n. glicerina f.
glycerol /ˈglɪsərɒl/ n. glicerolo m.
glycin(e) /ˈglaɪsiːn/ n. CHIM. glicina f.
glycogen /ˈglaɪkədʒn/ n. glicogeno m.
glycol /ˈglaɪkɒl/ n. glicole m.; ***ethylene ~*** glicol etilenico.
glycolic /glaɪˈkɒlɪk/ agg. glicolico.
glycolipid /ˌglaɪkəʊˈlɪpɪd/ n. glicolipide m.
glycolysis /glaɪˈkɒləsɪs/ n. (pl. **-es**) glicolisi f.
glycoprotein /ˌglɪkəuˈprəʊθiːn/ n. glicoproteina f.
glycosidase /ˌglaɪkəʊˈsɪdeɪs/ n. glicosidasi f.
glycoside /ˈglaɪkəʊˌsaɪd/ n. glicoside m.
glycosidic /ˌglaɪkəʊˈsɪdɪk/ agg. glicosidico.
glycosuria /ˌglaɪkəʊˈsjuːrɪə/ n. glicosuria f.
glycyl /ˈglaɪsəl/ n. glicile m.
glyph /glɪf/ n. ARCH. glifo m.
glyphography /glɪˈfɒgrəfɪ/ n. glifografia f.
glyptic /ˈglɪptɪk/ agg. glittico.
glyptics /ˈglɪptɪks/ n. + verbo sing. glittica f.
glyptography /glɪpˈtɒgrəfɪ/ n. glittografia f.
gm ⇒ gram grammo (g).
GM agg. (⇒ genetically modified) [*crops, seed, ingredients*] transgenico, geneticamente modificato.
G-man /ˈdʒiːmən/ n. (pl. **G-men**) AE POP. agente m. e f. dell'FBI.
GMO n. (⇒ genetically modified organism organismo geneticamente modificato) ogm m.
GMT n. (⇒ Greenwich Mean Time tempo medio di Greenwich) GMT m.
gnarl /nɑːl/ n. *(in wood)* nodo m.
gnarled /nɑːld/ agg. nodoso.
gnash /næʃ/ tr. ***to ~ one's teeth*** digrignare i denti (anche FIG.).
gnashing /ˈnæʃɪŋ/ n. ***~ of teeth*** (il) digrignare i denti (anche FIG.).
gnat /næt/ n. zanzara f., moscerino m.
gnat bite /ˈnætˌbaɪt/ n. puntura f. di zanzara, morso m. di moscerino.
gnatcatcher /ˈnætˌkætʃə(r)/ n. ZOOL. pigliamosche m.
gnathic /ˈnæθɪk/ agg. mascellare.
gnat's piss /ˈnætspɪs/ n. POP. ***this coffee is ~*** questo caffè sembra piscio.
gnaw /nɔː/ **I** tr. **1** *(chew)* rodere, rosicchiare [*bone, wood*]; ***the mice have ~ed a hole in the sack*** i topi hanno fatto un buco nel sacco rosicchiandolo **2** FIG. *(torment)* [*hunger, remorse*] rodere; [*pain*] attanagliare **II** intr. ***to ~ at*** o ***on sth.*** rodere *o* rosicchiare qcs.
gnawer /ˈnɔːə(r)/ n. roditore m.
gnawing /ˈnɔːɪŋ/ **I** n. **1** *(chewing)* rodimento m., rosicchiamento m. **2** *(pain)* dolore m. lancinante **II** agg. [*hunger, guilt*] attanagliante; [*pain*] lancinante.
gneiss /naɪs/ n. gneiss m.
gnocchi /ˈnjɒkɪ/ n. **U** gnocchi m.pl.
gnome /nəʊm/ n. **1** *(goblin)* gnomo m.; ***garden ~*** nanetto (di gesso) da giardino **2** COLLOQ. SPREG. *(banker)* gnomo m. **3** *(anonymous expert)* COLLOQ. SPREG. = consulente esterno che esegue controlli all'insaputa del personale.
gnomic /ˈnəʊmɪk/ agg. gnomico.
gnomish /ˈnəʊmɪʃ/ agg. di gnomo, simile a gnomo.
gnomon /ˈnəʊmɒn/ n. gnomone m.
gnomonic /nəʊˈmɒnɪk/ agg. gnomonico.
gnoseological /ˌnəʊsɪəˈlɒdʒɪkl/ agg. gnoseologico.
gnoseology /ˌnəʊsɪˈɒlədʒɪ/ n. gnoseologia f.
gnoses /ˈnəʊsɪz/ → **gnosis**.
gnosiological → **gnoseological**.
gnosiology → **gnoseology**.
gnosis /ˈnəʊsɪs/ n. (pl. **-es**) gnosi f.
gnostic /ˈnɒstɪk/ **I** agg. gnostico **II** n. gnostico m. (-a).
gnosticism /ˈnɒstɪsɪzəm/ n. gnosticismo m.
GNP n. (⇒ gross national product prodotto nazionale lordo) PNL m.
gnu /nuː/ n. (pl. **~** o **~s**) gnu m.
GNVQ n. GB (⇒ General National Vocational Qualification) = diploma di scuola superiore professionale.
▶ **1.go** /gəʊ/ **I** intr. (3ª persona sing. pres. **goes**; pass. **went**; p.pass. **gone**) **1** *(move, travel)* andare (**from** da; **to** a, in); ***to ~ to London, Milan*** andare a Londra, a Milano; ***to ~ to the States, to Ireland, to California*** andare negli Stati Uniti, in Irlanda, in California; ***to ~ to town, to the country*** andare in città, in campagna; ***they went home*** sono andati a casa; ***she's gone to Paris*** è andata a Parigi; ***to ~ up, down, across*** salire, scendere, attraversare; ***I went into the room*** sono entrato nella stanza; ***to ~ by bus, train, plane*** andare *o* viaggiare in autobus, treno, aereo; ***we went there by bus*** ci siamo andati in autobus; ***to ~ by*** o ***past*** [*person, vehicle*] passare *o* superare; ***that car's going very fast!*** quella macchina sta andando molto veloce! ***there he goes again!*** *(that's him again)* rieccolo là! FIG. *(he's starting again)* eccolo che ricomincia! ***who goes there?*** MIL. chi va là? ***where do we ~ from here?*** FIG. e adesso cosa facciamo? **2** *(on specific errand, activity)* andare; ***to ~ shopping*** andare a fare spese; ***to ~ swimming*** *(in sea, river)* andare a fare il bagno; *(in pool)* andare in piscina; ***to ~ for a walk*** andare a fare una passeggiata; ***to ~ on a journey*** andare a fare un viaggio; ***to ~ on holiday*** andare in vacanza; ***to ~ for a drink*** andare a bere qualcosa; ***he's gone to get some wine*** è andato a prendere il vino; ***~ and answer the phone*** va a rispondere al telefono; ***~ and tell her that...*** va a dirle che...; ***~ after him!*** inseguitelo! **3** *(attend)* andare; ***to ~ to school, church*** andare a scuola, in chiesa; ***to ~ to work*** andare a lavorare *o* al lavoro; ***to ~ to the doctor's, dentist's*** andare dal dottore, dentista **4** *(used as auxiliary with present participle)* ***she went running up the stairs*** ha salito le scale di corsa; ***she went complaining to the principal*** è andata a lamentarsi dal direttore **5** *(depart)* andare, partire; ***I must ~*** o ***I must be going*** devo andare; ***the train goes at six o'clock*** il treno parte alle sei; ***a train goes every hour*** c'è un treno ogni ora; ***to ~ on holiday*** partire per le vacanze; ***be gone!*** vattene! **6** EUFEM. *(die)* morire, dipartirsi; ***when I am gone*** quando me ne sarò andato *o* quando non sarò più qui; ***the doctors say she could ~ at any time*** i dottori dicono che potrebbe morire *o* andarsene da un momento all'altro **7** *(disappear)* partire, andare; ***half the money goes on school fees*** metà dei soldi partono per le tasse scolastiche; ***the money, cake has all gone*** i soldi sono spariti, la torta è sparita; ***I left my bike outside and now it's gone*** ho lasciato la mia bici fuori e adesso è sparita; ***there goes my chance of winning!*** ecco che se ne vanno le mie possibilità di vittoria! **8** *(be sent, transmitted)* ***it can't ~ by post*** non può essere spedito per posta; ***these proposals will ~ before parliament*** queste proposte verranno presentate in parlamento **9** *(become)* ***to ~ red*** arrossire *o* diventare rosso; ***to ~ white*** diventare bianco *o* imbiancare; *(of hair)* incanutire; ***his hair*** o ***he is going grey*** sta cominciando ad ingrigire *o* ad incanutire *o* ad avere dei capelli bianchi; ***to ~ mad*** impazzire; ***to ~ bankrupt*** fare fallimento *o* fallire **10** *(change over to new system)* ***to ~ Labour, Conservative*** POL. [*country, constituency*] votare per il partito laburista, conservatore; ***to ~ metric*** adottare il sistema metrico; ***to ~ private*** ECON. privatizzarsi; MED. farsi curare privatamente; ***to ~ public*** ECON. [*company*] essere quotato in borsa; ***she has decided to ~ public (with her story)*** ha deciso di rendere pubblica la sua storia **11** *(be, remain)* ***the people went hungry*** la gente soffriva la fame *o* non aveva niente da mangiare; ***we went for two days without food*** siamo stati digiuni per due giorni *o* due giorni senza mangiare; ***to ~ unnoticed*** passare inosservato; ***to ~ unpunished*** restare impunito *o* cavarsela; ***the question went unanswered*** la domanda è rimasta senza risposta; ***to ~ naked*** andare in giro nudo; ***he was allowed to ~***

free è stato rimesso in libertà **12** *(weaken, become impaired)* ***his memory, mind is going*** sta perdendo la memoria, la ragione; ***his hearing is going*** sta diventando sordo *o* il suo udito se ne sta andando; ***my voice is going*** sto perdendo la voce; ***the battery is going*** la pila si sta scaricando; ***the engine is going*** il motore sta perdendo colpi **13** *(of time) (elapse)* passare, trascorrere; ***three hours went by before...*** passarono tre ore prima che...; ***there are only three days to ~ before Christmas*** mancano solo tre giorni a Natale; ***how's the time going?*** come stiamo col tempo? ***it's just gone seven o'clock*** sono appena passate le sette **14** *(be got rid of)* ***he's totally inefficient, he'll have to ~!*** è completamente inefficiente, dobbiamo sbarazzarcene! ***that new lampshade is hideous, it'll have to ~!*** quella nuova lampada è orribile, deve sparire! ***the car will have to ~*** dovremo liberarci dell'auto *o* vendere l'auto; ***either she goes or I do!*** o se ne va lei, o me ne vado io *o* o lo faccio io! ***six down and four to ~!*** sei (sono) fatti e quattro da fare! **15** *(operate, function)* [*vehicle, machine, clock*] andare, funzionare; ***to set sth. going*** mettere in funzione *o* moto qcs.; ***to get going*** [*engine, machine*] mettersi in moto; FIG. [*business*] avviarsi *o* decollare; ***to get the fire going*** accendere il fuoco; ***to keep going*** continuare; [*person*] tener duro; [*machine*] continuare a funzionare; [*business*] continuare ad andare bene; ***we have several projects going at the moment*** abbiamo diversi progetti in corso al momento **16** *(start)* ***let's get going!*** cominciamo! partiamo! ***we'll have to get going on that translation*** dobbiamo metterci a fare quella traduzione; ***to get things going*** darci dentro *o* muoversi; ***ready, steady, ~!*** pronti, partenza, via! ***here goes! here we ~!*** forza! ci siamo! ***once he gets going, he never stops*** una volta partito, non si ferma più *o* non lo ferma più nessuno **17** *(lead)* andare, condurre, portare (**to** a); ***that corridor goes to the kitchen*** quel corridoio porta in cucina; ***the road goes down to the sea, goes up the mountain*** la strada scende verso il mare, sale verso la montagna; ***this road goes past the cemetery*** questa strada prosegue oltre il cimitero **18** *(extend in depth or scope)* ***the roots of the plant ~ very deep*** le radici della pianta vanno molto profondo; ***the historical reasons for this conflict ~ very deep*** le ragioni storiche di questo conflitto hanno radici profonde *o* risalgono a molto tempo fa; ***these habits ~ very deep*** queste usanze hanno radici profonde; ***as far as that goes*** quanto a questo; ***it's true as far as it goes*** è vero fino a un certo punto; ***she'll ~ far!*** farà strada *o* andrà lontano; ***this time he's gone too far!*** questa volta ha esagerato! ***a hundred pounds doesn't ~ far these days*** al giorno d'oggi con cento sterline non si fa molto; ***one leg of lamb doesn't ~ very far among twelve people*** non basta mica un cosciotto di agnello per dodici persone; ***this goes a long way towards explaining his attitude*** questo contribuisce molto a spiegare il suo atteggiamento; ***you can make £ 5 ~ a long way*** si possono fare molte cose con 5 sterline **19** *(belong, be placed)* andare; ***where do these plates ~?*** dove vanno questi piatti? ***that table goes beside the bed*** quel tavolo va vicino al letto; ***the suitcases will have to ~ in the back*** dovremo mettere le valigie dietro **20** *(fit)* entrare; ***it won't ~ into the box*** non entra *o* ci sta nella scatola; ***five into four won't ~*** il cinque nel quattro non ci sta; ***three into six goes twice*** il tre nel sei sta due volte **21** *(be expressed, sung etc. in particular way)* ***I can't remember how the poem goes*** non mi ricordo come fa la poesia; ***how does the song ~?*** come fa la canzone? ***the song goes something like this*** la canzone fa più o meno così; ***as the saying goes*** come dice il proverbio; ***the story goes that*** corre voce che *o* si dice che; ***her theory goes something like this...*** la sua teoria all'incirca dice che... **22** *(be accepted)* ***what he says goes*** quello che dice lui, va bene; ***it goes without saying that*** è chiaro che; ***that goes without saying*** non è neanche il caso di dirlo *o* manco a dirlo COLLOQ.; ***anything goes*** tutto concesso *o* qualsiasi cosa va bene **23** *(be about to)* ***to be going to do*** stare per fare; ***it's going to snow*** nevicherà *o* sta per nevicare; ***I was just going to phone you*** stavo proprio per telefonarti; ***I'm going to phone him right now*** gli telefono subito *o* immediatamente; ***I'm not going to be treated like that!*** non ho intenzione di farmi trattare così! ***we were going to ~ to Italy, but we changed our plans*** volevamo andare in Italia, ma abbiamo cambiato i nostri piani **24** *(happen)* ***the party went very well*** la festa è andata molto bene; ***so far the campaign is going well*** finora la campagna sta andando bene; ***how did the evening ~?*** com'è andata la serata? ***the way things are going, I don't think we'll ever get finished*** da come vanno le cose, penso che non finiremo mai; ***how are things going? how's it going?*** COLLOQ. come vanno le cose? come va? ***how goes it?*** SCHERZ. come va? **25** *(be on average)* ***it's old, as Australian towns ~*** per essere una città australiana, è vecchia; ***it wasn't a bad party, as parties ~*** non è stata una brutta festa rispetto alla media **26** *(be sold)* ***the house went for over £ 100,000*** la casa è andata *o* stata venduta per oltre 100.000 sterline; ***we won't let the house ~ for less than £ 100,000*** non venderemo la casa per meno di 100.000 sterline; ***those rugs are going cheap*** li vendono a poco quei tappeti; ***the house will ~ to the highest bidder*** la casa verrà aggiudicata *o* andrà al miglior offerente; ***"going, going, gone!"*** *(at auction)* "centomila, un mi-lione, ecc. e uno, centomila, un milione, ecc. e due, centomila, un milione, ecc. e tre, aggiudicato!" **27** *(be on offer)* ***I'll have some coffee, if there's any going*** prenderò un caffè, se ce n'è; ***are there any drinks going?*** c'è qualcosa da bere? ***I'll have whatever's going*** prenderò quello che c'è; ***it's the best machine going*** è la migliore macchina sul mercato; ***there's a job going at their London office*** c'è un posto vacante nel loro ufficio di Londra **28** *(contribute)* ***the money will ~ towards a new roof*** i soldi serviranno a pagare il tetto nuovo; ***the elements that ~ to make a great film*** gli elementi che contribuiscono a fare un grande film; ***everything that goes to make a good teacher*** tutto quel che ci vuole per fare un buon insegnante **29** *(be given)* [*award, prize*] andare (**to** a); [*estate, inheritance, title*] andare, passare (**to** a); ***the money will ~ to charity*** i soldi andranno in beneficenza; ***most of the credit should ~ to the author*** la maggior parte del merito dovrebbe andare *o* toccare all'autore; ***the job went to a local man*** il lavoro è stato dato ad uno del posto **30** *(emphatic use)* ***she's gone and told everybody!*** è andata a dirlo a tutti! ***why did he ~ and spoil it?*** perché è andato a rovinare tutto? ***you've gone and ruined everything!*** sei riuscito a rovinare tutto! ***he went and won the competition!*** si è dato una mossa e ha vinto il concorso! ***you've really gone and done it now!*** questa volta l'hai davvero fatta grossa! ***then he had to ~ and lose his wallet*** come se non bastasse, ha anche perso il portafoglio **31** *(be spent, used up)* ***all his money goes on drink*** tutti i suoi soldi vanno in alcolici; ***most of his salary goes on rent*** la maggior parte del suo stipendio va nell'affitto; ***I don't know where all my money goes (to)!*** non so dove vanno a finire tutti i miei soldi! **32** *(make sound, perform action or movement)* fare; [*bell, alarm*] suonare; ***the cat went "miaow"*** il gatto ha fatto "miao"; ***wait until the bell goes*** aspettate che suoni la campanella; ***she went like this with her fingers*** ha fatto così con le dita; ***so he goes "what about my money?"*** COLLOQ. poi fa "e i miei soldi?" **33** *(resort to, have recourse to)* ***to ~ to war*** [*country*] entrare in guerra; [*soldier*] andare in guerra; ***to ~ to law*** BE o ***to the law*** AE ricorrere alla giustizia **34** *(break, collapse etc.)* [*roof*] sfondarsi; [*cable, rope*] spezzarsi, cedere; *(fuse)* [*light bulb*] bruciarsi **35** *(bid, bet)* andare, arrivare; ***I'll ~ as high as £ 100*** arriverò fino a 100 sterline; ***I went up to £ 100*** sono arrivato fino a 100 sterline **36** *(take one's turn)* ***you ~ next*** dopo tocca a te; ***you ~ first*** prima tu *o* dopo di te **37** *(be in harmony)* ***those two colours don't ~ together*** quei due colori non vanno bene insieme; ***the curtains don't ~ with the carpet*** le tende non vanno bene con il tappeto; ***white wine goes better with fish than red wine*** col pesce va meglio il vino bianco di quello rosso **38** COLLOQ. EUFEM. *(relieve oneself)* andare di corpo **39** AE *(in takeaway)* ***to ~*** da asporto; ***two hamburgers to ~!*** due hamburger da portare via! **II** tr. (3ª persona sing. pres. **goes**; pass. **went**; p.pass. **gone**) **1** *(travel)* ***we had gone ten miles before we realized that...*** abbiamo fatto dieci miglia prima di accorgerci che...; ***are you going my way?*** fai la mia stessa strada? vai nella mia direzione? ***to ~ one's own way*** FIG. seguire la propria strada **2** COLLOQ. *(bet, bid)* ***I ~ two diamonds*** *(in cards)* dichiaro due quadri; ***he went £ 20*** ha scommesso, puntato 20 sterline ◆ ***to ~ one better than sb.*** superare *o* fare meglio di qcn.; ***that's how it goes! that's the way it goes!*** così va il mondo! così è la vita! ***there you ~!*** COLLOQ. voilà!

- **go about:** *~ about* **1** → **go around 2** MAR. virare di bordo; ***prepare to ~ about!*** prepararsi a virare!; *~ about [sth.]* **1** *(undertake)* assumersi [*task*]; ***how do you ~ about writing a novel?*** come si fa a scrivere un romanzo? ***he knows how to ~ about it*** sa che cosa fare **2** *(be busy with)* ***to ~ about one's business*** badare ai propri affari; ***she went about her work mechanically*** faceva il suo lavoro meccanicamente.
- **go across:** *~ across* attraversare; ***he's gone across to the shop, neighbour's*** è andato nel negozio di fronte, dai vicini; *~ across [sth.]* attraversare [*street, river, bridge etc.*].
- **go after:** *~ after [sth., sb.]* **1** *(chase)* inseguire, rincorrere [*person*] **2** FIG. *(try hard to get)* ***he really went after that job*** ha fatto di tutto per avere quel lavoro.
- **go against:** *~ against [sb., sth.]* **1** *(prove unfavourable to)* ***the vote, verdict went against them*** il voto, il verdetto non è stato loro favorevole *o* non è andato a loro favore; ***the war is going against them*** la guerra sta volgendo a loro sfavore **2** *(conflict with)* essere

contrario a [*rules, principles*]; ***to ~ against the trend*** andare contro corrente; ***to ~ against the party line*** POL. non seguire la linea del partito **3** *(resist, oppose)* opporsi a, andare contro [*person, sb.'s wishes*].

▪ **go ahead 1** *(go in front)* ***~ ahead, I'll follow you on*** andate avanti, io vi seguo **2** FIG. *(proceed)* ***~ ahead!*** *(in conversation)* continua! ***~ ahead and shoot!*** dai, spara! ***they are going ahead with the project*** stanno portando avanti il progetto; ***we can ~ ahead without them*** possiamo continuare senza di loro; ***next week's strike is to ~ ahead*** lo sciopero della settimana prossima dovrà protrarsi.

▪ **go along 1** *(move along)* [*person, vehicle*] andare avanti, avanzare; ***to make sth. up as one goes along*** FIG. inventare qcs. man mano che si avanti **2** *(attend)* andare, partecipare; ***she went along as a witch*** ci è andata vestita da strega; ***I went along as a witness*** ho partecipato come testimone.

▪ **go along with: ~ along with [sb., sth.]** essere d'accordo, concordare con [*plans, wishes*]; ***I can't ~ along with that*** non posso accettarlo *o* essere d'accordo; ***I'll ~ along with you there*** su questo punto sono d'accordo con te.

▪ **go around: ~ around 1** *(move, travel about)* andare in giro, girare; ***to ~ around naked, barefoot*** andare in giro nudo, scalzo; ***she goes around on a bicycle*** gira in bicicletta; ***they ~ around everywhere together*** vanno in giro dappertutto insieme **2** *(circulate)* [*rumour*] circolare; ***there's a rumour going around that*** corre voce, si dice in giro che; ***there's a virus going around*** c'è in giro un virus; ***there isn't enough money to ~ around*** non ci sono abbastanza soldi per tutti; **~ around [sth.]** fare il giro di [*house, shops, area*]; ***to ~ around the world*** girare il mondo; ***they went around the country looking for him*** lo hanno cercato in tutto il paese.

▪ **go astray: ~ astray** perdere la strada, perdersi, smarrirsi.

▪ **go at: ~ at [sb.]** *(attack)* attaccare, assalire; **~ at [sth.]** immergersi, impegnarsi in [*task, activity*].

▪ **go away** [*person*] andare via, andarsene, partire; ***to ~ away on holiday*** BE o ***vacation*** AE partire per le vacanze; ***~ away and leave me alone!*** vattene e lasciami in pace! ***~ away and think about it*** va a rifletterci; ***don't ~ away thinking that*** non te ne andare pensando che; ***this cold, headache just won't ~ away!*** questo raffreddore, mal di testa non vuole andarsene *o* passare! ***the problems aren't just going to ~ away!*** i problemi non scompariranno certo da soli!

▪ **go back 1** *(return)* ritornare, tornare indietro; *(turn back)* fare marcia indietro, retromarcia; *(resume work)* riprendere il lavoro; *(resume classes, studies)* riprendere la scuola, gli studi; ***as it was raining, they decided to ~ back*** siccome pioveva, hanno deciso di tornare indietro; ***they went back home*** sono tornati a casa; ***let's ~ back to France*** ritorniamo in Francia; ***to ~ back to the beginning*** ricominciare da capo; ***to ~ back to sleep*** riaddormentarsi; ***to ~ back to work, writing*** rimettersi a lavorare, a scrivere; ***~ back! the path isn't safe*** torna indietro! il sentiero non è sicuro; ***once you've committed yourself, there's no going back*** dopo aver preso un impegno, non puoi più tirarti indietro **2** *(in time)* risalire; ***to ~ back in time*** risalire *o* andare indietro nel tempo; ***to understand the problem we need to ~ back 20 years*** per capire il problema dobbiamo tornare indietro di vent'anni; ***this tradition goes back a century*** questa tradizione risale a un secolo fa; ***we ~ back a long way*** ci conosciamo da un sacco di tempo **3** *(revert)* tornare (**to** a); ***to ~ back to teaching*** tornare all'insegnamento; ***to ~ back to being a student*** riprendere gli studi; ***let's ~ back to what we were discussing yesterday*** torniamo a ciò di cui discutevamo ieri.

▪ **go back on: ~ back on [sth.]** venire meno a [*promise*]; tornare su [*decision*].

▪ **go before: ~ before** *(go in front)* andare davanti a, precedere; FIG. *(in time)* venire prima, precedere; ***all that had gone before*** tutto quello che era successo prima; **~ before [sb., sth.]** [*person*] comparire davanti a [*court, judge*]; ***the bill went before parliament*** il progetto di legge è stato presentato in parlamento.

▪ **go below** MAR. scendere sotto coperta.

▪ **go beyond: ~ beyond [sth.]** oltrepassare, andare al di là [*river, mountains*]; ***to ~ beyond one's duty*** fare più del dovuto.

▪ **go by: ~ by** [*person*] passare; [*time*] passare, trascorrere; ***as time goes by*** col passare del tempo; ***don't let such opportunities ~ by*** non lasciarti scappare queste occasioni; **~ by [sth.] 1** *(judge by)* stare a, giudicare da; ***to ~ by appearances*** giudicare dalle apparenze; ***going by her looks, I'd say she was about 30*** a giudicare dal suo aspetto, le darei 30 anni; ***you mustn't ~ by what you read in the papers*** non devi credere a tutto quello che leggi sui giornali; ***if the trailer is anything to ~ by, it should be a good film*** a giudicare dal trailer, dovrebbe essere un bel film; ***if the father is anything to ~ by, I wouldn't like to meet the son!*** a giudicare dal padre, non vorrei proprio conoscere il figlio! **2** *(proceed by)* ***to ~ by the rules*** rispettare *o* osservare le regole; ***promotion goes by seniority*** le promozioni vengono assegnate in base all'anzianità.

▪ **go down: ~ down 1** *(descend)* andare giù, scendere; [*diver*] immergersi; ***to ~ down to the cellar*** scendere in cantina; ***to ~ down to the beach*** andare *o* scendere in spiaggia; ***to ~ down to the pub*** andare al pub; ***they've gone down to Brighton for a few days*** sono andati a Brighton per qualche giorno; ***"going down!"*** *(in lift)* "si scende!"; ***to ~ down on one's knees*** mettersi *o* cadere in ginocchio **2** *(fall)* [*person, aircraft*] cadere; *(sink)* [*ship*] affondare, colare a picco; [*person*] naufragare; ***most of the passengers went down with the ship*** la maggior parte dei passeggeri sono affondati con la nave; ***the plane went down in flames*** l'aereo si è schiantato tra le fiamme; ***the plane went down over Normandy, the Channel*** l'aereo si è schiantato in Normandia, è caduto nella Manica; ***to ~ down for the third time*** [*drowning person*] annegare **3** [*sun*] tramontare, scendere **4** *(be received)* ***to ~ down well, badly*** essere accolto bene, male; ***this remark didn't ~ down at all well*** questa osservazione non è stata per niente apprezzata; ***his jokes went down well, didn't ~ down well with the audience*** il pubblico ha apprezzato, non ha apprezzato le sue barzellette; ***another cup of coffee would ~ down nicely!*** un'altra tazza di caffè ci starebbe bene **5** *(be swallowed)* ***to ~ down the wrong way*** andare di traverso **6** *(become lower)* [*water level, temperature, price*] scendere, abbassarsi, diminuire; [*tide*] abbassarsi; [*standard*] peggiorare, calare; *(abate)* [*storm, wind*] calmarsi; [*fire*] spegnersi; ***the river has, the floods have gone down*** il livello del fiume, la piena sta calando; ***foodstuffs are going down (in price)*** i (prezzi dei) prodotti alimentari stanno calando **7** *(become deflated)* [*swelling, tyre, balloon*] sgonfiarsi **8** BE UNIV. *(break up for holiday)* finire i corsi, andare in vacanza; *(leave university permanently)* lasciare l'università; ***when do you ~ down?*** quando vai in vacanza? **9** SPORT *(fail, be defeated)* perdere, essere sconfitto; *(be downgraded)* retrocedere; ***Corby went down 6-1 to Oxford*** il Corby ha perso 6-1 contro l'Oxford; ***the team has gone down to the second division*** la squadra è retrocessa in seconda divisione **10** *(be remembered)* ***he will ~ down as a great statesman*** verrà ricordato *o* passerà alla storia come un grande uomo di stato **11** *(be recorded)* essere annotato; ***it all goes down in her diary*** finisce tutto nel suo diario **12** *(continue)* ***the book goes down to 1939*** il libro arriva al 1939; ***if you ~ down to the second last line you will see that*** se vai avanti fino alla penultima riga, vedrai che **13** *(be stricken)* ***to ~ down with flu, malaria*** prendere l'influenza, la malaria **14** BE COLLOQ. *(be sent to prison)* andare dentro, in prigione **15** [*computer, system*] piantarsi; **~ down [sth.] 1** scendere da, per [*hill*]; scendere in [*mine*] **2** *(be downgraded)* ***to ~ down a class*** SCOL. = essere retrocesso, passare a una classe inferiore.

▪ **go down on: ~ down on [sth.]** *(set)* [*sun*] tramontare su; ***when the sun went down on the Roman Empire*** FIG. quando il sole tramontò sull'Impero Romano; **~ down on [sb.]** VOLG. *(have oral sex with)* fare un pompino a [*man*]; leccarla a [*woman*].

▪ **go for: ~ for [sb., sth.] 1** COLLOQ. *(favour, have liking for)* preferire, avere una preferenza per [*person, physical type*]; amare [*style of music, literature etc.*]; ***he really goes for blondes*** ha una preferenza per le bionde; ***I don't ~ much for modern art*** non mi piace molto l'arte moderna **2** *(apply to)* valere per, riguardare; ***that goes for all of you!*** questo vale per tutti! ***the same goes for him*** lo stesso vale per lui!; **~ for [sb.] 1** *(attack)* *(physically)* attaccare, assalire; *(verbally)* attaccare, criticare [*person*]; ***the two youths went for him*** i due giovani lo hanno attaccato; ***to ~ for sb.'s throat*** [*animal*] attaccare qcn. alla gola; ***she really went for him!*** *(in argument, row)* gli è davvero saltata addosso! **2** ***he has a lot going for him*** ha un sacco di qualità; **~ for [sth.] 1** *(attempt to achieve)* cercare d'ottenere [*honour, victory*]; ***she's going for the gold medal, world record*** si sta battendo per la medaglia d'oro, il record mondiale; ***~ for it!*** COLLOQ. provaci! fallo! ***the company is going for a new image*** la società sta cercando di crearsi una nuova immagine; ***the team is going for a win against Italy*** la squadra mira a *o* conta di vincere contro l'Italia **2** *(choose)* prendere, scegliere; ***I'll ~ for the blue one*** prendo quello blu.

▪ **go forth** FORM. [*person*] *(go out)* uscire; *(go forward)* andare, farsi avanti; ***~ forth and multiply*** andate e moltiplicatevi.

▪ **go forward(s)** avanzare, andare avanti.

▪ **go in 1** *(enter)* andare dentro, entrare; *(go back in)* rientrare **2** MIL. [*army, troops*] attaccare, andare all'attacco; ***the troops went in at dawn*** le truppe hanno attaccato all'alba **3** *(disappear)* [*sun, moon*] andarsene, scomparire.

▪ **go in for:** ~ in for [sth.] **1** *(be keen on)* avere una passione per, dedicarsi a [*sport, hobby etc.*]; ***I don't ~ in for sports much*** non sono un appassionato di sport; ***he goes in for opera in a big way*** ha una grandissima passione per l'opera *o* l'opera gli piace immensamente; ***we don't ~ in for that sort of thing*** non ci piace molto questo genere di cose; ***they don't ~ in much for foreign languages at Mel's school*** non danno molta importanza alle lingue straniere nella scuola di Mel **2** *(take up)* ***to ~ in for teaching*** dedicarsi all'insegnamento; ***to ~ in for politics*** darsi alla politica **3** *(take part in)* presentarsi a [*exam*]; iscriversi a [*competition*].

▪ **go into:** ~ into [sth.] **1** *(enter)* entrare in; FIG. *(take up)* entrare, lanciarsi in; ***to ~ into hospital*** andare all'ospedale, essere ricoverato; ***to ~ into parliament*** entrare in parlamento; ***to ~ into politics, business*** entrare in politica, in affari **2** *(examine, investigate)* esaminare, approfondire; ***we need to ~ into the question of funding*** dobbiamo studiare a fondo la questione dei finanziamenti **3** *(explain, describe)* ***I won't ~ into why I did it*** non spiegherò perché l'ho fatto; ***let's not ~ into that now*** per il momento lasciamo perdere *o* non parliamone per il momento **4** *(launch into)* lanciarsi in; ***she went into a long explanation of what had happened*** si è lanciata in una lunga spiegazione di quel che era successo **5** *(be expended)* ***a lot of work, money went into this project*** in questo progetto è stato investito molto lavoro, denaro; ***a lot of effort went into organizing the party*** l'organizzazione della festa ha richiesto molto lavoro **6** *(hit)* [*car, driver*] andare a sbattere contro, in; ***the car went into a lamppost*** la macchina è andata a sbattere contro un lampione.

▪ **go in with:** ~ in with [sb.] unirsi, associarsi a [*person, organization*]; unirsi a [*ally*]; ***he went in with us to buy the present*** si è messo con noi per comprare il regalo.

▪ **go off:** ~ off **1** *(explode, fire)* [*bomb*] esplodere; ***the gun didn't ~ off*** la pistola non ha sparato **2** [*alarm clock*] suonare; [*fire alarm*] scattare **3** *(depart)* partire, andarsene; ***he went off to work*** se ne è andato al lavoro; ***she went off to find a spade*** è andata a cercare una vanga; ***they went off together*** sono andati via insieme **4** BE *(go bad)* andare a male; [*milk, cream*] inacidire; [*meat*] avariarsi; [*butter*] irrancidire; *(deteriorate)* [*performer, athlete etc.*] non essere più in forma; [*work*] peggiorare; *(lose one's attractiveness)* [*person*] imbruttirsi; ***he used to be very handsome, but he's gone off a bit*** una volta era molto bello, ma si è un po' imbruttito; ***the first part of the film was good, but after that it went off*** la prima parte del film era bella, ma dopo è peggiorato **5** COLLOQ. *(fall asleep)* addormentarsi **6** *(cease to operate)* [*lights, heating*] spegnersi **7** *(happen, take place)* [*evening, organized event*] andare, riuscire; ***the concert went off very well*** il concerto è andato molto bene **8** TEATR. lasciare la, uscire di scena; ~ off [sb., sth.] BE ***I used to like him but I've gone off him*** una volta mi piaceva, ma adesso non mi interessa più; ***I've gone off opera, whisky*** non mi piace più l'opera, il whisky; ***I think she's gone off the idea*** penso che abbia abbandonato l'idea.

▪ **go off with:** ~ off with [sb., sth.] andarsene, scappare con [*person, money*]; ***she went off with all his money*** è scappata con tutti i suoi soldi; ***who's gone off with my pen?*** chi si è preso *o* fregato la mia penna?

▪ **go on:** ~ on **1** *(happen, take place)* accadere, aver luogo; ***what's going on?*** che cosa succede *o* sta succedendo? ***there's a party going on upstairs*** c'è una festa di sopra; ***how long has this been going on?*** da quanto tempo va avanti questa situazione *o* storia? ***a lot of stealing goes on*** ci sono molti furti; ***a lot of drinking goes on at Christmas time*** a Natale si beve molto **2** *(continue on one's way)* andare avanti **3** *(continue)* continuare; ***~ on with your work*** vai avanti col lavoro *o* continua a fare il tuo lavoro; ***~ on looking*** continua a cercare; ***she went on speaking*** continuò a parlare; ***~ on, we're all listening!*** continua, ti stiamo ascoltando! ***"and another thing," she went on, "you're always late"*** "e ti dirò di più," aggiunse, "sei sempre in ritardo"; ***if he goes on like this, he'll get into trouble!*** se continua così, si metterà nei guai; ***we can't ~ on like this!*** non possiamo andare avanti così! ***life must ~ on*** la vita deve andare avanti; ***the meeting went on into the afternoon*** la riunione è continuata nel pomeriggio; ***you can't ~ on being a pen pusher all your life!*** non puoi continuare a fare lo scribacchino per tutta la vita! ***the list goes on and on*** la lista continua all'infinito; ***that's enough to be going on with*** questo basta per tirare avanti; ***have you got enough work to be going on with?*** hai abbastanza lavoro per il momento? ***here's £ 20 to be going on with*** ecco 20 sterline per tirare avanti; ***~ on (with you)!*** COLLOQ. ma va! **4** *(of time) (elapse)* ***as time went on, Ross...*** col (passare del) tempo, Ross...; ***as the evening went on, he became more animated*** nel corso della serata si fece via via più animato **5** *(keep talking)* ***to ~ on about sth.*** continuare a *o* non smettere di parlare di qcs.; ***he was going on about the war*** continuava a parlare della guerra; ***don't ~ on about it!*** smettila di parlarne! cambia discorso! ***she went on and on about it*** non smetteva più di parlarne; ***he does tend to ~ on a bit!*** tende a farla lunga! ***the way she goes on, you'd think she was an expert on the subject!*** da come parla *o* a sentirla, sembrerebbe un'esperta in materia! **6** *(proceed)* passare a, procedere; ***let's ~ on to the next item*** passiamo al punto successivo; ***he went on to say that, describe how*** ha continuato dicendo che, descrivendo come **7** *(go into operation)* [*heating, lights*] accendersi **8** TEATR. entrare in scena; ***what time do you ~ on?*** a che ora entri in scena? **9** *(approach)* ***it's going on three o'clock*** si stanno avvicinando le tre; ***she's four going on five*** va per i cinque anni; ***he's thirty going on three*** SCHERZ. ha trent'anni ma è come se ne avesse tre **10** *(fit)* ***these gloves won't ~ on*** questi guanti non vanno bene; ***the lid won't ~ on properly*** il coperchio non chiude bene; ~ on [sth.] basarsi su, giudicare da [*piece of evidence, information*]; ***that's all we've got to ~ on*** è tutto ciò che sappiamo con certezza; ***we've got nothing else to ~ on*** non abbiamo nient'altro su cui basarci; ***the police haven't got much evidence to ~ on*** la polizia non ha molte prove su cui basarsi.

▪ **go on at:** ~ on at [sb.] prendersela con, dare addosso a [*person*]; ***he's always going on at me for writing badly*** mi dà sempre addosso perché scrivo male; ***they're always going on at us about deadlines*** se la prendono sempre con noi per la storia delle scadenze.

▪ **go out** **1** *(leave, depart)* uscire; ***she went out of the room*** è uscita dalla stanza; ***to ~ out walking*** uscire a passeggiare; ***to ~ out for a drink*** andare a bere qualcosa; ***they ~ out a lot*** escono spesso; ***she likes going out*** le piace uscire; ***she had to ~ out to work at 14*** è dovuta andare a lavorare a 14 anni **2** *(travel long distance)* partire (**to** per); ***she's gone out to Australia, Africa*** è partita per l'Australia, l'Africa **3** *(have relationship)* ***to ~ out with sb.*** uscire con qcn.; ***they've been going out together for six weeks*** escono insieme da sei settimane **4** [*tide*] calare; ***the tide is going out*** la marea sta calando, scendendo **5** IND. *(go on strike)* scioperare, entrare in sciopero **6** *(become unfashionable)* passare di moda; *(no longer be used)* non essere utilizzato; ***mini-skirts went out in the 1970s*** le minigonne sono passate di moda negli anni 70; ***gas went out and electricity came in*** il gas è stato sostituito dall'elettricità **7** *(be extinguished)* [*fire, light*] spegnersi **8** *(be sent)* [*invitation, summons*] essere inviato; *(be published)* [*journal, magazine*] essere pubblicato; RAD. TELEV. *(be broadcast)* essere trasmesso **9** *(be announced)* ***word went out that he was coming back*** correva voce che sarebbe tornato; ***the news went out from Washington that*** Washington ha annunciato che **10** SPORT *(be eliminated)* essere eliminato; ***she went out in the early stages of the competition*** è stata eliminata nelle prime fasi della gara **11** *(expressing compassion, sympathy)* ***my heart goes out to them*** sono loro vicino con tutto il cuore; ***our thoughts ~ out to absent friends*** i nostri pensieri vanno agli amici assenti **12** *(disappear)* ***all the spirit seemed to have gone out of her*** sembrava che avesse perso tutta la sua vitalità; ***the romance seemed to have gone out of their relationship*** la loro relazione sembrava aver perso tutto il suo romanticismo **13** *(end)* [*year, month*] finire, passare **14** *(in cards)* chiudere.

▪ **go over:** ~ over **1** *(cross over)* andare, passare; ***she went over to him, to the window*** andò verso di lui, verso la finestra; ***to ~ over to Ireland, to America*** andare *o* emigrare in Irlanda, negli Stati Uniti; ***we are now going over to Washington for more news*** RAD. TELEV. passiamo ora la linea a Washington per ulteriori notizie **2** *(be received)* ***how did his speech ~ over?*** com'è stato accolto il suo discorso? ***his speech went over well*** il suo discorso è piaciuto molto; ***to ~ over big*** COLLOQ. avere un grande successo **3** *(switch over)* ***he went over to Labour from the Conservatives*** è passato dai conservatori ai laburisti; ***to ~ over to the other side*** FIG. passare dalla parte dell'avversario; ***we've gone over to gas (central heating)*** siamo passati al riscaldamento centralizzato a gas; ***to ~ over to Islam*** convertirsi all'islamismo; ~ over [sth.] **1** *(review)* esaminare, passare in rassegna [*details*]; ***she went over the events of the day in her mind*** ha ripensato agli avvenimenti della giornata; ***we've gone over the details again and again*** abbiamo visto e rivisto i dettagli mille volte; ***to ~ over one's lines*** *(actor)* ripassare la propria parte; ***there's no point in going over old ground*** non ha senso rivangare il passato **2** *(check, inspect)* controllare [*accounts, figures*]; rivedere, esaminare [*facts, piece of work*]; ***I want to ~ over this article once more before I hand it in*** voglio rileggere questo articolo ancora una volta prima di consegnarlo; ***to ~ over a house*** fare il giro di una casa **3** *(clean)* ***he went over the room with a duster*** ha dato una spolverata alla stanza; ***after cleaning, ~ over the surface with a dry cloth*** dopo aver pulito, passare un panno asciutto sulla superficie **4** ***to ~ over a sketch in ink*** ripassare un disegno a inchiostro **5** *(exceed)* superare, eccedere; ***don't ~ over £ 100*** non spendere più di, superare le 100 sterline.

■ **go round** BE: ~ **round** **1** *(turn)* [*wheel, propeller etc.*] girare; ***the wheels went round and round*** le ruote non smettevano di girare; ***my head's going round*** mi gira la testa **2** *(call round)* ***to ~ round to see sb.*** andare a trovare qcn.; ***he's gone round to Ann's*** è andato a trovare, da Ann **3** *(suffice)* ***there isn't enough food, money to ~ round*** non c'è abbastanza cibo, denaro per tutti; ***there was barely enough to ~ round*** ce n'era a malapena per tutti **4** *(circulate)* ***there's a rumour going round that*** si dice in giro che **5** *(make detour)* fare una deviazione; ***we had to ~ round the long way*** o ***the long way round*** abbiamo dovuto fare il giro lungo; ***I had to ~ round by the bridge*** ho dovuto fare il giro dal ponte; ~ **round [sth.]** *(visit)* fare il giro di [*shops, house, museum*].

■ **go through:** ~ **through** **1** *(come in)* entrare; ***if you'll just ~ (on) through, I'll tell them you're here*** se volete entrare *o* andare avanti, li avverto che siete qui **2** *(be approved)* [*law, agreement*] passare; ***the law failed to ~ through*** la legge non è passata; ***the divorce hasn't gone through yet*** il divorzio non è ancora stato accordato *o* non ha ancora ottenuto il divorzio **3** *(be successfully completed)* [*business deal*] andare in porto, concludersi felicemente; ~ **through [sth.]** **1** *(undergo)* fare [*experience*]; superare [*ordeal*]; *(pass through)* passare attraverso [*stage, phase*]; ***in spite of all he's gone through*** malgrado tutto ciò che ha dovuto sopportare; ***we've all gone through it*** ci siamo passati tutti; ***she's gone through a lot*** ne ha passate delle belle; ***he went through the day in a kind of daze*** ha trascorso la giornata in uno stato di annebbiamento; ***the country has gone through two civil wars*** il paese è passato attraverso due guerre civili; ***to ~ through a crisis*** passare un momento di crisi; ***as you ~ through life*** con l'esperienza; ***you have to ~ through the switchboard, right authorities*** devi passare per il centralino, rivolgerti alle autorità competenti; ***it went through my mind that*** mi è passato per la mente che **2** *(check, inspect)* controllare, esaminare, studiare; *(rapidly)* scorrere [*documents, files, list*]; ***to ~ through one's mail*** controllare la (propria) posta; ***let's ~ through the points one by one*** esaminiamo i vari punti uno a uno **3** *(search)* frugare in [*person's belongings, baggage*]; ***to ~ through sb.'s pockets, drawers*** frugare *o* rovistare nelle tasche, nei cassetti di qcn.; ***at customs they went through all my things*** alla dogana hanno rovistato tutte le mie cose **4** *(perform, rehearse)* provare [*scene*]; osservare [*procedure*]; ***let's ~ through the whole scene once more*** ripetiamo *o* riproviamo di nuovo tutta la scena; ***there are still a certain number of formalities to be gone through*** ci sono ancora alcune formalità da espletare; ***I went through the whole procedure with him*** ho ripassato l'intera procedura insieme a lui **5** *(consume, use up)* spendere, sperperare [*money*]; ***we went through three bottles of wine*** abbiamo fatto fuori tre bottiglie di vino; ***I've gone through the elbows of my jacket*** ho consumato i gomiti della giacca.

■ **go through with:** ~ **through with [sth.]** realizzare, portare a termine [*plan*]; ***in the end they decided to ~ through with the wedding*** alla fine hanno deciso di sposarsi comunque; ***I can't ~ through with it*** non posso farlo; ***you'll have to ~ through with it now*** adesso dovrai andare fino in fondo.

■ **go together** **1** *(harmonize)* [*colours, pieces of furniture etc.*] andare bene, stare bene insieme; ***these colours don't ~ together*** questi colori non s'intonano **2** *(entail each other)* accompagnarsi; ***poverty and crime often ~ together*** la povertà e il crimine vanno spesso di pari passo **3** ANT. COLLOQ. *(have relationship)* [*couple*] uscire, stare insieme.

■ **go under** **1** [*boat, ship*] affondare, colare a picco; [*drowning person*] andare sott'acqua, sparire tra i flutti **2** FIG. *(succumb)* [*person*] soccombere; *(go bankrupt)* [*business, company*] fallire.

■ **go up:** ~ **up** **1** *(ascend)* salire; ***to ~ up to bed*** andare a letto; ***they've gone up to London, Scotland*** sono andati a Londra, in Scozia; ***"going up!"*** *(in elevator)* "si sale!" **2** *(rise)* [*price, temperature*] salire, alzarsi; TEATR. [*curtain*] alzarsi (**on** su); ***petrol has gone up (in price)*** è salito il prezzo della benzina; ***unemployment is ~ing up*** la disoccupazione sta aumentando; ***our membership has gone up*** il numero dei nostri soci è salito; ***a cry went up from the crowd*** un grido si è levato dalla folla **3** *(be erected)* [*building*] essere costruito; [*poster*] essere appeso; ***new office blocks are going up all over the place*** spuntano nuovi palazzi di uffici un po' dappertutto **4** *(be destroyed, blown up)* [*building*] saltare in aria, esplodere **5** BE UNIV. *(start university)* entrare all'università; *(start term)* riprendere i corsi **6** *(be upgraded)* ***the team has gone up to the first division*** la squadra è stata promossa in prima divisione **7** *(continue)* ***the book, series goes up to 1990*** il libro, la serie va avanti fino al 1990; ~ **up [sth.]** **1** *(mount)* salire [*hill, mountain*] **2** ***to ~ up a class*** SCOL. passare alla classe superiore.

■ **go with:** ~ **with [sth.]** **1** *(match, suit)* andare (bene) con, stare bene con; ***your shirt goes with your blue eyes*** la tua camicia si intona ai tuoi occhi blu; ***white wine goes better with fish than red wine*** col pesce va meglio il vino bianco del rosso **2** *(accompany)* accompagnarsi a, venire con; ***the car goes with the job*** col lavoro danno anche la macchina; ***the responsibilities that ~ with parenthood*** le responsabilità che vengono con il fatto di essere genitori; ~ **with [sb.]** *(date)* uscire con, frequentare; *(have sex with)* andare con; *(agree)* essere d'accordo con [*person*].

■ **go without:** ~ **without** rinunciare; ***you'll just have to ~ without!*** dovrai semplicemente farne a meno!; ~ **without [sth.]** fare a meno di [*food, luxuries*].

2.go /gəʊ/ **I** ▸ *10* n. (pl. **~es**) **1** BE *(person's turn)* turno m.; *(try)* tentativo m.; ***it's your ~*** *(in game)* è il tuo turno *o* tocca a te; ***whose ~ is it?*** a chi tocca? ***you've had two goes*** *(in game)* hai già giocato due volte; *(two attempts at mending sth.)* hai già fatto due tentativi; ***to have a ~ at sth.*** provare, tentare (a fare) qcs.; ***have another ~!*** fai un altro tentativo! provaci ancora! ***she had several goes at the exam*** ha tentato l'esame diverse volte; ***I had to have several goes before passing*** ho dovuto fare diversi tentativi prima di passare **2** COLLOQ. *(energy)* entusiasmo m.; ***to be full of ~*** o ***to be all ~*** essere pieno d'energia *o* di vita; ***he has no ~ in him*** è moscio *o* è un mollaccione **3** BE COLLOQ. *(bout) (of illness)* attacco m. **4** *(board game)* go m. **II** agg. ***all systems are ~!*** AER. tutto pronto al lancio! ◆ ***to have a ~ at sb.*** prendersela con qcn.; ***to make a ~ of sth.*** fare un successo di qcs.; ***she's always on the ~*** è sempre in movimento *o* non si ferma mai; ***he's all ~!*** COLLOQ. non si ferma mai! ***it's all the ~!*** COLLOQ. sta facendo furore! ***we have several different projects on the ~ at the moment*** abbiamo vari progetti in corso *o* in cantiere in questo momento; ***(it's) no ~!*** (è) impossibile! (non c'è) niente da fare! ***from the word ~*** dall'inizio; ***that was a near ~!*** COLLOQ. c'è mancato poco! l'ho scampata bella! ***in one ~*** in un colpo solo *o* in una volta.

1.goad /gəʊd/ n. pungolo m. (anche FIG.).

2.goad /gəʊd/ tr. **1** *(prod)* pungolare [*animal*] **2** FIG. *(provoke)* pungolare, stimolare [*person*]; ***to ~ sb. into doing sth.*** spronare qcn. a fare qcs.; ***to ~ sb. to violence*** spingere qcn. alla violenza.

■ **goad on:** ~ **[sb.] on,** ~ **on [sb.]** incitare.

go-ahead /ˈgəʊəhed/ **I** n. COLLOQ. ***to give sb. the ~*** dare il via libera a qcn. (**to do** per fare; **for sth.** per qcs.); ***to get the ~ from sb.*** ottenere il via libera da qcn. **II** agg. COLLOQ. [*person*] dinamico, intraprendente.

▶ **goal** /gəʊl/ n. **1** SPORT goal m., rete f.; ***to keep ~*** o ***to play in ~*** giocare in porta; ***to score*** o ***kick a ~*** segnare *o* fare un goal *o* una rete; ***to miss the ~*** mancare il goal; ***to score an own ~*** fare autogol (anche FIG.) **2** *(objective)* obiettivo m., traguardo m.; ***her ~ was to run the company*** il suo obiettivo era dirigere la società.

goal area /ˈgəʊlˌeərɪə/ n. area f. di porta.

goalie /ˈgəʊlɪ/ n. SPORT COLLOQ. portiere m.

▷ **goalkeeper** /ˈgəʊlˌkiːpə(r)/ ▸ *27* n. portiere m.

goal kick /ˈgəʊlkɪk/ n. calcio m. di rinvio, rimessa f. dal fondo.

goalless /ˈgəʊllɪs/ agg. ~ ***match, draw*** partita, pareggio a reti bianche *o* inviolate.

goal line /ˈgəʊllaɪn/ n. *(endline)* linea f. di fondo; *(between goalposts)* linea f. di porta.

goal mouth /ˈgəʊlmaʊθ/ n. specchio m. della porta.

goalpost /ˈgəʊlpəʊst/ n. palo m. (della porta) ◆ ***to move*** o ***shift the ~s*** cambiare le regole del gioco.

goalscorer /ˈgəʊlˌskɔːrə(r)/ n. cannoniere m.; ***top ~*** capocannoniere.

▷ **goat** /gəʊt/ **I** n. **1** ZOOL. GASTR. capra f. **2** ASTROL. ***the Goat*** il Capricorno **3** BE COLLOQ. *(fool)* stupido m. (-a), imbecille m. e f.; ***to act the ~*** fare l'imbecille **4** COLLOQ. *(lecher)* (vecchio) porco m. **II** modif. [*cheese, meat, milk, stew*] di capra ◆ ***he really gets my ~*** COLLOQ. mi dà veramente sui nervi; ***to separate the sheep from the ~s*** separare il grano dal loglio.

goatee /gəʊˈtiː/ n. pizzetto m., barbetta f. a punta.

goatherd /ˈgəʊthɜːd/ n. capraio m. (-a).

goatish /ˈgəʊtɪʃ/ agg. **1** caprino **2** FIG. *(lustful)* lascivo.

goatling /ˈgəʊtlɪŋ/ n. capretta f.

goatsbeard /ˈgəʊtsbɪəd/ n. BOT. barba f. di becco.

goatskin /ˈgəʊtskɪn/ **I** n. **1** *(leather)* pelle f. di capra **2** *(leather bottle)* otre m. **II** modif. [*rug*] in pelle di capra.

goatsucker /ˈgəʊtˌsʌkə(r)/ n. AE succiacapre m.
goaty /ˈgəʊtɪ/ agg. caprino.
1.gob /gɒb/ n. POP. **1** BE *(mouth)* becco m. **2** *(spittle)* sputo m. **3** *(soft mass)* massa f. soffice **4** AE *(large quantity)* ***~s of charm*** un sacco fascino; ***~s of kids*** un sacco di bambini.
2.gob /gɒb/ intr. (forma in -ing ecc. **-bb-**) BE POP. sputare.
3.gob /gɒb/ n. AE *(sailor)* marinaio m.
gobbet /ˈgɒbɪt/ n. boccone m.
1.gobble /ˈgɒbl/ n. *(cry of turkey)* glu glu m., glo glo m.
2.gobble /ˈgɒbl/ **I** tr. (anche ~ **down**) ingoiare, ingollare [*food*] **II** intr. **1** *(cry)* [*turkey*] gloglottare, fare glu glu **2** *(eat)* [*person*] ingozzarsi.
■ **gobble up:** ***~ [sth.] up, ~ up [sth.]*** ingoiare, inghiottire (anche FIG.).
gobbledegook, gobbledygook /ˈgɒbldɪguːk/ n. COLLOQ. gergo m. incomprensibile, linguaggio m. pomposo.
gobbler /ˈgɒblə(r)/ n. COLLOQ. tacchino m. (-a).
go-between /ˈgəʊbɪˌtwiːn/ n. intermediario m. (-a), mediatore m. (-trice).
Gobi /ˈgəʊbɪ/ n.pr. ***the ~ desert*** il deserto del Gobi.
goblet /ˈgɒblɪt/ n. calice m., coppa f.; ***silver ~*** calice d'argento.
goblin /ˈgɒblɪn/ n. folletto m., spirito m. maligno.
gobo /ˈgəʊbəʊ/ n. (pl. **~s, ~es**) **1** (schermo) paraluce m. **2** *(microphone shield)* pannello m. insonorizzante.
gobsmacked /ˈgɒbsmækt/ agg. BE COLLOQ. sbalordito, basito.
goby /ˈgəʊbɪ/ n. (pl. **~, -bies**) ZOOL. ghiozzo m.
go-by /ˈgəʊbaɪ/ n. ***to give sb. the ~*** BE COLLOQ. snobbare qcn.
go-cart /ˈgəʊkɑːt/ n. **1** AE *(toy cart)* carrettino m. (giocattolo) **2** BE *(child's pushchair)* passeggino m.; *(baby walker)* girello m. **3** *(handcart)* carretto m. a mano, barroccino m. **4** → **go-kart**.
▶ **god** /gɒd/ **I** n. **1** RELIG. dio m.; ***ye ~s!*** ANT. buon Dio! **2** *(person, thing)* dio m., idolo m. **II God** n.pr. **1** RELIG. Dio m.; ***I swear to tell the truth, so help me God*** *(in court)* giuro davanti a Dio di dire la verità; ***would to God that*** se Dio vuole; ***a man of God*** un servo di Dio **2** COLLOQ. *(in exclamations)* ***God!*** *(exasperated)* santo Dio! santo cielo! *(surprised)* oh Dio! cielo! ***my God!*** mio Dio! ***by God...!*** perdio...! ***God forbid!*** COLLOQ. Dio non voglia! ***God forbid he should find out!*** Dio non voglia che lui lo scopra! ***God knows!*** COLLOQ. Dio solo lo sa! lo sa Iddio! ***she lives God knows where*** vive Dio sa dove; ***God knows I've tried!*** Dio sa se ci ho provato **III Gods** n.pl. COLLOQ. TEATR. loggione m., piccionaia f. ◆ ***God helps those who help themselves*** aiutati che Dio, il ciel t'aiuta; ***to put the fear of God into sb.*** terrorizzare qcn. *o* mettere una paura del diavolo in corpo a qcn.; ***to think one is God's gift*** COLLOQ. credersi chissà chi; ***Peter thinks he is God's gift to women*** COLLOQ. Peter crede di essere irresistibile per le donne; ***she thinks she's God's gift to acting*** COLLOQ. pensa di essere la migliore attrice che sia mai esistita.
God Almighty /ˌgɒdɔːlˈmaɪtɪ/ n. Dio m. onnipotente; ***~!*** Dio onnipotente! mio Dio! ◆ ***he thinks he's ~*** si crede un padreterno.
god-awful /ˌgɒdˈɔːfl/ agg. COLLOQ. orribile, terribile.
god box /ˈgɒdbɒks/ n. AE POP. chiesa f., luogo m. di culto.
godchild /ˈgɒdtʃaɪld/ n. (pl. **-children**) figlioccio m. (-a).
goddammit /ˈgɒddæmɪt/ inter. AE POP. dannazione, maledizione.
goddamn /ˈgɒddæm/ **I** n. COLLOQ. ***not to give a ~ about*** sbattersene *o* strafottersene di **II** agg. COLLOQ. dannato, maledetto, fottuto **III** avv. COLLOQ. maledettamente, dannatamente **IV** inter. COLLOQ. ***~ (it)!*** dannazione! maledizione!
goddaughter /ˈgɒdˌdɔːtə(r)/ n. figlioccia f.
▷ **goddess** /ˈgɒdɪs/ n. *(divinity, woman)* dea f.
godfather /ˈgɒdˌfɑːðə(r)/ n. padrino m.
God-fearing /ˈgɒdˌfɪərɪŋ/ agg. timorato di Dio.
godforsaken /ˈgɒdfəˌseɪkən/ agg. [*country, place*] dimenticato, abbandonato da Dio.
Godfrey /ˈgɒdfrɪ/ n.pr. Goffredo.
godhead /ˈgɒdhed/ n. divinità f.
Godiva /gəˈdaɪvə/ n.pr. Godiva.
godless /ˈgɒdlɪs/ agg. empio.
godlike /ˈgɒdlaɪk/ agg. divino.
godliness /ˈgɒdlɪnɪs/ n. devozione f.
godly /ˈgɒdlɪ/ agg. pio, devoto.
godmother /ˈgɒdmʌðə(r)/ n. madrina f.
godown /gəʊˈdaʊn/ n. INDIAN. magazzino m., deposito m.
godparent /ˈgɒdˌpeərənt/ n. *(man)* padrino m.; *(woman)* madrina f.; ***the ~s*** il padrino e la madrina.
godsend /ˈgɒdsend/ n. dono m. del cielo, manna f.
godship /ˈgɒdʃɪp/ n. divinità f.
god-slot /ˈgɒdˌslɒt/ n. COLLOQ. SPREG. RAD. TELEV. = spazio radiofonico o televisivo dedicato a programmi religiosi.

God save the Queen/King È una canzone patriottica d'autore anonimo, conosciuta fin dal Settecento e diventata dal XIX secolo l'inno nazionale britannico. Si cambia la forma *King* o *Queen* a seconda che il sovrano sia un uomo o una donna. È composta da più strofe ma generalmente viene cantata solo la prima: *God save our gracious Queen, / Long live our noble Queen, / God Save the Queen. / Send her victorious, / Happy and glorious, / Long to reign over us; / God save the Queen.*

godson /ˈgɒdsʌn/ n. figlioccio m.
Godspeed /gɒdˈspiːd/ inter. che Dio ti *o* vi protegga, va' con Dio, buon viaggio.
godsquad /ˈgɒdskwɒd/ n. COLLOQ. SPREG. bigotti m.pl.
Godwin /ˈgɒdwɪn/ n.pr. Godwin (nome di uomo).
godwit /ˈgɒdwɪt/ n. ZOOL. pittima f.
goer /ˈgəʊə(r)/ n. BE COLLOQ. **1** *(energetic person)* ***to be a ~*** essere attivo, energico **2** SPREG. *(woman)* ***she's a real ~!*** è davvero una ragazza facile! **3 -goer** in composti ***theatre~*** persona che va a teatro, spettatore; *(regular)* amante del teatro, frequentatore di teatri; ***cinema~*** persona che va al cinema, spettatore; *(regular)* cinefilo; ***church~*** praticante; ***party~*** festaiolo.
1.goes /gəʊz/ 3ª persona sing. pres. → **1.go**.
2.goes /gəʊz/ → **2.go**.
go-faster stripes /gəʊˈfɑːstəˌstraɪps, AE -ˈfæst-/ n.pl. AUT. fascioni m. (laterali) sportivi.
gofer /ˈgəʊfə(r)/ n. AE COLLOQ. factotum m.
1.goffer /ˈgəʊfə(r), ˈgɒf-/ n. goffratrice f.
2.goffer /ˈgəʊfə(r), ˈgɒf-/ tr. goffrare.
goffering /ˈgəʊfərɪŋ, ˈgɒf-/ n. goffratura f.
Gog and Magog /ˌgɒgəndˈmeɪgɒg/ n.pr. Gog e Magog.
go-getter /ˈgəʊˌgetə(r)/ n. COLLOQ. persona f. intraprendente, rabattino m. (-a).
go-getting /ˈgəʊˌgetɪŋ/ agg. COLLOQ. intraprendente.
1.goggle /ˈgɒgl/ agg. [*gaze*] stralunato; [*eyes*] sporgente.
2.goggle /ˈgɒgl/ intr. COLLOQ. [*person*] sgranare, strabuzzare (gli occhi); [*eyes*] protrudere, essere sporgente; ***to ~ at sb., sth.*** guardare qcn., qcs. con tanto d'occhi.
goggle-box /ˈgɒglbɒks/ n. BE COLLOQ. tivù f.
goggle-eyed /ˌgɒglˈaɪd/ agg. COLLOQ. dagli occhi sporgenti.
goggles /ˈgɒglz/ n.pl. **1** *(cyclist's, worker's)* occhiali m. di protezione, occhialoni m.; *(skier's)* occhiali m. da sci; *(for swimming)* occhialini m. **2** COLLOQ. SCHERZ. *(glasses)* occhiali m., fanali m.
go-go /ˈgəʊgəʊ/ agg. **1** AE ECON. [*economics, market*] dinamico; [*funds*] a go-go **2** COLLOQ. *(dynamic)* [*person, culture*] dinamico **3** COLLOQ. ***~ dancing*** = danza provocante eseguita da ballerine in locali notturni.
go-go dancer /ˈgəʊgəʊˌdɑːnsə(r), -ˌdænsə(r)/ n. = ballerina da night.
Goidel /ˈgɔɪdəl/ n. gaelico m. (-a).
Goidelic /gɔɪˈdelɪk/ **I** agg. gaelico **II** n. gaelico m.
goim /ˈgɔɪm/ → **goy**.
going /ˈgəʊɪŋ/ **I** n. **1** *(departure)* partenza f.; ***coming and ~*** va e vieni, viavai **2** *(progress)* ***that's not bad ~! that's good ~!*** è una bella andatura *o* velocità! ***it was slow ~, the ~ was slow*** *(on journey)* si andava avanti lentamente; *(at work)* si procedeva con lentezza; ***the conversation was heavy ~*** la conversazione era molto pesante; ***this book is heavy ~*** questo libro è pesante *o* difficile da leggere **3** *(condition of ground) (for riding, walking)* (condizioni del) terreno m.; ***the ~ was hard*** o ***rough, it was hard*** o ***rough ~*** *(in horseracing)* il terreno era difficile **4** FIG. *(conditions, circumstances)* ***when the ~ gets tough*** quando il gioco si fa duro; ***she finds her new job hard ~*** trova che il suo nuovo lavoro sia duro; ***they got out while the ~ was good*** se ne andarono prima che fosse troppo tardi **II** agg. **1** *(current)* [*price*] corrente; ***the ~ rate for babysitters, freelancers*** la tariffa corrente di una babysitter, un free-lance; ***they pay me twice the ~ rate*** mi danno il doppio della tariffa corrente; ***the ~ rate of interest*** il tasso corrente di interesse **2** *(operating)* ***~ concern*** COMM. azienda avviata *o* in attività; ***they bought the business as a ~ concern*** hanno comprato l'impresa già avviata **3** *(existing)* ***it's the best model ~*** è il miglior modello sul mercato; ***he's the best film-maker ~*** è il miglior regista in circolazione **4 -going** in composti ***the theatre~, cinema~ public*** gli amanti del teatro, del cinema.
going-over /ˌgəʊɪŋˈəʊvə(r)/ n. (pl. **goings-over**) COLLOQ. **1** *(examination) (of vehicle, machine)* revisione f.; *(of document)* esame m. accurato; *(cleaning) (of room, house)* pulita f.; ***the doctor gave me***

a thorough ~ il medico mi ha fatto una visita completa; ***this room needs a good*** ~ questa stanza ha bisogno di una bella ripulita **2** ***to give sb. a*** ~ *(scold)* dare a qcn. una bella lavata di capo; *(beat up)* riempire qcn. di botte.

goings-on /ˌgəʊɪŋz'ɒn/ n.pl. COLLOQ. *(events)* avvenimenti m.; SPREG. *(activities)* affari m., giri m.; *(behaviour)* condotta f.sing., comportamento m.sing.; ***there are some strange ~ in that house*** succedono strane cose in quella casa; ***shady ~ in the business world*** attività losche nel mondo degli affari.

goings-over /ˌgəʊɪŋz'əʊvə(r)/ → **going-over**.

goitre, **goiter** AE /'gɔɪtə(r)/ n. MED. gozzo m.

goitred /'gɔɪtəd/ agg. MED. gozzuto.

goitrous /'gɔɪtrəs/ agg. MED. **1** *(affected with goitre)* affetto da gozzo **2** *(resembling goitre)* simile a gozzo, di gozzo.

go-kart /'gəʊkɑ:t/ n. go-kart m.

go-karting /'gəʊkɑ:tɪŋ/ ♦ **10** n. karting m., kartismo m.; ***to go*** ~ andare sui go-kart.

Golan /'gəʊlæn/ n.pr. ***the ~ Heights*** le alture del Golan.

Golconda /gɒl'kɒndə/ n.pr. Golconda f.

► **gold** /gəʊld/ ♦ **5 I** n. **1** MINER. ECON. oro m.; ***£ 1,000 in*** ~ 1.000 sterline in oro; ***to strike*** ~ MINER. scoprire un filone d'oro; *(become rich)* trovare l'oro; [*athlete*] vincere la medaglia d'oro **2** *(colour)* oro m. **3** (anche ~ **medal**) oro m., medaglia f. d'oro **II** modif. [*jewellery, tooth, ingot, wire, ore, alloy*] d'oro **III** avv. ***to go*** ~ COLLOQ. MUS. ottenere il disco d'oro ◆ ***to be as good as*** ~ essere una persona d'oro, buono come il pane; ***to have a heart of*** ~ avere un cuore d'oro; ***to be worth one's weight in*** ~ valere tanto oro quanto si pesa.

gold basis /'gəʊldˌbeɪsɪs/ n. base f. aurea.

gold-bearing /'gəʊldˌbeərɪŋ/ agg. GEOL. aurifero.

gold-beater /'gəʊldˌbi:tə(r)/ n. battiloro m. e f.

gold beetle /'gəʊldˌbi:tl/ n. moscon m. d'oro, cetonia f. dorata.

1.goldbrick /'gəʊldˌbrɪk/ n. **1** SPREG. *(worthless item)* patacca f. **2** AE COLLOQ. *(shirker)* scansafatiche m. e f., lavativo m. (-a).

2.goldbrick /'gəʊldˌbrɪk/ intr. AE *(shirk)* battere la fiacca.

goldbug /'gəʊldˌbʌg/ n. → **gold beetle.**

gold certificate /ˌgəʊldsə'tɪfɪkət/ n. AE certificato m. aureo.

Gold Coast /'gəʊldˌkəʊst/ n. **1** STOR. *(Ghana)* Costa d'Oro f. **2** *(in Australia)* = serie di stazioni balneari dell'Australia orientale **3** AE = zona residenziale.

gold-coloured BE, **gold-colored** AE /'gəʊldˌkʌləd/ agg. (di) colore oro, dorato.

goldcrest /'gəʊldkrest/ n. ZOOL. regolo m.

gold digger /'gəʊldˌdɪgə(r)/ n. **1** MINER. cercatore m. (-trice) d'oro **2** SPREG. FIG. *(woman)* = donna che usa il proprio fascino per ottenere denaro e ricchezza dagli uomini.

gold disc /ˌgəʊld'dɪsk/ n. disco m. d'oro.

gold dust /'gəʊlddʌst/ n. polvere f. d'oro; ***to be like*** ~ FIG. essere una rarità *o* difficile da trovare.

golden /'gəʊldən/ ♦ **5** agg. **1** *(made of gold)* d'oro **2** *(gold coloured)* dorato, colore oro; ~ ***hair*** capelli dorati *o* d'oro; ~ ***beaches*** spiagge dorate *o* d'oro; ~ ***sunset*** tramonto dorato **3** FIG. [*dream, voice*] d'oro; [*summer*] idilliaco, d'oro; ***a ~ opportunity*** un'occasione d'oro; ***the ~ days of Hollywood*** il periodo d'oro di Hollywood; ***the ~ world of advertising*** IRON. il meraviglioso mondo della pubblicità ◆ ***silence is*** ~ il silenzio è d'oro.

golden age /'gəʊldənˌeɪdʒ/ n. età f. dell'oro.

golden anniversary /ˌgəʊldənænɪ'vɜ:sərɪ/ n. → **golden jubilee**.

golden boy /ˌgəʊldən'bɔɪ/ n. golden boy m.

golden-brown /ˌgəʊldən'braʊn/ ♦ **5 I** n. bruno m. dorato **II** agg. bruno dorato, mordorè.

golden calf /ˌgəʊldən'kɑ:f, AE -'kæf/ n. BIBL. FIG. vitello m. d'oro.

golden chain /ˌgəʊldən'tʃeɪn/ n. BOT. laburno m.

golden cocker (spaniel) /ˌgəʊldən'kɒkə(r)(spænjəl)/ n. = cocker dal pelo rosso-dorato.

Golden delicious /ˌgəʊldəndɪ'lɪʃəs/ n. golden delicious f., (mela) delizia f.

golden eagle /ˌgəʊldən'i:gl/ n. aquila f. reale.

goldeneye /'gəʊldənaɪ/ n. ORNIT. quattrocchi m.

Golden Fleece /ˌgəʊldən'fli:s/ n. vello m. d'oro; *(order of chivalry)* Toson m. d'oro.

Golden Gate /ˌgəʊldən'geɪt/ n.pr. Golden Gate m.

golden geese /ˌgəʊldən'gi:s/ → **golden goose**.

golden girl /ˌgəʊldən'gɜ:l/ n. golden girl f.

golden goal /ˌgəʊldən'gəʊl/ n. SPORT *(in soccer)* golden goal m.

golden goose /ˌgəʊldən'gu:s/ n. (pl. **golden geese**) gallina f. dalle uova d'oro ◆ ***to kill the*** ~ uccidere la gallina dalle uova d'oro.

golden handshake /ˌgəʊldən'hændʃeɪk/ n. COLLOQ. liquidazione f. (d'oro).

golden hello /ˌgəʊldənhə'ləʊ/ n. gratifica f. d'assunzione.

Golden Horde /ˌgəʊldən'hɔ:d/ n. orda f. d'oro.

Golden Horn /ˌgəʊldən'hɔ:n/ n. Corno f. d'oro.

golden jubilee /ˌgəʊldən'dʒu:bɪli:/ n. *(wedding anniversary)* nozze f.pl. d'oro; *(other)* cinquantesimo anniversario m.

golden mean /ˌgəʊldən'mi:n/ n. **1** *(happy medium)* ***the*** ~ l'aurea mediocrità, il giusto mezzo **2** ART. → **golden section**.

golden number /ˌgəʊldən'nʌmbə(r)/ n. numero m. d'oro.

golden oldie /ˌgəʊldən'əʊldɪ/ n. *(song)* = vecchia canzone di successo; *(film)* = vecchio film di successo.

golden oriole /ˌgəʊldən'ɔ:rɪəʊl/ n. ZOOL. rigogolo m.

golden parachute /ˌgəʊldən'pærəʃu:t/ n. AE = clausola contrattuale che garantisce a un dirigente una cospicua liquidazione al termine del rapporto di lavoro, qualora sia costretto a lasciare l'azienda in caso di acquisizione ostile.

golden pheasant /ˌgəʊldən'feznt/ n. fagiano m. dorato.

golden plover /ˌgəʊldən'plʌə(r)/ n. piviere m. dorato.

golden remedy /ˌgəʊldən'remədɪ/ n. rimedio m. infallibile.

golden retriever /ˌgəʊldənrɪ'tri:və(r)/ n. golden retriever m.

goldenrod /'gəʊldənˌrɒd/ n. verga f. d'oro.

golden rule /ˌgəʊldən'ru:l/ n. **1** RELIG. regola f. aurea **2** *(basic principle)* ***the ~ for driving is to know road signs*** per guidare è fondamentale conoscere i segnali stradali **3** MAT. regola f. d'oro.

golden section /ˌgəʊldən'sekʃn/ n. MAT. sezione f. aurea.

golden syrup /ˌgəʊldən'sɪrəp/ n. BE melassa f.

Golden Triangle /ˌgəʊldən'traɪæŋgl/ n. GEOGR. = Triangolo m. d'oro.

golden wedding /ˌgəʊldən'wedɪŋ/ n. nozze f.pl. d'oro.

golden yellow /ˌgəʊldən'jeləʊ/ ♦ **5 I** n. giallo m. oro **II** agg. giallo oro.

gold exchange standard /ˌgəʊldɪks'tʃeɪndʒˌstændəd/ n. gold exchange standard m., sistema m. monetario a cambio aureo.

gold fever /'gəʊldˌfi:və(r)/ n. febbre f. dell'oro.

goldfield /'gəʊldfi:ld/ n. bacino m. aurifero.

gold-filled /'gəʊldˌfɪld/ agg. MED. otturato con oro.

gold filling /ˌgəʊld'fɪlɪŋ/ n. MED. otturazione f. d'oro.

goldfinch /'gəʊldfɪntʃ/ n. cardellino m.

goldfish /'gəʊldfɪʃ/ n. (pl. ~, **~es**) pesce m. rosso.

goldfish bowl /'gəʊldfɪʃˌbəʊl/ n. = boccia di vetro per i pesci rossi; ***it's like living in a ~!*** FIG. sembra di essere in vetrina!

gold foil /ˌgəʊld'fɔɪl/ n. → **gold leaf**.

Goldilocks /'gəʊldɪlɒks/ n.pr. Riccioli d'oro.

gold leaf /ˌgəʊld'li:f/ n. (pl. **gold leaves**) foglia f. d'oro.

gold medal /ˌgəʊld'medl/ n. medaglia f. d'oro.

gold medallist /ˌgəʊld'medəlɪst/ n. (vincitore o vincitrice della) medaglia f. d'oro.

gold mine /'gəʊldˌmaɪn/ n. miniera f. d'oro (anche FIG.); ***to be sitting on a*** ~ FIG. avere una fortuna a portata di mano.

gold mining /'gəʊldˌmaɪnɪŋ/ n. estrazione f. dell'oro.

gold note /'gəʊldˌnəʊt/ n. AE → **gold certificate**.

gold paint /'gəʊldˌpeɪnt/ n. vernice f. dorata.

gold plate /ˌgəʊld'pleɪt/ n. **1** *(coating)* doratura f. elettrolitica **2** *(dishes)* vasellame m. d'oro.

gold-plated /ˌgəʊld'pleɪtɪd/ agg. placcato oro, dorato.

gold point /'gəʊldˌpɔɪnt/ n. punto m. dell'oro, metallico, gold point m.

gold pool /'gəʊldˌpu:l/ n. pool m. dell'oro.

gold record /ˌgəʊld'rekɔ:d, AE -'rekərd/ n. → **gold disc**.

gold reserve /'gəʊldrɪˌzɜ:v/ n. riserva f. aurea.

gold rush /'gəʊldˌrʌʃ/ n. corsa f. all'oro.

goldsmith /'gəʊldsmɪθ/ ♦ **27** n. orafo m. (-a), orefice m. e f.

gold standard /'gəʊldˌstændəd/ n. sistema m. (monetario) aureo, gold standard m.

gold star /ˌgəʊld'stɑ:(r)/ n. = medaglia a forma di stella indossata in memoria di un soldato caduto.

goldstone /'gəʊldˌstəʊn/ n. MIN. avventurina f.

gold washer /'gəʊldˌwɒʃə(r), AE -ˌwɔ:ʃər/ n. **1** *(digger)* = cercatore d'oro che lo estrae vagliando le sabbie aurifere **2** *(plate)* = piatto per vagliare le sabbie aurifere.

1.golf /gɒlf/ ♦ **10 I** n. golf m. **II** modif. [*tournament*] di golf, golfistico; [*umbrella, equipment*] da golf, golfistico.

2.golf /gɒlf/ intr. giocare a golf.

golf ball /'gɒlfˌbɔ:l/ n. **1** SPORT palla f. da golf **2** *(on typewriter)* testina f. rotante.

golf ball typewriter /'gɒlfbɔ:lˌtaɪpraɪtə(r)/ n. macchina f. da scrivere a testina rotante.

golf club /'gɒlfˌklʌb/ n. **1** *(place)* circolo m. golfistico, golf club m. **2** *(stick)* mazza f. da golf.

▷ **golf course** /'gɒlf,kɔ:s/ n. campo m. da golf.
▷ **golfer** /'gɒlfə(r)/ n. giocatore m. (-trice) di golf, golfista m. e f.
golfing /'gɒlfɪŋ/ n. ***to go ~*** andare a giocare a golf.
golf links /'gɒlflɪŋks/ n. → **golf course**.
Golgotha /'gɒlgəθə/ n.pr. Golgota m.
goliard /'gəʊlɪɑ:d/ n. STOR. goliardo m.
goliardic /gəʊ'lɪɑ:dɪk/ agg. goliardico.
Goliath /gə'laɪəθ/ **I** n.pr. BIBL. Golia **II** n. FIG. gigante m. e f.
golliwog /'gɒlɪwɒg/ n. bambolotto m. negro di stoffa.
1.golly /'gɒlɪ/ n. BE COLLOQ. → **golliwog**.
2.golly /'gɒlɪ/ inter. perbacco, perdio.
golosh /gə'lɒʃ/ n. BE → **galosh**.
goluptious /gə'lʌpʃəʃ/ agg. delizioso, succulento.
Gomorrah /gə'mɒrə/ n.pr. Gomorra f.
gonad /'gəʊnæd/ n. gonade f.
gonadotrophin /,gəʊnədəʊ'trəʊfɪn/ n. → **gonadotropin**.
gonadotropic /,gəʊnədəʊ'trɒpɪk/ agg. gonadotropo.
gonadotropin /,gəʊnədəʊ'trəʊpɪn/ n. gonadotropina f.
gondola /'gɒndələ/ n. **1** *(boat)* gondola f. **2** *(under airship, balloon)* navicella f., gondola f.; *(cable car)* cabina f. (di teleferica) **3** *(in shop) (shelf unit)* scansia f., gondola f. **4** AE FERR. (anche **~ car**) pianale m. **5** AE *(barge)* chiatta f.
gondolier /,gɒndə'lɪə(r)/ ♦ *27* n. gondoliere m.
gone /gɒn/ **I** p.pass. → **1.go** **II** agg. **1** [*person*] *(departed)* partito, andato; EUFEM. *(dead)* scomparso; ***be ~!*** ANT. SCHERZ. sparisci! ***to be far ~*** *(ill)* essere gravemente ammalato; *(with drink)* essere completamente sbronzo, andato; *(with drugs)* essere completamente fatto; ***to be long ~*** [*person*] essere morto da molto tempo; [*machine, device*] essere andato; [*era*] essere passato; ***the theatre, school is long ~*** il teatro, la scuola non esiste più da molto tempo; ***~ are the days when*** o ***the days are ~ when people had servants*** sono finiti i tempi in cui c'era la servitù **2** BE *(pregnant)* ***she is seven months ~*** è al settimo mese (di gravidanza); ***how far ~ is she?*** di quanti mesi è? **3** COLLOQ. ***to be ~ on sb.*** *(infatuated)* essere partito per qcn.; ***she's really ~ on him*** è veramente partita per lui **4** BE *(past)* ***it's ~ six o'clock*** sono le sei passate; ***it's just ~ six o'clock*** sono appena passate le sei; ***she's ~ eighty*** ha passato gli ottanta.
gonef /'gɒnəf/ n. → **goniff**.
goner /'gɒnə(r)/ n. ***to be a ~*** COLLOQ. essere spacciato.
Goneril /'gɒnərɪl/ n.pr. Gonerilla.
gonfalon /'gɒnfələn/ n. gonfalone m.
gonfalonier /,gɒnfələ'nɪə(r)/ n. gonfaloniere m.
1.gong /gɒŋ/ n. **1** gong m.; ***dinner ~*** il gong del pranzo **2** BE COLLOQ. *(medal)* medaglia f. **3** AE COLLOQ. *(opium pipe)* pipa f. da oppio.
2.gong /gɒŋ/ intr. suonare il gong.
Gongorism /'gɒŋgərɪzəm/ n. gongorismo m.
goniff /'gɒnɪf/ n. AE POP. furfante m.
goniometer /,gəʊnɪ'ɒmɪtə(r)/ n. goniometro m.
goniometric /,gəʊnɪə'metrɪk/ agg. goniometrico.
goniometry /,gəʊnɪ'ɒmetrɪ/ n. goniometria f.
gonna /'gɒnə/ COLLOQ. contr. going to.
gonococcal /,gɒnə'kɒkl/ agg. gonococcico.
gonococcus /,gɒnə'kɒkəs/ n. (pl. **-i**) gonococco m.
gonocyte /'gɒnəsaɪt/ n. gonocita m.
gonorrh(o)ea /,gɒnə'rɪə/ ♦ *11* n. gonorrea f.
gonzo /'gɒnzəʊ/ agg. AE COLLOQ. [*style*] fiorito, ampolloso; [*person*] bizzarro.
goo /gu:/ n. COLLOQ. **1** *(gunge)* sostanza f. appiccicosa **2** SPREG. FIG. *(sentimentality)* sdolcinatura f., sentimentalismo m.
goober /'gu:bə(r)/ n. AE COLLOQ. arachide f., nocciolina f. americana.
▶ **1.good** /gʊd/ agg. (compar. **better**; superl. **best**) **1** *(enjoyable)* [*holiday, news*] buono; [*book, joke*] bello; [*party*] riuscito, bello; ***the ~ weather*** il bel tempo; ***the ~ times*** i bei tempi; ***to have a ~ time*** divertirsi; ***a ~ time was had by all*** si sono divertiti tutti un mondo; ***have a ~ time!*** divertitevi! ***have a ~ day!*** buona giornata! ***the ~ things in life*** le cose belle della vita; ***the ~ life*** la bella vita; ***it's ~ to see you again*** è bello rivederti; ***in the ~ old days*** nei bei tempi andati **2** *(happy)* ***to feel ~ about, doing*** essere contento di, di fare; ***helping others makes me feel ~*** aiutare gli altri mi fa sentire bene; ***I didn't feel very ~ about lying to him*** non ero molto contento di avergli mentito **3** *(healthy)* [*ear, eye, leg*] sano, buono; [*eyesight, hearing, memory*] buono; ***you don't look too ~*** non hai un bell'aspetto; ***I don't feel too ~*** non mi sento troppo bene **4** *(high quality)* [*book, condition, degree, make, soil, score*] buono; [*photo, hotel, coat, suit, china*] bello; ***I'm not ~ enough for her*** non vado abbastanza bene per lei *o* non sono alla sua altezza; ***nothing is too ~ for her son*** non è mai abbastanza per suo figlio **5** *(prestigious)* attrib. [*address, family, marriage*] buono **6** *(obedient)* [*child, dog*] buono, bravo; [*behaviour, manners*] buono; ***there's a ~ boy*** o ***girl!*** che bravo bambino *o* brava bambina! **7** *(favourable)* [*review, impression, opportunity, sign*] buono; ***the ~ thing is that*** la cosa positiva è che; ***New York is ~ for shopping*** New York è un buon posto per lo shopping **8** *(attractive)* [*legs, teeth*] bello; [*handwriting*] bello; ***to look ~ with*** [*garment, accessories*] andare bene con [*garment*]; ***she looks ~ in blue, that dress*** sta bene col blu, con quel vestito *o* il blu, quel vestito le dona; ***a ~ figure*** un bel fisico **9** *(tasty)* [*meal*] buono, gustoso; ***to taste ~*** avere un buon sapore; ***to smell ~*** avere un buon odore; ***to look ~*** avere un bell'aspetto; ***that pie looks ~*** quella torta ha l'aria di essere buona **10** *(virtuous)* attrib. [*man*] buono, virtuoso; [*life*] morigerato; [*Christian*] buono; ***the ~ guys*** *(in films)* i buoni **11** *(kind)* [*person*] buono, gentile; ***a ~ deed*** una buona azione; ***to do sb. a ~ turn*** fare un favore a qcn.; ***would you be ~ enough to do*** o ***would you be so ~ as to do*** saresti tanto *o* così gentile da fare; ***close the door, there's a ~ chap*** chiudi la porta, sii gentile; ***my ~ man*** ANT. buon uomo; ***how is your ~ lady?*** ANT. come sta la sua signora? **12** *(pleasant)* [*humour, mood*] buono; ***to be in a ~ mood*** essere di buonumore; ***to be very ~ about*** essere molto buono *o* comprensivo riguardo a [*mistake, misunderstanding*] **13** *(reliable)* ***~ old Richard!*** il buon vecchio Richard! ***there's nothing like ~ old beeswax*** non c'è niente come la buona vecchia cera d'api **14** *(competent)* [*accountant, hairdresser, teacher*] buono; ***she's a ~ swimmer*** nuota bene *o* è una brava nuotatrice; ***to be ~ at*** essere bravo in [*Latin, physics*]; essere bravo *o* forte a [*badminton, chess*]; ***she's ~ at dancing, drawing*** balla, disegna bene *o* è brava a ballare, disegnare; ***to be no ~ at*** essere una schiappa in [*chemistry*]; essere una schiappa a [*tennis, chess, cards*]; ***I'm no ~ at knitting, singing*** non sono capace a lavorare a maglia, a cantare; ***I'm no ~ at apologizing*** non sono bravo a fare le scuse; ***to be ~ with*** saperci fare con [*old people, children, animals*]; essere bravo con [*numbers*]; ***to be ~ with one's hands*** essere bravo nei lavori manuali, avere le mani d'oro; ***to be ~ with words*** essere bravo con le parole; ***you're really ~ at irritating people!*** IRON. sei veramente bravo a fare irritare le persone! ***he was ~ as Hamlet*** è stato bravo nel ruolo di Amleto **15** *(beneficial)* ***to be ~ for*** fare bene a [*person, plant, skin, health*]; giovare a [*business, morale*]; ***exercise is ~ for you*** la ginnastica ti fa bene; ***he eats more than is ~ for him*** mangia più di quanto dovrebbe; ***say nothing if you know what's ~ for you*** per il tuo bene, non dire niente **16** *(effective)* [*example, method*] buono, efficace (**for doing** per fare); [*knife*] adatto (**for doing** a fare); [*shampoo*] efficace (**for doing** per fare); ***to look ~*** [*design, wallpaper*] fare un bell'effetto; ***this will look ~ on your CV*** BE o ***résumé*** AE questo farà bella figura sul tuo curriculum **17** *(suitable)* [*book, name*] adatto (**for** per); [*day, moment*] buono, adatto (**for** per, a) **18** *(fluent)* ***he speaks ~ Spanish*** parla bene lo spagnolo; ***her English is ~*** il suo inglese è buono **19** *(fortunate)* ***this new law is a ~ thing*** questa nuova legge è una buona cosa; ***it's a ~ job*** o ***thing (that)*** fortuna che, meno male che; ***it's a ~ job*** o ***thing too!*** meno male! ***we've never had it so ~*** COLLOQ. le cose non sono mai andate così bene; ***industry has never had it so ~*** l'industria non è mai stata così fiorente; ***it's too ~ to be true*** è troppo bello per essere vero **20** *(sensible)* [*choice, idea, investment*] buono; ***that's a ~ question*** bella domanda; ***that's a ~ point*** giusta osservazione **21** *(close)* attrib. [*friend, relationship*] buono **22** *(serviceable)* ***this season ticket is ~ for two more months*** questo abbonamento è valido per altri due mesi; ***he's ~ for another 20 years*** vivrà ancora altri 20 anni; ***the car is ~ for another 10,000 km*** la macchina può fare ancora altri 10.000 km; ***it's as ~ a reason as any*** è una ragione come un'altra; ***to be ~ for a loan*** essere disponibile a fare un prestito **23** *(accurate)* [*description, spelling*] buono, preciso; ***to keep ~ time*** [*clock, watch*] essere preciso **24** *(fit to eat)* [*meat, cheese*] buono **25** *(substantial)* attrib. [*salary, size, length, mile*] buono; [*hour, kilo*] buono, abbondante; ***it must be worth a ~ 2,000 dollars*** deve valere almeno 2.000 dollari; ***a ~ 20 years ago*** almeno vent'anni fa; ***a ~ thick mattress*** un materasso bello spesso; ***a ~ long walk, talk*** una passeggiata, chiacchierata bella lunga; ***~ and early*** molto presto **26** *(hard)* attrib. [*kick, punch*] bello; ***give it a ~ clean*** dagli una bella pulita; ***we had a ~ laugh*** ci siamo fatti una bella risata; ***we had a ~ look*** abbiamo guardato bene **27** ANT. MAR. ***the ~ ship Neptune*** il Nettuno **28** ***as ~ as*** *(virtually)* praticamente; ***the match is as ~ as lost*** la partita è praticamente persa; ***to be as ~ as new*** essere come nuovo; *(tantamount to)* ***it's as ~ as saying yes, giving him a blank cheque*** è come dirgli di sì, dargli un assegno in bianco; *(by implication)* ***he as ~ as called me a liar*** mi ha praticamente dato del bugiardo ◆ ***~ for you!*** *(approvingly)* bravo! buon

per te! sono contento per te! *(sarcastically)* tanto meglio per te! ***that's a ~ one!*** questa è bella! ***~ on you!*** BE COLLOQ. bravo! ***~ thinking*** buona *o* bella idea! ***everything came ~ in the end*** alla fine è andato tutto bene; ***to be onto a ~ thing*** o ***to have a ~ thing going*** COLLOQ. avere per le mani qualcosa di buono; ***you can have too much of a ~ thing*** il troppo stroppia.

▶ **2.good** /gʊd/ **I** n. **1** *(virtue)* bene m.; ***~ and evil*** il bene e il male; ***to do ~*** fare del bene; ***to be up to no ~*** COLLOQ. combinare qualche guaio; ***to come to no ~*** [*person*] finire male *o* fare una brutta fine **2** *(benefit)* bene m.; ***for the ~ of the company*** per il bene della ditta; ***it's for your own ~*** è per il tuo bene; ***for all the ~ it did me*** per quel che mi è servito *o* per il bene che mi ha fatto; ***much ~ may it do him!*** e buon pro gli faccia! ***she's too generous for her own ~*** è troppo generosa e finirà per rimetterci; ***for the ~ of his health*** per la sua salute; ***do you think I'm doing this for the ~ of my health?*** IRON. pensi che mi diverta a farlo? ***it didn't do my migraine any ~*** non mi ha fatto passare l'emicrania; ***a strike won't do the company any ~*** uno sciopero non migliorerà la situazione della ditta; ***the rain did the plants ~*** la pioggia ha fatto bene alle piante; ***it will do you ~ to sleep*** ti farà bene dormire; ***no ~ can*** o ***will come of it*** non ne uscirà niente di buono; ***no ~ will come of waiting*** aspettare non servirà a nulla; ***to be all to the ~*** essere tutto di guadagnato **3** *(use)* ***it's no ~ crying*** non serve a nulla piangere; ***it's no ~. I can't do it*** è inutile. Non ci riesco; ***would an oil change do any ~?*** un cambio d'olio servirebbe a qualcosa? ***what ~ would it do me?*** a me cosa ne verrebbe? che vantaggio ne avrei io? ***these books are no ~ to me now*** questi libri non mi servono adesso **4** BE *(profit)* ***to be £ 20 to the ~*** essere in credito di 20 sterline **5** ***for ~*** per sempre **II the good** n.pl. *(virtuous people)* i buoni m.

▶ **3.good** /gʊd/ inter. *(expressing pleasure, satisfaction)* bene; *(with relief)* tanto meglio; *(to encourage, approve)* bene, ben fatto; *(in assent)* va bene, d'accordo.

▷ **good afternoon** /gʊd,ɑːftə'nuːn, AE gʊd,æf-/ **I** n. *(greeting)* buongiorno m., buon pomeriggio m.; *(farewell)* arrivederci m. **II** inter. *(in greeting)* buongiorno, buon pomeriggio; *(in farewell)* arrivederci.

Good Book /,gʊd'bʊk/ n. RELIG. Bibbia f.

good breeding /,gʊd'briːdɪŋ/ n. buona educazione f., buone maniere f.pl.

▷ **goodbye** /,gʊd'baɪ/ **I** n. arrivederci m., addio m., ciao m.; ***to say ~ to sb.*** dire arrivederci *o* addio a *o* salutare qcn.; ***to say*** o ***kiss ~ to sth.*** dire addio a qcs. **II** inter. arrivederci, addio, ciao **III** modif. [*kiss, letter*] d'addio.

good cheer /,gʊd'tʃɪə(r)/ n. ANT. buonumore m.

good day /,gʊd'deɪ/ **I** n. *(greeting)* buongiorno m.; *(farewell)* arrivederci m. **II** inter. ANT. *(in greeting)* buongiorno; *(in farewell)* arrivederci.

▷ **good evening** /,gʊd'iːvnɪŋ/ **I** n. buonasera m. **II** inter. buonasera.

goodfella /'gʊdfelə/ n. AE GERG. gangster m.; *(Mafia member)* bravo ragazzo m.

good-for-nothing /,gʊdfə'nʌθɪŋ/ **I** n. buono m. (-a) a nulla, inetto m. (-a) **II** modif. [*layabout, idler*] buono a nulla, inetto, fannullone; ***her ~ husband*** quel buono a nulla di suo marito.

Good Friday /,gʊd'fraɪdeɪ, -dɪ/ n.pr. RELIG. Venerdì m. Santo; ***on ~*** il Venerdì Santo.

good-hearted /,gʊd'hɑːtɪd/ agg. di buon cuore, generoso.

good-humoured BE, **good-humored** AE /,gʊd'hjuːməd/ agg. [*audience*] ben disposto; [*meeting, discussion*] disteso; [*crowd*] gioviale; [*rivalry*] cordiale, amichevole; [*competitor*] amichevole; [*banter, joke, criticism, remark*] innocente, bonario; [*smile, wink*] amabile; ***to be ~*** *(of mood)* essere di buon umore; *(of character)* avere un bel carattere.

good-humouredly BE, **good-humoredly** AE /,gʊd'hjuːmədlɪ/ avv. [*smile*] amabilmente; [*say*] allegramente; [*tease*] bonariamente.

goodies /'gʊdɪz/ n.pl. COLLOQ. **1** *(treats) (edible)* dolciumi m.; *(gifts)* regali m. **2** *(heroes)* ***the ~*** i buoni.

goodish /'gʊdɪʃ/ agg. COLLOQ. [*actor, swimmer*] discreto, abbastanza bravo; [*appetite*] discreto; [*relationship*] abbastanza buono; [*party*] niente male; [*film*] passabile; ***to be in a ~ mood*** essere abbastanza di buon umore; ***"were the children good?" - "~"*** "i bambini sono stati bravi?" - "abbastanza".

goodliness /'gʊdlɪnɪs/ n. avvenenza f., bell'aspetto m.

good-looker /,gʊd'lʊkə(r)/ n. COLLOQ. bell'uomo m., bella donna f.

good-looking /,gʊd'lʊkɪŋ/ agg. bello, di bell'aspetto.

good looks /,gʊd'lʊks/ n.pl. bellezza f.sing., avvenenza f.sing., bell'aspetto m.sing.

goodly /'gʊdlɪ/ agg. attrib. [*sum*] bello; [*amount, number, quantity*] buono, bello; [*part, proportion*] buono.

goodman /'gʊdmən/ n. (pl. **-men**) **1** ANT. *(husband)* marito m. **2** ANT. *(master of household)* padrone m. di casa **3** *(as title)* messere m., buon uomo m.

▷ **good morning** /,gʊd'mɔːnɪŋ/ **I** n. buongiorno m.; arrivederci m. **II** inter. *(in greeting)* buongiorno; *(in farewell)* arrivederci.

good-natured /,gʊd'neɪtʃəd/ agg. [*person*] d'indole buona, bonario; [*animal*] con un buon carattere; [*discussion, meeting, banter, remark*] amichevole; [*criticism*] innocente.

good-naturedly /,gʊd'neɪtʃədlɪ/ avv. bonariamente.

▷ **goodness** /'gʊdnɪs/ **I** n. **1** *(virtue)* bontà f. **2** *(kindness)* bontà f., gentilezza f.; ***would you have the ~ to close the door?*** FORM. avresti la bontà di chiudere la porta? ***to do sth. out of the ~ of one's heart*** fare qcs. per pura gentilezza **3** *(nutritive value)* ***to be full of ~*** essere pieno di cose buone; ***don't overcook the carrots, they lose all their ~*** non fare cuocere troppo le carote o perderanno tutto il meglio *o* tutta la loro parte migliore; ***the soil has lost its ~*** il terreno si è impoverito **II** inter. (anche **~ gracious**) bontà divina ◆ ***I hope to ~ that*** prego il cielo che; ***I wish to ~ that he would write*** volesse il cielo *o* vorrei tanto che lui scrivesse; ***~ only knows!*** Dio solo lo sa! ***~ only knows how, when, why*** Dio solo sa come, quando, perché; ***for ~'sake!*** per l'amor del cielo!

▷ **goodnight** /,gʊd'naɪt/ **I** n. buonanotte f.; ***to say ~ to sb.*** dire buonanotte a qcn. **II** inter. buonanotte **III** modif. ***I gave him a ~ kiss*** gli ho dato un bacio della buonanotte.

▷ **goods** /gʊdz/ **I** n.pl. **1** *(for sale)* merci f., articoli m.; ***leather ~*** articoli in pelle *o* pelletteria; ***stolen ~*** merce rubata; ***electrical ~*** apparecchiature elettriche; ***~ and services*** beni e servizi **2** BE FERR. merci f. **3** *(property)* beni m.; ***~ and chattels*** beni ed effetti **4** COLLOQ. *(what is wanted)* ***to deliver*** o ***come up with the ~*** mantenere i propri impegni; ***that's the ~!*** è una cannonata! **II** modif. BE FERR. [*depot, station, train, wagon*] merci ◆ ***to be caught with the ~*** COLLOQ. essere preso con le mani nel sacco.

Good Samaritan /,gʊdsə'mærɪtən/ n. BIBL. FIG. Buon Samaritano m.

Good Shepherd /,gʊd'ʃepəd/ n. RELIG. Buon Pastore m.

good-sized /,gʊd'saɪzd/ agg. [*kitchen, room*] ampio, spazioso; [*box, garden, pocket*] ampio, grande.

good-tempered /,gʊd'tempəd/ agg. [*person*] d'indole buona; [*animal*] con un buon carattere; [*debate, remark*] amichevole, bonario; [*smile*] amabile.

good-time Charlie /,gʊdtaɪm'tʃɑːlɪ/ n. AE COLLOQ. buontempone m. (-a).

good-time girl /,gʊdtaɪm'gɜːl/ n. SPREG. *(fun-loving)* festaiola f.; EUFEM. *(prostitute)* donnina f. allegra.

goodwife /'gʊdwaɪf/ n. (pl. **-wives**) ANT. massaia f., padrona f. di casa, moglie f.

▷ **goodwill** /,gʊd'wɪl/ **I** n. **1** *(helpful attitude)* buona volontà f.; ***with ~ we'll succeed*** con la buona volontà ce la faremo; ***a man of ~*** un uomo di buona volontà **2** *(kindness)* ***to show ~ to*** o ***towards sb.*** dimostrarsi benevolo verso qcn.; ***he spoke with ~*** ha parlato con benevolenza; ***in a spirit of ~*** con uno spirito di benevolenza; ***to do sth. with ~*** fare qcs. di buona voglia, volentieri; ***it's the season of ~*** a Natale siamo tutti più buoni **3** COMM. *(non-paper value)* avviamento m.; *(reputation)* (buona) reputazione f.; *(customers)* clientela f. **II** modif. [*gesture*] di buona volontà; [*visit*] per il miglioramento dei rapporti internazionali.

goodwives /'gʊdwaɪvz/ → **goodwife**.

1.goody /'gʊdɪ/ n. COLLOQ. **1** *(hero)* buono m. (-a), eroe m. (-ina) **2** *(good thing)* cosa f. buona.

2.goody /'gʊdɪ/ n. ANT. *(married woman)* comare f.

3.goody /'gʊdɪ/ inter. COLLOQ. INFANT. (che) bello.

goody-goody /'gʊdɪ,gʊdɪ/ **I** n. SPREG. *(both sexes)* santerellino m. (-a), ipocrita m. e f. **II** agg. SPREG. [*child*] modello di virtù.

goody two shoes /,gʊdɪ'tuːʃuːz/ n. COLLOQ. SPREG. = bambino modello di virtù.

gooey /'guːɪ/ agg. COLLOQ. **1** *(sticky)* appiccicoso, attaccaticcio **2** FIG. *(sentimental)* sdolcinato, sentimentale.

1.goof /guːf/ n. COLLOQ. **1** *(idiot)* stupido m. (-a), idiota m. e f. **2** *(blunder)* gaffe f., sproposito m.

2.goof /guːf/ **I** tr. COLLOQ. → **goof up II** intr. COLLOQ. prendere un granchio.

■ **goof around** COLLOQ. *(fool around)* fare lo stupido; *(laze about)* perdere tempo, oziare.

■ **goof off** AE COLLOQ. → **goof around**.

■ **goof on** AE ***~ on [sb.]*** sfottere.

■ **goof up** COLLOQ. ***~ up*** fare una gaffe; ***~ [sth.] up, ~ up [sth.]*** abborracciare, raffazzonare.

goofball /ˈguːfbɔːl/ n. AE COLLOQ. **1** *(fool)* stupido m. (-a) **2** *(drug)* barbiturico m.
goofiness /ˈguːfɪnɪs/ n. COLLOQ. stupidità f.
goof-off /ˈguːfˌɒf, AE -ˌɔːf/ n. AE COLLOQ. lazzarone m. (-a).
goof-up /ˈguːfˌʌp/ n. AE COLLOQ. gaffe f., sproposito m.
goofy /ˈguːfɪ/ agg. COLLOQ. stupido.
Goofy /ˈguːfɪ/ n.pr. Pippo.
google, **Google** /ˈguːgl/ tr. e intr. COLLOQ. cercare su Google®.
goo-goo eyes /ˈguːguːaɪz/ n.pl. AE COLLOQ. occhio m.sing. di triglia; ***to make ~ at sb.*** fare l'occhio di triglia a qcn.
gooiness /ˈguːɪnɪs/ n. stucchevolezza f.
gook /guːk, gʊk/ n. **1** POP. *(sticky stuff)* sostanza f. appiccicosa **2** SPREG. *(Asian)* asiatico m. (-a), muso m. giallo.
gooky /ˈguːkɪ, ˈgʊkɪ/ agg. AE POP. appiccicoso, viscido.
goolies /ˈguːliːz/ n.pl. POP. palle f., testicoli m.
goon /guːn/ n. COLLOQ. **1** *(clown)* buffone m. (-a), stupido m. (-a); ***he's a bit of a ~*** è un po' stupido; ***he's a real ~*** SPREG. è completamente fuori **2** SPREG. *(thug)* picchiatore m., agente m. provocatore; ***~ squad*** squadra di picchiatori.
gooney bird /ˈguːnɪbɜːd/ n. AE albatro m.
goop /guːp/ n. POP. **1** *(substance)* sostanza f. appiccicosa **2** FIG. *(sentimentality)* sentimentalismo m.
goosander /guːˈsændə(r)/ n. smergo m. maggiore.
▷ **1.goose** /guːs/ n. (pl. **geese**) ZOOL. GASTR. oca f.; ***you silly ~!*** COLLOQ. idiota! ◆ ***all his geese are swans*** vede tutto rosa; ***to cook sb.'s ~*** COLLOQ. rompere le uova nel paniere a qcn.; ***to kill the ~ that lays the golden eggs*** ammazzare la gallina dalle uova d'oro.
2.goose /guːs/ tr. COLLOQ. dare una pacca sul sedere a.
gooseberry /ˈgʊzbrɪ, AE ˈguːsberɪ/ **I** n. *(fruit)* uva f. spina **II** modif. [*pie, jam*] di uva spina ◆ ***to be a*** o ***play ~*** reggere la candela, il moccolo; ***to feel a ~*** sentirsi di troppo.
gooseberry bush /ˈgʊzbrɪˌbʊʃ, AE ˈguːsberɪ-/ n. arbusto m. d'uva spina; ***found under a ~*** SCHERZ. trovato sotto un cavolo.
gooseberry fool /ˈgʊzbrɪˌfuːl, AE ˈguːsberɪ-/ n. = dessert con crema d'uva spina e crema pasticciera o panna.
goosebumps /ˈguːsbʌmps/ n.pl., **gooseflesh** /ˈguːsfleʃ/ n. → **goose pimples**.
goosefoot /ˈguːsfʊt/ n. (pl. **~s**) BOT. chenopodio m.
goosegog /ˈgʊzgɒg/ n. BE COLLOQ. → **gooseberry**.
goosegrass /ˈguːsgrɑːs/ n. BOT. piè m. di gallo; attaccavesti m., attaccamani m.
gooseherd /ˈguːshɜːd/ n. guardiano m. (-a) d'oche.
gooseneck /ˈguːsnek/ n. MECC. collo m. d'oca.
gooseneck barnacle /ˈguːsnekˌbɑːnəkl/ n. ZOOL. lepade f.
goose pimples /ˈguːspɪmplz/ n.pl. pelle f. d'oca; ***to come out in ~*** avere la pelle d'oca.
1.goose-step /ˈguːstep/ n. passo m. dell'oca.
2.goose-step /ˈguːstep/ intr. sfilare al passo dell'oca.
goosey /ˈguːsɪ/ **I** agg. **1** *(foolish)* stupido, sciocco **2** AE POP. *(emotional)* ipersensibile **II** n. stupido m. (-a).
GOP n. US POL. (⇒ Grand Old Party) = Partito Repubblicano.
1.gopher /ˈgəʊfə(r)/ n. → **gofer**.
2.gopher /ˈgəʊfə(r)/ n. **1** *(squirrel)* citello m., scoiattolo m. di terra **2** *(tortoise)* = tartaruga di terra dell'America meridionale **3** INFORM. gopher m.
goral /ˈgɔːrəl/ n. goral m.
gorblimey /ˌgɔːˈblaɪmɪ/ BE COLLOQ. **I** agg. ***~ accent*** accento cockney **II** inter. (che mi venga un) accidenti.
Gorboduc /ˈgɔːbədʌk/ n.pr. Gorboduc (nome di uomo).
Gordian knot /ˌgɔːdɪənˈnɒt/ n. MITOL. nodo m. gordiano; ***to cut the ~*** FIG. tagliare il nodo gordiano.
Gordon /ˈgɔːdən/ n.pr. Gordon (nome di uomo).
1.gore /gɔː(r)/ n. *(blood)* sangue m.
2.gore /gɔː(r)/ n. *(in fabric)* godet m.
3.gore /gɔː(r)/ tr. tagliare a godet [*skirt*].
4.gore /gɔː(r)/ tr. [*bull, rhino*] incornare; ***to ~ sb. to death*** uccidere qcn. con una cornata.
gored /gɔːd/ **I** p.pass. → **3.gore** **II** agg. [*skirt*] godet.
1.gorge /gɔːdʒ/ n. **1** GEOGR. gola f., burrone m.; ***Cheddar, the Rhine ~*** le gole di Cheddar, del Reno **2** ANAT. gola f., fauci f.pl. ◆ ***to make sb.'s ~ rise*** dare la nausea a *o* disgustare qcn.
2.gorge /gɔːdʒ/ **I** intr. → **gorge oneself** **II** rifl. ***to ~ oneself*** ingozzarsi *o* rimpinzarsi (**on** di).
▷ **gorgeous** /ˈgɔːdʒəs/ agg. **1** COLLOQ. *(lovely)* [*food, cake*] formidabile, buonissimo; [*scenery, weather, day*] magnifico, splendido; [*kitten, baby*] bellissimo, adorabile; [*person*] splendido, formidabile; ***you look ~*** stai benissimo *o* sei in splendida forma; ***hello ~!*** ciao bellissimo *o* bellissima! **2** *(sumptuous)* [*colour, velvet*] stupendo, magnifico.
gorgeously /ˈgɔːdʒəslɪ/ avv. [*furnished, coloured*] sontuosamente.
1.gorget /ˈgɔːgɪt/ n. **1** ABBIGL. gorgiera f. **2** ZOOL. collare m.
2.gorget /ˈgɔːgɪt/ n. MED. sonda f. scanalata.
Gorgon /ˈgɔːgən/ **I** n.pr. Gorgone f. **II** n. FIG. *(fearsome woman)* gorgone f.
gorgonia /gɔːˈgəʊnɪə/ n. (pl. **~s**, **-ae**) gorgonia f.
gorgonian /gɔːˈgəʊnɪən/ agg. gorgoneo, di Gorgone.
gorilla /gəˈrɪlə/ n. ZOOL. gorilla m. (anche FIG.).
gormand /ˈgɔːmənd/ n. → **gourmand**.
gormandize /ˈgɔːməndaɪz/ intr. FORM. ingozzarsi, rimpinzarsi.
gormandizer /ˈgɔːməndaɪzə(r)/ n. FORM. ghiottone m. (-a), goloso m. (-a).
gormless /ˈgɔːmlɪs/ agg. BE COLLOQ. stupido, sciocco.
gorp /gɔːp/ n. AE INTRAD. m. (snack a base di frutta secca).
gorse /gɔːs/ n. **U** ginestrone m.
gorse bush /ˈgɔːsbʊʃ/ n. cespuglio m. di ginestrone.
gory /ˈgɔːrɪ/ agg. [*film, battle*] cruento, sanguinoso; ***the ~ details*** FIG. SCHERZ. i particolari cruenti.
gosh /gɒʃ/ inter. COLLOQ. caspita, perdinci.
goshawk /ˈgɒshɔːk/ n. ZOOL. astore m.
gosling /ˈgɒzlɪŋ/ n. papero m., papera f.
go-slow /ˌgəʊˈsləʊ/ **I** n. BE sciopero m. bianco **II** modif. BE [*tactics*] dello sciopero bianco.
▷ **gospel** /ˈgɒspl/ **I** n. **1** **Gospel** BIBL. Vangelo m.; ***the Gospel according to*** il Vangelo secondo **2** *(good news of salvation)* vangelo m.; ***to spread the ~*** diffondere il vangelo **3** FIG. *(absolute truth)* ***to take sth. as ~*** o ***~ truth*** prendere qcs. per vangelo **II** modif. **1** MUS. ***~ music*** musica gospel; ***~ singer*** cantante di gospel; ***~ song*** gospel **2** RELIG. ***~ oath*** giuramento sul Vangelo.
gospeller /ˈgɒsplə(r)/ n. **1** *(reader of the Gospel)* lettore m. (-trice) del Vangelo **2** *(preacher)* predicatore m. (-trice).
gossamer /ˈgɒsəmə(r)/ **I** n. **1** **U** *(cobweb)* filo m. di ragnatela **2** *(fabric)* stoffa f. sottilissima **II** agg. [*wings*] leggero come fili di ragnatela.
gossamery /ˈgɒsəmrɪ/ agg. LETT. sottilissimo, trasparente.
gossan /ˈgɒzn/ n. GEOL. cappellaccio m.
▷ **1.gossip** /ˈgɒsɪp/ n. **1** **U** *(news)* *(malicious)* pettegolezzi m.pl., dicerie f.pl. (**about** su); *(not malicious)* notizie f.pl. (**about** di, su); ***a piece of ~*** un pettegolezzo, una diceria **2** *(chat)* ***do come for coffee and a ~*** vieni da me a prendere un caffè e a fare due chiacchiere; ***to have a (good) ~*** farsi una (bella) chiacchierata **3** *(person)* chiacchierone m. (-a), pettegolo m. (-a).
▷ **2.gossip** /ˈgɒsɪp/ intr. spettegolare, sparlare (**about** di).
gossip column /ˈgɒsɪpˌkɒləm/ n. = rubrica di pettegolezzi mondani, di cronaca rosa.
gossip columnist /ˈgɒsɪpˌkɒləmnɪst/ ♦ ***27*** n. giornalista m. e f. di cronaca rosa.
gossiper /ˈgɒsɪpə(r)/ n. chiacchierone m. (-a), pettegolo m. (-a).
gossiping /ˈgɒsɪpɪŋ/ **I** n. (lo) spettegolare **II** agg. pettegolo.
gossipmonger /ˈgɒsɪpmʌŋgə(r)/ n. chiacchierone m. (-a), pettegolo m. (-a).
gossipy /ˈgɒsɪpɪ/ agg. COLLOQ. SPREG. [*person*] chiacchierone, pettegolo; [*letter, book*] pieno di pettegolezzi, di chiacchiere; [*style*] confidenziale.
gossoon /gɒˈsuːn/ n. IRLAND. ragazzo m., garzone m.
got /gɒt/ **I** pass., p.pass. → **get** **II** agg. ***to feel ~ at*** COLLOQ. sentirsi perseguitato.
gotcha /ˈgɒtʃə/ inter. COLLOQ. *(catching hold of sb.)* (ti ho) preso; *(catching sb. in the act)* (ti ho) beccato, preso.
Goth /gɒθ/ n. **1** STOR. goto m. (-a) **2** (also **goth**) BE *(cult member)* dark.
Gotham /ˈgəʊθəm/ n. **1** *(town)* = città famosa per la stupidità dei suoi abitanti **2** AE COLLOQ. New York f.
Gothamite /ˈgəʊθəmaɪt/ n. **1** *(simpleton)* semplicione m. (-a) **2** AE COLLOQ. *(New Yorker)* newyorkese m. e f.
▷ **Gothic** /ˈgɒθɪk/ ♦ ***14*** **I** agg. (anche **gothic**) ARCH. LETTER. TIP. gotico (anche FIG.) **II** n. **1** (anche **gothic**) ARCH. TIP. gotico m. **2** *(language)* gotico m.
gothically /ˈgɒθɪklɪ/ avv. in modo gotico.
gothicism /ˈgɒθɪˌsɪzəm/ n. **1** *(Gothic style)* goticismo m. **2** *(crudeness)* rudezza f., volgarità f.
gothicize /ˈgɒθɪˌsaɪz/ tr. rendere gotico.
gotta /ˈgɒtə/ COLLOQ. contr. got to, got a.
gotten /ˈgɒtn/ p.pass. AE → **get**.
gouache /ˈgʊɑːʃ/ n. gouache f., guazzo m.
gouda /ˈgaʊdə, ˈguː-/ n. (anche **~ cheese**) gouda m.

1.gouge /gaʊdʒ/ n. **1** *(tool)* sgorbia f. **2** *(scratch)* intaglio m.
2.gouge /gaʊdʒ/ tr. **1** *(dig)* scavare [*hole*] (**in** in) **2** AE COLLOQ. *(overcharge)* ingannare.
■ **gouge out:** ~ *out [sth.]*, ~ *[sth.] out* scavare [*pattern*]; togliere [*bad bit*]; ***to ~ sb.'s eyes out*** cavare gli occhi a qcn.
goulash /ˈguːlæʃ/ n. gulasch m.
gourd /gʊəd/ n. **1** *(container)* = recipiente ricavato da una zucca **2** *(fruit)* zucca f. **3** AE COLLOQ. *(head)* zucca f. vuota ◆ ***to be out of one's ~*** AE COLLOQ. essere fuori di testa.
gourmand /ˈgʊəmənd/ n. ghiottone m. (-a), goloso m. (-a).
gourmandise /ˈgʊəməndaɪz/ n. → **gormandize**.
gourmandism /ˈgʊəməndɪzəm/ n. ghiottoneria f., golosità f.
gourmet /ˈgʊəmeɪ/ **I** n. gourmet m. **II** modif. [*restaurant, food, meal*] da gourmet.
gout /gaʊt/ ➧ ***11*** n. MED. gotta f.
goutiness /ˈgaʊtɪnɪs/ n. (l')avere la gotta.
gouty /ˈgaʊtɪ/ agg. gottoso.
gov → **guv**.
Gov ⇒ Governor governatore.
▷ **govern** /ˈgʌvn/ **I** tr. **1** AMM. POL. governare [*country, colony, state*]; amministrare [*city, province*] **2** *(control)* [*law, principle*] regolare, determinare [*conduct, manufacture, sale, treatment, use*]; dominare [*relationship, person*] **3** *(determine)* determinare [*actions, character, development, decision*]; ***the basic salary is ~ed by three factors*** lo stipendio di base è determinato da tre fattori **4** FORM. *(restrain)* controllare, tenere a freno [*feelings, temper*] **5** LING. reggere **6** EL. TECN. regolare [*flow, input, speed*] **II** intr. [*parliament, president*] governare; [*administrator, governor*] amministrare.
governable /ˈgʌvənəbl/ agg. governabile.
governance /ˈgʌvənəns/ n. FORM. governo m.; BUROCR. AMM. governance f.
governess /ˈgʌvənɪs/ n. (pl. **~es**) governante f., istitutrice f.
▷ **governing** /ˈgʌvənɪn/ agg. [*party*] al potere; [*factor*] dominante; [*class*] dirigente; ***the ~ principle*** o ***concept behind socialism*** il principio *o* concetto fondamentale alla base del socialismo.
governing body /ˌgʌvənɪnˈbɒdɪ/ n. **1** BE *(of school)* consiglio m. d'istituto; *(of university)* senato m. accademico; *(of hospital, prison)* consiglio m. d'amministrazione **2** *(of sport)* organo m. direttivo **3** *(of trade, professional organization)* consiglio m. direttivo, d'amministrazione.
▶ **government** /ˈgʌvənmənt/ **I** n. **1 U** *(exercise of authority) (political)* governo m.; *(administrative)* amministrazione f.; ***he has no experience of ~*** non ha alcuna esperienza di governo; ***democratic ~*** governo democratico; ***parliamentary ~*** regime parlamentare **2 C** *(ruling body)* + verbo sing. o pl. governo m.; *(the State)* Stato m.; ***to form a ~*** formare un governo; ***the ~ of Brazil*** il governo del Brasile; ***the Churchill ~*** il governo Churchill; ***our party is in ~*** il nostro partito è al governo **3** LING. reggenza f. **II** modif. [*agency, borrowing, decree, department, funds, intervention, official, policy, publication*] governativo; [*minister, plan, investigator*] del governo; [*grant, loan, expenditure*] pubblico; [*majority*] di governo.
Government Accounting Office /ˌgʌvənməntəˈkaʊntɪŋˌɒfɪs, AE -ˌɔːfɪs/ n.pr. US = organo di controllo dell'amministrazione statale, corrispondente alla Corte dei conti.
▷ **governmental** /ˌgʌvənˈmentl/ agg. governativo.
government bond /ˌgʌvənməntˈbɒnd/ n. AE ECON. titolo m. di stato.
government contractor /ˌgʌvənməntkənˈtræktə(r)/ n. = impresa privata che lavora in appalto per lo stato.
government corporation /ˌgʌvənməntˌkɔːpəˈreɪʃn/ n. AE azienda f. statale.
government employee /ˌgʌvənməntˌemplɔɪˈiː, -ˌimˈplɔɪiː/ ➧ ***27*** n. statale m. e f., dipendente m. e f. pubblico (-a).
government-funded /ˌgʌvənməntˈfʌndɪd/ agg. finanziato dal governo.
Government House /ˌgʌvənməntˈhaʊs/ n. BE POL. residenza f. ufficiale del governatore.
government issue /ˌgʌvənməntˈɪʃuː, -ˈɪʃjuː/ agg. [*equipment etc.*] fornito dal governo; [*bonds*] emesso dal governo.
government office /ˌgʌvənməntˈɒfɪs, AE -ˈɔːfɪs/ n. ufficio m. governativo.
government official /ˌgʌvənməntəˈfɪʃl/ ➧ ***27*** n. funzionario m. governativo.
Government Printing Office /ˌgʌvənməntˈprɪntɪŋˌɒfɪs, AE -ˌɔːfɪs/ n.pr. AE = istituto corrispondente al Poligrafico dello stato.
government securities /ˌgʌvənməntsɪˈkjʊərətɪz/ n.pl., **government stock** /ˌgʌvənməntˈstɒk/ AE n. **U** titoli m.pl. di stato.
▷ **governor** /ˈgʌvənə(r)/ n. **1** *(of state, province, colony)* governatore m. (-trice); BE *(of bank)* governatore m.; *(of prison)* direttore m.; *(of school)* membro m. del consiglio d'istituto; *(of university)* membro m. del senato accademico; *(of hospital)* membro m. del consiglio d'amministrazione **2** BE COLLOQ. *(boss)* capo m. **3** LING. elemento m. reggente **4** EL. TECN. regolatore m.
Governor-General /ˌgʌvənəˈdʒenrəl/ n. GB POL. governatore m. generale.
governorship /ˈgʌvənəʃɪp/ n. *(office of governor)* governatorato m.; *(act of governing)* governo m.; ***during the ~ of Mr Eavis*** durante il governatorato *o* governo Eavis.
govt ⇒ government governo.
gowan /ˈgaʊən/ n. SCOZZ. BOT. margheritina f.
gowk /gaʊk/ n. SCOZZ. **1** *(fool)* stupido m. (-a) **2** ZOOL. *(cuckoo)* cuculo m.
▷ **1.gown** /gaʊn/ n. *(for evening wear)* abito m. da sera; *(of judge, academic)* toga f.; *(of surgeon)* camice m. (chirurgico); *(of patient)* camice m.
2.gown /gaʊn/ tr. rivestire con la toga.
gowned /gaʊnd/ **I** p.pass. → **2.gown II** agg. [*scholar, lawyer*] in toga, togato; AE [*woman*] in abito da sera.
goy /gɔɪ/ n. (pl. **~s, ~im**) goi m. e f., gentile m. e f.
gozzan /ˈgɒzn/ n. → **gossan**.
GP ➧ ***27*** n. (⇒ General Practitioner) = medico generico, di base.
GPA n. AE SCOL. UNIV. (⇒ grade point average) = media.
GPO n. **1** BE (⇒ General Post Office) = Posta Centrale **2** AE (⇒ Government Printing Office) = istituto corrispondente al Poligrafico dello stato.
GPS n. (⇒ global positioning system) GPS m.
gr ⇒ gross lordo.
1.grab /græb/ n. **1** *(snatch)* presa f., stretta f.; ***to make a ~ at*** o ***for sth.*** cercare di afferrare qcs.; ***it's up for ~s*** COLLOQ. è per il primo che lo prende **2** *(on excavator)* benna f. (mordente).
▷ **2.grab** /græb/ **I** tr. (forma in -ing ecc. **-bb-**) **1** *(take hold of)* (anche ~ **hold of**) prendere [*money*]; afferrare [*arm, person, toy*]; FIG. cogliere, afferrare al volo [*opportunity, chance*]; ***to ~ sth. from sb.*** prendere qcs. a qcn.; ***to ~ hold of sb., sth.*** afferrarsi a qcn., qcs.; ***to ~ sb. by the arm*** prendere *o* agguantare qcn. per il braccio; ***to ~ all the attention*** accaparrarsi tutta l'attenzione **2** *(illegally)* arraffare [*land, resources*] **3** *(snatch)* ***to ~ some sleep*** dormire un po'; ***to ~ a snack*** fare uno spuntino *o* mangiare un boccone; ***I ~bed two hours' sleep*** sono riuscito a dormire due orette **4** COLLOQ. *(impress)* ***how does he, the idea ~ you?*** cosa te ne sembra di lui, dell'idea? **II** intr. (forma in -ing ecc. **-bb-**) ***to ~ at*** cercare di prendere [*money, sweets*].
grab-ass /ˈgræbæs/ n. AE POP. pomiciata f.
grab bag /ˈgræbˌbæg/ n. AE **1** *(lucky dip)* pesca m. miracolosa **2** *(miscellany)* abbondanza f.
grabber /ˈgræbə(r)/ n. SPREG. arraffone m. (-a).
grabble /ˈgræbl/ intr. **1** ANT. *(grope)* brancolare, procedere a tastoni; ***to ~ for sth.*** cercare qcs. a tastoni **2** POP. *(sprawl)* stravaccarsi.
grabby /ˈgræbɪ/ agg. AE POP. ingordo, avido.
graben /ˈgrɑːbən/ n. fossa f. tettonica.
▷ **1.grace** /greɪs/ n. **1** *(physical charm) (of movement, body, person, architecture)* grazia f.; ***to do sth. with ~*** fare qcs. con grazia; ***to have ~, no ~*** avere, non avere grazia **2** *(dignity, graciousness)* contegno m., grazia f., decoro m.; ***to do sth. with (a) good ~*** fare qcs. di buon grado *o* con buonagrazia; ***to do sth. with (a) bad ~*** fare qcs. controvoglia *o* con malagrazia; ***to accept sth. with (good) ~*** accettare qcs. di buon grado; ***to have the ~ to do*** avere la delicatezza di fare **3** *(spiritual)* grazia f.; ***in a state of ~*** in uno stato di grazia; ***to fall from ~*** RELIG. perdere la grazia (divina); FIG. cadere in disgrazia; ***by the ~ of God*** per grazia di Dio **4** *(time allowance)* ***to give sb. two days' ~*** concedere a qcn. una dilazione di due giorni; ***you have one week's ~ to do*** hai una settimana di proroga per fare; ***a period of ~*** periodo di grazia *o* tolleranza **5** *(prayer) (before or after meal)* preghiera f. di ringraziamento; ***to say ~*** rendere grazie a Dio (prima dei pasti) **6** *(quality)* ***sb.'s saving ~*** l'unico pregio di qcn.; ***the film's saving ~ is*** l'unico pregio del film è **7** *(mannerism)* ***to have all the social ~s*** avere molto savoir-vivre ◆ ***there but for the ~ of God go I*** grazie a Dio non è successo a me; ***to be in sb.'s good ~s*** essere nelle grazie di qcn.; ***to put on airs and ~s*** SPREG. darsi delle arie.
2.grace /greɪs/ tr. **1** *(decorate)* [*statue, flowers, picture*] ornare, abbellire; ***to be ~d with*** essere abbellito da [*façade, square*] **2** *(honour)* onorare; ***to ~ sb. with one's presence*** onorare qcn. con la propria presenza (anche IRON.) **3** *(bless)* ***to be ~d with*** avere il dono di [*beauty, intelligence*].
1.Grace /greɪs/ ➧ ***9*** n. *(title of archbishop, duke)* ***His, Your ~*** Sua, Vostra Grazia; *(of duchess)* ***Her, Your ~*** Sua, Vostra Grazia.

2.Grace /greɪs/ **I** n.pr. Grazia **II Graces** n.pr.pl. MITOL. ***the ~s*** le Grazie.

grace-and-favour /ˌgreɪsən'feɪvə(r)/ agg. BE ~ ***residence*** = residenza concessa dal sovrano in segno di gratitudine.

▷ **graceful** /'greɪsfl/ agg. **1** [*dancer*] aggraziato; [*movement, style*] aggraziato, leggiadro **2** [*person, building, city*] elegante; [*curve*] armonioso **3** [*apology, excuse*] garbato; ***to make a ~ exit*** uscire degnamente di scena (anche FIG.).

gracefully /'greɪsfəlɪ/ avv. **1** [*move, slide, dive*] con grazia, eleganza **2** [*admit, accept, concede*] cortesemente ◆ ***to grow old ~*** invecchiare bene.

gracefulness /'greɪsflnɪs/ n. grazia f.

graceless /'greɪslɪs/ agg. **1** *(rude)* [*refusal, manner*] sgarbato **2** *(ugly)* [*city, individual*] brutto, sgradevole.

grace note /'greɪsˌnəʊt/ n. MUS. ornamento m., abbellimento m.

grace period /'greɪsˌpɪərɪəd/ n. periodo m. di grazia, tolleranza.

gracile /'græsaɪl, -sɪl/ agg. gracile, esile.

gracility /græ'sɪlətɪ/ n. gracilità f., esilità f.

gracious /'greɪʃəs/ **I** agg. **1** *(generous, dignified)* [*person*] cortese, affabile; [*acceptance*] dignitoso; [*admission*] cortese; ***to be ~ (to sb.) about*** essere clemente *o* non prendersela (con qcn.) per [*mistake, failure*]; ***to be ~ in defeat*** accettare la sconfitta con dignità; ***it is ~ of you to say so*** è gentile da parte tua dire così **2** *(pleasant)* [*wave*] grazioso; [*lady, smile*] affabile; *(condescending)* condiscendente; ***~ living*** vita agiata **3** *(in royal title)* grazioso; ***by ~ permission of*** per gentile concessione di **4** RELIG. [*God*] misericordioso **II** inter. ANT. Dio mio; ***~ me! good(ness) ~!*** Dio mio! bontà divina! ***~ no!*** nemmeno per sogno!

graciously /'greɪʃəslɪ/ avv. [*accept*] dignitosamente; [*concede*] gentilmente; [*wave*] graziosamente; ***he ~ agreed to come*** IRON. si è degnato di venire; ***His Majesty is ~ pleased to accept*** Sua Maestà ha la bontà di accettare.

graciousness /'greɪʃəsnɪs/ n. **1** *(generosity)* cortesia f. **2** *(dignity)* ***sb.'s ~ in defeat*** la dignità con cui qcn. accetta la sconfitta.

grackle /'grækl/ n. ZOOL. gracula f., gracola f.

grad /græd/ n. AE POP. (accorc. graduate) laureato m. (-a).

gradable /'greɪdəbl/ agg. LING. [*adjective*] non assoluto.

gradate /grə'deɪt/ **I** tr. graduare **II** intr. disporsi per gradi (**from** da, **to** a).

gradation /grə'deɪʃn/ n. **1** *(on a continuum)* gradazione f.; ***colour ~s*** ART. gradazioni, sfumature di colore; ***~ in*** o ***~ of*** gradazione di [*colour, size, tone*]; ***~s of feeling*** una gamma di emozioni **2** *(in power structure)* gerarchia f. **3** METROL. *(on scale)* gradazione f.

gradational /grə'deɪʃənl/ agg. graduale.

▷ **1.grade** /greɪd/ n. **1** METROL. grado m. **2** COMM. *(of produce, article, goods)* qualità f.; *(of egg)* calibro m.; ***high-, low-~*** di alta, bassa qualità; ***low-~ imitation, literature*** imitazione, letteratura mediocre; ***small-, large-~ eggs*** uova di calibro piccolo, grande **3** SCOL. UNIV. *(mark)* voto m. (**in** di); ***to get good ~s*** prendere dei bei voti; ***to get ~ A*** o ***an A ~*** prendere (una) A; ***what are the ~s required to study medicine?*** che voti bisogna avere per studiare medicina? **4** *(in power structure)* AMM. livello m.; MIL. rango m.; ***senior-, low-~ employee*** impiegato di livello superiore, inferiore; ***a top-~ civil servant*** un funzionario di alto rango *o* livello; ***salary ~*** livello salariale **5** AE SCOL. *(class)* classe f.; ***she's in the second ~*** fa (la) seconda *o* è in seconda **6** (anche **Grade**) *(level of difficulty)* livello m.; ***~ IV piano*** MUS. IV anno di pianoforte **7** AE *(gradient)* salita f., pendio m.; ***on a steep ~*** su un pendio ripido **8** AGR. *(in breeding)* *(horse)* mezzosangue m.; *(cow, sheep)* incrocio m. ◆ ***to make the ~*** raggiungere la meta *o* farcela.

▷ **2.grade** /greɪd/ tr. **1** *(categorize)* *(by quality)* classificare, valutare [*produce, accommodation, amenities, results*] (**according to** in base a, secondo); *(by size)* classificare, scegliere [*eggs, fruit, potatoes*] (**according to** in base a, secondo) **2** SCOL. *(in level of difficulty)* graduare [*exercises, tasks, questions*] (**according to** in base a, se-condo) **3** AE *(mark)* dare il voto a, classificare [*work, assignment*] (**from** da; **to** a) **4** ART. *(blend)* sfumare [*colours, tones*] **5** AGR. *(in breeding)* selezionare [*animal, stock*] **6** ING. livellare [*ground*].

■ **grade down** BE SCOL. ~ ***[sth.] down*** abbassare [*marks*].

■ **grade up** BE SCOL. ~ ***[sth.] up*** alzare [*marks*].

grade book /'greɪdˌbʊk/ n. AE registro m. (dei voti).

grade crossing /'greɪdˌkrɒsɪŋ, AE -'krɔ:sɪŋ/ n. AE FERR. passaggio m. a livello.

graded /'greɪdɪd/ **I** p.pass. → **2.grade II** agg. *(categorized)* [*tests, exercises*] graduato; [*hotel*] di categoria; ***~ readings*** letture graduate per le scuole.

grade inflation /ˌgreɪdɪn'fleɪʃn/ n. AE inflazione f. progressiva.

gradely /'greɪdlɪ/ **I** agg. BE RAR. **1** *(excellent)* eccellente, perfetto **2** *(fine)* bello **3** *(proper)* vero e proprio **II** avv. BE RAR. esattamente.

grade point average /ˌgreɪdpɔɪnt'ævərɪdʒ/ n. AE SCOL. UNIV. media f.

grader /'greɪdə(r)/ n. **1** *(of produce)* *(machine)* cernitore m, calibratore m.; *(person)* cernitore m. (-trice), selezionatore m. (-trice) **2** ING. livellatrice f. **3 -grader** in composti AE ***first-~, second-~*** = scolaro di prima, seconda elementare.

grade school /'greɪdˌsku:l/ n. AE scuola f. elementare.

grade school teacher /'greɪdsku:lˌti:tʃə(r)/ ♦ ***27*** n. AE SCOL. insegnante m. e f. elementare.

gradient /'greɪdɪənt/ n. **1** *(slope)* salita f., pendio m.; ***to be on a ~*** essere in salita **2** METROL. *(degree of slope)* pendenza f.; ***a ~ of 10% una pendenza del 10%*** **3** MAT. FIS. gradiente m.; ***temperature ~*** gradiente termico.

grading /'greɪdɪn/ n. **1** *(classification)* classificazione f.; *(of personnel)* selezione f. **2** SCOL. *(marking)* votazione f.

grading system /'greɪdɪnˌsɪstəm/ n. sistema m. di valutazione.

1.gradual /'grædʒʊəl/ n. MUS. RELIG. graduale m.

▷ **2.gradual** /'grædʒʊəl/ agg. **1** *(slow)* [*change, increase, decline, progress*] graduale **2** *(gentle)* [*slope, incline*] dolce.

gradualism /'grædʒʊəlɪzəm/ n. ECON. FILOS. gradualismo m.

gradualist /'grædʒʊəlɪst/ **I** n. ECON. FILOS. gradualista m. **II** agg. ECON. FILOS. gradualista.

▷ **gradually** /'grædʒʊlɪ/ avv. progressivamente, in modo graduale; ***~, he...*** poco a poco, lui...

gradualness /'grædʒʊəlnɪs/ n. gradualità f.

▷ **1.graduate** /'grædʒʊət/ **I** n. **1** UNIV. laureato m. (-a) (**in** in; **of, from** di); ***arts, science ~*** laureato in lettere, scienze; ***Oxford ~*** laureato ad Oxford **2** AE SCOL. *(from high school)* diplomato m. (-a); ***he is a high school ~*** è diplomato **II** modif. [*course, studies*] di specializzazione postlaurea; [*student*] = che segue un corso di specializzazione postlaurea; [*accommodation, centre*] = per studenti che seguono un corso di specializzazione postlaurea.

2.graduate /'grædjʊeɪt/ **I** tr. **1** TECN. graduare [*container, scale*] **2** AE *(give degree to)* conferire un titolo a [*student*] **3** AE COLLOQ. *(get degree from)* uscire da [*institution*] **II** intr. **1** laurearsi (**at, from** a); AE SCOL. diplomarsi (**at, from** a) **2** *(progress)* ***to ~ (from sth.) to sth.*** passare (da qcs.) a qcs.

graduate assistant /'grædʒʊətəˌsɪstənt/ n. AE = dottorando che svolge compiti di assistente universitario.

graduated /'grædjʊeɪtɪd/ **I** p.pass. → **2.graduate II** agg. [*contribution, system, tax*] progressivo, graduale; [*scale*] graduato; ***~ pension scheme*** piano di pensionamento differenziato.

graduate profession /'grædʒʊətprəˌfeʃn/ n. = professione che richiede una laurea o titolo equipollente.

graduate recruit /'grædʒʊətrɪˌkru:t/ n. = neolaureato appena assunto.

graduate school /'grædʒʊətˌsku:l/ n. AE = scuola di specializzazione post-laurea.

graduate teacher /'grædʒʊətˌti:tʃə(r)/ n. BE insegnante m. e f. laureato (-a).

graduate training scheme /'grædʒʊətˌtreɪnɪŋski:m/ n. BE = programma di formazione professionale per laureati.

▷ **graduation** /ˌgrædʒʊ'eɪʃn/ n. **1** UNIV. *(ceremony)* cerimonia f. di laurea; *(end of course)* laurea f. **2** *(calibration)* calibratura f. **3** AE → **graduation ceremony.**

graduation ceremony /ˌgrædʒʊ'eɪʃnˌserɪmənɪ, AE -məʊnɪ/ n. cerimonia f. di laurea.

graduator /'grædʒʊeɪtə(r)/ n. TECN. strumento m. per graduare.

Graeme → **Graham(e)**.

graffiti /grə'fi:tɪ/ n.pl. + verbo sing. o pl. **1** *(on ancient walls)* graffiti m. **2** *(murals)* graffiti m., murales m.

graffiti artist /grəˌfi:tɪ'ɑ:tɪst/ n. graffitista m. e f., muralista m. e f.

1.graft /grɑ:ft, AE græft/ n. **1** AGR. MED. trapianto m., innesto m.; ***skin, vein ~*** innesto cutaneo, venoso **2** BE COLLOQ. *(work)* lavoro m.; ***hard ~*** sgobbata **3** COLLOQ. *(corruption)* corruzione f.; *(bribe)* bustarella f.

2.graft /grɑ:ft, AE græft/ **I** tr. AGR. MED. trapiantare, innestare (**onto** su) (anche FIG.) **II** intr. BE COLLOQ. *(work hard)* sgobbare.

grafter /'grɑ:ftə(r), AE 'græftə(r)/ n. **1** BE COLLOQ. *(hard worker)* sgobbone m. (-a), stacanovista m. e f. **2** *(corrupt person)* persona f. corrotta.

graft hybrid /'grɑ:ftˌhaɪbrɪd, AE 'græft-/ n. ibrido m. di innesto.

grafting /'grɑ:ftɪŋ, AE 'græftɪŋ/ n. AGR. MED. trapianto m., innesto m. (anche FIG.).

graham cracker /'greɪəmˌkrækə(r)/ n. AE cracker m. integrale.

graham flour /'greɪəmˌflaʊə(r)/ n. AE farina f. integrale.

Graham(e) /'greɪəm/ n.pr. Graham(e) (nome di uomo).
Graian Alps /'greɪən,ælps/ n.pr.pl. Alpi f. Graie.
Grail /greɪl/ n. → **Holy Grail**.
▷ **1.grain** /greɪn/ n. **1** *(commodity)* cereali m.pl.; *~ **prices*** i prezzi dei cereali **2** *(seed) (of rice, wheat)* chicco m.; ***long, short ~ rice*** riso a chicchi lunghi, corti **3** *(small piece) (of sand, salt)* granello m., grano m. **4** FIG. *(of truth, hope, comfort)* briciolo m. **5** *(pattern) (in wood)* venatura f., marezzo m., filo m.; *(in stone)* venatura f.; *(in leather, paper, fabric)* grana f., filo m.; ***to cut along, across the ~*** tagliare secondo il, perpendicolarmente al filo **6** FOT. grana f. **7** METROL. *(weight)* grano m. (= 0.0648 g) ◆ ***it goes against the ~*** è contro natura.
2.grain /greɪn/ tr. *(stain)* venare, marezzare [*wood*]; zigrinare [*leather, paper*].
3.grain /greɪn/ n. SCOZZ. **1** *(arm) (of sea)* braccio m.; *(branch) (of river, tree)* ramo m. **2** *(prong)* rebbio m. **3** MAR. *(harpoon)* fiocina f.
grain alcohol /,greɪn'ælkəhɒl, AE -hɔ:l/ n. alcol m. etilico.
grain drill /'greɪndrɪl/ n. AGR. seminatrice f. (per cereali).
grained /greɪnd/ **I** p.pass. → **2.grain II** agg. [*worktop, table*] marezzato; [*leather, paper*] zigrinato.
grain elevator /,greɪn'elɪveɪtə(r)/ n. AE AGR. silo m. (granario).
graininess /'greɪnɪnɪs/ n. FOT. granularità f.
grain leather /,greɪn'leðə(r)/ n. (cuoio) fiore m.
grainy /'greɪnɪ/ agg. **1** FOT. [*photograph, picture*] a grana grossa **2** *(resembling wood)* venato; *(resembling leather)* zigrinato **3** *(granular)* [*substance*] granuloso.
gralloch /'grælɒk/ n. *(of a deer)* interiora f.pl.
▷ **1.gram** /græm/ ➧ **37** n. grammo m.
2.gram /græm/ n. BOT. cece m.
gram-atom /'græm,ætəm/, **gram-atomic weight** /,græmə,tɒmɪk-'weɪt/ n. CHIM. grammo-atomo m.
graminaceous /,græmɪ'neɪʃəs/, **gramineous** /grə'mɪnɪəs/ agg. BOT. graminaceo.
graminivorous /,græmɪ'nɪvərəs/ agg. erbivoro.
grammalogue /'græmə,lɒg/ n. stenogramma m.
▷ **grammar** /'græmə(r)/ **I** n. **1** grammatica f.; ***to use bad ~*** fare degli errori di grammatica; ***that's bad ~*** è grammaticalmente scorretto **2** (anche **~ book**) grammatica f.; ***a French ~*** una grammatica francese **II** modif. [*book, lesson, exercise*] di grammatica.
grammar checker /'græmə,tʃekə(r)/ n. INFORM. correttore m. grammaticale.
grammarian /grə'meərɪən/ n. grammatico m. (-a).
grammar school /'græmə,sku:l/ n. **1** BE = scuola superiore di impostazione classica a numero chiuso **2** AE ANT. scuola f. elementare.
grammatical /grə'mætɪkl/ agg. **1** LING. [*error*] di grammatica; [*meaning, gender, analysis*] grammaticale **2** *(correct)* grammaticalmente corretto.
grammaticality /grə,mætɪ'kælətɪ/ n. grammaticalità f.
grammatically /grə'mætɪklɪ/ avv. grammaticalmente; ***to speak, write ~*** parlare, scrivere in modo grammaticalmente corretto.
grammaticalness /grə'mætɪklnɪs/ n. grammaticalità f.
grammatology /,græmə'tɒlədʒɪ/ n. grammatologia f.
gramme, grammen → **1.gram**.
gram-molecule /'græm,mɒlɪkju:l/ n. grammo-molecola f.
Grammy /'græmɪ/ n. (pl. **~s, -mies**) AE MUS. ***to win a ~*** vincere un Grammy.
Gram-negative /'græm,negətɪv/ agg. gram-negativo.
gramophone /'græmə,fəʊn/ **I** n. ANT. grammofono m. **II** modif. [*needle*] del grammofono; [*record*] per grammofono.
Gram-positive /'græm,pɒzətɪv/ agg. gram-positivo.
Grampian /'græmpɪən/ n.pr. ***the ~s, the ~ Mountains*** i (monti) Grampiani.
gramps /græmps/ n. COLLOQ. INFANT. nonno m.
grampus /'græmpəs/ n. (pl. **~es**) **1** *(dolphin)* grampo m. grigio, delfino m. di Risso **2** *(killer whale)* orca f.
gran /græn/ n. COLLOQ. nonna f.
granary /'grænərɪ/ **I** n. *(grain store)* granaio m.; ***Europe's ~*** FIG. il granaio d'Europa **II** modif. BE [*bread, loaf*] integrale.
▶ **1.grand** /grænd/ agg. **1** *(impressive)* [*building, ceremony*] grandioso; [*park*] magnifico; ***in ~ style*** in grande stile; ***on a ~ scale*** su scala molto vasta; ***in the ~ manner*** con aria da gran signore; ***to make a ~ entry*** fare un'entrata spettacolare; ***the ~ old man of theatre, of letters*** il grande signore del teatro, della letteratura **2** *(self-important)* ***she's very ~*** si dà arie da gran dama; ***to put on a ~ air*** darsi un sacco di arie **3** COLLOQ. *(fine, excellent)* ***to have a ~ time*** divertirsi incredibilmente; ***"is everything all right?" - "it's ~ thanks"*** "tutto bene?" - "benissimo, grazie"; ***he did a ~ job*** ha fatto un lavoro formidabile; ***that's ~!*** è magnifico! **4** *(in titles, names)* gran, Gran.
2.grand /grænd/ n. **1** COLLOQ. *(sum of money)* BE mille sterline f.pl.; AE mille dollari m.pl. **2** COLLOQ. MUS. *(piano)* pianoforte m. a coda.
grandam /'grændæm/ n. ANT. **1** *(grandmother)* nonna f. **2** *(old woman)* vecchia f., nonnina f. **3** *(ancestress)* antenata f.
Grand Canyon /,grænd'kænjən/ n.pr. Gran Canyon m.
▷ **grandchild** /'græntʃaɪld/ n. (pl. **grandchildren**) nipote m. e f. (di nonni).
granddad /'grændæd/ n. COLLOQ. nonno m.
granddaddy /'græn,dædɪ/ n. COLLOQ. **1** *(grandfather)* nonno m., nonnino m. **2** FIG. *(precursor)* antenato m.
▷ **granddaughter** /'græn,dɔ:tə(r)/ n. nipote f. (di nonni).
grand duchess /,græn'dʌtʃɪs/ n. granduchessa f.
grand duchy /,græn'dʌtʃɪ/ n. granducato m.
grand duke /,græn'dju:k, AE -'du:k/ n. granduca m.
grandee /græn'di:/ n. **1** *(nobleman)* Grande m. e f. di Spagna **2** *(eminent person)* personaggio m. importante.
grandeur /'grændʒə(r)/ n. **1** *(of scenery)* grandiosità f., bellezza f.; *(of building)* imponenza f. **2** *(of character)* nobiltà f. (d'animo); *(power, status)* maestosità f.
▷ **grandfather** /'græn,fɑ:ðə(r)/ n. nonno m.
grandfather clause /'grænfɑ:ðər,klɔ:z/ n. AE DIR. clausola f. di non-retroattività.
grandfather clock /'grænfɑ:ðər,klɒk/ n. pendola f., (orologio a) pendolo m.
grand finale /,grænfɪ'nɑ:lɪ, AE -'nælɪ/ n. gran finale m.
grandiloquence /,græn'dɪləkwəns/ n. FORM. magniloquenza f., grandiloquenza f.
grandiloquent /,græn'dɪləkwənt/ agg. FORM. magniloquente, grandiloquente.
grandiose /'grændɪəʊs/ agg. grandioso.
grandiosity /'grændɪɒsətɪ/ n. grandiosità f., megalomania f.
grand jury /,græn'dʒʊərɪ/ n. AE = giuria dell'udienza preliminare.
grand larceny /,græn'lɑ:sənɪ/ n. AE furto m. grave, furto m. di beni di ingente valore.
grandly /'grændlɪ/ avv. grandiosamente.
grandma /'grænmɑ:/ n. nonna f.
grand mal /grɑ:'mæl/ ➧ **11** n. epilessia f., grande male m.
grandmamma /'grænmə,mɑ:/ n. ANT. → **grandma**.
grand master /'græn,mɑ:stə(r), AE -,mæs-/ n. *(in chess)* grande maestro m.
Grand Master /'græn,mɑ:stə(r), AE -,mæs-/ n. *(of Masonic lodge)* Gran Maestro m., Venerabile m.; *(of Templars)* Gran Maestro m.
▷ **grandmother** /'græn,mʌðə(r)/ n. nonna f. ◆ ***to teach one's ~ to suck eggs*** i paperi menano a bere le oche.
grandmother clock /'grænmʌðər,klɒk/ n. pendola f., (orologio a) pendolo m.
grandmotherly /'græn,mʌðərlɪ/ agg. **1** *(of grandmother)* da nonna **2** *(fussy)* pignolo, esigente.
Grand National /,græn'næʃənl/ n. GB EQUIT. = steeplechase che si corre a Liverpool.
grandnephew /'græn,nevju:, AE -,nef-/ n. pronipote m. (di zii).
grandness /'græn,nɪs/ n. grandezza f., grandiosità f.
grandniece /'græn,ni:s/ n. pronipote f. (di zii).
Grand Old Party /,grænəʊld'pɑ:tɪ/ n. US POL. Partito m. Repubblicano.
grand opera /,græn'ɒprə/ n. grand opéra m.
grandpa /'grænpɑ:/, **grandpapa** /'grænpə,pɑ:/ n. COLLOQ. nonno m.
▷ **grandparent** /'græn,peərənt/ n. *(male)* nonno m.; *(female)* nonna f.; ***my ~s*** i miei nonni.
grand piano /,grænpɪ'ænəʊ/ ➧ **17** n. (pl. **grand pianos**) pianoforte m. a coda.
grand prix /grɑ:'pri:/ n. (pl. **~**) gran premio m., grand prix m.
grandsire /'grænd,saɪə(r)/ n. ANT. **1** *(grandfather)* nonno m. **2** *(old man)* vecchio m., nonnetto m. **3** *(ancestor)* antenato m.
grand slam /,grænd'slæm/ n. GIOC. SPORT grande slam m.; ***a ~ in spades*** un grande slam di picche; ***a ~ tournament*** un torneo del grande slam.
▷ **grandson** /'grænsən/ n. nipote m. (di nonni).
grand staircase /,græn'steəkeɪs/ n. scala f. principale, regia.
1.grandstand /'grænstænd/ n. **1** *(at stadium)* tribuna f.; ***to have a ~ view*** o ***seat*** avere un posto in tribuna; FIG. avere un posto in prima fila **2** *(audience)* pubblico m. ◆ ***to play to the ~*** AE giocare in modo esibizionistico.
2.grandstand /'grænstænd/ intr. AE mettersi in mostra.
grand total /,græn'təʊtl/ n. totale m. generale; ***the ~ for the repairs came to £ 3,000*** complessivamente, i lavori di restauro ammontavano a 3.000 sterline.

grand tour /ˌgræn'tʊə(r), -'tɔ:(r)/ n. **1** ***he took me on a ~ of the house*** mi ha fatto fare il giro completo della casa **2** STOR. (anche **Grand Tour**) Grand Tour m.
grange /greɪndʒ/ n. **1** BE *(house)* casa f. (padronale) **2** AE *(farm)* fattoria f. **3** *(farmers' lodge)* = sindacato agricoltori.
granger /'greɪndʒə(r)/ n. AE **1** *(farmer)* fattore m. (-trice), agricoltore m. **2** *(grain-carrying railroad)* = ferrovia per il trasporto di cereali **3** *(member of lodge)* = associato al sindacato agricoltori.
grangerism /'greɪndʒərɪzəm/ n. = illustrazione mediante l'inserimento di stampe, disegni ecc. ritagliati da altri libri.
grangerize /'greɪndʒəraɪz/ tr. = illustrare inserendo stampe, disegni ecc. ritagliati da altri libri.
graniferous /grə'nɪfərəs/ agg. granifero.
▷ **granite** /'grænɪt/ **I** n. granito m.; ***heart of ~*** FIG. cuore di pietra **II** modif. [*hill, rock*] granitico, di granito; [*building, sculpture*] di granito.
granitic /grə'nɪtɪk/ agg. granitico.
granitoid /grænɪ'tɔɪd/ agg. granitoide.
granivorous /grə'nɪvərəs/ agg. granivoro.
granny /'grænɪ/ n. COLLOQ. **1** *(grandmother)* nonna f., nonnina f. **2** SPREG. *(fusspot, gossip)* pignolo m. (-a).
granny bond /'grænɪˌbɒnd/ n. BE COLLOQ. = certificato di risparmio indicizzato per persone sopra i 50 anni.
granny flat /'grænɪˌflæt/ n. BE = appartamento indipendente utilizzato per ospitare parenti anziani.
granny knot /'grænɪˌnɒt/ n. = nodo contrario al nodo piano.
Granny Smith /ˌgrænɪ'smɪθ/ n. Granny Smith f.
granny specs /'grænɪˌspeks/ n.pl. COLLOQ. = occhiali rotondi con montatura di metallo.
granola /grə'nəʊlə/ n. AE muesli m.
▶ **1.grant** /grɑ:nt, AE grænt/ n. **1** *(from government, local authority)* sovvenzione f. (**for** per); *(for study)* SCOL. UNIV. borsa f. di studio; ***~s to the voluntary sector, to the poorest applicants*** sovvenzioni al Volontariato, ai candidati più indigenti; ***a ~ to set up a new company, to improve a property*** una sovvenzione per avviare una nuova società, per il miglioramento di una proprietà; ***to apply for a ~*** fare richiesta di sovvenzionamento; *(for study)* fare richiesta per una borsa di studio; ***research ~*** sovvenzioni per la ricerca **2** DIR. *(of property)* trasferimento m., concessione f.; *(of patent)* rilascio m.
▶ **2.grant** /grɑ:nt, AE grænt/ tr. **1** FORM. *(allow)* concedere, dare [*permission*]; acconsentire a [*request*]; ***he was ~ed permission to leave early*** gli è stato dato il permesso di partire prima; ***to refuse to ~ access to one's home*** vietare l'accesso a casa propria; ***permission ~ed!*** permesso accordato! ***God ~ that*** voglia Dio che **2** *(give)* ***to ~ sb. sth., to ~ sth. to sb.*** concedere qcs. a qcn. [*interview, audience, leave, visa, licence, loan, privilege, citizenship, asylum*] **3** *(concede)* ammettere, riconoscere [*truth, validity etc.*]; ***to ~ that*** riconoscere che; ***I ~ you that he's gifted*** ammetto che ha molte doti; ***~ed that*** o ***~ing that*** ammettendo che ◆ ***to take sth. for ~ed*** dare qcs. per scontato; ***he takes his mother for ~ed*** crede che sua madre sia al suo servizio; ***he takes too much for ~ed*** crede che tutto gli sia dovuto.
grantable /'grɑ:ntəbl, AE 'grænt-/ agg. concedibile, accordabile.
grant aid /'grɑ:nteɪd, AE 'grænt-/ n. **U** *(within a country)* sovvenzione f. pubblica (**for** per); *(abroad, to Third World)* contributo m. allo sviluppo (**for** per).
grant-aided /ˌgrɑ:nt'eɪdɪd, AE ˌgrænt-/ agg. sovvenzionato.
▷ **granted** /'grɑ:ntɪd, AE 'grænt-/ avv. ***~, it's magnificent, but very expensive*** lo ammetto, è stupendo, ma è molto caro.
grantee /ˌgrɑ:n'ti:/ n. DIR. beneficiario m. (-a), donatario m. (-a).
granting /'grɑ:ntɪŋ, AE 'grænt-/ n. *(of asylum, citizenship)* conferimento m.; *(of bail, licence, visa)* concessione f.; *(of sum of money)* assegnazione f.; ***the ~ of access*** la concessione del libero accesso.
grant-maintained /ˌgrɑ:ntmeɪn'teɪnd, AE ˌgrænt-/ agg. [*school*] sovvenzionata dallo stato.
grant of probate /ˌgrɑ:ntov'prəʊbeɪt, AE ˌgrænt-/ n. omologazione f. (di un testamento).
grantor /'grɑ:ntə(r)/ n. DIR. concedente m. e f., donante m. e f.
granular /'grænjʊlə(r)/ agg. [*surface, texture etc.*] granuloso; [*fertilizer*] granulare.
granularity /ˌgrænjʊ'lærətɪ/ n. granulosità f.
granulate /'grænjʊleɪt/ tr. granire [*metal*]; granulare, cristallizzare [*salt, sugar*]; granulare [*texture*].
granulated /'grænjʊleɪtɪd/ **I** p.pass. → **granulate II** agg. [*paper*] zigrinato; [*sugar*] cristallizzato.
granulation /ˌgrænjʊ'leɪʃn/ n. *(of metal)* granulazione f.; *(of salt, sugar)* cristallizzazione f.
granule /'grænju:l/ n. *(of sugar, salt)* granello m.; *(of instant coffee)* granulo m.; ***polystyrene ~s*** palline di polistirolo.
granulite /'grænju:laɪt/ n. granulite f.
granuloma /'grænju:ləʊmə/ n. (pl. **~s**, **-ata**) granuloma m.
granulometry /'grænju:lɒmətrɪ/ n. granulometria f.
granulous /'grænju:ləs/ agg. granuloso.
▷ **grape** /greɪp/ **I** n. acino m. d'uva; ***a bunch of ~s*** un grappolo d'uva; ***to eat, buy (some) ~s*** mangiare, comprare dell'uva; ***I love ~s*** adoro l'uva; ***to harvest*** o ***bring in the ~s*** vendemmiare **II** modif. [*juice, jelly*] d'uva ◆ ***sour ~s!*** è tutta invidia!
grapefruit /'greɪpfru:t/ **I** n. pompelmo m. **II** modif. [*juice, marmalade*] di pompelmo.
grape harvest /'greɪpˌhɑ:vɪst/ n. vendemmia f.
grape hyacinth /ˌgreɪp'haɪəsɪnθ/ n. BOT. muscari m.
grape ivy /'greɪpˌaɪvɪ/ n. BOT. cisso m. rombifoglia.
grapeseed oil /'greɪpsi:dˌɔɪl/ n. GASTR. olio m. di vinaccioli.
grapeshot /'greɪpʃɒt/ n. MIL. mitragliata f.
grapestone /'greɪpstəʊn/ n. vinacciolo m.
grapesugar /'greɪpʃʊgə(r)/ n. destrosio m.
grapevine /'greɪpvaɪn/ n. vite f. ◆ ***to hear sth. on the ~*** sapere qcs. da voci di corridoio *o* per sentito dire.
▷ **1.graph** /grɑ:f, AE græf/ n. **1** INFORM. MAT. grafico m., diagramma m.; ***a rising, falling ~*** una curva ascendente, discendente **2** LING. segno m. grafico.
2.graph /grɑ:f, AE græf/ tr. rappresentare con un grafico.
grapheme /'græfi:m/ n. grafema m.
▷ **graphic** /'græfɪk/ agg. **1** ART. INFORM. grafico **2** [*account, description*] *(of sth. pleasant)* vivido, pittoresco; *(of sth. unpleasant)* crudo.
graphically /'græfɪklɪ/ avv. **1** [*describe*] *(sth. pleasant)* vividamente; *(sth. unpleasant)* in modo crudo **2** *(diagrammatically)* graficamente.
graphic art /ˌgræfɪk'ɑ:t/ n. (arte) grafica f.
graphic artist /ˌgræfɪk'ɑ:tɪst/ ➧ ***27*** n. grafico m.
graphic arts /ˌgræfɪk'ɑ:ts/ n.pl. arti f. grafiche.
graphic data processing /ˌgræfɪkdeɪtə'prəʊsesɪŋ, AE -'prɒ-/ n. INFORM. elaborazione f. grafica dei dati.
graphic design /ˌgræfɪkdɪ'zaɪn/ n. ART. graphic design m.
graphic designer /ˌgræfɪkdɪ'zaɪnə(r)/ ➧ ***27*** n. grafico m.
graphic display /ˌgræfɪkdɪ'spleɪ/, **graphical display** /ˌgræfɪkldɪ'spleɪ/ n. INFORM. visualizzazione f. grafica.
graphic equalizer /ˌgræfɪk'i:kwəlaɪzə(r)/ n. equalizzatore m. grafico.
▷ **graphics** /'græfɪks/ n.pl. **1** INFORM. grafica f.sing. **2** *(in film, TV)* immagini f.; *(in book)* illustrazioni f.; ***"~ by..."*** "illustrazioni di..." **3** ART. arti f. grafiche.
graphics accelerator /ˌgræfɪksək'seləreɪtə(r)/ n. acceleratore m. grafico.
graphics tablet /ˌgræfɪks'tæblət/ n. tavoletta f. grafica.
graphite /'græfaɪt/ **I** n. grafite f. **II** modif. [*tennis racquet, fishing rod*] in fibra di carbonio.
graphitization /ˌgræfɪtaɪ'zeɪʃn, AE -tɪ'z-/ n. grafitazione f.
graphologist /grə'fɒlədʒɪst/ ➧ ***27*** n. grafologo m. (-a).
graphology /grə'fɒlədʒɪ/ n. grafologia f.
graphometer /grə'fɒmɪtə(r)/ n. grafometro m.
graphospasm /ˌgrəfɒ'spæzəm/ n. grafospasmo m., chirospasmo m.
graph paper /'grɑ:fˌpeɪpə(r), AE 'græf-/ n. carta f. millimetrata.
graph plotter /'grɑ:fˌplɒtə(r), AE 'græf-/ n. INFORM. plotter m.
grapnel /'græpnəl/ n. MAR. grappino m., rampino m.
1.grapple /'græpl/ n. **1** MAR. grappino m., rampino m. **2** *(hand-to-hand fight)* corpo a corpo m.
2.grapple /'græpl/ **I** tr. MAR. rampinare **II** intr. ***to ~ with*** lottare corpo a corpo con [*person*]; FIG. essere alle prese con [*problem, difficulty*].
grappling iron /'græplɪŋaɪən, AE -aɪərn/ n. MAR. grappino m., rampino m.
▷ **1.grasp** /grɑ:sp, AE græsp/ n. **1** *(hold, grip)* presa f.; *(stronger)* stretta f.; ***to hold sth. in one's ~*** tenere qcs. ben stretto (anche FIG.); ***to hold sb. in one's ~*** FIG. tenere qcn. in pugno; ***to take a firm ~ of sth.*** tenersi stretto a qcs.; ***she managed to slip from his ~*** è riuscita a sfuggire alla sua presa; ***the pen slipped from his ~*** la penna gli è sfuggita di mano; ***success is within their ~*** hanno il successo a portata di mano **2** *(understanding)* comprensione f., padronanza f.; ***to have a good ~ of a subject*** avere una buona padronanza di un argomento *o* conoscere bene un argomento; ***he has a poor ~ of maths*** non capisce molto di matematica; ***to have a sound ~ of economics*** avere una buona padronanza dell'economia; ***it is beyond the ~ of the imagination*** va oltre ogni immaginazione.
▷ **2.grasp** /grɑ:sp, AE græsp/ **I** tr. **1** afferrare [*rope, hand*]; FIG. cogliere [*opportunity*]; ***to ~ hold of sb., sth.*** attaccarsi a qcn., qcs. **2**

(comprehend) afferrare, capire [*concept, argument*]; capire [*subject*]; comprendere, rendersi conto di [*situation, significance*]; ***to ~ that*** comprendere che; ***I don't quite ~ your meaning*** non capisco bene cosa vuoi dire **II** intr. ***to ~ at*** tentare di afferrarsi a [*rope, hand*]; FIG. sforzarsi di capire [*idea, meaning*]; ***he'll ~ at any excuse*** si attaccherà a qualunque scusa ◆ ***~ all, lose all*** chi troppo vuole nulla stringe.

grasping /ˈgrɑːspɪŋ, AE ˈgræspɪŋ/ agg. **1** SPREG. *(greedy)* avido **2** [*fingers, paws*] pronto ad afferrare.

▶ **1.grass** /grɑːs, AE græs/ **I** n. **1 U** *(wild)* erba f. (anche AGR.); ***in the ~*** nell'erba; ***a blade, a tuft of ~*** un filo, ciuffo d'erba **2 U** *(lawn)* prato m.; ***on the ~*** sul prato *o* sull'erba; ***keep off the ~!*** vietato calpestare l'erba! ***to mow*** o ***cut the ~*** falciare, tagliare l'erba **3 U** *(in tennis)* erba f.; ***to play, to beat sb. on ~*** giocare, battere qcn. su erba **4 C** BOT. graminacea f. **5 U** COLLOQ. *(marijuana)* erba f. **6** BE COLLOQ. *(informer)* informatore m. (-trice) **II** modif. [*field, slope, verge*] erboso ◆ ***the ~ is greener (on the other side of the fence)*** l'erba del vicino è sempre più verde; ***he doesn't let the ~ grow under his feet*** = non perde tempo; ***it was so quiet you could hear the ~ growing*** non si sentiva volare una mosca; ***to put out to ~*** SCHERZ. dare il benservito.

2.grass /grɑːs, AE græs/ **I** tr. **1** coprire d'erba [*field*]; seminare a erba [*part of garden*] **2** AE AGR. fare pascolare [*cattle*] **II** intr. BE COLLOQ. *(inform)* fare una soffiata; ***to ~ on sb.*** fare una soffiata su qcn.

■ **grass over:** ***~ over [sth.], ~ [sth.] over*** ricoprire d'erba [*field, road*]; seminare a erba [*area*].

grass box /ˈgrɑːsˌbɒks, AE ˈgræs-/ BE, **grass catcher** /ˈgrɑːsˌkætʃə(r), AE ˌgræs-/ AE n. cestello m. di raccolta dell'erba.

grass court /ˌgrɑːsˈkɔːt, AE ˌgræs-/ n. campo m. in erba.

grass cuttings /ˈgrɑːsˌkʌtɪŋs, AE ˈgræs-/ n.pl. erba f.sing. tagliata.

grass green /ˌgrɑːsˈgriːn, AE ˌgræs-/ ♦ ***5*** **I** n. verde m. prato **II** agg. verde prato.

grasshopper /ˈgrɑːshɒpə(r), AE ˈgræs-/ n. **1** ZOOL. cavalletta f. **2** AE COLLOQ. MIL. aereo m. da ricognizione, cicogna f. ◆ ***knee-high to a ~*** alto come un soldo di cacio.

grassiness /ˈgrɑːsɪnɪs, AE ˈgræs-/ n. (l')essere erboso.

grassland /ˈgrɑːslənd, AE ˈgræs-/ n. **1** *(prairie)* prateria f. **2** *(pasture)* pascolo m.

grassplot /ˈgrɑːsplɒt, AE ˈgræs-/ n. prato m., tappeto m. erboso.

grassroots /ˌgrɑːsˈruːts, AE ˌgræs-/ **I** n.pl. ***the ~*** la base popolare **II** modif. [*candidate*] scelto dal popolo; [*movement*] popolare, di base; [*opinion, support*] della base; ***at ~ level*** a un livello di base.

grass-seed /ˈgrɑːsˌsiːd, AE ˈgræs-/ n. (pl. **~**) seme m. di erba.

grass skiing /ˈgrɑːsˌskiːɪŋ, AE ˈgræs-/ ♦ ***10*** n. sci m. d'erba.

grass skirt /ˌgrɑːsˈskɜːt, AE ˌgræs-/ n. gonnellino m. di paglia.

grass snake /ˈgrɑːsˌsneɪk, AE ˈgræs-/ n. biscia f. (dal collare).

grass widow /ˌgrɑːsˈwɪdəʊ, AE ˌgræs-/ n. ANT. SCHERZ. = donna il cui marito è temporaneamente assente.

grass widower /ˌgrɑːsˈwɪdəʊə(r), AE ˌgræs-/ n. SCHERZ. = uomo la cui moglie è temporaneamente assente.

grassy /ˈgrɑːsɪ, AE ˈgræsɪ/ agg. erboso.

1.grate /greɪt/ n. **1** *(fire-basket)* grata f., griglia f. **2** *(hearth)* focolare m.

2.grate /greɪt/ **I** tr. GASTR. grattugiare [*cheese, nutmeg, carrot*]; ***to ~ cheese over sth.*** grattugiare il formaggio su qcs. **II** intr. **1** [*metal object*] cigolare, stridere (**on** su) **2** *(annoy)* seccare, irritare, scocciare; ***her voice ~s*** la sua voce è irritante; ***to ~ on sb.*** o ***on sb.'s nerves*** dare sui nervi a qcn.; ***her voice ~s on my ears*** la sua voce mi strazia le orecchie.

grated /ˈgreɪtɪd/ **I** p.pass. → **2.grate II** agg. [*cheese, nutmeg, carrot*] grattugiato.

▷ **grateful** /ˈgreɪtfl/ agg. **1** *(thankful)* [*person*] grato, riconoscente (**to** a; **for** per); [*letter, kiss*] pieno di gratitudine; ***to be ~ that*** essere grato che; ***let's be ~ that it is only two hours late*** ringraziamo il cielo che ha solo due ore di ritardo; ***I would be ~ if you could reply*** le sarei grato se mi rispondesse; ***with ~ thanks*** con i più sentiti ringraziamenti **2** LETT. *(welcome)* gradevole, piacevole.

gratefully /ˈgreɪtfəlɪ/ avv. [*smile, kiss, speak*] con gratitudine, con riconoscenza; ***all donations ~ received*** ogni offerta è gradita.

gratefulness /ˈgreɪtflnɪs/ n. gratitudine f., riconoscenza f.

grater /ˈgreɪtə(r)/ n. grattugia f.

graticule /ˈgrætɪˌkjuːl/ n. **1** *(on map)* reticolato m., reticolo m. **2** *(of measuring instrument)* reticolo m. **3** FIS. *(reticle)* reticolo m.

gratification /ˌgrætɪfɪˈkeɪʃn/ n. piacere m., soddisfazione f., appagamento m.; ***much to my ~*** con mia grande soddisfazione *o* con mio sommo piacere.

gratify /ˈgrætɪfaɪ/ tr. accontentare, compiacere [*person*]; soddisfare, appagare [*desire, whim*].

gratified /ˈgrætɪfaɪd/ **I** p.pass. → **gratify II** agg. [*person*] soddisfatto, contento, compiaciuto; [*sigh, murmur*] di soddisfazione; ***to be ~ that*** essere contento che.

gratifying /ˈgrætɪfaɪɪŋ/ agg. [*outcome*] soddisfacente; [*change*] gradito; ***it is ~ to know that*** fa piacere sapere che.

gratin /ˈgrætæn/ n. gratin m.

1.grating /ˈgreɪtɪŋ/ **I** n. *(noise)* stridore m. **II** agg. [*noise*] stridente, aspro; [*voice*] stridulo.

2.grating /ˈgreɪtɪŋ/ n. *(bars)* grata f., inferriata f.

gratis /ˈgreɪtɪs/ avv. gratis.

▷ **gratitude** /ˈgrætɪtjuːd, AE -tuːd/ n. gratitudine f., riconoscenza f. (**to, towards** verso, nei confronti di; **for** per); ***to owe sb. a debt of ~*** avere un debito di riconoscenza nei confronti di qcn.

gratuitous /grəˈtjuːɪtəs, AE -ˈtuː-/ agg. *(all contexts)* gratuito.

gratuitously /grəˈtjuːɪtəslɪ, AE -ˈtuː-/ avv. gratuitamente.

gratuitousness /grəˈtjuːɪtəsnɪs, AE -ˈtuː-/ n. gratuità f.

gratuity /grəˈtjuːətɪ, AE -ˈtuː-/ n. **1** *(tip)* mancia f., gratifica f. **2** BE *(bonus)* indennità f. (di buonuscita ecc.), liquidazione f.

gratulatory /ˈgrætjʊlətərɪ, AE-tɔːrɪ/ agg. RAR. gratulatorio, congratulatorio.

▷ **1.grave** /greɪv/ n. *(burial place)* tomba f., fossa f., sepolcro m.; ***beyond the ~*** dopo la morte *o* oltre la morte; ***from beyond the ~*** dall'oltretomba; ***to go to one's ~ believing that*** essere convinto fino alla morte che; ***to go to an early ~*** fare una fine prematura *o* morire prematuramente ◆ ***to dance on sb.'s ~*** ballare sulla tomba di qcn.; ***to dig one's own ~*** scavarsi la fossa con le proprie mani; ***to have one foot in the ~*** avere un piede nella fossa; ***somebody is walking over my ~*** la morte mi è passata vicino; ***to turn in one's ~*** rivoltarsi nella tomba.

▷ **2.grave** /greɪv/ agg. **1** *(dangerous)* [*illness, injury*] grave; [*risk, danger*] grave, serio **2** *(solemn)* grave, austero, solenne; ***to look ~*** avere un aspetto serio *o* grave.

3.grave /grɑːv/ n. (anche **~ accent**) accento m. grave; ***e ~*** e con l'accento grave.

4.grave /greɪv/ tr. (p.pass. **graved**, **graven**) ANT. **1** *(engrave)* incidere, scolpire **2** *(in one's mind)* imprimere, incidere.

grave-clothes /ˈgreɪvˌkləʊðz/ n.pl. sudario m.sing., lenzuolo m.sing. funebre.

gravedigger /ˈgreɪvdɪgə(r)/ ♦ ***27*** n. becchino m.

▷ **1.gravel** /ˈgrævl/ **I** n. **U 1** *(coarse)* ghiaia f.; *(fine)* ghiaietto m. **2** MED. renella f. **II** agg. (anche **gravelled, graveled** AE) [*path, road*] ghiaioso, coperto di ghiaia.

2.gravel /ˈgrævl/ tr. (forma in -ing ecc. **-ll-**, **-l-** AE) inghiaiare, coprire, cospargere di ghiaia.

graveless /ˈgreɪvlɪs/ agg. senza tomba, insepolto.

gravelly /ˈgrævəlɪ/ agg. **1** [*path*] ghiaioso **2** [*voice*] roco.

gravel pit /ˈgrævlpɪt/ n. cava f. di ghiaia.

gravely /ˈgreɪvlɪ/ avv. **1** *(extremely)* [*concerned, disruptive*] seriamente, profondamente; [*displeased*] estremamente; [*ill*] gravemente, seriamente; ***to be ~ mistaken*** sbagliarsi di grosso **2** *(solemnly)* [*say, nod*] gravemente, solennemente.

graven /ˈgreɪvn/ **I** p.pass. → **4.grave II** agg. ANT. o LETT. inciso (anche FIG.); ***~ image*** BIBL. idolo.

graveness /ˈgreɪvnɪs/ n. **1** *(of demeanour)* gravità f., serietà f., dignità f. **2** *(of situation, illness)* gravità f., serietà f.

graverobber /ˈgreɪvrɒbə(r)/ n. predatore m. (-trice) di tombe, tombarolo m. (-a).

graveside /ˈgreɪvsaɪd/ n. ***at the ~*** *(beside the grave)* accanto alla tomba; *(at the cemetery)* al cimitero; ***the mourners were gathered at the ~*** coloro che piangevano il morto erano raccolti intorno alla tomba.

gravestone /ˈgreɪvstəʊn/ n. pietra f. tombale, lapide f. funeraria.

graveyard /ˈgreɪvjɑːd/ n. cimitero m., camposanto m.; ***the ~ of one's hopes*** LETT. il naufragio delle proprie speranze.

graveyard cough /ˈgreɪvjɑːdˌkɒf, AE -ˌkɔːf/ n. tosse f. che porta alla tomba.

graveyard shift /ˈgreɪvjɑːdˌʃɪft/ n. AE COLLOQ. turno m. di notte.

gravid /ˈgrævɪd/ agg. gravido.

gravidity /grəˈvɪdətɪ/ n. gravidanza f.

gravimeter /grəˈvɪmɪtə(r)/ n. gravimetro m.

gravimetric(al) /ˌgrævɪˈmetrɪk(l)/ agg. gravimetrico.

gravimetry /grəˈvɪmɪtrɪ/ n. gravimetria f.

graving dock /ˈgreɪvɪŋˌdɒk/ n. bacino m. di carenaggio.

gravitas /ˈgrævɪtæs, -tɑːs/ n. solennità f.; ***he lacks ~*** manca di solennità.

gravitate /ˈgrævɪteɪt/ intr. ***to ~ to(wards) sth., sb.*** gravitare su *o* verso qcs., qcn. *o* essere attratto da qcs., qcn.

gravitation /ˌgrævɪˈteɪʃn/ n. gravitazione f.

gravitational /ˌgrævɪˈteɪʃənl/ agg. gravitazionale; ~ ***field*** campo gravitazionale; ~ ***force*** o ~ ***pull*** forza gravitazionale.
graviton /ˈgrævɪtɒn/ n. gravitone m.
▷ **gravity** /ˈgrævətɪ/ **I** n. **1** FIS. gravità f.; ***law of*** ~ legge di gravità; ***centre of*** ~ centro di gravità; ***the pull of the earth's*** ~ l'attrazione gravitazionale della terra, l'attrazione terrestre **2** *(of offence, situation)* gravità f., serietà f. **3** *(of demeanour)* gravità f., solennità f. **II** modif. [*feed, lubrication*] a gravità, a caduta.
gravity brake /ˈgrævətɪˌbreɪk/ n. paracadute m. di coda, paracadute m. freno.
gravy /ˈgreɪvɪ/ n. **1** GASTR. sugo m. di carne, salsa f. **2** AE COLLOQ. *(money)* soldi m.pl. facili, guadagni m.pl. illeciti ◆ ***he is on the*** ~ ***train*** COLLOQ. ha trovato una miniera d'oro.
gravy-beef /ˈgreɪvɪˌbiːf/ n. *(meat)* girello m.
gravy boat /ˈgreɪvɪbəʊt/ n. salsiera f.
gravy browning /ˈgreɪvɪˌbraʊnɪŋ/ n. = colorante usato per conferire un colore scuro alle salse.
▶ **gray** AE → **grey**.
grayish AE → **greyish**.
grayling /ˈgreɪlɪŋ/ n. (pl. ~) *(fish)* temolo m.
grayness AE → **greyness**.
Gray's Inn /ˌgreɪzˈɪn/ n.pr. GB DIR. = una delle quattro scuole di giurisprudenza di Londra che abilitano alla professione forense.
1.graze /greɪz/ n. abrasione f., escoriazione f.; ***it's just a*** ~ è solo un graffio.
2.graze /greɪz/ tr. **1** *(scratch, scrape)* ***to*** ~ ***one's knee, elbow*** scorticarsi *o* sbucciarsi un ginocchio, un gomito (**on, against** su, contro) **2** *(skim, touch lightly)* [*lips, fingers, bullet*] sfiorare [*surface, skin*].
3.graze /greɪz/ **I** tr. AGR. far pascolare [*animal*]; tenere a pascolo [*land*] **II** intr. **1** AGR. [*cow*] pascolare; [*sheep*] brucare l'erba; ***to put sth. out to*** ~ far pascolare qcs. **2** COLLOQ. [*person*] mangiucchiare, spiluzzicare.
grazier /ˈgreɪzɪə(r)/ ♦ ***27*** n. allevatore m. (-trice) di bestiame.
graziery /ˈgreɪzɪərɪ/ n. allevamento m. di bestiame.
grazing /ˈgreɪzɪŋ/ n. AGR. pascolo m., pastura f.
grazing land /ˈgreɪzɪŋˌlænd/ n. terreno m. da pascolo.
grazing rights /ˈgreɪzɪŋˌraɪts/ n.pl. servitù f.sing. di pascolo.
1.grease /griːs/ n. **1** *(lubricant)* grasso m. lubrificante, olio m. denso **2** GASTR. *(animal)* grasso m. animale; *(vegetable)* olio m. **3** *(dirt)* grasso m., unto m.; ***covered in*** ~ unto *o* coperto di grasso **4** *(from hair, skin)* grasso m. **5** POP. *(bribe)* tangente f., bustarella f.
2.grease /griːs/ tr. **1** *(lubricate)* lubrificare, ingrassare; ungere **2** POP. *(bribe)* corrompere, dare una bustarella a.
greaseball /ˈgriːsbɔːl/ n. AE SPREG. **1** *(Mexican)* messicano m. (-a) **2** *(South American)* sudamericano m. (-a).
greaseburner /ˈgriːsˌbɜːnə(r)/ n. AE POP. cuoco m. (-a) (di friggitoria).
grease cup /ˈgriːskʌp/ n. MECC. ingrassatore m.
grease gun /ˈgriːsgʌn/ n. pompa f. per ingrassaggio a pressione.
grease monkey /ˈgriːsˌmʌŋkɪ/ n. COLLOQ. meccanico m.
grease nipple /ˈgriːsˌnɪpl/ n. (nipplo) ingrassatore m.
greasepaint /ˈgriːspeɪnt/ n. TEATR. cerone m.
greaseproof paper /ˌgriːspruːfˈpeɪpə(r)/ n. carta f. oleata.
greaser /ˈgriːsə(r)/ n. COLLOQ. **1** BE *(mechanic)* meccanico m., ingrassatore m. **2** *(motorcyclist)* motociclista m. (che fa parte di una banda).
grease stain /ˈgriːsˌsteɪn/ n. *(oil)* macchia f. d'olio; *(from hair, skin, lubricant)* macchia f. di grasso, d'unto.
greasiness /ˈgriːsɪnɪs/ n. *(of clothes, hair, surface)* oleosità f., grassume m., untuosità f.; *(of food)* oleosità f., aspetto m. oleoso.
greasing /ˈgriːsɪŋ/ n. MECC. ingrassaggio m.
▷ **greasy** /ˈgriːsɪ/ agg. [*hair, skin, food*] grasso; [*overalls*] oleoso, unto ◆ ***to climb the*** ~ ***pole*** = cercare di raggiungere il successo facendosi strada tra le difficoltà (anche in modo disonesto).
greasy spoon /ˌgriːsɪˈspuːn/ n. COLLOQ. *(café)* bettola f.
▶ **1.great** /greɪt/ **I** agg. **1** *(large)* [*height, distance, speed, majority, object, danger, number, percentage, difference etc.*] grande; ***at*** ~ ***speed*** a gran velocità; ***a pay rise of 10% or £ 1200, whichever is the ~er*** un aumento di stipendio del 10% o di 1200 sterline, tenendo conto di quella che sarà la cifra più alta **2** *(as intensifier)* [*excitement, relief, force, heat*] grande; [*surprise, tragedy, success, advantage*] grande, grosso; [*pain*] grande, forte, acuto; ***a*** ~ ***deal (of)*** una gran quantità (di) *o* un gran numero (di); ***a*** ~ ***many people, houses*** moltissime persone, case; ***to have*** ~ ***difficulty doing*** avere grandi difficoltà a fare; ***in*** ~ ***detail*** nei minimi dettagli; ***the map was a*** ~ ***help*** la carta geografica è stata di grande aiuto; ***you're a*** ~ ***help!*** IRON. bell'aiuto che sei! mi sei proprio di grande aiuto! **3** *(remarkable)* [*person, writer, name, achievement, painting, discovery*] grande, importante, degno di nota **4** COLLOQ. *(excellent)* [*book, film, party, vacation, weather*] grande, fantastico, magnifico; [*opportunity*] grande, fantastico; ***it's*** ~ ***to be back, to see you*** è meraviglioso essere tornato, rivederti; ***to feel*** ~ sentirsi benissimo, in grande forma; ***you look*** ~***!*** *(healthy)* ti vedo in gran forma! *(attractive)* stai benissimo! sei splendida! ***that dress looks*** ~ ***on you*** quel vestito ti sta benissimo; ***to have a*** ~ ***time*** divertirsi tantissimo *o* un mondo; ***X is the ~est!*** X è il più grande *o* il migliore! **5** COLLOQ. *(talented)* [*teacher, singer, team*] bravo, abile, bravissimo; ***to be*** ~ ***at*** essere bravissimo a [*tennis, football*]; ***to be*** ~ ***at fixing cars*** essere un mago nel riparare le auto; ***to be*** ~ ***with*** essere bravissimo *o* saperci fare con [*children, animals*]; ***to be*** ~ ***on*** essere bravissimo in [*history, architecture*] **6** COLLOQ. *(enthusiastic)* [*admirer, friend, fan, flirt, organizer, reader*] grande; ***he's a*** ~ ***walker*** è un gran camminatore; ***he' s a*** ~ ***theatregoer*** gli piace moltissimo andare a teatro; ***he's a*** ~ ***worrier*** è uno che si preoccupa tantissimo *o* da matti **II** avv. COLLOQ. ***everything's going*** ~ tutto sta andando benissimo *o* alla grande; ***I'm doing*** ~ le cose mi vanno benissimo *o* alla grande; ***the car, machine is working*** ~ l'automobile, la macchina va benissimo ◆ ***to cross the*** ~ ***divide*** andare nel numero dei più.
2.great /greɪt/ **I** n. **1** *(in title)* ***Peter the Great*** Pietro il Grande **2** *(powerful people)* ***the*** ~ + verbo pl. i grandi m.pl. **II greats** n.pl. *(remarkable people or things)* grandi m. **III Greats** n.pr.pl. BE UNIV. = esami finali per la laurea in discipline umanistiche a Oxford e a Cambridge.
great ape /ˈgreɪteɪp/ n. scimmia f. antropomorfa.
great aunt /ˌgreɪtˈɑːnt/ n. prozia f.
Great Australian Bight /ˌgreɪtɒˈstreɪlɪənˌbaɪt/ n. Grande Baia f. Australiana.
Great Barrier Reef /ˌgreɪtˌbærɪəˈriːf/ n. Grande Barriera f. Corallina.
Great Bear /ˌgreɪtˈbeə(r)/ n. Orsa f. Maggiore.
great big /ˌgreɪtˈbɪg/ agg. molto grande, enorme.
Great Britain /ˌgreɪtˈbrɪtn/ ♦ ***6*** n.pr. Gran Bretagna f.
greatcoat /ˈgreɪtkəʊt/ n. MIL. pastrano m.
Great Dane /ˌgreɪtˈdeɪn/ n. danese m., alano m.
Great Dividing Range /ˌgreɪtdɪˈvaɪdɪŋˌreɪndʒ/ n. Gran catena f. divisoria.
Greater London /ˌgreɪtəˈlʌndən/ n.pr. = area amministrativa che comprende Londra e le zone circostanti.
Greater Manchester /ˌgreɪtəˈmæntʃɪstə(r)/ n.pr. = area amministrativa che comprende Manchester e le zone circostanti.
greatest common divisor /ˌgreɪtɪstkɒməndɪˈvaɪzə(r)/, **greatest common factor** /ˌgreɪtɪstkɒmənˈfæktə(r)/ n. MAT. massimo comun divisore m.
great grandchild /ˌgreɪtˈgræntʃaɪld/ n. (pl. **great grandchildren**) pronipote m. e f. (di nonni).
great granddaughter /ˌgreɪtˈgrændɔːtə(r)/ n. pronipote f. (di nonni).
great grandfather /ˌgreɪtˈgrænfɑːðə(r)/ n. bisnonno m.
great grandmother /ˌgreɪtˈgrænmʌðə(r)/ n. bisnonna f.
great grandson /ˌgreɪtˈgrænsən/ n. pronipote m. (di nonni).
great-great grandchild /ˌgreɪtˌgreɪtˈgræntʃaɪld/ n. (pl. **great-great grandchildren**) trisnipote m. e f.
great-great grandfather /ˌgreɪtˌgreɪtˈgrænfɑːðə(r)/ n. trisavolo m.
great-great grandmother /ˌgreɪtˌgreɪtˈgrænmʌðə(r)/ n. trisavola f.
great-hearted /ˌgreɪtˈhɑːtɪd/ agg. di gran cuore, generoso, magnanimo.
great-heartedness /ˌgreɪtˈhɑːtɪdnɪs/ n. grandezza f. d'animo, generosità f., magnanimità f.
Great Ice Barrier /ˌgreɪtˈaɪsˌbærɪə(r)/ n. banchisa f. polare.
Great Lakes /ˌgreɪtˈleɪks/ ♦ ***13*** n.pl. Grandi Laghi m.
▷ **greatly** /ˈgreɪtlɪ/ avv. [*admire, regret, influence, impress*] molto, moltissimo; [*exceed*] di gran lunga; [*impressed, admired, surprised, distressed, respected*] molto, assai; [*improved, changed, increased, reduced*] molto, notevolmente, considerevolmente; [*superior, inferior*] di molto, di gran lunga; ***it is*** ~ ***to be regretted that*** è motivo di grande rammarico il fatto che.
great-mullein /ˌgreɪtˈmʌlɪn/ n. → **Aaron's rod**.
great nephew /ˌgreɪtˈnevjuː, -ˈnef-/ n. pronipote m. (di zii).
▷ **greatness** /ˈgreɪtnɪs/ n. *(of country, achievement, novel, painting)* grandezza f., importanza f.; *(of person, mind)* grandezza f., elevatezza f.
great niece /ˌgreɪtˈniːs/ n. pronipote f. (di zii).
Great Plains /ˌgreɪtˈpleɪnz/ n.pr.pl. Grandi Pianure f.
Great Power /ˌgreɪtˈpaʊə(r)/ n. POL. grande potenza f.

Great Schism /ˌgreɪt'sɪzəm/ n. STOR. RELIG. scisma m. d'Occidente.
great seal /ˌgreɪt'siːl/ n. sigillo m. ufficiale (di re, nazione ecc.).
great tit /ˌgreɪt'tɪt/ n. ZOOL. cinciallegra f.
great uncle /ˌgreɪt'ʌŋkl/ n. prozio m.
Great Vowel Shift /ˌgreɪtˌvaʊəl'ʃɪft/ n. = serie di mutamenti del sistema vocalico dell'inglese avvenuti tra il XVI e il XVII secolo.
Great Wall of China /ˌgreɪtˌwɔːləv'tʃaɪnə/ n.pr. Grande Muraglia f. Cinese.
Great War /ˌgreɪt'wɔː(r)/ n.pr. STOR. Grande Guerra f.
greave /griːv/ n. gambale m., gambiera f.
greaves /griːvz/ n.pl. GASTR. = scarti di grasso di maiale.
grebe /griːb/ n. svasso m., tuffetto m.; ***great crested ~*** svasso maggiore.
Grecian /'griːʃn/ **I** agg. greco **II** n. ANT. **1** greco m. (-a) **2** *(scholar)* grecista m. e f.
Greece /griːs/ ➧ *6* n.pr. Grecia f.
▷ **greed** /griːd/ n. **1** *(for money, power)* avidità f., cupidigia f. (**for** di) **2** (anche **greediness**) *(for food)* golosità f., ghiottoneria f.
greedily /'griːdɪlɪ/ avv. [*eat*] avidamente, golosamente; [*hoard money*] avidamente.
greediness /'griːdɪnɪs/ n. *(for food)* golosità f., ghiottoneria f.; *(for money)* avidità f., cupidigia f.
greedy /'griːdɪ/ agg. **1** [*person*] *(for food)* goloso, ghiotto; *(stronger)* ingordo; [*look*] avido; ***he's a ~ guts*** o ***pig*** COLLOQ. mangia come un maiale **2** *(for money, power, information)* avido, bramoso (**for** di).
Greek /griːk/ ➧ *18, 14* **I** agg. [*food*] greco; [*government, island*] greco, della Grecia **II** n. **1** *(person)* greco m. (-a) **2** *(language)* greco m. **III** modif. [*teacher, lesson, dictionary*] di greco; [*translation*] in greco ◆ ***beware of ~s bearing gifts*** timeo Danaos et dona ferentes; ***it's all ~ to me*** per me è arabo.
Greek alphabet /ˌgriːk'ælfəbet/ n. alfabeto m. greco.
Greek cross /ˌgriːk'krɒs, AE -krɔːs/ n. croce f. greca.
Greek fire /ˌgriːk'faɪə(r)/ n. STOR. fuoco m. greco.
Greek key /ˌgriːk'kiː/ n. ART. greca f.
Greek Orthodox Church /ˌgriːkɔːθədɒks'tʃɜːtʃ/ n. Chiesa f. (greco-)ortodossa.
▶ **1.green** /griːn/ ➧ *5* **I** agg. **1** *(in colour)* verde; ***to go*** o ***turn ~*** [*traffic lights*] diventare verde; [*walls*] prendere un colore verde; FIG. [*person*] diventare verde; ***to paint, colour, dye sth. ~*** pitturare, colorare, tingere qcs. di verde **2** *(with vegetation)* [*countryside, valley*] verde, verdeggiante **3** *(not ready)* [*fruit*] verde, acerbo; [*wood, tobacco*] verde **4** GASTR. [*bacon*] non affumicato **5** *(naïve)* ingenuo; ***I'm not as ~ as you think I am*** non sono ingenuo come credi **6** *(inexperienced)* inesperto, novellino **7** POL. [*policies, issues*] ecologista; dei verdi; [*candidate*] dei verdi; *(ecologically sound)* [*marketing, washing powder*] ecologico **8** ECON. *(in EU)* [*currency, pound, franc*] verde **9** COLLOQ. *(off-colour)* che ha una brutta cera, giù di forma **II** n. **1** *(colour)* verde m.; ***I've seen that dress in ~*** ho visto lo stesso vestito (anche in) verde; ***dressed in ~*** vestito di verde; ***a shade of ~*** una sfumatura di verde; ***several different ~s*** diverse tonalità di verde; ***a cool, pretty ~*** un verde freddo, delicato **2** *(in snooker)* ***the ~*** la (palla) verde **3** *(grassy area)* area f. verde, verde m.; *(vegetation)* verde m.; ***a strip of ~*** una striscia di verde, di prato **4** *(in bowling)* prato m. (per le bocce); *(in golf)* green m. **5** POL. verde m. e f.; ***the Greens*** i Verdi **6** AE COLLOQ. *(money)* soldi m.pl., contanti m.pl., denaro m. **III greens** n.pl. **1** BE *(vegetables)* verdura f.sing., verdure f., ortaggi m.; ***eat up your ~s!*** mangia la verdura! **2** AE *(greenery)* fogliame m., vegetazione f.; ***Christmas ~s*** rami e foglie per decorazioni natalizie ◆ ***to have ~ fingers*** BE o ***to have a ~ thumb*** AE avere il pollice verde; ***to give sb., sth. the ~ light*** dare il via (libera) a qcn., qcs.
2.green /griːn/ **I** tr. **1** *(make green)* rendere verde; coprire di verde **2** AE COLLOQ. *(hoax)* beffare, farsi beffe di **II** intr. diventare verde; verdeggiare.
greenback /'griːnbæk/ n. AE COLLOQ. banconota f.
green bean /ˌgriːn'biːn/ n. fagiolino m. verde.
green belt /'griːnbelt/ n. zona f., area f. verde.
Green Beret /ˌgriːn'bereɪ, AE -bə'reɪ/ n. AE MIL. berretto m. verde.
green card /ˌgriːn'kɑːd/ n. **1** BE *(driving insurance)* carta f. verde **2** AE = documento che permette a uno straniero di lavorare e vivere in modo permanente negli Stati Uniti.
Green Cross Code /ˌgriːnkrɒs'kəʊd, AE -krɔːs-/ n. BE codice m. di educazione stradale per bambini.
green-drake /ˌgriːn'dreɪk/ n. effimera f.
greenery /'griːnərɪ/ n. vegetazione f., fogliame m.
green-eyed monster /ˌgriːnaɪd'mɒnstə(r)/ n. ***the ~*** la gelosia.
greenfield site /'griːnfiːldˌsaɪt/ n. = sito su cui non sono ancora stati costruiti insediamenti umani.
greenfinch /'griːnfɪntʃ/ n. ZOOL. verdone m.
greenfly /'griːnflaɪ/ n. afide m. verde.
greengage /'griːngeɪdʒ/ n. prugna f. regina Claudia.
greengrocer /'griːngrəʊsə(r)/ ➧ *27* n. BE *(person)* fruttivendolo m. (-a); ***~'s (shop)*** (negozio del) fruttivendolo.
greengrocery /'griːnˌgrəʊsərɪ/ ➧ *27* n. BE **1** *(shop)* (negozio del) fruttivendolo m., erbivendolo m. **2** *(wares)* = le merci vendute dal fruttivendolo.
greenhorn /'griːnhɔːn/ n. COLLOQ. SPREG. **1** *(gullible person)* babbeo m. (-a), imbranato m. (-a) **2** *(newcomer)* novellino m. (-a), pivello m. (-a); ***he's a ~*** è un principiante.
▷ **greenhouse** /'griːnhaʊs/ n. serra f.
greenhouse effect /'griːnhaʊsɪˌfekt/ n. effetto m. serra.
greenhouse gases /'griːnhaʊsˌgæsɪz/ n.pl. gas m. serra.
greening /'griːnɪŋ/ n. ***the ~ of the Socialist Party*** la presa di coscienza da parte del partito socialista dei problemi riguardanti l'ambiente.
greenish /'griːnɪʃ/ agg. verdognolo, verdastro; ***~-brown eyes*** occhi castani tendenti al verde; ***~-grey stones*** pietre grigio-verdi.
Greenland /'griːnlənd/ ➧ *6* n.pr. Groenlandia f.; ***the ~ Sea*** il Mar della Groenlandia.
Greenlander /'griːnləndə(r)/ ➧ *18* n. groenlandese m. e f.
Greenlandic /ˌgriːn'lændɪk/ **I** agg. groenlandese **II** ➧ *14* n. *(language)* = dialetto eschimese delle popolazioni della Groenlandia.
green linnet /ˌgriːn'lɪnɪt/ n. → **greenfinch**.
greenly /'griːnlɪ/ avv. ANT. con poca esperienza, in modo inesperto.
green manure /ˌgriːnmə'njʊə(r)/ n. sovescio m.
green monkey disease /ˌgriːnmʌŋkɪdɪ'ziːz/ ➧ *11* n. malattia f. da virus di Marburg.
greenness /'griːnnɪs/ n. **1** *(of dye, pigment)* (l')essere verde, verde m.; *(of countryside, woods)* verde m. **2** *(unripeness) (of fruit)* acerbità f.; *(of wood)* (l')essere verde **3** *(trend, process)* presa f. di coscienza ecologista; *(awareness)* coscienza f. ecologica **4** *(inexperience)* inesperienza f., ingenuità f.
green onion /ˌgriːn'ʌnɪən/ n. AE cipolletta f.
green paper /ˌgriːn'peɪpə(r)/ n. **1** GB = rendiconto di un comitato governativo **2** US = rapporto previsionale della Federal Reserve.
Greenpeace /'griːnpiːs/ n.pr. Greenpeace m.
green pepper /ˌgriːn'pepə(r)/ n. peperone m. verde.
greenroom /'griːnruːm, -rʊm/ n. TEATR. camerino m.
green salad /ˌgriːn'sæləd/ n. insalata f. verde.
greenshank /'griːnʃæŋk/ n. ZOOL. pantana f.
greensickness /'griːnsɪknɪs/ ➧ *11* n. clorosi f.
greenstick fracture /ˌgriːnstɪk'fræktʃə(r)/ n. frattura f. a legno verde.
greenstone /'griːnstəʊn/ n. **1** GEOL. pietra f. verde **2** MINER. nefrite f.
greenstuff /'griːnstʌf/ n. **U 1** *(vegetables)* verdure f.pl., verdura f. **2** *(vegetation)* verde m.
greensward /'griːnswɔːd/ n. ANT. o LETT. tappeto m. verde (di parco ecc.).
green tea /ˌgriːn'tiː/ n. tè m. verde.
green vitriol /ˌgriːn'vɪtrɪəl/ n. ANT. solfato m. ferroso, vetriolo m. verde.
greenweed /'griːnwiːd/ n. ginestrella f.
green-welly brigade /ˌgriːn'welɪbrɪˌgeɪd/ n. BE grandi proprietari m.pl. terrieri.
Greenwich /'grenɪtʃ/ n.pr. Greenwich f.
Greenwich Mean Time /ˌgrenɪtʃ'miːntaɪm/ n. ora f. di Greenwich, tempo m. medio di Greenwich.
greenwood /'griːnwʊd/ n. ANT. bosco m. verde, foresta f. frondosa.
green woodpecker /ˌgriːn'wʊdpekə(r)/ n. picchio m. verde.
greeny /'griːnɪ/ agg. verde, verdastro.
▷ **1.greet** /griːt/ tr. **1** *(welcome)* accogliere, ricevere [*person*]; accogliere, salutare [*decision, appointment*]; ***to ~ sb. with a smile*** accogliere qcn. con un sorriso **2** *(salute, acknowledge)* salutare [*person*]; ***to ~ sb. with a wave*** salutare qcn. con un gesto della mano; ***to ~ sb. in the street*** salutare qcn. per strada **3** *(receive, react to)* ***to be ~ed with*** o ***by*** essere accolto con [*dismay, outrage, amusement*]; essere accolto *o* salutato da [*jeers, applause*] **4** *(hit, confront)* ***an amazing sight ~ed me*** una scena straordinaria mi si presentò alla vista; ***a lovely smell ~ed me*** un buon profumo giunse al mio naso.
2.greet /griːt/ intr. SCOZZ. piangere.
greeter /'griːtə(r)/ n. = persona che accoglie i clienti (specialmente in un ristorante).
▷ **greeting** /'griːtɪŋ/ **I** n. *(salutation)* saluto m.; ***~s!*** saluti! ***give him my ~s*** gli porga i miei saluti; ***to exchange ~s*** *(as preliminary)* salu-

tarsi; *(in passing)* salutarsi *o* scambiarsi un saluto; ***he waved at me in*** **~** mi salutò con un gesto della mano **II greetings** n.pl. *(on cards)* ***Christmas ~s*** auguri di Natale; ***Season's ~s*** auguri di buone feste.

greetings card BE, **greeting card** AE /ˈgriːtɪŋ(z)ˌkɑːd/ n. biglietto m. d'auguri.

Greg /greg/ n.pr. diminutivo di **Gregory**.

gregale /greɪˈgɑːleɪ/ n. *(wind)* grecale m.

gregarious /grɪˈgeərɪəs/ agg. [*person*] socievole; [*animal*] gregario; [*instinct*] gregale.

gregariously /grɪˈgeərɪəslɪ/ avv. *(with people)* in gruppo, in compagnia; *(with animals)* in branco.

gregariousness /grɪˈgeərɪəsnɪs/ n. *(of person)* socievolezza f.; *(of species)* gregarismo m., istinto m. gregale.

Gregorian /grɪˈgɔːrɪən/ agg. gregoriano.

Gregory /ˈgregərɪ/ n.pr. Gregorio.

gremlin /ˈgremlɪn/ n. SCHERZ. folletto m., spiritello m. maligno.

Grenada /grəˈneɪdə/ ➧ ***6, 34*** n.pr. *(city, country)* Grenada f.

▷ **grenade** /grəˈneɪd/ n. MIL. granata f.

Grenadian /grəˈneɪdɪən/ ➧ ***18*** **I** agg. di Grenada **II** n. nativo m. (-a), abitante m. e f. di Grenada.

grenadier /ˌgrenəˈdɪə(r)/ n. granatiere m.

1.grenadine /ˈgrenədiːn/ n. GASTR. grenadine f.pl.

2.grenadine /ˈgrenədiːn/ n. *(drink)* granatina f.

3.grenadine /ˈgrenədiːn/ n. TESS. granatina f.

Grendel /ˈgrendl/ n.pr. Grendel.

Greta /ˈgriːtə/ n.pr. Greta.

grew /gruː/ pass. → **grow**.

▶ **1.grey** BE, **gray** AE /greɪ/ ➧ ***5*** **I** agg. **1** *(colour)* grigio; ***light, dark*** **~** grigio chiaro, scuro; ***to go*** o ***turn*** **~** diventare *o* farsi grigio **2** *(with grey hair)* [*person*] grigio, dai capelli grigi, brizzolato; ***he has gone*** o ***turned*** **~** i suoi capelli sono diventati grigi *o* è ingrigito **3** [*existence, life, day*] grigio, monotono **4** SPREG. [*character, town*] spento, incolore **II** n. **1** *(colour)* grigio m.; ***a shade of*** **~** una sfumatura di grigio **2** *(horse)* cavallo m. grigio, bigio ◆ ***all cats are ~ in the dark*** al buio tutti i gatti sono bigi.

2.grey BE, **gray** AE /greɪ/ **I** tr. [*age, worry*] rendere grigio [*hair, person*] **II** intr. diventare grigio; ***to be ~ing at the temples*** avere i capelli che diventano grigi sulle tempie; ***the population is ~ing*** la popolazione invecchia.

grey area /ˌgreɪˈeərɪə/ n. zona f. grigia, zona f. oscura, situazione f. poco chiara.

greyback /ˈgreɪbæk/ n. → **greycrow**.

greybeard /ˈgreɪbɪəd/ n. (uomo) anziano m. (dalla barba grigia).

grey-coat /ˈgreɪkəʊt/ n. = membro della guardia militare del Cumberland.

grey-cock /ˈgreɪkɒk/ n. starna f. di montagna (maschio).

greycrow /ˈgreɪkrəʊ/ n. cornacchia f. grigia.

grey-drake /ˈgreɪdreɪk/ n. effimera f. (femmina adulta).

grey economy /ˌgreɪɪˈkɒnəmɪ/ n. economia f. sommersa.

greyed command /ˌgreɪdkəˈmɑːnd, AE -kəˈmænd/ n. INFORM. comando m. inattivo.

grey eminence /ˌgreɪˈemɪnəns/ n. eminenza f. grigia.

Grey Friar /ˌgreɪˈfraɪə(r)/ n. (frate) francescano m.

grey-goose /ˌgreɪˈguːs/ n. (pl. **grey-geese**) **1** *(greylag)* oca f. selvatica **2** oca f. canadese.

grey-haired /ˌgreɪˈheəd/, **grey-headed** /ˌgreɪˈhedɪd/ agg. dai capelli grigi, brizzolato.

greyhound /ˈgreɪhaʊnd/ n. levriero m.

greyhound bitch /ˈgreɪhaʊndˌbɪtʃ/ n. femmina f. di levriero.

Greyhound bus /ˌgreɪhaʊndˈbʌs/ n. = autobus della Greyhound, compagnia che collega le principali città americane.

greyhound racing /ˌgreɪhaʊndˈreɪsɪŋ/ ➧ ***10*** n. corsa f. di levrieri.

greyhound track /ˈgreɪhaʊndˌtræk/ n. cinodromo m.

greyish BE, **grayish** AE /ˈgreɪɪʃ/ agg. grigiastro.

greylag /ˈgreɪlæg/ n. (anche **~ goose**) oca f. selvatica.

grey market /ˈgreɪˌmɑːkɪt/ n. mercato m. grigio.

grey matter /ˈgreɪˌmætə(r)/ n. *(brain)* materia f. grigia.

grey mullet /ˈgreɪˌmʌlɪt/ n. muggine m. comune.

greyness BE, **grayness** AE /ˈgreɪnɪs/ n. grigio m., grigiore m.

grey seal /ˈgreɪsiːl/ n. foca f. grigia.

grey squirrel /ˈgreɪˌskwɪrəl, AE -ˌskɜːrəl/ n. scoiattolo m. grigio.

greywacke /ˈgreɪwækə/ n. graywacke m., grovacca f.

grey wagtail /ˈgreɪˌwægteɪl/ n. ballerina f. gialla.

grey wolf /ˈgreɪˌwʊlf/ n. (pl. **grey wolves**) lupo m. (grigio).

▷ **grid** /grɪd/ n. **1** *(grating)* grata f., griglia f. **2** GEOGR. *(pattern)* reticolo m., reticolato m.; ***the city is laid out on a ~ (pattern)*** la città ha una struttura a reticolato **3** BE *(network)* rete f. (elettrica); ***the national*** **~** la rete elettrica nazionale **4** *(in motor racing)* griglia f. di partenza **5** ELETTRON. griglia f. **6** AE COLLOQ. *(gridiron)* campo m. di football americano.

1.griddle /ˈgrɪdl/ n. *(for meat)* griglia f., piastra f.; *(for pancakes, buns)* piastra f.

2.griddle /ˈgrɪdl/ tr. cuocere alla griglia, alla piastra [*meat*]; cuocere su una teglia [*pancake*].

griddle cake /ˈgrɪdlˌkeɪk/ n. = frittella dolce cotta su una piastra.

gridiron /ˈgrɪdaɪən, AE -aɪərn/ n. **1** GASTR. griglia f., graticola f. **2** AE campo m. di football americano.

gridlock /ˈgrɪdlɒk/ n. **1** ingorgo m.; ***traffic is in complete*** **~** la circolazione è completamente bloccata **2** FIG. *(deadlock)* punto m. morto, impasse f.

grid map /ˈgrɪdmæp/ n. carta f. geografica con reticolato.

grid reference /ˈgrɪdˌrefərəns/ n. coordinate f.pl.

▷ **grief** /griːf/ **I** n. **1** *(sorrow)* dolore m., afflizione f., pena f.; ***his ~ at*** o ***over her death*** il dolore per la sua morte **2** COLLOQ. *(trouble, hassle)* seccature f.pl., scocciature f.pl.; ***to give sb.*** **~** scocciare *o* seccare qcn. **II** inter. ***good ~!*** buon Dio! ◆ ***to come to*** **~** *(in sports, competition) (have an accident)* farsi male; *(lose)* perdere; [*firm, business*] andare in malora *o* fare fiasco; ***he nearly came to ~ in the final exam*** agli esami finali è stato quasi un disastro.

grief-stricken /ˈgriːfstrɪkn/ agg. addolorato, afflitto.

grievance /ˈgriːvns/ n. lagnanza f., lamentela f., rimostranza f. (**against** contro); ***he has a genuine*** **~** le sue lamentele sono giustificate; ***to air one's ~s*** far sentire le proprie lamentele.

grievance committee /ˈgriːvnskəˌmɪtɪ/ n. commissione f. interna (per le vertenze sindacali).

grievance procedure /ˈgriːvnsprəˌsiːdʒə(r)/ n. AMM. procedura f. per la discussione delle vertenze sindacali.

1.grieve /griːv/ **I** intr. ***to ~ for*** o ***to ~ over*** affliggersi per, piangere [*person, death*]; ***to ~ deeply*** essere profondamente addolorato **II** impers. LETT. ***it ~s me to hear*** mi addolora sapere; ***it ~s me that*** mi addolora (il fatto) che.

2.grieve /griːv/ n. SCOZZ. fattore m., sovrintendente m.

grievous /ˈgriːvəs/ agg. FORM. [*loss, disappointment*] doloroso, terribile, atroce; [*mistake, damage, wound*] grave, serio; ***to do sb. a ~ wrong*** fare un terribile torto a qcn.

grievous bodily harm /ˌgriːvəsˌbɒdɪlɪˈhɑːm/ n. DIR. lesioni f.pl. personali gravi.

grievously /ˈgriːvəslɪ/ avv. [*hurt*] gravemente; [*offended, disappointed*] terribilmente.

1.griffin /ˈgrɪfɪn/ n. grifone m.

2.griffin /ˈgrɪfɪn/ n. = europeo da poco arrivato in India.

Griffith /ˈgrɪfɪθ/ n.pr. Griffith (nome di uomo).

griffon → **1.griffin**.

grifter /ˈgrɪftə(r)/ n. AE POP. truffatore m., baro m.

grig /grɪg/ n. RAR. **1** *(young eel)* piccola anguilla f. **2** *(cricket)* grillo m.; *(grasshopper)* cavalletta f. **3** *(lively person)* persona f. vivace.

▷ **1.grill** /grɪl/ n. **1** *(on cooker)* grill m.; ***cook it in*** o ***under the*** **~** cuocetelo col grill **2** AE *(barbecue)* griglia f. **3** *(dish)* grigliata f. **4** *(restaurant)* = ristorante dove si servono cibi alla griglia.

▷ **2.grill** /grɪl/ **I** tr. **1** GASTR. *(on cooker)* cuocere col grill; *(on barbecue)* cuocere alla griglia [*meat, fish*] **2** COLLOQ. *(interrogate)* torchiare, fare il terzo grado a (**about** su, riguardo a) **II** intr. [*steak, fish*] cuocersi sulla griglia, essere arrostito sulla graticola.

3.grill → **grille**.

grillage /ˈgrɪlɪdʒ/ n. ING. intelaiatura f. di fondazione.

grille /grɪl/ n. grata f., inferriata f.; *(on car)* griglia f. del radiatore; mascherina f.

grilled /grɪld/ **I** p.pass. → **2.grill** **II** agg. GASTR. ai ferri, alla griglia, grigliato; ***charcoal~ prawns*** = gamberi alla brace.

grilling /ˈgrɪlɪŋ/ n. COLLOQ. terzo grado m.; ***to give sb. a*** **~** torchiare qcn. *o* fare il terzo grado a qcn. (**about** su, riguardo a).

grill pan /ˈgrɪlpæn/ n. BE gratella f.

grilse /grɪls/ n. = salmone giovane che ritorna al fiume dal mare per la prima volta.

▷ **grim** /grɪm/ agg. **1** *(depressing)* [*news*] sinistro, spiacevole; [*town, prison*] tetro, sinistro, lugubre; [*sight, conditions*] opprimente, spaventoso; [*reality*] duro; ***her future looks*** **~** il suo futuro appare cupo; ***it's a ~ reminder of war*** ci ricorda la guerra nella sua atrocità **2** *(unrelenting)* [*struggle*] feroce, accanito; [*resolve*] spietato; ***to hold onto sb. like ~ death*** aggrapparsi a qcn. con le unghie e con i denti **3** *(unsmiling)* [*expression*] arcigno, severo, truce; ***to be ~-faced*** avere un volto torvo, truce **4** COLLOQ. *(poor)* [*accommodation, food*] pessimo; ***you look*** **~** hai un pessimo aspetto; ***I'm feeling pretty*** **~** *(ill)* mi sento malissimo; *(depressed)* ho il morale a terra **5** *(black)* [*joke, humour*] macabro.

1.grimace /grɪˈmeɪs, AE ˈgrɪməs/ n. smorfia f. (**of** di).

2.grimace /grɪˈmeɪs, AE ˈgrɪməs/ intr. *(involuntary)* fare una smorfia (**with, in** di); *(pull a face)* fare smorfie, boccacce; ***she ~d at the thought*** al pensiero fece una smorfia.

grimalkin /grɪˈmælkɪn/ n. ANT. **1** *(old cat)* vecchia gatta f. **2** *(old unpleasant woman)* strega f., megera f.

1.grime /graɪm/ n. *(of city)* sporcizia f., sudiciume m.; *(on object, person)* sporcizia f.

2.grime /graɪm/ tr. sporcare, insudiciare.

griminess /ˈgraɪmɪnɪs/ n. sporcizia f., sudiciume m.

grimly /ˈgrɪmlɪ/ avv. **1** *(sadly)* [*speak*] in tono grave; ***"if I ever get a job," he laughed ~*** "se mai troverò un lavoro" rise amaramente **2** *(relentlessly)* [*pursue, continue, cling*] accanitamente; ***a ~ determined expression*** un'espressione di feroce determinazione.

grimness /ˈgrɪmnɪs/ n. *(of story, news)* carattere m. sinistro; *(of landscape, town)* aspetto m. tetro, lugubre; ***the ~ of his future*** il suo cupo futuro.

Grim Reaper /ˌgrɪmˈriːpə(r)/ n. ***the ~*** la morte.

grimy /ˈgraɪmɪ/ agg. [*city, façade*] fuligginoso; [*hands, window, sheet*] sporco, sudicio.

1.grin /grɪn/ n. **1** *(broad smile)* largo sorriso m.; ***her face broke into a ~*** sul suo volto apparve un largo sorriso **2** *(of pain)* smorfia f.

2.grin /grɪn/ intr. (forma in -ing ecc. **-nn-**) sorridere (**at** a; **with** di); ***to ~ broadly*** fare un largo sorriso ◆ ***to ~ and bear it*** fare buon viso a cattivo gioco; ***to ~ from ear to ear*** fare un sorriso che va da orecchio a orecchio.

1.grind /graɪnd/ n. **1** COLLOQ. *(hard work)* sfacchinata f., sgobbata f., faticaccia f.; ***the daily ~*** il solito tran tran; ***back to the ~!*** si ritorna al solito tran tran! ***marking exam papers is an awful ~*** correggere gli esami è una gran rottura; ***it was a long hard ~ cycling up the hill*** è stata una bella faticata pedalare su per la collina; ***it'll be a long hard ~*** sarà una bella sfacchinata **2** *(harsh sound)* stridore m., stridio m. **3** AE COLLOQ. SPREG. *(hardworking student)* secchione m. (-a), sgobbone m. (-a).

▷ **2.grind** /graɪnd/ **I** tr. (pass., p.pass. **ground**) **1** *(crush)* macinare [*corn, coffee beans, pepper*]; schiacciare, pestare [*seeds, grain*]; triturare, stritolare [*pebbles, stone*]; tritare [*meat*]; ***to ~ sth. to dust, to a powder*** ridurre qcs. in polvere; ***to ~ corn into flour*** macinare il grano per fare la farina; ***to ~ one's teeth*** digrignare i denti; ***to ~ sth. into the ground*** schiacciare qcs. per terra **2** *(sharpen)* affilare, arrotare [*knife, blade*]; *(polish)* molare [*lenses*]; levigare [*gems*] **3** *(turn)* girare [*handle*]; MUS. suonare [*barrel organ*] **II** intr. (pass., p.pass. **ground**) **1** *(make harsh sound)* [*machine, engine*] stridere; ***to ~ to a halt*** [*vehicle, train*] fermarsi con stridore di ruote *o* di freni; [*machine*] fermarsi *o* arrestarsi; FIG. [*factory, economy, industry, production*] fermarsi **2** *(be crushed)* [*corn, coffee beans*] macinarsi **3** AE COLLOQ. *(swot)* sgobbare, sfacchinare **4** AE COLLOQ. [*dancer*] ballare in modo provocante (muovendo le anche).

▪ **grind away** sgobbare, darci sotto; ***she is ~ing away at her maths*** ci sta dando sotto in matematica.

▪ **grind down:** ~ **down [sth.]**, ~ **[sth.] down** *(crush)* tritare, triturare; *(pulverize)* polverizzare [*substance*]; ~ **[sb.] down** opprimere, vessare; ***to be ground down by poverty*** essere oppresso dalla povertà.

▪ **grind on** [*negotiations, project*] avanzare inesorabilmente.

▪ **grind out:** ~ **out [sth.]**, ~ **[sth.] out** **1** *(extinguish)* spegnere (schiacciando) [*cigarette*] **2** *(play)* ***to ~ out a tune on a barrel organ*** suonare un motivo con un organetto di Barberia; ***she ~s out novels at the rate of one a month*** COLLOQ. sforna romanzi al ritmo di uno al mese; ***"mind your own business," he ground out*** "fatti gli affari tuoi", disse a denti stretti.

▪ **grind up** tritare, triturare, sminuzzare.

grinder /ˈgraɪndə(r)/ n. **1** *(crushing device) (industrial)* frantoio m., frantumatore m.; *(domestic)* tritatutto m.; *(for meat)* tritacarne m. **2** TECN. *(for sharpening)* affilatrice f., molatrice f.; *(for smoothing)* smerigliatrice f., rettificatrice f. **3** *(person)* affilatore m. (-trice), molatore m. (-trice), rettificatore m. (-trice); *(of cutlery etc.)* arrotino m. **4** *(tooth)* molare m. **5** AE *(sandwich)* = grosso panino farcito.

grindery /ˈgraɪndərɪ/ n. **1** *(place for grinding)* bottega f. d'arrotino **2** *(tools of shoemaker)* attrezzi m.pl. di calzolaio.

grinding /ˈgraɪndɪŋ/ **I** n. *(sound)* stridore m., stridio m. **II** agg. [*noise*] stridente, stridulo; ***~ poverty*** miseria nera.

grinding wheel /ˈgraɪndɪŋˌwiːl, AE -ˌhwiːl/ n. mola f.

grindstone /ˈgraɪndstəʊn/ n. **1** mola f. **2** *(millstone)* macina f. ◆ ***to keep*** o ***have one's nose to the ~*** lavorare sodo *o* sgobbare *o* non alzare la testa dal lavoro; ***to keep sb.'s nose to the ~*** fare lavorare sodo qcn., fare sfacchinare qcn.

gringo /ˈgrɪŋgəʊ/ n. (pl. **~s**) AE SPREG. gringo m.

▷ **1.grip** /grɪp/ n. **1** *(hold)* presa f., stretta f. (**on** su); ***to tighten one's ~ on sth.*** stringere la presa; ***to relax one's ~ on sth.*** allentare la presa su qcs.; ***she's lost her ~ on the rope*** ha mollato la corda; ***to have a firm ~ (on sth.)*** avere una presa sicura (su qcs.) **2** *(control)* ***to take a firm ~ on the company, party*** prendere il controllo della ditta, del partito; ***to lose one's ~ on reality*** perdere il contatto con la realtà; ***to come to ~s with sth.*** venire alle prese con qcs.; ***to get to ~s with sth.*** venire alle prese con, affrontare qcs.; ***get*** o ***take a ~ on yourself!*** controllati! ***I think he's beginning to lose his ~*** credo che cominci a perdere il controllo **3** *(ability to hold)* presa f., tenuta f. (di strada); ***these shoes have no ~, have lost their ~*** queste scarpe non hanno aderenza al terreno, hanno perso la loro aderenza al terreno; ***do the tyres have a good ~?*** questi pneumatici hanno una buona tenuta di strada *o* un buon grip? **4** *(clutches)* ***to be in the ~ of an obsession, a bad dream*** essere in preda a un'ossessione, essere preda di un brutto sogno; ***in the ~ of winter*** nella morsa dell'inverno **5** *(bag)* valigetta f., borsa f. da viaggio **6** CINEM. macchinista m. e f.

▷ **2.grip** /grɪp/ **I** tr. (forma in -ing ecc. **-pp-**) **1** *(grab)* afferrare [*arm, wrist, bannister*]; *(hold)* stringere, impugnare [*handle*]; ***to ~ sth. between one's teeth*** stringere qcs. tra i denti; ***to ~ a rail firmly, with both hands*** afferrare una ringhiera saldamente, con entrambe le mani **2** *(adhere to)* [*tyres*] tenere [*road*]; [*shoes*] aderire a [*ground*] **3** *(captivate)* avvincere, colpire **II** intr. (forma in -ing ecc. **-pp-**) *(hold)* ***the tyres failed to ~ on the ice*** gli pneumatici non hanno tenuto sul ghiaccio; ***my shoes didn't ~ on the rock*** le mie scarpe non hanno tenuto sulla roccia.

3.grip /grɪp/ n. **1** *(small furrow)* piccolo fossato m. **2** *(drain)* grondaia f.

1.gripe /graɪp/ n. **1** COLLOQ. *(complaint)* lamentela f., lagnanza f.; ***her biggest ~ is that*** la sua lamentela principale è che **2** MED. ***to have the ~s*** avere le coliche addominali.

2.gripe /graɪp/ **I** tr. AE COLLOQ. *(annoy)* seccare, rompere le scatole a; ***it ~s his ass*** POP. per lui è una rottura di palle **II** intr. COLLOQ. *(complain)* lamentarsi, lagnarsi (**about** di; **that** che).

gripe water /ˈgraɪpˌwɔːtə(r)/ n. BE = medicina per calmare i dolori allo stomaco e i disturbi intestinali dei lattanti.

griping /ˈgraɪpɪŋ/ **I** n. COLLOQ. *(complaining)* lamentele f.pl., lagnanze f.pl. **II** agg. MED. ***to have ~ pains*** avere le coliche addominali.

grippe /grɪp/ ♦ ***11*** n. *(influenza)* influenza f.

gripper /ˈgrɪpər/ n. pinza f.

gripping /ˈgrɪpɪŋ/ agg. avvincente.

grip tape /ˈgrɪpteɪp/ n. nastro m. adesivo.

griskin /ˈgrɪskɪn/ n. braciola f. di maiale.

grisly /ˈgrɪzlɪ/ agg. [*story, sight*] spaventoso, orribile; [*remains*] macabro, raccapricciante.

1.grist /grɪst/ n. cereale m. (da macinare) ◆ ***it's all ~ to his mill*** per lui tutto fa brodo; ***scandals are ~ to the mill of the press*** gli scandali sono un invito a nozze per i giornali.

2.grist /grɪst/ n. *(of rope etc.)* spessore m.

gristle /ˈgrɪsl/ n. *(in meat)* cartilagine f.; ***piece of ~*** (della) cartilagine.

gristly /ˈgrɪslɪ/ agg. [*meat*] cartilagineo, cartilaginoso.

gristmill /ˈgrɪstmɪl/ n. mulino m. per cereali.

1.grit /grɪt/ n. **U** **1** *(in carpet, on lens)* polvere f., granelli m.pl. di polvere; *(sandy dirt)* sabbia f., granelli m.pl. di sabbia **2** BE *(for roads)* sabbia f. (grossolana) **3** COLLOQ. *(courage)* coraggio m., fegato m.; ***she has ~ and determination*** ha fegato e determinazione **4** *(sandstone)* arenaria f.

2.grit /grɪt/ tr. (forma in -ing ecc. **-tt-**) BE coprire di sabbia [*road*]; ***"~ting in progress"*** "spandisabbia in azione" ◆ ***to ~ one's teeth*** stringere i denti.

grits /grɪts/ n.pl. **1** BE *(oats)* farina f. grossa d'avena **2** AE *(corn)* farina f. grossa di granturco.

gritter /ˈgrɪtə(r)/ n. BE AUT. (autocarro munito di) spandisabbia m.

grittiness /ˈgrɪtɪnɪs/ n. **1** (l')essere sabbioso, arenoso **2** *(courage)* coraggio m., fegato m.

gritty /ˈgrɪtɪ/ agg. **1** *(sandy)* sabbioso; *(gravelly)* ghiaioso; ***~ particles*** *(in engine, carpet)* granelli di polvere, di sabbia **2** *(realistic, tough)* [*novel*] crudamente realistico; ***to have a ~ personality*** essere un tipo pratico *o* con i piedi per terra **3** *(courageous)* ***the team gave a ~ performance*** la squadra ha dato prova di coraggio.

1.grizzle /ˈgrɪzl/ intr. BE COLLOQ. SPREG. **1** *(cry)* piagnucolare, frignare **2** *(complain)* lamentarsi, brontolare.

2.grizzle /ˈgrɪzl/ **I** tr. fare ingrigire **II** intr. ingrigire, diventare grigio.

grizzled /ˈgrɪzld/ **I** p.pass. → **2.grizzle II** agg. [*hair, beard, person*] grigio, brizzolato.
grizzly /ˈgrɪzlɪ/ **I** n. (anche ~ **bear**) grizzly m. **II** agg. [*hair, beard*] grigio, brizzolato.
▷ **1.groan** /grəʊn/ n. *(of pain, despair)* gemito m., lamento m.; *(of disgust)* verso m.; *(of protest)* grugnito m.; ***to give a ~*** *(in pain)* emettere un gemito *o* un lamento.
▷ **2.groan** /grəʊn/ **I** tr. ***"I've been hit," he ~ed*** "sono stato colpito" disse gemendo; ***"no!," he ~ed*** "no!" gemette **II** intr. **1** *(in pain)* gemere; *(in disgust, protest)* lamentarsi; ***to ~ in*** o ***with pain*** gemere di dolore; ***he always ~s at my jokes*** sbuffa sempre quando racconto barzellette; ***I ~ed inwardly when I heard that...*** fu un'intima sofferenza sapere che... **2** *(creak)* [*timbers*] scricchiolare, cigolare; ***to ~ under the weight of sth.*** scricchiolare sotto il peso di qcs. **3** *(suffer)* soffrire, gemere.
groaningly /ˈgrəʊnɪŋlɪ/ avv. lamentosamente.
groat /grəʊt/ n. GB STOR. = antica moneta d'argento del valore di quattro penny.
groats /grəʊts/ n.pl. = cereali, come l'avena e il grano, essiccati e macinati.
grocer /ˈgrəʊsə(r)/ ♦ **27** n. *(person)* droghiere m. (-a); AE negoziante m. e f. di alimentari; ***~'s (shop)*** drogheria; AE (negozio di) alimentari.
▷ **groceries** /ˈgrəʊsərɪz/ n.pl. **1** *(shopping)* compere f., spesa f.sing. **2** *(type of merchandise)* generi m. di drogheria; AE (generi) alimentari m.
▷ **grocery** /ˈgrəʊsərɪ/ ♦ **27 I** n. (anche ~ **shop** BE, ~ **store**) drogheria f. **II** modif. [*bill, products, sales*] di drogheria; [*chain*] di drogherie.
grog /grɒg/ n. grog m.
grogram /ˈgrɒgrəm/ n. → **grosgrain**.
groggy /ˈgrɒgɪ/ agg. barcollante, malfermo; ***to feel ~*** non reggersi sulle gambe, sentirsi groggy.
grog-shop /ˈgrɒgʃɒp/ n. bettola f., bar m.
1.groin /grɔɪn/ ♦ **2 I** n. **1** ANAT. inguine m.; ***in the ~*** all'inguine; EUFEM. nelle parti basse, al basso ventre **2** ARCH. costolone m., lunetta f., unghia f. **3** AE → **groyne II** modif. [*injury, strain*] all'inguine.
2.groin /grɔɪn/ tr. costruire con costoloni, munire di costoloni.
grommet /ˈgrɒmɪt/ n. **1** *(eyelet)* rondella f., occhiello m. **2** MED. drenaggio m. auricolare.
gromwell /ˈgrɒmwel/ n. BOT. migliarino m.
▷ **1.groom** /gru:m/ n. **1** *(bridegroom)* ***the ~*** lo sposo **2** EQUIT. stalliere m., mozzo m. di stalla; palafreniere m.; *(for racehorse)* garzone m. di scuderia.
2.groom /gru:m/ tr. **1** *(clean)* pulire, spazzolare [*dog, cat*]; *(professionally)* fare la toeletta a [*dog, cat*]; strigliare, governare [*horse*]; ***to ~ oneself carefully*** vestirsi e prepararsi con cura **2** *(prepare)* ***to ~ sb. for an examination, for the post*** preparare qcn. per un esame, per il posto; *(train)* ***to ~ sb. for a diplomatic career*** avviare qcn. alla carriera diplomatica.
groomed /gru:md/ **I** p.pass. → **2.groom II** agg. ***a well-~ young man*** un giovane vestito con cura; ***she was immaculately ~*** era vestita e pettinata in modo perfetto; ***a carefully ~ horse*** un cavallo strigliato con cura.
grooming /ˈgru:mɪŋ/ n. *(of horse)* strigliatura f., governatura f.; *(of dog)* toelettatura f.; ***personal ~*** AE cura della propria persona.
groomsman /ˈgru:mzmən/ n. (pl. **-men**) testimone m. dello sposo.
▷ **1.groove** /gru:v/ n. **1** *(on record)* solco m.; *(for sliding door)* scanalatura f.; *(in joinery)* scanalatura f., incastro m.; *(on head of screw)* taglio m. **2** *(routine)* ***to be stuck in a ~*** essere schiavo della routine *o* fossilizzarsi; ***I've been stuck in a ~ for too long*** da troppo tempo sono schiavo della routine **3** MUS. groove m. ♦ ***in the ~*** *(fashionable)* alla moda; *(play jazz)* nel modo giusto *o* col ritmo giusto.
2.groove /gru:v/ intr. AE COLLOQ. ***~ it, baby!*** spassatela!
grooving /ˈgru:vɪŋ/ n. TECN. scanalatura f.
grooving plane /ˈgru:vɪŋˌpleɪn/ n. TECN. incorsatoio m.
groovy /ˈgru:vɪ/ agg. ANT. COLLOQ. [*party*] magnifico, splendido; alla moda; [*clothes*] all'ultima moda; ***I'm feeling ~*** sto alla grande; ***to be ~*** essere sulla cresta dell'onda.
1.grope /grəʊp/ n. COLLOQ. ***to give sb. a ~*** palpeggiare qcn.
2.grope /grəʊp/ **I** tr. **1** *(feel)* ***he ~d his way down the dark staircase, past the furniture*** scese le scale a tentoni nel buio, passò accanto ai mobili a tentoni **2** COLLOQ. *(sexually)* palpeggiare, palpare, brancicare **II** intr. ***to ~ for sth.*** cercare qcs. a tentoni, a tastoni; ***to ~ in the dark*** FIG. brancolare nel buio.
groping /ˈgrəʊpɪŋ/ n. **1** ***~(s)*** (il) brancolare, brancolamento m. **2** *(sexual)* palpeggiamento m., palpeggiamenti m.pl.
gropingly /ˈgrəʊpɪŋlɪ/ avv. a tentoni, a tastoni.
grosbeak /ˈgrəʊsbi:k/ n. frusone m.
grosgrain /ˈgrəʊgreɪn/ n. TESS. gros-grain m.; ***~ ribbon*** gros-grain.
▷ **1.gross** /grəʊs/ **I** agg. **1** COMM. ECON. *(before deductions)* [*cost, income, margin, profit, salary, sum, weight, yield*] lordo **2** *(serious)* [*error, exaggeration*] evidente, madornale; [*ignorance*] crasso; [*abuse, inequality*] grave; [*injustice*] grave, grande; ***~ negligence*** DIR. colpa grave; ***~ dereliction of duty*** grave inosservanza del dovere **3** *(coarse)* [*behaviour, manner*] volgare, rozzo; [*language*] volgare **4** COLLOQ. *(revolting)* disgustoso **5** COLLOQ. *(obese)* grasso, obeso **II** avv. ***how much are you paid ~?*** quant' è il tuo stipendio lordo?
2.gross /grəʊs/ n. (pl. ~) *(twelve dozen)* grossa f., dodici dozzine f.pl.; ***by the ~*** all'ingrosso; ***per ~*** la grossa.
3.gross /grəʊs/ tr. ***to ~ two million dollars*** avere un introito, incasso lordo di due milioni di dollari.
■ **gross out** COLLOQ. ~ ***[sb.] out*** AE disgustare, offendere; ***~ me out!*** è disgustoso! che schifo!
■ **gross up:** ~ ***up [sth.]*** calcolare l'ammontare lordo di [*interest, profits*].
gross domestic product /ˌgrəʊsdəˌmestɪkˈprɒdʌkt/ n. prodotto m. interno lordo.
gross indecency /ˌgrəʊsɪnˈdi:snsɪ/ n. DIR. *(adult)* abuso m. sessuale; *(minor)* abuso m. sessuale perpetrato su minori.
grossly /ˈgrəʊslɪ/ avv. **1** [*abuse, betray*] in modo spudorato, sfacciato; [*exaggerate*] molto; [*irresponsible, misleading, overrated*] gravemente, estremamente; [*overcrowded*] estremamente; [*underpaid*] scandalosamente; ***~ unfair*** gravemente ingiusto; ***~ overweight*** obeso *o* abbondantemente sovrappeso **2** *(crudely)* [*speak, behave*] volgarmente, rozzamente.
gross national product /ˌgrəʊsˌnæʃənlˈprɒdʌkt/ n. prodotto m. nazionale lordo.
grossness /ˈgrəʊsnɪs/ n. **1** *(obesity)* obesità f. **2** *(vulgarity)* *(of conduct, manners, language)* volgarità f., rozzezza f. **3** *(seriousness)* gravità f., enormità f.
gross ton /ˈgrəʊstʌn/ n. GB → **ton**.
gross tonnage /ˈgrəʊsˌtʌnɪdʒ/ n. MAR. stazza f. lorda.
Grosvenor /ˈgrəʊvnə(r)/ n.pr. Grosvenor (nome di uomo).
1.grot /grɒt/ n. COLLOQ. sporcizia f., immondizia f.
2.grot /grɒt/ n. → **grotto**.
grotesque /grəʊˈtesk/ **I** agg. grottesco; assurdo **II** n. ART. *(art)* arte f. grottesca, grottesco m.; *(work of art)* grottesca f.
grotesquely /grəʊˈtesklɪ/ avv. [*dressed*] in modo grottesco, bizzarro; ***~ ugly*** grottesco.
grotesqueness /grəʊˈtesknɪs/ n. grottesco m., (l')essere grottesco.
grotto /ˈgrɒtəʊ/ n. (pl. **~s, ~es**) grotta f. (pittoresca o artificiale).
grotty /ˈgrɒtɪ/ agg. BE COLLOQ. **1** *(squalid)* brutto, orrendo, squallido **2** *(ill)* ***to feel ~*** sentirsi male *o* da schifo.
1.grouch /graʊtʃ/ n. COLLOQ. **1** *(person)* brontolone m. (-a) **2** *(complaint)* ***to have a ~ against*** avercela con *o* essere arrabbiato con.
2.grouch /graʊtʃ/ intr. COLLOQ. lagnarsi, lamentarsi (**about** di); brontolare (**about** per).
grouchy /ˈgraʊtʃɪ/ agg. COLLOQ. brontolone.
▶ **1.ground** /graʊnd/ **I** n. **1** *(surface underfoot)* suolo m., terreno m., terra f.; ***to put, throw sth. on the ~*** mettere, buttare qcs. in *o* a terra; ***to sit, lie (down) on the ~*** sedersi, coricarsi per terra; ***to fall to the ~*** cadere in *o* a terra; ***to pick sth. up off the ~*** raccogliere qcs. da terra; ***get up off the ~*** alzati da terra; ***to get off the ~*** [*plane*] decollare; FIG. [*idea*] decollare *o* prendere piede; ***to get sth. off the ~*** fare decollare *o* mettere in moto [*plan, undertaking, campaign*]; ***to burn to the ~*** incenerire; ***above (the) ~*** in superficie; ***below (the) ~*** sottoterra; ***to prepare the ~*** preparare il terreno (anche FIG.) (**for** per); ***to clear the ~*** sgombrare il terreno (anche FIG.); ***on the ~*** sul terreno *o* sul posto **2** *(area, territory)* terreno m., territorio m. (anche FIG.); ***a piece of ~*** un terreno; ***built on high, rocky ~*** costruito in altura, su un'area rocciosa; ***holy, neutral ~*** territorio sacro, neutrale; ***to cover a lot of ~*** fare molta strada; FIG. andare molto avanti *o* trattare molti argomenti; ***to cover the same ~*** [*teachers, speakers, articles*] trattare gli stessi argomenti; ***to go over the same ~*** ripetersi *o* trattare di nuovo gli stessi argomenti; ***to break fresh*** o ***new ~*** fare importanti scoperte *o* aprire nuove strade (**by** o **in doing** facendo); ***to break new political, legal ~*** iniziare un nuovo percorso politico, legale *o* apportare innovazione in campo politico, legale; ***it breaks no new ~*** non apporta alcuna innovazione; ***on neutral ~*** in campo *o* in territorio neutro; ***on my, her own ~*** FIG. sul mio, sul suo terreno; ***to be on sure*** o ***firm ~*** essere su un terreno sicuro; ***to be on shaky ~*** essere su un terreno pericoloso *o* in una posizione delicata; ***to be***

sure of one's* ~** essere sicuro del fatto proprio *o* di ciò che si fa e si dice; ***(to be) on dangerous* ~** *(in discussion)* (essere) su un terreno minato; *(in dealings)* (essere) in una posizione delicata; ***on safe* ~** sul sicuro; ***the* ~ *is shifting il clima sta cambiando; ***familiar, new* ~** situazione familiare, nuova **3** SPORT *(for specific activity)* terreno m., campo m. **4** *(reason)* motivo m., fondamento m., ragione f. (anche DIR.) **5** FIG. *(in contest, discussion)* ***to gain* ~** guadagnare terreno (**on, over** su, nei confronti di); ***to lose* ~** perdere terreno (**to** nei confronti di); ***to give*** o ***yield* ~** cedere terreno (**to** a; **on, over** su); ***to make up*** o ***regain lost* ~** recuperare il terreno perduto; ***to hold*** o ***stand (one's)* ~** tenere duro *o* non cedere; ***to change*** o ***shift one's* ~** cambiare la propria posizione *o* cambiare le carte in tavola (**on** riguardo a) **6** AE EL. terra f., massa f. **7** ART. campo m., sfondo m. **8** MAR. ***to touch* ~** toccare il fondo **9** ING. (anche **~ coat**) mano f. di fondo **II grounds** n.pl. **1** *(of house, institution)* terreno m.sing., terreni m. (**of** di); ***private* ~*s*** terreni privati *o* proprietà privata **2** *(reasons)* ***on ethical* ~*s*** per motivi etici; ***on compassionate* ~*s*** per motivi personali *o* familiari; **~*s for*** fondamenti *o* motivi per [*divorce, appeal, extradition, arrest, opposition, criticism, hope*]; ***to have* ~*s for complaint, for suspicion*** avere motivo *o* ragione di lamentarsi, sospettare; ***to give sb.* ~*s for anxiety*** dare a qcn. motivi per agitarsi; **~*s for doing*** motivi per fare; ***there are reasonable* ~*s, there are no* ~*s for supposing that*** ci sono motivi ragionevoli, non c'è alcun motivo per supporre che; ***to give sb. good* ~*s for doing*** dare a qcn. buone ragioni per fare; ***to have* ~*s to do*** avere buone ragioni per fare; ***on (the)* ~*s of*** a causa di *o* per motivi di [*cost, public interest*]; in ragione di *o* a causa di [*adultery, negligence, insufficient evidence*]; ***on (the)* ~*s of ill health*** per motivi di salute; ***to lodge an appeal on the* ~*s of insanity*** fare ricorso in appello sostenendo l'infermità mentale; ***on the* ~*s that*** per il fatto che ♦ ***to be thick on the* ~** BE essercene a bizzeffe *o* a iosa; ***to be thin on the* ~** essercene pochissimi *o* essere più unico che raro; ***to go to* ~** rintanarsi *o* nascondersi; ***to run sb., sth. to* ~** scovare *o* stanare qcn., qcs.; ***to run*** o ***drive oneself into the* ~** ammazzarsi *o* sfiancarsi di lavoro; ***to run sth. into the* ~** mandare a rotoli [*business*]; ***to run a car into the* ~** usare una macchina finché non cade a pezzi; ***that suits me down to the* ~** [*method, job etc.*] questo mi si addice perfettamente *o* è perfetto per le mie esigenze.

2.ground /graʊnd/ tr. **1** AER. impedire il decollo a [*aircraft*]; tenere, costringere a terra [*crew, pilot*] **2** MAR. fare arenare, fare incagliare [*vessel*] (**on** in); ***to be* ~*ed*** arenarsi *o* incagliarsi **3** *(base)* ***to* ~ *sth. on*** o ***in*** basare *o* fondare qcs. su; ***to be* ~*ed on*** essere fondato su *o* essere motivato da [*principle, fact, experience*]; ***to be* ~*ed in*** essere basato *o* fondato su [*right, truth, understanding*] **4** COLLOQ. *(punish)* proibire di uscire [*teenager*] **5** AE EL. mettere a terra, a massa **6** MIL. ***to* ~ *arms*** posare le armi a terra; ***~ arms!*** pied'arm!

3.ground /graʊnd/ **I** pass., p.pass. → **2.grind II** agg. [*coffee, pepper*] macinato.

groundage /ˈgraʊndɪdʒ/ n. MAR. diritto m. di porto.

ground almonds /ˌgraʊndˈɑːməndz/ n.pl. mandorle f. tritate.

ground-angling /ˈgraʊndˌæŋglɪŋ/ n. pesca f. di fondo.

ground-ash /ˈgraʊndæʃ/ n. giovane frassino m.

ground attack /ˈgraʊndəˌtæk/ n. attacco m. terrestre, di terra.

groundbait /ˈgraʊndbeɪt/ n. esca f. per la pesca di fondo.

ground-based /ˈgraʊndˌbeɪst/ agg. MIL. [*troops*] di terra.

ground bass /ˈgraʊndˌbeɪs/ n. basso m. ostinato.

ground beef /ˌgraʊndˈbiːf/ n. AE manzo m. tritato.

groundbreaking /ˈgraʊndˌbreɪkɪŋ/ agg. [*idea, etc.*] innovatore, pionieristico.

ground clearance /ˈgraʊndˌklɪərəns/ n. AUT. altezza f. libera dal suolo.

ground cloth /ˈgraʊndklɒθ, AE -klɔːθ/ n. AE → **groundsheet**.

ground control /ˈgraʊndkəntrəʊl/ n. radioguida f. da terra.

ground cover /ˈgraʊndˌkʌvə(r)/ n. **U** tappeto m. vegetale, sottobosco m.

ground cover plant /ˈgraʊndˌkʌvəˌplɑːnt, AE -ˌplænt/ n. pianta f. del sottobosco.

ground crew /ˈgraʊndkruː/ n. personale m. di terra.

grounded /ˈgraʊndɪd/ **I** p.pass. → **2.ground II** agg. **1** [*airplane*] tenuto a terra **2** EL. messo a terra **3** AE COLLOQ. [*teenager*] fatto stare in casa per punizione **4** in composti ***well-* ~ *suspicions*** sospetti fondati; ***a well-* ~ *theory*** una teoria fondata.

groundedly /ˈgraʊndɪdlɪ/ avv. [*argue etc.*] fondatamente.

ground effect /ˈgraʊndɪˌfekt/ n. effetto m. suolo.

ground-fish /ˈgraʊndfɪʃ/ n. (pl. **~, ~es**) pesce m. di fondo.

ground floor /ˌgraʊndˈflɔː(r)/ **I** n. BE pianterreno m.; ***on the* ~** al pianterreno **II ground-floor** modif. BE [*apartment, room, window*] al, del pianterreno; ***at ground-floor level*** al pianterreno ♦ ***to come in on the* ~** COLLOQ. entrare (in un affare, impresa ecc.) fin dall'inizio.

ground forces /ˈgraʊndˌfɔːsɪz/ n.pl. forze f. di terra.

ground frost /ˈgraʊndˌfrɒst/ n. gelata f.

ground-game /ˈgraʊndˌgeɪm/ n. selvaggina f. minuta (esclusa la selvaggina di penna).

ground glass /ˌgraʊndˈglɑːs, AE -ˈglæs/ n. *(opaque)* vetro m. smerigliato; *(crushed)* polvere f. di vetro.

groundhog /ˈgraʊndhɒg/ n. AE marmotta f. americana.

Groundhog Day /ˈgraʊndhɒgˌdeɪ/ n. US = il 2 febbraio, giorno in cui, secondo la credenza popolare, la marmotta si sveglia dal letargo annunciando la fine dell'inverno.

ground hostess /ˈgraʊndˌhəʊstɪs/ ♦ ***27*** n. hostess f. di terra.

grounding /ˈgraʊndɪŋ/ n. **1 U** *(preparation)* preparazione f., basi f.pl. (**in** di); ***to have a good*** o ***thorough* ~ *in sth.*** avere buone *o* solide basi di qcs. **2** AER. *(of plane, crew)* (l')essere costretto a rimanere a terra, all'atterraggio **3** MAR. arenamento m., incagliamento m. (**on** in) **4** AE EL. messa f. a terra (**of** di).

ground ivy /ˈgraʊndˌaɪvɪ/ n. edera f. terrestre.

groundkeeper /ˈgraʊndˌkiːpə(r)/ n. AE → **groundsman**.

groundless /ˈgraʊndlɪs/ agg. [*fear, rumour, allegation, objection*] infondato; [*hope*] ingiustificato, immotivato; ***to prove (to be)* ~** dimostrarsi infondato.

groundlessly /ˈgraʊndlɪslɪ/ avv. in modo infondato, ingiustificato.

groundlessness /ˈgraʊndlɪsnɪs/ n. [*of fear, rumor*] infondatezza f.; [*of hope*] (l')essere ingiustificato.

ground level /ˈgraʊndˌlevl/ n. ING. pianterreno m.; *(of land)* livello m. del suolo.

groundling /ˈgraʊndlɪŋ/ n. **1** *(animal)* animale m. del sottobosco; *(plant)* pianta f. del sottobosco; pianta f. strisciante **2** *(in Elizabethan theatre)* = spettatore in piedi che sta in platea **3** *(uncultured spectator, reader)* persona f. dai gusti grossolani, incolta.

groundman /graʊndmən/ n. (pl. **-men**) → **groundsman**.

groundmass /ˈgraʊndmæs/ n. GEOL. massa f. di fondo, matrice f.

ground-note /ˈgraʊndnəʊt/ n. nota f. fondamentale.

groundnut /ˈgraʊndnʌt/ n. BE arachide f., nocciolina f. americana.

groundnut oil /ˈgraʊndnʌtˌɔɪl/ n. BE olio m. d'arachidi.

groundpine /ˈgraʊndpaɪn/ n. BOT. **1** camepizio m. **2** *(moss)* licopodio m., muschio m. clavato.

ground plan /ˈgraʊndplæn/ n. **1** ARCH. pianta f. del pianterreno **2** FIG. schema m. di base, di massima.

ground rent /ˈgraʊndrent/ n. = canone corrisposto al proprietario di un suolo su cui si edifica.

ground rice /ˈgraʊndraɪs/ n. riso m. in polvere, farina f. di riso.

ground rules /ˈgraʊndruːlz/ n.pl. principi m. di base; ***to change the* ~** cambiare le regole del gioco.

groundsel /ˈgraʊnsl/ n. calderugia f., erba f. calderina.

groundsheet /ˈgraʊndʃiːt/ n. telone m. impermeabile (da stendere a terra).

groundsman /ˈgraʊndzmən/ n. (pl. **-men**) BE = addetto alla manutenzione e cura dei campi sportivi.

ground speed /ˈgraʊndspiːd/ n. velocità f. rispetto al suolo.

ground-squirrel /ˈgraʊndˌskwɪrəl, AE -ˌswɜːrəl/ n. sciuride m.

groundstaff /ˈgraʊndstɑːf, AE -stæf/ n. **1** *(for maintenance)* = personale addetto alla manutenzione e cura dei campi sportivi **2** AER. personale m. di terra.

ground state /ˈgraʊndsteɪt/ n. FIS. stato m. fondamentale.

ground stroke /ˈgraʊndˌstrəʊk/ n. SPORT *(in tennis)* tiro m. ribattuto.

groundswell /ˈgraʊndswel/ n. **1** MAR. onde f.pl. lunghe e profonde; frangenti m.pl. **2** FIG. *(upsurge)* ***a* ~ *of*** un'ondata di [*support, discontent*]; ***a* ~ *of opinion for, against*** un movimento di opinione a favore, contro.

ground-to-air missile /ˌgraʊndtəˌeəˈmɪsaɪl, AE -ˈmɪsl/ n. missile m. terra-aria.

ground troops /ˈgraʊndtruːps/ n.pl. truppe f. di terra.

groundwater /ˈgraʊndˌwɔːtə(r)/ n. acqua f. sotterranea, acqua f. freatica.

ground wire /ˈgraʊndwaɪə(r)/ n. AE filo m. di messa a terra.

groundwork /ˈgraʊndwɜːk/ n. **U** lavoro m. di preparazione (**for** per); fondamenti m.pl. (**for** di); ***to do the* ~** fare il lavoro di preparazione.

ground zero /ˌgraʊndˈzɪərəʊ/ n. **1** FIS. punto m. zero **2** ***Ground Zero*** = l'area di Manhattan su cui sorgevano le torri gemelle.

▶ **1.group** /gruːp/ **I** n. *(all contexts)* gruppo m.; ***in* ~*s*** a gruppi **II** modif. [*behaviour*] collettivo, di gruppo; [*dynamics, mentality*] di gruppo.

2.group /gruːp/ **I** tr. (anche **~ together**) raggruppare [*people, objects*] (**round** attorno, intorno a); ***to* ~ *sth. according to price***

raggruppare qcs. secondo il prezzo **II** intr. (anche ~ **together**) raggrupparsi (**round** attorno, intorno a) **III** rifl. ***to ~ oneself*** [*people*] *(get into groups)* dividersi in gruppi; ***to ~ oneself according to age*** dividersi in gruppi in base all'età; *(get into a group)* ***to ~ oneself around*** raggrupparsi attorno a.

groupage /ˈgruːpɪdʒ/ n. raggruppamento m.

group booking /ˈgruːpˌbʊkɪŋ/ n. prenotazione f. di gruppo, collettiva.

group captain /ˌgruːpˈkæptɪn/ ➧ *23* n. BE MIL. AER. colonnello m. d'aviazione.

grouper /ˈgruːpə(r)/ n. (pl. ~, ~**s**) cernia f.

groupie /ˈgruːpɪ/ n. COLLOQ. groupie m. e f.

grouping /ˈgruːpɪŋ/ n. *(group, alliance)* raggruppamento m., gruppo m.

group insurance /ˌgruːpɪnˈʃɔːrəns, AE -ˈʃʊər-/ n. assicurazione f. collettiva.

Group of Eight /ˌgruːpəvˈeɪt/ n. G8 m.

group practice /ˌgruːpˈpræktɪs/ n. MED. poliambulatorio m.

group sex /ˌgruːpˈseks/ n. sesso m., amore m. di gruppo.

group therapy /ˌgruːpˈθerəpɪ/ n. terapia f. di gruppo.

group work /ˈgruːpˌwɜːk/ n. lavoro m. di gruppo.

1.grouse /graʊs/ n. (pl. ~) *(bird, meat)* tetraone m.

2.grouse /graʊs/ n. COLLOQ. *(complaint)* brontolio m.

3.grouse /graʊs/ intr. COLLOQ. *(complain)* brontolare (**about** per).

grouse beating /ˈgraʊsˌbiːtɪŋ/ n. ribattuta f. di tetraoni.

grouse moor /ˈgraʊsmɔː(r), AE -mʊə(r)/ n. riserva f. di caccia di tetraoni.

grouse shooting /ˈgraʊsˌʃuːtɪŋ/ n. caccia f. al gallo cedrone.

1.grout /graʊt/ n. malta f. (liquida), boiacca f.

2.grout /graʊt/ tr. rivestire, rifinire con malta (liquida) [*tile*].

3.grout /graʊt/ **I** tr. grufolare in [*ground*] **II** intr. grufolare.

grouting /ˈgraʊtɪŋ/ n. cementazione f., (l')imboiaccare.

grove /grəʊv/ n. boschetto m.; ***lemon ~*** limoneto.

grovel /ˈgrɒvl/ intr. (forma in -ing ecc. **-ll-**, **-l-** AE) **1** (anche ~ **about**, ~ **around**) strisciare per terra, camminare bocconi **2** FIG. *(humbly)* strisciare, umiliarsi (**to sb.**, **before sb.** davanti a qcn.); ***to ~ at sb.'s feet*** strisciare ai piedi di qcn.

grovelling, **groveling** AE /ˈgrɒvlɪŋ/ agg. [*person*] servile; [*apology*] umiliante, degradante.

▶ **grow** /grəʊ/ **I** tr. (pass. **grew**; p.pass. **grown**) **1** *(cultivate)* coltivare [*plant, crop, cells*] **2** *(increase, allow to increase)* [*person*] farsi crescere [*hair, nails*]; ***to ~ a beard*** farsi crescere la barba; ***to ~ 5 cm*** [*person, plant*] crescere di 5 cm; ***the economy has grown 2%*** l'economia è cresciuta del 2% **II** intr. (pass. **grew**; p.pass. **grown**) **1** *(increase physically)* [*plant, hair, nails*] crescere (**by** di); [*person*] crescere (**by** di); [*queue*] allungarsi; [*tumour, cancer*] svilupparsi; ***haven't you grown!*** come sei cresciuto! ***to let one's hair, nails ~*** farsi crescere i capelli, le unghie; ***to ~ from*** nascere *o* crescere da [*bulb, seed*]; ***to ~ to a height of 4 metres*** crescere fino a *o* raggiungere un'altezza di 4 metri **2** *(of something abstract)* [*deficit, spending*] aumentare, crescere (**by** di); [*crime, population, tension, anger, chances*] aumentare (**by** di); [*company, economy*] crescere, essere in espansione, prosperare; [*movement, opposition, support, problem*] acquistare importanza, diventare più importante; [*poverty, crisis*] aggravarsi; [*pressure, influence*] aumentare, crescere, rafforzarsi; [*list*] allungarsi; [*mystery*] infittirsi; ***fears are ~ing that*** ci sono crescenti timori che; ***to ~ from x to y*** [*profit, movement*] passare da x a y; ***to ~ to*** raggiungere [*figure, level*]; ***to ~ to civil war proportions*** assumere le proporzioni di una guerra civile; ***to ~ in*** acquistare *o* acquisire [*authority, strength, confidence*]; ***to ~ in popularity*** acquistare popolarità **3** *(become)* diventare [*hotter, colder, stronger*]; ***to ~ more sophisticated*** diventare più sofisticato; ***to ~ old*** invecchiare; ***to ~ weak*** diventare debole *o* indebolirsi; ***to ~ more and more impatient*** diventare sempre più impaziente *o* spazientirsi sempre di più **4** ***to ~ to do*** finire per fare *o* arrivare a fare; ***I soon grew to like him*** non mi ci è voluto molto ad apprezzarlo; ***I was ~ing to like him*** cominciava a piacermi.

■ **grow apart:** ~ ***apart*** [*people*] allontanarsi l'uno dall'altro; ***to ~ apart from*** allontanarsi, staccarsi da [*person*].

■ **grow away:** ***to ~ away from*** allontanarsi, staccarsi da [*person, family*].

■ **grow from:** ***to ~ a plant from seed*** far crescere una pianta dal seme.

■ **grow in:** ~ ***in*** [*nail*] incarnirsi.

■ **grow into:** ~ ***into [sth.]*** **1** *(become)* diventare [*frog, adult*] **2** *(fit into)* abituarsi a [*role, position*]; ***he'll ~ into it*** *(of garment)* quando crescerà gli andrà bene.

■ **grow on:** ***to ~ on sb.*** [*habit*] piacere (sempre di più); ***the music was starting to ~ on me*** cominciava a piacermi la musica.

■ **grow out:** ~ ***[sth.] out***, ~ ***out [sth.]*** farsi crescere i capelli fino a non aver più [*perm, dye*]; farsi crescere [*hair*].

■ **grow out of:** ~ ***out of [sth.]*** **1** *(get too old for)* ***he's grown out of his suit*** è diventato troppo grande per il suo vestito; ***she's grown out of discos, going to discos*** non ha più l'età per la discoteca *o* per andare in discoteca; ***children's games I've grown out of*** giochi da bambini che non faccio più **2** *(come from)* nascere da, svilupparsi da [*interest, idea, institution*].

■ **grow over:** ~ ***over*** [*plant*] ricoprire [*wall*]; infestare [*field*].

■ **grow together** **1** *(join together)* [*bones, plants*] crescere insieme, uniti **2** FIG. *(become close)* [*people*] affiatarsi.

■ **grow up** **1** *(grow, get bigger)* [*child*] crescere; [*movement, idea*] svilupparsi; ***to ~ up in London, believing that*** crescere a Londra, credendo che **2** *(become adult, mature)* [*person*] diventare adulto; [*movement*] crescere, raggiungere la maturità; ***when I ~ up*** quando sarò grande; ***to ~ up into*** diventare [*scientist*]; diventare, farsi [*beauty*]; ***~ up!*** cresci (una buona volta)!

growable /ˈgrəʊəbl/ agg. [*plant*] coltivabile.

grow bag /ˈgrəʊbæg/ n. = sacco di plastica contenente concime e elementi nutritivi che permettono a una pianta di crescere.

▷ **grower** /ˈgrəʊə(r)/ n. **1** *(person)* coltivatore m. (-trice); *(of fruit)* frutticoltore m. (-trice); *(of cereal crops)* cerealicoltore m. (-trice); *(of flowers)* floricoltore m. (-trice) **2** *(plant)* ***to be a fast, slow ~*** crescere in fretta, lentamente.

▷ **growing** /ˈgrəʊɪŋ/ **I** n. AGR. coltivazione f., produzione f.; ***rose ~*** coltivazione delle rose; ***a fruit~ area*** una regione coltivata a frutteti **II** agg. **1** *(physically)* [*child*] che sta crescendo; [*business*] in crescita; ***it could harm the ~ baby*** può nuocere alla crescita del bambino **2** *(increasing)* [*number, amount, demand, alarm, pressure*] crescente, in aumento; [*authority, optimism, opposition*] crescente; ***to have a ~ need to do*** avere il bisogno crescente di fare; ***there is ~ concern about*** c'è preoccupazione, interesse crescente *o* sempre maggiore per; ***she has a ~ following*** ha un seguito crescente *o* sempre più persone la seguono.

growingly /ˈgrəʊɪŋlɪ/ avv. in modo crescente, sempre più.

growing pains /ˈgrəʊɪŋpeɪnz/ n.pl. **1** dolori m. della crescita **2** FIG. *(of firm, project)* difficoltà f. iniziali.

growing season /ˈgrəʊɪŋˌsiːzn/ n. AGR. stagione f. di crescita.

▷ **1.growl** /graʊl/ n. *(of dog)* ringhio m.; *(thunder)* rombo m.; *(of person)* brontolio m., grugnito m.; ***to give a ~*** emettere un grugnito *o* brontolare in modo rabbioso.

▷ **2.growl** /graʊl/ **I** tr. brontolare, grugnire [*insult, curse*]; ***"no," he ~ed*** "no" grugnì; ***he ~ed his reply*** rispose in modo burbero **II** intr. [*dog*] ringhiare; [*thunder*] rombare; [*person*] grugnire (**at** a).

▷ **grown** /grəʊn/ **I** p.pass. → **grow** **II** agg. **1** ***a ~ man, woman*** un uomo fatto *o* un adulto, una donna fatta *o* un'adulta; ***~ men were reduced to tears*** gli uomini piangevano **2** **-grown** in composti ***moss-, weed~*** ricoperto di muschio, di erbacce.

grown over /ˌgrəʊnˈəʊvə(r)/ agg. ricoperto, infestato (**with** di); ***the hill is ~ with heather*** la collina è ricoperta di erica.

grown-up **I** /ˌgrəʊnˈʌp/ agg. adulto; ***~ son*** figlio adulto; ***what do you want to do when you're ~?*** cosa vuoi fare da grande? ***to behave in a ~ manner*** comportarsi da adulto; ***to be ~ for one's age*** essere maturo per la propria età; ***to look ~*** avere un aspetto da adulto; ***to sound ~*** parlare come un adulto **II** /ˈgrəʊnʌp/ n. adulto m. (-a); grande m. e f.

▶ **growth** /grəʊθ/ n. **1** *(physical) (of person, plant, hair, nails)* crescita f.; ***a week's ~ of beard*** una barba di una settimana **2** *(increase) (of population, movement, idea, feeling)* crescita f., sviluppo m. (**in**, **of** di); *(of economy)* crescita f., espansione f., sviluppo m. (**in**, **of** di); *(of numbers, amount, productivity, earnings, expenditure)* crescita f., aumento m., incremento m.; ***a ~ in crime*** un aumento *o* una crescita del numero di reati **3** MED. *(of cells)* crescita f. abnorme; escrescenza f. **4** BOT. *(thing growing)* germoglio m.; ***the new ~ on a plant*** il nuovo germoglio su una pianta; ***a thick ~ of weeds*** una fitta vegetazione di erbacce.

growth area /ˈgrəʊθˌeərɪə/ n. area f. di sviluppo, area f. in espansione.

growth factor /ˈgrəʊθˌfæktə(r)/ n. fattore m. di crescita.

growth hormone /ˈgrəʊθˌhɔːməʊn/ n. ormone m. della crescita.

growth industry /ˈgrəʊθˌɪndəstrɪ/ n. industria f. in crescita, in sviluppo.

growth rate /ˈgrəʊθreɪt/ n. **1** ECON. tasso m. di crescita **2** *(of person, animal, plant)* velocità f., ritmo m. di crescita; ***the population ~*** il tasso di crescita della popolazione.

growth ring /ˈgrəʊθrɪŋ/ n. BOT. *(on tree)* anello m. di crescita, cerchia f. annuale.

growth share /ˈgrəʊθˌʃeə(r)/ n. ECON. azione f. di sviluppo, di crescita.

groyne BE, **groin** AE /grɔɪn/ n. frangiflutti m.; *(of river)* pennello m.

1.grub /grʌb/ n. **1** ZOOL. larva f., bruco m.; *(in fruit)* verme m. **2** COLLOQ. *(food)* roba f. da mangiare; ***~'s up!*** è pronto! a tavola!

2.grub /grʌb/ tr. (forma in -ing ecc. **-bb-**) AE COLLOQ. ***to ~ sth. from sb.*** scroccare qcs. a qcn.

■ **grub about, grub around:** ***~ about*** o ***~ around for sth.*** frugare per cercare qcs., rovistare per cercare qcs.

■ **grub up:** ***~ [sth.] up, ~ up [sth.]*** [*person, machine*] estirpare, sradicare; [*animal, bird*] scavare, estrarre (dalla terra).

grubber /ˈgrʌbə(r)/ n. **1** *(person)* chi sradica, chi estirpa **2** *(hoe)* estirpatore m., sarchio m.

grubbiness /ˈgrʌbɪnɪs/ n. sporcizia f., sudiciume m.; FIG. infamia f.

grubby /ˈgrʌbɪ/ agg. sporco m., sudicio m.; FIG. infame, ignobile.

grub screw /ˈgrʌbskru:/ n. perno m. a vite, perno m. filettato.

1.grubstake /ˈgrʌbsteɪk/ n. AE COLLOQ. sovvenzione f., finanziamento m. (per un'impresa).

2.grubstake /ˈgrʌbsteɪk/ tr. AE COLLOQ. sovvenzionare, finanziare [*project*].

Grub Street /ˈgrʌbstri:t/ n. = il mondo degli scrittori da strapazzo (dal nome di un'antica strada di Londra che essi frequentavano).

1.grudge /grʌdʒ/ n. ***to bear*** BE o ***hold*** AE ***a ~*** serbare *o* portare rancore (**against** a); ***to bear sb. a ~*** serbare rancore a qcn. *o* avercela con qcn.; ***to harbour*** o ***nurse a ~ against sb.*** nutrire rancore contro qcn. *o* nutrire risentimento per qcn.

2.grudge /grʌdʒ/ tr. ***to ~ sb. sth.*** invidiare qcs. a qcn.; ***to ~ sb. their success, good looks*** invidiare a qcn. il successo, la bellezza; ***to ~ doing sth.*** essere riluttante *o* storcere il naso a fare *o* fare controvoglia qcs.

grudging /ˈgrʌdʒɪŋ/ agg. [*acceptance, admiration*] forzato, a denti stretti; ***to give sb. ~ support*** sostenere qcn. in modo riluttante; ***to treat sb. with ~ respect*** trattare qcn. con un rispetto forzato; ***to be ~ in one's praise, thanks*** essere avaro di lodi, di ringraziamenti.

grudgingly /ˈgrʌdʒɪŋlɪ/ avv. [*admit, tolerate*] controvoglia, a malincuore, in modo riluttante; ***the man whom they ~ respected*** l'uomo che rispettavano loro malgrado.

gruel /ˈgru:əl/ n. INTRAD. m. (farina di orzo o avena cotta nell'acqua o nel latte).

gruelling, grueling AE /ˈgru:əlɪŋ/ **I** agg. faticoso, estenuante **II** n. POP. batosta f.

gruesome /ˈgru:səm/ agg. *(gory)* raccapricciante, macabro (anche SCHERZ.); *(horrifying)* spaventoso.

gruff /grʌf/ agg. **1** *(rough in manner)* burbero, rude **2** [*voice*] aspro, rauco.

gruffly /ˈgrʌflɪ/ avv. **1** [*act*] rudemente, in modo burbero **2** [*speak*] con voce aspra, roca.

gruffness /ˈgrʌfnɪs/ n. rudezza f.; ***the ~ of his voice*** l'asprezza della sua voce.

▷ **1.grumble** /ˈgrʌmbl/ n. **1** *(complaint)* borbottio m., lagnanza f., lamentela f.; ***to have a ~ about sb., sth.*** avere di che lamentarsi di qcn., qcs.; ***my only ~ is...*** la mia unica lamentela è... **2** *(of thunder)* rombo m., brontolio m.; *(of stomach)* borbottio m.

▷ **2.grumble** /ˈgrʌmbl/ **I** tr. ***"if you insist," he ~d*** "se insisti" brontolò, disse brontolando **II** intr. **1** [*person*] brontolare, borbottare (**at sth.** per qcs.); lamentarsi (**at sb.** di qcn.; **to** con); ***to ~ about sb., sth.*** lamentarsi di qcn., qcs.; ***"How are you?" - "Oh, mustn't ~"*** "come va?" - "Oh, non mi lamento" **2** [*thunder*] brontolare, rombare; [*stomach*] brontolare.

grumbler /ˈgrʌmblə(r)/ n. COLLOQ. brontolone m. (-a), borbottone m. (-a).

grumbling /ˈgrʌmblɪŋ/ **I** n. **1** *(complaining)* lamentele f.pl., lagnanze f.pl. **2** *(of thunder)* rombo m., brontolio m.; *(of stomach)* brontolio m., borbottio m. **II** agg. *(complaining)* brontolone; ***~ appendix*** appendice dolorante.

grume /gru:m/ n. MED. grumo m., coagulo m.

grumous /ˈgru:məs/ agg. RAR. grumoso.

grump /grʌmp/ n. COLLOQ. *(person)* brontolone m. (-a); ***to have the ~s*** COLLOQ. essere di cattivo umore.

grumpily /ˈgrʌmpɪlɪ/ avv. [*speak*] brontolando; [*act*] scontrosamente.

grumpiness /ˈgrʌmpɪnɪs/ n. scontrosità f., irritabilità f.

grumpish /ˈgrʌmpɪʃ/, **grumpy** /ˈgrʌmpɪ/ agg. scontroso, irritabile.

Grumpy /ˈgrʌmpɪ/ n.pr. Brontolo.

Grundyism /ˈgrʌndɪɪzəm/ n. gretto convenzionalismo m.

grunge /ˈgrʌndʒ/ n. COLLOQ. **1** *(dirt)* sporcizia f., sudiciume m. **2** *(in fashion)* grunge m.

grungy /ˈgrʌndʒɪ/ agg. COLLOQ. sporco, sudicio.

▷ **1.grunt** /grʌnt/ n. **1** *(of person, animal)* grugnito m.; ***to give a ~ of disapproval*** emettere un grugnito di disapprovazione **2** AE POP. *(soldier)* fantaccino m.

▷ **2.grunt** /grʌnt/ **I** tr. ***to ~ a reply*** rispondere con un grugnito, grugnire una risposta; ***"go away!" he ~ed*** "va via!" grugnì **II** intr. **1** [*pig*] grugnire **2** [*person*] grugnire, brontolare; ***to ~ with*** o ***in pain, pleasure*** grugnire di dolore, di piacere.

grunter /ˈgrʌntə(r)/ n. **1** *(animal)* animale m. che grugnisce; *(pig)* maiale m. **2** *(person)* brontolone m. (-a).

gruntingly /ˈgrʌntɪŋlɪ/ avv. brontolando, malvolentieri.

Gruyère /ˈgru:jeə(r)/ n. (anche **~ cheese**) gruyère m., gruviera f.

gryphon → **1.griffin**.

GSM n. (⇒ Global Systems for Mobile Communications sistema mondiale per la comunicazione con telefonia mobile su 900 MHz) GSM m.

G spot /ˈdzi:spɒt/ n. punto m. G.

G-string /ˈdʒi:strɪŋ/ n. **1** MUS. corda f. del sol **2** *(strip of cloth)* cache-sexe m., perizoma m.

G-suit /ˈdʒi:su:t, -sju:t/ n. tuta f. (spaziale) anti-g.

Gt ⇒ Great grande.

guacharo /ˈgwɑ:tʃərəʊ/ n. (pl. **~s**) guaciaro m.

guaiac /ˈgwaɪæk/ n. BOT. *(tree)* guaiaco m.; *(wood)* legno m. santo; *(resin)* resina f. di guaiaco.

guaiacol /ˈgwaɪəkɒl/ n. guaiacolo m.

guaiacum /ˈgwaɪəkəm/ n. → **guaiac**.

guana /ˈgwɑ:nə/ n. iguana f.

guanaco /gwəˈnɑ:kəʊ/ n. (pl. **~**, **~s**) guanaco m.

guanidine /ˈgwænɪdi:n/ n. guanidina f.

guanine /ˈgwɑ:ni:n/ n. guanina f.

guano /ˈgwɑ:nəʊ/ n. (pl. **~s**) guano m.

guarana /gwəˈrɑ:nə/ n. guarana f.

▶ **1.guarantee** /ˌgærənˈti:/ n. **1** COMM. *(warranty, document)* garanzia f. (**against** contro); ***to be under ~*** BE essere in garanzia; ***there is a ~ on the vehicle*** il veicolo è in garanzia; ***this television comes with*** o ***carries a one-year ~*** questo televisore ha una garanzia di un anno **2** *(assurance)* garanzia f., assicurazione f. (**against** contro); ***to give ~s to sb.*** dare garanzie a qcn.; ***you have my ~!*** hai la mia parola! ***beauty is not a ~ of happiness*** la bellezza non è garanzia di felicità; ***there is no ~ that she will come*** non è sicuro che venga **3** DIR. *(of financial liability, sb.'s debts)* garanzia f., fideiussione f., malleveria f., avallo m.; ***to give a ~ of sb.'s good behaviour*** farsi garante della buona condotta di qcn. **4** *(security)* *(cash)* cauzione f.; *(object)* garanzia f., pegno m.; ***to give [sth.] as a ~*** dare [qcs.] come cauzione, lasciare [qcs.] in cauzione [*money*]; lasciare [qcs.] in pegno [*object*] **5** *(person)* garante m. e f., mallevadore m. (-drice).

▶ **2.guarantee** /ˌgærənˈti:/ tr. **1** COMM. garantire [*product, goods*] (**against** contro); ***it's ~d for five years*** è garantito per cinque anni; ***to be ~d against defective workmanship*** essere garantito contro i difetti di fabbricazione **2** *(assure)* garantire, assicurare; ***to ~ to do*** assicurare di fare; ***to ~ sb.'s safety*** garantire *o* assicurare l'incolumità di qcn.; ***I can ~ that they will come*** posso garantire che verranno; ***I can't ~ that it's true*** non garantisco che sia vero; ***you won't regret it, I can ~ you that!*** non te ne pentirai, te lo garantisco! ***the plan is ~d to succeed*** il progetto avrà sicuramente successo; ***if we go for a walk, it's ~d to rain!*** se andiamo a fare una passeggiata, garantito che piove! **3** DIR. ***to ~ a loan*** farsi mallevadore *o* garante di un prestito; ***to ~ sb. for a loan*** farsi garante di qcn. per un prestito; ***to ~ sb.'s debts*** farsi mallevadore *o* garante dei debiti di qcn.; ***to ~ a cheque*** garantire un assegno; ***to ~ a bill*** avallare una cambiale; ***to ~ sb.'s good conduct*** farsi garante della buona condotta di qcn.

guaranteed /ˌgærənˈti:d/ **I** p.pass. → **2.guarantee** **II** agg. garantito, assicurato; ***~ waterproof*** garantito impermeabile; ***her new novel is a ~ bestseller*** il suo nuovo romanzo sarà sicuramente un best seller *o* il suo nuovo romanzo è un successo assicurato.

guaranteed interest /ˌgærənti:dˈɪntrəst/ n. tasso m. d'interesse garantito.

guaranteed loan /ˌgærənti:dˈləʊn/ n. prestito m. garantito.

guaranteed price /ˌgærənti:dˈpraɪs/ n. prezzo m. garantito.

guarantor /ˌgærənˈtɔ:(r)/ n. garante m. e f., mallevadore m. (-drice); ***to stand ~ for sb.*** farsi garante di qcn.

guaranty /ˈgærəntɪ/ n. garanzia f., fideiussione f., malleveria f.

▶ **1.guard** /gɑ:d/ ◆ **27** n. **1** *(minder)* *(for person)* sorvegliante m. e f.; *(for place, object)* custode m. e f., guardiano m. (-a), sorvegliante m. e f. **2** *(at prison)* guardiano m. (-a); *(soldier)* guardia f. **3** MIL. *(duty)* guardia f.; ***to be on ~*** essere di guardia; ***to go on ~*** montare di guardia; ***to come off ~*** smontare di guardia; ***to keep*** o ***stand ~*** fare la guardia (**over** a); ***to mount (a) ~ over sb., sth.***

montare la, di guardia a qcn., qcs.; ***the changing of the ~*** BE il cambio della guardia **4** *(watchfulness)* ***to drop*** o ***relax*** o ***lower one's ~*** abbassare la guardia; ***to catch sb. off ~*** cogliere qcn. di sorpresa, alla sprovvista; ***to be on one's ~*** stare in guardia; ***to be on one's ~ against sth.*** essere *o* stare in guardia contro qcs.; ***to be on one's ~ against sth. happening*** stare in guardia affinché qcs. non accada **5** *(group of soldiers, police etc.)* ***to transport sth. under an armed ~*** trasportare qcs. sotto scorta armata *o* sotto sorveglianza armata **6** BE FERR. capotreno m. e f. **7** *(for safety)* dispositivo m. di sicurezza; *(on printer)* coperchio m. di protezione; *(on industrial machinery)* cofano m., schermo m. di protezione **8** BE *(in names of regiments)* guardia f.; ***the Scots Guards*** la guardia scozzese; ***the Coldstream Guard*** il reggimento Coldstream **9** *(in Ireland) (policeman)* poliziotto m. ◆ ***the old ~*** la vecchia guardia.

▶ **2.guard** /gɑːd/ tr. **1** *(protect)* sorvegliare, fare la guardia a [*place*]; custodire [*object*]; difendere, proteggere [*person, reputation*]; ***a dog ~s the house*** un cane fa la guardia alla casa; ***the house, border is heavily ~ed*** la casa, il confine è sotto stretta sorveglianza; ***to ~ sth. with one's life*** difendere qcs. a costo della propria vita; ***to ~ one's tongue*** FIG. tenere a freno la lingua **2** *(prevent from escaping)* sorvegliare, fare la guardia a [*prisoner*]; ***to be closely ~ed*** essere sotto stretta sorveglianza **3** *(from discovery)* custodire [*secret*]; ***a closely ~ed secret*** un segreto custodito gelosamente.

▪ **guard against:** ~ against [sth.] guardarsi da, stare in guardia contro [*abuses, cheating, failure*]; ***to ~ against doing sth.*** fare attenzione a non fare qcs.; ***to ~ against sth. happening*** stare in guardia affinché qcs. non accada.

guard dog /ˈgɑːddɒg, AE -dɔːg/ n. cane m. da guardia.

guard duty /ˈgɑːdˌdjuːtɪ, AE -ˌduːtɪ/ n. ***to be on ~*** essere di guardia.

guarded /ˈgɑːdɪd/ **I** p.pass. → **2.guard II** agg. prudente, guardingo, circospetto (**about** riguardo a).

guardedly /ˈgɑːdɪdlɪ/ avv. con prudenza, con circospezione.

guardedness /ˈgɑːdɪdnɪs/ n. prudenza f., circospezione f.

guardhouse /ˈgɑːdhaʊs/ n. MIL. **1** corpo m. di guardia **2** *(for military prisoners)* cella f. di detenzione.

guardian /ˈgɑːdɪən/ n. **1** DIR. tutore m. (-trice); ***legal ~*** tutore legale **2** *(defender)* difensore m. (-ditrice), protettore m. (-trice) (**of** di).

guardian angel /ˌgɑːdɪənˈeɪndʒl/ n. angelo m. custode (anche FIG.)

guardianship /ˈgɑːdɪənʃɪp/ n. **1** DIR. tutela f. **2** *(defence)* difesa f., protezione f.

guard of honour /ˌgɑːdəvˈɒnə(r)/ n. guardia f., picchetto m. d'onore.

guard rail /ˈgɑːdreɪl/ n. AUT. guardrail m.; *(on bridge, window)* parapetto m.

guardroom /ˈgɑːdruːm, -rʊm/ n. → **guardhouse**.

guardsman /ˈgɑːdzmən/ n. (pl. **-men**) BE MIL. soldato m., ufficiale m. delle Guardie Reali; AE MIL. soldato m., ufficiale m. della guardia nazionale.

guard's van /ˈgɑːdzvæn/ n. BE FERR. carrozza f. del capotreno.

Guatemala /ˌgwɑːtəˈmɑːlə/ ◗ *6* n.pr. Guatemala m.

Guatemalan /ˌgwɑːtəˈmɑːlən/ ◗ *18* **I** agg. guatemalteco **II** n. guatemalteco m. (-a).

guava /ˈgwɑːvə, AE ˈgwɔːvə/ n. *(tree)* pero m. delle Indie; guaiava f.; *(fruit)* guaiava f.

gubbins /ˈgʌbɪnz/ n. BE COLLOQ. **1** *(gadget)* aggeggio m., coso m. **2** *(idiot)* idiota m. e f., imbecille m. e f.

gubernatorial /ˌguːbənəˈtɔːrɪəl/ agg. FORM. governatoriale, di, da governatore.

1.gudgeon /ˈgʌdʒən/ n. ZOOL. gobione m.

2.gudgeon /ˈgʌdʒən/ n. MECC. perno m.

gudgeon pin /ˈgʌdʒənpɪn/ n. spinotto m., perno m. di stantuffo.

guelder rose /ˌgeldəˈrəʊz/ n. BOT. palla f. di neve.

Guelf, Guelph /gwelf/ n.pr. POL. STOR. guelfo m.

Guelfic, Guelphic /ˈgwelfɪk/ agg. guelfo.

1.guerdon /ˈgɜːdən/ n. RAR. guiderdone m., ricompensa f.

2.guerdon /ˈgɜːdən/ tr. RAR. ricompensare.

guernsey /ˈgɜːnzɪ/ n. SART. maglione m. di lana.

Guernsey /ˈgɜːnzɪ/ n.pr. **1** ◗ *12* GEOGR. Guernesey f. **2** (anche ~ **cow**) mucca f. di Guernesey.

▷ **guerrilla** /gəˈrɪlə/ **I** n. guerrigliero m. (-a); ***urban ~s*** guerriglia urbana **II** modif. [*attack*] dei guerriglieri; [*organization*] di guerriglieri.

guerrilla war /gəˈrɪləˌwɔː(r)/ n. guerriglia f.

guerrilla warfare /gəˈrɪləˌwɔːfeə(r)/ n. guerriglia f.

▶ **1.guess** /ges/ n. congettura f., supposizione f.; ***to have*** o ***make*** o ***take a ~*** cercare di *o* tirare a indovinare *o* azzardare un'ipotesi; ***to have*** o ***make*** o ***take a ~ at sth.*** cercare di indovinare qcs.; ***my ~ is that they will lose*** secondo me perderanno; ***at a (rough) ~ I would say that he is about 30*** a occhio e croce avrà 30 anni; ***there are, at a ~, ten families living in that building*** ci saranno grossomodo una decina di famiglie che abitano in quel palazzo; ***I'll give you three ~es!*** ti do tre possibilità; ***that was a good ~!*** hai colto nel segno *o* hai azzeccato! ***"how did you know?" - "just a lucky ~!"*** "come facevi a saperlo?" - "ho tirato a indovinare"; ***to make a wild ~*** fare congetture azzardate; ***your ~ is as good as mine*** ne so quanto te; ***it's anybody's ~!*** Dio solo lo sa! e chi lo sa! chi l'indovina è bravo! ***what will happen now is anybody's ~*** Dio solo sa ciò che succederà.

▶ **2.guess** /ges/ **I** tr. **1** *(intuit)* (tirare a) indovinare [*answer, reason, name, identity*]; calcolare (a occhio e croce) [*length, width*]; ***to ~ that*** (tirare a) indovinare che; ***to ~ sb.'s age*** *(correctly)* indovinare l'età di qcn.; *(make estimate)* cercare di indovinare l'età di qcn.; ***I should ~ him to be about 30*** gli darei una trentina d'anni; ***I ~ed the time to be about one o'clock*** mi sembrava che fosse l'una circa; ***she had ~ed what I was thinking*** aveva indovinato che cosa stavo pensando; ***you'll never ~ what has happened!*** non indovinerai mai che cosa è successo! ***I ~ed as much!*** lo sospettavo! ***~ what! I've won a prize!*** indovina (un po')! Ho vinto un premio! ***~ who!*** indo-vina chi! **2** AE *(suppose)* supporre; *(believe, think)* credere, pensare; ***I ~ (that) what he says is true*** suppongo che ciò che dica sia vero; ***I ~ (that) I must be going now*** direi che ora devo andare; ***"he's right, you know" - "I ~ so"*** "ha ragione, sai" - "credo di sì"; ***"you can't be sure" - "I ~ not"*** "non puoi essere sicuro" - "credo di no" **II** intr. (tirare a) indovinare, congetturare; ***to ~ at*** fare delle congetture su [*plans, outcome*]; ***to ~ right*** indovinare *o* azzeccare; ***to ~ wrong*** non indovinare *o* sbagliare; ***you're just ~ing!*** stai tirando a indovinare! ***you'll never ~!*** non indovinerai mai! ***I couldn't begin to ~*** non avevo la minima idea; ***to keep sb. ~ing*** tenere qcn. sulle spine *o* sulla corda.

guessable /ˈgesəbl/ agg. indovinabile.

guessing game /ˈgesɪŋˌgeɪm/ n. quiz m.

1.guesstimate /ˈgestɪmət/ n. COLLOQ. congettura f., ipotesi f.

2.guesstimate /ˈgestɪmeɪt/ tr. COLLOQ. calcolare mediante congetture.

guesswork /ˈgeswɜːk/ n. **U** congettura f., congetture f.pl., ipotesi f.; ***it's pure ~*** non sono che congetture.

▶ **1.guest** /gest/ **I** n. **1** *(in home, at table, at reception)* ospite m. e f., invitato m. (-a); *(of hotel)* ospite m. e f., cliente m. e f.; *(of boarding house)* pensionante m. e f.; *(at conference, on chat show)* ospite m. e f.; ***~ of honour*** ospite d'onore; ***paying ~*** ospite pagante *o* pensionante; ***house ~*** ospite; ***three uninvited ~s*** tre persone non invitate; ***be my ~!*** prego! fai pure! **2** BIOL. ospite m., parassita m. **II** modif. [*singer, speaker, conductor*] ospite; ***~ book*** libro degli ospiti; *(of hotel)* registro dei clienti; ***~ list*** lista degli invitati; ***~ night*** *(at club)* = serata a invito in un club per persone che non sono socie; ***~ star*** guest star *o* ospite d'onore; *(in film credits)* guest star; ***making a ~ appearance on tonight's show is X*** X è ospite nello spettacolo di stasera; ***our ~ speaker tonight is...*** il nostro ospite stasera è...

2.guest /gest/ intr. ***to ~ on a programme*** essere invitato a un programma *o* essere ospite di un programma.

guesthouse /ˈgesthaʊs/ n. pensione f.

guest room /ˈgestruːm, -rʊm/ n. stanza f. degli ospiti.

guestworker /ˈgestˌwɜːkə(r)/ n. lavoratore m. (-trice) immigrato (-a), operaio m. (-a) immigrato (-a).

guff /gʌf/ n. **U** COLLOQ. fandonie f.pl., frottole f.pl., balle f.pl.

1.guffaw /gəˈfɔː/ n. risata f. fragorosa, sguaiata.

2.guffaw /gəˈfɔː/ intr. ridere fragorosamente, sguaiatamente.

guggle /ˈgʌgl/ intr. gorgogliare.

GUI n. (⇒ graphical user interface) = interfaccia grafica utente.

Guiana /gaɪˈænə/ ◗ *6* n.pr. Guyana f.; ***the ~s*** le Guyane.

Guianese /gaɪəˈniːz/ ◗ *18* **I** agg. della Guyana **II** n. (pl. ~) nativo m. (-a), abitante m. e f. della Guyana.

guidable /ˈgaɪdəbl/ agg. guidabile; *(tractable)* trattabile, docile.

▷ **guidance** /ˈgaɪdns/ n. **1** *(advice)* guida f., consiglio m., assistenza f. (**from** di, da parte di); ***clear ~*** consigli chiari; ***~ on legal procedures*** assistenza in materia di procedure legali; ***~ on how to do*** consigli su come fare; ***~ as to the resolution of conflict*** consigli per la risoluzione del conflitto; ***basic ~ in areas such as finance*** informazioni di base in un campo come la finanza; ***to give sb. ~*** dare dei consigli a qcn.; ***to seek ~ on a matter*** cercare consigli *o* consulenza su una materia *o* questione; ***to seek the ~ of one's superiors*** chiedere aiuto ai propri superiori; ***this leaflet is for your ~*** questo dépliant vi sarà d'aiuto; ***under the ~ of sb.*** sotto la guida di qcn. **2** AER. guida f.

▶ **1.guide** /gaɪd/ n. **1** *(person)* guida f.; ***tour ~*** guida turistica; ***spiritual, moral ~*** guida spirituale, morale; ***to engage a ~*** prendere una guida; ***to act as a ~*** fare da guida; ***let reason be your ~*** FIG. lasciati guidare dalla ragione **2** *(estimate, idea)* indicazione f., idea f.; ***a ~ as to the cost, as to his whereabouts*** una indicazione delle spese, su dove si trova; ***the figure is meant to be a ~*** la cifra è indicativa; ***these answers are a good ~*** quelle risposte sono una buona indicazione; ***a rough ~*** una indicazione approssimativa; ***as a rough ~*** a titolo indicativo **3** *(book)* guida f. (**to** di); ***a ~ to Greece*** una guida della Grecia; ***TV ~*** guida dei programmi TV; ***user's ~*** manuale dell'utente; ***good food ~*** guida gastronomica **4** BE (anche **Girl Guide**) guida f. (scout) **5** TECN. *(directing device)* (tele)guida f.

▶ **2.guide** /gaɪd/ tr. **1** *(steer)* guidare, condurre [*person*] (**to** a, verso; **through** attraverso) **2** *(influence)* [*person*] guidare; [*reason*] guidare, suggerire; ***he allowed himself to be ~d by his elders*** si fece guidare dalle persone più anziane; ***my actions were ~d by reason*** ho agito guidato dalla ragione; ***to be ~d by sb.'s advice*** essere guidato dai consigli di qcn. **3** AER. MIL. (tele)guidare [*rocket, missile*].

guide book /ˈgaɪdbʊk/ n. guida f.

guided missile /ˌgaɪdɪdˈmɪsaɪl, AE -ˈmɪsl/ n. missile m. teleguidato.

guide dog /ˈgaɪddɒg, AE -dɔːg/ n. cane m. guida.

guided tour /ˌgaɪdɪdˈtʊə(r), -tɔː(r)/ n. visita f. guidata.

▷ **guideline** /ˈgaɪdlaɪn/ n. **1** *(rough guide)* indicazione f., istruzione f. (**for** per; **on** su); ***can you give me some ~s on how to look after it?*** può darmi qualche consiglio su come prendermene cura? **2** AMM. POL. direttiva f., orientamento m., guideline f. (**for** per; **on** su); ***pay ~s*** piattaforma salariale **3** *(advice)* consiglio m., indicazione f. (**for** per; **on** su, riguardo a); ***to follow the ~s*** seguire i consigli; ***health, safety ~s*** consigli sulla salute, sulla sicurezza.

guide post /ˈgaɪdpəʊt/ n. indicatore m. stradale, indicatore m. di direzione.

guide rail /ˈgaɪdreɪl/ n. TECN. terza rotaia f., rotaia f. di guida.

guide rope /ˈgaɪdrəʊp/ n. fune f. di sicurezza.

guiding /ˈgaɪdɪŋ/ **I** n. BE ***the history of ~*** la storia delle guide (scout) **II** agg. ***~ force*** FIG. motore; ***~ principle*** linea direttrice *o* principio informatore; ***~ light*** *(person)* guida.

guild /gɪld/ n. *(medieval)* corporazione f., gilda f.; *(modern)* associazione f.

guilder /ˈgɪldə(r)/ ➧ ***7*** n. fiorino m. olandese.

guildhall /ˈgɪldhɔːl/ n. *(medieval)* palazzo m., sede f. delle corporazioni; *(modern)* municipio m.; ***the Guildhall*** = palazzo delle corporazioni della City di Londra.

guile /gaɪl/ n. astuzia f., scaltrezza f.; ***full of ~*** dalle mille astuzie; ***without ~*** candido *o* ingenuo.

guileful /ˈgaɪlfl/ agg. astuto, scaltro.

guileless /ˈgaɪllɪs/ agg. candido, ingenuo.

guilelessly /ˈgaɪllɪslɪ/ avv. in modo candido, ingenuo.

guilelessness /ˈgaɪllɪsnɪs/ n. candore m., ingenuità f.

guillemot /ˈgɪlɪmɒt/ n. uria f.

1.guillotine /ˈgɪlətiːn/ n. **1** *(for execution)* ghigliottina f. **2** *(for paper)* taglierina f. **3** BE POL. = limitazione della durata del dibattito parlamentare per passare alle votazioni.

2.guillotine /ˈgɪlətiːn/ tr. ghigliottinare [*person*].

▷ **guilt** /gɪlt/ n. **1** *(blame)* DIR. colpa f., colpevolezza f.; ***to admit ~*** ammettere la propria colpevolezza; ***to establish, prove sb.'s ~*** stabilire, dimostrare la colpevolezza di qcn.; ***where does the ~ lie?*** chi è il colpevole? **2** *(feeling)* senso m. di colpa (**about sb.** verso qcn.; **about** o **over sth.** per qcs.); ***to feel no ~*** non provare sensi di colpa; ***sense of ~*** senso di colpa.

guiltily /ˈgɪltɪlɪ/ avv. [*say, look*] con aria colpevole; [*react, do*] sentendosi colpevole, da colpevole.

guiltless /ˈgɪltlɪs/ agg. FORM. innocente, incolpevole.

guiltlessly /ˈgɪltlɪslɪ/ avv. in modo innocente.

guiltlessness /ˈgɪltlɪsnɪs/ n. FORM. innocenza f., incolpevolezza f.

▷ **guilty** /ˈgɪltɪ/ agg. **1** DIR. colpevole; ***to be ~ of, of doing*** essere colpevole di, di aver fatto; ***to be found ~, not ~ of sth.*** essere riconosciuto *o* dichiarato colpevole, non colpevole di qcs.; ***the ~ party*** il colpevole **2** *(remorseful)* [*expression, feeling*] di colpa; [*appearance, look*] colpevole; ***to feel ~ about sb., sth.*** sentirsi in colpa per qcn., qcs.; ***to have a ~ conscience*** avere la coscienza sporca.

guinea /ˈgɪnɪ/ n. GB STOR. ghinea f.

Guinea /ˈgɪnɪ/ **I** ➧ ***6*** n.pr. Guinea f. **II** n. AE POP. SPREG. immigrato m. (-a) italiano.

Guinea-Bissau /ˌgɪnɪbɪˈsaʊ/ ➧ ***6*** n.pr. Guinea-Bissau f.

guinea-fowl /ˈgɪnɪfaʊl/, **guinea-hen** /ˈgɪnɪhen/ n. faraona f.

guinea-pig /ˈgɪnɪpɪg/ n. **1** ZOOL. porcellino m. d'India, cavia f. **2** FIG. *(in experiment)* cavia f.; ***to be a ~*** fare da cavia.

Guinea-worm /ˈgɪnɪwɜːm/ n. filaria f. di Medina.

Guinevere /ˈgwɪŋɪvɪə(r)/ n.pr. Ginevra.

Guinness® /ˈgɪnɪs/ n.pr. Guinness® f. (birra scura).

guipure /giːˈpjʊə(r)/ n. guipure f.

guise /gaɪz/ n. LETT. ***in*** o ***under the ~ of a joke*** spacciandolo per uno scherzo; ***in the ~ of a champion*** sotto l'apparenza di un campione; ***in the ~ of doing sth.*** con il pretesto di fare qcs.; ***in various*** o ***different ~s*** sotto *o* in forme *o* fogge diverse.

▷ **guitar** /gɪˈtɑː(r)/ ➧ ***17*** **I** n. chitarra f.; ***on the ~*** alla chitarra **II** modif. [*lesson, player, string, teacher*] di chitarra; [*concerto*] per chitarra; ***~ case*** custodia per chitarra.

guitarfish /gɪˈtɑːfɪʃ/ n. (pl. **~**, **~es**) pesce m. chitarra.

▷ **guitarist** /gɪˈtɑːrɪst/ ➧ ***17, 27*** n. chitarrista m. e f.

Gujarat /ˌguːdʒəˈrɑːt/ ➧ ***24*** n.pr. Gujarat m.

Gujarati /ˌguːdʒəˈrɑːtɪ/ ➧ ***14*** **I** agg. gujarati **II** n.pr. **1** *(person)* nativo m. (-a), abitante m. e f. del Gujarat **2** *(language)* gujarati f.

Gulag /ˈguːlæg/ n. gulag m.

gulch /gʌltʃ/ n. AE gola f., burrone m.

gules /gjuːlz/ **I** n. ARALD. rosso m. **II** agg. ARALD. rosso.

1.gulf /gʌlf/ n. **1** GEOGR. golfo m. **2** FIG. abisso m., voragine f.; ***the ~ between X and Y, between the two groups*** l'abisso che separa X e Y, i due gruppi.

2.gulf /gʌlf/ tr. inghiottire, ingoiare.

Gulf /gʌlf/ n.pr. ***the ~*** il Golfo (Persico).

Gulf States /ˈgʌlfˌsteɪts/ n.pr.pl. ***the ~*** BE gli Stati del Golfo (Persico); AE gli Stati sul Golfo (del Messico).

Gulf Stream /ˈgʌlfstriːm/ n.pr. ***the ~*** la corrente del Golfo.

Gulf War /ˌgʌlfˈwɔː(r)/ n.pr. guerra f. del Golfo.

1.gull /gʌl/ n. ZOOL. gabbiano m.

2.gull /gʌl/ n. ANT. *(dupe)* sempliciotto m. (-a), credulone m. (-a).

3.gull /gʌl/ tr. ANT. ingannare, imbrogliare; ***~ sb.*** ingannare *o* darla a bere a qcn.

gullery /ˈgʌlərɪ/ n. inganno m., imbroglio m., raggiro m.

gullet /ˈgʌlɪt/ n. *(throat)* gola f.; *(oesophagus)* esofago m.; ***to have sth. stuck in one's ~*** avere qcs. in gola; ***the words stuck in my ~*** FIG. mi si sono bloccate le parole in gola.

gullibility /ˌgʌləˈbɪlətɪ/ n. credulità f.

gullible /ˈgʌləbl/ agg. credulo, credulone.

Gulliver /ˈgʌlɪvə(r)/ n.pr. Gulliver.

gull-wing /ˈgʌlwɪŋ/ n. AER. ala f. a gabbiano.

gull-wing door /ˈgʌlwɪŋˌdɔː(r)/ n. porta f. ad ala di gabbiano.

gully /ˈgʌlɪ/ n. **1** GEOGR. gola f., burrone m. **2** *(drain)* canale m., fosso m. di scolo **3** *(in cricket) (player)* gully m.; *(area)* zona f. di gioco del gully.

gully-drain /ˈgʌlɪdreɪn/ n. cunetta f., fosso m. di scolo.

gully-hole /ˈgʌlɪhəʊl/ n. tombino m.

▷ **1.gulp** /gʌlp/ n. **1** *(mouthful) (of liquid)* sorso m., sorsata f.; *(of air)* boccata f.; *(of food)* boccone m.; ***to breathe in ~s of air*** respirare a boccate; ***she drained her glass with*** o ***in one ~*** ha tracannato il bicchiere in un sorso *o* tutto d'un fiato **2** *(noise) (nervous)* (l')ingoiare nervosamente; *(tearful)* singhiozzo m.; ***he swallowed it with a loud ~*** lo ingoiò rumorosamente; ***"it's my fault," she said with a ~*** "è colpa mia" disse tra i singhiozzi.

▷ **2.gulp** /gʌlp/ **I** tr. **1** *(swallow)* ingoiare, inghiottire [*food, drink*]; inspirare, mandare giù [*air*]; ***there they were, ~ing brandy*** stavano lì, a tracannare brandy **2** *(in emotion)* ***"you're not angry, are you?," he ~ed*** "non sei arrabbiata, vero?" disse singhiozzando **II** intr. deglutire (a vuoto).

■ **gulp back:** ***~ back [sth.], ~ [sth.] back*** inghiottire, soffocare [*tears*].

■ **gulp down:** ***~ down [sth.], ~ [sth.] down*** trangugiare, ingollare [*food*]; tracannare [*drink*]; ***he ~ed down his drink and left*** tracannò il suo bicchiere e se ne andò.

1.gum /gʌm/ n. gengiva f.

▷ **2.gum** /gʌm/ n. **U 1** *(for glueing)* colla f. **2** *(from tree)* gomma f., resina f. **3** (anche **chewing ~**) gomma f. da masticare, chewing gum m.; ***a piece*** o ***stick of ~*** un chewing gum **4** *(of eyes)* cispa f., caccola f.

3.gum /gʌm/ tr. (forma in -ing ecc. **-mm-**) *(spread with glue)* ingommare; *(join with glue)* incollare (**to** a; **on to** su; **together** insieme).

■ **gum down:** ***~ [sth.] down, ~ down [sth.]*** incollare.

■ **gum up:** ***~ up [sth.]*** incollare ◆ ***~ up the works*** COLLOQ. incasinare tutto *o* fare un gran casino.

4.gum /gʌm/ inter. COLLOQ. ***by ~!*** perdio! perdinci!

gum arabic /ˌgʌmˈærəbɪk/ n. gomma f. arabica.

gumbo /ˈgʌmbəʊ/ n. (pl. **~s**) **1** BOT. gombo m., abelmosco m. **2** GASTR. = zuppa ispessita con baccelli di gombo.

gumboil /'gʌmbɔɪl/ n. ascesso m. alle gengive.
gumboot /'gʌmbu:t/ n. BE stivale m. di gomma.
gum disease /'gʌmdɪˌzi:z/ 11 n. gengivite f.
gumdrop /'gʌmdrɒp/ n. caramella f. gommosa.
gumma /'gʌmə/ n. (pl. **~s**, **-ata**) MED. gomma f.
gummed /gʌmd/ **I** p.pass. → **3.gum II** agg. gommato; ***~ label*** etichetta gommata.
gummiferous /gʌ'mɪfərəs/ agg. gommifero.
gumminess /'gʌmɪnɪs/ n. gommosità f., viscosità f.
gummosis /gə'məʊsɪs/ n. gommosi f.
1.gummy /'gʌmɪ/ agg. [*smile*] larghissimo.
2.gummy /'gʌmɪ/ agg. [*liquid*] gommoso, appiccicoso.
gumption /'gʌmpʃn/ n. COLLOQ. *(common sense)* buonsenso m., senso m. pratico; *(courage)* fegato m., coraggio m.; *(energy)* grinta f.
gum resin /'gʌmˌrezɪn, AE -ˌrezn/ n. gommoresina f.
gumshield /'gʌmʃi:ld/ n. paradenti m.
1.gumshoe /'gʌmʃu:/ n. COLLOQ. *(private investigator)* investigatore m. privato; *(police detective)* agente m. investigativo.
2.gumshoe /'gʌmʃu:/ intr. AE COLLOQ. agire furtivamente, di soppiatto.
gum tree /'gʌmtri:/ n. albero m. della gomma ◆ ***to be up a ~*** essere nei guai *o* nei pasticci.
▶ **1.gun** /gʌn/ n. **1** *(weapon)* arma f. da fuoco; *(revolver)* revolver m., pistola f., rivoltella f.; *(rifle)* fucile m.; *(cannon)* cannone m.; ***to carry a ~*** portare una pistola *o* essere armato; ***to fire a ~*** sparare (un colpo); ***to draw a ~ on sb.*** estrarre un'arma per puntarla contro qcn.; ***watch out! he's got a ~!*** attenzione! è armato! ***to hold a ~ to sb.'s head*** puntare una pistola alla tempia di qcn. **2** *(tool)* pistola f.; ***glue, paint ~*** pistola per la colla, per la vernice; ***grease ~*** pompa per ingrassaggio a pressione **3** AE COLLOQ. *(gunman)* sicario m., killer m.; ***a hired ~*** un sicario; ***the fastest ~ in the West*** la pistola più veloce del West ◆ ***to go great ~s*** COLLOQ. [*business*] andare forte; [*person*] fare scintille *o* avere grande successo; ***to jump the ~*** COLLOQ. essere precipitoso; ***to stick to one's ~s*** COLLOQ. *(in one's actions)* tenere duro *o* resistere; ***she's sticking to her ~s*** COLLOQ. *(in opinions)* mantiene le proprie posizioni; ***to bring out the big ~s*** passare alle maniere forti; ***to carry*** o ***hold the big ~s*** essere un grosso calibro.
2.gun /gʌn/ tr. (forma in -ing ecc. **-nn-**) ***to ~ an engine*** dare gas a un motore.
■ **gun down:** **~ *[sb.]* down**, **~ down *[sb.]*** uccidere, freddare [*person*].
■ **gun for:** **~ for *[sb.]*** dare addosso a, (cercare di) attaccare lite con.
gun barrel /'gʌnˌbærəl/ n. canna f. di fucile.
gunboat /'gʌnbəʊt/ n. cannoniera f.
gunboat diplomacy /ˌgʌnbəʊtdɪ'pləʊməsɪ/ n. diplomazia f. delle cannoniere, del pugno di ferro.
gun carriage /'gʌnˌkærɪdʒ/ n. affusto m. di cannone; *(at funeral)* prolunga f. d'artiglieria.
gun cotton /'gʌnˌkɒtn/ n. fulmicotone m.
gundog /'gʌndɒg, AE -dɔ:g/ n. cane m. da penna.
gun drill /'gʌndrɪl/ n. MIL. esercitazione f. ai pezzi.
gunfight /'gʌnfaɪt/ n. scontro m. a fuoco.
gun fighter /'gʌnfaɪtə(r)/ n. pistolero m.
gunfire /'gʌnfaɪə(r)/ n. **U** *(from hand-held gun)* sparatoria f.; *(from artillery)* cannoneggiamento m.; ***the sound of ~*** il rumore di spari; ***under ~*** sotto il fuoco.
1.gunge /gʌndʒ/ n. BE COLLOQ. sostanza f. appiccicosa, roba f. sporca.
2.gunge /gʌndʒ/ tr. ***to be all ~d up*** BE COLLOQ. essere tutto lurido.
gung ho /ˌgʌŋ'həʊ/ agg. COLLOQ. SCHERZ. O SPREG. *(eager for war)* guerrafondaio; *(overzealous)* (eccessivamente) entusiasta, fanatico.
gunk /gʌŋk/ n. COLLOQ. sostanza f. viscida, oleosa.
gun laws /'gʌnlɔ:z/ n.pl. = leggi sulle armi da fuoco.
gun layer /'gʌnˌleɪə(r)/ n. MIL. puntatore m.
gun licence /'gʌnˌlaɪsns/ n. licenza f. di porto d'armi.
gunman /'gʌnmən/ n. (pl. **-men**) bandito m., killer m.
gunmetal /'gʌnˌmetl/ n. bronzo m. duro.
gunmetal grey /'gʌnmetlˌgreɪ/ **I** n. grigio m. piombo **II** agg. grigio piombo.
gun moll /'gʌnmɒl/ n. COLLOQ. ragazza f., donna f. del gangster.
gunnel → **gunwale**.
gunner /'gʌnə(r)/ n. *(in navy)* cannoniere m.; *(in army)* artigliere m.; *(in air force)* armiere m.
gunnery /'gʌnərɪ/ n. artiglieria f.
gunnery sergeant /'gʌnərɪˌsɑ:dʒənt/ n. AE = sottufficiale della marina addetto alle armi.
gunny /'gʌnɪ/ n. *(fabric)* tela f. di juta (per sacchi).
gunnysack /'gʌnɪsæk/ n. AE sacco m. di juta.
gunplay /'gʌnpleɪ/ n. AE scambio m. di colpi, sparatoria f.
gunpoint /'gʌnpɔɪnt/ n. ***to hold sb. up at ~*** tenere qcn. sotto la minaccia di un'arma.
gunpowder /'gʌnpaʊdə(r)/ n. polvere f. da sparo, polvere f. pirica.
Gunpowder Plot /'gʌnpaʊdəˌplɒt/ n.pr. STOR. Congiura f. delle Polveri.
gunroom /'gʌnru:m, -rʊm/ n. armeria f.
gunrunner /'gʌnˌrʌnə(r)/ n. contrabbandiere m., trafficante m. d'armi.
gunrunning /'gʌnˌrʌnɪŋ/ n. contrabbando m., traffico m. d'armi.
gunsel /'gʌnsl/ n. AE COLLOQ. **1** *(boy)* = giovane amante omosessuale **2** *(gunman)* bandito m., killer m.
gunship /'gʌnʃɪp/ n. MIL. AER. elicottero m. da combattimento.
gunshot /'gʌnʃɒt/ n. **1** *(report)* colpo m. d'arma da fuoco **2** *(range)* ***to be within ~*** essere a tiro *o* essere a portata d'arma; ***to be out of ~*** essere fuori tiro.
gunshot wound /'gʌnʃɒtˌwu:nd/ n. ferita f. d'arma da fuoco.
gun-shy /ˌgʌn'ʃaɪ/ agg. ***~ dog*** cane che ha paura degli spari.
gun-sight /'gʌnsaɪt/ n. MIL. congegno m. di mira.
gunslinger /'gʌnslɪŋə(r)/ n. AE COLLOQ. pistolero m., bandito m.
gunsmith /'gʌnsmɪθ/ 27 n. armaiolo m.
gunstock /'gʌnstɒk/ n. fusto m. del fucile.
gunturret /'gʌnˌtʌrɪt/ n. MIL. torretta f.
gunwale /'gʌnl/ n. capo m. di banda; falchetta f.; ***full to the ~s*** pieno fino all'orlo.
guppy /'gʌpɪ/ n. guppy m.
1.gurgle /'gɜ:gl/ n. *(of water)* gorgoglio m.; *(of baby)* gorgoglii m.pl., ciangottio m.; ***to give ~s of pleasure*** emettere gorgoglii di gioia.
2.gurgle /'gɜ:gl/ intr. [*water*] gorgogliare; [*baby*] fare gorgoglii, ciangottare.
Gurkha /'gɜ:kə/ n. (pl. **~**, **~s**) gurka m.
gurnard /'gɜ:nəd/, **gurnet** /'gɜ:nɪt/ n. (pl. **~**, **~s**) *(fish)* cappone m., gallinella f.
guru /'gʊru:, AE gə'ru:/ n. guru m.
Gus /gʌs/ n.pr. diminutivo di **Gustavus**.
1.gush /gʌʃ/ n. **1** *(of water, oil, blood)* fiotto m., getto m., zampillo m. **2** *(of enthusiasm)* impeto m., slancio m.; *(of pleasure)* ondata f.
2.gush /gʌʃ/ **I** tr. ***"darling," he ~ed*** "mia cara" esordì **II** intr. **1** [*water, oil, blood*] sgorgare, zampillare; ***tears ~ed down her cheeks*** le lacrime le inondarono le guance **2** FIG. ***to ~ over sb., sth.*** esaltarsi, smaniare per qcn., qcs.
■ **gush in** [*water, oil etc.*] riversarsi.
■ **gush out** [*water, oil etc.*] sgorgare, zampillare.
gusher /'gʌʃə(r)/ n. COLLOQ. *(oil well)* pozzo m. di petrolio a eruzione spontanea.
gushing /'gʌʃɪŋ/, **gushy** /'gʌʃɪ/ agg. [*person*] espansivo, pieno di smancerie; [*letter, style*] sdolcinato, smanceroso.
gusset /'gʌsɪt/ n. MECC. fazzoletto m. d'unione.
gussy /'gʌsɪ/ tr. AE COLLOQ. (anche **~ up**) vestire a festa [*person*]; ***to be all gussied up*** COLLOQ. essere in ghingheri *o* essere in tiro.
1.gust /gʌst/ n. **1** *(of wind, rain, snow)* folata f., raffica f.; ***a ~ of hot air*** una folata d'aria calda **2** *(of anger)* scoppio m., accesso m.; ***a ~ of laughter*** uno scoppio di risa.
2.gust /gʌst/ intr. [*wind*] soffiare a raffiche; [*rain, snow*] cadere a raffiche; ***winds ~ing up to 60 mph*** raffiche di vento che raggiungono le 60 miglia orarie.
3.gust /gʌst/ n. ANT. **1** *(sense of taste)* (senso del) gusto m. **2** *(taste)* sapore m., gusto m. **3** *(zest)* apprezzamento m., interesse m.
gustation /gʌ'steɪʃn/ n. RAR. degustazione f.
gustative /'gʌstətɪv/, **gustatory** /'gʌstətərɪ, AE -tɔ:rɪ/ agg. RAR. gustativo.
Gustavus /gʊ'stɑ:vəs/ n.pr. Gustavo.
gusto /'gʌstəʊ/ n. ***with ~*** con entusiasmo, con piacere; ***to eat with ~*** mangiare con gusto; ***to sing with ~*** cantare con fervore, con entusiasmo.
gusty /'gʌstɪ/ agg. [*day, weather*] ventoso, tempestoso.
▷ **1.gut** /gʌt/ **I** n. **1** COLLOQ. *(abdomen, belly)* stomaco m., pancia f.; ***he was shot in the ~*** gli hanno sparato allo stomaco; ***beer ~*** pancia *o* pancione (di bevitore di birra) **2** ANAT. *(intestine)* intestino m. **3** *(for racket, bow)* budello m., minugia f. **II guts** n.pl. COLLOQ. **1** *(insides) (of human)* budella f.; *(of animal)* interiora f., frattaglie f.; *(of building)* meandri m.; *(of machine)* ingranaggi m.; ***to have a pain in one's ~s*** avere mal di pancia **2** *(courage)* coraggio m.sing., fegato m.sing.; ***to have the ~s to do sth.*** avere il fegato di fare qcs.; ***he's a president with ~s*** è un presidente che ha fegato **III** modif. **1**

(instinctive, basic) [*feeling, reaction*] istintivo; [*nationalism*] viscerale; [*instinct*] primordiale; ***it's a ~ issue*** è una questione fondamentale; ***my ~ feeling is that*** istintivamente penso che **2** AE COLLOQ. SCOL. UNIV. [*course etc.*] facile ◆ ***I hate his ~s*** POP. mi sta sullo stomaco; ***to work one's ~s out*** POP. farsi il culo *o* il mazzo; ***to scream one's ~s out*** POP. gridare a squarciagola *o* come un pazzo.

2.gut /gʌt/ tr. (forma in -ing ecc. **-tt-**) **1** GASTR. sventrare, pulire [*fish, animal*] **2** *(destroy)* [*fire*] distruggere, sventrare [*building*]; [*looters*] saccheggiare, depredare [*shop*] **3** *(strip)* ***we ~ted the house*** = abbiamo rifatto la casa da cima a fondo.

gutfighter /ˈgʌtˌfaɪtə(r)/ n. oppositore m. (-trice), avversario m. (-a) accanito.

gutless /ˈgʌtlɪs/ agg. pauroso, senza fegato.

gutstring /ˈgʌtstrɪŋ/ n. **1** *(for bow, racket)* budello m., minugia f. **2** MED. *(catgut)* filo m. per suture, catgut m.

gutsy /ˈgʌtsɪ/ agg. COLLOQ. **1** *(spirited)* vivace, dinamico, focoso **2** *(brave)* coraggioso, che ha fegato.

gutta-percha /ˌgʌtəˈpɜːtʃə/ n. guttaperca f.

guttation /gʌˈteɪʃn/ n. guttazione f.

gutted /ˈgʌtɪd/ **I** p.pass. → **2.gut II** agg. BE COLLOQ. abbattuto, scoraggiato; ***he was ~*** era distrutto.

1.gutter /ˈgʌtə(r)/ n. **1** *(on roof)* grondaia f.; *(in street)* canaletto m. di drenaggio, di scolo **2** FIG. ***the language of the ~*** il linguaggio di strada *o* da marciapiede; ***to come up from the ~*** venire dalla strada, dai bassifondi; ***to drag sb. (down) into the ~*** trascinare qcn. in basso.

2.gutter /ˈgʌtə(r)/ intr. [*flame*] brillare fiocamente; ***the candle ~ed out*** la candela brillò debolmente e si spense.

guttering /ˈgʌtərɪŋ/ n. **U** grondaie f.pl., fognature f.pl.

gutter press /ˈgʌtəˌpres/ n. SPREG. stampa f. scandalistica.

guttersnipe /ˈgʌtəsnaɪp/ n. BE SPREG. ragazzo m. di strada.

guttural /ˈgʌtərəl/ **I** agg. gutturale **II** n. LING. gutturale f.

gutturalism /ˈgʌtərəlɪzəm/ n. gutturalismo m.

gutturalize /ˈgʌtərəlaɪz/ tr. **1** *(change into guttural sound)* rendere gutturale **2** *(pronounce with guttural articulation)* pronunciare con articolazione gutturale.

guv /gʌv/ n. BE COLLOQ. (accorc. governor) capo m.

guvnor /gʌvnə(r)/ n. BE COLLOQ. → **guv**.

▶ **1.guy** /gaɪ/ n. COLLOQ. **1** *(man)* individuo m., tipo m.; ***a good, bad ~*** *(in films etc.)* un buono, un cattivo; ***her ~*** *(boyfriend)* il suo ragazzo; ***you ~s*** voi; ***hey, you ~s!*** *(to men, mixed group)* hey, ragazzi! *(to women)* hey, ragazze! **2** BE = fantoccio di Guy Fawkes che si brucia il 5 novembre.

2.guy /gaɪ/ tr. prendere in giro, mettere in ridicolo.

3.guy /gaɪ/ n. → **guyrope**.

4.guy /gaɪ/ tr. assicurare con un cavo, controventare [*radio mast etc.*].

Guy /gaɪ/ n.pr. Guido.

Guyana /gaɪˈænə/ ➧ ***6*** n.pr. Guyana f.

Guyanese /ˌgaɪəˈniːz/ ➧ ***18*** **I** agg. della Guyana **II** n. (pl. ~) nativo m. (-a), abitante m. e f. della Guyana.

Guy Fawkes Day /ˈgaɪfɔːksdeɪ/ n. BE = il 5 novembre (giorno in cui si brucia in pubblico il fantoccio di Guy Fawkes che, nella Congiura delle Polveri, tentò di far saltare il parlamento inglese).

guyot /ˌgiːˈəʊ/ n. gesso m. terroso.

guyrope /ˈgaɪrəʊp/ n. *(on tent)* tirante m.

guzzle /ˈgʌzl/ **I** tr. COLLOQ. *(eat greedly)* trangugiare; *(drink)* tracannare **II** intr. COLLOQ. **1** gozzovigliare **2** [*car*] bere, consumare molto.

guzzler /ˈgʌzlə(r)/ n. COLLOQ. crapulone m. (-a), ubriacone m. (-a).

Gwen /gwen/ n.pr. diminutivo di **Gwendolen**.

Gwendolen, Gwendoline /ˈgwendəlɪn/ n.pr. Guendalina.

Gwent /gwent/ ➧ ***24*** n.pr. Gwent m.

Gwynedd /ˈgwɪnʌ/ ➧ ***24*** n.pr. Gwynedd.

Gwyneth /ˈgwɪnɪθ/ n.pr. Gwyneth (nome di donna).

1.gybe /dʒaɪb/ n. MAR. fiocco m.

2.gybe /dʒaɪb/ intr. MAR. [*boat*] cambiare rotta facendo girare la vela di taglio; [*sail*] girare.

▷ **gym** /dʒɪm/ ➧ ***10*** **I** n. **1** (accorc. gymnasium) palestra f. **2** (accorc. gymnastics) ginnastica f., educazione f. fisica **II** modif. [*equipment*] da ginnastica; [*lesson*] di ginnastica.

gymkhana /dʒɪmˈkɑːnə/ n. gincana f. (a cavallo).

gymnasium /dʒɪmˈneɪzɪəm/ n. (pl. **~s, -ia**) palestra f.

▷ **gymnast** /ˈdʒɪmnæst/ n. ginnasta m. e f.

gymnastic /dʒɪmˈnæstɪk/ agg. ginnico, ginnastico.

▷ **gymnastics** /dʒɪmˈnæstɪks/ ➧ ***10*** n. **1** + verbo sing. *(subject)* ginna-stica f., educazione f. fisica **2** + verbo pl. ***mental ~*** ginnastica mentale.

gymnocarpous /ˌdʒɪmnəˈkɑːpəs/ agg. gimnocarpo.

gymnosperm /ˈdʒɪmnəʊˌspɜːm/ n. gimnosperma f.

gymnospermous /ˌdʒɪmnəʊˈspɜːməs/ agg. delle gimnosperme.

gymnotus /dʒɪmˈnəʊtəs/ n. gimnoto m.

gym shoe /ˈdʒɪmʃuː/ n. scarpa f. da ginnastica.

gymslip /ˈdʒɪmslɪp/ n. BE = grembiule senza maniche indossato dalle bambine a scuola.

gynae /ˈgaɪnɪ/ n. COLLOQ. ginecologo m. (-a).

gynaeceum → **gynoecium**.

gynaecocracy /gaɪnɪˈkɒkrəsɪ, dʒ-/ n. ginecocrazia f.

gynaecologic(al) BE, **gynecologic(al)** AE /ˌgaɪnəkəˈlɒdʒɪk(l)/ agg. ginecologico.

gynaecologist BE, **gynecologist** AE /ˌgaɪnəˈkɒlədʒɪst/ ➧ ***27*** n. ginecologo m. (-a).

gynaecology BE, **gynecology** AE /ˌgaɪnəˈkɒlədʒɪ/ n. ginecologia f.

gynandrous /gaɪˈnændrəs, dʒ-/ agg. ginandro.

gynoecium /gaɪˈniːsɪəm, dʒ-/ n. (pl. **-ia**) BOT. gineceo m.

1.gyp /dʒɪp/ n. BE COLLOQ. *(pain)* ***my back is giving me ~*** mi fa male la schiena *o* ho la schiena a pezzi.

2.gyp /dʒɪp/ n. GB UNIV. = domestico di college a Cambridge e Durham.

3.gyp /dʒɪp/ n. AE COLLOQ. **1** *(swindle)* imbroglio m., truffa f. **2** *(swindler)* imbroglione m. (-a), truffatore m. (-trice).

4.gyp /dʒɪp/ tr. (forma in -ing ecc. **-pp-**) COLLOQ. ***to ~ sb. out of sth.*** sottrarre qcs. a qcn. con l'imbroglio *o* truffare qcs. a qcn.; ***to get ~ped*** farsi imbrogliare.

gyp joint /ˈdʒɪpdʒɔɪnt/ n. AE COLLOQ. = locale dove spennano il cliente.

gyppo /ˈdʒɪpəʊ/ n. (pl. **~s**) BE POP. SPREG. *(gypsy)* zingaro m. (-a); *(Egyptian)* egiziano m. (-a).

gypseous /ˈdʒɪpsɪəs/ agg. MINER. gessoso.

gypsiferous /dʒɪpˈsɪfərəs/ agg. MINER. gessoso, contenente gesso.

gypsophila /dʒɪpˈsɒfɪlə/ n. gipsofila f.

gypster /ˈdʒɪpstə(r)/ n. AE COLLOQ. *(swindler)* imbroglione m. (-a), truffatore m. (-trice).

1.gypsum /ˈdʒɪpsəm/ **I** n. MINER. GEOL. gesso m., pietra f. da gesso **II** modif. [*deposit, quarry*] di gesso.

2.gypsum /ˈdʒɪpsəm/ tr. correggere col gesso [*soil*].

gypsy /ˈdʒɪpsɪ/ **I** n. zingaro m. (-a); *(Spanish)* gitano m. (-a) **II** modif. [*camp, site*] di zingari; [*music*] gitano; [*life*] da zingaro.

gypsy cab /ˈdʒɪpsɪˌkæb/ n. AE COLLOQ. = taxi che può trasportare clienti solo tramite la compagnia a cui è affiliato e che tuttavia prende clienti autonomamente.

gypsy moth /ˈdʒɪpsɪˌmɒθ, AE -mɔːθ/ n. bombice m. dispari.

1.gyrate /ˈdʒaɪrət/ agg. circinato.

2.gyrate /ˌdʒaɪˈreɪt, AE ˈdʒaɪreɪt/ intr. [*dancer*] volteggiare; [*kite*] roteare.

gyration /ˌdʒaɪˈreɪʃn/ n. *(of dancer)* (il) volteggiare, volteggiamento m.; *(of kite, fish etc.)* movimento m. in tondo.

gyratory /ˈdʒaɪrətrɪ, ˌdʒaɪˈreɪtrɪ/ agg. circolare, rotatorio.

gyre /ˈdzaɪə(r)/ n. **1** LETT. *(circle)* cerchio m.; *(spiral)* spirale f. **2** *(circular movement)* movimento m. in tondo.

gyrfalcon /ˈdʒɜːfɔːlkən/ n. girifalco m.

gyro /ˈdʒaɪərəʊ/ n. COLLOQ. **1** (accorc. gyroscope) giroscopio m. **2** (accorc. gyrocompass) girobussola f., bussola f. giroscopica.

gyrocompass /ˈdʒaɪrəʊkʌmpəs/ n. girobussola f., bussola f. giroscopica.

gyromagnetic /ˌdʒaɪrəʊmægˈnetɪk/ agg. giromagnetico.

gyroscope /ˈdʒaɪrəskəʊp/ n. giroscopio m.

gyroscopic /ˌdʒaɪrəˈskɒpɪk/ agg. giroscopico.

gyrostabilizer /ˌdʒaɪrəʊˈsteɪbəlaɪzə(r)/ n. girostabilizzatore m.

gyrostat /ˈdʒaɪrəstæt/ n. girostato m.

gyve /dzaɪv/ tr. ANT. LETT. incatenare, mettere in, ai ceppi.

gyves /dzaɪvz/ n.pl. catene f., ceppi m.

h

h, H /eɪtʃ/ n. h, H m. e f.; ***aspirate, mute ~*** h aspirata, muta; ***to drop one's ~'s*** BE non pronunciare le "h" (tratto tipico della pronuncia popolare o trascurata dell'inglese).
ha /hɑː/ inter. **1** *(to express triumph, scorn etc.)* ah **2** *"~! ~!" (laughter)* "ah, ah!".
habeas corpus /ˌheɪbɪəsˈkɔːpəs/ n. DIR. *(right)* habeas corpus m.

> **Habeas Corpus** Legge inglese risalente al 1679, che tutela i cittadini da arresto e detenzione arbitrari. Ogni accusato ha il diritto di essere ascoltato nelle ventiquattr'ore che seguono il suo arresto e di rimanere in libertà dietro cauzione fino al processo. Questa stessa procedura è in vigore negli Stati Uniti. L'espressione *Habeas Corpus* è l'inizio della frase latina "habeas corpus ad subiiciendum" che esprimeva l'ingiunzione di presentarsi di persona davanti al giudice.

haberdasher /ˈhæbədæʃə(r)/ ♦ *27* n. **1** BE merciaio m. (-a) **2** AE venditore m. (-trice) di abbigliamento maschile.
haberdashery /ˈhæbədæʃərɪ/ ♦ *27* n. **1** BE *(in department store)* merceria f. **2** *(goods)* BE mercerie f.pl. **3** AE negozio m. d'abbigliamento maschile.
habergeon /ˈhæbədʒən/ n. usbergo m.
habiliment /həˈbɪlɪmənt/ **I** n. ANT. *(dress)* abbigliamento m.; vestito m. **II habiliments** n.pl. ANT. *(for office or occasion)* abbigliamento m.sing., abiti m.
▷ **1.habit** /ˈhæbɪt/ n. **1** *(custom)* abitudine f.; SOCIOL. costume m., usanza f.; ***a nervous ~*** un tic nervoso; ***a ~ of mind*** un abito mentale; ***to get into bad ~s*** prendere cattive abitudini; ***to have a ~ of doing*** [*person*] avere l'abitudine di fare; ***history has a ~ of repeating itself*** la storia ha la tendenza a ripetersi; ***to be in the ~ of doing*** avere l'abitudine di fare *o* essere abituato a fare; ***I'm not in the ~ of borrowing money*** non ho l'abitudine di chiedere in prestito denaro; ***don't make a ~ of it!*** che non diventi un'abitudine! ***to get into the ~ of doing sth.*** prendere l'abitudine di fare qcs. *o* abituarsi a fare qcs.; ***to get out of the ~ of doing sth.*** perdere l'abitudine di fare qcs. *o* non essere più abituato a fare qcs.; ***to do sth. out of*** o ***from ~*** fare qcs. per abitudine; ***to be a creature of ~*** essere un tipo abitudinario **2** *(addiction)* assuefazione f.; ***drug, smoking ~*** assuefazione alla droga, al fumo; ***to kick the ~*** COLLOQ. *(of addiction)* smettere, perdere il vizio; *(of smoking)* smettere di fumare **3** RELIG. abito m. **4** EQUIT. tenuta f., abbigliamento m. da equitazione.
2.habit /ˈhæbɪt/ tr. **1** RAR. *(dress)* vestire, abbigliare **2** ANT. *(live)* abitare.
habitability /ˌhæbɪtəˈbɪlətɪ/ n. abitabilità f.
habitable /ˈhæbɪtəbl/ agg. abitabile.
habitableness /ˈhæbɪtəblnɪs/ n. → **habitability**.
habitant /ˈhæbɪtənt/ n. RAR. abitante m. e f.
habitat /ˈhæbɪtæt/ n. habitat m.
habitation /ˌhæbɪˈteɪʃn/ n. FORM. **1** *(house)* abitazione f., dimora f. **2** *(being inhabited)* ***to show signs of ~*** mostrare segni di presenza umana; ***unfit for human ~*** inadatto a essere abitato.
habit-forming /ˈhæbɪtfɔːmɪŋ/ agg. [*drug, activity*] che dà assuefazione; ***to be ~*** dare assuefazione.
habitual /həˈbɪtʃʊəl/ agg. **1** [*behaviour, reaction*] abituale, consueto **2** [*drinker, smoker, liar*] inveterato, impenitente; ***~ criminal, ~ offender*** delinquente abituale *o* recidivo.
habitually /həˈbɪtʃʊəlɪ/ avv. abitualmente.
habitualness /həˈbɪtʃʊəlnɪs/ n. abitualità f., (l')essere abituale.
habituate /həˈbɪtʃʊeɪt/ tr. FORM. ***to be*** o ***become ~d to sth., to doing*** abituarsi a qcs., a fare.
1.hack /hæk/ n. **1** *(blow)* colpo m., fendente m. **2** *(notch)* taglio m., tacca f., fenditura f. **3** SPORT *(kick)* calcio m. (negli stinchi) **4** *(cough)* tosse f. secca.
▷ **2.hack** /hæk/ **I** tr. **1** *(strike, chop)* tagliare, fare a pezzi [*branch, object*] (**with** con, a colpi di); ***to ~ sb. (to death) with sth.*** colpire qcn. (a morte) con qcs.; ***to ~ sth., sb. to pieces*** fare a pezzi qcs., qcn. **2** *(clear, cut)* tagliare, farsi un varco tra [*undergrowth, bushes*] (**with** con, a colpi di); ***to ~ a path through sth.*** aprirsi un varco attraverso qcs.; ***to ~ one's way through, out of sth.*** aprirsi un varco attraverso, per uscire da qcs. **3** SPORT *(kick)* ***to ~ sb., sb.'s shins*** dare un calcio a qualcuno, negli stinchi; ***to ~ sb.'s arm*** *(in basketball)* toccare *o* colpire il braccio di qcn. **II** intr. **1** *(chop)* menare fendenti (**with** con); ***to ~ at sth., sb.*** menare fendenti a, contro qcs., qcn.; ***to ~ through*** tagliare *o* fare a pezzi [*branch, object*] **2** *(cough)* tossire a colpi secchi.
▪ **hack across:** ***we had to ~ across the fields*** abbiamo dovuto attraversare i campi.
▪ **hack away:** ***~ away*** menare colpi, fendenti (**with** con); ***to ~ away at sth.*** menare colpi a qcs.; ***~ away [sth.], ~ [sth.] away*** tagliare [*branch, undergrowth*].
▪ **hack down:** ***~ down [sth.], ~ [sth.] down*** abbattere [*grass, bush, enemy*].
▪ **hack off:** ***~ off [sth.], ~ [sth.] off*** tagliare, troncare [*piece, branch*]; mozzare [*hand, head*].
▪ **hack out:** ***~ out [sth.], ~ [sth.] out*** aprire, fare [*foothold, clearing*].
▪ **hack up:** ***~ up [sth.], ~ [sth.] up*** fare a pezzi [*carcass, tree*].
3.hack /hæk/ n. **1** COLLOQ. SPREG. *(writer)* scribacchino m. (-a), scrittorucolo m. (-a) **2** POL. COLLOQ. (anche **party ~**) politicante m., politico m. da strapazzo **3** EQUIT. *(horse used for riding)* cavallo m. da sella; *(old horse)* vecchio ronzino m. **4** BE *(ride)* cavalcata f. **5** AE COLLOQ. *(taxi)* taxi m. **6** AE COLLOQ. *(taxi driver)* tassista m. e f.
4.hack /hæk/ **I** tr. COLLOQ. *(cope with)* ***I can't ~ it*** non ce la faccio; ***how long do you think he will ~ it?*** quanto a lungo pensi che resisterà? **II** intr. **1** BE EQUIT. cavalcare al passo, per diletto **2** AE COLLOQ. *(drive taxi)* guidare un taxi.
▪ **hack around** AE COLLOQ. bighellonare; oziare.
5.hack /hæk/ n. INFORM. → **hacker**.
▷ **6.hack** /hæk/ **I** tr. INFORM. inserirsi illecitamente in [*system, database*] **II** intr. COLLOQ. INFORM. *(break into systems)* fare pirateria informatica; ***to ~ into*** inserirsi *o* entrare illecitamente in [*system*].

7.hack /hæk/ n. **1** *(rack)* rastrelliera f. **2** *(board for hawk)* = tavoletta su cui si mette la carne per il falco **3** *(bricks stacked to dry)* = pila o fila di mattoni messi a essiccare.
hackamore /'hækəmɔ:(r)/ n. AE cavezza f.
hack-and-slash /ˌhækən'slæʃ/ agg. [*video game etc.*] violento.
hackberry /'hækberɪ/ n. **1** *(tree)* bagolaro m., olmo m. bianco **2** *(fruit)* frutto m. del bagolaro.
▷ **hacker** /'hækə(r)/ n. COLLOQ. INFORM. **1** *(illegal)* hacker m. e f., pirata m. informatico **2** *(legal)* appassionato m. (-a) d'informatica.
hacker-proof /'hækəpru:f/ agg. [*system*] a prova di hacker, protetto contro i pirati informatici.
hackette /ˌhæk'et/ n. COLLOQ. SPREG. giornalista f. (che si occupa di fatti di cronaca di scarso interesse).
1.hacking /'hækɪŋ/ n. COLLOQ. pirateria f. informatica.
2.hacking /'hækɪŋ/ n. *(riding)* passeggiata f., gita f. a cavallo.
hacking cough /ˌhækɪŋ'kɒf, AE -'kɔ:f/ n. tosse f. secca.
hacking jacket /'hækɪŋˌdʒækɪt/ n. giacca f. da equitazione.
hackle /'hækl/ **I** n. ZOOL. PESC. mosca f. artificiale dotata di piume **II hackles** n.pl. *(on animal)* peli m. del collo; ***the dog's ~s began to rise*** il cane cominciò a drizzare il pelo; ***to make sb.'s ~s rise*** FIG. fare arrabbiare qcn.; ***to get one's ~s up*** FIG. arrabbiarsi.
hackly /'hæklɪ/ agg. *(rough)* ruvido, scabro; *(jagged)* dentellato.
hackman /'hækmæn/ n. (pl. **-men**) AE COLLOQ. tassista m. e f.
hackmatack /'hækmətæk/ n. larice m. americano.
hackmen /'hækmen/ → **hackman**.
1.hackney /'hæknɪ/ n. **1** *(horse for hire)* cavallo m. da nolo; *(horse used for riding)* cavallo m. da sella **2** *(coach)* vettura f. a cavalli da nolo.
2.hackney /'hæknɪ/ tr. **1** dare a nolo [*horses etc.*] **2** rendere comune, trito [*subject*].
hackney cab /ˌhæknɪ'kæb/ n. vettura f. da nolo.
hackneyed /'hæknɪd/ agg. [*joke*] trito (e ritrito); [*subject*] trito (e ritrito), abusato, inflazionato; ***~ phrase*** o ***~ expression*** espressione trita *o* frase fatta.
hack reporter /ˌhækrɪ'pɒ:tə(r)/ n. COLLOQ. SPREG. giornalista m. e f. (che si occupa di fatti di cronaca di scarso interesse).
hacksaw /'hæksɔ:/ n. sega f., seghetto m. per metalli.
hackwork /'hækwɜ:k/ n. **U** = lavoro intellettuale con poche soddisfazioni fatto su commissione.
hack writer /'hækˌraɪtə(r)/ n. SPREG. scribacchino m. (-a), scrittorucolo m. (-a).
hack writing /'hækˌraɪtɪŋ/ n. SPREG. letteratura f. da quattro soldi.
had /forma debole həd, forma forte hæd/ pass., p.pass. → **1.have**.
haddock /'hædək/ n. (pl. **~s** o **~**) eglefino m.
Hades /'heɪdi:z/ n.pr. Ade m.; ***in ~*** nell'Ade.
hadj → **hajj**.
hadji → **hajji**.
▷ **hadn't** /'hædnt/ contr. had not.
Hadrian /'heɪdrɪən/ n.pr. Adriano.
Hadrian's Wall /ˌheɪdrɪənz'wɔ:l/ n. vallo m. di Adriano.
hadron /'hædrɒn/ n. adrone m.
haemal BE, **hemal** AE /'hi:ml/ agg. emale; ematico.
haematein BE, **hematein** AE /hi:mə'ti:n/ n. emateina f.
haematic BE, **hematic** AE /hi:'mætɪk/ **I** agg. ematico **II** n. farmaco m. ematico.
haematin BE, **hematin** AE /'hi:mətɪn/ n. ematina f.
haematinic BE, **hematinic** AE /hi:mə'tɪnɪk/ **I** agg. antianemico **II** n. antianemico m.
haematite BE, **hematite** AE /'hi:mətaɪt/ n. ematite f.
haematocrit BE, **hematocrit** AE /'hi:məʊtəkrɪt/ n. ematocrito m.
haematological BE, **hematological** AE /ˌhi:mətə'lɒdʒɪkl/ agg. ematologico.
haematologist BE, **hematologist** AE /ˌhi:mə'tɒlədʒɪst/ ♦ ***27*** n. ematologo m. (-a).
haematology BE, **hematology** AE /ˌhi:mə'tɒlədʒɪ/ n. ematologia f.
haematoma BE, **hematoma** AE /ˌhi:mə'təʊmə/ n. (pl. **~s** o **-ata**) ematoma m.
haematopoiesis BE, **hematopoiesis** AE /ˌhi:mətəʊpɔɪ'i:sɪs/ n. (pl. **-es**) ematopoiesi f.
haematopoietic BE, **hematopoietic** AE /ˌhi:mətəʊpɔɪ'etɪk/ agg. ematopoietico.
haematoxylin BE, **hematoxylin** AE /ˌhi:mə'tɒksɪlɪn/ n. ematossilina f.
haematuria BE, **hematuria** AE /ˌhi:mə'tjʊərɪə/ n. ematuria f.
haemin BE, **hemin** AE /'hi:mɪn/ n. emina f.
haemochrome BE, **hemochrome** AE /'hi:məkrəʊm/ n. emocromo m.
haemocyte BE, **hemocyte** AE /'hi:məsaɪt/ n. emocito m.
haemodialyser BE, **hemodialyser** AE /ˌhi:mə'daɪəlaɪzə(r)/ n. dializzatore m.
haemodialysis BE, **hemodialysis** AE /ˌhi:mədaɪ'æləsɪs/ n. (pl. **-es**) emodialisi f.
haemoglobin BE, **hemoglobin** AE /ˌhi:mə'gləʊbɪn/ n. emoglobina f.
haemoglobinuria BE, **hemoglobinuria** AE /ˌhi:məgləʊbɪ'njʊərɪə/ n. emoglobinuria f.
haemolymph BE, **hemolymph** AE /'hi:məlɪmf/ n. emolinfa f.
haemolysis BE, **hemolysis** AE /hi:'mɒləsɪs/ n. (pl. **-es**) emolisi f.
haemolytic BE, **hemolytic** AE /ˌhi:mə'lɪtɪk/ agg. emolitico.
haemophilia BE, **hemophilia** AE /ˌhi:mə'fɪlɪə/ ♦ ***11*** n. emofilia f.
haemophiliac BE, **hemophiliac** AE /ˌhi:mə'fɪlɪæk/ **I** agg. emofiliaco **II** n. emofiliaco m. (-a).
haemophilic BE, **hemophilic** AE /ˌhi:mə'fɪlɪk/ agg. emofilico, emofiliaco.
haemopoiesis BE, **hemopoiesis** AE /ˌhi:məʊpɔɪ'i:sɪs/ n. (pl. **-es**) emopoiesi f.
haemoprotein BE, **hemoprotein** AE /ˌhi:mə'prəʊtɪn/ n. emoproteina f.
haemoptysis BE, **hemoptysis** AE /hi:'mɒptɪsɪs/ n. (pl. **-es**) emottisi f.
1.haemorrhage BE, **hemorrhage** AE /'hemərɪdʒ/ n. emorragia f. (anche FIG.); ***brain, internal ~*** emorragia cerebrale, interna; ***to have a ~*** avere un'emorragia.
2.haemorrhage BE, **hemorrhage** AE /'hemərɪdʒ/ intr. avere un'emorragia; ***to ~ badly*** avere una pericolosa emorragia.
haemorrhagic BE, **hemorrhagic** AE /ˌhemə'rædʒɪk/ agg. emorragico.
haemorrhoids BE, **hemorrhoids** AE /'hemərɔɪdz/ n.pl. emorroidi f.; ***to suffer from ~*** avere le emorroidi.
haemostasis BE, **hemostasis** AE /ˌhi:məʊ'steɪsɪs/ n. (pl. **-es**) emostasi f.
haemostat BE, **hemostat** AE /'hi:məstæt/ n. emostatico m.
haemostatic BE, **hemostatic** AE /ˌhi:mə'stætɪk/ agg. emostatico.
haemothorax BE, **hemothorax** AE /ˌhi:mə'θɔ:ræks/ n. (pl. **~es, -ces**) emotorace m.
hafnium /'hæfnɪəm/ n. afnio m.
haft /hɑ:ft/ n. manico m.; *(of dagger)* impugnatura f.
1.hag /hæg/ n. *(witch)* strega f.; SPREG. *(ugly woman)* ***old ~*** vecchia strega, vecchia megera.
2.hag /hæg/ n. SCOZZ. palude f., acquitrino m.; *(in bog)* terreno m. solido; *(in moor)* terreno m. molle.
haggard /'hægəd/ agg. [*appearance, person*] smunto, macilento; [*face, expression*] tirato; ***to look ~ (and drawn)*** avere l'aria stanca *o* un aspetto tirato.
haggardly /'hægədlɪ/ avv. con aria stanca.
haggardness /'hægədnɪs/ n. (l')essere macilento, smunto.
haggis /'hægɪs/ n. (pl. **~**, **~es**) GASTR. INTRAD. m. (piatto scozzese a base di interiora di pecora cotte nello stomaco dell'animale).
haggish /'hægɪʃ/ agg. di, da strega.
haggle /'hægl/ intr. disputare; mercanteggiare, contrattare; ***to ~ about*** o ***over sth.*** tirare sul prezzo di qcs.; ***after a lot of haggling*** dopo aver mercanteggiato a lungo.
haggler /'hæglə(r)/ n. chi mercanteggia, chi tira sul prezzo.
hagiarchy /'hægɪɑ:kɪ/ n. regno m., governo m. dei santi.
hagiographer /ˌhægɪ'ɒgrəfə(r)/ ♦ ***27*** n. agiografo m. (-a).
hagiographic(al) /ˌhægɪə'græfɪk(l)/ agg. agiografico.
hagiography /ˌhægɪ'ɒgrəfɪ/ n. agiografia f.
hagiologist /ˌhægɪ'ɒlədʒɪst/ n. agiologo m. (-a).
hagiology /ˌhægɪ'ɒlədʒɪ/ n. agiologia f.
hagridden /'hægrɪdn/ agg. LETT. ossessionato, tormentato.
Hague /heɪg/ ♦ ***34*** n.pr. ***The ~*** L'Aia.
hah /hɑ:/ inter. ah.
1.ha-ha /hɑ:'hɑ:/ inter. *(expressing mockery, surprise)* ah ah.
2.ha-ha /'hɑ:hɑ:/ n. *(ditch)* fosso m. di cinta.
hahnium /'hɑ:nɪəm/ n. hahnio m.
haiku /'haɪku:/ n. haiku m.
1.hail /heɪl/ n. grandine f.; FIG. *(of bullets)* scarica f.; *(of insults)* gragnuola f., pioggia f. (**of** di).
2.hail /heɪl/ impers. grandinare.
■ **hail down** grandinare (anche FIG.).
3.hail /heɪl/ inter. ***Hail!*** Salve! Salute! ***~ the conquering hero!*** SCHERZ. salve, eroe vittorioso!
4.hail /heɪl/ n. saluto m., acclamazione f.
5.hail /heɪl/ tr. **1** *(call, signal to)* chiamare [*person, taxi*]; salutare [*ship*]; ***within ~ing distance*** a portata di voce **2** *(praise)* ***to ~ sb. as***

acclamare *o* salutare qcn. come; ***to ~ sth. as (being) sth.*** salutare qcs. come qcs.

▪ **hail from** FORM. venire, provenire da.

hail columbia /ˌheɪlkə'lʌmbɪə/ **I** n. ***to give sb. ~*** dirne di tutti i colori a qcn., dirne quattro a qcn. **II** inter. ***~!*** maledizione! diavolo!

hail-fellow-well-met /ˌheɪlfeləʊwel'met/ agg. ***to be ~*** essere molto cordiale; ***he's a bit too ~*** è un po' troppo cordiale.

Hail Mary /ˌheɪl'meərɪ/ n. avemaria m.

hailstone /'heɪlstəʊn/ n. chicco m. di grandine.

hailstorm /'heɪlstɔ:m/ n. grandinata f.

▶ **hair** /heə(r)/ **I** n. **1** U *(collectively) (human) (on head)* capelli m.pl., capigliatura f., chioma f.; *(on body)* peli m.pl.; *(of animal)* pelo m., pelame m.; ***to have long, short ~*** [*person*] avere i capelli lunghi, corti; [*cat, dog*] avere il pelo lungo, corto; ***blond, black ~*** capelli biondi, neri; ***a fine head of ~*** una bella capigliatura; ***to brush, wash one's ~*** spazzolarsi, lavarsi i capelli; ***to get one's ~ cut*** farsi tagliare i capelli; ***to have one's ~ done*** farsi fare la messa in piega **2** *(individually) (human) (on head)* capello m.; *(on body)* pelo m.; *(animal)* pelo m.; ***two blond ~s*** due capelli biondi **II -haired** agg. in composti ***long, short~ed*** [*person*] dai capelli lunghi, corti; [*animal*] dal pelo lungo, corto; ***dark, curly~ed*** dai capelli scuri, ricci ◆ ***by a ~, by a ~'s breadth*** per un pelo; ***to have a ~'s breadth escape*** salvarsi per un pelo *o* per il rotto della cuffia; ***he didn't turn a ~*** non ha fatto una piega *o* non ha battuto ciglio; ***he was perfect, not a ~ out of place*** era perfetto, non aveva un solo capello fuori posto; ***it made my ~ stand on end*** mi ha fatto rizzare i capelli in testa; ***I won't let them touch*** o ***harm a ~ of your head*** gli impedirò di torcerti un solo capello; ***keep your ~ on!*** BE COLLOQ. stai calmo! non preoccuparti! ***the thought made her ~ curl*** il pensiero le fece rizzare i capelli in testa; ***to get in sb.'s ~*** COLLOQ. stare tra i piedi di qcn. *o* dare fastidio a qcn.; ***to have sb. by the short ~s*** AE POP. tenere qcn. in pugno, in propria balia; ***to let one's ~ down*** COLLOQ. rilassarsi *o* lasciarsi andare; ***to split ~s*** spaccare il capello in quattro; ***to tear one's ~ out*** strapparsi i capelli; ***you need a ~ of the dog (that bit you)*** = hai bisogno di un bicchierino di liquore per farti passare la sbronza.

hair ball /'heəbɔ:l/ n. *(in cats)* palla f. di pelo; *(in calves, horses)* egagropilo m.

hairband /'heəbænd/ n. cerchietto m.

hairbrush /'heəbrʌʃ/ n. spazzola f. per capelli.

hairclip /'heəklɪp/ n. BE molletta f., pinzetta f. per capelli.

haircloth /'heəklɒθ/ n. tessuto m. di crine.

hair conditioner /'heəkənˌdɪʃənə(r)/ n. balsamo m. per capelli.

hair cream /'heəkri:m/ n. gommina f., gel m. per capelli.

hair curler /'heəkɜ:lə(r)/ n. bigodino m.

haircut /'heəkʌt/ n. taglio m. di capelli; ***to get a ~*** farsi tagliare i capelli.

hairdo /'heədu:/ n. (pl. **~s**) COLLOQ. acconciatura f., pettinatura f.

▷ **hairdresser** /'heədresə(r)/ ➧ **27** n. parrucchiere m. (-a), acconciatore m. (-trice); ***a ~'s salon*** (negozio di) parrucchiere; ***to go to the ~'s*** andare dal parrucchiere.

hairdressing /'heədresɪŋ/ n. acconciatura f. di capelli.

hairdrier, **hairdryer** /'heəˌdraɪə(r)/ n. *(hand-held)* asciugacapelli m., fon m.; *(hood)* casco m. asciugacapelli.

hair-dye /'heədaɪ/ n. tintura f. per capelli.

hair follicle /'heəˌfɒlɪkl/ n. follicolo m. pilifero.

hair gel /'heədʒel/ n. gel m. per capelli.

hair-grass /'heəgrɑ:s, AE -græs/ n. agrostide f.

hairgrip /'heəgrɪp/ n. BE molletta f., pinzetta f. per capelli.

hairiness /'heərɪnɪs/ n. pelosità f., villosità f.

hairless /'heəlɪs/ agg. [*head*] senza capelli, calvo; [*chest, body, chin*] senza peli, glabro; [*animal*] senza peli.

1.hairline /'heəlaɪn/ n. attaccatura f. dei capelli; ***his ~ is receding*** si sta stempiando.

2.hairline /'heəlaɪn/ agg. **1** *(thin)* finissimo, sottile **2** *(close)* [*victory etc.*] di stretta misura **3** *(precise)* preciso, esatto.

hairline crack /ˌheəlaɪn'kræk/ n. incrinatura f., sottile fenditura f.

hairline fracture /ˌheəlaɪn'fræktʃə(r)/ n. MED. microfrattura f.

hairnet /'heənet/ n. retina f. per capelli.

hair oil /'heərɔɪl/ n. brillantina f.

hairpiece /'heəpi:s/ n. parrucchino m., toupet m.

hairpin /'heəpɪn/ n. forcina f., forcella f. per capelli.

hairpin bend /ˌheəpɪn'bend/ n. curva f. a gomito, tornante m.

hair-powder /'heəpaʊdə(r)/ n. cipria f., talco m. per capelli.

hair-raising /'heəˌreɪzɪŋ/ agg. [*story, adventure, escape*] spaventoso, da far rizzare i capelli in testa.

hair remover /'heərɪˌmu:və(r)/ n. crema f. depilatoria.

hair restorer /'heərɪˌstɔ:rə(r)/ n. rigeneratore m. per capelli.

hair shirt /ˌheə'ʃɜ:t/ n. cilicio m.

hair-slide /'heəslaɪd/ n. BE fermacapelli m.

hair splitting /'heəˌsplɪtɪŋ/ n. pedanteria f., cavillosità f.

hairspray /'heəspreɪ/ n. lacca f., (spray) fissante m. per capelli.

hairspring /'heəsprɪŋ/ n. spirale f. (di orologio).

hairstyle /'heəstaɪl/ n. *(arrangement)* acconciatura f., pettinatura f.; *(cut)* taglio m.

hair stylist /'heəstaɪlɪst/ ➧ **27** n. parrucchiere m. (-a).

hairtician /heə'tɪʃn/ n. AE COLLOQ. → **hair stylist**.

hair transplant /'heəˌtrænsˌplɑ:nt, AE -ˌplænt/ n. trapianto m. di capelli.

hair trigger /'heətrɪgə(r)/ **I** n. grilletto m. molto sensibile **II** modif. [*reaction*] immediato.

hair-worm /'heəwɜ:m/ n. nematomorfo m.

hairy /'heərɪ/ agg. **1** [*coat, blanket, dog, arms ecc.*] peloso; [*chest*] villoso; BOT. [*stem*] peloso; [*roots*] ricoperto di peli **2** COLLOQ. [*adventure, moment*] tremendo, drammatico; ***things got really ~*** la situazione si fece drammatica.

Haiti /'heɪtɪ/ ➧ **6, 12** n.pr. Haiti f.

Haitian /'heɪʃn/ ➧ **18, 14 I** agg. haitiano **II** n. **1** *(person)* haitiano m. (-a) **2** *(language)* = variante creola del francese parlato a Haiti.

hajj /hædʒ/ n. = pellegrinaggio alla Mecca che ogni musulmano deve compiere almeno una volta nella vita; ***to perform the ~*** o ***to make a ~*** andare in pellegrinaggio alla Mecca.

hajji /'hædʒɪ/ n. *(pilgrim)* = musulmano che è stato in pellegrinaggio alla Mecca.

hake /heɪk/ n. (pl. **~, ~s**) ZOOL. GASTR. nasello m.

Hal /hæl/ n.pr. diminutivo di **Henry**, **Harold**.

halal /hɑ:'lɑ:l/ agg. [*meat*] = che proviene da animali macellati secondo la legge islamica; ***~ butcher*** = macellaio che vende carne macellata secondo la legge islamica.

halation /hæ'leɪʃn/ n. FOT. alone m.

halberd /'hælbəd/ n. alabarda f.

halberdier /ˌhælbə'dɪə(r)/ n. alabardiere m.

halcyon /'hælsɪən/ **I** n. MITOL. alcione m. **II** agg. [*time, period*] felice, idilliaco; ***~ days*** giorni felici.

1.hale /heɪl/ agg. [*old person*] arzillo, vigoroso; ***to be ~ and hearty*** essere arzillo; [*convalescent*] essere in buona salute.

2.hale /heɪl/ tr. ANT. tirare, trascinare a forza.

▶ **half** /hɑ:f, AE hæf/ ➧ **4 I** n. (pl. **halves**) **1** *(one of two parts)* metà f., mezzo m.; ***~ (of) the page, the people, the wine*** metà della pagina, della gente, del vino; ***~ (of) 38 is 19*** la metà di 38 è 19; ***he arrives late ~ (of) the time*** arriva in ritardo metà delle volte; ***to cut, tear, break sth. in ~*** tagliare, strappare, rompere qcs. a metà **2** MAT. *(fraction)* mezzo m.; ***four and a ~*** quattro e mezzo **3** SPORT *(time period)* tempo m.; *(pitch area)* metà f. campo; ***the first, second ~*** il primo, secondo tempo **4** SPORT → **halfback** **5** BE COLLOQ. *(half pint)* mezza pinta f. **6** BE *(half fare)* biglietto m. ridotto, tariffa f. ridotta **II** agg. ***a ~ apple*** una mezza mela; ***a ~ circle*** un semicerchio; ***a ~-cup, ~ a cup*** mezza tazza; ***a ~-litre, ~ a litre*** mezzo litro; ***a ~-litre pot*** un boccale da mezzo litro; ***a ~-page advertisement*** una pubblicità di mezza pagina; ***twelve and a ~ per cent*** dodici e mezzo per cento; ***two and a ~ cups*** due tazze e mezza **III** pron. **1** *(50%)* metà f.; ***only ~ passed*** solo la metà è stata promossa; ***you can have ~ now, the rest later*** puoi averne metà ora, e dopo il resto; ***to cut, increase sth. by ~*** dimezzare qcs., aumentare qcs. della metà; ***that was a meal and a ~!*** COLLOQ. (quello sì che) è stato un pranzo come si deve! **2** *(in time)* ***an hour and a ~*** un'ora e mezza; ***~ past two, six*** BE, ***~ two, six*** COLLOQ. le due, sei e mezza; ***it starts at ~ past*** comincia a e mezza; ***the buses run at ~ past the hour*** gli autobus passano ai trenta di ogni ora **3** *(in age)* ***she is ten and a ~*** ha dieci anni e mezzo **IV** avv. [*full, over, asleep, drunk, eaten, understood, remembered*] a metà; [*cooked, dressed, hidden*] a metà, mezzo; ***to ~ close one's eyes, the window*** chiudere gli occhi, la finestra a metà; ***it's ~ the price*** è a metà prezzo; ***it's ~ the size*** è grande la metà; ***~ as much money, as many people*** metà (del) denaro, (delle) persone; ***~ as big, as heavy*** grande, pesante la metà; ***~ as much, as many again*** ancora la metà *o* la metà in più; ***~ as tall again*** più alto della metà; ***he's ~ my age*** ha la metà dei miei anni; ***she's ~ Italian*** è per metà italiana; ***he's ~ Spanish ~ Irish*** è per metà spagnolo e per metà irlandese; ***the word is ~ Latin ~ Greek*** la parola è metà latina e metà greca; ***~ woman ~ fish*** metà donna metà pesce; ***he was only ~ serious*** era serio solo a metà; ***~ disappointed ~ relieved*** metà deluso metà sollevato *o* in parte deluso e in parte sollevato; ***to be only ~ right*** avere solo ragione a metà; ***to be only ~ listening*** ascoltare solo a metà; ***if it was ~ as easy as they say*** se fosse facile la metà di quello che dicono loro; ***I was ~ hoping that*** quasi speravo che; ***I ~ expected it*** me l'aspettavo quasi; ***not ~ old,***

~ big davvero vecchio, grande; ***he wasn't ~ angry, surprised*** COLLOQ. altroché se era arrabbiato, sorpreso; ***it doesn't ~ stink!*** COLLOQ. puzza eccome! ***not ~!*** COLLOQ. eccome! molto! altro che! ***not ~ bad*** COLLOQ. niente male ◆ ***~ a minute*** o ***second*** o ***tick*** BE COLLOQ. o ***mo*** COLLOQ. un minuto *o* un attimo; ***how the other ~ lives*** *(the rich)* come vivono i ricchi; *(the poor)* come vivono i poveri; ***if given ~ a chance*** se solo ne avessi la benché minima possibilità; ***to have ~ a mind to do*** avere una mezza intenzione *o* idea di fare; ***one's better*** o ***other ~*** la propria (dolce) metà; ***that's not the ~ of it!*** e questo è solo una parte! non è la parte più importante! ***she doesn't know the ~ of it!*** e non sa ancora il resto! ***he doesn't know the ~ of using a computer*** non sa neanche da che parte cominciare a usare il computer; ***to go halves with sb.*** fare a metà con qcn.; ***let's go halves*** facciamo a metà; ***never to do things by halves*** non fare mai le cose a metà; ***too clever by ~*** COLLOQ. troppo intelligente *o* furbo per i miei, nostri ecc. gusti.

half a crown /ˌhɑːfəˈkraʊn, AE ˌhæf-/ n. → **half crown**.

half adjust /ˈhɑːfəˌdʒʌst, AE ˈhæf-/ n. INFORM. arrotondamento m.

half-and-half /ˌhɑːfnˈhɑːf, AE ˌhæfnˈhæf/ **I** agg. mezz'e mezzo, a metà **II** avv. metà e metà.

half-angle /ˈhɑːfæŋgl, AE ˈhæf-/ n. semiangolo m.

half-assed /ˈhɑːfɑːst, AE ˌhæfˈæst/ agg. AE POP. deficiente, stupido.

halfback /ˈhɑːfbæk, AE ˈhæf-/ n. SPORT mediano m.

half-baked /ˌhɑːfˈbeɪkt, AE ˌhæf-/ agg. COLLOQ. **1** *(foolish)* stupido, sciocco **2** *(poorly planned)* [*plan etc.*] incompleto, zoppicante.

half-binding /ˈhɑːfˌbaɪndɪŋ, AE ˈhæf-/ n. rilegatura f. in mezza pelle, rilegatura f. in mezza tela.

half-blood /ˈhɑːfblʌd, AE ˈhæf-/ n. **1** *(sibling)* parente m. e f. da parte di un solo genitore **2** AE → **half-breed 3** AE *(animal)* mezzosangue m.

half-board /ˌhɑːfˈbɔːd, AE ˌhæf-/ n. mezza pensione f.

half boot /ˈhɑːfˌbuːt, AE ˈhæf-/ n. stivaletto m.

half-bound /ˈhɑːfbaʊnd, AE ˈhæf-/ agg. rilegato in mezza pelle, rilegato in mezza tela.

half-breed /ˈhɑːfbriːd, AE ˈhæf-/ **I** agg. SPREG. meticcio, bastardo **II** n. SPREG. meticcio m. (-a), bastardo m. (-a).

half brother /ˈhɑːfˌbrʌðə(r), AE ˈhæf-/ n. fratellastro m.

half-caste /ˈhɑːfkɑːst, AE ˈhæfkæst/ → **half-breed**.

half century /ˈhɑːfˌsentʃərɪ, AE ˈhæf-/ n. mezzo secolo m.

half cock /ˌhɑːfˈkɒk, AE ˌhæf-/ n. *(of firearm)* mezzo m. cane; posizione f. di sicura; ***at ~*** a mezzo cane *o* con il grilletto in posizione di sicura ◆ ***to go off at ~*** *(flop)* andare a monte *o* in fumo; *(be hasty)* parlare *o* agire prematuramente *o* impulsivamente.

half-cocked /ˌhɑːfˈkɒkt, AE ˌhæf-/ agg. [*firearm*] a mezzo cane, con il grilletto in posizione di sicura ◆ ***to go off ~*** *(flop)* andare a monte *o* in fumo; *(be hasty)* parlare *o* agire prematuramente *o* impulsivamente.

half-conscious /ˌhɑːfˈkɒnʃəs, AE ˌhæf-/ agg. semicosciente.

half-cooked /ˌhɑːfˈkʊkt, AE ˌhæf-/ agg. mezzo cotto, cotto a metà.

half crown /ˌhɑːfˈkraʊn, AE ˌhæf-/ n. GB STOR. *(old coin)* mezza corona f.

half-cup bra /ˌhɑːfkʌpˈbrɑː, AE ˌhæf-/ n. reggiseno m. a balconcino, reggiseno m. a mezza coppa.

half-cut /ˌhɑːfˈkʌt, AE ˌhæf-/ agg. BE COLLOQ. brillo; ubriaco.

half day /ˈhɑːfˌdeɪ, AE ˈhæf-/ n. mezza giornata f.; ***it's my ~*** è la mia mezza giornata di riposo.

half-dead /ˌhɑːfˈded, AE ˌhæf-/ agg. **1** tra la vita e la morte **2** FIG. mezzo morto.

half-dollar /ˌhɑːfˈdɒlə(r), AE ˌhæf-/ n. mezzo dollaro m.

half-dozen /ˌhɑːfˈdʌzn, AE ˌhæf-/ n. mezza dozzina f.; ***a ~ eggs*** una mezza dozzina di uova; ***to be sold by the ~*** essere venduto a mezze dozzine.

half-duplex /ˈhɑːfˌdjuːpleks, AE ˈhæfˌduːpleks/ n. TEL. INFORM. semiduplex m.

half fare /ˌhɑːfˈfeə(r), AE ˌhæf-/ n. tariffa f. ridotta; ***to travel (at*** o ***for) ~*** viaggiare a tariffa ridotta.

half-grown /ˌhɑːfˈgrəʊn, AE ˌhæf-/ agg. a metà dello sviluppo.

half-hearted /ˌhɑːfˈhɑːtɪd, AE ˌhæf-/ agg. [*smile, participation*] un po' freddo, senza entusiasmo; [*attempt*] esitante, incerto.

half-heartedly /ˌhɑːfˈhɑːtɪdlɪ, AE ˌhæf-/ avv. un po' freddamente, senza entusiasmo.

half-hitch /ˈhɑːfˌhɪtʃ, AE ˈhæf-/ n. MAR. mezzo collo m., nodo m. a mezzo collo.

half holiday /ˌhɑːfˈhɒlədeɪ, AE ˌhæf-/ n. BE mezza giornata f. di vacanza, di festa.

half-hose /ˈhɑːfˌhəʊz, AE ˈhæf-/ n. calzino m.

▷ **half hour** /ˌhɑːfˈaʊə(r), AE ˌhæf-/ ♦ **33 I** n. mezz'ora f., mezzora f.; ***every ~*** ogni mezz'ora; ***on the ~*** alla mezz'ora **II** modif. [*delay, journey, lesson, session*] di mezz'ora.

half-hourly /ˌhɑːfˈaʊəlɪ, AE ˌhæf-/ **I** agg. che avviene ogni mezz'ora **II** avv. ogni mezz'ora.

half-jokingly /ˌhɑːfˈdʒəʊkɪŋlɪ, AE ˌhæf-/ avv. in modo semiserio; tra il serio e il faceto.

half-length /ˌhɑːfˈleŋθ, AE ˌhæf-/ **I** n. **1** ART. mezzobusto m. **2** *(in horseracing)* metà lunghezza f. **II** agg. [*portrait, picture*] a mezzo busto.

half-life /ˈhɑːflaɪf, AE ˈhæf-/ n. **1** CHIM. emivita f. **2** FIS. periodo m. di dimezzamento.

half-light /ˈhɑːflaɪt, AE ˈhæf-/ n. LETT. penombra f., semioscurità f.

half-line /ˈhɑːflaɪn, AE ˈhæf-/ n. semiretta f.

half marathon /ˌhɑːfˈmærəθən, AE ˌhæfˈmærətɒn/ n. mezzamaratona f., maratonina f.

half-mast /ˌhɑːfˈmɑːst, AE ˌhæfˈmæst/ n. ***at ~*** [*flag*] a mezz'asta; BE SCHERZ. [*trousers*] troppo corto.

half-masters /ˌhɑːfˈmɑːstəz, AE ˌhæfˈmæstərz/ n.pl. = pantaloni che sono diventati troppo corti, che arrivano a metà gamba.

half-measures /ˈhɑːfˌmeʒəz, AE ˈhæf-/ n.pl. mezze misure f., compromessi m.

half-moon /ˌhɑːfˈmuːn, AE ˌhæf-/ **I** n. **1** mezzaluna f.; ASTR. semilunio m. **2** *(of fingernail)* lunetta f., lunula f. ungueale **II** modif. [*spectacles, shape*] a mezzaluna.

half-naked /ˌhɑːfˈneɪkɪd, AE ˌhæf-/ agg. mezzo nudo, seminudo.

half nelson /ˌhɑːfˈnelsn, AE ˌhæf-/ n. *(in wrestling)* elson f.

halfnote /ˈhɑːfnəʊt, AE ˈhæf-/ n. AE MUS. minima f.

half-open /ˌhɑːfˈəʊpən, AE ˌhæf-/ agg. semiaperto.

half pay /ˌhɑːfˈpeɪ, AE ˌhæf-/ n. metà stipendio m., stipendio m. ridotto; ***to be on ~*** percepire uno stipendio ridotto.

halfpenny /ˈheɪpnɪ/ **I** n. **1** GB STOR. mezzo penny m. **2** FIG. *(small amount)* spicciolo m. **II** modif. [*coin, piece*] da mezzo penny; [*sweet*] da, a mezzo penny.

halfpennyworth /ˈheɪpnɪwɜːθ/ n. ***a ~ of*** un mezzo penny di; FIG. una piccola quantità di.

half-pint /ˌhɑːfˈpaɪnt, AE ˌhæf-/ ♦ **3 I** n. **1** mezza pinta f. (GB = 0.28 l; US = 0.24 l); ***a ~ of milk*** una mezza pinta di latte **2** BE *(of beer)* mezza pinta f. **II** modif. [*glass, bottle*] da mezza pinta.

half-pipe /ˈhɑːfpaɪp, AE ˈhæf-/ n. *(for skateboards, snowboards, rollerblades)* half-pipe m.

half price /ˌhɑːfˈpraɪs, AE ˌhæf-/ avv. e agg. a metà prezzo.

half-processed /ˌhɑːfˈprəʊsesd, AE ˌhæfˈprɒsesd/ agg. IND. TECN. semilavorato.

half rest /ˈhɑːfˌrest, AE ˈhæf-/ n. AE pausa f. di minima.

half-rhyme /ˈhɑːfˌraɪm, AE ˈhæf-/ n. rima f. imperfetta.

half seas over /ˌhɑːfsiːzˈəʊvə(r), AE ˌhæf-/ BE ANT. COLLOQ. agg. brillo, mezzo ubriaco.

half sister /ˈhɑːfˌsɪstə(r), AE ˈhæf-/ n. sorellastra f.

half size /ˌhɑːfˈsaɪz, AE ˌhæf-/ **I** n. *(of shoe)* mezza taglia f. **II** agg. [*replica, model*] in scala 1:2; [*copy*] ridotta della metà.

half size violin /ˈhɑːfsaɪzvaɪəˌlɪn, AE ˈhæf-/ n. mezzo violino m.

half slip /ˈhɑːfˌslɪp, AE ˈhæf-/ n. sottoveste f. a vita.

half smile /ˈhɑːfˌsmaɪl, AE ˈhæf-/ n. mezzo sorriso m.

half-staff /ˌhɑːfˈstɑːf, AE ˌhæfˈstæf/ n. AE → **half-mast**.

half-starved /ˌhɑːfˈstɑːvd, AE ˌhæf-/ agg. quasi, mezzo morto di fame.

half step /ˈhɑːfstep, AE ˈhæf-/ n. AE MUS. semitono m.

half term /ˌhɑːfˈtɜːm, AE hæf-/ **I** n. BE SCOL. **1** *(holiday)* vacanze f.pl. di metà trimestre **2** *(period)* metà trimestre m. **II** modif. [*holiday, trip*] di metà trimestre.

half-timbered /ˌhɑːfˈtɪmbəd, AE ˌhæf-/ agg. [*house*] a graticcio.

▷ **half-time** /ˌhɑːfˈtaɪm, AE ˌhæf-/ **I** n. **U** SPORT intervallo m., metà f. partita; ***at ~*** all'intervallo *o* a metà partita **II** modif. **1** SPORT [*whistle*] dell'intervallo *o* della fine del primo tempo; [*score*] alla fine del primo tempo; ***~ break*** intervallo **2** ECON. COMM. [*figures, profits*] semestrale **3** *(part time)* [*post, worker*] part time.

half title /ˈhɑːfˌtaɪtl, AE ˈhæf-/ n. TIP. occhiello m.

halftone /ˈhɑːftəʊn, AE ˈhæf-/ n. **1** FOT. *(technique)* incisione f. a mezzatinta; *(photograph)* mezzatinta f. **2** ART. mezzatinta f. **3** AE MUS. semitono m.

half-track /ˈhɑːftræk, AE ˈhæf-/ n. **1** *(drive system)* carrello m. motore cingolato **2** *(vehicle)* semicingolato m.

half-truth /ˈhɑːftruːθ, AE ˈhæf-/ n. mezza verità f.

half-volley /ˌhɑːfˈvɒlɪ, AE ˌhæf-/ n. demi-volée f., mezza volata f.

▷ **halfway** /ˌhɑːfˈweɪ, AE ˌhæf-/ **I** agg. ***the ~ stage*** lo stadio intermedio *o* mediano; ***to reach the ~ mark*** o ***point*** essere a metà (strada) (**of** di) **II** avv. **1** *(at the midpoint)* a metà strada (**between** tra); ***I was ~ to the office*** ero a metà strada andando in ufficio; ***to be ~ there*** essere a metà strada; ***to stop ~*** fermarsi a metà strada; ***I went ~*** arrivai fino a metà strada *o* feci metà strada; ***~ up*** o ***down*** a metà di [*stairs, tree*]; ***~ down the page*** a metà pagina; ***~ across*** in mezzo a [*room, ocean*]; ***you could hear it ~ across town*** si poteva sentire in mezza città; ***to travel ~ across*** o ***round the world for sth.*** viaggiare per mezzo mondo *o* girare mezzo mondo per qcs.; ***~ through*** a metà; ***I left ~ through*** me ne sono andato a metà; ***~ through the film*** a metà film; ***~ through the week, morning*** a metà settimana, mattina; ***to be ~ through doing sth.*** essere a metà di qcs. **2** FIG. ***to go ~ to*** o ***towards*** BE ***sth., doing sth.*** essere a metà di qcs.; ***the statement only goes ~*** l'affermazione dà risposta solo a parte del pro-blema; ***we're ~ there*** siamo a metà strada; ***I met him ~*** gli sono andato incontro *o* siamo giunti a un compromesso; ***to meet trouble ~*** preoccuparsi prima del tempo *o* fasciarsi la testa prima di rompersela **3** AE COLLOQ. *(in the least)* [*decent, convincing*] quasi, pressoché; [*competent*] più o meno.

halfway house /ˌhɑːfweɪˈhaʊs, AE ˌhæfweɪ-/ n. **1** *(compromise)* compromesso m., via f. di mezzo **2** *(rehabilitation centre)* = centro per il reinserimento sociale di detenuti, malati di mente ecc. **3** STOR. locanda f. a metà strada.

halfway line /ˈhɑːfweɪˌlaɪn, AE ˈhæf-/ n. SPORT linea f. di metà campo.

halfwit /ˈhɑːfwɪt, AE ˈhæf-/ n. COLLOQ. SPREG. stupido m. (-a), idiota m. e f.

halfwitted /ˌhɑːfˈwɪtɪd, AE ˌhæf-/ agg. COLLOQ. SPREG. stupido, idiota.

half-year /ˌhɑːfˈjeə(r), AE ˌhæf-/ **I** n. ECON. COMM. semestre m. **II** modif. ECON. COMM. [*profit, results, figures*] semestrale.

half-yearly /ˌhɑːfˈjeəlɪ, AE ˌhæf-/ **I** agg. [*meeting, statement, payment*] semestrale **II** avv. [*meet, pay*] semestralmente, ogni semestre.

halibut /ˈhælɪbət/ n. (pl. ~, ~s) ippoglosso m., halibut m.

halide /ˈhælaɪd/ n. alogenuro m.

halite /ˈhælaɪt/ n. salgemma m.

halitosis /ˌhælɪˈtəʊsɪs/ ♦ ***11*** n. alitosi f.

▶ **hall** /hɔːl/ n. **1** *(in house)* entrata f., vestibolo m.; *(corridor)* corridoio m.; *(in hotel)* hall f.; *(in airport, station)* atrio m.; ***arrivals, departures ~*** AER. atrio arrivi, partenze **2** *(for public events)* sala f., salone m.; *(of church)* sala f. parrocchiale; *(of school)* ***(assembly) ~*** aula riunioni; ***the local ~*** la sala per le feste locali; ***concert ~*** auditorium *o* sala da concerti **3** AMM. *(offices)* ***city, town ~*** municipio, comune **4** UNIV. *(residence)* casa f. dello studente, collegio m. universitario; ***to live in ~*** stare alla casa dello studente **5** UNIV. *(refectory)* mensa f.; ***to dine in ~*** BE mangiare in mensa **6** *(country house)* palazzo m. di campagna, maniero m.

hallal → **halal**.

hall door /ˌhɔːlˈdɔː(r)/ n. ingresso m. principale.

hallelujah /ˌhælɪˈluːjə/ inter. alleluia.

halliard → **halyard**.

1.hallmark /ˈhɔːlmɑːk/ n. **1** *(typical feature)* caratteristica f.; ***to bear the ~*** o ***~s of sb., sth.*** presentare le caratteristiche di qcn., qcs. **2** BE *(on metal)* saggiatura f., marchio m. di garanzia.

2.hallmark /ˈhɔːlmɑːk/ tr. apporre un marchio di garanzia a; ***to be ~ed*** avere un marchio di garanzia.

hallo /həˈləʊ/ inter. **1** BE → **hello 2** VENAT. → **halloo**.

Hall of Fame /ˌhɔːləvˈfeɪm/ n. AE **1** *(building)* = edificio che raccoglie memorie di personaggi celebri **2** FIG. *(group of people)* olimpo m.

hall of residence /ˌhɔːləvˈrezɪdəns/ n. casa f. dello studente, collegio m. universitario.

1.halloo /həˈluː/ inter. VENAT. = grido per incitare i cani da caccia.

2.halloo /həˈluː/ intr. (3ª persona sing. pres. **~s**; pass., p.pass. **~ed**) VENAT. = incitare i cani da caccia.

hallow /ˈhæləʊ/ tr. LETT. santificare, consacrare; ***~ed be Thy name*** RELIG. sia santificato il Tuo nome.

hallowed /ˈhæləʊd/ **I** p.pass. → **hallow II** agg. **1** *(venerated)* [*tradition*] consacrato; ***a ~ memory*** una sacra memoria **2** *(sanctified)* [*ground*] consacrato; ***in these ~ precincts*** in questi sacri recinti (anche FIG.).

▷ **Halloween** /ˌhæləʊˈiːn/ n. INTRAD. m. ***on*** o ***at ~*** per, a Halloween.

Hallowmas /ˈhæləʊmæs/ n.pr. ANT. Ognissanti m.

hall porter /ˈhɔːlˌpɔːtə(r)/ ♦ ***27*** n. portiere m. d'albergo.

hallstand /ˈhɔːlstænd/ n. attaccapanni m. (a parete).

halluces /ˈhalɪʊsiːz/ → **hallux**.

hallucinate /həˈluːsɪneɪt/ intr. avere (le) allucinazioni; ***I must have been hallucinating*** FIG. devo aver avuto un'allucinazione.

hallucination /həˌluːsɪˈneɪʃn/ n. allucinazione f.; ***to suffer from ~s*** soffrire di allucinazioni.

hallucinative /həˈluːsɪnətɪv/, **hallucinatory** /həˈluːsɪnətrɪ, AE -tɔːrɪ/ agg. **1** [*drug, substance, effect*] allucinogeno **2** [*film, painting*] onirico; [*image, figure*] illusorio; ***it was a ~ experience*** è stata un'esperienza allucinante.

hallucinogen /həˈluːsɪnədʒn/ n. allucinogeno m.

hallucinogenic /həˌluːsɪnəˈdʒenɪk/ agg. allucinogeno.

hallucinosis /həˌluːsɪˈnəʊsɪs/ ♦ ***11*** n. (pl. **-es**) PSIC. allucinosi f.

hallux /ˈhæləks/ ♦ ***2*** n. (pl. **-uces**) alluce m.

▷ **hallway** /ˈhɔːlweɪ/ n. corridoio m., vestibolo m.

1.halo /ˈheɪləʊ/ n. (pl. **~s**, **~es**) **1** *(around head)* aureola f. **2** FIG. SCHERZ. aureola f.; ***can't you see my ~?*** mi faranno santo; ***his ~ has become a bit tarnished*** la sua reputazione è un po' sbiadita **3** ASTR. alone m.

2.halo /ˈheɪləʊ/ tr. *(surround with a halo)* circondare con un'aureola.

halogen /ˈhælədʒn/ n. alogeno m.

halogenate /ˈhælədʒəˌneɪt/ tr. CHIM. alogenare.

halogen lamp /ˈhælədʒnˌlæmp/ n. **1** AUT. faro m. alogeno **2** *(desk lamp etc.)* lampada f. alogena.

halogenous /həˈlɒdʒɪnəs/ agg. alogeno.

haloid /ˈhelɔɪd/ **I** n. alogenuro m. **II** agg. aloide.

halon /ˈheɪlɒn/ n. halon m.; ***~ gas*** gas halon.

halophile /ˈhæləˌfaɪl/ n. organismo m. alofilo.

halophilic /ˌhæləˈfɪlɪk/ agg. alofilo.

halophyte /ˈhæləˌfaɪt/ n. alofita f.

1.halt /hɔːlt/ **I** n. **1** *(stop)* sosta f., fermata f.; ***to come to a ~*** [*group, vehicle*] fermarsi; [*fighting*] cessare; [*negotiations*] essere interrotto; ***to call a ~ to*** mettere fine a [*fighting, dispute*]; ***shall we call a ~?*** *(in work)* facciamo una pausa? **2** *(temporary)* *(in activity)* interruzione f., pausa f. (**in** in); *(in proceedings)* sospensione f. (**in** in); ***a ~ in the trial*** una sospensione del processo; ***a ~ in arms sales*** una sospensione nella vendita delle armi **3** MIL. *(rest)* alt m. **4** BE FERR. piccola stazione f. (di campagna) **II** inter. alt; *(on roadsigns)* ***"Halt Customs!"*** "Alt Dogana!".

▷ **2.halt** /hɔːlt/ **I** tr. **1** *(stop temporarily)* fermare, bloccare [*car, train*]; sospendere [*proceedings, game*] **2** *(block)* interrompere, fermare [*arms sales, experiments*]; bloccare, frenare [*inflation*]; fermare [*offensive*] **II** intr. [*vehicle*] fermarsi; [*army*] interrompere la marcia, fermarsi.

3.halt /hɔːlt/ agg. RAR. zoppo ♦ ***the ~ and the lame*** gli zoppi.

4.halt /hɔːlt/ intr. **1** *(waver)* esitare **2** *(falter)* [*logic, verse*] zoppicare.

1.halter /ˈhɔːltə(r)/ n. **1** *(for horse)* cavezza f. **2** *(for hanging)* capestro m. **3** ABBIGL. (anche **halterneck**) = abito con collo all'americana che lascia la schiena scoperta.

2.halter /ˈhɔːltə(r)/ tr. **1** mettere la cavezza a [*horse*] **2** ANT. *(hang)* impiccare.

halterneck /ˈhɔːltənek/ **I** n. = abito con collo all'americana che lascia la schiena scoperta **II** agg. [*dress, swimsuit*] che lascia la schiena scoperta.

halting /ˈhɔːltɪŋ/ agg. [*steps, attempts*] esitante; [*verse*] zoppicante; [*style*] claudicante; ***to speak in ~ Polish*** parlare in un polacco zoppicante.

haltingly /ˈhɔːltɪŋlɪ/ avv. [*progress*] a scatti; [*speak*] in modo incerto, a scatti.

halve /hɑːv, AE hæv/ **I** tr. **1** *(reduce by half)* dividere per due [*number*]; dimezzare [*production, rate*] **2** *(divide in two)* tagliare in due, dividere a metà [*carrot, cake*] **3** *(in golf)* raggiungere [qcs.] con lo stesso numeri di colpi dell'avversario [*hole*]; pareggiare [*round*] **II** intr. [*number, rate, time*] dimezzarsi ♦ ***a trouble shared is a trouble ~d*** mal comune mezzo gaudio.

halves /hɑːvz, AE hævz/ → **half**.

halyard /ˈhæljəd/ n. drizza f., sagola f.

▷ **1.ham** /hæm/ **I** n. **1** GASTR. prosciutto m.; ***smoked ~*** prosciutto affumicato; ***boiled ~*** prosciutto cotto **2** *(of animal)* coscia f. **3** COL-

Halloween Adattamento di *All-Hallows Eve*, cioè "vigilia di Ognissanti", si festeggia nei paesi anglosassoni (specialmente negli Stati Uniti) la notte del 31 ottobre. In passato si credeva che in quella notte, ultimo giorno dell'anno per i Celti e gli Anglosassoni, gli spiriti dei morti ritornassero nelle proprie case. Oggi i bambini costruiscono lanterne con zucche svuotate, si travestono da maghi, streghe, fantasmi o scheletri e fanno il giro delle case dei vicini minacciandoli scherzosamente (*Trick or treat!* Dolcetto o scherzetto!) per farsi regalare dolci e caramelle.

LOQ. SCHERZ. *(of person)* = cosce e natiche **II** modif. GASTR. [*omelette, sandwich*] al prosciutto.

2.ham /hæm/ **I** n. **1** COLLOQ. *(poor actor)* gigione m. (-a); ***she's a terrible ~*** è un'attrice da strapazzo **2** (anche **radio ~**) radioamatore m. (-trice) **II** agg. COLLOQ. [*acting*] gigionesco, esagerato.

3.ham /hæm/ intr. (forma in -ing ecc. **-mm-**) recitare da gigione, gigioneggiare.

▪ **ham up:** ***~ [sth.] up, ~ up [sth.]*** forzare, esagerare [*role, speech*]; ***to ~ it up*** COLLOQ. fare il gigione.

Ham /hæm/ n.pr. Cam.

hamadryad /ˌhæməˈdraɪəd/ n. **1** MITOL. *(nymph)* amadriade f. **2** ZOOL. amadriade f. **3** ZOOL. cobra m. reale.

ham and eggs /ˈhæməndˌegz/ n.pl. AE GASTR. uova f. e prosciutto.

Hamburg /ˈhæmbɜːg/ ➧ ***34*** n.pr. Amburgo f.

hamburger /ˈhæmbɜːgə(r)/ n. **1** *(shaped minced beef)* hamburger m. **2** AE *(ground beef)* carne f. (di manzo) tritata ◆ ***to make a ~ out of sb., sth.*** AE fare polpette di qcn., qcs.

Hamelin /ˈhæməlɪn/ ➧ ***34*** n.pr. Hameln f.

ham-fisted /ˌhæmˈfɪstɪd/ BE, **ham-handed** /ˌhæmˈhændɪd/ AE agg. SPREG. maldestro, goffo.

Hamish /ˈheɪmɪʃ/ n.pr. Hamish (nome di uomo).

Hamite /ˈhæmaɪt/ n. camita m. e f.

Hamitic /həˈmɪtɪk/ **I** agg. camitico **II** n. LING. camitico m.

hamlet /ˈhæmlɪt/ n. piccolo villaggio m., borgo m., frazione f.

Hamlet /ˈhæmlɪt/ n.pr. Amleto.

▷ **1.hammer** /ˈhæmə(r)/ n. **1** *(tool)* martello m. **2** *(of piano)* martelletto m. **3** *(gavel)* martello m.; ***to come*** o ***go under the ~*** essere venduto all'asta **4** SPORT *(ball)* martello m.; *(discipline)* lancio m. del martello; ***to throw the ~*** lanciare il martello **5** ANAT. *(in ear)* martello m. **6** *(on firearm)* cane m. ◆ ***to go at it ~ and tongs*** battersi con impeto *o* violentemente.

2.hammer /ˈhæmə(r)/ **I** tr. **1** *(beat)* martellare [*metal sheet, door, table*]; pestare su [*piano keys*]; ***to ~ sth. into*** piantare qcs. (col martello) in [*wall, fence, rock*]; ***to ~ sth. into shape*** forgiare qcs. a colpi di martello; ***they ~ the copper into pots*** martellano il rame per ricavarne delle pentole; ***to ~ sth. flat*** battere qcs., appiattire qcs. a martellate; ***she ~ed her fists against the door*** batté i pugni contro la porta *o* tempestò di pugni la porta **2** FIG. *(insist forcefully)* ***to ~ sth. into*** inculcare qcs. in *o* fare entrare qcs. in testa a [*pupils, recruits*]; ***they had grammar, Latin ~ed into them*** gli hanno fatto entrare in testa la grammatica, il latino; ***to ~ home a message, warning*** fare capire bene un messaggio, un avvertimento **3** *(criticize)* criticare aspramente [*government, policy, proposal*]; stroncare [*book, film*] **4** SPORT COLLOQ. *(defeat)* battere, stracciare **5** *(attack)* [*artillery*] martellare, bersagliare [*enemy positions, target*]; [*recession, unemployment*] affliggere [*district, region*] **II** intr. **1** *(use hammer)* martellare, battere col martello **2** *(pound)* ***to ~ on*** o ***at*** [*person*] battere a [*door*]; [*rain, hailstones*] battere con forza contro [*door, window*]; ***hailstones ~ed against the window, on the roof*** i chicchi di grandine battevano contro la finestra, sul tetto **3** *(thump)* [*heart*] martellare, battere forte.

▪ **hammer away** martellare; FIG. ***to ~ away at*** [*lobbyist, campaigners*] accanirsi contro [*proposal, issue*]; [*artillery*] martellare, bersagliare [*enemy position*]; [*caller*] battere a [*door*]; [*pupil*] strimpellare su [*piano*]; ***he's ~ing away at his essay*** ci sta dando dentro con il saggio.

▪ **hammer down:** ***~ down [sth.], ~ [sth.] down*** fissare, chiudere a colpi di martello; ***~ down*** **1** [*rain*] battere con forza su [*roof*] **2** AE COLLOQ. andare a tutto gas.

▪ **hammer in:** ***~ in [sth.], ~ [sth.] in*** conficcare a martellate.

▪ **hammer out:** ***~ out [sth.], ~ [sth.] out*** *(negotiate)* raggiungere faticosamente, dopo lunghe trattative [*agreement, policy, formula*].

hammer and sickle /ˌhæmərənˈsɪkl/ n. ***the ~*** la falce e martello.

hammer beam /ˈhæməbiːm/ n. trave f. a sbalzo.

hammer blow /ˈhæməbləʊ/ n. **1** martellata f., colpo m. di martello **2** FIG. mazzata f. (**to** a).

hammer drill /ˈhæmədrɪl/ n. **1** *(with hammer action)* martello m. pneumatico **2** *(rock drill)* perforatrice f. pneumatica ad aria compressa.

hammerhead /ˈhæməˌhed/, **hammer-headed shark** /ˌhæməhedɪdˈʃɑːk/ n. pesce m. martello.

hammering /ˈhæmərɪŋ/ n. **1** *(noise)* martellamento m. (**at** su); ***sounds of ~*** rumori di martellate **2** COLLOQ. *(defeat)* ***to take*** o ***get a ~*** prendere una batosta **3** COLLOQ. *(tough treatment)* ***to give sth. a ~*** stroncare [*play, film*]; criticare aspramente [*proposal, measure*].

hammerless /ˈhæməlɪs/ agg. [*firearm*] a cane interno.

hammer mill /ˈhæməmɪl/ n. mulino m. a martelli.

hammer toe /ˈhæməˌtəʊ/ n. dito m. del piede a martello.

hammock /ˈhæmək/ n. amaca f.; MAR. branda f.

hammy /ˈhæmɪ/ agg. COLLOQ. [*actor, acting*] gigionesco, esagerato.

1.hamper /ˈhæmpə(r)/ n. **1** *(for picnic)* cestino m. da picnic **2** BE *(from shop etc.)* = cesto contenente generi alimentari e vini **3** *(for laundry)* cesto m. della biancheria.

2.hamper /ˈhæmpə(r)/ tr. impedire [*movement*]; ostacolare [*career, progress*]; intralciare [*person*].

3.hamper /ˈhæmpə(r)/ n. MAR. attrezzatura f. di bordo.

hampered /ˈhæmpəd/ **I** p.pass. → **2.hamper II** agg. ***~ by injury*** impedito a causa di una ferita; ***~ by lack of funds*** ostacolato dalla mancanza di fondi.

hamshackle /ˈhæmʃækl/ tr. RAR. impastoiare [*horse*].

Hampshire /ˈhæmpʃɪə(r)/ ➧ ***24*** n.pr. Hampshire m.

hamster /ˈhæmstə(r)/ n. criceto m., hamster m.

1.hamstring /ˈhæmstrɪŋ/ n. ANAT. *(of human)* tendine m. del ginocchio; *(of horse)* tendine m. del garretto.

2.hamstring /ˈhæmstrɪŋ/ tr. (pass., p.pass. **-strung**) frustrare, bloccare [*initiative*]; paralizzare [*activity, economy*]; bloccare, immobilizzare [*person*].

▶ **1.hand** /hænd/ ➧ ***2*** **I** n. **1** mano f.; ***he had a pencil, book in his ~*** aveva una matita, un libro in mano; ***she had a pistol, umbrella in her ~*** teneva in mano una pistola, un ombrello; ***he stood there, gun, suitcase in ~*** stava lì con la pistola, la valigia in mano; ***to get*** o ***lay one's ~s on*** mettere le mani su [*money, information*]; trovare [*key*]; mettere le mani addosso a [*person*]; ***he eats, steals everything he can get*** o ***lay his ~s on*** mangia, ruba tutto quello che riesce ad arraffare; ***to keep one's ~s off*** tenere giù le mani da *o* non toccare [*computer, money*]; ***to keep one's ~s off sb.*** lasciare in pace qcn.; ***they could hardly keep their ~s off each other*** riuscirono a stento a non mettersi le mani addosso; ***to take sb.'s ~*** prendere la mano di qcn.; ***to take sb. by the ~*** prendere qcn. per mano; ***they were holding ~s*** si tenevano per mano; ***to hold sb.'s ~*** tenere la mano a qcn.; FIG. *(give support)* [*person*] tendere la mano a qcn.; [*government*] sostenere qcn.; ***to do*** o ***make sth. by ~*** fare qcs. a mano; ***the letter was delivered by ~*** la lettera fu consegnata, recapitata a mano; ***"by ~"*** *(on envelope)* "Sue Proprie Mani", s.p.m.; ***they gave me 50 dollars in my ~*** mi misero in mano 50 dollari; ***from ~ to ~*** di mano in mano; ***look! no ~s!*** *(on bicycle)* guarda! senza mani! ***to have one's ~s full*** avere le mani piene; FIG. essere occupatissimo *o* avere molto da fare; ***to seize an opportunity with both ~s*** afferrare al volo un'opportunità; ***~s up, or I shoot!*** mani in alto o sparo! ***to be on one's ~s and knees*** essere carponi; ***we can always use another pair of ~s*** possiamo sempre trovare qualcun altro che ci dia una mano; ***~s off!*** COLLOQ. giù le mani! ***"~s off our school"*** *(slogan at rally)* "giù le mani dalla nostra scuola"; ***please put your ~s together for Max!*** fate un bell'applauso a Max! **2** *(handwriting)* scrittura f., calligrafia f.; ***in a neat ~*** con una bella calligrafia; ***in her own ~*** scritto di suo pugno **3** *(influence, involvement)* ***to have a ~ in*** avere parte *o* mano in [*decision, project*]; partecipare *o* prendere parte a [*demonstration*]; avere lo zampino in [*robbery*]; ***to have a ~ in planning, organizing sth.*** partecipare alla progettazione, all'organizzazione di qcs.; ***to stay*** o ***hold one's ~*** trattenersi, indugiare; ***I thought I recognized your ~*** ho creduto di riconoscere il tuo tocco **4** *(assistance)* mano f.; ***to give*** o ***lend sb. a (helping) ~*** dare una mano a qcn.; ***I need a ~ with my suitcases*** ho bisogno di una mano per portare le valigie **5** *(round of applause)* ***to give sb. a big ~*** fare un bell'applauso a qcn.; ***let's have a big ~ for the winner!*** un grande applauso per il vincitore! **6** *(consent to marriage)* ***to ask for, win sb.'s ~ (in marriage)*** chiedere, ottenere la mano di qcn. **7** *(possession)* ***to be in sb.'s ~s*** [*money, painting, document, power, affair*] essere nelle mani di qcn.; ***the painting is in private ~s*** il dipinto è nelle mani di un privato; ***to change ~s*** cambiare di proprietario; ***to fall*** o ***get into sb.'s ~s*** [*information, equipment*] cadere in mano a qcn.; ***to fall*** o ***get into the wrong ~s*** [*documents, weapons*] arrivare nelle mani sbagliate; ***in the right ~s this information could be useful*** nelle mani giuste, questa informazione potrebbe essere utile; ***to be in good*** o ***safe ~s*** [*child, money*] essere in buone mani; ***to put one's life in sb.'s ~s*** affidare la propria vita nelle mani di qcn.; ***to place*** o ***put [sth.] in sb.'s ~s*** affidare [qcs.] a qcn. [*department, office*]; mettere [qcs.] nelle mani di qcn. [*matter, affair*]; ***to play into sb.'s ~s*** fare il gioco di qcn.; ***the matter is out of my ~s*** la questione non è di mia pertinenza **8** *(control)* ***to get out of ~*** [*expenditure, inflation*] sfuggire al controllo; [*children*] diventare indisciplinato; [*fans*] diventare incontrollabile; [*demonstration, party*] degenerare; ***things are getting out of ~*** le cose ci stanno sfuggendo di mano; ***to take [sth.] in ~*** prendere in mano [*situation*]; affrontare, occuparsi di [*problem*]; ***to take [sb.] in ~*** fare rigare diritto, tenere a freno [*child, troublemaker*] **9** GIOC.

(cards dealt) carte f.pl.; *(game)* mano f.; **to show one's ~** scoprire le proprie carte (anche FIG.); **to throw in one's ~** abbandonare la partita (anche FIG.) **10** *(worker)* lavoratore m. (-trice), operaio m. (-a); MAR. membro m. dell'equipaggio, marinaio m.; **the ship went down with all ~s** la nave colò a picco con tutto l'equipaggio **11** *(responsibility)* **to have [sth., sb.] on one's ~s** avere [qcs., qcn.] sulle spalle [*unsold stock, surplus*]; **to take sb., sth. off sb.'s ~s** liberare qcn. da qcn., qcs. *o* levare di torno qcn., qcs. a qcn.; **to have sth. off one's ~s** sbarazzarsi di *o* non essere più responsabile di qcs.; **they'll have a strike on their ~s if they're not careful** se non stanno attenti rischiano di dover affrontare uno sciopero **12** *(available)* **to keep, have [sth.] to ~** tenere, avere [qcs.] a portata di mano *o* sottomano [*passport, pen, telephone number*]; **to be on ~** [*person*] essere a disposizione, disponibile; **the fire extinguisher was close to ~** o **near at ~** l'estintore era a portata di mano; **help was close at ~** i soccorsi erano vicini; **to grab the first coat that comes to ~** prendere il primo cappotto che capita sottomano **13** *(skill)* **to try one's ~ at** cimentarsi in [*photography, marketing*]; **to try one's ~ at driving, painting** cimentarsi nella guida, nella pittura; **to set** o **turn one's ~ to sth., doing** dedicarsi a qcs., a fare; **she can turn her ~ to almost anything** riesce a fare praticamente di tutto; **to keep one's ~ in** non perdere la mano a; **to get one's ~ in** fare *o* prendere la mano a **14** *(pointer) (on clock, dial)* lancetta f.; **the hour, minute ~** la lancetta delle ore, dei minuti **15** EQUIT. *(measurement)* palmo m., spanna f. (= 10,16 cm) **16** GASTR. *(of bananas)* casco m.; **a ~ of pork** una spalla di maiale **17** ANT. *(signature)* **to set one's ~ to** apporre la propria firma a [*document*] **18** *(source)* **I got the information first, second ~** ho avuto queste informazioni di prima, di seconda mano **19** *(aspect, side)* **on the one ~..., on the other ~...** da un lato... dall'altro... *o* da un canto... d'altro canto; **on the other ~** *(conversely)* d'altra parte, tuttavia, però; **on every ~** da tutte le parti **20 in hand** *(current)* in questione; **the job, matter in ~** il lavoro, l'argomento in questione; *(underway)* in corso; **work on the road is already in ~** i lavori sulla strada sono già in corso; **the preparations are well in ~** i preparativi sono già a buon punto; *(to spare)* **I've got 50 dollars in ~** ho 50 dollari da parte; **she finished the exam with 20 minutes in ~** ha finito l'esame con venti minuti di anticipo; **I'll do it when I have some time in ~** lo farò quando avrò un po' di tempo a disposizione; **stock in ~** COMM. giacenza *o* merci in magazzino **21 out of hand** [*reject, condemn, dismiss*] senza pensarci, d'acchito **22 at the hands of** da parte di, a opera di; **his treatment at the ~s of his captors** il trattamento che subì a opera dei suoi rapitori; **our defeat at the ~s of the Italian team** la sconfitta inflittaci dalla squadra italiana **II -handed** agg. in composti **heavy-~ed** dalla mano pesante; **left-~ed** mancino ◆ **the left ~ doesn't know what the right ~ is doing** la mano sinistra non sappia quello che fa la destra; **to know sth. like the back of one's ~** conoscere qcs. a menadito *o* come le proprie tasche; **many ~s make light work** PROV. = la collaborazione rende il lavoro più facile; **I could do that with one ~ tied behind my back!** riuscirei a farlo con un braccio legato dietro la schiena! **he never does a ~'s turn** non fa un bel niente *o* non muove mai un dito; **to win ~s down** vincere a mani basse.

▶ **2.hand** /hænd/ tr. *(give)* **to ~ sb. sth.** o **to ~ sth. to sb.** dare qcs. a qcn. [*form, letter, ticket*]; passare qcs. a qcn. [*knife, screwdriver*]; consegnare qcs. a qcn. [*trophy*]; **to ~ sb. out of a car** aiutare qcn. a uscire dalla macchina ◆ **you've got to ~ it to her, them...** bisogna riconoscerle, riconoscergli...

- **hand back: ~ [sth.] back, ~ back [sth.]** restituire, rendere [*object, essay, colony*] (**to** a).
- **hand down: ~ [sth.] down, ~ down [sth.]** *(transmit)* lasciare in eredità [*heirloom, property*]; tramandare [*tradition, skill, story*] (**from** da; **to** a); **~ [sth.] down to sb., ~ down [sth.] to sb. 1** *(pass)* porgere, passare a qcn. (verso il basso) [*boxes, books*] **2** *(pass on after use)* passare [*old clothes*].
- **hand in: ~ [sth.] in, ~ in [sth.] 1** *(submit)* inoltrare [*form*]; presentare [*petition, ticket*] (**to** a); consegnare [*homework*]; **to ~ in one's notice** o **resignation** rassegnare le dimissioni **2** *(return)* consegnare, restituire [*equipment, keys*].
- **hand on: ~ [sth.] on, ~ on [sth.]** passare [*collection plate, baton*].
- **hand out: ~ [sth.] out, ~ out [sth.]** distribuire [*food, leaflets*]; infliggere [*punishments, fines*]; SPREG. dispensare, prodigare [*advice*].
- **hand over: ~ over to sb. 1** TELEV. RAD. [*presenter*] passare, cedere la linea a [*reporter, presenter*] **2** *(transfer power)* lasciare, trasferire il potere a, passare le consegne a [*deputy, successor*] **3** *(on telephone)* **I'll just ~ you over to Rosie** ti passo subito Rosie; **~ over [sth.], ~ [sth.] over** consegnare [*weapon*]; cedere [*collection, savings, territory, title, business, company*]; rivelare [*secret*]; lasciare, trasferire [*power*]; delegare [*problem*]; restituire [*keys*]; cedere, passare [*microphone, controls*]; **the mugger forced him to ~ over his money** il rapinatore lo costrinse a consegnargli il denaro; **that pen's mine, ~ it over!** quella penna è mia, ridammela! **~ [sb.] over, ~ over [sb.]** consegnare [*prisoner, terrorist*] (**to** a); **to ~ a baby, patient over to sb.** affidare un bambino, un paziente alle mani di qcn.
- **hand round: ~ [sth.] round, ~ round [sth.]** fare girare, fare passare [*collection plate*]; distribuire, fare circolare [*leaflets*]; offrire, fare circolare [*drinks, sandwiches*].
- **hand up: ~ [sth.] up to sb.** allungare, passare (verso l'alto) [*hammer, box*].

handbag /ˈhændbæg/ n. borsa f., borsetta f.

hand baggage /ˈhændˌbægɪdʒ/ n. bagaglio m. a mano.

handball /ˈhændbɔːl/ ♦ **10** n. SPORT **1** *(ballgame)* pallamano f. **2** *(fault in football)* fallo m. di mano.

handbarrow /ˈhændˌbærəʊ/ n. **1** *(tray for transporting goods)* barella f. **2** → **handcart**.

handbasin /ˈhændˌbeɪsn/ n. lavabo m.

handbell /ˈhændˌbel/ n. campanella f.

handbill /ˈhændbɪl/ n. volantino m., manifestino m.

handbook /ˈhændbʊk/ n. *(textbook, guide)* manuale m., guida f.; *(technical manual)* manuale m. tecnico; **members' ~** guida per i soci; **staff ~** = regolamento interno ad uso del personale di una società; **teacher's ~** libro dell'insegnante; **training, user's ~** manuale di formazione, libretto di istruzioni.

handbrake /ˈhændbreɪk/ n. AUT. freno m. a mano.

handcar /ˈhændkɑː(r)/ n. FERR. carrello m. di servizio.

handcart /ˈhændkɑːt/ n. carretto m. a mano, barroccino m.

handclap /ˈhændklæp/ n. applauso m., battimani m.

handclasp /ˈhændklɑːsp, AE -klæsp/ n. AE stretta f. di mano.

handcraft /ˈhændkrɑːft, AE -kræft/ → **handicraft**.

hand cream /ˈhændˌkriːm/ n. crema f. per le mani.

handcuff /ˈhændkʌf/ tr. ammanettare [*person*]; **to ~ sb. to sth.** ammanettare qcn. a qcs.; **the prisoners were ~ed** i prigionieri erano ammanettati.

handcuffs /ˈhændkʌfs/ n.pl. manette f.; **to put the ~ on sb.** mettere le manette a qcn.

hand-dryer, hand-drier /ˈhændraɪə(r)/ n. asciugatore m. ad aria.

Handel /ˈhændl/ n.pr. Händel.

handfeed /ˈhændfiːd/ tr. (pass., p.pass. **-fed**) nutrire manualmente [*poultry, livestock*].

▷ **handful** /ˈhændfʊl/ n. **1** *(fistful)* manciata f., pugno m.; **by the ~** o **in ~s** a manciate **2** *(small number) (of people)* pugno m., manipolo m.; *(of buildings, events, objects, works)* gruppetto m. **3** COLLOQ. *(troublesome person, animal)* **to be a ~** [*child*] essere una peste; [*horse*] essere indomabile; [*dog*] essere molesto.

hand-gallop /ˈhændˌgæləp/ n. piccolo galoppo m.

hand grenade /ˈhændgrəˌneɪd/ n. bomba f. a mano.

handgrip /ˈhændgrɪp/ n. impugnatura f.

handgun /ˈhændgʌn/ n. pistola f.

▷ **hand-held** /ˌhændˈheld/ agg. [*camera*] a mano, portatile; [*tool, device*] portatile, manuale; [*computer*] tascabile, palmare; **a ~ shower** una doccia a telefono.

handhold /ˈhændhəʊld/ n. appiglio m., presa f.

▷ **1.handicap** /ˈhændɪkæp/ n. **1** *(disability)* handicap m., menomazione f.; **a child with severe** o **profound physical and mental ~s** un bambino con gravi menomazioni fisiche e mentali **2** *(disadvantage)* svantaggio m., ostacolo m.; **it is a ~ to have** o **having** è uno svantaggio avere **3** SPORT *(points)* handicap m.; *(race)* corsa f. (a) handicap, handicap m.; **to have a ~ of three** *(in golf)* avere tre colpi in più del par.

▷ **2.handicap** /ˈhændɪkæp/ tr. (forma in -ing ecc. **-pp-**) **1** FIG. ostacolare, handicappare [*person, development*]; **he was ~ped by not being able to read** non essere in grado di leggere lo ha messo in una condizione di inferiorità **2** SPORT handicappare [*race*].

handicapped /ˈhændɪkæpt/ **I** n. **the ~** + verbo pl. gli handicappati, i portatori di handicap, i disabili; **mentally, physically ~** minorati mentali, fisici; **the visually ~** i videolesi **II** agg. **1** [*person*] handicappato **2** SPORT [*horse, runner*] handicappato, messo in condizione di handicap.

handicapper /ˈhændɪkæpə(r)/ n. handicapper m.

handicraft /ˈhændɪkrɑːft, AE ˈhændɪkræft/ **I** n. **1** *(object)* oggetto m. d'artigianato; **"~s"** *(sign on shop)* "prodotti artigianali" **2** *(skill)* abilità f. manuale; artigianato m. **II handicrafts** n.pl. SCOL. educazione f.sing. tecnica **III** modif. [*exhibition, shop*] d'artigianato; [*class*] di educazione tecnica.

handicraftsman /ˈhændɪˌkrɑːftsmən, AE ˈhændˌkræftsmən/ n. (pl. **-men**) artigiano m.
handily /ˈhændɪlɪ/ avv. [*located, positioned*] comodamente, a portata di mano.
handiness /ˈhændɪnɪs/ n. **1** *(the quality of being handy)* maneggevolezza f., praticità f. **2** *(convenience)* comodità f.
hand in hand /ˌhændɪnˈhænd/ avv. [*run, walk*] mano nella mano; ***to go ~*** FIG. andare di pari passo.
handiwork /ˈhændɪwɜːk/ n. lavoro m. fatto a mano; FIG. opera f.; ***is this graffiti your ~?*** IRON. questi graffiti sono opera tua?
handjob /ˈhænddʒɒb/ n. POP. ***to give oneself a ~*** farsi una sega.
handkerchief /ˈhæŋkətʃɪf, -tʃiːf/ n. fazzoletto m.; ***paper, cotton ~*** fazzoletto di carta, di cotone; ***pocket ~*** fazzoletto da tasca; *(for jacket)* pochette f.
hand-knitted /ˌhændˈnɪtɪd/ agg. lavorato a mano, a maglia.
▶ **1.handle** /ˈhændl/ n. **1** *(on bucket, basket, bag, suitcase, broom, spade, frying pan, saucepan)* manico m.; *(on door, drawer)* maniglia f.; *(on cup)* ansa f.; *(on hammer, screwdriver, piece of cutlery)* manico m., impugnatura f.; *(on wheelbarrow)* stanga f.; *(on pump)* braccio m.; ***a knife with a wooden ~*** un coltello con il manico di legno; ***to pick sth. up by the ~*** prendere qcs. per il manico; ***to hold sth. by the ~*** tenere qcs. per il manico **2** FIG. *(hold)* ***to get a ~ on sb.*** riuscire a capire qcn.; ***to use sth. as a ~ against sb.*** usare qcs. come arma contro qcn. **3** COLLOQ. *(title)* titolo m.; ***to have a ~ to one's name*** fregiarsi di un titolo nobiliare **4** COLLOQ. *(on CB radio)* segnale m. di chiamata ◆ ***to fly off the ~*** COLLOQ. perdere le staffe *o* andare su tutte le furie.
▶ **2.handle** /ˈhændl/ **I** tr. **1** *(touch)* maneggiare, toccare con le mani [*explosives, samples, food*]; ***to ~ sb. gently*** trattare qcn. gentilmente; ***to ~ sb. roughly*** trattare male, maltrattare qcn.; ***to ~ sth. gently, roughly*** trattare qcs. con cura, maltrattare qcs.; ***to ~ stolen goods*** ricettare *o* trattare merce rubata; ***to ~ drugs*** essere implicato nel traffico di droga; ***to ~ a gun*** usare *o* maneggiare una pistola; ***"~ with care"*** "maneggiare con cura" *o* "fragile"; ***"please do not ~ (the goods)"*** "si prega di non toccare (la merce)"; ***to ~ the ball*** *(in football)* fare un fallo di mano **2** *(manage)* condurre [*horse*]; manovrare [*car*]; ***to know how to ~ children, clients*** saperci fare con i bambini, con i clienti *o* sapere come comportarsi con i bambini, con i clienti; ***he's hard to ~*** è difficile da trattare; ***this car ~s bends well*** questa macchina tiene bene le curve **3** *(deal with)* occuparsi di, trattare [*case*]; sbrigare [*grievances*]; condurre [*negotiations*]; affrontare, fare fronte a [*emergency, crisis*]; reggere [*stress*]; ***he couldn't ~ the pace, pressure*** non riusciva a reggere il ritmo, la pressione; ***she ~d the situation very well*** affrontò, gestì la situazione molto bene; ***I can't ~ any more problems at the moment!*** in questo momento non riesco ad affrontare altri problemi! ***can you ~ another sausage, drink?*** COLLOQ. SCHERZ. ce la fai a farti un'altra salsiccia, un altro drink? ***leave it to me, I can ~ it*** lascialo a me, ci penso io **4** *(process)* [*organization*] gestire [*money, clients, order*]; [*airport, port*] accogliere [*traffic, passengers, cargo*]; [*factory*] trattare [*waste, pesticides*]; [*person*] maneggiare, gestire [*information, money, accounts*]; [*person*] esaminare [*job application*]; [*computer*] gestire [*graphics, information*]; [*department, official*] occuparsi di [*complaints, immigration, enquiries*]; [*agent*] essere responsabile di [*sale*]; [*lawyer*] occuparsi di, trattare [*case*] **5** *(artistically)* trattare [*theme, narrative, rhythms*] **II** intr. AUT. ***the car ~s well, badly*** la macchina risponde, non risponde ai comandi; ***it ~s well on bends, on wet surfaces*** ha una buona tenuta in curva, sul fondo stradale bagnato ◆ ***to be too hot to ~*** [*situation*] essere scottante.
handlebar moustache /ˌhændlbɑːməˈstɑːʃ, AE -ˈmʌstæʃ/ n. baffi m.pl. a manubrio.
handlebars /ˈhændlbɑːz/ n.pl. manubrio m.sing.
handler /ˈhændlə(r)/ n. **1** *(of animals)* addestratore m. (-trice) **2** *(advisor) (of star)* agente m. e f.; *(of politician)* consigliere m. (-a) **3** *(worker)* ***food ~*** trasportatore di generi alimentari; ***cargo ~*** scaricatore **4** *(dealer)* ***~ of stolen goods*** ricettatore, trafficante di merce rubata.
handless /ˈhændlɪs/ agg. **1** senza mani, privo di mani **2** RAR. *(clumsy)* maldestro.
▷ **handling** /ˈhændlɪŋ/ n. **1** *(holding, touching) (of substance)* manipolazione f.; *(of tool, weapon)* maneggio m.; ***the ~ of foodstuffs, of radioactive materials*** la manipolazione di generi alimentari, di sostanze radioattive; ***old books require careful ~*** è necessario trattare i libri antichi con molta cura; ***the package had been subjected to rough ~*** il pacco non era stato trattato con cura **2** *(way of dealing)* ***her ~ of the theme, the story*** il suo modo di trattare *o* affrontare il tema, la storia; ***the bank's ~ of the affair*** il modo in cui la banca ha affrontato la vicenda; ***their ~ of the negotiations*** il modo in cui hanno condotto le trattative; ***the president's ~ of the crisis*** il modo in cui il presidente ha affrontato la crisi; ***the ~ of the case*** DIR. la gestione del caso; ***their ~ of the economy*** la loro gestione dell'economia; ***sheep ~*** allevamento e cura delle pecore **3** COMM. *(storage, shipping)* imballaggio m., spedizione f.; ***~ facilities*** servizio di imballaggio e spedizione; ***a grain ~ firm*** una ditta che trasporta cereali **4** *(processing) (of data, documents)* trattamento m.; *(of process, business)* gestione f.; ***speedier ~ of air traffic*** una gestione più veloce del traffico aereo; ***cash ~*** gestione del denaro liquido **5** *(training)* ***dog ~*** addestramento di cani.
handling charge /ˈhændlɪŋˌtʃɑːdʒ/ n. **1** COMM. spese f.pl. di approntamento **2** AMM. ECON. spese f.pl. di movimentazione.
handloom /ˈhændluːm/ n. telaio m. a mano.
hand lotion /ˈhændˌləʊʃn/ n. lozione f. per le mani.
hand luggage /ˈhændˌlʌgɪdʒ/ n. bagaglio m. a mano.
handmade /ˌhændˈmeɪd/ agg. fatto a mano.
handmaid /ˈhændmeɪd/, **handmaiden** /ˈhændmeɪdn/ n. ANT. serva f., ancella f.
hand-me-down /ˈhændmiːdaʊn/ n. COLLOQ. vestiti m.pl. usati, smessi; ***my sister's ~s*** gli abiti smessi di mia sorella.
hand-organ /ˈhændɔːgən/ n. *(barrel organ)* organetto m. (di Barberia).
handout /ˈhændaʊt/ n. **1** *(payment) (welfare payment)* sussidio m.; *(to industry)* sovvenzione f.; *(charitable)* elemosina f., carità f.; ***to live off, rely on ~s*** vivere d'elemosina **2** *(document)* documento m. **3** *(leaflet)* volantino m., opuscolo m. **4** *(to the press)* comunicato m. stampa.
handover /ˈhændəʊvə(r)/ n. *(of property, power)* trasferimento m., passaggio m.; *(of territory)* cessione f.; *(of ransom, prisoner)* consegna f.; *(of product)* consegna f. (**to** a).
hand-painted /ˌhændˈpeɪntɪd/ agg. dipinto a mano.
handpick /ˌhændˈpɪk/ tr. scegliere con cura, selezionare attentamente [*vegetables, fruit*]; selezionare attentamente [*staff, deputy*].
handpicked /ˌhændˈpɪkt/ **I** p.pass. → **handpick II** agg. scelto, selezionato.
handpiece /ˈhændpiːs/ n. AUSTRAL. tosatrice f. meccanica a mano.
handportable /ˌhændˈpɔːtəbəl/ **I** n. INFORM. (computer) portatile m.; TEL. telefono m. portatile **II** agg. INFORM. TEL. portatile.
handrail /ˈhændreɪl/ n. *(on stairs)* corrimano m., mancorrente m.; *(on balcony, pier)* ringhiera f.
hand-reading /ˈhændˌriːdɪŋ/ n. lettura f. della mano, chiromanzia f.
hand-reared /ˌhændˈrɪəd/ agg. [*animal*] nutrito con il biberon.
handsaw /ˈhændsɔː/ n. sega f. a mano.
1.handsel /ˈhænsəl/ n. AE **1** *(gift at the beginning of the new year)* strenna f. **2** *(earnest money)* caparra f. **3** *(foretaste)* assaggio m.
2.handsel /ˈhænsəl/ tr. (pass., p.pass. **handselled, handseled** AE) AE **1** *(give a handsel)* dare una strenna (**to** a) **2** *(inaugurate)* inaugurare.
handset /ˈhændset/ n. TEL. microtelefono m.
hands-free headset /ˌhændzfriːˈhedset/ n. TEL. *(for mobile phone)* auricolare m.
hands-free kit /ˌhændzfriːˈkɪt/ n. AUT. TEL. vivavoce m. (per auto).
handshake /ˈhændʃeɪk/ n. *(friendly gesture)* stretta f. di mano; INFORM. collegamento m., procedura f. di sincronizzazione, handshake m.
handshaking /ˈhændʃeɪkɪŋ/ n. scambio m. di strette di mano.
hand signal /ˈhændsɪgnl/ n. *(by a cyclist)* segnalazione f. con la mano.
hands-off /ˌhændzˈɒf, AE -ˈɔːf/ agg. [*manager*] che non interferisce, che delega le responsabilità; [*policy*] di non intervento; [*style, approach*] distaccato.
▷ **handsome** /ˈhænsəm/ agg. **1** *(fine)* [*man*] bello, prestante; [*town, bag*] bello, elegante; [*building*] armonioso, proporzionato; ***a ~ woman*** una bella donna **2** *(appreciable)* [*dividend*] alto, notevole; [*sum*] considerevole, bello; [*reward*] generoso, lauto; ***to receive ~ remuneration*** ricevere una considerevole rimunerazione ◆ ***~ is as ~ does*** PROV. = non si deve giudicare qcn. dall'aspetto ma dalle sue azioni.
handsomely /ˈhænsəmlɪ/ avv. **1** *(elegantly)* ***a ~ proportioned building*** un edificio dalle linee ben proporzionate; ***a ~ written book*** un libro scritto con maestria *o* con eleganza **2** *(decisively)* ***to win ~*** vincere nettamente **3** *(amply)* ***to pay off ~*** [*investment*] rendere molto bene *o* dare ottimi risultati; ***to be ~ rewarded*** essere profumatamente *o* lautamente ricompensato.
hands-on /ˌhændzˈɒn/ agg. [*experience, training*] pratico; [*manager, management*] attento, partecipe; [*control*] diretto; [*museum*] interattivo; [*approach*] pragmatico.

handspring /'hændsprɪŋ/ n. flic flac m.
handstand /'hændstænd/ n. SPORT verticale f.; ***to do a ~*** fare la verticale.
hand-to-hand /ˌhændtə'hænd/ **I** agg. [*combat, fighting*] corpo a corpo; ***a ~ fight*** un corpo a corpo **II** avv. [*fight*] corpo a corpo.
hand-to-mouth /'hændtəmaʊθ/ **I** agg. [*existence, life*] gramo, precario **II hand to mouth** avv. [*live*] alla giornata.
hand towel /'hændtaʊəl/ n. asciugamano m.
handwork /'hændwɜːk/ n. → **handiwork**.
hand-woven /ˌhænd'wəʊvn/ agg. tessuto a mano.
handwriting /'hændraɪtɪŋ/ n. scrittura f., grafia f.; ***the message was in Brigitte's ~*** il messaggio era scritto nella calligrafia di Brigitte; ***~ expert*** perito calligrafo.
handwritten /'hændrɪtn/ agg. scritto a mano.
▷ **handy** /'hændɪ/ agg. **1** *(useful)* [*book, index, skill*] utile; [*bag, pocket*] pratico, comodo; [*tool*] maneggevole; ***to be ~ for doing*** essere comodo per fare; ***a ~ hint*** o ***tip*** un consiglio utile; ***to come in ~ for sb., sth.*** dimostrarsi *o* venire utile per qcn., qcs.; ***to come in ~ for doing*** dimostrarsi *o* venire utile per fare; ***don't throw the box away, it might come in ~*** non buttare via la scatola, potrebbe tornare utile; ***an ability to speak Spanish could come in ~*** sapere parlare spagnolo potrebbe tornare utile; ***that's ~ to know*** buono a sapersi **2** *(convenient)* [*format, shape, size*] pratico; [*location*] buono, comodo; [*shop*] comodo, vicino; ***the hotel is ~ for the shops*** l'hotel è comodo per i negozi; ***to keep sth. ~*** tenere qcs. a portata di mano [*keys, passport*]; ***have you got a pencil ~?*** hai una penna a portata di mano? **3** COLLOQ. *(skilful)* [*player, footballer*] abile (**at doing** a fare); ***to be ~ with a paintbrush, one's fists*** essere abile con il pennello, con le mani; ***to be ~ about the house*** essere abile a fare lavori in casa.
handy-dandy /ˌhændɪ'dændɪ/ n. = gioco infantile in cui si deve indovinare in quale mano viene nascosto un oggetto.
handyman /'hændɪmæn/ n. (pl. **-men**) *(amateur)* appassionato m. di bricolage; *(professional)* tuttofare m.
1.hang /hæŋ/ n. **1** SART. ***the ~ of a dress, a curtain*** il modo in cui cade un vestito, una tenda **2** COLLOQ. *(knack)* ***to get the ~ of sth., of doing*** COLLOQ. capire come funziona qcs., come si fa; ***you'll soon get the ~ of the computer, of using the new system*** imparerai presto a usare il computer, a usare il nuovo sistema; ***you're getting the ~ of it*** stai cominciando a capire come funziona.
▶ **2.hang** /hæŋ/ **I** tr. (pass., p.pass. **hung**) **1** *(suspend) (from projection, hook, coat hanger, string, rope)* appendere, attaccare (**from** a; **by** a, per; **on** a); *(drape over)* stendere (**over** su); *(peg up)* stendere [*washing*] (**on** su); ***the cat had a bell hung round its neck*** il gatto aveva una campanella appesa al collo; ***I'll ~ the washing on the line*** vado a stendere il bucato; ***she hung the towel over the radiator*** stese l'asciugamano sul termosifone **2** (anche **~ down**) *(let dangle)* sospendere [*rope, line etc.*] (**out of** a); fare ciondolare, fare penzolare [*arm, leg*]; abbassare, chinare [*head*]; ***she hung her arm over the side of the boat*** faceva ciondolare il braccio lungo il fianco della barca; ***we hung our heads in shame*** chinammo il capo per la vergogna **3** ART. allestire [*exhibition*]; trovare una giusta collocazione per [*picture*] **4** *(decorate with)* ***to be hung with*** essere ornato, addobbato di [*flags, tapestries*]; essere decorato con [*garlands*]; ***the walls were hung with portraits*** alle pareti erano appesi dei ritratti **5** *(interior decorating)* attaccare, incollare [*wallpaper*] **6** ING. TECN. montare, incardinare [*door, gate*] **7** GASTR. appendere a frollare, fare frollare [*game*] **8** (pass., p.pass. **hanged**) impiccare [*criminal, victim*] (**for** per; **for doing** per aver fatto); ***he was ~ed for treason*** fu impiccato per tradimento; ***to be ~ed drawn and quartered*** essere impiccato, sventrato e squartato **II** intr. (pass., p.pass. **hung**) **1** *(be suspended) (on hook)* essere appeso; *(from height)* essere sospeso; *(on washing line)* essere steso; ***a chandelier hung from the ceiling*** un lampadario a bracci pendeva dal soffitto; ***her photo ~s over the piano*** la sua foto è appesa sopra il piano; ***she hung from the branch, then dropped*** era appesa al ramo e poi si lasciò andare; ***her arm hung limply over the arm of the chair*** il suo braccio pendeva mollemente dal bracciolo della sedia; ***the bed is too short: my feet ~ over the end*** il letto è troppo corto: mi rimangono fuori i piedi; ***the children were ~ing out of the window*** i bambini si sporgevano dalla finestra **2** SART. *(drape)* [*curtain, garment*] cadere; ***the dress doesn't ~ properly*** il vestito non cade bene **3** *(float)* [*fog, cloud*] incombere, permanere; [*smoke, smell*] ristagnare **4** ART. essere esposto; ***his paintings ~ in the Louvre*** i suoi quadri sono esposti al Louvre **5** GASTR. [*game*] essere appeso a frollare **6** (pass., p.pass. **hanged**) *(die)* morire impiccato (**for** per) **III** rifl. (pass., p.pass. **hanged**) ***to ~ oneself*** impiccarsi (**from** a) ◆ ***~ it all!*** COLLOQ. al diavolo! ***~ John!*** COLLOQ. tanto peggio per John! ***~ the expense!*** COLLOQ. al diavolo i soldi! crepi l'avarizia! ***I'll be ~ed if...*** COLLOQ. che mi venga un accidente se...; ***~ed if I know!*** COLLOQ. che mi venga un colpo se lo so! ***sb., sth. can go ~, let sb., sth. go ~*** BE COLLOQ. qcn., qcs. può andare al diavolo, che vada in malora! ***to let it all ~ out*** COLLOQ. lasciarsi andare; ***well I'll be ~ed*** ANT. COLLOQ. che sorpresa! che mi venga un colpo! ***may as well be hung for a sheep as for a lamb*** = se le conseguenze sono ugualmente negative, tanto vale commettere la mancanza più grave.
■ **hang about**, COLLOQ. *(waiting for sth.)* stare ad aspettare; *(aimlessly)* ciondolare, bighellonare, gironzolare; ***to keep sb. ~ing around for three hours*** fare aspettare inutilmente qcn. per tre ore.
■ **hang around** COLLOQ. **~ around** → **hang about**; ***to ~ around with sb.*** *(associate with)* frequentare qcn., andare in giro con qcn.; **~ around [sb.]** *(inflict oneself on)* stare intorno a; ***she's always ~ing around me*** mi sta sempre intorno.
■ **hang back** *(in fear)* tirarsi indietro; *(waiting)* indugiare; *(reluctant)* esitare; FIG. essere restio; ***she hung back from offering help*** era riluttante a offrire il suo aiuto.
■ **hang behind** restare indietro, attardarsi.
■ **hang down** pendere, penzolare; [*hem*] pendere.
■ **hang off** *(hesitate)* → **hang back**.
■ **hang on: ~ on 1** COLLOQ. *(wait)* aspettare; ***~ on, I've a better idea*** aspetta, ho un'idea migliore; *(on phone)* ***can you ~ on a minute?*** può rimanere in linea un minuto? **2** COLLOQ. *(survive)* resistere; ***he hung on for another five years*** resisté *o* tirò avanti per altri cinque anni; ***~ on in there!*** COLLOQ. tieni duro! resisti! **~ on [sth.] 1** *(depend on)* dipendere da; ***we must win - everything ~s on it*** dobbiamo vincere - tutto dipende da questo **2** *(listen attentively)* ***to ~ on sb.'s words*** o ***every word*** pendere dalle labbra di qcn. *o* ascoltare qcn. con molta attenzione.
■ **hang on to: ~ on to [sth., sb.] 1** *(hold tight)* aggrapparsi a [*object, rail*]; tenere stretto [*person*]; ***~ on to the branch*** aggrappati al ramo; ***~ on to that child*** tieni stretto il bambino; ***~ on to your hat!*** tieniti bene stretto il cappello! FIG. tieniti forte! si parte! **2** FIG. COLLOQ. *(retain)* tenere stretto, non cedere [*possession, power, title*]; rimanere legato a [*tradition, values*].
■ **hang out: ~ out 1** *(protrude)* [*shirt, handkerchief etc.*] sporgere **2** COLLOQ. *(live)* abitare, vivere **3** COLLOQ. *(frequent)* bazzicare; **~ out [sth.], ~ [sth.] out** stendere [*washing*]; appendere, mettere fuori [*sign, flag*].
■ **hang over: ~ over [sb., sth.]** [*threat, danger, unpleasant prospect, suspicion*] incombere su [*person, project*].
■ **hang together 1** *(be consistent)* essere coerente, filare **2** *(cooperate)* restare uniti, sostenersi.
■ **hang up: ~ up** *(on phone)* riattaccare, mettere giù; INFORM. [*computer*] piantarsi, bloccarsi; ***to ~ up on sb.*** riattaccare il telefono (in faccia) a qcn.; **~ up [sth.], ~ [sth.] up 1** *(on hook, hanger, string)* appendere, attaccare; *(on washing line)* stendere; ***she hung it up to dry*** lo stese ad asciugare **2** TEL. riagganciare [*phone*] **3** FIG. SCHERZ. ***to ~ up one's skis, one's gloves, one's spade*** appendere gli sci, i guantoni, la vanga al chiodo.
hangar /'hæŋə(r)/ n. hangar m., aviorimessa f.
hangdog /'hæŋdɒg/ agg. [*expression, look*] da cane bastonato.
hanger /'hæŋə(r)/ n. **1** *(coat hanger)* gruccia f., ometto m. **2** *(loop)* cappio m.
hanger-on /ˌhæŋər'ɒn/ n. COLLOQ. parassita m. e f., scroccone m. (-a).
hang-glide /'hæŋglaɪd/ intr. volare con il deltaplano.
hang-glider /'hæŋglaɪdə(r)/ n. *(craft)* deltaplano m.; *(pilot)* deltaplanista m. e f.
hang-gliding /'hæŋglaɪdɪŋ/ ♦ ***10*** n. deltaplano m.; ***to go ~*** volare con il deltaplano.
▷ **hanging** /'hæŋɪŋ/ **I** n. **1** *(strangulation)* impiccagione f.; ***death by ~*** morte per impiccagione; ***~ is too good for him*** la forca è troppo poco per lui **2** *(curtain)* tendaggio m., tenda f.; *(on wall, for decoration)* parato m., arazzo m. **3** *(act of suspending) (of picture, decoration)* (l')appendere, (l')attaccare; *(of door)* (il) montare, (l')incardinare; *(of wallpaper)* (l')incollare, (l')attaccare; *(of game)* GASTR. frollatura f. **II** agg. DIR. [*offence*] punibile con l'impiccagione, passibile di condanna all'impiccagione; [*judge*] che condanna con facilità; FIG. molto duro, severo.
hanging basket /ˌhæŋɪŋ'bɑːskɪt, AE -'bæskɪt/ n. = cestino o vaso contenente piante decorative che viene appeso a soffitti o lampioni.
hanging committee /ˌhæŋɪŋkə'mɪtɪ/ n. ART. = comitato incaricato di decidere la disposizione dei dipinti in una mostra.
Hanging Gardens of Babylon /ˌhæŋɪŋˌgɑːdnzəv'bæbɪlən/ n.pl. giardini m. pensili di Babilonia.

hanging staircase /ˌhæŋɪŋ'steəkeɪs/ n. scala f. aggettante, a sbalzo.
hanging valley /ˌhæŋɪŋ'vælɪ/ n. valle f. pensile.
hangingwall /ˌhæŋɪŋ'wɔːl/ n. muro m. di faglia.
hangman /'hæŋmən/ n. (pl. **-men**) **1** *(at gallows)* boia m., carnefice m. **2** ▸ *10 (game)* impiccato m.
hangnail /'hæŋneɪl/ n. pipita f.
hang-out /'hæŋaʊt/ n. COLLOQ. ritrovo m. abituale; ***his favourite ~*** il suo ritrovo preferito.
hangover /'hæŋəʊvə(r)/ **I** n. **1** *(from drink)* postumi m.pl. (di una sbronza); ***to have a ~*** avere i postumi di una sbronza **2** FIG. *(legacy)* strascico m., conseguenza f. (**from** di) **II** modif. [*remedy*] contro i postumi di una sbronza, per smaltire una sbronza.
hang-up /'hæŋʌp/ n. COLLOQ. *(deep-rooted)* complesso m., fissazione f.; *(specific worry)* difficoltà f., problema m.; ***to have a ~ about*** essere complessato per [*appearance, experience*]; avere la fobia di [*spiders etc.*]; ***she has a ~ about her big nose*** ha il complesso di avere il naso grosso; ***to have a ~ about doing*** avere difficoltà a fare.
hank /hæŋk/ n. *(of wool etc.)* matassa f.
Hank /hæŋk/ n.pr. diminutivo di **Henry**.
hanker /'hæŋkə(r)/ intr. ***to ~ after*** o ***for sth.*** *(with desire)* agognare, desiderare ardentemente qcs.; *(with nostalgia)* rimpiangere qcs.
hankering /'hæŋkərɪŋ/ n. ***a ~ for sth., to do sth.*** una gran voglia di qcs., di fare qcs.
hankie, hanky /'hæŋkɪ/ n. COLLOQ. fazzoletto m.
hanky-panky /ˌhæŋkɪ'pæŋkɪ/ n. COLLOQ. SCHERZ. *(sexual, political)* porcherie f.pl.
Hannah /'hænə/ n.pr. Anna.
Hannibal /'hænɪbl/ n.pr. Annibale.
Hanoi /ˌhæ'nɔɪ/ ▸ *34* n.pr. Hanoi f.
Hanover /'hænəʊvə(r)/ ▸ *34* n.pr. Hannover f.
Hanoverian /ˌhænə'vɪərɪən/ agg. **1** STOR. di Hannover, della casa di Hannover **2** GEOGR. di Hannover.
Hansard /'hænsɑːd/ n. = resoconto ufficiale degli atti del Parlamento britannico.
Hanseatic League /ˌhænsɪ'ætɪkˌliːg/ n.pr. lega f. anseatica.
hansel → **handsel**.
hansom /'hænsəm/ n. (anche **~ cab**) = carrozza a due ruote con il cocchiere seduto a tergo.
Hants GB ⇒ Hampshire Hampshire.
1.hap /hæp/ n. ANT. caso m., ventura f.; ***by good ~*** per buona sorte.
2.hap /hæp/ intr. (forma in -ing ecc. **-pp-**) ANT. accadere, succedere per caso.
ha'penny → **halfpenny**.
haphazard /hæp'hæzəd/ **I** agg. *(unorganized)* disordinato, confuso; *(random)* casuale, fortuito; ***a ~ world*** un mondo senza regole; ***in a ~ way*** [*arranged*] in modo casuale, a casaccio; [*guess*] per caso; [*pick up skills, information*] in modo disordinato **II** avv. → **haphazardly**.
haphazardly /hæp'hæzədlɪ/ avv. casualmente, a casaccio.
hapless /'hæplɪs/ agg. LETT. o SCHERZ. sventurato, sfortunato.
haploid /'hæplɔɪd/ **I** n. cellula f., organismo m. aploide **II** agg. aploide.
haply /'hæplɪ/ avv. LETT. forse.
ha'p'orth /'heɪpəθ/ n. → **halfpennyworth**.
▶ **happen** /'hæpən/ intr. **1** *(occur)* accadere, avvenire, succedere; ***when, where, how did it ~?*** quando, dove, come è successo? ***what's happening?*** cosa sta succedendo? ***the accident ~ed yesterday*** l'incidente è capitato ieri; ***I wonder what will ~ next*** mi chiedo cosa succederà in seguito, adesso; ***we must make sure this never ~s again*** dobbiamo assicurarci che questo non accada mai più; ***you cannot expect the change to ~ overnight*** non puoi aspettarti che il cambiamento avvenga dall'oggi al domani; ***so much has ~ed since our last meeting*** molte cose sono accadute dal nostro ultimo incontro; ***he reacted as if nothing had ~ed*** reagì come se nulla fosse stato; ***whatever ~s, don't get out of the car*** qualunque cosa accada, non scendere dall'auto; ***it had to ~, it was bound to ~*** BE doveva accadere; ***miracles do ~!*** i miracoli succedono davvero! ***it may ~ that, it can ~ that*** può accadere che; ***how does it ~*** o ***how can it ~ that such problems are ignored?*** come è possibile che certi problemi vengano ignorati? ***success doesn't just ~!*** il successo non arriva per caso! ***anything might ~!*** potrebbe succedere di tutto! ***she's the sort of person who makes things ~*** è una di quelle persone che ha la capacità di incidere sulle cose **2** *(befall)* ***to ~ to sb.*** accadere, succedere a qcn.; ***the worst thing that can ~ to a man like him is*** la cosa peggiore che possa accadere a un uomo come lui è; ***old age, death is something that ~s to us all*** la vecchiaia, la morte arriva per tutti **3** *(occur by chance)* ***there ~s, ~ed to be a free parking space*** per puro caso c'è, c'era un parcheggio libero; ***we ~ed to be there when she appeared*** ci trovavamo lì per caso quando lei apparve; ***it so ~s that I have an example right here*** si dà il caso che abbia un esempio proprio qui; ***as it ~ed, the weather that day was bad*** guarda caso, quel giorno il tempo era brutto; ***if you ~ to see her say hello*** se ti capita di vederla salutala; ***do you ~ to have his phone number?*** hai per caso il suo numero di telefono? **4** *(materialize)* attuarsi, realizzarsi; ***the promised reforms never ~ed*** le riforme promesse non furono mai realizzate **5** *(go wrong, cause harm)* succedere, accadere; ***if anything ~s to Dinah, I shall never forgive myself*** se dovesse accadere qualcosa a Dinah, non me lo perdonerei mai; ***do you think anything will ~?*** credi che succederà qualcosa di male? *o* credi che qualcosa andrà male? **6** *(become of)* accadere a, esserne di; ***what will ~ to the children?*** che ne sarà dei bambini? *o* cosa accadrà ai bambini? ***what ~ed to all those fine promises?*** che ne è stato di tutte quelle belle promesse? **7** *(used indignantly, assertively)* ***he just ~s to be the best actor in Britain!*** si dà il caso che sia il migliore attore in Gran Bretagna! ***sorry, but I ~ to disagree*** mi spiace dirlo, ma si dà il caso che non sia d'accordo.
■ **happen on:** ~ **on** [**sth., sb.**] imbattersi in, trovare per caso [*object, person*].
▷ **happening** /'hæpənɪŋ/ **I** n. **1** *(occurrence)* evento m., avvenimento m.; ***there have been some strange ~s recently*** ultimamente si sono verificati degli strani avvenimenti **2** ART. TEATR. happening m. **II** agg. COLLOQ. brioso, vivace.
happenstance /'hæpənstəns/ n. AE caso m., fortuna f.; ***by ~*** per caso; ***it was just ~*** è stato solo un caso.
▷ **happily** /'hæpɪlɪ/ avv. **1** *(cheerfully)* [*laugh, chat, play, say*] allegramente; ***to be ~ married*** essere felicemente sposato; ***a ~ married man*** un uomo felicemente sposato; ***a ~ married woman*** una donna felicemente sposata; ***they all lived ~ ever after*** e vissero tutti felici e contenti **2** *(luckily)* fortunatamente **3** *(willingly)* [*accept, admit, agree, give up, leave, submit*] di buon grado, volentieri **4** *(successfully)* [*blend, chosen*] bene, opportunamente; ***a ~ worded letter*** una lettera ben scritta.
▷ **happiness** /'hæpɪnɪs/ n. felicità f., contentezza f.
▶ **happy** /'hæpɪ/ agg. **1** *(cheerful)* [*home, memory, atmosphere*] felice; [*life*] felice, beato; [*person*] felice, contento (**about** di; **with sb.** con qcn.; **for sb.** per qcn.; **that** che); ***to be ~ doing*** essere lieto di fare; ***I'm ~ (that) I've won, (that) they're back*** sono felice di aver vinto, che siano tornati **2** *(pleased, satisfied)* contento, soddisfatto, appagato; ***to be ~ with sth.*** essere contento, soddisfatto di qcs.; ***he's not ~ about it*** non ne è soddisfatto; ***to keep sb. ~*** accontentare qcn.; ***to give sb. sth. to keep them ~*** dare qcs. a qcn. perché stia tranquillo **3** *(willing)* ***to be ~ to do*** essere contento di fare; ***he's quite ~ to leave on Monday*** non gli dispiace di partire lunedì; ***are you ~ to go tomorrow?*** va bene per te andare domani? ***we are ~ for them to do it*** per noi va bene che loro lo facciano **4** *(in greetings)* ***Happy birthday!*** Buon compleanno! ***Happy Christmas!*** Buon Natale! ***Happy New Year!*** Buon Anno! ***Happy anniversary!*** Felice anniversario! **5** *(lucky)* fortunato; ***by a ~ coincidence*** per un caso fortunato; ***he's in the ~ position of having no debts*** è nell'invidiabile posizione di non avere debiti; ***the ~ few*** i pochi fortunati *o* gli eletti **6** *(successful)* [*blend, balance, choice, phrase*] felice, ben riuscito **7** COLLOQ. *(slightly drunk)* alticcio, brillo ◆ ***to be as ~ as Larry*** o ***as a sandboy*** BE essere contento come una pasqua.
Happy /'hæpɪ/ n.pr. Gongolo.
happy couple /ˌhæpɪ'kʌpl/ n. ***the ~*** gli sposi.
happy ending /ˌhæpɪ'endɪŋ/ n. lieto fine m.
happy event /ˌhæpɪɪ'vent/ n. ***the ~*** *(birth)* il lieto evento.
Happy Families /ˌhæpɪ'fæməlɪz/ ▸ *10* n. + verbo sing. sette famiglie f.
happy-go-lucky /ˌhæpɪgəʊ'lʌkɪ/ agg. [*person, attitude*] spensierato.
happy hour /'hæpɪaʊə(r)/ n. happy hour f.
happy hunting ground /ˌhæpɪ'hʌntɪŋˌgraʊnd/ n. **1** *(Amerindian)* = il paradiso per gli indiani d'America **2** FIG. paradiso m.; ***to be a ~ for sb.*** essere un paradiso per qcn.
happy medium /ˌhæpɪ'miːdɪəm/ n. giusto mezzo m., via f. di mezzo.
Hapsburg /'hæpsbɜːg/ n.pr. ***the ~s*** gli Asburgo.
hara-kiri /ˌhærə'kɪrɪ/ n. harakiri m.; ***to commit ~*** fare harakiri.
1.harangue /hə'ræŋ/ n. *(political)* arringa f.; *(moral)* paternale f.
2.harangue /hə'ræŋ/ tr. (forma in -ing **haranguing**) *(politically)* arringare; *(morally)* fare la paternale a.

harass /'hærəs, AE hə'ræs/ tr. [*photographer*] tormentare, molestare; [*police*] perseguitare; [*problem, event*] turbare, angosciare.

harassed /'hærəst, AE hə'ræst/ **I** p.pass. → **harass II** agg. tormentato; perseguitato; turbato.

harassing /'hærəsɪŋ/ agg. molesto.

▷ **harassment** /'hærəsmənt, AE hə'ræsmənt/ n. molestia f., vessazione f.; ***police ~*** persecuzione da parte della polizia; ***sexual ~*** molestie sessuali; ***racial ~*** persecuzione razziale.

1.harbinger /'hɑ:bɪndʒə(r)/ n. LETT. messaggero m., araldo m.; ***~ of doom*** *(thing)* funesto presagio; *(person)* ambasciatore di tragiche notizie.

2.harbinger /'hɑ:bɪndʒə(r)/ tr. annunciare l'arrivo di, preannunciare.

▷ **1.harbour** BE, **harbor** AE /'hɑ:bə(r)/ n. **1** porto m.; ***natural ~*** porto naturale **2** FIG. *(haven)* rifugio m., asilo m.

2.harbour BE, **harbor** AE /'hɑ:bə(r)/ tr. **1** *(nurse)* nutrire [*emotion*]; covare, nutrire [*suspicion*]; cullare [*illusion*]; ***to ~ a grudge*** nutrire rancore, provare risentimento **2** *(shelter illegally)* dare ricetto a [*criminal*] **3** *(contain)* ospitare [*parasite, insect*]; essere un ricettacolo per [*dirt, germs*].

harbourage BE, **harborage** AE /'hɑ:bərɪdʒ/ n. **1** *(harbour)* ancoraggio m., porto m. **2** FIG. *(haven)* rifugio m., asilo m.

harbour dues /'hɑ:bə,dju:z, AE -,du:z/, **harbour fees** /'hɑ:bə,fi:z/ n.pl. diritti m. portuali.

harbour master /'hɑ:bə,mɑ:stə(r), AE -,mæstə(r)/ ♦ *27* n. capitano m. di porto.

harbourside /'hɑ:bəsaɪd/ **I** n. porto m. **II** modif. [*bar, café, etc.*] del porto.

harbour station /'hɑ:bə,steɪʃn/ n. stazione f. marittima.

▶ **hard** /hɑ:d/ **I** agg. **1** [*consistency, object, surface, snow, bed, pencil lead*] duro; [*bread*] duro, raffermo; [*ground, muscle*] duro, sodo; [*skin*] indurito, incallito; [*butter*] solido; [*wax*] solidificato; [*mud*] secco, indurito; [*paint, glue*] indurito, asciutto; ***to go*** o ***grow*** o ***become ~*** indurirsi; ***to set ~*** [*concrete, plaster etc.*] indurirsi, solidificarsi; ***a ~ frost*** una forte gelata; ***frozen ~*** completamente ghiacciato **2** *(difficult, complex)* [*problem, question, puzzle, bargaining, negotiations*] difficile, complesso; [*choice, decision*] difficile, sofferto; *(arduous, demanding)* [*task*] arduo, duro; [*study*] impegnativo, gravoso; [*climb, training*] duro, impegnativo, faticoso; [*fight*] duro, accanito; ***I've had a ~ day*** ho avuto una giornata dura; ***a ~ day's work, filming*** una dura giornata di lavoro, di riprese; ***to be ~ to open, cut, find, read*** essere difficile da aprire, tagliare, trovare, leggere; ***it's a ~ poem to translate*** è una poesia difficile da tradurre; ***to be ~ to please*** essere difficile da accontentare *o* essere esigente; ***it's ~ to do*** è difficile da fare; ***it was ~ not to laugh*** era difficile trattenersi dal ridere; ***his choice was ~ for me to understand*** fu difficile per me comprendere la sua scelta; ***it is ~ for sb. to do sth.*** è difficile per qcn. fare qcs.; ***it was ~ for us to understand his decision*** fu difficile per noi comprendere la sua decisione; ***it's ~ for old people to change their ways*** è difficile per le persone anziane cambiare le proprie abitudini; ***to find it ~ to do sth.*** avere molte difficoltà a fare qcs.; ***to find sth. ~ to do*** trovare qcs. difficile da fare; ***it's ~ to accept, believe*** è difficile accettare, credere (**that** che); ***I'm not afraid of ~ work*** il lavoro duro *o* la fatica non mi spaventa; ***it was ~ work*** o ***going*** è stata una sfacchinata; ***it's ~ work doing sth.*** è una faticata fare qcs.; ***it was ~ work persuading her to sell*** è stata dura convincerla a vendere; ***I found the article rather ~ going*** ho trovato l'articolo un po' tosto; ***he made ~ work of moving the table*** ha fatto una gran fatica a spostare il tavolo; ***~ work never hurt, killed anybody!*** lavorare sodo non ha mai fatto male a nessuno, non ha mai ammazzato nessuno! ***it's too much like ~ work*** è troppo faticoso; ***to be a ~ worker*** [*student, pupil*] essere uno sgobbone; [*employee, manual worker*] essere un gran lavoratore *o* essere un lavoratore indefesso; ***to do things the ~ way*** complicarsi la vita; ***he got the job the ~ way*** si è sudato *o* si è guadagnato il suo posto; ***to find sth. out*** o ***learn sth. the ~ way*** imparare qcs. a proprie spese **3** *(harsh, unpleasant)* [*life, childhood, year*] difficile; [*blow, knock*] FIG. duro, brutto; [*climate, winter*] rigido; ***he has to learn to take the ~ knocks*** deve imparare a incassare i colpi duri; ***this is a ~ world*** viviamo in un mondo difficile; ***to be ~ on sb.*** [*person, court*] essere duro, severo con qcn.; ***don't be so ~ on yourself!*** non essere così duro con te stesso! ***this tax is very ~ on the unemployed*** questa tassa grava molto sui di-soccupati; ***this print is ~ on the eyes*** questo carattere è difficile da leggere *o* non si legge bene; ***~ luck*** o ***lines!*** BE COLLOQ. *(sympathetic)* che sfortuna! ***~ luck*** o ***lines*** o ***cheese!*** BE COLLOQ. *(unsympathetic)* tanto peggio! ***to take a ~ line*** seguire la linea dura (**on sth.** in qcs.; **with sb.** con qcn.); ***it's a ~ life!*** SCHERZ. IRON. dura la vita! ***it's a ~ life being a millionaire*** IRON. è dura la vita del miliardario; ***these are ~ times*** questi sono tempi difficili; ***to fall on ~ times*** cadere in miseria *o* andare a finire male; ***he's having a ~ time (of it)*** sta attraversando un pe-riodo difficile; ***to have a ~ time (of it) doing sth.*** passare un brutto periodo facendo qcs.; ***to give sb. a ~ time*** COLLOQ. *(make things difficult)* rendere la vita difficile a qcn.; *(tell off)* dare una lavata di capo a qcn. **4** *(stern, cold)* [*person*] austero, severo; [*look*] arcigno; [*voice, words*] duro, aspro; ***their hearts are ~*** hanno il cuore duro *o* di pietra **5** *(forceful)* [*shove, push, knock*] forte, violento; ***I gave the door a ~ push*** diedi una forte spinta alla porta **6** *(concrete)* [*evidence, proof*] concreto; [*facts*] concreto, nudo e crudo; [*news*] certo, ben documentato; ***the paper that brings you the ~ news*** il giornale che vi offre notizie fondate; ***the ~ facts about sth.*** la verità nuda e cruda su qcs. **7** *(stark)* [*outline*] netto, nitido; [*colour, sound, light*] forte, violento **8** *(strong)* [*drink, liquor*] forte; [*drug*] pesante; [*pornography*] hard, esplicito; ***~ drink*** superalcolico; ***to be a ~ drinker*** essere un forte bevitore; ***a drop of the ~ stuff*** COLLOQ. un goccio di qualcosa di forte **9** POL. ***the ~ left, right*** l'estrema sinistra, destra **10** CHIM. [*water*] duro **11** LING. [*consonant*] duro **12** COLLOQ. *(tough)* [*person*] duro; ***so you think you're ~, do you?*** credi di essere un duro, vero? **II** avv. **1** *(strongly, energetically)* [*push, pull, punch*] forte, energicamente; [*laugh, cry*] forte; [*work*] duro, duramente, sodo; [*study*] molto, con impegno, sodo; [*rain*] forte, a dirotto; [*snow*] fitto; [*think, look*] intensamente; [*listen*] attentamente; ***to hit sb., sth. ~*** colpire forte qcn., qcn.; FIG. colpire qcn., qcs. duramente; ***to be ~ hit*** FIG. essere duramente colpito (**by** da); ***think ~!*** pensaci bene *o* rifletti attentamente! ***to try ~*** *(intellectually)* fare tutti gli sforzi possibili; *(physically)* sforzarsi; ***as ~ as one can*** [*run, push, pull, work*] a più non posso; [*try*] il più possibile; ***no matter how ~ I try, work, I...*** per quanto ci provi, lavori, io...; ***to be ~ at it*** COLLOQ. o ***at work*** darci dentro *o* lavorare sodo; ***she works*** o ***drives her students very ~*** fa lavorare moltissimo i suoi studenti; ***to take sth. (very) ~*** prendere (molto) male qcs. **2** *(with directions)* ***turn ~ left at the traffic lights*** al semaforo giri tutto a sinistra; ***go ~ astern*** MAR. indietro tutta; ***~ a-port, a-starboard*** MAR. tutta a sinistra, a dritta **3** *(indicating proximity)* ***~ behind*** subito *o* immediatamente dietro; ***~ by sth.*** ANT. vicinissimo a qcs.; ***~ (up)on sth.*** subito dopo qcs. *o* alle spalle di qcs. ♦ ***to be ~ on sb.'s heels*** essere alle calcagna di qcn.; ***to play ~ to get*** fare il prezioso *o* farsi desiderare; ***to be ~ put to do*** trovarsi in grande difficoltà a fare; ***to be, feel ~ done by*** essere, sentirsi trattato male.

hard and fast /,hɑ:dən'fɑ:st, AE -'fæst/ agg. [*rule, distinction*] ferreo; [*category*] rigido.

hard-ass /'hɑ:dæs/ n. AE POP. tipo m. duro, osso m. duro.

hardback /'hɑ:dbæk/ **I** n. libro m. rilegato, edizione f. rilegata; ***in ~*** in edizione rilegata **II** modif. [*book*] con copertina rigida, rilegato; [*sales, figures, publisher*] di libri rilegati.

hardbacked /'hɑ:dbækt/ agg. [*chair*] con lo schienale rigido.

hardball /'hɑ:dbɔ:l/ ♦ *10* n. AE SPORT baseball m.; ***to play ~*** giocare a baseball; FIG. avere un atteggiamento aggressivo.

hardbitten /,hɑ:d'bɪtn/ agg. [*person*] indurito, spietato.

hardboard /'hɑ:dbɔ:d/ **I** n. cartone m. di fibra compressa **II** modif. [*box, wall*] in cartone di fibra compressa; [*sheet*] di fibra compressa.

hard-boiled /,hɑ:d'bɔɪld/ agg. **1** [*egg*] sodo **2** FIG. [*person*] indurito, cinico.

hard-bought /,hɑ:d'bɔ:t/ agg. ottenuto faticosamente, conquistato a fatica.

hardbound /'hɑ:dbaʊnd/ agg. [*book*] rilegato, in edizione rilegata.

hardcase /'hɑ:dkeɪs/ n. COLLOQ. osso m. duro.

hard cash /,hɑ:d'kæʃ/ n. contanti m.pl., denaro m. liquido; ***in ~*** in contanti.

hard coal /'hɑ:d,kəʊl/ n. CHIM. antracite f.

hard copy /,hɑ:d'kɒpɪ/ n. INFORM. hard copy f., copia f. cartacea.

hard core /,hɑ:d'kɔ:(r)/ **I** n. **1** *(of group, demonstrators, strikers, resistance)* nucleo m. di irriducibili, zoccolo m. duro **2** ING. massicciata f. **3 hardcore** MUS. hard-core m. **II hard-core** agg. **1** *(established)* [*Marxist, supporter, opponent, protest*] irriducibile **2** *(extreme)* [*pornography*] hard, esplicito; [*video*] hard-core **3 hardcore** MUS. [*music*] hard-core; [*band, record*] (di) hard-core.

hard court /,hɑ:d'kɔ:t/ n. SPORT campo m. in terra battuta.

hardcover /,hɑ:d'kʌvə(r)/ n. AE → **hardback**.

hard currency /,hɑ:d'kʌrənsɪ/ **I** n. moneta f. forte, valuta f. pregiata **II** modif. [*earnings, exports, investments*] in moneta forte; [*reserves*] di moneta forte.

hard disk /,hɑ:d'dɪsk/ n. INFORM. hard disk m., disco m. fisso.

hard-drinking /,hɑ:d'drɪŋkɪŋ/ agg. [*person*] che beve molto.

hard-earned /ˌhɑːdˈɜːnd/ agg. [*cash, money*] sudato; [*position*] conquistato a fatica.
harden /ˈhɑːdn/ **I** tr. **1** fare indurire, asciugare [*paint, glue*]; fare solidificare [*butter, wax*]; indurire, incallire [*skin*]; IND. temprare [*steel*] **2** FIG. [*time, experience*] assuefare, rendere insensibile [*person*] (**to** a); consolidare, rafforzare [*opposition, resolve*]; irrigidire [*attitude, stance*]; ***to ~ one's heart*** diventare insensibile (**to** a) **II** intr. **1** [*paint, glue*] indurirsi, asciugarsi; [*butter, wax*] solidificarsi; [*muscle*] indurirsi, rassodarsi; [*skin*] indurirsi, incallirsi **2** FIG. [*face, voice*] indurirsi, farsi duro; [*opposition, resolve*] consolidarsi, rafforzarsi; [*attitude, stance*] irrigidirsi; ***his eyes ~ed*** il suo sguardo si fece duro; ***to ~ into*** [*suspicions, dislike, guidelines*] tramutarsi in [*certainty, hatred, strict rules*] **3** ECON. [*shares, market, economy*] rafforzarsi; [*prices*] consolidarsi **III** rifl. ***to ~ oneself to*** corazzarsi contro *o* diventare insensibile a [*pain, criticism*].
▪ **harden off** AGR. ~ *off* [*plant*] indurirsi; ~ *[sth.] off*, ~ *off [sth.]* indurire [*plant*].
hardenability /ˌhɑːdnəˈbɪlətɪ/ n. METALL. temprabilità f.
hardened /ˈhɑːdnd/ **I** p.pass. → **harden II** agg. **1** [*paint, glue*] indurito, asciutto; [*wax, clay*] solidificato; [*skin*] indurito, incallito; IND. [*steel*] temprato **2** FIG. [*criminal, terrorist, miser*] incallito; [*drinker*] forte, incallito; [*addict*] cronico; ***to become ~ to*** assuefarsi a [*climate*]; diventare insensibile a [*pain, insults*].
hardening /ˈhɑːdnɪŋ/ **I** n. **1** indurimento m. (anche FIG.) **2** IND. *(of steel)* tempra f. **3** MED. ***~ of the arteries*** arteriosclerosi *o* sclerosi delle arterie **II** agg. [*resolve, conviction*] che va rafforzandosi, consolidandosi; [*attitude*] sempre più duro, rigido.
hard error /ˌhɑːdˈerə(r)/ n. INFORM. errore m. hardware.
hard-faced /ˌhɑːdˈfeɪst/ agg. [*person*] dai lineamenti duri; FIG. duro.
hard-favoured /ˌhɑːdˈfeɪvəd/, **hard-featured** /ˌhɑːdˈfiːtʃəd/ agg. dai lineamenti duri, spigolosi.
hard feelings /ˌhɑːdˈfiːlɪŋz/ n.pl. rancore m.sing., inimicizia f.sing.; ***no ~!*** non avertene a male! *o* senza rancore!
hard-fought /ˌhɑːdˈfɔːt/ agg. [*battle*] aspramente combattuto; [*competition*] sofferto, combattuto; [*election*] combattuto.
hard hat /ˌhɑːdˈhæt/ n. **1** *(helmet)* elmetto m.; EQUIT. casco m. di sicurezza **2** AE *(construction worker)* muratore m.
hardhead /ˌhɑːdˈhed/ n. AE persona f. pratica, realistica.
hard-headed /ˌhɑːdˈhedɪd/ agg. [*person, approach*] pratico, realistico; ***a ~ businessman*** un uomo d'affari che sa il fatto suo.
hard-hearted /ˌhɑːdˈhɑːtɪd/ agg. duro, insensibile; ***to be ~ towards sb.*** essere duro nei confronti di qcn.
hard-heartedness /ˌhɑːdˈhɑːtɪdnɪs/ n. durezza f., insensibilità f.
hard-hitting /ˌhɑːdˈhɪtɪŋ/ agg. [*report, criticism*] incisivo; [*speech*] energico, efficace; [*film*] forte.
hardihood /ˈhɑːdɪhʊd/ n. RAR. audacia f., coraggio m.
hardily /ˈhɑːdɪlɪ/ avv. audacemente, coraggiosamente.
hardiness /ˈhɑːdɪnɪs/ n. **1** *(strength, toughness)* robustezza f., vigore m.; AGR. *(of plant)* resistenza f. **2** *(boldness)* audacia f., coraggio m.
hard labour BE, **hard labor** AE /ˌhɑːdˈleɪbə(r)/ n. lavori m.pl. forzati.
hard lens /ˌhɑːdˈlenz/ n. lente f. rigida.
hardline /ˌhɑːdˈlaɪn/ agg. [*measure*] duro, inflessibile; [*tactic, policy*] intransigente; [*communist, conservative, political system*] integralista; ***~ approach*** un approccio intransigente.
hardliner /ˌhɑːdˈlaɪnə(r)/ n. persona f. intransigente; POL. integralista m. e f.
hard luck /ˌhɑːdˈlʌk/ n. sfortuna f., cattiva sorte f.
hard-luck story /ˌhɑːdˈlʌkˌstɔːrɪ/ n. ***to tell*** o ***give sb. a ~*** raccontare a qcn. le proprie sventure.
▶ **hardly** /ˈhɑːdlɪ/ avv. **1** *(only just, barely)* [*begin*] appena; [*know, be able*] appena, a malapena; [*hear, see*] a stento, a fatica; ***I ~ know him*** lo conosco appena; ***they had ~ gone out when*** erano appena usciti quando; ***~ had they set off than*** o ***when*** erano appena partiti che, quando **2** *(not really)* [*expect, hope*] difficilmente; ***you can ~ expect me to believe that!*** non puoi certo aspettarti che ci creda! ***it's ~ a secret!*** non è certo un segreto! ***it's ~ likely*** è poco probabile, è inverosimile; ***it's ~ surprising*** non è certo sorprendente, non sorprende; ***it's ~ worth it*** non ne vale quasi la pena; ***~!*** certamente no! *o* no di certo! ***I need ~ tell you that*** non occorre che ti dica che; ***I need ~ remind you that*** è inutile che ti ricordi che; ***I can ~ wait!*** non vedo l'ora; IRON. muoio proprio dalla voglia; ***I can ~ believe it!*** stento a crederci! *o* non mi sembra vero! **3** *(almost not)* ***~ any*** quasi niente, nessuno; ***~ ever, anybody*** quasi mai, nessuno; ***he ~ ever writes*** non scrive quasi mai *o* scrive raramente; ***~ a day goes by without sb. doing sth.*** o ***that sb. doesn't do sth.*** non passa giorno che qcn. non faccia qcs. **4** *(harshly)* duramente, severamente.
hardmouthed /ˌhɑːdˈmaʊðd/ agg. [*horse*] ribelle al morso; FIG. ribelle, indisciplinato.
hardness /ˈhɑːdnɪs/ n. **1** *(firmness) (of substance, object, voice)* durezza f. **2** *(difficulty) (of work, problem, life)* difficoltà f., durezza f.; *(of climate)* durezza f., rigidezza f.
hard-nosed /ˌhɑːdˈnəʊzd/ agg. *(unsentimental)* [*person*] determinato, testardo; SPREG. [*attitude*] duro; [*businessman*] scaltro, senza scrupoli; [*government*] inclemente, spietato; [*person*] duro, spietato.
hard of hearing /ˌhɑːdəvˈhɪərɪŋ/ **I** n. ***the ~*** + verbo pl. i sordi **II** agg. ***to be ~*** essere duro d'orecchio.
hard-on /ˈhɑːdɒn/ n. VOLG. ***to have*** o ***get a ~*** avercelo duro.
hard palate /ˌhɑːdˈpælət/ n. palato m. duro.
hardpan /ˈhɑːdpæn/ n. GEOL. crostone m. d'argilla.
hard porn /ˌhɑːdˈpɔːn/ n. COLLOQ. porno m.
hard-pressed /ˌhɑːdˈprest/, **hard-pushed** /ˌhɑːdˈpʊʃt/ agg. in difficoltà; *(for time)* alle strette; *(under pressure)* oberato, sotto pressione; ***to be ~ for time*** avere l'acqua alla gola *o* avere i minuti contati; ***to be ~ to do*** avere difficoltà a fare.
hard rock /ˌhɑːdˈrɒk/ n. MUS. hard rock m.
hard rubber /ˌhɑːdˈrʌbə(r)/ n. ebanite f.
hard sauce /ˌhɑːdˈsɔːs/ n. AE GASTR. = crema a base di burro, zucchero e brandy.
hardscrabble /ˈhɑːdskræbl/ agg. AE [*farm*] improduttivo; [*farmer*] povero.
hard sell /ˌhɑːdˈsel/ **I** n. (tecnica di) vendita f. aggressiva; ***to give sb. the ~*** o ***to do a ~ on sb.*** imporre un prodotto a qcn. **II hard-sell** modif. [*tactic, technique, approach*] di vendita aggressiva.
hard-set /ˌhɑːdˈset/ agg. **1** *(hard-pressed)* in difficoltà **2** *(hard, firm)* duro, rigido **3** [*egg*] sottoposto a incubazione.
hardshell /ˈhɑːdʃel/ agg. AE [*conservative, socialist*] intransigente.
▷ **hardship** /ˈhɑːdʃɪp/ n. **1 U** *(difficulty)* difficoltà f., avversità f.; *(poverty)* privazioni f.pl., stenti m.pl. **2 C** *(ordeal)* prova f., traversia f.; ***they suffered many ~s*** sopportarono molte privazioni; ***it's no great ~ for you to get up half an hour earlier*** non è una gran fatica per te alzarti mezz'ora prima.
hardship fund /ˈhɑːdʃɪpˌfʌnd/ n. fondo m. di assistenza (in caso di crisi).
hard shoulder /ˌhɑːdˈʃəʊldə(r)/ n. BE corsia f. d'emergenza.
hard solder /ˌhɑːdˈsəʊldə(r), -ˈsɒldə(r), AE -ˈsɒdər/ n. METALL. lega f. per brasatura forte.
hard-solder /ˌhɑːdˈsəʊldə(r), -ˈsɒldə(r), AE -ˈsɒdər/ tr. METALL. brasare, saldare con brasatura forte.
hard standing /ˌhɑːdˈstændɪŋ/ n. area f. di stazionamento.
hardtack /ˈhɑːdtæk/ n. MAR. galletta f.
hardtop /ˈhɑːdtɒp/ n. **1** *(car)* auto f. con tettuccio rigido **2** *(roof)* hard top m., tettuccio m. rigido.
hard up /ˌhɑːdˈʌp/ agg. COLLOQ. al verde, in bolletta; ***to be ~ for sth.*** essere a corto di qcs.
▷ **hardware** /ˈhɑːdweə(r)/ **I** n. **1** INFORM. hardware m. **2** MIL. armamenti m.pl. **3** COMM. *(household goods)* ferramenta f.pl., articoli m.pl. di ferramenta **II** modif. INFORM. [*company*] di hardware; [*efficiency, requirements, design*] dell'hardware.
hardware dealer /ˈhɑːdweəˌdiːlə(r)/ ♦ **27** n. negoziante m. e f. di ferramenta.
hardware shop /ˈhɑːdweəˌʃɒp/, **hardware store** /ˈhɑːdweəˌstɔː(r)/ ♦ **27** n. negozio m. di ferramenta.
hard-wearing /ˌhɑːdˈweərɪŋ/ agg. resistente.
hardwired /ˈhɑːdwaɪəd/ agg. [*circuit, instruction*] cablato a livello di hardware.
hard-won /ˌhɑːdˈwʌn/ agg. combattuto, conquistato a fatica.
hardwood /ˈhɑːdwʊd/ **I** n. legno m. duro **II** modif. [*object, furniture*] in, di legno duro.
hard-working /ˌhɑːdˈwɜːkɪŋ/ agg. [*person*] industrioso, operoso, laborioso; [*animal*] industrioso.
hardy /ˈhɑːdɪ/ agg. **1** *(strong)* [*person, animal, constitution*] robusto; AGR. [*plant*] resistente **2** *(bold)* [*explorer, adventurer*] audace, coraggioso.
hardy annual /ˈhɑːdɪˌænjʊəl/ n. **1** BOT. = pianta annua che cresce all'aperto **2** FIG. *(subject)* tormentone m.
hardy perennial /ˌhɑːdɪpəˈrenɪəl/ n. **1** BOT. pianta f. perenne **2** FIG. *(subject)* tormentone m.
1.hare /heə(r)/ n. lepre f. ♦ ***to be as mad as a March ~*** essere matto da legare; ***to run with the ~ and hunt with the hounds*** tenere il piede in due staffe *o* dare un colpo al cerchio e uno alla botte; ***to start a ~*** introdurre un argomento, sollevare una questione.
2.hare /heə(r)/ intr. correre come una lepre.
▪ **hare off** BE scappare a tutta velocità.

hare and hounds /ˌheəən'haʊndz/ n. = gioco infantile in cui i giocatori della prima squadra lasciano in terra dei pezzetti di carta che i giocatori della seconda squadra devono trovare per raggiungere i primi.
harebell /'heəbel/ n. BOT. campanula f.
harebrained /'heəbreɪnd/ agg. [*person*] scervellato, strambo; [*scheme*] strampalato.
hare coursing /'heəˌkɔːsɪŋ/ n. caccia f. alla lepre (con cani).
harelip /'heəˌlɪp/ n. labbro m. leporino.
harelipped /'heəˌlɪpt/ agg. con il labbro leporino.
harem /'hɑːriːm/ n. harem m.
harem pants /'hɑːriːmˌpænts/ n.pl. = ampi pantaloni a sbuffo.
hare's foot /'heəzfʊt/ n. BOT. trifoglio m. dei campi.
hare's tail /'heəzteɪl/ n. BOT. piumino m., coda f. di lepre.
haricot /'hærɪkəʊ/ n. BE (anche **~ bean**) *(dried)* fagiolo m. bianco; *(fresh)* fagiolino m.
hark /hɑːk/ intr. ANT. ascoltare; ***~ at him, her!*** COLLOQ. SCHERZ. stallo, stalla un po' a sentire!
■ **hark back to:** ***~ back to [sth.]*** *(recall)* richiamare, ritornare su [*subject*]; *(evoke)* [*style, song*] evocare, ricordare.
harken → **hearken.**
harl(e) /hɑːl/ n. *(on feather)* barba f.
harlequin /'hɑːlɪkwɪn/ **I** n. (anche **Harlequin**) arlecchino m. **II** agg. *(coloured)* arlecchino, variopinto, multicolore.
harlequinade /ˌhɑːlɪkwɪ'neɪd/ n. arlecchinata f.
harlequin duck /ˌhɑːlɪkwɪn'dʌk/ n. ZOOL. moretta f. arlecchino.
Harley /'hɑːlɪ/ n.pr. Harley (nome di uomo).
Harley Street /'hɑːlɪˌstriːt/ n.pr. GB = la categoria dei medici specialisti.
harlot /'hɑːlət/ n. LETT. SPREG. meretrice f.
harlotry /'hɑːlətrɪ/ n. LETT. SPREG. meretricio m.
▷ **1.harm** /hɑːm/ n. danno m., male m.; ***to do ~ to sb.*** o ***to do sb. ~*** fare del male a qcn.; ***to do ~ to sth.*** danneggiare qcs.; ***I didn't mean him any ~*** non volevo fargli del male *o* non avevo cattive intenzioni nei suoi confronti; ***I meant no ~ by*** o ***in doing*** non volevo fare nulla di male facendo; ***it would do no ~ to do*** *(you have nothing to lose)* non ti costerebbe niente fare; *(you ought to)* non ti farebbe male fare; ***some hard work wouldn't do him any ~*** IRON. un po' di duro lavoro non gli farebbe male; ***to do more ~ than good*** fare più male che bene; ***you'll come to no ~*** non ti succederà niente di male *o* non ti farai male; ***no ~ done!*** poco male! ***where's the ~ in it?*** che male c'è? ***there's no ~ in doing*** non c'è niente di male a fare; ***there's no ~ in trying*** tentar non nuoce; ***out of ~'s way*** *(in a safe place)* al sicuro; *(unable to harm)* in condizione di non nuocere.
▷ **2.harm** /hɑːm/ tr. **1** *(damage)* fare (del) male a [*person, baby*]; danneggiare [*crops, lungs*]; ***a little sugar won't ~ you*** un po' di zucchero non ti farà male; ***he hasn't ~ed anybody*** non ha fatto del male a nessuno; ***he wouldn't ~ a fly!*** non farebbe male a una mosca! **2** *(affect adversely)* nuocere a [*population, economy*]; rovinare [*landscape, village*].
▷ **harmful** /'hɑːmfl/ agg. **1** *(physically)* [*bacteria, chemical, ray*] nocivo **2** *(damaging)* [*behaviour, gossip, allegation*] dannoso, deleterio (**to** per).
harmfully /'hɑːmflɪ/ avv. nocivamente, dannosamente.
harmfulness /'hɑːmflnɪs/ n. nocività f., dannosità f.
▷ **harmless** /'hɑːmlɪs/ agg. **1** *(not dangerous)* [*chemical, virus*] non nocivo, innocuo (**to** a); [*growth, cyst*] benigno; [*rash, bite*] non pericoloso **2** *(inoffensive)* [*person*] innocuo, inoffensivo; [*fun, joke, eccentricity*] innocuo, innocente; ***he's ~!*** SCHERZ. è innocuo!
harmonic /hɑː'mɒnɪk/ **I** n. FIS. MUS. armonica f.; ***second, third ~*** seconda, terza armonica **II** agg. MAT. MUS. armonico.
harmonica /hɑː'mɒnɪkə/ ♦ **17** n. armonica f.
harmonically /hɑː'mɒnɪkəlɪ/ avv. armonicamente.
harmonics /hɑː'mɒnɪks/ n. MUS. *(science)* + verbo sing. armonia f.
harmonious /hɑː'məʊnɪəs/ agg. armonioso.
harmoniously /hɑː'məʊnɪəslɪ/ avv. armoniosamente.
harmonist /'hɑːmənɪst/ n. armonista m. e f.
harmonium /hɑː'məʊnɪəm/ ♦ **17** n. armonium m.
harmonization /ˌhɑːmənaɪ'zeɪʃn, AE -nɪ'z-/ n. armonizzazione f.
harmonize /'hɑːmənaɪz/ **I** tr. *(all contexts)* armonizzare **II** intr. **1** [*law, practice, people*] accordarsi (**with** con) **2** [*colour, feature*] armonizzarsi (**with** con) **3** MUS. [*player, instrument*] suonare in armonia (**with** con); [*singer*] cantare in armonia (**with** con); [*note, sound*] essere in armonia (**with** con).
harmonizer /'hɑːmənaɪzə(r)/ n. armonizzatore m. (-trice).
▷ **harmony** /'hɑːmənɪ/ n. *(all contexts)* armonia f.; ***in ~ (with)*** in armonia (con); ***perfect ~*** perfetto accordo; ***domestic ~*** armonia familiare.
▷ **1.harness** /'hɑːnɪs/ n. **1** *(for horse)* bardatura f., finimenti m.pl.; *(for dog)* pettorina f.; *(for child)* briglie f.pl., dande f.pl.; ***safety ~*** imbracatura di sicurezza **2** FIG. ***to work in ~*** lavorare in tandem (**with** con); ***to die in ~*** cadere sulla breccia; ***I'm back in ~*** sono tornato alla normale routine.
2.harness /'hɑːnɪs/ tr. **1** *(channel, use)* incanalare, utilizzare [*power, potential*] **2** *(put harness on)* bardare, mettere i finimenti a [*horse, dog*] **3** *(attach)* legare, attaccare [*animal*] (**to** a).
harness race /'hɑːnɪsˌreɪs/ n. corsa f. al trotto.
Harold /'hærəld/ n.pr. Aroldo.
1.harp /hɑːp/ ♦ **17** n. arpa f.
2.harp /hɑːp/ intr. suonare l'arpa, arpeggiare.
■ **harp on** COLLOQ. ***~ on [sth.]***, ***~ on about [sth.]*** insistere su, continuare a battere su.
harper /'hɑːpə(r)/ n. → **harpist**.
harpist /'hɑːpɪst/ ♦ **17, 27** n. arpista m. e f.
1.harpoon /hɑː'puːn/ n. arpione m., fiocina f.
2.harpoon /hɑː'puːn/ tr. arpionare, fiocinare.
harpooner /hɑː'puːnə(r)/ ♦ **27** n. fiociniere m., ramponiere m.
harp seal /'hɑːpˌsiːl/ n. foca f. della Groenlandia.
harpsichord /'hɑːpsɪkɔːd/ ♦ **17** n. arpicordo m., clavicembalo m.
harpsichordist /'hɑːpsɪkɔːdɪst/ ♦ **17, 27** n. suonatore m. (-trice) di arpicordo, clavicembalista m. e f.
harpy /'hɑːpɪ/ n. **1** MITOL. (anche **Harpy**) arpia f.; ***the Harpies*** le Arpie **2** SPREG. *(woman)* arpia f.
harpy eagle /ˌhɑːpɪ'iːgl/ n. ZOOL. arpia f.
harquebus /'hɑːkwɪbəs/ n. STOR. archibugio m.
harquebusier /ˌhɑːkwɪbə'jə(r)/ n. STOR. archibugiere m.
harridan /'hærɪdən/ n. SPREG. vecchia strega f., megera f.
1.harrier /'hærɪə(r)/ n. *(bird)* albanella f.
2.harrier /'hærɪə(r)/ n. **1** *(dog)* harrier m., cane m. per la caccia alla lepre **2** SPORT *(runner)* podista m. e f. di corsa campestre.
Harrier /'hærɪə(r)/ n. (anche **~ jump jet**) MIL. = aereo a reazione a decollo verticale.
Harriet /'hærɪət/ n.pr. Enrica, Enrichetta.
Harris /'hærɪs/ n.pr. Harris (nome di uomo).
Harris tweed® /ˌhærɪs'twiːd/ n. = tweed prodotto su una delle isole Ebridi.
Harrovian /hə'rəʊvjən/ **I** agg. di Harrow **II** n. studente m., ex allievo m. di Harrow.
1.harrow /'hærəʊ/ n. AGR. erpice m.
2.harrow /'hærəʊ/ tr. AGR. erpicare.
harrowed /'hærəʊd/ **I** p.pass. → **2.harrow II** agg. FIG. straziato, tormentato.
1.harrowing /'hærəʊɪŋ/ agg. FIG. [*experience*] sconvolgente, atroce; [*ordeal*] terribile; [*film, story*] straziante; [*image*] atroce, lacerante.
2.harrowing /'hærəʊɪŋ/ n. AGR. erpicatura f.
harry /'hærɪ/ tr. **1** *(pursue, harass)* tormentare, perseguitare **2** MIL. *(destroy)* devastare, saccheggiare.
Harry /'hærɪ/ n.pr. Enrico.
▷ **harsh** /hɑːʃ/ agg. **1** *(severe, cruel)* [*punishment, measures*] severo; [*regime*] oppressivo, duro; [*person*] severo, rigido, duro; [*fate*] crudele; ***perhaps I was too ~ in my criticism*** forse sono stato troppo duro nelle mie critiche; ***to have ~ words for sb., sth.*** usare parole aspre nei confronti di qcn., qcs. **2** [*climate, winter*] rigido, inclemente; [*conditions*] duro, difficile **3** [*light*] forte, violento; [*colour*] squillante, vistoso, sgargiante **4** [*voice, sound*] aspro, stridente **5** [*chemical, cleaner*] corrosivo; [*shampoo*] aggressivo **6** [*cloth, fabric*] ruvido.
harshen /'hɑːʃn/ **I** tr. rendere severo, rigido, duro; inasprire **II** intr. diventare severo, rigido, duro; inasprirsi.
harshly /'hɑːʃlɪ/ avv. [*treat, judge*] duramente; [*speak*] aspramente; [*punish, condemn*] severamente, con severità.
harshness /'hɑːʃnɪs/ n. *(of punishment, law)* severità f.; *(of regime)* oppressione f., durezza f.; *(of criticism)* durezza f.; *(of climate, winter)* rigore m., rigidezza f.; *(of conditions)* durezza f., difficoltà f.; *(of light)* violenza f.; *(of colour)* vistosità f.; *(of sound, voice)* asprezza f., (l')essere stridente.
hart /hɑːt/ n. (pl. **~, ~s**) cervo m. maschio.
hartebeest /'hɑːtɪbiːst/ n. (pl. **~, ~s**) alcelafo m.
Hartley /'hɑːtlɪ/ n.pr. Hartley (nome di uomo).
hartshorn /'hɑːtshɔːn/ n. **1** corno m. di cervo **2** ANT. CHIM. carbonato m. di ammonio.
harum-scarum /ˌheərəm'skeərəm/ **I** agg. COLLOQ. [*person*] irresponsabile; [*behaviour*] irresponsabile, sfrenato **II** avv. COLLOQ. [*run*] a rompicollo.
haruspex /hə'rʌspeks/ n. (pl. **-ices**) STOR. aruspice m.

▷ **1.harvest** /ˈhɑːvɪst/ n. **1** *(of wheat)* mietitura f., messe f.; *(of fruits)* raccolta f.; *(of grapes)* vendemmia f.; ***to get in the ~*** mettere al riparo il raccolto; ***a good ~*** un buon raccolto *o* un raccolto abbondante; ***a poor ~*** un cattivo raccolto cattivo *o* un raccolto scarso **2** FIG. *(of investment, policy)* frutto m.; ***to reap the ~ of 20 years of tyranny, work*** cogliere il frutto di 20 anni di tirannia, di lavoro; ***to reap a rich ~*** ricavare molto frutto; ***to reap a bitter ~*** pagare le conseguenze.

▷ **2.harvest** /ˈhɑːvɪst/ **I** tr. **1** mietere [*corn*]; cogliere, raccogliere [*vegetables, fruit*] **2** FIG. *(collect)* raccogliere [*information*] **II** intr. *(of corn)* mietere; *(of fruit)* fare la raccolta; *(of grapes)* vendemmiare.

harvest bug /ˈhɑːvɪstˌbʌɡ/ n. tignola f. dei raccolti.

harvester /ˈhɑːvɪstə(r)/ n. **1** *(machine)* mietitrice f. **2** *(person)* mietitore m. (-trice).

harvester-thresher /ˌhɑːvɪstəˈθreʃə(r)/ n. mietitrebbia f.

harvest festival /ˌhɑːvɪstˈfestɪvl/ n. festa f. del raccolto.

harvest home /ˌhɑːvɪstˈhəʊm/ n. **1** *(close of harvesting)* fine f. della raccolta **2** *(festival)* = festa che celebra la fine della raccolta.

harvesting /ˈhɑːvɪstɪŋ/ n. raccolta f.

harvestman /ˈhɑːvɪstmən/ n. (pl. **-men**) AE ZOOL. opilione m.

harvest mite /ˈhɑːvɪstˌmaɪt/ n. ZOOL. = acaro del genere Trombicula.

harvest moon /ˌhɑːvɪstˈmuːn/ n. = plenilunio più vicino all'equinozio d'autunno.

harvest mouse /ˈhɑːvɪstˌmaʊs/ n. (pl. **harvest mice**) arvicola f., topo m. delle risaie.

Harvey /ˈhɑːvɪ/ n.pr. Harvey (nome di uomo).

has /*forma debole* həz, *forma forte* hæz/ 3ª persona sing. pres. → **1.have**.

has-been /ˈhæzbiːn/ n. COLLOQ. SPREG. persona f. sorpassata; ***a political ~*** un politico che ha fatto il suo tempo.

1.hash /hæʃ/ n. **1** GASTR. = piatto di carne tritata **2** COLLOQ. *(mess)* pasticcio m., confusione f.; ***he made a ~ of the interview*** al colloquio ha combinato un bel casino; ***he'll make a ~ of things*** combinerà un bel pasticcio ◆ ***to settle sb.'s ~*** COLLOQ. sistemare qcn., regolare i conti con qcn.; ***to sling ~*** AE COLLOQ. = fare il cameriere.

2.hash /hæʃ/ tr. GASTR. tritare, sminuzzare.

■ **hash out** COLLOQ. ***~ out [sth.], ~ [sth.] out*** discutere (per mettersi d'accordo).

3.hash /hæʃ/ n. COLLOQ. (accorc. hashish) fumo m.

4.hash /hæʃ/ n. BE (anche **~ key**, **~ sign**) cancelletto m.

hash browns /ˌhæʃˈbraʊnz/ n.pl. AE = crocchette di patate con cipolla.

hash house /ˈhæʃhaʊs/ n. AE COLLOQ. SPREG. bettola f., ristorante m. d'infimo ordine.

hasheesh /həˈʃiːs/, **hashish** /ˈhæʃiːʃ/ n. hashish m.

hasher /ˈhæʃə(r)/ n. AE COLLOQ. cameriere m. (-a).

▷ **hasn't** /hæznt/ contr. has not.

1.hasp /hɑːsp/ n. cerniera f. di chiusura a occhiello.

2.hasp /hɑːsp/ tr. ANT. chiudere con cerniera a occhiello.

1.hassle /ˈhæsl/ n. **U** COLLOQ. **1** *(inconvenience, effort)* scocciatura f., fatica f.; ***to cause (sb) ~*** dare dei grattacapi (a qcn.); ***it's too much ~*** è una gran seccatura; ***it was a real ~*** è stata una vera scocciatura; ***the ~ of (doing) sth.*** la rottura di (fare) qcs. **2** *(harassment, pestering)* ***to give sb. ~*** scocciare *o* assillare qcn. (**about** per); ***to get a lot of ~ from sb.*** essere assillato da qcn. **3** AE *(tussle)* battibecco m., baruffa f.

2.hassle /ˈhæsl/ tr. COLLOQ. **1** *(harass, pester)* scocciare, assillare (**about** per); ***to ~ sb. to do sth.*** assillare qcn. perché faccia qcs. **2** *(worry)* [*job, etc.*] stressare, tormentare.

hassled /ˈhæsld/ **I** p.pass. → **2.hassle II** agg. stressato, tormentato.

hassock /ˈhæsək/ n. **1** *(cushion)* cuscino m. (di inginocchiatoio) **2** AE *(seat)* pouf m.

hast /hæst, həst/ ANT. 2ª persona sing. pres. → **1.have**.

hastate /ˈhæsteɪt/ agg. [*leaf*] astato, lanceolato.

haste /heɪst/ n. fretta f., rapidità f.; ***to act in ~*** agire con premura; ***in her ~*** nella sua fretta (**to do** di fare); ***to make ~*** affrettarsi (**to do** a fare); ***with undue*** o ***unseemly ~*** con fretta sconveniente; ***why the ~?*** perché tanta fretta? ◆ ***more ~ less speed*** chi ha fretta vada adagio; ***marry in ~ repent at leisure*** PROV. = chi si sposa di fretta ha tutto il tempo per pentirsene.

hasten /ˈheɪsn/ **I** tr. accelerare [*ageing, destruction, death, decline*]; precipitare, affrettare [*departure*] **II** intr. affrettarsi, sbrigarsi; ***to ~ to do*** sbrigarsi a fare; ***they ~ed away*** se ne andarono in gran fretta.

hastily /ˈhæstɪlɪ/ avv. [*do*] affrettatamente, sbrigativamente; [*say*] precipitosamente, avventatamente; ***too ~*** troppo frettolosamente.

hastiness /ˈhæstɪnɪs/ n. **1** *(hurry)* fretta f. **2** *(rashness)* avventatezza f., sconsideratezza f.

hasty /ˈheɪstɪ/ agg. **1** *(hurried)* [*marriage, departure*] affrettato, precipitato; [*talks, consultation, meal*] frettoloso; [*note, sketch*] appena buttato giù, appena abbozzato; ***to beat a ~ retreat*** SCHERZ. battere velocemente in ritirata **2** *(rash)* [*decision*] avventato, sconsiderato; [*judgment, conclusion*] affrettato, precipitoso, avventato; ***to be too ~ in doing*** essere troppo precipitoso nel fare; ***perhaps I was a little ~*** forse sono stato un po' precipitoso.

▷ **hat** /hæt/ n. cappello m.; ***to put on, take off one's ~*** mettersi, togliersi il cappello; ***we'll draw the winners out of a ~*** estrarremo a sorte i nomi dei vincitori; ***to pass the ~ around*** fare una colletta ◆ ***at the drop of a ~*** senza esitazioni; ***~s off!*** giù il cappello! ***that's old ~*** è una vecchia storia *o* sono cose trite e ritrite; ***I'll eat my ~ (if he wins)!*** scommetto la testa (che non vince)! ***to keep sth. under one's ~*** tenere segreto qcs.; ***keep it under your ~!*** acqua in bocca! *o* tienilo per te! ***to put*** o ***throw one's ~ into the ring*** entrare in lizza; ***to take one's ~ off to sb.*** fare tanto di cappello a qcn.; ***to talk through one's ~*** parlare a vanvera *o* a sproposito; ***to wear two ~s*** ricoprire due funzioni; ***I'm wearing my legal ~ now*** ora sono nella mia veste di giurista.

hatband /ˈhætbænd/ n. nastro m. da cappello.

hatbox /ˈhætbɒks/ n. cappelliera f.

hatbrush /ˈhætbrʌʃ/ n. spazzola f. per cappelli.

▷ **1.hatch** /hætʃ/ n. **1** AER. portello m.; MAR. portello m. di boccaporto; AUT. portellone m. posteriore; ***cargo, safety ~*** portellone di carico, di sicurezza; ***under ~es*** MAR. sotto coperta **2** *(in dining room)* passavivande m. **3** *(floodgate)* chiusa f., cateratta f. ◆ ***down the ~!*** alla salute! cin cin!

▷ **2.hatch** /hætʃ/ n. *(brood of chicks)* covata f., nidiata f.

▷ **3.hatch** /hætʃ/ **I** tr. **1** *(incubate)* covare [*eggs*] **2** *(plan secretly)* tramare, ordire [*plot, scheme*]; preparare [*surprise*] **II** intr. [*chicks*] nascere; [*fish eggs*] schiudersi ◆ ***to count one's chickens (before they are ~ed)*** vendere la pelle dell'orso prima di averlo ammazzato.

4.hatch /hætʃ/ n. ART. tratteggio m., ombreggiatura f.

5.hatch /hætʃ/ tr. ART. tratteggiare, ombreggiare.

hatchback /ˈhætʃbæk/ n. *(car)* auto f. con portellone posteriore; *(car door)* portellone m. posteriore.

hatcheck girl /ˈhættʃekˌɡɜːl/ ➧ ***27*** n. AE guardarobiera f.

hatcheck man /ˈhættʃekˌmən/ ➧ ***27*** n. (pl. **hatcheck men**) AE guardarobiere m.

hatchery /ˈhætʃərɪ/ n. *(for chicks)* incubatore m. industriale; *(for fish)* vivaio m.

hatchet /ˈhætʃɪt/ n. accetta f., ascia f. ◆ ***to bury the ~*** seppellire l'ascia di guerra.

hatchet face /ˈhætʃɪtˌfeɪs/ n. COLLOQ. viso m. dai lineamenti affilati.

hatchet job /ˈhætʃɪtˌdʒɒb/ n. COLLOQ. aspra critica f., attacco m. violento; ***to do a ~ on sb., sth.*** fare una stroncatura di qcn., qcs.

hatchet man /ˈhætʃɪtˌmən/ n. COLLOQ. sicario m., killer m.

1.hatching /ˈhætʃɪŋ/ n. *(incubation)* (il) covare; *(emergence)* schiusa f.

2.hatching /ˈhætʃɪŋ/ n. ART. tratteggio m., ombreggiatura f.

hatchway /ˈhætʃweɪ/ n. MAR. boccaporto m.

▶ **1.hate** /heɪt/ n. odio m.; ***pet ~*** bestia nera.

▶ **2.hate** /heɪt/ **I** tr. **1** odiare, detestare; ***they ~ each other*** si odiano *o* si detestano; ***to ~ sb. for sth., for doing*** odiare qcn. per qcs., perché ha fatto; ***he's someone you love to ~*** è qualcuno che si prova gusto a odiare **2** *(not enjoy)* non piacere, non amare [*sport, food, activity*]; ***to ~ doing*** o ***to do*** detestare fare; ***he ~s to see me cry*** non gli piace vedermi piangere; ***he ~s being corrected*** detesta essere corretto; ***I ~ it when*** non sopporto quando; ***I'd ~ it if he felt excluded*** o ***I'd ~ (for) him to feel excluded*** mi dispiacerebbe se si sentisse escluso **3** *(regret) (in apology)* ***to ~ to do, to ~ doing*** essere spiacente di fare; ***I ~ to interrupt you but...*** mi dispiace interromperti ma...; ***I ~ (having) to say it but...*** *(in criticism)* mi duole doverlo dire ma... **II** rifl. ***to ~ oneself*** odiarsi, detestarsi.

hate campaign /ˈheɪtˌkæmˈpeɪn/ n. = campagna di incitamento all'odio.

hated /ˈheɪtɪd/ **I** p.pass. → **2.hate II** agg. odiato, detestato.

hateful /ˈheɪtfl/ agg. **1** [*person, action, regime*] odioso, esecrabile (**to** per) **2** LETT. [*glance, tone*] astioso, acrimonioso.

hate mail /ˈheɪtˌmeɪl/ n. lettere f.pl. minatorie.

hath /hæθ, həθ/ ANT. 3ª persona sing. pres. → **1.have**.

hatemonger /ˈheɪtˌmʌŋɡə(r)/ n. AE = persona che incita all'odio.

hatless /'hætlɪs/ agg. senza cappello.

hatpin /'hætpɪn/ n. spillone m. da cappello.

hatrack /'hætræk/ n. *(shelf)* rastrelliera f. per cappelli; *(pegs)* attaccapanni m. a pioli.

▷ **hatred** /'heɪtrɪd/ n. *(of person, group, system, war)* odio m., avversione f. (**of**, **for** per); ***racial ~*** odio razziale; ***out of ~*** [*act*] spinto dall'odio; ***ancient ~s*** antichi rancori.

hatshop /'hætʃɒp/ ♦ *27* n. cappelleria f.; *(women's)* modisteria f.

hat stand /'hæt,stænd/ BE, **hat tree** /'hæt,tri:/ AE n. attaccapanni m. a stelo.

hatter /'hætə(r)/ ♦ *27* n. *(for ladies)* modista f.; *(for men)* cappellaio m. ♦ ***to be as mad as a ~*** essere matto da legare.

Hattie /'hætɪ/ n.pr. Hattie (nome di donna).

hat trick /'hæt,trɪk/ n. **1** SPORT tripletta f. **2** FIG. = serie di tre eventi fortunati consecutivi.

hauberk /'hɔ:bɜ:k/ n. STOR. usbergo m.

haughtily /'hɔ:tɪlɪ/ avv. [*look, speak*] altezzosamente, con arroganza; [*ignore*] con superbia, con disprezzo.

haughtiness /'hɔ:tɪnɪs/ n. altezzosità f., arroganza f.

haughty /'hɔ:tɪ/ agg. [*person, manner*] arrogante, altero, superbo; [*contempt*] altezzoso.

▷ **1.haul** /hɔ:l/ n. **1** *(taken by criminals)* bottino m.; ***a £ 2m ~*** un bottino di 2 milioni di sterline; ***art, jewellery ~*** refurtiva di oggetti d'arte, di gioielli **2** *(found by police, customs)* partita f.; ***arms, heroin ~*** partita di armi, di eroina **3** SPORT *(of medals etc.)* incetta f. **4** *(journey)* ***it will be a long ~*** sarà un lungo cammino (anche FIG.); ***it's a long ~ to Christmas*** è lunga fino a Natale; ***the long ~ from Dublin to London*** il lungo viaggio da Dublino a Londra; ***the long ~ to recovery*** MED. la lunga strada della guarigione; ECON. la lunga e faticosa ripresa **5** ***long, medium, short ~ flight*** volo a lungo, medio, breve raggio; ***long ~ transport*** trasporto a lungo raggio **6** *(of fish)* retata f., pesca f.

▷ **2.haul** /hɔ:l/ **I** tr. **1** *(drag)* tirare [*load, wagon*]; tirare, trascinare [*person*]; ***he ~ed himself up on the roof*** si arrampicò a fatica sul tetto **2** *(transport)* trasportare **3** MAR. ***to ~ a boat*** *(alter course of)* fare mutare la rotta a una barca; *(hoist out of water)* tirare in secco una barca **II** intr. MAR. [*wind*] cambiare; [*ship*] mutare rotta, virare ♦ ***to ~ ass*** AE POP. *(hurry up)* muovere il culo; *(move fast)* spicciarsi; ***to ~ sb. over the coals*** dare una strigliata a qcn.

▪ **haul down:** ***~ down [sth.], ~ [sth.] down*** ammainare [*flag, sail*]; calare [*rope*].

▪ **haul in:** ***~ in [sth.], ~ [sth.] in*** tirare, ritirare [*net*]; tirare su [*catch, fish*]; calare [*rope*]; tirare fuori dall'acqua, recuperare [*person*].

▪ **haul off** **1** MAR. orzare **2** ***to ~ off and do sth.*** AE COLLOQ. fare qcs. all'improvviso.

▪ **haul out:** ***~ out [sth., sb.], ~ [sth., sb.] out*** tirare, ritirare [*net*]; recuperare [*body*]; ***to ~ sb. out of bed*** tirare qcn. fuori dal letto, buttare giù dal letto qcn.

▪ **haul up:** ***~ up [sth.], ~ [sth.] up*** issare [*flag*]; tirare su [*person*]; ***they ~ed the boat up onto the beach*** tirarono la barca in secco sulla spiaggia; ***to be ~ed up before sb.*** COLLOQ. essere convocato di fronte a qcn.

haulage /'hɔ:lɪdʒ/ **I** n. **U** **1** *(transport)* trasporto m. di merci **2** *(cost)* costo m. del trasporto **II** modif. [*company, contractor*] di trasporti.

haulier /'hɔ:lɪə(r)/ BE, **hauler** /'hɔ:lə(r)/ AE ♦ *27* n. *(owner of firm)* autotrasportatore m.; *(firm)* impresa f. di autotrasporti; *(truck driver)* camionista m. e f., autotrasportatore m. (-trice).

haulm /hɔ:m/ n. **1** *(stalk)* gambo m., stelo m. **2** *(stubble)* stoppia f., paglia f.

haunch /hɔ:ntʃ/ n. *(of human)* anca f.; *(of horse)* natica f.; *(of animal)* coscia f.; ***a ~ of venison*** una coscia di cervo; ***to squat on one's ~es*** accovacciarsi.

1.haunt /hɔ:nt/ n. *(of people)* ritrovo m.; *(of animals, birds)* rifugio m., tana f.; ***a favourite, regular ~ of artists*** un luogo di ritrovo abituale per gli artisti.

2.haunt /hɔ:nt/ tr. **1** [*ghost*] infestare [*castle*] **2** [*memory, fear*] ossessionare, perseguitare, tormentare; ***her crimes have returned to ~ her*** i suoi crimini sono ritornati per perseguitarla; ***he is ~ed by the fear of dying*** è ossessionato dalla paura della morte **3** *(frequent)* frequentare abitualmente [*place*]; *(obsessively)* frequentare abitualmente, bazzicare in [*place*].

▷ **haunted** /'hɔ:ntɪd/ **I** p.pass. → **2.haunt** **II** agg. **1** [*house, castle, etc.*] infestato da spettri, fantasmi; ***the ~ house*** la casa dei fantasmi **2** [*face, expression*] tormentato.

haunter /'hɔ:ntə(r)/ n. frequentatore m. (-trice) assiduo (-a).

haunting /'hɔ:ntɪŋ/ **I** n. ***to investigate a ~*** indagare su fenomeni paranormali; ***the stories of the ~*** le storie di fantasmi **II** agg. [*film, book, image, music*] indimenticabile, che rimane in testa; [*beauty*] incantevole, ammaliante; [*doubt*] tormentoso; [*memory*] incancellabile, ossessivo.

hauntingly /'hɔ:ntɪŋlɪ/ avv. [*beautiful*] incantevolmente; [*similar*] in modo impressionante.

hautboy /'əʊbɔɪ/ n. MUS. ANT. oboe m.

haute couture /,əʊtku:'tjʊə(r)/ n. alta moda f.

hauteur /əʊ'tɜ:(r)/ n. LETT. alterigia f., superbia f.

Havana /hə'vænə/ ♦ *34* **I** n.pr. L'Avana f.; ***in ~*** all'Avana **II** n. *(cigar)* avana m.

▶ **1.have** /*forma debole* həv, *forma forte* hæv/ **I** tr. (3ª persona sing. pres. **has**; pass., p.pass. **had**) **1** *(possess)* avere; ***she has a dog*** ha un cane **2** *(consume)* prendere, mangiare, bere; ***to ~ a sandwich*** prendere *o* mangiare un panino; ***to ~ a whisky*** bere un whisky; ***to ~ a cigarette*** fumare una sigaretta; ***to ~ breakfast*** fare colazione; ***to ~ dinner*** cenare; ***to ~ lunch*** pranzare; ***he had a sandwich for lunch*** per pranzo ha mangiato un panino; ***I had some more cake*** presi ancora un po' di torta **3** *(want)* volere, prendere; ***I'll ~ tea please*** prendo un tè, grazie; ***what will you ~?*** cosa desidera? ***she won't ~ him back*** non vuole riprenderlo con sé; ***I offered her £ 5, but she wouldn't ~ it*** le offrii cinque sterline, ma non ha voluto; ***I wouldn't ~ it any other way*** se fosse diverso non lo vorrei; ***I wouldn't ~ him, her any other way*** non mi piacerebbe se fosse diverso, diversa **4** *(receive, get)* ricevere [*letter, parcel, information*]; ***I've had no news from him*** non ho ricevuto notizie da lui; ***I must ~ the information, some money soon*** devo subito avere l'informazione, devo subito procurarmi un po' di soldi; ***I must ~ the document by 4 o'clock*** devo avere il documento per le quattro; ***to let sb. ~ sth.*** lasciare prendere qcs. a qcn. **5** *(hold)* fare [*party, celebration, interview*]; tenere [*meeting*]; organizzare [*competition, ballot, exhibition*]; avere [*conversation*]; celebrare [*church service*]; svolgere [*enquiry*] **6** *(exert, exhibit)* avere [*effect*]; avere, esercitare [*influence*]; avere [*courage, nerve, impudence, courtesy*] (**to do** di fare) **7** *(spend)* passare, trascorrere; ***to ~ a nice day, evening*** passare una bella giornata, serata; ***to ~ a good time*** divertirsi; ***to ~ a hard*** o ***bad time*** passarsela male *o* passare dei momenti difficili; ***to ~ a good vacation, a day at the beach*** passare delle belle vacanze, una giornata in spiaggia **8** *(be provided with)* (anche **~ got**) ***to ~ sth. to do*** avere qcs. da fare; ***I ~*** o ***I've got some clothes to wash*** ho dei vestiti da lavare; ***I ~*** o ***I've got letters to write*** devo scrivere delle lettere; ***I ~*** o ***I've got a lot of work to do*** ho molto lavoro da fare **9** *(undergo, suffer)* avere; ***to ~ (the) flu, measles*** avere l'influenza, il morbillo; ***to ~ (a) toothache, a headache*** avere mal di denti, mal di testa; ***to ~ an accident, a heart attack*** avere un incidente, un attacco cardiaco; ***to ~ a shock*** avere *o* subire uno choc; ***he had his car, watch stolen*** gli hanno rubato la macchina, l'orologio; ***she has had her windows broken*** le hanno rotto le finestre; ***they like having stories read to them*** gradiscono che qualcuno gli legga dei racconti; ***I ~*** o ***I've got a student coming in five minutes*** ho uno studente che arriva fra cinque minuti **10** *(cause to be done)* ***to ~ sth. done*** far fare qcs.; ***to ~ the house painted, the washing machine installed*** fare tinteggiare la casa, installare la lavatrice; ***to ~ one's hair cut*** farsi tagliare i capelli; ***to ~ an injection, a dental checkup, a manicure*** farsi fare un'iniezione, una visita di controllo dentistica, la manicure; ***to ~ sb. do sth.*** fare fare qcs. a qcn.; ***she had him close the door, wait in the corridor*** gli fece chiudere la porta, lo fece aspettare nel corridoio; ***they would ~ us believe that*** ci volevano fare credere che; ***I would ~ you know that*** vorrei che sapessi che; ***to ~ sb. doing sth.*** far fare qcs. a qcn.; ***he had them laughing, crying*** li fece ridere, piangere; ***she had them digging the garden, writing poetry*** gli fece zappare il giardino, scrivere poesie **11** *(cause to become)* ***he had his revolver, camera ready*** aveva la rivoltella, la macchina fotografica pronta; ***we'll soon ~ everything ready, clean*** fra poco tutto sarà pronto, pulito; ***she had the car in pieces in the garage*** aveva smontato la macchina pezzo per pezzo nel garage; ***if you're not careful you'll ~ that glass over*** se non fai attenzione rovescerai quel bicchiere; ***she had them completely baffled*** li fece rimanere completamente perplessi; ***I had it finished by 5 o'clock*** l'avevo finito per le cinque **12** *(allow)* permettere, tollerare; ***I won't ~ this kind of behaviour!*** non tollererò questo tipo di comportamento! ***I won't ~ it!*** non mi va! ***I won't ~ this any more!*** non lo permetterò più! *o* non lo tollero più! ***I won't ~ them exploit him*** non lascerò che lo sfruttino; ***I won't ~ him hurt*** non permetterò che si faccia male; ***we can't ~ them staying in a hotel*** non possiamo permettere che stiano in albergo **13** *(physically hold)* tenere; ***she had the glass in her hand*** teneva in mano il bicchiere; ***she had him by the throat, by the arm*** lo teneva per la gola, per il braccio; ***he had his hands over his eyes*** si teneva le mani davanti agli occhi; ***to ~***

1.have

As an auxiliary verb

- When used as an auxiliary in present perfect, future perfect and past perfect tenses *have* is normally translated by *avere*:

I have seen	= ho visto
I had seen	= avevo visto.

However, many verbs in Italian – the majority of intransitive verbs, especially verbs of movement and change of state (e.g. *andare, venire, partire, scendere, morire*), reflexive verbs (e.g. *alzarsi, addormentarsi*), and the verb *essere* itself – take *essere* rather than *avere* in these tenses:

he has just left	= è appena partito
have you gone to see him?	= sei andato a trovarlo?
she has already got up	= si è già alzata
she has looked at herself in the mirror	= si è guardata allo specchio
I've been happy here	= qui sono stato felice.

In this case, remember that the past participle agrees with the subject of the verb:

she has just left	= è appena partita
Jane and Mary have just left	= Jane e Mary sono appena partite.

If you are in doubt as to whether a verb conjugates with *essere* or *avere*, consult the appropriate entries in the Italian-English section.

- Italian has no direct equivalent of tag questions like *hasn't he?* or *have you?* There is a general tag question *è vero? / non è vero?* (literally, *is it true? / isn't it true?*) which will work in many cases:

you have met her, haven't you?	= l'hai incontrata, non è vero?
you hadn't seen me, had you?	= non mi avevi visto, vero?

Note that *è vero?* is used for positive tag questions and *non è vero?* for negative ones. In colloquial Italian, the tag *no?* is also used: l'hai incontrata, no?

In many cases, however, the tag question is simply not translated at all and the speaker's intonation will convey the implied question.

- Again, there is no direct equivalent for short answers like *yes, I have, no, she hasn't* etc. Therefore, in response to standard enquiry, the tag will not be translated:

"have you got a new skirt?" "yes, I have"	= "hai una gonna nuova?" "sì"
"have they already gone?" "no, they haven't"	= "se ne sono già andati?" "no"

Where the answer *yes* is given to contradict a negative question or statement, or *no* to contradict a positive one, an intensifier – an adverb or a phrase – may be used together with *sì* e *no* in Italian:

"you have not cleaned your hands" "yes, I have!"	= "non ti sei pulito le mani!" "e invece sì!" (or "sì che me le sono pulite!")
"you have spoken to her again!" "no, I haven't!"	= "le hai parlato un'altra volta!" "ma no!" (or "no che non le ho parlato!")

- When *have* refers back to another verb, it is not usually translated by the equivalent form of Italian *avere*:

I have written as much as you have	= ho scritto tanto quanto te
I haven't worked less than you had	= non ho lavorato meno di quanto avessi fatto tu
he said he had not met her, and he hadn't	= disse che non l'aveva incontrata, ed era vero / e davvero non l'aveva incontrata
I had a new bike for my birthday and so had George	= ho ricevuto una bici nuova per il mio compleanno, e George pure
she gets paid more than I do	= lei viene pagata più di me
"I have a Welsh girlfriend" "so have I"/ "but I haven't"	= "ho una ragazza gallese" "anch'io" / "ma io no".

- For translations of time expressions using *for* or *since* (*he has been in London for six months, he has been in London since June*), see the entries **for** and **since.**
- For translations of time expressions using *just* (*I have just finished my essay, he has just gone*), see the entry **2.just**.
- When *have* + object + past participle is used to express the idea that a job is done not by you but by somebody else, *fare* followed by an infinitive is also used in Italian: *I had my suit dry-cleaned* = ho fatto pulire a secco il mio vestito.
- *To have to* meaning *must* is translated by either *dovere* or the impersonal construction *bisogna che* + subjunctive:

I have to leave now	= adesso devo partire / bisogna che parta

In negative sentences, *not to have to* is generally translated by *non essere obbligato* (o *tenuto*) *a*, e.g.: *you don't have to go* (or *you haven't got to go*) = non sei obbligato / tenuto ad andare, non devi andare (implying, if you do not want to).

As a lexical verb

- When *have* is used as a straightforward transitive verb meaning *possess, have* (or *have got*) can generally be translated by *avere*, e.g.

I have (got) a car	= ho una macchina
she has a good memory	= ha una buona memoria
they have got problems	= hanno dei problemi.

For examples and particular usages see entry; see also **get**.

- *have* is also used with certain noun objects where the whole expression is equivalent to a verb:

to have dinner	= *to dine*
to have a try	= *to try*
to have a walk	= *to walk*

In such cases the phrase is very often translated by the equivalent verb in Italian (*cenare, tentare, passeggiare*), although a similar expression may exist (*fare un tentativo, fare una passeggiata*). For translations consult the appropriate noun entry (**dinner**, **try**, **walk**).

- ***had*** is used in English at the beginning of a clause to replace an expression with *if*. Such expressions are generally translated by *se* + past perfect tense in the subjunctive (although *se* may be omitted), e.g.

had I taken the train, this would never have happened	= (se) avessi preso il treno, questo non sarebbe mai successo
had there been a fire, we would all have been killed	= (se) ci fosse stato un incendio, saremmo morti tutti.

- For examples of the above and all other uses of *have*, see the entry.

one's back to sb. dare le spalle a qcn. **14** *(give birth to)* [*woman*] avere [*child*]; [*animal*] partorire, fare [*young*]; ***has she had it yet?*** ha già partorito? ***she's having a baby (in May)*** avrà un bambino (a maggio) **15** *(as impersonal verb)* ***over here, we ~ a painting by Picasso*** qui abbiamo un dipinto di Picasso; ***what we ~ here is a small group of extremists*** quello con cui abbiamo a che fare è un piccolo gruppo di estremisti; ***on the one hand you ~ the victims of crime and on the other...*** da un lato ci sono le vittime della criminalità e dall'altro... **16** *(puzzle)* (anche **~ got**) ***you ~*** o ***you've got me there!*** mi hai colto in fallo! *o* toccato! **17** *(have at one's mercy)* (anche **~ got**) ***I've got you, him now!*** ti, lo tengo! *o* ti ho, l'ho preso! ***I'll ~ you!*** ora ti faccio vedere io! **18** COLLOQ. *(have sex with)* farsi [*person*] **II** mod. (3ª persona sing. pres. **has**; pass., p.pass. **had**) **1** *(must)* ***I ~ to leave now*** ora devo andare **2** *(need to)* ***you don't ~ to*** o ***you haven't got to leave so early*** non è necessario che te ne vada così presto; ***why did this ~ to happen?*** era necessario che succedesse questo? ***did you ~ to spend so much money?*** era necessario che spendessi così tanti soldi? ***something had to be done*** si doveva fare qualcosa **3** *(for emphasis)* ***this has to be the most difficult decision I've ever made*** questa è proprio la decisione più difficile che abbia mai preso **III** aus. (3ª persona sing. pres. **has**; pass., p.pass. **had**) **1** avere; *(with movement and reflexive verbs)* essere; ***she has lost her bag*** ha perso la borsa; ***she has already left, arrived*** è già partita, arrivata; ***she has hurt herself*** si è fatta male; ***she has washed her hands*** si è lavata le mani; ***~ you seen her?*** l'hai vista? ***we haven't lost them*** non li abbiamo persi **2** *(in tag questions etc.)* ***you've seen the film, haven't you?*** hai visto il film, vero? ***you haven't seen the film, ~ you?*** non hai visto il film, vero? ***you haven't seen my bag, ~ you?*** hai per caso visto la mia borsa? ***"he's already left" - "has he indeed!"*** "è già andato via" - "davvero?"; ***you've never met him" - "yes I ~!"*** "non l'hai mai incontrato" - "invece sì (che l'ho incontrato)!" **3** *(in time clauses)* ***having finished his breakfast, he went out*** finito di fare colazione, uscì; ***having said he'd be there early, he arrived late*** dopo aver detto che sarebbe arrivato presto, è arrivato in ritardo **4** *(because, since)* ***having already won twice, he's a great favourite*** dato che ha già vinto due volte, è uno dei grandi favoriti; ***having lost money before, he was reluctant to invest in a new project*** avendo perso dei soldi in precedenza, era restio a investire in un nuovo progetto ◆ ***to ~ done with sth.*** finire (di usare qcs.) *o* finire con qcs.; ***this car, TV has had it*** COLLOQ. questa macchina, televisione è arrivata alla fine, ha fatto il suo tempo; ***when your father finds out, you've had it!*** COLLOQ. *(in trouble)* quando tuo padre lo viene a sapere, sei rovinato! ***I can't do any more, I've had it!*** COLLOQ. *(tired)* non ne posso più, sono stremato! ***I've had it (up to here)*** COLLOQ. non ne posso più *o* sono stufo; ***I've had it (up to here) with him, my job*** COLLOQ. ne ho fin sopra i capelli di lui, del lavoro; ***to ~ it in for sb.*** COLLOQ. avercela (a morte) con qcn.; ***she has, doesn't ~ it in her to do*** sarebbe, non sarebbe mai capace di fare; ***he will ~ it that*** sostiene *o* asserisce che; ***he won't ~ it that*** non ammetterà che; ***I've got it!*** ci sono! *o* ho capito! ***let's be having you!*** SCHERZ. fatti avanti! ***and the ayes, noes ~ it*** i sì, i no sono in maggioranza *o* vincono i voti favorevoli, contrari; ***to ~ it off*** o ***away with sb.*** BE POP. andare a letto con qcn. *o* farsela con qcn.; ***...and what ~ you***...eccetera *o*...e quant'altro; ***there is no milk, there are no houses to be had*** non c'è modo di trovare del latte, delle case; ***are there any more to be had?*** se ne trovano ancora? ***these are the best spectacles to be had*** sono i migliori occhiali che si possano trovare.

■ **have about:** ***~ [sth.] about*** avere con sé; ***I must ~ some money about me*** devo avere dei soldi con me.

■ **have around** AE → **have over, have round**.

■ **have back:** ***~ [sth.] back, ~ back [sth.]*** *(have returned)* ***you can ~ it back tomorrow*** puoi riaverlo domani; ***when can I ~ my car, my money back?*** quando posso avere indietro l'auto, il denaro?

■ **have down:** ***~ [sb.] down*** invitare, fare venire [*person*]; ***to ~ sb. down for the weekend*** invitare qcn. per il fine settimana.

■ **have in:** ***~ [sb.] in*** (anche **~ got**) fare venire, chiamare [*doctor, priest*]; fare entrare [*employee, neighbour*]; ***we've got decorators in at the moment*** abbiamo i decoratori in casa in questo periodo.

■ **have off:** ***~ [sth.] off*** sapere a memoria [*poem*].

■ **have on:** ***~ [sth.] on, ~ on [sth.]*** (anche **~ got**) *(be wearing)* portare, indossare, avere (addosso) [*coat, skirt etc.*]; ***to ~ nothing on*** non indossare nulla; ***~ [sth.] on*** *(be busy doing)* avere in programma, avere da fare; ***~ you got anything on this evening?*** hai dei programmi per stasera? ***I've got a lot on next week*** ho molti impegni la prossima settimana; ***~ [sb.] on*** COLLOQ. *(tease)* prendere in giro [*person*]; ***~ sth. on sb.*** *(have evidence about)* ***the police ~ got nothing on me*** la polizia non ha prove contro di me.

■ **have out:** ***~ [sth.] out*** farsi togliere [*tooth*]; ***to ~ one's appendix out*** farsi togliere l'appendice; ***to ~ it out with sb.*** mettere le cose in chiaro con qcn. *o* definire una questione con qcn.

■ **have over, have round:** ***~ [sb.] over*** invitare [*person*]; ***to ~ sb. over for the evening*** invitare qcn. a trascorrere la serata a casa propria.

■ **have up** COLLOQ. ***to be had up*** essere denunciato, processato (**for** per).

2.have /hæv/ n. ***the ~s and the ~-nots*** i ricchi e i poveri.

have-a-go /ˈhævəgəʊ/ agg. BE COLLOQ. [*person*] che si butta.

▷ **haven** /ˈheɪvn/ n. **1** *(safe place)* rifugio m., asilo m. (**for** per) **2** FIG. rifugio m., oasi f.; ***a ~ of peace*** un'oasi di pace **3** *(harbour)* porto m.

▷ **haven't** /ˈhævnt/ contr. have not.

haver /ˈheɪvə(r)/ intr. **1** *(dither)* esitare, vacillare **2** SCOZZ. *(talk nonsense)* dire sciocchezze, parlare a vanvera.

haversack /ˈhævəsæk/ n. sacco m., zaino m.; MIL. sacca f. militare.

havoc /ˈhævək/ n. distruzione f., devastazione f.; ***to wreak ~ on*** fare scempio di, distruggere [*building, landscape*]; ***to play ~ with*** mandare a monte, sconvolgere [*plans, etc.*]; ***to cause ~*** causare distruzioni; FIG. creare scompiglio.

1.haw /hɔː/ n. BOT. biancospino m.

2.haw /hɔː/ n. ZOOL. membrana f. nittitante.

3.haw /hɔː/ inter. ANT. ***~! ~!*** ah! ah!

4.haw /hɔː/ intr. ◆ ***to hum*** BE o ***hem*** AE ***and ~*** = esitare nel parlare.

Hawaii /həˈwaɪɪ/ ▸ ***6, 12*** n.pr. Hawaii f.pl.; ***in Hawaii*** alle Hawaii.

Hawaiian /həˈwaɪən/ ▸ ***18, 14*** **I** n. **1** *(person)* hawaiano m. (-a) **2** *(language)* = lingua polinesiana parlata nelle isole Hawaii **II** agg. [*culture, landscape*] hawaiano; ***the ~ Islands*** le isole Hawaii.

hawfinch /ˈhɔːfɪntʃ/ n. frusone m.

1.hawk /hɔːk/ n. falco m., sparviero m.; POL. falco m. ◆ ***to have eyes like a ~*** avere una vista da falco.

2.hawk /hɔːk/ intr. *(hunt)* cacciare col falco.

3.hawk /hɔːk/ n. EDIL. vassoio m. (di muratore).

4.hawk /hɔːk/ tr. SPREG. *(sell)* *(door-to-door)* vendere porta a porta; *(in street)* vendere per la strada.

5.hawk /hɔːk/ n. RAR. raschio m. (alla gola).

6.hawk /hɔːk/ intr. COLLOQ. *(clear throat)* raschiarsi la gola; *(spit)* espettorare, scatarrare.

1.hawker /ˈhɔːkə(r)/ n. falconiere m.

2.hawker /ˈhɔːkə(r)/ n. venditore m. ambulante.

Hawkeye /ˈhɔːkaɪ/ n. AE COLLOQ. nativo m. (-a), abitante m. e f. dell'Iowa.

hawk-eyed /ˈhɔːkaɪd/ agg. dalla vista di falco.

hawking /ˈhɔːkɪŋ/ n. caccia f. col falco, falconeria f.

hawkish /ˈhɔːkɪʃ/ agg. POL. da falco, aggressivo.

hawk moth /ˈhɔːkmɒθ, AE -mɔːθ/ n. atropo m.

hawk-nosed /ˈhɔːknəʊzd/ agg. dal naso aquilino.

hawksbill /ˈhɔːksbɪl/ n. (anche **~ turtle**) tartaruga f. embricata.

hawse /hɔːz/ n. MAR. cubia f.

hawser /ˈhɔːzə(r)/ n. gomenetta f., gherlino m.

hawthorn /ˈhɔːθɔːn/ **I** n. *(tree, flower)* biancospino m. **II** modif. [*blossom, hedge*] di biancospino.

▷ **1.hay** /heɪ/ n. fieno m.; ***to make ~*** fare il fieno ◆ ***to make ~ while the sun shines*** battere il ferro finché è caldo; ***to hit the ~*** COLLOQ. andare a cuccia *o* mettersi a letto; ***to have a roll in the ~*** COLLOQ. fare l'amore.

2.hay /heɪ/ **I** tr. ANT. coltivare a fieno [*land*] **II** intr. *(make hay)* fare fieno.

3.hay /heɪ/ n. = antica danza campestre.

hay burner /ˈheɪˌbɜːnə(r)/ n. = mediocre cavallo da corsa.

haycock /ˈheɪkɒk/ n. mucchio m. di fieno.

hay fever /ˈheɪˌfiːvə(r)/ ▸ ***11*** n. febbre f. da fieno, raffreddore m. da fieno.

hay fork /ˈheɪfɔːk/ n. forcone m. da fieno.

hay-harvest /ˈheɪˌhɑːvɪst/ n. fienagione f.

hay loft /ˈheɪlɒft/ n. fienile m.

haymaker /ˈheɪˌmeɪkə(r)/ n. falciatore m. (-trice) di fieno.

haymaking /ˈheɪˌmeɪkɪŋ/ n. fienagione f.

hay press /ˈheɪpres/ n. pressaforaggio m., pressafieno m.

hayrick /ˈheɪrɪk/ n. → **haystack**.

hayride /ˈheɪraɪd/ n. = passeggiata su un carro da fieno.

hayseed /ˈheɪsiːd/ n. AE COLLOQ. SPREG. campagnolo m. (-a).

haystack /ˈheɪstæk/ n. cumulo m. di fieno ◆ ***it is, was like looking for a needle in a ~*** è, era come cercare un ago in un pagliaio.

haywire /ˈheɪwaɪə(r)/ agg. **1** mai attrib. COLLOQ. *(faulty)* [*plan*] confuso, sgangherato; [*machine*] in tilt, sgangherato; ***to go ~*** [*plan*] saltare; [*machinery, system*] impazzire, andare in tilt **2** AE COLLOQ. *(crazy)* matto, svitato.

▷ **1.hazard** /ˈhæzəd/ n. **1** *(risk)* rischio m., azzardo m., pericolo m. (**to** per); ***the ~s of sth.*** i rischi che qcs. comporta; ***the ~s of doing*** i pericoli di fare; ***to be a health, an environmental ~*** essere un rischio per la salute, per l'ambiente; ***traffic ~*** pericoli per la circolazione; ***fire ~*** pericolo di incendi; ***occupational ~*** rischio professionale **2** *(chance)* sorte f., caso m. **3** *(in golf)* ostacolo m.

▷ **2.hazard** /ˈhæzəd/ tr. **1** *(venture)* arrischiare, azzardare [*opinion, explanation, reply*]; ***to ~ a guess*** azzardare un'ipotesi; ***to ~ a guess that*** azzardare l'ipotesi che **2** *(risk)* rischiare [*life, health, reputation etc.*].

hazard lights /ˈhæzədˌlaɪts/ n.pl. AUT. hazard m.sing.

▷ **hazardous** /ˈhæzədəs/ agg. [*substance*] pericoloso, tossico; [*weather conditions*] proibitivo, incerto; [*journey, job*] rischioso, pericoloso; [*enterprise, venture*] rischioso, azzardato; ***it is ~ to do...*** è rischioso fare...

hazardousness /ˈhæzədəsnɪs/ n. RAR. azzardo m., rischio m.

▷ **1.haze** /heɪz/ n. *(mist)* bruma f., foschia f.; *(of smoke, dust)* nube f., nuvola f.; *(of blossom)* nugolo m. (**of** di); ***to be in an alcoholic ~*** essere in preda ai fumi dell'alcol.

2.haze /heɪz/ **I** tr. *(make hazy)* offuscare, annebbiare **II** intr. *(become hazy)* offuscarsi, annebbiarsi.

■ **haze over** METEOR. annebbiarsi.

3.haze /heɪz/ tr. AE UNIV. = fare scherzi alle matricole.

hazel /ˈheɪzl/ **I** n. *(tree)* nocciolo m., avellano m.; *(wood)* nocciolo m. **II** modif. [*twig, catkin*] di nocciolo; ***~ grove*** noccioleto **III** ▸ ***5*** agg. [*eyes*] color nocciola.

Hazel /ˈheɪzl/ n.pr. Hazel (nome di donna).

hazelnut /ˈheɪzlnʌt/ **I** n. nocciola f. **II** modif. [*yoghurt, meringue*] alla nocciola.

hazily /ˈheɪzɪlɪ/ avv. confusamente, indistintamente.

haziness /ˈheɪzɪnɪs/ n. *(of atmosphere)* nebbiosità f., foschia f.; FIG. *(of memory, ideas)* confusione f., nebulosità f.

hazing /ˈheɪzɪŋ/ n. AE UNIV. = scherzi fatti alle matricole.

hazy /ˈheɪzɪ/ agg. [*weather, morning*] nebbioso, pieno di foschia; [*sunshine*] velato; [*image, outline*] confuso, sfocato; [*recollection, idea*] indistinto, vago; ***to be ~ about sth.*** essere confuso *o* incerto nei confronti di qcs.

H-beam /ˈeɪtʃbiːm/ n. trave f. a doppio T.

H-block /ˈeɪtʃblɒk/ n. BE = all'interno di una prigione, braccio a forma di H.

H bomb /ˈeɪtʃbɒm/ n. bomba f. H, bomba f. all'idrogeno.

HC ⇒ hot and cold (water) (acqua) calda e fredda.

HDTV n. (⇒ high-definition television) = televisione ad alta definizione.

▶ **he** */forma debole* hɪ, *forma forte* hiː/ He is usually translated by *lui* (which is in itself the object, not the subject pronoun); the subject pronoun *egli* is rarely used in colloquial language: *he can certainly do it* = lui sa farlo di sicuro. - Remember that in Italian the subject pronoun is very often understood: *he came alone* = è venuto da solo. When used in emphasis, however, the pronoun is stressed, and is placed either at the beginning or at the end of the sentence: *he killed her!* = lui l'ha uccisa!, l'ha uccisa lui! - For exceptions and particular usages, see the entry below. **I** pron. egli, lui; ***~'s seen us*** ci ha visti; ***here ~ is*** eccolo; ***there ~ is*** eccolo là; ***~ didn't take it*** lui non l'ha preso *o* non l'ha preso lui; ***she lives in Oxford but ~ doesn't*** lei abita a Oxford ma lui no; ***~'s a genius*** è un genio; ***~ who..., ~ that...*** colui che...; ***~ who sees*** lui che vede; ***~ and I went to the cinema*** lui e io andammo al cinema **II** agg. **he-** in composti ***~-goat*** caprone, becco; ***~-bear*** orso (maschio) **III** n. ***it's a ~*** COLLOQ. *(of baby)* è un maschietto; *(of animal)* è un maschio.

HE 1 ⇒ high explosive esplosivo ad alto potenziale **2** ⇒ His, Her Excellency Sua Eccellenza (SE).

▶ **1.head** /hed/ ◗ *2* **I** n. **1** *(of person, animal)* testa f.; ***the top of one's ~*** la sommità del capo; ***he had a beret on his ~*** in testa portava un berretto; ***she put her ~ round the door*** sporse la testa dalla porta *o* fece capolino dalla porta; ***my ~ aches*** ho mal di testa *o* mi fa male la testa; ***to nod one's ~*** fare un cenno con la testa; ***to have a fine ~ of hair*** avere una bella capigliatura; ***to get*** o ***keep*** o ***have one's ~ down*** tenere la testa bassa *o* stare a capo chino; FIG. *(be inconspicuous)* non farsi notare *o* non dare nell'occhio; *(work hard)* lavorare a testa bassa; ***with one's ~ in one's hands*** tenendosi la testa fra le mani; ***from ~ to foot*** o ***toe*** dalla testa ai piedi; ***he pulled his sweater over his ~*** si sfilò il maglione; ***the decision was made over the ~s of the members*** la decisione fu presa senza consultare i soci; ***she was promoted over the ~s of her colleagues*** ottenne una promozione scavalcando i suoi colleghi; ***to stand on one's ~*** fare la verticale appoggiandosi sulla testa e le mani; ***to stand an argument, theory on its ~*** FIG. [*person*] capovolgere completamente un argomento, una teoria; [*evidence, fact*] ribaltare un argomento, una teoria; ***~s turned at the sight of...*** tutti si voltarono alla vista di...; ***to hold a gun*** o ***pistol to sb.'s ~*** puntare una pistola alla testa di qcn.; FIG. puntare il coltello alla gola a qcn. **2** *(mind)* testa f., mente f.; ***her ~ was full of grand ideas*** aveva la testa piena di idee grandiose; ***I can't get it into her ~ that*** non riesco a farle entrare in testa che; ***he has got it into his ~ that I love him*** si è messo in testa che lo amo; ***he has taken it into his ~ to resign*** si è messo in testa di dimettersi; ***what(ever) put that idea into her ~?*** che cosa le ha messo in testa quella idea? ***I can't get the faces of those starving children out of my ~*** non riesco a togliermi dalla mente i volti di quei bambini che morivano di fame; ***I can't get that tune out of my ~*** non riesco a togliermi dalla testa quel motivo; ***you can put that idea out of your ~!*** puoi anche scordartelo! *o* toglitelo dalla testa! ***he put the idea of danger out of his ~*** si è fatto uscire *o* si è tolto dalla testa l'idea del pericolo; ***all these interruptions have put it out of my ~*** tutte queste interruzioni me l'hanno fatto passare di mente; ***the name has gone right out of my ~*** ho completamente dimenticato il nome; ***I can't add them up in my ~*** non riesco ad addizionarli a mente; ***I wonder what's going on in her ~*** mi domando cosa le frulli in testa *o* cosa le passi per la mente; ***to be*** o ***go above*** o ***over sb.'s ~*** *(too difficult)* essere troppo difficile per qcn. *o* essere fuori dalla portata di qcn.; ***don't worry*** o ***bother your (pretty little) ~ about that!*** COLLOQ. non affaticare la tua testolina con queste cose! ***use your ~!*** COLLOQ. usa la testa! ***to turn sb.'s ~*** fare girare la testa a qcn.; ***her success has turned her ~*** il successo le ha montato la testa; ***to have a (good) ~ for figures, business*** avere il bernoccolo dei numeri, degli affari *o* essere tagliato per l'aritmetica, per gli affari; ***I have a good ~ for heights*** non soffro di vertigini; ***to have no ~ for heights*** soffrire di vertigini **3** *(measure of length or height)* testa f.; ***to be a ~, half a ~ taller than sb.*** o ***to be taller than sb. by a ~, half a ~*** essere più alto di qcn. di tutta una testa, di mezza testa; ***to win by a (short) ~*** EQUIT. vincere di mezza testa; FIG. vincere di stretta misura **4** COLLOQ. *(headache, hangover)* mal m. di testa; ***to have a bad ~*** COLLOQ. avere un brutto mal di testa **5** *(leader, director) (of family, church, agency, section)* capo m.; *(of social service, organization)* responsabile m. e f., direttore m. (-trice); ***at the ~ of*** alla testa di; ***a team of experts with Dubois at its ~*** un gruppo di esperti capeggiati da Dubois; ***~ of government, State*** capo del governo, di stato; ***~ of department*** AMM. caporeparto; SCOL. direttore di dipartimento; ***~ of Maths, German*** SCOL. responsabile del dipartimento di matematica, di tedesco; ***~ of personnel, marketing*** COMM. capo del personale, responsabile del marketing **6** AMM. COMM. *(individual person or animal)* ***we paid £ 10 a ~*** o ***per ~*** abbiamo pagato 10 sterline a testa; ***to count ~s*** contare le persone; ***50 ~ of cattle*** ALLEV. 50 capi di bestiame; ***30 ~ of sheep*** 30 pecore **7** SPORT TECN. *(of pin, nail etc.)* testa f., capocchia f.; *(of hammer, golf club)* testa f.; *(of axe)* lama f., taglio m.; *(of spear, arrow)* punta f.; *(of tennis racquet)* cordatura f. a rete; *(of stick)* pomo m. **8** *(front or top end) (of bed)* testiera f., testata f.; *(of table)* capotavola m.; *(of procession)* testa f.; *(of pier)* testata f.; *(of river, valley, glacier, lake)* testata f.; ***at the ~ of the stairs, page, list*** in cima alle scale, alla pagina, alla lista; ***a letter with his address at the ~*** una lettera con il suo indirizzo in cima al foglio; ***at the ~ of the queue*** all'inizio della fila **9** LING. testa f. **10** BOT. AGR. *(of lettuce)* cespo m.; *(of garlic)* testa f.; ***a ~ of cabbage, celery*** un cavolo, un sedano; ***to cut the dead ~s off the roses*** potare i cespi secchi delle rose **11** INFORM. EL. *(of computer, video, tape recorder)* testina f.; ***reading ~, playback ~*** testina di lettura, di riproduzione; ***writing ~, recording ~*** testina di scrittura, di registrazione **12** *(on beer)* colletto m. di schiuma **13** MED. *(on boil, spot)* punta f.; ***to come to a ~*** maturare; FIG. [*crisis, trouble, unrest*] precipitare, giungere alla fase cruciale; ***to bring sth. to a ~*** MED. fare maturare qcs.; FIG. fare precipitare [*crisis, trouble, unrest*]; fare giungere alla fase cruciale [*situation*] **14** *(in plumbing) (height of water)* altezza f., livello m. dell'acqua; *(water pressure)* pressione f.; ***~ of water*** bacino d'acqua **15** FIS. *(of steam)* pressione f.; ***to have a good ~ of steam*** FIG. *(be progressing well)* andare a tutto vapore **16** GEOGR. capo m., promontorio m. **17** TECN. *(on lathe)* testa f. **II heads** n.pl. **1** *(tossing coin)* testa f.sing.; ***"~s or tails?"*** "testa o croce?"; ***"~s!"*** "testa!"; ***"~s it is!"*** "è testa!"; ***~s I win, we go*** testa ho vinto, andiamo **2** MAR. *(lavatory)* gabinetto m.sing. **III** modif. **1** ANAT. [*movement*] della testa, del capo; [*injury*] alla testa; [*covering, bandage*] sulla testa; ZOOL. [*markings, feathers*] della testa **2** *(chief)* ***~ cashier, cook*** capo cassiere, capocuoco; ***~ gardener*** giardiniere capo **IV -headed** agg. in composti ***black-~ed bird*** uccello dalla testa nera; ***red-~ed boy*** ragazzo con i capelli rossi; ***two-~ed monster*** mostro a due teste ◆ ***on your own ~ be it!*** la responsabilità è tua *o* ricada su di te! ***to go to sb.'s ~*** [*alcohol, success, praise*] dare alla testa a qcn.; ***you've won, but don't let it go to your ~*** hai vinto, ma non montarti la testa; ***to go off one's ~*** COLLOQ. perdere la testa *o* essere fuori di testa; ***are you off your ~?*** sei fuori di testa? ***to keep, lose one's ~*** mantenere, perdere la calma; ***to be soft*** o ***weak in the ~*** COLLOQ. essere rimbecillito *o* rincretinito; ***he's not right in the ~*** COLLOQ. non ci sta (tanto) con la testa; ***to laugh one's ~ off*** COLLOQ. sganasciarsi dalle risate; ***to shout one's ~ off*** COLLOQ. gridare a squarciagola; ***to talk one's ~ off*** COLLOQ. non smettere più di parlare; ***she talked my ~ off*** COLLOQ. mi ha fatto una testa (grande) così; ***off the top of one's ~*** [*say, answer*] su due piedi, senza pensarci; ***I can't think of anything off the top of my ~*** così su due piedi non mi viene in mente niente; ***to give a horse its ~*** allentare le briglie al cavallo; ***to give sb. their ~*** lasciare la briglia sul collo a qcn. *o* lasciare andare la briglia a qcn.; ***to give sb. ~*** AE VOLG. fare un pompino a qcn.; ***to be able to do sth. standing on one's ~*** riu-scire a fare qcs. anche a occhi bendati; ***I can't make ~ (n)or tail of it*** non riesco a venirne a capo *o* non ci capisco niente; ***I couldn't make ~ (n)or tail of what she was saying*** non riuscivo a trovare il bandolo di quello che stava dicendo; ***if we all put our ~s together*** se ci mettiamo tutti insieme a discuterne; ***so Louise and I put our ~s together and...*** quindi Louise e io ci siamo consultati e...; ***the leaders put their ~s together*** i dirigenti si sono consultati; ***two ~s are better than one*** PROV. quattro occhi vedono meglio di due.

▶ **2.head** /hed/ **I** tr. **1** *(be at the top of)* essere in testa a [*column, list, procession, queue*] **2** *(be in charge of)* essere a capo di, dirigere [*business, firm*]; guidare, essere alla testa di [*delegation,* *committee*]; capitanare [*team*]; condurre [*inquiry*]; guidare [*expedition*]; capeggiare [*revolt*]; ***the inquiry ~ed by Inspector Callaghan*** l'inchiesta condotta dall'ispettore Callaghan **3** *(entitle)* intitolare [*article, chapter, essay*]; ***this paragraph is ~ed by a quotation*** questo paragrafo è preceduto da una citazione; ***to ~ a letter with one's address*** intestare una lettera con il proprio indirizzo; ***~ed writing paper, ~ed stationery*** carta da lettere intestata **4** *(steer)* condurre, dirigere [*vehicle, boat*] (**towards** verso); ***I ~ed the car for the sea*** ho guidato in direzione del mare; ***he ~ed the sheep away from the cliff*** fece allontanare le pecore dal dirupo **5** SPORT ***to ~ the ball*** fare un colpo di testa *o* colpire la palla di testa; ***he ~ed the ball into the net*** segnò di testa **II** intr. ***where was the train ~ed*** o ***~ing?*** dove era diretto il treno? ***to ~ south, north*** MAR. dirigersi verso sud, nord; ***he ~ed straight back into the room*** tornò dritto dritto nella stanza; ***it's time to ~ home*** o ***for home*** è ora di incamminarci verso casa; ***she ~ed across the dunes*** si diresse attraverso le dune; ***look out! he's ~ing this way!*** attento! viene da questa parte! ***there's good luck ~ing your way*** *(in horoscope)* la fortuna sarà dalla vostra parte.

▪ **head for:** ~ **for** [**sth.**] **1** dirigersi a, verso; MAR. *(set sail)* fare rotta per; ***the car was ~ing*** o ***~ed for Paris*** l'auto si dirigeva *o* era diretta verso Parigi; ***the ship was ~ing*** o ***~ed for New York*** la nave faceva rotta verso New York; ***where were they ~ing*** o ***~ed for?*** dove erano diretti? ***we were ~ing*** o ***~ed for the coast when we broke down*** ci stavamo dirigendo verso la costa quando rimanemmo in panne; ***to ~ for home*** andare verso casa; ***to ~ for the whisky bottle*** puntare sulla bottiglia di whisky **2** FIG. andare incontro a [*defeat, victory*]; andare in cerca di [*trouble*]; ***to be ~ing for a fall*** rischiare di cadere.

▪ **head off:** ~ **off** partire (**for, in the direction of, towards** per, verso); ***he ~ed off across the fields*** si mise in cammino attraverso i campi; ~ **off** [**sb., sth.**], ~ [**sb., sth.**] **off** **1** *(intercept)* intercettare [*person*] **2** FIG. *(forestall)* prevenire [*question, complaint*]; scongiurare, evitare [*quarrel, rebellion*]; ***he ~ed her off onto a more interesting topic of conversation*** la fece passare a un argomento di conversazione più interessante.

▪ **head up:** ~ **up** [**sth.**] dirigere, essere a capo di [*department*]; capitanare [*team*].

▷ **headache** /ˈhedeɪk/ ➧ **11** n. **1** mal m. di testa; ***to have a ~*** avere mal di testa; ***to give sb. a ~*** fare venire il mal di testa a qcn.; ***to suffer from sick ~*** soffrire di mal di testa accompagnato da nausea **2** FIG. ***to be a ~ (to sb.)*** essere una seccatura (per qcn.); ***that's your ~!*** COLLOQ. è un tuo problema! *o* sono cavoli tuoi!

headachy /ˈhedeɪkɪ/ agg. ***to feel ~*** avere il mal di testa.

headband /ˈhedbænd/ n. fascia f. per capelli, cerchietto m.

headbanger /ˈhedbæŋə(r)/ n. **1** POL. COLLOQ. estremista m. **2** MUS. metallaro m. (-a) **3** *(crazy person)* pazzo m. (-a).

headboard /ˈhedbɔːd/ n. testiera f., testata f. del letto.

head boy /ˌhedˈbɔɪ/ n. BE SCOL. rappresentante m. degli studenti.

headbutt /ˈhedbʌt/ tr. dare una testata a.

head case /ˈhedˌkeɪs/ n. COLLOQ. ***to be a ~*** essere uno svitato.

head cheese /ˈhedtʃiːz/ n. AE = preparazione a base di parti della testa del maiale.

headcloth /ˈhedklɒθ, AE -klɔːθ/ n. copricapo m.

head cold /ˈhedˌkəʊld/ ➧ **11** n. raffreddore m. di testa.

headcount /ˈhedkaʊnt/ n. **1** *(counting)* conteggio m.; ***to do a ~*** fare il conteggio dei presenti **2** *(total staff)* effettivi m.pl.

headdress /ˈheddres/ n. *(of feathers)* copricapo m. di piume; *(of lace)* cuffia f.

header /ˈhedə(r)/ n. **1** COLLOQ. *(dive)* ***to take a ~*** fare un tuffo di testa; ***I took a ~ into the lake, bushes*** caddi di testa nel lago, nei cespugli; ***he took a ~ downstairs*** cadde dalle scale a testa in avanti **2** SPORT colpo m. di testa **3** INFORM. intestazione f. **4** ING. *(brick)* mattone m. di punta **5** (anche **~ tank**) TECN. collettore m.

header block /ˈhedəˌblɒk/ n. INFORM. blocco m. di intestazione.

header label /ˈhedəˌleɪbl/ n. INFORM. etichetta f. di intestazione.

headfirst /ˌhedˈfɜːst/ avv. [*fall*] con la testa in avanti; [*plunge*] di testa; FIG. [*rush into*] a testa bassa.

headframe /ˈhedfreɪm/ n. MIN. castelletto m. di estrazione.

head gear /ˈhedgɪə(r)/ n. **U** copricapo m.

head girl /ˌhedˈgɜːl/ n. **1** BE SCOL. rappresentante f. degli studenti **2** ➧ **27** EQUIT. *(in riding stables)* stalliera f. capo.

head height /ˈhedˌhaɪt/: **at head height** ad altezza d'uomo.

head-hunt /ˈhedhʌnt/ **I** tr. *(seek to recruit)* cercare per reclutare, assumere [*manager, computer analyst etc.*]; *(recruit successfully)* reclutare, assumere; ***she has been ~ed several times*** è stata contattata diverse volte da cacciatori di teste; ***she was ~ed*** è stata reclutata da un cacciatore di teste **II** intr. (cercare di) reclutare personale già impiegato altrove.

head-hunter /ˈhedhʌntə(r)/ n. **1** COMM. cacciatore m. di teste **2** AE POL. COLLOQ. = persona che nuoce al prestigio di un avversario politico.

head-hunting /ˈhedhʌntɪŋ/ n. **1** COMM. = attività del cacciatore di teste **2** AE POL. COLLOQ. = (il) nuocere al prestigio di un avversario politico.

headiness /ˈhedɪnɪs/ n. *(of wine, perfume)* (l')essere inebriante; *(of experience, success)* (l')essere eccitante, esaltante.

▷ **heading** /ˈhedɪŋ/ n. **1** *(of article, essay, column)* titolo m.; *(of subject area, topic)* sezione f.; *(inscription on notepaper, letter)* inte-stazione f.; ***chapter ~*** *(quotation, résumé)* intestazione del capitolo; *(title)* titolo del capitolo; ***philosophy comes under the ~ of humanities*** la filosofia viene catalogata tra le discipline umanistiche **2** AER. MAR. rotta f.

head lad /ˌhedˈlæd/ ➧ **27** n. *(in racing stables)* palafreniere m. capo; *(in riding stables)* stalliere m. capo.

headlamp /ˈhedlæmp/ n. **1** *(of car)* faro m., fanale m. (anteriore); *(of train)* fanale m. **2** *(for miners)* lampada f. da minatore; *(for climbers)* lampada f. da scalatore.

headland /ˈhedlənd/ n. *(high)* capo m., promontorio m.; *(flat)* punta f.

headless /ˈhedlɪs/ agg. senza testa ◆ ***to run around like ~ chickens*** essere completamente allo sbando; ***she has been running around like a ~ chicken all day*** ha girato a vuoto per tutto il giorno.

headlice /ˈhedlaɪs/ → **headlouse**.

headlight /ˈhedlaɪt/ n. *(of car)* faro m., fanale m. (anteriore); *(of train)* fanale m.

▷ **1.headline** /ˈhedlaɪn/ n. **1** GIORN. titolo m.; ***to hit the ~s*** fare notizia *o* finire in prima pagina; ***the ~s were full of the crash, the crash*** o ***was in all the ~s*** la notizia dell'incidente era su tutti i giornali; ***the front-page ~*** i titoli di prima pagina; ***he'll never make the ~s*** non farà mai notizia **2** RAD. TELEV. sommario m., titoli m.pl. d'apertura; ***here are the (news) ~s again*** segue il sommario delle principali notizie.

▷ **2.headline** /ˈhedlaɪn/ **I** tr. intitolare, titolare [*feature, newspaper article*] **II** intr. MUS. [*band, singer*] essere l'attrazione principale.

headline-grabber /ˈhedlaɪnˌgræbə(r)/ n. COLLOQ. = notizia che fa scalpore.

headline-grabbing /ˈhedlaɪnˌgræbɪŋ/ agg. COLLOQ. che fa notizia, da prima pagina.

headlock /ˈhedlɒk/ n. SPORT presa f. di testa, cravatta f.

headlong /ˈhedlɒŋ/ **I** agg. [*fall*] a capofitto; ***a ~ dash*** o ***rush*** uno slancio impetuoso; ***a ~ drive*** o ***ride*** una corsa sfrenata; ***a ~ flight*** un volo pericoloso **II** avv. [*fall*] a capofitto, di testa; [*run, rush*] precipitosamente, a precipizio; ***to rush ~ into sth.*** FIG. buttarsi a capofitto in qcs.

headlouse /ˈhedlaʊs/ n. (pl. **-lice**) pidocchio m.

headman /ˈhedmən/ n. (pl. **-men**) capo m., capotribù m.

headmaster /ˌhedˈmɑːstə(r), AE -ˈmæstə(r)/ ➧ **27, 9** n. direttore m. di scuola, preside m.

headmen /ˈhedmen/ → **headman**.

headmistress /ˌhedˈmɪstrɪs/ ➧ **27, 9** n. direttrice f. di scuola, preside f.

head money /ˈhedmʌnɪ/ n. *(reward)* taglia f.

headmost /ˈhedməʊst/ agg. RAR. [*ship*] il più avanzato, primo.

head note /ˈhednəʊt/ n. **1** nota f. in testa a capitolo **2** MUS. nota f. di testa.

head nurse /ˌhedˈnɜːs/ ➧ **27** n. AE caposala m. (-a).

head office /ˈhedˌɒfɪs, AE -ˌɔːfɪs/ n. sede f. centrale, principale.

head-on /ˌhedˈɒn/ **I** agg. [*crash, collision*] frontale; FIG. [*confrontation*] faccia a faccia; [*approach*] diretto **II** avv. [*collide, crash, hit, attack*] frontalmente; ***we collided ~ in the corridor*** ci scontrammo frontalmente nel corridoio; ***to tackle a problem ~*** FIG. affrontare di petto un problema.

head-page /ˈhedpeɪdʒ/ n. *(of a book)* prima pagina f.

headphones /ˈhedfəʊnz/ n.pl. cuffie f.; ***a pair of ~*** un paio di cuffie.

headpiece /ˈhedpiːs/ n. **1** STOR. elmo m. **2** ANT. FIG. testa f., cervello m. **3** TIP. *(decorative band)* testata f.

▷ **headquarters** /ˌhedˈkwɔːtəz/ n.pl. + verbo sing. o pl. **1** COMM. AMM. sede f.sing. centrale, principale; ***he works at ~*** lavora nella sede centrale **2** MIL. quartier m.sing. generale; ***to set up one's ~*** allestire il proprio quartier generale.

head rest /ˈhedrest/ n. poggiatesta m.

head restraint /ˈhedrɪˌstreɪnt/ n. AUT. poggiatesta m.

headroom /ˈhedrʊm/ n. ***I haven't got enough ~*** non ci passo con la testa; ***we haven't got enough ~*** *(in boat, vehicle)* il tettuccio è troppo basso per noi; ***"max ~ 4 metres"*** *(on roadsigns)* "altezza massima 4 metri".

headsail /ˈhedseɪl/ n. MAR. fiocco m.
headscarf /ˈhedskɑːf/ n. (pl. **-scarves**) foulard m.
head-sea /ˈhedsiː/ n. MAR. mare m. di prua.
headset /ˈhedset/ n. cuffia f.; *(with microphone)* cuffia f. con microfono.
headshake /ˈhedʃeɪk/ n. cenno m. del capo.
headship /ˈhedʃɪp/ n. SCOL. *(post)* direzione f.; ***under her ~*** sotto la sua direzione.
headshrinker /ˈhedˌʃrɪŋkə(r)/ n. COLLOQ. SPREG. strizzacervelli m. e f.
headsman /ˈhedzmən/ n. (pl. **-men**) STOR. boia m., carnefice m.
headspace /ˈhedspeɪs/ n. *(in container)* spazio m. libero, vuoto.
headspring /ˈhedsprɪŋ/ n. **1** *(source)* sorgente f. (anche FIG.) **2** SPORT capriola f. in appoggio sulla testa.
headsquare /ˈhedskweə(r)/ n. foulard m.
headstall /ˈhedstɔːl/ n. testiera f. delle briglie.
headstand /ˈhedstænd/ n. SPORT ***to do a ~*** fare la verticale appoggiandosi sulla testa e le mani.
head start /ˌhedˈstɑːt/ n. vantaggio m. (alla partenza); ***to give sb. a ~ on*** o ***over sb.*** concedere a qcn. un vantaggio su qcn.; ***to have a ~*** avere un vantaggio.
headstone /ˈhedstəʊn/ n. *(grave)* lapide f., pietra f. tombale.
headstrong /ˈhedstrɒŋ/ agg. [*person*] caparbio, testardo; [*attitude, behaviour*] ostinato; [*decision*] impetuoso, precipitoso.
head tax /ˌhedˈtæks/ n. tassa f. procapite.
head teacher /ˌhedˈtiːtʃə(r)/ ➧ *27* n. preside m. e f.
head to head /ˌhedtəˈhed/ **I** n. ***to come together in a ~*** scontrarsi in un testa a testa **II** modif. ***to come together in a head-to-head battle*** battersi in uno scontro testa a testa **III** avv. ***to come ~*** scontrarsi testa a testa.
head-up display /ˈhedʌpdɪˌspleɪ/ n. AER. collimatore m. di volo.
head-voice /ˈhedˌvɔɪs/ n. MUS. voce f. di testa.
head waiter /ˌhedˈweɪtə(r)/ ➧ *27* n. capocameriere m.
headwaters /ˈhedˌwɔːtəz/ n.pl. sorgenti f.
headway /ˈhedweɪ/ n. movimento m., spostamento m. in avanti; MAR. abbrivio m. in avanti; ***to make ~*** FIG. fare progressi *o* fare dei passi (in) avanti.
head-wear /ˈhedweə(r)/ n. → **head gear.**
headwind /ˈhedwɪnd/ n. vento m. contrario; MAR. vento m. di prua.
headword /ˈhedwɜːd/ n. lemma m.
heady /ˈhedɪ/ agg. [*wine, mixture, perfume*] inebriante, che dà alla testa; FIG. [*experience, success*] eccitante, esaltante.
▷ **heal** /hiːl/ **I** tr. guarire [*person, wound, injury*]; FIG. sanare [*pain, suffering*]; comporre [*quarrel*]; ***I hope we can ~ the breach*** o ***rift (between them)*** spero che riusciremo ad appianare gli screzi (tra loro) **II** intr. [*wound, cut*] guarire, rimarginarsi, cicatrizzarsi; [*fracture, scar, ulcer*] guarire ◆ ***time ~s all wounds*** PROV. il tempo guarisce ogni ferita.
▪ **heal over, heal up** [*wound, cut*] guarire, rimarginarsi, cicatrizzarsi.
heal-all /ˈhiːlɔːl/ n. BOT. brunella f.
healer /ˈhiːlə(r)/ n. guaritore m. (-trice); ***time is a great ~*** il tempo è un gran medico.
▷ **healing** /ˈhiːlɪŋ/ **I** n. *(of person)* guarigione f.; *(of cut, wound)* cicatrizzazione f. **II** agg. [*power, property*] curativo; [*lotion, ointment*] *(for wounds)* cicatrizzante; ***to have a ~ effect*** avere un effetto curativo; FIG. avere un effetto salutare; ***the ~ process*** il processo di guarigione.
▶ **health** /helθ/ **I** n. **1** MED. salute f.; FIG. *(of economy)* stato m. di salute; *(of environment)* (buone) condizioni f.pl.; ***mental ~*** salute mentale; ***in good, bad ~*** in (condizioni di) buona, cattiva salute; ***to enjoy good ~*** godere di buona salute **2** *(in toasts)* ***to drink (to) sb.'s ~*** bere alla salute di qcn.; ***here's (to your) ~!*** alla (tua) salute! ***good ~!*** alla salute! **3** AE → **health education II** modif. [*problems, issues, needs*] di salute; [*reforms*] dei servizi sanitari.
Health and Safety Executive /ˌhelθənˈseɪftɪɪɡˌzekjʊtɪv/ n. GB = ispettorato del lavoro.
Health and Safety Inspector /ˌhelθənˈseɪftɪɪnˌspektə(r)/ ➧ *27* n. GB ispettore m. (-trice) del lavoro.
Health Authority /ˈhelθɔːˌθɒrətɪ/ n. GB = amministrazione locale del servizio sanitario pubblico.
health benefits /ˈhelθˌbenɪfɪts/ n.pl. = sussidi per l'assistenza medica.
health camp /ˈhelθˌkæmp/ n. *(for school age children)* soggiorno m. climatico.
health care /ˈhelθˌkeə(r)/ n. **1** *(prevention of illness)* prevenzione f. **2** AMM. assistenza f. sanitaria.
health centre /ˈhelθˌsentə(r)/ n. BE poliambulatorio m.
health check /ˈhelθˌtʃek/ n. controllo m. medico.
health clinic /ˈhelθˌklɪnɪk/ n. **1** → **health centre 2** *(in Third World)* poliambulatorio m.
health club /ˈhelθˌklʌb/ n. centro m. (di) fitness.
health education /ˈhelθˌedʒʊˌkeɪʃn/ n. igiene f.
health farm /ˈhelθˌfɑːm/ n. beauty farm f.
health food /ˈhelθˌfuːd/ n. **U** alimentazione f. naturale, cibi m.pl. dietetici.
health food shop /ˌhelθˌfuːdˈʃɒp/ ➧ *27* n. negozio m. di alimenti naturali, di cibi dietetici.
healthful /ˈhelθfl/, **health-giving** /ˈhelθɡɪvɪŋ/ agg. [*exercise, food, drink*] sano; [*effect*] salutare.
health hazard /ˈhelθˌhæzəd/ n. rischio m. per la salute.
healthily /ˈhelθɪlɪ/ avv. [*eat, live etc.*] in modo sano; ***to be ~ sceptical of sth., sb.*** nutrire un salutare scetticismo nei confronti di qcs., qcn.
healthiness /ˈhelθɪnɪs/ n. **1** *(good health)* (buona) salute f. **2** *(salubrity)* salubrità f.
health inspector /ˈhelθɪnˌspektə(r)/ ➧ *27* n. ispettore m. (-trice) sanitario (-a).
health insurance /ˈhelθɪnˈʃɔːrəns, AE -ˈʃʊərəns/ n. assicurazione f. sanitaria, assicurazione f. contro le malattie.
health maintenance organization /helθˈmeɪntənənsˌɔːɡənaɪˌzeɪʃn, AE -nɪˌz-/ n. US = organizzazione sanitaria mutualistica.
health officer /ˈhelθˌɒfɪsə(r), AE -ˌɔːf-/ ➧ *27* n. ufficiale m. sanitario.
health resort /ˈhelθrɪˌzɔːt/ n. *(by sea)* stazione f. balneare; *(in mountains)* stazione f. climatica; *(spa town)* stazione f. termale.
health salts /ˈhelθˌsɔːlts/ n.pl. sali m. lassativi.
Health Secretary /ˈhelθˌsekrətrɪ, AE -rəterɪ/ n. GB ministro m. della Sanità.
Health Service /ˈhelθˌsɜːvɪs/ n. **1** GB servizio m. sanitario **2** AE UNIV. infermeria f.
health spa /ˈhelθˌspɑː/ n. stazione f. termale.
health visitor /ˈhelθˌvɪzɪtə(r)/ ➧ *27* n. BE assistente m. e f. sanitario (-a).
health warning /ˈhelθˌwɔːnɪŋ/ n. = comunicazione di rischio sanitario da parte del Ministero della Sanità.
▷ **healthy** /ˈhelθɪ/ agg. [*person, animal, plant, skin, hair, lifestyle, diet, menu*] sano; [*air*] salubre; [*exercise*] salutare; [*appetite*] forte, robusto; [*crop*] abbondante; [*economy*] prospero, fiorente; [*finances, position*] solido; [*competition*] sano; [*profit*] abbondante, eccellente; [*machinery*] in buono stato; ***it's not a very ~ occupation*** *(morally)* non è un'occupazione molto salutare; ***she is much healthier than she was*** sta molto meglio di prima; ***to have a ~ respect for*** avere un sano rispetto per [*opponent, sb.'s talents*]; avere un timore reverenziale di [*teacher, authority figure*]; ***I would have a ~ respect for those waves if I were you!*** se fossi in te avrei un sacrosanto timore di quelle onde! ***(a) ~ scepticism*** (un) salutare scetticismo; ***his finances are none too ~*** le sue finanze sono tutt'altro che solide; ***your car doesn't sound very ~*** SCHERZ. la tua auto fa un rumore per niente bello; ***to have a ~ lead*** SPORT avere un buon vantaggio ◆ ***a ~ mind in a ~ body*** mens sana in corpore sano.
▷ **1.heap** /hiːp/ **I** n. **1** *(of rubble, leaves, objects)* mucchio m., cumulo m.; ***to pile sth. up in a ~*** o ***in ~s*** ammucchiare qcs.; ***to lie in a ~*** [*person*] essere accasciato; [*objects, bodies*] essere ammassato; ***to fall*** o ***collapse in a ~*** [*person*] accasciarsi; ***to collapse in an exhausted ~*** accasciarsi per lo sfinimento **2** COLLOQ. *(lot)* ***~s of*** *(plenty of)* mucchi di [*money, food*]; un sacco di [*atmosphere*]; *(too much)* un mucchio, un sacco di [*work, problems*]; ***we've got ~s of things to do*** abbiamo montagne di cose da fare; ***we've got ~s of time*** abbiamo un mucchio di tempo; ***to be in a ~ of trouble*** essere in un mare di guai **3** COLLOQ. SPREG. *(car)* macinino m. **II heaps** avv. COLLOQ. cento, mille volte; ***to feel ~s better*** sentirsi mille volte meglio; ***~s more room*** ancora un sacco di spazio.
▷ **2.heap** /hiːp/ tr. **1** *(pile)* → **heap up 2** FIG. *(shower)* ***to ~ sth. on sb.*** colmare qcn. di [*praise*]; caricare qcn. di [*work*]; coprire qcn. di [*insults*]; ***to ~ scorn on sb.*** denigrare qcn.
▪ **heap up: ~ *[sth.]* up, ~ up *[sth.]*** ammucchiare [*leaves, bodies*]; ammassare [*food*]; ricoprire [*table*] (**with** di).
heaped /hiːpt/ **I** p.pass. → **2.heap II** agg. ***a ~ spoonful*** GASTR. un cucchiaio (stra)colmo; ***a dish ~ with cakes*** un piatto ricolmo di dolci.
▶ **hear** /hɪə(r)/ **I** tr. (pass., p.pass. **heard**) **1** *(perceive with ears)* udire, sentire [*sound, thud, voice, car*]; ***she heard her brother coming up the stairs*** udì suo fratello che saliva le scale; ***I can ~ the train whistling*** sento il treno che fischia; ***an explosion was heard***

si udì un'esplosione; ***I can ~ you!*** ti sento! ***I heard her coming in*** la sentii entrare; ***to ~ sb. being beaten, thanked*** sentire che stanno picchiando, ringraziando qcn.; ***to ~ her talk, you'd think (that)*** a sentirla parlare, si penserebbe (che); ***we haven't heard the end, last of it*** non abbiamo ancora sentito tutto; ***to make oneself, one's voice heard*** farsi sentire, fare sentire la propria voce (anche FIG.); ***I can't ~ myself think!*** c'è un tale rumore che non riesco nemmeno a pensare **2** *(learn, find out about)* sentire [*news, story, joke, rumour*]; ***to ~ (tell) of sth.*** sentir parlare di qcs.; ***to ~ (it said) that*** sentir dire che, venire a sapere che; ***I've heard good things about...*** ho sentito parlare bene di...; ***I've heard so much about you*** ho sentito tanto parlare di voi; ***I've heard it all before!*** conosco la storia; ***have you heard the one about...*** *(joke)* la sai quella di...; ***have you heard?*** hai sentito? ***what have you heard?*** che cosa hai sentito dire? che cosa ti è stato detto? ***I'm sorry to ~ (that) you can't come*** mi dispiace sapere che non puoi venire; ***I ~ you want to be a doctor*** ho saputo che vuoi fare il medico; ***so I ~, so I've heard*** così ho sentito dire; ***she won, I ~*** ha vinto, mi hanno detto; ***to ~ whether, why, how*** sapere se, perché, come **3** *(listen to)* ascoltare, sentire [*lecture, speech, broadcast, concert, record*]; [*judge, court, jury*] esaminare [*case, evidence*]; ascoltare [*testimony, witness*]; ascoltare, esaudire [*prayer*]; ***to ~ a child read*** ascoltare un bambino leggere; ***to ~ what sb. has to say*** stare a sentire quello che qcn. ha da dire; ***do you ~ (me)?*** mi stai ascoltando? ***to ~ Mass*** FORM. sentire la messa; ***the court heard that...*** DIR. fu dichiarato dinanzi alla corte che... **II** intr. (pass., p.pass. **heard**) sentire; ***to ~ about*** sentir parlare di; ***have you heard about Matt and Sarah?*** hai sentito di Matt e Sarah? ***~! ~!*** bravo! bene! ***let's ~ it for Cathy*** facciamo un bell'applauso per Cathy.

▪ **hear from:** ~ ***from*** **[sb.]** **1** *(get news from)* avere notizie di [*friend, relative*]; ***it's nice to ~ from you*** sono contento di ricevere tue notizie; ***I'm waiting to ~ from the hospital*** sto aspettando notizie dall'ospedale; ***don't do anything until you ~ from me*** non fare niente fino a che non ci sentiremo di nuovo; ***you'll be ~ing from me!*** *(threat)* mi farò sentire! ***you'll be ~ing from my solicitor*** avrete notizie dal mio avvocato **2** *(hear interviewed on TV etc.)* sentire il punto di vista di [*representative, politician*]; ascoltare il racconto di [*survivor, eyewitness*].

▪ **hear of:** ~ ***of*** **[sb., sth.]** **1** *(be or become aware of)* sentir parlare di; ***I've never even heard of her*** non ho mai nemmeno sentito parlare di lei; ***the first I heard of the accident was on the radio*** ho sentito dell'incidente per la prima volta alla radio; ***that's the first I've heard of it!*** è la prima volta che ne sento parlare! ***he hasn't been heard of since*** da allora non si sa più niente di lui **2** *(countenance, consider)* ***I won't ~ of it!*** non voglio neanche sentirne parlare!

▪ **hear out:** ~ ***out*** **[sb.]**, ~ **[sb.]** ***out*** ascoltare qcn. fino alla fine, lasciar finire di parlare qcn.

heard /hɜːd/ pass., p.pass. → **hear**.

hearer /ˈhɪərə(r)/ n. *(listener)* ascoltatore m. (-trice); ***his ~s were enthralled*** i suoi ascoltatori erano affascinati.

▷ **hearing** /ˈhɪərɪŋ/ **I** n. **1** *(sense, faculty)* udito m.; ***his ~ is not very good*** non ha un buon udito, non ci sente molto bene; ***he is hard of ~*** è duro d'orecchio *o* d'orecchi; ***to damage sb.'s ~*** danneggiare l'udito a qcn. **2** *(earshot)* ***there was no-one within ~*** non c'era nessuno a portata di voce; ***in*** o ***within my ~*** alla mia portata d'orecchio; ***to be out of sb.'s ~*** essere fuori della portata d'orecchio di qcn. **3** *(before court, magistrate, committee etc.)* udienza f.; ***~ of an appeal, an application*** udienza di un appello, di una domanda; ***closed ~*** udienza riservata, a porte chiuse; ***private ~*** udienza privata **4** *(chance to be heard)* ***to get a ~*** (avere la possibilità di) farsi ascoltare; ***to give sb., sth. a ~*** ascoltare qcn., qcs. *o* prestare orecchio a qcn., qcs.; ***I want a fair ~*** voglio che mi si ascolti con imparzialità **II** modif. [*damage*] all'udito, dell'udito; [*loss*] di udito; [*test*] dell'udito **III** agg. dotato del senso dell'udito, che ci sente (bene); ***deaf and ~ children*** bambini udenti e non udenti.

hearing aid /ˈhɪərɪŋeɪd/ n. apparecchio m. acustico, audioprotesi f.

hearing-impaired /ˈhɪərɪŋɪmˌpeəd/ agg. audioleso, non udente.

hearken /ˈhɑːkən/ intr. ANT. prestare orecchio (**to** a).

hearsay /ˈhɪəseɪ/ n. **U** diceria f., sentito dire m.; ***based on ~*** basato su dicerie.

hearsay evidence /ˈhɪəseɪˈevɪdəns/ n. DIR. prova f. per sentito dire, basata su dicerie.

hearse /hɜːs/ n. carro m. funebre.

▶ **heart** /hɑːt/ ❥ ***2, 10*** **I** n. **1** *(of human, animal)* cuore m.; ***his ~ stopped beating*** il suo cuore si arrestò *o* cessò di battere (anche FIG.); ***my ~ missed*** o ***skipped a beat*** ebbi un tuffo al cuore; ***to clasp sb., sth. to one's ~*** stringere qcn., qcs. al cuore; ***who can say, hand on ~*** o ***with their hand on their ~...?*** chi può dire, mettendosi la mano sul cuore...? ***in the shape of a ~*** a forma di cuore **2** *(site of emotion, love, sorrow etc.)* cuore m.; ***to win*** o ***capture sb.'s ~*** conquistare il cuore di qcn.; ***to steal sb.'s ~*** rubare il cuore a qcn.; ***to give sb. one's ~*** dare il cuore a qcn.; ***to break sb.'s ~*** spezzare il cuore a qcn.; ***to break one's ~*** avere il cuore a pezzi (**over sb.** per qcn.); ***to cry fit to break one's ~*** piangere come una vite tagliata *o* da spezzare il cuore; ***it does my ~ good to see...*** mi fa bene al cuore *o* mi conforta vedere...; ***with a heavy, light ~*** a malincuore, a cuor leggero; ***the way to sb.'s ~*** il modo per conquistare (il cuore di) qcn.; ***to lose one's ~ to sb.*** innamorarsi di qcn.; ***to take sb. to one's ~*** affezionarsi a qcn.; ***to take sb., sth. to ~*** prendere a cuore qcn., qcs.; ***to sob one's ~ out*** piangere tutte le proprie lacrime; ***to sing one's ~ out*** cantare a pieni polmoni; ***to act one's ~ out*** recitare in modo appassionato; ***my ~ goes out to you, him*** condivido il tuo, il suo dolore *o* la tua, la sua pena; ***from the bottom of one's ~*** dal profondo del cuore **3** *(innermost feelings, nature)* cuore m.; ***to open one's ~ to sb.*** aprire il cuore a qcn.; ***to follow one's ~*** seguire il proprio cuore; ***from the ~*** dal (profondo del) cuore; ***to love sb. with all one's ~*** amare qcn. con tutto il cuore; ***to wish with all one's ~ that*** desiderare con tutto il cuore che; ***in my ~ (of ~s)*** in cuor mio; ***my ~ is not in sth., doing sth.*** non riesco ad appassionarmi a qcs.; ***my ~ is not going to the wedding*** non mi esalta l'idea di andare al matrimonio; ***it is close*** o ***dear*** o ***near to my ~*** è vicino *o* caro al mio cuore; ***I have your interests at ~*** i tuoi interessi mi stanno a cuore; ***he's a child at ~*** in fondo in fondo, è ancora un bambino **4** *(capacity for pity, love etc.)* cuore m.; ***to have no ~*** essere senza cuore; ***to be all ~*** essere di buon cuore, avere un cuore d'oro; ***to have a cold, soft ~*** avere un cuore di ghiaccio, il cuore tenero; ***I didn't have the ~ to refuse*** non ho avuto il cuore di rifiutare; ***I couldn't find it in my ~ to forgive them*** non sono riuscito a perdonarli; ***have a ~!*** abbi cuore! *o* abbi pietà! ***to have a change of ~*** mutare sentimenti **5** *(courage)* coraggio m.; ***to take, lose ~*** farsi coraggio, perdersi d'animo; ***she took ~ from the fact that*** trasse coraggio dal fatto che; ***to be in good ~*** essere su di morale **6** *(middle, centre) (of district)* cuore m.; ***right in the ~ of London*** nel cuore di Londra; ***in the ~ of the jungle, country*** nel cuore della giungla, in piena campagna; ***the ~ of the matter*** il nocciolo della questione; ***to get to the ~ of the matter*** entrare nel vivo della questione; ***issues which lie at the ~ of a dispute*** questioni che si trovano alla base di un conflitto **7** *(of artichoke, lettuce, cabbage, celery)* cuore m. **8** *(in cards)* carta f. di cuori; ***to play a ~*** giocare (una carta di) cuori **II hearts** n.pl. + verbo sing. o pl. *(suit)* cuori m.; ***the two of ~s*** il due di cuori **III** modif. [*patient*] cardiopatico; [*operation*] al cuore; [*muscle, valve, wall, surgery*] cardiaco; ***~ specialist*** cardiologo; ***to have a ~ condition*** o ***a ~ complaint*** essere ammalato di cuore *o* avere uno scompenso cardiaco **IV -hearted** agg. in composti ***hard-, pure-~ed*** dal cuore di pietra, puro ◆ ***a man, woman after my own ~*** il mio tipo, un uomo, una donna come piace a me; ***by ~*** a memoria; ***to know, learn sth. off by ~*** sapere, imparare qcs. a memoria; ***cross my ~ (and hope to die)*** giurin giuretta; ***his, her ~ is in the right place*** è di buon cuore; ***home is where the ~ is*** PROV. = la casa è dove ci sono le cose e le persone che amiamo; ***to have set one's ~ on sth., doing*** o ***to have one's ~ set on sth., doing*** essere decisi a qcs., a fare qcs. (a tutti i costi); ***don't set your ~ on it*** non contarci troppo; ***the way to a man's ~ is through his stomach*** PROV. per conquistare un uomo bisogna prenderlo per la gola.

heartache /ˈhɑːteɪk/ n. struggimento m., accoramento m.; *(romantic)* pena f. d'amore.

▷ **heart attack** /ˈhɑːtəˌtæk/ n. attacco m. cardiaco, di cuore; ***he had a ~*** ha avuto un attacco di cuore; FIG. gli è venuto un colpo.

▷ **heartbeat** /ˈhɑːtbiːt/ n. battito m. del cuore, pulsazione f. cardiaca; ***to increase sb.'s ~*** aumentare i battiti cardiaci di qcn.

heartbreak /ˈhɑːtbreɪk/ n. crepacuore m.

heartbreaker /ˈhɑːtbreɪkə(r)/ n. rubacuori m. e f.

heartbreaking /ˈhɑːtbreɪkɪŋ/ agg. [*sight, story, news*] che spezza il cuore; [*cry, appeal*] straziante; ***it is ~ to see*** spezza il cuore vedere; ***it would be ~ to fail*** mi spezzerebbe il cuore se non ci riuscissi.

heartbroken /ˈhɑːtbrəʊkn/ agg. ***to be ~*** avere il cuore infranto.

heartburn /ˈhɑːtbɜːn/ ❥ ***11*** n. bruciore m. di stomaco.

heartburning /ˈhɑːtbɜːnɪŋ/ n. *(jealousy)* gelosia f.; *(hatred)* astio m.

▷ **heart disease** /ˈhɑːtˌdɪˈziːz/ n. **U** malattia f. di cuore, affezioni f.pl. cardiache.

hearten /ˈhɑːtn/ tr. rincuorare, incoraggiare; ***we were ~ed by the news*** fummo rincuorati dalla notizia.

heartening /ˈhɑːtnɪŋ/ agg. rincuorante, incoraggiante.

heart failure /ˈhɑːtˌfeɪljə(r)/ n. arresto m. cardiaco.

heartfelt /ˈhɑːtfelt/ agg. [*condolence, gratitude, passion, wish*] sincero; [*word*] sincero, detto con il cuore; [*appeal, plea, prayer*] che viene dal cuore, fatto con il cuore.

hearth /hɑːθ/ n. focolare m. ◆ ***far from ~ and home*** lontano da casa, dal proprio focolare.

hearth rug /ˈhɑːθrʌg/ n. tappeto m. disposto davanti al focolare.

hearth stone /ˈhɑːθstəʊn/ n. pietra f. del focolare; FIG. casa f., focolare m. domestico.

heartily /ˈhɑːtɪlɪ/ avv. **1** *(enthusiastically)* [*welcome, greet*] calorosamente; [*support, approve*] con grande entusiasmo **2** *(vigorously)* [*disapprove*] vigorosamente; [*eat*] di buon appetito; [*sing*] con passione **3** *(sincerely)* [*say*] con il cuore, con sincerità; [*laugh*] di cuore **4** *(thoroughly)* davvero, veramente [*glad, relieved*]; ***he ~ agreed with her*** fu completamente d'accordo con lei; ***I'm ~ sick of it*** COLLOQ. ne sono proprio stufo.

heartiness /ˈhɑːtɪnɪs/ n. **1** *(of person, voice, manner)* cordialità f. **2** *(of slap)* vigore m.; ***the ~ of his appetite*** il suo forte appetito **3** *(of laugh)* sincerità f.

heartland /ˈhɑːtlænd/ n. (anche **~s**) **1** *(centre of a country)* cuore m., zona f. centrale **2** POL. zona f. di fondamentale importanza.

heartless /ˈhɑːtlɪs/ agg. [*person*] senza cuore; [*attitude, behaviour*] senza pietà, insensibile; ***~ wretch!*** sciagurato senza cuore! ***her ~ father*** quell'insensibile di suo padre; ***how could you be so ~!*** come hai potuto essere così crudele! ***~ treatment*** trattamento crudele (**of** di).

heartlessly /ˈhɑːtlɪslɪ/ avv. [*treat, say, act*] senza pietà, in modo insensibile.

heartlessness /ˈhɑːtlɪsnɪs/ n. *(of person)* spietatezza f., insensibilità f.; *(of attitude, remark)* crudeltà f.

heart-lung machine /ˌhɑːtˈlʌŋməʃiːn/ n. macchina f. cuore-polmone.

heart monitor /ˈhɑːtˌmɒnɪtə(r)/ n. → **heart rate monitor**.

heart murmur /ˈhɑːtˌmɜːmə(r)/ ➧ ***11*** n. soffio m. al cuore.

heart rate /ˈhɑːtˌreɪt/ n. frequenza f. cardiaca, ritmo m. cardiaco.

heart rate monitor /ˈhɑːtˌreɪtˌmɒnɪtə(r)/ n. monitor m. per la registrazione della frequenza cardiaca.

heartrending /ˈhɑːtrendɪŋ/ agg. [*cry, sob, appeal, plea, sight, story*] straziante.

heart-searching /ˈhɑːtsɜːtʃɪŋ/ n. **U** esame m. di coscienza; ***after much ~*** dopo un profondo esame di coscienza.

heartsease /ˈhɑːtsiːz/ n. BOT. viola f. del pensiero.

heart-shaped /ˈhɑːtʃeɪpt/ agg. cuoriforme, a forma di cuore.

heartsick /ˈhɑːtsɪk/ agg. afflitto, affranto.

heartsink /ˈhɑːtsɪŋk/ agg. COLLOQ. ***a ~ patient*** un paziente impossibile.

heartsore /ˈhɑːtsɔː(r)/ agg. → **heartsick**.

heart-stopping /ˈhɑːtstɒpɪŋ/ agg. ***for one ~ moment*** per un attimo angoscioso.

heartstrings /ˈhɑːtstrɪŋz/ n.pl. FIG. sentimenti m. (più profondi), corde f. del cuore; ***to pluck*** o ***tug (at) sb.'s ~*** toccare una corda sensibile per qcn.; ***to touch sb.'s ~*** toccare il cuore a qcn.

heart surgeon /ˈhɑːtˌsɜːdʒən/ ➧ ***27*** n. cardiochirurgo m.

heartthrob /ˈhɑːtθrɒb/ n. COLLOQ. passione f., amore m.; ***Joseph is my ~*** ho una cotta per Joseph.

heart-to-heart /ˌhɑːttəˈhɑːt/ **I** agg. e avv. [*talk, chat*] col cuore in mano **II** n. conversazione f. col cuore in mano; ***to have a ~*** parlare col cuore in mano, francamente (**with** con).

heart transplant /ˈhɑːttrænsˌplɑːnt, AE -ˌplænt/ n. trapianto m. di cuore.

heart transplant patient /ˌhɑːttrænsˌplɑːntˈpeɪʃnt, AE -ˌplænt-/ n. trapiantato m. (-a) di cuore.

heart trouble /ˈhɑːtˌtrʌbl/ n. problemi m.pl. di cuore, cardiaci; ***to have ~*** avere dei problemi di cuore *o* soffrire di cuore.

heart urchin /ˈhɑːtˌɜːtʃɪn/ n. ZOOL. riccio m. cuoriforme.

heart-warming /ˈhɑːtˌwɔːmɪŋ/ agg. che fa bene al cuore, confortante.

heart-whole /ˈhɑːthəʊl/ agg. RAR. **1** *(not in love)* libero, non impegnato **2** *(sincere)* sincero **3** *(stout-hearted)* coraggioso.

heartwood /ˈhɑːtwʊd/ n. cuore m. del legno.

hearty /ˈhɑːtɪ/ **I** agg. **1** *(jolly and vigorous)* [*person, voice, manner*] cordiale, gioviale; [*laugh*] di cuore; [*slap, pat*] vigoroso **2** [*appetite*] forte, grande; [*meal, breakfast*] abbondante; ***he's a ~ eater*** è un forte mangiatore, una buona forchetta **3** *(wholehearted)* [*approval, congratulations, admiration*] sincero; [*resentment, loathing*] vero, totale; ***to have a ~ dislike of sth.*** avere una cordiale avversione per qcs. **4** *(warm)* [*welcome, greeting*] cordiale **II** n. BE COLLOQ. SPREG. compagnone m. (-a) ◆ ***heave-ho, my hearties!*** issa, ragazzi!

▶ **1.heat** /hiːt/ n. **1** caldo m., calore m.; ***the plants wilted in the ~*** le piante avvizzirono per il caldo; ***he was sweating in*** o ***with the ~*** sudava per il (gran) caldo; ***she was exhausted by the ~*** era spossata per il (gran) caldo; ***the summer, afternoon ~*** la calura estiva, pomeridiana; ***in the ~ of the summer*** nel pieno caldo dell'estate; ***in the ~ of the day*** nel momento più caldo della giornata; ***we were stifling in the 40° ~*** soffocavamo con 40°; ***in this ~ nobody feels hungry*** con questo caldo nessuno ha fame; ***a cream to take the ~ out of sunburnt skin*** una pomata per alleviare il bruciore della pelle scottata dal sole **2** FIS. METEOR. calore m. **3** GASTR. *(of hotplate, gas ring)* fuoco m.; *(of oven)* temperatura f.; ***cook at a low, moderate ~*** cuocere a fuoco lento, medio; *(in oven)* fare cuocere a bassa, media temperatura; ***turn up, turn down the ~*** alza, abbassa il fuoco *o* la temperatura **4** *(heating)* riscaldamento m.; ***to turn the ~ on, off*** accendere, spegnere il riscaldamento; ***to turn the ~ up, down*** alzare, abbassare il riscaldamento **5** SPORT (prova) eliminatoria f.; *(in athletics)* batteria f.; ***she won her ~*** ha vinto la sua batteria **6** ZOOL. calore m.; ***to be on*** o ***in ~*** essere in calore **7** FIG. *(of argument, discussion)* foga f., fervore m.; ***in the ~ of sth.*** nel vivo di qcs.; ***carried away by the ~ of the discussion she declared...*** trasportata dalla foga della discussione affermò...; ***in the ~ of the moment*** nell'impeto del momento *o* a caldo; ***to take the ~ off sb.*** alleggerire la pressione su qcn.; ***that's taken the ~ off us*** questo ci ha fatto rilassare; ***to put*** o ***turn the ~ on sb. to do*** fare pressione su qcn. perché faccia; ***the ~ is on*** siamo sotto pressione (**to do** per fare) ◆ ***if you can't stand the ~ get out of the kitchen*** o mangi questa minestra o salti questa finestra.

▶ **2.heat** /hiːt/ **I** tr. scaldare, riscaldare [*room, house, pool*]; GASTR. scaldare [*food*]; fare scaldare [*oven*]; MED. riscaldare [*blood*]; ***~ the oven to 180°*** fare scaldare il forno a 180° **II** intr. scaldarsi.

■ **heat through:** ***heat through*** [*food, drink*] scaldarsi; [*house*] scaldarsi, riscaldarsi; ***has the soup ~ed through?*** si è scaldata la minestra? ***~ [sth.] through*** scaldare [*food*].

■ **heat up:** ***heat up*** [*food, drink*] scaldarsi; [*air*] riscaldarsi; ***wait until the engine, radiator ~s up*** aspetta che il motore, il radiatore si sia scaldato *o* sia caldo; ***has the iron ~ed up yet?*** il ferro è già caldo? ***~ [sth.] up***, ***~ up [sth.]*** *(for first time)* scaldare [*food*]; fare scaldare [*oven*]; *(reheat)* riscaldare [*food*].

heat barrier /ˈhiːtˌbærɪə(r)/ n. barriera f. termica, muro m. del calore.

heat capacity /ˈhiːtkəˌpæsətɪ/ n. capacità f. termica.

heat constant /ˈhiːtˌkɒnstənt/ n. costante f. termica.

▷ **heated** /ˈhiːtɪd/ **I** p.pass. → **2.heat II** agg. **1** [*water*] caldo; [*pool*] riscaldato; [*windscreen*] termico; ***~ brush*** spazzola arricciacapelli elettrica **2** FIG. [*debate, argument*] acceso, animato; [*denial, defence*] veemente; ***to grow, get ~*** [*debate, argument, person*] accendersi, animarsi.

heatedly /ˈhiːtɪdlɪ/ avv. animatamente, con veemenza.

heat efficiency /ˌhiːtɪˈfɪʃnsɪ/ n. rendimento m. termico.

heater /ˈhiːtə(r)/ n. radiatore m.; *(portable)* stufa f. elettrica.

heat exchanger /ˈhiːtɪksˌtʃeɪndʒə(r)/ n. scambiatore m. di calore.

heat exhaustion /ˈhiːtɪgˌzɔːstʃn/ n. colpo m. di calore.

heath /hiːθ/ n. *(moor)* landa f.; *(heather)* brughiera f.; ***on the ~*** nella brughiera.

heath bell /ˈhiːθbel/ n. erica f.

heath cock /ˈhiːθkɒk/ n. fagiano m. di monte (maschio).

heat haze /ˈhiːtˌheɪz/ n. foschia f. da calore.

heathen /ˈhiːðn/ **I** agg. SPREG. *(irreligious)* pagano; *(uncivilized)* barbaro **II** n. SPREG. *(unbeliever)* pagano m. (-a); *(uncivilized)* barbaro m. (-a).

heathendom /ˈhiːðndəm/ n. SPREG. paganità f.

heathenish /ˈhiːðənɪʃ/ agg. SPREG. pagano.

heathenism /ˈhiːðənɪzəm/ n. SPREG. paganesimo m.

heathenize /ˈhiːðənaɪz/ tr. RAR. SPREG. paganizzare.

heathenry /ˈhiːðnrɪ/ n. → **heathenism**.

heather /ˈheðə(r)/ n. brugo m.; erica f.

Heather /ˈheðə(r)/ n.pr. Heather (nome di donna).

heathland /ˈhiːθlænd/ n. brughiera f.

Heath Robinson /ˌhiːθˈrɒbɪnsən/ agg. BE [*contraption, repairs*] macchinoso.

Heathrow /ˌhiːθˈrəʊ/ n.pr. Heathrow.

heathy /ˈhiːðɪ/ agg. simile a brughiera.

▷ **heating** /ˈhiːtɪŋ/ **I** n. riscaldamento m.; ***to turn the ~ on, off*** accendere, spegnere il riscaldamento; ***to turn the ~ up, down*** alzare, abbassare il riscaldamento; ***the ~ is on, off*** il riscaldamento è acceso, spento **II** modif. [*bill, costs, apparatus*] di riscaldamento.

heating engineer /ˈhiːtɪŋˌendʒɪˈnɪə(r)/ ➧ ***27*** n. caldaista m. e f.

heating plant /ˈhiːtɪŋplɑːnt, AE -plænt/ n. impianto m. di riscaldamento.
heating system /ˈhiːtɪŋˌsɪstəm/ n. sistema m. di riscaldamento.
heat lightning /ˈhiːtˌlaɪtnɪŋ/ n. **U** lampi m.pl. di calore.
heat loss /ˈhiːtˌlɒs, AE -ˌlɔːs/ n. *(all contexts)* perdita f., dispersione f. di calore.
heat-proof /ˈhiːtˌpruːf/ agg. [*mat, dish, tile*] resistente al calore; [*clothing*] termoisolante.
heat pump /ˈhiːtˌpʌmp/ n. termopompa f., pompa f. di calore.
heat rash /ˈhiːtˌræʃ/ n. MED. eruzione f. (cutanea) da calore.
heat-resistant /ˈhiːtrɪˌzɪstənt/ agg. → **heat-proof**.
heat seal /ˈhiːtsiːl/ n. termosaldatura f.
heat-seal /ˈhiːtsiːl/ tr. termosaldare.
heat-seeking missile /ˌhiːtsiːkɪŋˈmɪsaɪl, AE -ˈmɪsl/ n. missile m. termoguidato.
heat-sensitive /ˌhiːtˈsensətɪv/ agg. termosensibile.
heat setting /ˈhiːtˌsetɪŋ/ n. *(of thermostat, heater, washing machine, iron, hairdrier)* regolazione f. della temperatura.
heat shield /ˈhiːtˌʃiːld/ n. AER. TECN. scudo m. termico.
heat stroke /ˈhiːtˌstrəʊk/ n. colpo m. di calore.
heat-treated /ˈhiːtˌtriːtɪd/ agg. IND. trattato termicamente.
heat treatment /ˈhiːtˌtriːtmənt/ n. **1** MED. termoterapia f. **2** IND. trattamento m. termico.
heatwave /ˈhiːtˌweɪv/ n. ondata f. di caldo.
1.heave /hiːv/ n. **1** *(effort to move)* sforzo m.; ***to give a ~*** *(pull)* dare uno strattone; *(push)* dare uno spintone **2** *(swell) (of sea)* (il) gonfiarsi **3** ***his stomach gave a ~*** ebbe un conato di vomito **4** GEOL. rigetto m. orizzontale.
2.heave /hiːv/ **I** tr. (pass., p.pass. **heaved**, MAR. **hove**) **1** *(lift)* issare; *(pull)* trascinare **2** ***to ~ a sigh*** emettere un sospiro **3** *(throw)* gettare, lanciare (**at** a) **4** MAR. ***to ~ a boat ahead, astern*** tonneggiare un'imbarcazione in avanti, indietro **II** intr. (pass., p.pass. **heaved**, MAR. **hove**) **1** [*sea, ground*] sollevarsi **2** *(pull)* tirare con uno strattone **3** *(retch)* avere i conati di vomito; *(vomit)* vomitare; ***it made my stomach ~*** mi rivoltò lo stomaco **4** MAR. ***to ~ into sight*** apparire (all'orizzonte) (anche FIG.).
▪ **heave to** MAR. ~ to mettersi in panna; ***to be hove to*** restare in panna; ~ [sth.] to mettere in panna [*ship*].
▪ **heave up** ~ up COLLOQ. vomitare; ~ oneself up issarsi (**onto** su).
heave-ho /ˌhiːvˈhəʊ/ inter. MAR. issa ◆ ***to give sb. the (old) ~*** COLLOQ. SCHERZ. *(break off with)* mandare qcn. a spasso; *(dismiss)* mandare qcn. a quel paese.
▷ **heaven** /ˈhevn/ n. **1** RELIG. (anche **Heaven**) cielo m., paradiso m.; ***to go to, be in ~*** andare, essere in cielo, in paradiso; ***~ and earth*** cielo e terra; ***~ and hell*** inferno e paradiso; ***the kingdom of ~*** il regno dei cieli; ***our Father which art in ~*** Padre nostro che sei nei cieli; ***the will of ~*** la volontà celeste **2** *(in exclamations)* ***~s (above)!*** santo cielo! ***~ forbid, ~ forfend!*** FORM. il cielo non voglia! ***~ forbid she should realize!*** il cielo non voglia che se ne accorga! ***~ only knows!*** lo sa il cielo! ***~ help us!*** che il cielo ci aiuti! ***~ help him when I catch him!*** COLLOQ. che il cielo lo aiuti se lo prendo! ***good ~s!*** o ***great ~s!*** RAR. santo cielo! ***God in ~!*** Dio del cielo! ***thank ~(s)!*** grazie al cielo! ***in ~'s name stop!*** RAR. in nome del cielo, fermati! ***what in ~'s name are you up to?*** in nome del cielo, che cosa stai facendo? **3** *(bliss) (state, place)* paradiso m.; ***this beach is ~ on earth*** questa spiaggia è un paradiso in terra; ***the dinner, the hotel was ~*** la cena fu divina, l'hotel era un paradiso **4** *(sky)* cielo m. **5** ASTROL. LETT. SCHERZ. ***the ~s*** il cielo; ***the ~s opened*** si aprirono le cateratte del cielo ◆ ***to be in the seventh ~*** essere al settimo cielo; ***to move ~ and earth*** muovere cielo e terra (**to do** per fare); ***to stink*** o ***smell to high ~*** puzzare lontano un chilometro.
heaven-born /ˈhevnbɔːn/ agg. divino, celestiale.
heaven-fallen /ˈhevnˌfɔːln/ agg. piovuto dal cielo.
heavenliness /ˈhevnlɪnɪs/ n. (l')essere celestiale.
heavenly /ˈhevənlɪ/ agg. **1** *(of heaven)* [*choir, vision*] celestiale; *(of God)* [*peace, justice*] divino **2** COLLOQ. *(wonderful)* divino.
heavenly body /ˌhevənlɪˈbɒdɪ/ n. corpo m. celeste.
Heavenly Father /ˌhevənlɪˈfɑːðə(r)/ n. Padre m. Celeste.
heavenly-minded /ˌhevənlɪˈmaɪndɪd/ agg. devoto.
heaven-sent /ˈhevnsent/ agg. [*opportunity, rescue*] piovuto dal cielo.
heavenward /ˈhevnwəd/ **I** agg. rivolto al cielo **II** avv. → **heavenwards**.
heavenwards /ˈhevnwədz/ avv. LETT. [*gaze*] verso il cielo, al cielo.
heaver /ˈhiːvə(r)/ ◗ **27** n. scaricatore m. (-trice).
▶ **heavily** /ˈhevɪlɪ/ avv. **1** *(with weight)* [*lean, press, fall, move, load*] pesantemente; [*weigh*] molto; [*walk, tread*] pesantemente, a passi pesanti; [*sleep, sigh*] profondamente; [*breathe*] *(noisily)* rumorosamente; *(with difficulty)* pesantemente; ***~ built*** costruito solidamente; ***~ underlined*** fortemente sottolineato; ***to come down ~ on sth.*** cadere pesantemente su qcs.; ***to come down ~ on sb.*** punire duramente qcn. **2** *(considerably, abundantly)* [*rain, snow*] (molto) forte; [*spend, invest, smoke, drink, criticize, rely*] molto; [*bleed*] copiosamente; [*involved, taxed, armed, in debt*] fortemente, pesantemente; ***she smokes ~*** è una forte *o* accanita fumatrice; ***to be too ~ dependent on*** dipendere troppo (pesantemente) da; ***to be ~ subsidized*** essere fortemente sovvenzionato; ***~ sedated*** sotto forte sedazione; ***~ made-up*** pesantemente truccato; ***to be ~ fined*** prendere una grossa multa; ***to lose ~*** *(financially)* perdere molto; *(in game)* essere schiacciato; ***to be ~ into*** COLLOQ. essere un patito di [*music, sport*]; ***be ~ into drug*** fare pesante uso di droga.
heaviness /ˈhevɪnɪs/ n. **1** *(weight, thickness) (of object, person, fabric, garment, etc.)* pesantezza f., peso m. **2** *(considerable nature) (of losses, casualties)* gravità f.; *(of gunfire, traffic)* intensità f.; *(of rain, snow)* intensità f., copiosità f.
heaving /ˈhiːvɪŋ/ agg. [*bosom, breast*] ansimante.
▶ **heavy** /ˈhevɪ/ ◗ **37** **I** agg. **1** *(having weight)* [*person, load, bag, parcel*] pesante; [*weight*] notevole; ***to be too ~ to lift*** essere troppo pesante da sollevare *o* per poter essere sollevato; ***to make sth. heavier*** appesantire qcs.; ***he's 5 kg heavier than me*** pesa 5 chili più di me; ***how ~ are you?*** quanto pesi? ***to be ~ with young*** [*animal*] essere gravido **2** *(thick)* [*fabric, coat*] pesante; [*shoes, frame*] grosso, pesante; [*line*] spesso, pesante; [*feature*] pesante; [*face*] rozzo; ***in ~ type*** in carattere grassetto; ***of ~ build*** di struttura solida; ***to wear ~ make-up*** avere un trucco molto pesante **3** MIL. IND. [*machinery*] pesante, grosso; [*artillery*] pesante; ***"~ plant crossing"*** "uscita automezzi" **4** FIG. *(weighty, ponderous)* [*movement, step*] pesante, appesantito; [*irony, humour, responsibility*] pesante; [*sigh*] profondo; ***my legs feel ~*** mi sento le gambe pesanti; ***his eyelids began to get ~*** le palpebre cominciarono a farglisi pesanti; ***with a ~ heart*** con il cuore gonfio *o* a malincuore; ***to be a ~ sleeper*** avere il sonno pesante; ***a ~ thud*** un tonfo sordo; ***a ~ blow*** un colpo pesante; ***"you told me," he said with ~ emphasis*** "sei stato tu a dirmelo", disse con grande enfasi; ***the going is ~*** si procede a fatica (anche FIG.); ***the interview was ~ going*** *(slow, hard work)* il colloquio procedeva a rilento **5** *(abundant)* [*traffic, gunfire*] intenso; [*bleeding*] copioso; [*period*] pesante; [*charge, investment*] pesante, importante; ***to be a ~ drinker, smoker*** essere un forte bevitore, un accanito fumatore; ***security was ~*** le misure di sicurezza erano molto strette; ***~ trading on the stock market*** transazioni intense in borsa valori; ***to have a ~ workload*** avere un pesante carico di lavoro; ***to be ~ on*** *(use a lot of)* [*person*] andarci pesante con *o* avere la mano pesante con [*ingredient, perfume*]; [*machine*] consumare una grande quantità di [*fuel*]; *(contain a lot of)* essere ricco di [*humour, ingredient*] **6** *(severe)* [*defeat, loss, debt*] pesante; [*attack, bombing*] intenso; [*prison sentence, penalty, fine*] severo; [*cuts, criticism*] pesante, forte; [*cold*] forte; ***~ casualties*** un elevato numero di vittime; ***~ fighting*** lotta intensa, violenta **7** *(strong)* [*perfume, scent, concentration*] forte; [*accent*] pronunciato, forte **8** METEOR. [*rain*] forte; [*frost*] intenso; [*fog, mist*] fitto; [*snow, dew*] abbondante; [*cloud*] pesante; [*sky*] coperto, minaccioso; ***the air is very ~ today*** oggi l'aria è molto pesante; ***to capsize in ~ seas*** capovolgersi per il mare grosso **9** GASTR. [*meal, food, pastry*] pesante; [*wine*] corposo **10** *(busy, packed)* [*day, month, timetable, programme*] intenso, pieno **11** *(difficult, serious)* [*book, paper, film, lecture*] pesante, impegnativo; ***his article is*** o ***makes ~ reading*** il suo articolo è pesante da leggere **12** *(loaded)* ***to be ~ with*** [*air, branch, atmosphere*] essere carico di [*perfume, flowers, resentment*]; ***a remark ~ with meaning*** un'osservazione carica di significato **II** avv. [*weigh*] pesantemente; ***time hung ~ on her hands*** le sembrava che il tempo non passasse mai **III** n. COLLOQ. **1** *(person)* energumeno m. (-a); *(bodyguard, escort)* gorilla m. **2** BE *(newspaper)* giornale m. serio ◆ ***things started to get ~*** COLLOQ. *(threatening)* le cose cominciarono a mettersi male; *(serious, intellectual)* la cosa si fece difficile; *(sexual)* la situazione cominciò a farsi pesante.
heavy-armed /ˌhevɪˈɑːmd/ agg. munito di armamento pesante.
heavy breathing /ˌhevɪˈbriːðɪŋ/ n. **1** respirazione f. rumorosa, respiro m. rumoroso; *(with difficulty)* respirazione f. difficoltosa **2** *(on phone)* respiro m. ansimante.
heavy cream /ˌhevɪˈkriːm/ n. panna f. grassa.
heavy crude (oil) /ˌhevɪˈkruːd(ɔɪl)/ n. (petrolio) greggio m. pesante.
heavy-duty /ˌhevɪˈdjuːtɪ, AE -ˈduː-/ agg. *(very strong)* [*plastic, rubber, lock, battery*] robusto, resistente; *(for industrial use)* [*machine*] per uso industriale; [*equipment*] da lavoro.

heavy foot /ˌhevɪfʊt/ n. = persona che guida pigiando forte sull'acceleratore.
heavy goods vehicle /ˌhevɪˈgʊdzˌvɪəkl, AE -ˌviːhikl/ n. AUT. tir m.
heavy-handed /ˌhevɪˈhændɪd/ agg. **1** *(clumsy)* [*person, remark, compliment, approach*] maldestro **2** *(authoritarian)* [*person, policy, treatment*] autoritario, tirannico.
heavy-hearted /ˌhevɪˈhɑːtɪd/ agg. ***to be ~*** avere il cuore gonfio.
heavy industry /ˌhevɪˈɪndəstrɪ/ n. industria f. pesante.
heavy metal /ˌhevɪˈmetl/ n. MUS. heavy metal m.
heavy petting /ˌhevɪˈpetɪŋ/ n. COLLOQ. petting m. spinto.
heavy-set /ˌhevɪˈset/ agg. tarchiato.
heavy spar /ˌhevɪˈspɑː/ n. MINER. barite f., spato m. pesante.
heavy water /ˌhevɪˈwɔːtə(r)/ n. acqua f. pesante.
▷ **heavyweight** /ˈhevɪweɪt/ **I** n. **1** SPORT *(weight)* pesi m.pl. massimi; *(boxer, wrestler)* peso m. massimo **2** FIG. COLLOQ. *(in industry, commerce)* pezzo m. grosso; *(intellectual)* cervellone m., bella testa f. **II** modif. **1** SPORT [*champion, competition, title*] dei pesi massimi; ***a ~ boxer*** un peso massimo **2** *(serious)* [*paper, politician*] serio **3** [*fabric*] pesante.
hebdomad /ˈhebdəmæd/ n. ebdomada f.
hebdomadal /ˈhebdɒmædəl/ agg. ebdomadario.
1.hebe /ˈhiːbɪ/ n. AE SPREG. ebreo m. (-a).
2.hebe /ˈhiːbɪ/ n. *(shrub)* veronica f.
hebephrenia /ˌhiːbəˈfriːnɪə/ ♦ ***11*** n. ebefrenia f.
hebetate /ˈhebɪteɪt/ **I** tr. inebetire **II** intr. inebetire, inebetirsi.
hebetude /ˈhebɪtjuːd/ ♦ ***11*** n. ebetismo m., ebetudine f.
Hebraic /hiːˈbreɪɪk/ agg. ebraico.
Hebraism /ˈhiːbreɪɪzəm/ n. ebraismo m.
Hebraist /ˈhiːbreɪɪst/ n. ebraista m. e f.
Hebraize /ˈhiːbreɪaɪz/ tr. e intr. ebraizzare.
Hebrew /ˈhiːbruː/ ♦ ***14*** **I** agg. [*person*] ebreo; [*calendar, alphabet, civilization*] ebraico; ***the ~ people*** gli ebrei **II** n. **1** *(person)* ebreo m. (-a) **2** *(language)* ebraico m. **III** modif. *(of Hebrew)* [*teacher*] di ebraico; *(in Hebrew)* [*translation*] in ebraico.
Hebrides /ˈhebrɪdiːz/ ♦ ***12*** n.pr.pl. ***the ~*** le Ebridi.
Hecate /ˈhekətɪ/ n.pr. Ecate.
hecatomb /ˈhekətəʊm/ n. ecatombe f.
heck /hek/ **I** n. COLLOQ. ***what the ~ is going on?*** che diamine sta succedendo? ***what the ~ are you doing?*** ma che diavolo stai facendo? ***what the ~!*** al diavolo! *o* chi se ne frega! ***so it costs 25 bucks! what the ~!*** costa 25 dollari! e chi se ne frega? ***he earns a ~ of a lot*** guadagna un casino di soldi; ***it's a ~ of a long way*** è lontano da matti; ***he's one ~ of a nice guy*** è un vero tesoro **II** inter. COLLOQ. diamine.
heckle /ˈhekl/ **I** tr. *(barrack)* schernire; *(interrupt)* interrompere (disturbando) **II** intr. disturbare.
heckler /ˈheklə(r)/ n. disturbatore m. (-trice).
heckling /ˈheklɪŋ/ n. **U** interruzioni f.pl., disturbo m. (per interrompere un oratore).
hectare /ˈhekteə(r)/ ♦ ***31*** n. ettaro m.
hectic /ˈhektɪk/ agg. **1** *(busy)* [*activity*] intenso, febbrile; [*period*] movimentato, agitato; [*day, week, schedule*] movimentato, frenetico; ***the ~ pace of change*** il ritmo frenetico dei cambiamenti; ***at a ~ pace*** a ritmo febbrile; ***to have a ~ life(style)*** fare una vita molto intensa; ***life in the city is very ~*** la vita di città è frenetica **2** MED. [*fever*] etico; [*flush*] febbrile.
hectogram(me) /ˈhektəgræm/ ♦ ***37*** n. ettogrammo m.
hectograph /ˈhektəgrɑːf, AE -græf/ n. *(apparatus)* poligrafo m.; *(process)* poligrafia f.
hectolitre BE, **hectoliter** AE /ˈhektəliːtə(r)/ ♦ ***3*** n. ettolitro m.
hectometre BE, **hectometer** AE /ˈhektəˌmiːtə(r)/ ♦ ***15*** n. ettometro m.
hector /ˈhektə(r)/ **I** tr. tiranneggiare, tartassare **II** intr. tiranneggiare.
Hector /ˈhektə(r)/ n.pr. Ettore.
hectoring /ˈhektərɪŋ/ agg. dittatoriale.
he'd /hiːd/ contr. he had, he would.
heddle /ˈhedl/ n. liccio m.
▷ **1.hedge** /hedʒ/ n. **1** BOT. siepe f. **2** ECON. copertura f. (**against** da, contro) ◆ ***to look as if one has been dragged through a ~ backwards*** = avere un aspetto scompigliato.
2.hedge /hedʒ/ **I** tr. **1** circondare con una siepe [*area*] **2** FIG. *(evade)* aggirare [*question*] **3** ECON. proteggersi, mettersi al riparo da [*loss, risk*] **II** intr. *(equivocate)* scantonare, svicolare ◆ ***to ~ one's bets*** tenere il piede in due staffe.
▪ **hedge against** ECON. ***~ against [sth.]*** proteggersi, mettersi al riparo da [*inflation, loss*].
hedge-clippers /ˈhedʒˌklɪpəz/ n.pl. tosasiepi m.sing.
hedged /hedʒd/ **I** p.pass. → **2.hedge II** agg. **1** [*field, paddock*] chiuso, recintato; ***~ with*** circondato da **2** FIG. ***~ about with*** vincolato da [*problems, restrictions*].
hedge fund /ˈhedʒfʌnd/ n. hedge fund m.
hedgehog /ˈhedʒhɒg, AE -hɔːg/ n. riccio m., porcospino m.
hedgehop /ˈhedʒhɒp/ intr. (forma in -ing ecc. **-pp-**) volare in volo radente.
hedge-hyssop /ˈhedʒˌhɪsəp/ n. BOT. graziola f.
hedge-marriage /ˈhedʒˌmærɪdʒ/ n. matrimonio m. clandestino.
hedge-parson /ˈhedʒpɑːsn/, **hedge-priest** /ˈhedʒpriːst/ n. = prete ambulante incolto.
hedger /ˈhedʒə(r)/ n. **1** persona f. che taglia le siepi **2** FIG. persona f. prudente.
hedgerow /ˈhedʒrəʊ/ n. siepe f.
hedge sparrow /ˈhedʒˌspærəʊ/ n. passera f. scopaiola.
hedge trimmer /ˈhedʒˌtrɪmə(r)/ n. → **hedge-clippers**.
hedging /ˈhedʒɪŋ/ n. *(planting)* piantatura f. di siepi; *(maintenance)* manutenzione f. di siepi.
hedonic /hɪˈdɒnɪk/ agg. edonico.
hedonism /ˈhiːdənɪzəm/ n. edonismo m.
hedonist /ˈhiːdənɪst/ n. edonista m. e f.
hedonistic /ˌhiːdəˈnɪstɪk/ agg. edonistico; ***a ~ existence*** una vita all'insegna dell'edonismo.
heebie-jeebies /ˌhiːbɪˈdʒiːbɪz/ n.pl. COLLOQ. ***the ~*** la tremarella.
1.heed /hiːd/ n. attenzione f.; ***to pay ~ to sb.*** dare retta a qcn.; ***to take ~ of sb.*** prestare attenzione a qcn.; ***to pay ~ to sth.*** o ***to take ~ of sth.*** tener conto di qcs.
2.heed /hiːd/ tr. tenere conto di [*advice, warning*]; ***without ~ing sth., sb.*** senza tenere conto di qcs., dei consigli di qcn.
heedful /ˈhiːdfʊl/ agg. attento.
heedless /ˈhiːdlɪs/ agg. *(thoughtless)* disattento, sbadato; *(carefree)* noncurante (**of** di).
heedlessly /ˈhiːdlɪslɪ/ avv. senza prestare attenzione.
heedlessness /ˈhiːdlɪsnɪs/ n. noncuranza f.
1.heehaw /ˈhiːhɔː/ **I** n. hi ho m. **II** inter. hi ho.
2.heehaw /ˈhiːhɔː/ intr. fare hi ho.
▷ **1.heel** /hiːl/ ♦ ***2*** **I** n. **1** ANAT. *(of foot)* tallone m., calcagno m.; ***to turn on one's ~*** girare i tacchi; ***a puppy at his ~(s)*** un cucciolo alle calcagna; ***to bring a dog to ~*** condurre il cane al piede; ***"~ boy!"*** "al piede!"; ***to bring [sb.] to ~*** FIG. ridurre all'obbedienza [*rebel*]; riportare all'ordine [*dissident, child, employee*]; ***to come to ~*** [*dog*] venire al piede; FIG. [*person*] essere obbediente, sottostare **2** *(of sock)* calcagno m., tallone m.; *(of shoe)* tacco m.; ***to click one's ~s*** battere i tacchi **3** *(of hand)* = parte del palmo della mano in prossimità del polso **4** *(of loaf)* cantuccio m. **5** *(of plant cutting)* tallone m. **6** TECN. *(of saw, golf club, ski)* tallone m. **7** FIG. *(power)* ***under the ~ of the enemy*** sotto il tallone *o* il dominio del nemico **8** BE COLLOQ. RAR. *(person)* carogna f. **II heels** n.pl. (anche **high ~s**) scarpe f. con i tacchi (alti) ◆ ***to cool one's ~s, kick one's ~s*** (re)stare ad aspettare, girarsi i pollici; ***we left him to cool his ~s for an hour*** l'abbiamo lasciato ad aspettare *o* a fare anticamera per un'ora; ***to dig in one's ~s, to dig one's ~ in*** *(mulishly)* puntare i piedi *o* impuntarsi; ***I'm prepared to dig my ~s in on*** o ***over this*** non sono disposto a fare concessioni su questo; ***to fall*** o ***go head over ~s*** *(tumble)* fare un capitombolo; ***to fall, be head over ~s in love with sb.*** innamorarsi perdutamente *o* essere innamorato cotto di qcn.; ***to be hard*** o ***close on sb.'s ~s*** essere alle calcagna di qcn.; ***to be hot on sb.'s ~s*** tallonare qcn.; ***to come*** o ***follow hard on the ~s of sb.*** stare alle calcagna di qcn.; ***to kick up one's ~s*** sfogarsi *o* togliersi la voglia; ***to show a clean pair of ~s, to take to one's ~s*** SCHERZ. darsela a gambe.
2.heel /hiːl/ tr. **1** *(repair)* rifare il tacco a [*shoe*] **2** SPORT colpire di tacco; *(in rugby)* tallonare [*ball*].
▪ **heel in:** ***~ [sth.] in, ~ in [sth.]*** AGR. piantare in vivaio [*plant, cutting*].
3.heel /hiːl/ n. *(of ship)* ingavonamento m.; *(of object)* inclinazione f.
4.heel /hiːl/ **I** tr. ingavonare [*ship*]; inclinare [*object*] **II** intr. [*ship*] ingavonarsi; [*object*] inclinarsi.
▪ **heel over** [*boat*] ingavonarsi; [*object*] inclinarsi.
heel bar /ˈhiːlˌbɑː(r)/ ♦ ***27*** n. negozio m. di risuolatura rapida.
heeling /ˈhiːlɪŋ/ n. risuolatura f.
heelpiece /ˈhiːlpiːs/ n. **1** *(of stocking)* calcagno m. **2** *(of ski)* talloniera f.
1.heft /heft/ n. peso m. (anche FIG.).
2.heft /heft/ tr. AE COLLOQ. *(lift up)* sollevare; *(feel weight)* soppesare.
hefty /ˈheftɪ/ agg. [*person*] massiccio; [*object*] pesante; [*blow*] possente; [*portion*] enorme; [*bill, profit, sum*] considerevole; ***she earns***

a ~ salary percepisce uno stipendio molto alto; ***they're paying a ~ price for it*** lo stanno pagando a caro prezzo.
Hegelian /heɪˈgiːlɪən/ **I** agg. hegeliano **II** n. hegeliano m. (-a).
Hegelianism /heɪˈgiːljənɪzəm/ n. hegelismo m.
hegemonic /ˌhɪdʒɪˈmɒnɪk, AE ˈhedʒeməʊnɪk/ agg. egemonico.
hegemony /hɪˈdʒemənɪ, AE ˈhedʒeməʊnɪ/ n. egemonia f.
Hegira /ˈhedʒɪrə, hɪˈdʒaɪərə/ n. ***the ~*** l'egira; ***the ~ calendar*** il calendario musulmano.
heifer /ˈhefə(r)/ n. giovenca f.
heigh /heɪ/ inter. ANT. ehi, eh.
heigh-ho /ˌheɪˈhəʊ/ inter. **1** *(expressing boredom, disappointment)* ahimè, ohimè **2** *(expressing jollity)* su, orsù.
▶ **height** /haɪt/ ♦ ***15*** **I** n. **1** *(tallness)* altezza f.; *(of person)* altezza f., statura f.; ***a woman of average*** o ***medium ~*** una donna di altezza *o* statura media; ***what is your ~?*** quanto sei alto? ***to be 1 metre 65 cm in ~*** [*person*] essere alto un metro e 65 cm; [*pile, object*] misurare un metro e 65 cm in altezza *o* essere alto un metro e 65 cm; ***to draw oneself up to one's full ~*** ergersi in tutta la propria altezza **2** *(distance from the ground) (of shelf, person)* altezza f.; *(of mountain, plane)* altitudine f., quota f.; ***to gain, lose ~*** prendere, perdere quota; ***at a ~ of 2,000 metres*** a una altitudine di 2.000 metri; ***to fall from a ~ of 10 metres*** cadere da un'altezza di 10 metri; ***to dive from a great ~*** tuffarsi da una grande altezza; ***at shoulder ~*** all'altezza delle spalle **3** FIG. *(peak)* ***at the ~ of the season*** nel pieno *o* al culmine della stagione; ***at the ~ of the rush-hour*** nel pieno dell'ora di punta; ***at the ~ of the storm, crisis*** al culmine della tempesta, della crisi; ***to be at the ~ of one's success, popularity*** essere al vertice del successo, della popolarità; ***to be at the ~ of one's career*** essere all'apice della carriera; ***a writer at the ~ of her powers*** uno scrittore al culmine delle proprie capacità; ***the violence was at its ~*** la violenza era al colmo; ***at its ~ the club had 200 members*** nel suo momento d'oro il club contava 200 soci **4** *(utmost)* ***the ~ of*** il colmo, il massimo di [*luxury, stupidity, cheek*]; ***to be the ~ of fashion*** essere l'ultimo grido della moda **II heights** n.pl. *(high place)* altezze f.; ***the snowy, wooded ~s*** le cime innevate, boscose; ***to be scared of ~s*** soffrire di vertigini; ***to rise to*** o ***reach great ~s*** FIG. raggiungere alti livelli *o* arrivare in alto; ***to reach new ~s of*** raggiungere nuove vette di [*perfection, skill*].
heighten /ˈhaɪtn/ **I** tr. intensificare [*emotion*]; accrescere [*curiosity, desire*]; aumentare [*malaise, anxiety, tension, suspense*]; acutizzare [*sensation*]; accentuare [*effect*]; ***to ~ sb.'s awareness of*** accrescere in qcn. la consapevolezza di **II** intr. [*fear*] aumentare; [*tension*] crescere; ***his colour ~ed*** il suo rossore divenne più acceso.
▷ **heightened** /ˈhaɪtnd/ **I** p.pass. → **heighten II** agg. [*sensitivity*] aumentato, accresciuto; ***a ~ awareness of*** una accresciuta consapevolezza di; ***to have a ~ sensitivity to*** avere grande sensibilità per.
heinie /ˈhaɪnɪ/ n. AE POP. chiappe f.pl.
heinous /ˈheɪnəs/ agg. FORM. atroce, efferato; ***a ~ crime*** un crimine efferato.
▷ **heir** /eə(r)/ n. **1** erede m. e f. (**to** di); ***his son and ~*** suo figlio ed erede; ***~ apparent, ~ presumptive*** erede in linea diretta, presuntivo; ***rightful ~, ~-at-law*** erede legittimo; ***to make sb. one's ~*** nominare qcn. proprio erede **2** FIG. ***to be ~ to*** ereditare [*problems, projects*].
heirdom /ˈeədəm/ n. **1** *(condition)* condizione f. di erede **2** *(inheritance)* eredità f.
heiress /ˈeərɪs/ n. ereditiera f.
heirless /ˈeəlɪs/ agg. senza eredi.
heirloom /ˈeəluːm/ n. **1** DIR. bene m. (mobile) ereditario **2** ***a family ~*** un cimelio di famiglia.
heirship /ˈeəʃɪp/ n. condizione f. di erede.
1.heist /haɪst/ n. AE COLLOQ. *(robbery)* colpo m., furto m.; *(armed)* colpo m., rapina f.
2.heist /haɪst/ tr. AE COLLOQ. rapinare [*place*]; rubare [*money, goods*].
held /held/ pass., p.pass. → **2.hold**.
Helen /ˈhelən/ n.pr. Elena; ***~ of Troy*** Elena di Troia.
Helena /ˈhelənə/ n.pr. Elena.
helianthus /ˌhiːlɪˈænθəs/ n. elianto m.
heliborne /ˈhelɪbɔːn/ agg. elitrasportato.
helibus /ˈhelɪbʌs/ n. elibus m.
helical /ˈhelɪkl, ˈhiːlɪkl/ agg. **1** TECN. elicoidale **2** MAT. elicoide.
helices /ˈhelɪsiːz, ˈhiː-/ → **helix**.
helicoid /ˈhelɪkɔɪd/ **I** n. elicoide m. **II** agg. elicoide.
helicoidal /ˌhelɪˈkɔɪdl/ agg. elicoidale.
Helicon /ˈhelɪkən/ n.pr. Elicona m.
Heliconian /ˌhelɪˈkəʊnɪən/ agg. eliconio.
▷ **1.helicopter** /ˈhelɪkɒptə(r)/ n. elicottero m.; ***~ transfer, transport*** trasferimento, trasporto con elicottero; ***by ~*** in elicottero.
2.helicopter /ˈhelɪkɒptə(r)/ tr. elitrasportare.
■ **helicopter in:** ***~ [sth., sb.] in, ~ in [sth., sb.]*** portare qcs., qcn. in elicottero.
■ **helicopter out:** ***~ [sth., sb.] out, ~ out [sth., sb.]*** portare via qcs., qcn. in elicottero.
helicopter base /ˌhelɪkɒptəˈbeɪs/ n. eliporto m.
helicopter patrol /ˌhelɪkɒptəpəˈtrəʊl/ n. pattuglia f. di elicotteri.
helicopter pilot /ˌhelɪkɒptəˈpaɪlət/ ♦ ***27*** n. elicotterista m. e f.
helicopter rescue /ˌhelɪkɒptəˈreskjuː/ n. operazione f. di elisoccorso.
helicopter station /ˌhelɪkɒptəˈsteɪʃn/ n. → **helicopter base**.
helideck /ˈhelɪdek/ n. MAR. piattaforma f. di atterraggio per elicotteri.
heliocentric /ˌhiːlɪəˈsentrɪk(l)/ agg. eliocentrico.
heliocentricism /ˌhiːlɪəʊˈsentrɪsɪzəm/ n. eliocentrismo m.
heliograph /ˈhiːlɪəgrɑːf, AE -græf/ n. eliografo m.
heliographic /ˌhiːlɪəʊˈgræfɪk/ agg. eliografico.
heliography /ˌhiːlɪˈɒgrəfɪ/ n. eliografia f.
heliogravure /ˌhiːlɪəgrəˈvjʊə(r)/ n. eliotipia f.
heliometer /ˈhiːlɪˈɒmɪtə(r)/ n. eliometro m.
heliophilous /ˌhiːlɪˈɒfɪlɪs/ agg. eliofilo.
heliophobe /ˌhiːlɪəˈfəʊb/ agg. eliofobo.
heliophobia /ˌhiːlɪəˈfəʊbɪə/ ♦ ***11*** n. eliofobia f.
Helios /ˈhiːlɪɒs/ n.pr. Elios.
helioscope /ˈhiːlɪəskəʊp/ n. elioscopio m.
heliosphere /ˈhiːlɪəsfɪə(r)/ n. eliosfera f.
heliostat /ˈhiːlɪəstæt/ n. eliostato m.
heliotherapy /ˌhiːlɪəˈθerəpɪ/ n. elioterapia f.
heliotrope /ˈhiːlɪətrəʊp/ **I** agg. *(colour)* blu violaceo **II** n. eliotropio m.
heliotropic /ˈhiːlɪətrəʊpɪk/ agg. eliotropico.
heliotropism /ˌhiːlɪəˈtrɒpɪzəm/ n. eliotropismo m.
heliotype /ˈhiːlɪəˌtaɪp/ n. *(image)* eliotipia f.
heliotypy /ˈhiːlɪəˌtɪpɪ/ n. *(process)* eliotipia f.
helipad /ˈhelɪpæd/ n. *(on ground)* zona f. di atterraggio per elicotteri; *(on building)* piattaforma f. (di atterraggio) per elicotteri.
heliport /ˈhelɪpɔːt/ n. eliporto m.
helium /ˈhiːlɪəm/ n. elio m.
helix /ˈhiːlɪks/ n. (pl. **~es, -ces**) elica f.; ***double ~*** doppia elica.
▶ **1.hell** /hel/ **I** n. **1** (anche **Hell**) RELIG. inferno m.; ***to go to, be in ~*** andare, essere all'inferno; ***may you rot in ~!*** che il diavolo ti porti! ***I'll see him in ~ first!*** preferirei morire! **2** COLLOQ. *(unpleasant experience)* inferno m.; ***life was ~ (on earth)*** la vita era un inferno (in terra); ***Mondays are sheer ~*** il lunedì è un vero inferno; ***Oxford is ~ on a Saturday*** il sabato Oxford è un inferno; ***to make sb.'s life ~*** rendere la vita di qcn. un inferno; ***it was ~ getting the work finished*** è stato un inferno riuscire a finire il lavoro; ***to go through ~*** soffrire le pene dell'inferno (**doing** per fare); ***a neighbour from ~*** COLLOQ. un vicino insopportabile **3** COLLOQ. *(as intensifier)* ***a ~ of a waste, shock*** uno spreco enorme, uno choc terribile; ***it' s a ~ of a lot worse, easier*** è infinitamente peggio, più facile; ***he's one ~ of a smart guy*** AE è un tipo davvero in gamba; ***we had a ~ of a time*** *(bad)* siamo usciti pazzi, siamo ammattiti; *(good)* ci siamo divertiti un casino; ***you've got a ~ of a nerve!*** hai un bel sangue freddo! ***a ~ of a way to do sth.*** un modo davvero incredibile di fare qcs.; ***as jealous, guilty as ~*** geloso da matti, tremendamente colpevole; ***it sure as ~ wasn't me*** garantito al limone che non ero io; ***to run like ~*** correre come un pazzo; ***to fight like ~*** lottare come una furia; ***let's get the ~ out of here!*** togliamoci di qui alla svelta! ***get the ~ out of here!*** fuori subito! ***like ~ I will, you are!*** col cavolo! ***"it's a good film" - "like ~ it is!"*** "è un bel film" - "bello un corno!" ***why, who the ~?*** perché diavolo, chi diavolo? ***what the ~ are you doing?*** che diavolo stai facendo? ***how the ~ should I know?*** come diavolo faccio a saperlo? ***oh, what the ~!*** *(too bad)* accidenti! ***oh, to*** o ***the ~ with it!*** e che diavolo! *o* all'inferno! **II** inter. POP. diavolo ♦ ***~'s bells!, ~'s teeth!*** maledizione! dannazione! ***go to ~!*** COLLOQ. va' all'inferno! ***to ~ with all of you!*** COLLOQ. all'inferno tutti quanti! ***all ~ broke*** o ***was let loose*** COLLOQ. si sono scatenati i diavoli dell'inferno; ***come ~ or high water*** COLLOQ. costi quel che costi; ***he, she has been to ~ and back*** ha passato un periodo d'inferno; ***there was, will be ~ to pay*** è scoppiato, scoppierà un casino; ***to be ~ on sth.*** AE COLLOQ. essere un inferno per qcs.; ***to beat*** o ***knock ~ out of sb., sth.*** fare a pezzi qcn., qcs.; ***to catch ~*** AE COLLOQ. ricevere *o* prendersi una strigliata; ***to do sth. for the ~ of it*** COLLOQ. fare qualcosa per il gusto di farlo; ***to give sb. ~*** POP. *(cause to suffer)* fare soffrire le pene dell'inferno a qcn.; *(scold)* fare una sfuriata a qcn.;

go on, give 'em ~ POP. vai, fagliela vedere *o* fagli vedere i sorci verdi; ***not to have a cat in ~'s chance*** o ***a snowball's chance in ~*** POP. non avere nessuna possibilità; ***not to have a hope in ~ of doing*** POP. non avere la minima speranza di riuscire a fare; ***to play (merry) ~ with sth.*** COLLOQ. incasinare qcs.; ***to raise (merry) ~*** COLLOQ. piantare un casino (**with sb.** con qcn.).

2.hell /hel/ intr. → **hell around**.

▪ **hell around** AE COLLOQ. fare casino.

he'll /'hi:əl/ contr. he will.

hellacious /hə'leɪʃəs/ agg. AE COLLOQ. atroce.

hell-bent /ˌhel'bent/ agg. ~ ***on doing*** decisissimo a fare.

hellcat /'helkæt/ n. arpia f., megera f.

hellebore /'helɪbɔ:(r)/ n. elleboro m.

Hellene /'heli:n/ n. elleno m.

Hellenic /he'li:nɪk, AE he'lenɪk/ agg. [*civilization, language, people*] ellenico; ***a ~ cruise*** una crociera in Grecia.

Hellenism /'helɪnɪzəm/ n. ellenismo m.

Hellenist /'helɪnɪst/ n. ellenista m. e f.

Hellenistic /ˌhelɪ'nɪstɪk/ agg. ellenistico.

heller /'helə(r)/ n. AE POP. attaccabrighe m. e f., spaccatutto m. e f.

hellfire /ˌhel'faɪə(r)/ **I** n. fiamme f.pl., fuoco m. dell'inferno **II** modif. [*preacher, sermon*] apocalittico.

hell-for-leather /ˌhelfə'leðə(r)/ agg. e avv. COLLOQ. [*run, ride*] come un pazzo, a più non posso; [*drive*] a tutto gas, a rotta di collo.

hellhole /'helhəʊl/ n. *(prison, trenches, war zone)* inferno m.; *(hovel)* tugurio m.

hellion /'helɪən/ n. AE POP. → **heller**.

hellish /'helɪʃ/ **I** agg. **1** *(hell-like)* [*sight, vision*] infernale, d'inferno; [*war, experience*] infernale **2** COLLOQ. *(awful)* [*motorway, traffic, racket*] infernale **II** avv. POP. RAR. diabolicamente, maledettamente [*dark, difficult*].

hellishly /'helɪʃlɪ/ avv. COLLOQ. maledettamente [*cold, lonely, painful*].

▷ **hello** /hə'ləʊ/ inter. **1** *(greeting)* ciao; *(on phone)* pronto **2** *(in surprise)* to'.

hell-raiser /'helreɪzə(r)/ n. attaccabrighe m. e f., casinista m. e f.

Hell's Angel /ˌhelz'eɪndʒl/ n. = membro di un gruppo di motociclisti che solitamente indossano indumenti di pelle nera, noti per il proprio comportamento turbolento.

helluva /'heləvə/ POP. contr. hell of a.

hell week /'helwi:k/ n. AE UNIV. = settimana di iniziazione per l'ammissione alle confraternite.

1.helm /helm/ n. timone m. (anche FIG.); ***to take the ~*** prendere il timone; ***to be at the ~*** essere al timone.

2.helm /helm/ tr. governare, guidare (anche FIG.).

3.helm /helm/ n. ANT. elmo m.

▷ **helmet** /'helmɪt/ n. elmo m., elmetto m., casco m.; STOR. elmo m.

helmeted /'helmɪtɪd/ agg. munito di elmo, di elmetto, di casco.

helminthiasis /ˌhelˌmɪn'θaɪəsɪs/ ♦ ***11*** n. (pl. **-es**) elmintiasi f.

helminthic /hel'mɪnθɪk/ agg. elmintico.

helmsman /'helmzmən/ n. (pl. **-men**) timoniere m.

Héloïse /ˌhelə'i:z/ n.pr. Eloisa.

helot /'helət/ n. ilota m. e f.

helotry /'helətrɪ/ n. **1** *(serfdom)* condizione f. di ilota **2** *(group of helots)* iloti m.pl.

▶ **1.help** /help/ **I** n. **1** *(assistance)* aiuto m., assistenza f.; *(in an emergency)* soccorso m.; ***to need some ~ with the cooking, gardening*** avere bisogno di aiuto in cucina, in giardino; ***with the ~ of*** con l'aiuto di [*stick, knife, person*]; ***can I be of ~ (to you)?*** posso esserti d'aiuto? ***to be of ~ to sb.*** [*person*] essere di aiuto a qcn.; [*information, map*] essere utile a qcn.; ***the information was of little ~ to us*** le informazioni ci furono di ben poco aiuto *o* non ci furono molto utili; ***she was a great ~ to us*** ci è stata di grande aiuto; ***you're a great ~!*** IRON. bell'aiuto sei! ***to come to sb.'s ~*** venire in aiuto di qcn.; ***to go to sb.'s ~*** andare in aiuto di qcn.; ***to cry*** o ***shout for ~*** chiamare aiuto; ***he is beyond ~*** o ***he is past (all) ~*** per lui non si può fare più niente; ***it's a ~ if you can speak the language*** serve saper parlare la lingua; ***a degree would be a ~*** una laurea sarebbe utile; ***the tablets were no ~*** le compresse non sono servite a nulla; ***there's no ~ for it*** non c'è niente da fare; ***he needs (professional) ~*** dovrebbe farsi vedere (da uno specialista); **2** (anche **daily ~**) *(cleaning woman)* collaboratrice f. domestica **3 U** *(staff)* personale m. di servizio; *(on farm)* braccianti m.pl. e f.pl.; ***they need extra ~ in the pub*** hanno bisogno di altro personale al pub **II** inter. aiuto; ***~! I've got nothing to wear for tonight!*** SCHERZ. aiuto! non ho niente da mettermi per questa sera!

▶ **2.help** /help/ **I** tr. **1** *(assist)* aiutare (**do, to do** a fare); *(more urgently)* soccorrere; ***we got the children to ~ us*** ci siamo fatti aiutare dai bambini; ***we must all ~ each other*** dobbiamo tutti aiutarci (l'un l'altro); ***she ~ed them with the decorations*** li ha aiutati per le decorazioni; ***can you ~ me with this sack please?*** puoi aiutarmi con questo sacco per favore? ***can I ~ you?*** *(in shop)* desidera? *(on phone)* mi dica; *(at reception desk)* posso esserle utile? ***to ~ sb. across, down, out*** aiutare qcn. ad attraversare, a scendere, a uscire; ***I ~ed him to his feet*** l'ho aiutato ad alzarsi in piedi; ***to ~ sb. on, off with*** aiutare qcn. a mettere, togliere [*garment, boot*]; ***she ~ed him through some difficult times*** lo aiutò ad attraversare dei momenti difficili **2** *(improve)* migliorare [*situation, problem*]; ***he didn't ~ matters by writing that letter*** non ha migliorato le cose scrivendo quella lettera; ***getting drenched didn't ~ my cold*** infradiciarmi non ha certo migliorato il mio raffreddore **3** *(contribute)* ***to ~ to do*** contribuire a fare; ***her article ~ed (to) increase public awareness of the problem*** il suo articolo contribuì a sensibilizzare il pubblico su questo problema; ***the injection should ~ (to) ease the pain*** l'iniezione dovrebbe aiutare ad alleviare il dolore; ***these flowers will ~ (to) brighten the place*** questi fiori serviranno a ravvivare il locale; ***this policy ~s (to) keep prices down*** questa politica serve a mantenere i prezzi bassi **4** *(serve)* ***to ~ sb. to*** servire a qcn. [*food, wine*] **5** *(prevent)* ***it can't be ~ed!*** è inevitabile! non ci si può fare nulla! ***she can't ~ the way she was brought up*** non è colpa sua se è stata allevata in quel modo; ***I can't ~ the way I feel*** non posso farci niente (se mi sento così); ***I can't ~ laughing*** non posso fare a meno di ridere; ***he can't ~ being awkward, stupid!*** non è colpa sua se è goffo, stupido! ***I can't ~ it if the car breaks down!*** non ci posso fare niente *o* non è colpa mia se l'auto si rompe! ***I'm sorry I slammed the door - I couldn't ~ it*** mi scusi per aver sbattuto la porta - non l'ho fatto apposta; ***not if I can ~ it!*** se posso evitarlo, no di certo! ***he won't win if I can ~ it*** non vincerà se riesco ad impedirglielo; ***don't tell her any more than you can ~*** non dirle più dello stretto necessario; ***try not to change gear more often than you can ~*** cerca di cambiare marcia il meno possibile; ***she never works harder than she can ~*** non lavora mai più di quanto sia necessario; ***I can't ~ that*** non posso farne a meno *o* non posso farci niente; ***you can't ~ but pity him*** non si può far altro che compatirlo **II** intr. **1** *(assist)* aiutare; ***I was only trying to ~!*** stavo solo cercando di aiutare! ***he never ~s with the cooking, housework*** non dà mai una mano in cucina, per le faccende domestiche; ***they offered to ~ with the expenses*** si sono offerti di partecipare alle spese; ***this map doesn't ~ much*** questa carta non è di grande aiuto *o* non serve a molto; ***will it ~ if I give you a clue?*** potrebbe servire se ti dessi un indizio *o* un aiuto? ***every little ~s*** *(when donating money)* anche una piccola offerta può aiutare; *(when saving)* tutto fa (brodo) **2** *(be an improvement)* ***would it ~ if I turned the light off?*** andrebbe meglio se spegnessi la luce? ***it might ~ if we knew where they lived*** sarebbe già qualche cosa se sapessimo dove abitavano; ***she tried going to bed earlier, but it didn't ~ much*** provò ad andare a dormire prima, ma non servì a molto **III** rifl. **1** *(serve)* ***to ~ oneself*** servirsi; ***I ~ed myself from the fruit bowl*** mi servii dalla fruttiera; ***~ yourselves!*** servitevi! ***~ yourselves to coffee, cigarettes*** servitevi di caffè, prendete delle sigarette; ***~ yourselves to some more cake*** prendete ancora un po' di torta **2** ***to ~ oneself to*** *(pinch)* servirsi da, rubare da; ***he has been ~ing himself to the till*** si è servito dalla cassa **3** *(prevent)* ***to ~ oneself*** frenarsi, trattenersi; ***I tried not to laugh, but I couldn't ~ myself*** ho cercato di non ridere, ma non sono riuscito a trattenermi.

▪ **help along:** ***~ [sb.] along*** aiutare a camminare [*infirm person*]; ***~ [sth.] along*** fare procedere [*process, negotiations, project*].

▪ **help out:** ***~ out*** aiutare, dare una mano; ***~ [sb.] out*** aiutare, dare una mano a [*person*]; ***his parents ~ him out with the rent*** i suoi genitori gli danno una mano a pagare l'affitto.

help desk /'helpdesk/ n. servizio m. d'assistenza.

▷ **helper** /'helpə(r)/ n. aiuto m., aiutante m. e f.; *(for handicapped person)* accompagnatore m. (-trice).

▷ **helpful** /'helpfl/ agg. [*tool, machine, gadget*] utile; [*person*] servizievole; [*remedy*] efficace, utile; [*advice, suggestion, information, book, guide*] utile; ***I was only trying to be ~!*** stavo solo cercando di essere di aiuto *o* di rendermi utile! ***the staff were very ~*** il personale fu molto servizievole; ***thank you, you've been most ~*** grazie, sei stato di grande aiuto; ***it would be ~ if we knew how much it was going to cost*** sarebbe utile se sapessimo quanto verrebbe a costare.

helpfully /'helpfəlɪ/ avv. [*explain, suggest, indicate*] con disponibilità, gentilmente; ***this road is not very ~ signposted*** questa strada non ha una buona segnaletica.

helpfulness /'helpflnɪs/ n. *(of person)* disponibilità f., gentilezza f.; *(of advice, information, guide, tool etc.)* utilità f.

▷ **helping** /ˈhelpɪŋ/ n. porzione f.; ***I took a small ~ of cream*** presi una piccola porzione di panna; ***would you like another ~ of meat?*** vuoi un'altra porzione di carne? ***he took a second ~ of potatoes*** prese un'altra porzione di patate; ***there'll be no second ~s*** non ci sarà un secondo giro; ***this is my third ~*** è la terza volta che mi servo.
helping hand /ˌhelpɪŋˈhænd/ n. aiuto m.; ***to give*** o ***lend a ~ to sb.*** dare una mano a qcn.
help key /ˈhelpˌkiː/ n. INFORM. (tasto di) help m.
▷ **helpless** /ˈhelplɪs/ agg. **1** *(powerless)* [*person*] impotente; *(because of infirmity, disability)* incapace; [*expression*] disperato; ***to feel ~*** sentirsi impotenti; ***the government is quite ~ in this matter*** il governo è del tutto impotente per quanto riguarda la questione; ***she was ~ to do anything about it*** non poteva farci niente; ***I was ~ to prevent his leaving*** non potevo impedire che partisse; ***I'm not totally ~!*** non sono del tutto incapace! ***they were ~ with laughter*** non riuscivano a smettere di ridere **2** *(defenceless)* [*person*] indifeso; [*victim*] inerme **3** *(destitute)* [*orphan*] indifeso; [*family*] privo di mezzi.
helplessly /ˈhelplɪslɪ/ avv. [*watch, observe*] con un senso di impotenza; [*struggle, try*] disperatamente; ***he looked at me ~*** mi lanciò uno sguardo disperato; ***"I don't know," he said ~*** "non so", disse con tono demoralizzato; ***to look on ~*** guardare impotente (**as** mentre); ***they were laughing ~*** stavano ridendo a crepapelle.
helplessness /ˈhelplɪsnɪs/ n. **1** *(powerlessness)* impotenza f.; *(because of infirmity, disability)* incapacità f. **2** *(defencelessness)* vulnerabilità f.
helpline /ˈhelplaɪn/ n. servizio m. di assistenza (telefonica).
helpmate /ˈhelpmeɪt/, **helpmeet** /ˈhelpmiːt/ n. *(spouse)* sposo m. (-a); *(companion)* compagno m. (-a), partner m. e f.
Helsinki /helˈsɪŋkɪ/ ♦ ***34*** n.pr. Helsinki f.
helter-skelter /ˌheltəˈskeltə(r)/ **I** n. BE *(in amusement park)* scivolo m. gigante (a spirale) **II** agg. [*rush, account*] confuso, caotico **III** avv. in fretta e furia; ***to run ~*** correre come un pazzo.
helve /helv/ n. **1** *(of tool)* manico m. **2** *(of weapon)* impugnatura f.
Helvetia /helˈviːʃə/ n.pr. STOR. Elvezia f.
Helvetian /helˈviːʃɪən/ **I** agg. elvetico **II** n. elvetico m. (-a).
Helvetic /helˈvetɪk/ agg. → **Helvetian**.
1.hem /hem/ n. orlo m.; ***to take up, let down the ~ on*** tirare su, tirare giù l'orlo di [*garment*].
2.hem /hem/ tr. (forma in -ing ecc. **-mm-**) fare l'orlo a [*garment*]; orlare [*linen*].
■ **hem in** ~ ***[sb., sth.] in***, ~ ***in [sb., sth.]*** circondare [*person, troops*]; ***to be ~med in*** essere circondato; ***to feel ~med in*** FIG. sentirsi accerchiato (**by** da) *o* sentirsi con le spalle al muro.
3.hem /hem/ inter. ehm.
4.hem /hem/ intr. (forma in -ing ecc. **-mm-**) ANT. fare ehm, schiarirsi la voce.
hemal AE → **haemal**.
hematein AE → **haematein**.
hematic AE → **haematic**.
hematin AE → **haematin**.
hematite AE → **haematite**.
hematocrit AE → **haematocrit**.
hematological AE → **haematological**.
hematologist AE → **haematologist**.
hematology AE → **haematology**.
hematoma AE → **haematoma**.
hematopoiesis AE → **haematopoiesis**.
hematopoietic AE → **haematopoietic**.
hematoxylin AE → **haematoxylin**.
hematuria AE → **haematuria**.
hemeralopia /ˌhemərəˌləʊpjə/ n. emeralopia f.
hemicellulose /ˌhemɪˈseljʊləʊs/ n. emicellulosa f.
hemicrania /ˌhemɪˈkreɪnɪə/ ♦ ***11*** n. emicrania f.
hemicycle /ˌhemɪˈsaɪkl/ n. emiciclo m.
hemin AE → **haemin**.
hemionus /hɪˈmaɪənəs/ n. emiono m., emione m.
hemiparasite /ˌhemɪˈpærəsaɪt/ n. emiparassita m. e f.
hemiparesis /ˌhemɪpəˈriːsɪs/ n. emiparesi f.
hemiplegia /ˌhemɪˈpliːdʒɪə/ n. emiplegia f.
hemiplegic /ˌhemɪˈpliːdʒɪk/ **I** agg. emiplegico **II** n. emiplegico m. (-a).
hemisphere /ˈhemɪsfɪə(r)/ n. MED. GEOGR. emisfero m.; ***the western ~*** il mondo occidentale.
hemispheric /ˌhemɪˈsferɪk/ agg. emisferico.
hemistich /ˈhemɪstɪk/ n. emistichio m.
hemline /ˈhemlaɪn/ n. *(of dress, skirt)* orlo m.; ***~s are going up, coming down*** vanno di moda le gonne corte, lunghe.
hemlock /ˈhemlɒk/ n. cicuta f.
hemodialyser AE → **haemodialyser**.
hemodialysis AE → **haemodialysis**.
hemoglobin AE → **haemoglobin**.
hemoglobinuria AE → **haemoglobinuria**.
hemolymph AE → **haemolymph**.
hemolysis AE → **haemolysis**.
hemolytic AE → **haemolytic**.
hemophilia AE → **haemophilia**.
hemophiliac AE → **haemophiliac**.
hemophilic AE → **haemophilic**.
hemopoiesis AE → **haemopoiesis**.
hemoprotein AE → **haemoprotein**.
hemoptysis AE → **haemoptysis**.
hemorrhage AE → **1.haemorrhage**, **2.haemorrhage**.
hemorrhagic AE → **haemorrhagic**.
hemorrhoids AE → **haemorrhoids**.
hemostat AE → **haemostat**.
hemostatic AE → **haemostatic**.
hemothorax AE → **haemothorax**.
hemp /hemp/ **I** n. **1** *(plant, fibre)* canapa f. **2** *(drug)* cannabis f.; ***Indian ~, ~ dogbane*** canapa indiana **II** modif. [*rope, cloth*] di canapa.
1.hemstitch /ˈhemstɪtʃ/ n. punto m. a giorno.
2.hemstitch /ˈhemstɪtʃ/ tr. orlare a giorno.
hen /hen/ **I** n. **1** *(domestic fowl)* gallina f. **2** *(female bird)* femmina f. **II** modif. [*sparrow, pheasant*] femmina.
hen and chickens /ˌhenənˈtʃɪknz/ n. **1** *(houseleek)* semprevivo m. **2** *(ground ivy)* edera f. terrestre.
henbane /ˈhenbeɪn/ n. giusquiamo m.
▶ **hence** /hens/ avv. FORM. **1** *(from now)* da ora, da adesso; ***three days ~*** fra tre giorni (a partire da adesso) *o* di qui a tre giorni **2** *(for this reason)* donde, da cui, per cui; ***there is a strike, ~ the delay*** c'è uno sciopero, da cui consegue il ritardo; ***she was slimmer and ~ more active*** era più snella e quindi più attiva **3** ANT. *(from this place)* da qui.
henceforth /ˌhensˈfɔːθ/, **henceforward** /hensˈfɔːwəd/ avv. LETT. *(from now on)* d'ora innanzi, d'ora in poi; *(from then on)* da allora in poi.
henchman /ˈhentʃmən/ n. (pl. **-men**) **1** *(supporter)* seguace m.; *(attendant)* accolito m.; SPREG. scagnozzo m. **2** ANT. *(squire)* scu-diero m.
hen coop /ˈhenkuːp/ n. stia f.
hen-cote /ˈhenkəʊt/ n. pollaio m.
hendecagon /henˈdekəgən/ n. endecagono m.
hendecasyllabic /ˌhendekəsɪˈlæbɪk/ agg. endecasillabo.
hendecasyllable /ˈhendekəˌsɪləbl/ n. endecasillabo m.
hendiadys /henˈdaɪədɪs/ n. endiadi f.
hen harrier /ˈhenˌhærɪə(r)/ n. albanella f. reale.
hen-hearted /ˌhenˈhaːtɪd/ agg. pusillanime, vile; ***a ~ man*** un cuore di coniglio.
henhouse /ˈhenhaʊs/ n. pollaio m.
1.henna /ˈhenə/ **I** n. henné m. **II** modif. [*rinse, treatment, shampoo*] all'henné.
2.henna /ˈhenə/ tr. tingere con l'henné.
henny /ˈhenɪ/ agg. da gallina, simile a gallina.
hen party /ˈhenˌpɑːtɪ/, **hen night** /ˈhenˌnaɪt/ n. = festa di addio al nubilato.
henpeck /ˈhenpek/ tr. bistrattare, maltrattare [*husband*].
hen-pecked /ˈhenpekt/ agg. ***he is ~*** è succube della moglie; ***he is a ~ husband*** è un marito succube.
Henrietta /ˌhenrɪˈetə/ n.pr. Enrica, Enrichetta.
hen-roost /ˈhenruːst/ n. posatoio m.
hen run /ˈhenˌrʌn/ n. pollaio m., recinto m. per polli.
Henry /ˈhenrɪ/ n.pr. Enrico.
hen tracks /ˈhentræks/ n.pl. *(in handwriting)* zampe f. di gallina.
hep /hep/ agg. AE COLLOQ. [*person*] aggiornato, al corrente sulle ultime novità; ***to be ~ to sth.*** essere aggiornato su qcs.
heparin /ˈhepərɪn/ n. eparina f.
hepatic /hɪˈpætɪk/ agg. epatico.
hepatica /hɪˈpætɪkə/ n. BOT. epatica f.
hepatitis /ˌhepəˈtaɪtɪs/ ♦ ***11*** n. epatite f.
hepatization /ˌhepətaɪˈzeɪʃn, AE -tɪˈz-/ n. epatizzazione f.
hepatocyte /ˈhepətəʊsaɪt, heˈpætəʊ-/ n. BIOL. epatocito m., epatocita m.
hepatologist /ˌhepɒˈtɒlɪdʒɪst/ ♦ ***27*** n. epatologo m. (-a).
hepatotoxin /ˌhepətəˈtɒksin/ n. epatotossina f.
Hephaestus /hɪˈfiːstəs/ n.pr. Efesto.
heptad /ˈheptæd/ n. settetto m.
heptagon /ˈheptəgən, AE -gɒn/ n. (pl. **~s**, **-a**) ettagono m.
heptagonal /ˈheptəgənl/ agg. ettagonale.

her

- It is very important to distinguish the use of *her* as a personal pronoun and its use as a determiner, since different forms are used in Italian.

As a personal pronoun

- The personal pronoun *her* can be translated in Italian by *la*, *le* and *lei*.
- When used as a direct object pronoun, *her* is translated by *la* (*l'* before *h* or a vowel). Note that the object pronoun normally comes before the verb in Italian:

  I know her = la conosco
  I've already seen her = l'ho già vista.

  In imperatives (and other non-finite forms), however, *la* comes after the verb and is joined to it to form a single word:

  catch her! = prendila!

  When the direct object pronoun is used in emphasis, *her* is translated by *lei* which comes after the verb:

  he loves her, not you = lui ama lei, non te.
- When used as an indirect object pronoun, *her* is translated by *le*, which comes before the verb:

  I've given her the book = le ho dato il libro.

  In imperatives (and other non-finite forms), however, *le* comes after the verb and is joined to it to form a single word:

  phone her! = telefonale!

  Note that *le* becomes *glie* when another pronoun is used as well:

  send it to her at once! = mandaglielo subito!
  we've given it to her = glielo abbiamo dato.
- After prepositions, the translation is *lei*:

  I did it for her = l'ho fatto per lei
  I told her, not him = l'ho detto a lei, non a lui.
- Remember that a verb followed by a particle or a preposition in English may correspond to a verb followed by a direct object in Italian, and vice versa, e.g. *to look at somebody* vs guardare qualcuno and *to distrust somebody* vs dubitare di qualcuno:

  look at her! = guardala!
  they distrust her = dubitano di lei.
- When *her* is used after *as* or *than* in comparative clauses, it is translated by *lei*:

  Jane is as pretty as her = Jane è carina come lei
  I'm younger than her = sono più giovane di lei.
- For particular expressions see the entry **her**.

As a determiner

- When translating *her as* a determiner *(her house* etc.), remember that in Italian possessive adjectives, like most other adjectives, agree in gender and number with the noun they qualify, not as in English with the possessor they refer to; *her is* translated by *suo* + masculine singular noun (her neighbour, her dog = *il suo vicino, il suo cane*), *sua* + feminine singular noun (her teacher, her house = *la sua maestra, la sua casa*), *suoi* + masculine plural noun (her children, her books = *i suoi figli, i suoi libri*), and *sue* + feminine plural noun (her friends, her shoes = *le sue amiche, le sue scarpe*).
- Since both *her* and *his* can be translated by *suo/sua/suoi/sue*, the form *di lei* may be used as an equivalent of *her* to avoid ambiguity:

  Mary opened her book = Maria aprì il suo libro
  John opened her book = John aprì il suo libro / il libro di lei.
- The above examples also show that Italian possessives, unlike English ones, are normally preceded by an article.
- When *own* is used after *her* to intensify the meaning of the possessive, it is not usually translated in Italian:

  she is driving her own car = sta guidando la sua macchina.
- When *her* is used before nouns indicating parts of the body, garments, relatives, food and drink etc., Italian has an article instead: *she had her hair cut* = si è fatta tagliare i capelli; *she kept her hat on* = ha tenuto il cappello; *she came with her sister* = è venuta con la sorella, con sua sorella; *she has eaten up her soup* = ha finito la minestra; *she is in her forties* = ha passato i quaranta.

heptahedron /ˌheptəˈhi:drən, -ˈhedrən, AE -drɒn/ n. ettaedro m.

heptameter /hepˈtæmɪtə(r)/ n. eptasillabo m.

heptane /ˈheptein/ n. eptano m.

heptarchy /ˈheptɑ:kɪ/ n. eptarchia f.

heptasyllabic /ˌheptəsɪˈlæbɪk/ agg. eptasillabo.

Heptateuch /ˈheptətju:k/ n. = raccolta dei primi sette libri della Bibbia.

heptathlon /hepˈtæθlən, -lɒn/ n. eptathlon m.

▶ **her** *|forma debole* hə(r), *forma forte* hɜ:(r)/ **I** pron. **1** *(direct object)* la, lei; ***I know ~*** la conosco; ***I know ~, not him*** conosco lei, non lui; ***let ~ go*** lasciala andare **2** *(indirect object)* le, a lei; ***I gave ~ the book*** le diedi il libro **3** *(after preposition)* lei; ***I did it for ~*** l'ho fatto per lei; ***I came with ~*** sono arrivato con lei; ***she looked behind ~*** guardò dietro di sé **4** COLLOQ. ***it's ~*** è lei; ***he's older than ~*** è più vecchio di lei; ***I don't like ~ interfering in my affairs*** non mi piace che (lei) si intrometta nei miei affari **II** determ. suo, di lei; ***~ necklace*** la sua collana; ***~ friends and his*** gli amici di lei e quelli di lui; ***Sylvia and ~ brother*** Sylvia e suo fratello; ***it was ~ fault*** era colpa sua; ***she broke ~ arm*** si ruppe il braccio.

Hera /ˈhɪərə/ n.pr. Era.

Heraclitus /ˌherəˈklaɪtəs/ n.pr. Eraclito.

▷ **1.herald** /ˈherəld/ n. **1** araldo m., messaggero m.; ***~-at-arms*** araldo **2** FIG. annunciatore m. (-trice), precursore m. (-corritrice); ***the Sixties, ~ of a new era*** gli anni sessanta, che segnarono l'inizio di una nuova era.

2.herald /ˈherəld/ tr. (anche **~ in**) annunciare, proclamare; ***much ~ed*** tanto proclamato.

heraldic /heˈrældɪk/ agg. araldico; ***~ device*** emblema araldico.

heraldry /ˈherəldrɪ/ n. *(study, history)* araldica f.; *(pomp)* cerimoniale m. (solenne); ***book of ~*** armoriale.

▷ **herb** /hɜ:b/ n. *(plant)* erba f.; *(for cooking)* erba f. aromatica; *(with medicinal properties)* pianta f., erba f. medicinale; FARM. pianta f., erba f. officinale; ***mixed ~s*** erbe aromatiche; ***fresh ~s*** erbette (odorose), odori.

Herb /hɜ:b/ n.pr. diminutivo di **Herbert**.

herbaceous /hɜ:ˈbeɪʃəs/ agg. erbaceo; ***~ border*** aiuola di piante perenni.

herbage /ˈhɜ:bɪdʒ/ n. AGR. erbaggio m.

herbal /ˈhɜ:bl/ **I** agg. [*remedy*] a base di erbe; [*pillow*] aromatizzato **II** n. erbario m.

herbalism /ˈhɜ:bəlɪzəm/ n. *(activity)* erboristeria f.

herbalist /ˈhɜ:bəlɪst/ ♦ **27** n. erborista m. e f.; ***~'s shop*** erboristeria.

herbarium /hɜ:ˈbeərɪəm/ n. (pl. **~s, -ia**) erbario m.

herb bennet /ˌhɜ:bˈbenɪt/ n. (erba) cariofillata f., garofanaia f.

Herbert /hɜ:bət/ n.pr. Erberto.

herb garden /ˌhɜ:bˈgɑ:dn/ n. orto m. di erbe aromatiche.

herbicidal /ˌhɜ:bɪˈsaɪdl/ agg. erbicida.

herbicide /ˌhɜ:bɪˈsaɪd/ n. erbicida m.

herbicolous /hɜ:ˈbɪkələs/ agg. erbicolo.

herbivore /ˈhɜ:bɪvɔ:(r)/ n. erbivoro m.

herbivorous /hɜ:ˈbɪvərəs/ agg. erbivoro.

herb of grace /ˌhɜ:bəvˈgreɪs/ n. ruta f.

herborist /ˈhɜbərɪst, AE ˈɜ:bərɪst/ ♦ **27** n. → **herbalist.**

herb-Robert /ˌhɜ:bˈrɒbət/ n. erba f. roberta.

herb tea /ˌhɜ:bˈti:/, **herbal tea** /ˌhɜ:blˈti:/ n. tisana f., infuso m. (di erbe).

Herculaneum /ˌhɜ:kjʊˈleɪnɪəm/ n.pr. Ercolano f.

Herculean /ˌhɜ:kjʊˈli:ən/ agg. erculeo.

Hercules /ˈhɜ:kjʊli:z/ n.pr. Ercole.

Hercynian /hɜ:ˈsɪnɪən/ agg. erciniano, ercinico.

▷ **1.herd** /hɜ:d/ n. *(of sheep)* gregge m.; *(of cattle)* mandria f.; *(of horses)* mandria f., branco m.; *(of reindeer)* branco m.; FIG. SPREG. *(of people)* gregge m., branco m., massa f. ◆ ***to follow the ~*** FIG. seguire il gregge, la massa.

2.herd /hɜ:d/ **I** tr. *(drive)* radunare, imbrancare [*animals*]; radunare; *(closely)* ammassare [*people*]; ***the prisoners were all ~ed into one room*** i prigionieri erano tutti ammassati in un'unica stanza **II** intr. ***to ~ into sth.*** radunarsi, ammassarsi in qcs.

■ **herd together** radunarsi (insieme); *(closely)* ammassarsi.

3.herd /hɜ:d/ n. ANT. → **herdsman.**

herdboy /ˈhɜ:dbɔɪ/ n. pastore m., aiuto mandriano m.

herder /ˈhɜ:də(r)/ ♦ **27** n. → **herdsman.**

herd instinct /ˈhɜ:dˈɪnstɪŋkt/ n. istinto m. gregale.

herdsman /ˈhɜ:dzmən/ ♦ **27** n. (pl. **-men**) pastore m., mandriano m.

▶ **here** /hɪə(r)/ When *here* is used to indicate the location of an object or point etc. close to the speaker, it is generally translated by *qui* or *qua*: *come and sit here* = vieni a sederti qui; *stay here* = stai qua. - When *here* is used to indicate a moment in time, different translations may be used: *now that summer's here* = adesso che è estate; *Christmas is here!* = è arrivato il Natale! - At the beginning of a sentence, *here* may be translated as *ecco*: *here comes the bus* = ecco (che arriva) l'autobus; *here they are!* = eccoli! - For examples and particular usages, see the entry below. **I** avv. **1** *(indicating place)* qui, qua; ***let's stop ~*** fermiamoci qui; ***sign ~ please*** firmi qui, per favore; ***stand ~*** stai qua; ***far from, near ~*** lontano da qui, qui vicino; ***two kilometres from ~*** a due chilometri da qua; ***come over ~*** vieni qui; ***up to ~, down to ~*** fino a qui; ***put it in ~*** mettilo qui (dentro); ***I'm up ~*** sono quassù; ***~ below*** *(in text)* qui sotto; ***those persons ~ present*** DIR. le persone qui presenti; ***~ lies*** *(on tombstone)* qui giace; ***since you were last ~*** dall'ultima volta che sei stato qui; ***following a visit ~ by members*** in seguito ad una visita (di questo luogo) da parte dei membri; ***~ and there*** *(in places)* qui e là **2** *(to draw attention)* ***I have ~...*** ho qui...; ***~ they are!*** eccoli! ***~ she comes!*** eccola *o* ecco che arriva! ***~ comes the bus*** ecco (che arriva) l'autobus; ***~ you are*** *(offering sth.)* eccoti *o* eccotelo; ***~'s a screwdriver*** ecco un cacciavite; ***this thing ~ is*** questa cosa qui *o* questo qui è; ***this paragraph, sales assistant ~*** questo paragrafo qui, questo commesso (qui); ***my colleague ~ will show you*** il mio collega le mostrerà; ***which one? this one ~ or that one?*** quale? questo qui o quello là? ***it says ~ that*** qui dice che; ***~'s what you do*** ecco quello che devi fare; ***~'s why*** ecco perché *o* ora ti dico perché **3** *(indicating presence, arrival)* ***she's not ~ right now*** non è qui *o* non c'è in questo momento; ***"Matthew?" - "~ sir"*** *(revealing whereabouts)* "Matthew?" - "sono qui, signore"; *(during roll call)* "Matthew?" - "presente"; ***~ we are at last*** eccoci finalmente *o* eccoci arrivati; ***when will he be getting ~?*** quando arriverà (qui)? ***the train will be ~ any minute*** il treno sarà qui da un momento all'altro; ***we get off ~*** scendiamo qua **4** *(indicating juncture)* ***now that summer's ~*** adesso che è estate; ***~'s our chance*** ecco la nostra occasione; ***I may be wrong ~*** potrei sbagliarmi su questo; ***so ~ you are, a bachelor of 45*** e così eccoti qui, scapolo a quarantacinque anni **5** COLLOQ. *(emphatic)* ***this ~ contraption*** questo aggeggio qua; ***look*** o ***see ~ you!*** senti un po'! **II** inter. COLLOQ. ***~ stop that!*** ehi, smettila! ***~ hang on a minute!*** ehi, aspetta un minuto! ***~ goes!*** pronti! cominciamo! ***~'s hoping*** spero; ***~'s to our success, to you!*** al nostro successo, alla tua! ***~ there and everywhere*** dappertutto; ***to be ~ there and everywhere*** FIG. [*person*] essere onnipresente; ***it's neither ~ nor there*** non ha nessuna importanza; ***~ we go!*** COLLOQ. *(sneeringly)* si parte! andiamo!

hereabout /'hɪərəbaʊt/ AE, **hereabouts** /'hɪərəbaʊts/ BE avv. qui intorno, qui in giro, da queste parti.

hereafter /hɪər'ɑ:ftə(r)/ **I** n. ***the ~*** l'aldilà **II** avv. DIR. più avanti, in seguito.

here and now /ˌhɪərənd'naʊ/ **I** n. ***the ~*** *(present)* il presente; *(life before death)* l'aldiquà, il mondo dei vivi; ***a poet of the ~*** un poeta del mondo di oggi **II** avv. immediatamente; ***tell me ~ where you've been!*** dimmi subito dove sei stato!

hereat /hɪər'æt/ avv. ANT. a questo, al che.

hereby /hɪə'baɪ/ avv. AMM. DIR. ***I ~ promise that*** *(in document)* con la presente mi impegno a; ***I ~ declare that*** *(in document)* con la presente dichiaro che; ***I ~ declare him elected*** con questo lo dichiaro eletto; ***he is ~ licensed to sell*** il presente documento lo autorizza a vendere.

hereditability /hɪˌredɪtə'bɪlətɪ/ n. ereditabilità f.

hereditable /hɪ'redɪtəbl/ agg. ereditabile.

hereditament /ˌhɪrɪ'dɪtəmənt/ n. asse m. ereditario.

hereditarian /hɪˌredɪ'teərɪən/ n. assertore m. (-trice) delle teorie sull'ereditarietà.

hereditarily /hɪ'redɪtərɪlɪ/ avv. ereditariamente.

hereditariness /hɪ'redɪtərɪnɪs/ n. ereditarietà f.

hereditary /hɪ'redɪtrɪ, AE -terɪ/ agg. ereditario.

heredity /hɪ'redətɪ/ n. eredità f.

Hereford and Worcester /ˌherɪfədənd'wʊstə(r)/ ♦ ***24*** n.pr. Hereford and Worcester m.

herein /'hɪərɪn/ avv. DIR. *(at beginning of document)* più avanti; *(at end)* qui sotto.

hereinafter /ˌhɪərɪn'ɑ:ftə(r)/ avv. DIR. più avanti, (qui) di seguito.

hereof /hɪər'ɒv/ avv. DIR. del presente.

hereon /hɪər'ɒn/ avv. → **hereupon**.

heresiarch /he'ri:zɪɑ:k/ n. eresiarca m. e f.

heresy /'herəsɪ/ n. *(all contexts)* eresia f.

heretic /'herətɪk/ n. eretico m. (-a).

heretical /hɪ'retɪkl/ agg. eretico.

hereto /hɪə'tu:/ avv. **1** *(of this fact)* ***as witness ~*** come testimone di questi fatti **2** DIR. *(to this)* ***attached ~*** allegato (al presente documento); *(to this agreement)* ***the parties ~*** le parti in causa.

heretofore /ˌhɪətu:'fɔ:(r)/ avv. DIR. fino a qui, fino a ora.

hereunder /hɪər'ʌndə(r)/ avv. DIR. qui sotto.

hereupon /ˌhɪərə'pɒn/ avv. FORM. ***~, they began shouting*** a questo punto, cominciarono a gridare.

herewith /'hɪəwɪð/ avv. FORM. qui accluso.

heritable /'herɪtəbl/ agg. SCOZZ. DIR. trasmissibile.

▷ **heritage** /'herɪtɪdʒ/ n. **1** RAR. FORM. *(inheritance)* eredità f. **2** *(cultural)* patrimonio m. (storico-)culturale.

heritage centre /'herɪtɪdʒˌsentə(r)/ n. GB = museo in cui vengono ricreati ambienti di vita e di lavoro del passato.

heritor /'herɪtə(r)/ n. ANT. DIR. erede m. e f.

herky-jerky /ˌhɜ:kɪ'dʒɜ:kɪ/ agg. AE COLLOQ. [*movement*] a scatti, brusco.

herma /'hɜ:mə/ n. (pl. **-ae**, **-ai**) erma f.

Herman /'hɜ:mən/ n.pr. Ermanno.

hermaphrodite /hɜ:'mæfrədaɪt/ **I** agg. ermafrodito **II** n. ermafrodito m.

hermaphroditic(al) /hɜ:ˌmæfrə'dɪtɪk(l)/ agg. ermafrodito.

hermaphroditism /hɜ:'mæfrədaɪætɪzəm/ n. ermafroditismo m.

hermeneutic(al) /ˌhɜ:mɪ'nju:tɪk(l)/ agg. ermeneutico.

hermeneutics /ˌhɜ:mɪ'nju:tɪks/ n. + verbo sing. ermeneutica f.

Hermes /'hɜ:mi:z/ n.pr. Ermete.

hermetic /hɜ:'metɪk/ agg. ermetico.

hermetically /'hɜ:'metɪklɪ/ avv. ermeticamente; ***~ sealed*** chiuso ermeticamente.

Hermione /hɜ:'maɪənɪ/ n.pr. Ermione.

hermit /'hɜ:mɪt/ n. eremita m. e f.

hermitage /'hɜ:mɪtɪdʒ/ n. eremitaggio m., eremo m.

hermit crab /'hɜ:mɪtˌkræb/ n. bernardo m. l'eremita.

hernia /'hɜ:nɪə/ n. (pl. **~s**, **-ae**) ernia f.

hernial /'hɜ:nɪəl/ agg. erniario.

herniated disc /'hɜ:nɪətɪdˌdɪsk/ n. ernia f. del disco.

▷ **hero** /'hɪərəʊ/ n. (pl. **~es**) eroe m.; ***a ~'s welcome*** un'accoglienza trionfale; ***the ~ of the hour*** l'eroe del momento.

Herod /'herəd/ n.pr. Erode.

Herodias /he'rəʊdɪæs/ n.pr. Erodiade.

▷ **heroic(al)** /hɪ'rəʊɪk(l)/ agg. [*person, deed*] eroico; ***~ attempts*** tentativi eroici.

heroically /hɪ'rəʊɪklɪ/ avv. eroicamente.

heroicomic(al) /hɪˌrəʊɪ'kɒmɪk(l)/ agg. eroicomico.

heroic couplet /hɪˌrəʊɪk'kʌplɪt/ n. LETTER. = distico di pentametri giambici a rima baciata.

heroics /hɪ'rəʊɪks/ n.pl. *(language)* linguaggio m.sing. melodrammatico; *(behaviour)* comportamento m.sing. melodrammatico; ***no ~ please*** *(in speech)* niente retorica; *(in dangerous activities)* non fate gli eroi.

heroic treatment /hɪˌrəʊɪk'tri:tmənt/ n. accanimento m. terapeutico.

heroify /kɪ'rəʊɪfaɪ/ tr. RAR. eroicizzare.

▷ **heroin** /'herəʊɪn/ n. *(drug)* eroina f.; ***to come off ~*** smettere di prendere l'eroina, uscire dall'eroina; ***to be on ~*** prendere l'eroina, essere eroinomane.

heroin addict /'herəʊɪnˌædɪkt/ n. eroinomane m. e f.

heroin addiction /'herəʊɪnəˌdɪkʃn/ n. eroinomania f.

▷ **heroine** /'herəʊɪn/ n. *(woman)* eroina f.

heroism /'herəʊɪzəm/ n. eroismo m.

heron /'herən/ n. airone m.

hero sandwich /'hɪərəʊˌsænwɪdʒ, AE -wɪtʃ/ n. AE panino m. gigante.

1.hero-worship /'hɪərəʊwɜ:ʃɪp/ n. culto m. dell'eroe, venerazione f.

2.hero-worship /'hɪərəʊwɜ:ʃɪp/ tr. (forma in -ing ecc. **-pp-**, **-p-** AE) venerare (come un eroe).

herpes /'hɜ:pi:z/ ♦ ***11*** n. herpes m.

herpetic /hɜ:'petɪk/ agg. erpetico.

herpetologist /ˌhɜ:pɪ'tɒlədʒɪst/ ♦ ***27*** n. erpetologo m. (-a).

herpetology /ˌhɜ:pɪ'tɒlədʒɪ/ n. erpetologia f.

herring /'herɪŋ/ n. (pl. **~**, **~s**) aringa f.

herring boat /'herɪŋˌbəʊt/ n. battello m. per la pesca delle aringhe.

herringbone /'herɪŋbəʊn/ **I** n. **1** *(fabric)* tessuto m. spigato, a spina di pesce **2** *(design)* motivo m. spinato, a spina di pesce **3** *(ski climb)* passo m. a spina di pesce **II** modif. ***in a ~ pattern*** a spina di pesce.

herringbone stitch /'herɪŋbəʊnˌstɪtʃ/ n. punto m. a spina di pesce.

herring gull /'herɪŋˌgʌl/ n. gabbiano m. reale.

▶ **hers** /hɜːz/ In Italian, possessive pronouns have the same forms as the corresponding adjectives, are usually preceded by an article, and reflect the gender and number of the noun they are standing for. So *hers* is translated by *il suo, la sua, i suoi, le sue*, according to what is being referred to: *your book and hers* = il tuo libro e il suo; *the blue car is hers* = la macchina blu è la sua; *my children are younger than hers* = i miei bambini sono più piccoli dei suoi; *your shoes are brown, while hers are black* = le tue scarpe sono marroni, mentre le sue sono nere. - Since Italian possessive adjectives, unlike English ones, may be preceded by an article, a demonstrative adjective or a numeral, an English possessive pronoun is often translated by an Italian possessive adjective: *a cousin of hers* = un suo cugino; *that schoolfriend of hers* = quel suo compagno di scuola; *four books of hers* = quattro suoi libri. - For examples and particular usages, see the entry below. pron. ***my car is red but ~ is blue*** la mia auto è rossa ma la sua è blu; ***the green pen is ~*** la penna verde è sua; ***which house is ~?*** qual è la sua casa? quale casa è la sua? ***I'm a friend of ~*** sono un suo amico; ***it's not ~*** non è (il) suo; ***the money wasn't ~ to give away*** non doveva dare via soldi non suoi; ***~ was not an easy task*** il suo non era un compito facile; ***I saw her with that dog of ~!*** SPREG. l'ho vista con quel suo cagnaccio!

▶ **herself** /həˈself/ When used as a reflexive pronoun, direct and indirect, *herself* is generally translated by *si*, which is always placed before the verb: *she's enjoying herself* = si sta divertendo; *she's cut herself* = si è tagliata. - When used as an emphatic to stress the corresponding personal pronoun, the translation is *lei stessa* or *anche lei*: *she herself did not know* = lei stessa non lo sapeva; *she's a stranger here herself* = anche lei è forestiera da queste parti. - When used after a preposition, *herself* is translated by *sé* or *se stessa*: *she can be proud of herself* = può essere fiera di sé / se stessa. - *(All) by herself* is translated by *da sola*, which means alone and/or without help. - For particular usages see below. pron. **1** *(reflexive)* si, sé, se stessa; *(after preposition)* sé, se stessa; ***she's hurt ~*** si è ferita; ***Kathy was pleased with ~*** Kathy era soddisfatta di sé *o* di se stessa **2** *(emphatic)* (lei) stessa; *(after preposition)* lei (stessa); ***she, Sheila ~ said that...*** lei stessa, Sheila stessa ha detto che...; ***for ~*** per lei (stessa) **3** *(expressions)* ***(all) by ~*** (tutto) da sola *o* da sé; ***she's not ~ today*** oggi non è lei *o* non è in sé.

Hertfordshire /ˈhɑːtfədʃɪə(r)/ ➧ *24* n.pr. Hertfordshire m.

Herts GB ⇒ Hertfordshire Hertfordshire.

hertz /hɜːts/ n. hertz m.

Hertzian wave /ˈhɜːtsɪən ˌweɪv/ n. onda f. hertziana.

he's /hiːz/ contr. he is, he has.

hesitance /ˈhezɪtəns/, **hesitancy** /ˈhezɪtənsɪ/ n. esitazione f.; *(reluctance)* reticenza f.; ***~ about doing*** riluttanza a fare.

hesitant /ˈhezɪtənt/ agg. **1** *(nervous)* [*person, expression, reply*] esitante, incerto; [*step, policy*] esitante; ***to be ~ about doing*** esitare a fare; ***to be, look ~*** essere, apparire esitante; ***his reading, singing was ~*** leggeva, cantava in modo incerto **2** *(reticent)* ***to be ~ about*** essere riluttante riguardo a [*plan, scheme, system*].

hesitantly /ˈhezɪtəntlɪ/ avv. **1** *(nervously)* [*act, do*] con esitazione; [*speak*] con tono esitante; [*walk*] in modo esitante **2** *(reticently)* con riluttanza.

▷ **hesitate** /ˈhezɪteɪt/ intr. esitare (**over** su); ***to ~ to do*** esitare a fare; ***I ~ to recommend this product, make a judgment*** non mi azzarderei a consigliare questo prodotto, a esprimere un giudizio; ***she was hesitating over a new hat*** era indecisa su quale cappello acquistare; ***to ~ at nothing*** non indietreggiare davanti a niente ◆ ***he who ~s is lost*** PROV. chi si ferma è perduto.

▷ **hesitation** /ˌhezɪˈteɪʃn/ n. esitazione f.; ***to have no ~ in doing*** non avere alcuna esitazione a fare; ***there is no room for ~*** non c'è tempo per le indecisioni; ***without the slightest, a moment's ~*** senza la minima esitazione, senza un attimo di esitazione.

Hesperides /heˈsperɪdiːz/ ➧ *12* n.pr.pl. **1** ***the ~*** *(nymphs)* le Esperidi **2** ***the ~*** + verbo sing. *(garden)* il giardino delle Esperidi **3** ***the ~*** *(islands)* le (Isole) Esperidi.

hesperidium /ˌhespəˈrɪdɪəm/ n. (pl. **-ia**) BOT. esperidio m.

hessian /ˈhesɪən, AE ˈheʃn/ n. tela f. di iuta.

Hessian fly /ˈhesɪən ˌflaɪ/ n. cecidomia f. del grano.

Hester /ˈhestə(r)/ n.pr. Ester.

hetaera /hɪˈtɪərə/ n. (pl. **~s, -ae**) etera f.

hetero /ˈhetərəʊ/ **I** agg. COLLOQ. (accorc. heterosexual) etero **II** n. (pl. **~s**) COLLOQ. (accorc. heterosexual) etero m. e f.

heterocarpous /ˌhetərəˈkɑːpəs/ agg. eterocarpo.

heteroclite /ˈhetərəʊˌklaɪt/ **I** agg. eteroclito **II** n. LING. parola f. eteroclita; *(noun)* nome m. eteroclito.

heterocyclic /ˌhetərəˈsaɪklɪk/ agg. eterociclico.

heterodox /ˈhetərədɒks/ agg. eterodosso.

heterodoxy /ˈhetərədɒksɪ/ n. eterodossia f.

heterodyne /ˈhetərədaɪn/ n. eterodina f.

heterogamete /ˌhetəˈrɒgæmiːt/ n. eterogamete m.

heterogamy /ˌhetəˈrɒgəmɪ/ n. eterogamia f.

heterogeneity /ˌhetərədʒɪˈniːətɪ/ n. eterogeneità f.

heterogeneous /ˌhetərəˈdʒiːnɪəs/ agg. eterogeneo (anche CHIM.).

heterogenesis /ˌhetərəˈdʒenɪsɪs/ n. eterogenesi f.

heterograft /ˈhetərəˌgrɑːft/ n. eterotrapianto m., eteroinnesto m.

heterologous /ˌhetəˈrɒləgəs/ agg. eterologo.

heteromorphic /ˌhetərəˈmɔːfɪk/ agg. eteromorfo.

heteromorphism /ˌhetərəˈmɔːfɪzəm/ n. eteromorfismo m.

heteromorphous /ˌhetərəˈmɔːfəs/ agg. → **heteromorphic**.

heteronomous /ˌhetəˈrɒnəməs/ agg. eteronomo.

heteronomy /ˌhetəˈrɒnəmɪ/ n. eteronomia f.

heteronym /ˈhetərənɪm/ n. nome m. eteronimo.

heteronymous /ˌhetəˌrɒnɪməs/ agg. eteronimo.

heteronymy /ˌhetəˈrɒnɪmɪ/ n. eteronimia f.

heterophyllous /ˌhetərəˈfɪlɪs/ agg. eterofillo.

heterophylly /ˈhetərəˌfɪlɪ/ n. eterofillia f.

▷ **heterosexual** /ˌhetərəˈsekʃʊəl/ **I** agg. eterosessuale **II** n. eterosessuale m. e f.

heterosexuality /ˌhetərəˌsekʃʊˈælətɪ/ n. eterosessualità f.

heterotaxia /ˌhetərəˈtæksɪə/, **heterotaxy** /ˌhetərəˈtæksɪs/ n. eterotassi f.

heterotopy /ˌhetəˈrɒtəpɪ/ n. eterotopia f.

heterotransplant /ˌhetərəˈtrænsplɑːnt, AE -plænt/ n. eterotrapianto m.

heterotroph /ˈhetərəˌtrɒf/ n. organismo m. eterotrofo.

heterozygote /ˌhetərəˈzaɪgəʊt/ n. eterozigote m.

heterozygous /ˌhetərəˈzaɪgəs/ agg. eterozigote.

Hetty /ˈhetɪ/ n.pr. diminutivo di **Henrietta**.

het up /ˌhetˈʌp/ agg. COLLOQ. *(angry)* arrabbiato; *(excited)* agitato; ***to get ~ about*** o ***over sth.*** scaldarsi per qcs.; ***why are you so ~?*** perché te la prendi tanto?

heuristic /hjʊəˈrɪstɪk/ agg. euristico.

heuristics /hjʊəˈrɪstɪks/ n. + verbo sing. euristica f.

hew /hjuː/ **I** tr. (pass. **hewed**; p.pass. **hewn**) abbattere [*timber*]; estrarre [*coal*]; tagliare [*stone, branch*] (**out of** da); ***to be ~n in sth.*** [*letters, pattern*] essere inciso in qcs.; ***to ~ a path through sth.*** aprirsi un sentiero *o* una strada attraverso qcs. **II** intr. (pass. **hewed**; p.pass. **hewn**) AE ***to ~ to sth.*** uniformarsi a.

hewer /ˈhjuːə(r)/ n. **1** *(of wood)* taglialegna m. **2** *(of coal)* tagliatore m. (-trice).

hewn /hjuːn/ p.pass. → **hew**.

1.hex /heks/ n. AE COLLOQ. malocchio m.; ***to put a ~ on sth., sb.*** gettare il malocchio su qcn.

2.hex /heks/ tr. AE COLLOQ. gettare il malocchio su.

hexadecimal /ˌheksəˈdesɪml/ **I** agg. esadecimale **II** n. sistema m. esadecimale.

hexadecimal notation /heksəˌdesɪmlnəʊˈteɪʃn/ n. INFORM. sistema m. esadecimale.

hexagon /ˈheksəgən, AE -gɒn/ n. esagono m.

hexagonal /hekˈsægənl/ agg. esagonale.

hexagonal key /hekˈsægənlˌkiː/ n. chiave f. a brugola, a barra esagonale.

hexagram /ˈheksəgræm/ n. stella f. a sei punte.

hexahedron /ˌheksəˈhiːdrən, -ˈhedrən, AE -drɒn/ n. (pl. **~s, -a**) esaedro m.

hexameter /hekˈsæmɪtə(r)/ n. esametro m.; ***in ~s*** in esametri.

hexane /ˈhekseɪn/ n. esano m.

hexapod /ˈheksəpɒd/ **I** agg. esapodo **II** n. esapode m.

hexastyle /ˈheksəstaɪl/ **I** agg. esastilo **II** n. struttura f. esastila.

hexavalent /heksəˈveɪlənt/ agg. esavalente.

hexose /ˈheksəʊs/ n. esosio m.

hey /heɪ/ inter. COLLOQ. *(call for attention; in protest)* ehi; ***~ Mum, what's for lunch?*** ehi, mamma, che cosa c'è per pranzo?

heyday /ˈheɪdeɪ/ n. *(of movement etc.)* periodo m. d'oro; *(of person)* fiore m. degli anni; ***in my ~*** *(at my best)* ai miei tempi, nel fiore dei miei anni; *(at peak of my fame)* quand'ero all'apice del successo.

hey-day /ˈheɪdeɪ/ inter. ANT. *(expressing exultation)* urrà; *(expressing surprise)* oh.

hey presto /ˌheɪˈprestəʊ/ inter. e voilà; *(in narrative)* come per miracolo.

Hezekiah /ˌhezəˈkaɪə/ n.pr. Ezechia.

H-girder /ˈeɪtʃˌgɜːdə(r)/ n. → **H-beam**.

HGV **I** n. BE AUT. (⇒ heavy goods vehicle tir) TIR m. **II** modif. ~ ***licence*** = patente per la guida dei tir.
HHS n. AE (⇒ Health and Human Services) = servizio sanitario.
▷ **hi** /haɪ/ inter. COLLOQ. ciao.
HI US ⇒ Hawaii Hawaii.
hiatus /haɪˈeɪtəs/ n. (pl. ~, **~es**) **1** *(pause)* iato m. **2** *(gap in manuscript)* lacuna f. **3** LING. LETTER. iato m.
Hiawatha /haɪəˈwɒθə, AE hiːəˈwɔːθə/ n.pr. *(Indian hero)* Hiawatha.
hibernate /ˈhaɪbəneɪt/ intr. ibernare.
hibernation /ˌhaɪbəˈneɪʃn/ n. ZOOL. ibernazione f.; ***to go into ~*** andare in letargo; ***to emerge from*** o ***come out of ~*** uscire dal letargo.
Hibernian /haɪˈbɜːnɪən/ **I** agg. irlandese **II** n. irlandese m. e f.
hibiscus /hɪˈbɪskəs, AE haɪ-/ n. ibisco m.
hiccough → **1.hiccup, 2.hiccup**.
1.hiccup /ˈhɪkʌp/ n. **1** singhiozzo m.; ***to have (the) ~s*** avere il singhiozzo **2** FIG. *(setback)* inciampo m.
2.hiccup /ˈhɪkʌp/ intr. (forma in -ing ecc. **-p-**, **-pp-**) singhiozzare.
hick /hɪk/ **I** agg. AE COLLOQ. SPREG. sempliciotto; ***~ town*** città di provincia **II** n. AE COLLOQ. SPREG. sempliciotto m. (-a).
hickey /ˈhɪkɪ/ n. AE **1** COLLOQ. *(spot)* brufolo m. **2** POP. *(love bite)* succhiotto m. **3** COLLOQ. *(gadget)* aggeggio m., coso m.
hickory /ˈhɪkərɪ/ n. hickory m.
hid /hɪd/ pass. → **4.hide**.
▷ **hidden** /ˈhɪdn/ **I** p.pass. → **4.hide** **II** agg. [*cause, danger, talent, treasure*] nascosto; ***to be ~ from view*** essere nascosto alla vista; ***to lie ~*** restare nascosto; ***to keep sth. ~ (away)*** tenere qcs. nascosto; ***what have you got ~ away in that drawer?*** che cosa tieni nascosto in quel cassetto?
hiddenly /ˈhɪdnlɪ/ avv. nascostamente, segretamente.
1.hide /haɪd/ n. **1** *(animal skin)* pelle f. **2** *(leather)* cuoio m. ◆ ***I haven't seen ~ nor hair of him*** non ho visto l'ombra di lui, è sparito dalla circolazione.
2.hide /haɪd/ tr. **1** RAR. *(remove hide from)* spellare, scuoiare **2** ANT. COLLOQ. *(flog)* frustare.
3.hide /haɪd/ n. *(for hunter)* posta f., appostamento m.; *(for photographer)* nascondiglio m.
▶ **4.hide** /haɪd/ **I** tr. (pass. **hid**; p.pass. **hidden**) nascondere [*object, person, emotion*] (**from** a); dissimulare, mascherare [*feeling*]; INFORM. nascondere [*window*]; ***to ~ from sb. the fact that*** nascondere a qcn. il fatto che; ***to have nothing to ~*** non avere niente da nascondere; ***to ~ one's blushes*** nascondere il proprio imbarazzo **II** intr. (pass. **hid**; p.pass. **hidden**) nascondersi; ***a place to ~*** un posto dove nascondersi; ***to ~ behind sb., sth.*** nascondersi dietro qcn., qcs. (anche FIG.) **III** rifl. (pass. **hid**; p.pass. **hidden**) ***to ~ oneself*** nascondersi.
■ **hide away:** ~ ***[sth.] away***, ~ ***away [sth.]*** nascondere qcs.
■ **hide out** BE, **hide up** AE restare nascosto.
5.hide /haɪd/ ◗ ***31*** n. STOR. = unità di misura agraria che varia dai 60 ai 120 acri.
hide and seek /ˌhaɪdənˈsiːk/ BE, **hide-and-go-seek** /ˌhaɪdənˌgəʊˈsiːk/ AE ◗ ***10*** n. nascondino m., rimpiattino m.
hideaway /ˈhaɪdəweɪ/ n. nascondiglio m., rifugio m.
hidebound /ˈhaɪdbaʊnd/ agg. di vedute limitate, rigido.
hideous /ˈhɪdɪəs/ agg. **1** *(ugly)* [*clothing, object, creature, monster, colour*] orribile, orrendo; [*noise*] orrendo **2** *(terrible)* [*mistake*] terribile; [*conditions*] spaventoso; [*violence*] terrificante; [*murder*] orrendo.
hideously /ˈhɪdɪəslɪ/ avv. **1** *(repulsively)* orribilmente [*ugly*]; orrendamente [*deformed*] **2** *(terribly)* [*behave, act*] in modo orribile, tremendo.
hideout /ˈhaɪdaʊt/ n. nascondiglio m.; *(of outlaws)* covo m.
hider /ˈhaɪdə(r)/ n. **1** chi si nasconde **2** *(dissimulator)* dissimulatore m. (-trice).
▷ **1.hiding** /ˈhaɪdɪŋ/ n. *(concealment)* ***to go into ~*** nascondersi, sparire; ***to be in ~*** essere, tenersi nascosto; ***to emerge from*** o ***come out of ~*** uscire allo scoperto.
2.hiding /ˈhaɪdɪŋ/ n. *(beating)* fracco m. di legnate; FIG. batosta f.; ***to give sb. a (good) ~*** dare a qcn. un fracco di legnate, FIG. dare a qcn. una (bella) lezione ◆ ***to be on a ~ to nothing*** non avere nessuna possibilità di riuscire *o* di vincere.
hiding place /ˈhaɪdɪŋˌpleɪs/ n. nascondiglio m.
hie /haɪ/ intr. ANT. affrettarsi, correre; ***~ thee hence!*** via di qui!
hiemal /ˈhaɪməl/ agg. iemale.
hierarch /ˈhaɪərɑːk/ n. RELIG. gerarca m.
hierarchic(al) /ˌhaɪəˈrɑːkɪk(l)/ agg. gerarchico.
hierarchically /ˌhaɪəˈrɑːkɪklɪ/ avv. gerarchicamente.
hierarchism /ˈhaɪərɑːkɪzəm/ n. *(principles)* principi m.pl. gerarchici; *(system)* sistema m. gerarchico.
▷ **hierarchy** /ˈhaɪərɑːkɪ/ n. gerarchia f.
hieratic /ˌhaɪəˈrætɪk/ agg. ieratico.
hieroglyph /ˈhaɪərəglɪf/ n. geroglifico m. (anche FIG.).
hieroglyphic /ˌhaɪərəˈglɪfɪk/ **I** n. geroglifico m. (anche FIG.) **II** **hieroglyphics** n.pl. **1** *(mode of writing)* scrittura f.sing. geroglifica **2** *(characters)* geroglifici m. **III** agg. geroglifico.
hieroglyphical /ˌhaɪərəˈglɪfɪkl/ agg. geroglifico.
hierophant /ˈhaɪərəfænt/ n. ierofante m.
hifalutin /ˌhaɪfəˈluːtɪn/ agg. COLLOQ. → **highfalutin(g)**.
hi-fi /ˈhaɪfaɪ/ **I** n. **1** (accorc. high fidelity) hi-fi f., alta fedeltà f. **2** *(set of equipment)* hi-fi m., (impianto) stereo m. **II** modif. [*record, tape, sound*] hi-fi, ad alta fedeltà.
higgle /ˈhɪgl/ intr. ANT. tirare sul prezzo, mercanteggiare.
higgledy-piggledy /ˌhɪgldɪˈpɪgldɪ/ agg. e avv. alla rinfusa, sottosopra.
▶ **1.high** /haɪ/ ◗ ***15*** **I** agg. **1** *(tall)* [*building, wall, hill, pile, table, forehead, heel*] alto; ***~ cheekbones*** zigomi alti; ***how ~ is the cliff?*** quanto è alta la scogliera? ***it is 50 cm ~*** è alto 50 cm; ***a five-metre ~ wall*** un muro alto cinque metri *o* di cinque metri (di altezza); ***chest-, waist-~*** all'altezza del petto, della vita; ***I've known him since he was so ~*** lo conosco da quando era piccolo *o* da quando era alto così **2** *(far from the ground)* [*shelf, ceiling, tier, level, floor, cloud*] alto; ***at ~ altitude*** a grande altitudine; ***at ~ tide*** con l'alta marea; ***with a ~ ceiling*** con il soffitto alto; ***a dress with a ~ neck, neckline*** un vestito a collo alto; ***how ~ (up) are we?*** *(on top of building)* quanto siamo alti? *(on plane, mountain)* a che altezza siamo? ***how ~ do you want the shelf?*** a che altezza vuoi il ripiano? **3** *(numerically large)* [*number, price, frequency*] alto, elevato; [*ratio, volume, playing card*] alto; [*wind*] forte; ***this will lead to ~er taxes*** questo porterà ad un aumento delle tasse; ***at ~ speed*** ad alta velocità; ***to have a ~ temperature*** avere la febbre alta; ***~ in*** ricco di [*fat, iron*] **4** *(great, intense)* [*degree, risk*] alto, elevato; [*intensity*] elevato; [*fever*] alto; [*heat, anxiety, excitement*] forte; [*tension*] alto, forte; [*hope, expectation*] grande; ***cook on a ~ heat*** cuocere a fuoco vivo; ***turn the grill to ~*** regola il grill al massimo; ***to have a ~ colour*** avere un colorito acceso; ***that is ~ praise!*** è un bel complimento! ***a moment of ~ drama*** un momento di forte drammaticità; ***the ~ seriousness of sth.*** la grande serietà di qcs.; ***the building is ~ Victorian, Gothic*** l'edificio risale al pieno del periodo vittoriano, gotico; ***in ~ summer*** in piena estate; ***feelings are running ~*** gli animi si stanno infiammando **5** *(important)* [*quality, status, rank, class, authority*] alto; [*standard*] elevato; ***to have a ~ priority*** essere della massima priorità; ***a ~ place on the list*** una delle prime posizioni della lista; ***a ~er court*** un tribunale di grado superiore; ***I have it on the ~est authority*** l'ho saputo da persone molto in alto; ***to have friends in ~ places*** avere amicizi influenti; ***corruption in ~ places*** corruzione agli alti livelli; ***to be ~ up*** stare in alto; ***to go on to ~er things*** *(change)* passare a cose più importanti; *(make progress)* fare cose più importanti **6** *(noble)* [*principle*] alto, elevato; [*ideal, character*] grande, nobile; ***those are ~ words (indeed)!*** IRON. sono (tutte) belle parole! **7** *(acute)* [*pitch, sound, note*] alto, acuto; [*voice*] acuto; ***to reach the ~ notes*** arrivare alle note alte **8** *(mature)* [*game*] frollato; [*fish*] passato, andato a male; [*cheese*] invecchiato, maturo; [*butter*] rancido; ***I like my cheese really ~*** il formaggio mi piace molto maturo *o* stravecchio **9** COLLOQ. *(euphoric)* *(on drug)* sballato; *(happy)* su di giri; ***to be ~ on*** essere sovreccitato per [*drug*]; ***she was ~ on success*** il successo l'aveva esaltata; ***to get ~*** *(deliberately)* sballare; *(accidentally)* sovreccitarsi **10** LING. [*vowel*] chiuso **II** avv. **1** *(to a great height)* [*climb, throw, rise, raise*] in alto; [*jump, fly*] alto, in alto; ***build, pile ~*** erigere costruzioni, fare pile molto alte; ***the plane flew too ~*** l'aereo volava troppo alto; ***the desk was piled ~ with papers*** la scrivania era coperta da alte pile di carte; ***write it ~er up*** scrivilo più in alto; ***to live ~ up on the 16th floor*** abitare al sedicesimo piano; ***to climb ~er and ~er*** [*person, animal*] salire sempre più in alto; FIG. [*figures, rate, unemployment*] aumentare sempre di più; ***interest rates may go as ~ as 15%*** i tassi d'interesse possono arrivare fino al 15%; ***don't go any ~er than £ 5,000*** non andare oltre *o* non superare le 5.000 sterline **2** *(at a high level)* [*set, turn on*] alto; ***to turn sth. up ~*** alzare qcs.; ***don't turn it up too ~*** non alzarlo troppo **3** [*sing, play*] in una tonalità alta; ***sing an octave ~er*** canta un'ottava sopra ◆ ***it's ~ time that sb. did*** è proprio ora che qcn. faccia; ***to have a ~ (old) time*** divertirsi da matti; ***to hold one's head (up) ~*** tenere la testa alta; ***to search*** o ***hunt ~ and low for sth.*** cercare qcs. in lungo e in largo, per mari e per monti.

2.high /haɪ/ n. **1** *(high level)* (livello) massimo m., picco m.; ***an all-time, a record*** **~** un massimo assoluto, un livello record; ***to rise to*** o ***hit*** o ***reach a new*** **~** raggiungere un nuovo picco; ***a*** **~** ***of 35°*** un picco di 35°; ***a ten-year*** **~** ***of three million*** una cifra record di tre milioni in dieci anni **2** COLLOQ. *(euphoric feeling)* ***to give sb. a*** **~** [*drug*] fare sballare qcn.; [*success, compliment*] dare alla testa a qcn.; ***to be on a*** **~** essere su di giri *o* eccitatissimo **3** METEOR. zona f. di alta pressione **4** AE COLLOQ. SCOL. scuola f. (media) superiore **5** ***on*** **~** in alto; ***from on*** **~** dall'alto **6** RELIG. ***on*** **~** in Cielo; ***from on*** **~** dal Cielo.
high altar /ˌhaɪˈɔːtə(r)/ n. altar maggiore m.
high and dry /ˌhaɪənˈdraɪ/ agg. abbandonato; ***to leave sb.*** **~** FIG. abbandonare qcn. a se stesso.
high and mighty /ˌhaɪənˈmaɪtɪ/ agg. COLLOQ. presuntuoso, arrogante.
high-angle shot /ˌhaɪˌæŋglˈʃɒt/ n. ripresa f. dall'alto.
highball /ˈhaɪbɔːl/ n. highball m.
highball glass /ˌhaɪbɔːlˈglɑːs, AE -ˈglæs/ n. highball m.
high beam /ˌhaɪˈbiːm/ n. AE AUT. abbaglianti m.pl.
highborn /ˈhaɪbɔːn/ agg. di alti natali.
highboy /ˈhaɪbɔɪ/ n. AE = cassettone con le gambe alte.
highbred /ˈhaɪbred/ agg. **1** [*person*] di famiglia nobile; [*animal*] di razza **2** *(refined)* raffinato.
highbrow /ˈhaɪbraʊ/ **I** agg. intellettuale **II** n. intellettuale m. e f.
high chair /ˌhaɪˈtʃeə(r)/ n. *(for child)* seggiolone m.
High Church /ˌhaɪˈtʃɜːtʃ/ **I** n. Chiesa f. Alta **II** modif. [*service, ceremony, person*] della Chiesa Alta.
high-class /ˌhaɪˈklɑːs, AE -ˈklæs/ agg. [*hotel, shop, car*] di (prima) classe, di lusso; [*performance*] d'alto livello; [*goods, product*] di prim'ordine, di alta qualità; [*area, neighbourhood*] di lusso; [*prostitute, gigolo*] d'alto bordo.
high-coloured BE, **high-colored** AE /ˌhaɪˈkʌləd/ agg. dal colorito acceso.
high comedy /ˌhaɪˈkɒmədɪ/ n. TEATR. commedia f. brillante; ***there are moments of*** **~** ***in the film*** il film ha dei momenti di grande comicità.
high command /ˌhaɪkəˈmaːnd, AE -ˈmænd/ n. alto comando m.
high commission /ˌhaɪkəˈmɪʃn/ n. alta commissione f.
high commissioner /ˌhaɪkəˈmɪʃnə(r)/ ♦ ***27*** n. alto commissario m.
high court /ˌhaɪˈkɔːt/ n. corte f. suprema.
High Court /ˌhaɪˈkɔːt/ n.pr. → **High Court of Justice**.
high court judge /ˌhaɪˌkɔːtˈdʒʌdʒ/ ♦ ***27*** n. giudice m. di corte suprema.
High Court of Justice /ˌhaɪˌkɔːtəvˈdʒʌstɪs/ n. = corte suprema in materia di diritto civile, in Inghilterra e nel Galles.
High Court of Justiciary /ˌhaɪˌkɔːtəvdʒʌˈstɪʃɪərɪ/ n. = corte suprema in materia di diritto penale, in Scozia.
high-definition /ˌhaɪˌdefɪˈnɪʃn/ agg. [*image*] ad alta definizione.
high density /ˌhaɪˈdensətɪ/ agg. [*disk, tape, plastic, metal*] ad alta densità.
high density housing /ˌhaɪˌdensətɪˈhaʊzɪŋ/ n. grandi complessi m.pl. residenziali.
high diver /ˌhaɪˈdaɪvə(r)/ n. tuffatore m. (-trice) dalla piattaforma.
high diving /ˈhaɪˌdaɪvɪŋ/ ♦ ***10*** n. tuffi m.pl. dalla piattaforma.
high-energy physics /ˌhaɪˌenədʒɪˈfɪzɪks/ n. + verbo sing. fisica f. delle alte energie.
Higher /ˈhaɪə(r)/ n. SCOZZ. SCOL. = in Scozia, diploma di scuola secondaria superiore.
higher education /ˌhaɪərˌedʒʊˈkeɪʃn/ n. istruzione f. superiore.
higher mathematics /ˌhaɪəˌmæθəˈmætɪks/ n. + verbo sing. matematica f. superiore.
Higher National Certificate /ˌhaɪəˌnæʃənlsəˈtɪfɪkət/ n. GB SCOL. = diploma di scuola secondaria superiore ad indirizzo tecnico.
Higher National Diploma /ˌhaɪəˌnæʃənldɪˈpləʊmə/ n. BE diploma m. universitario in materie tecniche.
higher-up /ˌhaɪərˈʌp/ n. superiore m., capo m.
highest common factor /ˌhaɪəstˌkɒmənˈfæktə(r)/ n. massimo comun divisore m.
high explosive /ˌhaɪɪkˈspləʊsɪv/ n. esplosivo m. ad alto potenziale.
highfalutin(g) /ˌhaɪfəˈluːtɪŋ/ agg. COLLOQ. [*language, speech*] ampolloso; [*ways, ideas*] pretenzioso.
high fashion /ˌhaɪˈfæʃn/ n. alta moda f.
high-fibre /ˌhaɪˈfaɪbə(r)/ agg. [*foodstuff*] ricco di fibre.
high-fidelity /ˌhaɪfɪˈdelətɪ/ **I** agg. ad alta fedeltà **II** n. alta fedeltà f.
high finance /ˌhaɪˈfaɪnæns, -fɪˈnæns/ n. alta finanza f.
high five /ˌhaɪˈfaɪv/ n. = gesto di esultanza o di saluto, con cui due persone battono reciprocamente le palme delle mani, tenendo le braccia alte sopra la testa.
high-flier /ˌhaɪˈflaɪə(r)/ n. *(ambitious person)* ambizioso m. (-a); *(gifted person)* persona che ha grandi potenzialità.
high-flown /ˈhaɪfləʊn/ agg. altisonante.
high-flyer → **high-flier**.
high-flying /ˌhaɪˈflaɪɪŋ/ agg. **1** [*aircraft, bird*] d'alta quota **2** FIG. [*person*] *(ambitious)* che punta in alto, ambizioso; *(gifted)* con grandi potenzialità; [*ambition, ideal*] grande; [*career*] ambizioso.
high-frequency /ˌhaɪˈfriːkwənsɪ/ agg. ad alta frequenza.
High German /ˌhaɪˈdʒɜːmən/ n. alto tedesco m.
high-grade /ˌhaɪˈgreɪd/ agg. **1** MINER. [*mineral, ore*] ad alto contenuto, ricco **2** [*merchandise, substance, paper*] di alta qualità.
high ground /ˌhaɪˈgraʊnd/ n. altura f.; ***there will be snow on*** **~** ci sarà neve ad alta quota; ***to seize*** o ***claim*** o ***take the (moral)*** **~** FIG. attestarsi su posizioni moraliste.
high-handed /ˌhaɪˈhændɪd/ agg. dispotico.
high-handedly /ˌhaɪˈhændɪdlɪ/ avv. dispoticamente.
1.high hat /ˈhaɪhæt/ n. **1** *(top hat)* cilindro m. **2** MUS. *(cymbal)* piatti m.pl. **3** COLLOQ. ANT. persona f. altezzosa, snob m. e f.
2.high hat /ˈhaɪhæt/ tr. AE trattare dall'alto in basso, snobbare.
high-heeled /ˌhaɪˈhiːld/ agg. [*shoe*] con il tacco alto.
high heels /ˌhaɪˈhiːlz/ n.pl. *(shoes, heels)* tacchi m. alti.
high-income /ˌhaɪˈɪŋkʌm/ agg. ad alto reddito.
high-intensity /ˌhaɪɪnˈtensətɪ/ agg. [*lights*] a forte intensità.
high-interest /ˌhaɪˈɪntrəst/ agg. [*loan*] con interesse alto, elevato.
high jinks /ˌhaɪˈdʒɪŋks/ n.pl. COLLOQ. baldoria f.sing.; ***to get up to*** **~** fare baldoria.
high jump /ˌhaɪˈdʒʌmp/ ♦ ***10*** n. SPORT salto m. in alto ♦ ***to be for the*** **~** BE COLLOQ. stare fresco *o* essere nei guai.
high-keyed /ˌhaɪˈkiːd/ agg. **1** MUS. acuto **2** FIG. eccitabile, nervoso.
high kick /ˌhaɪˈkɪk/ n. (grand) battement m.
highland /ˈhaɪlənd/ **I** n. (anche **~s**) regione f. montagnosa **II** agg. [*animal, vegetation*] di montagna.
Highland /ˈhaɪlənd/ ♦ ***24*** **I Highlands** n.pr.pl. (anche **Highland Region**) Highlands f. **II** modif. [*customs, dress, cattle*] delle Highlands; [*holiday*] nelle Highlands.
highlander /ˈhaɪləndə(r)/ n. montanaro m. (-a).
Highlander /ˈhaɪləndə(r)/ n. nativo m. (-a), abitante m. e f. delle Highlands.
Highland fling /ˈhaɪləndˌflɪŋ/ n. = tipo di danza scozzese.
Highland games /ˈhaɪləndˌgeɪmz/ n.pl. = raduno in cui si svolgono giochi, balli e musiche tradizionali scozzesi.
▷ **high-level** /ˌhaɪˈlevl/ agg. **1** [*contracts, meeting, talks*] ad alto livello; [*diplomat, executive, official*] di alto livello **2** INFORM. [*programming language*] ad alto livello **3** NUCL. [*nuclear waste*] ad alta radioattività.
high life /ˈhaɪˌlaɪf/ n. bella vita f.
▷ **1.highlight** /ˈhaɪlaɪt/ **I** n. **1** ART. zona f. di maggiore luminosità **2** *(in hair)* *(natural)* riflesso m.; *(artificial)* mèche f. **3** *(best part)* *(of exhibition)* parte f. migliore; *(of show, event, week, evening)* (momento) clou m. **II highlights** n.pl. RAD. TELEV. sommario m.sing.; ***sports*** **~*s*** sintesi.
▷ **2.highlight** /ˈhaɪlaɪt/ tr. **1** *(accentuate)* [*artist*] illuminare, mettere in rilievo; [*photographer*] fare risaltare; [*sun, light*] illuminare **2** *(emphasize)* mettere in rilievo, evidenziare **3** *(with fluorescent pen)* evidenziare **4** INFORM. evidenziare, selezionare **5** *(bleach)* schiarire; ***to have one's hair*** **~*ed*** farsi fare le mèches.
highlighter /ˈhaɪlaɪtə(r)/ n. **1** *(pen)* evidenziatore m. **2** *(make-up)* fard m. chiaro.
high living /ˌhaɪˈlɪvɪŋ/ n. bella vita f.
▶ **highly** /ˈhaɪlɪ/ avv. **1** *(very, to a large extent)* altamente [*complex, dangerous, developed, toxic, unlikely*]; fortemente [*motivated*]; estremamente [*educated, intelligent, promising, sensitive, unusual*]; molto [*seasoned*]; grandemente [*respected*]; **~** ***important*** della massima importanza; ***to be*** **~** ***critical of sth., sb.*** criticare severamente qcs., qcn. **2** *(enthusiastically)* ***to speak, think*** **~** ***of sb.*** parlare in termini entusiastici di qcn., avere molta stima di qcn.; ***she is very*** **~** ***thought of*** è molto ben considerata; ***to praise sb.*** **~** tessere le lodi di qcn.; ***to be*** **~** ***regarded*** essere grandemente stimato; ***to be*** **~** ***acclaimed*** essere grandemente acclamato **3** *(with a large amount)* ampiamente [*remunerated, rewarded*]; **~** ***priced*** caro, dal prezzo alto; **~** ***populated*** densamente popolato.
highly-charged /ˌhaɪlɪˈtʃɑːdʒd/ agg. [*atmosphere, meeting*] molto teso; [*narrative*] ad alta tensione.
highly-coloured BE, **highly-colored** AE /ˌhaɪlɪˈkʌləd/ agg. **1** dai colori vividi **2** *(embellished)* [*version, description, story*] molto colorito.
highly-paid /ˌhaɪlɪˈpeɪd/ agg. molto ben pagato.
highly placed /ˌhaɪlɪˈpleɪst/ agg. altolocato.

highly-polished /ˌhaɪlɪˈpɒlɪʃt/ agg. estremamente raffinato.
highly-sexed /ˌhaɪlɪˈsekst/ agg. libidinoso, lascivo.
highly-strung /ˌhaɪlɪˈstrʌŋ/ agg. molto teso.
highly-trained /ˌhaɪlɪˈtreɪnd/ agg. altamente qualificato.
High Mass /ˌhaɪˈmæs/ n. messa f. solenne.
high-mettled /ˌhaɪˈmetlt/ agg. [*horse*] focoso; [*man*] intrepido, coraggioso.
high-minded /ˌhaɪˈmaɪndɪd/ agg. [*person*] d'animo nobile; [*act, attitude, principle, wish*] nobile.
high-necked /ˌhaɪˈnekt/ agg. [*dress, blouse*] accollato; [*sweater*] a collo alto.
highness /ˈhaɪnɪs/ n. *(of building, voice, sound)* altezza f.; *(of wind)* forza f.
Highness /ˈhaɪnɪs/ ♦ *9* n. ***His*** o ***Her (Royal)*** ~ Sua Altezza (Reale).
high noon /ˌhaɪˈnuːn/ n. mezzogiorno m. in punto; ***at*** ~ a mezzogiorno in punto.
high-octane /ˌhaɪˈɒkteɪn/ agg. ad alto numero di ottani.
high-performance /ˌhaɪpəˈfɔːməns/ agg. ad elevate prestazioni.
high-pitched /ˌhaɪˈpɪtʃt/ agg. **1** [*voice, sound*] acuto **2** [*roof*] aguzzo.
high point /ˌhaɪˈpɔɪnt/ n. FIG. punto m. culminante, clou m.
high-powered /ˌhaɪˈpaʊəd/ agg. **1** *(powerful)* [*rifle, transmitter*] a grande portata; [*transmitter, car, engine*] di grande potenza, molto potente; [*telescope, microscope, lens*] molto potente, ad alto ingrandimento **2** *(dynamic)* [*person*] molto attivo, energico; [*sector, field, business*] attivo, dinamico; *(important)* [*executive, solicitor*] molto potente; [*job*] di grande responsabilità.
high pressure /ˌhaɪˈpreʃə(r)/ **I** n. METEOR. alta pressione f. **II** modif. **1** *(aggressive)* [*technique, tactic*] pressante; [*selling, salesperson*] insistente, aggressivo **2** *(stressful)* [*job*] stressante **3** TECN. [*gas, steam, pump, cylinder*] ad alta pressione.
high priced /ˌhaɪˈpraɪst/ agg. costoso, dal prezzo alto.
high priest /ˌhaɪˈpriːst/ n. RELIG. sommo sacerdote m. (**of** di) (anche FIG.).
high priestess /ˌhaɪˈpriːstes/ n. RELIG. (grande) sacerdotessa f. (**of** di) (anche FIG.).
high-principled /ˈprɪnsəpld/ agg. [*person*] di nobili principi; [*stance, motivation*] dettato da nobili principi.
▷ **high-profile** /ˌhaɪˈprəʊfaɪl/ agg. [*entrepreneur, firm, pressure group*] di alto livello, di rilievo; [*politician*] di primo piano; [*campaign*] in grande stile; [*lobbying*] intenso; [*meeting, visit*] molto pubblicizzato.
high-ranking /ˈhaɪˌræŋkɪŋ/ agg. [*officer*] di grado elevato; FIG. di alto rango.
high-resolution /ˌhaɪˌrezəˈluːʃn/ agg. ad alta risoluzione.
high rise /ˌhaɪˈraɪz/ **I** n. palazzo m. a molti piani **II** agg. [*flat, apartment, office*] in un palazzo molto alto; ~ ***building***, ~ ***block*** edificio, palazzo a molti piani, molto alto.
▷ **high-risk** /ˌhaɪˈrɪsk/ agg. **1** *(dangerous)* [*occupation*] ad alto rischio; [*sport*] molto rischioso; [*prisoner*] pericoloso **2** *(in danger)* [*group, person*] ad alto rischio.
high road /ˈhaɪrəʊd/ n. strada f. principale, maestra.
high roller /ˈhaɪˌrəʊlə(r)/ n. AE COLLOQ. *(big spender)* spendaccione m. (-a); *(gambler)* forte scommettitore m. (-trice).
high school /ˈhaɪskuːl/ n. SCOL. = scuola secondaria superiore.

> **High school** Istituto d'istruzione secondaria negli Stati Uniti, suddiviso in *Junior high school* (studenti dai 12 ai 14 anni) e *Senior high school* (studenti dai 15 ai 17 anni). Al termine di questo ciclo di studi gli allievi devono sostenere un esame (ACT, SAT) per essere ammessi a un *college* (v. ***Colleges***).

high-scoring /ˌhaɪˈskɔːrɪŋ/ agg. [*player*] che segna molto.
high sea /ˌhaɪˈsiː/ n. alto mare m.; ***on the*** ~***s*** in alto mare.
high season /ˌhaɪˈsiːzn/ n. alta stagione f.; ***in (the)*** ~ in alta stagione.
high-sided vehicle /ˌhaɪˌsaɪdɪdˈvɪəkl, AE -ˈviːhɪkl/ n. veicolo m. con fiancate alte.
high society /ˌhaɪsəˈsaɪətɪ/ n. alta società f.
high-sounding /ˌhaɪˈsaʊndɪŋ/ agg. sonoro, altisonante.
▷ **high-speed** /ˌhaɪˈspiːd/ agg. [*train, rail link, line, car chase, crash*] ad alta velocità; [*coach, jet, boat, printer*] (super)veloce; [*fax, sorting machine*] rapido; [*film*] ultrarapido; [*camera, lens*] extrarapido.
high-spending /ˌhaɪˈspendɪŋ/ agg. che spende molto, spendaccione.
high-spirited /ˌhaɪˈspɪrɪtɪd/ agg. pieno di entusiasmo.
high spirits /ˌhaɪˈspɪrɪts/ n.pl. entusiasmo m.sing.; ***to be in*** ~ essere pieno di entusiasmo.
high spot /ˈhaɪˌspɒt/ n. → **high point**.
high street /ˌhaɪˈstriːt/ BE (anche **High Street**) **I** n. **1** *(in town)* via f. principale **2** ***you won't find these clothes in the*** ~ questi vestiti non si trovano in qualsiasi negozio **II** modif. [*retailer*] = che fa parte di una catena di distribuzione.
high-street bank /ˌhaɪˌstriːtˈbæŋk/ n. grande banca f. (che ha molte agenzie e succursali).
high-street shop /ˌhaɪˌstriːtˈʃɒp/ ♦ *27* n. = negozio che fa parte di una catena di distribuzione.
high-street spending /ˌhaɪˌstriːtˈspendɪŋ/ n. spese f.pl. di consumo ordinario.
high-strung /ˌhaɪˈstrʌŋ/ agg. → **highly-strung**.
hight /haɪt/ agg. ANT. LETT. chiamato; ***a knight*** ~ ***Huey*** un cavaliere di nome Huey.
high table /ˌhaɪˈteɪbl/ n. *(at function)* tavolo m. d'onore; BE UNIV. tavola f. dei professori.
hightail /ˈhaɪteɪl/ intr. AE COLLOQ. ***to*** ~ ***(it) home, to sb.'s house*** filarsela a casa, a casa di qcn.
high tea /ˈhaɪˌtiː/ n. GB = pasto consumato nel tardo pomeriggio.
high tech /ˌhaɪˈtek/ n. *(interior design)* high-tech m. e f.
▷ **high-tech** /ˌhaɪˈtek/ agg. COLLOQ. [*industry, company*] all'avanguardia; [*hospital, office, equipment, weapon, car*] ultramoderno; [*method, system*] di alta tecnologia; [*style, decor, furniture, room*] high-tech.
high technology /ˌhaɪtekˈnɒlədʒɪ/ **I** n. alta tecnologia f. **II** modif. [*company, industry, sector*] all'avanguardia; [*import, product, development, research*] di alta tecnologia.
high-tension /ˌhaɪˈtenʃn/ agg. ad alta tensione.
high tide /ˌhaɪˈtaɪd/ n. alta marea f.
high treason /ˌhaɪˈtriːzn/ n. alto tradimento m.
high-toned /ˌhaɪˈtəʊnd/ agg. AE COLLOQ. altolocato.
high-up /haɪˈʌp/ n. COLLOQ. pezzo m. grosso.
high-velocity /ˌhaɪvɪˈlɒsətɪ/ agg. [*bullet, missile, rifle, wind, gust*] ad alta velocità.
high voltage /ˌhaɪˈvəʊltɪdʒ/ **I** n. alta tensione f. **II high-voltage** agg. ad alta tensione.
high-waisted /ˌhaɪˈweɪstɪd/ agg. a vita alta.
high water /ˌhaɪˈwɔːtə(r)/ n. *(high tide)* alta marea f.; *(of tidal river, in harbour)* acqua alta f.
high-water mark /ˌhaɪˌwɔːtəˈmɑːk/ n. livello m. di acqua alta, livello m. di guardia; FIG. culmine m.
▷ **highway** /ˈhaɪweɪ/ n. BE *(main road)* strada f. principale, maestra; AE *(motorway)* superstrada f., strada f. ad alta intensità di circolazione; ***public*** o ***king's*** o ***queen's*** ~ BE via pubblica; ~***s and byways*** strade e stradine.
Highway Code /ˌhaɪweiˈkəʊd/ n. BE codice m. della strada.
highway(s) engineer /ˌhaɪweɪ(z)ˌendʒɪˈnɪə(r)/ ♦ *27* n. ingegnere m. stradale.
highway maintenance /ˈhaɪweɪˈmeɪntənəns/ n. manutenzione f. delle strade.
highwayman /ˈhaɪweɪmən/ n. (pl. **-men**) bandito m. (-a) di strada.
highway patrol /ˈhaɪweɪpəˈtrəʊl/ n. AE polizia f. stradale.
highway robbery /ˌhaɪweɪˈrɒbərɪ/ n. rapina f. (sulla pubblica via); FIG. furto m. vero e proprio.
Highways Department /ˈhaɪweɪzdɪˈpɑːtmənt/ n. = dipartimento per la viabilità.
high wire /ˌhaɪˈwaɪə(r)/ n. *(of rope-walker)* corda f. tesa.
high yellow /ˌhaɪˈjeləʊ/ n. AE POP. SPREG. mulatto m. (-a) dalla carnagione molto chiara.
1.hijack /ˈhaɪdʒæk/ n. dirottamento m.
2.hijack /ˈhaɪdʒæk/ tr. **1** dirottare [*plane*]; impadronirsi di [*lorry, car*] **2** FIG. *(take over)* appropriarsi di [*theory, subject*]; assumere il controllo di, pilotare [*event, demonstration*].
hijacker /ˈhaɪdʒækə(r)/ n. *(of plane)* dirottatore m. (-trice), pirata m. dell'aria; *(of bus, truck)* bandito m.
hijacking /ˈhaɪdʒækɪŋ/ n. dirottamento m.
▷ **1.hike** /haɪk/ n. **1** *(walk)* camminata f., escursione f.; SCHERZ. scarpinata f.; ***to go on*** o ***for a*** ~ (andare a) fare una camminata **2** ECON. *(rise)* aumento m. (**in** di); ***wage, price*** ~ aumento salariale, impennata dei prezzi ♦ ***take a*** ~***!*** COLLOQ. vai a farti un giro! *o* vattene! *o* pedala!
2.hike /haɪk/ **I** tr. (anche ~ **up**) alzare [*garment*]; ECON. aumentare [*rate, price*] **II** intr. fare escursionismo; ***they*** ~***d all round Italy*** hanno fatto il giro dell'Italia a piedi.
hiker /ˈhaɪkə(r)/ n. camminatore m. (-trice), escursionista m. e f.
hiking /ˈhaɪkɪŋ/ ♦ *10* n. escursionismo m.; ***a week's*** ~ ***holiday*** una settimana di vacanza facendo escursionismo.

hiking boot /ˈhaɪkɪŋˌbuːt/ n. pedula f.

hilarious /hɪˈleərɪəs/ agg. esilarante; ***we had a ~ time*** ci siamo divertiti un mondo.

hilariously /hɪˈleərɪəslɪ/ avv. ***~ funny*** esilarante, divertentissimo.

hilarity /hɪˈlærətɪ/ n. ilarità f.; ***her hat caused much ~*** il suo cappello scatenò l'ilarità generale.

Hilary /ˈhɪlərɪ/ n.pr. **1** *(male name)* Ilario **2** *(female name)* Ilaria.

Hilda /ˈhɪldə/ n.pr. Ilda.

Hildebrand /ˈhɪldəbrænd/ n.pr. Ildebrando.

hili /ˈhɪlaɪ/ → **hilus**.

▶ **hill** /hɪl/ n. **1** collina f., *(smaller)* montagnola f.; ***over ~ and dale*** LETT. per monti e per valli **2** *(hillside)* pendio m. **3** ***the Hill*** AE = il Congresso ◆ ***as old as the ~s*** vecchio come il cucco; ***to be over the ~*** essere sulla china (degli anni).

Hillary /ˈhɪlərɪ/ n.pr. Ilaria.

hillbilly /ˈhɪlbɪlɪ/ n. AE SPREG. montanaro m. (-a), buzzurro m. (-a).

hill climb /ˈhɪlˌklaɪm/ n. *(motor sport)* corsa f. in salita.

hill farming /ˈhɪlˌfɑːmɪŋ/ n. BE allevamento m. d'altitudine.

hill-folk /ˈhɪlfəʊk/ n. montanari m.pl.

hilliness /ˈhɪlɪnɪs/ n. carattere m. collinoso.

hillock /ˈhɪlək/ n. collinetta f.

hillside /ˈhɪlsaɪd/ n. fianco m. di collina; ***on the ~*** sul fianco della collina.

hill station /ˈhɪlˌˌsteɪʃn/ n. INDIAN. stazione f. climatica di bassa montagna.

hilltop /ˈhɪltɒp/ **I** n. cima f. di collina **II** modif. [*farm, settlement*] in cima a una collina.

hill walking /ˈhɪlˌwɔːkɪŋ/ n. escursionismo m., camminate f.pl. in collina, in bassa montagna.

hilly /ˈhɪlɪ/ agg. [*landscape, region*] collinoso.

hilt /hɪlt/ n. *(handle) (of sword)* impugnatura f., elsa f.; *(of knife)* manico m.; ***(up) to the ~*** fino all'elsa; FIG. *(in debt)* fino al collo; ***to be taxed to the ~*** essere oberato dalle tasse; ***to back sb. (up) to the ~*** appoggiare qcn. in tutto e per tutto.

hilus /ˈhɪlɪs/ n. (pl. **-i**) ANAT. ilo m.

▶ **him** /*forma debole* ɪm, *forma forte* hɪm/ *Him* can be translated in Italian by *lo, gli* and *lui*. - When used as a direct object pronoun, *him* is translated by *lo* (*l'* before *h* or a vowel). Note that the object pronoun normally comes before the verb in Italian: *I know him* = lo conosco; *I've already seen him* = l'ho già visto. In imperatives (and other non-finite forms), however, *lo* comes after the verb and is joined to it to form a single word: *catch him!* = prendilo! When the direct object pronoun is used in emphasis, *him* is translated by *lui* which comes after the verb: *she loves him, not you* = lei ama lui, non te. - When used as an indirect object pronoun, *him* is translated by *gli*, which comes before the verb: *I've given him the book* = gli ho dato il libro. In imperatives (and other non-finite forms), however, *gli* comes after the verb and is joined to it to form a single word: *phone him!* = telefonagli! Note that *gli* becomes *glie* when another pronoun is used as well: *send it to him at once!* = mandaglielo subito! *we've given it to him* = glielo abbiamo dato. - After prepositions, the translation is *lui*: *I did it for him* = l'ho fatto per lui; *I told him, not her* = l'ho detto a lui, non a lei. - Remember that a verb followed by a particle or a preposition in English may correspond to a verb followed by a direct object in Italian, and vice versa, e.g. *to look at somebody* vs guardare qualcuno and *to distrust somebody* vs dubitare di qualcuno: *look at him!* = guardalo! *they distrust him* = dubitano di lui. - When *him* is used after *as* or *than* in comparative clauses, it is translated by *lui*: *you're as strong as him* = tu sei forte come lui; *she's younger than him* = lei è più giovane di lui. - For particular expressions see below. pron. **1** *(direct object)* lo, lui; ***I know ~*** lo conosco; ***I know ~, not her*** conosco lui, non lei; ***let ~ go*** lascialo andare **2** *(indirect object)* gli, a lui; ***I gave ~ the book*** gli diedi il libro **3** *(after preposition)* lui; ***I did it for ~*** l'ho fatto per lui; ***I came with ~*** sono arrivato con lui; ***he looked behind ~*** guardò dietro di sé **4** COLLOQ. ***it's ~*** è lui; ***she is younger than ~*** è più giovane di lui; ***I don't like ~ going out every night*** non mi piace che (lui) esca tutte le sere.

Himalayan /ˌhɪməˈleɪən/ agg. himalayano.

Himalayas /ˌhɪməˈleɪəz/ n.pr.pl. ***the ~*** (le montagne del)l'Himalaya.

himbo /ˈhɪmbəʊ/ n. (pl. **~s**) GERG. SPREG. *(in journalism)* bellimbusto m.

▶ **himself** /hɪmˈself/ When used as a reflexive pronoun, direct and indirect, *himself* is generally translated by *si*, which is always placed before the verb: *he's enjoying himself* = si sta divertendo; *he's cut himself* = si è tagliato. - When used as an emphatic to stress the corresponding personal pronoun, the translation is *lui stesso* or *anche lui*: *he himself did not know* = lui stesso non lo sapeva; *he's a stranger here himself* = anche lui è forestiero da queste parti. - When used after a preposition, *himself* is translated by *sé* or *se stesso*: *he can be proud of himself* = può essere fiero di sé / se stesso. - *(All) by himself* is translated by *da solo*, which means alone and/or without help. - For particular usages see below. pron. **1** *(reflexive)* si, sé, se stesso; *(after preposition)* sé, se stesso; ***he's hurt ~*** si è ferito; ***Tony was pleased with ~*** Tony era soddisfatto di sé *o* di se stesso **2** *(emphatic)* (lui) stesso; *(after preposition)* lui (stesso); ***he, Mark ~ said that...*** lui stesso, Mark stesso disse che...; ***for ~*** per lui *o* per lui stesso **3** *(expressions)* ***(all) by ~*** (tutto) da solo; ***he's not ~ today*** oggi non è lui *o* non è in sé.

1.hind /haɪnd/ n. (pl. **~, ~s**) ZOOL. cerva f.

2.hind /haɪnd/ agg. posteriore, di dietro; ***~ legs*** zampe posteriori; ***Charles got up on his ~ legs and said...*** Charles si alzò in piedi e disse...

3.hind /haɪnd/ n. ANT. bracciante m. e f.

hindbrain /ˈhaɪndˌbreɪn/ n. rombencefalo m.

1.hinder /ˈhaɪndə(r)/ agg. posteriore, di dietro.

▷ **2.hinder** /ˈhɪndə(r)/ tr. **1** *(hamper)* intralciare [*development, process, career*]; ostacolare [*proposals, reform*]; *(delay)* rallentare [*progress*]; frenare [*efforts*]; ritardare [*plan*] **2** *(prevent)* impedire [*action*]; impedire, ostacolare [*person*]; ***to ~ sb. in their efforts to do*** vanificare gli sforzi di qcn. per fare.

hindermost /ˈhaɪndəməʊst/ agg. → **hindmost**.

hindgut /ˈhaɪndˌgʌt/ n. intestino m. crasso.

Hindi /ˈhɪndɪ/ ♦ ***14*** **I** agg. hindi **II** n. hindi m.

hindmost /ˈhaɪndməʊst/ agg. (il) più indietro, (l')ultimo ◆ ***run, boys, and the devil take the ~!*** si salvi chi può!

hindquarters /ˌhaɪndˈkwɔːtəz/ n.pl. **1** *(of quadruped)* posteriore m.sing. **2** EQUIT. *(of horse)* quarti m. posteriori; ***a half-turn on the ~*** un mezzo giro sui quarti posteriori.

hindrance /ˈhɪndrəns/ n. intralcio m., ostacolo m., impaccio m.; ***to be a ~ to sb.*** [*person*] essere di ostacolo a qcn.; [*social class, lack of ability, poverty*] essere un impedimento per qcn.; ***to be a ~ to sth.*** essere un intralcio a qcs.; ***he's more of a ~ than a help*** è più di ostacolo che di aiuto ◆ ***without let or ~*** DIR. senza alcun impedimento.

hindsight /ˈhaɪndsaɪt/ n. ***with (the benefit of) ~*** con il senno di poi.

Hindu /ˌhɪnˈduː, AE ˈhɪnduː/ ♦ ***18*** **I** agg. indù **II** n. indù m. e f.

Hinduism /ˈhɪnduːɪzəm/ n. induismo m.

Hindustan /ˌhɪndʊˈstɑːn/ n.pr. Indostan m.

Hindustani /ˌhɪndʊˈstɑːnɪ/ ♦ ***14*** **I** agg. indostano **II** n. indostano m. (-a).

▷ **1.hinge** /hɪndʒ/ n. TECN. cerniera f.; *(of door)* cardine m.; ***to come off its ~s*** [*door*] uscire dai cardini.

2.hinge /hɪndʒ/ **I** tr. (forma in -ing **hingeing**) incernierare **II** intr. (forma in -ing **hingeing**) ***to ~ on sth.*** TECN. fare perno su qcs.; ***to ~ on sth., sb.*** FIG. imperniarsi su qcs., dipendere da qcn.

hinged /hɪndzd/ **I** p.pass. → **2.hinge II** agg. [*lid*] a cerniera; [*seat*] pieghevole; [*girder*] snodato.

hinge joint /ˈhɪndʒˌdʒɔɪnt/ n. ANAT. ginglimo m.

1.hinny /ˈhɪnɪ/ n. bardotto m.

2.hinny /ˈhɪnɪ/ intr. RAR. nitrire.

1.hint /hɪnt/ n. **1** *(insinuation)* allusione f., accenno m. (**about** a); ***broad ~*** chiara allusione; ***gentle ~*** discreto accenno; ***subtle ~*** sottile allusione; ***to give a ~*** fare allusione (**about** a); ***he gave no ~ of knowing*** non diede a intendere che sapeva; ***to drop ~s*** fare delle allusioni; ***to drop ~s that*** lasciare intendere che; ***to take a ~ o the ~*** cogliere l'allusione; ***he took the ~ and left*** capì l'antifona e se ne andò; ***all right, I can take a ~, here's £ 10*** va bene, ho capito, ecco 10 sterline **2** *(little bit) (of spice, flavouring)* punta f.; *(of colour)* tocco m.; FIG. *(of smile)* abbozzo m.; *(of disgust)* ombra f.; *(of irony, humour, embarrassment)* pizzico m.; *(of emotion, fear, accent)* traccia f.; ***a ~ of autumn*** un sapore d'autunno; ***there was no ~ of impatience in her face*** non c'era alcuna traccia di impazienza sul suo volto **3** *(clue)* indicazione f., indizio m.; ***I've no idea, give me a ~*** non ho idea, dammi un aiuto; ***acting on a ~*** basandosi su un'indicazione **4** *(helpful tip)* suggerimento m., consiglio m. (**for, on** per; **for doing** per fare).

2.hint /hɪnt/ **I** tr. alludere, accennare (**at sth.** a qcs.; **to sb.** a qcn.); ***to ~ that*** accennare al fatto che; ***"it's someone you know," he ~ed*** "è una persona che conosci", suggerì **II** intr. fare delle allusioni.

■ **hint at:** ***~ at [sth.]*** fare allusione a; ***the possibility has been ~ed at*** la possibilità è stata ventilata.

hinterland /ˈhɪntəlænd/ n. entroterra m.; *(of port, city)* hinterland m.

his

As a determiner

- When translating *his*, remember that in Italian possessives, like most other adjectives, agree in gender and number with the noun they qualify, not as in English with the possessor they refer to; *his* is translated by *suo* + masculine singular noun (*his neighbour, his dog* = il suo vicino, il suo cane), *sua* + feminine singular noun (*his teacher, his house* = la sua maestra, la sua casa), *suoi* + masculine plural noun (*his children, his books* = i suoi figli, i suoi libri), and *sue* + feminine plural noun (*his friends, his shoes* = le mie amiche, le sue scarpe).
- Since both *his* and *her* can be translated by *suo/sua/suoi/sue*, the form *di lui* may be used as an equivalent of *his* to avoid ambiguity: *John opened his book* = John aprì il suo libro; *Mary opened his book* = Mary aprì il libro di lui.
- The above examples also show that Italian possessives, unlike English ones, are normally preceded by an article.
- When *own* is used after *his* to intensify the meaning of the possessive, it is not usually translated in Italian: *he is driving his own car* = sta guidando la sua macchina.
- When *his* is used before nouns indicating parts of the body, garments, relatives, food and drink etc., Italian has an article instead: *he had his hair cut* = si è fatto tagliare i capelli; *he kept his hat on* = ha tenuto il cappello; *he came with his sister* = è venuto con la sorella, con sua sorella; *he has eaten up his soup* = ha finito la minestra; *he is in his forties* = ha passato i quaranta.

As a possessive pronoun

- In Italian, possessive pronouns have the same forms as the corresponding adjectives, are usually preceded by an article, and reflect the gender and number of the noun they are standing for. So *his* is translated by *il suo, la sua, i suoi, le sue,* according to what is being referred to: *your book and his* = il tuo libro e il suo; *the blue car is his* = la macchina blu è la sua; *my children are younger than his* = i miei bambini sono più giovani dei suoi; *your shoes are brown, while his are black* = le tue scarpe sono marroni, mentre le sue sono nere.
- Since Italian possessive adjectives, unlike English ones, may be preceded by an article, a demonstrative adjective or a numeral, an English possessive pronoun is often translated by an Italian possessive adjective: *a cousin of his* = un suo cugino; *that schoolfriend of his* = quel suo compagno di scuola; *four books of his* = quattro suoi libri.

For examples and particular usages, see the entry **his**.

▷ **1.hip** /hɪp/ ♦ *2* **I** n. **1** ANAT. anca f.; fianco m.; ***to break one's ~*** rompersi il (collo del) femore **2** ARCH. spigolo m.; ***~(ped) roof*** tetto a padiglione **II -hipped** agg. in composti ***broad-, narrow-~ped*** dai fianchi larghi, stretti ♦ ***to shoot from the ~*** sparare a caso *o* parlare senza riflettere.

2.hip /hɪp/ n. BOT. cinorrodo m.

3.hip /hɪp/ n. ANT. (accorc. hypochondria) ipocondria f., pessimo umore m.

4.hip /hɪp/ agg. [*person*] al corrente sulle ultime novità, trendy; [*habit, style*] alla moda, di tendenza.

5.hip /hɪp/ tr. (forma in -ing ecc. **-pp-**) AE mettere al corrente (sulle ultime novità).

6.hip /hɪp/ inter. ***~ ~ hurrah!*** hip hip hip urrà!

hip bath /'hɪpbɑ:θ/ n. semicupio m.

hipbone /'hɪpbəʊn/ n. osso m. iliaco.

hip flask /'hɪpflɑ:sk, AE -flæsk/ n. fiaschetta f. da tasca.

hip hop /ˌhɪp'hɒp/ n. hip hop m.

hip-huggers /'hɪphʌgəz/ → **hipsters**.

hip joint /'hɪpdʒɔɪnt/ n. articolazione f. dell'anca.

hip measurement /'hɪpˌmeʒəmənt/, **hip size** /'hɪpˌsaɪz/ n. giro m. fianchi.

hipparch /'hɪpɑ:k/ n. STOR. ipparco m.

hipped /hɪpt/ agg. ANT. di pessimo umore.

hippety-hoppety /ˌhɪpətɪ'hɒpətɪ/ avv. a balzelloni.

hippie /'hɪpɪ/ **I** agg. hippy **II** n. hippy m. e f.

hippo /'hɪpəʊ/ n. (pl. **~s**) (accorc. hippopotamus) ippopotamo m.

hippocampus /ˌhɪpə'kæmpəs/ n. (pl. **-i**) *(all contexts)* ippocampo m.

hip pocket /ˌhɪp'pɒkɪt/ n. *(of trousers)* tasca f. posteriore.

Hippocrates /hɪ'pɒkrəti:z/ n.pr. Ippocrate.

Hippocratic /ˌhɪpə'krætɪk/ agg. ippocratico; ***~ oath*** giuramento di Ippocrate.

hippodrome /'hɪpədrəʊm/ n. ippodromo m.

hippogriff, hippogriph /'hɪpəgrɪf/ n. ippogrifo m.

Hippolytus /hɪ'pɒlɪtəs/ n.pr. Ippolito.

hippopotamus /ˌhɪpə'pɒtəməs/ n. (pl. **~es, -i**) ippopotamo m.

hippuric /hɪ'pjʊərɪk/ agg. ippurico; ***~ acid*** acido ippurico.

hippy → **hippie**.

hip replacement /'hɪprɪˌpleɪsmənt/ n. sostituzione f. della testa del femore; ***to have a ~*** farsi mettere una protesi dell'anca.

hipster /'hɪpstə(r)/ n. GERG. appassionato m. (-a) di jazz.

hipsters /'hɪpstəz/ n.pl. pantaloni m. a vita bassa.

hirable /'haɪrəbl/ agg. noleggiabile.

Hiram /'haɪərəm/ n.pr. Hiram (nome di uomo).

hircine /'hɜ:saɪn/ agg. ircino.

▷ **1.hire** /'haɪə(r)/ n. noleggio m., affitto m.; ***car, video, boat ~*** autonoleggio, videonoleggio, noleggio di imbarcazioni; ***on ~*** a noleggio *o* a nolo; ***to let sth. out on ~*** dare qcs. a noleggio; ***for ~*** [*boat, skis*] a noleggio; [*taxi*] libero.

▷ **2.hire** /'haɪə(r)/ tr. noleggiare [*equipment, services, vehicle*] (**to** a; **from** da); prendere, ingaggiare [*person*]; ***~d killer*** sicario; ***to take on ~d help*** prendere del personale (a giornata).

■ **hire out:** ***~ out [sth.], ~ [sth.] out*** noleggiare, dare a nolo; ***~ oneself out*** offrirsi (**as** come).

hire car /'haɪəˌkɑ:(r)/ n. auto f. a noleggio.

hire charge /'haɪəˌtʃɑ:dʒ/ n. nolo m.

hire company /'haɪəˌkʌmpənɪ/, **hire firm** /'haɪəˌfɜ:m/ n. società f. di noleggio.

hired man /'haɪədˌmæn/ n. (pl. **hired men**) AE AGR. bracciante m.

hireling /'haɪəlɪŋ/ n. mercenario m. (-a).

hire purchase /ˌhaɪə'pɜ:tʃəs/ n. acquisto m. con pagamento rateale; ***on ~*** a rate.

hire purchase agreement /ˌhaɪəˌpɜ:tʃəsə'gri:mənt/, **hire purchase arrangement** /ˌhaɪəˌpɜ:tʃəsə'reɪndʒmənt/ n. BE contratto m. di acquisto con pagamento rateale.

hirer /'haɪərə(r)/ n. noleggiatore m. (-trice).

hiring /'haərɪŋ/ n. **1** *(of equipment)* noleggio m. **2** *(of person)* assunzione f., ingaggio m.

hirsute /'hɜ:sju:t, AE -su:t/ agg. irsuto.

▶ **his** /*forma debole* ɪz, *forma forte* hɪz/ **I** determ. suo, di lui; ***~ beard*** la sua barba; ***~ friends and hers*** gli amici di lui e quelli di lei; ***Nick and ~ sister*** Nick e sua sorella; ***it was ~ fault*** era colpa sua; ***he broke ~ ankle*** si ruppe la caviglia **II** pron. ***all the drawings were good but ~ was the best*** tutti i disegni erano buoni ma il suo era il migliore; ***the blue car is ~*** l'auto blu è la sua; ***which house is ~?*** qual è la sua casa? quale casa è la sua? ***I'm a colleague of ~*** sono un suo collega; ***it's not ~*** non è (il) suo; ***the money was not ~ to give away*** non doveva dare soldi non suoi; ***~ was not an easy task*** FORM. il suo non era un compito facile; ***I saw him with that dog of ~*** SPREG. l'ho visto con quel suo cagnaccio.

▷ **Hispanic** /hɪ'spænɪk/ **I** agg. **1** *(Latin American)* [*person, area, custom*] ispano-americano, latino-americano **2** *(Spanish)* [*art, culture, architecture*] ispanico **II** n. ispano-americano m. (-a), latino-americano m. (-a).

Hispanist /'hɪspənɪst/ n. ispanista m. e f.

hispid /'hɪspɪd/ agg. ispido.

hispidity /hɪ'spɪdətɪ/ n. ispidezza f.

▷ **1.hiss** /hɪs/ n. *(of gas, steam)* fischio m.; *(of snake, person, tape)* sibilo m.

▷ **2.hiss** /hɪs/ **I** tr. fischiare [*person, performance, speech*]; ***"I hate you," she ~ed*** "ti detesto", sibilò; ***he was ~ed off the stage*** dovette lasciare il palcoscenico a suon di fischi **II** intr. [*person, wind*] fischiare, sibilare; [*locomotive, steam, kettle*] fischiare; [*snake*] sibilare; [*cat*] soffiare; [*hot fat*] sfrigolare; [*cassette*] frusciare.

hissing /'hɪsɪŋ/ agg. sibilante, fischiante.

hissy fit /'hɪsɪfɪt/ n. AE COLLOQ. scoppio m. di rabbia.

hist /hɪst/ inter. ANT. sst, zitto, silenzio.

histamine /'hɪstəmi:n/ n. istamina f.

histaminic /'hɪstəmi:nɪk/ agg. istaminico.

histidine /'hɪstədi:n/ n. istidina f.

histiocyte /'hɪstɪəˌsaɪt/ n. istiocita m.

histogenesis /ˌhɪstə'dʒenɪsɪs/ n. istogenesi f.

histogram /'hɪstəgræm/ n. istogramma m.

histological /ˌhɪstəˈlɒdʒɪkl/ agg. istologico.
histologist /hɪˈstɒlədʒɪst/ ➧ *27* n. istologo m. (-a).
histology /hɪˈstɒlədʒɪ/ n. istologia f.
histone /ˈhɪstəʊn/ n. istone m.
▷ **historian** /hɪˈstɔːrɪən/ ➧ *27* n. storico m. (-a); ***ancient ~*** studioso di storia antica; ***art ~*** storico dell'arte; ***military, social ~*** studioso di storia militare, sociale.
▷ **historic** /hɪˈstɒrɪk, AE -ˈstɔːr-/ agg. **1** [*event, site, moment*] storico; ***of ~ importance*** di importanza storica; ***on this ~ occasion*** in questa storica occasione **2** LING. ***past ~*** passato remoto; ***~ present*** presente storico; ***in the ~ present*** al presente storico.
▶ **historical** /hɪˈstɒrɪkl, AE -ˈstɔːr-/ agg. storico.
▷ **historically** /hɪˈstɒrɪklɪ, AE -ˈstɔːr-/ avv. *(where history is concerned)* storicamente; *(from a historical point of view)* dal punto di vista storico; ***~ based*** fondato su basi storiche; ***~ speaking*** in termini storici.
historicism /hɪˈstɒrɪsɪzəm/ n. storicismo m.
historicity /ˌhɪstəˈrɪsətɪ/ n. storicità f.
historiographer /ˌhɪstɒrɪˈɒgrəfə(r)/ ➧ *27* n. storiografo m. (-a).
historiographic(al) /hɪˌstɔːrɪəˈgræfɪk(l)/ agg. storiografico.
historiography /hɪˌstɔːrɪˈɒgrəfɪ/ n. storiografia f.
▶ **history** /ˈhɪstrɪ/ **I** n. **1** *(past)* storia f.; ***ancient, modern ~*** storia antica, moderna; ***Italian ~*** storia italiana; ***18th century English ~*** storia dell'Inghilterra del diciottesimo secolo; ***military, social ~*** storia militare, sociale; ***~ of art*** storia dell'arte; ***in all the firm's 50-year ~*** in tutti i cinquanta anni di storia della ditta; ***a place in ~*** un posto nella storia; ***~ proved him wrong*** la storia gli ha dato torto; ***to make ~*** fare storia; ***to go down in ~ as*** passare alla storia come; ***~ repeats itself*** la storia si ripete; ***to rewrite ~*** riscrivere la storia; ***that's ancient*** o ***past ~*** è una vecchia storia *o* è roba passata **2** DIR. MED. storia f., precedenti m.pl.; ***family ~*** anamnesi familiare; ***medical ~*** anamnesi; ***to have a ~ of heart trouble*** avere dei precedenti di disturbi di cuore; ***to have a ~ of violence*** avere un passato di violenze **3** *(account)* storia f. **4** *(tradition)* tradizione f.; ***the company has a ~ of success, strikes*** la compagnia ha una lunga storia di successi, di scioperi **II** modif. [*book, course, degree, lesson, student, teacher*] di storia ◆ ***to be ~*** *(no longer exist)* essere cosa del passato; COLLOQ. *(be dead)* essere finito, spacciato; ***the rest is ~*** il resto è storia.
histrionic /ˌhɪstrɪˈɒnɪk/ agg. SPREG. istrionico.
histrionics /ˌhɪstrɪˈɒnɪks/ n.pl. istrionismo m.sing.; ***cut out the ~!*** piantala di fare tutta questa scena!
histrionism /ˈhɪstrɪənɪzəm/ n. istrionismo m.
▶ **1.hit** /hɪt/ **I** n. **1** *(blow, stroke in sport, fencing)* colpo m.; ***to give the ball a tremendous ~*** colpire la palla molto forte **2** *(success) (play, film, record etc.)* successo m.; ***to be a big*** o ***smash ~*** *(show, film)* avere un successo enorme; ***to be a ~ with the public*** riscuotere grande successo di pubblico; ***to make a ~ with sb.*** [*person*] fare colpo su qcn. *o* fare una buona impressione a qcn.; ***she's a big ~ with my son*** mio figlio impazzisce per lei **3** COLLOQ. *(dose)* buco m. **4** COLLOQ. *(murder)* assassinio m. **5** INFORM. risultato m. della ricerca, hit m. **II** modif. [*song, play, musical, record*] di successo.
▶ **2.hit** /hɪt/ tr. (forma in -ing **-tt-**; pass., p.pass. **hit**) **1** *(strike)* colpire, battere, picchiare [*person*]; colpire [*ball*]; [*head, arm*] urtare contro [*windscreen, wall*]; ***to ~ one's head, knee on sth.*** battere la testa, il ginocchio contro qcs.; ***his father used to ~ him*** suo padre lo picchiava; ***to ~ a good shot*** *(in tennis, cricket)* tirare un bel colpo; ***to ~ a nail with a hammer*** piantare un chiodo col martello; ***to ~ the brakes*** frenare di colpo **2** *(strike as target)* [*bullet, assassin, torpedo*] colpire [*victim, target, ship, enemy*] **3** *(collide violently)* urtare, andare a sbattere contro [*vehicle, wall*]; [*vehicle*] investire [*person*]; ***the plane hit the runway with a bump*** l'aereo atterrò sobbalzando **4** *(affect adversely)* colpire [*group, incomes, industry*]; ***to be hit by strikes, bad weather*** essere colpito dagli scioperi, dal brutto tempo; ***hardest*** o ***worst hit will be small businesses*** le più colpite saranno le piccole imprese; ***his father's death hit him badly*** la morte di suo padre lo afflisse molto **5** *(become apparent to)* ***it suddenly hit me that*** improvvisamente mi sono reso conto che; ***then it hit me!*** improvvisamente ho capito! **6** *(reach)* raggiungere [*motorway, main road*]; FIG. [*figures, weight*] toccare [*level*] **7** *(come upon)* trovare [*traffic, bad weather*]; imbattersi in [*problem*]; ***you'll ~ the worst of the rush hour*** capiterai proprio nell'ora di punta **8** COLLOQ. *(go to)* ***to ~ the town*** andare a divertirsi; ***let's ~ the pub, club*** andiamo al pub, al club **9** COLLOQ. *(attack)* [*robbers*] rapinare [*bank etc.*] **10** COLLOQ. *(kill)* uccidere, assassinare [*person*] **11** COLLOQ. *(scrounge)* ***to ~ sb. for sth.*** scroccare qcs. a qcn. **12** COLLOQ. *(in cards)* ***"~ me!"*** "dammi una carta!" ◆ ***to ~ sb. in the eye*** saltare agli occhi di qcn.; ***a colour which ~s you between the eyes*** un colore che salta all'occhio; ***to ~ the big time*** COLLOQ. farcela; ***to ~ the ceiling*** o ***roof*** COLLOQ. andare su tutte le furie; ***to ~ the jackpot*** fare una grossa vincita; ***to ~ it off with sb.*** andare d'accordo con qcn.; ***not to know what has ~ one*** COLLOQ. rimanere frastornato; ***a beer would just ~ the spot!*** COLLOQ. una birra è proprio quello che ci vuole!
▪ **hit back:** ~ **back** contrattaccare; ~ **[sb.] back** contrattaccare qcn.; ***well, if he ~s you, ~ him back!*** beh, se ti colpisce, restituiscigli il colpo! ~ **[sth.] back** ribattere [*ball*].
▪ **hit out:** ~ **out** attaccare violentemente; FIG. ***to ~ out at*** sparare a zero contro [*neglect, complacency*].
▪ **hit upon, hit on:** ~ **(up)on [sth.]** avere [*idea*]; trovare, escogitare [*evidence, solution*]; trovare [*present*]; imbattersi in [*problem*]; ***you've hit on a bad time*** capiti in un brutto momento; ~ **on [sb.]** AE POP. importunare, molestare [*person*].
hit-and-miss /ˌhɪtənˈmɪs/ agg. [*method*] approssimativo; [*affair, undertaking*] raffazzonato; ***the way they run things is pretty ~*** fanno le cose a casaccio.
hit-and-run /ˌhɪtənˈrʌn/ agg. [*accident*] = in cui l'investitore fugge; [*gang*] = che dopo avere colpito si dilegua; ***~ attack*** sortita; ***~ driver*** pirata della strada.
1.hitch /hɪtʃ/ n. **1** *(problem)* intoppo m., ostacolo m., difficoltà f.; ***there has been a slight ~*** c'è stato un piccolo intoppo; ***to pass off without a ~*** procedere senza intoppi **2** *(knot)* nodo m. **3** AE *(in prison)* periodo m. di detenzione; ***to do a ~ in the army*** fare la ferma.
2.hitch /hɪtʃ/ **I** tr. **1** *(fasten)* legare [*rope, reins*]; attaccare [*trailer, horse, team*] (**to** a); agganciare [*wagon, rail carriage*] (**to** a) **2** COLLOQ. *(thumb)* ***to ~ a ride*** o ***lift*** fare l'autostop; ***I ~ed a lift to York*** sono andato a York in autostop; ***can I ~ a ride to school?*** puoi darmi uno strappo fino a scuola? **II** intr. COLLOQ. **1** *(hitchhike)* fare l'autostop; ***to ~ to Paris in two days*** impiegarci due giorni per andare a Parigi in autostop **2** AE *(limp)* procedere a strattoni ◆ ***to get ~ed*** COLLOQ. = sposarsi.
▪ **hitch up:** ~ **up [sth.]**, ~ **[sth.] up** **1** *(pull up)* tirare su [*skirt, trousers, covers*]; ***to ~ a bag up onto one's back*** sollevare un sacco sulle spalle **2** *(attach)* agganciare [*wagon*]; attaccare [*trailer, horse*].
hitchhike /ˈhɪtʃhaɪk/ intr. fare l'autostop; ***to ~ to Paris*** andare a Parigi in autostop; ***to ~ round the world*** fare il giro del mondo in autostop.
hitchhiker /ˈhɪtʃhaɪkə(r)/ n. autostoppista m. e f.
hitchhiking /ˈhɪtʃhaɪkɪŋ/ n. autostop m.
hi-tech → **high tech**.
hither /ˈhɪðə(r)/ avv. ANT. qui, qua, per di qua; ***come ~*** vieni qui; ***~ and thither*** qua e là.
hitherto /ˌhɪðəˈtuː/ avv. *(up till now)* finora, fino adesso; *(up till then)* fino allora.
Hitler /ˈhɪtlə(r)/ n.pr. Hitler; ***a little ~*** FIG. un piccolo dittatore.
Hitlerian /hɪtˈlɪərɪən/ agg. hitleriano.
Hitlerism /ˈhɪtlərɪzəm/ n. hitlerismo m.
Hitler Youth Movement /ˌhɪtlərˈjuːθˌmuːvmənt/ n. STOR. gioventù f. hitleriana.
hit list /ˈhɪtˌlɪst/ n. lista f. nera.
hit man /ˈhɪtˌmæn/ n. (pl. **hit men**) *(gangster)* killer m.
hit parade /ˈhɪtpəˌreɪd/ n. hit-parade f.
hit single /ˌhɪtˈsɪŋgl/ n. singolo m. di successo.
hit squad /ˈhɪtˌskwɒd/ n. squadra f. omicida, commando m. omicida.
Hittite /ˈhɪtaɪt/ ➧ *18, 14* **I** agg. ittita **II** n. **1** *(person)* ittita m. e f. **2** *(language)* ittita m.
HIV n. (⇒ human immunodeficiency virus virus dell'immunodeficienza umana) HIV m.
1.hive /haɪv/ n. **1** *(beehive)* alveare m., arnia f. **2** *(swarm)* sciame m.; ***the office was a ~ of activity*** l'ufficio ferveva di attività.
2.hive /haɪv/ **I** tr. mettere, fare entrare nell'alveare [*bees*] **II** intr. [*bees*] entrare nell'alveare.
▪ **hive off:** ~ **off** COLLOQ. sparire, andarsene; ~ **[sth.] off**, ~ **off [sth.]** COMM. AMM. **1** *(subcontract)* subappaltare **2** *(separate off)* scorporare, scindere, separare [*part of company*] **3** *(sell off)* cedere.
HIV-infected /ˌeɪtʃaɪviːɪnˈfektɪd/ agg. sieropositivo.
HIV-negative /ˌeɪtʃaɪviːˈnegətɪv/ agg. sieronegativo.
HIV-positive /ˌeɪtʃaɪˌviːˈpɒzətɪv/ agg. sieropositivo.
hiver /ˈhaɪvə(r)/ ➧ *27* n. apicoltore m. (-trice).
hives /haɪvz/ ➧ *11* n. orticaria f.
hiving off /ˌhaɪvɪŋˈɒf/ n. **1** *(of bees)* sciamatura f. **2** COMM. AMM. scorporo m. d'impresa **3** subappalto m.
hiya /ˈhaɪjə/ inter. COLLOQ. ciao.

HM GB ⇒ His Majesty, Her Majesty Sua Maestà (SM).
HMG n. GB (⇒ His, Her Majesty's Government) = governo di Sua Maestà.
HMI n. GB (⇒ His, Her Majesty's Inspector) = ispettore che ha il compito di supervisionare le scuole.
HMO n. US (⇒ Health Maintenance Organization) = organizzazione privata di assistenza sanitaria.
HMS n. GB (⇒ His, Her Majesty's Ship) = nave di Sua Maestà; ***~ Victory*** la Victory.
HMSO n. GB (⇒ His, Her Majesty's Stationery Office) = istituto poligrafico dello stato.
HNC n. GB (⇒ Higher National Certificate) = diploma di istituto tecnico o professionale.
HND n. GB (⇒ Higher National Diploma) = diploma di perito tecnico.
1.ho /həʊ/ inter. **1** *(expressing a laugh)* ah **2** *(to attract attention)* ohè, olà.
2.ho /həʊ/ inter. issa.
hoar /hɔ:(r)/ **I** agg. ANT. o LETT. **1** *(white-haired)* canuto **2** *(white with frost)* bianco di brina **II** n. ANT. o LETT. **1** canizie f. **2** *(of hoarfrost)* bianchezza f., biancore m.
1.hoard /hɔ:d/ n. *(of treasure)* gruzzolo m.; *(of provisions)* scorte f.pl.; ***a miser's ~*** il gruzzolo messo da parte da un avaro.
2.hoard /hɔ:d/ tr. **1** *(build up reserves of)* accumulare [*supplies*] (anche SPREG.); [*animal*] accumulare, ammucchiare [*food*]; ***to ~ money*** SPREG. ammucchiare soldi **2** *(refuse to throw away)* accumulare [*objects*].
hoarder /'hɔ:də(r)/ n. ***to be a ~ of sth.*** essere un accaparratore di qcs.; ***I'm a terrible ~*** non butto via niente.
1.hoarding /'hɔ:dɪŋ/ n. BE *(saving)* accumulazione f., incetta f., accaparramento m.
2.hoarding /'hɔ:dɪŋ/ n. BE **1** *(for advertisements)* tabellone m. pubblicitario **2** *(fence)* palizzata f., steccato m.
hoarfrost /'hɔ:frɒst, AE -frɔ:st/ n. brina f.
hoariness /'hɔ:rɪnɪs/ n. ANT. o LETT. **1** canizie f. **2** *(of hoarfrost)* bianchezza f., biancore m.
hoarse /hɔ:s/ agg. [*voice, cry*] rauco, roco, fioco; ***to be ~*** essere rauco; ***to shout, laugh oneself ~*** diventare rauco a forza di gridare, di ridere.
hoarsely /'hɔ:slɪ/ avv. con voce roca.
hoarseness /'hɔ:snɪs/ n. *(of voice)* raucedine f.
hoary /'hɔ:rɪ/ agg. **1** [*hair*] bianco, canuto; [*person*] canuto; [*plant*] canescente; ***~-headed*** o ***~-haired*** canuto **2** FIG. *(ancient)* [*problem*] annoso; ***a ~ old joke*** una battuta trita e ritrita.
1.hoax /həʊks/ **I** n. *(practical joke)* beffa f., burla f.; *(deception)* imbroglio m., truffa f.; *(false news)* bufala f.; ***bomb ~*** falso allarme bomba **II** modif. [*claim*] fasullo; [*warning*] falso; ***~ call*** = telefonata che segnala un attentato, la presenza di una bomba ecc. che si rivela fasullo.
2.hoax /həʊks/ tr. burlare, beffare; *(deceive)* truffare; ***we've been ~ed!*** siamo stati truffati!
hoaxer /'həʊksə(r)/ n. burlone m. (-a), beffatore m. (-trice); *(deceiver)* truffatore m. (-trice).
hob /hɒb/ n. **1** *(on cooker, stove)* piano m. di cottura **2** *(on open fire)* piastra f.
1.hobble /'hɒbl/ n. **1** *(limp)* zoppicamento m. **2** *(strap for horse)* pastoia f.
2.hobble /'hɒbl/ **I** tr. *(fetter)* impastoiare [*animal*] **II** intr. *(limp)* zoppicare; ***to ~ in, out, along*** entrare, uscire, avanzare zoppicando.
hobbledehoy /ˌhɒbəldɪ'hɔɪ/ n. ANT. giovane m. e f. goffo (-a), impacciato (-a).
hobble skirt /'hɒblˌskɜ:t/ n. gonna f. a tubo, tubino m.
▷ **1.hobby** /'hɒbɪ/ n. hobby m., passatempo m.; ***hobbies and interests*** *(on cv)* interessi personali.
2.hobby /'hɒbɪ/ n. ORNIT. lodolaio m.
hobby horse /'hɒbɪhɔ:s/ n. **1** *(toy)* cavalluccio m. di legno, cavallo m. a dondolo **2** *(obsession)* chiodo m. fisso, pallino m.
hobbyist /'hɒbɪɪst/ n. hobbista m. e f.; *(collector)* collezionista m. e f.
hobgoblin /'hɒbgɒblɪn/ n. **1** *(in folklore) (imp)* folletto m. maligno; *(bogey)* babau m., uomo m. nero **2** FIG. *(obsession)* spauracchio m., bestia f. nera.
1.hobnail /'hɒbneɪl/ n. bulletta f.; ***~(ed) boots*** scarponi chiodati *o* ferrati.
2.hobnail /'hɒbneɪl/ tr. ferrare [*boots, shoes*].
hobnailed /'hɒbneɪld/ **I** p.pass. → **2.hobnail II** agg. chiodato, ferrato.
hobnob /'hɒbnɒb/ intr. (forma in -ing ecc. **-bb-**) COLLOQ. ***to ~ with sb.*** intrattenersi amichevolmente con qcn.
hobo /'həʊbəʊ/ n. (pl. **~s, ~es**) **1** *(urban vagrant)* vagabondo m. (-a) **2** AE *(migratory worker)* lavoratore m. (-trice) stagionale.
Hobson /'hɒbsn/ n.pr. ***it's ~'s choice*** o mangi questa minestra o salti questa finestra.
1.hock /hɒk/ n. *(of horse etc.)* garretto m.; GASTR. zampetto m.
2.hock /hɒk/ n. ENOL. vino m. bianco del Reno.
3.hock /hɒk/ n. COLLOQ. *(pawn)* pegno m.; ***to be in ~*** *(pawned)* essere impegnato; *(in debt)* essere in debito; ***to be in ~ to sb.*** essere in debito con qcn.; ***to get sth. out of ~*** disimpegnare qcs.
4.hock /hɒk/ tr. *(pawn)* impegnare, dare in pegno.
hockey /'hɒkɪ/ ➧ ***10*** n. **1** BE hockey m. (su prato) **2** AE hockey m. (su ghiaccio).
hockey player /'hɒkɪˌpleɪə(r)/ n. giocatore m. (-trice) di hockey, hockeista m. e f.
hockey stick /'hɒkɪˌstɪk/ n. mazza f. da hockey; ***she's rather jolly ~s*** FIG. è un tipo sportivo.
hocus /'həʊkəs/ tr. (forma in -ing ecc. **-ss-**) RAR. ANT. **1** ingannare **2** drogare [*person, drink*].
hocus-pocus /ˌhəʊkəs'pəʊkəs/ **I** n. **1** *(conjuror's skill)* gioco m. di prestigio **2** SPREG. *(trickery)* gherminella f., imbroglio m., raggiro m. **3** *(jargon)* gergo m., fumisteria f.; ***a lot of political ~*** *(activities)* molti raggiri politici; *(verbal)* un sacco di fumisterie politiche **II** inter. abracadabra.
hod /hɒd/ n. *(for coal)* secchio m. del carbone; *(for bricks)* sparviero m., vassoio m. da muratore.
hod carrier /'hɒdˌkærɪə(r)/ ➧ ***27*** n. manovale m.
Hodge /hɒdʒ/ n. ANT. = tipico contadino inglese.
hodgepodge /'hɒdʒpɒdʒ/ n. AE → **hotchpotch**.
hodiernal /ˌhɒdɪ'ɜ:nəl/ agg. RAR. odierno.
hodman /'hɒdmən/ n. ➧ ***27*** (pl. **-men**) manovale m.
hodograph /'hɒdəˌgrɑ:f, AE -græf/ n. odografo m.
hodometer /hɒ'dɒmɪtə(r)/ n. odometro m., contachilometri m.
hodoscope /'hɒdəskəʊp/ n. odoscopio m.
1.hoe /həʊ/ n. zappa f.
2.hoe /həʊ/ tr. zappare [*ground*]; sradicare [*plants*]; estirpare [*flowerbeds, weeds*] ◆ ***to have a hard row to ~*** avere una gatta da pelare.
hoedown /'həʊdaʊn/ n. AE **1** *(folk dance)* quadriglia f. **2** *(social evening)* = festa in cui si balla la quadriglia.
hoeing /'həʊɪŋ/ n. zappatura f.
1.hog /hɒg/ n. **1** BE *(castrated pig)* porco m. castrato **2** AE *(pig)* porco m., maiale m., verro m. **3** COLLOQ. *(person)* porco m., maiale m. **4** AE COLLOQ. *(car)* macchinone m. ◆ ***to go the whole ~*** COLLOQ. *(be extravagant)* fare le cose in grande; *(go to extremes)* andare fino in fondo.
2.hog /hɒg/ tr. COLLOQ. (forma in -ing ecc. **-gg-**) *(monopolize)* monopolizzare.
Hogarthian /hə'gɑ:θɪən/ agg. hogarthiano; FIG. grottesco, caricaturale.
hogback /'hɒgbæk/ n. **1** GEOGR. = stretta dorsale con pareti scoscese **2** ARCHEOL. = tomba sassone o scandinava a pareti inclinate.
hogget /'hɒgɪt/ n. = pecora di un anno non ancora tosata.
hoggish /'hɒgɪʃ/ agg. ***he is so ~*** è proprio un maiale.
hogling /'hɒglɪŋ/ n. porcello m. (-a).
Hogmanay /'hɒgməneɪ/ n. BE SCOZZ. ultimo m. dell'anno, veglione m. di Capodanno.
hogpen /'hɒgpen, AE hɔ:g-/ n. porcile m.
hogshead /'hɒgzhed/ n. *(cask)* barilotto m.
hogtie /'hɒgtaɪ/ tr. legare le zampe di [*pig, cow*]; FIG. ostacolare [*person*].
hogwash /'hɒgwɒʃ/ n. *(pigswill)* broda f. per maiali; FIG. fesserie f.pl., cavolate f.pl.
hogweed /'hɒgwi:d/ n. branca f. orsina.
ho-hum /'həʊhʌm/ agg. COLLOQ. monotono, banale.
hoick /hɔɪk/ tr. BE COLLOQ. (anche **~ up**) sollevare di colpo; ***she ~ed her bag onto the table*** sollevò la borsa e la buttò sul tavolo.
hoi polloi /ˌhɔɪpə'lɔɪ/ n.pl. SPREG. volgo m.sing., plebe f.sing.
1.hoist /hɔɪst/ n. paranco m.; ***to give sb. a ~ (up)*** dare una spinta a qcn. (per aiutarlo a salire).
2.hoist /hɔɪst/ tr. issare [*flag, sail*]; issare, sollevare [*heavy object*].
hoity-toity /ˌhɔɪtɪ'tɔɪtɪ/ agg. COLLOQ. SPREG. ***to be ~*** avere la puzza sotto il naso.
hoke /həʊk/ tr. AE COLLOQ. ***she ~s (up) her performance too much*** esagera.
hokey-cokey /ˌhəʊkɪ'kəʊkɪ/ n. = danza popolare caratterizzata dal movimento delle mani sollevate in aria.
hokey-pokey /ˌhəʊkɪ'pəʊkɪ/ n. **1** → **hocus-pocus 2** ANT. = gelato da passeggio.

hokum /ˈhəʊkəm/ n. U AE COLLOQ. *(nonsense)* sciocchezze f.pl., stupidaggini f.pl.; *(sentimentality)* sdolcinatezze f.pl.

▶ **1.hold** /həʊld/ n. **1** *(grasp, grip)* presa f.; ***to get ~ of*** afferrare [*rope, handle*]; ***to keep (a) ~ of*** o ***on*** mantenere la presa su [*ball*]; tenersi stretto a [*rail, hand*]; ***to catch*** o ***grab*** o ***grasp*** o ***seize*** o ***take ~ of*** afferrare **2** *(possession)* ***to get ~ of*** procurarsi [*book, ticket, document, information*]; [*press*] venire a conoscenza di, venire a sapere [*story*]; scoprire [*details, information*] **3** *(contact)* ***to get ~ of*** *(by phone)* chiamare, contattare [*person*]; *(by other means)* contattare [*person*] **4** *(control)* controllo m., influenza f., ascendente m. (**on, over** su); ***to have a ~ on*** o ***over sb.*** avere ascendente su qcn.; ***to get a ~ of oneself*** riprendersi **5** *(storage, area)* AER. bagagliaio m.; MAR. stiva f. **6** SPORT *(in wrestling)* presa f.; ***to have sb. in a ~*** eseguire una presa su qcn. **7** *(of hairspray, gel)* fissaggio m.; ***normal, extra ~*** fissaggio normale, forte **8 on hold** TEL. in attesa; ***to put sb. on ~*** TEL. mettere qcn. in attesa; ***to put a call on ~*** TEL. mettere una chiamata in attesa; ***to put one's plan, a project on ~*** rimandare *o* sospendere momentaneamente un progetto.

▶ **2.hold** /həʊld/ ♦ *3* **I** tr. (pass. **held**; p.pass. **held, holden** ANT.) **1** *(clasp)* tenere [*object, hand, person*] (**above, over** sopra; **against** contro); ***to ~ sth. in one's hand*** tenere [qcs.] in mano [*brush, pencil, stick*]; *(enclosed)* stringere [qcs.] in mano [*button, coin, sweet*]; ***to ~ sth., sb. by*** tenere qcs., qcn. per [*handle, stem, sleeve, leg*]; ***to ~ one's stomach, head (in pain)*** tenersi la pancia, la testa (per il dolore); ***to ~ sb. (in one's arms)*** tenere qcn. tra le braccia; ***to ~ each other*** abbracciarsi; ***can you ~ my bag for me?*** puoi tenermi la borsa? **2** *(maintain)* ***to ~ one's head upright, still*** tenere la testa diritta, immobile; ***to ~ one's hands still*** tenere le mani immobili; ***to ~ a pose, smile*** stare in posa, continuare a sorridere; ***to ~ sth. in place*** o ***position*** tenere qcs. a posto; ***to ~ one's speed*** mantenere la stessa velocità **3** *(arrange)* tenere, organizzare [*meeting, talks*]; organizzare [*competition, ballot, demonstration, course, election, exhibition*]; dare, organizzare [*party, reception, show*]; tenere [*conversation*]; celebrare [*church service*]; condurre [*enquiry*]; [*personnel officer*] fare [*interview*]; ***to be held*** avere luogo *o* tenersi **4** *(have capacity for)* [*box, case, tank*] (potere) contenere [*objects, amount*]; [*theatre, room*] avere una capacità di, (potere) contenere [*350 people*]; ***the bus ~s ten (people)*** il pulmino può trasportare 10 persone; ***to (be able to) ~ one's drink*** o ***liquor*** reggere l'alcol **5** *(contain)* [*drawer, cupboard, box, case*] contenere [*objects, possessions*] **6** *(support)* [*shelf, fridge, branch, roof*] reggere [*weight, load, crate*]; ***the branch won't ~ you*** il ramo non ti regge **7** *(restrain)* [*dam, wall*] trattenere [*water, flood waters*]; [*person*] tenere [*dog*]; trattenere [*thief*]; ***there is*** o ***there'll be no ~ing him*** FIG. non lo tiene nessuno **8** *(keep against will)* [*police*] trattenere [*person*]; [*kidnappers*] tenere (in ostaggio) [*person*]; ***to ~ sb. prisoner, hostage*** tenere qcn. prigioniero, in ostaggio **9** *(possess)* possedere, avere [*shares, power, playing card, degree*]; detenere [*record, sporting title, cup*]; occupare [*job, position*]; avere, essere in possesso di [*ticket, passport, licence*]; avere [*title*]; DIR. [*bank, computer, police, solicitor*] conservare [*document, information, money*]; avere [*mortgage*] **10** *(keep back)* tenere [*place, seat, ticket*]; fare aspettare [*train, flight*]; tenere, non inviare [*letter*]; tenere in sospeso [*order*]; ***~ it!*** COLLOQ. un momento! aspetta un attimo! ***~ everything!*** fermate tutto! ***two burgers, but ~ the mustard!*** due hamburger, senza mostarda! **11** *(believe)* avere [*opinion, belief*]; ***to ~ sb., sth. to be*** ritenere che qcn., qcs. sia; ***to ~ that*** [*person*] pensare che; [*law*] dire che; [*theory*] sostenere che; ***to ~ sb. liable*** o ***responsible*** ritenere qcn. responsabile **12** *(defend successfully)* MIL. tenere [*territory, city, bridge*]; POL. SPORT conservare, mantenere [*title*]; mantenere [*seat, lead, position*]; *(in tennis)* ***to ~ one's serve*** o ***service*** mantenere il servizio; ***to ~ one's own*** [*person, army*] tenere duro, non demordere (**against** davanti) **13** *(captivate)* tenere desta l'attenzione di [*person, audience, class*]; attirare [*attention, interest*] **14** TEL. ***to ~ the line*** attendere *o* restare in linea; ***can you ~ the line please*** attenda in linea per favore **15** MUS. tenere [*note*] (**for** per) **16** AUT. ***to ~ the road*** tenere la strada **II** intr. (pass. **held**; p.pass. **held, holden** ANT.) **1** *(remain intact)* [*rope, shelf, bridge, dam, glue*] tenere; FIG. (anche **~ good**) [*theory, offer, objection*] reggere; [*law*] durare, resistere nel tempo **2** *(continue)* [*weather*] tenere, mantenersi; [*luck*] durare **3** TEL. attendere (in linea) **4** *(remain steady)* ***~ still!*** stai fermo! **III** rifl. (pass. **held**; p.pass. **held, holden** ANT.) ***to ~ oneself upright, well*** tenersi diritto, bene su.

■ **hold against:** ***to ~ sth. against sb.*** rinfacciare qcs. a qcn.; ***to ~ it against sb. that*** rinfacciare a qcn. che; ***I don't ~ it against him, them*** non gliene faccio una colpa; ***your age could be held against you*** l'età potrebbe giocare a tuo sfavore.

■ **hold back:** ***~ back*** trattenersi; ***to ~ back from doing*** trattenersi dal fare; ***~ [sb., sth.] back, ~ back [sb., sth.]*** **1** *(restrain)* trattenere [*water, tide, crowd, animals, tears*]; legare [*hair*]; trattenere, fermare [*person*]; soffocare [*feelings*]; contenere [*anger*]; ***to ~ back one's laughter*** trattenere una risata **2** *(prevent progress of)* [*person*] tenere indietro, trattenere [*person, group*]; [*background, poor education*] impedire il miglioramento di [*person*]; ritardare [*production, progress, development*]; [*person, company*] differire [*payment*] **3** *(withhold)* [*person, government, organization*] nascondere [*information, result*]; *(to protect privacy)* non rendere pubblico, non rivelare [*name, information, identity*].

■ **hold down:** ***~ [sb., sth.] down, ~ down [sb., sth.]*** **1** *(prevent from moving)* tenere fermo [*tent, carpet, piece of paper*]; trattenere [*person*] **2** *(press down)* premere [*pedal, key*] **3** *(keep at certain level)* contenere [*number, costs, expenditure, wages, taxes*]; contenere, frenare [*rate, inflation, prices*] **4** *(keep) (not lose)* (riuscire a) tenersi [*job*]; *(have)* avere [*job*].

■ **hold forth** SPREG. fare uno sproloquio (**about, on** su).

■ **hold in:** ***~ [sth.] in, ~ in [sth.]*** **1** *(restrain)* trattenere [*feeling, anger, disappointment*] **2** *(pull in)* tenere in dentro [*stomach*]; stringere, contrarre [*buttocks*].

■ **hold off:** ***~ off*** [*enemy*] prendere tempo; [*creditors*] concedere una dilazione; ***I hope the rain ~s off*** spero che la pioggia ci conceda una tregua; ***the rain held off until after the match*** non ha piovuto fino alla fine della partita; ***to ~ off buying, making a decision*** rinviare l'acquisto, la decisione; ***he held off leaving until the weekend*** ha rinviato la partenza al weekend; ***~ [sb.] off, ~ off [sb.]*** tenere a distanza, lontano, alla larga [*enemy, creditor, journalists*]; fare attendere [*client*]; ***~ [sth.] off*** respingere [*attack*].

■ **hold on:** ***~ on*** **1** *(wait)* aspettare, attendere; TEL. attendere (in linea); ***"~ on, I'll just get him"*** *(on telephone)* "attenda in linea, glielo passo subito" **2** *(grip)* aggrapparsi, tenersi stretto (**with** a); ***"~ on (tight)!"*** "tieniti (bene)!" **3** *(endure)* [*person, company*] resistere, tenere duro; ***~ [sth.] on*** [*screw*] bloccare, tenere; [*glue*] tenere; ***to be held on with sth.*** [*door, handle, wheel*] essere tenuto da qcs.

■ **hold on to:** ***~ on to [sb., sth.]*** **1** *(grip)* tenersi stretto, aggrapparsi a [*branch, railing, rope, person*]; *(to prevent from falling)* tenere stretto [*person, object, purse, dog*] **2** *(retain)* avere in mano, conservare [*power, lead*]; tenere, conservare [*title, shares, car*]; ***to ~ on to one's dreams*** FIG. non rinunciare ai propri sogni; ***to ~ on to one's*** o ***the belief that*** continuare a credere che **3** *(look after)* conservare [*object*] (**for** per).

■ **hold out:** ***~ out*** **1** *(endure)* tenere duro, resistere; ***to ~ out against*** tenere duro di fronte a [*enemy, threat*]; resistere a [*changes*] **2** *(remain available)* [*supplies, food, stocks*] durare, bastare; ***~ [sth.] out, ~ out [sth.]*** porgere [*glass, money, ticket*] (**to** a); ***to ~ out one's hand, leg*** tendere la mano, la gamba; ***~ out [sth.]*** nutrire [*hope*]; ***I don't ~ out much hope*** non nutro molte speranze; ***they don't ~ out much hope of finding him*** hanno perso quasi ogni speranza di ritrovarlo; ***to ~ out for*** insistere per ottenere [*pay rise, increase*]; ***to ~ out on sb.*** COLLOQ. nascondere delle cose a qcn.; ***they know something, but they're ~ing out on us*** sanno qualcosa, ma ce lo stanno nascondendo.

■ **hold over:** ***~ [sth.] over, ~ over [sth.]*** **1** *(postpone)* rinviare [*question, programme*] **2** *(continue to show)* tenere in cartellone [*film, show*]; prolungare [*exhibition*].

■ **hold to:** ***~ to [sth.]*** rimanere fedele a [*belief, opinion, decision*]; ***~ sb. to [sth.]*** fare mantenere a qcn. [*promise*]; vincolare qcn. a [*contract, offer*]; ***I'll ~ you to that!*** me lo ricorderò!

■ **hold together:** ***~ together*** **1** *(not break)* [*car, shoes, chair*] stare assieme **2** *(remain united)* [*family, party, alliance*] restare unito; ***~ [sth.] together*** **1** *(keep intact)* fare durare [*car, machine, chair*]; tenere insieme [*papers, pieces*]; ***to be held together with sth.*** essere tenuto insieme da qcs. **2** *(unite)* tenere unito [*company, party, government*]; ***my mother held the family together*** mia madre ha tenuto unita la famiglia.

■ **hold up:** ***~ up*** **1** *(remain intact)* durare, resistere; ***to ~ up well*** [*currency*] tenere bene **2** *(remain valid)* [*theory, argument*] reggere, stare in piedi; ***~ [sb., sth.] up, ~ up [sb., sth.]*** **1** *(support)* sostenere, sorreggere [*shelf, picture*]; reggere [*trousers, stockings*]; ***to be held up by*** o ***with sth.*** essere retto da qcs. **2** *(raise)* alzare, sollevare [*object*]; ***to ~ one's hand up*** alzare la mano **3** *(display)* ***to ~ sb., sth. up as an example*** o ***model of*** portare qcn., qcs. come un esempio di; ***to ~ sb. up to ridicule*** ridicolizzare qcn. **4** *(delay)* trattenere [*person*]; bloccare [*flight, procession*]; rallentare [*production*]; ostacolare [*traffic*] **5** *(rob)* rapinare [*train, bank, person*].

▪ **hold with:** ***not to ~ with*** non approvare [*idea, system*]; essere contro [*television, imitations etc.*]; ***he doesn't ~ with teaching children French*** non approva che si insegni il francese ai bambini.

holdall /'həʊldɔ:l/ n. grande valigia f., sacca f. da viaggio.

holdback /'həʊldbæk/ n. **1** *(hindrance)* intoppo m., impedimento m. **2** *(catch)* fermo m.

holden /'həʊldn/ p.pass. ANT. → **2.hold.**

▷ **holder** /'həʊldə(r)/ n. **1** *(person who possesses something) (of passport)* titolare m. e f.; *(of degree, post, key)* possessore m. (-ditrice); *(of ticket, record, cup, title)* detentore m. (-trice); *(of shares)* possessore m. (-ditrice), titolare m. e f.; ***account ~*** titolare di un conto; ***credit card, passport ~*** titolare di una carta di credito, di un passaporto; ***record, ticket, cup, title ~*** detentore di un record, di un biglietto, di una coppa, di un titolo **2** *(container, stand)* contenitore m., sostegno m., supporto m.

holdfast /'həʊldfɑ:st/ n. **1** *(action)* presa f., stretta f. **2** *(thing)* rampone m., morsetto m., uncino m.

holding /'həʊldɪŋ/ n. **1** ECON. pacchetto m. azionario, partecipazione f. azionaria **2** AGR. podere m., tenuta f.

holding company /'həʊldɪŋˌkʌmpənɪ/ n. ECON. holding f., finanziaria f.

holding paddock /'həʊldɪŋˌpædək/ n. = recinto annesso alla stalla dove vengono tenute provvisoriamente le greggi, ad esempio, prima della tosatura.

holding pattern /'həʊldɪŋˌpætn/ n. AER. circuito m. d'attesa.

holdout /'həʊldaʊt/ n. **1** *(in negotiations)* resistenza f. **2** *(person)* chi fa resistenza, opposizione.

holdover /'həʊldəʊvə(r)/ n. AE = chi resta in carica quando tutti gli altri se ne sono andati.

hold-up /'həʊldʌp/ n. **1** *(delay)* ritardo m.; *(on road)* ingorgo m., intoppo m. **2** *(robbery)* rapina f. a mano armata.

▶ **1.hole** /həʊl/ n. **1** *(in clothing, ground, hedge, pocket)* buco m. (**in** in); ***to dig a ~*** scavare una buca; ***the explosion blew a ~ in the plane*** l'esplosione ha provocato uno squarcio nell'aereo; ***this sweater is full of ~s*** questa maglia è piena di buchi **2** *(in wall)* breccia f., buco m., foro m. **3** BE *(in tooth)* buco m. **4** AUT. *(pothole in road)* buca f. **5** FIG. *(flaw)* imperfezione f., difetto m.; ***to pick ~s in an argument*** trovare i punti deboli di un ragionamento **6** *(of mouse, fox, rabbit)* tana f. **7** ***a ~ in the ozone layer*** un buco nell'ozono **8** *(financial)* buco m.; ***a big ~ in profits*** un buco enorme negli utili; ***that holiday made a ~ in my pocket*** le vacanze mi hanno lasciato al verde **9** COLLOQ. SPREG. *(place)* buco m., catapecchia f. **10** SPORT *(golf)* buca f.; ***a nine-~ golf course*** un percorso a nove buche **11** AE *(solitary confinement)* luogo m., posto m. desolato ◆ ***to be 10 dollars in the ~*** AE COLLOQ. essere sotto di dieci dollari; ***to get oneself into a ~*** COLLOQ. cacciarsi nei guai; ***to get sb. out of a ~*** tirare fuori qcn. dai pasticci; ***I needed that like I need a ~ in the head!*** COLLOQ. ci mancava solo questo! ***money burns a ~ in her pocket*** ha le mani bucate.

2.hole /həʊl/ **I** tr. **1** [*shell*] aprire uno squarcio in [*building*] **2** MAR. [*iceberg, reef*] squarciare il fianco di [*ship*] **3** SPORT *(golf)* ***to ~ the ball*** o ***shot*** o ***putt*** mettere in buca la palla **II** intr. SPORT *(in golf)* fare una buca.

▪ **hole out** *(in golf)* andare in buca (**in** in).

▪ **hole up** rintanarsi, rifugiarsi.

hole-and-corner /ˌhəʊlən'kɔ:nə(r)/ agg. clandestino, segreto.

hole-in-the-heart /ˌhəʊlɪnðə'hɑ:t/ n. *(ventricular)* difetto m. interventricolare; *(auricular)* difetto m. interatriale.

hole-puncher /'həʊlˌpʌntʃə(r)/ n. punzonatrice f., perforatrice f.

holey /'həʊlɪ/ agg. COLLOQ. [*garment*] bucato.

▶ **1.holiday** /'hɒlədeɪ/ **I** n. **1** BE *(vacation)* vacanza f.; ***the school ~s*** le vacanze scolastiche; ***the summer ~s*** le vacanze estive; ***half-term ~*** breve vacanza fatta a metà semestre; ***family ~*** vacanze in famiglia; ***to go, be on ~*** andare, essere in vacanza **2** BE *(time off work)* ferie f.pl.; ***to take ten days' ~*** prendere dieci giorni di ferie; ***four weeks' ~ with pay*** quattro settimane di ferie pagate **3** *(public, bank)* giorno m. festivo **4** AE ***the ~s*** le feste; ***happy ~s!*** buone feste! **II** modif. [*region, brochure*] turistico.

2.holiday /'hɒlədeɪ/ intr. passare le vacanze.

holiday atmosphere /ˌhɒlədeɪ'ætməsfɪə(r)/ n. clima m. vacanziero.

holiday camp /'hɒlədeɪˌkæmp/ n. BE villaggio m. turistico.

holiday home /'hɒlədeɪˌhəʊm/ n. seconda casa f.

holiday job /'hɒlədeɪˌdʒɒb/ n. BE *(in summer)* lavoro m. estivo.

holidaymaker /'hɒlədeɪˌmeɪkə(r)/ n. BE vacanziere m. (-a).

holiday resort /'hɒlədeɪrɪˌzɔ:t/ n. luogo m. di villeggiatura.

holiday season /'hɒlədeɪˌsi:zn/ n. BE stagione f. turistica.

holiday traffic /ˌhɒlədeɪ'træfɪk/ n. BE traffico m. durante le vacanze.

holier-than-thou /ˌhəʊlɪəðən'ðaʊ/ agg. ***to be ~*** essere bigotto; ***this ~ attitude*** questo atteggiamento da bigotto.

holily /'həʊlɪlɪ/ avv. santamente.

holiness /'həʊlɪnɪs/ n. santità f.

Holiness /'həʊlɪnɪs/ ♦ **9** n. ***His, Your ~*** Sua, Vostra Santità.

holism /'hɒlɪzəm, 'həʊ-/ n. olismo m.

holist /'həʊlɪst/ n. sostenitore m. (-trice), fautore m. (-trice) dell'olismo.

holistic /hɒ'lɪstɪk, həʊ-/ agg. olistico.

holland /'hɒlənd/ **I** n. RAR. *(cloth)* tela f. d'Olanda, olanda f. **II** modif. RAR. [*blind, cover*] in tela d'Olanda.

Holland /'hɒlənd/ ♦ **6** n.pr. Olanda f.; ***in ~*** in Olanda.

1.holler /'hɒlə(r)/ n. COLLOQ. urlo m., grido m.

2.holler /'hɒlə(r)/ **I** tr. gridare, urlare [*warning, command*] **II** intr. lanciare un urlo (**at sb.** a qcn.).

hollo /'hɒləʊ/ intr. → **2.halloo.**

▷ **1.hollow** /'hɒləʊ/ **I** agg. **1** *(not solid)* [*space*] vuoto; [*object*] vuoto, cavo; ***the wall sounds ~*** dal rumore il muro sembra vuoto **2** *(sunken)* [*cheeks, eyes*] incavato, infossato **3** *(booming)* [*voice*] sepolcrale, cupo, cavernoso; [*cough*] profondo; [*clang*] sordo **4** *(insincere)* [*words*] falso, ingannevole, vano; [*promise*] falso, vano; ***to give a ~ laugh*** fare una risata forzata; ***to sound ~*** [*excuse, explanation, advice*] sembrare falso **5** *(empty)* [*victory, triumph, joy*] vano **II** n. **1** *(depression) (in tree)* cavità f.; *(of hand)* cavo m.; *(of back)* incavo m.; *(in hillside)* conca f., depressione f. **2** GEOGR. *(small valley)* valletta f. ◆ ***to beat sb. ~*** COLLOQ. stracciare qcn.; ***to hold sb. in the ~ of one's hand*** tenere qcn. in pugno.

2.hollow /'hɒləʊ/ tr. → **hollow out.**

▪ **hollow out:** ***~ [sth.] out, ~ out [sth.]*** scavare [*hole, pond*]; ***the centre of the log had been ~ed out*** il centro del tronco era stato scavato.

hollow-cheeked /'hɒləʊtʃi:kt/ agg. dalle, con le guance infossate.

hollow-eyed /'hɒləʊˌaɪd/ agg. dagli, con gli occhi infossati.

hollow fibre /'hɒləʊˌfaɪbə(r)/, **hollow fill** /'hɒləʊˌfɪl/ agg. [*pillow, duvet*] in fibra sintetica.

hollowly /'hɒləʊlɪ/ avv. [*echo*] in modo sepolcrale; [*sound*] in modo cupo, cupamente.

holly /'hɒlɪ/ **I** n. *(tree, wood)* agrifoglio m. **II** modif. [*berry, branch*] di agrifoglio.

hollyhock /'hɒlɪhɒk/ n. malvarosa f., malvone m.

holm /həʊm/ n. **1** *(islet in a river, lake)* isolotto m. **2** *(low ground by a river)* golena f.

holmium /'həʊlmɪəm/ n. olmio m.

holm oak /ˌhəʊm'əʊk/ n. *(tree, wood)* leccio m.

holocaust /'hɒləkɔ:st/ n. olocausto m. (anche STOR.).

Holocene /'hɒləsi:n/ **I** n. ***the ~*** l'olocene **II** agg. olocenico.

Holofernes /hɒlə'fɜ:ni:z/ n.pr. MITOL. Oloferne.

hologram /'hɒləgræm/ n. ologramma m.

holograph /'hɒləgrɑ:f, AE -græf/ n. (anche **~ document**) documento m. olografo.

holographic /hɒlə'græfɪk/ agg. olografico.

holography /hə'lɒgrəfɪ/ n. olografia f.

holohedral /ˌhɒlə'hi:drəl/ agg. oloedrico.

holomorphic /hɒlə'mɔ:fɪk/ agg. olomorfo.

holophrastic /ˌhɒlə'fræstɪk/ agg. olofrastico.

holothurian /ˌhɒlə'θjʊərɪən/ n. oloturia f.

hols /hɒlz/ n. BE COLLOQ. (accorc. **holidays**) vacanze f.pl.

holster /'həʊlstə(r)/ n. *(on saddle)* fondina f.

1.holt /həʊlt/ n. ANT. bosco m., collina f. boscosa.

2.holt /həʊlt/ n. *(of an otter)* tana f.

▷ **holy** /'həʊlɪ/ agg. [*writings, place, well*] sacro; [*water, person*] santo; ***~ community*** comunità dei fedeli; ***~ picture*** immagine sacra; ***to lead a ~ life*** vivere santamente; ***on ~ ground*** su terreno consacrato; ***~ cow! ~ smoke! ~ mackerel! ~ shit!*** COLLOQ. porca miseria!

Holy Bible /ˌhəʊlɪ'baɪbl/ n. Sacra Bibbia f.

holy city /ˌhəʊlɪ'sɪtɪ/ n. città f. santa.

Holy Communion /ˌhəʊlɪkə'mju:nɪən/ n. santa comunione f.

holy day /'həʊlɪdeɪ/ n. giorno m. sacro.

Holy Father /ˌhəʊlɪ'fɑ:ðə(r)/ n. Santo Padre m.

Holy Ghost /ˌhəʊlɪ'gəʊst/ n. → **Holy Spirit.**

Holy Grail /ˌhəʊlɪ'greɪl/ n. santo Graal m.

Holy Innocents' Day /ˌhəʊlɪ'ɪnəsntzˌdeɪ/ n. santi Innocenti Martiri m.pl.

Holy Joe /ˌhəʊlɪ'dʒəʊ/ n. COLLOQ. bacchettone m. (-a), bigotto m. (-a).

Holy Land /'həʊlɪˌlænd/ n. Terra f. Santa.

Holy League /'həʊlɪˌli:g/ n. Lega f. Santa.

holy of holies /ˌhəʊlɪəvˈhəʊlɪs/ n. RELIG. sancta sanctorum m. (anche FIG.).
Holy Roman Empire /ˌhəʊlɪˌrəʊmənˈempaɪə(r)/ n. Sacro Romano Impero m.
Holy Sacrament /ˌhəʊlɪˈsækrəmənt/ n. Santissimo (Sacramento) m.
Holy Saturday /ˌhəʊlɪˈsætədeɪ/ n. sabato m. santo.
Holy See /ˌhəʊlɪˈsiː/ n. Santa Sede f.
Holy Sepulchre /ˌhəʊlɪˈseplkə(r)/ n. Santo Sepolcro m.
Holy Spirit /ˌhəʊlɪˈspɪrɪt/ n. Santo Spirito m.
holystone /ˈhəʊlɪˌstəʊn/ n. mattone m. inglese, pietra f. da coperta.
Holy Trinity /ˌhəʊlɪˈtrɪnətɪ/ n. Santissima Trinità f.
holy war /ˈhəʊlɪˌwɔː(r)/ n. guerra f. santa.
Holy Week /ˈhəʊlɪˌwiːk/ n. settimana f. santa.
Holy Writ /ˌhəʊlɪˈrɪt/ n. Sacre Scritture f.pl.
▷ **homage** /ˈhɒmɪdʒ/ n. omaggio m.; ***to pay ~ to sb.*** rendere omaggio a qcn.; ***in ~ to*** in omaggio a.
homburg /ˈhɒmbɜːg/ n. cappello m. floscio.
▶ **1.home** /həʊm/ **I** n. **1** *(dwelling)* abitazione f.; *(house)* casa f., alloggio m.; ***new ~s for sale*** GIORN. alloggi nuovi in vendita; ***he doesn't have a ~*** non ha una casa; ***you have a beautiful ~*** hai una bella casa; ***to be far from, near ~*** essere lontano da, vicino a casa; ***a ~ of one's own*** una casa propria; ***to work from ~*** lavorare a casa; ***to set up ~ in Italy, in Madrid*** stabilirsi in Italia, a Madrid; ***I've made my ~ in Italy now*** l'Italia è diventata la mia patria adottiva; ***birds make their ~ in*** gli uccelli fanno il nido in; ***his ~ has been a tent for the last two weeks*** vive in una tenda da due settimane; ***the island is ~ to 3,000 people*** l'isola è abitata da 3.000 persone **2** *(for residential care)* ricovero m.; ***retirement, nursing ~*** casa di riposo, casa di cura; ***to put sb. in a ~*** mettere qcn. in una casa di riposo **3** *(family base)* focolare m. domestico, famiglia f.; ***broken ~*** famiglia separata; ***to make a ~ for*** dare una casa a; ***"good ~ wanted"*** "cercasi famiglia rispettabile"; ***to leave ~*** lasciare la famiglia **4** *(country)* patria f., paese m. natale; ***to consider Italy (as) ~*** considerare l'Italia come la propria patria **5** *(source)* ~ ***of*** [*country*] patria di [*speciality*]; [*place*] sede di [*tennis, golf*]; [*jungle, region*] habitat, ambiente naturale di [*species*] **6** COLLOQ. FIG. *(place)* posto m.; ***to find a ~ for*** trovare un posto per [*book, object*] **II** modif. **1** *(family)* [*life, surroundings, background*] familiare; [*comforts*] della propria casa, familiare **2** *(national)* [*market, affairs, news*] interno **3** SPORT *(local)* [*match, win*] in casa; [*team*] locale, che gioca in casa **III** avv. **1** [*come, go, arrive*] *(to house)* a casa; *(to country)* in patria; ***on the journey ~*** *(to house, apartment)* tornando a casa; *(by boat, plane)* nel viaggio di ritorno; ***to see sb. ~*** accompagnare qcn. a casa; ***to take sb. ~*** *(accompany)* riaccompagnare qcn. a casa; *(to meet family)* portare qcn. in casa; ***is she ~?*** è a casa? ***is she ~ yet?*** è già a casa? **2** *(to required position, effect)* ***to hammer*** o ***drive sth. ~*** piantare a fondo [*nail*]; FIG. fare entrare in testa [*message*]; ***to press*** o ***push one's point ~*** FIG. insistere su un punto; ***to bring sth. ~ to*** FIG. fare comprendere qcs. a; ***to strike ~*** FIG. colpire nel segno **3 at home** *(in house)* [*be, work, stay*] a casa; SPORT *(on own ground)* [*play*] in casa; FIG. *(comfortable)* [*be, feel*] a proprio agio (**with** con); ***to live at ~*** vivere con i propri genitori; ***at ~ and abroad*** nel proprio paese e all'estero; ***Madam is not at ~*** RAR. la signora non è in casa; ***they're at ~ on Saturday*** giocano in casa sabato; ***X are playing Y at ~*** X gioca in casa con Y; ***make yourself at ~*** fai come se fossi a casa tua ◆ ***it's, he's nothing to write ~ about*** non è niente di eccezionale *o* non è un granché; ***it's ~ from ~*** BE, ***it's ~ away from ~*** AE è una seconda casa; ***~ sweet ~, there's no place like ~*** PROV. casa dolce casa, nessun posto è bello come casa propria; ***to be a bit too close to ~*** toccare sul vivo; ***he found it a bit close to ~*** l'ha toccato sul vivo; ***let's talk about something nearer ~*** parliamo di qualcosa che ci riguarda un po' più da vicino; ***to be ~ and dry*** avere la vittoria in pugno.
2.home /həʊm/ intr. [*pigeon, animal*] ritrovare la strada di casa.
▪ **home in** [*missile*] dirigersi; ***to ~ in on*** puntare su [*target*].
home address /ˌhəʊməˈdres, -ˈædres/ n. *(on form)* indirizzo m. (di casa).
home baked /ˌhəʊmˈbeɪkt/ agg. fatto in casa, casereccio.
home banking /ˌhəʊmˈbæŋkɪŋ/ n. home banking f.
home birth /ˌhəʊmˈbɜːθ/ n. parto m. in casa.
homebody /ˈhəʊmˌbɒdɪ/ n. COLLOQ. tipo m. casalingo.
homebound /ˈhəʊmbaʊnd/ agg. AE **1** *(housebound)* chiuso in casa **2** *(heading home)* [*traffic*] del ritorno; [*traveller*] che ritorna a casa; [*car, train*] diretto verso casa.
homeboy /ˈhəʊmbɔɪ/ n. AE COLLOQ. *(in African American community) (close friend)* fratello m.
home brew /ˌhəʊmˈbruː/ n. birra f. della casa, di produzione propria.
home buying /ˌhəʊmˈbaɪɪŋ/ n. acquisto m. di appartamento.
home centre BE, **home center** AE /ˈhəʊmˌsentə(r)/ n. negozio m. di articoli casalinghi.
home cinema /ˌhəʊmˈsɪnəmɑː, -ˈsɪnəmə/ n. *(equipment)* home theater m.
home comforts /ˌhəʊmˈkʌmfəts/ n.pl. comfort m. di casa.
homecoming /ˈhəʊmkʌmɪŋ/ **I** n. **1** *(return home)* ritorno m. a casa **2** AE SPORT = rimpatriata di ex compagni di scuola o di università che si festeggia con una partita di football americano seguito da un ballo **II** modif. AE SPORT ***~ king, queen*** re, regina della rimpatriata.
home computer /ˌhəʊmkəmˈpjuːtə(r)/ n. home computer m., (personal) computer m.
home cooking /ˌhəʊmˈkʊkɪŋ/ n. cucina f. casereccia.
Home Counties /ˌhəʊmˈkaʊntɪz/ n.pl. GB = contee intorno a Londra.
home country /ˌhəʊmˈkʌntrɪ/ n. paese m. d'origine, patria f.
home economics /ˌhəʊmiːkəˈnɒmɪks/ n. + verbo sing. SCOL. economia f. domestica.
home front /ˌhəʊmˈfrʌnt/ n. *(during war)* ***the ~*** il fronte; ***on the ~*** *(in politics)* sul fronte interno.
homegirl /ˈhəʊmgɜːl/ n. AE COLLOQ. *(in African American Community) (close friend)* sorella f.
home ground /ˌhəʊmˈgraʊnd/ n. ***on ~*** su un terreno familiare; ***to win on one's ~*** SPORT vincere in casa.
homegrown /ˌhəʊmˈgrəʊn/ agg. **1** [*vegetables*] del proprio orto **2** FIG. [*idea*] proprio **3** COLLOQ. SCHERZ. *(made in one's own country)* nostrano.
Home Guard /ˌhəʊmˈgɑːd/ n. GB STOR. = milizia territoriale composta da volontari che avevano il compito di difendere il Regno Unito durante la seconda guerra mondiale.
home heating /ˌhəʊmˈhiːtɪŋ/ n. riscaldamento m.
home help /ˌhəʊmˈhelp/ n. BE assistente m. e f. domiciliare.
▷ **homeland** /ˈhəʊmlænd/ n. paese m. d'origine, patria f., madrepatria f.; *(in South Africa)* bantustan m.
home leave /ˈhəʊmˌliːv/ n. MIL. permesso m.
▷ **homeless** /ˈhəʊmlɪs/ **I** agg. [*person, family*] senza casa, senza tetto; *(after earthquake, flood etc.)* senzatetto **II** n. ***the ~*** + verbo pl. i senzatetto.
homelessness /ˈhəʊmlɪsnɪs/ n. ***the problem of ~*** il problema dei senzatetto; ***~ is on the increase*** il numero dei senzatetto è in crescita.
home life /ˈhəʊmˌlaɪf/ n. vita f. familiare, domestica.
homelike /ˈhəʊmlaɪk/ agg. familiare, domestico.
homeliness /ˈhəʊmlɪnɪs/ n. **1** *(unpretentious nature) (of room, hotel, atmosphere, furniture, cooking)* semplicità f.; *(of person)* BE semplicità f., inclinazione f. alla vita familiare **2** AE SPREG. *(plainness)* mancanza f. d'attrattiva.
home loan /ˌhəʊmˈləʊn/ n. mutuo m. edilizio.
homeloving /ˌhəʊmˈlʌvɪŋ/ agg. casalingo.
homely /ˈhəʊmlɪ/ agg. **1** BE *(cosy, welcoming)* [*room, hotel, atmosphere*] accogliente **2** BE *(unpretentious)* [*room, furniture*] semplice; [*hotel, dinner*] semplice, alla buona; [*cooking*] casalingo; [*person*] semplice, modesto **3** AE *(plain)* [*person*] bruttino, scialbo, insignificante.
▷ **homemade** /ˌhəʊmˈmeɪd/ agg. fatto in casa, casereccio.
homemaker /ˈhəʊmˌmeɪkə(r)/ n. *(woman)* casalinga f.; *(woman or man)* = persona che si occupa della casa.
home movie /ˌhəʊmˈmuːvɪ/ n. film m. amatoriale, filmino m.
Home Office /ˌhəʊmˈɒfɪs, AE -ˈɔːf-/ n. GB POL. ministero m. dell'interno.
homeomorphic /həʊmɪəˈmɔːfɪk/ agg. omeomorfo.
homeomorphism /həʊmɪəˈmɔːfɪzəm/ n. omeomorfismo m.
homeopath /ˌhəʊmɪəˈpæθ/ ♦ ***27*** n. omeopata m. e f.
homeopathic /ˌhəʊmɪəˈpæθɪk/ agg. [*medicine, clinic, doctor*] omeopatico.
homeopathist /ˌhəʊmɪəˈpæθɪst/ ♦ ***27*** n. omeopatista m. e f.
homeopathy /ˌhəʊmɪˈɒpəθɪ/ n. omeopatia f.
homeostasis /həʊmɪəˈsteɪsɪs/ n. omeostasi f.
homeostasitic /həʊmɪəˈstætɪk/ agg. omeostatico.
homeothermic /həʊmɪəˈθɜːmɪk/ agg. omeotermo.
home owner /ˈhəʊmˌəʊnə(r)/ n. proprietario m. (-a) di una casa.
home ownership /ˈhəʊmˌəʊnəʃɪp/ n. proprietà f. di una casa; ***~ is on the increase*** ci sono sempre più persone che sono proprietarie della casa in cui vivono.
home page /ˈhəʊmpeɪdʒ/ n. home page f.
home plate /ˌhəʊmˈpleɪt/ n. SPORT casa f. base.
home port /ˌhəʊmˈpɔːt/ n. porto m. d'immatricolazione.

home posting /ˌhəʊm'pəʊstɪŋ/ n. MIL. destinazione f. in patria.
homer /'həʊmə(r)/ n. **1** piccione m. viaggiatore **2** → **home run.**
Homer /'həʊmə(r)/ n.pr. Omero.
Homeric /həʊ'merɪk/ agg. omerico.
home room /ˌhəʊm'ruːm, -'rʊm/ n. AE SCOL. = aula dove si fa l'appello.
home rule /ˌhəʊm'ruːl/ n. POL. autogoverno m.
home run /ˌhəʊm'rʌn/ n. SPORT = colpo con il quale il battitore di una squadra di baseball riesce a fare il giro completo del campo e guadagna un punto.
home sales /ˌhəʊm'seɪlz/ n.pl. ECON. vendite f. interne.
Home Secretary /ˌhəʊm'sekrətrɪ, AE -terɪ/ n. GB POL. ministro m. dell'interno.
homesick /'həʊmsɪk/ agg. ***to be ~*** [*child*] avere nostalgia di casa, della propria famiglia; [*adult*] *(for country)* avere nostalgia del proprio paese; ***I'm ~ for my dog*** ho nostalgia del mio cane.
homesickness /'həʊmsɪknɪs/ n. nostalgia f. di casa.
home side /ˌhəʊm'saɪd/ n. → **home team.**
homespun /'həʊmspʌn/ agg. **1** [*cloth*] tessuto in casa **2** FIG. [*wisdom, virtue, person*] semplice.
homestead /'həʊmsted/ n. **1** *(house and land)* casa f. con terreno **2** *(farm)* fattoria f. **3** AE AMM. = appezzamenti di terreno demaniale che venivano distribuiti ai pionieri.
Homestead Act /ˌhəʊmsted'ækt/ n. AE = legge americana del 1862 in base alla quale venivano distribuiti terreni da coltivare per promuovere l'insediamento nel West.
homesteader /'həʊmstedə(r)/ n. **1** *(farmer)* proprietario m. (-a) di fattoria, agricoltore m. (-trice) **2** STOR. colono m., pioniere m.
home teacher /ˌhəʊm'tiːtʃə(r)/ ➧ ***27*** n. AE insegnante m. e f. privato (-a).
home team /ˌhəʊm'tiːm/ n. squadra f. che gioca in casa, locale.
home theater /ˌhəʊm'θɪətə(r)/ n. AE *(equipment)* home theater m.
hometime /ˌhəʊm'taɪm/ n. SCOL. ora f. di uscita.
▶ **home town** /ˌhəʊm'taʊn/ n. città f. natale.
home video /ˌhəʊm'vɪdɪəʊ/ n. (pl. **home videos**) (home) video m.
home visit /ˌhəʊm'vɪzɪt/ n. MED. visita f. a domicilio.
homeward /'həʊmwəd/ **I** agg. [*journey*] di ritorno **II** avv. ***to go*** o ***head*** o ***travel ~(s)*** andare verso casa; ***to be ~ bound*** essere diretto a casa; ***~-bound commuters*** pendolari che ritornano a casa.
home waters /ˌhəʊm'wɔːtəz/ n.pl. MAR. POL. acque f. territoriali.
▶ **homework** /'həʊmwɜːk/ **I** n. **U 1** SCOL. compiti m.pl. **2** *(research)* ***to do some ~ on*** fare delle ricerche su; ***you haven't done your ~!*** non ti sei preparato! **II** modif. [*book*] dei compiti; ***~ diary*** diario (scolastico).
homeworker /'həʊmwɜːkə(r)/ n. lavoratore m. (-trice) a domicilio.
homeworking /'həʊmwɜːkɪŋ/ n. lavoro m. a domicilio.
homey /'həʊmɪ/ agg. **1** *(cosy)* [*room, hotel, atmosphere*] accogliente **2** *(unpretentious)* [*room, hotel, cooking*] semplice, alla buona.
homicidal /ˌhɒmɪ'saɪdl/ agg. omicida.
homicide /'hɒmɪsaɪd/ n. **1** *(murder)* omicidio m.; ***culpable, justifiable ~*** DIR. omicidio colposo, per legittima difesa **2** *(person)* omicida m. e f.
homicide bureau /'hɒmɪsaɪdˌbjʊərəʊ, AE -bjʊˌrəʊ/ n. (pl. **homicide bureaus, homicide bureaux**) AE sezione f. omicidi.
homiletic /ˌhɒmɪ'letɪk/ agg. omiletico.
homiletics /ˌhɒmɪ'letɪks/ n.pl. + verbo sing. omiletica f.sing.
homilist /'hɒmɪlɪst/ n. omelista m., omileta m.
homily /'hɒmɪlɪ/ n. omelia f.
homing /'həʊmɪŋ/ agg. TECN. MIL. [*missile, weapon, rocket*] autoguidato; ***~ system*** o ***device*** autoguida.
homing instinct /'həʊmɪŋˌɪnstɪŋkt/ n. ZOOL. senso m. dell'orientamento.
homing pigeon /'həʊmɪŋˌpɪdʒɪn/ n. piccione m. viaggiatore.
hominid /'hɒmɪnɪd/ n. ominide m.
hominy /'hɒmɪnɪ/ n. *(maize)* farina f. grossa di granturco; *(dish)* INTRAD. m. (sorta di polenta integrale tipica del sud degli Stati Uniti).
hominy grits /'hɒmɪnɪgrɪts/ n. AE *(maize)* granturco m. spezzettato; *(dish)* INTRAD. m. (sorta di polenta integrale tipica del sud degli Stati Uniti).
homo /'həʊməʊ/ n. (pl. **~s**) AE POP. SPREG. (accorc. homosexual) checca f., finocchio m., frocio m.
homoerotic /ˌhəʊməʊɪ'rɒtɪk/ agg. omoerotico.
homogamy /hə'mɒgəmɪ/ n. omogamia f.
homogeneity /ˌhɒmədʒɪ'niːɪtɪ/ n. omogeneità f.
homogeneous /ˌhɒmə'dʒiːnɪəs, ˌhɒməʊ-/ agg. omogeneo.
homogeneously /ˌhɒmə'dʒiːnɪəslɪ, ˌhɒməʊ-/ avv. omogeneamente.
homogeneousness /ˌhɒmə'dʒiːnɪəsnɪs, ˌhɒməʊ-/ n. omogeneità f.
homogenize /hə'mɒdʒɪnaɪz/ tr. omogen(e)izzare (anche GASTR.).
homogenous /hə'mɒdʒɪnəs/ agg. omogeneo.
homograph /'hɒməgrɑːf, AE -græf/ n. omografo m.
homographic /ˌhɒmə'græfɪk/ agg. omografo.
homography /hɒ'mɒgrəfɪ/ n. omografia f.
homologate /hə'mɒləˌgeɪt/ tr. omologare [*car, boat, engine*].
homologation /həʊmɒlə'geɪʃn/ n. omologazione f.
homological /həʊmə'lɒdʒɪkl/ agg. omologico.
homologize /hə'mɒləˌdʒaɪz/ **I** tr. omologare **II** intr. essere omologo.
homologous /hə'mɒləgəs/ agg. omologo.
homologue BE, **homolog** AE /'hɒməlɒg/ n. CHIM. omologo m.
homology /hə'mɒlədʒɪ/ n. omologia f.
homomorphic /ˌhəʊməʊ'mɔːfɪk/ agg. omomorfo.
homomorphism /həʊmə'mɔːfɪzəm/ n. omomorfismo m.
homonym /'hɒmənɪm/ n. omonimo m. (-a).
homonymic /ˌhɒmə'nɪmɪk/ agg. omonimico.
homonymous /ˌhɒ'mənɪməs/ agg. omonimo.
homonymy /hɒ'mɒnəmɪ/ n. omonimia f.
homophobe /'hɒməfəʊb/ n. persona f. omofobica.
homophobia /ˌhɒmə'fəʊbɪə/ ➧ ***11*** n. omofobia f.
homophobic /ˌhɒmə'fəʊbɪk/ agg. omofobico.
homophone /'hɒməfəʊn/ n. LING. omofono m.
homophonic /ˌhɒmə'fɒnɪk/ agg. LING. MUS. omofono, omofonico.
homophony /hə'mɒfənɪ/ n. LING. MUS. omofonia f.
homopolar /ˌhəʊməʊ'pəʊlə(r), ˌhɒməʊ-/ agg. omopolare; ***~ bond*** legame omopolare.
Homo sapiens /ˌhəʊməʊ'sæpɪenz/ n. homo sapiens m.
▷ **homosexual** /ˌhɒmə'sekʃʊəl/ **I** agg. omosessuale **II** n. omosessuale m. e f.; ***practising*** o ***active ~s*** omosessuali attivi.
▷ **homosexuality** /ˌhɒməˌsekʃʊ'ælətɪ/ n. omosessualità f.
homotopy /hə'mɒtəpɪ/ n. omotopia f.
homozygote /ˌhəʊməʊ'zaɪgəʊt/ n. omozigote m.
homozygous /ˌhəʊməʊ'zaɪgəs/ agg. omozigote.
homunculus /həʊ'mʌnkjʊləs/ n. (pl. **-i**) omuncolo m.
homy /'həʊmɪ/ agg. BE COLLOQ. *(cosy, welcoming)* [*room, hotel, atmosphere*] accogliente.
Hon 1 ⇒ Honourable onorevole **2** ⇒ Honorary onorario.
honcho /'hɒntʃəʊ/ n. (pl. **~s**) AE COLLOQ. *(important person, hotshot)* pezzo m. grosso; ***he's the head ~*** è il grande capo.
Honduran /hɒn'djʊərən/ ➧ ***18*** **I** agg. honduregno **II** n. honduregno m. (-a).
Honduras /hɒn'djʊərəs/ ➧ ***6*** n.pr. Honduras m.; ***in, to ~*** in Honduras.
1.hone /həʊn/ n. cote f., pietra f. per affilare.
2.hone /həʊn/ tr. **1** *(perfect)* affinare, perfezionare [*style, skill, technique, strategy, argument*]; aguzzare [*wit*] **2** *(sharpen)* affilare [*axe, blade, knife*].
▷ **honest** /'ɒnɪst/ **I** agg. **1** *(truthful, sincere)* [*person, face*] onesto, sincero, leale, schietto; [*account, answer*] sincero; [*attempt*] onesto; ***to be ~ about sth.*** essere sincero su qcs.; ***the ~ truth*** la pura verità; ***to be ~ with sb.*** essere sincero con qcn.; ***to be ~ with oneself*** essere sincero con sé stesso; ***to be less than ~ with sb.*** non essere del tutto sincero con qcn.; ***be ~!*** sii sincero! dì la verità! ***to be ~,...*** a essere sincero... **2** *(trustworthy)* onesto, integro, probo **3** *(legal)* [*profit, money*] pulito; [*price*] onesto; ***by ~ means*** con mezzi legali; ***to make an ~ living*** guadagnarsi da vivere onestamente; ***he's never done an ~ day's work*** non ha mai fatto un lavoro onesto in vita sua **II** inter. ***it wasn't me, ~*** o ***~ to God!*** COLLOQ. non sono stato io, lo giuro! ***~ to goodness*** o ***~ to God, have you any sense!*** santo cielo, non hai neanche un po' di giudizio! ◆ ***to make an ~ woman of sb.*** SCHERZ. = sposare una ragazza con la quale si sono avuti rapporti prematrimoniali.
honest broker /ˌɒnɪst'brəʊkə(r)/ n. POL. mediatore m. internazionale.
▷ **honestly** /'ɒnɪstlɪ/ avv. **1** *(truthfully, sincerely)* [*answer, believe, say*] sul serio, sinceramente; ***I ~ don't know*** sinceramente, non lo so; ***do you ~ think you're going to win?*** pensi sul serio di vincere? ***quite ~,...*** francamente,... **2** *(legally)* [*earn*] onestamente **3** *(as sentence adverb)* davvero, sul serio; ***~, I mean it!*** lo penso davvero! ***~? surely not!*** davvero? ovviamente, no! ***~, there's no problem*** sul serio, non è un problema **4** COLLOQ. *(in exasperation)* ***~!*** ma insomma!
honest-to-goodness /ˌɒnɪsttə'gʊdnɪs/ agg. **1** *(simple)* [*holiday*] semplice; [*meal*] genuino **2** AE *(authentic)* vero.
▷ **honesty** /'ɒnɪstɪ/ n. **1** *(truthfulness, integrity)* onestà f., integrità f., lealtà f.; ***to have the ~ to admit sth.*** avere l'onestà di ammettere

qcs. **2** *(sincerity) (of person, statement)* sincerità f., franchezza f., schiettezza f. **3** BOT. **U** lunaria f. ◆ *~ is the best policy* l'onestà è la migliore politica; *~ pays* a essere onesti c'è sempre da guadagnarci.

▷ **honey** /'hʌnɪ/ n. **1** *(food)* miele m.; *acacia, clover ~* miele d'acacia, di trifoglio; *clear ~* miele chiaro **2** AE COLLOQ. *(endearment)* dolcezza f., tesoro m.; *she's a ~* è un vero tesoro.

honeybee /'hʌnɪbi:/ n. ape f. domestica.

honeybunch /'hʌnɪˌbʌntʃ/, **honeybun** /'hʌnɪˌbʌn/ n. AE COLLOQ. dolcezza f., tesoro m.

honey-coloured BE, **honey-colored** AE /'hʌnɪˌkʌləd/ ➧ **5** agg. color miele.

honeycomb /'hʌnɪkəʊm/ **I** n. **1** *(in hive)* favo m. **2** *(for sale)* miele m. in favi **II** modif. **1** [*pattern, design*] a nido d'ape **2** AER. *~ structure* struttura a nido d'ape.

honeycombed /'hʌnɪkəʊmd/ agg. *~ with* pieno di [*holes, spies*]; crivellato da [*passages, tunnels*].

honeydew /'hʌnɪdju:/ n. melata f., mielata f.

honeydew melon /ˌhʌnɪdju:'melən/ n. = varietà di melone dalla polpa verdastra molto dolce.

honeyed /'hʌnɪd/ agg. mielato (anche FIG.).

1.honeymoon /'hʌnɪmu:n/ n. **1** *(wedding trip)* luna f. di miele; *they spent their ~ in Paris* hanno trascorso la luna di miele a Parigi; *to be on one's ~* essere in luna di miele **2** FIG. (anche *~ period*) *(calm spell)* periodo m. felice.

2.honeymoon /'hʌnɪmu:n/ intr. *we ~ed in Paris* abbiamo trascorso la luna di miele a Parigi.

honeymoon couple /'hʌnɪmu:nˌkʌpl/ n. coppia f. in viaggio di nozze.

honeymooner /'hʌnɪmu:nə(r)/ n. persona f. in luna di miele.

honeymoon suite /ˌhʌnɪmu:n'swi:t/ n. suite f. nuziale.

honeypot /'hʌnɪpɒt/ n. **1** barattolo m. per il miele **2** AE POP. *(vagina)* passera f. **3** INFORM. *(to detect hackers)* honeypot m. ◆ *like bees around a ~* come api intorno al miele.

honeysuckle /'hʌnɪsʌkl/ n. caprifoglio m., madreselva f.

hong /hɒŋ, AE hɔ:ŋ/ n. *(in China, Japan)* fabbrica f., magazzino m.

Hong Kong /ˌhɒŋ'kɒŋ/ ➧ **34 I** n. Hong Kong f. **II** agg. [*people, cuisine*] di Hong Kong; *the ~ Chinese* i cinesi di Hong Kong.

1.honk /hɒŋk/ n. *(of car horn)* colpo m. di clacson; *(of geese)* grido m. dell'oca selvatica.

2.honk /hɒŋk/ **I** tr. *to ~ one's horn* suonare il clacson *o* clacsonare **II** intr. [*geese*] starnazzare; [*car horn*] suonare; [*driver*] suonare il clacson; *drivers were ~ing at them* gli autisti gli stavano suonando.

honkie, honky /'hɒŋkɪ/ n. AE POP. SPREG. sporco (-a) bianco m. (-a).

honky-tonk /'hɒŋkɪtɒŋk/ **I** n. **1** *(music)* honky-tonky m. **2** AE COLLOQ. *(club)* locale m. di infimo ordine, bettola f., taverna f. **II** agg. [*music*] honky-tonky; [*piano*] scadente.

honied → **honeyed**.

honor AE → **honour**.

Honor /'ɒnə(r)/ n.pr. Honor (nome di uomo).

honorable AE → **honourable**.

honorably AE → **honourably**.

honorarium /ˌɒnə'reərɪəm/ n. (pl. **~s**, **-ia**) onorario m.

honorary /'ɒnərərɪ, AE 'ɒnərerɪ/ agg. **1** [*doctorate, degree*] ad honorem, honoris causa; [*member, fellowship, membership*] onorario; [*Northerner*] d'adozione; *he is an ~ woman, she is an ~ man* SCHERZ. = lui è entrato a fare parte a tutti gli effetti del nostro gruppo di amiche, lei è entrata a fare parte a tutti gli effetti del nostro gruppo di amici **2** *(voluntary)* [*post, position*] onorifico.

honor guard /'ɒnəˌgɑ:d/ n. AE guardia f. d'onore.

honorific /ˌɒnə'rɪfɪk/ agg. onorifico.

honor roll /'ɒnəˌrəʊl/ n. AE **1** SCOL. = elenco degli studenti meritevoli **2** MIL. lista f. dei caduti.

honor society /'ɒnəsəˌsaɪətɪ/ n. AE SCOL. = associazione di studenti che sono stati inseriti per più anni di seguito nell'honor roll.

honor system /'ɒnəˌsɪstəm/ n. AE SCOL. = sistema scolastico in cui prove, esami ecc. vengono sostenuti senza la supervisione di membri esterni, in quanto si fa affidamento sulla correttezza dei diretti interessati.

▶ **1.honour** BE, **honor** AE /'ɒnə(r)/ **I** n. **1** *(privilege)* onore m., privilegio m.; *to consider sth. a great ~* considerare qcs. un grande onore; *place of ~* posto d'onore; *it is an ~ (for sb.) to do* è un onore (per qcn.) fare; *to have the ~ to do* o *of doing* avere l'onore di fare; *to give sb.* o *do sb. the ~ of doing* concedere a qcn. l'onore di fare; *to be an ~ to sb., sth.* fare onore a qcn., a qcs.; *in ~ of sb., sth.* in onore di qcn., qcs.; *to what do I owe this ~?* FORM. o IRON. a cosa devo questo onore? *buried with full ~s* sepolto con esequie solenni **2** *(high principles)* onore m.; *a man of ~* un uomo d'onore; *to impugn sb.'s ~* FORM. mettere in dubbio l'onore di qcn.; *a point* o *an affair of ~* una questione d'onore; *~ is satisfied* l'onore è salvo; *to give one's word of ~* dare la propria parola d'onore; *in ~* sul mio onore; *to be on one's ~ to do* essere una questione d'onore fare; *I swear it (up)on my ~* o *~ bright!* RAR. lo giuro sul mio onore! **3** *(in titles) Your Honour* Vostro Onore **4** *(card)* onore m. **II honours** n.pl. UNIV. *to graduate with ~s* BE laurearsi con un honours degree; AE laurearsi con lode; *first, second class ~s* BE = diversi livelli di valutazione della laurea ◆ *there is ~ among thieves* lupo non mangia lupo; *to do the ~s* *(serve food, drinks)* fare gli onori di casa; *(introduce guests)* fare le presentazioni.

2.honour BE, **honor** AE /'ɒnə(r)/ tr. **1** *(show respect for)* onorare, rispettare [*parents, spouse, dead, leader*]; onorare, venerare [*flag, hero, artist*]; *to feel, be ~ed* sentirsi onorato (**by** da); *we would be ~ed* saremmo onorati; *I feel* o *am ~ed that she trusts me* sono onorato della sua fiducia; *to ~ sb. by doing* FORM. fare onore a qcn. facendo; *welcome to our ~ed guests* un benvenuto ai nostri illustri ospiti **2** *(fulfil, be bound by)* onorare, pagare [*cheque, debt*]; rispettare [*signature, commitment, contract, terms, obligation, agreement, arrangement*]; mantenere [*promise*].

▷ **honourable** BE, **honorable** AE /'ɒnərəbl/ agg. **1** *(principled)* [*man, woman*] onorato, d'onore; [*intention*] onesto; *to do the ~ thing* fare la cosa giusta; *it is, it is not ~ to do* è, non è onesto fare **2** *(worthy)* [*calling, profession, tradition*] onorevole, onorabile, onorato **3** *(consistent with self-respect)* [*defeat, victory, war, peace, settlement, performance*] onorevole **4** ➧ **9** *(in titles) the Honourable Mr Justice Jones* il Giudice Jones; *the Honourable Gentleman, Lady* POL. l'onorevole; *my Honourable friend* BE POL. il mio onorevole collega.

honourable discharge /ˌɒnərəbl'dɪstʃɑ:dʒ/ n. congedo m. (illimitato).

honourable mention /ˌɒnərəbl'menʃn/ n. menzione f. onorevole.

honourableness BE, **honorableness** AE /'ɒnrəblnɪs/ n. onorabilità f.

honourably BE, **honorably** AE /'ɒnərəblɪ/ avv. [*acquit oneself, fight, withdraw*] onorevolmente; [*behave*] onestamente; *to be ~ defeated* subire una sconfitta onorevole.

honour-bound /'ɒnəˌbaʊnd/ agg. obbligato per una questione d'onore (**to do** a fare).

honours course /'ɒnəzˌkɔ:s/ n. BE = corso universitario che si inserisce nel proprio piano di studi per laurearsi con un honours degree; AE = corso universitario riservato agli studenti più bravi.

honours degree /'ɒnəzdɪˌgri:/ n. = laurea conseguita seguendo un corso di studi di livello più avanzato di quello necessario per un ordinary degree.

Honours List /'ɒnəzˌlɪst/ n. GB = elenco di persone a cui vengono concesse onorificenze, titoli cavallereschi e nobiliari dal sovrano.

hooch /hu:tʃ/ n. AE COLLOQ. **1** *(alcohol)* liquore m. scadente **2** MIL. GERG. *(thatched hut)* trincea f. coperta; *(shack)* capanna f.

▷ **hood** /hʊd/ n. **1** *(head gear)* cappuccio m.; *(balaclava)* passamontagna m. **2** *(for falcon)* cappuccio m. **3** *(cover) (on stove, cooker)* cappa f.; *(on printer)* armadietto m. fonoassorbente **4** BE *(on car)* capote f., cappotta f., capotta f.; *(on pram)* soffietto m., capote f.; *to put the ~ up, down* alzare, abbassare la cappotta **5** AER. *(in cockpit)* tettuccio m. della cabina di pilotaggio **6** AE AUT. *(bonnet)* cofano m. **7** UNIV. *(ceremonial)* cappuccio m. di toga universitaria **8** AE COLLOQ. *(gangster)* gangster m., teppista m., malvivente m.

hooded /'hʊdɪd/ agg. **1** [*sweatshirt, jacket*] con cappuccio **2** [*attacker, rioter, hostage, figure, falcon*] incappucciato **3** *to have ~ eyes* o *eyelids* avere gli occhi socchiusi.

hooded crow /ˌhʊdɪd'krəʊ/ n. cornacchia f. grigia.

hooded seal /ˌhʊdɪd'si:l/ n. foca f. dal cappuccio.

hoodie /'hʊdɪ/ n. = felpa con cappuccio.

hoodlum /'hu:dləm/ n. COLLOQ. **1** *(hooligan)* vandalo m.; *(juvenile delinquent)* teppista m. e f. **2** AE *(crook)* imbroglione m. (-a), truffatore m. (-trice).

hoodoo /'hu:du:/ n. (pl. **~s**) COLLOQ. *(bad luck)* iella f., scalogna f.; *(person)* iettatore m. (-trice).

hoodwink /'hʊdwɪŋk/ tr. ingannare, imbrogliare; *to ~ sb. into doing sth.* ingannare qcn. perché faccia qcs.

hoody → **hoodie**.

hooey /'hu:ɪ/ n. **U** AE fesserie f.pl., stupidaggini m.pl., sciocchezze f.pl.; *oh ~!* che sciocchezze!

1.hoof /hu:f/ n. (pl. **~s**, **hooves**) *(of horse, cow)* zoccolo m.; *cattle bought on the ~* bestiame acquistato ancora vivo ◆ *to think up a*

policy on the ~ ideare una politica su due piedi *o* improvvisare una politica.

2.hoof /hu:f/ tr. COLLOQ. **to ~ it** farsela a piedi.

hoof-and-mouth disease /ˌhu:fən'maʊθdɪˌzi:z/ n. AE afta f. epizootica.

hoofed /'hu:ft/ agg. [*animal*] che ha zoccoli, ungulato.

hoofer /'hu:fə(r)/ n. AE COLLOQ. ballerino m. (-a) (di tip tap).

hoof pick /'hu:fˌpɪk/ n. EQUIT. = strumento utilizzato per togliere le pietre dagli zoccoli dei cavalli.

hoo-ha /'hu:hɑ:/ n. COLLOQ. finimondo m.; ***they made a real ~ about it*** ne hanno fatto un finimondo.

▷ **1.hook** /hʊk/ n. **1** *(for clothing, picture)* gancio m., uncino m.; SART. ***~s and eyes*** gancio con occhiello *o* allacciatura a gancio **2** PESC. amo m. **3** AGR. falcetto m. **4** *(on stick)* manico m. ricurvo **5** TEL. ***to take the phone off the ~*** o ***to leave the phone off the ~*** staccare la cornetta **6** *(boxing)* gancio m.; ***left, right ~*** gancio sinistro, destro **7** *(golf)* tiro m. a gancio, a uncino **8** AE *(bend)* curva f. **9** COMM. = slogan o jingle pubblicitario particolarmente accattivante ◆ ***to be off the ~*** tirarsi fuori dai guai; ***to get sb. off the ~*** tirare fuori dai guai qcn.; ***to let sb. off the ~*** = salvare, scagionare qcn.; ***to get one's ~s into sb.*** fare cadere qcn. nelle proprie grinfie.

2.hook /hʊk/ tr. **1** *(hang)* agganciare (**on, onto** a; **round** intorno a) **2** *(pull through)* fare passare [*string, loop, limb, finger, stick*] (**through** attraverso, in) **3** PESC. prendere all'amo [*fish*]; COLLOQ. SCHERZ. FIG. accalappiare [*spouse*] **4** *(golf)* colpire con un tiro a gancio; *(rugby)* tallonare.

■ **hook on:** ***~ on*** agganciarsi (**to** a); ***~ [sth.] on, ~ on [sth.]*** agganciare (**to** a).

■ **hook together:** ***~ together*** agganciarsi; ***~ [sth.] together*** agganciare (insieme).

■ **hook up:** ***~ up*** [*garment*] allacciarsi; ***~ up [sth.], ~ [sth.] up*** **1** *(attach)* allacciare [*garment*]; agganciare [*trailer, picture*] **2** RAD. TELEV. collegare [*stations*] **3** EL. TECN. allacciare, collegare [*appliance*]; ***to be ~ed up to the Internet*** essere collegato *o* connesso a Internet; ***~ up with sb.*** agganciare qcn.

hookah /'hʊkə/ n. narghilé m.

hooked /hʊkt/ **I** p.pass. → **2.hook II** agg. **1** [*nose, claw, beak*] adunco; [*cross*] uncinato; [*stick*] con manico ricurvo **2** *(addicted)* tossicodipendente, tossico; ***to be ~ on*** essere schiavo di [*crack, heroin*]; avere il pallino, essere impallinato di [*computer games*]; essere un fanatico di [*game shows*] **3** AE COLLOQ. *(married)* accasato, sposato.

hooker /'hʊkə(r)/ n. **1** *(in rugby)* tallonatore m. **2** POP. *(prostitute)* puttana f.

hookey → **hooky**.

hook nose /ˌhʊk'nəʊz/ n. naso m. adunco, aquilino.

hook-nosed /ˌhʊk'nəʊzd/ agg. dal naso adunco, aquilino.

hook-up /'hʊkʌp/ n. **1** RAD. TELEV. collegamento m. **2** AE *(in trailer park)* attacco m.

hookworm /'hʊkwɜ:m/ n. anchilostoma m.

hooky /'hʊkɪ/ n. AE COLLOQ. ***to play ~*** marinare la scuola.

hooligan /'hu:lɪgən/ n. vandalo m. (-a), teppista m. e f.; ***soccer ~*** hooligan.

hooliganism /'hu:lɪgənɪzəm/ n. teppismo m., vandalismo m.

1.hoop /hu:p/ n. **1** *(of metal, wood, bone)* anello m., cerchio m. **2** *(in croquet)* archetto m. ◆ ***to go through the ~s*** o ***to jump through ~s*** passarsela male *o* attraversare un momento difficile; ***to put sb. through the ~s*** mettere qcn. alla prova.

2.hoop /hu:p/ tr. cerchiare [*barrel*].

hooper /'hu:pə(r)/ ◗ ***27*** n. bottaio m.

hoopla /'hu:plɑ:/ ◗ ***10*** n. **1** BE *(at fair)* tiro m. a segno con i cerchietti **2** AE COLLOQ. *(showy publicity)* montatura f. pubblicitaria, strombazzamento m. **3** AE COLLOQ. *(fuss, bustle, noise)* confusione f., trambusto m.

hoopoe /'hu:pu:/ n. upupa f.

hooray /hʊ'reɪ/ inter. urrà.

Hooray Henry /ˌhʊreɪ'henrɪ/ n. BE SPREG. = giovane di classe sociale elevata pieno di iniziative ma inconcludente.

hoosegow /'hu:sgaʊ/ n. COLLOQ. gattabuia f.

hoosier /'hu:ʒə(r)/ n. COLLOQ. SPREG. cafone m. (-a), bifolco m. (-a).

1.hoot /hu:t/ n. **1** *(noise) (of owl)* grido m.; *(of train, ship or factory siren)* fischio m.; *(of car)* colpo m. di clacson; *(derisive shout)* fischio m., grida f.pl. di disapprovazione; ***this was greeted with ~s of laughter*** fu accolto da fischi e risate **2** COLLOQ. *(person)* ***she's a ~*** è uno spasso; ***it was a ~*** è stato veramente spassoso ◆ ***I don't give a ~*** o ***two ~s!*** COLLOQ. me ne infischio!

2.hoot /hu:t/ **I** intr. [*owl*] chiurlare, stridere; [*train, siren*] fischiare; [*car*] suonare il clacson; [*person, crowd*] *(derisively)* fischiare; ***to ~ with laughter*** ridere a crepapelle **II** tr. fischiare [*speaker, actor*]; ***to be ~ed off the stage*** essere buttato fuori di scena dai fischi e dalle urla del pubblico; ***to ~ one's horn*** dare un colpo di clacson (**at sb.** a qcn.)

■ **hoot down:** ***~ down [sb.], ~ [sb.] down*** fischiare; ***~ down [sth.], ~ [sth.] down*** snobbare [*plan, proposal*].

hootenanny /ˌhu:tə'nænɪ/ n. = raduno o festa con canti e balli folk.

hooter /'hu:tə(r)/ **I** n. **1** *(siren)* sirena f.; BE AUT. RAR. *(horn)* clacson m. **2** BE COLLOQ. *(nose)* naso m. **II hooters** n.pl. AE COLLOQ. *(breasts)* tette f.

hoots /hu:ts/ inter. ANT. o SCHERZ. uff, auff.

hoover /'hu:və(r)/ tr. BE ***to ~ a carpet, a room*** passare l'aspirapolvere sul tappeto, nella stanza.

Hoover® /'hu:və(r)/ n. BE aspirapolvere m.

hooves /hu:vz/ → **1.hoof**.

▷ **1.hop** /hɒp/ n. **1** *(movement) (of frog, rabbit, child)* salto m.; *(of bird)* saltello m.; ***with a ~*** con un salto; ***in a series of little ~s*** con una serie di piccoli salti **2** COLLOQ. *(short journey)* ***a short ~*** un salto **3** COLLOQ. *(dance)* ballo m. (popolare); ***the village ~*** il ballo della festa del paese ◆ ***to catch sb. on the ~*** BE COLLOQ. cogliere qcn. alla sprovvista; ***to keep sb. on the ~*** BE COLLOQ. dare un bel daffare a qcn.; ***to be (kept) on the ~*** COLLOQ. essere sotto pressione.

▷ **2.hop** /hɒp/ **I** tr. (forma in -ing ecc. **-pp-**) **1** *(jump over)* saltare [*fence*] **2** AE COLLOQ. *(board)* salire su, saltare su [*train, bus, flight*] **II** intr. (forma in -ing ecc. **-pp-**) **1** *(jump)* [*person*] saltare; ***to ~ off a wall*** saltare giù da un muro; ***to ~ over a puddle, ditch*** saltare una pozzanghera, un fosso; ***to ~ up and down with delight*** fare salti di gioia **2** *(on one leg)* saltare su una gamba; ***to ~ (over) to the door*** saltare su una gamba fino alla porta; ***to ~ up, down the path*** salire, scendere il sentiero saltando su una gamba sola **3** [*animal*] saltare; [*bird*] saltellare; ***a rabbit ~ped across the road*** un coniglio attraversò la strada saltellando **4** *(move speedily)* ***to ~ into bed*** fiondarsi a letto; ***to ~ on a plane*** saltare su un aereo; ***to ~ off a bus*** saltare giù da un autobus; ***I'll give you a lift, ~ in!*** ti do un passaggio, salta su! **5** COLLOQ. *(travel)* ***to ~ over*** o ***across to*** fare un salto in [*city, country*] ◆ ***to be ~ping mad*** COLLOQ. essere furioso; ***to ~ into bed with sb.*** fiondarsi a letto con qcn.; ***to ~ it*** BE COLLOQ. sloggiare, andarsene; ***go on, ~ it!*** su, smamma!

■ **hop about, hop around** [*child, bird*] saltellare qua e là.

■ **hop off** COLLOQ. andarsene, filare.

▶ **1.hope** /həʊp/ n. **1** *(desire, expectation)* speranza f. (**of** di); *(cause for optimism)* speranza f.; ***in the ~ of sth., of doing*** nella speranza di qcs., di fare; ***she cherishes the ~ that he is still alive*** nutre la speranza che sia ancora vivo; ***my (only) ~ is that he will be happy*** spero solo che sia felice; ***to have high ~s of sb., sth.*** avere grandi speranze per qcn., qcs.; ***to have ~s of doing*** sperare di fare; ***to have great*** o ***high ~s of doing*** avere buone speranze di fare; ***there is little, no ~ left for them*** non hanno molte speranze, non hanno più speranza; ***to pin*** o ***set one's ~s on sth.*** riporre le proprie speranze su qcs.; ***to set one's ~s on doing*** sperare di tutto cuore di fare; ***to be beyond (all) ~*** essere oltre ogni speranza; ***to be without ~*** essere senza speranza; ***to live in ~*** vivere nella speranza; ***to live in (the) ~ of sth.*** vivere nella speranza di qcs.; ***to keep one's ~s high*** mantenere vive le proprie speranze; ***there are grounds for ~*** ci sono buone ragioni per sperare; ***to give sb. new ~*** riaccendere la speranza in qcn.; ***all ~ is lost*** si è persa ogni speranza; ***to raise sb.'s ~s*** infondere *o* dare speranza a qcn.; ***don't raise their ~s too much*** non dar loro molte speranze; ***to dash sb.'s ~s*** infrangere le speranze di qcn.; ***to lose, give up ~*** perdere *o* abbandonare la speranza; ***a glimmer*** o ***ray of ~*** un barlume di speranza; ***"~s rise for a peace settlement in the Middle East"*** GIORN. "crescono le speranze di un accordo di pace in Medio Oriente" **2** *(chance)* speranza f.; ***to have no ~ of sth., of doing sth.*** non avere nessuna speranza di qcs., di fare qcs.; ***there is little, no ~ that he will come*** ci sono poche speranze, non c'è nessuna speranza che venga; ***there is no ~ of an improvement*** non ci sono speranze di miglioramento; ***if the champion loses, what ~ is there for me?*** se perde il campione, quali speranze posso avere io? ***our only ~ is to fight on*** la nostra sola speranza è di continuare a combattere; ***his best ~ is that the champion may be tired*** tutto ciò su cui può sperare è che il campione sia stanco; ***what a ~!*** o ***some ~!*** COLLOQ. magari! ***he hasn't got a ~ in hell*** COLLOQ. non ha la ben che minima speranza; ***it's, she's my last ~*** è la mia ultima speranza **3** *(promising person)* speranza f. ◆ ***abandon ~, all ye who enter here*** lasciate ogni speranza voi ch'entrate; ***~ springs eternal (in the human breast)*** la speranza è l'ultima a morire.

▶ **2.hope** /həʊp/ **I** tr. sperare (**that** che); ***to ~ to do*** sperare di fare; ***it is to be ~d that*** c'è da sperare che; ***I ~ (that) he'll come*** spero che venga; ***we cannot ~ to compete with big firms*** non possiamo sperare di poter competere con grandi aziende; ***I only*** o ***just ~ he remembers*** spero solo che si ricordi; ***we had hoped to make a profit this year, but...*** speravamo di potere realizzare degli utili quest'anno, ma...; ***I (do) ~ so, not*** spero (proprio) di sì, di no; ***I won't forget" - "I should ~ not!"*** "non me ne dimenticherò" - "spero proprio di no!"; ***"I'm sure he'll recover" - "I ~ so"*** "sono sicuro che guarirà" - "lo spero proprio"; ***hoping to hear from you*** *(in letter)* nella speranza di ricevere presto vostre notizie **II** intr. sperare, confidare; ***to ~ for sth.*** sperare *o* confidare in qcs.; ***I ~d for a letter, success*** speravo di ricevere una lettera, di avere successo; ***don't ~ for too much*** non sperarci troppo; ***all we can do is ~*** non ci rimane altro che sperare; ***to ~ for the best*** sperare per il meglio ◆ ***to ~ against hope*** illudersi *o* coltivare vane speranze.

Hope /həʊp/ n.pr. Speranza.

hope chest /ˈhəʊpˌtʃest/ n. AE *(chest)* baule m. per il corredo; *(trousseau)* corredo m. da sposa.

▷ **hopeful** /ˈhəʊpfl/ **I** agg. **1** *(filled with hope)* [*person, expression, attitude, mood*] speranzoso, fiducioso; ***to be ~ about sth.*** nutrire speranze riguardo a qcs.; ***to be ~ of doing*** essere speranzoso di fare; ***he is ~ that he will win*** è speranzoso di vincere; ***we remain ~ that...*** restiamo fiduciosi che...; ***I am not ~ of success*** non ho speranze circa il successo **2** *(encouraging)* [*letter, news, result, sign, situation*] promettente, incoraggiante; [*development, period*] promettente **II** n. *(person) (showing promise)* persona f. promettente, di belle speranze; *(ambitious)* persona f. ambiziosa; ***young ~*** giovane di belle speranze.

hopefully /ˈhəʊpfəlɪ/ avv. **1** *(with luck)* se tutto va bene, come è auspicabile, con un po' di fortuna; ***~, he'll pay*** se tutto va bene, pagherà; ***"will he pay?" - "~"*** "pagherà?" - "si spera" **2** *(with hope)* [*say*] fiduciosamente, speranzosamente; ***she smiled at him ~*** gli fece un sorriso speranzoso.

hopefulness /ˈhəʊpflnɪs/ n. buona speranza f., fiducia f.

▷ **hopeless** /ˈhəʊplɪs/ agg. **1** *(desperate)* [*attempt, case, expression, grief, situation, struggle*] disperato, senza speranza; [*mess, muddle*] terribile; ***it was ~ trying to convince her*** era impossibile cercare di convincerla; ***it's ~! I give up!*** è inutile! ci rinuncio! **2** COLLOQ. *(incompetent)* [*person*] disastroso (**as** come; **with** con); [*work*] pessimo; ***to be ~ at sth.*** essere una frana in qcs.; ***to be ~ at doing*** essere un disastro a fare; ***he's a ~ case!*** è un caso disperato! (anche IRON.); ***you're ~! (affectionately)*** sei incorreggibile!

hopelessly /ˈhəʊplɪslɪ/ avv. **1** *(irretrievably)* [*drunk, inadequate, lost, out of date*] completamente; [*in debt*] fino al collo; [*in love*] perdutamente; [*confused*] terribilmente; ***to be ~ extravagant*** essere un inguaribile spendaccione **2** *(despairingly)* [*speak, weep, look at*] disperatamente.

hopelessness /ˈhəʊplɪsnɪs/ n. **1** *(despair)* disperazione f. **2** *(futility)* inutilità f. (**of doing** di fare).

hop field /ˈhɒpˌfiːld/ n. luppoleto m.

hop-flavoured /ˈhɒpˌfleɪvəd/ agg. BE [*beer*] al luppolo.

hophead /ˈhɒphed/ n. COLLOQ. tossico m. (-a).

hoplite /ˈhɒplaɪt/ n. STOR. oplite m., oplita m.

hopped up /ˈhɒptʌp/ agg. **1** *(doped)* drogato **2** *(excited)* eccitato, entusiasta **3** [*motor*] truccato.

hopper /ˈhɒpə(r)/ n. **1** *(for grain, sand, coal)* tramoggia f. **2** (anche **~ car**) carro m. a tramoggia **3** INFORM. *(device)* raccoglitore m. di schede.

hop-picker /ˈhɒpˌpɪkə(r)/ ➧ **27** n. *(person)* raccoglitore m. (-trice) di luppolo; *(machine)* raccoglitrice f. per luppolo.

hop-picking /ˈhɒpˌpɪkɪŋ/ n. raccolta f. del luppolo.

hopping /ˈhɒpɪŋ/ agg. **1** COLLOQ. [*person*] che si dà da fare; [*restaurant, bar*] sempre pieno **2** (anche **~ mad**) arrabbiatissimo, furibondo, fuori di sé.

hops /hɒps/ n.pl. AGR. BOT. *(crop)* luppolo m.sing., infiorescenze f. di luppolo; ***to grow ~*** coltivare il luppolo.

hopsack /ˈhɒpˌsæk/ n. AE sacco m. di iuta.

hopsacking /ˈhɒpˌsækɪŋ/ n. AE tela f. di iuta.

hopscotch /ˈhɒpˌskɒtʃ/ ➧ **10** n. GIOC. settimana f., mondo m., campana f.

Horace /ˈhɒrəs/ n.pr. Orazio.

Horae /ˈhɔːriː/ n.pr.pl. ***the ~*** le Ore.

Horatian /həˈreɪʃɪən/ agg. oraziano.

horde /hɔːd/ n. *(mass) (of people)* orda f. (**of** di); *(of insects)* sciame m., stormo m. (**of** di); *(of animals)* branco m. (**of** di); ***the ~(s)*** l'orda.

horehound /ˈhɔːhaʊnd/ n. BOT. marrubio m.

▷ **horizon** /həˈraɪzn/ n. **1** *(skyline)* orizzonte m.; ***on the ~*** *(visible)* all'orizzonte; FIG. *(imminent)* all'orizzonte *o* in vista **2** *(of ideas, interests)* orizzonte m.; ***to open up new ~s*** aprire nuovi orizzonti; ***to widen*** o ***broaden one's ~s*** allargare i propri orizzonti; ***a person of narrow ~s*** una persona di orizzonti ristretti **3** *(period)* ***within a 10 year ~*** o ***a ~ of 10 years*** nell'arco di 10 anni ◆ ***the only cloud on the ~*** l'unico neo.

▷ **horizontal** /ˌhɒrɪˈzɒntl, AE ˌhɔːr-/ **I** agg. orizzontale **II** n. orizzontale f.

horizontal bar /ˌhɒrɪˌzɒntlˈbɑː(r), AE ˌhɔːr-/ n. SPORT sbarra f.

horizontal integration /ˌhɒrɪˌzɒntlˌɪntɪˈɡreɪʃn, AE ˌhɔːr-/ n. integrazione f. orizzontale.

horizontally /ˌhɒrɪˈzɒntəlɪ, AE ˌhɔːr-/ avv. orizzontalmente.

hormonal /hɔːˈməʊnl/ agg. ormonale.

▷ **hormone** /ˈhɔːməʊn/ n. ormone m.

hormone replacement therapy /ˌhɔːməʊnrɪˈpleɪsməntˌθerəpɪ/ n. terapia f. ormonale di sostituzione.

hormone therapy /ˈhɔːməʊnˌθerəpɪ/ n. ormonoterapia f.

hormone treatment /ˈhɔːməʊnˌtriːtmənt/ n. trattamento m., cura f. ormonale.

hormonic /hɔːˈmɒnɪk/ agg. ormonico.

▷ **1.horn** /hɔːn/ **I** n. **1** ZOOL. *(of animal)* corno m.; *(of snail)* antenna f.; *(of owl)* ciuffo m.; FIG. *(on moon, anvil)* corno m.; *(of devil)* corna f.pl. **2** ➧ **17** MUS. corno m.; ***to play the ~*** suonare il corno; ***to learn the ~*** imparare a suonare il corno; ***for ~*** per corno; ***the ~s*** i corni **3** *(of car)* clacson m.; *(of ship)* sirena f.; ***to sound one's ~*** [*car*] suonare il clacson; [*ship*] fare suonare la sirena **4** U *(substance)* corno m.; ***made of ~*** in, di corno **5** *(for drinking)* corno m. **II** modif. MUS. [*player, teacher, solo*] di corno; [*concerto, part*] per corno ◆ ***to blow one's own ~*** AE darsi delle arie; ***to draw*** o ***pull in one's ~s*** *(feeling hurt)* ritirarsi nel proprio guscio; *(financially)* tagliare sulle spese; ***to lock ~s with sb.*** scontrarsi (violentemente) con qcn.; ***to take the bull by the ~s*** prendere il toro per le corna.

2.horn /hɔːn/ tr. [*animal*] incornare, dare cornate a [*person, thing*].

■ **horn in** AE COLLOQ. ***to ~ in (on a conversation)*** mettere il becco in una conversazione; ***stop ~ing in*** smettila di intrometterti.

hornbeam /ˈhɔːnbiːm/ n. BOT. carpine m., carpino m. bianco.

hornblende /ˈhɔːnblend/ n. orneblenda f.

hornbill /ˈhɔːnbɪl/ n. ZOOL. bucero m.

hornblowing /ˈhɔːnbləʊɪŋ/ n. strombazzamento m. pubblicitario.

hornbook /ˈhɔːnbʊk/ n. STOR. abbecedario m.

horned /hɔːnd/ agg. [*animals, devil*] cornuto; ***long-, short-~ sheep*** ovino con le corna lunghe, corte.

horned owl /ˈhɔːndˌaʊl/ n. ZOOL. assiolo m., chiù m.

horned toad /ˈhɔːndˌtəʊd/ n. frinosoma m., rospo m. cornuto.

hornet /ˈhɔːnɪt/ n. calabrone m. ◆ ***to stir up a ~'s nest*** suscitare un vespaio; ***it's a real ~'s nest*** è proprio una questione spinosa.

hornfels /ˈhɔːnfelz/ n. cornubianite f.

horniness /ˈhɔːnɪnɪs/ n. **1** natura f. cornea **2** *(of hands)* callosità f. **3** POP. *(sexual)* (l')essere arrapato, eccitazione f.

hornless /ˈhɔːnlɪs/ agg. [*cattle, species*] senza corna.

horn of plenty /ˌhɔːnəvˈplentɪ/ n. cornucopia f.

hornpipe /ˈhɔːnpaɪp/ n. = vecchio ballo dei marinai accompagnato dalla musica di una cornamusa.

horn-rimmed /ˌhɔːnˈrɪmd/ agg. [*spectacles*] con la montatura di corno; [*frames*] di corno.

horn rims /ˌhɔːnˈrɪmz/ n.pl. occhiali m. dalla montatura di corno.

hornswoggle /ˈhɔːnˌswɒɡl/ tr. AE COLLOQ. truffare, raggirare, imbrogliare.

horny /ˈhɔːnɪ/ agg. **1** *(hornlike)* [*claws, carapace, growth*] corneo, di corno; [*protuberance*] corneo **2** [*hands, skin*] calloso **3** POP. *(sexually aroused)* arrapato, eccitato; ***to feel ~*** essere arrapato.

horologe /ˈhɒrəˌlɒdʒ/ n. ANT. orologio m.

horology /həˈrɒlədʒɪ/ n. **1** *(science)* cronometria f. **2** *(skill)* orologeria f.

horoscope /ˈhɒrəskəʊp, AE ˈhɔːr-/ n. oroscopo m.

horrendous /hɒˈrendəs/ agg. [*crime, conditions, noise*] orrendo, orribile, spaventoso, terribile; [*accident, problem, mistake*] orribile, terribile; [*cost*] spaventoso.

horrendously /hɒˈrendəslɪ/ avv. orrendamente, orribilmente, spaventosamente, terribilmente.

horrent /ˈhɒrənt/ agg. LETTER. irto.

▷ **horrible** /ˈhɒrɪbl, AE ˈhɔːr-/ agg. **1** *(unpleasant)* [*place, clothes, smell, thought, weather, holiday, food, person*] orribile, orrendo, terribile; ***to be ~ to sb.*** comportarsi in modo orribile con qcn. **2** *(shocking)* [*crime, death, scene*] orribile, orrendo, spaventoso.

▷ **horribly** /ˈhɒrɪblɪ, AE ˈhɔːr-/ avv. **1** [*embarrassed, rude, apt*] terribilmente; ***the plan went ~ wrong*** il piano è andato a farsi benedire **2** [*burned, disfigured, tortured*] orribilmente, orrendamente; [*die, scream*] orribilmente, in modo orrendo.

horrid /'hɒrɪd, AE 'hɔ:rɪd/ agg. 1 [*place, smell, thought, experience*] orrendo, orribile 2 RAR. [*person*] antipatico, cattivo, sgradevole (**to sb.** con qcn.) 3 RAR. [*crime, sight*] orrido, orrendo, orribile.

▷ **horrific** /hə'rɪfɪk/ agg. orribile, orripilante, raccapricciante.

▷ **horrified** /'hɒrɪfaɪd, AE 'hɔ:r-/ I p.pass. → **horrify** II agg. inorridito, impressionato, sconvolto (**at** a; **by** da; **to do** a fare; **that** che); ***a ~ silence*** un silenzio impressionante.

horrify /'hɒrɪfaɪ, AE 'hɔ:r-/ tr. [*tragedy*] atterrire; [*crime*] fare inorridire; [*behaviour, ignorance, suggestion*] impressionare, scandalizzare.

horrifying /'hɒrɪfaɪɪŋ, AE 'hɔ:r-/ agg. [*event, experience, idea, report, sight*] impressionante, sconvolgente; [*behaviour, ignorance*] spaventoso, terribile, scandaloso.

horripilation /ˌhɒrɪpɪ'leɪʃn/ n. LETTER. orripilazione f.

▷ **horror** /'hɒrə(r), AE 'hɔ:r-/ I n. 1 *(feeling) (all contexts)* orrore m., ribrezzo m., ripugnanza f. (**at** a, di fronte a, davanti a); ***to his ~, he heard gunshots*** con orrore, sentì degli spari; ***to have a ~ of sth., of doing*** provare orrore per qcs., a fare; ***to recoil in ~*** indietreggiare con orrore; ***the full ~*** tutto l'orrore; ***~ of ~s!*** orrore degli orrori! 2 COLLOQ. *(person)* ***he's a little ~*** COLLOQ. è una piccola peste 3 COLLOQ. *(ugly thing)* orrore m. II modif. [*film, story*] dell'orrore ◆ ***to give sb. the ~s*** fare paura a qcn.

horror-stricken /'hɒrəˌstrɪkən, AE 'hɔ:r-/, **horror-struck** /'hɒrəˌstrʌk, AE 'hɔ:r-/ agg. inorridito.

▶ **1.horse** /hɔ:s/ n. 1 cavallo m.; ***the ~s*** COLLOQ. FIG. *(horseracing)* le corse dei cavalli 2 *(in gym)* cavallo m.; *(pommel)* cavallo m. con maniglie 3 U MIL. cavalleria f. 4 COLLOQ. *(heroin)* ero(ina) f. 5 AE COLLOQ. *(condom)* preservativo m. ◆ ***I could eat a ~*** ho una fame da lupi; ***to back the wrong ~*** puntare sul cavallo perdente; ***to eat like a ~*** mangiare come un lupo *o* per quattro; ***to flog*** BE, ***beat*** AE ***a dead ~*** COLLOQ. pestare l'acqua nel mortaio; ***(straight) from the ~'s mouth*** [*information*] di prima mano; ***to get on one's high ~*** darsi delle arie *o* alzare la cresta; ***hold your ~s!*** COLLOQ. calma! ***it's ~s for courses*** = persone diverse sono adatte a situazioni o compiti diversi; ***you can take*** o ***lead a ~ to water but you can't make it drink*** PROV. non si può fare bere un asino per forza; ***that's a ~ of a different colour*** è un altro paio di maniche; ***to work like a ~*** lavorare come un mulo; ***wild ~s wouldn't drag it out of me*** non te lo dico neanche morto; ***wild ~s wouldn't drag me there!*** non ci andrei per tutto l'oro del mondo!

2.horse /hɔ:s/ I tr. dare un cavallo a [*person*]; attaccare un cavallo a [*chart*] II intr. andare a cavallo.

■ **horse about, horse around** giocare in modo scatenato.

horse-and-buggy /ˌhɔ:sən'bʌgɪ/ agg. AE COLLOQ. SPREG. preistorico, antidiluviano.

horse artillery /ˌhɔ:sɑ:'tɪlərɪ/ n. artiglieria f. ippotrainata.

horseback /'hɔ:sbæk/ I n. ***on ~*** a cavallo II avv. AE ***to ride ~*** fare dell'equitazione.

horseback riding /'hɔ:sbækˌraɪdɪŋ/ ➧ ***10*** n. AE equitazione f.

horsebane /'hɔ:sbeɪn/ n. finocchio m. acquatico.

horsebox /'hɔ:sbɒks/ n. van m.

horse brass /'hɔ:sˌbrɑ:s, AE -ˌbræs/ n. = medaglione in ottone attaccato alle briglie dei cavalli.

horsebreaker /'hɔ:sˌbreɪkə(r)/ ➧ ***27*** n. domatore m. (-trice) di cavalli.

horsebreeder /'hɔ:sˌbri:də(r)/ ➧ ***27*** n. allevatore m. (-trice) di cavalli.

horse chestnut /ˌhɔ:s'tʃesnʌt/ n. *(tree)* ippocastano m., castagno m. d'India; *(fruit)* castagna f. d'India.

horse collar /'hɔ:sˌkɒlə(r)/ n. collare m. (di cavallo).

horse dealer /'hɔ:sˌdi:lə(r)/ ➧ ***27*** n. commerciante m. e f. di cavalli.

horse doctor /'hɔ:sˌdɒktə(r)/ n. COLLOQ. *(vet)* veterinario m. (-a); SPREG. *(doctor)* ciarlatano m.

horse-drawn /'hɔ:sˌdrɔ:n/ agg. [*carriage, vehicle*] trainato da cavalli.

horseflesh /'hɔ:sˌfleʃ/ n. *(horses collectively)* cavalli m.pl.; *(meat)* carne f. di cavallo.

horsefly /'hɔ:sˌflaɪ/ n. tafano m.

Horse Guards /'hɔ:sˌgɑ:dz/ n.pl. BE MIL. guardie f. a cavallo.

horsehair /'hɔ:sheə(r)/ I n. crine m. di cavallo II modif. [*sofa, mattress*] di crine.

horsehide /'hɔ:shaɪd/ n. pelle f. di cavallo, cavallino m.

horse latitudes /ˌhɔ:s'lætɪtju:dz, AE -tu:dz/ n.pl. fasce f. di alta pressione subtropicale, bonacce f. subtropicali.

horselaugh /'hɔ:slɑ:f, AE -læf/ n. risata f. cavallina.

horseleech /'hɔ:sli:tʃ/ n. 1 sanguisuga f. 2 ANT. veterinario m. (-a).

horseman /'hɔ:smən/ n. (pl. **-men**) cavaliere m., cavallerizzo m.

horsemanship /'hɔ:smənʃɪp/ n. *(activity, art, skill)* equitazione f.

horse manure /'hɔ:sməˌnjʊə(r)/ n. letame m. di cavallo.

horsemeat /'hɔ:sˌmi:t/ n. carne f. di cavallo.

horsemen /'hɔ:smen/ → **horseman.**

horse opera /'hɔ:sˌɒprə/ n. AE COLLOQ. film western m.

horseplay /'hɔ:sˌpleɪ/ n. gioco m. scatenato.

horsepower /'hɔ:spaʊə(r)/ n. *(unit of power)* cavallo m. vapore; ***a 90 ~ engine*** un motore da 90 cavalli.

horse race /'hɔ:sˌreɪs/ n. corsa f. di cavalli.

horseracing /'hɔ:sˌreɪsɪŋ/ n. ippica f., corse f.pl., dei cavalli.

horseradish /'hɔ:srædɪʃ/ n. barbaforte m. e f., rafano m.

horseradish sauce /'hɔ:srædɪʃˌsɔ:s/ n. salsa f. di rafano.

horseriding /'hɔ:sraɪdɪŋ/ ➧ ***10*** n. equitazione f.

horse sense /'hɔ:ssens/ n. COLLOQ. buonsenso m.

horseshit /'hɔ:sʃɪt/ n. COLLOQ. FIG. palle f.pl., stronzate f.pl.

horseshoe /'hɔ:sʃu:/ n. ferro m. di cavallo.

horseshoe crab /ˌhɔ:sʃu:'kræb/ n. limulo m.

horseshoer /'hɔ:sʃu:ə(r)/ ➧ ***27*** n. maniscalco m.

horseshow /'hɔ:sʃəʊ/ n. concorso m. ippico.

horsetail /'hɔ:steɪl/ n. BOT. equiseto m.

horse trader /'hɔ:sˌtreɪdə(r)/ ➧ ***27*** n. 1 commerciante m. e f. di cavalli 2 FIG. trafficante m. e f. losco (-a).

horse-trading /'hɔ:sˌtreɪdɪŋ/ n. 1 commercio m. di cavalli 2 FIG. traffico m. losco.

horse trials /'hɔ:sˌtraɪəlz/ n.pl. gara f.sing. equestre.

horse vaulting /'hɔ:sˌvɔ:ltɪŋ/ n. volteggio m. (al cavallo).

1.horsewhip /'hɔ:swɪp/ n. frustino m.

2.horsewhip /'hɔ:swɪp/ tr. (forma in -ing ecc. **-pp-**) frustare, sferzare, staffilare.

horsewoman /'hɔ:sˌwʊmən/ n. (pl. **-women**) amazzone f., cavallerizza f.

hors(e)y /'hɔ:sɪ/ agg. 1 *(like a horse)* SPREG. [*face, appearance*] equino 2 *(interested in horses)* che ama i cavalli, che s'intende di cavalli; ***the ~ set*** il giro dell'equitazione.

hortative /'hɔ:tətɪv/, **hortatory** /'hɔ:tətrɪ, AE -tɔ:rɪ/ agg. esortativo.

Hortense /'hɔ:tens/, **Hortensia** /hɔ:'tensɪə/ n.pr. Ortensia.

horticultural /ˌhɔ:tɪ'kʌltʃərəl/ agg. orticolo.

horticulture /'hɔ:tɪkʌltʃə(r)/ n. orticultura f.

horticulturist /ˌhɔ:tɪ'kʌltʃərɪst/ ➧ ***27*** n. orticultore m. (-trice).

hosanna /həʊ'zænə/ I n. osanna m. II inter. osanna.

▷ **1.hose** /həʊz/ n. 1 (anche **~pipe** BE) *(for garden, cleaning)* tubo m. di gomma 2 (anche **fire ~**) idrante m., manichetta f. antincendio 3 AUT. *(in engine)* manicotto m. 4 *(tubing)* tubo m., manichetta f.; ***a length of ~*** un tratto di tubatura 5 BE *(hosiery)* calzetteria f. 6 STOR. *(garment)* calzamaglia f., calzabraca f. 7 AE *(stockings)* calze f.pl.

2.hose /həʊz/ tr. bagnare con un tubo di gomma [*garden*].

■ **hose down:** ***~ [sth.] down, ~ down [sth.]*** lavare, pulire qcs. usando un tubo di gomma.

■ **hose out:** ***~ out [sth.], ~ [sth.] out*** lavare, pulire qcs. usando un tubo di gomma.

hosepipe /'həʊzpaɪp/ n. BE 1 *(for garden)* tubo m. di gomma 2 *(fire)* idrante m.

hosepipe ban /'həʊzpaɪpˌbæn/ n. BE = divieto di irrigare con la pompa.

hosier /'həʊzɪə(r), AE 'həʊʒə(r)/ ➧ ***27*** n. RAR. commerciante m. e f. di calze e corsetteria.

hosiery /'həʊzɪərɪ, AE 'həʊʒərɪ/ n. ANT. calzetteria f.

hospice /'hɒspɪs/ n. 1 *(for the terminally ill)* casa f. di cura per malati terminali 2 *(for travellers)* ospizio m.

hospitable /hɒ'spɪtəbl/ agg. [*person, family, country*] ospitale (**to** verso); [*gesture, invitation*] ospitale, cordiale; [*climate*] ospitale, accogliente; [*conditions, terrain*] favorevole.

hospitably /'hɒspɪtəblɪ, ˌhɒ'spɪt-/ avv. ospitalmente, con ospitalità.

▶ **hospital** /'hɒspɪtl/ I n. ospedale m.; ***to, from ~*** BE o ***the ~*** AE all'ospedale, dall'ospedale; ***to be taken to*** o ***admitted to ~ with...*** essere ricoverato in ospedale per...; ***I've never been in ~*** non sono mai stato (ricoverato) in ospedale; ***he died in ~*** è morto all'ospedale II modif. [*facilities*] ospedaliero; [*staff, treatment, ward*] ospedaliero, di ospedale; [*administration, food, waiting list*] degli ospedali; ***~ beds*** letti d'ospedale; ***~ patient*** paziente di un ospedale.

hospital administrator /ˌhɒspɪtləd'mɪnɪstreɪtə(r)/ ➧ ***27*** n. amministratore m. (-trice) di ospedale.

hospital authorities /ˌhɒspɪtlɔ:'θɒrətɪz/ n.pl. autorità f. ospedaliere.

hospital corner /'hɒspɪtlˌkɔ:nə(r)/ n. ***to do ~s*** = rifare il letto rimboccando le lenzuola nella maniera usata negli ospedali.

hospital doctor /'hɒspɪtlˌdɒktə(r)/ ➧ ***27*** n. medico m. di ospedale.

▷ **hospitality** /ˌhɒspɪ'tælətɪ/ n. ospitalità f.
hospitalization /hɒspɪtəlaɪ'zeɪʃn, AE -lɪ'z-/ n. ospedalizzazione f., ricovero m. in ospedale.
hospitalize /'hɒspɪtəlaɪz/ tr. ospedalizzare, ricoverare in ospedale.
hospital nurse /'hɒspɪtlˌnɜ:s/ ♦ 27 n. infermiere m. (-a) di ospedale.
hospital porter /'hɒspɪtlˌpɔ:tə(r)/ ♦ 27 n. BE portantino m.
hospital ship /'hɒspɪtlˌʃɪp/ n. nave f. ospedale.
▶ **1.host** /həʊst/ **I** n. **1** *(to guests, visitors)* ospite m. e f.; ***to play ~ to sb.*** ricevere qcn. **2** BOT. ZOOL. ospite m. **3** TELEV. conduttore m. (-trice), presentatore m. (-trice) **4** RAR. SCHERZ. *(innkeeper)* oste m. (-essa), albergatore m. (-trice); ***mine ~*** SCHERZ. il mio locandiere preferito **II** modif. [*animal, plant, cell*] ospite; ~ ***country*** nazione ospitante.
▶ **2.host** /həʊst/ tr. **1** [*city, country, institution etc.*] ospitare **2** TELEV. condurre, presentare **3** INFORM. ospitare [*website*].
3.host /həʊst/ n. **1** *(multitude)* folla f., moltitudine f., schiera f. (**of** di) **2** ANT. *(army)* esercito m.
4.host /həʊst/ n. RELIG. ostia f.
▷ **hostage** /'hɒstɪdʒ/ n. ostaggio m.; ***to take, hold sb. ~*** prendere, tenere qcn. in ostaggio ◆ ***to give a ~ to fortune*** compromettersi.
hostage-taker /'hɒstɪdʒteɪkə(r)/ n. rapitore m. (-trice), sequestratore m. (-trice).
1.hostel /'hɒstl/ n. **1** *(residence) (for students)* ostello m., pensionato m. per studenti, casa f. dello studente; *(for workers)* pensionato m.; *(for refugees)* casa f. d'accoglienza; ***(youth) ~*** ostello della gioventù **2** ANT. → **hostelry**.
2.hostel /'hɒstl/ intr. pernottare in un ostello della gioventù.
hosteller /'hɒstələ(r)/ n. frequentatore m. (-trice) di ostelli.
hostelry /'hɒstəlrɪ/ n. ANT. locanda f., osteria f.
hostess /'həʊstɪs/ n. **1** *(to guests, visitors)* ospite f., padrona f. di casa **2** ♦ 27 *(on plane)* hostess f., assistente f. di volo; *(on train, coach)* hostess f., accompagnatrice f. turistica; *(in administration)* hostess f. **3** RAD. TELEV. valletta f. **4** EUFEM. *(in nightclub etc.)* entraîneuse f.
▷ **hostile** /'hɒstaɪl, AE -tl/ agg. ostile, contrario (**to** a); ~ ***takeover (bid)*** COMM. acquisizione di controllo forzata.
hostilely /'hɒstaɪlɪ, AE -tlɪ/ avv. ostilmente.
▷ **hostility** /hɒ'stɪlətɪ/ **I** n. ostilità f., avversione f.; ***to show ~ to*** o ***towards sb., sth.*** mostrare avversione verso qcn., qcs. **II hostilities** n.pl. MIL. ostilità f.
hostler /'(h)ɒslə(r)/ n. ANT. palafreniere m., staffiere m.
▶ **1.hot** /hɒt/ agg. **1** *(very warm)* [*season, country, bath, plate, hands, feet, sun*] caldo; [*food, drink*] caldo, bollente; ***it's ~ here*** fa caldo qui; ***the weather is ~ in July*** a luglio fa caldo; ***it was a ~ day*** è stata una giornata calda; ***to be*** o ***feel ~*** [*person*] avere caldo; ***to get ~*** [*person*] cominciare ad avere caldo; [*parked car*] riscaldarsi, diventare caldo; [*engine, iron, oven, radiator*] riscaldarsi; [*weather*] cominciare a essere caldo; ***sometimes it gets ~ in this office*** qualche volta fa troppo caldo in questo ufficio; ***the room feels ~*** fa caldo nella stanza; ***the sun felt ~ on his back*** il sole gli scaldava la schiena; ***your forehead feels ~*** hai la fronte calda; ***digging is ~ work*** vangare è un lavoro che fa venire caldo; ***the sun is at its ~test at this time of day*** questa è l'ora in cui il sole è più caldo; ***how ~ should I have the oven, iron?*** a quale temperatura deve essere il forno, il ferro? ***to be ~ from the oven*** [*bread, cake*] essere appena sfornato; ***to go ~ and cold*** *(with fever, fear)* sudare freddo; ***it's terribly ~!*** si muore di caldo! **2** GASTR. [*mustard, spice, chili powder*] forte; [*curry, sauce, dish*] piccante **3** *(new, fresh)* [*trail*] recente; [*news*] appena arrivato, fresco; ~ ***gossip*** gli ultimi pettegolezzi **4** *(newly arrived)* ***Dr Mayer, ~ from the New York conference*** il dott. Mayer, appena tornato dalla conferenza di New York; ~ ***from*** o ***off the press*** [*book*] fresco di stampa **5** *(fierce, keen)* [*competition*] accanito; [*pace*] veloce; ***the pace got too ~ for him*** l'andatura diventò troppo veloce per lui **6** *(short)* ***to have a ~ temper*** avere un temperamento focoso **7** *(in demand)* AE COLLOQ. ***to be ~*** [*entertainer, show, film*] spopolare; ***to be a ~ property*** essere molto richiesto **8** COLLOQ. *(good)* ***a ~ tip*** una buona soffiata; ***the team is ~*** AE la squadra va alla grande; ***a ~ streak*** AE un momento fortunato; ***to be the ~ favourite*** essere il grande favorito; ***if you think you are so ~, try it yourself!*** se pensi di essere così bravo, provaci da solo! ***to be ~ on sth.*** *(knowledgeable)* essere ferrato in qcs.; *(keen, insistent)* essere entusiasta di qcs.; ***not so ~*** non un granché **9** COLLOQ. *(difficult, unpleasant)* ***to make it*** o ***things ~ for sb.*** rendere le cose difficili a qcn. **10** COLLOQ. *(stolen)* che scotta **11** *(bright)* [*colour*] caldo; ~ ***pink*** rosa carico **12** MUS. [*jazz*] hot **13** NUCL. *(radioactive)* radioattivo **14** *(close)* ***to be ~ on sb.'s trail*** essere sulle tracce di qcn.; ***to be ~ on the trail of sth.*** seguire una buona pista per trovare qcs.; ***to set off in ~ pursuit of sb.*** lanciarsi all'inseguimento di qcn.; ***a truck with two police cars in ~ pursuit*** un camion con due auto della polizia alle calcagna; ***you're getting ~*** *(in guessing games)* fuocherello **15** AE COLLOQ. *(erotic)* [*movie, scene*] spinto, piccante; *(feeling excitement)* [*person*] eccitato ◆ ***to be in, get into ~ water*** essere, cacciarsi nei pasticci *o* nei guai; ***to blow ~ and cold*** essere una banderuola al vento; ***to be, get all ~ and bothered*** essere agitato *o* eccitato, agitarsi *o* eccitarsi; ***when you're ~ you're ~, and when you're not you're not*** AE ci sono giorni sì e giorni no.
2.hot /hɒt/ tr. e intr. (forma in -ing ecc. **-tt-**) → **hot up**.
▪ **hot up:** ~ ***up*** **1** *(become exciting)* [*match*] riscaldarsi; [*election campaign*] intensificarsi; ***things are ~ting up*** la situazione diventa sempre più calda **2** *(get faster)* ***the pace is ~ting up*** il ritmo si fa incalzante **3** *(intensify)* [*raids, war*] intensificarsi; ~ ***[sth.] up*** forzare [*pace*]; fare del sensazionalismo in [*broadcast*]; intensificare [*campaign, music*].
hot air /ˌhɒt'eə(r)/ n. COLLOQ. aria f. fritta; ***it's just so much ~!*** sono solo discorsi campati in aria!
hot air balloon /ˌhɒt'eəbəˌlu:n/ n. mongolfiera f.
hotbed /'hɒtbed/ n. **1** *(of disease)* focolaio m. **2** *(of crime)* covo m.
hot-blooded /ˌhɒt'blʌdɪd/ agg. [*response, reaction*] focoso, appassionato; [*race*] focoso, dal sangue caldo.
hot cake /'hɒtˌkeɪk/ n. AE frittella f. ◆ ***to sell like ~s*** andare a ruba *o* vendersi come il pane.
hotchpotch /'hɒtʃpɒtʃ/ n. BE **1** guazzabuglio m., miscuglio m. **2** DIR. collazione f.
hot cross bun /ˌhɒtˌkrɒs'bʌn, AE -ˌkrɔ:s-/ n. = panino dolce con una croce sopra che, per tradizione, si mangia il Venerdì Santo.
1.hot dog /'hɒtˌdɒg, AE -ˌdɔ:g/ **I** n. hot-dog m. **II** inter. AE RAR. *(expressing approval, pleasure)* fantastico.
2.hot dog /'hɒtˌdɒg, AE -ˌdɔ:g/ tr. (forma in -ing ecc. **-gg-**) **1** COLLOQ. *(show off)* = fare acrobazie per mettersi in mostra **2** *(in skiing)* = praticare lo sci acrobatico.
hot dogging /'hɒtˌdɒgɪŋ/ ♦ 10 n. sci m. acrobatico, hot dog m.
▶ **hotel** /həʊ'tel/ **I** n. hotel m., albergo m. **II** modif. [*room, lobby, manager, restaurant, receptionist, price*] di albergo; [*industry, service*] alberghiero.
hotelier /həʊ'telɪə(r)/ ♦ 27 n. albergatore m. (-trice).
hotelkeeper /həʊ'telˌki:pə(r)/ ♦ 27 n. BE albergatore m. (-trice).
hotel work /həʊ'telˌwɜ:k/ n. lavoro m. in albergo.
hot flush /ˌhɒt'flʌʃ/ BE, **hot flash** /ˌhɒt'flæʃ/ AE n. caldana f., vampata f.
1.hotfoot /'hɒtfʊt/ avv. SCHERZ. IRON. [*go*] in fretta e furia, a gambe levate.
2.hotfoot /'hɒtfʊt/ tr. COLLOQ. ***to ~ it down to the pub, over to a friend's house*** andare di corsa al pub, a trovare un amico.
hot gospeller /ˌhɒt'gɒsplə(r)/ n. BE SPREG. SCHERZ. fervido (-a) predicatore m. (-trice) del Vangelo.
hot hatch(back) /ˌhɒt'hætʃ(bæk)/ n. BE AUT. COLLOQ. auto f. sportiva con portellone posteriore.
hothead /'hɒtˌhed/ n. SPREG. testa f. calda.
hot-headed /ˌhɒt'hedɪd/ agg. [*person*] che ha la testa calda, esaltato; [*decision*] precipitoso.
hot-headedly /ˌhɒt'hedɪdlɪ/ avv. [*react*] impulsivamente; ***to rush ~ into things*** gettarsi a capofitto in qcs.
hotheadedness /ˌhɒt'hedɪdnɪs/ n. impulsività f.
1.hothouse /'hɒthaʊs/ **I** n. **1** *(for plants)* serra f. calda **2** FIG. fucina f. **II** modif. [*atmosphere*] di serra; ~ ***child*** bambino prodigio; ~ ***school*** = scuola per bambini particolarmente dotati.
2.hothouse /'hɒthaʊs/ tr. ***to ~ a child*** = impartire a un bambino insegnamenti di livello superiore rispetto alla norma per la sua età.
hothouse plant /'hɒthaʊsˌplɑ:nt, AE -ˌplænt/ n. pianta f. di serra; FIG. fiore m. di serra.
hothousing /'hɒthaʊzɪŋ/ n. SCOL. = corsi intensivi per bambini particolarmente dotati.
hot key /'hɒtki:/ n. INFORM. tasto m. di scelta rapida.
hotline /'hɒtlaɪn/ n. **1** linea f. diretta; ***Aids, drugs ~*** servizio di assistenza telefonica per malati di AIDS, tossicodipendenti **2** *(between heads of state)* telefono m. rosso, linea f. calda **3** *(for customer support)* hot line f.
hotlink /'hɒtlɪŋk/ n. collegamento m. ipertestuale, hotlink m.
hot list /'hɒtlɪst/ n. INFORM. lista f. dei (siti) preferiti.
hotly /'hɒtlɪ/ avv. [*say, retort, exclaim*] con veemenza, ardore; [*disputed, denied*] violentemente; ***the race, match was ~ contested*** è stata una gara, una partita combattutissima.
hot money /'hɒtˌmʌnɪ/ n. denaro m. che scotta.
hotness /'hɒtnɪs/ n. calore m., ardore m., veemenza f.
hot pants /'hɒtˌpænts/ n.pl. hot pants m.

hot pepper /ˈhɒt,pepə(r)/ n. peperoncino m. rosso.
hotplate /ˈhɒt,pleɪt/ n. *(of a stove, electric cooker)* piastra f.
hotpot /ˈhɒt,pɒt/ n. BE spezzatino m. con patate.
hot potato /,hɒtpəˈteɪtəʊ/ n. COLLOQ. patata f. bollente ◆ ***to drop sb. like a*** ~ mollare qcn. da un giorno all'altro.
hot rod /ˈhɒt,rɒd/ n. automobile f. col motore truccato.
hots /hɒts/ n.pl. POP. ***to have the*** ~ ***for sb.*** eccitarsi *o* andare su di giri per qcn.
hot seat /ˈhɒt,siːt/ n. AE COLLOQ. *(electric chair)* sedia f. elettrica ◆ ***to be in the*** ~ essere in una posizione difficile.
hot shit /,hɒtˈʃɪt/ **I** n. AE POP. ***he thinks he's*** ~ pensa di essere la fine del mondo **II** inter. AE POP. merda.
hot shoe /ˈhɒt,ʃuː/ n. = incastro della macchina fotografica su cui viene montato il flash.
hotshot /ˈhɒtʃɒt/ **I** n. pezzo m. grosso; SPREG. pallone m. gonfiato **II** agg. COLLOQ. SPREG. [*executive*] tronfio, arrogante.
hot spot /ˈhɒt,spɒt/ n. **1** GIORN. POL. COLLOQ. punto m. caldo **2** COLLOQ. *(tourism)* paese m. caldo, posto m. caldo; *(fashionable)* destinazione f. alla moda **3** COLLOQ. *(nightclub)* locale m. notturno, alla moda **4** INFORM. zona f. cliccabile.
hot spring /,hɒtˈsprɪŋ/ n. sorgente f. termale.
hotspur /ˈhɒtspɜː(r)/ n. ANT. testa f. calda, persona f. impulsiva.
hot stuff /,hɒtˈstʌf/ n. COLLOQ. ***to be*** ~ *(talented)* [*person, pop group*] essere eccezionale, fantastico; *(attractive)* essere affascinante, sexy; *(titillating)* [*book, film*] essere eccitante; ***he thinks he's*** ~ pensa di essere il massimo.
Hotspur /ˈhɒtspə(r)/ n.pr. Hotspur.
hot-tempered /,hɒtˈtempəd/ agg. collerico, irascibile.
Hottentot /ˈhɒtntɒt/ ◗ ***14*** **I** agg. ottentotto **II** n. **1** *(person)* ottentotto m. (-a) **2** LING. ottentotto m.
hotter /ˈhɒtə(r)/ n. BE COLLOQ. = giovane che fa scorribande su un'auto rubata.
hot ticket /,hɒtˈtɪkɪt/ n. COLLOQ. **1** *(person)* idolo m. **2** *(show)* ***this show is the current*** ~ attualmente questo spettacolo sta spopolando.
hotting /ˈhɒtɪŋ/ n. BE COLLOQ. = l'abitudine di rubare auto veloci per fare delle gare piuttosto pericolose.
hot tub /ˈhɒt,tʌb/ n. AE = vasca da idromassaggio per più persone.
hot war /ˈhɒt,wɔː(r)/ n. guerra f. aperta.
hot water bottle /,hɒtˈwɔːtə,bɒtl/ n. borsa f. dell'acqua calda.
hot-wire /ˈhɒtwaɪə(r)/ tr. COLLOQ. ***to*** ~ ***a car*** fare partire un'automobile senza la chiave.
1.hough /hɒk/ n. garretto m.
2.hough /hɒk/ tr. ANT. sgarrettare.
1.hound /haʊnd/ n. **1** cane m. da caccia, bracco m.; ***a pack of*** ~***s*** una muta di cani da caccia; ***to ride to*** o ***follow the*** ~***s*** cacciare con una muta di cani **2** SCHERZ. *(dog)* cane m., canaglia f., mascalzone m. (-a) **3** COLLOQ. *(enthusiast)* ***autograph*** ~ persona che va a caccia di autografi; ***publicity*** ~ persona che va in cerca di pubblicità ◆ ***to be like a*** ~ ***out of hell*** avere il pepe al culo.
2.hound /haʊnd/ tr. *(harass)* perseguitare [*person*].
■ **hound down:** ~ **down [sb.],** ~ **[sb.] down** acciuffare, catturare.
■ **hound out:** ~ **[sb.] out** cacciare, scacciare; ***to be*** ~***ed out of town*** essere cacciato via dalla città; ***he was*** ~***ed out of politics*** è stato scacciato dalla politica.
hound-dog /ˈhaʊnddɒg/ n. AE COLLOQ. **1** *(dog)* cane m. da caccia, bracco m. **2** *(scoundrel)* canaglia f., mascalzone m. (-a).
houndstooth (check) /ˈhaʊndztuːθ(,tʃek)/ **I** n. TESS. pied-de-poule m. **II** modif. [*fabric, jacket, pattern*] pied-de-poule.
▶ **hour** /aʊə(r)/ ◗ ***33, 4*** **I** n. **1** *(60 minutes)* ora f.; ***an*** ~ ***ago*** un'ora fa; ***after an*** ~ dopo un'ora; ***a solid*** o ***full*** ~ un'intera ora *o* un'ora buona; ***for*** ~***s*** per ore; ***he'll be here within*** o ***inside an*** ~ sarà qui tra (non più di) un'ora; ***it's an*** ~ ***(away) from London*** è a un'ora da Londra; ***at 14.00*** ~***s*** alle 14.00; ***twice an*** ~ due volte all'ora; ***£ 10 per*** ~ £ 10 all'ora; ***to be paid by the*** ~ essere pagato a ore **2** *(time of day)* ora f.; ***the clock strikes the*** ~ l'orologio suona le ore; ***the bus leaves on the*** ~ l'autobus parte allo scoccare dell'ora *o* di ogni ora; ***she got home in the early*** ~***s*** è rientrata alle ore piccole; ***at an early*** ~ di buonora; ***to stay out until all*** ~***s*** stare fuori fino all'ora beata *o* fare le ore piccole; ***at this*** ~***?*** a quest'ora? ***at this late*** ~ FIG. a quest'ora **3** *(point in time)* ora f.; ***the*** ~ ***of his execution has come*** è arrivata l'ora della sua esecuzione; ***your*** ~ ***has come*** è arrivata la tua ora; ***her finest, darkest*** ~ il momento più bello, più brutto della sua vita; ***in my*** ~ ***of need*** nel momento del bisogno **II hours** n.pl. **1** *(times)* ore f., orario m.sing.; ***business*** o ***opening*** ~***s*** orario d'apertura; ***office, visiting, working*** ~***s*** orario di ufficio, di visita, lavorativo; ***our business*** ~***s are 9 am to 2 pm*** siamo aperti dalle 9.00 alle 14.00; ***I can't serve drinks after*** ~***s*** non posso servire da bere dopo l'orario di chiusura; ***out of*** ~***s*** fuori orario; ***to keep early, late*** ~***s*** andare a letto presto, tardi; ***to keep regular*** ~***s*** avere degli orari regolari **2** RELIG. ora f. canonica; ***book of*** ~***s*** libro d'ore.
hourglass /ˈaʊəglɑːs, AE -glæs/ n. clessidra f.
hourglass figure /ˈaʊəglɑːs,fɪgə(r), AE -glæs,fɪgjər/ n. = figura femminile ben proporzionata.
hour hand /ˈaʊə,hænd/ n. lancetta f. delle ore.
houri /ˈhʊərɪ/ n. uri f.
hourly /ˈaʊəlɪ/ **I** agg. **1** *(every hour)* [*bulletin*] orario; ***the buses are*** ~ c'è un autobus ogni ora **2** *(per hour)* [*pay, rate*] orario; ***on an*** ~ ***basis*** all'ora **3** *(continual)* [*expectation, fear*] continuo **II** avv. **1** *(every hour)* [*arrive, chime, depart, phone*] (a) ogni ora **2** *(per hour)* ***to pay sb.*** ~ pagare qcn. all'ora **3** *(at any time)* [*expect*] da un momento all'altro.
▶ **1.house** /haʊs/ n. **1** *(home)* casa f., abitazione f.; ***at my, his*** ~ a casa mia, sua; ***to go, come to sb.'s*** ~ andare, venire a casa di qcn. *o* da qcn.; ***to be good around the*** ~ dare una mano in casa; ***to keep*** ~ badare alla casa (**for** di); ***you'll wake the whole*** ~ sveglierai tutta la casa; ***the children were playing*** ~ i bambini stavano giocando al papà e alla mamma **2** (anche **House**) POL. Camera f.; ***the bill before the*** ~ il progetto di legge sottomesso all'approvazione della Camera; ***this*** ~ ***deplores*** la Camera disapprova **3** COMM. casa f., ditta f.; ***on the*** ~ a spese della casa; ***the drinks are on the*** ~***!*** offre la casa! **4** TEATR. *(audience)* pubblico m., spettatori m.pl.; *(auditorium)* sala f.; *(performance)* rappresentazione f.; ***"~ full"*** *(on notice)* "completo"; ***is there a doctor in the*** ~***?*** c'è un dottore in sala? ***there wasn't a dry eye in the*** ~ tutto il pubblico era commosso; ***to bring the*** ~ ***down*** far venire giù il teatro per gli applausi **5** (anche **House**) *(family line)* casa f., dinastia f.; ***the*** ~ ***of Windsor*** la casa dei Windsor **6** RELIG. casa f. **7** BE SCOL. *(team)* = ciascuno dei gruppi in cui gli alunni vengono suddivisi per partecipare a giochi o gare **8** ASTROL. casa f. **9** (anche **House**) house (music) f. ◆ ***to put*** o ***set one's*** ~ ***in order*** sistemare i propri affari; ***first set your own*** ~ ***in order*** prima pensa a mettere in ordine le cose che ti riguardano *o* prima pensa per te; ***to get on like a*** ~ ***on fire*** COLLOQ. andare d'amore e d'accordo *o* intendersela a meraviglia.
2.house /haʊz/ tr. **1** *(give lodging to) (permanently)* alloggiare [*person*]; *(temporarily)* ospitare [*homeless, refugees*]; ***to be badly*** o ***poorly*** ~***d*** essere male alloggiato **2** *(contain)* [*building, room, library*] ospitare [*collection, exhibition, books*].
house agent /ˈhaʊz,eɪdʒənt/ ◗ ***27*** n. BE agente m. e f. immobiliare.
House Appropriations Committee /,haʊzə,prəʊprɪˈeɪʃnzkə,mɪtɪ/ n. AE comitato m. per l'assegnazione delle case.
house arrest /ˈhaʊzə,rest/ n. arresti m.pl. domiciliari; ***to be under*** ~ essere agli arresti domiciliari.
houseboat /ˈhaʊsbəʊt/ n. *(house-shaped, barge)* casa f. galleggiante, house boat f.
housebound /ˈhaʊsbaʊnd/ **I** agg. chiuso in casa, costretto a stare in casa; ***she is*** ~ è costretta in casa **II** n. ***the*** ~ + verbo pl. le persone costrette a stare in casa.
housebreak /ˈhaʊsbreɪk/ tr. (pass. **-broke**, p.pass. **-broken**) AE ***to*** ~ ***a dog*** abituare un cane a non sporcare in casa.
housebreaker /ˈhaʊsbreɪkə(r)/ n. scassinatore m. (-trice), ladro m. (-a) di appartamento.
housebreaking /ˈhaʊsbreɪkɪŋ/ n. **1** DIR. violazione f. di domicilio **2** AE *(of pet)* = l'abituare un animale a non sporcare in casa.
housebroken /ˈhaʊsbrəʊkən/ agg. AE [*pet*] abituato a non sporcare in casa.
house call /ˈhaʊs,kɔːl/ n. visita f. a domicilio.
houseclean /ˈhaʊskliːn/ intr. AE fare le pulizie in casa.
housecleaning /ˈhaʊskliːnɪŋ/ n. AE pulizie f.pl. di casa.
house clearance sale /,haʊsˈklɪərəns,seɪl/ n. = vendita di tutti i mobili di una casa.
housecoat /ˈhaʊskəʊt/ n. vestaglia f. da casa.
housefather /ˈhaʊs,fɑːðə(r)/ ◗ ***27*** n. direttore m. (di istituzione per bambini o ragazzi).
housefly /ˈhaʊsflaɪ/ n. mosca f. domestica.
houseful /ˈhaʊsfʊl/ n. ***a*** ~ ***of*** una casa piena di.
houseguest /ˈhaʊsgest/ n. ospite m. e f.
▶ **household** /ˈhaʊshəʊld/ **I** n. casa f., famiglia f.; AMM. *(in census, survey)* famiglia f.; ***the whole*** ~ tutta la famiglia; ***a large*** ~ una famiglia numerosa; ***the head of the*** ~ il capofamiglia **II** modif. [*accounts, expenses*] familiare; [*bill, dust*] di casa; [*waste, chore*] domestico; [*item*] casalingo.
household ammonia /,haʊshəʊldəˈməʊnɪə/ n. ammoniaca f. per uso domestico.
household appliance /,haʊshəʊldəˈplaɪəns/ n. elettrodomestico m.

Household Cavalry /ˌhaʊshəʊld'kævlrɪ/ n. BE cavalleria f. della casa reale.
householder /'haʊshəʊldə(r)/ n. chi vive in una casa propria; *(owner)* padrone m. (-a) di casa; *(tenant)* locatario m. (-a) di casa; *(head of household)* capo m. famiglia.
household gods /ˌhaʊshəʊld'gɒdz/ n.pl. penati m., lari m.
household insurance /ˌhaʊshəʊldɪn'ʃɔːrəns, AE -'ʃʊər-/ n. assicurazione f. sulla casa.
household linen /ˌhaʊshəʊld'lɪnɪn/ n. biancheria f. per la casa.
household name /ˌhaʊshəʊld'neɪm/ n. ***he's a ~*** è conosciuto da tutti.
household policy /ˌhaʊshəʊld'pɒləsɪ/ n. polizza f. (assicurativa) sulla casa.
household soap /ˌhaʊshəʊld'səʊp/ n. sapone m. da bucato.
household troops /ˌhaʊshəʊld'truːps/ n.pl. truppe f. al servizio del sovrano.
house-hunt /'haʊshʌnt/ intr. cercare casa.
house-hunting /'haʊshʌntɪŋ/ n. ***to go ~*** essere alla ricerca di un casa.
house husband /'haʊsˌhʌzbənd/ n. marito m. casalingo.
house journal /ˌhaʊs'dʒɜːnl/ n. → **house magazine**.
housekeeper /'haʊsˌkiːpə(r)/ ➧ ***27*** n. *(in house)* governante f.; *(in institution)* guardiano m. (-a), custode m. e f.
housekeeping /'haʊsˌkiːpɪŋ/ **I** n. **1** *(domestic) (money)* soldi m.pl. per la casa; *(managing of money)* economia f. domestica, gestione f. della casa **2** POL. ECON. COMM. gestione f. **II** modif. [*money, allowance*] per la casa, per le spese di casa; BIOL. [*gene*] domestico.
housel /'haʊzl/ n. ANT. Eucarestia f.
houseleek /'haʊsliːk/ n. BOT. semprevivo m.
houseless /'haʊslɪs/ agg. senza casa, senza tetto.
house lights /'haʊsˌlaɪts/ n.pl. TEATR. luci f. di sala.
house magazine /'haʊsmægəˌziːn, AE -'mægəˌziːn/ n. bollettino m. interno.
housemaid /'haʊsmeɪd/ ➧ ***27*** n. domestica f., colf f.
housemaid's knee /ˌhaʊsmeɪdz'niː/ n. ginocchio m. della lavandaia.
houseman /'haʊsmən/ ➧ ***27*** n. (pl. **-men**) BE MED. medico m. interno.
house-martin /'haʊsmɑːtɪn, AE -tn/ n. ZOOL. balestruccio m.
housemaster /'haʊsˌmɑːstə(r)/ n. BE SCOL. direttore m. di convitto.
housemen /'haʊsmen/ → **houseman**.
house mice /'haʊsˌmaɪs/ → **house mouse**.
housemistress /'haʊsˌmɪstrɪs/ n. BE SCOL. direttrice f. di convitto.
housemother /'haʊsmʌðə(r)/ ➧ ***27*** n. direttrice f. (di istituto per bambine o ragazze).
house mouse /'haʊsˌmaʊs/ n. (pl. **house mice**) topo m. domestico.
house music /'haʊsˌmjuːzɪk/ n. house (music) f.
house of cards /ˌhaʊzəv'kɑːdz/ n. castello m. di carte; FIG. castello m. in aria.
House of Commons /ˌhaʊzəv'kɒmənz/ n. GB Camera f. dei Comuni.

> **House of Commons** La Camera dei Comuni è la camera bassa del Parlamento britannico. I 635 deputati (*Members of Parliament*), eletti a suffragio diretto, si riuniscono per discutere questioni di politica interna ed estera e per votare proposte di legge. Ogni seduta inizia con il *Question time*, mezz'ora in cui i deputati possono porre domande ai ministri. Commissioni speciali (*Select Committees*) controllano le attività del governo (v. ***Parliament***).

house officer /'haʊzˌɒfɪsə(r)/ ➧ ***27*** n. BE MED. medico m. interno.
House of God /ˌhaʊzəv'gɒd/ n. casa f. di Dio.
House of Keys /ˌhaʊzəv'kiːz/ n. = Camera bassa del Parlamento dell'Isola di Man.
House of Lords /ˌhaʊzəv'lɔːdz/ n. GB Camera f. dei Lord, dei Pari, Camera f. Alta.
House of Representatives /ˌhaʊzəʌˌreprɪ'zentətɪvz/ n. US Camera f. dei Rappresentanti.
house organ /'haʊzˌɔːgən/ n. → **house magazine**.
houseowner /'haʊzəʊnə(r)/ n. proprietario m. (-a) di casa.
house painter /'haʊsˌpeɪntə(r)/ ➧ ***27*** n. imbianchino m. (-a).
houseparent /'haʊsˌpeərənt/ n. direttore m. (di istituto per bambini o per ragazzi).

> **House of Lords** La Camera dei Lord (detta anche *the Lords*) è la camera alta del Parlamento britannico. I suoi membri non vengono eletti ma occupano il seggio per diritto ereditario o per nomina d'ufficio. Essi comprendono i *Lords Temporal* (Pari e *Law Lords*, cioè giudici) e i *Lords Spiritual* (vescovi e arcivescovi della Chiesa d'Inghilterra). Le funzioni di questa camera si sono nel corso del tempo progressivamente ridotte e oggi sono limitate alla discussione e alla proposta di emendamenti alle leggi già approvate dalla Camera dei Comuni (*House of Commons*). La Camera dei Lord è anche il tribunale supremo d'appello. A questa funzione sono preposti in particolare gli undici *Law Lords*, presieduti dal *Lord Chancellor* (Lord Cancelliere) (v. ***Parliament, Peer***).

> **House of Representatives** La Camera dei Rappresentanti è la camera bassa del Congresso (*Congress*) degli Stati Uniti. È formata da 435 rappresentanti (*Representatives*) che vengono eletti ogni anno; il numero dei rappresentanti per ognuno degli stati degli USA è proporzionale alla sua popolazione. Ha potere legislativo e ogni nuova legge deve essere approvata da questa camera (v. ***Congress, Senate***).

house party /'haʊsˌpɑːtɪ/ n. festa f. in casa.
house physician /'haʊsfɪˌzɪʃn/ ➧ ***27*** n. BE MED. medico m. interno.
houseplant /'haʊsplɑːnt, AE -plænt/ n. pianta f. d'appartamento.
house prices /'haʊsˌpraɪsɪz/ n.pl. prezzi m. delle case.
house-proud /'haʊsˌpraʊd/ agg. ***she's very ~*** tiene molto alla casa.
house red /'haʊsˌred/ n. (vino) rosso m. della casa.
houseroom /'haʊsruːm/ n. ***I wouldn't give it ~*** *(of object)* non lo metterei in casa mia; *(of idea)* non lo prendo neanche in considerazione.
house sales /'haʊsˌseɪlz/ n.pl. vendite f. immobiliari.
house-sit /'haʊsˌsɪt/ intr. (forma in -ing **-t-**; pass., p.pass. **house-sat**) = stare in una casa in assenza dei padroni per custodirla e accudirla.
house-sitter /'haʊsˌsɪtə(r)/ n. = persona che bada a una casa in assenza dei proprietari abitandovi.
Houses of Congress /ˌhaʊzɪzəv'kɒŋgres/ n.pl. US Senato m.sing. e Camera f.sing. dei Rappresentanti.
Houses of Parliament /ˌhaʊzɪzəv'pɑːləmənt/ n. GB Parlamento m.
house sparrow /'haʊsˌspærəʊ/ n. passero m. domestico.
house style /'haʊsˌstaɪl/ n. GIORN. = stile tipico di un giornale.
house surgeon /'haʊsˌsɜːdʒən/ ➧ ***27*** n. BE chirurgo m. interno.
house-to-house /ˌhaʊstə'haʊs/ agg. [*search, enquiries, canvass*] porta a porta; ***to carry out a ~ collection*** andare di casa in casa per raccogliere i soldi per una colletta.
housetop /'haʊstɒp/ n. → **rooftop**.
house-train /'haʊsˌtreɪn/ tr. BE abituare a non sporcare in casa [*pet*].
house-trained /'haʊsˌtreɪnd/ **I** p.pass. → **house-train II** agg. BE [*pet*] abituato a non sporcare in casa.
housewares /'haʊsweəz/ n.pl. COMM. (articoli) casalinghi m.
house-warming (party) /'haʊzˌwɔːmɪŋ(ˌpɑːtɪ)/ n. festa f. per l'inaugurazione di una nuova casa; ***to have*** o ***give a ~*** dare una festa per inaugurare la casa nuova.
house white /ˌhaʊz'waɪt, AE -'hwaɪt/ n. (vino) bianco m. della casa.
housewife /'haʊswaɪf/ n. (pl. **-wives**) *(not employed outside home)* casalinga f.; *(with emphasis on domestic labour)* donna f. di casa, massaia f.
housewifely /'haʊswaɪflɪ/ agg. da (brava) massaia.
housewifery /'haʊswɪfərɪ/ n. governo m. della casa.
house wine /'haʊsˌwaɪn/ n. vino m. della casa.
housewives /'haʊswaɪvz/ → **housewife**.
housework /'haʊswɜːk/ n. *(cleaning, ironing, washing)* lavori m.pl. di casa, faccende f.pl. domestiche; ***to do the ~*** fare i lavori di casa; *(clean)* pulire la casa.
housewrecker /'haʊsrekə(r)/ ➧ ***27*** n. demolitore m. di case vecchie.
housey-housey /ˌhaʊsɪ'haʊsɪ/ ➧ ***10*** n. BE = tombola.
▷ **housing** /'haʊzɪŋ/ **I** n. **1** *(houses, flats)* alloggio m., alloggi m.pl.; *(provision of accommodation)* edilizia f. abitativa; ***the problem of ~*** il problema degli alloggi **2** TECN. *(casing)* ***engine ~*** alloggiamento del motore; ***axle ~*** sede dell'asse **3** ARCH. ING. *(in timber)*

incastro m. **II** modif. [*crisis, problem, conditions, shortage, density*] degli alloggi; [*department*] per l'edilizia abitativa.

housing association /ˈhaʊzɪŋəsəʊsɪˌeɪʃn/ n. BE cooperativa f. edilizia.

housing benefit /ˈhaʊzɪŋˌbenɪfɪt/ n. BE = denaro concesso da un'autorità locale a persone a basso reddito per pagare l'affitto.

housing development /ˈhaʊzɪŋdɪˌveləpmənt/ n. *(group of houses)* complesso m. edilizio.

housing estate /ˈhaʊzɪŋɪˌsteɪt/ n. BE complesso m. urbano residenziale; *(council-run)* quartiere m. di case popolari.

housing project /ˈhaʊzɪŋˌprɒdʒekt/ n. AE quartiere m. di case popolari.

housing stock /ˈhaʊzɪŋˌstɒk/ n. lotto m. di alloggi.

Houston /ˈhjuːstən/ ♦ **34** n.pr. Houston f.

HOV n. (⇒ high occupancy vehicle) ~ ***lane*** US = corsia preferenziale dell'autostrada per mezzi di trasporto pubblici e auto occupate da un minimo di tre persone.

hove /həʊv/ p.pass. MAR. → **2.heave**.

hovel /ˈhɒvl/ n. tugurio m.

▷ **hover** /ˈhɒvə(r)/ intr. **1** [*small bird, insect, bird of prey*] librarsi (**over**, **above** su, sopra); [*helicopter*] volare a punto fisso (**over**, **above** su, sopra); FIG. [*smile*] indugiare (**on** su); [*danger, suspicion etc.*] aggirarsi (**over**, **above** su, sopra); [*price, costs etc.*] aggirarsi (**around** intorno a); ***to ~ around sb.*** ronzare intorno a qcn.; ***a question ~ed on her lips*** era sul punto di fare una domanda **2** *(vacillate)* ondeggiare, oscillare, vacillare (**between** tra); ***country ~ing on the brink of war*** paese sull'orlo della guerra; ***to be ~ing between life and death*** essere sospeso tra la vita e la morte.

hovercraft /ˈhɒvəkrɑːft, AE -kræft/ n. (pl. ~) hovercraft m., aeroscivolante m.

hoverfly /ˈhɒvəflaɪ/ n. sirfide f.

hoverport /ˈhɒvəpɔːt/ n. porto m. per hovercraft.

hovertrain /ˈhɒvətreɪn/ n. treno m. a cuscino d'aria.

▶ **how** /haʊ/ The different constructions of direct and indirect questions with *how* are to be noted: in direct questions, *how* is at the beginning of the sentence and the auxiliary precedes the subject (*how could you do that?* = come hai potuto farlo?); in indirect questions, the subject precedes the verb (*please, tell me how you could do that* = per favore, dimmi come hai potuto farlo) or, alternatively, a verb in the infinitive may be used (*please, tell me how to use this tool* = per favore, dimmi come usare / come si usa questo strumento). - How may precede an adjective (*how nice she is!* = com'è carina!), an adverb (*how often do you go to the cinema?* = quanto spesso vai al cinema?), or a verb clause (*how I wish I could swim!* = quanto vorrei saper nuotare!). - When *how* is used as a question word meaning *in what way?* or *by what means?* it is almost always translated by come: *how did you get here?* = come ci sei arrivato? *how will you do it?* = come lo farai? - When *how* is used as a conjunction meaning the way in which, it is often translated by come: *I don't know how they did it* = non so come l'hanno fatto; *tell me how you write this word* = dimmi come si scrive questa parola. - When how is used as a conjunction meaning that, it is almost always translated by che: *you know how he always arrives late* = sai che arriva sempre tardi; *it's amazing how they survived* = è sorprendente che siano sopravvissuti. - For more examples and particular usages see below. **I** avv. **1** *(in what way, by what means)* come; ***~ did you make it?*** come l'hai fatto? ***I wonder ~ it works*** mi chiedo come funzioni; ***I don't know ~ he does it!*** non so come lo fa! ***to know ~ to do*** sapere come fare; ***I learned ~ to do it*** ho imparato a farlo; ***~ do you feel about it?*** cosa ne pensi? ***~ does the tune go?*** come fa la musica? **2** *(enquiring about success, health etc.)* ***~ are you?*** come stai? ***~'s your foot, head?*** come va il piede, la testa? ***~'s your brother?*** come sta tuo fratello? ***tell me ~ she, your family is?*** dimmi un po', lei, la tua famiglia come sta? ***~ did the exam, interview go?*** come è andato l'esame, il colloquio? ***~ was the film?*** com'era il film? ***~ was the book?*** com'era il libro? ***~ did you like the party, house?*** ti è piaciuta la festa, la casa? ***~'s everything? ~ are things?*** come va? ***~ do you do!*** *(greeting)* piacere! **3** *(in number, quantity etc. questions)* ***~ much does this cost? ~ much is this?*** quanto costa? ***~ much do you, does it weigh?*** quanto pesi, pesa? ***~ many times have you been to France?*** quante volte sei stato in Francia? ***~ many years have you lived here?*** da quanti anni vivi qui? ***I don't know ~ many people will come*** non so quante persone verranno; ***~ much time, money is there left?*** quanto tempo è rimasto, quanti soldi sono rimasti? ***~ long is the rope?*** quanto è lunga la corda? ***~ long do you want it?*** quanto lo vuoi lungo? ***~ long will it take?*** quanto ci vuole? ***~ old is she?*** quanti anni ha? ***~ tall is the tree, your father?*** quanto è alto l'albero, tuo padre? ***~ big is the garden?*** quanto è grande il giardino? ***~ far is it?*** quanto dista? ***tell me ~ old she is*** dimmi quanti anni ha; ***~ often do you go there?*** ogni quanto ci vai? ***~ soon can he get here?*** tra quanto sarà qui? **4** *(in exclamations)* ***~ wonderful, horrible!*** magnifico, orribile! ***~ nice you look!*** che carina che sei! ***~ clever of you, him!*** è stato furbo da parte tua, sua! ***~ wrong I was!*** come mi sono sbagliato! ***~ it rained!*** come pioveva! ***~ you've grown!*** come sei cresciuto! ***~ they shouted!*** come gridavano! **5** *(why)* ***~ could you?*** come hai potuto? ***~ can he say that?*** come può dire ciò? **6 how come** COLLOQ. come mai, perché; ***"I don't like him" - "~ come?"*** "non mi piace" - "perché?"; ***~ come you always get the best place, arrive first?*** come mai riesci sempre a prendere il posto migliore, ad arrivare per primo? **7 how so** perché, come mai **8 how's that** *(what do you think?)* ***I'll take you home, ~'s that?*** ti porto a casa, ti va? ***~'s that for an honest answer, an interesting job*** è una risposta onesta, un lavoro interessante, non ti pare? *(pardon?)* ***"he's called Nicholas" - "~'s that?"*** "si chiama Nicholas" - "come?" **II** cong. **1** COLLOQ. *(in whichever way)* come; ***you can decorate it ~ you like*** puoi decorarlo come vuoi **2** *(that)* che; ***he told me ~ he had found it on the bus*** mi ha detto che l'ha trovato sull'autobus; ***you know ~ he always arrives late*** sai che arriva sempre tardi ◆ ***the ~ and the why of sth.*** il come e il perché di qcs.; ***and ~!*** eccome! altroché! ***"did your mother tell you off?" - "and ~!"*** "ti ha sgridato tua madre?" - "eccome!".

Howard /ˈhaʊəd/ n.pr. Howard (nome di uomo).

howbeit /haʊˈbiːt/ cong. ANT. ciò nonostante, ciò nondimeno.

howdah /ˈhaʊdə/ n. = portantina fissata sul dorso di un elefante.

howdy /ˈhaʊdɪ/ inter. AE COLLOQ. salve.

how-d'ye-do /ˌhaʊdjəˈduː/ n. COLLOQ. ***this is a fine*** o ***real ~!*** questa è proprio una situazione imbarazzante!

▶ **however** /haʊˈevə(r)/ **I** avv. **1** *(no matter how)* ***~ hard I try, I can't*** per quanto ci possa provare, non riesco; ***~ difficult the task is*** o ***may be, we can't give up*** per quanto il compito sia difficile, non possiamo arrenderci; ***~ profitable the company is*** o ***may be...*** per quanto la società sia redditizia...; ***~ rich, small she is*** o ***may be*** per quanto sia ricca, piccola; ***everyone, ~ poor, inexperienced*** ognuno, per quanto povero, inesperto; ***~ often you tell me, I still won't believe you*** potrai ripetermelo all'infinito, tanto non ti crederò; ***~ much it costs*** qualunque sia il suo prezzo; ***~ many people go*** per quante persone vadano; ***~ long it takes, I'm not leaving*** per quanto ci possa impiegare, non partirò **2** *(in whatever way)* ***~ you like*** come vuoi; ***~ he does it, she won't like it*** in qualsiasi modo lo faccia, a lei non piacerà; ***~ they travel, they will find it difficult*** in qualsiasi modo decidano di viaggiare, avranno delle difficoltà **3** *(how on earth)* come; ***~ did you guess?*** come hai fatto a indovinare? **II** cong. *(nevertheless)* comunque, tuttavia; ***~, he did say that he would look into the matter*** comunque, ha detto che esaminerà a fondo la faccenda; ***~, the recession is not over yet*** tuttavia, la recessione non è ancora terminata; ***they can, ~, explain why*** possono, comunque, spiegare perché; ***if, ~, you prefer not to accept the offer, we...*** se, tuttavia, preferite non accettare l'offerta, noi...

howitzer /ˈhaʊɪtsə(r)/ n. obice m.

▷ **1.howl** /haʊl/ n. **1** *(wail)* lamento m., gemito m.; ***a ~ of pain, rage*** un urlo di dolore, di rabbia; ***to give a ~*** emettere un lamento **2** *(shout)* ***a ~ of laughter*** una risata fragorosa; ***~s of protest*** grida di protesta **3** COLLOQ. ***to be a ~*** *(funny)* essere divertentissimo.

▷ **2.howl** /haʊl/ **I** tr. gridare, urlare [*insult, slogan*] (**at** a); ***"come back!" she ~ed*** "torna indietro!" urlò **II** intr. [*child*] urlare, gridare; [*dog*] mugolare, ululare; [*wind*] ululare; ***to ~ with rage, terror*** gridare di rabbia, paura; ***to ~ with laughter*** ridere fragorosamente.

■ **howl down:** ***~ [sb.] down*** fischiare [*speaker*].

howler /ˈhaʊlə(r)/ n. COLLOQ. strafalcione m., sproposito m.

howling /ˈhaʊlɪŋ/ **I** n. **1 U** *(of animal, wind)* ululato m. **2** *(of baby, crowd)* urla f.pl., grida f.pl. **II** agg. **1** [*child, animal*] urlante, che grida; ***the ~ wind*** il vento che fischia **2** COLLOQ. FIG. [*mistake*] terribile; [*success*] strepitoso.

howsoever /haʊsəʊˈevə(r)/ avv. ANT. comunque, in qualunque modo.

hoy /hɔɪ/ inter. ohi.

hoyden /ˈhɔɪdn/ n. SPREG. maschiaccio m.

hoydenish /ˈhɔɪdənɪʃ/ agg. SPREG. ***a ~ girl*** un maschiaccio; [*behaviour, shout*] da maschiaccio.

hp n. (⇒ horsepower cavallo vapore) CV m.

HP n. BE (⇒ hire purchase) = acquisto con pagamento rateale.

HQ n. MIL. (⇒ headquarters quartier generale) Q.G. m.

hr ⇒ hour ora (h).

HRH ⇒ Her o His Royal Highness Sua Altezza Reale (S.A.R.).

HRT n. (⇒ hormone replacement therapy) = terapia ormonale di sostituzione.
HS ⇒ high school scuola secondaria superiore.
HT I n. (⇒ high tension alta tensione) AT f. **II** modif. ~ ***wires*** fili dell'alta tensione.
HTML n. (⇒ hypertext markup language linguaggio per la marcatura di ipertesti) HTML m.
HUAC n. (⇒ House Un-American Activities Committee) = commissione per le attività antiamericane.
▷ **hub** /hʌb/ n. TECN. mozzo m.; FIG. fulcro m., centro m.
hubble-bubble /ˈhʌblˌbʌbl/ n. narghilè m., pipa f. ad acqua.
hubbub /ˈhʌbʌb/ n. *(noise)* baccano m., chiasso m.; *(turmoil)* baraonda f., parapiglia m.
hubby /ˈhʌbɪ/ n. COLLOQ. SCHERZ. marito m.
hubcap /ˈhʌbkæp/ n. AUT. coprimozzo m.
Hubert /ˈhjuːbət/ n.pr. Uberto.
hubris /ˈhjuːbrɪs/ n. FORM. superbia f., arroganza f.
huckaback /ˈhʌkəbæk/ n. = tela di lino o di cotone usata per gli asciugamani.
huckleberry /ˈhʌklbərɪ, AE -berɪ/ n. AE mirtillo m.
Huckleberry /ˈhʌklbərɪ, AE -berɪ/ n.pr. Huckleberry (nome di uomo).
1.huckster /ˈhʌkstə(r)/ ⧫ *27* n. AE **1** *(pedlar)* venditore m. (-trice) ambulante **2** SPREG. *(salesman)* imbonitore m. (-trice) **3** SPREG. *(swindler)* truffatore m. (-trice), imbroglione m. (-a).
2.huckster /ˈhʌkstə(r)/ **I** tr. commerciare in, vendere al minuto (a prezzi ridotti) **II** intr. mercanteggiare (**over** su).
HUD n. US (⇒ Department of Housing and Urban Development) = dipartimento per l'edilizia e lo sviluppo urbano.
1.huddle /ˈhʌdl/ n. **1** *(cluster) (of people)* calca f., folla f.; *(of buildings)* insieme m., gruppo m.; *(of objects)* mucchio m.; ***they were in a ~ around the radio*** si erano raggruppati attorno alla radio; ***to go into a ~*** riunirsi per consultazione **2** AE SPORT *(of football players)* = breve consultazione in gruppo per stabilire la tattica da seguire.
2.huddle /ˈhʌdl/ intr. ***they ~d at the bus stop*** si accalcarono alla fermata dell'autobus; ***he was huddling over a fire, in a corner*** stava rannicchiato vicino al fuoco, in un angolo; ***she ~d under the bushes*** si rannicchiò sotto i cespugli; ***the village ~s between the mountains and the sea*** il villaggio è stretto tra le montagne e il mare; ***to ~ around*** stringersi attorno a [*fire, radio, speaker*].
▪ **huddle together** stringersi l'uno contro l'altro.
huddled /ˈhʌdld/ **I** p.pass. → **2.huddle II** agg. [*figure*] rannicchiato; [*group*] accalcato; ~ ***in*** rannicchiato in [*chair, bed, car*]; ***they lay ~ together in the tent*** stavano stretti l'uno contro l'altro nella tenda; ***houses ~ around the square*** case strette attorno alla piazza.
Hudibras /ˈhjuːdɪbræs/ n.pr. Hudibras (nome di uomo).
Hudson Bay /ˌhʌdsən ˈbeɪ/ n.pr. Baia f. di Hudson.
hue /hjuː/ **I** n. **1** LETT. *(shade)* sfumatura f.; *(colour)* colore m., tinta f. **2** FIG. *(political)* tendenza f.; *(physical, moral)* carattere m. **II -hued** agg. in composti LETT. ***violet, rose~d*** di colore viola, rosa.
hue and cry /ˌhjuːnˈkraɪ/ n. = grida d'allarme, frastuono prodotti dalla folla all'inseguimento di un criminale; ***to raise a ~ against*** o ***about sth.*** sollevare l'indignazione popolare contro qcs.
Huey /ˈhjuːɪ/ n.pr. **1** diminutivo di **Hugh 2** *(cartoons' character)* Qui.
1.huff /hʌf/ n. COLLOQ. ***to be in a ~*** essere stizzito; ***to go*** o ***get into a ~*** offendersi.
2.huff /hʌf/ intr. COLLOQ. sbuffare; ***to ~ and puff*** sbuffare e ansimare; FIG. fare molte storie (**about** per).
huffily /ˈhʌfɪlɪ/ avv. COLLOQ. stizzosamente.
huffiness /ˈhʌfɪnɪs/ n. permalosità f.
huffish /ˈhʌfɪʃ/, **huffy** /ˈhʌfɪ/ agg. COLLOQ. *(annoyed)* stizzito; *(irritable)* permaloso; *(sulky)* imbronciato.
1.hug /hʌg/ n. abbraccio m.; ***to give sb. a ~*** abbracciare qcn.
2.hug /hʌg/ tr. (forma in -ing ecc. **-gg-**) **1** *(embrace)* [*person*] abbracciare; [*bear, gorilla*] abbrancare; ***to ~ one's knees*** stringersi le ginocchia tra le braccia **2** *(keep close to)* [*boat, vehicle*] rasentare; [*road, path*] costeggiare; ***to ~ the coast*** MAR. bordeggiare; ***to ~ the walls*** [*person*] rasentare i muri **3** *(fit tightly)* ***figure~ging*** attillato; ***the dress ~ged her around the hips*** il vestito la fasciava sui fianchi.
▶ **huge** /hjuːdʒ/ agg. [*country, city, garden, room*] molto grande,vasto, immenso, enorme; [*building, person, animal, portion*] enorme; [*appetite*] smisurato; [*debts, profits, sum of money*] ingente; [*success*] enorme, grandissimo.
▷ **hugely** /ˈhjuːdʒlɪ/ avv. **1** *(emphatic)* [*enjoyable, expensive etc.*] estremamente; ~ ***successful*** di grandissimo successo **2** [*increase, vary, enjoy etc.*] enormemente.
hugeness /ˈhjuːdʒnɪs/ n. vastità f., enormità f., immensità f.
hugger-mugger /ˈhʌgəˌmʌgə(r)/ **I** n. RAR. **1** *(confusion)* confusione f., disordine m. **2** *(secrecy)* segretezza f. **II** agg. RAR. **1** *(confused)* confuso, disordinato **2** *(secret)* segreto **III** avv. ANT. **1** *(confusedly)* confusamente, disordinatamente **2** *(secretly)* segretamente.
Hugh /ˈhjuː/, **Hugo** /ˈhjuːgəʊ/ n.pr. Ugo.
Huguenot /ˈhjuːgənəʊ/ **I** agg. ugonotto **II** n. ugonotto m. (-a).
huh /hə/ inter. COLLOQ. *(in surprise, inquiry)* uh; *(in derision, disgust)* pfui.
Hula-Hoop® /ˈhuːləhuːp/ n. hula-hoop® m.
hula-hula /ˌhuːləˈhuːlə/ n. hula f., hula hula f.
hula skirt /ˈhuːləˌskɜːt/ n. gonnellino m. di paglia.
hulk /hʌlk/ n. **1** *(of abandoned ship)* relitto m., carcassa f.; *(of machine, tank)* carcassa f. **2** SPREG. *(ship)* bagnarola m.; STOR. *(prison ship)* galera f. **3** FIG. *(of building, mountain)* massa f. gigantesca; ***a great ~ of a man*** un omaccione.
hulking /ˈhʌlkɪŋ/ agg. enorme; ***a great ~ brute*** *(man)* un enorme bruto; *(dog)* un grosso cagnaccio.
1.hull /hʌl/ n. *(of peas, beans)* baccello m.; *(of nut)* guscio m.; *(of barley, rice)* gluma f.; *(of strawberry)* calicetto m., picciolo m.
2.hull /hʌl/ tr. sgranare [*peas, beans*]; sgusciare [*nuts*]; sbramare [*rice*]; mondare [*grain, barley*]; depicciolare, pulire [*strawberries*].
3.hull /hʌl/ n. *(of ship)* scafo m.; *(of plane)* fusoliera f.; *(of tank)* corpo m.
4.hull /hʌl/ tr. MAR. AER. colpire lo scafo di [*ship*]; colpire la fusoliera di [*plane*]; colpire il corpo di [*tank*].
hullabaloo /ˌhʌləbəˈluː/ n. COLLOQ. **1** *(fuss, outcry)* chiasso m., schiamazzi m.pl. **2** *(noise)* baccano m., fracasso m.
hullo /hʌˈləʊ/ → **hello**.
▷ **1.hum** /hʌm/ n. **1** *(sound) (of insect, aircraft, engine, machinery)* ronzio m.; *(of traffic, voices)* brusio m. **2** BE COLLOQ. *(bad smell)* puzzo m.
▷ **2.hum** /hʌm/ **I** tr. (forma in -ing ecc. **-mm-**) [*person*] canticchiare (a bocca chiusa) [*tune*] (**to, for** a) **II** intr. (forma in -ing ecc. **-mm-**) **1** *(make a low sound)* [*person*] canticchiare (a bocca chiusa); [*insect, aircraft, machine*] ronzare; ***to ~ along to a tune*** canticchiare un motivo; ***to ~ to oneself*** canticchiare tra sé **2** *(bustle)* [*factory floor, office*] fervere di attività; ***to ~ with activity*** fervere di attività; ***to ~ with life*** brulicare di vita **3** BE COLLOQ. *(smell)* puzzare ◆ ***to ~ and haw*** = esitare nel parlare.
3.hum /hʌm/ inter. *(in hesitation)* ehm.
▶ **human** /ˈhjuːmən/ **I** agg. **1** *(not animal)* [*behaviour, affairs, body, population, reproduction, weakness*] umano; [*characteristic, rights*] umano, dell'uomo; ***he's only ~*** è un uomo anche lui **2** *(sympathetic)* umano; ***to lack the ~ touch*** non avere sensibilità **II** n. essere m. umano; ***fellow ~*** simile.
▷ **human being** /ˌhjuːmənˈbiːɪŋ/ n. essere m. umano.
humane /hjuːˈmeɪn/ agg. **1** [*person*] umano, compassionevole; [*régime*] dal volto umano; [*act*] di umanità **2** [*slaughter, culling*] non crudele **3** ANT. [*studies, education*] umanistico.
human ecology /ˌhjuːmənɪˈkɒlədʒɪ/ n. ecologia f. umana.
humane killer /hjuːˌmeɪn ˈkɪlə(r)/ n. = strumento per l'abbattimento di animali che consente di provocare loro la minore sofferenza possibile.
humanely /hjuːˈmeɪnlɪ/ avv. umanamente, compassionevolmente.
humaneness /hjuːˈmeɪnɪs/ n. umanità f.
human engineering /ˌhjuːmənˌendʒɪˈnɪərɪŋ/ n. **1** *(ergonomics)* ergonomia f. **2** *(in industry)* gestione f. delle risorse umane.
humane society /hjuːˈmeɪnsəˌsaɪətɪ/ n. AE = associazione per la protezione degli animali.
human interest /ˌhjuːmənˈɪntrəst/ **I** n. GIORN. aspetto m. umano **II** modif. ***a ~ story*** una storia di vita vissuta.
humanism /ˈhjuːmənɪzəm/ n. umanesimo m.; ***liberal, secular ~*** umanesimo liberale, secolare.
humanist /ˈhjuːmənɪst/ **I** agg. umanista **II** n. umanista m. e f.
humanistic /ˌhjuːməˈnɪstɪk/ agg. umanistico.
▷ **humanitarian** /hjuːˌmænɪˈteərɪən/ **I** agg. umanitario **II** n. umanitario m. (-a).
humanitarianism /hjuːˌmænɪˈteərɪənɪzəm/ n. umanitarismo m.
▷ **humanity** /hjuːˈmænətɪ/ **I** n. **1** *(the human race)* umanità f. **2** *(kindness)* umanità f. **3** *(human condition)* natura f. umana **II humanities** n.pl. UNIV. discipline f. umanistiche.
humanization /ˌhjuːmənaɪˈzeɪʃn, AE -nɪˈz-/ n. umanizzazione f.
humanize /ˈhjuːmənaɪz/ tr. **1** umanizzare **2** ART. CINEM. umanizzare.
humanizing /ˈhjuːmənaɪzɪŋ/ agg. [*influence*] umanizzante.
humankind /ˌhjuːmənˈkaɪnd/ n. genere m. umano.

humanly /ˈhju:mənlɪ/ avv. umanamente; *~ possible* umanamente possibile.
human nature /ˌhju:mənˈneɪtʃə(r)/ n. natura f. umana; *it's only ~ to do* è naturale fare.
humanoid /ˈhju:mənɔɪd/ **I** agg. umanoide **II** n. umanoide m. e f.
human race /ˌhju:mənˈreɪs/ n. razza f. umana.
human resources /ˌhju:mənrɪˈsɔ:sɪz, -ˈzɔ:sɪz, AE -ˈri:sɔ:rsɪz/ n.pl. risorse f. umane.
human resources department /ˌhju:mənrɪˈsɔ:sɪzdɪˌpɑ:tmənt, -ˈzɔ:sɪz-, AE -ˈri:sɔ:rsɪz-/ n. = direzione gestione delle risorse umane.
human resources manager /ˌhju:mənrɪˈsɔ:sɪzˌmænɪdʒə(r), -ˈzɔ:sɪz-, AE -ˈri:sɔ:rsɪz-/ ♦ *27* n. = responsabile della gestione delle risorse umane.
human rights /ˌhju:mənˈraɪts/ n.pl. diritti m. dell'uomo.
human rights activist /ˌhju:mənˌraɪtsˈæktɪvɪst/ n. attivista m. e f. nel movimento per i diritti dell'uomo.
human rights campaign /ˌhju:mənˌraɪtskæmˈpeɪn/ n. campagna f. per i diritti dell'uomo.
human rights campaigner /ˌhju:mənˌraɪtskæmˈpeɪnə(r)/ n. → **human rights activist**.
human rights group /ˌhju:mənˈraɪtsˌgru:p/ n. gruppo m. per la difesa dei diritti dell'uomo.
human rights movement /ˌhju:mənˈraɪtsˌmu:vmənt/ n. movimento m. per i diritti dell'uomo.
human rights record /ˌhju:mənˈraɪtsˌrekɔ:d, AE -ˌrekərd/ n. = dossier di denuncia delle violazioni dei diritti dell'uomo.
human shield /ˌhju:mənˈʃi:ld/ n. scudo m. umano.
humate /ˈhju:meɪt/ n. umato m.
Humberside /ˈhʌmbəˌsaɪd/ ♦ *24* n.pr. Humberside m.
Humbert /ˈhʌmbət/ n.pr. Umberto.
▷ **1.humble** /ˈhʌmbl/ agg. **1** *(lowly)* [*origin, position*] umile **2** *(unpretentious)* [*dwelling, gift*] modesto **3** *(deferential)* umile; ***please accept my ~ apologies*** FORM. La prego di accettare le mie umili scuse; ***in my ~ opinion*** IRON. secondo il mio modesto parere; ***your ~ servant*** SCHERZ. vostro servo umilissimo **4** *(showing humility)* [*person, gratitude, reply, remark*] umile ◆ ***to eat ~ pie*** andare a Canossa.
2.humble /ˈhʌmbl/ **I** tr. umiliare [*person, opponent*] **II** rifl. ***to ~ oneself*** umiliarsi (**before** davanti a).
humble-bee /ˈhʌmblbi:/ n. ANT. bombo m., calabrone m.
humbled /ˈhʌmbld/ **I** p.pass. → **2.humble II** agg. umiliato.
humbleness /ˈhʌmblnɪs/ n. *(of apology, rank)* umiltà f.; ***despite the ~ of his birth*** o ***origins*** nonostante le sue umili origini.
humbling /ˈhʌmblɪŋ/ agg. umiliante.
humbly /ˈhʌmblɪ/ avv. **1** *(meekly)* [*reply, ask, pray*] umilmente **2** *(modestly)* [*live*] in modo modesto; ***~ born*** di umili origini.
1.humbug /ˈhʌmbʌg/ **I** n. **1** COLLOQ. *(dishonesty)* imbrogli m.pl. **2** COLLOQ. *(nonsense)* fandonie f.pl.; ***to talk ~*** raccontare fandonie **3** *(person)* imbroglione m. (-a) **4** BE *(sweet)* = caramella alla menta **II** inter. sciocchezze.
2.humbug /ˈhʌmbʌg/ **I** tr. (forma in -ing ecc. **-gg-**) imbrogliare, truffare **II** intr. (forma in -ing ecc. **-gg-**) essere un imbroglione.
humbuggery /ˈhʌmbʌgərɪ/ n. imbrogli m.pl.
humdinger /ˌhʌmˈdɪŋə(r)/ n. COLLOQ. ***it's a real ~!*** è stupendo! ***a ~ of a match, an argument*** una meraviglia di partita, di discussione.
humdrum /ˈhʌmdrʌm/ **I** agg. monotono, noioso **II** n. noia f., monotonia f.
humectant /hju:ˈmektənt/ **I** agg. umettante **II** n. sostanza f. umettante.
humeral /ˈhju:mərəl/ agg. omerale.
humerus /ˈhju:mərəs/ n. (pl. **-i**) omero m.
humic /ˈhju:mɪk/ agg. umico.
humicolous /hju:ˈmɪkələs/ agg. umicolo.
humid /ˈhju:mɪd/ agg. [*weather, climate, conditions*] umido.
humidifier /hju:ˈmɪdɪfaɪə(r)/ n. umidificatore m.
humidify /hju:ˈmɪdɪfaɪ/ tr. umidificare, inumidire.
▷ **humidity** /hju:ˈmɪdətɪ/ n. umidità f.; ***relative ~*** umidità relativa.
humidor /ˈhju:mɪdɔ:(r)/ n. = luogo che, per il suo giusto grado di umidità, è adatto per la conservazione di sigari e tabacco.
humiliate /hju:ˈmɪlɪeɪt/ tr. umiliare.
▷ **humiliated** /hju:ˈmɪlɪeɪtɪd/ **I** p.pass. → **humiliate II** agg. umiliato.
humiliating /hju:ˈmɪlɪeɪtɪŋ/ agg. umiliante.
humiliatingly /hju:ˈmɪlɪeɪtɪŋlɪ/ avv. [*fail, be defeated*] in modo umiliante.
▷ **humiliation** /hju:ˌmɪlɪˈeɪʃn/ n. *(feeling, act)* umiliazione f.
humility /hju:ˈmɪlətɪ/ n. umiltà f.

humming /ˈhʌmɪŋ/ n. *(of insect, aircraft, machine)* ronzio m.; *(of person)* (il) canticchiare.
humming bird /ˈhʌmɪŋbɜ:d/ n. colibrì m.
humming top /ˈhʌmɪŋˌtɒp/ n. trottola f. musicale.
hummock /ˈhʌmək/ n. **1** *(of earth)* collinetta f., montagnetta f. **2** *(of ice)* hummock m.
hummocky /ˈhʌməkɪ/ agg. collinoso.
humongous /hju:ˈmʌŋgəs/ agg. AE COLLOQ. enorme, gigantesco.
humor AE → **1.humour, 2.humour**.
humoral /ˈhju:mərəl/ agg. umorale.
humorist /ˈhju:mərɪst/ ♦ *27* n. umorista m. e f.
humorless AE → **humourless**.
humorlessly AE → **humourlessly**.
humorsome AE → **humoursome**.
humorous /ˈhju:mərəs/ agg. **1** *(amusing)* [*book*] umoristico, divertente; [*anecdote, incident, remark, person*] divertente **2** *(amused)* [*look, smile, tone*] divertito.
humorously /ˈhju:mərəslɪ/ avv. con umorismo.
▷ **1.humour** BE, **humor** AE /ˈhju:mə(r)/ **I** n. **1** *(wit)* umorismo m., humour m.; ***to have a, no sense of ~*** avere, non avere senso dell'umorismo; ***a good sense of ~*** un buon senso dell'umorismo; ***the ~ of the situation*** il lato umoristico della situazione **2** *(mood)* umore m.; ***to be in good ~*** essere di buon umore; ***to be in no ~ for jokes, arguing*** non essere in vena di scherzare, di discutere; ***to be out of ~*** essere di cattivo umore; ***to be out of ~ with sb.*** essere freddo nei confronti di qcn.; ***when the ~ takes me*** quando mi prende la voglia **3** ANT. MED. umore m. **II -humoured** sagg. in composti ***good~ed*** [*person, smile*] amabile; ***bad~ed*** sgarbato.
2.humour BE, **humor** AE /ˈhju:mə(r)/ tr. compiacere, assecondare [*person*]; soddisfare [*request, whim, wish*].
humourless BE, **humorless** AE /ˈhju:məlɪs/ agg. [*person*] privo del senso dell'umorismo; [*description*] privo di humor, poco divertente; [*voice*] serio.
humourlessly BE, **humorlessly** AE /ˈhju:məlɪslɪ/ avv. senza humor.
humoursome BE, **humorsome** AE /ˈhju:məsəm/ agg. umorale, capriccioso.
1.hump /hʌmp/ n. **1** *(of person, camel)* gobba f. **2** *(of earth)* collinetta f.; ***road ~*** o ***speed ~*** dosso artificiale ◆ ***to have (got) the ~*** BE COLLOQ. fare il muso; ***to get, be over the ~*** superare, avere superato lo scoglio.
2.hump /hʌmp/ **I** tr. **1** BE COLLOQ. *(lift, carry)* portare **2** *(bend)* curvare [*back*] **3** VOLG. *(have sex with)* scopare, scoparsi **II** intr. **1** VOLG. *(have sex)* scopare, fottere **2** AE POP. *(exert oneself)* darci dentro, darci sotto **3** AE POP. *(hurry)* darsi una mossa.
humpback /ˈhʌmpbæk/ n. **1** (anche **~ whale**) megattera f. **2** → **hunchback**.
humpback(ed) bridge /ˌhʌmpbæk(t)ˈbrɪdʒ/ n. ponte m. a schiena d'asino.
humpbacked /ˈhʌmpbækt/ agg. gobbo, con la gobba.
humped /hʌmpt/ **I** p.pass. → **2.hump II** agg. gobbo.
humph /hʌmf/ inter. bah.
Humphr(e)y /ˈhʌmfrɪ/ n.pr. Humphr(e)y.
humpty /ˈhʌmptɪ/ n. pouf m.
Humpty Dumpty /ˌhʌmptɪˈdʌmptɪ/ **I** n.pr. Humpty Dumpty **II** n. FIG. barilotto m.
humpy /ˈhʌmpɪ/ agg. **1** [*land, field*] gibboso **2** BE COLLOQ. *(grumpy)* scontroso.
humus /ˈhju:məs/ n. humus m.
Humvee® /ˈhʌmvi:/ n. Humvee m.
Hun /hʌn/ n. **1** *(of Asiatic people)* unno m. (-a) **2** SPREG. ANT. *(German)* crucco m. (-a).
1.hunch /hʌntʃ/ n. idea f., impressione f.; ***to work on a ~*** lavorare a un'idea; ***to have a ~ that*** avere la sensazione che; ***to play a ~*** seguire un'intuizione; ***it's just a ~*** è soltanto un'idea.
2.hunch /hʌntʃ/ **I** tr. ***to ~ one's shoulders*** piegare le spalle in avanti **II** intr. ***to ~ over one's desk, work*** chinarsi sulla scrivania, sul lavoro.
■ **hunch down** rannicchiarsi.
hunchback /ˈhʌntʃbæk/ n. SPREG. gobbo m. (-a).
hunchbacked /ˈhʌntʃbækt/ agg. gobbo.
hunched /hʌntʃt/ **I** p.pass. → **2.hunch II** agg. [*figure, person, back, shoulders*] ricurvo; ***he was ~ up in the corner*** era rannicchiato nell'angolo.
▶ **hundred** /ˈhʌndrəd/ ♦ *19* **I** determ. cento; ***two ~ pages*** duecento pagine; ***two ~ and five pages*** duecentocinque pagine; ***about a ~ people, metres*** un centinaio di persone, di metri; ***to be a ~ (years old)*** essere centenario; ***to be a ~ per cent correct*** [*person*] avere

ragione al cento per cento; ***the Hundred Days*** STOR. i Cento Giorni **II** pron. cento; ***there are three ~ of them*** ce ne sono trecento **III** n. cento m.; ***two ~*** duecento; ***two ~ and one*** duecentouno; ***a ~ to one*** cento contro uno; ***it was a ~ to one chance*** c'era una probabilità su cento; ***sold by the ~*** venduto a centinaia; ***in nineteen ~*** nel millenovecento; ***in nineteen ~ and three*** nel millenovecentotre **IV hundreds** n.pl. centinaia f.; ***sold in ~s*** venduto a centinaia; ***in the ~s*** sulle centinaia *o* nell'ordine delle centinaia; ***~s of times, of girlfriends*** centinaia di volte, di ragazze ◆ ***not if I live to be a ~*** neanche se campassi cent'anni.

hundred-and-one /ˌhʌndrədənd'wʌn/ ➧ ***19*** **I** determ. **1** centouno **2** FIG. SCHERZ. mille **II** n. centouno m.

hundredfold /'hʌndrədfəʊld/ **I** agg. centuplo **II** avv. ***to increase ~*** centuplicare.

hundreds and thousands /ˌhʌndrədzənd'θaʊzndz/ n.pl. GASTR. codette f.

▷ **hundredth** /'hʌndrətθ/ ➧ ***19*** **I** determ. centesimo; ***the ~ page*** la centesima pagina **II** pron. centesimo m. (-a); ***the ~ in line*** il centesimo della fila **III** n. *(fraction)* centesimo m. **IV** avv. [*come, finish*] centesimo, in centesima posizione.

hundredweight /'hʌndrədweɪt/ ➧ ***37*** n. GB = unità di misura di peso pari a 112 libbre, equivalente a 50,80 kg; US = unità di misura di peso pari a 110 libbre, equivalente a 45,36 kg.

hundred-year-old /'hʌndrədˌjɪərˌəʊld, -ˌjɜ:r-/ ➧ ***1*** **I** agg. [*object, building, person etc.*] centenario **II** n. *(person)* centenario m. (-a).

Hundred Years' War /ˌhʌndrədˌjɪəz'wɔ:(r), -ˌjɜ:z-/ n.pr. guerra f. dei Cent'anni.

hung /hʌŋ/ **I** pass., p.pass. → **2.hang II** agg. POL. [*jury, parliament*] = in cui nessuna parte riesce a raggiungere la maggioranza.

Hungarian /hʌŋ'geərɪən/ ➧ ***18, 14*** **I** agg. [*town, custom, food, economy etc.*] ungherese; [*embassador, embassy*] ungherese, dell'Ungheria **II** n. **1** *(person)* ungherese m. e f. **2** *(language)* ungherese m. **III** modif. *(of Hungarian)* [*teacher, exam, course*] di ungherese; *(into Hungarian)* [*translation*] in ungherese.

Hungary /'hʌŋgərɪ/ ➧ ***6*** n.pr. Ungheria f.

▷ **1.hunger** /'hʌŋgə(r)/ n. fame f.; FIG. brama f., desiderio m. ardente (**for** di).

2.hunger /'hʌŋgə(r)/ intr. ***to ~ for, to ~ after*** FIG. bramare, desiderare ardentemente.

hunger march /'hʌŋgəˌmɑ:tʃ/ n. BE STOR. ***the ~es*** le marce della fame (manifestazioni di disoccupati negli anni '20).

hunger strike /'hʌŋgəˌstraɪk/ n. sciopero m. della fame; ***to go on, be on ~*** iniziare, fare lo sciopero della fame.

hunger striker /'hʌŋgəˌstraɪkə(r)/ n. = chi fa lo sciopero della fame.

hung-over /ˌhʌŋ'əʊvə(r)/ agg. COLLOQ. ***to be*** o ***feel ~*** avere i postumi di una sbornia.

hungrily /'hʌŋgrɪlɪ/ avv. famelicamente, con grande appetito; FIG. avidamente.

hungriness /'hʌŋgrɪnɪs/ n. fame f.

▷ **hungry** /'hʌŋgrɪ/ agg. **1** ***to be*** o ***feel ~*** avere fame; *(stronger)* essere affamato; ***to make sb. ~*** fare venire fame a qcn.; ***I'm ~ for dinner*** non vedo l'ora di fare cena; ***to go ~*** *(from necessity)* soffrire la fame; *(by choice)* privarsi del cibo, digiunare; ***I'd rather go ~ than eat that!*** piuttosto di mangiare questa roba digiuno! ***this is ~ work!*** questo è un lavoro che fa venire fame! **2** FIG. [*look, eye*] bramoso; ***to be ~ for*** bramare *o* desiderare ardentemente **3 -hungry** in composti ***power~*** avido di potere; ***sex~*** affamato di sesso.

hung-up /hʌŋ'ʌp/ agg. COLLOQ. **1** *(tense)* ansioso **2** *(obsessed with)* ***to be ~ on sb., sth.*** essere infatuato di qcn., qcs.

hunk /hʌŋk/ n. **1** *(of bread, cheese)* grosso pezzo m. **2** COLLOQ. *(man)* pezzo m. d'uomo.

hunker /'hʌŋkə(r)/ intr. COLLOQ. (anche **~ down**) accosciarsi.

hunkers /'hʌŋkəz/ n.pl. ***to sit on one's ~*** accosciarsi; ***to be on one's ~*** essere accosciato.

1.hunky /'hʌŋkɪ/ n. AE COLLOQ. SPREG. = immigrato dall'Europa centrale.

2.hunky /'hʌŋkɪ/ agg. COLLOQ. ***a ~ man*** un pezzo d'uomo.

hunky-dory /ˌhʌŋkɪ'dɔ:rɪ/ agg. COLLOQ. stupendo.

Hunnish /'hʌnɪʃ/ agg. unno, unnico.

1.hunt /hʌnt/ n. **1** VENAT. *(activity)* caccia f.; ***lion ~*** caccia al leone **2** *(search)* ricerca f. (**for** di); ***to join the ~ for sb., sth.*** partecipare alla ricerca di qcn., qcs.; ***the ~ is on for the terrorists, for the best cook in Britain*** è aperta la caccia ai terroristi, al miglior cuoco in Gran Bretagna **3** VENAT. *(fox-hunting group)* società f. di caccia alla volpe; *(fox-hunting area)* zona f. di caccia; ***to be a member of the ~*** fare parte della società di caccia alla volpe.

▶ **2.hunt** /hʌnt/ **I** tr. **1** VENAT. *(pursue)* cacciare [*game, fox, bear*]; *(pursue over)* battere [*area, estate*] **2** *(seek, pursue)* ricercare [*murderer, prisoner, suspect, witness*]; ***to ~ sb. out of*** o ***off sth.*** cacciare qcn. da qcs. **3** VENAT. *(use for hunting)* = montare, cavalcare per la caccia [*horse*]; ***to ~ (a pack of) hounds*** cacciare con i cani *o* usare i cani per la caccia **II** intr. **1** *(for prey)* [*animal*] cacciare **2** *(search)* ***to ~ for*** cercare ovunque [*object, person, address*]; essere alla ricerca di [*truth, cure*]; ***to ~ for sth. in, among sth.*** cercare qcs. in, tra qcs.; ***to ~ around*** o ***about for sth.*** cercare qcs. ovunque; ***to ~ high and low for sth.*** cercare qcs. in lungo e in largo *o* per mare e per terra **3** *(oscillate)* [*gauge, indicator*] oscillare (**around** intorno a); [*device, aircraft*] oscillare.

■ **hunt down:** ***~ down [sth., sb.], ~ [sth., sb.] down*** **1** VENAT. dare la caccia a [*animal*] **2** *(find)* cercare [*lost object, address*]; dare la caccia a, braccare [*war criminal, terrorist*]; perseguitare [*victim, minority*].

■ **hunt out:** ***~ out [sth.], ~ [sth.] out*** scovare, riuscire a trovare.

■ **hunt up:** ***~ up [sb., sth.], ~ [sb., sth.] up*** cercare [*old friend, person*]; scovare [*lost object*].

hunted /'hʌntɪd/ **I** p.pass. → **2.hunt II** agg. **1** *(sought)* [*animal*] cacciato, braccato; [*killer*] braccato **2** *(harassed)* [*look, expression*] esausto; [*feeling*] di sfinimento.

▷ **hunter** /'hʌntə(r)/ n. **1** *(person who hunts)* cacciatore m. (-trice); *(animal that hunts)* predatore m. (**of** di) **2** *(horse)* = cavallo per la caccia alla volpe **3** *(dog)* cane m. da caccia **4** *(watch)* = orologio a doppia cassa **5** *(collector)* ***fossil, souvenir ~*** collezionista di fossili, di souvenir.

hunter-killer /'hʌntəˌkɪlə(r)/ n. = nave equipaggiata per la localizzazione e la distruzione di navi o sommergibili nemici.

hunter's moon /'hʌntəzmu:n/ n. = luna piena dopo la mietitura.

▷ **hunting** /'hʌntɪŋ/ n. caccia f. (**of** a); ***to go ~*** andare a caccia; ***to live by ~*** vivere di caccia ◆ ***happy ~!*** buona caccia!

hunting boot /'hʌntɪŋˌbu:t/ n. stivale m. da caccia.

hunting crop /'hʌntɪŋˌkrɒp/ n. frustino m.

hunting dog /'hʌntɪŋˌdɒg/ n. cane m. da caccia.

hunting ground /'hʌntɪŋˌgraʊnd/ n. terreno m. di caccia.

hunting horn /'hʌntɪŋˌhɔ:n/ n. corno m. da caccia.

hunting knife /'hʌntɪŋˌnaɪf/ n. (pl. **hunting knives**) coltello m. da caccia.

hunting lodge /'hʌntɪŋˌlɒdʒ/ n. padiglione m. di caccia.

hunting pink /'hʌntɪŋˌpɪŋk/ n. *(scarlet coat)* giacca f. scarlatta (per la caccia alla volpe).

hunting season /'hʌntɪŋˌsi:zn/ n. stagione f. di caccia.

huntress /'hʌntrɪs/ n. LETT. cacciatrice f.

hunt saboteur /'hʌntˌsæbəˌtə(r)/, **hunt sab** /'hʌntˌsæb/ n. BE COLLOQ. = chi disturba la caccia per salvare gli animali.

huntsman /'hʌntsmən/ n. (pl. **-men**) **1** *(hunter)* cacciatore m. **2** *(trainer of hounds)* addestratore m. di cani da caccia.

hunt the thimble /ˌhʌntðə'θɪmbl/ ➧ ***10*** n. = gioco infantile che consiste nel trovare un ditale nascosto da uno dei giocatori.

▷ **1.hurdle** /'hɜ:dl/ n. **1** SPORT EQUIT. ostacolo m. (anche FIG.); ***the 110m ~s*** i 110m ostacoli; ***to clear a ~*** superare un ostacolo (anche FIG.) **2** AGR. graticcio m.

2.hurdle /'hɜ:dl/ intr. SPORT EQUIT. partecipare a una corsa a ostacoli.

hurdler /'hɜ:dlə(r)/ n. **1** *(person)* ostacolista m. e f. **2** *(horse)* ostacolista m.

hurdle race /'hɜ:dlˌreɪs/ n. corsa f. a ostacoli.

hurdling /'hɜ:dlɪŋ/ ➧ ***10*** n. corsa f. a ostacoli.

hurdy-gurdy /ˌhɜ:dɪ'gɜ:dɪ/ ➧ ***17*** n. **1** *(string instrument)* ghironda f. **2** *(barrel organ)* organetto m. di Barberia.

1.hurl /hɜ:l/ n. lancio m. violento.

2.hurl /hɜ:l/ **I** tr. **1** scagliare [*projectile*] (**at** contro); ***to be ~ed to the ground*** essere gettato al suolo **2** FIG. ***to ~ insults, accusations at sb.*** lanciare insulti, accuse a qcn. **II** rifl. ***to ~ oneself*** precipitarsi; FIG. gettarsi (**into** in).

hurler /'hɜ:lə(r)/ n. giocatore m. di hurling.

hurley /'hɜ:lɪ/, **hurling** /'hɜ:lɪŋ/ ➧ ***10*** n. hurling m.

hurly-burly /ˌhɜ:lɪ'bɜ:lɪ/ n. trambusto m., scompiglio m.

Huron /'hjʊərən/ **I** agg. urone **II** n. (pl. **~s, ~**) **1** *(person)* urone m. (-a) **2** *(language)* urone m.

1.hurrah /hʊ'rɑ:/, **hurray** /hʊ'reɪ/ **I** inter. urrà; ***~ for Paul!*** evviva Paul! **II** n. urrà m.; ***last ~*** AE FIG. ultimo sforzo.

2.hurrah /hʊ'rɑ:/, **hurray** /hʊ'reɪ/ intr. gridare urrà.

▷ **hurricane** /'hʌrɪkən, AE -keɪn/ n. uragano m.; ***~ force wind*** (vento di) uragano.

hurricane bird /'hʌrɪkənˌbɜ:d, AE -keɪn-/ n. fregata f.

hurricane lamp /'hʌrɪkənˌlæmp, AE -keɪn-/ n. lanterna f. controvento.

hurried /ˈhʌrɪd/ **I** p.pass. → **2.hurry II** agg. [*note, call*] rapido; [*visit, meal*] frettoloso; [*job, work*] affrettato; [*departure*] precipitoso.

hurriedly /ˈhʌrɪdlɪ/ avv. [*dress, pack, wash, finish, write*] in fretta; [*leave*] in fretta, precipitosamente; ***"I don't mean you," he added ~*** "non sto parlando di te" si affrettò ad aggiungere.

▷ **1.hurry** /ˈhʌrɪ/ n. fretta f., premura f.; ***to be in a ~*** avere fretta (**to do** di fare); ***in my ~, I forgot...*** nella fretta ho dimenticato...; ***there's no ~*** non è urgente *o* non c'è fretta; ***what's (all) the ~?*** che fretta c'è? perché tutta questa fretta? ***to do sth. in a ~*** fare qcs. in fretta; ***I'm not in any ~ to have children*** non sono impaziente *o* non ho fretta di avere figli; ***I won't forget that in a ~!*** non lo dimenticherò facilmente! ***she won't do that again in a ~!*** ci vorrà del tempo prima che lo rifaccia!

▷ **2.hurry** /ˈhʌrɪ/ **I** tr. **1** *(do hastily)* fare [qcs.] in fretta [*meal, task, performance, speech*] **2** *(rush, bustle)* fare fretta a [*person*]; ***to ~ sb. in, out*** fare entrare, fare uscire qcn. in fretta; ***to ~ sb. to his seat*** fare sedere qcn. rapidamente; ***to ~ sb. away from the scene of the accident*** allontanare precipitosamente qcn. dal luogo dell'incidente **II** intr. [*person*] affrettarsi, fare in fretta; ***to ~ over doing*** sbrigarsi a fare; ***to ~ over one's homework, a meal*** sbrigarsi a fare i compiti, a mangiare; ***to ~ in, out*** entrare, uscire in fretta; ***to ~ home*** andare in fretta a casa.

■ **hurry along:** ***~ along*** affrettarsi, fare in fretta; ***~ along there please!*** muoversi, per favore! ***~ along [sth.], ~ [sth.] along*** accelerare [*process*].

■ **hurry away** andarsene in fretta.

■ **hurry back** *(to any place)* tornare in fretta (**to** a); *(to one's home)* tornare in fretta (a casa); ***~ back!*** sbrigati a tornare!

■ **hurry off** andarsene in fretta.

■ **hurry up:** ***~ up*** affrettarsi, fare in fretta; ***~ up!*** sbrigati! fai in fretta! ***~ [sb.] up, ~ up [sb.]*** fare fretta a [*person*]; ***~ [sth.] up*** accelerare [*process*].

1.hurry-scurry /ˈhʌrɪskʌrɪ/ avv. ANT. in fretta e furia.

2.hurry-scurry /ˈhʌrɪskʌrɪ/ intr. ANT. agire, muoversi in fretta e furia.

hurst /hɜːst/ n. **1** *(hillock)* collina f., collinetta f. **2** *(sandbank)* banco m. di sabbia **3** *(wooded hillock)* cima f. boscosa.

1.hurt /hɜːt/ **I** n. *(wound)* ferita f.; *(bodily harm)* lesione f.; ***his sense of ~ and betrayal*** la sua sensazione di essere stato ferito e tradito; ***there is a lot of ~ on both sides*** entrambi ne hanno sofferto molto; ***emotional ~*** trauma emotivo **II** agg. [*feelings, look*] ferito; ***I was more angry than ~*** ero più arrabbiato che ferito; ***she was ~ not to have been invited*** si era offesa per non essere stata invitata; ***he felt ~ about the way he had been treated*** si sentiva ferito per il modo in cui era stato trattato; ***to sound*** o ***look ~*** sembrare offeso; ***to feel ~*** sentirsi ferito.

▶ **2.hurt** /hɜːt/ **I** tr. (pass., p.pass. **hurt**) **1** *(injure)* ***to ~ one's hand, back*** farsi male alla mano, alla schiena; ***the dog ~ its paw*** il cane si è fatto male alla zampa; ***she ~ her shoulder when she fell*** si è fatta male alla spalla cadendo; ***he ~ his back moving the piano*** si è fatto male alla schiena spostando il pianoforte; ***was anybody ~?*** ci sono stati dei feriti? ***they were seriously, slightly ~*** sono stati gravemente feriti, feriti in modo lieve; ***somebody's going to get ~*** qualcuno si farà male; ***hard work never ~ anybody*** lavorare sodo non ha mai fatto male a nessuno; ***it wouldn't ~ her to apologize*** non le farebbe male scusarsi **2** *(cause pain to)* fare male a [*person*]; ***you're ~ing my arm*** mi stai facendo male al braccio; ***these shoes ~ my feet*** queste scarpe mi fanno male (ai piedi); ***it ~s him to bend his knee*** ha male se piega il ginocchio **3** *(emotionally)* ferire; *(offend)* offendere; ***he ~ them by leaving early*** li ha offesi andandosene presto; ***to ~ sb.'s feelings*** ferire i sentimenti di qcn.; ***to ~ sb.'s pride*** ferire qcn. nell'orgoglio; ***she's afraid of getting ~*** ha paura di essere ferita; ***it's often the children who get ~*** sovente sono i bambini a soffrirne **4** *(affect adversely)* [*prices, inflation*] danneggiare **II** intr. (pass., p.pass. **hurt**) **1** *(be painful, cause pain)* fare male; ***my foot, my throat ~s*** mi fa male il piede, la gola; ***this small print makes my eyes ~*** questi caratteri così piccoli mi fanno venire male agli occhi; ***where does it ~?*** dove le fa male? ***my shoes ~*** le scarpe mi fanno male; ***it ~s when I turn my head*** mi fa male quando giro la testa **2** *(take effect)* [*sanctions, taxes*] farsi sentire **3** *(emotionally)* ***what really ~ was knowing that she had lied*** quello che mi ferì veramente fu sapere che aveva mentito; ***her indifference really ~s*** la sua indifferenza mi ferisce davvero; ***the truth often ~s*** la verità sovente fa male **III** rifl. ***to ~ oneself*** farsi male.

hurtful /ˈhɜːtfl/ agg. [*accusation, rumour, remark, words*] che ferisce, che fa male; ***the truth is often ~*** la verità sovente fa male.

hurtfully /ˈhɜːtfəlɪ/ avv. in modo offensivo; ***to say sth. ~*** dire qcs. con l'intenzione di ferire.

hurtfulness /ˈhɜːtfəlnɪs/ n. dannosità f.

hurtle /ˈhɜːtl/ **I** tr. lanciare, scagliare **II** intr. ***to ~ down the hill*** precipitarsi giù dalla collina; ***to ~ along a road*** divorare la strada; ***to ~ through the air*** fendere l'aria; ***a stone ~d through the window, past me*** una pietra fu scagliata dalla finestra, davanti a me.

hurtless /ˈhɜːtlɪs/ agg. innocuo, inoffensivo.

▶ **1.husband** /ˈhʌzbənd/ n. marito m.; ***ex~*** ex marito; ***to live as ~ and wife*** vivere come marito e moglie; ***to work as a ~ and wife team*** = essere una coppia sposata che lavora insieme; ***to take a ~*** ANT. prendere marito.

2.husband /ˈhʌzbənd/ tr. **1** *(manage prudently)* amministrare saggiamente **2** *(economize)* risparmiare.

husbandman /ˈhʌzbəndmən/ n. (pl. **-men**) ANT. contadino m., agricoltore m.

husbandry /ˈhʌzbəndrɪ/ n. **1** AGR. agricoltura f.; ***animal ~*** zootecnia **2** *(of resources)* gestione f. accorta; ***good, bad ~*** gestione attenta, trascurata.

1.hush /hʌʃ/ **I** n. silenzio m., calma f.; ***a ~ fell over the crowd*** il silenzio calò sulla folla **II** inter. *(all contexts)* silenzio.

2.hush /hʌʃ/ **I** tr. **1** *(silence)* fare tacere, zittire [*person*]; fare cessare [*bruit*] **2** *(pacify)* calmare [*baby*] **II** intr. [*person*] tacere.

■ **hush up:** ***~ up*** tacere; ***~ up [sth.]*** mettere a tacere [*scandal, affair*]; ***~ up [sb.], ~ [sb.] up*** fare tacere [*person*].

hushaby /ˈhʌʃəbaɪ/ **I** inter. ANT. ninnananna **II** n. ANT. ninnananna f.

hushed /hʌʃt/ **I** p.pass. → **2.hush II** agg. **1** [*conversation*] a bassa voce; [*whisper*] sommesso; ***to speak in ~ tones*** o ***a ~ voice*** parlare in tono sommesso **2** [*person, audience*] silenzioso; ***they watched in ~ admiration*** guardavano con muta ammirazione.

hush-hush /ˌhʌʃˈhʌʃ/ agg. COLLOQ. segretissimo; ***to keep sth. ~*** tenere segreto qcs.

hush money /ˈhʌʃˌmʌnɪ/ n. COLLOQ. prezzo m. del silenzio; ***to pay sb. ~*** comprare il silenzio di qcn.

hush puppy /ˈhʌʃˌpʌpɪ/ n. AE = pagnottine di farina di granturco fritte.

1.husk /hʌsk/ n. **1** *(of grains, fruits)* buccia f., guscio m. **2** FIG. involucro m.

2.husk /hʌsk/ tr. sbucciare, mondare [*fruits*]; pilare, brillare [*rice*].

huskily /ˈhʌskɪlɪ/ avv. con voce roca.

huskiness /ˈhʌskɪnɪs/ n. raucedine f.

husking /ˈhʌskɪŋ/ n. *(of fruits)* sbucciatura f., mondatura f.; *(of rice)* pilatura f., brillatura f.

1.husky /ˈhʌskɪ/ agg. **1** *(hoarse)* [*voice*] roco; [*cough*] secco **2** *(burly)* robusto.

2.husky /ˈhʌskɪ/ n. *(dog)* husky m.

huss /hʌs/ n. GASTR. gattuccio m.

hussar /hʊˈzɑː(r)/ n. ussaro m.; ***the 2nd ~s*** il secondo ussari.

hussy /ˈhʌsɪ/ n. ANT. COLLOQ. SPREG. svergognata f.

hustings /ˈhʌstɪŋz/ n. + verbo sing. o pl. tribuna f. (degli oratori politici); FIG. ***at, on the ~*** durante la campagna elettorale.

1.hustle /ˈhʌsl/ n. **1** *(lively activity)* attività f. febbrile; ***~ and bustle*** trambusto **2** AE COLLOQ. *(illegal activity)* truffa f.

2.hustle /ˈhʌsl/ **I** tr. **1** *(push)* spingere [*person*]; ***to ~ sb. into a building*** spingere qcn. dentro un edificio; ***he ~d her through the crowd*** le aprì un varco nella folla a spintoni **2** *(urge)* spingere [*person*]; ***to ~ sb. into doing*** spingere qcn. a fare **3** AE COLLOQ. *(sell illegally)* trafficare in **4** AE COLLOQ. *(obtain by dubious means)* spillare [*money*]; scovare [*job, contact*] **5** *(hurry)* affrettare [*negotiations*]; fare fretta a [*person*] **II** intr. **1** *(hurry)* [*person*] affrettarsi, fare in fretta **2** AE COLLOQ. *(make an effort)* sforzarsi; *(work hard)* darci dentro, darci sotto **3** AE COLLOQ. *(be a prostitute)* battere.

hustler /ˈhʌslə(r)/ n. AE COLLOQ. **1** *(swindler)* imbroglione m. (-a) **2** *(prostitute)* battona f.

▷ **1.hut** /hʌt/ n. *(in garden)* capanno m.; *(in shanty town)* baracca f.; *(on building site)* baracca f. (di un cantiere); *(temporary classroom)* prefabbricato m.; *(for climbers, shepherds)* rifugio m., capanna f.; *(native type)* capanna f.; *(grass)* capanna f. (di paglia); *(on beach)* cabina f.

2.hut /hʌt/ **I** tr. (forma in -ing ecc. **-tt-**) sistemare in baracche **II** intr. (forma in -ing ecc. **-tt-**) alloggiare, abitare in baracche.

hutch /hʌtʃ/ n. **1** *(for animals)* gabbia f.; *(for rabbits)* conigliera f. **2** FIG. SPREG. *(house)* tugurio m. **3** AE *(furniture)* piattaia f.

huzza /hʊˈzɑː/ ANT. → **1.hurrah, 2.hurrah**.

hyacinth /ˈhaɪəsɪnθ/ n. **1** BOT. giacinto m.; ***wild*** o ***wood ~*** giacinto di bosco **2** *(gemstone)* giacinto m.

hyacinthine /ˌhaɪəˈsɪnθaɪn/ agg. giacintino.
Hyacinthus /ˌhaɪəˈsɪnθəs/ n.pr. Giacinto.
hyaena → **hyena**.
hyaline /ˈhaɪəlɪn, -laɪn/ agg. ialino.
hyalite /ˈhaɪəlaɪt/ n. ialite f.
hyaloid /ˈhaɪəlɔɪd/ **I** agg. ialoideo **II** n. ialoide f.
▷ **hybrid** /ˈhaɪbrɪd/ **I** agg. **1** ibrido **2** BIOL. [*DNA, gene*] ibrido **II** n. ibrido m.
hybrid bill /ˈhaɪbrɪdˌbɪl/ n. BE POL. = progetto di legge trattato in parte come progetto di legge di interesse pubblico e in parte come disegno di legge che riguarda un singolo o un ente.
hybrid car /ˈhaɪbrɪdˌkɑː(r)/ n. vettura f. ibrida.
hybridism /ˈhaɪbrɪdɪzəm/ n. ibridismo m.
hybridization /ˌhaɪbrɪdaɪˈzeɪʃn, AE -dɪˈz-/ n. ibridazione f.
hybridize /ˈhaɪbrɪdaɪz/ tr. ibridare.
hybrid system /ˈhaɪbrɪdˌsɪstəm/ n. INFORM. sistema m. ibrido.
hydatid /ˈhaɪdətɪd/ n. idatide f.
hydra /ˈhaɪdrə/ n. (pl. **~s, -ae**) ZOOL. idra f.
Hydra /ˈhaɪdrə/ **I** n.pr. ***the*** ~ l'Idra **II** n. FIG. idra f.
hydracid /haɪˈdræsɪd/ n. idracido m.
hydraemia /haɪˈdriːmɪə/ n. idremia f.
hydrangea /haɪˈdreɪndʒə/ n. ortensia f.
hydrant /ˈhaɪdrənt/ n. **1** bocca f. antincendio **2** (anche **fire ~**) idrante m.
hydrargyrum /haɪˈdrɑːdʒɪrəm/ n. ANT. idrargirio m.
hydrase /ˈhaɪdreɪs/ n. idratasi f.
1.hydrate /ˈhaɪdreɪt/ n. idrato m.
2.hydrate /ˈhaɪdreɪt/ tr. idratare.
hydration /haɪˈdreɪʃn/ n. idratazione f.
hydrator /ˈhaɪdreɪtə(r)/ n. idratatore m.
hydraulic /haɪˈdrɔːlɪk/ agg. *(all contexts)* idraulico.
hydraulic ramp /haɪˈdrɔːlɪkˌræmp/ n. AUT. (ponte) sollevatore m.
hydraulics /haɪˈdrɔːlɪks/ n. + verbo sing. idraulica f.
hydraulics engineer /haɪˌdrɔːlɪksˌendʒɪˈnɪə(r)/ ♦ ***27*** n. ingegnere m. idraulico.
hydrazine /ˈhaɪdrəziːn/ n. idrazina f.
hydrazone /ˈhaɪdrəzəun/ n. idrazone m.
hydric /ˈhaɪdrɪk/ agg. che contiene idrogeno, idrogenato.
hydride /ˈhaɪdraɪd/ n. idruro m.
hydriodic /ˌhaɪdrɪˈɒdɪk/ agg. iodidrico.
hydro /ˈhaɪdrəʊ/ n. (pl. **~s**) BE stabilimento m. idroterapico.
hydrobiologist /ˌhaɪdrəʊbaɪˈɒlədʒɪst/ n. idrobiologo m. (-a).
hydrobiology /ˌhaɪdrəʊbaɪˈɒlədʒɪ/ n. idrobiologia f.
hydrobromic /ˌhaɪdrəʊˈbrəʊmɪk/ agg. bromidrico.
hydrocarbon /ˌhaɪdrəˈkɑːbən/ **I** n. idrocarburo m. **II** modif. [*compound, gas*] (a base) di idrocarburi.
hydrocele /ˈhaɪdrəˌsiːl/ n. idrocele m.
hydrocellulose /ˌhaɪdrəʊˈseljʊləʊs/ n. idrocellulosa f.
hydrocephalus /ˌhaɪdrəʊˈsefələs/ n. idrocefalo m.
hydrochloric /ˌhaɪdrəˈklɒrɪk, AE -ˈklɔːrɪk/ agg. cloridrico.
hydrochloric acid /ˌhaɪdrəˌklɒrɪkˈæsɪd, AE -ˌklɔːrɪk-/ n. acido m. cloridrico.
hydrochloride /ˌhaɪdrəˈklɔːraɪd/ n. cloridrato m.
hydrochoria /ˌhaɪdrəˈkɔːrɪə/ n. idrocoria f.
hydrocyanic /ˌhaɪdrəsaɪˈænɪk/ agg. cianidrico.
hydrodynamic(al) /ˌhaɪdrədaɪˈnæmɪk(l)/ agg. idrodinamico.
hydrodynamics /ˌhaɪdrədaɪˈnæmɪks/ n. + verbo sing. idrodinamica f.
hydroelectric /ˌhaɪdrəʊɪˈlektrɪk/ agg. idroelettrico.
hydroelectricity /ˌhaɪdrəʊɪlekˈtrɪsətɪ/ n. energia f. idroelettrica.
hydrofluoric /ˌhaɪdrəʊˈflʊərɪk/ agg. fluoridrico.
hydrofoil /ˈhaɪdrəfɔɪl/ n. **1** *(craft)* aliscafo m. **2** *(structure)* aletta f. idrodinamica.
hydroforming /ˈhaɪdrəˌfɔːmɪŋ/ n. hydroforming m.
hydrogel /ˈhaɪdrədʒel/ n. idrogel m.
▷ **hydrogen** /ˈhaɪdrədʒən/ n. idrogeno m.
hydrogenase /haɪˈdrɒdʒɪˌneɪz/ n. idrogenasi f.
hydrogenate /haɪˈdrɒdʒɪˌneɪt/ tr. idrogenare.
hydrogenation /haɪˌdrɒdʒɪˈneɪʃn/ n. idrogenazione f.
hydrogen bomb /ˈhaɪdrədʒənˌbɒm/ n. bomba f. all'idrogeno.
hydrogenize /haɪˈdrɒdʒɪˌnaɪz/ tr. → **hydrogenate**.
hydrogenous /haɪˈdrɒdʒɪnəs/ agg. idrogenico.
hydrogen peroxide /ˌhaɪdrədʒənpəˈrɒksaɪd/ n. perossido m. d'idrogeno, acqua f. ossigenata.
hydrogeological /ˌhaɪdrədʒɪəˈlɒdʒɪkl/ agg. idrogeologico.
hydrographer /haɪˈdrɒgrəfə(r)/ ♦ ***27*** n. idrografo m. (-a).
hydrographic(al) /ˌhaɪdrəˈgræfɪk(l)/ agg. idrografico.
hydrography /haɪˈdrɒgrəfɪ/ n. idrografia f.
hydrologic(al) /ˌhaɪdrəˈlɒdʒɪk(l)/ agg. idrologico.
hydrologist /haɪˈdrɒlədʒɪst/ ♦ ***27*** n. idrologo m. (-a).
hydrology /haɪˈdrɒlədʒɪ/ n. idrologia f.
hydrolyse, **hydrolyze** /ˈhaɪdrəlaɪz/ **I** tr. idrolizzare **II** intr. idrolizzarsi.
hydrolysis /haɪˈdrɒləsɪs/ n. (pl. **-es**) idrolisi f.
hydrolyte /ˈhaɪdrəlaɪt/ n. idrolito m.
hydromassage /ˌhaidrəˈmæsɑːʒ, AE -məˈsɑːʒ/ n. idromassaggio m.
hydromechanics /ˌhaɪdrəʊmɪˈkænɪks/ n. + verbo sing. idromeccanica f.
hydromel /ˈhaɪdrəmel/ n. idromele m.
hydrometer /haɪˈdrɒmɪtə(r)/ n. densimetro m.
hydropathic(al) /ˌhaɪdrəˈpæθɪk(l)/ agg. idroterapico.
hydropathy /ˌhaɪˈdrɒpəθɪ/ n. idroterapia f.
hydrophilic /ˌhaɪdrəˈfɪlɪk/ agg. idrofilo.
hydrophilite /haɪˈdrɒfɪlaɪt/ n. clorocalcite f.
hydrophilous /haɪˈdrɒfɪləs/ agg. idrofilo.
hydrophobia /ˌhaɪdrəˈfəʊbɪə/ ♦ ***11*** n. idrofobia f.
hydrophobic /ˌhaɪdrəˈfəʊbɪk/ agg. CHIM. idrofobo.
hydrophone /ˈhaɪdrəˌfəʊn/ n. idrofono m.
hydrophyte /ˈhaɪdrəˌfaɪt/ n. idrofita f.
hydropic /haɪˈdrɒpɪk/ agg. idropico.
hydroplane /ˈhaɪdrəpleɪn/ n. **1** *(boat)* idroplano m. **2** *(submarine rudder)* timone m. di profondità **3** AE *(seaplane)* idrovolante m.
hydroplaning /ˌhaɪdrəˈpleɪnɪŋ/ n. aquaplaning m.
hydropneumatic /ˌhaɪdrənjuːˈmætɪk, AE -nuː-/ agg. idropneumatico.
hydroponic /ˌhaɪdrəˈpɒnɪk/ agg. idroponico.
hydroponics /ˌhaɪdrəˈpɒnɪks/ n. + verbo sing. idroponica f.
hydroquinone /ˌhaɪdrəˈkwɪnəʊn/ n. idrochinone m.
hydroscope /ˈhaɪdrəskəʊp/ n. idroscopio m.
hydrosphere /ˈhaɪdrəsfɪə(r)/ n. idrosfera f.
hydrostat /ˈhaɪdrəstæt/ n. misuratore m. di livello.
hydrostatic(al) /ˌhaɪdrəˈstætɪk(l)/ agg. idrostatico.
hydrostatics /ˌhaɪdrəˈstætɪks/ n. + verbo sing. idrostatica f.
hydrosulphide BE, **hydrosulfide** AE /ˌhaɪdrəˈsʌlfaɪd/ n. idrogenosolfuro m.
hydrosulphite BE, **hydrosulfite** AE /ˌhaɪdrəˈsʌlfaɪt/ n. idrosolfito m.
hydrotherapeutic /ˌhaɪdrəˌθerəˈpjuːtɪk/ agg. idroterapico, idroterapeutico.
hydrotherapeutics /ˌhaɪdrəˌθerəˈpjuːtɪks/ n. + verbo sing. *(science)* idroterapia f.
hydrotherapy /ˌhaɪdrəʊˈθerəpɪ/ n. *(treatment)* idroterapia f.
hydrothermal /ˌhaɪdrəˈθɜːməl/ agg. idrotermale.
hydrothorax /ˌhaɪdrəˈθɔːræks/ n. idrotorace m.
hydrotropism /haɪˈdrɒtrəˌpɪzəm/ n. idrotropismo m.
hydrous /ˈhaɪdrəs/ agg. idrato, idratato.
hydroxide /haɪˈdrɒksaɪd/ n. idrossido m.
hydroxy /haɪˈdrɒksɪ/ agg. ossidrilico, idrossilico.
hydroxyl /haɪˈdrɒksɪl/ n. ossidrile m., idrossile m.
hydroxylamine /haɪˈdrɒksɪləˌmiːn/ n. idrossilammina f.
hyena /haɪˈiːnə/ n. iena f. (anche FIG.).
hyetograph /ˈhaɪətəgrɑːf, AE -græf/ n. **1** *(chart)* diagramma m. pluviometrico **2** *(gauge)* ietografo m.
Hygeia /haɪˈdʒiːə/ n.pr. Igea.
hygeian /haɪˈdʒiːən/ agg. d'Igea, della salute.
hygiene /ˈhaɪdʒiːn/ **I** n. igiene f.; ***in the interests of*** ~ per ragioni di igiene; ***food*** ~ igiene alimentare **II** modif. [*standards*] d'igiene.
hygienic /haɪˈdʒiːnɪk/ agg. igienico.
hygienics /haɪˈdʒiːnɪks/ n. + verbo sing. *(science)* igiene f.
hygienist /ˈhaɪdʒiːnɪst/ ♦ ***27*** n. igienista m. e f.
hygrograph /ˈhaɪgrəgrɑːf, AE -græf/ n. igrografo m.
hygrometer /haɪˈgrɒmɪtə(r)/ n. igrometro m.
hygrometric /ˌhaɪgrəˈmetrɪk/ agg. igrometrico.
hygrometry /haɪˈgrɒmətrɪ/ n. igrometria f.
hygrophilous /haɪˈgrɒfɪləs/ agg. igrofilo.
hygrophyte /ˈhaɪgrəˌfaɪt/ n. igrofita f.
hygroscope /ˈhaɪgrəˌskəʊp/ n. igroscopio m.
hygroscopic /ˌhaɪgrəˈskɒpɪk/ agg. igroscopico.
hylomorphism /ˌhaɪləˈmɔːfɪzəm/ n. ilomorfismo m.
hymen /ˈhaɪmen/ n. ANAT. imene m.
Hymen /ˈhaɪmen/ n. *(marriage)* imene m.
hymenal /ˈhaɪmenl/ agg. ANAT. imeneale.
hymeneal /ˌhaɪmɪˈniːəl/ agg. imeneo, nuziale.
hymenopter /ˌhaɪməˈnɒptə(r)/ n. imenottero m.
hymenoptera /ˌhaɪməˈnɒptərə/ → **hymenopteran**.
hymenopteral /ˌhaɪməˈnɒptərəl/ agg. degli imenotteri.

hymenopteran /ˌhaɪmə'nɒptərən/ n. (pl. **~s**, **-a**) imenottero m.
hymenopterous /ˌhaɪmə'nɒptərəs/ agg. degli imenotteri.
▷ **1.hymn** /hɪm/ n. inno m. (**to** a).
2.hymn /hɪm/ tr. inneggiare a.
hymnal /'hɪmnəl/, **hymnbook** /'hɪmbʊk/ n. libro m. di inni.
hymnary /'hɪmnərɪ/ n. innario m.
hymnody /'hɪmnədɪ/ n. innodia f.
hymnologist /hɪm'nɒlədʒɪst/ ➧ *27* n. innologo m. (-a).
hymnology /hɪm'nɒlədʒɪ/ n. innologia f.
hyoid /'haɪɔɪd/ **I** agg. ioide **II** n. ioide m.
hypaethral /haɪ'pi:θrəl/ agg. ipetro.
▷ **1.hype** /haɪp/ n. COLLOQ. *(publicity)* pubblicità f. martellante; ***media* ~** pubblicità martellante dei media.
▷ **2.hype** /haɪp/ tr. COLLOQ. **1** *(promote)* pubblicizzare in modo martellante [*film, book, star*] **2** *(blow up)* gonfiare [*issue, news story, case*] **3** *(force up price of)* fare alzare il prezzo di [qcs.] (con acquisti massicci) [*record, share*] **4** *(stimulate)* drogare [*sales, economy*]; aumentare [*demand*]; ingrandire [*market*].
▪ **hype up: ~ up [sth.], ~ [sth.] up** *(stimulate)* drogare [*sales, economy*]; *(promote)* pubblicizzare molto [*film, star, book*]; *(blow up)* gonfiare [*issue, story*]; **~ up [sb.], ~[sb.] up** *(excite)* fare eccitare, gasare.
3.hype /haɪp/ n. AE COLLOQ. **1** (accorc. hypodermic) siringa f. ipodermica **2** tossico m. (-a).
hype artist /'haɪpˌɑ:tɪst/ ➧ *27* n. pubblicitario m. (-a).
hyped up /ˌhaɪpt'ʌp/ agg. COLLOQ. **1** *(promoted)* [*product, performance, film, star*] molto pubblicizzato **2** *(stimulated)* [*economy*] drogato **3** *(excited)* [*person*] eccitato, su di giri; *(under drug effect)* sballato; [*behaviour*] eccitato.
hyper /'haɪpə(r)/ agg. COLLOQ. su di giri.
hyperacidity /ˌhaɪpərə'sɪdətɪ/ n. iperacidità f.
hyperactive /ˌhaɪpər'æktɪv/ agg. MED. PSIC. iperattivo.
hyperactivity /ˌhaɪpəræk'tɪvətɪ/ n. iperattività f.
hyperaemia BE, **hyperemia** AE /ˌhaɪpə'ri:mɪə/ ➧ *11* n. iperemia f.
hyperaesthesia BE, **hyperesthesia** AE /ˌhaɪpəri:s'θi:zɪə/ n. iperestesia f.
hyperalimentation /ˌhaɪpərˌælɪmen'teɪʃn/ n. iperalimentazione f.
hyperbaric /ˌhaɪpə'bærɪk/ agg. iperbarico.
hyperbaton /haɪ'pɜ:bəˌtɒn/ n. iperbato m.
hyperbola /haɪ'pɜ:bələ/ n. (pl. **~s**, **-ae**) MAT. iperbole f.
hyperbole /haɪ'pɜ:bəlɪ/ n. RET. iperbole f.
hyperbolic(al) /ˌhaɪpə'bɒlɪk(l)/ agg. iperbolico.
hyperbolism /haɪ'pɜ:bəlɪzəm/ n. (il) fare uso di iperboli.
hyperbolize /haɪ'pɜ:bəlaɪz/ **I** tr. esprimere con iperbole **II** intr. iperboleggiare.
hyperboloid /haɪ'pɜ:bəˌlɔɪd/ n. iperboloide m.
hyperborean /ˌhaɪpəbɔ:'ri:ən/ agg. iperboreo.
hypercharge /'haɪpətʃɑ:dʒ/ n. ipercarica f.
hypercorrection /ˌhaɪpəkə'rekʃn/ n. ipercorrezione f.
hypercritical /ˌhaɪpə'krɪtɪkl/ agg. ipercritico.
hypercriticism /ˌhaɪpə'krɪtɪsɪzəm/ n. ipercriticismo m.
hyperemia AE → **hyperaemia**.
hyperesthesia AE → **hyperaesthesia**.
hyperglycaemia BE, **hyperglycemia** AE /ˌhaɪpəglaɪ'si:mɪə/ n. iperglicemia f.
hyperinflation /ˌhaɪpərɪn'fleɪʃn/ n. iperinflazione f.
hyperkinesis /ˌhaɪpəkɪ'ni:sɪs/ n. ipercinesi f.
hyperkinetic /ˌhaɪpəkɪ'netɪk/ agg. ipercinetico.
Hyperion /haɪ'pɪərɪən/ n.pr. Iperione.
hyperlink /'haɪpəlɪŋk/ n. collegamento m. ipertestuale, hyperlink m.
hypermarket /'haɪpəmɑ:kɪt/ n. BE ipermercato m.
hypermedia /haɪpə'mi:dɪə/ n. INFORM. ipermedia m.
hypermeter /haɪ'pɜ:mɪtə(r)/ n. verso m. ipermetro.
hypermetric(al) /ˌhaɪpə'metrɪk(l)/ agg. ipermetro.
hypermetrope /ˌhaɪpə'metrəʊp/ n. ipermetrope m. e f.
hypermetropia /ˌhaɪpəmɪ'trəʊpɪə/ ➧ *11* n. ipermetropia f.
hypernym /'haɪpənɪm/ n. iperonimo m.
hyperon /'haɪperɒn/ n. iperone m.
hyperplane /'haɪpəˌpleɪn/ n. iperpiano m.
hyperplasia /ˌhaɪpə'pleɪzɪə/ n. iperplasia f.
hyperrealism /ˌhaɪpə'ri:əlɪzəm/ n. iperrealismo m.
hypersensitive /ˌhaɪpə'sensətɪv/ agg. ipersensibile (**to** a).
hypersensitivity /ˌhaɪpə'sensətɪvətɪ/ n. ipersensibilità f.
hypersensitization /ˌhaɪpəˌsensɪtaɪ'zeɪʃn, AE -tɪ'z-/ n. ipersensibilizzazione f.
hypersonic /ˌhaɪpə'sɒnɪk/ agg. AER. TECN. ipersonico.
hyperspace /'haɪpəspeɪs/ n. iperspazio m.
hypersthenia /ˌhaɪpə'sθi:nɪə/ n. iperstenia f.
hypersthenic /ˌhaɪpə'sθenɪk/ agg. iperstenico.
hypertension /ˌhaɪpə'tenʃn/ n. ipertensione f.
hypertensive /ˌhaɪpə'tensɪv/ **I** agg. ipertensivo **II** n. iperteso m. (-a).
hypertext /'haɪpətekst/ n. INFORM. ipertesto m.
hyperthyroid /ˌhaɪpə'θaɪrɔɪd/ **I** agg. ipertiroideo **II** n. ipertiroideo m. (-a).
hyperthyroidism /ˌhaɪpə'θaɪrɔɪˌdɪzəm/ ➧ *11* n. ipertiroidismo m.
hypertonic /ˌhaɪpə'tɒnɪk/ agg. ipertonico.
hypertrophic /ˌhaɪpə'trɒfɪk/, **hypertrofied** /ˌhaɪpə'trɒfaɪd/ agg. ipertrofico.
hypertrophy /haɪ'pɜ:trəfɪ/ n. ipertrofia f.
hyperventilate /ˌhaɪpə'ventɪleɪt/ intr. essere in iperventilazione.
hyperventilation /ˌhaɪpəventɪ'leɪʃn/ n. iperventilazione f.
hypervitaminosis /ˌhaɪpəvɪtəmɪ'nəʊsɪs/ n. (pl. **-es**) ipervitaminosi f.
hypha /'haɪfə/ n. (pl. **-ae**) ifa f.
1.hyphen /'haɪfn/ n. trattino m.
2.hyphen /'haɪfn/ tr. → **hyphenate**.
hyphenate /'haɪfəneɪt/ tr. unire mediante trattino [*word*]; ***to be ~d*** essere scritto con un trattino.

> **Hyphenated American** Espressione eufemistica che designa i cittadini americani la cui identità si può definire con una parola composta con un trattino: *African-American, Irish-American, Italian-American*, ecc. Il primo elemento della parola composta indica l'origine etnica o nazionale.

hyphenation /ˌhaɪfə'neɪʃn/ n. **1** *(use of hyphen)* uso m. del trattino **2** INFORM. unione f. mediante trattino.
hypnagogic /ˌhɪpnə'gɒdʒɪk/ agg. ipnagogico.
hypnopedia /ˌhɪpnəʊ'pi:dɪə/ n. ipnopedia f.
hypnosis /hɪp'nəʊsɪs/ n. ipnosi f.; ***under* ~** sotto ipnosi.
hypnotherapy /ˌhɪpnə'θerəpɪ/ n. ipnoterapia f.
hypnotic /hɪp'nɒtɪk/ **I** agg. **1** [*drug*] ipnotico **2** [*person*] ipnotizzabile **II** n. ipnotico m.
hypnotism /'hɪpnətɪzəm/ n. ipnotismo m.
hypnotist /'hɪpnətɪst/ n. ipnotizzatore m. (-trice).
hypnotization /ˌhɪpnətaɪ'zeɪʃn, AE -tɪ'z-/ n. ipnotizzamento m.
hypnotize /'hɪpnətaɪz/ tr. ipnotizzare.
hypnotizer /'hɪpnəˌtaɪzə(r)/ n. → **hypnotist**.
1.hypo /'haɪpəʊ/ n. CHIM. FOT. (accorc. **hyposulphite**) iposolfito m. di sodio.
2.hypo /'haɪpəʊ/ n. COLLOQ. (accorc. hypodermic syringe) siringa f. ipodermica.
hypoallergenic /ˌhaɪpəʊælə'dʒenɪk/ agg. ipoallergenico.
hypocaust /'haɪpəˌkɔ:st/ n. ipocausto m.
hypocentre BE, **hypocenter** AE /'haɪpəsentə(r)/ n. GEOL. NUCL. ipocentro m.
hypochlorite /ˌhaɪpə'klɔ:raɪt/ n. ipoclorito m.
hypochlorous /ˌhaɪpə'klɔ:rəs/ agg. ipocloroso.
hypochondria /ˌhaɪpə'kɒndrɪə/ ➧ *11* n. ipocondria f.
hypochondriac /ˌhaɪpə'kɒndrɪæk/ **I** agg. ipocondriaco **II** n. ipocondriaco m. (-a).
hypochondriacal /ˌhaɪpə'kɒndrɪækl/ agg. ipocondriaco.
hypochondriasis /ˌhaɪpəkɒn'draɪəsɪs/ ➧ *11* n. (pl. **-es**) ipocondria f.
▷ **hypocrisy** /hɪ'pɒkrəsɪ/ n. ipocrisia f.
hypocrite /'hɪpəkrɪt/ n. ipocrita m. e f.
hypocritical /ˌhɪpə'krɪtɪkl/ agg. ipocrita.
hypocritically /ˌhɪpə'krɪtɪklɪ/ avv. ipocritamente.
hypocycloid /ˌhaɪpə'saɪklɔɪd/ n. ipocicloide f.
hypoderma /ˌhaɪpə'dɜ:mə/ n. (pl. **-ata**) ipoderma m.
hypodermic /ˌhaɪpə'dɜ:mɪk/ **I** agg. **1** [*injection, needle, syringe*] ipodermico **2** [*infection*] sottocutaneo **II** n. **1** *(syringe)* siringa f. ipodermica **2** *(injection)* iniezione f. ipodermica.
hypodermis /ˌhaɪpə'dɜ:mɪs/ n. BOT. ZOOL. ipoderma m.
hypodermoclysis /ˌhaɪpədɜ:'mɒkləsɪs/ n. (pl. **-es**) ipodermoclisi f.
hypogastria /ˌhaɪpə'gæstrɪə/ → **hypogastrium**.
hypogastric /ˌhaɪpə'gæstrɪk/ agg. ipogastrico.
hypogastrium /ˌhaɪpə'gæstrɪəm/ n. (pl. **-ia**) ipogastrio m.
hypogea /ˌhaɪpə'dʒi:ə/ → **hypogeum**.
hypogeal /ˌhaɪpə'dʒi:əl/, **hypogean** /ˌhaɪpə'dʒi:ən/, **hypogeous** /ˌhaɪpə'dʒi:əs/ agg. ipogeo.
hypogeum /ˌhaɪpə'dʒi:əm/ n. (pl. **-a**) ipogeo m.
hypoglossal /ˌhaɪpə'glɒsl/ **I** agg. ipoglosso **II** n. ipoglosso m.
hypoglyc(a)emia /ˌhaɪpəʊglaɪ'si:mɪə/ n. ipoglicemia f.
hypogynous /hɪ'pɒdʒɪnəs/ agg. ipogino.

hyponitrite /ˌhaɪpəˈnaɪtraɪt/ n. iponitrito m.
hyponitrous /ˌhaɪpəˈnaɪtrəs/ agg. iponitroso.
hyponym /ˈhaɪpənɪm/ n. iponimo m.
hyponymy /haɪˈpɒnəmɪ/ n. iponimia f.
hypophosphate /ˌhaɪpəˈfɒsfeɪt/ n. ipofosfato m.
hypophosphite /ˌhaɪpəˈfɒsfaɪt/ n. ipofosfito m.
hypophosphoric /ˌhaɪpəfɒsˈfɒrɪk/ agg. ipofosforico.
hypophosphorous /ˌhaɪpəˈfɒsfərəs/ agg. ipofosforoso.
hypophysis /haɪˈpɒfɪsɪs/ n. (pl. **-es**) ipofisi f.
hypoplasia /ˌhaɪpəˈpleɪzɪə/ n. ipoplasia f.
hypostasis /haɪˈpɒstəsɪs/ n. (pl. **-es**) *(all contexts)* ipostasi f.
hypostatic(al) /ˌhaɪpəˈstætɪk(l)/ agg. ipostatico.
hypostatize /haɪˈpɒstətaɪz/ tr. ipostatizzare.
hypostyle /ˈhaɪpəˌstaɪl/ agg. ipostilo.
hyposulphite BE, **hyposulfite** AE /ˌhaɪpəˈsʌlfaɪt/ n. iposolfito m.
hypotaxis /ˌhaɪpəˈtæksɪs/ n. ipotassi f.
hypotension /ˌhaɪpəʊˈtenʃən/ n. ipotensione f.
hypotensive /ˌhaɪpəˈtensɪv/ **I** agg. ipotensivo **II** n. ipoteso m. (-a).
hypotenuse /haɪˈpɒtənjuːz, AE -tnuːs/ n. ipotenusa f.
hypothalamus /ˌhaɪpəˈθæləməs/ n. (pl. **-i**) ipotalamo m.
hypothec /ˈhaɪpɒθɪk/ n. *(in Roman and Scottish law)* ipoteca f.
hypothecary /haɪˈpɒθɪkərɪ/ agg. *(in Roman and Scottish law)* ipotecario.
hypothecate /haɪˈpɒθɪˌkeɪt/ tr. *(in Roman and Scottish law)* ipotecare.
hypothecation /haɪˌpɒθɪˈkeɪʃn/ n. *(in Roman and Scottish law)* (l')ipotecare.
hypothermia /ˌhaɪpəʊˈθɜːmɪə/ n. ipotermia f.
▷ **hypothesis** /haɪˈpɒθəsɪs/ n. (pl. **-es**) ipotesi f.; ***working* ~** ipotesi di lavoro.
hypothesize /haɪˈpɒθəsaɪz/ **I** intr. fare un'ipotesi **II** tr. ipotizzare; ***to ~ that*** ipotizzare che.
hypothetic(al) /ˌhaɪpəˈθetɪk(l)/ agg. [*question, argument*] ipotetico.
hypothetically /ˌhaɪpəˈθetɪklɪ/ avv. ipoteticamente.
hypothyroidism /ˌhaɪpəʊˈθaɪrɔɪˌdɪzəm/ ♦ ***11*** n. ipotiroidismo m.
hypotonic /ˌhaipəʊˈtɒnɪk/ agg. ipotonico.
hypotyposis /ˌhaɪpətaɪˈpəʊsɪs/ n. (pl. **-es**) ipotiposi f.
hypovitaminosis /ˌhaɪpəvɪtəmɪˈnəʊsɪs/ n. (pl. **-es**) ipovitaminosi f.
hypsometer /hɪpˈsɒmɪtə(r)/ n. ipsometro m.
hypsometric(al) /ˌhɪpsəˈmetrɪk(l)/ agg. ipsometrico.
hypsometry /hɪpˈsɒmətrɪ/ n. ipsometria f.
hyrax /ˈhaɪræks/ n. (pl. **~es, -aces**) irace m.
hyson /ˈhaɪsn/ n. = tè verde della Cina.
hyssop /ˈhɪsəp/ n. issopo m.
hysterectomy /ˌhɪstəˈrektəmɪ/ n. isterectomia f.
hysteresis /ˌhɪstəˈriːsɪs/ n. (pl. **-es**) isteresi f.
hysteria /hɪˈstɪərɪə/ ♦ ***11*** n. *(all contexts)* isterismo m., isteria f.; ***mass* ~** isterismo collettivo.
hysteric /hɪˈsterɪk/ **I** agg. → **hysterical II** n. isterico m. (-a).
hysterical /hɪˈsterɪkl/ agg. **1** [*person, behaviour*] isterico; [*sob*] convulsivo; [*demand, speech*] delirante; ~ ***laughter*** risata isterica **2** COLLOQ. *(funny)* divertente.
hysterically /hɪˈsterɪklɪ/ avv. **1** [*funny*] estremamente **2** ***to sob* ~** avere una violenta crisi di pianto; ***to laugh* ~** ridere istericamente; ***to shout* ~** urlare come un matto.
hysterics /hɪˈsterɪks/ n. + verbo sing. o pl. **1** PSIC. *(fit)* crisi f. iste-rica; ***to have*** o ***go into* ~** avere una crisi isterica **2** *(laughter)* ***to be in* ~** rid-ere come un matto; ***he had us in* ~** ci ha fatto morire dal ri-dere.
hysteroid /ˈhɪstərɔɪd/ agg. isteroide.
hysterotomy /ˌhɪstəˈrɒtəmɪ/ n. isterotomia f.

i

i, **I** /aɪ/ n. **1** *(letter)* i, I m. e f. **2 I** ⇒ Island isola (I.) ◆ ***to dot the i's and cross the t's*** mettere i puntini sulle i.

▶ **I** /aɪ/ *I* is translated by *io* which, however, is very often understood: *I'm leaving for London tomorrow* = domani parto per Londra. - When *I* is used in emphasis, *io* is employed and stressed, and placed either at the beginning or at the end of the sentence: *I didn't take it* = io non l'ho preso, non l'ho preso io. - When used impersonally, *I* is translated by *si*: *Where can I get the bus number 14, please?* = Dove si può prendere il 14, per favore? - For particular uses see below. pron. io; ***I live in London*** abito a Londra; ***here I am*** eccomi; ***there I am*** eccomi qua; ***I didn't take it*** io non l'ho preso *o* non l'ho preso io; ***he's a student but I'm not*** lui è studente ma io no; ***I who...*** io che...; ***I who have seen*** io che ho visto; ***he and I went to the cinema*** lui e io siamo andati al cinema.

IA US ⇒ Iowa Iowa.

IAAF n. (⇒ International Amateur Athletic Federation federazione internazionale dilettanti di atletica) IAAF f.

Iachimo /aɪ'ækɪməʊ, ɪ-/ n.pr. Iachimo (nome di uomo).

IAEA n. (⇒ International Atomic Energy Agency Agenzia Internazionale per l'Energia Atomica) AIEA f.

Iago /ɪ'ɑːgəʊ/ n.pr. Iago.

iamb /'aɪəmb/ → **iambus**.

iambi /aɪ'æmbaɪ/ → **iambus**.

iambic /aɪ'æmbɪk/ **I** agg. giambico; ~ ***metre*** metro giambico **II** n. (anche **iamb**) giambo m.

iambus /aɪ'æmbəs/ n. (pl. **~es**, **-i**) giambo m.

Ian /'iːən/ n.pr. Ian (nome di uomo).

Ianthe /aɪ'ænθɪ/ n.pr. Ianthe (nome di donna).

iatrogenic /aɪˌætrə'dʒenɪk/ agg. iatrogeno.

ib ⇒ ibidem ibidem (ib.).

IBA n. GB (⇒ Independent Broadcasting Authority) = organismo preposto al controllo delle emittenti radiotelevisive private.

Iberia /aɪ'bɪərɪə/ n.pr. Iberia f.

Iberian /aɪ'bɪərɪən/ **I** agg. iberico **II** n. *(person)* iberico m. (-a).

Iberian Peninsula /aɪˌbɪərɪənpə'nɪnsjʊlə, AE -nsələ/ n.pr. penisola f. iberica.

ibex /'aɪbeks/ n. stambecco m.

ibid ⇒ ibidem ibidem (ibid.).

ibidem /'ɪbɪdem/ avv. ibidem.

ibis /'aɪbɪs/ n. (pl. **~es**, ~) ibis m.

IBRD n. (⇒ International Bank for Reconstruction and Development Banca Internazionale per la Ricostruzione e lo Sviluppo) BIRS f.

Icarian /ɪ'keərɪən/ agg. icario.

Icarus /'ɪkərəs/ n.pr. Icaro.

▶ **1.ice** /aɪs/ n. **1** ghiaccio m.; ***the car skidded on the*** ~ la macchina ha sbandato sul ghiaccio; ***there's ~ on the roads*** c'è ghiaccio sulle strade; ***a show on*** ~ uno spettacolo sul ghiaccio; ***a whisky with*** ~ un whisky con ghiaccio; ***to put sth. on*** ~ mettere [qcs.] in ghiaccio [*champagne*]; FIG. accantonare, mettere [qcs.] da parte [*plans, project*]; ***"danger! thin ~"*** *(on sign)* "Pericolo! Ghiaccio sottile"; ***your feet are like ~!*** i tuoi piedi sono di ghiaccio! **2** BE *(ice cream)* gelato m.; ***vanilla*** ~ gelato alla vaniglia; ***water*** ~ sorbetto **3 U** COLLOQ. *(diamonds)* diamanti m.pl. **4** COLLOQ. *(amphetamine)* ice m. ◆ ***to break the*** ~ rompere il ghiaccio; ***to cut no*** ~ non fare effetto; ***this argument cut no ~ with them*** la discussione li lasciò freddi; ***his excuses cut no ~ with me*** le sue scuse mi lasciano freddo; ***to be treading*** o ***skating on thin*** ~ avanzare su un campo minato.

2.ice /aɪs/ tr. **1** GASTR. glassare [*cake*] **2** AE COLLOQ. *(kill)* freddare [*person*]; *(defeat)* stracciare [*team*].

▪ **ice over** [*roads, runway, windscreen*] coprirsi di ghiaccio; [*river, pond*] ghiacciarsi.

▪ **ice up** [*lock, windscreen wipers, windows*] ghiacciarsi; [*airplane*] ricoprirsi di ghiaccio.

ice age /'aɪsˌeɪdʒ/ **I** n. era f. glaciale **II ice-age** modif. [*phenomenon*] dell'era glaciale.

ice axe /'aɪsˌæks/ n. piccozza f.

iceberg /'aɪsbɜːg/ n. **1** iceberg m. **2** COLLOQ. SPREG. *(cold person)* pezzo m. di ghiaccio ◆ ***the tip of the*** ~ la punta dell'iceberg.

iceberg lettuce /ˌaɪsbɜːg'letɪs/ n. insalata f. iceberg.

iceblink /'aɪsblɪŋk/ n. riflesso m. del ghiaccio.

ice blue /ˌaɪs'bluː/ agg. verdeazzurro.

iceboat /'aɪsbəʊt/ n. SPORT slitta f. a vela.

icebound /'aɪsˌbaʊnd/ agg. [*ship*] imprigionato dal ghiaccio; [*port, road*] bloccato dal ghiaccio.

icebox /'aɪsbɒks/ n. **1** BE *(freezer compartment)* scomparto m. del ghiaccio **2** AE *(fridge)* frigorifero m. **3** *(cool box)* frigo m. portatile **4** *(cabinet)* ghiacciaia f.

icebreaker /'aɪsˌbreɪkə(r)/ n. MAR. rompighiaccio m.

ice bucket /'aɪsˌbʌkɪt/ n. secchiello m. del, per il ghiaccio.

icecap /'aɪsˌkæp/ n. calotta f. glaciale.

ice-chest /'aɪstʃest/ n. ghiacciaia f.

ice-cold /ˌaɪs'kəʊld/ agg. [*hand, water*] ghiacciato; [*room*] gelido, ghiacciato; [*wind*] glaciale; [*beer*] ghiacciato, molto freddo; FIG. [*person, reception*] gelido.

▷ **ice cream** /ˌaɪs'kriːm, AE 'aɪsˌkriːm/ n. GASTR. gelato m.; ***I like*** ~ mi piace il gelato; ***two vanilla ~s*** due gelati alla vaniglia.

ice-cream bar /'aɪskriːmˌbɑː(r)/ n. AE ricoperto m.

ice-cream cone /'aɪskriːmˌkəʊn/, **ice-cream cornet** /'aɪskriːmˌkɔːnɪt/ n. cono m. (gelato).

ice-cream maker /'aɪskriːmˌmeɪkə(r)/ n. gelatiera f.

ice-cream parlour BE, **ice-cream parlor** AE /'aɪskriːmˌpɑːlə(r)/ n. COMM. gelateria f.

ice-cream seller /'aɪskriːmˌselə(r)/ ➧ **27** n. gelataio m. (-a).

ice-cream soda /ˌaɪskriːm'səʊdə/ n. AE = gelato servito in un bicchiere con selz e sciroppo.

ice-cream sundae /ˌaɪskriːm'sʌndeɪ, AE -'sʌndiː/ n. coppa f. di gelato (guarnito con panna montata, granella di nocciole, pezzi di frutta ecc.).

ice-cream truck /'aɪskriːmˌtrʌk/ n. AE → **ice-cream van**.

ice-cream van /'aɪskriːmˌvæn/ n. BE camioncino m. dei gelati.

ice-cube /'aɪsˌkjuːb/ n. cubetto m. di ghiaccio.

iced /aɪst/ **I** p.pass. → **2.ice II** agg. [*water*] con ghiaccio; [*tea, coffee*] freddo; [*cake*] gelato.

ice dancer /ˈaɪsˌdɑːnsə(r), AE -ˌdænsə(r)/ n. pattinatore m. (-trice) ritmico (-a).
ice dancing /ˈaɪsˌdɑːnsɪŋ, AE -ˌdænsɪŋ/ ♦ *10* n. pattinaggio m. ritmico.
ice-fall /ˈaɪsfɔːl/ n. cascata f. di ghiaccio.
ice field /ˈaɪsˌfiːld/ n. ice-field m.
ice floe /ˈaɪsˌfləʊ/ n. blocco m. di ghiaccio galleggiante.
ice-hammer /ˈaɪsˌhæmə(r)/ n. martello m. da ghiaccio.
ice hockey /ˈaɪsˌhɒkɪ/ ♦ *10* n. hockey m. su ghiaccio.
icehouse /ˈaɪshaʊs/ n. *(building)* ghiacciaia f.
Iceland /ˈaɪslənd/ ♦ *6* n.pr. Islanda f.
Icelander /ˈaɪsləndə(r)/ ♦ *18* n. islandese m. e f.
Icelandic /aɪsˈlændɪk/ ♦ *18, 14* **I** agg. islandese **II** n. *(language)* islandese m.
Iceland lichen /ˌaɪsləndˈlaɪkən/ n. lichene m. d'Islanda.
Iceland spar /ˈaɪsləndˌspɑː(r)/ n. spato m. d'Islanda.
ice lolly /ˌaɪsˈlɒlɪ/ n. BE GASTR. ghiacciolo m.
ice machine /ˈaɪsməˌʃiːn/ n. macchina f. per il ghiaccio.
iceman /ˈaɪsmən/ n. (pl. **-men**) AE = venditore di ghiaccio.
ice pack /ˈaɪspæk/ n. borsa f. del ghiaccio.
ice pick /ˈaɪspɪk/ n. SPORT piccozza f.; GASTR. rompighiaccio m.
ice piton /ˈaɪsˌpiːtɒn/ n. ALP. arpione m.
ice plant /ˈaɪsplɑːnt, AE -plænt/ n. pianta f. di ghiaccio.
ice rink /ˈaɪsrɪŋk/ n. pista f. di pattinaggio (su ghiaccio).
ice sheet /ˈaɪsʃiːt/ n. calotta f. glaciale.
ice show /ˈaɪsʃəʊ/ n. spettacolo m. sul ghiaccio.
1.iceskate /ˈaɪsskeɪt/ n. pattino m. da ghiaccio.
2.iceskate /ˈaɪsskeɪt/ intr. pattinare (sul ghiaccio).
ice skater /ˈaɪsskeɪtə(r)/ n. pattinatore m. (-trice) (su ghiaccio).
ice-skating /ˈaɪsskeɪtɪŋ/ ♦ *10* n. pattinaggio m. su ghiaccio.
ice storm /ˈaɪsˌstɔːm/ n. AE tempesta f. di ghiaccio.
ice-tray /ˈaɪsˌtreɪ/ n. vaschetta f. del ghiaccio.
ice water /ˈaɪsˌwɔːtə(r)/ n. AE acqua f. ghiacciata.
ice yacht /ˈaɪsjɒt/ n. = piccola imbarcazione dotata di pattini e vela per potere andare a forti velocità sul ghiaccio.
ichneumon /ɪkˈnjuːmən/ n. mangusta f. icneumone.
ichneumon fly /ɪkˈnjuːmənˌflaɪ/ n. icneumonide m.
ichnographic(al) /ˌɪknəˈgræfɪk(l)/ agg. icnografico.
ichnography /ɪkˈnɒgrəfɪ/ n. icnografia f.
ichthyic /ˈɪkθɪɪk/ agg. ANT. ittico.
ichthyologic(al) /ˌɪkθɪəˈlɒdʒɪk(l)/ agg. ittiologico.
ichthyologist /ˌɪkθɪˈɒlədʒɪst/ ♦ *27* n. ittiologo m. (-a).
ichthyology /ˌɪkθɪˈɒlədʒɪ/ n. ittiologia f.
ichtyophagist /ˌɪkθɪˈɒfədʒɪst/ n. ittiofago m. (-a).
ichtyophagous /ˌɪkθɪˈɒfəgəs/ agg. ittiofago.
ichthyosaurus /ˌɪkθɪəˈsɔːrəs/ n. (pl. **-i**) ittiosauro m.
ichtyosis /ˌɪkθɪˈəʊsɪs/ ♦ *11* n. (pl. **-es**) ittiosi f.
icicle /ˈaɪsɪkl/ n. *(hanging spike)* ghiacciolo m.
icily /ˈaɪsɪlɪ/ avv. [*stare*] con sguardo glaciale; [*reply, say*] con un tono gelido.
iciness /ˈaɪsɪnɪs/ n. gelidezza f.
icing /ˈaɪsɪŋ/ n. **1** GASTR. glassa f.; ***chocolate ~*** glassa al cioccolato **2** *(on aeroplane)* ghiaccio m. ◆ ***to be the ~ on the cake*** essere la ciliegina sulla torta.
icing sugar /ˈaɪsɪŋˌʃʊgə(r)/ n. BE zucchero m. a velo.
icky /ˈɪkɪ/ agg. COLLOQ. **1** *(dirty, unpleasant)* schifoso; ***to feel ~*** sentirsi da schifo **2** *(sentimental)* strappalacrime.
▷ **icon** /ˈaɪkɒn/ n. **1** ART. RELIG. icona f. **2** FIG. *(idol, symbol) (person, object)* simbolo m.; ***she is a feminist ~*** è un simbolo delle femministe **3** INFORM. icona f.
iconic /aɪˈkɒnɪk/ agg. iconico.
iconify /aɪˈkɒnɪfaɪ/ tr. INFORM. iconizzare.
iconoclasm /aɪˈkɒnəklæzəm/ n. iconoclastia f.
iconoclast /aɪˈkɒnəklæst/ n. iconoclasta m. e f.
iconoclastic /aɪˌkɒnəˈklæstɪk/ agg. iconoclastico.
iconographer /ˌaɪkəˈnɒgrəfə(r)/ n. iconografo m. (-a).
iconographic(al) /ˌaɪkənəˈgræfɪk(l)/ agg. iconografico.
iconography /ˌaɪkəˈnɒgrəfɪ/ n. iconografia f.
iconology /ˌaɪkəˈnɒlədʒɪ/ n. iconologia f.
iconoscope /aɪˈkɒnəskəʊp/ n. iconoscopio m.
icosahedron /ˌaɪkəsəˈhiːdrən, -ˈhedrən, AE -drɒn/ n. (pl. **~s, -a**) icosaedro m.
ICPO n. (⇒ International Criminal Police Organization Organizzazione Internazionale della Polizia Criminale) OIPC f.
icteric(al) /ɪkˈterɪk(l)/ agg. itterico.
icterus /ˈɪktərəs/ n. ittero m.
ictus /ˈɪktəs/ n. (pl. **~es, ~**) ictus m.
▷ **icy** /ˈaɪsɪ/ agg. **1** [*pavement, road*] ghiacciato; ***there are ~ patches on the roads*** ci sono delle lastre di ghiaccio sulle strade **2** *(cold)* [*draught*] gelido; [*water, hands*] ghiacciato; [*wind*] gelido, glaciale **3** FIG. [*look, reception*] gelido.
icy-cold /ˌaɪsɪˈkəʊld/ agg. [*hand, water*] ghiacciato; [*room*] gelido; [*wind*] glaciale, gelido.
id /ɪd/ n. ***the ~*** l'Es.
I'd /aɪd/ contr. I had, I should, I would.
1.ID I n. (⇒ identification, identity) = identità **II** modif. (⇒ identity) [*card, papers*] d'identità; [*disc*] d'identificazione; ***~ code*** INFORM. identificativo *o* numero d'identificazione.
2.ID US ⇒ Idaho Idaho.
Ida /ˈaɪdə/ n.pr. Ida.
Idaho /ˈaɪdəhəʊ/ ♦ *24* n. Idaho m.; ***in, to ~*** nell'Idaho.
IDD n. BE (⇒ International Direct Dialling) = teleselezione internazionale diretta.
▶ **idea** /aɪˈdɪə/ n. **1** *(suggestion)* idea f.; ***a good ~*** una buona idea; ***it was Sophie's ~ to sell the car*** è Sophie che ha avuto l'idea di vendere la macchina; ***he came up with*** o ***hit on the ~ of buying a farm*** gli venne l'idea di comprare una fattoria; ***to be full of ~s*** essere pieno di idee **2** *(plan)* idea f., intenzione f.; ***to have some vague ~ of doing*** avere una vaga idea di fare; ***it's a good ~ to take a raincoat*** è una buona idea quella di portarsi l'impermeabile; ***to put an ~ into sb.'s head*** mettere un'idea in testa a qcn.; ***don't start getting ~s!*** non iniziare a farti delle idee! ***you can get*** o ***put that ~ out of your head!*** puoi toglierteło dalla testa! **3** *(thought)* opinione f. (**about, on** su); ***what are your ~s on this portrayal?*** che cosa ne pensi di questo ritratto? **4** *(concept, notion)* concetto m., idea f.; ***he's got strange ~s about women, education*** ha uno strano concetto delle donne, di istruzione; ***you've got a funny ~ of loyalty*** hai uno strano concetto di lealtà; ***if that's your ~ of good work, of a joke...*** se questo tu lo chiami un buon lavoro, uno scherzo...; ***a hamburger isn't my ~ of a good meal*** un hamburger non è esattamente quello che definirei un buon pasto **5** *(impression)* impressione f.; ***to give sb. the ~ that*** dare a qcn. l'impressione *o* l'idea che; ***he's got the ~ that everybody is lying to him*** ha l'impressione che tutti gli mentano; ***whatever gave you that ~!*** cosa ti ha fatto venire in mente una simile idea? **6** *(knowledge)* idea f.; ***do you have any ~ how, where etc....?*** hai un'idea di come, di dove ecc....? ***I have no ~*** non ne ho idea; ***to have no ~ why, how etc.*** non avere idea del perché, di come ecc.; ***to have an ~ of how long it takes to do*** avere un'idea del tempo che ci va per fare; ***he hadn't the slightest ~ who I was*** non aveva la più pallida idea di chi fossi; ***he's 55? I had no ~!*** ha 55 anni? non lo sapevo! ***to have no ~ of*** o ***about*** non avere alcuna idea di [*price, time*]; ***I have no ~ whether he's arrived or not*** non so proprio se sia arrivato o no; ***you've no ~ how pleased I was!*** non hai idea di quanto fossi contento! ***I have a vague ~ what you mean*** credo di capire quello che intendi dire; ***what a funny ~!*** che idea buffa! **7** *(theory)* idea f.; ***I've an ~ that he might be lying*** ho idea che stia mentendo; ***he's got funny ~s on management*** ha delle strane idee sulla direzione; ***I've got a pretty good ~ who stole the money*** penso di sapere chi abbia rubato il denaro **8** *(aim)* scopo m.; ***the ~ of a diet is to lose weight*** lo scopo di una dieta è quello di perdere peso; ***that's the whole ~!*** questa l'idea! ***what's the ~ behind the offer?*** cosa c'è dietro a questa offerta? **9** *(gist)* ***now I get the ~*** adesso afferro l'idea; ***do you get the ~?*** capisci, afferri il concetto? ***now you're getting the ~*** ecco che inizi a capire; ***that's the ~!*** questo è il succo! **10** *(estimate)* ***to give sb. an ~ of*** dare a qcn. un'idea di [*cost, price*] ◆ ***the very ~!*** neanche per sogno! ***what's the big ~?*** COLLOQ. che cosa ti salta in mente?
▶ **ideal** /aɪˈdiːəl/ **I** agg. *(all contexts)* ideale (**for** per; **to do** per fare) **II** n. **1** *(principle)* ideale m. **2** *(model)* ideale m. (**of** di); ***the feminine, Christian ~*** l'ideale femminile, cristiano **3** FILOS. ideale m.
Ideal Home Exhibition /aɪˌdiːəlˈhəʊmeksɪˌbɪʃn/ n. GB = salone espositivo di mobili e accessori per la casa.
idealism /aɪˈdɪəlɪzəm/ n. FILOS. idealismo m.; ***out of ~*** [*act*] per idealismo.
idealist /aɪˈdɪəlɪst/ n. idealista m. e f. (anche FILOS.).
idealistic /ˌaɪdɪəˈlɪstɪk/ agg. idealistico.
ideality /ˌaɪdɪˈælətɪ/ n. idealità f.
idealization /ˌaɪdɪəlaɪˈzeɪʃn, AE -lɪˈz-/ n. idealizzazione f.
idealize /aɪˈdɪəlaɪz/ tr. idealizzare.
▷ **ideally** /aɪˈdɪəlɪ/ avv. **1** *(preferably)* ***~, the tests should be free, the tests should ~ be free*** l'ideale sarebbe che gli esami fossero gratuiti; ***~, we'd like a house, to stay*** l'ideale per noi sarebbe una casa, restare; ***what would you like, ~?*** che cosa preferiresti? **2** *(perfectly)* ***~ located, ~ situated*** in posizione ideale; ***to be ~ suited*** [*couple, colours*] essere perfettamente assortito; ***to be ~ suited for*** essere perfetto per [*job, role*].
ideas man /aɪˈdɪəzˌmæn/ n. (pl. **ideas men**) COLLOQ. inventore m.

ideation /ˌaɪdɪˈeɪʃn/ n. PSIC. ideazione f.
idée fixe /ˌiːdeɪˈfiːks/ n. (pl. **idées fixes**) idea f. fissa.
idem /ˈɪdem/ pron. idem.
identic /aɪˈdentɪk/ agg. DIPL. [*note*] identico.
▷ **identical** /aɪˈdentɪkl/ agg. identico (**to, with** a); ***they look ~*** sembrano identici.
identically /aɪˈdentɪklɪ/ avv. [*dressed, constructed*] in modo identico; [*operate, function*] in modo identico, identicamente; ***to be ~ alike*** [*people, objects*] essere uguali identici.
identical proposition /aɪˌdentɪklˌprɒpəˈzɪʃn/ n. principio m. d'identità.
identical twin /aɪˌdentɪklˈtwɪn/ n. gemello m. (-a) monozigote.
identifiable /aɪˌdentɪˈfaɪəbl/ agg. **1** *(recognizable)* identificabile (**as** come); ***~ by sth.*** riconoscibile da qcs. **2** *(visible)* visibile.
identifiably /aɪˌdentɪˈfaɪəblɪ/ avv. visibilmente.
▷ **identification** /aɪˌdentɪfɪˈkeɪʃn/ n. **1** *(of body, species, person)* identificazione f. (**from** tramite); ***to make an ~ of a criminal*** procedere all'identificazione di un criminale **2** *(empathy)* identificazione f. (**with** con) **3** *(proof of identity)* documento m. (d'identità); ***have you got any ~?*** ha un documento?
identification parade /aɪˌdentɪfɪˈkeɪʃnpəˌreɪd/ n. BE ricognizione f. di persona, confronto m. all'americana.
identification tag /aɪˌdentɪfɪˈkeɪʃnˌtæg/ n. MIL. piastrina f. di riconoscimento.
identifier /aɪˈdentɪfaɪə(r)/ n. INFORM. identificatore m.
▶ **identify** /aɪˈdentɪfaɪ/ **I** tr. **1** *(establish identity of)* identificare [*person, body, culprit*] (**as** come); ***he identified the criminal to the police*** andò alla polizia a identificare il criminale **2** *(pick out)* distinguere **3** *(consider as equivalent)* ***to ~ sb., sth. with sb., sth.*** identificare qcn., qcs. con qcn., qcs. **II** intr. *(empathize)* ***to ~ with*** identificarsi con **III** rifl. **1** ***to ~ oneself*** *(establish identity)* dare la propria identità **2** ***to ~ oneself with sb., sth.*** identificarsi con qcn., qcs.
identikit /aɪˈdentɪkɪt/ **I** n. (anche **Identikit**®, **identikit picture**) identikit m. **II** agg. SPREG. [*novel, house*] fatto in serie.
▶ **identity** /aɪˈdentətɪ/ n. *(all contexts)* identità f.; ***to change one's ~*** cambiare identità; ***to protect sb.'s ~*** proteggere l'anonimato di qcn.; ***reveal sb.'s ~*** rivelare l'identità di qcn.; ***have you any proof of ~?*** ha un documento di identità? ***sense of ~*** senso di identità; ***national, religious ~*** identità nazionale, religiosa; ***mistaken ~*** errore di identità.
identity bracelet /aɪˈdentətɪˌbreɪslɪt/ n. bracciale m. di identificazione.
identity card /aɪˈdentətɪˌkɑːd/ n. carta f. d'identità.
identity crisis /aɪˈdentətɪˌkraɪsɪs/ n. (pl. **identity crises**) crisi f. d'identità.
identity number /aɪˈdentətɪˌnʌmbə(r)/ n. numero m. d'identificazione.
identity papers /aɪˈdentətɪˌpeɪpəz/ n.pl. documenti m. d'identità.
identity parade /aɪˈdentətɪpəˌreɪd/ n. BE ricognizione f. di persona, confronto m. all'americana.
identity theft /aɪˈdentətɪˌθeft/ n. = l'utilizzare il nome e i dati personali di qualcuno allo scopo di ottenere carte di credito, prelevare denaro da conti bancari ecc.
ideogram /ˈɪdɪəgræm/, **ideograph** /ˈɪdɪəgrɑːf, AE -græf/ n. ideogramma m.
ideographic(al) /ˌɪdɪəʊˈgræfɪk(l)/ agg. ideografico.
ideography /ˌɪdɪˈɒgrəfɪ/ n. ideografia f.
▷ **ideologic(al)** /ˌaɪdɪəˈlɒdʒɪk(l)/ agg. ideologico.
ideologically /ˌaɪdɪəˈlɒdʒɪklɪ/ avv. dal punto di vista ideologico, ideologicamente.
ideologist /ˌaɪdɪˈɒlədʒɪst/, **ideologue** /ˈaɪdɪəlɒg/ n. ideologo m. (-a).
▷ **ideology** /ˌaɪdɪˈɒlədʒɪ/ n. ideologia f.
ideomotor /ˌaɪdɪəˈməʊtə(r)/ agg. ideomotorio.
ides /aɪdz/ n.pl. ***the ~ of March*** le idi di marzo.
idiocy /ˈɪdɪəsɪ/ n. idiozia f.
idioglossia /ˌɪdɪəˈglɒsɪə/ n. idioglossia f.
idiolect /ˈɪdɪəlekt/ n. idioletto m.
idiom /ˈɪdɪəm/ n. **1** LING. *(phrase)* espressione f. idiomatica; *(form)* idiotismo m. **2** *(language)* *(of speakers)* idioma m.; *(of theatre, sport)* gergo m. **3** *(of music, art, architecture)* stile m.
idiomatic(al) /ˌɪdɪəˈmætɪk(l)/ agg. idiomatico; ***~ expression*** espressione idiomatica.
idiomatically /ˌɪdɪəˈmætɪklɪ/ avv. [*speak, write*] in modo idiomatico, idiomaticamente.
idiopathic /ˌɪdɪəˈpæθɪk/ agg. idiopatico.
idiopathy /ˌɪdɪˈɒpəθɪ/ n. idiopatia f.
idiosyncrasy /ˌɪdɪəˈsɪŋkrəsɪ/ n. **1** *(of machine, system, person)* particolarità f., peculiarità f. **2** MED. idiosincrasia f. **3** SCHERZ. *(foible)* mania f.
idiosyncratic /ˌɪdɪəsɪŋˈkrætɪk/ agg. [*account, need, character*] particolare; [*reaction, attitude*] caratteristico.
▷ **idiot** /ˈɪdɪət/ n. **1** *(fool)* idiota m. e f.; ***to act, talk like an ~*** comportarsi, parlare come un idiota; ***to feel like an ~*** sentirsi un idiota; ***that ~ Martin*** quell'idiota di Martin; ***you bloody ~!*** POP. maledetto idiota! **2** ANT. MED. SPREG. idiota m. e f.
idiot board /ˈɪdɪətˌbɔːd/ n. COLLOQ. CINEM. TELEV. gobbo m.
idiot box /ˈɪdɪətˌbɒks/ n. AE COLLOQ. ANT. televisore m.
idiotic /ˌɪdɪˈɒtɪk/ agg. [*question, reply, grin, remark, idea*] idiota.
idiotically /ˌɪdɪˈɒtɪklɪ/ avv. [*talk, smile*] in modo idiota, idiotamente.
idiot tape /ˈɪdɪətˌteɪp/ n. INFORM. nastro m. chilometrico.
▷ **1.idle** /ˈaɪdl/ agg. **1** SPREG. *(lazy)* [*person, worker*] pigro, indolente **2** *(vain, pointless)* [*boast, threat*] vano; [*speculation, question, curiosity*] ozioso; [*conversation, chatter, remark*] inutile; ***it would be ~ to attempt to do*** sarebbe inutile cercare di fare **3** *(without occupation)* [*person*] sfaccendato; [*day, hour, moment*] di ozio; [*worker*] = momentaneamente privo di occupazione, disoccupato; ***the ~ rich*** i ricchi oziosi; ***100 men made ~*** 100 uomini rimasti momentaneamente disoccupati **4** *(not functioning)* [*port, dock, mine, machine*] fermo, inattivo; ***to lie*** o ***stand ~*** [*machine, factory*] rimanere fermo; [*land*] rimanere incolto **5** ECON. [*capital*] morto ◆ ***the devil makes work for ~ hands*** PROV. l'ozio è il padre di tutti i vizi.
2.idle /ˈaɪdl/ intr. **1** [*engine*] girare al minimo **2** [*person*] oziare.
■ **idle away:** ***~ away [sth.], ~ [sth.] away*** sprecare [qcs.] nell'ozio [*time, day, hours*].
idle character /ˈaɪdlˌkærəktə(r)/ n. INFORM. spazio m. (vuoto).
idleness /ˈaɪdlnɪs/ n. **1** *(inaction)* ozio m., inattività f.; ***enforced ~*** ozio forzato **2** *(laziness)* pigrizia f.
idler /ˈaɪdlə(r)/ n. **1** *(person)* *(slacker)* pigro m. (-a); *(loiterer)* fannullone m. (-a) **2** TECN. *(wheel, gear, roller)* ruota f. di rinvio; *(pulley)* puleggia f. folle.
idly /ˈaɪdlɪ/ avv. **1** *(not doing anything)* [*gaze, sit*] oziosamente; ***to sit*** o ***stand ~ by*** [*person*] restare con le mani in mano; [*country*] non agire **2** *(vainly, aimlessly)* [*wonder*] inutilmente; [*chat, talk*] per passare il tempo.
idocrase /ˈaɪdəkreɪs/ n. idocrasio m.
idol /ˈaɪdl/ n. **1** *(pagan)* idolo m. **2** *(hero)* idolo m.; ***cinema, teen ~*** idolo del cinema, dei giovani; ***fallen ~*** idolo infranto.
idolater /aɪˈdɒlətə(r)/ n. idolatra m. e f.
idolatress /aɪˈdɒlətrɪs/ n. RAR. idolatra f.
idolatrize /aɪˈdɒlətraɪz/ **I** tr. idolatrare **II** intr. adorare gli idoli.
idolatrous /aɪˈdɒlətrəs/ agg. idolatra.
idolatry /aɪˈdɒlətrɪ/ n. idolatria f. (anche FIG.).
idolization /ˌaɪdəlaɪˈzeɪʃn, AE -lɪˈz-/ n. (l')idolatrare.
idolize /ˈaɪdəlaɪz/ tr. adorare [*parent, friend*]; idolatrare [*star, personality*]; ***he was ~d by his fans*** era idolatrato dai suoi fan.
idolizer /ˈaɪdəlaɪzə(r)/ n. idolatra m. e f.
idyll /ˈɪdɪl, AE ˈaɪdl/ n. idillio m. (anche LETTER.).
idyllic /ɪˈdɪlɪk, AE aɪˈd-/ agg. idilliaco, idillico.
idyllist /ˈaɪdɪlɪst/ n. scrittore m. (-trice) di idilli.
ie (⇒ id est, letto **that is**) cioè.
▶ **if** /ɪf/ *If* is almost always translated by *se*, except in the case of a very few usages which are shown below. Please note that both *if* and *whether* are translated by *se* in Italian. **I** cong. **1** *(in the event that, supposing that)* se; ***I'll help you ~ you pay me*** ti aiuterò se mi pagherai; ***I'm not coming ~ you invite her*** non vengo se inviti lei; ***~ he dies*** o ***~ he should die, it will have been your fault*** se dovesse morire sarà colpa tua; ***~ she is to be believed*** stando a quanto dice; ***~ possible*** se possibile; ***tomorrow, ~ convenient*** domani, se va bene; ***~ asked, I would say that*** se me lo chiedessero direi che; ***I'll come with you ~ you like*** vengo con te se vuoi; ***he answers in monosyllables, ~ he answers at all*** quando risponde, risponde a monosillabi; ***it was a milestone in our history, ~ you like*** è stata, se vogliamo, una pietra miliare nella nostra storia; ***~ I were you, I...*** al posto tuo, io...; ***~ it were to snow*** se nevicasse; ***~ it were not for the baby, we could go camping*** se non fosse per il bambino potremmo andare in campeggio; ***~ so*** se è così, se le cose stanno così; ***~ not*** se no; ***tomorrow, ~ not sooner*** domani, se non prima; ***~ I'm not mistaken*** se non mi sbaglio **2** *(whenever)* se; ***~ in doubt, consult the manual*** in caso di dubbi, consultare il manuale; ***~ you mention his name, she cries*** basta pronunciare il suo nome e piange; ***~ they need any advice they always come to me*** quando hanno bisogno di un consiglio vengono sempre da me **3** *(whether)* se; ***I wonder ~ they will come*** mi chiedo se verranno; ***do you know ~ they survived or not?*** sai se sono sopravvissuti? ***can you remem-***

ber ~ he told you? ti ricordi se te l'aveva detto? **4** *(that)* ***I'm sorry ~ she doesn't like it but...*** mi dispiace che non le vada a genio ma...; ***do you mind ~ I smoke?*** vi dà fastidio se fumo? ***I don't care ~ he is married!*** non mi importa se è sposato! **5** *(although, accepting that)* anche se; ***we'll go even ~ it's dangerous*** ci andremo anche se è pericoloso; ***(even) ~ they are old, at least they are not alone*** anche se sono vecchi, almeno non sono soli; ***it's a good shop, ~ a little expensive*** è un buon negozio, benché un po' caro; ***a pleasant, ~ rather small, apartment*** un grazioso appartamento, anche se piuttosto piccolo; ***it was interesting, ~ nothing else*** se non altro era interessante **6** *(as polite formula)* ***~ you would sign here please, follow me please*** se cortesemente vuole firmare qui, seguirmi **7** *(expressing surprise, dismay etc.)* ***~ it isn't our old friend Mr Spencer!*** oh, guarda, il nostro vecchio amico, il signor Spencer! ***well, ~ she didn't try and hit him!*** ha cercato di colpirlo, eccome! **8** **what if** e se; ***what ~ he died?*** e se morisse? ***what ~ I say no?*** e se dicessi di no? ***(so) what ~ he (o I etc.) did?*** e allora? **9** **if only ~ only because (of)** anche solo a causa di; ***~ only for a moment*** anche solo per un momento; ***~ only for one reason*** foss'anche per una sola ragione; ***~ only I had known!*** se avessi saputo! ***~ only I could get my hands on them!*** se solo potessi mettergli le mani addosso! **II** n. se m.; ***there are lots of ~s and buts about it*** ci sono molti "se" e "ma"; ***~, and it's a very big ~, he agrees...*** se, e sottolineo se, lui fosse d'accordo...; ***it's a very big ~*** è molto improbabile.

iffy /ˈɪfɪ/ agg. COLLOQ. **1** *(dubious)* dubbio; ***it sounds a bit ~ to me*** mi sembra un po' dubbio **2** *(undecided)* [*person*] insicuro; [*outcome*] incerto; ***he's a bit ~ about going*** non è molto convinto di andarci.

Ifor /ˈaɪvə(r), -f-, ˈiːvɔː(r)/ n.pr. Ifor (nome di uomo).

igloo /ˈɪgluː/ n. igloo m.

Ignace /ˈɪgneɪs/ n.pr. Ignazio.

Ignacia /ɪgˈneɪʃɪə/ n.pr. Ignazia.

Ignatius /ɪgˈneɪʃəs/ n.pr. Ignazio; ***St ~ Loyola*** sant'Ignazio di Loyola.

igneous /ˈɪgnɪəs/ agg. GEOL. igneo; ***~ rock*** roccia ignea.

ignes fatui /ˌɪgniːzˈfætjʊaɪ/ → **ignis fatuus**.

igniferous /ɪgˈnɪfərəs/ agg. ignifero.

ignis fatuus /ˌɪgnɪsˈfætjʊəs/ n. (pl. **ignes fatui**) fuoco m. fatuo.

ignitable /ɪgˈnaɪtəbl/ agg. infiammabile.

ignite /ɪgˈnaɪt/ **I** tr. avviare [*motor*]; accendere [*fuel*]; dare fuoco a [*material*]; ***to ~ tensions*** innescare le tensioni **II** intr. [*petrol, gas*] infiammarsi; [*engine*] accendersi; [*rubbish, timber*] prendere fuoco; [*situation*] diventare rovente.

ignition /ɪgˈnɪʃn/ n. AUT. TECN. accensione f.; ***electronic ~*** accensione elettronica; ***to adjust the ~*** regolare l'accensione; ***to switch on, off the ~*** accendere, spegnere il motore.

ignition coil /ɪgˈnɪʃnˌkɔɪl/ n. bobina f. di accensione.

ignition key /ɪgˈnɪʃnˌkiː/ n. chiave f., chiavetta f. di accensione.

ignition point /ɪgˈnɪʃnˌpɔɪnt/ n. punto m. di ignizione.

ignition switch /ɪgˈnɪʃnˌswɪtʃ/ n. interruttore m. dell'accensione, contatto m.

ignitron /ɪgˈnaɪtrən/ n. ignitrone m.

ignobility /ɪgnəˈbɪlətɪ/ n. ignobiltà f.

ignoble /ɪgˈnəʊbl/ agg. FORM. **1** [*thought, feeling, conduct, act*] ignobile; [*nature, character*] vile **2** LETT. [*origins*] umile, ignobile.

ignominious /ˌɪgnəˈmɪnɪəs/ agg. FORM. **1** [*defeat, retreat, failure, fate*] ignominioso, infamante **2** [*act, conduct*] ignominioso, vergognoso.

ignominiously /ˌɪgnəˈmɪnɪəslɪ/ avv. FORM. ignominiosamente.

ignominy /ˈɪgnəmɪnɪ/ n. FORM. ignominia f.

ignoramus /ˌɪgnəˈreɪməs/ n. (pl. **~es**) ignorantone m. (-a).

▷ **ignorance** /ˈɪgnərəns/ n. *(of person)* ignoranza f.; *(of behaviour, manners)* mancanza f. di educazione; ***through ~*** per ignoranza; ***to be in ~ of sth.*** ignorare qcs.; ***his ~ of things scientific*** la sua ignoranza in materie scientifiche; ***to keep sb. in ~ of sth.*** tenere qcn. all'oscuro di qcs. ◆ ***~ of the law is no excuse*** non è ammessa l'ignoranza della legge; ***~ is bliss*** beata ignoranza.

▷ **ignorant** /ˈɪgnərənt/ agg. [*person*] *(of a subject)* ignorante, ignaro; *(uneducated)* ignorante; *(boorish)* rozzo; [*remark, idea*] da ignorante; ***to be ~ about*** essere ignorante in [*subject*]; ***to be ~ of*** ignorare [*options, possibilities, rights*]; ***pig ~*** ignorante come una bestia.

ignorantly /ˈɪgnərəntlɪ/ avv. [*say, affirm*] per ignoranza; [*behave*] in modo rozzo.

▶ **ignore** /ɪgˈnɔː(r)/ tr. ignorare [*person, request, remark*]; non tenere conto di [*criticism, feeling, fact*]; non fare caso a [*behaviour, mistake*]; non attenersi a [*instructions, rule*]; non seguire [*advice*]; ignorare, non considerare [*issue, problem*]; non rispettare [*traffic lights*]; ***to ~ sb.'s very existence*** fare come se qcn. non esistesse.

iguana /ɪgˈwɑːnə/ n. (pl. ~, **~s**) iguana f.

iguanodon /ɪˈgwɑːnədɒn/ n. iguanodonte m.

ikebana /iːkəˈbɑːnə/ n. ikebana m.

ikon → **icon**.

IL US ⇒ Illinois Illinois.

ilea /ˈɪlɪə/ → **ileum**.

ILEA /ˈɪlɪə/ n. (⇒ Inner London Education Authority) = organismo che, in passato, era incaricato dell'istruzione nella città di Londra.

ileal /ˈɪlɪəl/ agg. ileale.

ileitis /ɪlɪˈaɪtɪs/ ♦ ***11*** n. ileite f.

ileocaecal BE, **ileocecal** AE /ˌɪlɪəˈsiːkl/ agg. ileocecale.

ileocolitis /ˌɪlɪəkəˈlaɪtɪs/ ♦ ***11*** n. ileocolite f.

ileostomy /ˌɪlɪˈɒstəmɪ/ n. ileostomia f.

ileum /ˈɪlɪəm/ n. (pl. **-a**) ANAT. ileo m.

ileus /ˈɪlɪəs/ ♦ ***11*** n. MED. ileo m.

ilex /ˈaɪleks/ n. **1** *(holm oak)* leccio m. **2** *(holly)* agrifoglio m.

ilia /ˈɪlɪə/ → **ilium**.

iliac /ˈɪlɪæk/ agg. iliaco.

Iliad /ˈɪlɪəd/ n. Iliade f.

ilium /ˈɪlɪəm/ n. (pl. **-ia**) ANAT. ileo m.

ilk /ɪlk/ n. specie f.; ***of that ~*** di quella specie; ***of his, their ~*** della sua, della loro razza.

▶ **1.ill** /ɪl/ **I** agg. **1** *(having particular illness)* malato, ammalato; ***to be ~ with sth.*** *(serious illness)* avere qcs.; *(less serious)* soffrire di qcs.; ***to be taken ~, to fall ~*** ammalarsi **2** *(nauseous)* ***to feel ~*** sentirsi male; ***the smell made him feel ~*** l'odore l'ha fatto stare male **II** n. **1** *(evil)* ***to wish sb. ~*** augurare del male a qcn.; ***for good or ~*** bene o male **2** *(ailment)* male m.; ***economic ~s*** i mali dell'economia ◆ ***it's an ~ wind (that blows nobody any good)*** PROV. non tutto il male vien per nuocere.

2.ill /ɪl/ avv. FORM. **1** *(badly)* ***they have been ~ served by their government*** sono stati trattati malamente dal loro governo; ***he is ~ suited to the post*** non è adatto al posto; ***to speak ~ of sb.*** dire male di qcn. *o* sparlare di qcn.; ***to bode*** o ***augur ~ for sth.*** LETT. essere di cattivo augurio per qcs. **2** *(scarcely)* ***he ~ deserves your praise*** merita poco le vostre lodi; ***it ~ becomes you to criticize*** mal ti si addice criticare.

I'll /aɪl/ contr. I shall, I will.

ill-acquainted /ˌɪləˈkweɪntɪd/ agg. poco familiare (**with** con).

ill-advised /ˌɪlədˈvaɪzd/ agg. [*approach, decision, policy*] imprudente; [*action, remark*] malaccorto, imprudente; ***he was ~ to wait*** è stato imprudente ad aspettare.

ill-assorted /ˌɪləˈsɔːtɪd/ agg. mal assortito.

ill at ease /ˌɪlətˈiːz/ agg. a disagio.

illation /ɪˈleɪʃn/ n. ANT. illazione f.

illative /ɪˈleɪtɪv/ agg. illativo.

ill-behaved /ˌɪlbɪˈheɪvd/ agg. maleducato, sgarbato.

ill-bred /ˌɪlˈbred/ agg. maleducato.

ill-chosen /ˌɪlˈtʃəʊzn/ agg. scelto malamente, sbagliato.

ill-concealed /ˌɪlkənˈsiːld/ agg. mal dissimulato.

ill-conceived /ˌɪlkənˈsiːvd/ agg. mal concepito.

ill-conditioned /ˌɪlkənˈdɪʃnd/ agg. **1** *(of evil disposition)* malevolo **2** *(in bad condition)* in cattive condizioni, malandato.

ill-considered /ˌɪlkənˈsɪdəd/ agg. [*remark, decision*] sconsiderato; [*measure*] mal ponderato.

ill-defined /ˌɪldɪˈfaɪnd/ agg. mal definito.

ill-disposed /ˌɪldɪˈspəʊzd/ agg. maldisposto (**towards** verso).

ill effect /ˌɪlɪˈfekt/ n. effetto m. negativo.

▷ **illegal** /ɪˈliːgl/ **I** agg. **1** *(unlawful)* [*sale*] illegale; [*act, profits, use*] illecito; [*parking*] = non consentito o irregolare; [*immigrant*] clandestino **2** GIOC. SPORT [*pass, move*] irregolare; [*tackle*] falloso **3** INFORM. [*character*] non valido; [*operation*] non valido, non consentito **II** n. AE immigrante m. e f. clandestino (-a).

illegality /ˌɪlɪˈgælətɪ/ n. **1** *(unlawfulness)* illegalità f. **2** SPORT *(of pass, move)* irregolarità f.; *(of tackle)* fallosità f. **3** *(unlawful act)* illegalità f.

▷ **illegally** /ɪˈliːgəlɪ/ avv. [*import, sell*] illegalmente; [*work*] illegalmente, in nero; [*park*] = in un luogo non consentito o in modo irregolare.

illegal photocopying /ɪˌliːglˈfəʊtəʊˌkɒpɪɪŋ/ n. fotocopiatura f. illegale.

illegibility /ɪˌledʒɪˈbɪlətɪ/ n. illeggibilità f.

illegible /ɪˈledʒəbl/ agg. illeggibile.

illegibly /ɪˈledʒəblɪ/ avv. illeggibilmente, in modo illeggibile.

illegitimacy /ˌɪlɪˈdʒɪtɪməsɪ/ n. *(all contexts)* illegittimità f.; ***the rate of ~*** il tasso di nascita di figli illegittimi.

illegitimate /ˌɪlɪˈdʒɪtɪmət/ agg. *(all contexts)* illegittimo.

illegitimately /ˌɪlɪˈdʒɪtɪmətlɪ/ avv. illegittimamente.

ill-equipped /ˌɪlɪ'kwɪpt/ agg. male equipaggiato, male attrezzato.
ill-famed /ˌɪl'feɪmd/ agg. malfamato.
ill-fated /ˌɪl'feɪtɪd/ agg. [*expedition, enterprise, person, day*] sfortunato.
ill-favoured BE, **ill-favored** AE /ˌɪl'feɪvəd/ agg. brutto, di brutto aspetto.
ill feeling /ˌɪl'fi:lɪŋ/ n. risentimento m.
ill-fitting /ˌɪl'fɪtɪŋ/ agg. [*garment*] che veste male; [*shoe*] che calza male.
ill-founded /ˌɪl'faʊndɪd/ agg. infondato.
ill-gotten /ˌɪl'gɒtn/ agg. male acquisito.
ill-grounded /ˌɪl'graʊndɪd/ agg. immotivato.
ill health /ˌɪl'helθ/ n. *(chronic)* cattiva salute f.; *~ prevented him from taking part (temporary)* un problema di salute gli ha impedito di partecipare.
ill-humoured /ˌɪl'hju:məd/ agg. di cattivo umore, stizzoso.
illiberal /ɪ'lɪbərəl/ agg. [*society, state*] illiberale; [*views*] stretto; [*person*] gretto, meschino.
illiberality /ɪˌlɪbə'rælətɪ/ n. illiberalità f.
illicit /ɪ'lɪsɪt/ agg. illecito, illegale.
illicitly /ɪ'lɪsɪtlɪ/ avv. **1** *(illegally)* illecitamente **2** *(secretly)* [*meet, have sex*] clandestinamente.
illimitable /ɪ'lɪmɪtəbl/ agg. illimitato, sconfinato.
illimitation /ɪˌlɪmɪ'teɪʃn/ n. illimitatezza f.
ill-informed /ˌɪlɪn'fɔ:md/ agg. malinformato.
Illinois /ˌɪlɪ'nɔɪ/ ➧ *24* n.pr. Illinois m.
illiteracy /ɪ'lɪtərəsɪ/ n. analfabetismo m.; *60% ~* un tasso di analfabetismo del 60%.
illiterate /ɪ'lɪtərət/ **I** agg. **1** [*person*] analfabeta, illetterato **2** *(uncultured)* [*person*] ignorante, illetterato; [*letter, writing*] da ignorante **II** n. **1** *(person)* analfabeta m. e f. **2** *the ~* + verbo pl. gli analfabeti.
illiterateness /ɪ'lɪtərətnɪs/ n. **1** *(illiteracy)* analfabetismo m. **2** *(lack of culture)* mancanza f. di cultura.
ill-judged /ˌɪl'dʒʌdʒd/ agg. poco sensato.
ill luck /ˌɪl'lʌk/ n. sfortuna f.
ill-mannered /ˌɪl'mænəd/ agg. maleducato, sgarbato.
ill-natured /ˌɪl'neɪtʃəd/ agg. **1** *(churlish)* bisbetico, acido **2** *(malicious)* maligno.
▷ **illness** /'ɪlnɪs/ ➧ *11* n. malattia f.; *minor, serious, fatal ~* malattia poco grave, grave, mortale.
illocutionary /ˌɪlə'kju:ʃənərɪ, AE -nerɪ/ agg. LING. illocutorio.
illogical /ɪ'lɒdʒɪkl/ agg. illogico.
illogicality /ˌɪlɒdʒɪ'kælətɪ/ n. illogicità f.
illogically /ɪ'lɒdʒɪklɪ/ avv. **1** [*feel, react*] in modo insensato **2** [*reason, argue*] in modo illogico, illogicamente.
ill-omened /ˌɪl'əʊmənd/ agg. malaugurato.
ill-prepared /ˌɪlprɪ'peəd/ agg. malpreparato.
ill-starred /ˌɪl'stɑ:d/ agg. LETT. nato sotto una cattiva stella.
ill temper /ˌɪl'tempə(r)/ n. malumore m.
ill-tempered /ˌɪl'tempəd/ agg. irritabile, stizzoso.
ill-timed /ˌɪl'taɪmd/ agg. [*remark, arrival*] inopportuno, intempestivo; [*takeover, campaign*] nel momento sbagliato.
ill-treat /ˌɪl'tri:t/ tr. maltrattare.
ill treatment /ˌɪl'tri:tmənt/ n. maltrattamento m.
illuminable /ɪ'lu:mɪnəbl/ agg. illuminabile.
illuminance /ɪ'lu:mɪnəns/ n. illuminamento m.
illuminant /ɪ'lu:mɪnənt/ **I** agg. illuminante **II** n. fonte f. di luce.
illuminate /ɪ'lu:mɪneɪt/ tr. **1** *(light)* illuminare **2** *(enlighten)* rischiarare **3** FIG. chiarire **4** ART. miniare [*manuscript*].
illuminated /ɪ'lu:mɪneɪtɪd/ **I** p.pass. → **illuminate II** agg. **1** *(lit up)* [*sign, panel*] luminoso; *(for effect)* illuminato **2** ART. [*manuscript*] miniato.
illuminating /ɪ'lu:mɪneɪtɪŋ/ agg. FIG. illuminante, chiarificante.
illumination /ɪˌlu:mɪ'neɪʃn/ **I** n. **1** *(lighting) (of building, panel, sign)* illuminazione f. **2** *(enlightenment)* chiarimento m. **3** ART. *(of manuscript)* miniatura f. **II illuminations** n.pl. BE luci m.
illuminative /ɪ'lu:mɪneɪtɪv/ agg. illuminativo.
illuminator /ɪ'lu:mɪneɪtə(r)/ ➧ *27* n. ART. miniatore m. (-trice), miniaturista m. e f.
illumine /ɪ'lu:mɪn/ tr. **1** illuminare **2** FIG. chiarire.
illuminism /ɪ'lu:mɪnɪzəm/ n. dottrina f. degli Illuminati.
illuminist /ɪ'lu:mɪnɪst/ n. membro m. degli Illuminati.
ill-use /ˌɪl'ju:z/ tr. FORM. maltrattare.
▷ **illusion** /ɪ'lu:ʒn/ n. illusione f.; *to have ~s about* farsi delle illusioni su; *to be* o *to labour under the ~ that* illudersi che; *she has no ~s left about the future* non si fa più nessuna illusione sul futuro; *it's an ~ to think that...* è un'illusione pensare che...; *an ~ of space* un'illusione di spazio.
illusionism /ɪ'lu:ʒənɪzəm/ n. ART. illusionismo m.
illusionist /ɪ'lu:ʒənɪst/ n. illusionista m. e f.
illusive /ɪ'lu:sɪv/, **illusory** /ɪ'lu:sərɪ/ agg. *(misleading)* ingannevole; *(apparent)* illusorio.
illusoriness /ɪ'lu:sərɪnɪs/ n. illusorietà f.
▶ **illustrate** /'ɪləstreɪt/ tr. illustrare [*book, point, principle*]; *to ~ that...* spiegare che...; *to ~ how...* spiegare come...
illustrated /'ɪləstreɪtɪd/ **I** p.pass. → **illustrate II** agg. [*book, story, poem*] illustrato; *an ~ talk* una conferenza con supporto di immagini.
▷ **illustration** /ˌɪlə'streɪʃn/ n. *(all contexts)* illustrazione f.
illustrative /'ɪləstrətɪv, AE ɪ'lʌs-/ agg. *~ material* materiale illustrativo; *it is ~ of...* questo illustra bene...; *"may be reproduced for ~ purposes"* "può essere riprodotto a titolo illustrativo".
illustrator /'ɪləstreɪtə(r)/ ➧ *27* n. illustratore m. (-trice).
illustrious /ɪ'lʌstrɪəs/ agg. **1** *(famous)* [*person, name*] illustre; *(distinguished)* [*career, past*] glorioso **2** FORM. *(glorious)* [*emperor, queen*] glorioso.
illustriously /ɪ'lʌstrɪəslɪ/ avv. gloriosamente.
ill will /ˌɪl'wɪl/ n. rancore m.; *I bear them no ~* non serbo loro rancore.
Illyria /ɪ'lɪərɪə/ n.pr. Illiria f.
Illyrian /ɪ'lɪərɪən/ **I** agg. illirico **II** n. **1** *(person)* illirio m. (-a) **2** *(language)* illirico m.
ilmenite /'ɪlmənaɪt/ n. ilmenite f.
ILO n. **1** (⇒ International Labour Organization Organizzazione Internazionale del Lavoro) OIL f. **2** (⇒ International Labour Office Ufficio Internazionale del Lavoro) BIT m.
▷ **I'm** /aɪm/ contr. I am.
▶ **1.image** /'ɪmɪdʒ/ n. **1** *(concept) (mental picture)* immagine f.; *(notion)* idea f.; *the popular ~ of life in the north* l'idea che la gente si fa della vita al nord **2** *(epitome)* immagine f.; *the ~ of the successful working mother* l'immagine della madre che lavora e ha fatto carriera **3** *(public impression) (of company, personality)* immagine f. **4** TELEV. FOT. CINEM. *(picture)* immagine f.; *visual ~* immagine reale; *the moving ~* l'immagine in movimento **5** *(likeness)* immagine f.; *God created Man in his own ~* Dio creò l'uomo a sua immagine; *he is the (spitting) ~ of his father* FIG. è suo padre sputato **6** LETTER. immagine f. **7** MAT. immagine f.
2.image /'ɪmɪdʒ/ tr. **1** *(imagine)* immaginare **2** *(describe)* descrivere **3** *(reflect)* riflettere.
image builder /'ɪmɪdʒˌbɪldə(r)/ n. → **image maker**.
image-conscious /'ɪmɪdʒˌkɒnʃəs/ agg. attento alla propria immagine.
imageless /'ɪmɪdʒlɪs/ agg. privo di immagini.
image maker /'ɪmɪdʒˌmeɪkə(r)/ n. creatore m. (-trice) di immagine.
imagery /'ɪmɪdʒərɪ/ n. **U 1** *(pictures, photographs etc.)* immagini f.pl. **2** LETTER. immagini f.pl., figure f.pl. retoriche, linguaggio m. figurato.
imaginable /ɪ'mædʒɪnəbl/ agg. [*situation, solution, danger, threat*] immaginabile; *the funniest, most horrible thing ~* la cosa più divertente, orribile che si possa immaginare.
imaginal /ɪ'mædʒɪnl/ agg. ZOOL. dell'immagine, dell'insetto perfetto.
▷ **imaginary** /ɪ'mædʒɪnərɪ, AE -ənerɪ/ agg. *(all contexts)* immaginario.
imaginary number /ɪ'mædʒɪnərɪˌnʌmbə(r), AE -ənerɪ-/ n. MAT. numero m. immaginario.
▷ **imagination** /ɪˌmædʒɪ'neɪʃn/ n. immaginazione f.; *to show ~* dimostrare immaginazione; *to have a fertile ~* avere una fertile immaginazione; *to see sth. in one's ~* immaginarsi qcs.; *in his ~ he has a friend called Vic* ha un amico immaginario che si chiama Vic; *I'll leave the rest to your ~* il resto lo lascio alla tua immaginazione; *it leaves nothing to the ~* non lascia niente all'immaginazione; *is it my ~, or...?* sogno, o...? *it's all in your ~!* è solo nella tua testa! è solo nella tua fantasia! *use your ~!* usa l'immaginazione! *not by any stretch of the ~ could you say...* neanche con un grande sforzo di immaginazione potresti dire...
▷ **imaginative** /ɪ'mædʒɪnətɪv, AE -əneɪtɪv/ agg. [*person, child, artist, mind*] immaginativo, immaginoso, fantasioso; [*story, film, design, performance*] di fantasia; [*solution, system, budget, method, device*] ingegnoso.
imaginatively /ɪ'mædʒɪnətɪvlɪ, AE -əneɪtɪvlɪ/ avv. [*written, designed, devised, solved*] ingegnosamente; [*performed*] con immaginazione.
imaginativeness /ɪ'mædʒɪnətɪvnɪs, AE -əneɪtɪvnɪs/ n. spirito m. d'immaginazione.

▶ **imagine** /ɪ'mædʒɪn/ tr. **1** *(picture, visualize)* immaginare, immaginarsi [*object, scene, scenario*]; ***to ~ that...*** immaginare che...; ***to ~ sb. doing*** immaginare qcn. mentre fa; ***I can't ~ him travelling alone*** non me lo vedo a viaggiare da solo; ***I can't ~ her liking that, I can't ~ (that) she liked that*** non credo che le piaccia; ***to ~ (oneself) flying*** immaginare di volare; ***to ~ being rich, king*** immaginare di essere ricco, re; ***I can't ~ (myself) saying that*** non mi vedo a dire questo; ***to ~ how, what, why*** immaginare come, cosa, perché; ***you can well, you can't ~ the trouble I've had*** puoi bene, non puoi immaginare i problemi che ho avuto; ***I can ~ only too well*** immagino proprio; ***just ~! just ~ that!*** immagina! ***just ~ my surprise*** immagina la mia sorpresa; ***you can just ~ how I felt*** puoi immaginare come mi sentissi **2** *(fancy, believe wrongly)* pensare (**that** che); ***don't ~ you'll get away with it!*** non pensare di passarla liscia! ***surely you don't ~ that...?*** non penserai che...? ***you must have ~d it*** deve essere frutto della tua immaginazione; ***you're imagining it!*** te lo stai sognando! **3** *(suppose, think)* immaginare (**that** che); ***he's dead, I ~*** è morto, immagino; ***I ~ so*** immagino di sì; ***you would ~ he'd be more careful*** lo si sarebbe detto più prudente.

imagines /ɪ'meɪdʒɪni:z/ → **imago**.

imaging /'ɪmɪdʒɪŋ/ n. INFORM. MED. produzione f. di immagini.

imaginings /ɪ'mædʒɪnɪŋz/ n.pl. fantasie f.; ***sb.'s horrible, dark ~*** le orribili, tenebrose fantasie di qcn.; ***never in my worst ~*** mai nei miei sogni peggiori.

imagism /'ɪmɪdʒɪzəm/ n. imagismo m.

imago /ɪ'meɪgəʊ/ n. (pl. **~s**, **-ines**) **1** ZOOL. immagine f. **2** PSIC. imago f.

imam /ɪ'mɑ:m/ n. imam m.

▷ **imbalance** /,ɪm'bæləns/ n. squilibrio m. (**between** tra); ***to correct an ~*** correggere uno squilibrio; ***trade ~*** ECON. squilibrio commerciale; ***hormonal ~*** MED. squilibrio ormonale.

imbecile /'ɪmbəsi:l, AE -sl/ **I** agg. imbecille (anche ANT. MED.) **II** n. imbecille m. e f. (anche ANT. MED.).

imbecility /,ɪmbə'sɪlətɪ/ n. imbecillità f.

imbed → **embed**.

imbibe /ɪm'baɪb/ **I** tr. FORM. **1** *(drink)* bere **2** *(take in)* assorbire, assimilare [*knowledge, propaganda*] **II** intr. SCHERZ. *(tipple)* alzare il gomito.

imbibition /,ɪmbɪ'bɪʃn/ n. CHIM. imbibizione f.

1.imbricate /'ɪmbrɪkət/ agg. embricato.

2.imbricate /'ɪmbrɪkeɪt/ tr. embricare.

imbrication /,ɪmbrɪ'keɪʃn/ n. embricatura f.

imbroglio /ɪm'brəʊlɪəʊ/ n. (pl. **~s**) *(confused situation)* imbroglio m.

imbrue /ɪm'bru:/ tr. ANT. **1** *(stain)* macchiare **2** *(impregnate)* bagnare, inzuppare.

imbrute /ɪm'bru:t/ **I** tr. RAR. abbrutire **II** intr. RAR. abbrutirsi.

imbue /ɪm'bju:/ tr. imbevere, impregnare (**with** di) (anche FIG.).

imbued /ɪm'bju:d/ **I** p.pass. → **imbue II** agg. ***~ with*** imbevuto *o* impregnato di.

IMF n. (⇒ International Monetary Fund Fondo Monetario Internazionale) FMI m.

imitability /,ɪmɪtə'bɪlətɪ/ n. (l')essere imitabile.

imitable /'ɪmɪtəbl/ agg. imitabile.

▷ **imitate** /'ɪmɪteɪt/ tr. **1** *(behave similarly to)* imitare **2** *(mimic)* imitare; ***to ~ sb. to the life*** imitare qcn. alla perfezione; ***to ~ a cock crowing*** imitare il canto del gallo; ***art ~s life*** l'arte imita la vita **3** *(copy)* copiare [*handwriting, design*].

▷ **imitation** /,ɪmɪ'teɪʃn/ **I** n. *(all contexts)* imitazione f.; ***in ~ of*** a imitazione di; ***to learn by ~*** imparare imitando; ***to do an ~ of sb., sth.*** fare un'imitazione di qcn., qcs.; ***beware of ~s!*** diffidate delle imitazioni! **II** modif. [*plant*] finto; [*snow*] artificiale; ***~ fur*** pelliccia sintetica; ***~ fur coat*** pelliccia sintetica; ***~ gold*** similoro; ***~ jewel*** gioiello di bigiotteria; ***~ leather*** similpelle; ***~ marble*** finto marmo; ***~ mink*** imitazione visone ◆ ***~ is the sincerest form of flattery*** l'imitazione è la più bella forma di complimento.

imitative /'ɪmɪtətɪv, AE -teɪtɪv/ agg. [*person*] che sa imitare; [*sound*] imitativo; [*style*] senza originalità; ***the ~ arts*** le arti figurative.

imitator /'ɪmɪteɪtə(r)/ ♦ *27* n. imitatore m. (-trice).

immaculate /ɪ'mækjʊlət/ agg. **1** [*dress*] immacolato; [*house, performance, timing, technique*] perfetto; [*person, manners*] impeccabile; ***~ condition*** *(in advertisement)* in ottime condizioni **2** RELIG. immacolato; ***the Immaculate Conception*** l'Immacolata Concezione.

immaculately /ɪ'mækjʊlətlɪ/ avv. [*dressed, presented*] in modo impeccabile; [*furnished*] in modo perfetto.

immanence /'ɪmənəns/ n. immanenza f.

immanent /'ɪmənənt/ agg. immanente.

Immanuel /ɪ'mænjʊəl/ n.pr. Emanuele.

immaterial /,ɪmə'tɪərɪəl/ agg. **1** *(unimportant)* senza importanza; ***it's ~ (to me) whether you like it or not*** che ti piaccia o no, per me è irrilevante; ***to be ~ to sth.*** non avere niente a che vedere con qcs. **2** *(intangible)* immateriale.

immaterialism /,ɪmə'tɪərɪəlɪzəm/ n. immaterialismo m.

immaterialist /,ɪmə'tɪərɪəlɪst/ n. immaterialista m. e f.

immateriality /,ɪmətɪərɪ'ælətɪ/ n. immaterialità f.

immaterialize /,ɪmə'tɪərɪəlaɪz/ tr. rendere immateriale.

▷ **immature** /,ɪmə'tjʊə(r), AE -tʊər/ agg. **1** *(not fully grown)* [*animal, plant*] non completamente sviluppato; [*fruit*] immaturo **2** SPREG. *(childish)* immaturo; ***don't be so ~!*** non fare il bambino! ***to be ~ for one's age*** essere immaturo per la propria età.

immaturity /,ɪmə'tjʊərətɪ, AE -tʊər-/ n. **1** *(of plant, animal)* sviluppo m. incompleto **2** SPREG. *(childishness)* immaturità f.

immeasurability /ɪ,meʒərə'bɪlətɪ/ n. incommensurabilità f.

immeasurable /ɪ'meʒərəbl/ agg. [*difference, damage, quantity*] incommensurabile; [*gulf, depth*] insondabile.

immeasurably /ɪ'meʒərəblɪ/ avv. incommensurabilmente.

immediacy /ɪ'mi:dɪəsɪ/ n. immediatezza f.; ***a sense of ~*** un senso di immediatezza.

▶ **immediate** /ɪ'mi:dɪət/ agg. **1** *(instant)* [*effect, reaction, delivery*] immediato; [*thought, idea*] primo **2** *(urgent, current)* [*concern, responsibility, goal*] primo; [*problem, crisis*] urgente; [*information*] diretto; ***~ steps must be taken*** bisogna immediatamente prendere delle misure; ***there is no ~ danger of this happening*** non c'è un pericolo immediato che questo succeda; ***the patient is not in ~ danger*** il paziente non è in immediato pericolo **3** *(near)* [*prospects*] immediato; ***in the ~ vicinity*** nelle immediate vicinanze; ***his ~ family*** i suoi parenti stretti; ***in the ~ future*** nell'immediato futuro **4** *(with no intermediary)* [*cause*] diretto; [*neighbours*] della porta accanto; ***on my ~ left*** immediatamente alla mia sinistra.

immediate annuity /ɪ'mi:dɪətə,nju:ətɪ, AE -,nu:-/ n. rendita f. immediata.

immediate constituent /ɪ'mi:dɪətkən,stɪtjʊənt/ n. costituente m. immediato.

▶ **immediately** /ɪ'mi:dɪətlɪ/ **I** avv. **1** *(at once)* [*notice, depart, reply, understand*] immediatamente; [*apparent, clear*] subito; [*condemn, denounce*] immediatamente, all'istante; ***serve ~*** GASTR. servire subito; ***~ at*** o ***to hand*** subito a portata di mano **2** *(directly)* [*threatened, affected*] direttamente; ***he is not ~ at risk*** non è direttamente a rischio **3** *(straight)* ***~ after, before*** immediatamente dopo, prima di [*event, activity*] **4** *(near)* ***~ next door*** proprio la porta accanto; ***~ under the window*** immediatamente sotto la finestra **II** cong. BE (non) appena; ***he left ~ he received the call*** è partito subito dopo avere ricevuto la telefonata.

immediateness /ɪ'mi:dɪətnɪs/ n. → **immediacy**.

immemorial /,ɪmə'mɔ:rɪəl/ agg. *(timeless)* immemorabile; ***from*** o ***since time ~*** da tempo immemorabile.

▷ **immense** /ɪ'mens/ agg. *(all contexts)* immenso.

▷ **immensely** /ɪ'menslɪ/ avv. [*enjoy, help*] immensamente; [*complicated, popular, useful*] estremamente.

immensity /ɪ'mensətɪ/ n. *(all contexts)* immensità f.

immensurability /ɪ,menʃʊrə'bɪlətɪ/ n. incommensurabilità f.

immensurable /ɪ'menʃʊrəbl/ agg. incommensurabile.

immerge /ɪ'mɜ:dʒ/ → **immerse**.

immerse /ɪ'mɜ:s/ **I** tr. *(in liquid)* immergere (**in** in) **II** rifl. ***to ~ oneself*** immergersi (**in** in).

immersed /ɪ'mɜ:st/ **I** p.pass. → **immerse II** agg. **1** *(in liquid)* immerso (**in** in) **2** *(in book, task, etc.)* immerso, assorto (**in** in).

immersion /ɪ'mɜ:ʃn, AE -ʒn/ n. *(all contexts)* immersione f. (**in** in); ***baptism by total ~*** battesimo per immersione.

immersion course /ɪ'mɜ:ʃn,kɔ:s, AE -ʒn-/ n. BE corso m. full immersion.

immersion heater /ɪ'mɜ:ʃn,hi:tə(r), AE -ʒn-/ n. **1** *(resistance)* resistenza f. a immersione **2** *(boiler)* boiler m. elettrico.

▷ **immigrant** /'ɪmɪgrənt/ **I** n. *(about to arrive)* immigrante m. e f.; *(established)* immigrato m. (-a) **II** modif. [*worker*] immigrato; [*family*] di immigrati.

immigrate /'ɪmɪgreɪt/ intr. immigrare (**to** in).

▷ **immigration** /,ɪmɪ'greɪʃn/ **I** n. *(all contexts)* immigrazione f.; ***to go through ~*** passare il controllo immigrazione **II** modif. [*procedures*] per l'immigrazione; [*restrictions*] all'immigrazione.

immigration authorities /,ɪmɪ'greɪʃnɔ:,θɒrətɪz/ n.pl. = enti preposti al controllo dell'immigrazione.

immigration control /ɪmɪ'greɪʃnkən,trəʊl/ n. controllo m. immigrazione.

immigration laws /ɪmɪˈgreɪʃnˌlɔːz/ n.pl. leggi f. sull'immigrazione.
immigration officer /ɪmɪˈgreɪʃnˌɒfɪsə(r), AE -ˌɔːf-/, **immigration official** /ɪmɪˈgreɪʃnəˌfɪʃl/ n. funzionario m. (-a) del controllo immigrazione.
Immigration Service /ɪmɪˈgreɪʃnˌsɜːvɪs/ n. BE = ufficio immigrazione.
imminence /ˈɪmɪnəns/ n. imminenza f.
▷ **imminent** /ˈɪmɪnənt/ agg. [*arrival, danger, release*] imminente; ***rain, a storm is ~*** sta per piovere, per arrivare un temporale.
immiscibility /ɪˌmɪsəˈbɪlətɪ/ n. immiscibilità f.
immiscible /ɪˈmɪsəbl/ agg. immiscibile.
immitigable /ɪˈmɪtɪgəbl/ agg. ANT. immitigabile.
immixture /ɪˈmɪkstʃə(r)/ n. ANT. **1** *(fact of mixing up)* mescolanza f. **2** *(fact of being involved)* (l')essere coinvolto.
immobile /ɪˈməʊbaɪl, AE -bl/ agg. **1** *(motionless)* immobile **2** *(unable to move)* [*person*] immobilizzato; [*object*] fisso.
immobility /ˌɪməˈbɪlətɪ/ n. **1** *(of traffic, vehicle)* immobilità f. **2** *(inability to move) (of person)* immobilità f.; ***~ of labour*** mancanza di mobilità della manodopera **3** *(lack of change)* inerzia f.
immobilization /ɪməbɪlaɪˈzeɪʃn, AE -lɪˈz-/ n. immobilizzazione f.
immobilize /ɪˈməʊbɪlaɪz/ tr. **1** *(stop operating)* paralizzare [*traffic, market, organization*]; bloccare, fermare [*car, engine*]; mettere nell'impossibilità di agire [*enemy installation*] **2** *(keep still)* immobilizzare [*patient, limb, animal*] **3** ECON. immobilizzare [*funds*].
immobilized /ɪˈməʊbɪlaɪzd/ **I** p.pass. → **immobilize II** agg. [*car*] fermo, bloccato; [*person*] immobilizzato; [*market, traffic*] paralizzato.
immobilizer /ɪˈməʊbɪlaɪzə(r)/ n. AUT. immobilizzatore m.
immoderacy /ɪˈmɒdərəsɪ/ n. → **immoderation**.
immoderate /ɪˈmɒdərət/ agg. FORM. *(all contexts)* immoderato, smodato.
immoderately /ɪˈmɒdərətlɪ/ avv. FORM. immoderatamente, smodatamente.
immoderation /ɪˌmɒdəˈreɪʃn/ n. immoderatezza f., smodatezza f.
immodest /ɪˈmɒdɪst/ agg. **1** *(boastful)* immodesto **2** *(improper)* indecente.
immodestly /ɪˈmɒdɪstlɪ/ avv. **1** [*claim*] immodestamente; ***she claims, not ~, that*** pretende, giustamente, che **2** [*dress, behave*] indecentemente.
immodesty /ɪˈmɒdɪstɪ/ n. **1** *(of claim)* immodestia f.; ***without ~*** senza falsa modestia **2** *(sexual)* impudenza f.
immolate /ˈɪməleɪt/ **I** tr. immolare **II** rifl. ***to ~ oneself*** immolarsi.
immolation /ɪməˈleɪʃn/ n. immolazione f.
immolator /ˈɪməleɪtə(r)/ n. immolatore m. (-trice).
▷ **immoral** /ɪˈmɒrəl, AE ɪˈmɔːrəl/ agg. *(all contexts)* immorale; ***to live off ~ earnings*** DIR. vivere di guadagni illeciti.
immorality /ˌɪməˈrælətɪ/ n. *(all contexts)* immoralità f.
▷ **immortal** /ɪˈmɔːtl/ **I** agg. *(all contexts)* immortale **II** n. **1** *(god)* (anche **Immortal**) immortale m. e f. **2** *(writer)* autore m. (-trice) immortale **3** *(star)* mito m.
immortality /ˌɪmɔːˈtælətɪ/ n. *(all contexts)* immortalità f.; ***to achieve ~*** acquisire l'immortalità.
immortalization /ˌɪmɔːtəlaɪˈzeɪʃn, AE -lɪˈz-/ n. (l')immortalare.
immortalize /ɪˈmɔːtəlaɪz/ tr. immortalare [*person, place, event*].
immortalized /ɪˈmɔːtəlaɪzd/ **I** p.pass. → **immortalize II** agg. immortalato; ***~ in verse*** immortalato in versi; ***~ in a book, film*** immortalato in un libro, film.
immovability /ɪˌmuːvəˈbɪlətɪ/ n. **1** *(immobility)* immobilità f. **2** *(lack of change)* immutabilità f. **3** *(impassive quality)* impassibilità f.
immovable /ɪˈmuːvəbl/ agg. **1** *(immobile)* immobile **2** *(unchanging)* [*position, opinion*] fisso, inalterabile; [*person, government*] irremovibile **3** RELIG. [*feast*] fisso **4** *(impassive)* impassibile **5** DIR. [*goods*] immobile; [*property*] immobiliare.
immovables /ɪˈmuːvəblz/ n.pl. beni m. immobili.
immovably /ɪˈmuːvəblɪ/ avv. [*opposed, resolved*] irremovibilmente.
▷ **immune** /ɪˈmjuːn/ agg. **1** MED. [*person, organism*] immune (**to** da); [*reaction*] immunitario; [*substance*] immunizzato; ***~ deficiency*** immunodeficienza; ***~ system*** sistema immunitario; ***to become ~ to*** diventare immune a **2** *(oblivious)* ***~ to*** insensibile a [*flattery, criticism*] **3** *(exempt)* ***to be ~ from*** essere immune da [*attack, arrest*]; essere esentato da [*tax*]; ***to be ~ from prosecution*** essere immune dall'azione penale (perché disposti a collaborare con le autorità giudiziarie).
▷ **immunity** /ɪˈmjuːnətɪ/ n. **1** MED. AMM. immunità f. (**to, against** da); ***tax ~*** esenzione fiscale; ***legal ~*** immunità; ***to be granted ~*** godere dell'immunità (perché disposti a collaborare con le autorità giudiziarie) **2** *(to criticism)* insensibilità f. (**to** a).
immunization /ˌɪmjʊnaɪˈzeɪʃn, AE -nɪˈz-/ n. immunizzazione f. (**against** da); ***mass ~*** vaccinazione di massa.
immunize /ˈɪmjuːnaɪz/ tr. immunizzare (**against** da).
immunocompromised /ˌɪmjʊnəʊˈkɒmprəmaɪzd, ɪˌmjuːnəʊ-/ agg. MED. immunodeficiente.
immunodeficiency /ˌɪmjʊnəʊdɪˈfɪʃənsɪ, ɪˌmjuːnəʊ-/ n. immunodeficienza f.
immunodeficient /ˌɪmjʊnəʊdəˈfɪʃənt, ɪˌmjuːnəʊ-/ agg. immunodeficiente.
immunofluorescence /ˌɪmjʊnəʊˌflɔːˈresəns, ɪˌmjuːnəʊ-, AE -flʊəˈr-/ n. MED. immunofluorescenza f.
immunogen /ɪˈmjuːnədʒən/ n. immunogeno m.
immunogenetics /ˌɪmjʊnəʊdʒɪˈnetɪks, ɪˌmjuːnəʊ-/ n. + verbo sing. immunogenetica f.
immunogenic /ˌɪmjʊnəʊˈdʒenɪk, ɪˌmjuːnəʊ-/ agg. immunogenico.
immunoglobulin /ˌɪmjʊnəʊˈglɒbjʊlɪn, ɪˌmjuːnəʊ-/ n. immunoglobulina f.
immunological /ˈɪmjʊnəʊˈlɒdʒɪkl, ˌɪmjuːnə-/ agg. immunologico.
immunologist /ˌɪmjʊˈnɒlədʒɪst/ ➧ **27** n. immunologo m. (-a).
immunology /ˌɪmjʊˈnɒlədʒɪ/ n. immunologia f.
immunostimulant /ˌɪmjʊnəʊˈstɪmjʊlənt, ɪˌmjuːnəʊ-/ **I** agg. immunostimolante **II** n. immunostimolante m.
immunosuppression /ˌɪmjʊnəʊsəˈpreʃn, ɪˌmjuːnəʊ-/ n. MED. immunosoppressione f.
immunosuppressive /ˌɪmjʊnəʊsəˈpresɪv, ɪˌmjuːnəʊ-/ **I** agg. immunosoppressivo **II** n. immunosoppressore m.
immunotherapy /ˌɪmjʊnəʊˈθerəpɪ, ɪˌmjuːnəʊ-/ n. immunoterapia f.
immure /ɪˈmjʊə(r)/ **I** tr. LETT. **1** *(imprison)* imprigionare **2** *(wall in)* murare **II** rifl. ***to ~ oneself*** FIG. isolarsi.
immurement /ɪˈmjʊmənt/ n. *(imprisonment)* imprigionamento m.
immutability /ɪˌmjuːtəˈbɪlətɪ/ n. immutabilità f., invariabilità f.
immutable /ɪˈmjuːtəbl/ agg. immutabile.
immutably /ɪˈmjuːtəblɪ/ avv. immutabilmente.
Imogen /ˈɪməʊdʒən/ n.pr. Imogene.
imp /ɪmp/ n. **1** *(elf)* spiritello m. maligno **2** FIG. *(child)* ***she's a little ~*** COLLOQ. è un diavoletto.
▶ **1.impact** /ˈɪmpækt/ n. **1** *(effect)* impatto m., influsso m. (**on** su); ***to have*** o ***make an ~ on sb., sth.*** avere un impatto su qcn., qcs. **2** *(violent contact) (of vehicle, bomb, bullet)* impatto m., urto m.; *(of explosion, hammer)* urto m. (**against** contro; **on** su); ***on ~*** al momento dell'impatto **3** *(impetus of collision)* forza f. d'urto.
2.impact /ɪmˈpækt/ **I** tr. **1** *(affect)* avere un impatto su **2** *(hit)* urtare contro **II** intr. avere un impatto (**on** su).
impacted /ɪmˈpæktɪd/ **I** p.pass. → **2.impact II** agg. **1** MED. [*tooth*] incluso; [*fracture*] composto **2** AUT. ***two ~ cars*** due automobili incidentate **3** AE ECON. [*area*] sfruttato al massimo **4** AE *(entrenched)* [*attitude*] irremovibile.
impaction /ɪmˈpækʃn/ n. **1** *(compression)* compressione f. **2** MED. occlusione f.
impair /ɪmˈpeə(r)/ tr. rendere difficile, impedire [*walk*]; diminuire [*ability, concentration*]; indebolire [*memory, hearing, vision*]; danneggiare, compromettere [*health, relationship, reputation*]; compromettere, pregiudicare [*performance, attempt*]; ostacolare [*investigation, progress*]; danneggiare [*efficiency, productivity*].
▷ **impaired** /ɪmˈpeəd/ **I** p.pass. → **impair II** agg. [*memory, hearing, vision*] indebolito; [*mobility*] ridotto; [*relationship*] danneggiato, compromesso; ***his speech is ~*** ha dei problemi di espressione.
impairment /ɪmˈpeəmənt/ n. ***mental, physical, visual ~*** problemi mentali, fisici, di vista; ***~ of vision, hearing*** problemi di vista, di udito.
impala /ɪmˈpɑːlə/ n. (pl. **~s**, **~**) impala m.
impale /ɪmˈpeɪl/ **I** tr. **1** *(transfix)* trafiggere (**on** con) **2** *(as a form of torture)* impalare **II** rifl. ***to ~ oneself*** trafiggersi (**on** con).
impalement /ɪmˈpeɪlmənt/ n. **1** *(transfixion)* trafittura f. **2** *(torture)* impalamento m., impalatura f.
impalpability /ɪmˌpælpəˈbɪlətɪ/ n. **1** *(intangibility)* impalpabilità f. **2** *(being hard to describe)* indefinibilità f.
impalpable /ɪmˈpælpəbl/ agg. **1** *(intangible)* impalpabile **2** *(hard to describe)* indefinibile.
impanation /ˌɪmpəˈneɪʃn/ n. RELIG. impanazione f.
impanel → **empanel**.
imparadise /ɪmˈpærədaɪs/ tr. **1** *(make happy)* imparadisare, rapire **2** *(make into paradise)* trasformare in un paradiso.
imparisyllabic /ɪmˌpærɪsɪˈlæbɪk/ agg. imparisillabo.
imparity /ɪmˈpærətɪ/ n. imparità f.
impark /ɪmˈpɑːk/ tr. **1** mettere nel recinto [*animals*] **2** cintare [qcs.] per farne un parco [*land*].

impart /ɪm'pɑ:t/ tr. **1** *(communicate)* trasmettere [*knowledge, skill, enthusiasm, optimism, wisdom*] (**to** a); comunicare [*information, message, news*] (**to** a) **2** *(add)* conferire, dare [*flavour, texture*]; creare [*atmosphere*].

impartation /ˌɪmpɑ:'teɪʃn/ n. *(communication) (of knowledge)* (l')impartire; *(of news)* trasmissione f.; *(of information, message)* comunicazione f.

impartial /ɪm'pɑ:ʃl/ agg. [*advice, decision, inquiry, judge, witness*] imparziale; [*account, journalist, programme*] obiettivo.

impartiality /ˌɪmˌpɑ:ʃɪ'ælətɪ/ n. *(of judge, inquiry, verdict)* imparzialità f.; *(of broadcast, journalist)* obiettività f.

impartially /ɪm'pɑ:ʃəlɪ/ avv. [*act, choose, decide, judge*] in modo imparziale; [*divide, share out*] equamente, in modo equo; [*report, write*] obiettivamente.

impartible /ɪm'pɑ:tɪbl/ agg. indivisibile.

impartment /ɪm'pɑ:tmənt/ n. → **impartation**.

impassability /ɪmˌpɑ:sə'bɪlətɪ/ n. *(of obstacle, pass, river)* invalicabilità f.; *(of road)* impraticabilità f.

impassable /ɪm'pɑ:səbl, AE -'pæs-/ agg. [*barrier, obstacle, pass, river*] invalicabile; [*road*] impraticabile.

impasse /'æmpɑ:s, AE 'ɪmpæs/ n. impasse f.; ***to reach an ~*** trovarsi in un'impasse.

impassibility /ɪmˌpæsə'bɪlətɪ/ n. impassibilità f.

impassible /ɪm'pæsəbl/ agg. impassibile.

impassion /ɪm'pæʃn/ tr. appassionare.

impassioned /ɪm'pæʃnd/ **I** p.pass. → **impassion II** agg. [*debate*] appassionato; [*appeal, plea, speech*] veemente.

impassive /ɪm'pæsɪv/ agg. **1** *(expressionless)* [*person, expression, features*] impassibile **2** *(unruffled)* [*attitude, person, reply*] imperturbabile.

impassively /ɪm'pæsɪvlɪ/ avv. **1** *(without visible emotion)* impassibilmente **2** *(calmly)* imperturbabilmente.

impaste /ɪm'peɪst/ tr. PITT. coprire con uno spesso strato di colore.

impasto /ɪm'pɑ:stəʊ/ n. (pl. **~s**) PITT. impasto m.

impatience /ɪm'peɪʃns/ n. **1** *(irritation)* intolleranza f., insofferenza f. (**with** verso; **at** a); ***my worst fault is ~*** il mio peggiore difetto è che perdo facilmente la pazienza **2** *(eagerness)* impazienza f. (**to do** di fare); ***~ for sth.*** desiderio impellente di qcs.

impatiens /ɪm'peɪʃɪenz/ n. (pl. ~) BOT. impaziente f.

▷ **impatient** /ɪm'peɪʃnt/ agg. **1** *(irritable)* intollerante (**at** verso); insofferente (**at** a); ***to be, get ~ with sb.*** perdere la pazienza con qcn. **2** *(eager)* [*person*] impaziente; [*gesture, tone*] di impazienza; ***to be ~ to do*** essere impaziente di fare; ***to be ~ for sth.*** aspettare qcs. con impazienza.

▷ **impatiently** /ɪm'peɪʃntlɪ/ avv. [*wait*] impazientemente, con impazienza; [*fidget, pace*] con impazienza, nervosamente; [*speak, say*] con tono insofferente.

impavid /ɪm'pævɪd/ agg. impavido.

impawn /ɪm'pɔ:n/ tr. impegnare, mettere in pegno.

impeach /ɪm'pi:tʃ/ tr. **1** sollevare dubbi su, mettere in dubbio [*honesty, motive*] **2** DIR. POL. accusare, mettere in stato di accusa (specialmente per crimini contro lo stato).

impeachable /ɪm'pi:tʃəbl/ agg. DIR. POL. accusabile, incriminabile di impeachment.

impeachment /ɪm'pi:tʃmənt/ n. **1** *(of honour)* denigrazione f. (**of** contro) **2** DIR. POL. impeachment m.

> **Impeachment** Procedura prevista dalla costituzione americana che permette al Congresso d'intentare procedimenti giudiziari contro gli alti funzionari (compreso il Presidente) che si sono resi colpevoli di tradimento, corruzione o altri gravi reati nell'esercizio delle loro funzioni, fino ad arrivare alla loro destituzione.

impeccability /ɪmˌpekə'bɪlətɪ/ n. impeccabilità f.

impeccable /ɪm'pekəbl/ agg. [*manners, behaviour, language*] impeccabile, irreprensibile; [*house, clothes, appearance, credentials, record*] impeccabile.

impeccably /ɪm'pekəblɪ/ avv. [*dressed*] in modo impeccabile, impeccabilmente; [*speak, behave*] in modo impeccabile, in modo irreprensibile; ***~ clean*** impeccabile.

impecuniosity /ɪmpɪˌkju:nɪ'ɒsətɪ/ n. mancanza f. di denaro, impecuniosità f.

impecunious /ˌɪmpɪ'kju:nɪəs/ agg. FORM. privo di denaro.

impedance /ɪm'pi:dəns/ n. EL. impedenza f.

impede /ɪm'pi:d/ tr. intralciare, ostacolare [*progress, career*]; [*obstacle*] intralciare [*movement, traffic*].

impediment /ɪm'pedɪmənt/ n. **1** *(hindrance)* impedimento m., ostacolo m. (**to** a) **2** *(to marriage)* impedimento m. (matrimoniale) **3** (anche **speech ~**) difetto m. di pronuncia.

impedimenta /ɪmˌpedɪ'mentə/ n. + verbo pl. SCHERZ. bagagli m.

impedimental /ɪmˌpedɪ'mentl/ agg. che è di impedimento.

impel /ɪm'pel/ tr. (forma in -ing ecc. **-ll-**) **1** *(drive)* [*emotion, idea*] spingere [*person*] (**to do** a fare); ***~led by fear*** spinto dalla paura **2** *(urge)* [*person, speech*] incitare [*person*] (**to** a; **to do** a fare); ***to feel ~led to do*** sentirsi obbligato a fare.

impellent /ɪm'pelənt/ agg. impellente.

impeller /ɪm'pelə(r)/ n. ventola f., girante m., rotore m.

impend /ɪm'pend/ intr. incombere, essere imminente.

impendence /ɪm'pendəns/ n. (l')incombere, (l')essere imminente.

impendent /ɪm'pendənt/ agg. → **impending**.

impending /ɪm'pendɪŋ/ agg. incombente, imminente.

impenetrability /ɪmˌpenɪtrə'bɪlətɪ/ n. impenetrabilità f. (anche FIG.).

impenetrable /ɪm'penɪtrəbl/ agg. [*barrier, undergrowth, layer*] impenetrabile; [*jargon*] incomprensibile; [*mystery*] impenetrabile, insondabile; [*fog*] fitto.

impenitence /ɪm'penɪtəns/ n. impenitenza f.

impenitent /ɪm'penɪtənt/ agg. impenitente.

impenitently /ɪm'penɪtəntlɪ/ avv. impenitentemente.

imperatival /ɪmˌperə'taɪvl/ agg. LING. imperativale.

▷ **imperative** /ɪm'perətɪv/ **I** agg. **1** [*need*] urgente; [*tone*] imperioso; ***it is ~ that she write*** è indispensabile che scriva; ***it is ~ to act*** è essenziale che noi agiamo **2** LING. imperativo **II** n. **1** *(priority)* imperativo m.; ***the first ~ is to do*** la prima necessità è fare **2** LING. imperativo m.; ***in the ~*** all'imperativo.

imperatively /ɪm'perətɪvlɪ/ avv. **1** *(urgently)* urgentemente **2** *(imperiously)* imperiosamente.

imperator /ˌɪmpə'rɑ:tə(r)/ n. *(in ancient Rome)* imperatore.

imperatorial /ɪmˌperə'tɔ:rɪəl/ agg. *(in ancient Rome)* imperatorio.

imperceptibility /ɪmpəˌseptə'bɪlətɪ/ n. impercettibilità f.

imperceptible /ˌɪmpə'septəbl/ agg. impercettibile; ***almost ~*** quasi impercettibile.

imperceptibly /ˌɪmpə'septəblɪ/ avv. impercettibilmente.

imperceptive /ˌɪmpə'septɪv/ agg. [*person*] poco perspicace.

impercipient /ˌɪmpə'sɪpɪənt/ agg. → **imperceptive**.

imperfect /ɪm'pɜ:fɪkt/ **I** agg. **1** *(incomplete)* incompleto **2** *(defective)* [*goods*] difettoso; [*logic*] imperfetto; [*reasoning*] incompleto **3** LING. ***the ~ tense*** il tempo imperfetto **4** COMM. [*competition*] imperfetto **II** n. LING. imperfetto m.; ***in the ~*** all'imperfetto.

imperfection /ˌɪmpə'fekʃn/ n. **1** *(defect) (in object)* imperfezione f.; *(in person)* difetto m. **2** *(state)* imperfezione f.; ***human ~*** l'imperfezione umana.

imperfectly /ɪm'pɜ:fɪktlɪ/ avv. imperfettamente.

imperforate /ɪm'pɜ:fərət/ agg. **1** [*stamp*] non dentellato **2** MED. imperforato.

imperia /ɪm'pɪərɪə/ → **imperium**.

imperial /ɪm'pɪərɪəl/ **I** agg. **1** *(of empire, emperor)* imperiale **2** FIG. [*disdain, unconcern*] maestoso **3** GB STOR. dell'Impero Britannico **4** BE [*measure*] conforme agli standard britannici **II** n. *(beard)* imperiale m.

imperialism /ɪm'pɪərɪəlɪzəm/ n. imperialismo m.

imperialist /ɪm'pɪərɪəlɪst/ **I** agg. imperialista **II** n. imperialista m. e f.

imperialistic /ɪmˌpɪərɪə'lɪstɪk/ agg. imperialistico.

imperil /ɪm'perəl/ tr. (forma in -ing ecc. **-ll-** BE, **-l-** AE) mettere in pericolo [*existence*]; compromettere [*security, plan, scheme*].

imperious /ɪm'pɪərɪəs/ agg. imperioso.

imperiously /ɪm'pɪərɪəslɪ/ avv. [*say*] imperiosamente; ***the request was ~ declined*** la richiesta è stata respinta in modo arrogante.

imperiousness /ɪm'pɪərɪəsnɪs/ n. imperiosità f.

imperishability /ɪmˌperɪʃə'bɪlətɪ/ n. **1** *(of material)* indistruttibilità f. **2** *(of memory)* (l')essere imperituro.

imperishable /ɪm'perɪʃəbl/ agg. **1** [*material*] indistruttibile; [*food*] non deteriorabile **2** [*memory*] imperituro.

imperium /ɪm'pɪərɪəm/ n. (pl. **-ia**) imperio m., impero m.

impermanence /ɪm'pɜ:mənəns/ n. temporaneità f.

impermanent /ɪm'pɜ:mənənt/ agg. [*arrangement, situation, change*] temporaneo.

impermeability /ɪmˌpɜ:mɪə'bɪlətɪ/ n. impermeabilità f.

impermeable /ɪm'pɜ:mɪəbl/ agg. [*membrane, rock*] impermeabile.

impermissible /ˌɪmpə'mɪsəbl/ agg. FORM. inammissibile; ***it is ~ for sb. to do*** è inammissibile che qcn. faccia.

impersonal /ɪm'pɜ:sənl/ agg. **1** *(objective, cold)* impersonale; ***coldly ~*** freddo e privo di personalità **2** LING. [*verb*] impersonale.

impersonality /ɪmˌpɜːsəˈnælətɪ/ n. *(of person)* freddezza f.; *(of style, organization)* impersonalità f.
impersonally /ɪmˈpɜːsənəlɪ/ avv. **1** *(impartially)* [*assess, judge*] in modo imparziale **2** *(coldly)* freddamente **3** LING. alla forma impersonale.
impersonate /ɪmˈpɜːsəneɪt/ tr. **1** *(imitate)* imitare **2** *(pretend to be)* spacciarsi per [*police officer etc.*].
impersonation /ɪmˌpɜːsəˈneɪʃn/ n. **1** *(act)* imitazione f.; ***to do ~s*** fare delle imitazioni **2** DIR. sostituzione f. di persona.
impersonator /ɪmˈpɜːsəneɪtə(r)/ ◆ **27** n. *(actor)* imitatore m. (-trice); ***animal ~*** impersonatore; ***female ~*** = attore che recita nella parte di una donna.
impertinence /ɪmˈpɜːtɪnəns/ n. impertinenza f.; ***to have the ~ to do*** avere l'impertinenza di fare.
impertinent /ɪmˈpɜːtɪnənt/ agg. [*person, remark*] impertinente; ***to be ~*** essere impertinente (**to** verso, con).
impertinently /ɪmˈpɜːtɪnəntlɪ/ avv. [*act, say, reply*] in modo impertinente.
imperturbability /ɪmpəˌtɜːbəˈbɪlətɪ/ n. imperturbabilità f.
imperturbable /ˌɪmpəˈtɜːbəbl/ agg. [*person, manner*] imperturbabile.
imperturbably /ˌɪmpəˈtɜːbəblɪ/ avv. [*continue, speak*] imperturbabilmente; ***"of course," she said ~*** "certamente" disse imperturbabile; ***~ polite, calm*** imperturbabilmente gentile, calmo.
impervious /ɪmˈpɜːvɪəs/ agg. **1** *(to water, gas)* impenetrabile (**to** a) **2** FIG. *(to charm, sarcasm, events, suffering)* indifferente (**to** a); *(to argument, idea, demands, economic conditions)* insensibile (**to** a).
impetiginous /ˌɪmpɪˈtɪdʒɪnəs/ agg. impetiginoso.
impetigo /ˌɪmpɪˈtaɪgəʊ/ ◆ **11** n. (pl. **~s, -igines**) impetigine f.
impetrate /ˈɪmpətreɪt/ tr. impetrare.
impetration /ˌɪmpəˈtreɪʃn/ n. impetrazione f.
impetratory /ˌɪmpəˈtreɪtrɪ, AE -tɔːrɪ/ agg. impetratorio.
impetuosity /ɪmˌpetʃʊˈɒsətɪ/ n. *(of person)* impetuosità f.; *(of action)* impulsività f.
impetuous /ɪmˈpetʃʊəs/ agg. [*person*] impetuoso; [*action*] impulsivo.
impetuously /ɪmˈpetʃʊəslɪ/ avv. impetuosamente; ***~ generous*** di una generosità impulsiva.
impetuousness /ɪmˈpetʃʊəsnɪs/ n. → **impetuosity**.
impetus /ˈɪmpɪtəs/ n. **1** *(trigger)* impulso m.; ***the ~ for the project came from X*** l'impulso per il progetto è venuto da X **2** *(momentum)* slancio m.; ***to gain, lose ~*** prendere, perdere lo slancio; ***to give ~ to sth.*** dare una spinta a qcs. **3** FIS. impulso m.
impiety /ɪmˈpaɪətɪ/ n. **1** RELIG. empietà f. **2** *(disrespect)* irriverenza f.
impinge /ɪmˈpɪndʒ/ intr. ***to ~ on*** *(strike)* colpire (anche FIG.); *(encroach)* invadere [*sb. else's competence*]; violare [*rights*]; *(restrict)* limitare [*budget*]; *(affect)* influire su; ***to ~ on sb.'s consciousness*** influire sulla coscienza di qcn.
impingement /ɪmˈpɪndʒmənt/ n. **1** *(collision)* urto m., colpo m. **2** *(encroachment)* violazione f. **3** *(influence)* influenza f.
impious /ˈɪmpɪəs/ agg. **1** RELIG. empio **2** *(disrespectful)* irriverente.
impiously /ˈɪmpɪəslɪ/ avv. **1** RELIG. empiamente **2** *(disrespectfully)* irriverentemente.
impish /ˈɪmpɪʃ/ agg. da diavoletto.
impiteous /ɪmˈpɪtɪəs/ agg. RAR. impietoso.
implacability /ɪmˌplækəˈbɪlətɪ/ n. implacabilità f.
implacable /ɪmˈplækəbl/ agg. implacabile.
implacably /ɪmˈplækəblɪ/ avv. implacabilmente.
implacental /ˌɪmpləˈsentl/ agg. privo di placenta, aplacentare.
▷ **1.implant** /ˈɪmplɑːnt, AE -plænt/ n. MED. impianto m., trapianto m.; ***oestrogen ~*** impianto di estrogeni.
2.implant /ɪmˈplɑːnt, AE -ˈplænt/ tr. MED. impiantare (**in** in) (anche FIG.).
implantation /ˌɪmplɑːnˈteɪʃn, AE -plænt-/ n. *(of fertilized egg)* impianto m.
implausibility /ɪmˌplɔːzəˈbɪlətɪ/ n. mancanza f. di plausibilità.
implausible /ɪmˈplɔːzəbl/ agg. non plausibile.
implausibly /ɪmˈplɔːzəblɪ/ avv. [*claim, explain*] in modo non plausibile; ***~, he denied everything*** contro ogni evidenza, ha negato tutto.
implead /ɪmˈpliːd/ tr. citare in giudizio.
1.implement /ˈɪmplɪmənt/ n. strumento m.; *(tool)* utensile m.; ***farm ~s*** attrezzi agricoli; ***garden ~s*** attrezzi da giardinaggio; ***set of ~s*** GASTR. set di utensili da cucina; ***an ~ for sth., for doing*** uno strumento per qcs., per fare.
2.implement /ˈɪmplɪment/ tr. **1** mettere in pratica [*idea, decision*]; implementare [*contract*]; rendere effettivo [*law*] **2** INFORM. implementare [*software, system*].
implementation /ˌɪmplɪmenˈteɪʃn/ n. *(of idea, decision)* attuazione f.; *(of contract, law, policy)* attuazione f., applicazione f.; INFORM. implementazione f.
impletion /ɪmˈpliːʃn/ n. **1** *(filling)* riempimento m., completamento m. **2** *(fullness)* pienezza f., completezza f.
implicate /ˈɪmplɪkeɪt/ tr. implicare, coinvolgere (**in** in); ***he is in no way ~d*** non è in alcun modo implicato.
▶ **implication** /ˌɪmplɪˈkeɪʃn/ n. **1** *(possible consequence)* implicazione f.; ***what are the ~s for the future, for the disabled?*** quali sono le implicazioni per il futuro, per i disabili? **2** *(suggestion)* insinuazione f.; ***the ~ is that*** questo significa che; ***they said there were younger applicants, the ~ being that he was too old*** dissero che c'erano dei candidati più giovani, sottintendendo che era troppo vecchio; ***by ~, the government is also responsible*** implicitamente significa che anche il governo è responsabile.
implicative /ɪmˈplɪkətɪv/ agg. implicante.
implicit /ɪmˈplɪsɪt/ agg. **1** *(implied)* implicito (**in** in) **2** *(absolute)* [*faith, confidence, trust*] assoluto.
implicitly /ɪmˈplɪsɪtlɪ/ avv. **1** *(tacitly)* [*assume, admit, recognize*] implicitamente **2** *(absolutely)* [*trust, believe*] in modo assoluto.
implied /ɪmˈplaɪd/ **I** p.pass. → **imply II** agg. implicito, tacito.
impliedly /ɪmˈplaɪdlɪ/ avv. DIR. implicitamente, tacitamente; ***expressly or ~*** espressamente o implicitamente.
implode /ɪmˈpləʊd/ **I** tr. **1** FON. ***to ~ a consonant*** pronunciare una consonante implosiva **2** fare implodere [*vessel, flask*] **II** intr. implodere.
imploration /ˌɪmpləˈreɪʃn/ n. implorazione f.
implore /ɪmˈplɔː(r)/ tr. implorare [*person*] (**to do** di fare); ***to ~ sb.'s forgiveness*** LETT. implorare il perdono di qcn.
imploring /ɪmˈplɔːrɪŋ/ agg. implorante.
imploringly /ɪmˈplɔːrɪŋlɪ/ avv. [*say*] con tono implorante; ***to look at sb. ~*** guardare implorante qcn.
implosion /ɪmˈpləʊʒn/ n. implosione f.
implosive /ɪmˈpləʊsɪv/ agg. FON. implosivo.
impluvium /ɪmˈpluːvɪəm/ n. (pl. **-ia**) impluvio m.
▶ **imply** /ɪmˈplaɪ/ tr. **1** [*person*] *(insinuate)* insinuare (**that** che); *(make known)* lasciare intendere (**that** che); ***he didn't mean to ~ anything*** non voleva insinuare nulla; ***what are you ~ing?*** che cosa stai insinuando? ***he implied that they were guilty*** ha lasciato intendere che loro erano colpevoli **2** [*argument*] *(mean)* implicare; ***silence does not necessarily ~ approval*** il silenzio non implica necessariamente l'approvazione; ***to ~ that*** implicare che **3** [*term, word*] *(mean)* indicare, significare (**that** che); ***as their name implies...*** come indica il loro nome...
impolicy /ɪmˈpɒləsɪ/ n. **1** *(wrong policy)* impoliticità f. **2** *(inexpediency)* imprudenza f.
impolite /ˌɪmpəˈlaɪt/ agg. scortese, sgarbato, maleducato (**to** con, verso).
impolitely /ˌɪmpəˈlaɪtlɪ/ avv. [*act, behave*] in modo sgarbato; [*say*] sgarbatamente.
impoliteness /ˌɪmpəˈlaɪtnɪs/ n. maleducazione f.
impolitic /ɪmˈpɒlɪtɪk/ agg. impolitico.
imponderability /ɪmˌpɒndərəˈbɪlətɪ/ n. imponderabilità f.
imponderable /ɪmˈpɒndərəbl/ **I** agg. imponderabile **II** n. imponderabile m.
▶ **1.import** /ˈɪmpɔːt/ **I** n. **1** COMM. ECON. *(item of merchandise)* prodotto m. d'importazione; *(act of importing)* importazione f. (**of**, di; **from** da); ***foreign ~s*** importazioni dall'estero **2** *(cultural borrowing)* prestito m. (**from** da) **3** FORM. *(meaning)* significato m. **4** *(importance)* importanza f.; ***of no (great) ~*** di poca importanza; ***of political ~*** di importanza politica **II** modif. [*ban, cost, price, quota, surcharge, surplus*] d'importazione; [*bill, increase, rise*] delle importazioni.
▶ **2.import** /ɪmˈpɔːt/ tr. **1** COMM. ECON. importare (**from** da; **to** in) **2** INFORM. importare [*data, file*].
importable /ɪmˈpɔːtəbl/ agg. importabile.
▶ **importance** /ɪmˈpɔːtns/ n. importanza f. (**of doing** di fare); ***her career is of great ~ to her*** la sua carriera è molto importante per lei; ***a healthy diet is of great ~ to children*** una dieta salutare è di grande importanza per i bambini; ***it is of great ~ that*** è molto importante che; ***it is of great ~ that the pound should remain stable*** è molto importante che la sterlina rimanga stabile; ***to be of national ~*** essere di importanza nazionale; ***an event of great political ~*** un evento di grande importanza politica; ***it is a matter of the utmost ~*** è una questione della massima importanza; ***great ~ is attached to success*** si dà grande importanza al successo; ***the ~ of United States as a world power*** l'importanza degli Stati Uniti come potenza mondiale; ***list the priorities in order of ~*** elencate le

priorità in ordine di importanza; ***a person of no ~*** una persona senza importanza; ***it's of no ~*** non ha alcuna importanza.

▶ **important** /ɪm'pɔːtnt/ agg. [*statement, factor, role, figure, writer*] importante; ***it is ~ that*** è importante che; ***it is ~ to remember that...*** è importante ricordare che...; ***this is ~ for our success, health*** è importante per il nostro successo, per la nostra salute; ***it is ~ for us to succeed*** è importante per noi riuscire; ***his children are very ~ to him*** i suoi figli sono molto importanti per lui; ***it is ~ to me that you attend the meeting*** è importante per me che partecipiate alla riunione; ***is anybody ~ coming?*** viene qualcuno di importante? ***he's an ~ social figure*** è un personaggio importante.

▷ **importantly** /ɪm'pɔːtntlɪ/ avv. **1** *(significantly)* in modo importante; ***more ~, he succeeded where she had failed*** cosa ancora più importante, lui è riuscito dove lei aveva fallito; ***and, more ~,...*** e, cosa ancora più importante,...; ***most ~, it means*** ma soprattutto, questo significa; ***these changes have taken place most ~ in the agricultural sector*** questi cambiamenti hanno avuto luogo in modo più significativo nel settore agricolo **2** *(pompously)* [*announce, strut*] con aria di superiorità.

importation /ˌɪmpɔː'teɪʃn/ n. COMM. *(act)* importazione f.; *(object)* prodotto m. d'importazione.

import duty /'ɪmpɔːtˌdjuːtɪ, AE -ˌduːtɪ/ n. dazio m. d'importazione.

imported /ɪm'pɔːtɪd/ **I** p.pass. → **2.import II** agg. [*goods*] importato.

importer /ɪm'pɔːtə(r)/ n. importatore m. (-trice); ***car, oil ~*** importatore di automobili, di petrolio.

import-export /ˌɪmpɔːt'ekspɔːt/ **I** n. import-export m. **II** modif. [*growth*] dell'import-export; [*merchant*] di import-export; ***~ trade*** import-export.

importing /ɪm'pɔːtɪŋ/ **I** agg. [*country*] importatore; [*business*] di importazioni; ***oil-~ country*** paese importatore di petrolio **II** n. importazione f. (**of** di).

import licence BE, **import license** AE /'ɪmpɔːtˌlaɪsns/ n. licenza f. d'importazione.

importunate /ɪm'pɔːtʃʊnət/ agg. importuno.

1.importune /ˌɪmpɔː'tjuːn/ agg. → **importunate**.

2.importune /ˌɪmpɔː'tjuːn/ tr. **1** *(pester)* importunare [*person*] (**for** per; **with** con) **2** [*prostitute*] adescare.

importuner /ˌɪmpɔː'tjuːnə(r)/ n. importuno m. (-a).

importuning /ˌɪmpɔː'tjuːnɪŋ/ n. DIR. adescamento m.

importunity /ˌɪmpɔː'tjuːnətɪ/ n. FORM. **1** *(persistency)* importunità f. **2** *(instance)* insistenza f.

▶ **impose** /ɪm'pəʊz/ **I** tr. **1** imporre [*embargo, sanction, condition, opinion, constraint, rule, obedience*] (**on sb.** a qcn.; **on sth.** su qcs.); infliggere [*punishment*] (**on** a); ***to ~ a fine on sb.*** infliggere una multa a qcn.; ***to ~ a tax on tobacco*** imporre una tassa sui tabacchi **2** ***to ~ one's presence on sb.*** imporre la propria presenza a qcn. **3** TIP. impostare **II** intr. imporsi; ***to ~ on sb.*** imporre la propria presenza a qcn.; ***to ~ on sb.'s kindness, hospitality*** approfittare della gentilezza, dell'ospitalità di qcn. **III** rifl. ***to ~ oneself on sb.*** imporsi a qcn.

imposing /ɪm'pəʊzɪŋ/ agg. [*person, appearance*] imponente; [*sight*] maestoso; [*array, collection*] grandioso.

imposition /ˌɪmpə'zɪʃn/ n. **1** *(exploitation)* ***I hope it's not too much of an ~*** spero di non approfittarne; ***I think it's rather an ~*** penso che se ne stia approfittando un po' **2** *(of tax)* imposizione f. **3** TIP. impostazione f.

impossibility /ɪmˌpɒsə'bɪlətɪ/ n. impossibilità f. (**of** di; **of doing** di fare); ***a physical ~*** un'impossibilità materiale; ***it's a near ~!*** è praticamente impossibile! ***that's a logical ~*** è logicamente impossibile.

▶ **impossible** /ɪm'pɒsəbl/ **I** agg. [*idea, suggestion*] impossibile, inattuabile; [*person, situation*] intollerabile, impossibile; ***it is ~ to do*** è impossibile fare; ***it's almost ~ for me to come*** mi è quasi impossibile venire; ***to make it ~ for sb. to do sth.*** rendere impossibile per qcn. fare qcs.; ***it is ~ that he should have missed the train*** è impossibile che abbia perso il treno; ***difficult, if not ~*** difficile, se non impossibile; ***it's ~, I won't stand for it!*** è intollerabile, non lo sopporterò! **II** n. ***the ~*** l'impossibile.

impossibly /ɪm'pɒsəblɪ/ avv. *(appallingly)* spaventosamente; *(amazingly)* incredibilmente; ***it's ~ early, expensive*** è spaventosamente presto, caro.

1.impost /'ɪmpəʊst/ n. AE imposta f., dazio m. d'importazione.

2.impost /'ɪmpəʊst/ n. ARCH. imposta f.

impostor /ɪm'pɒstə(r)/ n. impostore m. (-a).

imposture /ɪm'pɒstʃə(r)/ n. impostura f., inganno m.

impotence /'ɪmpətəns/, **impotency** /'ɪmpətənsɪ/ n. **1** impotenza f., incapacità f., debolezza f. **2** MED. impotenza f.

impotent /'ɪmpətənt/ agg. **1** impotente, incapace, debole; ***to render sb., sth. ~*** rendere qcn., qcs. impotente, ridurre qcn., qcs. all'impotenza **2** MED. [*man*] impotente.

impotently /'ɪmpətəntlɪ/ avv. **1** *(helplessly)* ***he watched the scene ~*** osservò la scena impotente **2** *(feebly)* debolmente.

impound /ɪm'paʊnd/ tr. rimuovere, portare via [*vehicle*]; confiscare, sequestrare [*goods*]; sequestrare, ritirare, requisire [*passport, papers*].

impoverish /ɪm'pɒvərɪʃ/ tr. *(all contexts)* impoverire, depauperare.

impoverished /ɪm'pɒvərɪʃt/ **I** p.pass. → **impoverish II** agg. *(all contexts)* impoverito, depauperato.

impoverishment /ɪm'pɒvərɪʃmənt/ n. *(all contexts)* impoverimento m., depauperamento m.

impracticability /ɪmˌpræktɪkə'bɪlətɪ/ n. **1** *(of idea, plan)* inattuabilità f., impraticabilità f., irrealizzabilità f. **2** *(of roads)* impraticabilità f.

impracticable /ɪm'præktɪkəbl/ agg. **1** [*idea, plan*] inattuabile, impraticabile, irrealizzabile **2** [*road*] impraticabile.

impracticableness /ɪm'præktɪkəblnɪs/ n. → **impracticability**.

impracticably /ɪm'præktɪkəblɪ/ avv. in modo inattuabile, irrealizzabile.

impractical /ɪm'præktɪkl/ agg. **1** *(unworkable)* [*plan, solution*] impraticabile, inattuabile, irrealizzabile **2** *(unrealistic)* [*suggestion, idea*] non realistico **3** ***to be ~*** [*person*] essere privo di senso pratico.

impracticality /ɪmˌpræktɪ'kælətɪ/ n. **1** *(unworkable nature)* impraticabilità f., inattuabilità f. **2** *(of person)* mancanza f. di senso pratico.

imprecate /'ɪmprɪkeɪt/ **I** tr. RAR. imprecare (contro), maledire **II** intr. ANT. imprecare.

imprecation /ˌɪmprɪ'keɪʃn/ n. FORM. imprecazione f.

imprecatory /'ɪmprɪkeɪtrɪ, AE -tɔːrɪ/ agg. imprecatorio, imprecativo.

imprecise /ˌɪmprɪ'saɪs/ agg. *(all contexts)* impreciso.

imprecisely /ˌɪmprɪ'saɪslɪ/ avv. in modo impreciso, imprecisamente.

imprecision /ˌɪmprɪ'sɪʒn/ n. *(of language, expression)* imprecisione f.

impregnability /ɪmpregnə'bɪlətɪ/ n. inespugnabilità f.

impregnable /ɪm'pregnəbl/ agg. [*castle, defences*] inespugnabile; [*leader, party*] imbattibile, invincibile.

1.impregnate /ɪm'pregnət/ agg. (anche **~d**) **1** *(imbued)* impregnato, imbevuto (**with** di) **2** *(pregnant)* pregno, gravido.

2.impregnate /'ɪmpregneɪt, AE ɪm'preg-/ tr. **1** *(soak, pervade)* impregnare (**with** di) **2** *(fertilize)* mettere incinta [*woman*]; ingravidare [*animal*]; fecondare [*egg*].

impregnation /ˌɪmpreg'neɪʃn/ n. *(of female, egg)* fecondazione f.

impresario /ˌɪmprɪ'sɑːrɪəʊ/ ♦ **27** n. (pl. **~s**) impresario m. (-a).

imprescriptibility /ˌɪmprɪˌskrɪptɪ'bɪlətɪ/ n. imprescrittibilità f.

imprescriptible /ˌɪmprɪ'skrɪptɪbl/ agg. imprescrittibile.

1.impress /'ɪmpres/ n. FORM. impronta f., marchio m.

▷ **2.impress** /ɪm'pres/ **I** tr. **1** *(arouse respect)* impressionare, fare impressione su, colpire [*person, public, audience, panel*] (**with** con; **by doing** facendo); ***to be ~ed by*** o ***with sb., sth.*** essere impressionato da qcn., qcs.; ***to be easily ~ed*** farsi, lasciarsi impressionare facilmente; ***they were (favourably) ~ed*** erano favorevolmente impressionati; ***they weren't too ~ed by his attitude, with the results*** il suo atteggiamento non gli ha fatto una buona impressione, i risultati non gli hanno fatto una buona impressione; ***she, the company is not ~ed*** non le ha fatto una buona impressione, non ha fatto una buona impressione alla ditta; ***she does it just to ~ people*** fa così solo per impressionare la gente *o* per far colpo sulla gente **2** *(emphasize)* ***to ~ sth. (up)on sb.*** inculcare, imprimere nella mente qcs. a qcn.; ***to ~ upon sb. that*** far capire bene a qcn. che **3** *(imprint)* ***to ~ sth. on*** imprimere, applicare premendo qcs. su [*surface, material*]; ***to ~ sth. in*** premere, imprimere qcs. su [*wax, plaster*] **II** intr. [*person, quality, feature*] fare una buona impressione.

3.impress /ɪm'pres/ tr. STOR. **1** *(enlist)* arruolare forzatamente [*person*] **2** *(confiscate)* confiscare, requisire [*goods*].

▶ **impression** /ɪm'preʃn/ n. **1** *(idea)* impressione f.; ***to give the ~ of doing*** dare l'impressione di fare; ***she had the ~ that she knew him, he knew her*** aveva l'impressione di conoscerlo, che lui la conoscesse; ***to get the (distinct) ~ that*** avere la netta impressione che; ***to be under the ~ that*** avere l'impressione che **2** *(impact)* impressione f., effetto m.; ***to make a good, bad ~*** fare una buona, cattiva impressione (**on** su); ***to make (quite) an ~*** fare impressione *o* fare effetto; ***it left a deep ~ on him*** l'ha profondamente impressionato; ***what kind of ~ did they make?*** che impressione hanno fatto? **3** *(perception)* impressione f.; ***to have the ~ of doing*** avere l'impressione di fare; ***to give*** o ***create an ~ of sth.*** dare l'impressione di qcs.; ***an artist's ~ of the building*** la visione dell'edificio da parte di un artista; ***what's your ~ of the new boss?*** che impressione ti ha fatto il nuovo capo? ***first ~s count*** è la prima impressione che conta **4** *(imitation)* imitazione f., caricatura f.; ***to do ~s (of famous people)*** fare le imitazioni (di personaggi famosi); ***she does a good ~ of Paul*** imita bene Paul **5** *(imprint) (of weight, foot, hoof, hand)* impronta f.; *(from teeth)* segno m., impronta f.; ***to leave an ~ on*** lasciare un'impronta su [*surface, sand, wax*]; ***to take an ~ of*** fare il calco di [*key, fossil*] **6** TIP. *(reprint)* ristampa f. **7** TIP. *(process)* stampa f., impressione f.

impressionability /ɪmpreʃnəˈbɪlətɪ/ n. impressionabilità f., emotività f., (l')essere influenzabile.

impressionable /ɪmˈpreʃənəbl/ agg. [*child, mind, youth*] impressionabile, influenzabile; ***at an ~ age*** in un'età in cui si è facilmente impressionabili.

impressionism /ɪmˈpreʃənɪzəm/ n. (anche **Impressionism**) impressionismo m.

impressionist /ɪmˈpreʃənɪst/ n. **1** ART. MUS. impressionista m. e f. **2** *(mimic)* imitatore m. (-trice).

Impressionist /ɪmˈpreʃənɪst/ **I** n. impressionista m. e f. **II** agg. ART. MUS. impressionista; ***~ painting*** pittura impressionista.

impressionistic /ɪmˌpreʃəˈnɪstɪk/ agg. impressionistico, impressionista.

▷ **impressive** /ɪmˈpresɪv/ agg. [*achievement, cast, collection, display, result, total*] impressionante; [*building, monument, sight*] imponente, di grande effetto; ***she is very ~*** ispira rispetto, ammirazione.

impressively /ɪmˈpresɪvlɪ/ avv. [*behave, perform, argue, demonstrate*] in modo impressionante, strabiliante; [*assured, cohesive, competent, large*] straordinariamente.

impressiveness /ɪmˈpresɪvnɪs/ n. imponenza f., maestosità f.

impressment /ɪmˈpresmənt/ n. STOR. **1** *(enlistment)* arruolamento m. forzato **2** *(requisition)* requisizione f.

imprest /ˈɪmprest/ n. ECON. anticipazione f.; ***~ fund*** o ***cash*** fondo di anticipazione.

imprimatur /ˌɪmprɪˈmeɪtə(r), -ˈmɑːtə(r)/ n. RELIG. imprimatur m. (anche FIG.).

▷ **1.imprint** /ˈɪmprɪnt/ n. **1** *(impression)* impronta f., traccia f. (anche FIG.); ***to leave an ~*** lasciare un'impronta **2** TIP. *(on title page)* sigla f. editoriale; *(publishing house)* casa f. editrice; ***published under the Paravia ~*** pubblicato da Paravia.

2.imprint /ɪmˈprɪnt/ tr. **1** *(fix)* imprimere [*idea, image, belief*] (**on** in) **2** *(print)* stampare [*mark, design*] (**on** su) **3** PSIC. ZOOL. *(affect by imprinting)* dare imprinting a [*subject*].

imprinter /ɪmˈprɪntə(r)/ n. *(for credit card)* stampante f.

imprinting /ɪmˈprɪntɪŋ/ n. PSIC. ZOOL. imprinting m.

▷ **imprison** /ɪmˈprɪzn/ tr. **1** *(put in prison)* imprigionare, incarcerare; ***to be ~ed for, for doing*** essere imprigionato per, per aver fatto; ***to be ~ed for ten years*** *(sentenced)* essere condannato a dieci anni **2** FIG. *(trap)* imprigionare, bloccare [*finger, limb*] (**in** in).

▷ **imprisonment** /ɪmˈprɪznmənt/ n. imprigionamento m., carcerazione f., prigionia f., reclusione f.; ***to be sentenced to ten years' ~, to ~ for life*** essere condannato a dieci anni di carcere, all'ergastolo; ***to threaten sb. with ~*** minacciare di mettere in carcere qcn.

impro /ˈɪmprəʊ/ n. (pl. **~s**) COLLOQ. improvvisazione f.

improbability /ɪmˌprɒbəˈbɪlətɪ/ n. **1** *(of something happening)* improbabilità f.; *(of something being true)* inverosimiglianza f. **2** *(unlikely story, event)* improbabilità f., cosa f. improbabile.

improbable /ɪmˈprɒbəbl/ agg. **1** *(unlikely to happen)* improbabile; ***it is ~ that*** è improbabile che **2** *(unlikely to be true)* inverosimile; ***it is ~ that*** non è verosimile che.

improbably /ɪmˈprɒbəblɪ/ avv. [*claim, state*] inverosimilmente; ***her hair was ~ red*** i suoi capelli erano di un rosso improbabile, inverosimile.

improbity /ɪmˈprəʊbətɪ/ n. FORM. improbità f., disonestà f., malvagità f.

impromptu /ɪmˈprɒmptjuː, AE -tuː/ **I** n. MUS. impromptu m., improvviso m. **II** agg. [*call, speech*] estemporaneo, improvvisato; [*party*] improvvisato **III** avv. [*play*] improvvisando.

improper /ɪmˈprɒpə(r)/ agg. **1** *(unseemly, not fitting)* [*behaviour, pride*] inappropriato, sconveniente **2** *(irregular)* [*conduct, dealing, use*] irregolare, disonesto **3** *(indecent)* [*suggestion, remark*] indecente **4** *(incorrect)* [*use*] improprio, erroneo, scorretto; ***it is ~ to do*** è scorretto fare.

improper fraction /ɪmˌprɒpəˈfrækʃn/ n. frazione f. impropria.

improper integral /ɪmˌprɒpəˈɪntɪgrəl/ n. integrale m. improprio.

improperly /ɪmˈprɒpəlɪ/ avv. **1** *(irregularly, dishonestly)* [*act, obtain, deal*] in modo irregolare, disonesto **2** *(unsuitably)* [*behave*] in modo inappropriato, sconveniente; ***to be ~ dressed*** essere vestito in modo inappropriato **3** *(indecently)* [*suggest, behave*] indecentemente **4** *(incorrectly)* [*use*] impropriamente, erroneamente.

impropriate /ɪmˈprəʊprɪeɪt/ tr. secolarizzare [*ecclesiastical property*].

impropriation /ɪmˌprəʊprɪˈeɪʃn/ n. *(of ecclesiastical property)* secolarizzazione f.

impropriety /ˌɪmprəˈpraɪətɪ/ n. **1** *(irregularity)* irregolarità f.; ***to accuse sb. of financial ~*** accusare qcn. d'irregolarità finanziarie **2** *(unseemliness)* sconvenienza f., disdicevolezza f.; ***to commit an ~*** commettere una sconvenienza **3** *(indecency)* indecenza f.

improvability /ɪmˌpruːvəˈbɪlətɪ/ n. (l')essere migliorabile, perfezionabile.

improvable /ɪmˈpruːvəbl/ agg. **1** migliorabile, perfezionabile **2** AGR. [*soil*] bonificabile.

improvableness /ɪmˈpruːvəblnɪs/ n. → **improvability**.

▶ **improve** /ɪmˈpruːv/ **I** tr. **1** *(qualitatively)* migliorare [*conditions, hygiene, efficiency, appearance, diet, quality, relations*]; ***to ~ one's German*** perfezionare il proprio tedesco; ***~ your memory*** migliorate la vostra memoria; ***the new arrangements did not ~ matters*** i nuovi accordi non hanno migliorato le cose; ***to ~ one's mind*** coltivare, sviluppare la mente; ***to ~ one's lot*** migliorare il proprio destino; ***to ~ the lot of the disabled, of pensioners*** migliorare le condizioni dei disabili, dei pensionati **2** *(quantitatively) (increase)* aumentare, migliorare [*wages, profits, productivity, output*]; ***to ~ one's chances of winning, of getting of a job*** aumentare le proprie possibiltà di vittoria, di ottenere un lavoro **3** ARCH. ING. apportare migliorie a, abbellire [*building, site*] **4** AGR. bonificare [*soil*]; migliorare [*yield*] **II** intr. **1** [*relations, health, handwriting, weather*] migliorare; ***to ~ with age*** [*wine*] migliorare col (passare del) tempo; ***the cake, wine will ~ in flavour*** il sapore del dolce, del vino migliorerà; ***living conditions have ~d greatly over the past twenty years*** le condizioni di vita sono molto migliorate negli ultimi vent'anni; ***your Spanish is improving*** il tuo spagnolo sta migliorando; ***things are improving*** la situazione sta migliorando; ***he's improving*** MED. è in via di miglioramento *o* le sue condizioni stanno migliorando **2** ***to ~ on*** *(better)* migliorare [*score*]; rilanciare, migliorare [*offer*]; ***she has ~d on last year's result*** ha migliorato i risultati dello scorso anno **3** *(increase)* [*productivity, profits*] aumentare, migliorare **4** AGR. [*yield*] migliorare.

▷ **improved** /ɪmˈpruːvd/ **I** p.pass. → **improve II** agg. **1** *(better)* [*diet, efficiency, conditions*] migliorato; ***~ access*** accesso facilitato; ***new ~ formula*** COMM. nuova formula **2** *(increased)* [*offer*] migliore.

▶ **improvement** /ɪmˈpruːvmənt/ n. **1** *(change for the better)* miglioramento m. (**in, of, to** di); ***an ~ on last year's performance*** un miglioramento rispetto alla *o* della prestazione dell'anno scorso; ***an ~ on his previous offer*** ECON. un rilancio della sua offerta precedente *o* un aumento rispetto alla sua offerta precedente; ***the new edition is an ~ on the old one*** la nuova edizione rappresenta un miglioramento rispetto alla prima; ***there have been a lot of safety ~s*** o ***~s in safety*** ci sono stati molti miglioramenti in materia di sicurezza; ***a 2% ~*** o ***an ~ of 2% on last year's profits*** un aumento del 2% dei guadagni rispetto all'anno scorso **2** *(progress)* miglioramenti m.pl., progressi m.pl.; ***he has made a big ~*** *(in schoolwork, behaviour)* ha fatto notevoli progressi; MED. le sue condizioni sono notevolmente migliorate; ***she has made some ~ in maths*** ha fatto dei progressi in matematica; ***he has come on a lot but there is still room for ~*** ha fatto molta strada ma può migliorare ancora; ***there is room for ~ in the industry*** ci sono ancora possibilità *o* margini di miglioramento nell'industria **3** *(alteration)* miglioria f., miglioramento m.; ***an ~ to the road network*** un miglioramento della rete stradale; ***to make ~s to*** apportare delle migliorie a [*house*]; ***home ~s*** lavori di miglioria della casa; ***a road ~ scheme*** un progetto di miglioramento delle strade.

improvement grant /ɪmˈpruːvməntˌgrɑːnt, AE -ˌgrænt/ n. BE contributo m. per il miglioramento delle abitazioni.

improver /ɪmˈpruːvə(r)/ n. BE **1** *(student)* studente m. (-essa) che migliora **2** IND. *(in flour)* additivo m.

improvidence /ɪmˈprɒvɪdəns/ n. imprevidenza f., imprudenza f.

improvident /ɪmˈprɒvɪdənt/ agg. **1** *(heedless of the future)* imprevidente **2** *(extravagant)* sconsiderato (nello spendere); scialacquatore.

improvidently /ɪmˈprɒvɪdəntlɪ/ avv. imprevidentemente, imprudentemente.

▷ **improving** /ɪmˈpruːvɪŋ/ agg. **1** *(enhanced)* [*position, performance, situation*] che migliora; [*trade deficit*] che diminuisce, che

in

- When *in* is used as a straightforward preposition in English, it is translated by *in* in Italian: *in Italy* = in Italia. Remember that the preposition *in* + *the* is translated by one word, *ne* + article, in Italian; the following cases may occur: *in the cinema* = (ne + il) nel cinema; *in the stadium* = (ne + lo) nello stadio; *in the church* = (ne + la) nella chiesa; *in the hospital, in the abbey, in the hotel* = (ne + l') nell'ospedale, nell'abbazia, nell'hotel; *in the fields* = (ne + i) nei campi; *in the open spaces* = (ne + gli) negli spazi aperti; *in the houses* = (ne + le) nelle case.
- *In* is often used after verbs in English (*join in, tuck in, result in, write in* etc.): for translations, consult the appropriate verb entry (**join**, **tuck**, **result**, **write** etc.).
- If you have doubts about how to translate a phrase or expression beginning with *in* (*in a huff, in business, in trouble* etc.), you should consult the appropriate noun entry (**huff**, **business**, **trouble** etc.).
- Note that when *in* is used with vehicles meaning "by means of" in such examples as *in my car, in a London taxi, in Derek's boat* etc., it is translated by *con* in Italian: con la mia macchina, con un taxi londinese, con la barca di Derek etc.
- When *in* precedes a verb in the gerund to indicate the moment and reason why something happens, it is not translated in Italian at all: *in opening a can of peas, she cut her finger* = aprendo una scatoletta di piselli si è tagliata un dito.
- Note also that *in, into* and *inside* may have one and the same translation in Italian.
- This dictionary contains lexical notes on such topics as **AGE**, **COUNTRIES**, **DATES**, **ISLANDS**, **MONTHS**, **TOWNS AND CITIES** etc. Many of these use the preposition *in*. For these notes see the end of the English-Italian section.
- For examples of the above and particular functions and uses of *in*, see the entry **1.in**.

migliora; [*inflation rate*] che diminuisce **2** *(edifying)* [*literature*] edificante.

improvisation /ˌɪmprəvaɪˈzeɪʃn, AE *anche* ɪmˌprɒvəˈzeɪʃn/ n. *(all contexts)* improvvisazione f.

improvisator /ɪmˈprɒvɪzeɪtə(r)/ n. → **improviser**.

improvisatorial /ɪmˌprɒvɪzəˈtɔːrɪəl/, **improvisatory** /ˌɪmprəˈvaɪzətərɪ, AE -tɔːrɪ/ agg. FORM. estemporaneo.

improvise /ˈɪmprəvaɪz/ **I** tr. improvvisare; fare, preparare sul momento **II** intr. *(all contexts)* improvvisare.

improvised /ˈɪmprəvaɪzd/ **I** p.pass. → **improvise II** agg. improvvisato; ***an ~ table, screen*** un tavolo, uno schermo improvvisato.

improviser /ˈɪmprəvaɪzə(r)/ n. chi improvvisa, improvvisatore m. (-trice).

imprudence /ɪmˈpruːdns/ n. imprudenza f.

imprudent /ɪmˈpruːdnt/ agg. imprudente.

imprudently /ɪmˈpruːdntlɪ/ avv. [*act*] imprudentemente; ***she ~ suggested that...*** ha imprudentemente suggerito che...

impudence /ˈɪmpjʊdəns/ n. impudenza f., sfacciataggine f.

impudent /ˈɪmpjʊdənt/ agg. impudente, sfacciato.

impudently /ˈɪmpjʊdəntlɪ/ avv. [*say, answer*] impudentemente, sfacciatamente.

impudicity /ɪmpjʊˈdɪsətɪ/ n. RAR. impudicizia f.

impugn /ɪmˈpjuːn/ tr. contestare, mettere in dubbio [*sincerity*]; impugnare [*judgment*]; attaccare [*reputation*].

impugnable /ɪmˈpjuːnəbl/ agg. oppugnabile, contestabile.

impugnment /ɪmˈpjuːnmənt/ n. oppugnazione f., contestazione f.

impuissance /ɪmˈpjuːɪsns/ n. RAR. impotenza f., debolezza f.

impuissant /ɪmˈpjuːɪsnt/ agg. RAR. impotente, debole.

▷ **impulse** /ˈɪmpʌls/ n. **1** *(urge)* impulso m., impeto m., spinta f.; ***to have a sudden ~ to do*** avere *o* sentire l'impulso improvviso di fare; ***her immediate ~ was to say no*** sentì l'impulso immediato di dire no; ***to act on (an) ~*** *(rashly)* agire d'impulso; *(spontaneously)* cedere all'impulso; ***on a sudden ~ she turned back*** d'impulso si girò; ***the ~ to communicate*** l'impulso di comunicare; ***a generous ~*** uno slancio di generosità; ***a person of ~*** una persona impulsiva **2** *(stimulus)* impulso m., stimolo m.; ***to give an ~ to economic recovery*** dare un impulso alla ripresa economica **3** FISIOL. impulso m. **4** EL. FIS. impulso m.

impulse buy /ˈɪmpʌlsbaɪ/ n. acquisto m. d'impulso.

impulse buying /ˈɪmpʌlsˌbaɪɪŋ/ n. **U** acquisto m. d'impulso.

impulse purchase /ˈɪmpʌlsˌpɜːtʃəs/ n. → **impulse buy**.

impulsion /ɪmˈpʌlʃn/ n. FORM. impulso m., impeto m., slancio m. (**to do** di fare).

impulsive /ɪmˈpʌlsɪv/ agg. **1** *(spontaneous)* [*gesture, reaction*] spontaneo, (fatto) d'impulso **2** *(rash)* [*person, gesture*] impulsivo, precipitoso; [*remark, reaction*] irriflessivo **3** FIS. propulsore.

impulsively /ɪmˈpʌlsɪvlɪ/ avv. **1** *(on impulse)* [*speak, behave, act*] d'impulso **2** *(rashly)* [*decide, act*] impulsivamente, precipitosamente.

impulsiveness /ɪmˈpʌlsɪvnɪs/ n. impulsività f.

impunity /ɪmˈpjuːnətɪ/ n. impunità f.; ***with ~*** impunemente.

impure /ɪmˈpjʊə(r)/ agg. **1** *(polluted)* [*water, thoughts*] impuro; [*drug*] tagliato **2** ARCH. ART. [*style*] ibrido.

impurely /ɪmˈpjʊəlɪ/ avv. in modo impuro.

impurity /ɪmˈpjʊərətɪ/ n. **1** impurità f. (anche FIG.); ***tested for impurities*** esaminato per cercare le impurità **2** FIG. impudicizia f. **3** CHIM. FIS. impurezza f.

imputability /ɪmˌpjuːtəˈbɪlətɪ/ n. imputabilità f.

imputable /ɪmˈpjuːtəbl/ agg. imputabile, attribuibile.

imputation /ˌɪmpjuːˈteɪʃn/ n. **1** *(attribution)* imputazione f., attribuzione f. (**of** di; **to** a) **2** *(accusation)* imputazione f.

impute /ɪmˈpjuːt/ tr. imputare, attribuire (**to** a).

imputed /ɪmˈpjuːtɪd/ **I** p.pass. → **impute II** agg. **1** imputato, attribuito **2** ECON. [*cost*] di computo; [*income, interest*] di computo, figurativo; ***~ rent*** fitto figurativo.

▶ **1.in** /ɪn/ prep. **1** *(expressing location or position)* ***~ Paris*** a Parigi; ***~ Spain*** in Spagna; ***~ hospital*** in *o* all'ospedale; ***~ school*** a scuola, nella scuola; ***~ prison, class, town*** in prigione, in classe, in città; ***~ the film*** nel film; ***~ the dictionary*** sul *o* nel dizionario; ***~ the newspaper*** sul giornale; ***~ the garden*** in *o* nel giardino; ***I'm ~ here!*** sono qui dentro! ***to be ~ bed*** essere a letto **2** *(inside, within)* in, dentro; ***~ the box*** nella scatola; ***there's something ~ it*** c'è qualcosa dentro **3** *(expressing a subject or field)* in; ***~ insurance, marketing*** nelle assicurazioni, nel marketing; ***a course ~ history*** un corso di storia; ***degree ~ philosophy*** laurea in filosofia; ***expert ~ computers*** esperto di computer, d'informatica **4** *(included, involved)* ***to be ~ the army*** essere nell'esercito, prestare servizio militare; ***to be ~ politics*** occuparsi di politica; ***to be ~ the team, group, collection*** far parte della squadra, del gruppo, della collezione; ***to be ~ on*** COLLOQ. essere al corrente di [*secret*] **5** *(in expressions of time)* ***~ May*** a *o* in maggio; ***~ 1987*** nel 1987; ***~ the night*** di, nella notte; ***~ the twenties*** negli anni '20; ***at four ~ the morning*** alle quattro del mattino; ***at two ~ the afternoon*** alle due del pomeriggio **6** *(within the space of)* in; ***to do sth. ~ 10 minutes*** fare qcs. in 10 minuti; ***~ a matter of seconds*** in pochi secondi **7** *(expressing the future)* tra; ***I'll be back ~ half an hour*** sarò di ritorno tra mezz'ora **8** *(for)* da; ***it hasn't rained ~ weeks*** non piove da settimane **9** *(during, because of)* in, per, a causa di; ***~ the confusion, he escaped*** nella confusione, è scappato; ***~ his hurry he forgot his keys*** nella fretta ha dimenticato le chiavi **10** *(with reflexive pronouns)* ***it's no bad thing ~ itself*** in sé non è una brutta cosa; ***how do you feel ~ yourself?*** che cosa provi? ***learning Italian is not difficult ~ itself*** di per sé, imparare l'italiano non è difficile; ***the library is a fine building ~ itself*** di per sé, la biblioteca è un bell'edificio **11** *(present in, inherent in)* ***you see it ~ children*** lo si vede nei bambini; ***it's rare ~ cats*** è raro nei gatti; ***we lost a talented surgeon ~ Jim*** con Jim abbiamo perso un chirurgo di talento; ***he hasn't got it ~ him to succeed*** non ha la stoffa per farcela; ***there's something ~ what he says*** c'è qualcosa di vero in ciò che dice **12** *(expressing colour, composition)* in; ***it comes ~ green*** c'è (in) verde; ***available ~ several colours*** disponibile in vari colori; ***bags ~ leather and canvas*** borse di pelle e tela **13** *(dressed in)* in; ***~ jeans*** in jeans; ***~ a skirt*** con la gonna; ***~ sandals*** coi sandali; ***dressed ~ black*** vestito di nero **14** *(expressing manner or medium)* ***~ German*** in tedesco; ***~ one dollar bills*** in banconote da un dollaro; ***~ B flat*** in si bemolle; ***"no," he said ~ a whisper*** "no" disse sussurrando; ***chicken ~ a white wine sauce*** pollo in salsa di vino bianco; ***peaches ~ brandy*** pesche al brandy; ***~ pencil*** a matita, con la matita **15** *(as regards)* ***rich, poor ~ minerals*** ricco, povero di minerali; ***deaf ~ one ear*** sordo da un orecchio; ***10 cm ~ length*** 10 cm di lunghezza; ***equal ~ weight*** dello stesso peso **16** *(by)* ***~ accepting*** nell'accettare, accettando; ***~ doing so*** nel fare ciò *o* facendo ciò **17** *(in superlatives)* di; ***the tallest tower ~ the world*** la torre più alta del mondo **18** *(in measurements)* ***there are 100 centimetres ~ a metre*** ci sono 100 centimetri in un metro; ***what's that ~ centimetres?*** quant'è in centimetri? ***have you got it ~ a 16?*** avete il 46? ***~ a smaller size*** in una taglia più piccola; ***there's only 1 cm ~ it*** c'è solo un cm di differenza; ***there's nothing ~ it*** sono più o meno uguali; ***the temperature was ~ the thirties*** la temperatura superava i trenta gradi **19** *(in* *ratios)* ***a gradient of 1 ~ 4*** una pendenza del 25%; ***a tax of 20 pence ~ the pound*** una tassa di 20 penny per ogni sterlina; ***to have a one ~ five chance*** avere una possibilità su cinque **20** *(in approximate amounts)* ***~ their hundreds*** a centinaia; ***~ their thousands*** a migliaia; ***to cut, break sth. ~ three*** tagliare, rompere qcs. in tre **21** *(expressing arrangement)* ***~ a circle*** in cerchio; ***~ rows of 12*** per file di 12; ***~ pairs*** a *o* in paia, a coppie; ***~ bundles*** a *o* in pacchi **22** *(expressing age)* ***she's ~ her twenties*** è una ventenne, ha tra i venti e i trent'anni; ***people ~ their forties*** i quarantenni; ***~ old age*** nella vecchiaia **23 in and out of** ***he's always ~ and out of the house*** o ***room*** esce e entra in continuazione; ***to weave ~ and out of*** fare la gincana tra [*traffic, tables*]; ***to be ~ and out of prison all one's life*** entrare e uscire di prigione tutta la vita; ***to be ~ and out of hospital a lot*** entrare e uscire dall'ospedale molte volte **24 in that** poiché, per la ragione che.

▶ **2.in** /ɪn/ avv. **1** *(indoors)* ***to come ~*** entrare; ***to run ~*** entrare di corsa; ***to come ~ and out*** entrare e uscire; ***to ask*** o ***invite sb. ~*** fare entrare qcn. *o* invitare qcn. a entrare; ***~ with you!*** su, entra! **2** *(at home, at work)* ***to be ~*** esserci; ***you're never ~*** non ci sei mai; ***I'm usually ~ by 9 am*** di solito arrivo per le 9; ***to come ~ two days a week*** venire al lavoro due giorni alla settimana *o* esserci due giorni alla settimana; ***to be ~ by midnight*** rientrare per mezzanotte; ***to spend the evening ~, to have an evening ~*** passare la serata a casa; ***to stay ~*** stare *o* rimanere a casa **3** *(in prison, in hospital)* ***he's ~ for murder*** è dentro *o* in carcere per omicidio; ***she's ~ for a biopsy*** è ricoverata per fare una biopsia **4** *(arrived)* ***the train is ~*** il treno è in stazione; ***the ferry is ~*** il traghetto è entrato in porto; ***the sea*** o ***tide is ~*** la marea è alta **5** SPORT *(within the boundary)* ***the ball*** o ***shot is ~*** la palla è buona *o* dentro; *(batting)* ***England is ~*** l'Inghilterra alla battuta **6** *(gathered)* ***the harvest is ~*** il raccolto è immagazzinato **7** *(in supply)* ***we don't have any ~*** non ne abbiamo, li abbiamo finiti; ***I should get some ~ tomorrow*** me ne dovrebbero arrivare alcuni domani; ***we've got some new titles ~*** ci sono arrivati dei nuovi titoli; ***to get some beer, a video ~*** (andare a) prendere della birra, una videocassetta **8** *(submitted)* ***applications must be ~ by the 23rd*** le domande devono pervenire entro il 23; ***the homework has to be ~ tomorrow*** i compiti vanno consegnati domani **9** *(elected to office)* al potere; ***Democrats are ~*** i democratici sono al potere; ***they got ~ at the last election*** furono eletti alle ultime elezioni ◆ ***to be ~ at the finish*** essere presente alla fine, all'ultima fase; ***to be ~ on the plan*** COLLOQ. partecipare al piano; ***I wasn't ~ on it*** COLLOQ. io non ne facevo parte; ***to have it ~ for sb.*** COLLOQ. avercela (a morte) con qcn.; ***you're ~ for it*** COLLOQ. sei nei guai; ***he's ~ for a shock, surprise*** avrà uno shock, una sorpresa *o* dovrà aspettarsi uno shock, una sorpresa.

3.in /ɪn/ agg. *(fashionable)* ***to be ~, to be the ~ thing*** essere alla moda, essere in; ***it's the ~ place to eat*** è un ristorante alla moda.

4.in /ɪn/ n. **1** ***the ~s*** i membri del partito al potere **2** ***~s and outs*** retroscena, dettagli; ***to know the ~s and outs of an affair*** conoscere i retroscena di una vicenda ◆ ***she has an ~ with the boss*** AE la porta del capo è sempre aperta per lei.

in. ⇒ inch pollice.

IN US ⇒ Indiana Indiana.

Ina /'aɪnə/ n.pr. Ina (nome di donna).

▷ **inability** /ˌɪnə'bɪlətɪ/ n. *(to drive, concentrate)* incapacità f. (**to do** di fare); *(to help, to pay)* impossibilità f. (**to do** di fare).

in absentia /ˌɪnæb'sentɪə/ avv. **1** FORM. in sua, loro ecc. assenza **2** DIR. in contumacia.

inaccessibility /ˌɪnæksesə'bɪlətɪ/ n. inaccessibilità f.

inaccessible /ˌɪnæk'sesəbl/ agg. **1** *(out of reach)* [*place*] inaccessibile, irraggiungibile; [*person*] inavvicinabile **2** *(hard to grasp)* [*play, art form*] inaccessibile (**to** a); incomprensibile (**to** per).

inaccuracy /ɪn'ækjərəsɪ/ n. **1 U** *(of account, estimate, term)* inesattezza f., imprecisione f.; *(of person)* imprecisione f., mancanza f. di precisione **2** *(in account, estimate)* inesattezza f.; ***the report is full of inaccuracies*** il rapporto è pieno di inesattezze.

inaccurate /ɪn'ækjʊrət/ agg. [*data, calculation, information*] impreciso, sbagliato; [*translation*] non accurato, sbagliato, inesatto; [*account, statement*] inesatto; [*instrument, word, term*] sbagliato, improprio; ***her description was ~*** la sua descrizione era imprecisa; ***it would be ~ to say so*** sarebbe inesatto dire ciò; ***he tends to be ~*** ha la tendenza a essere impreciso.

inaccurately /ɪn'ækjʊərətlɪ/ avv. [*report, quote, state*] in modo inesatto, impreciso; ***a condition known ~ as*** una malattia comunemente nota come; ***~ described as*** erroneamente descritto come.

inaction /ɪn'ækʃn/ n. inazione f., inattività f.

inactivate /ɪn'æktɪveɪt/ tr. inattivare, disattivare.

inactivation /ɪnˌæktɪ'veɪʃn/ n. inattivazione f., disattivazione f.

inactive /ɪn'æktɪv/ agg. **1** *(not active)* [*person, life, mind*] inattivo, inoperoso **2** *(not working)* [*machine*] inoperoso, non in funzione **3** *(dormant)* [*volcano*] inattivo.

inactively /ɪn'æktɪvlɪ/ avv. inattivamente, inoperosamente.

inactivity /ˌɪnæk'tɪvətɪ/ n. inattività f., inoperosità f.

inadaptability /ɪnəˌdæptə'bɪlətɪ/ n. inadattabilità f.

inadaptable /ɪnə'dæptəbl/ agg. inadattabile.

inadequacy /ɪn'ædɪkwəsɪ/ n. **1** *(insufficiency)* inadeguatezza f., insufficienza f. **2** *(defect)* inidoneità f.; ***to have*** o ***suffer from feelings of ~*** avere la sensazione di essere inadeguato *o* di non essere all'altezza.

▷ **inadequate** /ɪn'ædɪkwət/ agg. [*funding, heating, resources, measures, preparation, knowledge*] inadeguato, insufficiente (**for** per; **to do** per fare); [*budget, control*] insufficiente; [*system, means, legislation, response, planning, facilities, services*] inadeguato; [*word, expression*] inadeguato, inadatto; ***the law is hopelessly ~ on this subject*** la legislazione è del tutto carente in questo settore; ***to feel ~*** [*person*] sentirsi inadeguato *o* avere la sensazione di non essere all'altezza.

inadequately /ɪn'ædɪkwətlɪ/ avv. [*heated, lit, paid, prepared*] in modo inadeguato, insufficiente; ***it is ~ staffed*** non ha il personale sufficiente; ***they are ~ trained*** la loro preparazione è inadeguata.

inadmissibility /ˌɪnədˌmɪsɪ'bɪlətɪ/ n. inammissibilità f.

inadmissible /ˌɪnəd'mɪsəbl/ agg. **1** DIR. [*evidence*] inammissibile **2** *(unacceptable)* [*behaviour, act*] inammissibile, inaccettabile; [*proposal*] inammissibile.

inadvertence /ˌɪnəd'vɜːtəns/ n. inavvertenza f., disattenzione f., sbadataggine f.

inadvertent /ˌɪnəd'vɜːtənt/ agg. **1** *(accidental)* [*omission, error, action*] involontario, non intenzionale **2** *(inattentive)* disattento, distratto, sbadato.

inadvertently /ˌɪnəd'vɜːtəntlɪ/ avv. **1** *(unintentionally)* involontariamente, non intenzionalmente **2** *(unthinkingly)* distrattamente, sbadatamente.

inadvisable /ˌɪnəd'vaɪzəbl/ agg. [*plan, action*] sconsigliabile, inopportuno; ***it is ~ for sb. to do*** è sconsigliabile che qcn. faccia.

inalienability /ɪnˌeɪlɪənə'bɪlətɪ/ n. inalienabilità f.

inalienable /ɪn'eɪlɪənəbl/ agg. DIR. inalienabile.

inalterability /ɪnˌɔːltərə'bɪlətɪ/ n. inalterabilità f.

inalterable /ɪn'ɔːltərəbl/ agg. inalterabile.

inalterably /ɪn'ɔːltərəblɪ/ avv. inalterabilmente.

inamorata /ˌɪnæmə'rɑːtə/ n. LETT. o SCHERZ. innamorata f.

inane /ɪ'neɪn/ **I** agg. [*person*] vuoto, vacuo; [*conversation*] sciocco, banale; [*programme, question*] futile **II** n. ANT. vuoto m.

inanely /ɪ'neɪnlɪ/ avv. [*grin, laugh*] scioccamente, in modo idiota.

inanimate /ɪn'ænɪmət/ agg. inanimato.

inanimation /ˌɪnænɪ'meɪʃn/ n. *(lack of life)* mancanza f. di vita; *(lack of animation)* mancanza f. di vitalità.

inanition /ˌɪnə'nɪʃn/ n. FORM. inanizione f.

inanity /ɪ'nænətɪ/ n. inanità f., vacuità f.; *(senseless ideas)* stupidaggini f.pl.

inappellable /ɪnə'peləbl/ agg. FORM. inappellabile.

inappetence /ɪn'æpɪtəns/ n. FORM. inappetenza f.

inapplicability /ˌɪnæplɪkə'bɪlətɪ/ n. inapplicabilità f.

inapplicable /ɪn'æplɪkəbl, ˌɪnə'plɪk-/ agg. inapplicabile (**to** a).

inapposite /ˌɪn'æpəzɪt/ agg. improprio, non appropriato.

inappositely /ˌɪn'æpəzɪtlɪ/ avv. impropriamente, in modo non appropriato.

inappreciable /ˌɪnə'priːʃəbl/ agg. *(unable to be appreciated)* inapprezzabile; *(imperceptible)* impercettibile.

inappreciably /ˌɪnə'priːʃəblɪ/ avv. in modo inapprezzabile, impercettibilmente.

inappreciation /ˌɪnəpriːʃɪ'eɪʃn/ n. **1** *(lack of appreciation)* (il) non apprezzare **2** *(ingratitude)* ingratitudine f.

inappreciative /ˌɪnə'priːʃɪətɪv, AE -ɪeɪt-/ agg. *(showing no appreciation)* che non apprezza; *(thankless)* ingrato.

inapprehensible /ˌɪnæprɪ'hensəbl/ agg. incomprensibile.

inapprehensive /ˌɪnæprɪ'hensɪv/ agg. che non comprende, che non riesce a capire.

inapproachable /ˌɪnə'prəʊtʃəbl/ agg. inaccessibile, inavvicinabile.

▷ **inappropriate** /ˌɪnə'prəʊprɪət/ agg. **1** *(improper, unsuitable)* [*behaviour, action, reaction*] inappropriato, fuori luogo; [*remark, reference*] inopportuno, fuori luogo; ***shorts are ~ for work*** i pantaloncini non sono adatti al lavoro; ***this is quite ~ for children*** non è adatto ai bambini **2** *(not what is needed, incorrect)* [*advice, treatment, site, building, name, word*] inadeguato, inadatto; ***he was*** *an ~ choice for leader* la sua scelta come dirigente non fu appropriata.

inappropriately /ˌɪnəˈprəʊprɪətlɪ/ avv. [*behave, laugh*] in modo inappropriato, inopportuno; ***to be ~ dressed*** *(unsuitably)* essere vestito in modo inappropriato; *(impractically)* essere vestito in modo inadatto.

inappropriateness /ˌɪnəˈprəʊprɪətnɪs/ n. *(of remark)* inopportunità f.; *(of behaviour, dress)* (l')essere inappropriato, (l')essere fuori luogo; *(of choice, site)* inadeguatezza f.

inapt /ɪnˈæpt/ agg. *(inappropriate)* [*expression, term*] improprio, inadatto; [*behaviour, remark*] inopportuno, fuori luogo.

inaptitude /ɪnˈæptɪtjuːd/, **inaptness** /ɪnˈæptnɪs/ n. (l')essere inadatto, (l')essere fuori luogo.

inarticulate /ˌɪnɑːˈtɪkjʊlət/ agg. **1** *(unable to express oneself)* ***to be ~*** esprimersi con difficoltà *o* in modo sconnesso, non riuscire a esprimersi; ***she was ~ with rage*** non riusciva a parlare dalla rabbia **2** *(indistinct)* [*mumble, cry, grunt*] inarticolato, indistinto; [*speech*] incomprensibile **3** *(defying expression)* [*rage, despair, grief, longing*] inesprimibile **4** ZOOL. inarticolato.

inarticulately /ˌɪnɑːˈtɪkjʊlətlɪ/ avv. [*cry, grunt*] in modo inarticolato, indistinto; [*speak*] in modo incomprensibile.

inarticulateness /ˌɪnɑːˈtɪkjʊlətnɪs/ n. *(inability to express oneself)* (l')esprimersi con difficoltà, (il) non riuscire a esprimersi.

inartificial /ɪnˌɑːtɪˈfɪʃl/ agg. ANT. **1** *(not artificial)* non artificiale, naturale **2** *(inartistic)* non artistico.

inartistic /ˌɪnɑːˈtɪstɪk/ agg. [*person*] privo di gusto, di senso artistico; [*work*] privo di, senza valore artistico.

inasmuch /ˌɪnəzˈmʌtʃ/: **inasmuch as** *(insofar as)* nella misura in cui; *(seeing as, since)* poiché, giacché.

inattention /ˌɪnəˈtenʃn/ n. disattenzione f., distrazione f.

inattentive /ˌɪnəˈtentɪv/ agg. [*pupil*] disattento, non attento, distratto; [*audience, lover*] poco attento, distratto; ***to be ~ to*** aver poca attenzione per [*person, needs*]; non fare *o* prestare attenzione a [*speech*].

inattentively /ˌɪnəˈtentɪvlɪ/ avv. [*listen*] distrattamente, senza prestare attenzione.

inattentiveness /ˌɪnəˈtentɪvnɪs/ n. disattenzione f., distrazione f.

inaudibility /ɪnɔːdəˈbɪlətɪ/ n. *(of sound)* impercettibilità f.

inaudible /ɪnˈɔːdəbl/ agg. [*sound*] impercettibile, non udibile; ***he was almost ~*** lo sentivamo a malapena; ***her reply was mostly ~*** la sua risposta non si riusciva quasi a sentire.

inaudibly /ˌɪnˈɔːdəblɪ/ avv. [*reply, mumble*] in modo impercettibile.

inaugural /ɪˈnɔːgjʊrəl/ **I** agg. **1** *(first in series)* [*meeting, session*] inaugurale; ~ ***lecture*** BE prolusione **2** *(of an inauguration)* [*ceremony, address*] inaugurale, d'inaugurazione **II** n. *(speech)* discorso m. inaugurale; *(inauguration)* inaugurazione f.

inaugurate /ɪˈnɔːgjʊreɪt/ tr. **1** *(begin, open)* inaugurare [*exhibition, era, tradition*] **2** *(induct)* insediare [*president, official*]; intronizzare [*bishop*].

inauguration /ɪˌnɔːgjʊˈreɪʃn/ n. **1** *(into office) (of president)* insediamento m.; *(of bishop)* intronizzazione f. **2** *(beginning) (of exhibition, era, tradition)* inaugurazione f.

Inauguration Day /ɪnɔːgjʊˈreɪʃnˌdeɪ/ n. US POL. = il 20 gennaio, giorno dell'insediamento del Presidente degli Stati Uniti.

inaugurator /ɪˌnɔːgjʊˈreɪtə(r)/ n. inauguratore m. (-trice).

inauguratory /ɪˌnɔːgjʊˈreɪtərɪ, AE -tɔːrɪ/ agg. inaugurale.

inauspicious /ˌɪnɔːˈspɪʃəs/ agg. **1** *(unpromising)* [*beginning, circumstances*] infausto, di cattivo auspicio **2** *(unfortunate)* [*meeting, occasion*] sfortunato, malaugurato, sventurato.

inauspiciously /ˌɪnɔːˈspɪʃəslɪ/ avv. [*begin, start*] in modo infausto, sotto una cattiva stella.

in-between /ɪnbɪˈtwiːn/ agg. di mezzo, intermedio.

inboard /ˈɪnbɔːd/ **I** agg. MAR. interno, entrobordo; AER. interno **II** avv. MAR. internamente, verso il centro (della nave).

inborn /ˈɪnbɔːn/ agg. **1** *(innate)* [*talent, tendency*] innato **2** *(inherited)* [*deficiency*] congenito.

inbound /ˈɪnbaʊnd/ agg. [*ship*] diretto in patria.

inbox /ˈɪnbɒks/ n. *(in e-mail)* (casella di) posta f. in arrivo.

inbreathe /ɪnˈbriːð/ tr. RAR. inspirare

inbred /ˌɪnˈbred/ **I** p.pass. → **inbreed II** agg. **1** *(innate)* [*tendency, confidence*] innato, connaturato **2** *(produced by inbreeding)* [*animal*] = ottenuto con accoppiamento tra soggetti consanguinei; [*family, tribe*] = caratterizzato da un alto numero di matrimoni tra consanguinei; [*characteristic*] = risultante dall'accoppiamento tra consanguinei.

inbreed /ɪnˈbriːd/ **I** tr. (pass., p.pass. **-bred**) **1** ottenere con accoppiamento tra consanguinei [*animal*] **2** fare sposare tra consanguinei [*people*] **II** intr. (pass., p.pass. **-bred**) sposarsi tra consanguinei.

inbreeding /ɪnˈbriːdɪŋ/ n. *(in animals)* incrocio m. di consanguinei, inbreeding m., incrocio m.; *(in humans)* matrimoni m.pl., unioni f.pl. tra consanguinei.

inbuilt /ˌɪnˈbɪlt/ agg. **1** *(ingrained)* [*trait, belief*] radicato, connaturato **2** *(built in)* [*bias, limitation*] intrinseco, strutturale.

Inc AE ⇒ incorporated società per azioni (S.p.A.).

Inca /ˈɪŋkə/ n. (pl. **~**, **~s**) inca m. e f.

incalculability /ɪnˌkælkjʊləˈbɪlətɪ/ n. **1** *(of harm, loss, effect)* incalcolabilità f. **2** *(of person, mood)* imprevedibilità f.

incalculable /ɪnˈkælkjʊləbl/ agg. **1** [*harm, loss, effect*] incalcolabile **2** *(unpredictable)* [*person, mood*] imprevedibile.

incandesce /ˌɪnkænˈdes/ **I** tr. RAR. rendere incandescente **II** intr. diventare incandescente.

incandescence /ˌɪnkænˈdesns/ n. incandescenza f.

incandescent /ˌɪnkænˈdesnt/ agg. **1** *(with heat)* incandescente **2** FIG. *(radiant)* raggiante.

incandescent lamp /ˌɪnkænˈdesntˌlæmp/ n. lampada f. a incandescenza.

incantation /ˌɪnkænˈteɪʃn/ n. incantesimo m., magia f.

incapability /ɪnˌkeɪpəˈbɪlətɪ/ n. DIR. incapacità f. (**to do** di fare).

▷ **incapable** /ɪnˈkeɪpəbl/ agg. [*person, organization*] incapace (**of doing** di fare); ***he's ~ of action, of any emotion*** è incapace di agire, di provare emozioni; ***to be ~ of killing, of dishonesty*** essere incapace di uccidere, di essere disonesto; ***actions ~ of justification*** FORM. azioni impossibili da giustificare; ***drunk and ~*** DIR. in stato d'ubriachezza.

incapacitate /ˌɪnkəˈpæsɪteɪt/ tr. **1** *(immobilize)* [*accident, disability, illness*] rendere inabile, incapace **2** *(temporarily)* [*pain, headache*] rendere incapace di fare qualsiasi cosa **3** *(disarm)* rendere incapace di nuocere.

incapacitated /ˌɪnkəˈpæsɪteɪtɪd/ **I** p.pass. → **incapacitate II** agg. inabile, incapace; ***severely ~*** invalido, infermo.

incapacitation /ˌɪnkəpæsɪˈteɪʃn/ n. incapacità f., inettitudine f.

incapacity /ˌɪnkəˈpæsətɪ/ n. **1** incapacità f. (**to do** di fare), inabilità f. (**to do** a fare) **2** DIR. incapacità f. (giuridica) (**to do** di fare).

incapacity benefit /ˌɪnkəˈpæsətɪˌbenɪfɪt/ n. BE sussidio m. d'invalidità.

in-car /ɪnˈkɑː(r)/ agg. ~ ***stereo*** o ***entertainment system*** autoradio.

incarcerate /ɪnˈkɑːsəreɪt/ tr. incarcerare, imprigionare.

incarceration /ɪnˌkɑːsəˈreɪʃn/ n. incarcerazione f., carcerazione f.

incarcerator /ɪnˌkɑːsəˈreɪtə(r)/ n. chi incarcera.

1.incarnadine /ɪnˈkɑːnədaɪn/ agg. color carne; *(crimson)* cremisi; LETT. *(bloodred)* rosso sangue, vermiglio.

2.incarnadine /ɪnˈkɑːnədaɪn/ tr. rendere color carne; *(crimson)* rendere cremisi; LETT. rendere rosso sangue.

1.incarnate /ɪnˈkɑːnet/ agg. incarnato; fatto persona; ***the devil ~*** il diavolo incarnato.

2.incarnate /ˈɪnkɑːneɪt/ tr. incarnare; ***to be ~d in*** o ***as*** incarnarsi in.

incarnation /ˌɪnkɑːˈneɪʃn/ n. RELIG. incarnazione f. (anche FIG.).

incautious /ɪnˈkɔːʃəs/ agg. incauto, imprudente.

incautiously /ɪnˈkɔːʃəslɪ/ avv. incautamente, imprudentemente.

incautiousness /ɪnˈkɔːʃəsnɪs/ n. imprudenza f.

incendiarism /ɪnˈsendɪərɪzəm/ n. **1** *(practice)* piromania f.; *(arson)* incendio m. doloso **2** ANT. sobillazione f.

incendiary /ɪnˈsendɪərɪ, AE -dɪerɪ/ **I** agg. incendiario (anche FIG.) **II** n. **1** *(bomb)* bomba f. incendiaria **2** *(arsonist)* incendiario m. (-a) **3** *(agitator)* sovversivo m. (-a).

incendiary attack /ɪnˈsendɪərɪəˌtæk, AE -dɪerɪ-/ n. attacco m. incendiario.

incendiary device /ɪnˌsendɪərɪdɪˈvaɪs, AE -dɪerɪ-/ n. ordigno m. incendiario.

1.incense /ˈɪnsens/ n. incenso m.

2.incense /ˈɪnsens/ tr. incensare (anche FIG.).

3.incense /ɪnˈsens/ tr. *(enrage)* irritare, esasperare, rendere furibondo.

incense bearer /ˈɪnsensˌbeərə(r)/ n. turiferario m.

incense burner /ˈɪnsensˌbɜːnə(r)/ n. incensiere m., turibolo m.

incensed /ɪnˈsenst/ **I** p.pass. → **3.incense II** agg. irritato, esasperato (**at**, **by** da).

incensement /ɪnˈsensmənt/ n. irritazione f., esasperazione f.

incensory /ˈɪnsensərɪ/ n. incensiere m., turibolo m.

▷ **incentive** /ɪnˈsentɪv/ n. **1** *(motivation)* ***to give sb. the ~ to do*** dare a qcn. l'incentivo, lo stimolo per fare; ***there is no ~ for people to save*** la gente non è incentivata a risparmiare; ***they've no ~ to work*** non sono motivati a lavorare; ***there are strong ~s to join a union*** ci sono importanti motivi per aderire a un sindacato **2** ECON. COMM. incentivo m.; ***export ~*** incentivo alle esportazioni.

incentive bonus /ɪn'sentɪvˌbəʊnəs/, **incentive payment** /ɪn'sentɪvˌpeɪmənt/ n. incentivo m.
incentive scheme /ɪn'sentɪvˌski:m/ n. piano m. di incentivi.
incentivize /ɪnsentɪ'vaɪz/ tr. incentivare, incoraggiare (**to do** a fare).
incentre /'ɪnsəntə(r)/ n. incentro m.
inception /ɪn'sepʃn/ n. principio m., inizio m.; ***from*** o ***since its ~ in 1962*** dal suo inizio nel 1962.
inceptive /ɪn'septɪv/ agg. **1** iniziale **2** LING. incoativo.
incertitude /ɪn'sɜ:tɪtju:d, AE -tu:d/ n. incertezza f.
incessant /ɪn'sesnt/ agg. incessante, continuo.
incessantly /ɪn'sesntlɪ/ avv. incessantemente.
incessantness /ɪn'sesntnɪs/ n. (l')essere incessante, continuo.
incest /'ɪnsest/ n. incesto m.; ***to commit ~*** commettere incesto.
incestuous /ɪn'sestjʊəs, AE -tʃʊəs/ agg. incestuoso; ***it's a very ~ world*** FIG. è un mondo, un ambiente molto chiuso.
incestuously /ɪn'sestjʊəslɪ, AE -tʃʊəs-/ avv. incestuosamente.
incestuousness /ɪn'sestjʊəsnɪs, AE -tʃʊəs-/ n. (l')essere incestuoso.
▷ **1.inch** /ɪntʃ/ ♦ ***15*** n. **1** pollice m. (= 2,54 cm) **2** FIG. *(small amount)* ***~ by ~*** a poco a poco, gradatamente; ***I couldn't see an ~ in front of me in the fog*** non vedevo a un palmo di distanza nella nebbia; ***to miss being run over by ~es*** non essere investito per un pelo; ***to come within an ~ of winning, succeeding*** essere a un passo *o* a un pelo dalla vittoria, dal farcela; ***to be within an ~ of death, victory*** essere a un passo dalla morte, dalla vittoria; ***she won't give*** o ***budge an ~*** non si sposta di un centimetro ♦ ***give her an ~ and she'll take a mile*** o ***yard*** se le dai un dito, lei si prende il braccio; ***I don't trust him an ~*** non mi fido minimamente di lui; ***to fight every ~ of the way*** lottare allo stremo; ***to know every ~ of sth.*** conoscere qcs. perfettamente *o* come le proprie tasche; ***to search every ~ of the car, carpet*** setacciare la macchina, il tappeto centimetro per centimetro; ***to be every ~ an aristocrat, soldier*** essere un aristocratico, un soldato dalla testa ai piedi.
2.inch /ɪntʃ/ **I** tr. ***to ~ [sth.] forward*** spingere avanti di poco [*box*]; andare avanti poco a poco con [*car*]; ***to ~ the car into the garage*** entrare piano piano con la macchina in garage; ***to ~ one's way across sth.*** attraversare qcs. poco a poco **II** intr. ***to ~ across*** attraversare poco a poco, lentamente [*floor*]; ***to ~ along*** avanzare lentamente lungo [*ledge, plank*]; ***to ~ towards*** dirigersi lentamente verso [*door*]; FIG. arrivare a piccoli passi a [*solution, completion*].
■ **inch up** [*inflation, interest rate, price*] salire poco per volta, gradualmente.
3.inch /ɪntʃ/ n. SCOZZ. IRLAND. piccola isola f.
inched /ɪntʃt/ agg. [*scale*] graduato in pollici.
inchmeal /'ɪntʃmi:l/ avv. gradatamente, a poco a poco.
1.inchoate /ɪn'kəʊeɪt, 'ɪn-/ agg. [*idea, plan*] appena abbozzato, non ancora sviluppato; [*desire, longing*] vago, indefinito.
2.inchoate /'ɪnkəʊeɪt/ tr. RAR. cominciare, iniziare.
inchoation /ɪnkəʊ'eɪʃn/ n. RAR. inizio m., principio m.
inchoative /ɪn'kəʊətɪv/ agg. LING. incoativo.
inch worm /'ɪntʃwɜ:m/ n. ZOOL. bruco m. di geometride, bruco m. misuratore.
incidence /'ɪnsɪdəns/ n. **1** *(occurrence)* ***the ~ of*** l'incidenza di [*thefts, attacks, deaths*]; ***a high ~ of sth.*** un'alta incidenza di qcs.; ***the low ~ of sth.*** la bassa incidenza di qcs. **2** FIS. *(of ray)* incidenza f.; ***angle of ~*** angolo d'incidenza.
▶ **1.incident** /'ɪnsɪdənt/ n. **1** *(event) (in life)* avvenimento m.; *(in narrative)* episodio m. **2** *(disturbance)* incidente m.; ***border, diplomatic ~*** incidente di frontiera, diplomatico; ***stabbing ~*** aggressione con arma da taglio; ***without ~*** senza incidenti *o* intoppi.
2.incident /'ɪnsɪdənt/ agg. **1** FORM. *(related)* ***~ to*** connesso, inerente a [*membership, ownership, role*] **2** FIS. [*ray*] incidente.
incidental /ˌɪnsɪ'dentl/ **I** agg. **1** *(minor)* [*detail, by-product, fact, remark*] incidentale, secondario; [*flaw, error*] marginale **2** *(occurring as minor consequence)* ***to be ~ to*** essere connesso a, insito in [*activity, job, undertaking*] **3** *(accidental)* accidentale, fortuito, casuale **II** n. caso m. fortuito; fatto m. accessorio **III incidentals** n.pl. COMM. spese f. occasionali, accessorie.
incidental damages /ˌɪnsɪˌdentl'dæmɪdʒɪz/ n.pl. DIR. danni m. indiretti.
incidental expenses /ˌɪnsɪˌdentlɪk'spensɪz/ n.pl. spese f. accessorie, extra.
▷ **incidentally** /ˌɪnsɪ'dentlɪ/ avv. **1** *(by the way)* a proposito, fra l'altro, tra parentesi; ***~, did you see...?*** a proposito, hai visto...? ***...who, ~, owes me £ 10*** ...che, tra l'altro, mi deve 10 sterline **2** *(as a by-product)* incidentalmente, casualmente, marginalmente.
incidental music /ˌɪnsɪˌdentl'mju:zɪk/ n. musica f. di sottofondo.
incident room /'ɪnsɪdentˌru:m, -ˌrʊm/ n. BE = centro coordinato dalla polizia situato vicino al luogo di incidenti, delitti ecc.
incident tape /'ɪnsɪdentˌteɪp/ n. = nastro con cui si segnalano interruzioni, lavori in corso ecc.
incinerate /ɪn'sɪnəreɪt/ tr. incenerire.
incineration /ɪnˌsɪnə'reɪʃn/ n. incenerimento m.
incinerator /ɪn'sɪnəreɪtə(r)/ n. *(industrial, domestic)* inceneritore m.; *(in crematorium)* forno m. crematorio.
incipience /ɪn'sɪpɪəns/, **incipiency** /ɪn'sɪpɪənsɪ/ n. incipienza f., principio m., inizio m.
incipient /ɪn'sɪpɪənt/ agg. [*disease, crisis, baldness*] incipiente; ***a sign of ~ madness*** un primo sintomo di pazzia.
in-circle /'ɪnsɜ:kl/ n. cerchio m. inscritto.
incise /ɪn'saɪz/ tr. **1** *(cut)* incidere, tagliare **2** *(engrave)* intagliare.
incised /ɪn'saɪzd/ **I** p.pass. → **incise II** agg. **1** [*surface, design*] intagliato **2** BOT. [*leaf*] inciso.
incision /ɪn'sɪʒn/ n. **1** MED. incisione f. **2** *(notch)* intaglio m., incisione f.
incisive /ɪn'saɪsɪv/ agg. *(keen, decisive)* [*remark*] incisivo, acuto; tagliente; [*criticism*] tagliente, mordace; [*mind*] penetrante, acuto; [*manner, presentation, style*] incisivo, efficace.
incisively /ɪn'saɪsɪvlɪ/ avv. [*argue, present*] incisivamente.
incisiveness /ɪn'saɪsɪvnɪs/ n. *(of remark)* incisività f.; *(of criticism)* tono m. incisivo; *(of mind)* acutezza f.
incisor /ɪn'saɪzə(r)/ n. (dente) incisivo m.
incisorial /ɪnsaɪ'zɔ:rɪəl/, **incisory** /ɪn'saɪzərɪ/ agg. incisorio.
incisure /ɪn'saɪʒə(r)/ n. incisura f., taglio m., incisione f.
incitation /ˌɪnsaɪ'teɪʃn/ n. incitamento m.
incite /ɪn'saɪt/ tr. ***to ~ violence, a riot*** incitare alla violenza, alla rivolta; ***to ~ sb. to do*** istigare *o* spingere qcn. a fare.
incitement /ɪn'saɪtmənt/ n. incitamento m. (**to** a).
inciter /ɪn'saɪtə(r)/ n. incitatore m. (-trice), istigatore m. (-trice).
incivility /ˌɪnsɪ'vɪlətɪ/ n. inciviltà f., scortesia f., villania f.
incivism /ˌɪnsɪ'vɪzəm/ n. mancanza f. di senso civico.
incl 1 ⇒ including incluso; ***£ 20,000 ~ bonuses*** 20.000 sterline, più incentivi **2** ⇒ inclusive comprensivo; ***£ 110 ~*** 110 sterline tutto compreso.
inclemency /ɪn'klemənsɪ/ n. *(of weather, winter)* inclemenza f.; *(of climate)* rigidità f.
inclement /ɪn'klemənt/ agg. **1** [*weather, winter*] inclemente, avverso; [*climate*] rigido **2** [*judge*] inclemente.
inclemently /ɪn'klementlɪ/ avv. [*judge*] in modo inclemente.
inclinable /ɪn'klaɪnəbl/ agg. **1** *(disposed)* incline, propenso **2** *(capable of being inclined)* inclinabile.
inclination /ˌɪŋklɪ'neɪʃn/ n. **1** *(tendency)* inclinazione f., tendenza f., propensione f. (**to, towards** a); ***I have an ~ to forget*** ho la tendenza a dimenticare; ***to be lazy by ~*** essere pigro di natura; ***to follow one's own ~s*** seguire le proprie inclinazioni **2** *(desire)* voglia f. (**for** di); *(liking)* inclinazione f., simpatia f. (**for** per); ***to have an ~ to do, to be*** avere voglia di fare, di essere; ***to have no ~ to do*** non avere alcuna voglia di fare; ***to have no ~ for sth.*** non avere nessuna inclinazione per qcs. **3** *(degree of slope)* inclinazione f., pendenza f.
1.incline /'ɪŋklaɪn/ n. *(slope)* inclinazione f., pendenza f., pendio m.
2.incline /ɪn'klaɪn/ **I** tr. **1** *(bend)* inclinare, piegare, chinare [*head*] **2** FORM. *(persuade)* ***to ~ sb. to do*** persuadere, indurre qcn. a fare **3** *(tilt)* inclinare [*mirror, seat*] **II** intr. **1** *(tend)* ***to ~ to*** o ***towards*** [*ideas, politics*] tendere a [*extremism, socialism*]; ***to ~ to*** o ***towards greed, severity*** [*person*] avere la tendenza a essere goloso, severo; ***to ~ towards the opinion that*** propendere verso l'opinione che **2** *(lean)* [*tower, tree*] inclinarsi, pendere; [*road*] pendere; [*person*] piegarsi, chinarsi.
▷ **inclined** /ɪn'klaɪnd/ **I** p.pass. → **2.incline II** agg. **1** ***to be ~ to do*** *(have tendency)* essere incline a fare; *(have desire)* avere voglia di fare; ***if you feel so ~*** se le va, se ne ha voglia; ***he was not ~ to help, listen*** non era propenso, disposto ad aiutare, ad ascoltare; ***to be artistically ~*** essere portato per l'arte **2** ***I didn't know he was that way ~*** EUFEM. SPREG. non sapevo che avesse certe tendenze.
inclined plane /'ɪnklaɪndˌpleɪn/ n. piano m. inclinato.
incline shaft /'ɪnklaɪnˌʃɑ:ft, AE -ˌʃæft/ n. MINER. pozzo m. inclinato.
inclinometer /ˌɪnklɪ'nɒmɪtə(r)/ n. inclinometro m.
inclose → **enclose**.
inclosure → **enclosure**.
▶ **include** /ɪn'klu:d/ tr. includere; *(followed by list of names, items etc.)* includere, comprendere; ***most people, children ~d*** la maggior parte delle persone, bambini compresi; ***all the ministers, O'Connell ~d*** tutti i ministri, compreso O'Connell; ***the guests ~d Lord Crowning*** tra gli ospiti c'era anche Lord Crowning; ***breakfast is ~d***

in the price la colazione è compresa nel prezzo; ***£ 50 to ~ taxes*** 50 sterline incluse le tasse; ***your duties ~ answering the phone*** rispondere al telefono rientra nei tuoi compiti; ***does that ~ me?*** riguarda anche me?

▷ **including** /ɪn'klu:dɪŋ/ prep. che include, comprensivo di, compreso, incluso; ***~ July*** compreso luglio; ***not ~ July*** senza contare luglio; ***£ 10, ~ coffee*** 10 sterline, caffè compreso; ***up to and ~ Monday*** fino a lunedì compreso; ***~ service*** servizio compreso; ***~ Mary, not ~ Mary we'll be six*** contando Mary, senza contare Mary saremo in sei.

▷ **inclusion** /ɪn'klu:ʒn/ n. inclusione f. (**of** di; **in** in) (anche MAT.); ***advertisements for ~ in next week's issue*** annunci per comparire sul numero della prossima settimana.

inclusive /ɪn'klu:sɪv/ agg. [*charge*] incluso, compreso; [*price*] inclusivo, comprensivo; [*terms*] tutto compreso; ***from the 15th to the 21st ~*** dal 15 al 21 compreso; ***those aged 17-24 ~*** le persone dai 17 ai 24 anni compresi; ***prices are all-~*** i prezzi sono tutto compreso; ***book an ~ holiday with us*** BE prenotate da noi le vostre vacanze tutto compreso; ***the price ~ of delivery*** il prezzo comprensivo della consegna; ***the price is not ~ of delivery*** il prezzo non è comprensivo della consegna.

inclusively /ɪn'klu:sɪvlɪ/ avv. incluso, compreso; inclusivamente.

incoercible /ˌɪnkəʊ'ɜ:sɪbl/ agg. incoercibile.

incog /ɪŋ'kɒg/ agg. e avv. in incognito.

incognito /ˌɪŋkɒg'ni:təʊ, AE ɪŋ'kɒgnətəʊ/ **I** n. (pl. **~s**) incognito m. **II** agg. ***to be ~*** essere in incognito; ***to remain ~*** conservare l'incognito **III** avv. [*travel, go*] in incognito.

incognizable /ɪn'kɒgnɪzəbl/ agg. inconoscibile.

incoherence /ˌɪŋkəʊ'hɪərəns/, **incoherency** /ˌɪŋkəʊ'hɪərənsɪ/ n. incoerenza f.

incoherent /ˌɪŋkəʊ'hɪərənt/ agg. incoerente.

incoherently /ˌɪŋkəʊ'hɪərəntlɪ/ avv. incoerentemente.

incohesive /ˌɪnkəʊ'hi:sɪv/ agg. non coeso, che manca di coesione.

incombustibility /ˌɪŋkəmˌbʌstə'bɪlətɪ/ n. incombustibilità f.

incombustible /ˌɪŋkəm'bʌstəbl/ agg. incombustibile.

▶ **income** /'ɪŋkʌm/ n. reddito m., entrate f.pl.; ***an ~ of £ 1,000 per month*** un reddito mensile di 1.000 sterline; ***to be on an ~ of £ 20,000 per year*** avere un reddito di 20.000 sterline all'anno; ***to live within, beyond one's ~*** vivere secondo le proprie possibilità, al di sopra delle proprie possibilità; ***low-~ households*** famiglie a basso reddito; ***loss of ~*** diminuzione del reddito; ***disposable, taxable ~*** reddito disponibile, imponibile; ***gross ~*** reddito lordo; ***sources of ~*** fonti di reddito; ***earned ~*** reddito da lavoro; ***unearned ~*** reddito di capitali, rendita.

income bracket /'ɪŋkʌmˌbrækɪt/, **income group** /'ɪŋkʌmˌgru:p/ n. fascia f. di reddito; categoria f. di contribuenti; ***low-, high-~*** fascia di basso, alto reddito.

incomer /'ɪnkʌmə(r)/ n. BE **1** *(newcomer)* nuovo arrivo m., nuovo (-a) arrivato m. (-a) **2** *(immigrant)* immigrante m. e f.

incomes policy /'ɪŋkʌmzˌpɒləsɪ/ n. politica f. dei redditi.

income support /'ɪŋkʌmsəˌpɔ:t/ n. BE assegno m. integrativo.

income tax /'ɪŋkʌmtæks/ n. imposta f. sul reddito.

income tax form /'ɪŋkʌmtæksˌfɔ:m/ n. modulo m. per la dichiarazione dei redditi, dichiarazione f. dei redditi.

income tax inspector /ˌɪŋkʌmtæksɪn'spektə(r)/ ♦ ***27*** n. ispettore m. (-trice) delle imposte, del fisco.

income tax return /ˌɪŋkʌmtæksrɪ'tɜ:n/ n. dichiarazione f. dei redditi.

▷ **incoming** /'ɪnkʌmɪŋ/ **I incomings** n.pl. AMM. entrate f. **II** agg. **1** *(received)* [*mail, order, missile*] in arrivo; [*call*] dall'esterno, in arrivo; ***this phone only takes ~ calls*** questo telefono può solo ricevere **2** *(arriving)* [*aircraft, passenger*] in arrivo; ***~ flights have been diverted*** i voli in arrivo sono stati dirottati **3** *(new)* [*president, government*] subentrante, nuovo **4** [*tide*] montante.

incommensurability /ˌɪŋkəmenʃərə'bɪlətɪ/ n. incommensurabilità f.

incommensurable /ˌɪŋkə'menʃərəbl/ agg. incommensurabile (**with** con).

incommensurably /ˌɪŋkə'menʃərəblɪ/ avv. incommensurabilmente.

incommensurate /ˌɪŋkə'menʃərət/ agg. **1** ***to be ~ with*** *(out of proportion)* essere sproporzionato rispetto a; *(inadequate)* essere inadeguato per **2** *(incommensurable)* incommensurabile.

incommode /ˌɪŋkə'məʊd/ tr. FORM. incomodare, infastidire, recare disturbo a.

incommodious /ˌɪŋkə'məʊdɪəs/ agg. scomodo, incomodo.

incommodiousness /ˌɪŋkə'məʊdɪəsnɪs/ n. scomodità f., incomodità f.

incommunicable /ˌɪŋkə'mju:nɪkəbl/ agg. incomunicabile.

incommunicableness /ˌɪŋkə'mju:nɪkəblnɪs/ n. incomunicabilità f.

incommunicably /ˌɪŋkə'mju:nɪkəblɪ/ avv. in modo incomunicabile.

incommunicado /ˌɪŋkəˌmju:nɪ'kɑ:dəʊ/ **I** agg. *(by choice)* non rintracciabile, irreperibile; *(involuntarily)* segregato, senza possibilità di comunicare **II** avv. [*held, detained*] in segregazione, in isolamento.

incommunicative /ˌɪŋkə'mju:nɪkətɪv/ agg. riservato, poco comunicativo.

incommunicatively /ˌɪŋkə'mju:nɪkətɪvlɪ/ avv. in modo riservato, poco comunicativo.

incommunicativeness /ˌɪŋkə'mju:nɪkətɪvnɪs/ n. *(reserve)* riservatezza f.; *(lack of communication)* mancanza f. di comunicazione.

incommutability /ˌɪnkəˌmju:tə'bɪlətɪ/ n. incommutabilità f.

incommutable /ˌɪnkə'mju:təbl/ agg. RAR. incommutabile.

incommutably /ˌɪnkə'mju:təblɪ/ avv. in modo incommutabile.

incompact /ˌɪnkəm'pækt/ agg. RAR. LETT. non compatto, disgregato (anche FIG.).

in-company /ɪn'kʌmpənɪ/ agg. [*training*] interno, all'interno di una ditta.

incomparability /ɪnˌkɒmprə'bɪlətɪ/ n. incomparabilità f.

incomparable /ɪn'kɒmprəbl/ agg. [*beauty, splendour*] incomparabile, impareggiabile, senza pari; ***the ~ Greta Garbo*** l'impareggiabile Greta Garbo.

incomparableness /ɪn'kɒmprəblnɪs/ n. → **incomparability**.

incomparably /ɪn'kɒmprəblɪ/ avv. [*better*] incomparabilmente; ***~ the best*** di gran lunga il migliore; ***~ beautiful*** senza pari *o* la più bella *o* incomparabilmente bella.

incompatibility /ˌɪŋkəmˌpætə'bɪlətɪ/ n. *(all contexts)* incompatibilità f.

▷ **incompatible** /ˌɪŋkəm'pætɪbl/ agg. [*person, drug*] incompatibile (**with** con); [*computer*] non compatibile, incompatibile (**with** con); [*idea, activity*] incompatibile, inconciliabile (**with** con).

incompatibly /ˌɪŋkəm'pætɪblɪ/ avv. incompatibilmente, in modo incompatibile.

incompetence /ɪn'kɒmpɪtəns/, **incompetency** /ɪn'kɒmpɪtənsɪ/ n. **1** *(of professional)* incompetenza f., incapacità f.; *(of person, child)* incapacità f. **2** DIR. *(of person, court)* incompetenza f.

incompetent /ɪn'kɒmpɪtənt/ **I** agg. **1** [*doctor, management, government*] incompetente; [*work, performance*] pessimo, fatto in modo incompetente; ***to be ~ to do*** non avere la competenza per fare **2** DIR. *(in law)* [*person, child*] incompetente; [*witness*] incapace (di testimoniare); [*evidence*] inammissibile **II** n. incompetente m. e f., incapace m. e f.

incompetently /ɪn'kɒmpɪtəntlɪ/ avv. in modo incompetente.

▷ **incomplete** /ˌɪŋkəm'pli:t/ agg. **1** *(unfinished)* [*work, building*] incompiuto, non finito **2** *(lacking parts)* [*set, collection, machine*] incompleto **3** *(imperfect)* [*success, victory*] parziale.

incompletely /ˌɪŋkɒm'pli:tlɪ/ avv. in modo incompleto, incompiuto; *(imperfectly)* parzialmente.

incompleteness /ˌɪŋkəm'pli:tnɪs/ n. *(of work)* incompiutezza f.; *(of set)* incompletezza f.

incompliance /ˌɪnkəm'plaɪəns/ n. ostinazione f.; mancanza f. di disponibilità, di accondiscendenza.

incompliant /ˌɪnkəm'plaɪənt/ agg. ostinato; non compiacente, non disponibile.

incomprehensibility /ɪnˌkɒmprɪˌhensə'bɪlətɪ/ n. incomprensibilità f.

incomprehensible /ɪnˌkɒmprɪ'hensəbl/ agg. [*reason, attitude*] incomprensibile; [*speech, style*] incomprensibile, indecifrabile, inintelligibile.

incomprehensibleness /ɪnˌkɒmprɪ'hensəblnɪs/ n. incomprensibilità f.

incomprehensibly /ɪnˌkɒmprɪ'hensəblɪ/ avv. [*act, react*] in modo incomprensibile; [*worded, written*] incomprensibilmente, in modo indecifrabile; ***~, she didn't react*** incomprensibilmente, non ha reagito.

incomprehension /ɪnˌkɒmprɪ'henʃn/ n. incomprensione f.; ***to look at sb. in ~*** guardare qcn. senza capire.

incomprehensive /ɪnˌkɒmprɪ'hensɪv/ agg. **1** *(incomplete)* incompleto; ***~ of sth.*** che non comprende qcs. **2** *(deficient in understanding)* che non comprende, che ha difficoltà di comprensione.

incompressibility /ˌɪnkəmˌpresə'bɪlətɪ/ n. incompressibilità f.

incompressible /ˌɪnkəm'presəbl/ agg. incompressibile.

incomputable /ˌɪnkəm'pju:təbl/ agg. incomputabile, incalcolabile.

inconceivability /ˌɪnkəˌsi:və'bɪlətɪ/ n. inconcepibilità f.

inconceivable /ˌɪŋkən'siːvəbl/ agg. inconcepibile, inimmaginabile; ***it is ~ that*** è inconcepibile che.
inconceivably /ˌɪŋkən'siːvəblɪ/ avv. [*tall, difficult*] incredibilmente; ***~ lazy*** d'una pigrizia inconcepibile.
inconclusive /ˌɪŋkən'kluːsɪv/ agg. [*discussion, meeting*] inconcludente, a vuoto; [*debate, election*] non decisivo; [*argument, evidence*] non probante, non convincente.
inconclusively /ˌɪŋkən'kluːsɪvlɪ/ avv. [*end*] in modo inconcludente; [*argue*] in modo non convincente.
inconclusiveness /ˌɪŋkən'kluːsɪvnɪs/ n. inconcludenza f.
incondensability /ˌɪnkənˌdensə'bɪlətɪ/ n. non condensabilità f.
incondensable /ˌɪnkən'densəbl/ agg. non condensabile.
incondite /ɪn'kɒndɪt/ agg. RAR. **1** [*literary work*] mal composto **2** *(rough)* rozzo.
incongruence /ˌɪŋ'kɒŋgrʊəns/, **incongruity** /ˌɪŋkɒŋ'gruːətɪ/ n. **1** *(of appearance, behaviour)* sconvenienza f., inopportunità f.; *(of situation)* assurdità f. **2** *(of act, event)* incongruenza f.
incongruous /ɪn'kɒŋgrʊəs/ agg. [*sight*] fuori luogo, non in carattere; [*building*] fuori luogo; [*appearance, clothing*] inadatto; [*behaviour*] sconveniente, inopportuno; ***it seems ~ that*** sembra assurdo che.
incongruously /ɪn'kɒŋgrʊəslɪ/ avv. [*dress*] in modo sconveniente; in modo bizzarro; ***~ modern*** d'una modernità fuori luogo.
incongruousness /ɪn'kɒŋgrʊəsnɪs/ n. → **incongruence**.
inconsecutive /ˌɪnkən'sekjʊtɪv/ agg. inconseguente, illogico.
inconsecutiveness /ˌɪnkən'sekjʊtɪvnɪs/, **inconsequence** /ɪn'kɒnsɪkwəns/ n. inconseguenza f., illogicità f.
inconsequent /ɪn'kɒnsɪˌkwent/ agg. **1** *(illogical)* inconseguente, illogico **2** *(disconnected)* [*ideas*] sconclusionato, sconnesso; ***an ~ person*** una persona sconclusionata.
inconsequential /ɪnˌkɒnsɪ'kwenʃl/ agg. **1** *(unimportant)* insignificante, irrilevante **2** *(illogical)* inconseguente, illogico, incoerente.
inconsequentiality /ɪnˌkɒnsɪˌkwen'ʃɪælətɪ/ n. **1** *(insignificance)* irrilevanza f. **2** *(illogicality)* inconseguenza f., illogicità f.
inconsequentially /ɪnˌkɒnsɪ'kwenʃlɪ/ avv. inconseguentemente, illogicamente.
inconsiderable /ˌɪŋkən'sɪdrəbl/ agg. insignificante, trascurabile; ***not ~*** non trascurabile.
inconsiderate /ˌɪŋkən'sɪdərət/ agg. [*person*] sconsiderato, sventato; [*remark, behaviour*] sconsiderato; ***to be ~ towards sb.*** mancare di rispetto a qcn.; ***it was most ~ of her to leave like that*** è stato molto irriguardoso da parte sua andarsene così; ***that was a very ~ thing to say*** è stato molto avventato dire ciò.
inconsiderately /ˌɪŋkən'sɪdərətlɪ/ avv. irriverentemente, irriguardosamente, avventatamente.
inconsideration /ˌɪŋkənˌsɪdə'reɪʃn/ n. **1** *(lack of consideration)* mancanza f. di riguardo, di rispetto **2** *(thoughtlessness)* avventatezza f.
inconsistency /ˌɪŋkən'sɪstənsɪ/, **inconsistence** /ˌɪŋkən'sɪstəns/ n. *(of argument, statement)* incoerenza f.; ***the ~ of his work*** l'incoerenza del suo lavoro; ***the ~ of her behaviour*** il suo comportamento mutevole, discontinuo.
▷ **inconsistent** /ˌɪŋkən'sɪstənt/ agg. **1** *(erratic)* [*work, performance, behaviour, argument, beliefs*] incoerente; [*attitude*] incostante, discontinuo **2** *(incompatible)* ***to be ~ with*** essere incompatibile con.
inconsistently /ˌɪŋkən'sɪstəntlɪ/ avv. [*work*] in modo contraddittorio, incoerente; [*behave*] incoerentemente; [*argue*] in modo incoerente, contraddittorio.
inconsolable /ˌɪŋkən'səʊləbl/ agg. inconsolabile.
inconsolably /ˌɪŋkən'səʊləblɪ/ avv. inconsolabilmente.
inconsonance /ɪn'kɒnsənəns/ n. disarmonia f., discordanza f.
inconsonant /ɪn'kɒnsənənt/ agg. disarmonico, discorde.
inconspicuous /ˌɪŋkən'spɪkjʊəs/ agg. [*person*] che passa inosservato, non appariscente; [*clothing*] non vistoso, non appariscente; [*place*] che non si nota; ***try to be ~*** cerca di non dare nell'occhio, di passare inosservato.
inconspicuously /ˌɪŋkən'spɪkjʊəslɪ/ avv. in modo non appariscente, sobrio, discreto.
inconspicuousness /ˌɪŋkən'spɪkjʊəsnɪs/ n. (il) passare inosservato, (il) non essere appariscente.
inconstancy /ɪn'kɒnstənsɪ/ n. **1** *(unfaithfulness)* incostanza f., volubilità f. **2** *(discontinuity)* mutevolezza f., instabilità f.
inconstant /ɪn'kɒnstənt/ agg. [*friend, lover*] incostante, volubile; [*conditions, feelings, temperature*] instabile, variabile.
inconstantly /ɪn'kɒnstəntlɪ/ avv. in modo incostante, volubile.
incontestability /ˌɪŋkənˌtestə'bɪlətɪ/ n. incontestabilità f.
incontestable /ˌɪŋkən'testəbl/ agg. incontestabile.
incontinence /ɪn'kɒntɪnəns/ ➧ **11** n. MED. incontinenza f. (anche FIG.).
incontinence pad /ɪn'kɒntɪnənsˌpæd/ n. MED. pannolone m. (per adulti).
incontinent /ɪn'kɒntɪnənt/ agg. MED. incontinente (anche FIG.).
incontinently /ɪn'kɒntɪnəntlɪ/ avv. in modo incontinente.
incontrollable /ˌɪnkən'trəʊləbl/ agg. incontrollabile.
incontrollably /ˌɪnkən'trəʊləblɪ/ avv. incontrollabilmente.
incontrovertible /ˌɪŋkɒntrə'vɜːtəbl/ agg. [*evidence, proof, sign*] incontrovertibile, inconfutabile; [*argument, statement*] incontestabile, inoppugnabile.
incontrovertibly /ˌɪŋkɒntrə'vɜːtəblɪ/ avv. incontestabilmente, indiscutibilmente [*true, wrong*]; [*demonstrate, prove*] in modo inconfutabile.
1.inconvenience /ˌɪŋkən'viːnɪəns/ n. **1** *(trouble)* fastidio m., disturbo m., noia f.; ***to put sb. to great ~*** dare *o* arrecare molto disturbo a qcn.; ***I don't want to cause you any ~*** non vorrei arrecarle disturbo; ***"the management apologizes for any ~ caused to customers during renovations"*** "la direzione si scusa con i clienti per gli inconvenienti arrecati dai lavori di rinnovo" **2** *(disadvantage)* inconveniente m., svantaggio m.; ***the ~s of having no car*** gli svantaggi di non avere la macchina; ***there are ~s in working part-time*** ci sono degli inconvenienti nel lavorare part time.
2.inconvenience /ˌɪŋkən'viːnɪəns/ tr. disturbare, incomodare, importunare.
inconvenient /ˌɪŋkən'viːnɪənt/ agg. **1** [*location, arrangement, device*] scomodo; [*time*] scomodo, inopportuno; ***if it's not ~*** se non le reca disturbo; ***it's rather an ~ time to call*** non è l'ora adatta per fare una visita; ***living so far from the station is very ~*** è molto scomodo abitare così lontano dalla stazione **2** EUFEM. *(embarrassing)* [*fact, incident*] sconveniente, disdicevole.
inconveniently /ˌɪŋkən'viːnɪəntlɪ/ avv. [*arranged, located*] scomodamente, poco praticamente.
inconvertibility /ˌɪŋkənˌvɜːtə'bɪlətɪ/ n. ECON. inconvertibilità f.
inconvertible /ˌɪŋkən'vɜːtəbl/ agg. ECON. inconvertibile, non convertible.
inconvincible /ˌɪnkən'vɪnsəbl/ agg. inconvincibile.
incoordinate /ˌɪnkəʊ'ɔːdɪnət/ agg. scoordinato (anche MED.).
incoordination /ˌɪnkəʊˌɔːdɪ'neɪʃn/ n. mancanza f. di coordinazione.
1.incorporate /ɪn'kɔːpərət/ agg. **1** *(combined into a whole)* incorporato **2** COMM. DIR. costituito in persona giuridica.
2.incorporate /ɪn'kɔːpəreɪt/ **I** tr. **1** *(make part of sth.)* ***~ sth. into sth.*** incorporare qcs. in qcs.; ***he has ~d our employees, your ideas into his new plan*** ha incluso i nostri impiegati, le tue idee nel nuovo progetto **2** *(have as part of itself)* incorporare, comprendere **3** COMM. DIR. costituire [*society*] **II** intr. COMM. DIR. costituire una società commerciale.
incorporated /ɪn'kɔːpəreɪtɪd/ **I** p.pass. → **2.incorporate** **II** agg. ***Smith and Brown Incorporated*** Smith e Brown S.p.A.
incorporation /ɪnˌkɔːpə'reɪʃn/ n. **1** incorporazione f. (**into** in); ***to collect information for ~ into sth.*** raccogliere informazioni per inserirle in qcs. **2** DIR. costituzione f. (di una società).
incorporator /ɪn'kɔːpəreɪtə(r)/ n. ECON. DIR. chi costituisce una società, socio m. fondatore (di una società).
incorporeal /ˌɪŋkɔː'pɔːrɪəl/ agg. **1** *(not composed of matter)* incorporeo **2** DIR. immateriale; ***~ chattels***, ***~ property*** DIR. beni immateriali.
incorporeality /ˌɪŋkɔːˌpɔːrɪ'ælɪtɪ/, **incorporeity** /ɪnkɔːpə'riːɪtɪ/ n. incorporeità f.
▷ **incorrect** /ˌɪŋkə'rekt/ agg. **1** *(false, inaccurate)* scorretto, impreciso (**to do** fare); ***to be ~ in doing*** essere impreciso nel fare **2** *(improper, unsuitable)* scorretto, sconveniente, non appropriato.
incorrectly /ˌɪŋkə'rektlɪ/ avv. scorrettamente; ***we assumed ~ that*** abbiamo erroneamente pensato che.
incorrectness /ˌɪŋkə'rektnɪs/ n. **1** *(falseness)* scorrettezza f., imprecisione f. **2** *(unsuitableness)* scorrettezza f., (l')essere inadatto.
incorrigibility /ɪnˌkɒrɪdʒə'bɪlətɪ, AE -ˌkɔːr-/ n. incorreggibilità f.
incorrigible /ɪn'kɒrɪdʒəbl, AE -'kɔːr-/ agg. incorreggibile.
incorrigibly /ɪn'kɒrɪdʒəblɪ, AE -'kɔːr-/ avv. incorreggibilmente.
incorrupt /ˌɪnkə'rʌpt/ agg. **1** *(free from decomposition)* incorrotto, integro **2** RAR. [*text*] non corrotto.
incorruptibility /ˌɪŋkəˌrʌptə'bɪlətɪ/ n. incorruttibilità f.
incorruptible /ˌɪŋkə'rʌptəbl/ agg. incorruttibile.
incorruptibly /ˌɪŋkə'rʌptəblɪ/ avv. incorruttibilmente.
incorruption /ˌɪnkə'rʌpʃn/ n. **1** *(freedom from decomposition)* (l')essere incorrotto, integro **2** *(of conduct)* incorruttibilità f., onestà f.

incoterms /ˈɪŋkəʊˌtɜːmz/ n.pl. incoterms m.

increasable /ɪŋˈkriːsəbl/ agg. aumentabile.

▶ **1.increase** /ˈɪŋkriːs/ n. **1** *(in amount)* aumento m., incremento m., crescita f. (**in** di); ***price, pay ~*** aumento di prezzo, di salario; ***a sudden ~ in unemployment*** un improvviso aumento della disoccupazione; ***an ~ of 5%, a 5% ~*** un aumento del 5%; ***an ~ of 20% in the cost of sth.*** un aumento del 5% del prezzo di qcs. **2** *(in degree)* aumento m., crescita f.; ***an ~ in support for the policy*** una crescita del sostegno alla politica; ***there has been an ~ in public interest*** c'è stata una crescita dell'interesse pubblico; ***to be on the ~*** essere in aumento *o* in crescita.

▶ **2.increase** /ɪnˈkriːs/ **I** tr. **1** aumentare [*grant, offer, temperature, anxiety*]; aumentare, incrementare [*sales*]; ***to ~ one's chances of doing*** aumentare le proprie possibilità di fare; ***to ~ the risk of*** aumentare il rischio di [*failure, disease etc.*]; ***to ~ sth. by*** aumentare qcs. di [*amount, percentage*]; ***to ~ life expectancy by five years*** allungare l'aspettativa di vita di cinque anni; ***to ~ sth. to*** aumentare qcs. fino a; ***I ~d my offer to $100*** ho portato la mia offerta a 100 dollari **2** *(in knitting)* aumentare di [*stitch*] **II** intr. **1** [*output, sales, volume, strength, intensity, workload*] aumentare, crescere; [*appetite*] aumentare; ***to ~ by*** aumentare di [*amount, percentage*]; ***to ~ in number, value*** aumentare di numero, di valore; ***to ~ in volume*** aumentare di volume; ***to ~ in size*** ingrandirsi; ***to ~ from... to*** aumentare *o* crescere da... a **2** METEOR. [*wind*] levarsi, alzarsi; *(at sea)* rinforzare **3** *(in knitting)* aumentare.

increased /ɪnˈkriːst/ **I** p.pass. → **2.increase II** agg. [*demand, probability*] maggiore; [*choice*] maggiore, più ampio; [*attacks*] più frequente; [*inequality*] maggiore, più netto; ***an ~ risk of cancer*** un maggiore rischio di cancro.

increasing /ɪnˈkriːsɪŋ/ agg. [*prices*] in aumento; [*number*] in aumento, crescente; ***with ~ frequency*** con sempre maggiore frequenza.

▶ **increasingly** /ɪnˈkriːsɪŋlɪ/ avv. [*popular, difficult*] sempre più, in misura crescente; ***~, he came to accept the idea*** era sempre più convinto dell'idea.

incredibility /ɪnˌkredəˈbɪlətɪ/ n. incredibilità f.

▷ **incredible** /ɪnˈkredəbl/ agg. **1** *(unbelievable)* incredibile **2** COLLOQ. *(wonderful)* incredibile, straordinario, eccezionale.

▷ **incredibly** /ɪnˈkredəblɪ/ avv. **1** *(astonishingly)* incredibilmente, incredibile a dirsi; ***~, she didn't hear a thing*** incredibilmente, non ha sentito nulla **2** COLLOQ. *(extremely)* incredibilmente, terribilmente.

incredulity /ˌɪŋkrɪˈdjuːlətɪ, AE -ˈduː-/ n. incredulità f.; ***a look*** o ***expression of ~*** un'espressione di incredulità.

incredulous /ɪnˈkredjʊləs, AE -dʒə-/ agg. incredulo; ***he was ~ at the news, your success*** non credeva alla notizia, al tuo successo; ***I was ~ that*** non riuscivo a credere che, non potevo capacitarmi che.

incredulously /ɪnˈkredjʊləslɪ, AE -dʒə-/ avv. [*ask, exclaim, repeat*] con tono incredulo; [*look, stare, listen*] con aria incredula.

incredulousness /ɪnˈkredjʊləsnɪs, AE -dʒə-/ n. → **incredulity**.

1.increment /ˈɪŋkrəmənt/ n. **1** ECON. *(on salary)* aumento m., scatto m. **2** *(addition)* aumento m., aggiunta f. **3** INFORM. MAT. *(number added)* incremento m.

2.increment /ˈɪŋkrəmənt/ tr. **1** ECON. aumentare [*salary*] **2** INFORM. MAT. incrementare; ***to ~ a value by one*** incrementare un valore di un'unità.

incremental /ˌɪŋkrəˈmentl/ agg. **1** INFORM. MAT. [*backup, display*] incrementale; [*computer*] differenziale **2** *(increasing)* [*benefit, effect*] cumulativo, crescente; [*measures, steps*] progressivo.

incremental cost /ˌɪŋkrəˌmentlˈkɒst, AE -ˈkɔːst/ n. costo m. marginale.

incremental scale /ˌɪŋkrəˌmentlˈskeɪl/ n. scala f. degli aumenti, fasce f.pl. di aumenti.

incriminate /ɪnˈkrɪmɪneɪt/ **I** tr. [*evidence, documents*] incriminare; ***to ~ sb. in*** incriminare qcn. per *o* accusare qcn. di [*crime, activity*] **II** rifl. ***to ~ oneself*** incriminarsi.

incriminating /ɪnˈkrɪmɪneɪtɪŋ/ agg. → **incriminatory**.

incrimination /ɪnˌkrɪmɪˈneɪʃn/ n. incriminazione f.

incriminatory /ɪnˈkrɪmɪneɪtərɪ, -nətrɪ, AE -tɔːrɪ/ agg. DIR. [*testimony, document*] incriminante; ***~ evidence*** prova incriminante.

in-crowd /ˈɪnkraʊd/ n. COLLOQ. ***to be in with the ~*** fare parte della gente giusta.

incrust → **encrust**.

incrustation /ˌɪŋkrʌˈsteɪʃn/ n. **1** *(layer)* *(of shells, gems)* incrostazione f., strato m.; *(of salt, lime)* incrostazione f., deposito m. **2** *(process)* incrostazione f.; FIG. *(of habits, customs)* fossilizzazione f.

incubate /ˈɪŋkjʊbeɪt/ **I** tr. **1** AGR. [*breeder*] incubare, tenere in incubazione; [*hen*] covare **2** *(grow)* incubare, tenere in incubazione [*bacteria, culture, embryo*] **3** FIG. covare, maturare [*scheme, idea*] **II** intr. **1** [*eggs*] essere in incubazione **2** [*bacteria, embryo*] essere in incubazione; ***the disease takes four weeks to ~*** la malattia ha quattro settimane di incubazione **3** FIG. [*revolt*] essere in preparazione.

▷ **incubation** /ˌɪŋkjʊˈbeɪʃn/ n. **1** *(of eggs, bacteria)* incubazione f. **2** FIG. *(of scheme, play)* maturazione f. **3** MED. incubazione f.

incubation period /ˌɪŋkjʊˈbeɪʃnˌpɪərɪəd/ n. periodo m. d'incubazione.

incubative /ˈɪŋkjʊbeɪtɪv/ agg. [*period, technique*] d'incubazione.

incubator /ˈɪŋkjʊbeɪtə(r)/ n. **1** *(for child, eggs, embryos)* incubatrice f. **2** *(for bacteria)* stufa f. termostatica.

incubatory /ˈɪŋkjʊbeɪtərɪ, AE -tɔːrɪ/ agg. → **incubative**.

incubus /ˈɪŋkjʊbəs/ n. (pl. **~es**, **-i**) **1** *(devil)* demonio m. **2** FIG. *(fear)* incubo m.

incudes /ɪnˈkjuːdiːz/ → **incus**.

inculcate /ˈɪnkʌlkeɪt, AE ɪnˈkʌl-/ tr. ***to ~ sth. in sb., ~ sb. with sth.*** inculcare qcs. in qcn.

inculcation /ˌɪnkʌlˈkeɪʃn/ n. inculcazione f.

inculcator /ˈɪnkʌlkeɪtə(r)/ n. chi inculca, inculcatore m. (-trice).

inculpable /ɪnˈkʌlpəbl/ agg. incolpevole, innocente.

inculpate /ˈɪnkʌlpeɪt, AE -ˈkʌl-/ tr. ANT. incolpare, incriminare.

inculpation /ɪnkʌlˈpeɪʃn/ n. ANT. incriminazione f.

inculpatory /ɪnˈkʌlpətərɪ, AE -tɔːrɪ/ agg. ANT. accusatorio, incriminante.

incumbency /ɪnˈkʌmbənsɪ/ n. FORM. permanenza f. in carica; ***during his ~ at the ministry*** mentre esercitava la sua carica di ministro.

▷ **incumbent** /ɪnˈkʌmbənt/ **I** n. FORM. **1** AMM. POL. titolare m. e f. di una carica; *(minister)* ministro m. (in carica); *(delegate)* rappresentante m. e f. **2** *(in Anglican Church)* titolare m. di un beneficio ecclesiastico **II** agg. **1** *(morally)* ***to be ~ on*** o ***upon sb. to do*** incombere *o* toccare a qcn. fare **2** *(in office)* [*minister, administrator*] in carica; ***the ~ president*** il presidente in carica.

incunabulum /ˌɪnkjuːˈnæbjʊləm/ n. (pl. **-a**) STOR. incunabolo m.

▷ **incur** /ɪnˈkɜː(r)/ tr. (forma in -ing ecc. **-rr-**) **1** COMM. ECON. contrarre [*debts*]; incorrere in, subire [*loss*]; sostenere, accollarsi [*expense*]; esporsi a [*risk*]; incorrere in [*charge, penalty*] **2** *(bring down)* attirarsi, tirarsi addosso [*wrath, displeasure*].

incurability /ɪnˌkjʊərəˈbɪlətɪ/ n. incurabilità f.

incurable /ɪnˈkjʊərəbl/ **I** agg. **1** [*disease, disorder*] incurabile **2** [*romanticism, optimism*] inguaribile, incorreggibile **II** n. malato m. (-a) incurabile, malato m. (-a) cronico (-a).

incurably /ɪnˈkjʊərəblɪ/ avv. **1** MED. ***to be ~ ill*** soffrire d'un male incurabile **2** FIG. ***to be ~ romantic, inquisitive*** essere un inguaribile romantico, curioso.

incurableness /ɪnˈkjʊərəblnɪs/ n. → **incurability**.

incuriosity /ˌɪnkjʊərɪˈɒsɪtɪ/ n. mancanza f. di curiosità, indifferenza f.

incurious /ɪnˈkjʊərɪəs/ agg. non curioso, indifferente.

incursion /ɪnˈkɜːʃn, AE -ʒn/ n. **1** MIL. incursione f., scorreria f. (**into** in) **2** *(intrusion)* irruzione f., invasione f. (**into** in).

incursive /ɪnˈkɜːsɪv/ agg. *(making incursions)* incursore; *(aggressive)* aggressivo.

incurve /ɪnˈkɜːv/ **I** tr. incurvare **II** intr. incurvarsi.

incus /ˈɪŋkəs/ n. (pl. **-des**) ANAT. incudine f.

1.incuse /ɪnˈkjuːz/ **I** agg. [*figure of coin*] incuso, impresso **II** n. *(on coin)* incuso m., figura f. impressa.

2.incuse /ɪnˈkjuːz/ tr. imprimere su una moneta [*figure*].

indanthrene /ˈɪndənˌθriːn/ n. indantrene m.

indebted /ɪnˈdetɪd/ agg. **1** *(grateful)* ***to be ~ to sb.*** essere grato a qcn. *o* sentirsi obbligato verso qcn.; ***to be ~ to sb. for sth., for doing sth.*** essere grato a qcn. per qcs., per aver fatto qcs. **2** ECON. [*company, country, economy*] indebitato.

indebtedness /ɪnˈdetɪdnɪs/ n. **1** ECON. indebitamento m. **2** *(gratitude)* debito m., obbligo m. morale (**to** verso; **for** per).

indecency /ɪnˈdiːsnsɪ/ n. **1** *(lack of decency)* indecenza f. **2** DIR. *(offence)* oltraggio m. al pudore; ***gross ~*** *(on adult)* abuso sessuale; *(on minor)* abuso sessuale perpetrato su minori.

indecent /ɪnˈdiːsnt/ agg. **1** *(sexually)* indecente, osceno **2** *(unseemly)* [*haste*] sconveniente, esagerato; ***an ~ amount of work, money*** una quantità di lavoro, una somma di denaro esagerata.

indecent assault /ɪnˌdiːsntəˈsɔːlt/ n. atti m.pl. di libidine violenta (**on** contro).

indecent exposure /ɪnˌdiːsntɪkˈspəʊʒə(r)/ n. oltraggio m. al pudore, esibizionismo m. sessuale.

indecently /ɪnˈdiːsntlɪ/ avv. **1** *(offensively)* [*behave, act*] indecentemente; [*dressed*] in modo indecente, sconcio **2** *(inappropriately)*

they got married ~ soon si sono sposati con una velocità sconveniente; ***~ early*** esageratamente *o* eccessivamente presto.

indeciduous /ˌɪndɪˈsɪdjʊəs/ agg. non deciduo, non caduco.

indecipherable /ˌɪndɪˈsaɪfrəbl/ agg. indecifrabile.

indecision /ˌɪndɪˈsɪʒn/ n. indecisione f., esitazione f. (**about** su, riguardo a); ***after months of ~*** dopo mesi di indecisione.

indecisive /ˌɪndɪˈsaɪsɪv/ agg. **1** [*person*] *(momentarily)* indeciso (**about** riguardo a, su); *(by nature)* ***he's an ~ person*** è una persona indecisa **2** [*reply, result, election*] incerto; [*battle, victory*] non decisivo; [*debate*] senza esito, infruttuoso.

indecisively /ˌɪndɪˈsaɪsɪvlɪ/ avv. [*speak, reply*] con tono indeciso; [*behave*] in modo indeciso.

indecisiveness /ˌɪndɪˈsaɪsɪvnɪs/ n. **1** *(of person)* (l')essere indeciso, incerto **2** *(of battle, victory etc.)* (l')essere non decisivo.

indeclinable /ˌɪndɪˈklaɪnəbl/ agg. indeclinabile.

indecomposable /ˌɪndiːkəmˈpəʊzəbl/ agg. indecomponibile.

indecorous /ɪnˈdekərəs/ agg. FORM. indecoroso, disdicevole.

indecorously /ɪnˈdekərəslɪ/ avv. FORM. [*behave, guffaw*] indecorosamente; [*short, skimpy*] in modo disdicevole, vergognosamente.

indecorousness /ɪnˈdekərəsnɪs/ n. (l')essere indecoroso, disdicevolezza f.

indecorum /ˌɪndɪˈkɔːrəm/ n. FORM. mancanza f. di decoro, sconvenienza f.

▶ **indeed** /ɪnˈdiːd/ avv. **1** *(certainly)* davvero, proprio, effettivamente; ***it is ~ likely that*** è in effetti probabile che; ***there had ~ been a plot*** c'è stato davvero un complotto; ***"it's unfair" - "~!"*** "è ingiusto" - "davvero!"; ***"are you interested?" - "~ I am!"*** o ***"yes ~!"*** "ti interessa?" - "certo (che mi interessa)!"; ***"can you see it from there?" - "~ you can"*** o ***"you can ~"*** "si vede da là?" - "certo"; ***"he's not coming, is he?" - "~ he is!"*** "non viene, vero?" - "certo che viene!"; ***"did she really leave him?" - "she did ~!"*** "l'ha davvero lasciato?" - "davvero!" **2** *(in fact)* anzi; ***it won't harm them - ~ it might be to their advantage*** non gli farà male, anzi può essergli d'aiuto; ***he was a colleague, ~ a friend*** era un collega, o meglio, un amico; ***she is polite, ~ charming*** è gentile, anzi affascinante; ***I feel, ~ I am convinced, that*** credo, anzi sono convinto che; ***if ~ that is what consumers want*** se è davvero ciò che i consumatori vogliono **3** *(for emphasis)* davvero; ***very clever, traditional ~*** davvero intelligente, davvero tradizionale; ***it was very hot ~*** faceva davvero molto caldo; ***I was very sad ~ to hear*** mi ha reso davvero triste sapere; ***that's very good news ~*** sono proprio delle buone notizie; ***to know very little ~ about sth.*** sapere veramente poco di qcs.; ***that was praise ~ coming from him!*** detto da lui era davvero un complimento! ***we are very grateful ~ for...*** siamo davvero grati per...; ***thank you very much ~*** grazie mille **4** IRON. *(expressing surprise, disbelief)* ***"he knows you" - "does he ~?"*** "ti conosce" - "ah sì?" *o* "davvero?"; ***a bargain ~! it's a rip-off!*** COLLOQ. proprio un bell'affare! è una fregatura! ***"why did she do it?" - "why ~?"*** "perché l'ha fatto?" - "già, perché?".

indefatigability /ˌɪndɪˌfætɪgəˈbɪlətɪ/ n. infaticabilità f.

indefatigable /ˌɪndɪˈfætɪgəbl/ agg. [*campaigner, worker, director*] infaticabile, instancabile; ***she's ~!*** è davvero instancabile!

indefatigably /ˌɪndɪˈfætɪgəblɪ/ avv. infaticabilmente, instancabilmente.

indefeasibility /ˌɪndɪˌfiːzəˈbɪlətɪ/ n. *(of claim)* inoppugnabilità f.; *(of right)* inalienabilità f.

indefeasible /ˌɪndɪˈfiːzəbl/ agg. [*claim*] inoppugnabile; [*right*] inalienabile.

indefectible /ˌɪndɪˈfektɪbl/ agg. **1** *(unfailing)* indefettibile **2** *(flawless)* indefettibile, senza difetti.

indefensibility /ˌɪndɪˌfensəˈbɪlətɪ/ n. **1** *(of crime, behaviour etc.)* imperdonabilità f.; *(of penalty)* non giustificabilità f. **2** *(of reasoning, opinion)* indifendibilità f. **3** MIL. *(of position, territory)* indifendibilità f.

indefensible /ˌɪndɪˈfensəbl/ agg. **1** *(morally)* [*crime, cruelty*] imperdonabile; [*behaviour, attitude*] imperdonabile, inammissibile; [*severity, penalty*] ingiustificabile **2** *(logically)* [*reasoning, opinion, cause*] indifendibile, insostenibile **3** MIL. [*position, territory*] indifendibile.

indefensibly /ˌɪndɪˈfensəblɪ/ avv. [*act, behave*] in modo imperdonabile, inammissibile; ***to be ~ cruel, rude*** essere crudele, scortese in modo imperdonabile.

indefinable /ˌɪndɪˈfaɪnəbl/ agg. indefinibile.

indefinableness /ˌɪndɪˈfaɪnəblnɪs/ n. indefinibilità f.

indefinably /ˌɪndɪˈfaɪnəblɪ/ avv. indefinibilmente, vagamente; ***there was something ~ sad about her*** c'era qualcosa di indefinibilmente triste in lei.

indefinite /ɪnˈdefɪnət/ agg. **1** *(vague)* [*intention, idea, answer*] vago; [*emotion*] indefinito, inesprimibile; [*piano*] indefinito, impreciso; [*duties, responsibilities*] indefinito, imprecisato **2** *(without limits)* [*period*] illimitato; [*curfew, strike*] a tempo indeterminato; [*delay*] imprecisato; [*amount, number*] imprecisato, indeterminato; ***~ ban*** SPORT sospensione a tempo indeterminato **3** LING. ***the ~ article*** l'articolo indeterminativo.

indefinitely /ɪnˈdefɪnətlɪ/ avv. [*continue, last, stay, detain*] indefinitamente; [*adjourn, cancel, postpone, ban*] a tempo indeterminato.

indefiniteness /ɪnˈdefɪnətnɪs/ n. indefinitezza f., indeterminatezza f.

indehiscence /ˌɪndɪˈhɪsns/ n. indeiscenza f.

indehiscent /ˌɪndɪˈhɪsnt/ agg. indeiscente.

indelible /ɪnˈdeləbl/ agg. **1** [*ink, mark*] indelebile **2** [*memory, impression*] indelebile, incancellabile; ***an ~ part of*** un aspetto incancellabile di [*background, culture*].

indelibly /ɪnˈdeləblɪ/ avv. **1** [*marked, printed*] indelebilmente **2** FIG. [*impressed, imprinted*] indelebilmente, in modo permanente.

indelicacy /ɪnˈdelɪkəsɪ/ n. FORM. **1** *(tactlessness)* indelicatezza f. **2** EUFEM. *(coarseness)* rozzezza f. **3** EUFEM. *(remark)* indelicatezza f.

indelicate /ɪnˈdelɪkət/ agg. FORM. **1** *(tactless)* [*action, remark*] indelicato; ***it was ~ of her to mention it*** non è stato delicato da parte sua parlarne **2** EUFEM. *(coarse)* [*comment, act*] rozzo.

indelicately /ɪnˈdelɪkətlɪ/ avv. in modo indelicato.

indemnification /ɪnˌdemnɪfɪˈkeɪʃn/ n. **1** *(protection)* assicurazione f. (**against** contro) **2** *(compensation)* indennizzo m., risarcimento m. (**for** di).

indemnify /ɪnˈdemnɪfaɪ/ tr. **1** *(protect)* assicurare (**against**, **from** contro) **2** *(compensate)* indennizzare, risarcire (**for** di).

indemnity /ɪnˈdemnətɪ/ n. **1** *(protection)* assicurazione f. (**against** contro); ***letter of ~*** lettera di garanzia **2** *(payment)* indennità f., indennizzo m. **3** DIR. *(exemption)* esenzione f.

indemnity fund /ɪnˈdemnətɪˌfʌnd/ n. fondo m. di garanzia.

indene /ˈɪndiːn/ n. indicano m.

1.indent /ˈɪndent/ n. **1** BE COMM. ordinativo m.; ***to place an ~ for goods*** fare un'ordinazione di merci **2** TIP. *(of first line)* capoverso m. rientrato **3** *(incision)* tacca f., dentellatura f.

2.indent /ɪnˈdent/ **I** tr. **1** TIP. (fare) rientrare [*line, text, word*]; ***new paragraphs should be ~ed*** bisognerebbe (fare) rientrare la prima riga di ogni paragrafo **2** intaccare, dentellare [*edge*] **II** intr. BE COMM. fare un'ordinazione; ***to ~ on a supplier for goods*** ordinare merci a un fornitore.

3.indent /ˈɪndent/ n. *(dent)* incavo m., solco m.; ammaccatura f.

4.indent /ɪnˈdent/ tr. *(make a dent)* fare un incavo, un solco.

indentation /ˌɪndenˈteɪʃn/ n. **1** *(depression)* incavo m., solco m.; *(in metal)* intaccatura f., tacca f. **2** *(in coastline) (action)* frastagliamento m.; *(inlet)* frastagliatura f., insenatura f. **3** TIP. (anche **indent**) capoverso m. rientrato.

indented /ɪnˈdentɪd/ **I** p.pass. → **2.indent II** agg. **1** TIP. rientrato **2** [*coastline*] frastagliato; [*edge*] dentellato.

indent house /ˈɪndentˌhaʊs/ n. AE = ditta specializzata nell'importazione di prodotti esteri su ordinazioni specifiche.

indention /ɪnˈdenʃn/ n. ANT. capoverso m. rientrato.

1.indenture /ɪnˈdentʃə(r)/ **I** n. DIR. atto m., contratto m. sinallagmatico **II indentures** n.pl. STOR. *(of apprentice)* contratto m.sing. di apprendistato.

2.indenture /ɪnˈdentʃə(r)/ tr. STOR. [*craftsman*] mettere a bottega; [*landowner*] vincolare con un contratto [*labourer*].

independence /ˌɪndɪˈpendəns/ n. indipendenza f. (**from** da).

▶ **Independence Day** /ˌɪndɪˈpendənsˌdeɪ/ n. US = il 4 luglio.

> **i** **Independence Day** Festa nazionale statunitense che si celebra il 4 luglio per commemorare la Dichiarazione d'Indipendenza, proclamata dal Congresso il 4 luglio 1776. Si festeggia con fuochi d'artificio, pranzi all'aperto, parate e discorsi pubblici (v. ***Declaration of Independence***).

independency /ˌɪndɪˈpendənsɪ/ n. **1** *(state)* stato m. indipendente **2** RELIG. congregazionalismo m.

▶ **independent** /ˌɪndɪˈpendənt/ **I** agg. **1** *(self-reliant)* [*person, life, attitude, style*] indipendente (**of** da); ***~ means, an ~ income*** mezzi che consentono di vivere di rendita **2** POL. [*country*] indipendente (**of** da) **3** *(impartial)* [*body, expert, observer, inquiry, investigation*] indipendente, imparziale; [*witness*] non soggetto a pressioni; [*evidence*] oggettivo **4** *(separate, unconnected)* [*complaint, source*] indipendente, separato; ***two ~ surveys give the same result*** due sondaggi diversi danno lo stesso risultato **5** *(not part of an organi-*

zation) [*candidate, cinema, company, newspaper*] indipendente (anche POL.) **6** *(not state run)* [*school, hospital, radio station, television*] privato **7** LING. MAT. indipendente **II** n. **1** POL. indipendente m. e f. **2** *(film company)* casa f. di produzione cinematografica indipendente; *(record company)* etichetta f. discografica indipendente.

Independent Broadcasting Authority /ˌɪndɪˌpendəntˌbrɔːdkɑːstɪŋɔːˈθɒrətɪ/ n. GB = organismo preposto al controllo delle emittenti radiotelevisive private.

independent clause /ˌɪndɪˌpendəntˈklɔːz/ n. proposizione f. indipendente.

▷ **independently** /ˌɪndɪˈpendəntlɪ/ avv. **1** *(without help)* [*act, live*] in modo indipendente **2** *(separately)* [*administer, negotiate, research*] in modo indipendente, individualmente; *~ **of*** indipendentemente da; ***~ of each other*** indipendentemente l'uno dall'altro **3** *(impartially)* [*investigated, monitored, confirmed*] da un'autorità al di sopra delle parti, da un'autorità indipendente.

> **Independent school** In Gran Bretagna, scuola che non riceve denaro dallo stato e si autofinanzia mediante il pagamento di rette da parte dei genitori. Fanno parte di questa categoria le *Preparatory schools* e le *Public schools* (v. ***Prep school, Public schools***).

independent suspension /ˌɪndɪˌpendəntsəˈspenʃn/ n. AUT. sospensione f. indipendente.

Independent Television Commission /ˌɪndɪˌpendəntˌtelɪvɪʒnkəˈmɪʃn/ n. GB = organismo preposto al controllo dei network televisivi privati.

independent variable /ˌɪndɪˈpendəntˌveərɪəbl/ n. MAT. variabile f. indipendente.

in-depth /ˌɪnˈdepθ/ agg. [*analysis, interview, study, knowledge*] approfondito; [*guide*] dettagliato.

indescribable /ˌɪndɪˈskraɪbəbl/ agg. indescrivibile.

indescribableness /ˌɪndɪˈskraɪbəblnɪs/ n. indescrivibilità f.

indescribably /ˌɪndɪˈskraɪbəblɪ/ avv. ***to be ~ dirty, beautiful, sad*** essere incredibilmente sporco, bello, triste; ***an ~ boring film*** un film incredibilmente noioso; ***she felt ~ happy*** provava una gioia indescrivibile.

indestructibility /ˌɪndɪstrʌktɪˈbɪlətɪ/ n. indistruttibilità f.

indestructible /ˌɪndɪˈstrʌktəbl/ agg. indistruttibile.

indeterminable /ˌɪndɪˈtɜːmɪnəbl/ agg. indeterminabile.

indeterminableness /ˌɪndɪˈtɜːmɪnəblnɪs/ n. indeterminabilità f.

indeterminacy /ˌɪndɪˈtermɪnəsɪ/ n. FORM. **1** indeterminatezza f. **2** FIS. indeterminazione f.

indeterminate /ˌɪndɪˈtɜːmɪnət/ agg. **1** *(imprecise)* indeterminato, imprecisato, vago; ***of ~ age*** d'un'età imprecisata **2** MAT. indeterminato **3** LING. *~ **vowel*** vocale indistinta.

indeterminately /ˌɪndɪˈtɜːmɪnətlɪ/ avv. [*assessed, measured*] senza tenere conto delle differenze individuali; [*known, ascertained*] vagamente.

indeterminateness /ˌɪndɪˈtɜːmɪnətnɪs/, **indetermination** /ˌɪndɪtɜːmɪˈneɪʃn/ n. indeterminatezza f., vaghezza f.

indeterminism /ˌɪndɪˈtɜːmɪnɪzəm/ n. indeterminismo m.

indeterminist /ˌɪndɪˈtɜːmɪnɪst/ n. indeterminista m. e f.

▶ **1.index** /ˈɪndeks/ **I** n. (pl. **~es, -ices**) **1** TIP. indice m.; ***thumb ~*** indice a tacche a semicerchio *o* a unghiatura **2** *(card catalogue)* catalogo m., schedario m.; ***author, subject ~*** catalogo *o* indice per autori, per materie; ***card ~*** schedario **3** MAT. *(of power)* esponente m.; *(of radical)* indice m. **4** ECON. indice m.; ***cost-of-living ~*** BE indice del costo della vita; ***consumer price ~*** AE indice dei prezzi al consumo; ***share*** o ***stock ~*** indice di borsa **5** FIS. *~ **of refraction**, **refractive ~*** indice di rifrazione **6** *(indication)* indice m., indicazione f. (**of** di) **7** *(list)* lista f., repertorio m. **8** INFORM. indice m. **9** AUT. *(registration number)* numero m. d'immatricolazione **II** modif. [*file*] alfabetico; *~ **register*** INFORM. registro indice; *~ **word*** INFORM. modificatore.

2.index /ˈɪndeks/ **I** tr. **1** TIP. fornire di indice [*book*]; inserire in un indice [*word*]; ***this book is badly ~ed*** l'indice di questo libro è fatto male **2** *(catalogue)* catalogare, classificare [*article, book, data, information, subject*] (**under** in) **3** ECON. ***to ~ sth. to sth.*** indicizzare qcs. a qcs. **4** INFORM. indicizzare **II** intr. creare un indice.

indexation /ˌɪndekˈseɪʃn/ n. ECON. indicizzazione f. (**to** a).

index card /ˈɪndekˌskɑːd/ n. scheda f.

indexed /ˈɪndekst/ **I** p.pass. → **2.index II** agg. **1** ECON. indicizzato; *~ **to inflation*** indicizzato all'inflazione **2** INFORM. [*address, addressing, file*] a indici.

indexer /ˈɪndeksə(r)/ n. compilatore m. (-trice) di indici, cataloghi.

index figure /ˈɪndeksˌfɪgə(r), AE -ˈfɪgjə(r)/ n. ECON. STATIST. numero m. indice.

index finger /ˈɪndeksˌfɪŋgə(r)/ ♦ **2** n. (dito) indice m.

indexing /ˈɪndeksɪŋ/ n. INFORM. indicizzazione f.

index-link /ˈɪndeksˌlɪŋk/ tr. ECON. indicizzare.

index-linked /ˈɪndeksˌlɪŋkt/ **I** p.pass. → **index-link II** agg. ECON. indicizzato.

index number /ˈɪndeksˌnʌmbə(r)/ n. MAT. numero m. indice.

India /ˈɪndɪə/ ♦ **6** n.pr. India f.

India ink /ˌɪndɪəˈɪŋk/ n. AE → **Indian ink**.

Indiaman /ˈɪndɪəmən/ n. (pl. **-men**) STOR. = mercantile per il commercio con l'India.

Indian /ˈɪndɪən/ ♦ **18, 14 I** agg. **1** *(of India)* [*people, culture, politics*] indiano; [*ambassador, embassy*] dell'India, indiano; ***the ~ Empire*** STOR. l'Impero indiano **2** *(American)* [*tribe, village*] indiano, di indiani d'America; [*culture*] amerindio, degli indiani d'America; ***an ~ reservation*** una riserva indiana **II** n. **1** *(from India)* indiano m. (-a) **2** *(American)* indiano m. (-a), amerindio m. (-a) **3** *(language)* indiano m.

Indiana /ˌɪndɪˈænə/ ♦ **24** n.pr. Indiana m.

Indian club /ˈɪndɪənklʌb/ n. clava f. (da ginnastica).

Indian corn /ˈɪndɪənkɔːn/ n. AE granoturco m.

Indian elephant /ˌɪndɪənˈelɪfənt/ n. elefante m. indiano.

Indian fig /ˌɪndɪənˈfɪg/ n. fico m. d'India.

Indian file /ˌɪndɪənˈfaɪl/ n. ***in ~*** in fila indiana.

Indian giver /ˈɪndɪənˌgɪvə(r)/ n. AE SPREG. = persona che regala o presta qualcosa a qualcuno e poi la rivuole subito indietro, o vuole in cambio qualcosa di equivalente.

Indian hay /ˌɪndɪənˈheɪ/ n. AE POP. → **Indian hemp**.

Indian hemp /ˌɪndɪənˈhemp/ n. canapa f. indiana.

Indian ink /ˌɪndɪənˈɪnk/ n. BE inchiostro m. di china.

Indian millet /ˌɪndɪənˈmɪlɪt/ n. sorgo m., saggina f.

Indian Ocean /ˌɪndɪənˈəʊʃn/ ♦ **20** n.pr. ***the ~*** l'oceano Indiano.

Indian red /ˌɪndɪənˈred/ n. CHIM. rosso m. d'India, ossido m. ferrico.

Indian sign /ˌɪndɪənˈsaɪn/ n. AE malocchio m.

Indian summer /ˌɪndɪənˈsʌmə(r)/ n. **1** estate f. indiana, estate f. di san Martino **2** FIG. estate f. di san Martino.

Indian weed /ˈɪndɪənˌwiːd/ n. tabacco m.

Indian wrestling /ˈɪndɪənˌreslɪŋ/ ♦ **10** n. AE braccio m. di ferro.

India paper /ˌɪndɪəˈpeɪpə(r)/ n. carta f. India, carta f. bibbia.

india rubber /ˌɪndɪəˈrʌbə(r)/ n. *(material)* caucciù m.; *(eraser)* gomma f. per cancellare.

indican /ˈɪndikæn/ n. indicano m.

▶ **indicate** /ˈɪndɪkeɪt/ **I** tr. **1** *(designate)* indicare, mostrare; ***he ~d the door with a nod of his head*** indicò la porta con un cenno del capo **2** *(show)* indicare, segnalare (**that** che); ***the speedometer ~d 100*** il tachimetro indicava 100 **3** *(recommend)* ***to be ~d*** essere necessario, richiesto; ***surgery is usually ~d in such cases*** in tali casi è solitamente necessario l'intervento chirurgico **4** *(make known)* fare sapere, rivelare [*intentions, feelings*] (**to** a); ***he has ~d that he will retire*** ha rivelato che andrà in pensione **5** AUT. ***to ~ that one is turning right, left*** segnalare *o* indicare che si svolta a destra, sinistra **II** intr. [*driver*] mettere la freccia, indicare il cambio di direzione; [*cyclist*] fare segno di svolta.

▷ **indication** /ˌɪndɪˈkeɪʃn/ n. indicazione f., indice m., segno m.; ***clear ~ of economic recovery*** chiaro segnale della ripresa economica; ***to be an ~ of*** essere un'indicazione di *o* indicare; ***it is an ~ that*** è un segno che; ***to give no ~ that*** [*person*] non dare segno di; ***the test gave no ~ that he had cancer*** le analisi non avevano rivelato in alcun modo che avesse il cancro; ***to give no ~ of who, how etc.*** [*person, letter, speech*] non dare indicazione di chi, come ecc. *o* non rivelare chi, come ecc.; ***can you give us some ~ of the sum involved?*** può darci una qualche indicazione della somma in questione? ***there is every ~ that, all the ~s are that*** tutto sta a indicare che, tutto porta a credere che.

▷ **indicative** /ɪnˈdɪkətɪv/ **I** agg. **1** ***to be ~ of*** essere indice *o* segno di **2** LING. indicativo **II** n. LING. indicativo m.; ***in the ~*** all'indicativo.

▷ **indicator** /ˈɪndɪkeɪtə(r)/ n. **1** *(pointer)* lancetta f.; *(device)* indicatore m. (anche FIG.); ***pressure, growth ~*** indicatore della pressione, della crescita **2** FERR. (anche **~ board**) tabellone m.; ***arrivals, departures ~*** tabellone degli arrivi, delle partenze **3** AUT. freccia f., indicatore m. di direzione **4** CHIM. indicatore m. **5** LING. deittico m.

indicatory /ɪnˈdɪkətərɪ, AE -tɔːrɪ/ agg. indicativo.

indices /ˈɪndɪsiːs/ → **1.index**.

indict /ɪnˈdaɪt/ tr. accusare; DIR. mettere in stato d'accusa, incriminare.

indictable /ɪn'daɪtəbl/ agg. DIR. [*act, person*] incriminabile, imputabile; ~ ***offence*** reato perseguibile.
indictee /ˌɪndaɪ'ti:/ n. accusato m. (-a), imputato m. (-a).
indicter /ɪn'daɪtə(r)/ n. accusatore m. (-trice).
indiction /ɪn'dɪkʃn/ n. **1** STOR. indizione f. **2** *(proclamation)* proclamazione f.
indictment /ɪn'daɪtmənt/ n. **1** DIR. *(written)* atto m. d'accusa, accusa f. scritta; *(spoken)* accusa f. (**against** contro; **for** per); ***to bring an ~*** presentare *o* muovere un'accusa; ***to be under ~ for murder*** essere sotto accusa per omicidio; ***bill of ~*** BE STOR. atto d'accusa **2** *(action of indicting)* messa f. in stato d'accusa.
indictor → **indicter**.
indie /'ɪndɪ/ **I** n. CINEM. MUS. COLLOQ. indie f., produttore m. (-trice) indipendente **II** agg. CINEM. MUS. COLLOQ. indipendente; ~ ***music*** musica indipendente.
indifference /ɪn'dɪfrəns/ n. indifferenza f. (**to, towards** verso, nei confronti di); ***it is a matter of ~ to him*** lo lascia indifferente; ***seeming ~*** indifferenza simulata.
indifferent /ɪn'dɪfrənt/ agg. **1** *(uninterested)* indifferente (**to, as to** a, verso, nei confronti di); *(to charms)* insensibile (**to** a) **2** *(mediocre)* mediocre.
indifferentism /ɪn'dɪfrəntɪzəm/ n. indifferentismo m.
indifferentist /ɪn'dɪfrəntɪst/ n. indifferentista m. e f.
indifferently /ɪn'dɪfrəntlɪ/ avv. **1** *(without caring)* con indifferenza **2** *(equally)* indifferentemente **3** *(not well)* mediocremente.
indigence /'ɪndɪdʒəns/ n. FORM. indigenza f.
indigene /'ɪndɪdʒi:n/ n. indigeno m. (-a); aborigeno m. (-a).
indigenous /ɪn'dɪdʒɪnəs/ agg. indigeno (**to** di).
indigent /'ɪndɪdʒənt/ agg. FORM. indigente.
indigested /ˌɪndɪ'dʒestɪd/ agg. ANT. **1** non digerito **2** FIG. confuso, disordinato.
indigestibility /ˌɪndɪˌdʒestə'bɪlətɪ/ n. **1** *(of food)* indigeribilità f. **2** FIG. *(difficulty)* incomprensibilità f.
indigestible /ˌɪndɪ'dʒestəbl/ agg. **1** indigeribile, indigesto **2** FIG. *(difficult)* indigesto, incomprensibile; *(repugnant to sensibility)* difficile da digerire, difficile da mandare giù.
indigestion /ˌɪndɪ'dʒestʃn/ **I** n. indigestione f.; cattiva f. digestione; ***to suffer from ~*** soffrire di cattiva digestione; ***milk gives me ~*** non digerisco il latte **II** modif. [*cure, remedy*] per l'indigestione, contro la cattiva digestione.
indigestive /ˌɪndɪ'dʒestɪv/ agg. che soffre di cattiva digestione.
indignant /ɪn'dɪgnənt/ agg. indignato, sdegnato (**at, about, over** da, per); ***to become*** o ***get ~*** indignarsi (**at, about** per).
indignantly /ɪn'dɪgnəntlɪ/ avv. [*do, say, protest*] con indignazione; [*leave, look*] con aria indignata.
indignation /ˌɪndɪg'neɪʃn/ n. indignazione f., sdegno m. (**at** per; **over, about** per, riguardo a; **with** contro); ***her ~ at hearing that...*** la sua indignazione nel sentire che...; ***(much) to his ~*** con sua grande indignazione; ***righteous ~*** giusta *o* giustificata indignazione.
indignity /ɪn'dɪgnətɪ/ n. trattamento m. indegno, offesa f., oltraggio m. (**of** di; **of being** di essere).
indigo /'ɪndɪgəʊ/ ➧ **5 I** n. (pl. **~s, ~es**) ART. BOT. TESS. indaco m. **II** agg. indaco; ~ ***blue*** indaco.
indigo-plant /'ɪndɪgəʊˌplɑ:nt, AE -ˌplænt/ n. indigofera f.
indigotin /ɪn'dɪgətɪn/ n. indigotina f.
▷ **indirect** /ˌɪndɪ'rekt, -daɪ'r-/ agg. indiretto.
indirect advertising /ˌɪndɪrekt'ædvətaɪzɪŋ, -daɪr-/ n. pubblicità f. indiretta.
indirect costs /ˌɪndɪrekt'kɒsts, -daɪr-, AE -'kɔ:sts/ n.pl. costi m. indiretti.
indirect labour costs /ˌɪndɪrekt'leɪbəˌkɒsts, -daɪr-, AE -'kɔ:sts/ n.pl. costi m. indiretti di manodopera.
indirect lighting /ˌɪndɪrekt'laɪtɪŋ, -daɪr-/ n. luce f. diffusa.
indirection /ˌɪndɪ'rekʃn, -daɪr-/ n. **1** *(deceit)* vie f.pl. traverse, raggiri m.pl. **2** *(indirect movement or action)* mancanza f. di direzione, mancanza f. di scopo.
▷ **indirectly** /ˌɪndɪ'rektlɪ, -daɪ'r-/ avv. indirettamente.
indirectness /ˌɪndɪ'rektnɪs, -daɪ'r-/ n. (l')essere indiretto, obliquità f.
indirect object /ˌɪndɪrekt'ɒbdʒɪkt, -daɪr-/ n. complemento m. indiretto.
indirect proof /ˌɪndɪrekt'pru:f, -daɪr-/ n. dimostrazione f. per assurdo.
indirect speech /ˌɪndɪrekt'spi:tʃ, -daɪr-/ n. discorso m. indiretto.
indirect tax /ˌɪndɪrekt'tæks, -daɪr-/ n. imposta f. indiretta.
indirect taxation /ˌɪndɪrekttæk'seɪʃn, -daɪr-/ n. imposizione f. indiretta.
indiscernible /ˌɪndɪ'sɜ:nəbl/ agg. [*object*] indiscernibile, impercettibile; [*reason*] oscuro, incomprensibile.
indiscernibly /ˌɪndɪ'sɜ:nəblɪ/ avv. in modo indiscernibile, impercettibilmente.
indiscipline /ɪn'dɪsɪplɪn/ n. indisciplina f.
indiscreet /ˌɪndɪ'skri:t/ agg. indiscreto, indelicato.
indiscreetly /ˌɪndɪ'skri:tlɪ/ avv. indiscretamente, indelicatamente.
indiscrete /ˌɪndɪ'skri:t/ agg. compatto, omogeneo, indiviso.
indiscretion /ˌɪndɪ'skreʃn/ n. **1** *(lack of discretion)* indiscrezione f., mancanza f. di discrezione, di tatto **2** *(act)* indiscrezione f.
indiscriminate /ˌɪndɪ'skrɪmɪnət/ agg. **1** *(generalized)* indiscriminato, generalizzato, confuso **2** *(not fussy)* che non discrimina, che non va per il sottile; ***to be ~ in*** scegliere a caso tra, non andare per il sottile in.
indiscriminately /ˌɪndɪ'skrɪmɪnətlɪ/ avv. **1** *(without distinction)* indiscriminatamente, confusamente **2** *(uncritically)* senza discriminare, a caso.
indiscriminating /ˌɪndɪ'skrɪmɪnətɪŋ/ agg. che non discrimina, indiscriminato.
indiscrimination /ˌɪndɪˌskrɪmɪ'neɪʃn/ n. mancanza f. di discriminazione, di discernimento.
indispensability /ˌɪndɪˌspensə'bɪlətɪ/ n. indispensabilità f.
indispensable /ˌɪndɪ'spensəbl/ agg. indispensabile (**to** a, per; **for doing** per fare).
indispensableness /ˌɪndɪ'spensəblnɪs/ n. → **indispensability**.
indispensably /ˌɪndɪ'spensəblɪ/ avv. indispensabilmente.
indispose /ˌɪndɪ'spəʊz/ tr. FORM. **1** *(make incapable)* rendere incapace, inabilitare (**for** a; **to do** a fare) **2** *(make averse)* indisporre, rendere maldisposto.
indisposed /ˌɪndɪ'spəʊzd/ **I** p.pass. → **indispose II** agg. FORM. **1** *(ill)* SCHERZ. indisposto, malato **2** *(unwilling)* maldisposto, poco incline, contrario (**to do** a fare).
indisposition /ˌɪndɪspə'zɪʃn/, **indisposedness** /ˌɪndɪ'spəʊzdnɪs/ n. FORM. **1** *(illness)* indisposizione f. **2** *(unwillingness)* avversione f., indisponibilità f., riluttanza f. (**to do** a fare).
indisputability /ˌɪndɪspju:tə'bɪlətɪ/ n. → **indisputableness**.
indisputable /ˌɪndɪ'spju:təbl/ agg. [*leader, champion*] indiscusso; [*fact, reason*] indiscutibile, incontestabile; [*logic*] inconfutabile, inoppugnabile.
indisputableness /ˌɪndɪ'spju:təblnɪs/ n. *(of fact, reason)* indiscutibilità f., incontestabilità f.; *(of logic)* inconfutabilità f., inoppugnabilità f.
indisputably /ˌɪndɪ'spju:təblɪ/ avv. indiscutibilmente; inconfutabilmente.
indisputed /ˌɪndɪ'spju:tɪd/ agg. RAR. indiscusso.
indissolubility /ˌɪndɪˌsɒljʊ'bɪlətɪ/ n. indissolubilità f.
indissoluble /ˌɪndɪ'sɒljʊbl/ agg. [*bond, tie, friendship*] indissolubile.
indissolubly /ˌɪndɪ'sɒljʊblɪ/ avv. indissolubilmente.
indistinct /ˌɪndɪ'stɪŋkt/ agg. [*sound, voice, path, markings*] indistinto; [*memory*] vago, confuso; [*photograph*] sfocato.
indistinctive /ˌɪndɪ'stɪŋktɪv/ agg. RAR. **1** *(without distinctive qualities)* indistinto, che non si distingue **2** *(undiscriminating)* che non distingue, che non va per il sottile.
indistinctively /ˌɪndɪ'stɪŋktɪvlɪ/ avv. indistintamente.
indistinctly /ˌɪndɪ'stɪŋktlɪ/ avv. [*see, hear, speak*] indistintamente; [*remember*] vagamente, confusamente.
indistinctness /ˌɪndɪ'stɪŋktnɪs/ n. (l')essere indistinto, confusione f.
indistinguishable /ˌɪndɪ'stɪŋgwɪʃəbl/ agg. **1** *(identical)* indistinguibile **2** *(indiscernible)* indistinguibile, indiscernibile, impercettibile.
indistinguishably /ˌɪndɪ'stɪŋgwɪʃəblɪ/ avv. [*resemble*] a tal punto da non essere distinguibile.
indite /ɪn'daɪt/ tr. RAR. comporre [*poem*]; scrivere [*story, letter etc.*].
indium /'ɪndɪəm/ n. CHIM. indio m.
▶ **individual** /ˌɪndɪ'vɪdʒʊəl/ **I** agg. **1** *(for or from one person)* [*contribution, effort, freedom, portion, pursuit, sport, tuition*] individuale; [*comfort, convenience, attitude*] personale **2** *(taken separately)* ***each ~ person, article*** ogni persona individualmente *o* singolarmente, ogni singolo articolo **3** *(idiosyncratic)* personale, caratteristico **II** n. **1** *(person)* individuo m. (anche SPREG.); ***each ~*** ogni individuo **2** *(eccentric)* tipo m., tizio m. (eccentrico).
individualism /ˌɪndɪ'vɪdʒʊəlɪzəm/ n. individualismo m.
individualist /ˌɪndɪ'vɪdʒʊəlɪst/ n. individualista m. e f.
individualistic /ˌɪndɪˌvɪdʒʊə'lɪstɪk/ agg. individualistico.
individuality /ˌɪndɪˌvɪdʒʊ'ælətɪ/ n. individualità f.
individualization /ˌɪndɪˌvɪdʒʊəlaɪ'zeɪʃn, AE -lɪ'z-/ n. individualizzazione f.
individualize /ˌɪndɪ'vɪdʒʊəlaɪz/ tr. personalizzare [*gift, clothing*]; individualizzare, adattare ai bisogni personali [*teaching, arrangements*].

▷ **individually** /ˌɪndɪˈvɪdʒʊəlɪ/ avv. *(personally, in person)* individualmente, personalmente; *(one at a time)* *(of things)* singolarmente; *~ designed, ~ planned* progettato in base alle esigenze individuali; *each item is ~ priced* il prezzo è su ogni articolo.
individuate /ˌɪndɪˈvɪdjʊeɪt/ tr. individuare.
individuation /ˌɪndɪˌvɪdʒʊˈeɪʃn/ n. individuazione f.
indivisibility /ˌɪndɪˌvɪzɪˈbɪlətɪ/ n. indivisibilità f.
indivisible /ˌɪndɪˈvɪzəbl/ agg. **1** [*entity*] indivisibile (anche MAT. FIS.) **2** *(inseparable)* *to be ~ from* essere indivisibile *o* inseparabile da.
indivisibleness /ˌɪndɪˈvɪzəblnɪs/ n. RAR. → **indivisibility.**
indivisibly /ˌɪndɪˈvɪzəblɪ/ avv. [*joined, linked*] indivisibilmente.
Indo-Aryan /ˌɪndəʊˈeərɪən/ **I** agg. indoariano, indoario **II** n. indoariano m., indoario m.
Indochina /ˌɪndəʊˈtʃaɪnə/ n.pr. Indocina f.
Indochinese /ˌɪndəʊtʃaɪˈniːz/ **I** agg. indocinese **II** n. indocinese m. e f.
indocile /ɪnˈdəʊsaɪl/ agg. indocile.
indocility /ˌɪndəʊˈsɪlətɪ/ n. indocilità f.
indoctrinate /ɪnˈdɒktrɪneɪt/ tr. indottrinare; *to ~ sb. with sth.* indottrinare qcn. in qcs.
indoctrination /ɪnˌdɒktrɪˈneɪʃn/ n. indottrinamento m., addottrinamento m. (**of** di).
Indo-European /ˌɪndəʊˌjʊərəˈpɪən/ **I** agg. indoeuropeo **II** n. indoeuropeo m.
Indo-Germanic /ˌɪndəʊdʒɜːˈmænɪk/ **I** agg. indogermanico **II** n. indogermanico m.
indole /ˈɪndəʊl/ n. indolo m.
indolence /ˈɪndələns/ n. indolenza f.
indolent /ˈɪndələnt/ agg. **1** indolente **2** MED. indolente, che non duole.
indolently /ˈɪndələntlɪ/ avv. [*lie, stretch*] indolentemente, pigramente; [*stroll, move, gesture*] indolentemente, svogliatamente.
indomitable /ɪnˈdɒmɪtəbl/ agg. indomabile, indomito.
indomitably /ɪnˈdɒmɪtəblɪ/ avv. indomabilmente, in modo indomito.
Indonesia /ˌɪndəʊˈniːzjə/ ➧ *6* n.pr. Indonesia f.
Indonesian /ˌɪndəʊˈniːzjən/ **I** agg. indonesiano **II** ➧ *18, 14* n. **1** *(person)* indonesiano m. (-a) **2** *(language)* indonesiano m.
▷ **indoor** /ˈɪndɔː(r)/ agg. [*activity*] al coperto, al chiuso; [*sport, competition*] indoor; [*pool, tennis court*] coperto; [*restaurant table*] all'interno; [*lavatory*] in casa; [*TV aerial*] interno, direttamente collegato al televisore; [*photography*] d'interni; [*plant*] da appartamento; [*shoes*] da casa; *~ and outdoor* [*sports facilities*] al coperto e all'aperto.
▷ **indoors** /ˌɪnˈdɔːz/ avv. *(under cover, in the main house)* all'interno, dentro; *(at home)* a casa; *~ and outdoors* dentro e fuori; *to go ~* andare dentro *o* entrare.
indorsation /ˌɪndɔːˈseɪʃn/ n. → **endorsement.**
indorse → **endorse.**
indorsee /ˌɪndɔːˈsiː/ n. giratario m. (-a).
indrawn /ɪnˈdrɔːn/ agg. **1** *(drawn in)* [*breath*] inspirato **2** *(introspective)* introspettivo; *(introvert)* introverso.
indubitable /ɪnˈdjuːbɪtəbl, AE -ˈduː-/ agg. indubitabile.
indubitableness /ɪnˈdjuːbɪtəblnɪs, AE -ˈduː-/ n. indubitabilità f.
indubitably /ɪnˈdjuːbɪtəblɪ, AE -ˈduː-/ avv. indubitabilmente.
induce /ɪnˈdjuːs, AE -ˈduːs/ tr. **1** *(persuade)* indurre, persuadere (**to do** a fare); *(stronger)* istigare (**to** a; **to do** a fare); *nothing would ~ me to fly again* nulla potrebbe convincermi a volare di nuovo **2** *(bring about)* indurre, provocare [*emotion, response*]; *this drug ~s sleep* questo medicinale provoca il sonno **3** MED. *to ~ labour* indurre *o* provocare il travaglio; *she was ~d* le è stato indotto il travaglio **4** EL. FILOS. indurre.
induced /ɪnˈdjuːst, AE -ˈduːst/ **I** p.pass. → **induce II** agg. **1** *~ labour* travaglio indotto **2** in composti *drug-, stress-~* indotto *o* provocato dalla droga, dallo stress; *self-~* autoindotto.
inducement /ɪnˈdjuːsmənt, AE -ˈduː-/ n. **1** *(promised reward)* offerta f., incentivo m.; EUFEM. *(bribe)* bustarella f., tangente f.; *financial ~* incentivo finanziario; *as an ~ to first-time buyers* COMM. come incentivo per l'acquisto della prima casa **2 U** *(incentive)* stimolo m., incentivo m. (**to do** a fare); *there's little ~ for them to do overtime* non hanno molti incentivi a fare dello straordinario.
inducer /ɪnˈdjuːsə(r), AE -ˈduːs-/ n. chi induce, persuade; *(instigator)* istigatore m. (-trice).
inducible /ɪnˈdjuːsəbl, AE -ˈduːs-/ agg. che può essere indotto, che può essere persuaso.
induct /ɪnˈdʌkt/ tr. **1** *(inaugurate)* investire, ordinare [*priest*]; investire, insediare [*president etc.*]; *to be ~ed into the priesthood* essere ordinato sacerdote; *to be ~ed into the mysteries of sth.* SCHERZ. essere iniziato ai misteri di qcs. **2** AE MIL. arruolare, reclutare.
inductance /ɪnˈdʌktəns/ n. induttanza f.
inductee /ɪnˌdʌkˈtiː/ n. AE recluta f.
inductile /ɪnˈdʌktaɪl, AE -tl/ agg. [*metal*] non duttile; FIG. [*person*] cocciuto, testardo.
▷ **induction** /ɪnˈdʌkʃn/ n. **1** EL. MAT. FILOS. TECN. induzione f. **2** MED. *(of labour)* induzione f., stimolazione f. di doglie **3** *(inauguration)* *(of priest)* ordinazione f., investitura f.; *(of president)* investitura f., insediamento m. **4** AE MIL. reclutamento m.
induction ceremony /ɪnˈdʌkʃnˌserɪmənɪ, AE -məʊnɪ/ n. cerimonia f. di investitura.
induction coil /ɪnˈdʌkʃnˌkɔɪl/ n. bobina f. di induzione, rocchetto m. di Ruhmkorff.
induction course /ɪnˈdʌkʃnˌkɔːs/ n. BE corso m. introduttivo.
induction heating /ɪnˈdʌkʃnˌhiːtɪŋ/ n. riscaldamento m. a induzione.
inductive /ɪnˈdʌktɪv/ agg. **1** [*reasoning, process*] induttivo **2** EL. FIS. induttivo.
inductively /ɪnˈdʌktɪvlɪ/ avv. induttivamente.
inductiveness /ɪnˈdʌktɪvnɪs/ n. induttività f.
inductor /ɪnˈdʌktə(r)/ n. **1** *(person who inducts)* chi ordina, chi investe di un beneficio ecclesiastico **2** EL. induttore m.
indue → **endue.**
▷ **indulge** /ɪnˈdʌldʒ/ **I** tr. **1** *(satisfy)* appagare [*whim, desire, fantasy*]; assecondare, soddisfare [*interest, passion*]; *she can ~ her love of music* può soddisfare la sua passione per la musica **2** *(humour)* viziare, darla vinta a [*child*]; assecondare [*adult*]; *don't ~ him!* non dargliela vinta! **II** intr. concedersi, permettersi; EUFEM. *(drink)* concedersi un goccio; *to ~ in* lasciarsi andare a [*gossip, speculation, banter*]; abbandonarsi a [*nostalgia, sentimentality*]; concedersi [*food, wine, cigar*] **III** rifl. *to ~ oneself* indulgere, abbandonarsi; *to ~ oneself in* o *with* concedersi [*luxury*]; *to ~ oneself by doing* togliersi un capriccio facendo.
indulgence /ɪnˈdʌldʒəns/ n. **1** *(luxury)* debolezza f., vizio m.; *it is my one ~* è la mia unica debolezza **2** *(tolerance)* indulgenza f. (**towards** verso, nei confronti di; **for** per); *if I may crave your ~* FORM. se mi è concesso di approfittare ancora alla vostra attenzione **3** *(act of indulging)* *~ in food* (il) gratificarsi con il cibo; *~ in nostalgia* (il) lasciarsi andare *o* abbandono alla nostalgia **4** *(enjoyment)* piacere m., lusso m.; *to live a life of ~* vivere una vita fatta di piaceri **5** RELIG. indulgenza f.
indulgent /ɪnˈdʌldʒənt/ agg. indulgente, condiscendente (**to, towards** verso, nei confronti di).
indulgently /ɪnˈdʌldʒəntlɪ/ avv. [*smile, laugh, listen*] con indulgenza; [*say*] in modo indulgente.
indulger /ɪnˈdʌldʒə(r)/ n. chi indulge.
indult /ɪnˈdʌlt/ n. RELIG. indulto m.
indurate /ˈɪndjʊəreɪt, AE -dʊə-/ **I** tr. RAR. indurire, irrigidire (anche FIG.) **II** intr. RAR. indurirsi, irrigidirsi (anche FIG.).
induration /ˌɪndjʊəˈreɪʃn, AE -dʊə-/ n. indurimento m. (anche MED.).
indurative /ˈɪndjʊərətɪv/ agg. *(having hardening quality)* che fa indurire; *(having hardening tendency)* che tende a indurirsi.
indusium /ɪnˈdjuːzɪəm/ n. (pl. **-ia**) **1** BOT. indusio m. **2** ZOOL. *(larval case)* involucro m. (della larva) **3** RAR. ANAT. amnios m.
▶ **industrial** /ɪnˈdʌstrɪəl/ agg. **1** *(relating to industry)* [*area, archeology, architecture, development, espionage, policy, sector*] industriale; [*accident, injury, safety*] sul lavoro; [*medicine*] del lavoro **2** *(active in industry)* [*analyst, chemist, city, spy*] industriale; [*worker*] dell'industria; [*nation*] industrializzato **3** *(for use in industry)* [*chemical, cleaner, robot, tool*] industriale, per l'industria; [*size*] industriale.
industrial action /ɪnˌdʌstrɪəlˈækʃn/ n. BE agitazione f., azione f. sindacale; *(strike)* sciopero m.; *to take ~* entrare in agitazione; *(strike)* entrare in *o* fare sciopero.
industrial arts /ɪnˌdʌstrɪəlˈɑːts/ n.pl. AE SCOL. = corsi di preparazione tecnico-industriale.
industrial democracy /ɪnˌdʌstrɪəldɪˈmɒkrəsɪ/ n. democrazia f. industriale.
industrial design /ɪnˌdʌstrɪəldɪˈzaɪn/ n. design m. industriale, industrial design m.
industrial designer /ɪnˌdʌstrɪəldɪˈzaɪnə(r)/ ➧ *27* n. designer m. e f. (industriale), industrial designer m. e f.
industrial diamond /ɪnˌdʌstrɪəlˈdaɪəmənd/ n. diamante m. industriale.
industrial disablement benefit /ɪnˌdʌstrɪəldɪsˈeɪblməntˌbenɪfɪt/ n. = indennità per incidenti sul lavoro e malattie professionali.
industrial disease /ɪnˌdʌstrɪəldɪˈziːz/ n. malattia f. professionale.

industrial dispute /ɪnˌdʌstrɪəldɪ'spju:t/ n. conflitto m. di lavoro, vertenza f. sindacale.
industrial engineering /ɪnˌdʌstrɪəlˌendʒɪ'nɪərɪŋ/ n. ingegneria f. industriale.
industrial estate /ɪnˌdʌstrɪəlɪ'steɪt/ n. BE zona f. industriale.
industrialism /ɪn'dʌstrɪəlɪzəm/ n. industrialismo m.
industrialist /ɪn'dʌstrɪəlɪst/ n. industriale m. e f.
industrialization /ɪnˌdʌstrɪəlaɪ'zeɪʃn, AE -lɪ'z-/ n. industrializzazione f.
industrialize /ɪn'dʌstrɪəlaɪz/ tr. industrializzare.
industrially /ɪn'dʌstrɪəlɪ/ avv. industrialmente.
industrial park /ɪn'dʌstrɪəlˌpɑ:k/ n. → **industrial estate**.
industrial psychologist /ɪnˌdʌstrɪəlsaɪ'kɒlədʒɪst/ ♦ *27* n. psicologo m. (-a) del lavoro.
industrial rehabilitation /ɪnˌdʌstrɪəlˌri:əbɪlɪ'teɪʃn/ n. reinserimento m. professionale.
industrial relations /ɪnˌdʌstrɪəlrɪ'leɪʃnz/ n.pl. relazioni f. tra sindacati e datore di lavoro, relazioni f. industriali.
Industrial Revolution /ɪnˌdʌstrɪəlˌrevə'lu:ʃn/ n. rivoluzione f. industriale.
industrial-strength /ɪnˌdʌstrɪəl'streŋθ/ agg. per applicazione industriale.
industrial tribunal /ɪnˌdʌstrɪəltraɪ'bju:nl/ n. tribunale m. del lavoro.
industrial union /ɪnˌdʌstrɪəl'ju:nɪən/ n. sindacato m. industriale.
industrial unrest /ɪnˌdʌstrɪəlʌn'rest/ n. conflittualità f. sindacale.
industrial vehicle /ɪnˌdʌstrɪəl'vɪəkl, AE -vi:'hɪkl/ n. veicolo m. commerciale.
industrial waste /ɪnˌdʌstrɪəl'weɪst/ n. rifiuti m.pl. industriali.
industrious /ɪn'dʌstrɪəs/ agg. industrioso, laborioso, attivo.
industriously /ɪn'dʌstrɪəslɪ/ avv. industriosamente, laboriosamente, attivamente.
industriousness /ɪn'dʌstrɪəsnɪs/ n. laboriosità f., operosità f.
▶ **industry** /'ɪndəstrɪ/ n. **1** industria f.; ***heavy, light ~*** industria pesante, leggera; ***the catering, advertising ~*** l'industria della ristorazione, della pubblicità; ***the coal, oil ~*** l'industria del carbone, petrolifera; ***the Shakespeare, Joyce ~*** FIG. SPREG. il filone Shakespeare, Joyce **2** FORM. *(diligence)* industriosità f., laboriosità f.
indwelling /'ɪndwelɪŋ/ agg. **1** insito **2** MED. [*catheter, electrode*] fisso.
inebriant /ɪ'ni:brɪənt/ **I** agg. inebriante **II** n. sostanza f. inebriante.
1.inebriate /ɪ'ni:brɪət/ **I** agg. FORM. ebbro, ubriaco **II** n. ubriaco m. (-a), beone m. (-a).
2.inebriate /ɪ'ni:brɪeɪt/ tr. inebriare, ubriacare.
inebriated /ɪ'ni:brɪeɪtɪd/ **I** p.pass. → **2.inebriate II** agg. inebriato, ubriacato (**with**, **by** da).
inebriation /ɪˌni:brɪ'eɪʃn/, **inebriety** /ˌɪni:'braɪətɪ/ n. FORM. ebbrezza f., ubriachezza f.; ***in a state of ~*** in stato di ebbrezza.
inedible /ɪn'edɪbl/ agg. [*dish, meal*] immangiabile; [*plants*] non commestibile.
inedited /ɪn'edɪtɪd/ agg. **1** *(not published)* inedito **2** *(without editorial additions)* pubblicato senza commenti o aggiunte dei curatori.
ineducable /ɪn'edʒʊkəbl/ agg. difficile da educare, ineducabile.
ineffability /ɪnefə'bɪlətɪ/ n. ineffabilità f.
ineffable /ɪn'efəbl/ agg. ineffabile; [*sorrow*] inesprimibile.
ineffably /ɪn'efəblɪ/ avv. ineffabilmente, in modo ineffabile.
ineffaceable /ˌɪnɪ'feɪsəbl/ agg. indelebile, incancellabile.
ineffaceably /ˌɪnɪ'feɪsəblɪ/ avv. indelebilmente.
▷ **ineffective** /ˌɪnɪ'fektɪv/ agg. [*method, plan, theory*] inefficace (**in doing** per fare); [*worker*] incapace, inefficiente; ***to make an ~ attempt to do*** fare un vano tentativo di fare.
ineffectively /ˌɪnɪ'fektɪvlɪ/ avv. [*try, demand*] invano; [*teach*] inefficacemente, senza successo.
ineffectiveness /ˌɪnɪ'fektɪvnɪs/ n. inefficacia f.
ineffectual /ˌɪnɪ'fektʃʊəl/ agg. **1** [*person*] incapace **2** [*policy*] inefficace; [*attempt*] vano, inutile; [*movement, gesture*] inutile, senza efficacia.
ineffectually /ˌɪnɪ'fektʃʊəlɪ/ avv. inefficacemente, invano.
ineffectualness /ˌɪnɪ'fektʃʊəlnɪs/ n. inefficacia f., inutilità f.
inefficacious /ˌɪnefɪ'keɪʃəs/ agg. inefficace.
inefficaciously /ˌɪnefɪ'keɪʃəslɪ/ avv. inefficacemente.
inefficaciousness /ˌɪnefɪ'keɪʃəsnɪs/, **inefficacy** /ˌɪn'efɪkəsɪ/ n. inefficacia f.
inefficiency /ˌɪnɪ'fɪʃnsɪ/ n. **1** *(of person, company) (lack of organization)* inefficienza f.; *(incompetence)* incapacità f., incompetenza f. **2** *(of machine, method, system)* inefficacia f.
inefficient /ˌɪnɪ'fɪʃnt/ agg. **1** [*person, company*] *(disorganized)* inefficiente; *(incompetent)* incapace, incompetente **2** [*machine, method, system, use*] inefficace.
inefficiently /ˌɪnɪ'fɪʃntlɪ/ avv. [*organize, work*] in modo inefficiente; [*perform task*] in modo incompetente.
inelastic /ˌɪnɪ'læstɪk/ agg. **1** [*rules, system*] rigido **2** [*material*] inelastico, anelastico (anche FIS.) **3** ECON. inelastico, non elastico.
inelasticity /ˌɪnɪlæs'tɪsətɪ/ n. **1** *(of rule, system)* rigidità f. **2** FIS. inelasticità f., anelasticità f. **3** ECON. inelasticità f., rigidità f.
inelegance /ˌɪn'elɪgəns/, **ineligancy** /ˌɪn'elɪgənsɪ/ n. ineleganza f.
inelegant /ˌɪn'elɪgənt/ agg. inelegante.
inelegantly /ˌɪn'elɪgəntlɪ/ avv. inelegantemente.
ineligibility /ɪnˌelɪdʒə'bɪlətɪ/ n. *(for job)* inidoneità f. (**for** a); *(for election)* POL. ineleggibilità f.; *(for grant, benefit)* inidoneità f., (il) non avere diritto (**for** a).
ineligible /ɪn'elɪdʒəbl/ agg. ***to be ~*** *(for job, competition)* non essere idoneo (**for** a); *(for election)* essere ineleggibile; *(for grant, pension, benefit, award)* non avere diritto (**for** a); ***to be ~ to vote*** non avere il diritto di voto.
ineloquent /ɪn'eləkwənt/ agg. che manca di eloquenza.
ineluctable /ˌɪnɪ'lʌktəbl/ agg. ineluttabile.
inenarrable /ˌɪnɪ'nærəbl/ agg. inenarrabile.
inept /ɪ'nept/ agg. **1** *(incompetent)* inetto, incapace **2** *(tactless)* inopportuno, fuori luogo.
ineptitude /ɪ'neptɪtju:d, AE -tu:d/, **ineptness** /ɪ'neptnɪs/ n. **1** *(inefficiency)* inettitudine f., incapacità f. **2** *(tactlessness)* inopportunità f.
ineptly /ɪ'neptlɪ/ avv. **1** *(inefficiently)* in modo inetto, incompetente **2** *(tactlessly)* inopportunamente.
inequable /ɪn'ekwəbl/ agg. non uniforme, ineguale, mutevole.
▷ **inequality** /ˌɪnɪ'kwɒlətɪ/ n. disuguaglianza f. (anche FIG.).
inequitable /ɪn'ekwɪtəbl/ agg. iniquo, ingiusto.
inequitably /ɪn'ekwɪtəblɪ/ avv. iniquamente, ingiustamente.
inequity /ɪn'ekwətɪ/ n. iniquità f., ingiustizia f.
ineradicable /ˌɪnɪ'rædɪkəbl/ agg. inestirpabile; ***an ~ disease*** un male inestirpabile.
inert /ɪ'nɜ:t/ agg. inerte (anche CHIM. FARM. FIS.); ***~ gas*** gas inerte.
inertia /ɪ'nɜ:ʃə/ n. inerzia f. (anche FIS.).
inertial /ɪ'nɜ:ʃl/ agg. **1** FIS. [*force*] d'inerzia; [*mass*] inerziale **2** MAR. [*navigation*] inerziale.
inertia reel seatbelt /ɪˌnɜ:ʃəri:l'si:tbelt/ n. cintura f. di sicurezza con avvolgitore.
inertia selling /ɪˌnɜ:ʃə'selɪŋ/ n. BE vendita f. inerziale.
inertly /ɪ'nɜ:tlɪ/ avv. in modo inerte.
inertness /ɪ'nɜ:tŋɪs/ n. **1** FIS. inerzia f. **2** *(of person)* inoperosità f., passività f.
Ines /'aɪnez/ n.pr. Ines.
inescapable /ˌɪnɪ'skeɪpəbl/ agg. inevitabile, inesorabile.
inessential /ˌɪnɪ'senʃl/ agg. non essenziale, trascurabile.
inestimable /ˌɪn'estɪməbl/ agg. inestimabile.
inestimably /ˌɪn'estɪməblɪ/ avv. inestimabilmente.
inevitability /ɪnˌevɪtə'bɪlətɪ/ n. inevitabilità f.
▷ **inevitable** /ɪn'evɪtəbl/ **I** agg. inevitabile; ***it is, was ~ that he should do*** è, era inevitabile che facesse; ***it is ~ that she will do*** è inevitabile che faccia **II** n. ***the ~*** l'inevitabile; ***the ~ happened*** è accaduto l'inevitabile.
inevitableness /ɪn'evɪtəblnɪs/ n. inevitabilità f.
▷ **inevitably** /ɪn'evɪtəblɪ/ avv. inevitabilmente.
inexact /ˌɪnɪg'zækt/ agg. inesatto.
inexactitude /ˌɪnɪg'zæktɪtju:d, AE -tɪtu:d/, **inexactness** /ˌɪnɪg'zæktnɪs/ n. inesattezza f.
inexactly /ˌɪnɪg'zæktlɪ/ avv. inesattamente.
inexcusability /ˌɪnɪkˌskju:zə'bɪlətɪ/ n. (l')essere imperdonabile, non scusabile.
inexcusable /ˌɪnɪk'skju:zəbl/ agg. imperdonabile, ingiustificabile, non scusabile (**that** che); ***it is ~ of her, them*** è imperdonabile da parte sua, loro (**to do** fare).
inexcusably /ˌɪnɪk'skju:zəblɪ/ avv. [*overlook, neglect*] imperdonabilmente; ***~ lazy, rude*** d'una pigrizia, maleducazione imperdonabile.
inexhaustibility /ˌɪnɪgˌzɔ:stə'bɪlətɪ/ n. inesauribilità f.
inexhaustible /ˌɪnɪg'zɔ:stəbl/ agg. [*supply, reserve*] inesauribile.
inexhaustibleness /ˌɪnɪg'zɔ:stəblnɪs/ n. → **inexhaustibility**.
inexhaustibly /ˌɪnɪg'zɔ:stəblɪ/ avv. inesauribilmente.
1.inexistence /ˌɪnɪg'zɪstəns/ n. RAR. inesistenza f.
2.inexistence /ˌɪnɪg'zɪstəns/ n. FILOS. immanenza f.
1.inexistent /ˌɪnɪg'zɪstənt/ agg. RAR. inesistente.
2.inexistent /ˌɪnɪg'zɪstənt/ agg. FILOS. immanente.
inexorability /ɪnˌeksərə'bɪlətɪ/ n. inesorabilità f.
inexorable /ɪn'eksərəbl/ agg. [*logic, advance, progress, fate*] inesorabile; [*person*] *(relentless)* implacabile; *(immovable)* irriducibile, inflessibile.

inexorableness /ɪn'eksərəblnɪs/ n. → **inexorability**.
inexorably /ɪn'eksərəblɪ/ avv. inesorabilmente.
inexpedience /ˌɪnɪk'spi:dɪəns/, **inexpediency** /ˌɪnɪk'spi:dɪənsɪ/ n. inopportunità f., inutilità f.
inexpedient /ˌɪnɪk'spi:dɪənt/ agg. inopportuno, inutile.
▷ **inexpensive** /ˌɪnɪk'spensɪv/ agg. a buon mercato, non costoso, economico; ***a good but ~ wine*** un vino buono ma non costoso.
inexpensively /ˌɪnɪk'spensɪvlɪ/ avv. a buon mercato.
inexpensiveness /ˌɪnɪk'spensɪvnɪs/ n. (l')essere non costoso, economicità f.
inexperience /ˌɪnɪk'spɪərɪəns/ n. inesperienza f. (**of** di).
inexperienced /ˌɪnɪk'spɪərɪənst/ agg. inesperto, privo di esperienza (**in** di, in).
inexpert /ɪn'ekspɜ:t/ agg. [*sailor, gardener etc.*] inesperto, alle prime armi; [*translation, repair*] maldestro; [*eye*] inesperto.
inexpertly /ɪn'ekspɜ:tlɪ/ avv. in modo inesperto.
inexpertness /ɪn'ekspɜ:tnɪs/ n. inesperienza f., imperizia f.
inexpiable /ɪn'ekspɪəbl/ agg. inespiabile.
inexpiably /ɪn'ekspɪəblɪ/ avv. in modo inespiabile, imperdonabile.
inexplicability /ˌɪnɪkˌsplɪkə'bɪlətɪ/ n. inesplicabilità f., inspiegabilità f.
inexplicable /ˌɪnɪk'splɪkəbl/ agg. inesplicabile, inspiegabile; ***for some ~ reason*** per qualche ragione inspiegabile.
inexplicably /ˌɪnɪk'splɪkəblɪ/ avv. inesplicabilmente, inspiegabilmente.
inexplicit /ˌɪnɪk'splɪsɪt/ agg. non esplicito, oscuro.
inexplosive /ˌɪnɪk'spləʊsɪv/ agg. non esplosivo.
inexpressible /ˌɪnɪk'spresəbl/ agg. inesprimibile.
inexpressibly /ˌɪnɪk'spresəblɪ/ avv. [*dull, relieved*] indicibilmente.
inexpressive /ˌɪnɪk'spresɪv/ agg. inespressivo.
inexpressively /ˌɪnɪk'spresɪvlɪ/ avv. inespressivamente.
inexpressiveness /ˌɪnɪk'spresɪvnɪs/ n. inespressività f.
inexpugnable /ˌɪnɪk'spʌgnəbl/ agg. ANT. inespugnabile (anche FIG.).
inextensible /ˌɪnɪk'stensəbl/ agg. inestensibile.
inextinguishable /ˌɪnɪk'stɪŋgwɪʃəbl/ agg. inestinguibile.
in extremis /ɪnɪk'stri:mɪs/ avv. FORM. in extremis.
inextricable /ɪn'ekstrɪkəbl, ˌɪnɪk'strɪk-/ agg. *(all contexts)* inestricabile.
inextricably /ɪn'ekstrɪkəblɪ, ˌɪnɪk'strɪk-/ avv. inestricabilmente.
infallibility /ɪnˌfælə'bɪlətɪ/ n. infallibilità f.
infallible /ɪn'fæləbl/ agg. infallibile.
infallibly /ɪn'fæləblɪ/ avv. **1** *(always)* immancabilmente **2** *(faultlessly)* infallibilmente.
▷ **infamous** /'ɪnfəməs/ agg. [*person*] infame, famigerato, tristemente famoso; [*crime*] infame, nefando; [*conduct*] turpe.
infamously /'ɪnfəməslɪ/ agg. in modo infame, turpe.
infamy /'ɪnfəmɪ/ n. infamia f.
infancy /'ɪnfənsɪ/ n. **1** *(young childhood)* (prima) infanzia f.; ***from (one's) ~*** fin dall'infanzia *o* dalla più tenera età; ***in early ~*** nella prima infanzia; ***in (one's) ~*** in tenera età **2** FIG. inizi m.pl.; ***in its ~*** agli inizi; ***in the ~ of*** agli inizi di [*career, movement*]; ***to be still in its ~*** FIG. [*company, project*] essere ancora agli inizi *o* ai primi passi **3** DIR. minorità f., minore età f.
▷ **infant** /'ɪnfənt/ **I** n. **1** *(baby)* neonato m., bebè m.; *(very young child)* infante m. e f., pargolo m.; *(young child)* bambino m. (-a); ***a newborn ~*** un bambino appena nato *o* un neonato **2** BE SCOL. bambino m. (-a) in età prescolare **3** DIR. minore m. e f., minorenne m. e f. **II Infants** n.pl. BE SCOL. bambini m. della scuola materna **III** modif. **1** [*daughter, son*] piccolo; [*voice*] di, da bambino; [*disease*] infantile **2** FIG. [*organization*] agli inizi, che muove i primi passi; [*movement*] nascente.
infanta /ɪn'fæntə/ n. *(in Spain and Portugal)* infanta f.
infante /ɪn'fæntɪ/ n. *(in Spain and Portugal)* infante m.
infanticide /ɪn'fæntɪsaɪd/ n. **1** *(crime)* infanticidio m. **2** *(killer)* infanticida m. e f.
infantile /'ɪnfəntaɪl/ agg. **1** SPREG. infantile, puerile **2** MED. infantile.
infantilism /ɪn'fæntɪlɪzəm/ n. infantilismo m. (anche MED. PSIC.).
infantilize /ɪn'fæntəlaɪz/ tr. trattare in modo infantile.
infant mortality /ˌɪnfəntmɔ:'tælətɪ/ n. mortalità f. infantile.
infant prodigy /ˌɪnfənt'prɒdɪdʒɪ/ n. bambino m. (-a) prodigio.
infantry /'ɪnfəntrɪ/ n. fanteria f.
infantryman /'ɪnfəntrɪmən/ n. (pl. **-men**) fante m.
infant school /ˌɪnfənt'sku:l/ n. scuola f. materna.
infarct /ɪn'fɑ:kt/, **infarction** /ɪn'fɑ:kʃn/ n. infarto m.
infatuate /ɪn'fætʃʊeɪt/ tr. infatuare, fare invaghire.
infatuated /ɪn'fætʃʊeɪtɪd/ **I** p.pass. → **infatuate II** agg. infatuato; ***~ with*** invaghito, infatuato di; ***to become ~ with*** infatuarsi di, perdere la testa per [*person*]; infatuarsi, innamorarsi di [*idea, object, music*].
infatuation /ɪnˌfætʃʊ'eɪʃn/ n. infatuazione f. (**with** per); ***to develop an ~ for sb.*** infatuarsi per qcn.; ***a passing ~*** un'infatuazione passeggera.
infeasible /ɪn'fi:zəbl/ agg. irrealizzabile, non fattibile.
▷ **infect** /ɪn'fekt/ tr. **1** MED. contagiare, infettare [*person, blood*]; infettare [*wound*]; contaminare [*food*]; ***to ~ sb., sth. with sth.*** contagiare qcn., qcs. con qcs. **2** FIG. *(influence) (negatively)* contaminare [*person, society*]; ***to ~ sb. with one's enthusiasm*** contagiare qcn. il proprio entusiasmo.
▷ **infected** /ɪn'fektɪd/ **I** p.pass. → **infect II** agg. infetto; ***to become ~*** [*wound*] infettarsi; [*person, blood*] essere contagiato.
▷ **infection** /ɪn'fekʃn/ **I** n. **1** MED. *(of wound, organ)* infezione f.; *(of person, blood)* infezione f., contagio m.; *(specific disease)* infezione f.; ***to be exposed to ~*** [*person*] essere esposto al contagio; ***urinary, viral ~*** infezione delle vie urinarie, virale **2** FIG. SPREG. contagio m., corruzione f. **II** modif. [*rate, level*] d'infezione; *(by physical contact)* di contagio.
▷ **infectious** /ɪn'fekʃəs/ agg. **1** MED. [*disease*] infettivo, contagioso; [*agent*] infettivo; [*person*] contagioso **2** FIG. [*enthusiasm, laughter*] contagioso; [*accent*] che si prende facilmente.
infectiously /ɪn'fekʃəslɪ/ avv. in modo contagioso.
infectiousness /ɪn'fekʃəsnɪs/ n. MED. (l')essere infettivo, natura f. infettiva; FIG. contagiosità f.
infective /ɪn'fektɪv/ agg. [*agent*] infettivo.
infector /ɪn'fektə(r)/ n. chi infetta, chi contamina.
infecund /ɪn'fi:kənd/ agg. infecondo.
infecundity /ɪnfɪ'kʌndətɪ/ n. infecondità f.
infelicitous /ˌɪnfɪ'lɪsɪtəs/ agg. FORM. [*expression*] infelice, fuori luogo; [*translation*] malriuscito.
infelicity /ˌɪnfɪ'lɪsətɪ/ n. FORM. *(unfortunate expression)* espressione f. infelice; *(unfortunate translation)* traduzione f. infelice, mal riuscita.
▷ **infer** /ɪn'fɜ:(r)/ tr. (forma in -ing ecc. **-rr-**) **1** *(deduce)* inferire, dedurre, arguire (**from** da) **2** *(imply)* implicare, suggerire.
inferable /ɪn'fɜ:rəbl/ agg. deducibile, arguibile.
▷ **inference** /'ɪnfərəns/ n. **1** *(act, process)* deduzione f., inferenza f., illazione f.; ***by ~*** per deduzione, per illazione **2** *(conclusion)* conclusione f.; ***the ~ is that*** la conclusione è che; ***to draw an ~ from*** trarre una conclusione da **3** *(hint, implication)* implicazione f., suggerimento m.
inferential /ˌɪnfə'renʃl/ agg. deduttivo.
inferentially /ˌɪnfə'renʃlɪ/ avv. deduttivamente.
▷ **inferior** /ɪn'fɪərɪə(r)/ **I** agg. **1** *(poor quality)* [*goods, workmanship*] mediocre, scadente, di bassa qualità **2** [*position*] inferiore; ***to make sb. feel ~*** fare sentire qcn. inferiore **3** TIP. ***~ symbol, letter, number*** pedice **4** BOT. inferiore **II** n. inferiore m. e f.; MIL. subalterno m.
inferior court /ɪn'fɪərɪəˌkɔ:t/ n. tribunale m. di grado inferiore.
inferiority /ɪnˌfɪərɪ'ɒrətɪ, AE -'ɔ:r-/ n. inferiorità f. (**to** rispetto a).
inferiority complex /ɪnˌfɪərɪ'ɒrətɪˌkɒmpleks, AE ɪnˌfɪərɪ'ɔ:rətɪkəmˌpleks/ n. complesso m. d'inferiorità.
inferiorly /ɪn'fɪərɪəlɪ/ avv. inferiormente.
infernal /ɪn'fɜ:nl/ agg. **1** COLLOQ. *(damned)* [*cat, phone, child etc.*] maledetto; *(appalling)* [*noise, row*] infernale; [*weather*] orribile **2** *(of hell)* infernale; ***the ~ regions*** gli inferi **3** *(devilish)* [*cruelty, wickedness*] diabolico.
infernally /ɪn'fɜ:nəlɪ/ avv. [*difficult, noisy*] tremendamente, terribilmente.
inferno /ɪn'fɜ:nəʊ/ n. (pl. **~s**) inferno m. (anche FIG.).
infertile /ɪn'fɜ:taɪl, AE -tl/ agg. **1** [*land, soil*] sterile, infecondo, improduttivo **2** [*person, couple*] sterile.
▷ **infertility** /ˌɪnfə'tɪlətɪ/ n. **1** *(of land, soil)* sterilità f., improduttività f. **2** *(of person)* sterilità f., infertilità f.
infertility clinic /ˌɪnfə'tɪlətɪˌklɪnɪk/ n. = centro per lo studio e la cura della sterilità.
infertility treatment /ˌɪnfə'tɪlətɪˌtri:tmənt/ n. cura f. contro la sterilità.
infest /ɪn'fest/ tr. infestare; ***~ed with rats, rat-~ed*** infestato dai ratti.
infestation /ˌɪnfes'teɪʃn/ n. infestamento m., infestazione f.
infeudation /ˌɪnfju:'deɪʃn/ n. infeudamento m.
infidel /'ɪnfɪdəl/ **I** n. RELIG. ateo m. (-a); STOR. infedele m. e f. **II** agg. RELIG. ateo, miscredente; STOR. infedele.
infidelity /ˌɪnfɪ'delətɪ/ n. infedeltà f.
infield /'ɪnfi:ld/ n. **1** *(farm land)* terreno m. coltivabile vicino alla casa colonica; *(arable land)* terreno m. coltivabile **2** SPORT *(in cricket)* = parte del campo vicino al wicket, alla porta; *(in baseball)* diamante m.

infighter /'ɪnfaɪtə(r)/ n. **1** *(in internal conflict)* = chi combatte in lotte interne, fratricide **2** *(in boxing)* = pugile bravo nel corpo a corpo.

infighting /'ɪnfaɪtɪŋ/ n. **1** *(internal conflict)* lotte f.pl. interne, fratricide **2** *(in boxing)* corpo a corpo m.

infill /'ɪnfɪl/ n. *(all contexts)* riempimento m.

1.infiltrate /'ɪnfɪltreɪt/ n. MED. infiltrato m.

2.infiltrate /'ɪnfɪltreɪt/ **I** tr. **1** fare entrare, fare infiltrare [*liquid, gas*] **2** MIL. POL. infiltrare in [*meeting, territory, organization, group*] **II** intr. [*liquid, gas, light, troops*] infiltrarsi (**into** in).

infiltration /ˌɪnfɪl'treɪʃn/ n. infiltrazione f. (anche MED. MIL. POL.).

infiltrator /ˌɪnfɪl'treɪtə(r)/ n. infiltrato m. (-a), spia f.

▷ **infinite** /'ɪnfɪnət/ **I** agg. **1** *(boundless)* [*patience, number, variety*] infinito; [*wealth*] illimitato, immenso; ***in his ~ wisdom*** RELIG. o IRON. nella sua infinita saggezza; ***to give ~ pleasure to sb.*** fare immenso piacere a qcn.; ***with ~ care*** con attenzione infinita **2** MAT. [*series, decimal*] infinito **II** n. ***the ~*** l'infinito.

infinitely /'ɪnfɪnətlɪ/ avv. infinitamente.

infiniteness /'ɪnfɪnətnɪs/ n. infinità f.

infinitesimal /ˌɪnfɪnɪ'tesɪml/ **I** agg. **1** [*amount*] infinitesimo; [*increase, chance*] minimo, microscopico **2** MAT. infinitesimale **II** n. MAT. infinitesimo m.

infinitive /ɪn'fɪnətɪv/ **I** agg. LING. infinito **II** n. LING. infinito m.; ***in the ~*** all'infinito.

infinitive marker /ɪn'fɪnətɪvˌmɑːkə(r)/ n. LING. marca f. dell'infinito.

infinitude /ɪn'fɪnɪtjuːd, AE -tuːd/ n. LETT. infinità f., immensità f.

infinity /ɪn'fɪnətɪ/ n. **1** infinità f.; MAT. FOT. infinito m.; ***to ~*** all'infinito **2** *(incalculable number)* ***an ~ of...*** un'infinità di...

infirm /ɪn'fɜːm/ **I** agg. **1** *(weak)* infermo, debole, fiacco **2** ANT. ***~ of purpose*** irresoluto, debole **II** n. ***the ~*** + verbo pl. gli infermi.

infirmary /ɪn'fɜːmərɪ/ n. **1** *(in school, prison)* infermeria f. **2** *(hospital)* ospedale m.

infirmity /ɪn'fɜːmətɪ/ n. *(illness)* infermità f.

1.infix /'ɪnfɪks/ n. LING. infisso m.

2.infix /ɪn'fɪks/ tr. **1** *(fix)* infiggere, conficcare (**in** in) **2** *(impress)* imprimere (**in one's mind** nella mente) **3** LING. inserire un affisso in [*word*].

in flagrante delicto /ˌɪnflægrænteɪˌdeɪ'lɪktəʊ/ avv. in flagranza di reato, in flagrante.

inflame /ɪn'fleɪm/ tr. **1** *(fire up)* infiammare [*imagination, crowd, audience*]; accendere [*passion*]; ***to be ~d with desire*** essere acceso *o* bruciare di desiderio **2** *(exacerbate)* aggravare, esasperare [*conflict, situation*] **3** MED. infiammare.

inflamed /ɪn'fleɪmd/ **I** p.pass. → **inflame II** agg. MED. infiammato.

inflammability /ɪnˌflæmə'bɪlətɪ/ n. infiammabilità f.

inflammable /ɪn'flæməbl/ agg. infiammabile (anche FIG.).

inflammableness /ɪn'flæməblnɪs/ n. → **inflammability**.

▷ **inflammation** /ˌɪnflə'meɪʃn/ n. MED. infiammazione f.

▷ **inflammatory** /ɪn'flæmətrɪ, AE -tɔːrɪ/ agg. **1** [*speech, remarks, language*] incendiario, che infiamma, che eccita **2** MED. infiammatorio.

inflatable /ɪn'fleɪtəbl/ **I** agg. [*mattress, dinghy, toy, lifejacket*] gonfiabile; [*tube*] gonfiabile, pneumatico **II** n. oggetto m. gonfiabile; *(dinghy)* canotto m. gonfiabile; *(toy)* giocattolo m. gonfiabile.

inflate /ɪn'fleɪt/ **I** tr. **1** gonfiare [*balloon, tyre, toy, lifejacket*]; dilatare [*lung*] **2** FIG. gonfiare [*price, bill, ego*] **3** ECON. ***to ~ the economy*** = aumentare la circolazione di moneta facendo aumentare così il tasso d'inflazione **II** intr. [*tyre, toy*] gonfiarsi.

inflated /ɪn'fleɪtɪd/ **I** p.pass. → **inflate II** agg. **1** *(excessive)* [*price*] gonfiato; [*fee, salary*] gonfiato, esagerato; [*claim, reputation, importance*] esagerato, eccessivo; [*style, language*] ampolloso, tronfio; ***to have an ~ ego*** essere tronfio *o* avere un'opinione esagerata di sé **2** [*tyre, lifejacket*] gonfio, gonfiato **3** MED. [*lung*] dilatato.

inflater /ɪn'fleɪtə(r)/ n. **1** chi gonfia **2** *(for tyres)* pompa f.

▷ **inflation** /ɪn'fleɪʃn/ n. **1** ECON. inflazione f.; ***with ~ (running) at 10%*** con l'inflazione al 10%; ***rate of ~*** tasso d'inflazione **2** *(of dinghy, tyre)* gonfiaggio m. **3** MED. *(of lung)* dilatazione f., insufflazione f.

inflation-adjusted /ɪnˌfleɪʃnə'dʒʌstɪd/ agg. allineato all'inflazione.

inflationary /ɪn'fleɪʃənərɪ, AE -nerɪ/ agg. ECON. [*pressure, spiral*] inflazionistico; [*wage claim*] che provoca inflazione.

inflationist /ɪn'fleɪʃnɪst/ n. inflazionista m. e f.

inflation rate /ɪn'fleɪʃnˌreɪt/ n. tasso m. d'inflazione.

inflator → **inflater**.

inflect /ɪn'flekt/ **I** tr. **1** LING. flettere, coniugare [*verb*]; flettere, declinare [*noun, adjective*]; ***to be ~ed with "ed"*** avere la desinenza in "ed" **2** *(modulate)* modulare [*voice*]; MUS. alterare **3** *(curve)* flettere, piegare [*ray*] **II** intr. LING. [*verb*] flettere, coniugarsi; [*noun, adjective*] flettersi, declinarsi; ***this word does not ~ in the plural*** questa parola non ha la flessione del plurale.

inflected /ɪn'flektɪd/ **I** p.pass. → **inflect II** agg. LING. [*language*] flessivo; [*form*] flesso.

inflection /ɪn'flekʃn/ n. **1** LING. flessione f.; ***the ~ of nouns and verbs*** la flessione di nomi e verbi **2** *(modulation) (of voice, tone)* modulazione f.; MUS. alterazione f. **3** MAT. FIS. flesso m. **4** *(bend) (of body)* flessione f., piegamento m.

inflectional /ɪn'flekʃənl/ agg. [*language*] flessivo; ***an ~ ending*** un (elemento) suffissale, una desinenza.

inflective /ɪn'flektɪv/ agg. LING. flessivo.

inflexibility /ɪnˌfleksə'bɪlətɪ/ n. **1** *(of attitude, will, rule)* inflessibilità f.; *(of system, method)* rigidità f. **2** *(of material, structure)* rigidità f.

inflexible /ɪn'fleksəbl/ agg. **1** [*person, attitude, will*] inflessibile; [*system*] rigido **2** [*material*] rigido, non flessibile.

inflexion BE → **inflection**.

inflexional BE → **inflectional**.

▷ **inflict** /ɪn'flɪkt/ tr. infliggere [*pain, torture, defeat, punishment*] (**on** a); infliggere, far subire, arrecare [*damage*]; ***to ~ a wound on sb.*** infliggere una ferita a qcn.; ***to ~ one's presence, one's diet on sb.*** SCHERZ. imporre la propria presenza, la propria dieta a qcn.

in-flight /ˌɪn'flaɪt/ agg. [*service, magazine*] offerto durante il volo.

inflorescence /ɪnflə'resns/ n. infiorescenza f.

inflow /'ɪnfləʊ/ n. **1** *(of cash, goods)* afflusso m.; *(of people)* affluenza f., afflusso m.; ***capital ~*** afflusso di capitali **2** *(into tank, reservoir)* afflusso m., (il) fluire.

inflow pipe /'ɪnfləʊˌpaɪp/ n. tubo m. di afflusso.

▶ **1.influence** /'ɪnflʊəns/ n. **1** *(force, factor affecting sth.)* influenza f., influsso m. (**on** su); ***to be*** o ***have an important ~*** avere una notevole influenza; ***to have*** o ***be a good, bad ~*** una buona, cattiva influenza; ***a moderating, evil ~*** un'influenza moderatrice, nefasta; ***his ~s are Lou Reed and Bob Dylan*** Lou Reed e Bob Dylan l'hanno influenzato; ***to be under sb.'s ~*** subire l'influenza *o* l'influsso di qcn.; ***to be under the ~ of sth.*** essere sotto l'effetto di qcs.; ***to be under the ~*** EUFEM. SCHERZ. essere sbronzo; ***to drive while under the ~ of alcohol*** DIR. guidare sotto l'effetto dell'alcol *o* in stato di ebbrezza **2** *(power, capacity to affect sth.)* influenza f., ascendente m., autorità f. (**with sb.** presso qcn.; **over sb., sth.** su qcn., qcs.); ***to have ~*** essere influente, avere autorità; ***to use one's ~*** far valere, esercitare la propria influenza (**to do** per fare); ***to bring one's ~ to bear on sb.*** esercitare la propria influenza su qcn.

▶ **2.influence** /'ɪnflʊəns/ tr. influenzare [*child, voter, artist, jury*]; influenzare, influire su [*decision, choice, ideas, events, result etc.*]; ***don't let him ~ you!*** non lasciarti influenzare da lui! ***I don't want to ~ you one way or the other*** non voglio influenzarti in alcun modo; ***to ~ sb. in his, her choice, decision*** influenzare qcn. nella sua scelta, nella sua decisione; ***to ~ sb. to do*** portare qcn. a fare; ***to be ~d by sb., sth.*** essere influenzato da qcn., qcs.; ***to be heavily*** o ***strongly ~d by sb., sth.*** essere pesantemente, fortemente influenzato da qcn., qcs.

influence peddling /'ɪnflʊənsˌpedlɪŋ/ n. millantato credito m.

influent /'ɪnflʊənt/ **I** agg. ***~ river*** affluente **II** n. affluente m.

▷ **influential** /ˌɪnflʊ'enʃl/ **I** agg. **1** *(respected)* [*theory, movement, theorist, artist, programme*] influente; [*newspaper, commentator*] influente, autorevole; [*study, survey, work*] autorevole, importante **2** *(key)* [*event, fact*] determinante; ***~ factor*** fattore determinante, chiave **3** *(powerful)* [*businessman, banker, person*] influente, importante; ***she's very ~*** è una persona molto influente; ***to have ~ friends*** avere amici influenti **II** n. ***the ~*** + verbo pl. le persone influenti, le persone che contano.

influenza /ˌɪnflʊ'enzə/ ♦ ***11*** n. influenza f.

influenzal /ˌɪnflʊ'enzl/ agg. influenzale.

▷ **influx** /'ɪnflʌks/ n. **1** *(of money)* afflusso m.; *(of people)* affluenza f., afflusso m.; ***a sudden ~ of refugees into the area*** un improvviso afflusso di rifugiati nella zona **2** *(of liquid)* flusso m., afflusso m.

▷ **info** /'ɪnfəʊ/ n. **U** COLLOQ. (accorc. **information**) informazione f., informazioni f.pl.

info highway /ˌɪnfəʊ'haɪweɪ/ n. autostrada f. informatica.

infomercial /ˌɪnfəʊ'mɜːʃl/ n. TELEV. documentario m. pubblicitario.

▶ **inform** /ɪn'fɔːm/ **I** tr. **1** *(notify, tell)* informare [*person, authorities, police, public, consumer*] (**of, about** di, su; **that** sul fatto che); ***I ~ed him (that) his visit was unnecessary*** gli ho fatto sapere che la sua visita non era necessaria; ***I would like to be ~ed*** vorrei essere informato; ***why wasn't I ~ed?*** perché non sono stato informato? ***to keep sb. ~ed*** tenere qcn. informato (**of, as to** di); ***I ~ed him of my views*** gli ho fatto sapere le mie opinioni; ***I am pleased, sorry to ~ you that*** ho il piacere, sono spiacente di informarvi che; ***to ~ sb. if, when*** fare sapere a qcn. se, quando **2** *(pervade, give essential features to)* [*idea, premise, sense*] permeare, informare, ispirare [*writing, work, policy, law*] **II** intr. **1** *(denounce)* ***to ~ on*** o ***against*** denunciare **2** *(give information)* informare **III** rifl. ***to ~ oneself*** informarsi (**about** su).

▷ **informal** /ɪn'fɔːml/ agg. **1** *(unaffected)* [*person*] alla mano, alla buona; [*manner, style, tone*] informale, amichevole; ***to greet sb. in an ~ manner*** o ***way*** accogliere qcn. in modo amichevole **2** *(casual)* [*language*] informale, familiare, colloquiale; ***~ clothes*** abbigliamento informale *o* di tutti i giorni; ***dress ~*** *(on invitation)* abbigliamento informale **3** *(relaxed)* [*atmosphere, club, group*] informale; [*mood*] rilassato; [*meal*] alla buona, senza cerimonie **4** *(unofficial)* [*announcement, request*] ufficioso; [*visit, invitation, discussion, interview*] informale; ***on an ~ basis*** in modo informale; ***we have reached an ~ arrangement*** abbiamo raggiunto un accordo informale.

informality /ˌɪnfɔː'mælətɪ/ n. **1** *(of person, event)* informalità f., mancanza f. di formalità; *(of arrangement, meeting)* carattere m. informale; *(of gathering, workplace)* ambiente m. informale, informalità f.; ***I liked the ~ of the ceremony*** mi è piaciuta la semplicità della cerimonia **2** LING. *(of language)* stile m. informale, colloquiale.

informally /ɪn'fɔːməlɪ/ avv. **1** *(without ceremony)* [*dress*] in modo informale, sportivo; [*speak, meet*] senza formalità; [*greet*] senza formalità, senza cerimonie **2** *(unofficially)* [*act, agree, arrange, discuss, suggest*] ufficiosamente; ***to invite sb. ~*** [*statesman*] invitare qcn. in veste privata.

informant /ɪn'fɔːmənt/ n. **1** GIORN. *(source of information)* informatore m. (-trice) **2** *(informer)* informatore m. (-trice), confidente m. e f. **3** LING. informante m., informatore m.

informatics /ˌɪnfə'mætɪks/ n. RAR. informatica f.

▶ **information** /ˌɪnfə'meɪʃn/ n. **U 1** *(facts, details)* informazioni f.pl., notizie f.pl. (**on, about** su, riguardo a); ***a piece*** o ***bit*** o ***an item of ~*** un'informazione; ***to give, receive ~*** dare, ricevere informazioni; ***to pass on ~*** passare *o* comunicare informazioni; ***freedom of ~*** libertà d'informazione; ***I need more ~*** ho bisogno di maggiori informazioni; ***I have no ~ about that*** non ho informazioni su ciò; ***we have very little ~*** abbiamo pochissime informazioni; ***my ~ is that*** secondo le mie informazioni; ***for further*** o ***additional*** o ***more ~*** per ulteriori informazioni; ***to enclose sth. for ~*** allegare qcs. a titolo informativo; ***"for ~"*** "a titolo informativo"; ***for your ~, I've never even met him!*** per tua informazione, non l'ho neanche mai incontrato! **2** AE TEL. servizio m. informazioni; ***to call ~*** chiamare il servizio informazioni **3** INFORM. informazione f.

informational /ˌɪnfə'meɪʃnl/ agg. *(pertaining to information)* dell'informazione; *(conveying information)* informativo.

information bureau /ˌɪnfəˌmeɪʃn'bjʊərəʊ, AE -'rəʊ/ n. (pl. **information bureaus, information bureaux**) ufficio m. informazioni.

information centre /ˌɪnfə'meɪʃnˌsentə(r)/ n. centro m. informazioni.

information content /ˌɪnfə'meɪʃnˌkɒntent/ n. contenuto m. informativo.

information desk /ˌɪnfə'meɪʃnˌdesk/ n. banco m. informazioni.

information exchange /ˌɪnfəˌmeɪʃnɪks'tʃeɪndʒ/ n. scambio m. d'informazioni.

information office /'ɪnfəˌmeɪʃnˌɒfɪs, AE -ˌɔːf-/ → **information bureau.**

information officer /'ɪnfəˌmeɪʃnˌɒfɪsə(r), AE -ˌɔːf-/ n. ♦ ***27*** **1** *(PR person, press officer)* addetto m. stampa **2** *(responsible for IT)* addetto m. al sistema informatico.

information pack /ˌɪnfə'meɪʃnˌpæk/ n. materiale m. informativo.

information processing /ˌɪnfəˌmeɪʃn'prəʊsesɪŋ, AE -'prɒsesɪŋ/ n. elaborazione f. dell'informazione, dei dati.

information retrieval /ˌɪnfəˌmeɪʃnrɪ'triːvl/ n. reperimento m. dell'informazione; information retrieval m.

information retrieval system /ˌɪnfəˌmeɪʃnrɪ'triːvlˌsɪstəm/ n. sistema m. per il recupero dell'informazione.

information room /ˌɪnfəˌmeɪʃn'ruːm, -'rʊm/ n. *(in police station)* sala f. operativa.

information science /ˌɪnfəˌmeɪʃn'saɪəns/ n. scienza f. dell'informazione, informatica f.

information scientist /ˌɪnfəˌmeɪʃn'saɪəntɪst/ ♦ ***27*** n. informatico m. (-a).

information service /ˌɪnfəˌmeɪʃn'sɜːvɪs/ n. servizio m. informazioni.

information superhighway /ˌɪnfəˌmeɪʃnsuːpə'haɪweɪ/ n. autostrada f. informatica.

information system /ˌɪnfəˌmeɪʃn'sɪstəm/ n. sistema m. informativo.

▷ **information technology** /ˌɪnfəˌmeɪʃntek'nɒlədʒɪ/ n. informatica f., information technology f.

information theory /ˌɪnfəˌmeɪʃn'θɪərɪ/ n. teoria f. dell'informazione.

information transfer /ˌɪnfəˌmeɪʃn'trænsfə(r)/ n. trasferimento m. dell'informazione.

▷ **informative** /ɪn'fɔːmətɪv/, **informatory** /ɪn'fɔːmətrɪ, AE -tɔːrɪ/ agg. [*lecture, talk, leaflet, book*] informativo; [*trip, evening, day*] istruttivo; [*speaker, guide, lecturer*] dotto, erudito.

▷ **informed** /ɪn'fɔːmd/ **I** p.pass. → **inform II** agg. **1** [*choice, debate, decision, judgment, opinion, guess*] fondato; ***ill-~*** infondato **2** [*person, consumer*] informato, documentato; [*critic, public*] informato, colto; [*source*] (ben)informato; ***he is very well-~*** è molto bene informato; ***he's ill-~*** è male informato.

informer /ɪn'fɔːmə(r)/ n. **1** *(to police, authorities)* confidente m. e f., delatore m. (-trice), informatore m. (-trice); ***to turn ~*** tradire *o* fare la spia **2** *(adviser)* informatore m. (-trice).

infotech /'ɪnfəʊtek/ n. INFORM. GERG. informatica f.

infracostal /ˌɪnfrə'kɒstl/ agg. intercostale.

infract /ɪn'frækt/ tr. infrangere [*rule, agreement*].

infraction /ɪn'frækʃn/ n. infrazione f., violazione f. (**of** di).

infra dig /ˌɪnfrə'dɪg/ agg. SCHERZ. indecoroso.

infraglenoid /ˌɪnfrə'gliːnɔɪd/ agg. infraglenoideo.

infrangibility /ɪnˌfrændʒə'bɪlətɪ/ n. infrangibilità f.

infrangible /ɪn'frændʒəbl/ agg. infrangibile.

infraorbital /ˌɪnfrə'ɔːbɪtl/ agg. infraorbitale.

infrared /ˌɪnfrə'red/ **I** agg. infrarosso **II** n. infrarosso m.

infrared photograph /ˌɪnfrəˌred'fəʊtəgrɑːf, AE -græf/ n. fotografia f. nell'infrarosso.

infrared sensor /ˌɪnfrəˌred'sensə(r)/ n. sensore m. a raggi infrarossi.

infrasonic /ˌɪnfrə'sɒnɪk/ agg. infrasonoro.

infrasound /ˌɪnfrə'saʊnd/ n. infrasuono m.

infrastructure /'ɪnfrəstrʌktʃə(r)/ n. *(all contexts)* infrastruttura f.

infrequency /ɪn'friːkwənsɪ/ n. infrequenza f., rarità f.

infrequent /ɪn'friːkwənt/ agg. infrequente, raro.

infrequently /ɪn'friːkwəntlɪ/ avv. raramente; ***not ~*** non di rado, abbastanza frequentemente.

infringe /ɪn'frɪndʒ/ **I** tr. infrangere, trasgredire, violare [*rule, law, ban*]; violare [*civil liberties, rights, copyright*]; contraffare [*patent*] **II** intr. ***to ~ on*** o ***upon*** violare, calpestare [*rights, sovereignty*].

infringement /ɪn'frɪndʒmənt/ n. *(of rule)* infrazione f., trasgressione f., violazione f. (**of** di); *(of rights, liberty)* violazione f.; *(of patent, trademark)* contraffazione f.

infringer /ɪn'frɪndʒə(r)/ n. **1** *(of rule)* trasgressore m. (-ditrice) **2** *(of patent, trademark)* contraffattore m. (-trice).

infructescence /ɪnfrʌk'tesns/ n. infruttescenza f.

infundibular /ˌɪnfʌn'dɪbjʊlə(r)/ agg. *(of infundibulum)* infundibolare; *(funnel-shaped)* infundibuliforme.

infundibulum /ˌɪnfʌn'dɪbjʊləm/ n. (pl. **-a**) infundibolo m.

infuriate /ɪn'fjʊərɪeɪt/ tr. fare infuriare, rendere furioso [*person*].

infuriated /ɪn'fjʊərɪeɪtɪd/ **I** p.pass. → **infuriate II** agg. infuriato, furibondo.

infuriating /ɪn'fjʊərɪeɪtɪŋ/ agg. esasperante, che fa infuriare.

infuriatingly /ɪn'fjʊərɪeɪtɪŋlɪ/ avv. [*laugh, reply*] in modo irritante, in modo che fa infuriare; ***~ slow*** d'una lentezza esasperante.

infuse /ɪn'fjuːz/ **I** tr. **1** *(inject, imbue)* ***to ~ sth. with sth.*** infondere qcs. in qcs.; ***to ~ a project with enthusiasm*** portare il proprio entusiasmo in un progetto *o* infondere entusiasmo in un progetto; ***to ~ sth. into*** infondere qcs. in [*society, work, person*]; ***the movement was ~d with new life*** il movimento ha avuto nuovo slancio **2** GASTR. fare un infuso di, mettere in infusione [*tea, herb*] **II** intr. stare in infusione.

infused /ɪn'fjuːzd/ **I** p.pass. → **infuse II** agg. messo in infusione; ***vinegar ~ with tarragon*** aceto aromatizzato all'estragone.

infuser /ɪn'fjuːzə(r)/ n. **1** *(person)* chi infonde coraggio ecc. **2** *(device)* recipiente m. per infusioni.

infusibility /ɪnˌfjuːzə'bɪlətɪ/ n. infusibilità f.

infusible /ɪn'fjuːzəbl/ agg. infusibile, che non si può fondere.

▷ **infusion** /ɪn'fjuːʒn/ n. **1** *(of cash, aid)* afflusso m., iniezione f.; ***an ~ of new life*** un nuovo slancio **2** GASTR. infusione f.

ingenious /ɪn'dʒiːnɪəs/ agg. ingegnoso, astuto.

ingeniously /ɪn'dʒiːnɪəslɪ/ avv. [*solve, design*] ingegnosamente; ***~ designed*** concepito in modo ingegnoso.

ingeniousness /ɪn'dʒiːnɪəsnɪs/ n. → **ingenuity**.
ingénue /'ænʒeɪnjuː, AE 'ændʒənuː/ n. TEATR. ingenua f.
ingenuity /ˌɪndʒɪ'njuːətɪ, AE -'nuː-/ n. ingegnosità f.; ***to use one's ~*** usare l'ingegno.
ingenuous /ɪn'dʒenjʊəs/ agg. ingenuo, candido, semplice.
ingenuously /ɪn'dʒenjʊəslɪ/ avv. [*ask, remark*] ingenuamente, candidamente.
ingenuousness /ɪn'dʒenjʊəsnɪs/ n. ingenuità f., candore m.
ingest /ɪn'dʒest/ tr. **1** ingerire [*food, liquid*] **2** FIG. assorbire, assimilare [*fact*].
ingestion /ɪn'dʒestʃn/ n. *(of food)* ingestione f.
ingle /'ɪŋgl/ n. BE focolare m.
inglenook /'ɪŋglnʊk/ n. BE = angolo vicino al focolare.
inglorious /ɪn'glɔːrɪəs/ agg. LETT. inglorioso, disonorevole.
ingloriously /ɪn'glɔːrɪəslɪ/ avv. LETT. in modo inglorioso, disonorevole.
ingloriousness /ɪn'glɔːrɪəsnɪs/ n. LETT. (l')essere inglorioso, disonorevole.
ingluvies /ɪn'gluːviːz/ n. (pl. ~) ZOOL. ingluvie f.
ingoing /'ɪŋgəʊɪŋ/ **I** agg. entrante, in entrata **II** n. entrata f.
ingot /'ɪŋgət/ n. lingotto m.
ingraft → **engraft**.
ingrain /'ɪngreɪn/ agg. **1** *(dyed)* tinto in filato **2** FIG. *(deep-rooted)* radicato.
ingrained /ɪn'greɪnd/ agg. **1** [*dirt*] incrostato **2** *(deep-rooted)* [*habit, prejudice, tendency*] inveterato, radicato; [*hatred*] radicato, profondo; ***to be deeply ~ in*** essere profondamente radicato in [*person, heart, society*].
Ingram /'ɪŋgrəm/ n.pr. Ingram (nome di uomo).
ingrate /'ɪngreɪt/ n. ingrato m. (-a).
ingratiate /ɪn'greɪʃɪeɪt/ rifl. SPREG. ***to ~ oneself with sb.*** ingraziarsi qcn.
ingratiating /ɪn'greɪʃɪeɪtɪŋ/ agg. SPREG. accattivante, insinuante.
ingratitude /ɪn'grætɪtjuːd, AE -tuːd/ n. ingratitudine f.
ingravescence /ˌɪngrə'vesns/ n. RAR. *(of illness)* aggravamento m., peggioramento m. (**of** di).
▷ **ingredient** /ɪn'griːdɪənt/ n. **1** GASTR. ingrediente m. **2** FIG. ingrediente m., elemento m. (**of** di).
ingress /'ɪŋgres/ n. DIR. (diritto di) ingresso m.
ingressive /ˌɪŋ'gresɪv/ **I** n. LING. suono m. ingressivo **II** agg. LING. ingressivo.
in-group /'ɪngruːp/ n. SPREG. gruppo m. chiuso.
ingrowing /ˌɪn'grəʊɪŋ/ agg. incarnito.
ingrowing toenail /ˌɪngrəʊɪŋ'təʊneɪl/ n. unghia f. incarnita (del piede).
ingrown /ˌɪn'grəʊn/ agg. AE → **ingrowing**.
ingrown toenail /ˌɪngrəʊn'təʊneɪl/ n. AE → **ingrowing toenail**.
ingrowth /'ɪngrəʊθ/ n. crescita f. verso l'interno.
inguinal /'ɪŋgwɪnl/ agg. inguinale.
ingurgitate /ɪn'gɜːdʒɪteɪt/ tr. **1** ingurgitare, ingoiare **2** FIG. ingoiare.
ingurgitation /ɪnˌgɜːdʒɪ'teɪʃn/ n. (l')ingurgitare, ingurgitamento m.
Ingush Republik /'ɪngʊʃrɪˌpʌblɪk/ ➧ ***6*** n.pr. Repubblica f. dell'Inguscezia.
inhabit /ɪn'hæbɪt/ tr. **1** abitare, vivere in [*house, region*]; abitare, vivere su [*planet*] **2** FIG. vivere in [*fantasy world, milieu*].
inhabitable /ɪn'hæbɪtəbl/ agg. abitabile.
inhabitancy /ɪn'hæbɪtənsɪ/ n. ANT. **1** *(habitation)* abitazione f., (l')abitare **2** *(residence)* domicilio m.
▷ **inhabitant** /ɪn'hæbɪtənt/ n. abitante m. e f.
inhabitation /ɪnˌhæbɪ'teɪʃn/ n. abitazione f., (l')abitare.
▷ **inhabited** /ɪn'hæbɪtɪd/ **I** p.pass. → **inhabit II** agg. [*land, cave, planet*] abitato.
inhalant /ɪn'heɪlənt/ n. inalante m.
inhalation /ˌɪnhə'leɪʃn/ n. inalazione f., inspirazione f.
inhalator /ɪn'heɪlətə(r)/ n. inalatore m., respiratore m.
▷ **inhale** /ɪn'heɪl/ **I** tr. inalare, aspirare [*vapour, fumes, smoke*]; respirare [*scent*]; soffocare per [*vomit*] **II** intr. *(breathe in)* inspirare; *(take in smoke)* aspirare il fumo; ***to ~ deeply*** inspirare profondamente.
inhaler /ɪn'heɪlə(r)/ n. inalatore m.
inharmonic /ˌɪnhɑː'mɒnɪk/, **inharmonious** /ˌɪnhɑː'məʊnɪəs/ agg. disarmonico.
inharmoniously /ˌɪnhɑː'məʊnɪəslɪ/ avv. disarmonicamente.
inharmoniousness /ˌɪnhɑː'məʊnɪəsnɪs/ n. disarmonia f.
inhere /ɪn'hɪə(r)/ intr. essere inerente (**in** a).
inherence /ɪn'hɪərəns, ɪn'herəns/ n. inerenza f.
▷ **inherent** /ɪn'hɪərənt, ɪn'herənt/ agg. ***to be ~ in*** essere inerente a, proprio di; ***the ~ limitations of*** le limitazioni inerenti a; ***with its ~ risks*** con i rischi che ne derivano.
▷ **inherently** /ɪn'hɪərəntlɪ, ɪn'her-/ avv. [*comic, complex, evil*] naturalmente; [*involve, entail*] intrinsecamente, per sua natura.
inherit /ɪn'herɪt/ tr. ereditare [*money, property*]; succedere in, ereditare [*title*]; FIG. ereditare [*problem, tradition*]; ***to ~ sth. from sb.*** ereditare qcs. da qcn.; ***she has ~ed her mother's intelligence*** ha ereditato l'intelligenza da sua madre; ***I've ~ed my mother's cat*** ho ereditato il gatto di mia mamma.
inheritability /ɪnˌherɪtə'bɪlətɪ/ n. **1** *(hereditability)* ereditabilità f. **2** *(hereditariness)* ereditarietà f.
inheritable /ɪn'herɪtəbl/ agg. **1** *(hereditable)* ereditabile **2** *(hereditary)* ereditario.
▷ **inheritance** /ɪn'herɪtəns/ n. **1** *(thing inherited)* eredità f. (anche FIG.); ***to come into an ~*** ricevere un'eredità **2** *(succession)* successione f.; ***by*** o ***through ~*** per successione **3** BIOL. eredità f.
inheritance tax /ɪn'herɪtənsˌtæks/ n. AE imposta f. di successione.
▷ **inherited** /ɪn'herɪtɪd/ **I** p.pass. → **inherit II** agg. [*characteristic, disease*] ereditario; [*wealth, debt, tradition*] ereditato.
inheritor /ɪn'herɪtə(r)/ n. *(all contexts)* erede m. e f.
inheritress /ɪn'herɪtrɪs/, **inheritrix** /ɪn'herɪtrɪks/ n. *(all contexts)* erede f., ereditiera f.
inhibit /ɪn'hɪbɪt/ tr. **1** *(restrain)* inibire [*person, reaction*]; limitare [*choice*]; ostacolare [*activity, progress, situation*]; ***to ~ sb. from doing*** *(prevent)* impedire a qcn. di fare; *(discourage)* scoraggiare qcn. dal fare **2** PSIC. inibire [*person*] **3** CHIM. BIOL. inibire [*function*] **4** DIR. *(prohibit)* interdire (**from doing** dal fare).
inhibited /ɪn'hɪbɪtɪd/ **I** p.pass. → **inhibit II** agg. [*person, thinking*] inibito; [*activity, development*] ostacolato; ***to be ~ by*** [*person*] essere inibito, bloccato da [*lack of confidence, inexperience*].
inhibiting /ɪn'hɪbɪtɪŋ/ agg. → **inhibitory**.
inhibition /ˌɪnhɪ'bɪʃn, ˌɪnɪ'b-/ n. inibizione f.; ***to get rid of one's ~s*** liberarsi delle proprie inibizioni *o* disinibirsi.
inhibitor /ɪn'hɪbɪtə(r)/ n. *(all contexts)* inibitore m.
inhibitory /ɪn'hɪbɪtərɪ, AE -tɔːrɪ/ agg. *(all contexts)* inibitorio.
in-home /ɪn'həʊm/ agg. interno.
inhospitable /ˌɪnhɒ'spɪtəbl/ agg. [*country, person*] inospitale; [*climate*] rigido, inclemente; [*behaviour*] scortese.
inhospitableness /ˌɪnhɒ'spɪtəblnɪs/ n. → **inhospitality**.
inhospitably /ˌɪnhɒ'spɪtəblɪ/ avv. [*act*] in modo inospitale.
inhospitality /ɪnˌhɒspɪ'tælətɪ/ n. inospitalità f.
in-house /'ɪnhaʊs, -'haʊs/ agg. [*training, service, worker*] interno; ***he is ~*** è in ditta.
inhuman /ɪn'hjuːmən/ agg. inumano, disumano.
inhumane /ˌɪnhjuː'meɪn/ agg. inumano, disumano, crudele.
inhumanity /ˌɪnhjuː'mænətɪ/ n. disumanità f., crudeltà f.; ***man's ~ to man*** la crudeltà dell'uomo verso i suoi simili.
inhumanly /ɪn'hjuːmənlɪ/ avv. in modo inumano, disumanamente.
inhumation /ˌɪnhjuː'meɪʃn/ n. FORM. inumazione f., sepoltura f.
inhume /ɪn'hjuːm/ tr. FORM. inumare, seppellire.
Inigo /'ɪnɪgəʊ/ n.pr. Inigo (nome di uomo).
inimical /ɪ'nɪmɪkl/ agg. nemico, ostile; ***to be ~ to*** andare contro a [*interest*]; essere contrario a [*aim, unity, sovereignty*].
inimitability /ɪˌnɪmɪtə'bɪlətɪ/ n. (l')essere inimitabile, inimitabilità f.
inimitable /ɪ'nɪmɪtəbl/ agg. inimitabile; ***in her own ~ way*** nel suo stile inimitabile.
iniquitous /ɪ'nɪkwɪtəs/ agg. [*practice, system*] iniquo, ingiusto; [*tax*] ingiusto.
iniquity /ɪ'nɪkwətɪ/ n. *(all contexts)* iniquità f., ingiustizia f.
▶ **1.initial** /ɪ'nɪʃl/ **I** n. iniziale f.; ***to sign one's ~s*** firmare con le proprie iniziali **II** agg. [*symptoms, shock, reaction*] iniziale, primo; [*shyness, reticence*] iniziale; ***~ letter*** iniziale; ***in the ~ stages*** nello stadio iniziale.
2.initial /ɪ'nɪʃl/ tr. (forma in -ing ecc. BE **-ll-**, AE **-l-**) apporre le proprie iniziali su, siglare [*document*]; *(authorize)* vidimare.
initial expenses /ɪˌnɪʃlɪk'spensɪz/ n.pl. COMM. spese f. d'impianto.
initialization /ˌɪnɪʃəlaɪ'zeɪʃn, AE -lɪ'z-/ n. INFORM. inizializzazione f.
initialize /ɪ'nɪʃəlaɪz/ tr. INFORM. inizializzare.
▷ **initially** /ɪ'nɪʃəlɪ/ avv. all'inizio, inizialmente.
Initial Teaching Alphabet /ɪˌnɪʃl'tiːtʃɪŋˌælfəbet/ n. SCOL. = alfabeto fonetico semplificato.
▷ **1.initiate** /ɪ'nɪʃɪət/ n. iniziato m. (-a), adepto m. (-a).
▷ **2.initiate** /ɪ'nɪʃɪeɪt/ tr. **1** dare inizio a [*plan, project, reform*]; iniziare [*talks*]; promuovere [*improvements, reorganization*]; ***to ~ proceedings against sb.*** DIR. intentare un'azione giudiziaria contro qcn. **2** *(admit)* ***to ~ sb. into*** *(into membership)* ammettere qcn.

in [*secret society, club*]; *(into knowledge)* iniziare qcn. a [*astrology, art of love*] **3** INFORM. lanciare [*programme*]; stabilire [*communication*].

▷ **initiation** /ɪˌnɪʃɪ'eɪʃn/ **I** n. **1** *(of negotiations)* inizio m.; *(of scheme, process)* avvio m. **2** *(admission) (into sect)* ammissione f. (**into** in); *(into knowledge)* iniziazione f. (**into** a) **3** *(ceremony)* iniziazione f. **II** modif. [*ceremony, rite*] di iniziazione.

▶ **initiative** /ɪ'nɪʃətɪv/ n. **1** *(quality)* iniziativa f.; ***to have, show ~*** avere, mostrare iniziativa; ***use your ~!*** *(as advice)* dai prova della tua iniziativa! *(as reproof)* cerca di avere (un po' di) iniziativa! ***on one's own ~*** di propria iniziativa **2** *(move)* iniziativa f.; ***to take the ~*** prendere l'iniziativa (**in doing** di fare); ***peace ~(s)*** iniziative di pace **3** *(upper hand)* ***to take the ~*** prendere il sopravvento; ***to lose the ~*** perdere l'iniziativa **4** POL. DIR. iniziativa f.

initiative test /ɪ'nɪʃətɪvˌtest/ n. PSIC. test m. d'iniziativa, prova f. d'iniziativa.

initiator /ɪ'nɪʃɪeɪtə(r)/ n. iniziatore m. (-trice).

initiatory /ɪ'nɪʃɪətərɪ, AE -tɔːrɪ/ agg. **1** *(initial)* iniziativo, iniziale, preliminare **2** *(rite)* iniziativo, iniziatico.

▷ **inject** /ɪn'dʒekt/ **I** tr. **1** iniettare [*liquid, vaccine*] (**into** in); ***to ~ sb. with sth.*** MED. fare un'iniezione di qcs. a qcn.; ***to ~ sb. against sth.*** vaccinare qcn. contro qcs.; ***"to be ~ed intravenously"*** "(da somministrare) per via endovenosa" **2** TECN. iniettare [*fuel*] (**into** in) **3** FIG. introdurre [*new ideas*] (**into** in); infondere [*hope, life, enthusiasm*] (**into** in); immettere [*cash, capital*] (**into** in) **II** rifl. ***to ~ oneself with*** farsi delle iniezioni di [*insulin*]; farsi di [*heroin*].

▷ **injection** /ɪn'dʒekʃn/ n. **1** MED. puntura f., iniezione f. **2** TECN. iniezione f.

injection moulding BE, **injection molding** AE /ɪn'dʒekʃn-ˌməʊldɪŋ/ n. stampaggio m. a iniezione.

injective /ɪn'dʒektɪv/ agg. MAT. iniettivo: ***~ mapping*** funzione iniettiva, iniezione.

injector /ɪn'dʒektə(r)/ n. AUT. iniettore m.

in-joke /'ɪnˌdʒəʊk/ n. ***it's an ~*** è una battuta fra di noi; ***it's a BBC ~*** è una battuta comprensibile solo a quelli della BBC.

injudicial /ˌɪndʒuː'dɪʃl/ agg. DIR. extragiudiziale.

injudicious /ˌɪndʒuː'dɪʃəs/ agg. FORM. [*act, remark, statement*] poco giudizioso, avventato.

injudiciously /ˌɪndʒuː'dɪʃəslɪ/ avv. [*remark, act*] avventatamente.

injudiciousness /ˌɪndʒuː'dɪʃəsnɪs/ n. *(of remark, act)* avventatezza f.

Injun /'ɪndʒn/ n. AE COLLOQ. indiano m. (-a), pellerossa m. e f.; ***honest ~!*** parola d'onore!

injunct /ˌɪn'dʒʌŋkt/ tr. RAR. ingiungere.

injunction /ɪn'dʒʌŋkʃn/ n. **1** DIR. ingiunzione f. (**to do** di fare; **against** contro); ***to ask for an ~*** fare richiesta di ingiunzione **2** *(admonition)* ingiunzione f., ammonizione f.

injunctive /ɪn'dʒʌŋktɪv/ agg. DIR. LING. ingiuntivo.

▷ **injure** /'ɪndʒə(r)/ **I** tr. **1** MED. ferire, fare male a [*person*]; ***nobody was ~d*** nessuno si è fatto male; ***to ~ one's hand, knee*** ferirsi *o* farsi male alla mano, al ginocchio **2** *(damage)* nuocere a [*health*]; ledere, danneggiare [*reputation, interests*]; ferire [*self-esteem*]; ***to ~ sb.'s feelings*** ferire i sentimenti di qcn. **II** rifl. ***to ~ oneself*** ferirsi; *(slightly)* farsi male.

▷ **injured** /'ɪndʒəd/ **I** p.pass. → **injure II** agg. **1** MED. [*person*] ferito; [*limb, back*] leso; ***seriously ~*** gravemente ferito; ***fatally ~*** ferito mortalmente *o* a morte **2** FIG. [*pride, feelings*] ferito; [*tone, look*] offeso **3** *(wronged)* [*wife, husband*] tradito; ***the ~ party*** DIR. la parte lesa **III** n. ***the ~*** + verbo pl. i feriti **IV** modif. ***~ list*** elenco dei feriti.

injurious /ɪn'dʒʊərɪəs/ agg. FORM. **1** *(harmful)* ***~ to*** dannoso a *o* per, nocivo a [*health, economy*] **2** *(abusive)* [*remark*] ingiurioso, offensivo.

▶ **injury** /'ɪndʒərɪ/ n. **1** MED. ferita f., lesione f.; ***head ~*** trauma cranico; ***internal injuries*** lesioni interne; ***to do sb. an ~*** ferire *o* fare male a qcn.; ***to do oneself an ~*** SCHERZ. farsi del male **2** FIG. *(to reputation)* lesione f. **3** DIR. illecito m.

injury benefit /'ɪndʒərɪˌbenɪfɪt/ n. BE = indennità percepita in caso di infortunio sul lavoro.

injury time /'ɪndʒərɪˌtaɪm/ n. BE SPORT minuti m.pl. di recupero.

▷ **injustice** /ɪn'dʒʌstɪs/ n. ingiustizia f.; ***to do sb. an ~*** commettere un'ingiustizia verso qcn. *o* essere ingiusto con qcn.

▷ **1.ink** /ɪŋk/ **I** n. *(all contexts)* inchiostro m.; ***in ~*** a inchiostro; *(using a pen)* a penna **II** modif. [*bottle, stain*] d'inchiostro; [*eraser*] da inchiostro ◆ ***as black as ~*** nero come l'inchiostro.

2.ink /ɪŋk/ tr. inchiostrare.

■ **ink in:** ***~ in [sth.], ~ [sth.] in*** ripassare [qcs.] a inchiostro, a penna [*form, drawing*].

ink bag /'ɪŋkbæg/ n. → **ink sac**.

inkblot /'ɪŋkblɒt/ n. macchia f. d'inchiostro.

inkblot test /'ɪŋkblɒtˌtest/ n. test m. di Rorschach, delle macchie d'inchiostro.

ink drawing /ˌɪŋk'drɔːɪŋ/ n. disegno m. a inchiostro.

inker /'ɪŋkə(r)/ n. TIP. (rullo) inchiostratore m.

inkiness /'ɪŋkɪnɪs/ n. *(darkness)* oscurità f.

inkjet printer /ˌɪŋkdʒet'prɪntə(r)/ n. stampante f. a getto d'inchiostro.

inkling /'ɪŋklɪŋ/ n. sentore m., sospetto m., accenno m.; ***to have an ~ that*** avere sentore che; ***to have no ~ that*** non avere il minimo sospetto che; ***her expression gave no ~ of how she felt*** il suo sguardo non lasciava trasparire in alcun modo i suoi sentimenti; ***that was the first ~ I had that all was not well*** quella è stata la prima volta che ho intuito che c'era qualcosa che non andava.

inkpad /'ɪŋkpæd/ n. tampone m. (per inchiostro).

inkpot /'ɪŋkpɒt/ n. calamaio m.

ink sac /'ɪŋksæk/ n. ZOOL. tasca f. del nero.

inkslinger /'ɪŋkˌslɪŋə(r)/ n. SPREG. scrittorucolo m. (-a), imbrattacarte m. e f.

inkstand /'ɪŋkstænd/ n. portacalamaio m.

inkwell /'ɪŋkwel/ n. calamaio m.

inky /'ɪŋkɪ/ agg. **1** [*fingers, page*] macchiato d'inchiostro **2** FIG. [*sky*] nero come l'inchiostro.

inlaid /ˌɪn'leɪd/ **I** pass., p.pass. → **2.inlay II** agg. [*jewellery*] incrostato (**with** di); [*box, furniture*] intarsiato; [*sword*] damaschinato.

1.inland /'ɪnlənd/ agg. **1** *(not coastal)* [*area, town, harbour*] interno; ***~ navigation*** navigazione interna; ***~ waterways*** idrovie interne **2** BE *(domestic)* [*communications, mail, trade, transport*] interno; ***~ postage rate*** tariffa postale nazionale.

2.inland /ˌɪn'lænd/ avv. [*travel*] verso l'interno; [*be situated*] all'interno, nell'entroterra; ***to move further ~*** spingersi verso l'interno.

inland bill /ˌɪnlənd'bɪl/ n. BE ECON. cambiale f. interna.

inlander /'ɪnləndə(r)/ n. abitante m. e f. dell'entroterra.

Inland Revenue /ˌɪnlənd'revənjuː, AE -'revənuː/ n. GB fisco m.

Inland Revenue Stamp /ˌɪnlənd'revənjuːˌstæmp, AE -'revənuː-/ n. = bollo che documenta l'avvenuto pagamento di oneri fiscali.

in-laws /'ɪnlɔːz/ n.pl. *(parents)* suoceri m.; *(other relatives)* parenti m. acquisiti.

1.inlay /'ɪnleɪ/ n. **1** *(on jewellery)* incrostatura f., incrostazione f.; *(on box, furniture)* intarsio m.; *(on metal)* damaschinatura f.; ***brooch with enamel ~(s)*** spilla con incrostazioni smaltate **2** MED. intarsio m.

2.inlay /ˌɪn'leɪ/ tr. (pass., p.pass. **-laid**) incrostare [*jewellery*] (**with** di); intarsiare [*wood*]; damaschinare [*sword*].

inlayer /ɪn'leɪə(r)/ ♦ ***27*** n. *(of boxes, furniture)* intarsiatore m. (-trice); *(of metal)* damaschinatore f. (-trice).

inlaying /ɪn'leɪɪŋ/ n. *(of jewellery)* incrostatura f.; *(of boxes, furniture)* intarsiatura f.; *(of metal)* damaschinatura f.

inlet /'ɪnlet/ n. **1** *(of sea)* braccio m. di mare, insenatura f.; *(of river)* braccio m. di fiume, immissario m. **2** TECN. *(for fuel, air)* entrata f., apertura f.

inlet pipe /'ɪnletˌpaɪp/ n. tubo m. di ammissione.

inlet valve /'ɪnletˌvælv/ n. valvola f. di ammissione.

in-line /'ɪnlaɪn/ agg. allineato.

in-line skate /ˌɪnlaɪn'skeɪt/ n. pattino m. in linea.

in-line skating /ˌɪnlaɪn'skeɪtɪŋ/ ♦ ***10*** n. pattinaggio m. in linea.

in loco parentis /ɪnˌləʊkəʊpə'rentɪs/ avv. DIR. in loco parentis.

inlying /'ɪnˌlaɪɪŋ/ agg. posto nell'interno, nell'entroterra.

▷ **inmate** /'ɪnmeɪt/ n. **1** *(of institution) (of hospital)* paziente m. e f., degente m. e f.; *(of mental hospital)* internato m. (-a); *(of prison)* detenuto m. (-a), carcerato m. (-a) **2** ANT. *(of house)* inquilino m. (-a), abitante m. e f.

inmost /'ɪnməʊst/ agg. attrib. → **innermost**.

▷ **inn** /ɪn/ n. **1** *(hotel) (small)* locanda f.; *(larger)* alberghetto m., pensione f. **2** *(pub)* pub m.

innards /'ɪnədz/ n.pl. viscere f., parti f. interne (anche FIG.).

innate /ɪ'neɪt/ agg. [*quality, attribute, tendency*] innato.

innately /ɪ'neɪtlɪ/ avv. di natura, in modo innato.

innateness /ɪ'neɪtnɪs/ n. (l')essere innato.

▶ **inner** /'ɪnə(r)/ **I** agg. attrib. **1** [*room, courtyard, wall, layer*] interno **2** [*voice, conflict, life*] interiore; [*emotion, thought*] intimo; ***the ~ circle*** la cerchia ristretta; ***the ~ man*** *(spirit)* l'anima, lo spirito; SCHERZ. lo stomaco **II** n. *(of target)* = cerchio più vicino al centro.

inner city /ˌɪnə'sɪtɪ/ **I** n. ***the ~*** centro storico (degradato) **II inner-city** modif. [*problems, regeneration*] dei quartieri degradati (del centro storico); [*crime*] nei quartieri degradati del centro storico; ***an ~ area*** o ***district*** un quartiere degradato (del centro storico).

inner-directed /ˌɪnədɪ'rektɪd/ agg. anticonformista.
inner ear /ˌɪnə'ɪə(r)/ n. orecchio m. interno.
innermost /'ɪnəməʊst/ agg. attrib. **1** *(most intimate)* ***sb.'s ~ feelings, thoughts*** i sentimenti, i pensieri più intimi di qcn.; ***his ~ self*** o ***being*** il profondo della sua anima **2** *(inmost)* ***the ~ part of*** il cuore di [*country, island, continent*].
inner sanctum /ˌɪnə'sæŋktəm/ n. RELIG. sancta sanctorum m. (anche FIG.).
innerspring /'ɪnəˌsprɪŋ/ agg. AE [*mattress*] a molle.
Inner Temple /ˌɪnə'templ/ n. GB DIR. = una delle quattro scuole di giurisprudenza di Londra che abilitano alla professione forense.
inner tube /'ɪnətju:b, AE -tu:b/ n. camera f. d'aria.
innervate /'ɪnəveɪt/ tr. **1** ANAT. innervare **2** FIG. stimolare.
innervation /ˌɪnə'veɪʃn/ n. ANAT. innervazione f.
inning /'ɪnɪŋ/ n. AE *(in baseball)* inning m.
innings /'ɪnɪŋz/ n. (pl. **~es**) BE **1** *(in cricket)* + verbo sing. turno m. di battuta **2** FIG. ***to have had a good ~*** *(when dead)* avere avuto un'esistenza lunga e felice; *(when leaving)* finire in bellezza.
innkeeper /'ɪnki:pə(r)/ ♦ **27** n. *(of small inn)* locandiere m. (-a); *(larger)* albergatore m. (-trice).
▷ **innocence** /'ɪnəsns/ n. **1** *(guilelessness)* innocenza f.; ***in all ~*** in tutta innocenza; ***an air of ~*** un'aria innocente **2** *(naïvety)* innocenza f., ingenuità f.; ***in my ~, I thought that...*** nella mia innocenza, pensavo che... **3** DIR. *(of accused)* innocenza f.; ***to prove one's ~*** provare la propria innocenza.
▷ **innocent** /'ɪnəsnt/ **I** agg. **1** DIR. *(not guilty)* innocente (**of** di) **2** *(blameless)* [*victim, civilian, bystander*] innocente **3** *(innocuous)* [*enjoyment, fun, explanation, meeting*] innocente; [*question, remark*] innocente, innocuo; [*error*] innocente, in buonafede **4** *(naïve)* innocente, ingenuo; ***she was ~ about such things*** era totalmente sprovveduta al riguardo **5** *(unaware)* innocente, inconsapevole; ***~ of*** inconsapevole di [*reaction, effect*] **II** n. innocente m. e f., ingenuo m. (-a); ***they're no ~s!*** non sono certo degli ingenui!
Innocent /'ɪnəsnt/ n.pr. Innocenzo.
innocent infringement (of patent) /ˌɪnəsntɪn'frɪndʒmənt(əvˌpætnt), -(əvˌpeɪtnt)/ n. DIR. violazione f. in buonafede (di brevetto).
innocently /'ɪnəsntlɪ/ avv. [*ask, reply, say*] innocentemente, in modo innocente; [*act, become involved*] in tutta innocenza.
innocent misrepresentation /ˌɪnəsntˌmɪsreprɪzen'teɪʃn/ n. DIR. dichiarazione f. inesatta resa in buonafede.
innocuity /ˌɪnə'kju:ɪtɪ/ n. innocuità f.
innocuous /ɪ'nɒkjʊəs/ avv. **1** *(inoffensive)* [*remark, statement*] inoffensivo, innocente **2** *(harmless)* [*substance*] innocuo.
innocuously /ɪ'nɒkjʊəslɪ/ avv. **1** *(inoffensively)* inoffensivamente **2** *(harmlessly)* innocuamente.
innocuousness /ɪ'nɒkjʊəsnɪs/ n. → **innocuity**.
innominate /ɪ'nɒmɪnət/ agg. innominato (anche ANAT.).
innovate /'ɪnəveɪt/ intr. introdurre innovazioni, innovarsi.
▷ **innovation** /ˌɪnə'veɪʃn/ n. innovazione f.; ***~s in medicine, in animal breeding*** innovazioni nel campo della medicina, nell'allevamento del bestiame; ***to make ~s in sth.*** introdurre delle innovazioni in qcs.
▷ **innovative** /'ɪnəvətɪv/ agg. innovativo.
innovator /'ɪnəveɪtə(r)/ n. innovatore m. (-trice).
innovatory /ˌɪnə'veɪtərɪ, AE -tɔ:rɪ/ agg. → **innovative.**
Inns of Court /ˌɪnzəv'kɔ:t/ n.pl. GB DIR. = le quattro scuole di giurisprudenza di Londra che abilitano alla professione forense.
innuendo /ˌɪnju:'endəʊ/ n. (pl. **~s, ~es**) **1** *(veiled slights)* allusioni f.pl., insinuazioni f.pl.; ***a campaign of ~*** una campagna di insinuazioni diffamatorie **2** *(sexual references)* allusioni f.pl. esplicite.
innumerability /ɪˌnju:mərə'bɪlətɪ, AE ɪˌnu:-/ n. innumerabilità f.
innumerable /ɪ'nju:mərəbl, AE ɪ'nu:-/ agg. innumerabile, innumerevole.
innumerableness /ɪ'nju:mərəblnɪs, AE ɪ'nu:-/ n. innumerabilità f.
innumerably /ɪ'nju:mərəblɪ, AE ɪ'nu:-/ avv. innumerabilmente, in numero incalcolabile.
innumeracy /ɪ'nju:mərəsɪ, AE ɪ'nu:-/ n. BE *(inability to count)* incapacità f. di contare; *(unfamiliarity with maths)* inettitudine f. alla matematica.
innumerate /ɪ'nju:mərət, AE ɪ'nu:-/ agg. BE ***to be ~*** *(unable to count)* non essere capace di contare; *(uncomfortable with maths)* non avere dimestichezza con la matematica.
innutrition /ˌɪnju:'trɪʃn/ n. denutrizione f.
inobservance /ˌɪnəb'zɜ:vəns/ n. **1** *(disregard)* inosservanza f. (anche DIR.) **2** *(inattention)* disattenzione f.
inobservant /ˌɪnəb'zɜ:vənt/ agg. **1** *(disregardful)* inosservante (anche DIR.) **2** *(inattentive)* disattento.
inoculable /ɪ'nɒkjʊləbl/ agg. MED. inoculabile.
inoculate /ɪ'nɒkjʊleɪt/ tr. MED. vaccinare (**against** contro); ***to ~ sb. with sth.*** inoculare qcs. a qcn.
inoculation /ɪˌnɒkjʊ'leɪʃn/ n. MED. inoculazione f., vaccinazione f.
inoculative /ɪ'nɒkjʊlətɪv/ agg. MED. da inoculare.
inoculator /ɪˌnɒkjʊ'leɪtə(r)/ n. MED. chi inocula.
inoffensive /ˌɪnə'fensɪv/ agg. inoffensivo.
inoffensively /ˌɪnə'fensɪvlɪ/ avv. inoffensivamente.
inoffensiveness /ˌɪnə'fensɪvnɪs/ n. (l')essere inoffensivo.
inofficious /ˌɪnə'fɪʃəs/ agg. inofficioso.
inoperable /ɪn'ɒpərəbl/ agg. [*tumour, condition*] inoperabile, non operabile.
inoperative /ɪn'ɒpərətɪv/ agg. inoperante.
inopportune /ɪn'ɒpətju:n, AE -tu:n/ agg. inopportuno.
inopportunely /ɪn'ɒpətju:nlɪ, AE -tu:n-/ avv. inopportunamente.
inopportuneness /ɪn'ɒpətju:nnɪs, AE -tu:n-/, **inopportunity** /ɪnɒpə'tju:nətɪ, AE -tu:n-/ n. inopportunità f.
inordinate /ɪn'ɔ:dɪnət/ agg. [*appetite, size*] enorme, smisurato; [*quantity, cost, pride*] eccessivo; [*desire, passion*] sfrenato; ***an ~ amount of time*** un tempo interminabile.
inordinately /ɪn'ɔ:dɪnətlɪ/ avv. [*long, wide*] smisuratamente; [*pleased, proud, careful*] estremamente.
inorganic /ˌɪnɔ:'gænɪk/ agg. inorganico.
inorganic chemistry /ˌɪnɔ:gænɪk'kemɪstrɪ/ n. chimica f. inorganica.
inosculate /ɪn'ɒskjʊleɪt/ tr. anastomizzare.
inosculation /ɪnˌɒskjʊ'leɪʃn/ n. anastomosi f.
inosine /'ɪnəsi:n/ n. inosina f.
inosinic /ɪnə'sɪnɪk/ agg. inosinico.
inositol /ɪ'nəʊsɪtɒl/ n. inositolo m.
in-patient /'ɪnˌpeɪʃnt/ n. degente m. e f., paziente m. e f. interno (-a).
inpouring /'ɪnpɔ:rɪŋ/ n. afflusso m.
1.input /'ɪnpʊt/ **I** n. **1 U** *(of money)* contributo m.; *(of energy)* alimentazione f. (**of** in); ***electrical ~*** corrente d'ingresso **2 U** *(contribution)* contributo m.; ***her ~ was minimal*** il suo contributo è stato minimo **3 C** IND. *(resource)* fattore m. produttivo, input m. **4 U** INFORM. *(action)* input m., introduzione f. dei dati; *(data)* input m., dati m.pl. di immissione; *(part of computer)* blocco m. d'entrata **II** modif. [*device, protection*] d'ingresso.
2.input /'ɪnpʊt/ tr. (forma in -ing **-tt-**; pass., p.pass. **-put** o **-putted**) INFORM. introdurre, immettere [*data*]; ***to ~ data into a computer*** immettere dati in un computer.
input data /'ɪnpʊtˌdeɪtə/ n.pl. INFORM. dati m. di immissione, di input.
input-output /ˌɪnpʊt'aʊtpʊt/ **I** n. **1** INFORM. input-output m., ingresso-uscita m. **2** ECON. interdipendenze f.pl. strutturali, input-output m. **II** modif. **1** INFORM. [*unit, device, storage*] di input-output **2** ECON. [*analysis, table*] delle interdipendenze strutturali, input-output.
inquest /'ɪŋkwest/ n. DIR. inchiesta f. (**on, into** su); ***to hold an ~*** svolgere, condurre un'inchiesta (**into** su).
inquiet /ɪŋ'kwaɪət/ agg. inquieto, ansioso.
inquietude /ɪŋ'kwaɪəˌtju:d, AE -tu:d/ n. inquietudine f., ansia f.
▷ **inquire** /ɪn'kwaɪə(r)/ **I** tr. chiedere, domandare; ***to ~ the way to, how to get to the bank*** chiedere la strada per arrivare, come si arriva alla banca; ***to ~ sth. of*** o ***from sb.*** chiedere qcs. a qcn.; ***I ~d what age he was, whether he was ill*** gli chiesi quanti anni aveva, se era malato **II** intr. informarsi, chiedere informazioni (**about** su); ***to ~ after sb.*** chiedere notizie di qcn. *o* informarsi su qcn.; ***to ~ into*** *(ask for information about)* informarsi su; *(research)* fare ricerche su; AMM. DIR. indagare su; ***to ~ into the truth of an allegation*** verificare la fondatezza di un'accusa; ***I'll go and ~*** vado a chiedere; ***"~ within"*** "rivolgersi all'interno"; ***"~ at the information desk"*** "rivolgersi all'ufficio informazioni".
inquirer /ɪn'kwaɪərə(r)/ n. investigatore m. (-trice), indagatore m. (-trice).
inquiring /ɪn'kwaɪərɪŋ/ agg. [*look*] indagatore; [*voice*] inquisitorio; [*mind*] avido di sapere.
inquiringly /ɪn'kwaɪərɪŋlɪ/ avv. [*look*] con sguardo indagatore, interrogativamente.
▶ **inquiry** /ɪn'kwaɪərɪ, AE 'ɪŋkwərɪ/ **I** n. **1** *(request for information)* richiesta f. d'informazioni; ***to make an ~ about*** o ***into*** informarsi su; ***to make inquiries*** fare domande (**about** su); ***on ~, it was discovered that*** indagando, si scoprì che; ***"all inquiries to..."*** "tutte le domande vanno indirizzate a..."; ***in answer to*** o ***with reference to your ~*** *(by letter)* in risposta alla vostra domanda; *(by phone)* in seguito alla vostra telefonata **2** AMM. DIR. inchiesta f., indagine f., accertamento m. (**into** su); ***police, judicial ~*** indagine di polizia,

giudiziaria; ***public* ~** inchiesta pubblica; ***murder* ~** indagine criminale; ***to hold, conduct an* ~** svolgere, condurre un'inchiesta (**into** su); ***to set up*** o ***open*** o ***launch an* ~** aprire un'inchiesta; ***a man is helping the police with their inquiries*** un uomo sta aiutando la polizia nelle indagini; ***line of* ~** pista **II** modif. [*report*] d'inchiesta; [*findings*] dell'inchiesta **III inquiries** n.pl. ufficio m.sing. informazioni.

inquiry agent /ɪnˈkwaɪərɪˌeɪdʒənt, AE ˈɪŋkwərɪ-/ ➧ **27** n. BE detective m. privato.

inquiry response system /ɪnˌkwaɪərɪrɪˈspɒnsˌsɪstəm, AE ˌɪŋkwərɪ-/ n. INFORM. sistema m. ad interazione domanda-risposta.

inquiry terminal /ɪnˌkwaɪərɪˈtɜːmɪnl, AE ˌɪŋkwərɪ-/ n. INFORM. terminale m. per l'interazione domanda-risposta.

inquisition /ˌɪnkwɪˈzɪʃn/ **I** n. *(enquiry)* inchiesta f., investigazione f.; ***why the* ~?** SCHERZ. perché questo interrogatorio? **II Inquisition** n.pr. STOR. Inquisizione f.

inquisitional /ˌɪnkwɪˈzɪʃənl/ agg. inquisitorio.

inquisitive /ɪnˈkwɪzətɪv/ agg. **1** *(inquiring)* [*person*] indagatore; [*mind*] curioso, avido di sapere **2** *(prying)* [*person*] curioso, ficcanaso.

inquisitively /ɪnˈkwɪzətɪvlɪ/ avv. con curiosità.

inquisitiveness /ɪnˈkwɪzətɪvnɪs/ n. curiosità f.

inquisitor /ɪnˈkwɪzɪtə(r)/ n. inquisitore m. (-trice).

Inquisitor General /ɪnˌkwɪzɪtəˈdʒenrəl/ n. STOR. RELIG. grande Inquisitore m.

inquisitorial /ɪnˌkwɪzɪˈtɔːrɪəl/ agg. [*interrogation*] inquisitorio.

inquisitorially /ɪnˌkwɪzɪˈtɔːrɪəlɪ/ avv. in modo, con tono inquisitorio.

inquisitorial system /ɪnkwɪzɪˈtɔːrɪəlˌsɪstəm/ n. DIR. sistema m. inquisitorio.

inquorate /ɪnˈkwɔːreɪt/ agg. ***the meeting is* ~** la riunione non ha raggiunto il quorum.

inroad /ˈɪnrəʊd/ n. **1** ***to make* ~*s into*** o ***on*** AE *(advance, encroach on)* entrare, infiltrarsi in [*market*]; intaccare [*savings*]; ridurre [*lead*] **2** MIL. irruzione f., incursione f.

inrush /ˈɪnrʌʃ/ n. *(of air, water)* afflusso m.

insalivate /ɪnˈsælɪveɪt/ tr. insalivare.

insalivation /ɪnsælɪˈveɪʃn/ n. insalivazione f.

insalubrious /ˌɪnsəˈluːbrɪəs/ agg. *(insanitary)* insalubre, malsano; *(sleazy)* sordido.

insalubrity /ˌɪnsəˈluːbrətɪ/ n. *(insanitation)* insalubrità f.; *(sleaziness)* sordidezza f.

▷ **insane** /ɪnˈseɪn/ agg. **1** [*person*] pazzo, folle; [*idea, desire, decision*] folle, insensato; [*plan*] folle, demenziale; ***to go*** o ***become* ~** perdere la ragione; ***to drive sb.* ~** fare impazzire qcn.; ***is he* ~?** ma è pazzo? **2** DIR. [*person*] alienato; ***to declare* ~** interdire per infermità mentale.

insanely /ɪnˈseɪnlɪ/ avv. [*act, behave*] follemente; ***to be* ~ *jealous*** essere pazzo di gelosia.

insaneness /ɪnˈseɪnnɪs/ n. follia f., alienazione f.

insanitary /ɪnˈsænɪtərɪ, AE -terɪ/ agg. antigienico, insalubre, malsano.

insanity /ɪnˈsænətɪ/ n. **1** *(of person, plan)* pazzia f., follia f. **2** DIR. alienazione f., infermità f. mentale; ***to enter a plea of* ~** DIR. richiedere l'assoluzione per infermità mentale.

insatiability /ɪnˌseɪʃəˈbɪlətɪ/ n. insaziabilità f.

insatiable /ɪnˈseɪʃəbl/ agg. insaziabile.

insatiably /ɪnˈseɪʃəblɪ/ avv. [*hunger for, thirst for*] insaziabilmente; **~ *curious*** di una curiosità insaziabile.

insatiate /ɪnˈseɪʃɪət/ agg. insaziabile, eternamente insoddisfatto.

inscribable /ɪnˈskraɪbəbl/ agg. MAT. inscrittibile, inscrivibile.

inscribe /ɪnˈskraɪb/ tr. **1** *(write) (in book)* scrivere (**in** in, su); *(engrave) (on stone, metal etc.)* iscrivere, incidere (**on** su); ***to* ~ *sth. with a verse, to* ~ *a verse on sth.*** incidere un verso su [*monument*]; scrivere dei versi su, in [*book*]; ***a plaque* ~*d with his name*** una targa con inciso il suo nome **2** *(sign)* firmare, fare una dedica su [*book, photograph*]; **~*d copy*** copia con dedica; ***the book was* ~*d "To Bruno"*** sul libro c'era la dedica "A Bruno" **3** MAT. inscrivere.

inscription /ɪnˈskrɪpʃn/ n. **1** *(writing)* iscrizione f., epigrafe f.; *(in book)* dedica f. **2** MAT. inscrizione f.

inscriptional /ɪnˈskrɪpʃənl/, **inscriptive** /ɪnˈskrɪptɪv/ agg. di iscrizione.

inscrutability /ɪnˌskruːtəˈbɪlətɪ/ n. imperscrutabilità f., impenetrabilità f.

inscrutable /ɪnˈskruːtəbl/ agg. [*smile, remark, person*] enigmatico; [*expression*] enigmatico, impenetrabile, imperscrutabile.

inscrutably /ɪnˈskruːtəblɪ/ avv. [*smile*] in modo enigmatico.

inscrutableness /ɪnˈskruːtəblnɪs/ n. *(of smile, remark, person, expression)* impenetrabilità f.

inseam /ˈɪnsiːm/ n. AE *(of trousers)* cucitura f. interna.

▷ **insect** /ˈɪnsekt/ n. insetto m.

insectarium /ˌɪnsekˈteərɪəm/ n. (pl. **-ia**) insettario m.

insect bite /ˈɪnsektbaɪt/ n. puntura f. d'insetto.

insect eater /ˈɪnsektˌiːtə(r)/ n. insettivoro m.

insecticidal /ɪnˌsektɪˈsaɪdl/ agg. insetticida.

insecticide /ɪnˈsektɪsaɪd/ **I** n. insetticida m. **II** agg. insetticida.

insectivore /ɪnˈsektɪvɔː(r)/ n. insettivoro m.

insectivorous /ˌɪnsekˈtɪvərəs/ agg. insettivoro.

insectology /ˌɪnsekˈtɒlədʒɪ/ n. entomologia f.

insect powder /ˈɪnsektˌpaʊdə(r)/ n. polvere f. insetticida.

insect repellent /ˈɪnsektrɪˌpelənt/ n. insettifugo m.

insect spray /ˈɪnsektˌspreɪ/ n. insetticida m. spray.

▷ **insecure** /ˌɪnsɪˈkjʊə(r)/ agg. **1** [*person*] *(lacking confidence)* insicuro; *(anxious)* ansioso; ***to be (very)* ~** essere (molto) insicuro; ***to feel very* ~ *about the future*** sentirsi molto insicuro riguardo al futuro **2** PSIC. insicuro **3** *(not reliable)* [*arrangement, job*] precario; [*situation*] instabile; [*plan, investment*] rischioso **4** *(unsafe, loose)* [*screw*] svitato; [*bolt*] allentato; [*rope*] legato male; [*structure*] instabile, traballante; [*lock, door, window*] che si chiude male; [*grip, foothold*] malsicuro **5** *(inadequately protected)* [*fortress, outpost*] poco sicuro.

insecurity /ˌɪnsɪˈkjʊərətɪ/ n. **1** *(psychological)* insicurezza f.; *(stronger)* ansia f.; ***to suffer from feelings of* ~** provare una sensazione di insicurezza **2** *(of position, situation)* instabilità f.; *(of income)* precarietà f.; ***financial* ~** precarietà finanziaria.

inseminate /ɪnˈsemɪneɪt/ tr. inseminare, fecondare.

insemination /ɪnˌsemɪˈneɪʃn/ n. inseminazione f., fecondazione f.

insensate /ɪnˈsenseɪt/ agg. **1** *(inanimate, insentient)* inanimato, insensibile, privo di sensi **2** *(insensitive, inhuman)* insensibile, indifferente **3** *(senseless)* insensato, dissennato, privo di senso.

insensately /ɪnˈsenseɪtlɪ/ avv. **1** *(insensitively)* insensibilmente, con indifferenza **2** *(senselessly)* insensatamente, in modo dissennato.

insensibility /ɪnˌsensəˈbɪlətɪ/ n. **1** *(indifference)* insensibilità f., indifferenza f. (**to** a) **2** MED. *(to stimuli)* insensibilità f.; *(unconsciousness)* incoscienza f.

insensible /ɪnˈsensəbl/ agg. **1** *(indifferent) (to emotion, criticism)* insensibile, indifferente (**to** a) **2** MED. *(to stimuli)* insensible (**to** a); *(unconscious)* incosciente, privo di sensi **3** *(unaware)* inconsapevole (**of, to** di) **4** *(imperceptible)* [*change*] impercettibile.

insensibly /ɪnˈsensəblɪ/ avv. **1** *(indifferently)* insensibilmente, indifferentemente **2** *(unawarely)* inconsapevolmente **3** *(imperceptibly)* impercettibilmente.

insensitive /ɪnˈsensətɪv/ agg. **1** [*person*] *(tactless)* indelicato, privo di tatto; *(unfeeling)* insensibile (**to** a) **2** [*remark*] indelicato, inopportuno; [*attitude, policy*] insensibile, indifferente.

insensitivity /ɪnˌsensəˈtɪvətɪ/ n. *(all contexts)* insensibilità f. (**to** a).

insensitively /ɪnˌsensəˈtɪvlɪ/ avv. insensibilmente.

insensitiveness /ɪnˌsensəˈtɪvnɪs/ n. → **insensitivity**.

insentient /ɪnˈsenʃnt/ agg. inanimato, privo di sensi.

inseparability /ɪnˌseprəˈbɪlətɪ/ n. inseparabilità f.

inseparable /ɪnˈseprəbl/ agg. [*people, couple, notion, part*] inseparabile (**from** da).

inseparably /ɪnˈseprəblɪ/ avv. [*linked, joined*] inseparabilmente, inscindibilmente; [*close*] inseparabilmente.

1.insert /ˈɪnsɜːt/ n. **1** GIORN. *(enclosed page, leaflet)* inserto m., fascicolo m.; *(advertisement)* inserzione f.; *(amendment)* aggiunta f. **2** *(in dress)* inserto m., applicazione f.; *(in shoe)* rialzo m. **3** *(in machine)* (elemento di) riporto m.

▷ **2.insert** /ɪnˈsɜːt/ tr. inserire [*word, clause*] (**in** in); infilare, inserire [*key, knife, finger*] (**in** in); inserire [*advertisement*] (**in** in); inserire [*page, leaflet*] (**in** in); ***to* ~ *sth. between two words*** intercalare qcs. tra due parole.

▷ **insertion** /ɪnˈsɜːʃn/ n. **1** *(action)* inserzione f., introduzione f. **2** GIORN. *(enclosed page, leaflet)* inserto m., fascicolo m.; *(advertisement)* inserzione f.; *(amendment)* aggiunta f. **3** *(in dress)* entredeux m., tramezzo m. **4** ANAT. inserzione f.

in-service training /ˌɪnsɜːvɪsˈtreɪnɪŋ/ n. = formazione professionale che avviene all'interno dell'azienda.

1.inset /ɪnˈset/ n. **1** *(boxed picture) (map)* riquadro m.; *(photo)* fotografia f. in un riquadro; ***"~: the writer"*** "nel riquadro: l'autore" **2** *(in sewing)* entre-deux m., tramezzo m.

2.inset /ɪnˈset/ tr. (forma in -ing **-tt-**; pass., p.pass. **-set**) inserire [*map, picture*].

INSET days /ɪnˈsetˌdeɪz/ n.pl. = corsi di aggiornamento per insegnanti.

inshore /ˌɪnˈʃɔː(r)/ **I** agg. [*fishing, current, area*] costiero; [*diving*] verso la costa; ~ ***lifeboat*** imbarcazione di salvataggio costiera **II** avv. [*swim, drift*] verso la costa; [*fish, anchor*] vicino alla costa.

▶ **1.inside I** /ˈɪnsaɪd/ n. **1** *(inner area or surface)* interno m.; ***the ~ of the box, house*** l'interno della scatola, casa; ***on the ~*** all'interno; ***locked from the ~*** chiuso da dentro, dall'interno; ***the ~ of the leg, of the arm*** l'interno della gamba, del braccio **2** ***to be on the ~*** SPORT [*runner*] essere nella corsia interna; [*horse*] tenere la corda; [*car*] essere sulla corsia di destra; BE AUSTRAL. essere sulla corsia di sinistra; ***to overtake on the ~*** *(in US, Europe etc.)* sorpassare a destra; *(in GB, Australia etc.)* sorpassare a sinistra; ***the favourite is coming up on the ~*** il favorito sta conquistando la corda **3** *(area furthest from the road)* ***to walk on the ~*** camminare sul bordo della strada **4** *(position of trust)* ***our sources on the ~*** le nostre fonti interne; ***sb. on the ~*** qcn. all'interno **5** COLLOQ. *(prison)* ***life on the ~*** la vita in prigione **6 inside out** ***your sweater is ~ out*** hai la maglia a rovescio; ***to turn [sth.] ~ out*** *(reverse)* rivoltare [*bag, coat*]; *(ransack)* mettere sottosopra [*room, house*]; ***to blow [sth.] ~ out*** [*wind*] rovesciare [*umbrella*]; ***to know [sth.] ~ out*** conoscere [qcs.] a menadito [*subject*] **II insides** /ɪnˈsaɪdz/ n.pl. COLLOQ. *(intestines)* *(of animal)* interiora f.; *(of human)* intestino m., stomaco m., pancia f.; ***it upset his ~s*** gli ha scombussolato lo stomaco; ***my ~s hurt*** mi fa male la pancia **III** /ˈɪnsaɪd/ agg. **1** *(interior)* [*angle, cover, pocket, surface, measurement*] interno; [*toilet*] all'interno; ***the ~ pages of a paper*** le pagine interne di un giornale **2** *(firsthand)* [*information, news*] di prima mano; ***the ~ story*** la verità; ***I got the ~ story from Clare*** Clare mi ha raccontato che cosa è successo veramente **3** *(within an organization)* ***an ~ source*** una fonte interna; ***it's an ~ job*** è un colpo fatto con l'aiuto di qualcuno all'interno **4** ~ ***lane*** *(of road) (in US, Europe etc.)* corsia di destra; *(in GB, Australia etc.)* corsia di sinistra; SPORT *(of athletics track)* corsia interna.

▶ **2.inside** /ɪnˈsaɪd/ **I** prep. (anche ~ **of** AE) **1** *(in the interior of)* all'interno; ~ ***the box, house*** all'interno della *o* nella *o* dentro la scatola, casa; ~ ***the car*** dentro la *o* in macchina; ***to be ~ (the house)*** essere dentro (casa); ***put it ~ the envelope*** mettilo nella busta; ***get some food ~ you!*** butta giù qualcosa! ***you'll feel better with some food, a drink ~ you*** ti sentirai meglio dopo aver mangiato, bevuto qualcosa; ***anger surged up ~ me*** la collera mi montava dentro; ***the thoughts ~ my head*** i miei pensieri; ***I knew deep down ~ that she was right*** in fondo al cuore sapevo che aveva ragione **2** *(within an area, organization)* all'interno di; ***conditions ~ the refugee camp*** le condizioni di vita all'interno del *o* nel campo profughi; ***my contacts ~ the company*** i miei contatti all'interno della ditta **3** *(under)* ~ ***(of) an hour, a year*** in meno di *o* entro un'ora, un anno; ***to be ~ the world record*** battere il record mondiale; ***to be ~ the speed limit*** essere al di sotto del limite di velocità; ***to finish ~ the permitted time*** finire nei limiti di tempo stabiliti **II** avv. **1** *(indoors)* dentro; *(in a container)* all'interno, dentro; ***she's ~*** è dentro; ***to dash*** o ***hurry ~*** precipitarsi dentro; ***to look ~*** guardare dentro; ***put the books ~ it*** metti i libri lì dentro; ***to go*** o ***come*** o ***step ~*** entrare; ***to bring sth. ~*** portare dentro [*pram, shopping, chairs*]; ***the lining ~ is silk*** l'interno è in seta **2** BE COLLOQ. *(in prison)* ***to be ~*** essere dentro; ***he's been ~*** è stato dentro; ***to put sb. ~*** mettere dentro qcn.

inside forward /ˌɪnsaɪdˈfɔːwəd/ n. SPORT mezzapunta f.

inside left /ˌɪnsaɪdˈleft/ n. SPORT mezzala f. sinistra.

inside leg /ˈɪnsaɪdˌleg/ n. = lato interno della gamba dal cavallo alla caviglia.

inside leg measurement /ˌɪnsaɪdˌlegˈmeʒəmənt/ n. = misura del lato interno della gamba.

▷ **insider** /ɪnˈsaɪdə(r)/ **I** n. ECON. addetto m. (-a) ai lavori **II** modif. [*knowledge, information*] interno.

insider dealer /ɪnˌsaɪdəˈdiːlə(r)/ ➧ ***27*** n. ECON. → **insider trader**.

insider dealing /ɪnˌsaɪdəˈdiːlɪŋ/ n. ECON. → **insider trading**.

insider trader /ɪnˌsaɪdəˈtreɪdə(r)/ ➧ ***27*** n. ECON. insider trader m. e f.

insider trading /ɪnˌsaɪdəˈtreɪdɪŋ/ n. ECON. insider trading m.

inside right /ɪnˌsaɪdˈraɪt/ n. SPORT mezzala f. destra.

inside track /ˌɪnsaɪdˈtræk/ n. **1** SPORT corsia f. interna **2** AE FIG. ***to have an ~ into*** partire avvantaggiati all'interno di [*organization*].

insidious /ɪnˈsɪdɪəs/ agg. insidioso.

insidiously /ɪnˈsɪdɪəslɪ/ avv. insidiosamente.

insidiousness /ɪnˈsɪdɪəsnɪs/ n. (l')essere insidioso.

insight /ˈɪnsaɪt/ n. **1** *(enlightening fact, revealing glimpse)* intuizione f., idea f.; ***a fascinating ~ into*** un'affascinante intuizione su; ***to give an ~ into*** dare un'idea di; ***the book provides no new ~s*** il libro non dice niente di nuovo (**into** su); ***to gain an ~ into sth.*** farsi un'idea di qcs.; ***we didn't gain much ~*** o ***many ~s into*** non abbiamo appreso molto di **2** *(perceptiveness, intuition)* perspicacia f., intuizione f.; ***to have ~*** avere perspicacia, intuizione; ***her remarkable ~ into male psychology*** la sua notevole comprensione della psicologia maschile **3** PSIC. *(in psychoanalysis)* introspezione f., insight m.

insightful /ˈɪnsaɪtfʊl/ agg. [*person*] perspicace; [*analysis*] penetrante.

insignia /ɪnˈsɪgnɪə/ n.pl. **1** *(symbols)* segni m. distintivi **2** *(medals)* decorazioni f., insegne f.

insignificance /ˌɪnsɪgˈnɪfɪkəns/ n. irrilevanza f.; ***to pale*** o ***fade into ~*** impallidire, perdere importanza.

insignificant /ˌɪnsɪgˈnɪfɪkənt/ agg. **1** *(negligible)* [*cost*] irrisorio; [*difference*] irrilevante **2** *(unimportant)* [*person, detail*] insignificante.

insincere /ˌɪnsɪnˈsɪə(r)/ agg. [*person*] insincero, falso, ipocrita; [*voice, compliment*] non sincero; [*smile*] ipocrita; ***to be ~*** [*person, speech, remark*] essere ipocrita, mancare di sincerità; ***an ~ answer*** una risposta insincera.

insincerely /ˌɪnsɪnˈsɪəlɪ/ avv. insinceramente, in modo ipocrita.

insincerity /ˌɪnsɪnˈserətɪ/ n. *(of person, compliment, remark)* insincerità f., ipocrisia f.; *(of smile)* ipocrisia f.

insinuate /ɪnˈsɪnjʊeɪt/ **I** tr. insinuare (**that** che) **II** rifl. ***to ~ oneself into sth.*** insinuarsi in qcs.

insinuating /ɪnˈsɪnjʊeɪtɪŋ/ agg. [*smile*] insinuante; ***an ~ remark*** un'insinuazione.

insinuation /ɪnˌsɪnjʊˈeɪʃn/ n. insinuazione f.; ***he made all sorts of ~s about the firm, about me*** ha fatto insinuazioni di ogni tipo sul conto della società, sul mio conto; ***to make an ~ that*** insinuare che.

insinuator /ɪnˈsɪnjʊeɪtə(r)/ n. chi insinua, chi fa insinuazioni.

insipid /ɪnˈsɪpɪd/ agg. *(all contexts)* insipido.

insipidity /ˌɪnsɪˈpɪdətɪ/ n. insipidità f.

insipidly /ɪnˈsɪpɪdlɪ/ avv. insipidamente.

insipidness /ɪnˈsɪpɪdnɪs/ n. → **insipidity**.

insipience /ɪnˈsɪpɪəns/ n. insipienza f., stoltezza f.

insipient /ɪnˈsɪpɪənt/ agg. insipiente, stolto.

▶ **insist** /ɪnˈsɪst/ **I** tr. **1** *(demand)* insistere; *(authoritatively)* esigere; ***to ~ that*** insistere che; *(authoritatively)* esigere che; ***I ~ you tell me!*** esigo che tu me lo dica! **2** *(maintain forcefully)* insistere, sostenere; ***they ~ed that it was true*** insistevano che era vero; ***she ~ed that she was innocent*** continuava a dire di essere innocente **II** intr. insistere; ***I won't ~*** non insisto; ***all right, if you ~*** va bene, se (proprio) insisti; ***to ~ on*** esigere [*punctuality, silence*]; ***to ~ on doing*** insistere a fare; ***he will ~ on getting up early, paying for everything*** insisterà per alzarsi presto, a pagare tutto; ***to ~ on sb. doing*** insistere perché qcn. faccia; ***I really must ~*** devo insistere.

▷ **insistence** /ɪnˈsɪstəns/, **insistency** /ɪnˈsɪstənsɪ/ n. insistenza f.; ***with ~*** con insistenza; ***to do sth. at*** o ***on sb.'s ~*** fare qcs. per l'insistenza di qcn.; ***her ~ on doing*** la sua insistenza nel fare; *(stronger)* la sua ostinazione a fare; ***his ~ on his innocence was not convincing*** le sue proteste d'innocenza non erano convincenti.

insistent /ɪnˈsɪstənt/ agg. [*person, noise, demand, rhythm*] insistente; ***to be ~*** insistere (**about** su; **that** che); ***he was most ~ that we should attend*** ha insistito moltissimo perché partecipassimo.

insistently /ɪnˈsɪstəntlɪ/ avv. insistentemente, con insistenza.

in situ /ɪnˈsɪtjuː, AE ɪnˈsaɪtuː/ avv. in situ, in loco, sul posto.

insobriety /ˌɪnsəˈbraɪətɪ/ n. intemperanza f., abuso m. di bevande alcoliche.

insociable /ˌɪnˈsəʊʃəbl/ agg. insocievole.

insofar /ˌɪnsəˈfɑː(r)/: **insofar as** per quanto, nella misura in cui; ***~ as (it is) possible*** per quanto possibile; ***~ as I can*** per quanto mi è possibile *o* per quel che posso; ***~ as X is concerned*** per quel che riguarda X.

insolate /ˈɪnsəʊleɪt/ tr. soleggiare, esporre al sole.

insolation /ˌɪnsəʊˈleɪʃn/ n. insolazione f., colpo m. di sole (anche MED.).

insole /ˈɪnsəʊl/ n. soletta f.

insolence /ˈɪnsələns/ n. insolenza f.

insolent /ˈɪnsələnt/ agg. insolente; ***an ~ remark*** un'osservazione insolente *o* un'insolenza.

insolently /ˈɪnsələntlɪ/ avv. insolentemente, con insolenza.

insolubility /ɪnˌsɒljʊˈbɪlətɪ/ n. insolubilità f. (anche CHIM.).

insoluble /ɪnˈsɒljʊbl/ agg. **1** [*problem, conflict*] insolubile **2** CHIM. MED. non solubile, insolubile (**in** in).

insolvable /ɪnˈsɒlvəbl/ agg. AE [*problem*] insolubile.

insolvency /ɪnˈsɒlvənsɪ/ n. insolvenza f.; ***~ expert*** curatore fallimentare.

insolvent /ɪnˈsɒlvənt/ agg. insolvente; ***the firm declared that it was ~*** la società ha dichiarato di essere insolvente.

insomnia /ɪnˈsɒmnɪə/ ➧ ***11*** n. insonnia f.; ***to suffer from ~*** soffrire d'insonnia.

insomniac /ɪn'sɒmnɪæk/ n. sofferente m. e f. d'insonnia; ***to be an ~*** soffrire d'insonnia.

insomuch /ˌɪnsəʊ'mʌtʃ/ avv. ~ ***as*** *(to the extent that)* a tal punto che, tanto che; *(seeing that)* visto che.

insouciance /ɪn'su:sɪəns/ n. U FORM. spensieratezza f., noncuranza f.

insouciant /ɪn'su:sɪənt/ agg. FORM. spensierato, noncurante.

inspan /ɪn'spæn/ tr. attaccare a un veicolo [*horses, oxen*].

▷ **inspect** /ɪn'spekt/ tr. **1** esaminare [*document, picture, product*]; ispezionare, controllare [*accounts, books*]; ispezionare [*weapons site, machinery, pitch, wiring*]; sottoporre a ispezione [*school, teacher, factory*]; controllare [*passport, luggage*]; ***to ~ sth. for defects*** esaminare qcs. per assicurarsi che non presenti difetti; ***right to ~*** DIR. diritto di ispezione **2** BE controllare [*ticket*] **3** MIL. *(routinely)* ispezionare; *(at ceremony)* passare in rassegna.

▷ **inspection** /ɪn'spekʃn/ n. **1** *(of document, picture)* esame m., ispezione f.; *(of school, teacher, factory, weapons site, machinery, wiring)* ispezione f.; *(of passport)* controllo m.; ***to make*** o ***carry out an ~*** eseguire un'ispezione; ***customs ~*** controllo doganale; ***on closer ~*** a un esame più accurato **2** BE *(of ticket)* controllo m. **3** MIL. *(routine)* ispezione f.; *(at ceremony)* rassegna f.

inspection certificate /ɪn'spekʃnsəˌtɪfɪkət/ n. certificato m. d'ispezione.

inspection chamber /ɪn'spekʃnˌtʃeɪmbə(r)/ n. pozzetto m. d'ispezione.

inspection copy /ɪn'spekʃnˌkɒpɪ/ n. copia f. in visione.

inspection pit /ɪn'spekʃnˌpɪt/ n. pozzetto m. d'ispezione.

▷ **inspector** /ɪn'spektə(r)/ ➧ *27* n. **1** ispettore m.; ~ ***general*** ispettore generale; ~ ***of weights and measures*** ispettore dell'ufficio metrico **2** *(in police)* ispettore m. **3** BE SCOL. (anche ~ **of schools**) ispettore m. **4** BE *(on bus, train)* controllore m.

inspectoral /ɪn'spektərəl/ agg. → **inspectorial**.

inspectorate /ɪn'spektərət/ n. **1** *(inspectors collectively)* ispettorato m. **2** *(rank)* ispettorato m. **3** BE SCOL. *(district) (primary)* = circolo didattico; *(secondary)* = provveditorato agli studi.

inspectorial /ɪnspek'tɔ:rɪəl/ agg. ispettivo.

inspectorship /ɪn'spektəʃɪp/ n. *(rank)* ispettorato m.

inspectress /ɪn'spektrɪs/ ➧ *27* n. ispettrice f.

inspirable /ɪn'spaɪərəbl/ agg. **1** *(capable of being inspired)* che può essere ispirato **2** *(fit for inspiration)* che può essere inspirato.

▷ **inspiration** /ˌɪnspə'reɪʃn/ n. **1** *(stimulus)* ispirazione f. (**for** per); ***to draw one's ~ from sth.*** trarre ispirazione da qcs.; ***to search for ~*** cercare l'ispirazione **2** *(person, thing that inspires)* ispirazione f., fonte f. d'ispirazione; ***she is an ~ to us all!*** è un modello per tutti noi! **3** *(sudden idea)* ispirazione f. **4** FISIOL. inspirazione f.

inspirational /ˌɪnspə'reɪʃənl/ agg. **1** *(inspiring)* ispiratore **2** *(inspired)* ispirato.

inspirator /'ɪnsprˌreɪtə(r)/ n. **1** *(inspiring)* chi inspira **2** *(inhaler)* respiratore m., inalatore m.

inspiratory /ɪn'spɪrətərɪ, AE -tɔ:rɪ/ agg. inspiratorio.

inspire /ɪn'spaɪə(r)/ tr. **1** *(give rise to)* ispirare [*person, work of art, fashion, idea*]; motivare [*decision, gesture*]; ***the revolution was ~d by these ideals*** la rivoluzione era ispirata da questi ideali **2** *(arouse)* ***to ~ love, respect, trust in sb.*** ispirare amore, rispetto, fiducia a qcn.; ***to ~ sb. with hope, courage*** infondere speranza, coraggio a qcn.; ***to ~ enthusiasm in sb.*** suscitare entusiasmo in *o* entusiasmare qcn.; ***he doesn't ~ much confidence*** non mi ispira molta fiducia **3** *(incite)* incitare, incoraggiare (**to do** a fare); ***what ~d you to suggest that?*** che cosa ti ha spinto a fare quella proposta?

▷ **inspired** /ɪn'spaɪəd/ **I** p.pass. → **inspire II** agg. **1** [*person, work of art, performance*] ispirato; [*idea*] brillante; ***to make an ~ guess*** avere una felice intuizione **2 -inspired** in composti ***French, surrealist-~*** d'ispirazione francese, surrealista.

inspirer /ɪn'spaɪərə(r)/ n. ispiratore m. (-trice).

inspiring /ɪn'spaɪərɪŋ/ agg. [*teacher, leader*] ispiratore; [*speech*] illuminante; [*thought, music*] esaltante; ***it's not particularly ~*** non mi ispira particolarmente.

inspirit /ɪn'spɪrɪt/ tr. incoraggiare, animare; ***to ~ sb. to do sth.*** incoraggiare qcn. a fare qcs.

inspissate /ɪn'spɪseɪt/ **I** tr. RAR. ispessire **II** intr. RAR. ispessirsi.

inspissation /ˌɪnspɪ'seɪʃn/ n. RAR. ispessimento m.

inst. ⇒ instant corrente mese (c.m.); COMM. ***your letter of the 3rd ~*** la vostra lettera del 3 c.m.

▷ **instability** /ˌɪnstə'bɪlətɪ/ n. instabilità f.

▷ **instal(l)** /ɪn'stɔ:l/ **I** tr. **1** installare [*computer system, new equipment etc.*] (**in** in); posare [*windows*]; ***we had a new kitchen ~ed*** ci siamo fatti montare una nuova cucina **2** *(in official post)* ***to ~ sb. in office*** insediare qcn. **II** rifl. ***to ~ oneself*** installarsi.

▷ **installation** /ˌɪnstə'leɪʃn/ n. *(all contexts)* installazione f.; ***computer ~*** installazione di un computer; ***military ~*** installazione militare; ***nuclear, oil ~*** impianto nucleare, petrolifero.

installed base /ɪn'stɔ:ldˌbeɪs/ n. INFORM. parco m. macchine.

installment plan /ɪn'stɔ:lməntplæn/ n. AE acquisto m. con pagamento rateale; ***to buy sth. on the ~*** acquistare qcs. con pagamento rateale *o* comprare qcs. a rate.

▷ **1.instalment**, **installment** AE /ɪn'stɔ:lmənt/ n. **1** *(partial payment)* rata f.; ***monthly ~*** rata mensile; ***annual ~*** rata annuale; ***to pay an ~*** versare una rata; ***to pay for, repay sth. in ~s*** pagare, rimborsare qcs. a rate **2** *(section) (of story, serial)* puntata f., episodio m.; *(of novel)* puntata f.; ***to publish sth. in weekly ~s*** pubblicare qcs. a puntate settimanali.

2.instalment, **installment** AE /ɪn'stɔ:lmənt/ n. → **installation**.

instalment credit /ɪn'stɔ:lməntˌkredɪt/ n. credito m. rateale.

▶ **1.instance** /'ɪnstəns/ n. **1** *(case)* caso m.; ***in the first ~*** anzitutto, in primo luogo; ***in many ~s*** in molti casi; ***in this (particular) ~*** in questo caso (particolare); ***as an ~ of*** come esempio di **2** *(request)* ***at the ~ of sb.*** su richiesta di qcn. **3** *(example)* esempio m.; ***for ~*** per, ad esempio.

2.instance /'ɪnstəns/ tr. **1** *(cite)* citare [qcs.] come esempio **2** *(illustrate)* illustrare.

instancy /'ɪnstənsɪ/ n. **1** ANT. *(urgency)* urgenza f., insistenza f. **2** RAR. *(imminence)* imminenza f.

▷ **instant** /'ɪnstənt/ **I** n. **1** *(moment)* istante m.; ***at that (very) ~*** in quello (stesso) istante; ***for an ~*** per un istante; ***in an ~*** tra un attimo *o* subito; ***an ~ later*** un istante più tardi; ***come here this ~!*** vieni qui subito! ***the ~ we saw him*** nel momento in cui l'abbiamo visto **2** COLLOQ. *(coffee)* caffè m. istantaneo; ***do you mind ~?*** ti va bene lo stesso un caffè istantaneo? **II** agg. **1** *(immediate)* [*access, act, dismissal, obedience, rapport, relief, success*] immediato; [*effect, replay, response, solution*] istantaneo; [*hot water*] corrente; ~ ***camera*** polaroid® **2** GASTR. [*coffee, soup, mashed potatoes*] istantaneo; [*milk, mix*] in polvere; [*dish, meal*] pronto, precotto **3** ANT. ***your letter of the 3rd ~*** la vostra lettera del 3 c.m.

instantaneity /ˌɪnstəntə'neɪətɪ/ n. istantaneità f., immediatezza f.

instantaneous /ˌɪnstən'teɪnɪəs/ agg. [*death, event, response*] istantaneo; [*dislike*] immediato.

instantaneously /ˌɪnstən'teɪnɪəslɪ/ avv. istantaneamente.

instantaneousness /ˌɪnstən'teɪnɪəsnɪs/ n. → **instantaneity**.

instanter /ɪn'stæntə(r)/ avv. ANT. o SCHERZ. immediatamente, all'istante.

▷ **instantly** /'ɪnstəntlɪ/ avv. immediatamente, all'istante; [*die*] sul colpo.

instant messaging /ˌɪnstənt'mesɪdʒɪŋ/ n. instant messaging m., messaggistica f. istantanea.

instant replay /ˌɪnstənt'ri:pleɪ/ n. AE TELEV. replay m.; ***to show an ~ of a goal*** fare vedere il replay di un gol.

instate /ɪn'steɪt/ tr. insediare.

instauration /ˌɪnstɔ:'reɪʃn/ n. **1** *(renovation)* restauro m. **2** RAR. *(institution)* instaurazione f.

▶ **instead** /ɪn'sted/ **I** avv. ***we didn't go home - we went to the park ~*** invece di andare a casa siamo andati al parco; ***forget the theory and concentrate ~ on the practice*** lascia perdere la teoria e concentrati piuttosto sulla pratica; ***next time try camping ~*** la prossima volta prova piuttosto ad andare in campeggio; ***I don't feel like walking - let's take a taxi ~*** non ho voglia di camminare - prendiamo un taxi, invece; ***she didn't go to London. Instead she decided to go to Oxford*** invece di andare a Londra ha deciso di andare a Oxford; ***I was going to phone but wrote ~*** volevo telefonare poi invece ho scritto; ***we have no tea - will you take coffee ~?*** siamo rimasti senza tè - ti va bene invece un caffè? ***she couldn't attend so her son went ~*** non poteva partecipare e allora suo figlio è andato al posto suo; ***to choose ~ to do*** scegliere invece di fare **II instead of** ~ ***of doing*** invece di fare; ***you should be helping us ~ of moaning!*** invece di lamentarti dovresti aiutarci! ~ ***of sth.*** invece di qcs.; ***why not visit several castles ~ of just one?*** perché non visitiamo più castelli invece di uno solo? ***the interest was 30% ~ of 23%*** gli interessi erano del 30% invece che del 23%; ***use oil ~ of butter*** usate l'olio invece *o* al posto del burro; ~ ***of sb.*** al posto di qcn.; ***you can go ~ of me*** puoi andarci tu al mio posto.

instep /'ɪnstep/ n. *(of foot, shoe)* collo m.; ***to have a high ~*** [*person*] avere il collo del piede alto; [*shoe*] essere accollato.

instigate /'ɪnstɪgeɪt/ tr. fomentare, istigare a [*attack, strike*]; aprire [*inquiry*]; promuovere [*proceedings*].

instigation /ˌɪnstɪ'geɪʃn/ n. ***at the ~ of sb.*** su istigazione di qcn.; ***he stole the car at her ~*** è stata lei a istigarlo a rubare la macchina.

instigator /'ɪnstɪgeɪtə(r)/ n. istigatore m. (-trice).

instil BE, **instill** AE /ɪn'stɪl/ tr. (forma in -ing ecc. **-ll-**) instillare (**in** in), infondere (**in** a) [*pride, respect, attitude, fear*]; inculcare [*belief*] (**in** a); dare [*confidence*] (**in sb.** a qcn.).

instillation /ˌɪnstɪ'leɪʃn/, **instilment** /ɪn'stɪlmənt/ n. instillazione f.

▷ **instinct** /'ɪnstɪŋkt/ n. istinto m.; ***the ~ for survival*** l'istinto di conservazione; ***the ~ to do*** l'istinto di fare; ***her ~ is to fight back*** il suo istinto è di difendersi (anche FIG.); ***follow your ~(s)*** lasciati guidare dall'istinto; ***my first ~ was to...*** il mio primo impulso è stato di...; ***death, life ~*** PSIC. pulsione di morte, di vita; ***the killer ~*** l'istinto omicida; FIG. l'aggressività.

instinctive /ɪn'stɪŋktɪv/ agg. istintivo.

▷ **instinctively** /ɪn'stɪŋktɪvlɪ/ avv. [*react, behave, realize*] istintivamente, d'istinto; ***~, Lewis...*** istintivamente, Lewis...

▶ **1.institute** /'ɪnstɪtju:t, AE -tu:t/ n. **1** *(organization)* istituto m. **2** AE *(course)* corso m.

2.institute /'ɪnstɪtju:t, AE -tu:t/ tr. **1** *(initiate)* istituire [*custom, rule, prize*]; delineare [*scheme*]; aprire [*inquiry*] (**into** su) **2** *(found)* fondare, costituire [*society*]; UNIV. istituire [*chair*]; ***newly ~d*** [*post*] creato di recente; [*organization*] di fondazione recente **3** DIR. intentare [*action*] (**against** contro); ***to ~ (legal) proceedings*** intentare un'azione giudiziaria (**against** contro) **4** RELIG. investire, nominare.

▶ **institution** /ˌɪnstɪ'tju:ʃn, AE -'tu:ʃn/ n. **1** AMM. POL. istituzione f. (anche FIG.); ***she has become a national ~*** SCHERZ. è diventata un'istituzione nazionale; ***charitable, religious ~*** istituto di beneficenza, religioso; ***financial ~*** organismo finanziario **2** *(for children, the elderly etc.)* istituto m.; *(old people's home)* casa f. di riposo, ospizio m.; *(mental hospital)* ospedale m. psichiatrico; ***she has spent most of her life in ~s*** ha trascorso la maggior parte della sua vita passando da una casa di cura all'altra **3** *(establishment) (of custom, rule, body, prize)* istituzione f.; ***~ of legal proceedings*** DIR. apertura di una procedura legale **4** RELIG. investitura f., nomina f. **5** AE *(organization)* istituto m.

▷ **institutional** /ˌɪnstɪ'tju:ʃənl, AE -'tu:-/ agg. **1** [*structure, reform*] istituzionale; [*food, meals*] assistenziale; ***~ life*** la vita in un'istituzione assistenziale; ***to be put in ~ care*** [*child*] essere istituzionalizzato; [*old person*] essere istituzionalizzato, messo in ospizio **2** COMM. [*buying, advertising, investor*] istituzionale; ***~ economics*** istituzionalismo, economia istituzionale.

institutionalism /ˌɪnstɪ'tju:ʃənəlɪzəm, AE -'tu:-/ n. istituzionalismo m.

institutionalist /ˌɪnstɪ'tju:ʃənəlɪst, AE -'tu:-/ n. istituzionalista m. e f.

institutionalize /ˌɪnstɪ'tju:ʃənəlaɪz, AE -'tu:-/ tr. **1** *(place in special care)* istituzionalizzare, mettere [qcn.] in un'istituzione assistenziale; *(in mental hospital)* internare **2** *(establish officially)* istituzionalizzare [*event, practice, system*].

institutionalized /ˌɪnstɪ'tju:ʃənəlaɪzd, AE -'tu:-/ **I** p.pass. → **institutionalize II** agg. [*racism, violence*] istituzionalizzato; ***to become ~*** [*custom, practice*] istituzionalizzarsi; [*patient, resident*] essere istituzionalizzato, ricoverato in un'istituzione assistenziale.

institutive /'ɪnstɪtju:tɪv, AE -tu:-/ agg. **1** [*law*] istitutivo **2** DIR. istituito dalla legge.

institutor /'ɪnstɪtju:tə(r), AE -tu:-/ n. istitutore m. (-trice), fondatore m. (-trice).

in-store /'ɪnstɔ:(r)/ agg. [*adviser, beauty consultant*] all'interno di un grande magazzino; ***~ promotion*** pubblicità sul luogo di vendita; ***~ bakery*** panetteria interna (di un grande magazzino).

▷ **instruct** /ɪn'strʌkt/ tr. **1** *(direct)* ***to ~ sb. to do*** [*superior, boss*] dare ordini *o* ordinare a qcn. di fare; [*tribunal, commission*] dare istruzioni a qcn. di fare; ***to be ~ed to do*** ricevere istruzioni *o* ordini per fare; ***to ~ sb. when, how to do*** indicare *o* spiegare a qcn. quando, come fare **2** *(teach)* istruire; ***to ~ sb. in*** istruire qcn. in [*subject, discipline, craft*]; ***to ~ sb. how to do*** insegnare a qcn. come fare **3** BE DIR. *(engage)* ***to ~ a solicitor*** dare l'incarico a un avvocato.

▶ **instruction** /ɪn'strʌkʃn/ **I** n. **1** *(directive)* istruzione f. (**to** di); ***to issue, give ~s to sb. to do*** impartire, dare istruzioni a qcn. di fare; ***to receive ~s*** ricevere istruzioni; ***to carry out ~s*** applicare le istruzioni; ***I have ~s to do, not to do*** ho l'ordine di fare, di non fare; ***to be under ~s to do*** essere incaricato di fare; ***according to ~s*** secondo le istruzioni; ***failing ~s to the contrary*** salvo contrordine **2 U** *(teaching)* istruzione f.; ***the language of ~*** la lingua dell'istruzione; ***to give sb. ~ in sth.*** istruire qcn. in qcs. *o* insegnare qcs. a qcn.; ***to receive ~ in*** ricevere un'istruzione in **3** INFORM. comando m., istruzione f.; ***print ~*** comando di stampa **II instructions** n.pl. *(for product use)* istruzioni f.; ***to follow the ~s*** seguire le istruzioni; ***~s for use*** istruzioni per l'uso.

instructional /ɪn'strʌkʃənl/ agg. istruttivo, educativo.

instruction book /ɪn'strʌkʃnˌbʊk/ n. libretto m. di istruzioni.

instruction manual /ɪn'strʌkʃnˌmænjʊəl/ n. manuale m. di istruzioni.

instruction sheet /ɪn'strʌkʃnˌʃi:t/ n. foglio m. di istruzioni.

instructive /ɪn'strʌktɪv/ agg. [*talk, report, incident*] istruttivo; [*book, film*] istruttivo, educativo; ***it is ~ to compare...*** è istruttivo paragonare...

instructively /ɪn'strʌktɪvlɪ/ avv. istruttivamente.

▷ **instructor** /ɪn'strʌktə(r)/ ♦ ***27*** n. **1** *(trainer) (in sports, driving, flying)* istruttore m. (-trice) (**in** di); *(military)* istruttore m.; *(in prison)* educatore m. (-trice); ***ski ~*** maestro di sci **2** AE *(in university)* assistente m. e f.; *(any teacher)* professore m. (-essa).

instructress /ɪn'strʌktrɪs/ ♦ ***27*** n. istruttrice f.

▶ **1.instrument** /'ɪnstrʊmənt/ **I** n. **1** *(tool, implement)* strumento m. (anche FIG.); ***to be the ~ of fate*** essere lo strumento del destino; ***to be an ~ for good, evil*** avere una buona, cattiva influenza **2** MUS. strumento m.; ***to play an ~*** suonare uno strumento **3** AER. AUT. strumento m. (di bordo); ***to fly on ~s*** effettuare un volo strumentale **4** DIR. *(document)* strumento m., atto m. giuridico **II** modif. AER. [*landing, flying*] strumentale.

2.instrument /'ɪnstrʊmənt/ tr. **1** MUS. strumentare, orchestrare **2** IND. equipaggiare [*factory, machine*].

▷ **instrumental** /ˌɪnstrʊ'mentl/ **I** n. **1** MUS. pezzo m. strumentale **2** LING. (caso) strumentale m.; ***in the ~*** allo strumentale **II instrumentals** n.pl. parti f. strumentali **III** agg. **1** ***to be ~ in sth.*** contribuire fattivamente, dare un contributo decisivo a qcs.; ***to be ~ in doing*** contribuire fattivamente a fare; ***he played an ~ role in creating the company*** ha avuto un ruolo fondamentale nella creazione della società; ***she was ~ in his release*** è stato rilasciato soprattutto grazie a lei; ***to be ~ in sb.'s downfall*** essere lo strumento della rovina di qcn. **2** MUS. LING. strumentale.

instrumentalism /ˌɪnstrʊ'mentəlɪzəm/ n. FILOS. strumentalismo m.

instrumentalist /ˌɪnstrʊ'mentəlɪst/ ♦ ***27*** n. **1** MUS. strumentista m. e f. **2** FILOS. seguace m. e f. dello strumentalismo.

instrumentality /ˌɪnstrʊmen'tælətɪ/ n. *(means)* mezzo m., intervento m.; ***through the ~ of sb.*** per mezzo di qcn. *o* grazie all'intervento di qcn.

instrumentation /ˌɪnstrʊmen'teɪʃn/ n. AER. MAR. TECN. MUS. strumentazione f.

instrument panel /'ɪnstrʊməntˌpænl/ n. AER. AUT. quadro m. strumenti, pannello m. degli strumenti.

insubordinate /ˌɪnsə'bɔ:dɪnət/ agg. [*person*] insubordinato; ***~ behaviour*** insubordinazione.

insubordination /ˌɪnsəˌbɔ:dɪ'neɪʃn/ n. insubordinazione f. (anche MIL.).

insubstantial /ˌɪnsəb'stænʃl/ agg. **1** *(small)* [*meal*] poco sostanzioso; [*helping*] misero **2** *(flimsy)* [*building*] instabile, pericolante; [*plant*] esile; [*accusation, evidence*] inconsistente, infondato **3** *(unreal)* incorporeo, immateriale.

insufferable /ɪn'sʌfrəbl/ agg. [*heat, conditions, rudeness*] insopportabile, intollerabile; ***he's an ~ bore*** è di una noia insopportabile.

insufferably /ɪn'sʌfrəblɪ/ avv. ***to be ~ rude, arrogant*** essere di una maleducazione, arroganza intollerabile.

insufficience /ˌɪnsə'fɪʃns/, **insufficiency** /ˌɪnsə'fɪʃnsɪ/ n. insufficienza f.

▷ **insufficient** /ˌɪnsə'fɪʃnt/ agg. ***there are ~ copies, workers, resources*** non ci sono abbastanza copie, operai, risorse (**to do** per fare); ***to be ~ for*** non essere sufficiente per; ***to have ~ time, resources*** non avere tempo, risorse a sufficienza.

insufficiently /ˌɪnsə'fɪʃntlɪ/ avv. insufficientemente; [*protected, paid*] male; [*understood*] non a sufficienza.

insufflate /'ɪnsəfleɪt/ tr. insufflare.

insufflation /ˌɪnsə'fleɪʃn/ n. insufflazione f.

insufflator /'ɪnsəˌfleɪtə(r)/ n. insufflatore m.

insular /'ɪnsjʊlə(r), AE -sələr/ agg. **1** SPREG. [*outlook*] ristretto, limitato; [*lifestyle*] gretto, provinciale; ***to be ~*** [*person*] avere una mentalità ristretta **2** GEOGR. insulare.

insularism /'ɪnsjʊlərɪzəm, AE -səl-/, **insularity** /ˌɪnsjʊ'lærətɪ, AE -sə'l-/ n. **1** SPREG. *(of nation, group)* ristrettezza f. di vedute, provincialismo m. **2** GEOGR. insularità f.

insularly /'ɪnsjʊlərlɪ, AE -səl-/ avv. **1** SPREG. *(narrowly)* grettamente, provincialmente **2** GEOGR. su un'isola.

insulate /'ɪnsjʊleɪt, AE -səl-/ tr. **1** ING. *(against cold, heat)* isolare [*roof, room*] (**against** contro); coibentare [*water tank*]; *(against noise)* insonorizzare, isolare [*room*] **2** EL. isolare **3** FIG. *(protect)* proteggere (**from** da; **against** contro); *(segregate)* isolare, segregare (**from, against** da).

insulated /ˈɪnsjʊleɪtɪd, AE -səl-/ I p.pass. → **insulate** II agg. [*wire, cable, pliers*] isolato; [*handle*] in materiale isolante; [*water tank*] coibentato; [*room*] *(against cold, heat)* isolato, coibentato; *(against noise)* insonorizzato; ***a well-~ house*** una casa ben isolata.
insulating /ˈɪnsjʊˌleɪtɪŋ, AE -səl-/ agg. isolante; ***~ board*** pannello isolante; ***~ material*** (materiale) isolante; ***~ tape*** nastro isolante.
insulation /ˌɪnsjʊˈleɪʃn, AE -səˈl-/ n. **1** *(thermal) (of house, room)* isolamento m. termico; *(of water tank)* coibentazione f.; ***loft, roof ~*** isolamento del solaio, del tetto **2** *(acoustic)* isolamento m. (acustico); ***sound ~*** insonorizzazione **3** *(material)* isolante m. **4** EL. isolamento m.
insulator /ˈɪnsjʊleɪtə(r), AE -səl-/ n. **1** *(substance)* isolante m. **2** EL. isolatore m.
▷ **insulin** /ˈɪnsjʊlɪn, AE -səl-/ n. insulina f.
insulin level /ˈɪnsjʊlɪnˌlevl, AE -səl-/ n. tasso m. d'insulina.
insulin treatment /ˈɪnsjʊlɪnˌtriːtmənt, AE -səl-/ n. insulinoterapia f.
▷ **1.insult** /ˈɪnsʌlt/ n. *(remark)* insulto m., offesa f.; *(action)* insulto m., affronto m., offesa f.; ***an ~ to sb.'s intelligence, memory*** un insulto all'intelligenza, alla memoria di qcn.; ***to take sth. as an ~*** prendere qcs. come un insulto *o* un'offesa; ***and to add ~ to injury...*** e come se non bastasse...; ***to add ~ to injury by doing*** lasciare col danno e con le beffe facendo.
▷ **2.insult** /ɪnˈsʌlt/ tr. insultare, offendere.
▷ **insulting** /ɪnˈsʌltɪŋ/ agg. [*remarks, language*] insultante, offensivo; [*behaviour*] insultante, ingiurioso.
insultingly /ɪnˈsʌltɪŋlɪ/ avv. [*act, speak, worded*] in modo insultante, offensivo, ingiuriosamente; ***~ brief*** di una brevità insultante.
insuperability /ɪnˌsuːpərəˈbɪlətɪ, ɪnˌsjuː-/ n. insuperabilità f.
insuperable /ɪnˈsuːpərəbl, ɪnˈsjuː-/ agg. insuperabile, insormontabile.
insuperably /ɪnˈsuːpərəblɪ, ɪnˈsjuː-/ avv. ***our task was ~ difficult*** il nostro compito era di una difficoltà insuperabile.
insupportable /ˌɪnsəˈpɔːtəbl/ agg. FORM. insopportabile.
insupportably /ˌɪnsəˈpɔːtəblɪ/ avv. FORM. insopportabilmente.
insuppressible /ˌɪnsəˈpresəbl/ agg. insopprimibile.
insuppressibly /ˌɪnsəˈpresəblɪ/ avv. insopprimibilmente.
insurable /ɪnˈʃɔːrəbl, AE -ˈʃʊər-/ agg. assicurabile.
▶ **insurance** /ɪnˈʃɔːrəns, AE -ˈʃʊər-/ n. **1 U** *(contract)* assicurazione f. (**against** contro); *(policy)* polizza f. di assicurazione; ***~ for the house, car*** un'assicurazione sulla casa, sulla macchina; ***to take out ~ against sth.*** stipulare un'assicurazione *o* assicurarsi contro qcs.; ***to pay the ~ on sth.*** pagare l'assicurazione su qcs.; ***the ~ runs out soon*** l'assicurazione scade tra poco; ***accident, fire ~*** assicurazione contro gli infortuni, contro l'incendio; ***travel ~*** assicurazione di viaggio **2** *(amount paid to or by company)* assicurazione f.; ***I pay £ 500 in ~ on the car*** pago 500 sterline di assicurazione per la macchina; ***the company paid out two million dollars in ~*** la società ha versato due milioni di dollari di assicurazione **3** *(profession)* ***he works in ~*** lavora nel campo delle, nelle assicurazioni **4** FIG. *(precaution)* protezione f.; ***I see my investments as a form of ~ against inflation*** considero i miei investimenti come una specie di assicurazione contro l'inflazione.
insurance agent /ɪnˈʃɔːrənsˌeɪdʒənt, AE -ˈʃʊər-/ ♦ **27** n. agente m. e f. di assicurazioni, assicurativo.
insurance assessor /ɪnˈʃɔːrənsəˌsesə(r), AE -ˈʃʊər-/ ♦ **27** n. perito m. delle assicurazioni.
insurance broker /ɪnˈʃɔːrənsˌbrəʊkə(r), AE -ˈʃʊər-/ ♦ **27** n. intermediario m. (-a) di assicurazioni.
insurance broking /ɪnˈʃɔːrənsˌbrəʊkɪŋ, AE -ˈʃʊər-/ n. brokeraggio m. di assicurazioni.
insurance certificate /ɪnˈʃɔːrənssəˌtɪfɪkət, AE -ˈʃʊər-/ n. certificato m. di assicurazione.
insurance claim /ɪnˈʃɔːrənsˌkleɪm, AE -ˈʃʊər-/ n. richiesta f. di risarcimento.
insurance company /ɪnˈʃɔːrənsˌkʌmpənɪ, AE -ˈʃʊər-/ n. compagnia f. di assicurazioni.
insurance plan /ɪnˈʃɔːrənsˌplæn, AE -ˈʃʊər-/ n. AE piano m. assicurativo.
insurance policy /ɪnˈʃɔːrənsˌpɒləsɪ, AE -ˈʃʊər-/ n. polizza f. di assicurazione, assicurativa.
insurance premium /ɪnˈʃɔːrənsˌpriːmɪəm, AE -ˈʃʊər-/ n. premio m. di assicurazione, assicurativo.
insurance scheme /ɪnˈʃɔːrənsˌskiːm, AE -ˈʃʊər-/ n. BE piano m. assicurativo.
insurant /ɪnˈʃɔːrənt, AE -ˈʃʊər-/ n. assicurato m. (-a).
insure /ɪnˈʃɔː(r), AE -ˈʃʊər/ tr. **1** *(protect)* assicurare [*baggage, person, property*]; ***to ~ sb., sth. against sth.*** assicurare qcn., qcs. contro qcs.; ***to insure oneself*** o ***one's life*** stipulare un'assicurazione sulla vita *o* una polizza vita **2** *(take precautions)* ***to ~ against delay, shortages*** cautelarsi contro (eventuali) ritardi, carenze; ***to ~ against disappointment, please book early*** se non volete restare delusi, prenotate al più presto **3** AE → **ensure**.
insured /ɪnˈʃɔːd, AE -ˈʃʊərd/ I p.pass. → **insure** II agg. assicurato; ***a parcel ~ for £ 50*** un pacco assicurato per 50 sterline; ***~ value*** valore assicurato **III** n. assicurato m. (-a).
insured party /ɪnˈʃɔːdˌpɑːtɪ, AE -ˈʃʊərd-/ n. assicurato m. (-a).
▷ **insurer** /ɪnˈʃɔːrə(r), AE -ˈʃʊər-/ n. assicuratore m. (-trice).
insurgence /ɪnˈsɜːdʒəns/, **insurgency** /ɪnˈsɜːdʒənsɪ/ n. insurrezione f., sollevazione f.
▷ **insurgent** /ɪnˈsɜːdʒənt/ I agg. [*population, troops*] insorto **II** n. *(rebel)* insorto m. (-a), ribelle m. e f.
insurmountability /ɪnsəˌmaʊntəˈbɪlətɪ/ n. insormontabilità f.
insurmountable /ˌɪnsəˈmaʊntəbl/ agg. insormontabile.
insurrection /ˌɪnsəˈrekʃn/ n. insurrezione f., sollevazione f.
insurrectional /ˌɪnsəˈrekʃənl/, **insurrectionary** /ˌɪnsəˈrekʃənərɪ, AE -nerɪ/ agg. insurrezionale.
insurrectionist /ˌɪnsəˈrekʃənɪst/ I agg. insorto **II** n. insorto m. (-a), ribelle m. e f.
insusceptibility /ɪnsəˌseptəˈbɪlətɪ/ n. insuscettibilità f.
insusceptible /ˌɪnsəˈseptəbl/ agg. insuscettibile.
int. **1** ⇒ international internazionale **2** ⇒ internal interno.
▷ **intact** /ɪnˈtækt/ agg. intatto, integro; ***to survive ~*** rimanere illeso.
intactness /ɪnˈtæktnɪs/ n. integrità f.
intaglio /ɪnˈtɑːlɪəʊ/ I n. (pl. **~s**) *(gem, seal)* intaglio m. **II** modif. [*engraving*] a intaglio.
▷ **intake** /ˈɪnteɪk/ n. **1** *(consumption)* consumo m., quantità f. immessa; ***a high sugar ~*** un alto consumo di zucchero; ***the daily calorie ~ of a baby*** l'apporto calorico giornaliero di un neonato **2** SCOL. UNIV. AMM. *(admissions)* + verbo sing. o pl. reclute f.pl., matricole f.pl.; ***the new ~*** *(at school)* i nuovi alunni; *(into training)* i nuovi arrivati; *(into job)* i nuovi assunti; ***the 1987 ~ of students*** gli studenti iscritti nel 1987 **3** *(inhalation)* ***an ~ of breath*** un'inspirazione; ***there was a sharp ~ of breath*** tutti trattennero il respiro **4** TECN. *(inlet)* entrata f.; ***air ~*** presa d'aria; ***fuel ~*** immissione di carburante.
intake valve /ˈɪnteɪkˌvælv/ n. valvola f. di immissione.
intangibility /ɪnˌtændʒəˈbɪlətɪ/ n. intangibilità f.
intangible /ɪnˈtændʒəbl/ I agg. **1** *(undefinable)* [*atmosphere, nuance*] impalpabile **2** COMM. DIR. [*benefit, property*] immateriale; ***~ assets*** attività immateriali **II** n. bene m. immateriale, intangibile.
intarsia /ɪnˈtɑːsɪə/ n. intarsio m.
integer /ˈɪntɪdʒə(r)/ n. numero m. intero.
integrable /ˈɪntɪgrəbl/ agg. integrabile (anche MAT.).
▷ **integral** /ˈɪntɪgrəl/ I agg. **1** *(intrinsic)* [*member, part, feature*] integrante; ***to be an ~ part of*** essere parte integrante di; ***to be ~ to*** essere intrinseco a **2** TECN. *(built-in)* [*power supply, lighting, component*] incorporato **3** MAT. [*number*] integrale **4** *(whole)* integrale, intero **II** n. MAT. integrale m.
integrality /ɪntɪˈgrælətɪ/ n. integralità f.
integrally /ˈɪntɪgrəlɪ/ avv. integralmente.
1.integrate /ˈɪntɪgrət/ agg. integrale, intero.
2.integrate /ˈɪntɪgreɪt/ I tr. **1** *(incorporate)* integrare, incorporare [*region, company, system, design*] (**into** in; **with** con); ***to be well~d with its surroundings*** integrarsi bene nel proprio ambiente **2** *(blend, combine)* unificare, integrare [*systems, companies*]; ***to ~ two systems*** integrare due sistemi **3** SOCIOL. *(absorb)* integrare [*minority, immigrant*] (**into** in) **4** POL. *(desegregate as policy)* desegregare, rendere [qcs.] accessibile a chiunque [*school, sport, beach, facility*] **5** MAT. integrare [*number, function*] **II** intr. **1** *(mix)* [*minority, ethnic group, person*] integrarsi (**with** con; **into** in) **2** *(desegregate)* [*school, sport, facility*] desegregarsi, diventare accessibile a chiunque.
▷ **integrated** /ˈɪntɪgreɪtɪd/ I p.pass. → **2.integrate** II agg. **1** COMM. INFORM. AMM. *(planned as a whole)* [*system, service, scheme*] integrato **2** *(ethnically or religiously)* integrato.
integrated accounting package /ˌɪntɪgreɪtɪdəˈkaʊntɪŋˌpækɪdʒ/ n. INFORM. pacchetto m. integrato per la contabilità.
integrated circuit /ˌɪntɪgreɪtɪdˈsɜːkɪt/ n. circuito m. integrato.
integrated course /ˌɪntɪgreɪtɪdˈkɔːs/ n. BE corso m. integrato.
integrated data network /ˌɪntɪgreɪtɪdˌdeɪtəˈnetwɜːk/ n. rete f. integrata di dati.
integrated day /ˈɪntɪgreɪtɪdˌdeɪ/ n. BE = nella scuola elementare o materna, giornata in cui non vi sono attività programmate.
▷ **integration** /ˌɪntɪˈgreɪʃn/ n. *(all contexts)* integrazione f. (**into** in; **with** con; **between** tra).
integrationist /ˌɪntɪˈgreɪʃənɪst/ I agg. integrazionistico **II** n. integrazionista m. e f.

integrative /ˈɪntɪɡrətɪv/ agg. integrativo.
integrator /ˈɪntɪɡreɪtə(r)/ n. (strumento) integratore m.
▷ **integrity** /ɪnˈteɡrətɪ/ n. integrità f. (**of** di); ***a man of ~*** un uomo integro.
integument /ɪnˈteɡjʊmənt/ n. tegumento m.
integumentary /ɪnteɡjʊˈmentərɪ/ agg. tegumentale, tegumentario.
intellect /ˈɪntəlekt/ n. **1** *(intelligence)* intelligenza f., intelletto m. **2** *(person)* mente f., intelletto m.
intellection /ˌɪntəˈlekʃn/ n. **1** *(exercise of intellect)* intellezione f. **2** *(act of intellect)* atto m. intellettivo **3** *(thought)* idea f., pensiero m.
intellective /ˌɪntəˈlektɪv/ agg. intellettivo.
intellectual /ˌɪntəˈlektʃʊəl/ **I** agg. intellettuale; ***~ snob*** intellettuale snob **II** n. intellettuale m. e f.
intellectualism /ˌɪntəˈlektʃʊəlɪzəm/ n. intellettualismo m.
intellectualist /ˌɪntəˈlektʃʊəlɪst/ n. intellettualista m. e f.
intellectuality /ˌɪntəlektʃʊˈælətɪ/ n. intellettualità f.
intellectualize /ˌɪntəˈlektʃʊəlaɪz/ **I** tr. intellettualizzare **II** intr. ragionare (**about** su); SPREG. filosofeggiare (**about** su).
intellectually /ˌɪntəˈlektʃʊəlɪ/ avv. intellettualmente.
intellectual property rights /ˌɪntəlektʃʊəlˈprɒpətɪˌraɪts/ n.pl. proprietà f.sing. intellettuale.
▷ **intelligence** /ɪnˈtelɪdʒəns/ n. **1** intelligenza f.; ***to have the ~ to do*** avere l'intelligenza di fare; ***to be of low ~*** essere poco intelligente; ***use your ~!*** usa la testa! ***that's an insult to my ~!*** è un insulto alla mia intelligenza! **2** *(information)* informazioni f.pl. (anche MIL.), notizie f.pl.; ***according to the latest ~*** stando alle ultime notizie **3** MIL. *(secret service)* intelligence m., spionaggio m., servizi m.pl. segreti; ***military, naval ~*** servizi segreti militari, della marina; ***to be in ~*** lavorare nei servizi segreti **4** FORM. *(intelligent being)* intelligenza f.
intelligence agent /ɪnˈtelɪdʒənsˌeɪdʒənt/ ♦ ***27*** n. agente m. segreto, dei servizi segreti.
Intelligence Corps /ɪnˈtelɪdʒənsˌkɔː(r)/ n. GB = servizi segreti militari britannici.
intelligence quotient /ɪnˈtelɪdʒənsˌkwəʊʃnt/ n. quoziente m. di intelligenza.
intelligencer /ɪnˈtelɪdʒənsə(r)/ n. RAR. *(informer)* informatore m. (-trice); *(secret agent)* agente m. segreto.
Intelligence Service /ɪnˈtelɪdʒənsˌsɜːvɪs/ n. = servizio segreto britannico.
intelligence test /ɪnˈtelɪdʒənsˌtest/ n. test m. di intelligenza.
▷ **intelligent** /ɪnˈtelɪdʒənt/ agg. intelligente.
intelligent card /ɪnˈtelɪdʒəntˌkɑːd/ n. → **smart card**.
intelligent knowledge-based system /ɪnˌtelɪdʒəntˈnɒlɪdʒbeɪstˌsɪstəm/ n. = sistema esperto basato sulla conoscenza.
intelligential /ɪnˌtelɪˈdʒenʃl/ agg. **1** *(intellectual)* relativo all'intelligenza **2** *(intelligent)* intelligente, informativo.
intelligently /ɪnˈtelɪdʒəntlɪ/ avv. intelligentemente, con intelligenza.
intelligentsia /ɪnˌtelɪˈdʒentsɪə/ n. ***the ~*** l'intellighenzia.
intelligent terminal /ɪnˌtelɪdʒəntˈtɜːmɪnl/ n. terminale m. intelligente.
intelligibility /ɪnˌtelɪdʒəˈbɪlətɪ/ n. intelligibilità f.
intelligible /ɪnˈtelɪdʒəbl/ agg. intelligibile (**to** a).
intelligibleness /ɪnˈtelɪdʒəblnɪs/ n. → **intelligibility**.
intelligibly /ɪnˈtelɪdʒəblɪ/ avv. intelligibilmente.
Intelsat /ˈɪntelsæt/ n. TEL. (⇒ International Telecommunications Satellite Consortium organizzazione internazionale di telecomunicazioni via satellite) INTELSAT m.
intemperance /ɪnˈtempərəns/ n. **1** *(of language, person)* intemperanza f. **2** *(act)* intemperanza f. **3** *(of weather)* inclemenza f.
intemperate /ɪnˈtempərət/ agg. **1** *(unrestrained)* [*remark, language*] intemperante; [*attack*] incontrollato **2** *(given to excess)* [*person*] intemperante **3** [*weather*] inclemente, rigido.
intemperately /ɪnˈtempərətlɪ/ avv. intemperantemente, con intemperanza.
intemperateness /ɪnˈtempərətnɪs/ n. → **intemperance**.
▶ **intend** /ɪnˈtend/ tr. **1** *(have in mind)* intendere, avere in mente [*outcome, meaning, result, marriage*]; ***as I ~ed*** come volevo *o* com'era nelle mie intenzioni; ***just what, where I ~ed*** proprio quello che avevo in mente, dove volevo; ***sooner, more than I had ~ed*** prima, più di quanto avessi voluto; ***to ~ to do*** o ***to ~ doing*** avere intenzione di fare; ***to ~ sb. to do*** volere che qcn. faccia; ***to ~ that...*** intendere che... **2** *(mean)* ***to ~ sth. as a joke, an insult*** dire qcs. per scherzo, per offendere; ***no insult ~ed*** senza offesa; ***it was clearly ~ed as a reference to...*** voleva essere una chiara allusione a...; ***to be ~ed for sb., sth.*** essere destinato a qcn., qcs.; ***I never ~ed it to be a serious analysis*** non ho mai preteso che fosse un'analisi seria; ***she ~ed it to be affectionate, cruel*** voleva che risultasse affettuoso, crudele; ***the law is ~ed to prevent...*** la legge intende impedire...; ***it was not ~ed to be used like that*** non era previsto che si utilizzasse in questo modo.
intendancy /ɪnˈtendənsɪ/ n. STOR. intendenza f.
intendant /ɪnˈtendənt/ n. STOR. intendente m. e f.
▷ **intended** /ɪnˈtendɪd/ **I** p.pass. → **intend II** agg. **1** *(meant, desired)* [*meaning, result, effect*] voluto; [*insult*] intenzionale **2** *(planned)* [*visit, purchase*] progettato, futuro; [*output, conditions of use*] previsto; ***~ for sb.*** destinato a qcn.; ***the ~ victim*** la vittima predestinata **III** n. ANT. ***her ~*** il suo promesso sposo *o* fidanzato; ***his ~*** la sua promessa sposa, fidanzata.
intending /ɪnˈtendɪŋ/ agg. [*applicant, traveller*] potenziale.
intendment /ɪnˈtendmənt/ n. **1** DIR. presunzione f. di legge **2** ANT. intendimento m., intenzione f.
intense /ɪnˈtens/ agg. **1** *(great)* [*activity, colour*] intenso; [*emotion, pain, pressure*] intenso, forte; [*interest, satisfaction*] vivo, grande **2** *(serious)* [*person*] di forti sentimenti.
intensely /ɪnˈtenslɪ/ avv. [*curious, problematic*] estremamente; [*dislike, hate*] profondamente.
intenseness /ɪnˈtensnɪs/ n. → **intensity**.
intensification /ɪnˌtensɪfɪˈkeɪʃn/ n. intensificazione f. (**of** di).
intensifier /ɪnˈtensɪfaɪə(r)/ n. **1** LING. elemento m. rafforzativo **2** FOT. intensificatore m.
▷ **intensify** /ɪnˈtensɪfaɪ/ **I** tr. intensificare **II** intr. intensificarsi.
intension /ɪnˈtenʃn/ n. FILOS. intensione f.
intensity /ɪnˈtensətɪ/ n. *(all contexts)* intensità f. (**of** di); ***to speak with ~*** parlare con fervore.
▷ **intensive** /ɪnˈtensɪv/ agg. **1** *(all contexts)* intensivo; ***an ~ course in French*** un corso intensivo di francese **2 -intensive** in composti ***energy-~*** a uso intensivo di energia; ***technology-~*** ad alto livello tecnologico; ***capital-~*** a uso intensivo di capitali.
intensive care /ɪnˌtensɪvˈkeə(r)/ n. ***to be in ~*** essere in terapia intensiva; ***to be in need of ~*** avere bisogno di cure intensive.
intensive care unit /ɪnˌtensɪvˈkeərˌjuːnɪt/ n. reparto m. di terapia intensiva.
intensively /ɪnˈtensɪvlɪ/ avv. [*farmed, cultivated*] intensivamente.
▷ **1.intent** /ɪnˈtent/ n. **1** *(intention)* intenzione f., proposito m. (**to do** di fare); ***with ~*** [*act, say*] di proposito *o* intenzionalmente; ***it is political in ~*** ha un intento politico **2** DIR. intenzione f.; ***with (criminal) ~*** con intenzione criminale *o* delittuosa; ***with ~ to do*** con l'intenzione di fare ♦ ***to all ~s and purposes*** a tutti gli effetti.
▷ **2.intent** /ɪnˈtent/ agg. **1** ***to be ~ on doing*** essere (fermamente) deciso a fare; ***~ on victory, privatization*** intenzionato a vincere, a privatizzare **2** *(absorbed)* [*person, expression, silence*] intento (**on** a; **on doing** a fare); assorto (**on** in; **on doing** nel fare).
▶ **intention** /ɪnˈtenʃn/ n. intenzione f. (**to do, of doing** di fare); ***to come with the ~ of doing*** venire con l'intenzione di fare; ***it is our ~ to do, our ~ is to do*** è nostra intenzione fare, abbiamo intenzione di fare; ***the ~ is to do*** l'intento è di fare; ***she has no*** o ***she hasn't the slightest ~ of doing*** non ha la minima intenzione di fare; ***with good ~s*** con buone intenzioni; ***with the best of ~s*** con le migliori intenzioni; ***to be full of good ~s*** essere pieno di buone intenzioni.
intentional /ɪnˈtenʃənl/ agg. [*action*] volontario; [*insult*] intenzionale; [*effect*] voluto.
intentionality /ɪnˌtenʃəˈnælətɪ/ n. intenzionalità f. (anche FILOS.).
▷ **intentionally** /ɪnˈtenʃənəlɪ/ avv. [*act, mislead, injure*] intenzionalmente, di proposito; [*ambiguous, vague*] deliberatamente, volutamente; ***to make oneself ~ homeless*** BE DIR. scegliere di lasciare la propria casa.
intentioned /ɪnˈtenʃnd/ agg. intenzionato; ***well-~*** benintenzionato; ***ill-~*** malintenzionato.
intently /ɪnˈtentlɪ/ avv. intentamente.
intentness /ɪnˈtentnɪs/ n. (l')essere intento.
inter /ɪnˈtɜː(r)/ tr. (forma in -ing ecc. **-rr-**) FORM. interrare, seppellire, sotterrare.
▷ **interact** /ˌɪntərˈækt/ intr. [*factors, phenomena*] interagire; [*people*] interagire, comunicare; INFORM. [*computers, users*] dialogare; ***to ~ with sb.*** interagire con qcn.
interaction /ˌɪntərˈækʃn/ n. interazione f. (**between, among** tra) (anche FIS. INFORM.); ***the ~ of A with B*** l'interazione tra A e B.
▷ **interactive** /ˌɪntərˈæktɪv/ agg. interattivo (anche INFORM.), interagente.
interactive computing /ˌɪntəræktɪvkəmˈpjuːtɪŋ/ n. elaborazione f. interattiva.
interactive learning /ˌɪntəræktɪvˈlɜːnɪŋ/ n. apprendimento m. interattivo.
interactively /ˌɪntərˈæktɪvlɪ/ avv. INFORM. interattivamente.

interactive mode /ˌɪntəræktɪv'məʊd/ n. modo m. interattivo.
interactive terminal /ˌɪntəræktɪv'tɜ:mɪnl/ n. terminale m. interattivo.
interactive video /ˌɪntəræktɪv'vɪdɪəʊ/ n. (pl. **interactive videos**) video m. interattivo.
interactivity /ɪntəræk'tɪvətɪ/ n. interattività f.
inter alia /ˌɪntər'eɪlɪə/ avv. fra l'altro.
interbank /'ɪntəbæŋk/ agg. interbancario.
interbedded /ˌɪntə'bedɪd/ agg. interstratificato.
interblend /ˌɪntə'blend/ **I** tr. mescolare, fondere **II** intr. mescolarsi, fondersi.
interbreed /ˌɪntə'bri:d/ **I** tr. (pass., p.pass. **-bred**) ibridare, incrociare [*cattle, stock, plants*] **II** intr. (pass., p.pass. **-bred**) incrociarsi (**with** con).
interbreeding /ˌɪntə'bri:dɪŋ/ n. ibridazione f.
intercalary /ɪn'tɜ:kələrɪ, ɪntə'kælərɪ/ agg. *(all contexts)* intercalare.
intercalate /ɪn'tɜ:kəleɪt/ tr. intercalare.
intercalated /ɪn'tɜ:kəleɪtɪd/ **I** p.pass. → **intercalate II** agg. intercalato.
intercalation /ɪnˌtɜ:kə'leɪʃn/ n. intercalazione f.
intercede /ˌɪntə'si:d/ intr. **1** *(plead)* intercedere (**with** presso; **on sb.'s behalf** a favore di qcn.) **2** *(mediate)* fare da mediatore (**between** tra).
interceder /ˌɪntə'si:də(r)/ n. intercessore m. (-ditrice).
intercellular /ˌɪntə'seljʊlə(r)/ agg. intercellulare.
1.intercept /'ɪntəsept/ n. **1** AE TEL. SPORT intercettazione f., intercettamento m. **2** MAT. segmento m. intercetto.
▷ **2.intercept** /ˌɪntə'sept/ tr. intercettare.
intercepter → **interceptor**.
interception /ˌɪntə'sepʃn/ n. TEL. SPORT intercettazione f., intercettamento m.
interceptive /ˌɪntə'septɪv/ agg. intercettatore.
interceptor /ˌɪntə'septə(r)/ n. AER. intercettore m.
intercession /ˌɪntə'seʃn/ n. **1** *(intervention)* intercessione f. (**with** presso) **2** *(mediation)* mediazione f. (**between** tra).
intercessional /ˌɪntə'seʃənl/ agg. di intercessione.
intercessor /ˌɪntə'sesə(r)/ n. **1** *(interceder)* intercessore m. (-ditrice) **2** *(mediator)* mediatore m. (-trice).
intercessorial /ˌɪntəse'sɔ:rɪəl/ agg. che intercede.
1.interchange /'ɪntətʃeɪndʒ/ n. **1** *(road junction)* interscambio m. **2** *(exchange)* scambio m., interscambio m.
2.interchange /ˌɪntə'tʃeɪndʒ/ tr. *(exchange)* scambiare, scambiarsi; *(change places of)* spostare.
interchangeability /ɪntəˌtʃeɪndʒə'bɪlətɪ/ n. intercambiabilità f.
interchangeable /ˌɪntə'tʃeɪndʒəbl/ agg. intercambiabile.
interchangeably /ˌɪntə'tʃeɪndʒəblɪ/ avv. in modo intercambiabile.
inter-city /ˌɪntə'sɪtɪ/ **I** n. BE intercity m. **II** agg. intercity.
intercollegiate /ˌɪntəkə'li:dʒət/ agg. BE UNIV. *(between colleges)* tra college; AE *(between universities)* interuniversitario.
intercolumn /'ɪntəkɒləm/ n. → **intercolumniation**.
intercolumnar /ˌɪntəkə'lʌmnə(r)/ agg. che è fra due colonne.
intercolumniation /ˌɪntəkəlʌmnɪ'eɪʃn/ n. intercolunnio m.
intercom /'ɪntəkɒm/ n. interfono m.; ***over the ~*** per interfono; ***the voice on the ~*** la voce all'interfono.
intercommunicable /ˌɪntəkə'mju:nɪkəbl/ agg. intercomunicabile.
intercommunicate /ˌɪntəkə'mju:nɪkeɪt/ intr. [*people*] comunicare; [*rooms*] comunicare, essere intercomunicanti.
intercommunication /ˌɪntəkəˌmju:nɪ'keɪʃn/ n. intercomunicazione f. (**between** tra).
intercommunion /ˌɪntəkə'mju:nɪən/ n. RELIG. intercomunione f.
intercommunity /ˌɪntəkə'mju:nətɪ/ n. comunanza f.
interconnect /ˌɪntəkə'nekt/ **I** tr. collegare, connettere [*parts*] **II** intr. [*components*] collegarsi; [*rooms*] comunicare, essere comunicanti; INFORM. [*computers, systems, workstations*] interconnettersi.
interconnected /ˌɪntəkə'nektɪd/ **I** p.pass. → **interconnect II** agg. interconnesso.
interconnecting /ˌɪntəkə'nektɪŋ/ agg. [*rooms, apartments*] intercomunicanti; [*cable*] di connessione.
interconnection /ˌɪntəkə'nekʃn/ n. INFORM. interconnessione f.
intercontinental /ˌɪntəˌkɒntɪ'nentl/ agg. intercontinentale.
intercontinental ballistic missile /ɪntəkɒntɪˌnentlbəˌlɪstɪk'mɪsaɪl, AE -'mɪsl/ n. missile m. (balistico) intercontinentale.
intercostal /ˌɪntə'kɒstl/ agg. ANAT. intercostale.
▷ **intercourse** /'ɪntəkɔ:s/ n. **1** *(social)* relazione f., rapporto m. **2** *(sexual)* rapporto m. (sessuale).
intercropping /ˌɪntə'krɒpɪŋ/ n. AGR. consociazione f.
1.intercross /ˌɪntə'krɒs/ n. incrocio m., ibridazione f.
2.intercross /ˌɪntə'krɒs/ **I** tr. ibridare, incrociare [*cattle, stock, plants*] **II** intr. incrociarsi.
intercurrence /ˌɪntə'kʌrəns/ n. ANAT. (l')essere intercorrente.
intercurrent /ˌɪntə'kʌrənt/ agg. intercorrente.
interdenominational /ˌɪntədɪˌnɒmɪ'neɪʃənl/ agg. RELIG. interconfessionale.
interdepartmental /ˌɪntəˌdi:pɑ:t'mentl/ agg. **1** UNIV. AMM. interdipartimentale **2** COMM. intersettoriale **3** POL. interministeriale.
interdepend /ˌɪntədɪ'pend/ intr. essere interdipendente.
interdependence /ˌɪntədɪ'pendəns/ n. interdipendenza f. (**between** tra; **of** di).
interdependent /ˌɪntədɪ'pendənt/ agg. interdipendente.
1.interdict /'ɪntədɪkt/ n. FORM. **1** DIR. interdizione f. **2** RELIG. interdetto m.
2.interdict /ˌɪntə'dɪkt/ tr. DIR. RELIG. interdire.
interdiction /ˌɪntə'dɪkʃn/ n. **1** DIR. interdizione f. **2** RELIG. interdetto m.
interdictive /ˌɪntə'dɪktɪv/, **interdictory** /ˌɪntə'dɪktərɪ, AE -tɔ:rɪ/ agg. interdittorio.
interdisciplinarity /ˌɪntəˌdɪsɪplɪ'nærətɪ/ n. interdisciplinarità f.
interdisciplinary /ˌɪntəˌdɪsɪ'plɪnərɪ, AE -nerɪ/ agg. interdisciplinare.
▷ **1.interest** /'ɪntrəst/ n. **1** *(enthusiasm)* interesse m. (**in** per); ***a lively ~ in politics*** un vivo interesse per la politica; ***full of ~*** pieno d'interesse; ***to add to the ~ of sth.*** aggiungere un certo fascino a qcs.; ***to be of great, little ~ to sb.*** essere di grande, scarso interesse per qcn.; ***to be of no ~ to sb.*** non essere di alcun interesse per qcn.; ***we've had a lot of ~ from Europe*** abbiamo attirato molta attenzione in Europa; ***I collect stamps just for ~*** colleziono francobolli solo per piacere; ***to hold sb.'s ~*** interessare a qcn.; ***as a matter of ~...*** giusto per sapere... **2** *(hobby, passion)* interesse m., hobby m.; ***what are your main ~s?*** quali sono i tuoi principali interessi? ***he has wide, limited ~s*** ha interessi vasti, limitati *o* si interessa di molte, poche cose **3** *(benefit)* interesse m.; ***in the ~(s) of*** *(to promote)* nell'interesse di [*peace, freedom*]; *(out of concern)* per motivi di [*hygiene, justice*]; ***it is in your (own) ~(s) to do*** è nel tuo (stesso) interesse fare; ***I have an ~ in doing*** è nel mio interesse *o* mi interessa fare; ***to act in sb.'s ~s*** agire nell'interesse di qcn.; ***to look after one's own ~s*** badare ai propri interessi; ***to have a vested ~ in sth.*** essere direttamente interessato a qcs.; ***to have sb.'s best ~s at heart*** avere a cuore il bene di qcn. **4** *(concern)* interesse m.; ***of public ~*** d'interesse pubblico; ***majority, minority ~*** ECON. partecipazione di maggioranza, di minoranza **5** ECON. *(accrued monies)* interesse m. (**on** su); ***5% ~*** interesse del 5%; ***simple, compound ~*** interesse semplice, composto; ***overdraft ~ charges*** interessi su uno scoperto; ***to earn ~*** [*investment*] fruttare un interesse; ***account paying, not paying ~*** conto che matura, non matura interessi; ***to return sth. with ~*** FIG. restituire qcs. con gli interessi **6** ECON. COMM. *(share)* interessi m.pl., partecipazione f. (**in** in); ***~ in a grocery business*** interessi in un negozio di alimentari; ***business ~s*** interessi commerciali; ***cereal, tobacco ~s*** interessi nel campo dei cereali, del tabacco.
▷ **2.interest** /'ɪntrəst/ tr. **1** *(provoke curiosity, enthusiasm)* suscitare l'interesse di [*person*] (**in** per); ***it may ~ you to know*** ti può interessare sapere; ***can I ~ you in buying some insurance, playing for us?*** vi potrebbe interessare stipulare un'assicurazione, giocare nella nostra squadra? ***can I ~ you in our new range?*** COMM. posso presentarle il nostro nuovo assortimento? **2** *(concern)* [*problem, plight, policy*] interessare, riguardare.
interest-bearing /'ɪntrəstˌbeərɪŋ/ agg. ECON. [*investment, account*] fruttifero.
▷ **interested** /'ɪntrəstɪd/ **I** p.pass. → **2.interest II** agg. [*expression, onlooker, listener*] interessato; ***to be ~ in*** interessarsi di [*subject, activity*]; ***I am ~ in doing*** sono interessato a *o* m'interessa fare; ***we're just not ~*** semplicemente non ci interessa; ***to get sb. ~ in*** suscitare l'interesse di qcn. per [*activity, subject*]; ***to become ~ in*** cominciare a interessarsi di; ***the ~ parties*** le parti interessate *o* gli interessati.
interestedly /'ɪntrəstɪdlɪ/ avv. con interesse.
interest-free loan /ˌɪntrəstˌfri:'ləʊn/ n. prestito m. senza interessi, a tasso zero.
interest group /'ɪntrəstˌgru:p/ n. gruppo m. di interesse, di pressione.
▶ **interesting** /'ɪntrəstɪŋ/ agg. interessante.
▷ **interestingly** /'ɪntrəstɪŋlɪ/ avv. **1** *(worthy of note)* ***~, there is no equivalent*** è interessante notare che non c'è un equivalente; ***~, his wife isn't with him*** strano che sua moglie non sia con lui; ***~ enough...*** stranamente, strano a dirsi... **2** *(inspiring interest)* [*speak, write*] in modo interessante; ***~ complex*** di una complessità stimolante; ***~ constructed*** strutturato in modo interessante.

interest rate /ˈɪntrəstreɪt/ n. ECON. tasso m. d'interesse.

1.interface /ˈɪntəfeɪs/ n. **1** INFORM. interfaccia f. (anche FIG.) (**between** tra; **with** con) **2** TECN. giunzione f. (**between** tra; **with** con).

2.interface /ˈɪntəfeɪs/ **I** tr. **1** INFORM. interfacciare **2** TECN. connettere, collegare (**to** a; **with** con) **3** SART. intelare **II** intr. connettersi (**to** a; **with** con).

interface board /ˈɪntəfeɪsˌbɔːd/ n. INFORM. scheda f. di interfaccia.

interface routine /ˌɪntəfeɪsruːˈtiːn/ n. INFORM. routine f. di interfaccia.

interface software /ˌɪntəfeɪsˈsɒftweə(r), AE -ˈsɔːft-/ n. INFORM. software m. di interfaccia.

interfacial /ˌɪntəˈfeɪʃl/ agg. interfacciale.

interfacing /ˈɪntəfeɪsɪŋ/ n. SART. controfodera f.

▷ **interfere** /ˌɪntəˈfɪə(r)/ intr. **1** SPREG. *(involve oneself)* ***to ~ in*** [*person*] interferire, intromettersi in [*affairs*]; ***don't ~!*** non intrometterti! ***she never ~s*** non si intromette mai **2** *(intervene)* [*government, court, police*] intervenire; ***to ~ in*** partecipare a [*internal affairs, private life*] **3** *(touch, mess with)* ***to ~ with*** armeggiare intorno a [*machine*]; ***to ~ with a child*** BE EUFEM. esercitare molestie sessuali su un bambino **4** *(hinder)* ***to ~ with*** [*activity*] interferire in [*family life, right*]; ostacolare [*freedom*]; disturbare [*sleep*]; impedire [*healing*] **5** FIS. interferire.

▷ **interference** /ˌɪntəˈfɪərəns/ n. **1** *(by government, editor, boss)* ingerenza f. (**in** in); *(by family)* intromissione f. (**in** in); ***I don't want any ~*** non voglio che nessuno si intrometta **2** *(of sound waves, light waves, on radio)* interferenza f. **3** LING. interferenza f.

interferer /ˌɪntəˈfɪərə(r)/ n. chi interferisce, chi si intromette; ficcanaso m. e f., impiccione m. (-a).

interfering /ˌɪntəˈfɪərɪŋ/ agg. SPREG. [*person, family*] che interferisce, si intromette.

interferometer /ˌɪntəfəˈrɒmɪtə(r)/ n. interferometro m.

interferometry /ˌɪntəfəˈrɒmətrɪ/ n. interferometria f.

interferon /ˌɪntəˈfɪərən/ n. interferone m.

inter-firm /ˈɪntəfɜːm/ agg. interaziendale.

interfuse /ˌɪntəˈfjuːz/ **I** tr. **1** *(permeate)* permeare, infondere **2** *(intermingle)* mescolare, mischiare **3** *(blend)* mescolare, fondere **II** intr. *(blend)* mescolarsi, fondersi.

interfusion /ˌɪntəˈfjuːʒn/ n. mescolanza f., fusione f.

intergalactic /ˌɪntəgəˈlæktɪk/ agg. intergalattico.

interglacial /ˌɪntəˈgleɪʃl/ agg. interglaciale.

intergovernmental /ˌɪntəˌgʌvnˈmentl/ agg. intergovernativo.

intergrade /ɪntəˈgreɪd/ intr. trasformarsi gradualmente.

interim /ˈɪntərɪm/ **I** n. interim m., intervallo m. di tempo; ***in the ~*** nel frattempo **II** agg. **1** [*arrangement, measure, government*] provvisorio; [*post, employee*] interinale; ***~ report*** relazione interinale; ***the ~ period*** il periodo interinale *o* l'interim **2** COMM. [*bond, certificate, interest, payment, loan*] provvisorio; ***~ dividend*** dividendo provvisorio; ***~ financing*** finanziamento provvisorio; ***~ profits*** profitti interinali.

inter-industry /ˌɪntərˈɪndəstrɪ/ agg. interindustriale.

▷ **interior** /ɪnˈtɪərɪə(r)/ **I** agg. **1** *(inside)* [*wall, paintwork*] interno **2** CINEM. TELEV. [*shot, scene*] di interni **3** *(inner)* [*motive, impulse*] interiore **II** n. **1** *(inside) (of house)* interno m.; *(of fridge, bag)* interno m.; ***a Vermeer ~*** ART. un interno di Vermeer **2** *(of country, continent)* interno m.; ***people from the ~*** persone venute dall'interno; ***Secretary, Department of the Interior*** US POL. Ministro, Ministero dell'ambiente e delle risorse naturali.

interior angle /ɪnˌtɪərɪərˈæŋgl/ n. angolo m. interno.

interior decoration /ɪnˌtɪərɪəˌdekəˈreɪʃn/ n. decorazione f. d'interni.

interior decorator /ɪnˌtɪərɪəˈdekəreɪtə(r)/ ♦ ***27*** n. → **interior designer**.

interior design /ɪnˌtɪərɪədɪˈzaɪn/ n. *(colours, fabrics etc.)* arredamento m. d'interni; *(walls, space)* architettura f. d'interni.

interior designer /ɪnˌtɪərɪədɪˈzaɪnə(r)/ ♦ ***27*** n. *(of colours, fabrics etc.)* arredatore m. (-trice) d'interni; *(of walls, space)* architetto m. d'interni.

interiority /ɪnˌtɪərɪˈɒrətɪ/ n. interiorità f.

interiorize /ɪnˈtɪərɪəraɪz/ intr. interiorizzare.

interior sprung /ɪnˌtɪərɪəˈsprʌŋ/ agg. [*mattress*] a molle.

interject /ˌɪntəˈdʒekt/ tr. intervenire, interloquire con [*word, comment, warning*]; ***"I disagree," she ~ed*** "non sono d'accordo," interloquì.

interjection /ˌɪntəˈdʒekʃn/ n. **1** LING. interiezione f. **2** *(interruption)* interruzione f., intromissione f.

interjectional /ˌɪntəˈdʒekʃənl/ agg. LING. interiettivo.

interknit /ˌɪntəˈnɪt/ **I** tr. (forma in -ing **-tt-**; pass., p.pass. **-knitted**, **-knit**) intrecciare **II** intr. (forma in -ing **-tt-**; pass., p.pass. **-knitted**, **-knit**) intrecciarsi.

interlace /ˌɪntəˈleɪs/ **I** tr. intrecciare, allacciare **II** intr. intrecciarsi, allacciarsi.

interlacement /ˌɪntəˈleɪsmənt/ n. intreccio m., viluppo m.

interlard /ˌɪntəˈlɑːd/ tr. lardellare (**with** di).

interleave /ˌɪntəˈliːv/ tr. interfogliare.

interlibrary loan /ˈɪntəlaɪbrərɪˌləʊn, AE -brerɪ-/ n. prestito m. interbibliotecario.

interline /ˌɪntəˈlaɪn/ tr. **1** TIP. interlineare **2** SART. mettere una controfodera a [*collar*].

interlinear /ˌɪntəˈlɪnɪə(r)/ agg. interlineare.

interlineation /ˌɪntəlɪnɪˈeɪʃn/ n. **1** *(insertion)* interlineatura f. **2** *(word)* interlinea f.

interlining /ˈɪntəlaɪnɪŋ/ n. SART. controfodera f.

interlink /ˌɪntəˈlɪŋk/ **I** tr. ***to be ~ed*** essere collegato (**with** a), interconnesso (**with** con) **II** intr. [*aspects, problems*] collegarsi, interconnettersi.

1.interlock /ˈɪntəlɒk/ n. **1** INFORM. dispositivo m. di blocco **2** TESS. tessuto m. a trama fitta **3** CINEM. *(procedure)* sincronizzazione f.; *(device)* sincronizzatore m.

2.interlock /ˌɪntəˈlɒk/ **I** tr. incastrare [*pipes, tiles*]; inserire [*mechanisms*]; intrecciare [*fingers, bodies*] **II** intr. [*pipes, tiles*] incastrarsi; [*mechanisms*] inserirsi; [*fingers*] intrecciarsi; [*systems, factors, objectives*] essere interdipendenti.

interlocking /ˌɪntəˈlɒkɪŋ/ n. TECN. asservimento m.

interlocution /ˌɪntələˈkjuːʃn/ n. dialogo m., conversazione f.

interlocutor /ˌɪntəˈlɒkjʊtə(r)/ n. interlocutore m. (-trice).

interlocutory /ˌɪntəˈlɒkjʊtərɪ, AE -tɔːrɪ/ agg. interlocutorio.

interlope /ˌɪntəˈləʊp/ intr. intromettersi, interferire.

interloper /ˈɪntələʊpə(r)/ n. intruso m. (-a).

interlude /ˈɪntəluːd/ n. **1** CINEM. TEATR. MUS. *(interval)* intervallo m. **2** *(brief entertainment)* TEATR. intermezzo m.; MUS. interludio m. **3** *(pause in events)* intervallo m. (**between** tra); ***in the ~*** nell'intervallo.

intermarriage /ˌɪntəˈmærɪdʒ/ n. **1** *(within a family)* matrimonio m. tra consanguinei **2** *(between groups)* matrimonio m. misto.

intermarry /ˌɪntəˈmærɪ/ intr. **1** *(within a family)* sposarsi fra consanguinei **2** *(between groups)* imparentarsi.

intermeddle /ˌɪntəˈmedl/ intr. intromettersi, interferire.

intermedia /ˌɪntəˈmiːdɪə/ → **intermedium**.

intermediacy /ˌɪntəˈmiːdɪəsɪ/ n. (l')essere intermedio.

intermediary /ˌɪntəˈmiːdɪərɪ, AE -dɪerɪ/ **I** agg. intermediario **II** n. intermediario m. (-a), mediatore m. (-trice) (**between** tra).

▷ **1.intermediate** /ˌɪntəˈmiːdɪət/ **I** agg. **1** [*point, step, stage*] intermedio **2** SCOL. [*book, exam, course*] di livello intermedio; [*level, student*] intermedio **3** ECON. [*credit*] a medio termine **II** n. **1** *(mediator)* intermediario m. (-a), mediatore m. (-trice) **2** AE AUT. automobile f. di media cilindrata **3** CHIM. (composto) intermedio m.

2.intermediate /ˌɪntəˈmiːdɪeɪt/ intr. fare da intermediario, interporsi.

intermediate host /ˌɪntəˌmiːdɪətˈhəʊst/ n. ZOOL. ospite m. intermedio.

intermediately /ˌɪntəˈmiːdɪətlɪ/ avv. a metà, in posizione intermedia.

intermediate range /ˌɪntəˌmiːdɪətˈreɪndʒ/ agg. [*missile, weapon*] a media gittata.

intermediate technology /ˌɪntəˌmiːdɪəttekˈnɒlədʒɪ/ n. tecnologia f. intermedia.

intermediation /ˌɪntəmiːdɪˈeɪʃn/ n. intermediazione f.

intermedium /ˌɪntəˈmiːdɪəm/ n. (pl. **~s**, **-ia**) **1** *(intermediate agent)* mezzo m., strumento m. **2** ANAT. (osso) intermedio m.

interment /ɪnˈtɜːmənt/ n. interramento m., sepoltura f.

intermezzo /ˌɪntəˈmetsəʊ/ n. (pl. **~s**, **-i**) intermezzo m.

interminable /ɪnˈtɜːmɪnəbl/ agg. interminabile.

interminableness /ɪnˈtɜːmɪnəblnɪs/ n. (l')essere interminabile.

interminably /ɪnˈtɜːmɪnəblɪ/ avv. [*argue, talk*] per ore; ***~ long*** interminabilmente lungo.

intermingle /ˌɪntəˈmɪŋgl/ **I** tr. fondere [*themes*]; mescolare [*colours, patterns*] (**with** con) **II** intr. [*people, themes*] fondersi (**with** con); [*colours, patterns*] mescolarsi (**with** con).

intermission /ˌɪntəˈmɪʃn/ n. **1** CINEM. TEATR. intervallo m. **2** *(pause)* interruzione f., pausa f.; *(in fighting, quarrel)* tregua f. **3** MED. scomparsa f. dei sintomi.

intermit /ˌɪntəˈmɪt/ intr. (forma in -ing ecc. **-tt-**) interrompersi.

intermittence /ˌɪntəˈmɪtəns/, **intermittency** /ˌɪntəˈmɪtənsɪ/ n. intermittenza f.

intermittent /ˌɪntəˈmɪtənt/ agg. [*noise, activity*] intermittente; [*use*] occasionale.
intermittently /ˌɪntəˈmɪtəntlɪ/ avv. intermittentemente.
intermix /ˌɪntəˈmɪks/ **I** tr. mescolare, fondere **II** intr. mescolarsi, fondersi.
intermixture /ˌɪntəˈmɪkstʃə(r)/ n. mescolanza f., miscuglio m.
intermolecular /ˌɪntəməˈlekjʊlə(r)/ agg. intermolecolare.
1.intern /ˈɪntɜːn/ ➧ *27* n. AE **1** MED. medico m. interno **2** stagista m. e f., tirocinante m. e f.
2.intern /ɪnˈtɜːn/ **I** tr. MIL. POL. internare, confinare **II** intr. AE fare tirocinio, fare uno stage.
▶ **internal** /ɪnˈtɜːnl/ agg. **1** *(inner)* [*mechanism, pipe*] interno; ***the theory has ~ consistency*** la teoria ha una sua consistenza interna **2** MED. [*organ*] interno; ***~ bleeding*** emorragia interna; ***~ injuries*** lesioni interne; ***~ examination*** visita ginecologica **3** *(within organization)* [*problem, dispute, call, phone, mail, candidate*] interno; ***~ memorandum*** promemoria interno; ***~ financing*** autofinanziamento **4** *(within country)* [*security, flight, debt, trade*] interno; ***~ revenue*** gettito fiscale; ***~ affairs*** POL. affari interni; ***~ fighting*** lotte intestine.
internal combustion engine /ɪnˌtɜːnlkəmˈbʌstʃnˌendʒɪn/ n. motore m. a combustione interna.
internal examiner /ɪnˌtɜːnlɪgˈzæmɪnə(r)/ n. BE SCOL. UNIV. membro m. interno (di una commissione d'esame).
internalize /ɪnˈtɜːnəlaɪz/ tr. interiorizzare.
▷ **internally** /ɪnˈtɜːnəlɪ/ avv. **1** *(on the inside)* all'interno; ***"not to be taken ~"*** MED. "per uso esterno"; ***he was bleeding ~*** aveva un'emorragia interna **2** *(within organization)* [*recruit*] in seno all'azienda **3** [*visualize*] mentalmente.
Internal Revenue Service /ɪnˌtɜːnlˈrevənjuːˌsɜːvɪs, AE -ˈrevənuː-/ n. US fisco m.
▶ **international** /ˌɪntəˈnæʃnəl/ **I** agg. internazionale; ***~ waters*** acque internazionali **II** n. SPORT *(fixture)* incontro m. internazionale; *(player)* (atleta) nazionale m. e f.
International Court of Justice /ˌɪntənæʃnəlˌkɔːtəvˈdʒʌstɪs/ n. corte f. internazionale di giustizia.
Internationale /ˌɪntənæʃəˈnɑːl/ n. MUS. POL. Internazionale f.
internationalism /ˌɪntəˈnæʃnəlɪzəm/ n. internazionalismo m.
internationalist /ˌɪntəˈnæʃnəlɪst/ n. internazionalista m. e f.
internationality /ˌɪntənæʃəˈnælətɪ/ n. internazionalità f.
internationalization /ˌɪntəˌnæʃnəlaɪˈzeɪʃn, AE -lɪˈz-/ n. internazionalizzazione f.
internationalize /ˌɪntəˈnæʃnəlaɪz/ tr. internazionalizzare.
▷ **internationally** /ˌɪntəˈnæʃnəlɪ/ avv. [*known, famous, recognized, respected*] in tutto il mondo; ***~, the situation is even worse*** a livello internazionale, la situazione è anche peggio.
International Monetary Fund /ˌɪntənæʃnəlˈmʌnɪtrɪˌfʌnd, AE -terɪ-/ n. Fondo m. Monetario Internazionale.
international money order /ˌɪntənæʃnəlˈmʌnɪˌɔːdə(r)/ n. vaglia f. internazionale.
International Phonetic Alphabet /ˌɪntənæʃnəlfəˈnetɪkˌælfəbet/ n. Alfabeto m. Fonetico Internazionale.
international relations /ˌɪntənæʃnəlrɪˈleɪʃnz/ n.pl. + verbo sing. UNIV. relazioni f. internazionali.
international reply coupon /ˌɪntənæʃnəlrɪˈplaɪˌkuːpɒn/ n. coupon m. internazionale di risposta.
internaut /ˈɪntənɔːt/ n. internauta m. e f.
internecine /ˌɪntəˈniːsaɪn/ agg. **1** *(destructive)* [*conflict, warfare*] fratricida **2** *(internal)* [*feud, rivalry*] intestino.
internee /ˌɪntɜːˈniː/ n. MIL. POL. internato m. (-a).
▷ **Internet** /ˈɪntənet/ **I** n. INFORM. Internet f.; ***to connect to the ~*** collegarsi a Internet; ***to be on the ~*** essere su Internet; ***to buy, find sth. on the ~*** comprare, trovare qcs. su Internet; ***accessible via the ~*** accessibile via Internet **II** modif. [*access*] a Internet; [*auction, banking, shopping, search*] su Internet; [*account, address, connection*] Internet; ***~ service provider*** provider; ***~ user*** internauta *o* internettista.
Internet café /ˌɪntənetˈkæfeɪ, AE -kæˈfeɪ/ n. Internet café m.
internist /ɪnˈtɜːnɪst/ ➧ *27* n. AE MED. internista m. e f.
internment /ɪnˈtɜːnmənt/ n. MIL. POL. internamento m.
internode /ˈɪntənəʊd/ n. internodio m.
internship /ˈɪntɜːnʃɪp/ n. AE **1** stage m. **2** MED. internato m.
internuncio /ˌɪntəˈnʌnʃɪəʊ/ n. (pl. **~s**) POL. internunzio m.
interoceanic /ˌɪntərˌəʊʃɪˈænɪk/ agg. interoceanico.
interparietal /ˌɪntəpəˈraɪətl/ agg. ANAT. interparietale.
interpellate /ɪnˈtɜːpeleɪt/ tr. POL. interpellare.
interpellation /ˌɪntɜːpeˈleɪʃn/ n. POL. interpellanza f.
interpellator /ɪnˈtɜːpeˌleɪtə(r)/ n. POL. interpellante m. e f.
interpenetrate /ˌɪntəˈpenɪtreɪt/ **I** tr. compenetrare, permeare **II** intr. compenetrarsi.
interpenetration /ˌɪntəpenɪˈtreɪʃn/ n. compenetrazione f.
interpersonal /ˌɪntəˈpɜːsənl/ agg. [*skills*] di comunicativa; [*relations*] interpersonale; ***~ communications*** comunicazione interpersonale.
interphone /ˈɪntəfəʊn/ n. → **intercom**.
interplanetary /ˌɪntəˈplænɪtrɪ, AE -terɪ/ agg. interplanetario.
interplay /ˈɪntəpleɪ/ n. interazione f. (**between** tra; **of** di).
interpleader /ˌɪntəˈpliːdə(r)/ n. DIR. = procedimento di estromissione dell'obbligato.
Interpol /ˈɪntəpɒl/ n. Interpol f.
interpolate /ɪnˈtɜːpəleɪt/ tr. interpolare [*passage, remark*] (**into** in); inserire [*anecdote, song*] (**into** in); MAT. interpolare; ***"that's not true!" she ~d*** "non è vero!" interruppe lei.
interpolation /ɪnˌtɜːpəˈleɪʃn/ n. **1** *(addition)* interpolazione f. (**of** di) **2** *(interruption)* interruzione f.
interpolator /ɪnˈtɜːpəleɪtə(r)/ n. interpolatore f. (-trice).
interposal /ˌɪntəˈpəʊzl/ n. **1** *(insertion)* interposizione f., inserimento m. **2** *(intervention)* interposizione f., intervento m.
interpose /ˌɪntəˈpəʊz/ **I** tr. **1** *(insert)* interporre (**between** tra) **2** *(introduce)* interporre [*comment, remark*] **II** intr. intervenire, interporsi **III** rifl. ***to ~ oneself*** interporsi (**between** tra).
interposer /ˌɪntəˈpəʊzə(r)/ n. chi si interpone, chi interviene.
interposition /ˌɪntəpəˈzɪʃn/ n. **1** *(insertion)* interposizione f., inserimento m. **2** *(intervention)* interposizione f., intervento m.
▶ **interpret** /ɪnˈtɜːprɪt/ **I** tr. interpretare (**as** come; **to** per) **II** intr. fare da interprete (**for** a), fare l'interprete (**for** per).
interpretable /ɪnˈtɜːprɪtəbl/ agg. interpretabile.
▶ **interpretation** /ɪnˌtɜːprɪˈteɪʃn/ n. interpretazione f. (**by** di; **of** di); ***open to ~*** soggetto a interpretazione; ***to place an ~ on sth.*** dare un'interpretazione di qcs.
interpretational /ɪnˌtɜːprɪˈteɪʃənl/ agg. interpretativo.
interpretative /ɪnˈtɜːprɪtətɪv/ agg. [*difficulties, differences, skills*] di interpretazione; [*article, guide*] che dà un'interpretazione.
interpreter /ɪnˈtɜːprɪtə(r)/ ➧ *27* n. **1** interprete m. e f.; ***to speak through an ~*** parlare per mezzo di un interprete **2** INFORM. *(machine)* macchina f. interpretatrice, interprete m.; *(program)* (programma) interprete m.
interpretership /ɪnˈtɜːprɪtəʃɪp/, **interpreting** /ɪnˈtɜːprɪtɪŋ/ n. *(subject, profession)* interpretariato m.
interpretive /ɪnˈtɜːprɪtɪv/ agg. interpretativo.
interprovincial /ˌɪntəprəˈvɪnʃl/ agg. interprovinciale.
interracial /ˌɪntəˈreɪʃl/ agg. interrazziale.
interregnum /ˌɪntəˈregnəm/ n. (pl. **~s**, **-a**) interregno m.
interrelate /ˌɪntərɪˈleɪt/ **I** tr. mettere [qcs.] in correlazione, collegare **II** intr. [*events, facts, ideas*] essere in correlazione, collegati; [*people*] avere rapporti interpersonali.
interrelated /ˌɪntərɪˈleɪtɪd/ **I** p.pass. → **interrelate II** agg. [*components, parts*] interdipendente; [*events, ideas, tasks*] interrelato, collegato.
interrelation /ˌɪntərɪˈleɪʃn/, **interrelationship** /ˌɪntərɪˈleɪʃnʃɪp/ n. **1** *(of facts, events)* interrelazione f. (**between** tra; **of** di; **with** con) **2** *(of people, groups)* interrelazione f. (**between** tra; **of** di; **with** con).
interrogate /ɪnˈterəgeɪt/ tr. **1** interrogare; *(more rigorous)* sottoporre [qcn.] a un interrogatorio **2** INFORM. interrogare.
▷ **interrogation** /ɪnˌterəˈgeɪʃn/ **I** n. interrogatorio m. (**by** da parte di; **of** di); ***he confessed under ~*** ha confessato durante l'interrogatorio **II** modif. [*procedure, room*] dell'interrogatorio.
interrogation mark /ɪnˌterəˈgeɪʃnˌmɑːk/ n. LING. punto m. interrogativo.
interrogative /ˌɪntəˈrɒgətɪv/ **I** agg. **1** LING. interrogativo **2** [*look, tone*] interrogativo; [*remark*] in tono di domanda, interrogativo **II** n. LING. pronome m. interrogativo; ***in the ~*** alla forma interrogativa.
interrogatively /ˌɪntəˈrɒgətɪvlɪ/ avv. **1** [*look*] interrogativamente; [*speak*] in tono interrogativo **2** LING. [*function*] alla forma interrogativa.
interrogator /ɪnˈterəgeɪtə(r)/ n. **1** *(person)* interrogatore m. (-trice) **2** ELETTRON. interrogatore m.
interrogatory /ˌɪntəˈrɒgətrɪ, AE -tɔːrɪ/ agg. [*tone*] interrogatorio; [*manner*] inquisitorio.
1.interrupt /ˌɪntəˈrʌpt/ n. INFORM. interrupt m.
▷ **2.interrupt** /ˌɪntəˈrʌpt/ **I** tr. **1** *(cut in)* togliere la parola a, interrompere [*person*] **2** *(disturb)* disturbare [*person*]; interrompere [*meeting, lecture*] **3** *(block)* ostacolare, impedire [*view*]; ***the skyline was ~ed by pylons*** alcuni piloni impedivano di vedere l'orizzonte **4** *(stop)* interrompere [*supply*] **II** intr. interrompere; ***stop ~ing!*** smettila di interrompere!

interrupter /ˌɪntəˈrʌptə(r)/ n. **1** chi interrompe **2** EL. interruttore m.

▷ **interruption** /ˌɪntəˈrʌpʃn/ n. interruzione f.; ***there are constant ~s*** ci sono continue interruzioni.

interruptive /ˌɪntəˈrʌptɪv/ agg. che interrompe.

interscapular /ˌɪntəˈskæpjʊlə(r)/ agg. interscapolare.

intersect /ˌɪntəˈsekt/ **I** tr. **1** incrociare; ***a field ~ed by ditches*** un campo attraversato *o* tagliato da fossati **2** MAT. intersecare **II** intr. **1** [*roads, wires*] incrociarsi; [*ideas*] convergere; ***two ~ing paths*** due sentieri che si incrociano; ***to ~ with*** incrociare **2** MAT. intersecarsi.

▷ **intersection** /ˌɪntəˈsekʃn/ n. intersezione f. (**of** di; **with** con).

interservice /ˌɪntəˈsɜːvɪs/ agg. MIL. interforze.

intersperse /ˌɪntəˈspɜːs/ tr. *(with colour)* punteggiare (**with** di); *(with music, breaks, jokes)* inframmezzare (**with** con); *(with flowers)* cospargere (**with** di); ***houses ~d among the trees*** case sparpagliate in mezzo agli alberi; ***laughter ~d between sarcastic comments*** commenti sarcastici punteggiati da risate; ***sunshine ~d with showers*** sole alternato a rovesci temporaleschi.

interspersion /ˌɪntəˈspɜːʃn, AE -ˈspɜːrʒn/ n. sparpagliamento m., dispersione f.

interspinal /ˌɪntəˈspaɪnl/ agg. interspinale.

Interstate /ˈɪntəˌsteɪt/ **I** n. (anche ~ **highway**) = autostrada che attraversa vari stati degli USA **II** agg. AE [*commerce, communications, links*] interstatale.

interstellar /ˌɪntəˈstelə(r)/ agg. interstellare.

interstice /ɪnˈtɜːstɪs/ n. interstizio m.

interstitial /ˌɪntəˈstɪʃl/ agg. interstiziale.

intertidal /ˌɪntəˈtaɪdl/ agg. intercotidale, intertidale.

intertribal /ˌɪntəˈtraɪbl/ agg. tra tribù diverse.

intertropical /ˌɪntəˈtrɒpɪkl/ agg. intertropicale.

intertwine /ˌɪntəˈtwaɪn/ **I** tr. intrecciare [*fingers, threads*] **II** intr. [*bodies, fingers, threads, themes*] intrecciarsi; [*lives, destinies*] incrociarsi; ***intertwining branches*** rami intrecciati.

intertwined /ˌɪntəˈtwaɪnd/ **I** p.pass. → **intertwine II** agg. intrecciato (**with** con); FIG. legato (**with** a).

intertwist /ˌɪntəˈtwɪst/ → **intertwine**.

interurban /ˌɪntərˈɜːbən/ agg. interurbano.

▷ **interval** /ˈɪntəvl/ n. **1** *(in time, space)* intervallo m.; ***there was a long ~ between the two visits*** c'è stato un lungo intervallo tra le due visite; ***he is fed at four-hourly ~s*** gli danno da mangiare a intervalli di quattro ore; ***at regular ~s*** a intervalli regolari; ***at weekly ~s*** a intervalli settimanali; ***they were positioned at ~s of 100 metres*** o ***at 100 metre ~s*** erano collocati a intervalli di 100 m (l'uno dall'altro); ***bright ~s*** METEOR. schiarite; ***to have lucid ~s*** MED. avere momenti di lucidità **2** BE TEATR. intervallo m.; SPORT *(during match)* intervallo m. **3** MUS. intervallo m.; ***an ~ of a third, a fifth*** un intervallo di terza, di quinta.

intervallic /ɪntəˈvælɪk/ agg. di intervallo.

▷ **intervene** /ˌɪntəˈviːn/ intr. **1** *(take action)* intervenire; ***to ~ on sb.'s behalf*** intervenire a favore di qcn.; ***to ~ in a dispute*** intervenire in un conflitto **2** *(happen)* avvenire, capitare; ***if nothing ~s*** se non capita nulla; ***10 years had ~d*** erano passati 10 anni **3** *(mediate)* intervenire, interporsi (**between** tra).

intervener /ˌɪntəˈviːnə(r)/ n. **1** chi interviene **2** DIR. interveniente m. e f.

intervening /ˌɪntəˈviːnɪŋ/ agg. ***in the ~ period*** o ***hours*** nel frattempo; ***in the ~ 10 years*** nei dieci anni intercorsi; ***I had grown taller during the ~ years*** negli anni che erano trascorsi ero diventato più alto; ***he could see across the ~ fields to the hills*** poteva vedere le colline al di là dei campi.

intervention /ˌɪntəˈvenʃn/ **I** n. intervento m.; ***an ~ on my behalf*** un intervento in mio favore **II** modif. *(EC)* [*beef, butter*] acquistato con l'intervento della Comunità Europea; [*price, stocks*] di intervento.

interventionist /ˌɪntəˈvenʃənɪst/ **I** n. interventista m. e f. **II** agg. interventistico.

intervertebral /ˌɪntəˈvɜːtɪbrəl/ agg. intervertebrale.

▶ **1.interview** /ˈɪntəvjuː/ n. **1** *(for job etc.)* colloquio m. (**with** con); ***job ~*** colloquio di lavoro; ***to be called*** o ***invited for (an) ~*** essere chiamato per un colloquio; ***who is on the ~ panel?*** chi c'è in commissione? **2** GIORN. intervista f.; ***TV, radio ~*** intervista alla televisione, alla radio; ***to conduct, give an ~*** effettuare, concedere un'intervista; ***in an ~ with the Gazette*** in un'intervista comparsa sul Gazette **3** *(formal talks)* colloquio m. (**between** tra).

▶ **2.interview** /ˈɪntəvjuː/ **I** tr. **1** *(for job, place)* sottoporre [qcn.] a un colloquio [*candidate*] **2** *(call to interview)* chiamare [qcn.] per un colloquio **3** GIORN. intervistare [*celebrity*]; [*police*] interrogare [*suspect*] **II** intr. [*candidate*] avere un colloquio (di lavoro); [*manager, company*] tenere un colloquio; ***to ~ well*** andare bene a un colloquio.

interviewee /ˌɪntəvjuːˈiː/ n. **1** *(for job, place)* candidato m. (-a) **2** *(on TV, radio, in survey)* intervistato m. (-a).

▷ **interviewer** /ˈɪntəvjuːə(r)/ ♦ **27** n. **1** *(for job, course)* = persona che tiene un colloquio **2** GIORN. intervistatore m. (-trice); ***TV ~*** intervi-statore televisivo **3** *(for survey)* intervistatore m. (-trice).

intervocalic /ˌɪntəvəˈkælɪk/ agg. intervocalico.

interwar /ˌɪntəˈwɔː(r)/ agg. [*history, literature, politics*] fra le due guerre; ***during the ~ period*** o ***years*** nel periodo, negli anni fra le due guerre.

interweave /ˌɪntəˈwiːv/ **I** tr. (pass. **-wove**; p.pass. **-woven**) intrecciare [*fingers, threads*]; mescolare [*themes, rhythms*] **II** intr. (pass. **-wove**; p.pass. **-woven**) [*fibres, destinies*] intrecciarsi; [*themes, melodies, voices*] mescolarsi, intrecciarsi.

interwork /ɪntəˈwɜːk/ intr. [*computers*] lavorare in interconnessione.

interwove /ˌɪntəˈwəʊv/ pass. → **interweave**.

interwoven /ˌɪntəˈwəʊvn/ **I** p.pass. → **interweave II** agg. intrecciato (**with** con); FIG. mescolato (**with** con).

intestable /ɪnˈtestəbl/ agg. DIR. incapace di testare.

intestacy /ɪnˈtestəsɪ/ n. DIR. (il) morire intestato.

intestate /ɪnˈtesteɪt/ agg. DIR. intestato; ***to die ~*** morire intestato.

intestate estate /ɪnˌtesteɪtɪˈsteɪt/ n. successione f. ab intestato.

intestinal /ɪnˈtestɪnl, ˌɪntesˈtaɪnl/ agg. intestinale; ***~ blockage*** occlusione intestinale; ***to have ~ fortitude*** AE avere fegato.

1.intestine /ɪnˈtestɪn/ n. *(bowel)* intestino m.

2.intestine /ɪnˈtestɪn/ agg. *(internal)* intestino, interno.

intifada /ɪntɪˈfɑːdə/ n. intifada f.

▷ **intimacy** /ˈɪntɪməsɪ/ **I** n. **1** *(closeness)* intimità f.; ***to be on terms of ~ with sb.*** essere intimamente legato a *o* intimo di qcn. **2** EUFEM. *(sexual relations)* intimità f., rapporti m.pl. intimi; ***there had been no ~ between them*** non avevano mai avuto rapporti intimi **3** *(closed environment)* intimità f. **II intimacies** n.pl. *(gestures)* gesti m. affettuosi; *(words)* parole f. affettuose.

▷ **1.intimate** /ˈɪntɪmət/ **I** agg. **1** *(personal)* [*biography, detail, diary, friend, life, secret, style*] intimo; [*belief, friendship*] intimo, profondo; ***~ apparel*** AE biancheria intima; ***to have an ~ relationship with sb.*** avere una relazione intima con qcn.; ***to be on ~ terms with sb.*** essere intimo di qcn. **2** *(sexual)* [*relationship*] intimo; ***to be ~ with sb.*** avere rapporti intimi con qcn. **3** *(cosy)* [*atmosphere, occasion, meal, restaurant*] intimo **4** *(close)* [*bond, connection*] intimo, stretto; ***to have an ~ acquaintance with*** o ***to have an ~ knowledge of*** avere una profonda conoscenza di **II** n. intimo m.

2.intimate /ˈɪntɪmeɪt/ tr. **1** *(hint)* suggerire, sottintendere [*desires, wishes*]; ***to ~ that*** lasciare intendere che **2** *(announce)* annunciare [*content, composition, refusal*]; ***to ~ that*** annunciare *o* fare sapere che.

intimately /ˈɪntɪmətlɪ/ avv. **1** *(in a personal way)* [*know*] intimamente; [*greet, speak, write*] in modo intimo **2** *(sexually)* [*caress, touch*] nelle parti intime; ***to be ~ involved with sb.*** avere rapporti intimi con qcn. **3** *(deeply)* ***to be ~ aware of sth.*** essere intimamente consapevole di qcs.; ***to be ~ acquainted*** o ***familiar with sth.*** conoscere qcs. profondamente **4** *(closely)* [*connected, related*] intimamente; ***to be ~ involved in*** o ***with sth.*** essere intimamente coinvolto in qcs.

intimation /ˌɪntɪˈmeɪʃn/ n. **1** *(hint)* indizio m., suggerimento m.; ***she gave me no ~ that she was leaving*** non mi ha dato alcun indizio che stesse partendo; ***he gave her an ~ that*** le lasciò intendere che; ***to have an ~ of danger*** presentire un pericolo **2** *(announcement)* RELIG. annuncio m.

intimidate /ɪnˈtɪmɪdeɪt/ tr. intimidire, intimorire; ***to ~ sb. into doing*** costringere con le minacce qcn. a fare.

intimidating /ɪnˈtɪmɪdeɪtɪŋ/ agg. [*behaviour*] intimidatorio; [*obstacle, sight, size, experience*] spaventoso; [*prospect*] angosciante; [*person*] che intimidisce.

intimidatingly /ɪnˈtɪmɪdeɪtɪŋlɪ/ avv. [*say, look etc.*] in modo intimidatorio; [*large, long etc.*] spaventosamente.

intimidation /ɪnˌtɪmɪˈdeɪʃn/ n. intimidazione f. (**by** da parte di; **of** di).

intimidator /ɪnˈtɪmɪdeɪtə(r)/ n. chi intimidisce.

intimidatory /ɪnˈtɪmɪdeɪtərɪ, AE -təːrɪ/ agg. intimidatorio.

intitule /ɪnˈtɪtjuːl/ tr. BE *(entitle)* intitolare.

▶ **into** /ˈɪntʊ, ˈɪntə/ *Into* is used after certain nouns and verbs in English (*change into, stray into* etc.). For translations, consult the appropriate noun or verb entry (**change**, **stray** etc.). - *Into* is also used in the structure *verb + somebody + into + doing something* (*to bully somebody into doing something, to fool somebody into doing something*). For translations of these structures see the appropriate verb entry (**bully**, **fool** etc.). - For translations of expressions like *get into trouble, go into details, get into debt* etc., you should consult the appropriate noun entry (**trouble, detail, debt** etc.). prep. **1** *(indicating change of position, location)* in, dentro; ***to put sth. ~*** mettere qcs. in [*container, envelope, drainer, room*]; ***to come, go ~*** entrare in [*room, building, zone*]; ***to disappear ~*** sparire in [*forest, mist*]; ***pour the mixture ~ it*** versarci dentro il composto; ***to move sth. ~ the shade*** spostare qcs. all'ombra; ***to go ~ town, ~ the office*** andare in città, in ufficio; ***to get ~ the car, a train*** salire in macchina, su un treno; ***to get ~ bed*** mettersi a letto; ***to help sb. ~ bed*** aiutare qcn. a mettersi a letto **2** *(indicating change of shape, form, value)* in, a; ***to cut, fold sth. ~ triangles*** tagliare, piegare qcs. in triangoli; ***to curl up ~ a ball*** raggomitolarsi; ***to break sth. ~ pieces*** fare a pezzi qcs.; ***divided ~ apartments*** diviso in appartamenti; ***to translate sth. ~ Greek*** tradurre qcs. in greco; ***to change dollars ~ francs*** cambiare dollari in franchi; ***to turn ~*** trasformarsi in [*butterfly, frog*]; ***to turn ~ a young woman*** diventare donna; ***to roll sth. ~ a ball*** fare una palla di qcs. **3** *(indicating duration)* ***to last, continue ~ the 18th century*** durare fino al, continuare nel XVIII secolo; ***to go on ~ the afternoon*** continuare nel pomeriggio; ***long*** o ***far ~ the night*** fino a tarda notte **4** *(indicating a point in a process)* ***we were well ~ 1988 when...*** il 1988 era già iniziato da un pezzo quando...; ***well ~ the second half*** ben dopo l'inizio del secondo tempo; ***she was well ~ the fourth month of her pregnancy*** aveva già superato il quarto mese di gravidanza; ***to be (well) ~ one's thirties*** avere trent'anni suonati **5** *(indicating direction)* in; ***to speak ~ the microphone*** parlare nel microfono; ***to stare ~ space*** fissare nel vuoto; ***to gaze ~ the distance*** guardare in lontananza; ***to ride off ~ the sunset*** partire a cavallo verso il tramonto **6** COLLOQ. *(keen on)* ***to be ~*** interessarsi di *o* essere (un) appassionato di [*jazz, athletics, architecture etc.*]; ***she's ~ art in a big way*** o ***she's heavily ~ art*** è una vera appassionata d'arte; ***to be ~ drugs*** drogarsi **7** *(indicating impact)* in, contro; ***to run ~ sth.*** sbattere contro qcs.; ***he bumped ~ me*** mi è venuto addosso; ***to bang ~ sb., sth.*** urtare qcn., (contro) qcs. **8** MAT. ***8 ~ 24 goes 3 times*** o ***is 3*** l'8 nel 24 ci sta 3 volte ◆ ***to be ~ everything*** [*child*] toccare tutto.

intoed /ˈɪntəʊd/ agg. MED. [*foot, knee*] varo.

intolerable /ɪnˈtɒlərəbl/ agg. [*behaviour, conceit, heat, position, situation, state*] intollerabile, insopportabile (**to** per); ***it is ~ that*** è intollerabile *o* insopportabile che; ***it is ~ to do*** è intollerabile *o* insopportabile fare.

intolerableness /ɪnˈtɒlərəblnɪs/ n. intollerabilità f.

intolerably /ɪnˈtɒlərəblɪ/ avv. [*act, behave*] in modo intollerabile, insopportabile; [*painful, possessive, long*] intollerabilmente.

intolerance /ɪnˈtɒlərəns/ n. intolleranza f. (**of** di; **towards**, **to** a, verso, per) (anche MED.).

intolerant /ɪnˈtɒlərənt/ agg. intollerante (**of** di; **towards**, **with** verso).

intolerantly /ɪnˈtɒlərəntlɪ/ avv. intollerantemente, con intolleranza.

intomb → **entomb**.

intonate /ˈɪntəneɪt/ → **intone**.

intonation /ˌɪntəˈneɪʃn/ n. LING. MUS. intonazione f.

intone /ɪnˈtəʊn/ **I** tr. cantare, intonare [*prayer, psalm*]; declamare [*lecture, speech*] **II** intr. salmodiare.

intoxicant /ɪnˈtɒksɪkənt/ n. **1** *(alcohol)* bevanda f. alcolica **2** *(poison)* sostanza f. tossica **3** FIG. *(stimulant)* droga f.

intoxicate /ɪnˈtɒksɪkeɪt/ tr. **1** *(inebriate)* inebriare, ubriacare (**with** con) **2** *(poison)* intossicare (**with** con) **3** FIG. inebriare, esaltare (**with** con).

intoxicated /ɪnˈtɒksɪkeɪtɪd/ **I** p.pass. → **intoxicate II** agg. **1** ubriaco; ***to drive while ~*** guidare in stato d'ebbrezza **2** FIG. ebbro (**by**, **with** di).

intoxicating /ɪnˈtɒksɪkeɪtɪŋ/ agg. **1** [*drink*] alcolico; [*effect, substance*] tossico **2** FIG. [*perfume, smell, experience, sensation*] inebriante.

intoxication /ɪnˌtɒksɪˈkeɪʃn/ n. **1** MED. intossicazione f. **2** *(drunkenness)* ubriachezza f., ebbrezza f.; ***in a state of ~*** in stato di ebbrezza **3** FIG. ebbrezza f.

intoximeter® /ɪnˈtɒksɪmətə(r)/ n. alcolimetro m.

intracellular /ˌɪntrəˈseljʊlə(r)/ agg. intracellulare, endocellulare.

intra-Community /ˌɪntrəkəˈmjuːnətɪ/ agg. *(in the EC)* intracomunitario.

intracranial /ˌɪntrəˈkreɪnɪəl/ agg. intracranico.

intractability /ɪnˌtræktəˈbɪlətɪ/ n. **1** *(of person, problem)* intrattabilità f.; *(of opinion)* inflessibilità f. **2** *(of substance)* intrattabilità f. **3** *(of illness)* incurabilità f.

intractable /ɪnˈtræktəbl/ agg. [*person, personality, problem*] intrattabile, impossibile; [*opinion*] inflessibile; [*substance*] intrattabile; [*illness*] incurabile.

intractableness /ɪnˈtræktəblnɪs/ n. → **intractability**.

intractably /ɪnˈtræktəblɪ/ avv. intrattabilmente.

intracutaneous /ˌɪntrəkjuːˈteɪnɪəs/ agg. intracutaneo.

intradermal /ˌɪntrəˈdɜːml/ agg. intradermico.

intradermoreaction /ˌɪntrədɜːməʊrɪˈækʃn/ n. intradermoreazione f.

intrados /ɪnˈtreɪdɒs/ n. intradosso m.

intramolecular /ˌɪntrəməˈlekjʊlə(r)/ agg. intramolecolare.

intramural /ˌɪntrəˈmjʊərl/ **I** agg. [*course, studies*] dispensato nell'istituto; [*game, match*] AE interclasse **II intramurals** n.pl. AE = gare interclasse, tra studenti dello stesso istituto.

intramuscular /ˌɪntrəˈmʌskjʊlə(r)/ agg. intramuscolare.

intranet /ˈɪntrənet/ n. INFORM. intranet f.

intransigence /ɪnˈtrænsɪdʒəns/ n. intransigenza f. (**about**, **over** su, riguardo a; **towards** verso).

intransigent /ɪnˈtrænsɪdʒənt/ agg. [*attitude, behaviour, person*] intransigente (**about**, **over** su, riguardo a; **towards** verso).

intransitive /ɪnˈtrænsətɪv/ **I** agg. intransitivo **II** n. intransitivo m.

intransitively /ɪnˈtrænsətɪvlɪ/ avv. intransitivamente.

intrant /ˈɪntrənt/ n. ANT. **1** chi entra a fare parte di [*college, association*] **2** RELIG. novizio m. (-a).

intraocular /ˌɪntrəˈɒkjʊlə(r)/ agg. intraoculare, endooculare.

intratelluric /ˌɪntrəteˈljʊərɪk/ agg. intratellurico.

intrathoracic /ˌɪntrəθɔːˈræsɪk/ agg. intratoracico.

intratracheal /ˌɪntrəˈtreɪkɪəl/ agg. endotracheale.

intrauterine /ˌɪntrəˈjuːtəraɪn/ agg. intrauterino.

intrauterine device /ˌɪntrəˌjuːtəraɪndɪˈvaɪs/ n. MED. spirale f., (dispositivo) anticoncezionale m. intrauterino.

intravenous /ˌɪntrəˈviːnəs/ agg. endovenoso.

intravenous drip /ˌɪntrəviːnəsˈdrɪp/ n. flebo f.

intravenous drug use /ˌɪntrəviːnəsˈdrʌgˌjuːs/ n. = uso di droghe per via endovenosa.

intravenous drug user /ˌɪntrəviːnəsˈdrʌgˌjuːzə(r)/ n. = tossicodipendente che fa uso di droghe per via endovenosa.

intravenous injection /ˌɪntrəviːnəsɪnˈdʒekʃn/ n. (iniezione) endovena f.

intravenously /ˌɪntrəˈviːnəslɪ/ avv. per via endovenosa.

intraventricular /ˌɪntrəvenˈtrɪkjʊlə(r)/ agg. intraventricolare.

in-tray /ˈɪntreɪ/ n. cassetta f. della corrispondenza da evadere.

intrench → **entrench**.

intrepid /ɪnˈtrepɪd/ agg. intrepido, impavido.

intrepidity /ˌɪntrɪˈpɪdətɪ/ n. intrepidezza f.

intrepidly /ɪnˈtrepɪdlɪ/ avv. [*attack, march, act, speak*] intrepidamente, con intrepidezza.

intricacy /ˈɪntrɪkəsɪ/ **I** n. complessità f. **II intricacies** n.pl. **1** *(of story)* grovigli m. **2** *(of the law)* meandri m.

▷ **intricate** /ˈɪntrɪkət/ agg. [*carving, mechanism*] intricato; [*pattern, plot, task*] complesso, intricato; [*problem, relationship, solution*] intricato, complicato.

intricately /ˈɪntrɪkətlɪ/ avv. intricatamente.

intrigant /ˈɪntrɪgənt/ n. RAR. → **intriguer**.

▷ **1.intrigue** /ˈɪntriːg, ɪnˈtriːg/ n. **U** *(plotting)* intrigo m.; ***political ~*** intrighi politici; ***to engage in an ~*** intrigarsi.

▷ **2.intrigue** /ɪnˈtriːg/ **I** tr. *(fascinate)* intrigare; ***she was ~d by his story*** la sua storia la intrigava, era intrigata *o* affascinata dalla sua storia; ***I'm ~d to know how you got here*** sono curiosa di sapere come siete arrivati qui **II** intr. *(plot)* intrigare, intrallazzare (**against** contro; **with** con).

intriguer /ɪnˈtriːgə(r)/ n. intrigante m. e f.

▷ **intriguing** /ɪnˈtriːgɪŋ/ **I** n. **U** intrighi m.pl. **II** agg. [*person, smile*] intrigante, affascinante; [*person, story*] curioso, interessante.

intriguingly /ɪnˈtriːgɪŋlɪ/ avv. ***the question was ~ worded*** la domanda è stata formulata in modo intrigante, in modo da suscitare curiosità; ***~, she said nothing*** curiosamente, lei non disse nulla.

▷ **intrinsic** /ɪnˈtrɪnzɪk, -sɪk/ agg. intrinseco (**to** a).

intrinsically /ɪnˈtrɪnzɪklɪ, -sɪk-/ avv. intrinsecamente.

intro /ˈɪntrəʊ/ n. (pl. **~s**) COLLOQ. (accorc. introduction) introduzione f. (anche MUS.).

▶ **introduce** /ˌɪntrəˈdjuːs, AE -ˈduːs/ **I** tr. **1** *(make known)* presentare [*person*] (**as** come); ***to ~ sb. to*** presentare qcn. a [*guest, friend*]; iniziare, introdurre qcn. a [*painting, camping, drugs, smoking*]; ***she ~d me to Mozart, French cooking*** mi ha fatto conoscere Mozart, la cucina francese; ***this book ~s us to the subject, ideas of...*** questo libro introduce l'argomento, le idee di...; ***have you been ~d?*** vi hanno presentato? ***introducing Emily Watson*** CINEM. per la prima volta sullo schermo, Emily Watson **2** *(cause to enter)* introdurre [*tube, needle*] (**into** in); introdurre, mettere [*liquid*] (**into** in); introdurre, diffondere [*species, plant, disease*] (**into** in); introdurre, far entrare [*camera, bomb*] (**into** in); introdurre, presentare [*character, theme*] (**into** in); ***she tried to ~ the subject into the conversation*** ha cercato di tirare fuori l'argomento durante la conversazione **3** *(establish)* istituire [*law, system, examination, reform*] (**into** in); introdurre [*word, change*] (**into** in); introdurre, lanciare [*product*] (**into** in, su) **4** *(preface)* introdurre [*talk, article, chapter*] (**with** con) **5** *(present for debate)* presentare [*bill, proposal*] **6** TELEV. RAD. [*presenter*] presentare, annunciare [*programme*] **II** rifl. ***to ~ oneself*** presentarsi (**to** a).

introducer /ˌɪntrəˈdjuːsə(r), AE -ˈduːs-/ n. chi presenta, introduce.

▶ **introduction** /ˌɪntrəˈdʌkʃn/ n. **1** *(making known)* presentazione f.; ***to make*** o ***do the ~s*** fare le presentazioni; ***"our next guest needs no ~"*** "il nostro prossimo ospite non ha bisogno di presentazioni"; ***a letter of ~*** una lettera di presentazione **2** *(insertion) (of liquid, tube, needle)* introduzione f. (**into** in); *(of species, plant)* introduzione f., diffusione f. (**into** in); *(of character, theme)* introduzione f., presentazione f. (**into** in) **3** *(establishing) (of law, system, examination, reform)* introduzione f. (**into** in); ***this system is a recent ~*** questo sistema è stato introdotto di recente **4** *(initiation) (to art, music, alcohol, drugs)* iniziazione m. (**to** a) **5** *(preface) (to speech, article, book)* introduzione f., prefazione f. (**to** a) **6** MUS. introduzione f. **7** *(beginner's guide)* introduzione f.; ***"An Introduction to French"*** "Introduzione al francese" **8** POL. AMM. *(presentation for debate) (of bill, proposal)* presentazione f., proposta f.

introduction agency /ˌɪntrəˈdʌkʃnˌeɪdʒənsɪ/ n. agenzia f. matrimoniale.

introductive /ˌɪntrəˈdʌktɪv/, **introductory** /ˌɪntrəˈdʌktərɪ, AE -tɔːrɪ/ agg. **1** *(prefatory)* [*speech, paragraph*] introduttivo; [*remark, explanation*] preliminare **2** COMM. [*offer*] lancio.

introit /ˈɪntrɔɪt/ n. RELIG. introito m.

introjection /ˌɪntrəˈdʒekʃn/ n. introiezione f.

intromission /ˌɪntrəˈmɪʃn/ n. intromissione f.

intromit /ˌɪntrəˈmɪt/ **I** tr. **1** *(let in)* far entrare **2** *(introduce)* introdurre, mettere dentro **II** intr. intromettersi.

introrse /ɪnˈtrɔːs/ agg. introrso.

introspect /ˌɪntrəˈspekt/ intr. effettuare un'autoanalisi, un'introspezione.

introspection /ˌɪntrəˈspekʃn/ n. introspezione f., autoanalisi f.

introspective /ˌɪntrəˈspektɪv/ agg. [*person, tendency*] introspettivo.

introspectively /ˌɪntrəˈspektɪvlɪ/ avv. introspettivamente.

introspectiveness /ˌɪntrəˈspektɪvnɪs/ n. (l')essere introspettivo.

introversion /ˌɪntrəˈvɜːʃn, AE -ˈvɜːrʒn/ n. introversione f.

1.introvert /ˈɪntrəvɜːt/ **I** n. introverso m. (-a) **II** agg. → **introverted**.

2.introvert /ˌɪntrəˈvɜːt/ tr. introvertere.

introverted /ˈɪntrəvɜːtɪd/ **I** p.pass. → **2.introvert II** agg. introverso.

intrude /ɪnˈtruːd/ **I** tr. imporre [*opinions*] **II** intr. **1** *(meddle, interfere)* ***I don't wish to ~*** non voglio intromettermi; ***to ~ in(to) sb.'s affairs*** immischiarsi negli affari di qcn. **2** *(encroach)* ***I don't wish to ~ (up)on her grief*** non voglio intromettermi nel suo dolore; ***to ~ (up)on sb.'s privacy*** violare la privacy di qcn.; ***I don't want to ~ on a family gathering*** non voglio intromettermi in una riunione familiare **3** *(disturb)* ***I don't wish to ~*** non voglio disturbare.

intruder /ɪnˈtruːdə(r)/ n. *(all contexts)* intruso m. (-a); ***the trawler is an ~ in our coastal waters*** il motopeschereccio si è introdotto illegalmente nelle nostre acque territoriali; ***we were made to feel like ~s*** ci hanno fatto sentire di troppo *o* come degli intrusi.

intruder alarm /ɪnˈtruːdərəlɑːm/ n. allarme m. antifurto.

▷ **intrusion** /ɪnˈtruːʒn/ n. **1** *(interruption, unwelcome arrival)* intrusione f. (**into** in); ***she apologized for the ~*** si è scusata per l'intrusione **2** *(interference)* ingerenza f., interferenza f. (**into** in); ***it's an ~ into my affairs*** è un'interferenza nei miei affari **3** LING. *(at beginning of word)* prostesi f.; *(between words)* epentesi f., inserzione f.; *(at end of word)* paragoge f.

intrusive /ɪnˈtruːsɪv/ agg. **1** *(indiscreet)* [*question, journalist, cameras*] indiscreto; *(persistant)* [*neighbours*] invadente **2** *(disturbing)* [*phone call, presence*] importuno **3** LING. [*consonant, vowel*] *(at beginning of word)* prostetico; *(between words)* epentetico; *(at end of word)* paragogico.

intubate /ˈɪntjʊˌbeɪt/ tr. intubare.

intubation /ˌɪntjʊˈbeɪʃn/ n. intubazione f.

intuit /ɪnˈtjuːɪt, AE -ˈtuː-/ tr. intuire; ***to ~ that*** intuire che.

▷ **intuition** /ˌɪntjuːˈɪʃn, AE -tuː-/ n. intuizione f., intuito m. (**about** riguardo a); ***to have an ~ that*** intuire che; ***to know sth. by ~*** conoscere qcs. intuitivamente.

intuitional /ˌɪntjuːˈɪʃənl, AE -tuː-/ agg. intuitivo.

intuitionalism /ˌɪntjuːˈɪʃnəlɪzəm, AE -tuː-/, **intuitionism** /ˌɪntjuːˈɪʃnɪzəm, AE -tuː-/ n. intuizionismo m.

intuitive /ɪnˈtjuːɪtɪv, AE -ˈtuː-/ agg. intuitivo.

intuitively /ɪnˈtjuːɪtɪvlɪ, AE -ˈtuː-/ avv. intuitivamente.

intuitiveness /ɪnˈtjuːɪtɪvnɪs, AE -ˈtuː-/ n. intuitività f.

intuitivism /ɪnˈtjuːɪtɪˌvɪzəm, AE -ˈtuː-/ n. intuitivismo m.

intumesce /ˌɪntjuːˈmes, AE -tuː-/ intr. tumefarsi, intumidire.

intumescence /ˌɪntjuːˈmesns, AE -tuː-/ n. intumescenza f., tumefazione f.

intumescent /ˌɪntjuːˈmesnt, AE -tuː-/ agg. intumescente, tumefatto.

intussusception /ˌɪntəsəˈsepʃn/ n. intussuscezione f., invaginazione f.

Inuit /ˈɪnjʊɪt, ˈɪnʊɪt/ **I** agg. inuit **II** n. (pl. ~, **~s**) **1** *(person)* inuit m. e f. **2** *(language)* inuit m.

inunction /ɪˈnʌŋkʃn/ n. unzione f.

inundate /ˈɪnʌndeɪt/ tr. **1** inondare, allagare [*field, land*] **2** FIG. sommergere [*person, organization*] (**with** di); inondare [*market*] (**with** di).

inundation /ˌɪnʌnˈdeɪʃn/ n. inondazione f., alluvione f.

inure /ɪˈnjʊə(r)/ **I** tr. abituare, assuefare (**to** a) **II** rifl. ***to ~ oneself to sth.*** abituarsi, assuefarsi a qcs.

inured /ɪˈnjʊəd/ **I** p.pass. → **inure II** agg. abituato, assuefatto (**to** a).

inurement /ɪˈnjʊəmənt/ n. abitudine f., assuefazione f.

inurn /ɪˈnɜːn/ tr. mettere [qcs.] in un'urna [*ashes*].

inutility /ˌɪnjʊˈtɪlətɪ/ n. FORM. inutilità f.

▷ **invade** /ɪnˈveɪd/ tr. invadere (anche FIG.); ***to ~ sb.'s privacy*** violare la privacy di qcn.

invader /ɪnˈveɪdə(r)/ n. invasore m. (-ditrice).

invading /ɪnˈveɪdɪŋ/ agg. [*troops, army*] d'invasione; [*bacteria*] invasore; ***thousands of ~ tourists arrived in Rome*** ci fu un'invasione di turisti a Roma; ***the ~ Germans*** gli invasori tedeschi.

invaginate /ɪnˈvædʒɪneɪt/ **I** tr. invaginare **II** intr. invaginarsi.

invagination /ɪnˌvædʒɪˈneɪʃn/ n. invaginazione f.

1.invalid /ˈɪnvəliːd, ˈɪnvəlɪd/ **I** n. invalido m. (-a), disabile m. e f.; ***I'm not an ~!*** non sono menomato! **II** modif. [*parent, relative*] invalido, disabile.

2.invalid /ˈɪnvəliːd, ˈɪnvəlɪd/ tr. ***to ~ out of the army*** BE riformare per motivi di salute, dichiarare inabile.

3.invalid /ɪnˈvælɪd/ agg. **1** [*argument, conclusion*] che non regge; [*claim*] infondato **2** AMM. DIR. [*contract, will*] invalido, nullo; [*marriage*] nullo; [*statute, judgment*] nullo, irrito; [*claim*] privo di fondatezza; [*passport, ticket*] non valido.

invalidate /ɪnˈvælɪdeɪt/ tr. **1** contestare, confutare [*argument, criticism*]; invalidare [*claim*] **2** AMM. DIR. invalidare, infirmare, annullare.

invalidation /ɪnvælɪˈdeɪʃn/ n. FORM. invalidamento m., annullamento m.

invalid car /ˈɪnvəliːdˌkɑː(r), ˈɪnvəlɪd-/ n. auto f. per invalidi.

invalidity /ˌɪnvəˈlɪdətɪ/ n. **1** *(of argument, claim)* invalidità f., nullità f. **2** *(of person)* invalidità f.

Invalidity Addition /ɪnvəˈlɪdətɪəˌdɪʃn/ n. GB = sussidio di invalidità.

Invalidity benefit /ɪnvəˈlɪdətɪˌbenɪfɪt/ n. GB = indennità ricevuta da chi, per motivi di salute, è costretto a non lavorare per più di sei mesi.

invalidly /ɪnˈvælɪdlɪ/ avv. senza validità.

invaluable /ɪnˈvæljʊəbl/ agg. **1** *(useful)* [*assistance, advice, experience*] prezioso; [*person, service*] impagabile; [*machine*] straordinario **2** *(priceless)* [*jewel, painting*] inestimabile.

invaluably /ɪnˈvæljʊəblɪ/ avv. impagabilmente, inestimabilmente.

invariability /ɪnˌveərɪəˈbɪlətɪ/ n. invariabilità f., immutabilità f.

invariable /ɪnˈveərɪəbl/ agg. invariabile, immutabile.

▷ **invariably** /ɪnˈveərɪəblɪ/ avv. invariabilmente, immutabilmente.

invariant /ɪnˈveərɪənt/ n. invariante f.

invasion /ɪnˈveɪʒn/ n. invasione f.; FIG. intrusione f.; ***~ of (sb.'s) privacy*** un'intrusione nella vita privata (di qcn.).

▷ **invasive** /ɪnˈveɪsɪv/ agg. [*plant*] infestante; [*cancer*] invasivo; [*treatment*] invasivo.

invective /ɪnˈvektɪv/ n. **U** invettiva f.

inveigh /ɪnˈveɪ/ intr. ***to ~ against sb., sth.*** inveire contro qcn., qcs.

inveigle /ɪnˈveɪgl/ tr. SPREG. ***to ~ sb. into doing*** allettare qcn. a fare.

inveiglement /ɪnˈveɪglmənt/ n. FORM. allettamento m.

▷ **invent** /ɪnˈvent/ tr. inventare.

▷ **invention** /ɪnˈvenʃn/ n. **1 C** *(something invented)* invenzione f. **2 U** *(act of inventing)* invenzione f. **3** *(lie)* invenzione f., menzogna f.; ***that story is pure*** o ***a complete*** ~ quella storia è completamente inventata.

inventive /ɪn'ventɪv/ agg. inventivo.

inventiveness /ɪn'ventɪvnɪs/ n. inventiva f., creatività f.

inventor /ɪn'ventə(r)/ n. inventore m. (-trice).

▷ **1.inventory** /'ɪnvəntrɪ, AE -tɔ:rɪ/ n. **1** *(list)* inventario m. **2** AE *(stock)* giacenze f.pl., scorte f.pl.; ~ ***of fixtures*** descrizione degli impianti.

2.inventory /'ɪnvəntrɪ, AE -tɔ:rɪ/ tr. inventariare, fare l'inventario di.

inventory control /'ɪnvəntrɪkən,trəʊl, AE -tɔ:rɪ-/ n. AE COMM. controllo m. del livello delle scorte.

inverness /,ɪnvə'nes/ n. (anche ~ **overcoat**) soprabito m. con mantellina.

Inverness /,ɪnvə'nes/ ♦ ***34*** n.pr. Inverness f.

inverse I /,ɪn'vɜ:s/ agg. inverso (anche MAT.); ***in ~ proportion to*** inversamente proporzionale a; ***in ~ order*** inversamente **II** /'ɪnvɜ:s/ n. MAT. inverso m.

inversely /,ɪn'vɜ:slɪ/ avv. [*vary*] inversamente, in ragione inversa; [*proportionate*] inversamente.

inversion /ɪn'vɜ:ʃn, AE ɪn'vɜ:rʒn/ n. **1** LING. inversione f., anastrofe f. **2** MED. inversione f., rovesciamento m. **3** *(homosexuality)* inversione f. (sessuale) **4** MUS. inversione f.

inversive /ɪn'vɜ:sɪv/ agg. LING. inversivo.

1.invert /'ɪnvɜ:t/ n. *(homosexual)* invertito m. (-a).

2.invert /ɪn'vɜ:t/ tr. **1** *(reverse)* invertire [*word order*]; FIG. rovesciare, sovvertire [*values*] **2** *(upend)* capovolgere, rovesciare [*object*].

invertase /ɪn'vɜ:teɪs/ n. invertasi f.

invertebrate /ɪn'vɜ:tɪbreɪt/ **I** n. invertebrato m. **II** agg. invertebrato.

inverted /ɪn'vɜ:tɪd/ **I** p.pass. → **2.invert II** agg. **1** *(reversed)* [*word order*] inverso; MUS. [*chord*] in rivolto; *(in optics, photography)* [*image*] capovolto; ***it's ~ snobbery*** è snobismo al contrario **2** *(upended)* [*object*] capovolto, rovesciato.

inverted commas /,ɪnvɜ:tɪd'kɒməz/ n.pl. BE virgolette f.; ***in ~*** fra virgolette.

inverter, **invertor** /ɪn'vɜ:tə(r)/ n. EL. invertitore m.

invert sugar /'ɪnvɜ:t,ʃʊgə(r)/ n. zucchero m. invertito.

▷ **invest** /ɪn'vest/ **I** tr. **1** *(commit)* investire [*money, capital*]; impiegare, investire [*time, energy, resources*] (**in** in); ***to ~ £ 50,000 in shares*** o ***stock*** AE investire 50.000 sterline in azioni; ***we've ~ed a lot of effort in this project*** abbiamo investito molto in questo progetto **2** *(bestow)* ***to ~ sb. with*** investire, insignire qcn. di [*right, authority, power*]; ***to be ~ed with significance*** vedersi attribuita una certa importanza; ***to be ~ed with mystery*** essere circondato *o* avvolto dal mistero **3** *(install)* insediare [*president*]; ***to ~ sb. as sth.*** nominare qcn. qcs., elevare qcn. al rango di qcs. **4** MIL. assalire, assediare **II** intr. **1** ECON. *(in stock exchange)* fare investimenti, investire denaro; ***to ~ in shares*** investire in azioni **2** *(spend money on)* ***to ~ in*** [*government, company*] fare investimenti in [*industry, company, equipment*]; *(buy)* [*person*] investire denaro in [*car, hi-fi*].

investible /ɪn'vestəbl/ agg. ECON. investibile.

investigable /ɪn'vestɪgəbl/ agg. investigabile.

▶ **investigate** /ɪn'vestɪgeɪt/ **I** tr. **1** *(inquire into)* investigare, indagare [*cause, case*]; fare indagini su [*crime, person*]; verificare [*allegation, story*]; ***they are being ~d*** sono indagati, stanno svolgendo indagini su di loro **2** *(study)* esaminare, vagliare [*question, possibility, report*]; studiare attentamente [*subject, culture*]; COMM. saggiare, sondare [*market, sector*] **3** *(try out)* provare [*restaurant, club*]; ***it's worth investigating whether*** è il caso di indagare se *o* vale la pena scoprire se **II** intr. [*police*] investigare, indagare; ***I went to ~*** andai in avanscoperta.

investigating /ɪn'vestɪgeɪtɪŋ/ agg. DIR. inquirente.

▶ **investigation** /ɪn,vestɪ'geɪʃn/ **I** n. **1** *(inquiry) (in police)* indagine f., investigazione f. (**of, into sth.** su qcs.); ***the crime is still under ~*** l'indagine sul crimine è ancora in corso; ***he is under ~*** è indagato **2** *(study)* COMM. MED. esame m., studio m. (**of sth.** di qcs.); ***the matter under ~*** la questione allo studio *o* in esame; ***on (further) ~*** in seguito a un'analisi (più) approfondita, accurata **3** AMM. DIR. *(of company)* verifica f. dei conti societari (**of** di) **II** modif. *(in police)* [*report, committee*] d'inchiesta.

investigative /ɪn'vestɪgətɪv, AE -geɪtɪv/ agg. [*committee, mission*] d'inchiesta; [*journalism, reporting*] d'investigazione, d'indagine; ~ ***journalist*** o ***reporter*** giornalista d'investigazione, d'indagine.

▷ **investigator** /ɪn'vestɪgeɪtə(r)/ ♦ ***27*** n. *(in police)* investigatore m. (-trice); ***private ~*** AE investigatore privato.

investigatory /ɪn,vestɪ'geɪtərɪ, AE -tɔ:rɪ/ agg. [*group, methods, procedures*] d'inchiesta.

investiture /ɪn'vestɪtʃə(r), AE -tʃʊər/ n. investitura f.; ***the ~ of sb. as*** l'investitura di qcn. come.

▶ **investment** /ɪn'vestmənt/ **I** n. **1** ECON. investimento m.; ~ ***in shares*** investimento in azioni; ***he called for more government ~ in industry*** ha chiesto che il governo faccia maggiori investimenti nell'industria; ***a good, bad ~*** un buon investimento, un cattivo investimento **2** *(commitment)* ***a better ~ of one's time*** una migliore gestione del proprio tempo; ***the ~ of time and energy in sth.*** il tempo e l'energia investiti in qcs.; ***a huge emotional ~*** un enorme impegno a livello emotivo **3** MIL. investimento m., assedio m. **II** modif. ECON. [*club, company, opportunity*] di investimento; [*grant*] per l'investimento.

investment analyst /ɪn'vestmənt,ænəlɪst/ ♦ ***27*** n. analista m. e f. degli investimenti.

investment bank /ɪn'vestmənt,bæŋk/ n. AE banca f. d'investimento, investment bank f.

investment fund /ɪn'vestmənt,fʌnd/ n. fondo m. (comune) d'investimento.

investment income /ɪn'vestmənt,ɪŋkʌm/ n. reddito m. d'investimento.

investment management /ɪn'vestmənt,mænɪdʒmənt/ n. gestione f. degli investimenti.

investment manager /ɪn'vestmənt,mænɪdʒə(r)/ ♦ ***27*** n. gestore m. (-trice) degli investimenti.

investment trust /ɪn'vestmənt,trʌst/ n. società f. d'investimento.

investor /ɪn'vestə(r)/ n. investitore m. (-trice) (**in** in); *(in shares)* azionista m. e f.; ***big, small ~s*** grandi, piccoli azionisti; ***private ~*** piccolo investitore.

inveteracy /ɪn'vetərəsɪ/ n. ANT. **1** *(hostility)* animosità f. **2** *(tenacity)* pervicacia f.

inveterate /ɪn'vetərət/ agg. inveterato.

invidious /ɪn'vɪdɪəs/ agg. [*position, task*] spiacevole; [*choice*] delicato; [*comparison*] odioso, offensivo.

invigilate /ɪn'vɪdʒɪleɪt/ **I** tr. sorvegliare [*examination*] **II** intr. esercitare la sorveglianza (**at** a, durante).

invigilation /ɪn,vɪdʒɪ'leɪʃn/ n. *(at an examination)* sorveglianza f., vigilanza f.

invigilator /ɪn'vɪdʒɪleɪtə(r)/ n. *(at an examination)* sorvegliante m. e f.

invigorate /ɪn'vɪgəreɪt/ tr. invigorire, corroborare.

invigorating /ɪn'vɪgəreɪtɪŋ/ agg. corroborante, rinforzante.

invigoration /ɪn,vɪgə'reɪʃŋ/ n. invigorimento m.

invigorator /ɪn'vɪgəreɪtə(r)/ n. RAR. = persona che invigorisce, corrobora.

invincibility /ɪn,vɪnsə'bɪlətɪ/ n. *(of person, army)* invincibilità f., imbattibilità f.; *(of will, belief)* irriducibiltà f.

invincible /ɪn'vɪnsəbl/ agg. [*person, army, power*] invincibile, imbattibile; [*will, belief*] irriducibile, assoluto.

invincibly /ɪn'vɪnsəblɪ/ avv. invincibilmente; *(believe)* irriducibilmente.

inviolability /ɪn,vaɪələ'bɪlətɪ/ n. inviolabilità f.

inviolable /ɪn'vaɪələbl/ agg. inviolabile.

inviolably /ɪn'vaɪələblɪ/ avv. inviolabilmente.

inviolacy /ɪn'vaɪələsɪ/ n. → **inviolateness**.

inviolate /ɪn'vaɪələt/ agg. FORM. [*law*] inviolato, rispettato; [*treaty*] inviolato; [*group, institution*] intatto.

inviolateness /ɪn'vaɪələtnɪs/ n. (l')essere inviolato, integrità f.

invisibility /ɪn,vɪzə'bɪlətɪ/ n. invisibilità f.

▷ **invisible** /ɪn'vɪzəbl/ agg. *(all contexts)* invisibile.

invisible exports /ɪn,vɪzəbl'ekspɔ:ts/ n.pl. esportazioni f. invisibili.

invisible ink /ɪn,vɪzəbl'ɪŋk/ n. inchiostro m. simpatico.

invisible mending /ɪn,vɪzəbl'mendɪŋ/ n. rammendo m. invisibile.

invisibleness /ɪn'vɪzəblnɪs/ n. invisibilità f.

invisibles /ɪn'vɪzəblz/ n.pl. ECON. partite f. invisibili.

invisibly /ɪn'vɪzəblɪ/ avv. invisibilmente; ***to have sth. ~ mended*** fare rammendare in modo invisibile [*garment*].

▷ **invitation** /,ɪnvɪ'teɪʃn/ n. **1** *(request, card)* invito m.; ***an ~ to lunch, dinner*** un invito a pranzo, a cena; ***to send, accept, decline an ~*** mandare, accettare, rifiutare un invito; ***thank you for your kind ~*** grazie per il vostro cortese invito; ***we regret we are unable to accept your kind ~*** siamo spiacenti di non poter accettare il vostro cortese invito; ***to receive an ~ to do*** ricevere un invito a fare **2 U** *(act of inviting)* invito m.; ***"by ~ only"*** "solo su invito"; ***at sb.'s ~*** su, dietro invito di qcn. **3** IND. *(summons, bidding)* esortazione f., invito m.; ***the rail union issued an urgent ~ to talks*** il sindacato dei ferrovieri lanciò un appello urgente per intraprendere le trattative **4** ECON. ***an ~ to bid*** un avviso di gara d'appalto; ***an ~ to tender*** un invito a fare un'offerta, un invito d'asta **5** FIG. *(encouragement)* invito m., incitamento m.; ***unlocked doors are an open ~ to burglars*** non chiudere a chiave la porta è un invito a nozze per i ladri; ***this was an ~ to him to feel persecuted*** questo fu una spinta a farlo sentire perseguitato.

invitation card /ˌɪnvɪˈteɪʃn̩ˌkɑːd/ n. (biglietto d')invito m.

1.invite /ˈɪnvaɪt/ n. COLLOQ. invito m.

▶ **2.invite** /ɪnˈvaɪt/ tr. **1** invitare [*person*]; ***to ~ sb. to a party, to dinner, for a drink*** invitare qcn. a una festa, a cena, a bere qualcosa; ***why don't we ~ Tara along?*** perché non invitiamo Tara a venire con noi? ***to ~ sb. to do*** invitare qcn. a fare; ***to be ~d by sb. to do*** essere invitato da qcn. a fare; ***to be ~d back*** *(repaying hospitality)* essere invitato a propria volta; *(a second time)* essere nuovamente invitato; ***to ~ sb. in*** invitare qcn. a entrare; ***he ~d her out*** la invitò a uscire con lui; ***to ~ sb. over*** o ***round (to one's house)*** invitare qcn. (a casa); ***to ~ sb. over to one's table*** invitare qcn. alla propria tavola; ***to ~ sb. for (an) interview*** invitare qcn. per un'intervista **2** *(ask for)* sollecitare [*comments, suggestions*]; ***he ~d questions from the audience*** invitò il pubblico a fare delle domande **3** *(court)* provocare [*disaster, trouble*]; ***why ~ trouble?*** perché andare in cerca di guai? **4** ECON. ***to ~ a bid*** invitare a partecipare a una gara d'appalto; ***to ~ tenders*** invitare a fare offerte.

invitee /ɪnˌvaɪˈtiː/ n. invitato m. (-a).

inviter /ɪnˈvaɪtə(r)/ n. invitante m. e f.

inviting /ɪnˈvaɪtɪŋ/ agg. [*room, apartment*] accogliente; [*smile*] invitante, seducente; [*meal*] appetitoso, invitante; [*prospect*] allettante.

invitingly /ɪnˈvaɪtɪŋlɪ/ avv. [*smile*] in modo invitante, seducente; ***the fire flickered ~*** il fuoco tremolava nel camino creando un'atmosfera accogliente.

in vitro /ˌɪnˈviːtrəʊ/ agg. e avv. in vitro.

in vitro fertilization /ɪnˌviːtrəʊfɜːtɪlaɪˈzeɪʃn, AE -lɪˈz-/ n. fecondazione f. in vitro.

in vivo /ɪnˈviːvəʊ/ agg. e avv. MED. in vivo.

invocation /ˌɪnvəˈkeɪʃn/ n. invocazione f.

invocatory /ɪnˈvɒkətərɪ, AE -tɔːrɪ/ agg. RAR. invocativo, invocatorio.

1.invoice /ˈɪnvɔɪs/ n. fattura f.

2.invoice /ˈɪnvɔɪs/ tr. rilasciare, emettere una fattura a [*person, company*]; ***to ~ sb. for sth.*** fatturare *o* addebitare qcs. a qcn.; ***to be ~d*** ricevere una fattura (**for** per).

invoicing /ˈɪnvɔɪsɪŋ/ n. fatturazione f.

▷ **invoke** /ɪnˈvəʊk/ tr. invocare [*God, law*]; appellarsi a [*right*]; implorare [*help*]; evocare [*spirit, demon*].

involucre /ˈɪnvəluːkə(r)/ n. ANAT. BOT. involucro m.

involuntarily /ɪnˈvɒləntrəlɪ, AE -terɪlɪ/ avv. involontariamente.

involuntariness /ɪnˈvɒləntrɪnɪs, AE -terɪ-/ n. involontarietà f.

involuntary /ɪnˈvɒləntrɪ, AE -terɪ/ agg. involontario; ***~ repatriation*** rimpatrio forzato.

involuntary manslaughter /ɪnˌvɒləntrɪˈmænslɔːtə(r), AE -terɪ-/ n. DIR. omicidio m. involontario, colposo.

involuntary muscle /ɪnˌvɒləntrɪˈmʌsl, AE -terɪ-/ n. muscolo m. involontario.

involute /ˈɪnvəluːt/ **I** agg. **1** *(intricate)* involuto, intricato, tortuoso **2** BOT. [*petals, leaves*] involuto **II** n. MAT. evolvente f.

involution /ˌɪnvəˈluːʃn/ n. **1** BIOL. FISIOL. involuzione f. **2** *(intricacy)* intrico m., tortuosità f. **3** MAT. involuzione f.

involutional /ˌɪnvəˈluːʃənl/ agg. PSIC. involutivo.

▶ **involve** /ɪnˈvɒlv/ **I** tr. **1** *(entail)* implicare, richiedere [*effort, travel*]; comportare [*danger, problems*]; ***to ~ doing*** [*job, sport, policy, plan*] richiedere che si faccia; ***it ~s leaving early*** comporta *o* implica partire presto; ***there is a lot of work, effort ~d*** implica *o* richiede molto lavoro, molti sforzi; ***there is some travelling, lifting ~d*** comporta *o* è necessario viaggiare, sollevare dei pesi; ***the work ~s computers*** il lavoro implica l'uso del computer **2** *(cause to participate)* coinvolgere [*person, group*] (**in** in); *(implicate)* implicare [*person, group*] (**in** in); ***to be ~d in*** *(positive)* partecipare a *o* occuparsi di [*business, project*]; *(negative)* essere coinvolto *o* implicato in [*scandal, robbery, fight*]; ***to be ~d in doing*** essere impegnato a fare; ***to get ~d in*** o ***with sth.*** impegnarsi in qcs., farsi coinvolgere da qcs.; *(in sth. dubious)* venire implicato *o* coinvolto in qcs.; ***not to get ~d in*** o ***with sth.*** restare fuori da qcs. *o* non farsi coinvolgere in qcs.; ***it will ~ them in heavy expenditure*** comporterà una spesa ingente per loro; ***to feel ~d*** sentirsi coinvolto **3** *(affect)* coinvolgere [*person, animal, vehicle*]; riguardare, toccare [*person*]; ***three people were ~d in the accident*** tre persone rimasero coinvolte nell'incidente; ***our future, their safety is ~d*** è in gioco il nostro futuro, la loro sicurezza **4** *(engross)* [*film, play, book*] coinvolgere, avvincere, appassionare [*person, audience*]; ***to be ~d in*** essere preso *o* coinvolto da [*film, book, work*]; ***to get ~d in*** farsi prendere *o* coinvolgere da [*film, play, book, work*] **5** *(get emotionally attached)* ***to be ~ with*** essere legato *o* affezionato a [*patient, client*]; ***to get ~d with*** legarsi *o* affezionarsi a [*patient, client*]; *(romantically)* essere (sentimentalmente) legato a [*person*]; ***to be (too) ~d in*** o ***with*** essere (troppo) coinvolto in [*problem, situation*]; ***you're too ~d to make a judgment*** sei troppo coinvolto per dare un giudizio **6** *(make a commitment)* ***to get ~d*** impegnarsi; ***I don't want to get ~d*** non voglio entrarci, non voglio essere coinvolto **II** rifl. ***to ~ oneself in*** o ***with*** *(participate)* partecipare a [*project*]; impegnarsi in [*task*].

▷ **involved** /ɪnˈvɒlvd/ **I** p.pass. → **involve II** agg. **1** *(complicated)* [*explanation*] involuto; [*discussion, story, problem*] complicato, complesso **2** *(affected)* dopo nome [*person, group*] interessato; ***the people ~*** le persone in questione **3** *(implicated)* dopo nome [*person, group*] coinvolto, implicato **4** *(necessary)* dopo nome [*expense, effort*] richiesto, necessario; [*problems*] inerente, che consegue.

▷ **involvement** /ɪnˈvɒlvmənt/ n. **1** *(participation) (in activity, campaign, task)* partecipazione f. (**in** a), coinvolgimento m. (**in** in); *(commitment) (in party, enterprise, politics)* impegno m. (**in** in) **2** U *(connections) (with group, organization, person)* legami m.pl. (**with** con) **3** *(relationship)* legame m., rapporto m. (**with** con); *(sexual or romantic)* relazione f. **4** *(engrossment) (in film, book)* coinvolgimento m. (**in** in), partecipazione f. (**in** a).

invulnerability /ɪnˌvʌlnərəˈbɪlətɪ/ n. invulnerabilità f.

invulnerable /ɪnˈvʌlnərəbl/ agg. invulnerabile.

inward /ˈɪnwəd/ **I** agg. **1** *(inner)* [*satisfaction*] personale; [*relief, calm*] interiore; ***to give an ~ sigh, shudder*** sospirare rabbrividire dentro di sé; ***her ~ reaction was to do*** nell'intimo, la sua reazione fu di fare **2** *(towards the inside)* [*bend, curve*] verso l'interno **II** avv. → **inwards**.

inward bill of lading /ˌɪnwədbɪləvˈleɪdɪŋ/ n. COMM. polizza f. di carico d'entrata.

inward-bound /ˈɪnwədˌbaʊnd/ agg. [*journey, flight*] di ritorno; [*ship*] in viaggio di ritorno; [*cargo*] in entrata.

inward investment /ˌɪnwədɪnˈvestmənt/ n. ECON. investimenti m.pl. dall'estero.

inward-looking /ˈɪnwədˌlʊkɪŋ/ agg. [*society, organization*] dalle vedute ristrette; [*person*] introverso; [*policy*] isolazionistico.

inwardly /ˈɪnwədlɪ/ avv. [*relieved, happy, calm*] interiormente; [*rage, sigh*] dentro di sé; [*gloom*] nell'intimo; [*curse*] fra sé e sé, sottovoce; [*know, feel*] intimamente.

inwardness /ˈɪnwədnɪs/ n. **1** *(essence)* essenza f., natura f. intima **2** ANT. *(intimacy)* intimità f., familiarità f.

inwards /ˈɪnwədz/ avv. [*fold, open, move, bend, grow*] verso l'interno; [*freight, invoice*] in entrata; ***to face ~*** [*room*] dare sull'interno; ***to look ~*** [*person*] guardare dentro se stesso; [*organization*] isolarsi.

inweave /ˌɪnˈwiːv/ tr. (pass. **-wove**; p.pass. **-woven**) intessere, intrecciare (anche FIG.).

inwrought /ˌɪnˈrɔːt/ agg. **1** *(decorated)* [*fabric*] decorato **2** *(embroidered)* [*pattern*] lavorato, ricamato.

IOC n. (⇒ International Olympic Commitee Comitato Internazionale Olimpico) CIO m.

iodate /ˈaɪədeɪt/ n. iodato m.

iodic /aɪˈɒdɪk/ agg. iodico.

iodide /ˈaɪədaɪd/ n. ioduro m.

iodinate /ˈaɪədiːneɪt, AE -daɪneɪt/ tr. iodurare.

iodination /ˌaɪədiːˈneɪʃn, AE -daɪˈneɪʃn/ n. iodurazione f.

iodine /ˈaɪədiːn, AE -daɪn/ n. **1** *(element)* iodio m. **2** *(antiseptic)* tintura f. di iodio.

iodism /ˈaɪədɪzəm/ ♦ ***11*** n. iodismo m.

iodize /ˈaɪədaɪz/ tr. RAR. iodare.

iodized /ˈaɪədaɪzd/ **I** p.pass. → **iodize II** agg. iodato.

iodoform /aɪˈɒdəfɔːm/ n. iodoformio m.

iodous /aɪˈəʊdəs/ agg. iodoso.

Iolanthe /aɪəˈlænθɪ/ n.pr. Iolanthe (nome di donna).

iolite /ˈaɪəʊlaɪt/ n. iolite f.

ion /ˈaɪən/ n. ione m.

Iona /aɪˈəʊnə/ ♦ ***12*** n.pr. isola f. di Iona.

Ionian /aɪˈəʊnɪən/ ♦ ***12, 20*** agg. ionio; ***~ islands*** le isole Ionie; ***~ Sea*** (Mar) Ionio.

ionic /aɪˈɒnɪk/ agg. FIS. ionico.

Ionic /aɪˈɒnɪk/ agg. ARCH. ionico.

ionium /aɪˈəʊnɪəm/ n. CHIM. ionio m.

ionization /ˌaɪənaɪˈzeɪʃn, AE ˌaɪənɪˈz-/ n. CHIM. ionizzazione f.

ionize /ˈaɪənaɪz/ tr. ionizzare.
ionizer /ˈaɪənaɪzə(r)/ n. ionizzatore m.
ionizing /ˈaɪənaɪzɪŋ/ agg. ionizzante.
ionosphere /aɪˈɒnəsfɪə(r)/ n. ionosfera f.
ionospheric /aɪˌɒnəˈsfɪərɪk/ agg. ionosferico.
iota /aɪˈəʊtə/ n. **1** iota m. e f. **2** FIG. ***not an*** o ***one ~ of truth, common sense*** non un briciolo di verità, di buonsenso; ***it hasn't changed, improved one ~*** non è cambiato, migliorato neanche un po'.
IOU n. (⇒ I owe you) = titolo di credito; ***an ~ for £ 500*** un pagherò di 500 sterline.
Iowa /ˈaɪəʊə/ ➧ ***24*** n.pr. Iowa m.
IP n. (⇒ Internet protocol protocollo Internet) IP m.
IPA n. (⇒ International Phonetic Alphabet alfabeto fonetico internazionale) AFI m., IPA m.
ipecac(uanha) /ˈɪpɪkæk(ˌwɑːnə)/ n. ipecacuana f.
Iphigenia /ˌɪfɪdʒɪˈnaɪə/ n.pr. Ifigenia.
IPO n. (⇒ initial public offering offerta pubblica iniziale) IPO f.
ipso facto /ˌɪpsəʊˈfæktəʊ/ avv. ipso facto.
IPTV n. (⇒ Internet Protocol Television televisione su protocollo Internet) IPTV f.
IQ n. (⇒ intelligence quotient quoziente di intelligenza) QI m.
Ira /ˈaɪərə/ n.pr. Ira (nome di uomo).
IRA n. **1** (⇒ Irish Republican Army Esercito Repubblicano Irlandese) IRA f. **2** US (⇒ Individual Retirement Account) = fondo pensionistico personale.
Irak → **Iraq**.
Iraki → **Iraqi**.
Iran /ɪˈrɑːn/ ➧ ***6*** n.pr. Iran m.
Iranian /ɪˈreɪnɪən/ ➧ ***18, 14*** **I** agg. iraniano **II** n. **1** *(person)* iraniano m. (-a) **2** *(language)* iranico m.
Iraq /ɪˈrɑːk/ ➧ ***6*** n.pr. Iraq m.
Iraqi /ɪˈrɑːkɪ/ ➧ ***18*** **I** agg. iracheno **II** n. *(person)* iracheno m. (-a).
irascibility /ɪˌræsəˈbɪlətɪ/ n. irascibilità f.
irascible /ɪˈræsəbl/ agg. irascibile.
irascibly /ɪˈræsəblɪ/ avv. [*reply, say*] irascibilmente, in modo irascibile.
irate /aɪˈreɪt/ agg. LETT. irato, adirato (**about** per).
irately /aɪˈreɪtlɪ/ avv. iratamente, adiratamente.
IRBM n. (⇒ Intermediate Range Ballistic Missile missile balistico di media gittata) IRBM m.
ire /ˈaɪə(r)/ n. LETT. ira f., collera f.
ireful /ˈaɪəfʊl/ agg. LETT. irato, adirato.
Ireland /ˈaɪələnd/ ➧ ***6*** n.pr. Irlanda f.; ***the Republic of ~*** la Repubblica d'Irlanda.
Irenaeus /ˌaɪrɪˈniːəs/ n.pr. Ireneo.
Irene /aɪˈriːnɪ, ˈaɪriːn/ n.pr. Irene.
irenic(al) /aɪˈriːnɪk(l)/ agg. LETT. irenico.
irenics /aɪˈriːnɪks/ n. irenismo m.
iridectomy /ˌɪrɪˈdektəmɪ/ n. iridectomia f.
irides /ˈaɪərɪdiːz/ → **iris**.
iridescence /ˌɪrɪˈdesns/ n. iridescenza f.
iridescent /ˌɪrɪˈdesnt/ agg. iridescente.
iridic /aɪˈrɪdɪk/ agg. iridico.
iridium /aɪˈrɪdɪəm/ n. iridio m.
iridology /ˌɪrɪˈdɒlədzɪ/ n. iridologia f.
iris /ˈaɪərɪs/ n. **1** (pl. **irides**) ANAT. iride f. **2** (pl. **~es**) BOT. iris m.
Iris /ˈaɪərɪs/ n.pr. Iris.
irises /ˈaɪərɪsɪz/ → **iris**.
Irish /ˈaɪərɪʃ/ ➧ ***14, 18*** **I** agg. irlandese **II** n. **1** LING. irlandese m. **2** *(people)* ***the ~*** + verbo pl. gli irlandesi.
Irish coffee /ˌaɪərɪʃˈkɒfɪ, AE -ˈkɔːfɪ/ n. irish coffee m.
Irisher /ˈaɪərɪʃə(r)/ n. AE COLLOQ. = persona di origine irlandese.
Irish Free State /ˌaɪərɪʃfriːˈsteɪt/ n. STOR. Stato m. Libero d'Irlanda.
Irishman /ˈaɪərɪʃmən/ n. (pl. **-men**) irlandese m.
Irish Republic /ˌaɪərɪʃrɪˈpʌblɪk/ ➧ ***6*** n. Repubblica f. d'Irlanda.
Irish Sea /ˌaɪərɪʃˈsiː/ ➧ ***20*** n. Mare m. d'Irlanda.
Irish setter /ˌaɪərɪʃˈsetə(r)/ n. setter m. irlandese.
Irish stew /ˌaɪərɪʃˈstjuː, AE -ˈstuː/ n. = stufato di montone, patate e cipolle.
Irish wolfhound /ˌaɪərɪʃˈwʊlfhaʊnd/ n. = cane da caccia di grossa taglia dal pelo irsuto.
Irishwoman /ˈaɪərɪʃwʊmən/ n. (pl. **-women**) irlandese f.
iritis /aɪˈraɪtɪs/ n. irite f.
irk /ɜːk/ tr. infastidire, seccare.
irksome /ˈɜːksəm/ agg. fastidioso, seccante.
Irma /ˈɜːmə/ n.pr. Irma.
▶ **1.iron** /ˈaɪən, AE ˈaɪərn/ **I** n. **1** *(metal)* ferro m.; ***old*** o ***scrap ~*** ferraglia; ***a man, will of ~*** FIG. un uomo, una volontà di ferro **2** *(for clothes)* ferro m. da stiro; ***electric ~*** ferro da stiro elettrico; ***with a hot, cool ~*** con il ferro caldo, appena tiepido; ***to run the ~ over sth., to give sth. an ~*** dare un colpo di ferro a qcs. **3** *(in golf)* ferro m.; ***a six~*** un ferro sei **4** *(splint)* stecca f. di metallo **5** MED. *(tonic)* ferro m. **II irons** n.pl. ferri m., catene f.; ***to put sb. in ~s*** mettere qcn. ai *o* in ceppi, ai ferri **III** modif. [*bar, gate, railing*] di ferro; ***~ sheet*** lamiera di ferro; ***~ and steel works, industry*** stabilimento siderurgico, industria siderurgica **IV** agg. FIG. [*constitution, grip, will*] di ferro; [*rule*] ferreo ◆ ***to have a lot of ~s in the fire*** avere molta carne al fuoco; ***the ~ had entered his soul*** LETT. aveva la morte nel cuore; ***to strike while the ~ is hot*** battere il ferro finché è caldo.
▶ **2.iron** /ˈaɪən, AE ˈaɪərn/ **I** tr. stirare [*clothes*]; ***do not ~*** *(on label)* non stirare; ***to ~ sth. under a damp cloth*** stirare qcs. utilizzando un panno umido **II** intr. [*person*] stirare; [*garment, fabric*] stirarsi.
▪ **iron out:** ***~ out [sth.], ~ [sth.] out*** **1** eliminare con il ferro [*creases*] **2** FIG. risolvere [*problem*]; appianare, rimuovere [*difficulty*]; ***to ~ the wrinkles out of sth.*** FIG. appianare le difficoltà di, in qcs.
Iron Age /ˈaɪənˌeɪdʒ, AE ˈaɪərn-/ n. età f. del ferro.
iron-bound /ˈaɪənbaʊnd, AE ˈaɪərn-/ agg. **1** *(bound with iron)* cinto di ferro **2** ANT. *(rockbound)* [*coast*] roccioso, frastagliato **3** FIG. *(rigorous)* ferreo, inflessibile.
ironclad /ˌaɪənˈklæd, AE ˌaɪərn-/ **I** n. STOR. *(ship)* corazzata f. **II** agg. FIG. [*guarantee*] al cento per cento; [*argument, defence*] inoppugnabile.
Iron Cross /ˌaɪənˈkrɒs, AE ˌaɪərnˈkrɔːs/ n. MIL. croce f. di ferro.
Iron Curtain /ˌaɪənˈkɜːtn, AE ˌaɪərn-/ n. POL. STOR. cortina f. di ferro; ***behind the ~*** oltrecortina; ***an ~ country*** un paese appartenente al blocco comunista.
ironer /ˈaɪənə(r), AE ˈaɪərnər/ ➧ ***27*** n. stiratore m. (-trice).
iron filings /ˈaɪənˌfaɪlɪŋz, AE ˈaɪərn-/ n.pl. limatura f.sing. di ferro.
iron fist /ˌaɪənˈfɪst, AE ˌaɪərn-/ n. FIG. pugno m. di ferro.
iron foundry /ˈaɪənˌfaʊndrɪ, AE ˈaɪərn-/ n. fonderia f. di ghisa.
iron-grey BE, **iron-gray** AE /ˌaɪənˈgreɪ, AE ˌaɪərn-/ ➧ ***5*** **I** n. grigio m. ferro **II** agg. color grigio ferro.
iron hand /ˌaɪənˈhænd, AE ˌaɪərn-/ n. → **iron fist**.
iron-handed /ˌaɪənˈhændɪd, AE ˌaɪərn-/ agg. dal pugno di ferro.
iron-hearted /ˌaɪənˈhɑːtɪd, AE ˌaɪərn-/ agg. dal cuore di pietra.
iron horse /ˈaɪənˌhɔːs, AE ˈaɪərn-/ n. AE STOR. locomotiva f. a vapore.
iron-house /ˈaɪənˌhaʊs, AE ˈaɪərn-/ n. AE COLLOQ. galera f., gattabuia f.
▷ **ironic(al)** /aɪˈrɒnɪk(l)/ agg. ironico; ***it is ~ that*** è paradossale *o* assurdo che.
▷ **ironically** /aɪˈrɒnɪklɪ/ avv. [*say, ask*] ironicamente; ***~, she never replied*** ironia della sorte, non rispose mai.
ironing /ˈaɪənɪŋ, AE ˈaɪərnɪŋ/ n. stiratura f.; ***to do the ~*** stirare.
ironing board /ˈaɪənɪŋˌbɔːd, AE ˈaɪərnɪŋ-/ n. asse f. da stiro.
ironist /ˈaɪənɪst, AE ˈaɪərn-/ n. RAR. ironista m. e f.
Iron Lady /ˌaɪənˈleɪdɪ, AE ˌaɪərn-/ n. GB POL. Lady f. di ferro.
iron lung /ˌaɪənˈlʌn, AE ˌaɪərn-/ n. polmone m. d'acciaio.
iron man /ˌaɪənˈmæn, AE ˌaɪərn-/ n. (pl. **iron men**) **1** *(tough man)* uomo m. di ferro, tipo m. instancabile **2** AE COLLOQ. *(dollar)* dollaro m.
ironmonger /ˈaɪənmʌŋgə(r), AE ˈaɪərn-/ ➧ ***27*** n. BE negoziante m. e f. di ferramenta; ***~'s (shop)*** ferramenta.
ironmongery /ˈaɪənmʌŋgərɪ, AE ˈaɪərn-/ ➧ ***27*** n. BE ferramenta m. e f.
iron mould BE, **iron mold** AE /ˈaɪənˌməʊld, AE ˈaɪərn-/ n. macchia f. di ruggine.
iron-on /ˈaɪənɒn, AE ˈaɪərn-/ agg. [*label, patch*] termoadesivo.
iron ore /ˌaɪənˈɔː(r), AE ˌaɪərn-/ n. minerale m. di ferro.
iron oxide /ˌaɪənˈɒksaɪd, AE ˌaɪərn-/ n. ossido m. di ferro.
iron pyrites /ˌaɪənpaɪˈraɪtiːz, AE ˌaɪərnpɪˈraɪtiːz/ n. pirite f. di ferro.
iron rations /ˌaɪənˈræʃnz, AE ˌaɪərn-/ n.pl. viveri m., razioni f. di riserva; ***to be on ~*** consumare i viveri di riserva.
ironside /ˈaɪənˌsaɪd, AE ˈaɪərn-/ **I** n. *(man of great bravery)* uomo m. coraggioso, risoluto **II ironsides** n.pl. STOR. (anche **Ironsides**) = la cavalleria di Oliver Cromwell.
ironstone /ˈaɪənstəʊn, AE ˈaɪərn-/ n. minerale m. di ferro.
ironstone china /ˈaɪənstəʊnˌtʃaɪnə, AE ˈaɪərn-/ n. porcellana f. dura.
ironware /ˈaɪənweə(r), AE ˈaɪərn-/ n. ferramenta f.pl.
ironwork /ˈaɪənwɜːk, AE ˈaɪərn-/ n. lavoro m. in ferro.
ironworker /ˈaɪənwɜːkə(r), AE ˈaɪərn-/ ➧ ***27*** n. operaio m. siderurgico.

ironworks /'aɪənwɜːks, AE 'aɪərn-/ n.pl. + verbo sing. o pl. stabilimento m.sing. siderurgico.

▷ **1.irony** /'aɪərənɪ/ n. ironia f.; ***the ~ is that*** l'ironia è che; ***one of life's little ironies*** una delle piccole ironie della sorte.

2.irony /'aɪənɪ/ agg. di ferro, ferreo.

Iroquois /'ɪrəkwɔɪ/ ➧ ***14, 18*** **I** agg. irochese **II** n. (pl. ~) **1** *(person)* irochese m. e f. **2** *(language)* irochese m.

irradiance /ɪ'reɪdjəns/ n. irradiazione f., irradiamento m.

irradiant /ɪ'reɪdjənt/ agg. *(shining)* irradiante, splendente.

irradiate /ɪ'reɪdɪeɪt/ tr. **1** MED. NUCL. irradiare **2** irradiare [*fruit, vegetable*].

irradiation /ɪˌreɪdɪ'eɪʃn/ n. **1** MED. NUCL. irradiazione f., irradiamento m. **2** *(of fruit, vegetables)* irradiazione f.

irradiative /ɪ'reɪdɪeɪtɪv/ agg. irradiante.

irradiator /ɪ'reɪdɪeɪtə(r)/ n. irradiatore m.

▷ **irrational** /ɪ'ræʃənl/ agg. [*behaviour, fear*] irrazionale; [*hostility*] irragionevole; ***he's rather ~*** si comporta in modo abbastanza irrazionale; ***she has become quite ~ about the divorce*** non riesce a ragionare quando si parla del divorzio; ***he's ~ about it*** di quello non gli si può parlare.

irrationality /ɪˌræʃə'nælətɪ/ n. irrazionalità f.

irrationally /ɪ'ræʃənəlɪ/ avv. [*act*] in modo irrazionale; [*angry, happy*] senza motivo.

irrealizable /ɪ'rɪəlaɪzəbl/ agg. RAR. irrealizzabile.

irreclaimable /ˌɪrɪ'kleɪməbl/ agg. **1** *(unable to be reformed)* irrimediabile, irrecuperabile **2** [*land*] non bonificabile.

irrecognizable /ɪ'rekəgnaɪzəbl/ agg. RAR. irriconoscibile.

irreconcilable /ɪ'rekənsaɪləbl, ɪˌrekən'saɪləbl/ agg. [*opponents*] irreconciliabile, implacabile (**with** con); [*ideas*] inconciliabile (**with** con); [*conflict*] inconciliabile, insanabile.

irreconcilableness /ɪ'rekənˌsaɪləblnɪs, ɪˌrekən'saɪləblnɪs/ n. irreconciliabilità f. RAR., inconciliabilità f.

irreconcilably /ɪ'rekənˌsaɪləblɪ, ɪˌrekən'saɪləblɪ/ avv. irreconciliabilmente, inconciliabilmente.

irrecoverable /ˌɪrɪ'kʌvərəbl/ agg. [*object*] irrecuperabile; [*loss*] irreparabile; ECON. [*debt*] irrecuperabile, inesigibile.

irrecoverably /ˌɪrɪ'kʌvərəblɪ/ avv. irrecuperabilmente, irreparabilmente.

irrecusable /ˌɪrɪ'kjuːsəbl/ agg. irrecusabile.

irredeemable /ˌɪrɪ'diːməbl/ agg. **1** RELIG. [*sinner*] irredimibile, incorreggibile **2** *(irrecoverable)* [*loss*] irreparabile **3** ECON. [*shares, bonds, loan*] irredimibile; [*paper money*] non convertibile.

irredeemably /ˌɪrɪ'diːməblɪ/ avv. in modo irredimibile, incorreggibilmente.

irredentism /ˌɪrɪ'dentɪzəm/ n. STOR. irredentismo m.

irredentist /ˌɪrɪ'dentɪst/ n. STOR. irredentista m. e f.

irreducibility /ˌɪrɪdjuːsɪ'bɪlətɪ, AE -duːs-/ n. FORM. irriducibilità f.

irreducible /ˌɪrɪ'djuːsəbl, AE -'duːs-/ agg. FORM. irriducibile.

irrefragable /ɪ'refrəgəbl/ agg. FORM. irrefragabile.

irrefrangible /ˌɪrɪ'frændʒɪbl/ agg. **1** *(inviolable)* infrangibile, inviolabile **2** FIS. non rifrangibile.

irrefutable /ɪ'refjʊtəbl, ˌɪrɪ'fjuː-/ agg. irrefutabile, inconfutabile.

▷ **irregular** /ɪ'regjʊlə(r)/ **I** n. MIL. (soldato) irregolare m. **II irregulars** n.pl. **1** AE COMM. *(clothing)* vestiti m. fallati; *(other merchandise)* articoli m. di seconda scelta **2** MIL. milizie f. irregolari, truppe f. irregolari **III** modif. [*army, force*] irregolare **IV** agg. **1** irregolare, anormale; ***at ~ intervals*** a intervalli irregolari; ***to keep ~ hours*** fare orari sregolati, sballati COLLOQ.; ***to lead an ~ life*** condurre una vita disordinata *o* sregolata **2** LING. irregolare **3** AE COMM. [*merchandise*] fallato, di seconda scelta.

irregularity /ɪˌregjʊ'lærətɪ/ n. *(of pulse)* irregolarità f.; *(of shape, surface)* irregolarità f., ineguaglianza f.; *(in machine)* anomalia f.; *(in report, election, dealings)* irregolarità f.

irregularly /ɪ'regjʊləlɪ/ avv. irregolarmente; ***~-shaped*** dalla forma irregolare.

irrelative /ɪ'relətɪv/ agg. FORM. *(unrelated)* non connesso, senza relazione.

irrelevance /ɪ'reləvəns/, **irrelevancy** /ɪ'reləvənsɪ/ n. **1** *(lack of importance) (of fact, remark, question)* irrilevanza f.; ***~ to sth.*** estraneità a qcs. **2** *(unimportant thing)* ***to be an ~*** essere una minuzia, un'inezia; ***a document full of ~s*** un documento pieno di cose senza importanza.

▷ **irrelevant** /ɪ'reləvnt/ agg. **1** *(unconnected)* [*remark, question*] non pertinente; [*facts*] irrilevante; ***to be ~ to sth.*** essere estraneo a qcs. **2** *(unimportant)* ***the money's ~*** non è il denaro che conta.

irrelevantly /ɪ'reləvəntlɪ/ avv. [*say, ask*] a sproposito.

irreligion /ˌɪrɪ'lɪdʒən/ n. FORM. irreligione f., irreligiosità f.

irreligious /ˌɪrɪ'lɪdʒəs/ agg. irreligioso.

irremediable /ˌɪrɪ'miːdɪəbl/ agg. FORM. [*harm, loss, fault*] irrimediabile, irreparabile.

irremediableness /ˌɪrɪ'miːdɪəblnɪs/ n. FORM. irreparabiltà f., irrimediabilità f.

irremediably /ˌɪrɪ'miːdɪəblɪ/ avv. FORM. [*damaged, lost*] irrimediabilmente, irreparabilmente; [*vain, stupid*] in modo irrecuperabile.

irremissible /ˌɪrɪ'mɪsɪbl/ agg. FORM. irremissibile, imperdonabile.

irremissibleness /ˌɪrɪ'mɪsɪblnɪs/ n. RAR. irremissibilità f., imperdonabilità f.

irremissibly /ˌɪrɪ'mɪsɪblɪ/ avv. irremissibilmente, imperdonabilmente.

irremovability /ˌɪrɪmuːvə'bɪlətɪ/ n. irremovibilità f., inamovibilità f.

irremovable /ˌɪrɪ'muːvəbl/ agg. **1** *(not removable)* irremovibile **2** *(permanent)* inamovibile.

irremovably /ˌɪrɪ'muːvəblɪ/ avv. irremovibilmente.

irreparability /ɪˌrepərə'bɪlətɪ/ n. irreparabilità f., irrimediabilità f.

irreparable /ɪ'repərəbl/ agg. irreparabile, irrimediabile.

irreparableness /ɪ'repərəblnɪs/ n. irreparabilità f., irrimediabilità f.

irreparably /ɪ'repərəblɪ/ avv. irreparabilmente, irrimediabilmente.

irreplaceable /ˌɪrɪ'pleɪsəbl/ agg. insostituibile.

irrepressibility /ˌɪrɪpresə'bɪlətɪ/ n. irrefrenabilità f.

irrepressible /ˌɪrɪ'presəbl/ agg. [*high spirits*] irrefrenabile; [*desire, sense of humour, enthusiasm*] irrefrenabile, incontenibile; ***he's (absolutely) ~!*** è (davvero) incontenibile!

irrepressibly /ˌɪrɪ'presəblɪ/ avv. ***~ cheerful, enthusiastic*** incontenibilmente allegro, entusiasta.

irreproachability /ˌɪrɪprəʊtʃə'bɪlətɪ/ n. irreprensibilità f.

irreproachable /ˌɪrɪ'prəʊtʃəbl/ agg. irreprensibile.

irresistibility /ˌɪrɪzɪstə'bɪlətɪ/ n. irresistibilità f.

irresistible /ˌɪrɪ'zɪstəbl/ agg. irresistibile.

irresistibly /ˌɪrɪ'zɪstəblɪ/ avv. irresistibilmente; ***~ beautiful, charming*** irresistibilmente bello, affascinante.

irresolute /ɪ'rezəluːt/ agg. irresoluto, indeciso.

irresolutely /ɪ'rezəluːtlɪ/ avv. in modo irresoluto, indeciso.

irresoluteness /ɪ'rezəluːtnɪs/ n. irresolutezza f., indecisione f.

irresolvable /ˌɪrɪ'zɒlvəbl/ agg. [*problem*] irresolubile, insolubile.

▷ **irrespective** /ˌɪrɪ'spektɪv/: **irrespective of** indipendentemente da, a prescindere da [*age, class, ability*]; ***~ of race*** senza distinzione di razza; ***everyone, ~ of who they are*** tutti, chiunque essi siano; ***~ of whether it rains*** che piova o meno.

irresponsibility /ˌɪrɪspɒnsə'bɪlətɪ/ n. irresponsabilità f.

irresponsible /ˌɪrɪ'spɒnsəbl/ agg. [*behaviour, remark, person*] irresponsabile; ***it was ~ of him to do that*** è stato irresponsabile da parte sua farlo.

irresponsibly /ˌɪrɪ'spɒnsəblɪ/ avv. irresponsabilmente, in modo irresponsabile.

irresponsive /ˌɪrɪ'spɒnsɪv/ agg. che non risponde, che non reagisce.

irretentive /ˌɪrɪ'tentɪv/ agg. *(not retentive)* incapace di trattenere; [*memory*] labile.

irretrievability /ˌɪrɪtriːvə'bɪlətɪ/ n. irrecuperabilità f., irreparabilità f.

irretrievable /ˌɪrɪ'triːvəbl/ agg. [*loss, harm*] irreparabile, irrecuperabile.

irretrievably /ˌɪrɪ'triːvəblɪ/ avv. irreparabilmente, irrecuperabilmente.

irreverence /ɪ'revərəns/ n. irriverenza f., insolenza f.

irreverent /ɪ'revərənt/ agg. irriverente, insolente.

irreverently /ɪ'revərəntlɪ/ avv. in modo irriverente, insolentemente.

irreversibility /ˌɪrɪvɜːsə'bɪlətɪ/ n. irreversibilità f.

irreversible /ˌɪrɪ'vɜːsəbl/ agg. [*process, decision*] irreversibile; [*disease*] irreversibile, incurabile.

irreversibly /ˌɪrɪ'vɜːsəblɪ/ avv. irreversibilmente.

irrevocability /ɪˌrevəkə'bɪlətɪ/ n. irrevocabilità f.

irrevocable /ɪ'revəkəbl/ agg. irrevocabile.

irrevocably /ɪ'revəkəblɪ/ avv. irrevocabilmente.

irrigable /'ɪrɪgəbl/ agg. irrigabile.

irrigate /'ɪrɪgeɪt/ tr. AGR. MED. irrigare.

▷ **irrigation** /ˌɪrɪ'geɪʃn/ **I** n. AGR. MED. irrigazione f.; ***to be under ~*** essere irrigato **II** modif. [*canal, system*] d'irrigazione.

irrigator /'ɪrɪgeɪtə(r)/ n. MED. irrigatore m.

irritability /ˌɪrɪtə'bɪlətɪ/ n. irritabilità f., irascibilità f.

irritable /'ɪrɪtəbl/ agg. irritabile, irascibile.

irritable bowel syndrome /ˌɪrɪtəbl'baʊəlˌsɪndrəʊm/ ➧ ***11*** n. sindrome f. da colon irritabile, colite f. spastica.

irritably /'ɪrɪtəblɪ/ avv. [*say*] stizzosamente, irascibilmente; [*look, shrug*] nervosamente.

1.irritancy /'ɪrɪtənsɪ/ n. irritazione f., fastidio m.

2.irritancy /ˈɪrɪtənsɪ/ n. DIR. annullamento m., invalidamento m.
irritant /ˈɪrɪtənt/ **I** agg. irritante **II** n. **1** *(noise, situation etc.)* fastidio m. **2** *(substance)* irritante m.
▷ **irritate** /ˈɪrɪteɪt/ tr. **1** *(make angry)* irritare, fare innervosire **2** MED. irritare.
▷ **irritating** /ˈɪrɪteɪtɪŋ/ agg. irritante, fastidioso; MED. irritante.
irritatingly /ˈɪrɪteɪtɪŋlɪ/ avv. [*behave, say*] in modo irritante; *~ patient, punctual* di una pazienza, puntualità esasperante.
irritation /ˌɪrɪˈteɪʃn/ n. irritazione f. (anche MED.).
irritative /ˈɪrɪtətɪv/ agg. irritante; MED. irritante, irritativo.
irrotational /ˌɪrəʊˈteɪʃənl/ agg. irrotazionale.
irrupt /ɪˈrʌpt/ intr. fare irruzione, irrompere.
irruption /ɪˈrʌpʃn/ n. irruzione f.
IRS n. US (⇒ Internal Revenue Service) = il fisco statunitense.
Irvine /ˈɜːvɪn/ n.pr. Irvine (nome di uomo).
Irving /ˈɜːvɪŋ/ n.pr. Irving (nome di uomo).
is /*forma debole* s, z, *forma forte* ɪz/ 3ª persona sing. pres. → **be**.
ISA n. GB (⇒ individual savings account) = fondo pensionistico privato esentasse.
Isaac /ˈaɪzək/ n.pr. Isacco.
isabel /ˈɪzəbel/ ♦ **5** **I** agg. isabella **II** n. (color) isabella m.
Isabel /ˈɪzəbel/ n.pr. Isabella.
isagogic /ˌaɪsəˈgɒdʒɪk/ agg. isagogico.
Isaiah /aɪˈzaɪə/ n.pr. Isaia.
isatin /ˈaɪsətɪn/ n. isatina f.
ISBN n. (⇒ International Standard Book Number codice numerico internazionale per l'identificazione dei libri) ISBN m.
Iscariot /ɪsˈkærɪət/ **I** n.pr. *Judas ~* Giuda Iscariota **II** n. FIG. giuda m., traditore m.
isch(a)emia /ɪˈskiːmɪə/ n. ischemia f.
isch(a)emic /ɪˈskiːmɪk/ agg. ischemico.
ischia /ˈɪskɪə/ → **ischium**.
ischial /ˈɪskɪəl/ agg. ischiatico.
ischialgia /ˌɪskɪˈældʒə/ ♦ **11** n. ischialgia f., sciatalgia f.
ischium /ˈɪskɪəm/ n. (pl. **-ia**) ischio m.
ISDN n. (⇒ Integrated Services Digital Network rete numerica integrata nei servizi) ISDN f.
isentropic /ˌaɪznˈtrɒpɪk/ agg. isoentropico, isentropico.
Iseult /ˈiːzuːlt, ɪˈzuːlt/ n.pr. Isotta.
Ishmael /ˈɪʃmeɪəl/ n.pr. Ismaele.
Ishmaelite /ˈɪʃmeɪəˌlaɪt/ n. ismaelita m. e f.
Isidore /ˈɪzɪdɔː(r)/ n.pr. Isidoro.
isinglass /ˈaɪzɪŋglɑːs, AE -glæs/ n. **1** GASTR. *(gelatin)* colla f. di pesce, ittiocolla f. **2** *(mica)* mica f.
Isis /ˈaɪsɪs/ n.pr. Iside.
Islam /ˈɪzlɑːm, -læm, -ˈlɑːm/ n. **1** *(religion)* islamismo m., Islam m. **2** *(Muslims collectively)* Islam m., mondo m. islamico.
Islamabad /ɪzˈlæməbæd/ ♦ **34** n.pr. Islamabad f.
Islamic /ɪzˈlæmɪk/ agg. islamico.
Islamism /ˈɪzlæmɪzəm/ n. islamismo m.
Islamist /ˈɪzləmɪst/ n. **1** islamista m. e f., estremista m. e f. islamico (-a) **2** *(scholar)* islamista m. e f.
▶ **island** /ˈaɪlənd/ **I** n. **1** isola f.; *(small)* isolotto m., isoletta f.; *~ of peace, hope* FIG. isola di pace, di speranza **2** → **traffic island** **II** modif. *(of particular island)* isolano, dell'isola; *(of islands generally)* insulare, delle isole; *an ~ community* una comunità insulare; *the ~ community* la popolazione insulare ♦ *no man is an ~* = non si può fare meno degli altri.
islander /ˈaɪləndə(r)/ n. isolano m. (-a).
island hopping /ˈaɪləndˌhɒpɪŋ/ n. *to go ~* spostarsi di isola in isola.
Islands Council /ˈaɪləndzˌkaʊnsl/ n. GB = ognuna delle tre regioni amministrative in cui vengono raggruppate le isole scozzesi.
isle /aɪl/ ♦ **12** n. **1** GEOGR. *(in place-names)* isola f.; *Isle of Man* isola di Man; *Isle of Wight* isola di Wight **2** LETT. isola f.
islet /ˈaɪlɪt/ n. LETT. isolotto m., isoletta f.
ism /ˈɪzəm/ n. SPREG. ismo m.; *Marxism and other ~s* il marxismo e altri ismi.
isn't /ˈɪznt/ contr. is not.
ISO n. (⇒ International Standards Organization Organizzazione Internazionale per la Standardizzazione) ISO m.
isobar /ˈaɪsəbɑː(r)/ n. (linea) isobara f.
isobaric /ˌaɪsəˈbærɪk/ agg. isobaro, isobarico.
isobath /ˈaɪsəbɑːθ/ n. (linea) isobata f.
isobutane /ˌaɪsəˈbjuːteɪn/ n. isobutano m.
isobutene /ˌaɪsəˈbjuːtiːn/ n. isobutene m.
isobutyl /ˌaɪsəˈbjuːtl/ n. isobutile m.
isochore /ˈaɪsəkɔː(r)/ n. isocora f.
isochoric /ˌaɪsəˈkɔːrɪk/ agg. FIS. isocorico.
isochromatic /ˌaɪsəkrəʊˈmætɪk/ agg. isocromatico.
isochronism /aɪˈsɒkrənɪzəm/ n. isocronismo m.
isochronous /aɪˈsɒkrənəs/ agg. isocrono.
isoclinal /ˌaɪsəˈklaɪnl/ agg. isoclino.
isocline /ˌaɪsəˈklaɪn/ n. **1** (linea) isoclina f. **2** GEOL. isoclinale f.
isoclinic line /ˌaɪsəˌklɪnɪkˈlaɪn/ n. (linea) isoclina f.
isocyanate /ˌaɪsəˈsaɪəneɪt/ n. isocianato m.
isogamete /ˌaɪsəˈgæmiːt/ n. isogamete m.
isogamy /aɪˈsɒgəmɪ/ n. isogamia f.
isogonal /aɪˈsɒgənl/ agg. isogono, isogonale.
isogonic /ˌaɪsəˈgɒnɪk/ **I** agg. isogono, isogonale **II** n. (linea) isogona f.
isohaline /ˌaɪsəˈheɪliːn/ n. (linea) isoalina f.
isohyet /ˌaɪsəˈhaɪət/ n. isoieta f.
isohypse /ˈaɪsəhaɪps/ n. isoipsa f.
isolable /ˈaɪsələbl/ agg. isolabile.
isolate /ˈaɪsəleɪt/ tr. *(all contexts)* isolare (**from** da); *to ~ a mistake* individuare un errore.
▷ **isolated** /ˈaɪsəleɪtɪd/ **I** p.pass. → **isolate** **II** agg. isolato.
▷ **isolation** /ˌaɪsəˈleɪʃn/ n. *(all contexts)* isolamento m.; *in ~* in isolamento; *in splendid ~* SCHERZ. in uno splendido isolamento.
isolation hospital /ˌaɪsəˈleɪʃnˌhɒspɪtl/ n. BE ospedale m. per malattie infettive.
isolationism /ˌaɪsəˈleɪʃənɪzəm/ n. isolazionismo m.
isolationist /ˌaɪsəˈleɪʃənɪst/ **I** n. isolazionista m. e f. **II** agg. isolazionistico, isolazionista.
isolation ward /ˌaɪsəˈleɪʃnˌwɔːd/ n. BE reparto m. d'isolamento.
Isolde /ɪˈzɒldə/ n.pr. Isotta.
isomer /ˈaɪsəmə(r)/ n. isomero m.
isomerase /aɪˈsɒməreɪs/ n. isomerasi f.
isomeric /ˌaɪsəˈmerɪk/ agg. isomerico.
isomerism /aɪˈsɒmərɪzəm/ n. isomeria f.
isomerization /aɪˌsɒmərɪˈzeɪʃn/ n. isomerizzazione f.
isometric /ˌaɪsəˈmetrɪk/ **I** agg. isometrico **II** **isometrics** n.pl. ginnastica f.sing. isometrica.
isometry /aɪˈsɒmətrɪ/ n. isometria f.
isomorphic /ˌaɪsəˈmɔːfɪk/ agg. MAT. isomorfico; BIOL. omomorfo.
isomorphism /ˌaɪsəˈmɔːfɪzəm/ n. CHIM. MAT. LING. isomorfismo m.; BIOL. omomorfia f.
isomorphous /ˌaɪsəˈmɔːfəs/ agg. CHIM. MAT. isomorfo.
isonomy /aɪˈsɒnəmɪ/ n. isonomia f.
isopleth /ˌaɪsəˈpleθ/ n. (linea) isopleta f.
isoproduct (curve) /ˌaɪsəˈprɒdʌkt(ˌkɜːv)/ n. isoquanto m.
isosceles /aɪˈsɒsəliːz/ agg. isoscele.
isoseismal line /ˌaɪsəˈsaɪzməlˌlaɪn/, **isoseismic line** /ˌaɪsəˈsaɪzmɪkˌlaɪn/ n. (linea) isosista f., (linea) isosismica f.
isospin /ˈaɪsəspɪn/ n. spin m. isotopico.
isostasy /aɪˈsɒstəsɪ/ n. isostasia f., isostasi f.
isostatic /ˌaɪsəˈstætɪk/ agg. GEOL. isostatico.
isotherm /ˈaɪsəθɜːm/ n. (linea) isoterma f.
isothermal /ˌaɪsəˈθɜːml/ **I** agg. **1** METEOR. isotermo **2** FIS. isotermico **II** n. METEOR. (linea) isoterma f.
isotonic /ˌaɪsəˈtɒnɪk/ agg. CHIM. MED. isotonico.
isotope /ˈaɪsətəʊp/ n. isotopo m.
isotopic /ˌaɪsəˈtɒpɪk/ agg. isotopico.
isotopy /aɪˈsɒtəpɪ/ n. isotopia f.
isotropic /ˌaɪsəˈtrɒpɪk/ agg. FIS. isotropo.
isotropy /aɪˈsɒtrəpɪ/ n. FIS. isotropia f.
ISP n. (⇒ Internet Service Provider provider Internet) ISP m.
Israel /ˈɪzreɪl/ ♦ **6** n.pr. Israele m.; *in ~* in Israele.
Israeli /ɪzˈreɪlɪ/ ♦ **18** **I** agg. israeliano **II** n. israeliano m. (-a).
Israelite /ˈɪzrɪəlaɪt, -rəlaɪt/ n. israelita m. e f.
▶ **1.issue** /ˈɪʃuː, ˈɪsjuː/ n. **1** *(topic for discussion)* questione f., problema m. (**of** di); *a political ~* una questione politica; *that's not the ~* non è questo il punto; *to force the ~* spingere a una conclusione; *to make an ~ (out) of* fare un caso di; *the point at ~* l'argomento in questione *o* il punto in discussione; *her beliefs are not at ~* le sue convinzioni non sono in discussione; *our future is at ~ here* qui è in discussione il nostro futuro; *to be at ~ (in disagreement)* essere in discussione (**over, about** su, per); *to take ~ with* essere in disaccordo con; *I must take ~ with you on that* mi vedo costretto a dissentire con te su questo argomento **2** *(allocation) (of blankets, food)* distribuzione f.; MIL.*(of arms, uniforms)* dotazione f.; *(of passport, licence)* rilascio m.; *(of summons, writ)* promulgazione f. **3** *(official release) (of stamps, coins, shares)* emissione f.; *(of book)* pubblicazione f. **4** *(copy) (of newspaper)* edizione f.; *(of*

it

- When *it* is used as a subject pronoun to refer to a specific object (or animal), *esso* o *essa* may be used in Italian according to the gender of the word referred to; in most cases, however, such pronoun forms are understood:

"where is the book / chair?"	= "dov'è il libro / la sedia?"
"it's in the kitchen"	"è in cucina"
"do you like my skirt?"	= "ti piace la mia gonna?"
"it's lovely"	"è carina".

- When *it* is used as a direct object pronoun, it is translated by *lo* or *la* (*l'* before *h* or a vowel) according to the gender of the word referred to:

it's my book, and I want it	= è il mio libro e lo voglio
it's my chair, and I want it	= è la mia sedia e la voglio.

- Note that the object pronoun normally comes before the verb in Italian:

I'll clean it (the floor)	= lo pulisco io (il pavimento)
I'll post it (the letter)	= la spedisco io (la lettera)
I broke it (the dish)	= l'ho rotto io (il piatto)
I broke it (the cup)	= l'ho rotta io (la tazza).

In imperatives (and other non-finite forms), however, *lo* and *la* come after the verb and are joined to it to form a single word:

catch it! (the dish / the cup)	= prendilo! (il piatto) / prendila! (la tazza).

- When used as an indirect object pronoun, *it* is translated by *gli* or *le* according to the gender of the word referred to:

the gate / door is stuck: give it a push	= il cancello è bloccato: dagli una spinta / la porta è bloccata: dalle una spinta.

- When *it* is used after a preposition in English, the two words (prep + *it*) are often translated by one word, i.e. *ne* or *ci*, in Italian.

If the preposition would normally be translated by *di* in Italian (e.g. *of, about, from* etc.), the *prep* + *it* = *ne:*

I've heard about it	= ne ho sentito parlare

If the preposition would normally be translated by *a* in Italian (e.g. *to, in, at* etc.) the prep + *it* = *ci:*

they went to it	= ci sono andati
what should I do with it	= che cosa dovrei farci?

For translations of *it* following prepositions not normally translated by *di* or *a* (e.g. *above, under, over* etc.) consult the entry for the preposition.

- Remember that a verb followed by a particle or a preposition in English may correspond to a verb followed by a direct object in Italian, and vice versa, e.g. *to look at something* vs guardare qualcosa and *to doubt something* vs dubitare di qualcosa:

look at it!	= guardalo!
I doubt it	= ne dubito.

- For translations for impersonal verb uses (*it's raining, it's snowing*), consult the entry for the verb in question.
- *It* is used in expressions of days of the week *(it's Friday)* and clock time *(it's 5 o'clock)*. This dictionary contains usage notes on these and many other topics. For other impersonal and idiomatic uses see the entry **it**.

magazine, journal) numero m.; ***back ~*** numero arretrato **5** *(flowing out) (of liquid)* fuoriuscita f., perdita f. **6** *(outcome)* esito m., risultato m. **7** *(offspring)* prole f., discendenza f.; ***to die without ~*** morire senza discendenza.

▶ **2.issue** /ˈɪʃuː, ˈɪsjuː/ **I** tr. **1** *(allocate)* distribuire [*book, food, arms, uniforms*] (**to** a); ***to ~ sb. with*** dare in dotazione a qcn.; ***to be ~d with*** ricevere in dotazione **2** *(make public)* rilasciare [*declaration, statement*]; inviare, mandare [*ultimatum*]; impartire, diramare [*order*]; dare [*warning*] **3** *(release officially)* emettere [*stamps, shares*]; mettere in circolazione, emettere [*coins*] **4** *(publish)* pubblicare [*book, magazine*] **II** intr. **1** *(flow out)* ***to ~ from*** [*water, liquid*] uscire da, scaturire da; [*gas, smoke*] uscire da; [*shouts, laughter, insults*] arrivare da, provenire da **2** *(result)* ***to ~ from*** derivare da, risultare da.

issueless /ˈɪʃuːlɪs/ agg. senza prole, senza discendenza.

issuer /ˈɪʃʊə(r)/ n. ECON. emittente m.

issuing house /ˈɪsuːɪŋˌhaʊs/ n. ECON. società f. di collocamento, casa f. di emissione.

Istanbul /ˌɪstænˈbʊl/ ➧ **34** n.pr. Istanbul f.

isthmian /ˈɪsθmɪən/ agg. istmico.

isthmus /ˈɪsməs/ n. istmo m.

istle /ˈɪstlɪ/ n. istle m., ixtle m.

Istria /ˈɪstrɪə/ ➧ **24** n. Istria f.

Istrian /ˈɪstrɪən/ **I** agg. istriano **II** n. istriano m. (-a).

▶ **it** /ɪt/ pron. **1** *(subject) (animal or object)* esso m. (-a); ***~'s in the kitchen*** è in cucina; ***"this is my new house" "~'s lovely"*** "questa è la mia nuova casa" "è molto carina"; ***~'s a good film*** è un bel film **2** *(in questions)* ***who is ~?*** chi è? ***~'s me*** sono io; ***where is ~?*** dov'è? ***what is ~?*** *(of object, noise etc.)* che cos'è? *(what's happening?)* che sta succedendo? *(what is the matter?)* che (cosa) c'è? di che si tratta? ***how was ~?*** com'è stato? **3** *(with impersonal verbs)* ***~'s raining*** sta piovendo; ***~'s cold*** fa freddo; ***~'s Friday, 5 o'clock*** è venerdì, sono le cinque; ***~'s incredible, impossible*** è incredibile, impossibile **4** *(anticipatory subject)* ***~ is important that you go*** è importante che tu ci vada; ***~ is not easy to find a job*** non è facile trovare lavoro **5** *(to emphasize)* ***~'s him you should speak to*** è con lui che dovresti parlare; ***~'s John who did it*** è stato John a farlo **6** *(direct object)* lo, la; ***have you seen ~*** l'hai visto? ***I don't believe ~*** non ci credo **7** *(anticipatory object)* ***I don't like ~ that you tell lies*** non mi piace che tu dica bugie; ***I take ~ that you agree*** suppongo che siate d'accordo **8** *(indirect object)* gli, le; ***I gave ~ a bone*** gli diedi un osso **9** *(after preposition)* ***I can't get used to ~*** non riesco ad abituarmici ; ***let's talk about ~*** parliamone; ***don't look at ~!*** non guardarlo! ◆ ***I didn't have ~ in me to refuse*** non sono stata capace di rifiutare *o* non me la sono sentita di dire di no; ***he's just not got ~ in him to do any better*** non ha proprio potuto fare di meglio; ***the best, worst of ~ is that*** la cosa più bella, peggiore è che; ***you're ~!*** GIOC. ce l'hai! ***that's ~!*** *(in triumph)* benissimo! ecco fatto! *(in anger)* ora basta! ne ho abbastanza! ***we've had ~ now!*** COLLOQ. siamo fritti! siamo rovinati! ***the cooker's had ~!*** COLLOQ. il fornello è andato! ***I've had ~ (with this job)*** ne ho abbastanza (di questo lavoro); ***to have ~ in for sb.*** COLLOQ. avercela (a morte) con qcn.; ***to be with ~*** COLLOQ. essere all'ultima moda.

IT n. (⇒ information technology) = informatica, information technology.

ITA n. SCOL. (⇒ Initial Teaching Alphabet) = alfabeto fonetico usato per aiutare coloro che imparano a leggere e scrivere in inglese.

Italian /ɪˈtæljən/ ➧ **18, 14** **I** agg. italiano **II** n. **1** *(person)* italiano m. (-a) **2** *(language)* italiano m. **III** modif. *(of Italian)* [*teacher, exam, course*] di italiano; *(into Italian)* [*translation*] in italiano.

Italianate /ɪˈtæljəneɪt/ agg. italianizzato, all'italiana.

Italianism /ɪˈtæljənɪzəm/ n. **1** *(Italian spirit)* italianità f. **2** *(Italian expression)* italianismo m.

Italianize /ɪˈtæljənaɪz/ **I** tr. italianizzare **II** intr. italianizzarsi.

italic /ɪˈtælɪk/ **I** agg. [*characters*] italico, corsivo **II italics** n.pl. corsivo m.sing.; ***in ~s*** in corsivo; ***"my ~s"*** "corsivo mio".

italicize /ɪˈtælɪsaɪz/ tr. TIP. stampare in corsivo; *(by hand)* sottolineare; ***this word is ~d*** questa parola è in corsivo.

Italy /ˈɪtəlɪ/ ➧ **6** n.pr. Italia f.

ITC n. GB (⇒ Independent Television Commission) = organismo preposto al controllo dei network televisivi privati.

1.itch /ɪtʃ/ n. **1** *(physical)* prurito m.; ***to relieve an ~*** lenire un prurito; MED. ***the ~*** la scabbia **2** COLLOQ. *(hankering)* smania f., voglia f. (**for** di; **to do** di fare); ***I had an ~ to travel*** morivo dalla voglia di viaggiare.

2.itch /ɪtʃ/ **I** intr. **1** *(physically)* prudere, sentire prurito; ***my back is ~ing*** mi prude la schiena; ***these socks make me*** o ***my feet ~*** queste calze mi danno prurito *o* mi fanno prudere i piedi **2** ***to be ~ing for sth., to do*** morire dalla voglia di qcs., di fare **II** tr. AE *(scratch)* grattare.

itchiness /ˈɪtʃɪnɪs/ n. prurito m., pizzicore m.

itching /ˈɪtʃɪŋ/ **I** n. prurito m. **II** agg. → **itchy**.

itching powder /ˈɪtʃɪŋˌpaʊdə(r)/ n. polvere f. pruriginosa.

itch-mite /ˈɪtʃˌmaɪt/ n. acaro m. della scabbia.

itchy /ˈɪtʃɪ/ agg. COLLOQ. ***I have an ~ back*** mi prude la schiena; ***I feel ~ all over*** mi sento prudere ovunque ◆ ***to have ~ feet*** COLLOQ. = avere sempre voglia di spostarsi, non riuscire a rimanere nello stesso luogo; ***to have ~ fingers*** COLLOQ. essere svelto di mano *o* avere le mani lunghe.

it'd /ˈɪtəd/ contr. it had, it would.

▶ **1.item** /ˈaɪtəm/ n. **1** articolo m., oggetto m.; ***household ~*** articolo di casalinghi; ***luxury ~*** oggetto di lusso; ***an ~ of furniture*** un mobile; ***~s of clothing*** capi d'abbigliamento **2** AMM. POL. punto m., questione f.; ***an ~ on the agenda*** un punto dell'ordine del giorno; ~

nine il punto nove; ~***s of business*** questioni d'affari, di lavoro **3** GIORN. RAD. TELEV. notizia f. (**about** su); ***news*** ~ notizia, informazione; ***the main*** ~ GIORN. RAD. TELEV. la notizia principale **4** MUS. brano m., pezzo m.; *(in show)* numero m. **5** LING. INFORM. item m. **6** COLLOQ. *(couple)* ***to be an*** ~ stare insieme.

2.item /'aɪtəm/ avv. COMM. FORM. *(when listing)* item, parimenti.

itemize /'aɪtəmaɪz/ tr. dettagliare, particolareggiare.

itemized bill /ˌaɪtəmaɪzd'bɪl/ n. bolletta f., fattura f. dettagliata.

item veto /'aɪtəmˌvi:təʊ/ n. AE POL. veto m. parziale.

iterance /'ɪtərəns/ n. RAR. iterazione f., ripetizione f.

iterate /'ɪtəreɪt/ tr. FORM. iterare, ripetere.

iteration /ˌɪtə'reɪʃn/ n. iterazione f., ripetizione f.

iterative /'ɪtərətɪv/ agg. LING. iterativo, frequentativo.

itinerancy /ɪ'tɪnərəsɪ/ n. **1** *(itinerant preaching)* = il predicare di luogo in luogo **2** *(the state of being itinerant)* (l')essere itinerante, nomadismo m.

itinerant /aɪ'tɪnərənt, ɪ-/ **I** agg. [*life, tribe*] nomade; [*worker*] itinerante; [*preacher*] itinerante; ~ ***teacher*** AE = docente che insegna in più scuole **II** n. girovago m. (-a), nomade m. e f.

itinerary /aɪ'tɪnərərɪ, ɪ-, AE -rerɪ/ n. itinerario m.

itinerate /ɪ'tɪnəreɪt/ intr. RAR. viaggiare, spostarsi di luogo in luogo.

it'll /'ɪtl/ contr. it will.

ITN n. GB (⇒ Independent Television News) = network privato di attualità televisiva.

ITO n. (⇒ International Trade Organization organizzazione internazionale per il commercio) ITO f., OIC f.

▶ **its** /ɪts/ When translating *its*, remember that in Italian possessives, like most other adjectives, agree in gender and number with the noun they qualify, not as in English with the possessor they refer to; *its* is translated by *suo* + masculine singular noun (*its bone* = il suo osso), *sua* + feminine singular noun (*its cage* = la sua gabbia), *suoi* + masculine plural noun (*its whiskers* = i suoi baffi), and *sue* + feminine plural noun (*its legs* = le sue zampe). - The above examples also show that Italian possessives, unlike English ones, are normally preceded by an article. determ. suo; ***the cat hurt*** ~ ***paw*** il gatto si fece male alla zampa; ***the house and*** ~ ***garden*** la casa e il giardino; ***what was*** ~ ***value?*** quanto valeva?

it's /ɪts/ contr. it is, it has.

▶ **itself** /ɪt'self/ When used as a reflexive pronoun, direct and indirect, *itself* is translated by *si*, which is always placed before the verb: *the cat hurt itself* = il gatto si è fatto male; *a problem presented itself* = si è posto un problema. - When used as an emphatic to stress the corresponding noun, the translation is *stesso* for a masculine noun and *stessa* for a feminine noun: *the preface itself makes good reading* = la prefazione stessa è bella da leggere. - When used after a preposition, *itself* is translated by *sé* or *se stesso* / *se stessa*: *the machine in itself is easy to use* = la macchina di per di sé / se stessa è facile da usare. - *(All) by itself* is translated by *da solo* / *da sola*, which means *alone* and/or *without help*. - For particular usages see below. pron. **1** *(reflexive)* si, se stesso m. (-a) **2** *(emphatic)* stesso, stessa; ***the house*** ~ ***was pretty*** la casa in sé era graziosa; ***the library is not in the university*** ~ la biblioteca non si trova all'interno dell'università; ***he was kindness*** ~ era la gentilezza fatta persona **3** *(after prepositions)* ***the heating comes on by*** ~ il riscaldamento si accende da solo; ***the house stands by*** ~ ***in the middle of a field*** la casa si trova isolata in mezzo a un campo; ***the library is a fine building in*** ~ la biblioteca in sé è un bell'edificio; ***learning Italian is not difficult in*** ~ imparare l'italiano non è di per sé difficile.

itsy-bitsy /ɪtsɪ'bɪtsɪ/ agg. COLLOQ. minuto, piccolissimo.

ITV n. GB (⇒ Independent Television) = network privato.

IUD n. (⇒ intrauterine device dispositivo anticoncezionale intrauterino) IUD m., spirale f.

IV n. (⇒ intravenous drip) = flebo.

Ivanhoe /'aɪvənhəʊ/ n.pr. Ivanoe.

I've /aɪv/ contr. I have.

Ives /aɪvz/ n.pr. Ivo.

IVF n. (⇒ in vitro fertilization fecondazione in vitro) FIV f.

ivied /'aɪvɪd/ agg. coperto d'edera.

Ivor /'aɪvə(r)/ n.pr. Ivor (nome di uomo).

ivory /'aɪvərɪ/ ♦ ***5*** **I** n. **1** U *(substance)* avorio m. **2** *(ornament)* (oggetto in) avorio m. **3** *(colour)* avorio m. **II** modif. [*object*] d'avorio **III** agg. [*skin, complexion*] eburneo, d'avorio ♦ ***to tickle the ivories*** SCHERZ. strimpellare il pianoforte.

Ivory Coast /ˌaɪvərɪ'kəʊst/ ♦ ***6*** n.pr. Costa f. d'Avorio.

ivory-dome /ˌaɪvərɪ'dəʊm/ n. tonto m. (-a), stupido m. (-a).

ivory-thumper /ˌaɪvərɪ'θʌmpə(r)/ n. AE COLLOQ. pianista m. e f.

ivory tower /ˌaɪvərɪ'taʊə(r)/ n. FIG. torre f. d'avorio.

ivy /'aɪvɪ/ n. edera f.

Ivy /'aɪvɪ/ n.pr. Ivy (nome di donna).

ivy-leaf geranium /ˌaɪvɪˌli:fdʒə'reɪnɪəm/ n. geranio-edera m.

Ivy League /ˌaɪvɪ'li:g/ **I** n.pr. (anche ~ **colleges**) Ivy League f. **II** agg. **1** dell'Ivy League **2** FIG. SPREG. con la puzza sotto il naso.

> **i** **Ivy League** Le università statunitensi territorialmente più vicine si riuniscono in associazioni (*Conferences*) per svolgere insieme attività varie, ad esempio sportive. La più rinomata di queste associazioni è la *Ivy League*, che comprende le otto università più antiche e prestigiose della costa orientale degli Stati Uniti, vale a dire *Harvard, Yale, Columbia, Cornell, Dartmouth, Brown, Princeton, Pennsylvania.* Deve questo nome all'edera che cresce sui muri dei vecchi edifici dei *colleges* (v. ***Colleges***).

ixia /'ɪksɪə/ n. issia f.

izzard /'ɪzəd/ n. ANT. zeta f.

j

j, J /dʒeɪ/ n. j, J m. e f.

▷ **1.jab** /dʒæb/ n. **1** BE MED. *(vaccination)* vaccinazione f.; *(injection)* iniezione f. **2** *(poke)* colpetto m., toccata f. **3** *(in boxing)* jab m., diretto m. sinistro.

▷ **2.jab** /dʒæb/ **I** tr. (forma in -ing ecc. **-bb-**) ***to ~ sth. into sth.*** conficcare qcs. in qcs.; ***he ~bed his finger into my arm, he ~bed my arm (with his finger)*** mi piantò il dito nel braccio; ***to ~ sth. at sb.*** spingere qcs. verso qcn. **II** intr. (forma in -ing ecc. **-bb-**) **1** ***she ~bed at the page with her finger*** tamburellava con il dito sulla pagina **2** *(in boxing)* tirare un jab, un diretto sinistro (**at** a).

1.jabber /ˈdʒæbə(r)/ n. → **jabbering.**

2.jabber /ˈdʒæbə(r)/ **I** tr. farfugliare, borbottare, biascicare **II** intr. *(chatter)* chiacchierare, ciarlare; *(in foreign language)* farfugliare.

jabberer /ˈdʒæbərə(r)/ n. *(chatterbox)* chiacchierone m. (-a), ciarlone m. (-a); *(person who speaks incomprehensibly)* chi farfuglia, chi biascica.

jabbering /ˈdʒæbərɪŋ/ n. *(chatter)* chiacchiere f.pl., ciarle f.pl.; *(incomprehensible talk)* borbottamento m., biascicamento m.

Jabez /ˈdʒeɪbez, -bɪz/ n.pr. Jabez (nome di uomo).

jaborandi /ˌdʒæbəˈrændɪ/ n. (pl. **~s**) iaborandi m.

jabot /ˈʒæbəʊ/ n. jabot m.

jacaranda /ˌdʒækəˈrændə/ n. jacaranda f.

jacinth /ˈdʒæsɪnθ/ n. MINER. giacinto m.

▷ **1.jack** /dʒæk/ **I** n. **1** *(crank for car etc.)* cric m., martinetto m. **2** *(in cards)* jack m., fante m. (**of** di) **3** *(in bowls)* boccino m. **4** EL. TEL. jack m. **5** MAR. jack m., bandiera f. di bompresso **II** ⧫ ***10*** **jacks** n.pl. GIOC. INTRAD. m. (gioco infantile in cui i giocatori devono riuscire a raccogliere dei piccoli oggetti metallici facendo contemporaneamente rimbalzare una pallina) ◆ ***every man ~*** tutti quanti; ***every man ~ of them*** tutti quanti loro; ***to be (a) ~ of all trades (and master of none)*** essere un factotum SCHERZ.; ***to have an I'm all right Jack attitude*** autocompiacersi.

2.jack /dʒæk/ tr. → **jack up.**

■ **jack around** AE COLLOQ. ***~ around*** **1** *(idle around)* bighellonare, oziare **2** ***to ~ around with sth.*** armeggiare con qcs.; ***to ~ around with sb.*** intendersela, farsela con qcn.; ***~ around [sb.], ~ [sb.] around*** prendere in giro, importunare.

■ **jack in** BE COLLOQ. ***~ in [sth.], ~ [sth.] in*** piantare, abbandonare [*job, task*]; ***to ~ it in*** mollare tutto.

■ **jack off** AE VOLG. masturbarsi.

■ **jack out** AE COLLOQ. estrarre, tirare fuori.

■ **jack up: *~ up [sth.], ~ [sth.] up*** **1** sollevare con un cric, un martinetto [*vehicle*] **2** COLLOQ. FIG. alzare, aumentare [*price, charge*] **3** AE COLLOQ. *(encourage)* incitare [*crowd*].

Jack /dʒæk/ n.pr. diminutivo di **John** e **Jacob.**

jackal /ˈdʒækɔːl, AE -kl/ n. sciacallo m.

jackanapes /ˈdʒækəneɪps/ n. sfacciato m. (-a), impertinente m. e f.

jackass /ˈdʒækæs/ n. asino m., somaro m. (anche FIG.).

jackboot /ˈdʒækbuːt/ n. stivale m. alla scudiera; FIG. repressione f., oppressione f. (**of** di).

jack-booted /ˈdʒækbuːtɪd/ agg. [*soldier, troops*] che indossa stivali militari; FIG. [*regime, repression*] duro, autoritario.

jackdaw /ˈdʒækdɔː/ n. ORNIT. taccola f.

jacked up /ˌdʒæktˈʌp/ agg. AE COLLOQ. eccitato, su di giri.

▷ **1.jacket** /ˈdʒækɪt/ ⧫ ***28*** **I** n. **1** *(garment)* giacca f.; *(short)* giubbotto m., giacchetta f. **2** *(skin of a potato)* buccia f.; ***potatoes (baked) in their ~s*** GASTR. patate cucinate al forno con la buccia **3** *(of book)* (anche **dust ~**) sopraccoperta f.; AE *(of record)* copertina f. **4** TECN. *(insulating)* rivestimento m. isolante, guaina f. **II** modif. **1** [*sleeve, pocket*] della giacca **2** ***~ potato*** GASTR. patata al forno con la buccia **3** [*illustration*] in copertina; [*design*] di copertina.

2.jacket /ˈdʒækɪt/ tr. **1** *(put a jacket on)* mettere una giacca a [*person*] **2** TECN. *(cover with a casing)* rivestire con materiale isolante.

jackfish /ˈdʒækfɪʃ/ n. (pl. **~, ~es**) COLLOQ. *(pike)* luccio m.

Jack Frost /ˌdʒækˈfrɒst/ n.pr. = personificazione del gelo.

jackhammer /ˈdʒækˌhæmə(r)/ n. martello m. pneumatico.

jack-in-office /ˈdʒækɪnˌɒfɪs, AE -ˌɔːfɪs/ n. = piccolo burocrate presuntuoso.

jack-in-the-box /ˈdʒækɪnðəˌbɒks/ n. scatola f. a sorpresa, saltamartino m.

Jack Ketch /ˌdʒækˈketʃ/ n. STOR. boia m.

1.jackknife /ˈdʒæknaɪf/ n. (pl. **-knives**) **1** *(knife)* coltello m. a serramanico **2** → **jackknife dive.**

2.jackknife /ˈdʒæknaɪf/ intr. [*lorry*] sbandare affiancandosi alla motrice.

jackknife dive /ˈdʒæknaɪfˌdaɪv/ n. tuffo m. carpiato.

jackknives /ˈdʒæknaɪvz/ → **1.jackknife.**

jack-o'-lantern /ˌdʒækəʊˈlæntən/ n. **1** AE = zucca svuotata in cui sono incisi occhi, naso e bocca che viene utilizzata come lanterna a Halloween **2** BE fuoco m. fatuo.

jackplane /ˈdʒækpleɪn/ n. TECN. pialletto m.

jack plug /ˈdʒækˌplʌg/ n. EL. TEL. jack m.

▷ **jackpot** /ˈdʒækpɒt/ n. jackpot m., monte premi m. ◆ ***to hit the ~*** *(win prize)* fare una grossa vincita *o* vincere un terno al lotto; *(have great success)* sfondare *o* avere un gran successo.

jackrabbit /ˈdʒækˌræbɪt/ n. = lepre diffusa nel Nord America.

Jack Robinson /ˌdʒækˈrɒbɪnsn/ n. ***before you can say ~*** in men che non si dica *o* in un batter d'occhio.

jackscrew /ˈdʒækskruː/ n. *(screw-operated jack)* cric m., martinetto m. a vite.

jack shit /ˈdʒækʃɪt/ n. AE POP. ***you don't know ~*** non ne sai un cazzo.

jack-staff /ˈdʒækstɑːf, AE -stæf/ n. MAR. asta f. della bandiera di bompresso.

jackstraws /ˈdʒækstrɔːz/ n.pl. + verbo sing. sciangai m.

jack tar /ˌdʒækˈtɑː(r)/ n. (anche **Jack Tar**) marinaio m.

Jack-the-lad /ˌdʒækðəˈlæd/ n. BE COLLOQ. bulletto m.

jack towel /ˈdʒækˌtaʊəl/ n. *(roller towel)* asciugamano m. automatico a rullo, bandinella f.

jack-up /ˈdʒækʌp/ n. AE COLLOQ. aumento m.

Jacky /ˈdʒækɪ/ n.pr. diminutivo di **Jack** e **Jacqueline.**

Jacob /ˈdʒeɪkəb/ n.pr. Giacobbe.

Jacobean /ˌdʒækəˈbɪən/ agg. **1** STOR. del regno, dell'epoca di Giacomo I **2** ARCH. [*style*] giacobiano.

jacobin /ˈdʒækəbɪn/ n. **1** ZOOL. colombo m. cappuccino **2** ZOOL. florisuga f.
Jacobin /ˈdʒækəbɪn/ n. STOR. giacobino m. (-a).
jacobinic(al) /ˌdʒækəˈbɪnɪk(l)/ agg. STOR. giacobino.
Jacobinism /ˈdʒækəbɪnɪzəm/ n. STOR. giacobinismo m.
Jacobite /ˈdʒækəbaɪt/ n. STOR. giacobita m. e f.
jacobitic(al) /ˌdʒækəˈbɪtɪk(l)/ agg. STOR. di, da giacobita.
Jacobitism /ˈdʒækəˌbaɪtɪzəm/ n. STOR. = insieme dei principi politici dei giacobiti.
jaconet /ˈdʒækənɪt/ n. giaconetta f.
jacquard /dʒəˈkɑːd/ n. jacquard m.
Jacqueline /ˈdʒækliːn/ n.pr. Giacomina.
jactitation /ˌdʒæktɪˈteɪʃn/ n. **1** ANT. *(act of boasting)* iattanza f., tracotanza f. **2** DIR. falsa dichiarazione f. **3** MED. agitazione f. motoria.
jacuzzi® /dʒəˈkuːzɪ/ n. jacuzzi® f., vasca f. per idromassaggio.
1.jade /dʒeɪd/ ➧ **5 I** n. **1** *(stone)* giada f. **2** *(colour)* verde m. giada **II** modif. [*ring, statue*] di giada **III** agg. verde giada.
2.jade /dʒeɪd/ n. **1** ANT. SPREG. *(horse)* ronzino m. **2** ANT. SPREG. *(woman)* donnaccia f.
3.jade /dʒeɪd/ tr. *(exhaust)* sfinire, spossare, stremare.
jaded /ˈdʒeɪdɪd/ **I** p.pass. → **3.jade II** agg. **1** *(exhausted)* sfinito, spossato, stremato **2** *(bored)* [*person*] annoiato; [*palate*] sazio, nauseato; ***to have a ~ appetite*** non avere appetito, essere inappetente.
jade green /ˌdʒeɪdˈgriːn/ ➧ **5 I** n. verde m. giada **II** agg. verde giada.
jadeite /ˈdʒeɪdaɪt/ n. giadeite f.
Jael /dʒeɪəl/ n.pr. Giaele.
1.jag /dʒæg/ n. *(sharp projection)* sporgenza f., spuntone m.
2.jag /dʒæg/ tr. (forma in -ing ecc. **-gg-**) *(cut unevenly)* frastagliare, dentellare.
3.jag /dʒæg/ n. **1** *(drinking bout)* sbornia f., sbronza f. **2** *(uncontrolled activity)* crisi f., attacco m.; ***a crying ~*** una crisi di pianto.
Jag /dʒæg/ n. COLLOQ. (accorc. Jaguar) Jaguar® f.
jagged /ˈdʒægɪd/ **I** p.pass. → **2.jag II** agg. [*rock, cliff, wreck*] frastagliato; [*knife*] seghettato; [*saw*] dentellato; ***a ~ tear*** una ferita lacera.
jaggedness /ˈdʒægɪdnɪs/ n. **1** *(indentation)* frastagliamento m., dentellatura f. **2** *(roughness)* scabrosità f., rugosità f.
jagger /ˈdʒægə(r)/ n. rotellina f. dentellata.
jaggy /ˈdʒægɪ/ → **jagged**.
jaguar /ˈdʒægjʊə(r)/ n. giaguaro m.
Jahveh, Jahweh /ˈjɑːveɪ/ n.pr. Javè.
▷ **1.jail** /dʒeɪl/ **I** n. prigione f., carcere m.; ***to be in, go to ~*** essere, andare in prigione (**for sth.** per qcs.); ***to go to ~ for 10 years*** fare 10 anni di prigione; ***sentenced to 14 days in ~*** condannato a 14 giorni di reclusione **II** modif. ***~ sentence*** condanna al carcere, alla reclusione.
2.jail /dʒeɪl/ tr. imprigionare, incarcerare (**for sth.** per qcs.); ***~ed for life*** condannato all'ergastolo.
jailbait /ˈdʒeɪlbeɪt/ n. AE POP. = ragazza che non ha ancora raggiunto l'età per acconsentire con discernimento ad avere rapporti sessuali.
jailbird /ˈdʒeɪlbɜːd/ n. COLLOQ. avanzo m. di galera, galeotto m.; *(habitual)* recidivo m. (-a).
jailbreak /ˈdʒeɪlbreɪk/ n. evasione f.
jailer /ˈdʒeɪlə(r)/ n. ANT. carceriere m., secondino m.
Jakarta /dʒəˈkɑːtə/ ➧ **34** n.pr. Giacarta f.
jake /dʒeɪk/ agg. AE COLLOQ. *(excellent)* perfetto, ottimo.
Jake /dʒeɪk/ n.pr. diminutivo di **Jacob**.
jakes /dʒeɪks/ n.pl. ANT. COLLOQ. ***the ~*** le latrine.
jalap /ˈdʒæləp/ n. **1** *(plant)* gialappa f. **2** *(purgative drug)* gialappa f.
jalopy /dʒəˈlɒpɪ/ n. COLLOQ. *(old motor vehicle)* carcassa f., macinino m., rottame m.
jalousie /ˈʒælʊziː/ n. gelosia f., persiana f.
▷ **1.jam** /dʒæm/ n. **1** *(congestion)* *(of people)* calca f., ressa f.; *(of traffic)* ingorgo m., intasamento m.; ***log ~*** ingorgo di tronchi lungo un fiume; FIG. intoppo, ostacolo **2** *(failure, blockage of machine, system, department)* arresto m., blocco m. **3** COLLOQ. *(difficult situation)* pasticcio m., guaio m.; ***this is a real ~*** questo è davvero un bel guaio; ***to be in, get into a ~*** essere, mettersi in un pasticcio; ***to help sb. out of a ~*** tirare qcn. fuori dai guai **4** MUS. (anche **~ session**) jam session f.
2.jam /dʒæm/ **I** tr. (forma in -ing ecc. **-mm-**) **1** *(stuff, pile)* ***to ~ things into*** stipare delle cose in [*small space, suitcase, box*]; ***she ~med her clothes into the drawer*** cacciò i vestiti nel cassetto; ***reporters were ~ming microphones into our faces*** i giornalisti ci ficcavano i microfoni sotto il naso; ***to ~ one's hat on*** calcare *o* calcarsi il cappello in testa; ***to ~ one's foot on the brake*** o ***to ~ the brake on*** fare una gran frenata **2** *(fix firmly, wedge)* incastrare, prendere (in mezzo); ***I was ~med between the wall and the door*** ero incastrato fra il muro e la porta; ***I got my finger ~med in the door*** mi sono schiacciato il dito nella porta; ***the key's ~med in the lock*** la chiave si è incastrata nella toppa **3** (anche **~ up**) *(crowd, fill up)* intasare, bloccare; ***cars ~med (up) the roads*** le auto intasavano le strade **4** (anche **~ up**) *(cause to stop functioning, block)* [*dirt, malfunction, person*] bloccare, fare inceppare [*mechanism, system*]; bloccare, fare incastrare [*lock, door, window*]; ***sand had ~med (up) the mechanism*** la sabbia aveva fatto inceppare il meccanismo **5** RAD. TEL. disturbare (con interferenze) [*frequency, transmission*] **II** intr. (forma in -ing ecc. **-mm-**) **1** *(become stuck)* [*mechanism, switch, lever*] incepparsi, bloccarsi; [*lock, door, window*] bloccarsi, incastrarsi **2** MUS. improvvisare.
■ **jam in:** ***~ in*** [*people*] affollarsi, assieparsi, stiparsi; ***~ [sth., sb.] in*** **1** *(trap, wedge)* incastrare; ***to be ~med in*** essere incastrato, bloccato in **2** *(pack in)* affollare, assiepare; ***there were 30 people ~med into the room*** c'erano trenta persone assiepate *o* ammassate nella stanza.
▷ **3.jam** /dʒæm/ **I** n. GASTR. marmellata f., confettura f.; ***apricot ~*** marmellata di albicocche **II** modif. GASTR. [*tart, doughnut etc.*] alla marmellata ◆ ***it's real ~!*** COLLOQ. *(job, task)* è un gioco da ragazzi! ***you want ~ on it!*** BE COLLOQ. che altro pretendi? ***(it's a case of) ~ tomorrow*** si sta rimandando alle calende greche; ***it's money for ~*** sono soldi facili; ***to put ~ on the bread*** = migliorare la situazione.
Jamaica /dʒəˈmeɪkə/ ➧ **6** n.pr. Giamaica f.
Jamaican /dʒəˈmeɪkən/ ➧ **18 I** agg. giamaicano **II** n. giamaicano m. (-a).
Jamaica pepper /dʒəˌmeɪkəˈpepə(r)/ n. pepe m. della Giamaica, pimento m.
jamb /dʒæm/ n. stipite m., montante m.
jamboree /ˌdʒæmbəˈriː/ n. **1** *(for scouts)* raduno m. internazionale **2** *(party)* gran festa f., baldoria f.
James /dʒeɪmz/ n.pr. Giacomo.
jam-full /ˌdʒæmˈfʊl/ agg. → **jam-packed**.
Jamie /ˈdʒeɪmɪ/ n.pr. diminutivo di **James**.
jamjar /ˈdʒæmdʒɑː(r)/ n. vasetto m. di, da marmellata.
jammed /dʒæmd/ **I** p.pass. → **2.jam II** agg. **1** *(crowded, filled up)* affollato; ***to be ~ (solid) with, to be ~ full of*** [*room, entrance, shelf*] essere pieno zeppo di [*people, books, objects*] **2** *(blocked)* bloccato, inceppato; ***to be ~*** o ***~ up*** [*mechanism*] essere bloccato *o* inceppato (**by sth.** da qcs., a causa di qcs.); [*lock, door, window*] essere bloccato *o* incastrato (**by sth.** a causa di qcs.); [*system*] essere bloccato *o* inceppato.
jammer /ˈdʒæmə(r)/ n. RAD. TEL. disturbatore m.
jamming /ˈdʒæmɪŋ/ n. **1** RAD. TEL. jamming m. **2** MUS. improvvisazione f. **3** *(in mountaineering)* = tecnica di arrampicata in cui mani e piedi vengono infilati nelle fessure della parete.
jammy /ˈdʒæmɪ/ agg. **1** BE COLLOQ. [*person*] fortunato; [*job*] facilissimo **2** [*fingers, face*] pieno di marmellata.
jam-pack /ˌdʒæmˈpæk/ tr. *(crowd, fill up)* gremire, stipare.
jam-packed /ˌdʒæmˈpækt/ **I** p.pass. → **jam-pack II** agg. gremito, stipato; ***to be ~ with sth.*** essere pieno zeppo di qcs.
jam pot /ˈdʒæmˌpɒt/ n. → **jamjar**.
Jamy /ˈdʒeɪmɪ/ n.pr. diminutivo di **James**.
1.Jan ⇒ January gennaio (genn.).
2.Jan /dʒæn/ n.pr. diminutivo di **Jane** e **Janice**.
3.Jan /jən/ n.pr. Jan (nome di uomo).
jane /dʒeɪn/ n. AE COLLOQ. ragazza f., donna f.
Jane /dʒeɪn/ n.pr. Gianna.
Janet /ˈdʒænɪt/ n.pr. diminutivo di **Jane**.
1.jangle /ˈdʒæŋgl/ n. *(of keys, pots)* tintinnio m.; *(of bells)* suono m. stonato; *(of alarm)* suono m. stridente.
2.jangle /ˈdʒæŋgl/ **I** tr. fare suonare in modo stonato [*bell*]; fare tintinnare [*keys*] **II** intr. **1** *(make noise)* [*bells, pots, keys, bangles*] tintinnare **2** FIG. ***my nerves are jangling*** ho i nervi a fior di pelle.
jangling /ˈdʒæŋglɪŋ/ **I** n. → **1.jangle II** agg. [*noise, alarm*] aspro, stridulo, stridente.
Janice /ˈdʒænɪs/ n.pr. Janice (nome di donna).
Janis /ˈdʒænɪs/ n.pr. Janis (nome di donna).
janitor /ˈdʒænɪtə(r)/ n. AE SCOZZ. guardiano m., custode m.
janizary /ˈdʒænɪzərɪ/ n. STOR. giannizzero m.
Jansenism /ˈdʒænsənɪzəm/ n. giansenismo m.
Jansenist /ˈdʒænsənɪst/ n. giansenista m. e f.
▶ **January** /ˈdʒænjʊərɪ, AE -jʊerɪ/ ➧ **16** n. gennaio m.
Janus /ˈdʒeɪnəs/ n.pr. Giano.
Jap /dʒæp/ **I** agg. COLLOQ. SPREG. (accorc. Japanese) giapponese **II** n. COLLOQ. SPREG. (accorc. Japanese) giapponese m. e f.

JAP COLLOQ. SPREG. (⇒ Jewish American princess) = ragazza ebrea americana ricca e viziata appartenente all'alta borghesia.
1.japan /dʒə'pæn/ n. lacca f. del Giappone.
2.japan /dʒə'pæn/ tr. (forma in -ing ecc. **-nn-**) laccare.
Japan /dʒə'pæn/ ➧ *6* n.pr. Giappone m.
Japanese /ˌdʒæpə'ni:z/ ➧ *18, 14* **I** agg. [*culture, industry*] giapponese **II** n. (pl. ~) **1** *(person)* giapponese m. e f. **2** *(language)* giapponese m. **III** modif. *(of Japanese)* [*teacher, exam, course*] di giapponese; *(into Japanese)* [*translation*] in giapponese.
1.jape /dʒeɪp/ n. ANT. scherzo m., burla f.
2.jape /dʒeɪp/ intr. ANT. scherzare, burlare.
Japheth /'dʒeɪfəθ/ n.pr. Iafet.
japonica /dʒə'pɒnɪkə/ n. cotogno m. del Giappone.
1.jar /dʒɑ:(r)/ n. **1** *(jolt)* colpo m., urto m. (anche FIG.) **2** *(noise)* suono m. discordante, stridore m.
2.jar /dʒɑ:(r)/ **I** tr. (forma in -ing ecc. **-rr-**) **1** *(give shock to)* scuotere [*person*] (anche FIG.); fare tremare [*structure, building*]; ***to ~ one's shoulder, neck*** battere la spalla, il collo **2** AE *(spur)* ***to ~ sb. into action*** spingere qcn. ad agire **II** intr. (forma in -ing ecc. **-rr-**) **1** *(make discordant noise)* [*instrument, music, voice*] stridere, produrre un suono discordante; ***to ~ on*** dare ai nervi a [*person*]; ***the noise ~red on her nerves*** il rumore le dava sui nervi; ***that music ~s on my ears*** quella musica mi dà sui nervi **2** *(rattle)* [*windows*] sbattere **3** *(clash)* [*colours*] stonare, stridere; [*note*] stonare; [*ideas, opinions, comments, criticism*] discordare, contrastare, essere in conflitto.
▷ **3.jar** /dʒɑ:(r)/ n. **1** vaso m., vasetto m.; *(large) (for sweets, pickles, preserves)* barattolo m.; *(earthenware)* giara f., orcio m., brocca f. **2** BE COLLOQ. *(drink)* bicchiere m.; ***to go for a ~*** COLLOQ. andare a bere qualcosa.
4.jar /dʒɑ:(r)/ n. ANT. ***the door is on the ~*** la porta è socchiusa.
jardinière /ʒɑ:dɪ'njeə/ n. **1** *(ornamental pot)* portavasi m., giardiniera f. **2** GASTR. = guarnizione realizzata con verdure cotte.
jarful /'dʒɑ:fʊl/ n. = capacità di una giara.
1.jargon /'dʒɑ:gən/ n. gergo m.
2.jargon /'dʒɑ:gən/ n. MINER. giargone m.
jargonize /'dʒɑ:gənaɪz/ **I** tr. *(translate into jargon)* esprimere in gergo **II** intr. *(talk in jargon)* parlare in gergo.
jargon-ridden /'dʒɑ:gənˌrɪdn/ agg. [*language*] pieno di tecnicismi.
jarl /jɑ:l/ n. STOR. = capo danese o scandinavo.
jarring /'dʒɑ:rɪŋ/ agg. [*sound, voice*] stonato, stridente; [*colour*] che stona, stridente; [*effect*] discordante.
jarvey /'dʒɑ:vɪ/ n. COLLOQ. ANT. vetturino m.
jasmine /'dʒæsmɪn, AE 'dʒæzmən/ n. gelsomino m.
Jasmine /'dʒæzmɪn/ n.pr. Gelsomina.
Jason /'dʒeɪsn/ n.pr. Giasone.
jasper /'dʒæspə(r)/ n. diaspro m.
Jasper /'dʒæspə(r)/ n.pr. Gaspare.
1.jaundice /'dʒɔ:ndɪs/ ➧ *11* n. ittero m., itterizia f.
2.jaundice /'dʒɔ:ndɪs/ tr. *(affect with jaundice)* fare venire l'itterizia a [*person*] (anche FIG.).
jaundiced /'dʒɔ:ndɪst/ **I** p.pass. → **2.jaundice II** agg. **1** *(bitter, cynical)* [*attitude, person*] amareggiato, ostile, cinico; [*account*] distorto, malevolo; ***to look on sth. with a ~ eye*** guardare a qcs. con animo prevenuto **2** *(affected with jaundice)* itterico, affetto da ittero; ***to look ~*** sembrare malato di itterizia.
1.jaunt /dʒɔ:nt/ n. gita f., scampagnata f.; ***to go for a ~*** andare a fare una gita.
2.jaunt /dʒɔ:nt/ intr. fare una gita, una scampagnata.
jauntily /'dʒɔ:ntɪlɪ/ avv. briosamente.
jauntiness /'dʒɔ:ntɪnɪs/ n. spigliatezza f., disinvoltura f.
jaunty /'dʒɔ:ntɪ/ agg. [*person, appearance*] spigliato, sbarazzino, disinvolto; ***to wear one's hat at a ~ angle*** portare il cappello sulle ventitré.
java /'dʒɑ:və/ n. AE ANT. COLLOQ. caffè m.
Java /'dʒɑ:və/ ➧ *12* n.pr. Giava f.
Javanese /ˌdʒɑ:və'ni:z/ ➧ *18, 14* **I** agg. giavanese **II** n. (pl ~) **1** *(person)* giavanese m. e f. **2** *(language)* giavanese m.
javelin /'dʒævlɪn/ ➧ *10* n. **1** *(object)* giavellotto m. **2** *(event)* ***the ~*** il lancio del giavellotto.
javelin thrower /'dʒævlɪnˌθrəʊə(r)/ n. lanciatore m. (-trice) di giavellotto, giavellottista m. e f.
javelin throwing /'dʒævlɪnˌθrəʊɪŋ/ ➧ *10* n. lancio m. del giavellotto.
▷ **1.jaw** /dʒɔ:/ **I** n. **1** ➧ *2* *(bone)* mascella f.; ***to set one's ~*** assumere una posa decisa *o* volitiva **2** COLLOQ. *(chat)* ***to have a good ~*** fare una bella chiacchierata **II jaws** n.pl. *(of animal)* fauci f.; *(of tool)* ganasce f.; ***the ~s of death*** LETT. le fauci della morte; ***to snatch victory from the ~s of defeat*** riuscire a stento a strappare la vittoria ◆ ***his ~ dropped*** rimase a bocca aperta.
2.jaw /dʒɔ:/ intr. COLLOQ. *(chat)* chiacchierare.
▪ **jaw on** COLLOQ. *(lecture)* fare una predica (**at** a).
1.jawbone /'dʒɔ:bəʊn/ n. osso m. mascellare.
2.jawbone /'dʒɔ:bəʊn/ tr. AE persuadere [qcn.] usando il proprio potere, esercitare delle pressioni su [*person*].
jawbreaker /'dʒɔ:breɪkə(r)/ n. COLLOQ. **1** *(word)* = parola difficile da pronunciare **2** *(candy)* caramella f. molto dura.
jawline /'dʒɔ:laɪn/ n. = lineamenti della parte inferiore del viso.
jay /dʒeɪ/ n. ZOOL. ghiandaia f.
Jay /dʒeɪ/ n.pr. Jay (nome di uomo).
jaywalk /'dʒeɪwɔ:k/ intr. = attraversare la strada al di fuori degli appositi passaggi pedonali.
jaywalker /'dʒeɪwɔ:kə(r)/ n. = persona che attraversa la strada al di fuori degli appositi passaggi pedonali.
1.jazz /dʒæz/ **I** n. MUS. jazz m.; ***to play ~*** suonare il jazz **II** modif. [*concert, musician, singer*] jazz; [*fan*] di jazz ◆ ***and all that ~*** COLLOQ. e così via *o* e compagnia bella.
2.jazz /dʒæz/ **I** tr. *(play jazz)* suonare il jazz; *(dance to jazz music)* ballare il jazz **II** intr. suonare [qcs.] a tempo di jazz [*music*].
▪ **jazz up** COLLOQ. ***~ up [sth.], ~ [sth.] up*** **1** *(liven up)* ravvivare [*dress, outfit*]; vivacizzare [*room, decor*]; animare, vivacizzare [*party, atmosphere*] **2** *(play like jazz)* suonare in stile jazz [*tune*].
jazz band /'dʒæzˌbænd/ n. jazz band f., orchestra f. jazz.
jazz dance /'dʒæzˌdɑ:ns, AE -ˌdæns/ n. danza f. jazz.
jazzed /'dʒæzd/ **I** p.pass. → **2.jazz II** agg. AE COLLOQ. *(extremely excited)* esaltato, caricato, su di giri.
jazzman /'dʒæzmən/ n. (pl. **-men**) jazzista m., musicista m. jazz.
jazzy /'dʒæzɪ/ agg. **1** *(bright)* [*colour*] vivace, sgargiante; [*pattern, dress, wallpaper*] variopinto, chiassoso **2** [*music*] in stile jazz.
JCB® n. = escavatore a cucchiaia con un braccio nella parte posteriore.
JCS n. US (⇒ Joint Chiefs of Staff) = stato maggiore della difesa.
JD n. US (⇒ Jurum Doctor) = (diploma di) dottore in giurisprudenza (con specializzazione post-laurea).
▷ **jealous** /'dʒeləs/ agg. geloso; *(envious)* invidioso (**of** di); ***to feel ~*** essere geloso; ***to make sb. ~*** fare ingelosire qcn.; ***to keep a ~ eye on sth.*** tenere d'occhio qcs.
jealously /'dʒeləslɪ/ avv. [*watch, behave*] gelosamente; ***~ guarded*** custodito gelosamente.
jealousness /'dʒeləsnɪs/ n. RAR. → **jealousy**.
▷ **jealousy** /'dʒeləsɪ/ n. gelosia f.; *(envy)* invidia f.; ***his petty jealousies*** le sue piccole gelosie.
▷ **jean** /dʒi:n/ **I** modif. *(denim)* [*jacket, skirt*] di jeans **II** ➧ *28* **jeans** n.pl. jeans m.; ***a pair of ~s*** un paio di jeans.
Jean /dʒi:n/ n.pr. Giovanna.
Jed /dʒed/ n.pr. Jed (nome di uomo).
Jedediah /dʒedɪ'daɪə/ n.pr. Gededia.
▷ **jeep**® /dʒi:p/ n. jeep® f., camionetta f.
1.jeer /dʒɪə(r)/ n. *(from person)* derisione f., scherno m., dileggio m.; *(from crowd)* fischi m.pl.
2.jeer /dʒɪə(r)/ **I** tr. schernire, deridere **II** intr. prendersi gioco di, farsi beffe di; ***to ~ at*** ridicolizzare, mettere in ridicolo [*idea, suggestion*]; [*crowd*] deridere, fischiare [*person*]; [*individual*] prendersi gioco di, deridere [*person*].
3.jeer /dʒɪə(r)/ n. MAR. drizza f. di pennone.
jeering /'dʒɪərɪŋ/ **I** n. **U** canzonatura f., presa f. in giro **II** agg. derisorio, beffardo.
jeez /dʒi:z/ → **1.gee**.
jeff /dʒef/ n. AE COLLOQ. (uomo) bianco m.
Jeff /dʒef/ n.pr. diminutivo di **Jeffr(e)y**.
Jefferson /'dʒefəsn/ n.pr. Jefferson (nome di uomo).
Jeffr(e)y /'dʒefrɪ/ n.pr. Goffredo.
Jehoshaphat /dʒɪ'hɒʃəfæt/ n.pr. Giosafat.
Jehovah /dʒɪ'həʊvə/ n.pr. Geova; ***~'s Witness*** testimone di Geova.
jejune /dʒɪ'dʒu:n/ agg. LETT. **1** *(naive)* puerile, immaturo **2** *(dull)* scialbo, vacuo.
jejunum /dʒɪ'dʒu:nəm/ n. (intestino) digiuno m.
Jekyll and Hyde /ˌdʒekɪlən'haɪd/ n. ***to lead a ~ existence*** avere una doppia vita.
jell → **2.gel**.
jellied /'dʒelɪd/ **I** p.pass. → **2.jelly II** agg. in gelatina; ***~ eels*** anguille in gelatina.
Jell-o® /'dʒeləʊ/ n. AE = preparato per dessert a base di gelatina alla frutta.
▷ **1.jelly** /'dʒelɪ/ n. **1** GASTR. *(savoury)* gelatina f. (di carne, pesce); *(sweet)* gelatina f. alla frutta **2** *(mould)* = dessert a base di gelatina

alla frutta **3** AE *(jam)* marmellata f.; ***to set into a ~*** gelificarsi **4** *(gelatinous substance)* sostanza f. gelatinosa **5** COLLOQ. → **gelignite** ◆ ***to shake like a ~*** tremare come una foglia; ***my legs turned to ~*** le gambe mi fecero giacomo giacomo.

2.jelly /ˈdʒelɪ/ **I** tr. *(convert into jelly)* ridurre in gelatina **II** intr. *(become jelly)* ridursi in gelatina.

jelly baby /ˈdʒelɪˌbeɪbɪ/ n. = caramella gommosa alla frutta (a forma di bambino).

jelly bean /ˈdʒelɪˌbi:n/ n. = gelatina alla frutta (a forma di fagiolo).

jellyfish /ˈdʒelɪfɪʃ/ n. (pl. ~, ~**es**) medusa f.

jelly mould BE, **jelly mold** AE /ˈdʒelɪˌməʊld/ n. stampo m. per gelatina.

jelly roll /ˈdʒelɪˌrəʊl/ n. AE = rotolo di pan di Spagna farcito con marmellata.

jelly shoe /ˈdʒelɪˌʃu:/ n. sandalo m. di plastica (da spiaggia).

Jemima /dʒɪˈmaɪmə/ n.pr. Jemima (nome di donna).

1.jemmy /ˈdʒemɪ/ n. BE piede m. di porco.

2.jemmy /ˈdʒemɪ/ tr. BE ***to ~ sth. open*** aprire qcs. con un piede di porco.

je ne sais quoi /ˌʒənəseɪˈkwɑ:/ n. ***to have a certain ~*** avere un certo non so che.

jennet /ˈdʒenɪt/ n. *(small Spanish horse)* ginnetto m.

Jennifer /ˈdʒenɪfə(r)/ n.pr. Jennifer (nome di donna).

jenny /ˈdʒenɪ/ n. **1** ZOOL. = femmina di vari uccelli o di animali di piccole dimensioni **2** *(female ass)* asina f. **3** *(spinning jenny)* jenny f., giannetta f. **4** *(locomotive crane)* gru f. mobile.

Jenny /ˈdʒenɪ/ n.pr. diminutivo di **Jane**.

jenny-wren /ˈdʒenɪˌren/ n. COLLOQ. scricciolo m.

jeopardize /ˈdʒepədaɪz/ tr. compromettere, pregiudicare [*career, chance, plans*]; mettere a repentaglio, mettere in pericolo [*lives, troops*].

jeopardy /ˈdʒepədɪ/ n. ***to be in ~*** essere in pericolo; ***to put sb., sth. in ~*** mettere a repentaglio qcn., qcs.; ***double ~*** AE DIR. = impossibilità di istruire un secondo processo contro una persona già processata per lo stesso reato.

jerboa /dʒɜ:ˈbəʊə/ n. topo m. delle piramidi.

jeremiad /ˌdʒerɪˈmaɪæd/ n. geremiade f. (**about** su).

Jeremiah /ˌdʒerɪˈmaɪə/ n.pr. Geremia.

Jeremy /ˈdʒerɪmɪ/ n.pr. Geremia.

Jericho /ˈdʒerɪkəʊ/ ♦ ***34*** n.pr. Gerico f.

▷ **1.jerk** /dʒɜ:k/ **I** n. **1** *(jolt)* scossa f., strattone m., scatto m.; *(twitch) (of muscle, limb)* spasmo m., contrazione f.; ***with a ~ of his hand, head*** con uno scatto della mano, della testa; ***to pull the knife, drawer out with a ~*** tirare fuori il coltello, aprire il cassetto di scatto; ***to start off with a ~*** [*vehicle*] partire strattonando, sobbalzando **2** AE COLLOQ. SPREG. *(obnoxious person)* persona f. volgare, verme m.; *(stupid person)* cretino m. (-a), stupido m. (-a) **II** modif. AE COLLOQ. ***my ~ cousins*** i miei stupidi cugini.

▷ **2.jerk** /dʒɜ:k/ **I** tr. tirare, spingere (con uno strattone) [*object*]; ***she ~ed her head back*** buttò bruscamente la testa all'indietro; ***he ~ed his hand away*** ritirò la mano con uno scatto; ***try not to ~ the camera*** evita di fare traballare la macchina fotografica **II** intr. **1** *(jolt)* ***to ~ to a halt*** [*vehicle*] fermarsi con un sobbalzo; ***to ~ around, bolt upright*** [*person*] girarsi, alzarsi di scatto **2** *(twitch)* [*person, limb, muscle*] contrarsi, tremare.

▪ **jerk around** AE COLLOQ. ***~ around*** *(idle about)* poltrire, oziare; ***~ [sb.] around*** *(harass)* dare fastidio a, importunare [*person*].

▪ **jerk away** [*person*] allontanarsi bruscamente; ***to ~ away from sb., sth.*** allontanarsi di scatto da qcn., qcs.

▪ **jerk off** POP. **1** *(masturbate)* farsi una sega; ***~ off!*** VOLG. togliti dai coglioni! **2** AE *(idle about)* cazzeggiare; ***[sb.] off, ~ off [sb.]*** fare una sega a.

▪ **jerk out: *~ out [sth.]*** **1** *(stammer)* farfugliare [*reply, excuse, apology*] **2** *(pull out)* tirare fuori di scatto [*gun, knife etc.*].

3.jerk /dʒɜ:k/ n. carne f. essiccata al sole.

4.jerk /dʒɜ:k/ tr. fare essiccare la carne al sole.

jerkily /ˈdʒɜ:kɪlɪ/ avv. [*move*] a scatti, a scossoni, a sbalzi; [*speak*] a scatti.

jerkin /ˈdʒɜ:kɪn/ n. STOR. farsetto m., giustacuore m.

jerkwater town /ˈdʒɜ:kwɔ:təˌtaʊn/ n. AE SPREG. posto m. sperduto, buco m.

jerky /ˈdʒɜ:kɪ/ **I** n. AE GASTR. = carne di manzo essiccata al sole **II** agg. [*movement*] convulso, spasmodico; [*style, phrase*] spezzato, sconnesso.

Jeroboam /ˌdʒerəˈbəʊəm/ **I** n.pr. Geroboamo **II** n. *(bottle)* = bottiglia di vino di formato equivalente a quattro normali bottiglie.

Jerome /dʒəˈrəʊm/ n.pr. Gerolamo, Girolamo.

jerry /ˈdʒerɪ/ n. BE ANT. COLLOQ. vaso m. da notte.

Jerry /ˈdʒerɪ/ **I** n. BE ANT. COLLOQ. SPREG. **1** *(soldier)* soldato m. crucco **2** *(the Germans)* crucchi m.pl. **II** modif. [*bomber, tank*] crucco, dei crucchi **III** n.pr. diminutivo di **Gerald, Gerard, Jeremiah, Jeremy** e **Jerome**.

jerry-building /ˈdʒerɪbɪldɪŋ/ n. SPREG. = costruzione realizzata con materiale scadente.

jerry-built /ˈdʒerɪbɪlt/ agg. SPREG. = costruito con materiale scadente.

jerrycan /ˈdʒerɪkæn/ n. tanica f.

▷ **jersey** /ˈdʒɜ:zɪ/ **I** n. **1** *(sweater)* pullover m., maglia f. (anche SPORT); ***football ~*** maglia (di squadra di calcio) **2** *(fabric)* jersey m. **II** modif. [*garment*] di jersey.

Jersey /ˈdʒɜ:zɪ/ ♦ ***12*** n.pr. **1** BE *(island)* Jersey f. **2** AE COLLOQ. (= New Jersey) New Jersey m. **3** (anche **~ cow**) = mucca di razza Jersey.

Jerusalem /dʒəˈru:sələm/ ♦ ***34*** n.pr. Gerusalemme f.

Jerusalem artichoke /dʒəˌru:sələmˈɑ:tɪtʃəʊk/ n. topinambur m.

Jervis /ˈdʒɑ:vɪs/ n.pr. Gervasio.

1.jess /dʒes/ n. *(in falconry)* geto m.

2.jess /dʒes/ tr. *(in falconry)* mettere il geto a [*hawk*].

jessamine /ˈdʒesəmɪn/ n. → **jasmine**.

Jesse /ˈdʒesɪ/ n.pr. BIBL. Jesse.

Jessica /ˈdʒesɪkə/ n.pr. Gessica.

1.jest /dʒest/ n. celia f., burla f.; ***in ~*** per scherzo ◆ ***many a true word is spoken in ~*** = molte verità si dicono scherzando.

2.jest /dʒest/ intr. celiare, scherzare, burlare.

jester /ˈdʒestə(r)/ n. burlone m., buffone m.

jesting /dʒestɪŋ/ agg. scherzoso, faceto, burlone.

Jesuit /ˈdʒezjʊɪt, AE ˈdʒeʒəwət/ **I** agg. gesuitico **II** n. gesuita m.

Jesuitical /ˌdʒezjʊˈɪtɪkl, AE ˌdʒeʒʊ-/ agg. gesuitico.

Jesuitism /ˈdʒezjʊɪtɪzəm/, **Jesuitry** /ˈdʒezjʊɪtrɪ/ n. gesuitismo m.

Jesus /ˈdʒi:zəs/ **I** n.pr. Gesù; ***~ Christ*** Gesù Cristo **II** inter. POP. ***~ (Christ)!*** Gesù (Cristo)!

Jesus freak /ˈdʒi:zəsˌfri:k/ n. COLLOQ. SPREG. = persona dagli atteggiamenti hippy e anticonformistici accompagnati da una fervente morale evangelica.

Jesus sandals /ˈdʒi:zəsˌsændlz/ BE, **Jesus shoes** /ˈdʒi:zəsˌʃʊ:z/ AE n.pl. sandali m.

▷ **1.jet** /dʒet/ n. **1** *(plane)* jet m., aereo m. a reazione, aviogetto m. **2** *(of water)* getto m., zampillo m.; *(of flame)* getto m. **3** *(on gas ring)* becco m.; *(of engine)* getto m., ugello m., spruzzatore m.

2.jet /dʒet/ intr. (forma in -ing ecc. **-tt-**) ***to ~ off to the USA*** raggiungere gli Stati Uniti con un jet; ***to ~ around the world*** volare (in jet) intorno al mondo.

3.jet /dʒet/ **I** n. *(stone)* giaietto m., giavazzo m. **II** modif. [*necklace, brooch*] di giaietto.

jet aircraft /ˌdʒetˈeəkrɑ:ft, AE -kræft/ n. aviogetto m., aeroplano m. a reazione.

jet-black /ˌdʒetˈblæk/ agg. [*hair, eyes*] corvino, nero lucente.

jet engine /ˌdʒetˈendʒɪn/ n. motore m. a reazione, a getto, reattore m.

jet fighter /ˈdʒetˌfaitə(r)/ n. cacciareattore m.

jetfoil /ˈdʒetfɔɪl/ n. aliscafo m.

jet fuel /ˌdʒetˈfju:l/ n. combustibile m. per aviogetti.

jetlag /ˈdʒetlæg/ n. jetlag m.

jetlagged /ˈdʒetlægd/ agg. ***to be ~*** soffrire di jetlag.

jetliner /ˈdʒetˌlaɪnə(r)/ n. aereo m. di linea a reazione.

jet-powered /ˌdʒetˈpaʊəd/, **jet-propelled** /ˌdʒetprəˈpeld/ agg. a reazione, a getto.

jet propulsion /ˌdʒetprəˈpʌlʃn/ n. propulsione f. a reazione.

jetsam /ˈdʒetsəm/ n. → **flotsam**.

jet set /ˈdʒetset/ n. jet set m.

jet setter /ˈdʒetˌsetə(r)/ n. ***to be a ~*** appartenere al jet set.

1.jet-ski /ˈdʒetski:/ n. acquascooter m.

2.jet-ski /ˈdʒetski:/ intr. andare in acquascooter.

jet-skiing /ˈdʒetski:ɪŋ/ ♦ ***10*** n. acquascooter m.

jet stream /ˈdʒetstri:m/ n. jet stream m., corrente f. a getto.

jetties /ˈdʒetɪz/ n.pl. AE COLLOQ. → **jetlag**.

1.jettison /ˈdʒetɪsn/ n. **1** *(dumping) (from ship)* scarico m. in mare; *(from plane, spacecraft)* scarico m. in volo **2** FIG. abbandono m.

2.jettison /ˈdʒetɪsn/ tr. **1** *(dump) (from ship)* scaricare, gettare in mare; *(from plane, spacecraft)* scaricare in volo **2** *(discard)* sbarazzarsi di, liberarsi di [*old clothes, jumble*] **3** FIG. *(reject)* respingere [*idea, theory*].

getton /ˈdʒetən/ n. *(counter)* gettone m., fiche f.

1.jetty /ˈdʒetɪ/ n. *(of stone)* gettata f., molo m.; *(of wood)* pontile m.

2.jetty /ˈdʒetɪ/ agg. *(jet-black)* corvino, nero lucente.

Jew /dʒu:/ n. ebreo m. (-a).

Jew-baiter /'dʒuː,beɪtə(r)/ n. persecutore m. (-trice) di ebrei.
Jew-baiting /'dʒuː,beɪtɪŋ/ n. persecuzione f. degli ebrei.
jew down /'dʒuː,daʊn/ tr. AE COLLOQ. = tirare sul prezzo per ottenere uno sconto da qualcuno.
▷ **1.jewel** /'dʒuːəl/ n. **1** *(gem)* gemma f. **2** *(piece of jewellery)* gioiello m. **3** TECN. *(in watch)* rubino m. **4** FIG. *(person)* gioiello m., perla f.; *(town, building, object)* gioiello m.; ***to be the ~ in the crown of*** essere il gioiello *o* il pezzo più prezioso di [*collection*]; essere la punta di diamante di [*company*]; essere il meglio di [*range*].
2.jewel /'dʒuːəl/ tr. (forma in -ing ecc. **-ll-**, **-l-** AE) *(adorn with jewels)* ingioiellare, ornare di pietre preziose.
jewel case /'dʒuːəl,keɪs/ n. portagioie m., portagioielli m.
jewelled BE, **jeweled** AE /'dʒuːəld/ **I** p.pass. → **2.jewel II** agg. ornato di pietre preziose; TECN. [*watch*] con rubini.
jeweller BE, **jeweler** AE /'dʒuːələ(r)/ ♦ *27* n. *(person)* gioielliere m. (-a); ***~'s (shop)*** gioielleria.
▷ **jewellery** BE, **jewelry** AE /'dʒuːəlrɪ/ ♦ *27* n. gioielli m.pl., gioielleria f., preziosi m.pl.; *(in shop, workshop)* gioielli m.pl.; ***a piece of ~*** un gioiello.
jewellery box /'dʒuːəlrɪ,bɒks/ n. BE portagioie m., cassetta f. portagioie.
jewellery case /'dʒuːəlrɪ,keɪs/ n. BE cofanetto m., bauletto m. portagioie.
jewellery store /'dʒuːəlrɪ,stɔː(r)/ n. AE gioielleria f.
Jewess /'dʒuːes/ n. ebrea f.
Jewish /'dʒuːɪʃ/ agg. ebraico, ebreo, giudaico.
Jewish calendar /,dʒuːɪʃ'kælɪndə(r)/ n. calendario m. ebraico.
Jewishness /'dʒuːɪʃnɪs/ n. ebraicità f.
Jewry /'dʒʊərɪ/ n. ebrei m.pl., comunità f. ebraica.
Jew's ear /,dʒuːz'ɪə(r)/ n. BOT. orecchio m. di Giuda.
Jew's harp /,dʒuːz'hɑːp/ n. MUS. = strumento simile allo scacciapensieri.
Jezebel /'dʒezəbl, -bel/ **I** n. **1** *(hussy)* sgualdrina f., svergognata f. **2** *(schemer)* intrigante f., calcolatrice f. **II** n.pr. Jezabele, Gezabele.
1.jib /dʒɪb/ n. **1** MAR. fiocco m. **2** *(of crane)* braccio m. ◆ ***I don't like the cut of his ~*** ANT. non mi piace il suo modo di presentarsi.
2.jib /dʒɪb/ intr. (forma in -ing ecc. **-bb-**) [*person*] mostrare esitazione, ripugnanza (**at** verso; **at doing** nel fare); [*horse*] recalcitrare, impuntarsi; ***to ~ at*** [*horse*] impuntarsi davanti a [*fence*].
jib boom /,dʒɪb'buːm/ n. MAR. asta f. di fiocco.
jib crane /,dʒɪb'kreɪn/ n. gru f. a braccio.
jib door /,dʒɪb'dɔː(r)/ n. = piccola porta nascosta nel muro.
1.jibe /dʒaɪb/ n. beffa f., scherno m.
2.jibe /dʒaɪb/ intr. *(mock)* ***to ~ at sb., sth.*** beffarsi di qcn., qcs.
3.jibe /dʒaɪb/ intr. (anche **gybe**) MAR. [*boat*] = cambiare rotta facendo girare la vela di taglio; [*sail*] girare.
4.jibe /dʒaɪb/ intr. AE COLLOQ. *(match)* combaciare, coincidere (**with** con).
jiff(y) /'dʒɪf(ɪ)/ n. COLLOQ. secondo m., momento m.; ***I'll be with you in a ~*** sarò da te fra un momento; ***it won't take a ~*** è una questione di un secondo *o* ci si mette un attimo.
Jiffy bag® /'dʒɪfɪ,bæg/ n. busta f. imbottita.
1.jig /dʒɪg/ n. **1** MUS. giga f.; ***to dance*** o ***do a ~*** ballare una giga **2** TECN. *(guide)* attrezzatura f. di guida; *(template)* maschera f. ◆ ***the ~ is up*** AE COLLOQ. la festa è finita.
2.jig /dʒɪg/ **I** intr. (forma in -ing ecc. **-gg-**) (anche **~ about**, **~ around**) agitarsi, saltellare; *(impatiently)* dimenarsi **II** tr. (forma in -ing ecc. **-gg-**) agitare [*feet*]; ***to ~ a baby (up and down) on one's knee*** fare saltare un bambino sulle ginocchia.
3.jig /dʒɪg/ n. → **jigaboo**.
jigaboo /'dʒɪgə,buː/ n. AE COLLOQ. SPREG. negro m. (-a).
1.jigger /'dʒɪgə(r)/ n. **1** *(measure)* misurino m. (per liquori) **2** AE COLLOQ. *(thingummyjig)* aggeggio m., affare m.
2.jigger /'dʒɪgə(r)/ n. ZOOL. pulce f. penetrante.
3.jigger /'dʒɪgə(r)/ tr. COLLOQ. *(damage, spoil)* rovinare, mandare all'aria.
jiggered /'dʒɪgəd/ **I** p.pass. → **3.jigger II** agg. COLLOQ. **1** *(astonished)* sorpreso, stupito; ***I'll be ~!*** cavolo! perdinci! **2** *(exhausted)* esausto, stanco morto.
jiggery-pokery /,dʒɪgərɪ'pəʊkərɪ/ n. BE COLLOQ. imbroglio m., truffa f.
jiggle /'dʒɪgl/ **I** tr. muovere a scatti **II** intr. (anche **~ about, ~ around**) tremolare, muoversi a scatti.
jigsaw /'dʒɪgsɔː/ n. **1** (anche **~ puzzle**) puzzle m. **2** TECN. seghetto m. da traforo.
jihad /dʒɪ'hɑːd/ n. **1** RELIG. jihad f., guerra f. santa **2** FIG. guerra f. santa.
Jill /dʒɪl/ n.pr. Jill (nome di donna).
jillion /'dʒɪljən/ n. AE COLLOQ. *(extremely large quantity)* mucchio m., sacco m.
1.jilt /dʒɪlt/ n. RAR. COLLOQ. = donna che rifiuta un corteggiatore dopo averlo incoraggiato oppure abbandona un amante.
2.jilt /dʒɪlt/ tr. abbandonare, rifiutare [*lover*].
Jim /dʒɪm/ n.pr. diminutivo di **James**.
Jim Crow /,dʒɪm'krəʊ/ n. AE COLLOQ. discriminazione f. razziale; ***~ policies*** politiche segregazioniste.
jim dandy /,dʒɪm'dændɪ/ n. AE COLLOQ. ANT. persona f. fantastica, eccezionale.
jimjams /'dʒɪmdʒæmz/ n.pl. COLLOQ. **1** *(fear)* fifa f.sing., agitazione f.sing. **2** *(from alcohol)* delirium m.sing. tremens **3** BE *(pyjamas)* INFANT. pigiama m.sing.
jimmies /'dʒɪmɪz/ n.pl. fifa f.sing.; ***it gave me the ~*** mi fece venire i brividi.
1.jimmy /'dʒɪmɪ/ n. AE *(crowbar)* piede m. di porco.
2.jimmy /'dʒɪmɪ/ tr. AE aprire [qcs.] con un piede di porco.
Jimmy /'dʒɪmɪ/ n.pr. diminutivo di **James**.
jimsonweed /'dʒɪmsən,wiːd/ n. stramonio m.
1.jingle /'dʒɪŋgl/ n. **1** *(noise) (of coins, keys, bracelet)* tintinnio m.; *(of bells)* scampanellio m. **2** *(verse)* cantilena f., filastrocca f. **3** *(in advertising)* jingle m., motivo m. musicale.
2.jingle /'dʒɪŋgl/ **I** tr. fare tintinnare [*coins, keys*] **II** intr. [*small bells*] tintinnare, scampanellare; [*keys, coins*] tintinnare.
jingle-jangle /'dʒɪŋgl,dʒæŋgl/ n. *(jingle of sound)* rumore m. metallico, sferragliamento m.
1.jingo /'dʒɪŋgəʊ/ inter. ANT. ***by ~!*** perdinci! cribbio!
2.jingo /'dʒɪŋgəʊ/ **I** agg. SPREG. sciovinista **II** n. (pl. **~es**) SPREG. sciovinista m. e f., nazionalista m. e f.
jingoism /'dʒɪŋgəʊɪzəm/ n. SPREG. sciovinismo m.
jingoist /'dʒɪŋgəʊɪst/ n. SPREG. sciovinista m. e f.
jingoistic /,dʒɪŋgəʊ'ɪstɪk/ agg. SPREG. sciovinistico, sciovinista.
1.jink /dʒɪŋk/ n. **1** SPORT schivata f. **2** ***high ~s*** baldoria, chiasso.
2.jink /dʒɪŋk/ intr. SPORT correre schivando, zigzagare.
jinnee /dʒɪ'niː/, **jinni** /'dʒɪnɪ/ n. (pl. **jinn**) *(in Muslim mithology)* = spirito in grado di assumere forma animale o umana e di esercitare poteri soprannaturali sugli uomini.
1.jinx /dʒɪŋks/ n. **1** *(curse)* malocchio m. iettatura f.; ***to put a ~ on sb., sth.*** gettare il malocchio su qcn., qcs.; ***there's a ~ on this car*** su questa macchina c'è una maledizione *o* questa macchina è maledetta; ***there's a ~ on me*** sono iellato **2** *(unlucky person)* iettatore m. (-trice), menagramo m. e f., uccello m. del malaugurio; *(unlucky object)* cosa f. che porta iella.
2.jinx /dʒɪŋks/ tr. portare iella a [*person*].
jinxed /dʒɪŋkst/ **I** p.pass. → **2.jinx II** agg. iellato, sfortunato; ***I must be ~*** sono proprio iellato.
JIT agg. (⇒ just-in-time) just in time.
jitney /'dʒɪtnɪ/ n. AE COLLOQ. **1** ANT. *(nickel)* moneta f. da cinque centesimi **2** *(small bus)* = piccolo autobus a basse tariffe per brevi percorsi.
jitter /'dʒitə(r)/ intr. COLLOQ. *(be nervous)* essere nervoso, agitato.
jitterbug /'dʒɪtəbʌg/ n. **1** *(dance)* = ballo popolare degli anni '40 **2** COLLOQ. *(nervous person)* tarantolato m. (-a).
jitteriness /'dʒɪtərɪnɪs/ n. nervosismo m., nervoso m.
jitters /'dʒɪtəz/ n.pl. nervosismo m.sing., agitazione f.sing.; ***to have the ~*** [*person, actor*] essere nervoso, agitato, ansioso; ***stock market ~*** il nervosismo *o* l'incertezza del mercato azionario; ***to give sb. the ~*** fare innervosire qcn.
jittery /'dʒɪtərɪ/ agg. nervoso, agitato.
jiu-jitsu /,dʒjuː'dʒɪtsuː/ ♦ *10* n. jujitsu m.
1.jive /dʒaɪv/ n. **1** MUS. swing m. **2** AE COLLOQ. *(glib talk)* chiacchiere f.pl. **3** AE = gergo utilizzato dai musicisti jazz di colore.
2.jive /dʒaɪv/ **I** intr. ballare lo swing **II** tr. AE COLLOQ. **1** *(mislead)* imbrogliare, abbindolare **2** *(tease)* prendere in giro.
Jnr ⇒ junior junior (jr).
Jo /dʒəʊ/ n.pr. diminutivo di **Joseph** e **Josephine**.
Joachim /'jəʊəkɪm/ n.pr. Gioacchino.
Joan /dʒəʊn/ n.pr. Giovanna; ***~ of Arc*** Giovanna d'Arco.
Joanna /dʒəʊ'ænə/ n.pr. Giovanna.
▶ **1.job** /dʒɒb/ **I** n. **1** *(employment)* lavoro m., impiego m., occupazione f.; *(post)* posto m. (di lavoro); ***to look for, get a ~*** cercare, trovare lavoro; ***to give sb. a ~*** dare lavoro a qcn.; ***to give up, keep one's ~*** lasciare, tenersi il proprio lavoro; ***a ~ in a bookshop, an office*** un impiego in una libreria, in un ufficio; ***a teaching, civil service ~*** un lavoro da insegnante, nell'amministrazione statale; ***to have a good ~*** avere un buon lavoro *o* un buon posto; ***what's her ~?*** che lavoro fa? ***to have a ~ as a secretary, in local government***

lavorare come segretaria, nell'amministrazione locale; ***to be out of a ~*** essere disoccupato; ***we'll all be out of a ~*** ci ritroveremo tutti senza lavoro **2** *(role)* funzione f., ruolo m.; ***the ~ of the curator is to...*** il ruolo del conservatore è di...; ***the ~ of the heart, liver is to...*** la funzione del cuore, del fegato è di...; ***to have the ~ of doing*** avere il compito di fare; ***it's the jury's, my ~ to do*** è compito della giuria, è mio compito fare **3** *(duty)* dovere m., mansione f.; ***her main ~ is to...*** la sua mansione principale è di...; ***she's only doing her ~*** sta solo facendo il suo dovere **4** *(task)* lavoro m., lavoretto m.; ***to find, have a ~ for sb. to do*** trovare, avere un lavoro da far fare a qcn.; ***to do odd ~s around the house*** fare dei lavoretti in casa **5** *(assignment) (of company)* progetto m.; *(of individual)* incarico m.; ***to do a ~ for the local council*** realizzare un progetto per il consiglio comunale; ***the next ~ is to convince him*** il prossimo compito è convincerlo; ***to have the ~ of doing*** avere l'incarico di fare; ***the ~ of building the theatre went to X*** il compito di costruire il teatro fu assegnato a X **6** *(result of work to do)* ***a good, lovely ~*** un buon lavoro; ***a poor ~*** un pessimo lavoro; ***to make a good ~ of doing sth.*** fare bene qcs.; ***you've made a good ~ of the chair*** hai fatto un bel lavoro con la sedia; ***you haven't made a very good ~ of it*** non hai fatto esattamente un buon lavoro **7** COLLOQ. *(difficult activity)* **a real ~, quite a ~** una vera impresa, un lavoraccio (**to do, doing** fare); ***we had a real ~ on there!*** abbiamo avuto un bel daffare! **8** COLLOQ. *(crime, theft)* colpo m., furto m.; ***to do*** o ***pull off a ~*** fare un colpo; ***bank ~*** colpo, rapina in banca; ***to do a bank ~*** fare un colpo in una banca **9** INFORM. job m. **10** COLLOQ. *(thing)* cosa f., oggetto m. **11** COLLOQ. *(plastic surgery)* ***to have a nose ~*** farsi rifare il naso **II** modif. [*advert, offer, opportunities*] di lavoro; [*analysis, evaluation, specification, title*] delle mansioni; [*pages, supplement*] di annunci di lavoro; [*creation, cuts, losses*] di posti di lavoro ◆ ***(and a) good ~ too!*** BE per fortuna! meno male! ***it's a good ~ that*** meno male che; ***~s for the boys*** = posti assegnati ai raccomandati; ***just the ~*** proprio quello che ci vuole, come il cacio sui maccheroni; ***to do a big ~*** COLLOQ. fare la popò; ***on the ~*** *(working)* sul lavoro, sul posto; ***to learn on the ~*** imparare sul posto, sul campo; ***to lie down*** o ***fall asleep on the ~*** fare il lavativo; ***to be on the ~*** BE COLLOQ. SCHERZ. darci, farlo; ***to do the ~*** FIG. servire, funzionare, andare bene; ***to give sth., sb. up as a bad ~*** BE mollare qcs., qcn.; ***to make the best of a bad ~*** BE fare buon viso a cattivo gioco.

2.job /dʒɒb/ intr. (forma in -ing ecc. **-bb-**) **1** *(do casual work)* fare dei lavoretti; fare lavori saltuari **2** *(do piecework)* lavorare a cottimo.

3.job /dʒɒb/ → **1.jab**, **2.jab**.

Job /dʒəʊb/ n.pr. BIBL. Giobbe ◆ ***to be a ~'s comforter*** = essere un pessimo consolatore; ***to have the patience of ~*** avere la pazienza di Giobbe.

job action /ˈdʒɒb,ækʃn/ n. AE azione f. sindacale.

jobation /dʒəʊˈbeɪʃn/ n. ANT. COLLOQ. paternale f., ramanzina f.

jobber /ˈdʒɒbə(r)/ n. *(with a jobbing contract)* cottimista m. e f., lavoratore m. (-trice) a cottimo; *(on the stock exchange)* jobber m. e f.; AE *(wholesale merchant)* grossista m. e f.

jobbery /ˈdʒɒbərɪ/ n. SPREG. corruzione f., peculato m.

jobbing /ˈdʒɒbɪŋ/ **I** n. **1** COMM. cottimo m. **2** *(on the stock exchange)* = attività del jobber **3** TIP. stampa f. commerciale **II** agg. [*gardener, builder, printer*] a cottimo.

Job Centre /ˈdʒɒb,sentə(r)/ n. BE ufficio m., agenzia f. di collocamento.

job control /,dʒɒbkənˈtrəʊl/ n. INFORM. controllo m. del job.

job control language /ˈdʒɒbkəntrəʊl,læŋgwɪdʒ/ n. INFORM. linguaggio m. a comandi.

job creation scheme /ˈdʒɒbkrɪ,eɪʃn,skiːm/ n. piano m. per l'occupazione.

job description /ˈdʒɒbdɪæs,krɪpʃn/ n. mansionario m.

jobholder /ˈdʒɒb,həʊldə(r)/ n. dipendente m. e f.

job-hunter /ˈdʒɒb,hʌntə(r)/ n. = chi è in cerca di lavoro.

job-hunting /ˈdʒɒb,hʌntɪŋ/ n. (l')andare in cerca di lavoro.

jobless /ˈdʒɒblɪs/ **I** n. ***the ~*** + verbo pl. i disoccupati **II** modif. [*total*] dei disoccupati; [*rate, figures*] della disoccupazione **III** agg. senza lavoro, disoccupato.

joblessness /ˈdʒɒblɪsnɪs/ n. disoccupazione f.

job lot /,dʒɒbˈlɒt/ n. **1** *(at auction)* lotto m. **2** FIG. *(collection)* accozzaglia f.

job placement /ˈdʒɒb,pleɪsmənt/ n. job placement m.

job queue /ˈdʒɒbkjuː/ n. INFORM. coda f. dei lavori.

job satisfaction /ˈdʒɒbsætɪs,fækʃn/ n. ***I get a lot of ~*** il mio lavoro mi dà molte soddisfazioni.

job security /ˈdʒɒbsɪ,kjʊərətɪ/ n. sicurezza f. del posto di lavoro.

jobseeker /ˈdʒɒb,siːkə(r)/ n. BE *(unemployed)* persona f. in cerca di lavoro.

jobseeker's allowance /,dʒɒb,siːkəzəˈlaʊəns/ n. GB = indennità di disoccupazione percepita settimanalmente.

job-share /ˈdʒɒbʃeə(r)/ **I** n. = posto di lavoro in job sharing **II** modif. [*scheme, system*] di job sharing, di divisione di un lavoro a tempo pieno fra più persone che lavorano part time; [*position*] in job sharing.

job sharing /ˈdʒɒb,ʃeərɪŋ/ n. job sharing m.

jobsworth /ˈdʒɒbz,wɜːθ/ n. BE COLLOQ. SPREG. = dipendente che si rifiuta di svolgere mansioni che non sono di sua competenza.

Jocasta /dʒəʊˈkæstə/ n.pr. Giocasta.

Jocelyn /ˈdʒɒslɪn/ n.pr. Jocelyn (nome di donna).

jock /dʒɒk/ n. **1** BE COLLOQ. SPREG. scozzese m. **2** AE COLLOQ. atleta m.

Jock /dʒɒk/ n.pr. SCOZZ. diminutivo di **John**.

▷ **1.jockey** /ˈdʒɒkɪ/ n. jockey m., fantino m.

2.jockey /ˈdʒɒkɪ/ **I** tr. ***to ~ sb. into doing sth.*** persuadere qcn. a fare qcs. **II** intr. ***to ~ for position*** [*runners, riders*] lottare per raggiungere un buon piazzamento; FIG. manovrare, brigare per raggiungere una posizione favorevole; ***the managers were ~ing for the post*** i dirigenti erano in lotta per conquistare il posto; ***politicians ~ing for power*** politici che fanno macchinazioni per raggiungere il potere.

Jockey Club /ˈdʒɒkɪklʌb/ n. GB = organizzazione che amministra e controlla l'ippica.

jockey shorts® /ˈdʒɒkɪʃɔːts/ n.pl. AE boxer m.

jockstrap /ˈdʒɒkstræp/ n. COLLOQ. sospensorio m.

jocose /dʒəʊˈkəʊs/ agg. LETT. giocoso, faceto, scherzoso.

jocosity /dʒəʊˈkɒsətɪ/ n. RAR. **1** *(playful disposition)* giocosità f., scherzosità f. **2** *(playful saying)* facezia f., scherzo m.

jocular /ˈdʒɒkjʊlə(r)/ agg. giocoso, faceto, scherzoso.

jocularity /,dʒɒkjʊˈlærətɪ/ n. giocosità f., scherzosità f.

jocularly /ˈdʒɒkjʊləlɪ/ avv. [*say, announce*] in modo giocoso, scherzoso.

jocund /ˈdʒɒkənd/ agg. LETT. giocondo, gaio.

jocundity /dʒɒˈkʌndɪtɪ/, **jocundness** /ˈdʒɒkəndnɪs/ n. LETT. giocondità f., gaiezza f.

jodhpurs /ˈdʒɒdpəz/ n.pl. SPORT ABBIGL. pantaloni m. da cavallerizzo; ***a pair of ~*** un paio di pantaloni da cavallerizzo.

Jodi, Jodie, Jody /ˈdʒəʊdɪ/ n.pr. Jodi, Jodie, Jody (nome di uomo e di donna).

joe /dʒəʊ/ n. AE COLLOQ. **1** tipo m., tizio m. **2** *(coffee)* caffè m.

Joe /dʒəʊ/ n.pr. diminutivo di **Joseph**.

Joe Bloggs /,dʒəʊˈblɒgz/ BE, **Joe Blow** /,dʒəʊˈbləʊ/ AE n. = il cittadino medio; *(in Italy)* il signor Rossi.

Joel /ˈdʒəʊəl/ n.pr. Gioele.

joepot /ˈdʒəʊpɒt/ n. AE COLLOQ. caffettiera f.

Joe Public /dʒəʊˈpʌblɪk/ n. BE COLLOQ. = il cittadino medio; *(in Italy)* il signor Rossi.

joey /dʒəʊɪ/ n. **1** *(young kangaroo)* piccolo canguro m. **2** *(any young animal)* piccolo m., cucciolo m.

▷ **1.jog** /dʒɒg/ n. **1** *(knock)* spinta f., urto m.; *(with elbow)* gomitata f. **2** *(trot)* andatura f. lenta, corsa f. leggera; ***to set off at a ~*** partire trotterellando **3** SPORT ***to go for a ~*** andare a fare jogging **4** AE *(in road)* (improvviso) cambio m. di direzione.

2.jog /dʒɒg/ **I** tr. (forma in -ing ecc. **-gg-**) spingere [*elbow*]; urtare contro [*table*]; ***to ~ sb. with one's elbow*** dare una gomitata a qcn.; ***to ~ sb.'s memory*** rinfrescare la memoria a qcn. **II** intr. (forma in -ing ecc. **-gg-**) **1** SPORT fare jogging **2** AE COLLOQ. [*road*] fare un improvviso cambio di direzione.

■ **jog along, jog on** [*vehicle*] procedere lentamente; FIG. [*person*] seguire il solito tran tran; [*business*] andare avanti come sempre.

jogger /ˈdʒɒgə(r)/ n. = persona che pratica il jogging.

jogging /ˈdʒɒgɪŋ/ ♦ ***10*** **I** n. jogging m. **II** modif. [*clothes, gear*] da jogging; ***~ suit*** tenuta da jogging.

1.joggle /ˈdʒɒgl/ n. COLLOQ. *(jolt)* lieve scossa f., sobbalzo m.

2.joggle /ˈdʒɒgl/ **I** tr. scuotere lievemente **II** intr. sobbalzare.

3.joggle /ˈdʒɒgl/ n. ING. dente m., caletta f.

1.jog trot /ˈdʒɒg,trɒt/ n. piccolo trotto m.

2.jog trot /ˈdʒɒg,trɒt/ intr. (forma in -ing ecc. **-tt-**) [*horse*] procedere al piccolo trotto, trotterellare.

Johannesburg /dʒəʊˈhænɪsbɜːg/ ♦ ***34*** n.pr. Johannesburg f.

john /dʒɒn/ n. AE COLLOQ. **1** *(lavatory)* cesso m. **2** POP. *(prostitute's client, dupe)* gonzo m.

John /dʒɒn/ n.pr. Giovanni; ***(Saint) ~ the Baptist*** (san) Giovanni Battista; ***(Saint) ~ of the Cross*** (san) Giovanni della Croce; ***(Saint) ~ the Evangelist*** (san) Giovanni (l')Evangelista.

John Bull /,dʒɒnˈbʊl/ n. *(Englishman)* = personificazione dell'inglese medio; *(xenophobic)* = personificazione dell'inglese nazionalista.

John Doe /ˌdʒɒn'dəʊ/ n. AE **1** DIR. = nelle procedure legali, nome fittizio sostitutivo usato nel caso in cui il nome reale sia sconosciuto **2** *(average man)* = l'uomo della strada.
John Dory /ˌdʒɒn'dɔ:rɪ/ n. *(fish)* sampietro m., pesce m. san Pietro.
John Hancock /ˌdʒɒn'hænkɒk/ n. AE COLLOQ. firma f.; ***put your ~ here*** firma qui.
Johnnie → **Johnny**.
johnny /'dʒɒnɪ/ n. **1** AE MED. camice m. (per pazienti) **2** BE COLLOQ. *(condom)* guanto m. **3** BE ANT. COLLOQ. *(fellow)* tipo m., tizio m.
Johnny /'dʒɒnɪ/ n.pr. diminutivo di **John**.
johnny-cake /'dʒɒnɪkeɪk/ n. AE = focaccia di mais.
Johnny-come-lately /ˌdʒɒnɪkʌm'leɪtlɪ/ n. (pl. **Johnny-come-latelies**) *(newcomer)* nuovo arrivato m.; *(upstart)* arricchito m., parvenu m.
John Q Public /ˌdʒɒnkju:'pʌblɪk/ n. AE COLLOQ. = personificazione dell'americano medio.
1.join /dʒɔɪn/ n. giuntura f., giunzione f.
▶ **2.join** /dʒɔɪn/ **I** tr. **1** *(meet up with)* raggiungere, unirsi a [*colleague, family*]; ***I'll ~ you in Paris*** ti raggiungerò a Parigi; ***come and ~ us for dinner, drinks*** vieni a cena, a bere qualcosa con noi; ***may I ~ you?*** *(sit down)* posso sedermi accanto a lei? ***we're going to the opera, would you like to ~ us?*** andiamo all'opera, ti piacerebbe venire con noi? **2** *(go to the end of)* ***to ~ the line*** o ***queue*** mettersi in coda; mettersi alla fine di [*row*]; aggiungersi a [*list*] **3** *(become a member of)* diventare membro di [*EU, organization, team*]; entrare in, diventare socio di [*club*]; aderire a, iscriversi a [*party*]; iscriversi a [*class, library*]; ***to ~ the army*** entrare nell'esercito *o* arruolarsi; aderire a, diventare membro di [*church*]; ***to ~ a union*** iscriversi a un sindacato; ***~ the club!*** benvenuto nel club! *o* sei in buona compagnia! **4** *(become part of)* unirsi a [*crowd, exodus, rush*]; ***to ~ battle*** attaccare *o* ingaggiare battaglia; ***the province voted to ~ the federation*** la provincia votò per entrare nella federazione **5** *(become an employee)* entrare in [*firm, company*]; ***to ~ Lloyds, Ford*** diventare un dipendente dei Lloyds, della Ford **6** *(participate in)* → **join in** **7** *(associate with)* unirsi a [*person*] (**to do, in doing** per fare); *(professionally)* [*actor, businesswoman*] unirsi a, associarsi a [*colleague, partner*] (**to do, in doing** per fare); ***to ~ forces*** unire le forze *o* coalizzarsi; ***to ~ forces with sb., sth.*** *(merge)* allearsi con qcn., qcs.; *(cooperate)* cooperare, collaborare con qcn., qcs.; ***to ~ sb. in the struggle*** unirsi a qcn. nella lotta; ***Martin ~s me in sending his best wishes*** Martin si unisce a me nell'inviare i suoi migliori auguri **8** *(board)* salire su [*train*]; salire a bordo di [*ship*] **9** *(attach)* unire, collegare [*ends, halves, pieces*]; congiungere [*parts*]; ***to ~ one end to another*** o ***the other*** unire un'estremità all'altra; ***to ~ two pieces together*** unire due pezzi **10** *(link)* collegare [*points, towns*]; unire [*dots*] (**to** a); ***to ~ hands*** prendersi per mano; FIG. unirsi, collaborare **11** *(merge with)* [*road*] confluire in [*motorway*]; [*river*] gettarsi in [*sea*] **12** RELIG. [*priest*] unire in matrimonio [*bride and groom*]; ***to ~ two people in marriage*** unire due persone in matrimonio **II** intr. **1** *(become a member)* *(of party)* aderire, iscriversi; *(of club)* associarsi; *(of group, class)* iscriversi **2** *(connect, meet)* [*edges, pieces*] unirsi, collegarsi; [*pipes, wires*] raccordarsi, congiungersi; [*rivers, roads*] congiungersi, confluire.
■ **join in:** ***~ in*** partecipare, unirsi; ***~ in [sth.]*** partecipare a, prendere parte a [*talks, discussion, campaign, game, activity*]; partecipare a [*strike, demonstration*]; ***to ~ in the bidding*** partecipare alla gara d'appalto; ***to ~ in the fun*** andare a divertirsi con gli altri; ***to ~ in the dancing, singing*** unirsi alle danze, ai canti.
■ **join on:** ***~ on*** unirsi; ***~ [sth.] on, ~ on [sth.]*** *(fasten)* attaccare, collegare; *(add)* aggiungere.
■ **join up:** ***~ up*** **1** MIL. *(enlist)* arruolarsi **2** *(meet up)* [*people*] incontrarsi, ritrovarsi **3** *(merge)* [*roads, tracks*] congiungersi; ***~ up [sth.], ~ [sth.] up*** unire, collegare [*characters, dots*]; unire [*pieces*]; ***~ed-up writing*** corsivo.
joinder /'dʒɔɪndə(r)/ n. DIR. unione f. dei procedimenti, congiunzione f.
joiner /'dʒɔɪnə(r)/ ♦ *27* n. **1** falegname m. (per serramenti) **2** = persona che appartiene a moltissime associazioni.
joinery /'dʒɔɪnərɪ/ n. falegnameria f. (per serramenti).
joining /'dʒɔɪnɪŋ/ n. congiunzione f., unione f.
▶ **1.joint** /dʒɔɪnt/ **I** n. **1** ANAT. articolazione f.; ***elbow, knee, ankle ~*** articolazione del gomito, del ginocchio, della caviglia; ***to dislocate a ~*** slogarsi un'articolazione; ***to put one's shoulder out of ~*** slogarsi la spalla; ***to be out of ~*** [*shoulder, knee*] essere slogato; ***to have stiff*** o ***aching ~s*** avere dei dolori articolari **2** TECN. ING. *(in carpentry)* incastro m.; *(in metalwork)* giunto m., giunzione f.; *(of pipes, tubes)* raccordo m. **3** GASTR. taglio m. di carne (da fare arrosto) **4** COLLOQ. *(place)* locale m., posto m.; *(nightclub, café)* locale m., localino m.; ***burger ~*** fast food; ***pizza ~*** pizzeria **5** COLLOQ. *(cannabis cigarette)* joint m., spinello m. **II** modif. MED. [*problem, pain*] alle articolazioni; [*replacement*] dell'articolazione ◆ ***to put sb.'s nose out of ~*** = offendere qcn.
2.joint /dʒɔɪnt/ tr. **1** GASTR. tagliare a pezzi [*poultry*] **2** TECN. raccordare, congiungere [*pipes*].
▶ **3.joint** /dʒɔɪnt/ agg. [*action*] collettivo, congiunto; [*programme, working party, session, company*] congiunto; [*measures, procedure*] comune; [*winner, third*] ex aequo; [*negotiations, talks*] multilaterale; ***he is ~ favourite*** è uno dei due favoriti.
joint account /ˌdʒɔɪntə'kaʊnt/ n. conto m. congiunto.
joint agent /ˌdʒɔɪnt'eɪdʒənt/ n. BE ***the house is in the hands of ~s*** la vendita della casa è affidata a due agenzie.
joint agreement /ˌdʒɔɪntə'gri:mənt/ n. accordo m. intersindacale.
joint and several /ˌdʒɔɪntən'sevrəl/ agg. ECON. DIR. solidale e congiunto, in solido.
joint author /ˌdʒɔɪnt'ɔ:θə(r)/ n. coautore m. (-trice).
joint beneficiary /ˌdʒɔɪntbenɪ'fɪʃərɪ, AE -'fɪʃɪerɪ/ n. beneficiario m. congiunto.
Joint Chiefs of Staff /ˌdʒɔɪntˌtʃi:fsəv'stɑ:f, AE -'stæf/ n.pl. AE MIL. = stato maggiore della difesa.
joint committee /ˌdʒɔɪntkə'mɪtɪ/ n. comitato m. misto.
joint creditor /ˌdʒɔɪnt'kredɪtə(r)/ n. co-creditore m.
joint custody /ˌdʒɔɪnt'kʌstədɪ/ n. custodia f. congiunta.
joint debtor /ˌdʒɔɪnt'detə(r)/ n. condebitore m.
jointed /'dʒɔɪntɪd/ **I** p.pass. → **2.joint II** agg. **1** GASTR. [*chicken*] tagliato a pezzi **2** [*doll, puppet*] snodabile **3** [*rod, pole*] smontabile.
joint effort /ˌdʒɔɪnt'efət/ n. sforzi m.pl. congiunti, collaborazione f.
jointer /'dʒɔɪntə(r)/ n. **1** *(long plane)* pialla f. **2** *(tool)* lima f. per denti di sega.
jointing /'dʒɔɪntɪŋ/ n. *(joint)* giunto m., giunzione f.
joint heir /ˌdʒɔɪnt'eə(r)/ n. coerede m. e f.
joint honours /ˌdʒɔɪnt'ɒnəz/ n.pl. BE UNIV. = laurea in due discipline.
▷ **jointly** /'dʒɔɪntlɪ/ avv. [*manage, publish, own, organize*] congiuntamente; ***~ owned*** in comproprietà; ***to be ~ owned by X and Y*** essere comproprietà di X e Y; ***to be ~ liable for damages*** essere corresponsabile dei danni.
jointly and severally /ˌdʒɔɪntlɪən'sevrəlɪ/ avv. in solido.
joint management /ˌdʒɔɪnt'mænɪdʒmənt/ n. cogestione f.
joint meeting /ˌdʒɔɪnt'mi:tɪŋ/ n. riunione f. congiunta; ***a ~ of the two committees*** una riunione dei due comitati.
joint owner /ˌdʒɔɪnt'əʊnə(r)/ n. comproprietario m.
joint ownership /ˌdʒɔɪnt'əʊnəʃɪp/ n. comproprietà f., proprietà f. indivisa.
joint partnership /ˌdʒɔɪnt'pɑ:tnəʃɪp/ n. partecipazione f. mista.
joint resolution /ˌdʒɔɪntrezə'lu:ʃn/ n. mozione f. comune, congiunta.
jointress /'dʒɔɪntrɪs/ n. DIR. vedova f. beneficiaria di un appannaggio.
joint signatory /ˌdʒɔɪnt'sɪgnətrɪ/ n. firmatario m. congiunto.
joint-stock company /ˌdʒɔɪnt'stɒkˌkʌmpənɪ/ n. società f. per azioni, società f. di capitali.
1.jointure /'dʒɔɪntʃə(r)/ n. DIR. appannaggio m. vedovile.
2.jointure /'dʒɔɪntʃə(r)/ tr. DIR. assegnare un appannaggio vedovile a [*woman*].
joint venture /ˌdʒɔɪnt'ventʃə(r)/ n. **1** ECON. impresa f. di partecipazione, joint-venture f. **2** collaborazione f., joint-venture f.
joist /dʒɔɪst/ n. ING. travetto m., travicello m.
jojoba /həʊ'həʊbə/ n. jojoba m.
▶ **1.joke** /dʒəʊk/ n. **1** *(amusing story)* barzelletta f., battuta f., storiella f. (**about** su); ***to tell a ~*** raccontare una barzelletta; ***to crack ~s*** raccontare barzellette; ***to get the ~*** COLLOQ. capire la battuta; ***bad ~*** *(in bad taste)* barzelletta di cattivo gusto; *(stupid)* barzelletta stupida; FIG. brutto scherzo; ***it's our private ~*** è una battuta fra di noi; ***to have a ~ about sth.*** raccontare una storiella su qcs.; ***can't you see the ~?*** capisci il senso della battuta? **2** *(laughing matter)* scherzo m., burla f.; ***to do sth. as a ~*** fare qcs. per scherzo; ***to turn sth. into a ~*** volgere qcs. in burla; ***to carry*** o ***take a ~ too far*** esagerare con uno scherzo *o* spingere uno scherzo troppo in là; ***the ~ is on you*** sei tu a passare per fesso; ***this is getting beyond a ~*** la cosa si sta facendo seria; ***she can't take a ~*** non sa stare allo scherzo; ***can't you take a ~?*** non sai stare allo scherzo? ***it's no ~ doing*** non è uno scherzo fare; ***it's no ~ trying to find a job*** trovare lavoro non è uno scherzo; ***to make a ~ of sth.*** prendere in burla qcs. **3** *(prank)* scherzo m., burla f.; ***to play a ~ on sb.*** fare uno scherzo a qcn. *o* giocare un brutto tiro a qcn. **4** *(object of ridicule)* *(person)* zimbello m.; *(event, situation)* cosa f. buffa, ridicola; ***the exam was a ~*** l'esame è stato uno scherzo.

▶ **2.joke** /dʒəʊk/ intr. scherzare; *(crack jokes)* raccontare barzellette; ***to ~ about sth.*** scherzare su qcs.; *(maliciously)* prendersi gioco di qcs.; ***you must be joking!*** stai scherzando! non dirai sul serio! ***I was only joking!*** stavo solo scherzando! ***I'm not joking!*** non sto scherzando! ***it's no joking matter*** non è cosa da ridere *o* non c'è da scherzare.

joker /ˈdʒəʊkə(r)/ n. **1** burlone m. (-a), mattacchione m. (-a), buontempone m. (-a) **2** COLLOQ. SPREG. *(person)* tipo m., tizio m. **3** *(in cards)* jolly m., matta f. **4** DIR. clausola f. tranello, cavillo m. ◆ ***the ~ in the pack*** = persona o cosa imprevedibile.

jokester /ˈdʒəʊkstə(r)/ n. ANT. burlone m. (-a).

jokey /ˈdʒəʊkɪ/ agg. COLLOQ. scherzoso, faceto.

joking /ˈdʒəʊkɪŋ/ **I** n. **U** scherzo m.; ***~ apart*** o ***aside*** scherzi a parte *o* a parte gli scherzi **II** agg. [*tone*] scherzoso, faceto; ***to speak in a ~ way*** parlare in modo scherzoso.

jokingly /ˈdʒəʊkɪŋlɪ/ avv. [*say*] scherzosamente, per scherzo; ***he was ~ called Buster*** per scherzare lo chiamavano Buster.

jollification /ˌdʒɒlɪfɪˈkeɪʃn/ n. (anche **jollifications**) allegria f., baldoria f.

jollify /ˈdʒɒlɪfaɪ/ **I** tr. *(make jolly or merry)* tenere allegro, rallegrare **II** intr. *(make merry)* fare festa, fare baldoria.

jollily /ˈdʒɒlɪlɪ/ avv. allegramente, gioiosamente.

jolliness /ˈdʒɒlɪnɪs/, **jollity** /ˈdʒɒlətɪ/ n. allegria f., gioiosità f., ilarità f.

1.jolly /ˈdʒɒlɪ/ n. → **jollification** ◆ ***to get one's jollies doing sth.*** AE COLLOQ. provarci gusto a fare qcs.

2.jolly /ˈdʒɒlɪ/ **I** agg. **1** *(cheerful)* [*person*] allegro, giocondo; [*tune*] allegro; [*bunting, party hats*] vivace, allegro **2** ANT. COLLOQ. *(enjoyable)* divertente, piacevole; ***what a ~ time we had!*** come ci siamo divertiti! **3** COLLOQ. *(drunk)* brillo, alticcio **II** avv. BE COLLOQ. *(emphatic)* veramente, moltissimo; ***she's a ~ good singer*** canta veramente bene; ***he was ~ lucky*** è stato proprio fortunato; ***"I'm not going" - "you ~ well are!"*** "non ci vado" - "ci vai eccome!"; ***~ good!*** COLLOQ. fantastico!

3.jolly /ˈdʒɒlɪ/ tr. ***to ~ sb. along*** rabbonire, blandire qcn.; ***we jollied him into staying*** lo persuademmo a restare.

jolly boat /ˈdʒɒlɪbəʊt/ n. iole f., lancia f.

Jolly Roger /ˌdʒɒlɪˈrɒdʒə(r)/ n. *(pirates' flag)* bandiera f. nera.

1.jolt /dʒəʊlt/ n. **1** *(jerk)* scossa f., sobbalzo m. **2** *(shock)* colpo m.; ***to give sb. a ~*** essere un colpo per qcn. **3** AE COLLOQ. *(drink)* bicchiere m., bicchierino m.

2.jolt /dʒəʊlt/ **I** tr. **1** scuotere, fare sobbalzare; ***I was ~ed out of my seat*** fui sbalzato fuori dal mio sedile **2** FIG. *(shock)* colpire, scuotere [*person*] **II** intr. [*vehicle*] sobbalzare, traballare; ***to ~ to a halt*** o ***a standstill*** fermarsi con un sobbalzo.

jolting /ˈdʒəʊltɪŋ/ **I** n. *(of vehicle)* (il) sobbalzare **II** agg. traballante.

joltingly /ˈdʒəʊltɪŋlɪ/ avv. sobbalzando, a scosse.

jolty /ˈdʒəʊltɪ/ agg. RAR. [*wagon*] che procede sobbalzando.

Jonah /ˈdʒəʊnə/, **Jonas** /ˈdʒəʊnəs/ **I** n.pr. BIBL. Giona **II** n. FIG. uccello m. del malaugurio.

Jonathan /ˈdzɒnəθən/ n.pr. Gionata.

jongleur /ʒɔːŋˈglɜː(r)/ n. STOR. menestrello m., giullare m.

jonquil /ˈdʒɒŋkwɪl/ n. giunchiglia f., tromboncino m.

Jordan /ˈdʒɔːdn/ ➧ *6, 25* n.pr. **1** *(country)* Giordania f. **2** *(river)* Giordano m.

Jordanian /dʒɔːˈdeɪnɪən/ ➧ *18* **I** agg. giordano; [*ambassador*] di Giordania **II** n. *(person)* giordano m. (-a).

jorum /ˈdʒɔːrəm/ n. RAR. grande tazza f.

Joseph /ˈdʒəʊzɪf/ n.pr. Giuseppe.

Josephine /ˈdʒəʊzɪfiːn/ n.pr. Giuseppina.

1.josh /dʒɒʃ/ n. AE COLLOQ. scherzo m. bonario, facezia f.

2.josh /dʒɒʃ/ **I** tr. AE COLLOQ. prendere in giro (bonariamente) **II** intr. AE COLLOQ. scherzare.

Josh /dʒɒʃ/ n.pr. diminutivo di **Joshua**.

josher /ˈdʒɒʃə(r)/ n. AE COLLOQ. burlone m. (-a).

Joshua /ˈdʒɒʃʊə/ n.pr. Giosuè.

Josiah /dʒəʊˈsaɪə/ n.pr. Giosia.

joss /dʒɒs/ n. *(Chinese idol)* idolo m. cinese; ***~ house*** tempio cinese.

josser /ˈdʒɒsə(r)/ n. COLLOQ. *(fool)* sciocco m., stupido m.

joss stick /ˈdʒɒstɪk/ n. bastoncino m. d'incenso.

1.jostle /ˈdʒɒsl/ n. *(push)* spinta f., urto m.

2.jostle /ˈdʒɒsl/ **I** tr. spingere, urtare **II** intr. **1** *(push)* [*supporters, shoppers*] spingersi, urtarsi, farsi largo (**for** per; **to do** per fare) **2** FIG. *(compete)* fare a gara, scontrarsi (**with** con; **for** per).

jostling /ˈdʒɒslɪŋ/ n. AE COLLOQ. borseggio m.

1.jot /dʒɒt/ n. ***he doesn't care a ~*** non gliene importa un fico secco; ***it doesn't matter a ~*** non importa proprio niente; ***it makes not a ~ of difference*** non fa la benché minima differenza ◆ ***to change sth. not one ~ or tittle*** non cambiare qcs. neppure di una virgola.

2.jot /dʒɒt/ tr. (forma in -ing ecc. **-tt-**) → **jot down**.

▪ **jot down:** ~ [sth.] down, ~ down [sth.] annotare [*ideas, names*]; ***he ~ted down some notes*** buttò giù degli appunti.

jotter /ˈdʒɒtə(r)/ n. BE *(pad)* taccuino m., bloc-notes m.

jottings /ˈdʒɒtɪŋz/ n.pl. note f., appunti m.

joule /dʒuːl/ n. FIS. joule m.

jounce /dʒaʊns/ **I** tr. *(bump)* scuotere, fare sobbalzare **II** intr. *(bump)* sobbalzare.

journal /ˈdʒɜːnl/ n. **1** *(diary)* giornale m., diario m. **2** *(periodical)* periodico m., rivista f.; *(newspaper)* giornale m., quotidiano m.; AMM. (libro) giornale m. **3** TECN. (anche ~ **bearing**) cuscinetto m. portante.

journalese /ˌdʒɜːnəˈliːz/ n. SPREG. gergo m. giornalistico.

▷ **journalism** /ˈdʒɜːnəlɪzəm/ n. giornalismo m.

▷ **journalist** /ˈdʒɜːnəlɪst/ ➧ *27* n. giornalista m. e f.; ***newspaper, television ~*** giornalista della carta stampata, televisivo.

journalistic /ˌdʒɜːnəˈlɪstɪk/ agg. [*career, skill*] da giornalista; [*assignment, ethics*] del giornalista; [*style*] giornalistico.

journalize /ˈdʒɜːnəlaɪz/ **I** tr. *(in bookkeeping)* registrare a giornale [*transaction, account*] **II** intr. tenere un diario.

▶ **1.journey** /ˈdʒɜːnɪ/ **I** n. **1** *(trip)* *(long)* viaggio m.; *(short)* escursione f.; *(habitual)* percorso m., tragitto m.; ***metro, bus ~*** tragitto in metropolitana, in autobus; ***to go on a ~*** mettersi in viaggio; ***did you have a pleasant ~?*** avete fatto buon viaggio? ***(have a) safe ~!*** buon viaggio! ***she had never made the ~ to Glasgow*** non era mai andata a Glasgow; ***we broke our ~ in Paris*** facemmo tappa a Parigi **2** *(distance covered)* distanza f. **3** *(time taken)* ***it's a two-hour ~ to Milan*** sono due ore di viaggio fino a Milano **4** *(spiritual)* viaggio m. **II** modif. ~ ***time*** *(in car, bus etc.)* durata del viaggio *o* del tragitto; *(in plane)* durata del volo.

2.journey /ˈdʒɜːnɪ/ intr. viaggiare, fare un viaggio (**from** da; **to** a); ***to ~ on*** proseguire nel viaggio.

journeyman /ˈdʒɜːnɪmən/ n. (pl. **-men**) STOR. *(qualified worker)* operaio m. qualificato a giornata.

journey-work /ˈdʒɜːnɪˌwɜːk/ n **1** *(work of a journeyman)* = lavoro di operaio qualificato a giornata **2** *(menial work)* lavoro m. umile, servile.

journo /ˈdʒɜːnəʊ/ n. COLLOQ. giornalista m. e f.

1.joust /dʒaʊst/ n. STOR. giostra f., torneo m.

2.joust /dʒaʊst/ intr. STOR. giostrare, torneare.

jousting /ˈdʒaʊstɪŋ/ n. STOR. giostra f. a cavallo.

Jove /dʒəʊv/ n.pr. **1** MITOL. Giove; ***by ~!*** ANT. COLLOQ. per Giove! **2** ASTR. Giove m.

jovial /ˈdʒəʊvɪəl/ agg. [*person, mood*] gioviale; [*remark*] bonario; [*company*] allegro, festoso.

joviality /ˌdʒəʊvɪˈælətɪ/ n. giovialità f., allegria f.

Jovian /ˈdʒəʊvɪən/ agg. **1** MITOL. di Giove, simile a Giove **2** ASTR. gioviano, relativo al pianeta Giove.

jowl /dʒaʊl/ ➧ *2* n. *(jaw)* mascella f.; *(fleshy fold)* guancia f. ◆ ***to live, work cheek by ~ with sb.*** = vivere, lavorare gomito a gomito con qcn.

jowled /dʒaʊld/ agg. in composti ***heavy, square ~*** dalla mascella grossa, quadrata.

▷ **1.joy** /dʒɔɪ/ n. **1** *(delight)* gioia f., contentezza f. (**at** a, per); ***to my great ~, he recovered*** con mia grande gioia si ristabilì; ***to jump, shout for ~*** saltare, gridare dalla gioia **2** *(pleasure)* piacere m., gioia f.; ***the ~ of doing*** il piacere, la gioia di fare; ***to do sth. for the sheer ~ of it*** fare qcs. per il puro piacere di farla; ***his dancing is a ~ to behold*** vederlo ballare è un piacere per gli occhi **3** BE COLLOQ. *(success)* fortuna f., successo m.; ***I got no ~ out of the bank manager*** non ho avuto fortuna nell'incontro col direttore della banca; ***I wish you ~ (of it)*** IRON. ti faccio i miei auguri *o* mi congratulo con te ◆ ***to be full of the ~s of spring*** avere l'argento vivo addosso.

2.joy /dʒɔɪ/ **I** tr. *(gladden)* rallegrare, allietare **II** intr. *(feel joy)* gioire, rallegrarsi.

Joy /dʒɔɪ/ n.pr. Gioia.

Joyce /dʒɔɪs/ n.pr. Joyce (nome di uomo e di donna).

joyful /ˈdʒɔɪfl/ agg. gioioso, allegro; ***we were ~ at*** o ***about the news of her release*** la notizia della sua liberazione ci ha reso molto felici.

joyfully /ˈdʒɔɪfəlɪ/ avv. gioiosamente, allegramente; ***the news was ~ received*** la notizia fu accolta con gioia.

joyfulness /ˈdʒɔɪflnɪs/ n. *(habitual)* allegria f.; *(on one occasion)* gioia f., esultanza f.

joy house /ˈdʒɔɪˌhaʊs/ n. AE COLLOQ. casino m., bordello m.

joyless /ˈdʒɔɪlɪs/ agg. [*marriage*] infelice; [*occasion*] mesto, triste, doloroso; [*production*] poco felice; [*existence*] cupo, malinconico, triste.

joyous /ˈdʒɔɪəs/ agg. LETT. [*heart, song, person*] gioioso; [*shout*] di gioia; [*occasion*] lieto, felice.

joyously /ˈdʒɔɪəslɪ/ avv. [*shout, welcome*] gioiosamente.

joyride /ˈdʒɔɪraɪd/ n. **1** *(for enjoyment)* gita f. in auto **2** *(in a stolen vehicle)* scorribanda f. (su un'auto rubata) **3** FIG. ***what did you expect - a ~?*** non ti aspettavi mica che fosse un divertimento?

joyrider /ˈdʒɔɪraɪdə(r)/ n. = persona che fa una scorribanda su un'auto rubata.

joyriding /ˈdʒɔɪraɪdɪŋ/ n. (il) fare scorribande (su un'auto rubata).

joystick /ˈdʒɔɪstɪk/ n. **1** AER. cloche f.; *(in video games)* joystick m. **2** AE COLLOQ. *(penis)* arnese m.

JP n. GB (⇒ Justice of the Peace) = giudice di pace.

JPEG /ˈdʒeɪpeg/ n. (⇒ Joint Photographic Experts Group gruppo congiunto esperti di fotografia) JPEG m.

Jr ⇒ junior junior (jr).

jubilant /ˈdʒu:bɪlənt/ agg. [*person*] giubilante; [*crowd*] esultante, in tripudio; [*expression, mood*] di giubilo; ***to be ~*** esultare (**about, at, over** per).

jubilate /ˈdʒu:bɪleɪt/ intr. RAR. esultare, giubilare.

jubilation /ˌdʒu:bɪˈleɪʃn/ n. *(joy)* giubilo m., esultanza f., tripudio m. (**about, at, over** per); *(rejoicing)* festeggiamenti m.pl.

jubilee /ˈdʒu:bɪli:/ **I** n. **1** giubileo m.; FIG. giubilo m., esultanza f. **2** *(anniversary)* anniversario m. **II** modif. [*festivity*] per l'anniversario; [*year*] dell'anniversario.

Judaea /dʒu:ˈdɪə/ n.pr. Giudea f.

Judah /ˈdʒu:də/ n.pr. BIBL. Giuda.

Judaic /dʒu:ˈdeɪɪk/ agg. giudaico.

Judaism /ˈdʒu:deɪɪzəm, AE -dɪɪzəm/ n. giudaismo m.

judas /ˈdʒu:dəs/ n. *(peephole)* spioncino m.

Judas /ˈdʒu:dəs/ **I** n.pr. Giuda; ~ ***Maccabaeus*** Giuda Maccabeo; ~ ***Iscariot*** Giuda Iscariota **II** n. FIG. giuda m., traditore m.

Judas tree /ˈdʒu:dəsˌtri:/ n. albero m. di Giuda.

1.judder /ˈdʒʌdə(r)/ n. BE sussulto m.

2.judder /ˈdʒʌdə(r)/ intr. BE sussultare, vibrare; ***to ~ to a halt*** fermarsi vibrando violentemente.

Jude /dʒu:d/ n.pr. Giuda.

▶ **1.judge** /dʒʌdʒ/ **I** n. **1** ♦ *9, 27* DIR. giudice m. **2** *(adjudicator) (at competition)* membro m. della giuria; SPORT giudice m. di gara; ***the ~s' decision is final*** *(at show etc.)* la decisione dei membri della giuria è inappellabile **3** FIG. ***to be a good ~ of character*** essere bravo a giudicare il carattere (di una persona); ***to be no ~ of*** non essere un conoscitore, intenditore di [*art, wine*]; ***I think it's lovely - not that I'm any ~*** credo sia delizioso - non che me ne intenda molto *o* non che io sia un intenditore; ***let me be the ~ of that*** lascia che sia io a giudicarlo *o* a deciderlo **II Judges** n.pr.pl. + verbo sing. ***the (Book of) Judges*** BIBL. il libro dei Giudici, i Giudici ♦ ***to be as sober as a ~*** *(not drunk)* = avere la mente lucida; *(solemn)* = avere un atteggiamento solenne *o* maestoso.

▶ **2.judge** /dʒʌdʒ/ **I** tr. **1** giudicare [*person*] (anche DIR.); ***to ~ a prisoner guilty*** giudicare colpevole il detenuto; ***who are you to ~ others?*** chi sei tu per giudicare gli altri? **2** *(adjudicate)* fare da giudice, arbitro in [*show, competition*] **3** *(estimate) (currently)* valutare, stimare [*distance, age*]; *(in the future)* prevedere [*outcome, reaction*]; ***it is hard to ~ who will win the election*** è difficile prevedere chi vincerà le elezioni **4** *(consider)* considerare, ritenere; ***the operation was ~d a great success*** l'operazione fu ritenuta un grande successo; ***~d by their usual standards, their concert was disappointing*** rispetto ai loro standard abituali, il concerto è stato deludente **II** intr. giudicare; ***I am in no position to ~*** non sta a me giudicare; ***as far as one can ~*** per quanto si possa giudicare *o* per quanto se ne possa sapere; ***judging by*** o ***from...*** a giudicare da...

judge advocate /ˈdʒʌdʒˌædvəkeɪt/ n. procuratore m. militare.

judgement → **judgment**.

judgeship /ˈdʒʌdʒʃɪp/ n. AE carica f. di giudice.

▷ **judgment** /ˈdʒʌdʒmənt/ n. **1** giudizio m. (anche DIR.); ***to pass ~*** emettere una sentenza; ***to give ~*** esprimere, dare un giudizio (**on** su); ***to make ~s about sth.*** giudicare qcs. *o* esprimere giudizi su qcs.; ***to sit in ~ on*** o ***over*** ergersi a giudice di *o* impancarsi a giudice di [*person, situation*] **2** *(opinion)* parere m., avviso m.; ***in my ~*** a mio avviso *o* a mio giudizio; ***to reserve ~*** astenersi dal giudicare; ***to do sth. against one's better ~*** fare qcs. contro ogni buonsenso **3** *(discernment)* giudizio m., discernimento m.; ***an error of ~*** un errore di giudizio *o* di valutazione; ***to lack ~*** mancare di giudizio; ***use your own ~*** *(in assessing)* valuta a tua discrezione; *(in acting)* agisci secondo il tuo giudizio **4** *(punishment)* castigo m., punizione f.

judgmental, **judgemental** /ˌdʒʌdʒˈmentl/ agg. ***to be (too) ~*** essere (troppo) moralista; ***don't be so ~!*** non fare lo sputasentenze!

Judgment Day /ˈdʒʌdʒməntˌdeɪ/ n. giorno m. del Giudizio.

judicable /ˈdʒu:dɪkəbl/ agg. DIR. giudicabile.

judicatory /ˈdʒu:dɪkətərɪ, AE -tɔ:rɪ/ **I** agg. ANT. giudiziario **II** n. SCOZZ. *(court of law)* tribunale m.

judicature /ˈdʒu:dɪkətʃə(r)/ n. *(administration of justice)* giustizia f., amministrazione f. della giustizia; *(court system)* ordinamento m., sistema m. giudiziario.

judicial /dʒu:ˈdɪʃl/ agg. **1** [*inquiry, decision*] giudiziario; ***~ process*** atto di procedura, citazione a comparire; ***to bring, take ~ proceedings against sb.*** intraprendere un'azione legale *o* un procedimento giudiziario contro qcn. **2** *(wise)* [*mind*] equilibrato, saggio **3** *(impartial)* [*silence*] imparziale.

judicially /dʒu:ˈdɪʃəlɪ/ avv. [*observe, remark*] in modo equilibrato.

judicial review /dʒu:ˌdɪʃlrɪˈvju:/ n. DIR. potere m. giudiziario, giurisdizionale.

judicial separation /dʒu:ˌdɪʃlsepəˈreɪʃn/ n. BE separazione f. giudiziale, legale.

judiciary /dʒu:ˈdɪʃɪərɪ, AE -ʃɪerɪ/ **I** n. DIR. **1** *(system of courts)* ordinamento m., sistema m. giudiziario **2** *(judges)* magistratura f., giudici m.pl. **3** *(power, authority)* potere m. giudiziario **II** modif. [*system, reforms*] giudiziario.

judicious /dʒu:ˈdɪʃəs/ agg. giudizioso, assennato (**to do** a fare).

judiciously /dʒu:ˈdɪʃəslɪ/ avv. giudiziosamente, in modo assennato.

judiciousness /dʒu:ˈdɪʃəsnɪs/ n. giudizio m., assennatezza f.

Judith /ˈdʒu:dɪθ/ n.pr. Giuditta.

judo /ˈdʒu:dəʊ/ ♦ *10* **I** n. judo m. **II** modif. [*contest, hold, lesson, throw, expert*] di judo.

judy /ˈdʒu:dɪ/ n. BE COLLOQ. tipa f., ragazza f.

Judy /ˈdʒu:dɪ/ n.pr. diminutivo di **Judith**.

1.jug /dʒʌg/ **I** n. **1** BE *(glass)* boccale m., caraffa f.; *(earthenware)* brocca f., giara f.; *(for cream, milk)* bricco m.; ***water ~*** brocca *o* caraffa per l'acqua **2** AE *(earthenware)* giara f., bricco m.; ***wine ~*** giara per il vino **3** COLLOQ. *(prison)* galera f., gattabuia f.; ***in ~*** BE, ***in the ~*** AE in gattabuia **II jugs** n.pl. AE POP. *(breasts)* tette f.

2.jug /dʒʌg/ tr. (forma in -ing ecc. **-gg-**) **1** GASTR. brasare, cuocere in salmì; ***~ged hare*** lepre in salmì **2** COLLOQ. *(jail)* mettere in galera, mandare in gattabuia.

3.jug /dʒʌg/ n. *(note of a nightingale)* gorgheggio m.

jug band /ˈdʒʌgˌbænd/ n. AE = gruppo jazz che utilizza strumenti improvvisati ricavati da bottiglie ecc.

jugful /ˈdʒʌgfʊl/ n. **1** BE contenuto m. di una caraffa, di una brocca; ***three ~s of water*** tre caraffe d'acqua **2** AE contenuto m. di una giara, di un bricco.

juggernaut /ˈdʒʌgənɔ:t/ n. **1** BE *(truck)* tir m., autotreno m. **2** FIG. *(irresistible force)* forza f. inesorabile, rullo m. compressore.

juggins /ˈdʒʌgɪnz/ n. COLLOQ. *(simpleton)* sempliciotto m. (-a), sciocco m. (-a).

1.juggle /ˈdʒʌgl/ n. **1** gioco m. di destrezza **2** FIG. *(deception)* imbroglio m., truffa f.

2.juggle /ˈdʒʌgl/ **I** tr. fare giochi di destrezza con **II** intr. fare giochi di destrezza (**with** con).

juggler /ˈdʒʌglə(r)/ ♦ *27* n. giocoliere m. (-a).

jugglery /ˈdʒʌglərɪ/ n. **1** *(art of juggling)* giocoleria f. **2** FIG. *(deception)* imbroglio m., truffa f.

jughead /ˈdʒʌghed/ n. AE COLLOQ. testone m. (-a), zuccone m. (-a).

Jugoslav → **Yugoslav**.

jugular /ˈdʒʌgjʊlə(r)/ **I** n. (vena) giugulare f. **II** agg. giugulare ♦ ***to go (straight) for the ~*** ferire *o* pungere nel vivo.

jugulate /ˈdʒu:gjʊleɪt/ tr. ANT. **1** *(kill by cutting the throat)* iugulare, strozzare **2** *(arrest)* stroncare [*disease*].

▷ **1.juice** /dʒu:s/ n. **1** GASTR. *(of fruit, vegetable)* succo m. **2** BOT. FISIOL. succo m. **3** COLLOQ. *(petrol)* benzina f. **4** COLLOQ. *(electricity)* corrente f. **5** AE COLLOQ. *(alcohol)* superalcolico m.

2.juice /dʒu:s/ tr. AE estrarre il succo da [*fruit, vegetable*].

■ **juice up** FIG. ~ ***[sth.] up*** ravvivare, animare.

juice box /ˈdʒu:sbɒks/ n. brik m. di succo di frutta.

juiced /dʒu:st/ **I** p.pass. → **2.juice II** agg. AE COLLOQ. sbronzo.

juice extractor /ˈdʒu:sɪkˌstræktə(r)/ n. BE spremifrutta m.

juicehead /ˈdʒu:shed/ n. AE COLLOQ. ubriacone m. (-a), alcolizzato m. (-a).

juiceless /ˈdʒu:slɪs/ agg. senza succo.

juicer /ˈdʒu:sə(r)/ n. AE spremifrutta m.

juiciness /ˈdʒuːsɪnɪs/ n. succosità f.
juicy /ˈdʒuːsɪ/ agg. **1** GASTR. succoso **2** COLLOQ. *(racy)* [*story*] piccante, pepato; [*blonde*] appetitoso **3** COLLOQ. *(profitable)* redditizio, vantaggioso **4** COLLOQ. *(interesting)* [*role*] interessante.
jujitsu /dʒuːˈdʒɪtsuː/ ➧ **10** n. jujitsu m.
juju /ˈdʒuːdʒuː/ n. **1** *(talisman)* feticcio m. **2** *(power)* potere m. occulto, magia f. nera.
jujube /ˈdʒuːdʒuːb/ n. **1** *(fruit)* giuggiola f. **2** *(tree)* giuggiolo m.
juke /dʒuːk/ intr. AE COLLOQ. = ballare ascoltando la musica di un jukebox.
jukebox /ˈdʒuːkbɒks/ n. jukebox m.
juke-joint /ˈdʒuːkˌdʒɔɪnt/ n. AE COLLOQ. = locale dotato di jukebox.
Jul ⇒ July luglio (lug.).
julep /ˈdʒuːlɪp/ n. (anche **mint ~**) = brandy o whisky con menta, zucchero e ghiaccio.
Julia /ˈdʒuːljə/ n.pr. Giulia.
Julian /ˈdʒuːlɪən/ **I** n.pr. Giuliano **II** agg. *(relating to Julius Caesar)* giuliano.
Juliana /ˌdʒuːlɪˈɑːnə/ n.pr. Giuliana.
Julian Alps /ˌdʒuːlɪənˈælps/ n.pr.pl. Alpi f. Giulie.
Juliet /ˈdʒuːljət/ n.pr. Giulietta.
Julius /ˈdʒuːlɪəs/ n.pr. Giulio; *~ Caesar* Giulio Cesare.
▶ **July** /dʒuːˈlaɪ/ ➧ **16** n. luglio m.
jumbal /ˈdʒʌmbl/ n. ANT. ciambella f.
1.jumble /ˈdʒʌmbl/ n. **1** *(of papers, objects)* mucchio m.; *(of ideas, words)* guazzabuglio m., miscuglio m.; ***her clothes were in a ~*** i suoi vestiti erano in disordine; ***there was a ~ of ideas in my head*** nella mia testa c'era un guazzabuglio di idee **2** BE *(items for sale)* cianfrusaglie f.pl., oggetti m.pl. di seconda mano; ***have you any ~?*** avete delle cose vecchie da dare via?
2.jumble /ˈdʒʌmbl/ tr. confondere [*ideas, words, letters*]; ***to be ~d together*** [*objects*] essere gettato alla rinfusa *o* in disordine.
▪ **jumble up:** *~ [sth.] up, ~ up [sth.]* mescolare, mischiare [*letters*]; confondere [*shapes, images*].
3.jumble → **jumbal**.
jumble sale /ˈdʒʌmblˌseɪl/ n. BE vendita f. di beneficenza, mercatino m. dell'usato.
jumbo /ˈdʒʌmbəʊ/ **I** n. **1** INFANT. elefante m. **2** → **jumbo jet II** modif. (anche **~-sized**) [*packet, size*] gigante, enorme.
jumbo jet /ˌdʒʌmbəʊˈdʒet/ n. jumbo m.
▶ **1.jump** /dʒʌmp/ n. **1** *(leap)* salto m., balzo m.; ***in a single ~*** in un sol balzo *o* d'un balzo; ***parachute ~*** lancio col paracadute **2** EQUIT. ostacolo m.; ***water ~*** riviera **3** FIG. *(step)* ***to be one ~ ahead*** essere un passo più avanti (**of sb.** rispetto a qcn.) **4** *(sudden increase)* balzo m., aumento m. improvviso (**in** in); ***prices start at £ 50 then there's a big ~ to £ 200*** i prezzi partono da 50 sterline poi passano bruscamente a 200 sterline; ***she's made the ~ from deputy to director*** ha fatto un balzo nella carriera passando da sostituta a direttrice; ***it's a big ~ from school to university*** c'è una grande differenza fra la scuola e l'università **5** INFORM. salto m.
▶ **2.jump** /dʒʌmp/ **I** tr. **1** *(leap over)* saltare, superare (con un salto) [*obstacle, ditch*]; ***he ~ed three metres*** saltò tre metri; ***she can ~ the horse over the fence*** riesce a fare saltare l'ostacolo al cavallo **2** *(anticipate)* ***to ~ the gun*** [*athlete*] fare una falsa partenza; FIG. essere precipitoso *o* agire precipitosamente; ***to ~ the lights*** [*motorist*] passare con il rosso; ***to ~ the queue*** passare davanti agli altri *o* non rispettare la coda **3** *(escape)* ***to ~ ship*** [*crewman*] abbandonare la nave (violando gli obblighi contrattuali); ***to ~ bail*** = non comparire in giudizio dopo aver ottenuto la libertà provvisoria dietro cauzione **4** *(miss)* [*stylus*] saltare [*groove*]; [*disease*] saltare [*generation*]; ***to ~ the rails*** [*train*] deragliare; ***to ~ a stage*** *(in argument)* saltare *o* omettere un punto; *(in promotion, hierarchy)* bruciare le tappe **5** COLLOQ. *(attack)* [*mugger*] aggredire, attaccare [*victim*] **6** COLLOQ. *(board)* ***to ~ a train*** prendere al volo un treno **II** intr. **1** *(leap)* saltare, fare un salto; ***to ~ for joy*** fare salti di gioia; ***to ~ across*** o ***over*** saltare al di là di [*ditch, hole*]; ***to ~ clear of sth.*** fare un salto per scansare qcs. *o* evitare qcs. con un salto; ***to ~ to one's feet*** balzare in piedi; ***to ~ to sb.'s defence*** affrettarsi a difendere qcn.; ***to ~ to conclusions*** saltare alle conclusioni; ***to ~ up and down*** [*gymnast*] fare dei saltelli; [*child*] saltellare qua e là; FIG. *(in anger)* sbattere i piedi (dalla rabbia) **2** *(start)* [*person*] trasalire, sussultare; ***you made me ~*** mi hai fatto trasalire; ***he ~ed out of his skin*** COLLOQ. fece un salto per la paura *o* per poco non ci rimase secco **3** *(rise)* [*prices, profits, birthrate*] salire rapidamente, avere un'impennata **4** *(move)* ***I ~ed to the last page*** saltai *o* passai direttamente all'ultima pagina; ***the film ~s from 1800 to 1920*** nel film c'è un salto dal 1800 al 1920 **5** *(welcome)* ***to ~ at*** cogliere al volo [*opportunity*]; accogliere, accettare (volentieri *o* di buon grado) [*offer, suggestion*] **6** INFORM. ***to ~ to*** saltare a [*address*] ◆ ***~ to it!*** presto! scattare! ***go and ~ in the lake!*** COLLOQ. vai a farti benedire!
▪ **jump about, jump around** saltare qua e là, saltellare.
▪ **jump back** [*person*] fare un salto indietro; [*lever, spring*] tornare in posizione iniziale.
▪ **jump down** [*person*] saltare giù (**from** da).
▪ **jump in** [*person*] saltare dentro.
▪ **jump off** [*person*] saltare giù.
▪ **jump on:** *~ on [sth.]* *(mount)* saltare su, prendere al volo [*bus, train*]; montare in [*bicycle*]; montare a [*horse*]; ***~ on!*** sali! monta su! *~ on [sb.]* aggredire (verbalmente), criticare aspramente; ***she ~ed on me*** mi è saltata agli occhi.
▪ **jump out** [*person*] saltare fuori, uscire; ***to ~ out of*** saltare da, buttarsi da [*window*]; saltare giù da [*bed, chair, train*]; ***to ~ out in front of sb.*** spuntare davanti a qcn.
▪ **jump up** [*person*] saltare su, balzare in piedi; ***to ~ up on*** saltare su [*table etc.*].
jumped-up /ˈdʒʌmptʌp/ agg. SPREG. [*clerk, waiter*] arricchito, borioso; ***you're just ~ working-class!*** sei solo un arricchito!
1.jumper /ˈdʒʌmpə(r)/ n. TECN. sonda f. a percussione manuale.
▷ **2.jumper** /ˈdʒʌmpə(r)/ ➧ **28** n. **1** *(sweater)* maglione m., pullover m. **2** AE *(pinafore)* scamiciato m.
jumper cables /ˈdʒʌmpəˌkeɪblz/ n.pl. AE AUT. cavi m. con morsetti.
jumping /ˈdʒʌmpɪŋ/ agg. AE animato.
jumping bean /ˈdʒʌmpɪŋˌbiːn/ n. BOT. seme m. saltellante.
jumpiness /ˈdʒʌmpɪnɪs/ n. nervosismo m., tensione f.
jumping gene /ˈdʒʌmpɪŋˌdʒiːn/ n. gene m. mobile.
jumping jack /ˌdʒʌmpɪŋˈdʒæk/ n. **1** GIOC. saltamartino m. **2** *(firework)* petardo m.
jumping-off place /ˌdʒʌmpɪŋˈɒfpleɪs, AE -ˈɔːf-/ n. FIG. punto m. di partenza.
jump-jet /ˈdʒʌmpˌdʒet/ n. aereo m. a decollo verticale.
jump jockey /ˈdʒʌmpˌdʒɒkɪ/ ➧ **27** n. EQUIT. fantino m. di steeplechase, di corsa a siepi.
jump leads /ˈdʒʌmpˌliːdz/ n.pl. cavi m. con morsetti.
jump-off /ˈdʒʌmpɒf, AE -ɔːf/ n. EQUIT. spareggio m.
jump rope /ˈdʒʌmpˌrəʊp/ n. AE corda f. per saltare.
jump seat /ˈdʒʌmpˌsiːt/ n. strapuntino m.
1.jump-start /ˈdʒʌmpstɑːt/ n. ***to give sb. a ~*** aiutare qcn. a fare partire l'auto con i cavi.
2.jump-start /dʒʌmpˈstɑːt/ tr. fare partire con i cavi [*car*].
jump suit /ˈdʒʌmpˌsuːt, AE -ˌsjuːt/ n. ABBIGL. tuta f. intera.
jumpy /ˈdʒʌmpɪ/ agg. COLLOQ. [*person*] nervoso, teso, eccitabile; [*market*] nervoso, instabile.
Jun ⇒ June giugno (giu.).
▷ **junction** /ˈdʒʌŋkʃn/ n. **1** *(of two roads)* incrocio m., crocevia m.; *(on motorway)* svincolo m. **2** FERR. *(of railway lines)* nodo m. ferroviario; *(station)* stazione f. di diramazione **3** TECN. giunzione f. **4** FIG. FORM. congiungimento m., fusione f.
junction box /ˈdʒʌŋkʃnˌbɒks/ n. scatola f. di giunzione.
juncture /ˈdʒʌŋktʃə(r)/ n. **1** congiuntura f., momento m., punto m.; ***at this ~*** in questo frangente **2** LING. giuntura f.
▶ **June** /dʒuːn/ **I** ➧ **16** n. giugno m. **II** n.pr. June (nome di donna).
June bug /ˈdʒuːnˌbʌg/ n. maggiolino m.
Jungian /ˈjʊŋɪən/ **I** agg. junghiano **II** n. junghiano m. (-a).
▷ **jungle** /ˈdʒʌŋgl/ **I** n. giungla f. (anche FIG.); ***the law of the ~*** la legge della giungla **II** modif. [*fauna, flora*] della giungla; [*life, path*] nella giungla.
jungle fowl /ˈdʒʌŋglˌfaʊl/ n. bankiva m.
jungle gym /ˈdʒʌŋglˌdʒɪm/ n. = struttura in legno o in metallo sulla quale i bambini possono arrampicarsi.
jungle juice /ˈdʒʌŋglˌdʒuːs/ n. COLLOQ. = forte bevanda alcolica preparata in casa.
jungle music /ˈdʒʌŋglˌmjuːzɪk/ n. jungle m.
jungle warfare /ˌdʒʌŋglˈwɔːfeə(r)/ n. guerra f. nella giungla.
jungly /ˈdʒʌŋglɪ/ agg. da giungla, simile alla giungla (anche FIG.).
▷ **junior** /ˈdʒuːnɪə(r)/ **I** agg. **1** *(low-ranking, not senior)* [*colleague, worker*] *(inferior)* inferiore, subalterno; *(trainee)* principiante; [*post, rank, position*] subalterno; ***to be ~*** avere poca esperienza; ***to be more ~*** avere meno esperienza; ***he's very ~*** ha pochissima esperienza; ***he is ~ to me in the firm*** nella ditta occupa un posto subalterno rispetto a me **2** *(young)* [*person*] giovane; ***to be ~ to sb.*** essere più giovane di qcn. (**by** di) **3** *(the younger)* (anche **Junior**) ***Bob Mortimer ~*** Bob Mortimer junior **II** n. **1** *(younger person)* = persona più giovane di un'altra; ***to be 10 years sb.'s ~*** essere di 10 anni più giovane di qcn. **2** *(low-ranking worker)* subalterno m. **3** BE SCOL. = scolaro delle elementari; ***to teach ~s*** insegnare alla

scuola elementare **4** AE UNIV. = studente del terzo anno (in corsi di laurea di quattro anni); *(in high school)* = studente del penultimo anno **5** SPORT *(young player)* juniores m. e f. **6** BE → **junior doctor** **7** BE → **junior minister** **III** modif. **1** [*fashion*] giovane, per i giovani; [*activity, wing of organization*] giovanile **2** SPORT [*championship, race, league, team, 100 metres*] juniores; [*champion*] (degli) juniores; [*player, high-jumper*] juniores.

junior clerk /ˌdʒu:nɪə'klɑ:k, AE -'klɜ:rk/ n. impiegato m. d'ordine.

junior college /ˌdʒu:nɪə'kɒlɪdʒ/ n. US = istituto universitario che offre corsi di due anni.

Junior Common Room /ˌdʒu:nɪə'kɒmənˌru:m, -ˌrʊm/ n. BE UNIV. **1** *(room)* sala f. comune per studenti **2** *(student body)* + verbo sing. o pl. studenti m.pl. universitari.

junior doctor /ˌdʒu:nɪə'dɒktə(r)/ n. medico m. tirocinante.

junior executive /ˌdʒu:nɪəɪg'zekjʊtɪv/ n. quadro m. intermedio.

junior high school /ˌdʒu:nɪə'haɪsku:l/ n. US scuola f. media inferiore.

junior lightweight /ˌdʒu:nɪə'laɪtweɪt/ **I** n. *(weight)* pesi m.pl. superpiuma; *(boxer)* peso m. superpiuma **II** modif. [*champion, title*] dei pesi superpiuma.

junior management /ˌdʒu:nɪə'mænɪdʒmənt/ n. (i più) giovani dirigenti m.pl.

junior manager /ˌdʒu:nɪə'mænɪdʒə(r)/ n. giovane dirigente m.

junior middleweight /ˌdʒu:nɪə'mɪdlweɪt/ **I** n. *(weight)* pesi m.pl. superwelter; *(boxer)* peso m. superwelter **II** modif. [*champion, title*] dei pesi superwelter.

junior minister /ˌdʒu:nɪə'mɪnɪstə(r)/ n. sottosegretario m.; ***she is the junior health minister*** è sottosegretario alla sanità.

junior miss /ˌdʒu:nɪə'mɪs/ n. AE adolescente f., ragazza f.

junior partner /ˌdʒu:nɪə'pɑ:tnə(r)/ n. socio m. giovane.

junior rating /ˌdʒu:nɪə'reɪtɪŋ/ n. BE MAR. = marinai graduati e comuni.

junior school /'dʒu:nɪəˌsku:l/ n. GB = scuola elementare per bambini dai sette agli undici anni.

junior seaman /ˌdʒu:nɪə'si:mən/ n. (pl. **junior seamen**) BE marinaio m. minorenne.

junior technician /ˌdʒu:nɪətek'nɪʃn/ ➧ *23* n. BE *(in Royal Air Force)* aviere m. scelto.

junior welterweight /ˌdʒu:nɪə'weltəweɪt/ **I** n. *(weight)* pesi m.pl. superleggeri; *(boxer)* peso m. superleggero **II** modif. [*champion, title*] dei pesi superleggeri.

juniper /'dʒu:nɪpə(r)/ **I** n. ginepro m. **II** modif. ***~ berries*** bacche di ginepro.

▷ **1.junk** /dʒʌŋk/ n. **1 U** COLLOQ. SPREG. *(poor quality) (furniture, merchandise)* cianfrusaglie f.pl., oggetti m.pl. senza valore; *(possessions)* ciarpame m., robaccia f.; ***clear your ~ off the table!*** togli quelle porcherie dal tavolo! ***how can you read that ~?*** come fai a leggere quella robaccia? **2 U** *(second-hand)* cianfrusaglie f.pl., anticaglia f.

2.junk /dʒʌŋk/ tr. COLLOQ. buttare via [*appliance*]; rottamare, mandare al demolitore [*car*]; scartare [*idea*].

3.junk /dʒʌŋk/ n. *(boat)* giunca f.

junk bond /'dʒʌŋkˌbɒnd/ n. obbligazione f. di rischio.

junk-bottle /'dʒʌŋkˌbɒtl/ n. bottiglia f. di vetro spesso (nero o verde).

1.junket /'dʒʌŋkɪt/ n. **1** GASTR. giuncata f. **2** COLLOQ. *(spree)* festa f., banchetto m.; *(paid trip)* visita f. ufficiale (a spese del governo).

2.junket /'dʒʌŋkɪt/ intr. festeggiare, banchettare.

junket(t)ing /'dʒʌŋkɪtɪŋ/ n. COLLOQ. *(celebrating)* (il) fare feste, banchetti; *(paid trip)* (il) fare visite ufficiali (a spese del governo).

junk food /'dʒʌŋkˌfu:d/ n. porcherie f.pl., schifezze f.pl.

junkie /'dʒʌŋkɪ/ n. COLLOQ. tossico m. (-a).

junk jewellery /'dʒʌŋkˌdʒu:əlrɪ/ n. bigiotteria f.

junk mail /'dʒʌŋkˌmeɪl/ n. **U** stampe f.pl. pubblicitarie (indesiderate), pubblicità f.

junkman /'dʒʌŋkmən/ n. (pl. **-men**) AE rigattiere m.

junk shop /'dʒʌŋkˌʃɒp/ n. negozio m. di rigattiere.

junky → **junkie**.

junkyard /'dʒʌŋkjɑ:d/ n. *(for scrap)* immondezzaio m.; *(for old cars)* cimitero m. delle auto.

Juno /'dʒu:nəʊ/ n.pr. Giunone.

Junoesque /ˌdʒu:nəʊ'esk/ agg. giunonico, maestoso.

junta /'dʒʌntə/ n. giunta f. (militare).

junto /'dʒʌntəʊ/ n. (pl. **~s**) ANT. fazione f.

Jupiter /'dʒu:pɪtə(r)/ n.pr. **1** MITOL. Giove **2** ASTR. Giove m.

jural /'dʒʊərəl/ agg. giuridico, legale.

Jurassic /dʒʊə'ræsɪk/ **I** n. ***the ~*** il giurassico **II** agg. giurassico.

jurat /'dʒʊəræt/ n. **1** *(officer)* funzionario m. **2** *(in the Channel Islands)* magistrato m.

juridical /dʒʊə'rɪdɪkl/ agg. giuridico, legale.

juridically /dʒʊə'rɪdɪklɪ/ avv. giuridicamente.

jurisconsult /'dʒʊərɪskənˌsʌlt/ n. giureconsulto m.

jurisdiction /ˌdʒʊərɪs'dɪkʃn/ n. **1** AMM. competenza f., autorità f.; ***to come within, under sb.'s ~*** diventare di competenza di qcn.; ***to be outside sb.'s ~*** esulare dalla competenza di qcn. **2** DIR. giurisdizione f. (**over** su); ***to be within, outside sb.'s ~*** rientrare, non rientrare nella giurisdizione di qcn.

jurisdictional /ˌdʒʊərɪs'dɪkʃənl/ agg. giurisdizionale.

jurisprudence /ˌdʒʊərɪs'pru:dns/ n. **1** *(philosophy)* filosofia f. del diritto **2** *(precedents)* giurisprudenza f.

jurisprudent /ˌdʒʊərɪs'pru:dnt/ **I** n. giurista m. e f. **II** agg. esperto di diritto.

jurisprudential /ˌdʒʊərɪspru:'denʃl/ agg. giurisprudenziale.

jurist /'dʒʊərɪst/ ➧ *27* n. giurista m. e f.

juristic(al) /dʒʊə'rɪstɪk(l)/ agg. giuridico, legale.

juror /'dʒʊərə(r)/ n. giurato m.

▷ **jury** /'dʒʊərɪ/ n. **1** DIR. giuria f.; ***to be*** o ***to serve on a ~*** fare parte di una giuria; ***to be picked for a ~*** essere chiamato a fare parte di una giuria; ***to instruct the ~*** dare istruzioni alla giuria; ***"members of the ~"*** "i membri della giuria"; ***the ~ is still out*** DIR. la giuria non ha ancora deliberato; FIG. non se ne sa ancora nulla, non si conosce ancora la risposta **2** *(at competition)* giuria f.

jury box /'dʒʊərɪˌbɒks/ n. banco m. dei giurati.

jury duty /'dʒʊərɪˌdju:tɪ, AE -ˌdu:tɪ/ n. AE → **jury service**.

juryman /'dʒʊərɪmən/ n. (pl. **-men**) giurato m., membro m. della giuria.

jury-mast /'dʒʊərɪmɑ:st/ n. MAR. albero m. di fortuna.

jurymen /'dʒʊərɪmen/ → **juryman**.

jury service /'dʒʊərɪˌsɜ:vɪs/ n. BE ***to do ~*** essere membro di una giuria *o* fare parte di una giuria.

jury shopping /'dʒʊərɪˌʃɒpɪŋ/ n. AE = selezione dei giurati.

jury system /'dʒʊərɪˌsɪstəm/ n. = sistema di giudizio che si avvale di una giuria.

jurywoman /'dʒʊərɪwʊmən/ n. (pl. **-women**) giurata f., membro m. della giuria.

jussive /'dʒʌsɪv/ agg. LING. iussivo.

1.just /dʒʌst/ **I** agg. **1** *(fair)* [*cause, war, criticism, society, action, decision*] giusto; [*anger, complaint, demand*] giustificato; [*person*] giusto, equo, imparziale, onesto; [*comment*] giusto, imparziale; [*suspicion, claim*] fondato; [*reward*] giusto, meritato, adeguato; ***as is only ~*** come è giusto *o* con giusto titolo; ***it's only ~*** è solo giusto (**to do** fare; **that** che); ***to be ~ in one's dealings with sb.*** comportarsi onestamente con qcn.; ***without ~ cause*** senza giusta causa **2** *(exact)* [*account, balance, calculation*] giusto, esatto, corretto **3** DIR. [*claim*] fondato; [*title*] valido; [*request, inheritance*] legittimo **II** n. ***the ~*** + verbo pl. i giusti ◆ ***to sleep the sleep of the ~*** dormire il sonno del giusto.

▶ **2.just** /dʒʌst/ avv. **1** *(very recently)* ***to have ~ done*** avere appena fatto; ***she's ~ arrived*** è appena arrivata; ***I'm ~ back*** sono appena tornato; ***it has ~ been varnished*** è appena stato verniciato **2** *(immediately)* subito, appena; ***~ after your birthday*** subito dopo il tuo compleanno; ***~ after you left, arrived*** subito dopo che tu sei partito, arrivato; ***~ before*** appena prima; ***it's ~ after 10 am, midnight*** sono appena passate le 10, è appena passata mezzanotte **3** *(slightly) (with quantities)* un po'; *(indicating location or position)* appena; ***~ over 20 kg*** un po' più di 20 kg; ***~ under 15 cm*** un po' meno di 15 cm; ***~ beyond*** o ***past*** o ***after the station*** subito dopo la stazione; ***~ below the knee*** appena sotto il ginocchio; ***~ on the left*** subito a sinistra **4** *(only, merely)* solo; ***~ a cup of tea*** solo una tazza di tè; ***~ for fun*** solo per divertimento; ***there will be ~ the three of us*** ci saremo solo noi tre; ***not cross, ~ disappointed*** non arrabbiato, solo deluso; ***~ two days ago*** solo due giorni fa; ***~ last week*** solo la settimana scorsa; ***he's ~ a child*** è solo un bambino; ***not ~ men*** non solo (gli) uomini **5** *(purposely)* proprio, per l'appunto, giusto; ***he did it ~ to annoy us*** l'ha fatto giusto per infastidirci; ***I came ~ to see you*** sono venuto proprio per vederti **6** *(barely)* ***~ on time*** appena in tempo; ***he's ~ 20*** ha solo 20 anni; ***I've got ~ enough money*** ho a malapena i soldi sufficienti *o* ho i soldi giusti giusti; ***the oven is ~ hot enough*** il forno è appena caldo quanto basta; ***I (only) ~ caught the train*** ho preso il treno per un pelo; ***he (only) ~ passed the exam*** ha superato l'esame per un pelo **7** *(simply)* solo, soltanto, semplicemente, solamente; ***~ tell the truth*** dì soltanto la verità; ***she ~ won't listen*** non vuole proprio ascoltare; ***I was ~ wondering if...*** mi stavo solo chiedendo se...; ***that's ~ the way it is*** è proprio così; ***~ a moment, minute, second*** *(please wait)* solo un attimo *o* momento, un minuto, un secondo; *(when interrupting, disagreeing)* un momento **8** *(exactly, precisely)* esattamente, proprio, precisamente; ***that's ~ what I suggested*** è esattamente ciò che ho suggerito; ***it's ~ what she wants*** è proprio quello che vuole; ***it's ~ what you were expecting*** è proprio quello che ti aspettavi; ***~ as I thought, we're too late*** proprio come pensavo, siamo tremendamente in ritardo; ***~ how do you hope to persuade him?*** e allora come pensi di riuscire a convincerlo? ***~ how many there are isn't known*** non si sa esattamente quanti ce ne sono; ***it's ~ right*** è proprio giusto; ***~ at that moment, Paul arrived*** proprio in quel momento è arrivato Paul; ***it's ~ on 8 am*** BE sono le otto in punto; ***he likes everything to be ~ so*** a lui piace che tutto sia esattamente così; ***she looks ~ like her father*** assomiglia tantissimo a suo padre; ***it's ~ like him to forget*** è proprio da lui dimenticare; ***it's ~ like you to be late*** è proprio da te arrivare in ritardo; ***~ so!*** proprio così! ***that's ~ it*** o ***the trouble*** è proprio questo il problema; ***that's ~ the point!*** è proprio questo il punto! **9** *(possibly, conceivably)* ***it might*** o ***could ~ be true*** potrebbe essere vero; ***he may ~ make it in time*** potrebbe riuscirci in tempo **10** *(at this or that very moment)* ***to be ~ doing*** stare proprio facendo; ***to be ~ about to do*** essere proprio sul punto di fare; ***I'm ~ finishing the letter*** sto giusto finendo la lettera; ***I'm ~ coming*** arrivo *o* sto arrivando; ***he was ~ leaving*** stava giusto partendo; ***I'm ~ off!*** vado! **11** *(positively, totally)* ***that was ~ wonderful, delicious*** è stato proprio meraviglioso, delizioso; ***that's ~ ridiculous, wrong*** è proprio ridicolo, sbagliato; ***that's ~ typical!*** IRON. questo non mi stupisce proprio! ***that's ~ great!*** *(enthusiastically)* è veramente formidabile! *(ironically)* ci mancava solo questo! **12** *(easily)* ***I can ~ imagine her as president*** me la vedo proprio come presidente; ***can't you ~ picture the scene!*** puoi facilmente immaginarti la scena! ***I can ~ smell the pineforests*** sento già il profumo dei pini **13** *(with imperatives)* ***~ keep quiet!*** state (un po') zitti! ***~ look at the time!*** ma guarda che ore sono! ***~ you dare!*** allora provaci! ***~ imagine!*** immagina! ***~ think, you could have been hurt!*** pensa, ti saresti potuto fare male! **14** *(in requests)* ***if I could ~ interrupt you*** se posso permettermi di interromperla; ***if you could ~ hold this box*** potresti tenermi questa scatola, per favore? ***could you ~ wait five minutes?*** potresti aspettare cinque minuti? **15** *(for emphasis in responses)* ***"he's adorable" - "isn't he ~"*** "è adorabile" - "davvero"; ***"that film was dreadful" - "wasn't it ~!"*** "il film era terribile!" - "davvero!" ***"she's really full of herself" - "isn't she ~"*** "è veramente piena di sé" - "davvero"; ***"I bet you're furious" - "aren't I ~"*** "scommetto che sei infuriato" - "eccome!" **16** *(equally)* ***~ as big, funny, well as...*** grande, divertente, bene esattamente come...; ***I can ~ as easily walk*** posso benissimo andarci a piedi **17** **just about** appena appena, quasi; ***~ about cooked, finished*** quasi cotto, finito; ***"are you ready?" - "~ about"*** "sei pronto?" - "quasi"; ***it's ~ about 10 o'clock*** sono quasi le 10; ***~ about everything, anything*** quasi tutto, qualsiasi cosa; ***I can ~ about see it, reach it*** riesco appena appena a vederlo, ad arrivarci; ***~ about enough for two*** appena a sufficienza per due; ***I've had ~ about enough!*** ne ho proprio abbastanza! ***~ about here*** qui intorno; ***it's ~ about the most boring film I've seen*** è forse il film più noioso che abbia mai visto; ***it's ~ about the best holiday we've had*** è forse la vacanza più bella che abbiamo fatto **18** **just now** *(a short time ago)* appena; *(at the moment)* proprio adesso, in questo momento **19** **just as** proprio quando, nel momento in cui, mentre; ***he arrived ~ as I was leaving*** è arrivato proprio mentre stavo andando via ◆ ***it's ~ as well it's waterproof*** meno male che è impermeabile; ***~ as well!*** tanto meglio! ***it would be ~ as well if you asked him*** tanto va-leva che tu glielo chiedessi; ***I'd ~ as soon you didn't mention it*** preferirei che tu non ne parlassi; ***take your raincoat ~ in case it rains*** prendi il tuo impermeabile, in caso piova *o* caso mai piovesse; ***I always check ~ in case*** controllo sempre, non si sa mai.

▶ **justice** /ˈdʒʌstɪs/ n. **1** *(fairness)* giustizia f.; ***is there any ~ in her accusations?*** le sue accuse sono fondate? ***it can be said, with some ~, that*** bisogna pur riconoscere che; ***to do sb. ~*** o ***to do ~ to sb.*** rendere giustizia a qcn.; ***the portrait doesn't do her ~*** il ritratto non le rende giustizia; ***I couldn't do ~ to it*** *(refusing food)* non posso fargli onore **2** *(the law)* giustizia f.; ***a court of ~*** una corte di giustizia; ***to bring sb. to ~*** assicurare qcn. alla giustizia; ***she is a fugitive from ~*** si sottrae alla giustizia **3** *(judge)* BE giudice m. (dell'Alta Corte di Giustizia); AE giudice m. (della Corte Suprema); *(form of address)* ***Mr Justice Murphy*** BE il giudice Murphy.

Justice Minister /ˌdʒʌstɪsˈmɪnɪstə(r)/ n. ministro m. della giustizia.

Justice of the Peace /ˌdʒʌstɪsəvðəˈpiːs/ n. giudice m. di pace, conciliatore m.

justiceship /ˈdʒʌstɪsʃɪp/ n. ufficio m. di un giudice.

justiciable /dzʌˈstɪʃəbl/ agg. processabile.

justiciary /dʒʌˈstɪʃɪərɪ, AE -erɪ/ ➧ **27** **I** agg. giudiziario **II** n. **1** giudice m. **2** STOR. = capo politico e giudice supremo che, dai tempi di Guglielmo I fino ai tempi di Enrico III, agisce come rappresentante del re e, in sua assenza, ne presiede la corte.

justifiability /dʒʌstɪfaɪəˈbɪlətɪ/ n. giustificabilità f., legittimità f.

justifiable /ˈdʒʌstɪfaɪəbl/ agg. *(that is justified)* lecito, legittimo; *(that can be justified)* giustificabile.

justifiable homicide /ˌdʒʌstɪfaɪəblˈhɒmɪsaɪd/ n. omicidio m. per legittima difesa.

justifiably /ˈdʒʌstɪfaɪəblɪ/ avv. giustificabilmente, giustamente, a ragione; ***he's ~ angry*** ha tutte le ragioni di essere arrabbiato; ***she is ~ proud*** è giustamente orgogliosa (**of** di).

▷ **justification** /ˌdʒʌstɪfɪˈkeɪʃn/ n. **1** *(reason)* giustificazione f., motivo m.; ***to have some ~ for doing*** avere dei motivi per fare; ***you have no ~ for being so rude*** non ci sono scuse per *o* niente può giustificare il tuo comportamento così maleducato; ***in ~ of sth.*** a giustificazione *o* a discolpa di qcs.; ***what can they say in ~ of his behaviour?*** cosa possono dire per giustificare il suo comportamento? ***with some ~*** non senza motivo; ***without any ~*** senza alcun motivo **2** INFORM. TIP. *(of margins, moving of data)* giustificazione f., allineamento m.; ***right, left ~*** allineamento a destra, a sinistra **3** RELIG. giustificazione f.

justificative /ˈdʒʌstɪfɪkeɪtɪv/, **justificatory** /ˈdʒʌstɪfɪkeɪtrɪ, AE -tɔːrɪ/ agg. giustificativo.

▷ **justified** /ˈdʒʌstɪfaɪd/ **I** p.pass. → **justify** **II** agg. **1** [*feeling, belief, complaint, increase, policy*] giustificato; ***to be ~ in doing*** avere dei buoni motivi per fare; ***to feel ~ in doing*** sentirsi in diritto di fare; ***you are quite ~ in refusing*** hai assolutamente ragione a rifiutare **2** INFORM. TIP. [*margins, text, data*] giustificato, allineato.

justifier /ˈdʒʌstɪfaɪə(r)/ n. giustificatore m. (-trice).

▶ **justify** /ˈdʒʌstɪfaɪ/ tr. **1** giustificare [*feeling, belief, complaint, increase, policy*]; ***how can you ~ such cruelty?*** come si può giustificare una tale crudeltà? ***what justifies its inclusion in the collection?*** come si giustifica la sua inclusione nella collezione? **2** INFORM. TIP. giustificare, allineare [*margins, text, data*] ◆ ***the end justifies the means*** il fine giustifica i mezzi.

Justin /ˈdʒʌstɪn/ n.pr. Giustino.

Justina /dʒʌsˈtiːnə/, **Justine** /dʒʌsˈtiːn/ n.pr. Giustina.

just-in-time /ˌdʒʌstɪnˈtaɪm/ agg. [*manufacture, production, stock control*] just in time.

justle /ˈdʒʌsl/ → **2.jostle**.

justly /ˈdʒʌstlɪ/ avv. **1** *(equitably)* equamente, imparzialmente **2** *(justifiably)* giustamente, a ragione.

justness /ˈdʒʌstnɪs/ n. **1** *(aptness)* giustezza f. **2** *(reasonableness)* *(of claim, request)* ragionevolezza f.

Justus /ˈdʒʌstəs/ n.pr. Giusto.

jut /dʒʌt/ intr. (forma in -ing ecc. **-tt-**) (anche **~ out**) **1** *(horizontally)* [*cape, promontory*] protendersi (**into** in); [*balcony*] sporgere (**over** su) **2** *(vertically)* [*mountain*] innalzarsi.

jutting /ˈdʒʌtɪŋ/ agg. (anche **~ out**) sporgente.

jute /dʒuːt/ n. **U** iuta f.

juvenescence /dʒuːvɪˈnesəns/ n. giovinezza f.

juvenescent /dʒuːvɪˈnesnt/ agg. giovane.

▷ **juvenile** /ˈdʒuːvənaɪl/ **I** agg. **1** *(young)* [*person*] giovane; [*group, gang*] giovanile, di ragazzi **2** SPREG. *(childish)* puerile, immaturo, infantile **3** BOT. ZOOL. giovane **II** n. **1** FORM. *(young person)* giovane m. e f.; DIR. minore m. e f. **2** BOT. ZOOL. pianta f. giovane, animale m. giovane **3** TEATR. → **juvenile lead**.

juvenile court /ˌdʒuːvənaɪlˈkɔːt/ n. tribunale m. per i minorenni.

juvenile crime /ˌdʒuːvənaɪlˈkraɪm/ n. criminalità f. minorile.

juvenile delinquency /ˌdʒuːvənaɪldɪˈlɪŋkwənsɪ/ n. delinquenza f. minorile.

juvenile delinquent /ˌdʒuːvənaɪldɪˈlɪŋkwənt/ n. delinquente m. e f. minorenne.

juvenile lead /ˌdʒuːvənaɪlˈliːd/ n. TEATR. attor m. giovane.

juvenile offender /ˌdʒuːvənaɪləˈfendə(r)/ n. DIR. delinquente m. e f. minorenne.

juvenilia /dʒuːvəˈnɪlɪə/ n.pl. opere f. giovanili.

juvenility /dʒuːvəˈnɪlətɪ/ n. **1** *(youth)* giovinezza f., gioventù f. **2** SPREG. *(childishness)* immaturità f., puerilità f. **3** *(act)* ragazzata f.

juxtapose /ˌdʒʌkstəˈpəʊz/ tr. giustapporre (**with** a).

juxtaposition /ˌdʒʌkstəpəˈzɪʃn/ n. giustapposizione f. (**with** a); ***in ~*** in giustapposizione.

k

k, K /keɪ/ n. **1** *(letter)* k, K m. e f. **2 K** COLLOQ. (⇒ thousand) = mille; ***he earns £ 50 K*** guadagna 50.000 sterline.
kabala /kəˈbɑːlə, ˈkæbələ/ n. cabala f.
Kabul /ˈkɑːbl/ ➧ ***34*** n.pr. Kabul f.
Kabyle /kəˈbaɪl/ **I** agg. cabilo **II** n. **1** *(person)* cabilo m. (-a) **2** *(language)* cabilo m.
kadi /ˈkɑːdɪ/ n. cadì m.
kaffeeklatsch /ˈkæfeɪklætʃ/ n. AE = riunione fra amiche durante la quale si beve del caffè e talvolta si organizzano attività benefiche.
kaffir /ˈkæfə(r)/ **I** agg. cafro **II** n. AFRIC. cafro m. (-a); SPREG. negro m. (-a).
Kafkaesque /kæfkəˈesk/ agg. kafkiano.
kafooster /kəˈfuːstə(r)/ n. sciocchezze f.pl., stupidaggini m.pl.
kaftan /ˈkæftæn/ n. caftan m., caftano m., caffettano m.
kagoule → **cagoule**.
kail → **kale**.
kainite /ˈkaɪnaɪt/ n. cainite f.
Kaiser /ˈkaɪzə(r)/ ➧ ***9*** n. Kaiser m.
kakapo /ˈkɑːkəpəʊ, AE kɑːkəˈpəʊ/ n. (pl. **~s**) kakapo m., strigope m.
kaki /ˈkɑːkɪ, AE ˈkæ-/ n. cachi m.
kalaemia BE, **kalemia** AE /kəˈliːmɪə/ n. cal(i)emia f., potassiemia f.
Kalahari /ˌkæləˈhɑːrɪ/ n.pr. ***the ~*** il Kalahari; ***the ~ desert*** il deserto del Kalahari.
kale /keɪl/ n. **1** AGR. (anche **curly ~**) cavolo m. verde **2** AE COLLOQ. *(money)* grana f.
kaleidoscope /kəˈlaɪdəskəʊp/ n. caleidoscopio m. (anche FIG.).
kaleidoscopic /kəˌlaɪdəˈskɒpɪk/ agg. caleidoscopico.
kalends /ˈkælendz, -əndz/ n.pl. calende f.
kali /ˈkælɪ, ˈkeɪlaɪ/ n. cali f., riscolo m.
Kalmuck /ˈkælmʌk/ ➧ ***18, 14*** **I** agg. calmucco **II** n. **1** *(person)* calmucco m. (-a) **2** *(language)* calmucco m.
kamikaze /ˌkæmɪˈkɑːzɪ/ **I** n. kamikaze m. **II** agg. da kamikaze, suicida.
Kampuchea /ˌkæmpʊˈtʃɪə/ n.pr. STOR. Kampucea f.; ***People's Republic of ~*** Repubblica Popolare della Kampucea.
Kampuchean /ˌkæmpʊˈtʃɪən/ **I** agg. STOR. della Kampucea **II** n. STOR. abitante m. e f. della Kampucea.
Kanaka /kəˈnækə/ n. **1** hawaiano m. (-a) **2** abitante m. e f. delle isole del Sud Pacifico.
kangaroo /ˌkæŋgəˈruː/ n. canguro m.
kangaroo court /ˌkæŋgəruːˈkɔːt/ n. SPREG. tribunale m. illegale.
Kansas /ˈkænzəs/ ➧ ***24*** n.pr. Kansas m.
Kantian /ˈkæntɪən/ agg. kantiano.
kaolin /ˈkeɪəlɪn/ n. caolino m.
kaolinite /ˈkeɪəlɪnaɪt/ n. caolinite f.
kaolinization /keɪəlɪnaɪˈzeɪʃn, AE -nɪˈz-/ n. caolinizzazione f.
kaon /ˈkeɪən/ n. kaone m.
kapok /ˈkeɪpɒk/ n. capoc m.
kapok tree /ˈkeɪpɒkˌtriː/ n. capoc m.
kappa /ˈkæpə/ n. *(Greek letter)* cappa m. e f.
kaput /kæˈpʊt/ agg. COLLOQ. kaputt.
karabiner /ˌkærəˈbiːnə(r)/ n. moschettone m.
karaoke /ˌkerɪˈəʊkeɪ, -kɪ/ n. karaoke m.
karat AE → **carat**.
karate /kəˈrɑːtɪ/ ➧ ***10*** **I** n. karate m., karatè m. **II** modif. [*class*] di karate; ***~ chop*** colpo di karate; ***~ expert*** karateka.
karma /ˈkɑːmə/ n. karma m.; FIG. destino m., sorte f.
karroo /kəˈruː/ n. = altipiano desertico del Sud Africa.
Karst /kɑːst/ ➧ ***24*** n.pr. Carso m.
karstic /ˈkɑːstɪk/ agg. carsico.
kart /kɑːt/ n. kart m., go-kart m.
karting /ˈkɑːtɪŋ/ ➧ ***10*** n. karting m.; ***to go ~*** praticare il karting.
karyogenesis /kærɪəʊˈdʒenəsɪs/ n. cariogenesi f.
karyokinesis /kærɪəʊkaɪˈniːsɪs, AE -kɪˈn-/ n. cariocinesi f.
karyolysis /kærɪˈɒləsɪs/ n. cariolisi f.
karyotype /ˈkærɪətaɪp/ n. cariotipo m.
Kashmir /kæʃˈmɪə/ ➧ ***24*** n.pr. Kashmir m.
Kashmiri /kæʃˈmɪərɪ/ **I** agg. ➧ ***18,14*** kashmiriano **II** n. **1** *(person)* kashmiriano m. (-a) **2** *(language)* kashmiriano m.
katabolism /kəˈtæbəlɪzəm/ n. catabolismo m.
Kate /keɪt/ n.pr. diminutivo di **Katharina**, **Katharine**, **Katherine**, **Catherine**.
Katharina /ˌkæθəˈriːnə/, **Katharine**, **Katherine** /ˈkæθərɪn/ n.pr. Caterina.
Kathleen /ˈkæθliːn/ n.pr. Kathleen (nome di donna).
Kat(h)mandu /ˌkætmænˈduː/ ➧ ***34*** n.pr. Katmandu f.
kathode /ˈkæθəʊd/ n. ANT. catodo m.
Katie /ˈkeɪtɪ/ n.pr. diminutivo di **Katharina**, **Katharine**, **Katherine**, **Catherine**.
katydid /ˈkeɪtɪdɪd/ n. cavalletta f. verde del Nord America.
katzenjammer /ˈkætsənjæmə(r)/ n. AE COLLOQ. **1** *(uproar)* confusione f. **2** *(hangover)* postumi m.pl. della sbronza.
Kay /keɪ/ n.pr. Kay (nome di donna).
kayak /ˈkaɪæk/ n. kayak m.
1.kayo /ˈkeɪəʊ/ n. KO m., atterramento m.
2.kayo /ˈkeɪəʊ/ tr. mettere KO, atterrare.
Kazakhstan /ˌkɑːzɑːkˈstɑːn, ˌkæz-/ ➧ ***6*** n.pr. Kazakhistan m.
kazoo /kəˈzuː/ n. kazoo m.
KC n. **1** GB DIR. (⇒ King's Counsel) = patrocinante per la corona **2** US (⇒ Kansas City) = Kansas City.
KD agg. AE SPORT (⇒ knocked down) = atterrato.
kea /ˈkiːə, ˈkeɪə/ n. nestore m.
kebab /kɪˈbæb/ n. (anche **shish-~**) kebab m.
1.kedge /kedʒ/ n. (anche **~ anchor**) MAR. ancora f. di tonneggio.
2.kedge /kedʒ/ **I** tr. tonneggiare **II** intr. tonneggiarsi.
kedgeree /ˈkedʒəriː, ˌkedʒəˈriː/ n. = piatto indiano a base di riso, cipolle, uova, pesce e aromi.
keel /kiːl/ n. MAR. AER. chiglia f.; ***to be on an even ~*** MAR. essere stabile; ***he's on a more even ~ now*** FIG. è più equilibrato adesso; ***my finances are back on an even ~*** FIG. le mie finanze sono tornate alla stabilità.
keelhaul /ˈkiːlhɔːl/ tr. MAR. STOR. infliggere la pena della cala, dei giri di chiglia a; FIG. *(rebuke)* dare una lavata di capo a, dare una strigliata a.

keel over /kiːlˈəʊvə(r)/ intr. [*boat*] scuffiare, ribaltarsi, capovolgersi; [*person, tree*] cadere, crollare a terra.
keelson /ˈkiːlsn, ˈkel-/ n. MAR. paramezzale m., controchiglia f.
▷ **1.keen** /kiːn/ agg. **1** *(eager)* [*admirer*] appassionato, entusiasta; [*attentions*] particolare; [*applicant, candidate*] motivato; ***to be ~ on*** essere entusiasta di [*plan, project, idea*]; ***I'm not too ~*** o ***not over~ on the idea*** l'idea non mi entusiasma molto; ***to be ~ on doing*** o ***to do*** avere una gran voglia di fare; ***to be ~ for sb. to do*** o ***on sb.'s doing*** desiderare ardentemente che qcn. faccia; ***to be ~ that sb. should do*** essere entusiasta che qcn. faccia; ***to look ~*** sembrare entusiasta; ***my wife wants to go but I'm not (too) ~*** o ***less than ~*** mia moglie vuole andare, ma io non ne ho molta voglia **2** *(enthusiastic)* [*amateur, supporter, artist, campaigner, sportsplayer, student*] entusiasta, appassionato, infervorato; ***to be ~ on*** essere appassionato di [*activity*]; avere una passione per [*animals*]; ***he's ~ on my sister, but my father's not too ~ on him*** COLLOQ. mia sorella gli piace molto, ma lui non piace molto a mio padre; ***mad ~*** BE COLLOQ. fanatico, fissato **3** *(intense)* [*delight*] intenso; [*desire, interest*] vivo, forte; [*sense of loss, admiration*] profondo, grande; [*appetite*] forte; [*anticipation*] febbrile **4** *(acute, sharp)* [*eye, sight*] acuto; [*intelligence*] sottile, acuto; [*hearing, sense of smell*] fine, sottile; [*blade*] sottile; FIG. [*wit*] sottile, pungente, mordace; [*draught, wind, air*] penetrante, pungente; ***to have a ~ eye for sth.*** avere occhio per qcs. **5** *(competitive)* [*price*] competitivo, conveniente; [*competition, rivalry, demand*] forte; [*debate*] animato, acceso.
2.keen /kiːn/ n. IRLAND. lamento m. funebre.
3.keen /kiːn/ intr. IRLAND. piangere (**over** su, per).
keenly /ˈkiːnlɪ/ avv. [*interested*] vivamente; [*awaited*] ardentemente; [*aware*] perfettamente, profondamente; [*feel, debate*] appassionatamente; [*contest*] aspramente.
keenness /ˈkiːnnɪs/ n. **1** *(enthusiasm)* entusiasmo m., passione f. **2** *(sharpness) (of feelings)* intensità f.; *(of senses)* finezza f., acutezza f.; *(of wind)* intensità f.; *(of air)* rigidezza f.; *(of blade)* sottigliezza f.
1.keep /kiːp/ n. **1** *(maintenance)* mantenimento m., sostentamento m.; ***to pay for one's ~*** provvedere al proprio sostentamento; ***to work for one's ~*** lavorare per mantenersi; ***to earn one's ~*** [*person*] guadagnarsi da vivere; [*factory, branch*] FIG. essere utile **2** ARCH. maschio m., mastio m. **3 for ~s** per sempre, definitivamente.
▶ **2.keep** /kiːp/ **I** tr. (pass., p.pass. **kept**) **1** *(cause to remain)* ***to ~ sb. in hospital, indoors*** [*person*] tenere qcn. in ospedale, in casa; [*illness*] obbligare qcn. a stare in ospedale, in casa; ***to ~ sth., sb. clean*** tenere qcn., qcs. pulito; ***to ~ sth. warm, cool*** tenere qcs. al caldo, al fresco; ***to ~ sb. warm*** [*garment*] tenere caldo a qcn.; [*person*] tenere caldo, riscaldare qcn.; ***to ~ sb. cool*** [*garment*] tenere fresco a qcn.; [*person*] proteggere qcn. dal caldo; ***to be kept clean, warm, locked*** essere tenuto pulito, al caldo, chiuso; ***to ~ sb. talking, waiting*** fare parlare, attendere qcn.; ***I won't ~ you to your promise*** non ti obbligherò a mantenere la promessa; ***to ~ an engine, a machine running*** tenere acceso un motore, tenere accesa una macchina; ***bronchitis kept him in bed*** la bronchite l'ha costretto a letto **2** *(detain)* trattenere, fare stare; ***there's nothing to ~ me here*** non c'è niente che mi trattenga qui; ***don't let me ~ you!*** non voglio trattenervi! ***what kept you?*** cosa ti ha trattenuto? ***I won't ~ you a minute*** non ti tratterrò molto; ***the police are ~ing him for questioning*** la polizia lo sta trattenendo per fargli delle domande **3** *(retain)* conservare, custodire [*book, letter, money, receipt*]; mantenere [*job*]; tenere [*seat, place*] (**for** per); conservare [*ticket, bread*] (**for** per); ***we ~ these glasses for special occasions*** teniamo questi bicchieri per le occasioni speciali; ***this pullover has kept its colour, shape*** questo pullover non ha perso il colore, non si è sformato **4** *(have and look after)* avere, condurre, mandare avanti, gestire [*shop, restaurant*]; avere, tenere [*dog, cat*]; avere, allevare [*sheep, chickens*] **5** *(sustain)* ***to ~ sth. going*** sostenere [*conversation*]; mantenere acceso [*fire*]; mantenere vivo [*tradition*]; ***I'll make you a sandwich to ~ you going*** ti preparo un sandwich così vai avanti ancora un po'; ***it was only his work that kept him going*** è stato solo il suo lavoro a dargli la forza di andare avanti; ***have you got enough work to ~ you going?*** avete abbastanza lavoro per andare avanti? **6** *(store)* tenere, mettere; ***I ~ my money in a safe*** tengo i soldi in cassaforte; ***where do you ~ your cups?*** dove tieni le tazze? ***I ~ a spare key in the cupboard*** ho *o* tengo una chiave di riserva nella credenza **7** *(have in stock)* [*shop, shopkeeper*] avere, tenere [*brand, product*] **8** *(support financially, maintain)* mantenere [*husband, wife, family, lover*]; mantenere, avere [*car, house*]; avere [*servant*]; ***well, badly kept*** tenuto bene, male; ***to ~ sb. in beer*** rifornire qcn. di birra **9** *(maintain by writing in)* tenere [*accounts, list, diary, record*] **10** *(conceal)* ***to ~ sth. from sb.*** nascondere qcs. a qcn. **11** *(prevent)* ***to ~ sb. from doing*** impedire a qcn. di fare **12** *(observe)* mantenere [*promise*]; mantenere, custodire [*secret*]; rispettare [*appointment, date*]; celebrare [*occasion, festival*]; osservare [*commandments, sabbath*]; fare [*Lent*] **13** MUS. ***to ~ time*** o ***the beat*** tenere il tempo **14** RAR. *(protect)* [*God*] proteggere [*person*] (**from** da); [*person*] difendere [*gate, bridge*] **II** intr. (pass., p.pass. **kept**) **1** ***to ~ doing*** *(continue)* continuare a fare; *(do repeatedly)* fare in continuazione; ***to ~ going*** andare avanti; ***I don't know how she ~s going!*** non so come faccia ad andare avanti! ***~ at it!*** continua così! dacci dentro! ***~ west, straight on*** continuate verso ovest, dritto; ***"~ left, right"*** "tenetevi a sinistra, a destra" **2** *(remain)* ***to ~ indoors*** restare dentro; ***to ~ out of the rain*** restare al riparo dalla pioggia; ***to ~ warm, cool*** restare al caldo, al fresco; ***to ~ calm*** restare calmo; ***to ~ silent*** o ***quiet*** restare in silenzio **3** *(stay in good condition)* [*food*] mantenersi, conservarsi **4** *(wait)* [*news, business, work*] potere attendere; ***I've got something to tell you, it won't ~*** ho una cosa da dirti, è urgente **5** *(in health)* ***"how are you ~ing?"*** "come stai?"; ***she's ~ing well*** sta bene **III** rifl. (pass., p.pass. **kept**) ***to ~ oneself*** mantenersi; ***to ~ oneself warm, cool*** proteggersi dal freddo, dal caldo; ***to ~ oneself healthy*** mantenersi in salute; ***to ~ oneself to oneself*** stare sulle proprie; ***to ~ oneself from doing*** trattenersi dal fare ◆ ***to ~ in with sb.*** restare in buoni rapporti con qcn.; ***to try to ~ up with the Joneses*** = cercare di non essere da meno dei propri vicini, cercare di stare alla pari con i vicini; ***you can't ~ a good man down*** = un uomo che ha delle buone qualità prima o poi riesce ad emergere; ***~ the 24th clear, I'm having a party*** tieniti libero il 24, faccio una festa; ***to ~ one's end up*** portare a termine i propri impegni.
▪ **keep after:** ***~ after [sb.]*** **1** *(pursue)* inseguire **2** *(chivvy)* sgridare.
▪ **keep at:** ***~ at [sb.]*** AE assillare, tormentare [*person*]; ***~ at it*** persistere.
▪ **keep away:** ***~ away*** stare, tenersi lontano, stare alla larga (**from** da); ***~ [sth., sb.] away*** tenere lontano; ***to ~ sb. away from*** tenere qcn. lontano da [*person, fire, family*]; ***to ~ sb. away from his work*** tenere qcn. lontano dal lavoro *o* impedire a qcn. di lavorare.
▪ **keep back:** ***~ back*** stare indietro; ***~ back!*** (state) indietro! ***to ~ back from sth.*** non avvicinarsi a qcs.; ***~ [sth., sb.] back, ~ back [sth., sb.]*** **1** *(prevent from advancing)* impedire a [qcn.] di avvicinarsi [*person, crowd*] (**from** a); respingere [*pupil, student*]; [*barrier, dam*] trattenere [*water*]; ***he kept his hair back with an elastic band*** teneva i capelli indietro con un elastico **2** *(retain)* trattenere [*money*]; conservare [*food, objects*] **3** *(conceal)* nascondere, celare [*information, fact, detail*] (**from** a) **4** *(prevent from doing)* trattenere [*person*].
▪ **keep down:** ***~ down*** stare giù; ***~ down!*** state giù! ***~ [sth.] down, ~ down [sth.]*** **1** *(cause to remain at a low level)* limitare, contenere [*number, prices, wages, unemployment*]; frenare, mantenere basso [*costs, expenditure, inflation*]; controllare [*speed*]; ***to ~ one's weight down*** tenere il peso sotto controllo; ***~ your voice down!*** abbassa la voce! ***~ the noise down!*** fate meno rumore! **2** *(repress)* reprimere [*revolt*] **3** *(retain in stomach)* trattenere [*food*]; ***~ [sb.] down*** **1** BE SCOL. *(cause to repeat a year)* respingere [*pupil*] **2** *(repress)* tenere sotto controllo [*people*].
▪ **keep in:** ***~ in*** [*car, cyclist, driver etc.*] BE tenere la sinistra; *(elsewhere)* tenere la destra; ***~ [sb., sth.] in*** **1** *(cause to remain inside)* tenere in casa, non lasciare uscire [*person, animal*]; tenere [*dentures, contact lenses*]; ***they're ~ing her in*** *(in hospital)* la ricoverano **2** *(restrain)* tenere indentro [*stomach, elbows*]; trattenere, tenere a freno [*emotions, anger, impatience*] **3** SCOL. *(cause to stay at school)* = fare rimanere a scuola in castigo [*pupil*].
▪ **keep off:** ***~ off*** **1** *(stay at a distance)* ***~ off!*** state lontano! state alla larga! **2** *(not start)* ***I hope the rain, storm ~s off*** spero che non piova, che non si scateni una tempesta; ***~ off [sth.]*** **1** *(stay away from)* non calpestare; ***"Please ~ off the grass"*** "Vietato calpestare l'erba" **2** *(refrain from)* non mangiare [*fatty food*]; non bere [*alcohol*]; evitare [*subject*]; ***to ~ off cigarettes*** evitare di fumare; ***~ [sth.] off, ~ off [sth.]*** **1** *(prevent from touching)* allontanare [*animals, insects*]; ***this plastic sheet will ~ the rain, dust off*** questo foglio di plastica proteggerà dalla pioggia, polvere **2** *(continue not to wear)* non indossare [*shoes, hat*]; ***~ sb. off [sth.]*** *(cause to refrain from)* vietare a qcn. di mangiare [*food*]; vietare a qcn. di bere [*alcohol*]; impedire a qcn. di parlare di [*subject*].
▪ **keep on:** ***~ on doing*** *(not stop)* continuare a fare; *(do repeatedly)* fare sempre, in continuazione; ***to ~ on with sth.*** continuare, proseguire qcs.; ***to ~ on about sth.*** insistere su qcs.; ***to ~ on at sb.*** sgridare, dare addosso a qcn. (**to do** perché faccia); ***~ [sb., sth.] on*** continuare a tenere [*employee*]; tenere [*flat*]; tenere addosso [*hat, shoes*].

▪ **keep out:** ~ **out of [sth.]** 1 *(not enter)* non entrare in, rimanere fuori da [*area, house*]; ***"~ out!"*** *(on notice)* "vietato l'ingresso" *o* "ingresso vietato" 2 *(avoid being exposed to)* evitare di esporsi a [*sun*]; proteggersi da [*rain*]; evitare [*danger*] 3 *(avoid getting involved in)* tenersi fuori da [*argument*]; ***~ out of this!*** non intrometterti! ***to ~ out of sb.'s way*** o ***to ~ out of the way of sb.*** *(not hinder)* non stare tra i piedi a qcn. *o* non intralciare qcn.; *(avoid seeing)* evitare qcn.; ***try to ~ out of trouble!*** cerca di tenerti fuori dai guai! ~ **[sb., sth.] out**, ~ **out [sb., sth.]** *(not allow to enter)* non fare entrare, tenere fuori [*person, animal*]; ***to ~ the rain out*** non fare entrare la pioggia; ***I wore an extra pullover to ~ out the cold*** ho messo un pullover in più per proteggermi dal freddo; ***to ~ sb. out of sth.*** *(not allow to get involved in)* non volere immischiare qcn. in qcs. *o* tenere qcn. fuori da qcs.; *(not allow to enter)* non fare entrare qcn. in qcs.; ***to ~ sb. out of trouble*** tenere qcn. fuori dai guai; ***to ~ sb. out of sb.'s way*** tenere qcn. alla larga da qcn; ***to ~ sth. out of sb.'s way*** levare qcs. dai piedi di qcn.

▪ **keep to:** ~ **to [sth.]** *(stick to)* tenersi, restare, rimanere su, seguire [*road, path*]; FIG. rispettare [*timetable*]; attenersi a [*facts, plan*]; rispettare, osservare [*law, rules*]; ***"~ to the left, right"*** "tenete la sinistra, la destra"; ***to ~ to one's bed*** restare a letto; ***to ~ to one's home*** restare a casa; ~ **sb. to [sth.]** *(cause to remain on)* impedire a qcn. di allontanarsi da [*route*]; fare mantenere a qcn. [*promise*]; ~ **[sth.] to** *(restrict)* limitare [qcs.] a [*weight, number*]; ***to ~ [sth.] to oneself*** tenersi [qcs.] per sé [*secret, information, opinion*]; ***he can't ~ his hands to himself*** COLLOQ. non sa tenere le mani a posto; ***~ your hands to yourself!*** giù le zampe!

▪ **keep under:** ~ **[sb.] under** 1 *(dominate)* opprimere, sottomettere [*race, slaves, inhabitants*] 2 *(cause to remain unconscious)* [*doctor*] tenere sotto anestesia; [*kidnapper*] tenere addormentato (con narcotici).

▪ **keep up:** ~ **up** 1 *(progress at same speed) (all contexts)* [*car*] proseguire alla stessa velocità; [*runner*] tenere il passo; [*person, business rivals, competitors*] stare al passo 2 *(continue)* [*price*] mantenersi costante, alto; ***if the rain ~s up I'm not going*** se continua a piovere non vado; ~ **[sth.] up**, ~ **up [sth.]** 1 *(cause to remain in position)* tenere su [*trousers*]; ***"~ your hands up!"*** *(by gunman)* "mani in alto!" 2 *(continue)* continuare [*attack, bombardment*]; continuare, proseguire [*studies*]; mantenere [*correspondence, friendship, tradition*]; continuare [*membership*]; tenere [*pace*]; ***to ~ up the pressure*** continuare a fare pressione (**for** per; **on** su); ***he kept up his German by going to evening classes*** non ha lasciato arrugginire il suo tedesco frequentando dei corsi serali; ***to ~ up one's strength*** mantenere le proprie forze; ***to ~ up one's spirits*** tenere alto lo spirito; ***~ it up! ~ up the good work!*** continuate così! ~ **[sb.] up** *(maintain awake)* tenere sveglio [*child, person*]; [*noise, illness*] non fare dormire; ***I hope I'm not ~ing you up*** *(politely)* non vorrei tenerti alzato troppo a lungo; *(ironically)* spero di non farti fare le ore piccole.

▪ **keep up with:** ~ **up with [sb., sth.]** 1 *(progress at same speed as) (physically)* stare al passo con [*person, group*]; *(mentally)* riuscire a seguire [*class, lecture*]; essere all'altezza di [*work*]; [*company, country*] stare al passo con [*competitors*]; ECON. [*wages, pensions*] essere indicizzato a, seguire l'andamento di [*prices, inflation, cost of living*]; fare fronte a [*demand*] 2 *(be informed about)* seguire [*fashion*]; seguire, tenersi al corrente di [*developments, news*] 3 *(remain in contact with)* mantenere i contatti con [*schoolfriends, colleagues*].

▷ **keeper** /ˈkiːpə(r)/ n. 1 *(in zoo)* guardiano m. (-a), custode m. e f. 2 SPORT *(in football, cricket)* portiere m. 3 *(curator)* conservatore m. (-trice) 4 *(guard)* guardia f.; ***the ~ of the gate*** il portinaio 5 *(person in charge of someone else)* ***am I my brother's ~?*** sono forse il custode di mio fratello? ***I'm not his ~*** non sono il suo angelo custode ◆ ***finders ~s*** = chi trova qualcosa se la tiene.

keep fit /ˌkiːpˈfɪt/ I n. ginnastica f. per mantenersi in forma, fitness m. e f. II **keep-fit** modif. [*class, teacher, fanatic*] di fitness.

keep fit exercises /ˌkiːpfɪtˈeksəsaɪzɪz/ n.pl. esercizi m. di fitness.

▷ **keeping** /ˈkiːpɪŋ/ n. 1 *(custody)* ***in sb.'s ~*** o ***in the ~ of sb.*** in custodia a qcn.; ***to put sb., sth. in sb.'s ~*** affidare qcn., qcs. alla cura di qcn. *o* dare qcn., qcs. in custodia a qcn. 2 **in ~ with** conforme a [*status, law, rules, tradition*]; in armonia con [*image*]; ***to be in ~ with*** essere conforme a [*law, rules*]; essere in armonia *o* in linea con [*policy, image, character*]; armonizzarsi con [*surroundings, area, village*] 3 **out of ~ with** ***to be out of ~ with*** non essere in linea, in armonia con [*character, image, style*]; non essere adatto a [*occasion*].

keepsake /ˈkiːpseɪk/ n. ricordo m., pegno m.

keg /keg/ I n. *(for liquid)* fusto m., barilotto m., botticella f.; *(for gunpowder)* barilotto m. II modif. [*beer*] alla spina; ***~ tap, ~ pump*** spillatore.

kegger /ˈkegə(r)/ n. AE = festa studentesca in cui si beve molta birra.

keister /ˈkiːstə(r), ˈkaɪstə(r)/ n. AE COLLOQ. chiappe f.pl.

Keith /kiːθ/ n.pr. Keith (nome di uomo).

keloid /ˈkiːlɔɪd/ n. cheloide m.

kelp /kelp/ n. BOT. fuco m.

kelpie, **kelpy** /ˈkelpɪ/ n. SCOZZ. = spirito maligno delle acque che generalmente si presenta sotto forma di cavallo.

kelson /ˈkelsn/ → **keelson**.

kelt /kelt/ n. = salmone, trota che ha deposto le uova.

kelvin /ˈkelvɪn/ n. kelvin m.; ***~ scale*** scala kelvin.

kemp /kemp/ n. pelo m. ruvido della lana.

1.ken /ken/ n. ***beyond my ~*** al di là della mia comprensione; ***to be beyond sb.'s ~*** essere al di là della comprensione di qcn.

2.ken /ken/ tr. SCOZZ. (forma in -ing ecc. **-nn-**) → **1.know**.

Ken /ken/ n.pr. Ken (nome di uomo).

kennel /ˈkenl/ n. 1 *(for dog)* cuccia f.; *(for several dogs)* canile m. 2 (BE **kennels** + verbo sing.) *(establishment)* pensione f.sing. per cani; ***to be in ~s*** BE, ***to be in a ~*** AE essere in un canile.

Kenneth /ˈkenɪθ/ n.pr. Kenneth (nome di uomo).

Kent /kent/ ♦ ***24*** n.pr. Kent m.

Kentish /ˈkentɪʃ/ agg. del Kent.

kentledge /ˈkentlɪdʒ/ n. zavorra f. di ghisa.

Kentucky /kenˈtʌkɪ/ ♦ ***24*** n.pr. Kentucky m.

Kenya /ˈkenjə/ ♦ ***6*** n.pr. Kenya m.; ***in ~*** in Kenya.

Kenyan /ˈkenjən/ ♦ ***18*** I agg. keniano, keniota II n. keniano m. (-a), keniota m. e f.

kepi /ˈkeɪpɪ/ n. képi m., chepì m.

Keplerian /keˈplɪərɪən, -ˈpleə-/ agg. kepleriano.

kept /kept/ I pass., p.pass. → **2.keep** II agg. [*man, woman*] mantenuto.

keptie /ˈkeptɪ/ n. COLLOQ. mantenuto m. (-a).

keratin /ˈkerətɪn/ n. cheratina f.

keratinization /kerətɪnaɪˈzeɪʃn, AE -nɪˈz-/ n. cheratinizzazione f.

keratitis /kerəˈtaɪtɪs/ n. cheratite f.

keratoplasty /ˈkerətəplæstɪ/ n. cheratoplastica f.

keratose /ˈkerətəʊs/ I agg. corneo II n. sostanza f. cheratinosa.

keratosis /kerəˈtəʊsɪs/ n. cheratosi f.

keratotomy /ˌkerəˈtɒtəmɪ/ n. cheratotomia f.

kerb /kɜːb/ n. BE *(edge of pavement)* cordolo m., bordo m. del marciapiede; ***stop at the ~*** fermati al bordo del marciapiede; ***to draw up at the ~*** accostarsi al marciapiede; ***to pull away from, pull in to the ~*** allontanarsi dal, accostare *o* accostarsi al marciapiede.

kerb broker /ˈkɜːbˌbrəʊkə(r)/ n. ECON. commissionario m. di borsa, coulissier m.

kerb crawler /ˈkɜːbˌkrɔːlə(r)/ n. BE = autista che abborda le donne guidando lentamente lungo il marciapiede.

kerb crawling /ˈkɜːbˌkrɔːlɪŋ/ n. BE = l'abbordare le donne guidando lentamente lungo il marciapiede.

kerb drill /ˈkɜːbˌdrɪl/ n. BE = l'insegnare ai bambini ad attraversare la strada.

kerb market /ˈkɜːbˌmɑːkɪt/ n. ECON. dopoborsa m.

kerbstone /ˈkɜːbstəʊn/ n. BE pietra f. del cordolo del marciapiede.

kerchief /ˈkɜːtʃɪf/ n. RAR. fazzoletto m. per la testa, il collo.

kerf /kɜːf/ n. taglio m., intaccatura f.

kerfuffle /kəˈfʌfl/ n. BE COLLOQ. confusione f., chiasso m., scalpore m.

kermess, **kermis** /ˈkɜːmɪz/ n. kermesse f.

kern /kɜːn/ n. 1 STOR. fante m. irlandese 2 ANT. zoticone m. (-a), contadino m. (-a).

kernel /ˈkɜːnl/ n. 1 *(of nut)* gheriglio m.; *(of fruitstone)* interno m. del nocciolo, mandorla f.; *(whole seed)* chicco m. (di grano); ***walnut ~*** gheriglio di noce 2 FIG. nucleo m., nocciolo m.; ***a ~ of truth*** un fondo di verità 3 INFORM. LING. nucleo m.

kernel sentence /ˈkɜːnlˌsentəns/ n. LING. frase f. nucleo.

kernite /ˈkɜːnaɪt/ n. kernite f.

kerosene, **kerosine** /ˈkerəsiːn/ n. 1 AE AUSTRAL. *(paraffin)* paraffina f. 2 *(aircraft fuel)* kerosene m., cherosene m.

Kerry /ˈkerɪ/ ♦ ***24*** n.pr. Kerry m.

kersey /ˈkɜːzɪ/ n. tessuto m. di lana ruvida.

kestrel /ˈkestrəl/ n. gheppio m.

ketch /ketʃ/ n. ketch m.

ketchup /ˈketʃəp/ n. ketchup m.

ketene /ˈkiːtiːn/ n. chetene m.

ketogenesis /kiːtəʊˈdʒenəsɪs/ n. chetogenesi f.

ketogenic /kiːtəʊˈdʒenɪk/ agg. chetogenico.

ketolysis /kiːˈtɒləsɪs/ n. chetolisi f.

ketonaemia BE, **ketonemia** AE /ˌkiːtəʊ'niːmɪə/ n. chetonemia f., acetonemia f., acetone m. COLLOQ.
ketone /'kiːtəʊn/ n. chetone m.
ketonuria /ˌkiːtəʊ'njʊərɪə/ n. chetonuria f.
ketosis /kɪ'təʊsɪs/ n. chetosi f.
ketosteroid /kiːtəʊ'stɪərɔɪd/ n. chetosteroide m.
kettle /'ketl/ n. bollitore m., bricco m.; ***did you put the ~ on?*** hai messo su l'acqua (per il tè)? hai messo l'acqua sul fuoco? ***the ~'s boiling*** l'acqua bolle ◆ ***a different ~ of fish*** un altro paio di maniche; ***it's the pot calling the ~ black*** la padella dice al paiolo: "Fatti in là che mi tingi", è il bue che dice all'asino cornuto.
kettledrum /'ketldrʌm/ ▸ **17** n. MUS. timpano m.
kevel /'kevl/ n. galloccia f.
▶ **1.key** /kiː/ **I** n. **1** *(locking device)* chiave f.; ***a front-door, car ~*** una chiave della porta principale, della macchina; ***a set*** o ***bunch of ~s*** un mazzo di chiavi; ***to leave the ~ in the door*** lasciare la chiave nella porta; ***under lock and ~*** sotto chiave **2** *(winding device)* chiavetta f. (**for** di); *(for clock)* chiavetta f. **3** TECN. chiavetta f., bietta f.; ***radiator ~*** chiavetta del radiatore **4** *(control) (on typewriter, computer, piano, phone)* tasto m.; *(on oboe, flute)* chiave f. **5** FIG. *(vital clue) (to happiness, success etc.)* chiave f., segreto m. (**to** di); ***his diary holds the ~ to the mystery*** nel suo diario c'è la chiave del mistero; ***exercise is the ~ to health*** il moto è il segreto per mantenersi in forma; ***the ~ to being a good teacher is to listen*** il segreto per essere un bravo insegnante sta nell'ascoltare **6** *(explanatory list) (on map)* legenda f.; *(to abbreviations, symbols)* legenda f., elenco m.; *(for code, cryptogram)* chiave f.; ***"pronunciation ~"*** "simboli fonetici" **7** *(answers) (to test, riddle)* soluzione f. (anche SCOL.) **8** MUS. tono m., tonalità f.; ***what ~ is the sonata in?*** in che tonalità è la sonata? ***change of ~*** cambiamento di tono (anche FIG.); ***a major ~*** una tonalità maggiore; ***in a major, minor ~*** in (una tonalità) maggiore, minore; ***to sing, play in ~*** cantare, suonare con la giusta tonalità; ***to sing off ~*** cantare in modo stonato; ***to play off ~*** suonare in una tonalità sbagliata **9** GEOGR. banco m. di sabbia, isolotto m. **II** modif. [*job, element, figure, role, point, problem*] chiave; [*industry, document, difference*] fondamentale; ***~ workers*** lavoratori che occupano dei posti chiave.
2.key /kiː/ tr. **1** *(type)* immettere, digitare [*data, information*] **2** *(adapt)* adattare, adeguare [*remarks, speech*] (**to** a).
▪ **key in:** ***~ [sth.] in, ~ in [sth.]*** immettere [*data*].
▷ **1.keyboard** /'kiːbɔːd/ ▸ **17 I** n. INFORM. TIP. MUS. tastiera f. **II keyboards** n.pl. MUS. tastiere f.
2.keyboard /'kiːbɔːd/ tr. digitare, immettere [*data*].
keyboarder /'kiːbɔːdə(r)/ ▸ **27** n. tastierista m. e f.
keyboarding /'kiːbɔːdɪŋ/ **I** n. INFORM. immissione f. **II** modif. [*error, problem*] di immissione, di battitura.
keyboard instrument /'kiːbɔːdˌɪnstrʊmənt/ n. strumento m. a tastiera.
keyboard operator /'kiːbɔːdˌɒpəreɪtə(r)/ n. → **keyboarder**.
keyboard shortcut /'kiːbɔːdˌʃɔːtkʌt/ n. INFORM. scorciatoia f.
keyboard skills /'kiːbɔːdˌskɪlz/ n.pl. abilità f. di dattilografo.
keyboards player /'kiːbɔːdzˌpleɪə(r)/ n. tastierista m. e f.
key card /'kiːkɑːd/ n. chiave f. magnetica.
key combination /'kiːkɒmbɪˌneɪʃn/ n. INFORM. combinazione f. di tasti.
keyed /kiːd/ agg. **1** munito di chiave **2** ARCH. munito di chiave di volta.
keyed-up /ˌkiːd'ʌp/ agg. [*person, team*] *(excited)* eccitato, agitato; *(tense)* teso; ***to get ~*** *(excited)* eccitarsi, agitarsi; *(nervous)* innervosirsi, irritarsi; ***she was all ~ about the exams*** era tesissima per gli esami.
key holder /'kiːˌhəʊldə(r)/ n. persona f. che tiene le chiavi.
keyhole /'kiːhəʊl/ n. buco m. della serratura, toppa f.; ***to look through the ~*** guardare attraverso il *o* dal buco della serratura.
keyhole journalism /ˌkiːhəʊl'dʒɜːnəlɪzəm/ n. giornalismo m. scandalistico.
keyhole saw /'kiːhəʊlˌsɔː/ n. TECN. gattuccio m.
keyhole surgery /ˌkiːhəʊl'sɜːdʒərɪ/ n. MED. chirurgia f. endoscopica.
keying /'kiːɪŋ/ n. INFORM. digitazione f.
keyless /'kiːlɪs/ agg. senza chiave.
key money /'kiːˌmʌnɪ/ n. *(for business premises, flat)* caparra f.
Keynesian /'keɪnzɪən/ agg. keynesiano.
keynote /'kiːnəʊt/ n. **1** MUS. tonica f. **2** FIG. *(main theme) (of speech, policy, report)* concetto m. fondamentale, nota f. dominante.
keynote lecture /ˌkiːnəʊt'lektʃə(r)/ n. conferenza f. di apertura.
keynote speaker /ˌkiːnəʊt'spiːkə(r)/ n. oratore m. (-trice) principale.
keynote speech /ˌkiːnəʊt'spiːtʃ/ n. POL. discorso m. programmatico.
key-pad /'kiːpæd/ n. TEL. tastierino m.; INFORM. tastierino m. numerico.
key punch /'kiːˌpʌntʃ/ n. INFORM. perforatrice f. di schede.
key-ring /'kiːrɪŋ/ n. portachiavi m.
key signature /'kiːˌsɪgnətʃə(r)/ n. alterazione f. in chiave.
Key Stage /'kiːˌsteɪdʒ/ n. = ciascuno dei quattro cicli in cui è suddiviso il National Curriculum.
keystone /'kiːstəʊn/ n. ARCH. chiave f. di volta (anche FIG.).
keystroke /'kiːstrəʊk/ n. INFORM. battuta f.
keyswinger /'kiːswɪŋə(r)/ n. AE COLLOQ. sbruffone m. (-a).
keyword /'kiːwɜːd/ n. parola f. chiave.
key worker /ˌkiː'wɜːkə(r)/ n. = chi lavora in settori, come l'insegnamento, la sanità, la sicurezza, ritenuti essenziali per la vita di una comunità.
Kezia /kɪ'zaɪə/ n.pr. Kezia (nome di donna).
KG GB ⇒ Knight of the Order of the Garter cavaliere dell'ordine della giarrettiera.
KGB n. KGB m.
khaki /'kɑːkɪ/ **I** agg. kaki, cachi **II** n. **1** *(coulor)* kaki m., cachi m. **2** TESS. tela f. cachi; ***in ~*** in cachi.
khalif /'keɪlɪf, 'kæ-/ n. califfo m.
khan /kɑːn, AE kæn/ n. khan m., can m.
khanate /'kɑːneɪt/ n. canato m.
khedive /kɪ'diːv/ n. kedivè m., chedivè m.
Khmer /kmeə(r)/ ▸ **18, 14 I** agg. khmer **II** n. **1** *(person)* khmer m. e f. **2** *(language)* khmer m.
Khmer Rouge /ˌkmeə'ruːʒ/ n. (pl. **Khmers Rouges**) Khmer m. rosso.
Khyber Pass /ˌkaɪbə'pɑːs, AE -'pæs/ n.pr. Khyber Pass m.
kibbutz /kɪ'bʊts/ n. (pl. **~es, ~im**) kibbu(t)z m.
kibe /kaɪb/ n. gelone m. ulcerato.
kibitz /'kɪbɪts/ intr. AE COLLOQ. **1** *(at a card game)* [*spectator*] dare consigli non richiesti **2** *(interfere)* mettere il naso negli affari altrui.
kibitzer /'kɪbɪtsə(r), kɪ'bɪtsə(r)/ n. AE COLLOQ. **1** *(at a card game)* spettatore m. (-trice) che dà consigli non richiesti **2** *(busybody)* ficcanaso m. e f.
kibosh /'kaɪbɒʃ/ n. COLLOQ. ***to put the ~ on sth.*** mettere la parola fine a qcs.
▶ **1.kick** /kɪk/ n. **1** *(of person)* calcio m., pedata f.; *(of horse, donkey, cow, goat)* calcio m.; *(of swimmer)* battuta f. delle gambe; *(of footballer)* calcio m., tiro m.; ***to give sb., the door a ~*** dare *o* tirare un calcio a qcn., alla porta; ***to aim*** o ***take a ~ at sb., sth.*** [*person*] tirare un calcio a qcn., qcs.; ***she aimed a ~ at the goal*** tirò in porta; ***to get a ~ on the leg, in the stomach*** *(from person, horse, donkey, cow)* ricevere un calcio alla gamba, nello stomaco; ***to give sb. a ~ up the backside*** o ***in the pants*** COLLOQ. dare un bel calcio nel sedere a qcn. (anche FIG.) **2** COLLOQ. *(thrill)* ***it gives her a ~ to do*** la diverte un mondo fare; ***to get a ~ from doing*** emozionarsi a fare **3** *(of firearm)* contraccolpo m., rinculo m. **4** COLLOQ. *(strength, zest) (of person, organization)* energia f., forza f., slancio m.; ***this punch has quite a ~ (to it)*** questo punch ti dà una botta *o* ti stende **5** COLLOQ. *(craze)* mania f., moda f., voga f.; ***to be on a health-food ~*** avere la fissa del mangiare sano ◆ ***a (real) ~ in the teeth*** o ***ass*** AE POP. una batosta *o* un calcio in faccia; ***it's better than a ~ in the teeth*** COLLOQ. è meglio di niente.
▶ **2.kick** /kɪk/ **I** tr. *(once)* [*person*] dare, tirare un calcio a [*person, table, door*]; dare un calcio a, calciare, colpire con il piede [*ball, tin can*]; [*horse, donkey, cow, goat*] dare un calcio a [*person*]; dare un calcio a [*gate*]; *(repeatedly)* prendere a calci, tirare calci a [*person, object*]; ***to ~ sb. on the leg, in the face, in the stomach*** [*person, horse, donkey, cow*] dare un calcio a qcn. alla gamba, in faccia, nello stomaco; ***to ~ sth. over a wall, under the bed*** mandare qcs. con un calcio oltre il muro, sotto il letto; ***to ~ sth. away*** spostare qcs. con un calcio; ***he ~ed dust into my face*** mi ha gettato la polvere in faccia con un calcio; ***to ~ a hole*** o ***dent in sth.*** ammaccare qcs. con un calcio; ***to ~ one's legs (in the air)*** [*baby*] scalciare, sgambettare; ***to ~ a goal*** segnare; ***to ~ the ball into touch*** *(in rugby)* mandare la palla oltre le linee laterali **II** intr. **1** [*person*] *(once)* dare un calcio; *(repeatedly)* tirare calci; [*swimmer*] sbattere i piedi; [*dancer*] slanciare la gamba; [*cow, horse*] calciare, scalciare; ***to ~ at sb., sth.*** [*person*] dare un calcio a qcn., qcs.; ***the horse ~ed at me*** il cavallo scalciò contro di me; ***to ~ for touch*** *(in rugby)* calciare in touche **2** *(recoil)* [*gun*] rinculare ◆ ***to ~ sb. when they're down*** = criticare, offendere, danneggiare una persona che si trova in una posizione svantaggiata; ***to ~ the habit*** COLLOQ. perdere il vizio; *(of*

smoking) smettere; ***I could have ~ed myself*** mi sarei preso a schiaffi da solo (**for doing** per aver fatto); ***to be alive and ~ing*** essere vivo e vegeto; ***to ~ over the traces*** BE ribellarsi; ***to ~ one's heels*** restare ad aspettare *o* girarsi i pollici; ***to be ~ed upstairs*** = essere mandato a occupare una posizione apparentemente più prestigiosa, ma in realtà meno influente.

▪ **kick against:** ***~ against [sth.]*** *(resist)* opporsi a [*idea, suggestion*]; *(fight against)* ribellarsi a [*rules, system*]; ***to ~ against doing*** rifiutarsi di fare.

▪ **kick around, about:** ***~ around, about*** COLLOQ. ***the watering can is kicking around*** o ***about in the garden*** l'innaffiatoio è da qualche parte in giardino; ***that idea's been ~ing around*** o ***about for years*** questa idea è in circolazione da anni *o* sono anni che si parla di questa idea; ***he's been ~ing around Europe for a year*** sta andando in giro *o* sta girovagando per l'Europa da un anno; ***~ [sth.] around, about*** **1** prendere a calci [*ball, object*] **2** COLLOQ. discutere [*idea*]; ***~ [sb., sth.] around, about*** *(treat badly)* maltrattare, strapazzare [*person, toys, objects*]; ***I won't be ~ed around*** o ***about by anyone*** non permetterò che mi trattino a pesci in faccia.

▪ **kick back:** ***~ back*** [*firearm*] dare un contraccolpo; ***~ [sth.] back, ~ back [sth.]*** **1** rinviare con un calcio [*ball, object*] **2** AE ECON. rimborsare [*money*].

▪ **kick down:** ***~ [sth.] down, ~ down [sth.]*** sfondare, buttare giù a calci [*door*]; [*horse*] buttare giù a calci [*fence*].

▪ **kick in:** ***~ in*** AE COLLOQ. *(contribute)* contribuire, partecipare; ***~ [sth.] in, ~ in [sth.]*** sfondare a calci [*door, window, box*]; ***to ~ sb.'s teeth*** o ***face in*** POP. spaccare la faccia a qcn.

▪ **kick off:** ***~ off*** **1** SPORT dare, battere il calcio d'inizio **2** COLLOQ. [*person, meeting, tour, concert*] cominciare, iniziare; ***~ off [sth.], ~ [sth.] off*** **1** togliersi con un calcio [*shoes*] **2** COLLOQ. cominciare [*meeting, tour, concert*]; ***~ [sb.] off*** COLLOQ. escludere da [*committee, board of directors*].

▪ **kick out:** ***~ out*** [*animal*] calciare, scalciare; [*person*] tirare calci; ***to ~ out at sb.*** [*person*] prendere a calci qcn.; ***to ~ out against*** opporsi a [*idea, injustice*]; ribellarsi contro [*system*]; ***~ [sb.] out, ~ out [sb.]*** COLLOQ. cacciare via, buttare fuori (a calci, a pedate) [*troublemaker, intruder*]; espellere [*team member, employee*].

▪ **kick over:** ***~ [sth.] over, ~ over [sth.]*** rovesciare, buttare a terra a calci.

▪ **kick up:** ***~ [sth.] up, ~ up [sth.]*** sollevare [*sand, dust*]; ***to ~ up a fuss*** o ***stink*** COLLOQ. piantare grane *o* fare un casino (**about** per).

kick-ass /ˈkɪkæs/ agg. COLLOQ. [*music, movie, sport*] tosto.

kickback /ˈkɪkbæk/ n. tangente f., bustarella f., mazzetta f.

kickboxer /ˈkɪkbɒksə(r)/ n. atleta m. e f. che pratica il kick boxing.

kickboxing /ˈkɪkbɒksɪŋ/ ♦ *10* n. kick boxing m.

kick chart /ˈkɪktʃɑːt/ n. MED. = tabella della frequenza dei movimenti del feto.

kicker /ˈkɪkə(r)/ n. SPORT *(in rugby)* giocatore m. che batte i calci di punizione; ***that horse is a ~*** quel cavallo scalcia.

kicking /ˈkɪkɪŋ/ **I** n. COLLOQ. ***to give sb. a ~*** prendere a calci qcn. **II** agg. COLLOQ. *(lively)* vivace.

kick-off /ˈkɪkɒf/ n. SPORT calcio m. d'inizio; COLLOQ. FIG. ***what time's the ~?*** a che ora si comincia?

kick pleat /ˌkɪkˈpliːt/ n. = piega fatta a una gonna stretta per permettere maggiore libertà di movimento.

kickshaw /ˈkɪkʃɔː/ n. **1** ANT. *(delicacy)* manicaretto m., leccornia f. **2** *(trinket)* gingillo m., ninnolo m.

kick-stand /ˈkɪkstænd/ n. cavalletto m.

1.kick-start /ˈkɪkstɑːt/ n. (anche **kick-starter**) **1** *(on motorbike)* pedale m. d'avviamento **2** *(boost)* ***to give sth. a ~*** rilanciare qcs.

2.kick-start /ˈkɪkstɑːt/ tr. **1** mettere in moto [*motorbike*] **2** FIG. rilanciare [*economy*].

kick-up /ˈkɪkʌp/ n. COLLOQ. baccano m., casino m.

kicky /ˈkɪkɪ/ agg. **1** COLLOQ. vivace, brioso **2** AE COLLOQ. elegante, alla moda.

▶ **1.kid** /kɪd/ **I** n. **1** COLLOQ. *(child)* bambino m. (-a), bimbo m. (-a), ragazzino m. (-a); *(youth, teenager)* ragazzo m. (-a); ***their ~s are grown up*** hanno dei figli grandi **2** *(young goat)* capretto m. **3** *(of antelope)* cerbiatto m. (-a) **4** *(goatskin)* pelle f. di capretto, capretto m. **II** modif. [*bag, shoe*] di capretto ♦ ***it's ~'s stuff*** COLLOQ. è un gioco da ragazzi.

2.kid /kɪd/ **I** tr. (forma in -ing ecc. **-dd-**) COLLOQ. **1** *(tease)* prendere in giro; ***to ~ sb. about sth.*** prendere in giro qcn. per qcs.; ***I ~ you not*** non ti sto prendendo in giro *o* non sto scherzando **2** *(fool, deceive)* imbrogliare, fregare, gabbare [*person*]; ***to ~ sb. into believing that*** ingannare qcn. facendogli credere che; ***you can't ~ me*** non riesci a imbrogliarmi **II** intr. (forma in -ing ecc. **-dd-**) COLLOQ. *(tease)* scherzare, fare per scherzo; ***you're ~ding!*** stai scherzando! ***you've got to be ~ding!*** vuoi scherzare! ma stai scherzando, vero? ***no ~ding!*** sul serio! seriamente! davvero! **III** rifl. (forma in -ing ecc. **-dd-**) COLLOQ. ***to ~ oneself*** farsi delle illusioni.

kid brother /ˌkɪdˈbrʌðə(r)/ n. AE COLLOQ. fratellino m.

kidder /ˈkɪdə(r)/ n. COLLOQ. burlone m. (-a), imbroglione m. (-a).

kiddie → **kiddy**.

kiddo /ˈkɪdəʊ/ n. COLLOQ. *(familiar form of address)* giovanotto m. (-a), ragazzo m. (-a).

kiddy /ˈkɪdɪ/ n. COLLOQ. bambino m. (-a), bimbo m. (-a), piccino m. (-a).

kid glove /ˌkɪdˈglʌv/ n. guanto m. di (pelle di) capretto ♦ ***to treat sb. with ~s*** trattare qcn. con i guanti.

▷ **1.kidnap** /ˈkɪdnæp/ **I** n. rapimento m., sequestro m. di persona a scopo di estorsione **II** modif. [*attempt*] di rapimento; [*victim*] di un rapimento.

▷ **2.kidnap** /ˈkɪdnæp/ tr. (forma in -ing ecc. **-pp-**) rapire, sequestrare (a scopo di estorsione).

kidnapper /ˈkɪdnæpə(r)/ n. rapitore m. (-trice), sequestratore m. (-trice).

kidnapping /ˈkɪdnæpɪŋ/ n. rapimento m., sequestro m. di persona (a scopo di estorsione).

▷ **kidney** /ˈkɪdnɪ/ **I** n. **1** *(of person)* rene m.; ***artificial ~*** rene artificiale; ***floating ~*** rene mobile **2** *(of animal)* ANAT. rene m.; GASTR. rognone m.; ***lamb, beef ~s*** rognoni di agnello, di manzo **II** modif. [*operation, disease*] ai reni; ***to have ~ trouble*** avere dei problemi ai reni ♦ ***a man of a different ~*** LETT. un uomo d'altra tempra *o* di tutt'altro stampo.

kidney bean /ˈkɪdnɪbiːn/ n. fagiolo m. rosso.

kidney dialysis /ˈkɪdnɪdaɪˌæləsɪs/ n. emodialisi f.

kidney dish /ˈkɪdnɪˌdɪʃ/ n. MED. fagiolo m.

kidney donor /ˈkɪdnɪˌdəʊnə(r)/ n. donatore m. (-trice) di reni.

kidney failure /ˈkɪdnɪˌfeɪljə(r)/ n. insufficienza f. renale.

kidney machine /ˈkɪdnɪməˌʃiːn/ n. rene m. artificiale; ***to be on a ~*** essere in dialisi.

kidney shaped /ˈkɪdnɪˌʃeɪpt/ agg. [*table, swimming pool*] = che ha la forma che ricorda quella del fagiolo.

kidney specialist /ˈkɪdnɪˌspeʃəlɪst/ ♦ *27* n. nefrologo m. (-a).

kidney stone /ˈkɪdnɪstəʊn/ n. calcolo m. renale.

kidney transplant /ˈkɪdnɪˌtrænsplɑːnt, AE -plænt/ n. trapianto m. di rene.

kid sister /ˌkɪdˈsɪstə(r)/ n. AE COLLOQ. sorellina f.

kier /kɪə(r)/ n. TESS. tino m., barca f.

kif /kɪf/ n. *(drug)* fumo m.

kike /kaɪk/ n. COLLOQ. SPREG. ebreo m. (-a), giudeo m. (-a).

Kildare /kɪlˈdeə(r)/ ♦ *34* n.pr. Kildare f.

kilderkin /ˈkɪldəkɪn/ n. = barilotto della capacità di 16-18 galloni.

Kilkenny /kɪlˈkenɪ/ ♦ *34* n.pr. Kilkenny f.

1.kill /kɪl/ n. **1** *(in bullfighting, hunting)* uccisione f.; ***to be in at the ~*** assistere all'uccisione; ***I wanted to be in at the ~*** FIG. volevo esserci nel momento culminante *o* cruciale **2** *(prey)* preda f.

▶ **2.kill** /kɪl/ **I** tr. **1** *(cause to die)* uccidere, ammazzare, fare morire [*person, animal*]; ***he ~ed her with a knife*** l'ha uccisa con un coltello; ***he was ~ed by the disease*** la malattia l'ha ucciso; ***he was ~ed by a drunken driver*** è stato ammazzato da un autista ubriaco; ***they ~ed one another*** o ***each other*** si sono ammazzati; ***~ed outright*** ucciso sul colpo; ***drink is slowly ~ing him*** l'alcol lo sta uccidendo lentamente; ***~ed in action*** o ***battle*** caduto in guerra; ***I'll do it, even if it ~s me!*** COLLOQ. lo farò, anche se dovessi rimetterci le penne! ***I could have ~ed her!*** l'avrei uccisa! ***she didn't say anything, but if looks could ~...*** non disse nulla, ma lo incenerì con lo sguardo **2** COLLOQ. *(make effort)* ***it wouldn't ~ you to turn up on time*** non muori (mica) se arrivi puntuale **3** COLLOQ. *(hurt)* ***my feet are ~ing me*** i piedi mi fanno un male da morire; ***what ~s me is not knowing*** ciò che mi distrugge di più è non sapere **4** *(end, stop)* eliminare, fare cessare [*rumour*]; GIORN. eliminare, sopprimere [*paragraph, story*]; scartare, bocciare, re-spingere [*idea, proposal*]; ***it ~ed her chances of getting a job*** questo ha distrutto tutte le sue possibilità di trovare lavoro; ***that remark ~ed the conversation dead*** quel commento ha stroncato la conversazione **5** *(deaden)* coprire [*smell, flavour*]; ***smoking ~s the appetite*** fumare toglie l'appetito; ***to ~ the pain*** attenuare *o* calmare *o* alleviare il dolore **6** COLLOQ. *(turn off)* spegnere [*engine, machine, television, radio, light*] **7** *(spend)* ***to ~ time*** ammazzare il tempo (**by doing** facendo); ***I have two hours to ~*** devo fare passare due ore **8** COLLOQ. *(amuse)* ***what ~s me is that he knew all along*** quello che mi fa morire (dal ridere) è che lui lo ha sempre saputo **II** intr. [*cancer, drinking*] uccidere, ammazzare **III** rifl. ***to ~ oneself*** suicidarsi; ***to ~ oneself***

doing FIG. ammazzarsi a fare; ***don't ~ yourself!*** IRON. non ammazzarti! ***to ~ oneself laughing*** morire dal ridere; ***they were all ~ing themselves laughing*** stavano ridendo a crepapelle.

■ **kill off:** ~ off [sth.], ~ [sth.] off eliminare, togliere [*weeds*]; distruggere [*crops*]; eliminare [*pests, opponents*]; ***he ~s off the heroine in the third act*** fa morire l'eroina al terzo atto.

▷ **killer** /ˈkɪlə(r)/ **I** n. **1** *(illness, poison)* ***cold, heroin, cancer is a ~*** il freddo, l'eroina, il cancro uccide; ***cancer is a major ~*** il cancro è una delle principali cause di decesso **2** *(person)* assassino m. (-a), killer m. e f., sicario m.; *(animal)* predatore m.; ***the hunt for the ~*** la caccia all'assassino **II** modif. [*disease, virus, drug*] mortale, letale; [*insect*] killer ◆ ***it's a ~!*** COLLOQ. *(hill)* ti ammazza! *(joke)* fa morire!

killer application /ˈkɪlərӕplɪˌkeɪʃn/ n. INFORM. = applicazione di grande successo.

killer instinct /ˈkɪlərˌɪnstɪŋkt/ n. istinto m. omicida; ***to lack the ~*** FIG. *(in order to be successful)* non avere abbastanza pelo sullo stomaco, farsi troppi scrupoli.

killer satellite /ˈkɪləˌsӕtəlaɪt/ n. satellite m. killer.

killer whale /ˈkɪləweɪl, AE -hweɪl/ n. orca f.

killick /ˈkɪlɪk/ n. ancorotto m.

▷ **killing** /ˈkɪlɪŋ/ **I** n. *(of individual) (person)* uccisione f., assassinio m. (**of** di); *(animal)* uccisione f. (**of** di); ***the ~ of civilians*** l'eccidio dei civili; ***the ~ of elephants*** l'uccisione degli elefanti; ***the ~ must stop*** il massacro deve finire **II** agg. COLLOQ. [*pace, work*] che ammazza, micidiale ◆ ***to make a ~*** COLLOQ. fare un sacco di soldi *o* ricavare un bel malloppo.

killing field /ˈkɪlɪŋˌfiːld/ n. campo m. di battaglia.

killingly /ˈkɪlɪŋlɪ/ avv. RAR. COLLOQ. ***a ~ funny film*** un film irresistibilmente comico; ***it was ~ funny*** è stato divertentissimo.

killjoy /ˈkɪldʒɔɪ/ n. guastafeste m. e f.

kill or cure /ˌkɪlɔːˈkjʊə(r)/ agg. [*methods, approach*] radicale.

kiln /kɪln/ n. forno m., fornace f.

Kilner jar® /ˈkɪlnədʒɑː(r)/ n. BE vasetto m. a chiusura ermetica.

▷ **kilo** /ˈkiːləʊ/ ◗ ***37*** n. (pl. **~s**) chilo m., kilo m.

kiloampere /ˈkɪləʊӕmpeə(r), AE -pɪə(r)/ n. chiloampere m.

kilobase /ˈkɪləbeɪs/ n. kilobase m.

kilobit /ˈkɪləbɪt/ n. kilobit m.

kilobyte /ˈkɪləbaɪt/ n. kilobyte m.

kilocalorie /ˈkɪləˌkӕlərɪ/ n. chilocaloria f., kilocaloria f.

kilocycle /ˈkɪləʊsaɪkl/ n. chilociclo m., kilociclo m.

▷ **kilogram(me)** /ˈkɪləgrӕm/ ◗ ***37*** n. chilogrammo m., kilogrammo m.

kilogrammetre /ˌkɪləgrӕmˈmiːtə(r)/ n. chilogrammetro m., kilogrammetro m.

kilohertz /ˈkɪləhɜːts/ n. chilohertz m.

kilojoule /ˈkɪlədʒuːl/ n. kilojoule m.

kilolitre BE, **kiloliter** AE /ˈkiːləʊliːtə(r)/ ◗ ***3*** n. chilolitro m., kilolitro m.

▷ **kilometre** /kɪˈlɒmɪtə(r)/ BE, **kilometer** /ˈkɪləmiːtə(r)/ AE ◗ ***15*** n. chilometro m., kilometro m.

kilometric /ˌkɪləˈmetrɪk/ agg. chilometrico.

kiloton /ˈkɪlətʌn/ n. chilotone m., kilotone m.

kilovolt /ˈkɪləvɒlt/ n. chilovolt m., kilovolt m.

kilowatt /ˈkɪləwɒt/ n. chilowatt m., kilowatt m.

kilowatt-hour /ˌkɪləwɒtˈaʊə(r)/ n. chilowattora m., kilowattora m.

kilt /kɪlt/ n. kilt m., gonnellino m. scozzese.

kilted /ˈkɪltɪd/ agg. [*person*] in kilt.

kilter /ˈkɪltə(r)/ n. COLLOQ. ***to be out of ~*** *(out of line)* [*post etc.*] non essere bene allineato; *(not working properly)* [*engine, machine*] avere qualcosa che non va; ***to be out of ~ with sth.*** [*policy, ideas*] non essere in linea con qcs.

Kim /kɪm/ n.pr. Kim (nome di uomo e di donna).

Kimberley /ˈkɪmbəlɪ/ n.pr. Kimberley (nome di donna).

kimono /kɪˈməʊnəʊ, AE -nə/ n. (pl. **~s**) chimono m., kimono m.

kin /kɪn/ n. **U** parentela f., famiglia f.

▶ **1.kind** /kaɪnd/ n. **1** *(sort, type)* tipo m., genere m., sorta f.; ***this ~ of book, film*** questo genere di libri, film; ***this ~ of dog, person*** questo tipo di cani, di persone; ***all ~s of people, cars, music, activities*** o ***people, cars, music, activities of all ~s*** persone, automobili, musica, attività di ogni tipo; ***various ~s of cheese, car*** o ***cheeses, cars of various ~s*** diversi tipi di formaggio, automobili; ***what ~ of dog, car is it?*** che tipo di cane, automobile è? ***what ~ of person is she?*** com'è? che tipo è? ***what ~ of person does he think I am?*** per chi mi ha preso? ***what ~ of (a) person would do a thing like that?*** chi potrebbe fare una cosa del genere? ***what ~ of a question, an answer is that?*** che razza di domanda, risposta è questa? ***what ~ of talk is that?*** (ma) cosa dici? ***I won't do anything of the ~*** non farò niente del genere; ***I don't believe anything of the ~*** non ci credo *o* non credo a nulla del genere; ***ideas of a dangerous, subversive ~*** idee pericolose, sovversive; ***decisions of a difficult, momentous ~*** decisioni difficili, importantissime; ***a criminal, racist of the worst ~*** un criminale, un razzista della peggiore specie; ***they could find no information, food of any ~*** o ***they could not find any ~ of information, food*** non sono riusciti a trovare nessuna informazione, niente da mangiare; ***this sculpture is the oldest (example) of its ~*** è la scultura più antica del genere; ***this is the only one of its ~*** è l'unico di questo tipo; ***this is one of a ~*** è un esemplare unico nel suo genere; ***he must be some ~ of idiot, sadist*** deve essere un idiota, un sadico; ***a picture of some ~*** un qualche quadro; ***they needed some ~ of success, progress*** avevano bisogno di riscuotere dei successi, di fare dei progressi; ***I think it's some ~ of detective story, cleaning device*** penso che sia un racconto poliziesco, un arnese per pulire; ***"what do you need?" - "books, toys, that ~ of thing"*** "di cosa avete bisogno?" - "libri, giocattoli e cose del genere"; ***I like tennis, squash, that ~ of thing*** mi piacciono gli sport come il tennis, lo squash; ***what ~ of thing(s) does he like, do?*** che cosa gli piace, fa? ***that's my ~ of film, of man!*** questo è il mio genere di film, di uomo! ***that's the ~ of person I am, she is*** io sono, lei è così; ***I'm not, he's not that ~ of person*** non sono, non è quel genere di persona; ***she's not the ~ of person who tells lies*** o ***to tell lies*** non è tipo da mentire; ***they found a solution of a ~*** hanno trovato una qualche soluzione; ***it's wine, butter of a ~*** è vino, burro di scarsa qualità **2** *(expressing vague classification)* ***a ~ of*** una specie di; ***a ~ of handbag, toy, soup*** una specie di borsa, giocattolo, minestra; ***a ~ of anarchist, genius, servant*** una specie di anarchico, genio, servo; ***a ~ of depression, intuition*** una specie di depressione, intuizione; ***I heard a ~ of rattling noise*** ho sentito una specie di tintinnio; ***I felt a ~ of apprehension*** provai una sorta di apprensione **3** *(classified type)* specie f., genere m., tipo m.; ***I know your, his ~*** conosco i tipi come te, lui; ***they stick with their own ~*** frequentano solo gente della loro specie **4 in kind** *(in goods)* in natura; ***to pay in ~*** pagare in natura; *(in same way)* ***to repay sb. in ~*** *(good deed)* contraccambiare qcn.; *(bad deed)* ripagare qcn. con la stessa moneta; *(in essence)* ***they are, are not different in ~*** sono, non sono fondamentalmente molto diversi **5 kind of** COLLOQ. ***he's ~ of cute, forgetful, clever*** è piuttosto carino, smemorato, intelligente; ***they were ~ of frightened, happy*** erano un po' spaventati, piuttosto felici; ***I ~ of like him*** in un certo senso mi piace; ***we ~ of thought, heard that...*** pensavamo quasi, abbiamo sentito dire che...; ***"is it interesting, dangerous?" - "~ of"*** "è interessante, pericoloso?" - "direi di sì"; ***"did you have a good time?" - "~ of"*** "vi siete divertiti?" - "abbastanza".

▶ **2.kind** /kaɪnd/ agg. *(caring, helpful)* [*person, remark, words*] gentile, cortese; [*act, gesture, thought*] gentile, premuroso; ***to be ~ to sb.*** essere gentile con qcn.; ***"Sudso is ~ to your hands, skin"*** "Sudso è delicato sulle mani, sulla pelle"; ***to be ~ to animals*** trattare bene gli animali; ***the critics were not ~ to the play*** la critica non è stata molto benevola nei confronti della rappresentazione *o* le critiche sulla rappresentazione sono state piuttosto pesanti; ***life has been ~ to me*** ho avuto una vita facile; ***life has not been ~ to him*** non ha avuto una vita facile; ***time has been ~ to him*** non dimostra la sua età; ***that's very ~ of you*** è molto gentile da parte tua; ***it's very ~ of you, him to give us a lift, lend me some money*** è molto gentile da parte tua, sua darci un passaggio, prestarmi dei soldi; *(in polite formulas)* ***would you be ~ enough*** o ***so ~ as to pass me the salt?*** vuole essere così gentile da passarmi il sale? ***she was ~ enough to give me a lift home, offer me a drink*** è stata così gentile da accompagnarmi a casa, offrirmi da bere; ***"you're too ~!"*** "lei è troppo gentile!"

▷ **kinda** /ˈkaɪndə/ COLLOQ. contr. kind of.

kindergarten /ˈkɪndəgɑːtn/ n. **1** asilo m. infantile, scuola f. materna, kindergarten m. **2** AE = primo anno di scuola elementare.

kind-hearted /ˌkaɪndˈhɑːtɪd/ agg. [*person*] di cuore, generoso, buono; ***she's very ~*** è di cuore.

kind-heartedly /ˌkaɪndˈhɑːtɪdlɪ/ avv. generosamente.

kind-heartedness /ˌkaɪndˈhɑːtɪdnɪs/ n. generosità f., bontà f.

kindle /ˈkɪndl/ **I** tr. **1** *(set light to)* accendere [*fire*]; dare fuoco a, appiccare il fuoco a [*wood*] **2** FIG. accendere, suscitare [*desire, passion, jealousy, enthusiasm*]; suscitare, stimolare [*interest*] **II** intr. [*wood*] prendere fuoco.

kindliness /ˈkaɪndlɪnɪs/ n. bontà f., benevolenza f.

kindling /ˈkɪndlɪŋ/ n. legna f. minuta.

kindling-wood /ˌkɪndlɪŋˈwʊd/ n. legna f. da ardere.

1.kindly /ˈkaɪndlɪ/ agg. [*person, smile, voice*] gentile, cordiale; [*nature*] benevolo; [*interest*] premuroso; [*face*] simpatico; ***she's a ~ soul*** è un'anima buona.

▷ **2.kindly** /ˈkaɪndlɪ/ avv. 1 *(in a kind, nice way)* [*speak, look, treat*] gentilmente, cordialmente, benevolmente; ***to speak ~ of sb.*** parlare bene di qcn.; ***thank you ~*** RAR. molte grazie 2 *(obligingly)* gentilmente; ***she ~ agreed to do*** ha gentilmente accettato di fare; ***would you ~ do, refrain from doing*** potresti gentilmente fare, astenerti dal fare; ***"would visitors ~ do", "visitors are ~ requested to do"*** BE "i visitatori sono gentilmente pregati di fare" 3 *(favourably)* ***to look ~ on*** approvare, guardare favorevolmente [*activity*]; ***to think ~ of*** avere una buona opinione di [*person*]; ***to take ~ to*** accettare volentieri, apprezzare [*idea, suggestion, person*]; ***I don't think he'll take ~ to being kept waiting*** non penso che gli faccia molto piacere dovere attendere.

▷ **kindness** /ˈkaɪndnɪs/ n. 1 U *(quality)* gentilezza f., cortesia f., benevolenza f. (**to, towards** verso, nei confronti di); ***to show sb. ~*** o ***to show ~ to*** o ***towards sb.*** essere gentili con qcn.; ***I never showed you anything but ~*** sono sempre stato gentile con te; ***an act of ~*** un atto di gentilezza; ***out of ~*** per gentilezza 2 C *(instance)* gentilezza f., cortesia f., favore m.; ***your little ~es towards me*** le tue piccole cortesie nei miei confronti; ***to do sb. a ~*** fare un piacere a qcn.; ***it's no ~ to him to do*** non gli si fa certo un favore a fare ◆ ***out of the ~ of one's heart*** per pura gentilezza; ***to kill sb. with ~*** = soffocare qcn. con attenzioni eccessive; ***to be full of the milk of human ~*** = essere ricco di umanità.

kindred /ˈkɪndrɪd/ **I** n. U 1 *(family)* + verbo sing. o pl. parenti m.pl., famiglia f., congiunti m.pl., affini m.pl. 2 *(blood relationship)* parentela f. **II** agg. 1 [*family, tribe, language*] imparentato 2 [*activity*] affine, analogo, simile.

kindred spirit /ˌkɪndrɪdˈspɪrɪt/ n. anima f. gemella.

kinematic(al) /ˌkɪnɪˈmætɪk(l), ˌkaɪ-/ agg. cinematico.

kinematics /ˌkɪnɪˈmætɪks, ˌkaɪ-/ n. + verbo sing. cinematica f.

kinesiatrics /kɪniːsɪˈætrɪks, kaɪ-/ n. + verbo sing. chinesiterapia f., cinesiterapia f.

kinesis /kɪˈniːsɪs, kaɪ-/ n. cinesi f.

kinesitherapy /kɪniːsɪˈθerəpɪ, kaɪ-/ n. chinesiterapia f., cinesiterapia f.

kinetic /kɪˈnetɪk/ agg. cinetico.

kinetic art /kɪˌnetɪkˈɑːt/ n. arte f. cinetica.

kinetic energy /kɪˌnetɪkˈenədʒɪ/ n. energia f. cinetica.

kinetics /kɪˈnetɪks/ n. + verbo sing. cinetica f.

kinfolk /ˈkɪnfəʊk/ n. AE → **kinsfolk**.

▶ **1.king** /kɪŋ/ ♦ 9 **I** n. 1 *(monarch)* re m., sovrano m., monarca m.; ***King Charles*** il re Carlo; ***the ~ of Spain*** il re di Spagna; ***the ~ of ~s*** il re dei re; ***the ~ of the jungle*** o ***beasts*** il re della giungla 2 FIG. *(of comedy, cinema, wines etc.)* re m. (**of** di) 3 GIOC. *(in chess, cards)* re m.; *(in draughts, checkers)* dama f. **II kings** n.pr.pl. + verbo sing. ***the (Book of) Kings*** BIBL. il libro dei Re *o* i Re ◆ ***to live like a ~*** vivere come un pascià; ***to be the ~ of the castle*** = credersi il migliore; ***a cat may look at a ~*** PROV. uno sguardo non offende.

2.king /kɪŋ/ intr. RAR. regnare ◆ ***to ~ it over sb.*** essere dispotico nei riguardi di qcn. *o* spadroneggiare su qcn.

kingbird /ˈkɪŋbɜːd/ n. ZOOL. tiranno m.

kingbolt /ˈkɪŋbəʊlt/ n. perno m., tirante m. centrale.

king cobra /ˌkɪŋˈkəʊbrə/ n. cobra m. reale.

kingcraft /ˈkɪŋkrɑːft, AE -kræft/ n. ANT. arte f. del regnare.

kingcup /ˈkɪŋkʌp/ n. *(buttercup)* ranuncolo m., botton m. d'oro; *(marsh marigold)* calta f. palustre.

▷ **kingdom** /ˈkɪŋdəm/ n. 1 *(monarchy)* regno m. (anche FIG.); ***the ~ of God, heaven*** il regno di Dio, dei cieli; ***the ~ of the imagination*** il regno dell'immaginazione 2 BOT. ZOOL. regno m.; ***the plant, animal ~*** il regno vegetale, animale ◆ ***until ~ come*** per sempre; ***to send*** o ***knock sb. to ~ come*** spedire qcn. all'altro mondo.

kingfisher /ˈkɪŋˌfɪʃə(r)/ n. martin pescatore m.

King James Version /kɪŋˌdʒeɪmzˈvɜːʃn, AE -ʒn/ n. → **Authorized Version**.

kinglet /ˈkɪŋlət/ n. 1 SPREG. re m. poco potente 2 ZOOL. regolo m.

kingly /ˈkɪŋlɪ/ agg. regale, reale; FIG. maestoso.

kingmaker /ˈkɪŋˌmeɪkə(r)/ n. BE POL. = persona che controlla attraverso la propria influenza politica l'attribuzione di incarichi di alta responsabilità.

king penguin /ˌkɪŋˈpeŋgwɪn/ n. pinguino m. reale.

kingpin /ˈkɪŋˌpɪn/ n. TECN. perno m.; FIG. perno m., fulcro m.

king post /ˈkɪŋˌpəʊst/ n. monaco m., ometto m.

king prawn /ˌkɪŋˈprɔːn/ n. gamberone m., gambero m. imperiale.

King's Bench /ˌkɪŋzˈbentʃ/ → **Queen's Bench**.

King's Counsel /ˌkɪŋzˈkaʊnsl/ → **Queen's Counsel**.

King's English /ˌkɪŋzˈɪŋglɪʃ/ → **Queen's English**.

King's evidence /ˌkɪŋzˈevɪdəns/ → **Queen's evidence**.

kingship /ˈkɪŋʃɪp/ n. 1 *(office of king)* regalità f. 2 *(monarchical government)* monarchia f.

king-size(d) /ˈkɪŋsaɪz(d)/ agg. [*cigarette, packet*] king size; [*portion, garden*] enorme; ***~ bed*** letto king size.

King's Regulations /ˌkɪŋzregjʊˈleɪʃnz/ → **Queen's Regulations**.

King's shilling /ˌkɪŋzˈʃɪlɪŋ/ → **Queen's shilling**.

King's speech /kɪŋzˈspiːtʃ/ → **Queen's speech**.

Kingston /ˈkɪŋstən/ ♦ 34 n.pr. Kingston f.

kinin /ˈkaɪnɪn/ n. chinina f.

1.kink /kɪŋk/ n. 1 *(in wire, rope)* nodo m.; *(of tube, pipe)* gomito m., piegatura f.; ***the hosepipe has a ~ in it*** il tubo fa un gomito; ***his hair has a ~ in it*** ha i capelli leggermente crespi 2 FIG. *(in personality)* stramberia f.; *(sexual)* perversione f., devianza f. sessuale.

2.kink /kɪŋk/ intr. [*rope, cable*] annodarsi, attorcigliarsi.

kinky /ˈkɪŋkɪ/ agg. 1 COLLOQ. [*person, behaviour, clothes*] stravagante, bizzarro, eccentrico; [*sex*] da pervertito 2 [*hair*] ricciuto, crespo.

kinsfolk /ˈkɪnzfəʊk/ n. + verbo pl. parenti m.pl., parentado m., parentela f.

kinship /ˈkɪnʃɪp/ n. 1 *(blood relationship)* parentela f., consanguineità f. 2 FIG. *(empathy)* affinità f. (**with** con).

kinsman /ˈkɪnzmən/ n. (pl. **-men**) RAR. parente m., congiunto m.

kinswoman /ˈkɪnzwʊmən/ n. (pl. **-women**) RAR. parente f., congiunta f.

kiosk /ˈkiːɒsk/ n. 1 *(stand)* chiosco m., edicola f. 2 BE TEL. cabina f. telefonica.

1.kip /kɪp/ n. BE COLLOQ. *(sleep)* pisolino m.; ***to have a ~*** o ***to get some ~*** schiacciare un pisolino.

2.kip /kɪp/ intr. (forma in -ing ecc. **-pp-**) BE COLLOQ. (anche **~ down**) schiacciare un pisolino.

1.kipper /ˈkɪpə(r)/ n. aringa f. affumicata.

2.kipper /ˈkɪpə(r)/ tr. affumicare [*herring*].

Kirbigrip® /ˈkɜːbɪgrɪp/ n. = tipo di fermacapelli.

Kirghiz /ˈkɜːgɪz/ ♦ 18, 14 **I** agg. chirghiso, kirghiso **II** n. 1 *(person)* chirghiso m. (-a) 2 *(language)* lingua f. chirghisa.

Kirghizia /ˌkɜːˈgiːzɪə/, **Kirghizstan** /ˈkɜːgɪstæn/ ♦ 6 n.pr. Kirghizistan m.

kirk /kɜːk/ n. SCOZZ. chiesa f.; ***the Kirk*** la Chiesa presbiteriana, scozzese.

Kirk /kɜːk/ n.pr. Kirk (nome di uomo).

kirsch /kɪəʃ/ n. kirsch m.

kirtle /ˈkɜːtl/ n. ANT. 1 *(menswear)* tunica f. 2 *(frock)* abito m. lungo, sottoveste f.

kismat, kismet /ˈkɪsmet, ˈkɪz-/ n. destino m., fato m.

▶ **1.kiss** /kɪs/ n. bacio m.; ***to give sb. a ~*** dare un bacio a qcn.; ***give me a ~!*** dammi un bacio! ***to have a ~ and a cuddle*** coccolarsi; ***love and ~es*** *(at end of letter)* baci e abbracci.

▶ **2.kiss** /kɪs/ **I** tr. baciare [*person, hand, ring*]; ***to ~ sb. on*** baciare qcn. su [*cheek, lips*]; ***to ~ hands*** *(ceremoniously)* fare il baciamano; ***we ~ed each other*** ci siamo baciati; ***she ~ed him back*** gli restituì il bacio; ***to ~ sb. goodnight, goodbye*** dare a qcn. il bacio della buonanotte, d'addio; ***let me ~ it better!*** un bacino e passa tutto! ***to ~ sb.'s tears away*** asciugare le lacrime a qcn. con i baci *o* baciare qcn. per consolarlo; ***you can ~ your money goodbye!*** FIG. puoi dire addio ai tuoi soldi! **II** intr. 1 baciarsi; ***to ~ and make up*** riconciliarsi 2 *(in billiards)* rimpallare ◆ ***to ~ and tell*** = rendere di pubblico dominio le proprie imprese sessuali, specialmente con persone famose; ***to ~ ass*** AE POP. fare il leccaculo; ***~ my ass!*** VOLG. vaffanculo!

kissagram → **kissogram**.

kiss ass /ˈkɪsæs/ n. AE POP. leccaculo m. e f.

kiss curl /ˈkɪsˌkɜːl/ n. *(adult's)* tirabaci m.; *(baby's)* boccolo m.

kisser /ˈkɪsə(r)/ n. COLLOQ. 1 *(mouth)* bocca f. 2 *(face)* faccia f.

kissing /ˈkɪsɪŋ/ n. il baciare, baci m.pl.

kiss of death /ˌkɪsəvˈdeθ/ n. colpo m. mortale; ***to be the ~*** essere il colpo mortale (**for, to** per).

kiss-off /ˈkɪsɒf/ n. AE COLLOQ. ***to give sb. the ~*** [*lover*] dare il benservito a, mollare, piantare qcn.; [*employer*] dare il benservito a, licenziare qcn.

kiss of life /ˌkɪsəvˈlaɪf/ n. BE respirazione f. bocca a bocca; ***to give sb. the ~*** fare a qcn. la respirazione bocca a bocca; ***to give sth. the ~*** FIG. dare un grosso aiuto a qcs.

kissogram /ˈkɪsəgræm/ n. = servizio privato d'invio di auguri in cui il latore (di solito una ragazza provocante) bacia il destinatario a nome del mittente.

▷ **1.kit** /kɪt/ n. 1 *(set of tools or implements)* cassetta f. degli attrezzi, arnesi m.pl. da lavoro; ***repair ~*** kit di riparazione 2 U BE SPORT *(gear, clothes)* tenuta f.; ***football ~*** divisa calcistica; ***tennis ~***

abbigliamento tennistico; ***riding ~*** tenuta da equitazione **3** *(set of parts for assembly)* kit m., set m., scatola f. di montaggio; ***to buy sth. in a ~*** comprare qcs. in kit; ***to come in ~ form*** essere disponibile (solo) in kit; ***model aircraft ~*** kit di un modellino di aereo **4** BE MIL. equipaggiamento m., tenuta f.; ***in full ~*** in tenuta da combattimento; ***to pack one's ~*** affardellare lo zaino.

2.kit /kɪt/ tr. (forma in -ing ecc. **-tt-**) → **kit out**.

▪ **kit out:** ***~ out [sb., sth.], ~ [sb., sth.] out*** BE equipaggiare [*person*]; attrezzare [*interior*] (**with** con); ***to be ~ted out*** essere equipaggiato.

Kit /kɪt/ n.pr. **1** *(female name)* diminutivo di **Catherine** **2** *(male name)* diminutivo di **Christopher**.

kitbag /ˈkɪtbæɡ/ n. BE **1** *(for sport, travel)* borsone m. **2** MIL. *(sailor's)* sacca f.; *(soldier's)* zaino m. affardellato.

kitcar /ˈkɪtkɑː(r)/ n. = automobile assemblata dall'acquirente.

▶ **kitchen** /ˈkɪtʃɪn/ **I** n. cucina f. **II** modif. [*furniture, appliance, utensil, salt*] da cucina; [*staff*] addetto alla cucina; [*door, window*] della cucina ◆ ***if you can't stand the heat get out of the ~*** o mangi questa minestra o salti questa finestra.

kitchen area /ˌkɪtʃɪnˈeərɪə/ n. *(in room, apartment)* angolo m. cottura.

kitchen cabinet /ˌkɪtʃɪnˈkæbɪnɪt/ n. **1** credenza f. della cucina **2** FIG. POL. = gruppo di consiglieri privati del Presidente, spesso più influente del governo.

kitchen-diner /ˌkɪtʃɪnˈdaɪnə(r)/ n. cucina f. abitabile.

kitchenette /ˌkɪtʃɪˈnet/ n. cucinino m., angolo m. cottura.

kitchen foil /ˌkɪtʃɪnˈfɔɪl/ n. carta f. stagnola.

kitchen garden /ˌkɪtʃɪnˈɡɑːdn/ n. BE orto m. di casa.

kitchenmaid /ˈkɪtʃɪnmeɪd/ n. sguattera f.

kitchen paper /ˈkɪtʃɪnˌpeɪpə(r)/ n. BE carta f. da cucina, Scottex® m.

kitchen police /ˈkɪtʃɪnpəˌliːs/ n. AE MIL. = soldati di leva a cui è stato assegnato il compito di aiutare in cucina.

kitchen porter /ˌkɪtʃɪnˈpɔːtə(r)/ n. sguattero m. (-a).

kitchen range /ˈkɪtʃɪnreɪndʒ/ n. fornelli m.pl. della cucina.

kitchen roll /ˈkɪtʃɪnrəʊl/ n. rotolo m. di carta da cucina, di Scottex®.

kitchen scales /ˌkɪtʃɪnˈskeɪlz/ n.pl. bilancia f.sing da cucina.

kitchen sink /ˌkɪtʃɪnˈsɪŋk/ n. lavandino m., acquaio m., lavello m. ◆ ***to take everything but the ~*** *(on holiday)* portarsi dietro la casa; ***to steal everything but the ~*** svuotare la casa.

kitchen sink drama /ˌkɪtʃɪnˈsɪŋkˌdrɑːmə/ n. BE = lavoro teatrale o film che rappresenta la realtà domestica, soprattutto nei suoi aspetti più squallidi e monotoni.

kitchen soap /ˌkɪtʃɪnˈsəʊp/ n. sapone m. di Marsiglia.

kitchen unit /ˈkɪtʃɪnˌjuːnɪt/ n. modulo m. di cucina componibile.

kitchenware /ˈkɪtʃɪnweə(r)/ n. **U** *(implements)* utensili m.pl. da cucina; *(crockery)* stoviglie f.pl.

kitchen waste /ˌkɪtʃɪnˈweɪst/ n. **U** rifiuti m.pl. domestici.

▷ **kite** /kaɪt/ n. **1** *(toy)* aquilone m.; ***to fly a ~*** fare volare un aquilone; FIG. fare un sondaggio, saggiare l'opinione pubblica **2** ZOOL. nibbio m. ◆ ***as high as a ~*** COLLOQ. *(drunk)* completamente ubriaco; *(on drugs)* completamente sballato, fatto; ***go (and) fly a ~!*** AE COLLOQ. vattene, non scocciare!

kite-flying /ˈkaɪtˌflaɪɪŋ/ n. **1** COMM. = il procurarsi fondi con cambiali di comodo oppure emettendo assegni a vuoto **2** = il sondare l'opinione pubblica.

kitemark /ˈkaɪtmɑːk/ n. GB = marchio a forma di aquilone posto su alcuni prodotti come garanzia di qualità (approvata dalla British Standards Institution).

kite surfing /ˈkaɪtˌsɜːfɪŋ/ n. *(sport)* kite surf m.

kit furniture /ˈkɪtˌfɜːnɪtʃə(r)/ n. **U** mobili m.pl. in kit.

kith /kɪθ/ n. ***~ and kin*** amici e parenti.

kiting /ˈkaɪtɪŋ/ → **kite-flying**.

kitsch /kɪtʃ/ **I** agg. kitsch **II** n. kitsch m.

▷ **kitten** /ˈkɪtn/ n. gattino m. (-a), micino m. (-a) ◆ ***to have ~s*** COLLOQ. essere teso *o* agitato.

kitten heel /ˈkɪtnhiːl/ n. tacchetto m. a spillo.

kittenish /ˈkɪtənɪʃ/ agg. [*woman*] che fa la gattina.

kittiwake /ˈkɪtɪweɪk/ n. ZOOL. gabbiano m. tridattilo.

kittle /ˈkɪtl/ agg. ANT. o SCOZZ. intrattabile, difficile, permaloso, suscettibile.

1.kitty /ˈkɪtɪ/ n. COLLOQ. *(cat)* gattino m. (-a), micino m. (-a).

2.kitty /ˈkɪtɪ/ n. *(of money)* cassa f., fondo m. comune.

Kitty /ˈkɪtɪ/ n.pr. diminutivo di **Catherine**.

kiwi /ˈkiːwiː/ n. **1** ZOOL. kiwi m. **2 Kiwi** COLLOQ. = neozelandese.

kiwi fruit /ˈkiːwiːfruːt/ n. BOT. kiwi m.

KKK n. (⇒ Ku Klux Klan Ku Klux Klan) KKK m.

Klan /klæn/ → **KKK**.

Klansman /ˈklænzmən/ n. (pl. **-men**) membro m. del Ku Klux Klan.

Klaxon® /ˈklæksn/ n. AUT. clacson m.

Kleenex® /ˈkliːneks/ n. Kleenex® m.

kleptomania /ˌkleptəˈmeɪnɪə/ ♦ ***11*** n. cleptomania f.

kleptomaniac /ˌkleptəˈmeɪnɪæk/ **I** agg. cleptomane **II** n. cleptomane m. e f.

Klondike /ˈklɒndaɪk/ ♦ ***24, 25*** n.pr. Klondike m.

kloof /kluːf/ n. burrone m., gola f.

klutz /klʌts/ n. AE POP. persona f. impacciata, goffa, maldestra.

klystron /ˈklaɪstrɒn/ n. klystron m.

kmh ⇒ kilometres per hour chilometri all'ora (km/h.).

knack /næk/ n. **1** *(physical dexterity)* abilità f., destrezza f. acquisita, pratica f. (**of doing** per fare); ***to get, lose the ~*** farsi, perdere la mano **2** *(talent)* talento m., inclinazione f.; ***to have the ~ of*** o ***for doing*** avere talento per fare.

1.knacker /ˈnækə(r)/ n. **1** BE *(horse butcher)* = commerciante e macellatore di cavalli; ***to send a horse to the ~'s yard*** condurre un cavallo al macello **2** BE *(salvage man)* demolitore m. **3** POP. *(testicle)* coglione m., palla f.

2.knacker /ˈnækə(r)/ tr. POP. **1** *(exhaust)* [*activity, journey*] sfinire, spossare [*person*] **2** *(ruin, break)* [*person*] demolire, distruggere, fare a pezzi [*car, gadget*].

knackered /ˈnækərəd/ **I** p.pass. → **2.knacker** **II** agg. POP. **1** *(tired)* [*person*] esausto, stanco morto, sfinito **2** POP. *(broken)* [*car*] distrutto, demolito; [*TV*] rotto, guasto.

knackering /ˈnækərɪŋ/ agg. POP. [*day, journey, activity*] faticosissimo, massacrante, spossante.

knag /næɡ/ n. **1** *(in wood)* nodo m., nocchio m. **2** *(peg)* piolo m.

knaggy /ˈnæɡɪ/ agg. [*trunk*] nodoso.

1.knap /næp/ n. ANT. *(of a hill)* cresta f., cima f.; *(small hill)* collinetta f.

2.knap /næp/ tr. (forma in -ing ecc. **-pp-**) spaccare col martello [*stone, flint*].

knapper /ˈnæpə(r)/ n. spaccapietre m.

knapsack /ˈnæpsæk/ n. zaino m.

knapweed /ˈnæpwiːd/ n. centaurea f.

knave /neɪv/ n. **1** BE *(in cards)* fante m. **2** ANT. *(rogue)* canaglia f., mascalzone m. (-a), furfante m. e f., farabutto m. (-a).

knavery /ˈneɪvərɪ/ n. ANT. mascalzonata f., furfanteria f., bricconeria f.

knavish /ˈneɪvɪʃ/ agg. canagliesco, furfantesco, disonesto.

knead /niːd/ tr. **1** [*baker, cook*] impastare [*dough*] **2** *(massage)* sottoporre a impastamento.

kneading /ˈniːdɪŋ/ n. **1** *(of dough)* impastatura f., impastamento m. **2** *(massage)* impastamento m.

▶ **1.knee** /niː/ ♦ **2** n. ANAT. ginocchio m.; ***to be on one's ~s*** essere in ginocchio (anche FIG.); ***to fall to one's ~s*** cadere in ginocchio; ***to be up to one's ~s in water*** avere l'acqua che arriva alle ginocchia; ***to sit on sb.'s ~*** sedersi sulle ginocchia di qcn.; ***come and sit on my ~*** vieni a sederti sulle mie ginocchia; ***to have the paper open on one's ~*** avere il giornale aperto sulle ginocchia; ***to eat on one's ~*** mangiare in ginocchio; ***on (one's) hands and ~s*** a quattro zampe; ***to go down on bended ~ (to sb.)*** mettersi in ginocchio *o* inginocchiarsi (davanti a qcn.) ◆ ***to bring*** o ***force sb., sth. to his, its ~s*** mettere qcn., qcs. in ginocchio; ***to go weak at the ~s*** sentirsi piegare le ginocchia.

2.knee /niː/ tr. dare una ginocchiata a [*person*].

knee-breeches /ˈniːˌbrɪtʃɪz/ n.pl. calzoni m. al ginocchio.

1.kneecap /ˈniːkæp/ n. rotula f.

2.kneecap /ˈniːkæp/ tr. (forma in -ing ecc. **-pp-**) gambizzare [*person*].

kneecapping /ˈniːkæpɪŋ/ n. gambizzazione f.

knee-deep /ˌniːˈdiːp/ agg. ***the water was ~*** l'acqua arrivava alle ginocchia; ***to be ~ in paperwork*** FIG. essere sommerso dalle carte; ***to be ~ in problems*** FIG. essere nei guai fino al collo.

knee-high /ˌniːˈhaɪ/ agg. [*grass, corn*] che arriva al ginocchio, alto fino alle ginocchia; SCHERZ. [*person*] alto quanto un soldo di cacio.

knee-jerk /ˈniːdʒɜːk/ agg. [*reaction, response*] impulsivo, istintivo, automatico.

kneel /niːl/ intr. (anche **~ down**) (pass., p.pass. **kneeled**, **knelt**) inginocchiarsi; *(in prayer)* inginocchiarsi, genuflettersi.

kneeling /ˈniːlɪŋ/ agg. [*person*] inginocchiato; *(in prayer)* inginocchiato, genuflesso; ***in a ~ position*** in ginocchio.

knee-length /ˈniːleŋθ/ agg. [*skirt, dress*] (lungo fino) al ginocchio.

kneeler /ˈniːlə(r)/ n. **1** persona f. che si inginocchia **2** *(bench)* inginocchiatoio m.

knee-pad /ˈniːpæd/ n. ginocchiera f.

knees-up /ˈniːzʌp/ n. BE COLLOQ. festa f. molto animata, movimentata.

knell /nel/ n. LETT. rintocco m. funebre (anche FIG.) ◆ ***to sound the death ~ for sth.*** suonare a morto per qcs.
knelt /nelt/ pass., p.pass. → **kneel**.
knew /nju:, AE nu:/ pass. → **1.know**.
Knickerbocker /ˈnɪkəˌbɒkə(r)/ n. **1** = discendente dei coloni olandesi, primi abitanti di New York **2** *(New Yorker)* = newyorkese.
knickerbocker glory /ˌnɪkəbɒkəˈglɔ:rɪ/ n. = coppa gelato con frutta, sciroppo, ecc.
knickerbockers /ˈnɪkəˌbɒkəz/ n.pl. knickerbocker m., pantaloni m. alla zuava.
knickers /ˈnɪkəz/ ➧ **28** **I** n.pl. **1** BE *(underwear)* mutande f. da donna, culottes f.; ***a pair of ~*** un paio di mutande **2** AE *(knickerbockers)* → **knickerbockers** **II** inter. accidenti, mannaggia ◆ ***to get one's ~ in a twist*** BE COLLOQ. scaldarsi.
knick-knack /ˈnɪknæk/ n. gingillo m., ninnolo m., soprammobile m.
▷ **1.knife** /naɪf/ n. (pl. **knives**) **1** coltello m. **2** IND. *(blade)* lama f. ◆ ***an accent you could cut with a ~*** un accento molto marcato; ***before you could say ~*** COLLOQ. in men che non si dica *o* in un batter d'occhio; ***to be under the ~*** COLLOQ. essere sotto i ferri; ***to have one's ~ into sb.*** COLLOQ. avercela con qcn.; ***to put the ~ in*** colpire nel vivo; ***to twist the ~ in the wound*** rigirare il coltello nella piaga; ***the knives are out!*** siamo ai ferri corti!
2.knife /naɪf/ tr. accoltellare, dare una coltellata a [*person*] (**in** in); ***to be ~d*** essere accoltellato.
knife block /ˈnaɪfblɒk/ n. ceppo m. per coltelli.
knife box /ˈnaɪfbɒks/ n. coltelliera f.
knife-edge /ˈnaɪfedʒ/ n. **1** filo m. del coltello **2** FIG. ***to be on a ~*** [*result, success, negotiations*] essere sul filo del rasoio; ***to be (living) on a ~*** [*person*] essere, vivere sul filo del rasoio.
knife grinder /ˈnaɪfˌgraɪndə(r)/ ➧ **27** n. arrotino m.
knife pleated /ˌnaɪfˈpli:tɪd/ agg. [*skirt*] plissettato.
knife-point /ˈnaɪfpɔɪnt/ n. ***at ~*** sotto la minaccia di un coltello.
knife-rest /ˈnaɪfrest/ n. reggiposata m.
knife sharpener /ˈnaɪfˌʃɑ:pənə(r)/ n. affilacoltelli m.
knife switch /ˈnaɪfˌswɪtʃ/ n. EL. interruttore m. a coltello.
knifing /ˈnaɪfɪŋ/ n. accoltellamento m.
1.knight /naɪt/ n. **1** STOR. cavaliere m.; ***to be made a ~*** essere fatto *o* investito cavaliere **2** GIOC. *(in chess)* cavallo m. ◆ ***you're my ~ in shining armour!*** IRON. sei il mio prode cavaliere!

> **i** **Knight / Dame** Titolo onorifico, non ereditario, conferito dal sovrano britannico in ricompensa di servizi resi alla nazione. Gli uomini acquistano l'appellativo di *Sir* e le loro mogli quello di *Lady*. Le donne insignite di questa onorificenza prendono l'appellativo di *Dame*. Gli appellativi *Sir* e *Dame* sono seguiti dal nome di battesimo o da nome e cognome.

2.knight /naɪt/ tr. BE fare, investire cavaliere [*person*] (**for** per).
knightage /ˈnaɪtɪdʒ/ n. cavalieri m.pl.
knight errant /ˌnaɪtˈerənt/ n. cavaliere m. errante.
knighthead /ˈnaɪthed/ n. MAR. apostolo m.
knighthood /ˈnaɪthʊd/ n. **1** *(title)* cavalierato m.; ***he received a ~*** ha ricevuto il titolo di cavaliere **2** *(chivalry)* cavalleria f.
knightliness /ˈnaɪtlɪnɪs/ n. carattere m. cavalleresco, cavalleria f.
knightly /ˈnaɪtlɪ/ agg. cavalleresco.
Knight Templar /ˌnaɪtˈtemplə(r)/ n. → **Templar**.
1.knit /nɪt/ n. *(garment)* tricot m., indumento m. lavorato a maglia; ***cotton, silk ~*** tricot in cotone, seta.
▷ **2.knit** /nɪt/ **I** tr. (forma in -ing **-tt-**; pass., p.pass. **knitted**, **knit**) lavorare a maglia, ai ferri [*garment, blanket*] (**for** per); ***to ~ sb. sth.*** lavorare a maglia qcs. per qcn.; ***~ one, purl one*** un diritto, un rovescio **II** intr. (forma in -ing. **-tt-**; pass., p.pass. **knitted**, **knit**) **1** *(with wool etc.)* [*person*] lavorare a maglia, ai ferri, sferruzzare **2** *(join together)* [*broken bones*] saldarsi ◆ ***to ~ one's brows*** aggrottare le sopracciglia.
■ **knit together:** ~ ***together*** **1** *(join)* [*bones*] saldarsi **2** *(unite)* [*community*] unirsi; ~ ***[sth.] together***, ~ ***together [sth.]*** **1** lavorare insieme [*colours, strands*] **2** FIG. *(bring together)* fare combaciare [*themes, ideas*] **3** *(unite)* unire, tenere unito [*community, group*].
■ **knit up:** ~ ***up*** [*wool*] essere adatto al lavoro a maglia; ~ ***up [sth.]*** lavorare a maglia [*wool*]; rammendare lavorando a maglia [*garment*].
▷ **knitted** /ˈnɪtɪd/ **I** p.pass. → **2.knit** **II** agg. [*garment*] (lavorato) a maglia, ai ferri.
knitter /ˈnɪtə(r)/ ➧ **27** n. maglierista m. e f.
▷ **knitting** /ˈnɪtɪŋ/ **I** n. *(all contexts)* lavoro m. a maglia **II** modif. [*bag*] (fatto) a maglia; [*machine*] per maglieria; [*needle*] da maglia, da calza; [*wool*] da lavorare a maglia.
knitwear /ˈnɪtweə(r)/ n. **U** tricot m., maglie f.pl.
knives /naɪvz/ → **1.knife**.
knob /nɒb/ n. **1** *(of wood)* nodo m.; *(on the surface of a thing)* protuberanza f. **2** *(handle) (of door, drawer)* pomo m., pomello m., maniglia f.; *(of cane)* pomo m., impugnatura f. **3** *(decorative) (on bannister, furniture)* pomello m. **4** *(control button)* manopola f. **5** *(of butter etc.)* noce f. **6** BE POP. *(penis)* cazzo m. **7** POP. *(idiot)* imbecille m. e f. ◆ ***...and the same to you with (brass) ~s on!*** COLLOQ.... e tu ancora di più!
knobbed /nɒbd/ agg. nodoso, pieno di protuberanze.
knobbiness /ˈnɒbɪnɪs/ n. nodosità f.
knobble /ˈnɒbl/ n. piccola protuberanza f.
knobbly /ˈnɒblɪ/ BE, **knobby** /ˈnɒbɪ/ AE agg. nodoso.
▶ **1.knock** /nɒk/ n. **1** *(blow)* colpo m., botta f., urto m.; ***a ~ on the head*** un colpo sulla, in testa; ***to take a ~*** prendere un colpo; ***a ~ with a hammer*** un colpo di martello **2** *(at door)* ***a ~ at the door*** un colpo alla porta; ***I'll give you a ~ at 7.30*** ti verrò a bussare alle 7.30; ***I thought I heard a ~*** mi è sembrato di sentire bussare; ***~! ~!*** toc! toc! **3** FIG. *(setback)* colpo m.; ***to take a ~*** ricevere un brutto colpo; ***it gave his confidence a ~*** gli ha fatto perdere notevolmente la fiducia; ***I've had worse ~s*** ho ricevuto colpi peggiori di questo; ***you must learn to take the ~s*** devi imparare a incassare (i colpi).
▶ **2.knock** /nɒk/ **I** tr. **1** *(strike)* colpire, urtare [*object*]; ***to ~ one's head, arm on sth.*** battere la testa, il braccio contro qcs.; ***to ~ sb. on the head, arm with sth.*** colpire qcn. alla testa, al braccio con qcs.; ***to ~ sb., sth. into, across*** colpire qcn., qcs. in, attraverso; ***to ~ sb., sth. against*** fare battere qcn., qcs. contro; ***to ~ sb. unconscious*** o ***senseless*** o ***silly*** COLLOQ. [*person, object, blow*] fare perdere i sensi a qcn.; ***to ~ a hole in sth.*** fare un buco in qcs.; ***to ~ sth. straight, flat*** raddrizzare, appiattire qcs. con un colpo; ***to ~ two rooms into one*** buttare giù un muro divisorio tra due stanze **2** *(cause to move)* ***to ~ sth. off*** o ***out of sth.*** fare cadere qcs. da qcs.; ***to ~ sb., sth. over sth.*** buttare giù qcn., qcs. da qcs.; ***to ~ sb., sth. to the ground*** fare cadere a terra *o* abbattere qcn., qcs.; ***she ~ed the ball into the pond*** ha mandato la palla nello stagno; ***to ~ a nail, peg into sth.*** piantare un chiodo, un paletto in qcs.; ***to ~ the handle off the jug*** rompere il manico della brocca; ***to ~ sb. off his feet*** [*blast, wave*] sollevare qcn.; ***to ~ sb., sth. out of the way*** eliminare qcn., qcs.; ***to ~ sb. flat*** atterrare *o* stendere a terra qcn. **3** *(beat)* ***to ~ the enthusiasm, spirit out of sb.*** fare perdere l'entusiasmo, l'allegria a qcn.; ***I'll ~ that stupid smile off his face*** gli farò passare quel sorrisino stupido; ***that will ~ a bit of sense into him*** questo gli farà venire un po' di buonsenso **4** COLLOQ. *(criticize)* criticare [*method, opposition, achievement, person*]; ***don't ~ it!*** SCHERZ. non criticare! **II** intr. **1** *(make sound) (involuntarily)* [*branch, object*] urtare, sbattere (**on, against** contro); *(deliberately)* [*person*] bussare (**at, on** a); [*engine*] battere in testa; [*water pipes*] = produrre la caratteristica serie di colpi secchi dovuti per lo più a bolle d'aria **2** *(collide)* ***to ~ into*** o ***against sth.*** urtare contro qcs.; ***to ~ into each other*** scontrarsi ◆ ***his knees were ~ing*** gli tremavano le ginocchia (dalla paura); ***to ~ sth. on the head*** COLLOQ. mandare a monte qcs.; ***to be ~ing on a bit*** COLLOQ. cominciare a invecchiare; ***it must be ~ing on 30 years since...*** COLLOQ. devono essere passati quasi trent'anni da quando...; ***I'll ~ your heads together!*** vi farò intendere ragione!
■ **knock about, knock around:** ~ ***about*** COLLOQ. girovagare; ~ ***about [sth.]*** COLLOQ. [*object*] essere lasciato in giro per [*house, area*]; ***to ~ about with sb.*** COLLOQ. andare in giro con, frequentare qcn.; ***to ~ about together*** COLLOQ. [*adults*] frequentarsi; ~ ***[sb.] about*** COLLOQ. maltrattare; ~ ***[sth.] about*** **1** *(buffet)* [*storm*] sballottare [*boat*] **2** SPORT ***let's just ~ the ball about*** diamo quattro calci al pallone.
■ **knock back:** ~ ***back [sth.]***, ~ ***[sth.] back*** **1** *(return)* [*player*] respingere [*ball*] **2** COLLOQ. *(swallow)* buttare giù, scolarsi [*drink*] **3** COLLOQ. *(reject)* rifiutare [*offer, invitation*]; ~ ***[sb.] back*** **1** *(surprise)* [*news*] sbalordire, colpire, lasciare di stucco [*person*] **2** COLLOQ. *(cost)* ***that dress must have ~ed her back a few quid*** COLLOQ. questo vestito deve esserle costato una fortuna **3** *(refuse)* respingere, allontanare [*person*].
■ **knock down:** ~ ***[sb., sth.] down***, ~ ***down [sb., sth.]*** **1** *(cause to fall) (deliberately)* [*aggressor*] abbattere, stendere a terra [*victim, opponent*]; [*police*] sfondare [*door*]; [*builder*] abbattere, demolire [*building*]; *(accidentally)* [*vehicle*] investire, travolgere [*person, object*]; [*person, animal*] travolgere [*person, object*]; [*lightning*] abbattere [*tree, fence*]; [*wind*] buttare giù, fare cadere [*tree, fence*]; FIG. [*person*] abbattere [*obstacle, barrier*] **2** *(reduce)* [*buyer*] tirare giù [*price*]; [*seller*] abbassare, ridurre, diminuire [*price*]; ***I managed to ~ him down by a few pounds*** sono riuscito a strappargliela per poche sterline **3** *(allocate)* [*auctioneer*] aggiudicare [*lot*].

▪ **knock in:** ~ *[sth.]* **in**, ~ **in** *[sth.]* *(deliberately)* [*person*] conficcare, piantare [*nail, peg*]; [*golfer*] fare entrare [*ball*]; *(accidentally)* [*blow*] sfondare [*side, top*].
▪ **knock into:** ~ **into** *[sb., sth.]* imbattersi in.
▪ **knock off:** ~ **off** COLLOQ. [*worker*] smettere di lavorare, smontare (dal lavoro), staccare; ~ *[sb., sth.]* **off**, ~ **off** *[sb., sth.]* **1** *(cause to fall)* [*person, blow, force*] fare cadere [*person, object*]; [*movement, blow*] fare cadere [*rider*]; [*person*] cacciare via [*insect*]; [*wind, person*] staccare [*flower heads*]; [*person, blow*] buttare giù [*handle, end, car mirror*] **2** *(reduce)* ***I'll ~ £ 10 off for you*** vi farò uno sconto di 10 sterline; ***she wouldn't ~ anything off*** non ha voluto togliere niente *o* non ha voluto fare nessuno sconto; ***he ~ed 20% off the bill*** ha dedotto il 20% della nota spese **3** COLLOQ. *(steal)* rubare, fregare [*car, object*] **4** COLLOQ. *(stop)* ***~ it off!*** piantala! **5** POP. *(have sex with)* sbattere, scopare [*person*].
▪ **knock out:** ~ *[sb., sth.]* **out**, ~ **out** *[sb., sth.]* **1** *(dislodge)* [*person, blow*] fare saltare via, cavare [*tooth*]; [*blast*] buttare giù [*window*]; [*person, blow*] togliere, cavare [*peg, nail*]; togliere [*support*]; [*person*] vuotare (battendo) [*contents*] **2** *(make unconscious)* [*person, blow*] fare perdere i sensi a [*person, animal*]; [*drug*] stordire, narcotizzare, anestetizzare [*person, animal*]; [*boxer*] mettere KO, mandare al tappeto, stendere [*opponent*]; ***don't drink the punch, it will ~ you out!*** non bere il punch, ti stende! ***all that walking has ~ed him out*** COLLOQ. tutta quella lunga passeggiata l'ha sfinito **3** *(destroy)* [*enemy, shell*] fare saltare [*tank, factory*]; [*strike action, breakdown*] interrompere, paralizzare [*production, service*] **4** SPORT *(eliminate)* [*competitor*] eliminare [*opponent, team*] **5** AUT. *(straighten)* [*mechanic*] raddrizzare [*dent, metal*] **6** COLLOQ. *(produce)* [*machine*] produrre [*quantity*]; [*person*] strimpellare, suonare [*tune*] **7** COLLOQ. *(overwhelm)* [*performance, appearance, good news*] sbalordire [*person*]; [*bad news*] distruggere, sgomentare [*person*]; ~ **oneself out** **1** *(become unconscious)* perdere i sensi **2** COLLOQ. *(become exhausted)* sfinirsi, sfiancarsi.
▪ **knock over:** ~ *[sb., sth.]* **over**, ~ **over** *[sb., sth.]* [*person, animal, force*] rovesciare [*object*]; [*person, animal, force*] buttare a terra [*person, animal*]; [*vehicle*] investire, travolgere [*person, animal*].
▪ **knock through** ING. ***you could ~ through into the dining room*** potreste buttare giù la parete della sala da pranzo.
▪ **knock together:** ~ **together** [*knees*] tremare; [*objects*] sbattere, battere l'uno contro l'altro; ~ *[sth.]* **together**, ~ **together** *[sth.]* COLLOQ. **1** *(create)* montare alla meglio [*furniture, shelter*]; preparare in fretta, mettere insieme alla meglio [*meal, reception*]; mettere su, improvvisare [*show*] **2** *(bang together)* battere l'uno contro l'altro; ***those boys need their heads ~ing together*** FIG. bisognerebbe dare una bella lezione a quei ragazzi.
▪ **knock up:** ~ **up** BE *(in tennis)* palleggiare (**with** con); ~ *[sth.]* **up**, ~ **up** *[sth.]* **1** COLLOQ. *(make)* montare alla meglio [*furniture, shelter*]; preparare in fretta [*meal, outfit*] **2** SPORT COLLOQ. [*competitor, player*] totalizzare, realizzare [*points, score*]; ~ *[sb.]* **up**, ~ **up** *[sb.]* **1** *(awaken)* svegliare bussando alla porta **2** COLLOQ. *(exhaust)* stremare, sfinire, sfiancare **3** POP. *(make pregnant)* mettere incinta.

1.knockabout /ˈnɒkəbaʊt/ agg. [*comedy, comedian*] chiassoso, grossolano.

2.knockabout /ˈnɒkəbaʊt/ n. **1** SPORT scambio m., palleggio m. **2** AE MAR. veliero m. a un albero.

knockdown /ˈnɒkdaʊn/ **I** agg. [*price*] di liquidazione **II** n. SPORT atterramento m., knock-down m.

knocker /ˈnɒkə(r)/ **I** n. *(on door)* battente m., batacchio m., picchiotto m. **II knockers** n.pl. **1** COLLOQ. *(critics)* criticoni m. **2** POP. *(breasts)* tette f.

knock-for-knock /ˌnɒkfəˈnɒk/ agg. = accordo tra compagnie di assicurazione operanti nel ramo auto, in base al quale ciascuna compagnia risarcisce il proprio assicurato, indipendentemente dal responsabile del sinistro.

knocking /ˈnɒkɪŋ/ **I** n. colpi m.pl.; *(in engine)* detonazione f., battito m. in testa; ***to hear a ~ at the door*** sentire bussare alla porta **II** agg. ***a ~ sound*** dei colpi; *(in engine)* una detonazione.

knocking copy /ˌnɒkɪŋˈkɒpɪ/ n. = messaggio pubblicitario che denigra i prodotti della concorrenza.

knocking-off time /ˌnɒkɪŋˈɒftaɪm/ n. COLLOQ. ora f. di smontare.

knocking shop /ˈnɒkɪŋʃɒp/ n. POP. bordello m., casino m., casa f. chiusa.

knock-kneed /ˌnɒkˈni:d/ agg. dal ginocchio valgo.

knock knees /ˌnɒkˈni:z/ n.pl. ginocchia f. valghe.

knockoff /ˈnɒkɒf/ n. **1** AE MECC. disinnesto m. **2** *(knocking-off time)* ora f. di smontare **3** *(reduction)* sconto m.

knock-on /ˈnɒkɒn/ n. *(in rugby)* = lo spingere il pallone in avanti con le mani commettendo fallo.

knock-on effect /ˈnɒkɒnɪˌfekt/ n. effetto m. a catena.

knock-out /ˈnɒkaʊt/ **I** n. **1** *(in boxing)* knockout m., KO m.; ***to win by a ~*** vincere per knockout **2** COLLOQ. *(show etc.)* successo m.; ***to be a ~*** [*person*] essere straordinario; ***he's a ~ on the drums*** è un fenomeno alla batteria; ***she looks a ~*** è una bomba **II** agg. **1** SPORT [*competition*] a eliminazione **2** COLLOQ. *(incapacitating)* [*pills, injection*] sedativo; ***~ drops*** gocce sedative **3** COLLOQ. *(brilliant)* [*idea*] strepitoso.

knock-up /ˈnɒkʌp/ n. SPORT COLLOQ. palleggio m.; ***to have a ~*** fare dei palleggi.

knoll /nəʊl/ n. collinetta f., poggio m.

▷ **1.knot** /nɒt/ n. **1** *(tied part)* nodo m.; ***to tie sth. in a ~*** annodare qcs., fare il nodo a qcs. **2** *(tangle in hair, rope)* nodo m.; ***to comb the ~s out of one's hair*** sciogliere i nodi dei capelli con un pettine **3** *(in wood)* nodo m., nodosità f. **4** FIG. *(group)* gruppo m. (**of** di) **5** FIG. *(tense feeling)* ***to have a ~ in one's stomach*** avere una stretta allo stomaco **6** MAR. nodo m.; ***to do 15 ~s*** navigare a 15 nodi ◆ ***to do sth. at a rate of ~s*** fare qcs. in fretta e furia; ***to get tied up in ~s*** cadere in contraddizione; ***to tie the ~*** sposarsi.

2.knot /nɒt/ **I** tr. (forma in -ing ecc. **-tt-**) annodare, legare [*strings, ends*] (**together** insieme); fare un nodo a [*scarf, handkerchief*]; ***to ~ one's tie*** farsi il nodo alla cravatta **II** intr. (forma in -ing ecc. **-tt-**) [*stomach*] chiudersi; [*muscles*] contrarsi, rattrappirsi.

knothead /ˈnɒthed/ n. stupido m. (-a), idiota m. e f.

knothole /ˈnɒthəʊl/ n. *(in board)* buco m. di nodosità.

knotted /ˈnɒtɪd/ **I** p.pass. → **2.knot II** agg. **1** [*wood*] nodoso, nocchieruto **2** ingarbugliato (anche FIG.) ◆ ***get ~!*** và al diavolo!

knottiness /ˈnɒtɪnɪs/ n. **1** nodosità f. **2** FIG. *(difficulty)* difficoltà f., complessità f.

knotting /ˈnɒtɪŋ/ n. **1** *(fancywork)* macramè m. **2** PITT. vernice f. alla gommalacca.

knotty /ˈnɒtɪ/ agg. **1** *(gnarled)* [*fingers, joints, wood*] nodoso **2** FIG. [*problem*] difficile, intricato.

1.knout /naʊt, nu:t/ n. knut m., staffile m. cosacco.

2.knout /naʊt, nu:t/ tr. staffilare.

▶ **1.know** /nəʊ/ **I** tr. (pass. **knew**; p.pass. **known**) **1** *(have knowledge of)* conoscere [*person, place, characteristics, taste, opinion, figures, value, rules, decision, situation, system, way*]; sapere, conoscere [*answer, language, name, result, reason, truth, words*]; ***he ~s everything, something*** sa tutto, qualcosa; ***to ~ sb. by name, sight*** conoscere qcn. di nome, vista; ***to ~ sb. by reputation*** conoscere qcn. per la sua fama; ***you ~ Frank, he's always late*** conosci Frank, è sempre in ritardo; ***to ~ sth. by heart*** sapere qcs. a memoria; ***to ~ how to do*** sapere fare; *(stressing method)* sapere come fare; ***I ~ how to swim*** so nuotare; ***she ~s how to improve it, use it*** sa come migliorarlo, usarlo; ***he certainly ~s how to upset people, make a mess*** IRON. sa come sconvolgere le persone, creare confusione *o* riesce perfettamente a sconvolgere le persone, a creare confusione; ***to ~ that...*** sapere che...; ***to ~ for certain*** o ***for sure that...*** sapere per certo che...; ***I wasn't to ~ that*** non dovevo sapere che; ***to ~ who, when*** sapere chi, quando; ***to ~ why, whether*** sapere perché, se; ***to ~ what love is*** sapere che cos'è l'amore; ***you ~ what children are, she is*** sai come sono i bambini, come è fatta; ***to ~ sb., sth. as*** conoscere qcn., qcs. come; ***Edward, better known as Ted*** Edward, meglio conosciuto come Ted; ***Virginia known as Ginny to her friends*** Virginia o Ginny per gli amici; ***I ~ him for*** o ***to be a liar*** so che lui è un bugiardo; ***to let it be known*** o ***to make it known that*** fare sapere che; ***to have known sb., sth. to do*** avere visto qcn., qcs. fare; ***I've never known him to lose his temper*** non l'ho mai visto perdere le staffe; ***it has been known to snow there*** hanno detto che lì nevica; ***if I ~ you, him*** se ti, lo conosco; ***he is known to the police*** è conosciuto dalla polizia; ***I ~ all about redundancy!*** so tutto sulla disoccupazione! ***as you well ~*** come ben sai; ***as well she ~s*** come sa perfettamente; ***(do) you ~ something?, do you ~ what?*** (ma lo) sai? ***there's no ~ing how, whether*** non si può sapere come, se; ***to ~ one's way home*** conoscere la strada di casa; ***to ~ one's way around*** FIG. sapere togliersi dagli impicci, sbrogliarsela; ***to ~ one's way around a town*** sapersi orientare in una città; ***to ~ one's way around a computer, an engine*** sapersela cavare con i computer, motori; ***I ~ that for a fact*** lo so per certo; ***I ~ what! you could...*** ho un'idea! potresti...; ***he ~s all, nothing about it*** sa tutto, non ne sa niente; ***maybe you ~ something I don't*** forse sai qualcosa che non so **2** *(feel certain)* essere sicuro, sapere; ***he's dead, I ~ it*** è morto, sono sicuro; ***I knew it!*** lo sapevo! ***to ~ that...*** essere sicuro che...; ***I ~ my key is here somewhere*** sono sicuro che la mia chiave è qui da qualche parte; ***I don't ~ that we can*** non sono sicuro che possiamo; ***I don't ~ that I want to go really*** non sono sicuro di volerci andare veramente; ***I don't ~ that opening the window, taking medicine will make much difference*** non so se aprire la finestra, prendere la medicina possa cambiare qualcosa **3** *(realize)* rendersi conto; ***to ~ to do*** rendersi conto che bisogna fare; ***does he ~ to switch off the light?*** sa che bisogna spegnere la luce? ***do you ~ how expensive that is?*** ti rendi conto di quanto costa? ***she doesn't ~ just how lucky she's been*** non si rende conto della fortuna che ha avuto; ***you don't ~ how pleased I am*** non sai quanto mi faccia piacere; ***she's attractive and doesn't she ~ it!*** è affascinante e sa di esserlo! ***don't I ~ it!*** a chi lo dici! **4** *(recognize)* riconoscere (**by**, **from** da); ***I hardly knew him*** l'ho riconosciuto a fatica; ***I ~ her by her walk*** la riconosco dalla camminata; ***she doesn't ~ a peach from a plum!*** non sa distinguere una pesca da una prugna! ***only their parents ~ one from the other*** solo i genitori riescono a distinguerli; ***she ~s a bargain when she sees one*** sa riconoscere quando si tratta di un vero affare; ***"you are a stupid" "it takes one to ~ one"*** "sei uno stupido" "tra stupidi ci si riconosce" **5** *(acknowledge)* ***to be known for sth.*** essere conosciuto per qcs.; ***to be known for doing*** essere conosciuto per fare; ***he's known for providing a good service*** ha la fama di fornire un buon servizio **6** *(experience)* conoscere [*joy, sadness, love*]; ***you have to ~ sorrow to ~ what happiness is*** bisogna avere conosciuto il dolore per sapere che cos'è la felicità **7** BIBL. ANT. conoscere **II** intr. (pass. **knew**; p.pass. **known**) **1** *(have knowledge)* sapere, conoscere; ***as you ~*** come sapete; ***you'll ~ next time*** lo saprete la prossima volta; ***I wouldn't ~*** non saprei; ***to ~ about*** *(have information)* sapere, essere al corrente di [*event*]; *(have skill)* conoscere [*computing, engines*]; ***he ~s about such things*** se ne intende di queste cose; ***to ~ of*** *(from experience)* conoscere; *(from information)* avere sentito parlare di; ***do you ~ of a short cut?*** conosci una scorciatoia? ***I ~ of somebody who...*** ho sentito parlare di qualcuno che...; ***not that I ~ of*** non che io sappia; ***to let sb. ~ of*** o ***about*** tenere qcn. al corrente di *o* mettere qcn. a conoscenza di [*plans, arrangement, job*]; ***we'll let you ~*** vi faremo sapere; ***how should I ~!*** COLLOQ. come potrei saperlo *o* come faccio a saperlo! ***if you must ~*** se proprio vuoi saperlo; ***wouldn't you like*** o ***love to ~*** ti piacerebbe saperlo; ***if you drop it on your foot, you'll ~ about it*** COLLOQ. se te lo fai cadere sul piede lo senti; ***if the brakes fail, you'll ~ about it*** se i freni non funzionano, te ne accorgi; ***if I were angry with you, you'd ~ about it*** se fossi arrabbiato con te, te ne accorgeresti; ***I'd*** o ***I'll have you ~*** COLLOQ. per tua informazione; ***you ~ better than to argue with him*** hai di meglio da fare che metterti a discutere con lui; ***you left her alone? you ought to have known better*** l'hai lasciata sola? non avresti dovuto farlo; ***he says he came home early but I ~ better*** dice che è arrivato a casa presto ma conoscendolo non ci credo; ***they're just kids; they don't ~ any better*** sono solo bambini; non capiscono; ***they don't ~ any better, you do!*** loro non sanno niente, ma tu sì! **2** *(feel certain)* ***"he won't win" - "oh I don't ~"*** "non vincerà" - "non ne sono sicuro"; ***"I'll take the morning off" - "I don't ~ about that!"*** "mi prenderò mezza giornata" - "non ne sarei così sicuro!"; ***"is it useful?" - "I don't ~ about useful, but it was cheap"*** "è utile?" - "non sono sicuro, però non costava caro"; ***I don't ~ about you but...*** non so cosa ne pensi, ma...; ***I don't ~! look at this mess!*** ma dai! guarda che disordine! ◆ ***not to ~ what to do with oneself*** non sapere cosa fare della propria vita; ***not to ~ where*** o ***which way to turn*** FIG. non sapere da che parte voltarsi; ***not to ~ where to put oneself*** non sapere dove mettersi; ***not to ~ whether one is coming or going*** non sapere più che cosa si sta facendo; ***it's not what you ~ but who you ~*** ciò che conta non è cosa si conosce ma chi si conosce; ***I ~ my place*** SCHERZ. so stare al mio posto; ***well what do you ~!*** IRON. che sorpresa!

2.know /nəʊ/ n. ***to be in the ~*** COLLOQ. essere al corrente; ***to be in the ~ about sth.*** COLLOQ. saperne qualcosa di qcs.

knowable /ˈnəʊəbl/ agg. conoscibile, riconoscibile, comprensibile.

know-all /ˈnəʊɔːl/ n. BE COLLOQ. sapientone m. (-a), saccente m. e f.

knower /ˈnəʊə(r)/ n. conoscitore m. (-trice), intenditore m. (-trice).

know-how /ˈnəʊhaʊ/ n. know-how m., conoscenza f. specifica di un settore.

▷ **knowing** /ˈnəʊɪŋ/ agg. [*look, smile*] d'intesa; ***she smiled in a ~ way*** fece un sorriso d'intesa.

knowingly /ˈnəʊɪŋlɪ/ avv. **1** *(intentionally)* [*offend, mislead*] intenzionalmente, di proposito, deliberatamente **2** *(with understanding)* [*smile, look*] con l'aria di chi la sa lunga.

know-it-all /ˈnəʊɪtɔːl/ n. AE COLLOQ. → **know-all**.

▶ **knowledge** /ˈnɒlɪdʒ/ n. **1** *(awareness)* conoscenza f.; ***to bring sth. to sb.'s ~*** mettere qcn. a conoscenza di qcs.; ***it has come to our ~ that*** siamo venuti, giunti a conoscenza che *o* è giunto a nostra conoscenza che *o* abbiamo saputo che; ***to my, your ~*** per quanto ne so, ne sai; ***with the full ~ of sb.*** con la piena consapevolezza di qcn.; ***to have ~ of*** essere a conoscenza di; ***he has no ~ of what happened*** non sa niente di ciò che è accaduto; ***to my certain ~ he...*** so di certo che lui...; ***without sb.'s ~*** all'insaputa di qcn., senza che qcn. lo sappia **2** *(factual wisdom)* sapere m., scienza f.; *(of specific field)* conoscenza f.; ***~ of the subject*** la conoscenza dell'argomento; ***human, technical ~*** conoscenze umane, tecniche; ***a thirst for ~*** una sete di sapere; ***~ of computing*** conoscenze informatiche; ***~ of Botticelli's work*** conoscenza dell'opera di Botticelli; ***all branches of ~*** tutte le branche del sapere.

knowledgeable /ˈnɒlɪdʒəbl/ agg. [*person*] bene informato; [*article*] bene documentato (**about** su); [*remark*] pertinente (**about** su); ***to be ~ about*** [*person*] essere bene informato su [*subject*].

knowledgeably /ˈnɒlɪdʒəblɪ/ avv. [*speak, write*] con cognizione di causa.

knowledge-based system /ˌnɒlɪdʒbeɪstˈsɪstəm/ n. sistema m. esperto.

knowledge economy /ˌnɒlɪdʒɪˈkɒnəmɪ/ n. economia f. della conoscenza.

knowledge engineer /ˌnɒlɪdʒendʒɪˈnɪə(r)/ n. ingegnere m. cognitivo.

knowledge engineering /ˌnɒlɪdʒendʒɪˈnɪərɪŋ/ n. ingegneria f. cognitiva.

knowledge worker /ˌnɒlɪdʒˈwɜːkə(r)/ n. knowledge worker m., lavoratore m. della conoscenza (chi svolge lavori intellettuali quali programmatore, ricercatore, insegnante ecc.).

known /nəʊn/ **I** p.pass. → **1.know II** agg. **1** *(recognized)* [*authority, danger, source*] riconosciuto **2** *(from acquaintance, experience)* [*celebrity, cure*] conosciuto, noto; ***the most dangerous substance ~ to man*** la sostanza più pericolosa che si conosce **3** *(measured)* [*weight, quantity*] definito.

know-nothing /ˈnəʊˌnʌθɪŋ/ n. **1** ignorante m. e f. **2** RAR. agnostico m. (-a).

▷ **1.knuckle** /ˈnʌkl/ n. **1** *(of person)* nocca f.; ***to crack one's ~s*** fare scrocchiare le dita; ***to rap sb. on*** o ***over the ~s*** picchiare, bacchettare qcn. sulle nocche; FIG. sgridare, criticare aspramente qcn.; ***to get a rap over the ~s*** essere picchiato sulle nocche; FIG. essere sgridato, criticato aspramente **2** *(on animal)* nocca f., nodello m. **3** GASTR. *(of lamb, mutton, veal, pork)* zampetto m., peduccio m.; ***pig's ~s*** stinco di maiale ◆ ***to be near the ~*** COLLOQ. essere molto spinto; ***to give sb. a ~ sandwich*** POP. tirare un pugno in faccia a qcn.

2.knuckle /ˈnʌkl/ tr. battere con le nocche.

■ **knuckle down** COLLOQ. darci dentro, mettercela tutta; ***to ~ down to*** affrontare di buona lena [*task, work*].

■ **knuckle under** COLLOQ. sottomettersi, cedere.

knucklebone /ˈnʌklbəʊn/ n. **1** ANAT. falange f. **2** ZOOL. garretto m.

knucklebones /ˈnʌklbəʊnz/ ♦ ***10*** n.pl. GIOC. gioco m.sing. degli astragali.

knuckle-duster /ˈnʌklˌdʌstə(r)/ n. pugno m. di ferro, tirapugni m.

knucklehead /ˈnʌklhed/ n. COLLOQ. stupido m. (-a), cretino m. (-a).

knuckle joint /ˈnʌklˌdʒɔɪnt/ n. **1** ANAT. falange f. **2** TECN. giunto m. a snodo.

1.knurl /nɜːl/ n. *(in wood)* nodo m.; *(in metal)* godronatura f., zigrinatura f.

2.knurl /nɜːl/ tr. TECN. godronare, zigrinare.

1.KO n. COLLOQ. (⇒ knock-out knockout) KO m.

2.KO tr. COLLOQ. (⇒ knock out) mettere KO.

koala /kəʊˈɑːlə/, **koala bear** /kəʊˈɑːləbeə(r)/ n. koala m.

kobold /ˈkɒbəʊld/ n. coboldo m.

Kodiak /ˈkəʊdɪæk/ n. ZOOL. kodiak m.

kohl /kəʊl/ n. COSMET. kohl m.

kohlrabi /ˌkəʊlˈrɑːbɪ/ n. cavolo rapa m.

Komodo dragon /kəˌməʊdəʊˈdrægən/ n. drago m. di Komodo.

Konrad /ˈkɒnræd/ n.pr. Corrado.

koodoo /ˈkuːduː/ n. cudù m.

kook /kuːk/ n. AE COLLOQ. stravagante m. e f., pazzoide m. e f.

kookaburra /ˈkʊkəbʌrə/ n. kookaburra m., orologio m. dei coloni.

kookie, **kooky** /ˈkuːkɪ/ agg. AE COLLOQ. stravagante, pazzoide, eccentrico.

kopje /ˈkɒpɪ/ n. collinetta f., poggio m.

kopeck /ˈkəʊpek/ ♦ ***7*** n. copeco m.

Koran /kəˈrɑːn/ n. Corano m.

Koranic /kəˈrænɪk/ agg. coranico.

Korea /kəˈrɪə/ ♦ ***6*** n.pr. Corea f.

Korean /kəˈrɪən/ ♦ ***18, 14*** **I** agg. [*town, food, economy*] coreano, della Corea; ***the ~ War*** la guerra di Corea **II** n. **1** *(person)* coreano m. (-a) **2** *(language)* coreano m.

korma /'kɔ:mə/ n. INTRAD. m. (piatto piccante indiano di carne o pesce marinato nello yogurt).
kosher /'kəʊʃə(r)/ agg. **1** RELIG. [*meat, food, restaurant*] kasher **2** COLLOQ. FIG. *(legitimate)* ***it's ~*** è lecito; ***there's something not quite ~ about it*** c'è qualcosa di poco pulito in questo.
Kosovan /'kɒsəvn/ agg. kosovaro, cossovaro.
Kosovar /'kɒsəvɑ:(r)/ n. kosovaro m. (-a), cossovaro m. (-a).
Kosovo /'kɒsəvəʊ/ ♦ ***24*** n.pr. Kosovo m.
Kowloon /ˌkaʊ'lu:n/ n.pr. Kowloon f.; ***the ~ Peninsula*** la penisola di Kowloon.
kowtow /ˌkaʊ'taʊ/ intr. SPREG. prostrarsi, prosternarsi; ***to ~ to sb.*** mostrare eccessiva deferenza verso qcn.; ***to ~ to sth.*** prosternarsi davanti a qcs.
KP n. AE (⇒ kitchen police) = soldati di leva a cui è stato assegnato il servizio di cucina.
kph n. (⇒ kilometres per hour chilometri all'ora) km/h.
kraal /krɑ:l/ n. kraal m.
krait /kraɪt/ n. krait m.
kraton → **craton.**
Kraut /kraʊt/ **I** agg. COLLOQ. SPREG. crucco **II** n. COLLOQ. SPREG. crucco m. (-a).
Kremlin /'kremlɪn/ n.pr. Cremlino m.
Kremlinologist /kremlɪ'nɒlədʒɪst/ n. cremlinologo m. (-a).
krill /krɪl/ n. krill m.
kris /kri:s/ n. kris m.
Krishna /'krɪʃnə/ n.pr. Krishna.
Kriss Kringle /ˌkrɪs'krɪngl/ n. AE Babbo Natale m.
krona /'krəʊnə/ n. (pl. **kronor**) corona f. (svedese).
krone /'krəʊnə/ n. (pl. **kroner**) corona f. (danese e norvegese).
kronor /'krəʊnə/ → **krona**.
Krugerrand /'kru:gərænd/ ♦ ***7*** n. = moneta d'oro sudafricana con l'immagine del presidente Kruger.
krypton /'krɪptɒn/ n. cripto m., cripton m.
KS US ⇒ Kansas Kansas.
Kt ⇒ knight cavaliere (cav.).
KT GB ⇒ Knight of the Order of the Thistle cavaliere dell'ordine del cardo.
Kublai Khan /ˌkʊblaɪ'kɑ:n/ n.pr. Kublai Khan m.
kudos /'kju:dɒs, AE 'ku:-/ n. COLLOQ. prestigio m., gloria f., fama f.; ***to have ~*** avere prestigio; ***to gain (the) ~ for sth.*** acquistare prestigio per qcs.
kudu /'ku:du:/→ **koodoo**.
Kufic → **Cufic**.
Ku Klux Klan /ˌku:klʌks'klæn/ n. Ku Klux Klan m.
kumquat /'kʌmkwɒt/ n. kumquat m.
kung fu /ˌkʊŋ'fu:/ ♦ ***10*** n. kung-fu m.
Kurd /kɜ:d/ n. *(person)* curdo m. (-a).
Kurdish /'kɜ:dɪʃ/ ♦ ***14*** **I** agg. curdo **II** n. *(language)* curdo m.
Kurdistan /ˌkɜ:dɪ'stæn/ ♦ ***6*** n.pr. Kurdistan m.
Kuwait /kʊ'weɪt/ ♦ ***6, 34*** n.pr. **1** *(state)* Kuwait m. **2** *(town)* Kuwait f.
Kuwaiti /kʊ'weɪtɪ/ ♦ ***18*** **I** agg. kuwaitiano **II** n. kuwaitiano m. (-a).
kvetch /kvetʃ/ intr. AE COLLOQ. *(complain)* piagnucolare, lagnarsi.
kW ⇒ kilowatt kilowatt.
kwashiorkor /kwæʃɪ'ɔ:kɔ:(r)/ ♦ ***11*** n. = grave malnutrizione dei bambini, soprattutto dopo lo svezzamento, causata da una dieta povera di proteine.
kwela /'kweɪlə/ n. = tipo di musica sudafricana.
kWh ⇒ kilowatt-hour chilowattora.
KY US ⇒ Kentucky Kentucky.
kyanite /'kaɪənaɪt/ n. cianite f.
kyloe /'kaɪləʊ/ n. BE = bue con lunghe corna (di razza scozzese).
kymograph /'kaɪməgrɑ:f, AE -græf/ n. chimografo m.
kyphosis /kaɪ'fəʊsɪs/ ♦ ***11*** n. cifosi f.
Kyrgyzstan /ˌkɪəgɪ'stɑ:n, ˌkɜ:gɪ-, -'stæn/ n.pr. Kirghizistan m.

l

l, L /el/ n. **1** *(letter)* l, L m. e f. **2 L** GB AUT. ⇒ Learner principiante (P) **3 L** AE FERR. ***the L*** la (metropolitana) sopraelevata **4 L** ⇒ Lake lago **5 L** ⇒ left sinistra (sx) **6 l** ⇒ line *(in poetry)* verso (v.); *(in prose)* riga (r.) **7 L** ⇒ large large (L).

la → **lah**.

LA 1 US ⇒ Los Angeles Los Angeles **2** US ⇒ Louisiana Louisiana.

1.laager /ˈlɑːɡə(r)/ n. **1** *(in Africa)* accampamento m. delimitato da carri disposti in cerchio **2** MIL. accampamento m. delimitato da automezzi corazzati.

2.laager /ˈlɑːɡə(r)/ **I** tr. **1** disporre (veicoli) in cerchio **2** fare accampare **II** intr. accamparsi.

▷ **lab** /læb/ n. (accorc. laboratory) laboratorio m.

Lab. BE POL. ⇒ Labour (Party) (partito) laburista; ***H. Moore ~*** H. Moore del partito laburista.

labarum /ˈlæbərəm/ n. (pl. **~s**, **-a**) labaro m.

lab coat /ˈlæbkəʊt/ n. camice m. bianco.

labdanum /ˈlæbdənəm/ n. CHIM. ladano m.

▶ **1.label** /ˈleɪbl/ n. **1** *(on clothing, jar, bottle)* etichetta f.; *(on luggage)* cartellino m.; *(on diagram)* legenda f.; ***address ~*** etichetta con l'indirizzo; ***price ~*** cartellino del prezzo; ***gummed, sticky ~*** etichetta gommata, adesiva; ***tie-on ~*** etichetta che si lega; ***own ~*** COMM. marchio commerciale; ***this shop sells own-~ products*** qui si vendono prodotti che hanno il marchio del negozio **2** FIG. etichetta f.; ***to hang*** o ***stick a ~ on sb., sth.*** affibbiare un'etichetta a qcn., qcs.; ***the ~ has stuck*** il soprannome è rimasto **3** MUS. (anche **record** ~) marca f., etichetta f., casa f. discografica; ***a jazz classic on the Bluenote ~*** un classico di musica jazz distribuito dalla Bluenote **4** INFORM. label f. **5** LING. etichetta f.

▶ **2.label** /ˈleɪbl/ tr. (forma in -ing ecc. **-ll-**, AE **-l-**) **1** *(stick label on)* mettere un'etichetta a, etichettare [*clothing, jar, bottle*]; attaccare un cartellino a [*luggage*]; mettere una legenda a [*diagram*]; ***a jar ~led "rice"*** un barattolo con l'etichetta "riso"; ***to be ~led "confidential", "ozone-friendly"*** avere la scritta "riservato", "che non danneggia l'ozono"; ***a requirement to ~ pasteurized products*** necessità di indicare se il prodotto è pastorizzato **2** FIG. *(pigeonhole)* etichettare, bollare [*person, work*] (**as** come); ***he is usually ~led (as) an impressionist*** di solito viene considerato un impressionista **3** LING. etichettare.

labella /ləˈbelәm/ → **labellum**.

labelling /ˈleɪblɪŋ/ **I** n. etichettatura f. **II** modif. [*device, scheme, system*] di etichettatura; ***~ machine*** etichettatrice.

labellum /ləˈbeləm/ n. (pl. **-a**) labello m.

labia /ˈleɪbɪə/ → **labium**.

labial /ˈleɪbɪəl/ **I** agg. ANAT. LING. labiale **II** n. LING. labiale f.

labialism /ˈleɪbɪəlɪzəm/ n. labialismo m.

labialization /leɪbɪəlaɪˈzeɪʃn, AE -lɪˈz-/ n. labializzazione f.

labialize /ˈleɪbɪəlaɪz/ tr. labializzare.

labiate /ˈleɪbɪət/ **I** agg. labiato **II** n. labiata f.

labile /ˈleɪbaɪl, AE -bl/ agg. CHIM. PSIC. labile.

lability /leɪˈbɪlətɪ/ n. CHIM. PSIC. labilità f.

labiodental /ˌleɪbɪəʊˈdentl/ **I** agg. labiodentale **II** n. labiodentale f.

labiovelar /ˌleɪbɪəʊˈviːlə(r)/ **I** agg. labiovelare **II** n. labiovelare f.

labium /ˈleɪbɪəm/ n. (pl. **-ia**) ANAT. BOT. labbro m.

labor AE → **labour**.

laboratorial /læbərəˈtɔːrɪəl/ agg. di laboratorio.

▷ **laboratory** /ləˈbɒrətrɪ, AE ˈlæbrətɔːrɪ/ **I** n. laboratorio m.; ***in the ~*** in laboratorio **II** modif. [*experiment, job, test, manager, staff, report, research*] di laboratorio; [*animal, equipment*] da laboratorio.

laboratory assistant /ləˈbɒrətrɪəˌsɪstənt, AE ˈlæbrətɔːrɪ-/ ♦ ***27*** n. assistente m. e f. di laboratorio.

laboratory technician /ləˈbɒrətrɪtekˌnɪʃn, AE ˈlæbrətɔːrɪ-/ ♦ ***27*** n. tecnico m. (-a) di laboratorio, laboratorista m. e f.

Labor Day AE → **Labour Day**.

labored AE → **laboured**.

laborer AE → **labourer**.

laborious /ləˈbɔːrɪəs/ agg. laborioso.

laboriously /ləˈbɔːrɪəslɪ/ avv. laboriosamente.

laboriousness /ləˈbɔːrɪəsnɪs/ n. **1** laboriosità f., operosità f. **2** *(of style)* laboriosità f.

labor union /ˈleɪbəˌjuːnɪən/ n. AE sindacato m.

▶ **1.labour** BE, **labor** AE /ˈleɪbə(r)/ **I** n. **1** *(work)* lavoro m. (manuale); ***the fruits of one's ~s*** i frutti del proprio lavoro; ***to rest from one's ~s*** riposarsi dopo avere lavorato; ***the division of ~*** la divisione del lavoro; ***to withdraw one's ~*** astenersi dal lavoro; ***a withdrawal of ~*** un'astensione dal lavoro **2** IND. *(workforce)* manodopera f.; *(in contrast to management)* classe f. operaia, operai m.pl., lavoratori m.pl.; ***material and ~*** materiale e manodopera; ***skilled, unskilled ~*** manodopera qualificata, non qualificata **3** MED. doglie f.pl., travaglio m. del parto; ***her ~ lasted 16 hours*** le doglie le sono durate 16 ore; ***an easy, difficult ~*** un parto facile, difficile; ***to be in ~*** avere le doglie; ***to go into*** o ***begin ~*** cominciare ad avere le contrazioni; ***~ pains*** dolori del travaglio **II** modif. [*costs*] della manodopera; [*dispute, relations*] fra i lavoratori e i datori di lavoro; [*market*] del lavoro; [*shortage*] di manodopera; [*leader*] sindacale ◆ ***a ~ of love*** lavoro fatto per passione; ***a ~ of Hercules*** una fatica d'Ercole.

2.labour BE, **labor** AE /ˈleɪbə(r)/ intr. **1** *(work, try hard)* lavorare sodo, faticare (**at** a; **on** su; **to do** per fare) **2** *(have difficulties)* affaticarsi, sforzarsi (**to do** a fare); ***he was ~ing to breathe*** faceva fatica a respirare *o* respirava a fatica; ***to ~ up, down, along*** salire, scendere, procedere a fatica **3** AUT. [*engine*] fare fatica **4** ***to ~ under*** essere vittima di [*delusion, illusion, misapprehension*]; ***he's ~ing under the illusion that he's going to be offered the post*** si sta illudendo che gli verrà offerto il posto ◆ ***to ~ the point*** insistere su un punto.

Labour /ˈleɪbə(r)/ **I** n.pr. + verbo pl. partito m. laburista **II** agg. [*supporter, view, manifesto*] del partito laburista, laburista; [*opponent*] del partito laburista; [*MP*] laburista; ***the ~ vote*** il voto laburista; ***to vote ~*** votare laburista.

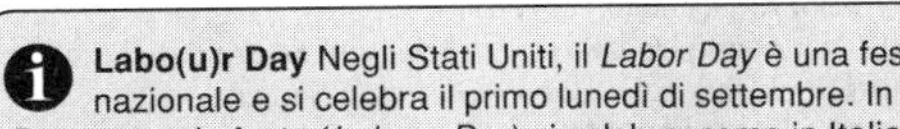

Labo(u)r Day Negli Stati Uniti, il *Labor Day* è una festività nazionale e si celebra il primo lunedì di settembre. In Gran Bretagna tale festa (*Labour Day*) si celebra, come in Italia, il 1º maggio.

labour camp /ˈleɪbəkæmp/ n. campo m. di lavoro.
Labour Day BE, **Labor Day** AE /ˈleɪbədeɪ/ n. festa f. del lavoro.
laboured BE, **labored** AE /ˈleɪbəd/ **I** p.pass. → **2.labour II** agg. **1** *(difficult)* [*movement*] difficile, faticoso; [*breathing*] affannoso, difficile **2** *(showing effort)* [*humour, speech*] elaborato, studiato, affettato; ***it was a rather ~ start*** l'inizio è stato piuttosto faticoso.
▷ **labourer** BE, **laborer** AE /ˈleɪbərə(r)/ ◆ ***27*** n. operaio m. (-a), manovale m.; ***farm ~*** lavoratore agricolo.
labour exchange /ˈleɪbərɪksˌtʃeɪndʒ/ n. BE COLLOQ. ufficio m. di collocamento.
labour force /ˈleɪbəfɔːs/ n. forza f. lavoro.
labour-intensive /ˌleɪbərɪnˈtensɪv/ agg. IND. [*industry*] ad alto impiego di manodopera; ***to be ~*** [*method, process, work*] richiedere un alto impiego di manodopera.
labour law /ˈleɪbəlɔː/ n. diritto m. del lavoro.
labour movement /ˈleɪbəˌmuːvmənt/ n. movimento m. laburista.
Labour Party /ˈleɪbəˌpɑːtɪ/ n. GB partito m. laburista.
labour relations /ˈleɪbərɪˌleɪʃnz/ n.pl. relazioni f. sindacali.
labour-saving /ˈleɪbəˌseɪvɪŋ/ agg. [*equipment, feature, system*] che fa risparmiare lavoro; ***~ device*** (apparecchio) elettrodomestico.
labour ward /ˈleɪbəˌwɔːd/ n. *(room, ward)* sala f. travaglio.
labrador /ˈlæbrədɔː(r)/ n. ZOOL. labrador m.
labradorite /læbrəˈdɔːraɪt/ n. labradorite f.
laburnum /ləˈbɜːnəm/ n. laburno m.
labyrinth /ˈlæbərɪnθ/ n. MITOL. labirinto m. (anche FIG.).
labyrinthine /ˌlæbəˈrɪnθaɪn, AE -θɪn/ agg. labirintico.
labyrinthitis /ˌlæbərɪnˈθaɪtɪs/ ◆ ***11*** n. MED. labirintite f.
lac /læk/ n. gommalacca f.
laccolite /ˈlækəlaɪθ/ n. laccolite m. e f.
▷ **1.lace** /leɪs/ **I** n. **1** **U** *(fabric)* pizzo m., merletto m., trina f.; ***made of ~*** in pizzo; ***a piece of ~*** un pizzo **2** **C** *(on shoe, boot, dress)* laccio m., stringa f.; *(on tent)* cordone m.; ***shoe ~s*** lacci da scarpe; ***to tie one's ~s*** annodare *o* legare i lacci **II** modif. [*curtain, dress, handkerchief*] in pizzo; [*industry*] del pizzo.
▷ **2.lace** /leɪs/ **I** tr. **1** *(fasten, tie)* allacciare [*shoes, corset, dress*]; fissare [*tent flap*]; ***to ~ sb. into*** stringere qcn. in [*corset*] **2** *(add substance to)* ***to ~ a drink with alcohol*** correggere una bevanda con dell'alcol; ***to ~ a drink with poison*** avvelenare una bevanda; ***his drink was ~d with whisky*** il suo drink aveva dentro un bel po' di whisky; ***to be ~d with*** FIG. essere venato di [*irony, humour*]; avere una nota di [*colour*] **II** intr. allacciarsi.
■ **lace up:** ~ up [*shoe, corset, dress*] allacciarsi; ***the dress ~s up at the back*** il vestito si allaccia dietro; ~ [sth.] up, ~ up [sth.] allacciare [*shoes, boots, corset, dress*]; fissare [*tent flap*].
lace-maker /ˈleɪsˌmeɪkə(r)/ ◆ ***27*** n. SART. merlettaia f.
lace-making /ˈleɪsˌmeɪkɪŋ/ n. SART. merletteria f.
lacerate /ˈlæsəreɪt/ tr. lacerare (anche FIG.).
laceration /ˌlæsəˈreɪʃn/ n. MED. lacerazione f.
lacertian /ləˈsɜːtɪən/, **lacertine** /ˈlæsətaɪn/ agg. di lucertola, simile a lucertola.
lace-up (shoe) /ˈleɪsʌp(ˌʃuː)/ n. scarpa f. con i lacci.
lacewing /ˈleɪswɪŋ/ n. neurottero m.
laches /ˈleɪtʃɪz/ n. DIR. negligenza f., morosità f., ritardo m. (nell'adempiere un dovere giuridico, nell'esercitare un diritto).
Lachlan /ˈlæklən/ n.pr. Lachlan (nome di uomo).
lachrymal /ˈlækrɪml/ agg. lacrimale.
lachrymation /lækrɪˈmeɪʃn/ n. lacrimazione f.
lachrymator /ˈlækrɪmeɪtə(r)/ n. gas m. lacrimogeno.
lachrymatory /ˈlækrɪmətrɪ, AE -tɔːrɪ/ n. ARCHEOL. lacrimatoio m.
lachrymose /ˈlækrɪməʊs/ agg. FORM. lacrimoso.
laciniate /ləˈsɪnɪət/ agg. laciniato.
▶ **1.lack** /læk/ n. mancanza f., insufficienza f., carenza f. (**of** di); ***for*** o ***through ~ of*** per mancanza di; ***there is no ~ of volunteers*** i volontari non mancano.
▶ **2.lack** /læk/ **I** tr. mancare di, non avere [*confidence*]; essere privo di [*humour, funds, moisture*] **II** intr. ***to be ~ing*** mancare, essere carente, privo; ***funding was ~ing*** mancavano i finanziamenti; ***to be ~ing in*** essere privo di; ***to ~ for nothing*** non mancare di niente.
lackadaisical /ˌlækəˈdeɪzɪkl/ agg. [*person, attitude*] apatico, svogliato (**about** in).
lacker → **lacquer**.
lackey /ˈlækɪ/ n. lacchè m. (anche FIG. SPREG.).
lacking /ˈlækɪŋ/ agg. ***to be ~*** EUFEM. [*person*] essere deficiente.
Lackland /ˈlæklənd/ n.pr. ***John ~*** Giovanni Senzaterra.
lacklustre BE, **lackluster** AE /ˈlæklʌstə(r)/ agg. [*person, style*] spento, scialbo; [*performance*] opaco.
laconic /ləˈkɒnɪk/ agg. laconico.
laconically /ləˈkɒnɪklɪ/ avv. laconicamente.
laconicism /ləˈkɒnɪsɪzəm/ n. laconicità f., laconismo m.
1.lacquer /ˈlækə(r)/ n. **1** *(varnish)* lacca f. (anche COSMET.) **2** ART. *(ware)* lacca f.
2.lacquer /ˈlækə(r)/ tr. **1** *(varnish)* laccare [*surface*] **2** BE spruzzare la lacca su [*hair*].
lacquerer /ˈlækərə(r)/ n. laccatore m. (-trice).
lacquey ANT. → **lackey**.
lacrimal /ˈlækrɪml/ agg. lacrimale.
lacrimation /ˌlækrɪˈmeɪʃn/ n. lacrimazione f.
lacrosse /ləˈkrɒs, AE -ˈkrɔːs/ ◆ ***10*** n. lacrosse m.
lacrosse stick /ləˈkrɒsˌstɪk, AE -ˈkrɔːs-/ n. = bastone curvo che viene usato per giocare a lacrosse.
lactam /ˈlæktæm/ n. lattame m.
lactase /ˈlækteɪz, -teɪs/ n. lattasi f.
1.lactate /ˈlækteɪt/ n. lattato m.
2.lactate /lækˈteɪt/ intr. produrre latte.
lactation /lækˈteɪʃn/ n. lattazione f.
lacteal /ˈlæktɪəl/ **I** agg. **1** *(lymphatic)* [*vessel*] chilifero **2** [*fever, secretion*] latteo **II** n. vaso m. chilifero.
lactescence /lækˈtesəns/ n. lattescenza f.
lactescent /lækˈtesnt/ agg. lattescente.
lactic /ˈlæktɪk/ agg. lattico.
lactic acid /ˌlæktɪkˈæsɪd/ n. acido m. lattico.
lactide /ˈlæktaɪd/ n. lattide m.
lactiferous /lækˈtɪfərəs/ agg. lattifero.
lactobacillus /ˌlæktəʊbəˈsɪləs/ n. (pl **-i**) lattobacillo m.
lactogenic /ˌlæktəˈdʒenɪk/ agg. galattogeno, galattagogo.
lactometer /lækˈtɒmɪtə(r)/ n. lattimetro m., lattodensimetro m.
lactoscope /ˈlæktəʊskəʊp/ n. lattoscopio m.
lactose /ˈlæktəʊs/ n. lattosio m.
lacuna /ləˈkjuːnə, AE -ˈkuː-/ n. (pl. **-ae**) FILOL. *(in manuscript, text)* lacuna f.
lacunar /ləˈkjuːnə(r), AE -ˈkuː-/ n. (pl. **~a**, **~ia**) ARCH. lacunare m., cassettone m.
lacustrian /ləˈkʌstrɪən/ **I** agg. lacustre **II** n. abitante m. e f. di zona lacustre.
lacustrine /ləˈkʌstraɪn/ agg. FORM. lacustre.
lacy /ˈleɪsɪ/ agg. in, di pizzo.
▷ **lad** /læd/ **I** n. COLLOQ. **1** *(boy)* giovanotto m., ragazzo m. **2** BE *(lively man)* uomo m., tipo m. sveglio **3** EQUIT. *(in racing stables)* palafreniere m.; *(in riding stables)* mozzo m. di stalla **II lads** n.pl. COLLOQ. ***the ~s*** i compagni, quelli della compagnia, gli amici; ***to go out with the ~s*** uscire con gli amici; ***come on ~s!*** forza ragazzi!
▷ **1.ladder** /ˈlædə(r)/ n. **1** *(for climbing)* scala f. a pioli; FIG. scala f.; ***social, career ~*** scala sociale, professionale; ***to be at the bottom, top of the ~*** essere in fondo, in cima alla scala (anche FIG.); ***to work one's way up the ~*** FIG. farsi strada **2** BE *(in stockings)* smagliatura f.
2.ladder /ˈlædə(r)/ **I** tr. BE smagliare [*stocking*] **II** intr. BE [*stocking*] smagliarsi.
ladderproof /ˈlædəpruːf/ agg. BE [*stockings*] indemagliabile.
ladder tournament /ˌlædəˈtʊənəmənt, AE -ˈtɜːrn-/ n. SPORT = torneo in cui i partecipanti sono classificati in ordine di bravura e possono avanzare vincendo il giocatore o la squadra che li precede.
laddie /ˈlædɪ/ n. SCOZZ. COLLOQ. ragazzino m.; ***look here ~*** ascolta ragazzino.
laddish /ˈlædɪʃ/ agg. COLLOQ. SPREG. macho.
lade /leɪd/ tr. (pass. **laded**; p.pass. **laden**) caricare.
laden /ˈleɪdn/ **I** p.pass. → **lade II** agg. [*lorry, cart*] carico, caricato; ***~ with*** carico di [*supplies, fruit*]; LETT. FIG. assillato da [*remorse*]; afflitto, oppresso da [*guilt*].
la-di-da /ˌlɑːdɪˈdɑː/ agg. COLLOQ. SPREG. [*behaviour*] pretenzioso; [*manners*] (da) snob.
ladies' gallery /ˌlɑːdɪsˈɡælərɪ/ n. BE POL. galleria f. (della Camera dei Comuni) riservata alle signore.
ladies' night /ˈleɪːdɪznaɪt/ n. serata f. per signore.
ladies' room /ˈleɪːdɪzruːm, -rʊm/ n. EUFEM. toilette f. delle signore.
Ladin /ləˈdiːn/ **I** agg. ladino **II** n. **1** *(person)* ladino m. (-a) **2** *(language)* ladino m.
lading /ˈleɪdɪŋ/ n. carico m.
1.ladle /ˈleɪdl/ n. **1** GASTR. mestolo m. **2** IND. secchione m. di colata, siviera f.
2.ladle /ˈleɪdl/ tr. versare con un mestolo [*soup, sauce*].
■ **ladle out:** ~ [sth.] out, ~ out [sth.] **1** GASTR. versare con un mestolo [*soup, sauce*] **2** FIG. prodigare, dare a profusione [*compliments, money, information, advice*].

ladleful /ˈleɪdlfʊl/ n. mestolata f.

▶ **lady** /ˈleɪdɪ/ ◗ 9 **I** n. **1** *(woman)* signora f., dama f.; ***ladies first*** prima le signore; ***ladies and gentlemen*** signore e signori; ***the young ~ at the desk*** la signorina al banco; ***behave yourself, young ~!*** *(to child)* comportati bene, signorina! ***his young ~*** RAR. la sua bella; ***your good ~*** RAR. tua, sua moglie; ***my old ~*** COLLOQ. mia moglie *o* madre; ***a little old ~*** una vecchietta; ***my dear ~*** mia cara signora; ***look here, ~!*** COLLOQ. ascolti *o* guardi, signora! ***she's a real ~*** FIG. è una vera signora; ***the ~ of the house*** la padrona di casa; ***a ~ by birth*** una nobile di nascita **2** BE *(in titles)* ***Lady Churchill*** Lady Churchill **II Ladies** n.pl. *(on toilets)* donne f., signore f.; ***where's the Ladies?*** dove sono i servizi per le signore? **III** modif. ***a ~ doctor, writer*** una dottoressa, scrittrice.

ladybird /ˈleɪdɪbɜːd/ n. coccinella f.

Lady Bountiful /ˌleɪdɪˈbaʊntɪfl/ n. donna f. esageratamente caritatevole, fata f. benefica; ***she likes to play ~*** le piace fare la parte della fata benefica.

ladybug /ˈleɪdɪbʌg/ → **ladybird**.

Lady Chapel /ˈleɪdɪˌtʃæpl/ n. cappella f. della Madonna.

Lady Day /ˈleɪdɪdeɪ/ n. RELIG. festa f. dell'Annunciazione.

lady fern /ˈleɪdɪfɜːn/ n. felce f. femmina.

ladyfinger /ˈleɪdɪˌfɪŋgə(r)/ n. GASTR. savoiardo m.

lady friend /ˌleɪdɪˈfrend/ n. amica f.

lady-in-waiting /ˌleɪdɪɪnˈweɪtɪŋ/ n. dama f. di compagnia.

lady-killer /ˈleɪdɪˌkɪlə(r)/ n. COLLOQ. rubacuori m.

ladylike /ˈleɪdɪlaɪk/ agg. [*person*] distinto, raffinato, signorile; [*behaviour*] da signora, distinto; ***it is not ~ to do*** non si addice a una signora fare.

ladylove /ˈleɪdɪlʌv/ n. donna f. amata, dulcinea f.

lady mayoress /ˈleɪdɪˌmeərɪs, AE -ˌmeɪə-/ ◗ 9 n. BE **1** *(mayor's wife)* moglie f. del sindaco **2 Lady Mayoress** *(as form of address)* signora.

Lady Muck /ˌleɪdɪˈmʌk/ n. COLLOQ. SPREG. ***she thinks she's ~*** si crede di essere chissà chi.

lady orchid /ˈleɪdɪˌɔːkɪd/ n. = varietà di orchidea viola.

lady's finger /ˈleɪdiːzˌfɪŋgə(r)/ n. *(okra)* abelmosco m.

Ladyship /ˈleɪdɪʃɪp/ ◗ 9 n. ***her, your ~*** Sua Eccellenza, Vossignoria; ***her ~ wants you!*** FIG. SPREG. Sua Eccellenza la signora ti vuole!

lady's maid /ˈleɪdiːzˌmeɪd/ n. cameriera f. personale di signora.

Laertes /leɪˈɜːtiːz/ n.pr. Laerte.

1.lag /læg/ n. *(time period) (lapse)* intervallo m.; *(delay)* ritardo m.

2.lag /læg/ tr. (forma in -ing ecc. **-gg-**) → **lag behind.**

▪ **lag behind:** ~ ***behind*** [*person, prices*] essere, restare indietro; ~ ***behind [sb., sth.]*** trascinarsi dietro a [*person*]; FIG. restare, essere indietro rispetto a [*rival, comparable product*]; ***wages are ~ging behind prices*** i salari rimangono fermi rispetto ai prezzi.

3.lag /læg/ n. **1** *(stave)* assicella f., doga f. **2** *(insulating cover)* (rivestimento) isolante m.

4.lag /læg/ tr. (forma in -ing ecc. **-gg-**) rivestire con isolante termico [*pipe, tank*]; isolare [*roof*].

5.lag /læg/ n. COLLOQ. *(criminal)* ***old ~*** galeotto.

6.lag /læg/ tr. (forma in -ing ecc. **-gg-**) POP. **1** *(sentence) (to prison)* condannare alla detenzione; *(to deportation)* condannare alla deportazione **2** *(arrest)* prendere, arrestare.

lager /ˈlɑːgə(r)/ n. birra f. bionda.

lager lout /ˈlɑːgəˌlaʊt/ n. BE SPREG. giovane ubriacone m. (che beve birra).

laggard /ˈlægəd/ n. RAR. ritardatario m. (-a).

lagging /ˈlægɪŋ/ n. *(material)* (materiale) isolante m.

lagging jacket /ˈlægɪŋˌdʒækɪt/ n. TECN. rivestimento m. isolante (di una caldaia).

lagniappe /ˈlænjæp, lɑːnˈjæp/ n. AE *(gift to customers)* omaggio m.; *(bonus)* premio m. (inatteso, extra).

lagoon /ləˈguːn/ n. laguna f.

lah /lɑː/ n. MUS. la m.

lah-di-dah → **la-di-da**.

laic /ˈleɪɪk/ **I** agg. laico **II** n. laico m. (-a).

laical /ˈleɪɪkl/ agg. laico.

laicize /ˈleɪɪsaɪz/ tr. laicizzare.

laid /leɪd/ pass., p.pass. → **4.lay.**

laidback /ˌleɪdˈbæk/ agg. COLLOQ. [*approach, attitude*] disteso, rilassato.

lain /leɪn/ p.pass. → **4.lie.**

1.lair /leə(r)/ n. nascondiglio m., tana f. (anche FIG.).

2.lair /leə(r)/ intr. RAR. rifugiarsi in un nascondiglio, rintanarsi.

laird /leəd/ n. SCOZZ. proprietario m. terriero.

laity /ˈleɪətɪ/ n. **1** laicato m. **2** ***the ~*** + verbo sing. o pl. *(lay people)* il laicato, i laici; *(uninitiated)* i profani.

▶ **1.lake** /leɪk/ n. lago m. ◆ ***go and jump in the ~!*** COLLOQ. vai a quel paese! vattene!

2.lake /leɪk/ n. *(pigment)* lacca f.

lake dweller /ˈleɪkˌdwelə(r)/ n. STOR. *(in prehistoric times)* = chi abitava in palafitte su un lago.

lake dwelling /ˈleɪkˌdwelɪŋ/ n. STOR. *(in prehistoric times)* palafitta f. (costruita su un lago).

lakelet /ˈleɪklət/ n. laghetto m.

Lake Poets /ˈleɪkˌpəʊɪts/ n.pl. (poeti) laghisti m.

lakeside /ˈleɪksaɪd/ **I** n. ***by the ~*** sulle rive del lago **II** modif. [*café*] sulle rive di un lago; [*scenery*] delle rive del lago.

laky /ˈleɪkɪ/ agg. rosso lacca.

La-la land /ˈlɑːlɑːlænd/ n. COLLOQ. **1** *(unreal world)* ***to be living in ~*** vivere in un altro mondo *o* su una nuvola **2** *(US film industry)* fabbrica f. dei sogni, mondo m. dorato del cinema.

lallation /læˈleɪʃn/ n. lallazione f.

lallygag /ˈlælɪgæg/ → **lollygag.**

lam /læm/ tr. (forma in -ing ecc. **-mm-**) COLLOQ. **1** *(hit)* pestare [*person*]; colpire (con forza) [*ball*] **2** *(criticize)* → **lam into.**

▪ **lam into:** ~ ***into [sb., sth.]*** demolire [*writing, production*]; assalire [*person*].

lama /ˈlɑːmə/ n. RELIG. lama m.

Lamaism /ˈlɑːməɪzəm/ n. RELIG. lamaismo m.

Lamaist /ˈlɑːməɪst/ n. RELIG. lamaista m. e f.

lamasery /ˈlɑːməsərɪ, AE -serɪ/ n. lamasseria f.

▷ **1.lamb** /læm/ **I** n. **1** *(animal)* agnello m. **2 U** GASTR. carne f. di agnello, agnello m.; ***leg of ~*** cosciotto d'agnello; ***spring ~*** agnello nato in primavera **3** *(term of endearment)* tesoro m. **4** RELIG. ***the Lamb of God*** l'Agnello di Dio **II** modif. GASTR. [*chops, stew*] d'agnello.

2.lamb /læm/ intr. [*ewe*] figliare; [*farmer*] fare nascere gli agnelli.

▪ **lamb down** [*ewe*] figliare.

lambast(e) /læmˈbeɪst/ tr. COLLOQ. **1** *(beat)* sferzare, colpire con violenza **2** *(censure)* biasimare aspramente [*person, organization*].

lambdacism /ˈlæmdəsɪzəm/ n. lambdacismo m.

lambdoid /ˈlæmdɔɪd/, **lambdoidal** /læmˈdɔɪdl/ agg. lambdoideo.

lambency /ˈlæmbənsɪ/ n. LETT. *(of flame, light)* bagliore m.; *(of humour)* brillantezza f.

lambent /ˈlæmbənt/ agg. LETT. [*flame*] lambente; [*sky*] luminoso; [*humour*] brillante.

Lambert /ˈlæmbət/ n.pr. Lamberto.

lambie /ˈlæmɪ/ n. COLLOQ. tesoro m., amore m.

lambing /ˈlæmɪŋ/ **I** n. nascita f. degli agnelli **II** modif. [*season*] della nascita degli agnelli; [*pen*] per la nascita degli agnelli.

lambkin /ˈlæmkɪn/ n. **1** agnellino m. **2** FIG. bimbo m., piccino m.

lambrequin /ˈlæmbəkɪn/ **I** n. lambrecchino m. **II** modif. [*pattern*] a lambrecchini.

lambskin /ˈlæmskɪn/ **I** n. pelle f. d'agnello, agnello m. **II** modif. [*garment, rug*] (di pelle) d'agnello.

lamb's lettuce /ˌlæmzˈletɪs/ n. BOT. agnellino m., lattughella f.

lamb's tails /ˌlæmzˈteɪlz/ n.pl. BOT. gattini m., amenti m.

lamb's wool /ˈlæmzwʊl/ **I** n. lambswool m., lana f. d'agnello **II lamb's-wool, lambswool** modif. [*jumper, glove*] di, in lambswool.

▷ **1.lame** /leɪm/ **I** agg. **1** *(unable to walk)* [*person, animal*] zoppo; ***to be ~ in the left, right leg*** zoppicare dalla gamba sinistra, destra; ***to go ~*** mettersi *o* cominciare a zoppicare; ***to be slightly ~*** zoppicare leggermente **2** FIG. [*excuse, argument*] zoppo **II** n. ***the ~*** + verbo pl. gli storpi.

2.lame /leɪm/ tr. azzoppare [*person, animal*].

lamé /ˈlɑːmeɪ/ n. lamé m.

lamebrain /ˈleɪmbreɪn/ n. COLLOQ. scemo m. (-a), idiota m. e f.

lame duck /ˌleɪmˈdʌk/ n. (anche ~ **president**) anatra f. zoppa.

> **Lame duck** Negli Stati Uniti, espressione che si applica al presidente uscente e al suo governo durante il periodo di transizione che segue le elezioni presidenziali. I poteri del presidente uscente sono limitati al periodo che va dalle elezioni, in novembre, all'insediamento del suo successore, a gennaio.

lamella /ləˈmelə/ n. (pl. **~s, -ae**) lamella f.

lamellar /ləˈmelə(r)/ agg. lamellare.

lamellate /ˈlæmeleɪt/, **lamellated** /ˈlæmeleɪtɪd/ agg. lamellato.

lamely /ˈleɪmlɪ/ avv. COLLOQ. [*say*] fiaccamente.

lameness /ˈleɪmnɪs/ n. *(of person, animal)* zoppia f.; FIG. *(of argument, excuse)* fiacchezza f.

▷ **1.lament** /ləˈment/ n. **1** *(expression of grief)* lamento m., pianto m. (**for** per) **2** LETTER. *(song)* lamento m. (**for** per); *(poem)* elegia f. (**for** per).

2.lament /lə'ment/ tr. 1 *(grieve over)* piangere [*wife, loss, death*]; lamentarsi di [*fate, misfortune*] 2 *(complain about)* lamentarsi di [*lack, weakness*]; ***to ~ that*** lamentarsi del fatto che; ***"no-one told me," he ~ed*** "nessuno me l'ha detto", si lamentò.

lamentable /'læməntəbl/ agg. [*state, result, performance*] deplorevole, pietoso; [*incident, affair, situation*] spiacevole; [*lack, loss*] lamentevole, doloroso.

lamentably /'læməntəblɪ/ avv. lamentevolmente.

lamentation /ˌlæmən'teɪʃn/ I n. 1 C *(expression of grief)* lamentazione f., lamento m. 2 U *(lamenting)* (il) lamentarsi II n.pr.pl. + verbo sing. ***the (Book of) Lamentations*** BIBL. il libro delle Lamentazioni *o* le Lamentazioni.

lamented /lə'mentɪd/ I p.pass. → **2.lament** II agg. compianto; ***the late ~ Mr Hill*** il compianto signor Hill.

lamentingly /lə'mentɪŋlɪ/ avv. lamentosamente.

lamia /'leɪmɪə/ n. (pl. **~s, -ae**) 1 MITOL. lamia f. 2 FIG. lamia f., strega f.

lamina /'læmɪnə/ n. (pl. **~s, -ae**) lamina f.

laminar /'læmɪnə(r)/ agg. laminare.

1.laminate /'læmɪnət/ n. *(plastic)* laminato m. (plastico); *(metal)* laminato m.

2.laminate /'læmɪneɪt/ tr. laminare [*metal*].

laminated /'læmɪneɪtɪd/ I p.pass. → **2.laminate** II agg. [*surface, worktop, wood*] laminato; [*glass, windscreen*] stratificato; [*card, cover*] plastificato; ***~ plastic*** laminato plastico; ***~ metal*** lamiera placcata.

lamination /ˌlæmɪ'neɪʃn/ n. laminazione f.

laminectomy /ˌlæmɪ'nektəmɪ/ n. laminectomia f.

Lammas /'læməs/ n. STOR. RELIG. = il primo d'agosto, giorno in cui si festeggiava il raccolto.

Lammastide /'læməstaɪd/ n. → **Lammas**.

lammergeyer /'læməgaɪə(r)/ n. gipeto m.

▷ **1.lamp** /læmp/ n. 1 lampada f. 2 *(bulb)* lampadina f. 3 *(in street)* lampione m. 4 *(on car, bicycle)* faro m., fanale m.

2.lamp /læmp/ I tr. 1 *(provide with a lamp)* dotare di lampada 2 *(light)* illuminare 3 AE COLLOQ. guardare II intr. LETTER. *(shine)* brillare.

lampas /'læmpəs/ n. lampasco m.

lampblack /'læmpblæk/ n. nerofumo m.

lamp bracket /'læmpˌbrækɪt/ n. braccio m. (portalampada).

lamper eel /'læmpərˌi:l/ n. lampreda f. (di mare).

lampern /'læmpən/ n. lampreda f. di fiume.

lamplight /'læmplaɪt/ n. luce f. artificiale.

lamplighter /'læmplaɪtə(r)/ ♦ ***27*** n. STOR. lampionaio m.

lamp oil /'læmpɔɪl/ n. olio m. lampante.

1.lampoon /læm'pu:n/ n. satira f.

2.lampoon /læm'pu:n/ tr. satireggiare, fare la satira di [*person, institution*].

lampooner /læm'pu:nə(r)/, **lampoonist** /læm'pu:nɪst/ ♦ ***27*** n. scrittore m. (-trice) satirico (-a), autore m. (-trice) di satire.

lamppost /'læmppəʊst/ n. (palo di) lampione m. ◆ ***between you, me and the ~*** detto fra noi *o* in confidenza.

lamprey /'læmprɪ/ n. lampreda f.

lampshade /'læmpʃeɪd/ n. paralume m.

LAN /læn/ n. INFORM. (⇒ local area network rete in area locale) LAN f.

Lana /'lɑ:nə, AE 'læ-/ n.pr. Lana.

Lancashire /'læŋkəʃə(r)/ ♦ ***24*** n.pr. Lancashire m.

Lancaster /'læŋkəstə(r)/ ♦ ***34*** n.pr. 1 *(town)* Lancaster f. 2 STOR. *(house)* Lancaster.

Lancastrian /læŋ'kæstrɪən/ I agg. 1 *(from Lancaster)* di Lancaster; *(from Lancashire)* del Lancashire 2 STOR. della Casa di Lancaster II n. 1 *(from Lancaster)* nativo m. (-a), abitante m. e f. di Lancaster; *(from Lancashire)* nativo m. (-a), abitante m. e f. del Lancashire 2 STOR. = sostenitore della Casa di Lancaster.

1.lance /lɑ:ns, AE læns/ n. 1 *(weapon)* lancia f. 2 MED. lancetta f.

2.lance /lɑ:ns, AE læns/ tr. MED. incidere [*boil, abscess*].

Lance /lɑ:ns, AE læns/ n.pr. Lance (nome di uomo).

lance corporal /'lɑ:nsˌkɔ:pərəl, AE 'læns-/ ♦ ***23*** n. BE (funzionante) caporale m.

lance-jack /'lɑ:nsˌdʒæk, AE 'læns-/ n. GERG. → **lance corporal**.

lancelet /'lɑ:nslɪt, AE 'læn-/ n. ZOOL. lancetta f.

Lancelot /'lɑ:nsələt, AE 'læns-/ n.pr. Lancillotto.

lanceolate /'lɑ:nsɪəlɪt, AE 'læn-/ agg. lanceolato.

lancer /'lɑ:nsə(r), AE 'lænsər/ n. MIL. lanciere m.

lancers /'lɑ:nsəz, AE 'lænsərz/ n.pl. + verbo sing. lancieri m., quadriglia f.sing. dei lancieri.

lancet /'lɑ:nsɪt, AE 'læn-/ n. MED. lancetta f.

lancet arch /'lɑ:nsɪtˌɑ:tʃ, AE 'læn-/ n. ARCH. arco m. a sesto acuto.

lanceted /'lɑ:nsɪtɪd, AE 'læn-/ agg. a sesto acuto.

lancet window /ˌlɑ:nsɪt'wɪndəʊ, AE ˌlæn-/ n. ARCH. finestra f. archiacuta.

lancinating /'lansɪneɪtɪŋ, AE 'læn-/ agg. lancinante.

Lancs GB ⇒ Lancashire Lancashire.

▶ **1.land** /lænd/ I n. 1 ING. DIR. *(terrain, property)* terra f., terreno m.; *(very large)* terre f.pl.; ***building ~*** terreno edificabile; ***the lie*** BE *o* ***lay*** AE ***of the ~*** la configurazione del terreno; FIG. lo stato delle cose *o* la situazione; ***get off my ~!*** fuori dalla mia terra! ***private, public ~*** proprietà privata, pubblica 2 AGR. *(farmland)* terra f.; ***barren, fertile ~*** terra sterile, fertile; ***to live off, work the ~*** vivere dei frutti della terra, lavorare la terra; ***a movement back to the ~*** un ritorno alla terra 3 *(countryside)* terra f., campagna f.; ***to live on, leave the ~*** vivere in campagna, lasciare la campagna 4 *(country)* terra f., paese m.; ***foreign, tropical ~*** terra straniera, paese tropicale; ***from many ~s*** da molti paesi; ***throughout the ~*** in tutto il paese; ***the ~ of*** il paese di [*dreams, opportunity*] 5 *(not sea)* terra f., terraferma m.; ***dry ~*** terraferma; ***I can see ~*** vedo (la) terra; ***to reach*** o ***make ~*** toccare terra; ***to remain on ~*** rimanere a terra; ***by ~*** per via di terra; ***~ was sighted*** la terra fu avvistata; ***~ ahoy!*** MAR. terra (in vista)! ***the war on (the) ~*** la guerra di terra *o* terrestre II modif. 1 AGR. ING. [*clearance, drainage, development*] del terreno; [*worker*] della terra, agricolo 2 DIR. [*purchase, sale*] di terreno; [*prices*] del terreno; [*deal, tax*] fondiario; [*law, tribunal*] agrario 3 [*battle, forces, transport*] di terra, terrestre; [*animal*] terrestre ◆ ***to find out how the ~ lies*** tastare il terreno.

▶ **2.land** /lænd/ I tr. 1 AER. [*pilot*] fare atterrare [*aircraft, spacecraft*]; sbarcare [*passengers, astronaut*]; sbarcare, scaricare (a terra) [*cargo, luggage*]; ***NASA ~ed a space capsule on Mars*** la NASA fece atterrare una navicella spaziale su Marte 2 MAR. sbarcare [*person*] (**on** su); sbarcare, scaricare (a terra) [*cargo, luggage*] (**on** su) 3 PESC. prendere, tirare a riva [*fish*] 4 COLLOQ. FIG. *(secure)* assicurarsi, riuscire a procurarsi [*job, contract, prize*]; ***I ~ed myself a job at the palace*** mi sono trovato un lavoro al palazzo 5 COLLOQ. *(saddle with problem)* ***to ~ sb. with*** affibbiare *o* rifilare a qcn. [*task*]; ***he ~ed me with washing the car*** mi rifilò la macchina da lavare; ***to be ~ed with sb., sth.*** ritrovarsi con qcn., qcs. sulla groppa; ***I was ~ed with the children, with cleaning the equipment*** mi hanno sbolognato i bambini, scaricato il materiale da pulire; ***now you've really ~ed her in it*** o ***in a fine mess!*** l'hai messa proprio in un bel pasticcio! ***he ~ed us in court*** siamo finiti in tribunale per colpa sua 6 COLLOQ. *(deliver)* mollare, appioppare [*blow, punch*]; ***she ~ed him one (in the eye)*** gliene ha mollato uno (in un occhio) II intr. 1 AER. [*aircraft, balloon, passenger*] atterrare; [*spacecraft*] *(on earth)* atterrare; *(on moon)* atterrare sulla luna, allunare; *(on planet)* atterrare, posarsi; [*passengers, crew*] sbarcare; ***as the plane came in to ~*** quando l'aereo atterrò 2 MAR. [*passenger*] sbarcare; [*ship*] approdare 3 [*sportsman, gymnast, animal, insect, bird*] atterrare; [*object, substance*] cadere; SCHERZ. atterrare; [*ball*] cadere, toccare terra; ***he fell and ~ed at the bottom of the stairs*** cadde atterrando in fondo alle scale; ***did you see where it ~ed?*** hai visto dove è caduto? ***most of the paint ~ed on me*** praticamente tutta la vernice mi è finita addosso; ***the petition ~ed on my desk*** FIG. la petizione finì sulla mia scrivania; ***the punch ~ed on his chin*** il pugno gli arrivò sul mento; ***only one of the darts ~ed on the board*** solo una freccetta finì sul bersaglio III rifl. ***to ~ oneself in*** ritrovarsi in [*difficult situation*]; ***to ~ oneself with*** COLLOQ. ritrovarsi con [*task, problem*].

■ **land up** COLLOQ. ~ ***up*** *(end up)* [*person*] ritrovarsi; [*lost property, object, vehicle*] finire; ***the stolen watch, car ~ed up in the river*** l'orologio rubato, l'auto rubata finì nel fiume; ***he ~ed up with the bill, in Berlin*** si ritrovò con il conto da pagare, a Berlino; ***~ up doing*** finire per fare; ***she ~ed up doing everything herself, working in a factory*** finì per fare tutto lei, a lavorare in una fabbrica.

land agent /'lændˌeɪdʒənt/ ♦ ***27*** n. 1 *(on estate)* fattore m. (-essa) 2 *(broker)* agente m. e f. fondiario.

land army /'lændˌɑ:mɪ/ n. GB STOR. = durante la seconda guerra mondiale, esercito composto da donne impiegate nei lavori agricoli per sostituire gli uomini partiti come soldati.

landau /'lændɔ:/ n. landau m., landò m.

land breeze /'lændˌbri:z/ n. brezza f. di terra.

land bridge /'lændˌbrɪdʒ/ n. braccio m. di terra.

land crab /'lændˌkræb/ n. granchio m. terrestre.

landed /'lændɪd/ I p.pass. → **2.land** II agg. [*class*] terriero; ***the ~ gentry*** l'aristocrazia terriera; [*property, estates*] fondiario; ***~ cost*** COMM. costo sbarcato *o* franco delle spese allo sbarco.

landfall /'lændfɔ:l/ n. MAR. *(land reached or sighted)* approdo m.; ***to make ~*** [*boat, person*] approdare; [*hurricane*] raggiungere la terra.

landfill /'lændfɪl/ n. interramento m. di rifiuti.
landfill site /'lændfɪl,saɪt/ n. zona f., area f. di interramento di rifiuti.
landforce /'lændfɔ:s/ n. MIL. forze f.pl. di terra.
landform /'lændfɔ:m/ n. GEOL. morfologia f. del terreno.
land girl /'lændgɜ:l/ n. GB STOR. = durante la seconda guerra mondiale, giovane donna impiegata nei lavori agricoli per sostituire gli uomini partiti come soldati.
land grant college /'lænd,grɑ:nt,kɒlɪdʒ, AE -,grænt-/ n. AE UNIV. = facoltà di agraria con sovvenzioni federali.
landgrave /'lændgreɪv/ n. STOR. langravio m.
landholder /'lænd,həʊldə(r)/ n. **1** *(landowner)* proprietario m. terriero **2** *(tenant)* fittavolo m. (-a).
▷ **landing** /'lændɪŋ/ **I** n. **1** *(at turn of stairs)* pianerottolo m.; *(storey)* piano m.; ***his room is on the next ~*** la sua camera è al piano superiore **2** MIL. *(of troops) (from boat)* sbarco m.; *(from plane) (by parachute)* lancio m.; *(on runway)* sbarco m.; ***a paratroop ~*** un lancio di paracadutisti; ***the Salerno ~s*** lo sbarco di Salerno **3** MAR. *(of people)* sbarco m.; *(of cargo)* scarico m. **4** AER. atterraggio m. (**on** su); ***night ~*** atterraggio notturno; ***moon ~*** allunaggio **5** *(of parachutist, bird, insect)* atterraggio m. **II** modif. **1** *(on stairs)* [*light, carpet*] del pianerottolo **2** *(at port)* [*charges, platform*] di sbarco **3** AER. [*procedure*] di atterraggio.
landing beacon /'lændɪŋ,bi:kən/ n. (radio)faro m. di atterraggio.
landing beam /'lændɪŋbi:m/ n. segnale m. unidirezionale di atterraggio.
landing card /'lændɪŋkɑ:d/ n. AER. MAR. carta f. di sbarco.
landing craft /'lændɪŋkrɑ:ft, AE -kræft/ n. mezzo m. da sbarco.
landing field /'lændɪŋfi:ld/ n. campo m. di atterraggio.
landing flap /'lændɪŋflæp/ n. flap m.
landing gear /'lændɪŋgɪə(r)/ n. AER. carrello m.
landing lights /'lændɪŋlaɪts/ n.pl. *(on plane)* luci f. di atterraggio; *(on airfield)* luci f. della pista (di atterraggio).
landing net /'lændɪŋnet/ n. PESC. guadino m., retino m. (da pesca).
landing party /'lændɪŋ,pɑ:tɪ/ n. MIL. compagnia f. di sbarco.
landing platform /'lændɪŋ,plætfɔ:m/ n. zona f. d'atterraggio.
landing rope /'lændɪŋrəʊp/ n. AER. *(in balloon)* malloppo m.
landing speed /'lændɪŋspi:d/ n. velocità f. di atterraggio.
landing stage /'lændɪŋsteɪdʒ/ n. pontile m. di sbarco.
landing strip /'lændɪŋstrɪp/ n. pista f. d'atterraggio.
landlady /'lænd,leɪdɪ/ n. *(owner of property)* proprietaria f., padrona f. (di casa); *(living-in)* affittacamere f.; *(of pub)* proprietaria f.
landless /'lændlɪs/ agg. senza terra.
land line /'lændlaɪn/ n. TEL. linea f. di terra.
landlocked /'lændlɒkt/ agg. senza sbocco sul mare.
▷ **landlord** /'lændlɔ:d/ n. *(owner of property)* proprietario m., padrone m. (di casa); *(living-in)* affittacamere m.; *(of pub)* proprietario m.
landlubber /'lænd,lʌbə(r)/ n. SCHERZ. o SPREG. marinaio m. d'acqua dolce.
▷ **landmark** /'lændmɑ:k/ **I** n. punto m. di riferimento; FIG. tappa f. importante (**in** in) **II** modif. [*discovery, reform, speech, victory, event*] decisivo.
landmass /'lændmæs/ n. massa f. continentale, continente m.
land mine /'lændmaɪn/ n. MIL. mina f. terrestre.
land of Nod /,lændəv'nɒd/ n. FIG. mondo m. dei sogni.
land office /'lænd,ɒfɪs, AE -,ɔ:f-/ n. ufficio m. del catasto.
▷ **landowner** /'lænd,əʊnə(r)/ n. proprietario m. terriero.
land ownership /'lænd,əʊnəʃɪp/ n. proprietà f. terriera.
land rail /'lændreɪl/ n. ZOOL. re m. di quaglie.
land reform /'lændrɪ,fɔ:m/ n. riforma f. agraria.
land registry /'lænd,redʒɪstrɪ/ n. catasto m.
▶ **1.landscape** /'lænskeɪp/ **I** n. *(all contexts)* paesaggio m. **II** modif. **1** ART. FOT. [*painter, photographer*] di paesaggi, paesaggista; [*art, photography*] paesaggistico; [*picture, photo*] di un paesaggio **2** ARCH. AGR. [*architecture*] del paesaggio; [*design*] di giardini; ***~ gardening*** progettazione di giardini.
2.landscape /'lænskeɪp/ tr. allestire [*grounds*]; ***~d garden*** giardino all'inglese.
landscape architect /'lænskeɪp,ɑ:kɪtekt/ ♦ *27* n. architetto m. del paesaggio.
landscape format /'lænskeɪp,fɔ:mæt/ n. INFORM. orientamento m. orizzontale.
landscape gardener /,lænskeɪp'gɑ:dnə(r)/ ♦ *27* n. progettista m. e f. di giardini.
landscape painter /,lænskeɪp'peɪntə(r)/ ♦ *27* n. PITT. paesaggista m. e f., paesista m. e f.
landscape painting /,lænskeɪp'peɪntɪŋ/ n. PITT. paesaggistica f.
landscaper /'lænskeɪpə(r)/ ♦ *27* n. → **landscape gardener**.
landscaping /'lænskeɪpɪŋ/ n. *(art, process)* progettazione f. di giardini; *(end result)* allestimento m. (di un giardino).
landscapist /'lænskeɪpɪst/ ♦ *27* n. ART. paesaggista m. e f., paesista m. e f.

> **Land's End to John o'Groats** *Land's End* è un capo della Cornovaglia, all'estremità sud-ovest della Gran Bretagna; *John o'Groats* è un paese nel nord-est della Scozia, considerato come l'estremità settentrionale dell'isola britannica. L'espressione *From Land's End to John o'Groats* si usa per indicare il territorio della Gran Bretagna nel suo complesso.

landslide /'lænslaɪd/ **I** n. **1** GEOL. frana f., smottamento m. **2** POL. vittoria f. schiacciante; ***to win by a ~*** vincere con una valanga di voti **II** modif. POL. [*victory, majority*] schiacciante.
landslip /'lændslɪp/ n. smottamento m.
landsman /'lændzmən/ n. (pl. **-men**) **1** uomo m. di terraferma **2** AE COLLOQ. conterraneo m., compatriota m.
land surveying /'lændsə,veɪɪŋ/ n. agrimensura f.
land surveyor /'lændsə,veɪə(r)/ ♦ *27* n. agrimensore m.
landswell /'lændswel/ n. → **groundswell**.
land tax /'lændtæks/ n. imposta f. fondiaria.
land use /'lændju:s/ n. AGR. lottizzazione f. dei terreni; *(in town planning)* piano m. regolatore.
landward /'lændwəd/ **I** agg. [*side*] rivolto verso terra; [*boat*] diretto verso terra; [*island*] prossimo alla costa; [*wind*] di mare; [*progress, journey, direction*] verso terra **II** avv. [*move, sail, face, gaze*] verso terra.
landwards /'lændwədz/ avv. verso terra.
land yacht /'lænd,jɒt/ n. veicolo m. a vela.
▶ **lane** /leɪn/ n. **1** *(narrow road) (in country)* sentiero m., stradina f., viottolo m.; *(in town)* vicolo m., viuzza f.; ***"Church ~"*** "vicolo della chiesa" **2** *(of road)* corsia f. (di marcia); ***a three-~ road*** una strada a tre corsie; ***to keep in ~*** BE restare nella stessa corsia; ***"get in ~"*** BE "immettersi nella corsia appropriata"; ***to be in the wrong ~*** essere nella corsia sbagliata; ***to change ~s*** cambiare corsia **3** AER. corridoio m.; MAR. rotta f. **4** SPORT corsia f.
lane closure /'leɪn,kləʊʒə(r)/ n. interruzione f. di corsia.
lane discipline /'leɪn,dɪsɪplɪn/ n. rispetto m. della segnaletica orizzontale.
lane markings /'leɪn,mɑ:kɪŋz/ n. segnaletica f. orizzontale.
langlauf /'læŋlaʊf/ n. sci m. di fondo.
Langston /'læŋstən/ n.pr. Langston (nome di uomo).
▶ **language** /'læŋgwɪdʒ/ n. **1 U** *(system)* linguaggio m.; ***the development of ~*** lo sviluppo del linguaggio **2** *(of a particular nation)* lingua f.; ***the English ~*** la lingua inglese **3 U** *(words used by a particular group)* linguaggio m. (anche INFORM.); ***formal, legal ~*** linguaggio formale, giuridico; ***spoken ~*** lingua parlata; ***bad*** o ***strong*** o ***foul ~*** linguaggio volgare; ***mind your ~!*** bada a come parli! ***don't use that ~ with me!*** non usare questo linguaggio con me! ***to speak the same ~*** parlare la stessa lingua.
language barrier /'læŋgwɪdʒ,bærɪə(r)/ n. barriera f. linguistica.
language course /'læŋgwɪdʒ,kɔ:s/ n. corso m. di lingua.
language engineering /'læŋgwɪdʒendʒɪ,nɪərɪŋ/ n. ingegneria f. linguistica.
language laboratory /'læŋgwɪdʒlə,bɒrətrɪ, AE -,læbrətɔ:rɪ/, **language lab** /'læŋgwɪdʒ,læb/ n. laboratorio m. linguistico.
language school /'læŋgwɪdʒ,sku:l/ n. scuola f. di lingue.
languid /'læŋgwɪd/ agg. [*person, motion*] languido; [*language, style*] fiacco; [*trade*] languente.
languidly /'læŋgwɪdlɪ/ avv. languidamente.
languish /'læŋgwɪʃ/ intr. **1** *(remain neglected)* ***to ~ in*** [*person*] languire in [*prison, bed*]; [*object*] giacere abbandonato in [*garage, box*] **2** *(lose strength)* languire; ***to ~ in the heat*** languire nel caldo *o* morire di caldo **3** *(pine)* ***to ~ for*** languire di desiderio *o* struggersi per [*person*].
languishing /'læŋgwɪʃɪŋ/ agg. **1** *(pathetic)* [*look, sigh*] languido **2** *(failing)* [*project, programme*] debole, fiacco; [*discussion*] languente, fiacco.
languor /'læŋgə(r)/ n. languore m.
languorous /'læŋgərəs/ agg. languoroso.
languorously /'læŋgərəslɪ/ avv. languorosamente.
langur /'læŋgə(r)/ n. langur m.
laniary /'lænɪərɪ/ **I** agg. [*tooth*] canino **II** n. (dente) canino m.
laniferous /lə'nɪfərəs/ agg. lanifero.
lank /læŋk/ agg. [*hair*] dritto, piatto.

lanky /'læŋkɪ/ agg. (alto e) magro, allampanato.
lanner /'lænə(r)/ n. lanario m.
lanolin /'lænəlɪn/ n. lanolina f.
lantern /'læntən/ n. **1** *(light)* lanterna f. **2** ARCH. lanterna f., lucernario m.
lantern fish /'læntənfɪʃ/ n. (pl. **lantern fish, lantern fishes**) pesce m. lanterna.
lantern fly /'læntənflaɪ/ n. lanternaria f.
lantern-jawed /ˌlæntən'dʒɔ:d/ agg. dalle guance infossate, incavate.
lantern jaws /'læntənˌdʒɔ:z/ n.pl. guance f. infossate, incavate.
lantern slide /'læntənˌslaɪd/ n. lastra f. per lanterna magica.
lanthanide /'lænθəˌnaɪd/ n. lantanide m.
lanthanum /'lænθənəm/ n. lantanio m.
lanuginose /lə'nju:dʒɪnəʊs, AE -'nu:-/, **lanuginous** /lə'nju:dʒɪnəs, AE -'nu:-/ agg. lanuginoso.
lanugo /lə'nju:gəʊ/ n. lanugine f.
lanyard /'lænjəd/ n. **1** *(cord round neck)* cordino m., cordoncino m. **2** MAR. *(rope)* sagola f., corridore m.
Lao /'lɑ:ɒ, laʊ/ ➧ *18, 14* **I** agg. *(from Laos)* laotiano **II** n. (pl. ~, ~s) **1** *(person)* laotiano m. (-a) **2** *(language)* lao m. **III** modif. *(of Lao)* [*literature*] lao, della lingua lao.
Laocoon /leɪ'əʊkəˌɒn/ n.pr. Laocoonte.
Laos /'lɑ:ɒs, laʊs/ ➧ *6* n.pr. Laos m.
Laotian /'lɑ:ɒʃn, 'laʊʃɪən/ agg., n. → **Lao.**
1.lap /læp/ n. ➧ *2* *(area of body)* grembo m.; ***to have sth. in one's ~*** tenere qcs. in grembo; ***to be in*** o ***on sb.'s ~*** stare in grembo a qcn.; ***to spill sth. in sb.'s ~*** rovesciare qcs. sui pantaloni *o* sulla gonna di qcn.; ***I spilled coffee in his ~*** gli rovesciai il caffè sui pantaloni ◆ ***in the ~ of the gods*** nelle mani degli dei *o* in balia della sorte; ***in the ~ of luxury*** nel lusso più sfrenato; ***to drop*** o ***dump a problem in sb.'s ~*** scaricare un problema sulle spalle di qcn.; ***to fall into sb.'s ~*** cadere nelle mani di qcn.
2.lap /læp/ n. **1** SPORT *(of track)* giro m. (di pista); ***to run a ~*** fare un giro di pista; ***a ten-~ race*** una gara di dieci giri; ***on the first ~*** al primo giro; ***a ~ of honour*** un giro d'onore; ***to be on the last ~*** essere all'ultimo giro; FIG. essere nella fase finale *o* vicino al traguardo **2** *(part of journey)* tappa f.
3.lap /læp/ **I** tr. (forma in -ing ecc. **-pp-**) **1** SPORT doppiare [*person*] **2** *(overlap)* sovrapporre **II** intr. (forma in -ing ecc. **-pp-**) *(overlap)* ***to ~ over*** sovrapporsi.
4.lap /læp/ n. (il) lappare.
5.lap /læp/ **I** tr. (forma in -ing ecc. **-pp-**) *(drink)* lappare, leccare [*water, milk*] **II** intr. (forma in -ing ecc. **-pp-**) *(splash)* [*water*] sciabordare (**against, at** contro; **on** su).
▪ **lap up:** ~ ***[sth.]*** ***up,*** ~ ***up [sth.]*** **1** lappare, leccare [*milk, water*] **2** FIG. bearsi di [*compliment, flattery*]; bere [*lies, news*].
lap and shoulder belt /ˌlæpən'ʃəʊldəˌbelt/ n. AUT. AER. cintura f. di sicurezza (a tre attacchi).
laparoscope /'læpərəskəʊp/ n. MED. laparoscopio m.
laparoscopy /ˌlæpə'rɒskəpɪ/ n. MED. laparoscopia f.
laparotomy /ˌlæpə'rɒtəmɪ/ n. MED. laparotomia f.
lap belt /'læpbelt/ n. AUT. AER. cintura f. di sicurezza (a due attacchi).
lap dancing /'læpˌdɑ:nsɪŋ, AE -ˌdænsɪŋ/ n. lapdance f.
lapdog /'læpdɒg, AE -dɔ:g/ n. **1** cagnolino m. da compagnia, da salotto **2** SPREG. *(person)* ***he's her ~*** è il suo cagnolino.
lapel /lə'pel/ n. *(of jacket)* risvolto m., bavero m.; ***to grab sb. by his ~s*** prendere qcn. per il bavero.
lapelled /lə'peld/ agg. [*jacket*] con i risvolti, con il bavero.
lapel microphone /ləˌpel'maɪkrəfəʊn/ n. microfono m. a spillo.
lapidary /'læpɪdərɪ, AE -derɪ/ **I** agg. **1** *(on stone)* lapidario **2** FIG. [*style*] lapidario, stringato **II** ➧ *27* n. *(engraver of gems)* lapidario m.
lapidate /'læpɪdeɪt/ tr. lapidare.
lapidation /ˌlæpɪ'deɪʃn/ n. lapidazione f.
lapillus /lə'pɪləs/ n. (pl. **-i**) lapillo m.
lapis lazuli /ˌlæpɪs'læzjʊlɪ, AE -'læzəlɪ/ n. lapislazzuli m.
lap joint /'læpdʒɔɪnt/ n. TECN. giunto m. a sovrapposizione.
Lapland /'læplænd/ ➧ *24* n.pr. Lapponia f.
Laplander /'læplændə(r)/ n. lappone m. e f.
Laplandish /'læplændɪʃ/ agg. lappone.
Lapp /læp/ **I** agg. lappone **II** n. **1** *(person)* lappone m. e f. **2** *(language)* lappone m.
lappet /'læpɪt/ n. **1** *(small flap)* falda f., lembo m. **2** *(of animal's ear)* lobo m.; *(of turkey)* bargigli m.pl. **3** *(on lock)* copritoppa f.
lapping /'læpɪŋ/ n. *(sound)* sciabordio m.
Lappish /'læpɪʃ/ **I** agg. lappone **II** n. *(language)* lappone m.
lap riveting /'læpˌrɪvɪtɪŋ/ n. TECN. rivettatura f. di un giunto a sovrapposizione.
lap robe /'læprəʊb/ n. AE plaid m.
▷ **1.lapse** /læps/ n. **1** *(slip)* errore m., sbaglio m.; ***a ~ of memory*** un vuoto di memoria; ***a ~ in concentration*** una distrazione, una caduta della concentrazione **2** *(moral error)* mancanza f.; ***a ~ from*** un allontanamento da [*virtue*] **3** *(interval)* intervallo m., lasso m. (di tempo) **4** *(expiry)* *(of right, cover)* decadimento m., cessazione f.; *(of patent, policy)* decadimento m. **5** *(departure)* ***his ~s into jargon*** il suo passaggio al gergo.
▷ **2.lapse** /læps/ intr. **1** *(drift)* ***to ~ into*** passare a [*jargon, slang*]; cadere in [*coma*]; ***to ~ into silence*** tacere; ***to ~ into unconsciousness*** perdere conoscenza; ***to ~ into bad habits*** cadere in *o* prendere delle cattive abitudini; ***to ~ into German, dialect*** passare al tedesco, al dialetto **2** *(expire)* [*right, patent, act, law*] decadere; [*contract, policy*] estinguersi, scadere; [*subscription, insurance, cover*] scadere **3** *(slip, slide)* [*standard*] abbassarsi; ***to ~ from*** venire meno a [*virtue, principle, standard*].
lapsed /'læpst/ **I** p.pass. → **2.lapse II** agg. **1** *(expired)* [*patent, policy*] scaduto, decaduto; [*contract*] estinto **2** RELIG. [*Catholic*] non (più) praticante.
lapse rate /'læpsˌreɪt/ n. gradiente m. termico.
lapsus linguae /ˌlæpsəs'lɪŋgwaɪ/ n. LING. lapsus m. (linguae).
laptop /'læptɒp/ **I** n. INFORM. laptop m., (computer) portatile m. **II** modif. INFORM. [*computer, PC*] portatile.
lap welding /'læpˌweldɪŋ/ n. TECN. saldatura f. a ricoprimento.
lapwing /'læpwɪŋ/ n. pavoncella f.
lar /lɑ:(r)/ n. (pl. **~es**) lare m.
larboard /'lɑ:bəd/ n. MAR. ANT. babordo.
larcener /'lɑ:sənə(r)/ n. RAR. ladro m.
larceny /'lɑ:sənɪ/ n. RAR. furto m.
larch /lɑ:tʃ/ n. larice m.
1.lard /lɑ:d/ n. lardo m.; *(for cooking)* strutto m.
2.lard /lɑ:d/ tr. **1** GASTR. lardellare [*meat*] **2** FIG. *(embellish)* ***to ~ sth. with*** lardellare qcs. di, infarcire qcs. di [*quotations*]; costellare qcs. di [*allusions*].
lardaceous /lɑ:deɪʃəs/ agg. lardaceo.
larder /'lɑ:də(r)/ n. dispensa f.
lardon /'lɑ:dn/ n. lardello m.
lardy /'lɑ:dɪ/ agg. **1** *(like lard)* simile a strutto **2** *(full of lard)* pieno di strutto.
lardy-dardy /ˌlɑ:dɪ'dɑ:dɪ/ agg. affettato, svenevole.
lares /'lɑ:reɪz/ → **lar.**
▶ **large** /lɑ:dʒ/ ➧ *28* agg. **1** *(big)* [*area, car, city, feet, house, eyes*] grande; [*appetite*] grande, forte; [*piece, fruit, hand, nose*] grande, grosso; ***to take a ~ size*** portare una misura grande *o* essere di taglia forte; ***to grow*** o ***get ~*** crescere *o* diventare grosso **2** *(substantial)* [*amount, sum*] grosso, forte; [*fortune*] grosso, ingente; [*part, proportion*] grosso, grande; [*number, quantity*] grande; [*percentage*] alto, grande; [*population*] numeroso; [*crowd, family*] grande, numeroso; ***to be out in ~ numbers*** [*people*] essere molto numeroso **3** *(fat)* [*person*] grosso; ***to grow*** o ***get ~*** ingrassare *o* aumentare di peso **4** *(extensive)* [*selection, range, choice*] grande, ampio; ***in ~ measure*** o ***to a ~ extent*** in larga misura *o* in gran parte; ***on a ~ scale*** [*plan, demolish, reorganize*] su vasta scala; [*emigrate, desert*] in gran numero **5 at large** *(free)* [*prisoner, killer*] a piede libero *o* in libertà; *(in general)* [*society, population*] in generale *o* nel suo insieme; ***in the country at ~*** nel paese considerato nel suo complesso; ***the public at ~*** il grande pubblico ◆ ***by and ~*** nel complesso *o* tutto considerato; ***~r than life*** [*character, personality*] straordinario; ***he turned up two days later as ~ as life*** si fece vivo due giorni dopo in carne e ossa.
largehanded /ˌlɑ:dʒ'hændɪd/ agg. generoso.
largehearted /ˌlɑ:dʒ'hɑ:tɪd/ agg. di (gran) cuore.
large intestine /ˌlɑ:dʒɪn'testɪn/ n. intestino m. crasso.
▶ **largely** /'lɑ:dʒlɪ/ avv. in gran parte [*ignored, obsolete, responsible*]; ***they are ~ children*** sono soprattutto bambini.
large-minded /ˌlɑ:dʒ'maɪndɪd/ agg. di mentalità aperta, di larghe vedute.
largemouth bass /'lɑ:dʒmaʊθˌbeɪs/ n. persico m. trota.
largeness /'lɑ:dʒnɪs/ n. *(of body, object)* grandezza f.; *(of quantity, sum)* rilevanza f.
▷ **large-scale** /'lɑ:dʒskeɪl/ agg. *(all contexts)* su vasta scala, in grande quantità.
largesse /lɑ:'dʒes/ n. **1** *(generosity)* larghezza f., generosità f. **2** *(gift of money)* donazione f., dono m. generoso.
large white /ˌlɑ:dʒ'waɪt, AE -'hwaɪt/ n. ZOOL. **1** *(pig)* large white m. **2** *(butterfly)* → **cabbage white.**
largish /'lɑ:dʒɪʃ/ agg. [*amount, sum*] piuttosto grande, notevole; [*crowd*] piuttosto numeroso; [*house, town*] piuttosto grande.

largo /'lɑːgəʊ/ **I** n. (pl. **~s**) MUS. largo m. **II** avv. largo.
lariat /'lærɪət/ n. *(for catching)* laccio m.; *(for tethering)* pastoia f.
1.lark /lɑːk/ n. ZOOL. allodola f.; ***to be up with the ~*** alzarsi al canto del gallo ◆ ***to sing like a ~*** cantare come un usignolo.
2.lark /lɑːk/ n. **1** COLLOQ. *(fun)* divertimento m.; ***a great ~*** o ***a bit of a ~*** BE un gran divertimento; ***to do sth. for a ~*** fare qcs. per divertimento **2** COLLOQ. *(unpleasant business)* faccenda f., storia f.; ***I don't think much of this dieting ~*** non mi pare che questa storia della dieta sia una grande idea.
3.lark /lɑːk/ intr. → **lark about, lark around**.
▪ **lark about, lark around** BE COLLOQ. fare scherzi, giocare.
lark-heel /'lɑːkhiːl/, **larkspur** /'lɑːkspɜː(r)/ n. speronella f.; *(delphinium)* delfinio m.
larky /'lɑːkɪ/ agg. **1** *(happy)* allegro, spensierato **2** *(playful)* burlone.
larrikin /'lærɪkɪn/ n. COLLOQ. AUSTRAL. teppista m. e f.
Larry /'lærɪ/ n.pr. diminutivo di **Laurence**.
larva /'lɑːvə/ n. (pl. **-ae**) larva f.
larval /'lɑːvəl/ agg. larvale.
larvate(d) /'lɑːveɪt(ɪd)/ agg. larvato, velato.
laryngeal /læ'rɪndʒɪəl/ agg. laringeo.
laryngectomy /ˌlærɪn'dʒektəmɪ/ n. laringectomia f.
larynges /læ'rɪndʒiːz/ → **larynx**.
laryngitis /ˌlærɪn'dʒaɪtɪs/ ♦ ***11*** n. laringite f.
laryngologist /ˌlærɪŋ'gɒlədʒɪst/ ♦ ***27*** n. laringologo m. (-a).
laryngology /ˌlærɪŋ'gɒlədʒɪ/ n. laringologia f.
laryngoscope /lə'rɪŋgəskəʊp/ n. laringoscopio m.
laryngoscopy /ˌlærɪŋ'gɒskəpɪ/ n. laringoscopia f.
laryngotomy /ˌlærɪŋ'gɒtəmɪ/ n. laringotomia f.
larynx /'lærɪŋks/ n. (pl. **~es, -ges**) laringe f.
lasagne /lə'zænjə/ n. **U** lasagne f.pl.
lascivious /lə'sɪvɪəs/ agg. lascivo.
lasciviously /lə'sɪvɪəslɪ/ avv. lascivamente.
lasciviousness /lə'sɪvɪəsnɪs/ n. lascivia f.
▷ **laser** /'leɪzə(r)/ n. laser m.
laser beam /'leɪzəbiːm/ n. raggio m. laser.
laser disc /'leɪzədɪsk/ n. laser disc m.
laser-guided /'leɪzəˌgaɪdɪd/ agg. a luce laser.
laser pointer /'leɪzəˌpɔɪntə(r)/ n. puntatore m. laser.
laser printer /'leɪzəˌprɪntə(r)/ n. stampante f. laser.
laser show /'leɪzəʃəʊ/ n. = spettacolo con fasci di luce laser.
laser surgery /'leɪzəˌsɜːdʒərɪ/ n. laserchirurgia f.
laser treatment /'leɪzəˌtriːtmənt/ n. laserterapia f.
▷ **1.lash** /læʃ/ n. **1** ANAT. *(eyelash)* ciglio m. **2** *(whipstroke)* frustata f.; ***40 ~es*** 40 frustate **3** *(whip)* sferza f., frusta f. **4** *(flogging)* fustigazione f.; ***to be sentenced to the ~*** essere condannato alla fustigazione.
▷ **2.lash** /læʃ/ tr. **1** *(whip)* frustare [*animal, person*] **2** FIG. *(batter)* [*rain*] battere violentemente contro [*windows*]; [*storm*] spazzare [*region*]; [*waves*] sferzare [*shore*] **3** *(criticize)* (anche **~ into**) scagliarsi contro [*person*]; ***to ~ sb. with one's tongue*** usare parole sferzanti contro qcn. **4** *(swish)* [*animal*] frustare l'aria con [*tail*].
▪ **lash down:** **~ down** [*rain*] picchiare, cadere con violenza.
▪ **lash out** **1** *(hit out)* [*person*] agitarsi, diventare violento; [*tiger, cat*] dare una zampata; ***to ~ out at*** [*person*] scagliarsi contro; [*tiger*] dare una zampata a; ***to ~ out with one's foot*** dare un calcio *o* una pedata **2** *(verbally)* inveire; ***to ~ out at*** o ***against*** inveire contro [*person, institution*] **3** BE COLLOQ. *(spend freely)* fare follie; ***to ~ out on*** fare una follia e comprare [*coat, car*].
3.lash /læʃ/ tr. *(secure)* legare (**to** a); ***to ~ two things together*** legare due cose insieme.
▪ **lash down:** **~ [sth.] down, ~ down [sth.]** *(secure)* legare, assicurare con funi [*cargo, crates*].
lasher /'læʃə(r)/ n. **1** *(person)* frustatore m. (-trice) **2** MAR. *(rope)* rizza f. **3** *(in river) (barrier)* chiusa f.; *(pool)* pozza f.
1.lashing /'læʃɪŋ/ **I** n. *(flogging)* ***to get a ~*** essere frustato; ***to give sb. a ~*** frustare qcn. **II lashings** n.pl. BE COLLOQ. ***~s of*** una montagna di [*cream, food*] **III** agg. [*wind*] sferzante; [*rain*] battente.
2.lashing /'læʃɪŋ/ n. *(fastening)* fune f.
lash-up /'læʃʌp/ n. COLLOQ. = cosa fatta alla bell'e meglio.
lass /læs/, **lassie** /'læsɪ/ n. SCOZZ. ragazza f.
lassitude /'læsɪtjuːd, AE -tuːd/ n. FORM. lassitudine f.
1.lasso /læ'suː/ n. (pl. **~es**) lazo m.
2.lasso /læ'suː/ tr. prendere al lazo.
▶ **1.last** /lɑːst, AE læst/ ♦ ***33*** **I** agg. **1** *(final)* ultimo; ***to the ~ detail*** fino all'ultimo dettaglio; ***the ~ car to be made in Abingdon*** l'ultima automobile fabbricata ad Abingdon; ***the ~ person to do*** l'ultima persona a fare; ***it is the ~ time that I, you do*** è l'ultima volta che faccio, che fai; ***for the ~ time, will you be quiet!*** per l'ultima volta, vuoi stare zitto! ***in my ~ job*** nel mio ultimo lavoro; ***every ~ one of them*** tutti loro, fino all'ultimo (uomo) **2** *(final in series)* ultimo; ***the ~ house before the garage*** l'ultima casa prima del garage; ***the ~ building, horse but one*** il penultimo edificio, cavallo; ***his name is ~ but two on the list*** il suo nome è il terzultimo della lista; ***the ~ few children, buildings*** i pochi ultimi bambini, edifici **3** *(describing past time)* ultimo, scorso; ***~ week, year*** la scorsa settimana, lo scorso anno; ***~ Tuesday*** martedì scorso; ***I was in Spain ~ Christmas*** ero in Spagna l'anno scorso a Natale; ***in*** o ***over the ~ ten years*** durante gli ultimi dieci anni; ***Anne has been in Cambridge for the ~ eight months*** Anne è a Cambridge da otto mesi a questa parte; ***~ night*** *(evening)* ieri sera; *(night-time)* questa notte *o* la scorsa notte *o* ieri notte; ***late ~ night*** ieri sera tardi; ***this time ~ year*** l'anno scorso in questo periodo *o* a quest'epoca; ***~ week's figures*** le cifre della scorsa settimana; ***~ night's broadcast*** la trasmissione di ieri sera **4** FIG. *(most unlikely)* ultimo; ***he's the ~ person I'd ask!*** è l'ultima persona (al mondo) a cui chiederei! ***to be the ~ person to do*** essere l'ultima persona che fa; ***I'd be the ~ person to suggest that...*** sarei l'ultimo a suggerire che...; ***the ~ thing they want is publicity!*** l'ultima cosa che vogliono è proprio la pubblicità! ***the ~ thing I need is guests for the weekend*** ci mancavano anche gli invitati per il fine settimana; ***another cat is the ~ thing we need*** un altro gatto è davvero l'ultima cosa di cui abbiamo bisogno **II** pron. **1** *(final)* ***the ~*** l'ultimo (**to do** a fare); ***that was the ~ I saw of her*** fu l'ultima volta che la vidi; ***I thought we'd seen the ~ of him!*** credevo che fossimo riusciti a liberarcene! ***I hope we've seen the ~ of the cold weather*** spero che il freddo non torni più; ***you haven't heard the ~ of this!*** non finisce qui! ne sentirai ancora parlare! ***to leave sth. till ~*** lasciare qcs. per ultimo **2** *(of series)* ***the ~*** l'ultimo; ***to be the ~ in a long line of Kings*** essere l'ultimo di una lunga discendenza di re; ***his new novel is better than the ~*** il suo nuovo romanzo è migliore del precedente *o* rispetto all'ultimo; ***the ~ I heard, he was living in Spain*** l'ultima che ho sentito è che abitava in Spagna; ***the ~ but one*** il penultimo; ***the night before ~*** *(evening)* l'altroieri sera; *(night)* l'altroieri notte; ***the week before ~*** due settimane fa; ***this ~*** quest'ultimo **3** *(all that remains)* ***the ~*** l'ultimo; ***"are there any more cakes?" - "no, this is the ~"*** "ci sono altre torte?" - "no, questa è l'ultima"; ***he poured out the ~ of the whisky*** versò il fondo della bottiglia di whisky; ***the ~ of the guests were just leaving*** gli ultimi invitati stavano andando via **4 at (long) last** alla fine, finalmente; ***at ~!*** finalmente! **III** n. *(end of life)* ***to the ~*** fino all'ultimo **IV** avv. **1** *(in final position)* ***to come in ~*** [*runner, racing car*] arrivare ultimo; ***to be placed ~*** classificarsi ultimo; ***the girls left ~*** le ragazze partirono per ultime; ***~ of all*** infine *o* per ultima cosa; ***to put sb., sth. ~*** mettere qcn., qcs. per ultimo *o* all'ultimo posto **2** *(most recently)* ***Dan was ~ in Canada in 1976*** l'ultima volta che Dan è stato in Canada fu nel 1976; ***the play was ~ performed in 1925*** l'opera fu rappresentata l'ultima volta nel 1925.
▶ **2.last** /lɑːst, AE læst/ **I** tr. ***a loaf ~s me two days*** una pagnotta mi basta per due giorni; ***we have enough food to ~ (us) three days*** abbiamo cibo a sufficienza per tre giorni; ***there's enough to ~ me a lifetime!*** ce n'è tanto da bastarmi per tutta la vita! **II** intr. **1** *(extend in time)* [*marriage, cease-fire, performance*] durare; ***the exhibition ~ed two months*** la mostra durò due mesi; ***it won't ~!*** non durerà (a lungo)! ***it's too good to ~!*** è troppo bello perché possa durare! ***he won't ~ long in this place*** non durerà a lungo in questo posto; ***that beer didn't ~ long*** la birra non durò a lungo; ***I'm afraid the poor dog won't ~ long*** temo che la povera bestiola non vivrà ancora a lungo **2** *(maintain condition)* [*fabric*] durare, resistere all'usura; [*perishables*] durare, conservarsi; ***these shoes will ~ and ~*** queste scarpe dureranno una vita.
▪ **last out:** **~ out** **1** *(not run out)* [*money*] bastare; [*supplies*] durare **2** *(persist)* [*person*] reggere, resistere; ***she says she's given up smoking, but she'll never ~ out!*** dice di aver smesso di fumare, ma non reggerà a lungo! **3** *(endure siege)* [*inhabitants, town*] resistere; **~ out [sth.]** resistere fino alla fine di [*siege*]; ***she'll never ~ out the month*** non resisterà fino alla fine del mese.
3.last /lɑːst, AE læst/ n. *(for shoes)* forma f.
last-ditch /ˌlɑːst'dɪtʃ, AE ˌlæst-/ agg. [*attempt, stand*] estremo, disperato.
last-gasp /ˌlɑːst'gɑːsp, AE ˌlæst'gæsp/ agg. COLLOQ. ***a ~ attempt*** un ultimo disperato tentativo.
▷ **lasting** /'lɑːstɪŋ, AE 'læstɪŋ/ agg. [*effect, contribution*] duraturo; [*impression*] durevole, persistente; [*relationship*] durevole; [*damage*] permanente; ***she made a contribution of ~ value to the community*** ha dato un contributo valido e durevole alla comunità.

Last Judgment /ˌlɑːst'dʒʌdʒmənt, AE ˌlæst-/ n. ***the ~*** il Giudizio Universale.
lastly /'lɑːstlɪ, AE 'læstlɪ/ avv. infine, da ultimo.
last-mentioned /ˌlɑːst'menʃnd, AE ˌlæst-/ **I** agg. (menzionato, nominato per) ultimo **II** pron. ***the ~*** l'ultimo (menzionato, nominato).
last-minute /ˌlɑːst'mɪnɪt, AE ˌlæst-/ agg. [*change, cancellation*] dell'ultimo minuto; [*holiday, flight, travel deal*] last-minute.
last name /'lɑːstneɪm, AE 'læst-/ n. cognome m.; ***your ~ please?*** il suo cognome, per favore?
last number redial /ˌlɑːstˌnʌmbə'riːdaɪəl, AE ˌlæst-/ n. TEL. ripetizione f. dell'ultimo numero.
last post /ˌlɑːst'pəʊst, AE ˌlæst-/ n. MIL. ***the ~*** il silenzio.
last rites /ˌlɑːst'raɪts, AE ˌlæst-/ n.pl. RELIG. ***the ~*** gli estremi conforti.
Last Supper /ˌlɑːst'sʌpə(r) AE ˌlæst-/ n. RELIG. ***the ~*** l'Ultima Cena.
1.latch /lætʃ/ n. **1** *(fastening)* chiavistello m.; ***to lift, drop the ~*** togliere, mettere il chiavistello; ***to put the door on the ~*** chiudere la porta (solo) con il chiavistello **2** *(spring lock)* serratura f. (a scatto).
2.latch /lætʃ/ tr. chiudere con il chiavistello; ***it wasn't properly ~ed*** non aveva il chiavistello ben chiuso.
■ **latch on:** ***~ on*** COLLOQ. *(understand)* afferrare; ***~ on to [sth.]*** **1** *(seize on)* afferrare, aggrapparsi a [*handle, object*]; *(exploit)* attaccarsi a [*idea, trend*]; ripetere [*mistake*]; persistere in [*weakness*] **2** *(gain possession of)* entrare in possesso di [*ball*] **3** *(realize)* comprendere [*truth, fact*]; capire [*secret*]; ***~ on to [sb.]*** attaccarsi a, appiccicarsi a [*person*].
latchkey /'lætʃkiː/ n. chiave f. (per serratura a scatto).
latchkey child /'lætʃkiːˌtʃaɪld/ n. (pl. **latchkey children**) → **latchkey kid**.
latchkey kid /'lætʃkiːˌkɪd/ n. COLLOQ. SPREG. bambino m. (-a) abbandonato (-a) a se stesso (-a).
latchlock /'lætʃlɒk/ n. chiavistello m.
▶ **late** /leɪt/ **I** agg. **1** *(after expected time)* [*arrival, rains, publication, implementation*] tardivo; ***in case of ~ delivery*** in caso di ritardo della consegna; ***~ essays will not be marked*** i lavori consegnati in ritardo non saranno valutati; ***to have a ~ lunch*** pranzare tardi; ***to make a ~ start*** *(getting up)* alzarsi tardi; *(setting off)* partire tardi; ***to get off to a ~ start*** [*meeting, event*] cominciare *o* partire tardi; ***sorry I'm ~*** mi dispiace di essere in ritardo *o* scusa il ritardo; ***the secretary, her application form was ~*** la segretaria era in ritardo, la sua domanda arrivò in ritardo; ***to be ~ for*** essere in ritardo per arrivare a [*work, school, appointment*]; ***to make sb. ~*** fare ritardare qcn. *o* far fare tardi a qcn.; ***to be ~ leaving*** partire in ritardo; ***to be ~ with the rent*** essere in ritardo con (il pagamento del)l'affitto; ***dinner will be a bit ~*** la cena è un po' in ritardo *o* ceneremo con un po' di ritardo; ***Easter is ~ this year*** Pasqua cade tardi *o* è alta quest'anno; ***if the payment is more than three days ~*** se il pagamento avviene con più di tre giorni di ritardo **2** *(towards end of day, season, life etc.)* [*hour*] tardo; [*supper*] a tarda ora; [*pregnancy*] tardivo *o* in tarda età; [*plant, variety*] BOT. tardivo; ***to have a ~ lecture on Mondays*** avere una lezione tardi il lunedì; ***to take a ~ holiday*** BE o ***vacation*** AE prendersi una vacanza a fine stagione; ***to keep ~ hours*** fare tardi *o* fare le ore piccole; ***to have a ~ night*** fare tardi *o* andare a dormire a ora tarda; ***you've had too many ~ nights this week*** hai fatto tardi *o* sei andato a dormire tardi troppe volte questa settimana; ***to watch the ~ film on television*** guardare il film in ultima serata alla televisione; ***in ~r life*** più tardi negli anni; ***to be in one's ~ fifties*** avvicinarsi alla sessantina; ***a man in his ~ thirties*** un uomo prossimo alla quarantina; ***to be a ~ starter*** cominciare tardi; ***at this ~ stage*** a questo stadio avanzato; ***in ~ January*** a gennaio inoltrato; ***in the ~ 50's, 18th century*** alla fine degli anni '50, del diciottesimo secolo; ***~ Renaissance art*** l'arte del tardo Rinascimento; ***~ Victorian*** [*architecture etc.*] del periodo tardo vittoriano; ***in the ~ Middle Ages*** nel tardo Medioevo; ***it will be ~ afternoon when I arrive*** sarà pomeriggio tardi quando arriverò; ***the ~st appointment is at 4 pm*** l'ultimo appuntamento è alle sedici; ***the ~st date you can apply*** l'ultimo giorno per fare domanda **3** *(towards end of series)* ***in one of her ~r films*** in uno dei suoi ultimi film; ***Shakespeare's ~r plays*** le ultime opere di Shakespeare; ***in ~r editions of the newspaper*** in edizioni successive del giornale; ***in a ~r novel*** in un romanzo successivo; ***~r models are fully automatic*** i modelli successivi sono completamente automatici; ***her ~r experiments*** i suoi esperimenti successivi; ***at a ~r meeting*** in una riunione successiva; ***have you a ~r recording?*** hai una registrazione più recente? ***the ~st fashions*** l'ultima *o* l'ultimissima moda **4** *(deceased)* ***the ~ President*** il fu *o* il defunto Presidente; ***my ~ husband*** il mio defunto *o* povero marito **II** avv. **1** *(after expected time)* [*arrive, leave, start, finish*] in ritardo; ***to be running ~*** [*person, train, bus*] essere in ritardo; ***to start three months ~*** cominciare con tre mesi di ritardo **2** *(towards end of time period)* [*get up, go to bed, open, close, end*] tardi; ***it's ~, let's go to bed*** è tardi, andiamo a letto; ***~ last night*** o ***in the evening*** ieri sera tardi *o* di sera tardi; ***~ last week*** alla fine della scorsa settimana; ***to work ~*** lavorare fino a tardi; ***to work ~ into the night*** lavorare fino a tarda notte; ***as ~ as that*** fino ad allora; ***~r on*** più tardi; ***it's a bit ~ in the day to do*** FIG. è un po' tardi per fare; ***too ~!*** troppo tardi! ***don't leave it too ~!*** non aspettare troppo! ***as ~ as possible*** il più tardi possibile; ***to leave no ~r than 6 am*** partire non più tardi delle sei *o* alle sei al più tardi; ***to marry ~*** sposarsi tardi; ***to learn Italian ~ in life*** imparare l'italiano in età avanzata; ***he left for Italy six months ~r*** partì per l'Italia sei mesi più tardi; ***see you ~r!*** a dopo! ci vediamo! arrivederci! **3** AMM. *(formerly)* ***Miss Stewart, ~ of 48 Temple Rd*** Sig.na Stewart, precedentemente domiciliata in 48 Temple Rd **4 of late** ultimamente.
latecomer /'leɪtkʌmə(r)/ n. *(to lecture, event)* ritardatario m. (-a); ***to be a ~ to*** approdare tardi a [*profession*]; arrivare tardi a [*activity*].
late developer /ˌleɪtdɪ'veləpə(r)/ n. bambino m. tardivo, bambina f. tardiva; ***to be a ~*** [*child*] essere un bambino tardivo *o* in ritardo nello sviluppo; [*adult*] SCHERZ. essere un immaturo.
lateen /lə'tiːn/ n. (anche **~ sail**) vela f. latina.
Late Greek /ˌleɪt'griːk/ n. greco m. bizantino.
Late Latin /ˌleɪt'lætɪn, AE -'lætn/ n. latino m. tardo.
▷ **lately** /'leɪtlɪ/ avv. ultimamente, negli ultimi tempi; ***have you seen Rosie ~?*** hai visto Rosie di recente? ***until ~*** fino a poco tempo fa; ***~, she's been working at home*** ultimamente lavora a casa.
latency /'leɪtnsɪ/ n. latenza f.
lateness /'leɪtnɪs/ n. **1** *(of person, train etc.)* ritardo m.; ***~ will not be tolerated*** non si tollerano ritardi **2** *(of time)* ***because of the ~ of the hour*** FORM. a causa dell'ora tarda.
▷ **late-night** /'leɪtˌnaɪt/ agg. [*film*] ultimo; [*session*] notturno; ***it's ~ shopping on Thursdays*** i negozi rimangono aperti di sera il giovedì.
latent /'leɪtnt/ agg. [*heat, image, talent*] latente; ***~ defect*** difetto nascosto; ***~ period*** periodo di latenza.
▶ **later** /'leɪtə(r)/ compar. di **late**.
lateral /'lætərəl/ agg. laterale; ***~ thinking*** pensiero laterale.
laterally /'lætərəlɪ/ avv. lateralmente.
Lateran /'lætərən/ **I** n. Laterano m. **II** agg. lateranense.
late riser /ˌleɪt'raɪzə(r)/ n. persona f. che si alza tardi, dormiglione m. (-a).
laterite /'lætəraɪt/ n. laterite m.
lateritic /ˌlætə'rɪtɪk/ agg. lateritico.
▶ **latest** /'leɪtɪst/ (superl. di **late**) **I** agg. *(most recent)* [*book, edition, fashion, model, news etc.*] ultimo, ultimissimo **II** pron. **1** *(news etc.)* ***have you heard the ~?*** la sai l'ultima? ***what's the ~ on her condition?*** quali sono le ultime notizie sulle sue condizioni? **2** *(most recent)* ***the ~ in children's fashion, modern technology*** le ultime novità della moda per bambini, l'ultimo grido della tecnologia moderna; ***the ~ in a series of attacks, incidents*** l'ultimo di una serie di attacchi, di episodi **3** COLLOQ. SCHERZ. *(lover)* ***his, her ~*** la sua nuova fiamma **4** ***at the latest*** al più tardi.
latex /'leɪteks/ n. (pl. **~es, -ices**) lattice m.
lath /lɑːθ, AE læθ/ n. assicella f., listello m.; ***~ and plaster wall*** parete di assicelle di legno intonacate.
lathe /leɪð/ n. tornio m.
lathe carrier /'leɪðˌkærɪə(r)/ n. brida f.
1.lather /'lɑːðə(r), 'læð-, AE 'læð-/ n. **1** *(of soap)* schiuma f.; ***to work up a ~*** schiumare (anche FIG.) **2** *(frothy sweat)* schiuma f.; ***the horse was in a ~*** il cavallo stava schiumando **3** COLLOQ. FIG. ***he was in a real ~*** *(agitated)* era agitatissimo; *(angry)* schiumava di rabbia *o* aveva la schiuma alla bocca.
2.lather /'lɑːðə(r), 'læð-, AE 'læð-/ **I** tr. **1** insaponare [*face, chin*] **2** COLLOQ. *(thrash)* picchiare, bastonare **II** intr. schiumare.
lathering /'lɑːðərɪŋ, 'læð-, AE 'læð-/ n. **1** *(with soap)* insaponatura f. **2** COLLOQ. *(thrashing)* battitura f., bastonatura f.
lathery /'lɑːðərɪ, 'læð-, AE 'læð-/ agg. [*horse*] coperto di schiuma.
lathing /'lɑːðɪŋ/ n. incannicciatura f.
latices /'leɪtɪsiːz/ → **latex**.
latifundia /ˌlætɪ'fʊndɪə/ → **latifundium**.
latifundism /ˌlætə'fʌndɪzəm/ n. latifondismo m.
latifundist /ˌlætɪ'fʌndɪst/ n. latifondista m. e f.
latifundium /ˌlætɪ'fʊndɪəm/ n. (pl. **-ia**) latifondo m.
▷ **Latin** /'lætɪn, AE 'lætn/ ♦ ***14*** **I** agg. **1** [*grammar, author*] latino **2** [*person, culture, country, temperament*] latino; ***~ lover*** SPREG. o

SCHERZ. latin lover **II** n. **1** *(language)* latino m.; ***low, late ~*** basso latino, latino tardo; ***vulgar ~*** latino volgare; ***dog ~*** latino maccheronico, latinorum **2** *(person)* latino m. (-a) **III** modif. *(of Latin)* [*lesson*] di latino.

Latin America /ˌlætɪnəˈmerɪkə, AE ˌlætn-/ n.pr. GEOGR. America f. Latina.

Latin American /ˌlætɪnəˈmerɪkən, AE ˌlætn-/ **I** agg. latino-americano **II** n. latino-americano m. (-a).

Latinism /ˈlætɪnɪzəm, AE ˈlætn-/ n. latinismo m.

Latinist /ˈlætɪnɪst, AE ˈlætn-/ n. latinista m. e f.

Latinity /ləˈtɪnətɪ/ n. latinità f.

Latinization /ˌlætɪnaɪˈzeɪʃn, AE -nɪˈz-/ n. latinizzazione f.

Latinize /ˈlætɪnaɪz, AE ˈlætnaɪz/ tr. latinizzare.

▷ **Latino** /læˈtiːnəʊ/ n. AE = statunitense di origine latino-americana.

Latin Quarter /ˈlætɪnˌkwɔːtə(r), AE ˈlætn-/ n. quartiere m. latino.

latish /ˈleɪtɪʃ/ COLLOQ. **I** agg. [*meal*] sul tardi **II** avv. [*come, arrive*] in ritardo, un po' tardi.

latitude /ˈlætɪtjuːd, AE -tuːd/ n. **1** GEOGR. latitudine f.; ***57 degrees ~ north*** 57 gradi di latitudine nord; ***in these ~s*** a queste latitudini **2** *(liberty)* spazio m., libertà f.

latitudinal /ˌlætɪˈtjuːdɪnl, AE -ˈtuːdənl/ agg. [*mountain, ridge*] che si estende nel senso della latitudine; ***~ position*** latitudine.

latitudinarian /ˌlætɪtjuːdɪˈneərɪən, AE -tuːd-/ **I** RELIG. agg. latitudinario **II** RELIG. n. latitudinario m. (-a).

latrine /ləˈtriːn/ n. latrina f. (anche MIL.).

latte /ˈlɑːteɪ, ˈlæteɪ/ n. latte m. macchiato (con schiuma).

latten /ˈlætn/ n. lamierino m.

▶ **latter** /ˈlætə(r)/ **I** agg. **1** *(second)* secondo, ultimo; ***do you prefer the former or the ~ explanation?*** preferisci la prima spiegazione o la seconda? ***these ~ problems are more serious*** questi ultimi problemi sono più seri **2** *(later)* secondo, ultimo [*half*]; ***in the ~ part of the evening*** nella seconda parte della serata; ***in his, her ~ years*** negli ultimi anni della sua vita **II** n. ***the ~*** il secondo *o* quest'ultimo; ***he loves dogs and cats, especially the ~*** ama sia i cani che i gatti, soprattutto questi ultimi.

latterday /ˌlætəˈdeɪ/ agg. **1** *(modern equivalent of)* [*crusader, pilgrim, personage*] dei giorni nostri **2** *(present, recent)* [*invention, technique*] moderno, recente.

Latterday Saints /ˌlætədeɪˈseɪnts/ n.pl. membri m. della Chiesa dei Santi degli Ultimi Giorni, mormoni m.

latterly /ˈlætəlɪ/ avv. FORM. **1** *(recently)* ultimamente, di recente **2** *(in later times)* negli ultimi tempi; ***she was with the company for 30 years, ~ as managing director*** lavorò per la compagnia per trent'anni, nell'ultimo periodo con la funzione di amministratore delegato.

1.lattice /ˈlætɪs/ n. *(screen)* reticolo m.; *(fence, plant support)* graticcio m.

2.lattice /ˈlætɪs/ tr. ingraticciare.

latticed /ˈlætɪst/ **I** p.pass. → **2.lattice II** agg. a traliccio.

lattice girder /ˈlætɪsˌɡɜːdə(r)/ n. trave f. a traliccio.

lattice window /ˌlætɪsˈwɪndəʊ/ n. = finestra con vetri impiombati.

lattice work /ˈlætɪswɜːk/ n. tralicciatura f.

Latvia /ˈlætvɪə/ ➧ ***6*** n.pr. Lettonia f.

Latvian /ˈlætvɪən/ ➧ ***18, 14*** **I** agg. lettone **II** n. **1** *(person)* lettone m. (-a) **2** *(language)* lettone m.

1.laud /lɔːd/ n. **1** RELIG. lauda f. **2** FORM. lode f.

2.laud /lɔːd/ tr. FORM. lodare.

laudability /ˌlɔːdəˈbɪlətɪ/ n. lodevolezza f.

laudable /ˈlɔːdəbl/ agg. lodevole.

laudably /ˈlɔːdəblɪ/ avv. [*behave*] in modo lodevole.

laudanine /ˈlɔːdəniːn/ n. laudanina f.

laudanum /ˈlɔːdənəm/ n. laudano m.

laudation /lɔːˈdeɪʃn/ n. lode f.

laudative /ˈlɔːdətɪv/ agg. laudativo.

laudator /lɔːˈdeɪtə(r)/ n. lodatore m. (-trice).

laudatory /ˈlɔːdətərɪ, AE -tɔːrɪ/ agg. laudatorio.

▶ **1.laugh** /lɑːf, AE læf/ n. **1** *(amused noise)* risata f., riso m.; ***he gave a scornful ~*** rise con disprezzo; ***she gave a loud ~*** scoppiò a ridere fragorosamente; ***with a ~*** ridendo *o* con una risata; ***she likes a good ~*** le piace ridere *o* ride volentieri; ***to get*** o ***raise a ~*** fare ridere, suscitare una risata; ***the sketch that got the biggest ~*** la scenetta che ha fatto ridere di più; ***if you want a ~ listen to him sing!*** se vuoi farti una risata devi sentirlo cantare! ***read this, it'll give you a ~*** leggi questo, se vuoi ridere **2** *(source of amusement)* ***to do sth. for a ~*** COLLOQ. fare qcs. per ridere *o* per scherzo; ***just for a ~*** o ***for ~s, they hid her keys*** COLLOQ. tanto per fare uno scherzo, le nascosero le chiavi; ***the film was a good ~*** il film era davvero divertente; ***their brother is a real ~*** loro fratello è davvero (un tipo) divertente; ***she's always good for a ~*** COLLOQ. con lei ci si diverte sempre; ***let's go to the party, it will be a ~*** COLLOQ. andiamo alla festa, ci sarà da divertirsi; ***they had a ~ rehearsing the scene*** si divertirono molto a provare la scena; ***the script isn't exactly full of ~s*** il copione non è certo ricco di battute divertenti; ***what a ~!*** COLLOQ. IRON. che ridere! ◆ ***to have the last ~ over sb.*** ridere per ultimo; ***she had the last ~*** fu lei che rise *o* a ridere per ultima.

▶ **2.laugh** /lɑːf, AE læf/ **I** tr. ***he ~ed a sinister, triumphant laugh*** rise in modo sinistro, trionfante; ***"of course not!" she ~ed*** "no di certo!" disse ridendo **II** intr. **1** *(be audibly amused)* ridere (**about, over** di); ***to make sb. ~*** fare ridere qcn.; ***to ~ out loud*** scoppiare a ridere *o* ridere fragorosamente; ***to ~ at sb., sth.*** ridere di qcn., qcs.; ***you shouldn't ~ at your own jokes!*** non dovresti ridere per le barzellette che tu stesso racconti; ***she never ~s at my jokes*** le mie barzellette non la fanno ridere; ***the children ~ed at the clown*** i bambini risero guardando il clown; ***I ~ed until the tears ran down my cheeks*** risi fino ad avere le lacrime agli occhi; ***she soon had the audience ~ing*** riuscì a fare ridere il pubblico in pochi istanti; ***we're ~ing with you not at you*** non stiamo ridendo per prenderti in giro; ***he ~ed nervously*** rise nervosamente **2** *(feel amused)* ridere; ***to ~ to oneself*** ridere fra sé e sé *o* sotto i baffi; ***don't make me ~!*** IRON. ma non farmi ridere! ***it makes me ~ when I hear him boasting!*** mi viene da ridere quando lo sento vantarsi! ***I don't know whether to ~ or cry!*** non so se ridere o piangere! ***to ~ at sb., sth.*** prendere in giro qcn., burlarsi di qcs.; ***he's afraid of being ~ed at*** teme di essere preso in giro; ***to be able to ~ at oneself*** saper ridere di se stesso; ***he doesn't have much to ~ at*** o ***about these days*** non ha proprio da stare allegro in questi giorni ◆ ***he who ~s last ~s longest*** PROV. ride bene chi ride ultimo; ***~ and the world ~s with you*** sorridi e il mondo ti sorriderà; ***you'll be ~ing on the other side of your face*** ti passerà la voglia di ridere; ***this news will make him ~ on the other side of his face*** questa notizia gli farà passare la voglia di ridere; ***to be ~ing all the way to the bank*** fare soldi a palate; ***to ~ in sb.'s face*** ridere in faccia a qcn.; ***to ~ oneself sick*** o ***silly*** ridere a crepapelle *o* non poterne più dal ridere.

■ **laugh off:** ~ *[sth.]* **off**, ~ **off** *[sth.]* ridere sopra a [*mistake, defeat, speculation*]; passare sopra a [qcs.] con una risata [*criticism, insult, accusation*]; ***she ~ed the matter off*** buttò la cosa sul ridere; ***they won't be able to ~ this one off!*** questa volta, non se la caveranno ridendoci sopra!

laughable /ˈlɑːfəbl, AE ˈlæf-/ agg. [*attempt, proposal*] ridicolo, risibile; [*offer, sum*] ridicolo.

laughably /ˈlɑːfəblɪ, AE ˈlæf-/ avv. ridicolamente [*small*]; incredibilmente [*naïve*].

laugher /ˈlɑːfə(r)/ n. chi ride.

▷ **laughing** /ˈlɑːfɪŋ, AE ˈlæfɪŋ/ agg. [*person*] che ride; [*eyes, face, expression*] ridente; ***it's no ~ matter*** non c'è niente da ridere *o* c'è poco da ridere; ***he's in no ~ mood*** non ha nessuna voglia di ridere.

laughing gas /ˈlɑːfɪŋɡæs, AE ˈlæfɪŋ-/ n. gas m. esilarante.

laughing hyena /ˌlɑːfɪŋhaɪˈiːnə, AE ˈlæfɪŋ-/ n. iena f. ridens.

laughing jackass /ˌlɑːfɪŋˈdʒækæs, AE ˈlæfɪŋ-/ n. kookaburra m.

laughingly /ˈlɑːfɪŋlɪ, AE ˈlæf-/ avv. [*say, explain*] ridendo; ***it is ~ called a hotel*** la cosa ridicola è che lo chiamano hotel.

laughing stock /ˈlɑːfɪŋˌstɒk, AE ˈlæfɪŋ-/ n. zimbello m.; ***the ~ of Europe, the neighbourhood*** lo zimbello di tutta Europa, di tutto il quartiere; ***they have made us into a ~*** ci hanno resi ridicoli.

laugh line /ˈlæfˌlaɪn/ n. AE → **laughter line**.

laughter /ˈlɑːftə(r), AE ˈlæf-/ n. **U** riso m., risate f.pl.; ***she could hear ~*** udì delle risate; ***there was ~ at this remark*** questa osservazione suscitò ilarità; ***he announced amid ~ that*** nel mezzo delle risate annunciò che; ***to roar*** o ***howl with ~*** ridere fragorosamente; ***a fit of ~*** riso irrefrenabile.

laughter line /ˈlɑːftəˌlaɪn, AE ˈlæf-/ BE, **laugh line** /ˈlɑːfˌlaɪn, AE ˈlæf-/ AE n. ruga f. di espressione.

laughtrack /ˈlɑːftræk, AE ˈlæf-/ n. registrazione f. di risate, risate f.pl. registrate.

launce /lɑːns/ n. *(fish)* ammodite f.

Launce /lɔːns, lɑːns/ n.pr. Launce (nome di uomo).

1.launch /lɔːntʃ/ n. MAR. (anche **motor ~**) (moto)lancia f.; *(for patrolling)* (moto)vedetta f.; ***customs', police ~*** vedetta della dogana, della polizia.

▶ **2.launch** /lɔːntʃ/ n. *(setting in motion) (of new boat)* varo m.; *(of rocket, satellite)* lancio m.; *(of dinghy, lifeboat)* messa f. in acqua; COMM. *(of campaign, product, publication)* lancio m.

▶ **3.launch** /lɔːntʃ/ **I** tr. **1** MAR. varare [*new ship*]; calare (in acqua) [*dinghy, lifeboat*] **2** *(fire)* lanciare [*missile, rocket*] (**against, at** su); ***air-, sea-~ed*** lanciato da un velivolo, da un'imbarcazione **3** *(start)* lanciare [*campaign, career, company, hunt, project*]; cominciare [*career*]; avviare [*company, project*]; aprire, avviare [*investigation*]; varare [*plan*]; ***to ~ an attack on sb., sth.*** sferrare un attacco contro qcn., qcs. (anche FIG.) **4** COMM. lanciare [*magazine, product, range*] **II** intr. ***to ~ (forth) into*** lanciarsi in [*description, story*]; attaccare [*chorus, song*] **III** rifl. ***to ~ oneself at sb., sth.*** lanciarsi *o* scagliarsi contro qcn., qcs.

■ **launch out** [*company, designer*] diversificarsi; ***to ~ out into*** [*person, company*] lanciarsi in [*cosmetics, consultancy, design*].

launch complex /ˈlɔːntʃˌkɒmpleks/ n. AER. complesso m. di lancio.

launcher /ˈlɔːntʃə(r)/ n. lanciatore m. (-trice).

launching /ˈlɔːntʃɪŋ/ n. **1** MAR. *(of boat)* messa f. in acqua; *(of new boat)* varo m. **2** AER. lancio m. **3** COMM. *(starting) (of campaign, product, project)* lancio m.; *(of scheme)* avvio m.

launching cradle /ˈlɔːntʃɪŋˌkreɪdl/ n. invasatura f. (di varo).

launching pad /ˈlɔːntʃɪŋˌpæd/ n. → **launch pad**.

launching platform /ˈlɔːntʃɪŋˌplætfɔːm/ n. → **launch platform**.

lauching site /ˈlɔːntʃɪŋˌsaɪt/ n. → **launch site**.

launch pad /ˈlɔːntʃpæd/ n. AER. rampa f. di lancio (**for** per) (anche FIG.).

launch party /ˈlɔːntʃˌpɑːtɪ/ n. festa f. per il lancio (di un prodotto).

launch platform /ˈlɔːntʃˌplætfɔːm/ n. AER. piattaforma f. di lancio.

launch site /ˈlɔːntʃsaɪt/ n. AER. base f. di lancio.

launch vehicle /ˈlɔːntʃˌvɪəkl, AE -ˌviːhɪkl/ n. AER. veicolo m. di lancio.

launder /ˈlɔːndə(r)/ **I** tr. **1** lavare [*clothes, linen*]; ***freshly ~ed*** fresco di bucato **2** riciclare [*money, profits*] **II** intr. lavarsi; ***it won't ~*** non si riesce a lavare bene *o* non viene bene.

launderer /ˈlɔːndərə(r)/ ➧ ***27*** n. lavandaio m. (-a).

launderette /lɔːnˈdret, ˌlɔːndəˈrət/ n. BE lavanderia f. a gettone.

laundering /ˈlɔːndərɪŋ/ n. **1** *(of clothes)* (il fare il) bucato m. **2** *(of money, profits)* riciclaggio m.

laundress /ˈlɔːndrɪs/ ➧ ***27*** n. lavandaia f.

laundrette n. BE → **launderette**.

laundromat /ˈlɔːndrəmæt/ n. AE → **launderette**.

▷ **laundry** /ˈlɔːndrɪ/ n. **1** *(place)* lavanderia f. **2** **U** *(linen)* bucato m.; ***dirty ~*** bucato *o* biancheria sporca; ***to do the ~*** fare il bucato.

laundry basket /ˈlɔːndrɪˌbɑːskɪt, AE -ˈbæ-/ n. cesto m. del bucato, della biancheria sporca.

laundry list /ˈlɔːndrɪˌlɪst/ n. lista f. della lavanderia; COLLOQ. FIG. lista f. interminabile.

laundry van /ˈlɔːndrɪˌvæn/ n. furgone m. della lavanderia.

laundry worker /ˈlɔːndrɪˌwɜːkə(r)/ ➧ ***27*** n. dipendente m. e f. di lavanderia.

Laura /ˈlɒrə, AE ˈlɔːrə/ n.pr. Laura.

laureate /ˈlɒrɪət, AE ˈlɔː-/ n. LETT. laureato m.; ***a Nobel ~*** un premio Nobel; ***the poet ~*** BE il poeta laureato.

laureateship /ˈlɒrɪətʃɪp AE ˈlɔː-/ n. incarico m., ruolo m. di poeta laureato.

1.laurel /ˈlɒrəl, AE ˈlɔːrəl/ **I** n. **1** BOT. alloro m. **2** *(honours)* (anche **laurels**) allori m.pl.; ***to crown sb. with ~(s)*** incoronare qcn. di alloro **II** modif. [*crown, wreath*] di allori ◆ ***to look to one's ~s*** tenere d'occhio la concorrenza; ***to rest on one's ~s*** dormire sugli allori.

2.laurel /ˈlɒrəl, AE ˈlɔːrəl/ tr. coronare di alloro.

Laurence /ˈlɒrəns, AE ˈlɔː-/ n.pr. Lorenzo.

lauric /ˈlɒrɪk, AE ˈlɔː-/ agg. laurico.

Laurie /ˈlɒrɪ, AE ˈlɔː-/ n.pr. diminutivo di **Laurence**.

laurite /ˈlɒraɪt, AE ˈlɔː-/ n. laurite f.

lav /læv/ n. BE COLLOQ. (accorc. lavatory) toilette f., gabinetto m.

▷ **lava** /ˈlɑːvə/ **I** n. lava f. **II** modif. [*bed, flow*] di lava.

lavabo /ləˈvɑːbəʊ/ n. (pl. **~**, **~es**) RELIG. lavabo m.

lavage /ˈlævɪdʒ/ n. MED. irrigazione f.; ***gastric ~*** lavanda gastrica.

lavalier /lɑːˈvɑːlɪə/ n. **1** AE *(ornament)* ciondolo m. **2** *(cravat)* lavallière f.

lavaret /ˈlævərət/ n. (pl. **~**) ITTIOL. lavarello m.

lavatorial /ˌlævəˈtɔːrɪəl/ agg. [*humour*] scatologico.

lavatory /ˈlævətrɪ, AE -tɔːrɪ/ **I** n. toilette f., gabinetto m.; ***gents', ladies' ~*** toilette degli uomini, delle signore **II** modif. [*bowl, door, seat*] del gabinetto.

lavatory attendant /ˈlævətrɪəˌtendənt, AE -tɔːrɪ-/ ➧ ***27*** n. addetto m. (-a) alle toilettes.

lavatory humour /ˌlævətrɪˈhjuːmə(r), AE -tɔːrɪ-/ n. umorismo m. scatologico.

lavatory paper /ˈlævətrɪˌpeɪpə(r), AE -tɔːrɪ-/ n. carta f. igienica.

lave /ˈleɪv/ LETTER. **I** tr. [*waters*] lavare, bagnare **II** intr. [*waters*] fluire, scorrere.

lavender /ˈlævəndə(r)/ ➧ ***5*** **I** n. **1** *(plant, perfume)* lavanda f.; ***the scent of ~*** il profumo di lavanda **2** *(colour)* (color, tinta) lavanda m. **II** agg. *(colour)* (color, tinta) lavanda **III** modif. [*bag, flower, leaf, seed*] di lavanda.

lavender blue /ˌlævəndəˈbluː/ ➧ ***5*** **I** n. blu lavanda m. **II** agg. blu lavanda.

lavender water /ˈlævəndəˌwɔːtə(r)/ n. acqua f. di lavanda.

1.laver /ˈleɪvə(r)/ n. alga f. rossa commestibile.

2.laver /ˈleɪvə(r)/ n. ANT. lavacro m. (anche FIG.).

laverbread /ˈlɑːvəbred/ n. = pietanza gallese a base di alghe rosse fritte.

1.lavish /ˈlævɪʃ/ agg. [*party, home*] sontuoso; [*lifestyle*] lussuoso, dispendioso; [*hospitality*] generoso; ***to be ~ with sth.*** essere prodigo di qcs.; ***to be ~ in one's praise for sth., sb.*** essere prodigo di elogi per qcs., di lodi per qcn.

2.lavish /ˈlævɪʃ/ tr. prodigare [*money, affection*] (**on** a); ***to ~ praise on sth., sb.*** profondersi in elogi per qcs., colmare qcn. di elogi.

lavishly /ˈlævɪʃlɪ/ avv. [*decorated, furnished*] sontuosamente, lussuosamente; [*spend*] a profusione; [*entertain, give*] con grande generosità.

lavishness /ˈlævɪʃnɪs/ n. *(of hospitality)* generosità f.; *(of decor)* lusso m.

▶ **law** /lɔː/ n. **1** **U** *(body of rules)* legge f., leggi f.pl., legislazione f., diritto m.; ***to obey, break the ~*** rispettare, infrangere la legge; ***to be against the ~*** essere contro la legge *o* essere vietato; ***it is against the ~ to do*** è contro la legge *o* è vietato fare; ***the ~ is on our side*** abbiamo la legge dalla nostra parte; ***to be above the ~*** essere al di sopra della legge; ***to remain within the ~*** restare nei limiti della legalità; ***the ~ of the land*** le leggi del paese; ***the ~ as it stands*** la legislazione vigente; ***under Italian ~*** secondo la legge italiana *o* secondo il diritto italiano; ***by ~*** conformemente alla legge; ***it's required by ~*** è richiesto dalla legge; ***the bill became ~ yesterday*** il decreto è diventato legge ieri; ***divine ~*** legge divina; ***his word is ~*** la sua parola è legge **2** DIR. *(rule)* legge f.; ***a ~ against*** una legge contro [*gambling, vagrancy*]; ***the ~s on*** le leggi su [*gambling, vagrancy*]; ***there has been a change in the ~*** è stata fatta una modifica alla legge; ***there ought to be a ~ against it*** occorrerebbe una legge che lo vieti **3** *(justice)* giustizia f.; ***court of ~*** corte di giustizia; ***to go to ~*** ricorrere alla giustizia *o* fare causa (**about, over** per; **against** a); ***in the eyes of the ~*** agli occhi della legge; ***to take the ~ into one's own hands*** farsi giustizia da solo **4** COLLOQ. *(police)* polizia f.; ***I'll have the ~ on you!*** vado a chiamare la polizia! **5** *(academic discipline)* diritto m., giurisprudenza f.; ***to study ~*** studiare diritto **6** *(principle)* legge f.; ***the ~s of nature, motion*** le leggi della natura, del moto; ***the ~s of perspective*** le regole della prospettiva; ***the second ~ of thermodynamics*** il secondo principio della termodinamica ◆ ***to be a ~ unto oneself*** non conoscere legge *o* fare a modo proprio.

law-abiding /ˈlɔːəˌbaɪdɪŋ/ agg. rispettoso della legge.

law and order /ˌlɔːəndˈɔːdə(r)/ n. ordine m. e legalità f.

law book /ˈlɔːbʊk/ n. testo m. di diritto, trattato m. di giurisprudenza.

lawbreaker /ˈlɔːˌbreɪkə(r)/ n. chi viola la legge, delinquente m. e f.

law-breaking /ˈlɔːˌbreɪkɪŋ/ n. violazione f., violazioni f.pl. della legge; ***to encourage ~*** istigare a delinquere.

law court /ˈlɔːkɔːt/ n. corte f. di giustizia, tribunale m.

law day /ˈlɔːdeɪ/ n. *(in court)* giorno m. di udienza.

law enforcement agency /ˈlɔːɪnfɔːsməntˌeɪdʒənsɪ/ n. US forze f.pl. dell'ordine.

law enforcement officer /ˈlɔːɪnfɔːsməntˌɒfɪsə(r), AE -ˌɔːf-/ n. US agente m. e f. delle forze dell'ordine.

law faculty /ˈlɔːˌfækltɪ/ n. facoltà f. di giurisprudenza.

law firm /ˈlɔːˌfɜːm/ n. studio m. legale.

lawful /ˈlɔːfl/ agg. [*custody, strike*] legale; [*conduct*] lecito; [*owner, wife, husband, excuse*] legittimo; ***it is not ~ to do*** non è legale *o* è illegale fare; ***to do sth. without ~ authority*** fare qcs. illegalmente; ***to go about one's ~ business*** badare agli affari *o* ai fatti propri.

lawfully /ˈlɔːfəlɪ/ avv. [*act*] legalmente.

lawfulness /ˈlɔːflnɪs/ n. legalità f.

lawgiver /ˈlɔːgɪvə(r)/ n. legislatore m. (-trice).

lawk(s) /ˈlɔːk(s)/ inter. ANT. perbacco, toh.

lawless /ˈlɔːlɪs/ agg. **1** *(anarchic)* [*period, society*] privo di legge, anarchico; [*area, town*] senza legge, che sfugge al controllo della legge **2** *(rebellious)* [*person*] senza legge, senza regole.

lawlessness /ˈlɔːlɪsnɪs/ n. *(of period, streets)* assenza f. della legge, anarchia f.; *(of person)* mancanza f. di rispetto delle leggi, sregolatezza f.

Law Lord /ˈlɔːˌlɔːd/ n. GB = giudice della Camera dei Lord.
▷ **lawmaker** /ˈlɔːˌmeɪkə(r)/ n. legislatore m. (-trice); AE = deputato.
lawmaking /ˈlɔːˌmeɪkɪŋ/ n. legislazione f.
lawman /ˈlɔːmən/ n. (pl. **-men**) AE poliziotto m.
▷ **1.lawn** /lɔːn/ n. *(grass)* prato m.
2.lawn /lɔːn/ n. *(fabric)* batista f.
lawn edger /ˈlɔːnˌedʒə(r)/ n. tagliabordi m.
lawnmower /ˈlɔːnˌməʊə(r)/ n. tagliaerba m., tosaerba m.
lawn party /ˈlɔːnˌpɑːtɪ/ n. AE → **garden party**.
lawn sprinkler /ˈlɔːnˌsprɪŋklə(r)/ n. irrigatore m. (per prato).
lawn tennis /ˌlɔːnˈtenɪs/ ♦ *10* n. **1** tennis m. **2** *(on grass)* tennis m. su prato.
lawny /ˈlɔːnɪ/ agg. erboso, a tappeto verde.
law officer /ˈlɔːˌɒfɪsə(r), AE -ˌɔːf-/ n. rappresentante m. e f. della legge.
Lawrence /ˈlɒrəns, AE ˈlɔː-/ n.pr. Lorenzo.
lawrencium /lɔːˈrentʃɪəm/ n. laurenzio m.
law school /ˈlɔːskuːl/ n. AE UNIV. = istituto superiore di studi di giurisprudenza; ***to go to*** ~ studiare legge *o* diritto; ***to be at*** ~ essere uno studente di legge.
law student /ˈlɔːˌstjuːdnt, AE -ˌstuː-/ n. studente m. (-essa) di diritto.
▷ **lawsuit** /ˈlɔːsuːt/ n. processo m. (civile), causa f. (civile); ***to bring a ~ against*** fare *o* intentare causa a.
▶ **lawyer** /ˈlɔːjə(r)/ ♦ *27* n. **1** *(who practises law)* legale m., avvocato m.; ***to hire a ~*** prendere un avvocato **2** *(expert in law)* dottore m. (-essa) in legge.
lax /læks/ agg. **1** *(not strict)* [*law, regulation*] permissivo, tollerante; [*government*] lassista; [*security*] rilassato **2** FON. rilassato **3** MED. rilassato.
laxative /ˈlæksətɪv/ **I** agg. lassativo **II** n. lassativo m.
laxity /ˈlæksətɪ/, **laxness** /ˈlæksnɪs/ n. lassismo m.
1.lay /leɪ/ pass. → **4.lie**.
2.lay /leɪ/ agg. **1** [*helper, worker*] non esperto, non specializzato; ~ ***person*** profano; ~ ***opinion*** l'opinione dei profani **2** RELIG. [*preacher, member, reader*] laico; ~ ***brother, sister*** converso, conversa.
3.lay /leɪ/ n. POP. SPREG. **1** *(sexual partner)* ***she's an easy ~*** è una che ci sta *o* è una donna facile; ***she's a good ~*** ci sa fare a letto **2** *(sex act)* chiavata f., scopata f.
▶ **4.lay** /leɪ/ **I** tr. (pass., p.pass. **laid**) **1** *(place)* posare, porre, mettere; *(spread out)* stendere [*rug, blanket, covering*]; *(arrange)* collocare, disporre; *(ceremonially, as offering)* deporre [*wreath*]; coricare, adagiare [*baby, patient*]; ~ ***the cards face down*** posa le carte a faccia in giù; ~ ***the blanket on the ground*** stendi la coperta a terra; ~ ***the slices of apple on top*** disporre sopra le fettine di mela; ***she laid the baby in the cot*** adagiò il bambino nella culla; ***to ~ the newspaper on the table*** posare il giornale sul tavolo; ***he laid his hand on my forehead*** pose la mano sulla mia fronte; ***he laid his cheek against hers*** appoggiò la guancia alla sua; ***to ~ hands on sth.*** FIG. *(find)* mettere mano a qcs.; ***to ~ hands on sb.*** RELIG. imporre le mani su qcn. **2** *(set for meal)* apparecchiare, mettere [*table*]; mettere in tavola [*cutlery, crockery*]; ***to ~ the table for lunch*** apparecchiare la tavola per il pranzo; ***to ~ the table for four*** apparecchiare la tavola per quattro *o* mettere in tavola quattro coperti; ***to ~ the table with the best china*** apparecchiare la tavola con il servizio migliore; ***to ~ an extra place*** aggiungere un coperto **3** *(prepare)* preparare [*fire, plan, trail*]; gettare [*basis, foundation*]; tendere [*trap*] **4** ING. AGR. MIL. posare [*carpet, tiles, bricks, paving, turf, cable, mine, pipe*]; costruire [*railway, road, sewer*] **5** ZOOL. deporre [*egg*] **6** FIG. *(attribute)* sporgere [*charge, complaint*]; muovere [*accusation*]; gettare [*curse, spell*] (**on** su); ***to ~ stress*** o ***emphasis on sth.*** porre l'accento su qcs.; ***to ~ the blame for sth. on sb.*** attribuire *o* addossare la colpa di qcs. a qcn. **7** *(bet) (in horseracing)* puntare [*money*] (**on** su) **8** *(suppress)* FIG. dissipare [*fears, doubts, suspicions*]; mettere a tacere [*rumour*] **9** POP. *(have sex with)* scopare con; ***to get laid*** farsi scopare **II** intr. (pass., p.pass. **laid**) **1** AGR. ZOOL. deporre le uova **2** MAR. gettare l'ancora (**off** al largo di; **alongside** lungo) ♦ ***to ~ it on the line*** parlare chiaro e tondo; ***to ~ a finger*** o ***hand on sb.*** *(beat)* alzare un dito contro qcn. *o* mettere le mani addosso a qcn.; *(touch)* toccare (con un dito).
▪ **lay about:** ~ ***about [sb.]*** BE tempestare qcn. di colpi, colpire qcn. all'impazzata; ***to ~ about sb. with a stick*** dare un fracco di bastonate a qcn.
▪ **lay aside:** ~ ***aside [sth.]***, ~ ***[sth.] aside*** **1** *(for another activity)* mettere via, posare [*book, sewing, toy*]; *(after one stage in process)* mettere da parte [*partly finished dish, model*] **2** FIG. *(relinquish)* abbandonare [*studies, cares*]; trascurare [*responsibility, principle*]; mettere da parte [*feeling*]; mettere da parte, lasciare cadere [*inhibition, doubt*].
▪ **lay back:** ~ ***back [sth.]***, ~ ***[sth.] back*** [*dog*] abbassare, tenere basso [*ears*]; [*nurse*] coricare [*patient*]; appoggiare [*head*].
▪ **lay before:** ~ ***[sth.] before sb.*** sottoporre a qcn. [*law, bill*]; esporre a qcn. [*case, facts, evidence*]; ***I laid the facts before them*** esposi loro i fatti.
▪ **lay by:** ~ ***by [sth.]***, ~ ***[sth.] by*** mettere da parte [*money, provisions*].
▪ **lay down:** ~ ***down [sth.]***, ~ ***[sth.] down*** **1** *(put horizontal)* coricare, adagiare [*object, baby, patient*]; stendere [*rug, garment*]; disporre (sul tavolo) [*cards*] **2** *(put down)* posare [*book, implement, suitcase*]; deporre [*weapon, arms*] **3** FIG. *(relinquish)* ***to ~ down one's life for sb., sth.*** sacrificare la propria vita per qcn., qcs. **4** *(establish)* stabilire [*rule, procedure, plan, course of action*]; porre, imporre [*condition*]; dare [*order*]; stabilire [*price, charge, wage*]; ***it is laid down that...*** è stabilito che... **5** ING. gettare, porre [*foundations*]; posare [*cable, pipe, drain*]; costruire [*road, railway*] **6** ENOL. mettere in cantina (ad invecchiare) [*bottles, wine*] **7** *(record)* registrare [*track*].
▪ **lay in:** ~ ***in [sth.]*** fare provvista di qcs.; ***we've laid in plenty of beer*** abbiamo fatto grande provvista di birra; ***to ~ in supplies of sth.*** approvvigionarsi di qcs.
▪ **lay into:** ~ ***into [sb.]*** **1** tempestare qcn. di colpi; ***she laid into me with her umbrella*** mi prese a ombrellate **2** COLLOQ. FIG. *(abuse)* ***she laid into me*** mi è saltata agli occhi, addosso; ***the teacher laid into them for being late*** il professore li assalì perché erano arrivati in ritardo.
▪ **lay off** *(stop)* COLLOQ. smettere, piantarla; ~ ***off! it hurts!*** smettila! mi fa male! ~ ***off [sb.]***, ***lay [sb.] off*** *(sack) (temporarily)* lasciare a casa (temporaneamente); *(permanently)* mandare a casa, licenziare; ~ ***off [sb.]*** *(leave alone)* COLLOQ. lasciare qcn. in pace, tranquillo.
▪ **lay on:** ~ ***on [sth.]***, ~ ***[sth.] on*** **1** *(apply)* mettere, applicare [*plaster, glue*]; stendere [*paint*] **2** BE *(install)* [*workman*] mettere (l'impianto di) [*gas, electricity, water*]; [*owner*] fare mettere (l'impianto di) [*gas, electricity, water*] **3** *(supply)* fornire [*meal, food, service, transport*] **4** *(organize)* organizzare [*entertainment, excursion*]; preparare [*display*] **5** COLLOQ. FIG. *(exaggerate)* esagerare con [*praise, pathos, sarcasm, gratitude, flattery*]; ***you laid it on a bit (thick)*** hai calcato un po' la mano.
▪ **lay open:** ~ ***[sth.] open*** esporre (**to** a); ***to ~ oneself open to*** esporsi a [*accusations, criticism, ridicule, exploitation*].
▪ **lay out:** ~ ***[sth.] out***, ~ ***out [sth.]*** **1** *(spread out, display)* disporre [*goods, cards, food*]; *(unfold)* stendere, distendere, spiegare [*map, garment, fabric*]; *(put ready)* preparare [*clothes*] **2** *(design)* impostare il layout di [*book, magazine, advertisement, page*]; impaginare [*letter, illustrations*]; stabilire la disposizione di [*town, village*]; allestire [*garden*]; disporre [*buildings, pattern pieces*] **3** *(explain)* esporre [*reasons, demands, facts*]; fornire [*information*] **4** COLLOQ. *(spend)* tirare fuori [*sum of money*]; ~ ***out [sb.]***, ~ ***[sb.] out*** **1** *(prepare for burial)* preparare [*dead person*]; preparare, comporre [*corpse*] **2** COLLOQ. *(knock unconscious)* stendere qcn.
▪ **lay over:** ~ ***over*** AE fare una sosta, una fermata.
▪ **lay up:** ~ ***up [sth.]***, ~ ***[sth.] up*** **1** *(store away)* fare provvista di, accumulare [*food, supplies*]; FIG. procurarsi, attirarsi [*trouble, problems*] **2** *(take out of service)* disarmare [*boat*]; ~ ***[sb.] up*** *(confine to bed)* costringere qcn. (a stare) a letto; ***to be laid up*** essere costretto a letto; ***to be laid up with*** essere (costretto) a letto con [*illness, broken limb*]; essere costretto a letto per [*injury*].
5.lay /leɪ/ n. LETTER. canto m., lai m.
layabout /ˈleɪəbaʊt/ n. COLLOQ. SPREG. sfaccendato m. (-a), perdigiorno m. e f.
Layamon /ˈlaɪəmən/ n.pr. Layamon (nome di uomo).
layaway /ˈleɪəweɪ/ n. AE COMM. ***to put sth. on ~*** mettere qcs. in accantonamento.
lay-by /ˈleɪbaɪ/ n. BE AUT. area f. di sosta.
lay days /ˈleɪdeɪz/ n.pl. MAR. giorni m. di stallia, stallia f.sing.
▷ **1.layer** /ˈleɪə(r)/ n. **1** strato m.; ~ ***of clothing*** strato di vestiti; ~ ***upon ~*** strato su strato **2** *(hen)* (gallina) ovaiola f.
2.layer /ˈleɪə(r)/ tr. **1** AGR. margottare **2** *(in hairdressing)* scalare **3** *(arrange in layers)* disporre a strati.
layer cake /ˈleɪəkeɪk/ n. torta f. a strati.
layering /ˈleɪərɪŋ/ n. AGR. *(method)* margotta f.
layette /leɪˈet/ n. *(for newborn baby)* corredino m.

lay figure /ˌleɪˈfɪgə(r), AE -ˈfɪgjər/ n. 1 ART. manichino m. 2 FIG. fantoccio m.
laying /ˈleɪɪŋ/ n. 1 *(of floor covering, foundation stone, pipes, cable, mines, turf)* posa f. 2 *(of railway)* costruzione f. 3 *(of egg)* deposizione f. 4 RELIG. ***the ~ on of hands*** l'imposizione delle mani.
laying-up /ˌleɪɪŋˈʌp/ n. *(for boats, roulottes)* rimessaggio m.
layman /ˈleɪmən/ n. (pl. **-men**) profano m.; RELIG. laico m.
lay-off /ˈleɪɒf/ n. *(permanent)* licenziamento m.; *(temporary)* sospensione f. temporanea (dal lavoro).
▷ **layout** /ˈleɪaʊt/ n. *(of book, magazine, article, report)* impaginazione f., layout m.; *(of advertisement, computer screen)* layout m.; *(of built-in units, rooms, cards)* disposizione f.; *(of town, village, estate, building)* pianta f.; *(of engine, machine)* schema m., layout m.; *(of garden, park)* allestimento m.; ***page ~*** impaginazione; ***road ~*** percorso *o* tracciato della strada.
layout artist /ˌleɪaʊtˈɑːtɪst/ ♦ 27 n. grafico m. (-a) impaginatore (-trice).
layover /ˈleɪəʊvə(r)/ n. AE *(by road, rail)* tappa f., sosta f.; *(by sea, air)* scalo m.
layperson /ˈleɪˌpɜːsn/ n. (pl. **-people**) profano m. (-a); RELIG. laico m. (-a).
laywoman /ˈleɪwʊmən/ n. (pl. **-women**) profana f.; RELIG. laica f.
lazaret /ˌlæzəˈret/ n. 1 RAR. lazzaretto m. 2 MAR. = interponte usato come deposito.
lazzaretto /ˌlæzəˈretəʊ/ n. (pl. **~s**) → **lazaret**.
Lazarus /ˈlæzərəs/ n.pr. Lazzaro.
1.laze /leɪz/ n. ozio m., pigrizia f.
2.laze /leɪz/ intr. (anche **~ about, ~ around**) oziare, poltrire; ***to ~ in the sun*** oziare al sole; ***I like to ~ in bed at weekends*** mi piace poltrire nel letto il fine settimana.
■ **laze away:** ***to ~ the time away*** passare il tempo oziando *o* poltrendo.
lazily /ˈleɪzɪlɪ/ avv. 1 *(idly)* [*move etc.*] pigramente; [*wonder*] oziosamente 2 *(relaxedly)* [*lie, float*] pigramente, mollemente 3 *(gently)* [*flow, bob*] pigramente, dolcemente 4 *(out of laziness)* per pigrizia.
laziness /ˈleɪzɪnɪs/ n. pigrizia f.
lazulite /ˈlæzjʊˌlaɪt/ n. lazulite f.
▷ **lazy** /ˈleɪzɪ/ agg. [*person*] pigro, ozioso; [*smile, yawn*] indolente; [*day, holiday*] tranquillo; [*movement, pace*] pigro; [*excuse*] facile; ***~ thinking*** pigrizia intellettuale.
lazybones /ˈleɪzɪbəʊnz/ n. (pl. ~) COLLOQ. pigrone m. (-a), scansafatiche m. e f.
lazy eye /ˌleɪzɪˈaɪ/ n. ambliopia f.
lazy Susan /ˌleɪzɪˈsuːzn/ n. vassoio m. girevole (disposto a centrotavola).
lb ⇒ pound libbra.
LBO n. (⇒ leveraged buyout) = leveraged buy-out.
lbw n. (⇒ leg before wicket) *(in cricket)* = fallo del battitore che mette la gamba davanti al wicket.
lc ⇒ lower case carattere minuscolo.
LCD n. (⇒ liquid crystal display display a cristalli liquidi) LCD m.
LCP n. (⇒ link control procedure) = procedura di controllo dei collegamenti.
L-dopa /elˈdəʊpə/ n. levodopa f.
L-driver /ˈelˌdraɪvə(r)/ n. guidatore m. (-trice) principiante.
LDS n. (⇒ Licentiate of Dental Surgery) = odontoiatra.
lea /liː/ n. LETT. prato m.
LEA n. GB (⇒ Local Education Authority) = ente amministrativo locale che si occupa dell'istruzione pubblica.
1.leach /liːtʃ/ n. lisciviazione f.
2.leach /liːtʃ/ I tr. [*rain, water*] disciogliere, separare per lisciviazione (**from** da) II intr. [*substance, pollutant*] filtrare.
▶ **1.lead** /liːd/ I n. 1 *(winning position in race, game, poll, quiz)* ***to be in the ~*** o ***to have the ~*** essere in testa *o* al primo posto; ***to go into the ~*** o ***to take the ~*** passare in testa *o* assumere il comando; ***this gave him the ~*** questo lo fece passare in testa *o* al comando; ***to move into an early ~*** passare rapidamente in vantaggio; ***to share the ~*** condividere il primo posto 2 *(amount by which one is winning)* vantaggio m. (**over** su); ***to have a ~ of three points, half a lap*** avere tre punti, mezzo giro di pista di vantaggio; ***to have a six second, three-goal ~*** avere sei secondi, tre gol di vantaggio; ***to increase one's ~*** aumentare il proprio vantaggio (**by** di); ***to increase one's ~ in the polls to 20%*** raggiungere un vantaggio del 20% nei sondaggi 3 *(initiative)* ***to take the ~*** prendere l'iniziativa; ***to take the ~ in doing*** prendere l'iniziativa a fare; ***to give a*** o ***the ~*** dare il via (**in doing** nel fare); ***to follow sb.'s ~*** seguire l'esempio di qcn. 4 *(clue)* pista f.; ***to have a number of ~s to pursue*** avere più piste da seguire; ***this was our first real ~*** questo fu la nostra prima vera traccia; ***to give sb. a ~ as to*** dare a qcn. un suggerimento per [*solution*]; dare a qcn. un'indicazione circa [*perpetrator*] 5 TEATR. CINEM. *(role)* parte f., ruolo m. principale, da protagonista; *(person)* interprete m. e f. principale, protagonista m. e f.; ***to play the ~*** fare il ruolo principale *o* il protagonista; ***who was the male, female ~?*** chi era il protagonista maschile, femminile? 6 GIORN. *(story)* ***to be the ~*** essere in prima pagina; ***to be the ~ in all the papers*** essere su tutte le prime pagine dei giornali 7 EL. *(wire)* filo m. 8 BE *(for dog)* guinzaglio m.; ***on a ~*** al guinzaglio; ***to let the dog off the ~*** togliere il guinzaglio al cane *o* sguinzagliare il cane 9 *(in cards)* ***it's Nina's ~*** è di mano Nina II modif. primo [*guitarist, guitar*]; [*role, singer*] principale; [*article*] d'apertura.
▶ **2.lead** /liːd/ I tr. (pass., p.pass. **led**) 1 *(guide, escort)* guidare, condurre [*person*] (**to sth.** a qcs.; **to sb.** da qcn.; **out of** fuori da; **through** per); ***to ~ sb. into the house, into the kitchen*** condurre qcn. in casa, in cucina; ***to ~ sb. up, down*** portare *o* condurre qcn. su per, giù da [*hill, staircase*]; ***to ~ sb. back*** riportare qcn. indietro; riaccompagnare qcn. (**to** a); ***to ~ sb. away*** condurre via *o* allontanare qcn. (**from** da); ***to ~ sb. across the road*** fare attraversare la strada a qcn.; ***to ~ sb. to safety, into a trap*** portare qcn. al sicuro, in trappola 2 *(pull, take by hand or bridle)* condurre, portare [*child, prisoner, horse*] (**to** a; **into** in; **by** per); ***to ~ sb. to his cell*** condurre qcn. alla sua cella 3 *(bring)* [*path, route, sign, clue*] portare (**to** a), guidare (**to** da, verso); [*sound, smell*] guidare [*person*] (**to** da, verso); ***where is this discussion ~ing us?*** a che cosa ci porta questa conversazione? ***this ~s me to my main point*** con questo arrivo al punto principale; ***to ~ the conversation onto*** portare la conversazione su 4 *(be leader of)* guidare [*army, team, expedition, attack, strike, revolt, proceedings, procession, parade*]; dirigere [*orchestra, research*]; ***to ~ sb. to victory*** portare qcn. alla vittoria; ***to ~ the debate*** condurre il dibattito; ***to ~ a congregation in prayer*** intonare le preghiere; ***to ~ the dancing*** aprire le danze 5 SPORT COMM. *(be ahead of)* condurre su, essere in vantaggio su [*rival*]; guidare su [*team*]; ***to be ~ing sb. by 10 metres*** avere un vantaggio di 10 metri su qcn.; ***to be ~ing Liverpool 4-2*** condurre per quattro a due contro il Liverpool; ***to ~ the world*** essere al primo posto nel mondo; ***to ~ the field*** *(in commerce, research)* essere il leader nel settore; *(in race)* condurre *o* essere in testa; ***to ~ the market*** essere il leader del mercato 6 *(cause, influence)* ***to ~ sb. to do*** portare qcn. a fare; ***to ~ sb. to believe, hope that*** indurre qcn. a credere, sperare che; ***to be led to believe that*** essere indotto a credere che; ***he led me to expect that*** mi indusse ad aspettarmi che; ***what led you to this conclusion?*** che cosa ti portò a questa conclusione? ***everything ~s me to conclude that*** tutto mi porta a pensare che; ***to be easily led*** essere facilmente influenzabile 7 *(conduct, have)* condurre, fare [*active life, lazy life*]; ***to ~ a life of luxury, idleness*** vivere nel lusso, nell'ozio 8 DIR. ***to ~ a witness*** interrogare un testimone suggerendogli le risposte 9 *(in cards)* aprire con [*card*] II intr. (pass., p.pass. **led**) 1 *(go, be directed)* ***to ~ to*** [*path, route*] condurre, portare a; [*door*] dare su; [*exit, trapdoor*] portare a; ***to ~ back to*** ricondurre a *o* riportare a; ***to ~ off the corridor*** [*passage*] partire dal corridoio; [*door*] dare sul corridoio; ***footsteps led away from the scene*** le tracce si allontanavano dal luogo 2 *(result in)* ***to ~ to*** portare a [*complication, discovery, accident, response*]; ***it was bound to ~ to trouble*** era destinato a creare problemi; ***one thing led to another, and we...*** da cosa nacque cosa, e noi... 3 *(be ahead)* [*company*] essere in testa; [*runner, car, team, side*] condurre, essere in testa, essere al comando; ***to ~ by three games, 15 seconds*** condurre per tre giochi, avere un vantaggio di 15 secondi; ***to be ~ing in the arms race*** essere in testa nella corsa agli armamenti 4 *(go first) (in walk)* fare strada; *(in procession)* essere in testa; *(in action, discussion)* prendere l'iniziativa 5 *(in dancing)* condurre, guidare 6 DIR. ***to ~ for*** essere l'avvocato principale di [*defence, prosecution*] 7 GIORN. ***to ~ with*** mettere in prima pagina [*story, headline, picture*] 8 *(in boxing)* ***to ~ with one's left, right*** attaccare di sinistro, di destro 9 *(in cards)* essere di mano ♦ ***to ~ the way*** *(go first)* fare strada; *(guide others)* mostrare la via *o* la strada; *(be ahead, winning)* essere in testa; ***to ~ the way up, down, into*** mostrare la strada per salire, scendere, entrare; ***to ~ the way in space research*** essere il numero uno nella ricerca spaziale.
■ **lead off** *(begin)* cominciare (**with** con).
■ **lead on:** ~ **[sb.] on** 1 *(give false hope)* illudere, ingannare [*client, investor, searcher*] 2 *(sexually)* provocare 3 *(influence)* incanalare [*conversation*].
■ **lead up to:** ~ **up to [sth.]** 1 *(precede)* precedere; ***the years ~ing up to the war*** gli anni che precedettero la guerra 2 *(culminate in)* portare a, concludersi con [*argument, outburst*] 3 *(introduce)*

portare a [*topic*]; ***I had a feeling you were ~ing up to that*** me lo sentivo che volevi arrivare a questo.

3.lead /led/ **I** n. **1** *(metal)* piombo m.; ***white ~*** biacca (di piombo); ***red ~*** minio **2** COLLOQ. FIG. *(bullets)* piombo m. **3** (anche **blacklead**) *(graphite)* grafite f.; *(in pencil)* mina f. **4** *(on fishing line, in gun cartridge etc.)* piombo m., piombino m. **5** MAR. *(for sounding)* piombo m., scandaglio m. **6** TIP. interlinea f. **7** ING. *(of window)* piombo m.; ***~s*** *(of windows)* piombi **8** BE *(for roofing)* piombo m. **II** modif. [*piping*] di, in piombo; [*weight*] di piombo ◆ ***to fill*** o ***pump sb. full of ~*** COLLOQ. riempire qcn. di piombo; ***to get the ~ out*** AE COLLOQ. *(stop loafing)* darsi una mossa; *(speed up)* liberarsi della zavorra; ***to go over*** AE o ***to go down*** BE ***like a ~ balloon*** COLLOQ. fallire miseramente; ***to swing the ~*** BE COLLOQ. RAR. darsi malato (per non lavorare).

lead acetate /ˌledˈæsɪteɪt/ n. acetato m. di piombo.

leaded lights /ˌledɪdˈlaɪts/ n.pl. *(of window)* (piccoli) vetri m. piombati.

leaded petrol /ˌledɪdˈpetrəl/ BE, **leaded gasoline** /ˌledɪdˈgæsəliːn/ AE n. benzina f. con (il) piombo, che contiene piombo.

leaded window /ˌledɪdˈwɪndəʊ/ n. finestra f. a piombo.

leaden /ˈledn/ agg. **1** *(made of lead)* di piombo, in piombo **2** *(lead coloured)* [*sky, clouds*] di piombo, plumbeo; [*complexion*] cinereo **3** FIG. [*silence*] di morte; [*atmosphere*] pesante, opprimente; [*footsteps, pace*] pesante; [*performance*] pesante.

▶ **leader** /ˈliːdə(r)/ n. **1** *(chief, head)* capo m., guida f.; *(of nation)* capo m. di Stato; *(of group)* capo m., capogruppo m. e f.; *(of team)* capo m., caposquadra m. e f.; *(of council, club, association)* presidente m.; *(of party, opposition)* leader m. e f.; *(of trade union)* segretario m. (-a); *(of army, troops)* comandante m. e f. **2** *(organizer, instigator) (of expedition)* capo m., guida f.; *(of strike, rebellion, movement)* leader m. e f.; *(of project, operation)* capo m., responsabile m. e f., direttore m. (-trice) **3** *(one in front) (in race or competition)* leader m. e f., primo m. (-a); *(of procession, line of walkers)* capofila m. e f.; *(climber)* capocordata m. e f.; *(horse)* leader m., cavallo m. di testa; ***to be among the ~s*** essere nel gruppo di testa; ***the ~s at the end of the first round are...*** in testa alla classifica *o* alla fine del primo turno ci sono... **4** *(in market, field)* leader m.; ***a world ~ in car manufacturing*** un leader mondiale nella produzione di automobili **5** MUS. *(in orchestra)* primo violino m.; *(conductor of band)* direttore m. (-trice) d'orchestra **6** GIORN. articolo m. di fondo, editoriale m. **7** ZOOL. *(of pack)* capobranco m. e f. **8** DIR. avvocato m. principale **9** AGR. germoglio m. terminale **10** TECN. TEL. *(on tape)* linguetta f. iniziale.

leaderless /ˈliːdəlɪs/ agg. senza capo, senza guida.

Leader of the House of Commons /ˌliːdərəvðəˌhaʊsəvˈkɒmənz/ n. GB POL. Presidente m. della Camera dei Comuni.

Leader of the House of Lords /ˌliːdərəvðəˌhaʊsəvˈlɔːdz/ n. GB POL. Presidente m. della Camera dei Lord.

leadership /ˈliːdəʃɪp/ **I** n. **1** *(of party, state, company)* ***the ~*** la dirigenza; ***the party ~*** i dirigenti *o* la direzione del partito; ***to be elected to the ~*** essere eletto capo *o* dirigente *o* presidente **2** *(quality)* qualità f.pl. dirigenziali; ***sb.'s potential for ~*** l'attitudine al comando di qcn.; ***we need firm ~*** abbiamo bisogno di una guida sicura **3** *(fact of being leader)* leadership f., direzione f.; ***during her ~*** *(politician)* durante la sua leadership; ***under the ~ of*** sotto la guida *o* la direzione di **II** modif. [*struggle*] per il potere; [*qualities*] di capo, di leader.

leadership contest /ˈliːdəʃɪpˌkɒntest/ n. corsa f. alla direzione del partito.

leadership election /ˈliːdəʃɪpɪlekʃn/ n. elezione f. alla direzione del partito.

lead foot /ˈledfʊt/ n. AE COLLOQ. = guidatore che pigia molto sull'acceleratore.

lead-free /ˌledˈfriː/ agg. senza piombo.

lead glance /ˈledglɑːns, AE -glæns/ n. galena f.

lead-in /ˈliːdɪn/ n. introduzione f., presentazione f.

▷ **1.leading** /ˈliːdɪŋ/ agg. **1** *(top)* [*lawyer, politician, academic etc.*] eminente, di primo piano, di spicco; [*brand*] primario; [*position*] preminente; ***a ~ director, actor*** un direttore, un attore di primo piano; ***a ~ company, bank*** una delle società, banche principali; ***a ~ figure in theatrical circles*** una figura di spicco nel mondo del teatro **2** *(main)* [*role*] principale, da protagonista; ***to play the ~ role in*** avere il ruolo principale in; ***he played a ~ role in*** ebbe un ruolo da protagonista in **3** SPORT *(in race)* [*driver, car*] di testa, che è in testa; *(in league)* [*club, team*] in testa alla classifica **4** *(at the front)* [*division, aircraft, car*] di testa.

2.leading /ˈledɪŋ/ n. impiombatura f.

leading aircraftman /ˌliːdɪŋˈeəkrɑːftmən, AE -kræft-/ ➧ **23** n. (pl. **leading aircraftmen**) GB MIL. (funzionante) aviere m. scelto.

leading article /ˌliːdɪŋˈɑːtɪkl/ n. articolo m. di fondo, editoriale m.

leading case /ˌliːdɪŋˈkeɪs/ n. DIR. caso m. giuridico che costituisce precedente.

leading counsel /ˌliːdɪŋˈkaʊnsl/ n. DIR. avvocato m. principale.

leading edge /ˌliːdɪŋˈedʒ/ **I** n. **1** AER. bordo m. d'attacco, d'entrata **2** FIG. ***at the ~ of*** all'avanguardia di [*technology*] **II leading-edge** modif. [*organization, technology*] all'avanguardia, di punta.

leading lady /ˌliːdɪŋˈleɪdɪ/ n. TEATR. CINEM. prima donna f., (attrice) protagonista f.

leading light /ˌliːdɪŋˈlaɪt/ n. luminare m. (**in** di).

leading man /ˌliːdɪŋˈmæn/ n. (pl. **leading men**) (attore) protagonista m.

leading note /ˌliːdɪŋˈnəʊt/ n. MUS. sensibile f.

leading question /ˌliːdɪŋˈkwestʃən/ n. domanda f. tendenziosa.

leading rein /ˈliːdɪŋˌreɪn/ n. briglia f.

leading seaman /ˌliːdɪŋˈsiːmən/ ➧ **23** n. (pl. **leading seamen**) GB MIL. sottocapo m.

leading strings /ˈliːdɪŋstrɪŋz/ n.pl. *(for small children)* dande f., briglie f.

lead oxide /ˌledˈɒksaɪd/ n. ossido m. di piombo.

lead paint /ˈledˌpeɪnt/ n. minio m.

lead pencil /ˌledˈpensl/ n. matita f. di grafite.

lead-pipe cinch /ˌledpaɪpˈsɪntʃ/ n. COLLOQ. *(easy task)* inezia f., passeggiata f.; *(certainty)* certezza f., fatto m. inevitabile.

lead poisoning /ˈledˌpɔɪzənɪŋ/ n. avvelenamento m. da piombo, saturnismo m.

lead shot /ˈledʃɒt/ n. pallini m.pl. di piombo.

leadsman /ˈledzmən/ ➧ **27** n. (pl. **-men**) MAR. scandagliatore m.

lead story /ˈliːdˌstɔːrɪ/ n. notizia f. di prima pagina; ***to be the ~*** essere la notizia di prima pagina *o* in prima pagina.

lead time /ˈliːdtaɪm/ n. COMM. tempo m. di consegna.

leadworks /ˈledwɜːks/ n. + verbo sing. o pl. fonderia f. di piombo.

leady /ˈledɪ/ agg. simile al piombo, plumbeo.

▷ **1.leaf** /liːf/ **I** n. (pl. **leaves**) **1** *(of plant)* foglia f.; ***dock, oak, lettuce ~*** foglia di romice, quercia, d'insalata; ***autumn leaves*** foglie autunnali; ***to come into ~*** [*tree*] mettere le foglie *o* germogliare **2** *(of paper)* foglio m.; *(of book)* pagina f., foglio m. **3** *(of gold, silver)* foglia f. **4** *(of table) (sliding, removable)* prolunga f.; *(hinged)* ribalta f. **II -~ed, -leaved** agg. in composti ***red-~ed, -leaved*** dalle, con le foglie rosse; ***broad-~ed, -leaved*** dalle *o* con le foglie grandi ◆ ***to shake like a ~*** tremare come una foglia; ***to take a ~ out of sb.'s book*** prendere esempio *o* trarre ispirazione da qcn.; ***to turn over a new ~*** voltare pagina.

2.leaf /liːf/ **I** tr. → **leaf through II** intr. [*tree*] mettere le foglie, fogliare.

■ **leaf through:** *~ through [sth.]* sfogliare [*pages, papers, book, magazine*]; scorrere [*introduction*].

leafage /ˈliːfɪdʒ/ n. fogliame m.

leaf blade /ˈliːfbleɪd/ n. lamina f. fogliare.

leaf bud /ˈliːfbʌd/ n. gemma f. fogliare.

leaf green /ˈliːfgriːn/ **I** n. **1** clorofilla f. **2** *(colour)* verde m. foglia **II** agg. *(colour)* verde foglia.

leafiness /ˈliːfɪnɪs/ n. ricchezza f. di fogliame.

leafless /ˈliːflɪs/ agg. senza foglie.

1.leaflet /ˈliːflɪt/ n. **1** dépliant m. (**on, about** su); *(advertising)* volantino m. (**on, about** su); *(polemic)* manifestino m. (**on, about** su); ***information ~*** nota esplicativa **2** *(little leaf)* fogliolina f.

2.leaflet /ˈliːflɪt/ **I** tr. ***to ~ a town, an area*** [*political group, advertiser*] invadere una città, un quartiere di volantini; ***they ~ed every home*** hanno distribuito volantini in tutte le case **II** intr. volantinare, fare volantinaggio; ***to advertise sth. with a ~ing campaign*** pubblicizzare qcs. mediante una campagna di volantinaggio.

leaf mould BE, **leaf mold** AE /ˈliːfməʊld/ n. pacciame m.

leaf spinach /ˌliːfˈspɪnɪdʒ, AE -tʃ/ n. spinaci m.pl. in foglia.

leaf spring /ˈliːfsprɪŋ/ n. molla f. a balestra.

leaf table /ˈliːfˌteɪbl/ n. tavolo m. allungabile.

leaf tobacco /ˌliːftəˈbækəʊ/ n. tabacco m. in foglie.

leaf vegetable /ˌliːfˈvedʒtəbl/ n. verdura f. in foglie.

leafy /ˈliːfɪ/ agg. **1** [*tree*] frondoso, fronzuto; [*wood*] lussureggiante **2** [*suburb, area*] (ricco di) verde.

▶ **1.league** /liːg/ n. **1** *(alliance)* POL. lega f. **2** *(collaboration)* ***to be in ~ with*** essere alleato con **3** SPORT *(in football) (competition)* campionato m.; *(association of clubs)* lega f.; ***rugby ~*** rugby a 13 **4** FIG. *(class)* categoria f., classe f., livello m.; ***they're not in the same ~*** non sono allo stesso livello; ***he's out of his ~*** non è all'altezza; ***to be in the big ~*** essere in serie A; ***to be at the top of the exports, unemployment ~*** essere in cima alla lista degli esportatori, di disoccupazione.

2.league /li:g/ **I** tr. unire in lega, alleare **II** intr. unirsi in lega, allearsi.
3.league /li:g/ 15 n. ANT. METROL. lega f. ◆ ***to be ~s ahead of sth., sb.*** essere anni luce avanti rispetto a qcs., qcn.
league champion /ˈli:gˌtʃæmpɪən/ n. SPORT campione m. (-essa) di categoria.
league championship /ˈli:gˌtʃæmpɪənʃɪp/ n. SPORT campionato m. di categoria.
league division /ˈli:gdɪˌvɪʒn/ n. BE SPORT serie f., divisione f.
League of Nations /ˌli:gəvˈneɪʃnz/ n. STOR. Società f. delle Nazioni.
leaguer /ˈli:gə(r)/ n. alleato m. (-a), membro m. di una lega.
league standings /ˈli:gˌstændɪŋz/ n.pl. AE → **league table**.
league table /ˈli:gˌteɪbl/ n. BE SPORT classifica f. di campionato; FIG. classifica f.
Leah /lɪə/ n.pr. Lia, Lea.
▷ **1.leak** /li:k/ n. **1** *(crack) (in container, roof)* crepa f.; *(in ship)* falla f.; ***to plug*** o ***stop a ~*** chiudere una crepa; MAR. turare una falla; ***to spring a ~*** [*pipe, tank*] creparsi; ***the vessel sprang a ~*** si aprì una falla nell'imbarcazione **2** *(escape) (of liquid, gas)* fuga f., perdita f.; EL. *(of charge)* dispersione f.; ***gas, radiation ~*** fuga di gas, di radioattività **3** GIORN. *(disclosure)* fuga f. di notizie (**about** su); ***a press*** o ***newspaper ~*** una notizia trapelata alla stampa; ***a security ~*** una fuga di informazioni riservate ◆ ***to take a ~*** POP. pisciare.
▷ **2.leak** /li:k/ **I** tr. **1** *(disclose)* fare trapelare [*information*]; diffondere, divulgare [*report, document*] **2** *(expel)* [*tank*] perdere [*oil, effluent*] (**into** in); [*heater*] liberare, diffondere [*fumes*] **II** intr. **1** *(have crack)* [*container, pipe, roof*] perdere; [*boat*] fare acqua **2** *(seep)* [*chemical, liquid, gas*] filtrare, fuoriuscire (**from, out of** da); ***to ~ into*** spandersi in [*sea*]; penetrare in [*soil*].
■ **leak away** fuoriuscire.
■ **leak in** [*water*] filtrare, infiltrarsi (**through** attraverso).
■ **leak out** [*information, news, secret*] trapelare; [*water, chemicals, gas*] fuoriuscire, spandersi.
leakage /ˈli:kɪdʒ/ n. **1** U *(leaking)* perdita f. **2** *(spill)* fuga f., perdita f. **3** U *(of information, secrets)* fuga f. **4** COMM. *(natural loss)* perdita f.
leaked /li:kd/ **I** p.pass. → **2.leak II** agg. [*document, report, information*] diffuso.
leaker /ˈli:kə(r)/ n. AE COLLOQ. talpa f., spione m. (-a).
leakiness /ˈli:kɪnɪs/ n. **1** *(of container, roof)* mancanza f. di tenuta **2** *(of security system)* inaffidabilità f.
leaking /ˈli:kɪŋ/ agg. [*pipe, roof, tank*] che perde; [*window*] che non tiene; ***~ gas*** fuga di gas.
leaky /ˈli:kɪ/ agg. [*container, tap, pipe, roof*] che perde; [*boat*] che fa, imbarca acqua; ***to be ~*** [*container, tap, roof*] perdere.
leal /li:l/ agg. SCOZZ. ANT. leale, onesto.
1.lean /li:n/ **I** agg. **1** [*person, body, face*] snello, magro; [*meat*] magro **2** FIG. *(difficult)* [*year, times*] difficile; ***to have a ~ time*** o ***year*** passare un periodo, un anno difficile; ***two ~ years*** due anni di vacche magre **3** *(efficient)* [*company*] agile, snello **II** n. *(meat)* magro m. ◆ ***to have a ~ time of it*** essere in tempo di vacche magre.
▶ **2.lean** /li:n/ **I** tr. (pass., p.pass. **leaned**, **leant**) appoggiare; ***to ~ a bike, ladder against a wall*** appoggiare una bici, una scala contro il *o* al muro; ***to ~ one's head on sb.'s shoulder*** appoggiare la testa sulla spalla di qcn.; ***to ~ one's head out of the window*** mettere la testa fuori dalla finestra *o* sporgersi dalla finestra; ***to ~ one's elbows on sth.*** appoggiarsi con *o* mettere i gomiti su qcs.; ***to ~ one's back against the wall*** appoggiare la schiena, appoggiarsi al muro **II** intr. (pass., p.pass. **leaned**, **leant**) [*wall, building*] essere inclinato, pendere; ***the bicycle, ladder was ~ing against the wall*** la bicicletta, la scala era appoggiata contro *o* al muro; ***to ~ against a wall*** appoggiarsi contro *o* a un muro.
■ **lean across:** ***~ across*** [*person*] stendersi, allungarsi (**to do** per fare); ***~ across [sth.]*** stendersi su, allungarsi su [*desk, table*].
■ **lean back** appoggiarsi (all'indietro); ***to ~ back in one's chair*** appoggiarsi allo schienale della sedia.
■ **lean down** piegarsi (verso il basso); ***to ~ down from the cab of a lorry*** sporgersi dal finestrino di un camion.
■ **lean forward** piegarsi in avanti (**to do** per fare).
■ **lean on:** ***~ on [sth.]*** appoggiarsi a [*stick*]; affacciarsi a [*windowsill*]; ***~ on my arm*** appoggiati al mio braccio; ***~ on [sb.]*** **1** appoggiarsi a [*person*] **2** FIG. *(depend on)* contare su [*person*] **3** FIG. *(pressurize)* fare pressioni su [*person*].
■ **lean out:** ***~ out*** sporgersi; ***to ~ out of [sth.]*** sporgersi da [*window*]; sporgersi dal finestrino di [*vehicle*].
■ **lean over:** ***~ over*** [*person*] piegarsi, chinarsi; *(forwards)* piegarsi, chinarsi in avanti; ***~ over backwards*** FIG. fare l'impossibile; ***~ over [sth.]*** piegarsi, chinarsi su [*shoulder*]; sporgersi sopra [*wall*].
■ **lean towards** piegarsi verso; FIG. [*person, party, object*] tendere a.
▷ **leaning** /ˈli:nɪŋ/ agg. [*tree, post*] inclinato, piegato; ***the ~ tower of Pisa*** la torre pendente di Pisa.
leanings /ˈli:nɪŋz/ n.pl. *(gift, predisposition)* disposizioni f.; *(tendencies)* tendenze f.; *(inclinations)* inclinazioni f.; ***to have artistic ~*** avere disposizione per l'arte; ***to have socialist ~*** avere tendenze socialiste.
leanness /ˈli:nnɪs/ n. **1** *(of person)* snellezza f., magrezza f. **2** *(of meat)* assenza f. di grasso, magrezza f.
leant /lent/ pass., p.pass. → **2.lean**.
lean-to /ˈli:ntu:/ **I** n. (pl. **~s**) = piccola costruzione addossata a un edificio più grande **II** modif. [*shed, garage*] annesso.
▷ **1.leap** /li:p/ n. **1** salto m., balzo m.; SPORT salto m.; ***to take a ~*** fare un salto *o* saltare; ***in*** o ***at one ~*** con un salto *o* in un solo balzo **2** FIG. *(big step)* passo m. (in avanti); ***a great ~ forward in sth.*** un grande balzo in avanti in qcs.; ***to make the ~ from journalist to novelist*** fare il salto dal giornalismo alla narrativa; ***it requires a ~ of the imagination*** richiede uno sforzo d'immaginazione; ***"a giant ~ for mankind"*** "un grande passo *o* passo da gigante per l'umanità" **3** *(in price, demand)* aumento m. improvviso (**in** di) ◆ ***to come on in ~s and bounds*** procedere a passi da gigante *o* fare enormi progressi.
▷ **2.leap** /li:p/ **I** tr. (pass., p.pass. **leapt**, **leaped**) **1** *(jump over)* saltare, superare con un salto [*hedge, chasm*] **2** [*person*] ***to ~ three metres*** saltare tre metri **3** [*rider*] fare saltare [*horse*] (**over** su) **II** intr. (pass., p.pass. **leapt**, **leaped**) **1** [*person, animal*] saltare, balzare; ***to ~ out of the bath, of bed*** saltare *o* schizzare fuori dalla vasca, dal letto; ***to ~ to the phone*** precipitarsi (a rispondere) al telefono; ***to ~ to one's feet*** saltare *o* balzare in piedi; ***to ~ across*** o ***over sth.*** saltare qcs. *o* superare qcs. con un salto; ***to ~ to safety*** mettersi al sicuro con un balzo; ***to ~ up the stairs*** salire *o* fare le scale a balzi; ***to ~ to sb.'s defence*** FIG. accorrere in difesa di qcn. **2** FIG. [*heart*] balzare, fare un salto (**with** di, per); ***her mind ~ed back to her childhood*** ritornò col pensiero indietro ai giorni della sua infanzia; ***the narrative ~s forward to 1950*** la narrazione fa un salto in avanti fino al 1950; ***the words ~ed off the page at him*** le parole gli saltarono agli occhi **3** [*price, profit, charge, stock market*] balzare, aumentare improvvisamente (**by** di) ◆ ***look before you ~*** PROV. rifletti prima di agire.
■ **leap around**, **leap about** saltellare.
■ **leap at:** ***~ at [sth.]*** precipitarsi, gettarsi, buttarsi su [*chance, offer*].
■ **leap in** *(with answer, retort)* lanciarsi, scagliarsi.
■ **leap out** saltare, balzare fuori (**from behind** da dietro); ***~ out at [sb.]*** **1** saltare addosso a, assalire [*passerby*] **2** FIG. *(be obvious)* saltare agli occhi di [*reader, onlooker*].
■ **leap up** **1** *(jump to one's feet)* balzare, saltare in piedi; ***to ~ up at sb.*** [*dog*] saltare addosso a qcn. **2** *(rise)* [*price, rate*] fare un balzo, aumentare improvvisamente.
leap day /ˈli:pdeɪ/ n. = il 29 febbraio.
1.leapfrog /ˈli:pfrɒg, AE -frɔ:g/ 10 n. cavallina f.; ***to play ~*** saltare la *o* giocare alla cavallina.
2.leapfrog /ˈli:pfrɒg, AE -frɔ:g/ **I** tr. (forma in -ing ecc. **-gg-**) **1** saltare, superare con un salto [*wall, obstacle*] **2** FIG. superare [*rival, opponent*] **II** intr. (forma in -ing ecc. **-gg-**) FIG. ***to ~ over*** superare [*rival, opponent*].
leapfrogging /ˈli:pfrɒgɪŋ, AE -frɔ:g-/ n. rincorsa f. dei prezzi, dei salari.
leapt /lept/ p.pass., pass. → **2.leap**.
leap year /ˈli:pjiə(r), -jɜ:(r)/ n. anno m. bisestile.
Lear /lɪə(r)/ n.pr. Lear (nome di uomo).
▶ **learn** /lɜ:n/ **I** tr. (pass., p.pass. **learned**, **learnt**) **1** *(through study, practice)* imparare, apprendere [*language, facts, trade*]; acquisire [*skills*] (**from** da); ***to ~ to do*** o ***to ~ how to do*** imparare a fare; ***I ~ed a lot from her*** ho imparato molto da lei; ***what we ~ed from the experiment was that*** ciò che abbiamo appreso dall'esperimento è che; ***what did we ~ from it?*** che cosa abbiamo imparato da questo? ***there is a lesson to be ~ed from this*** da questo si può trarre un insegnamento; ***we ~ed all about computers*** abbiamo imparato tutto sui computer; ***to ~ to live with sb., sth.*** imparare a convivere con qcn., qcs. **2** *(discover)* ***to ~ that*** apprendere che; ***we'll soon ~ whether he succeeded*** sapremo presto *o* verremo presto a sapere se è riuscito **3** BE COLLOQ. *(teach)* ***I'll soon ~ you!*** ti insegno io! te la do io una lezione! ***that'll ~ you!*** così impari! **II** intr. (pass., p.pass. **learned**, **learnt**) **1** *(acquire knowledge)* imparare; ***to ~ about sth.*** imparare *o* apprendere qcs.; ***to ~ from*** o ***by experience*** imparare dall'esperienza *o* con l'esperienza; ***to ~ from one's mistakes*** imparare dai propri errori; ***it's been a ~ing experience*** è stata un'esperienza istruttiva; ***you'll ~!*** imparerai (un giorno o l'altro)! ***it's never too late to ~*** non è mai troppo tardi per imparare **2** *(hear*

information) apprendere (**that** che); ***to ~ of*** o ***about sb.'s death*** venire a sapere della morte di qcn. ◆ ***live and ~*** non si finisce mai di imparare.

■ **learn off:** ~ *[sth.] off*, ~ *off [sth.]* imparare qcs. a memoria.

1.learned /lɜːnd/ **I** p.pass. → **learn II** agg. PSIC. [*behaviour, response*] acquisito.

2.learned /lɜːnɪd/ agg. [*person*] istruito, colto; [*book, article*] dotto, erudito; [*remark, speech*] dotto, sapiente; [*journal*] specializzato; [*society*] dotta, di eruditi; ***my ~ friend*** DIR. onorevole collega.

learnedly /ˈlɜːnɪdlɪ/ avv. sapientemente.

▷ **learner** /ˈlɜːnə(r)/ n. apprendente m. e f., discente m. e f.; ***foreign language ~s*** studenti di lingua straniera; ***he's only a ~*** è solo un principiante; ***to be a quick ~*** imparare rapidamente; ***slow ~*** SCOL. allievo che apprende lentamente; ***to be a slow ~*** apprendere con difficoltà.

learner driver /ˌlɜːnəˈdraɪvə(r)/ n. BE allievo m. (-a) di scuola guida.

learning /ˈlɜːnɪŋ/ n. **1** *(erudition)* cultura f., erudizione f.; ***the amount of ~ in that book is phenomenal*** il livello di erudizione di questo libro è fenomenale; ***to wear one's ~ lightly*** non fare pesare la propria cultura **2** *(process)* apprendimento m.; ***the ~ of social skills*** l'apprendimento del vivere sociale ◆ ***a little ~ is a dangerous thing*** PROV. = il conoscere qualcosa in modo superficiale può essere controproducente.

learning curve /ˈlɜːnɪŋkɜːv/ n. curva f. di apprendimento.

learning difficulties /ˈlɜːnɪŋˌdɪfɪkəltɪz/ n.pl. ***children, adults with ~*** bambini, adulti con difficoltà di apprendimento.

learning disability /ˈlɜːnɪŋdɪsəˌbɪlətɪ/ n. AE SCOL. difficoltà f.pl. di apprendimento.

learning disabled child /ˌlɜːnɪŋdɪsˌeɪbldˈtʃaɪld/ n. (pl. **learning disabled children**) AE SCOL. bambino m. (-a) con difficoltà di apprendimento.

learning process /ˌlɜːnɪŋˈprəʊses, AE -ˈprɒses/ n. processo m. di apprendimento.

learning resources centre /ˌlɜːnɪŋrɪˌsɔːsɪzˈsentə(r), -rɪˌzɔːs-, AE -ˌriːsɔːrs-/ n. centro m. di documentazione e informazione.

learning support teacher /ˌlɜːnɪŋsəˌpɔːtˈtiːtʃə(r)/ n. insegnante m. e f. di sostegno.

learnt /lɜːnt/ pass., p.pass. → **learn**.

▷ **1.lease** /liːs/ n. DIR. *(contract, period of time)* locazione f.; ***to take out a ~ on an apartment*** ottenere in locazione un appartamento; ***a one-year ~*** locazione per un anno; ***long ~*** locazione a lungo termine ◆ ***to give sb. a new ~ of*** BE o ***on*** AE ***life*** [*operation, new drug*] dare nuove speranze di vita a qcn.; [*news, experience*] ridare vita a qcn.; ***to give a new ~ of life to*** dare nuova vita a [*party, company, movement*]; ***the city has been given a new ~ of*** o ***on life*** la città ha conosciuto una nuova vitalità.

▷ **2.lease** /liːs/ tr. **1** [*tenant*] dare in locazione, in affitto, affittare [*house, premises*]; [*client*] prendere a noleggio (in leasing) [*car*] **2** → **lease out**.

■ **lease out:** ~ *out [sth.]*, ~ *[sth.] out* dare in locazione, in affitto [*property*].

3.lease /liːs/ n. TESS. incrociatura f.

leaseback /ˈliːsbæk/ n. leasing m. immobiliare.

leasehold /ˈliːshəʊld/ **I** n. *(property)* possesso m. immobiliare; *(tenure)* proprietà f. in locazione **II** agg. [*property*] in locazione **III** avv. in locazione.

leaseholder /ˈliːsˌəʊldə(r)/ n. locatario m. (-a).

leasehold reform /ˈliːshəʊldrɪˌfɔːm/ n. revisione f. del contratto di locazione.

leash /liːʃ/ n. **1** *(for dog)* guinzaglio m.; ***to have one's dog on a ~*** tenere il cane al guinzaglio **2** FIG. ***to keep sb. on a short*** o ***tight ~*** tenere qcn. al guinzaglio; ***to be straining at the ~*** [*person*] mordere il freno.

leasing /ˈliːsɪŋ/ **I** n. *(by company)* leasing m.; *(by individual)* locazione-vendita f. **II** modif. [*company, scheme*] di leasing.

▶ **least** /liːst/ (superl. di **little**) When *the least* is used as a quantifier followed by a noun to mean *the smallest quantity of*, it is translated by *(il) meno, (il) più piccolo, (il) minore*: *they had the least food* = hanno ricevuto meno cibo di tutti / la minor quantità di cibo. - But when *the least* is used as a quantifier to mean *the slightest*, it is translated by *il minimo* or *la minima*: *I haven't the least idea about it* = non ne ho la minima idea. For examples of these and particular usages, see below. - For translations of *least* as a pronoun or adverb see **II** and **III** below. - The phrase *at least* is usually translated by *almeno*. For examples and exceptions, see **III 3** below. - For the phrase *in the least*, see **III 4** below. **I** quantif. ***(the) ~*** (il) meno; *(in negative constructions)* (il) minimo; ***they had the ~ food*** hanno ricevuto meno cibo di tutti *o* la minor quantità di cibo; ***they have the ~ chance of winning*** sono quelli che hanno la possibilità di vincere più remota; ***they haven't the ~ chance of winning*** non hanno la minima possibilità di vincere; ***I haven't the ~ idea*** non ne ho la minima idea; ***he didn't have the ~ difficulty in believing her*** non ebbe la minima difficoltà a crederla; ***the ~ thing annoys him*** la minima cosa lo irrita *o* si secca per un nonnulla; ***he wasn't the ~ bit jealous, worried*** non era minimamente geloso, preoccupato; ***"were you frightened?" - "not the ~ bit!"*** "hai avuto paura?" - "nemmeno un po'!" **II** pron. il meno, il minimo; ***nobody has very much but we have the ~*** nessuno ha molto, ma noi abbiamo meno di tutti; ***buy the one that costs the ~*** compra quello che costa meno; ***it was the ~ I could do*** era il minimo che potessi fare; ***the ~ he could have done was phone the police*** al minimo avrebbe potuto, avrebbe almeno potuto chiamare la polizia; ***that's the ~ of our problems!*** è l'ultimo dei nostri problemi! è l'ultima delle nostre preoccupazioni! ***that's the ~ of it*** questo è il meno; ***she was surprised, to say the ~ (of it)*** era sorpresa, a dir poco **III** avv. **1** *(with adjective or noun)* ***the ~*** (il) meno; ***she was the ~ satisfied of all*** era la meno soddisfatta di tutti; ***the ~ wealthy, powerful families*** le famiglie meno ricche, potenti **2** *(with verbs)* meno; ***I like that one (the) ~*** quello mi piace meno di tutti; ***they are the ones who need it (the) ~*** sono quelli che ne hanno meno bisogno; ***just when we ~ expected it*** proprio quando meno ce lo aspettavamo; ***those ~ able to afford to pay*** coloro che hanno meno possibilità di pagare; ***those ~ able to cope*** coloro che sono meno in grado di cavarsela; ***nobody was very enthusiastic about this idea, the president ~ of all*** o ***~ of all the president*** nessuno era molto entusiasta di questa idea, il presidente meno di tutti *o* meno di tutti il presidente; ***not ~ because*** non ultimo, perché **3 at least** almeno, perlomeno; ***there were at ~ 50 people in the room*** c'erano almeno cinquanta persone nella stanza; ***it must have cost at ~ £ 1,000*** deve essere costato almeno 1.000 sterline; ***she's at ~ 40*** ha almeno quarant'anni; ***she's at ~ as qualified as he is*** è perlomeno qualificata tanto quanto lui; ***they could at ~ have phoned!*** avrebbero almeno potuto telefonare! ***you could at ~ have told me!*** perlomeno avresti potuto dirmelo! ***at ~ he didn't suffer*** almeno non ha sofferto; ***he's gone to bed - at ~ I think so*** è andato a letto - almeno credo; ***he has never been there - at ~, that's what he says*** non è mai stato lì - o almeno così dice; ***such people are at the very ~ guilty of negligence*** tali persone sono come minimo colpevoli di negligenza; ***candidates should, at the very ~, be proficient in two foreign languages*** i candidati devono padroneggiare almeno due lingue straniere **4 *in the least*** minimamente; ***I'm not worried in the ~*** o ***I'm not in the ~ (bit) worried*** non sono minimamente preoccupato, non sono preoccupato neanche un po'; ***I'm not hungry in the ~, I'm not in the ~ (bit) hungry*** non ho minimamente *o* assolutamente fame; ***it doesn't bother me in the ~*** non mi disturba affatto; ***it doesn't matter in the ~*** non ha nessuna *o* la minima importanza; ***not in the ~!*** per niente! niente affatto! ◆ ***last but not ~, last but by no means ~*** ultimo, ma non meno importante.

leastways /ˈliːstweɪz/, **leastwise** /ˈliːstwaɪz/ AE avv. COLLOQ. in ogni caso, almeno.

leat /liːt/ n. gora f.

▷ **1.leather** /ˈleðə(r)/ **I** n. **1** *(material)* cuoio m., pelle f. **2** (anche **wash ~**) cuoio m. scamosciato, pelle f. scamosciata **3** (anche **stirrup ~**) staffile m. **II leathers** n.pl. vestiti m. di pelle **III** modif. [*garment*] di pelle; [*object*] di pelle, in cuoio ◆ ***to go hell for ~*** COLLOQ. [*person*] correre a spron battuto; [*vehicle*] filare a tutta birra.

2.leather /ˈleðə(r)/ tr. COLLOQ. prendere a cinghiate, conciare per le feste [*person*].

leather-back /ˈleðəbæk/ n. tartaruga f. liuto.

leather bar /ˈleðəˌbɑː(r)/ n. COLLOQ. = bar frequentato da quegli omosessuali che sono soliti indossare vestiti di pelle.

leather-bound /ˈleðəbaʊnd/ agg. rilegato in cuoio, in pelle.

leatherette /ˌleðəˈret/ n. similpelle f.

leather goods /ˈleðəgʊdz/ n.pl. oggetti m. di pelle, in cuoio.

leather-head /ˈleðəhed/ n. ORNIT. filemone m. dal corno, testa f. di cuoio.

leathering /ˈleðərɪŋ/ n. COLLOQ. scarica f. di botte.

leatherjacket /ˈleðəˌdʒækɪt/ n. BE ZOOL. larva f. della tipula.

leathern /ˈleðən/ agg. ANT. **1** *(made of leather)* di cuoio, di pelle **2** *(leathery)* simile al cuoio.

leatherneck /ˈleðənek/ n. AE MIL. GERG. marine m.

leather paper /ˈleðəˌpeɪpə(r)/ n. carta f. marocchinata.

leather wear /ˈleðəweə(r)/ n. abbigliamento m. in pelle.

leathery /ˈleðərɪ/ agg. [*skin, meat*] simile a cuoio, coriaceo.

1.leave /li:v/ n. **1** (anche **~ of absence**) *(time off)* permesso m., congedo m.; MIL. licenza f.; ***to take ~*** prendere un congedo; ***to take three days' ~*** prendere tre giorni di ferie; ***I've taken all my ~ for this year*** ho usato tutti i miei giorni di ferie quest'anno; ***to be granted 24 hours' ~*** MIL. ottenere una licenza di ventiquattro ore; ***to be on ~*** essere in congedo; MIL. essere in licenza; ***to come home on ~*** MIL. tornare a casa in licenza **2** *(permission)* permesso m., autorizzazione f.; ***to give sb. ~ to do*** dare a qcn. il permesso di fare; ***to have sb.'s ~ to do*** avere il permesso di qcn. per fare; ***to ask sb.'s ~ to do, to ask ~ of sb. (to do)*** FORM. chiedere a qcn. l'autorizzazione a fare; ***by*** o ***with your ~*** con il vostro permesso; ***without so much as a by your ~*** senza nemmeno chiedere il permesso **3** *(departure)* ***to take ~ of sb.*** prendere congedo da qcn.; ***he took his ~*** prese congedo.

▶ **2.leave** /li:v/ **I** tr. (pass., p.pass. **left**) **1** *(depart from)* partire da [*house, station etc.*]; *(more permanently)* lasciare [*country, city etc.*]; *(by going out)* uscire da [*room, building*]; ***he left home early*** è uscito di casa presto; ***to ~ school*** *(permanently)* lasciare la scuola; ***the plane, train ~s Paris for Turin at 9.00*** l'aereo, il treno parte da Parigi per Torino alle nove; ***to ~ the road*** lasciare la strada; ***to ~ the table*** alzarsi da tavola; ***to ~ Italy to live in Australia*** lasciare l'Italia per andare a vivere in Australia; ***to ~ the track*** [*train*] deragliare; ***to ~ the ground*** [*plane*] staccarsi da terra *o* decollare; ***to ~ one's seat*** lasciare il proprio posto, alzarsi; ***I left him cleaning his car*** l'ho lasciato che stava lavando la sua auto; ***the smile left her face*** FIG. il sorriso scomparve dal suo volto; ***as soon as the words left her lips...*** quando le parole le furono uscite di bocca... *o* non appena finì di parlare... **2** *(leave behind) (forgetfully)* lasciare [*person*]; lasciare, dimenticare [*object*]; *(deliberately)* lasciare [*partner*]; lasciare [*key, instructions, name, tip, address*] (**for** per; **with** a); *(permanently)* abbandonare [*animal, children, family*]; ***he left his umbrella on the train*** ha dimenticato l'ombrello sul treno; ***the kittens had been left in a sack*** i gattini erano stati abbandonati in un sacco; ***she's left her husband*** ha lasciato suo marito; ***to ~ sb. sth.*** lasciare qcs. a qcn.; ***I've left him some instructions, the key*** gli ho lasciato delle istruzioni, la chiave; ***to ~ sb., sth. in sb.'s care*** affidare qcn., qcs. alle cure di qcn. **3** *(let remain)* lasciare [*food, drink, gap, choice*]; ***he left his vegetables, wine*** avanzò la verdura, lasciò il vino nel bicchiere; ***you ~ me no choice*** o ***alternative but to...*** non mi lasci altra scelta *o* alternativa che...; ***he left us in no doubt as to*** o ***about his feelings*** non ci lasciò alcun dubbio circa i suoi sentimenti; ***to ~ sth. lying around*** lasciare qcs. in disordine; ***to ~ sth. tidy, open, in ruins*** lasciare qcs. in ordine, aperto, in rovina; ***to ~ sb. homeless*** lasciare qcn. senza casa; ***to be left homeless*** ritrovarsi senza casa; ***there are, we have five minutes left*** ci sono, abbiamo ancora cinque minuti; ***he was left short of money, time*** rimase a corto di denaro, con poco tempo a disposizione; ***he stared at what was left of the house*** guardò quello che era rimasto della casa; ***ten minus seven ~s three*** MAT. dieci meno sette fa tre; ***the accident left him an orphan, a cripple*** l'incidente lo rese orfano, invalido; ***the attack left her with a scar, a broken nose*** l'aggressione le procurò una cicatrice, la frattura del setto nasale; ***where does that ~ me?*** che ne sarà di me? **4** *(allow to do)* ***to ~ sth. to sb.*** lasciare qcs. a qcn. [*job, task*]; ***to ~ it (up) to sb. to do*** lasciare a qcn. il compito di fare; ***it will be left to him to do it*** spetterà a lui farlo; ***to ~ the decision, choice (up) to sb.*** lasciare la decisione, la scelta a qcn.; ***to ~ it up to sb. where, how to do*** lasciare decidere a qcn. dove, come fare; ***to ~ sb. to do*** lasciare fare a qcn.; ***~ him to sleep*** lascialo dormire; ***to ~ sb. to it*** *(to do something)* lasciare che qcn. se la sbrogli; *(to be alone)* lasciare perdere qcn.; ***to ~ sb. to himself*** o ***to ~ sb. be*** COLLOQ. lasciare stare qcn.; ***~ him, me alone*** lascialo, lasciami solo, stare; ***~ it to*** o ***with me*** lascia fare a me; ***~ everything to me!*** lascia fare tutto a me! lascia, faccio tutto io! **5** *(result in)* [*oil, wine, tea*] fare, lasciare [*stain*]; [*cup, plate etc.*] lasciare [*stain, mark*]; [*cup, heel, chair*] fare, lasciare [*hole, dent*]; ***the operation will ~ a scar*** l'operazione ti lascerà una cicatrice *o* dopo l'operazione ti resterà una cicatrice **6** *(postpone)* lasciare stare [*task, homework, housework*]; ***~ it till tomorrow, Friday, the end*** lascia stare fino a domani, a venerdì, alla fine **7** *(stop and agree)* ***to ~ it that*** convenire che; ***to ~ it at that*** lasciare stare *o* restare (d'accordo) così **8** DIR. *(bequeath)* lasciare in eredità [*money, property*]; ***to ~ sth. to sb.*** o ***to ~ sb. sth.*** lasciare qcs. a qcn. **9** *(be survived by)* lasciare [*widow, son, daughter*] **10** *(pass)* ***to ~ sth. on one's left, right*** lasciare qcs. alla propria sinistra, destra **II** intr. (pass., p.pass. **left**) partire; ***to ~ for*** andare a [*airport*]; partire per [*France*]; ***to ~ for work*** andare al lavoro; ***to ~ for another company*** andarsene per passare a un'altra ditta; ***he left for a career in advertising*** ha lasciato il posto per lavorare nella pubblicità **III** rifl. (pass., p.pass. **left**) ***to ~ oneself (with)*** tenersi [*time, money*]; ***to ~ oneself short of money, time*** non tenersi abbastanza denaro, non calcolare un tempo sufficiente.

▪ **leave about, leave around:** **~ [sth.] around** *(carelessly)* lasciare in disordine [*books, papers, toys*]; *(deliberately)* sparpagliare [*cushions, books, magazines*].

▪ **leave aside:** **~ [sth.] aside, ~ aside [sth.]** lasciare qcs. da parte; ***leaving aside the question of*** *(ignoring for now)* lasciando da parte la questione di; *(not mentioning)* per non parlare della questione di.

▪ **leave behind:** **~ [sb., sth.] behind 1** *(go faster than)* lasciare indietro, distanziare [*person, competitor*]; FIG. *(in business, intellectually)* lasciare indietro [*person*]; lasciare indietro, staccare [*competitor*]; ***the teacher left the students behind*** gli studenti non riuscivano a seguire il professore **2** *(move away from)* [*vehicle, plane*] allontanarsi da [*coast, country, ground*]; [*traveller*] lasciare dietro di sé [*town, country*]; [*person*] lasciare, lasciarsi dietro [*family, husband*]; FIG. lasciarsi alle spalle, farla finita con [*past, problems, relationship*] **3** *(fail to bring) (accidentally)* lasciare, dimenticare [*object, child, animal*]; *(deliberately)* lasciare, abbandonare [*object, child, animal*]; **~ [sth.] behind** *(cause to remain)* [*person*] lasciare dietro di sé [*chaos, problems, bitterness*]; [*earthquake, storm, flood*] lasciare dietro di sé [*damage*]; ***to ~ chaos behind*** lasciare dietro di sé il caos; ***the army, tornado left a trail of destruction behind it*** l'esercito, il tornado ha lasciato dietro di sé una scia di distruzione; ***to be*** o ***get left behind*** *(not keep up) (physically)* [*person*] restare indietro; *(intellectually)* restare indietro *o* non (riuscire) a seguire; *(in business)* [*country, company*] restare indietro *o* farsi distanziare; *(not be taken) (accidentally)* essere lasciato *o* dimenticato; *(deliberately)* ***the plants were left behind*** le piante sono state lasciate *o* non sono state prese.

▪ **leave go, leave hold** lasciare (andare) [*person*]; lasciare [*object*]; ***to ~ go*** o ***hold of sb., sth.*** lasciare (andare) qcn., lasciare qcs.

▪ **leave in:** **~ [sth.] in** lasciare [*object, paragraph, quote*].

▪ **leave off:** **~ off** [*rain*] cessare; [*person*] interrompersi; ***to carry on*** o ***continue where one left off*** riprendere da dove si era rimasti; ***where did we ~ off?*** dove eravamo? ***~ off!*** COLLOQ. smettila! **~ off doing** *(stop)* smettere di fare; **~ [sth.] off, ~ off [sth.] 1** *(not put on)* non mettere [*coat, tie, hat, lid, blanket*]; *(not put back on)* non rimettere [*coat, tie, hat, lid, blanket*] **2** *(not switch on)* non accendere [*light, TV*]; non attaccare [*iron, kettle*]; *(leave switched off)* lasciare spento [*light, central heating, TV, iron, kettle*] **3** *(omit)* lasciare fuori [*name, item, letter*]; *(by mistake)* dimenticare [*name, item, letter*]; ***to ~ sth. off a list*** omettere qcs. da una lista.

▪ **leave on:** **~ [sth.] on 1** *(not remove)* tenere [*coat, tie, hat*]; lasciare [*lid, blanket, bandage, label*] **2** *(not switch off)* lasciare acceso [*light, TV, central heating, gas*]; lasciare attaccato [*iron*]; lasciare aperto [*gas, tap*]; lasciare [*safety catch*].

▪ **leave out:** **~ [sb., sth.] out, ~ out [sb., sth.] 1** *(fail to include) (accidentally)* omettere, dimenticare [*word, line, name, fact*]; dimenticare [*ingredient, object, person*] *(deliberately)* lasciare fuori, omettere [*name, fact, reference*]; non mettere [*ingredient, object*]; *(from social group, activity)* lasciare fuori, escludere (**of** da); ***to feel left out*** sentirsi tagliato fuori *o* escluso; ***~ it out!*** BE COLLOQ. piantala! ***to ~ sth. out of*** omettere qcs. da [*text*]; ***to ~ sb. out of*** lasciare qcn. fuori da [*group*]; ***~ me out of it!*** lasciamene fuori! non coinvolgermi! ***to ~ sth. out of one's calculations*** non tenere conto di qcs. nei propri calcoli **2** *(let remain outdoors)* lasciare fuori [*bicycle, washing, milk*] **3** *(not put away)* lasciare fuori [*clothes*] **4** *(not put in)* non mettere [*contact lenses, plug*]; *(not put back)* non rimettere [*contact lenses, plug*].

▪ **leave over:** **~ [sth.] over 1** *(cause to remain)* lasciare, avanzare [*food, drink*]; ***there is, we have some money left over*** rimane, ci rimane del denaro **2** *(postpone)* rimandare [*discussion, meeting*].

3.leave /li:v/ intr. → **2.leaf**.

leaved /li:vd/ **I** p.pass. → **3.leave II** agg. **1 -leaved** in composti ***red-~, narrow-~*** dalle foglie rosse, strette **2** [*door*] a due battenti; [*table*] allungabile.

1.leaven /'levn/ n. lievito m.

2.leaven /'levn/ tr. **1** GASTR. fare lievitare **2** FIG. *(enliven)* ravvivare, vivacizzare [*speech, story*] (**with** con).

leavening /'levnɪŋ/ n. **1** GASTR. lievitazione f. **2** FIG. fermento m.

leaves /li:vz/ → **1.leaf**.

leave-taking /'li:vˌteɪkɪŋ/ n. commiato m., congedo m.

▷ **leaving** /'li:vɪŋ/ **I** n. partenza f. **II** modif. [*party, present*] d'addio **III leavings** n.pl. avanzi m.

Lebanese /ˌlebə'ni:z/ ♦ **18 I** agg. libanese **II** n. (pl. ~) libanese m. e f.

Lebanon /ˈlebənən/ ♦ *6* n.pr. (anche **the** ~) Libano m.; ***in*** ~ in Libano.

1.lech /letʃ/ n. COLLOQ. → **lecher**.

2.lech /letʃ/ intr. COLLOQ. ***to*** ~ ***for*** o ***after sb.*** sbavare per *o* dietro qcn.

lecher /ˈletʃə(r)/ n. SPREG. sporcaccione m.

lecherous /ˈletʃərəs/ agg. [*look, person*] libidinoso, lascivo.

lecherously /ˈletʃərəslɪ/ avv. in modo libidinoso, libidinosamente.

lechery /ˈletʃərɪ/ n. libidine f.

lecithin /ˈlesɪθɪn/ n. lecitina f.

lectern /ˈlektɜːn/ n. *(stand)* pulpito m.; *(desk)* leggio m.

lection /ˈlekʃn/ n. **1** FILOL. lezione f. **2** RELIG. lettura f.

lectionary /ˈlekʃənərɪ, AE -nerɪ/ n. lezionario m.

lector /ˈlektɔː(r)/ ♦ *27* n. **1** RELIG. lettore m. **2** *(in a college or university)* lettore m. (-trice).

▷ **1.lecture** /ˈlektʃə(r)/ n. **1** *(public talk)* lezione f., conferenza f. (**on** su); BE UNIV. lezione f. (**on** su); ***to give a*** ~ *(public talk)* fare una conferenza (**to** a); BE UNIV. fare una lezione (**to** a) **2** *(scolding)* ***he gave me a*** ~ mi ha fatto una ramanzina *o* la paternale.

2.lecture /ˈlektʃə(r)/ **I** tr. **1** BE UNIV. dare lezioni a, fare una lezione a; ***she ~s new students on computing*** insegna informatica ai nuovi studenti *o* fa corsi di informatica per i nuovi studenti **2** *(scold)* fare una ramanzina a, fare la paternale a; ***to*** ~ ***sb. for having done sth.*** fare una ramanzina a qcn. per aver fatto qcs. **II** intr. **1** BE UNIV. dare lezioni, fare una lezione (**to** a; **on** su); ***next term he'll be lecturing on Dewey*** il prossimo trimestre terrà un corso su Dewey; ***she ~s in mathematics*** insegna matematica (all'università) **2** *(give public talk)* tenere una conferenza (**on** su).

lecture hall /ˈlektʃəˌhɔːl/ n. AE **1** sala f. conferenze **2** UNIV. aula f. (universitaria).

lecture notes /ˈlektʃəˌnəʊts/ n.pl. BE UNIV. appunti m. di una lezione, delle lezioni.

▷ **lecturer** /ˈlektʃərə(r)/ ♦ *27* n. **1** *(speaker)* conferenziere m. (-a) **2** BE UNIV. = docente che ricopre un ruolo simile a quello di professore associato; ***she's a maths*** ~ o ***a*** ~ ***in maths*** è una docente (universitaria) di matematica **3** AE UNIV. = docente a contratto.

lecture room /ˈlektʃəˌruːm, -ˌrʊm/ n. BE UNIV. sala f. conferenze.

lectureship /ˈlektʃəʃɪp/ n. UNIV. = ruolo di lecturer; ***a*** ~ ***in linguistics*** un posto di docente di linguistica.

lecture theatre /ˈlektʃəˌθɪətə(r)/ n. BE UNIV. anfiteatro m.

led /led/ pass., p.pass. → **2.lead**.

LED (⇒ light-emitting diode diodo fotoemittente) LED m.

Leda /ˈliːdə/ n.pr. Leda.

ledge /ledʒ/ n. **1** *(in house) (small shelf)* mensolina f.; ***window*** ~ davanzale **2** *(natural) (on mountain, cliff)* cengia f.; *(tiny)* terrazzo m.; *(overhang)* cornice f. **3** *(under sea) (reef)* catena f. (sottomarina); *(projection)* piattaforma f. (sottomarina) **4** SPORT *(in climbing)* terrazzino m., ballatoio m.

ledger /ˈledʒə(r)/ n. **1** AMM. libro m. mastro **2** ING. traversa f. **3** PESC. esca f. per il bolentino.

ledger board /ˈledʒəˌbɔːd/ n. **1** *(rail)* corrimano m. **2** *(on scaffolding)* tavola f. da ponteggio.

ledger line /ˈledʒəlaɪn/ n. **1** MUS. taglio m. **2** PESC. bolentino m.

lee /liː/ **I** n. **1** riparo m. (dal vento); ***in*** o ***under the*** ~ ***of*** al riparo di **2** MAR. lato m. di sottovento; *(of ship)* poggia f. **II** agg. [*side, shore*] sottovento.

Lee /liː/ n.pr. Lee (nome di uomo e di donna).

1.leech /liːtʃ/ n. ZOOL. sanguisuga f. (anche FIG. SPREG.); ***to cling to sb. like a*** ~ attaccarsi a qcn. come una sanguisuga.

2.leech /liːtʃ/ tr. salassare (anche FIG.).

Leeds /liːdz/ ♦ *34* n.pr. Leeds f.

leek /liːk/ n. porro m.

1.leer /lɪə(r)/ n. SPREG. sbirciata f., sguardo m. malizioso.

2.leer /lɪə(r)/ intr. SPREG. sbirciare, lanciare uno sguardo malizioso, sguardi maliziosi; ***to*** ~ ***at sb., sth.*** lanciare a qcn. uno sguardo malizioso *o* guardare qcs. con malizia.

leeringly /ˈlɪərɪŋlɪ/ avv. con uno sguardo malizioso, con sguardi maliziosi.

leery /ˈlɪərɪ/ agg. ***to be*** ~ ***of*** diffidare di.

lees /liːz/ n.pl. *(wine sediment)* feccia f.sing.

lee shore /ˌliːˈʃɔː/ n. **1** MAR. costa f. di sottovento **2** FIG. fonte, causa di pericolo.

leeward /ˈliːwəd, ˈluːəd/ **I** n. lato m. di sottovento; ***to*** ~ sottovento **II** agg. e avv. sottovento.

Leeward Islands /ˈliːwədˌaɪləndz, ˈluːəd-/ ♦ *12* n.pl. Isole f. Sottovento.

leeway /ˈliːweɪ/ n. **1** MAR. scarroccio m. **2** FIG. spazio m. di manovra, libertà f. di movimento.

1.left /left/ pass., p.pass. → **2.leave**.

▶ **2.left** /left/ **I** agg. [*eye, hand, shoe*] sinistro **II** n. **1** U *(side or direction)* sinistra f.; ***on the*** ~ a sinistra; ***on your*** ~ alla tua sinistra; ***to the*** ~ a sinistra, verso sinistra; ***keep (to the)*** ~ AUT. tenersi a sinistra **2** U + verbo sing. o pl. POL. ***the*** ~ la sinistra; ***on the*** ~ a sinistra; ***to the*** ~ ***of sb.*** a sinistra di qcn. **3** SPORT sinistro m. **III** avv. [*go, look, turn*] a sinistra ♦ ***~, right and centre*** [*criticize, spend money*] a destra e a manca; ***to be out in*** ~ ***field*** AE COLLOQ. essere ai margini.

left back /ˈleftbæk/ n. SPORT difensore m. sinistro; *(in football)* terzino m. (-a) sinistro (-a).

left-click /ˈleftklɪk/ **I** tr. fare clic con il pulsante sinistro del mouse su [*icon*] **II** intr. fare clic con il pulsante sinistro del mouse (**on** su).

▷ **left-hand** /ˌleftˈhænd/ agg. [*page, door*] di sinistra; ***it's on the*** ~ ***side*** è a sinistra *o* sul lato sinistro.

left-hand drive /ˌlefthændˈdraɪv/ **I** n. guida f. a sinistra; ***car with*** ~ auto con guida a sinistra **II** modif. [*vehicle, car*] con la guida a sinistra.

left-handed /ˌleftˈhændɪd/ **I** agg. [*person*] mancino; [*scissors, pen*] per mancini **II** avv. [*play, write*] con la (mano) sinistra.

left-handedness /ˌleftˈhændɪdnɪs/ n. mancinismo m.

left-hander /ˌleftˈhændə(r)/ n. mancino m. (-a).

leftie /ˈleftɪ/ n. **1** COLLOQ. persona f. di sinistra; SPREG. sinistroide m. e f. **2** AE mancino m. (-a).

leftism /ˈleftɪzəm/ n. POL. (l')essere di sinistra, sinistrismo m.

leftist /ˈleftɪst/ **I** n. POL. persona f. di sinistra **II** agg. POL. [*person, party, activity, view*] di sinistra.

left luggage /ˌleftˈlʌgɪdʒ/ n. BE bagagli m.pl. in deposito.

left-luggage (office) /ˌleftˈlʌgɪdʒ(ˌɒfɪs), AE -ˌɔːf-/ n. BE deposito m. bagagli.

left-of-centre /ˌleftəvˈsentə(r)/ agg. POL. di centrosinistra, di centro-sinistra.

left-over /ˈleftəʊvə(r)/ agg. rimasto, rimanente.

left-overs /ˈleftəʊvəz/ n.pl. avanzi m.

leftward /ˈleftwəd/ agg. situato, rivolto a sinistra.

leftward(s) /ˈleftwəd(z)/ avv. verso sinistra.

▷ **left wing** /ˌleftˈwɪŋ/ **I** n. **1** + verbo sing. o pl. POL. (anche **Left Wing**) ***the*** ~ l'ala sinistra *o* la sinistra **2** SPORT *(side of field)* fascia f. (laterale) sinistra; *(player)* ala f. sinistra, laterale m. sinistro **II** **left-wing** agg. POL. [*person, group, view, idea*] di sinistra.

left-winger /ˌleftˈwɪŋə(r)/ n. **1** POL. persona f. di sinistra **2** SPORT ala f. sinistra.

lefty /ˈleftɪ/ n. → **leftie**.

▶ **1.leg** /leg/ **I** n. **1** ♦ *2* ANAT. *(of person)* gamba f.; *(of animal)* zampa f.; ***to have a bad*** ~ COLLOQ. essere zoppo da una gamba; ***to stand on one*** ~ stare su una gamba sola; ***my ~s can't go any further*** le mie gambe non ce la fanno più **2** *(of furniture)* gamba f.; ***table*** ~ gamba del tavolo **3** GASTR. *(of lamb)* cosciotto m.; *(of veal, pork, venison)* coscio m.; *(of poultry, game, frog)* coscia f. **4** SART. *(of trousers)* gamba f.; ***these trousers are too long in the*** ~ questi pantaloni sono troppo lunghi di gamba **5** *(of journey, race)* tappa f. **6** SPORT *(in football)* tempo m. **II** modif. [*movement, muscle*] della gamba; [*pain*] alla gamba; [*exercises*] per le gambe **III** **-legged** agg. in composti ***three-~ged*** [*furniture*] a tre gambe; ***four-, six-~ged*** [*animal*] a quattro, sei zampe; ***long-~ged*** [*person*] dalle gambe lunghe; [*animal*] dalle zampe lunghe; ***bare-~ged*** a gambe nude ♦ ***break a*** ***~!*** TEATR. COLLOQ. in bocca al lupo! AE *(get lost)* lasciami stare! ***shake a ~!*** datti una mossa! ***she doesn't have a*** ~ ***to stand on*** non ha nessuna ragione che tenga; ***show a ~!*** COLLOQ. scendi dal letto; ***to be all ~s*** essere tutto gambe; ***to be on its last ~s*** [*machine, car*] essere agli ultimi colpi; [*regime*] stare per cadere; [*company*] stare per chiudere i battenti; ***he is on his last ~s*** è allo stremo; ***to cost an arm and a*** ~ costare un occhio della testa; ***to get one's*** ~ ***over*** POP. scopare *o* trombare; ***to give sb. a*** ~ ***up*** COLLOQ. dare una mano a qcn. a salire; FIG. dare una spinta a qcn.; ***to pull sb.'s*** ~ prendere in giro qcn.

2.leg /leg/ tr. COLLOQ. (forma in -ing ecc. **-gg-**) ***to*** ~ ***it*** *(walk)* camminare; *(walk fast)* camminare in fretta, correre; *(run away)* darsela a gambe.

▷ **legacy** /ˈlegəsɪ/ n. **1** DIR. lascito m., legato m. **2** FIG. ***the*** ~ ***of*** il retaggio di [*era, event, movement, artist etc.*]; lo strascico di [*war, suffering*]; ***X's*** ~ ***to sth.*** il contributo di X a qcs.

▶ **legal** /ˈliːgl/ agg. **1** *(relating to the law)* [*assistance, battle, career, costs, department, document, fees, matter, medicine, representative*] legale; [*mistake, process, system*] giudiziario; [*parlance, status*] giuridico; ***to take*** o ***get*** ~ ***advice*** consultare un avvocato **2** *(recognized by the law)* [*abortion, act, age, heir, import, limit, separation*] legale; [*requirement*] richiesto dalla legge; [*owner, claim*] legittimo; [*right*] naturale; ***it is*** ~ ***to do*** è legale fare; ***it is your*** ~ ***duty to do*** è vostro dovere legale fare.

legal action /ˌliːgl'ækʃn/ n. azione f. legale; ***to bring a*** o ***take ~ against sb.*** procedere per via legale contro qcn.
legal age /ˌliːgl'eɪdʒ/ n. **1** *(majority)* maggiore età f. **2** *(for drinking, driving etc.)* = età in cui è consentito fare determinate cose.
legal aid /ˌliːgl'eɪd/ n. DIR. gratuito patrocinio m.
legal capacity /ˌliːglkə'pæsətɪ/ n. capacità f. di agire.
legal eagle /ˌliːgl'iːgl/ n. COLLOQ. = avvocato astuto.
legal entity /ˌliːgl'entətɪ/ n. persona f. giuridica.
legalese /ˌliːgə'liːz/ n. SPREG. gergo m. giuridico.
legal fiction /ˌliːgl'fɪkʃn/ n. finzione f. giuridica.
legal holiday /ˌliːgl'hɒlədeɪ/ n. AE festività f. legale.
legalism /'liːgəlɪzəm/ n. **1** *(legal term)* tecnicismo m. legale **2 U** *(rigour)* legalismo m.
legalistic /ˌliːgə'lɪstɪk/ agg. SPREG. [*approach, attitude, reasoning*] legalistico; [*terminology*] legale.
legalitarian /ˌliːgəlɪ'tærɪən/ agg. legalitario.
legality /liː'gælətɪ/ n. legalità f.
legalization /ˌliːgəlaɪ'zeɪʃn, AE -lɪ'z-/ n. legalizzazione f.
legalize /'liːgəlaɪz/ tr. legalizzare.
▷ **legally** /'liːgəlɪ/ avv. **1** *(in the eyes of the law)* [*liable, valid, void*] giuridicamente; ***to be ~ represented*** essere rappresentato da un avvocato; ***to be ~ qualified*** essere giurista; ***to be ~ responsible for sth.*** avere la responsabilità giuridica di qcs.; ***to be ~ entitled to do*** avere il diritto di fare; ***~, the matter is complex*** dal punto di vista giuridico, la questione è complessa; ***this contract is ~ binding*** il contratto è giuridicamente vincolante **2** *(in accordance with the law)* [*act, marry*] secondo la legge; [*buy, sell, import, work*] legalmente.
legal practice /ˌliːgl'præktɪs/ n. *(office)* ufficio m. legale; *(exercise of law)* pratica f. legale.
legal practitioner /ˌliːglpræk'tɪʃənə(r)/ n. giurista m. e f.
legal proceedings /ˌliːglprə'siːdɪŋz/ n.pl. procedimento m.sing. legale, azione f.sing. in giudizio.
legal process /ˌliːgl'prəʊses, AE -'prɒses/ n. atto m. di procedura emesso da un tribunale.
legal profession /'liːglprəˌfeʃn/ n. professione f. legale.
legal tender /ˌliːgl'tendə(r)/ n. moneta f. legale; ***this coin is not ~*** questa moneta non è più in corso.
legate /'legɪt/ n. STOR. RELIG. legato m.
legatee /ˌlegə'tiː/ n. legatario m. (-a).
legateship /'legətʃɪp/ n. *(office of legate)* legazione f.
legatine /'legətɪn/ agg. legatizio.
legation /lɪ'geɪʃn/ n. legazione f.
legator /lɪ'geɪtə(r)/ n. testatore m. (-trice).
legend /'ledʒənd/ n. *(all contexts)* leggenda f. (**of** di); ***~ has it that*** secondo la leggenda; ***a living ~*** una leggenda vivente; ***to become a ~ in one's own lifetime*** essere già una leggenda mentre si è ancora in vita.
▷ **legendary** /'ledʒəndrɪ, AE -derɪ/ agg. leggendario.
legendry /'ledʒəndrɪ/ n. insieme m. di leggende.
legerdemain /ˌledʒədə'meɪn/ n. **U** *(of conjuror)* giochi m.pl. di prestigio, prestidigitazione f.; FIG. SPREG. inganni m.pl., raggiri m.pl.
legginess /'legɪnɪs/ n. = esagerata lunghezza delle gambe.
leggings /'legɪŋz/ n.pl. *(for walker, farmer)* gambali m.; *(for baby)* ghette f.; *(for woman)* fuseau m.
leggo /'legəʊ/ COLLOQ. contr. let go.
leggy /'legɪ/ agg. **1** [*person*] dalle gambe lunghe **2** COLLOQ. [*plant*] = alto, sottile e con foglie rade.
leghorn /le'gɔːn/ n. **1** *(straw)* paglia f. per cappelli **2** *(hat)* cappello m. di paglia (di Firenze) **3** *(fowl)* livornese m.; *(hen)* livornese f.
Leghorn /ˌleg'hɔːn/ ♦ ***34*** n.pr. Livorno f.
legibility /ˌledʒə'bɪlətɪ/ n. leggibilità f.
legible /'ledʒəbl/ agg. leggibile.
legibly /'ledʒəblɪ/ avv. in modo leggibile.
▷ **legion** /'liːdʒən/ **I** n. MIL. legione f.; FIG. moltitudine f., schiera f. **II** agg. mai attrib. legionario.
legionary /'liːdʒənərɪ, AE -nerɪ/ **I** agg. legionario **II** n. legionario m.
legionnaire /ˌliːdʒə'neə(r)/ n. MIL. legionario m.
legionnaire's disease /ˌliːdʒə'neəzdɪˌziːz/ ♦ ***11*** n. morbo m. del legionario, legionellosi f.
leg iron /'legˌaɪən, AE -ˌaɪərn/ n. *(for convict)* ceppi m.pl.; *(for disabled person)* apparecchio m. ortopedico per le gambe.
legislate /'ledʒɪsleɪt/ intr. **1** *(make laws)* legiferare (**on** su); ***to ~ against*** promulgare delle leggi contro [*discrimination, pornography*] **2** *(predict)* ***to ~ for*** prevedere [*circumstances, event*].
legislation /ˌledʒɪs'leɪʃn/ n. **1** *(body of laws)* legislazione f., leggi f.pl. (**against** contro; **on** su; **about**, **relating to** in materia di; **to do** per fare); ***EEC, government ~*** legislazione comunitaria, governativa; ***industrial, financial, employment ~*** legislazione industriale, finanziaria, dell'occupazione; ***a piece of ~*** una legge; ***to adopt, present ~*** adottare delle leggi, legiferare; ***to introduce ~*** introdurre delle leggi **2** *(process of lawmaking)* legislazione f.
▷ **legislative** /'ledʒɪslətɪv, AE -leɪtɪv/ agg. legislativo; ***~ drafting*** AE redazione di un progetto di legge.
▷ **legislator** /'ledʒɪsleɪtə(r)/ n. DIR. POL. legislatore m. (-trice).
▷ **legislature** /'ledʒɪsleɪtʃə(r)/ n. DIR. POL. corpo m. legislativo, assemblea f. legislativa.
legist /'liːdʒɪst/ n. DIR. legista m. e f., giurista m. e f.
legit /lɪ'dʒɪt/ agg. COLLOQ. **1** *(legal)* [*job, operation, venture*] lecito; [*goods*] di provenienza lecita **2** *(genuine)* [*offer, information, organization*] serio, valido.
legitim /'ledʒɪtɪm/ n. DIR. *(in Scotland)* quota f. legittima, quota f. indisponibile.
▷ **legitimacy** /lɪ'dʒɪtɪməsɪ/ n. **1** *(legality) (of law, measure, birth)* legittimità f. **2** *(justifiability) (of comment, conclusion, objection)* validità f.; *(of measure, rule)* legittimità f.; ***to give ~ to sth.*** legittimare qcs.
▷ **1.legitimate** /lɪ'dʒɪtɪmət/ agg. **1** *(justifiable)* [*action, claim, question, request, target, user*] legittimo; [*conclusion, excuse*] valido; ***it is ~ to do*** è legittimo fare; ***it is ~ for me to do*** ho il diritto di fare **2** *(in accordance with the law)* [*business, deal, organization*] lecito; [*act, child, claim, government, heir, owner, right, spouse*] legittimo; [*killing*] giustificabile, legittimo; ***for a ~ purpose*** con un fine lecito; ***to make sth. ~*** rendere legale qcs. **3** TEATR. [*theatre*] regolare.
2.legitimate /lɪ'dʒɪtɪmeɪt/ tr. → **legitimize**.
legitimately /lɪ'dʒɪtɪmətlɪ/ avv. **1** *(with justification)* [*ask, claim, argue, refuse*] legittimamente; ***one might ~ wonder whether, think that...*** ci si potrebbe giustamente chiedere se, si potrebbe giustamente pensare che... **2** *(legally)* [*act, authorize, operate*] legalmente; [*own*] legittimamente.
legitimation /lɪˌdʒɪtɪ'meɪʃn/ n. DIR. *(of child)* legittimazione f.; *(of party, group)* legalizzazione f.
legitimatize /lɪ'dʒɪtɪmətaɪz/ tr. → **legitimize**.
legitimism /lɪ'dʒɪtɪmɪzəm/ n. legittimismo m.
legitimist /lɪ'dʒɪtɪmɪst/ n. legittimista m. e f.
legitimize /lɪ'dʒɪtɪmaɪz/ tr. **1** *(legalize)* legittimare [*government, ruling, child*]; approvare [*bill*] **2** *(justify)* giustificare [*action, crime, existence, interference, plan, reputation*].
legless /'leglɪs/ agg. **1** senza gambe **2** BE COLLOQ. SCHERZ. *(drunk)* ubriaco fradicio.
legman /'legmən/ n. (pl. **-men**) AE reporter m.; POL. galoppino m.
leg-of-mutton /ˌlegəv'mʌtn/ agg. ABBIGL. [*sleeve*] a gigot.
leg-pull /'legpʊl/ n. presa f. in giro.
leg-pulling /'legpʊlɪŋ/ n. (il) prendere in giro.
legroom /'legruːm, -rʊm/ n. spazio m. per le gambe.
leg shield /'legʃiːld/ n. gambiera f.
legume /'legjuːm/ n. **1** *(plant)* leguminosa f. **2** *(pod)* legume m.
legumen /le'gjuːmən/ n. (pl. **~s, -ina**) → **legume**.
leguminous /lɪ'gjuːmɪnəs/ agg. **1** *(bearing legumes)* a baccelli **2** *(of legume)* delle leguminose.
leg warmers /'legˌwɔːməz/ n.pl. scaldamuscoli m.
legwork /'legwɜːk/ n. *(involving travelling about)* giri m.pl.; ***to do the ~*** fare il galoppino.
lei /leɪ/ n. = ghirlanda di fiori hawaiana.
Leibnitzian /'laɪbnɪtsɪən/ agg. leibniziano.
Leicester /'lestə(r)/ ♦ ***34*** n.pr. Leicester f.
Leicestershire /'lestəʃə(r)/ ♦ ***24*** n.pr. Leicestershire m.
Leics GB ⇒ Leicestershire Leicestershire.
Leigh /liː/ n.pr. Leigh (nome di uomo e di donna).
Leila /'liːlə/ n.pr. Leila (nome di donna).
leishmaniasis /ˌliːʃmə'naɪəsɪs/ ♦ ***11*** n. (pl. **-osis**) leishmaniosi f.
leister /'liːstə(r)/ n. fiocina f. per salmoni.
▷ **leisure** /'leʒə(r), AE 'liːʒə(r)/ **I** n. **U** *(spare time)* tempo m. libero; *(activities)* svaghi m.pl.; ***to do sth. at (one's) ~*** *(unhurriedly)* fare qcs. con comodo *o* senza fretta; *(with time for thought)* fare qcs. con calma; ***gentleman, lady of ~*** SCHERZ. signore, signora agiata **II** modif. [*centre, company, facilities*] per il tempo libero; ***~ industry*** industria del tempo libero.
leisured /'leʒəd, AE 'liːʒəd/ agg. **1** agiato; ***the ~ classes*** le classi agiate; SPREG. quelli che hanno i soldi **2** attrib. [*person*] tranquillo, calmo; [*walk, game*] tranquillo.
leisurely /'leʒəlɪ, AE 'liː-/ **I** agg. [*person*] tranquillo, calmo; [*way of life, walk, holiday, game*] tranquillo; [*breakfast*] fatto con comodo; ***at a ~ pace*** o ***in a ~ way*** con calma **II** avv. con comodo, con calma.
leisure suit /'leʒəˌs(j)uːt, AE 'liːʒə-/ n. tenuta f. sportiva, tuta f. da ginnastica.

leisure time /ˈleʒəˌtaɪm, AE ˈliːʒə-/ n. tempo m. libero.
leisure wear /ˈleʒəˌweə(r), AE ˈliːʒə-/ n. **U** abbigliamento m. sportivo, per il tempo libero.
leitmotiv /ˈlaɪtməʊtiːf/ n. leitmotiv m.
LEM n. (⇒ lunar excursion module modulo per l'escursione lunare) LEM m.
lemma /ˈlemə/ n. (pl. **~s**, **-ata**) INFORM. MAT. LING. lemma m.
lemmatization /ˌlemətaɪˈzeɪʃn, AE -tɪˈz-/ n. INFORM. MAT. LING. lemmatizzazione f.
lemmatize /ˈlemətaɪz/ tr. INFORM. MAT. LING. lemmatizzare.
lemming /ˈlemɪŋ/ n. lemming m.
lemniscate /lemˈnɪskət/ n. lemniscata f.
▷ **lemon** /ˈlemən/ ♦ **5 I** n. **1** *(fruit)* limone m. **2** *(colour)* giallo m. limone **3** COLLOQ. SCHERZ. *(idiot)* ***to look, feel a ~*** sembrare *o* sentirsi stupido **4** AE COLLOQ. *(dud) (play, book, movie)* fregatura f.; ***this car is a ~*** questa macchina è un bidone; ***to hand sb. a ~*** tirare un bidone a qcn. *o* dare una fregatura a qcn. **II** modif. [*peel, pip, juice*] di limone; [*marmalade*] di limoni; [*drink, sorbet*] al limone **III** agg. *(colour)* giallo limone.
lemonade /ˌleməˈneɪd/ n. *(fizzy)* gazzosa f.; *(still)* limonata f.; *(fresh)* AE limonata f.
lemon balm /ˌlemənˈbɑːm/ n. melissa f.
lemon cheese /ˌlemənˈtʃiːz/, **lemon curd** /ˌlemənˈkɜːd/ n. BE = crema al limone.
lemon drop /ˈlemənˌdrɒp/ n. caramella f. al limone.
lemon-flavoured BE, **lemon-flavored** AE /ˈlemənˌfleɪvəd/ agg. aromatizzato al limone.
lemon juice /ˈlemənˌdʒuːs/ n. succo m. di limone; BE *(drink)* limonata f.
lemon sole /ˌlemənˈsəʊl/ n. BE sogliola f. limanda.
lemon squash /ˌlemənˈskwɒʃ/ n. BE = succo concentrato di limone utilizzato per la preparazione di bevande.
lemon squeezer /ˈlemənˌskwiːzə(r)/ n. spremilimoni m.
lemon tea /ˌlemənˈtiː/ n. tè m. al limone.
lemon tree /ˌlemənˈtriː/ n. limone m.
lemon yellow /ˌlemənˈjeləʊ/ ♦ **5 I** n. giallo m. limone **II** agg. giallo limone.
Lemuel /ˈlemjʊəl/ n.pr. Lemuele.
lemur /ˈliːmə(r)/ n. lemure m.
lemures /ˈlemjʊriːz/ n.pl. MITOL. lemuri m.
lemurine /ˈlemjʊraɪn/, **lemuroid** /ˈlemjʊrɔɪd/ **I** agg. di lemure **II** n. lemuroideo m.
Len /len/ n.pr. diminutivo di **Leonard**.
Lena /ˈliːnə/ n.pr. diminutivo di **Helen** e **Magdalen(e)**.
▶ **lend** /lend/ **I** tr. (pass., p.pass. **lent**) **1** *(loan)* prestare [*object, money*]; ***to ~ sb. sth.*** prestare qcs. a qcn.; ***I lent John my bicycle, I lent my bicycle to John*** ho prestato la mia bicicletta a John; ***I've been lent a bicycle by John*** John mi ha prestato una bicicletta; ***I've been lent a bicycle*** ho avuto in prestito una bicicletta; ***to ~ money at 10%*** prestare denaro al 10% **2** *(add, provide)* conferire, dare [*quality, character, credibility*] (**to** a); prestare [*support*]; ***to ~ support to sth.*** appoggiare qcs.; ***to ~ an ear*** prestare orecchio *o* prestare ascolto; ***to ~ a hand*** dare una mano; ***to ~ one's name to*** prestare il proprio nome per; ***to ~ weight to sth.*** dare peso a qcs. **II** intr. (pass., p.pass. **lent**) ECON. concedere prestiti (**to** a); ***to ~ against sth.*** concedere prestiti con la garanzia di qcs.; ***to ~ at 15%*** concedere un prestito al 15% **III** rifl. (pass., p.pass. **lent**) prestarsi (**to** a); ***her novels do not ~ themselves to being filmed*** i suoi romanzi non si prestano a diventare film.
▪ **lend out:** ~ ***out [sth.]***, ~ ***[sth.] out*** prestare.
▷ **lender** /ˈlendə(r)/ n. prestatore m. (-trice); ***mortgage ~*** = società di prestiti immobiliari.
lending /ˈlendɪŋ/ **I** n. prestito m. **II** modif. [*agency, bank*] per i prestiti; [*service*] prestiti; [*figures, programme, scheme*] dei prestiti; [*library*] circolante; [*agreement*] sul prestito; ***~ rate*** tasso d'interesse ufficiale; ***~ limit*** = massimale di espansione degli impieghi.
lend-lease /ˈlendˌliːs/ n. STOR. = durante la seconda guerra mondiale, aiuti concessi dagli Stati Uniti ai paesi alleati con l'impegno di restituirli al termine del conflitto.
▶ **length** /leŋθ/ ♦ **15 I** n. **1** *(linear measurement)* lunghezza f.; ***what is the ~ of the plank?***, ***what ~ is the plank?*** qual è la lunghezza dell'asse? ***cut the fabric to a ~ of two metres*** tagliare la stoffa della lunghezza di due metri; ***to be 15 cm, 50 km in ~*** avere una lunghezza di 15 cm, di 50 km; ***my car is twice the ~ of yours*** la mia macchina è lunga il doppio della tua; ***the whole ~ of the street was planted with trees*** l'intero tratto di strada era fiancheggiato da alberi; ***a river runs along the whole ~ of the valley*** un fiume scorre per tutta la lunghezza della valle; ***she ran the (whole) ~ of the beach*** ha percorso tutta la spiaggia di corsa; ***he has cycled the (whole) ~ of Italy*** ha percorso tutta l'Italia in bicicletta; ***there was a ladder running the (whole) ~ of her stocking*** la sua calza era smagliata per tutta la lunghezza **2** *(duration) (of book, film, article, waiting list)* lunghezza f.; *(of event, activity, situation, prison sentence)* durata f.; LING. *(of vowel, syllable)* lunghezza f.; ***for the whole ~ of the ceremony*** per tutta la durata della cerimonia; ***~ of service*** COMM. IND. anzianità di servizio; ***a film three hours in ~*** un film di tre ore *o* lungo tre ore; ***a book 200 pages in ~*** un libro di 200 pagine; ***the thesis wasn't of sufficient ~*** la tesi non era sufficientemente lunga; ***a significant, considerable ~ of time*** un tempo considerevolmente lungo; ***he spends a ridiculous ~ of time in the bathroom*** passa un'eternità in bagno; ***he can't concentrate for any ~ of time*** non riesce a concentrarsi molto a lungo; ***he complained about the ~ of time he'd been in prison*** si è lamentato di aver passato così tanto tempo in prigione; ***the ~ of time between two events*** l'intervallo di tempo tra due eventi; ***despite its three-hour ~, the play was enjoyable*** nonostante sia durata tre ore, la rappresentazione è stata divertente **3** *(piece, section) (of string, cable, wood)* pezzo m.; *(of fabric)* lunghezza f.; *(of piping, track)* tratto m.; ***to cut sth. into two metre ~s*** tagliare qcs. in pezzi di due metri; ***a six-metre ~ of rope*** una corda di sei metri; ***sold in ~s of five metres*** [*wood*] venduto in pezzi di cinque metri; [*fabric*] venduto in pezze di cinque metri; ***dress, skirt ~*** lunghezza del vestito, della gonna **4** SPORT lunghezza f.; *(in swimming)* vasca f.; ***to swim 20 ~s*** fare 20 vasche; ***to win by six ~s, half a ~*** vincere per sei lunghezze, per mezza lunghezza; ***X's two~ victory over Y*** la vittoria di X su Y per due lunghezze; ***to have a four~ advantage*** o ***lead over sb.*** avere un vantaggio di quattro lunghezze su qcn.; ***to be two ~s ahead, behind*** essere avanti, indietro di due lunghezze **5 at length** *(for a long time)* a lungo; ***the problem has been examined at (great) ~*** il problema è stato esaminato (molto) a fondo; *(at last)* finalmente; ***at ~, he left*** finalmente è partito **II -length** agg. in composti ***shoulder~ hair*** capelli che arrivano alle spalle; ***a knee~ skirt*** una gonna (che arriva) al ginocchio; ***calf~ boots*** stivali (che arrivano) al polpaccio; ***a medium~ article*** un articolo di lunghezza media; ***floor~ curtains*** tende che arrivano al pavimento **III lengths** n.pl. ***to go to great*** o ***extraordinary ~s to do sth.*** fare ogni sforzo per fare qcs. *o* fare di tutto per fare qcs.; ***to be willing to go to any ~s (to do)*** essere disposto a fare qualsiasi cosa (per fare); ***I was shocked by the ~s he was prepared to go to*** ero scioccato da quello che era pronto a fare; ***she went to the ~s of writing to the president*** arrivò al punto di scrivere al presidente.
lengthen /ˈleŋθən/ **I** tr. **1** allungare [*garment*] (**by** di); allungare, prolungare [*wall, shelf, track*] (**by** di); ***to ~ sth. from three metres to five metres*** portare qcs. da tre a cinque metri **2** prolungare [*stay, visit, waiting period*]; allungare [*queue, list*]; ***to ~ sth. from three years to four years*** portare la durata di qcs. da tre a quattro anni **3** LING. allungare [*vowel, syllable*] **II** intr. **1** [*queue, list, shadow*] allungarsi; [*skirts, trousers*] diventare più lungo; MED. [*bone*] allungarsi; ***to ~ from 20 cm to 25 cm*** passare da 20 a 25 cm **2** [*days, nights*] allungarsi; [*visit, silence*] prolungarsi; ***the intervals between her visits, migraines are ~ing*** le sue visite, le sue emicrania si stanno facendo meno frequenti.
lengthening /ˈleŋθənɪŋ/ n. **1** *(of garment)* allungamento m.; *(of wall, shelf, track)* prolungamento m. **2** *(of stay, visit)* prolungamento m.; *(of queue, list)* allungamento m.
lengthily /ˈleŋθɪlɪ/ avv. lungamente.
lengthiness /ˈleŋθɪnɪs/ n. lungaggine f., prolissità f.
lengthwise /ˈleŋθwaɪz/, **lengthways** /ˈleŋθweɪz/ BE **I** agg. [*cut, opening*] nel senso della lunghezza; *(in fabric)* per il lungo **II** avv. **1** *(along the length)* [*cut, fold, place*] nel senso della lunghezza; *(of fabric)* per il lungo **2** *(end to end)* [*place, lay*] in lungo.
▷ **lengthy** /ˈleŋθɪ/ agg. [*visit, illness, speech*] lungo; ***this treatment can be quite ~*** questo trattamento può essere abbastanza lungo; ***a ~ explanation*** una lunga spiegazione; ***we had a ~ wait*** abbiamo aspettato a lungo.
lenience /ˈliːnɪəns/, **leniency** /ˈliːnɪənsɪ/ n. *(of person, institution)* indulgenza f., clemenza f. (**with** con; **towards** verso); *(of punishment)* clemenza f.
lenient /ˈliːnɪənt/ agg. [*person, institution*] indulgente (**with** con; **towards** verso); [*treatment, marking, punishment*] clemente (**with** con; **towards** verso); [*fine*] leggero.
leniently /ˈliːnɪəntlɪ/ avv. con indulgenza.
Leninism /ˈlenɪnɪzəm/ n. leninismo m.
Leninist /ˈlenɪnɪst/ **I** agg. leninista **II** n. leninista m. e f.

lenitive /ˈlenɪtɪv/ ANT. **I** agg. *(soothing)* lenitivo; *(laxative)* lassativo **II** n. *(soothing medicine)* lenitivo m.; *(laxative)* lassativo m.
lenity /ˈlenətɪ/ n. indulgenza f., clemenza f.
Lennox /ˈlenəks/ n.pr. Lennox (nome di donna).
Lenny /ˈlenɪ/ n.pr. diminutivo di **Leonard**.
leno /ˈliːnəʊ/ n. (pl. **~s**) linone m.
Lenore /lɪˈnɔː/ n.pr. Lenore (nome di donna).
▷ **lens** /lenz/ n. **1** *(in optical instruments, spectacles)* lente f.; *(in camera)* obiettivo m.; *(contact)* lente f. (a contatto); ***long*** ~ FOT. TELEV. teleobiettivo; ***hard, soft ~es*** lenti (a contatto) rigide, morbide **2** ANAT. cristallino m.
lens cap /ˈlenzˌkæp/ n. copriobiettivo m.
lens hood /ˈlenzˌhʊd/ n. paraluce m.
lent /lent/ pass., p.pass. → **lend**.
Lent /lent/ n. quaresima f.; ***to observe*** ~ fare *o* osservare la quaresima; ***to give up sth. for*** ~ rinunciare a qcs. durante la quaresima.
Lenten /ˈlentən/ agg. LETT. quaresimale.
lenticel /ˈlentɪsel/ n. lenticella f.
lenticular /lenˈtɪkjʊlə(r)/ agg. lenticolare.
lentigo /lenˈtaɪgəʊ/ n. (pl. **-ines**) efelide f.
lentil /ˈlentl/ **I** n. BOT. GASTR. lenticchia f.; ***red, green, brown ~s*** lenticchie rosse, verdi, scure **II** modif. [*soup*] di lenticchie; [*curry*] alle lenticchie.
lentivirus /ˈlentɪˌvaɪərəs/ n. lentivirus m.
lent lily /ˈlentˌlɪlɪ/ n. trombone m., narciso m. giallo.
lentoid /ˈlentɔɪd/ agg. lentiforme.
Lent term /ˈlentˌtɜːm/ n. BE UNIV. = il secondo trimestre dell'anno accademico.
Leo /ˈliːəʊ/ ♦ ***38*** n.pr. **1** ASTROL. Leone m.; ***to be (a)*** ~ essere del Leone *o* essere un Leone **2** *(male name)* Leone.
Leonard /ˈlenəd/ n.pr. Leonardo.
leonine /ˈliːənaɪn/ agg. leonino.
Leonora /ˌliːəˈnɔːrə/ n.pr. Leonora.
leopard /ˈlepəd/ n. leopardo m. ♦ ***a ~ cannot change his spots*** PROV. il lupo perde il pelo ma non il vizio.
leopard cub /ˈlepədˌkʌb/ n. cucciolo m. di leopardo.
leopardess /ˈlepədɪs/ n. femmina f. di leopardo.
leopardskin /ˈlepədskɪn/ **I** n. pelle f. di leopardo **II** modif. [*garment, rug*] (in pelle) di leopardo; [*pattern*] leopardato.
Leopold /ˈlɪəpəʊld/ n.pr. Leopoldo.
leotard /ˈliːətɑːd/ n. *(for dancers)* body m.
leper /ˈlepə(r)/ n. **1** MED. lebbroso m. (-a) **2** FIG. appestato m. (-a).
leper colony /ˈlepəˌkɒlənɪ/ n. lebbrosario m.
lepidopter /ˌlepɪˈdɒptər/ n. lepidottero m.
lepidopterous /ˌlepɪˈdɒptərəs/ agg. dei lepidotteri.
leporine /ˈlepəraɪn/ agg. leporino.
leprechaun /ˈleprəkɔːn/ n. MITOL. *(in Ireland)* gnomo m., folletto m.
leprosarium /ˌleprəˈsærɪəm/ n. (pl. **-ia**) lebbrosario m.
leprosy /ˈleprəsɪ/ ♦ ***11*** n. lebbra f.
leprous /ˈleprəs/ agg. [*person*] lebbroso; [*body*] colpito da lebbra.
leptomeninx /ˌleptəmeˈnɪŋks/ n. (pl. **-inges**) leptomeninge f.
leptomeningitis /ˌleptəmeˌnɪnˈdʒaɪtɪs/ ♦ ***11*** n. leptomeningite f.
lepton /ˈleptɒn/ n. leptone m.
leptospirosis /ˌleptəspaɪəˈrəʊsɪs/ ♦ ***11*** n. (pl. **-es**) leptospirosi f.
Leroy /ˈliːrɔɪ/ n.pr. Leroy (nome di uomo).
Les /lez/ n.pr. Les (nome di uomo).
lesbian /ˈlezbɪən/ **I** agg. lesbico **II** n. lesbica f.
lesbianism /ˈlezbɪənɪzəm/ n. lesbismo m.
lese-majesty /ˌliːzˈmædʒɪstɪ/ n. DIR. lesa maestà f.
lesion /ˈliːʒn/ n. lesione f.
Lesley /ˈlezlɪ/ n.pr. Lesley (nome di uomo).
Leslie /ˈlezlɪ/ n.pr. Leslie (nome di uomo).
Lesotho /lɪˈsuːtʊ, ləˈsəʊtʊ/ ♦ ***6*** n.pr. Lesotho m.; ***in, to*** ~ nel Lesotho.
▶ **less** /les/ (compar. di **little**) When *less* is used as a quantifier (*less money*), it is translated by *meno*: *meno soldi*. For examples and particular usages, see **I** in the entry below. - When *less* is used as a pronoun (*you should have taken less*), it is translated by *meno*: *avresti dovuto prenderne meno*. *Less than* is usually translated by *meno di* and *even less* by *ancora meno*. For examples and particular usages of these, see **II** in the entry below. - When *less* is used as an adverb followed by a verb, an adjective, or another adverb (*to eat less, less interesting, less often*), it is translated by *meno*: *mangiare meno, meno interessante, meno spesso*. For examples and particular usages, see **III** in the entry below. - For the phrase *less and less*, see **III.2**. - For *less* used as a preposition (*less 10%*), see **IV**. **I** quantif. meno; ***~ beer, information, money*** meno birra, informazioni, soldi; ***I have ~ money than him*** ho meno soldi di lui; ***it took ~ time than we expected*** ci è voluto meno tempo di quanto pensassimo; ***I have ~ time for reading than I used to*** ho meno tempo per leggere di una volta; ***of ~ value, importance*** di minore valore, importanza; ***to grow ~*** rimpicciolirsi *o* diminuire **II** pron. meno; ***I have ~ than you*** ne ho meno di te; ***they have little money but we have even ~*** hanno pochi soldi ma noi ne abbiamo ancora meno; ***I gave them ~ to eat*** ho dato loro meno da mangiare; ***~ than half*** meno della metà; ***in ~ than three hours*** in meno di tre ore; ***in ~ than no time*** in un batter d'occhio *o* in men che non si dica; ***13 is ~ than 18*** 13 è più piccolo di 18; ***a sum of not ~ than £ 1,000*** una somma non inferiore alle 1.000 sterline; ***he was ~ than honest, helpful*** fu tutt'altro che onesto, disponibile; ***it's an improvement, but ~ of one than I had hoped*** è un miglioramento, ma inferiore a quanto sperassi; ***she's nothing ~ than a common criminal*** non è né più né meno che una criminale; ***nothing ~ than written proof will satisfy them*** saranno soddisfatti soltanto quando avranno le prove scritte; ***it's nothing ~ than a scandal!*** è proprio uno scandalo! ***they want nothing ~ than the best*** vogliono soltanto il meglio; ***I offered them £ 800 for the car but they let me have it for ~*** ho offerto loro 800 sterline per la macchina ma me l'hanno lasciata per meno; ***he's ~ of a fool than you think*** è meno scemo di quel che pensi; ***they will think all the ~ of her for it*** avranno ancora meno stima di lei dopo questo; ***I think no ~ of her for that*** non la stimo di meno per questo; ***the ~ she knows about it the better*** meno ne sa meglio è; ***I want £ 100 and not a penny ~!*** voglio 100 sterline e non un penny di meno! ***the ~ said about it the better*** meno si dice meglio è; ***people have been shot for ~!*** c'è chi è stato ucciso per meno! ***~ of your impudence!*** non essere così insolente! ***~ of that!*** *(to child misbehaving)* basta! smettila! **III** avv. **1** (di) meno; ***I read ~ these days*** leggo meno in questo periodo; ***I liked it ~ than you did*** mi è piaciuto meno che a te; ***I dislike him no ~ than you*** non mi sta meno antipatico che a te; ***that's ~ urgent, serious*** è meno urgente, grave; ***much ~ important*** molto meno importante; ***it matters ~ than it did before*** ha meno importanza di prima; ***it's ~ complicated than you think*** è meno complicato di quanto pensi; ***she is no ~ qualified than you*** non è meno qualificata di te; ***~ often*** meno sovente; ***it's ~ a village than a town*** è più una città che un paese; ***the more I see him, the ~ I like him*** più lo vedo e meno mi piace; ***no ~ than 30 people, 85%*** non meno di 30 persone, dell'85%; ***they live in Kensington, no ~!*** abitano nientemeno che a Kensington! ***he's married to a countess, no ~!*** è sposato nientemeno che con una contessa! ***no ~ a person than the emperor*** nientemeno che l'imperatore; ***one of the ~ known valleys*** una delle valli meno conosciute; ***he was ~ offended than shocked*** era più scioccato che offeso; ***she wasn't any the ~ happy*** era ugualmente felice; ***much*** o ***still*** o ***even ~*** ancora meno; ***he can't afford to rent a house, much ~ buy one*** non si può permettere di affittare una casa, ancora meno di comprarne una **2 less and less** sempre meno; ***we see her ~ and ~*** la vediamo sempre meno; ***~ and ~ often, busy*** sempre meno sovente, occupato **IV** prep. meno; ***~ 15% discount*** meno il 15% di sconto; ***a salary of £ 20,000, ~ tax*** uno stipendio lordo di 20.000 sterline.
lessee /leˈsiː/ n. DIR. locatario m., conduttore m.
lessen /ˈlesn/ **I** tr. diminuire [*love, affection, influence*]; ridurre [*pressure, cost, production*]; attenuare [*impact, pain, effect*]; ***to ~ the need for sth.*** ridurre il fabbisogno di qcs. **II** intr. diminuire, ridursi.
lessening /lesnɪŋ/ n. diminuzione f.
▷ **lesser** /ˈlesə(r)/ **I** agg. minore; [*life form*] poco evoluto; ***to a ~ degree*** o ***extent*** in minor grado, in misura minore; ***a ~ sum of money*** una somma inferiore; ***~ being*** o ***mortal*** essere inferiore; ***~ beings*** o ***mortals like us*** SCHERZ. dei semplici mortali come noi; ***~ offence*** o ***crime*** reato minore; ***a ~ man would have run away*** un uomo meno coraggioso sarebbe scappato; ***the ~ works of an artist*** le opere minori di un artista **II** avv. meno; ***~ known*** meno conosciuto.
▶ **1.lesson** /ˈlesn/ n. **1** lezione f.; ***Spanish ~*** lezione di spagnolo; ***driving, tennis ~*** lezione di guida, di tennis; ***to give ~s*** dare lezioni (**in** di); ***to take, have ~s*** prendere, seguire lezioni (**in** di); ***the headmaster will take today's French ~*** il preside farà la lezione di francese di oggi; ***we have ~s from 9 to 12*** abbiamo lezione dalle 9 alle 12 **2** RELIG. lettura f.; ***to read the first, second ~*** leggere la prima, seconda lettura **3** FIG. lezione f.; ***let that be a ~ to you!*** che ti serva di lezione! ***I've learned my ~!*** ho imparato la lezione! ***I'm going to teach him a ~!*** gli darò una bella lezione! ***that'll teach you a ~!*** ti servirà da lezione!
2.lesson /ˈlesn/ tr. **1** *(give a lesson)* dare una lezione a **2** *(admonish)* ammonire, rimproverare.

lesson plan /ˈlesnˌplæn/ n. piano m. della lezione.
lessor /leˈsɔ:(r)/ n. DIR. locatore m.
lest /lest/ cong. FORM. **1** *(for fear that)* per tema che, per timore che; *(in case that)* nel caso; ***he wrote down the address ~ he forget it*** si è scritto l'indirizzo per paura di dimenticarselo; ***she burned her letters ~ he (should*** o ***might) read them*** bruciò le sue lettere per timore che potesse leggerle; ***~ anyone should ask you*** nel caso qualcuno ve lo domandasse; ***"~ we forget"*** = "per non dimenticare" **2** *(after expressions of fear)* ***I was afraid ~ he might*** o ***should die*** temevo morisse.
Lester /ˈlestə(r)/ n.pr. Lester (nome di uomo).
1.let /let/ n. BE *(lease)* affitto m.; ***to take a three-year ~ on a house*** affittare una casa per tre anni.
▶ **2.let** /let/ tr. (forma in -ing **-tt-**; pass., p.pass. **let**) **1** *(when making suggestion)* ***~'s go*** andiamo; ***~'s give it a try*** proviamo; ***~'s go for a swim*** andiamo a nuotare; ***~'s begin by doing*** cominciamo facendo; ***~'s get out of here!*** usciamo di qui! ***~'s not*** o ***don't ~'s*** BE ***talk about that!*** non parliamone! ***~'s see if...*** vediamo se...; ***~ us pray*** preghiamo; ***~'s pretend that this is the interview*** facciamo finta che questo sia il colloquio; ***~'s face it*** siamo onesti *o* riconosciamolo; ***~'s face it, you were wrong*** parliamoci chiaro, avevi torto; ***~ me see, ~'s see...*** vediamo...; ***it was - ~ me think - about 8 pm*** erano - fammi pensare - più o meno le 8 di sera; ***~ me think about it*** fammici pensare; ***~'s assume that...*** supponiamo *o* mettiamo il caso che...; ***~'s say (that)...*** facciamo che...; ***it's more complex than, ~'s say, a computer*** è più complesso, diciamo, di un computer; ***~'s say she wasn't amused*** IRON. diciamo che non si è divertita **2** *(when expressing defiance or a command)* ***~ there be no doubt about it!*** che non ci siano dubbi su questo! ***~ everyone make up his own mind*** ognuno decida per conto suo; ***~ the festivities begin!*** abbiano inizio i festeggiamenti! ***never ~ it be said that*** non sia mai detto che; ***~ there be light*** sia la luce; ***people will talk - well ~ them (talk)!*** la gente parlerà - e che parli! ***~ that be a lesson to you!*** che ti serva da lezione! ***just ~ him try it!*** che provi! ***if he wants tea, ~ him make it himself!*** se vuole del tè, che se lo faccia! ***~ them eat cake!*** mangino la torta! ***~ me tell you...*** lascia che te lo dica...; ***~ y = 25*** MAT. sia y = 25; ***~ the line AB intersect CD*** MAT. data la retta AB che interseca CD **3** *(allow)* ***to ~ sb. do sth.*** lasciare fare qcs. a qcn.; ***she let us see the baby*** ci ha fatto vedere il bambino; ***~ me go first*** lascia andare prima me; ***~ me pay for dinner*** lasciate che paghi io la cena; ***~ me explain*** lasciami spiegare; ***she let herself be intimidated*** si è lasciata intimidire; ***don't ~ them see you crying*** non farti vedere da loro che piangi; ***don't ~ them think that...*** non lasciare che pensino che...; ***don't ~ it get you down*** non lasciarti buttare giù; ***she wanted to leave but they wouldn't ~ her*** voleva andarsene ma non l'hanno lasciata; ***I won't ~ them talk to me like that!*** non permetto che mi si parli in questo modo! ***don't ~ me forget to do*** ricordami di fare; ***~ me see, ~ me have a look*** fa' vedere, fammi dare un'occhiata; ***~ me (do that)*** lasciate fare a me; ***~ me ask you...*** mi consenta di chiederle...; ***~ me introduce you to Isabelle*** lascia che ti presenti Isabelle; ***can you ~ me have that in writing?*** potrebbe mettermelo per scritto? ***~ them have it!*** daglielo! COLLOQ. FIG. *(shoot)* falli fuori! accoppali! *(attack verbally)* digliene quattro! ***to ~ sth. fall, escape*** lasciare cadere, scappare qcs.; ***don't ~ the milk boil over!*** non fare uscire il latte! ***to ~ one's hair, beard grow*** farsi crescere i capelli, la barba **4** *(allow free movement or passage to)* ***to ~ sb. through*** lasciare passare qcn.; ***to ~ sb. on the bus*** lasciare salire qcn. sull'autobus; ***to ~ sb. off the bus*** lasciare scendere qcn. dall'autobus; ***can you ~ me off here?*** puoi lasciarmi qui? ***~ me pass please*** mi lasci passare per favore; ***she won't ~ him out of, inside the house*** non mi lascerà uscire, entrare; ***I let myself in*** sono entrato con la chiave; ***to ~ air into a room*** cambiare aria a una stanza; ***draw the curtains and ~ some light in*** apri le tende e fa' entrare un po' di luce; ***to ~ the air out of*** sgonfiare [*tyre, balloon*] **5** *(insert, inlay)* ***to ~ a door, window into a wall*** aprire una porta, una finestra nel muro; ***a statue let into the wall*** una statua posta nella nicchia di un muro **6 let alone** per non parlare di, tanto meno; ***she was too ill to stand ~ alone walk*** era troppo malata per stare in piedi figuriamoci per camminare; ***he couldn't look after the cat ~ alone a child*** non era in grado di badare al gatto, figuriamoci a un bambino **7** (anche BE **~ out**) *(lease)* dare in affitto [*room, apartment, land*] (**to** a); ***"room to ~"*** "stanza in affitto"; ***"to ~"*** "affittasi" **8** ANT. MED. ***to ~ blood*** cavare sangue.
■ **let away:** ***~ [sb.] away with doing*** COLLOQ. lasciare che qcn. faccia; ***don't ~ her away with that!*** non lasciare che se la cavi così!
■ **let down:** ***~ [sb.] down*** **1** *(disappoint)* [*organization, person*] deludere; ***it has never let me down*** [*technique, machine*] non mi ha

---

2.let

- When *let* is used in English with another verb in order to make a suggestion, the first person plural of the appropriate verb in the imperative can generally be used to express this in Italian:

let's do it at once!	=	facciamolo subito!
let's go to the cinema tonight!	=	andiamo al cinema stasera!
let's go shopping, shall we?	=	andiamo a fare spese, dai!

These translations can also be used for negative suggestions:

let's not take (or *don't let's take*) *the bus – let's walk*	=	non prendiamo l'autobus – andiamoci a piedi.

For more examples and particular usages see **1** in the entry **2.let.**

- When *let* is used in English with another verb to express defiance or a command (*just let him try!*), the Italian equivalent uses the structure *che* + present subjunctive:

just let him try!	=	che ci provi!
don't let me see you here again!	=	che non ti riveda più da queste parti!

For more examples and particular usages see **2** in the entry **2.let.**

- When *let* is used to mean *allow*, it is generally translated by the verb *lasciare* or *fare*:

he let me go first	=	ha lasciato andare prima me / ha fatto andare me per primo
she did not let the children swim in the pond	=	non ha lasciato / fatto nuotare i bambini nello stagno.

For more examples and particular usages see **3** in the entry **2.let**.

- For translations of expressions such as *let fly, let loose, let slip* etc., consult the entry for the second word (**fly**, **loose**, **slip** etc.).

---

mai dato problemi; ***the car let us down*** la macchina ci ha abbandonati; ***to feel let down*** sentirsi deluso; ***don't ~ me down!*** non deludermi! non abbandonarmi! ***you've really ~ the side down*** ci hai veramente delusi **2** *(embarrass)* mettere in imbarazzo; ***~ [sth.] down, ~ down [sth.]*** **1** BE *(deflate)* sgonfiare [*tyre*] **2** *(lower)* calare, fare scendere [*bucket, basket*]; abbassare [*window*] **3** *(lengthen)* allungare [*skirt, coat*] **4** *(leave loose)* sciogliere [*hair*]; ***to ~ one's hair down*** COLLOQ. FIG. rilassarsi *o* lasciarsi andare.
■ **let go** lasciare la presa; ***to ~ go of sb., sth.*** lasciare andare qcn., qcs.; FIG. staccarsi da qcn., qcs.; ***he just can't ~ go*** FIG. non può lasciare perdere, non può dimenticare; ***~ [sb.] go, ~ go [sb.]*** **1** *(free)* rilasciare, lasciare andare [*hostage, suspect, prisoner*] **2** *(release hold on)* lasciare, mollare [*person, sleeve, arm*]; ***~ me go, ~ go of me!*** lasciami andare! **3** EUFEM. *(make redundant)* mandare a spasso, licenziare [*employee*]; ***to be let go*** essere licenziato **4** ***to ~ oneself go*** *(all contexts)* lasciarsi andare; ***~ [sth.] go, ~ go [sth.]*** **1** *(release hold on)* lasciare [*rope, bar*] **2** FIG. ***to ~ it go*** lasciare perdere; ***we'll ~ it go at that*** lasciamo perdere.
■ **let in:** ***~ in [sth.], ~ [sth.] in*** **1** *(allow to enter)* [*roof, window*] fare entrare [*rain*]; [*shoes, tent*] lasciare passare [*water*]; [*curtains, glass door*] lasciare passare [*light*] **2** SPORT *(concede)* lasciare segnare [*goal*] **3** BE AUT. ***to ~ in the clutch*** innestare la frizione; ***~ [sb.] in, ~ in [sb.]*** **1** *(show in)* fare entrare **2** *(admit)* lasciare entrare; ***I let myself in*** sono entrato con la chiave **3** ***to ~ oneself in for*** *(expose oneself to)* cacciarsi in [*trouble, problems*]; cercarsi [*disappointment*]; ***I had no idea what I was ~ting myself in for*** non avevo alcuna idea di dove mi stessi cacciando **4** ***to ~ sb. in on*** o ***to ~ sb. into*** mettere qcn. al corrente di [*secret, joke, news*].
■ **let off:** ***~ off [sth.]*** fare esplodere [*fireworks, device, bomb*]; sparare un colpo di [*rifle, gun*]; ***to ~ sb. off the hook*** FIG. risparmiare qcn., farla passare liscia a qcn.; ***to ~ off steam*** FIG. sfogarsi; ***~ [sb.] off*** **1** BE SCOL. *(send home)* fare uscire [*pupils*] **2** *(excuse)* ***to ~ sb. off*** esentare *o* esonerare qcn. da [*lessons, homework, chores*]; ***to ~ sb. off doing*** esonerare qcn. dal fare **3** *(leave unpunished)* lasciare andare [*culprit*]; ***to be ~ off with*** cavarsela con [*fine, caution*]; ***to ~ sb. off lightly*** chiudere un occhio con qcn. *o* essere clemente con qcn.; ***~ off [sth.], ~ [sth.] off*** dare in affitto [*part of house, property*]; ***~ off*** mollare, tirare una scorreggia.
■ **let on 1** *(reveal)* dire (**to sb.** a qcn.); ***to ~ on about sth.*** parlare di qcs.; ***don't ~ on!*** non dire niente! ***don't ~ on that you speak German*** non dire che sai il tedesco; ***she misses them more than she ~s on*** le mancano più di quanto non dia a vedere **2** BE *(pretend)* ***to ~ on that*** fare finta che.

■ **let out:** ~ **out** AE [*movie, school*] finire (**at** a); ~ **out [sth.]** 1 *(emit)* emettere [*cry, scream, sigh, shriek*]; ***to ~ out a roar*** ruggire 2 BE *(reveal)* lasciarsi sfuggire (**that** che); ~ **[sth.] out,** ~ **out [sth.]** 1 *(release)* liberare, fare uscire [*animal*] 2 dare sfogo a [*grief, anger*]; ***to ~ out one's breath*** esalare l'ultimo respiro; ***to ~ the cat out of the bag*** FIG. lasciarsi scappare un segreto 3 AUT. ***to ~ out the clutch*** disinnestare la frizione 4 SART. *(alter)* allargare [*skirt, jacket, waistband*]; ~ **[sb.] out** 1 *(release)* fare uscire, liberare [*prisoner*] (**of** da); fare uscire [*pupils, employees*] (**of** da) 2 *(show out)* fare uscire; ***I'll ~ myself out*** non scomodatevi, posso uscire da solo.

■ **let through:** ~ **[sb.] through,** ~ **through [sb.]** 1 *(in crowd)* lasciare passare 2 SCOL. UNIV. fare passare; ~ **[sth.] through,** ~ **through [sth.]** fare passare [*error, faulty product*].

■ **let up** 1 *(ease off)* [*rain, wind, heat*] diminuire; ***the rain never once let up*** è sempre piovuto intensamente 2 *(stop)* [*conversation*] cessare; [*pressure*] allentarsi; ***he never ~s up*** non molla mai 3 ***to ~ up on sb.*** COLLOQ. *(be less severe)* essere meno duro con qcn.

3.let /let/ n. 1 SPORT let m., net m.; ***to serve a ~*** fare un net 2 DIR. ***without ~ or hindrance*** senza alcun impedimento.

letdown /'letdaʊn/ n. 1 *(disappointment)* delusione f.; ***it was a bit of a ~*** [*film, performance, meal*] è stato un po' una delusione 2 AER. discesa f.

▷ **lethal** /'li:θl/ agg. 1 *(fatal)* [*poisonous substance, gas, ray, effect, weapon*] letale; [*disease, attack, blow, explosion*] mortale; ~ ***dose*** dose letale 2 *(dangerous)* [*toy, machine, implement, stretch of road*] molto pericoloso; [*attack, blow*] FIG. mortale; [*marksman, opponent*] temibile; ***a ~ cocktail*** o ***mixture*** *(drink)* un miscuglio mortale; FIG. SCHERZ. un miscuglio terribile; *(of people)* SCHERZ. una miscela esplosiva.

lethargic /lɪ'θɑ:dʒɪk/ agg. [*animal*] letargico; [*person*] affetto da letargia; FIG. *(lazy)* apatico; [*movement*] intorpidito; ***to feel ~*** sentirsi intorpidito; ***to become ~*** interpidirsi.

lethargically /lɪ'θɑ:dʒɪklɪ/ avv. [*move, work*] apaticamente; [*sit, lie*] pigramente; [*look, reply*] con aria apatica.

lethargy /'leθədʒɪ/ n. letargia f.

Lethe /'li:θi:/ **I** n.pr. Lete m. **II** n. FIG. oblio m.

let-out /'letaʊt/ n. COLLOQ. scappatoia f.

let-out clause /'letaʊt,klɔ:z/ n. DIR. clausola f. risolutiva.

let's /lets/ contr. let us.

Lett /let/ n. 1 *(person)* lettone m. e f. 2 *(language)* lettone m.

▶ **1.letter** /'letə(r)/ **I** n. 1 *(item of correspondence)* lettera f. (**to** per; **from** di); ***a ~ of apology, resignation*** una lettera di scuse, di dimissioni; ***to inform sb. by ~*** informare qcn. per lettera; ***he receives a lot of ~s*** riceve molte lettere; ***~s to the editor*** GIORN. lettere al direttore; ***the ~s of Virginia Woolf*** le lettere di Virginia Woolf 2 *(of alphabet)* lettera f.; *(character)* lettera f., carattere m.; ***the ~ A*** la lettera A; ***to write sth. in big ~s*** scrivere qcs. in maiuscolo; FIG. scrivere qcs. a grandi lettere; ***to have a lot of ~s after one's name*** COLLOQ. avere un sacco di titoli 3 AE SPORT = onorificenza per meriti in campo sportivo conferita da una scuola sotto forma di suo monogramma **II letters** n.pl. *(literature)* lettere f.; ***academy of ~s*** accademia delle belle lettere; ***a man, woman of ~s*** un uomo, una donna di lettere ◆ ***to respect the ~, if not the spirit, of the law*** rispettare la lettera e non lo spirito della legge; ***to follow instructions to the ~*** seguire le istruzioni alla lettera.

2.letter /'letə(r)/ **I** tr. segnare con una lettera [*photograph, diagram*]; ***the rows are ~ed from A to P*** le file sono segnate con lettere dalla A alla P; ***to be ~ed in gold*** essere scritto a lettere d'oro; ***to be ~ed in ink*** con lettere scritte a inchiostro **II** intr. AE UNIV. ***to ~ in baseball*** avere un'onoreficenza per il baseball.

letter bomb /'letə,bɒm/ n. lettera f. esplosiva.

letter box /'letə,bɒks/ n. cassetta f. per le lettere, buca f. delle lettere.

letter card /'letəkɑ:d/ n. biglietto m. postale.

lettered /'letəd/ **I** p.pass. → **2.letter II** agg. ANT. letterato.

letterhead /'letəhed/ n. intestazione f. di carta da lettera.

lettering /'letərɪŋ/ n. lettering m.

letterman /'letəmən/ n. (pl. **-men**) AE UNIV. = studente che ha ricevuto un'onoreficenza per meriti sportivi.

letter of credit /,letərəv'kredɪt/ n. lettera f. di credito.

letter opener /'letə,əʊpnə(r)/ n. tagliacarte m.

letter-perfect /,letə'pɜ:fɪkt/ agg. AE [*piece of work, essay*] perfetto; TEATR. ***to be ~*** sapere la parte alla perfezione.

letter post /'letə,pəʊst/ n. tariffa f. della lettera.

letterpress /'letəpres/ n. TIP. 1 *(method)* stampa f. rilievografica, rilievografia f. 2 *(text)* testo m. stampato in rilievo.

letter rack /'letə,ræk/ n. = casellario per la corrispondenza.

letters of credence /,letəzəv'kri:dns/ n.pl. lettere f. credenziali.

letters page /'letəz,peɪdʒ/ n. GIORN. = pagina delle lettere al direttore.

letters patent /'letəz,pætnt, -,peɪtnt, AE -,pætnt/ n.pl. lettere f. patenti.

letter-writer /'letə,raɪtə(r)/ n. ***he's a keen ~*** scrive molte lettere.

Lettic /'letɪk/ **I** agg. lettone **II** n. *(language)* lettone m.

▷ **letting** /'letɪŋ/ n. BE 1 *(property for lease)* proprietà f. in affitto; ***holiday ~s*** case in affitto per le vacanze; ***furnished ~s*** case ammobiliate in affitto 2 U *(leasing)* affitto m., locazione f. (**of** di).

Lettish /'letɪʃ/ **I** agg. lettone **II** n. 1 *(person)* lettone m. e f. 2 *(language)* lettone m.

lettuce /'letɪs/ **I** n. BOT. GASTR. *(any variety)* insalata f. verde; *(round)* lattuga f.; *(cos)* lattuga f. romana; *(iceberg)* insalata f. iceberg; ***a head of ~*** un cespo di lattuga *o* una lattuga **II** modif. [*heart*] dell'insalata, della lattuga; [*leaf*] di insalata, di lattuga; [*soup*] di insalata, di lattuga.

letup /'letʌp/ n. 1 *(reduction in intensity)* diminuzione f. (**in** in) 2 *(respite)* sosta f.

leucine /'lu:si:n/ n. leucina f.

leucite /'lu:saɪt/ n. leucite f.

leucocyte /'lu:kəsaɪt/ n. leucocita m.

leucocytosis /,lu:kəsaɪ'təʊsɪs/ n. (pl. **-es**) leucocitosi f.

leucoplast /'lu:kə,plæst/ n. leucoplasto m.

leucorrhoea /lu:kə'ri:ə/ n. leucorrea f.

leucosis /lu:'kəʊsɪs/ ♦ ***11*** n. (pl. **-es**) leucosi f.

leucotomy /lu:'kɒtəmɪ/ n. leucotomia f.

leuk(a)emia /lu:'ki:mɪə/ ♦ ***11*** n. leucemia f.; ***to have ~*** avere la leucemia *o* essere malato di leucemia.

leuk(a)emic /lu:'ki:mɪk/ **I** agg. leucemico **II** n. leucemico m. (-a).

leukocyte → **leucocyte.**

leukocytosis → **leucocytosis.**

leukosis → **leucosis.**

leukotomy → **leucotomy.**

Levant /lɪ'vænt/ n.pr. ***the ~*** il Levante.

Levanter /lɪ'væntə(r)/ n. 1 *(person)* levantino m. (-a) 2 *(wind)* (vento di) levante m.

Levantine /lɪ'væntaɪn/ agg. levantino.

levator /lɪ'veɪtə(r)/ n. 1 *(muscle)* muscolo m. elevatore 2 CHIR. leva f. (chirurgica).

1.levee /'levɪ/ n. STOR. *(reception) (on rising)* levata f. del re; *(in afternoon)* = udienza pomeridiana dal monarca riservata soltanto agli uomini.

2.levee /'levɪ/ n. AE *(embankment)* terrapieno m.; *(by river)* argine m. naturale; *(quay)* pontile m.

▶ **1.level** /'levl/ **I** n. 1 *(floor) (of mine)* livello m.; *(of building)* pavimento m. 2 *(elevation) (of liquid, sea)* livello m. 3 SCOL. UNIV. livello m.; ***an intermediate ~ textbook*** un libro di testo per il livello intermedio; ***that course is above, below your ~*** quel corso è troppo difficile, facile per te 4 FIG. *(of understanding)* livello m.; ***to be on the same ~ as sb.*** essere allo stesso livello di qcn.; ***to get down, to come down to sb.'s ~*** mettersi, abbassarsi al livello di qcn.; ***to talk to sb. on their ~*** parlare con qcn. da pari a pari 5 *(equal plane)* ***to be on a ~ with*** [*building, window*] essere all'altezza di *o* essere allo stesso livello di [*building, window*]; FIG. [*action*] equivalere a [*action*]; ***on a ~ with the first floor*** all'altezza del primo piano; ***two windows both on the same ~*** due finestre alla stessa altezza; ***at waist-, knee-~*** all'altezza della vita, del ginocchio; ***at street ~*** al livello della strada; ***that is on a ~ with arson*** FIG. questo equivale all'incendio doloso 6 *(degree) (of substance, pollution, noise, competence)* livello m.; *(of unemployment, illiteracy)* tasso m., livello m.; *(of spending)* ammontare m.; *(of satisfaction, anxiety)* grado m., livello m.; ***glucose, cholesterol ~s*** livello di glucosio, colesterolo 7 *(position in hierarchy)* livello m.; ***at local, national, board ~*** a livello locale, nazionale, del consiglio nazionale; ***at all ~s*** a tutti i livelli; ***at a higher, lower ~*** a un livello superiore, inferiore 8 FIG. *(plane)* piano m.; ***on a purely practical ~*** su un piano puramente pratico; ***to be reduced to the same ~ as*** essere messi allo stesso piano di; ***on a literary, musical ~*** sul piano letterario, musicale *o* dal punto di vista letterario, musicale 9 FIG. *(standard)* qualità f., livello m.; ***the ~ of training, of service*** il livello della formazione, del servizio 10 *(tool)* livella f.; *(for surveying)* livello m. a cannocchiale **II levels** n.pl. GEOGR. ***the Somerset ~s*** la piana del Somerset **III** agg. 1 *(not at an angle)* [*shelf, rail, floor*] dritto; [*surface*] piano; [*worktop, table*] orizzontale; ***to hold a compass ~*** tenere la bussola (in) orizzontale; ***I don't think this bed is ~*** non penso che questo letto sia in piano 2 *(not bumpy)* [*ground, surface, plain, land*] piatto; [*field, garden*] spianato; *(naturally)* piano 3 GASTR. *(not heaped)* [*teaspoonful*] raso 4 *(equally high)* ***to be ~***

[*shoulders, windows, etc.*] essere alla stessa altezza; [*floor, ceiling, building*] essere allo stesso livello; ***is the hem ~?*** è dritto l'orlo? ***trim the shoots so they are ~ with the ground*** tagliate i germogli a raso terra 5 FIG. *(equal in achievement, rank)* ***to be ~*** [*competitors*] essere (alla) pari; ***to be ~ in popularity*** avere la stessa popolarità; ***on the same ~*** *(of colleagues)* dello stesso livello 6 *(stable)* ***to remain ~*** [*growth, figures*] rimanere stabile 7 FIG. *(even)* [*tone*] uniforme IV avv. *(abreast)* ***to draw ~*** [*competitors, cars*] essere pari (**with** con); ***the pound is keeping ~ with the deutschmark*** la sterlina si mantiene alla pari con il marco tedesco ◆ ***to be ~-pegging*** essere alla pari; ***to be on the ~*** *(on level ground)* essere in piano; *(trustworthy)* essere in buona fede; ***to keep a ~ head*** mantenere il sangue freddo; ***to try one's ~ best to do sth.*** cercare di fare tutto il possibile per fare qcs.

2.level /ˈlevl/ tr. (forma in -ing ecc. **-ll-** BE, **-l-** AE) 1 *(raze to ground)* radere al suolo, spianare [*village, area*] 2 *(aim)* spianare [*gun, weapon*] (**at** su); lanciare [*accusation*] (**at** contro); rivolgere [*criticism*] (**at** a); ***the criticism was ~led mainly at the board of directors*** le critiche furono rivolte soprattutto al consiglio di amministrazione 3 COLLOQ. *(knock down)* mettere a terra [*opponent*] ◆ ***to ~ with sb.*** dire le cose come stanno a qcn.

▪ **level down:** ***~ down*** livellare, spianare; ***~ [sth.] down, ~ down [sth.]*** livellare al basso [*prices*].

▪ **level off:** ***~ off*** 1 [*prices, rate of growth, curve*] stabilizzarsi 2 [*plane*] mettersi in assetto orizzontale; [*pilot*] mettere l'aereo in assetto orizzontale 3 [*path*] continuare su un terreno pianeggiante; ***~ [sth.] off, ~ off [sth.]*** livellare, spianare [*ground, floor, mortar*]; spianare [*wooden surface*].

▪ **level out:** ***~ out*** 1 [*land, terrain*] diventare piano 2 [*prices, rate of growth, curve*] stabilizzarsi; ***~ [sth.] out, ~ out [sth.]*** livellare [*ground, floor*].

▪ **level up:** ***~ [sth.] up, ~ up [sth.]*** livellare verso l'alto [*prices*].

level crossing /ˌlevlˈkrɒsɪŋ, AE -ˈkrɔːsɪŋ/ n. passaggio m. a livello.

level-headed /ˌlevlˈhedɪd/ agg. con la testa a posto.

level-headedness /ˌlevlˈhedɪdnɪs/ n. buonsenso m.; *(in crisis)* sangue m. freddo.

leveller BE, **leveler** AE /ˈlevələ(r)/ n. LETT. ***death is the great ~*** sono tutti uguali davanti alla morte.

levelling /ˈlevəlɪŋ/ I n. 1 *(making smooth)* livellamento m. 2 *(razing to ground)* spianamento m. II modif. [*effect*] livellatore; ***a ~ process*** un processo di livellamento.

levelling-down /ˌlevəlɪŋˈdaʊn/ n. livellamento m. al basso.

levelling-off /ˌlevəlɪŋˈɒf, AE -ˈɔːf/ n. ECON. stabilizzazione f.

levelling rod /ˈlevəlɪŋˌrɒd/ n. stadia f.

levelling screw /ˈlevəlɪŋˌskruː/ n. vite f. di livello.

levelling-up /ˌlevəlɪŋˈʌp/ n. livellamento m. verso l'alto.

levelly /ˈlevəlɪ/ avv. uniformemente.

▷ **1.lever** /ˈliːvə(r), AE ˈlevər/ n. 1 AUT. TECN. leva f.; *(small)* levetta f., manetta f.; ***gear ~*** BE AUT. leva del cambio; ***to pull a ~*** tirare una leva 2 FIG. (anche **bargaining ~**) leva f.

2.lever /ˈliːvə(r), AE ˈlevər/ tr. 1 ***to ~ sth. off sth.*** spostare qcs. con l'aiuto di una leva *o* fare leva per spostare qcs.; ***to ~ sth. out of sth.*** fare uscire qcs. con l'aiuto di una leva *o* fare leva per fare uscire qcs.; ***to ~ sth. into position*** mettere qcs. in posizione con l'aiuto di una leva; ***to ~ sth. open*** aprire qcs. con l'aiuto di una leva *o* fare leva per aprire qcs. 2 FIG. ***to ~ sb. in, out*** *(of office, organization)* sistemare qcn. in, spostare qcn. da.

▪ **lever up:** ***~ up [sth.], ~ [sth.] up*** sollevare qcs. con l'aiuto di una leva.

1.leverage /ˈliːvərɪdʒ, AE ˈlev-/ n. 1 FIS. azione f. di una leva 2 FIG. influenza f. (**on, over** su) 3 ECON. *(of shares)* rapporto m. reddito-prezzo; *(of company)* rapporto m. di indebitamento, leverage m.

2.leverage /ˈliːvərɪdʒ, AE ˈlev-/ tr. influenzare.

leveraged /ˈliːvərɪdʒd, AE ˈlev-/ I p.pass. → **2.leverage** II agg. ECON. ***~ company*** società a leva finanziaria; ***highly ~*** fortemente indebitato.

leveraged buyout /ˌliːvərɪdʒdˈbaɪaʊt, AE ˌlev-/ n. leveraged buy-out m.

leveraged management buyout /ˌliːvərɪdʒdˌmænɪdʒmənt-ˈbaɪaʊt, AE ˌlev-/ n. leveraged management buy-out m.

leveret /ˈlevərɪt/ n. leprotto m.

Levi /ˈliːvaɪ/ n.pr. Levi.

leviable /ˈlevɪəbl/ agg. imponibile.

leviathan /lɪˈvaɪəθn/ n. leviatano m. (anche FIG.).

levigate /ˈlevɪgeɪt/ tr. ANT. 1 *(reduce to powder)* polverizzare 2 *(form an omogeneous mixture)* amalgamare.

levigation /ˈlevɪgeɪʃn/ n. 1 *(reduction to powder)* polverizzazione f. 2 *(formation of omogeneous mixture)* amalgamazione f.

levirate /ˈliːvɪrət/ n. levirato m.

Levi's® /ˈliːvaɪz/ n.pl. Levi's® m.

levitate /ˈlevɪteɪt/ I tr. fare levitare II intr. levitare.

levitation /ˌlevɪˈteɪʃn/ n. levitazione f.

Levite /ˈliːvaɪt/ n. levita m.

Levitical /lɪˈvɪtɪkl/ agg. levitico.

Leviticus /lɪˈvɪtɪkəs/ n.pr. BIBL. Levitico m.

levity /ˈlevətɪ/ n. leggerezza f., frivolezza f.; ***this is no occasion for ~*** non è il momento di scherzare.

levogyrate /ˌliːvəʊˈdʒaɪərət/ agg. levogiro.

levorotatory /ˌliːvəʊrəʊˈteɪtrərɪ, AE -tɔːrɪ/ agg. → **levogyrate**.

levulin /ˈliːvjʊlɪn/ n. levulina m.

levulose /ˈliːvjʊləʊs/ n. levulosio m.

▷ **1.levy** /ˈlevɪ/ n. 1 *(tax)* tassa f., imposta f. (**on** su); *(act of collecting)* esazione f.; ***import, production ~*** tassa sull'importazione, sulla produzione; ***agricultural ~*** imposte per l'agricoltura; ***political ~*** BE = contributo pagato dai membri di un sindacato al partito laburista 2 MIL. STOR. leva f., coscrizione f.

▷ **2.levy** /ˈlevɪ/ tr. 1 *(charge)* riscuotere [*tax, duty, amount*] (**from** da) 2 *(impose)* imporre [*fine, tax, duty*]; ***to ~ a tax on sb., sth.*** imporre una tassa a qcn., qcs. 3 MIL. STOR. arruolare [*troops, army*].

Lew /luː/ n.pr. diminutivo di **Lewis**.

lewd /ljuːd, AE luːd/ agg. [*joke, remark*] volgare; [*gesture*] osceno, volgare; [*person, expression*] lascivo, libidinoso.

lewdly /ˈljuːdlɪ, AE ˈluːdlɪ/ avv. in modo volgare.

lewdness /ˈljuːdnɪs, AE ˈluːd-/ n. *(of joke, remark)* volgarità f.; *(of person, behaviour)* lascivia f.

Lewie /ˈluːɪ/ n.pr. diminutivo di **Lewis**.

Lewis /ˈluːɪs/ n.pr. Luigi.

lexeme /ˈleksiːm/ n. lessema m.

lexical /ˈleksɪkl/ agg. lessicale.

lexicalize /ˈleksɪkəlaɪz/ tr. lessicalizzare; ***to become ~d*** lessicalizzarsi.

lexicographer /ˌleksɪˈkɒgrəfə(r)/ ♦ **27** n. lessicografo m. (-a).

lexicographical /ˌleksɪkəˈgræfɪkl/ agg. lessicografico.

lexicography /ˌleksɪˈkɒgrəfɪ/ n. lessicografia f.

lexicological /ˌleksɪkəˈlɒdʒɪkl/ agg. lessicologico.

lexicologist /ˌleksɪˈkɒlədʒɪst/ ♦ **27** n. lessicologo m. (-a).

lexicology /ˌleksɪˈkɒlədʒɪ/ n. lessicologia f.

lexicon /ˈleksɪkən, AE -kɒn/ n. LING. lessico m.

lexis /ˈleksɪs/ n. lessico m.

ley /liː/ n. terreno m. lasciato a prato.

ley-line /ˈleɪlaɪn/ n. linea f. del cielo (linea immaginaria che unisce siti preistorici).

lez /lez/, **lezzie** /ˈlezɪ/ n. POP. SPREG. *(lesbian)* lesbica f.

lhd n. (⇒ left-hand drive) = autoveicolo con la guida a sinistra.

LI US ⇒ Long Island Long Island.

▷ **liability** /ˌlaɪəˈbɪlətɪ/ I n. 1 DIR. *(responsibility)* responsabilità f.; ***to deny ~ for*** declinare ogni responsabilità per quanto riguarda; ***~ for military service*** obblighi del servizio militare *o* obblighi di leva; ***~ for tax*** o ***for paying tax*** obbligo di pagare le tasse 2 *(drawback)* ostacolo m., inconveniente m.; ***the house has become a ~ to them*** la casa è diventata un peso per loro; ***the leader has become a ~ to his party*** il leader è diventato un peso per il suo partito II **liabilities** n.pl. passivo m.sing., debiti m.; ***assets and liabilities*** attivo e passivo; ***to meet one's liabilities*** fare fronte ai propri impegni.

▷ **liable** /ˈlaɪəbl/ agg. 1 *(likely)* ***to be ~ to do*** rischiare di fare; ***to be ~ to win, to get arrested*** rischiare di vincere, di essere arrestato; ***it's ~ to rain*** è probabile che piova 2 *(prone)* ***to be ~ to*** [*person*] essere soggetto a [*illness etc.*]; [*thing*] essere soggetto a *o* essere passibile di; ***she is ~ to colds, fits*** è soggetta a raffreddori, ad attacchi; ***the contract is ~ to changes*** il contratto è passibile di modifiche; ***to be ~ to postponement at short notice*** essere suscettibile di aggiornamento all'ultimo momento 3 *(legally subject)* ***to be ~ to*** essere passibile di [*fine, prosecution*]; ***to be ~ for*** o ***to duty*** essere soggetto a dovere; ***to be ~ for*** o ***to tax*** [*person, company*] essere soggetto a tassazione; [*goods, property*] essere tassabile *o* essere soggetto a tassazione; ***to be ~ for military service*** essere soggetto agli obblighi del servizio militare *o* essere di leva 4 DIR. *(answerable)* responsabile (**for** di); ***to be ~ for sb.'s debts*** rispondere dei debiti di qcn.; ***~ for damages*** responsabile dei danni.

liaise /lɪˈeɪz/ intr. fare da collegamento (**with** con).

liaison /lɪˈeɪzn, AE ˈlɪəzɒn/ n. 1 *(intimate relation)* relazione f., liaison f. (**with** con; **between** tra) 2 *(relationship)* relazione f., legame m. (**with** con; **between** tra) 3 MIL. collegamento m. 4 FON. liaison f.; ***to make a*** o ***the ~*** fare la liaison.

liaison committee /lɪˈeɪznkəˌmɪtɪ, AE ˈlɪəzɒn-/ n. = comitato che cura le relazioni.

liaison officer /lɪ'eɪzn,ɒfɪsə(r), AE 'lɪəzɒn,ɔːfɪsə(r)/ n. MIL. ufficiale m. di collegamento; AMM. responsabile m. delle relazioni.
Liam /'liːəm/ n.pr. Liam (nome di uomo).
liana /lɪ'ɑːnə/ n. liana f.
▷ **liar** /'laɪə(r)/ n. bugiardo m. (-a).
lias /'laɪəs/ n. lias m.
liassic /laɪ'æsɪk/ agg. liassico.
lib /lɪb/ n. COLLOQ. movimento m. di liberazione; ***women's ~*** movimento di liberazione delle donne.
Lib /lɪb/ n. GB POL. (accorc. Liberal) liberale m. e f.; ***~-Lab pact*** = coalizione del 1977-1978 tra liberali e laburisti.
libation /laɪ'beɪʃn/ n. 1 STOR. libagione f. (**to** a) 2 SCHERZ. libagione f.
libber /'lɪbə(r)/ n. COLLOQ. = attivista di un movimento di liberazione; ***women's ~*** femminista.
Libby /'lɪbɪ/ n.pr. diminutivo di **Elizabeth**.
Lib Dem /,lɪb'dem/ GB POL. COLLOQ. **I** agg. (accorc. Liberal Democrat) liberaldemocratico **II** n. (accorc. Liberal Democrat) liberaldemocratico m. (-a).
1.libel /'laɪbl/ **I** n. **1** *(crime)* diffamazione f. a mezzo stampa; ***to bring an action for ~ against sb.*** o ***to sue sb. for ~*** fare causa a qcn. per diffamazione **2** *(article, statement)* libello m., scritto m. diffamatorio **3** *(slander, insult)* calunnia f. **II** modif. [*action, case, proceedings, suit, award, damages*] per diffamazione; [*laws*] sulla diffamazione.
2.libel /'laɪbl/ tr. (forma in -ing ecc. **-ll-**, **-l-** AE) diffamare.
libel(l)ant /'laɪblənt/ n. attore m. in un processo per diffamazione.
libel(l)ee /,laɪ'bliː/ n. convenuto m. in un processo per diffamazione.
libel(l)er /'laɪblə(r)/ n. libellista m. e f., diffamatore m. (-trice).
libellous BE, **libelous** AE /'laɪbələs/ agg. diffamatorio, calunnioso.
liberal /'lɪbərəl/ **I** agg. **1** *(open-minded, tolerant)* [*person, institution*] liberale; POL. RELIG. liberale; [*attitude, values*] liberale; ***~ intellectual*** = intellettuale progressista **2** *(generous)* [*amount, offer*] generoso; [*person*] liberale (**with** con); ***the cook has been a bit ~ with the salt*** la cuoca ha abbondato un po' con il sale; ***to make ~ use of sth.*** fare un uso abbondante di qcs. **3** [*translation, interpretation*] libero **II** n. POL. liberale m. e f.
Liberal /'lɪbərəl/ **I** agg. POL. liberale **II** n. liberale m. e f.
liberal arts /,lɪbərəl'ɑːts/ n.pl. **1** UNIV. = l'insieme delle discipline umanistiche, della matematica e delle scienze **2** STOR. arti f. liberali.
liberal democracy /,lɪbərəldɪ'mɒkrəsɪ/ n. democrazia f. liberale.
Liberal Democrat /,lɪbərəl'deməkræt/ n. GB POL. liberaldemocratico m. (-a); ***the ~s*** i liberaldemocratici.
liberal education /,lɪbərəl,edʒʊ'keɪʃn/ n. istruzione f. umanistica.
▷ **liberalism** /'lɪbərəlɪzəm/ n. **1** liberalismo m. (anche POL. ECON.) **2 → liberality**.
liberalistic /lɪbərə'lɪstɪk/ agg. liberalistico, liberaleggiante.
liberality /,lɪbə'rælətɪ/ n. **1** *(generosity)* liberalità f. **2** *(open-mindedness)* larghezza f. di vedute.
liberalization /,lɪbərəlaɪ'zeɪʃn, AE -lɪ'z-/ n. liberalizzazione f.
liberalize /'lɪbərəlaɪz/ tr. liberalizzare; ***to become ~d*** diventare più liberale.
liberally /'lɪbərəlɪ/ avv. **1** *(generously)* liberalmente; ***~ laced with vodka*** con una buona dose di vodka **2** *(tolerantly)* [*think, treat, govern*] in modo liberale **3** *(not literally)* [*interpret, translate*] liberamente.
liberal-minded /'lɪbərəl,maɪndɪd/ agg. di larghe vedute.
Liberal Party /'lɪbərəl,pɑːtɪ/ n. GB POL. STOR. partito m. liberale.
liberal studies /'lɪbərəl,stʌdɪz/ n.pl. BE SCOL. UNIV. = studio dell'insieme delle discipline umanistiche, della matematica e delle scienze.
liberate /'lɪbəreɪt/ tr. **1** liberare [*country, group*] (**from** da); liberare, mettere in libertà [*hostage, prisoner*]; liberare, affrancare [*slave*] **2** ECON. liberare, svincolare [*funds*] **3** CHIM. liberare **4** COLLOQ. SCHERZ. *(steal)* prelevare.
▷ **liberated** /'lɪbəreɪtɪd/ **I** p.pass. **→ liberate II** agg. [*attitude, lifestyle*] libero; [*woman*] emancipato.
liberating /'lɪbəreɪtɪŋ/ agg. liberatorio.
▷ **liberation** /,lɪbə'reɪʃn/ n. **1** liberazione f. (anche POL.) (**from** da); ***women's, black, sexual ~*** liberazione della donna, dei neri, sessuale; ***gay ~*** movimento di liberazione degli omosessuali **2** ECON. *(of funds)* liberazione f.
liberation army /,lɪbə'reɪʃn,ɑːmɪ/ n. POL. esercito m. di liberazione.
liberation front /,lɪbə'reɪʃn,frʌnt/ n. fronte m. di liberazione.
liberationist /,lɪbə'reɪʃənɪst/ n. = membro di un movimento di liberazione.
liberation movement /,lɪbə'reɪʃn,muːvmənt/ n. POL. movimento m. di liberazione.
liberation theology /,lɪbə'reɪʃnθɪ,ɒlədʒɪ/ n. teologia f. della liberazione.
liberation war /,lɪbə'reɪʃn,wɔː(r)/ n. guerra f. di liberazione.
liberator /'lɪbəreɪtə(r)/ n. liberatore m. (-trice).
Liberia /laɪ'bɪərɪə/ ➧ ***6*** n.pr. Liberia f.; ***in*** o ***to ~*** in Liberia.
Liberian /laɪ'bɪərɪən/ ➧ ***18*** **I** agg. liberiano **II** n. liberiano m. (-a).
libertarian /,lɪbə'teərɪən/ **I** n. **1** *(Right)* ultraliberale m. e f. **2** *(Left)* libertario m. (-a) **II** agg. **1** *(Right)* ultraliberale **2** *(Left)* libertario.
libertarianism /,lɪbə'teərɪənɪzəm/ n. *(Right)* ultraliberalismo m.
liberticide /lɪ'bɜːtɪsaɪd/ **I** agg. liberticida **II** n. liberticidio m.
libertinage /'lɪbətiːnɪdʒ/ n. LETT. libertinaggio m.
libertine /'lɪbətiːn/ **I** agg. LETT. libertino **II** n. LETT. libertino m. (-a).
libertinism /'lɪbətiːnɪzəm/ n. **1** *(debauchery)* libertinaggio m. **2** *(freethinking)* libertinismo m.
▷ **liberty** /'lɪbətɪ/ n. **1** *(freedom)* libertà f. (anche FILOS. POL.); ***individual, political ~*** libertà individuale, politica; ***civil liberties*** libertà civili; ***to be at, to set sb. at ~*** essere libero, mettere qcn. in libertà; ***to be at ~ to do*** essere libero di fare; ***I am not at ~ to say*** FORM. non ho il diritto di parlarne **2** *(presumption)* ***to take the ~ of doing*** prendersi la libertà di fare; ***to take liberties with sth., sb.*** prendersi delle libertà con qcs., qcn.; ***it is a bit of a ~*** o ***rather a ~ to do*** è abbastanza sfrontato fare; ***what a ~!*** COLLOQ. che sfacciataggine! **3** AE MIL. MAR. permesso m. ◆ ***it's ~ hall here!*** qui ognuno fa quello che vuole!
liberty bodice /'lɪbətɪ,bɒdɪs/ n. = canottiera da bambino o da donna di cotone pesante.
liberty cap /'lɪbətɪ,kæp/ n. berretto m. frigio.
libidinal /lɪ'bɪdɪnl/ agg. libidico.
libidinous /lɪ'bɪdɪnəs/ agg. FORM. SCHERZ. libidinoso.
libido /lɪ'biːdəʊ, 'lɪbɪdəʊ/ n. (pl. **~s**) libido f.
libra /'laɪbrə/ n. *(in ancient Rome)* libbra f.
Libra /'liːbrə/ ➧ ***38*** n. ASTROL. Bilancia f.; ***to be (a) ~*** essere della Bilancia *o* essere una Bilancia.
Libran /'lɪːbrən/ ➧ ***38*** **I** n. *(person)* Bilancia f.; ***he's a ~*** è della Bilancia *o* è una Bilancia **II** agg. [*characteristic*] della Bilancia.
librarian /laɪ'breərɪən/ ➧ ***27*** n. bibliotecario m. (-a).
librarianship /laɪ'breərɪənʃɪp/ n. *(library science)* biblioteconomia f.
▶ **library** /'laɪbrərɪ, AE -brerɪ/ **I** n. biblioteca f.; ***local, public ~*** biblioteca di circoscrizione, pubblica; ***photo(graphic) ~*** fototeca; ***toy ~*** ludoteca **II** modif. [*book, card, service, ticket*] della biblioteca; INFORM. [*program, software*] di libreria.
library edition /'laɪbrərɪ,dɪʃn, AE -brerɪ-/ n. edizione f. di lusso.
library pictures /'laɪbrərɪ,pɪktʃəz, AE -brerɪ-/ n.pl. TELEV. immagini f. di repertorio.
library science /,laɪbrərɪ'saɪəns, AE -brerɪ-/ n. biblioteconomia f.
librate /'laɪbreɪt/ intr. **1** *(oscillate)* oscillare, ondeggiare **2** [*bird*] librarsi.
libration /laɪ'breɪʃn/ n. **1** *(oscillation)* oscillazione f., ondeggiamento m. **2** *(of bird)* (il) librarsi **3** ASTR. librazione f.
libratory /'laɪbrətrɪ, AE -tɔːrɪ/ agg. oscillatorio.
libretti /lɪ'bretɪ/ **→ libretto**.
librettist /lɪ'bretɪst/ n. librettista m. e f.
libretto /lɪ'bretəʊ/ n. (pl. **~s**, **-i**) MUS. libretto m.
Libya /'lɪbɪə/ ➧ ***6*** n.pr. Libia f.; ***in*** o ***to ~*** in Libia.
Libyan /'lɪbɪən/ ➧ ***18*** **I** agg. libico **II** n. libico m. (-a).
Libyan Desert /,lɪbɪən'dezət/ n.pr. deserto m. libico.
lice /laɪs/ **→ 1.louse**.
▶ **licence** BE, **license** AE /'laɪsns/ n. **1** *(to make, sell sth.)* licenza f. (**to do** di fare; **for** per); ***the restaurant doesn't have a ~*** il ristorante non ha la licenza per vendere alcolici; ***sold, manufactured, brewed under ~ (from)*** venduto, fabbricato, prodotto con l'autorizzazione (di) **2** *(to drive)* patente f. (di guida); *(to carry gun)* porto m. d'armi; *(to fish)* licenza f. di pesca; *(for TV)* abbonamento m.; ***to lose one's (driving) ~*** farsi ritirare la patente; ***to be married by special ~*** sposarsi con dispensa **3** SPREG. *(freedom)* licenza f.; ***artistic ~*** licenza d'artista **4** FIG. *(permission)* autorizzazione f.; ***this law is a ~ to harass the innocent*** questa legge è un'autorizzazione a tormentare gli innocenti ◆ ***it's a ~ to print money*** è una miniera d'oro.
licence agreement BE, **license agreement** AE /'laɪsnsə,griːmənt/ n. contratto m. di licenza.
licence fee /'laɪsns,fiː/ n. BE tassa f. sulle concessioni governative.
licence number /'laɪsns,nʌmbə(r)/ n. **1** *(of car)* numero m. di immatricolazione **2** *(of driver)* numero m. di patente.

licence plate /ˈlaɪsns,pleɪt/ BE, **license tag** AE /ˈlaɪsns,tæg/ n. AUT. targa f.
1.license AE → **licence**.
▶ **2.license** /ˈlaɪsns/ tr. **1** *(authorize)* autorizzare (**to do** a fare); ***radio stations must be ~d by the appropriate authority*** le emittenti radiofoniche devono avere l'autorizzazione dalle autorità competenti **2** *(obtain a licence for)* denunciare [*gun*]; *(register)* fare immatricolare [*vehicle*] **3** *(use under licence)* usare con l'autorizzazione; ***the software is ~d from X*** il software è concesso in licenza da X *o* è utilizzato su licenza di X.
licensed /ˈlaɪsnst/ **I** p.pass. → **2.license II** agg. **1** [*restaurant, café, club*] con la licenza per vendere alcolici; ***the shop is ~ for the sale of tobacco*** il negozio ha la licenza per vendere tabacchi **2** [*dealer, security firm*] autorizzato; [*taxi*] con licenza; [*pilot*] con il brevetto; ***to be ~ to carry a gun*** avere il porto d'armi; ***to be ~ to drive a heavy goods vehicle*** avere l'autorizzazione per i trasporti pesanti **3** [*firearm*] dichiarato; [*TV*] in regola con l'abbonamento; [*vehicle*] immatricolato.
licensed practical nurse /,laɪsnst,præktɪklˈnɜ:s/ ♦ *27* n. AE = infermiera generica.
licensed premises /,laɪsnstˈpremɪsɪs/ n.pl. BE = locale con licenza per la vendita di alcolici.
licensed victualler /,laɪsnstˈvɪtlə(r)/ n. BE = titolare di un locale con licenza per la vendita di alcolici.
licensee /,laɪsənˈsi:/ n. **1** *(of pub etc.)* = titolare di una licenza per la vendita di alcolici **2** *(licensed manufacturer)* produttore m. (-trice) autorizzato (-a) **3** *(holder of gun)* = titolare di un porto d'armi; *(of fishing licence)* = titolare di una licenza di pesca; *(of driving licence)* = titolare di una patente.
licenser → **licensor**.
licensing authority /ˈlaɪsnsɪŋɔ:,θɒrətɪ/ n. **1** *(for drivers)* = organismo che rilascia la patente; *(for guns)* = organismo che rilascia il porto d'armi; *(for fishers)* = organismo che rilascia la licenza di pesca **2** *(for sale of alcohol)* = organismo che rilascia la licenza per vendere alcolici **3** *(authorizing manufacture, use)* = organismo che rilascia l'autorizzazione alla produzione o all'uso di qcs.
licensing hours /ˈlaɪsnsɪŋ,aʊəz/ n.pl. BE orario m.sing. di vendita di alcolici.
licensing laws /ˈlaɪsnsɪŋ,lɔ:z/ n.pl. BE leggi f. per la vendita di alcolici.

> **i** **Licensing laws** Sono le leggi che regolamentano la vendita e il consumo di alcolici in Gran Bretagna, in pub, negozi, supermercati e *off-licences*. Stabiliscono dove è possibile venderli, quando e a chi. Generalmente i pub possono vendere bevande alcoliche unicamente fra le undici di mattina e le undici di sera. Negli Stati Uniti ci sono leggi locali riguardo alla vendita e al consumo di alcolici. In alcune città, chiamate *dry towns*, è del tutto proibita la vendita di bevande alcoliche.

licensing magistrate /,laɪsnsɪŋˈmædʒɪstreɪt/ n. BE = magistrato incaricato di rilasciare la licenza per la vendita di alcolici.
licensor /ˈlaɪsnsə(r)/ n. **1** *(issuing licence to manufacture)* = organismo che rilascia un'autorizzazione **2** *(issuing licence to sell)* = organismo che rilascia la licenza **3** *(issuing gun licence)* = organismo che rilascia il porto d'armi; *(issuing fishing licence)* = organismo che rilascia la licenza di pesca.
licentiate /laɪˈsenʃɪət/ n. laureato m. (-a) (**in** in).
licentious /laɪˈsenʃəs/ agg. licenzioso.
licentiously /laɪˈsenʃəslɪ/ avv. licenziosamente.
licentiousness /laɪˈsenʃəsnɪs/ n. licenziosità f.
lich → **lych**.
lichen /ˈlaɪkən/ n. lichene m.
lichened /ˈlaɪkənd/ agg. coperto di licheni.
lich-gate → **lychgate**.
lich-house → **lych-house**.
lich-owl → **lych-owl**.
licit /ˈlɪsɪt/ agg. FORM. lecito, legittimo.
1.lick /lɪk/ n. **1** *(with tongue)* leccata f.; ***to give sth. a ~*** dare una leccata a qcs.; ***give me a ~ of your ice cream*** lasciami dare una leccata al tuo gelato **2** FIG. ***a ~ of paint*** un leggero strato di vernice **3** MUS. COLLOQ. *(in jazz)* chorus m. **4** *(blow)* colpo m. **5** AE COLLOQ. *(scrap)* briciolo m. ♦ ***at a fair*** o ***good ~*** COLLOQ. a tutta birra; ***to give oneself a ~ and a promise*** COLLOQ. ANT. lavarsi come i gatti.
2.lick /lɪk/ tr. **1** [*person, animal*] leccare; ***the cat was ~ing its paws*** il gatto si leccava le zampe; ***to ~ sth. off the spoon*** pulire il cucchiaio leccandolo; ***to ~ sth. clean*** [*animal*] pulire qcs. leccandolo; ***he ~ed his fingers clean*** si è leccato le dita; ***to ~ one's chops*** COLLOQ. o ***lips*** leccarsi le labbra; FIG. *(at prospect)* avere l'acquolina in bocca (**at** davanti a); ***to ~ sb.'s boots*** COLLOQ., ***arse*** POP. leccare i piedi, il culo a qcn. **2** [*flame, wave*] lambire **3** COLLOQ. *(beat in game)* battere [*team, opponent*]; *(beat physically)* picchiare [*person*]; *(overcome)* superare [*difficulty*]; ***to get ~ed*** *(in game)* farsi battere; ***I think we've got the problem ~ed!*** COLLOQ. penso che abbiamo risolto il problema; ***this puzzle has got me ~ed!*** non riesco proprio a venirne fuori da questo enigma ♦ ***to ~ one's wounds*** leccarsi le ferite; ***to ~ sb. into shape*** COLLOQ. rendere presentabile qcn.
▪ **lick up:** ~ ***up [sth.]***, ~ ***[sth.] up*** [*person, cat, dog*] pulire leccando.
lickerish /ˈlɪkərɪʃ/ agg. **1** *(lecherous)* lascivo **2** ANT. *(greedy)* avido.
lickety-split /,lɪkətɪˈsplɪt/ avv. AE COLLOQ. a tutta birra.
licking /ˈlɪkɪŋ/ n. COLLOQ. *(beating)* botte f.pl.; ***to take*** o ***get a ~*** COLLOQ. prendersele; FIG. prendersi una bella batosta.
lickspittle /ˈlɪkspɪtl/ n. ANT. leccapiedi m. e f.
licorice AE → **liquorice**.
lictor /ˈlɪktɔ:(r)/ n. littore m.
▷ **lid** /lɪd/ **I** n. **1** *(cover)* coperchio m.; ***dustbin, saucepan ~*** coperchio della pattumiera, della casseruola; ***to put on, take off the ~*** mettere, togliere il coperchio **2** *(eyelid)* palpebra f. **II -lidded** agg. in composti ***heavy-~ded eyes*** occhi dalle palpebre pesanti ♦ ***to blow the ~ off sth.*** COLLOQ. mettere a nudo qcs.; ***to flip one's ~*** COLLOQ. uscire dai gangheri *o* dare i numeri; ***to keep the ~ on sth.*** COLLOQ. *(control)* controllare qcs.; *(keep secret)* tenere segreto qcs.; ***to put a ~ on sth.*** COLLOQ. mettere freno a qcs.; ***to put the ~ on sth.*** COLLOQ. *(finish)* mettere fine a qcs.; ***that really puts the (tin) ~ on it!*** COLLOQ. questo è il colmo!
lidded /ˈlɪdɪd/ agg. [*saucepan*] munito di coperchio.
lido /ˈli:dəʊ/ n. (pl. **~s**) **1** *(beach)* lido m. **2** BE *(pool)* piscina f. all'aperto.
▶ **1.lie** /laɪ/ n. *(falsehood)* bugia f., menzogna f.; ***it's all ~s*** sono solo menzogne; ***to tell a ~*** dire una bugia; ***no I tell a ~*** no mi sbaglio; ***to give the ~ to sth., sb.*** smentire qcs., qcn. ♦ ***to live a ~*** vivere nella menzogna.
▶ **2.lie** /laɪ/ **I** tr. (forma in -ing **lying**; pass., p.pass. **lied**) ***"No," I ~d*** "No," mentii; ***he ~d his way into the job*** ha avuto il posto a suon di menzogne; ***she'll ~ her way out of trouble*** se la caverà con le bugie; ***we ~d our way past the guard*** siamo passati abbindolando la guardia **II** intr. (forma in -ing **lying**; pass., p.pass. **lied**) *(tell falsehood)* mentire (**to sb.** a qcn.; **about** su, riguardo a); ***he ~d about her*** ha mentito riguardo a lei; ***the camera never ~s*** la macchina fotografica non mente mai.
3.lie /laɪ/ n. **1** *(position)* disposizione f., posizione f. **2** *(of animal)* covo m., tana f.; *(in golf)* ***a good, bad ~*** un bel, brutto lie.
▶ **4.lie** /laɪ/ intr. (forma in -ing **lying**; pass. **lay**; p.pass. **lain**) **1** *(in horizontal position)* [*person, animal*] *(action)* stendersi, distendersi, sdraiarsi; *(state)* stare disteso, stare sdraiato, giacere; [*bottle, packet, pile*] giacere; ***don't ~ on the grass*** non stendersi sull'erba; ***he was lying on the bed*** era disteso sul letto; ***she continued to ~ there*** è rimasta sdraiata là; ***to ~ on one's back, front*** stare disteso sulla schiena, sulla pancia; ***to ~ flat*** giacere lungo disteso *o* mettersi lungo disteso; ***to ~ face down*** stare a faccia in giù, mettersi a faccia in giù; ***the horse lay injured*** il cavallo giaceva ferito; ***to ~ awake at night*** non riuscire a dormire la notte; ***to ~ in bed all morning*** restare a letto tutta la mattinata; ***don't ~ in the sun too long*** non stare disteso al sole per troppo tempo; ***~ still*** stai giù; ***while her husband lay in hospital*** mentre suo marito era all'ospedale; ***he lay dead*** giaceva morto; ***the soldier lay dying*** il soldato era moribondo; ***the body lay...*** il corpo giaceva...; ***to ~ in state*** essere esposto pubblicamente; ***here ~s John Brown*** qui giace John Brown **2** *(be situated)* essere situato, trovarsi; MAT. [*point*] essere situato; ***to ~ fifth*** o ***in fifth place*** trovarsi al quinto posto; ***to ~ in pieces, open*** essere a pezzi, aperto; ***everything that ~s in my way*** tutto quello che si trova sulla mia strada; ***their unhappy past lay behind them*** si erano lasciati alle spalle il loro infelice passato; ***your future ~s in that direction*** il vostro futuro è in quella direzione; ***that's where our future ~s*** il nostro futuro è là; ***to ~ before sb.*** [*life, career*] aprirsi a qcn.; [*unknown*] stare davanti a qcn.; ***what ~s ahead?*** cosa ci aspetta? ***the toys lay all over the floor*** i giochi erano sparsi sul pavimento; ***danger ~s all around us*** siamo circondati dal pericolo **3** *(remain)* restare; ***the boat had lain there for years*** la nave era rimasta là per anni; ***his clothes lay where he'd left them*** i suoi vestiti stavano dove li aveva lasciati; ***the newspaper lay unread*** il giornale non era stato aperto; ***his meal lay untouched*** non toccò cibo; ***to ~ idle*** [*machine*] rimanere fermo *o* inattivo; [*money*] rimanere capitale morto; ***to ~ empty*** rimanere

vuoto **4** *(can be found)* stare; ***their interests ~ elsewhere*** i loro interessi stavano da un'altra parte; ***that's where the fault lay*** ecco dove stava l'errore; ***to ~ in*** [*cause, secret, success, talent, fault*] stare in; [*popularity, strength*] venire da; [*solution, cure*] consistere in; ***to ~ in doing*** [*solution, cure*] consistere nel fare; ***to ~ behind*** *(be hidden)* stare nascosto dietro; *(instigate)* essere all'origine di; ***to ~ at the heart, at the root of*** essere al cuore di, alla radice di; ***my support ~s with you*** avete il mio sostegno; ***the responsibility ~s with them*** la responsabilità è loro **5** *(as covering)* [*snow*] tenere; ***the snow lay thick*** c'era uno spesso strato di neve; ***to ~ over*** [*aura, atmosphere*] aleggiare su [*place, gathering*]; ***to ~ upon*** [*burden, guilt*] pesare su, incombere su [*person*] **6** DIR. ***an appeal that will not ~*** un ricorso che non è ammissibile; ***no appeal ~s against the action*** non è ammissibile alcun ricorso contro l'azione legale **7** MAR. ***to be lying at anchor*** essere *o* stare all'ancora ◆ ***let the matter ~*** lascia le cose come stanno; ***to ~ in the hands of*** essere nelle mani di *o* dipendere da; ***to ~ low*** non farsi vedere; ***to find out how the land ~s*** tastare il terreno; ***to ~ in wait*** stare in agguato *o* stare in attesa; ***to ~ in wait for sb.*** [*troops, ambushers*] tendere un agguato a qcn.; [*reporter, attacker*] aspettare qcn. al varco.

- **lie about, around:** ~ ***around*** [*person*] bighellonare; [*object*] essere sparso qua e là; ***to leave sth. lying around*** lasciare qcs. in giro; ~ ***around [sth.]*** bighellonare per [*house*].
- **lie back** *(horizontally)* stendersi, distendersi, sdraiarsi (**on** su); ***she lay back on the pillow*** ha appoggiato la testa sul cuscino; ***~ back and enjoy life*** rilassati e goditi la vita.
- **lie down** *(briefly)* sdraiarsi; *(for longer period)* coricarsi; ***to take it lying down*** COLLOQ. FIG. lasciare passare; ***don't just ~ down and die*** FIG. non arrenderti; ***the affair is dead but it won't ~ down*** FIG. la questione è chiusa ma se ne sentirà parlare ancora.
- **lie in** *(in bed)* restare a letto.
- **lie off** MAR. [*ship*] stare al largo.
- **lie over** [*business, matter*] rimanere in sospeso.
- **lie to** MAR. **1** *(be hove to)* essere alla cappa **2** *(be at anchor)* essere all'ancora.
- **lie up 1** *(stay in bed)* stare a letto **2** *(hide)* nascondersi.

lie-abed /ˈlaɪəbed/ n. ANT. dormiglione m. (-a), poltrone m. (-a).
Liechtenstein /ˈlɪktənstaɪn/ ♦ **6** n.pr. Liechtenstein m.; ***in*** o ***to ~*** nel Liechtenstein.
lied /liːt, liːd/ n. (pl. **~er**) *(song)* lied m.
lie detector /ˈlaɪdɪˌtektə(r)/ **I** n. macchina f. della verità **II** modif. [*evidence, printout, test*] della macchina della verità.
lie-down /ˈlaɪdaʊn/ n. ***to have a ~*** farsi un sonnellino.
lief /liːf/ avv. ANT. ***I'd as ~ go as stay*** andare o partire mi è indifferente.
liege /liːdʒ/ n. **1** (anche **~ lord**) signore m., feudatario m.; ***my ~*** mio signore **2** (anche **~ man**) vassallo m.
lie-in /ˈlaɪɪn/ n. ***to have a ~*** starsene a letto più del solito.
lien /ˈlɪən/ n. DIR. diritto m. di pegno, diritto m. di ritenzione (**on** su).
lieu /ljuː/ **1 in lieu** ***one week's holiday in ~*** una settimana di vacanze in sostituzione **2 in lieu of** in luogo di, invece di.
Lieut ⇒ Lieutenant *(in GB army, US police)* tenente (Ten.); *(in GB, US navy)* sottotenente di vascello.
lieutenancy /lefˈtenənsɪ, AE luːˈt-/ n. *(army)* grado m. di tenente; *(navy)* grado m. di sottotenente di vascello.
lieutenant /lefˈtenənt, AE luːˈt-/ ♦ **23** n. **1** MIL. *(in GB army)* tenente m.; *(in GB, US navy)* sottotenente m. di vascello **2** *(in US police)* tenente m. **3** *(assistant)* luogotenente m.
lieutenant colonel /lefˌtenəntˈkɜːnl, AE luːˌt-/ ♦ **23** n. tenente m. colonnello.
lieutenant commander /lefˌtenəntkəˈmɑːndə(r), AE luːˌtenəntkəˈmændə(r)/ ♦ **23** n. capitano m. di corvetta.
lieutenant general /lefˌtenəntˈdʒenrəl, AE luːˌt-/ ♦ **23** n. *(army)* *(formerly)* generale m. di corpo d'armata; *(now)* tenente m. generale; *(air force)* generale m. di squadra aerea.
lieutenant Governor /lefˌtenəntˈgʌvənə(r), AE luːˌt-/ n. vicegovernatore m.
lieutenant junior /lefˌtenəntˈdʒuːnɪə(r), AE luːˌt-/ ♦ **23** n. *(US navy)* sottotenente m. di vascello.
lieutenantship /lefˈtenəntʃɪp, AE luːˈt-/ n. RAR. → **lieutenancy**.
▶ **life** /laɪf/ **I** n. (pl. **lives**) **1** *(as opposed to death)* vita f.; ***~ and death*** la vita e la morte; ***a matter of ~ and death*** una questione di vita o di morte; ***to cling to ~*** aggrapparsi alla vita; ***to have a love of ~*** amare la vita; ***to bring sb. back to ~*** riportare in vita qcn.; MED. rianimare qcn.; ***to save sb.'s ~*** salvare la vita a qcn.; ***to put one's ~ at risk*** rischiare la vita *o* mettere a repentaglio la propria vita; ***to lay down*** o ***give one's ~ for sb.*** dare, sacrificare la vita per qcn.; ***to lose, risk one's ~ doing*** perdere, rischiare la vita facendo; ***to take one's own ~*** togliersi la vita; ***to take sb.'s ~*** FORM. togliere la vita a qcn.; ***to run, swim for one's ~*** correre, nuotare più velocemente possibile; ***run for your ~!*** si salvi chi può! **2** *(period from birth to death)* vita f.; ***short, long ~*** breve, lunga vita; ***throughout one's ~*** per tutta la vita; ***his waking ~*** la sua vita; ***in this ~ and the next*** in questa vita e nella prossima; ***the first time in my ~*** la prima volta nella mia vita; ***a day, year in the ~ of*** un giorno, anno nella vita di; ***romance of one's ~*** amore della propria vita; ***I got the fright of my ~!*** è stato il più grande spavento della mia vita! ***a job for ~*** un lavoro per tutta la vita; ***a friend for ~*** un amico per tutta la vita; ***in later ~*** più avanti negli anni; ***to mark sb. for ~*** marcare qcn. a vita; ***to go through*** o ***spend one's ~ doing*** passare la vita a fare; ***to make ~ worth living*** dare un senso alla vita; ***to be all for an easy ~*** essere per la vita facile; ***early in ~*** presto; ***in adult ~*** nell'età adulta; ***in the prime of ~*** nella primavera della vita; ***at my time of ~*** alla mia età; ***have you lived here all your ~?*** hai vissuto qui per tutta la vita? ***for the rest of one' s ~*** per il resto della propria vita; ***in her early ~*** quando era giovane; ***to depart this ~*** LETT. lasciare questa vita; ***the ~ and times of X*** la vita e l'epoca di X; ***to write a ~ of sb.*** scrivere la vita di qcn. **3** *(animation, vigour)* vita f., vitalità f.; ***full of ~*** pieno di vita; ***there was no ~ in her voice*** non c'era vitalità nella sua voce; ***there's not much ~ in the town in winter*** in questa città non c'è molta vita d'inverno; ***to come to ~*** [*person*] rinvenire *o* riprendere conoscenza; FIG. animarsi; [*fictional character*] prendere vita; [*party*] animarsi; ***to bring a subject to ~*** trattare un argomento in maniera estremamente vivace; ***to bring history to ~*** fare rivivere la storia; ***to bring a character to ~*** dare vita a un personaggio; ***to roar, splutter into ~*** mettersi in moto rombando, scoppiettando; ***put a bit of ~ into it*** COLLOQ. mettici un po' di animo; ***this drink will put new ~ into you*** questa bevanda ti ridarà le forze **4** *(social activity, lifestyle)* vita f.; ***to lead a busy ~*** avere una vita piena di impegni; ***to lead a sheltered ~*** vivere nella bambagia; ***to change one's ~*** cambiare vita; ***private, family*** o ***home ~*** vita privata, familiare; ***working, social ~*** vita lavorativa, sociale; ***his way of ~*** il suo modo di vivere; ***a way of ~*** un modo di vivere; ***a ~ of luxury, crime*** una vita nel lusso, da criminale; ***to live the good*** o ***high ~*** fare una bella vita; ***the outdoor ~*** la vita all'aria aperta; ***it's no ~ for a child*** non è vita per un bambino; ***to have a ~ of one's own*** avere una propria vita; ***to make a new ~ for oneself*** farsi una nuova vita; ***to get on with one's ~*** continuare la propria vita; ***what a ~!*** che vita! ***in public ~*** in pubblico **5** *(as general concept)* vita f.; ***~ in general*** la vita in generale; ***~'s been kind to me*** ho avuto molto dalla *o* nella vita; ***isn't ~ wonderful?*** non è meravigliosa la vita? ***how's ~ treating you?*** come va la vita? ***to make ~ easier, difficult for sb.*** rendere la vita facile, difficile a qcn.; ***don't make ~ so difficult for yourself*** non complicarti la vita; ***to take ~ as it comes*** prendere la vita come viene; ***~ has to go on*** la vita continua; ***that's ~*** così è la vita; ***~'s a bitch*** COLLOQ. la vita è dura **6** *(living things)* vita f.; ***origins of ~*** origini della vita; ***extraterrestrial ~*** forme di vita extraterrestre; ***~ as we know it*** la vita come noi la conosciamo; ***plant, marine ~*** la vita vegetale, marina; ***~ in the hedgerows, forest*** la vita negli arbusti, nelle foreste; ***low ~*** SPREG. plebaglia f. **7** *(human being(s))* ***without loss of ~*** senza perdite di vite umane; ***the ship sank with the loss of 500 lives*** il naufragio della nave ha causato la morte di 500 persone **8** *(useful duration)* durata f.; ***shelf-~*** durata di conservazione; ***the average ~ of a washing machine*** la durata media di una lavatrice; ***there's plenty of ~ still left in them*** sono ancora utilizzabili; ***this carpet's coming to the end of its ~*** questo tappeto è giunto alla fine **9** DIR. ***to do*** COLLOQ. o ***serve ~*** scontare un ergastolo; ***to sentence sb. to ~*** condannare qcn. all'ergastolo; ***to get ~*** COLLOQ. farsi dare l'ergastolo **10** GIOC. vita f.; ***to lose a ~*** perdere una vita **11** ART. ***from ~*** [*draw, paint*] dal vero **II** modif. [*member, president, peer, peerage, membership, ban*] a vita; [*annuity*] vitalizio ◆ ***anything for a quiet ~*** qualsiasi cosa per amore del quieto vivere; ***for dear ~*** più che si può *o* con tutte le forze; ***not for the ~ of me*** per nulla al mondo; ***he couldn't for the ~ of him see why*** non riusciva assolutamente a capire il perché; ***get a ~!*** COLLOQ. lasciami vivere! ***not on your ~!*** certo che no! neanche per sogno! ***this is the ~!*** questa sì che è vita! ***to lead*** o ***live the ~ of Riley*** fare la bella vita *o* fare la vita del michelaccio; ***to frighten the ~ out of sb.*** spaventare a morte qcn.; ***to have the time of one's ~*** divertirsi come matti; ***you get out of ~ what you put into it*** si raccoglie quello che si semina; ***to take one's ~ in one's hands*** rischiare la vita.
life-and-death /ˌlaɪfənˈdeθ/ agg. [*decision*] cruciale; [*issue*] di vita o di morte.
life assurance /ˈlaɪfəˌʃɔːrəns, AE -əˌʃʊərəns/ n. → **life insurance**.
lifebelt /ˈlaɪfbelt/ n. salvagente m., ciambella f. di salvataggio.
life blood /ˈlaɪfblʌd/ n. FIG. linfa f. vitale.

lifeboat /ˈlaɪfbəʊt/ n. 1 *(carried on a ship)* lancia f. di salvataggio, scialuppa f. di salvataggio 2 *(built for rescuing)* nave f. di salvataggio.
lifeboatman /ˈlaɪfbəʊtmən/ n. (pl. **-men**) = soccorritore a bordo di una nave di salvataggio.
lifeboat station /ˈlaɪfbəʊtˌsteɪʃn/ n. stazione f. di salvataggio.
lifebuoy /ˈlaɪfbɔɪ/ n. salvagente m., ciambella f. di salvataggio.
life class /ˈlaɪfklɑːs, AE -klæs/ n. ART. corso m. di disegno dal vero.
life coach /ˈlaɪfˌkəʊtʃ/ n. = persona ingaggiata per aiutare qualcuno a raggiungere i propri obiettivi personali e professionali.
life cycle /ˈlaɪfsaɪkl/ n. ciclo m. vitale.
life drawing /ˈlaɪfˌdrɔːɪŋ/ n. ART. disegno m. dal vero.
life expectancy /ˌlaɪfɪkˈspektənsɪ/ n. BIOL. speranza f., aspettativa f. di vita; TECN. durata f. prevista.
life force /ˈlaɪfˌfɔːs/ n. LETT. forza f. vitale.
life form /ˈlaɪfˌfɔːm/ n. forma f. di vita.
lifegiving /ˈlaɪfˌgɪvɪŋ/ agg. vivificante.
lifeguard /ˈlaɪfgɑːd/ ♦ *27* n. bagnino m. (-a).
Life Guards /ˈlaɪfgɑːdz/ n.pl. BE = uno dei reggimenti della cavalleria della guardia reale.
life history /ˌlaɪfˈhɪstrɪ/ n. BIOL. STOR. vita f.
life imprisonment /ˌlaɪfɪmˈprɪznmənt/ n. ergastolo m.
life insurance /ˈlaɪfɪnˌʃɔːrəns, AE -ˌʃʊər-/ **I** n. assicurazione f. sulla vita; ***to take out*** ~ stipulare un'assicurazione sulla vita **II** modif. [*policy*] d'assicurazione sulla vita; [*salesman*] di assicurazioni sulla vita.
life interest /ˌlaɪfˈɪntrəst/ n. DIR. usufrutto m. vitalizio.
lifejacket /ˈlaɪfˌdʒækɪt/ n. = giubbotto salvagente a camera d'aria gonfiabile.
lifeless /ˈlaɪflɪs/ agg. 1 *(dead, appearing dead)* [*body*] senza vita, esanime; [*animal*] senza vita 2 *(inanimate)* [*object*] inanimato 3 *(without life)* [*planet, pond*] senza vita 4 FIG. [*performance*] senza vigore; [*character*] senza vitalità; [*voice*] spento.
lifelessly /ˈlaɪflɪslɪ/ avv. ***she lay ~ on the sofa*** era distesa immobile sul sofà; ***his arms hung ~*** le sue braccia pendevano inerti.
lifelessness /ˈlaɪflɪsnɪs/ n. FIG. *(of acting, production)* mancanza f. di vigore.
lifelike /ˈlaɪflaɪk/ agg. che sembra vivo.
lifeline /ˈlaɪflaɪn/ n. 1 *(rope) (on boat etc.)* sagola f. di salvataggio; *(safety line)* tientibene m.; *(in climbing)* corda f. 2 FIG. *(social, financial aid)* ancora f. di salvezza; ***the telephone was her ~*** il telefono per lei era essenziale 3 *(in palmistry)* linea f. della vita.
▷ **lifelong** /ˈlaɪflɒŋ/ agg. [*friendship, fear, ambition, work*] che dura tutta la vita; ***to have had a ~ fear of, ambition to do*** avere sempre avuto paura di, aver sempre sognato di fare.
life mask /ˈlaɪfmɑːsk, AE -mæsk/ n. ART. calco m. del viso.
life-or-death /ˌlaɪfɔːˈdeθ/ agg. → **life-and-death**.
life preserver /ˈlaɪfprɪˌzɜːvə(r)/ n. 1 → **lifejacket** 2 → **lifebuoy**.
lifer /ˈlaɪfə(r)/ n. COLLOQ. ergastolano m. (-a).
life raft /ˈlaɪfrɑːft, AE -ræft/ n. zattera f. di salvataggio.
lifesaver /ˈlaɪfseɪvə(r)/ ♦ *27* n. 1 *(lifeguard)* bagnino m. (-a) 2 FIG. ***to be a ~*** [*object*] essere di grande utilità; ***you're a ~!*** mi hai salvato la vita!
lifesaving /ˈlaɪfseɪvɪŋ/ **I** n. 1 *(swimmers' technique)* salvataggio m. 2 MED. soccorso m. **II** modif. [*course*] *(swimming)* di salvataggio; MED. di (pronto) soccorso; [*equipment*] da soccorso; [*technique*] *(swimming)* di salvataggio; MED. di soccorso; [*drugs*] salvavita; [*treatment*] di importanza vitale.
life sciences /ˈlaɪfsaɪənsɪz/ n.pl. scienze f. naturali.
life sentence /ˈlaɪfˌsentəns/ n. DIR. condanna f. all'ergastolo.
life-size /ˈlaɪfsaɪz/ agg. a grandezza naturale.
life span /ˈlaɪfspæn/ n. durata f. della vita.
life story /ˈlaɪfstɔːrɪ/ n. vita f.
▷ **lifestyle** /ˈlaɪfstaɪl/ n. stile m. di vita.
life-support machine /ˌlaɪfsəˈpɔːtməˌʃiːn/ n. = apparecchio per mantenere artificialmente in vita una persona.
life-support system /ˌlaɪfsəˈpɔːtˌsɪstəm/ n. 1 → **life-support machine** 2 *(in space etc.)* apparecchiatura f. di sopravvivenza.
life-threatening /ˈlaɪfˌθretnɪŋ/ agg. [*illness*] molto grave; [*situation*] critico.
▷ **lifetime** /ˈlaɪftaɪm/ **I** n. 1 *(from birth to death)* (durata della) vita f.; ***the work of a ~*** il lavoro di una vita; ***a ~'s accumulation of junk*** le cianfrusaglie accumulate nell'arco di una vita; ***in her ~*** nell'arco della sua vita; ***the chance, the holiday of a ~*** l'occasione, la vacanza della propria vita 2 *(long period)* vita f.; ***to seem like a ~*** sembrare un'eternità; ***it felt like a ~ before...*** mi è sembrata un'eternità prima che... 3 *(of object)* durata f.; ***during its ~*** per tutto il suo periodo di utilizzo **II** modif. [*subscription, ban*] a vita.
life vest /ˈlaɪfvest/ n. AE giubbotto m. salvagente.
life-work /ˌlaɪfwɜːk/ n. lavoro m. di una vita.
life zone /ˈlaɪfzəʊn/ n. zona f. biotica.
Liffey /ˈlɪfɪ/ ♦ *25* n.pr. Liffey m.
▶ **1.lift** /lɪft/ **I** n. 1 BE *(elevator) (for people)* ascensore m.; *(for goods)* montacarichi m.; ***to take the ~ to the fourth floor*** salire al quarto piano in ascensore 2 *(ride)* passaggio m.; ***she asked me for a ~*** mi ha chiesto un passaggio; ***I get a ~ to work from Annie*** Annie mi dà un passaggio per andare a lavorare; ***to give sb. a ~ to the station*** dare un passaggio a qcn. fino alla stazione; ***can I give you a ~?*** vuoi un passaggio? ***to give ~s to hitchhikers*** dare un passaggio agli autostoppisti; ***to hitch a ~*** fare l'autostop; ***don't accept ~s from strangers*** non accettare passaggi dagli sconosciuti 3 COLLOQ. *(boost)* sollievo m.; ***to give sb. a ~*** [*praise, good news*] tirare su qcn. 4 COLLOQ. *(help)* ***can you give me a ~ with this trunk?*** puoi darmi una mano a portare questa cassa? 5 SPORT *(in weight-lifting)* sollevamento m. 6 SPORT *(height) (of gymnast, diver)* elevazione f.; *(of ball) (in football)* effetto m.; *(in tennis)* lift m. 7 *(special heel)* soprattacco m. 8 AER. portanza f. **II** modif. BE [*button, door*] dell'ascensore; [*maintenance*] degli ascensori.
▶ **2.lift** /lɪft/ **I** tr. 1 *(pick up)* alzare, sollevare [*object, person*]; ***to ~ sth. off a ledge, onto the table*** sollevare qcs. da un ripiano, per metterlo sul tavolo; ***to ~ sth. out of the box, drawer*** tirare fuori qcs. da una scatola, da un cassetto; ***to ~ sth. into the car*** caricare qcs. sulla macchina; ***to ~ sb. into the ambulance*** caricare qcn. sull'ambulanza; ***to ~ sth. over the wall*** fare passare qcs. sopra il muro; ***she ~ed the spoon, flute to her lips*** portò il cucchiaio, il flauto alla bocca; ***one, two, three, ~!*** oh, issa! 2 *(raise)* alzare, tirare su [*arm, head*]; ***he ~ed his arm*** ha alzato il braccio; ***she didn't even ~ her head from her book*** non ha neppure sollevato la testa dal libro 3 MIL. *(transport) (by air)* aerotrasportare [*troops, supplies*]; *(remove)* rimuovere [*troops, equipment*] 4 *(remove)* levare [*siege, ban, sanctions*]; ***I feel as if a great weight has been ~ed from my mind*** o ***shoulders*** mi sento come se mi avessero tolto un grosso peso 5 *(boost)* ***to ~ sb.'s spirits*** sollevare il morale a qcn. 6 SPORT *(improve)* migliorare [*game, performance*] 7 COLLOQ. *(steal)* rubare, fregare [*file, keys, ideas*] (**from** da); copiare [*article, passage*] (**from** da); ***he ~ed it from my briefcase*** me lo ha rubato dalla borsa 8 *(dig up)* cavare [*carrots, onions*] 9 BE COLLOQ. *(arrest)* arrestare 10 SPORT *(in football)* imprimere un effetto a [*ball*]; *(in tennis)* liftare [*ball*]; ***to ~ weights*** fare pesi 11 AE *(pay off)* saldare [*mortgage, debt*] 12 COSMET. ***to have one's face ~ed*** farsi fare un lifting **II** intr. 1 *(improve)* [*bad mood, headache*] scomparire; ***her spirits began to ~*** iniziò a sentirsi un po' più sollevata 2 *(disappear)* [*fog, mist*] dissiparsi 3 *(open)* alzarsi, sollevarsi; ***the lid, trapdoor ~s easily*** il coperchio, la botola si solleva facilmente ♦ ***not to ~ a finger*** non muovere un dito.
■ **lift down:** ~ **[sb., sth.] down**, ~ **down [sb., sth.]** tirare giù [*object*]; ***to ~ a child down from a wall*** tirare giù un bambino dal muro.
■ **lift in:** ~ **[sb., sth.] in**, ~ **in [sb., sth.]** MIL. aerotrasportare [*troops, supplies*].
■ **lift off:** ~ **off** [*rocket, helicopter*] decollare; [*top, cover*] sollevarsi; ~ **[sth.] off**, ~ **off [sth.]** sollevare [*cover, lid*].
■ **lift out:** ~ **out** [*shelf, filter*] togliersi; ~ **[sb., sth.] out**, ~ **out [sb., sth.]** MIL. rimuovere [*troops, equipment*].
■ **lift up:** ~ **up** [*lid, curtain*] sollevarsi; ~ **[sb., sth.] up**, ~ **up [sb., sth.]** sollevare, alzare [*book, suitcase, lid, veil*]; tirare su, sollevare [*head*]; sollevare, levare [*eyes*]; togliere [*jumper, coat*]; ***they ~ed up their voices in prayer, song*** le loro voci si levarono in preghiera, in un canto.
liftboy /ˈlɪftbɔɪ/ ♦ *27* n. BE ragazzo m. addetto all'ascensore.
liftcage /ˈlɪftkeɪdʒ/ n. BE cabina f. dell'ascensore.
lifter rod /ˈlɪftəˌrɒd/ n. asta f. di punteria.
liftgate /ˈlɪftgeɪt/ n. AE AUT. portellone m. posteriore.
lifting /ˈlɪftɪŋ/ **I** n. *(ending) (of ban, siege)* abolizione f. **II** modif. [*gear*] di sollevamento; [*tackle*] per il sollevamento.
lift-off /ˈlɪftɒf/ n. AER. lancio m.; ***(we have) ~!*** lancio effettuato!
lift-operator /ˈlɪftˌɒpəreɪtə(r)/ ♦ *27* n. BE ragazzo m. (-a) addetto (-a) all'ascensore.
liftshaft /ˈlɪftʃɑːft, AE -ʃæft/ n. BE vano m. ascensore.
lig /ˈlɪg/ intr. (forma in -ing ecc. **-gg-**) BE COLLOQ. fare il portoghese.
ligament /ˈlɪgəmənt/ **I** n. legamento m.; ***knee, ankle ~*** legamento del ginocchio, della caviglia; ***torn, strained ~*** legamento rotto, stirato **II** modif. [*tissue, fibre*] legamentoso; [*trouble, injury*] al legamento.
ligamental /ˌlɪgəˈmentl/, **ligamentary** /ˌlɪgəˈmentərɪ/, **ligamentous** /ˌlɪgəˈmentəs/ agg. legamentoso.

ligand /ˈlɪgənd/ n. CHIM. legante m.

ligature /ˈlɪgətʃə(r)/ n. **1** MUS. legatura f. **2** TIP. logotipo m., legatura f. **3** MED. *(action)* legatura f. **4** MED. *(thread)* filo m. di legatura.

ligger /ˈlɪgə/ n. COLLOQ. *(at party)* imbucato m. (-a); *(at concert)* portoghese m. e f.

▶ **1.light** /laɪt/ **I** n. **1** *(brightness)* luce f.; ***a beam of ~*** un raggio di luce; ***by the ~ of*** al chiarore di [*fire*]; al chiaro di [*moon*]; ***in a good ~*** sotto una buona luce; ***to read in a poor ~*** leggere con poca luce; ***in full ~*** in piena luce; ***in the ~ of day*** alla luce del giorno; FIG. a mente fredda; ***I'd like to drive back in the ~*** mi piacerebbe ritornare quando è ancora giorno; ***to cast*** o ***throw*** o ***shed ~ on*** fare luce su *o* illuminare; FIG. fare luce su *o* gettare luce su; ***to hold sth. up to the ~*** tenere qcs. alla luce; ***against the ~*** in controluce; ***with the ~ behind her*** con la luce alle spalle; ***the ~ was failing*** la luce stava scemando **2** *(gleam, bright point)* luce f.; *(in eye)* luce f., bagliore m.; ***a ~ on the horizon*** una luce all'orizzonte; ***the city ~s*** le luci della città **3** *(electrical appliance)* luce f.; ***to put*** o ***switch*** o ***turn a ~ on*** accendere una luce; ***to put*** o ***switch*** o ***turn a ~ off*** spegnere una luce; ***to leave a ~ on*** lasciare una luce accesa; ***are all the ~s off*** o ***out?*** le luci sono tutte spente? ***a ~ came on, went out*** si accese, si spense una luce; ***to turn a ~ up, down*** aumentare, diminuire l'intensità di una luce; ***the ~s went up, down*** TEATR. si sono accese, abbassate le luci; ***shine the ~ over here!*** fai luce qui! **4** *(part of gauge, indicator, dashboard)* spia f.; ***a red ~ comes on, goes off*** si accende, si spegne una spia rossa **5** AUT. *(headlight)* faro m., fanale m. anteriore; *(rearlight)* fanale m. posteriore; *(inside car)* luce f. di cortesia; ***to put one's ~s on, off*** accendere, spegnere i fanali; ***to have, leave one's ~s on*** avere, lasciare i fanali accesi; ***to check one's ~s*** controllare i fanali; ***to flash one's ~s at sb.*** fare i fari a qcn. **6** *(flame)* ***to put a ~ to*** accendere [*fire*]; dare fuoco a [*gas*]; ***to set ~ to*** dare fuoco a; ***to give sb. a ~*** dare da accendere a qcn.; ***have you got a ~?*** hai da accendere? **7** FIG. *(aspect)* luce f.; ***to see sth. in a good, bad, new ~*** vedere qcs. sotto una buona, cattiva, nuova luce; ***I hadn't thought of it in that ~*** non ci avevo pensato da quel punto di vista; ***looking at it in that ~...*** visto in questa luce...; ***to appear in a bad ~*** apparire in una cattiva luce; ***in the ~ of*** alla luce di; ***to review sth. in the ~ of*** riesaminare qcs. alla luce di [*evidence, experience*]; ***to see sb., sth. in a different ~*** vedere qcn., qcs. in una luce diversa **8** FIG. *(exposure)* ***to bring to ~*** portare alla luce [*fact, evidence, truth, crime*]; ***to come to*** o ***be brought to ~*** essere portato alla luce **9** ING. *(window)* luce f. **II lights** n.pl. **1** (anche **traffic ~s**) semaforo m.sing.; ***the ~s are red, green*** il semaforo è rosso, verde; ***to stop at the ~s*** fermarsi al semaforo; ***cross at the ~s*** attraversare al semaforo; ***the ~s aren't working*** i semafori non funzionano; ***to shoot*** o ***jump the ~s*** COLLOQ. passare con il rosso **2** *(decorative display)* luci f., illuminazioni f. **III** modif. [*switch, shade*] della luce; [*socket*] della lampadina ◆ ***the ~ of sb.'s life*** luce degli occhi di qcn.; ***to do sth. according to one's ~s*** FORM. fare qcs. secondo il proprio giudizio; ***to go out like a ~*** addormentarsi di colpo; ***to see the ~*** capire.

▶ **2.light** /laɪt/ **I** tr. (pass., p.pass. **lit** o **lighted**) **1** *(set fire to)* accendere [*candle, oven, cigarette, match, gas*]; dare fuoco a [*wood, paper*]; tirare [*firework*]; ***to ~ a fire*** accendere un fuoco; ***to ~ the fire*** accendere il fuoco; ***a ~ed match*** un fiammifero acceso **2** *(illuminate)* [*torch, lamp, sun*] illuminare **II** intr. (pass., p.pass. **lit**) [*fire*] accendersi, prendere; [*candle, cigarette, match*] accendersi; [*gas, wood*] prendere fuoco.

■ **light up** COLLOQ. **~ up** **1** *(light cigarette)* accendere una sigaretta; *(light pipe)* accendere una pipa **2** [*lamp*] accendersi **3** FIG. [*face*] illuminarsi; [*eyes*] brillare di gioia, illuminarsi; **~ up [sth.], ~ [sth.] up** **1** [*smoker*] accendere [*cigarette, cigar, pipe*] **2** *(illuminate)* illuminare [*surroundings*]; accendere, illuminare [*sign*].

3.light /laɪt/ agg. **1** *(bright)* [*evening, room, house*] luminoso; ***it is ~ enough to do*** c'è abbastanza luce per fare; ***to get*** o ***grow ~er*** [*sky*] rischiararsi; ***it was getting*** o ***growing ~*** cominciava a fare giorno; ***while it's still ~*** mentre è ancora giorno **2** *(pale)* [*colour, fabric, wood, skin*] chiaro; [*hair*] biondo; ***~ blue*** azzurro; ***~ grey*** grigio chiaro; ***~ blue socks*** calze azzurre.

4.light /laɪt/ ▸ ***37*** **I** agg. **1** *(not heavy)* [*material, substance, mist, wind, clothing, plane, sleep, meal, beer, cake*] leggero; [*drinker*] moderato; [*business, trading*] poco attivo; ***a ~ rain*** una leggera pioggia, una pioggerella; ***to have a ~ touch*** [*pianist*] avere il tocco leggero; [*cook*] avere la mano leggera; ***a ~ sprinkling*** o ***dusting*** una leggera spolverata; ***a ~ soprano*** un soprano leggero; ***to be a ~ sleeper*** avere il sonno leggero; ***she is 2 kg ~er*** pesa 2 kg di meno; ***this sack of coal is 5 kg ~*** questo sacco di carbone è più leggero di 5 kg **2** *(not severe)* [*damage*] lieve; [*punishment, sentence*] poco severo **3** *(delicate)* [*knock, tap, footsteps*] leggero; [*kiss, movement*] delicato; ***to be ~ on one's feet*** avere il passo leggero **4** *(not tiring)* [*work, exercise, training*] leggero, poco faticoso; ***~ duties*** lavoretti; ***~ housework*** lavoretti di casa; ***to make ~ work of sth.*** fare qcs. senza difficoltà **5** *(not intellectually demanding)* [*music, verse*] leggero; ***a bit of ~ relief*** un po' di diversivo; ***some ~ reading for the beach*** qualche lettura leggera per la spiaggia **6** *(not important)* [*affair*] non serio; ***it is no ~ matter*** non è una cosa da poco; ***to make ~ of*** trattare con leggerezza, prendere sottogamba [*rumour, problem*]; non dare importanza [*injury*] **7** *(cheerful)* [*mood, laugh*] allegro **8** GASTR. *(low-fat)* [*product*] light **II** avv. con poco bagaglio; ***to travel ~*** viaggiare leggero ◆ ***to go ~ on sth.*** COLLOQ. andarci piano con qcs.

5.light /laɪt/ **I** tr. (pass., p.pass. **lit** o **lighted**) alleggiare, allibare [*ship*] **II** intr. (pass., p.pass. **lit** o **lighted**) **1** *(settle)* [*bird*] posarsi **2** ANT. *(get down)* scendere (**from** da).

■ **light into** COLLOQ. **1** *(physically)* attaccare **2** *(verbally)* rimproverare.

■ **light on:** **~ on [sth.]** [*eyes*] posarsi su; [*person*] cadere su.

■ **light upon** → **light on**.

light ale /ˌlaɪtˈeɪl/ n. birra f. chiara.

light-armed /ˌlaɪtˈɑːmd/ agg. munito di armamento leggero.

light bulb /ˈlaɪtbʌlb/ n. lampadina f.

light-coloured BE, **light-colored** AE /ˌlaɪtˈkʌləd/ agg. di colore chiaro.

light-emitting diode /ˌlaɪtɪˌmɪtɪŋˈdaɪəʊd/ n. diodo m. fotoemittente.

1.lighten /ˈlaɪtn/ **I** tr. *(make brighter)* illuminare [*room, surroundings*]; schiarire [*colour, fabric, hair, wood, skin*] **II** intr. *(grow brighter)* [*sky, colour, hair, wood, skin*] schiarirsi.

2.lighten /ˈlaɪtn/ **I** tr. **1** *(reduce weight of)* alleggerire [*burden, load, luggage*]; diminuire [*pressure*]; addolcire [*rebuke*] **2** FIG. *(make more cheerful)* rallegrare [*atmosphere*]; tirare su [*mood*] **II** intr. **1** *(grow less heavy)* [*burden, workload*] alleggerirsi; [*pressure*] diminuire **2** *(become more cheerful)* [*mood*] tirarsi su; [*atmosphere*] rallegrarsi; [*expression*] schiarirsi; ***his heart ~ed*** si sentì sollevato.

■ **lighten up** COLLOQ. [*person*] rallegrarsi; ***~ up!*** non prendertela così!

lightener /ˈlaɪtnə(r)/ n. *(for hair)* (prodotto) schiarente m.

light entertainment /ˌlaɪtˌentəˈteɪnmənt/ n. varietà m.

▷ **1.lighter** /ˈlaɪtə(r)/ n. **1** *(for smokers) (hand-held, table)* accendino m.; *(in car)* accendisigari m. **2** *(for gas cooker)* accendigas m.

2.lighter /ˈlaɪtə(r)/ n. MAR. *(boat)* alleggio m., allibo m.

lighterage /ˈlaɪtərɪdʒ/ n. MAR. COMM. *(process)* allibo m., alleggio m.; *(charge)* diritti m.pl. di alleggio.

lighter fuel /ˈlaɪtəˌfjuːəl/ n. *(gas)* gas m. per accendino; *(liquid)* benzina f. per accendino.

lighterman /ˈlaɪtəmən/ n. (pl. **-men**) = addetto a un allibo.

lighter socket /ˈlaɪtəˌsɒkɪt/ n. AUT. presa f. dell'accendisigari.

lightfast /ˈlaɪtfɑːst, AE -fæst/ agg. [*colour*] che non sbiadisce alla luce.

light-fingered /ˌlaɪtˈfɪŋgəd/ agg. *(thieving)* svelto di mano; *(skilful)* [*thief*] dalle dita veloci.

light fitting /ˈlaɪtˌfɪtɪŋ/ n. portalampada f.

light-footed /ˌlaɪtˈfʊtɪd/ agg. agile, lesto.

light-haired /ˌlaɪtˈheəd/ agg. [*person*] dai capelli biondi.

light-handed /ˌlaɪtˈhændɪd/ agg. **1** *(having a delicate touch)* dalla mano leggera, dal guanto di velluto **2** *(having little to carry)* che non ha molti pesi da portare.

light-headed /ˌlaɪtˈhedɪd/ agg. **1** *(dizzy)* [*person*] stordito; [*feeling*] di stordimento **2** *(frivolous)* frivolo, sventato.

light-headedness /ˌlaɪtˈhedɪdnɪs/ n. *(dizziness)* stordimento m.

light-hearted /ˌlaɪtˈhɑːtɪd/ agg. **1** *(happy)* allegro, felice **2** *(not serious)* spensierato; ***a ~ look at*** uno sguardo gaio a.

light-heartedly /ˌlaɪtˈhɑːtɪdlɪ/ avv. a cuor leggero.

light-heavyweight /ˌlaɪtˈhevɪweɪt/ **I** n. *(weight)* pesi m.pl. mediomassimi; *(boxer)* peso m. mediomassimo **II** modif. [*champion, title*] dei pesi mediomassimi.

lighthouse /ˈlaɪthaʊs/ n. *(tower)* faro m.

lighthouse keeper /ˈlaɪthaʊsˌkiːpə(r)/ ▸ ***27*** n. guardiano m. del faro.

light industry /ˌlaɪtˈɪndəstrɪ/ n. industria f. leggera.

▷ **lighting** /ˈlaɪtɪŋ/ n. luci f.pl., illuminazione f.; ***indirect, frontal ~*** illuminazione indiretta, frontale.

lighting director /ˈlaɪtɪŋdaɪˌrektə(r), -dɪ-/ ▸ ***27*** n. TEATR. CINEM. capo m. dei tecnici delle luci.

lighting effects /ˈlaɪtɪŋɪˌfekts/ n.pl. effetti m. luce.

lighting engineer /ˈlaɪtɪŋˌendʒɪˌnɪə(r)/ ▸ ***27*** n. TEATR. CINEM. tecnico m. delle luci.

lighting-up time /ˈlaɪtɪŋˈʌpˌtaɪm/ n. = l'ora di accensione dei fari degli autoveicoli.

▷ **lightly** /ˈlaɪtlɪ/ avv. **1** *(gently, delicately)* [*season*] leggermente; [*touch*] leggermente, delicatamente; [*kiss, pat, toss*] delicatamente; [*rustle*] lievemente; ***~ perfumed*** leggermente profumato **2** *(frivolously)* [*accuse, dismiss*] con leggerezza; [*undertake*] alla leggera; ***it is not a decision I have taken ~*** non è una decisione che ho preso alla leggera **3** *(not heavily)* [*move, run, walk*] con leggerezza, agilmente; [*dress*] in modo leggero; ***to sleep ~*** avere il sonno leggero; ***to wear one's learning ~*** non ostentare il proprio sapere **4** *(with little punishment)* ***to get off ~*** cavarsela a buon mercato; ***to let sb. off ~*** chiudere un occhio con qcn., essere clemente con qcn. **5** *(casually)* [*say, answer*] con leggerezza.

light meter /ˈlaɪtˌmiːtə(r)/ n. FOT. esposimetro m.

light-minded /ˌlaɪtˈmaɪndɪd/ agg. frivolo, leggero.

1.lightness /ˈlaɪtnɪs/ n. **1** *(brightness)* luminosità f., splendore m. **2** *(paleness)* pallore m.

2.lightness /ˈlaɪtnɪs/ n. **1** *(in weight, of food)* leggerezza f. **2** *(of movement)* leggerezza f., agilità f.

▷ **lightning** /ˈlaɪtnɪŋ/ **I** n. **1 U** *(in sky)* lampo m., bagliore m.; ***a flash*** o ***stroke of ~*** un lampo **2** *(striking sth.)* fulmine m.; ***struck by ~*** colpito da un fulmine; ***~ struck the tree*** il fulmine è caduto su un albero **II** agg. [*raid, visit*] lampo ◆ ***as fast*** o ***quick as ~*** veloce come un fulmine; ***~ never strikes twice (in the same place)*** la storia non si ripete; ***like a flash of ~*** come un fulmine; ***like greased ~*** o ***like a streak of ~*** come un lampo.

lightning bug /ˈlaɪtnɪŋˌbʌɡ/ n. AE lucciola f.

lightning conductor /ˈlaɪtnɪŋkənˌdʌktə(r)/ BE, **lightning rod** /ˈlaɪtnɪŋˌrɒd/ n. parafulmine m.

lightning strike /ˌlaɪtnɪŋˈstraɪk/ n. = sciopero deciso improvvisamente e senza preavviso.

light opera /ˌlaɪtˈɒprə/ n. operetta f.

light pen /ˈlaɪtˌpen/ n. **1** *(for computer screen)* light pen f., penna f. ottica **2** *(to read barcode)* lettore m. di codici a barre.

light railway /ˌlaɪtˈreɪlweɪ/ n. ferrovia f. vicinale, metropolitana f. leggera.

lights /laɪts/ n.pl. frattaglie f.

light-sensitive /ˌlaɪtˈsensətɪv/ agg. fotosensibile.

lightship /ˈlaɪtʃɪp/ n. battello-faro m.

light show /ˈlaɪtˌʃəʊ/ n. spettacolo m. con giochi di luce.

light-skinned /ˌlaɪtˈskɪnd/ agg. dalla pelle chiara, chiaro di pelle.

1.lightsome /ˈlaɪtsəm/ agg. *(bright)* luminoso.

2.lightsome /ˈlaɪtsəm/ agg. **1** *(nimble)* leggero, agile **2** *(cheerful)* allegro **3** *(frivoluos)* frivolo.

light switch /ˈlaɪtˌswɪtʃ/ n. interruttore m. della luce.

light wave /ˈlaɪtˌweɪv/ n. onda f. luminosa.

▷ **lightweight** /ˈlaɪtweɪt/ **I** n. **1** SPORT *(weight)* pesi m.pl. leggeri; *(boxer)* peso m. leggero **2** FIG. SPREG. mezzacalzetta f.; ***he's an intellectual ~!*** più di tanto non ci arriva! **II** modif. **1** SPORT [*fight*] di pesi leggeri; [*champion, title*] dei pesi leggeri **2** FIG. SPREG. [*politician, intellectual*] da strapazzo, di mezza tacca **III** agg. **1** [*garment, product*] leggero **2** FIG. SPREG. [*writing, article*] da poco, di poco conto.

light year /ˈlaɪtjɪə(r), -jɜː(r)/ n. **1** ASTR. anno m. luce **2** COLLOQ. FIG. ***to be ~s ahead of*** sono anni luce più avanti di; ***it was ~s ago*** è stato secoli fa.

ligneous /ˈlɪɡnɪəs/ agg. ligneo, legnoso.

lignification /ˌlɪɡnɪfɪˈkeɪʃn/ n. lignificazione f.

lignify /ˈlɪɡnɪfaɪ/ **I** tr. lignificare **II** intr. lignificarsi.

lignin /ˈlɪɡnɪn/ n. lignina f.

lignite /ˈlɪɡnaɪt/ n. lignite f.

lignum vitae /ˌlɪɡnəm ˈvaɪtɪ, ˈviːtaɪ/ n. **1** *(wood)* legno m. di guaiaco, lignum vitae m. **2** *(tree)* guaiaco m.

ligule /ˈlɪɡjuːl/ n. ARCHEOL. BOT. ligula f.

Ligurian /lɪˈɡjʊrɪən/ **I** agg. ligure **II** n. **1** *(person)* ligure m. e f. **2** *(language)* ligure m.

likable → **likeable**.

▶ **1.like** /laɪk/ When *like* is used as a preposition (*like a child*; *you know what she's like!*), it can generally be translated by *come*: *come un bambino*; *sai com'è fatta lei!* - Note however that *be like* and *look like* meaning *resemble* are translated by *assomigliare a*: *she's like her father* or *she looks like her father* = assomiglia a suo padre. - *Like* is used after certain other verbs in English to express particular kinds of resemblance (*taste like, feel like, smell like* etc.): for translations, consult the appropriate verb entry (**taste**, **feel**, **smell** etc.). - When *like* is used as a conjunction, it is translated by *come*: *songs like my mother sings* = canzoni come quelle che canta mia madre. - When *like* is used to introduce an illustrative example (*big cities like London*), it is translated by *come*: *le grandi città come Londra*. - For particular usages of *like* as a preposition or conjunction and for noun and adverb uses, see the entry below. **I** prep. **1** *(in the same manner as)* come; ***he acted ~ a professional*** ha agito da professionista; ***~ the liar that she is, she...*** da bugiarda quale è, ...; ***eat up your dinner ~ a good boy*** da bravo, mangia tutto; ***stop behaving ~ an idiot!*** smettila di comportarti da idiota! ***~ me, he loves swimming*** come me, adora nuotare; ***it's ~ this: we are asking you to take a cut in salary*** è così, vi chiediamo di accettare una riduzione di salario; ***it happened ~ this*** ecco come è successo; ***look, it wasn't ~ that*** guarda, non era così; ***when I see things ~ that*** quando vedo cose come queste; ***don't talk ~ that!*** non dire così! ***"how do I do it?" - "~ this"*** "come si fa?" - "così"; ***I'm sorry to disturb you ~ this*** mi spiace disturbarvi in questo modo; ***all right, be ~ that then!*** va bene, allora fai come vuoi! ***they've gone to Ibiza or somewhere ~ that*** sono andati a Ibiza o in qualche posto del genere **2** *(similar to, resembling)* come; ***to be ~ sb., sth.*** essere come qcn., qcs.; ***he was ~ a son to me*** è stato come un figlio per me; ***you know what she's ~!*** sai com'è fatta lei! ***it was just ~ a fairy tale!*** era proprio come una fiaba! ***what's it ~?*** com'è? ***it's a second-hand car but it looks ~ new*** è una macchina di seconda mano ma sembra nuova; ***where did you get your jacket? - I want to buy one ~ it*** dove hai preso quella giacca? - voglio comprarne una così; ***so this is what it feels ~ to be poor*** o ***so this is what poverty feels ~!*** ecco cosa significa essere povero! ***there's nothing ~ a nice warm bath!*** non c'è niente di meglio di un bel bagno caldo! ***I've never seen anything ~ it!*** non ho mai visto niente di simile! ***that's more ~ it!*** così va meglio ***Paris! there's nowhere ~ it!*** nessun posto è come Parigi! ***I don't earn anything ~ as much as she does*** sono lontano dal guadagnare quello che guadagna lei; ***what was the weather ~?*** com'era il tempo? che tempo faceva? ***what's Oxford ~ as a place to live?*** come si vive a Oxford? **3** *(typical of)* ***it's not ~ her to be late*** non è da lei essere in ritardo; ***if that isn't just ~ him!*** è proprio da lui! ***it's just ~ him to be so spiteful!*** è da lui essere così astioso! ***just ~ a man!*** tipico degli uomini! ***he's not ~ himself these days*** in questi giorni non è lui **4** *(expressing probability)* ***it looks ~ rain*** sembra debba piovere; ***it looks ~ the war will be a long one*** sembra che la guerra sarà lunga; ***he was acting ~ he was crazy*** AE COLLOQ. si comportava come un pazzo; ***you seem ~ an intelligent man*** hai l'aria intelligente **5** *(close to, akin to)* ***it costs something ~ £ 20*** costa circa 20 sterline; ***something ~ half the population are affected*** circa la metà della popolazione è colpita; ***with something ~ affection, enthusiasm*** con qualcosa di simile all'affetto, all'entusiasmo **II** cong. **1** *(in the same way as)* come; ***~ I said, I wasn't there*** COLLOQ. come ho detto, non ero presente; ***nobody can sing that song ~ he did*** nessuno sa cantare quella canzone come lui; ***it's not ~ I imagined it would be*** non è come me lo ero immaginato; ***~ they used to*** come erano soliti fare **2** COLLOQ. *(as if)* come se; ***she acts ~ she knows everything*** si comporta come se sapesse tutto; ***he acts ~ he owns the place*** si comporta come se fosse a casa sua **III** agg. **1** FORM. simile; ***cups, bowls and ~ receptacles*** tazze, scodelle e recipienti simili; ***cooking, ironing and ~ chores*** cucinare, stirare e lavori simili; ***to be of ~ mind*** essere del medesimo avviso **2 -like** in composti ***bird~*** simile a un uccello; ***child~*** da bambino *o* infantile; ***king~*** da re *o* regale **IV** avv. **1** *(akin to, near)* ***it's nothing ~ as nice as their previous house*** lungi dall'essere bella come la loro casa precedente; ***"the figures are 10% more than last year" - "20%, more ~!"*** COLLOQ. "le cifre sono superiori del 10% rispetto all'anno scorso" - "del 20%, direi!" ***luxury hotel! boarding house, more ~!*** COLLOQ. un hotel di lusso! una pensione, più che altro! **2** COLLOQ. *(so to speak)* ***I felt embarrassed, ~*** BE ***I felt, ~, embarrassed*** AE mi sentivo, come dire, imbarazzato; ***it reminds me a bit, ~, of a hospital*** mi fa pensare un po' a, come dire, un ospedale **V** n. ***dukes, duchesses and the ~*** duchi, duchesse e persone di questo genere; ***earthquakes, floods and the ~*** terremoti, alluvioni e catastrofi simili; ***I've never seen its ~*** o ***the ~ of it*** non ho mai visto una cosa simile; ***their ~ will never be seen again*** di gente così non se ne vedrà più; ***scenes of unrest the ~(s) of which had never been seen before in the city*** scene di sommossa simili non erano mai state viste in città; ***the ~(s) of Al Capone*** la gente come Al Capone; ***she won't even speak to the ~s of us!*** COLLOQ. con gente come noi non ci vuole neanche parlare! ***you shouldn't associate with the ~(s) of them*** COLLOQ. non dovresti frequentare gente così ◆ ***~ enough***, ***very ~*** ANT., ***(as) ~ as not*** probabilmente; ***~ father ~ son*** PROV. tale padre tale figlio.

▶ **2.like** /laɪk/ tr. **1** *(get on well with)* trovare simpatico [*person*]; ***I ~ Paul*** Paul mi è simpatico; ***I ~ him as a friend*** mi piace come amico;

to ~ A better than B preferire A a B; ***to ~ A best*** preferire A; ***to be well ~d*** essere apprezzato; ***to want to be ~d*** volere piacere **2** *(find to one's taste)* ***I ~ cats*** mi piacciono i gatti; ***he ~s rock music*** gli piace la musica rock; ***Nick doesn't ~ liver*** a Nick non piace il fegato; ***to ~ Paul better than George*** preferire Paul a George; ***to ~ Impressionism best*** preferire l'impressionismo; ***she ~s her coffee strong*** il caffè le piace forte; ***how do you ~ your tea?*** come preferisci il tè? ***what I ~ about him, this car is...*** cosa mi piace di lui, di questa macchina è...; ***we ~ the look of the house*** ci piace l'aspetto della casa; ***I ~ the look of the new boss*** a vederlo così il nuovo capo mi piace; ***if the manager ~s the look of you*** se fai buona impressione sul direttore; ***she didn't ~ the look of the hotel*** non le piaceva l'aspetto dell'hotel; ***I don't ~ the look of that man*** quell'uomo non mi piace; ***I don't ~ the look of her, call the doctor*** ha una cera che non mi piace, chiama il dottore; ***I don't ~ the sound of that*** non mi piace *o* non mi convince tanto; ***I don't ~ what I hear about her*** non mi piace quello che dicono di lei; ***she hasn't phoned for weeks, I don't ~ it*** non telefona da settimane, la cosa non mi piace; ***if you ~ that sort of thing*** se ti piace quel genere di cose; ***you'll come with us and ~ it!*** verrai con noi che ti piaccia o no! ***I ~ cheese but it doesn't ~ me*** COLLOQ. mi piace il formaggio ma non mi fa bene; ***this plant ~s sunlight*** questa pianta ama la luce **3** *(enjoy doing)* ***I ~ doing*** o ***I ~ to do*** mi piace fare; ***he ~s being able to do*** gli piace potere fare; ***I ~ to see people doing*** mi piace vedere la gente che fa; ***that's what I ~ to see!*** così mi piace! ***I ~ it when you do*** mi piace quando fai; ***I don't ~ it when you do*** non mi piace che tu faccia; ***I ~ed it better when we did*** preferivo quando facevamo; ***how do you ~ your new job?*** come lo trovi il tuo nuovo lavoro? ***how do you ~ living in London?*** ti piace vivere a Londra? ***how would you ~ it if you had to do...?*** ti piacerebbe dovere fare...? **4** *(approve of)* ***I don't ~ your attitude*** il tuo atteggiamento non mi piace; ***the boss won't ~ it if you're late*** il capo non sarà contento se arrivi in ritardo; ***she doesn't ~ to be kept waiting*** non le piace dovere aspettare; ***he ~s them to do*** gli piace che facciano; ***I ~ that!*** IRON. questa è bella! ***I ~ his cheek*** o ***nerve!*** IRON. che faccia tosta! ***I ~ it!*** mi piace! ***~ it or not we all pay tax*** ci piaccia o no tutti dobbiamo pagare le tasse **5** *(wish)* volere; ***I would*** o ***should ~ a ticket*** vorrei un biglietto; ***I would*** o ***should ~ to do*** vorrei fare; ***she would have ~d to do*** avrebbe voluto fare; ***would you ~ to come to dinner?*** cosa ne direste di venire a cena? ***I wouldn't ~ to think I'd upset her*** non vorrei averla sconvolta; ***we'd ~ her to do*** vorremmo che facesse, ci piacerebbe facesse; ***would you ~ me to come?*** vuoi che venga? ***I'd ~ to see him try!*** COLLOQ. mi piacerebbe vedere lui! ***how would you ~ to come?*** cosa ne diresti di venire? ***where did they get the money from, that's what I'd ~ to know*** vorrei proprio sapere dove hanno preso i soldi; ***I don't ~ to disturb her*** non voglio disturbarla; ***if you ~*** *(willingly agreeing)* se vuoi; *(reluctantly agreeing)* se proprio ci tieni; ***he's a bit of a rebel if you ~*** è un po' ribelle, se vogliamo; ***you can do what you ~*** puoi fare quello che vuoi; ***say what you ~, I think it's a good idea*** di' quel che vuoi, per me è una buona idea; ***sit (any)where you ~*** si sieda dove vuole **6** *(think important)* ***to ~ to do*** tenerci a fare; ***I ~ to keep fit*** ci tengo a mantenermi in forma.

likeable /ˈlaɪkəbl/ agg. [*person*] piacevole, simpatico; [*animal*] simpatico; [*novel, music*] piacevole.

▷ **likelihood** /ˈlaɪklɪhʊd/ n. probabilità f., verosimiglianza f.; ***in all ~*** con ogni probabilità; ***the ~ is that she has missed the train, got lost*** è probabile che abbia perso il treno, che si sia persa; ***there is no ~ of peace*** non c'è nessuna possibilità di stabilire la pace; ***there is some, little ~ of peace*** ci sono alcune, poche probabilità di stabilire la pace; ***to increase, reduce the ~ of that happening*** aumentare, ridurre le probabilità che questo succeda.

▶ **likely** /ˈlaɪklɪ/ **I** agg. **1** *(probable)* probabile; [*explanation*] verosimile; [*excuse, story*] IRON. bello; ***to be ~ to fail, increase, face problems*** rischiare di fallire, di aumentare, di affrontare i problemi; ***to be ~ to become president, pass one's exams*** avere buone probabilità di diventare presidente, di passare gli esami; ***the man most ~ to win*** l'uomo che ha più probabilità di vincere; ***it is*** o ***seems ~ that*** è probabile che; ***it is not ~ that*** o ***it is hardly ~ that*** è improbabile che; ***he is not ~ to come, refuse*** è improbabile che venga, che rifiuti; ***he looks ~ to fail*** è probabile che fallisca; ***a ~ story!*** IRON. questa è bella! ***a ~ excuse!*** IRON. bella scusa! **2** *(potentially successful)* [*person, candidate*] promettente **3** *(potential)* [*customer, client, candidate*] potenziale **II** avv. *(probably)* probabilmente; ***as ~ as not*** probabilmente; ***not ~!*** BE COLLOQ. nemmeno per sogno! neanche per idea!

like-minded /laɪkˈmaɪndɪd/ agg. che ha le stesse idee, che ha gli stessi gusti; ***an opportunity to meet ~ people*** *(sharing same opinions)* un'occasione per incontrare gente con le stesse idee; *(sharing same tastes)* un'occasione per incontrare gente con gli stessi gusti.

liken /ˈlaɪkən/ tr. paragonare (**to** a); ***he has been ~ed to*** è stato paragonato a.

likeness /ˈlaɪknɪs/ n. **1** *(similarity)* somiglianza f., rassomiglianza f. (**between** tra); ***family ~*** aria di famiglia; ***to bear a ~ to*** assomigliare a **2** ***to be a true*** o ***good ~*** [*picture*] essere molto somigliante; ***he has caught the ~*** il suo ritratto è molto somigliante **3** *(form)* ***to assume*** o ***take on the ~ of*** prendere l'aspetto di.

▷ **likewise** /ˈlaɪkwaɪz/ avv. *(similarly)* similmente, nello stesso modo; *(also)* anche, inoltre; ***~, students feel that...*** così pure gli studenti trovano che...; ***I'm leaving and I suggest you do ~*** me ne vado e vi consiglio di fare altrettanto; ***I'm well and my parents ~*** io sto bene e anche i miei genitori; ***"pleased to meet you!"-"~, I'm sure!"*** "piacere di conoscerla!" - "piacere mio!"

liking /ˈlaɪkɪŋ/ n. ***to have a ~ for*** avere una predilezione per [*activity, food*]; ***to develop a ~ for swimming*** prenderci gusto a nuotare; ***to take a ~ to sb.*** prendere in simpatia qcn.; ***you should find this more to your ~*** questo dovrebbe essere più di suo gradimento *o* questo dovrebbe piacerle di più; ***he's too smart for my ~*** è troppo furbo per i miei gusti.

lilac /ˈlaɪlək/ ➧ **5 I** n. **1** *(flower)* lillà m.; ***a bunch of ~*** un mazzo di lillà **2** *(colour)* lilla m. **II** agg. *(colour)* lilla.

liliaceous /ˌlɪlɪˈeɪʃəs/ agg. gigliaceo, liliaceo.

Lil(l)ian /ˈlɪlɪən/ n.pr. Liliana.

Lilliput /ˈlɪlɪpʌt/ n.pr. Lilliput m.

Lilliputian /ˌlɪlɪˈpjuːʃn/ **I** agg. lillipuziano **II** n. lillipuziano m. (-a).

Lilo® /ˈlaɪləʊ/ n. = materassino gonfiabile.

1.lilt /lɪlt/ n. *(of tune)* ritmo m.; *(of accent)* cadenza f.

2.lilt /lɪlt/ **I** tr. *(sing merrily)* canticchiare **II** intr. **1** *(sing merrily)* canticchiare **2** *(speak with a lilt)* parlare con una cadenza.

lilting /ˈlɪltɪŋ/ agg. cadenzato, ritmato.

lily /ˈlɪlɪ/ n. giglio m. ◆ ***to gild the ~*** volere strafare.

Lily /ˈlɪlɪ/ n.pr. Lily (nome di donna).

lily-livered /ˈlɪlɪˌlɪvəd/ agg. codardo, vigliacco.

lily of the valley /ˌlɪlɪəvðəˈvælɪ/ n. giglio m. delle valli, mughetto m.

lily pad /ˈlɪlɪpæd/ n. foglia f. di ninfea.

lily pond /ˈlɪlɪˌpɒnd/ n. stagno m. delle ninfee.

lily-white /ˌlɪlɪˈwaɪt, AE -ˈhwaɪt/ agg. LETT. **1** *(white)* ***~ skin*** pelle bianca come il giglio; ***her ~ hand*** la sua mano bianca come il giglio **2** *(pure)* [*morals*] puro; [*person*] puro, casto **3** AE COLLOQ. [*suburb, club*] per soli bianchi.

lima bean /ˈliːməbiːn, AE ˈlaɪmə-/ n. fagiolo m. americano.

▷ **1.limb** /lɪm/ ➧ **2 I** n. **1** ANAT. arto m., membro m.; ***to stretch one's ~s*** stirarsi **2** *(of tree)* ramo m. principale **II -limbed** agg. in composti ***short~ed*** dalle membra corte; ***strong~ed*** nerboruto ◆ ***to be out on a ~*** essere solo; ***to go out on a ~*** mettersi nei guai; ***to be sound in wind and ~*** essere in perfette condizioni *o* essere in piena forma; ***to risk life and ~*** rischiare la vita; ***to tear sb. ~ from ~*** fare a pezzetti qcn.

2.limb /lɪm/ n. **1** ASTR. bordo m., lembo m. **2** *(of sextant)* orlo m. graduato **3** BOT. lembo m.

1.limber /ˈlɪmbə(r)/ n. ARM. avantreno m.

2.limber /ˈlɪmbə(r)/ **I** tr. attaccare all'avantreno **II** intr. attaccare il cannone all'avantreno.

3.limber /ˈlɪmbə(r)/ agg. LETT. agile, sciolto.

4.limber /ˈlɪmbə(r)/ tr. rendere agile, rendere sciolto.

■ **limber up** scaldarsi, fare esercizi di riscaldamento.

limber hole /ˈlɪmbə(r)ˌhəʊl/ n. foro m. di ombrinale.

limbering up /ˈlɪmbərɪŋˌʌp/ agg. [*exercise*] di riscaldamento.

limbi /ˈlɪmbaɪ/ → **limbus**.

1.limbo /ˈlɪmbəʊ/ n. **U** RELIG. limbo m. (anche FIG.); ***to be in (a state of) ~*** essere nel limbo.

2.limbo /ˈlɪmbəʊ/ n. (pl. **~s**) *(dance)* limbo m.

limbus /ˈlɪmbəs/ n. (pl. **-i**) ANAT. limbo m.

1.lime /laɪm/ n. *(calcium)* calce f.

2.lime /laɪm/ tr. AGR. CONC. calcinare.

▷ **3.lime** /laɪm/ n. *(citrus tree, fruit)* limetta f., lime m.

4.lime /laɪm/ n. *(linden tree)* tiglio m.

limeade /ˈlaɪmeɪd/ n. = bevanda a base di succo di limetta.

lime green /ˌlaɪmˈgriːn/ ➧ **5 I** agg. giallo-verde **II** n. colore m. giallo-verde.

lime juice /ˈlaɪmdʒuːs/ n. succo m. di limetta.

lime-juicer /ˈlaɪmdʒuːsə(r)/ n. AE COLLOQ. *(British ship)* nave f. britannica; *(English sailor)* marinaio m. inglese; *(Englishman)* inglese m.

lime kiln /ˈlaɪmˌkɪln/ n. fornace f. da calce.

limelight /ˈlaɪmlaɪt/ n. **1** *(light)* luce f. bianca **2** FIG. ribalta f.; ***to be in the ~*** essere alla ribalta; ***to hog, share the ~*** prendere per sé, dividere con gli altri la celebrità; ***to avoid*** o ***shun the ~*** evitare di mettersi in vista.
limen /ˈlaɪmen/ n. **1** *(threshold)* soglia f., limine m. **2** PSIC. soglia f.
lime pit /ˈlaɪmpɪt/ n. EDIL. CONC. calcinaio m.
lime putty /ˈlaɪm,pʌtɪ/ n. grassello m.
limerick /ˈlɪmərɪk/ n. limerick m.
Limerick /ˈlɪmərɪk/ ➧ **24** n.pr. Limerick m.
limescale /ˈlaɪmskeɪl/ n. *(in kettles, pipes)* calcare m.
limestone /ˈlaɪmstəʊn/ n. calcare m.
lime tree /ˈlaɪmtriː/ n. tiglio m.
1.limewash /ˈlaɪmwɒʃ/ n. latte m. di calce.
2.limewash /ˈlaɪmwɒʃ/ tr. incalcinare, imbiancare a calce.
limey /ˈlaɪmɪ/ AE COLLOQ. **I** agg. inglese **II** n. inglese m.
▶ **1.limit** /ˈlɪmɪt/ n. **1** *(maximum extent)* limite m.; ***there will be no ~ to the violence*** la violenza non conoscerà limiti; ***it's beyond the ~(s) of my experience*** è al di là della mia esperienza; ***to push sb. to the ~*** spingere qcn. al limite; ***he has pushed my patience to the ~*** o ***to its ~s*** la mia pazienza è al limite; ***it's the ~!*** COLLOQ. questo è il colmo! ***you're the ~!*** COLLOQ. sei il colmo! **2** *(legal restriction)* limite m. (**on** a); ***public spending ~s*** limite alle spese pubbliche; ***speed ~*** limite di velocità; ***safety ~s*** limite di sicurezza; ***to be over, under the ~*** *(of alcohol)* essere al di sopra, al di sotto del limite massimo di alcol nel sangue **3** *(boundary) (of territory, universe)* limite m., confine m. (**of** di); *(of power, science)* limite m. (**of** di); ***within the ~s of what we can do*** nei limiti di quello che possiamo fare; ***"is it possible?" - "yes, within ~s"*** "è possibile?" - "sì, entro certi limiti"; ***to be off ~s*** MIL. essere off limits; ***the garden is off ~s*** l'accesso al giardino è vietato; ***my private life is off ~s*** la mia vita privata non vi riguarda.
▶ **2.limit** /ˈlɪmɪt/ **I** tr. *(restrict)* limitare [*use, imports, actions*]; ***to be ~ed to doing*** limitarsi a fare; ***spending is ~ed to two million*** le spese si limitano a due milioni; ***places are ~ed to 60*** i posti sono solo 60 **II** rifl. ***to ~ oneself*** limitarsi; ***to ~ oneself to*** limitarsi a [*amount, quantity*]; ***you're ~ing yourself by not doing*** sei limitato se non fai.
limitable /ˈlɪmɪtəbl/ agg. limitabile.
limitary /ˈlɪmɪtrɪ/ agg. **1** *(limited)* limitato, ristretto **2** *(limiting)* limitativo, restrittivo.
▷ **limitation** /,lɪmɪˈteɪʃn/ n. **1** *(restriction)* limitazione f., restrizione f.; ***to impose*** o ***place ~s on*** imporre dei limiti a [*right, freedom*]; ***to be a ~ on sb.'s power*** essere una restrizione del potere di qcn.; ***contractual, budgetary ~s*** limitazioni al contratto, al budget; ***time ~s*** limiti di tempo; DIR. perenzione, non luogo a procedere; ***space ~s*** limiti di spazio **2** *(shortcoming)* limite m.; ***his ~s as an artist*** i suoi limiti in quanto artista; ***to have its ~s*** avere dei limiti; ***to know one's (own) ~s*** conoscere i propri limiti.
limitative /ˈlɪmɪtətɪv/ agg. limitativo, restrittivo.
▷ **limited** /ˈlɪmɪtɪd/ **I** p.pass. → **2.limit II** agg. **1** *(small)* [*resources, ambition, market, vocabulary, intelligence*] limitato; [*imagination*] scarso; ***of ~ ability*** di capacità limitate **2** *(restricted)* [*sample, menu, space*] limitato **3** COMM. ***Nolan Computers Limited*** Nolan Computers S.p.A.
limited company /,lɪmɪtɪdˈkʌmpənɪ/ n. BE società f. per azioni.
limited edition /,lɪmɪtɪdɪˈdɪʃn/ n. *(book, lithograph)* edizione f. a tiratura limitata; *(album, recording)* edizione f. limitata.
limited liability company /,lɪmɪtɪd,laɪəˈbɪlətɪ,kʌmpənɪ/ n. società f. a responsabilità limitata.
limiter /ˈlɪmɪtə(r)/ n. EL. limitatore m.
limiting /ˈlɪmɪtɪŋ/ agg. limitativo, restrittivo.
limitless /ˈlɪmɪtlɪs/ agg. illimitato, sconfinato.
limn /lɪm/ tr. **1** *(describe)* descrivere, ritrarre **2** *(draw)* disegnare **3** ANT. *(illuminate)* miniare.
limnetic /lɪmˈnetɪk/ agg. limnetico.
limnological /,lɪmnəˈlɒdʒɪkl/ agg. limnologico.
limnologist /,lɪmˈnɒlədʒɪst/ ➧ **27** n. limnologo m. (-a).
limo /ˈlɪməʊ/ n. COLLOQ. limousine f.
limonite /ˈlaɪmənaɪt/ n. limonite f.
limousine /ˈlɪməziːn, ,lɪməˈziːn/ n. limousine f.
▷ **1.limp** /lɪmp/ n. ***to walk with*** o ***have a ~*** zoppicare; ***to have a slight ~ in one's left leg*** zoppicare leggermente dalla gamba sinistra.
▷ **2.limp** /lɪmp/ intr. ***to ~ along*** zoppicare o claudicare o camminare zoppicando; ***to ~ in, away*** entrare, allontanarsi zoppicando; ***the trawler ~ed into port*** il motopeschereccio entrò con difficoltà in porto.
▷ **3.limp** /lɪmp/ agg. [*material*] flaccido, molle, floscio; [*gesture*] debole, senza energia; [*handshake*] fiacco, debole; [*style*] privo di vigore, di energia; ***the lettuce is ~*** la lattuga è appassita; ***the flowers look a bit ~*** i fiori sembrano un po' afflosciati; ***to let oneself go ~*** rilassare i muscoli; ***her right arm had gone ~*** il suo braccio destro penzolava senza vita; ***I felt his body go ~*** sentii il suo corpo venir meno.
limp binding /,lɪmpˈbaɪndɪŋ/ n. rilegatura f. flessibile.
limp-dick /ˈlɪmpdɪk/ n. AE POP. SPREG. **1** *(flabby person)* mollaccione m., tipo m. senza spina dorsale **2** *(sexually)* impotente m.
limpet /ˈlɪmpɪt/ n. patella f. ◆ ***to cling like a ~*** stare attaccato come una mignatta.
limpet mine /ˈlɪmpɪt,maɪn/ n. MIL. mignatta f.
limpid /ˈlɪmpɪd/ agg. limpido, chiaro (anche FIG.).
limpidity /lɪmˈpɪdətɪ/ n. limpidezza f. (anche FIG.).
limpidly /ˈlɪmpɪdlɪ/ avv. limpidamente.
limpidness /ˈlɪmpɪdnɪs/ n. → **limpidity**.
limpingly /ˈlɪmpɪŋlɪ/ avv. zoppicando.
limply /ˈlɪmplɪ/ avv. [*dangle, hang*] mollemente, senza vita.
limpness /ˈlɪmpnɪs/ n. *(of body)* debolezza f., fiacchezza f.
limp-wristed /,lɪmpˈrɪstɪd/ agg. SPREG. effeminato.
limy /ˈlaɪmɪ/ agg. GEOL. calcareo.
linac /ˈlɪnæk/ n. (⇒ linear accelerator) = acceleratore lineare.
linage, lineage /ˈlaɪnɪdʒ/ n. *(number of lines)* numero m. di righe; ***to pay by ~*** pagare in base al numero di righe.
linchpin /ˈlɪntʃpɪn/ n. **1** TECN. acciarino m. (della ruota) **2** FIG. *(essential element)* ***the ~ of*** [*person*] il pilastro di o il perno di [*government, organization*]; [*idea, principle, institution*] la base di o il fulcro di [*ideology, belief, theory*].
Lincolnshire /ˈlɪŋkənʃə(r)/ ➧ **24** n.pr. Lincolnshire m.
Lincoln's Inn /,lɪŋkənzˈɪn/ n. GB DIR. = una delle quattro scuole di giurisprudenza di Londra che abilitano alla professione forense.
Lincs GB ⇒ Lincolnshire Lincolnshire.
linctus /ˈlɪŋktəs/ n. sciroppo m. per la tosse.
Linda /ˈlɪndə/ n.pr. Linda.
linden (tree) /ˈlɪndən(triː)/ n. LETT. tiglio m.
▶ **1.line** /laɪn/ n. **1** *(mark)* linea f., riga f., segno m.; *(shorter, thicker)* tratto m.; ART. tratto m.; SPORT *(on pitch, court)* linea f.; MAT. linea f.; ***~ and colour*** ART. il tratto e il colore; ***a straight, curved ~*** una linea retta, una linea curva; ***a solid, broken ~*** una linea continua, linea spezzata; ***a single, double ~*** una linea singola, linea doppia; ***to draw*** o ***rule a ~*** tirare o tracciare una linea; ***to draw a ~ down the middle of the page*** tirare una linea verticale a metà della pagina; ***to put a ~ through sth.*** tirare una linea sopra qcs. o barrare qcs.; ***to cross the ~*** SPORT [*athlete*] tagliare il traguardo; [*ball*] passare la linea; ***the starting ~*** SPORT la linea di partenza; ***finishing ~*** linea d'arrivo o del traguardo; ***the ~ AB*** *(in geometry)* il segmento AB; ***the thin ~ of his mouth*** la sua bocca stretta **2** *(row) (of people, cars)* fila f. (**of** di); *(of trees)* fila f., filare m. (**of** di); *(of footprints, hills)* serie f. (**of** di); ***in straight ~s*** [*plant, arrange, sit*] in file dritte; ***to stand in a ~*** essere o stare in fila; ***get into (a) ~!*** mettetevi in fila! mettetevi in riga! ***to form a ~*** [*people*] formare una fila o una coda; [*hills, houses, trees*] formare una fila o essere uno in fila all'altro; ***please form a ~*** per favore, formate una fila; ***she is fifth in ~*** è la quinta della fila; ***to be in ~*** [*buildings*] essere allineato; ***put the desks in ~*** allineate i banchi; ***to be in ~ with*** [*shelving, cooker*] essere allineato con [*cupboard*]; [*mark, indicator*] essere sul o essere allineato a [*number*]; ***to be out of ~*** [*picture*] essere storto o non essere allineato **3** FIG. ***to be in ~ for promotion, a pay rise, redundancy, takeover*** essere tra quelli che possono avere una promozione, un aumento di stipendio, che possono essere licenziati, rilevati; ***to be next in ~ for promotion, execution*** essere il prossimo a essere promosso, giustiziato; ***in ~ for the post of*** candidato al posto di **4** AE *(queue)* coda f.; ***to stand in*** o ***wait in ~*** fare la coda (**for** per) **5** *(wrinkle) (on face)* ruga f.; *(on hand)* grinza f.; *(on palm)* linea f. **6** ARCH. SART. *(outline shape)* linea f. (**of** di); ***the classical ~s of the building*** le linee classiche dell'edificio **7** *(boundary)* linea f. di confine, confine m.; ***an imaginary ~ between*** un confine immaginario tra; ***to cross the state ~*** passare il confine di stato o la frontiera; ***to follow the ~ of the old walls*** seguire il percorso delle antiche mura; ***there's a fine ~ between knowledge and pedantry*** tra cultura e pedanteria il confine è labile **8** *(rope)* corda f., fune f., filo m.; PESC. lenza f.; ***to put the washing on the ~*** stendere il bucato; ***a ~ of washing*** una fila di panni stesi; ***to throw sb. a ~*** lanciare una corda a qcn.; ***to cast one's ~*** lanciare la lenza; ***there was a fish at the end of the ~*** un pesce aveva abboccato **9** EL. *(cable)* linea f. (elettrica); ***the ~ had been cut*** EL. la linea era stata interrotta; ***to bring the ~s down*** *(in telecommunications)* interrompere le comunicazioni; ***the ~s are down*** le comunicazioni sono interrotte **10** TEL. *(connection)* linea f.; ***a bad ~*** una linea disturbata;

outside ~ linea esterna; ***dial 9 to get an outside*** ~ fare il 9 per telefonare all'esterno; ***to be on the*** ~ ***to sb.*** essere in linea con qcn.; ***to get off the*** ~ COLLOQ. riattaccare; ***at the other end of the*** ~ dall'altra parte del filo; ***the ~s will be open from 8.30 onwards*** si potrà chiamare dalle 8.30 in poi; ***the ~ is dead*** non c'è la linea; ***the ~ went dead*** la linea è caduta **11** FERR. *(connection)* linea f. (**between** tra); *(rails)* binario m.; *(shipping, air transport) (company)* compagnia f.; *(route)* linea f., rotta f.; ***repairs to the*** ~ riparazioni alla linea; ***at every station along the*** ~ a ogni stazione lungo la linea; ***the London-Edinburgh*** ~ FERR. la linea Londra-Edimburgo **12** *(in genealogy)* linea f., discendenza f.; ***the male, female*** ~ il ramo maschile, femminile; ***the Tudor*** ~ la stirpe dei Tudor; ***to found*** o ***establish a*** ~ fondare una stirpe; ***the ~ died out*** la famiglia *o* la stirpe si estinse; ***to come from a long ~ of scientists*** provenire da una famiglia con una lunga tradizione di scienziati; ***to trace one's ~ back to sb.*** far risalire le proprie origini a qcn.; ***to trace a ~ down to sb.*** fare risalire le origini *o* la discendenza a qcn.; ***to trace a ~ through sb.*** fare risalire le origini dalla parte *o* dal ramo di qcn.; ***the title passes to the next in*** ~ il titolo è trasmesso in ordine di successione; ***she is second in ~ to the throne*** è seconda nell'ordine di successione al trono **13** *(of text) (in prose)* riga f.; *(in poetry)* verso m.; *(of music)* rigo m.; ***to give sb. 100 ~s*** dare 100 righe a qcn.; ***to start a new*** ~ andare a capo; ***to miss a*** ~ saltare una riga; ***write a few ~s about your hobbies*** scrivete qualche riga sui vostri passatempi; ***just a ~ to say thank you*** solo poche parole per ringraziarti; ***a ~ from*** una citazione da [*poem etc.*]; ***a ~ of verse*** o ***poetry*** un verso; ***the famous opening ~s*** il famoso inizio, incipit; ***he has all the best ~s*** ha tutte le battute migliori; ***to learn one's ~s*** TEATR. imparare la parte **14** *(conformity)* ***to fall into*** ~ conformarsi *o* uniformarsi; ***to make sb. fall into*** ~ mettere in riga qcn.; ***to fall into ~ with*** [*person*] allinearsi, conformarsi a [*view*]; [*group, body*] allinearsi a, essere d'accordo con [*practice, policy*]; ***China fell into ~ with the other powers*** la Cina si è allineata alle altre potenze; ***to bring sb. into*** ~ mettere in riga qcn. *o* ridurre qcn. all'obbedienza; ***to bring regional laws into ~ with federal laws*** rendere le leggi regionali conformi alle leggi federali; ***to bring working conditions into ~ with European standards*** conformare le condizioni di lavoro agli standard europei; ***to keep sb. in*** ~ fare rigare dritto qcn.; ***his statement is out of ~ with their account*** la sua dichiarazione non è allineata con quanto affermato da loro; ***our prices are out of ~ with those of our competitors*** i nostri prezzi non coincidono con quelli dei nostri concorrenti; ***to be (way) out of*** ~ [*objection, remark*] essere completamente fuori luogo; ***you're way out of ~!*** COLLOQ. stai esagerando! hai proprio passato il limite! **15** COLLOQ. *(piece of information)* ***to have a ~ on sb., sth.*** avere delle informazioni su qcn., qcs.; ***to give sb. a ~ on sb., sth.*** dare a qcn. informazioni (riservate) su qcn., qcs.; ***to give sb. a ~ about sth.*** *(story, excuse)* raccontare a qcn. una balla *o* una fandonia su qcs.; ***don't give me that ~!*** non raccontarmi delle storie! **16** *(stance)* linea f., posizione f. (**on** su); *(approach)* linea f. di condotta, atteggiamento m. (**with** con); ***something along these ~s*** qualcosa di questo genere; ***our rivals had been thinking along the same ~s*** i nostri concorrenti avevano sviluppato un'idea analoga; ***to be on the right ~s*** essere sulla strada giusta; ***the official*** ~ la linea ufficiale; ***to take a firm ~ with sb.*** seguire la linea dura con qcn. *o* non fare concessioni a qcn.; ***I don't know what ~ to take*** non so qual è l'atteggiamento da adottare **17** COMM. *(type of product)* linea f. (di prodotti), gamma f.; ***one of our most successful ~s*** una delle nostre linee di maggior successo **18** MIL. *(fortifications)* linea f.; *(position held)* posizione f., fronte m.; ***enemy ~s*** linee nemiche; ***they held their*** ~ hanno mantenuto le loro posizioni **19** MAR. ~ ***ahead, abreast*** linea di fila, linea di fronte **20** *(equator)* ***the*** ~ l'equatore; ***to cross the*** ~ attraversare l'equatore **21** COLLOQ. *(of cocaine)* pista f. (**of** di) **22** TELEV. linea f. **23 in line with** conforme a [*approach, policy, trend, teaching, requirement*]; ***to be in ~ with*** [*statement, measure*] essere in linea con *o* in accordo con [*policy, view, recommendation*]; [*figures, increase*] essere in linea con [*inflation, trend*]; ***to increase, fall in ~ with*** aumentare, diminuire proporzionalmente *o* parallelamente a; ***to vary in ~ with*** variare parallelamente a ◆ ***all along the*** ~ o ***right down the*** ~ su tutta la linea; ***somewhere along the*** ~ *(at point in time)* in un certo momento; *(at stage)* da qualche parte; ***something along those ~s*** qualcosa di questo genere; ***to do a ~ with sb.*** COLLOQ. *(try)* fare il filo a qcn.; *(go out)* uscire con qcn.; ***to be on the*** ~ [*life, job*] essere a rischio *o* a repentaglio.

2.line /laɪn/ tr. **1** *(stand along)* [*trees*] fiancheggiare [*route*]; [*spectators*] essere disposto lungo [*street*]; ***to be ~d with trees*** essere fiancheggiato da alberi **2** *(mark)* ***to be ~d with*** essere segnato da [*worry, age*].

■ **line up:** ~ **up 1** *(side by side)* allinearsi (**for** per); *(one behind the other)* mettersi in fila (**for** per); ***to ~ up in rows*** disporsi in file **2** *(take sides)* ***to ~ up with sb., sth.*** schierarsi con qcn., qcs.; ***to ~ up against sb., sth.*** schierarsi contro qcn., qcs.; ~ **up [sb.]**, ~ **[sb.] up** *(in row)* allineare, mettere in fila; ***they ~d us up*** *(in columns)* ci hanno fatto formare delle file; ***to ~ people up against a wall*** allineare le persone contro un muro; ~ **[sth.] up**, ~ **up [sth.] 1** *(align)* allineare (**with** con) **2** *(organize)* schierare [*team*]; ***to have sb., sth. ~d up*** organizzare, avere in vista, preparare [*work, project, activities*]; assicurarsi la presenza, il sostegno di [*candidate*]; ***what have you got ~d up for us tonight?*** cosa hai organizzato per noi stasera?

3.line /laɪn/ n. *(linen thread)* filato m. di lino; *(cloth)* tessuto m. di lino.

4.line /laɪn/ tr. *(add layer)* foderare [*garment*] (**with** con); rivestire [*box, shelf, nest*] (**with** con); ***to be ~d with books*** essere tappezzato di libri; ***to ~ the walls and ceilings*** rivestire le pareti e i soffitti.

5.line /laɪn/ tr. RAR. *(copulate)* [*dog, wolf etc.*] coprire, montare.

1.lineage /ˈlɪnɪɪdʒ/ n. lignaggio m., stirpe f.; ***of noble*** ~ di nobile lignaggio; ***he can trace his ~ to William I*** fa risalire le origini della sua famiglia a Guglielmo I.

2.lineage → **linage**.

lineal /ˈlɪnɪəl/ agg. ~ ***descent from*** discendenza in linea diretta da.

lineament /ˈlɪnɪəmənt/ n. FORM. **1** *(of face)* lineamento m. **2** *(distinctive features)* tratto m., caratteristica f.

linear /ˈlɪnɪə(r)/ agg. lineare.

linearity /ˌlɪnɪˈærətɪ/ n. MAT. FIS. linearità f.

lineate /ˈlɪnɪt/ agg. rigato, a strisce.

1.lined /laɪnd/ **I** p.pass. → **2.line II** agg. **1** [*face, hands, skin*] rugoso, grinzoso **2** [*paper*] rigato.

2.lined /laɪnd/ **I** p.pass. → **4.line II** agg. [*garment*] foderato; [*curtains*] doppio.

line dancing /ˈlaɪnˌdɑːnsɪŋ, AE -ˌdæns-/ n. = tipo di ballo country in cui i ballerini danzano in fila senza partner.

line drawing /ˈlaɪnˌdrɔːɪŋ/ n. disegno m. al tratto.

line engraving /ˈlaɪnɪnˌgreɪvɪŋ/ n. incisione f. al tratto.

line feed /ˈlaɪnfiːd/ n. INFORM. segnale m. di avanzamento righe.

line fishing /ˈlaɪnˌfɪʃɪŋ/ n. pesca f. con la lenza.

lineman /ˈlaɪnmən/ n. (pl. **-men**) **1** ♦ ***27*** EL. TEL. guardafili m. e f. **2** AE SPORT *(in American football)* attaccante m.

line manage /ˈlaɪnˌmænɪdʒ/ tr. dirigere a livello operativo.

line management /ˈlaɪnˌmænɪdʒmənt/ n. **1** *(system)* organizzazione f. lineare, line f. **2** *(managers)* dirigenti m.pl. di line.

line manager /ˈlaɪnˌmænɪdʒə(r)/ n. dirigente m. e f. di line.

linemen /ˈlaɪnmen/ → **lineman**.

linen /ˈlɪnɪn/ **I** n. **1** *(fabric)* lino m.; ***to wear*** ~ indossare indumenti di lino **2** *(items) (household)* biancheria f.; *(underwear)* biancheria f. (intima) **II** modif. [*jacket, sheet*] di lino; [*industry*] del lino ◆ ***to wash one's dirty ~ in public*** lavare i panni sporchi in pubblico.

linen basket /ˈlɪnɪnˌbɑːskɪt, AE -ˌbæskɪt/ n. cesto m. del bucato, portabiancheria m.

linen cupboard /ˈlɪnɪnˌkʌbəd/ BE, **linen closet** /ˈlɪnɪnˌklɒzɪt/ AE n. armadio m. della biancheria.

line of argument /ˌlaɪnəvˈɑːgjʊmənt/ n. ragionamento m.

line of attack /ˌlaɪnəvəˈtæk/ n. linea f. d'attacco, piano m. d'attacco; FIG. linea f. d'azione.

line of communication /ˌlaɪnəvkəˌmjuːnɪˈkeɪʃn/ n. linea f. di comunicazione.

line of descent /ˌlaɪnəvdɪˈsent/ n. discendenza f., lignaggio m.

line of duty /ˌlaɪnəvˈdjuːtɪ, AE -ˈduːtɪ/ n. ***killed in the*** ~ [*policeman, soldier*] ucciso in servizio.

line of enquiry /ˌlaɪnəvɪnˈkwaɪərɪ, AE -ˈɪŋkwərɪ/ n. *(in investigation)* pista f.; *(in research)* linea f. di ricerca.

line of fire /ˌlaɪnəvˈfaɪə(r)/ n. linea f. di tiro.

line of flight /ˌlaɪnəvˈflaɪt/ n. traiettoria f. di volo.

line of latitude /ˌlaɪnəvˈlætɪtjuːd, AE -tuːd/ n. parallelo m., latitudine f.

line of longitude /ˌlaɪnəvˈlɒndʒɪtjuːd, AE -tuːd/ n. meridiano m., longitudine f.

line of thought /ˌlaɪnəvˈθɔːt/ n. *(way of thinking)* linea f. di pensiero; *(association of ideas)* ragionamento m.

line of vision /ˌlaɪnəvˈvɪʒn/ n. *(when aiming)* linea f. di mira; ***to block sb.'s*** ~ togliere la visuale a qcn.

line of work /ˌlaɪnəvˈwɜːk/ n. occupazione f., lavoro m.; ***to be in the same*** ~ fare lo stesso tipo di lavoro.

line-out /ˈlaɪnaʊt/ n. *(in rugby)* rimessa f. laterale.

line-printer /ˈlaɪnˌprɪntə(r)/ n. stampante f. di linea.

▷ **1.liner** /ˈlaɪnə(r)/ n. **1** MAR. transatlantico m. **2** AER. aereo m. di linea.

2.liner /'laɪnə(r)/ n. TECN. *(of pipe)* canna f., camicia f.
linesman /'laɪnzmən/ n. BE (pl. **-men**) **1** *(in tennis)* giudice m. di linea; *(in football, hockey)* guardalinee m. **2** ➧ **27** EL. TEL. guardafili m. e f.
line-spacing /'laɪn,speɪsɪŋ/ n. spaziatura f. tra le righe, interlinea f.
line squall /'laɪn,skwɔ:l/ n. METEOR. groppo m.
line storm /'laɪn,stɔ:m/ n. AE perturbazione f. equinoziale.
▷ **line-up** /'laɪnʌp/ n. **1** SPORT formazione f.; *(personnel)* squadra f.; *(pop group)* formazione f.; ***the management ~*** la composizione della dirigenza; ***a ~ of cabaret acts*** una serie di numeri di cabaret **2** *(identification parade)* confronto m. all'americana.
1.ling /lɪŋ/ n. BOT. brentolo m., brugo m.
2.ling /lɪŋ/ n. (pl. **~**, **~s**) *(fish) (saltwater)* molva f.; *(freshwater)* bottatrice f.
▷ **linger** /'lɪŋgə(r)/ intr. **1** [*person*] indugiare, attardarsi, soffermarsi; [*eyes, gaze*] indugiare, soffermarsi; ***he ~ed for another few weeks (before dying)*** visse ancora qualche settimana **2** [*sensation, memory, smell*] permanere, durare, resistere; ***the scent ~s on the air*** il profumo continua ad aleggiare nell'aria **3** [*doubt, question, suspicion*] persistere.
▪ **linger on** [*memory, pain*] persistere, rimanere.
▪ **linger over:** ***~ over [sth.]*** indugiare su [*meal, drink*]; ***~ over doing*** metterci tutto il tempo per fare, attardarsi a fare.
lingerer /'lɪŋgərə(r)/ n. chi indugia, chi s'attarda.
lingerie /'lænʒəri:, AE ,lɑ:ndʒə'reɪ/ n. **U** lingerie f., biancheria f. intima (da donna); ***silk ~*** lingerie di seta.
lingering /'lɪŋgərɪŋ/ agg. **1** [*look*] prolungato; [*smell, taste, pain, pollution, mist*] persistente **2** [*doubt, hope, regret*] che resiste, tenace; [*memory*] duraturo **3** [*death*] lento.
lingo /'lɪŋgəʊ/ n. (pl. **~es**) *(language)* lingua f. straniera; *(of class of people)* gergo m.
lingua franca /,lɪŋgwə'fræŋkə/ n. (pl. **lingua francas**, **linguae francae**) lingua f. franca.
lingual /'lɪŋgwəl/ **I** agg. LING. ANAT. linguale **II** n. suono m., consonante f. linguale.
linguiform /'lɪŋgwɪfɔ:m/ agg. ANAT. BOT. linguiforme.
linguist /'lɪŋgwɪst/ n. **1** LING. linguista m. e f. **2** *(polyglot)* poliglotta m. e f; ***I'm no (great) ~*** non sono (molto) dotato per le lingue.
linguistic /lɪŋ'gwɪstɪk/ agg. linguistico.
linguistically /lɪŋ'gwɪstɪklɪ/ avv. linguisticamente; dal punto di vista linguistico.
linguistic atlas /lɪŋ'gwɪstɪk,ætləs/ n. atlante m. linguistico.
linguistics /lɪŋ'gwɪstɪks/ **I** n. + verbo sing. linguistica f. **II** modif. [*course, lecturer*] di linguistica.
liniment /'lɪnɪmənt/ n. *(ointment)* pomata f.; *(liquid)* linimento m.
1.lining /'laɪnɪŋ/ n. allineamento m. (anche TIP.).
2.lining /'laɪnɪŋ/ n. **1** *(for garment, bag)* fodera f.; ***a polyester ~*** rivestimento in poliestere **2** FISIOL. parete f.; ***the womb ~*** o ***the ~ of the womb*** la parete dell'utero ◆ ***every cloud has a silver ~*** non tutto il male viene per nuocere.
lining paper /'laɪnɪŋ,peɪpə(r)/ n. *(for decorating)* carta f. da tappezzeria; *(for shelves)* carta f. per rivestimenti.
▶ **1.link** /lɪŋk/ n. **1** *(in chain)* maglia f., anello m.; ***to be the weak ~ in*** essere l'anello debole in *o* di [*chain, investments, argument*] **2** *(in transports)* collegamento m. (**between** tra); ***a rail ~ from A to B*** un collegamento ferroviario da A a B **3** *(connection between facts, events, phenomena)* rapporto m., collegamento m.; concatenazione f. (**between** tra; **with** con); ***there are possible ~s with the explosion*** è possibile che ci siano dei collegamenti con l'esplosione; ***to have ~s with terrorist groups*** avere legami con gruppi terroristi **4** *(between nations, companies) (economic or trading tie)* rapporto m. (**with** con; **between** tra); *(historical or friendly tie)* legame m. (**with** con; **between** tra); ***to forge ~s between*** instaurare legami tra; ***to break off, renew ~s*** rompere, rinnovare i rapporti **5** TELEV. RAD. collegamento m., connessione f.; ***television ~*** collegamento televisivo **6** INFORM. collegamento m., link m. ◆ ***a chain is as strong as its weakest ~*** PROV. = è l'elemento più debole che determina la forza di una struttura, di un gruppo.
▶ **2.link** /lɪŋk/ tr. **1** *(connect physically)* [*road, path, tunnel, staircase, cable, chain*] collegare, unire [*places, objects*]; ***to ~ A to B*** o ***A with B*** o ***A and B*** collegare A a B *o* A con B *o* A e B; ***to be ~ed by*** essere collegato per mezzo di [*bus, bridge, cable*]; ***to ~ arms*** [*people*] tenersi *o* stare sottobraccio; ***to ~ arms with sb.*** prendere qcn. sottobraccio; ***to walk along arms ~ed*** camminare sottobraccio **2** *(relate, establish connection between)* ***to ~ sth. to*** o ***with*** collegare *o* legare qcs. a [*inflation, income*]; stabilire un collegamento, un legame tra qcs. e [*statistic, fact, crime, illness*]; ***the gene has been ~ed to cancer*** si è scoperto esserci un legame tra il gene e il cancro; ***evidence ~ing sb. to a crime*** prove che stabiliscono un legame tra qcn. e un crimine; ***police think the crimes are ~ed*** la polizia crede che ci sia un legame tra i delitti *o* che i delitti siano collegati; ***his name has been ~ed with*** il suo nome è stato associato a [*deed, name*]; ***to be ~ed by*** *(have in common)* essere unito da **3** INFORM. collegare [*terminals, computers*]; linkare [*site, web page, image*]; ***to ~ sth. to*** o ***with*** collegare *o* connettere qcs. a [*mainframe, terminal*] **4** TELEV. RAD. collegare [*places*] (**by** via, tramite); ***to be ~ed to Moscow by satellite*** essere collegato a Mosca via satellite.
▪ **link up:** ***~ up*** [*firms, colleges*] unirsi, associarsi; ***to ~ up with*** associarsi a [*college, firm*].
3.link /lɪŋk/ n. ANT. torcia f., fiaccola f.
linkage /'lɪŋkɪdʒ/ n. **1** *(connection) (in ideas)* collegamento m. (**between** tra); *(in phenomena)* collegamento m., rapporto m. (**between** tra) **2** *(of issues in international relations)* collegamento m., connessione f. (**between** tra) **3** *(in genetics)* linkage m., associazione f.
linkage editor /'lɪŋkɪdʒ,edɪtə(r)/ n. INFORM. redattore m. di collegamenti.
linkboy /'lɪŋkbɔɪ/ n. STOR. portatore m. di fiaccola, di torcia, tedoforo m.
link control procedure /lɪŋk,kəʊn,trəʊlprə'si:dʒə(r)/ n. INFORM. = file di comandi che controlla il processo di link.
linked /lɪŋkt/ **I** p.pass. → **2.link II** agg. **1** [*rings, circles, symbols*] intrecciato, concatenato **2** FIG. [*issues, problems, crimes, projects*] concatenato, connesso; ***they are romantically ~*** c'è un legame amoroso tra loro.
linked subroutine /,lɪŋktsʌbru:'ti:n/ n. INFORM. subroutine f. esterna.
linker /'lɪŋkə(r)/ n. **1** INFORM. redattore m. di collegamenti **2** LING. connettivo m.
linking loader /,lɪŋkɪŋ'ləʊdə(r)/ n. INFORM. caricatore-collegatore m.
linkman /'lɪŋkmən/ ➧ **27** n. (pl. **-men**) conduttore m., presentatore m.
link road /'lɪŋk,rəʊd/ n. BE bretella f. (di raccordo).
links /lɪŋks/ n. campo m. da golf.
link-up /'lɪŋkʌp/ n. **1** TELEV. RAD. collegamento m.; ***satellite ~*** collegamento via satellite **2** ECON. COMM. associazione f. (**between** tra; **with** con).
linkwoman /'lɪŋkwʊmən/ ➧ **27** n. (pl. **-women**) conduttrice f., presentatrice f.
Linnaean /lɪ'ni:ən/ agg. linneano.
Linnaeus /lɪ'ni:əs/ n.pr. Linneo.
linnet /'lɪnɪt/ n. fanello m.
1.lino /'laɪnəʊ/ n. (pl. **~s**) (accorc. linoleum) linoleum m.
2.lino /'laɪnəʊ/ n. (pl. **~s**) (accorc. Linotype) lino f.
lino cut /'laɪnəʊkʌt/ n. incisione f. in linoleum.
linoleic /,li:nəʊ'li:k/ agg. linoleico.
linoleum /lɪ'nəʊlɪəm/ n. linoleum m.
lino print /'laɪnə,prɪnt/ → **lino cut**.
Linotype® /'laɪnəʊtaɪp/ **I** n. linotype® f. **II** modif. ***~ machine*** linotype®, macchina linotipica.
linotypist /'laɪnəʊ,taɪpɪst/ ➧ **27** n. linotipista m. e f.
linseed /'lɪnsi:d/ n. **U** seme m. di lino, semi m.pl. di lino.
linseed oil /,lɪnsi:d'ɔɪl/ n. olio m. di lino.
linsey-woolsey /lɪnzɪ'wʊlzɪ/ n. **1** mezzalana f. **2** FIG. guazzabuglio m., confusione f.
lint /lɪnt/ n. **1** MED. garza f., filaccia f. **2** *(fluff)* lanugine f.
lintel /'lɪntl/ n. architrave m.
liny /'laɪnɪ/ agg. **1** *(resembling a line)* simile a una linea; *(thin)* sottile **2** *(full of lines)* pieno di linee; *(wrinkled)* rugoso.
▷ **lion** /'laɪən/ n. **1** ZOOL. leone m.; ***the ~'s den*** la fossa dei leoni **2** ***literary ~*** celebrità letteraria **3** ASTROL. ***the Lion*** il Leone ◆ ***the ~ lies down with the lamb*** = ci sarà pace e felicità; ***to put one's head in the ~'s jaws*** o ***mouth*** = finire in gravi pericoli; ***to take the ~'s share*** prendersi la fetta più grossa *o* fare la parte del leone; ***the ~'s share of the funding has gone to the opera*** l'opera ha ottenuto la fetta più grossa delle sovvenzioni; ***to beard a ~ in his den*** = andare ad affrontare una persona importante o influente.
lion cub /'laɪənkʌb/ n. leoncino m., cucciolo m. di leone.
Lionel /'laɪənl/ n.pr. Lionello.
lioness /'laɪənes/ n. leonessa f.
Lion-heart /'laɪən,hɑ:t/ n. ***Richard the ~*** Riccardo Cuor di Leone.
lion-hearted /'laɪən,hɑ:tɪd/ agg. LETT. coraggioso, (dal) cuor di leone.
lion hunter /'laɪən,hʌntə(r)/ n. cacciatore m. (-trice) di leoni.
lionism /'laɪənɪzəm/ n. (il) trattare qcn. come una celebrità.

lionize /ˈlaɪənaɪz/ tr. trattare qcn. come una celebrità, idoleggiare.
lion tamer /ˈlaɪən,teɪmə(r)/ ◗ *27* n. domatore m. (-trice) di leoni.
▶ **1.lip** /lɪp/ ◗ *2* **I** n. **1** *(of person, of dog, ape)* labbro m.; ***to kiss sb. on the ~s*** baciare qcn. sulle labbra *o* sulla bocca; ***to lick one's ~s*** *(to wet them)* inumidirisi le labbra; *(in anticipation)* avere l'acquolina in bocca; ***to bite one's ~*** mordersi le labbra; ***to read sb.'s ~s*** leggere le labbra di qcn.; ***read my ~s!*** COLLOQ. ascoltatemi bene! ***the name on everyone's ~s*** il nome sulla bocca di tutti; ***my ~s are sealed!*** ho la bocca cucita! **2** *(of cup, basin)* orlo m.; *(of crater)* bordo m.; *(of jug)* becco m., beccuccio m. **3** COLLOQ. *(cheek)* sfacciataggine f.; ***to give sb. ~*** essere impertinente con qcn. **II** modif. [*brush, pencil*] per labbra; [*movements*] delle labbra **III -lipped** agg. in composti ***thin-, thick~ped*** dalle labbra sottili, carnose ◆ ***to keep a stiff upper ~*** non battere ciglio.
2.lip /lɪp/ tr. (forma in -ing ecc. **-pp-**) **1** *(touch with lips)* toccare con le labbra; LETT. *(kiss)* baciare **2** *(utter softly)* mormorare, sussurrare **3** [*liquid*] lambire **4** SPORT *(in golf)* [*player*] spingere la palla fino all'orlo di [*hole*]; [*ball*] raggiungere l'orlo di [*hole*].
lipase /ˈlaɪpeɪs, ˈlɪpeɪs/ n. lipasi f.
lip balm /ˈlɪpbɑːm/ n. crema f. per le labbra.
lip gloss /ˈlɪp,glɒs/ n. COSMET. lucidalabbra m.
lipid /ˈlɪpɪd/ n. lipide m.
lipoid /ˈlɪpɔɪd/ **I** agg. lipoideo **II** n. lipoide m.
lipoma /lɪˈpəʊmə/ n. (pl. **~s, -ata**) lipoma m.
lipomatosis /lɪpəʊməˈtəʊsɪs/ n. lipomatosi f.
lipoprotein /lɪpəˈprəʊtiːn/ n. lipoproteina f.
liposarcoma /,laɪpəʊsɑːˈkəʊmə, lɪpəʊ-/ n. (pl. **~s, -ata**) MED. liposarcoma m.
liposoluble /laɪpəʊˈsɒljʊbl, lɪpəʊ-/ agg. liposolubile.
liposome /ˈlaɪpəʊsəʊm/ n. liposoma m.
liposuction /ˈlaɪpəʊsʌkʃn, ˈlɪpəʊ-/ n. liposuzione f.
lipothymia /,lɪpəˈθaɪmɪə/ n. lipotimia f.
lippy /ˈlɪpɪ/ COLLOQ. **I** n. rossetto m. **II** agg. sfacciato.
lip-read /ˈlɪpriːd/ intr. (pass., p.pass. **-read** /-red/) leggere le *o* sulle labbra; ***can you ~?*** riesci a leggere sulle labbra?
lipreading /ˈlɪpriːdɪŋ/ n. lettura f. delle labbra, labiolettura f.
lipsalve /ˈlɪpsælv/ n. crema f. protettiva per le labbra, burrocacao m.
lip service /ˈlɪp,sɜːvɪs/ n. SPREG. ***to pay ~ to*** appoggiare (solo) a parole *o* sostenere in modo puramente formale [*human rights, equality*]; ***he pays ~ to feminism but...*** a parole è per il femminismo ma...
lipstick /ˈlɪpstɪk/ n. rossetto m.
lip-sync /ˈlɪpsɪŋk/ intr. cantare in play-back.
liquate /ˈlaɪkeɪt/ tr. sottoporre a liquazione [*metal*].
liquation /lɪˈkweɪʃn/ n. *(of metal)* liquazione f.
liquefacient /,lɪkwɪˈfeɪʃnt/ agg. che liquefà.
liquefaction /,lɪkwɪˈfækʃn/ n. liquefazione f.
liquefiable /ˈlɪkwɪfaɪəbl/ agg. che si può liquefare, liquefattibile.
liquefied petroleum gas /,lɪkwɪfaɪdpəˈtrəʊlɪəm,gæs/ n. gas m. di petrolio liquefatto.
liquefier /ˈlɪkwɪfaɪə(r)/ n. liquefattore m.
liquefy /ˈlɪkwɪfaɪ/ **I** tr. liquefare **II** intr. liquefarsi.
liquescent /lɪˈkwesənt/ agg. liquescente.
liqueur /lɪˈkjʊə(r), AE -ˈkɜːr/ n. liquore m. (dolce, digestivo); ***apricot ~*** liquore di albicocche.
liqueur brandy /lɪˈkjʊə,brændɪ, AE -ˈkɜːr-/ n. = liquore (dolce) di prima qualità.
liqueur chocolate /lɪ,kjʊəˈtʃɒklət, AE -ˈkɜːr-/ n. cioccolatino m. al liquore.
liqueur glass /lɪˈkjʊə,glɑːs, AE lɪˈkɜːr,glæs/ n. bicchierino m. da liquore.
▷ **liquid** /ˈlɪkwɪd/ **I** agg. **1** [*state, substance, air, nitrogen, consonant*] liquido **2** *(clear)* [*eyes*] lucente, limpido; [*gaze, sound*] limpido **II** n. **1** *(substance)* liquido m.; ***drink plenty of ~s*** beva molto *o* assuma molti liquidi **2** FON. liquida f.
liquid assets /,lɪkwɪdˈæsets/ n.pl. attività f. liquide.
liquidate /ˈlɪkwɪdeɪt/ tr. **1** ECON. liquidare [*assets, stock, company*]; saldare [*debt*] **2** *(murder)* liquidare, eliminare, uccidere.
liquidation /,lɪkwɪˈdeɪʃn/ n. *(of company, stock)* liquidazione f.; *(of debt)* pagamento m.; ***to go into ~*** andare in liquidazione.
liquidator /ˈlɪkwɪdeɪtə(r)/ n. liquidatore m. (-trice).
liquid crystal /,lɪkwɪdˈkrɪstl/ n. cristallo m. liquido.
liquid crystal display /,lɪkwɪd,krɪstldɪˈspleɪ/ n. display m. a cristalli liquidi.
liquid diet /,lɪkwɪdˈdaɪət/ n. dieta f. liquida; ***to be put on a ~*** essere sottoposto a dieta liquida.
liquidity /lɪˈkwɪdətɪ/ n. liquidità f.
liquidity preference /lɪˈkwɪdətɪ,prefrəns/ n. ECON. preferenza f. per la liquidità.
liquidity ratio /lɪˈkwɪdətɪ,reɪʃɪəʊ/ n. ECON. coefficiente m. di liquidità.
liquidize /ˈlɪkwɪdaɪz/ tr. BE GASTR. frullare.
liquidizer /ˈlɪkwɪdaɪzə(r)/ n. BE frullatore m., mixer m.
liquid lunch /,lɪkwɪdˈlʌntʃ/ n. SCHERZ. = pranzo fatto in un pub o in un altro locale, in cui si consuma poco cibo e si bevono molti alcolici.
liquidly /ˈlɪkwɪdlɪ/ avv. come un liquido.
liquid measure /,lɪkwɪdˈmeʒə(r)/ n. misura f. per liquidi.
liquidness /ˈlɪkwɪdnɪs/ n. liquidità f., (l')essere liquido.
liquid paper /ˈlɪkwɪd,peɪpə(r)/ n. correttore m. liquido, bianchetto m.
liquid paraffin /ˈlɪkwɪd,pærəfɪn/ n. MED. olio m. minerale.
liquid soap /ˈlɪkwɪd,səʊp/ n. sapone m. liquido.
▷ **1.liquor** /ˈlɪkə(r)/ n. **1** *(alcohol)* bevanda f. alcolica, alcolici m.pl.; ***hard*** o ***strong ~*** superalcolici; ***he can't hold his ~*** non regge l'alcol **2** GASTR. sugo m. (di cottura).
2.liquor /ˈlɪkə(r)/ tr. **1** mettere a bagno [*malt*] **2** RAR. *(lubricate)* ingrassare **3** → **liquor up**.
■ **liquor up** AE ***to be ~ed up*** essere ubriaco.
liquorice, licorice AE /ˈlɪkərɪs/ **I** n. **1** *(plant)* liquirizia f. **2** *(substance)* liquirizia f. **II** modif. [*root, stick*] di liquirizia; ***~ allsorts*** caramelle assortite di liquirizia.
liquorish /ˈlɪkərɪʃ/ agg. amante dei liquori.
liquor store /ˈlɪkəstɔː(r)/ n. AE liquoreria f.
lira /ˈlɪərə/ ◗ *7* n. (pl. **lire, ~s**) lira f.
L-iron /ˈelaɪən, AE -aɪərn/ n. ferro m. a (forma di) L.
Lisa /ˈlɪzə/ n.pr. Lisa.
Lisbon /ˈlɪzbən/ ◗ *34* n.pr. Lisbona f.
lisle /laɪl/ **I** n. filo m. di Scozia **II** modif. ***~ stockings*** calze di filo di Scozia.
1.lisp /lɪsp/ n. pronuncia f. blesa, blesità f.; ***to have a ~*** essere bleso.
2.lisp /lɪsp/ **I** tr. pronunciare in modo bleso **II** intr. essere bleso *o* parlare in modo bleso.
LISP /lɪsp/ n. INFORM. LISP m.
lisping /ˈlɪspɪŋ/ agg. bleso.
lissom(e) /ˈlɪsəm/ agg. *(nimble)* agile; *(supple)* flessuoso.
lissomly /ˈlɪsəmlɪ/ avv. *(nimbly)* agilmente; *(in a supple way)* flessuosamente.
lissomness /ˈlɪsəmnɪs/ n. *(nibleness)* agilità f.; *(suppleness)* flessuosità f.
▶ **1.list** /lɪst/ n. **1** *(catalogue)* lista f., elenco m. (**of** di); ***to be on a ~*** essere in una lista; ***to put sb., sth. on a ~*** mettere qcn., qcs. in una lista; ***to take sb., sth. off a ~*** togliere qcn., qcs. da una lista; ***to be at the head*** o ***top of the ~*** essere in cima alla lista; FIG. essere in cima alla lista *o* essere tra le priorità; ***to be high, to be low on one's ~ of priorities*** essere, non essere tra le proprie priorità; ***to draw up a ~*** compilare una lista; ***price ~*** listino prezzi; ***waiting ~*** lista d'attesa **2** *(price)* → **list price**.
▶ **2.list** /lɪst/ **I** tr. **1** fare la lista di, elencare [*objects, people*]; ***to be ~ed under*** essere classificato *o* catalogato come; ***to be ~ed among*** figurare tra; ***to be ~ed in a directory, the Yellow Pages®*** essere incluso *o* trovarsi in una guida, nelle pagine gialle® **2** INFORM. listare **3** ECON. ***to be ~ed on the Stock Exchange*** essere quotato in borsa, essere ammesso alle quotazioni di borsa **II** intr. AE COMM. ***what does it ~ for?*** qual è il suo prezzo di catalogo?
3.list /lɪst/ **I** n. **1** *(strip)* lista f., striscia f.; ARCH. listello m. **2** TESS. cimosa f., vivagno m. **II lists** n.pl. STOR. lizza f.sing. (anche FIG.); ***to enter the ~s*** entrare in lizza (**against** contro).
4.list /lɪst/ tr. **1** *(border)* listare **2** *(cut)* tagliare a strisce, a listelli.
5.list /lɪst/ n. MAR. *(leaning)* sbandamento m., inclinazione f.; ***to have a (slight) ~*** sbandare *o* inclinarsi (leggermente).
6.list /lɪst/ intr. MAR. sbandare, inclinarsi.
listed building /,lɪstɪdˈbɪldɪŋ/ n. BE = edificio di interesse artistico o storico.
1.listen /ˈlɪsn/ n. ***to have a ~ to sth.*** ascoltare qcs.; ***have a ~ to this!*** senti questa! ***it's well worth a ~*** vale la pena di ascoltarlo.
▶ **2.listen** /ˈlɪsn/ intr. **1** *(to words, music, sounds)* ascoltare; ***to ~ to sb., sth.*** ascoltare qcn., qcs.; ***to ~ at the door*** origliare attraverso la porta; ***to ~ to sb. doing*** ascoltare qcn. fare; ***I was ~ing to her singing, playing the piano*** l'ascoltavo cantare, suonare il piano; ***~ to this!*** senti questa! ***"you're ~ing to..."*** RAD. "state ascoltando..." **2** *(pay heed)* ascoltare, prestare ascolto, dare retta; ***~ carefully!*** ascolta attentamente! ***sorry, I wasn't ~ing*** mi dispiace, non stavo ascoltando; ***you just never ~, do you?*** ma è possibile che non ascolti mai? ***~, can you come tomorrow?*** ascolta, puoi venire domani? ***to ~ to*** ascoltare *o* dare ascolto a [*teacher, adviser*]; ***to ~ to***

advice, reason ascoltare un consiglio, ascoltare la voce della ragione; ***don't ~ to them*** non ascoltarli *o* non dar loro retta **3** *(wait)* ***to ~ for*** stare in ascolto per sentire [*voice, sound, signal*]; ***I ~ed for sounds of crying*** stavo in ascolto per sentire se piangeva.
■ **listen in 1** *(eavesdrop)* origliare, ascoltare di nascosto; ***we don't want them ~ing in*** non vogliamo che origlino; ***to ~ in on*** o ***to*** ascoltare di nascosto [*conversation, phone call, meeting*] **2** RAD. ***to ~ in to*** ascoltare [*programme*].
■ **listen out** ***to ~ out for*** stare pronto a cogliere al volo [*ideas, information*].
■ **listen up** AE COLLOQ. ***hey, ~ up a minute!*** hei, ascolta un attimo!
listenable /ˈlɪsnəbl/ agg. AE COLLOQ. [*music*] gradevole, di piacevole ascolto.
▷ **listener** /ˈlɪsnə(r)/ n. **1** *(personal)* ***to be a good, bad ~*** sapere, non sapere ascoltare; ***I found a ready ~ in my aunt*** ho trovato in mia zia una persona pronta ad ascoltare **2** gener. pl. RAD. (radio)ascoltatore m. (-trice) (**to** di); ***the ~s were spellbound*** *(at lecture, reading)* il pubblico era incantato.
▷ **listening** /ˈlɪsnɪŋ/ n. ***it makes interesting, exciting ~*** è interessante, emozionante da ascoltare; ***"easy ~"*** MUS. "easy listening".
listening device /ˈlɪsnɪŋdɪˌvaɪs/ n. apparecchio m. d'ascolto.
listening post /ˈlɪsnɪŋˌpəʊst/ n. MIL. posto m. di ascolto.
listening skills /ˈlɪsnɪŋˌskɪlz/ n.pl. **1** SCOL. *(in language)* abilità f. d'ascolto **2** PSIC. *(in counselling)* ascolto m.sing.; ***trained in ~*** preparato all'ascolto.
listening station /ˈlɪsnɪŋˌsteɪʃn/ n. stazione f. d'ascolto.
lister /ˈlɪstə(r)/ n. AE aratro m. assolcatore.
listeria /lɪˈstɪərɪə/ n. (pl. **~**, **~s**) *(bacterium)* listeria f.
listeriosis /lɪˌstɪərɪˈəʊsɪs/ ♦ ***11*** n. MED. listeriosi f.
▷ **1.listing** /ˈlɪstɪŋ/ **I** n. **1** ECON. quotazione f. (**in** in); ***Stock Exchange ~*** ammissione alle quotazioni di borsa **2** INFORM. lista f., listato m. **II listings** n.pl. rubrica f.sing. degli spettacoli.
2.listing /ˈlɪstɪŋ/ n. cimosa f., vivagno m.
listless /ˈlɪstlɪs/ agg. [*person, manner*] indolente, svogliato; *(careless)* indifferente; [*gesture*] fiacco, svogliato.
listlessly /ˈlɪstlɪslɪ/ avv. [*speak*] svogliatamente, senza entusiasmo; [*move*] fiaccamente, svogliatamente.
listlessness /ˈlɪstlɪsnɪs/ n. indolenza f., indifferenza f.
list price /ˈlɪstpraɪs/ n. prezzo m. di listino.
1.lit /lɪt/ pass., p.pass. → **2.light**, **5.light**.
2.lit /lɪt/ n. COLLOQ. (accorc. literature) letteratura f.
litany /ˈlɪtənɪ/ n. RELIG. litania f. (anche FIG.).
litchi → **lychee**.
lite /laɪt/ **1** AE [*food, drink*] light **2** COLLOQ. *(simple, less challenging)* (versione) soft.
liter AE → **litre**.
▶ **literacy** /ˈlɪtərəsɪ/ **I** n. **1** *(in a population)* alfabetismo m., alfabetizzazione f., grado m. d'istruzione; ***~ is good, poor*** il grado di istruzione è alto, basso; ***our aim is 100% adult ~*** il nostro obiettivo è che il 100% degli adulti sappiano leggere e scrivere **2** *(of individual)* grado m., livello m. d'istruzione; ***his level of ~ is very low*** ha un livello d'istruzione molto basso; ***to teach ~*** alfabetizzare *o* insegnare a leggere e scrivere **II** modif. [*campaign, level, rate, scheme, target*] di alfabetizzazione; [*class*] in cui si impara a leggere e scrivere.
literacy hour /ˈlɪtərəsɪˌaʊə(r)/ n. BE SCOL. = ora in cui s'insegna a leggere.
▶ **literal** /ˈlɪtərəl/ agg. **1** [*meaning, sense, use of word*] letterale **2** [*translation, rendering*] letterale **3** [*depiction, performance, adaptation*] fedele, alla lettera; SPREG. prosaico, privo di immaginazione **4** *(actual, real)* esatto, preciso; ***~ truth*** la pura verità **5** SPREG. → **literal-minded**.
literalism /ˈlɪtərəlɪzəm/ n. **1** interpretazione f. letterale, aderenza f. alla lettera **2** *(in art)* realismo m.
literalist /ˈlɪtərəlɪst/ n. chi si attiene all'interpretazione letterale.
literalize /ˈlɪtərəlaɪz/ tr. interpretare in senso letterale [*text*].
literally /ˈlɪtərəlɪ/ avv. **1** [*mean, use*] letteralmente; [*translate, interpret*] letteralmente, alla lettera; ***to take sth. ~*** prendere qcs. alla lettera **2** *(without exaggeration)* davvero, realmente; ***they quite ~ danced all night*** hanno davvero ballato tutta la notte **3** COLLOQ. *(emphatic)* letteralmente; ***he ~ exploded (with rage)*** è letteralmente esploso (dalla rabbia).
literal-minded /ˌlɪtərəlˈmaɪndɪd/ agg. SPREG. che prende tutto alla lettera; *(prosy)* prosaico; ***to be ~*** prendere tutto alla lettera.
literarily /ˈlɪtərərɪlɪ, AE ˈlɪtərerɪlɪ/ avv. letterariamente, dal punto di vista letterario.
▶ **literary** /ˈlɪtərərɪ, AE ˈlɪtərerɪ/ agg. [*prize, criticism, talent*] letterario; ***a ~ man*** un letterato *o* un uomo di lettere.
literary agent /ˈlɪtərərɪˌeɪdʒənt, AE ˈlɪtərerɪ-/ n. agente m. letterario.
literary critic /ˈlɪtərərɪˌkrɪtɪk, AE ˈlɪtərerɪ-/ ♦ ***27*** n. critico m. (-a) letterario (-a).
literary criticism /ˈlɪtərərɪˌkrɪtɪsɪzəm, AE ˈlɪtərerɪ-/ n. critica f. letteraria.
literary theory /ˈlɪtərərɪˌθɪərɪ, AE ˈlɪtərerɪ-/ n. teoria f. letteraria.
literate /ˈlɪtərət/ **I** agg. **1** *(able to read and write)* ***to be ~*** sapere leggere e scrivere; ***he is barely ~*** sa a malapena leggere e scrivere **2** *(cultured)* [*person*] colto, istruito; [*work*] erudito; [*film*] colto; ***a visually ~ society*** una società che capisce il linguaggio delle immagini **II** n. **1** chi sa leggere e scrivere **2** *(learned person)* persona f. colta, dotta **3** *(in Anglican Church)* = persona ammessa agli ordini sacri che non ha frequentato l'università.
literati /ˌlɪtəˈrɑːtɪ/ n.pl. letterati m., classe f.sing. colta.
▶ **literature** /ˈlɪtrətʃə(r), AE -tʃʊər/ **I** n. **1** *(literary writings)* letteratura f.; ***20th century Italian ~*** la letteratura italiana del XX secolo; ***a work of ~*** un'opera letteraria **2** *(pamphlets)* letteratura f., documentazione f., stampati m.pl.; ***sales ~*** opuscoli pubblicitari; ***campaign ~*** = materiale elettorale, volantini, foto di candidati ecc.; ***described in the ~ as*** descritto nelle opere su questo argomento come **II** modif. [*student, course*] di letteratura.
litharge /ˈlɪθɑːdʒ/ n. litargirio m.
lithe /laɪð/ agg. *(flexible)* flessibile; *(agile, slim)* agile, snello.
lithely /ˈlaɪðlɪ/ avv. agilmente.
litheness /ˈlaɪðnɪs/ n. *(flexibility)* flessibilità f.; *(agility)* agilità f.
lithesome /ˈlaɪðsəm/ → **lithe**.
lithia /ˈlɪθɪə/ n. ossido m. di litio.
lithiasis /lɪˈθaɪəsɪs/ n. (pl. **-es**) litiasi f.
lithic /ˈlɪθɪk/ agg. litico.
lithium /ˈlɪθɪəm/ n. litio m.
litho /ˈlaɪθəʊ/ n. (pl. **~s**) **1** *(print)* (accorc. lithograph) litografia f. **2** *(art)* (accorc. lithography) litografia f.
lithoclase /ˈlɪθəˌkleɪz/ n. litoclasi f.
lithogenesis /ˌlɪθəˈdʒenəsɪs/ n. litogenesi f.
1.lithograph /ˈlɪθəgrɑːf, AE -græf/ n. litografia f., riproduzione f. litografica.
2.lithograph /ˈlɪθəgrɑːf, AE -græf/ tr. litografare.
lithographer /lɪˈθɒgrəfə(r)/ ♦ ***27*** n. litografo m. (-a).
lithographic(al) /ˌlɪθəˈgræfɪk(l)/ agg. litografico.
lithographically /ˌlɪθəˈgræfɪklɪ/ avv. litograficamente.
lithography /lɪˈθɒgrəfɪ/ n. (arte della) litografia f.
lithoid /ˈlɪθɔɪd/ agg. litoide.
lithologic(al) /ˌlɪθəˈlɒdʒɪk(l)/ agg. litologico.
lithologist /lɪˈθɒlədʒɪst/ n. litologo m. (-a).
lithology /lɪˈθɒlədʒɪ/ n. **1** litologia f. **2** MED. studio m. delle calcolosi.
lithopedion /ˌlɪθəˈpiːdrən/ n. litopedio m.
lithophane /ˈlɪθəfeɪn/ n. litofania f.
lithophile /ˈlɪθəfaɪl/ n. litofilo m.
lithophyte /ˈlɪθəfaɪt/ n. litofita f.
lithopone /ˈlɪθəpəʊn/ n. litopone m.
lithosphere /ˈlɪθəsfɪə(r)/ n. litosfera f.
lithostratigraphy /ˌlɪθəstrəˈtɪgrəfɪ/ n. litostratigrafia f.
lithotomic(al) /ˌlɪθəˈtɒmɪk(l)/ agg. litotomico.
lithotomy /lɪˈθətəmɪ/ n. litotomia f.
lithotripsy /ˈlɪθətrɪpsɪ/ n. litotripsia f., litotrissia f.
lithotrite /ˈlɪθəˌtraɪt/ n. litotritore m.
lithotrity /lɪˈθɒtrɪtɪ/ n. litotripsia f.
Lithuania /ˌlɪθjuːˈeɪnɪə/ ♦ ***6*** n.pr. Lituania f.
Lithuanian /ˌlɪθjuːˈeɪnɪən/ ♦ ***18, 14*** **I** agg. lituano **II** n. **1** *(person)* lituano m. (-a) **2** *(language)* lituano m.
litigant /ˈlɪtɪgənt/ n. DIR. parte f. in causa.
litigate /ˈlɪtɪgeɪt/ **I** tr. DIR. contestare **II** intr. fare causa.
▷ **litigation** /ˌlɪtɪˈgeɪʃn/ n. **U** controversia f. legale, processo m., vertenza f.; ***has the case come to ~?*** il caso è stato portato in tribunale? ***to be the subject of ~*** essere oggetto di una controversia *o* di una causa.
litigious /lɪˈtɪdʒəs/ agg. [*person*] litigioso, che intenta cause; [*topic*] che è oggetto di disputa legale.
litigiousness /lɪˈtɪdʒəsnɪs/ n. DIR. litigiosità f.
litmus /ˈlɪtməs/ n. CHIM. tornasole m.
litmus paper /ˈlɪtməsˌpeɪpə(r)/ n. cartina f. al, di tornasole.
litmus test /ˈlɪtməsˌtest/ n. **1** CHIM. prova f. con la cartina al, di tornasole; ***to do a ~*** fare una prova con la cartina al, di tornasole **2** FIG. cartina f. al, di tornasole; ***a ~ of her principles*** la prova del nove dei suoi principi.
litotes /ˈlaɪtəʊtiːz/ n. litote f.

▷ **litre, liter** AE /ˈliːtə(r)/ ♦ *3* **I** n. litro m. **II** modif. [*jug, measure*] da un litro; ***a ~ bottle of wine*** una bottiglia di vino da un litro.

▷ **1.litter** /ˈlɪtə(r)/ n. **1** rifiuti m.pl., immondizia f., spazzatura f.; *(paper)* cartacce f.pl.; ***to drop ~*** gettare *o* buttare immondizia (per terra); ***the streets are full of ~*** le strade sono piene di rifiuti; ***"no ~, penalty £ 500"*** "divieto di gettare rifiuti, i trasgressori saranno puniti con una multa di 500 sterline" **2** *(random collection)* confusione f., disordine m. (**of** di); ***you can hardly see the floor for the ~ of books*** si può a malapena vedere il pavimento a causa dei libri sparpagliati per terra **3** ZOOL. figliata f.; ***to have a ~*** figliare **4** *(for farm stock)* strame m., lettiera f.; *(for cat)* lettiera f. **5** *(stretcher) (for casualty)* barella f.; *(for dignitary)* lettiga f., portantina f.

▷ **2.litter** /ˈlɪtə(r)/ **I** tr. [*leaves, books*] ricoprire [*ground, floor*]; ***to ~ clothes around a room*** sparpagliare i vestiti nella stanza; ***to ~ a house with sth.*** disseminare *o* sparpagliare qcs. in tutta la casa [*clothes, magazines*]; ***to ~ the floor, ground with sth.*** ricoprire il pavimento, il terreno con qcs.; ***to ~ a surface with sth.*** coprire una superficie con qcs.; ***to be ~ed with papers, corpses*** [*ground, field*] essere ricoperto di cartacce, di cadaveri; ***to be ~ed with allusions, references*** FIG. essere pieno di allusioni, di riferimenti; ***history is ~ed with crooks*** la storia è piena di imbroglioni **II** intr. ZOOL. [*animal*] figliare.

litter basket /ˈlɪtəˌbɑːskɪt, AE -ˌbæskɪt/, **litter bin** /ˈlɪtəbɪn/ n. bidone m. della spazzatura, cestino m. dei rifiuti.

litter box /ˈlɪtəbɒks/ n. AE → **litter tray**.

litterbug /ˈlɪtəbʌg/ n. SPREG. = persona che getta i rifiuti per strada.

litter lout /ˈlɪtəlaʊt/ n. BE → **litterbug**.

litter tray /ˈlɪtətreɪ/ n. vaschetta f. della sabbia (per gatti ecc.).

▶ **1.little** /ˈlɪtl/ (compar. **less**; superl. **least**) When *little* is used as a quantifier (*little time, little hope, little money, little chance*), it is translated by *poco / poca / pochi / poche*: *poco tempo, poca speranza, pochi soldi, poche possibilità*. For examples and particular usages, see **I** below. - When *a little* is used as a pronoun (*give me a little*), it is translated by *un po'* or *un poco*: *dammene un po' / un poco*. - When *little* is used alone as a pronoun (*there is little I can do*), it is very often translated *non... un granché*: *non posso fare un granché*. - For examples of these and other uses of *little* as a pronoun (*to do as little as possible* etc.), see the entry below. - For uses of *little* and *a little* as adverbs, see the entry below. - Note that *less* and *least* are treated as separate entries in the dictionary. **I** quantif. ***~ hope, chance*** poca speranza, scarse *o* poche possibilità; ***there's ~ chance of winning*** ci sono poche possibilità di vittoria; ***~ damage was done*** ci sono stati pochi danni; ***we've made ~ progress*** abbiamo fatto pochi progressi; ***there's so ~ time*** c'è così poco tempo; ***too ~ money*** troppo pochi soldi; ***there's ~ sense*** o ***point*** non ha molto senso; ***he speaks ~ German*** parla poco il tedesco; ***~ or no influence, training*** pochissima influenza, pochissimo addestramento *o* praticamente nessuna influenza, nessun addestramento; ***~ or no time, money*** pochissimo tempo, denaro *o* poco o niente tempo, denaro; ***with no ~ difficulty*** non senza difficoltà; ***I have ~ time*** o ***sympathy for cheats*** gli imbroglioni mi sono poco simpatici; ***I see ~ of Paul these days*** in questi giorni vedo Paul molto di rado **II** pron. ***taste a ~*** assaggiane un po'; ***save a ~ for me*** lasciamene un po'; ***I only ate a ~*** ne ho mangiato solo un po'; ***a ~ of the money*** un po' del denaro; ***the ~ I saw wasn't very good*** quel poco che ho visto non era molto bello; ***I did what ~ I could*** ho fatto quel poco che ho potuto; ***he remembers very ~*** ricorda molto poco; ***~ of what he says is true*** poco di ciò che dice è vero; ***there's ~ I can do*** non posso fare un granché; ***she did ~ to help*** ha fatto poco per aiutare; ***I got ~ out of the lecture*** la conferenza mi è servita a poco; ***age has ~ to do with it*** l'età c'entra poco con questo; ***to do as ~ as possible*** fare il meno possibile; ***to know ~ about mechanics*** saper(ne) poco di meccanica; ***there's ~ to worry about*** non c'è molto di che preoccuparsi; ***~ of note*** poco di interessante; ***it says ~ for his honesty*** non dice molto sulla sua onestà; ***it says very ~ for her*** non depone molto a suo favore *o* non le fa molto onore; ***~ or nothing*** quasi nulla *o* praticamente niente; ***every ~ helps*** *(when donating money)* anche una piccola offerta può aiutare; *(when saving)* tutto fa (brodo) ◆ ***~ by ~*** poco a poco *o* poco per volta *o* gradualmente; ***to make ~ of*** *(disparage)* dare poca importanza a *o* non dare peso a [*achievement, victory*]; *(not understand)* non capire molto *o* capirci poco di [*speech, report*]; ***the measures were too ~ too late*** le contromisure furono insufficienti e intempestive.

▶ **2.little** /ˈlɪtl/ avv. **1** *(rarely)* [*say, speak, sleep, eat, laugh*] poco; ***I go there very ~*** ci vado molto poco; ***she visits them as ~ as possible*** li va a trovare il meno possibile; ***his books are ~ read*** i suoi libri sono poco letti **2** *(hardly, scarcely)* ***to be ~ changed*** essere poco cambiato; ***the next results were ~ better*** i risultati successivi non erano molto migliori; ***~ more than an hour ago*** poco più di un'ora fa; ***it's ~ short of madness*** rasenta la pazzia; ***a ~-known novel*** un romanzo poco conosciuto **3** *(not at all)* ***~ did she realize that the watch was stolen*** non si era per nulla accorta che l'orologio era stato rubato; ***I ~ thought*** o ***supposed that he would do it*** non avrei mai creduto che l'avrebbe fatto; ***~ did they know that*** erano ben lontani dall'immaginare che *o* non avevano la minima idea che; ***~ do you know!*** se sapessi! **4 a little (bit)** *(slightly)* un po'; ***a ~ (bit) anxious, surprised*** un po' preoccupato, sorpreso; ***a ~ less, more*** un po' meno, un po' più; ***stay a ~ longer*** rimani ancora un po' *o* un po' di più; ***I was not a ~ surprised, offended*** ero non poco sorpreso, offeso; ***"I'm a genius," he said, not a ~ proudly*** "sono un genio" disse non senza superbia **5 as little as for as ~ as 10 dollars a day** per soli dieci dollari al giorno; ***it can cost as ~ as £ 60*** costa solo 60 sterline; ***I like Mary as ~ as you do*** non mi piace Mary più di quanto piaccia a te.

▶ **3.little** /ˈlɪtl/ agg. (compar. **less**; superl. **least**) When *little* is used with nouns to express such qualities as smallness, prettiness or disparagement, Italian may convey the same meaning by means of suffixes that alter the sense of the noun: *a little house* = una casetta; *a little old man* = un vecchietto; *my little brother* = il mio fratellino; *her little sister* = la sua sorellina; *little girl* = ragazzina; *a little hat* = un cappellino; *a nasty little man* = un perfido ometto; *a silly little woman* = una stupida donnetta. - Please note that, although *smaller* and *smallest* are generally used instead of *littler* e *littlest*, the Italian translation does not change: *più piccolo, il più piccolo*. **1** *(small)* piccolo; ***a ~ house*** una piccola casa *o* una casetta; ***a ~ something*** qualcosina *o* una cosina; ***poor ~ thing*** poveretto; ***a ~ old lady*** una vecchietta deliziosa; ***he's a nice ~ thing*** è un cosino delizioso **2** *(young)* [*brother, sister, boy, girl*] piccolo; ***when I was ~*** da piccolo *o* quando ero piccolo; ***the baboon and its ~ ones*** il babbuino e i suoi piccoli; ***Mrs Carter and all the ~ Carters*** la signora Carter e tutti i suoi bambini **3** *(feeble, weak)* [*gesture, nod, smile*] piccolo; ***a ~ voice said...*** una vocina flebile disse... **4** *(lacking influence)* [*farmer, businessman*] piccolo **5** *(expressing scorn, contempt)* ***he's a ~ despot*** è un piccolo despota; ***a poky ~ flat*** un piccolo alloggio squallido *o* un tugurio; ***a nasty ~ boy*** un ragazzino tremendo **6** *(short)* [*nap, snooze*] breve; ***a ~ holiday*** una breve vacanza; ***a ~ break*** una breve pausa; ***I'll walk with you a ~ way*** farò un pezzetto di strada con te; ***stay a ~ while*** rimani un po'; ***a ~ while longer*** ancora un po'.

Little Bear /ˌlɪtlˈbeə(r)/ BE, **Little Dipper** /ˌlɪtlˈdɪpə(r)/ AE n.pr. ASTR. Orsa f. Minore, Piccolo Carro m.

Little Dog /ˌlɪtlˈdɒg, AE -ˈdɔːg/ n.pr. BE ASTR. Cane m. Minore.

little end /ˌlɪtlˈend/ n. BE AUT. piede m. di biella.

Little Englander /ˌlɪtlˈɪŋgləndə(r)/ n. = cittadino britannico contrario a ogni apertura internazionale della Gran Bretagna.

little finger /ˌlɪtlˈfɪŋgə(r)/ ♦ *2* n. (dito) mignolo m. ◆ ***to wrap*** o ***twist sb. around one's ~*** rigirarsi qcn., far fare a qcn. quello che si vuole.

littleness /ˈlɪtlnɪs/ n. **1** *(smallness) (of stature, degree, extent)* piccolezza f.; *(of quantity)* pochezza f. **2** *(meanness)* grettezza f.

little owl /ˌlɪtlˈaʊl/ n. civetta f.

little people /ˈlɪtlˌpiːpl/ n.pl. = fate, folletti, gnomi.

little woman /ˌlɪtlˈwʊmən/ n. (pl. **little women**) ANT. SPREG. ***the ~*** la mia mogliettina.

littoral /ˈlɪtərəl/ **I** n. litorale m. **II** agg. litorale.

lit up /ˌlɪtˈʌp/ agg. **1** [*Christmas tree, sky*] illuminato **2** COLLOQ. ubriaco, sbronzo, bevuto.

liturgic(al) /lɪˈtɜːdʒɪk(l)/ agg. liturgico.

liturgically /lɪˈtɜːdʒɪklɪ/ avv. liturgicamente.

liturgics /lɪˈtɜːdʒɪks/ n. + verbo sing. studio m. delle liturgie.

liturgist /ˈlɪtɜːdʒɪst/ n. liturgista m. e f.

liturgy /ˈlɪtədʒɪ/ n. liturgia f.

livability /lɪvəˈbɪlətɪ/ n. **1** *(of poultry etc.)* capacità f. di sopravvivenza **2** *(of house, flat)* l'essere abitabile, abitabilità f.

livable /ˈlɪvəbl/ agg. [*life*] vivibile; [*house, flat*] abitabile; ***he's not ~ with*** COLLOQ. è insopportabile.

▶ **1.live** /lɪv/ **I** tr. **1** *(conduct)* vivere; ***to ~ one's life*** vivere la propria vita; ***to ~ a normal, peaceful, healthier life*** vivere una vita normale, tranquilla, più sana; ***to ~ a life of luxury, crime*** vivere nel lusso, da criminale; ***to ~ the life of a recluse, a saint*** vivere come un eremita, come un santo; ***if I could ~ my life over again*** se nascessi di nuovo *o* se vivessi di nuovo; ***you can't ~ your children's lives for them*** = i figli devono vivere la propria vita; ***to ~ one's faith, one's politics*** vivere seguendo la propria fede, le proprie idee politiche **2** *(undergo)* vivere [*experience*] **II** intr. **1** *(dwell)* [*animal*] vivere; [*person*] vivere, abitare (**with** con); *(in permanent dwelling)* abitare; ***they ~ at number 7*** vivono *o* abitano al numero 7; ***three sons still living at home*** tre figli che vivono ancora in casa (dei genitori); ***animals that ~ underground*** animali che vivono sottoterra; ***to ~ together, apart, alone*** vivere *o* abitare insieme, separati, (da) solo; ***to ~ in*** vivere *o* abitare in [*house, apartment*]; ***it isn't fit to ~ in*** non è adatto per abitarci; ***he's not very easy to ~ with*** non è facile vivere con lui; ***Devon is a nice place to ~*** Devon è un bel posto in cui abitare; ***have you found anywhere to ~ yet?*** ha trovato alloggio? ***he ~s at the library, doctor's*** IRON. sta sempre in biblioteca, dal dottore; ***he ~s in his jeans*** ha sempre i jeans addosso **2** *(lead one's life)* vivere; ***to ~ happily, extravagantly*** vivere felice, in modo stravagante; ***to ~ in luxury, poverty*** vivere nel lusso, in povertà; ***we ~ in the computer age*** viviamo nell'era informatica; ***to ~ for*** vivere per [*sport, work, family*]; ***to ~ in hope, fear, etc. (of sth., of doing)*** vivere nella speranza, nella paura ecc. (di qcs., di fare); ***to ~ through sth.*** vivere, passare attraverso [*experience, period*]; ***to ~ without*** vivere senza [*person*]; (riuscire a) vivere senza [*drugs, TV, electricity*]; ***they ~d happily ever after*** *(in story)* vissero felici e contenti **3** *(remain alive)* vivere; *(survive)* sopravvivere; ***to ~ to be eighty, ninety*** vivere fino a ottant'anni, a novant'anni; ***nothing can ~ in this environment*** nulla può sopravvivere in questo ambiente; ***his grandfather is still living*** suo nonno è ancora vivo; ***as long as I ~, I'll...*** finché vivrò, io...; ***you'll regret this for as long as you ~*** te ne pentirai finché vivrai *o* per tutta la vita; ***she's only got two months to ~*** le restano solo due mesi di vita; ***I don't think he'll ~*** non credo che sopravviverà; ***the memory will ~ in my heart forever*** il ricordo vivrà per sempre nel mio cuore; ***these plants ~ through the hardest of winters*** queste piante resistono *o* sopravvivono agli inverni più rigidi; ***she'll not ~ through the night*** non supererà la notte; ***I'll ~!*** SCHERZ. sopravviverò! ***I've got nothing left to ~ for*** non mi rimane più nulla per cui vivere; ***you'll ~ to regret it*** te ne pentirai; ***long ~ democracy, the King!*** viva la democrazia, lunga vita al *o* viva il re! **4** *(subsist, maintain existence)* vivere; ***to ~ by hunting, begging*** vivere di caccia, di elemosine; ***to ~ by one's pen*** vivere di ciò che si scrive; ***to ~ by one's wits*** vivere d'espedienti; ***to ~ on*** o ***off*** nutrirsi solo di [*fruit*]; vivere di [*interest, profits, charity, promises*]; vivere di, con [*wage, capital*]; ***to ~ off sb.*** vivere a spese *o* alle spalle di qcn.; ***his wages aren't enough to ~ on*** il suo stipendio non è sufficiente per vivere; ***her children ~ on junk food*** i suoi figli mangiano solo delle schifezze; ***enough food to ~ on for a week*** cibo sufficiente per una settimana; ***to ~ out of tins, the freezer*** vivere di scatolette, di surgelati **5** *(put up with)* ***to ~ with*** convivere con *o* accettare [*illness, situation, consequences*]; convivere con *o* sopportare *o* rassegnarsi a [*noise, décor*]; ***to learn to ~ with sth.*** imparare a convivere con; ***to ~ with oneself*** vivere in pace con se stessi *o* non pensarci; ***to ~ with the fact that*** accettare il fatto che; ***"Living with Aids"*** GIORN. "convivere con l'AIDS" **6** *(experience life)* vivere; ***this is what I call living*** questo è ciò che chiamo vivere; ***come on! ~ a little!*** su, lasciati andare! ***she's really ~d*** ha vissuto veramente; ***you haven't ~d until you've been to...*** non puoi dire di aver vissuto finché non sei andato a... ◆ ***~ and let ~*** vivi e lascia vivere; ***to ~ it up*** COLLOQ. spassarsela *o* darsi alla bella vita; ***to ~ on fresh air*** vivere d'aria; ***you ~ and learn*** non si finisce mai d'imparare; ***I'll never ~ it down!*** non riuscirò mai a perdonarmelo! ***to ~ sth. down*** fare dimenticare qcs. (col tempo).

■ **live in** [*teacher, caretaker*] vivere nell'alloggio di servizio; [*pupil*] essere interno; [*care assistant*] risiedere sul posto; [*nanny, maid*] = abitare nella casa in cui si lavora.

■ **live on:** ***~ on*** [*person*] sopravvivere, continuare a vivere; [*reputation, tradition, work*] durare (ancora).

■ **live out:** ***~ out*** [*cook, nanny*] = non abitare nella casa in cui si lavora; [*care assistant, teacher*] non risiedere sul posto; [*pupil*] essere esterno; ***~ out [sth.]*** **1** *(survive)* superare, passare [*winter, day*]; ***I don't think he'll ~ out the week*** non credo che supererà la settimana **2** *(spend)* ***to ~ out the rest of one's days somewhere*** trascorrere, passare il resto della propria vita da qualche parte **3** *(enact)* vivere, rendere reale [*fantasies*].

■ **live up to** [*person*] essere fedele a [*principles, standards*]; [*person*] rispondere a [*expectations*]; [*person*] essere degno, essere all'altezza di [*name, social position*]; [*person*] essere all'altezza di [*reputation*]; [*product*] essere all'altezza di [*advertising*].

▶ **2.live** /laɪv/ **I** agg. **1** *(not dead)* [*person, animal, bait*] vivo; ***~ birth*** bambino nato vivo; ***real ~*** in carne e ossa *o* vivo e parlante **2** RAD. TELEV. *(not recorded)* [*band, broadcast, orchestra*] in diretta, dal vivo; [*concert, performance, show, recording, album*] dal vivo, live; [*communications*] in diretta; ***before a ~ audience*** davanti a un pubblico in diretta **3** EL. sotto tensione **4** *(burning)* [*coal*] ardente; [*match, cigarette end*] acceso **5** *(capable of exploding)* [*gun, ammunition, bullet*] carico; *(unexploded)* [*bomb*] ine-sploso **6** *(topical)* [*issue*] di attualità **II** avv. RAD. TELEV. [*appear, bring, broadcast, transmit*] in diretta; [*play, perform*] dal vivo.

liveable → **livable.**

lived /lɪvd/ **I** p.pass. → **1.live II -lived** agg. in composti ***short-, long-~*** che ha breve, lunga vita *o* di breve, lunga durata.

lived-in /ˈlɪvdɪn/ agg. COLLOQ. ***to look ~*** sembrare abitato; ***to have that ~ look*** dare l'impressione di essere comodo.

live-in /ˈlɪvɪn/ **I** agg. [*cook, nanny*] = che abita nella casa in cui lavora; ***on a ~ basis*** con vitto e alloggio; ***to have a ~ lover*** convivere con qcn. **II** n. convivente m. e f.

livelihood /ˈlaɪvlɪhʊd/ n. sostentamento m., mezzi m.pl. di sussistenza; ***to lose, jeopardize one's ~*** perdere, mettere in pericolo il proprio sostentamento; ***my ~ depends on it*** i miei mezzi di sostentamento dipendono da questo.

liveliness /ˈlaɪvlɪnɪs/ n. *(of place)* animazione f.; *(of person, style)* vivacità f., brio m.

livelong /ˈlɪvlɒŋ, AE ˈlaɪvlɔːŋ/ agg. LETT. ***all the ~ day*** tutto il santo giorno.

▷ **lively** /ˈlaɪvlɪ/ agg. **1** *(vivacious)* [*person, community, group*] vivace, attivo; [*place, scene, atmosphere, conversation, evening, campaign*] vivace, animato; [*music*] vivace; [*account, style*] vivace, vivido; [*intelligence, imagination, mind*] vivace, fervido; [*interest*] vivo **2** *(fast)* [*pace*] incalzante; [*breeze*] forte; [*music, dance*] travolgente ◆ ***look ~!*** COLLOQ. svegliati! muoviti!

liven /ˈlaɪvn/ → **liven up.**

■ **liven up:** ***~ up*** animarsi, ravvivarsi; ***~ up [sth.], ~ [sth.] up*** rallegrare [*person, décor*]; ravvivare, animare [*event, evening*]; ***he started singing to ~ things up (a bit)*** ha cominciato a cantare per ravvivare un po' la situazione.

1.liver /ˈlɪvə(r)/ ➧ *2* n. GASTR. ANAT. fegato m.; ***grilled, lamb's ~*** fegato alla griglia, d'agnello.

2.liver /ˈlɪvə(r)/ n. ***a clean ~*** un virtuoso *o* un onesto; ***a fast ~*** un gaudente *o* un dissoluto.

live rail /ˌlaɪvˈreɪl/ n. rotaia f. sotto tensione.

liver complaint /ˌlɪvəkəmˈpleɪnt/ n. disturbo m. al fegato.

liver disease /ˌlɪvədɪˈziːz/ n. malattia f. del fegato.

liver fluke /ˈlɪvəˌfluːk/ n. fasciola f. epatica.

liveried /ˈlɪvərɪd/ agg. in livrea.

liverish /ˈlɪvərɪʃ/ agg. **1** ***to feel ~*** avere dolori al fegato **2** [*person*] astioso, bilioso, fegatoso.

liverishness /ˈlɪvərɪʃnɪs/ n. sofferenza f. epatica.

liver paste /ˈlɪvəˌpeɪst/, **liver pâté** /ˈlɪvəˌpæteɪ, AE -pɑːˌteɪ/ n. pâté m. di fegato.

Liverpool /ˈlɪvəpuːl/ ➧ *34* n.pr. Liverpool f.

Liverpudlian /ˌlɪvəˈpʌdlɪən/ **I** agg. di Liverpool **II** n. nativo m. (-a), abitante m. e f. di Liverpool.

liver salts /ˈlɪvəˌsɔːlts/ n.pl. = sali minerali per aiutare la digestione.

liver sausage /ˈlɪvəˌsɒsɪdʒ, AE -ˌsɔːs-/ n. salsiccia f. di fegato.

liver spot /ˈlɪvəspɒt/ n. chiazza f. brunastra (del viso).

liver trouble /ˈlɪvəˌtrʌbl/ n. → **liver complaint.**

liverwort /ˈlɪvəwɜːt/ n. BOT. (erba) epatica f.

liverwurst /ˈlɪvəwɜːst/ n. AE = salsiccia di fegato.

1.livery /ˈlɪvərɪ/ agg. **1** *(consistency)* che ha la consistenza del fegato; *(colour)* che ha il colore del fegato **2** *(bad-tempered)* bilioso.

2.livery /ˈlɪvərɪ/ n. **1** *(uniform)* livrea f. **2** EQUIT. *(care of horse)* stallaggio m.; ***at ~*** tenuto nello stallaggio.

livery company /ˈlɪvərɪˌkʌmpənɪ/ n. = corporazione di artigiani o mercanti di Londra.

liveryman /ˈlɪvərɪmən/ n. (pl. **-men**) = membro di una corporazione di artigiani o mercanti di Londra.

livery servant /ˈlɪvərɪˌsɜːvənt/ n. domestico m. in livrea.

livery stable /ˈlɪvərɪˌsteɪbl/ n. *(for care)* scuderia f.; *(for hire)* scuderia f. di cavalli da nolo.

lives /laɪvz/ → **life.**

▷ **livestock** /ˈlaɪvstɒk/ n. bestiame m., scorte f.pl. vive.

live wire /ˈlaɪvwaɪə(r)/ n. **1** EL. filo m. sotto tensione **2** FIG. ***to be a ~*** essere molto dinamico, attivo.

livid /ˈlɪvɪd/ agg. **1** COLLOQ. *(furious)* furioso, furibondo (**with** con) **2** [*face, scar*] livido; [*sky*] livido, plumbeo; ***~ with rage*** livido di rabbia.

lividity /lɪˈvɪdətɪ/ n. lividezza f.

1.living /ˈlɪvɪŋ/ n. **1** *(livelihood)* mezzi m.pl. di sostentamento; ***to earn*** o ***make a ~*** guadagnarsi da vivere; ***to earn*** o ***make an honest, a meagre ~*** guadagnarsi da vivere onestamente, con difficoltà; ***to***

work for a ~ lavorare per vivere; ***what do you do for a ~?*** cosa fai di mestiere? che lavoro fai? ***it's not much of a*** ~ non è granché come stipendio, c'è poco da scialare **2** *(lifestyle)* vita f., modo m. di vivere; ***easy, loose*** ~ vita facile, dissoluta; ***high*** ~ tenore di vita elevato; ***fast*** ~ vita spericolata **3** *(incumbency)* beneficio m., prebenda f. **4** ***the*** ~ + verbo pl. i vivi ◆ ***you're still in the land of the ~!*** chi non muore si rivede!

▷ **2.living** /'lɪvɪŋ/ agg. [*person, language*] vivo; [*organism, legend, symbol*] vivente; ***to be ~ proof of*** essere la prova vivente di; ***the ~ word*** RELIG. la parola di vita; ***a ~ hell*** un vero inferno; ***within ~ memory*** a memoria d'uomo; ***there wasn't a ~ soul*** non c'era anima viva.

living conditions /'lɪvɪŋkən,dɪʃnz/ n.pl. condizioni f. di vita.

living dead /'lɪvɪŋ,ded/ n.pl. morti m. viventi; FIG. miserabili m.

living death /,lɪvɪŋ'deθ/ n. vita f. miserrima, calvario m.

living expenses /'lɪvɪŋɪk,spensɪz/ n.pl. spese f. di sostentamento.

living fossil /,lɪvɪŋ'fɒsl/ n. fossile m. vivente.

living-out allowance /'lɪvɪŋaʊtə,laʊəns/ n. indennità f. di alloggio.

living quarters /'lɪvɪŋ,kwɔːtəz/ n.pl. alloggi m.

▷ **living room** /'lɪvɪŋruːm, -rʊm/ n. soggiorno m.

living space /'lɪvɪŋspeɪs/ n. **1** *(of nation)* spazio m. vitale **2** *(in house)* spazio m. abitabile.

living standards /'lɪvɪŋ,stændədz/ n.pl. tenore m.sing., livello m.sing. di vita.

living wage /,lɪvɪŋ'weɪdʒ/ n. salario m. sufficiente per vivere.

living will /,lɪvɪŋ'wɪl/ n. testamento m. biologico.

Livy /'lɪvɪ/ n.pr. (Tito) Livio.

lixiviate /lɪk'sɪvɪeɪt/ tr. ANT. lisciviare.

lixiviation /lɪk,sɪvɪ'eɪʃn/ n. lisciviazione f.

Liz /lɪz/ n.pr. diminutivo di **Elizabeth**.

Liza /'laɪzə/ n.pr. diminutivo di **Elizabeth**.

lizard /'lɪzəd/ n. lucertola f.

lizardskin /'lɪzədskɪn/ n. (pelle di) lucertola f.; ***a ~ bag*** una borsa di pelle lucertola.

Lizzie /'lɪzɪ/ n.pr. diminutivo di **Elizabeth**.

llama /'lɑːmə/ n. ZOOL. lama m.

LLB n. (⇒ legum baccalaureus, Bachelor of Laws) = (diploma di) dottore in giurisprudenza (conseguito con un corso di studi di 3 o 4 anni).

LLD n. (⇒ legum doctor, Doctor of Laws) = (diploma di) dottore in giurisprudenza (con specializzazione post-laurea).

Llewellyn /luː'elɪn/ n.pr. Llewellyn (nome di uomo).

LLM n. (⇒ legum magister, Master of Laws) = (diploma di) dottore in giurisprudenza (conseguito con corso di studi di cinque o sei anni).

Lloyd /lɔɪd/ n.pr. Lloyd (nome di uomo).

Lloyd's /lɔɪdz/ n.pr. = associazione di assicuratori di Londra.

LMBO n. (⇒ leveraged management buyout) = leveraged management buy-out.

LMS n. GB (⇒ local management of schools) = autonomia amministrativa scolastica.

lo /ləʊ/ inter. LETT. (anche **lo and behold**) ecco, guarda.

loach /ləʊtʃ/ n. pesce m. barometro.

▶ **1.load** /ləʊd/ **I** n. **1** *(sth. carried on vehicle, animal, ship, plane)* carico m.; FIG. peso m., carico m., fardello m.; ***a lorry shed its ~ on the motorway today*** un camion ha rovesciato il suo carico sull'autostrada oggi; ***to have a heavy ~ to bear*** FIG. dover portare un pesante fardello; ***to take a ~ off one's mind*** liberarsi da un peso *o* togliersi un peso dal cuore; ***it's a ~ off my mind*** mi sono liberato di un peso; ***a bus~ of children was crossing the road*** i bambini scesi dall'autobus stavano attraversando la strada; ***a whole plane~ of passengers filled the departure lounge*** la sala partenze era occupata dai passeggeri dell'aereo **2** TECN. MECC. *(weight)* carico m., pressione f., spinta f. (**on** su); ***this beam has a ~ of 10 tons*** questa trave ha un carico di 10 tonnellate; ***do not exceed maximum ~*** non superare il carico massimo **3** *(shipment, batch) (of sand, gravel, cement etc.)* carico m.; ***I've done four ~s of washing this morning*** ho fatto quattro macchinate (di biancheria) oggi **4** EL. carico m. **5** FIG. *(amount of work)* (carico di) lavoro m.; ***we must lighten the ~ of young doctors*** dobbiamo alleggerire il carico di lavoro dei giovani dottori; ***let's try and spread the ~*** cerchiamo di ripartire il lavoro da fare **6** COLLOQ. *(a lot)* ***a ~*** o ***a whole ~ of people, books*** un mucchio *o* un sacco di gente, di libri **II loads** n.pl. COLLOQ. ***~s of people, photos, flowers*** un mucchio di gente, di foto, di fiori; ***we've got ~s of time*** abbiamo un mucchio di tempo; ***there was ~s of champagne*** c'era champagne a fiumi; ***we had ~s to drink*** avevamo un mucchio di roba da bere; ***I've seen, done it ~s of times before*** l'ho già visto, fatto un sacco di volte; ***to have ~s of energy*** avere tantissima energia; ***to have ~s of work*** avere un mucchio di lavoro; ***to have ~s of money*** avere un sacco di soldi ◆ ***get a ~ of this!*** *(listen)* ascolta un po'! ***get a ~ of that!*** *(look)* guarda un po' quello! ***that's a ~ of old rubbish*** COLLOQ. o ***nonsense*** o ***cobblers*** POP. è un mucchio *o* un sacco di sciocchezze *o* di idiozie; ***a ~ of crap*** un sacco di stronzate.

▶ **2.load** /ləʊd/ **I** tr. **1** caricare [*vehicle, ship, donkey, gun, washing machine*] (**with** con); ***to ~ a camera*** caricare una macchina fotografica; ***to ~ the luggage into the car*** caricare i bagagli in macchina **2** INFORM. caricare [*program*] **3** EL. aumentare il carico di [*system*] **4** *(in insurance)* maggiorare [*premium*] **5** FIG. *(inundate, give generously)* ***to ~ sb. with*** colmare qcn. di [*presents, honours*] **6** *(tamper with)* truccare [*dice*]; ***to ~ the dice against sb.*** FIG. svantaggiare in modo disonesto qcn. **II** intr. fare un carico.

■ **load down:** ~ ***[sb.] down*** appesantire, sovraccaricare (**with** con); ***to be ~ed down with sth.*** essere sovraccarico di qcs.; ***to ~ sb. down with work*** sovraccaricare *o* oberare qcn. di lavoro.

■ **load up:** ~ ***up*** [*lorry*] fare un carico, caricare; ~ ***[sth.] up*** [*person*] caricare [*van, ship*] (**with** di).

load-bearing /'ləʊd,beərɪŋ/ agg. [*wall*] portante.

loaded /'ləʊdɪd/ **I** p.pass. → **2.load II** agg. **1** *(full, laden)* [*tray, dress rail, plane, lorry*] carico, caricato (**with** di); [*gun*] carico; FIG. ~ ***with meaning*** o ***significance*** carico *o* pieno di significato **2** *(weighed down)* [*person*] carico (**with** di); FIG. ***to be ~ with honours, medals*** essere carico *o* coperto di onori, di medaglie **3** FIG. COLLOQ. *(rich)* ricco sfondato **4** *(leading)* [*question*] tendenzioso, insidioso **5** IND. [*substance*] adulterato (**with** con) **6** AE COLLOQ. *(drunk)* sbronzo.

loader /'ləʊdə(r)/ n. *(person)* caricatore m. (-trice); *(machine)* caricatore m., caricatrice f.

load factor /'ləʊd,fæktə(r)/ n. **1** EL. fattore m. di carico **2** AER. coefficiente m. di carico.

▷ **loading** /'ləʊdɪŋ/ n. **1** *(in trasports)* carico m. **2** *(in insurance)* maggiorazione f.

loading bay /'ləʊdɪŋ,beɪ/ n. piattaforma f. di carico.

load line /'ləʊdlaɪn/ n. linea f. di galleggiamento massimo.

load shedding /'ləʊdʃedɪŋ/ n. perdita f. di carico.

loadstar → **lodestar**.

load stone /'ləʊd,stəʊn/ n. magnetite f.

1.loaf /ləʊf/ n. (pl. **loaves**) pagnotta f.; pane m.; ***a ~ of bread*** una pagnotta; ***a brown, white ~*** una pagnotta di pane nero, bianco ◆ ***half a ~ is better than no bread*** PROV. meglio un uovo oggi che una gallina domani; ***use your ~!*** COLLOQ. usa la zucca *o* la testa!

2.loaf /ləʊf/ n. (l')oziare, (lo) stare in ozio.

3.loaf /ləʊf/ intr. AE → **loaf about**.

■ **loaf about, loaf around** oziare, bighellonare.

loafer /'ləʊfə(r)/ n. **1** *(shoe)* = tipo di mocassino **2** *(idler)* fannullone m. (-a), perdigiorno m. e f.

loaf pan /'ləʊfpæn/ n. AE → **loaf tin**.

loaf sugar /'ləʊf,ʃʊgə(r)/ n. zucchero m. in pani.

loaf tin /'ləʊftɪn/ n. BE stampo m. per pane (a cassetta).

1.loam /ləʊm/ n. terra f. grassa.

2.loam /ləʊm/ tr. coprire con terra grassa.

loamy /'ləʊmɪ/ agg. ricco di terreno, fertile.

▶ **1.loan** /ləʊn/ n. **1** ECON. *(money or property)* prestito m.; mutuo m.; ***a £ 20,000*** ~ o ***a ~ of £ 20,000*** un prestito di 20.000 sterline; ***to take out a ~*** sottoscrivere un prestito *o* un mutuo; ***to ask for, give a ~*** chiedere, concedere un prestito **2** *(act) (of lending)* prestito m.; ***to have the ~ of sth.*** prendere in prestito qcs.; ***to give sb. the ~ of sth.*** prestare qcs. a qcn.; ***to be on ~*** [*museum object*] essere in prestito (**to** a); [*person*] essere assegnato (temporaneamente) (**to** a); ***this book is not for ~*** questo libro è escluso dal prestito; ***the book is already on ~*** il libro è già in prestito.

2.loan /ləʊn/ tr. (anche ~ **out**) prestare, dare in prestito [*object*]; prestare [*money*] (**to** a).

loanable /'ləʊnəbl/ agg. che può essere prestato.

loan account /'ləʊnə,kaʊnt/ n. ECON. apertura f. di credito in conto corrente.

loan agreement /'ləʊnə,griːmənt/ n. ECON. contratto m. di prestito.

loan bank /'ləʊn,bæŋk/ n. istituto m. di credito.

loan capital /'ləʊn,kæpɪtl/ n. capitale m. di prestito, capitale m. obbligazionario.

loan certificate /,ləʊnsə'tɪfɪkət/ n. certificato m. di prestito.

loan facility /,ləʊnfə'sɪlətɪ/ n. agevolazione f. di credito.

loan holder /'ləʊn,həʊldə(r)/ n. detentore m. di obbligazioni.

loan portfolio /,ləʊnpɔːt'fəʊlɪəʊ/ n. portafoglio m. obbligazionario.

loan shark /ˈləʊnʃɑːk/ n. COLLOQ. SPREG. usuraio m. (-a), strozzino m. (-a).
loan stock /ˈləʊnstɒk/ n. capitale m. di prestito, capitale m. obbligazionario.
loan translation /ˌləʊntrænzˈleɪʃn/ n. LING. calco m.
loan word /ˈləʊnwɜːd/ n. LING. prestito m.
loath /ləʊθ/ agg. ***I am ~ to do*** sono riluttante *o* poco incline a fare; ***he was ~ to do*** era riluttante *o* ritroso *o* poco incline a fare; ***Joseph, never ~ to do*** Joseph, che non esita mai a fare; ***nothing ~*** volentieri.
loathe /ləʊð/ tr. detestare, odiare, aborrire (**doing** fare).
loathing /ˈləʊðɪŋ/ n. disgusto m., ripugnanza f.; *(hate)* odio m. (**for** per).
loathly /ˈləʊθlɪ/ avv. in modo riluttante, maldisposto.
loathsome /ˈləʊðsəm/ agg. ripugnante, disgustoso; *(hateful)* odioso.
loathsomely /ˈləʊðsəmlɪ/ avv. in modo ripugnante, disgustoso.
loathsomeness /ˈləʊðsəmnɪs/ n. (l')essere ripugnante, disgustoso; *(hatefulness)* odiosità f.
loaves /ləʊvz/ → **1.loaf**.
1.lob /lɒb/ n. SPORT lob m., pallonetto m.; *(in cricket)* colpo m. ad arco, palla f. lanciata ad arco.
2.lob /lɒb/ **I** tr. (forma in -ing ecc. **-bb-**) **1** lanciare **2** SPORT lanciare (ad arco); rinviare con un pallonetto [*ball*] **II** intr. (forma in -ing ecc. **-bb-**) fare un lob, un pallonetto.
lobar /ˈləʊbə(r)/ agg. lobare.
lobate /ˈləʊbeɪt/ agg. BOT. ZOOL. lobato.
lobation /ləʊˈbeɪʃn/ n. **1** *(condition)* (l')essere lobato **2** *(formation of lobes)* formazione f. di lobi **3** *(lobe)* lobo m.
▷ **1.lobby** /ˈlɒbɪ/ n. **1** *(hall) (of house)* ingresso m., atrio m., vestibolo m.; *(of hotel)* hall f.; *(of theatre)* foyer m., ridotto m. **2** POL. *(to meet public)* = sala in cui i membri del parlamento incontrano il pubblico **3** GB POL. (anche **division ~**) *(where MPs vote)* = ciascuno dei due corridoi dove i deputati vanno per esprimere il voto a favore o contrario **4** (anche **~ group**) lobby f., gruppo m. di pressione; ***the environmental, farming, pro-European ~*** la lobby ecologista, degli agricoltori, degli europeisti **5** *(campaign)* campagna f. (politica); ***to stage a mass ~ of parliament*** organizzare una manifestazione di massa per influenzare il parlamento.
▷ **2.lobby** /ˈlɒbɪ/ **I** tr. [*person, group*] fare, esercitare pressione su [*person, group*] (**about** riguardo a); POL. fare approvare facendo pressioni [*bill*]; ***to ~ a bill through parliament*** GB, ***Congress*** US fare passare un progetto di legge in parlamento, al Congresso esercitando pressioni **II** intr. esercitare pressioni politiche; sollecitare voti (in favore di una legge); ***to ~ for sth., to do*** esercitare pressioni per ottenere qcs., per fare.
lobby correspondent /ˈlɒbɪˌkɒrɪˌspɒndənt/ n. giornalista m. e f. parlamentare.
lobbyer /ˈlɒbɪə(r)/ n. → **lobbyist**.
lobby group /ˈlɒbɪgruːp/ n. lobby f., gruppo m. di pressione.
lobbying /ˈlɒbɪɪŋ/ n. lobbying m., lobbismo m.; ***~ of ministers*** pressione politica esercitata sui ministri.
lobbyist /ˈlɒbɪɪst/ n. lobbista m. e f.; ***a ~ for pensioners' rights*** un lobbista per i diritti dei pensionati.
lobe /ləʊb/ n. ANAT. BOT. lobo m.; ***ear ~*** lobo dell'orecchio.
lobectomy /ləʊˈbektəmɪ/ n. lobectomia f.
lobed /ləʊbd/ agg. lobato.
lobelia /ləˈbiːljə/ n. lobelia f.
lobotomize /ləʊˈbɒtəmaɪz/ tr. lobotomizzare.
lobotomy /ləʊˈbɒtəmɪ/ n. lobotomia f.
lobster /ˈlɒbstə(r)/ **I** n. GASTR. ZOOL. aragosta f.; astice m.; omaro m.; gambero m. marino; ***dressed ~*** aragosta in salsa **II** modif. [*salad, soup*] di aragosta.
lobster Newburg /ˌlɒbstəˈnjuːbɜːg/ n. aragosta f. Newburg (aragosta cucinata con una salsa di brandy o sherry).
lobster pot /ˈlɒbstəpɒt/ n. nassa f. per aragoste.
lobster shift /ˈlɒbstəʃɪft/ n. AE COLLOQ. turno m. di notte.
lobster Thermidor /ˌlɒbstəθɜːmɪˈdɔː/ n. = aragosta cucinata e rimessa nel suo guscio con una crema di formaggio.
lobular /ˈlɒbjʊə(r)/ agg. lobulare.
lobule /ˈlɒbjʊl/ n. lobulo m.
lobworm /ˈlɒbwɜːm/ n. arenicola f.
1.local /ˈləʊkl/ n. COLLOQ. **1** *(resident)* locale m., abitante m. e f. del luogo; ***the ~s*** i locali *o* la gente del luogo; ***is he a ~?*** è uno del luogo? **2** *(pub)* pub m., locale m. della zona **3** *(cinema)* cinema m. della zona **4** MED. anestesia f. locale **5** *(newspaper)* giornale m. locale; ***the ~s*** i giornali locali **6** *(train)* (treno) locale m.
▶ **2.local** /ˈləʊkl/ agg. **1** *(neighbourhood)* [*church, doctor, library, shop*] del luogo, della zona **2** *(of the town)* [*newspaper, office, hospital, transport*] locale **3** *(regional)* [*newspaper, television, radio, news*] (d'interesse) locale, regionale; [*speciality*] della zona, regionale; [*tradition*] locale; [*business*] regionale; ***to show ~ variations*** variare da un luogo all'altro **4** *(of a country)* [*currency, language*] locale, nazionale; ***~ time*** ora locale **5** MED. [*pain, swelling*] localizzato.
local anaesthetic /ˌləʊklˌænɪsˈθetɪk/ n. anestesia f. locale.
local area network /ˌləʊklˌeərɪəˈnetwɜːk/ n. INFORM. rete f. in area locale.
local authority /ˌləʊklɔːˈθɒrətɪ/ n. BE + verbo sing. o pl. ente m. locale.
local (area) call /ˈləʊkl(eərɪə)ˌkɔːl/ n. TEL. telefonata f. urbana.
local colour BE, **local color** AE /ˌləʊklˈkʌlə(r)/ n. colore m. locale.
local council /ˌləʊklˈkaʊnsl/ n. BE → **local authority**.
locale /ləʊˈkɑːl, AE -ˈkæl/ n. **1** *(setting)* scenario m., ambientazione f.; ***the ~ is a small village*** l'ambientazione è un piccolo paese **2** *(place)* luogo m., località f., posto m.
local education authority /ˌləʊkledʒʊˈkeɪʃnɔːˌtɒrətɪ/ n. BE + verbo sing. o pl. = ente amministrativo locale che si occupa dell'istruzione pubblica, equivalente al provveditorato agli studi.
local election /ˌləʊklɪˈlekʃn/ n. elezioni f.pl. amministrative.
local government /ˌləʊklˈgʌvənmənt/ n. amministrazione f. locale.
local government minister /ˌləʊklˌgʌvənməntˈmɪnɪstə(r)/ n. BE = ministro per i rapporti con gli enti locali.
▷ **locality** /ləʊˈkælətɪ/ n. **1** *(local area)* luogo m., posto m.; ***shops in the ~*** i negozi del luogo **2** *(place)* località f., luogo m.; ***different localities*** località diverse.
localization /ˌləʊkəlaɪˈzeɪʃn, AE -lɪˈz-/ n. localizzazione f.
localize /ˈləʊkəlaɪz/ tr. **1** *(pinpoint)* localizzare, individuare [*origin, problem*] **2** *(restrict to one area)* circoscrivere, limitare [*damage, effect*] **3** AMM. POL. decentrare [*control, education*].
▷ **localized** /ˈləʊkəlaɪzd/ **I** p.pass. → **localize** **II** agg. [*damage, pain, problem*] circoscritto; [*control, administration*] decentrato.
▷ **locally** /ˈləʊklɪ/ avv. **1** localmente **2** *(within a given area)* in zona, nelle vicinanze.
local management of schools /ˌləʊklˌmænɪdʒməntəvˈskuːlz/ n. GB = autonomia amministrativa scolastica.
▷ **locate** /ləʊˈkeɪt, AE ˈləʊkeɪt/ **I** tr. **1** *(find)* trovare, localizzare, individuare [*person, object*]; individuare [*fault, problem*]; localizzare [*sound*]; reperire [*information*] **2** *(position)* stabilire [*business*]; ubicare, situare [*building*]; stabilire, collocare [*site*]; TECN. posizionare [*fitment, part*]; ***to be ~d somewhere*** essere situato da qualche parte **II** intr. TECN. [*fitment, part*] posizionarsi.
▶ **location** /ləʊˈkeɪʃn/ n. **1** *(place)* luogo m., posto m., sito m.; *(exact site)* ubicazione f. (**for** per); ***a central, convenient, ideal ~*** una posizione centrale, conveniente, ideale; ***to know the ~ of sth.*** conoscere l'ubicazione di qcs. **2** CINEM. esterni m.pl.; ***on ~*** in esterni; ***to go on ~*** girare in esterni.
locative /ˈlɒkətɪv/ **I** n. LING. (anche **~ case**) locativo m.; ***in the ~*** al locativo **II** agg. LING. locativo.
loch /lɒk, lɒx/ n. SCOZZ. **1** lago m., loch m. **2** → **sea loch**.
loci /ˈlɒkiː/ → **locus**.
1.lock /lɒk/ n. *(of hair)* ricciolo m., ciocca f.; ***long, curly ~s*** capelli lunghi, riccioluti.
▶ **2.lock** /lɒk/ n. **1** *(with key)* serratura f.; *(with bolt)* chiavistello m., catenaccio m.; ***there's no ~ on the bathroom door*** la porta del bagno non ha la serratura; ***under ~ and key*** sotto chiave **2** MAR. chiusa f., conca f. **3** *(in wrestling)* chiave f.; ***arm, leg ~*** chiave di braccio, di gamba **4** *(in rugby)* mediano m. di seconda linea **5** AUT. raggio m. di sterzata; ***to have a good ~*** [*car*] avere un buon raggio di sterzata; ***full ~*** sterzata a 180°; ***half ~*** sterzata a 90° **6** INFORM. protezione f. (con password) **7** *(on firearm)* percussore m.
▶ **3.lock** /lɒk/ **I** tr. **1** *(close securely) (with key)* chiudere (a chiave); *(with bolt)* chiudere con chiavistello, con catenaccio; ***to ~ sth. into a drawer*** chiudere qcs. a chiave in un cassetto **2** INFORM. proteggere (con password) [*file*] **3** FIG. ***to be ~ed in combat*** [*armies*] essere in un combattimento serrato; ***two lovers ~ed in an embrace*** due amanti avvinghiati in un abbraccio; ***to ~ horns*** [*animals*] fare a cornate; FIG. [*people*] scontrarsi violentemente **II** intr. **1** *(close securely)* [*door, drawer*] chiudersi con la chiave **2** *(seize up)* [*wheel, steering wheel*] bloccarsi, incepparsi.
▪ **lock away: ~ *[sth.]* away, ~ away *[sth.]*** chiudere [qcs.] sotto chiave, in cassaforte; **~ *[sb.]* away** rinchiudere.

▪ **lock in:** *~ [sb.] in* rinchiudere [*person*]; ***to ~ oneself in*** chiudersi dentro.
▪ **lock on** 1 [*capitals key, shift key*] bloccarsi 2 [*radar*] localizzare; ***to ~ onto a target*** localizzare un bersaglio.
▪ **lock onto** [*missile*] localizzare e inseguire [*target*].
▪ **lock out:** *~ [sb.] out* chiudere fuori; ***to ~ oneself out*** chiudersi fuori; ***to be ~ed out*** essere chiuso fuori; ***I've ~ed myself out of my car*** ho chiuso la macchina lasciando le chiavi dentro; ***I've ~ed myself out of my room*** mi sono chiuso fuori (dalla stanza).
▪ **lock together** [*components, pieces*] incastrarsi.
▪ **lock up:** *~ up* chiudere; ***it's time to ~ up*** è ora di chiudere; *~ [sth.] up, ~ up [sth.]* mettere [qcs.] sotto chiave, chiudere [qcs.] in cassaforte [*documents, jewellery*]; chiudere a chiave [*house, room*]; immobilizzare, impegnare [*capital*]; *~ [sb.] up, ~ up [sb.]* rinchiudere [*captive, hostage*]; mettere in prigione [*killer, prisoner*]; ***he should be ~ed up!*** COLLOQ. lo si dovrebbe rinchiudere!

lockage /ˈlɒkɪdʒ/ n. MAR. 1 *(series of locks)* sistema m. di chiuse 2 *(payment)* diritti m.pl. di passaggio di una chiusa.
▷ **locker** /ˈlɒkə(r)/ n. armadietto m. (di metallo).
locker room /ˈlɒkəruːm, -rʊm/ I n. spogliatoio m. II modif. [*joke, humour*] da spogliatoio, volgare.
locket /ˈlɒkɪt/ n. medaglione m. (da portare al collo).
lock gate /ˈlɒkgeɪt/ n. porta f. di chiusa, paratoia f. della conca.
lock-in /ˈlɒkɪn/ n. 1 COMM. accordo m. esclusivo 2 *(in a pub)* = permanenza dei clienti di un pub oltre l'orario di chiusura.
locking /ˈlɒkɪŋ/ I n. 1 INFORM. protezione f. (con password) 2 ***central ~*** AUT. chiusura centralizzata II agg. [*drawer, door*] che si chiude a chiave; [*petrol cap*] che si chiude con la chiave.
locking up /ˌlɒkɪŋˈʌp/ n. ECON. immobilizzazione f. (di capitali).
lockjaw /ˈlɒkdʒɔː/ ♦ *11* n. tetano m.
lock keeper /ˈlɒkˌkiːpə(r)/ ♦ *27* n. guardiano m. (-a) di chiusa.
locknut /ˈlɒknʌt/ n. *(special screw)* dado m. autobloccante; *(additional screw)* controdado m.
lock-out /ˈlɒkaʊt/ n. serrata f.
locksman /ˈlɒksmən/ ♦ *27* n. (pl. **-men**) → **lock keeper**.
locksmith /ˈlɒksmɪθ/ ♦ *27* n. fabbro m. (per serrature).
lock-up /ˈlɒkʌp/ n. 1 BE *(garage)* garage m., box m.; *(shop)* = piccolo negozio con un'unica entrata ed eventuale vetrina chiusa da una serranda 2 *(cell)* guardina f.
1.loco /ˈləʊkəʊ/ n. BE FERR. COLLOQ. (accorc. locomotive) locomotiva f.
2.loco /ˈləʊkəʊ/ agg. COLLOQ. *(mad)* pazzo, matto.
3.loco /ˈləʊkəʊ/ n. (pl. **~s, ~es**) BOT. astragalo m.
locomotion /ˌləʊkəˈməʊʃn/ n. locomozione f.
locomotive /ˌləʊkəˈməʊtɪv/ I n. locomotiva f.; ***electric, diesel, steam ~*** locomotiva elettrica, diesel, a vapore II agg. 1 [*muscle*] locomotore 2 ***~ power*** forza locomotiva.
locomotive shed /ˌləʊkəˌməʊtɪvˈʃed/ n. deposito m., rimessa f. per le locomotive.
locomotor /ˈləʊkəˌməʊtə(r)/ agg. locomotorio.
locular /ˈlɒkjʊlə(r)/ agg. BOT. ZOOL. alveolare.
loculus /ˈlɒkjʊləs/ n. (pl. **-i**) 1 *(in ancient tomb)* loculo m. 2 BOT. ZOOL. loculo m., alveolo m.
locum /ˈləʊkəm/ n. BE (anche **~ tenens**) supplente m., vicario m.
locus /ˈləʊkəs/ n. (pl. **-i**) MAT. luogo m. (geometrico).
locus classicus /ˌləʊkəsˈklæsɪkəs/ n. (pl. **loci classici**) citazione f. classica; brano m. celebre.
locust /ˈləʊkəst/ n. locusta f., cavalletta f.; ***a swarm of ~s*** un nugolo di cavallette.
locust bean /ˈləʊkəstˌbiːn/ n. carruba f.
locust tree /ˈləʊkəstˌtriː/ n. carrubo m.
locution /ləˈkjuːʃn/ n. locuzione f.
lode /ləʊd/ n. GEOL. giacitura f. filoniana.
loden /ˈləʊdn/ n. *(coat, fabric)* loden m.
lodestar /ˈləʊdstɑː(r)/ n. 1 ASTR. stella f. polare 2 FIG. guida f.
lodestone /ˈləʊdstəʊn/ n. magnetite f.
▷ **1.lodge** /lɒdʒ/ n. 1 *(small house)* casetta f.; *(for gatekeeper)* portineria f.; *(in castle)* casetta f. del custode; ***hunting ~*** padiglione di caccia; ***porter's ~*** UNIV. portineria 2 AE *(hotel)* hotel m. 3 *(Masonic)* loggia f. 4 *(of beaver)* tana f.
▷ **2.lodge** /lɒdʒ/ I tr. 1 *(accommodate)* alloggiare, ospitare [*person*] 2 depositare, presentare [*appeal, complaint, protest*] (**with** presso) 3 *(store)* depositare, mettere al sicuro [*valuables*] II intr. 1 *(reside)* alloggiare, stare (**with** da, presso) 2 *(stick)* [*bullet*] conficcarsi, piantarsi; [*small object*] *(in throat, tube)* bloccarsi, incastrarsi; *(on surface)* depositarsi; ***it ~d in her memory*** le si è fissato nella memoria.

lodgement /ˈlɒdʒmənt/ n. 1 *(position)* posizione f., postazione f. (anche MIL.) 2 *(of appeal, complaint)* presentazione f. 3 *(of money)* deposito m.
lodger /ˈlɒdʒə(r)/ n. *(having room only)* inquilino m. (-a); *(with meals)* pensionante m. e f.; ***to take in ~s*** affittare camere; *(with meals)* prendere pensionanti.
lodging /ˈlɒdʒɪŋ/ I n. alloggio m., sistemazione f.; ***a night's ~*** una sistemazione per la notte; ***board and ~*** vitto e alloggio II **lodgings** n.pl. camera f.sing. in affitto, appartamento m.sing. ammobiliato; ***to take ~*** prendere alloggio (**with** presso).
lodging house /ˈlɒdʒɪŋˌhaʊs/ n. ANT. pensione f.; casa f. con camere in affitto.
lodgment → **lodgement**.
loess /ˈləʊes/ n. loess m.
1.loft /lɒft, AE lɔːft/ n. 1 *(attic)* soffitta f., solaio m.; ***hay ~*** fienile 2 AE *(apartment)* loft m. 3 RELIG. ARCH. galleria f.; ***choir, organ ~*** galleria del coro, dell'organo.
2.loft /lɒft, AE lɔːft/ tr. ***~ a ball*** = colpire una palla in modo da farle fare una parabola.
loft bed /ˈlɒftbed, AE ˈlɔːft-/ n. AE letto m. a soppalco.
loft conversion /ˈlɒftkənˌvɜːʃn, AE ˈlɔːftkənˌvɜːrʒn/ n. 1 *(process)* = ristrutturazione di una soffitta per renderla abitabile 2 *(room)* mansarda f.
loft hatch /ˈlɒfthætʃ, AE ˈlɔːft-/ n. porta f., botola f. della soffitta.
loftily /ˈlɒftɪlɪ, AE ˈlɔːftɪlɪ/ avv. altezzosamente.
loftiness /ˈlɒftɪnɪs, AE ˈlɔːftɪnɪs/ n. 1 *(of building, peak, etc.)* altezza f., elevatezza f. 2 *(of ideas)* grandezza f. 3 *(of manners)* altezzosità f., superbia f.
loft ladder /ˈlɒftˌlædə(r), AE ˈlɔːft-/ n. scala f. (retrattile) per sottotetto.
lofty /ˈlɒftɪ, AE ˈlɔːftɪ/ agg. 1 [*building, peak, etc.*] alto, elevato 2 [*ideas, words*] nobile 3 [*manner*] altero, altezzoso.
1.log /lɒg, AE lɔːg/ n. 1 *(of wood)* tronco m., ceppo m.; *(for burning)* ciocco m. 2 *(written record)* registro m.; ***to keep a ~ of people's comings and goings*** prendere nota della gente che va e che viene 3 *(of plane, ship)* giornale m., diario m. di bordo 4 INFORM. giornale m., registrazione f. ♦ ***to sleep like a ~*** dormire come un sasso *o* come un ghiro *o* come un ciocco.
2.log /lɒg, AE lɔːg/ I tr. (forma in -ing ecc. **-gg-**) 1 *(record)* annotare, registrare [*reading, fact*] 2 *(clock up)* (anche **~ up**) totalizzare, percorrere in totale [*miles*] 3 *(achieve)* [*car, train*] viaggiare, andare a [*speed, 80 mph*]; [*plane*] volare a [*speed, 500 mph*]; [*ship*] filare a [*knots*] II intr. (forma in -ing ecc. **-gg-**) abbattere alberi, fare legname.
▪ **log in** → **log on**.
▪ **log on** INFORM. entrare (in un sistema usando una password).
▪ **log off** INFORM. uscire (da un sistema chiudendo l'accesso mediante password).
▪ **log out** → **log off**.
3.log /lɒg, AE lɔːg/ n. (accorc. logarithm) logaritmo m.
Logan /ˈləʊgən/ n.pr. Logan (nome di uomo).
loganberry /ˈləʊgənbrɪ, AE -berɪ/ n. = pianta che produce una bacca simile alla mora, ma più lunga e più rossa.
logaoedic /ˌlɒgəˈiːdɪk/ I agg. logaedico II n. logaedo m., verso m. logaedico.
logarithm /ˈlɒgərɪðəm, AE ˈlɔːg-/ n. logaritmo m.
logarithmic /ˌlɒgəˈrɪðmɪk, AE ˌlɔːg-/ agg. logaritmico.
logarithmic spiral /ˌlɒgəˈrɪðmɪkˌspaɪərəl, AE ˌlɔːg-/ n. spirale f. logaritmica.
log book /ˈlɒgbʊk, AE ˈlɔːg-/ n. 1 *(of car)* libretto m. di circolazione 2 *(of plane, ship)* giornale m., diario m. di bordo 3 *(written record)* registro m.
log cabin /ˌlɒgˈkæbɪn, AE ˌlɔːg-/ n. capanna f. di tronchi d'albero.
log fire /ˈlɒgˌfaɪə(r), AE ˈlɔːg-/ n. fuoco m. di legna.
logger /ˈlɒgə(r)/ ♦ *27* n. taglialegna m.
loggerheads /ˈlɒgəhedz/ n.pl. ***to be at ~*** essere ai ferri corti *o* in disaccordo (**with** con).
loggerhead turtle /ˈlɒgəhedˌtɜːtl/ n. caretta f.
loggia /ˈləʊdʒə, ˈlɒdʒɪə/ n. ARCH. loggia f.
logging /ˈlɒgɪŋ/ n. = taglio e trasporto di tronchi d'albero.
▷ **logic** /ˈlɒdʒɪk/ n. logica f. (anche FILOS. INFORM.); ***I can see the ~ in selling it*** capisco che c'è una logica nel venderlo ♦ ***to chop ~*** spaccare il capello in quattro.
▷ **logical** /ˈlɒdʒɪkl/ agg. logico; ***~ positivism*** positivismo logico.
logicality /ˌlɒdʒɪˈkælətɪ/ n. logicità f.
logically /ˈlɒdʒɪklɪ/ avv. logicamente; ***~ speaking*** a rigor di logica.
logic bomb /ˈlɒdʒɪkbɒm/ n. bomba f. logica.
logic chopping /ˈlɒdʒɪkˌtʃɒpɪŋ/ n. (lo) spaccare il capello in quattro, cavilli m.pl.

logic circuit /'lɒdʒɪkˌsɜ:kɪt/ n. circuito m. logico.
logician /lə'dʒɪʃn/ n. logico m. (-a).
logie /'ləʊgɪ/ n. TEATR. gioiello m. falso.
login /'lɒgɪn/ n. INFORM. login f.
logistic(al) /lə'dʒɪstɪk(l)/ agg. logistico.
logistically /lə'dʒɪstɪklɪ/ avv. logicamente.
logistics /lə'dʒɪstɪks/ n. + verbo sing. o pl. logistica f.
log jam /'lɒgdʒæm, AE 'lɔ:g-/ n. = ostruzione di un corso d'acqua provocata dai tronchi; FIG. impasse f., intoppo m., stallo m.
logo /'ləʊgəʊ/ n. (pl. **~s**) logo m., logotipo m.
logogram /'lɒgəʊˌgræm, AE 'lɔ:g-/ n. logogramma m.
logographer /lə'gɒgrəfə(r)/ n. logografo m.
logography /lə'gɒgrəfɪ/ n. logografia f.
logogriph /'lɒgəgrɪf, AE 'lɔ:g-/ n. logogrifo m.
logopedia /lɒgə'pi:dɪə/ n. logopedia f.
logorrhea /lɒgə'rɪə/ ♦ **11** n. logorrea f.
Logos /'lɒgɒs/ n. RELIG. Logos m.
logotype /'lɒgətaɪp, AE 'lɔ:g-/ n. logotipo m.
log pile /'lɒgpaɪl, AE 'lɒg-/ n. catasta f. di legna.
logroll /'lɒgrəʊl, AE 'lɔ:g-/ **I** tr. fare approvare [qcs.] con accordi di scambio di voti tra partiti diversi [*bill*] **II** intr. scambiarsi favori politici.
logrolling /'lɒgrəʊlɪŋ/ n. AE POL. scambio m. di favori politici (tra partiti).
log saw /'lɒgsɔ:, AE 'lɔ:g-/ n. AGR. sega f. ad arco.
log tables /'lɒgteɪblz, AE 'lɔ:g-/ n.pl. tavole f. logaritmiche.
logwood /'lɒgwʊd, AE 'lɔ:g-/ n. BOT. campeggio m.
logy /'ləʊgɪ/ agg. AE COLLOQ. fiacco, debole.
loin /lɔɪn/ **I** n. GASTR. lonza f., lombata f.; *(of veal)* costoletta f. **II loins** n.pl. ANT. ANAT. reni f. ◆ ***to gird up one's ~s*** prepararsi *o* farsi coraggio.
loin chop /'lɔɪntʃɒp/ n. costoletta f.
loincloth /'lɔɪnklɒθ/ n. perizoma m.
loir /'lɔɪə(r)/ n. ghiro m.
Lois /lɔɪs/ n.pr. Lois (nome di donna).
loiter /'lɔɪtə(r)/ intr. *(idly)* oziare, bighellonare, attardarsi; *(pleasurably)* andare in giro; *(suspiciously)* aggirarsi.
loiterer /'lɔɪtərə(r)/ n. *(idle)* fannullone m. (-a); *(suspicious)* vagabondo m. (-a).
loitering /'lɔɪtərɪŋ/ n. DIR. **1** ~ ***(with intent)*** intento m. delittuoso **2** *(soliciting)* adescamento m.
loiteringly /'lɔɪtərɪŋlɪ/ avv. pigramente, indolentemente.
loll /lɒl/ intr. [*person*] stare rilassato, adagiarsi; [*part of body*] pendere, ciondolare; [*tongue*] penzolare.
▪ **loll about** oziare, stare in panciolle.
▪ **loll back** [*person*] rilassarsi, adagiarsi; [*head*] ciondolare, pendere all'indietro.
Lollard /'lɒləd/ n. STOR. lollardo m. (seguace di Wycliffe).
lollipop /'lɒlɪpɒp/ n. lecca-lecca m.
lollipop lady /'lɒlɪpɒpˌleɪdɪ/ n. BE COLLOQ. = donna, specialmente anziana, che aiuta gli scolari ad attraversare la strada.
lollipop man /'lɒlɪpɒpˌmən/ n. (pl. **lollipop men**) BE COLLOQ. = uomo, specialmente anziano, che aiuta gli scolari ad attraversare la strada.
lollop /'lɒləp/ intr. camminare a balzelloni.
lolly /'lɒlɪ/ n. BE **1** COLLOQ. *(money)* grana f., quattrini m.pl. **2** *(sweet)* lecca-lecca m.; ***ice ~*** ghiacciolo.
lollygag /'lɒlɪgæg/ intr. AE COLLOQ. **1** *(loiter)* oziare, bighellonare **2** *(dawdle)* perdere tempo.
Lombard /'lɒmbəd/ **I** agg. lombardo **II** n. **1** lombardo m. (-a) **2** STOR. longobardo m. (-a).
Lombardic /lɒm'bædɪk/ agg. **1** lombardo **2** STOR. longobardo.
Lombardy /'lɒmbədɪ/ ♦ **24** n.pr. Lombardia f.
Lombardy poplar /'lɒmbədɪˌpɒplə(r)/ n. pioppo m. (nero).
loment /'ləʊmənt/ n. lomento m.
London /'lʌndən/ ♦ **34 I** n.pr. Londra f.; ***in*** o ***to ~*** a Londra; ***Greater ~*** = area amministrativa che comprende Londra e le zone circostanti; ***inner ~*** = la zona centrale di Londra, che include la City, Westminster e i quartieri adiacenti; ***outer ~*** = i quartieri periferici di Londra **II** modif. [*person, accent*] di Londra, londinese; [*flight, train*] per Londra.
London broil /ˌlʌndən'brɔɪl/ n. AE GASTR. = bistecca grigliata e servita a fettine sottili.
Londoner /'lʌndənə(r)/ n. londinese m. e f.
London pride /ˌlʌndən'praɪd/ n. BE sassifraga f. ombrosa.
▷ **lone** /ləʊn/ agg. LETT. *(lonely)* solitario; *(only one)* solo.
loneliness /'ləʊnlɪnɪs/ n. *(of person)* solitudine f.; *(of position)* isolamento m.
▷ **lonely** /'ləʊnlɪ/ agg. [*person, life*] solitario; [*place, building*] isolato, solitario; [*decision*] che si prende da soli; ***I am ~ for my family*** mi sento solo lontano dalla mia famiglia.
lonely hearts' club /ˌləʊnlɪ'hɑ:tsklʌb/ n. rubrica f. dei cuori solitari.
lonely hearts' column /ˌləʊnlɪ'hɑ:tsˌkɒləm/ n. annunci m.pl. matrimoniali; annunci m.pl. personali.
lone parent /ˌləʊn'peərənt/ n. genitore m. single.
loner /'ləʊnə(r)/ n. solitario m. (-a), persona f . solitaria.
lonesome /'ləʊnsəm/ agg. solo, triste; ***to be ~ for sb.*** sentirsi solo senza qcn. ◆ ***to be all on*** BE o ***by*** AE ***one's ~*** essere tutto solo.
lonesomely /'ləʊnsəmlɪ/ avv. in modo solitario, in modo triste.
lonesomeness /'ləʊnsəmnɪs/ n. solitudine f., tristezza f.
lone wolf /ˌləʊn'wʊlf/ n. lupo m. solitario, tipo m. solitario.
▶ **1.long** /lɒŋ, AE lɔ:ŋ/ ♦ **15** agg. **1** *(lengthy, protracted)* [*event, period, process, wait, conversation, book, journey, vowel*] lungo; [*delay*] prolungato, forte; [*bath*] lungo, prolungato; [*sigh*] lungo, grande; ***20 minutes ~*** (della durata) di 20 minuti; ***how ~ is the interval?*** quanto dura l'intervallo? ***is an hour ~ enough?*** basta un'ora? ***it's been a ~ day*** è stata una lunga giornata; ***to get*** o ***grow*** o ***become ~er*** [*days*] allungarsi; ***to take a ~ hard look at sth.*** esaminare qcs. a lungo; ***I want to have a ~er look at the patient*** voglio esaminare il paziente più attentamente; ***she gave me a ~ hard stare*** mi ha rivolto uno sguardo indagatore; ***after ~ hours of discussion*** dopo lunghe ore di discussione; ***I don't like the ~ hours in this job*** non mi piace l'orario troppo lungo di questo lavoro; ***for five ~ years I waited*** ho atteso per cinque lunghi anni; ***to be ~ in coming*** metterci tanto ad arrivare; ***a friend of ~ standing*** un amico di vecchia data **2** *(in expressions of time)* ***she's been away a ~ time*** è stata assente per molto tempo *o* a lungo; ***it's been a ~ time since I saw you*** è molto tempo che non ti vedo *o* è passato molto tempo dall'ultima volta che ti ho visto; ***you've been a ~ time getting here*** ci hai messo tanto per arrivare qui; ***they've been a ~ time making up their minds*** ci hanno messo molto a decidere; ***six hours, that's a ~ time*** sei ore, è tanto; ***three years seems such a ~ time*** tre anni sembrano così tanto tempo *o* un periodo così lungo; ***I've been a teacher for a ~ time*** sono insegnante da molto (tempo); ***I hadn't played tennis for a ~ time*** non giocavo a tennis da molto tempo; ***she hasn't been well for a ~ time*** è molto (tempo) che non sta bene *o* non sta bene da molto tempo; ***for a ~ time I didn't believe her*** per molto tempo non le ho creduto; ***it's a ~ ~ time since I last saw her*** è passato moltissimo tempo dall'ultima volta che l'ho vista; ***a ~ time ago*** molto tempo fa; ***a very ~ time ago, a ~ ~ time ago*** moltissimo tempo fa; ***to take a ~ time*** [*person*] metterci molto (tempo); [*task etc.*] richiedere molto tempo; ***that takes a ~ time to organize*** ci vuole molto tempo per organizzarlo; ***does it take a ~ time for the results to come through?*** ci vuole molto tempo prima che escano i risultati? **3** *(in measuring)* [*arm, dress, hair, queue, rope, table*] lungo; [*grass*] alto; [*detour*] lungo; ***20 m ~*** lungo 20 m; ***the ~ side of the table*** il lato lungo del tavolo; ***to get*** o ***grow ~*** [*grass*] crescere; [*hair, nails*] allungarsi *o* crescere; [*list, queue*] allungarsi; ***she's growing her hair ~*** si sta facendo crescere i capelli; ***to make sth. ~er*** allungare [*sleeve*]; allungare *o* aumentare la lunghezza di [*shelf*]; ***to be ~ in the leg*** [*person, animal*] avere le gambe lunghe; [*trousers*] essere (troppo) lungo **4** *(in expressions of distance)* ***is it a ~ way to the station?*** è lontana la stazione? ***it's a ~ way*** è lontano; ***he lives a ~ way away*** o ***off*** abita lontano; ***we could hear the guns a ~ way off*** sentivamo i cannoni in lontananza; ***January is a ~ way off*** gennaio è ancora lontano; ***Nice is a ~ way from Paris*** Nizza è lontana da Parigi; ***they're a ~ way from satisfying our requirements*** sono ben lontani dal soddisfare le nostre richieste; ***don't fall, it's a ~ way down*** non cadere, è molto alto; ***a ~ way down the road*** molto lontano (lungo la strada); ***a ~ way down the list*** molto in fondo alla lista; ***I saw the boat a ~ way out*** ho visto la barca (molto) in lontananza; ***you are a ~ way out in your calculations*** stai sbagliando di molto i tuoi calcoli; ***it's a ~ way up to the tenth floor*** è lunga fino al decimo piano; ***we've come a ~ way to be here tonight, since the days of the first computers*** abbiamo fatto molta strada per essere qui stasera, dai giorni dei primi computer; ***to go a ~ way*** [*person*] *(be successful)* andare lontano; [*provision, packet, supply*] *(last long)* durare a lungo; ***to make sth. go a ~ way*** fare durare qcs. a lungo; ***a little goes a ~ way*** *(of paint, chemical, spice)* ne basta poco; ***to go a ~ way towards doing*** fare molti progressi verso la realizzazione; ***to have a ~ way to go*** [*traveller*] avere molta strada da fare *o* dover fare molta strada; FIG. [*worker, planner*] dover fare ancora molta strada, molti sforzi (**to do** prima di fare); ***it's the biggest, best by a ~ way*** è di gran lunga il più grande, il migliore; ***to take the ~ way round*** fare un lungo giro *o* una lunga deviazione

◆ ~ ***time no see!*** COLLOQ. SCHERZ. sono secoli che non ci vediamo! ***why all the ~ faces?*** cosa sono quei musi lunghi? ***to pull a ~ face*** fare il muso (lungo); ***to have a ~ memory*** avere la memoria lunga *o* essere una persona che non dimentica; ***to be ~ on common sense, experience*** COLLOQ. avere buonsenso, esperienza da vendere.

▶ **2.long** /lɒŋ, AE lɔːŋ/ avv. **1** *(a long time)* molto, molto tempo; ***will you be ~?*** ci metterai tanto? ***I shan't be ~*** non ci metterò molto; ***how ~ will you be?*** quanto ci metterai *o* per quanto ne hai? ***how ~ will you be in the meeting?*** quanto tempo ti prenderà la riunione? ***how ~ will you be in choosing?*** quanto tempo ti ci vorrà per scegliere? ***not very ~*** non molto tempo; ***don't be ~*** non metterci tanto; ***don't be ~ in getting ready*** non metterci tanto a prepararti; ***how ~ will it be before I hear?*** quanto passerà prima di sapere? ***it won't be ~ before you're home again*** non passerà molto che tornerai a casa; ***I've been here ~er than anyone else*** sono qui da più tempo di tutti; ***I can't stand it a day, moment ~er*** non lo sopporterò un giorno, un momento di più; ***the ~er we stayed the hotter it grew*** più il tempo passava e più faceva caldo; ***it's been so ~ since we last met*** è passato così tanto tempo dall'ultima volta che ci siamo visti; ***it's not that ~ since the party*** non è passato così tanto tempo dalla festa; ***it's not that ~ since I was a student*** non è passato così tanto tempo da quando ero studente; ***it wasn't ~ before people said...*** non passò molto tempo prima che la gente dicesse...; ***has he been gone ~?*** è via da molto (tempo)? ***I haven't got ~*** non ho molto tempo; ***I've worked here ~ enough to know...*** lavoro qui da abbastanza tempo per sapere...; ***if you stay ~ enough*** se rimani abbastanza a lungo; ***300 years has not been ~ enough*** 300 anni non sono bastati; ***he paused only*** o ***just ~ enough to...*** si è fermato giusto il tempo per...; ***an hour? that doesn't give us ~ to have dinner*** un'ora? non abbiamo molto tempo per pranzare; ***this won't take ~*** non ci vorrà molto tempo; ***the meeting took much ~er than expected*** la riunione è durata molto più del previsto; ***how ~ did it take him to find out?*** quanto ci ha messo a scoprirlo? ***it took me ~er than I thought*** ci ho messo *o* mi ha preso più (tempo) del previsto; ***three days at the ~est*** tre giorni al massimo; ***before ~*** *(in past)* poco dopo *o* di lì a poco; *(in future)* fra breve *o* fra non molto *o* presto *o* di qui a poco; ***he'll be here before ~*** sarà qui fra breve; ***she phoned before ~*** telefonò poco dopo; ***he'll be here before much ~er*** sarà qui tra poco; ***for ~*** a lungo *o* per molto tempo; ***not for ~*** non a lungo; ***will you be gone for ~?*** sarai assente a lungo? ***he's happy now but not for ~*** è felice, ma non durerà a lungo; ~ ***after*** molto tempo dopo; ***she only knew ~ after*** l'ha saputo solo molto tempo dopo; ***not ~ after*** poco dopo; ***it's ~ after*** o ***past your bedtime*** dovresti essere a letto già da molto tempo; ~ ***ago*** molto tempo fa; ***he left not ~ ago*** è partito non molto tempo fa; ~ ***before*** molto prima; ~ ***before we were married*** molto prima di sposarci; ***it wasn't ~ before he realized*** non ci mise molto a rendersene conto; ***he left not ~ before lunch*** è partito poco prima di pranzo; ~ ***since*** da molto tempo; ***they split up ~ since*** si sono lasciati da molto tempo; ***they've ~ since gone home*** sono andati a casa da un pezzo; ***he's no ~er head*** non è più il capo; ***I can't stand it any ~er*** non lo sopporto più; ***5 minutes, no ~er!*** 5 minuti, non di più! ***I can't stay any ~er*** non posso più restare **2** *(for a long time)* da molto (tempo); ***I had ~ wished to meet him*** era molto che volevo incontrarlo; ***that method has ~ been out of date*** il metodo è sorpassato ormai da tempo; ***those days are ~ gone*** quei giorni sono ormai passati **3** dopo nome *(throughout)* ***all night, day ~*** tutta la notte, tutto il giorno; ***her whole life ~*** tutta la sua vita **4 as long as, so long as** *(in time)* finché, fintantoché; ***borrow it for as ~ as you like*** tienilo in prestito tutto il tempo che vuoi; ***as ~ as possible*** il più possibile; ***as ~ as neccessary*** per tutto il tempo necessario; ***as ~ as I live*** finché vivo; *(provided that)* purché, a condizione che; ***as ~ as you're safe, that's all that matters*** basta che tu sia al sicuro, questo è ciò che conta; ***as ~ as you keep me informed*** purché *o* a condizione che tu mi tenga informato ◆ ***she's not ~ for this world*** non le rimane molto da vivere; ***so ~!*** COLLOQ. ciao! arrivederci!

3.long /lɒŋ, AE lɔːŋ/ intr. ***to ~ for sth.*** desiderare ardentemente qcs. *o* avere una gran voglia di qcs.; ***to ~ for sb. to do*** desiderare ardentemente che qcn. faccia; ***to ~ for sb.*** *(be impatient to meet)* morire dalla voglia di vedere qcn.; *(desire)* desiderare intensamente qcn.; ***to ~ to do*** *(be impatient)* non vedere l'ora di fare *o* essere impaziente di fare; *(desire sth. elusive)* sognare di fare.

4.long /lɒŋ, AE lɔːŋ/ n. *(syllable, signal)* LETTER. RAD. lunga f.

long-awaited /ˌlɒŋəˈweɪtɪd, AE ˌlɔːŋ-/ agg. a lungo atteso, atteso da lungo tempo.

longboat /ˈlɒŋbəʊt, AE ˈlɔːŋ-/ n. scialuppa f., lancia f.

longbow /ˈlɒŋbəʊ, AE ˈlɔːŋ-/ n. MIL. STOR. arco m. (da guerra).

long-dated /ˌlɒŋˈdeɪtɪd, AE ˌlɔːŋ-/ agg. ECON. [*bills*] a lunga scadenza; [*investment*] a lungo termine.

long-delayed /ˌlɒŋdɪˈleɪd, AE ˌlɔːŋ-/ agg. a lungo rinviato, a lungo posticipato.

▷ **long-distance** /ˌlɒŋˈdɪstəns, AE ˌlɔːŋ-/ **I** agg. [*race*] di fondo; [*journey*] lungo, che copre una lunga distanza; [*telephone call*] *(within the country)* interurbano; *(abroad)* internazionale; ~ ***runner*** fondista; ~ ***flight*** volo a lungo raggio; ~ ***lorry driver*** BE camionista **II** avv. ***he's phoning us ~*** chiama da lontano; *(from abroad)* chiama dall'estero.

long-drawn-out /ˌlɒŋdrɔːnˈaʊt, AE ˌlɔːŋ/ agg. lungo, tirato per le lunghe.

long drink /ˌlɒŋˈdrɪŋk, AE ˈlɔːŋ-/ n. long drink m.

long-eared owl /ˌlɒŋɪədˈaʊl, AE ˌlɔːŋɪərdˈaʊl/ n. gufo m. comune.

longed-for /ˈlɒŋdfɔː(r), AE ˈlɔːŋ-/ agg. tanto atteso, tanto desiderato.

longeron /ˈlɒndʒərən/ n. AER. longherone m.

long-established /ˌlɒŋɪˈstæblɪʃt, AE ˌlɔːŋ-/ agg. fondato da molto tempo.

longevity /lɒnˈdʒevətɪ/ n. *(of person, animal)* longevità f.; *(of phenomenon, idea, tradition)* longevità f., persistenza f.

long-fin tuna /ˈlɒŋfɪnˌtjuːnə, AE ˈlɔːŋfɪnˌtuːnə/, **long-fin tunny** /ˈlɒŋfɪnˌtʌnɪ, AE ˈlɔːŋ-/ n. albacora f., tonno m. alalonga.

longhair /ˈlɒŋheə(r), AE ˈlɔːŋ-/ n. AE COLLOQ. **1** *(hippie)* capellone m., hippy m. **2** *(intellectual)* intellettuale m.

long-haired /ˈlɒŋheəd, AE ˈlɔːŋ-/ agg. [*person*] dai capelli lunghi; [*animal*] dal pelo lungo.

longhand /ˈlɒŋhænd/ n. ***in ~*** scritto a mano.

long-handled /ˌlɒŋˈhændld, AE ˌlɔːŋ-/ agg. dal manico lungo.

long-haul /ˈlɒŋhɔːl, AE ˈlɔːŋ-/ agg. AER. a lungo raggio.

long-headed /ˈlɒŋhedɪd, AE ˈlɔːŋ-/ agg. **1** MED. dolicocefalo **2** *(sagacious)* sagace, acuto.

longhorn /ˈlɒŋhɔːn, AE ˈlɔːŋ-/ n. = bovino dalle corna lunghe, allevato soprattutto in Texas.

longing /ˈlɒŋɪŋ, AE ˈlɔːŋɪŋ/ **I** n. (grande) desiderio m. (**for** di; **to do** di fare); *(stronger)* brama f. (**for** di); *(nostalgic)* nostalgia f. (**for** di); ***he had a secret ~ for the gypsy life*** aveva il desiderio inconfessato di fare una vita da bohémien **II** agg. [*look*] *(amorous)* di desiderio; *(greedy)* bramoso.

longingly /ˈlɒŋɪŋlɪ, AE ˈlɔːŋ-/ avv. *(greedily)* con vivo desiderio, ardentemente; *(nostalgically)* nostalgicamente; *(amorously)* amorosamente.

longish /ˈlɒŋɪʃ, AE ˈlɔːŋɪʃ/ agg. piuttosto lungo; ***a ~ time*** un periodo piuttosto lungo.

longitude /ˈlɒndʒɪtjuːd, AE -tuːd/ n. longitudine f.; ***at a ~ of 52°*** o ***at ~ 52°*** a 52° di longitudine.

longitudinal /ˌlɒndʒɪˈtjuːdɪnl, AE -ˈtuːdnl/ agg. longitudinale.

longitudinally /ˌlɒndʒɪˈtjuːdɪnəlɪ, AE -ˈtuːdnəlɪ/ avv. longitudinalmente.

long johns /ˈlɒŋdʒɒnz, AE ˈlɔːŋ-/ n.pl. COLLOQ. mutandoni m. (da uomo).

long jump /ˈlɒŋdʒʌmp, AE ˈlɔːŋ-/ ♦ ***10*** n. BE salto m. in lungo.

long jumper /ˈlɒŋˌdʒʌmpə(r), AE ˈlɔːŋ-/ n. saltatore m. (-trice) in lungo.

long-lasting /ˌlɒŋˈlɑːstɪŋ, AE ˌlɔːŋˈlæstɪŋ/ agg. che dura a lungo, duraturo.

long-legged /ˈlɒŋlegd, AE ˈlɔːŋ-/ agg. dalle gambe lunghe.

long-life /ˈlɒŋlaɪf, AE ˈlɔːŋ-/ agg. [*milk, cream, juice*] a lunga conservazione; [*battery*] a lunga durata.

long-limbed /ˈlɒŋlɪmbd, AE ˈlɔːŋ-/ agg. longilineo.

long-line /ˈlɒŋlaɪŋ, AE ˈlɔːŋ-/ agg. SART. [*dress*] lungo.

long-lived /ˈlɒŋlɪvd, AE ˈlɔːŋ-/ agg. [*person, animal*] longevo; [*phenomenon, tradition*] duraturo.

long-lost /ˈlɒŋlɒst, AE ˈlɔːŋlɔːst/ agg. [*relative*] che non si vede da molto tempo; [*object*] perduto da molto tempo.

Longobard /ˈlɒŋgəbɑːd, AE ˈlɔːŋ-/ n. (pl. **~s, ~i**) longobardo m. (-a).

long-overdue /ˌlɒŋˌəʊvəˈdjuː, AE ˌlɔːŋˌəʊvəˈduː/ agg. atteso da molto tempo.

long-player /ˈlɒŋpleɪə(r), AE ˈlɔːŋ-/, **long-playing record** /ˌlɒŋpleɪŋˈrekɔːd, AE ˌlɔːŋpleɪŋˈrekərd/ BE, **long play record** /ˌlɒŋpleɪˈrekɔːd, AE ˌlɔːŋpleɪˈrekərd/ AE n. 33 giri m., LP m.

long primer /ˈlɒŋˌprɪmə(r), AE ˈlɔːŋ-/ n. (carattere) corpo m. dieci.

▷ **long-range** /ˌlɒŋˈreɪndʒ, AE ˌlɔːŋ-/ agg. [*missile, rifle*] a lunga gittata; [*forecast, plan*] a lungo termine; ~ ***aircraft*** aereo a lungo raggio.

long-running /ˌlɒŋˈrʌnɪŋ, AE ˌlɔːŋ-/ agg. [*play, serial, dispute*] che dura da molto tempo; ***Britain's longest-running radio quiz*** il quiz radiofonico britannico trasmesso da più tempo.

long-service /ˌlɒŋˈsɜːvɪs, AE ˌlɔːŋ-/ agg. [*allowance*] di anzianità (di servizio).

longship /ˈlɒŋʃɪp, AE ˈlɔːŋ-/ n. STOR. nave f. vichinga, drakar m.

longshore /ˈlɒŋʃɔː(r), AE ˈlɔːŋ-/ agg. che è vicino a riva, litorale.

longshoreman /ˈlɒŋʃɔːmən, AE ˈlɔːŋ-/ ♦ 27 n. AE (pl. **-men**) scaricatore m. di porto.

longshoring /ˈlɒŋʃɔːrɪŋ, AE ˈlɔːŋ-/ n. scarico m. di nave.

long shot /ˈlɒŋʃɒt, AE ˈlɔːŋ-/ n. **1** CINEM. campo m. lungo **2** SPORT outsider m., cavallo m. non favorito **3** *(risky attempt)* ***it's a ~*** è un rischio, è un'impresa rischiosa **4** *(guess)* ***this is a ~*** è una congettura *o* è una scommessa.

long-sighted /ˌlɒŋˈsaɪtɪd, AE ˌlɔːŋ-/ agg. MED. presbite, ipermetrope; FIG. lungimirante, previdente.

long-sightedness /ˌlɒŋˈsaɪtɪdnɪs, AE ˌlɔːŋ-/ n. MED. presbiopia f., ipermetropia f.; FIG. lungimiranza f., previdenza f.

long-sleeved /ˈlɒŋsliːvd, AE ˈlɔːŋ-/ agg. con le, a maniche lunghe.

▷ **long-standing** /ˌlɒŋˈstændɪŋ, AE ˌlɔːŋ-/ agg. [*arrangement, rivalry, grievance, involvement*] di vecchia data; [*joke*] vecchio, trito.

long-stay car park /ˌlɒŋsteɪˈkɑːpɑːk, AE ˌlɔːŋ-/ n. BE parcheggio m. per sosta prolungata.

long-suffering /ˌlɒŋˈsʌfərɪŋ, AE ˌlɔːŋ-/ agg. paziente.

long-tailed /ˌlɒŋˈteɪld, AE ˌlɔːŋ-/ agg. con la, dalla coda lunga; ***~ tit*** codibugnolo.

long term /ˌlɒŋˈtɜːm, AE ˌlɔːŋ-/ **I** n. ***in the ~*** alla lunga **II long-term** agg. e avv. a lungo termine.

long-time /ˈlɒŋtaɪm, AE ˈlɔːŋ-/ agg. di lunga, vecchia data.

long ton /ˈlɒŋtʌn/ n. GB → **ton**.

long-wave /lɒŋˈweɪv, AE lɔːŋ-/ **I** n. onde f.pl. lunghe; ***can you get ~?*** puoi ricevere le onde lunghe? ***on ~*** sulle onde lunghe **II** modif. [*broadcast, signal*] in onde lunghe; [*radio, receiver*] a onde lunghe.

longways /ˈlɒŋweɪz/ avv. nel senso della lunghezza.

long weekend /ˌlɒŋˌwiːkˈend, AE ˌlɔːŋˈwiːkend/ n. ponte m.

long-winded /ˌlɒŋˈwɪndɪd, AE ˌlɔːŋ-/ agg. [*person*] logorroico, prolisso; [*speech*] prolisso.

long-windedness /ˌlɒŋˈwɪndɪdnɪs, AE ˌlɔːŋ-/ n. *(of person)* prolissità f., verbosità f.; *(of speech)* prolissità f.

long-wise /ˈlɒŋwaɪz, AE ˈlɔːŋ-/ avv. → **longways**.

loo /luː/ n. BE COLLOQ. gabinetto m., cesso m.; ***he's in the ~*** è al gabinetto.

loofah /ˈluːfə/ n. luffa f.

▶ **1.look** /lʊk/ **I** n. **1** *(glance)* occhiata f., sguardo m.; ***to have*** o ***take a ~ at sth.*** *(briefly)* dare un'occhiata a qcs.; *(closely)* esaminare *o* guardare qcs.; ***to have*** o ***take a good ~ at*** esaminare con cura [*car, contract, patient*]; osservare con cura *o* da vicino [*suspect, photo*]; ***I didn't get a good ~ at the thief*** non ho visto bene il ladro; ***to have a ~ inside, behind sth.*** dare un'occhiata dentro, dietro qcs.; ***to have a ~ round*** fare un giro di [*house, town*]; ***I had a quick ~ round*** *(in town)* fare un rapido giro di; *(in shop)* dare un'occhiata attorno; ***to have a ~ round the shops*** dare un'occhiata ai negozi; ***to have a ~ through*** *(peer)* guardare in [*telescope*]; sbirciare attraverso [*crack*]; guardare da [*window*]; *(scan)* cercare in [*archives, files*]; dare una scorsa a *o* scorrere [*essay, report*]; ***she took one ~ at him and screamed*** lo guardò e urlò; ***I took one ~ at him and knew that he was ill*** mi è bastata una sola occhiata per capire che era malato; ***let's have a ~ at that grazed knee*** diamo un'occhiata a questo ginocchio sbucciato; ***to take a long hard ~ at sth.*** FIG. esaminare attentamente qcs. **2** *(search)* ***to have a ~*** guardare; ***to have a ~ for sth.*** cercare qcs.; ***I've had several ~s*** ho guardato più volte; ***I had a good ~ in the attic*** ho guardato bene in soffitta **3** *(expression)* sguardo m., espressione f.; ***a ~ of fear, anger*** uno sguardo impaurito, arrabbiato *o* un'espressione impaurita, arrabbiata; ***a ~ of sadness*** uno sguardo triste; ***to give sb. a kind, pitying ~*** guardare qcn. con gentilezza, con commiserazione; ***he gave me a ~ of sheer hatred*** mi ha lanciato uno sguardo di puro odio; ***did you see the ~ he gave me?*** hai visto lo sguardo che mi ha lanciato? ***she gave me such a ~!*** mi ha guardato in un tale modo! ***he got some odd*** o ***funny ~s*** l'hanno guardato in modo strano; ***I don't like the ~ on his face*** o ***in his eye*** non mi piace il suo sguardo; ***you could tell from the ~ on his face that*** dalla sua espressione si vedeva che; ***to give sb. a dirty, evil ~*** lanciare un'occhiataccia a qcn. **4** *(appearance)* *(of person)* aspetto m., aria f.; *(of building, car, design, scenery)* aspetto m.; ***to have a ~ of weariness, sadness about one*** avere l'aria affaticata, triste; ***the car has a dated ~*** la macchina ha una linea un po' datata; ***she has a ~ of her father about her*** ha qualcosa di suo padre *o* ricorda suo padre; ***to have the ~ of a military man, seasoned traveller*** avere l'aspetto di un militare, di un viaggiatore esperto; ***I like the ~ of it*** mi piace il suo aspetto; ***I like the ~ of the new computer, car*** mi piace la linea del nuovo computer, della nuova auto; ***I like the ~ of him*** mi piace il suo aspetto; ***I don't like the ~ of him*** non mi piace il suo aspetto *o* non mi ispira fiducia; ***I don't like the ~ of the weather*** il tempo sembra mettersi al peggio; ***I don't like the ~ of that rash*** queste eruzioni cutanee mi piacciono poco; ***by the ~(s) of him he must be about 40*** all'apparenza *o* a giudicare dal suo aspetto dovrebbe avere 40 anni; ***by the ~(s) of the barometer*** a giudicare dal barometro **5** *(style)* look m., stile m.; ***the ~ for the 90's*** il look degli anni 90 **II looks** n.pl. ***he's got the ~s, but can he act?*** è bello, ma sa recitare? ***~s aren't everything*** la bellezza non è tutto; ***to keep one's ~s*** mantenersi bello; ***he's losing his ~s*** non è più bello come una volta; ***you can't go*** o ***judge by ~s alone*** non si può giudicare solo dalle apparenze ◆ ***if ~s could kill, I'd be dead by now*** = mi ha fulminato con lo sguardo.

▶ **2.look** /lʊk/ **I** tr. **1** *(gaze, stare)* guardare; ***~ what he's done!*** guarda cosa ha fatto! ***~ how, where...*** guarda come, dove...; ***to ~ sb. in the eye, in the face*** guardare qcn. negli occhi, in faccia; ***to ~ sb. up and down*** *(appraisingly)* guardare qcn. dalla testa ai piedi; *(critically)* squadrare qcn. dalla testa ai piedi; ***to ~ one's last on*** lanciare un ultimo sguardo a [*house, view*]; ***~ what arrived this morning*** guarda che cosa è arrivato questa mattina; ***~ who it is!*** guarda chi c'è! ***~ who's just walked in!*** (ma) guarda chi è entrato! guarda un po' chi è entrato! ***now ~ what you've done!*** guarda che cosa hai fatto! ***~ what time it starts!*** ma guarda un po' a che ora comincia! **2** *(appear)* ***to ~ one's age*** dimostrare gli anni che si hanno; ***she's 40 but she doesn't ~ it*** ha 40 anni ma non li dimostra; ***to ~ one's best*** stare benissimo; ***she still ~s the same*** non è cambiata; ***to ~ an idiot*** o ***a fool*** sembrare uno sciocco; ***it won't ~ good if you refuse*** sembra brutto se rifiuti; ***he doesn't ~ himself today*** oggi non sembra lui **II** intr. **1** guardare (**into** in; **over** sopra); ***to ~ and see who's at the door*** guardare chi è alla porta; ***to ~ and see what's on TV*** guardare cosa c'è in TV; ***to ~ at sb., sth.*** guardare qcn., qcs.; ***to ~ away*** distogliere lo sguardo *o* guardare da un'altra parte; ***to ~ in at the window*** guardare dentro dalla finestra; ***to ~ out of*** o ***through the window*** guardare dalla finestra; ***to ~ the other way*** guardare dall'altra parte *o* girare la testa; FIG. fingere di non vedere; ***to ~ up and down the street*** guardare in tutta la strada; ***I didn't know where to ~*** FIG. non sapevo dove mettermi; *(in shop)* ***I'm just ~ing*** guardo soltanto **2** *(search)* cercare, guardare; ***to ~ down*** scorrere [*list*]; ***to ~ for sth.*** cercare qcs.; ***a group of youths ~ing for trouble*** una banda di giovani in cerca di guai; ***are you ~ing for a smack in the mouth?*** COLLOQ. vuoi un pugno sul muso? **3** *(appear, seem)* sembrare; ***he ~s happy*** sembra felice; ***it's nice to see you ~ing happy*** è bello vederti felice; ***you ~ hot, cold*** sembra che tu abbia caldo, freddo; ***he doesn't ~ French*** non sembra francese; ***he ~s young for his age*** per uno della sua età ha un aspetto giovanile; ***he ~s about 50*** dimostra una cinquantina d'anni; ***that dress makes you ~ younger*** quel vestito ti fa sembrare più giovane; ***how do I ~?*** come sto? che aspetto ho? ***you ~ well*** hai un bell'aspetto; ***you don't ~ well*** non hai un bell'aspetto *o* non ti vedo bene; ***you ~ good in that hat*** ti sta bene quel cappello; ***you ~ good enough to eat!*** mi vien voglia di mangiarti con gli occhi! ***that cake ~s good*** il dolce ha un bell'aspetto; ***the picture will ~ good in the study*** il quadro starà bene nello studio; ***how does my tie ~?*** come sta la mia cravatta? ***it doesn't ~ straight*** non sembra dritto; ***it doesn't ~ right*** non mi sembra giusto; ***how does it ~ to you?*** che te ne sembra? cosa ne pensi? ***it ~s OK to me*** per me può andare; ***does the meat ~ cooked to you?*** ti sembra cotta la carne? ***things are ~ing good*** sembra che le cose vadano bene; ***things aren't ~ing too good*** non sembra che le cose vadano troppo bene; ***it ~s to me as if*** o ***though*** mi sembra che *o* ho l'impressione che; ***this ~s to me like the right street*** mi sembra la strada giusta; ***it ~s as if*** o ***though it will rain, snow*** sembra che voglia piovere, nevicare; ***it ~s likely that*** sembra probabile che; ***it ~s certain that*** sembra certo che; ***he ~s to be the strongest*** sembra che sia il più forte; ***it ~s to be a question of time, money*** sembra che sia una questione di tempo, di denaro **4** ***to ~ like sb., sth.*** assomigliare a qcn., qcs.; ***it doesn't ~ anything like a Picasso!*** non assomiglia per niente a un Picasso! ***that photograph doesn't ~ like you*** o ***~s nothing like you*** non sembri (assolutamente) tu in quella fotografia; ***what does she ~ like?*** com'è? che aspetto ha? ***what does the house ~ like?*** com'è la casa? ***it ~s like being funny, interesting*** sembra (che sia) divertente, interessante; ***you ~ like being the only man there*** sembra che tu sarai l'unico uomo lì; ***she ~s like being the first to finish*** sembra che sarà la prima a finire; ***it ~s like he's dying*** sembra che morirà; ***it ~s like rain, snow*** sembra che voglia piovere, nevicare; ***it certainly ~s like it*** ne ha tutta l'aria; ***"are you having trouble?" "what***

does it ~ like? IRON. "sei nei guai?" "secondo te?"; ***what does it ~ like to you? murder?*** che cosa ne pensate? (è un) omicidio? ***it ~s like cancer to me*** penso che sia cancro; ***you ~ like you could do with a drink, bath*** ho l'impressione che un drink, un bagno ti farà bene **5** (anche **~ here**) guarda, ascolta; ***~, this is ridiculous*** guarda, è ridicolo; ***~, it wasn't my fault*** ascolta, non è stata colpa mia; ***~ here, I'm in no mood for jokes*** guarda, non sono in vena di scherzi **6** *(be oriented)* ***to ~ north, south*** [*house, room*] dare a nord, a sud.

▪ **look about** → **look around**.

▪ **look after:** ***~ after [sb., sth.]*** **1** *(care for)* prendersi cura di [*patient, sick animal*]; badare a, prendersi cura di [*child*]; occuparsi di, prendersi cura di [*customer, guest*]; occuparsi di [*animal, plant*]; provvedere alla manutenzione di [*car, equipment*]; occuparsi di, prendersi cura di [*belongings, toys*]; ***he's being ~ed after by his grandparents*** sono i suoi nonni che si prendono cura di lui; ***these books have been well ~ed after*** questi libri sono stati trattati con cura; ***to ~ after sb.'s needs*** prendersi cura *o* occuparsi dei bisogni di qcn. **2** *(be responsible for)* occuparsi di [*administration, finances, business, shop*]; badare a [*class, schoolchildren*]; ***to ~ after sb.'s interests*** occuparsi degli interessi di qcn.; ***~ after my luggage, I'll be back in a minute!*** fai attenzione ai miei bagagli, torno subito! ***~ after oneself*** **1** *(cope)* ***she's too frail to ~ after herself*** è troppo fragile per cavarsela da sola; ***I'm old enough to ~ after myself*** sono abbastanza grande per cavarmela da solo **2** *(be careful)* ***safe journey, and ~ after yourself!*** buon viaggio, e sii prudente!

▪ **look ahead** guardare avanti; FIG. guardare avanti *o* al futuro; ***we must ~ ahead to the future now*** ora dobbiamo guardare al futuro; ***she's ~ing ahead to the next Olympics*** si sta preparando per le prossime olimpiadi; ***and now, ~ing ahead to tomorrow's programmes*** RAD. TELEV. e ora, dando un occhiata ai programmi di domani.

▪ **look around:** ***~ around*** **1** *(turn around)* voltarsi (a guardare) **2** *(glance around)* guardare in giro, guardarsi intorno; ***to ~ around at one's friends, colleagues*** FIG. vagliare i propri amici, colleghi **3** *(search)* cercare; ***to ~ around for sb., sth.*** cercare qcn., qcs. **4** *(visit, examine) (in building, town)* fare un giro; *(in room)* dare un'occhiata; ***~ around [sth.]*** visitare, fare un giro in [*church, town*]; guardare in giro per, fare il giro di [*room*]; ***they spent the morning ~ing around London, the shops*** hanno passato il mattino in giro per Londra, per negozi.

▪ **look at:** ***~ at [sth.]*** **1** guardare; *(briefly)* dare un'occhiata a; ***~ at the state of you!*** guarda in che stato sei! ***just ~ at the state of this room!*** guarda in che stato è questa stanza! ***~ at this coat, book!*** guarda questo cappotto, questo libro! ***just ~ at this!*** guarda un po' questo! ***you'd never guess, to ~ at her*** a guardarla non indovineresti mai; ***he's, it's not much to ~ at*** non è granché (d'aspetto) **2** *(examine)* esaminare, verificare [*equipment*]; [*doctor*] esaminare, guardare [*patient, wound*]; [*workman*] guardare, dare un'occhiata a [*car, plumbing*]; esaminare, studiare [*problem, implications, effects, ways, offer, options*]; ***you should get that wound ~ed at*** dovresti farti vedere quella ferita **3** *(see, view)* guardare, considerare [*life, events, situation*]; considerare, esaminare [*problem*]; ***try and ~ at it my way*** cerca di vedere le cose dal mio punto di vista; ***his way of ~ing at things*** il suo modo di vedere le cose; ***~ at it this way, if he offers, I won't refuse*** mettiamola così, se mi farà un'offerta, non rifiuterò; ***that's how I ~ at it*** è così che la vedo; ***the problem needs to be ~ed at from all angles*** il problema va analizzato da tutti i punti di vista; ***you can't be too careful, ~ at Tom!*** non si è mai troppo attenti, guarda (cosa è successo a) Tom! **4** *(face)* ***to be ~ing at*** [*firm*] essere sull'orlo di [*bankruptcy, collapse*]; [*criminal*] rischiare [*life sentence, fine*]; ***you're ~ing at major repairs here*** si tratta di fare delle grosse riparazioni qui; ***you're ~ing at a bill for about 3,000 dollars*** ti puoi aspettare un conto di circa 3.000 dollari.

▪ **look back:** ***~ back*** **1** *(turn around)* girarsi indietro (per guardare), guardare indietro; ***to ~ back at sb., sth.*** girarsi per guardare qcn., qcs. **2** *(reflect, reminisce)* ***let's ~ back to the year 1964*** torniamo (col pensiero) all'anno 1964; ***if we ~ back to the 19th century*** se consideriamo il XIX secolo; ***since then she's never ~ed back*** da allora, non ci ha più ripensato; ***to ~ back on*** ricordare [*past*]; ricordare *o* ripensare a [*experience*]; fare il bilancio di [*career, marriage*]; ***~ing back on it, I think I made the right decision*** a ripensarci, credo di avere preso la decisione giusta.

▪ **look beyond** guardare oltre [*immediate results, situation*].

▪ **look down:** ***~ down*** *(with modesty, shame)* abbassare lo sguardo; *(from a height)* guardare in basso; ***from the hilltop she ~ed down on the city*** dall'alto della collina guardava la città; ***~ down on [sb., sth.]*** **1** *(despise)* guardare dall'alto in basso [*person*]; disprezzare [*lifestyle*] **2** *(dominate)* [*fortress, tower*] dominare [*town, valley*].

▪ **look for:** ***~ for [sb., sth.]*** *(search for)* cercare; ***~ for [sth.]*** *(expect)* aspettarsi [*commitment, cooperation, result, reward*] (**from** da); ***what I'm ~ing for from you is a guarantee*** ciò che mi aspetto da voi è una garanzia; ***what do you ~ for in a new recruit?*** cosa si aspetta da un nuovo assunto?

▪ **look forward:** ***to ~ forward to [sth.]*** aspettare [qcs.] con impazienza; ***I was so ~ing forward to it*** l'aspettavo con ansia; ***she's ~ing forward to going on holiday*** non vede l'ora di andare in vacanza; ***I'm not ~ing forward to the interview, party*** la prospettiva dell'intervista, della festa non mi entusiasma; ***I ~ forward to hearing from you*** *(writing to a friend)* spero di avere presto tue notizie; *(in formal correspondence)* nell'attesa di una sua risposta.

▪ **look in** **1** *(pay a visit)* fare un salto, passare; ***I'll ~ in again tomorrow*** ripasserò domani; ***to ~ in on*** passare a vedere *o* fare un salto a vedere [*person, class, rehearsals*]; ***~ in on the baby and check she's still asleep*** va' a vedere se la bambina dorme ancora **2** *(watch TV)* ***if there are any viewers ~ing in who want more details, please contact us*** i telespettatori che desiderano maggiori informazioni possono contattarci.

▪ **look into:** ***~ into [sth.]*** esaminare, studiare [*matter, possibility, problem*]; esaminare [*accounts, background*]; indagare, investigare su [*death, disappearance, theft*].

▪ **look on:** ***~ on*** [*crowd, spectators*] guardare, stare a guardare; ***we ~ed on admiringly as she danced*** la guardavamo ballare ammirati; ***I was forced to ~ on as the house was ransacked*** fui costretto a stare a guardare mentre la casa veniva svaligiata; ***~ on [sb., sth.]*** considerare [*person, event etc.*] (**as** come; **with** con); ***we ~ on him as a son*** lo consideriamo nostro figlio, per noi è come un figlio; ***I ~ on it as a privilege*** lo reputo un privilegio.

▪ **look onto:** ***~ onto [sth.]*** [*house, room*] dare su, guardare [*sea, garden, street*].

▪ **look out:** ***~ out*** *(take care)* fare attenzione, badare (**for** a); *(be wary)* non fidarsi, essere diffidente (**for** di); ***you must ~ out for snakes*** faccia attenzione ai serpenti; ***~ out for motorists turning out of side roads*** fate attenzione ai veicoli che sbucano dalle strade secondarie; ***~ out!*** attenzione! ***~ out for [sb., sth.]*** fare la posta a [*person*]; essere alla ricerca di, a caccia di [*new recruits, talent*]; cercare, essere in cerca di [*apartment, book*]; stare attento alla comparsa di [*signs, symptoms*]; reperire, cercare [*cases, examples*]; essere a caccia di [*bargain, special offer*]; ***~ out for [oneself]*** cavarsela da solo; ***~ out over [sth.]*** [*window, balcony*] dare su, guardare [*sea, park*].

▪ **look over:** ***~ [sb.] over*** passare in rassegna, ispezionare [*new recruits, troops*]; ***~ [sth.] over*** controllare, guardare [*car, equipment*]; [*vet*] visitare [*animal*]; ***get an expert to ~ the car over before you buy it*** fai controllare la macchina a un esperto prima di comprarla; ***~ over [sth.]*** **1** *(read) (in detail)* esaminare [*document, contract*]; *(rapidly)* scorrere [*essay, lines, notes*]; dare un'occhiata a [*document, report*]; ***I'll get Rose to ~ it over quickly*** gli faccio dare un'occhiata da Rose **2** *(visit)* visitare [*factory, gardens, house*].

▪ **look round** **1** *(look behind one)* voltarsi a guardare; ***she ~ed round to see who it was*** si è voltata per vedere chi era **2** *(look about)* guardarsi intorno; ***I'm just ~ing round*** *(in shop)* sto solo dando un'occhiata; ***we're ~ing round for a new house*** stiamo guardando in giro per trovare una casa nuova; ***~ round [sth.]*** visitare [*town, building*].

▪ **look through:** ***~ through [sth.]*** **1** *(read)* guardare, consultare [*archive, material, files*]; scorrere [*essay, list, script, report, notes*]; *(scan idly)* sfogliare [*book, magazine*] **2** *(search)* rovistare in [*belongings, drawers, briefcase*]; ***I caught him ~ing through my diary*** l'ho beccato mentre leggeva il mio diario; ***try ~ing through that pile of papers*** prova a guardare in quella pila di giornali; ***~ through [sb.]*** fingere di non vedere [*person*].

▪ **look to:** ***~ to [sb., sth.]*** **1** *(rely on)* contare su, fare affidamento su (**for** per; **to do** per fare); ***they ~ to him for leadership*** contavano su di lui per la guida **2** *(turn to)* pensare a, guardare a [*future*]; ***he ~ed to his friends for support*** cercava sostegno nei suoi amici; ***~ to [sth.]*** *(pay attention)* fare attenzione a, badare a [*defences, interests*]; ***~ to do*** *(expect)* sperare di fare; ***we're ~ing to break even, make a profit*** speriamo di rientrare delle spese, di guadagnare.

▪ **look towards** [*room, building*] dare su, guardare verso [*sea, park*].

▪ **look up:** ***~ up*** **1** *(raise one's eyes)* alzare gli occhi, lo sguardo (**from** da) **2** *(raise one's head)* alzare la testa; ***to ~ up at the clouds, treetops*** guardare le nuvole, le cime degli alberi **3** *(improve)* [*busi-*

ness, prospects] andare meglio, migliorare; [*conditions, situation*] migliorare; [*property market*] riprendersi; ***things are ~ing up for us*** le cose per noi stanno migliorando; ***~ up [sth.]*** guardare all'interno di [*chimney*]; ***to ~ up sb.'s skirt*** guardare sotto la gonna di qcn.; ***~ [sb., sth.] up, ~ up [sb., sth.]*** **1** *(check in book)* cercare [*address, phone number, price, word*] (**in** in); ***~ his number up in the phone book*** cerca il suo numero nell'elenco **2** *(visit)* andare a trovare, fare un salto da [*acquaintance, friend*]; ***~ me up if you're ever in New York*** vieni a trovarmi se passi da New York; ***~ up to [sb.]*** ammirare, guardare con ammirazione [*person*].

look-alike /'lʊkəlaɪk/ n. sosia m. e f.

looked-for /'lʊktfɔ:(r)/ agg. [*result, total, profits*] atteso, che ci si aspettava.

looker /'lʊkə(r)/ n. COLLOQ. *(woman)* bella donna f.; *(man)* bell'uomo m.

looker-on /ˌlʊkə'ɒn/ n. (pl. **lookers-on**) spettatore m. (-trice); *(in street)* passante m. e f. (che si ferma a guardare).

look-in /'lʊkɪn/ n. BE ***he monopolized the debate, nobody else got a ~*** ha monopolizzato il dibattito, ed era come gli altri con ci fossero; ***we don't intend to give our competitors a ~*** non intendiamo dare ai nostri concorrenti la minima opportunità; ***her brother was adored by her parents, but she never got a ~*** suo fratello era adorato dai genitori, ma lei era come se non esistesse.

looking /'lʊkɪŋ/ agg. in composti ***serious-, distinguished-~*** [*person*] dall'aspetto serio, distinto *o* dall'aria seria, distinta; ***dubious-, sinister-~*** [*place, object*] dall'aspetto dubbio, sinistro; ***he's not bad-~*** non è male.

looking-glass /'lʊkɪŋglɑ:s, AE -glæs/ n. LETT. specchio m.

look-out /'lʊkaʊt/ **I** n. **1** *(surveillance)* ***to be on ~*** [*sailor*] essere di vedetta; [*soldier*] essere di vedetta *o* essere di guardia; ***to be on the ~ for*** ricercare [*stolen vehicle, escaped prisoner*]; essere in cerca di *o* alla caccia di [*bargain, rare books, new ideas*]; stare attento per vedere (se arriva) [*visitor*]; essere in cerca di [*new recruits, promising actors*]; ***to keep a ~ for*** continuare a cercare [*lost keys, first edition*]; fare la posta a [*person*] **2** *(sentry) (on ship)* vedetta f., marinaio m. di vedetta; *(in army)* vedetta f. **3** *(surveillance post)* posto m. d'osservazione **4** BE COLLOQ. *(private concern)* ***that's his ~*** sono affari suoi *o* sono fatti suoi **II** modif. [*platform, post, tower*] d'osservazione; ***to be on ~ duty*** *(on ship)* essere di vedetta; *(in army)* essere di vedetta *o* di guardia.

look-over /'lʊkəʊvə(r)/ n. occhiata f. rapida, scorsa f.; ***to give sth. a ~*** dare un'occhiata rapida a qcs.

look-see /ˌlʊk'si:/ n. COLLOQ. occhiata f. rapida, scorsa f.; ***to have*** o ***take a ~*** gettare l'occhio *o* dare una rapida occhiata.

look-up /'lʊkʌp/ n. INFORM. ricerca f.

1.loom /lu:m/ n. telaio m.

2.loom /lu:m/ n. *(of ship)* apparizione f. lontana, (il) profilarsi.

3.loom /lu:m/ intr. **1** (anche **~ up**) [*shape, figure, building*] apparire in lontananza (**out of** da; **over** sopra); ***a figure ~ed up through the mist*** una figura apparve nella nebbia **2** [*threat, war, strike, crisis*] incombere; [*exam, interview, deadline*] incombere, essere imminente; ***the spectre of war ~s over the country*** lo spettro della guerra incombe sul paese; ***to ~ large*** [*exam*] incombere *o* profilarsi preoccupante; [*thought, horror*] incombere *o* profilarsi minaccioso; [*issue*] occupare una posizione di primo piano; [*figure, politician*] grandeggiare *o* imporsi; ***to ~ ahead*** [*ship*] apparire all'improvviso; [*crisis, war*] profilarsi *o* essere minaccioso.

4.loom /lu:m/ n. *(diving bird generally)* uccello m. tuffatore; *(guillemot)* uria f.; *(diver)* strolaga f.; *(grebe)* svasso m., tuffetto m.

▷ **looming** /'lu:mɪŋ/ agg. **1** [*crisis, threat, shortage*] incombente; [*deadline, exam*] imminente **2** [*spire, cliff, tower*] minaccioso.

1.loon /lu:n/ n. AE strolaga f.; *(grebe)* svasso m., tuffetto m.; ***common ~*** strolaga maggiore.

2.loon /lu:n/ n. SCOZZ. *(idiot)* babbeo m. (-a), imbecille m. e f. ◆ ***to be as crazy as a ~*** AE essere matto da legare.

loony /'lu:nɪ/ **I** n. **1** *(eccentric)* tipo m. (-a) bislacco (-a), strambo (-a) **2** *(crazy)* pazzo m. (-a); SPREG. *(mentally ill)* pazzo m. (-a), matto m. (-a); ***you ~!*** che stupido! **II** agg. matto, pazzo.

loony-bin /'lu:nɪbɪn/ n. COLLOQ. manicomio m.

loony left /ˌlu:nɪ'left/ BE COLLOQ. SPREG. = l'estrema sinistra del partito laburista inglese.

▷ **1.loop** /lu:p/ n. **1** cappio m., laccio m. ad anello; *(for belt)* passante m. **2** AER. giro m. della morte, looping m.; ***to ~ the ~*** fare il giro della morte **3** CINEM. ***film, video ~*** anello **4** EL. anello m., circuito m. completo; loop m. di corrente **5** INFORM. ciclo m., loop m. **6** FERR. (anche **~line**) linea f. di raccordo **7** MED. spirale f. intrauterina ◆ ***to be in the ~, out of the ~*** COLLOQ. essere, non essere tra quelli che contano *o* nella stanza dei bottoni; ***to throw sb. for a ~*** AE sconvolgere *o* scioccare qcn.

▷ **2.loop** /lu:p/ **I** tr. fare un cappio a [*string, thread etc.*] **II** intr. [*road, path*] fare una curva; ***the river ~s back on itself*** il fiume fa un'ansa.

loop antenna /'lu:pænˌtenə/ n. RAD. (pl. **loop antennae** o **~s**) antenna f. a telaio.

looped /lu:pt/ **I** p.pass. → **2.loop II** agg. sbronzo, ubriaco.

looper /'lu:pə(r)/ n. **1** AER. *(pilot)* chi esegue il giro della morte **2** *(in sewing machine)* dispositivo m. per fare asole volanti **3** ZOOL. geometride m.

loophole /'lu:phəʊl/ n. **1** ARCH. feritoia f. **2** FIG. lacuna f., scappatoia f., via f. d'uscita; ***to close*** o ***plug a ~*** rimediare a una lacuna; ***to find, exploit a ~*** trovare, sfruttare una scappatoia.

looping /'lu:pɪŋ/ n. INFORM. iterazione f.

loopy /'lu:pɪ/ agg. COLLOQ. pazzo, strambo.

1.loose /lu:s/ n. **1** ***on the ~*** [*prisoner, criminal, animal*] in libertà, libero; [*troublemakers*] scatenato; ***there's a killer, lion on the ~*** un assassino, un leone è scappato; ***there is a gang of hooligans on the ~ in the town*** c'è una banda di teppisti che scorrazzano per la città; ***he is still on the ~*** è ancora in libertà **2** *(in rugby)* ***the ~*** la mischia aperta.

▷ **2.loose** /lu:s/ agg. **1** *(not firm or tight)* [*knot*] largo, allentato; [*lace, screw*] allentato; [*nail, handle*] penzolante, che si stacca; [*joint*] allentato; [*component, section*] fissato male; [*button*] che si stacca, penzolante; [*thread*] penzolante; [*tooth*] che dondola; ***to come*** o ***work ~*** [*knot, screw*] allentarsi; [*brick, handle*] stare per staccarsi; [*nail*] penzolare; [*tooth*] dondolare; ***to work [sth.] ~*** allentare [*rope, knot, screw, fixture*]; staccare, liberare [*nail, post*]; smurare [*brick, bar*]; ***to hang ~*** [*hair*] essere sciolto; [*rope, reins, thread*] penzolare; ***hang ~!*** AE COLLOQ. rilassati! **2** *(free)* [*animal*] in libertà, libero; ***the bull's ~*** il toro è scappato; ***to break ~*** [*animal*] slegarsi (**from** da); FIG. rompere (**from** con); staccarsi (**from** da); ***to cut sb. ~*** liberare qcn.; ***to roam*** o ***run ~*** correre in libertà; ***to let*** o ***set*** o ***turn ~*** liberare [*animal, prisoner*]; ***he let the dogs ~ on me*** mi ha sguinzagliato i cani contro; ***I wouldn't let that mad man ~ on a classroom*** non affiderei una classe a quel pazzo; ***I wouldn't let first year students ~ on Joyce!*** non farei leggere Joyce agli studenti del primo anno! ***to let ~ with criticism, insults*** criticare, insultare senza ritegno **3** COMM. *(not packed)* [*tea, tobacco, sweets, vegetables*] sfuso, non confezionato; ***we sell envelopes ~*** vendiamo le buste singolarmente; ***just put the apples in the bag ~*** metta pure le mele direttamente nelle borsa; ***~ change*** spiccioli **4** *(that has come apart)* [*card, page*] staccato, volante; [*stone, fragment*] staccato; ***a ~ sheet of paper*** un foglio volante; ***these pages have come ~*** queste pagine si sono staccate; ***~ rust, paint*** ruggine, vernice che si stacca *o* che si scrosta; ***"~ chippings"*** BE o ***"~ gravel"*** AE *(roadsign)* "materiale instabile sulla strada" **5** *(not close-fitting)* [*dress, jacket, trousers*] ampio, largo; [*fold, waistband*] largo; [*collar*] (troppo) largo; *(flaccid)* [*skin*] flaccido; [*muscle*] rilassato **6** *(not compacted)* [*soil*] smosso; [*link*] lasco, tenue; [*weave*] a trama larga; [*structure*] rado, non compatto; [*association, alliance*] non compatto, debole; ***to have ~ bowels*** avere la dissenteria *o* la diarrea; ***~ maul*** *(in rugby)* = placcaggio malriuscito **7** *(not strict or exact)* [*translation, version*] approssimativo; [*wording*] impreciso; [*interpretation*] libero; [*guideline*] vago; [*discipline*] non severo, non rigido; [*style*] trasandato; ***~ talk*** discorsi a vanvera **8** *(dissolute)* [*morals*] dissoluto, licenzioso; ***~ living*** vita dissoluta **9** *(spare)* [*cash, funds*] libero, disponibile ◆ ***to be at a ~ end*** BE o ***to be at ~ ends*** AE non sapere che cosa fare; ***to tie up the ~ ends*** fare gli ultimi ritocchi *o* aggiustare gli ultimi dettagli; ***to have a ~ tongue*** avere la lingua lunga *o* non sapere tenere un segreto.

3.loose /lu:s/ tr. LETT. **1** *(release)* liberare **2** *(shoot)* scoccare, tirare [*arrow*].

■ **loose off** *(shoot)* fare fuoco, sparare una raffica (**at** su); ***~ off [sth.], ~ [sth.] off*** scaricare [*gun*]; sparare [*shot*]; tirare, scoccare [*arrow*]; lanciare [*abuse, insults*].

loosebox /'lu:sˌbɒks/ n. BE box m. (per cavalli).

loose cannon /ˌlu:s'kænən/ n. COLLOQ. FIG. mina f. vagante.

loose cover /ˌlu:s'kʌvə(r)/ n. BE fodera f. amovibile.

loose-fitting /ˌlu:s'fɪtɪŋ/ agg. ampio, largo.

loose-head prop /ˌlu:shed'prɒp/ n. *(in rugby)* pilone m.

loose-leaf /'lu:sli:f/ agg. a fogli mobili; ***~ binder, ~ folder*** raccoglitore.

loose-limbed /lu:s'lɪmd/ agg. agile, flessuoso.

▷ **loosely** /'lu:slɪ/ avv. **1** *(not tightly)* [*attach, fasten, cover, hold, wrap, wind*] senza stringere; [*fit*] approssimativamente; *(not firmly)* [*fix*] alla (bell'e) meglio; ***a jacket thrown ~ over her shoulders*** una giacca gettata sulle spalle con noncuranza; ***his clothes hung ~ on him*** i vestiti gli erano larghi *o* abbondanti **2** FIG. [*combined, connected, organized*] in modo approssimativo; [*structured*] in modo non compatto **3** FIG. *(imprecisely)* [*describe, interpret, translate, render, associate*] liberamente, in modo approssimativo; [*identify, refer*] in modo impreciso, vagamente; [*supervise*] senza troppa attenzione; ***the film is ~ based on the novel*** il film è liberamente tratto dal romanzo; ***these theories are ~ termed Marxist*** queste teorie sono in modo un po' impreciso definite marxiste.

loosely knit /'lu:slɪnɪt/ agg. [*group, structure*] poco unito.

loosely tailored /'lu:slɪˌteɪləd/ agg. dal taglio ampio, dalle linee morbide.

▷ **loosen** /'lu:sn/ **I** tr. **1** *(make less tight)* sciogliere, allentare [*knot, belt, strap*]; allentare [*lid, collar, screw*]; smuovere [*nail, post*]; allentare [*rope, string, link, control*]; sciogliere [*hair*]; FIG. rendere meno severo [*laws, restrictions*]; ***~ all tight clothing*** MED. sbottonare gli abiti che stringono; ***to ~ one's grip*** o ***hold on sth.*** allentare la presa su qcs. (anche FIG.) **2** *(make less compact)* dissodare [*soil*]; ***to ~ the bowels*** MED. FARM. liberare l'intestino *o* avere effetto lassativo **II** intr. *(become less tight)* [*knot, fastening, screw, point, grip, hold*] allentarsi; [*rope, string, wire*] sciogliersi, slegarsi; FIG. [*ties*] allentarsi ◆ ***to ~ sb.'s tongue*** sciogliere la lingua a qcn.

▪ **loosen up:** ~ ***up*** **1** SPORT sciogliere i muscoli **2** FIG. [*person*] rilassarsi, calmarsi; ~ ***up [sth.]***, ~ ***[sth.] up*** sciogliere [*muscle*]; allentare [*joint*]; FIG. ammorbidire [*policy*]; rendere più flessibile [*system*].

looseness /'lu:snɪs/ n. **1** *(of knot, fastening, screw, joint)* allentamento m.; gioco m.; *(of rope)* allentamento m.; *(of clothing)* ampiezza f., larghezza f.; ***~ of the bowels*** MED. dissenteria *o* diarrea **2** FIG. *(of translation, use of term)* imprecisione f.; *(of argument, thinking)* inesattezza f.; mancanza f. di rigore; *(of structure, organization)* debolezza f., mancanza f. di compattezza; *(of morals)* rilassamento m., rilassatezza f.; *(of person)* dissolutezza f., libertinaggio m.

loosening /'lu:snɪŋ/ n. *(of rope, screw)* allentamento m.

loosestrife /'lu:sstraɪf/ n. *(purple)* salcerella f.; *(yellow)* mazza f. d'oro.

loose-tongued /ˌlu:s'tʌŋd/ agg. che parla troppo, dalla lingua lunga.

loose-weave /'lu:swi:v/ agg. [*fabric*] a maglia larga.

1.loot /lu:t/ n. **1** *(stolen goods)* bottino m. **2** COLLOQ. *(money)* grana f.

2.loot /lu:t/ **I** tr. saccheggiare **II** intr. darsi al saccheggio.

looter /'lu:tə(r)/ n. saccheggiatore m. (-trice).

looting /'lu:tɪŋ/ n. saccheggio m.

1.lop /lɒp/ tr. (forma in -ing ecc. **-pp-**) potare [*tree, branch*].

▪ **lop off:** ~ ***[sth.] off***, ~ ***off [sth.]*** tagliare via [*branch*]; mozzare [*head*]; ***she ~ped 10% off the price, 10 seconds off the record*** ha ridotto il prezzo del dieci per cento, ha migliorato il record di dieci secondi.

2.lop /lɒp/ n. mare m. corto, maretta f.

3.lop /lɒp/ intr. (forma in -ing ecc. **-pp-**) [*sea*] infrangersi in piccole onde.

4.lop /lɒp/ n. coniglio m. dalle orecchie pendenti.

5.lop /lɒp/ intr. (forma in -ing ecc. **-pp-**) AE **1** *(hang loosely)* pendere **2** *(waste time)* ciondolare.

6.lop /lɒp/ n. COLLOQ. pulce f.

1.lope /ləʊp/ n. *(of person)* falcata f., passo m. lungo; *(of animal)* passo m. lungo.

2.lope /ləʊp/ intr. ***to ~ off, in*** andarsene, arrivare a grandi passi.

lop-eared /'lɒprəd/ agg. dalle, con le orecchie pendenti.

lophotrichous /lə'fɒtrɪkəs/ n. lofotrico m.

lopping /'lɒpɪŋ/ n. *(of tree)* potatura f.

loppy /'lɒpɪ/ agg. *(limp)* pendente.

lopsided /ˌlɒp'saɪdɪd/ agg. **1** [*clothing*] che pende, storto; [*object*] asimmetrico, sghembo; [*drawing*] sproporzionato; ***a ~ smile*** un sorrisetto **2** FIG. [*argument, view etc.*] di parte.

lopsidedly /ˌlɒp'saɪdɪdlɪ/ avv. in modo sghembo, storto.

loquacious /lə'kweɪʃəs/ agg. FORM. loquace.

loquaciously /lə'kweɪʃəslɪ/ avv. FORM. loquacemente.

loquaciousness /lə'kweɪʃəsnɪs/, **loquacity** /lə'kwæsətɪ/ n. FORM. loquacità f.

loquat /'ləʊkwæt/ n. *(fruit)* nespola f. del Giappone; *(tree)* nespolo m. del Giappone.

▶ **1.lord** /lɔ:d/ ♦ ***9*** n. **1** *(ruler)* signore m. (**of** di); ***~ and master*** IRON. signore e padrone; *(husband)* = marito **2** GB *(peer)* lord m., pari m.; ***the (House of) Lords*** la Camera Alta, dei Lord; ***my Lord*** *(to noble)* Vostra Eccellenza; *(to bishop)* Monsignore *o* Vostra Eccellenza.

2.lord /lɔ:d/ **I** intr. spadroneggiare, farla da padrone **II** tr. conferire il titolo di lord a ◆ ***to ~ it over sb.*** comandare qcn. a bacchetta.

▶ **Lord** /lɔ:d/ n. **1** RELIG. Signore m.; ***praise the ~!*** il Signore sia lodato! ***in the year of our ~ 1604*** nell'anno del Signore, di grazia 1604 **2** COLLOQ. *(in exclamations)* ***~!*** o Signore! Gesù! ***good ~!*** Dio mio! ***~ (only) knows!*** lo sa (solo) Dio! ***~ knows where, why, etc.*** Dio solo sa dove, perché ecc.; ***~ preserve us!*** Dio ci scampi e liberi!

Lord Advocate /lɔ:d'ædvəkət/ n. = esponente massimo della magistratura in Scozia.

Lord Chamberlain /lɔ:d'tʃeɪmbəlɪn/ n. Lord m. Ciambellano (funzionario responsabile della casa reale inglese).

Lord Chancellor /lɔ:d'tʃɑ:nsələ(r)/ n. GB Lord m. Cancelliere (ministro della giustizia e presidente della Camera dei Lord).

Lord Chief Justice /ˌlɔ:dtʃi:f'dʒʌstɪs/ n. GB = presidente dell'Alta Corte di Giustizia.

Lord High Admiral /ˌlɔ:dhaɪ'ædmərəl/ n. = titolo spettante al sovrano britannico.

Lord Lieutenant /ˌlɔ:dlef'tenənt, AE -lu:'t-/ n. = rappresentante onorario della corona in una delle contee della Gran Bretagna.

lordliness /'lɔ:dlɪnɪs/ n. **1** *(proudness)* arroganza f., alterigia f. **2** *(magnificence)* sfarzo m., magnificenza f.

lordling /'lɔ:dlɪŋ/ n. ANT. SPREG. signorotto m.

lordly /'lɔ:dlɪ/ agg. **1** *(proud)* [*manner, tone, contempt*] altezzoso **2** *(like a lord)* [*bearing*] signorile, da gran signore; [*appearance*] signorile.

Lord Mayor /ˌlɔ:d'meə(r)/ ♦ ***9*** n. = sindaco della City di Londra o di una delle grandi città inglesi.

Lord of Appeal /ˌlɔ:dəvə'pi:l/ n. GB = giudice della Corte d'Appello.

lordosis /lɔ:'dəʊsɪs/ ♦ ***11*** n. (pl. **-es**) lordosi f.

Lord President of the Council /ˌlɔ:d'prezɪdəntəvðəˌkaʊnsl/ n. GB = ministro che presiede al Consiglio privato della Corona.

Lord Privy Seal /ˌlɔ:dˌprɪvɪ'si:l/ n. GB = Decano del Consiglio dei Ministri.

Lord Provost /ˌlɔ:d'prɒvəst/ n. = sindaco di una delle grandi città scozzesi.

lords and ladies /ˌlɔ:dzən'leɪdɪz/ n. gigaro m.

Lord's Day /'lɔ:dzdeɪ/ n. giorno m. del Signore.

lordship /'lɔ:dʃɪp/ ♦ ***9*** n. **1** (anche **Lordship**) *(title)* ***your, his ~*** *(of noble, bishop, judge)* Vostra, Sua Eccellenza, Signoria; ***their ~s will vote tomorrow*** i signori membri della Camera dei Lord voteranno domani **2** *(dominion)* signoria f., dominio m. (**over** su).

Lord's Prayer /lɔ:dz'preə(r)/ n. Padrenostro m.

Lords Spiritual /lɔ:dz'spɪrɪtʃʊəl/ n.pl. GB = i vescovi o gli arcivescovi membri della Camera dei Lord.

Lord's Supper /lɔ:dz'sʌpə(r)/ n. Eucaristia f.

Lords Temporal /lɔ:dz'tempərəl/ n.pl. GB = i membri laici della Camera dei Lord.

1.lore /lɔ:(r)/ n. **1** *(of a people)* tradizioni f.pl., folclore m. **2** *(of nature)* conoscenze f.pl.

2.lore /lɔ:(r)/ n. setto m. membranoso (sotto gli occhi degli uccelli e dei rettili).

lorgnette /lɔ:'njet/ n. STOR. *(spectacles)* occhialetto m., lorgnette f.; *(for opera, races)* binocolo m.

lorica /lə'raɪkə/ n. (pl. **-ae**) lorica f.

loricate /'lɒrɪkeɪt/ agg. loricato.

lorikeet /'lɒrɪˌki:t/ n. lorichetto m.

loris /'lɔ:rɪs/ n. (pl. **~**) lori m.

lorn /lɔ:n/ agg. **1** ANT. *(doomed to destruction)* perduto, rovinato **2** *(abandoned)* [*person*] derelitto; [*place*] desolato.

Lorna /'lɔ:nə/ n.pr. Lorna (nome di donna).

Lorraine /lɒ'reɪn/ n.pr. Lorena f.

▷ **lorry** /'lɒrɪ, AE 'lɔ:rɪ/ n. BE camion m., autocarro m.; ***heavy ~*** mezzo pesante; ***army ~*** autocarro militare ◆ ***it fell off the back of a ~*** SCHERZ. è piovuto dal cielo; EUFEM. = è merce rubata.

lorry driver /'lɒrɪˌdraɪvə(r)/ ♦ ***27*** n. BE camionista m. e f.

lorry load /'lɒrɪˌləʊd/ n. BE **1** carico m. (del camion), camionata f. **2** FIG. camionata f.

Los Angeles /lɒs'ændʒɪˌli:z/ ♦ ***34*** n.pr. Los Angeles f.

▶ **lose** /lu:z/ **I** tr. (pass., p.pass. **lost**) **1** *(mislay)* perdere [*object, person*]; ***to ~ one's way*** perdersi (anche FIG.) **2** *(be deprived of)* perdere; ***the poem has lost something in translation*** la poesia ha perso nella traduzione; ***to ~ interest in sth.*** perdere interesse per qcs.; ***to ~ touch*** *(with reality, with situation)* perdere contatto; *(with person)* perdere i contatti (**with** con); ***to ~ the use of*** perdere l'uso di [*limb, muscle*]; ***to ~ one's life*** perdere la vita; ***many lives were lost*** ci furono molte vittime; ***200 jobs will be lost*** andranno persi 200 posti di lavoro; ***to ~ one's breath*** sfiatarsi; ***to ~ one's figure*** perdere la linea; ***he's losing his looks*** si sta imbruttendo; ***we are losing a lot of business to our competitors*** la concorrenza ci sta facendo perdere molti clienti; ***they lost both sons in the war*** hanno perso entrambi i figli in guerra; ***to be lost at sea*** essere disperso in mare; ***to have nothing, little to ~*** COLLOQ. non avere niente, non avere molto da perdere; ***try it, you've nothing to ~*** COLLOQ. provaci, non hai niente da perdere! ***you've nothing to ~ by applying*** non ci perdi niente a mandare la domanda; ***I daren't, I've got too much to ~*** non ne ho il coraggio, ho troppo da perdere **3** *(miss, waste)* perdere, sprecare [*chance, time*]; ***there's no time, not a moment to ~*** non c'è tempo *o* non c'è un momento da perdere; ***stopping meant losing vital seconds*** fermarsi voleva dire perdere secondi preziosi; ***he lost no time in replying*** ha risposto subito; ***this allusion was not lost on him*** ha colto l'allusione **4** *(be defeated in)* DIR. POL. SPORT perdere [*fight, war, match, game, race, case, bet, election, vote*]; avere la peggio in [*argument, debate*]; perdere (una causa) in [*appeal*] **5** *(not hear or understand)* non cogliere [*remark, word*]; ***I've lost the final words you said*** mi sono sfuggite le ultime parole che hai detto; *(not see)* perdere (di vista) [*moving object*]; ***you've lost me there!*** COLLOQ. FIG. non ti seguo più! ***their cries were lost in the din*** il rumore copriva le loro urla **6** *(shake off, get rid of)* perdere [*habit*]; sbarazzarsi di [*unwanted person or object*]; seminare [*pursuer*]; eliminare [*post, job*]; licenziare [*worker*] **7** *(go slow)* [*clock, watch*] rimanere, andare indietro di [*minutes, seconds*] **8** *(cause to forfeit)* ***to ~ sb. sth.*** fare perdere *o* costare qcs. a qcn.; ***his speech lost the party a million votes*** il suo discorso fece perdere un milione di voti al partito **II** intr. (pass., p.pass. **lost**) **1** *(be defeated)* perdere (**to sb.** con, contro qcn.); ***they lost to the Italian team*** hanno perso contro la squadra italiana **2** *(be worse off, deteriorate)* perderci, rimetterci; ***they lost on the sale of the house*** ci hanno rimesso nella vendita della casa; ***the novel ~s in translation*** il romanzo ci perde in traduzione; ***try it, you can't ~!*** provaci, non ci perdi niente! **3** [*clock, watch*] andare indietro **III** rifl. (pass., p.pass. **lost**) ***to ~ oneself in*** immergersi in [*book*]; perdersi in [*contemplation*].

■ **lose out** perderci; ***to ~ out on*** rimetterci in [*deal*]; perdere [*chance, opportunity, bargain*]; ***to ~ out to sb.*** perdere terreno rispetto a qcn.

▷ **loser** /ˈluːzə(r)/ n. perdente m. e f.; ***to be a good, bad ~*** sapere, non saper perdere; ***you won't be the ~ by it*** non sarai tu a rimetterci; ***a born ~*** un perdente (nato); ***that policy's a vote~*** questa politica farà perdere molti voti.

▷ **losing** /ˈluːzɪŋ/ agg. **1** [*team, player, side*] perdente, sconfitto **2** COMM. ECON. [*concern*] in perdita ♦ ***it's a ~ battle*** è una battaglia persa in partenza; ***to fight a ~ battle against*** combattere una battaglia persa in partenza contro; ***to be on a ~ streak*** o ***wicket*** collezionare una serie di sconfitte *o* attraversare un momentaccio.

▶ **loss** /lɒs, AE lɔːs/ n. **1** perdita f. (**of** di) (anche COMM. POL.); ***heat~*** dispersione di calore; ***weight~*** perdita di peso; ***hair~*** caduta dei capelli; ***~ of blood*** perdita di sangue; ***there was great ~ of life*** ci furono molte vittime; ***~ of income*** o ***earnings*** mancati utili; ***~ of sound, vision*** TELEV. interruzione audio, video; ***with the ~ of 200 jobs*** con la perdita di 200 posti di lavoro; ***he is a great ~ to the arts*** è una grave perdita per il mondo dell'arte; ***he's no great ~*** non è una gran perdita; ***a sense of ~*** un senso di vuoto; ***to make a ~ on sth.*** COMM. registrare una perdita su qcs.; ***to sell at a ~*** COMM. vendere in perdita; ***to suffer ~es*** COMM. MIL. subire delle perdite; ***the party suffered heavy ~es in the elections*** il partito ha perso molti voti alle elezioni **2** ***to be at a ~*** *(puzzled)* essere perplesso; *(helpless)* essere perso; ***to be at a ~ as to what to do*** non sapere assolutamente cosa fare; ***I'm at a ~ to explain it*** non riesco a spiegarlo; ***he was at a ~ for words*** era senza parole; ***she's never at a ~ for words*** sa sempre cosa dire ♦ ***to cut one's ~es*** = ritirarsi da un cattivo affare prima che sia troppo tardi, limitare i danni; ***their ~ is our gain*** mors tua vita mea.

loss adjuster /ˈlɒsəˌdʒʌstə(r)/ ♦ ***27*** n. (perito) liquidatore m.

loss leader /ˈlɒsˌliːdə(r)/ n. COMM. articolo m. civetta.

loss-maker /ˈlɒsˌmeɪkə(r)/ n. COMM. *(product)* = prodotto venduto in perdita; *(company)* azienda f. in perdita.

loss-making /ˈlɒsˌmeɪkɪŋ/ agg. [*product*] venduto in perdita; [*company*] (che lavora) in perdita.

loss ratio /ˈlɒsˌreɪʃɪəʊ/ n. coefficiente m. di perdita.

▷ **lost** /lɒst, AE lɔːst/ **I** pass., p.pass. → **lose II** agg. **1** [*object, child, animal*] smarrito, perso; ***to get ~*** perdersi; ***I think we're ~*** penso che ci siamo persi; ***the ticket got ~*** il biglietto è stato smarrito; ***her basic point got ~*** non si è capito dove volesse andare a parare; ***~ soul*** RELIG. anima persa *o* anima dannata (anche FIG.); ***get ~!*** COLLOQ. sparisci! **2** *(wasted, vanished)* [*opportunity, chance*]

1.lot

- When *a lot* is used as a pronoun to mean *much* in both positive and negative expressions, it is translated by *molto*:

they earn a lot	= guadagnano molto
he spends a lot	= spende molto
they didn't have a lot	= non avevano molto

For particular usages, see **I.1** in the entry **1.lot**.

- When *the lot* is used as a pronoun, it is usually translated by *tutto*:

they took the lot	= hanno preso tutto

For particular usages, see **I.2** in the entry **1.lot**.

- When *a lot of* is used as a quantifier, it is translated by *molto / molta / molti / molte* or by the colloquial expressions *un mucchio di* and *un sacco di*:

I don't have a lot of time / hair / hats / jackets	= non ho molto tempo / molti capelli / molti cappelli / molte giacche
I've got a lot of friends	= ho un mucchio di amici
he has come into a lot of money	= ha ereditato un sacco di soldi

The above Italian equivalents may also be used to translate *lots of*. For particular usages, see **II.1** in the entry **1.lot**.

- When *a lot* or *lots* are used as adverbs, they are translated by *molto*:

a lot stronger	= molto più forte
lots better	= molto meglio
he's changed a lot	= è cambiato molto.

perso, mancato; [*happiness, innocence, youth*] perduto; [*civilization*] scomparso; ***to give sb., sth. up for ~*** perdere la speranza di ritrovare qcn., qcs.; ***good advice is ~ on her*** è inutile darle consigli; ***my lecture was completely ~ on them*** fare lezione a loro è stato fiato sprecato; ***another promising player ~ to the sport*** ancora un promettente giocatore sottratto allo sport **3** *(mystified)* [*person, look*] perso, smarrito; ***to be ~ without sb., sth.*** essere perso senza qcn., qcs.; ***I'd be ~ without you, a calculator*** sarei perso senza di te, senza calcolatrice; ***to be ~ for words*** rimanere senza parole **4** ***to be ~ in*** essere immerso in [*book*]; ***to be ~ in one's thoughts*** essere perso nei propri pensieri; ***~ in wonder*** incantato; ***to be ~ to the world*** estraniarsi **5** *(doomed)* LETT. SCHERZ. perduto, perso; ***all is, is not ~*** tutto, non tutto è perduto; ***a ~ cause*** una causa persa.

lost and found /lɒstənˈfaʊnd/ n. **1** *(articles)* oggetti m.pl. smarriti **2** (anche **~ office**) ufficio m. oggetti smarriti **3** GIORN. ***"lost-and-found (column)"*** = colonna di inserzioni in cui vengono segnalati oggetti smarriti o trovati.

lost property /lɒstˈprɒpətɪ/ n. BE *(articles)* oggetti m.pl. smarriti.

▶ **1.lot** /lɒt/ ♦ ***22*** **I** pron. *(great deal)* ***a ~, ~s*** molto, tanto; ***we buy a ~ at the market*** compriamo molte cose al mercato; ***he likes to spend a ~ on books*** gli piace spendere molto in libri; ***to get a ~ out of*** trarre molto da [*book, activity*]; ***to do a ~ to help sb., improve sth.*** fare tanto per aiutare qcn., per migliorare qcs.; ***there's not a ~ to tell*** non c'è molto da dire; ***they didn't have a ~ left*** non gli era rimasto molto; ***he knows a ~ about sport*** sa tantissime cose sullo sport; ***you've taken (rather) a ~ on*** ti sei caricato troppo *o* ti sei preso troppe cose da fare; ***I'd give a ~ to be able to do*** darei chissà cosa per poter fare; ***it says a ~ about her, the regime*** la dice lunga su di lei, sul regime; ***it has a ~ to do with anxiety*** è strettamente legato all'ansia; ***that has a ~ to do with it*** c'entra molto; ***an awful ~*** un mucchio, un sacco; ***there's an awful ~ left to do*** ci sono ancora un sacco di cose da fare; ***quite a ~*** un bel po'; ***to mean quite a ~ to sb.*** significare molto per qcn.; ***she knows quite a ~ about cinema*** si intende parecchio di cinema; ***we have such a ~ in common*** abbiamo così tanto in comune; ***such a ~ depends on*** così tante cose dipendono da; ***it takes such a ~ out of me*** mi sfinisce; ***he's been through such a ~*** ne ha passate tante; ***we have ~s in common*** abbiamo molto in comune; ***...and ~s more*** ...e altro ancora; ***"has he got records?" - "yes, ~s!"*** "ha dei dischi?" "sì, tantissimi!" **II** n. **1** COLLOQ. *(entire amount or selection)* ***the ~*** tutto; ***she ate the (whole) ~*** *(whole quantity)* l'ha mangiato tutto; *(everything)* ha mangiato tutto; ***they'll confiscate the ~!*** confischeranno tutto! ***you can take the ~*** *(whole quantity)* puoi prenderlo tutto; *(everything)* puoi prendere tutto; ***I'll write you a cheque for the ~*** ti pago tutto con un assegno; ***the whole ~ tied with a ribbon*** il tutto legato con un nastro; ***the best speech of the*** ~ il discorso migliore; ***the nicest dress of the*** ~ il più bello fra tutti gli abiti; ***heartburn, cramps, the*** ~! bruciore di stomaco, crampi, di tutto! **2** COLLOQ. *(specific group of people)* ***she's the best, nicest of the*** ~ è la migliore, la più simpa-tica del gruppo; ***that*** ~ SPREG. quelli là; ***I don't trust that*** ~ non mi fido di quelli là; ***you*** ~ voi; ***listen you*** ~, ***I've had enough!*** ascoltatemi bene, voi: ne ho avuto abbastanza! ***my*** ~ ***can't even spell properly*** i miei non sanno neanche scrivere correttamente; ***they're not a bad*** ~ non sono malvagi; ***he's a bad*** ~ COLLOQ. è un brutto tipo; ***the best of a bad*** ~ COLLOQ. il meno peggio **III** quantif. **1** *(great deal)* ***a*** ~ ***of*** o ~***s of*** molto *o* un sacco di *o* un mucchio di; ***a*** ~ ***of money, energy, people*** un sacco di soldi, di energia, di gente; ***it affects a*** ~ ***of women*** interessa molte donne; ***I don't have a*** ~ ***of time*** non ho molto tempo; ***not a*** ~ ***of people know that*** non molti sanno che; ***I see a*** ~ ***of him*** lo vedo spesso; ***you've done a*** ~ ***of teaching*** hai insegnato molto; ***to spend an awful*** ~ ***of time doing*** COLLOQ. passare un bel po' di tempo a fare; ***he has an awful*** ~ ***of responsibility*** COLLOQ. ha un bel po' di responsabilità; ***there were quite a*** ~ ***of people*** c'era un bel po' di gente; ***there were quite a*** ~ ***of cars, books*** c'erano un bel po' di macchine, di libri; ***quite a*** ~ ***of people disagree*** molta gente non è d'accordo; ***quite a*** ~ ***of our efforts*** molti dei nostri sforzi; ***quite a*** ~ ***of our support*** gran parte del nostro sostegno; ***what a*** ~ ***of people, books!*** quanta gente, quanti libri! ~***s (and*** ~***s) of*** COLLOQ. tantissimo *o* un sacco di [*people, cars, shops, jobs, stories, vegetables, music, traffic, wine, blood*]; ***there are*** ~***s of things to do*** ci sono tantissime cose da fare; ***he earns*** ~***s and*** ~***s of money*** guadagna un sacco di soldi **2** COLLOQ. *(entire group)* ***get out, the (whole)*** ~ ***of you!*** (andatevene) fuori tutti! ***I'd sack the*** ~ ***of them!*** li licenzierei tutti! ***I'll outlive the*** ~ ***of you!*** vi seppellirò tutti! **IV** avv. **1** ***a*** ~ molto; ***a*** ~ ***better, easier, more useful*** molto meglio, molto più facile, molto più utile; ***a*** ~ ***worse*** molto peggio; ***they talk a*** ~ ***about justice*** parlano molto di giustizia; ***she works at home a*** ~ lavora molto a casa; ***you find this a*** ~ ***with teenagers*** è molto diffuso tra gli adolescenti; ***the situation has improved a*** ~ la situazione è migliorata molto; ***we visit them a*** ~ andiamo spesso a trovarli; ***this happens quite a*** ~ succede, capita molto spesso; ***an awful*** ~ ***cheaper*** molto meno caro; ***you're smoking an awful*** ~ COLLOQ. certo che fumi davvero tanto; ***it would help an awful*** ~ COLLOQ. aiuterebbe un casino; ***he travels abroad such a*** ~ viaggia talmente tanto all'estero; ***thanks a*** ~! COLLOQ. grazie mille! **2** COLLOQ. ~***s better, more interesting*** molto meglio, molto più interessante.

2.lot /lɒt/ n. **1** *(destiny)* destino m., sorte f.; *(quality of life)* condizione f.; ***to be happy with one's*** ~ essere contenti di ciò che si ha; ***to improve one's*** ~ migliorare la propria condizione; ***to improve the*** ~ ***of the elderly*** migliorare la qualità di vita degli anziani; ***the poverty and disease which are the*** ~ ***of many*** la povertà e la malattia che sono il destino di molti; ***a policeman's*** ~ ***is not a happy one*** la vita del poliziotto non è delle più allegre; ***to throw in one's*** ~ ***with sb.*** condividere la sorte di qcn. **2** AE *(piece of land)* lotto m. (di terreno); ***vacant*** ~ terreno libero; ***used car*** ~ = vasta area all'aperto adibita all'esposizione e alla vendita di macchine usate **3** *(at auction)* (anche **job** ~) lotto m.; ~ ***No. 69, an oil painting by Gauguin*** lotto numero 69, un dipinto a olio di Gauguin **4** *(decision-making process)* estrazione f. a sorte, sorteggio m.; ***to draw*** o ***cast*** ~***s*** tirare a sorte (**to do** per fare); ***to be chosen*** o ***decided by*** ~ essere estratto a sorte; ***the*** ~ ***fell to me*** o ***it fell to my*** ~ ***to do*** mi è toccato (in sorte) fare **5** CINEM. *(studio)* studio m. **6** *(set, batch) (of goods, articles)* lotto m. (**of** di); *(of produce, fish)* partita f. (**of** di); *(of students, recruits, tourists)* gruppo m.

3.lot /lɒt/ tr. (forma in -ing ecc. **-tt-**) dividere in lotti, lottizzare [*land*]; dividere in partite, lottizzare [*goods*].

loth → **loath**.

Lothario /lə'θɑːrɪəʊ, lə'θeərɪəʊ/ **I** n.pr. Lotario **II** n. (pl. **~s**) FIG. dongiovanni m., libertino m.

Lothian /'ləʊðɪən/ ➧ *24* n.pr. (anche ~ **Region**) Lothian m.

lotion /'ləʊʃn/ n. lozione f.

▷ **lottery** /'lɒtərɪ/ **I** n. lotteria f. (anche FIG.) **II** modif. [*winner, number, ticket*] della lotteria; [*win*] alla lotteria.

Lottie /'lɒtɪ/ n.pr. diminutivo di **Charlotte**.

▷ **lotto** /'lɒtəʊ/ ➧ *10* n. *(game)* lotto m.

Lotty → **Lottie**.

lotus /'ləʊtəs/ n. loto m.

lotus-eater /'ləʊtəsˌiːtə(r)/ n. MITOL. lotofago m.; FIG. epicureo m. (-a).

lotus position /'ləʊtəspəˌzɪʃŋ/ n. posizione f. del loto.

▷ **loud** /laʊd/ **I** agg. **1** *(noisy)* [*bang, scream, crash*] forte; [*music, radio, TV, voice*] alto; [*comment*] ad alta voce; [*party*] chiassoso; [*laugh, applause*] fragoroso; [*whisper*] udibile; ***to be*** ~ ***with sth.*** risuonare di qcs.; ***a*** ~ ***din*** un gran fracasso **2** *(emphatic)* [*protest*] vibrato; [*objection*] vivace; [*agreement*] pieno; ***to be*** ~ ***in one's praise of sth.*** decantare qcs.; ***to be*** ~ ***in one's condemnation of sth.*** condannare con forza qcs. **3** *(vulgar)* [*colour, pattern*] vistoso; [*person, behaviour*] volgare **II** avv. forte; ***out*** ~ ad alta voce; ~ ***and clear*** forte e chiaro; ***her voice rang out*** ~ ***and clear*** la sua voce risuonò forte e chiara; ***I am receiving you*** ~ ***and clear*** RAD. ti ricevo forte e chiaro (anche SCHERZ.) ◆ ***for crying out*** ~! COLLOQ. che diamine! cavolo!

louden /'laʊdŋ/ **I** tr. alzare [*voice*] **II** intr. [*voice, sound*] crescere, alzarsi, diventare più alto.

loudhailer /ˌlaʊd'heɪlə(r)/ n. BE megafono m.

▷ **loudly** /'laʊdlɪ/ avv. [*bang, crash*] fragorosamente; [*knock, talk, laugh, sing, play music, scream, cry*] forte; [*cheer*] calorosamente; [*protest, condemn*] con veemenza; ***he praised him*** ~ ne ha tessuto le lodi.

loudmouth /'laʊdmaʊθ/ n. COLLOQ. sbruffone m. (-a).

loudmouthed /'laʊdmaʊθt/ agg. COLLOQ. sbruffone.

loudness /'laʊdnɪs/ n. **1** *(of sound)* intensità f., altezza f. **2** *(of appearance)* vistosità f.

loudspeaker /ˌlaʊd'spiːkə(r)/ n. *(for announcements)* altoparlante m.; *(for hi-fi)* altoparlante m., cassa f.

loudspeaker system /'laʊdspiːkəˌsɪstəm/ n. *(for announcements)* altoparlanti m.pl.; *(for hi-fi)* altoparlanti m.pl., casse f.pl.

loudspeaker van /'laʊdspiːkəˌvæn/ n. = camioncino dotato di altoparlanti.

lough → **loch**.

Louie /'luːɪ/ n.pr. **1** diminutivo di **Louis** **2** *(cartoons' character)* Qua.

Louis /'luːɪs/ n.pr. Luigi.

Louisa /luː'iːzə/, **Louise** /luː'iːz/ n.pr. Luisa.

Louisiana /luːˌiːzɪ'ænə/ ➧ *24* n.pr. Louisiana f.

▷ **1.lounge** /laʊndʒ/ **I** n. **1** *(in house)* sala f., salotto m.; *(hotel)* sala f.; ***TV*** ~ sala TV **2** *(in airport)* sala f. d'attesa; ***arrivals*** ~ sala d'attesa; ***departure*** ~ sala d'imbarco **3** (anche **cocktail** ~) bar m. (di un albergo) **II** modif. [*chairs, furniture*] da sala; [*music*] lounge.

2.lounge /laʊndʒ/ n. *(sofa)* agrippina f.

3.lounge /laʊndʒ/ intr. **1** *(sprawl)* adagiarsi comodamente (**on** su); ***to*** ~ ***against sth.*** appoggiarsi contro qcs. **2** *(idle)* poltrire.

■ **lounge about**, **around** ciondolare, gironzolare; ***to*** ~ ***about the house*** ciondolare per casa.

lounge bar /'laʊndʒˌbɑː(r)/ n. BE *(in hotel)* bar m.; *(in pub, bar)* sala f. interna.

lounger /'laʊndʒə(r)/ n. fannullone m. (-a), perdigiorno m. e f.

lounge lizard /'laʊndʒˌlɪzəd/ n. COLLOQ. = frequentatore di salotti.

lounge suit /'laʊndʒˌsuːt, -ˌsjuːt/ n. **1** BE *(man's)* abito m.; *(on invitation)* abito m. scuro **2** AE veste f. da camera.

lounge suite /'laʊndʒˌswiːt/ n. BE *(furniture)* salotto m.

loungewear /'laʊndʒˌweə(r)/ n. AE vestiti m.pl. da casa.

1.lour /'laʊə(r)/ n. **1** *(frown)* cipiglio m. **2** *(of sky, weather)* (l')essere minaccioso.

2.lour /'laʊə(r)/ → **3.lower**.

Lourdes /lʊəd/ n.pr. Lourdes (nome di donna).

louringly /'laʊərɪŋlɪ/ avv. minacciosamente.

1.louse /laʊs/ n. **1** (pl. **lice**) *(insect)* pidocchio m. **2** (pl. **~s**) POP. SPREG. *(comptemptible person)* verme m.

2.louse /laʊs/ tr. ANT. spidocchiare.

■ **louse up** POP. ***~ [sth.] up, ~ up [sth.]*** rovinare, mandare a monte.

lousiness /'laʊzɪnɪs/ n. **1** *(vileness)* bassezza f. **2** *(infestation)* pediculosi f.

lousy /'laʊzɪ/ **I** agg. **1** COLLOQ. [*book, film, meal, holiday, working conditions*] schifoso; [*salary*] infimo; ***to be*** ~ ***at*** fare schifo in [*history, maths etc.*]; fare schifo a [*volleyball, football etc.*]; ***to feel*** ~ sentirsi male; ***a*** ~ ***trick*** un tiro mancino **2** *(louse-infested)* pidocchioso **3** COLLOQ. ~ ***with*** pieno di [*tourists etc.*] **II** avv. AE POP. ***to do*** ~ fare fiasco (**on** in).

lout /laʊt/ n. *(rude-mannered)* zoticone m. (-a); *(hooligan)* vandalo m. (-a); *(clumsy)* imbranato m. (-a).

loutish /'laʊtɪʃ/ agg. *(bad-mannered)* rozzo; *(rowdy, violent)* ~ ***youth*** teppistello; ~ ***behaviour*** comportamento violento.

loutishly /'laʊtɪʃlɪ/ avv. **1** *(violently)* violentemente **2** *(rudely)* in modo villano.

loutishness /'laʊtɪʃnɪs/ n. **1** *(violence)* brutalità f. **2** *(rudeness)* villania f.

louvre BE, **louver** AE /'luːvə(r)/ **I** n. *(strip)* stecca f. (di persiana); *(in window, in door)* persiana f.; *(on belltower)* lucernario m.; *(of car)* feritoia f. di ventilazione **II** modif. [*door*] a persiana.

louvred BE, **louvered** AE /'lu:vəd/ agg. a persiana; ~ ***shutter*** persiana.
lovable /'lʌvəbl/ agg. [*person*] amabile; [*clown, eccentric*] simpatico; [*child*] adorabile.
lovableness /'lʌvəblənɪs/ n. amabilità f.
lovably /'lʌvəblɪ/ avv. amabilmente.
▶ **1.love** /lʌv/ **I** n. **1** *(affection, devotion)* amore m. (**for** per); ***to do sth. for*** ~ fare qcs. per amore (**of sb.** di qcn.); ***to do sth. for the ~ of it*** fare qcs. per il gusto di farlo; ***for the ~ of God*** o ***Mike!*** COLLOQ. per amor del cielo! ***to be, fall in*** ~ essere innamorato, innamorarsi (**with** di); ***he's in ~ with the sound of his own voice*** gli piace sentirsi parlare; ***to fall out of*** ~ disinnamorarsi (**with** di); ***to make ~*** *(have sex)* fare l'amore (**with, to** con); ***to make ~ to sb.*** ANT. *(court)* fare all'amore con qcn. RAR., corteggiare **2** *(in polite formulas)* ***give my ~ to Jo*** porta i miei affettuosi saluti a Jo; ~ ***to Don and the kids*** COLLOQ. baci a Don e ai bambini; ***Andy sends his*** ~ Andy ti abbraccia; ***with ~ from Bob*** o ~ ***Bob*** con affetto, Bob **3** *(object of affection)* amore m.; ***she, music was my first*** ~ lei, la musica è stata il mio primo amore; ***my one true*** ~ il mio unico vero amore; ***the ~ of his life*** l'amore della sua vita; ***the little ~s!*** BE COLLOQ. che amori! ***be a ~ and make some tea*** BE COLLOQ. sii gentile, fa' un po' di tè **4** BE *(term of address) (to lover, spouse)* amore (mio) m., tesoro (mio) m.; *(to child)* amore m.; ***that's 25 pence please,*** ~ fa 25 penny, grazie, cara **II** modif. [*letter, scene, song, story, token*] d'amore ◆ ~ ***at first sight*** amore a prima vista; ***there's no ~ lost between them*** non si possono vedere; ***not for ~ nor money*** per niente al mondo.
▶ **2.love** /lʌv/ **I** tr. **1** *(feel affection for)* amare [*lover, spouse*]; voler bene a, amare [*child*]; voler bene a [*pet, friend*]; ***to ~ sb. very much, madly, tenderly*** amare tantissimo, follemente, teneramente qcn.; ***to ~ sb. for sth.*** amare qcn. per qcs.; ***I ~ him for saving my life, making me laugh*** lo amo perché mi ha salvato la vita, perché sa farmi ridere; ***to ~ each other*** amarsi; ***"he ~s me, he ~s me not"*** "m'ama, non m'ama"; ***I must ~ you and leave you*** SCHERZ. = formula scherzosa di commiato **2** *(be fond of, appreciate)* amare [*activity, place, thing*]; *(stronger)* adorare; ***I ~ the scene where*** adoro la scena in cui; ***I ~d the way you said that*** mi è piaciuto tantissimo il modo in cui l'hai detto; ***I ~ it when*** mi piace molto quando; ***to ~ doing*** o ***to ~ to do*** amare fare; ***I would ~ to see them*** mi piacerebbe tantissimo vederli; ***I'd ~ to help him but I can't*** mi piacerebbe aiutarlo, ma non posso; ***"dance?" - "I'd ~ to!"*** "vuoi ballare?" - "con grande piacere!"; ***"can she help?" - "she'd ~ to"*** "può darmi una mano?" - "ne sarebbe felice"; ***she'll ~ that!*** IRON. ne sarà felice! **II** intr. *(feel love)* amare.
3.love /lʌv/ n. *(in tennis)* zero m.; ***15*** ~ 15 (a) zero; ~ ***15*** zero (a) 15; ***two sets to*** ~ due set a zero.
love affair /'lʌvə,feə(r)/ n. *(with person)* relazione f. (amorosa), storia f. (d'amore) (**with** con; **between** tra); *(with place, car, era etc.)* ***he has a ~ with Italy*** è innamorato dell'Italia.
lovebird /'lʌvbɜ:d/ **I** n. ZOOL. inseparabile m. **II lovebirds** n.pl. *(lovers)* SCHERZ. FIG. piccioncini m.
lovebite /'lʌvbaɪt/ n. BE succhiotto m.; ***to give sb. a*** ~ fare un succhiotto a qcn.
love child /'lʌv,tʃaɪld/ n. (pl. **love children**) EUFEM. figlio m. dell'amore.
loved one /'lʌvd,wʌn/ n. persona f. cara; ***your loved ones*** i tuoi cari.
loved-up /,lʌvd'ʌp/ agg. GERG. impasticcato, calato.
love-feast /'lʌv,fi:st/ n. RELIG. *(meal)* agape f.
love handles /'lʌv,hændlz/ n.pl. maniglie f. dell'amore.
love-hate relationship /,lʌv'heɪtrɪ,leɪʃnʃɪp/ n. relazione f. d'amore-odio.
love-in /'lʌvɪn/ n. = raduno di hippy.
love-in-a-mist /,lʌvɪnə'mɪst/ n. nigella f., fanciullaccia f.
love-in-idleness /,lʌvɪn'aɪdlnɪs/ n. viola f. del pensiero.
love interest /'lʌv,ɪntrəst/ n. CINEM. *(in a film)* storia f. d'amore.
love knot /'lʌvnɒt/ n. nodo m. d'amore.
loveless /'lʌvlɪs/ agg. **1** [*marriage, home, childhood, sex*] senza amore **2** [*person*] *(unloved)* non amato; *(unloving)* incapace d'amare.
lovelessly /'lʌvlɪslɪ/ avv. senza amore.
lovelesslyness /'lʌvlɪslɪnɪs/ n. mancanza f. d'amore.
love letter /'lʌv,letə(r)/ n. lettera f. d'amore.
love-lies-bleeding /,lʌvlaɪz'bli:dɪŋ/ n. BOT. amaranto m.
love life /'lʌv,laɪf/ n. vita f. sentimentale.
loveliness /'lʌvlɪnɪs/ n. *(beauty)* grazia f.
lovelock /'lʌvlɒk/ n. tirabaci m.
lovelorn /'lʌvlɔ:n/ agg. che si strugge d'amore.
lovelorness /'lʌv,lɔ:nɪs/ n. (lo) struggersi d'amore.
▶ **lovely** /'lʌvlɪ/ **I** agg. **1** *(beautiful)* [*church, colour, dress, garden, person, poem*] bello; ***you look ~ in pink*** il rosa ti dona molto; ***you look ~ in that dress*** stai benissimo con quel vestito; ***that hat looks ~ with your dress*** quel cappello sta benissimo col tuo vestito; ***she has ~ hair*** ha dei bei capelli **2** *(pleasant)* [*family, letter, person*] delizioso; [*meal, soup*] squisito; [*evening, day, weekend, weather*] splendido; ***a ~ idea, present, surprise*** una bell'idea, un bel regalo, una bella sorpresa; ***it's ~ to do*** è bello fare; ***to smell*** ~ avere un buon profumo; ***there is a ~ smell in the kitchen*** c'è un buon profumino in cucina; ***to taste*** ~ essere squisito **3** *(emphatic)* ~ ***and hot, fresh, tanned*** bello caldo, bello fresco, bello abbronzato **II** n. *(form of address)* bellezza f.; ***my*** ~ bellezza.
lovemaking /'lʌv,meɪkɪŋ/ n. **1** *(sex)* ***our*** ~ i nostri rapporti (sessuali); ***his, her*** ~ il suo modo di far l'amore **2** ANT. *(flirtation)* ***his ~ flattered her*** la sua corte la lusingava.
love match /'lʌvmætʃ/ n. matrimonio m. d'amore.
love nest /'lʌvnest/ n. nido m. d'amore.
love potion /'lʌv,pəʊʃn/ n. filtro m. d'amore.
▷ **lover** /'lʌvə(r)/ n. **1** *(sexual partner)* amante m. e f., partner m. e f.; *(in adultery)* amante m. e f.; ***to be, become ~s*** essere, diventare amanti; ***to take a*** ~ farsi l'amante; ***a very good*** ~ un ottimo amante **2** *(person in love)* innamorato m. (-a); ***young ~s*** fidanzatini **3** *(enthusiast)* amante m. e f. (**of** di); ***jazz, opera*** ~ amante del jazz, dell'opera; ***I'm no great ~ of cricket*** non sono un grande amante del cricket.
lover boy /'lʌvəbɔɪ/ n. COLLOQ. *(boyfriend)* amore m.; *(Don Juan)* dongiovanni m.
love seat /'lʌvsi:t/ n. amorino m., causeuse f.
love-shaft /'lʌvʃɑ:ft, AE -ʃæft/ n. dardo m. di Cupido.
lovesick /'lʌvsɪk/ agg. malato d'amore; ***to be*** ~ soffrire per amore.
lovesickness /'lʌvsɪknɪs/ n. mal m. d'amore.
lovestory /'lʌv,stɔ:rɪ/ n. storia f. d'amore, love story f.
lovey /'lʌvɪ/ n. BE COLLOQ. *(term of address)* tesoruccio m.
1.lovey-dovey /,lʌvɪ'dʌvɪ/ agg. BE COLLOQ. ***to get all*** ~ fare i piccioncini.
2.lovey-dovey /,lʌvɪ'dʌvɪ/ intr. fare i piccioncini, tubare.
▷ **loving** /'lʌvɪŋ/ agg. **1** [*look, smile, kiss*] affettuoso; [*mother*] amoroso; [*husband*] devoto; [*couple*] innamorato; [*care, attention*] amorevole; ***a ~ family*** una famiglia unita; *(in letter-writing)* ***from your ~ son, Fred*** dal tuo affezionato figlio, Fred **2 -loving** in composti ***football-, music-*** ~ amante del calcio, della musica; ***peace-, freedom-, animal-*** ~ che ama la pace, la libertà, gli animali.
loving cup /'lʌvɪŋkʌp/ n. coppa f. dell'amicizia.
loving-kindness /,lʌvɪŋ'kaɪndnɪs/ n. ANT. profondo affetto m.
lovingly /'lʌvɪŋlɪ/ avv. amorevolmente.
▶ **1.low** /ləʊ/ **I** agg. **1** *(not high, close to the ground)* [*branch, building, chair, wall, cloud*] basso; *(not elevated, above sea level)* [*ground*] basso; ***the sun is ~ in the sky*** il sole è basso (sull'orizzonte); ***there will be flooding on ~ ground*** le terre basse saranno inondate **2** *(nearly depleted)* [*reservoir*] scarso; [*level*] basso; [*battery*] quasi esaurito; ***our stocks are rather*** ~ le nostre provviste scarseggiano; ***the fire was getting*** ~ il fuoco si stava spegnendo; ***we're ~ on skilled staff*** ci manca personale qualificato; ***I'm getting ~ on petrol*** sono quasi a secco; ***these products are ~ in sugar, fat*** questi prodotti sono a basso contenuto di zuccheri, di grassi; ***the patient is very*** ~ il paziente è molto debole **3** *(minimal)* [*price, wage, income, number, rate, pressure, temperature*] basso; [*capacity*] scarso, ridotto; [*speed*] ridotto, basso; ***leave the soup on a ~ heat*** lasciare cuocere la minestra a fuoco lento; ***the temperature was in the ~ twenties*** la temperatura era appena sopra i venti gradi **4** *(inferior)* [*quality, standard*] basso, scadente; [*mark, score*] basso; [*life form*] primordiale **5** *(depressed)* depresso; ***to feel*** ~ o ***to be in ~ spirits*** essere depresso *o* essere giù (di corda) **6** *(deep)* [*note, tone, voice*] basso; ***in a ~ voice*** a bassa voce; ***the sound is too*** ~ RAD. TELEV. l'audio è troppo basso **7** *(disapproved of) (vulgar)* [*conversation, humour*] di basso livello, volgare; *(base)* [*action, behaviour*] ignobile; ***that was a really ~ thing to do*** è stato veramente un colpo basso **II** avv. **1** *(near the ground)* [*aim, fly, shoot*] basso; [*bend*] profondamente; [*crouch*] giù; ***the plane flew ~ over the desert*** l'aereo volava basso sul deserto; ***I wouldn't sink*** o ***stoop so ~ as to ask him for money*** FIG. non mi abbasserei fino al punto di chiedergli dei soldi **2** *(near the bottom)* ***it is very ~ (down) on the list*** è in fondo alla lista (anche FIG.); ***look ~er down the page*** guarda più giù nella pagina **3** *(at a reduced level)* [*buy*] a basso prezzo, a buon mercato; [*speak*] a bassa voce, sottovoce; ***to turn sth. down*** ~ abbassare [*heating, light, radio*]; ***stocks are running*** ~ le provviste si stanno esaurendo; ***I rate him pretty*** ~ ho poca stima di lui **4** *(at a deep pitch)* [*sing, play*] in una tonalità bassa ◆ ***to be***

the ~est of the ~ essere il peggio del peggio; ***I was laid ~ by flu, bronchitis*** l'influenza, la bronchite mi ha steso.

2.low /ləʊ/ n. **1** METEOR. depressione f., zona f. di bassa pressione **2** FIG. ***the stock market closed at a record ~*** la borsa ha chiuso al minimo storico; ***the economy has hit a ~*** l'economia è in ribasso; ***his popularity has hit a new ~*** è sempre meno popolare; ***morale is at an all time ~*** il morale non è mai stato così basso; ***the lyrics hit a new ~ in banality*** i testi (delle canzoni) sono sempre più banali.

3.low /ləʊ/ n. muggito m.

4.low /ləʊ/ intr. [*cow*] muggire.

low-alcohol /ˌləʊ'ælkəhɒl, AE -hɔːl/ agg. ENOL. a bassa gradazione (alcolica).

low-angle shot /ˌləʊæŋgl'ʃɒt/ n. CINEM. FOT. ripresa f., fotografia f. dal basso.

lowborn /ˌləʊ'bɔːn/ agg. ANT. di umili origini.

lowboy /ˌləʊ'bɔɪ/ n. AE = cassettone con le gambe corte.

low-bred /ˌləʊ'bred/ agg. maleducato, volgare.

lowbrow /'ləʊbraʊ/ **I** n. SPREG. ***he's a ~*** non è certo un intellettuale *o* non ha una gran cultura **II** agg. [*person*] di bassa cultura; [*music, literature*] di basso livello.

low-budget /ˌləʊ'bʌdʒɪt/ agg. a budget ridotto, low budget.

low-calorie /ˌləʊ'kælərɪ/ agg. [*diet*] ipocalorico; [*food*] a basso contenuto calorico.

Low Church /ˌləʊ'tʃɜːtʃ/ **I** n. GB Chiesa f. Bassa **II** agg. della Chiesa Bassa.

low-comedy /ˌləʊ'kɒmədɪ/ n. farsa f.

low-cost /ˌləʊ'kɒst, AE -'kɔːst/ agg. [*housing*] economico, a buon mercato; [*production*] a basso costo; [*flight*] low-cost.

Low Countries /'ləʊˌkʌntrɪs/ n.pr.pl. STOR. Paesi Bassi m.

low-cut /ˌləʊ'kʌt/ agg. scollato.

low-down /'ləʊdaʊn/ **I** n. COLLOQ. informazioni f.pl. (confidenziali); ***to get the ~ on sb., sth.*** ottenere importanti informazioni su qcn., qcs.; ***to give sb. the ~*** fare una soffiata a qcn. (**on** su) **II** agg. [*person*] meschino, vile; ***a ~ trick*** un tiro mancino.

1.lower /'ləʊə(r)/ agg. [*deck, jaw, level, lip, part, price*] inferiore; ***a pain in the ~ back*** un dolore in fondo alla schiena.

2.lower /'ləʊə(r)/ **I** tr. **1** *(bring down)* abbassare [*barrier, blind, newspaper, rifle*]; calare [*curtain*]; ammainare [*flag*]; ING. abbassare [*ceiling*]; ***to ~ one's eyes, head, arms*** abbassare gli occhi, la testa, le braccia; ***to ~ sb., sth. into*** calare *o* fare scendere qcn., qcs. in [*hole*]; ***to ~ sb., sth. onto*** calare qcn., qcs. su [*roof, boat*] **2** *(reduce)* abbassare [*light, volume, age limit, standards*]; ridurre, abbassare, diminuire [*pressure, temperature, prices*]; indebolire [*resistance*]; ***to ~ one's voice*** abbassare la voce; ***to ~ one's guard*** abbassare la guardia (anche FIG.); ***to ~ sb.'s morale*** demoralizzare qcn. **3** *(abolish)* abolire [*trade barrier*] **4** MAR. ammainare [*sail*]; calare [*lifeboat*]; ***the lifeboats were ~ed into the sea*** le scialuppe vennero calate in mare **II** rifl. ***to ~ oneself*** **1** *(demean oneself)* sminuirsi **2** *(sit carefully)* ***to ~ oneself into*** entrare *o* calarsi lentamente in [*bath*]; sedersi con cautela su [*chair*].

■ **lower down:** ***~ [sth.] down, ~ down [sth.]*** far scendere [*parcel, stretcher*].

3.lower /'laʊə(r)/ intr. LETT. *(frown)* assumere un'aria minacciosa (**at** verso).

lower case /ˌləʊə'keɪs/ **I** n. TIP. (carattere) minuscolo m.; ***use ~ for this heading*** mettete questo titolo in minuscolo **II** **lower-case** modif. ***~ letter*** lettera minuscola.

Lower Chamber /ˌləʊə'tʃeɪmbə(r)/ n. POL. Camera f. Bassa.

lower class /ˌləʊə'klɑːs, AE -'klæs/ **I** n. ***the ~*** o ***the ~es*** il ceto basso **II** agg. dei ceti bassi; [*accent, custom, district*] popolare.

lower court /ˌləʊə'kɔːt/ n. DIR. tribunale m. di prima istanza.

Lower House /ˌləʊə'haʊs/ n. POL. → **Lower Chamber**.

1.lowering /'ləʊərɪŋ/ **I** n. **1** *(reduction) (of prices, tariffs, standards, rate)* riduzione f.; *(of pressure, temperature, volume)* calo m.; *(of age limit, light)* abbassamento m.; *(of resistance)* indebolimento m. **2** *(of flag, sail)* (l')ammainare **3** FIG. *(removal) (of barriers)* eliminazione f. **II** agg. *(demeaning)* degradante, umiliante.

2.lowering /'laʊərɪŋ/ agg. [*sky, look*] minaccioso.

loweringly /'laʊərɪŋlɪ/ avv. minacciosamente.

lower middle class /ˌləʊəˌmɪdl'klɑːs, AE -'klæs/ **I** n. ***the ~*** o ***the ~es*** la piccola borghesia **II** agg. piccolo borghese.

lowermost /'ləʊməʊst/ agg. infimo.

lower-ranking /ˌləʊə'ræŋkɪŋ/ agg. di grado inferiore.

lower school /ˌləʊə'skuːl/ n. GB *(in public schools)* = ciclo scolastico per studenti dai dodici ai quattordici anni.

lower sixth /ˌləʊə'sɪksθ/ n. GB = primo anno della sixth form; ***to be in the ~*** essere al primo anno.

lowest common denominator /ˌləʊəstˌkɒməndɪ'nɒmɪneɪtə(r)/ n. minimo comun denominatore m.; FIG. denominatore m. comune; ***he reduces everything to the ~*** SPREG. lui riduce tutto ai minimi termini.

low-fat /ˌləʊ'fæt/ agg. [*diet, food*] povero di grassi; [*cheese*] magro; [*milk*] scremato.

low-flying /ˌləʊ'flaɪŋ/ agg. che vola a bassa quota.

low-frequency /ˌləʊ'friːkwənsɪ/ agg. [*sound*] a bassa frequenza.

Low German /ˌləʊ'dʒɜːmən/ n. basso tedesco m.

low-grade /ˌləʊ'greɪd/ agg. *(poor quality)* [*meat, steel*] di bassa qualità; *(minor)* [*official*] inferiore.

low-heeled /ˌləʊ'hiːld/ agg. [*shoes*] basso, col tacco basso.

low-income /ˌləʊ'ɪŋkʌm/ agg. [*family, bracket*] a basso reddito.

lowing /'ləʊɪŋ/ n. muggito m.

low-key /ˌləʊ'kiː/ agg. [*lifestyle, person, treatment*] semplice; [*style*] sobrio; [*meeting, approach, talks*] informale; [*ceremony*] intimo.

lowland /'ləʊlənd/ **I** n. (anche **~s**) pianura f. **II** modif. [*farmer, farming*] della pianura; [*area*] pianeggiante; [*river*] che scorre in pianura.

Lowland /'ləʊlənd/ ➧ ***24*** **I** **Lowlands** n.pr.pl. ***the Lowlands (of Scotland)*** le Lowlands scozzesi **II** modif. delle Lowlands.

lowlander /'ləʊləndə(r)/ n. abitante m. e f. della pianura.

Lowlander /'ləʊləndə(r)/ n. abitante m. e f., nativo m. (-a) delle Lowlands.

Lowland Scots /ˌləʊlənd'skɒts/ n. = dialetto delle Lowlands.

Low Latin /ˌləʊ'lætɪn, AE -tn/ n. basso latino m.

▷ **low-level** /ˌləʊ'levl/ agg. **1** AER. [*flight, bombing*] a bassa quota **2** *(informal)* [*meeting, talks*] informale **3** INFORM. [*language*] a basso livello **4** NUCL. [*radiation*] debole.

low-life /'ləʊlaɪf/ **I** n. **1** U *(underworld) (social)* bassifondi m.pl.; *(criminal)* malavita f. **2** (pl. **~s**) COLLOQ. *(person) (social)* uno m. (-a) dei bassifondi; *(criminal)* malvivente m. e f.; *(people collectively)* feccia f. **II** modif. [*character, scene*] dei bassifondi; [*friend, contact*] nei bassifondi; [*bar*] malfrequentato, malfamato; [*area*] malfamato.

lowliness /'ləʊlɪnɪs/ n. modestia f., umiltà f.

low-loader /ˌləʊ'ləʊdə(r)/ n. autocarro m. a pianale ribassato.

lowly /'ləʊlɪ/ agg. modesto, umile.

low-lying /ˌləʊ'laɪŋ/ agg. *(above sea level)* a bassa quota.

Low Mass /ˌləʊ'mæs/ n. messa f. piana, messa f. bassa.

low-necked /ˌləʊ'nekt/ agg. scollato.

lowness /'ləʊnɪs/ n. **1** *(lack of height)* ***the ~ of the bridge, ceiling*** il ponte, il soffitto basso **2** *(smallness) (of price)* modicità f.; ***the ~ of the offer*** l'offerta bassa **3** METEOR. FIS. ***the ~ of the temperature, pressure*** la bassa temperatura, pressione.

low-nicotine /ˌləʊ'nɪkətiːn/ agg. [*cigarette*] a basso contenuto di nicotina.

low-paid /ˌləʊ'peɪd/ **I** n. ***the ~*** + verbo pl. i bassi redditi **II** agg. [*job*] a bassa retribuzione; [*worker*] a basso reddito.

low-pitched /ˌləʊ'pɪtʃt/ agg. **1** MUS. grave **2** ARCH. [*roof*] poco spiovente.

low-pressure /ˌləʊ'preʃə(r)/ agg. **1** METEOR. [*area*] di bassa pressione **2** FIS. [*gas, tube*] a bassa pressione **3** *(not stressful)* ***a ~ job*** un lavoro poco stressante.

low-priced /ˌləʊ'praɪst/ agg. a basso prezzo.

low-profile /ˌləʊ'prəʊfaɪl/ agg. *(discreet)* [*approach, job, mission*] di basso profilo.

low-quality /ˌləʊ'kwɒlətɪ/ agg. (di qualità) scadente, di bassa qualità.

low-rent /ˌləʊ'rent/ agg. [*flat*] ad affitto basso, economico.

low-rise /ˌləʊ'raɪz/ **I** n. edificio m. basso **II** agg. [*building*] basso, di pochi piani.

low-risk /ˌləʊ'rɪsk/ agg. **1** ECON. [*investment, borrower*] a basso rischio **2** MED. [*individual, group*] non a rischio.

low-scoring /ˌləʊ'skɔːrɪŋ/ agg. SPORT [*match*] in cui vengono segnati pochi punti.

low season /'ləʊˌsiːzn/ n. bassa stagione f.; ***in the ~*** in bassa stagione.

low-slung /ˌləʊ'slʌŋ/ agg. [*chassis*] ribassato; [*belly*] flaccido, molle.

low-spirited /ˌləʊ'spɪrɪtɪd/ agg. abbattuto, mogio.

low-start mortgage /ˌləʊstɑːt'mɔːgɪdʒ/ n. BE ECON. ipoteca f. a basso interesse iniziale.

Low Sunday /ˌləʊ'sʌndeɪ/ n. domenica f. in albis.

low-tar /ˌləʊ'tɑː(r)/ agg. [*cigarette*] a basso contenuto di catrame.

low-tech /ˌləʊ'tek/ agg. tecnologicamente poco avanzato.

low-tension /ˌləʊ'tenʃn/ agg. a bassa tensione.

low tide /ˌləʊ'taɪd/ n. bassa marea f.; ***at ~*** con la bassa marea.

low voltage /ˌləʊ'vəʊltɪdʒ/ **I** n. bassa tensione f. **II low-voltage** agg. a bassa tensione.

low water /ˌləʊ'wɔ:tə(r)/ n. *(of sea)* bassa marea f.; *(of river)* magra f.; FIG. ***to be in ~*** essere in una situazione difficile.

low-water mark /ˌləʊ'wɔ:təˌmɑ:k/ n. limite m. della bassa marea; FIG. ***to reach a ~*** toccare il fondo.

lox /lɒks/ n. AE salmone m. affumicato.

▷ **loyal** /'lɔɪəl/ agg. [*servant*] fedele, devoto; [*friend, supporter*] leale, fedele; [*customer*] fedele (**to** a).

loyalist /'lɔɪəlɪst/ **I** n. lealista m. e f. **II Loyalist** n.pr. lealista m. e f. (dell'Irlanda del Nord).

loyally /'lɔɪəlɪ/ avv. [*support, serve*] fedelmente; [*speak*] lealmente.

▷ **loyalty** /'lɔɪəltɪ/ n. *(faithfulness)* fedeltà f.; *(attachment)* devozione f. (**to, towards** a, verso); ***to have divided*** o ***conflicting loyalties*** avere interessi contrastanti.

loyalty card /'lɔɪəltɪˌkɑ:d/ n. COMM. carta f. fedeltà.

lozenge /'lɒzɪndʒ/ n. **1** *(tablet, sweet)* pasticca f., pastiglia f. **2** *(in mathematics)* rombo m., losanga f. **3** ARALD. losanga f.

lozenged /'lɒzɪndʒd/ agg. [*pattern*] a rombi.

LP n. (⇒ long-playing record Lunga Esecuzione) LP m.

LPG n. (⇒ liquefied petroleum gas gas di petrolio liquefatto) GPL m.

L-plate /'elpleɪt/ n. GB = targa applicata sull'auto dei guidatori principianti.

LPN n. AE (⇒ licensed practical nurse) = infermiera ausiliaria.

LRAM n. BE (⇒ Licentiate of the Royal Academy of Music) = diplomato alla Royal Academy of Music.

LRCP n. BE (⇒ Licentiate of the Royal College of Physicians) = titolo che permette di esercitare la professione di medico.

LRCS n. BE (⇒ Licentiate of the Royal College of Surgeons) = titolo che permette di esercitare la professione di chirurgo.

LSAT n. AE (⇒ Law School Admission Test) = test di ammissione agli studi giuridici.

LSD n. (⇒ lysergic acid diethylamide dietilammide dell'acido lisergico) LSD m.

L.S.D. n. GB (⇒ librae, solidi, denarii) = antico sistema monetario britannico basato su sterline, scellini e penny.

LSE n. BE (⇒ London School of Economics) = facoltà di economia dell'università di Londra.

L-shaped /'elʃeɪpt/ agg. a (forma di) L.

Lt ⇒ Lieutenant *(in GB army, US police)* tenente (Ten.); *(in GB, US navy)* tenente di vascello.

LT ⇒ low tension bassa tensione (BT).

Lt. Col. ⇒ Lieutenant Colonel tenente colonnello.

Ltd BE ⇒ limited (liability) società a responsabilità limitata (S.r.l.).

Lt. Gen. ⇒ Lieutenant General *(army) (formerly)* generale di corpo d'armata; *(now)* tenente generale; *(air force)* generale di squadra aerea.

lubber /'lʌbə/ n. **1** ANT. *(lout)* villano m. (-a), zoticone m. (-a); *(clumsy person)* persona f. goffa e maldestra **2** *(clumsy sailor)* marinaio m. d'acqua dolce.

lubberlike /'lʌbəlaɪk/ agg. *(loutish)* villano, zotico; *(clumsy)* goffo, maldestro.

lubberly /'lʌbəlɪ/ **I** agg. *(loutish)* villano, zotico; *(clumsy)* goffo, maldestro **II** avv. *(loutishly)* in modo villano; *(clumsily)* goffamente, maldestramente.

lube /lu:b/ n. AE COLLOQ. **1** *(oil)* olio m. lubrificante **2** *(petroleum jelly)* grasso m. lubrificante **3** (anche **~ job**) ingrassaggio m.

lubricant /'lu:brɪkənt/ n. lubrificante m.

lubricate /'lu:brɪkeɪt/ tr. **1** MECC. lubrificare, ingrassare **2** COLLOQ. FIG. *(make drunk)* fare ubriacare [*person*]; *(accompany with drink)* innaffiare [*meal*].

lubricating oil /'lu:brɪˌkeɪtɪŋˌɔɪl/ n. olio m. lubrificante.

lubrication /ˌlu:brɪ'keɪʃn/ n. lubrificazione f.; MECC. ingrassaggio m.

lubricator /'lu:brɪkeɪtə(r)/ n. lubrificante m.; *(device)* lubrificatore m.

lubricious /lu:'brɪʃəs/ agg. *(all contexts)* lubrico.

lubricity /lu:'brɪsətɪ/ n. *(all contexts)* lubricità f.

luce /lu:s, lju:s/ n. luccio m. adulto.

lucent /'lu:sənt, 'lju:sənt/ agg. **1** *(luminous)* lucente, splendente **2** *(translucent)* trasparente, traslucido.

lucerne /lu:'sɜ:n/ n. BE alfalfa f.

Lucian /'lu:sjən/ n.pr. Luciano.

lucid /'lu:sɪd/ agg. **1** *(clear, understandable)* chiaro **2** *(sane)* [*person, mind*] lucido; [*moment*] di lucidità **3** LETT. *(luminous)* luminoso.

lucidity /lu:'sɪdətɪ/ n. **1** *(clarity) (of account, argument etc.)* chiarezza f. **2** *(sanity)* lucidità f. **3** LETT. *(luminosity)* luminosità f.

lucidly /'lu:sɪdlɪ/ avv. chiaramente.

Lucie /'lu:sɪ/ n.pr. Lucia.

Lucifer /'lu:sɪfə(r)/ n.pr. Lucifero.

lucifer /'lu:sɪfə(r)/ n. BE ANT. COLLOQ. *(match)* zolfanello m.

lucifugous /lu:'sɪfjʊgəs, lju:-/ agg. lucifugo.

Lucille /lu:'si:l/ n.pr. Lucilla.

Lucius /'lu:sjəs/ n.pr. Lucio.

▷ **luck** /lʌk/ n. **1** *(fortune)* ***good ~*** fortuna; ***bad ~*** sfortuna; ***to bring sb. good, bad ~*** portare fortuna, sfortuna a qcn.; ***to have the good ~ to do*** avere la fortuna di fare; ***it's good ~ to do*** porta fortuna *o* porta bene fare; ***it is bad ~ that*** è una sfortuna che; ***it's bad ~ to do*** porta sfortuna fare; ***I've had nothing but bad ~ with that car*** ho avuto solo grane con quella macchina; ***to try one's ~*** tentare la sorte; ***~ was on his side*** aveva la fortuna dalla sua (parte); ***as ~ would have it*** fortuna volle che; ***bad*** o ***hard ~!*** che sfortuna! ***just my ~!*** IRON. la mia solita fortuna! ***good ~!*** buona fortuna! ***better ~ next time!*** andrà meglio la prossima volta! ***I wish you all the best of ~*** ti auguro buona fortuna; ***to be down on one's ~*** essere in un periodo sfortunato **2** *(good fortune)* fortuna f.; ***with a bit of ~*** con un po' di fortuna; ***to run out of ~*** essere abbandonato dalla fortuna; ***our ~ ran out in the third game*** la fortuna ci ha abbandonato nel terzo game; ***to wear sth. for ~*** indossare qcs. come portafortuna; ***by a stroke of ~*** per un colpo di fortuna; ***any ~ with the job hunting?*** come procede la ricerca del lavoro? ***"have you found it?" - "no ~ yet"*** "l'hai trovato?" - "sfortunatamente non ancora"; ***to be in, out of ~*** avere, non avere fortuna ◆ ***it's the ~ of the draw*** è solo questione di fortuna; ***to put in two spoonfuls, and one for ~*** = due cucchiaini, facciamo tre (perché si ritiene che l'aggiunta porti fortuna); ***my ~'s in!*** è il mio momento fortunato! ***no such ~!*** no, purtroppo! ***ring the doorbell once more for ~*** suona ancora una volta, non si sa mai.

▷ **luckily** /'lʌkɪlɪ/ avv. per fortuna, fortunatamente (**for** per); ***~ for me*** per mia fortuna.

luckiness /'lʌkɪnɪs/ n. fortuna f., buona sorte f.

luckless /'lʌklɪs/ agg. LETT. [*person*] sfortunato; [*occasion*] infelice.

luck out /lʌk'aʊt/ intr. AE COLLOQ. avere un colpo di fortuna.

▷ **lucky** /'lʌkɪ/ agg. **1** *(fortunate)* fortunato; ***to be ~ to do, to be*** essere fortunato a fare, a essere; ***you're ~ to be able to do*** sei fortunato a potere fare; ***to be ~ to be alive*** essere fortunato a essere ancora vivo; ***you'll be ~ to get a taxi*** ti andrà bene se riuscirai a trovare un taxi; ***it was ~ for me that you came*** per mia fortuna sei arrivato; ***it was ~ for me that I went*** meno male che ci sono andato; ***I'm ~ that I've been able to do*** sono stato fortunato a poter fare; ***to be ~ enough to do*** avere la fortuna di fare; ***those who are ~ enough to have a job*** quelli che hanno la fortuna di avere un lavoro; ***to be ~ at the races*** avere fortuna alle corse; ***I'm not a ~ person*** non sono particolarmente fortunato; ***~ you*** beato te! ***you ~ dog*** o ***devil!*** COLLOQ. che culo (che hai)! ***I, you etc. should be so ~*** BE COLLOQ. IRON. sarebbe troppo bello; ***you should think*** o ***count yourself ~ that I didn't do*** ringrazia il cielo che non ho fatto; ***I had a ~ escape*** l'ho scampata bella **2** *(bringing good luck)* [*charm, colour, number*] portafortuna; ***it's my ~ day!*** è il mio giorno fortunato! ***the number three is ~, is ~ for me*** il numero tre porta bene, mi porta bene; ***it's a ~ sign*** è un buon segno ◆ ***to strike it ~*** avere una botta di fortuna; ***to thank one's ~ stars*** ringraziare la buona stella.

lucky dip /ˌlʌkɪ'dɪp/ n. = sorta di pesca di beneficenza in cui invece di biglietti si pescano direttamente da un contenitore piccoli regali impacchettati.

lucrative /'lu:krətɪv/ agg. lucrativo, vantaggioso.

lucratively /'lu:krətɪvlɪ/ avv. vantaggiosamente.

lucre /'lu:kə(r)/ n. lucro m.

Lucretia /lu:'kri:ʃə/ n.pr. Lucrezia.

Lucretius /lu:'kri:ʃəs/ n.pr. Lucrezio.

lucubrate /'lu:kjʊbreɪt, 'lju:-/ intr. ANT. **1** *(write)* mettere per iscritto elucubrazioni **2** *(study, work)* studiare, lavorare (specialmente di notte).

lucubration /'lu:kjʊbreɪʃn, 'lju:-/ n. elucubrazione.

Lucy /'lu:sɪ/ n.pr. Lucia.

Luddism /'lʌdɪzəm/ n. luddismo m.

Luddite /'lʌdaɪt/ n. luddista m. e f.

ludic /'lʌdɪk/ agg. ludico.

ludicrous /'lu:dɪkrəs/ agg. ridicolo, grottesco.

ludicrously /'lu:dɪkrəslɪ/ avv. in modo ridicolo, grottescamente.

ludo /'lu:dəʊ/ ♦ ***10*** n. BE = gioco da tavolo per bambini con dadi e pedine.

Ludovic(k) /'lu:dəvɪk/ n.pr. Ludovico.

lues /'lu:i:z, 'lju:-/ ♦ ***11*** n. lue f.

luetic /lu:'etɪk, lju:-/ agg. luetico.

1.luff /lʌf/ n. **1** *(manoeuvre)* orzata f. **2** *(edge of sail)* caduta f. prodiera **3** *(side of ship)* orza f., lato m. di sopravvento.
2.luff /lʌf/ **I** tr. mettere all'orza [*ship, helm*] **II** intr. orzare.
1.lug /lʌg/ n. **1** *(on pot)* manico m., ansa f. **2** MECC. aggetto m., aletta f. **3** BE POP. → **lughole**.
2.lug /lʌg/ tr. (forma in -ing ecc. **-gg-**) **1** *(drag)* trascinare [*suitcase, heavy object, person*] **2** introdurre a sproposito, tirare in ballo [*subject*].
luge /lu:(d)ʒ/ n. SPORT slittino m.
▷ **luggage** /'lʌgɪdʒ/ n. **U** bagaglio m., bagagli m.pl.
luggage handler /'lʌgɪdʒ,hændlə(r)/ ♦ **27** n. facchino m.
luggage label /'lʌgɪdʒ,leɪbl/ n. etichetta f. da valigia.
luggage rack /'lʌgɪdʒ,ræk/ n. portabagagli m. (sul treno).
luggage van /'lʌgɪdʒ,væn/ n. BE (vagone) bagagliaio m.
lugger /'lʌgə(r)/ n. lugger m.
lughole /'lʌgəʊl/ n. BE COLLOQ. orecchio m.
lugsail/'lʌgseɪl/ n. vela f. aurica.
lugubrious /lə'gu:brɪəs/ agg. lugubre.
lugubriously /lə'gu:brɪəslɪ/ avv. lugubremente, in modo lugubre.
lugworm /'lʌgwɜ:m/ n. arenicola f.
Luke /lu:k/ n.pr. Luca.
lukewarm /,lu:k'wɔ:m/ agg. **1** [*food, liquid*] tiepido **2** FIG. [*reception, response*] tiepido, freddino; ***she was a bit ~ about the idea*** l'idea non la entusiasmava.
1.lull /lʌl/ n. *(in storm, fighting)* tregua f.; *(in conversation)* pausa f.; *(in trading)* stasi f.; ***the ~ before the storm*** la quiete prima della tempesta.
2.lull /lʌl/ **I** tr. placare [*person*]; allontanare [*suspicions*]; ***to ~ a baby to sleep*** far addormentare un bambino cullandolo *o* ninnandolo; ***he ~ed them into thinking they were safe*** li ha tranquillizzati facendo credere loro di essere al sicuro; ***to be ~ed into a false sense of security*** farsi cullare da un falso senso di sicurezza **II** intr. placarsi, calmarsi.
1.lullaby /'lʌləbaɪ/ n. ninnananna f.
2.lullaby /'lʌləbaɪ/ tr. ninnare, cullare [*child*].
lulu /'lu:lu:/ n. AE COLLOQ. ***a ~ of a mistake*** un errore mostruoso; ***a ~ of a story*** una gran bella storia; ***he's a ~*** è proprio un gran bel tipo.
lumbago /lʌm'beɪgəʊ/ n. (pl. **~s**) lombaggine f.
lumbar /'lʌmbə(r)/ agg. lombare; ***~ puncture*** puntura lombare.
1.lumber /'lʌmbə(r)/ n. **1** AE *(wood)* legname m. (da costruzione) **2** BE ANT. *(junk)* cianfrusaglie f.pl., vecchi mobili m.pl.
2.lumber /'lʌmbə(r)/ **I** tr. **1** BE COLLOQ. *(be burdened)* ***to be ~ed with sb., sth.*** doversi sorbire qcn., qcs. *o* essere costretti a subire qcn., qcs.; ***I'm ~ed with the ironing*** mi tocca stirare; ***I get ~ed with the job of entertaining her parents*** sono sempre costretto a intrattenere i suoi genitori; ***I'm ~ed with the house, I can't sell it*** questa casa mi pesa tantissimo, non riesco a venderla **2** AE *(remove timber from)* sfruttare [qcs.] per ricavarne legname [*ground*] **II** intr. AE *(cut timber)* tagliare, fare legname.
3.lumber /'lʌmbə(r)/ intr. (anche **~ along**) *(move clumsily)* [*animal, person*] muoversi goffamente e sgraziatamente; *(rumble)* [*heavy vehicle*] passare pesantemente, facendo fracasso; ***to ~ away*** o ***off*** [*person*] allontanarsi con passo pesante; ***to ~ in, out*** entrare, uscire con passo pesante; ***to ~ through sth.*** attraversare faticosamente qcs.
lumber company /'lʌmbərkʌmpənɪ/ n. AE ditta f. di legnami.
lumberer /'lʌmbərə(r)/ ♦ **27** n. AE **1** *(dealer)* commerciante m. e f. di legname **2** *(woodcutter)* taglialegna m., boscaiolo m.
lumbering /'lʌmbərɪŋ/ agg. [*animal, person*] sgraziato, goffo; [*vehicle*] che avanza pesantemente; FIG. [*system, bureaucracy*] macchinoso, pesante, elefantiaco.
lumberjack /'lʌmbədʒæk/ ♦ **27** n. taglialegna m., boscaiolo m.
lumberjacket /'lʌmbədʒækɪt/ n. giubbone m.
lumberjack shirt /'lʌmbədʒæk,ʃɜ:t/ n. camicia f. spessa a scacchi.
lumberman /'lʌmbəmən/ ♦ **27** n. (pl. **-men**) AE **1** *(dealer)* commerciante m. di legname **2** *(woodcutter)* taglialegna m., boscaiolo m.
lumber mill /'lʌmbəmɪl/ n. segheria f.
lumber room /'lʌmbəru:m/ n. BE *(for disused items of furniture etc.)* stanza f. di sgombero, ripostiglio m.
lumberyard /'lʌmbəjɑ:d/ n. AE deposito m. di legname (all'aperto).
lumbosacral /,lʌmbəʊ'sækrəl/ agg. lombosacrale.
lumbrical /'lʌmbrʌɪkl/ **I** n. (muscolo) lombricale m. **II** agg. lombricale.
lumen /'lu:men, 'lju:-/ n. (pl. **~s**, **-ina**) **1** FIS. lumen m. **2** ANAT. MED. lume m.
luminance /'lu:mɪnəns/ n. **1** FIS. luminanza f., brillanza f. **2** *(luminousness)* luminosità f., brillantezza f.
luminary /'lu:mɪnərɪ, AE -nerɪ/ n. **1** ASTR. astro m. **2** FIG. *(person)* luminare m. e f.
luminescence /,lu:mɪ'nesns/ n. luminescenza f.
luminescent /,lu:mɪ'nesnt/ agg. luminescente.
luminosity /,lu:mɪ'nɒsətɪ/ n. luminosità f.; ***~ factor*** fattore di luminosità.
luminous /'lu:mɪnəs/ agg. **1** *(bright)* luminoso, fulgido (anche FIG.); ***a ~ smile*** un sorriso smagliante **2** *(clear)* [*explanation*] chiaro, comprensibile; [*remark*] intelligente, brillante **3** *(illuminating)* [*concept*] illuminante.
luminously /'lu:mɪnəslɪ/ avv. brillantemente.
luminousness /'lu:mɪnəsnɪs/ n. *(of object, place)* luminosità f.; *(of explanation, remark)* chiarezza f., brillantezza f.
lumme /'lʌmɪ/ inter. BE ANT. COLLOQ. accipicchia.
lummox /'lʌməks/ n. AE COLLOQ. tonto m. (-a).
lummy → **lumme**.
▷ **1.lump** /lʌmp/ n. **1** *(of substance)* pezzo m., blocco m., piccola massa f.; *(of soil)* zolla f.; *(in sauce)* grumo m.; ***in one*** o ***a ~*** FIG. in blocco **2** *(on body) (from fall, knock)* bozzo m., bitorzolo m., rigonfiamento m. (**on** su); *(on head)* bernoccolo m. (**on** su); *(tumour)* nodulo m. (**in, on** a) **3** COLLOQ. *(idle, clodlike person) (man)* gnocco m., tonto m.; *(woman)* tonta f. ♦ ***to get*** o ***take one's ~s*** AE pagare lo scotto; ***to have a ~ in one's throat*** avere un nodo *o* un groppo in gola.
2.lump /lʌmp/ **I** tr. ***to ~ X with Y*** *(group together without discrimination)* raggruppare *o* accozzare X e Y; *(treat as alike)* accomunare X e Y; ***to ~ the science students with the arts students*** raggruppare gli studenti di scienze e quelli di lettere; ***the two groups shouldn't be ~ed together*** i due gruppi non dovrebbero essere accomunati **II** intr. **1** AE *(become lumpy)* [*sauce*] fare i grumi **2** (anche **~ along**) camminare con passo pesante.
3.lump /lʌmp/ n. (anche **~fish**, **~sucker**) lompo m.
4.lump /lʌmp/ tr. sopportare controvoglia, rassegnarsi a ♦ ***I'll, he'll have to ~ it*** COLLOQ. dovrò, dovrà ingoiare il rospo; ***like it or ~ it*** COLLOQ. prendere o lasciare.
lumpectomy /lʌm'pektəmɪ/ n. nodulectomia f.
lumpen /'lʌmpn/ agg. SPREG. **1** *(stupid)* ottuso, bovino **2** *(of lumpenproletariat)* sottoproletario.
lumpenproletariat /,lʌmpən,prəʊlɪ'teərɪət/ n. lumpenproletariat m., sottoproletariato m.
lumper /'lʌmpə(r)/ ♦ **27** n. scaricatore m. di porto.
lumpfish /'lʌmpfɪʃ/ n. (pl. **~**, **~es**) → **3.lump**.
lumpfish roe /'lʌmpfɪʃrəʊ/ n. uova f.pl. di lompo.
lumpiness /'lʌmpɪnɪs/ n. **1** *(of sauce)* (l')essere grumoso **2** *(of surface)* (l')essere pieno di protuberanze.
lumpish /'lʌmpɪʃ/ agg. **1** *(clumsy)* goffo, pesante, impacciato **2** *(dull)* ottuso, tonto.
lumpishly /'lʌmpɪʃlɪ/ avv. **1** *(clumsily)* goffamente **2** *(obtusely)* ottusamente.
lumpishness /'lʌmpɪʃnɪs/ n. **1** *(clumsiness)* goffaggine f. **2** *(dullness)* ottusità f.
lumpsucker /'lʌmpsʌkə(r)/ n. → **3.lump**.
lump sugar /lʌmp'ʃʊgə(r)/ n. zucchero m. in zollette.
lump sum /lʌmp'sʌm/ n. **1** COMM. *(complete payment)* pagamento m. in un'unica soluzione; *(decided in advance)* somma f. forfettaria **2** *(of insurance)* capitale m. forfettario.
lump sum payment /,lʌmpsʌm'peɪmənt/ n. pagamento m. forfettario.
lumpy /'lʌmpɪ/ agg. [*sauce*] grumoso; [*mattress, pillow*] bitorzoluto; [*soil*] accidentato; [*surface*] pieno di protuberanze; ***to go ~*** [*sauce*] fare i grumi.
lunacy /'lu:nəsɪ/ n. **1** ANT. MED. demenza f., follia f. **2** ANT. DIR. infermità f. mentale **3** FIG. follia f.
lunar /'lu:nə(r)/ agg. [*rock, crater, orbit*] lunare; [*sea*] della luna; [*eclipse*] di luna; [*landscape*] FIG. lunare; ***~ month*** mese lunare; ***~ landing*** allunaggio; ***~ module*** modulo lunare.
lunarian /'lu:neərɪən/ n. **1** *(supposed inhabitant of the moon)* selenita m. e f. **2** *(selenographer)* selenografo m. (-a).
lunate /'lu:neɪt/ agg. lunato, a forma di mezzaluna.
lunatic /'lu:nətɪk/ **I** n. **1** ANT. MED. demente m. e f., alienato m. (-a) **2** ANT. DIR. malato m. (-a) di mente **3** FIG. pazzo m. (-a), matto m. (-a); ***he drives like a ~!*** guida come un pazzo! **II** agg. **1** MED. DIR. squilibrato **2** FIG. [*person*] folle, pazzo; [*plan, idea, behaviour*] folle, pazzesco.
lunatic asylum /,lu:nətɪkə'saɪləm/ n. ANT. manicomio m.
lunatic fringe /,lu:nətɪk'frɪndʒ/ n. SPREG. frangia f. estremista.
lunation /'lu:neɪʃn/ n. lunazione f.
▶ **1.lunch** /lʌntʃ/ n. *(meal taken at midday)* pranzo m.; *(light meal)* spuntino m.; ***to have ~*** pranzare; ***to eat sth. for ~*** mangiare qcs. a

mezzogiorno; ***I often go out for ~*** vado spesso fuori a pranzo; ***to take sb. out for*** o ***to ~*** portare qcn. fuori a pranzo; ***come round for ~*** vieni a pranzo (da me); ***she's gone to ~, she's at ~*** è andata a pranzo; ***I usually take my ~ early*** di solito pranzo presto; ***~! time for ~!*** a tavola! ***to close for ~*** fare la pausa di mezzogiorno; ***that bar does good ~es*** si mangia bene in quel bar ◆ ***out to ~*** COLLOQ. fuori di testa; ***there's no such thing as a free ~*** non si fa mai niente per niente.

2.lunch /lʌntʃ/ intr. pranzare, fare pranzo (**on, off** con).

lunch basket /'lʌntʃˌbɑ:skɪt, AE -ˌbæskɪt/ n. cestino m. per il pranzo (da picnic).

lunchbox /'lʌntʃbɒks/ n. **1** contenitore m. per il pranzo **2** BE COLLOQ. *(male genitals)* pacco m.

lunchbreak /'lʌntʃbreɪk/ n. pausa f. pranzo.

luncheon /'lʌntʃən/ n. FORM. pranzo m.

luncheonette /lʌntʃə'net/ n. AE tavola f. calda.

luncheon meat /ˌlʌntʃənmi:t/ n. carne f. pressata (in scatola).

luncheon voucher /'lʌntʃənˌvaʊtʃə(r)/ n. buono m. mensa, ticket m.

lunch hour /'lʌntʃaʊə(r)/ n. pausa f. pranzo, intervallo m. di mezzogiorno.

▷ **lunchtime** /'lʌntʃtaɪm/ **I** n. ora f. di pranzo **II** modif. [*news, edition*] di mezzogiorno; [*speech, concert*] che ha luogo intorno a mezzogiorno.

lune /lu:n/ n. MAT. lunula f.

lunette /lu:'net/ n. **1** *(crescent-shaped object)* mezzaluna f., lunetta f. **2** ARCH. lunetta f.

▷ **lung** /lʌŋ/ ➧ ***2*** **I** n. **1** polmone m.; ***to have a good pair of ~s*** SCHERZ. avere buoni polmoni; ***to scream at the top of one's ~s*** urlare a squarciagola **2** FIG. ***the parks are the ~s of the city*** i parchi sono i polmoni verdi della città **II** modif. [*disease*] polmonare; [*transplant*] di polmone.

lung cancer /'lʌŋˌkænsə(r)/ ➧ ***11*** n. cancro m. ai polmoni.

1.lunge /lʌndʒ/ n. **1** *(movement)* scatto m. in avanti, balzo m.; ***he made a desperate ~ for the ball*** fece uno scatto disperato verso la palla; ***she made a ~ for him with her fist*** si scagliò contro di lui per dargli un pugno **2** *(in fencing)* affondo m., stoccata f.

2.lunge /lʌndʒ/ intr. **1** fare uno scatto, balzare (**for** verso; **at, towards** BE verso; **forward** in avanti) **2** *(in fencing)* fare un affondo.

3.lunge /lʌndʒ/ n. EQUIT. lunghina f.

4.lunge /lʌndʒ/ tr. EQUIT. far correre in tondo con la lunghina [*horse*].

lungfish /'lʌŋfɪʃ/ (pl. **~, ~s**) n. dipnoo m.

lung-power /ˌlʌŋ'paʊə(r)/ n. potenza f. vocale.

lung specialist /'lʌŋˌspeʃəlɪst/ ➧ ***27*** n. pneumologo m. (-a).

lungwort /'lʌŋwɜ:t/ n. polmonaria f.

lunisolar /lu:nɪ'səʊlə(r)/ agg. lunisolare.

lunk /lʌŋk/, **lunkhead** /'lʌŋkhed/ AE n. COLLOQ. babbeo m. (-a), stupido m. (-a).

lunula /'lu:njʊlə, AE 'lu:nʊlə/ n. (pl. **-ae**) *(all contexts)* lunula f.

lupin /'lu:pɪn/ n. lupino m.

lupine /'lu:pən/ agg. lupesco, lupino.

lupoid /'lu:pɔɪd/, **lupous** /'lu:pəs/ agg. [*disease*] lupoide.

lupus /'lu:pəs/ n. lupus m.

1.lurch /lɜ:tʃ/ n. **1** *(of vehicle)* sbandamento m. **2** *(of ship)* rollio m. improvviso, beccheggio m.; ***to give a ~*** sbandare **3** FIG. *(leaning)* tendenza f., inclinazione f. **4** FIG. *(of emotion)* ondata f.; ***her heart gave a ~ when she saw him*** ebbe un tuffo al cuore quando lo vide.

2.lurch /lɜ:tʃ/ intr. **1** [*person*] barcollare, vacillare; [*vehicle*] sbandare; ***to ~ forward*** o ***along*** procedere barcollando; ***to ~ to a halt*** fermarsi sobbalzando **2** FIG. ***to ~ to the left, right*** POL. buttarsi (improvvisamente) a destra, a sinistra; ***to ~ between*** oscillare tra; ***to ~ back to sth.*** ritornare (improvvisamente) a [*communism, labours*].

3.lurch /lɜ:tʃ/ n. *(difficult situation)* ***to leave sb. in the ~*** lasciare qcn. nei pasticci *o* nelle peste.

lurcher /'lɜ:tʃə(r)/ n. BE = tipo di cane da caccia (incrocio tra collie e levriero).

1.lure /lʊə(r)/ n. **1** *(attraction)* allettamento m., esca f. (**of** per) **2** *(for birds)* richiamo m.; *(for falcon)* logoro m.; *(for fish)* esca f.

2.lure /lʊə(r)/ tr. attirare (**with** con); ***to ~ sb. into a trap, a car*** attirare qcn. in una trappola, in una macchina; ***to ~ sb. into doing sth.*** indurre qcn. a fare qcs. con l'inganno; ***they ~d him out of his house*** l'hanno attirato fuori di casa; ***to ~ sb. away from his, her studies*** distogliere *o* distrarre qcn. dagli studi.

lurex® /'lʊəreks/ **I** n. lurex® m. **II** modif. [*dress, etc*] di lurex.

lurgy /'lɜ:gɪ/ n. BE ***to have the dreaded ~*** COLLOQ. SCHERZ. = avere una leggera indisposizione.

lurid /'lʊərɪd/ agg. **1** [*colour*] violento; [*sky*] livido **2** *(shocking)* [*description, past*] spaventoso, terrificante **3** *(sensational)* [*detail*] clamoroso; [*headline*] sensazionale.

luridly /'lʊərɪdlɪ/ avv. orribilmente, in modo spaventoso.

luridness /'lʊərɪdnɪs/ n. (l')essere spaventoso.

lurk /lɜ:k/ intr. **1** [*person*] appostarsi, stare in agguato; [*danger, fear, suspicion*] annidarsi, celarsi (**in** in) **2** INFORM. fare il lurker.

lurker /'lɜ:kə(r)/ n. **1** chi sta in agguato **2** INFORM. lurker m. e f.

lurking /'lɜ:kɪŋ/ agg. [*doubt, fear, suspicion*] latente, che aleggia.

luscious /'lʌʃəs/ agg. **1** [*food*] succulento **2** COLLOQ. [*woman*] appetitoso, attraente **3** [*style, language*] ampolloso, stucchevole.

lusciously /'lʌʃəslɪ/ avv. gustosamente.

lusciousness /'lʌʃəsnɪs/ n. **1** *(of food)* succulenza f. **2** COLLOQ. *(of woman)* (l')essere attraente **3** *(of style, language)* ampollosità f.

1.lush /lʌʃ/ agg. **1** [*grass*] rigoglioso; [*vegetation*] lussureggiante **2** [*hotel, surroundings*] lussuoso.

2.lush /lʌʃ/ n. POP. ubriacone m. (-a).

3.lush /lʌʃ/ **I** tr. POP. dare da bere (liquori) a [*person*] **II** intr. POP. bere (liquori).

lushy /'lʌʃɪ/ agg. POP. sbronzo.

▷ **1.lust** /lʌst/ n. *(sexual desire)* desiderio m., concupiscenza f.; *(craving for money etc.)* brama f., cupidigia f.; *(deadly sin)* lussuria f.; ***~ for power*** sete di potere; ***~ for money*** brama di denaro.

▷ **2.lust** /lʌst/ intr. ***to ~ for*** o ***after sb., sth.*** bramare *o* desiderare ardentemente qcn., qcs.

luster AE → **1.lustre**.

lusterless AE → **lustreless**.

lusterware AE → **lustreware**.

lustful /'lʌstfl/ agg. libidinoso, lussurioso.

lustfully /'lʌstfəlɪ/ avv. libidinosamente.

lustfulness /'lʌstfəlnɪs/ n. libidine f.

lustily /'lʌstɪlɪ/ avv. energicamente.

lustra /'lʌstrə/ → **lustrum**.

lustral /'lʌstrəl/ agg. lustrale.

lustration /lʌ'streɪʃn/ n. lustrazione f.

1.lustre BE, **luster** AE /'lʌstə(r)/ n. **1** *(shine)* lustro m., lucentezza f. **2** *(distinction)* lustro m., gloria f. **3** *(of chandelier)* goccia f., pendaglio m.

2.lustre /'lʌstə(r)/ n. → **lustrum**.

lustreless BE, **lusterless** AE /'lʌstəlɪs/ agg. opaco (anche FIG.).

lustreware BE, **lusterware** AE /'lʌstəweə(r)/ n. ceramica f. con riflessi iridescenti.

lustrine /'lʌstrɪn/ n. *(fabric)* lustrino m.

lustrous /'lʌstrəs/ agg. LETT. lucente, splendente.

lustrum /'lʌstrəm/ (pl. **~s, -a**) n. lustro m., quinquennio m.

lusty /'lʌstɪ/ agg. energico, vigoroso.

lutanist → **lutenist**.

1.lute /lu:t, lju:t/ ➧ ***17*** n. liuto m.

2.lute /lu:t, lju:t/ n. mastice m., stucco m. per vasi.

luteal /'lu:tɪəl, 'lju:-/ agg. luteinico.

lutein /'lu:tɪɪn, 'lju:-/ n. luteina f.

lutenist /'lu:tənɪst, 'lju:-/ ➧ ***17, 27*** n. liutista m. e f.

luteolin /'lu:tɪəlɪn, 'lju:-/ n. luteolina f.

luteous /'lu:tɪəs, 'lju:-/ agg. luteo.

lutetium /lu:'ti:ʃɪəm, 'lju:-, -sɪəm/ n. lutezio m.

luteum corpus /'lu:tɪəmˌkɔ:pəs, 'lju:-/ n. corpo m. luteo.

Luther /'lu:θə(r)/ n.pr. **1** STOR. Lutero; ***Martin ~*** Martin Lutero **2** Luther (nome di uomo).

Lutheran /'lu:θərən/ **I** agg. luterano **II** n. luterano m. (-a).

Lutheranism /'lu:θərənɪzəm/ n. luteranesimo m.

lutist /'lu:tɪst, lju:/ ➧ ***27, 17*** n. **1** *(maker)* liutaio m. (-a) **2** *(lutenist)* liutista m. e f.

luv /lʌv, lʊv/ n. BE COLLOQ. *(term of address) (to husband, wife, son etc.)* tesoro m.; *(to customers etc.)* = appellativo cortese informale.

luvvy /'lʌvɪ/ n. BE COLLOQ. attore m. (-trice) pretenzioso (-a).

lux /lʌks/ n. (pl. **~**) lux m.

luxate /'lʌkseɪt/ tr. lussare, slogare.

luxation /lʌk'seɪʃn/ n. lussazione f., slogatura f.

Luxembourg /'lʌksəmbɜ:g/ ➧ ***6*** n.pr. Lussemburgo m.; ***the Grand Duchy of ~*** il granducato di Lussemburgo.

Luxembourgian /'lʌksəmbɜ:gɪən/ ➧ ***18*** **I** agg. lussemburghese **II** n. lussemburghese m. e f.

luxuriance /lʌg'zjʊərɪəns/, **luxuriancy** /lʌg'zjʊərɪənsɪ/ n. *(abundance)* sovrabbondanza f., ricchezza f.; *(of plant)* rigoglio m.; *(of style)* ridondanza f.

luxuriant /lʌɡ'zjʊərɪənt/ agg. *(growing profusely)* rigoglioso, lussureggiante; *(richly ornate)* (eccessivamente) ornato, sovraccarico; ~ ***hair*** folta chioma; ~ ***imagery*** ricchezza *o* profluvio di immagini.
luxuriantly /lʌɡ'zjʊərɪəntlɪ/ avv. [*grow*] rigogliosamente.
luxuriate /lʌɡ'zjʊərɪeɪt/ intr. ***to ~ in*** godersi [*warmth, bath*]; assaporare [*freedom, success*].
luxurious /lʌɡ'zjʊərɪəs/ agg. [*lifestyle, apartment*] lussuoso, sfarzoso; [*heat, bath*] estremamente piacevole, voluttuoso.
luxuriously /lʌɡ'zjʊərɪəslɪ/ avv. [*furnish, decorate*] sfarzosamente; [*live*] nel lusso; [*smile, stretch*] voluttuosamente.
luxuriousness /lʌɡ'zjʊərɪəsnɪs/ n. lusso m.
▷ **luxury** /'lʌkʃərɪ/ **I** n. *(all contexts)* lusso m.; ***to have, enjoy the ~ of doing*** concedersi il piacere, il lusso di fare; ***a life of ~*** una vita di lussi; ***in (the lap of) ~*** nel lusso **II** modif. [*product, holiday, accommodation*] di lusso; ~ ***goods*** beni di lusso.
LV n. BE (⇒ luncheon voucher) = buono mensa, ticket.
LW RAD. ⇒ long wave onde lunghe (OL).
lycanthrope /laɪ'kænθrəʊp/ n. licantropo m., lupo m. mannaro.
lycanthropy /laɪ'kænθrəpɪ/ ♦ ***11*** n. licantropia f.
lyceum /laɪ'sɪəm/ n. **1** *(building)* sala f. per conferenze **2** AE *(organization)* associazione f. culturale.
lych /lɪtʃ/ n. ANT. cadavere m.
lychee /'laɪtʃiː, ˌlaɪ'tʃiː/ n. litchi m.
lychgate /'lɪtʃɡeɪt/ n. portico m. all'ingresso del cimitero.
lych-house /'lɪtʃhaʊs/ n. camera f. mortuaria.
lychnis /'lɪknɪs/ n. fiore m. di cuculo.
lych-owl /'lɪtʃəʊl/ n. civetta f. (messaggera di morte).
Lycidas /'lɪsɪdæs/ n.pr. Licida.
lycopodium /'laɪkəpəʊdjəm/ n. licopodio m.
Lycra® /'laɪkrə/ **I** n. lycra® f. **II** modif. [*dress*] di lycra.
lyddite /'lɪdaɪt/ n. lyddite f.
Lydia /'lɪdɪə/ n.pr. **1** *(first name)* Lidia **2** *(region)* Lidia f.
Lydian /'lɪdɪən/ **I** agg. lidio **II** n. **1** *(person)* lidio m. (-a) **2** *(language)* lidio m.
lye /laɪ/ n. liscivia f., ranno m.
▷ **lying** /'laɪɪŋ/ **I** n. (il) mentire, menzogne f.pl., bugie f.pl. **II** agg. *(telling lies)* bugiardo, menzognero.
lying-in /ˌlaɪɪŋ'ɪn/ n. ANT. = periodo del parto e del puerperio in cui generalmente la donna resta a letto.
lyke-wake /'laɪkweɪk/ n. ANT. veglia f. funebre.
lymph /lɪmf/ n. FISIOL. linfa f.
lymphangitis /ˌlɪmfæn'dʒaɪtɪs/ ♦ ***11*** n. MED. linfangite f.
lymphatic /lɪm'fætɪk/ agg. *(containing or conveying lymph)* linfatico; FIG. *(sluggish)* fiacco, debole.
lymphatic drainage (massage) /lɪmˌfætɪk'dreɪnɪdʒˌmæsɑːʒ, AE -məˌ-/ n. linfodrenaggio m.; ***to give sb. ~*** fare un linfodrenaggio a qcn.
lymphatism /'lɪmfætɪzəm/ n. linfatismo m.
lymph node /'lɪmfnəʊd/ n. linfonodo m.
lymphocyte /'lɪmfəsaɪt/ n. linfocita m.
lymphocytosis /lɪmfəʊsaɪ'təʊsɪs/ n. linfocitosi f.
lymphography /lɪm'fɒɡrəfɪ/ n. MED. linfografia f.
lymphoid /'lɪmfɔɪd/ agg. linfoide.
lymphoma /lɪm'fəʊmə/ n. (pl. **~s**, **-ata**) linfoma m.
lymphopathy /'lɪmfəʊpəθɪ/ n. linfopatia f.
lymphopoiesis /lɪmfəʊpɔɪ'iːsɪs/ n. linfopoiesi f.
lymphosarcoma /ˌlɪmfəʊsɑː'kəʊmə/ n. (pl. **~s**, **-ata**) linfosarcoma m.
lyncean /lɪn'siːən/ agg. **1** *(of lynx)* linceo, di lince **2** *(lynx-eyed)* dagli occhi di lince.
lynch /lɪntʃ/ tr. linciare (anche FIG.).
lynching /'lɪntʃɪŋ/ n. *(execution)* linciaggio m. (anche FIG.).
lynch law /'lɪntʃlɔː/ n. *(practice)* linciaggio m.
lynch mob /'lɪntʃmɒb/ n. linciatori m.pl.
Lynn /lɪn/ n.pr. Lynn (nome di donna).
lynx /lɪŋks/ n. (pl. ~, **~es**) lince f.
lynx-eyed /'lɪŋksaɪd/ agg. [*person*] dagli occhi di lince; ***to be ~*** avere l'occhio di lince.
Lyons /'liːɔːŋ/ ♦ ***34*** n.pr. Lione f.
lyophilization /laɪˌɒfɪlaɪ'zeɪʃn, AE -lɪ'z-/ n. liofilizzazione f.
lyophilize /laɪ'ɒfɪlaɪz/ tr. liofilizzare.
lyre /'laɪə(r)/ ♦ ***17*** n. lira f.
lyrebird /'laɪəbɜːd/ n. uccello m. lira.
lyric /'lɪrɪk/ **I** n. LETTER. lirica f. **II lyrics** n.pl. *(of song)* parole f., testo m.sing. (di una canzone) **III** agg. MUS. LETTER. lirico.
lyrical /'lɪrɪkl/ agg. *(all contexts)* lirico; ***to wax ~ (about*** o ***over sth.)*** raccontare (qcs.) con tono esaltato.
lyrically /'lɪrɪklɪ/ avv. liricamente, con lirismo.
lyricism /'lɪrɪsɪzəm/ n. *(all contexts)* lirismo m.
lyricist /'lɪrɪsɪst/ ♦ ***27*** n. *(poet)* poeta m. (-essa) lirico (-a); *(songwriter)* paroliere m. (-a).
lyric-writer /'lɪrɪkˌraɪtə(r)/ ♦ ***27*** n. paroliere m. (-a).
lyrism /'lɪrɪzəm/ n. → **lyricism**.
lyrist /'lɪrɪst/ n. **1** *(poet)* poeta m. (-essa) lirico (-a) **2** *(lyre player)* suonatore m. (-trice) di lira.
lyse /laɪs/ **I** tr. lisare, catalizzare **II** intr. subire lisi.
lysergic /laɪ'sɜdʒɪk/ agg. lisergico.
lysin /'laɪsɪn, AE -sn/ n. *(antibody)* lisina f.
lysine /'laɪsiːn, AE -ɪn/ n. *(amino acid)* lisina f.
lysis /'laɪsɪs/ n. (pl. **-es**) lisi f.
lysogeny /laɪ'sɒdʒənɪ/ n. lisogenia f.
lysosome /'laɪsəsəʊm/ n. lisosoma m.
lysozyme /'laɪsəzaɪm/ n. lisozima m.
lyssa /lɪsə/ n. lissa f., idrofobia f.
lytic /'lɪtɪk/ agg. *(causing lysis)* litico.
Lytton /'lɪtn/ n.pr. Lytton (nome di uomo).
lyze → **lyse**.

m

m, M /em/ n. **1** *(letter)* m, M m. e f. **2 M** ⇒ motorway autostrada; ***on the M3*** sulla M3 **3 m** ⇒ mile miglio.
ma /mɑː/ n. COLLOQ. *(mother)* ma' f.
1.MA n. (⇒ Master of Arts) = (diploma di) dottore in discipline umanistiche e alcune altre materie (conseguito con un corso di studi di cinque o sei anni).
2.MA US ⇒ Massachusetts Massachusetts.
▷ **ma'am** /mæm, mɑːm/ n. *(form of address)* signora f.
Mab /mæb/ n.pr. MITOL. Mab.
Mabel /ˈmeɪbl/ n.pr Mabel (nome di donna).
Ma Bell /ˌmaːˈbel/ n.pr. AE SCHERZ. = la società dei telefoni e dei telegrafi.
mac /mæk/ n. BE COLLOQ. (accorc. mackintosh) impermeabile m.
Mac /mæk/ n. AE COLLOQ. amico m., tizio m.; ***"Hey ~"*** "Ehi, tu".
macabre /məˈkɑːbrə/ agg. macabro.
Macbeth /məkˈbeθ/ n.pr. LETTER. Macbeth.
macadam /məˈkædəm/ n. macadam m.
macadamization /məˌkædəmaɪˈzeɪʃn, AE -mɪˈz-/ n. pavimentazione f. stradale a macadam.
macadamize /məˈkædəmaɪz/ tr. macadamizzare.
macaque /məˈkɑːk, -ˈkæk/ n. macaco m.
macaroni /ˌmækəˈrəʊnɪ/ n. **U** maccheroni m.pl.
macaronic /ˌmækəˈrɒnɪk/ agg. maccheronico.
macaroni cheese /mækəˌrəʊnɪˈtʃiːz/ n. = maccheroni conditi con salsa al formaggio.
macaroon /ˌmækəˈruːn/ n. amaretto m.
macaw /məˈkɔː/ n. *(bird)* macao m.
Maccabean /mækəˈbiːən/ agg. BIBL. maccabeo.
Maccabees /ˈmækəbiːz/ n.pl. BIBL. Maccabei m.
1.mace /meɪs/ n. *(spice)* macis m. e f.
2.mace /meɪs/ n. *(ceremonial staff)* mazza f. da cerimoniere; *(weapon)* mazza f. da guerra.
3.mace /meɪs/ tr. attaccare con gas lacrimogeno [*crowd*].
Mace® /meɪs/ n. gas m. lacrimogeno.
Macedonia /ˌmæsɪˈdəʊnɪə/ ➧ ***24*** n.pr. Macedonia f.
Macedonian /ˌmæsɪˈdəʊnɪən/ **I** agg. macedone **II** n. macedone m. e f.
macerate /ˈmæsəreɪt/ **I** tr. (fare) macerare **II** intr. macerarsi (anche FIG.).
maceration /mæsəˈreɪʃn/ n. macerazione f.
Mach /mɑːk, mæk/ n. mach m.; ***~ one, two*** mach uno, due.
macher /ˈmɑːxə(r)/ n. AE POP. SPREG. = persona che, grazie alle sue entrature, riesce a risolvere facilmente problemi di ordine pratico, burocratico, ecc.
machete /məˈtʃetɪ, AE məˈʃetɪ/ n. machete m.
Machiavellian /ˌmækɪəˈvelɪən/ agg. machiavellico.
Machiavellianism /ˌmækɪəˈvelɪənɪzəm/, **Machiavellism** /ˌmækɪəˈvelɪzəm/ n. machiavellismo m.
machicolation /mətʃɪkəˈleɪʃn/ n. caditoia f., piombatoio m.
machinability /məˌʃiːnəˈbɪlətɪ/ n. lavorabilità f. (alla macchina).
machinable /məˈʃiːnəbl/ agg. *(by machine)* lavorabile; *(by computer)* elaborabile.
machinate /ˈmækɪneɪt/ **I** tr. macchinare, ordire, tramare [*intrigue, plot*] **II** intr. tramare, complottare.
machination /ˌmækɪˈneɪʃn/ n. *(scheme)* macchinazione f.
▶ **1.machine** /məˈʃiːn/ n. **1** *(piece of equipment)* macchina f. (**for doing** per fare); ***sewing ~*** macchina da cucire; ***washing ~*** lavatrice; ***to operate a ~*** azionare *o* far funzionare una macchina; ***by ~*** a macchina **2** FIG. *(apparatus)* macchina f.; ***publicity ~, electoral ~*** macchina pubblicitaria, elettorale; ***the Conservative Party ~*** l'apparato elettorale del partito conservatore.
2.machine /məˈʃiːn/ tr. produrre a macchina [*article, goods*]; lavorare a macchina [*material*]; cucire a macchina [*cloth*]; mandare in macchina, stampare [*newspaper*].
machine age /məˈʃiːnˌeɪdʒ/ n. era f. delle macchine.
machine-assisted translation /məˌʃiːnəsɪstɪdtrænzˈleɪʃn/ n. traduzione f. assistita da elaboratore.
machine bolt /məˈʃiːnˌbəʊlt/ n. bullone m.
machine code /məˈʃiːnˌkəʊd/ n. codice m. macchina.
machine gun /məˈʃiːnˌgʌn/ n. mitragliatrice f.
▷ **machine-gun** /məˈʃiːngʌn/ tr. (forma in -ing ecc. **-nn-**) mitragliare.
machine gunner /məˈʃiːnˌgʌnə(r)/ n. mitragliere m.
machine hour /məˈʃiːnˌaʊə(r)/ n. ora f. (di) macchina.
machine intelligence /məˌʃiːnɪnˈtelɪdʒəns/ n. intelligenza f. artificiale.
machine language /məˈʃiːnˌlæŋgwɪdʒ/ n. linguaggio m. macchina.
machine-made /məˈʃiːnˌmeɪd/ agg. (fatto) a macchina.
machine operator /məˌʃiːnˈɒpəreɪtə(r)/ ➧ ***27*** n. operatore m. (-trice) (di macchina).
machine-readable /məˌʃiːnˈriːdəbl/ agg. [*data, text, passport*] che può essere riconosciuto dal computer; ***in ~ form*** elaborabile automaticamente.
▷ **machinery** /məˈʃiːnərɪ/ n. **U 1** *(equipment)* macchinario m., macchine f.pl.; *(working parts)* meccanismo m., ingranaggi m.pl.; *(operating lift etc.)* impianto m.; ***a piece of ~*** una macchina *o* un macchinario; ***heavy ~*** macchine pesanti **2** FIG. *(apparatus)* ***the ~ to deal with pollution*** le iniziative per la lotta all'inquinamento; ***the ~ to settle industrial disputes*** gli strumenti per fronteggiare le vertenze sindacali; ***the ~ of justice*** la macchina della giustizia .
machine shop /məˈʃiːnˌʃɒp/ n. officina f. meccanica.
machine stitch /məˈʃiːnˌstɪtʃ/ n. *(on cloth)* punto m. (fatto) a macchina.
machine-stitch /məˈʃiːnˌstɪtʃ/ tr. *(sew)* cucire a macchina.
machine tool /məˈʃiːnˌtuːl/ n. macchina f. utensile.
machine tool operator /məˌʃiːntuːlˈɒpəreɪtə(r)/ ➧ ***27*** n. operatore m. (-trice) (di macchine utensili).
machine translation /məˌʃiːntrænzˈleɪʃn/ n. traduzione f. automatica.
machine-washable /məˌʃiːnˈwɒʃəbl/ agg. lavabile in lavatrice.
machine work /məˈʃiːnˌwɜːk/ n. lavorazione f. a macchina.
machining /məˈʃiːnɪŋ/ n. *(of materials)* lavorazione f. a macchina; *(of newspapers, books etc.)* stampa f.

machinist /mə'ʃi:nɪst/ ➧ *27* n. *(operator)* operatore m. (-trice) (di macchina utensile); *(engineer)* tecnico m. meccanico; *(sewing machine operator)* cucitore m. (-trice).
machismo /mə'tʃɪzməʊ, -'kɪzməʊ/ n. machismo m.
Mach number /'mɑ:knʌmbə(r), AE 'mæk-/ n. numero m. di Mach.
macho /'mætʃəʊ/ agg. macho (anche SPREG.); ***a real ~ man*** un vero macho.
mackerel /'mækrəl/ n. (pl.~, **~s**) scombro m.
mackerel shark /'mækrəl,ʃɑ:k/ n. squalo m. nasuto.
mackerel sky /'mækrəl,skaɪ/ n. cielo m. a pecorelle.
mackintosh, **macintosh** /'mækɪntɒʃ/ n. impermeabile m.
macle /'mækl/ n. chiastolite f.
macramé /mə'krɑ:mɪ/ **I** n. macramè m. **II** modif. [*belt, wall hanging, work*] in macramè.
macro /'mækrəʊ/ n. (pl. **~s**) INFORM. macro f.
macrobiotic /,mækrəʊbaɪ'ɒtɪk/ agg. macrobiotico.
macrobiotics /,mækrəʊbaɪ'ɒtɪks/ n. + verbo sing. macrobiotica f.
macrocephalic /,mækrəʊsɪ'fælɪk, -kɪ'fælɪk/, **macrocephalous** /,mækrəʊ'sefələs, -'kefələs/ agg. macrocefalo.
macrocephaly /,mækrəʊ'sefəlɪ, -'kefəlɪ/ n. macrocefalia f.
macrocheilia /,mækrəʊ'kaɪlɪə/ n. macroch(e)ilia f.
macrocheiria /mækrəʊ'kaɪrɪə/ n. macrochiria f.
macroclimate /,mækrəʊ'klaɪmət/ n. macroclima m.
macrocosm /'mækrəʊkɒzəm/ n. macrocosmo m.
macrocyte /'mækrəʊ,saɪt/ n. macrocita m., macrocito m.
macrocytosis /,mækrəʊsaɪ'təʊsɪs/ n. macrocitosi f.
macrodactylia /,mækrəʊdæk'tɪlɪə/ n. macrodattilia f.
macrodontia /,mækrəʊ'dɒntɪə/ n. macrodontia f.
macroeconomic /,mækrəʊi:kə'nɒmɪk, -ekə-/ agg. macroeconomico.
macroeconomics /,mækrəʊi:kə'nɒmɪks, -ekə-/ n. + verbo sing. macroeconomia f.
macroesthesia /,mækrəʊɪs'θi:zɪə, -ʒə/ n. macroestesia f.
macrogamete /,mækrəʊ'gæmi:t/ n. macrogamete m.
macroglobulin /,mækrəʊ'glɒbjʊlɪn/ n. macroglobulina f.
macroglossia /,mækrəʊ'glɒsɪə/ n. macroglossia f.
macro-instruction /,mækrəʊɪn'strʌkʃn/ n. macroistruzione f.
macrolinguistics /,mækrəʊlɪŋ'gwɪstɪks/ n. + verbo sing. macrolinguistica f.
macromelia /,mækrəʊ'mi:lɪə/ n. macromelia f.
macrometeorology /,mækrəʊmi:tɪə'rɒlədʒɪ/ n. macrometeorologia f.
macromolecule /,mækrəʊ'mɒlɪkju:l/ n. macromolecola f.
macron /'mækrɒn/ n. = segno di vocale lunga.
macrophage /'mækrəʊfeɪdʒ/ n. macrofago m.
macrophotography /,mækrəʊfə'tɒgrəfɪ/ n. macrofotografia f.
macropod /'mækrəpɒd/ n. macropodide m.
macroscopic /,mækrəʊ'skɒpɪk/ agg. macroscopico.
macrospore /'mækrəʊspɔ:(r)/ n. macrospora f.
macula /'mækjʊlə/ n. (pl. **-ae**) ANAT. MED. macchia f., macula f.
macular /'mækjʊlə(r)/ agg. maculare.
1.maculate /'mækjʊlət/ agg. *(spotted)* maculato; *(stained)* macchiato (anche FIG.).
2.maculate /'mækjʊleɪt/ tr. *(spot)* maculare; *(stain)* macchiare (anche FIG.).
▷ **1.mad** /mæd/ agg. **1** *(insane)* [*person*] matto; *(enraged)* [*dog*] rabbioso; [*bull*] infuriato; ***to be ~ with*** essere pazzo di [*grief, pain, joy*]; ***you must be ~!*** sei pazzo! ***to go ~*** *(insane)* impazzire; ***it's nationalism gone ~*** FIG. è un nazionalismo portato agli estremi; ***are you, is he ~?*** sei, è pazzo? ***of course not, do you think I'm ~?*** certo che no, non sono mica pazzo! ***I'm ~ even to think of it*** è una follia anche solo pensarci; ***to go ~*** COLLOQ. *(spend money)* fare follie **2** *(foolish)* [*idea, hope, feeling, scheme*] folle; ***it is ~ to do*** o ***doing*** è una follia fare; ***he is, they are ~ to do*** è pazzo, sono pazzi a fare; ***you'd be ~ to give up your job*** saresti pazzo a lasciare il lavoro **3** mai attrib. *(angry)* [*person*] infuriato, furioso; ***to be ~ at*** o ***with sb.*** essere infuriato con qcn.; ***to get ~ at*** o ***with sb.*** infuriarsi con qcn.; ***they are ~ at us for coming back late*** sono arrabbiatissimi con noi perché siamo tornati tardi; ***to be ~ about sth.*** essere in collera per qcs.; ***to be ~ (that)...*** essere arrabbiato perché... ***she'd be ~ if she knew*** impazzirebbe se lo sapesse; ***to go ~*** COLLOQ. impazzire di rabbia; ***to make sb. ~*** fare impazzire qcn.; ***it makes me ~ to think of it!*** se ci penso impazzisco! ***to drive sb. ~*** portare qcn. all'esasperazione **4** COLLOQ. *(enthusiastic)* ***~ about*** o ***on*** pazzo di [*person*]; pazzo per [*hobby, sport, music*]; ***I'm not ~ about the idea*** l'idea non mi fa impazzire; ***he's not ~ about the teacher*** quell'insegnante non lo entusiasma; ***he's not ~ about fish*** non va pazzo per il pesce; ***to be horse-, football-, movie-~*** essere appassionato *o* fanatico di cavalli, calcio, cinema; ***she's money-~!*** impazzisce per i soldi! ***to be ~ for*** impazzire per [*film, popstar*] **5** *(frantic)* [*dash, panic, race*] folle; [*traffic*] infernale; ***to be ~ for*** essere avido di [*food, blood, goods*]; ***to be in a ~ rush*** avere una fretta pazzesca; ***it was a ~ scramble to finish on time*** abbiamo fatto corse folli per finire in tempo; ***we made a ~ dash for the bus*** abbiamo corso come dei pazzi per prendere l'autobus ◆ ***to work, laugh, run like ~*** lavorare, ridere, correre come un pazzo.
2.mad /mæd/ **I** tr. (forma in -ing ecc. **-dd-**) **1** RAR. *(make insane)* fare impazzire **2** RAR. *(make angry)* fare infuriare **II** intr. (forma in -ing ecc. **-dd-**) ANT. ammattire.
MAD n. (⇒ mutual assured destruction) = mutua distruzione assicurata (come deterrente nucleare).
Madagascan /,mædə'gæskən/ ➧ *18* **I** agg. malgascio **II** n. *(person)* malgascio m. (-a).
Madagascar /,mædə'gæskə/ ➧ *6* n.pr. Madagascar m.
madam /'mædəm/ ➧ *9* n. **1** (anche **Madam**) *(form of address)* signora f.; ***Dear Madam*** Gentile Signora **2** BE COLLOQ. *(young woman) (stuck up)* smorfiosa f.; *(cheeky)* sfacciata f. **3** *(in brothel)* maîtresse f.
madcap /'mædkæp/ **I** agg. attrib. [*scheme, idea*] senza senso; [*person*] matto, scriteriato **II** n. scriteriato m. (-a), testa f. matta.
mad cow disease /mæd'kaʊdɪ,zi:z/ ➧ *11* n. morbo m. della mucca pazza.
MADD /mæd/ n. (⇒ Mothers Against Drunk Driving) = associazione delle madri contro la guida in stato di ebbrezza.
madden /'mædn/ tr. [*attitude, nuisance, situation, pain, heat, insects*] fare impazzire, esasperare [*person*]; ***it ~s me to do, that*** mi fa diventare pazzo fare, il fatto che.
maddening /'mædnɪŋ/ agg. [*person, characteristic, delay, noise, situation, behaviour*] esasperante; ***it's ~ to do*** è esasperante fare.
maddeningly /'mædnɪŋlɪ/ avv. ***~ slow, inefficient, precise*** di una lentezza, inefficienza, precisione esasperante; ***a ~ superior tone*** un insopportabile tono di superiorità; ***he's always ~ late*** è pazzesco, è sempre in ritardo.
madder /'mædə(r)/ n. robbia f.
made /meɪd/ **I** pass., p. pass. → **2.make II** agg. **1** *(successful)* ***to be ~*** essere arrivato; ***he's a ~ man*** è un uomo arrivato **2** *(produced)* ***~ in Italy*** fabbricato in Italia, made in Italy **3 -made** in composti ***foreign-, Italian-~*** fabbricato all'estero, in Italia ◆ ***he's got it ~*** COLLOQ. *(sure to succeed)* ce la farà; *(has succeeded)* ce l'ha fatta.
Madeira /mə'dɪərə/ ➧ *12* n.pr. **1** *(island)* Madera f. **2** *(wine)* madera m.
Madeira cake /mə'dɪərə,keɪk/ n. BE = torta di pan di Spagna.
Madeleine /'mædəlen/ n.pr. Maddalena.
made-to-measure /,meɪdtə'meʒə(r)/ agg. [*garment*] su misura.
made-to-order /,meɪdtə'ɔ:də(r)/ agg. [*garment, dish*] su ordinazione.
made-up /,meɪd'ʌp/ agg. **1** *(wearing make-up)* truccato; ***heavily ~*** pesantemente truccato **2** *(invented)* [*story*] inventato **3** [*road*] asfaltato **4** [*garment*] prêt-à-porter **5** BE COLLOQ. *(delighted)* contentissimo.
Madge /mædʒ/ n.pr. diminutivo di **Margaret**.
madhouse /'mædhaʊs/ n. COLLOQ. **1** ANT. *(asylum)* manicomio m. **2** *(uproar)* manicomio m., gabbia f. di matti.
Madison Avenue /,mædɪsn'ævɪnju:, AE -nu:/ n.pr. = mondo della pubblicità americano.
madly /'mædlɪ/ avv. **1** *(frantically)* [*scribble, gesticulate, rush around*] freneticamente **2** *(extremely)* [*amusing, exciting, extravagant, jealous*] da matti; ***~ in love (with sb.)*** follemente, perdutamente innamorato (di qcn).
madman /'mædmən/ n. (pl. **-men**) COLLOQ. matto m., pazzo m.
▷ **madness** /'mædnɪs/ n. follia f., pazzia f. (anche FIG.); ***it is, it would be ~ to do*** è, sarebbe una follia fare; ***it is ~ for him to ignore the warning*** è un pazzo a ignorare l'avvertimento ◆ ***there is method in his ~*** è coerente nella sua follia; ***that way ~ lies*** LETTER. è la strada che porta alla follia.
Madonna /mə'dɒnə/ n. Madonna f.
Madonna lily /mə'dɒnə,lɪlɪ/ n. giglio m. bianco.
madras /mə'dræs/ **I** n. **1** *(fabric)* madras m. **2** BE GASTR. = curry molto speziato **II** modif. [*shirt, scarf*] di madras.
madrepore /'mædrəpɔ:(r)/ n. madrepora f.
Madrid /mə'drɪd/ ➧ *34* n.pr. Madrid f.
madrigal /'mædrɪgl/ n. madrigale m.
madwoman /'mædwʊmən/ n. (pl. **-women**) COLLOQ. matta f., pazza f.
Mae /meɪ/ n.pr. Mae (nome di donna).
maecenas /mi:'si:næs/ n. mecenate m.

maelstrom /'meɪlstrəm/ n. **1** maelstrom m. **2** FIG. turbine m., vortice m.
maenad /'mi:næd/ n. MITOL. menade f., baccante f. (anche FIG.).
maestro /'maɪstrəʊ/ n. MUS. maestro m.
mae west, **Mae West** /ˌmeɪ'west/ n AER. COLLOQ. = giubbotto gonfiabile di salvataggio.
MAFF n. GB (⇒ Ministry of Agriculture, Fisheries and Food) = in passato, Ministero dell'Agricoltura, Pesca e Alimentazione.
maffick /'mæfɪk/ intr. ANT. esultare.
mafia, **Mafia** /'mæfɪə, AE 'mɑ:-/ **I** n. **1** ***the ~*** la mafia **2** FIG. *(faction)* mafia f., consorteria f. **II** modif. [*activity, killing*] mafioso; [*gangster*] della mafia.
mafioso /ˌmæfɪ'əʊsəʊ/ n. (pl. **~s**, **-i**) mafioso m.
mag /mæg/ n. COLLOQ. (accorc. magazine) rivista f.
▶ **magazine** /ˌmægə'zi:n, AE 'mægəzi:n/ n. **1** GIORN. rivista f.; ***computer, fashion, photography ~*** rivista di informatica, di moda, di fotografia; ***glossy ~*** rivista patinata, rotocalco; ***monthly ~*** (rivista) mensile; ***women's ~*** rivista femminile **2** *(on radio, TV)* (programma) contenitore m. **3** *(of gun, camera)* caricatore m. **4** *(arms store)* arsenale m.
Magdalen(e) **I** n.pr. **1** /'mægdəlɪn, ˌmægdə'li:n/ Maddalena **2** /'mɒdlɪn/ *(at Oxford)* ***~ College*** Magdalene College **II** /'mægdəlɪn, ˌmægdə'li:n/ n. maddalena f.
Magellan /mə'gelən/ n.pr. Magellano; ***~ Strait*** Stretto di Magellano.
magenta /mə'dʒentə/ ➧ ***5*** **I** n. magenta m. **II** agg. magenta.
Maggie /'mægɪ/ n.pr. diminutivo di **Margaret**.
Maggiore /ˌmædʒɪ'ɔ:reɪ/ ➧ ***13*** n.pr. ***Lake ~*** il lago Maggiore.
maggot /'mægət/ n. *(in fruit)* verme m., baco m.; *(for fishing)* verme m.
maggoty /'mægətɪ/ agg. [*cheese, meat*] pieno di vermi; [*fruit*] bacato.
Maghreb /'mʌgrəb/ n.pr. ***the ~*** il Magreb.
Maghrebi /'mʌgrəbɪ/ **I** agg. magrebino **II** n. magrebino m. (-a).
Magi /'meɪdʒaɪ/ n.pl. ***the ~*** i (Re) Magi.
▷ **magic** /'mædʒɪk/ **I** agg. **1** *(supernatural)* magico; ***the Magic Flute*** il Flauto Magico **2** *(wonderful)* ***it's ~!*** è fantastico! **II** n. **1** *(supernatural power)* magia f.; ***to believe in ~*** credere nella magia; ***as if by ~*** come per magia, per incanto; ***to practise ~*** praticare la magia; ***it works like ~!*** funziona a meraviglia! ***to work ~*** fare (dei) miracoli; ***black, white ~*** magia nera, bianca; ***to do sth. by ~*** fare qcs. per magia **2** *(enchantment)* magia f., incanto m. (**of** di); ***the room had lost some of its ~*** la stanza aveva perso parte del suo fascino.
▷ **magical** /'mædʒɪkl/ agg. **1** *(supernatural)* [*properties, powers, transformation*] magico **2** *(enchanting)* [*moment*] magico; [*week, stay*] incantevole, meraviglioso; ***the landscape has a ~ quality*** è un paesaggio incantevole.
magically /'mædʒɪklɪ/ avv. [*disappear, transform*] magicamente, per incanto (anche FIG.).
magical realism /ˌmædʒɪkl'ri:əlɪzəm/ n. LETTER. realismo m. magico.
magic bullet /ˌmædʒɪk'bʊlɪt/ n. COLLOQ. SCHERZ. *(medicine)* rimedio m. infallibile.
magic carpet /ˌmædʒɪk'kɑ:pɪt/ n. tappeto m. volante.
magician /mə'dʒɪʃn/ n. *(wizard)* mago m. (-a); *(entertainer)* illusionista m. e f., mago m. (-a).
magic circle /ˌmædʒɪk'sɜ:kl/ n. cerchio m. magico.
magic lantern /ˌmædʒɪk'læntən/ n. lanterna f. magica.
Magic Marker® /ˌmædʒɪk'mɑ:kə(r)/ n. pennarello m. indelebile.
magic potion /ˌmædʒɪk'pəʊʃn/ n. pozione f. magica.
magic spell /ˌmædʒɪk'spel/ n. formula f. magica.
magic square /ˌmædʒɪk'skweə(r)/ n. quadrato m. magico.
magic wand /ˌmædʒɪk'wɒnd/ n. bacchetta f. magica.
magilp /mə'gɪlp/n. solvente m. per colori a olio.
magisterial /ˌmædʒɪ'stɪərɪəl/ agg. **1** *(authoritative)* magistrale, solenne, autorevole **2** DIR. [*office, duties*] di, del magistrato.
magisterially /ˌmædʒɪ'stɪərɪəlɪ/ avv. **1** *(showing authority)* in modo autoritario, autorevolmente **2** *(with the authority of a magistrate)* da magistrato.
magistracy /'mædʒɪstrəsɪ/ n. magistratura f.
magistral /'mædʒɪstrəl, mə'dʒɪstrəl/ agg. **1** RAR. *(authoritative)* autorevole **2** *(galenic)* galenico.
▷ **magistrate** /'mædʒɪstreɪt/ ➧ ***27*** n. magistrato m.; ***to appear before (the) ~s*** comparire davanti ai giudici.
magistrates' court, **Magistrates' Court** /'mædʒɪstreɪtzˌkɔ:t/ n. GB = tribunale competente in materia civile e per reati minori.
magistrateship /'mædʒɪstreɪtʃɪp/ n. *(office)* magistratura f.
magistrature /'mædʒɪstrətʃə(r)/ n. *(office, magistrates)* magistratura f.
magma /'mægmə/ n. (pl. **~s**, **-ata**) GEOL. magma m.
magmatic /ˌmæg'mætɪk/ agg. GEOL. magmatico.
magmatism /'mægmətɪzəm/ n. magmatismo m.
Magna Carta /ˌmægnə'kɑ:tə/ n. ***the ~*** la Magna Carta.
magna cum laude /ˌmægnəkʊm'laʊdeɪ/ avv. AE ***to graduate ~*** SCOL. diplomarsi con lode (di livello intermedio); UNIV. laurearsi con lode (di livello intermedio).
magnanimity /ˌmægnə'nɪmətɪ/ n. magnanimità f.
magnanimous /mæg'nænɪməs/ agg. magnanimo; ***that's very ~ of you!*** IRON. troppo generoso da parte tua!
magnanimously /mæg'nænɪməslɪ/ avv. magnanimamente.
magnate /'mægneɪt/ n. magnate m.; ***oil ~*** magnate del petrolio; ***property ~*** grande proprietario; ***shipping ~*** armatore.
magnesia /mæg'ni:ʃə/ n. magnesia f.
magnesian /mæg'ni:ʃn/ agg. magnesifero.
magnesic /mæg'ni:sɪk/ agg. magnesico, magnesiaco.
magnesite /'magnɪsʌɪt/ n. magnesite f.
magnesium /mæg'ni:zɪəm/ n. magnesio m.
▷ **magnet** /'mægnɪt/ n. **1** magnete m., calamita f. **2** FIG. polo m. d'attrazione, calamita f. (**for** per).
magnetic /mæg'netɪk/ agg. **1** [*block, rod*] calamitato; [*force, properties*] magnetico **2** FIG. [*appeal, smile*] magnetico, irresistibile.
magnetically /mæg'netɪklɪ/ avv. magneticamente (anche FIG.).
magnetic compass /mægˌnetɪk'kɒmpəs/ n. bussola f. magnetica.
magnetic disk /mægˌnetɪk'dɪsk/ n. disco m. magnetico.
magnetic equator /mægˌnetɪkɪ'kweɪtə(r)/ n. equatore m. magnetico.
magnetic field /mægˌnetɪk'fi:ld/ n. campo m. magnetico.
magnetic needle /mægˌnetɪk'ni:dl/ n. ago m. magnetico.
magnetic north /mægˌnetɪk'nɔ:θ/ n. nord m. magnetico.
magnetic recorder /mægˌnetɪkrɪ'kɔ:də(r)/ n. magnetofono m.
magnetic resonance /mægˌnetɪk'rezənəns/ n. risonanza f. magnetica.
magnetics /mæg'netɪks/ n. + verbo sing. magnetofisica f.
magnetic storm /mægˌnetɪk'stɔ:m/ n. tempesta f. magnetica.
magnetic tape /mægˌnetɪk'teɪp/ n. nastro m. magnetico.
magnetism /'mægnɪtɪzəm/ n. magnetismo m. (anche FIG.); ***animal, sexual ~*** magnetismo animale, sessuale; ***personal ~*** carisma *o* magnetismo.
magnetite /'mægnɪtaɪt/ n. magnetite f.
magnetization /ˌmægnɪtaɪ'zeɪʃn, AE -tɪ'z-/ n. magnetizzazione f.
magnetize /'mægnɪtaɪz/ tr. magnetizzare, calamitare (anche FIG.).
magneto /mæg'ni:təʊ/ n. (pl. **~s**) AUT. magnete m.
magnetochemistry /mægˌni:təʊ'kemɪstrɪ/ n. magnetochimica f.
magnetometer /mægnɪ'tɒmɪtə(r)/ n. magnetometro m.
magneton /mæg'ni:tɒn, 'mægnɪtɒn/ n. magnetone m.
magnetosphere /mæg'ni:təʊsfɪə(r)/ n. magnetosfera f.
magnetostatics /mægˌni:təʊ'stætɪks/ n. + verbo sing. magnetostatica f.
magnetostriction /mægˌni:təʊ'strɪkʃn/ n. magnetostrizione f.
magnetron /'mægnɪtrɒn/ n. magnetron m.
magnet school /'mægnɪtsku:l/ n. AE = tipo di scuola sperimentale americana che mira ad attirare studenti dotati.
Magnificat /mæg'nɪfɪkæt/ n. ***the ~*** il Magnificat.
magnification /ˌmægnɪfɪ'keɪʃn/ n. **1** *(by optical instruments)* ingrandimento m.; ***under ~*** al microscopio **2** RAR. *(exaltation)* esaltazione f., magnificazione f.
magnificence /mæg'nɪfɪsns/ n. *(of parade, clothes, building)* magnificenza f., sfarzo m.; *(of landscape, natural feature)* splendore m.
▷ **magnificent** /mæg'nɪfɪsnt/ agg. magnifico, splendido.
magnificently /mæg'nɪfɪsntlɪ/ avv. **1** [*play, perform*] splendidamente, magnificamente **2** [*dressed, decorated*] splendidamente, con magnificenza.
magnifier /'mægnɪfaɪə(r)/ n. **1** *(glass)* lente f. d'ingrandimento **2** RAR. *(person)* esaltatore m. (-trice), magnificatore m. (-trice).
magnify /'mægnɪfaɪ/ tr. **1** [*microscope, lens*] ingrandire **2** *(exaggerate)* esagerare.
magnifying glass /'mægnɪfaɪɪŋˌglɑ:s, AE -ˌglæs/ n. lente f. d'ingrandimento.
magniloquence /mæg'nɪləkwəns/ n. magniloquenza f.
magniloquent /mæg'nɪləkwənt/ agg. magniloquente.
magniloquently /mæg'nɪləkwəntlɪ/ avv. con magniloquenza.
▷ **magnitude** /'mægnɪtju:d, AE -tu:d/ n. **1** *(of problem, disaster)* vastità f.; ***of the first ~*** di massima importanza; ***order of ~*** ordine di grandezza **2** ASTR. magnitudine f. **3** GEOL. magnitudo f.

magnolia /mæg'nəʊlɪə/ ♦ *5* **I** n. **1** (anche ~ **tree**) magnolia f. **2** *(colour)* bianco m. rosato **II** agg. *(colour)* bianco rosato.
magnum /'mægnəm/ n. *(bottle of wine)* magnum m.
magnum opus /ˌmægnəm'əʊpəs/ n. *(of an artist)* capolavoro m.
Magnus /'mægnəs/ n.pr. Magnus (nome di uomo).
magoo /mə'guː/ n. AE COLLOQ. INTRAD. m. (torta che gli attori comici si tirano in faccia nelle farse).
magpie /'mægpaɪ/ n. **1** ZOOL. gazza f. **2** FIG. *(person)* = chi raccoglie e colleziona oggetti disparati **3** AE *(chatterbox)* chiacchierone m. (-a).
mag tape /ˌmæg'teɪp/ n. COLLOQ. → **magnetic tape**.
Magyar /'mægjɑː(r)/ **I** agg. magiaro **II** ♦ *14* n. **1** *(person)* magiaro m. (-a) **2** *(language)* lingua f. magiara.
maharajah /ˌmɑːhə'rɑːdʒə/ n. maragià m.
maharanee, maharani /ˌmɑːhə'rɑːniː/ n. maharani f.
maharishi /ˌmɑːhə'rɪʃɪ/ n. = appellativo di guru indiano.
mahatma /mə'hætmə/ n. mahatma m.; ***Mahatma Gandhi*** il mahatma Gandhi.
Mahdi /'mɑːdɪ/ n. mahdi m.
mah-jong(g) /ˌmɑː'dʒɒŋ/ ♦ *10* n. mah-jong m.
mahlstick /'mɔːlstɪk/ n. PITT. appoggiamano m.
mahogany /mə'hɒgənɪ/ ♦ *5* **I** n. *(wood, colour)* mogano m. **II** modif. [*chair, table, chest*] di mogano **III** agg. [*hair, colour*] mogano.
Mahomet /mə'hɒmɪt/ → **Mohammed**.
Mahometan /mə'hɒmɪtn/ → **Mohammedan**.
mahout /mə'haʊt/ n. cornac m.
▷ **maid** /meɪd/ n. **1** *(in house)* domestica f., donna f. (di servizio); *(in hotel)* cameriera f.; ~ ***of all work*** donna tuttofare **2** ~ ***of honour*** damigella d'onore **3** ANT. *(virgin)* fanciulla f., pulzella f.
Maida /'meɪdə/ n.pr. Maida (nome di donna).
maiden /'meɪdn/ **I** n. **1** LETT. fanciulla f. **2** EQUIT. (anche ~ **horse**) = cavallo che non ha mai vinto **3** (anche ~ **over**) *(in cricket)* = fase di una partita in cui non vengono segnati punti **II** agg. **1** [*flight, voyage, speech*] inaugurale **2** *(virginal)* [*smile, blush*] verginale, puro.
maiden aunt /'meɪdnɑːnt, -ænt/ n. ANT. zia f. nubile.
maiden assize /meɪdnə'saɪz/ n. DIR. = sessione giudiziaria senza cause da discutere.
maidenhair /'meɪdnheə(r)/ n. (anche ~ **fern**) capelvenere m.
maidenhead /'meɪdnhed/ n. ANT. **1** *(virginity)* innocenza f., virtù f. **2** *(hymen)* velo m. virginale.
maidenhood /'meɪdnhʊd/ n. ANT. **1** *(time)* fanciullezza f. (di ragazza) **2** *(state)* verginità f. (di ragazza).
maidenish /'meɪdnɪʃ/ agg. di, da fanciulla.
maidenly /'meɪdnlɪ/ **I** agg. *(maidenish)* di, da fanciulla; *(virginal)* verginale, casto **II** avv. pudicamente, castamente.
maiden name /'meɪdnneɪm/ n. (cog)nome m. da nubile, da ragazza.
maidservant /'meɪdˌsɜːvənt/ n. domestica f., fantesca f.
maieutic /meɪ'juːtɪk/ agg. maieutico.
maieutics /meɪ'juːtɪks/ n. + verbo sing. maieutica f.
▷ **1.mail** /meɪl/ n. **1** *(postal service)* posta f.; **by** ~ per posta; ***your cheque is in the*** ~ il suo assegno è stato spedito **2** *(correspondence)* posta f., corrispondenza f. **3** *(emails)* posta f. (elettronica); ***to check one's*** ~ controllare la posta; ***did you get any*** ~**?** hai ricevuto posta *o* messaggi?
▷ **2.mail** /meɪl/ tr. spedire, mandare per posta [*parcel*]; spedire, imbucare [*letter*]; mandare [*email*]; ***to*** ~ ***a letter to sb.*** o ***to*** ~ ***sb. a letter*** spedire una lettera a qcn.
3.mail /meɪl/ n. MIL. STOR. ***a coat, gloves of*** ~ una cotta, dei guanti di maglia.
mailable /'meɪləbl/ agg. inviabile.
mailbag /'meɪlbæg/ n. **1** *(for transport)* sacco m. postale **2** *(of postman)* borsa f. del portalettere **3** *(correspondence)* posta f.
mailboat /'meɪlbəʊt/ n. battello m. postale.
mail bomb /'meɪlbɒm/ n. pacco m. bomba.
mailbox /'meɪlbɒks/ n. AE **1** buca f., cassetta f. delle lettere **2** *(for delivery)* cassetta f. postale; *(for email)* mailbox f.
mail car /'meɪlkɑː(r)/ n. AE vagone m. postale.
mail carrier /'meɪlkærɪə(r)/ ♦ *27* n. AE portalettere m. e f.
mail coach /'meɪlkəʊtʃ/ n. **1** FERR. vagone m. postale **2** STOR. corriera f., diligenza f. postale.
mail delivery /'meɪldɪˌlɪvərɪ/ n. consegna f. della posta.
maildrop /'meɪldrɒp/ n. **1** *(mailbox)* cassetta f. delle lettere **2** AE COLLOQ. = luogo in cui si lascia la posta clandestina.
mailer /'meɪlə(r)/ n. **1** AE = busta o contenitore usato per spedizioni postali **2** INFORM. *(program)* mailer m.
mailing /'meɪlɪŋ/ n. **1** *(dispatch)* invio m. postale **2** *(in advertising)* mailing m.
mailing address /'meɪlɪŋəˌdres, AE -ˌædres/ n. indirizzo m. postale.
mailing house /'meɪlɪŋhaʊs/ n. *(company)* corriere m.; *(department of company)* reparto m. spedizioni, spedizioni f.pl.
mailing list /'meɪlɪŋlɪst/ n. indirizzario m.
maillot /mæ'jəʊ, AE mɑː-/ n. **1** *(for dancers, acrobats)* calzamaglia f. **2** *(swimsuit)* costume m. da bagno intero.
mailman /'meɪlmən/ ♦ *27* n. (pl. **-men**) AE postino m.
mail-merge /'meɪlmɜːdʒ/ n. mail merge m.
mail order /'meɪlɔːdə(r)/ **I** n. ordinazione f. per corrispondenza; ***to buy, sell (by)*** ~ comprare, vendere per corrispondenza; ***available by*** ~ disponibile per corrispondenza **II** modif. [*business, catalogue, service*] di vendita per corrispondenza; [*goods*] in vendita per corrispondenza.
mail room /'meɪlruːm, -rʊm/ n. = locale adibito alla raccolta e allo smistamento della posta.
mail shot /'meɪlʃɒt/ n. pubblicità f. in buca; ***to do a*** ~ mandare pubblicità per posta.
mail slot /'meɪlslɒt/ n. buca f. delle lettere.
mail train /'meɪltreɪn/ n. (treno) postale m.
mail van /'meɪlvæn/ n. **1** *(in train)* vagone m. postale **2** *(delivery vehicle)* furgone m. postale.
maim /meɪm/ tr. *(mutilate)* mutilare; *(disable)* menomare.
maimed /meɪmd/ **I** p.pass. → **maim II** agg. *(mutilated)* [*soldier*] mutilato; *(disabled)* [*child*] menomato; ~ ***for life*** menomato per tutta la vita.
▶ **main** /meɪn/ **I** n. **1** *(pipe, conduit) (for water, gas, electricity)* conduttura f. principale; *(for sewage)* collettore m.; ***water, gas*** ~ conduttura dell'acqua, del gas **2** *(network)* (anche **mains**) *(of water, gas, electricity, sewage)* rete f.; ***gas from the*** ~***s*** gas di città; ***electricity from the*** ~***s*** energia di rete; ***water from the*** ~***s*** acqua corrente; ***to turn sth. on, off at the*** ~***(s)*** attaccare, staccare [*electricity*]; aprire, chiudere il rubinetto principale di [*gas, water*]; ***to work*** o ***run off the*** ~***(s)*** funzionare a corrente **3** LETT. *(sea)* mare m., oceano m.; ***on the*** ~ al largo **4** ANT. *(mainland)* terraferma f. **II mains** modif. [*gas*] di città; [*electricity*] di rete; [*water*] corrente; [*radio, appliance*] a corrente; [*plug*] di corrente; [*lead*] elettrico; [*voltage*] di alimentazione **III** agg. [*aim, airport, character, concern, problem, building, entrance, meal, clause*] principale; ***the*** ~ ***thing is to*** la cosa principale è; ***the*** ~ ***thing to do is*** la prima cosa da fare è; ***that's the*** ~ ***thing!*** è la cosa più importante! ♦ ***in the*** ~ nel complesso.
main bearing /'meɪnˌbeərɪŋ/ n. cuscinetto m. di banco.
mainboard /'meɪnˌbɔːd/ n. scheda f. madre.
mainbrace /'meɪnˌbreɪs/ n. braccio m. del pennone di maestra.
main chance /ˌmeɪn'tʃɑːns, AE -'tʃæns/ n. grande occasione f. ♦ ***to have an eye for*** o ***to the*** ~ aspettare la grande occasione.
main course /'meɪnˌkɔːs/ n. portata f. principale.
main deck /ˌmeɪn'dek/ n. MAR. ponte m. di coperta.
main drag /ˌmeɪn'dræg/ n. COLLOQ. via f. dello struscio.
Maine /meɪn/ ♦ *24* n.pr. Maine m.; ***in*** ~ nel Maine.
main entry /'meɪnˌentrɪ/ n. lemma m. principale.
mainframe /'meɪnfreɪm/ **I** n. (anche ~ **computer**, ~ **processor**) mainframe m. **II** modif. [*system, network*] di mainframe; [*market*] dei mainframe.
▷ **mainland** /'meɪnlənd/ **I** n. continente m., terraferma f.; ***from, to, on the*** ~ dal, verso il, sul continente; ***the Chinese*** ~, ***the*** ~ ***of China*** la Cina continentale **II** modif. [*China, Europe, town*] continentale.
mainlander /'meɪnləndə(r)/ n. continentale m. e f.
main line /ˌmeɪn'laɪn/ **I** n. FERR. linea f. principale; ***on the*** ~ sulla linea principale (**between** tra; **from** da; **to** per) **II** modif. FERR. [*station, terminus, train*] della linea principale.
mainline /'meɪnlaɪn/ **I** tr. COLLOQ. spararsi in vena, farsi una pera di [*heroin*] **II** intr. COLLOQ. bucarsi, farsi una pera.
mainliner /'meɪnlaɪnə(r)/ n. COLLOQ. **1** *(of drugs)* ***he's a*** ~ si buca **2** *(person of high status)* = chi appartiene all'alta società.
▶ **mainly** /'meɪnlɪ/ avv. soprattutto, principalmente; ***I read novels*** ~ leggo soprattutto romanzi; ***I read*** ~ più che altro leggo.
main man /'meɪnmæn/ n. (pl. **main men**) AE COLLOQ. compare m.
mainmast /'meɪnmɑːst AE -mæst/ n. albero m. maestro.
main memory /'meɪnˌmemərɪ/ n. memoria f. centrale.
main men /'meɪnmen/ → **main man.**
main office /'meɪnˌɒfɪs, AE -ˌɔːfɪs/ n. *(of company, organization, newspaper)* sede f. (centrale).
main road /'meɪnˌrəʊd/ n. *(through country, region, estate)* strada f. principale, maestra; *(in town)* via f. principale (**through** che attraversa; **out of** che esce da; **into** che entra in); ***off the*** ~ fuori dalla strada principale.
mainsail /'meɪnseɪl/ n. vela f. maestra.

main sheet /ˈmeɪnʃiːt/ n. MAR. scotta f. di maestra.
mainspring /ˈmeɪnsprɪŋ/ n. **1** FIG. *(pivotal element) (of action, plot)* molla f. (**of** di); *(of life)* ragione f. di vita (**of** di) **2** *(of watch)* molla f. principale.
mainstay /ˈmeɪnsteɪ/ n. **1** FIG. *(major element) (person)* pilastro m., perno m. (**of** di); *(thing)* base f. (**of** di) **2** MAR. straglio m. di maestra.
1.mainstream /ˈmeɪnstriːm/ **I** agg. **1** *(conventional)* tradizionale **2** *(main)* principale **3** SCOL. [*curriculum, education, school*] tradizionale **4** MUS. ***~ jazz*** mainstream **II** n. corrente f. principale (**of** di); ***to be in the ~*** [*art*] far parte della corrente principale; [*music*] far parte del grande circuito commerciale *o* del mainstream.
2.mainstream /ˈmeɪnstriːm/ tr. AE SCOL. = integrare nel normale iter scolastico.
mainstreaming /ˈmeɪnstriːmɪŋ/ n. AE SCOL. = integrazione nel normale iter scolastico di bambini con necessità particolari.
main street /ˈmeɪnstriːt/ n. AE via f. principale.
▶ **maintain** /meɪnˈteɪn/ tr. **1** *(keep steady)* mantenere [*temperature, control, services, prices, investment, value, speed, standards*]; conservare [*confidence*] **2** *(support)* mantenere [*children, spouse, army, lifestyle*]; ***the farm can ~ a family of 6*** la fattoria può dare da vivere a una famiglia di sei persone **3** *(look after)* curare la manutenzione di [*machine, road*] **4** *(assert)* sostenere [*innocence*]; ***to ~ that*** sostenere, affermare che.
maintained school /meɪnˈteɪndskuːl/ n. BE scuola f. pubblica.
maintenance /ˈmeɪntənəns/ n. **1** *(upkeep) (of machine, road, building)* manutenzione f. (**of** di) **2** *(of morale, standards etc.)* mantenimento m. (**of** di) **3** BE DIR. *(alimony)* alimenti m.pl.; ***to pay sb. ~*** o ***to pay ~ to sb.*** pagare gli alimenti a qcn.
maintenance contract /ˈmeɪntənənsˌkɒntrækt/ n. contratto m. di manutenzione.
maintenance crew /ˈmeɪntənənskruː/ n. addetti m.pl. alla manutenzione.
maintenance fees /ˈmeɪntənənsfiːz/ n.pl. canone m.sing. di manutenzione.
maintenance grant /ˈmeɪntənənsgrɑːnt, AE -grænt/ n. *(for student)* borsa f. (di studio).
maintenance man /ˈmeɪntənənsmæn/ ♦ ***27*** n. (pl. **maintenance men**) manutentore m.
maintenance order /ˈmeɪntənənsˌɔːdə(r)/ n. BE ingiunzione f. di pagamento degli alimenti.
maintop /ˈmeɪntɒp/ n. coffa f. di maestra.
Mainz /maɪnts/ ♦ ***34*** n.pr. Magonza f.
Maisie /ˈmeɪzɪ/ n.pr. Maisie (nome di donna).
maisonette /ˌmeɪzəˈnet/ n. villetta f.
maitre d' /ˌmeɪtrəˈdiː/ n. (pl. **maitre d's**) *(in restaurant)* maître m.
maître d'hôtel /ˌmeɪtrədəʊˈtel/ n. (pl. **maîtres d'hôtel**) **1** *(in restaurant)* maître m. **2** *(in household)* maggiordomo m.
maize /meɪz/ n. mais m.
Maj ⇒ Major Maggiore (Magg.).
majestic /məˈdʒestɪk/ agg. maestoso.
majestically /məˈdʒestɪklɪ/ avv. maestosamente.
▷ **majesty** /ˈmædʒəstɪ/ n. **1** *(of building)* imponenza f.; *(of ceremony, scenery)* maestosità f. **2** *(royal authority)* maestà f. **3** **Majesty** *(in titles)* ***Her, His Majesty*** Sua Maestà; ***yes, Your Majesty*** sì, Vostra Maestà; ***Her, His Majesty's government*** il governo di Sua Maestà (britannica) ◆ ***to be detained at Her, His Majesty's pleasure*** BE FORM. = essere rinchiuso in prigione a tempo indeterminato.
majolica /məˈjɒlɪkə, -ˈdʒɒl-/ n. maiolica f.
▶ **1.major** /ˈmeɪdʒə(r)/ **I** agg. **1** *(important)* [*change, city, client, decision, event, user, work, role*] importante; [*damage, crisis*] grave; grande [*contribution, influence, significance, difference, difficulty*]; [*importance*] capitale; ***a ~ company*** una società di primaria importanza; ***a ~ operation*** o ***~ surgery*** MED. una grossa operazione **2** *(main)* principale **3** MUS. maggiore; ***in a ~ key*** in tono maggiore **4** BE SCOL. ***Jones ~*** = appellativo dato al maggiore di due fratelli che frequentano la stessa scuola **II** ♦ ***23*** n. **1** MIL. maggiore m. **2** **Major** *(in titles)* ***Major Andrews*** il maggiore Andrews **3** AE UNIV. *(subject)* materia f. di specializzazione; *(student)* ***I'm a physics ~*** la mia materia principale è la fisica **4** DIR. maggiorenne m. e f. **5** MUS. tono m. maggiore.
2.major /ˈmeɪdʒə(r)/ intr. AE UNIV. ***to ~ in*** specializzarsi in.
majorant /ˈmeɪdʒərənt/ n. maggiorante f.
Majorca /məˈjɔːkə, məˈdʒɔːkə/ ♦ ***12*** n.pr. Maiorca f.; ***in ~*** a Maiorca.
Majorcan /məˈjɔːkən, məˈdʒɔːkən/ **I** agg. maiorchino **II** n. maiorchino m. (-a).
majordomo /ˌmeɪdʒəˈdəʊməʊ/ n. maggiordomo m.
majorette /ˌmeɪdʒəˈret/ n. majorette f.
major-general /ˌmeɪdʒəˈdʒenrəl/ ♦ ***23*** n. MIL. MAR. generale m. di divisione.
▶ **majority** /məˈdʒɒrətɪ, AE -ˈdʒɔːr-/ **I** n. **1** *(greater part)* + verbo sing. o pl. BE maggioranza f., maggior parte f. (**of** di); ***the vast ~*** la grande maggioranza; ***an overwhelming ~*** una maggioranza schiacciante; ***to be in a*** o ***the ~*** essere in maggioranza; ***the silent ~*** la maggioranza silenziosa **2** POL. maggioranza f.; ***by a ~ of 50*** con uno scarto di 50 voti; ***a three to one, a two-thirds ~*** una maggioranza di tre a uno, di due terzi; ***a working ~*** una maggioranza sufficiente **3** DIR. maggiore età f. **II** modif. [*government, shareholder*] di maggioranza; [*support, view, opinion*] della maggioranza; [*rule*] maggioritario; [*verdict*] emesso a maggioranza; [*decision*] preso a maggioranza.
major league /ˌmeɪdʒəˈliːg/ **I** n. major league f. (massima divisione del baseball professionistico americano) **II** modif. [*baseball team*] di major league; FIG. ***~ stuff*** roba di prima categoria.
major premise /ˌmeɪdʒəˈpremɪs/ n. FILOS. premessa f. maggiore.
majorship /meɪdʒəˈʃɪp/ n. grado m. di maggiore.
▶ **1.make** /meɪk/ n. **1** *(brand)* marca f.; ***what ~ is your car?*** che (modello di) macchina hai? ***what ~ of computer is it?*** di che marca è il computer? **2** *(type of manufacture)* produzione f., fabbricazione f.; ***a suit of good ~*** un abito di buona fattura **3** temperamento m., carattere m.; ***a man of this ~*** un uomo di tale fatta ◆ ***to be on the ~*** COLLOQ. *(for profit)* badare al proprio interesse; *(for sex)* essere a caccia.
▶ **2.make** /meɪk/ **I** tr. (pass., p.pass. **made**) **1** *(create)* fare [*dress, cake, coffee, stain, hole, will, pact, film, sketch, noise*]; ***to ~ a rule*** stabilire una regola; ***to ~ the law*** fare *o* emanare FORM. le leggi; ***wine is made from grapes*** il vino si fa con l'uva; ***to ~ the bed*** fare il letto; ***to ~ sth. for sb., to ~ sb. sth.*** fare qcs. per qcn., fare qcs. a qcn.; ***to be made for sb.*** essere fatto per qcn.; ***to be made for each other*** essere fatti l'uno per l'altro; ***to ~ room for sth.*** fare spazio per qcs.; ***to ~ the time for sth.*** trovare il tempo per qcs.; ***what is it made (out) of?*** di che cosa è fatto? ***it's made (out) of gold*** è (fatto) d'oro; ***let's see what he's made of*** vediamo di che pasta è fatto; ***show them what you're made of!*** fagli vedere di che stoffa sei fatto! ***to be as clever as they ~ them*** essere il più furbo possibile; ***God made man*** Dio creò l'uomo **2** *(cause to be or become, render)* ***to ~ sb. happy*** fare felice qcn.; ***to ~ sb. jealous*** fare ingelosire qcn.; ***to ~ sb. popular*** rendere qcn. popolare; ***to ~ sb. hungry, thirsty*** fare venire fame, sete a qcn.; ***to ~ oneself available*** rendersi disponibile; ***to ~ oneself ill*** fare una malattia (**about, over** di); ***to ~ oneself heard, understood*** farsi sentire, farsi capire; ***to ~ sth. bigger*** ingrandire qcs.; ***to ~ sth. better*** migliorare qcs.; ***to ~ sth. worse*** peggiorare qcs.; ***to ~ sb.'s cold better*** alleviare il raffreddore di qcn.; ***to ~ exams easier*** rendere più facili gli esami; ***to ~ passing exams easier, to ~ it easier to pass exams*** facilitare il superamento degli esami; ***to ~ it easy, possible to do*** rendere facile, possibile fare; ***that made it easy for me to leave*** ciò ha reso più facile la mia partenza **3** *(cause to do)* ***to ~ sb. cry, jump, think*** fare piangere, sussultare, riflettere qcn.; ***I made her smile*** l'ho fatta sorridere; ***to ~ sb. do sth.*** far fare qcs. a qcn.; ***I made her forget her problems, lose patience*** le ho fatto dimenticare i suoi problemi, perdere la pazienza; ***it ~s me look fat*** mi fa (sembrare) grasso; ***it ~s me look old*** mi invecchia; ***it ~s me look ill*** mi dà un'aria malata; ***to ~ sth. happen*** fare in modo che succeda qcs.; ***to ~ the story end happily*** fare finire bene una storia; ***to ~ sth. work*** fare funzionare qcs.; ***to ~ sth. grow, burn*** fare crescere, fare bruciare qcs.; ***it ~s your face look rounder*** ti fa (sembrare) la faccia più tonda; ***it ~s her voice sound funny*** le fa la voce strana **4** *(force, compel)* ***to ~ sb. do*** obbligare qcn. a fare; ***they made me (do it)*** mi hanno obbligato (a farlo) *o* me l'hanno fatto fare; ***to be made to do*** essere costretto a fare; ***he must be made to cooperate*** lo si deve fare collaborare; ***to ~ sb. wait, talk*** fare aspettare, fare parlare qcn. **5** *(turn into)* ***to ~ sb. sth., to ~ sth. of sb.*** fare di qcn. qcs., fare diventare qcn. qcs.; ***to ~ sb. a star*** fare di qcn. una star; ***we made him treasurer*** l'abbiamo fatto, nominato tesoriere; ***to be made president for life*** essere nominato presidente a vita; ***to ~ sb. one's assistant*** nominare qcn. proprio assistente; ***to ~ a soldier, a monster of sb.*** fare di qcn. un soldato, un mostro; ***it'll ~ a man of you*** SCHERZ. questo farà di te un uomo; ***he'll never ~ a teacher*** non sarà mai un buon insegnante; ***he'll ~ a very good politician*** diventerà un ottimo politico; ***to ~ sb. a good husband*** essere un buon marito per qcn.; ***to ~ sth. sth., to ~ sth. of sth.*** fare qcs. di qcs.; ***to ~ a habit, a success, an issue of sth.*** fare di qcs. un'abitudine, un successo, una questione; ***do you want to ~ something of it?*** *(threatening)* vuoi

botte? COLLOQ.; ***to ~ too much of sth.*** farne una questione di stato; ***that will ~ a good shelter*** potrà essere un buon riparo; ***that will ~ a good tablecloth*** se ne può fare una bella tovaglia **6** *(add up to, amount to)* fare; ***three and three ~ six*** tre più tre fa sei; ***how much does that ~?*** quanto fa? ***that ~s ten pounds altogether*** in tutto fa dieci sterline; ***that ~s five times he's called*** con questa sono cinque volte che chiama **7** *(earn)* guadagnare, prendere [*salary, amount*]; ***to ~ £ 300 a week*** prendere 300 sterline alla settimana; ***he ~s more in a week than I ~ in a month*** guadagna più lui in una settimana che io in un mese; ***how much*** o ***what do you think she ~s?*** quanto pensi che guadagni? ***to ~ a living*** guadagnarsi la vita *o* da vivere; ***to ~ a profit*** trarre profitti *o* utili; ***to ~ a loss*** subire delle perdite **8** *(reach, achieve)* arrivare a, raggiungere [*place, position, ranking, level*]; fare [*speed, distance*]; ***to ~ the camp before dark*** arrivare al campo prima che faccia buio; ***to ~ the six o'clock train*** riuscire a prendere il treno delle sei; ***to ~ the first team*** entrare in prima squadra; ***to ~ the charts*** entrare in classifica; ***to ~ the front page of*** essere sulla prima pagina di [*newspaper*]; ***to ~ six spades*** *(in bridge)* fare sei picche; ***to ~ 295*** *(in cricket)* fare 295 **9** *(estimate, say)* ***I ~ it about 30 kilometres*** secondo me sono più o meno trenta chilometri; ***I ~ the profit £ 50*** il guadagno dovrebbe essere di 50 sterline; ***what time do you ~ it?*** che ora sarà? ***I ~ it five o'clock*** saranno più o meno le 5; ***what do you ~ the distance (to be)?*** quanto credi che sia distante? ***let's ~ it six o'clock, five dollars*** facciamo alle sei, facciamo cinque dollari; ***can we ~ it a bit later?*** possiamo fare un po' più tardi? ***what do you ~ of it?*** che ne dici? ***what does she ~ of him?*** che cosa ne pensa di lui? ***I don't know what to ~ of it*** non so che dire, che pensare; ***I can't ~ anything of it*** non ci capisco niente **10** *(cause success of)* garantire il successo di [*holiday, day*]; ***a good wine can ~ a dinner*** un buon vino può fare il successo di una cena; ***it really ~s the room*** [*feature, colour*] è proprio ciò che rende la stanza perfetta; ***that interview made her career as a journalist*** quell'intervista l'ha lanciata come giornalista; ***it really made my day*** mi ha davvero reso felice; ***"go ahead, ~ my day!"*** IRON. "dai, fammi un po' vedere!"; ***to ~ or break sb., sth.*** fare la fortuna o essere la rovina di qcn., qcs. **11** COLLOQ. *(have sex with)* farsi [*woman*] **12** FORM. *(eat)* consumare [*meal*] **13** EL. chiudere [*circuit*] **14** GIOC. *(shuffle)* mischiare [*cards*] **15** GIOC. *(win)* ***to ~ a trick*** vincere una mano **II** intr. (pass., p.pass. **made**) **1** *(act)* ***to ~ as if to do*** fare (l')atto di, per fare; ***she made as if to kiss him*** fece per baciarlo; ***he made like he was injured*** fece finta di essere ferito **2** *(shuffle cards)* mischiare ◆ ***to ~ it*** COLLOQ. *(in career, life)* farcela; *(to party, meeting)* farcela ad arrivare; *(be on time for train etc.)* arrivare *o* farcela in tempo; *(have sex)* farlo (**with** con); ***I'm afraid I can't ~ it*** ho paura che non ce la farò; ***if they don't ~ it by 10 pm*** se non ce la fanno entro le 10 (di sera).

- **make after:** *~ after [sb.]* inseguire.
- **make at:** *~ at [sb.]* assalire, attaccare (**with** con).
- **make away with** → **make off.**
- **make do:** *~ do* arrangiarsi; ***to ~ do with*** arrangiarsi con; *~ [sth.] do* accontentarsi di.
- **make for:** *~ for [sth.]* **1** *(head for)* andare verso [*door, town, home*]; ***~ for the fridge!*** SCHERZ. andiamo a svuotare il frigo! **2** *(help create)* assicurare [*easy life, happy marriage*]; *~ for [sb.]* **1** *(attack)* gettarsi su, lanciarsi contro **2** *(approach)* dirigersi verso.
- **make good:** *~ good* migliorare, fare strada; ***a poor boy made good*** uno che ha fatto strada *o* un arricchito; *~ good [sth.]* **1** *(make up for)* rimediare a [*damage, omission, loss*]; recuperare [*lost time*]; compensare [*deficit, shortfall*] **2** *(keep)* mantenere [*promise*].
- **make into:** *~ [sth.] into* trasformare in; ***to ~ gold into jewellery*** trasformare l'oro in gioielli; ***to ~ a house into apartments*** dividere la casa in appartamenti; ***it's been made into a film*** ne è stato tratto un film.
- **make off** scappare; ***to ~ off across the fields, towards the town*** fuggire attraverso i campi, verso la città; ***to ~ off with sth., sb.*** svignarsela con qcs., qcn.
- **make on:** *~ on [sth.]* guadagnare in; ***to ~ on a deal*** guadagnarci in un affare.
- **make out:** *~ out* **1** *(manage)* cavarsela; ***how are you making out?*** come te la cavi? **2** AE COLLOQ. *(grope)* ***to ~ out with sb.*** farsela con qcn. *o* farsi qcn. **3** *(claim)* dichiarare (**that** che); ***he's not as stupid as he ~s out*** non è così stupido come vuole fare credere di essere; *~ out [sth.], ~ [sth.] out* **1** *(see, distinguish)* distinguere [*shape*]; decifrare [*writing*] **2** *(claim)* ***to ~ sth. out to be*** far credere che qcs. sia **3** *(understand, work out)* risolvere [*puzzle*]; risolvere, fare luce su [*mystery*]; capire [*character*]; ***to ~ out if*** o ***whether*** capire se; ***I can't ~ him out*** non riesco a capirlo **4** *(write out)* fare [*cheque, will, list*]; ***to ~ out a cheque*** BE o ***check*** AE ***to sb.*** fare un assegno a qcn.; ***it is made out to X*** è intestato a X; ***who shall I ~ the cheque out to?*** a chi devo intestare l'assegno? **5** *(expound)* ***to ~ out a case for sth.*** sostenere le ragioni di qcs.; *~ oneself out to be* fare credere di essere [*rich, brilliant*]; fare finta di essere [*stupid, incompetent*].
- **make over:** *~ over [sth.], ~ [sth.] over* **1** *(transform)* trasformare [*building, appearance*] (**into** in) **2** *(transfer)* cedere [*property*] (**to** a).
- **make towards:** *~ towards [sth., sb.]* dirigersi verso.
- **make up:** *~ up* **1** *(after quarrel)* riconciliarsi (**with** con) **2** ***to ~ up for*** *(compensate for)* recuperare [*lost time, lost sleep, missed meal, delay*]; compensare [*financial loss, deficit*]; colmare [*personal loss, bereavement*] **3** ***to ~ up to*** COLLOQ. ingraziarsi [*boss, person*]; *~ up [sth.], ~ [sth.] up* **1** *(invent)* inventare [*excuse, story*]; ***you're making it up!*** ti stai inventando tutto! ***to ~ sth. up as one goes along*** inventarsi qcs. man mano **2** *(prepare)* fare [*parcel, bundle, garment, road surface, bed, prescription*]; comporre, impaginare [*type*]; ***she had the fabric made up into a jacket*** con la stoffa si è fatta fare una giacca **3** *(constitute)* fare, costituire [*whole, personality, society*]; ***to be made up of*** essere composto di, da; ***to ~ up 10% of*** costituire il 10% di **4** *(compensate for)* recuperare [*loss, time*]; compensare [*deficit, shortfall*]; ***to ~ the total up to £ 1,000*** arrotondare la somma totale a 1.000 sterline **5** *(put make-up on)* truccare [*person, face, eyes*] **6** *(stoke up)* alimentare [*fire*] **7** ***to ~ it up*** *(make friends)* riconciliarsi (**with** con); ***I'll ~ it up to you somehow*** *(when at fault)* troverò il modo di farmi perdonare; *(when not at fault)* in qualche modo ti ricompenserò.
- **make with:** *~ with [sth.]* AE COLLOQ. *(hurry and bring)* sbrigarsi a portare; *~ it with [sb.]* riuscirci con qcn.

make-believe /ˈmeɪkbɪliːv/ **I** n. finzione f.; ***it's pure ~*** è pura fantasia; ***it's only ~*** è solo finzione; ***the land of ~*** il mondo delle favole **II** modif. [*world, house, friend*] immaginario.

make believe /ˌmeɪkbɪˈliːv/ tr. ***to ~ that*** fare finta che *o* di; ***to make believe (that) one is a pirate*** giocare a fare il pirata.

make-do-and-mend /ˈmeɪkdʊənmend/ intr. vivere di espedienti.

makefast /ˈmeɪkfɑːst, AE -fæst/ n. ormeggio m.

makeover /ˈmeɪkəʊvə(r)/ n. *(of appereance, of public image)* trasformazione f.; ***"free ~"*** "dimostrazione gratuita di trucco".

Makepeace /ˈmeɪkpiːs/ n.pr. Makepeace (nome di uomo).

maker /ˈmeɪkə(r)/ n. **1** *(manufacturer) (of wine, food)* produttore m. (-trice); *(of appliance, tyres, clothes)* fabbricante m. e f.; *(of cars, aircraft)* costruttore m. (-trice); ***the ~'s label*** il marchio di fabbrica **2** *(device)* ***coffee ~*** bollitore per il caffè; ***ice-cream ~*** gelatiera **3** **the Maker** RELIG. il Creatore m. ◆ ***to (go to) meet one's Maker*** andare al Creatore.

makeshift /ˈmeɪkʃɪft/ agg. improvvisato, di ripiego.

▷ **make-up** /ˈmeɪkʌp/ n. **1** *(cosmetics)* trucco m., make-up m.; ***to wear ~*** essere truccato; ***to put on one's ~*** truccarsi **2** *(character)* carattere m.; ***to be part of sb.'s ~*** fare parte del carattere di qcn.; ***to be in sb.'s ~*** essere tipico del carattere di qcn. **3** *(composition) (of whole, committee)* composizione f. **4** TELEV. TEATR. CINEM. ***to work in ~*** lavorare al trucco **5** TIP. impaginazione f.

make-up artist /ˈmeɪkʌpˌɑːtɪst/ ♦ **27** n. truccatore m. (-trice).

make-up bag /ˈmeɪkʌpˌbæg/ n. trousse f. (per il trucco).

make-up base /ˈmeɪkʌpbeɪs/ n. base f. per il trucco.

make-up (exam) /ˈmeɪkʌp(ɪgˌzæm)/ n. AE SCOL. UNIV. esame m. di recupero.

make-up girl /ˈmeɪkʌpˌgɜːl/ ♦ **27** n. truccatrice f.

make-up man /ˈmeɪkʌpˌmæn/ ♦ **27** n. (pl. **make-up men**) truccatore m.

make-up remover /ˈmeɪkʌprɪˌmuːvə(r)/ n. struccante m.

makeweight /ˈmeɪkweɪt/ n. **1** quantità f. aggiunta (per fare peso) **2** FIG. *(person)* tappabuchi m. e f.

making /ˈmeɪkɪŋ/ n. **1** *(creation, manufacture) (of film, programme)* realizzazione f.; *(of industrial product)* fabbricazione f.; *(of clothes)* confezione f.; *(of meal, cake)* preparazione f.; ***they are problems of his own ~*** sono problemi che si crea da solo; ***to see a product in the ~*** vedere un prodotto in fase di fabbricazione; ***the film was two years in the ~*** per realizzare il film ci sono voluti due anni; ***a disaster is in the ~*** si sta preparando una catastrofe; ***"this is history in the ~!"*** "stiamo facendo la storia!" **2** *(of person, personality)* ***university was the ~ of her*** l'università l'ha formata; ***this contract will be the ~ of her*** questo contratto segnerà una svolta nella sua carriera; ***"The ~ of a president"*** "Storia di un presidente" ◆ ***to have all the ~s of sth.*** avere (tutta) la stoffa di qcs.

malabsorption /ˌmæləbˈzɔːpʃn/ n. malassorbimento m.

Malachi /ˈmæləkaɪ/ n.pr. Malachia.

malachite /ˈmæləkaɪt/ n. malachite f.
malacology /mæləˈkɒlədʒɪ/ n. malacologia f.
maladjusted /ˌmæləˈdʒʌstɪd/ **I** agg. disadattato **II** n. disadattato m. (-a).
maladjustment /ˌmæləˈdʒʌstmənt/ n. disadattamento m.
maladminister /ˌmælədˈmɪnɪstə(r)/ tr. governare, amministrare male.
maladministration /ˌmælədˌmɪnɪˈstreɪʃn/ n. *(of hospital, school)* cattiva gestione f.; *(of business, company)* cattiva amministrazione f.; *(of state, country)* malgoverno m.
maladroit /ˌmæləˈdrɔɪt/ agg. FORM. maldestro, goffo.
maladroitly /ˌmæləˈdrɔɪtlɪ/ avv. FORM. maldestramente, goffamente.
maladroitness /ˌmæləˈdrɔɪtnɪs/ n. FORM. goffaggine f.
malady /ˈmælədɪ/ n. LETT. **1** *(illness)* malattia f. **2** FIG. male m.; ***social maladies*** i mali della società.
Malagasy /ˌmæləˈgæsɪ/ ➧ *18, 14* **I** agg. malgascio **II** n. **1** *(person)* malgascio m. (-a) **2** *(language)* malgascio m.
malaise /mæˈleɪz/ n. FORM. malessere m.; ***a deep-seated*** ~ un profondo senso di malessere.
malamute /ˈmæləmjuːt/ n. malamute m.
malanders /ˈmæləndəz/ n.pl. malandra f.sing.
malaprop /ˈmæləprɒp/, **malapropism** /ˈmæləprɒpɪzəm/ n. *(misuse of words)* = storpiatura delle parole; *(misused word)* malapropismo m., strafalcione m.
malapropos /ˌmælæprəˈpəʊ/ **I** agg. inopportuno, a sproposito **II** avv. in modo inopportuno, a sproposito **III** n. cosa f. inopportuna, sproposito m.
malar /ˈmeɪlə(r)/ **I** agg. malare **II** n. (osso) malare m., zigomo m.
malaria /məˈleərɪə/ ➧ *11* n. malaria f.; ***a ~ attack*** un attacco di malaria; ***anti~ tablet*** pastiglia contro la malaria.
malarial /məˈleərɪəl/ agg. [*fever, symptoms*] malarico; [*mosquito*] della malaria.
malark(e)y /məˈlɑːkɪ/ n. COLLOQ. sciocchezze f.pl., fandonie f.pl.
malate /ˈmeɪleɪt/ n. CHIM. malato m.
Malawi /məˈlɑːwɪ/ ➧ *6* n.pr. Malawi m.
Malawian /məˈlɑːwɪən/ ➧ *18* **I** agg. del Malawi **II** n. nativo m. (-a), abitante m. e f. del Malawi.
Malay /məˈleɪ/ ➧ *18, 14* **I** agg. malese; ***the ~ Peninsula*** la penisola di Malacca **II** n. **1** *(person)* malese m. e f. **2** *(language)* malese m.
Malaya /məˈleɪə/ n.pr. Malesia f.
Malayan /məˈleɪən/ → **Malay**.
Malaysia /məˈleɪzɪə/ ➧ *6* n.pr. Malaysia f.
Malaysian /məˈleɪzɪən/ ➧ *18, 14* **I** agg. malaysiano **II** n. malaysiano m. (-a).
Malcolm /ˈmælkəm/ n.pr. Malcolm (nome di uomo).
malcontent /ˈmælkəntent/ **I** agg. FORM. scontento, insoddisfatto **II** n. **1** FORM. *(person)* malcontento m. (-a) **2** *(state of being)* malcontento m.
Maldives /ˈmɔːldɪvz/ ➧ *12, 6* n.pr.pl. (anche **Maldive Islands**) ***the ~*** le Maldive.
▶ **male** /meɪl/ **I** n. **1** BIOL. ZOOL. maschio m.; ***in the ~*** nel maschio; ***the ~s*** *(of species)* i maschi **2** *(man)* uomo m. **II** agg. **1** BIOL. ZOOL. maschile **2** *(relating to men)* [*condition, population, role, sex, trait*] maschile; [*company*] di uomini; ***a ~ voice*** una voce maschile; ***the ~ body*** il corpo maschile; ***~ singer*** cantante; ***~ student*** studente; ***~ employee*** impiegato **3** EL. maschio.
male chauvinism /ˌmeɪlˈʃəʊvɪnɪzəm/ n. maschilismo m.
male chauvinist /ˌmeɪlˈʃəʊvɪnɪst/ **I** agg. [*attitude, opinion*] maschilista, da maschilista **II** n. maschilista m.; ***~ pig*** schifoso maschilista.
malediction /ˌmælɪˈdɪkʃn/ n. FORM. maledizione f.
male-dominated /ˌmeɪlˈdɒmɪneɪtɪd/ agg. **1** *(run by men)* [*society, world*] dominato dagli uomini **2** *(mainly masculine)* [*environment, industry, profession*] maschile.
malefaction /ˈmælɪfækʃn/ n. malefatta f., misfatto m.
malefactor /ˈmælɪfæktə(r)/ n. FORM. malfattore m. (-trice).
malefic /məˈlefɪk/ agg. [*influence, arts, practice*] malefico.
maleficence /məˈlefɪsns/ n. malvagità f.
maleficent /məˈlefɪsnt/ agg. **1** *(malefic)* malefico **2** *(harmful)* dannoso (**to** a) **3** *(criminal)* criminale.
maleic /məˈliːɪk/ agg. maleico.
male menopause /ˌmeɪlˈmenəpɔːz/ n. andropausa f.
male model /ˌmeɪlˈmɒdl/ n. modello m.
male voice choir /ˌmeɪlvɔɪsˈkwaɪə(r)/ n. coro m. maschile.
malevolence /məˈlevələns/ n. malevolenza f. (**towards** verso).
malevolent /məˈlevələnt/ agg. malevolo.
malevolently /məˈlevələntlɪ/ avv. con malevolenza.
malfeasance /mælˈfiːzns/ n. DIR. **1** *(illegal action)* (atto) illecito m. **2** *(misconduct by public servant)* prevaricazione f., abuso m.
malfeasant /mælˈfiːznt/ **I** agg. illecito, disonesto **II** n. disonesto m. (-a).
malformation /ˌmælfɔːˈmeɪʃn/ n. malformazione f.
malformed /ˌmælˈfɔːmd/ agg. [*limb, nose*] deforme; [*heart, kidney, leaf, shoot*] malformato.
1.malfunction /ˌmælˈfʌŋkʃn/ n. **1** *(poor operation)* malfunzionamento m., cattivo funzionamento m. **2** *(breakdown)* guasto m.; ***an equipment, a computer ~*** un guasto tecnico, ai computer **3** MED. disfunzione f.
2.malfunction /ˌmælˈfʌŋkʃn/ intr. funzionare male; ***the machine is ~ing*** la macchina non funziona bene.
malfunctioning /ˌmælˈfʌŋkʃnɪŋ/ agg. *(operating poorly)* che funziona male; *(broken down)* guasto, che non funziona.
Mali /ˈmɑːlɪ/ ➧ *6* n.pr. Mali m.
Malian /ˈmɑːlɪən/ ➧ *18* **I** agg. maliano **II** n. *(person)* maliano m. (-a).
malic /ˈmælɪk/ agg. malico.
malice /ˈmælɪs/ n. **1** *(spite)* malignità f., astio m. (**towards** verso); ***out of ~*** per (pura) cattiveria; ***there's no ~ in him*** è privo di cattiveria; ***I bear him no ~*** non covo nessun rancore verso di lui **2** DIR. dolo m., intenzione f. criminosa; ***with ~ aforethought*** premeditato.
malicious /məˈlɪʃəs/ agg. **1** *(spiteful)* [*comment, smile*] maligno; [*person*] maligno, malevolo; [*act*] malvagio; [*allegation*] calunnioso **2** DIR. ***with ~ intent*** con dolo.
malicious damage /məˌlɪʃəsˈdæmɪdʒ/ n. DIR. = danneggiamento o distruzione dolosa di beni altrui.
maliciously /məˈlɪʃəslɪ/ avv. **1** *(spitefully)* [*speak, write*] con cattiveria, con malignità; [*act, behave*] in modo malvagio **2** DIR. dolosamente.
malicious prosecution /məˌlɪʃəsprɒsɪˈkjuːʃn/ n. DIR. processo m. senza giusta causa.
malicious wounding /məˌlɪʃəsˈwuːndɪŋ/ n. DIR. ferimento m. intenzionale.
1.malign /məˈlaɪn/ agg. [*effect*] dannoso; [*influence*] cattivo, malefico; [*intention*] cattivo.
2.malign /məˈlaɪn/ tr. parlare male di, malignare su [*person*]; diffamare [*group, organization*].
malignancy /məˈlɪgnənsɪ/ n. **1** *(desire to harm)* malvagità f. **2** MED. malignità f., carattere m. maligno.
malignant /məˈlɪgnənt/ agg. **1** *(cruel)* [*criticism*] aspro; [*look, thought*] malevolo; [*person, power*] malvagio; [*nature, personality*] crudele **2** MED. maligno.
malignantly /məˈlɪgnəntlɪ/ avv. in modo malvagio, malvagiamente.
maligned /məˈlaɪnd/ **I** p.pass. → **2.malign** **II** agg. ***much~*** molto chiacchierato.
maligner /məˈlaɪnə(r)/ n. diffamatore m. (-trice), calunniatore m. (-trice).
malignity /məˈlɪgnətɪ/ n. → **malignancy**.
malignly /məˈlaɪnlɪ/ avv. in modo dannoso, cattivo.
malinger /məˈlɪŋgə(r)/ intr. SPREG. darsi malato.
malingerer /məˈlɪŋgərə(r)/ n. SPREG. = chi si dà malato.
▷ **mall** /mæl, mɔːl/ n. **1** *(shopping arcade) (in town)* galleria f. (di negozi); AE *(in suburbs)* centro m. commerciale **2** AE *(street)* passeggiata f., passeggio m.
mallard /ˈmælɑːd, AE ˈmælərd/ n. (pl. **~**, **~s**) anatra f. selvatica.
malleability /ˌmælɪəˈbɪlətɪ/ n. malleabilità f.
malleable /ˈmælɪəbl/ agg. [*substance, person*] malleabile.
malleolus /məˈliːələs/ n. (pl. **-i**) malleolo m.
mallet /ˈmælɪt/ n. **1** SPORT *(in croquet, polo)* mazza f., mallet m.; *(in pall-mall)* maglio m. **2** TECN. martello m., maglio m.
malleus /ˈmælɪəs/ n. (pl. **-i**) ANAT. martello m.
mallow /ˈmæləʊ/ n. BOT. malva f.
mall people /mælˈpiːpl, mɔːl-/ n.pl. AE SPREG. *(suburbanites)* tamarri m.; *(unsophisticated)* grezzi m.
malmsey /ˈmɑːmzɪ/ n. malvasia f.
malnourished /mælˈnʌrɪʃt/ agg. malnutrito.
malnutrition /ˌmælnjuːˈtrɪʃn, AE -nuː-/ n. malnutrizione f.
malodorous /ˌmælˈəʊdərəs/ agg. FORM. maleodorante.
malodorousness /ˌmælˈəʊdərəsnɪs/ n. (l')essere maleodorante.
malonic /məˈlɒnɪk/ agg. malonico.
malposition /mælpɒˈzɪʃn/ n. postura f. scorretta.
malpractice /ˌmælˈpræktɪs/ n. **1** AMM. DIR. (atto) illecito m.; ***administrative ~*** malversazione; ***electoral ~*** frode elettorale; ***professional ~*** negligenza professionale **2** AE MED. imperizia f.; ***~ insurance*** assicurazione contro le imperizie mediche.

1.malt /mɔːlt/ n. 1 *(grain)* malto m. 2 (anche ~ **whisky**) *(whisky)* whisky m. di malto 3 AE *(milk shake)* frappè m., milk shake m. al malto; *(hot drink)* latte m. al malto.
2.malt /mɔːlt/ tr. trasformare in malto [*barley etc.*].
Malta /ˈmɔːltə/ ▸ *6, 12* n.pr. Malta f.
Malta fever /ˌmɔːltəˈfiːvə(r)/ ▸ *11* n. febbre f. di Malta, febbre f. maltese.
maltase /ˈmɔːlteɪz/ n. maltasi f.
malted /ˈmɔːltɪd/ n. (anche ~ **milk**) 1 *(powdered preparation)* = latte in polvere lavorato col malto 2 *(hot drink)* = bevanda a base di latte in polvere col malto 3 AE → **malted milk**.
malted milk /ˈmɔːltɪdmɪlk/ n. frappè m., milk-shake m. al malto.
Maltese /ˌmɔːlˈtiːz/ ▸ *18, 14* I agg. maltese II n. (pl. ~) 1 *(person)* maltese m. e f. 2 *(language)* maltese m.
Maltese cross /mɔːlˌtiːzˈkrɒs, AE -ˈkrɔːs/ n. croce f. di Malta.
Maltese fever /mɔːlˌtiːzˈfiːvə(r)/ ▸ *11* n. febbre f. maltese.
malt extract /ˌmɔːltˈekstrækt/ n. estratto m. di malto.
Malthusian /ˌmælˈθjuːzɪən, AE -ˈθuː-/ agg. malthusiano.
Malthusianism /ˌmælˈθjuːzɪənɪzəm, AE -ˈθuː-/ n. malthusianismo m.
malting /ˈmɔːltɪŋ/ n. maltaggio m.
malt liquor /ˌmɔːltˈlɪkə(r)/ n. AE liquore m. di malto.
maltose /ˈmɔːltəʊz/ n. maltosio m.
maltreat /ˌmælˈtriːt/ tr. maltrattare.
maltreatment /ˌmælˈtriːtmənt/ n. maltrattamento m.
maltster /ˈmɔːltstə(r)/ ▸ *27* n. IND. maltatore m. (-trice).
malt vinegar /ˌmɔːltˈvɪnɪgə(r)/ n. aceto m. di malto.
malt whisky /ˌmɔːltˈwɪskɪ, AE -ˈhwɪskɪ/ n. whisky m. di malto.
malversation /mælvəˈseɪʃn/ n. malversazione f.
Malvolio /mælˈvəʊlɪəʊ/ n.pr. Malvolio.
mam /mæm/ n. INFANT. mamma f.
▷ **mama** n. 1 /ˈmɑːmə/ AE INFANT. mamma f. 2 /məˈmɑː/ ANT. mamma f.
mamba /ˈmæmbə, AE ˈmɑːmbə/ n. mamba m.
mambo /ˈmæmbəʊ/ n. mambo m.
Mameluke /ˈmæməluːk/ I agg. dei mammalucchi II n. mammalucco m., mamelucco m.
Mamie /ˈmeɪmɪ/ n.pr. diminutivo di **Mary**.
mamilla /mæˈmɪlə/ n. (pl. **-ae**) ANAT. capezzolo m.
mamillary /ˈmæmɪlərɪ/ agg. mammillare.
mamma /ˈmɑːmə/ n. 1 AE INFANT. *(mummy)* mamma f. 2 COLLOQ. SPREG. *(buxom woman)* cicciona f.
▷ **mammal** /ˈmæml/ n. mammifero m.
mammalian /məˈmeɪlɪən/ agg. [*animal*] mammifero; [*female*] di mammifero; [*habitat, trait*] dei mammiferi.
mammalogist /məˈmælədʒɪst/ n. mammalogo m. (-a).
mammalogy /məˈmælədʒɪ/ n. mammalogia f.
mammary /ˈmæmərɪ/ agg. mammario; ~ ***gland*** ghiandola mammaria.
mammiferous /məˈmɪfərəs/ agg. mammifero.
mammilla → **mamilla**.
mammillary → **mamillary**.
mammograph /ˈmæməgrɑːf, AE -græf/ n. *(radiograph)* mammografia f.
mammography /mæˈmɒgrəfɪ/ n. *(technique)* mammografia f.
Mammon /ˈmæmən/ n.pr. RELIG. mammona ◆ ***to worship*** ~ venerare il dio denaro.
mammoth /ˈmæməθ/ I n. mammut m. II agg. [*project, task, organization, structure*] enorme, mastodontico.
mammy /ˈmæmɪ/ n. 1 INFANT. *(mummy)* mamma f. 2 AE ANT. *(servant)* = tata di colore.
▶ **1.man** /mæn/ I n. (pl. **men**) 1 *(adult male)* uomo m.; ***middle-aged*** ~ uomo di mezza età; ***married*** ~ uomo sposato; ***as one*** ~ ***to another*** da uomo a uomo; ***he's not a*** ~ ***to do*** non è uomo *o* tipo da fare; ***a blind*** ~ un cieco; ***an old*** ~ un vecchio; ***a single*** ~ uno scapolo; ***a ladies'*** ~ un gran conquistatore; ***a beer, whisky*** ~ un gran bevitore di birra, whisky; ***a leg, bum*** ~ COLLOQ. = uno cui piacciono le belle gambe, i bei sederi; ***a*** ~ ***of God, the people*** un uomo di chiesa, del popolo; ***a*** ~ ***of iron, steel*** un uomo di ferro, d'acciaio; ***they've arrested the right*** ~ hanno arrestato l'uomo giusto; ***he's your*** ~ è l'uomo che fa per te; ***he has worked for the party,*** ~ ***and boy*** BE ha lavorato per il partito fin da ragazzo; ~ ***of the match*** l'uomo partita; ***good*** ~***!*** *(well done)* bravo! ***my good*** ~***!*** vecchio mio! ***my little*** ~ COLLOQ. *(to a child)* il mio ometto 2 *(husband)* marito m.; *(partner)* uomo m.; ***her*** ~ il suo uomo; ***he is the right*** ~ ***for her*** è l'uomo giusto per lei; ***her young*** ~ ANT. il suo fidanzato; ~ ***and wife*** marito e moglie; ***to live as*** ~ ***and wife*** vivere come marito e moglie 3 *(person)* uomo m.; ***no*** ~ ***could have done more*** nessuno avrebbe potuto fare di più; ***as good as the next*** ~ uno come un altro; ***the common*** ~ l'uomo comune; ***primitive Man*** l'uomo primitivo 4 *(person of courage)* uomo m.; ***be a*** ~ sii uomo; ***to be*** ~ ***enough to do*** essere abbastanza uomo da fare; ***to make a*** ~ ***of sb.*** fare di qcn. un uomo 5 *(mankind)* (anche **Man**) uomo m., umanità f. 6 SPORT *(team member)* uomo m., giocatore m. 7 GIOC. *(piece) (in chess)* pezzo m.; *(in draughts)* pedina f. 8 ANT. *(servant)* valletto m. II **men** n.pl. MIL. *(subordinates)* uomini m.; ***to address the men*** rivolgersi alla truppa; ***"now men..."*** "soldati..."; ***officers and men*** MIL. ufficiali e truppa; *(in Navy)* ufficiali e marinai III inter. 1 COLLOQ. *(expressing surprise)* oddio 2 *(addressing somebody)* ***hey*** ~***!*** ehi tu! ◆ ***every*** ~ ***for himself*** ciascuno per sé; ***Man proposes, God disposes*** l'uomo propone e Dio dispone; ***to a*** ~ tutti, senza eccezioni; ***as one*** ~ all'unanimità *o* come un sol uomo; ***to sort out the men from the boys*** = distinguere chi, in un gruppo, è più maturo o competente; ***he took it like a*** ~ si è comportato da uomo; ***to be a*** ~***'s*** ~ = essere un uomo che ama frequentare in prevalenza i propri amici maschi; ***to be one's own*** ~ essere padrone di se stesso; ***to be the*** ~ ***of the moment*** essere l'uomo del momento.
2.man /mæn/ tr. (forma in -ing ecc. **-nn-**) 1 stare a [*switchboard, desk*]; ***will the telephone be*** ~***ned?*** ci sarà qualcuno (addetto) al telefono? 2 MIL. equipaggiare [*ship*]; presidiare [*barricade*]; ***"*** ~ ***the guns!"*** "uomini ai pezzi!"; ***who is*** ~***ning the barricades?*** chi presidia le barricate? ***to*** ~ ***the pumps*** azionare le pompe.
man-about-town /ˌmænəbaʊtˈtaʊn/ n. uomo m. di mondo.
1.manacle /ˈmænəkl/ I n. ANT. *(shackle)* catena f. II **manacles** n.pl. *(handcuff)* manette f. (anche IRON.).
2.manacle /ˈmænəkl/ tr. incatenare [*convict, slave*]; mettere le manette a, ammanettare [*criminal, suspect*].
▶ **manage** /ˈmænɪdʒ/ I tr. 1 *(succeed)* ***to*** ~ ***to do*** riuscire a fare *o* farcela a fare; ***she*** ~***d to find a job, finish the article*** è riuscita a trovare lavoro, a finire l'articolo; ***how does he*** ~ ***to save so much money?*** come fa a risparmiare così tanti soldi? ***how did she*** ~ ***to spend so much money?*** come ha fatto a spendere tutti quei soldi? ***he*** ~***d to offend everybody*** IRON. è riuscito a offendere tutti; ***I*** ~***d not to dirty my hands*** sono riuscito a non sporcarmi le mani 2 *(find possible)* ***she*** ~***d a smile*** è riuscita a fare un sorriso; ***I can*** ~ ***a few words in Italian*** riesco a dire qualche parola di italiano; ***can you*** ~ ***seven o'clock tomorrow?*** ce la fai domani alle sette? ***can you*** ~ ***lunch on Friday?*** sei libero per pranzo venerdì? ***I have so much work I couldn't*** ~ ***another thing!*** ho così tanto lavoro che non ce la faccio a fare altro! ***I'm sure you can*** ~ ***another glass of wine*** sono sicuro che ce la fai a bere un altro bicchiere di vino; ***I can't*** ~ ***more than £ 30*** non posso spendere più di 30 sterline 3 *(administer)* amministrare [*finances, company, bank*]; gestire [*business, shop, hotel, estate, school, project*] 4 *(organize)* gestire [*money, time*] 5 *(handle)* sapere come prendere [*person*]; domare, trattare [*animal*]; manovrare [*boat etc.*]; maneggiare [*tool, oars etc.*]; ***they*** ~***d the situation very badly*** affrontarono la situazione molto male; ***he knows how to*** ~ ***her*** lui sa come prenderla II intr. cavarsela; ***they have to*** ~ ***on £ 50 a week*** devono cavarsela con *o* farsi bastare 50 sterline a settimana; ***can you*** ~***?*** ce la fai? ***thank you, I can*** ~ grazie, ce la faccio.
manageability /ˌmænɪdʒəˈbɪlətɪ/ n. maneggevolezza f.
manageable /ˈmænɪdʒəbl/ agg. [*size, proportions, quantity*] maneggiabile; [*problem, issue*] gestibile; [*car, boat*] maneggevole; [*person, animal*] docile; ~ ***hair*** capelli facili da pettinare; ***to keep sth. at a*** ~ ***level*** mantenere qcs. a un livello ragionevole.
manageably /ˈmænɪdʒəblɪ/ avv. in modo maneggevole.
managed /ˈmænɪdʒd/ I p.pass. → **manage** II agg. ECON. ~ ***currency*** moneta regolata; ~ ***economy*** economia pianificata.
▶ **management** /ˈmænɪdʒmənt/ I n. 1 *(of company, estate)* gestione f., amministrazione f.; *(of business, shop, bank, hospital, hotel, economy, staff)* gestione f.; ***the business failed due to bad*** ~ la ditta fallì per colpa di una cattiva gestione; ***her skilful*** ~ ***of the situation*** la sua abilità nel gestire la situazione 2 *(managers collectively)* dirigenza f., direzione f., dirigenti m.pl.; ***top*** ~ alta dirigenza *o* alti dirigenti; ***lower, middle*** ~ i quadri subalterni *o* intermedi; ~ ***and unions*** la dirigenza e i sindacati; ~ ***and workers*** *(in industry)* la dirigenza e gli operai; *(in business)* la dirigenza e i dipendenti; ***"under new*** ~***"*** "nuova gestione"; ***"the*** ~ ***regrets that..."*** "la direzione si scusa perché..." II modif. [*career, staff*] dirigenziale; [*job*] di dirigente; [*problem*] di gestione, gestionale, amministrativo; ***the*** ~ ***team*** il gruppo dirigente; ***a*** ~ ***spokesman*** un portavoce della dirigenza.
management accounting /ˈmænɪdʒməntəˌkaʊntɪŋ/ n. contabilità f. analitica, gestionale.
management buyout /ˌmænɪdʒməntˈbaɪaʊt/ n. = acquisto di tutte le azioni di una società da parte dei suoi dirigenti.

management committee /ˈmænɪdʒməntkəˌmɪtɪ/ n. comitato m. direttivo.
management company /ˈmænɪdʒməntˌkʌmpənɪ/ n. società f. di gestione.
management consultancy /ˈmænɪdʒməntkənˌsʌltənsɪ/ n. società f. di consulenza aziendale.
management consultant /ˈmænɪdʒməntkənˌsʌltənt/ ➧ *27* n. consulente m. e f. aziendale.
management fees /ˈmænɪdʒməntˌfiːs/ n.pl. onorario m.sing. di gestione.
management information system /ˌmænɪdʒməntˌɪnfəmeɪʃnˈsɪstəm/ n. sistema m. informatico gestionale.
management studies /ˈmænɪdʒməntˌstʌdɪz/ n.pl. studi m. di amministrazione aziendale.
management style /ˌmænɪdʒməntˈstaɪl/ n. stile m. manageriale; ***I don't like his ~*** non mi piace il suo modo di gestire l'azienda.
management trainee /ˌmænɪdʒməntˌtreɪˈniː/ n. = chi sta compiendo un periodo di formazione in management.
▶ **manager** /ˈmænɪdʒə(r)/ ➧ *27* n. *(of business, company)* dirigente m. e f., manager m. e f.; *(of bank, hotel, theatre)* direttore m. (-trice); *(of cinema, restaurant, pub, shop)* gestore m. (-trice); *(of project)* capo m., direttore m. (-trice); *(in showbusiness)* manager m. e f.; SPORT direttore m. tecnico, manager m. e f.; ***school ~*** BE direttore didattico; ***to be a good ~*** essere un buon manager; *(of household)* saper amministrare bene la casa.
manageress /ˌmænɪdʒəˈres/ ➧ *27* n. *(of hotel)* direttrice f.; *(of restaurant, shop)* gestrice f.; *(of company)* dirigente f., manager f.
managerial /ˌmænɪˈdʒɪərɪəl/ agg. [*experience*] manageriale; [*decision, problem*] della direzione; [*training*] dei dirigenti; ***~ staff*** dirigenti; ***~ skills*** capacità manageriali; ***at ~ level*** a livello dirigenziale.
managership /ˈmænɪdʒəʃɪp/ n. **1** *(management)* dirigenza f. **2** *(office)* carica f. di manager.
▷ **managing** /ˈmænɪdʒɪŋ/ agg. dirigente, direttivo.
managing director /ˌmænɪdʒɪŋdɪˈrektə(r), -daɪˈ-/ ➧ *27* n. amministratore m. delegato.
managing editor /ˌmænɪdʒɪŋˈedɪtə(r)/ ➧ *27* n. direttore m. editoriale.
managing partner /ˌmænɪdʒɪŋˈpɑːtnə(r)/ n. socio m. (-a) gerente.
manakin /ˈmænəkɪn/ n. **1** ZOOL. manachino m. **2** → **mannikin.**
man-at-arms /ˌmænətˈɑːmz/ n. (pl. **men-at-arms**) STOR. uomo m. d'arme.
manatee /ˌmænəˈtiː/ n. ZOOL. lamantino m., manato m.
Manchester /ˈmæntʃɪstə(r)/ ➧ *34* n.pr. Manchester f.
man-child /ˈmænˌtʃaɪld/ n. (pl. **men-children**) bambino m.
manchineel /ˌmæntʃɪˈniːl/ n. mancinella f.
Manchu /ˌmænˈtʃuː/ **I** agg. manciù **II** n. (pl. ~, **~s**) GEOGR. STOR. **1** *(person)* manciù m. e f. **2** ➧ *14 (language)* manciù m.
Manchuria /ˌmænˈtʃʊərɪə/ ➧ *24* n.pr. Manciuria f.
Manchurian /ˌmænˈtʃʊərɪən/ **I** agg. manciuriano **II** n. *(person)* manciuriano m. (-a).
manciple /ˈmænsəpl/ n. *(of monastery, college)* economo m.
Mancunian /mæŋˈkjuːnɪən/ **I** agg. di Manchester **II** n. nativo m. (-a), abitante m. e f. di Manchester.
mandala /ˈmændələ/ n. mandala m.
mandamus /mænˈdeɪməs/ n. DIR. ordinanza f.
mandant /ˈmændənt/ n. DIR. mandante m. e f.
1.mandarin /ˈmændərɪn/ n. *(fruit, tree)* mandarino m.
2.mandarin /ˈmændərɪn/ n. STOR. mandarino m.
Mandarin Chinese /ˌmændərɪntʃaɪˈniːz/ ➧ *14* n. LING. cinese m. mandarino.
mandarin duck /ˌmændərɪnˈdʌk/ n. anatra f. mandarina.
mandatary /ˈmændətərɪ, AE -terɪ/ n. mandatario m.
1.mandate /ˈmændeɪt/ n. **1** *(authority)* autorità f.; POL. mandato m.; ***to have a ~ to do*** POL. avere il mandato di fare; ***this gives us a clear ~ to proceed*** questo ci dà una chiara autorizzazione a procedere; ***under British ~*** sotto il mandato britannico **2** STOR. *(territory)* territorio m. di mandato, mandato m. **3** ECON. DIR. *(document)* mandato m.
2.mandate /ˈmændeɪt/ tr. **1** *(authorize)* autorizzare; POL. affidare il mandato a **2** porre [qcs.] sotto mandato [*territory*].
mandator /mænˈdeɪtə(r)/ n. → **mandant.**
▷ **mandatory** /ˈmændətərɪ, AE -tɔːrɪ/ agg. vincolante, obbligatorio.
man-day /ˈmændeɪ/ n. giorno/uomo m.
mandible /ˈmændɪbl/ ➧ *2* n. mandibola f.
mandibular /mænˈdɪbjʊlə(r)/ agg. mandibolare.
mandolin(e) /ˌmændəˈlɪn/ ➧ *17* n. mandolino m.
mandolinist /ˌmændəˈlɪnɪst/ ➧ *17, 27* n. mandolinista m. e f.
mandragora /mænˈdrægərə/, **mandrake** /ˈmændreɪk/ n. mandragora f.
mandrel /ˈmændrəl/ n. mandrino m.
mandrill /ˈmændrɪl/ n. mandrillo m.
Mandy /ˈmændɪ/ n.pr. diminutivo di **Amanda.**
mane /meɪn/ n. criniera f. (anche FIG.).
man-eater /ˈmæniːtə(r)/ n. **1** *(animal)* mangiatore m. (-trice) di uomini **2** COLLOQ. FIG. SCHERZ. SPREG. *(woman)* mangiatrice f. di uomini, vamp f.
man-eating /ˈmæniːtɪŋ/ agg. [*animal*] che mangia gli uomini.
manège /mæˈneɪʒ/ n. **1** *(riding school)* maneggio m., scuola f. di equitazione **2** *(horsemanship)* equitazione f.
Manes /ˈmeɪniːz/ n.pl. RELIG. MITOL. (dei) mani m.
maneuver AE → **manoeuvre.**
Manfred /ˈmænfred/ n.pr. Manfredi.
man Friday /ˌmænˈfraɪdeɪ, -dɪ/ n. **1** LETTER. Venerdì **2** *(general assistant)* factotum m., tuttofare m.
manful /ˈmænfl/ agg. valoroso, virile.
manfully /ˈmænfəlɪ/ avv. valorosamente, virilmente.
manfulness /ˈmænfəlnɪs/ n. valore m., virilità f.
manga /ˈmæŋgæ/ n. *(genre)* manga m.
manganate /ˈmæŋgəneɪt/ n. manganato m.
manganese /ˈmæŋgəniːz/ **I** n. manganese m. **II** modif. [*bronze, steel*] di manganese.
manganic /ˌmæŋˈgænɪk/ agg. manganico.
manganin /ˈmæŋgənɪn/ n. manganina f.
manganite /ˈmæŋgənaɪt/ n. manganite f.
manganous /ˈmæŋgənəs/ agg. manganoso.
mange /meɪndʒ/ n. rogna f.
mangel-wurzel /ˈmæŋglˌwɜːzl/ n. barbabietola f. da foraggio.
manger /ˈmeɪndʒə(r)/ n. mangiatoia f., greppia f.
mangetout /ˌmɑːnʒˈtuː/ n. taccola f., pisello m. mangiatutto.
1.mangle /ˈmæŋgl/ n. TECN. mangano m.
2.mangle /ˈmæŋgl/ tr. manganare [*clothing*].
3.mangle /ˈmæŋgl/ tr. mutilare, straziare [*body*]; distruggere [*vehicle*]; FIG. massacrare [*translation*]; straziare [*piece of music*]; storpiare [*message*].
1.mangler /ˈmæŋglə(r)/ ➧ *27* n. *(of clothing)* manganatore m. (-trice).
2.mangler /ˈmæŋglə(r)/ n. chi mutila, strazia (anche FIG.).
1.mangling /ˈmæŋglɪŋ/ n. *(of clothing)* manganatura f.
2.mangling /ˈmæŋglɪŋ/ n. **1** *(of bodies)* strazio m., mutilazione f. **2** *(of translation)* massacro m.; *(of piece of music)* strazio m.
mango /ˈmæŋgəʊ/ **I** n. (pl. **~s, ~es**) *(fruit, tree)* mango m. **II** modif. [*juice*] di mango; [*grove*] di manghi; [*chutney*] al mango.
mangold /ˈmæŋgld/ n. → **mangel-wurzel.**
mangonel /ˈmæŋgənl/ n. STOR. MIL. mangano m.
mangosteen /ˈmæŋgəstiːn/ n. *(fruit, tree)* mangostano m.
mangrove /ˈmæŋgrəʊv/ n. mangrovia f.
mangrove swamp /ˌmæŋgrəʊvˈswɒmp/ n. palude f. di mangrovie.
mangy /ˈmeɪndʒɪ/ agg. [*animal*] rognoso; FIG. [*rug, curtains, coat*] liso, logoro; [*room, hotel*] squallido.
manhandle /ˈmænhændl/ tr. **1** *(treat roughly)* malmenare, maltrattare **2** *(move by manpower)* spostare, trasportare a forza di braccia.
manhattan /ˌmænˈhætn/ n. *(drink)* manhattan m. (cocktail a base di whisky e vermut).
manhole /ˈmænhəʊl/ n. *(in road)* botola f., pozzetto m.; *(of boiler, tank)* passo m. d'uomo.
manhole cover /ˈmænhəʊlˌkʌvə(r)/ n. tombino m., chiusino m.
manhood /ˈmænhʊd/ n. **U 1** *(adult state)* età f. virile, virilità f. **2** *(masculinity)* mascolinità f. **3** LETT. *(men collectively)* uomini m.pl.
man-hour /ˈmænaʊə(r)/ n. ora/uomo f.
manhunt /ˈmænhʌnt/ n. caccia f. all'uomo.
mania /ˈmeɪnɪə/ n. PSIC. mania f.; FIG. *(obsession)* mania f., fissazione f. (**for** di); ***to have a ~ for doing*** avere la mania di fare; ***motorcycle ~*** la passione delle moto.
maniac /ˈmeɪnɪæk/ **I** n. **1** PSIC. maniaco m. (-a) **2** COLLOQ. FIG. *(reckless person)* maniaco m. (-a); ***he's a computer ~*** è un maniaco dell'informatica; ***to drive like a ~*** guidare come un pazzo **II** agg. **1** PSIC. maniaco **2** FIG. [*driver*] pazzo; [*behaviour, scheme*] folle.
maniacal /məˈnaɪəkl/ agg. PSIC. maniacale; FIG. maniacale, folle, ossessivo.
maniacally /məˈnaɪəkəlɪ/ avv. PSIC. maniacalmente.
manic /ˈmænɪk/ agg. **1** MED. PSIC. *(manic depressive)* maniaco-depressivo; *(obsessive)* ossessivo **2** FIG. [*activity, behaviour*] frenetico.

manic depression /ˌmænɪkdɪˈpreʃn/ ➧ *11* n. psicosi f. maniaco-depressiva.
manic depressive /ˌmænɪkdɪˈpresɪv/ **I** agg. maniaco-depressivo **II** n. soggetto m. maniaco-depressivo.
Manich(a)ean /ˌmænɪˈkiːən/ **I** agg. manicheo **II** n. manicheo m. (-a).
Manich(a)eism /ˌmænɪˈkiːɪzəm/ n. manicheismo m.
Manichee /ˈmænɪkɪ/ n. manicheo m. (-a).
1.manicure /ˈmænɪkjʊə(r)/ n. manicure f.; ***to give sb. a ~*** fare la manicure a qcn.
2.manicure /ˈmænɪkjʊə(r)/ tr. fare la manicure a [*person*]; ***to ~ one's nails*** farsi (la manicure al)le unghie; ***her ~d nails*** le sue unghie curate; ***a ~d lawn*** SCHERZ. un prato curato.
manicure scissors /ˈmænɪkjʊəˌsɪzəz/ n.pl. forbici f. da unghie.
manicure set /ˈmænɪkjʊəˌset/ n. trousse f. per la manicure.
manicurist /ˈmænɪkjʊərɪst/ ➧ *27* n. manicure m. e f.
▷ **1.manifest** /ˈmænɪfest/ **I** agg. manifesto, evidente **II** n. MAR. AER. manifesto m.
▷ **2.manifest** /ˈmænɪfest/ **I** tr. manifestare, rivelare **II** rifl. ***to ~ itself*** manifestarsi, rivelarsi.
▷ **manifestation** /ˌmænɪfəˈsteɪʃn/ n. manifestazione f. (**of** di).
Manifest Destiny /ˌmænɪfestˈdestɪnɪ/ n. AE STOR. destino m. manifesto.

> **Manifest Destiny** È lo slogan, coniato dal giornalista John O'Sullivan nel 1845, che sintetizzò la convinzione degli Stati Uniti di avere una sorta di diritto divino ad espandersi ad ovest, nei territori indiani, e a sud a danno del Messico.

manifestly /ˈmænɪfestlɪ/ avv. manifestamente.
manifesto /ˌmænɪˈfestəʊ/ n. (pl. **~s, ~es**) manifesto m., programma m.; ***election ~*** programma elettorale.
1.manifold /ˈmænɪfəʊld/ **I** n. AUT. collettore m.; ***inlet*** o ***induction ~*** collettore di aspirazione; ***exhaust ~*** collettore di scarico **II** agg. LETT. molteplice, vario, numeroso; ~ ***wisdom*** infinita saggezza.
2.manifold /ˈmænɪfəʊld/ tr. fare copie di [*page, letter*].
manikin → **mannikin.**
manila /məˈnɪlə/ n. *(paper)* manila f., carta f. da pacchi.
Manila /məˈnɪlə/ ➧ *34* n.pr. GEOGR. Manila f.
manilla /məˈnɪlə/ n. = braccialetto di metallo.
man in the moon /ˌmænɪnðəˈmuːn/ n. faccia f. della luna.
manioc /ˈmænɪɒk/ n. manioca f.
maniple /ˈmænɪpl/ n. STOR. RELIG. manipolo m.
▷ **manipulate** /məˈnɪpjʊleɪt/ tr. **1** *(handle, control)* manovrare [*gears, tool, machine*] **2** SPREG. manipolare [*person, situation, opinion, market*]; ***she ~d him into accepting the offer*** con le sue manipolazioni lo ha condizionato ad accettare l'offerta; ***to ~ sb.'s emotions*** giocare con i sentimenti di qcn. **3** *(falsify)* SPREG. manipolare, falsificare [*figures, facts, data*] **4** MED. *(in physiotherapy)* manipolare.
▷ **manipulation** /məˌnɪpjʊˈleɪʃn/ n. **1** *(of gears, tool, machine)* manovra f. **2** *(of person, situation, public opinion)* SPREG. manipolazione f. **3** *(of figures, facts)* SPREG. manipolazione f., falsificazione f. **4** MED. manipolazione f.
manipulative /məˈnɪpjʊlətɪv/ agg. manipolativo.
manipulator /məˈnɪpjʊleɪtə(r)/ n. manipolatore m. (-trice).
manipulatory /məˈnɪpjʊlətərɪ, AE -tɔːrɪ/ agg. → **manipulative.**
Manitoba /ˌmænɪˈtəʊbə/ n.pr. Manitoba m.
Manitou /ˈmænɪtuː/ n.pr. manitù.
▷ **mankind** /ˌmænˈkaɪnd/ n. umanità f., genere m. umano.
Manley /ˈmænlɪ/ n.pr. Manley (nome di uomo).
manlike /ˈmænlaɪk/ agg. **1** *(manly)* virile, maschile **2** *(anthropomorphous)* antropomorfo.
manliness /ˈmænlɪnɪs/ n. virilità f., mascolinità f.
man lock /ˈmænlɒk/ n. ING. camera f. di equilibrio.
manly /ˈmænlɪ/ agg. virile, da uomo.
man-made /ˌmænˈmeɪd/ agg. [*fibre, dye, fabric*] sintetico; [*pond, snow, environment*] artificiale; [*object, tool*] prodotto dall'uomo; [*catastrophe*] causato dall'uomo.
manna /ˈmænə/ n. BIBL. manna f. (anche FIG.) ◆ ***to be (like) ~ from heaven*** essere una manna *o* una benedizione dal cielo.
manned /ˈmænd/ **I** p.pass. → **2.man II** agg. AER. [*flight, spacecraft*] con equipaggio a bordo; [*base*] con personale; ***fully ~*** [*ship*] con equipaggio al completo.
mannequin /ˈmænɪkɪn/ ➧ *27* n. **1** *(dummy)* manichino m. **2** *(person)* modella f., mannequin f.
▶ **manner** /ˈmænə(r)/ **I** n. **1** *(way, method)* modo m., maniera f.; ***in this ~*** in questo modo *o* in questa maniera *o* così; ***in like ~*** o ***in the same ~*** allo stesso modo; ***the ~ in which they were treated*** il modo in cui sono stati trattati; ***to do sth. in such a ~ that*** fare qcs. in modo tale che; ***the ~ of his going*** LETT. o ***of his death*** il modo in cui è morto; ***in a ~ of speaking*** per così dire *o* per modo di dire **2** *(way of behaving)* comportamento m., modo m. di fare; ***don't be put off by her ~*** non lasciarti spaventare dal suo modo di fare *o* dal suo comportamento; ***something in his ~ disturbed her*** qualcosa nel suo comportamento le dava fastidio; ***she has a bad ~*** ha un brutto modo di fare; ***to have a good telephone ~*** avere una buona attitudine per le comunicazioni telefoniche **3** LETT. *(sort, kind)* sorta f., tipo m.; ***what ~ of man is he?*** che sorta *o* che tipo di uomo è lui? ***all ~ of delights*** ogni sorta di piacere; ***by no ~ of means*** in nessun modo **4** ART. LETTER. *(style)* maniera f., stile m.; ***in, after the ~ of*** secondo lo stile di *o* alla maniera di **II manners** n.pl. **1** *(social behaviour)* maniere f., modi m.; ***to have good, bad ~s*** avere buone, cattive maniere; ***it's bad ~s to do*** non sta bene fare; ***he has no ~s*** è un maleducato; [*child*] non riesce a stare fermo; ***to have the ~s to do*** avere la buona educazione di fare; ***aren't you forgetting your ~s? where are your ~s?*** chi ti ha insegnato l'educazione? che modi sono questi? ***I'll teach him some ~s!*** gliela insegno io l'educazione! ***road ~s*** comportamento educato al volante **2** *(social habits, customs)* usanze f., consuetudini f.; ***comedy of ~s*** commedia di costume ◆ ***to do sth. as if to the ~ born*** fare qcs. come se non si fosse fatto altro dalla nascita.
mannered /ˈmænəd/ agg. **1** SPREG. manierato **2 -mannered** in composti ***ill~*** maleducato; ***well~*** (bene) educato; ***mild~*** moderato.
mannerism /ˈmænərɪzəm/ n. **1** *(personal habit)* peculiarità f., caratteristica f. **2** SPREG. *(quirk)* posa f., vezzo m.
Mannerism /ˈmænərɪzəm/ n. ART. LETTER. manierismo m.
Mannerist /ˈmænərɪst/ **I** n. manierista m. e f. **II** agg. manierista.
manneristic(al) /ˌmænəˈrɪstɪk(l)/ agg. manieristico.
mannerliness /ˈmænəlɪnɪs/ n. cortesia f., educazione f.
mannerly /ˈmænəlɪ/ agg. cortese, educato.
mannikin /ˈmænɪkɪn/ n. **1** ART. MED. *(also in dressmaking)* manichino m. **2** → **mannequin 3** ANT. *(dwarf)* nanerottolo m.
manning /ˈmænɪŋ/ n. **1** MIL. organico m., effettivo m. **2** IND. organico m., personale m.
manning levels /ˈmænɪŋˌlevlz/ n.pl. consistenza f.sing. dell'organico.
mannish /ˈmænɪʃ/ agg. [*woman, clothing*] mascolino, poco femminile.
mannishly /ˈmænɪʃlɪ/ avv. mascolinamente, in modo poco femminile.
mannishness /ˈmænɪʃnɪs/ n. mascolinità f.
mannite /ˈmænaɪt/, **mannitol** /ˈmænɪtɒl/ n. mannitolo m., mannite f.
mannose /ˈmænəʊs/ n. mannosio m.
manoeuvrability BE, **maneuverability** AE /məˌnuːvrəˈbɪlətɪ/ n. manovrabilità f.
manoeuvrable BE, **maneuverable** AE /məˈnuːvrəbl/ agg. manovrabile.
▷ **1.manoeuvre** BE, **maneuver** AE /məˈnuːvə(r)/ n. manovra f. (anche FIG.); ***political, military ~*** manovra politica, militare; ***to be on ~s*** MIL. fare le manovre; ***we have some room for ~*** FIG. abbiamo un po' di libertà di manovra.
▷ **2.manoeuvre** BE, **maneuver** AE /məˈnuːvə(r)/ **I** tr. **1** manovrare [*vehicle, object*]; ***to ~ sth. in, out*** fare manovra con qcs. per entrare, uscire; ***to ~ sth. into position*** manovrare qcs. per metterlo in posizione **2** FIG. manovrare [*person*]; sviare [*discussion*] (**to** verso); ***to ~ sb. into doing*** manovrare qcn. per fargli fare; ***the Minister ~d the bill through Parliament*** il ministro è riuscito manovrando a fare passare la legge in parlamento; ***he ~d the conversation round to the subject of*** sviò il discorso portandolo sull'argomento di **II** intr. manovrare, fare manovre.
manoeuvrer BE, **maneuverer** AE /məˈnuːvərə(r)/ n. **1** *(strategist)* stratega m. e f. **2** FIG. *(intrigant)* intrigante m. e f., maneggione m. (-a).
manoeuvring BE, **maneuvering** AE /məˈnuːvərɪŋ/ n. **U** manovre f.pl.; SPREG. macchinazioni f.pl., intrighi m.pl.
man-of-war /ˌmænəvˈwɔː(r)/ n. (pl. **men-of-war**) ANT. *(ship)* nave f. da guerra.
manometer /mæˈnɒmɪtə(r)/ n. manometro m.
manometric /ˌmænəˈmetrɪk/ agg. manometrico.
manor /ˈmænə(r)/ n. **1** (anche ~ **house**) maniero m., casa f. padronale, castello m.; ***Lord, Lady of the ~*** castellano, castellana **2** STOR. *(estate)* tenuta f. padronale **3** BE COLLOQ. *(police slang)* distretto m. (di polizia).

manorial /mə'nɔ:rɪəl/ agg. feudale.
manpower /'mænpaʊə(r)/ n. **1** manodopera f., forza f. lavoro; MIL. uomini m.pl. **2** *(physical force)* forza f.; ***by sheer*** ~ con la forza bruta.
Manpower /'mænpaʊə(r)/ n. GB = agenzia di collocamento per lavoro interinale.
manqué /'mɒŋkeɪ/ agg. fallito, mancato; ***an interpretor*** ~ un interprete mancato.
mansard /'mænsɑ:d/ n. **1** (anche ~ **roof**) tetto m. a mansarda, mansarda f. **2** *(flat)* mansarda f.
manse /mæns/ n. presbiterio m., canonica f.
manservant /'mænsɜ:vənt/ n. (pl. **menservants**) servitore m.
▷ **mansion** /'mænʃn/ n. *(in countryside) (manor)* villa f., casa f. signorile; *(in town) (apartment block)* caseggiato m.
Mansion House /ˌmænʃn'haʊs/ n. GB = residenza ufficiale del sindaco di Londra.
man-sized /'mænsaɪzd/ agg. **1** COMM. [*tissues*] grande **2** SCHERZ. [*meal, portion*] abbondante, da camionista.
manslaughter /'mænslɔ:tə(r)/ n. DIR. omicidio m. colposo.
mansuetude /'mænswɪtju:d, AE -tu:d/ n. ANT. mansuetudine f.
mantel /'mæntl/ n. → **mantelpiece**.
mantelet /'mæntəlɪt/ n. **1** *(cape)* mantellina f. **2** MIL. *(shelter)* mantelletto m.
mantelpiece /'mæntlpi:s/ n. *(shelf)* mensola f. del camino, caminiera f.; ***on the*** ~ sul caminetto.
mantelshelf /'mæntlʃelf/ n. → **mantelpiece**.
mantic /'mæntɪk/ agg. mantico, profetico.
mantilla /mæn'tɪlə/ n. mantiglia f.
mantis /'mæntɪs/ n. (pl. **~es**, **~**) mantide f.
mantissa /mæn'tɪsə/ n. mantissa f.
1.mantle /'mæntl/ n. **1** ANT. *(cloak)* cappa f., mantello m.; *(woman's)* mantella f. **2** FIG. LETT. *(of snow, darkness)* manto m.; ***to assume the*** ~ ***of power*** assumere il potere **3** *(of gas lamp)* reticella f. a incandescenza **4** GEOL. BIOL. ZOOL. mantello m.
2.mantle /'mæntl/ tr. LETT. ammantare.
mantlet /'mæntlɪt/ n. → **mantelet**.
man-to-man /ˌmæntə'mæn/ **I** agg. **1** da uomo a uomo **2** SPORT [*defence, marking*] a uomo **II man to man** avv. da uomo a uomo.
mantrap /'mæntræp/ n. trappola f. (per uomini), trabocchetto m.
mantua /'mæntjʊə/ n. = antica veste femminile.
Mantua /'mæntjʊə/ ♦ ***34*** n.pr. Mantova f.
Mantuan /'mæntjʊən/ **I** agg. mantovano **II** n. mantovano m. (-a).
▷ **1.manual** /'mænjʊəl/ n. **1** *(book)* manuale m., guida f. **2** MUS. manuale m., tastiera f.
▷ **2.manual** /'mænjʊəl/ agg. [*labour, skills, task, work, worker, gearbox, transmission, typewriter*] manuale.
manually /'mænjʊəlɪ/ avv. a mano, manualmente.
manufactory /ˌmænjʊ'fæktərɪ/ n. ANT. fabbrica f.
▶ **1.manufacture** /ˌmænjʊ'fæktʃə(r)/ **I** n. *(of building materials, arms, tools, electrical goods)* fabbricazione f.; *(of food products, textiles)* produzione f.; ***car*** ~ costruzione di automobili **II manufactures** n.pl. manufatti m.
▶ **2.manufacture** /ˌmænjʊ'fæktʃə(r)/ tr. **1** fabbricare, produrre [*goods*] **2** FIG. SPREG. fabbricare, mettere insieme [*evidence, excuse*].
manufactured /ˌmænjʊ'fæktʃəd/ **I** p.pass. → **2.manufacture II** agg. ~ ***goods, products*** beni, prodotti industriali *o* finiti.
▶ **manufacturer** /ˌmænjʊ'fæktʃərə(r)/ ♦ ***27*** n. fabbricante m. e f. (**of** di); *(of cars)* costruttore m.; ***car*** ~ costruttore di automobili.
▷ **manufacturing** /ˌmænjʊ'fæktʃərɪŋ/ **I** n. **1** *(sector of economy)* industria f.; ***the death of*** ~ la morte dell'industria; ***the importance of*** ~ l'importanza dell'industria **2** *(making)* fabbricazione f.; *(of cars, heavy machinery)* costruzione f. **II** modif. [*output, sector, workforce*] industriale; [*capacity, costs, system, technique, engineer*] di produzione; [*process*] produttivo; ~ ***plant*** stabilimento industriale.
manumission /ˌmænjʊ'mɪʃn/ n. ANT. DIR. manomissione f., affrancamento m.
manumit /ˌmænjʊ'mɪt/ tr. (forma in -ing ecc. **-tt-**) ANT. DIR. manomettere, affrancare [*slave*].
▷ **1.manure** /mə'njʊə(r), AE -'nʊ-/ n. **1** concime m. (naturale), letame m.; ***liquid*** ~ purino; ***horse*** ~ letame di cavallo; ***green*** ~ sovescio **2** AE COLLOQ. FIG. cacate f.pl.
2.manure /mə'njʊə(r), AE -'nʊ-/ tr. concimare, letamare.
manure heap /mə'njʊəˌhi:p, AE -'nʊ-/ n. mucchio m. di letame, letamaio m.
manuring /mə'njʊərɪŋ, AE -'nʊ-/ n. concimazione f.
▷ **manuscript** /'mænjʊskrɪpt/ **I** n. manoscritto m.; ***in*** ~ *(not yet printed)* scritto a mano *o* sotto forma di manoscritto **II** modif. [*letter*] manoscritto, scritto a mano.

Manx /mæŋks/ ♦ ***14*** **I** n. **1** LING. lingua f. dell'isola di Man **2** ***the*** ~ + verbo pl. gli abitanti dell'isola di Man **II** agg. dell'isola di Man.
Manx cat /ˌmæŋks'kæt/ n. gatto m. (senza coda) dell'isola di Man.
Manxman /'mæŋksmən/ n. (pl. **-men**) nativo m., abitante m. dell'isola di Man.
Manxwoman /'mæŋksˌwʊmən/ n. (pl. **-women**) nativa f., abitante f. dell'isola di Man.
▶ **many** /'menɪ/ (compar. **more**, superl. **most**) ♦ ***22*** **I** quantif. molti, tanti; ~ ***people, cars*** molta gente, molte macchine; ~ ***times*** molte volte *o* spesso; ***for*** ~ ***years*** per molti anni; ***in*** ~ ***ways*** in molti modi; ***his*** ~ ***friends*** i suoi numerosi amici; ***the*** ~ ***advantages of city life*** i numerosi vantaggi della vita cittadina; ***how*** ~ ***people, times?*** quanta gente, quante volte? ***too*** ~ ***people, times*** troppa gente, troppe volte; ***a great*** ~ ***people*** moltissima gente; ***for a great*** ~ ***years*** per moltissimi anni; ***a good*** ~ ***people, times*** parecchia gente, parecchie volte; ***like so*** ~ ***other women, Anne...*** come molte altre donne, Anne...; ***I have as*** ~ ***books as you (do)*** ho tanti libri quanto te; ***five exams in as*** ~ ***days*** cinque esami in altrettanti giorni; ~ ***a man would be glad of such an opportunity*** più di un uomo sarebbe felice di avere un'occasione così; ***I spent*** ~ ***a night there*** ho passato molte notti lì; ***I've been there*** ~ ***a time***, ~***'s the time I've been there*** ci sono stato molte volte, più di una volta **II** pron. molti m. (-e); ***not*** ~ pochi, non molti; ***too*** ~ troppi; ***how*** ~***?*** quanti? ***as*** ~ ***as you like*** quanti ne vuoi; ***I didn't know there were so*** ~ non sapevo che ce ne fossero così tanti; ***we don't need*** ~ ***more*** non ce ne servono ancora molti; ~ ***of them were killed*** molti di loro furono uccisi; ***there were too*** ~ ***of them*** ce n'erano troppi *o* erano troppo numerosi; ***a good*** ~ ***of the houses were damaged*** parecchie case furono danneggiate; ***one, two too*** ~ uno, due di troppo; ***you've set one place too*** ~ hai preparato un posto di troppo **III** n. ***the*** ~ *(the masses)* la folla, le masse; ***to sacrifice the interests of the few in favour of the*** ~ sacrificare gli interessi di pochi a favore di molti; ***the*** ~ ***who loved her*** le molte persone che le volevano bene ◆ ***to have had one too*** ~ COLLOQ. avere bevuto un bicchiere di troppo.
many-coloured /ˌmenɪ'kʌləd/, **many-hued** /ˌmenɪ'hju:d/ agg. multicolore.
many-sided /ˌmenɪ'saɪdɪd/ agg. [*personality, phenomenon*] poliedrico, complesso.
many-sidedness /ˌmenɪ'saɪdɪdnɪs/ n. poliedricità f., complessità f.
Maoism /'maʊɪzəm/ n. maoismo m.
Maoist /'maʊɪst/ **I** agg. maoista **II** n. maoista m. e f.
Maori /'maʊrɪ/ ♦ ***18, 14*** **I** agg. maori **II** n. **1** *(person)* maori m. e f. **2** LING. maori m.
▶ **1.map** /mæp/ n. *(of region, country)* carta f. geografica, cartina f. (**of** di); *(of town, underground, subway)* mappa f., piantina f. (**of** di); ***road, tourist*** ~ cartina stradale, turistica; ***weather*** ~ carta meteorologica; ***street*** ~ pianta stradale *o* stradario; ~ ***of the underground*** cartina del metrò; ***I'll draw you a*** ~ ti faccio una piantina; ***the political*** ~ ***of Europe*** FIG. il panorama politico europeo ◆ ***to put sb., sth. on the*** ~ fare conoscere qcn., qcs.; ***to be wiped off the*** ~ essere cancellato dalla faccia della terra.
2.map /mæp/ tr. (forma in -ing ecc. **-pp-**) **1** GEOGR. GEOL. ASTR. fare la carta di [*region, planet*]; fare una mappa di [*town*]; fare un rilevamento topografico di [*crater etc.*] **2** INFORM. stabilire una corrispondenza tra.
■ **map out:** ~ **out** ***[sth.]***, ~ ***[sth.]*** **out** elaborare, mettere [qcs.] a punto [*plans, strategy*]; pianificare [*schedule*]; ***her future is all*** ~***ped out for her*** il suo futuro è già segnato.
maple /'meɪpl/ **I** n. **1** *(tree)* acero m. **2** (anche ~ **wood**) legno m. d'acero **II** modif. [*leaf, syrup*] d'acero; [*floor, furniture*] in legno d'acero.
map maker /'mæpmeɪkə(r)/ ♦ ***27*** n. cartografo m. (-a).
mapping /'mæpɪŋ/ n. **1** GEOGR. GEOL. ASTR. rilevamento m. **2** BIOL. INFORM. mappatura f.; ***genetic*** ~ mappatura genetica.
mapping pen /ˌmæpɪŋ'pen/ n. penna f. da mappatura.
map reader /'mæpri:də(r)/ n. chi sa leggere una carta.
map reading /'mæpri:dɪŋ/ n. lettura f. di una carta.
maquillage /ˌmæki:'jɑ:ʒ/ n. maquillage m., trucco m.
maquis /mæ'ki:/ n. **1** *(shrub)* macchia f. mediterranea **2** STOR. maquis m.
mar /mɑ:(r)/ tr. spesso passivo (forma in -ing ecc. **-rr-**) guastare, rovinare ◆ ***to make or*** ~ ***sth.*** fare la fortuna o essere la rovina di qcs.
Mar ⇒ March marzo (mar.).
marabou /'mærəbu:/ n. *(bird)* marabù m.; *(feathers)* marabù m.
maraschino /ˌmærə'ski:nəʊ/ n. (pl. **~s**) maraschino m.
maraschino cherry /ˌmærəˌski:nəʊ'tʃerɪ/ n. ciliegia f. al maraschino.
marasmic /mə'ræzmɪk/ agg. marantico.

marasmus /mə'ræzməs/ n. MED. marasma m.

▷ **marathon** /'mærəθən, AE -θɒn/ **I** n. **1** *(sport)* maratona f.; ***to run (in) a ~*** correre (in) una maratona **2** FIG. maratona f. **II** modif. **1** SPORT ***~ runner*** maratoneta **2** *(massive)* che dura molto, molto lungo; ***a ~ dance*** una maratona di ballo; ***a ~ session*** una seduta fiume.

maraud /mə'rɔːd/ tr. predare, saccheggiare.

marauder /mə'rɔːdə(r)/ n. predatore m. (-trice), saccheggiatore m. (-trice), predone m.

marauding /mə'rɔːdɪŋ/ agg. predatorio.

▷ **1.marble** /'mɑːbl/ **I** n. **1** *(stone)* marmo m.; ***made of ~*** (fatto) di marmo **2** GIOC. *(glass)* bilia f. **3** ART. *(sculpture)* marmo m. **II marbles** ➧ *10* n.pl. *(game)* + verbo sing. bilie f.; ***to play*** o ***shoot ~s*** AE giocare a bilie **III** modif. [*object*] di marmo, marmoreo ◆ ***to lose one's ~s*** COLLOQ. perdere la testa *o* dare i numeri; ***she doesn't have all her ~s*** COLLOQ. le manca qualche rotella.

2.marble /'mɑːbl/ tr. marmorizzare.

marble cake /ˌmɑːbl'keɪk/ n. torta f. marmorizzata.

marble cutter /'mɑːblˌkʌtə(r)/ ➧ *27* n. marmista m. e f.

marbled /'mɑːbld/ agg. **1** [*surface, appearance, paper*] marmorizzato (**with** di) **2** GASTR. [*meat*] marezzato, marmorizzato.

marble paper /'mɑːblˌpeɪpə(r)/ n. carta f. marmorizzata.

marbling /'mɑːblɪŋ/ n. *(all contexts)* marmorizzazione f.

marc /mɑːk/ n. **1** *(refuse) (of fruits etc.)* residuo m.; *(of grapes)* vinaccia f.; *(of olives)* sansa f. **2** *(brandy)* grappa f.

marcasite /'mɑːkəsaɪt/ n. marcasite f.

Marcella /mɑː'selə/ n.pr. Marcella.

Marcellus /mɑː'seləs/ n.pr. Marcello.

marcescent /mɑː'sesnt/ agg. marcescente.

▶ **1.march** /mɑːtʃ/ n. **1** MIL. *(foot journey)* marcia f.; ***a 40 km ~*** una marcia di 40 km; ***on the ~*** in marcia; ***it's a day's ~ from here*** è a un giorno di marcia da qui; ***to be on the ~*** [*army*] essere in marcia; FIG. [*prices*] essere in rialzo; ***quick, slow ~*** marcia a passo veloce, lento; ***by forced ~*** a marcia forzata **2** *(demonstration)* marcia f. (**against** contro; **for** per); ***peace, protest ~*** marcia per la pace, di protesta; ***a ~ in protest at, in favour of sth.*** una marcia di protesta contro, a favore di qcs.; ***a ~ on the White House*** una marcia sulla Casa Bianca **3** MUS. marcia f. **4** FIG. *(of progress)* avanzata f., cammino m. (**of** di); ***the ~ of time*** il passare del tempo.

▶ **2.march** /mɑːtʃ/ **I** tr. ***she ~ed him into the office*** lo scortò nell'ufficio; ***I ~ed her off to the bathroom*** l'ho spedita in bagno **II** intr. **1** [*soldiers, band, prisoners*] marciare; ***to ~ on Rome*** marciare su Roma; ***to ~ (for) 40 km*** fare una marcia di 40 km; ***to ~ up and down the street*** camminare su e giù per la via; ***forward ~!*** avanti, marsc'! ***quick ~!*** di corsa! **2** *(in protest)* fare una marcia (**against** contro; **for** per); ***they ~ed from the hospital to the town hall*** hanno sfilato dall'ospedale al municipio; ***they ~ed to Brussels in protest*** hanno fatto una marcia di protesta su Bruxelles; ***they ~ed through Turin in protest*** la loro marcia di protesta ha attraversato Torino **3** *(walk briskly)* marciare, camminare a passo spedito; *(angrily)* marciare con aria furiosa; ***he ~ed into the room*** ha fatto irruzione nella stanza; ***he ~ed out of the room*** è uscito come un pazzo dalla stanza; ***she ~ed up to his desk*** è andata dritta verso la sua scrivania.

3.march /mɑːtʃ/ n. STOR. *(borderland)* marca f.

4.march /mɑːtʃ/ intr. confinare, essere confinante (**with** con).

▶ **March** /mɑːtʃ/ ➧ *16* n. marzo m. ◆ ***to be as mad as a ~ hare*** essere matto da legare.

1.marcher /'mɑːtʃə(r)/ n. *(in demonstration)* manifestante m. e f.; *(in procession, band)* marciatore m. (-trice); ***the civil rights, peace ~s*** i manifestanti per i diritti civili, per la pace.

2.marcher /'mɑːtʃə(r)/ n. **1** *(inhabitant)* abitante m. e f. di una marca **2** STOR. *(lord)* governatore m. di una marca.

marching /'mɑːtʃɪŋ/ **I** n. marcia f.; ***the ~ stopped*** la marcia si è fermata; ***there was a sound of ~*** si sentiva un passo di marcia **II** agg. [*feet, troops, demonstrators*] in marcia ◆ ***to give sb. their ~ orders*** dare il benservito a *o* licenziare qcn.

marching band /'mɑːtʃɪŋˌbænd/ n. fanfara f.

marching song /'mɑːtʃɪŋˌsɒŋ/ n. MUS. marcia f.

marchioness /ˌmɑːʃə'nes/ n. *(British noblewoman)* marchesa f.

marchpane /'mɑːtʃpeɪn/ n. ANT. → **marzipan**.

march-past /'mɑːtʃpɑːst, AE -pæst/ n. sfilata f. di truppe.

marconigram /mɑː'kəʊnɪgræm/ n. ANT. marconigramma m.

Marcia /'mɑːʃə/ n.pr. Marzia.

Marcus /'mɑːkəs/ n.pr. Marco.

Mardi Gras /ˌmɑːdɪ'grɑː/ n. martedì m. grasso.

▷ **1.mare** /meə(r)/ n. *(horse)* cavalla f., giumenta f.; *(donkey)* asina f.

2.mare /'mɑːreɪ/ n. (pl. **-ia**) ASTR. mare m.

marg /mɑːdʒ/ n. BE COLLOQ. (accorc. margarine) margarina f.

Margaret /'mɑːgərɪt/ n.pr. Margherita.

margarine /ˌmɑːdʒə'riːn, AE 'mɑːdʒəriːn/ n. margarina f.

margarita /ˌmɑːgə'riːtə/ n. margarita m. (cocktail a base di tequila e di succo di limone).

margarite /'mɑːgəraɪt/ n. margarite m.

margay /'mɑːgeɪ/ n. ZOOL. margay m., maracaia m.

1.marge /mɑːdʒ/ n. BE COLLOQ. (accorc. margarine) margarina f.

2.marge /mɑːdʒ/ n. LETT. margine m.

1.margin /'mɑːdʒɪn/ n. **1** *(on paper)* margine m.; ***in the ~*** in, a margine; ***left, right ~*** margine sinistro, destro **2** *(of wood, field)* margine m.; *(of river)* riva f., margine m. **3** (anche **winning ~**) margine m. (**of** di); ***by a wide ~*** con largo margine; ***by a narrow, comfortable ~*** con un esiguo, buon margine; ***to lose by a small ~*** perdere di poco **4** spesso pl. FIG. *(fringe)* margine m.; ***at*** o ***on the ~(s) of*** ai margini di **5** *(allowance)* margine m. (**for** per); ***~ of*** o ***for error*** margine di errore; ***safety ~*** margine di sicurezza **6** COMM. (anche **profit ~**) margine m. di profitto; ***a low, high ~ sector*** un settore con un esiguo, largo margine di profitto.

2.margin /'mɑːdʒɪn/ tr. **1** *(annotate in the margin)* annotare a margine **2** *(provide with a margin)* marginare **3** ECON. *(on the stock exchange)* coprire con un deposito di garanzia.

▷ **marginal** /'mɑːdʒɪnl/ **I** agg. **1** *(minor or peripheral)* marginale **2** GB POL. [*seat, ward*] ottenuto con un minimo scarto di voti **3** AGR. [*land*] marginale **4** [*teacher's remark*] a margine; [*author's note*] in margine **II** n. GB POL. = circoscrizione elettorale ottenuta con un minimo scarto di voti.

marginalia /ˌmɑːdʒɪ'neɪlɪə/ n.pl. marginalia m., annotazioni f. a margine.

marginalize /'mɑːdʒɪnəlaɪz/ tr. marginalizzare, emarginare.

marginally /'mɑːdʒɪnəlɪ/ avv. marginalmente.

marginal stop /ˌmɑːdʒɪnəl'stɒp/ n. marginatore m.

Margot /'mɑːgəʊ/ n.pr. diminutivo di **Margaret.**

margrave /'mɑːgreɪv/ n. STOR. margravio m.

margravine /'mɑːgrəˌviːn/ n. STOR. margravia f.

marguerite /ˌmɑːgə'riːt/ n. margherita f.

maria /'mɑːrɪə/ → **2.mare**.

Maria /mə'raɪə, -'rɪə/ n.pr. Maria.

1.Marian /'meərɪən/ n.pr. Marianna.

2.Marian /'meərɪən/ **I** agg. **1** *(of the Virgin Mary)* mariano **2** *(of Mary Queen of Scots)* di Maria Stuarda **II** n. **1** *(worshipper of the Virgin Mary)* devoto m. (-a) di Maria Vergine **2** *(supporter of Mary Queen of Scots)* seguace m. e f. di Maria Stuarda.

mariculture /'mærɪkʌltʃə(r)/ n. maricoltura f.

mariculturist /'mærɪkʌltʃərɪst/ n. maricoltore m. (-trice).

Marie /mə'riː/ n.pr. Maria.

marigold /'mærɪgəʊld/ n. BOT. tagete m.

Marigold /'mærɪgəʊld/ n.pr. Marigold (nome di donna).

marigram /'mærɪgræm/ n. mareogramma m.

marigraph /'mærɪgrɑːf, AE -græf/ n. mareografo m.

▷ **marijuana** /ˌmærɪ'hwɑːnə/ n. marijuana f.

Marilyn /'mærɪlɪn/ n.pr. Marilyn (nome di donna).

marimba /mə'rɪmbə/ n. marimba f.

marina /mə'riːnə/ n. marina m., porticciolo m.

1.marinade /ˌmærɪ'neɪd/ n. marinata f.

2.marinade /ˌmærɪ'neɪd/, **marinate** /'mærɪneɪt/ **I** tr. (fare) marinare (**in** in) **II** intr. marinare.

marinated /'mærɪneɪtɪd/ **I** p.pass. → **marinate II** agg. marinato.

marine /mə'riːn/ **I** n. **1** *(soldier)* fante m. di marina; ***the Marines*** i marines **2** *(navy)* ***the mercantile*** o ***merchant ~*** la marina mercantile **II** modif. [*mammal, ecosystem, biology*] marino; [*archeology, explorer, life*] sottomarino; [*insurance, law, equipment, transport, industry*] marittimo ◆ ***tell it to the ~s!*** vallo a raccontare a tua nonna!

Marine Corps /mə'riːnkɔː(r)/ n. US corpo m. dei marines.

marine engineer /məˌriːnendʒɪ'nɪə(r)/ ➧ *27* n. ingegnere m. navale.

mariner /'mærɪnə(r)/ n. ANT. marinaio m.

Marinism /mə'riːnɪzəm/ n. marinismo m.

Marinist /mə'riːnɪst/ n. marinista m. e f.

Mariolatry /ˌmeərɪ'ɒlətrɪ/ n. mariolatria f.

Mariology /ˌmeərɪ'ɒlədʒɪ/ n. mariologia f.

Marion /'mærɪən/ n.pr. Marion (nome di donna).

marionette /ˌmærɪə'net/ n. marionetta f.

marish /'mærɪʃ/ agg. ANT. paludoso.

▷ **marital** /'mærɪtl/ agg. [*relations*] coniugale; ***~ status*** AMM. stato civile.

maritally /'mærɪtlɪ/ avv. maritalmente.

▷ **maritime** /ˈmærɪtaɪm/ agg. *(all contexts)* marittimo.
marjoram /ˈmɑːdʒərəm/ n. BOT. GASTR. maggiorana f.
Marjorie, Marjory /ˈmɑːdʒərɪ/ n.pr. Marjorie, Marjory (nome di donna).
▶ **1.mark** /mɑːk/ n. **1** *(visible patch) (stain)* macchia f., segno m.; *(spot on animal)* macchia f.; *(from injury)* segno m.; ***to make one's ~*** *(on document)* firmare con una croce; FIG. lasciare il (proprio) segno **2** FIG. *(lasting impression)* ***to bear the ~ of*** [*person*] portare l'impronta di [*genius, greatness*]; [*face*] portare i segni di [*pain, grief*]; ***to leave one's ~ on*** [*person*] dare la propria impronta a [*company, project*]; [*recession*] segnare [*country*] **3** *(symbol)* ***as a ~ of*** in segno di [*appreciation, esteem*] **4** BE SCOL. UNIV. *(assessment of work)* voto m.; ***what ~ has she given you?*** che voto ti ha dato? ***he gets no ~s for effort, originality*** FIG. per l'impegno, l'originalità, si merita uno zero; ***to get full*** o ***top marks*** BE ottenere il massimo dei voti **5** *(number on scale)* ***the 3-mile ~*** il segnale delle tre miglia; ***unemployment has reached, passed the two million ~*** la disoccupazione ha raggiunto, superato il limite dei due milioni; ***his earnings are above, below the £ 20,000 ~*** il suo stipendio è superiore, inferiore a 20.000 sterline; ***the timer had reached the one-minute ~*** il cronometro era arrivato a un minuto; ***the high-tide ~*** il livello dell'alta marea; ***at gas ~ 7*** termostato a 7; ***Roger is not up to the ~*** FIG. Roger non è all'altezza **6** SPORT *(starting line) (in athletics)* linea f. di partenza; ***on your ~s, (get) set, go!*** ai vostri posti *o* ai posti di partenza! pronti! via! ***to get off the ~*** partire (dalla linea di partenza); ***we haven't even got off the ~ yet*** FIG. non abbiamo neanche cominciato; ***he's a bit slow off the ~*** FIG. è un po' lento di comprendonio; ***you were a bit slow off the ~ in not noticing the mistake sooner*** sei stato un po' lento a trovare l'errore; ***he's very quick off the ~*** è molto sveglio; ***you were a bit quick off the ~ (in) blaming her*** sei stato un po' troppo pronto a dare la colpa a lei; ***he's always very quick off the ~ when it comes to money*** è sempre molto pronto quando si tratta di soldi; ***you were quick off the ~!*** *(to do sth.)* non hai perso tempo! **7** *(target) (in archery etc.)* bersaglio m.; ***to find its ~*** [*arrow*] colpire il bersaglio, fare centro; FIG. [*criticism, remark*] cogliere nel segno, fare centro; ***to be (way) off the ~*** o ***to be wide of the ~*** [*person, calculation*] sbagliarsi di grosso; ***on the ~*** a segno **8** SPORT *(in rugby)* = segno col tallone per marcare il luogo dove è avvenuta una presa al volo a seguito di un calcio piazzato **9** (anche **Mark**) *(model in series)* modello m.; ***Jaguar Mark II*** Jaguar modello II ◆ ***to be an easy ~*** essere un pollo, un sempliciotto.
▶ **2.mark** /mɑːk/ **I** tr. **1** *(make visible impression on) (stain)* sporcare, macchiare [*clothes, material, paper*]; [*bruise, scar*] segnare [*skin, face*]; *(with pen etc.)* segnare [*map, belongings*] (**with** con); ***to ~ sb. for life*** *(physically)* sfigurare qcn. a vita; *(mentally)* segnare qcn. a vita **2** *(indicate, label)* [*person*] indicare [*name, initials, price, directions*] (**on** su); [*cross, arrow, sign, label*] indicare [*position, place, road*]; FIG. [*death, event, announcement*] segnare [*end, change, turning point*]; ***to be ~ed as*** essere considerato come [*future champion, criminal*]; ***to ~ the occasion, sb.'s birthday with*** festeggiare la ricorrenza, il compleanno di qcn. con [*firework display, party*]; ***X ~s the spot*** il posto è indicato con una X; ***to ~ one's place*** *(in book)* segnare il punto (dove si è arrivati), mettere un segno **3** *(characterize)* contraddistinguere, caratterizzare [*style, remark, behaviour, era*]; ***to be ~ed by*** essere caratterizzato da [*violence, envy, humour, generosity*] **4** SCOL. UNIV. *(tick)* dare il voto a, valutare [*essay, homework, examination paper*]; ***to ~ sb. absent, present*** segnare qcn. assente, presente; ***to ~ sth. right, wrong*** segnare qcs. come giusto, sbagliato **5** *(pay attention to)* fare attenzione a, notare (bene) [*warning, comment*]; ***~ him well, he will be a great man*** FORM. ricordati di lui, sarà un grand'uomo **6** SPORT marcare [*player*] **7** ***~ you*** guarda che; ***~ you it won't be easy*** guarda che non sarà facile **II** intr. **1** SCOL. UNIV. [*teacher*] fare delle correzioni **2** *(stain)* [*dress, material etc.*] macchiarsi **3** SPORT marcare ◆ ***~ my words*** ascoltami bene, ricordati le mie parole; ***he'll not live long, ~ my words!*** non vivrà ancora per molto, credimi! ***to ~ time*** MIL. segnare il passo; ***I'm ~ing time working as a waitress until I go to France*** lavoro provvisoriamente come cameriera finché non andrò in Francia; ***the company is ~ing time at the moment*** l'azienda sta segnando il passo al momento.
▪ **mark down:** ***~ [sth.] down, ~ down [sth.]*** *(reduce price of)* ridurre, abbassare il prezzo di [*product*]; ***~ [sb.], [sth.] down*** *(lower mark of)* abbassare i voti a [*person*]; abbassare il voto di [*work, essay*]; ***to ~ sb. down as (being) sth.*** *(consider to be)* considerare qcn. [*troublemaker, asset*].
▪ **mark off:** ***~ [sth.] off, ~ off [sth.]*** **1** *(separate off)* delimitare [*area*] **2** *(tick off)* spuntare [*items, names*].
▪ **mark out:** ***~ [sb.] out, ~ out [sb.]*** **1** *(distinguish)* distinguere, contraddistinguere (**from** da) **2** *(select)* designare [*person*] (**for** per); ***~ [sth.] out, ~ out [sth.]*** tracciare, segnare i limiti di [*court, area*].
▪ **mark up:** ***~ [sth.] up, ~ up [sth.]*** *(add percentage to price)* [*company*] caricare il prezzo di [*product*] (**by** di); *(increase price)* [*shopkeeper*] aumentare il prezzo di [*product*] (**by** di); ***~ [sb., sth.] up*** SCOL. UNIV. *(increase mark of)* alzare i voti a [*person*]; alzare il voto di [*work, essay*].
3.mark /mɑːk/ ➧ **7** n. marco m. (tedesco).
Mark /mɑːk/ n.pr. Marco.
mark-down /ˈmɑːkdaʊn/ n. COMM. ribasso m., riduzione f.
▷ **marked** /mɑːkt/ **I** p.pass. → **2.mark II** agg. **1** *(noticeable)* [*contrast, resemblance, decline, increase*] netto; [*accent*] marcato **2** *(in danger)* ***he's a ~ man*** il suo destino è segnato **3** LING. marcato.
▷ **markedly** /ˈmɑːkɪdlɪ/ avv. [*better, different, smaller*] nettamente; [*increase, decline, differ, improve*] sensibilmente.
marker /ˈmɑːkə(r)/ n. **1** (anche **~ pen**) evidenziatore m., marker m. **2** *(tag)* etichetta f. **3** *(person who keeps score)* segnapunti m. e f. **4** SCOL. UNIV. *(examiner)* esaminatore m. (-trice) **5** *(bookmark)* segnalibro m. **6** SPORT *(person)* marcatore m. (-trice) **7** LING. marca f.
marker beacon /ˈmɑːkəˌbiːkən/ n. radiofaro m.
▷ **1.market** /ˈmɑːkɪt/ **I** n. **1** ECON. *(trading structure)* mercato m.; ***the art, job, property ~*** il mercato dell'arte, del lavoro, immobiliare; ***the ~ in tea, sugar, the tea, sugar ~*** il mercato del tè, dello zucchero; ***at ~ (price)*** a prezzo di mercato; ***cars at the upper*** o ***top end of the ~*** le auto più esclusive sul mercato; ***to be at the upper end of the ~*** [*company*] essere di prim'ordine, in testa al mercato; ***to put sth. on the ~*** lanciare qcs. sul mercato, mettere qcs. in commercio; ***to be in the ~ for sth.*** essere alla ricerca di qcs. (per comprarla); ***to come onto the ~*** [*goods, product*] arrivare sul mercato **2** COMM. *(potential customers)* mercato m. (**for** per); ***domestic, foreign ~*** mercato interno, estero; ***the Japanese, French ~*** il mercato giapponese, francese; ***a good, poor, steady ~ for*** un buon mercato, un mercato fiacco, stabile per; ***it sells well to the teenage ~*** si vende bene agli adolescenti; ***a gap in the ~*** un vuoto di mercato **3** *(place where goods are sold)* mercato m.; ***flower, fish ~*** mercato dei fiori, del pesce; ***covered, open air ~*** mercato coperto, all'aperto; ***to go to ~*** andare al mercato **4** ECON. *(stock market)* Borsa f.; ***to play the ~*** giocare in borsa, speculare **II** modif. COMM. ECON. [*conditions, rates, trend*] di mercato.
2.market /ˈmɑːkɪt/ **I** tr. **1** *(sell)* distribuire, vendere [*product*] **2** *(promote)* lanciare [qcs.] sul mercato **II** intr. AE ***to go ~ing*** andare a fare la spesa **III** rifl. ***to ~ oneself*** vendersi.
marketability /ˌmɑːkɪtəˈbɪlətɪ/ n. *(of product)* commerciabilità f.
marketable /ˈmɑːkɪtəbl/ agg. *(in demand, fit for sale)* commerciabile, negoziabile; ***~ value*** valore di mercato, di scambio.
market analysis /ˌmɑːkɪtəˈnæləsɪs/ n. analisi f. di mercato.
market analyst /ˌmɑːkɪtˈænəlɪst/ ➧ **27** n. analista m. e f. di mercato.
market-based /ˈmɑːkɪtˌbeɪst/ agg. → **market-led**.
market capitalization /ˌmɑːkɪtˌkæpɪtəlaɪˈzeɪʃn, AE -lɪˈz-/ n. capitalizzazione f. di mercato.
market cross /ˌmɑːkɪtˈkrɒs, AE -ˈkrɔːs/ n. = croce eretta sulla piazza del mercato.
market day /ˈmɑːkɪtdeɪ/ n. giorno m. di mercato.
market economy /ˌmɑːkɪtɪˈkɒnəmɪ/ n. economia f. di mercato.
marketeer /ˌmɑːkɪˈtɪə(r)/ n. **1** POL. (anche **Marketeer**, **pro-~**) sostenitore m. (-trice) del mercato comune; ***anti-~*** oppositore del mercato comune **2** ***black ~*** borsanerista.
marketer /ˈmɑːkɪtə(r)/ n. chi vende merci sul mercato.
market forces /ˌmɑːkɪtˈfɔːsɪz/ n.pl. forze f. di mercato.
market garden /ˌmɑːkɪtˈgɑːdn/ n. BE azienda f. ortofrutticola.
market gardener /ˌmɑːkɪtˈgɑːdnə(r)/ ➧ **27** n. BE ortofrutticoltore m. (-trice).
market gardening /ˌmɑːkɪtˈgɑːdnɪŋ/ n. BE ortofrutticoltura f.
▶ **marketing** /ˈmɑːkɪtɪŋ/ **I** n. **1** *(process, theory)* marketing m.; ***product, service ~*** marketing di un prodotto, di un servizio **2** *(department)* ufficio m. marketing **II** modif. [*director, manager, staff*] del(l'ufficio) marketing; [*method*] di marketing; [*department*] (del) marketing.
marketing agreement /ˌmɑːkɪtɪŋəˈgriːmənt/ n. accordo m. di marketing.
marketing campaign /ˌmɑːkɪtɪŋˌkæmˈpeɪn/ n. campagna f. di vendita.
marketing company /ˌmɑːkɪtɪŋˈkʌmpənɪ/ n. COMM. agenzia f. di marketing.
marketing exercise /ˌmɑːkɪtɪŋˈeksəsaɪz/ n. operazione f. di marketing.

marketing man /ˈmɑːkɪtɪŋˌmæn/ n. (pl. **marketing men**) agente m., rappresentante m.
marketing mix /ˈmɑːkɪtɪŋˌmɪks/ n. marketing mix m.
marketing process /ˌmɑːkɪtɪŋˈprəʊses, AE -ˈprɒses/ n. operazioni f.pl. di marketing.
marketing research /ˌmɑːkɪtɪŋrɪˈsɜːtʃ, -ˈriːsɜːtʃ/ n. ricerca f. di marketing.
marketing strategy /ˌmɑːkɪtɪŋˈstrætədʒɪ/ n. strategia f. di mercato, di marketing.
market leader /ˌmɑːkɪtˈliːdə(r)/ n. *(product)* prodotto m. di punta; *(company)* (società) leader f. di mercato.
market-led /ˈmɑːkɪtˌled/ agg. determinato dal mercato; [*economy*] di mercato.
market maker /ˈmɑːkɪtˌmeɪkə(r)/ n. ECON. market maker m. e f.
market making /ˈmɑːkɪtˌmeɪkɪŋ/ n. transazioni f.pl. (in Borsa).
market opportunity /ˌmɑːkɪtɒpəˈtjuːnətɪ, AE -ˈtuːn-/ n. nicchia f. di mercato.
market order /ˌmɑːkɪtˈɔːdə(r)/ n. ordine m. al meglio.
market overt /ˌmɑːkɪtˈəʊvɜːt, AE -əʊˈvɜːrt/ n. BE DIR. mercato m. (aperto al) pubblico.
market penetration /ˈmɑːkɪtpenɪˌtreɪʃn/ n. penetrazione f. nel mercato.
marketplace /ˈmɑːkɪtpleɪs/ n. **1** *(square)* piazza f. del mercato, mercato m. **2** ECON. mercato m.; ***in the ~*** sul mercato.
market potential /ˌmɑːkɪtpəˈtenʃl/ n. risorse f.pl., potenziale m. di mercato.
market price /ˌmɑːkɪtˈpraɪs/ n. prezzo m. di mercato.
market rent /ˌmɑːkɪtˈrent/ n. BE canone m. d'affitto sul mercato.
market report /ˌmɑːkɪtrɪˈpɔːt/ n. relazione f. relativa a una ricerca di mercato.
market research /ˌmɑːkɪtrɪˈsɜːtʃ, -ˈriːsɜːtʃ/ n. ricerca f. di mercato.
market research agency /ˌmɑːkɪtrɪˈsɜːtʃˌeɪdʒənsɪ, -ˈrɪsɜːtʃ-/ n. agenzia f. per le ricerche di mercato.
market researcher /ˌmɑːkɪtrɪˈsɜːtʃə(r), -ˈriːsɜːtʃə(r)/ ♦ **27** n. analista m. e f. di mercato.
market resistance /ˌmɑːkɪtrɪˈzɪstəns/ n. = reazione sfavorevole dei consumatori a un prodotto o un servizio.
market share /ˈmɑːkɪtˌʃeə(r)/ n. quota f. di mercato.
market square /ˌmɑːkɪtˈskweə(r)/ n. piazza f. del mercato.
market stall /ˌmɑːkɪtˈstɔːl/ n. bancarella f., banchetto m.
market town /ˈmɑːkɪttaʊn/ n. = città dove si tiene il mercato.
market trader /ˌmɑːkɪtˈtreɪdə(r)/ ♦ **27** n. venditore m. (-trice) ambulante.
market value /ˌmɑːkɪtˈvæljuː/ n. valore m. di mercato, di scambio.
▷ **marking** /ˈmɑːkɪŋ/ n. **1** *(visible impression) (spot on animal)* macchia f.; *(on aircraft)* contrassegno m.; ***road ~s*** segnaletica orizzontale **2** BE SCOL. UNIV. *(process of correcting)* valutazione f.; *(marks given)* votazione f., voti m.pl. **3** SPORT marcatura f.; ***man-to-man ~*** marcatura a uomo.
marking ink /ˈmɑːkɪŋɪŋk/ n. inchiostro m. indelebile.
marking pen /ˈmɑːkɪŋpen/ n. penna f. a inchiostro indelebile.
marking scheme /ˈmɑːkɪŋˌskiːm/ n. BE SCOL. UNIV. griglia f. di correzione.
marking system /ˈmɑːkɪŋˌsɪstəm/ n. BE SCOL. UNIV. sistema m. di correzione.
mark-on /ˈmɑːkɒn/ n. *(retailer's margin)* margine m. di utile lordo.
mark reading /ˈmɑːkˌriːdɪŋ/, **mark scanning** /ˈmɑːkˌskænɪŋ/ n. TECN. lettura f. ottica dei codici a barre.
marksman /ˈmɑːksmən/ n. (pl. **-men**) MIL. SPORT tiratore m. (scelto).
marksmanship /ˈmɑːksmənʃɪp/ n. MIL. SPORT abilità f. nel tiro.
marksmen /ˈmɑːksmen/ → **marksman**.
markswoman /ˈmɑːkswʊmən/ n. (pl. **-women**) MIL. SPORT tiratrice f. (scelta).
mark-up /ˈmɑːkʌp/ n. **1** *(retailer's margin)* margine m. di utile lordo, mark-up m. **2** *(increase)* aumento m., rialzo m. **3** *(of text)* marcatura f.
1.marl /mɑːl/ n. marna f.
2.marl /mɑːl/ tr. marnare.
Marlene /ˈmɑːliːn/ n.pr. Marlene (nome di donna).
1.marlin /ˈmɑːlɪn/ n. (pl. **~, ~s**) ZOOL. marlin m., macaira f.
2.marlin /ˈmɑːlɪn/ n. MAR. (anche **marline**) merlino m., lezzino m.
marlinspike /ˈmɑːlɪnˌspaɪk/ n. MAR. caviglia f. per impiombare.
Marlon /ˈmɑːlən/ n.pr. Marlon (nome di uomo).
marl-pit /ˈmɑːlpɪt/ n. marniera f., cava f. di marna.
marlstone /ˈmɑːlstəʊn/ n. roccia f. di marna.
marly /ˈmɑːlɪ/ agg. marnoso.
Marmaduke /ˈmɑːmədjuːk, AE -duːk/ n.pr. Marmaduke (nome di uomo).
marmalade /ˈmɑːməleɪd/ n. marmellata f. di agrumi; ***grapefruit ~*** marmellata di pompelmi.
marmalade cat /ˈmɑːməleɪdˌkæt/ n. gatto m. rosso.
marmalade orange /ˈmɑːməleɪdˌɒrɪndʒ, AE -ˌɔːr-/ n. arancia f. amara.
Marmara /ˈmɑːmərə/ ♦ **20** n.pr. ***the Sea of ~*** il mar di Marmara.
Marmion /ˈmɑːmɪən/ n.pr. Marmion (nome di uomo).
Marmite® /ˈmɑːmaɪt/ n. GB GASTR. = estratto di lievito di birra.
marmolite /ˈmɑːməlaɪt/ n. antigorite f.
Marmora → **Marmara**.
marmoreal /mɑːˈmɔːrɪəl/ agg. LETT. marmoreo.
marmoset /ˈmɑːməzet/ n. callitrice f., marmosetta f.
marmot /ˈmɑːmət/ n. marmotta f.
marocain /ˈmærəkeɪn/ n. crêpe m. marocain.
Maronite /ˈmærənaɪt/ **I** agg. maronita **II** n. maronita m. e f.
1.maroon /məˈruːn/ ♦ **5 I** agg. bordeaux **II** n. *(colour)* bordeaux m.
2.maroon /məˈruːn/ n. BE *(rocket)* razzo m. di segnalazione.
3.maroon /məˈruːn/ n. **1** *(in West Indies)* schiavo m. negro fuggiasco **2** RAR. *(a marooned person)* chi viene abbandonato in un luogo.
4.maroon /məˈruːn/ tr. *(strand)* ***to be ~ed on an island, at home*** essere abbandonato su un'isola, lasciato a casa.
marooned /məˈruːnd/ **I** p.pass. → **4.maroon II** agg. ***the ~ sailors*** o ***castaways*** i naufraghi.
marplot /ˈmɑːplɒt/ n. COLLOQ. guastafeste m. e f.
marque /mɑːk/ n. *(of car)* marca f.
marquee /mɑːˈkiː/ n. **1** BE *(tent)* tenda f., padiglione m.; *(of circus)* tendone m. **2** AE *(canopy)* padiglione m. (di ingresso a hotel, residence ecc.) **3** AE *(of theatre, cinema)* insegna f. luminosa.
Marquesas Islands /mɑːˈkeɪsæsaɪləndz/ ♦ **12** n.pr.pl. isole f. Marchesi.
marquess /ˈmɑːkwɪs/ n. *(British nobleman)* marchese m.
marquetry /ˈmɑːkɪtrɪ/ n. intarsio m.
marquis /ˈmɑːkwɪs/ ♦ **9** n. *(foreign nobleman)* marchese m.
marquisate /ˈmɑːkwɪsət/ n. marchesato m.
marquise /mɑːˈkiːz/ ♦ **9** n. *(foreign noblewoman)* marchesa f.
Marrakech, Marrakesh /ˌmærəˈkeʃ/ ♦ **34** n.pr. Marrakech f.
▶ **marriage** /ˈmærɪdʒ/ n. **1** *(ceremony, contract)* matrimonio m. (**to sb.** con qcn.); ***broken ~*** matrimonio fallito; ***her first, second ~*** il suo primo, secondo matrimonio; ***proposal of ~*** proposta di matrimonio; ***by ~*** acquisito; ***my uncle by ~*** mio zio acquisito; ***we're related by ~*** siamo parenti acquisiti **2** FIG. *(alliance)* connubio m.; ***the ~ of art and science*** il connubio di arte e scienza **3** *(in cards)* = re e donna dello stesso seme.
marriageable /ˈmærɪdʒəbl/ agg. ANT. [*person*] in età per sposarsi, matrimoniabile; ***of ~ age*** in età da marito.
marriage articles /ˈmærɪdʒˌɑːtɪklz/ n.pl. clausole f. di un contratto matrimoniale, contratto m.sing. di matrimonio.
marriage bed /ˈmærɪdʒˌbed/ n. letto m. coniugale.
marriage bonds /ˈmærɪdʒˌbɒndz/ n.pl. vincoli m. coniugali.
marriage bureau /ˈmærɪdʒˌbjʊərəʊ, AE -bjʊˌrəʊ/ n. (pl. **marriage bureaus, marriage bureaux**) agenzia f. matrimoniale.
marriage ceremony /ˈmærɪdʒˌserɪmənɪ, -məʊnɪ/ n. cerimonia f. nuziale.
marriage certificate /ˈmærɪdʒsəˌtɪfɪkət/ n. certificato m. di matrimonio.
marriage contract /ˈmærɪdʒˌkɒntrækt/ n. contratto m. matrimoniale.
marriage guidance /ˌmærɪdʒˈgaɪdns/ n. consulenza f. matrimoniale.
marriage guidance counsellor /ˌmærɪdʒˈgaɪdnsˌkaʊnsələ(r)/ ♦ **27** n. consulente m. e f. matrimoniale.
marriage licence BE, **marriage license** AE /ˈmærɪdʒˌlaɪsns/ n. licenza f. di matrimonio.
marriage lines /ˈmærɪdʒlaɪnz/ n. BE COLLOQ. certificato m. di matrimonio.
marriage of convenience /ˌmærɪdʒəvkənˈviːnɪəns/ n. matrimonio m. di convenienza.
marriage proposal /ˈmærɪdʒprəˌpəʊzl/ n. proposta f. di matrimonio.
marriage rate /ˈmærɪdʒˌreɪt/ n. quoziente m. di nuzialità.
marriage settlement /ˌmærɪdʒˈsetlmənt/ n. contratto m. di matrimonio.
marriage vows /ˈmærɪdʒˌvaʊz/ n.pl. promesse f. matrimoniali, sponsali m.
▷ **married** /ˈmærɪd/ **I** p.pass. → **1.marry II** agg. **1** [*person*] sposato (**to** a); ***~ couple*** coppia sposata *o* coppia di sposi **2** [*state, love*] coniugale; [*life*] matrimoniale, coniugale **III marrieds** n.pl. ***the young ~s*** i giovani sposi.

married name /ˈmærɪdˌneɪm/ n. nome m. da sposata.
married quarters /ˈmærɪdˌkwɔːtəz/ n.pl. = in una base militare, alloggi per le famiglie.
marrow /ˈmærəʊ/ n. **1** ANAT. midollo m.; ***chilled*** o ***frozen to the ~*** infreddolito, gelato fino al midollo **2** BE BOT. zucca f.; ***baby ~*** BE zucchino.
marrowbone /ˈmærəʊbəʊn/ n. GASTR. ossobuco m.; ***~ jelly*** gelatina (di ossobuco).
marrowfat /ˈmærəʊfæt/, **marrowfat pea** /ˌmærəʊfætˈpiː/ n. pisello m. gigante (a buccia rugosa).
marrow squash /ˈmærəʊˌskwɒʃ/ n. AE *(baby marrow)* zucchino m., zucchina f.; *(with hard rind)* zucca f.
▶ **1.marry** /ˈmærɪ/ **I** tr. **1** [*priest, registrar, parent*] sposare, unire in matrimonio; [*bride, groom*] sposarsi con, sposare; ***to get married*** sposarsi (**to** con); ***they were married by his uncle*** li ha sposati suo zio; ***they were married in 1989*** si sono sposati nel 1989; ***will you ~ me?*** vuoi sposarmi? **2** FIG. sposare [*ideas, styles, colours*]; ***to be married to one's job*** SCHERZ. vivere per il lavoro **II** intr. sposarsi; ***to ~ into a family*** imparentarsi con una famiglia per matrimonio; ***to ~ for love, money*** sposarsi per amore, fare un matrimonio d'interesse; ***he's not the ~ing kind*** non è tipo da sposarsi; ***to ~ into money*** fare un buon matrimonio *o* un matrimonio d'interesse; ***to ~ again*** risposarsi; ***to ~ beneath oneself*** sposarsi con qcn. di condizione inferiore.
■ **marry off:** *~ off [sb.], ~ [sb.] off* accasare, sposare (**to** a, con).
2.marry /ˈmærɪ/ inter. ANT. accidenti, (e che) diamine.
Mars /mɑːz/ n.pr. **1** MITOL. Marte **2** ASTR. Marte m.
Marseillaise /ˌmɑːseɪˈjeɪz/ n. ***the ~*** la Marsigliese.
Marseilles /mɑːˈseɪ/ ➧ **34** n.pr. Marsiglia f.
marsh /mɑːʃ/ n. *(terrain)* palude f., acquitrino m.; *(region)* zona f. paludosa, palude f.
Marsha /ˈmɑːʃə/ n.pr. Marsha (nome di donna).
1.marshal /ˈmɑːʃl/ n. **1** MIL. = alto ufficiale di vari eserciti; *(as form of address)* signor generale **2** BE DIR. = funzionario che fa parte di una circuit court **3** *(at rally, ceremony)* membro m. del servizio d'ordine **4** AE DIR. ufficiale m. giudiziario **5** AE STOR. *(sheriff)* sceriffo m. **6** AE *(in fire service)* comandante m. dei vigili del fuoco.
2.marshal /ˈmɑːʃl/ tr. (forma in -ing ecc. **-ll-** BE, **-l-** AE) **1** MIL. schierare, disporre [*troops, vehicles, ships*]; dirigere [*crowd*]; FERR. smistare [*wagons*]; FIG. raccogliere, riordinare [*ideas, facts, arguments*] **2** *(guide, usher)* condurre [*person*]; ***they were ~led out of the room*** vennero condotti fuori dalla stanza.
marshalling BE, **marshaling** AE /ˈmɑːʃəlɪŋ/ n. **1** MIL. schieramento m. **2** FERR. smistamento m.
marshalling yard /ˈmɑːʃəlɪŋˌjɑːd/ n. BE FERR. stazione f. di smistamento.
marsh fever /ˈmɑːʃˌfiːvə(r)/ ➧ **11** n. febbre f. delle paludi, malaria f.
marsh gas /ˈmɑːʃˌgæs/ n. gas m. di palude, metano m.
marsh harrier /ˌmɑːʃˈhærɪə(r)/ n. falco m. di palude.
marshland /ˈmɑːʃlænd/ n. *(terrain)* palude f., terreno m. paludoso; *(region)* paludi f.pl.
marshmallow /ˌmɑːʃˈmæləʊ/ n. **1** BOT. altea f. **2** GASTR. INTRAD. m. (caramella morbida a base di albume, gelatina e zucchero).
marsh marigold /ˌmɑːʃˈmærɪgəʊld/ n. calta f. palustre.
marsh thistle /ˌmɑːʃˈθɪsl/ n. cardo m. palustre.
marsh tit /ˈmɑːʃtɪt/ n. cincia f. bigia.
marsh treader /ˈmɑːʃˌtredə(r)/ n. AE ENTOM. idrometra f.
marshy /ˈmɑːʃɪ/ agg. paludoso, acquitrinoso.
marsupia /mɑːˈsuːpɪə/ → **marsupium**.
marsupial /mɑːˈsuːpɪəl/ **I** n. marsupiale m. **II** agg. marsupiale.
marsupium /mɑːˈsuːpɪəm/ n. (pl. **-ia**) marsupio m.
mart /mɑːt/ n. **1** *(shopping centre)* centro m. commerciale **2** *(market)* mercato m.; ***auction ~*** sala d'aste.
martagon /ˈmɑːtəgən/ n. (giglio) martagone m.
martello /mɑːˈteləʊ/ n. (pl. **~s**) = torre costiera di guardia.
marten /ˈmɑːtɪn, AE -tn/ n. martora f.
martensite /ˈmɑːtɪnˌzaɪt, AE -tnˌ-/ n. martensite f.
Martha /ˈmɑːθə/ n.pr. Marta.
▷ **martial** /ˈmɑːʃl/ agg. [*music*] marziale; [*spirit*] guerriero.
martial arts /ˌmɑːʃlˈɑːts/ n.pl. arti f. marziali.
martial law /ˌmɑːʃlˈlɔː/ n. legge f. marziale.
Martian /ˈmɑːʃn/ **I** agg. marziano **II** n. marziano m. (-a).
martin /ˈmɑːtɪn, AE -tn/ n. ZOOL. balestruccio m.
Martin /ˈmɑːtɪn, AE -tn/ n.pr. Martino.
1.martinet /ˌmɑːtɪˈnet, AE -tnˈet/ n. ***to be a ~*** essere un caporale *o* un despota.
2.martinet /ˌmɑːtɪˈnet, AE -tnˈet/ n. STOR. balista f.
martingale /ˈmɑːtɪŋˌgeɪl, AE -tŋˌ-/ n. **1** *(horse strap)* martingala f. **2** MAR. pennaccino m.
martini /mɑːˈtiːnɪ/ n. **1** *(cocktail)* martini m. (dry) (cocktail a base di vermouth bianco e gin) **2 Martini**® Martini® m.
Martinique /ˌmɑːtɪˈniːk/ ➧ **12** n.pr. Martinica f.; ***in*** o ***to ~*** in Martinica.
Martinmas /ˈmɑːtɪnməs, AE -tn-/ n. festa f. di san Martino.
martlet /ˈmɑːtlɪt/ n. **1** ZOOL. → **martin 2** ARALD. merlotto m.
▷ **1.martyr** /ˈmɑːtə(r)/ n. RELIG. martire m. e f. (anche FIG.); ***a ~ to the cause*** un martire della causa; ***she's a ~ to her rheumatism*** FIG. è vittima dei suoi reumatismi; ***don't be such a ~!*** smettila di fare il martire *o* la vittima! ***he likes playing the ~*** gli piace fare il martire.
2.martyr /ˈmɑːtə(r)/ tr. martirizzare, martoriare (anche FIG.).
martyrdom /ˈmɑːtədəm/ n. martirio m.
martyred /ˈmɑːtəd/ **I** p.pass. → **2.martyr II** agg. [*sigh, look*] straziante; [*air*] da martire.
martyrize /ˈmɑːtəraɪz/ tr. martirizzare.
martyrology /ˌmɑːtəˈrɒlədʒɪ/ n. martirologio m.
▷ **1.marvel** /ˈmɑːvl/ n. **1** *(wonderful thing)* meraviglia f., miracolo m.; ***it was a ~ to behold*** era una meraviglia da vedere; ***it's a ~ that he can still dance*** è un miracolo che lui possa ancora ballare; ***he's a ~ with children*** è meraviglioso con i bambini; ***the ~s of nature*** le meraviglie della natura; ***to work ~s*** fare meraviglie *o* miracoli **2** *(wonderful example)* ***she's a ~ of patience*** è un prodigio di pazienza; ***the building is a ~ of design*** l'edificio è un capolavoro di progettazione.
▷ **2.marvel** /ˈmɑːvl/ **I** tr. (forma in -ing ecc. **-ll-** BE, **-l-** AE) ***to ~ that*** meravigliarsi che **II** intr. (forma in -ing ecc. **-ll-** BE, **-l-** AE) stupirsi (**at** di), essere meravigliato (**at** da).
▷ **marvellous** BE, **marvelous** AE /ˈmɑːvələs/ agg. [*weather, holiday etc.*] meraviglioso, stupendo; ***but that's ~!*** ma è meraviglioso! ***it's ~ that he was able to come*** è meraviglioso che sia riuscito a venire.
marvellously BE, **marvelously** AE /ˈmɑːvələslɪ/ avv. [*sing, get on*] a meraviglia; [*clever, painted*] meravigliosamente; ***~ well*** meravigliosamente bene.
marvellousness BE, **marvelousness** AE /ˈmɑːvələsnɪs/ n. (l')essere meraviglioso.
Marvin /ˈmɑːvɪn/ n.pr. Marvino.
Marxian /ˈmɑːksɪən/ agg. marxiano.
Marxism /ˈmɑːksɪzəm/ n. marxismo m.
▷ **Marxist** /ˈmɑːksɪst/ **I** agg. marxista **II** n. marxista m. e f.
Mary /ˈmeərɪ/ n.pr. Maria; ***~ Magdalene*** Maria Maddalena; ***~ Queen of Scots*** Maria Stuarda (regina di Scozia).
Maryland /ˈmeərɪlænd, AE -lənd/ ➧ **24** n.pr. Maryland m.
marzipan /ˈmɑːzɪpæn, ˌmɑːzɪˈpæn/ n. marzapane m.
mascara /mæˈskɑːrə, AE -ˈskærə/ n. mascara m., rimmel® m.
mascon /ˈmæskɒn/ n. mascon m.
mascot /ˈmæskət, -skɒt/ n. mascotte f.; ***lucky ~*** mascotte portafortuna.
masculine /ˈmæskjʊlɪn/ **I** n. maschile m.; ***in the ~*** al maschile **II** agg. **1** [*clothes, colour, style, features*] maschile; [*occupation*] da uomo; ***the ~ side of her nature*** il lato maschile del suo carattere **2** LING. maschile.
masculinity /ˌmæskjʊˈlɪnətɪ/ n. *(virility)* virilità f.; *(gender)* maschilità m., mascolinità f.
maser /ˈmeɪzə(r)/ n. maser m.
1.mash /mæʃ/ n. **1** AGR. *(for dogs, poultry, horses)* pastone m.; ***bran ~*** pastone di crusca **2** *(in brewing)* infuso m. di malto **3** BE COLLOQ. GASTR. purè m. e f. (di patate); ***bangers and ~*** salsicce con purè di patate.
2.mash /mæʃ/ tr. **1** schiacciare, passare [*fruit*]; ***to ~ potatoes*** fare la purè (di patate) **2** *(in brewing)* mettere in infusione [*malt*].
■ **mash up:** *~ up [sth.], ~ [sth.] up* schiacciare, passare [*fruit, potatoes*].
MASH /mæʃ/ n. US (⇒ mobile army surgical hospital) = ospedale da campo.
mashed /mæʃt/ **I** p.pass. → **2.mash II** agg. ***~ potatoes, turnips*** purè di patate, di rape.
masher /ˈmæʃə(r)/ n. *(utensil)* passaverdura m.
mashie /ˈmæʃɪ/ n. *(golf club)* ferro m.
1.mask /mɑːsk, AE mæsk/ n. **1** *(for face) (for disguise, protection)* maschera f.; *(at masked ball)* maschera f.; ***a ~ of indifference*** FIG. una maschera di indifferenza **2** *(sculpture)* maschera f. **3** COSMET. ***face ~*** maschera (di bellezza) **4** ELETTRON. INFORM. maschera f. **5** FOT. mascherina f. **6** TEATR. maschera f.
2.mask /mɑːsk, AE mæsk/ tr. **1** mascherare [*face*] **2** FIG. mascherare, dissimulare [*emotions*]; nascondere [*truth*]; mascherare [*taste*] **3** ECON. mascherare, celare [*losses*] **4** FOT. mascherare.

masked ball /ˌmɑːskt'bɔːl, AE ˌmæ-/ n. ballo m. in maschera.
masker /'mɑːskə(r), AE 'mæ-/ n. persona f. mascherata, maschera f.
masking /'mɑːskɪŋ, AE 'mæ-/ n. mascheramento m., mascheratura f. (anche FOT. TECN.).
masking tape /'mɑːskɪŋteɪp, AE 'mæ-/ n. nastro m. per mascherature.
masochism /'mæsəkɪzəm/ n. masochismo m.
masochist /'mæsəkɪst/ **I** agg. masochista **II** n. masochista m. e f.
masochistic /ˌmæsə'kɪstɪk/ agg. masochistico.
1.mason /'meɪsn/ ♦ *27* n. **1** ING. muratore m. **2 Mason** (anche **Free~**) franco muratore m., massone m. e f., frammassone m. e f.
2.mason /'meɪsn/ tr. *(build of masonry)* costruire in muratura; *(strengthen with masonry)* murare.

> **Mason-Dixon Line** Frontiera tracciata fra la Pennsylvania e il Maryland, fra il 1763 e il 1767, da due topografi inglesi, Charles Mason e Jeremiah Dixon, per dirimere una disputa fra questi due stati. Divenne rapidamente il simbolo della divisione fra il Sud schiavista e il Nord abolizionista. Ancora oggi talvolta la si prende come riferimento per distinguere il Sud dal Nord della costa orientale degli Stati Uniti.

masonic /mə'sɒnɪk/ agg. (anche **Masonic**) massonico.
Masonite, masonite® /'meɪsənaɪt/ n. AE masonite® f.
masonry /'meɪsənrɪ/ n. **1** *(art)* arte f. muraria **2** *(stonework)* muratura f. **3 Masonry** (anche **Free~**) massoneria f., frammassoneria f.
masque /mɑːsk/ n. **1** TEATR. masque m. **2** → **masked ball**.
1.masquerade /ˌmɑːskə'reɪd, AE ˌmæsk-/ n. **1** *(ball)* mascherata f., ballo m. in maschera **2** FIG. *(pretence)* mascherata f.
2.masquerade /ˌmɑːskə'reɪd, AE ˌmæsk-/ intr. ***to ~ as sb.*** mascherarsi *o* travestirsi da qcn.; FIG. spacciarsi per qcn.; ***to ~ under a false name*** nascondersi sotto falso nome.
1.mass /mæs/ n. RELIG. (anche **Mass**) messa f.; ***to celebrate, say ~*** celebrare, dire la messa; ***to attend*** o ***go to ~*** andare a messa.
▶ **2.mass** /mæs/ **I** n. **1** *(voluminous body)* massa f. (**of** di); *(cluster)* massa f., ammasso m. (**of** di); ***a ~ of trees*** un gruppo di alberi; ***a ~ of particles*** un ammasso di particelle; ***the tree was just a ~ of flowers*** l'albero era tutto coperto di fiori **2** *(large amount) (of people)* massa f., folla f. (**of** di); *(of evidence, legislation, details)* gran quantità f. (**of** di) **3** FIS. ART. massa f. **II masses** n.pl. **1** *(the people)* ***the ~es*** la folla; *(working class)* le masse; ***the labouring ~es*** le masse operaie **2** BE COLLOQ. *(lots)* ***to have ~es of work, friends*** avere un sacco di lavoro, di amici; ***there were ~es of people*** c'era una grande folla; ***there was ~es of food*** c'erano un sacco di cose da mangiare; ***to have ~es of time*** avere un sacco di tempo **III** modif. **1** *(large scale)* [*audience, exodus, protest, unemployment*] di massa; [*destruction*] totale; ***~ meeting*** raduno popolare; ***~ shooting*** strage **2** *(of the people)* [*communications, culture, demonstration, movement, tourism*] di massa; [*consciousness, hysteria*] collettivo; ***to have ~ appeal*** avere successo di pubblico **3** *(simultaneous)* [*sackings, desertions*] in massa.
3.mass /mæs/ intr. [*troops*] ammassarsi; [*bees*] radunarsi; [*clouds*] addensarsi.
Massachusetts /ˌmæsə'tʃuːsɪts/ ♦ *24* n.pr. Massachusetts m.
▷ **1.massacre** /'mæsəkə(r)/ n. massacro m. (anche FIG.).
▷ **2.massacre** /'mæsəkə(r)/ tr. **1** massacrare **2** FIG. massacrare, stracciare [*team*]; massacrare, uccidere [*language, tune*].
▷ **1.massage** /'mæsɑːʒ, AE mə'sɑːʒ/ n. massaggio m.; ***to have a ~*** farsi fare un massaggio.
▷ **2.massage** /'mæsɑːʒ, AE mə'sɑːʒ/ tr. massaggiare [*person*]; FIG. falsificare [*figures*]; lusingare [*ego*].
massage oil /'mæsɑːʒˌɔɪl, AE mə'sɑːʒ-/ n. olio m. per massaggi.
massage parlour /'mæsɑːʒˌpɑːlə(r), AE mə'sɑːʒ-/ n. centro m. per massaggi.
mass-book /'mæsbʊk/ n. RELIG. messale m.
mass consumption /ˌmæskən'sʌmpʃn/ n. consumo m. di massa.
mass cult /'mæsˌkʌlt/ n. AE COLLOQ. cultura f. di massa.
mass-energy /ˌmæs'enədʒɪ/ n. massa-energia f.
mass-energy equation /ˌmæsenədʒɪɪ'kweɪʒn/ n. equazione f. di massa-energia.
masseter /mæ'siːtə(r)/ n. massetere m.
masseur /mæ'sɜː(r)/ ♦ *27* n. massaggiatore m.
masseuse /mæ'sɜːz/ ♦ *27* n. massaggiatrice f.
mass grave /ˌmæs'greɪv/ n. fossa f. comune.
massicot /'mæsɪkət/ n. massicot m.
massif /'mæsiːf, mæ'siːf/ n. GEOGR. GEOL. massiccio m.
▶ **massive** /'mæsɪv/ agg. [*object, animal, amount, fraud, debt, explosion, scandal, increase*] enorme; [*error*] madornale; [*majority, victory*] schiacciante; [*campaign, programme*] intenso; [*task*] gravoso; [*cut, attack*] massiccio; [*heart attack, haemorrhage*] grave.
massively /'mæsɪvlɪ/ avv. [*reduce, increase*] enormemente, considerevolmente; [*stretched*] considerevolmente; [*overrated, overloaded*] decisamente; [*expensive, intensive*] estremamente; ***to be ~ successful*** avere un immenso successo.
mass market /ˌmæs'mɑːkɪt/ **I** n. mercato m. di massa **II** modif. [*phone, TV set*] destinato al grande pubblico; [*potential*] di grande diffusione, consumo.
mass-marketed /ˌmæs'mɑːkɪtɪd/ agg. [*goods*] destinato al mercato di massa.
mass-marketing /ˌmæs'mɑːkɪtɪŋ/ n. marketing m. di massa.
mass media /ˌmæs'miːdɪə/ n. + verbo sing. o pl. mass media m.pl., mezzi m.pl. di comunicazione di massa.
mass murder /ˌmæs'mɜːdə(r)/ n. strage f., massacro m.
mass murderer /ˌmæs'mɜːdərə(r)/ n. autore m. di una strage.
mass noun /'mæsˌnaʊn/ n. nome m. di massa.
mass number /ˌmæs'nʌmbə(r)/ n. numero m. di massa.
mass observation /ˌmæsɒbzə'veɪʃn/ n. studio m. dei fenomeni di massa.
mass-produce /ˌmæsprə'djuːs, AE -'duː-/ tr. produrre [qcs.] in serie.
mass-produced /ˌmæsprə'djuːst, AE -'duː-/ **I** p.pass. → **mass-produce II** agg. prodotto in serie.
mass production /ˌmæsprə'dʌkʃn/ n. produzione f. in serie.
mass screening /ˌmæs'skriːnɪŋ/ n. MED. screening m. di massa.
mass spectrograph /ˌmæs'spektrəgrɑːf, AE -græf/ n. spettrografo m. di massa.
mass spectrometer /ˌmæspek'trɒmɪtə(r)/ n. spettrometro m. di massa.
mass spectroscope /ˌmæs'spektrəskəʊp/ n. spettroscopio m. di massa.
mass tort /ˌmæs'tɔːt/ n. DIR. = disastro o illecito di massa, come ad esempio un disastro aereo, un crack finanziario che coinvolga molte persone ecc.
mass X-ray /ˌmæs'eksreɪ/ n. radiografia f. di massa.
massy /'mæsɪ/ agg. massiccio, compatto.
1.mast /mɑːst, AE mæst/ n. *(on ship, for flags)* albero m.; RAD. TELEV. traliccio m.; ***the ~s of a ship*** gli alberi di una nave ♦ ***to nail one's colours to the ~*** = dichiarare la propria posizione in modo netto e definitivo; ***to sail before the ~*** navigare come marinaio semplice.
2.mast /mɑːst, AE mæst/ tr. MAR. alberare [*ship*].
3.mast /mɑːst, AE mæst/ n. **U** AGR. ghiande f.pl., faggine f.pl.
mastalgia /mæ'stældʒə/ n. mastalgia f.
mast cell /'mɑːstsel, AE 'mæst-/ n. mastcellula f.
mastectomy /məs'tektəmɪ, AE mæs-/ n. mastectomia f.
masted /'mɑːstɪd, AE 'mæ-/ **I** p.pass. → **2.mast II -masted** agg. in composti ***three~*** a tre alberi.
▷ **1.master** /'mɑːstə(r), AE 'mæs-/ **I** n. **1** *(man in charge)* padrone m., signore m.; ***the ~ of the house*** il padrone di casa; ***to be ~ in one's own house*** essere padrone in casa propria **2** *(person in control)* padrone m. (-a); ***to be one's own ~*** non dipendere da nessuno; ***to be (the) ~ of one's fate, the situation*** essere padrone del proprio destino, della situazione; ***to be ~ of oneself*** essere padrone di sé **3** *(person who excels)* maestro m.; ***a ~ of*** un maestro di [*cinema, narrative*]; un esperto di [*tactics, public relations*]; ***to be a ~ at doing*** essere (un) maestro nel fare **4** ART. (anche **Master**) maestro m.; ***the Dutch ~s*** i maestri fiamminghi **5** BE SCOL. *(teacher) (primary)* maestro m., insegnante m. elementare; *(secondary)* professore m.; *(headmaster)* preside m. **6** BE UNIV. *(of college)* preside m. **7** TECN. (anche **~ copy**) master m., originale m. **8** ANT. (anche **Master**) *(as form of address)* maestro m.; ***yes, Master*** sì, maestro **9** UNIV. *(graduate)* dottore m. (-essa), laureato m. (-a); ***~'s (degree)*** = diploma di dottore (conseguito con un corso di studi di cinque o sei anni) (**in** in); ***to be working towards one's ~'s*** studiare per il master **10** MAR. capitano m. **11** *(in chess, bridge etc.)* maestro m. **12** *(title of young man)* signore m.; ***the young ~*** ANT. il signorino; ***Master Ian Todd*** *(on envelope)* (per il) signor Ian Todd **II Masters** n.pl. + verbo sing. SPORT ***the Masters*** il campionato; *(in tennis)* i masters **III** modif. [*architect, butcher, chef, craftsman*] capo; [*smuggler, spy, terrorist, thief*] professionista.
2.master /'mɑːstə(r), AE 'mæs-/ tr. **1** *(learn, become proficient in or with)* padroneggiare [*subject, language, art, skill*]; conoscere bene [*controls, computers, theory, basics, complexities*] **2** *(control)*

dominare, controllare [*feelings, situation, person*]; vincere [*phobia*] **3** TECN. *(make a master)* masterizzare [*sound*].

master-at-arms /ˌmɑːstərət'ɑːmz, AE ˌmæs-/ ▸ *23* n. (pl. **masters-at-arms**) MAR. aiutante m.

master bedroom /ˌmɑːstə'bedruːm, -rʊm, AE ˌmæs-/ n. camera f. da letto principale.

master builder /ˌmɑːstə'bɪldə(r), AE ˌmæs-/ ▸ *27* n. capomastro m.

master class /'mɑːstərˌklɑːs, AE 'mæstəˌklæs/ n. classe f. dominante.

master copy /ˌmɑːstə'kɒpɪ, AE ˌmæs-/ n. originale m., master m.

master disk /ˌmɑːstə'dɪsk, AE ˌmæs-/ n. INFORM. disco m. originale.

master file /ˌmɑːstə'faɪl, AE ˌmæs-/ n. INFORM. archivio m. permanente.

masterful /'mɑːstəfl, AE 'mæs-/ agg. **1** *(dominating)* [*person*] autoritario **2** *(skilled, masterly)* [*person*] esperto; [*technique*] magistrale.

masterfully /'mɑːstəfəlɪ, AE 'mæs-/ avv. magistralmente.

masterfulness /'mɑːstəflnɪs, AE 'mæs-/ n. maestria f.

master gunner /ˌmɑːstə'gʌnə(r), AE ˌmæs-/ n. magazziniere m.

master key /'mɑːstəkiː, AE 'mæs-/ n. passe-partout m., comunella f.

masterless /'mɑːstəlɪs, AE 'mæs-/ agg. senza padrone.

masterliness /'mɑːstəlɪnɪs, AE 'mæs-/ n. maestria f.

masterly /'mɑːstəlɪ, AE 'mæs-/ agg. [*technique, writing*] magistrale; ***to have a ~ command of the English language*** avere un'ottima padronanza della lingua inglese.

master mariner /ˌmɑːstə'mærɪnə(r), AE ˌmæs-/ n. MAR. capitano m. di lungo corso.

1.mastermind /'mɑːstəmaɪnd, 'mæs-/ n. cervello m. (**of, behind** di).

2.mastermind /'mɑːstəmaɪnd, 'mæs-/ tr. essere il cervello di [*crime, swindle, plot, conspiracy*]; organizzare [*event, concert*].

Master of Arts /ˌmɑːstərəv'ɑːts, AE ˌmæs-/ n. = (diploma di) dottore in discipline umanistiche e altre materie (conseguito con un corso di studi di cinque o sei anni).

master of ceremonies /ˌmɑːstərəv'serɪmənɪz, AE ˌmæstərəv'serɪməʊnɪz/ n. *(presenting entertainment)* presentatore m. (-trice); *(at formal occasion)* maestro m. di cerimonie.

Master of Divinity /ˌmɑːstərəvdɪ'vɪnətɪ, AE ˌmæs-/ n. = (diploma di) dottore in teologia (conseguito con un corso di studi di cinque o sei anni).

master of foxhounds /ˌmɑːstərəvˌfɒks'haʊndz, AE ˌmæs-/ n. = chi, nella caccia alla volpe, si prende cura dei cani.

Master of Philosophy /ˌmɑːstərəvfɪ'lɒsəfɪ, AE ˌmæs-/ n. = (diploma di) dottore in discipline umanistiche (intermedio tra MA e PhD).

Master of Science /ˌmɑːstərəv'saɪəns, AE ˌmæs-/ n. = (diploma di) dottore in discipline scientifiche (conseguito con un corso di studi di cinque o sei anni).

master of the hounds /ˌmɑːstərəvðə'haʊndz, AE ˌmæs-/ n. → **master of foxhounds**.

Master of the Rolls /ˌmɑːstərəvðə'rəʊlz, AE ˌmæs-/ n. GB = magistrato che presiede la divisione civile della Corte d'Appello.

masterpiece /'mɑːstəpiːs, AE 'mæs-/ n. capolavoro m. (anche FIG.).

master plan /'mɑːstəplæn, AE 'mæs-/ n. piano m. generale.

master print /ˌmɑːstə'prɪnt, AE ˌmæs-/ n. CINEM. copia f. madre.

master race /'mɑːstəreɪs, AE 'mæs-/ n. razza f. padrona.

master sergeant /ˌmɑːstə'sɑːdʒənt, AE ˌmæs-/ ▸ *23* n. AE MIL. sergente m. maggiore; AER. maresciallo m.

mastership /'mɑːstəʃɪp, AE 'mæs-/ n. **1** *(dominance)* autorità f., dominio m. **2** *(skill)* maestria f.

master's ticket /ˌmɑːstəz'tɪkɪt, AE ˌmæs-/ n. MAR. brevetto m. di capitano di lungo corso.

masterstroke /'mɑːstəstrəʊk, AE 'mæs-/ n. *(brilliant action, piece of skill)* colpo m. da maestro; *(idea, stroke of genius)* colpo m. di genio.

master tape /ˌmɑːstə'teɪp, AE ˌmæs-/ n. master m.

masterwork /'mɑːstəwɜːk, AE 'mæs-/ n. capolavoro m.

masterwort /'mɑːstəwɜːt, AE 'mæs-/ n. BOT. astranzia f.

mastery /'mɑːstərɪ, AE 'mæs-/ n. **1** *(skill, knowledge)* maestria f. (**of** di); ***to have complete ~ of one's subject*** avere una totale padronanza di un argomento **2** *(control, dominance)* dominio m., controllo m.; ***to have ~ over sb., sth.*** avere il controllo di *o* dominare qcn., qcs.

1.masthead /'mɑːsthed, AE 'mæst-/ n. **1** MAR. colombiere m., testa f. d'albero **2** *(of newspaper)* testata f.

2.masthead /'mɑːsthed, AE 'mæst-/ tr. issare [qcs.] in colombiere [*sail*].

mastic /'mæstɪk/ n. mastice m.; ***~ tree*** lentisco.

masticate /'mæstɪkeɪt/ intr. masticare.

mastication /ˌmæstɪ'keɪʃn/ n. masticazione f.

masticator /'mæstɪkeɪtə(r)/ n. masticatore m. (-trice) (anche TECN.).

masticatory /ˌmæs'tɪkeɪtərɪ, AE -tɔːrɪ/ agg. masticatorio.

mastiff /'mæstɪf/ n. mastino m.

mastitis /mæ'staɪtɪs/ ▸ *11* n. mastite f.

mastodon /'mæstədɒn/ n. mastodonte m.

mastodontic /mæstə'dɒntɪk/ agg. mastodontico.

mastoid /'mæstɔɪd/ **I** n. ANAT. mastoide f. **II** agg. [*muscle*] mastoideo; ***~ process*** processo mastoideo.

mastoidectomy /ˌmæstɔɪ'dektəmɪ/ n. mastoidectomia f.

mastoiditis /ˌmæstɔɪ'daɪtɪs/ ▸ *11* n. mastoidite f.

mastopathy /mæ'stɒpəθɪ/ n. mastopatia f.

masturbate /'mæstəbeɪt/ **I** tr. masturbare **II** intr. masturbarsi.

masturbation /ˌmæstə'beɪʃn/ n. masturbazione f.

masturbatory /ˌmæstə'beɪtərɪ, AE -bə'tɔːrɪ/ agg. masturbatorio.

masurium /mə'zʊərɪəm/ n. masurio m.

▷ **1.mat** /mæt/ **I** n. **1** *(on floor)* stuoia f., tappetino m.; *(for wiping feet)* zerbino m.; ***exercise ~*** materassino; FIG. *(of vegetation)* tappeto m. **2** *(on table) (heat-proof)* sottopentola f.; *(ornamental)* centrino m.; ***place ~*** tovaglietta (all'americana) **II** agg. → **matt**.

2.mat /mæt/ intr. (forma in -ing ecc. **-tt-**) **1** [*hair*] scompigliarsi **2** [*wool, sweater*] infeltrirsi.

MAT n. (⇒ machine-assisted translation) = traduzione assistita dall'elaboratore.

matador /'mætədɔː(r)/ ▸ *27* n. matador m.

▶ **1.match** /mætʃ/ n. **1** *(for lighting fire)* fiammifero m.; ***a box, book of ~es*** una scatola, bustina di fiammiferi; ***to put*** o ***set a ~ to sth.*** dare fuoco a qcs.; ***(have you) got a ~?*** COLLOQ. hai da accendere? **2** *(wick on explosive)* miccia f.

▶ **2.match** /mætʃ/ n. **1** SPORT incontro m., partita f. (**against** contro; **between** tra) **2** *(equal, challenger)* ***to be a ~ for sb.*** tenere testa a qcn.; ***to be no ~ for sb.*** non essere all'altezza di, non poter competere con qcn.; ***to meet one's ~*** trovare qualcuno alla propria altezza; ***he's met his ~ in her*** ha trovato in lei una degna avversaria; ***he's more than a ~ for Max*** Max non regge il confronto con lui **3** *(thing that harmonizes or corresponds)* ***to be a good ~ for sth.*** [*shoes, curtains, colour*] andare bene con qcs.; ***those two cushions are a good ~*** quei due cuscini stanno bene insieme; ***I couldn't find an exact ~ for the broken cup*** non sono riuscita a trovare una tazza identica a quella rotta; ***the blood sample is a perfect ~ with that found at the scene of the crime*** il campione di sangue corrisponde perfettamente a quello trovato sulla scena del delitto **4** *(marriage)* unione f., matrimonio m.; ***to make a good ~*** sposare un buon partito; ***to be a good ~ for sb.*** essere un buon partito per qcn.

▶ **3.match** /mætʃ/ **I** tr. **1** *(correspond to, harmonize with)* [*colour, bag, socks*] intonarsi, stare bene con; [*blood type, sample, bone marrow*] corrispondere a; [*product, outcome, supply*] rispondere a [*demand, expectations*]; [*item, word*] corrispondere a [*definition, description*]; ***her talent did not ~ her mother's ambitions*** il suo talento non era all'altezza delle ambizioni di sua madre; ***his job ideally ~es his interests*** il suo lavoro corrisponde perfettamente ai suoi gusti **2** *(compete with or equal)* uguagliare [*record, achievements*]; ***we will ~ our competitors' prices*** allineeremo i nostri prezzi con quelli della concorrenza; ***the government will ~ your donation dollar for dollar*** il governo donerà la stessa somma in dollari che avete donato voi; ***his wit cannot be ~ed*** la sua arguzia non ha pari; ***Anne more than ~ed him in aggression*** Anne era ben più aggressiva di lui; ***he is to be ~ed against the world champion*** gli hanno organizzato un incontro con il campione del mondo; ***when it comes to cheating there's nobody to ~ him*** quando si tratta di imbrogliare, non c'è nessuno come lui **3** *(find a match for)* ***to ~ sb. with compatible people*** trovare delle persone con cui qcn. può andare d'accordo; ***to ~ trainees with companies*** mettere in contatto gli stagisti con le società; ***to ~ a wire to the correct terminal*** raccordare un filo al morsetto corrispondente; ***to ~ (up) the names to the photos*** abbinare i nomi alle foto **II** intr. [*colours*] essere ben assortito; [*clothes, curtains*] intonarsi; [*components, pieces*] combaciare; ***that button doesn't ~*** quel bottone non è uguale agli altri; ***with gloves to ~*** con guanti coordinati.

■ **match up:** ***~ up*** [*pieces, bits*] andare insieme; ***~ up [sth.], ~ [sth.] up*** confrontare [*pieces, sides, bits*]; ***to ~ up to*** essere all'altezza di [*expectation, hopes, reputation*].

matchboard /'mætʃbɔːd/ n. EDIL. perlina f.

matchbook /'mætʃbʊk/ n. bustina f. di fiammiferi.

matchbox /ˈmætʃbɒks/ n. scatola f. di fiammiferi.
match day /ˈmætʃdeɪ/ **I** n. giorno m. di un, dell'incontro **II** modif. [*alcohol ban, event, parking*] per il giorno dell'incontro.
matched /mætʃt/ **I** p.pass. → **3.match II** agg. assortito; ***they are well, badly, perfectly*** **~** sono bene, mal, perfettamente assortiti.
matchet /ˈmætʃɪt/ n. ANT. machete m.
▷ **matching** /ˈmætʃɪŋ/ agg. assortito; ***they're a ~ pair*** o ***set*** sono coordinati; ***a set of ~ luggage*** un set di valigie; ***with ~ gloves*** con guanti coordinati.
matchless /ˈmætʃlɪs/ agg. [*beauty, taste*] ineguagliabile, impareggiabile; [*complacency, indifference*] senza pari.
matchlock /ˈmætʃlɒk/ n. fucile m. a miccia.
matchmaker /ˈmætʃˌmeɪkə(r)/ n. **1** *(for couples)* sensale m. e f., SCHERZ. paraninfo m. (-a) **2** *(for boxer)* chi organizza gli incontri; *(for business etc.)* intermediario m. (-a).
match-maker /ˈmætʃˌmeɪkə(r)/ ♦ **27** n. fiammiferaio m. (-a).
matchmaking /ˈmætʃˌmeɪkɪŋ/ n. ***to enjoy ~*** divertirsi a combinare i matrimoni; ***I'm sick of all this ~*** ne ho le scatole piene di tutti quelli che vogliono farmi sposare; ***a ~ service for buyers and vendors*** un servizio di intermediazione tra acquirenti e venditori.
match play /ˌmætʃˈpleɪ/ n. *(in golf)* = partita di golf in cui il punteggio si calcola in base al numero di buche eseguite.
match point /ˌmætʃˈpɔɪnt/ n. match point m.; ***at ~*** al match point.
matchstick /ˈmætʃstɪk/ **I** n. asticella f. di fiammifero **II** modif. [*man*] scheletrico, magro come uno stecchino; [*figure*] stilizzato.
matchwood /ˈmætʃwʊd/ n. legno m. per fiammiferi; ***to reduce sth. to ~*** fare a pezzi qcs.
▷ **1.mate** /meɪt/ n. **1** BE COLLOQ. *(friend)* amico m. (-a), compagno m. (-a); *(at work)* collega m. e f.; *(at school)* compagno m. (-a); ***hello ~!*** ciao vecchio mio! **2** *(sexual partner)* ZOOL. *(male)* maschio m.; *(female)* femmina f.; SCHERZ. *(person)* compagno m. (-a) **3** *(assistant)* aiutante m. e f.; ***builder's ~*** manovale **4** BE MAR. *(in merchant navy)* capitano m. in seconda; ***first ~*** primo ufficiale di bordo; ***second ~*** secondo ufficiale di bordo.
2.mate /meɪt/ **I** tr. accoppiare [*animal*] (**with** con) **II** intr. [*animal*] accoppiarsi (**with** con).
3.mate /meɪt/ n. *(in chess)* scacco m. matto.
4.mate /meɪt/ **I** tr. *(in chess)* dare scacco matto a [qcn.] **II** intr. *(in chess)* dare scacco matto.
mater /ˈmeɪtə(r)/ n. **1** BE COLLOQ. SCHERZ. *(students' slang)* madre f., mamma f. **2** ANAT. madre f.; ***pia, dura ~*** pia, dura madre.
▶ **material** /məˈtɪərɪəl/ **I** n. **1** *(information, data)* materiale m., documentazione f. (**about, on** su; **for** per); ***to collect ~ on sth.*** raccogliere materiale, documentarsi su qcs.; ***I'm collecting ~ for a book*** sto raccogliendo materiale per un libro; ***to draw on ~ from the archives*** basarsi su materiale proveniente dagli archivi; ***course*** o ***teaching ~*** materiale didattico; ***promotional ~, publicity ~*** materiale promozionale, pubblicitario; ***reference ~*** materiale di consultazione, di riferimento; ***some of the ~ in the report is inaccurate*** parte del materiale contenuto nel rapporto è inesatto **2** *(subject matter)* materiale m., soggetto m.; ***I'll use the ~ in my next article*** userò questo materiale per il mio prossimo articolo; ***the ~ in the magazine is controversial*** il contenuto della rivista è discutibile; ***some of the ~ in the show is unsuitable for children*** alcune parti dello spettacolo non sono adatte ai bambini **3** TEATR. TELEV. *(script)* testo m.; *(show)* spettacolo m.; ***she writes all her own ~*** scrive tutti i suoi testi (da sola) **4** MUS. canzoni f.pl.; ***he writes all his own ~*** si scrive tutte le sue canzoni (da solo); ***I'm working on ~ for a new album*** sto lavorando su del materiale per un nuovo album **5** *(substance)* materia f., sostanza f.; ING. TECN. materiale m.; ***explosive ~*** sostanza esplosiva; ***natural ~*** sostanza naturale; ***nuclear ~*** materiale nucleare; ***packing ~*** materiale da imballaggio; ***plastic ~*** materiale plastico; ***waste ~*** rifiuti **6** *(fabric)* tessuto m., stoffa f.; ***cotton ~*** tessuto *o* stoffa di cotone; ***curtain, dress ~*** stoffa per tende, per vestiti; ***furnishing ~*** tessuto da arredamento; ***natural, synthetic ~*** tessuto naturale, sintetico **7** *(personal potential)* attitudine f., stoffa f.; ***she is star, executive ~*** ha la stoffa per diventare una star, una dirigente; ***he is not really university ~*** non è davvero portato per l'università **II materials** n.pl. **1** *(equipment)* materiale m.sing.; ***art ~s*** o ***artist's ~s*** materiale da disegno; ***cleaning ~s*** prodotti per la pulizia **2** *(natural substances)* materiali m. **III** agg. **1** *(significant, relevant)* [*assistance, benefit*] materiale; [*change, damage*] sostanziale; [*anxiety*] grande; [*fact, question*] rilevante, pertinente; [*witness, evidence*] determinante; ***to be ~ to sth.*** essere pertinente a qcs. **2** *(physical, concrete)* [*cause, comfort, consideration, gain, need, possessions, success, support*] materiale; ***in ~ terms, we are better off*** dal punto di vista materiale stiamo meglio; ***to do sth. for ~ gain*** fare qcs. per motivi di interesse.
materialism /məˈtɪərɪəlɪzəm/ n. materialismo m.
materialist /məˈtɪərɪəlɪst/ **I** agg. materialista, materialistico **II** n. materialista m. e f.
materialistic /məˌtɪərɪəˈlɪstɪk/ agg. → **materialist**.
materiality /məˌtɪərɪˈælətɪ/ n. materialità f.
materialization /məˌtɪərɪəlaɪˈzeɪʃn, AE -lɪˈz-/ n. materializzazione f.
materialize /məˈtɪərɪəlaɪz/ intr. **1** *(happen)* [*hope, offer, threat*] materializzarsi, concretizzarsi; [*plan, event, situation*] realizzarsi; [*idea*] prendere forma, concretizzarsi; ***the threat failed to ~*** la minaccia non si è concretizzata; ***the strike failed to ~*** lo sciopero non ha avuto luogo **2** *(appear)* [*person, object*] materializzarsi, apparire (anche SCHERZ.); [*spirit*] materializzarsi; ***I waited, but he failed to ~*** ho aspettato, ma non si è materializzato, fatto vedere.
materially /məˈtɪərɪəlɪ/ avv. **1** *(considerably)* sostanzialmente; ***not ~ faster, lower*** non sostanzialmente più veloce, più basso **2** *(physically)* materialmente.
materialness /məˈtɪərɪəlnɪs/ n. → **materiality**.
materiel /məˌtɪərɪˈel/ n. MIL. equipaggiamento m.
▷ **maternal** /məˈtɜːnl/ agg. materno (**towards** verso).
maternally /məˈtɜːnəlɪ/ avv. maternalmente; ***she treats them very ~*** è molto materna con loro.
maternity /məˈtɜːnətɪ/ **I** n. maternità f. **II** modif. [*clothes*] prémaman.
maternity benefit /məˈtɜːnətɪˌbenɪfɪt/ n. BE assegno m. di maternità.
maternity department /məˈtɜːnətɪdɪˌpɑːtmənt/ n. *(in store)* reparto m. prémaman.
maternity hospital /məˈtɜːnətɪˌhɒspɪtl/ n. clinica f. di maternità, maternità f.
maternity leave /məˈtɜːnətɪˌliːv/ n. maternità f., congedo m. di maternità.
maternity unit /məˈtɜːnətɪˌjuːnɪt/ n. unità f. di ostetricia.
maternity ward /məˈtɜːnətɪˌwɔːd/ n. reparto m. (di) maternità, maternità f.
matey /ˈmeɪtɪ/ agg. BE COLLOQ. amico (**with** di); ***they're very ~*** sono molto amici; ***just you watch it, ~ boy!*** SCHERZ. fa solo attenzione, amico!
▷ **math** /mæθ/ n. AE COLLOQ. → **maths**.
▷ **mathematical** /ˌmæθəˈmætɪkl/ agg. matematico; ***to have a ~ mind*** avere la mente matematica; ***to be a ~ impossibility*** essere matematicamente impossibile.
mathematically /ˌmæθəˈmætɪklɪ/ avv. matematicamente.
mathematician /ˌmæθəməˈtɪʃn/ ♦ **27** n. matematico m. (-a).
▷ **mathematics** /ˌmæθəˈmætɪks/ n. **1** *(subject)* + verbo sing. matematica f. **2** *(mathematical operations)* + verbo sing. operazioni f.pl., calcoli m.pl.
Mathilda /məˈtɪldə/ n.pr. Matilde, Matilda.
▷ **maths** /mæθs/ **I** n. BE COLLOQ. + verbo sing. matematica f. **II** modif. [*class, book, teacher*] di matematica.
Matilda /məˈtɪldə/ n.pr. Matilde, Matilda.
matinée /ˈmætɪneɪ, ˈmætneɪ, AE ˌmætnˈeɪ/ **I** n. CINEM. TEATR. matinée f. **II** modif. [*performance, show*] pomeridiano.
matinée coat /ˈmætɪneɪˌkəʊt, ˈmætneɪ-, AE ˌmætnˈeɪ-/ n. BE giacchettino m. (da bambino).
matinée idol /ˈmætɪneɪˌaɪdl, ˈmætneɪ-, AE ˌmætnˈeɪ-/ n. CINEM. = attore di bell'aspetto idolatrato dalle donne.
matinée jacket /ˈmætɪneɪˌdʒækɪt, ˈmætneɪ-, AE ˌmætnˈeɪ-/ n. BE → **matinée coat**.
mating /ˈmeɪtɪŋ/ n. accoppiamento m.
mating call /ˈmeɪtɪŋˌkɔːl/ n. richiamo m. (nella stagione degli amori).
mating season /ˈmeɪtɪŋˌsiːzn/ n. stagione f. degli amori (anche FIG.).
matins /ˈmætɪnz/ n.pl. *(in Catholic church)* mattutino m.sing.; *(in Church of England)* ufficio m.sing. del mattino.
matrass /ˈmætrəs/ n. matraccio m.
matriarch /ˈmeɪtrɪɑːk/ n. *(head of family)* matriarca f.; *(venerable woman)* matriarca f., matrona f.
matriarchal /ˌmeɪtrɪˈɑːkl/ agg. matriarcale.
matriarchy /ˈmeɪtrɪɑːkɪ/ n. matriarcato m.
matric /məˈtrɪk/ n. COLLOQ. (accorc. matriculation) immatricolazione f.
matrices /ˈmeɪtrɪsiːz/ → **matrix**.
matricidal /ˌmeɪtrɪˈsaɪdl/ agg. matricida.
matricide /ˈmeɪtrɪsaɪd/ n. **1** *(crime)* matricidio m. **2** *(perpetrator)* matricida m. e f.
matriculate /məˈtrɪkjʊleɪt/ **I** tr. immatricolare, iscrivere **II** intr. **1** *(enrol)* iscriversi **2** BE ANT. SCOL. sostenere un esame di ammissione all'università.

matriculation /məˌtrɪkjʊ'leɪʃn/ **I** n. **1** UNIV. *(enrolment)* immatricolazione f. **2** BE ANT. SCOL. = esame di ammissione all'università **II** modif. [*fee*] d'iscrizione; [*card*] dello studente; [*exam*] di ammissione all'università.

matrilineal /ˌmætrɪ'lɪnɪəl/ agg. matrilineare.

matrimonial /ˌmætrɪ'məʊnɪəl/ agg. [*problems, bond, state*] coniugale; ~ *home* tetto coniugale; ~ *causes* DIR. cause di divorzio *o* separazione.

matrimony /'mætrɪmənɪ, AE -məʊnɪ/ n. matrimonio m.; ***to be united in holy*** ~ essere uniti nel sacro vincolo del matrimonio.

matrix /'meɪtrɪks/ n. (pl. **-ices**) matrice f.

matron /'meɪtrən/ n. **1** BE *(nurse) (in hospital)* caposala f.; *(in school)* vigilatrice f. scolastica **2** *(person in charge) (of orphanage, nursing home)* direttrice f. **3** AE *(warder)* guardiana f. **4** *(woman)* SPREG. matrona f.

matronage /'meɪtrənɪdʒ/ n. **1** *(matrons collectively)* matrone f.pl., gruppo m. di matrone **2** → **matronhood**.

matronal /'meɪtrənl/ agg. matronale (anche FIG.).

matronhood /'meɪtrənhʊd/ n. condizione f. di matrona, qualità f. di matrona.

matronly /'meɪtrənlɪ/ agg. [*duties*] di matrona; [*manner*] da matrona; [*figure*] matronale, imponente; ***she already looks*** ~ ha già un aspetto matronale.

matron-of-honour BE, **matron-of-honor** AE /ˌmeɪtrənəv'ɒnə(r)/ n. damigella f. d'onore sposata.

1.matt /mæt/ agg. opaco, scialbo; ***with a ~ finish*** [*paint*] con una finitura opaca; [*photograph*] su carta matta.

2.matt /mæt/ tr. opacizzare [*glass*]; rendere opaco [*colours*].

Mat(t) /mæt/ n.pr. diminutivo di **Matthew**.

matte AE → **1.matt**.

matted /'mætɪd/ **I** p.pass. → **2.mat II** agg. [*hair*] arruffato; [*wool, fibres, cloth, woollens*] infeltrito; [*roots, branches*] intricato; ***to become*** ~ [*hair*] scompigliarsi; [*fibres*] aggrovigliarsi; [*woollens*] infeltrirsi.

▶ **1.matter** /'mætə(r)/ n. **1** cosa f.; *(of specified nature)* affare m.; *(requiring solution)* questione f.; *(on agenda)* punto m.; ***business ~s*** questioni d'affari; ***money ~s*** questioni di soldi; ***the ~ in hand, under discussion*** l'argomento in questione; ***it will be no easy ~*** non sarà una cosa facile; ***the ~ is closed*** la questione è chiusa; ***I have important ~s to discuss*** ci sono delle questioni importanti di cui vorrei discutere; ***~s have taken an unexpected turn*** le cose hanno preso una piega inaspettata; ***report the ~ to the police*** segnalare la cosa alla polizia; ***the main ~ on the agenda*** l'argomento principale all'ordine del giorno; ***~s arising*** AMM. problemi derivanti; ***private ~*** questione privata; ***this is a ~ for the police*** questo è un problema della polizia; ***there's the small ~ of the £ 1,000 you owe me*** c'è il piccolo particolare delle 1.000 sterline che mi devi; ***Catherine is dealing with the ~*** Catherine si sta occupando del problema; ***that's another ~*** quella è un'altra questione *o* storia; ***it's no small ~*** non è cosa da poco; ***to let the ~ drop*** lasciar cadere la questione *o* l'argomento; ***to take the ~ further, no further*** portare, non portare avanti la questione; ***the fact*** o ***truth of the ~ is that*** il fatto, la verità è che; ***I know nothing of the ~*** non so niente al riguardo **2** *(question)* questione f.; ***a ~ of*** una questione di [*experience, importance, opinion, principle, taste*]; ***it's a ~ of urgency*** è (una questione) urgente; ***a ~ of life and death*** o ***a life or death ~*** una questione di vita o di morte; ***it will just be a ~ of months*** sarà (una) questione di pochi mesi; ***a ~ of a few pounds, days*** una questione di qualche sterlina, giorno; ***"will he recover?" - "it's a ~ of time"*** "si riprenderà?" - "è una questione di tempo"; ***it's only a ~ of time before they separate*** si lasceranno, è solo una questione di tempo **3** ***the ~*** *(something wrong, trouble)* il problema; ***is anything the ~?*** c'è qualche problema? ***there was something the ~*** c'era qualche problema; ***there's nothing the ~*** non c'è (nessun) problema; ***what's the ~?*** che cosa c'è? qual è il problema? ***there's nothing the ~ with me*** non ho *o* c'è niente (che non va); ***what's the ~ with Louise?*** che cos'ha Louise? ***there's something the ~ with her car*** la sua macchina ha qualcosa che non va; ***there's something the ~ with her eye*** ha qualcosa all'occhio; ***what's the ~ with doing a bit of work?*** IRON. che problema c'è a lavorare un po'? **4** FIS. *(substance)* materia f., sostanza f.; ***inert ~*** sostanza inerte; ***inorganic, organic ~*** materia, sostanza inorganica, organica; ***vegetable ~*** sostanza vegetale; ***a particle of ~*** una particella di materia; ***colouring ~*** (sostanza) colorante **5** *(on paper)* ***advertising ~*** pubblicità; ***printed ~*** stampati *o* stampe; ***reading ~*** materiale di lettura *o* letture **6** *(content of article, book, speech etc.)* contenuto m., argomento m.; ***subject ~*** argomento; ***~ and style*** contenuto e forma **7** MED. *(pus)* pus m., materiale m. purulento ◆ ***as a ~ of course*** automaticamente *o* come logica conseguenza; ***as a ~ of fact*** di fatto *o* in effetti; ***for that ~*** quanto a ciò; ***don't speak to me like that! or to anyone else, for that ~!*** non usare quel tono né con me né con altri! ***no ~!*** non importa! ***no ~ how late it is*** anche (se) tardi; ***no ~ what he did*** qualunque cosa abbia fatto; ***that's the end of the ~*** o ***there's an end to the ~*** fine della discussione *o* il discorso è chiuso; ***to make ~s worse*** per peggiorare le cose *o* la situazione; ***to take ~s into one's own hands*** prendere in mano la situazione.

▶ **2.matter** /'mætə(r)/ intr. importare, essere importante, avere importanza; ***children, details ~*** i figli, i dettagli sono importanti; ***politeness ~s*** la buona educazione è importante; ***to ~ to sb.*** [*behaviour, action*] avere importanza *o* essere importante per qcn.; [*person*] contare *o* essere importante per qcn.; ***it ~s to me where you go and what you do*** ha importanza per me dove vai e cosa fai; ***it ~s to me!*** è importante per me! ***it ~s how you speak, where you sit*** il tuo modo di esprimerti, dove ti siedi ha importanza; ***it really doesn't ~*** non ha davvero (alcuna) importanza; ***it doesn't ~ how, when*** non importa come, quando; ***it doesn't ~ whether*** non importa se; ***"I'm late" - "oh, it doesn't ~"*** "sono in ritardo" - "oh, non fa niente"; ***"what about Richard?" - "oh, it doesn't ~ about him!"*** "e Richard?" - "oh, non preoccuparti di lui!"; ***it ~s that she feels, is*** è importante il fatto che lei si senta, sia; ***does it ~ that I can't be there?*** ha importanza il fatto che io non riesca a venire? ***does it really ~?*** *(reprovingly)* è proprio tanto importante?

Matterhorn /'mætəhɔ:n/ n.pr. ***the ~*** il Cervino.

matter-of-fact /ˌmætərəv'fækt/ agg. [*voice, tone*] prosaico; [*person*] pratico, realistico; ***she told us the news in a very ~ way*** ci ha dato la notizia in modo diretto, senza giri di parole.

matter-of-factly /ˌmætərəv'fæktlɪ/ avv. in modo molto pratico, aderente alla realtà.

matter-of-factness /ˌmætərəv'fæktnɪs/ n. prosaicità f., praticità f.

Matthew /'mæθju:/ n.pr. Matteo.

Matthias /mə'θaɪəs/ n.pr. Mattia.

1.matting /'mætɪŋ/ n. **U 1** *(material)* materiale m. per stuoie **2** *(mats)* stuoie f.pl.

2.matting /'mætɪŋ/ n. **U** *(matt surface)* superficie f. opaca.

mattins → **matins**.

mattock /'mætək/ n. gravina f., piccone m.

mattoid /'mætɔɪd/ n. RAR. mattoide m. e f.

mattress /'mætrɪs/ n. materasso m.

mattress cover /ˌmætrɪs'kʌvə(r)/ n. coprimaterasso m.

maturate /'mætjʊreɪt/ **I** tr. MED. maturare, portare a maturazione [*abscess, boil*] **II** intr. **1** MED. [*abscess, boil*] maturare, suppurare **2** RAR. maturare.

maturation /ˌmætjʊ'reɪʃn/ n. *(of tree, body)* maturazione f.; *(of whisky, wine)* invecchiamento m.; *(of cheese)* stagionatura f.; MED. *(of abscess, boil)* maturazione f., suppurazione f.

maturative /mə'tjʊərətɪv/ agg. suppurativo.

1.mature /mə'tjʊə(r), AE -'tʊər/ agg. **1** [*plant, animal*] adulto; ***~ garden*** giardino con alberi e piante già cresciuti **2** *(psychologically)* [*person*] maturo; [*attitude, reader*] adulto; ***her most ~ novel*** il suo romanzo della maturità; ***after ~ consideration*** dopo matura riflessione **3** GASTR. [*hard cheese*] stagionato; [*soft cheese*] maturo; [*whisky*] invecchiato; ***~ wine*** vino invecchiato **4** ECON. [*bill, insurance policy*] maturato, esigibile.

2.mature /mə'tjʊə(r), AE -'tʊər/ **I** tr. invecchiare [*wine, whisky*]; stagionare [*cheese*] **II** intr. **1** *(physically)* [*person, animal*] crescere, diventare adulto; [*plant*] diventare adulto **2** *(psychologically)* [*person, attitude*] maturare **3** FIG. [*idea, plan*] maturare **4** [*wine, whisky*] invecchiare; [*cheese*] stagionare **5** ECON. [*bill, insurance policy*] maturare, scadere.

maturely /mə'tjʊəlɪ, AE -'tʊərlɪ/ avv. ***to behave ~*** avere un comportamento maturo.

matureness /mə'tjʊənɪs, AE -'tʊər-/ n. → **maturity**.

mature student /məˌtjʊə'stju:dnt, AE -ˌtʊər'stu:-/ n. BE = studente che riprende gli studi a un'età successiva a quella regolare.

▷ **maturity** /mə'tjʊərətɪ, AE -'tʊər-/ n. maturità f.; ECON. maturazione f., scadenza f.; ***to reach ~*** [*person*] giungere alla *o* raggiungere la maturità; [*tree*] giungere a maturità; ***he lacks ~*** è piuttosto immaturo.

matutinal /ˌmætju:'taɪnl, AE ˌmə'tu:tnəl/ agg. mattutino.

matzo /'mɑ:tsəʊ/ n. (pl. **~s, ~th**) pane m. azzimo.

maud /mɔ:d/ n. = plaid grigio a righe usato dai pastori scozzesi o anche come coperta da viaggio.

Maud(e) /mɔ:d/ n.pr. diminutivo di **Mathilda**, di **Matilda** e di **Magdalen**.

1.may

- When *may* (or *may have*) is used with another verb in English to convey possibility, Italian will generally use the adverb *forse* (= perhaps) with the equivalent verb in the future or present perfect tense:

it may rain	= forse pioverà
we may never know what happened	= forse non sapremo mai che cosa è accaduto
he may have got lost	= forse si è perso.

Alternatively, the construction *può darsi che* + subjunctive (or, more rarely, the future indicative) may be used:

it may rain	= può darsi che piova
we may never know	= può darsi che non lo sapremo mai
she may have been to Scotland	= può darsi che sia stata in Scozia.

For particular usages, see **1** in the entry **1.may**.

- *Può (anche) darsi che* or *forse* are also used in Italian to convey concession:

he may be slow but he's not stupid	= può anche darsi che sia lento, ma non è stupido
you may think I'm crazy but ...	= forse pensi che io sia pazzo ma ...

- When *may* is used to convey permission, the Italian equivalent is *potere*:

you may close the door	= potete chiudere la porta.

Note that the polite question *may I ...?* is translated by *posso...?*:

may I make a suggestion?	= posso fare una proposta?

For particular usages, see **2** in the entry **1.may**.

- When *may* is used in rather formal English to convey purpose in the construction *in order that* + *may*, the Italian equivalent is *affinché* + subjunctive:

in order that he may know	= affinché lo sappia.

Less formally, *so that* + *may* in English and *in modo che* or *così che* + subjunctive in Italian are used:

speak up so that I may hear you better	= parla a voce più alta in modo che ti senta meglio.

- When *may* is used with another verb to express a wish, the Italian uses the subjunctive (either alone or preceded by *che*):

may they be happy!	= possano essere felici!
may God protect you!	= che Dio vi protegga!

- When *may well* + verb is used to convey likelihood, the Italian uses *può ben darsi che* + subjunctive:

he may well have gone elsewhere	= può ben darsi che se ne sia andato altrove.

But note: *that may well be but...* = è possibile ma ...

- In the phrase *may as well*, *may* is used interchangeably with *might*, which is more frequently used. For translations see the entry **1.might**.

maudlin /ˈmɔːdlɪn/ agg. [*song, story, tone*] malinconico, sentimentale; [*person*] triste, malinconico; ***he gets ~ when he drinks*** quando beve diventa malinconico.

1.maul /mɔːl/ n. **1** *(hammer)* maglio m., mazza f. **2** *(in rugby)* maul f., mischia f.

2.maul /mɔːl/ tr. **1** *(attack)* [*animal*] lacerare, mutilare; *(fatally)* straziare, dilaniare **2** *(manhandle)* malmenare, maltrattare **3** *(sexually)* molestare [*woman*] **4** FIG. [*critics*] stroncare, demolire.

mauling /ˈmɔːlɪŋ/ n. mutilazione f.; ***to get a ~ from the critics*** FIG. essere stroncato *o* demolito dalla critica.

maulstick /ˈmɔːlstɪk/ n. ART. appoggiamano m.

maunder /ˈmɔːndə(r)/ intr. **1** *(speak)* farneticare, farfugliare; ***to ~ on about sth.*** parlare a vanvera di qcs. **2** *(wander)* girovagare, vagabondare.

maundy /ˈmɔːndɪ/ n. = lavanda dei piedi ai poveri.

Maundy money /ˈmɔːndɪˌmʌnɪ/ n. GB = speciali monete d'argento, coniate appositamente per l'occasione e distribuite dal sovrano a fini benefici durante una cerimonia religiosa il giovedì santo.

Maundy Thursday /ˌmɔːndɪˈθɜːzdeɪ, -dɪ/ n. giovedì m. santo.

Maura /ˈmɔːrə/ n.pr. Maura.

Maureen /mɔːˈriːn, ˈmɔː-/ n.pr. Maureen (nome di donna).

Maurice /ˈmɒrɪs, mɒˈriːs/ n.pr. Maurizio.

Mauritania /ˌmɒrɪˈteɪnɪə/ ♦ *6* n.pr. Mauritania f.

Mauritanian /ˌmɒrɪˈteɪnɪən/ ♦ *18* **I** agg. mauritano **II** n. mauritano m. (-a).

Mauritian /məˈrɪʃn/ ♦ *18* **I** agg. mauriziano **II** n. mauriziano m. (-a).

Mauritius /məˈrɪʃəs/ ♦ *6, 12* n.pr. Maurizio m.

mausoleum /ˌmɔːsəˈliːəm/ n. **1** *(tomb)* mausoleo m. **2** *(big house)* SPREG. mausoleo m., edificio m. maestoso.

mauve /məʊv/ ♦ *5* **I** agg. mauve, malva **II** n. *(colour)* mauve m., malva m.

maven /ˈmeɪvn/ n. AE COLLOQ. SPREG. esperto m. (-a); ***he's an architecture ~*** crede di essere un esperto in architettura.

maverick /ˈmævərɪk/ **I** n. **1** *(calf)* vitello m. non marchiato **2** *(person)* nonconformista m. e f.; POL. cane m. sciolto **II** agg. nonconformista.

Mavis /ˈmeɪvɪs/ n.pr. Mavis (nome di donna).

mavourneen /məˈvʊəniːn/ n. BE POP. tesoro m. mio.

maw /mɔː/ n. **1** *(of cow)* abomaso m. **2** *(of bird)* gozzo m. **3** *(of lion etc.)* fauci f.pl. (anche FIG. IRON.); ***to disappear into the ~ of sth.*** FIG. essere inghiottito da qcs.

mawkish /ˈmɔːkɪʃ/ agg. SPREG. **1** *(sentimental)* melenso, sdolcinato **2** *(insipid)* insipido; *(nauseating)* nauseante.

mawkishly /ˈmɔːkɪʃlɪ/ avv. SPREG. **1** *(sentimentally)* sdolcinatamente **2** *(insipidly)* insipidamente.

mawkishness /ˈmɔːkɪʃnɪs/ n. SPREG. **1** *(sentimentality)* sdolcinatura f. **2** *(insipidity)* insipidezza f.

mawseed /ˈmɔːsiːd/ n. seme m. di papavero (da oppio).

▷ **max** /mæks/ n. COLLOQ. (accorc. maximum) ***to the ~*** al massimo.

Max /mæks/ n.pr. diminutivo di **Maximilian**.

maxi /ˈmæksɪ/ n. **1** (anche **~ dress**) maxivestito m. **2** (anche **~ skirt**) maxigonna f.

maxilla /mækˈsɪlə/ n. (pl. **-ae**) *(in vertebrates)* mascella f. (superiore); *(in insects)* mascella f.

maxillary /mækˈsɪlərɪ, AE ˈmæksɪlerɪ/ agg. mascellare.

maxillofacial /ˌmæksɪləʊˈfeɪʃl/ agg. maxillofacciale.

maxim /ˈmæksɪm/ n. massima f.

maxima /ˈmæksɪmə/ → **maximum**.

maximal /ˈmæksɪml/ agg. attrib. massimale.

maximalist /ˈmæksɪməlɪst/ n. massimalista m. e f.

Maxim gun /ˈmæksɪmˌgʌn/ n. mitragliatrice f. Maxim.

Maximilian /ˌmæksɪˈmɪlɪən/ n.pr. Massimiliano.

maximization /ˌmæksɪmaɪˈzeɪʃn, AE -mɪˈz-/ n. massimizzazione f.

▷ **maximize** /ˈmæksɪmaɪz/ tr. **1** massimizzare [*profit, sales*]; ***to ~ one's potential*** portare *o* sfruttare al massimo le proprie capacità **2** INFORM. ingrandire a pieno schermo.

▶ **maximum** /ˈmæksɪməm/ **I** n. (pl. **~s, -a**) massimo m.; ***at the ~*** al massimo; ***the hall can hold a ~ of 300*** la sala può contenere al massimo 300 persone; ***to do sth. to the ~*** fare qcs. nel miglior modo possibile **II** agg. [*price, speed, temperature*] massimo **III** avv. al massimo.

maximum load /ˌmæksɪməmˈləʊd/ n. carico m. massimo.

maximum minimum thermometer /ˌmæksɪməmˌmɪnɪməmθəˈmɒmɪtə(r)/ n. termometro m. a massima e a minima.

maximum security prison /ˌmæksɪməmsɪˌkjʊərətɪˈprɪzn/ n. carcere m. di massima sicurezza.

Maxine /mækˈsiːn, ˈmæk-/ n.pr. Maxine (nome di donna).

max out /ˈmæksˌaʊt/ **I** intr. superare il limite massimo **II** tr. superare il limite massimo di [*term*]; superare il tetto massimo di [*credit, credit card*].

Maxwell /ˈmækswel/ n.pr. Maxwell (nome di uomo).

▶ **1.may** /meɪ/ mod. (pass., condizionale **might**; negat. del pres. **may not, mayn't**) **1** *(possibility)* ***"are you going to accept?" - "I ~"*** "hai intenzione di accettare?" - "è possibile"; ***this medicine ~ cause drowsiness*** questo medicinale può indurre sonnolenza; ***they're afraid she ~ die*** temono che muoia; ***even if I invite him he ~ not come*** anche se lo invito, può darsi che non venga; ***that's as ~ be, but...*** può darsi che sia così, ma...; ***come what ~*** accada quel che accada; ***be that as it ~*** sia come sia *o* comunque sia **2** *(permission)* ***~ I come in?*** (è) permesso? posso entrare? ***I'll sit down, if I ~*** se mi è permesso, mi siederei; ***if I ~ say so*** se mi è concesso dirlo; ***and who are you, ~ I ask?*** IRON. e chi saresti tu, di grazia?

2.may /meɪ/ n. *(hawthorn)* biancospino m.

▶ **1.May** /meɪ/ ♦ *16* n. *(month)* maggio m.

2.May /meɪ/ n.pr. diminutivo di **Mary**.

Mayan /ˈmaɪən/ ♦ *14, 18* **I** agg. maya **II** n. **1** *(person)* maya m. e f. **2** LING. maya m.

May apple /ˈmeɪˌæpl/ n. BOT. podofillo m.
▶ **maybe** /ˈmeɪbiː/ **I** avv. forse, può darsi; *~ **they'll arrive early*** può darsi che *o* forse arriveranno in anticipo; *~ **he's right*** forse ha ragione; ***I saw him ~ three weeks ago*** l'ho visto forse tre settimane fa **II** n. ***"is that a yes?" - "it's a ~"*** "è un sì?" - "è un forse" ◆ ***as soon as ~*** appena ne ho voglia.
May beetle /ˈmeɪˌbiːtl/ n. → **May bug**.
may blossom /ˈmeɪˌblɒsəm/ n. *(hawthorn)* biancospino m.
May bug /ˈmeɪbʌɡ/ n. maggiolino m.
Mayday /ˈmeɪdeɪ/ n. RAD. mayday m.
May Day /ˈmeɪdeɪ/ **I** n. primo maggio m., calendimaggio m. **II** modif. [*parade, celebration*] del primo maggio.
mayest /ˈmeɪɪst/ → **mayst**.
mayflower /ˈmeɪflaʊə(r)/ n. = fiore che sboccia a maggio.
mayfly /ˈmeɪflaɪ/ n. efemera f.
mayhem /ˈmeɪhem/ n. **1** *(chaos)* caos m., confusione f.; *(violence)* distruzione f.; ***to create ~*** seminare il panico **2** AE DIR. lesione f. personale; ***to commit ~ on*** o ***against sb.*** causare lesioni personali a qcn.
Maying /ˈmeɪɪŋ/ n. celebrazione f. del primo maggio.
may lily /ˈmeɪˌlɪlɪ/ n. mughetto m.
mayn't /ˈmeɪənt/ contr. may not.
mayo /ˈmeɪəʊ/ n. COLLOQ. (accorc. mayonnaise) maionese f.
Mayo /ˈmeɪəʊ/ ♦ ***24*** n.pr. Mayo m.
mayonnaise /ˌmeɪəˈneɪz, AE ˈmeɪəneɪz/ n. maionese f.
▷ **mayor** /meə(r), AE ˈmeɪər/ ♦ ***9*** n. sindaco m.; ***Mr, Madam Mayor*** signor, signora sindaco.

> **Mayor** Negli Stati Uniti il sindaco (*mayor*) di una città viene eletto dai suoi abitanti.
> In Inghilterra e nel Galles, è il capo del consiglio di una città o di un distretto, eletto dagli altri consiglieri (*councillors*). Il sindaco di alcune grandi città è insignito del titolo di *Lord Mayor*; in Scozia i corrispettivi sono *provost* e *Lord Provost*. Svolge incarichi ufficiali ma ha poco potere politico. Negli ultimi anni in alcune grandi città il sindaco viene eletto direttamente dai cittadini. Il primo sindaco designato con questo sistema è stato Ken Livingstone, eletto a Londra nel 2000.

mayoral /ˈmeərəl, AE ˈmeɪərəl/ agg. di sindaco, sindacale.
mayoralty /ˈmeərəltɪ, AE ˈmeɪər-/ n. *(office)* carica f. di sindaco; *(term of office)* mandato m. di sindaco.
mayoress /ˈmeərɪs, AE ˈmeɪə-/ ♦ ***9*** n. sindachessa f.
maypole /ˈmeɪpəʊl/ n. = palo ornato di nastri e fiori attorno al quale si ballava nelle feste di calendimaggio.
May queen /ˈmeɪˌkwiːn/ n. reginetta f. di calendimaggio.
mayst /ˈmeɪst/ ANT. 2ª persona sing. pres. → **1.may**.
may've /ˈmeɪəv/ contr. may have.
maze /meɪz/ n. **1** *(puzzle)* labirinto m. (anche FIG.) **2** *(network) (of streets)* labirinto m., dedalo m. (**of** di); *(of pipes)* intrico m. (**of** di).
mazuma /məˈzuːmə/ n. AE POP. grana f., denaro m.
mazurka /məˈzɜːkə/ n. mazurka f.
mazy /ˈmeɪzɪ/ agg. labirintico, intricato, complicato.
MB n. **1** (⇒ megabyte) MB m. **2** GB UNIV. (⇒ Medicinae Baccalaureus, Bachelor of Medicine) = (diploma di) dottore in medicina (conseguito con un corso di studi di tre o quattro anni).
MBA n. UNIV. (⇒ Master of Business Administration) = (diploma di) dottore in amministrazione aziendale.
MBE n. BE (⇒ Member of the Order of the British Empire) = cavaliere dell'ordine dell'impero britannico.
MBO n. (⇒ management buyout) = acquisto di tutte le azioni di una società da parte dei suoi dirigenti.
m-business /ˈembɪznɪs/ n. = commercio elettronico tramite telefonia mobile.
MC n. **1** (⇒ Master of Ceremonies) *(presenting entertainment)* = presentatore; *(at formal occasion)* = maestro di cerimonie **2** MUS. *(rapper)* ~ ***Hammer*** MC Hammer **3** US POL. (⇒ Member of Congress) = membro del Congresso.
MCAT /ˈemkæt/ n. US UNIV. (⇒ Medical College Admissions Test) = esame di ammissione alla facoltà di medicina.
MCC n. GB (⇒ Marylebone Cricket Club) = prestigioso club di cricket, che ha anche il compito di stabilire le leggi del gioco.
McCarthyism /məˈkɑːθɪɪzəm/ n. maccartismo m.
McCarthyite /məˈkɑːθaɪt/ n. maccartista m.
McCoy /məˈkɔɪ/ n. ***the real ~*** COLLOQ. l'unico nel suo genere; ***it's the real ~*** è genuino *o* autentico.
MCN n. (⇒ Micro Cellular Network) = rete di telefonia cellulare.
m-commerce /emˈkɒmɜːs/ n. m-commerce m. (commercio elettronico effettuabile mediante telefoni cellulari WAP).
1.MD n. **1** MED. UNIV. (⇒ Medicinae Doctor, Doctor of Medicine dottore in medicina) M.D. m. **2** UNIV. (⇒ Master of Divinity) = (diploma di) dottore in teologia **3** AMM. (⇒ Managing Director) amministratore delegato.
2.MD US ⇒ Maryland Maryland.
MDT n. AE (⇒ Mountain Daylight Time) = ora legale adottata nella zona delle Montagne Rocciose.
▶ **1.me** /miː, mɪ/ When used as a direct or indirect object pronoun, *me* is translated by *mi*, which normally comes before the verb: *she knows me* = lei mi conosce; *he loves me* = lui mi ama; *they told me the truth* = mi hanno detto la verità. - When used in emphasis, however, *me* is translated by *me*, which comes after the verb: *he loves me, not Jane* = lui ama me, non Jane. Italian *me* is also used when another pronoun is present as well: compare *he wrote to me* = mi ha scritto and *he wrote that to me* = me lo ha scritto lui (or: me l'ha scritto lui). - Note that in compound tenses like the present perfect and the past perfect, the past participle of the verb agrees with the direct object pronoun: *he's seen me* (male speaker) = lui mi ha visto; *he's seen me* (female speaker) = lui mi ha vista. - In imperatives the translation for both the direct and the indirect object pronoun is *mi* and is joined to the verb to form a single word: *kiss me!* = baciami! *write to me soon!* = scrivimi presto! When two pronouns are joined to the verb in Italian, *mi* is replaced by *me*: *send it to me at once!* = mandamelo subito! *tell me!* dimmelo! - After prepositions, the translation is *me*: *she did it for me* = l'ha fatto per me. - Remember that a verb followed by a particle or a preposition in English may correspond to a verb followed by a direct object in Italian, and vice versa, e.g. *to look at somebody* vs guardare qualcuno and *to distrust somebody* vs dubitare di qualcuno: *look at me!* = guardami! *they distrust me* = dubitano di me. - When *me* is used after *as* or *than* in comparative clauses, it is translated by *me*: *my sister is as pretty as me* = mia sorella è carina come me; *she's younger than me* = è più giovane di me. - After the verb *to be*, *io* (and not *me*/*mi*) is used in Italian: *it's me* = sono io. Likewise, *io* is used to translate *me* when the latter is employed in spoken English with *and* and *or* in a phrase that is the subject of a clause: *John and me are going to the party* = John e io andiamo alla festa. - For particular expressions see below. pron. **1** *(direct object)* me, mi; ***you know ~*** mi conosci; ***you know ~, not him*** tu conosci me, non lui; ***let ~ go*** lasciami andare; ***my parents don't want ~ to go out every night*** i miei genitori non vogliono che (io) esca tutte le sere **2** *(indirect object)* mi, a me; ***he gave ~ the book*** mi diede il libro; ***what would you do if you were ~?*** che cosa faresti al mio posto? **3** *(after preposition)* me; ***it's for ~*** è per me; ***they did it for ~*** l'hanno fatto per me; ***she came with ~*** è venuta con me **4** *(reflexive)* me; ***I looked behind ~*** mi volsi indietro **5** COLLOQ. ***it's ~*** sono io; ***~ too*** anch'io; ***she is younger than ~*** è più giovane di me; ***poor little ~*** COLLOQ. povero me; ***dear ~! deary ~!*** COLLOQ. o mio dio! o povero me!
2.me /miː/ n. MUS. mi m.
1.ME n. **1** MED. ⇒ myalgic encephalomyelitis encefalomielite mialgica **2** AE MED. DIR. ⇒ medical examiner medico legale.
2.ME **1** US ⇒ Maine Maine **2** LING. ⇒ Middle English inglese medio.
mea culpa /ˌmiːɑːˈkʊlpə, ˌmeɪəˈkʊlpə/ **I** n. mea culpa m. **II** inter. mea culpa.
1.mead /miːd/ n. idromele m.
2.mead /miːd/ n. LETT. prato m.
▷ **meadow** /ˈmedəʊ/ n. **1** *(field)* prato m. **2** **U** (anche **meadowland**) prati m.pl., terreno m. prativo **3** (anche **water ~**) marcita f.
meadow chicken /ˈmedəʊˌtʃɪkɪn/ n. voltolino m. americano.
meadowlark /ˈmedəʊlɑːk/ n. sturnella f.
meadow mushroom /ˈmedəʊˌmʌʃrʊm, -ruːm/ n. prataiolo m.
meadow rue /ˈmedəʊruː/ n. BOT. rabarbaro m. dei contadini.
meadow saffron /ˈmedəʊˌsæfrən/ n. zafferano m. bastardo.
meadowsweet /ˈmedəʊswiːt/ n. **1** *(having diuretic properties)* filipendola f. **2** *(plant of the rose family)* olmaria f., regina f. dei prati.
meager → **meagre**.
meagerly → **meagrely**.
meagre BE, **meager** AE /ˈmiːɡə(r)/ agg. [*income, meal, crop*] magro, scarso; [*sum*] insufficiente; [*fire*] esiguo; [*living, existence*] misero, gramo; [*response, returns*] scarso; ***a ~ diet of rice*** una magra dieta a base di riso.
meagrely BE, **meagerly** AE /ˈmiːɡəlɪ/ avv. [*eat, live, spread*] magramente.

meagreness BE, **meagerness** AE /ˈmi:gənɪs/ n. scarsezza f.

▶ **1.meal** /mi:l/ n. *(food)* pasto m.; ***hot, cold, main ~*** pasto caldo, freddo, principale; ***they had a ~ in the canteen*** hanno mangiato in mensa; ***did you enjoy your ~?*** avete mangiato bene? ***to go out for a ~*** andare a mangiare fuori ◆ ***don't make a ~ of it!*** COLLOQ. non farne un dramma!

2.meal /mi:l/ n. *(from grain)* farina f.

mealiness /ˈmi:lɪnɪs/ n. farinosità f.

meal moth /ˈmi:lmɒθ, AE -mɔ:θ/ n. tignola f. dei farinacei.

meals on wheels /ˌmi:lzɒnˈwi:lz, AE -ˈhwi:lz/ n.pl. pasti m. (caldi) a domicilio (forniti come servizio di assistenza ad anziani e malati).

meal ticket /ˈmi:lˌtɪkɪt/ n. **1** *(voucher)* buono m. pasto **2** COLLOQ. FIG. *(quality, qualification)* mezzo m. di sostentamento; *(person)* ***I'm just a ~ for you!*** ti interessa solo il mio portafoglio!

mealtime /ˈmi:ltaɪm/ n. ora f. dei pasti.

mealworm /ˈmi:lwɜ:m/ n. tenebrione m. mugnaio, verme m. della farina.

mealy /ˈmi:lɪ/ agg. **1** *(in texture)* farinoso **2** *(pale)* pallido.

mealybug /ˈmi:lɪbʌg/ n. pseudococco m.

mealy-mouthed /ˌmi:lɪˈmaʊðd/ agg. **1** *(insincere)* ipocrita, insincero **2** *(soft-spoken)* mellifluo.

1.mean /mi:n/ agg. **1** *(ungenerous)* [*person*] avaro; [*attitude, nature*] meschino; [*examiner*] severo; ***to be ~ with*** essere avaro con [*portion, quantity*]; ***he's ~ with his money*** è attaccato ai suoi soldi *o* avaro del suo **2** COLLOQ. *(unkind)* [*person, action*] meschino, vile; [*trick*] ignobile; ***to be ~ to sb.*** essere meschino con qcn.; ***to be ~ about*** essere ipercritico riguardo a [*appearance, performance*]; ***it is, was ~ of you to do*** è, è stato meschino da parte tua fare; ***to feel ~ for*** sentirsi meschino *o* vergognarsi per; ***to feel ~ about doing*** sentirsi meschino a *o* vergognarsi di fare **3** *(vicious)* [*animal, person, expression*] cattivo; ***that man, dog has got a ~ streak*** in quell'uomo, quel cane c'è una vena di cattiveria **4** *(tough)* [*city, street*] ostile; ***he's a ~ character*** è un tipaccio **5** COLLOQ. *(skilful)* [*exponent, shot*] formidabile, fantastico; ***she makes a ~ margarita*** fa un margarita eccezionale; ***she plays a ~ game of tennis, chess*** gioca a tennis, a scacchi in modo formidabile; ***you're no ~ artist, poker player!*** sei un vero artista, un incredibile giocatore di poker! **6** COLLOQ. *(small)* ***to have no ~ opinion of oneself*** avere un'alta opinione di sé; ***that's no ~ feat!*** non è cosa da poco! **7** LETT. *(lowly)* [*dwelling*] squallido, meschino; [*birth*] basso; [*origin*] umile, modesto **8** AE COLLOQ. *(unwell)* ***to feel ~*** sentirsi giù di corda *o* non sentirsi in forma.

2.mean /mi:n/ agg. *(average)* [*weight, temperature*] medio, intermedio.

3.mean /mi:n/ n. **1** MAT. media f.; ***above, below the ~*** al di sopra, al di sotto della media **2** FIG. *(middle point)* mezzo m., via f. di mezzo.

▶ **4.mean** /mi:n/ tr. (pass., p.pass. **meant**) **1** *(signify)* [*word, symbol, phrase*] significare, voler dire (**that** che); [*sign*] voler dire; ***what does this word, symbol ~?*** che cosa significa questa parola, questo simbolo? ***the name, word ~s nothing to me*** il nome, la parola non mi dice niente; ***does the term ~ anything to him?*** il termine gli dice qualcosa *o* ha qualche significato per lui? **2** *(intend)* ***to ~ to do*** avere l'intenzione *o* proporsi di fare; ***to ~ sb. to do*** BE, ***to ~ for sb. to do*** AE volere che qcn. faccia; ***to be meant for sb.*** [*question*] essere rivolto a qcn.; [*bomb*] essere destinato a qcn.; ***I meant it as a joke, a compliment*** guarda che era uno scherzo, un complimento; ***he doesn't ~ you any harm*** non vuole, intende farti del male; ***what do you ~ by opening my letters?*** che cosa ti salta in testa di aprire le mie lettere? ***to ~ well*** essere benintenzionato (**by sb.** verso qcn.); ***he ~s trouble*** o ***mischief*** ha delle brutte intenzioni; ***she ~s business*** fa sul serio; ***he ~s what he says*** *(he is sincere)* dice sul serio; *(he is menacing)* fa sul serio; ***she meant no offence*** non voleva offendere; ***I didn't ~ to do it*** non l'ho fatto apposta; ***I didn't ~ anything by it*** non avevo un secondo fine; ***without ~ing to*** senza volerlo, inavvertitamente; ***my remark offended you? it was meant to!*** la mia osservazione ti ha offeso? è quello che volevo! **3** *(entail)* [*strike, law*] comportare [*shortages, changes*]; [*budget*] implicare [*tax cuts*]; ***his death, the accident ~s doing*** a causa della sua morte, dell'incidente bisogna fare **4** *(intend to say)* voler dire; ***do you ~ Sarah?*** vuoi dire Sarah? ***what do you ~ by that remark?*** che cosa vuoi dire con ciò? ***do you ~ me?*** stai parlando di me? ***I ~ to say, who wants a car that won't start?*** voglio dire, chi vorrebbe una macchina che non parte? ***I know what you ~*** so che cosa vuoi dire *o* intendi **5** *(be of value)* ***a promise, designer label ~s nothing*** una promessa, una griffe non vuol dire nulla; ***she ~s everything, nothing to me*** lei è tutto, non è niente per me; ***money ~s everything, nothing to them*** i soldi sono tutto, non significano niente per loro; ***your friendship ~s a lot to me*** la tua amicizia è molto importante per me; ***what it ~s to live in a democracy!*** com'è bello, importante vivere in un paese democratico! **6** sempre passivo *(be destined)* ***to be meant to do*** essere destinato a fare; ***she was meant to be, become a doctor*** era destinata a fare il, diventare medico; ***it was meant to be, happen*** era destino che fosse così, che succedesse; ***they were meant for each other*** erano fatti l'uno per l'altra; ***I was meant for better things*** mi aspettava un destino migliore **7** sempre passivo *(be supposed to be)* ***he's, you're etc. meant to be*** dovrebbe, dovresti ecc. essere [*impartial, sad*]; ***I'm, you're etc. meant to be doing*** dovrei, dovresti ecc. fare.

mean bean /ˈmi:nbi:n/ n. maligno m. (-a).

1.meander /mɪˈændə(r)/ n. meandro m.

2.meander /mɪˈændə(r)/ intr. **1** *(wind)* [*river, road*] serpeggiare (**through** attraverso) **2** *(wander)* [*person*] vagare, girovagare; [*thoughts*] divagare **3** *(lose direction)* [*discussion, play*] divagare.

■ **meander on** [*speaker*] farneticare.

meandering /mɪˈændərɪŋ/ **I** n. gener. pl. (anche **~s**) **1** *(wandering)* meandri m.pl. **2** SPREG. *(conversational)* farneticamento m., divagazione f. **II** agg. **1** *(winding)* [*river, road*] sinuoso, serpeggiante **2** SPREG. *(aimless)* [*conversation, tale etc.*] inutile, contorto.

meandrous /mɪˈændrəs/ agg. meandrico, sinuoso, tortuoso.

mean green /ˈmi:ngri:n/ n. AE POP. *(money)* grana f.

meanie /ˈmi:nɪ/ n. **1** COLLOQ. *(miser)* meschino m. (-a) **2** COLLOQ. INFANT. *(spoilsport)* ***he's a ~*** è un guastafeste.

▷ **meaning** /ˈmi:nɪŋ/ n. **1** *(sense) (of word, phrase, remark)* senso m., significato m.; *(of symbol, gesture, name)* significato m.; ***what is the ~ of this word?*** che cosa significa questa parola? ***a word with two ~s*** una parola con due significati; ***what is the ~ of this?*** che cosa significa questo? ***poverty? he doesn't know the ~ of the word!*** povertà? non sa neanche che cosa vuol dire! **2** *(message) (of film, dream)* significato m. **3** *(purpose)* senso m.; ***my life, work no longer has any ~*** la mia vita, il mio lavoro non ha più senso; ***to give new ~ to*** dare un nuovo senso a [*life, work*] **4** *(eloquence)* ***a look, gesture full of ~*** uno sguardo, un gesto eloquente *o* significativo **5** *(drift)* ***yes, I get your ~*** COLLOQ. sì, capisco cosa vuoi dire; ***he likes a little drink, if you get my ~*** COLLOQ. non gli dispiace bere, se capisci cosa voglio dire **6** DIR. termini m.pl.; ***within the ~ of the act*** a termini di legge.

▷ **meaningful** /ˈmi:nɪŋfl/ agg. **1** *(significant)* [*word, term, statement, result*] significativo; ***explain it in a way that is ~ to children*** spiegalo in modo che i bambini capiscano **2** *(profound)* [*relationship*] importante; [*comment, lyric*] denso di significato; [*experience, insight*] profondo; ***my life is no longer ~*** la mia vita non ha più senso **3** *(eloquent)* [*look, gesture*] eloquente, significativo; [*smile*] eloquente **4** *(constructive)* [*discussion, talk*] costruttivo; [*act, work*] utile; [*process, input*] positivo.

meaningfully /ˈmi:nɪŋfəlɪ/ avv. [*speak*] in modo eloquente; ***to look ~ at sb.*** gettare a qcn. uno sguardo significativo.

meaningfulness /ˈmi:nɪŋfəlnɪs/ n. significatività f., eloquenza f.

▷ **meaningless** /ˈmi:nɪŋlɪs/ agg. **1** *(having no sense)* [*claim, word, phrase*] senza senso, insensato; [*code, figure*] incomprensibile; ***the diagram, sentence is ~ to me*** il diagramma, la frase non ha senso per me **2** *(worthless)* [*chatter, role, title*] insignificante; [*action, contribution, remark*] irrilevante; [*effort*] inutile; ***a ~ exercise*** un esercizio inutile **3** *(pointless)* [*act, violence*] gratuito; [*sacrifice*] inutile; ***my life is ~*** la mia vita non ha senso.

meaningly /ˈmi:nɪŋlɪ/ avv. in modo significativo.

mean-looking /ˈmi:nlʊkɪŋ/ agg. **1** *(vicious)* [*dog, man*] dall'aria cattiva **2** SCHERZ. *(impressive)* [*drink*] impressionante **3** COLLOQ. *(trendy)* [*jacket*] di moda.

meanly /ˈmi:nlɪ/ avv. **1** *(ungenerously)* [*distribute*] con grettezza; [*mark*] severamente **2** *(poorly)* [*dressed, housed*] in modo miserabile **3** *(nastily)* [*behave, say*] in modo meschino.

mean-minded /ˌmi:nˈmaɪndɪd/ agg. di animo meschino, perfido.

meanness /ˈmi:nnɪs/ n. **1** *(stinginess)* avarizia f., grettezza f. **2** *(nastiness)* meschinità f., cattiveria f. (**to** verso; **towards** riguardo a); ***to do sth. out of ~*** fare qcs. per cattiveria **3** *(smallness) (of portion)* meschinità f., scarsezza f. **4** *(viciousness)* cattiveria f., perfidia f. **5** LETT. *(humbleness)* meschinità f., umiltà f.

▷ **means** /mi:nz/ **I** n. (pl. **~**) *(way)* mezzo m., modo m.; ***by illegal ~*** con metodi illegali; ***ready to use whatever ~ they can to...*** pronti a utilizzare qualunque mezzo a loro disposizione per...; ***a ~ of*** un mezzo di [*communication, transport, storage*]; ***a ~ of doing*** un modo di fare; ***there was no ~ of knowing*** non c'era modo di sapere; ***by ~ of sth.*** per mezzo di qcs.; ***yes, by all ~*** sì, assolutamente, senza dubbio; ***if you wish to leave, then by all ~ do*** se desideri partire, allora vai pure; ***it is by no ~ certain, complete, it is not certain, complete by any ~*** non è per niente sicuro, completo **II** n.pl. *(resources)* mezzi m., risorse f.; ***of moderate ~*** [*person, family*] di modeste condizioni economiche; ***to live beyond, within one's ~*** vivere al di sopra delle, secondo le proprie possibilità; ***to have the ~ to do*** avere i mezzi per fare; ***a man of ~*** un uomo agiato, benestante ◆ ***by fair ~ or foul*** con le buone o con le cattive; ***for him, it's just a ~ to an end*** per lui è solo un mezzo per raggiungere il suo scopo; ***the end justifies the ~*** il fine giustifica i mezzi.

mean-spirited /ˌmiːnˈspɪrɪtɪd/ agg. piccolo, meschino.

means test /ˈmiːnztest/ n. accertamento m. patrimoniale.

means-test /ˈmiːnztest/ tr. accertare le fonti di reddito di.

means-tested /ˌmiːnzˈtestɪd/ **I** p.pass. → **means-test II** agg. [*benefit, grant, fine*] proporzionale al reddito.

meant /ment/ pass., p.pass. → **4.mean**.

▷ **meantime** /ˈmiːntaɪm/ **I** avv. (anche **in the ~**) → **meanwhile II for the meantime** per il momento, intanto.

▶ **meanwhile** /ˈmiːnwaɪl/ avv. (anche **in the ~**) **1** *(during this time)* intanto, nel frattempo; ***~, cook the pasta*** *(in recipe)* nel frattempo, fate cuocere la pasta; ***Jack, ~, was cooking the dinner*** Jack, nel frattempo, stava preparando la cena **2** *(until then)* intanto; ***~, if you have any questions...*** intanto, se avete delle domande... **3** *(since or before then)* nel frattempo; ***a lot had changed, could change ~*** nel frattempo molte cose erano cambiate, potrebbero cambiare **4** *(by way of contrast)* in quel momento, intanto; ***~ in Paris...*** intanto a Parigi...

measles /ˈmiːzlz/ ➧ ***11*** n. + verbo sing. morbillo m.

measly /ˈmiːzlɪ/ agg. COLLOQ. [*amount, quality*] miserabile; [*gift, result*] meschino, misero; ***I was paid a ~ £ 2 an hour*** mi pagavano due misere sterline all'ora.

measurable /ˈmeʒərəbl/ agg. **1** *(perceptible)* [*difference*] notevole **2** *(quantifiable)* [*change*] misurabile; [*phenomena*] quantificabile.

measurably /ˈmeʒərəblɪ/ avv. sensibilmente.

▶ **1.measure** /ˈmeʒə(r)/ ➧ ***15, 31, 3, 35, 37, 28*** n. **1** *(unit)* misura f., unità f. di misura; ***weights and ~s*** pesi e misure; ***a ~ of length*** una misura di lunghezza; ***liquid ~*** misura di capacità; ***to make sth. to ~*** fare qcs. su misura; ***it's made to ~*** [*garment*] è fatto su misura **2** *(standard amount, container)* dose f., misura f.; ***a double ~ of vodka*** una doppia dose di vodka; ***he gave me short ~, I got short ~*** mi ha dato, ho preso meno del dovuto **3** *(device for measuring)* strumento m. di misura **4** FIG. *(qualified amount, extent)* ***some*** o ***a certain ~ of*** una certa quantità di; ***a ~ of respect, success, change*** un certo rispetto, successo, cambiamento; ***to receive only a small ~ of support*** ricevere solo un sostegno limitato; ***a good*** o ***wide ~ of autonomy*** una grande autonomia; ***in large ~*** in larga misura; ***she despised them and envied them in equal ~*** li disprezzava e li invidiava in eguale misura; ***to distribute praise and blame in equal ~*** distribuire in egual misura lodi e biasimo; ***in full ~*** [*feel, fulfil, contribute*] pienamente; [*possess, repay*] interamente; [*suffer*] profondamente **5** *(way of estimating, indication) (of price rises)* misura f.; *(of success, anger, frustration etc.)* misura f., indice m.; *(of efficiency, performance)* indicazione f.; ***to be the ~ of*** dare la misura di; ***to give some ~ of*** dare un'idea di [*delight, failure, talent, arrogance etc.*]; ***to use sth. as a ~ of*** utilizzare qcs. come metro di valutazione per [*effects, impact, success*]; ***this is a ~ of how dangerous it is*** questo dimostra quanto è pericoloso; ***this is a ~ of how seriously they are taking the situation*** questo dimostra fino a che punto prendono sul serio la situazione; ***that is a ~ of how well the company is run*** ciò è indice dell'ottima gestione della società **6** *(assessment)* ***beyond ~*** [*change, increase*] oltremisura; [*anxious, beautiful, difficult*] estremamente; ***it has improved beyond ~*** è migliorato incredibilmente; ***to take the ~ of sb.*** giudicare *o* valutare qcn.; ***I have the ~ of them*** so *o* ho capito quanto valgono **7** *(action, step)* misura f., provvedimento m. (**against** contro; **to do** per fare); ***to take ~s*** prendere *o* adottare delle misure *o* dei provvedimenti; ***safety*** o ***security ~*** misure di sicurezza; ***~s aimed at doing*** misure destinate a fare; ***to do sth. as a precautionary, an economy ~*** fare qcs. come misura precauzionale, per motivi economici; ***as a preventive ~*** come misura preventiva; ***as a temporary ~*** provvisoriamente; ***the ~ was defeated*** POL. DIR. il provvedimento è stato respinto **8** MUS. misura f.; LETTER. metro m., ritmo m. ◆ ***for good ~*** per sicurezza, come misura aggiuntiva; ***to do things by half~s*** fare le cose a metà; ***there can be no half~s*** non ci possono essere mezze misure.

▶ **2.measure** /ˈmeʒə(r)/ **I** tr. **1** *(by standard system)* [*person, instrument*] misurare [*length, rate, depth, person, waist*]; ***to ~ sth. in*** misurare qcs. in [*metres, inches*]; ***to get oneself ~d for*** farsi prendere le misure per; ***over a ~d kilometre*** SPORT su una base misurata di un chilometro; ***to ~ sth. into*** misurare qcs. in *o* con [*container*] **2** *(have a measurement of)* misurare; ***to ~ four by five metres*** misurare quattro metri per cinque; ***a tremor measuring 5.2 on the Richter scale*** una scossa di 5,2 gradi della scala Richter **3** *(assess)* mi-surare, valutare [*performance, ability, success, popularity*]; ***they ~ their progress by the number of*** valutano i loro progressi in base al numero di **4** *(compare)* ***to ~ sth. against*** paragonare qcs. a [*achievement, standard, effort*] **II** intr. [*person, instrument*] misurare **III** rifl. ***to ~ oneself against sb.*** misurarsi con qcn.

▪ **measure off:** ~ off [sth.] tagliare [*fabric, ribbon etc.*].

▪ **measure out:** ~ out [sth.] misurare [*land*]; dosare [*medicine, flour, liquid*]; contare [*drops*].

▪ **measure up:** ~ up [*person, product*] avere i requisiti necessari; ***to ~ up against sb.*** essere all'altezza di qcn.; ***to ~ up to*** essere all'altezza di [*expectations*]; sostenere il confronto con [*achievement*]; ~ up [sth.] prendere le misure di, misurare [*room etc.*].

▷ **measured** /ˈmeʒəd/ **I** p.pass. → **2.measure II** agg. [*tone, response, comment*] misurato; [*pace*] cadenzato; [*analysis*] equilibrato.

measureless /ˈmeʒəlɪs/ agg. LETT. smisurato, immenso.

▷ **measurement** /ˈmeʒəmənt/ ➧ ***31, 28*** n. **1** *(of room, piece of furniture)* misura f.; ***to take the ~s of*** prendere le misure di **2** SART. ***to take sb.'s ~s*** prendere le misure a qcn.; ***waist ~*** girovita; ***chest ~*** circonferenza toracica; ***leg, arm ~*** lunghezza della gamba, del braccio.

measuring /ˈmeʒərɪŋ/ n. misurazione f.

measuring jug /ˈmeʒərɪŋˌdʒʌg/ n. brocca f. graduata.

measuring spoon /ˈmeʒərɪŋˌspuːn/ n. misurino m. (a forma di cucchiaio), cucchiaio m. dosatore.

measuring tape /ˈmeʒərɪŋˌteɪp/ n. metro m. a nastro.

▷ **meat** /miːt/ **I** n. **1** GASTR. *(flesh)* carne f., polpa f.; ***red, white ~*** carne rossa, bianca; ***chicken ~*** carne di pollo; ***crab ~*** polpa di granchio **2** FIG. *(main part)* sostanza f., contenuto m., succo m. (**of** di) **3** ANT. *(food)* cibo m., nutrimento m. **II** modif. [*dish, extract*] di carne; [*industry*] della carne; ***~ products*** prodotti a base di carne ◆ ***~ and two veg*** COLLOQ. carne con contorno di due verdure; ***he's a ~-and-two-veg man, he's a ~-and-potatoes man*** BE COLLOQ. è di bocca buona; ***political scandals are ~ and drink to them*** gli scandali politici sono un invito a nozze per loro; ***to be strong ~*** essere roba forte, difficile da digerire; ***one man's ~ is another man's poison*** PROV. tutti i gusti sono gusti.

meat-ax /ˈmiːtæks/ tr. assalire brutalmente, fare a pezzi.

meatball /ˈmiːtbɔːl/ n. **1** gener. pl. GASTR. polpetta f. di carne **2** AE COLLOQ. *(person)* persona f. stupida e noiosa.

meat cleaver /ˈmiːtˌkliːvə(r)/ n. mannaia f.

meat-eater /ˈmiːtˌiːtə(r)/ n. **1** *(animal)* carnivoro m. **2** *(person)* ***they're not great ~s*** non mangiano molta carne.

meat-eating /ˈmiːtˌiːtɪŋ/ agg. [*animal*] carnivoro.

meat-fly /ˈmiːtflaɪ/ n. mosca f. carnaria, della carne.

meat-free /ˌmiːtˈfriː/ agg. [*dish*] senza carne, vegetariano; [*diet, cookery*] vegetariano.

meathead /ˈmiːthed/ n. AE COLLOQ. testa f. di rapa.

meat hook /ˈmiːthʊk/ **I** n. gancio m. da macelleria **II meat hooks** n.pl. COLLOQ. mani f., pugni m.

meat loaf /ˈmiːtləʊf/ n. (pl. **meat loaves**) polpettone m. di carne.

meat market /ˈmiːtˌmɑːkɪt/ n. **1** *(butcher's)* mercato m. della carne **2** COLLOQ. *(place to look for sex)* = luogo, locale che si frequenta allo scopo di trovare un partner sessuale.

meatpacker /ˈmiːtˌpækə(r)/ ➧ ***27*** n. = addetto alla macellazione e al confezionamento delle carni.

meatpacking /ˈmiːtpækɪŋ/ n. = macellazione e confezionamento delle carni.

meat pie /ˌmiːtˈpaɪ/ n. GASTR. pasticcio m. di carne.

meat processing /ˈmiːtˌprəʊsesɪŋ, AE -ˈprɒ-/ n. lavorazione f. delle carni.

meat safe /ˈmiːtseɪf/ n. BE moscaiola f.

meatshow /ˈmiːtʃəʊ/ n. COLLOQ. spogliarello m.

meat-tea /ˈmiːtˌtiː/ n. = pasto a base di carne e tè consumato nel tardo pomeriggio.

meat trade /ˈmiːtˌtreɪd/ n. commercio m. della carne.

meat wagon /ˈmiːtˌwægən/ n. AE COLLOQ. *(ambulance)* ambulanza f.; *(hearse)* carro m. funebre.

meatus /mɪˈeɪtəs/ n. (pl. **~es, ~**) ANAT. meato m., orifizio m.; *(urinary)* meato m. urinario.

meaty /ˈmiːtɪ/ agg. **1** *(with meat)* [*stew, sauce*] ricco di carne; [*chop*] carnoso, polposo; [*flavour, smell*] di carne **2** *(brawny)* [*person*] in carne, spesso; [*hand*] carnoso, paffuto **3** FIG. *(interesting)* [*role*] corposo; [*story, subject*] sostanzioso.

Mecca /'mekə/ ◆ *34* n.pr. 1 *(shrine)* La Mecca f. 2 FIG. (anche **mecca**) ***a ~ for*** una mecca per [*tourists, scholars*].
Meccano® /mɪ'kɑːnəʊ/ n. meccano® m.
mechanic /mɪ'kænɪk/ ◆ *27* n. meccanico m.
▷ **mechanical** /mɪ'kænɪkl/ agg. *(all contexts)* meccanico.
mechanical drawing /mɪˌkænɪkl'drɔːɪŋ/ n. AE TECN. disegno m. tecnico.
mechanical engineer /mɪˌkænɪklendʒɪ'nɪə(r)/ ◆ *27* n. ingegnere m. meccanico.
mechanical engineering /mɪˌkænɪklendʒɪ'nɪərɪŋ/ n. ingegneria f. meccanica.
mechanically /mɪ'kænɪklɪ/ avv. 1 MECC. [*produce, perform, process, operate*] meccanicamente; ***~-operated*** a comando automatico 2 *(automatically)* [*behave, respond*] meccanicamente, macchinalmente.
mechanicalness /mɪ'kænɪklnɪs/ n. meccanicità f.
▷ **mechanics** /mɪ'kænɪks/ n.pl. 1 *(subject)* + verbo sing. meccanica f. 2 *(workings)* + verbo pl. meccanismo m.sing. (anche FIG.); ***the ~ of*** il meccanismo di [*engine, pump*]; ***the ~ of the law, of management*** i meccanismi della giustizia, dell'amministrazione; ***the ~ of doing*** il modo di fare.
mechanism /'mekənɪzəm/ n. 1 *(of machine, device)* meccanismo m. 2 *(procedure)* meccanismo m. (**of** di); ***legal ~s*** procedure legali; ***a ~ for regulating prices, selecting staff*** un meccanismo per controllare i prezzi, selezionare il personale; ***a ~ to do*** un modo di fare 3 BIOL. PSIC. meccanismo m. 4 FILOS. *(theory)* meccanicismo m.
mechanist /ˌmekə'nɪst/ n. 1 FILOS. meccanicista m. e f. 2 ANT. meccanico m.
mechanistic /ˌmekə'nɪstɪk/ agg. 1 FILOS. meccanicistico 2 MAT. meccanico.
mechanization /ˌmekənaɪ'zeɪʃn, AE -nɪ'z-/ n. meccanizzazione f.
mechanize /'mekənaɪz/ I tr. meccanizzare II intr. meccanizzarsi.
mechanized /'mekənaɪzd/ I p.pass. → **mechanize** II agg. meccanizzato.
meconium /mɪ'kəʊnɪəm/ n. meconio m.
med /med/ agg. COLLOQ. [*school, student*] di medicina.
med. ⇒ medium medio.
Med /med/ n. BE COLLOQ. (accorc. Mediterranean) Mediterraneo m.
MEd /ˌem'ed/ n. UNIV. (⇒ Master of Education) = (diploma di) dottore in pedagogia (conseguito con un corso di studi di cinque o sei anni).
medal /'medl/ n. medaglia f.; ***gold, silver ~*** medaglia d'oro, d'argento.
medalled /'medld/ agg. decorato di medaglie.
medallic /mɪ'dælɪk/ agg. 1 *(of medal)* di medaglia 2 *(resembling medal)* simile a medaglia 3 *(on medal)* raffigurato su medaglia.
medallion /mɪ'dælɪən/ n. *(all contexts)* medaglione m.
▷ **medallist** BE, **medalist** AE /'medəlɪst/ n. vincitore m. (-trice) di una medaglia, medaglia f.; ***gold, silver ~*** *(person)* medaglia d'oro, d'argento.
Medal of Honor /ˌmedləv'ɒnə(r)/ n. US MIL. medaglia f. d'onore (la più alta decorazione militare degli Stati Uniti), medaglia f. d'oro al valore militare.
medal play /'medlpleɪ/ n. *(in golf)* = partita di golf in cui il punteggio si calcola in base al numero di colpi effettuati.
meddle /'medl/ intr. SPREG. ***stop meddling!*** smettila di intrometterti (in ciò che non ti riguarda)! fatti gli affari tuoi! ***to ~ in*** immischiarsi in [*affairs*]; ***to ~ with*** mettere le mani in, toccare [*property*].
meddler /'medlə(r)/ n. SPREG. impiccione m. (-a), ficcanaso m. e f.
meddlesome /'medəlsəm/ agg. SPREG. indiscreto, intrigante.
meddlesomeness /'medəlsəmnɪs/ n. SPREG. indiscrezione f., intromissione f.
meddling /'medlɪŋ/ I n. SPREG. ingerenza f., intromissione f. II agg. attrib. SPREG. [*person*] indiscreto, intrigante; ***his ~ ways*** la sua abitudine di intromettersi.
Mede /miːd/ I agg. STOR. medo II n. STOR. medo m. (-a).
Medea /mɪ'diːə/ n.pr. Medea.
medevac /'medɪvæk/ n. AE MIL. (⇒ medical evacuation) = trasporto in ospedale di feriti mediante elicottero o aereo.
▶ **1.media** /'miːdɪə/ I n. + verbo sing. o pl. GIORN. RAD. TELEV. ***the ~*** i media, i mezzi di comunicazione; ***mass ~*** mass media; ***news ~*** mezzi di informazione; ***in the ~*** nei media II modif. [*advertising*] sui mezzi di comunicazione; [*analyst, attention, industry, influence, interest, law, organization, page, power, reaction, report, coverage*] dei media, dei mezzi di comunicazione; [*event, hype, image, personality*] mediatico, massmediatico; [*consultant, group, ownership*] di media; [*sales*] tramite i mezzi di comunicazione; [*man, woman*] che lavora nella comunicazione, nei media; [*tycoon*] dei media.
2.media /'miːdɪə/ → **medium**.
media blitz /ˌmiːdɪə'blɪts/ n. assalto m. dei media.
media circus /ˌmiːdɪə'sɜːkəs/ n. circo m. dei media.
media-conscious /'miːdɪəˌkɒnʃəs/ agg. attento alla propria immagine nei media.
mediaeval → **medieval**.
media fatigue /'miːdɪəfəˌtiːg/ n. disinteresse m. da parte dei media.
medial /'miːdɪəl/ agg. 1 LING. [*consonant*] medio; [*position*] intermedio 2 MAT. [*number, amount*] medio.
median /'miːdɪən/ I n. 1 MAT. STATIST. mediana f. 2 AE AUT. (anche **~ strip**) aiuola f. spartitraffico II agg. 1 STATIST. [*price, income, sum*] medio 2 MAT. [*point, line*] mediano; [*value*] medio.
Median /'miːdɪən/ I agg. STOR. medo, della Media II n. STOR. medo m. (-a).
mediant /'miːdɪənt/ n. MUS. mediante f.
media-shy /'miːdɪəʃaɪ/ agg. che rifugge dai media.
media star /'miːdɪəˌstɑː(r)/ n. figura f. mediatica, massmediatica.
mediastina /ˌmiːdɪəs'taɪnə/ → **mediastinum**.
mediastinal /ˌmiːdɪəs'taɪnl/ agg. mediastinico.
mediastinum /ˌmiːdɪəs'taɪnəm/ n. (pl. **-a**) mediastino m.
media student /'miːdɪəˌstjuːdnt, AE -ˌstuː-/ n. studente m. (-essa) di scienze della comunicazione.
media studies /'miːdɪəˌstʌdɪz/ n.pl. studi m. in scienze della comunicazione.
1.mediate /'miːdɪət/ agg. 1 *(indirect)* mediato, indiretto 2 RAR. *(intermediate)* intermedio, frapposto.
2.mediate /'miːdɪeɪt/ I tr. 1 *(as negotiator)* mediare [*settlement, peace*] 2 *(affect)* influenzare 3 FORM. *(transmit)* fornire [*services*]; trasmettere, diffondere [*idea, cult*] (**through** attraverso, per mezzo di) II intr. mediare, fare da mediatore, da intermediario; ***to ~ in, between*** fare da mediatore *o* tramite in *o* fra.
mediating /'miːdɪeɪtɪŋ/ agg. [*role*] da mediatore, da intermediario; [*nation*] mediatore.
mediation /ˌmiːdɪ'eɪʃn/ n. *(in law, politics, industry)* mediazione f.; *(in marital disputes)* conciliazione f., intervento m. amichevole.
mediatize /'miːdɪətaɪz/ tr. STOR. *(annex)* annettere [*state*].
mediator /'miːdɪeɪtə(r)/ n. mediatore m. (-trice).
mediatorial /ˌmiːdɪə'tɔːrɪəl/, **mediatory** /'miːdɪəˌtrɪ, AE -ˌtɔːrɪ/ agg. da, di mediatore.
medic /'medɪk/ n. COLLOQ. 1 *(doctor)* medico m. 2 *(student)* studente m. (-essa) di medicina 3 MED. MIL. soldato m. di sanità.
medicable /'medɪkəbl/ agg. medicabile, guaribile.
Medicaid /'medɪkeɪd/ n. US = programma di assistenza finanziato dallo stato per contribuire a pagare le spese mediche e ospedaliere per i meno abbienti.
▶ **medical** /'medɪkl/ I n. *(in school, army, for job)* visita f. medica; ***army, company ~*** visita di leva, visita medica aziendale II agg. medico; ***to retire on ~ grounds*** andare in pensione per motivi di salute.
medical advice /'medɪkləd̩ˌvaɪs/ n. parere m. di un medico; ***to seek ~*** consultare un medico; ***against ~*** contro il parere del medico.
medical appointment /'medɪkləˌpɔɪntmənt/ n. appuntamento m. dal medico.
medical board /'medɪklˌbɔːd/ n. MIL. commissione f. medica.
medical care /'medɪklˌkeə(r)/ n. U cure f.pl. mediche; *(in welfare work)* assistenza f. medica.
medical certificate /'medɪklsəˌtɪfɪkət/ n. certificato m. medico.
medical check-up /'medɪklˌtʃekʌp/ n. controllo m. medico.
medical corps /'medɪklˌkɔː(r)/ n.pl. MIL. sanità f.sing.
medical doctor /'medɪklˌdɒktə(r)/ ◆ *27* n. dottore m. (-essa) in medicina.
medical emergency /ˌmedɪklɪ'mɜːdʒənsɪ/ n. urgenza f.
medical ethics /ˌmedɪkl'eθɪks/ n.pl. etica f.sing. professionale, deontologia f.sing. dei medici.
medical examination /ˌmedɪklɪgzæmɪ'neɪʃn/ n. visita f. medica.
medical examiner /ˌmedɪklɪg'zæmɪnə(r)/ n. AE DIR. medico m. legale.
medical expert /ˌmedɪkl'ekspɜːt/ n. (medico) esperto m.
medical history /ˌmedɪkl'hɪstrɪ/ n. 1 *(background)* anamnesi f. 2 *(notes)* cartella f. clinica.
medical insurance /'medɪklɪnˌʃɔːrəns, AE -ˌʃʊərəns/ n. assicurazione f. sanitaria.
medicalization /medɪkəlaɪ'zeɪʃn, AE -lɪ'z-/ n. medicalizzazione f.
medicalize /'medɪkəlaɪz/ tr. medicalizzare.
medical jurisprudence /'medɪklˌdʒʊərɪsˌpruːdns/ n. medicina f. legale.
medically /'medɪklɪ/ avv. ***to examine, test sb. ~*** fare una visita medica a qcn.; ***~ fit*** o ***sound*** in buone condizioni di salute; ***~ unfit***

in cattive condizioni di salute; ***a ~ qualified person*** una persona qualificata dal punto di vista medico; ***there's nothing wrong with him ~*** non ha niente che non va dal punto di vista medico.

medical man /ˈmedɪklmæn/ n. (pl. **medical men**) COLLOQ. dottore m.

medical missionary /ˈmedɪklˌmɪʃənrɪ, AE -nerɪ/ n. medico m. missionario.

medical officer /ˈmedɪklˌɒfɪsə(r), AE -ˌɔːf-/ n. MIL. ufficiale m. medico; IND. ufficiale m. sanitario.

medical opinion /ˌmedɪkləˈpɪnɪən/ n. **1 U** *(views of the profession)* ~ ***is divided*** le opinioni dei medici sono contrastanti **2 C** *(view of one doctor)* parere m., opinione f. del medico.

medical orderly /ˌmedɪklˈɔːdəlɪ/ n. *(in hospital)* inserviente m. e f.; *(in army)* soldato m. di sanità.

medical practitioner /ˌmedɪklpræk'tɪʃənə(r)/ ♦ **27** n. medico m. generico.

medical profession /ˈmedɪklprəˌfeʃn/ n. ***the ~*** *(doctors collectively)* i medici; *(occupation)* la professione medica.

medical register /ˌmedɪklˈredʒɪstə(r)/ n. albo m. dell'ordine dei medici.

Medical Research Council /ˌmedɪklrɪˈsɜːtʃˌkaʊnsl, -ˈriːsɜːtʃ-/ n. GB = consiglio per la ricerca medica.

medical school /ˈmedɪklskuːl/ n. istituto m., facoltà f. di medicina.

medical science /ˌmedɪklˈsaɪəns/ n. scienza f. medica, medicina f.

medical social worker /ˌmedɪklˈsəʊʃlˌwɜːkə(r)/ ♦ **27** n. assistente m. sanitario.

medical student /ˈmedɪklˌstjuːdnt, AE -ˌstuː-/ n. studente m. (-essa) di medicina.

medical studies /ˈmedɪklˌstʌdɪz/ n.pl. studi m. di medicina.

medical unit /ˈmedɪklˌjuːnɪt/ n. unità f. medica; *(in hospital)* reparto m. di medicina generale.

medical ward /ˈmedɪklwɔːd/ n. reparto m. di medicina (generale).

medicament /mɪˈdɪkəmənt/ n. ANT. medicamento m., rimedio m.

medicamentous /ˌmɪdɪkəˈmentəs/ agg. medicamentoso.

Medicare /ˈmedɪkeə(r)/ n. US = assistenza statale medica e ospedaliera.

medicaster /ˈmedɪkæstə(r)/ n. medicastro m. (-a).

medicate /ˈmedɪkeɪt/ tr. impregnare [qcs.] con una sostanza medicamentosa [*gauze, soap*].

medicated /ˈmedɪkeɪtɪd/ **I** p.pass. → **medicate II** agg. [*bandage, powder, soap, sweet*] medicato; [*shampoo*] trattante.

▷ **medication** /ˌmedɪˈkeɪʃn/ n. **1 U** *(drug treatment)* cura f., trattamento m.; ***to be on ~*** essere in cura *o* prendere medicine (**for** per); ***to give sb. ~*** prescrivere a qcn. dei medicinali; ***to put sb. on ~*** somministrare dei medicinali a qcn.; ***take sb. off ~*** fare sospendere una cura a qcn. **2 C** *(medicine)* medicamento m., medicina f., farmaco m.

medicative /ˈmedɪkətɪv/ agg. medicamentoso, curativo, medicinale.

Medicean /ˌmedɪˈtʃiːən/ agg. STOR. mediceo.

medicinal /mɪˈdɪsɪnl/ agg. [*property, quality, use*] terapeutico; [*herb, plant*] medicinale, officinale; ~ ***drugs*** medicinali, farmaci; ***I drink brandy for ~ purposes*** SCHERZ. bevo brandy a fini terapeutici.

▷ **medicine** /ˈmedsn, AE ˈmedɪsn/ n. **1 U** *(discipline)* medicina f., scienza f. medica; ***to study ~*** studiare medicina; ***doctor of ~*** dottore in medicina **2 C** *(drug)* medicina f., farmaco m., medicamento m. (**for** per); ***the best ~*** il miglior rimedio (anche FIG.) ◆ ***to give sb. a taste of their own ~*** ripagare qcn. con la stessa moneta; ***to take one's ~ like a man*** ingoiare la pillola; ***that's pretty strong ~!*** è proprio dura da mandare giù!

medicine ball /ˈmedsnbɔːl, AE ˈmedɪsn-/ n. SPORT palla f. medica.

medicine bottle /ˈmedsnˌbɒtl, AE ˈmedɪsn-/ n. flacone m., boccetta f.

medicine box /ˈmedsnbɒks, AE ˈmedɪsn-/ n. cassetta f. del pronto soccorso.

medicine cabinet /ˈmedsnˌkæbɪnɪt, AE ˈmedɪsn-/, **medicine chest** /ˈmedsnˌtʃest, AE ˈmedɪsn-/, **medicine cupboard** /ˈmedsnˌkʌbəd, AE ˈmedɪsn-/ n. armadietto m. farmaceutico, dei medicinali.

medicine dropper /ˈmedsnˌdrɒpə(r), AE ˈmedɪsn-/ n. contagocce m.

medicine man /ˈmedsnmæn, AE ˈmedɪsn-/ n. (pl. **medicine men**) ANTROP. stregone m., sciamano m.

medicine show /ˈmedsnˌʃəʊ, AE ˈmedɪsn-/ n. AE STOR. = spettacolo itinerante in cui gli imbonitori cercavano di vendere al pubblico panacee e rimedi miracolosi.

medico /ˈmedɪkəʊ/ n. (pl. **~s**) COLLOQ. → **medic.**

▷ **medieval** /ˌmedɪˈiːvl, AE ˌmiːd-, mɪˈdiːvl/ agg. **1** STOR. [*city, period, art*] medievale; [*merchant, knight, noble*] del medioevo **2** FIG. *(primitive)* medievale, retrogrado, sorpassato.

medievalism /ˌmedɪˈiːvəlɪzəm, AE ˌmiːd-, mɪˈd-/ n. medievalismo m.

medievalist /ˌmedɪˈiːvəlɪst, AE ˌmiːd-, mɪˈd-/ ♦ **27** n. medievalista m. e f.

Medina /meˈdiːnə/ ♦ **34** n.pr. Medina f.

mediocre /ˌmiːdɪˈəʊkə(r)/ agg. mediocre.

mediocrity /ˌmiːdɪˈɒkrətɪ/ n. **1** *(state)* mediocrità f. **2** *(person)* mediocre m. e f.

meditate /ˈmedɪteɪt/ **I** tr. *(think about)* meditare (**doing** di fare) **II** intr. meditare, riflettere (**on, upon** su).

▷ **meditation** /ˌmedɪˈteɪʃn/ n. **1** meditazione f. (anche RELIG.) **2** LETTER. meditazione f., riflessione f. (**on** su).

meditative /ˈmedɪtətɪv, AE -teɪt-/ agg. [*person, expression, nature*] meditativo, riflessivo; [*music, experience*] contemplativo; [*silence, calm, atmosphere*] raccolto, di riflessione.

meditatively /ˈmedɪtətɪvlɪ/ avv. [*gaze, wander*] in modo meditativo, riflessivo.

meditativeness /ˈmedɪtətɪvnɪs, AE -teɪt-/ n. pensosità f., riflessività f.

▷ **Mediterranean** /ˌmedɪtəˈreɪnɪən/ ♦ **20 I** n.pr. **1** (anche **~ sea**) (mar) Mediterraneo m.; ***in the ~*** nel Mediterraneo **2** *(region)* paesi m.pl. del Mediterraneo **3** *(native)* = nativo o abitante di un paese del Mediterraneo **II** agg. *(all contexts)* mediterraneo.

Mediterranean fever /ˌmedɪtəˌreɪnɪənˈfiːvə(r)/ ♦ **11** n. brucellosi f.

▷ **medium** /ˈmiːdɪəm/ ♦ **28 I** n. **1** (pl. **~s, -ia**) CINEM. RAD. TEATR. TELEV. mezzo m.; ***advertising ~*** mezzo, veicolo pubblicitario; ***through the ~ of*** per mezzo di **2** (pl. **-ia**) ART. *(technique)* tecnica f., mezzo m. espressivo; *(material)* materiale m. **3** *(midpoint)* mezzo m., punto m. medio; ***to find*** o ***strike a happy ~*** trovare il giusto mezzo **4** (pl. **~s**) BIOL. BOT. ambiente m., mezzo m.; ***culture ~, growing ~*** BIOL. brodo, terreno di coltura; ***planting ~*** terra da piantagione **5** (pl. **~s**) *(spiritualist)* medium m. e f. **II** agg. **1** [*size, temperature*] medio; ***of ~ build, height*** di corporatura, altezza media; ***in the ~ term*** nel medio termine, periodo **2** RAD. [*wave*] medio; ***on ~ wave*** sulle onde medie; ***~ wave radio*** radio a onde medie.

medium-dry /ˌmiːdɪəmˈdraɪ/ agg. [*drink*] demi-sec.

medium-fine /ˌmiːdɪəmˈfaɪn/ agg. [*pen*] con la punta medio-fine; [*tip, point*] medio.

mediumistic /ˌmiːdɪəˈmɪstɪk/ agg. medianico.

medium-length /ˌmiːdɪəmˈlenθ/ agg. [*book, article, hair*] di media lunghezza; ***~ film*** mediometraggio.

medium-level /ˌmiːdɪəmˈlevl/ agg. di livello medio.

medium-price(d) /ˌmiːdɪəmˈpraɪs(t)/ agg. di prezzo medio.

medium-range /ˌmiːdɪəmˈreɪndʒ/ agg. [*missile*] a media gittata.

medium-rare /ˌmiːdɪəmˈreə(r)/ agg. [*meat*] poco cotto.

medium-sized /ˈmiːdɪəmˌsaɪzd/ agg. di media grandezza.

medium-term /ˌmiːdɪəmˈtɜːm/ **I** n. ***in the ~*** nel medio termine, periodo **II** agg. a medio termine.

medlar /ˈmedlə(r)/ n. **1** *(fruit)* nespola f. **2** *(tree)* nespolo m.

medley /ˈmedlɪ/ n. **1** MUS. medley m., pot-pourri m. (**of** di) **2** *(in swimming)* (anche **individual ~**) gara f. mista; ***~ relay*** staffetta mista **3** *(mixture) (of people, groups)* miscuglio m., mescolanza f.

medulla /meˈdʌlə/ n. (pl. **~s, -ae**) **1** *(marrow)* midollo m. **2** (anche **~ oblongata**) midollo m. allungato, bulbo m. rachidiano.

medullary /meˈdʌlərɪ, ˈmedələrɪ/ agg. midollare.

medusa /mɪˈdjuːzə, mɪˈdjuːsə, AE məˈduː-/ n. (pl. **~s, -ae**) *(jellyfish)* medusa f.

Medusa /mɪˈdjuːzə, mɪˈdjuːsə, AE məˈduː-/ n.pr. MITOL. Medusa.

medusae /mɪˈdjuːzi, mɪˈdjuːsiː, AE məˈduː-/ → **medusa.**

medusal /mɪˈdjuːzl, mɪˈdjuːsl, AE məˈduː-/, **medusan** /mɪˈdjuːzn, mɪˈdjuːsn, AE məˈduː-/ agg. di medusa.

medusoid /mɪˈdjuːzɔɪd, mɪˈdjuːsɔɪd, AE məˈduː-/ agg. medusoide.

meed /miːd/ n. ANT. *(reward)* ricompensa f.

meek /miːk/ agg. mite, docile, mansueto ◆ ***as ~ as a lamb*** docile come un agnello; ***~ and mild*** molto mite, docilissimo.

meekly /ˈmiːklɪ/ avv. docilmente, in modo mansueto.

meekness /ˈmiːknɪs/ n. mitezza f., docilità f., mansuetudine f.

meerschaum /ˈmɪəʃəm/ n. (anche **~ pipe**) sepiolite f., pipa f. di schiuma di mare.

1.meet /miːt/ n. **1** SPORT riunione f., raduno m., incontro m.; ***athletics ~*** BE, ***track ~*** AE meeting d'atletica **2** BE VENAT. = raduno di cacciatori prima di una battuta di caccia.

2.meet /miːt/ agg. ANT. conveniente, appropriato; ***it is ~ that*** è opportuno che.

▶ **3.meet** /miːt/ **I** tr. (pass., p.pass. **met**) **1** *(encounter)* incontrare [*person*]; incontrare, affrontare [*team*]; affrontare [*opponent, enemy*]; ***to ~ each other*** incontrarsi; ***to ~ one's death*** FIG. trovare la morte **2** *(make acquaintance of)* conoscere, fare la conoscenza di [*person*]; ***"pleased to ~ you!"*** "piacere (di conoscerla)!"; ***Paul, ~ my boss, Janet*** *(as introduction)* Paul ti presento il mio capo, Janet; ***have you met Mr Roberts?*** *(at gathering)* hai già fatto la conoscenza del signor Roberts? **3** *(greet) (await)* aspettare, attendere; *(fetch)* andare a prendere [*person*]; ***she went to the airport to ~ them*** andò a prenderli all'aeroporto; ***I'll be there to ~ you*** sarò lì ad aspettarti; ***to ~ sb. off*** BE o ***at*** AE ***the bus, plane*** aspettare qcn. alla fermata dell'autobus, all'aeroporto **4** *(come into contact with)* [*hand*] toccare [*hand*]; [*line*] incontrare, incrociare [*line*]; ***his eyes met hers*** il suo sguardo incontrò quello di lei *o* i loro sguardi si incrociarono; ***he couldn't ~ her eye*** non riusciva a sostenere il suo sguardo; ***an incredible sight met her eye*** un incredibile spettacolo si presentò alla sua vista **5** *(fulfil)* soddisfare [*demand, criteria, conditions*]; eseguire [*order*]; provvedere a, rispondere a [*needs*]; pagare, saldare [*bills*]; fare fronte a [*costs, debts, overheads*]; compensare [*loss*]; fare onore a, fare fronte a [*obligations, commitments*] **6** *(rise to)* rispondere a [*standards*]; essere all'altezza di [*challenge*] **7** *(respond to)* controbattere [*criticism*]; rispondere a [*accusation, objection*] **II** intr. (pass., p.pass. **met**) **1** *(come together)* [*people*] incontrarsi; [*teams, armies*] affrontarsi, scontrarsi; [*committee, group, parliament*] *(for discussion)* incontrarsi, riunirsi (**to do** per fare); [*cars*] incrociarsi; ***the two cars, trains met head-on*** le due auto, i due treni si scontrarono frontalmente; ***to ~ again*** [*people*] rivedersi *o* incontrarsi ancora; ***goodbye, till we ~ again!*** arrivederci! alla prossima volta! **2** *(make acquaintance)* [*people*] fare conoscenza, conoscersi **3** *(come into contact)* [*hands, lips*] toccarsi; [*roads, lines, eyes*] incontrarsi, incrociarsi ◆ ***there's more to this than ~s the eye*** c'è sotto più di quanto appaia *o* c'è sotto qualcos'altro; ***there's more to him than ~s the eye*** ha delle qualità nascoste; ***to make ends ~*** sbarcare il lunario *o* fare quadrare i conti.

■ **meet up** COLLOQ. incontrarsi, trovarsi; ***to ~ up with*** COLLOQ. incontrare [*friend*]; ***they met up with each other at the theatre*** si incontrarono a teatro.

■ **meet with:** ~ **with [sb.]** incontrarsi con [*person, delegation*]; ~ **with [sth.]** incontrare [*difficulties, opposition*]; sollevare [*criticism*]; destare, generare [*suspicion*]; riscuotere, trovare, raccogliere [*success*]; incontrare [*approval*]; ricevere [*praise*]; subire [*failure*]; ***he met with misfortune, an accident*** fu colpito dalla sventura, ebbe un incidente; ***his ideas, comments met with no response*** le sue idee, i suoi commenti non hanno avuto nessun riscontro; ***to be met with*** essere accolto da [*silence, shouts*]; incontrare, andare incontro a [*disapproval*]; suscitare [*anger*].

▶ **meeting** /ˈmiːtɪŋ/ n. **1** *(official assembly)* riunione f., meeting m.; ***cabinet, staff ~*** riunione di gabinetto, del personale; ***to call a ~*** convocare, indire una riunione; ***to be in a ~*** essere in riunione **2** *(coming together) (between individuals, groups)* incontro m.; ***a ~ of minds*** FIG. un'immediata affinità **3** BE SPORT manifestazione f., meeting m.; ***athletics ~*** meeting di atletica; ***race ~*** concorso ippico **4** RELIG. *(of Quakers)* assemblea f., servizio m.; ***to go to ~*** partecipare alla funzione.

meeting hall /ˈmiːtɪŋhɔːl/ n. sala f. riunioni.

meetinghouse /ˈmiːtɪŋhaʊs/ n. RELIG. *(of Quakers)* luogo m. di culto.

meeting-place /ˈmiːtɪŋpleɪs/ n. luogo m. di ritrovo, punto m. d'incontro, raduno m.

meeting point /ˈmiːtɪŋpɔɪnt/ n. punto m. di incontro.

Meg /meg/ n.pr. diminutivo di **Margaret**.

mega /ˈmegə/ inter. BE COLLOQ. grande, eccezionale.

megabit /ˈmegəbɪt/ n. megabit m.

megabucks /ˈmegəbʌks/ n.pl. COLLOQ. ***to be making*** o ***earning ~*** guadagnare un sacco di soldi *o* fare soldi a palate.

megabyte /ˈmegəbaɪt/ n. INFORM. megabyte m.

mega-carrier /ˈmegəˌkærɪə(r)/ n. grande compagnia f. di trasporto aereo.

megacephalic /ˌmegəkɪˈfælɪk, -sɪˈfælɪk/, **megacephalous** /ˌmegəˈkefələs, -ˈsefələs/ agg. megacefalo.

megacycle /ˈmegəsaɪkl/ n. megaciclo m.

megadeath /ˈmegədeθ/ n. = morte di un milione di persone in un'ipotetica esplosione nucleare.

megahertz /ˈmegəhɜːts/ n. (pl. ~) megahertz m.

megalith /ˈmegəlɪθ/ n. megalite m.

megalithic /ˌmegəˈlɪθɪk/ agg. megalitico.

megaloblast /ˈmegələˌblæst/ n. megaloblasto m.

megalomania /ˌmegələˈmeɪnɪə/ ➧ **11** n. megalomania f.

megalomaniac /ˌmegələˈmeɪnɪæk/ **I** agg. megalomane **II** n. megalomane m. e f.

megalomaniacal /ˌmegələməˈnɪəkl/ agg. megalomane.

megalopolis /ˌmegəˈlɒpəlɪs/ n. megalopoli f.

megaphone /ˈmegəfəʊn/ n. megafono m.

megalosaurus /ˌmegələˈsɔːrəs/ n. (pl. **-i**) megalosauro m.

megapod /ˈmegəpɒd/, **megapode** /ˈmegəpəʊd/ n. megapode m.

megass(e) /məˈgæs/ n. → **bagasse**.

megastar /ˈmegəstɑː(r)/ n. superstar m. e f.

megastore /ˈmegəstɔː(r)/ n. BE megastore m., grande magazzino m.

megathere /ˈmegəθɪə(r)/ → **megatherium**.

megatherium /ˌmegəˈθɪərɪəm/ n. (pl. **-ia**) megaterio m.

megatherm /ˈmegəθɜːm/ n. pianta f. megaterma.

megaton /ˈmegətʌn/ n. megaton m.

megawatt /ˈmegəwɒt/ n. megawatt m.

megillah /məˈgɪlə/ n. AE COLLOQ. ***the whole ~*** la solita tiritera.

megilp /məˈgɪlp/ n. → **magilp**.

megrim /ˈmiːgrɪm/ **I** n. ANT. *(migraine)* emicrania f. **II megrims** n.pl. ANT. **1** *(depression)* depressione f.sing., malinconia f.sing. **2** *(staggers)* capogatto m.sing., capostorno m.sing.

meiosis /maɪˈəʊsɪs/ n. (pl. **-es**) **1** BIOL. meiosi f. **2** LETTER. litote f.

meiotic /maɪˈɒtɪk/ agg. meiotico.

Mekong /ˌmiːˈkɒŋ/ ➧ **25** n.pr. ***the ~*** il (fiume) Mekong.

Mel /mel/ n.pr. **1** Mel (nome di uomo) **2** diminutivo di **Melanie**.

Melanie /ˈmelənɪ/ n.pr. Melania.

melamine /ˈmeləmiːn/ **I** n. melammina f. **II** modif. [*table, worktop, surface*] in melammina.

melancholia /ˌmelənˈkəʊlɪə/ n. malinconia f., depressione f.

melancholic /ˌmelənˈkɒlɪk/ **I** n. persona f. malinconica **II** agg. malinconico, triste.

melancholically /ˌmelənˈkɒlɪ/ avv. malinconicamente, in modo malinconico.

▷ **melancholy** /ˈmelənkəlɪ/ **I** n. malinconia f., tristezza f. **II** agg. [*person*] malinconico; [*music, occasion*] malinconico, mesto.

Melanesia /ˌmeləˈniːzɪə/ n.pr. Melanesia f.

Melanesian /ˌmeləˈniːzɪən/ **I** agg. melanesiano **II** n. **1** *(person)* melanesiano m. (-a) **2** *(language)* lingua f. melanesiana.

mélange /ˈmeɪlɑːnʒ, AE meɪˈlɑːnʒ/ n. mélange m., mescolanza f., miscuglio m.

melanin /ˈmelənɪn/ n. melanina f.

melanism /ˈmelənɪzəm/ n. melanismo m.

melanite /ˈmelənaɪt/ n. melanite f.

melanocyte /ˈmelənəˌsaɪt/ n. melanocita m.

melanoma /ˌmeləˈnəʊmə/ n. melanoma m.

melanosis /ˌmeləˈnəʊsɪs/ n. (pl. **-es**) melanosi f.

melanuria /ˌmeləˈnjʊərɪə/ n. melanuria f.

melatonin /ˌmeləˈtəʊnɪn/ n. melatonina f.

Melba sauce /ˌmelbəˈsɔːs/ n. salsa f. di lamponi.

Melba toast /ˌmelbəˈtəʊst/ n. = sottile fetta di pane tostato.

Melbourne /ˈmelbən, AE -bərn/ ➧ **34** n.pr. Melbourne f.

meld /meld/ **I** tr. LETT. mescolare, fondere (**with** con) **II** intr. LETT. mescolarsi, fondersi.

mêlée, melee /ˈmeleɪ, AE meɪˈleɪ/ n. mischia f., confusione f.

melic /ˈmelɪk/ agg. melico.

melinite /ˈmelɪnaɪt/ n. melinite f.

melliferous /meˈlɪfərəs/ agg. mellifero.

mellifluence /meˈlɪflʊəns/ n. mellifluità f.

mellifluous /meˈlɪflʊəs/ agg. LETT. melodioso, musicale.

1.mellow /ˈmeləʊ/ agg. **1** *(smooth)* [*wine*] pastoso, maturo, generoso; [*flavour, taste*] delicato, pastoso; [*tone, voice*] suadente, melodioso **2** *(soft)* [*colour*] caldo, pastoso; [*light*] caldo; [*sound*] suadente, dolce **3** *(juicy)* [*fruit*] succoso, maturo **4** *(weathered)* [*stone*] levigato, eroso **5** *(calm)* [*atmosphere, behaviour, person*] pacato, tranquillo; ***to get*** o ***grow ~ with age*** ammorbidirsi *o* addolcirsi con l'età **6** *(relaxed)* [*person*] disteso, calmo; ***to be in a ~ mood*** essere rilassato, disteso.

2.mellow /ˈmeləʊ/ **I** tr. **1** *(calm)* [*experience, time*] ammorbidire, addolcire [*person*] **2** *(relax)* [*music, wine*] rilassare, distendere [*person*] **3** *(ripen)* (fare) maturare [*fruit*]; invecchiare, fare diventare pastoso [*wine*] **II** intr. **1** *(calm down)* [*person*] calmarsi, tranquillizzarsi; [*behaviour*] moderarsi, calmarsi **2** *(tone down)* [*attitude*] ammorbidirsi, raddolcirsi **3** *(ripen)* [*fruit*] maturare; [*taste*] diventare delicato, pastoso; [*wine*] invecchiare, diventare pastoso.

■ **mellow out** COLLOQ. calmarsi, distendersi, rilassarsi.

mellowing /ˈmeləʊɪŋ/ **I** n. **1** *(of fruit)* (il) maturare, (il) diventare succoso; *(of wine)* (il) diventare pastoso, maturo **2** *(of colour, voice)* (il) diventare pastoso, morbido **3** *(of person, behaviour)* (l')addolcirsi **II** agg. [*effect, influence*] che addolcisce; ***to have a ~ effect*** o ***influence on sb.*** addolcire *o* ammorbidire qcn.

mellowness /ˈmeləʊnɪs/ n. **1** *(of fruit)* maturità f., succosità f.; *(of wine)* pastosità f. **2** *(of colour, light, voice)* pastosità f., morbidezza f.; *(of conduct, person)* dolcezza f., calma f. **3** *(of stone)* levigatezza f.

melodeon /mɪˈləʊdɪən/ ➧ *17* n. *(accordion)* piccola fisarmonica f.

▷ **melodic** /mɪˈlɒdɪk/ agg. **1** MUS. melodico **2** *(melodious)* melodioso.

melodion → **melodeon.**

melodious /mɪˈləʊdɪəs/ agg. melodioso.

melodist /ˈmelədɪst/ n. melodista m. e f.

melodize /ˈmelədaɪz/ **I** tr. **1** *(make melodious)* rendere melodioso **2** *(provide with a melody)* mettere in musica, musicare **II** intr. *(sing, play melodies)* cantare, suonare melodie.

melodrama /ˈmelədrɑːmə/ n. melodramma m. (anche FIG.).

melodramatic /ˌmelədrəˈmætɪk/ agg. melodrammatico; ***to sound ~*** avere un tono melodrammatico; ***you're being ~!*** ti stai comportando in modo teatrale!

melodramatically /ˌmelədrəˈmætɪklɪ/ avv. [*gesture, pause, speak*] in modo melodrammatico, teatrale.

melodramatics /ˌmelədrəˈmætɪks/ n.pl. SPREG. ***cut out the ~!*** COLLOQ. smettila di fare sceneggiate!

▷ **melody** /ˈmelədɪ/ n. melodia f.

melon /ˈmelən/ **I** n. *(fruit)* melone m. **II** modif. [*balls, seeds*] di melone.

Melpomene /melˈpɒmɪnɪ/ n.pr. Melpomene.

1.melt /melt/ n. **1** *(thaw)* disgelo m., scioglimento m. (di neve e ghiaccio) **2** AE GASTR. = sandwich ricoperto da uno strato di formaggio fuso.

▷ **2.melt** /melt/ **I** tr. **1** [*heat*] fondere, liquefare [*metal, plastic*]; [*sun*] sciogliere, liquefare [*snow*]; [*person, heat*] sciogliere [*butter, chocolate*] **2** FIG. [*pity, plea, person*] intenerire, addolcire [*heart, person*] **II** intr. **1** [*snow, ice, butter, chocolate*] sciogliersi, liquefarsi; [*metal, plastic*] fondere, fondersi, liquefarsi (**at** a); ***to ~ in the sun*** sciogliersi al sole; ***to ~ in your mouth*** sciogliersi in bocca; ***I'm ~ing!*** mi sto sciogliendo (dal caldo)! **2** FIG. *(soften)* [*heart, person*] intenerirsi, commuoversi **3** *(merge)* ***to ~ into the crowd, background, forest*** dileguarsi, perdersi nella folla, sullo sfondo, nella foresta; ***to ~ into sb.'s arms*** abbandonarsi nelle braccia di qcn.

■ **melt away 1** [*snow, ice*] sciogliersi completamente **2** FIG. *(disappear)* [*fear, confidence, distrust*] svanire, scomparire; [*crowd, people*] disperdersi, dileguarsi; [*money*] scomparire, svanire.

■ **melt down:** ***~ down [sth.], ~ [sth.] down*** fondere [*metal, wax, object*] (**into** in).

meltdown /ˈmeltdaʊn/ n. **1** NUCL. meltdown m.; ***in ~*** in fusione **2** ECON. COLLOQ. *(crash)* meltdown m., crollo m., tracollo m.

melter /ˈmeltə(r)/ ➧ *27* n. **1** *(person)* fonditore m. **2** METALL. camera f., vasca f. di fusione.

▷ **melting** /ˈmeltɪŋ/ agg. **1** [*look, word, gaze*] commovente, struggente **2** [*snow, ice*] che si scioglie, che si liquefa.

melting point /ˈmeltɪŋpɔɪnt/ n. punto m. di fusione.

melting pot /ˈmeltɪŋpɒt/ n. crogiolo m.; FIG. *(of people, nationalities)* melting pot m., crogiolo m. ◆ ***to be in the ~*** = essere in discussione, essere in trasformazione; ***to throw sth. into the ~*** tirare in ballo qcs. *o* mettere qcs. in discussione.

melt-in-the-mouth /ˌmeltɪnðəˈmaʊθ/ agg. fondente, che si scioglie in bocca.

melton /ˈmeltən/ n. *(cloth)* melton m.

meltwater /ˈmeltwɔːtə(r)/ n. acqua f. di disgelo, acqua f. di fusione.

▶ **member** /ˈmembə(r)/ **I** n. **1** *(of group, committee, jury, family, organization)* membro m.; ***to be a ~ of*** essere (un) membro *o* componente di, appartenere a [*family, group, committee*]; essere socio di [*club*]; ***active ~*** socio effettivo; ***committee ~*** membro del comitato; ***~ of staff*** membro del personale; *(in school)* insegnante; ***~ of the audience*** *(listening)* ascoltatore; *(watching)* spettatore; ***~ of the armed forces*** componente delle forze armate; ***~ of the opposite sex*** persona dell'altro sesso; ***"~s only"*** "ingresso riservato ai soci"; ***~ of the public*** *(in the street)* passante; *(in theatre, cinema)* spettatore; ***~s of the public were warned*** la popolazione fu avvertita; ***an ordinary ~ of the public*** un cittadino medio; ***like any other ~ of the public*** come tutti gli altri **2** (anche **Member**) POL. *(of parliament)* membro m., deputato m. (-a); *(of EU etc.)* deputato m. (-a); ***the Member for Oxford*** il deputato di Oxford **3** ING. elemento m., pezzo m.; ***cross ~*** traversa; ***support ~*** elemento di supporto *o* di sostegno **4** MAT. *(of set)* elemento m. **5** *(limb)* membro m. **6** *(penis)* membro m.; ***male ~*** membro virile **II** modif. [*nation, state*] membro.

Member of Congress /ˌmembərəvˈkɒŋgres, AE -ˈkɒŋgrəs/ n. US POL. membro m. del Congresso.

Member of Parliament /ˌmembərəvˈpɑːləmənt/ n. GB POL. membro m., deputato m. (-a) del Parlamento (**for** di).

Member of the European Parliament /ˌmembərəvðɪjʊərəˌpɪənˈpɑːləmənt/ n. deputato m. (-a) europeo (-a), eurodeputato m. (-a).

Member of the House of Representatives /ˌmembərəvðɪˌhaʊsəʌreprɪˈzentətɪvz/ n. US POL. membro m. della Camera dei Rappresentanti.

▶ **membership** /ˈmembəʃɪp/ **I** n. **1** *(state of belonging)* condizione f. di socio, adesione f., appartenenza f. (**of** a); ***EU ~*** adesione all'UE; ***full ~*** piena appartenenza *o* appartenenza a tutti gli effetti; ***group ~*** iscrizione di gruppo; ***student ~*** = appartenenza a un club ecc. con agevolazioni per studenti; ***to apply for ~*** presentare *o* fare domanda d'iscrizione; ***to resign, renew one's ~*** non rinnovare, rinnovare la propria iscrizione; ***to let one's ~ lapse*** non rinnovare la propria iscrizione; ***~ of*** BE o ***in*** AE ***the club is open to all*** il club è aperto a tutti *o* chiunque può associarsi al club; ***to take out joint, family ~ of*** BE o ***in*** AE ***the club*** associarsi al club in coppia, con l'intera famiglia **2** *(fee)* quota f. associativa, quota f. di iscrizione **3** + verbo sing. o pl. *(people belonging)* numero m. di membri, di soci; ***it has a ~ of 200*** ha 200 soci; ***~ is declining, increasing*** il numero degli iscritti sta diminuendo, aumentando; ***a society with a large, small ~*** un'associazione con molti, pochi soci **II** modif. [*application*] per l'iscrizione; [*qualifications*] per diventare socio; [*committee*] di ammissione; ***~ card*** tessera di iscrizione *o* associativa; ***~ fee*** quota associativa *o* di iscrizione; ***~ secretary*** segretaria che raccoglie le adesioni.

Members' Lobby /ˈmembəzˌlɒbɪ/ n. GB POL. = sala in cui i deputati incontrano il pubblico.

membranaceous /ˌmembrəˈneɪʃəs/ agg. membranaceo.

membrane /ˈmembreɪn/ n. **1** BIOL. BOT. *(tissue)* membrana f. **2** ING. membrana f.

membranous /ˈmembrənəs/ agg. membranoso.

meme /miːm/ n. meme m.

memento /mɪˈmentəʊ/ n. (pl. **~s**, **~es**) souvenir m., ricordo m. (**of** di); ***as a ~*** come souvenir.

memento mori /mɪˌmentəʊˈmɔːrɪ/ n. (pl. ~) = un oggetto, solitamente un teschio, che serve a ricordare l'inevitabilità della morte.

memetics /məˈmetɪks/ n. + verbo sing. memetica f.

▷ **memo** /ˈmeməʊ/ n. (pl. **~s**) (accorc. memorandum) appunto m., nota f. (**on, about** su); AMM. nota f., memorandum m.

memo board /ˈmeməʊˌbɔːd/ n. lavagnetta f. per messaggi, bacheca f.

memoirist /ˈmemwɑːrɪst/ n. memorialista m. e f.

▷ **memoirs** /ˈmemwɑː(r)z/ n.pl. memorie f. (**of** di; **on** su).

memo pad /ˈmeməʊˌpæd/ n. blocchetto m. per appunti.

memorabilia /ˌmemərəˈbɪlɪə/ n. + verbo sing. o pl. memorabilia m.pl.; ***Beatles' ~*** i memorabilia dei Beatles.

memorability /ˌmemərəˈbɪlətɪ/ n. memorabilità f.

▷ **memorable** /ˈmemərəbl/ agg. [*day, event, experience, victory*] memorabile; [*person, quality, voice, book*] indimenticabile.

memorably /ˈmemərəblɪ/ avv. [*say, describe*] in modo memorabile, indimenticabile; [*amusing, interesting*] incredibilmente.

memorandum /ˌmeməˈrændəm/ n. (pl. **-a**) **1** AMM. nota f., memorandum m. (**to** a; **from** da) **2** POL. memorandum m.

memorandum of agreement /meməˌrændəməvəˈgriːmənt/ n. contratto m. di vendita (con patto riservato di dominio).

memorandum of association /meməˌrændəməvəˌsəʊsɪˈeɪʃn/ n. DIR. COMM. atto m. costitutivo.

▷ **memorial** /məˈmɔːrɪəl/ **I** n. **1** *(monument)* monumento m. commemorativo (**to** a) **2** *(reminder)* ***as a ~ to*** come ricordo di; ***to be a ~ to sb., sth.*** essere in memoria di qcn., qcs. **3** *(document)* memoriale m. **II** agg. commemorativo.

Memorial Day /məˈmɔːrɪəldeɪ/ n. US = giorno in cui vengono commemorati i caduti in guerra.

memorialist /məˈmɔːrɪəlɪst/ n. memorialista m. e f.

memorialize /məˈmɔːrɪəlaɪz/ tr. commemorare.

memorial service /məˈmɔːrɪəlˌsɜːvɪs/ n. messa f. di commemorazione.

memorize /ˈmeməraɪz/ tr. memorizzare, imparare a memoria.

▶ **memory** /ˈmemərɪ/ n. **1** *(faculty)* memoria f.; ***to have a good ~*** avere una buona memoria; ***to have a bad ~*** non avere memoria *o* avere una pessima memoria; ***to lose one's ~*** perdere la memoria; ***to have an excellent ~*** avere un'ottima memoria; ***to have a good ~ for names*** avere una buona memoria per i nomi; ***from ~*** a memoria; ***long term, short term, visual ~*** MED. memoria a lungo termine, a breve termine, visiva; ***to remain in the ~*** rimanere impresso nella memoria; ***to have a good ~ for faces*** essere fisionomista; ***if my ~ serves me right*** se la memoria non mi inganna; ***to have a long ~*** avere una memoria da elefante **2** spesso pl. *(recollection)* memoria f., ricordo m. **3** *(period of time)* ***in living*** o ***recent ~*** a memoria d'uomo **4** *(posthumous fame)* memoria f., ricordo m., rimembranza f.; ***their ~ lives on*** il loro ricordo è ancora vivo; ***to keep sb.'s ~ alive*** o ***green*** mantenere vivo il ricordo di qcn. **5** *(commemoration)* ***in (loving) ~ of*** in memoria di **6** INFORM. memoria f. ◆ ***to take a trip down ~ lane*** abbandonarsi all'onda dei ricordi.

memory bank /ˈmeməribæŋk/ n. banca f. dati.

memory card /ˈmeməriká:d/ n. scheda f. di memoria.

memory chip /ˈmeməritʃɪp/ n. memoria f. a semiconduttori.

memory loss /ˈmemərilɒs, AE -lɔ:s/ n. perdita f. della memoria, amnesia f.

memory span /ˈmemərispæn/ n. PSIC. arco m. mnemonico.

memory typewriter /ˌmeməriˈtaipraitə(r)/ n. macchina f. da scrivere elettronica.

Memphis /ˈmemfɪs/ ◗ ***34*** n.pr. **1** STOR. Menfi f. **2** *(US city)* Memphis f.

memsahib /ˈmemsɑ:b/ n. *(in India)* = termine con cui i servitori indiani si rivolgevano alle donne europee sposate.

men /men/ → **1.man**.

▷ **1.menace** /ˈmenəs/ n. **1** *(threat)* minaccia f.; ***to demand money with ~s*** DIR. estorcere denaro con minacce; ***there was ~ in his eyes*** aveva uno sguardo minaccioso **2** *(danger)* minaccia f., pericolo m. (pubblico); ***he is a ~ to other motorists*** rappresenta una minaccia per gli altri automobilisti **3** COLLOQ. *(nuisance)* ***he's a real ~*** è un vero seccatore.

▷ **2.menace** /ˈmenəs/ tr. minacciare (**with** con).

menacing /ˈmenəsɪŋ/ agg. minaccioso.

menacingly /ˈmenəsɪŋli/ avv. [*glare, approach*] minacciosamente; [*say*] con tono minaccioso; ~ ***dark*** minacciosamente buio.

ménage /meɪˈnɑ:ʒ/ n. ménage m.; ~ ***à trois*** ménage a tre *o* à trois.

menagerie /mɪˈnædʒəri/ n. serraglio m. (anche FIG.).

Menai Strait /ˌmenaɪˈstreɪt/ n.pr. stretto m. di Menai.

men-at-arms /ˌmenətˈɑ:mz/ → **man-at-arms**.

men-children /ˌmenˈtʃɪldrən/ → **man-child**.

1.mend /mend/ n. **1** *(in garment, fabric) (stitched, darned)* rammendo m.; *(patched)* rattoppo m., rappezzo m. **2** FIG. ***to be on the ~*** [*person*] essere in via di guarigione; [*sales, economy, company*] essere in ripresa; [*weather, situation*] migliorare.

▷ **2.mend** /mend/ **I** tr. **1** riparare [*car, furniture, toy, road*]; *(stitch, darn)* rammendare [*garment, fabric*]; *(add patch)* rattoppare [*garment, fabric*] **2** FIG. guarire [*feelings, broken heart*]; ***to ~ relations with*** rinsaldare i rapporti con **II** intr. **1** *(heal)* [*injury*] guarire, rimarginarsi; [*person*] guarire, ristabilirsi **2** FIG. [*feelings, broken heart*] guarire ◆ ***to ~ one's ways*** migliorare, migliorarsi, correggersi; ***to ~ fences*** riallacciare i ponti.

mendacious /menˈdeɪʃəs/ agg. FORM. mendace, menzognero.

mendacity /menˈdæsəti/ n. FORM. *(of person, statement, document)* mendacità f., mendacia f., falsità f.

mendelevium /ˌmendəˈli:viəm/ n. mendelevio m.

Mendelian /menˈdi:liən/ agg. mendeliano.

Mendelianism /ˌmenˈdi:liənizəm/, **Mendelism** /menˈdi:lizəm/ n. mendelismo m.

mender /ˈmendə(r)/ n. riparatore m. (-trice), rammendatore m. (-trice).

mendicancy /ˈmendikənsi/ n. FORM. mendicità f.

mendicant /ˈmendikənt/ **I** agg. FORM. mendicante, questuante **II** n. FORM. mendicante m. e f., accattone m. (-a).

mendicity /menˈdɪsəti/ n. FORM. mendicità f.

mending /ˈmendɪŋ/ n. *(sewing together)* ***to do some ~*** fare dei rammendi.

Menelaus /ˌmeniˈleɪəs/ n.pr. Menelao.

menfolk /ˈmenfəʊk/ n.pl. uomini m.

menhir /ˈmenhɪə(r)/ n. menhir m.

menial /ˈmi:niəl/ **I** n. *(servant)* servo m. **II** agg. [*task, job*] umile; [*attitude*] servile.

meningeal /məˈnɪndʒɪəl/ agg. meningeo.

meninges /məˈnɪndʒi:z/ → **meninx**.

meningitis /ˌmenɪnˈdʒaɪtɪs/ ◗ ***11*** **I** n. meningite f. **II** modif. [*epidemic, outbreak*] di meningite.

meningocele /məˈnɪŋgəʊsi:l/ n. meningocele m.

meningococcus /məˈnɪŋgəʊkɒkəs/ n. (pl. **-i**) meningococco m.

meningoencephalitis /məˌnɪŋgəʊenkəfəˈlaɪtɪs, -ensəf-/ ◗ ***11*** n. meningoencefalite f.

meninx /ˈmi:nɪŋks/ n. (pl. **-inges**) meninge f.

meniscus /məˈnɪskəs/ n. (pl. **~es, -i**) menisco m.

menology /mɪˈnɒlədʒi/ n. menologio m.

menopausal /ˌmenəˈpɔ:zl/ agg. [*symptom*] della menopausa; [*problem*] causato dalla menopausa; [*woman*] in menopausa.

menopause /ˈmenəpɔ:z/ n. menopausa f.

Menorca /mɪˈnɔ:kə/ ◗ ***12*** n.pr. Minorca f.

menorrhagia /ˌmenəˈreɪdʒɪə/ ◗ ***11*** n. menorragia f.

menorrhoea /ˌmenəˈri:ə/ ◗ ***11*** n. menorrea f.

mensch /menʃ/ n. (pl. **~en**) AE COLLOQ. = persona onesta e rispettabile.

menservants /ˈmensɜ:vənts/ → **manservant**.

menses /ˈmensi:z/ n.pl. MED. mestruazioni f.

Menshevik /ˈmenʃəvɪk/ **I** agg. menscevico **II** n. (pl. **~s, ~i**) menscevico m. (-a).

men's room /ˈmenzru:m, -rʊm/ n. AE bagno m., gabinetto m. per uomini.

menstrual /ˈmenstrʊəl/ agg. mestruale.

menstruate /ˈmenstrʊeɪt/ intr. avere le mestruazioni.

menstruation /ˌmenstrʊˈeɪʃn/ n. mestruazione f.

mensurability /ˌmenʃjʊrəˈbɪləti/ n. RAR. *(the quality of being mensurable)* misurabilità f.

mensurable /ˈmenʃjʊrəbl/ agg. *(able to be measured)* misurabile.

mensural /ˈmenʃʊrəl/ agg. MUS. mensurale.

mensuration /ˌmensjʊəˈreɪʃn/ n. misurazione f.

menswear /ˈmenzweə(r)/ **I** n. abbigliamento m., abiti m.pl. da uomo **II** modif. ~ ***department*** reparto abbigliamento uomo.

▶ **1.mental** /ˈmentl/ agg. **1** MED. [*handicap, illness*] mentale; [*hospital*] psichiatrico; [*institution*] per malattie mentali; [*ward*] di psichiatria; ~ ***patient*** malato di mente **2** *(of the mind)* [*ability, effort, energy*] intellettuale; [*process*] mentale; ~ ***exhaustion*** fatica mentale; ~ ***state*** stato mentale; ~ ***strain*** tensione mentale **3** *(in one's head)* [*calculation, arithmetic, picture*] mentale; ***to make a ~ note to do*** prendere nota mentalmente di fare **4** COLLOQ. *(mad)* pazzo, matto.

2.mental /ˈmentl/ agg. ANAT. mentale, del mento.

mental age /ˌmentlˈeɪdʒ/ n. PSIC. età f. mentale.

mental block /ˈmentlblɒk/ n. blocco m. mentale.

mental cruelty /ˌmentlˈkrʊəlti/ n. crudeltà f. mentale.

mental defective /ˌmentldɪˈfektɪv/ n. SPREG. minorato m. (-a) psichico (-a).

mental healing /ˌmentlˈhi:lɪŋ/ n. = guarigione tramite la suggestione mentale.

mental health /ˌmentlˈhelθ/ **I** n. **1** *(of person)* salute f. mentale **2** AMM. igiene f. mentale, psichiatria f. **II** modif. [*programme, strategy*] di igiene mentale; [*worker*] dei servizi di igiene mentale; ~ ***services*** servizi di igiene mentale.

mental home /ˈmentlhəʊm/ n. casa f. di cura per malattie mentali, clinica f. psichiatrica, clinica f. neurologica.

▷ **mentality** /menˈtæləti/ n. mentalità f.

▷ **mentally** /ˈmentəli/ avv. **1** MED. ~ ***handicapped*** o ***disabled*** minorato mentale; ~ ***retarded*** ritardato mentale; ***the ~ ill*** i malati mentali; ***she's ~ ill*** è una malata di mente; ***to be ~ deranged*** essere squilibrato **2** *(regarding the mind)* ~ ***exhausted*** mentalmente stanco *o* affaticato; ***to be ~ alert*** essere agile di mente *o* avere una mente vivace; ~ ***quick, slow*** mentalmente sveglio, pigro **3** *(inwardly)* [*decide, resolve*] nell'intimo, tra sé; [*calculate, estimate*] mentalmente.

mental powers /ˌmentlˈpaʊəz/ n.pl. facoltà f. mentali.

mentation /menˈteɪʃn/ n. attività f. mentale.

menthene /ˈmenθi:n/ n. mentene m.

menthol /ˈmenθɒl/ n. mentolo m.

mentholated /ˈmenθəleɪtɪd/ agg. mentolato, al mentolo.

menticide /ˈmentɪsaɪd/ n. *(brainwashing)* lavaggio m. del cervello.

1.mention /ˈmenʃn/ n. **1** *(reference)* menzione f., accenno m., citazione f. (**of** di); ***to get a media*** o ***a promotional ~*** essere oggetto dell'attenzione dei media (per fini pubblicitari); ***the mere ~ of my name*** soltanto a sentirmi nominare; ***to make no ~ of*** [*report, person*] non fare menzione *o* cenno di; ***there was no ~ of the hostages*** non fu fatto cenno degli ostaggi; ***the book got a ~ on the radio*** alla radio hanno fatto un breve accenno al libro **2** *(acknowledgement)* menzione f.; ***honourable ~*** menzione d'onore *o* onorevole; MIL. menzione.

▶ **2.mention** /ˈmenʃn/ tr. **1** *(allude to)* menzionare, fare menzione di [*person, name, topic, event, fact*]; ***he didn't ~ money*** non accennò, non fece accenno al denaro; ***please don't ~ my name*** ti prego di non fare il mio nome; ***she never ~s her work*** non parla mai del suo lavoro; ***to ~ sb., sth. to sb.*** parlare di qcn., qcs. a qcn.; ***to ~ that*** fare un (breve) accenno a *o* accennare (brevemente) a; ***she ~ed (that) you were coming*** disse che sareste venuti; ***I hardly need to ~ that*** non ho bisogno di dire che; ***not to ~*** per non parlare di; ***it's difficult getting there, not to ~ finding parking space*** arrivarci è difficile, per non parlare di quanto è complicato trovare parcheggio; ***without ~ing any names*** senza fare nomi; ***"as ~ed***

above" "come menzionato sopra" *o* "come detto sopra"; ***the countries ~ed above*** i paesi summenzionati; ***too numerous to ~*** troppi per essere menzionati *o* citati; ***to be ~ed in a will*** figurare in un testamento; ***just ~ my name*** dì che ti mando io; ***don't ~ it!*** prego! non c'è di che! di niente! **2** *(acknowledge)* menzionare, citare [*name, person*]; riconoscere [*quality, service*].

mentionable /ˈmenʃənəbl/ agg. *(worthy of mention)* degno di menzione.

mentor /ˈmentɔ:(r)/ n. mentore m.

▷ **menu** /ˈmenju:/ n. *(all contexts)* menu m.

menu bar /ˈmenju:ˌbɑ:(r)/ n. INFORM. barra f. dei menu.

menu-driven /ˌmenju:ˈdrɪvn/ agg. INFORM. guidato da menu.

menu item /ˈmenju:ˌaɪtəm/ n. INFORM. elemento m. di menu.

meow AE → **1.miaow, 2.miaow**.

MEP n. (⇒ Member of the European Parliament) = deputato europeo, eurodeputato.

Mephistopheles /ˌmefɪˈstɒfɪli:z/ n.pr. Mefistofele.

mephistophelian /ˌmefɪstəˈfi:lɪən/ agg. mefistofelico.

mephitic /meˈfɪtɪk/ agg. mefitico.

mephitis /meˈfaɪtɪs/ n. mefite f.

meprobamate /ˌmeprəʊˈbæmeɪt/ n. meprobramato® m.

mercantile /ˈmɜ:kəntaɪl, AE -ti:l, -tɪl/ agg. [*ship, nation*] mercantile; [*law*] commerciale; [*system, theory*] mercantilista, mercantile.

mercantile agency /ˌmɜ:kəntaɪlˈeɪdʒənsɪ, AE -ti:l-, -tɪl-/ n. agenzia f. di informazioni commerciali.

mercantile marine /ˌmɜ:kəntaɪlməˈri:n, AE -ti:l-, -tɪl-/ n. marina f. mercantile.

mercantilism /ˈmɜ:kəntɪlɪzəm/ n. **1** *(system)* mercantilismo m., sistema m. mercantilista, mercantile **2** *(commercialism)* affarismo m., mercantilismo m.

mercaptan /məˈkæptæn/ n. mercaptano m.

mercenariness /ˈmɜ:sɪnərɪnɪs, AE -nerɪ-/ n. (l')essere mercenario, venalità f.

▷ **mercenary** /ˈmɜ:sɪnərɪ, AE -nerɪ/ **I** n. mercenario m. **II** agg. [*action, person*] venale, mercenario; [*business interest*] mercantesco.

mercer /ˈmɜ:sə(r)/ n. BE ANT. commerciante m. di tessuti.

mercerization /ˌmɜ:səraɪˈzeɪʃn, AE -rɪˈz-/ n. mercerizzazione f.

mercerize /ˈmɜ:səraɪz/ tr. mercerizzare [*cotton fabric*].

mercerized /ˈmɜ:səraɪzd/ **I** p.pass. → **mercerize II** agg. mercerizzato.

mercery /ˈmɜ:sərɪ/ n. *(goods sold by a mercer)* tessuti m.pl.

1.merchandise /ˈmɜ:tʃəndaɪz/ n. merce f., mercanzia f.

2.merchandise /ˈmɜ:tʃəndaɪz/ tr. (anche **merchandize**) **1** *(buy and sell)* commerciare **2** *(promote)* promuovere, pubblicizzare, reclamizzare.

merchandiser /ˈmɜ:tʃəndaɪzə(r)/ ♦ *27* n. (anche **merchandizer**) merchandiser m. e f.

merchandising /ˈmɜ:tʃəndaɪzɪŋ/ n. (anche **merchandizing**) merchandising m.

▷ **merchant** /ˈmɜ:tʃənt/ ♦ *27* **I** n. **1** COMM. *(selling in bulk)* commerciante m. e f. all'ingrosso, grossista m. e f.; *(selling in small quantities, retailer)* negoziante m. e f. (al minuto), dettagliante m. e f.; ***wine, silk ~*** commerciante di vini, seta **2** ANT. mercante m. **3** COLLOQ. *(person)* ***speed ~*** = persona che corre in auto; ***rip-off ~*** imbroglione *o* truffatore **II** modif. [*ship, vessel, fleet, shipping*] mercantile; [*sailor, seaman*] della marina mercantile.

merchantability /ˌmɜ:tʃəntəˈbɪlətɪ/ n. commerciabilità f.

merchantable /ˈmɜ:tʃəntəbl/ agg. **1** *(which is selling well)* [*goods*] che si smercia bene **2** *(which could sell well)* commerciabile **3** *(saleable)* [*quality*] commerciabile, buona e mercantile.

merchant bank /ˌmɜ:tʃəntˈbæŋk/ n. BE banca f. d'affari, merchant bank f.

merchant banker /ˌmɜ:tʃəntˈbæŋkə(r)/ ♦ *27* **I** n. BE **1** *(executive)* dirigente m. e f. di banca d'affari **2** *(owner)* banchiere m. (-a) di banca d'affari **II merchant bankers** n.pl. *(company)* banca f.sing. d'affari, merchant bank f.sing.

merchant banking /ˌmɜ:tʃəntˈbæŋkɪŋ/ n. BE **1** *(activity)* attività f. di una banca d'affari **2** *(profession)* intermediazione f. finanziaria, merchant banking m.

merchantman /ˈmɜ:tʃəntmən/ n. (pl. **-men**) MAR. nave f. mercantile.

merchant navy /ˌmɜ:tʃəntˈneɪvɪ/ BE, **merchant marine** /ˌmɜ:tʃəntməˈri:n/ AE n. marina f. mercantile.

Mercia /ˈmɜ:ʃə/ n.pr. ANT. GEOGR. Mercia f.

merciful /ˈmɜ:sɪfl/ agg. **1** *(showing kindness)* [*person, sentence*] clemente, pietoso (**to, towards** verso, nei confronti di); [*act*] misericordioso, di clemenza; [*God*] misericordioso **2** *(fortunate)* [*occurrence*] fausto, fortunato, propizio; ***death was a ~ release*** la morte fu un vero sollievo *o* una vera liberazione.

mercifully /ˈmɜ:sɪfəlɪ/ avv. **1** *(compassionately)* misericordiosamente, con clemenza, pietosamente **2** *(fortunately)* fortunatamente; ***the queue was ~ short*** per fortuna, la coda era breve.

merciless /ˈmɜ:sɪlɪs/ agg. [*ruler, behaviour, attitude, criticism*] spietato, crudele (**to, towards** verso, nei confronti di); [*heat, rain, cold*] implacabile.

mercilessly /ˈmɜ:sɪlɪslɪ/ avv. [*act, treat, speak, tease*] in modo spietato, crudelmente; [*rain, snow*] implacabilmente.

mercilessness /ˈmɜ:sɪlɪsnɪs/ n. spietatezza f., crudeltà f.

mercurate /ˈmɜ:kjʊreɪt/ tr. trattare con mercurio.

mercurial /mɜ:ˈkjʊərɪəl/ agg. **1** CHIM. [*compound*] mercuriale; [*poisoning*] da mercurio **2** *(lively)* [*person*] vivace, brioso, attivo; *(changeable)* [*temperament*] volubile, incostante.

mercurialism /mɜ:ˈkjʊərɪəlɪzəm/ n. mercurialismo m., idrargirismo m.

mercurialize /mɜ:ˈkjʊərɪəlaɪz/ tr. CHIM. RAR. **1** *(make mercurial)* trattare con mercurio **2** *(treat with mercury)* curare con mercurio.

mercuric /mɜ:ˈkjʊərɪk/ agg. mercurico.

Mercurochrome® /mɜ:ˈkjʊərəkrəʊm/ n. mercurocromo® m.

mercurous /ˈmɜ:kjʊrəs/ agg. mercuroso.

mercury /ˈmɜ:kjʊrɪ/ **I** n. mercurio m. **II Mercury** n.pr. **1** MITOL. Mercurio **2** ASTR. Mercurio m.

Mercutio /mɜ:ˈkju:ʃjəʊ/ n.pr. Mercuzio.

▷ **mercy** /ˈmɜ:sɪ/ n. **1** *(clemency)* misericordia f., pietà f.; ***to show ~ to*** o ***towards sb.*** mostrare compassione di *o* per *o* verso qcn.; ***to have ~ on sb.*** avere pietà di qcn.; ***to beg for ~*** implorare clemenza, misericordia; ***in his ~ he let them go*** nella sua clemenza, li lasciò andare via; ***an act of ~*** un gesto di compassione; ***a recommendation to ~*** DIR. un invito alla clemenza; ***for ~'s sake!*** COLLOQ. misericordia! **2** *(power)* mercé f.; ***to be at the ~ of*** essere alla mercé *o* in balia di; ***to leave sb. to the tender mercies of sb.*** IRON. lasciare qcn. in balia di qcn.; ***to throw oneself on sb.'s ~*** raccomandarsi alla clemenza di qcn. **3** *(fortunate event)* benedizione f., grazia f.; ***it's a ~ that*** è un miracolo *o* una fortuna che ♦ ***let's be grateful*** o ***thankful for small mercies*** possiamo essere contenti di quello che abbiamo.

mercy dash /ˈmɜ:sɪdæʃ/ n. = intervento umanitario immediato.

mercy flight /ˈmɜ:sɪflaɪt/ n. aerosoccorso m., soccorso m. aereo.

mercy killing /ˈmɜ:sɪˌkɪlɪŋ/ n. **1** *(euthanasia)* **U** eutanasia f. **2** *(act)* **C** atto m. di eutanasia.

mercy seat /ˈmɜ:sɪsi:t/ n. BIBL. propiziatorio m.

1.mere /mɪə(r)/ n. ANT. lago m., stagno m.

▷ **2.mere** /mɪə(r)/ agg. **1** *(common, simple)* [*coincidence*] mero, puro; [*nonsense*] vero e proprio; [*propaganda*] puro e semplice; [*convention, fiction, formality, inconvenience*] puro, semplice; ***he's a ~ child*** non è che un bambino; ***he's a ~ clerk*** non è che un (semplice) impiegato; ***a ~ nothing*** una sciocchezza *o* un nonnulla; ***he's a ~ nobody*** è una vera nullità **2** *(least, even)* [*sight, thought, idea*] solo; ***the ~ idea of speaking in public scares me*** il solo pensiero di parlare in pubblico mi spaventa; ***the ~ mention of her name*** solo a sentirla nominare; ***the ~ sight of her*** la sola vista di lei; ***the ~ presence of asbestos can be dangerous*** la sola presenza dell'amianto può essere pericolosa **3** *(bare)* appena, solo; ***the beach is a ~ 2 km from here*** la spiaggia è ad appena 2 km da qui; ***the interview lasted a ~ 20 minutes*** l'intervista durò appena 20 minuti.

▶ **merely** /ˈmɪəlɪ/ avv. meramente, semplicemente, solamente; ***I ~ asked him, told him*** mi sono limitato a chiederglielo, a dirglielo; ***the picture is ~ a reproduction*** il quadro è soltanto una riproduzione; ***his accusations ~ damaged his own reputation*** le sue accuse non hanno fatto che danneggiare la sua stessa reputazione; ***it is not enough ~ to stage a demonstration*** non basta soltanto inscenare una manifestazione; ***~ thinking*** o ***to think about it scares me*** mi spaventa solo a pensarci.

meretricious /ˌmerɪˈtrɪʃəs/ agg. [*glamour, charm*] vistoso, appariscente, artificioso; [*policy*] falsamente allettante, ipocrita.

merganser /mɜ:ˈgænsə(r)/ n. smergo m.

▷ **merge** /mɜ:dʒ/ **I** tr. **1** *(join)* **to ~ *sth.* into, with *sth.*** fondere *o* incorporare qcs. in, con qcs. [*company, group*] **2** *(blend)* mescolare, amalgamare [*colour, design*] **II** intr. **1** (anche **~ together**) *(join)* [*companies, departments, states*] fondersi, unirsi; [*roads, rivers*] confluire, congiungersi; ***to ~ with*** fondersi *o* unirsi con [*company, department, state*]; confluire in, congiungersi con [*river, road*]; ***to ~ into*** fondersi *o* unirsi con [*company*] **2** *(blend)* [*colours, sounds*] mescolarsi, amalgamarsi, fondersi; ***to ~ into*** confondersi *o* perdersi in [*colour, sky*]; confondersi *o* mimetizzarsi tra [*trees*]; ***to ~ into each*** o ***one another*** [*colours, trees*] confondersi *o* fondersi in un tutt'uno.

▷ **merger** /ˈmɜːdʒə(r)/ **I** n. **1** *(of companies)* fusione f., unione f. **2** *(process of merging)* processo m. di fusione **II** modif. [*plan, proposal*] di fusione; *~ talks* trattative sulla fusione.
merging /ˈmɜːdʒɪŋ/ n. **1** *(of companies)* fusione f. **2** *(of colours)* mescolanza f.
meridian /məˈrɪdɪən/ **I** n. **1** GEOGR. ASTR. MAT. meridiano m. **2** FIG. *(peak)* culmine m., apogeo m. **II** modif. [*time*] meridiano.
meridian circle /məˈrɪdɪənˌsɜːkl/ n. cerchio m. meridiano.
meridional /məˈrɪdɪənl/ **I** agg. **1** [*line, time*] meridiano **2** *(southern)* meridionale **II** n. *(person)* meridionale m. e f.
meringue /məˈræŋ/ n. meringa f.
meringue shell /məˈræŋˌʃel/ n. = guscio di meringa riempito con frutta o gelato.
merino /məˈriːnəʊ/ **I** n. (pl. **~s**) *(breed of sheep)* merino m.; *(sheep)* merino m., pecora f. merino; *(material)* merino m. **II** modif. [*garment*] di merino; [*wool, sheep, ram*] merino.
meristem /ˈmerɪstem/ n. meristema m.
meristematic /ˌmerɪstəˈmætɪk/ agg. meristematico.
▷ **1.merit** /ˈmerɪt/ n. *(of idea, philosophy, plan, behaviour, person)* merito m., valore m., pregio m.; ***to have ~*** [*plan, idea*] avere valore; ***to judge sb. on their own ~s*** giudicare qcn. per i suoi meriti; ***to judge sth. on its own ~s*** valutare i pro e i contro di qcs. [*situation, case*]; ***there's some, little ~ in his work*** la sua opera ha un certo, scarso valore; ***there's some, little ~ in doing*** ci sono dei meriti, pochi meriti nel fare; ***certificate of ~*** attestato di benemerenza; ***to give due ~ to sb. for doing*** riconoscere a qcn. il giusto merito di fare.
▷ **2.merit** /ˈmerɪt/ tr. meritare; ***her bravery ~s a reward*** il suo coraggio merita una ricompensa.
merit award /ˈmerɪtəˌwɔːd/ n. premio m. di merito.
merit list /ˈmerɪtlɪst/ n. albo m. d'onore.
merit mark /ˈmerɪtmɑːk/, **merit point** /ˈmerɪtpɔɪnt/ n. SCOL. voto m. di merito.
meritocracy /ˌmerɪˈtɒkrəsɪ/ n. meritocrazia f.
meritocratic /ˌmerɪtəˈkrætɪk/ agg. meritocratico.
meritorious /ˌmerɪˈtɔːrɪəs/ agg. meritorio.
meritoriousness /ˌmerɪˈtɔːrɪəsnɪs/ n. (l')essere meritorio.
merit system /ˈmerɪtˌsɪstəm/ n. AE sistema m. meritocratico.
Merle /mɜːl/ n.pr. Merle (nome di uomo e di donna).
merlin /ˈmɜːlɪn/ n. ZOOL. *(small falcon)* smeriglio m.
Merlin /ˈmɜːlɪn/ n.pr. Merlino.
merlon /ˈmɜːlən/ n. ARCH. merlo m.
mermaid /ˈmɜːmeɪd/ n. *(imaginary creature)* sirena f.
merman /ˈmɜːmæn/ n. (pl. **-men**) *(imaginary creature)* tritone m.
meroblastic /ˌmerəʊˈblæstɪk/ agg. meroblastico.
merocrine /ˈmerəkrɪn/ agg. merocrino.
Merovingian /ˌmerəʊˈvɪndʒɪən/ **I** agg. merovingico, merovingio **II** n. merovingio m. (-a).
merrily /ˈmerɪlɪ/ avv. **1** *(joyfully)* allegramente, gioiosamente **2** *(unconcernedly)* incoscientemente, con noncuranza.
merriment /ˈmerɪmənt/ n. *(fun)* allegria f., gaiezza f.; *(laughter)* ilarità f.; ***his impersonation provoked an outburst of ~*** la sua imitazione suscitò uno scoppio di ilarità.
merriness /ˈmerɪnɪs/ n. gioiosità f.
merry /ˈmerɪ/ agg. **1** *(happy)* allegro, gaio; ***~ Christmas!*** Buon Natale! **2** COLLOQ. *(tipsy)* allegro, brillo, alticcio **3** ANT. (anche **merrie**) *(pleasant, delightful)* ***~ England*** = l'Inghilterra felice del periodo elisabettiano; ***the ~ month of May*** il dolce mese di maggio; ***Robin Hood and his ~ men*** Robin Hood e i suoi allegri compagni ◆ ***the more the merrier!*** PROV. più si è, meglio è; ***to make ~*** fare festa, fare baldoria; ***to give sb. ~ hell*** COLLOQ. mettere qcn. nei casini.
merry-andrew /ˌmerɪˈændruː/ n. buffone m., pagliaccio m.
merry-go-round /ˈmerɪgəʊˌraʊnd/ n. giostra f., carosello m.; FIG. carosello m.
merrymaker /ˈmerɪˌmeɪkə(r)/ n. festaiolo m. (-a).
merrymaking /ˈmerɪˌmeɪkɪŋ/ n. festa f., baldoria f.
merrythought /ˈmerɪθɔːt/ n. BE *(wishbone)* forcella f.
Merseyside /ˈmɜːzɪsaɪd/ ➧ ***24*** n.pr. Merseyside m.
Mervin /ˈmɜːvɪn/ n.pr. Mervin (nome di uomo).
mesa /ˈmeɪsə/ n. AE GEOGR. mesa f.
mescal /mesˈkæl/ n. mescal m.
mescaline /ˈmeskəliːn/ n. mescalina f.
mesencephalon /ˌmesenˈkefəlɒn, ˌmesenˈsefəlɒn/ n. (pl. **-a**) mesencefalo m.
mesenchyme /ˈmesənkaɪm/ n. mesenchima m.
mesenteric /ˌmesenˈterɪk/ agg. mesenterico.
mesenteritis /meˌsentəˈraɪtɪs/ ➧ ***11*** n. mesenterite f.
mesentery /ˈmesəntərɪ, AE -terɪ/ n. mesentere m.
1.mesh /meʃ/ n. **1** *(netting) (of nylon, string)* rete f.; *(of metal)* rete f. metallica, reticolato m. **2** *(space in net)* maglia f.; ***5 cm ~*** maglie da 5 cm **3** *(net)* rete f. **4** TECN. presa f., ingranamento m.; ***in ~*** ingranato, inserito.
2.mesh /meʃ/ **I** tr. (anche **~ together**) *(coordinate)* accordare, conciliare [*ideas, policies*] **II** intr. **1** (anche **~ together**) *(become entangled)* [*leaves, branches*] impigliarsi **2** FIG. (anche **~ together**) *(be compatible)* [*ideas, policies, tendencies*] essere compatibile, accordarsi; ***to ~ with sth.*** essere compatibile con qcs., essere d'accordo con qcs. **3** TECN. [*cogs, teeth*] ingranare, incastrarsi; ***to ~ with sth.*** incastrarsi con qcs.
mesh bag /ˈmeʃbæg/ n. rete f. (per la spesa).
mesh connection /ˈmeʃkəˌnekʃn/ n. EL. connessione f. a triangolo.
mesh size /ˈmeʃsaɪz/ n. dimensione f. delle maglie.
meshuga /məˈʃuːgə/ agg. COLLOQ. *(mad)* pazzo, matto.
meshwork /ˈmeʃwɜːk/ n. rete f., struttura f. retiforme.
meshy /ˈmeʃɪ/ agg. a rete.
mesitylene /məˈsɪtəliːn/ n. mesitilene m.
mesmeric /mezˈmerɪk/ agg. mesmeriano, mesmerico.
mesmerism /ˈmezmərɪzəm/ n. mesmerismo m.
mesmerist /ˈmezmərɪst/ n. mesmeriano m. (-a).
mesmerize /ˈmezməraɪz/ tr. mesmerizzare, ipnotizzare (anche FIG.).
mesmerized /ˈmezməraɪzd/ **I** p.pass. → **mesmerize II** agg. *(fascinated)* incantato, affascinato.
mesne /miːn/ **I** agg. DIR. *(intermediate)* intermedio **II** n. valvassore m.
mesoblast /ˈmesəʊblæst/ n. mesoblasto m.
mesocarp /ˈmesəʊkɑːp/ n. mesocarpo m.
mesoderm /ˈmesəʊdɜːm/ n. mesoderma m.
Mesolithic /ˌmesəʊˈlɪθɪk/ **I** agg. mesolitico **II** n. mesolitico m.
mesomorph /ˈmesəʊmɔːf/ n. individuo m. mesomorfo.
mesomorphic /ˌmesəʊˈmɔːfɪk/ agg. mesomorfo.
meson /ˈmezɒn, ˈmiːzɒn/ n. FIS. mesone m.
mesophyll /ˈmesəʊfɪl/ n. mesofillo m.
mesophyte /ˈmesəʊfaɪt/ n. mesofita f.
Mesopotamia /ˌmesəpəˈteɪmɪə/ n.pr. Mesopotamia f.
mesosphere /ˈmesəʊsfɪə(r)/ n. mesosfera f.
mesothelia /ˌmesəʊˈθiːlɪə/ → **mesothelium**.
mesothelial /ˌmesəʊˈθiːlɪəl/ agg. mesoteliale.
mesothelium /ˌmesəʊˈθiːlɪəm/ n. (pl. **-ia**) mesotelio m.
mesotherapy /ˈmesəʊθerəpɪ/ n. mesoterapia f.
mesotron /ˈmiːzətrɒn/ n. ANT. *(meson)* mesotrone m.
Mesozoic /ˌmesəʊˈzəʊɪk/ **I** agg. mesozoico **II** n. mesozoico m.
mesquite /ˈmeskiːt/ n. algarrobo m.
▷ **1.mess** /mes/ n. **1** *(untidy state)* confusione f., disordine m., casino m. COLLOQ.; ***what a ~*** che casino! ***to make a ~*** [*children, workmen*] mettere in disordine; ***to leave sth. in a ~*** lasciare qcs. in disordine; ***the kitchen is (in) a ~*** la cucina è sottosopra; ***to tidy*** o ***clear up the ~*** mettere in ordine *o* a posto; ***this report is a ~!*** questa relazione è un disastro! ***my hair is a ~*** ho i capelli tutti spettinati *o* in disordine; ***you look a ~!*** BE ***you look like a ~!*** AE sei proprio malmesso! sei proprio conciato male! **2** FIG. *(muddled state)* ***my life is a ~*** la mia vita è un casino COLLOQ.; ***the economy, country is in a terrible ~*** l'economia, il paese è allo sbando; ***to make a ~ of the job*** combinare un pasticcio, un casino COLLOQ.; ***to let things get into a ~*** lasciare andare tutto a catafascio; ***how did we get into this ~?*** come abbiamo fatto a ficcarci in questo guaio? ***you got us into this ~*** ci hai messi in questo pasticcio; ***he'll get us out of this ~*** ci tirerà fuori da questo imbroglio; ***this is a fine ~ you've got*** BE o ***gotten*** AE ***us into!*** ci hai messi proprio in un bel pasticcio! **3** COLLOQ. *(pitiful state)* ***his face was a ~ after the accident*** dopo l'incidente il suo viso era devastato *o* deturpato; ***he's a ~*** *(psychologically)* è molto confuso, è incasinato COLLOQ.; *(incompetent)* è un pasticcione, un casinista COLLOQ. **4** *(excrement)* cacca f.; ***the dog made a ~ on the lawn*** il cane ha fatto la cacca sul prato; ***dog ~*** COLLOQ. cacca di cane **5** *(stain)* ***to make a ~ of*** o ***on the tablecloth, carpet*** fare una macchia sulla tovaglia, moquette; ***to make a ~ of oneself*** sporcarsi, macchiarsi; *(when eating)* sbrodolarsi **6** MIL. mensa f.; ***officers' ~*** *(in the army)* mensa ufficiali; *(in the navy)* quadrato ufficiali **7** AE COLLOQ. piatto m., porzione f.; ***a ~ of greens*** una porzione di verdure ◆ ***to sell one's birthright for a ~ of pottage*** BIBL. vendere la propria primogenitura per un piatto di lenticchie.
2.mess /mes/ intr. COLLOQ. *(meddle)* ***I don't ~ with drugs*** non ho niente a che fare con la droga; ***don't ~ with them, they're danger-***

ous non immischiarti con loro, sono pericolosi ◆ ***no ~ing!*** COLLOQ. niente storie!
■ **mess about**, **mess around** COLLOQ. ~ *around* **1** *(act the fool)* fare lo stupido, fare fesserie; ***to ~ around with*** pasticciare *o* armeggiare con [*chemicals, matches*]; ***don't ~ around with drugs*** stai alla larga dalla droga **2** *(potter)* ***to ~ around in the garden, with friends*** oziare in giardino, bighellonare con gli amici **3** *(sexually)* ***he ~es around*** è un donnaiolo; ***to ~ around with sb.*** andare a letto con qcn.; ~ *[sb.] around* COLLOQ. trattare male.
■ **mess up** AE COLLOQ. ~ *up* fare casini; ~ *[sth.] up*, ~ *up [sth.]* **1** *(muddle up)* scompaginare, scombinare [*papers*]; *(get untidy)* mettere in disordine, mettere sottosopra [*kitchen*]; *(dirty)* sporcare, macchiare [*napkin, sheets*] **2** *(do badly)* fare male [*exam, work*] **3** *(ruin)* mandare a rotoli, mandare all'aria; ***you've ~ed things up for everybody*** hai rovinato i progetti di tutti; ***I've ~ed up my chances of promotion*** mi sono giocato le mie possibilità di promozione; ~ *[sb.] up* [*drugs, alcohol*] rovinare, distruggere [*person*]; [*experience*] sconvolgere, turbare, sconcertare.
▶ **1.message** /ˈmesɪdʒ/ n. **1** *(communication)* messaggio m., comunicazione f. (**about** su, circa); *(by email)* messaggio m., e-mail m. e f.; ***a telephone, taped ~*** un messaggio telefonico, registrato; ***to take a ~*** *(on telephone)* prendere nota di un messaggio, riferire (qualcosa); ***to give, leave sb. a ~ that*** lasciare un messaggio a qcn. che *o* lasciar detto a qcn. che **2** *(meaning)* messaggio m.; ***a film with a ~*** un film che trasmette un messaggio, un film a tesi; ***to get one's ~ across*** *(be understood)* fare capire il proprio messaggio; *(convince people)* fare accettare *o* recepire il proprio messaggio; ***to get the ~*** COLLOQ. afferrare al volo, capire l'antifona; ***his ~ isn't getting through*** non riesce a far capire il suo messaggio **3** ANT. *(errand)* ambasciata f., commissione f.; ***to go on a ~ for sb.*** andare a fare un'ambasciata per qcn.; ***to go for the ~s*** *(shopping)* andare a fare commissioni.
2.message /ˈmesɪdʒ/ tr. *(send a message to)* mandare un messaggio a [*person*]; *(send an e-mail to)* mandare una e-mail a [*person*].
message switching /ˈmesɪdʒˌswɪtʃɪŋ/ n. INFORM. commutazione f. di messaggi.
messaging /ˈmesɪdʒɪŋ/ n. TEL. INFORM. messaging m., messaggistica f.
mess dress /ˈmesdres/ n. MIL. uniforme f. da gala.
▷ **messenger** /ˈmesɪndʒə(r)/ ♦ **27** n. **1** messaggero m. (-a); *(for hotel, company)* fattorino m., messo m. **2** MAR. *(light line)* messaggera f.; *(endless belt)* viradore m.
messenger boy /ˈmesɪndʒəˌbɔɪ/ ♦ **27** n. fattorino m.
messenger RNA /ˌmesɪndʒərɑːrenˈeɪ/ n. BIOL. RNA m. messaggero.
mess hall /ˈmeshɔːl/ n. MIL. mensa f., refettorio m.
messiah /mɪˈsaɪə/ n. messia m. (anche FIG.); ***the Messiah*** il Messia.
messiahship /mɪˈsaɪəʃɪp/ n. messianicità f.
messianic /ˌmesɪˈænɪk/ agg. *(all contexts)* messianico.
Messianism /mɪˈsaɪənɪzəm/ n. RELIG. messianismo m.
messily /ˈmesɪlɪ/ avv. disordinatamente, in modo confuso.
messiness /ˈmesɪnɪs/ n. confusione f., disordine m.
mess jacket /ˈmesˌdʒækɪt/ n. MIL. giubbetto m., spencer m.
mess kit /ˈmesˌkɪt/ n. BE MIL. **1** *(uniform)* uniforme f. da gala **2** *(eating utensils)* posate f.pl. da viaggio.
messmate /ˈmesmeɪt/ n. MIL. compagno m. di mensa, commensale m.
mess room /ˈmesruːm, -ˌrʊm/ n. → **mess hall**.
Messrs /ˈmesəz/ n.pl. (⇒ messieurs, nella corrispondenza usato come plurale di **Mr**) signori (sigg., sig.ri).
mess tin /ˈmestɪn/ n. MIL. gamella f., gavetta f.
messuage /ˈmeswɪdʒ/ n. DIR. podere m.
▷ **messy** /ˈmesɪ/ agg. **1** *(untidy)* [*house, room*] disordinato, in disordine; [*hair*] in disordine, spettinato, arruffato; [*appearance*] disordinato, trasandato; [*handwriting*] disordinato, confuso; [*work*] malfatto, pasticciato **2** *(dirty)* [*activity, work*] che fa sporcare; ***he's a ~ eater*** quando mangia si sporca sempre **3** *(confused)* [*divorce, lawsuit*] difficile, complesso; [*business, affair*] ingarbugliato, confuso.
mestizo /meˈstiːzəʊ/ n. (pl. **~s**, **~es**) meticcio m. (-a).
met /met/ pass., p.pass. → **3.meet**.
Met /met/ n. COLLOQ. **1** GB (accorc. Metropolitan Police) = la polizia di Londra a esclusione della zona della City **2** AE (accorc. Metropolitan Museum) Metropolitan Museum m. **3** AE (accorc. Metropolitan Opera Company) compagnia f. del Metropolitan.
metabasis /mɪˈtæbəsɪs/ n. (pl. **-es**) RET. metabasi f.
metabolic /ˌmetəˈbɒlɪk/ agg. [*disease, needs, stress*] metabolico, del metabolismo; ***~ rate*** metabolismo basale.
metabolically /ˌmetəˈbɒlɪklɪ/ avv. metabolicamente.
▷ **metabolism** /mɪˈtæbəlɪzəm/ n. metabolismo m.
metabolize /mɪˈtæbəlaɪz/ tr. metabolizzare.
metacarpal /ˌmetəˈkɑːpl/ **I** n. (osso) metacarpale m. **II** agg. [*ligament*] del metacarpo; [*vein*] metacarpeo; [*bone*] metacarpale.
metacarpus /ˌmetəˈkɑːpəs/ n. (pl. **-i**) metacarpo m.
metagenesis /ˌmetəˈdʒenəsɪs/ n. metagenesi f.
metagenetic /ˌmetədʒɪˈnetɪk/ agg. metagenetico.
▶ **1.metal** /ˈmetl/ **I** n. **1** MINER. metallo m. **2** MUS. (anche **heavy ~**) (heavy) metal m. **3** *(in printing)* piombo m., lega f. tipografica **4** *(in glassmaking)* vetro m. fuso **II** modif. **1** *(made of metal)* [*container, tool, fitting, cable*] di metallo, metallico **2** MUS. [*group, band, music*] (heavy) metal; [*album*] di (heavy) metal.
2.metal /ˈmetl/ tr. (forma in -ing ecc. **-ll-**, **-l-** AE) **1** *(cover with metal)* rivestire di metallo **2** *(make or mend with road metal)* macadamizzare [*road*].
metalanguage /ˈmetəlæŋgwɪdʒ/ n. metalinguaggio m., metalingua f.
metal detector /ˈmetldɪˌtektə(r)/ n. metal detector m.
metalepsis /ˌmetəˈlepsɪs/ n. metalepsi f., metalessi f.
metal fatigue /ˈmetlfəˌtiːg/ n. usura f. del metallo.
metalhead /ˈmetlhed/ n. COLLOQ. metallaro m. (-a).
metaling AE → **metalling**.
metalinguistic /ˌmetəlɪŋˈgwɪstɪk/ agg. metalinguistico.
metalinguistics /ˌmetəlɪŋˈgwɪstɪks/ n. + verbo sing. metalinguistica f.
metalize AE → **metallize**.
▷ **metallic** /mɪˈtælɪk/ agg. **1** CHIM. [*substance, state*] metallico **2** [*paint, finish*] metallizzato **3** *(resembling metal)* [*sound, appearance, taste*] metallico.
metalliferous /ˌmetəˈlɪfərəs/ agg. metallifero.
metalline /ˈmetəlɪn/ agg. metallino, metallico.
metalling BE, **metaling** AE /ˈmetlɪŋ/ n. *(road metal)* pietrisco m.
metallization /ˌmetəlaɪˈzeɪʃn, AE -lɪˈz-/ n. metallizzazione f.
metallize BE, **metalize** AE /ˈmetəlaɪz/ tr. metallizzare.
metallography /ˌmetəˈlɒgrəfɪ/ n. metallografia f.
metalloid /ˈmetəlɔɪd/ **I** agg. simile a metallo **II** n. metalloide m.
metallurgic(al) /ˌmetəˈlɜːdʒɪk(l)/ agg. [*problem, study*] metallurgico; [*work, expert*] di metallurgia.
metallurgist /mɪˈtælədʒɪst, AE ˈmetəlɜːrdʒɪst/ ♦ **27** n. metallurgista m. e f.
metallurgy /mɪˈtælədʒɪ, AE ˈmetəlɜːrdʒɪ/ n. metallurgia f.
metal polish /ˈmetlˌpɒlɪʃ/ n. = prodotto per lucidare i metalli.
metalwork /ˈmetlwɜːk/ n. *(work in metal)* oggetti m.pl. in metallo; *(art)* fabbricazione f. di oggetti in metallo.
metalworker /ˈmetlwɜːkə(r)/ ♦ **27** n. (operaio) metallurgico m.
metamer /ˈmetəmə(r)/ n. CHIM. metamero m.
metamere /ˈmetəmɪə(r)/ n. ZOOL. metamero m.
metameric /ˌmetəˈmerɪk/ agg. ZOOL. metamerico.
metamerism /məˈtæmərɪzəm/ n. **1** CHIM. metamerismo m., metameria f. **2** ZOOL. metameria f.
metamorphic /ˌmetəˈmɔːfɪk/ agg. **1** [*quality, technique*] metamorfico, di metamorfosi **2** GEOL. metamorfico.
metamorphism /ˌmetəˈmɔːfɪzəm/ n. **1** GEOL. metamorfismo m. **2** → **metamorphosis**.
metamorphose /ˌmetəˈmɔːfəʊz/ **I** tr. **1** trasformare (**into** in) (anche FIG.) **2** GEOL. metamorfosare [*rock*] **II** intr. **1** trasformarsi (**into** in) (anche FIG.) **2** GEOL. [*rock*] metamorfosarsi.
metamorphosis /ˌmetəˈmɔːfəsɪs/ n. (pl. **-es**) *(all contexts)* metamorfosi f. (**into** in).
metamorphous /ˌmetəˈmɔːfəs/ agg. → **metamorphic**.
metaphase /ˈmetəfeɪz/ n. metafase f.
▷ **metaphor** /ˈmetəfɔː(r)/ n. metafora f.; ***to mix one's ~s*** fare metafore stravaganti.
metaphoric(al) /ˌmetəˈfɒrɪk(l)/ agg. metaforico; ***I must put my ~ skates on*** devo, come si suol dire, mettere le ali ai piedi.
metaphorically /ˌmetəˈfɒrɪklɪ/ avv. metaforicamente; ***~ speaking*** parlando metaforicamente.
1.metaphrase /ˈmetəfreɪz/ n. traduzione f. letterale.
2.metaphrase /ˈmetəfreɪz/ tr. tradurre letteralmente.
metaphysical /ˌmetəˈfɪzɪkl/ agg. **1** FILOS. metafisico **2** *(abstract)* metafisico, astratto, astruso.
metaphysician /ˌmetəfɪˈzɪʃn/ n. metafisico m. (-a).
metaphysics /ˌmetəˈfɪzɪks/ n. + verbo sing. metafisica f.
metaplasia /ˌmetəˈpleɪzjə/ n. BIOL. MED. metaplasia f.
metaplasm /ˈmetəplæzəm/ n. **1** LING. metaplasmo m. **2** BIOL. metaplasma m.
metaplastic /ˌmetəˈplæstɪk/ agg. BIOL. MED. metaplasico.
metapsychic(al) /ˌmetəˈsaɪkɪk(l)/ agg. metapsichico, parapsicologico.

metapsychics /ˌmetəˈsaɪkɪks/ n. + verbo sing. metapsichica f., parapsicologia f.
metastable /ˌmetəˈsteɪbl/ agg. FIS. metastabile.
metastasis /meˈtæstəsɪs/ n. (pl. **-es**) metastasi f.
metastasize /məˈtæstəsaɪz/ intr. metastatizzare.
metastatic /ˌmetəˈstætɪk/ agg. metastatico.
metatarsal /ˌmetəˈtɑːsl/ **I** n. (osso) metatarsale m. **II** agg. [*bone, arch*] metatarsale; [*ligament, swelling*] del metatarso.
metatarsus /ˌmetəˈtɑːsəs/ n. (pl. **-i**) metatarso m.
metathesis /mɪˈtæθəsɪs/ n. (pl. **-es**) LING. metatesi f.
metathetic /ˌmetəˈθetɪk/ agg. LING. metatetico.
métayage /meteˈjɑːʒ/ n. (pl. ~) mezzadria f.
métayer /meteˈjə(r)/ n. mezzadro m.
metazoan /ˌmetəˈzəʊən/ **I** n. metazoo m. **II** agg. dei metazoi, relativo ai metazoi.
1.mete /miːt/ n. ANT. confine m., limite m.
2.mete /miːt/ tr. ANT. misurare.
■ **mete out:** ~ ***[sth.] out,*** ~ ***out [sth.]*** infliggere, assegnare [*punishment*]; riservare [*ill treatment*]; concedere [*reward*]; accordare [*favour*]; rendere [*justice*].
metempsychosis /ˌmetempsɪˈkəʊsɪs/ n. (pl. **-es**) metempsicosi f.
meteor /ˈmiːtɪə(r)/ **I** n. **1** *(fragment)* meteora f. **2** *(streak of light)* meteora f., stella f. cadente **II** modif. ~ ***crater*** cratere meteorico, meteoritico; ~ ***shower*** sciame meteorico, pioggia meteorica.
meteoric /ˌmiːtɪˈɒrɪk, AE -ˈɔːr-/ agg. **1** ASTR. [*dust, impact*] meteoritico **2** [*water*] meteorico **3** FIG. *(rapid)* [*rise, progress*] fulmineo, brillante.
meteorism /ˈmiːtɪərɪzəm/ ♦ **11** n. MED. meteorismo m.
meteorite /ˈmiːtɪəraɪt/ **I** n. meteorite m. e f. **II** modif. [*dust, impact*] meteoritico.
meteoritic(al) /ˌmiːtɪəˈrɪtɪk(l)/ agg. meteoritico.
meteorograph /ˈmiːtɪərəgrɑːf, AE -græf/ n. meteorografo m.
meteoroid /ˈmiːtɪərɔɪd/ n. meteoroide m.
meteorological /ˌmiːtɪərəˈlɒdʒɪkl/ agg. meteorologico; ~ ***balloon*** pallone meteorologico.
meteorologically /ˌmiːtɪərəˈlɒdʒɪklɪ, AE ˌmiːtɪɔːr-/ avv. meteorologicamente, dal punto di vista meteorologico.
Meteorological Office /ˌmiːtɪərəˈlɒdʒɪklˌɒfɪs, AE -ˌɔːfɪs/ n. GB = ufficio incaricato di diffondere i bollettini meteorologici.
meteorologist /ˌmiːtɪəˈrɒlədʒɪst/ ♦ **27** n. meteorologo m. (-a).
meteorology /ˌmiːtɪəˈrɒlədʒɪ/ **I** n. meteorologia f. **II** modif. [*study, records*] di meteorologia.
meteoropathy /ˌmiːtɪəˈrɒpəθɪ/ ♦ **11** n. meteoropatia f.
1.meter /ˈmiːtə(r)/ n. **1** *(measuring instrument)* strumento m. di misura, contatore m.; ***electricity, gas, water*** ~ contatore della luce, del gas, dell'acqua; ***to read the*** ~ fare la lettura del contatore **2** (anche **parking** ~) parchimetro m.
2.meter /ˈmiːtə(r)/ tr. **1** misurare, controllare [*electricity, gas, water, pressure*]; ***to have one's water supply ~ed*** avere un sistema per misurare l'erogazione dell'acqua **2** affrancare con l'affrancatrice.
▶ **3.meter** AE → **1.metre, 2.metre**.
meter maid /ˈmiːtəˌmeɪd/ n. COLLOQ. = addetta al controllo dei parcheggi a pagamento.
meter reader /ˈmiːtəˌriːdə(r)/ n. letturista m. e f.
meter reading /ˈmiːtəˌriːdɪŋ/ n. lettura f. del contatore.
methacrylate /məˈθækrɪleɪt/ n. metacrilato m.
methacrylic /ˌmeθəˈkrɪlɪk/ agg. metacrilico.
methadone /ˈmeθədəʊn/ n. metadone m.
meth(a)emoglobin /ˌmeθiːməˈgləʊbɪn, -thiː-/ n. metemoglobina f.
methane /ˈmiːθeɪn, AE ˈmeθ-/ n. (gas) metano m.
methanol /ˈmeθənɒl/ n. metanolo m.
methicillin /meθəˈsɪlɪn/ n. meticillina f.
methinks /mɪˈθɪŋks/ impers. ANT. (pass. **methought**) mi pare, mi sembra.
methionine /məˈθɪəniːn/ n. metionina f.
▶ **method** /ˈmeθəd/ n. **1** *(system, technique, manner) (of teaching, contraception, training)* metodo m. (**for doing** per fare); *(of payment, treatment)* modalità f. (**of** di); ~ ***of transport*** modalità di trasporto; ***teaching, farming ~s*** metodi di insegnamento, di coltivazione; ***production ~s*** metodi di produzione **2** *(orderliness)* metodo m., ordine m.; ***scientific, deductive*** ~ metodo scientifico, deduttivo; ***a man of*** ~ un uomo metodico **3** CINEM. TEATR. metodo m. Stanislavski ♦ ***there is ~ in his madness*** è coerente nella sua follia.
method acting /ˈmeθədˌæktɪŋ/ n. metodo m. Stanislavski.
method actor /ˈmeθədˌæktə(r)/ n. = attore che usa il metodo Stanislavski.
methodical /mɪˈθɒdɪkl/ agg. [*approach, manner, process*] metodico; [*person*] metodico, sistematico.
methodically /mɪˈθɒdɪklɪ/ avv. metodicamente.
Methodism /ˈmeθədɪzəm/ n. metodismo m.
Methodist /ˈmeθədɪst/ **I** agg. metodista **II** n. metodista m. e f.
methodize /ˈmeθədaɪz/ tr. metodizzare, rendere metodico.
methodological /ˌmeθədəˈlɒdʒɪkl/ agg. metodologico.
methodologically /ˌmeθədəˈlɒdʒɪklɪ/ avv. [*reasonable, acceptable*] metodologicamente; [*work, think*] metodicamente, con metodo.
▷ **methodology** /ˌmeθəˈdɒlədʒɪ/ n. metodologia f., metodica f.
methought /mɪˈθɔːt/ pass. → **methinks**.
meths /meθs/ n. + verbo sing. BE (accorc. methylated spirit) alcol m. denaturato.
Methuselah /mɪˈθjuːzələ/ **I** n.pr. *(patriarch)* Matusalemme **II** n. *(bottle)* = bottiglia di vino di formato equivalente a otto normali bottiglie ♦ ***as old as*** ~ vecchio come Matusalemme.
methyl /ˈmeθɪl/ **I** n. metile m. **II** modif. [*acetate, bromide, chloride, etc*] di metile; ~ ***alcohol*** alcol metilico, metanolo.
methylamine /meˈθaɪləmiːn/ n. metilammina f.
1.methylate /ˈmeθəleɪt/ n. metilato m.
2.methylate /ˈmeθəleɪt/ tr. metilare.
methylated /ˈmeθəleɪtɪd/ **I** p.pass. → **2.methylate II** agg. metilico.
methylated spirit(s) /ˌmeθəleɪtɪdˈspɪrɪt(s)/ n. + verbo sing. alcol m. denaturato.
methylene /ˈmeθɪliːn/ **I** n. metilene m. **II** modif. [*chloride, blue*] di metilene.
methylic /mɪˈθɪlɪk/ agg. metilico.
meticulosity /mɪˌtɪkjʊˈlɒsətɪ/ n. meticolosità f.
meticulous /mɪˈtɪkjʊləs/ agg. meticoloso, minuzioso; ***to be ~ about one's work*** essere meticoloso nel proprio lavoro; ***she's very ~ about brushing her teeth every day*** fa molta attenzione a lavarsi i denti tutti i giorni.
meticulously /mɪˈtɪkjʊləslɪ/ avv. meticolosamente.
meticulousness /mɪˈtɪkjʊləsnɪs/ n. meticolosità f., minuziosità f.
métier /ˈmetɪeɪ/ n. mestiere m., occupazione f.
me time /ˈmiːˌtaɪm/ n. = tempo da dedicare a se stessi.
Met Office /ˈmetɒfɪs, AE -ɔːf-/ n. GB (accorc. Meteorological Office) = ufficio incaricato di diffondere i bollettini meteorologici.
metonym /ˈmetənɪm/ n. = parola usata metonimicamente.
metonymic(al) /ˌmetəˈnɪmɪk(l)/ agg. metonimico.
metonymically /ˌmetəˈnɪmɪklɪ/ avv. metonimicamente.
metonymy /mɪˈtɒnɪmɪ/ n. metonimia f.
me-too /miːˈtuː/ agg. [*views, products*] d'imitazione, imitativo.
metope /ˈmetəʊp/ n. metopa f.
▶ **1.metre** /ˈmiːtə(r)/ ♦ **15** n. BE metro m.
2.metre /ˈmiːtə(r)/ n. BE **1** LETTER. metro m., verso m. **2** MUS. tempo m.
1.metric /ˈmetrɪk/ agg. metrico; ***to go*** ~ COLLOQ. adottare il sistema metrico.
2.metric /ˈmetrɪk/ agg. LETTER. metrico.
1.metrical /ˈmetrɪkl/ agg. metrico.
2.metrical /ˈmetrɪkl/ agg. LETTER. metrico; ~ ***psalm*** salmo in versi.
metricate /ˈmetrɪkeɪt/ tr. convertire al sistema metrico.
metrication /ˌmetrɪˈkeɪʃn/ n. *(adoption)* adozione f. del sistema metrico; *(conversion)* conversione f. al sistema metrico.
metricize /ˈmetrɪsaɪz/ tr. convertire al sistema metrico.
metrics /ˈmetrɪks/ n. + verbo sing. metrica f.
metric ton /ˌmetrɪkˈtʌn/ n. tonnellata f.
metritis /mɪˈtraɪtɪs/ ♦ **11** n. metrite f.
metro /ˈmetrəʊ/ n. (pl. **~s**) metropolitana f., métro m.
metrological /ˌmetrəˈlɒdʒɪkl/ agg. metrologico.
metrology /mɪˈtrɒlədʒɪ/ n. **1** *(study)* metrologia f. **2** *(system of measurement)* sistema m. di pesi e misure.
metronome /ˈmetrənəʊm/ n. metronomo m.
metropolis /məˈtrɒpəlɪs/ n. metropoli f.; ***the*** ~ BE la metropoli, Londra.
▷ **metropolitan** /ˌmetrəˈpɒlɪtən/ **I** n. **1** *(person)* abitante m. e f. di una metropoli **2** RELIG. (anche ~ **bishop**) *(of Catholic Church, of Eastern churches)* metropolita m.; *(of Church of England)* arcivescovo m. **II** agg. **1** *(of city)* [*area, population, traffic*] metropolitano; [*park, organization*] della grande città; [*buildings, values*] della metropoli; ~ ***New York, Los Angeles*** l'area metropolitana di New York, Los Angeles **2** *(home territory)* ~ ***France*** = il territorio francese distinto dai suoi possedimenti coloniali **3** RELIG. metropolitano.
metropolitan authority /ˌmetrəˈpɒlɪtənɔːˌθɒrətɪ/ n. GB AMM. = ciascuno dei consigli che amministrava le sei metropolitan counties.

metropolitan county /ˌmetrəˈpɒlɪtənˌkaʊntɪ/ n. GB AMM. = una delle sei circoscrizioni amministrative istituite nel 1972.
metropolitan district /ˌmetrəˈpɒlɪtənˌdɪstrɪkt/ n. GB AMM. area f. metropolitana.
Metropolitan police /ˌmetrəpɒlɪtənpəˈliːs/ n. GB = la polizia di Londra ad esclusione della zona della City.
metrorrhagia /metrəˈreɪdʒɪə/ n. metrorragia f.
metrosexual /ˌmetrəˈsekʃʊəl/ n. COLLOQ. = uomo eterosessuale che dedica al proprio abbigliamento e alla cura del corpo attenzioni tradizionalmente considerate tipicamente femminili.
mettle /ˈmetl/ n. ardore m., coraggio m. (**to do** di fare); ***to be on one's ~*** fare del proprio meglio *o* impegnarsi a fondo; ***to put sb. on his ~*** mettere alla prova il coraggio di qcn.
mettlesome /ˈmetlsəm/ agg. [*person*] ardente, coraggioso; *(fiery)* [*horse*] focoso.
1.mew /mjuː/ n. *(seagull)* gabbiano m.
2.mew /mjuː/ n. *(cage for hawks)* gabbia f. per falchi, muda f.
3.mew /mjuː/ tr. mettere in gabbia [*hawk*].
4.mew /mjuː/ n. *(of cat)* miagolio m.
5.mew /mjuː/ intr. [*cat*] miagolare.
mewl /mjuːl/ intr. **1** *(whimper)* [*baby*] piagnucolare, frignare **2** *(mew)* [*cat*] miagolare.
mews /mjuːz/ n. BE **1** + verbo sing. = vicolo, cortile dove un tempo erano tenuti i cavalli **2** + verbo pl. *(stables)* scuderie f.
mews flat /ˈmjuːzflæt/ n. BE = elegante appartamento ricavato da antiche scuderie.
Mexican /ˈmeksɪkən/ ➧ ***18*** **I** agg. messicano **II** n. *(person)* messicano m. (-a).
Mexican jumping bean /ˌmeksɪkənˈdʒʌmpɪŋˌbiːn/ n. BOT. seme m. saltellante.
Mexican stand off /ˌmeksɪkənˈstændɒf, AE -ɔːf/ n. AE stallo m., punto m. morto.
Mexican wave /ˌmeksɪkənˈweɪv/ n. ola f.
Mexico /ˈmeksɪkəʊ/ ➧ ***6*** n.pr. Messico m.
Mexico City /ˌmeksɪkəʊˈsɪtɪ/ ➧ ***34*** n.pr. Città f. del Messico.
mezzanine /ˈmezəniːn/ n. **1** *(floor)* mezzanino m., ammezzato m.; *(in room, apartment)* soppalco m. **2** AE TEATR. palco m. di proscenio; BE sottoscena m.
mezzanine bed /ˈmezəniːnbed/ n. letto m. a soppalco.
mezzanine financing /ˌmezəniːnˈfaɪnænsɪŋ, -fɪˈnænsɪŋ/ n. finanziamento m. mezzanino (per acquisizioni aziendali tramite emissioni di obbligazioni di rischio).
mezzo-soprano /ˌmetsəʊsəˈprɑːnəʊ/ **I** n. (pl. **~s**) *(voice, singer)* mezzosoprano m. **II** modif. [*voice*] di mezzosoprano; [*part*] del mezzosoprano.
1.mezzotint /ˈmetsəʊtɪnt/ n. *(method, print)* mezzatinta f.
2.mezzotint /ˈmetsəʊtɪnt/ tr. incidere a mezzatinta.
MF n. (⇒ medium frequency media frequenza) MF f.
MFA n. US (⇒ Master of Fine Arts) = (diploma di) dottore in discipline artistiche (conseguito con un corso di studi di cinque o sei anni).
mfrs ⇒ manufacturers fabbricanti, costruttori.
Mgr ⇒ Monseigneur, Monsignor monsignore (mons.).
MHR n. AE (⇒ Member of the House of Representatives) = membro della Camera dei Rappresentanti.
mi /miː/ n. MUS. mi m.
MI US ⇒ Michigan Michigan.
MI5 n. (⇒ Military Intelligence Section Five) = agenzia britannica di controspionaggio con sede in Gran Bretagna.
MI6 n. (⇒ Military Intelligence Section Six) = agenzia britannica di controspionaggio con sede al di fuori della Gran Bretagna.
MIA MIL. ⇒ missing in action = disperso in azione.
Miami /maɪˈæmɪ/ ➧ ***34*** n.pr. Miami f.
1.miaow /miːˈaʊ/ n. miao m., miagolio m.
2.miaow /miːˈaʊ/ intr. fare miao, miagolare.
miasma /mɪˈæzmə/ n. (pl. **~s, -ata**) FORM. miasma m.
miasmal /mɪˈæzməl/ agg. FORM. miasmatico.
mica /ˈmaɪkə/ n. MINER. mica f.
micaceous /maɪˈkeɪʃəs/ agg. micaceo.
mica schist /ˈmaɪkəˌʃɪst/ n. micascisto m.
Micah /ˈmaɪkə/ n.pr. Michea.
mice /maɪs/ → **1.mouse**.
micelle /mɪˈsel/ n. CHIM. micella f.
Michael /ˈmaɪkl/ n.pr. Michele.
Michaelmas /ˈmɪklməs/ n.pr. festa f. di san Michele.
Michaelmas daisy /ˌmɪklməsˈdeizɪ/ n. BE aster m.
Michaelmas term /ˌmɪklməsˈtɜːm/ n. BE UNIV. = il primo trimestre dell'anno accademico.
Michelangelo /ˌmaɪkəlˈændʒələʊ/ n.pr. Michelangelo.
Michelle /mɪˈʃel/ n.pr. Michela.
Michigan /ˈmɪʃɪgən/ ➧ ***24*** n.pr. Michigan m.; ***Lake ~*** lago Michigan.
mick /mɪk/ n. COLLOQ. SPREG. irlandese m.
mickey /ˈmɪkɪ/ n. BE COLLOQ. ***to take the ~*** prendersi gioco (**out of** di); ***are you taking the ~ out of me?*** mi stai prendendo in giro? ***stop taking the ~*** smettila di sfottere!
Mickey Finn /ˌmɪkɪˈfɪn/ n. COLLOQ. = bevanda alcolica alla quale è stato aggiunto del sonnifero.
Mickey Mouse /ˌmɪkɪˈmaʊs/ **I** n.pr. Topolino **II** modif. SPREG. [*job*] stupido; [*qualifications*] scadente, senza valore.
mickle /ˈmɪkl/ n. → **muckle**.
micro /ˈmaɪkrəʊ/ n. (pl. **~s**) INFORM. COLLOQ. *(microcomputer)* microcomputer m.; *(microprocessor)* microprocessore m.
microampere /ˈmaɪkrəʊəˌæmpeə(r), AE -ˌæmpɪə(r)/ n. microampere m.
microanalysis /ˌmaɪkrəʊəˈnælɪsɪs/ n. (pl. **-es**) CHIM. microanalisi f.
microanalytic /ˌmaɪkrəʊænəˈlɪtɪk/ agg. CHIM. microanalitico.
microbalance /ˈmaɪkrəʊəˌbæləns/ n. microbilancia f.
microbe /ˈmaɪkrəʊb/ n. *(organism)* microbo m.
microbial /maɪˈkrəʊbɪəl/, **microbic** /maɪˈkrəʊbɪk/ agg. BIOL. microbico.
microbiological /ˌmaɪkrəʊbaɪəˈlɒdʒɪkl/ agg. microbiologico.
microbiologist /ˌmaɪkrəʊbaɪˈɒlədʒɪst/ ➧ ***27*** n. microbiologo m. (-a).
microbiology /ˌmaɪkrəʊbaɪˈɒlədʒɪ/ n. microbiologia f.
microbrewery /ˈmaɪkrəʊbruːərɪ/ n. microbirreria f.
Micro Cellular Network /ˌmaɪkrəʊˌseljʊləˈnetwɜːk/ n. TEL. rete f. di telefoni cellulari.
microcephalic /ˌmaɪkrəʊkɪˈfælɪk, -sɪˈfælɪk/ **I** agg. MED. [*person*] microcefalo, microcefalico **II** n. MED. microcefalo m. (-a).
microcephalous /ˌmaɪkrəʊˈkefələs, -ˈsefələs/ agg. MED. [*person*] microcefalo.
microcephaly /ˌmaɪkrəʊˈkefəlɪ, -ˈsefəlɪ/ n. MED. microcefalia f.
microchip /ˈmaɪkrəʊtʃɪp/ **I** n. microchip m., chip m. **II** modif. [*industry, technology*] dei microchip; [*factory*] di microchip.
microcircuit /ˈmaɪkrəʊsɜːkɪt/ n. microcircuito m.
microcircuitry /ˌmaɪkrəʊˈsɜːkɪtrɪ/ n. circuiteria f. miniaturizzata, insieme m. dei microcircuiti.
microclimate /ˈmaɪkrəʊklaɪmɪt/ n. microclima m.
microcline /ˈmaɪkrəʊklaɪn/ n. microclino m.
micrococcus /ˌmaɪkrəʊˈkɒkəs/ n. (pl. **-i**) micrococco m.
microcomputer /ˌmaɪkrəʊkəmˈpjuːtə(r)/ **I** n. microelaboratore m., microcomputer m., microcalcolatore m. **II** modif. [*company, network*] di microelaboratori, di microcomputer; [*software*] per microelaboratori, per microcomputer.
microcomputing /ˌmaɪkrəʊkəmˈpjuːtɪŋ/ n. microinformatica f.
1.microcopy /ˈmaɪkrəʊkɒpɪ/ n. FOT. microcopia f.
2.microcopy /ˈmaɪkrəʊkɒpɪ/ tr. FOT. microcopiare, riprodurre in microcopia.
microcorneal lens /ˌmaɪkrəʊˌkɔːnɪəlˈlenz/ n. (pl. **microcorneal lenses**) lente f. corneale.
microcosm /ˈmaɪkrəkɒzəm/ n. microcosmo m. (anche FIG.); ***in ~*** in miniatura.
microcosmic /ˌmaɪkrəʊˈkɒzmɪk/ agg. microcosmico.
microcredit /ˈmaɪkrəʊˌkredɪt/ n. microcredito m.
microcrystal /ˈmaɪkrəʊkrɪstl/ n. MINER. microcristallo m.
microcrystalline /ˌmaɪkrəʊˈkrɪstɪlaɪn/ agg. MINER. microcristallino.
microculture /ˈmaɪkrəʊkʌltʃə(r)/ n. BIOL. SOCIOL. microcoltura f.
microcyte /ˈmaɪkrəʊsaɪt/ n. microcito m., microcita m.
microdissection /ˌmaɪkrəʊdaɪˈsekʃn/ n. microdissezione f.
microdot /ˈmaɪkrəʊdɒt/ n. **1** FOT. = microcopia di dimensioni ridottissime **2** *(drug)* compressa f. di LSD.
microeconomic /ˌmaɪkrəʊˌekəˈnɒmɪk, -ˌiːkəˈn-/ agg. microeconomico.
microeconomics /ˌmaɪkrəʊˌekəˈnɒmɪks, -ˌiːkəˈn-/ n. + verbo sing. microeconomia f.
microelectrode /ˌmaɪkrəʊɪˈlektrəʊd/ n. microelettrodo m.
microelectronic /ˌmaɪkrəʊɪlekˈtrɒnɪk/ agg. microelettronico.
microelectronics /ˌmaɪkrəʊɪlekˈtrɒnɪks/ n. + verbo sing. microelettronica f.
microenvironment /ˌmaɪkrəʊɪnˈvaɪərənment/ n. microambiente m.
microfauna /ˈmaɪkrəʊfɔːnə/ n. microfauna f.
microfibre BE, **microfiber** AE /ˈmaɪkrəʊˌfaɪbə(r)/ n. TESS. microfibra f.
microfiche /ˈmaɪkrəʊfiːʃ/ n. microfiche f., microscheda f.

microfiche reader /ˈmaɪkrəʊfiːʃˌriːdə(r)/ n. lettore m. di microfiche.
1.microfilm /ˈmaɪkrəʊfɪlm/ n. microfilm m.
2.microfilm /ˈmaɪkrəʊfɪlm/ tr. microfilmare, riprodurre in microfilm.
microfilm reader /ˈmaɪkrəʊfɪlmˌriːdə(r)/ n. FOT. lettore m. di microfilm.
microflora /ˈmaɪkrəʊflɔːrə/ n. microflora f.
microform /ˈmaɪkrəʊfɔːm/ n. **1 U** *(process)* micrografia f. **2 C** *(microcopy)* microcopia f.
microgram(me) /ˈmaɪkrəʊɡræm/ ➧ *37* n. microgrammo m.
micrograph /ˈmaɪkrəʊɡrɑːf, AE -ɡræf/ n. *(photo, drawing)* microfotografia f.
micrographic /ˌmaɪkrəʊˈɡræfɪk/ agg. micrografico.
micrographics /ˌmaɪkrəʊˈɡræfɪks/ n. + verbo sing. micrografia f.
micrography /maɪˈkrɒɡrəfɪ/ n. *(all contexts)* micrografia f.
microgravity /ˌmaɪkrəʊˈɡrævətɪ/ n. microgravità f.
microgroove /ˈmaɪkrəʊɡruːv/ **I** n. microsolco m. **II** modif. ***a ~ record*** un (disco a) microsolco.
microhabitat /ˌmaɪkrəʊˈhæbɪtæt/ n. microhabitat m.
microimage /ˈmaɪkrəʊɪmɪdʒ/ n. = immagine di dimensioni ridottissime che non può essere vista senza essere ingrandita.
microlight /ˈmaɪkrəʊlaɪt/ n. ultraleggero m., ULM m.
microlighting /ˈmaɪkrəlaɪtɪŋ/ ➧ *10* n. (il) pilotare un ultraleggero.
microlinguistics /ˌmaɪkrəʊlɪŋˈɡwɪstɪks/ n. + verbo sing. microlinguistica f.
microlitre BE, **microliter** AE /ˈmaɪkrəʊliːtə(r)/ ➧ *3* n. microlitro m.
micromanage /ˈmaɪkrəʊˌmænɪdʒ/ tr. = gestire, controllare in modo capillare un'impresa o un'attività.
micromesh /ˈmaɪkrəʊmeʃ/ agg. ***~ tights*** BE, ***~ panty hose*** AE collant in microrete.
micrometeorite /ˌmaɪkrəʊˈmiːtɪəraɪt/ n. micrometeora f.
micrometeorologist /ˌmaɪkrəʊmiːtɪəˈrɒlədʒɪst/ ➧ *27* n. esperto m. (-a) di micrometeorologia.
micrometeorology /ˌmaɪkrəʊmiːtɪəˈrɒlədʒɪ/ n. micrometeorologia f.
micrometer /maɪˈkrɒmɪtə(r)/ n. *(instrument)* micrometro m.
micrometre BE, **micrometer** AE /ˈmaɪkrɒʊˌmiːtə(r)/ ➧ *15* n. METROL. *(micron)* micrometro m., micron m.
micrometre calliper /maɪˈkrɒmɪtəˌkælɪpə(r)/ n. calibro m. micrometrico.
micrometry /maɪˈkrɒmɪtrɪ/ n. micrometria f.
microminiature /ˌmaɪkrəʊˈmɪnətʃə(r), AE -tʃʊər/ agg. [*circuit, parts*] microminiaturizzato.
microminiaturization /ˌmaɪkrəʊˌmɪnɪtʃəraɪˈzeɪʃn, AE -tʃʊərɪˈz-/ n. microminiaturizzazione f.
microminiaturize /ˌmaɪkrəʊˈmɪnɪtʃəraɪz, AE -tʃʊər-/ tr. microminiaturizzare.
micron /ˈmaɪkrɒn/ n. micron m.
Micronesia /ˌmaɪkrəʊˈniːzɪə/ n.pr. Micronesia f.
Micronesian /ˌmaɪkrəʊˈniːzɪən/ **I** agg. micronesiano **II** n. micronesiano m. (-a).
micronutrient /ˌmaɪkrəʊˈnjuːtrɪənt, AE -ˈnuː-/ n. elemento m. micronutritivo, oligoelemento m.
microorganism /ˌmaɪkrəʊˈɔːɡənɪzəm/ n. microrganismo m.
microphage /ˈmaɪkrəʊfeɪdʒ/ n. BIOL. microfago m.
▷ **microphone** /ˈmaɪkrəfəʊn/ n. microfono m.
1.microphotograph /ˌmaɪkrəʊˈfəʊtəɡrɑːf, AE -ɡræf/ n. *(image)* microfotografia f.
2.microphotograph /ˌmaɪkrəʊˈfəʊtəɡrɑːf, AE -ɡræf/ tr. riprodurre in microfotografia.
microphotography /ˌmaɪkrəʊfəˈtɒɡrəfɪ/ n. *(technique)* microfotografia f.
microphotometer /ˌmaɪkrəʊfəʊˈtɒmɪtə(r)/ n. microfotometro m.
microphysical /ˌmaɪkrəʊˈfɪzɪkl/ agg. relativo alla microfisica.
microphysics /ˈmaɪkrəʊfɪzɪks/ n. + verbo sing. microfisica f.
microprobe /ˈmaɪkrəʊprəʊb/ n. microsonda f.
microprocessing /ˌmaɪkrəʊˈprəʊsesɪŋ, AE -ˈprɒ-/ n. microinformatica f.
microprocessor /ˈmaɪkrəʊprəʊsesə(r), AE -prɒ-/ n. microprocessore m.
microprogram /ˈmaɪkrəʊprəʊɡræm/ n. microprogramma m.
microprogram(m)ing /ˌmaɪkrəʊˈprəʊɡræmɪŋ/ n. microprogrammazione f.
micropyle /ˈmaɪkrəʊpaɪl/ n. ZOOL. BOT. micropilo m.
microreader /ˈmaɪkrəʊriːdə(r)/ n. microlettore m.
micro-reproduction /ˌmaɪkrəʊriːprəˈdʌkʃn/ n. riproduzione f. in microfotografia.
▷ **microscope** /ˈmaɪkrəskəʊp/ n. microscopio m.; ***under the ~*** al microscopio (anche FIG.).
microscopic /ˌmaɪkrəˈskɒpɪk/ agg. **1** *(minute)* microscopico **2** *(using a microscope)* [*analysis, examination*] microscopico, al microscopio.
microscopically /ˌmaɪkrəˈskɒpɪklɪ/ avv. [*examine, study*] al microscopio, microscopicamente; ***~ small*** microscopicamente piccolo.
microscopic section /ˌmaɪkrəskɒpɪkˈsekʃn/ n. sezione f. istologica.
microscopist /maɪˈkrɒskəpɪst/ n. microscopista m. e f.
microscopy /maɪˈkrɒskəpɪ/ n. microscopia f.
microsecond /ˈmaɪkrəʊsekənd/ n. microsecondo m.
microseism /ˈmaɪkrəʊsaɪzəm/ n. microsisma m.
microseismic /ˌmaɪkrəʊˈsaɪzmɪk/ agg. microsismico.
microseismograph /ˌmaɪkrəʊˈsaɪzməɡrɑːf, AE -ɡræf/ n. microsismografo m.
microspore /ˈmaɪkrəʊˌspɔː(r)/ n. microspora f.
microstructural /ˌmaɪkrəʊˈstrʌktʃərəl/ agg. microstrutturale.
microstructure /ˈmaɪkrəʊstrʌktʃə(r)/ n. microstruttura f.
microsurgery /ˈmaɪkrəʊsɜːdʒərɪ/ n. microchirurgia f.
microsurgical /ˌmaɪkrəʊˈsɜːdʒɪkl/ agg. [*technique, procedure*] microchirurgico; [*specialist, knowledge*] in microchirurgia.
microtechnique /ˈmaɪkrəʊtekniːk/ n. microtecnica f., tecnica f. microscopica.
microtherm /ˈmaɪkrəʊˌθɜːm/ n. pianta f. microterma.
microtome /ˈmaɪkrəʊtəʊm/ n. microtomo m.
microtomy /maɪˈkrɒtəmɪ/ n. microtomia f.
microvillus /ˈmaɪkrəʊˌvɪləs/ n. (pl. **-i**) microvillo m.
microvolt /ˈmaɪkrəʊvəʊlt/ n. microvolt m.
microwatt /ˈmaɪkrəʊwɒt/ n. microwatt m.
▷ **1.microwave** /ˈmaɪkrəweɪv/ **I** n. **1** *(wave)* microonda f. **2** *(oven)* forno m. a microonde, microonde m. **II** modif. [*transmitter*] di, a microonde; [*cookery*] al microonde.
▷ **2.microwave** /ˈmaɪkrəweɪv/ tr. cuocere a microonde, cucinare al forno a microonde.
microwaveable /ˈmaɪkrəweɪvəbl/ agg. [*food*] che può essere cotto al forno a microonde; [*container*] per forno a microonde.
microwaved /ˈmaɪkrəweɪvd/ **I** p.pass. → **2.microwave II** agg. [*food*] cotto a microonde, cucinato al forno a microonde.
microwave oven /ˌmaɪkrəweɪvˈʌvn/ n. forno m. a microonde.
micturate /ˈmɪktjʊəreɪt/ intr. mingere, urinare.
micturition /ˌmɪktjʊəˈrɪʃn/ n. minzione f.
mid /mɪd/ agg. **mid-** in composti ***in the ~-1990's, 20th century*** a metà degli anni '90, del ventesimo secolo; ***~-afternoon, -morning*** metà pomeriggio, mattina; ***to stop in ~-sentence*** interrompersi a metà della frase; ***(in) ~-May*** (a) metà maggio; ***in ~-career, she...*** nel mezzo della carriera, lei...; ***he's in his ~-forties*** è sui quarantacinque.
midair /ˌmɪdˈeə(r)/ **I** agg. [*collision*] in volo **II in midair** *(in midflight)* in volo; *(in the air)* a mezz'aria; ***his fork stopped in ~*** la sua forchetta rimase sospesa a mezz'aria; ***to leave sth. in ~*** FIG. lasciare qcs. in sospeso.
Midas /ˈmaɪdəs/ n.pr. Mida ◆ ***to have the ~ touch*** trasformare in oro tutto ciò che si tocca.
mid-Atlantic /ˌmɪdətˈlæntɪk/ agg. ***~ accent*** accento angloamericano.
midbrain /ˈmɪdbreɪn/ n. mesencefalo m.
mid-century /ˌmɪdˈsentʃərɪ/ agg. della metà del secolo.
▷ **midday** /ˌmɪdˈdeɪ/ ➧ *4* **I** n. mezzogiorno m. **II** modif. [*sun*] di mezzogiorno; [*meal*] di metà giornata.
midden /ˈmɪdn/ n. mucchio m. di letame (anche FIG.).
▶ **1.middle** /ˈmɪdl/ **I** n. **1** mezzo m., centro m.; ***in the ~ of one's back, forehead*** al centro della schiena, in mezzo alla fronte; ***in the ~ of*** al centro di *o* in mezzo a [*place*]; nel mezzo di *o* durante [*meal*]; ***in the ~ of the night*** nel cuore della notte *o* a notte fonda; ***to be caught in the ~*** essere messo in mezzo *o* trovarsi tra due fuochi; ***I was in the ~ of a good book when...*** ero immerso nella lettura di un buon libro quando...; ***in the ~ of May*** a metà maggio; ***right in the ~ of*** nel bel mezzo di [*meeting, crisis, debate*]; ***right in the ~ of dinner*** nel bel mezzo della cena; ***to split [sth.] down the ~*** dividere [qcs.] in due parti [*bill, work*]; [*argument, issue*] spaccare in due [*group, opinion*] **2** COLLOQ. *(waist)* vita f., cintola f.; ***to grab sb. round the ~*** afferrare qcn. per la vita **II** agg. [*door, shelf, house*] di mezzo, centrale; [*price, size, height*] medio; [*difficulty*] intermedio, medio; [*ranks*] MIL. intermedio; ***in ~ life*** nella mezza età; ***to be in one's ~ thirties*** BE essere sui trentacinque; ***the ~ child*** *(of three children)* il secondo dei tre bambini; *(of five children)* il terzo dei cinque bambini; ***to steer*** o ***take*** o ***follow a ~ course*** seguire *o*

scegliere una via di mezzo; ***there must be a ~ way*** deve esserci una via di mezzo ◆ ***in the ~ of nowhere*** in capo al mondo, a casa del diavolo.

2.middle /ˈmɪdl/ tr. **1** *(place in the middle)* posizionare al centro **2** MAR. piegare in due [*sail*] **3** *(in football)* passare al centro, centrare [*ball*].

middle age /ˌmɪdlˈeɪdʒ/ n. mezza età f.; ***the onset of ~*** il principio della mezza età; ***she took up a new career in late ~*** intraprese una nuova carriera quando era già abbastanza avanti negli anni.

▷ **middle-aged** /ˌmɪdlˈeɪdʒd/ agg. [*person*] di mezza età; FIG. [*outlook, view*] vecchio stile, superato.

Middle Ages /ˌmɪdlˈeɪdʒɪz/ n. ***the ~*** il Medioevo, il Medio Evo; ***the early, late ~*** l'alto, il basso Medio Evo.

middle-age spread /ˌmɪdleɪdʒˈspred/ n. pancetta f. di mezza età.

Middle America /ˌmɪdləˈmerɪkə/ n. *(social group)* = il ceto medio americano di tendenze conservatrici.

middlebrow /ˈmɪdlbraʊ/ **I** n. SPREG. *(person)* persona f. di media cultura **II** agg. SPREG. [*book*] mediocre, banale; [*writer, actor*] di media bravura, mediocre; [*music, tastes*] mediocre, senza pretese.

middle C /ˌmɪdlˈsiː/ n. do m. centrale.

▷ **middle class** /ˌmɪdlˈklɑːs, AE -ˈklæs/ **I** n. ceto m. medio, middle class f. **II middle-class** agg. [*person*] della classe media; [*attitude, view*] borghese.

middle distance /ˌmɪdlˈdɪstəns/ **I** n. **1** ART. FOT. CINEM. secondo piano m. **2** ***in the ~*** in secondo piano; ***to gaze into the ~*** fissare qualcosa in secondo piano **II middle-distance** agg. SPORT [*event*] di mezzofondo; ***~ race*** mezzofondo; ***~ athlete*** mezzofondista.

middle ear /ˌmɪdlˈɪə(r)/ n. orecchio m. medio.

Middle East /ˌmɪdlˈiːst/ **I** n.pr. Medio Oriente m. **II** modif. [*affairs*] del Medio Oriente; [*talks*] sul Medio Oriente.

middle-eastern /ˌmɪdlˈiːstən/ agg. [*nation, politics*] del Medio Oriente, mediorientale.

Middle England /ˌmɪdlˈɪŋglənd/ n. = il ceto medio inglese, di tendenze conservatrici.

Middle English /ˌmɪdlˈɪŋglɪʃ/ n. inglese m. medio.

middle finger /ˌmɪdlˈfɪŋgə(r)/ ➧ ***2*** n. (dito) medio m.

Middle French /ˌmɪdlˈfrentʃ/ n. medio francese m.

middle ground /ˌmɪdlˈgraʊnd/ n. compromesso m.; *(in argument, disagreement)* neutralità f., compromesso m.; POL. area f. moderata.

Middle High German /ˌmɪdlˈhaɪˌdʒɜːmən/ n. alto tedesco m. medio.

middle-income /ˌmɪdlˈɪŋkʌm/ agg. [*person, family*] di reddito medio, a medio reddito; [*country*] dal reddito nazionale medio.

Middle Kingdom /ˌmɪdlˈkɪŋdəm/ n. STOR. *(in Egypt)* Impero m. Medio; *(in China)* impero m. del mezzo.

middleman /ˈmɪdlmæn/ n. (pl. **-men**) COMM. intermediario m., mediatore m.

middle management /ˌmɪdlˈmænɪdʒmənt/ **I** n. media direzione f., direzione f. a medio livello **II** modif. [*committee, level*] di media direzione; ***~ executive*** direttore di medio livello.

middle manager /ˌmɪdlˈmænɪdʒə(r)/ n. direttore m. (-trice) di medio livello.

middlemen /ˈmɪdlmen/ → **middleman**.

middlemost /ˈmɪdlməʊst/ → **midmost**.

middle name /ˌmɪdlˈneɪm/ n. secondo nome m. ◆ ***patience is my ~*** sono la pazienza in persona.

middle-of-the-road /ˌmɪdləvðəˈrəʊd/ agg. [*clothes, music, artist*] *(banal)* ordinario, banale, dozzinale; *(with wide appeal)* popolare; [*policy*] moderato, di centro; SPREG. senza slanci.

middle-ranking /ˌmɪdlˈræŋkɪŋ/ agg. di posizione media, intermedia.

middle school /ˈmɪdlskuːl/ n. **1** GB = ciclo scolastico per bambini dai nove ai tredici anni **2** US = ciclo scolastico per bambini dai dodici o tredici anni ai quattordici o quindici anni a seconda degli Stati.

Middlesex /ˈmɪdlseks/ ➧ ***24*** n.pr. Middlesex m.

middle-size(d) /ˌmɪdlˈsaɪz(d)/ agg. [*object, company, town*] di media grandezza; [*person*] di taglia media, di media corporatura.

Middle Temple /ˌmɪdlˈtempl/ n.pr. GB = una delle quattro scuole di giurisprudenza di Londra che abilitano alla professione forense.

middleweight /ˈmɪdlweɪt/ **I** n. *(weight)* pesi m.pl. medi; *(boxer)* peso m. medio **II** modif. [*champion title*] dei pesi medi; ***a ~ boxer*** un peso medio.

Middle West /ˌmɪdlˈwest/ n. → **Midwest**.

Middle Western /ˌmɪdlˈwestən/ agg. → **Midwestern**.

1.middling /ˈmɪdlɪŋ/ agg. COLLOQ. [*ability, attainment*] medio, discreto, mediocre ◆ ***fair to ~*** non c'è male.

2.middling /ˈmɪdlɪŋ/ avv. COLLOQ. abbastanza, così così.

middlings /ˈmɪdlɪŋz/ n.pl. = merci di qualità, prezzo, misura medi.

Middx ⇒ Middlesex Middlesex.

middy /ˈmɪdɪ/ n. COLLOQ. → **midshipman**.

Mideast /ˈmɪdiːst/ n.pr. AE Medio Oriente m.

mid-European /ˌmɪdjʊərəˈpɪən/ agg. medieuropeo.

▷ **midfield** /ˈmɪdfiːld/ **I** n. **1** *(area)* centrocampo m.; ***in ~*** a centrocampo; ***to play ~*** giocare a centrocampo **2** *(players)* centrocampo m. **II** modif. [*defence*] di centrocampo; ***~ player*** centrocampista.

▷ **midfielder** /ˈmɪdfiːldə(r)/ n. centrocampista m. e f.

mid-flight /ˌmɪdˈflaɪt/ **I** agg. [*crash, collision, turbulence*] in volo **II in mid-flight** in volo.

midge /mɪdʒ/ n. moscerino m.; ***~ bite*** puntura d'insetto.

midget /ˈmɪdʒɪt/ **I** n. **1** *(dwarf)* SPREG. nano m. (-a) **2** COLLOQ. *(small person)* nano m. (-a), nanerottolo m. (-a) **II** agg. minuscolo, piccolissimo; ***~ submarine*** MIL. sottomarino tascabile.

Mid Glamorgan /ˌmɪdgləˈmɔːgən/ ➧ ***24*** n.pr. Mid Glamorgan m.

midgut /ˈmɪdgʌt/ n. parte f. intermedia dell'intestino embrionale.

midi /ˈmɪdɪ/ n. (gonna) midi f.

Midi /ˈmɪdɪ/ agg. (⇒ musical instruments digital interface) [*guitar, instrument, hi-fi*] midi.

Midland /ˈmɪdlənd/ ➧ ***24*** **I Midlands** n.pr. ***the ~s*** + verbo sing. le Midlands **II** agg. [*region, industry, accent*] delle Midlands.

Mid-Lent /ˈmidlent/ n. RELIG. mezzaquaresima f.

midlife /ˈmɪdlaɪf/ **I** n. mezza età f. **II** modif. [*crisis*] di mezza età; [*problems*] della mezza età.

midmost /ˈmɪdməust/ **I** agg. *(exactly in the middle)* esattamente al centro, centrale **II** n. *(middle part)* centro m.

▷ **midnight** /ˈmɪdnaɪt/ ➧ ***4*** **I** n. **1** *(in time)* mezzanotte f.; ***at ~*** a mezzanotte; ***it is (just) after ~*** è (appena) dopo mezzanotte; ***she arrived just after ~*** arrivò poco dopo mezzanotte; ***it's past ~*** è mezzanotte passata **2** FIG. *(despair)* malinconia f., depressione f. **II** modif. [*deadline*] della mezzanotte; ***~ celebration*** = dolci o altro cibo che i bambini mangiano di nascosto durante la notte, specialmente in collegio ◆ ***to burn the ~ oil*** = lavorare *o* studiare fino a tarda notte.

midnight blue /ˌmɪdnaɪtˈbluː/ ➧ ***5*** **I** n. blu m. notte **II** agg. blu notte.

midnight madness sale /ˌmɪdnaɪtˈmædnɪsˌseɪl/ n. AE = saldi straordinari durante i quali i negozi rimangono aperti fino a mezzanotte.

midnight sun /ˌmɪdnaɪtˈsʌn/ n. sole m. di mezzanotte.

mid-off /ˌmɪdˈɒf, AE -ˈɔːf/ n. *(in cricket)* = (ruolo di) giocatore alla sinistra del lanciatore.

mid-on /ˌmɪdˈɒn/ n. *(in cricket)* = (ruolo di) giocatore alla destra del lanciatore.

midpoint /ˈmɪdpɔɪnt/ n. punto m. centrale, centro m.

mid-price /ˌmɪdˈpraɪs/ **I** n. ***to sell at ~*** vendere a prezzo medio **II** modif. [*product, item*] di prezzo medio.

mid-range /ˌmɪdˈreɪndʒ/ **I** n. ***to be in the ~*** [*product, hotel*] essere di qualità media **II** modif. [*car, hotel, product*] di qualità media.

midrib /ˈmɪdrɪb/ n. *(of a leaf)* nervatura f. centrale.

midriff /ˈmɪdrɪf/ n. vita f., stomaco m.; ***a bare ~*** *(of body)* uno stomaco scoperto; *(of dress)* = un abito che lascia scoperto lo stomaco.

mid-season /ˌmɪdˈsiːzn/ **I** n. SPORT COMM. metà stagione f.; ***in ~*** a metà stagione **II** modif. [*match*] di metà stagione; [*sale*] di metà stagione.

midship /ˈmɪdʃɪp/ n. MAR. = parte centrale di una nave.

midshipman /ˈmɪdʃɪpmən/ n. (pl. **-men**) **1** BE *(officer)* guardiamarina m. **2** AE *(trainee)* allievo m. dell'accademia navale **3** BE *(rank)* grado m. di guardiamarina.

midships /ˈmɪdʃɪps/ → **amidships**.

midsize /ˈmɪdsaɪz/ **I** n. AE AUT. auto f. di media grandezza **II** agg. di media grandezza.

midst /mɪdst/ n. ***in the ~ of*** in mezzo a [*group, place*]; nel mezzo di *o* durante [*event*]; ***in the ~ of change, war*** nel pieno del cambiamento, della guerra; ***in our ~*** fra di noi.

midstream /ˌmɪdˈstriːm/: **in midstream** *(in river)* nel mezzo della corrente; FIG. *(in speech)* [*stop, pause, interrupt*] nel bel mezzo del discorso; ***to abandon sth. in ~*** lasciare a mezzo qcs.

midsummer /ˌmɪdˈsʌmə(r)/ **I** n. *(high summer)* piena estate f.; *(solstice)* solstizio m. d'estate **II** modif. [*days*] di piena estate; [*heat*] (del cuore) dell'estate.

Midsummer('s) Day /ˌmɪdsʌmə(z)ˈdeɪ/ n. festa f. di san Giovanni.

mid-term /ˌmɪdˈtɜːm/ **I** n. ***in ~*** POL. *(of government)* a metà mandato; SCOL. a metà trimestre; *(of pregnancy)* a metà della gravidanza **II** modif. POL. [*crisis, election, reshuffle*] di medio termine; SCOL. [*results, report, test*] di metà trimestre.

1.might

- Although usage shows that *may* and *might* are interchangeable in many contexts, *might* indicates a more remote possibility than *may*. Italian may translate this remote element of possibility by using *anche* with *potere* in the conditional:

  it might snow = potrebbe (anche) venire a nevicare

  he might do it = potrebbe (anche) farcela.

  It is also possible to translate this using *può darsi che* + subjunctive: *può darsi che venga a nevicare*; *può darsi che ce la faccia*; for particular examples see **1** in the entry **1.might**.

- When there is the idea of a possibility in the past which has not in fact occurred (see **2** in the entry **1.might**), Italian uses the past conditional of the verb (which is often *potere*):

  it might have been serious (but wasn't in fact) = avrebbe potuto essere grave.

  This is also the case where something which could have taken place did not, thus causing annoyance (see **7** in the entry **1.might**):

  you might have said thanks! = avresti potuto dire grazie!

- *Might have* + past participle can often imply two different meanings (depending on the context) and should be therefore translated into Italian accordingly:

  a) *she might have told him herself* (but she didn't) = avrebbe potuto dirglielo lei stessa

  b) *she might have told him herself* (and we do not know whether she did it or not) = potrebbe averglielo detto lei stessa.

- *Might*, as the past tense of *may*, will automatically occur in instances of reported speech:

  he said you might be hurt = disse che avresti potuto farti male.

  For more examples see the entry **1.might** and bear in mind the rules for the agreement of tenses.

- When there is a choice between *may* and *might* in making requests, *might* is more formal and even rather dated. Italian *posso permettermi di....?* (= *might I...?*) is extremely formal.

- *Might* can be used to polite effect – to soften direct statements: *you might imagine that* ... or to offer advice tactfully: *it might be wise to* ...; in both cases, Italian uses the conditional tense of the verb: *si potrebbe pensare che...*; *sarebbe forse una buona idea* ... The use of *well* in phrases such as *he might well be right* etc. implies a greater degree of likelihood.

- For translations of *might well*, *may well*, see **2** in the entry **2.well**. For translations of the phrase *might as well* (*we might as well go home*), see **2** in the entry **2.well**.

> **i** **Mid-term elections** Negli Stati Uniti, elezioni che rinnovano la totalità dei membri della Camera dei Rappresentanti e un terzo del Senato a metà del mandato presidenziale. Queste elezioni permettono al Presidente di verificare il grado di consensi alla sua politica.

mid-terrace /ˌmɪd'terəs/ modif. ~ ***house, property*** = casa o proprietà situata al centro di una fila di case a schiera.

midtown /'mɪdtaʊn/ n. AE centro m. (della) città.

mid-Victorian /ˌmɪdvɪk'tɔːrɪən/ agg. [*style, fashion*] della metà dell'epoca vittoriana; ***in the ~ period*** a metà del periodo vittoriano.

▷ **1.midway** /ˌmɪd'weɪ/ **I** agg. [*post, position*] situato a metà strada, a mezza strada; [*stage, point*] intermedio, mediano **II** avv. ~ ***between, along*** a metà strada tra, lungo; ~ ***through*** nel mezzo di [*event, process, period*].

2.midway /'mɪdweɪ/ n. AE = viale centrale di una fiera o di un parco di divertimenti dove si trovano le principali attrazioni.

midweek /ˌmɪd'wiːk/ **I** n. metà f. settimana; ***in ~*** a metà settimana **II** modif. [*performance, edition, concession*] di metà settimana; ~ ***return*** BE FERR. = biglietto di andata e ritorno da utilizzare nei giorni centrali della medesima settimana **III** avv. a metà settimana.

Midwest /ˌmɪd'west/ ➧ ***24*** n.pr. ***the ~*** il Midwest.

Midwestern /ˌmɪd'westən/ agg. [*people, accent, state*] del Midwest.

Midwesterner /ˌmɪd'westənə(r)/ n. AE nativo m. (-a), abitante m. e f. del Midwest.

midwife /'mɪdwaɪf/ ➧ ***27*** n. (pl. **-wives**) MED. ostetrica f., levatrice f.; ***male ~*** ostetrico; ***to be ~ to, to act as ~ for*** FIG. = contribuire alla nascita di *o* alla creazione di.

midwifery /'mɪdwɪfərɪ, AE -waɪf-/ **I** n. ostetricia f., professione f. di levatrice; ***to study ~*** studiare ostetricia **II** modif. [*course*] di ostetricia; [*service*] dell'ostetrica, della levatrice.

midwife toad /ˌmɪdwaɪf'təʊd/ n. ZOOL. alite m. ostetrico.

midwinter /ˌmɪd'wɪntə(r)/ **I** n. **1** *(season)* pieno inverno m.; ***in ~*** in pieno inverno **2** *(solstice)* solstizio m. d'inverno **II** modif. [*day*] di pieno inverno; [*weather*] del cuore dell'inverno.

midyear /ˌmɪd'jɪə(r), -'jɜː(r)/ **I** agg. AE di metà anno **II** n. AE **1** *(middle of the year)* metà f. anno **2** COLLOQ. *(examination)* esame m. di metà anno.

mien /miːn/ n. LETT. aspetto m., portamento m.; ***of cheerful ~*** di maniere gioviali.

1.miff /mɪf/ n. COLLOQ. *(petty quarrel)* battibecco m., baruffa f.

2.miff /mɪf/ tr. COLLOQ. offendere, stizzire.

miffed /mɪft/ **I** p.pass. → **2.miff** **II** agg. COLLOQ. ***to be*** o ***get ~*** essere seccato, scocciarsi (**about, over** per).

miffy /'mɪfɪ/ agg. COLLOQ. *(easily offended)* permaloso, suscettibile.

▶ **1.might** /maɪt/ mod. (negat. **might not, mightn't**) **1** *(indicating possibility)* ***she ~ be right*** potrebbe anche aver ragione; ***the rumour ~ not be true*** la voce potrebbe non essere vera; ***they ~ not go*** potrebbero anche non andare; ***"will you come?" - "I ~"*** "vieni?" - "può darsi"; ***you ~ finish the painting before tonight*** può darsi *o* è possibile che tu riesca a finire il quadro prima di stasera; ***you ~ find that this exercise is difficult*** potresti trovare difficile questo esercizio; ***they ~ have to go away*** è possibile che debbano partire; ***we ~ be misjudging her*** può darsi che la stiamo giudicando male; ***you ~ have met her already*** è possibile che tu l'abbia già conosciuta; ***they ~ have got lost*** potrebbero essersi persi; ***you ~ have guessed that*** avresti potuto immaginare che; ***the plane ~ have landed by now*** a quest'ora l'aereo potrebbe essere atterrato; ***it ~ be tiredness*** potrebbe essere la stanchezza; ***I ~ (well) lose my job*** potrei anche perdere il lavoro; ***it ~ well improve the standard*** potrebbe benissimo alzare il livello; ***try as I ~, I can't do it*** per quanto ci provi, non riesco a farlo; ***however unlikely that ~ be*** per quanto ciò possa essere improbabile; ***whatever they ~ think*** qualunque cosa possano pensare; ***he wouldn't do anything which ~ damage his reputation*** non farebbe nulla che possa danneggiare la sua reputazione **2** *(indicating unrealized possibility)* ***I ~ have been killed!*** avrei potuto rimanere ucciso! ***I hate to think what ~ have happened*** non oso pensare quello che sarebbe potuto succedere; ***more ~ have been done to prevent it*** si sarebbe potuto fare di più per evitarlo; ***he was thinking about what ~ have been*** stava pensando a quello che sarebbe potuto succedere; ***if I had been there all this mightn't have happened*** se io fossi stato là forse tutto questo non sarebbe accaduto; ***if they had acted quickly he ~ well be alive today*** se si fossero mossi con rapidità forse oggi sarebbe vivo **3** *(in sequence of tenses, in reported speech)* ***I said I ~ go into town*** dissi che sarei potuto andare in città; ***we thought you ~ be here*** pensavamo che potessi essere qui; ***they thought she ~ have been his lover*** pensavano che potesse essere la sua amante; ***I thought it ~ rain*** pensavo che potesse piovere; ***she asked if she ~ leave*** chiese se poteva andare via **4** FORM. *(when making requests)* ~ ***I make a suggestion?*** potrei dare un suggerimento? ~ ***I enquire if...*** posso permettermi di chiedere se...; ***I should like to invite them, if I ~*** se possibile, mi piacerebbe invitarli; ***I ~ add that*** potrei aggiungere che; ~ ***I ask who's calling?*** *(on the phone)* con chi sto parlando, per favore? ***and who, ~ I ask, are you?*** o ***and who ~ you be?*** *(aggressive)* e potrei sapere chi è lei? **5** *(when making suggestions)* ***it ~ be a good idea to do*** potrebbe essere una buona idea fare; ***you ~ try making some more enquiries*** potresti provare a fare altre indagini; ***they ~ do well to consult an expert*** farebbero bene a consultare un esperto; ***we ~ go out for a meal later*** più tardi potremmo andare a mangiare fuori; ***you ~ like to drop in later*** potresti fare un salto da noi più tardi; ***you ~ take time to visit the old town*** potreste approfittarne per visitare il centro storico **6** *(when making statement, argument)* ***one ~ argue*** o ***it ~ be argued that*** si potrebbe sostenere che; ***one ~ assume that*** si potrebbe supporre che; ***as you*** o ***one ~ expect*** come ci si potrebbe aspettare; ***what you ~ call a "putsch"*** ciò che si potrebbe definire un "putsch"; ***as you ~ imagine, he has***

conservative tastes come puoi immaginare, ha gusti molto tradizionali **7** *(expressing reproach, irritation)* ***I ~ have known*** o ***guessed!*** avrei dovuto aspettarmelo! avrei dovuto immaginarlo! ***you ~ try helping!*** potresti cercare di dare una mano! ***he ~ at least apologize!*** potrebbe almeno scusarsi! ***they ~ have consulted us first*** avrebbero potuto consultarci prima; ***you ~ have warned me!*** avresti potuto avvisarmi! **8** *(in concessives)* ***he ~ be very brilliant but he's not a politician*** sarà anche brillante ma non ha le doti del politico; ***they ~ not be fast but they're reliable*** non saranno veloci ma sono affidabili.

2.might /maɪt/ n. **1** *(power)* potere m., potenza f. **2** *(physical strength)* forza f., potenza f.; ***with all his ~*** con tutte le sue forze ◆ ***~ makes right*** contro la forza la ragione non vale; ***with ~ and main*** ANT. con tutte le forze.

might-have-been /ˈmaɪthəvˌbiːn, AE -ˌbɪn/ n. **1** = qualcosa che sarebbe potuto accadere **2** *(person)* fallito m. (-a).

mightily /ˈmaɪtɪlɪ/ avv. **1** COLLOQ. *(emphatic)* molto, estremamente **2** ANT. *(powerfully)* potentemente, fortemente.

mightiness /ˈmaɪtɪnɪs/ n. potere m., potenza f., forza f.

mightn't /ˈmaɪtnt/ contr. might not.

might've /ˈmaɪtəv/ contr. might have.

▷ **mighty** /ˈmaɪtɪ/ **I** n. ***the ~*** + verbo pl. i potenti **II** agg. **1** [*nation, leader*] potente, forte; [*force*] enorme, grande **2** LETT. [*peak, tree*] imponente, massiccio; [*river*] importante, grande; ***the ~ ocean*** il vasto oceano **3** COLLOQ. *(huge, terrific)* enorme, grandissimo **III** avv. ANT. COLLOQ. *(emphatic)* molto, estremamente ◆ ***how are the ~ fallen!*** LETT. come sono caduti in basso i potenti! ***the pen is mightier than the sword*** LETT. la penna è più forte della spada; ***high and ~*** prepotente, arrogante.

migmatite /ˈmɪgmətaɪt/ n. migmatite f.

mignonette /ˌmɪnjəˈnet/ n. BOT. reseda f., amorino m.

migraine /ˈmiːgreɪn, AE ˈmaɪ-/ ➧ *11* n. emicrania f.; ***it gives her a ~*** le fa venire l'emicrania; ***an attack of ~*** un attacco di emicrania; ***to suffer from ~*** soffrire di emicrania.

▷ **migrant** /ˈmaɪgrənt/ **I** n. **1** SOCIOL. *(person)* emigrante m. e f. **2** ZOOL. *(bird)* (uccello) migratore m.; *(animal)* (animale) migratore m. **II** agg. **1** SOCIOL. [*labour, labourer*] emigrante; ***~ worker*** *(seasonal)* lavoratore stagionale; *(foreign)* lavoratore emigrante **2** ZOOL. migratore.

▷ **migrate** /maɪˈgreɪt, AE ˈmaɪgreɪt/ intr. **1** [*person*] emigrare **2** [*bird, animal*] migrare **3** [*chemical*] diffondersi.

▷ **migration** /maɪˈgreɪʃn/ n. **1** *(of a person)* emigrazione f. **2** *(of animals)* migrazione f.

migrator /maɪˈgreɪtə(r), AE ˈmaɪgreɪtər/ n. **1** *(person)* emigrante m. e f. **2** *(bird)* (uccello) migratore m.

migratory /ˈmaɪgrətrɪ, maɪˈgreɪtərɪ, AE ˈmaɪgrətɔːrɪ/ agg. [*animal, bird, fish*] migratore; [*journey*] di migrazione; [*instinct, behaviour*] migratorio.

mikado /mɪˈkɑːdəʊ/ n. (pl. **~s**) mikado m.

1.mike /maɪk/ n. RAD. TELEV. COLLOQ. microfono m.

2.mike /maɪk/ tr. COLLOQ. (anche **~ up**) dotare di microfono.

Mike /maɪk/ n.pr. diminutivo di **Michael** ◆ ***for the love of ~!*** ANT. COLLOQ. per amor del cielo!

Mikey /ˈmaɪkɪ/ n.pr. diminutivo di **Michael**.

mil /mɪl/ n. **1** METROL. *(one thousandth of an inch)* millesimo m. di pollice **2** MAT. *(unit of angular measure)* millesimo m. di radiante.

milady /mɪˈleɪdɪ/ ➧ *9* n. milady f., signora f.

milage → **mileage**.

Milan /mɪˈlæn/ ➧ *34* n.pr. Milano f.

Milanese /ˌmɪləˈniːz/ **I** agg. milanese **II** n. (pl. ~) milanese m. e f.

milch cow /ˈmɪltʃkaʊ/ n. ANT. AGR. mucca f. da latte; FIG. SPREG. gallina f. dalle uova d'oro.

▷ **mild** /maɪld/ **I** agg. **1** *(moderate)* [*punishment*] blando, lieve; [*protest*] timido, moderato; [*interest*] moderato, modesto; [*disappointment, irritation*] leggero; [*amusement, surprise*] piccolo **2** *(not cold)* [*weather, winter, climate*] mite; ***it was a ~ day*** è stata una giornata tiepida; ***a ~ spell*** un periodo di tempo mite **3** *(in flavour)* [*beer*] leggero; [*taste*] delicato; [*tobacco, cheese*] dolce; [*curry*] poco piccante, leggero **4** COSMET. [*soap, detergent, cream*] delicato **5** MED. [*case, symptom, infection, attack*] lieve, leggero; [*sedative*] blando, leggero; ***a ~ heart attack*** un lieve attacco di cuore **6** *(gentle)* [*person, character*] mite, gentile, dolce; [*voice*] dolce, delicato **II** n. BE (anche **~ ale**) birra f. scura leggera.

milden /ˈmaɪldən/ **I** tr. *(make mild or milder)* mitigare, addolcire **II** intr. *(become mild or milder)* mitigarsi, addolcirsi.

1.mildew /ˈmɪldjuː, AE -duː/ n. **1** *(disease)* muffa f., ruggine f. **2** *(mould)* muffa f.; ***the smell of ~*** l'odore della muffa.

2.mildew /ˈmɪldjuː, AE -duː/ intr. ammuffire, coprirsi di muffa, coprirsi di ruggine.

mildewed /ˈmɪldjuːd, AE -duːd/ **I** p.pass. → **2.mildew II** agg. [*plant, produce*] coperto di muffa, coperto di ruggine; [*material*] ammuffito.

mildewy /ˈmɪldjuːɪ, AE -duːɪ/ agg. ammuffito, coperto di muffa, coperto di ruggine.

▷ **mildly** /ˈmaɪldlɪ/ avv. **1** *(moderately)* leggermente, lievemente, moderatamente; ***to put it ~*** senza esagerare *o* a dir poco; ***that's putting it ~*** è dire poco **2** *(gently)* [*speak*] gentilmente, dolcemente; [*rebuke*] leggermente.

mild-mannered /ˌmaɪldˈmænəd/ agg. dai modi gentili.

mildness /ˈmaɪldnɪs/ n. *(of character)* mitezza f., gentilezza f., dolcezza f.; *(of weather, punishment)* mitezza f.; *(of voice)* dolcezza f., delicatezza f.; *(of product, taste)* delicatezza f.; *(of protest)* moderatezza f.

Mildred /ˈmɪldrəd/ n.pr. Mildred (nome di donna).

▶ **mile** /maɪl/ ➧ *15, 22, 29* **I** n. **1** METROL. miglio m. (= 1609 metri); ***it's 50 ~s away*** è a 50 miglia da qui; ***a 10 ~ journey*** un tragitto di 10 miglia; ***she lives 10 ~s from me*** abita a 10 miglia da me; ***half a ~*** mezzo miglio; ***60 ~s per hour*** 60 miglia all'ora; ***to do over 50 ~s to the gallon*** fare più di 50 miglia al gallone **2** FIG. ***to walk for ~s*** camminare per miglia; ***to stretch for ~s*** estendersi per miglia; ***it's ~s away!*** è lontanissimo! ***~s from anywhere*** a casa del diavolo *o* in capo al mondo; ***not a million ~s from here, from the truth*** non lontanissimo da qui, dalla verità; ***to see, recognize sth. a ~ off*** vedere, riconoscere qcs. lontano un miglio; ***you could smell it a ~ off*** si sentiva l'odore lontano un miglio; ***to stand out a ~, stick out a ~*** saltare subito agli occhi, vedersi lontano un miglio; ***I'd run a ~*** me la darei a gambe levate; ***to be ~s away*** *(daydreaming)* avere la testa altrove **3** *(race)* ***the ~*** la corsa di un miglio; ***the 4 minute ~*** il miglio in quattro minuti **II miles** n.pl. *(as intensifier)* [*bigger, more important etc.*] di gran lunga; ***~s better*** infinitamente meglio; ***to be ~s out*** *(wrong)* [*estimate, figure*] essere del tutto sbagliato; [*person*] essere lontano dalla soluzione ◆ ***a miss is as good as a ~*** PROV. = per un punto Martin perse la cappa; ***to go the extra ~*** fare un ulteriore sforzo; ***to talk a ~ a minute*** AE parlare come una macchinetta.

mileage /ˈmaɪlɪdʒ/ n. **1** distanza f. in miglia; ***what's the ~ for the trip?*** qual è la distanza in miglia del viaggio? **2** *(done by car)* chilometraggio m., miglia f.pl.; ***to have a low ~, a high ~*** avere un basso, un alto chilometraggio; ***unlimited ~*** chilometraggio illimitato **3** *(miles per gallon)* consumo m. **4** FIG. *(use)* ***he's had plenty of ~ out of that coat*** ha molto sfruttato quel cappotto; ***there's still some ~ left in it*** potrebbe ancora andare *o* tornare utile; ***to get political ~ out of sth.*** ricavare un vantaggio politico da qcs.; ***the press got maximum ~ out of the story*** la stampa ha sfruttato al massimo la storia **5** → **mileage allowance**.

mileage allowance /ˈmaɪlɪdʒəˌlaʊəns/ n. indennità f. di percorso.

mileage counter /ˈmaɪlɪdʒˌkaʊntə(r)/, **mileage indicator** /ˈmaɪlɪdʒˌɪndɪkeɪtə(r)/, **mileometer** /ˌmaɪlˈɒmɪtə(r)/ n. contamiglia m.

milepost /ˈmaɪlpəʊst/ n. **1** pietra f. miliare **2** BE EQUIT. = palo che indica l'ultimo miglio del percorso.

miler /ˈmaɪlə(r)/ n. **1** *(athlete)* = atleta allenato per correre sulla distanza del miglio **2** *(horse)* miler m.

Miles /maɪlz/ n.pr. Miles (nome di uomo).

milestone /ˈmaɪlstəʊn/ n. pietra f. miliare (anche FIG.); ***to be a ~ in sb.'s life*** essere una tappa fondamentale nella vita di qcn.

milfoil /ˈmɪlfɔɪl/ n. achillea f., millefoglio m.

miliary /ˈmɪlɪərɪ/ agg. MED. miliare; ***~ tuberculosis*** tubercolosi miliare.

milieu /ˈmiːljɜː, AE ˌmiːˈljɜː/ n. (pl. **~s**, **~x**) FORM. milieu m., ambiente m.

militancy /ˈmɪlɪtənsɪ/ n. militanza f., attivismo m.

▷ **militant** /ˈmɪlɪtənt/ **I** n. *(activist)* militante m. e f., attivista m. e f.; *(armed)* militante m. e f. di lotta armata **II** agg. militante.

Militant Tendency /ˌmɪlɪtəntˈtendənsɪ/ n. GB POL. = gruppo trotzkista un tempo appartenente al partito laburista.

militarily /ˈmɪlɪtrəlɪ, AE mɪlɪˈterɪlɪ/ avv. militarmente.

militarism /ˈmɪlɪtərɪzəm/ n. SPREG. militarismo m.

militarist /ˈmɪlɪtərɪst/ **I** agg. militarista, militaristico **II** n. militarista m. e f.

militaristic /ˌmɪlɪtəˈrɪstɪk/ agg. SPREG. militaristico.

militarization /ˌmɪlɪtəraɪˈzeɪʃn, AE -rɪˈz-/ n. militarizzazione f.

militarize /ˈmɪlɪtəraɪz/ tr. **1** *(equip)* militarizzare; ***~d zone*** zona militarizzata **2** *(make military)* militarizzare.

▶ **military** /ˈmɪlɪtrɪ, AE -terɪ/ **I** agg. militare **II** n. ***the* ~** *(army)* + verbo sing. l'esercito, le forze armate; *(soldiers)* + verbo pl. i militari.
military academy /ˌmɪlɪtrɪəˈkædəmɪ, AE -terɪ-/ n. accademia f. militare.
military attaché /ˌmɪlɪtrɪəˈtæʃeɪ, AE ˌmɪlɪterɪˌætəˈʃeɪ/ n. addetto m. militare.
military band /ˌmɪlɪtrɪˈbænd, AE -terɪ-/ n. banda f. militare.
military-industrial complex /ˌmɪlɪtrɪɪnˈdʌstrɪəlˌkɒmpleks, AE -terɪ-/ n. AE industria f. bellica.
military junta /ˌmɪlɪtrɪˈdʒʌntə, AE -terɪ-/ n. giunta f. militare.
military police /ˌmɪlɪtrɪpəˈliːs, AE -terɪ-/ n. polizia f. militare.
military policeman /ˌmɪlɪtrɪpəˈliːsmən, AE -terɪ-/ n. (pl. **military policemen**) soldato m. della polizia militare.
military service /ˌmɪlɪtrɪˈsɜːvɪs, AE -terɪ-/ n. servizio m. militare; ***to be called up for* ~** essere chiamato sotto le armi.
militate /ˈmɪlɪteɪt/ intr. ***to* ~ *against sth.*** opporsi a qcs., ostacolare qcs.; ***to* ~ *for*** militare a favore di [*reform, improvement*].
militia /mɪˈlɪʃə/ n. (pl. **~s**) **1** *(citizen army)* milizia f., civili m.pl. armati **2** AE *(liable for draft)* ***the* ~** la guardia nazionale.
militiaman /mɪˈlɪʃəmən/ n. (pl. **-men**) miliziano m.
▶ **1.milk** /mɪlk/ n. **1** GASTR. latte m.; ***baby* ~** latte per neonati; ***condensed* ~** latte condensato; ***powdered, evaporated* ~** latte in polvere, evaporato; ***full cream* ~** latte intero; ***long-life* ~** latte a lunga conservazione; ***skimmed, semi-skimmed* ~** latte scremato, parzialmente scremato; ***soya* ~** latte di soia; ***UHT* ~** latte UHT **2** FISIOL. VETER. latte m.; ***breast* ~** latte materno; ***to be in* ~** VETER. dare il latte, allattare; ***to produce* ~** avere il latte; ***to express* ~** MED. tirare il latte; ***when the* ~ *comes in*** MED. quando avviene la montata lattea **3** COSMET. FARM. latte m.; ***cleansing* ~** latte detergente **4** BOT. latte m. ◆ ***to come home with the* ~** tornare a casa nelle prime ore del mattino; ***it's no good crying over spilt* ~** PROV. è inutile piangere sul latte versato; ***to be full of the* ~ *of human kindness*** essere impastato d'umanità.
2.milk /mɪlk/ **I** tr. **1** AGR. VETER. mungere **2** FIG. *(exploit) (for money)* sfruttare, spremere [*company, state*] (**for** per); ***to* ~ *sb. dry*** spremere qcn. come un limone; ***he ~ed the audience for applause*** strappò l'applauso al pubblico **3** estrarre [*sap, juice*] **II** intr. [*cow, goat etc.*] produrre latte, dare latte; [*dairyman, farmer*] fare la mungitura; ***this cow ~s well*** questa mucca produce molto latte.
milk-and-water /ˌmɪlkənˈwɔːtə(r)/ agg. insipido, all'acqua di rose.
milk bar /ˈmɪlkbɑː(r)/ n. latteria f., cremeria f.
milk bottle /ˈmɪlkˌbɒtl/ n. bottiglia f. di latte.
milk can /ˈmɪlkˌkæn/ n. bidone m. del latte.
milk chocolate /ˌmɪlkˈtʃɒklət/ n. cioccolato m. al latte.
milk churn /ˈmɪlkˌtʃɜːn/ n. → **milk can.**
milk diet /ˈmɪlkˌdaɪət/ n. dieta f. lattea.
milk duct /ˈmɪlkdʌkt/ n. dotto m. galattoforo.
milker /ˈmɪlkə(r)/ n. **1** *(person)* mungitore m. (-trice) **2** *(cow)* vacca f. da latte.
milk fever /ˈmɪlkˌfiːvə(r)/ ♦ ***11*** n. MED. VETER. febbre f. lattea.
milk float /ˈmɪlkfləʊt/ n. BE furgoncino m. del lattaio.
milk gland /ˈmɪlkglænd/ n. ghiandola f. mammaria.
milk-glass /ˈmɪlkglɑːs, AE -glæs/ n. vetro m. opalino.
milking /ˈmɪlkɪŋ/ n. mungitura f.; ***to do the* ~** fare la mungitura.
milking herd /ˈmɪlkɪŋˌhɜːd/ n. mandria f. di vacche da latte.
milking machine /ˈmɪlkɪŋməˌʃiːn/ n. mungitrice f.
milking pail /ˈmɪlkɪŋpeɪl/ n. secchio m. per il latte.
milking parlour BE, **milking parlor** AE /ˈmɪlkɪŋˌpɑːlə(r)/ n. mungitoio m.
milking stool /ˈmɪlkɪŋˌstuːl/ n. sgabello m. per la mungitura.
milking time /ˈmɪlkɪŋtaɪm/ n. ora f. della mungitura.
milk jug /ˈmɪlkdʒʌg/ n. bricco m. del latte.
milk leg /ˈmɪlkleg/ n. MED. flegmasia f.
milk loaf /ˈmɪlkləʊf/ n. (pl. **milk loaves**) pane m. al latte.
milkmaid /ˈmɪlkmeɪd/ n. = donna che si occupa della mungitura o che lavora in un caseificio.
milkman /ˈmɪlkmən/ ♦ ***27*** n. (pl. **-men**) *(delivering)* lattaio m.
milk of magnesia /ˌmɪlkəvmægˈniːʃə/ n. latte m. di magnesia.
milk powder /ˈmɪlkˌpaʊdə(r)/ n. latte m. in polvere.
milk products /ˈmɪlkˌprɒdʌkts/ n.pl. derivati m. del latte.
milk pudding /ˌmɪlkˈpʊdɪŋ/ n. budino m. di riso al latte.
milk round /ˈmɪlkˌraʊnd/ n. **1** = giro di consegna del latte a domicilio **2** BE COLLOQ. FIG. = visite fatte dalle industrie presso le università per assumere nuovo personale.
milk run /ˈmɪlkrʌn/ n. AER. COLLOQ. volo m. di routine.
milk shake /ˌmɪlkˈʃeɪk/ n. milk-shake m.
milksop /ˈmɪlksɒp/ n. ANT. COLLOQ. smidollato m., pappamolle m.
milk-sugar /ˈmɪlkˌʃʊgə(r)/ n. lattosio m.
milk tooth /ˈmɪlktuːθ/ n. (pl. **milk teeth**) dente m. da latte.
milk train /ˈmɪlktreɪn/ n. = treno locale delle prime ore del mattino che effettua anche la consegna del latte.
milk truck /ˈmɪlktrʌk/ n. AE furgoncino m. del lattaio.
milk-vetch /ˈmɪlkvetʃ/ n. BOT. astragalo m.
milkweed /ˈmɪlkwiːd/ n. **1** BOT. asclepiade f. **2** ZOOL. *(butterfly)* monarca m.
milk-white /ˌmɪlkˈwaɪt, AE -ˈhwaɪt/ **I** n. color m. bianco latte, bianco m. latteo **II** agg. [*skin*] (color) bianco latte, bianco come il latte; [*steed*] bianco, bianco come il latte.
milkwoman /ˈmɪlkˌwʊmən/ ♦ ***27*** n. (pl. **-women**) *(delivering)* lattaia f.
milkwort /ˈmɪlkwɜːt/ n. poligala f.
milky /ˈmɪlkɪ/ agg. **1** *(containing milk)* [*drink*] con (molto) latte; [*diet*] latteo; ***she likes her tea very* ~** le piace il tè con molto latte; ***to taste* ~** sapere di latte **2** [*skin*] (color) bianco latte, bianco come il latte; [*liquid, colour*] latteo, lattiginoso, lattescente.
Milky Way /ˌmɪlkɪˈweɪ/ n.pr. Via f. Lattea.
milky white /ˌmɪlkɪˈwaɪt, AE -ˈhwaɪt/ agg. latteo, bianco latte.
▷ **1.mill** /mɪl/ n. **1** *(building) (for flour etc.)* mulino m.; *(factory)* fabbrica f., stabilimento m.; ***paper* ~** cartiera **2** IND. *(machine) (for processing)* macchina f. utensile; *(for tooling metal)* fresatrice f.; *(for polishing)* pulitrice f., lucidatrice f.; *(roller)* laminatoio m. **3** GASTR. macinino m. **4** FIG. *(routine)* routine f., tran tran m. **5** AE FIG. fucina f.; ***diploma* ~** fabbrica di diplomi *o* diplomificio **6** COLLOQ. *(fight)* incontro m. di boxe, scazzottata f. ◆ ***there'll be trouble at t'* ~** COLLOQ. SCHERZ. ci saranno delle grane; ***to go through the* ~** passarne tante *o* di tutti i colori; ***to put sb. through the* ~** mettere sotto torchio qcn. *o* farne passare di tutti i colori a qcn.
2.mill /mɪl/ tr. macinare [*flour, pepper*]; tranciare [*steel*]; tritare [*paper*]; filare [*cotton*]; tessere [*textiles*]; zigrinare, godronare [*screw*]; fresare [*nut, bolt*]; zigrinare [*coin*].
■ **mill around, mill about** muoversi in modo disordinato, brulicare.
3.mill /mɪl/ n. US *(monetary unit)* millesimo m. di dollaro.
mill board /ˈmɪlbɔːd/ n. cartone m. pressato.
milled /mɪld/ **I** p.pass. → **2.mill II** agg. ***~ edge*** *(of coin)* contorno zigrinato.
millenarian /ˌmɪlɪˈneərɪən/ n. RELIG. millenarista m. e f.
millenarianism /ˌmɪlɪˈneərɪənɪzəm/, **millenarism** /ˈmɪlɪnərɪzəm/ n. RELIG. millenarismo m.
millenary /mɪˈlenərɪ, AE ˈmɪlənerɪ/ **I** agg. **1** *(millennial)* millenario **2** RELIG. millenaristico **II** n. *(millennium)* millennio m.
millennia /mɪˈlenɪə/ → **millennium.**
millennial /mɪˈlenɪəl/ **I** agg. millenario **II** n. millenario m.
▷ **millennium** /mɪˈlenɪəm/ n. (pl. **~s, -ia**) **1** *(cycle)* millennio m. **2** *(anniversary)* millenario m. **3** RELIG. regno m. millenario, millennio m.; FIG. periodo m. di prosperità, epoca f. felice.
millennium bug /mɪˈlenɪəmˌbʌg/ n. millennium bug m.
millepede → **millipede.**
miller /ˈmɪlə(r)/ ♦ ***27*** n. **1** *(person)* AGR. mugnaio m. (-a); IND. fresatore m. (-trice) **2** *(machine)* fresatrice f.
miller's thumb /ˈmɪləzθʌm/ n. ZOOL. scazzone m.
millesimal /mɪˈlesɪml/ **I** agg. *(thousandth)* millesimo **II** n. *(a thousandth)* millesimo m.
millet /ˈmɪlɪt/ n. **1** *(grass) (European)* panico m.; *(Indian)* miglio m. **2** *(seed)* miglio m.
mill girl /ˈmɪlgɜːl/ ♦ ***27*** n. operaia f. tessile.
mill hand /ˈmɪlhænd/ ♦ ***27*** n. operaio m. tessile.
milliard /ˈmɪljɑːd/ n. BE ANT. miliardo m.
millibar /ˈmɪlɪbɑː(r)/ n. millibar m.
Millicent /ˈmɪlɪsnt/ n.pr. Millicent (nome di donna).
Millie /ˈmɪlɪ/ n.pr. diminutivo di **Emily, Mildred, Millicent.**
▷ **milligram(me)** /ˈmɪlɪgræm/ ♦ ***37*** n. milligrammo m.
millilitre BE, **milliliter** AE /ˈmɪlɪliːtə(r)/ ♦ ***3*** n. millilitro m.
▷ **millimetre** BE, **millimeter** AE /ˈmɪlɪmiːtə(r)/ ♦ ***15*** n. millimetro m.
milliner /ˈmɪlɪnə(r)/ ♦ ***27*** n. modista f.
millinery /ˈmɪlɪnərɪ, AE -nerɪ/ n. **1 U** *(hats)* articoli m.pl. di modisteria; cappelli m.pl. femminili **2** *(business)* modisteria f.
milling /ˈmɪlɪŋ/ **I** n. *(of corn)* macinatura f., molitura f.; *(of paper)* triturazione f.; *(of cloth)* tessitura f.; *(of metal)* fresatura f.; *(on coin)* zigrinatura f. **II** agg. LETT. [*crowd*] brulicante.
milling cutter /ˈmɪlɪŋˌkʌtə(r)/ n. fresa f.
milling machine /ˈmɪlɪŋməˌʃiːn/ n. fresatrice f.
▶ **million** /ˈmɪljən/ ♦ ***19*** **I** n. **1** *(figure)* milione m.; ***six* ~** sei milioni; ***in ~s*** a milioni; ***the odds are a* ~ *to one*** c'è una probabilità su un

milione; ***thanks a ~!*** COLLOQ. grazie mille! IRON. grazie comunque! **2** *(money)* ***her first ~*** il suo primo milione; ***the family ~s*** il patrimonio di famiglia; ***to have ~s*** essere miliardario *o* ricchissimo **II millions** n.pl. *(large numbers)* milioni m. (**of** di); ***the starving ~s*** i milioni di persone che muoiono di fame **III** agg. ***a ~ people, pounds*** un milione di persone, di sterline; ***to be a ~ years old*** essere millenario; ***a ~ dollar bid*** un'offerta da un milione di dollari; ***I've told you a ~ times!*** COLLOQ. te l'ho detto un milione di volte! ◆ ***to feel like a ~ (dollars)*** AE COLLOQ. sentirsi splendidamente *o* in ottima forma; ***to look like a ~ (dollars)*** COLLOQ. avere un ottimo aspetto; ***to be one in a ~*** COLLOQ. essere eccezionale *o* più unico che raro; ***he's one in a ~*** come lui ce n'è uno su un milione; ***a chance in a ~*** COLLOQ. *(slim)* una probabilità su un milione; *(exceptional)* una possibilità eccezionale.

▷ **millionaire** /ˌmɪljəˈneə(r)/ **I** agg. milionario, miliardario **II** n. milionario m. (-a), miliardario m. (-a).

millionairess /ˌmɪljəˈneərɪs/ n. milionaria f., miliardaria f.

millionfold /ˈmɪljənfəʊld/ avv. [*increase*] (di) un milione di volte.

▷ **millionth** /ˈmɪljənθ/ ♦ *19* **I** agg. milionesimo **II** n. milionesimo m. (-a) (**of** di).

millipede /ˈmɪlɪpiːd/ n. millepiedi m.

millisecond /ˈmɪlɪˌsekənd/ n. millisecondo m.

millivolt /ˈmɪlɪvəʊlt/ n. millivolt m.

mill owner /ˈmɪlˌəʊnə(r)/ n. filandiere m. (-a).

mill pond /ˈmɪlpɒnd/ n. gora f., bottaccio m. ◆ ***to be like a*** o ***as smooth as a ~*** [*sea*] essere come un olio.

mill race /ˈmɪlreɪs/ n. *(stream)* = corrente d'acqua che aziona il mulino; *(channel)* gora f.

millstone /ˈmɪlstəʊn/ n. macina f., mola f. ◆ ***to have a ~ round one's neck*** avere una palla al piede; ***to be a ~ round sb.'s neck*** essere una palla al piede di qcn.

millstream /ˈmɪlstriːm/ n. = corrente d'acqua che aziona il mulino.

millwheel /ˈmɪlwiːl, AE -hwiːl/ n. ruota f. di mulino.

mill worker /ˈmɪlˌwɜːkə(r)/ n. → **mill hand**.

millwright /ˈmɪlraɪt/ n. = persona che progetta o costruisce un mulino.

Milly /ˈmɪlɪ/ n.pr. diminutivo di **Emily**, **Mildred**, **Millicent**.

milo /ˈmaɪləʊ/ n. saggina f.

milometer /maɪˈlɒmɪtə(r)/ n. BE contamiglia m.; ***to turn back the ~*** mettere indietro il contamiglia.

milord /mɪˈlɔːd/ ♦ *9* n. milord m., signore m.

milquetoast /ˈmɪlktəʊst/ n. AE SPREG. persona f. timida, paurosa; coniglio m.

1.milt /mɪlt/ n. latte m. di pesce.

2.milt /mɪlt/ tr. *(fertilize)* [*male fish*] fecondare [*fish roe*].

milter /ˈmɪltə(r)/ n. pesce m. maschio (nel periodo della fecondazione).

Miltonian /mɪlˈtəʊnɪən/, **Miltonic** /mɪlˈtɒnɪk/ agg. miltoniano.

Milwaukee /mɪlˈwɔːkɪ/ ♦ *34* n.pr. Milwaukee f.

1.mime /maɪm/ n. **1** *(art) (modern, classical)* mimo m. **2** *(performance)* pantomima f. **3** ♦ *27* *(performer)* mimo m., pantomimo m.

2.mime /maɪm/ **I** tr. mimare [*words, scene*]; mimare, imitare [*person*]; ***to ~ drinking*** mimare l'azione di bere **II** intr. fare il mimo; ***to ~ to music*** fare finta di suonare *o* suonare in playback; ***to ~ to text*** mimare le parole (recitando).

mime artist /ˈmaɪmˌɑːtɪst/ ♦ *27* n. mimo m.

1.mimeograph /ˈmɪmɪəgrɑːf, AE -græf/ n. **1** *(machine)* mimeografo m. **2** *(copy)* riproduzione f. eseguita con il mimeografo.

2.mimeograph /ˈmɪmɪəgrɑːf, AE -græf/ tr. mimeografare.

mimesis /mɪˈmiːsɪs, maɪ-/ n. **1** ART. LETTER. mimesi f. **2** BIOL. RAR. mimetismo m.

mimetic /mɪˈmetɪk/ agg. BIOL. mimetico.

mimetism /ˈmɪmətɪzəm/ n. → **mimicry**.

▷ **1.mimic** /ˈmɪmɪk/ n. *(person)* imitatore m. (-trice); *(bird)* uccello m. imitatore; *(professional)* imitatore m. (-trice).

▷ **2.mimic** /ˈmɪmɪk/ tr. (forma in -ing ecc. **-ck-**) **1** *(amuse)* imitare; *(ridicule)* parodiare, scimmiottare **2** *(simulate)* simulare, fingere di possedere [*ability*]; simulare [*condition*]; ZOOL. mimetizzarsi, confondersi con [*surroundings, colouring*] **3** SPREG. *(copy)* contraffare, copiare.

mimicry /ˈmɪmɪkrɪ/ n. **1** *(mimicking)* imitazione f.; ***to have a talent for ~*** essere bravo a fare le imitazioni **2** ZOOL. BIOL. mimetismo m., mimicry m. e f.

mimosa /mɪˈməʊzə, AE -məʊsə/ n. mimosa f.

mimulus /ˈmɪmjʊləs/ n. mimulo m.

Min. BE **1** ⇒ Ministry ministero (Min.) **2** ⇒ Minister ministro (Min.).

mina /ˈmaɪnə/ n. (pl. **~s, -ae**) STOR. *(old coin)* mina f.

minable → **mineable**.

minaret /ˌmɪnəˈret/ n. minareto m.

minatory /ˈmɪnətərɪ, AE -tɔːrɪ/ agg. FORM. minatorio.

1.mince /mɪns/ n. BE GASTR. carne f. tritata, macinata; ***beef, pork ~*** carne tritata di manzo, di maiale.

2.mince /mɪns/ **I** tr. tritare, macinare [*meat*]; tritare, tagliuzzare [*vegetable*] **II** intr. SPREG. *(walk)* camminare in modo affettato, a passettini (**across** per; **along** lungo) ◆ ***not to ~ matters*** o ***one's words*** parlare senza mezzi termini *o* non avere peli sulla lingua.

▪ **mince up:** *~ up [sth.], ~ [sth.] up* tritare, macinare.

minced /mɪnst/ **I** p.pass. → **2.mince** **II** agg. [*meat*] tritato, macinato; [*vegetable*] tritato, tagliuzzato.

mincemeat /ˈmɪnsmiːt/ n. BE GASTR. = ripieno dolce composto di mele, frutta secca e spezie ◆ ***to make ~ of sb.*** fare polpette di qcn.

mince pie /ˌmɪnsˈpaɪ/ n. = tortina ripiena di mele, frutta secca e spezie.

mincer /ˈmɪnsə(r)/ n. tritacarne m.; ***to put sth. through the ~*** passare qcs. al tritacarne; ***to put sb. through the ~*** COLLOQ. FIG. mettere sotto torchio *o* torchiare qcn.

mincing /ˈmɪnsɪŋ/ agg. affettato, lezioso.

mincingly /ˈmɪnsɪŋlɪ/ avv. in modo affettato, leziosamente.

mincing machine /ˈmɪnsɪŋməˌʃiːn/ n. tritacarne m.

▶ **1.mind** /maɪnd/ n. **1** *(centre of thought, feelings)* mente f., animo m.; ***a healthy ~*** una mente sana; ***peace of ~*** serenità d'animo, tranquillità; ***it's all in the ~*** è solo immaginazione; ***to cross sb.'s ~*** venire in mente a qcn. *o* passare per la mente a qcn.; ***it never crossed my ~ that...*** non mi era mai passato per la testa che...; ***what was in the judge's ~?*** cosa aveva in testa il giudice? ***at the back of my ~ I had my doubts*** in fondo avevo dei dubbi; ***my ~ was full of suspicion*** avevo la testa piena di sospetti; ***that's a load*** o ***weight off my ~*** mi sono liberato di un peso *o* mi sono tolto un pensiero; ***to be clear in one's ~ about, that...*** essere sicuro di, che...; ***to build up an image in one's ~ of sb., sth.*** crearsi un'immagine *o* un'idea di qcn., qcs.; ***to feel easy in one's ~ about sth.*** sentirsi tranquillo su qcs.; ***to have something on one's ~*** *(be worried)* essere preoccupato per qualcosa; *(think continuously)* avere qualcosa sempre fisso in mente; ***to set one's ~ on doing sth.*** mettersi in testa di fare qcs. *o* mettersi di impegno a fare qcs.; ***to set sb.'s ~ at rest*** rassicurare, tranquillizzare qcn.; ***nothing could be further from my ~*** questo pensiero non mi sfiora minimamente *o* non ci penso neanche **2** *(brain)* mente f., intelligenza f.; ***with the ~ of a two-year-old*** con l'intelligenza di un bambino di due anni; ***to have a very good ~*** avere una mente acuta; ***he has a fine legal ~*** è molto portato per le questioni legali; ***the right calibre of ~ for the job*** le giuste qualità intellettuali per il lavoro; ***it's a case of ~ over matter*** è la vittoria della mente sulla materia **3** *(way of thinking)* mente f., pensiero m.; ***to have a logical, analytic ~*** avere una mente logica, analitica; ***the criminal ~*** la mente criminale; ***to read sb.'s ~*** leggere nella mente *o* nel pensiero di qcn. **4** *(opinion)* opinione f., parere m.; ***to be of one ~*** essere della stessa opinione *o* dello stesso avviso; ***to my ~*** COLLOQ. secondo me, per me, a mio avviso; ***to make up one's ~ about, to do*** prendere una decisione su, decidersi di fare; ***my ~'s made up*** ho deciso *o* ho preso una decisione; ***to change one's ~ about sth.*** cambiare idea su qcs.; ***I've changed my ~ about him - he's really quite nice*** ho cambiato opinione su di lui - è davvero gentile; ***to keep an open ~ about sth.*** non pronunciarsi su qcs. *o* sospendere il giudizio su qcs.; ***to know one's own ~*** sapere quello che si vuole *o* avere le idee ben chiare; ***to speak one's ~*** parlare chiaro *o* parlare fuori dai denti **5** *(attention)* mente f., attenzione f.; ***sorry, my ~ is elsewhere*** scusami, avevo la testa altrove *o* ero altrove col pensiero; ***to let one's ~ wander*** vagare con la mente; ***to concentrate*** o ***keep one's ~ on sth.*** concentrare la propria attenzione su qcs.; ***to give*** o ***put one's ~ to sth.*** impegnarsi in qcs. *o* concentrarsi su qcs.; ***she can work very fast when she puts her ~ to it*** lavora molto velocemente quando ci si mette d'impegno; ***to take sb.'s ~ off sth.*** distrarre *o* distogliere qcn. da qcs.; ***to turn one's ~ to sth.*** volgere la mente, il pensiero a qcs. **6** *(memory)* mente f., memoria f.; ***to come to ~*** tornare alla mente *o* sovvenire; ***I can't get him out of my ~*** non riesco a togliermelo dalla testa *o* non riesco a dimenticarlo; ***try to put it out of your ~*** cerca di non pensarci più *o* cerca di togliertelo dalla testa; ***my ~'s a blank*** ho un vuoto di memoria; ***it went right*** o ***clean*** o ***completely out of my ~*** mi era completamente passato *o* uscito di mente; ***to bring*** o ***call sth. to ~*** ricordare qcs. *o* richiamare qcs. *o* fare venire in mente qcs. **7** *(sanity)* mente f., senno m., testa f.; ***her ~ is going*** sta impazzendo *o* sta perdendo la ragione; ***are you out of your ~?*** COLLOQ. sei impazzito? sei fuori di testa? ***I was going out of my ~ with worry*** la preoccupazione mi stava facendo ammattire; ***nobody in their right ~ would do such a thing*** nessuno con la testa a posto farebbe una cosa del genere; ***to be of sound ~*** DIR. ANT. essere nel pieno possesso delle proprie facoltà mentali *o* essere sano di mente **8** *(person as intellectual)* mente f., ingegno m.; ***all the great ~s of the 17th century*** tutte le menti più grandi del XVII secolo **9** **in mind** ***I bought it with you in ~*** l'ho comprato pensando a te; ***I have something in ~ for this evening*** ho in mente qualcosa per questa sera; ***with holidays, the future in ~*** in prospettiva delle vacanze, del futuro; ***with this in ~,...*** avendo questa idea,...; ***what kind of present did you have in ~?*** a che tipo di regalo pensavi? ***to have it in ~ to do sth.*** avere intenzione di fare qcs.; ***to put sb. in ~ of sb., sth.*** ricordare *o* rammentare qcn., qcs. a qcn. ◆ ***great ~s think alike*** le grandi menti si incontrano; ***if you've a ~ to*** se ne hai l'intenzione; ***to see sth. in one's ~'s eye*** vedere qcs. con l'occhio della mente; ***I gave him a piece of my ~!*** COLLOQ. gliene ho dette quattro! ***to have a good ~*** o ***half a ~ to do*** BE avere intenzione *o* avere una mezza idea di fare; ***to have a ~ of one's own*** avere le proprie idee *o* pensare con la propria testa; ***to have no ~ to do*** non avere nessuna intenzione di fare; ***to be bored out of one's ~*** essere annoiato a morte; ***travel broadens the ~*** viaggiare allarga la mente; ***to be in two ~s about doing*** essere indeciso, incerto sul fare.

▶ **2.mind** /maɪnd/ tr. **1** *(pay attention to)* fare, prestare attenzione a [*hazard*]; fare attenzione a, badare a [*manners, language*]; ***~ what the teacher tells you*** fai attenzione a quello che dice l'insegnante; ***~ your head, the step*** attento *o* (fa') attenzione alla testa, al gradino; ***~ you don't drink, he doesn't drink*** fai attenzione a non bere, bada che non beva; ***don't ~ them!*** non badare a loro! ***carry on, don't ~ me*** andate avanti, non badate a me; IRON. andate avanti, fate pure come vi pare! ***~ how you go*** BE stammi bene; ***it's a secret, ~*** COLLOQ. è un segreto, ricordatelo; ***~ you*** COLLOQ., ***it won't be easy*** sia ben chiaro *o* intendiamoci, non sarà facile **2** *(object to)* ***I don't ~ the cold, her husband*** il freddo, suo marito non mi dà fastidio; ***I don't ~ cats, but I prefer dogs*** non ho nulla contro i gatti, ma preferisco i cani; ***I don't ~ having a try*** non mi dispiace fare un tentativo; ***"do you ~ if I bring him?" - "no, I don't ~"*** "ti dispiace se lo porto con me?" - "no, non mi spiace"; ***"do you want to go today or tomorrow?" - "I don't ~"*** "vuoi andare oggi o domani?" - "fa lo stesso"; ***they were late, not that I ~ed, but still...*** erano in ritardo, non che me la sia presa, però...; ***I don't ~ who comes*** non mi interessa *o* non mi importa chi viene; ***she doesn't ~ where he sleeps, when he turns up*** SCHERZ. per lei, lui può dormire dove gli pare, farsi vivo quando gli pare; ***will they ~ us being late?*** gli darà fastidio se arriviamo in ritardo? ***would you ~ keeping my seat for me, opening the window?*** ti dispiace *o* ti rincresce tenermi il posto, aprire la finestra? ***would you ~ accompanying me to the station?*** *(said by policeman)* le spiace seguirmi in commissariato? ***I don't ~ telling you, I was frightened*** non ho difficoltà a dirtelo, ho avuto paura; ***I think you were a bit rude, if you don't ~ my saying so*** spero che non ti offenda se ti dico che sei stato un po' maleducato; ***if you don't ~ my asking...*** se posso permettermi di fare una domanda indiscreta...; ***"like a cigarette?" - "don't ~ if I do"*** COLLOQ. "una sigaretta?" - "certo che sì, non posso dire di no"; ***I wouldn't ~ a glass of wine*** non mi dispiacerebbe un bicchiere di vino; ***if you don't ~*** se non le spiace (anche IRON.) **3** *(care)* importare di, preoccuparsi di; ***he ~s what you think of him*** gli sta a cuore quello che pensi di lui; ***do you ~!*** IRON. (ma) per favore! ***never ~*** *(don't worry)* non preoccuparti *o* non farci caso; *(it doesn't matter)* non importa *o* non fa niente; ***never you ~!*** COLLOQ. *(don't worry)* non preoccuparti *o* non farci caso; *(to nosy person)* non è affar tuo! ***never ~ all that now*** ora lasciamo perdere tutto questo; ***never ~ who, what, when etc....*** non importa chi, che cosa, quando, ecc....; ***never ~ complaining...*** BE lasciamo perdere le lamentele...; ***he can't afford an apartment, never ~ a big house*** non può permettersi un appartamento, figuriamoci una grande casa **4** *(look after)* occuparsi di, badare a [*animal, children, shop*] ◆ ***~ your own business!*** COLLOQ. fatti gli affari tuoi!

▪ **mind out** fare attenzione; ***~ out or you'll fall*** attento sennò cadi; ***~ out of the way!*** COLLOQ. attenzione! pista!

mindbender /ˈmaɪndˌbendə(r)/ n. *(drug)* allucinogeno m.

mindbending /ˈmaɪndˌbendɪŋ/ agg. [*drug*] allucinogeno; [*problem*] complicato.

mind-blowing /ˈmaɪndˌbləʊɪŋ/ agg. COLLOQ. allucinante, incredibile.

mind-boggling /ˈmaɪndˌbɒglɪŋ/ agg. COLLOQ. sbalorditivo.

minded /ˈmaɪndɪd/ agg. **1** FORM. ***to be ~ to do*** essere intenzionato a fare; ***you can join us if you're so ~*** puoi unirti a noi se vuoi *o* se ti fa piacere **2** **-minded** in composti *(with certain talent)* ***to be business-~*** avere il senso degli affari; ***to be mechanically-~*** essere portato per la meccanica; *(with certain attitude)* ***to be small-, open-~*** avere una mentalità ristretta, aperta; *(with certain trait)* ***to be feeble-~*** *(retarded)* essere ritardato; *(stupid)* essere uno sciocco *o* uno stupido.

minder /ˈmaɪndə(r)/ n. BE **1** COLLOQ. *(bodyguard)* guardia f. del corpo **2** (anche **child ~**) bambinaia f.

mind-expanding /ˌmaɪndɪksˈpændɪŋ/ agg. [*experience*] psichedelico; [*drug*] allucinogeno.

mind-fuck /ˈmaɪndfʌk/ tr. AE VOLG. rincoglionire [*person*].

mindful /ˈmaɪndfl/ agg. ~ ***of*** *(conscious)* conscio di, consapevole di; *(remembering)* memore di; *(attentive)* attento a, interessato a.

mindfully /ˈmaɪndflɪ/ avv. *(consciously)* consapevolmente, con consapevolezza; *(attentively)* attentamente.

mindfulness /ˈmaɪndflnɪs/ n. *(consciousness)* consapevolezza f.; *(attentiveness)* attenzione f., sollecitudine f.

mindless /ˈmaɪndlɪs/ agg. **1** SPREG. *(stupid)* [*person, programme*] stupido; [*vandalism*] gratuito **2** *(requiring little thought)* [*work, task*] ripetitivo, noioso **3** *(careless)* ~ ***of*** incurante di [*danger*].

mindlessly /ˈmaɪndlɪslɪ/ avv. **1** SPREG. *(stupidly)* stupidamente **2** *(automatically)* [*perform task*] in modo meccanico, come un automa.

mind-numbing /ˈmaɪndˌnʌmbɪŋ/ agg. [*television, videogames*] che stordisce.

mindreader /ˈmaɪndˌriːdə(r)/ n. chi legge nel pensiero; ***you must be a ~*** SCHERZ. ma tu sai leggere nel pensiero! ***I'm not a ~!*** non so leggere nel pensiero!

mindreading /ˈmaɪndˌriːdɪŋ/ n. lettura f. del pensiero.

▷ **mind-set** /ˈmaɪndˌset/ n. mentalità f.

▶ **1.mine** /maɪn/ In Italian, possessive pronouns have the same forms as the corresponding adjectives, are usually preceded by an article, and reflect the gender and number of the noun they are standing for. So *mine* is translated by *il mio, la mia, i miei, le mie*, according to what is being referred to: *your book and mine* = il tuo libro e il mio; *the blue car is mine* = la macchina blu è la mia; *his children are younger than mine* = i suoi bambini sono più giovani dei miei; *your shoes are brown, while mine are black* = le tue scarpe sono marroni, mentre le mie sono nere.- Since Italian possessive adjectives, unlike English ones, may be preceded by an article, a demonstrative adjective or a numeral, an English possessive pronoun is often translated by an Italian possessive adjective: *a cousin of mine* = un mio cugino; *that school friend of mine* = quel mio compagno di scuola; *four books of mine* = quattro miei libri. - For examples and particular usages, see the entry below. pron. ***his car is red but ~ is blue*** la sua macchina è rossa ma la mia è blu; ***the green pen is ~*** la penna verde è (la) mia; ***~'s a whisky*** COLLOQ. un whisky per me; ***she's a friend of ~*** è una mia amica; ***he's no friend of ~!*** non è sicuramente amico mio! ***it's not ~*** non è mio; ***the book isn't ~ to lend you*** non ti posso prestare il libro, non è mio; ***~ is not an easy task*** FORM. il mio non è davvero un compito facile; ***that brother of ~*** SPREG. 'sto fratello che mi ritrovo!

▶ **2.mine** /maɪn/ n. **1** MIN. miniera f.; ***to work in*** o ***down the ~s*** lavorare in miniera; ***to go down the ~*** *(become a miner)* andare a fare il minatore **2** FIG. miniera f.; ***to be a ~ of information*** essere una miniera di informazioni; ***to have a ~ of experience to draw on*** avere molte esperienze a cui attingere **3** MIL. *(explosive)* mina f.; ***to lay a ~*** posare, piazzare una mina; ***to hit*** o ***strike a ~*** [*tank*] saltare su una mina; [*ship*] colpire una mina; ***to set off a ~*** fare brillare una mina.

3.mine /maɪn/ **I** tr. **1** MIN. estrarre [*gems, mineral*]; scavare [*area*] **2** MIL. *(lay mines in)* minare [*area*]; *(blow up)* fare saltare [*ship, tank*] **II** intr. estrarre minerali; ***to ~ for*** estrarre [*gems, mineral*].

▪ **mine out**: **~ out [sth.], ~ [sth.] out** esaurire [*mineral, area, pit*]; ***the pit is completely ~d out*** la miniera è completamente esaurita.

mineable /ˈmaɪnəbl/ agg. [*mineral, gems*] estraibile; [*area*] sfruttabile.

mine clearing /ˈmaɪnˌklɪərɪŋ/ n. sminamento m.

mine detector /ˈmaɪndɪˌtektə(r)/ n. rivelatore m. di mine.

minefield /ˈmaɪnˌfiːld/ n. MIL. campo m. minato (anche FIG.).

minehunter /ˈmaɪnˌhʌntə(r)/ n. → **minesweeper.**

minelayer /ˈmaɪnˌleɪə(r)/ n. MIL. (nave) posamine f., affondamine f.

minelaying /ˈmaɪnˌleɪɪŋ/ n. posa f. di mine.

▷ **miner** /ˈmaɪnə(r)/ ◗ ***27*** n. **1** MIN. minatore m. (-trice) **2** MIL. guastatore m.

▷ **mineral** /ˈmɪnərəl/ **I** agg. minerale; ***~ ore*** minerale grezzo **II** n. **1** MINER. *(substance, class)* minerale m. **2** MIN. *(for extraction)* minerale m. **3** BE *(drink)* bevanda f. gassata.

mineralist /ˈmɪnərəlɪst/ ◗ ***27*** → **mineralogist.**

mineralization /ˌmɪnərəlaɪˈzeɪʃn, AE -lɪˈz-/ n. mineralizzazione f.

mineralize /ˈmɪnərəlaɪz/ tr. mineralizzare.

mineralizer /ˈmɪnərəlaɪzə(r)/ n. mineralizzatore m.
mineral kingdom /ˈmɪnərəlˌkɪŋdəm/ n. regno m. minerale.
mineralogical /ˌmɪnərəˈlɒdʒɪkl/ agg. mineralogico.
mineralogist /ˌmɪnəˈrælədʒɪst/ ♦ *27* n. mineralista m. e f., mineralogista m. e f.
mineralogy /ˌmɪnəˈrælədʒɪ/ n. mineralogia f.
mineral oil /ˈmɪnərəlˌɔɪl/ n. **1** MINER. olio m. minerale **2** AE *(paraffin)* olio m. di paraffina.
mineral rights /ˈmɪnərəlˌraɪts/ n.pl. diritti m. minerari.
mineral spring /ˈmɪnərəlˌsprɪŋ/ n. sorgente f. di acqua minerale.
mineral water /ˈmɪnərəlˌwɔːtə(r)/ n. acqua f. minerale.
miner's lamp /ˈmaɪnəzˌlæmp/ n. lampada f. da miniera.
miners' strike /ˈmaɪnəzˌstraɪk/ n. sciopero m. dei minatori.
mineshaft /ˈmaɪnʃɑːft, AE -ʃæft/ n. pozzo m. di estrazione.
minestrone /ˌmɪnɪˈstrəʊnɪ/ n. minestrone m.
minesweeper /ˈmaɪnˌswiːpə(r)/ n. *(ship)* dragamine m.; *(on tanks)* rullo m. sminatore.
minesweeping /ˈmaɪnˈswiːpɪŋ/ n. dragaggio m. di mine.
mineworker /ˈmaɪnˌwɜːkə(r)/ ♦ *27* n. minatore m. (-trice).
mine workings /ˈmaɪnˌwɜːkɪŋs/ n. *(mine)* miniera f.; *(part which is being worked)* cantiere m. di coltivazione.
minever → **miniver**.
minger /ˈmɪŋə(r)/ n. BE COLLOQ. SPREG. *(unattractive person)* mostro m., cesso m.
mingle /ˈmɪŋgl/ **I** tr. mescolare, unire [*quality, feeling*] (**with** a); mischiare, mescolare [*sand, colour, taste*] (**with** con) **II** intr. **1** ***to ~ with*** *(mix with)* mescolarsi a [*crowd, guests*]; *(socialize with)* entrare a far parte di [*social group*]; ***he doesn't ~*** non socializza; ***let's ~!*** *(at a party)* andiamo a far conoscenza! **2** *(combine)* [*sounds*] mescolarsi (**with** a); [*smells, colours, tastes*] mischiarsi, mescolarsi (**with** a); [*feelings*] mescolarsi, unirsi (**with** a).
mingled /ˈmɪŋgld/ **I** p.pass. → **mingle II** agg. [*quality, feelings*] mescolato, unito (**with** a); [*smell, colour, taste*] mischiato, mescolato (**with** con).
mingy /ˈmɪndʒɪ/ agg. COLLOQ. [*person*] spilorcio, taccagno; [*amount*] misero.
▷ **mini** /ˈmɪnɪ/ n. mini f., minigonna f.
▷ **miniature** /ˈmɪnətʃə(r), AE ˈmɪnɪətʃʊər/ **I** agg. **1** *(on a small scale)* [*bottle, world, version*] in miniatura; [*TV*] a cristalli liquidi **2** *(smaller than normal)* [*breed, dog, horse*] nano **II** n. *(all contexts)* miniatura f.; ***in ~*** in miniatura.
miniature camera /ˌmɪnətʃəˈkæmərə, AE ˌmɪnɪətʃʊər-/ n. microcamera f.
miniature golf /ˌmɪnətʃəˈgɒlf, AE ˌmɪnɪətʃʊər-/ ♦ *10* n. minigolf m.
miniature model /ˌmɪnətʃəˈmɒdl, AE ˌmɪnɪətʃʊər-/ n. modello m. in scala ridotta.
miniature poodle /ˌmɪnətʃəˈpuːdl, AE ˌmɪnɪətʃʊər-/ n. barboncino m. nano.
miniature railway /ˌmɪnətʃəˈreɪlweɪ, AE ˈmɪnɪətʃʊər-/ n. ferrovia f. in miniatura, trenino m.
miniature village /ˌmɪnətʃəˈvɪlɪdʒ, AE ˌmɪnɪətʃʊər-/ n. villaggio m. in miniatura.
miniaturist /ˈmɪnɪtʃərɪst/ ♦ *27* n. miniaturista m. e f., miniatore m. (-trice).
miniaturization /ˌmɪnɪtʃəraɪˈzeɪʃn, AE -rɪˈz-/ n. miniaturizzazione f.
miniaturize /ˈmɪnɪtʃəraɪz/ tr. miniaturizzare.
minibar /ˈmɪnɪbɑː(r)/ n. minibar m.
miniboom /ˈmɪnɪˌbuːm/ n. miniboom m.
mini-break /ˈmɪnɪbreɪk/ n. minivacanza f.
minibudget /ˌmɪnɪˈbʌdʒɪt/ n. BE budget m. provvisorio.
minibus /ˈmɪnɪbʌs/ n. (pl. **~es**) BE minibus m.
minicab /ˈmɪnɪkæb/ n. BE taxi m. (disponibile solo su prenotazione telefonica).
minicomputer /ˌmɪnɪkəmˈpjuːtə(r)/ n. minicomputer m.
minicourse /ˈmɪnɪkɔːs/ n. AE UNIV. corso m. breve.
minidisc /ˈmɪnɪdɪsk/ n. INFORM. minidisco m.
minidress /ˈmɪnɪdres/ n. miniabito m.
minim /ˈmɪnɪm/ n. **1** BE MUS. minima f. **2** METROL. goccia f.
minima /ˈmɪnɪmə/ → **minimum.**
▷ **minimal** /ˈmɪnɪml/ agg. minimo.
minimal art /ˌmɪnɪmlˈɑːt/ n. minimal art f.
minimal free form /ˌmɪnɪmlˈfriːfɔːm/ n. LING. forma f. minima libera.
minimalism /ˈmɪnɪməlɪzəm/ n. POL. ART. minimalismo m.
minimalist /ˈmɪnɪməlɪst/ **I** agg. POL. ART. minimalista, minimalistico **II** n. POL. ART. minimalista m. e f.
minimally /ˈmɪnɪməlɪ/ avv. *(in a minimal degree)* in minima parte; ***~ damaged*** leggermente danneggiato; *(as little as possible)* ***the house is ~ furnished*** l'arredamento della casa è ridotto al minimo; *(not at all)* ***~ desirable*** per nulla desiderabile.
minimal pair /ˌmɪnɪmlˈpeə(r)/ n. LING. coppia f. minima.
minimarket /ˈmɪnɪˌmɑːkɪt/, **minimart** /ˈmɪnɪmɑːt/ n. minimarket m.
minimax /ˈmɪnɪmæks/ n. minimax m., minimassimo m.
minimization /ˌmɪnɪmaɪˈzeɪʃn, AE -mɪˈz-/ n. riduzione f. (al minimo), minimizzazione f.
▷ **minimize** /ˈmɪnɪmaɪz/ tr. **1** *(reduce)* ridurre al minimo [*cost, damage, impact, risk*] **2** *(play down)* minimizzare [*incident, significance*] **3** INFORM. ridurre (a icona), iconizzare.
minim rest /ˈmɪnɪmˌrest/ n. BE pausa f. di minima.
▶ **minimum** /ˈmɪnɪməm/ **I** n. (pl. **-a**) minimo m. (**of** di); ***to keep to a*** o ***to the ~*** tenere al minimo; ***to reduce to a*** o ***to the ~*** ridurre al minimo; ***the bare*** o ***absolute ~*** lo stretto indispensabile; ***the legal ~*** il limite minimo legale; ***the necessary ~*** il minimo necessario; ***to do the ~*** fare il minimo indispensabile; ***at the ~*** al minimo **II** agg. minimo.
minimum iron /ˌmɪnɪməmˈaɪən, AE ˈaɪərn/ agg. [*fabric, garment*] che si stira facilmente.
minimum lending rate /ˌmɪnɪməmˈlendɪŋreɪt/ n. tasso m. minimo di sconto.
minimum wage /ˌmɪnɪməmˈweɪdʒ/ n. salario m. minimo, minimo m. salariale.
▷ **mining** /ˈmaɪnɪŋ/ **I** n. **1** MIN. estrazione f., scavi m.pl. **2** MIL. posa f. di mine **II** modif. [*area, company, industry, town*] minerario; [*family, union*] di minatori; [*accident*] in miniera.
mining claim /ˈmaɪnɪŋˌkleɪm/ n. concessione f. mineraria.
mining company /ˈmaɪnɪŋˌkʌmpənɪ/ n. compagnia f. mineraria.
mining engineer /ˈmaɪnɪŋendʒɪˌnɪə(r)/ ♦ *27* n. ingegnere m. minerario.
mining engineering /ˌmaɪnɪŋendʒɪˈnɪərɪŋ/ n. ingegneria f. mineraria.
mining rights /ˈmaɪnɪŋˌraɪts/ n.pl. diritti m. minerari.
minion /ˈmɪnɪən/ n. SPREG. o SCHERZ. *(servile follower)* lacchè m., tirapiedi m. e f.
mini-pill /ˈmɪnɪpɪl/ n. = pillola anticoncezionale a basso dosaggio.
miniscule → **minuscule.**
miniseries /ˈmɪnɪˌsɪəriːz/ n. miniserie f.
mini-skirt /ˈmɪnɪskɜːt/ n. minigonna f.
▶ **1.minister** /ˈmɪnɪstə(r)/ ♦ *9* n. **1** POL. ministro m.; ***Minister of Agriculture, Fisheries and Food*** GB Ministro dell' Agricoltura, della Pesca e dell'Alimentazione; ***Minister of*** o ***for Defence, the Environment*** o ***Defence, Environment ~*** Sottosegretario alla Difesa, all'Ambiente **2** RELIG. ministro m.; ***~ of religion*** ministro del culto.
2.minister /ˈmɪnɪstə(r)/ intr. **1** *(care for)* FORM. ***to ~ to*** dare assistenza a, provvedere a [*person*]; ***to ~ to sb.'s needs*** provvedere ai bisogni di qcn. **2** RELIG. ***to ~ to*** essere il sacerdote *o* il pastore di [*parish, village*].
ministerial /ˌmɪnɪˈstɪərɪəl/ agg. POL. [*decree*] ministeriale; [*meeting, regulation, office*] governativo.
ministering angel /ˌmɪnɪstərɪŋˈeɪndʒəl/ n. angelo m. custode (anche FIG.).
Minister of Justice /ˌmɪnɪstərəvˈdʒʌstɪs/ n. → **Justice Minister.**
minister of state /ˌmɪnɪstərəvˈsteɪt/ n. GB POL. sottosegretario m.; ***Minister of State for Education*** Sottosegretario alla Pubblica Istruzione.
minister plenipotentiary /ˌmɪnɪstəplenɪpəˈtenʃərɪ/ n. (pl. **ministers plenipotentiary**) ministro m. plenipotenziario.
minister resident /ˌmɪnɪstəˈrezɪdənt/ n. (pl. **ministers resident**) ministro m. residente.
minister without portfolio /ˌmɪnɪstəwɪˌðaʊtpɔːtˈfəʊlɪəʊ/ n. ministro m. senza portafoglio.
ministration /mɪnɪˈstreɪʃn/ n. **1** (anche **~s**) RELIG. ministero m., sacerdozio m. **2** FORM. cura f., assistenza f.
▶ **ministry** /ˈmɪnɪstrɪ/ n. **1** POL. *(department, building)* ministero m.; ***Ministry of Defence, of Education, of Health, of Transport*** Ministero della Difesa, dell'Istruzione, della Salute, dei Trasporti **2** POL. *(tenure)* mandato m. ministeriale **3** POL. *(group of ministers)* governo m. **4** RELIG. *(profession, duties)* sacerdozio m., ministero m. pastorale; ***to perform*** o ***carry out one's ~*** svolgere il proprio ministero sacerdotale; ***to join the ~*** *(Protestant)* diventare pastore.
minium /ˈmɪnɪəm/ n. minio m.
miniver /ˈmɪnɪvə(r)/ n. vaio m.; *(fur coat)* pelliccia f. di vaio.
mink /mɪŋk/ **I** n. *(animal, fur, coat)* visone m. **II** modif. [*garment*] di visone.
Minneapolis /mɪnɪˈæpəlɪs/ ♦ *34* n.pr. Minneapolis f.

Minnesota /ˌmɪnɪˈsəʊtə/ ➧ ***24*** n.pr. Minnesota m.
Minnie /ˈmɪnɪ/ n.pr. **1** *(female name)* diminutivo di **Wilhelmina** **2** *(cartoons' character)* Minni.
minnow /ˈmɪnəʊ/ n. **1** pesciolino m. (d'acqua dolce) **2** FIG. *(insignificant things)* minutaglia f.; *(insignificant people)* gentucola f.
Minoan /mɪˈnəʊən/ **I** agg. minoico **II** n. *(inhabitant of Minoan world)* cretese m. e f.
▶ **1.minor** /ˈmaɪnə(r)/ **I** agg. **1** *(not important)* [*artist, role*] minore; [*change, repair, defect*] piccolo; [*consideration*] secondario; ***~ road*** strada secondaria; ***~ aristocracy*** piccola nobiltà; ***they're ~ royalty*** sono un ramo cadetto della famiglia reale **2** *(not serious)* [*injury, burn*] lieve, non grave; [*fracture*] non grave; [*operation, surgery*] piccolo, semplice **3** MUS. [*scale, chord, interval, seventh*] minore; ***C ~*** do minore; ***in a ~ key*** in tono minore **4** AE UNIV. [*subject*] complementare **5** BE SCOL. ***Jones ~*** = appellativo dato al minore di due fratelli che frequentano la stessa scuola **II** n. **1** DIR. minorenne m. e f. **2** AE UNIV. materia f. secondaria.
2.minor /ˈmaɪnə(r)/ intr. AE UNIV. ***to ~ in sth.*** scegliere una materia come complementare.
Minorca /mɪˈnɔːkə/ ➧ ***12*** n.pr. Minorca f.
minorite /ˈmaɪnəraɪt/ n. minorita m.
▷ **minority** /maɪˈnɒrətɪ, AE -ˈnɔːr-/ **I** n. **1** minoranza f. (**of** di); ***to be in the ~*** essere in minoranza; ***vocal ~*** minoranza che si fa sentire; ***ethnic, religious ~*** minoranza etnica, religiosa; ***to be in a ~ of one*** = essere l'unico ad avere una certa opinione **2** AE POL. opposizione f. **3** DIR. minore età f. **II** modif. [*government, group, interest, party, shareholder*] di minoranza; [*activity*] minoritario.
minority leader /maɪˈnɒrətɪˌliːdə(r), AE -ˈnɔːr-/ n. AE POL. leader m. dell'opposizione.
minority opinion /maɪˌnɒrətɪəˈpɪnɪən, AE -ˌnɔːr-/ n. opinione f. minoritaria.
minority president /maɪˈnɒrətɪˌprezɪdənt, AE -ˈnɔːr-/ n. AE POL. = presidente degli Stati Uniti il cui partito è in minoranza al Congresso.
minority programme /maɪˈnɒrətɪˌprəʊgræm, AE -ˈnɔːrətɪˌprəʊgrəm/ n. RAD. TELEV. = programma destinato alle minoranze.
minority report /maɪˌnɒrətɪrɪˈpɔːt, AE -ˌnɔːr-/ n. mozione f. di minoranza.
minority rights /maɪˈnɒrətɪˌraɪts, AE -ˈnɔːr-/ n.pl. diritti m. delle minoranze.
minority rule /maɪˈnɒrətɪˌruːl, AE -ˈnɔːr-/ n. supremazia f. di una minoranza.
minor league /ˈmaɪnəliːg/ **I** n. minor league f. (divisione del baseball professionistico americano inferiore alla major league) **II** modif. [*team, player*] di minor league; ***he plays ~ baseball*** gioca a baseball in minor league; FIG. [*artist, university, company*] di serie B.
minor offence BE, **minor offense** AE /ˌmaɪnərəˈfens/ n. reato m. minore.
minor planet /ˌmaɪnəˈplænɪt/ n. pianetino m., asteroide m.
minor premise /ˌmaɪnəˈpremɪs/ n. FILOS. premessa f. minore.
minor prophet /ˌmaɪnəˈprɒfɪt/ n. profeta m. minore.
minor suit /ˈmaɪnəˌsuːt, -ˌsjuːt/ n. *(bridge)* = il colore di quadri o di fiori.
minor term /ˌmaɪnəˈtɜːm/ n. FILOS. termine m. minore.
Minos /ˈmaɪnɒs/ n.pr. Minosse.
Minotaur /ˈmaɪnətɔː(r)/ n. ***the ~*** il Minotauro.
minster /ˈmɪnstə(r)/ n. *(with cathedral status)* cattedrale f.; *(without)* chiesa f. abbaziale; *(collegiate)* (chiesa) collegiata f.
minstrel /ˈmɪnstrəl/ n. *(medieval entertainer)* menestrello m.; *(black music performer)* = negli Stati Uniti alla fine dell'Ottocento, attore di varietà o musicista bianco che, travestito da negro, parodiava balli o canti della tradizione afroamericana; ***wandering ~*** minstrel girovago.
minstrel gallery /ˈmɪnstrəlˌgælərɪ/ n. *(in castles etc.)* palco m. dei cantori; *(in churches)* cantoria f.
minstrelsy /ˈmɪnstrəlsɪ/ n. **1** *(occupation)* arte f. dei menestrelli **2** *(group of people)* menestrelli m.pl.
▷ **1.mint** /mɪnt/ **I** n. **1** *(plant)* menta f. **2** *(sweet)* mentina f.; ***after-dinner ~*** cioccolatino alla menta **II** modif. [*jelly, sauce, tea, toothpaste*] alla menta; [*essence, flower, leaf*] di menta.
▷ **2.mint** /mɪnt/ **I** n. **1** *(for coins)* zecca f.; ***the Royal Mint*** BE la Regia Zecca **2** COLLOQ. *(vast sum)* fortuna f.; ***to make a ~*** fare una fortuna; ***to cost a ~*** costare una fortuna **II** agg. *(new)* nuovo di zecca; ***in ~ condition*** [*coin*] nuovo di conio, fior di conio.
3.mint /mɪnt/ tr. coniare (anche FIG.).
mintage /ˈmɪntɪdʒ/ n. **1** *(coins)* monete f.pl. **2** *(making coins)* coniazione f., conio m. **3** *(cost of minting)* monetaggio m.
minter /ˈmɪntə(r)/ n. coniatore m. (-trice) (anche FIG.).
mint-flavoured BE, **mint-flavored** AE/ˌmɪntˈfleɪvəd/ agg. alla menta.
mint green /ˌmɪntˈgriːn/ **I** n. verde m. menta **II** agg. verde menta.
mint julep /ˌmɪntˈdʒuːlɪp/ n. AE = bevanda ghiacciata preparata con bourbon, brandy, zucchero e foglie di menta.
mint mark /ˈmɪntmɑːk/ n. marca f. di zecca.
mint master /ˈmɪntˌmɑːstə(r), AE -ˌmæstə(r)/ n. direttore m. (-trice) della zecca.
minty /ˈmɪntɪ/ agg. [*flavour, taste*] di menta.
minuet /ˌmɪnjʊˈet/ n. minuetto m.
▷ **minus** /ˈmaɪnəs/ **I** n. **1** MAT. meno m.; ***two ~es make a plus*** meno per meno uguale più **2** *(disadvantage)* svantaggio m.; ***it has its pluses and ~es*** ha i suoi pro e i suoi contro **II** agg. **1** MAT. [*sign, symbol, button*] meno; [*number, quantity, value*] negativo **2** *(disadvantageous)* [*factor, point*] negativo; ***on the ~ side*** il lato negativo è che **3** SCOL. UNIV. ***B ~*** = voto discreto **4** BOT. [*fungus, specimen, type*] che si riproduce solo con una specie plus **III** prep. **1** MAT. meno; ***what is 20 ~ 8?*** quanto fa 20 meno 8? ***it was ~ 15 (degrees)*** c'erano 15 gradi sotto zero **2** SCHERZ. *(without)* senza; ***he woke up ~ his passport*** quando si è svegliato non aveva più il passaporto; ***he's ~ a tooth, a finger*** gli manca un dente, un dito.
minuscule /ˈmɪnəskjuːl/ **I** agg. *(very small)* minuscolo **II** n. *(letter)* minuscola f.; *(writing)* minuscolo m.
minus sign /ˈmaɪnəsˌsaɪn/ n. MAT. segno m. meno.
▶ **1.minute** /ˈmɪnɪt/ ➧ ***33, 4*** **I** n. **1** *(unit of time)* minuto m.; ***a few ~s earlier, later*** qualche minuto prima, dopo; ***five ~s past ten*** le dieci e cinque; ***it's five ~s' walk away*** è a cinque minuti a piedi da qui; ***we arrived at eight o'clock to the ~*** siamo arrivati alle otto in punto; ***we arrived without a ~ to spare*** siamo arrivati appena in tempo **2** *(short moment)* minuto m., attimo m.; ***just a ~ please*** (solo) un attimo, per favore; ***I'll be ready in a ~*** sarò pronta in un minuto; ***she won't be a ~*** arriva subito; ***it won't take a ~*** ci vorrà un istante; ***within ~s the police were there*** in pochi minuti arrivò la polizia **3** *(exact instant)* ***the ~ I heard the news I telephoned*** ho chiamato non appena ho avuto la notizia; ***at that very ~*** in quel preciso istante; ***they're due to arrive any ~ now*** dovrebbero arrivare da un momento all'altro; ***stop talking this ~!*** smetti immediatamente di parlare! ***I was just this ~ going to phone you*** stavo per telefonarti proprio ora; ***he's at this ~ starting his speech*** sta iniziando il suo discorso in questo preciso istante; ***to arrive at the last ~*** arrivare all'ultimo momento; ***to leave things to the last ~*** ridursi all'ultimo; ***to put sth. off to the last ~*** rimandare qcs. all'ultimo momento; ***not for one ~ did I think she was lying*** non ho pensato che mentisse neanche per un istante; ***he's always up to the ~ with the news*** è sempre al corrente delle ultime notizie; ***she's always up to the ~ in her clothes*** veste sempre all'ultima moda **4** GEOGR. MAT. minuto m. **II minutes** n.pl. DIR. AMM. verbale m.sing.; ***to take the ~s*** stendere il verbale; ***he read the ~s of the last meeting*** ha letto il verbale dell'ultima riunione ◆ ***there's one*** o ***a sucker born every ~*** COLLOQ. la mamma degli scemi è sempre incinta!
2.minute /ˈmɪnɪt/ tr. mettere a verbale, verbalizzare [*decision, objection, apology*].
3.minute /maɪˈnjuːt, AE -ˈnuːt/ agg. [*particle, lettering*] minuscolo; [*quantity, risk, rise, variation*] minimo; ***to describe sth. in ~ detail*** descrivere qcs. in modo minuzioso.
minute book /ˈmɪnɪtˌbʊk/ n. registro m. dei verbali.
minute hand /ˈmɪnɪtˌhænd/ n. lancetta f. dei minuti.
minutely /maɪˈnjuːtlɪ, AE -ˈnuːt-/ avv. [*describe, examine*] minuziosamente, minutamente; [*vary, differ*] in tutto e per tutto; ***to question sb. ~*** interrogare scrupolosamente qcn.
Minuteman /ˈmɪnɪtˌmæn/ n. (pl. **-men**) AE STOR. = durante la Rivoluzione americana, membro di una milizia di volontari che, in caso di necessità, era in grado di intervenire militarmente in tempi brevissimi.
minuteness /maɪˈnjuːtnɪs, AE -ˈnuːt-/ n. **1** *(extreme smallness)* minutezza f. **2** *(extreme precision)* minuziosità f., meticolosità f., minutezza f.
minute steak /ˈmɪnɪtˌsteɪk/ n. fettina f. (di carne).
minutiae /maɪˈnjuːʃɪiː, AE mɪˈnuːʃɪiː/ n.pl. minimi particolari m., minuzie f.
minx /mɪŋks/ n. ANT. *(girl)* civetta f.
Miocene /ˈmɪəsiːn, ˈmaɪ-/ **I** n. ***the ~*** il Miocene **II** agg. miocenico.
Miocenic /mɪəˈsiːnɪk, maɪə-/ agg. miocenico.
MIPS, mips /mɪps/ n. (⇒ millions of instructions per second milioni d'istruzioni al secondo) MIPS f.
▷ **miracle** /ˈmɪrəkl/ **I** n. miracolo m.; ***to perform, accomplish a ~*** fare, compiere un miracolo; ***it's a ~ that*** è un miracolo che; ***a minor***

~ un piccolo miracolo; ***by some ~*** per (un qualche) miracolo; ***economic ~*** miracolo economico; ***a ~ of*** un miracolo di [*efficiency etc.*]; ***to work*** o ***perform ~s*** fare miracoli (**with** con) **II** modif. [*cure, drug, recovery*] miracoloso.

miracle play /ˈmɪrəklˌpleɪ/ n. LETTER. miracolo m., sacra rappresentazione f.

miracle worker /ˈmɪrəklˌwɜːkə(r)/ n. taumaturgo m. (-a); FIG. persona f. che fa miracoli.

miraculous /mɪˈrækjʊləs/ agg. **1** *(as by miracle)* [*cure, escape, recovery, survival*] miracoloso **2** *(great, amazing)* [*speed, efficiency etc.*] straordinario.

miraculously /mɪˈrækjʊləslɪ/ avv. miracolosamente.

mirage /ˈmɪrɑːʒ, mɪˈrɑːʒ/ n. miraggio m. (anche FIG.).

Miranda /mɪˈrændə/ n.pr. Miranda.

Miranda warning /mɪˈrændəˌwɔːnɪŋ/ n. AE = notifica dei diritti dell'arrestato da parte dei poliziotti al momento dell'arresto.

1.mire /ˈmaɪə(r)/ n. **1** *(area)* pantano m. **2** *(mud)* fango m., melma f. **3** FIG. *(bad situation)* pantano m.; ***to be*** o ***stick*** o ***find oneself in the ~*** cacciarsi in un (bel) pantano ◆ ***to drag sb.*** o ***sb.'s name through the ~*** trascinare qcn. o il nome di qcn. nel fango.

2.mire /ˈmaɪə(r)/ **I** tr. *(cause to get stuck in mire)* fare impantanare; *(splatter with mire)* infangare, inzaccherare; FIG. *(create difficulties for sb.)* cacciare in un pantano **II** intr. affondare nel fango.

mired /ˈmaɪəd/ **I** p.pass. → **2.mire II** agg. ***to be ~ in*** essere coperto di [*blood*]; essere sprofondato in [*corruption*]; perdersi in [*details, trivia*].

Miriam /ˈmɪrɪəm/ n.pr. Miriam.

▶ **1.mirror** /ˈmɪrə(r)/ n. **1** specchio m. (anche FIG.); ***hall of ~s*** *(in fair)* labirinto di specchi **2** AUT. specchietto m. **3** INFORM. → **mirror site**.

2.mirror /ˈmɪrə(r)/ tr. riflettere (anche FIG.); ***to be ~ed in*** riflettersi in.

mirrored /ˈmɪrəd/ agg. [*ceiling, wall*] di specchi.

mirror image /ˈmɪrərˌɪmɪdʒ/ n. FIG. immagine f. speculare.

mirror site /ˈmɪrəˌsaɪt/ n. INFORM. (sito) mirror m.

mirror writing /ˈmɪrəˌraɪtɪŋ/ n. scrittura f. speculare.

mirth /mɜːθ/ n. **1** *(laughter)* ilarità f.; ***to provoke, cause ~*** destare l'ilarità **2** *(joy)* allegria f., gioia f.

mirthful /ˈmɜːθfl/ agg. FORM. *(laughing)* gioioso, allegro; *(happy)* felice, lieto.

mirthfully /ˈmɜːθflɪ/ avv. allegramente, lietamente.

mirthfulness /ˈmɜːθflnɪs/ n. allegria f., letizia f.

mirthless /ˈmɜːθlɪs/ agg. FORM. [*laugh*] forzato; [*account etc.*] malinconico, triste; [*occasion*] triste.

MIRV n. (⇒ multiple independently targeted reentry vehicle) = missile a testate multiple indirizzate su bersagli diversi.

miry /ˈmaɪərɪ/ agg. LETT. *(muddy)* fangoso, melmoso; *(covered with mud)* infangato (anche FIG.).

MIS /ˌemaɪˈes/ n. (⇒ management information system) = sistema di gestione automatizzata.

misadventure /ˌmɪsədˈventʃə(r)/ n. FORM. disavventura f.; DIR. caso m. fortuito, incidente m.; ***verdict of death by ~*** BE verdetto di morte accidentale.

misadvise /ˌmɪsədˈvaɪz/ tr. consigliare male.

misalliance /ˌmɪsəˈlaɪəns/ n. *(union)* unione f. sfortunata; *(marriage)* mésalliance f., matrimonio m. male assortito.

misallied /ˌmɪsˈælaɪd/ agg. [*man*] sposato male; [*woman*] malmaritata.

misallocation /ˌmɪsæləˈkeɪʃn/ n. errata allocazione f.

misanthrope /ˈmɪsənθrəʊp/ n. FORM. misantropo m. (-a).

misanthropic /ˌmɪsənˈθrɒpɪk/ agg. FORM. [*person*] misantropo; [*attitude, writing*] misantropico.

misanthropist /mɪˈsænθrəpɪst/ n. → **misanthrope.**

misanthropy /mɪˈsænθrəpɪ/ n. FORM. misantropia f.

misapplication /ˌmɪsæplɪˈkeɪʃn/ n. *(of knowledge, skill)* impiego m. sbagliato; DIR. distrazione f.

misapply /ˌmɪsəˈplaɪ/ tr. *(misuse)* applicare male; ***the rule has been misapplied*** la regola non è stata applicata correttamente.

misapprehend /ˌmɪsæprɪˈhend/ tr. FORM. capire male, fraintendere.

misapprehension /ˌmɪsæprɪˈhenʃn/ n. FORM. malinteso m., equivoco m.; ***to be (labouring) under a ~*** essere vittima di un equivoco.

misappropriate /ˌmɪsəˈprəʊprɪeɪt/ tr. FORM. appropriarsi indebitamente di [*funds*].

misappropriation /ˌmɪsəˌprəʊprɪˈeɪʃn/ n. FORM. appropriazione f. indebita, malversazione f.; ***~ of funds*** appropriazione indebita di fondi.

misbecome /mɪsbɪˈkʌm/ tr. (pass. **-became**; p.pass. **-become**) essere sconveniente a, non addirsi a.

misbecoming /mɪsbɪˈkʌmɪŋ/ agg. sconveniente, disdicevole.

misbegotten /ˌmɪsbɪˈgɒtn/ agg. **1** [*plan*] mal concepito; [*person*] che non vale niente **2** ANT. *(illegitimate)* illegittimo; ***~ child*** bastardo.

misbehave /ˌmɪsbɪˈheɪv/ **I** intr. comportarsi male; ***stop misbehaving!*** smettila di comportarti male! **II** rifl. ***to ~ oneself*** comportarsi male.

misbehaviour BE, **misbehavior** AE /ˌmɪsbɪˈheɪvɪə(r)/ n. comportamento m. riprovevole; SCOL. cattiva condotta f.

misbelief /ˌmɪsbɪˈliːf/ n. falsa credenza f., falsa convinzione f.; RELIG. eresia f.

misbeliever /ˌmɪsbɪˈliːvə(r)/ n. miscredente m. e f.

miscalculate /ˌmɪsˈkælkjʊleɪt/ **I** tr. valutare male [*response, risk*]; calcolare male [*amount, distance*] **II** intr. fare un errore di calcolo; FIG. giudicare male.

miscalculation /ˌmɪskælkjʊˈleɪʃn/ n. errore m. di calcolo; FIG. giudizio m. sbagliato.

miscall /mɪsˈkɔːl/ **I** tr. **1** *(in tennis)* ***to ~ a fault*** sbagliare a chiamare un fallo **2** *(misname)* chiamare impropriamente [*place*] **II** intr. chiamare un fallo per errore.

▷ **miscarriage** /ˈmɪskærɪdʒ, ˌmɪsˈkærɪdʒ/ n. **1** MED. aborto m.; ***to have a ~*** abortire **2** DIR. ***a ~ of justice*** un errore giudiziario.

miscarry /ˌmɪsˈkærɪ/ intr. **1** MED. abortire **2** [*plan, attack, strategy*] fallire.

miscast /ˌmɪsˈkɑːst, AE -ˈkæst/ tr. (pass., p.pass. ~) ***he was badly ~ as Hamlet*** è stato uno sbaglio assegnare a lui il ruolo di Amleto; ***the film was ~*** il cast del film non era azzeccato.

miscasting /ˌmɪsˈkɑːstɪŋ, AE -ˈkæstɪŋ/ n. TEATR. CINEM. = assegnazione sbagliata, poco felice delle parti.

miscegenation /ˌmɪsɪdʒɪˈneɪʃn/ n. FORM. *(of people)* incrocio m.

miscellanea /ˌmɪsəˈleɪnɪə/ n. LETTER. miscellanea f.

miscellaneous /ˌmɪsəˈleɪnɪəs/ agg. misto, vario; ***~ expenses*** spese varie; ***the letter was classified under "~"*** la lettera venne classificata sotto "varie".

miscellaneousness /ˌmɪsəˈleɪnɪəsnɪs/ n. varietà f., eterogeneità f.

miscellany /mɪˈselənɪ, AE ˈmɪsəleɪnɪ/ n. **1** *(variety) (of people, things)* mescolanza f. (**of** di); *(of questions)* serie f. (**of** di) **2** LETTER. *(anthology)* miscellanea f., antologia f., raccolta f. **3** TELEV. RAD. scelta f.

mischance /ˌmɪsˈtʃɑːns, AE -ˈtʃæns/ n. FORM. **1** *(bad luck)* disdetta f.; ***by ~*** per disgrazia **2** *(misadventure)* disavventura f.

mischief /ˈmɪstʃɪf/ n. **1** *(playful behaviour)* furberia f.; *(malice)* malizia f.; *(done by children)* marachella f., monelleria f., birichinata f.; ***they are full of ~*** sono proprio dei monelli; ***to get into ~*** cacciarsi nei guai; ***it keeps them out of ~*** li tiene lontano dai guai; ***children are always up to ~*** i bambini ne combinano sempre qualcuna; ***her eyes twinkled with ~*** i suoi occhi erano pieni di malizia **2** LETT. *(harm)* danno m.; ***to make*** o ***create ~*** mettere male *o* creare discordia **3** COLLOQ. *(rascal)* peste f. ◆ ***to do oneself a ~*** BE farsi del male.

mischief-maker /ˈmɪstʃɪfˌmeɪkə(r)/ n. mettimale m. e f.

mischief-making /ˈmɪstʃɪfˌmeɪkɪŋ/ **I** agg. [*remarks*] maligno **II** n. malignità f.

mischievous /ˈmɪstʃɪvəs/ agg. **1** *(playful)* [*child*] monello, birichino; [*comedy, humour*] vivace; [*smile, eyes*] malizioso **2** LETT. *(harmful)* maligno.

mischievously /ˈmɪstʃɪvəslɪ/ avv. **1** [*smile, laugh, tease*] maliziosamente **2** LETT. [*insinuate, misrepresent*] con malignità.

mischievousness /ˈmɪstʃɪvəsnɪs/ n. *(playfulness)* vivacità f.; *(malice)* maliziosità f.

miscibility /mɪsəˈbɪlətɪ/ n. miscibilità f.

miscible /ˈmɪsəbl/ agg. miscibile.

misconceive /ˌmɪskənˈsiːv/ tr. fraintendere, interpretare male [*remark, meaning*]; sbagliarsi su [*role, duty*].

misconceived /ˌmɪskənˈsiːvd/ **I** p.pass. → **misconceive II** agg. **1** *(badly thought out)* [*idea, argument*] sbagliato **2** *(badly planned)* [*agreement, project*] mal concepito.

misconception /ˌmɪskənˈsepʃn/ n. idea f. sbagliata, opinione f. errata; ***Western ~s about the East*** i pregiudizi dell'occidente sul mondo orientale; ***it is a popular ~ that*** è un pregiudizio diffuso che.

1.misconduct /ˌmɪsˈkɒndʌkt/ n. *(moral)* cattiva condotta f.; *(bad management)* cattiva gestione f.; ***he is guilty of professional ~*** è colpevole di inadempienza professionale; ***it's gross ~*** è una grave inadempienza.

2.misconduct /ˌmɪskənˈdʌkt/ **I** tr. *(mismanage)* gestire male [*business affairs*]; svolgere male [*enquiry*] **II** rifl. ***to ~ oneself*** comportarsi male.

misconstruction /ˌmɪskən'strʌkʃn/ n. equivoco m., malinteso m.; ***open to ~*** che dà adito a fraintendimenti, equivocabile; ***to put a ~ on sb.'s words*** interpretare male le parole di qcn.

misconstrue /ˌmɪskən'stru:/ tr. FORM. interpretare male [*words, meaning, intentions, attitude*].

1.miscount /ˌmɪs'kaʊnt/ n. POL. ***to make a ~*** sbagliare nello spoglio delle schede elettorali.

2.miscount /ˌmɪs'kaʊnt/ **I** tr. contare male [*votes*] **II** intr. sbagliare nel conteggio dei voti.

miscreant /'mɪskrɪənt/ n. LETT. *(wretch)* scellerato m. (-a); ANT. RELIG. *(misbeliever)* miscredente m. e f., eretico m. (-a).

1.miscue /ˌmɪs'kju:/ n. *(in billiards) (failure)* stecca f.; FIG. errore m., sbaglio m.

2.miscue /ˌmɪs'kju:/ **I** tr. *(in football, cricket)* colpire male [*ball*] **II** intr. *(in billiards)* steccare.

1.misdeal /ˌmɪs'di:l/ n. *(in card games)* sbaglio m. nel dare le carte.

2.misdeal /ˌmɪs'di:l/ **I** tr.(pass., p.pass. **-dealt**) dare male [*cards*] **II** intr. (pass., p.pass. **-dealt**) sbagliare nel dare le carte.

misdeed /ˌmɪs'di:d/ n. misfatto m.; ***to rectify a ~*** riparare una malefatta.

misdemeanant /mɪsdɪ'mi:nənt/ n. **1** *(misbehaving)* chi si comporta male **2** *(guilty person)* colpevole m. e f. (di reato minore).

misdemeanour BE, **misdemeanor** AE /ˌmɪsdɪ'mi:nə(r)/ n. **1** FORM. *(misbehaviour)* condotta f. riprovevole **2** DIR. infrazione f., reato m. minore.

misdescription /mɪsdɪ'skrɪpʃn/ n. DIR. descrizione f. inesatta (in riferimento all'oggetto del contratto).

misdial /ˌmɪs'daɪəl/ intr. (forma in -ing ecc. **-ll-** BE, **-l-** AE) sbagliare numero.

misdirect /ˌmɪsdaɪ'rekt, -dɪ'rekt/ tr. **1** *(send in wrong direction)* dare indicazioni sbagliate a [*person*]; ***to ~ sb. to*** mandare per sbaglio qcn. a **2** *(misuse)* indirizzare nella direzione sbagliata [*efforts*]; fare cattivo uso di [*talents*]; ***his anger is ~ed against his father*** sbaglia a prendersela con suo padre **3** *(address wrongly)* sbagliare l'indirizzo di [*letter, parcel*]; ***the letter was ~ed to our old address*** la lettera è stata mandata per sbaglio al nostro vecchio indirizzo **4** DIR. dare istruzioni erronee a [*jury*].

misdirection /ˌmɪsdaɪ'rekʃn, -dɪ'rek-/ n. *(of talents, efforts)* impiego m. sbagliato.

misdoing /ˌmɪs'du:ɪŋ/ n. *(misdeed)* misfatto m.; *(error)* errore m.

mise-en-scène /ˌmi:zɒn'sen, -'seɪn/ n. messa f. in scena (anche FIG.).

miser /'maɪzə(r)/ n. avaro m. (-a).

▷ **miserable** /'mɪzrəbl/ agg. **1** *(gloomy, unhappy)* [*person*] triste, infelice; [*expression, event, thoughts*] triste; [*weather*] deprimente; ***what a ~ afternoon!*** che pomeriggio deprimente! ***to look ~*** avere un'aria triste; ***to feel ~*** sentirsi depresso **2** COLLOQ.*(small, pathetic)* [*helping, quantity*] misero; [*salary, wage*] da fame; [*attempt*] patetico; [*failure, performance, result*] penoso; ***a ~ 50 dollars*** 50 miseri dollari **3** *(poverty-stricken)* [*life*] miserabile; [*dwelling*] misero, povero **4** *(abject)* ***a ~ sinner*** un miserabile peccatore ◆ ***~ as sin*** = molto infelice.

miserably /'mɪzrəblɪ/ avv. **1** *(unhappily)* [*speak*] mestamente; [*stare*] con aria malinconica; ***he was ~ cold*** stava morendo di freddo **2** *(poorly)* [*fail, perform*] miseramente; ***a ~ low wage*** una paga da fame; ***~ fed*** malnutrito.

Miserere /mɪzə'rɪərɪ/ n. RELIG. ***the ~*** il Miserere.

misericord /mɪ'zerɪkɔ:d/ n. **1** *(dagger)* misericordia f. **2** *(in church choir)* misericordia f. **3** *(in monastery)* = refettorio per i frati non soggetti a digiuno.

miserliness /'maɪzəlɪnɪs/ n. avarizia f.

miserly /'maɪzəlɪ/ agg. **1** *(avaricious)* [*person*] avaro; [*habits*] da taccagno **2** *(meagre)* [*allowance, amount*] misero.

▷ **misery** /'mɪzərɪ/ n. **1** *(distress)* sofferenza f.; *(gloom)* infelicità f.; ***to lead*** o ***live a life of ~*** fare una vita grama; ***human ~*** la miseria umana; ***to make sb.'s life a ~*** rendere la vita impossibile a qcn.; ***to put sb. out of their ~*** EUFEM. porre fine alle sofferenze di qcn.; ***to put an animal out of its ~*** EUFEM. dare il colpo di grazia a un animale; ***tell her the answer, put her out of her ~!*** dalle la risposta, non tenerla sulle spine! ***the look of ~ on his face*** la sua aria afflitta **2** *(poverty)* miseria f. **3** *(difficult or painful situation)* supplizio m., tormento m. (**of** di); ***the ~ of depression*** il tormento della depressione **4** BE COLLOQ. *(gloomy person)* lagna f., strazio m.; *(child)* piagnucolone m. (-a), lagna f.

misery guts /ˌmɪzərɪ'gʌts/ n. (pl. ~) BE COLLOQ. *(self-pitying person)* lagna f.

misfeasance /mɪs'fi:zəns/ n. *(transgression)* infrazione f.; *(unlawful exercise of authority)* abuso m. di autorità.

1.misfire /ˌmɪs'faɪə(r)/ n. **1** *(of gun, rocket)* inceppamento m. **2** *(of engine)* accensione f. difettosa **3** *(of plan)* fallimento m.

2.misfire /ˌmɪs'faɪə(r)/ intr. **1** [*gun*] incepparsi, fare cilecca; [*rocket*] non partire; [*engine*] *(fail to start)* non partire, non accendersi **2** FIG. [*plan*] fallire; [*joke*] non riuscire.

misfit /'mɪsfɪt/ n. *(at work, in a group)* disadattato m. (-a); ***social ~*** disadattato.

misfortune /ˌmɪs'fɔ:tʃu:n/ n. **1** *(unfortunate event)* disgrazia f. **2** *(bad luck)* sfortuna f.; ***to have the ~ to do*** avere la sfortuna di fare.

misgive /ˌmɪs'gɪv/ **I** tr. (pass. **-gave**; p.pass. **-given**) far sorgere un dubbio, un presentimento a [*person*]; ***my heart misgave me*** il cuore mi diceva di no **II** intr. (pass. **-gave**; p.pass. **-given**) RAR. essere apprensivo.

misgiving /ˌmɪs'gɪvɪŋ/ n. dubbio m., sospetto m.; ***to have ~s about sth.*** avere dubbi riguardo a qcs.; ***to have ~s about sb.*** avere dubbi su qcn.; ***not without ~(s)*** con qualche dubbio.

misgovern /ˌmɪs'gʌvn/ tr. governare male [*country*]; amministrare male [*city, colony*].

misgovernment /ˌmɪs'gʌvnmənt/ n. *(of country)* malgoverno m.; *(of city, colony)* cattiva amministrazione f.

misguide /ˌmɪs'gaɪd/ tr. fuorviare, indurre in errore.

misguided /ˌmɪs'gaɪdɪd/ **I** p.pass. → **misguide II** agg. [*strategy*] incauto; [*attempt*] maldestro; [*politicians, teacher*] malconsigliato.

mishandle /ˌmɪs'hændl/ tr. **1** *(inefficiently)* condurre male [*operation, meeting*]; ***the case had been badly ~d*** il caso è stato gestito malissimo **2** *(roughly)* trattare male, strapazzare [*object*]; trattare male, maltrattare [*person, animal*].

mishap /'mɪshæp/ n. incidente m., contrattempo m., (piccolo) guaio m.; ***a slight ~*** un piccolo incidente; ***we had a slight ~ with the car*** abbiamo avuto un piccolo incidente in macchina; ***without ~*** senza incidenti (di percorso).

mishear /ˌmɪs'hɪə(r)/ tr. (pass., p.pass. **-heard**) capire male; ***I misheard "sea" as "tea"*** ho capito "tea" invece di "sea".

1.mishit /'mɪshɪt/ n. SPORT colpo m. sbagliato.

2.mishit /mɪs'hɪt/ tr. (forma in -ing **-tt-**; p. pass., p.pass. **-hit**) SPORT colpire male [*ball*].

mishmash /'mɪʃmæʃ/ n. COLLOQ. guazzabuglio m.; ***this law is a ~*** questa legge è un pasticcio; ***a ~ of*** un'accozzaglia di.

misinform /ˌmɪsɪn'fɔ:m/ tr. informare male, dare informazioni sbagliate a [*person*].

misinformation /ˌmɪsɪnfə'meɪʃn/ n. *(intentional)* disinformazione f.; *(unintentional)* informazioni f.pl. sbagliate (**about** su).

misinformed /ˌmɪsɪn'fɔ:md/ **I** p.pass. → **misinform II** agg. disinformato (**about** su); ***they were badly ~*** hanno ricevuto informazioni completamente sbagliate.

misinterpret /ˌmɪsɪn'tɜ:prɪt/ tr. interpretare male [*words, speech, regulations*].

misinterpretation /ˌmɪsɪntɜ:prɪ'teɪʃn/ n. interpretazione f. sbagliata; ***open to ~*** ambiguo, che si può travisare.

misjoinder /mɪs'dʒɔɪndə(r)/ n. DIR. unione f. erronea.

misjudge /ˌmɪs'dʒʌdʒ/ tr. calcolare male [*speed, distance, shot*]; sbagliare a giudicare [*popular feeling*]; giudicare male, farsi un'idea sbagliata di [*person, character*]; ***I ~d him completely*** mi ero fatta un'idea completamente sbagliata di lui.

misjudgment, **misjudgement** /ˌmɪs'dʒʌdʒmənt/ n. **1** *(wrong judgment) (of speed, distance, shot)* errore m. di valutazione **2** *(wrong opinion)* opinione f. sbagliata; ***a serious ~ of his character, motives*** un grave errore nel giudicare il suo carattere, le sue motivazioni.

miskick /ˌmɪs'kɪk/ **I** tr. AE tirare male [*ball*]; sbagliare [*penalty*] **II** intr. AE *(by kicking)* sbagliare il tiro.

mislay /ˌmɪs'leɪ/ tr. (pass., p.pass. **-laid**) mettere in un posto sbagliato, smarrire.

mislead /ˌmɪs'li:d/ tr. (pass., p.pass. **-led**) *(deliberately)* ingannare; *(unintentionally)* fuorviare; ***to ~ sb. about sth.*** ingannare qcn. su qcs.; ***to ~ sb. into thinking that*** portare qcn. a pensare che.

▷ **misleading** /ˌmɪs'li:dɪŋ/ agg. [*impression, title, advertising*] ingannevole; [*information, claim, statement*] fuorviante; ***it would be ~ to say that*** sarebbe fuorviante dire che.

misleadingly /ˌmɪs'li:dɪŋlɪ/ avv. in modo ingannevole, in modo fuorviante.

misled /ˌmɪs'led/ pass., p.pass. → **mislead.**

mislike /mɪs'laɪk/ tr. RAR. provare avversione, antipatia per [*person, thing*].

mismanage /ˌmɪs'mænɪdʒ/ tr. *(administratively, financially)* amministrare male, gestire male.

mismanagement /ˌmɪs'mænɪdʒmənt/ n. *(of economy, funds)* cattiva gestione f.; *(of company, project)* cattiva amministrazione f.

1.mismatch /'mɪsmætʃ/ n. **1** *(of styles, colours)* abbinamento m. sbagliato (**between** di); *(of concepts, perceptions)* discrepanza f. (**between** tra) **2** *(in marriage)* ***the marriage is a ~*** è un matrimonio sbagliato.

2.mismatch /mɪs'mætʃ/ tr. abbinare male [*furniture, colours, garments*].

mismatched /ˌmɪs'mætʃt/ **I** p.pass. → **2.mismatch** **II** agg. [*people, furniture*] male assortito; [*knives, forks, socks*] spaiato.

misname /ˌmɪs'neɪm/ tr. *(name incorrectly)* chiamare col nome sbagliato; *(give unsuitable name to)* dare un nome inadatto a; ***the ~d "Happy Valley"*** l'impropriamente denominata "Valle Felice".

misnomer /ˌmɪs'nəʊmə(r)/ n. nome m. sbagliato, denominazione f. impropria; ***it's a bit of a ~*** BE non è un nome molto adatto.

misogamist /mɪ'sɒgəmɪst/ n. chi tende alla misogamia.

misogamy /mɪ'sɒgəmɪ/ n. misogamia f.

misogynist /mɪ'sɒdʒɪnɪst/ n. misogino m.

misogyny /mɪ'sɒdʒɪnɪ/ n. misoginia f.

misper /'mɪspə(r)/ n. BE COLLOQ. persona f. scomparsa.

mispickel /'mɪspɪkl/ n. arsenopirite f.

misplace /ˌmɪs'pleɪs/ tr. **1** *(mislay)* perdere, smarrire [*keys, money*] **2** *(put in wrong place)* mettere fuori posto [*book, object*]; riporre male [*trust, affection*].

misplaced /ˌmɪs'pleɪst/ **I** p.pass. → **misplace** **II** agg. **1** [*fears, criticisms*] fuori luogo **2** [*money, passport*] smarrito.

misplacement /ˌmɪs'pleɪsmənt/ n. *(act)* (il) riporre nel posto sbagliato; *(wrong position)* collocazione f. sbagliata.

1.misprint /'mɪsprɪnt/ n. errore m. di stampa.

2.misprint /ˌmɪs'prɪnt/ tr. stampare con refusi [*word*].

misprision /mɪs'prɪʒn/ n. **1** DIR. *(of crime)* mancata denuncia f.; ***~ of felony*** occultamento di reato **2** *(mistake)* equivoco m.

misprize /mɪs'praɪz/ tr. *(despise)* disprezzare; *(undervalue)* sottovalutare.

mispronounce /ˌmɪsprə'naʊns/ tr. pronunciare male.

mispronunciation /ˌmɪsprəˌnʌnsɪ'eɪʃn/ n. **1** *(act)* (il) pronunciare male **2** *(instance)* pronuncia f. scorretta.

misquotation /ˌmɪskwəʊ'teɪʃn/ n. citazione f. sbagliata.

misquote /ˌmɪs'kwəʊt/ tr. riportare in modo erroneo le parole di [*person*]; citare male [*text*]; sbagliare a indicare [*price, figure*]; ***she was ~d as demanding his resignation*** si diceva erroneamente che avesse chiesto le sue dimissioni.

misread /ˌmɪs'ri:d/ tr. (pass., p.pass. **-read**) **1** *(read wrongly)* sbagliare a leggere [*sentence, map, thermometer, metre*] **2** *(misinterpret)* interpretare male, fraintendere [*actions, conduct*]; ***I ~ the signs completely*** FIG. ho frainteso tutto.

misreading /ˌmɪs'ri:dɪŋ/ n. **1** *(false reading)* ***the ~ of a word, map*** la lettura inesatta di una parola, di una cartina **2** *(false interpretation) (of scripture, text)* interpretazione f. sbagliata.

misrepresent /ˌmɪsˌreprɪ'zent/ tr. mettere [qcn.] in falsa luce [*person*]; distorcere [*views*]; travisare [*facts, intentions*]; ***to ~ sb. as sth.*** far passare qcn. per qcs.

misrepresentation /ˌmɪsˌreprɪzen'teɪʃn/ n. **1** *(of facts, opinions, truth)* travisamento m. **2** DIR. falsa dichiarazione f.; ***fraudulent ~*** dichiarazione fraudolenta.

1.misrule /ˌmɪs'ru:l/ n. **1** *(bad government)* malgoverno m. **2** LETT. *(disorder)* caos m., disordine m.

2.misrule /ˌmɪs'ru:l/ tr. governare male [*country*].

▶ **1.miss** /mɪs/ ♦ *9* n. **1** **Miss** *(woman's title)* signorina f.; *(written abbreviation)* Sig.na; ***the Misses Brown*** le signorine Brown; ***Miss World, Europe*** Miss Mondo, Europa **2** **Miss** *(mode of address)* signorina f.; ***yes, Miss*** sì, signorina; ***can I help you, Miss?*** posso esserle d'aiuto signorina? **3** ANT. *(little girl)* bambina f.; *(young woman)* ragazza f.; ***a pert little ~*** SPREG. una smorfiosetta.

▷ **2.miss** /mɪs/ n. **1** *(failure to score) (in game)* colpo m. mancato; ***the first shot was a ~*** il primo tiro è andato a vuoto **2** ***to give [sth.] a ~*** COLLOQ. saltare [*activity, lecture, meeting, meal*]; non andare a [*work*]; rinunciare a [*entertainment*]; saltare, non prendere [*dish, drink*]; ***"you still haven't done your homework" - "oh, give it a ~ Dad"*** "non hai ancora fatto i compiti" - "papà, lascia perdere" **3** *(failure) (film, record etc.)* fiasco m. ◆ ***a ~ is as good as a mile*** PROV. = per un punto Martin perse la cappa.

▷ **3.miss** /mɪs/ **I** tr. **1** *(fail to hit)* mancare [*target*]; non riuscire a conquistare [*record*]; ***the stone, bullet just ~ed my head*** la pietra, la pallottola non mi ha colpito la testa per un pelo; ***he just ~ed the other car, a pedestrian*** ha mancato di poco l'altra macchina, un pedone **2** *(fail to take or catch)* perdere [*bus, connection, meeting, event, cue, entertainment, opportunity, bargain*]; ***I ~ed her by five minutes*** l'ho mancata per cinque minuti; ***I ~ed the train by five minutes*** ho perso il treno per cinque minuti; ***the chance was too good to ~*** l'occasione era troppo buona per farsela sfuggire; ***to ~ doing*** non riuscire a fare; ***I ~ed going to the museum*** non sono riuscito ad andare al museo; ***it's wonderful, don't ~ it!*** è bellissimo, non perdertelo! ***you don't know what you're ~ing!*** non sai cosa ti perdi! ***you didn't ~ much, it was terrible!*** non ti sei perso niente, era terribile! **3** *(fail to see)* sbagliare; ***you can't ~ it, it's the only one*** non puoi sbagliare, è l'unico; ***the shop's easy to ~*** il negozio non è facile da trovare; ***the shop's hard to ~*** è impossibile non trovare il negozio **4** *(fail to hear or understand)* non cogliere [*joke, remark*]; ***I ~ed that - what did she say?*** non ho sentito - che cosa ha detto? ***she doesn't ~ much*** non si lascia sfuggire quasi niente; ***he doesn't ~ a thing does he?*** non gli sfugge proprio niente, vero? ***he ~ed the point of the remark*** non ha colto il senso dell'osservazione; ***you've ~ed the whole point!*** non hai capito niente! **5** *(omit)* saltare [*line, page, section, meal, class, lecture*] **6** *(fail to attend)* non andare a, saltare [*school*] **7** *(escape, avoid)* scampare a [*death*]; evitare [*traffic, bad weather, rush hour, injury*]; ***I, he just ~ed doing sth.*** c'è mancato poco che non facessi, facesse qcs.; ***I just*** o ***narrowly ~ed being captured, injured*** per poco non mi catturavano, ferivano; ***how she ~ed being run over I'll never know!*** come ha fatto a non farsi investire lo sa solo lei! **8** *(notice absence of)* accorgersi dell'assenza di [*object*]; ***she didn't ~ her purse till she got back*** non si è accorta di non avere il borsellino fino a quando non è tornata; ***oh, is it mine? I hadn't ~ed it*** è la mia? non mi ero accorta di non averla; ***I didn't ~ you*** non mi sono reso conto che non c'eri; ***keep it, I won't ~ it*** tienila, non ne avrò bisogno **9** *(regret absence of)* ***I ~ Richard*** mi manca Richard; ***the boys ~ them*** ai ragazzi mancano; ***he ~ed the office, Paris*** gli mancava l'ufficio, Parigi; ***what I ~ most is*** ciò che mi manca di più è; ***I won't ~ having to get up at 5 am*** non mi mancherà per niente alzarmi alle cinque del mattino; ***I shall ~ having you as a neighbour*** mi mancherai come vicino; ***she'll be greatly*** o ***sadly ~ed*** si sentirà molto la sua mancanza; ***he won't be ~ed*** COLLOQ. non mancherà a molti! **II** intr. **1** MIL. GIOC. SPORT sbagliare un colpo; ***you can't ~!*** non puoi sbagliare! ***~ed!*** mancato! **2** AUT. [*engine*] perdere colpi ◆ ***to ~ the boat*** o ***bus*** perdere il treno.

■ **miss out**: ***~ out*** perdersi; ***I feel I've ~ed out somewhere along the line*** FIG. forse mi sono perso qualcosa per strada; ***~ out [sb., sth.], ~ [sb., sth.] out*** saltare [*line, section, topic, verse*]; omettere, tralasciare [*fact, point*]; escludere [*person*].

■ **miss out on**: ***~ out on [sth.]*** lasciarsi sfuggire [*pleasure, benefit, chance, opportunity, bargain*]; ***he ~ed out on all the fun*** si è perso tutto il divertimento.

missal /'mɪsl/ n. messale m.

misshapen /ˌmɪs'ʃeɪpən/ agg. [*body part*] deforme; [*object*] sformato.

missile /'mɪsaɪl, AE 'mɪsl/ **I** n. **1** MIL. missile m. **2** *(rock, bottle etc.)* proiettile m. **II** modif. [*attack, base, site*] missilistico; ***~ launcher*** lanciamissili.

missil(e)ry /'mɪsaɪlrɪ, AE 'mɪslrɪ/ n. **1** *(science)* missilistica f. **2** *(group of missiles)* missili m.pl.

▷ **missing** /'mɪsɪŋ/ agg. [*thing*] mancante; [*person*] scomparso; ***the ~ link*** l'anello mancante (anche FIG.); ***to be ~*** mancare; ***there's nothing ~*** non manca niente; ***how many pieces are ~?*** quanti pezzi mancano? ***a man with a finger ~*** o ***a ~ finger*** un uomo senza un dito; ***the book was ~ from its usual place*** il libro non era al suo solito posto; ***to go ~*** [*person, object*] sparire; ***to report sb. ~*** dare per disperso qcn.; ***~ presumed dead*** disperso presunto morto.

missing in action /ˌmɪsɪŋɪn'ækʃn/ agg. MIL. disperso (in azione).

mission /'mɪʃn/ **I** n. **1** *(group of people)* missione f.; ***diplomatic, trade ~*** missione diplomatica, commerciale **2** *(task)* missione f.; ***our ~ was to do*** la nostra missione era (di) fare; ***to be on a ~*** essere in missione; ***to undertake, carry out a ~*** andare in missione, compiere una missione; ***~ accomplished!*** missione compiuta (anche SCHERZ.); ***to be sent on a ~*** essere mandato in missione **3** MIL. AER. missione f. (di volo); ***to fly thirty ~s*** compiere trenta missioni di volo **4** RELIG. missione f. **II** modif. [*hospital, school*] della missione.

▷ **missionary** /'mɪʃənrɪ, AE -nerɪ/ ♦ *27* **I** n. RELIG. missionario m. (-a) **II** modif. RELIG. [*role*] di missionario; [*vocation*] missionario; [*sect, settlement*] di missionari ◆ ***to be filled with ~ zeal*** avere spirito missionario.

missionary position /'mɪʃənrɪpəˌzɪʃn, AE -nerɪ-/ n. posizione f. del missionario.

Mission Control /ˌmɪʃnkən'trəʊl/ n. = sala di controllo dalla quale si seguono le missioni spaziali.

missioner /'mɪʃnə(r)/ n. missionario m. (-a).

missis → **missus.**

Mississippi /ˌmɪsɪ'sɪpɪ/ ♦ ***24, 25*** n.pr. Mississippi m.

missive /ˈmɪsɪv/ n. FORM. missiva f.
Missouri /mɪˈzʊərɪ/ ♦ *24, 25* n.pr. Missouri m.
misspell /ˌmɪsˈspel/ tr. (pass., p.pass. **-spelled**, **-spelt** BE) sbagliare a scrivere [*word*]; ***to ~ sb.'s name*** sbagliare a scrivere il nome di qcn.
misspelling /ˌmɪsˈspelɪŋ/ n. errore m. d'ortografia.
misspelt /ˌmɪsˈspelt/ pass., p.pass. BE → **misspell**.
misspend /ˌmɪsˈspend/ tr. (pass., p.pass. **-spent**) sprecare [*time, money*] (**on** per, su); ***a misspent youth*** una giovinezza sprecata *o* sciupata.
misstate /ˌmɪsˈsteɪt/ tr. riferire [qcs.] in modo inesatto [*date, time*].
misstatement /ˌmɪsˈsteɪtmənt/ n. **1** *(of situation, facts)* esposizione f. inesatta (**of** di) **2** *(untruth)* dichiarazione f. falsa.
missus /ˈmɪsɪz/ n. COLLOQ. **1** *(wife)* ***his ~*** la sua signora; ***the ~*** la signora **2** *(as address)* ***yes, ~*** sì, signora.
missy /ˈmɪsɪ/ n. ANT. COLLOQ. signorinella f.
▷ **1.mist** /mɪst/ n. **1** *(thin fog)* foschia f.; ***~ and fog patches*** banchi di nebbia e foschia **2** *(of perfume, spray)* scia f.; *(from breath, on window)* appannamento m. **3** FIG. *(of tears)* velo m. ◆ ***lost in the ~s of time*** perso nelle nebbie del passato.
2.mist /mɪst/ tr. vaporizzare [*plant*].
■ **mist over** [*lens, mirror*] appannarsi; [*landscape*] offuscarsi; ***his eyes ~ed over with tears*** gli occhi gli si velarono di lacrime.
■ **mist up** [*lens, window*] appannarsi.
mistakable /mɪˈsteɪkəbl/ agg. confondibile, che si può confondere (**for** con).
▶ **1.mistake** /mɪˈsteɪk/ n. *(error) (in text, spelling, typing, judgement, procedure)* errore m.; *(in sum, calculation)* errore m., sbaglio m.; ***to make a ~*** fare *o* commettere un errore; ***to make a stupid ~*** fare un errore stupido; ***to make a ~ in*** fare *o* commettere un errore di [*calculations*]; commettere un errore in [*letter, essay*]; ***to make a ~ about sb., sth.*** sbagliarsi su qcn., qcs.; ***to make the ~ of doing*** commettere l'errore di fare; ***to make the same ~ again*** o ***twice*** ripetere lo stesso errore; ***it would be a ~ to do*** sarebbe un errore fare; ***it was a ~ to leave my umbrella at home*** è stato un errore lasciare a casa l'ombrello; ***to do sth. by ~*** fare qcs. per sbaglio; ***she took my keys in ~ for hers*** ha preso le mie chiavi al posto delle sue per sbaglio; ***to make a fatal ~*** commettere un tragico errore; ***to realize, admit one's ~*** rendersi conto dei propri errori, ammettere di avere sbagliato; ***~s were made*** sono stati fatti degli errori; ***we all make ~s*** tutti facciamo degli sbagli; ***there is no ~*** non c'è nessun errore; ***the terrorists said the killing of X was a ~*** i terroristi hanno detto che l'omicidio di X è stato un errore; ***you're making a big ~*** stai commettendo un grave errore; ***you'll be punished, make no ~ about it*** o ***that!*** sarai punito, puoi starne certo! ***there must be some ~*** ci deve essere uno sbaglio; ***my ~!*** mea culpa! ***and no ~*** non c'è alcun dubbio; ***to learn by one's ~s*** imparare dai propri errori.
▶ **2.mistake** /mɪˈsteɪk/ tr. (pass. **-took**; p.pass. **-taken**) **1** *(confuse)* ***to ~ sth. for sth. else*** prendere qcs. per qualcos'altro *o* confondere qcs. con qualcos'altro; ***to ~ sb. for sb. else*** prendere qcn. per qualcun altro *o* confondere qcn. con qualcun altro; ***there's no mistaking him!*** è inconfondibile! ***there's no mistaking that voice*** quella voce è inconfondibile; ***there's no mistaking his intentions*** le sue intenzioni sono fin troppo chiare **2** *(misinterpret)* fraintendere [*meaning*].
▷ **mistaken** /mɪˈsteɪkən/ **I** p.pass. → **2.mistake II** agg. **1** ***to be ~*** sbagliarsi; ***I'm afraid you are ~*** temo che tu ti stia sbagliando; ***he was ~ in thinking it was over*** aveva sbagliato a pensare che fosse tutto finito; ***unless I'm very much ~*** se non sbaglio; ***to do sth. in the ~ belief that*** fare qcs. credendo erroneamente che; ***it's a case of ~ identity*** è un caso di errore di persona **2** [*enthusiasm, generosity*] fuori luogo.
mistakenly /mɪˈsteɪkənlɪ/ avv. [*think, fear, believe*] a torto; ***whether ~ or not, they remain optimistic*** a torto o a ragione, rimangono ottimisti.
mister /ˈmɪstə(r)/ ♦ *9* n. **1** signore m. (forma completa, poco comune di **Mr**) **2** COLLOQ. *(used by children)* ***please, ~, have you got the time?*** per favore, signore, che ore sono? *(used by adults)* ***now listen here, ~!*** ascoltami bene tu!
mistime /ˌmɪsˈtaɪm/ tr. *(miscalculate)* calcolare male [*length of journey*]; *(do at the wrong time)* fare [qcs.] al momento sbagliato, scegliere il momento sbagliato per [*attack, shot*]; ***to ~ one's resignation*** scegliere il momento sbagliato per dimettersi; ***I ~d the announcement*** ho scelto il momento sbagliato per fare l'annuncio.
mistiming /ˌmɪsˈtaɪmɪŋ/ n. *(of remark, departure, resignation)* intempestività f.
mistiness /ˈmɪstɪnɪs/ n. *(misty condition)* nebbiosità f. (anche FIG.); *(vapour)* appannamento m. (anche FIG.).
mistletoe /ˈmɪsltəʊ/ n. vischio m.; ***to kiss sb. under the ~*** baciare qcn. sotto il vischio.
mistook /mɪˈstʊk/ pass. → **2.mistake.**
mistral /ˈmɪstrəl/ n. mistral m.
mistranslate /ˌmɪstrænsˈleɪt/ tr. tradurre male.
mistranslation /ˌmɪstrænsˈleɪʃn/ n. *(mistake)* errore m. di traduzione; *(incorrect translation)* traduzione f. scorretta.
mistreat /ˌmɪsˈtriːt/ tr. maltrattare [*person, animal*]; ***don't ~ your books*** non trattare male i tuoi libri.
mistreatment /ˌmɪsˈtriːtmənt/ n. maltrattamento m.
▷ **mistress** /ˈmɪstrɪs/ n. **1** *(sexual partner)* amante f.; ***to keep, have a ~*** avere un'amante **2** *(woman in charge) (of servant, animal)* padrona f.; ***~ of the situation*** padrona della situazione; ***the ~ of the house*** la padrona di casa **3** BE ANT. *(teacher)* insegnante f.; ***maths ~*** insegnante di matematica ◆ ***to be one's own ~*** essere padrona di se stessa.
mistrial /ˌmɪsˈtraɪəl/ n. DIR. processo m. nullo (per vizio di procedura); AE = processo che non giunge a conclusione, specialmente perché la giuria non riesce a raggiungere l'accordo.
1.mistrust /ˌmɪsˈtrʌst/ n. diffidenza f., sfiducia f. (**of, towards** verso, nei confronti di).
2.mistrust /ˌmɪsˈtrʌst/ tr. diffidare di, non avere fiducia in [*judgement, politicians, abilities*].
mistrustful /ˌmɪsˈtrʌstfl/ agg. diffidente (**of** verso, nei confronti di).
mistrustfulness /ˌmɪsˈtrʌstflnɪs/ n. diffidenza f., sfiducia f. (**of** verso, nei confronti di).
mistrustfully /ˌmɪsˈtrʌstfəlɪ/ avv. *(in attitude)* con diffidenza; *(visibly)* con aria diffidente.
misty /ˈmɪstɪ/ agg. [*weather, morning*] nebbioso; [*hills*] coperto di foschia, avvolto nella foschia; [*lens, window*] appannato; [*photo*] sfocato; ***~ rain*** pioggia mista a nebbia; ***her eyes went all ~*** i suoi occhi si riempirono di lacrime; ***~ blue, grey*** grigiazzurro, grigio chiaro.
misty-eyed /ˌmɪstɪˈaɪd/ agg. [*look*] tenero, commosso; ***he goes all ~ about it*** si intenerisce ogni volta che ne parla.
misunderstand /ˌmɪsʌndəˈstænd/ tr. (pass., p.pass. **-stood**) *(misinterpret)* capire male; *(fail to understand completely)* non capire, non comprendere; ***don't ~ me*** *(to clarify oneself)* non fraintendermi.
misunderstanding /ˌmɪsʌndəˈstændɪŋ/ n. *(failure to understand)* malinteso m.; *(slight disagreement)* incomprensione f., dissapore m.; ***so as to avoid any ~*** per evitare malintesi.
misunderstood /ˌmɪsʌndəˈstʊːd/ **I** pass., p.pass. → **misunderstand II** agg. ***to feel ~*** sentirsi incompreso; ***much ~*** [*person*] spesso frainteso; [*concept, book*] che spesso non viene capito.
misusage /ˌmɪsˈjuːsɪdʒ/ n. *(wrong use)* uso m. scorretto; *(harsh treatment)* maltrattamento m.
1.misuse /ˌmɪsˈjuːs/ n. *(of equipment, word, expression)* uso m. improprio, uso m. scorretto; *(of talents)* cattivo uso m.; ***~ of funds*** impiego scorretto dei fondi.
2.misuse /ˌmɪsˈjuːz/ tr. usare [qcs.] in modo scorretto [*equipment, word, expression*]; fare cattivo uso di [*talents, resources*]; abusare di [*authority*].
Mitch /mɪtʃ/ n.pr. diminutivo di **Mitchell**.
Mitchell /ˈmɪtʃl/ n.pr. Mitchell (nome di uomo).
1.mite /maɪt/ n. **1** *(child)* ***poor little ~!*** povero piccolo! **2 a mite** COLLOQ. *(small amount)* ***she seemed a ~ confused*** sembrava un tantino confusa; ***he was a ~ ridiculous*** era un tantino ridicolo.
2.mite /maɪt/ n. acaro m.; ***cheese ~*** tiroglifo.
miter AE → **mitre.**
mithridate /ˈmɪθrɪdeɪt/ n. antidoto m.
mithridatism /ˈmɪθrɪdeɪtɪzəm/ n. mitridatismo m.
mitigate /ˈmɪtɪgeɪt/ tr. mitigare, attenuare [*effects, distress*]; ridurre [*risks*]; minimizzare, ridurre [*loss*]; DIR. attenuare [*sentence*].
mitigating /ˈmɪtɪgeɪtɪŋ/ agg. DIR. ***~ circumstances*** o ***factors*** circostanze attenuanti.
mitigation /ˌmɪtɪˈgeɪʃn/ n. **1** *(minimising) (of effects, distress)* attenuazione f.; *(of loss)* riduzione f. **2** DIR. *(of sentence, damages)* riduzione f.; ***to say sth. in ~ of sb.'s actions*** dire qcs. a discolpa di qcn.; ***to make a plea in ~*** appellarsi alle circostanze attenuanti.
mitigatory /ˈmɪtɪgeɪtərɪ, AE -tɔːrɪ/ agg. che mitiga; MED. calmante, lenitivo.
mitochondrial /ˌmaɪtəʊˈkɒndrɪəl/ agg. mitocondriale.
mitochondrion /maɪtəˈkɒndrɪən/ n. (pl. **-ia**) mitocondrio m.
mitosis /mɪˈtəʊsɪs, maɪ-/ n. (pl. **-es**) mitosi f.
mitral /ˈmaɪtrəl/ agg. **1** [*valve*] mitrale **2** *(pertaining to mitral valve)* mitralico.

1.mitre BE, **miter** AE /ˈmaɪtə(r)/ n. **1** *(of bishop)* mitra f. (anche FIG.) **2** ING. → **mitre joint.**

2.mitre BE, **miter** AE /ˈmaɪtə(r)/ tr. **1** *(join)* unire ad angolo retto **2** *(shape)* tagliare ad augnatura.

mitre box /ˈmaɪtəbɒks/ n. cassetta f. per augnature.

mitre joint /ˈmaɪtədʒɔɪnt/ n. giunto m. ad angolo retto.

mitt /mɪt/ n. **1** → **mitten 2** COLLOQ. *(hand)* zampa f.; ***get your ~s off that!*** giù le zampe! **3** SPORT guantone m. da baseball.

mitten /ˈmɪtn/ n. *(muffle)* muffola f., manopola f.; *(fingerless glove)* mezzo guanto m.

mittimus /ˈmɪtɪməs/ n. **1** DIR. mandato m. di arresto **2** COLLOQ. licenziamento m.; ***he got his ~*** gli hanno dato il benservito.

▶ **1.mix** /mɪks/ n. **1** *(combination) (of people, colours, objects, styles)* mescolanza f. **2** *(mixture) (for cement, paste)* composto m.; *(for cake)* preparato m.; ***a cake ~*** *(in packet)* un preparato per torte **3** MUS. mix m.

▶ **2.mix** /mɪks/ **I** tr. **1** *(combine)* mescolare [*ingredients, colours, styles, objects, types*](**with** con; **and** e); combinare [*methods, systems*] (**with** con; **and** e); ***to ~ sth. into*** *(add to)* incorporare qcs. a; ***to ~ one's drinks*** mischiare; ***to ~ and match*** abbinare [*colours, styles*] **2** *(make)* preparare, fare [*drink, cocktail*]; fare [*concrete, cement, paste*]; ***to ~ the flour and the water into a paste*** impastare la farina con l'acqua **3** MUS. mixare [*record, track*] **II** intr. **1** (anche **~ together**) *(be combined)* [*ingredients, liquids, colours*] mescolarsi, mischiarsi (**with** con, a) **2** *(socialize)* essere socievole; ***to ~ with*** frequentare ◆ ***to ~ it*** BE COLLOQ. *(stir up trouble)* seminare zizzania; AE *(start a fight)* azzuffarsi.

▪ **mix around:** ~ ***[sth.]*** **around**, ~ **around** ***[sth.]*** **1** *(blend)* mescolare [*mixture, ingredients, paste*] **2** *(jumble up)* scambiare [*names, objects*]; scombinare [*letters of word*].

▪ **mix in:** ~ ***[sth.]*** **in**, ~ **in** ***[sth.]*** incorporare [*ingredient, substance*] (**with** a).

▪ **mix up:** ~ ***[sth.]*** **up**, ~ **up** ***[sth.]*** **1** *(get confused over)* confondere, scambiare [*dates, names, tickets*]; ***to ~ up A and B, A with B*** confondere A e B, A con B; ***to get two things ~ed up*** confondere due cose **2** *(confuse)* confondere [*person*] (**about, over** su, a proposito di); ***to get ~ed up about*** fare confusione a proposito di **3** *(jumble up)* mettere sottosopra [*papers, photos, clothes*] **4** *(involve)* ***to ~ sb. up in*** coinvolgere qcn. in; ***to get ~ed up in*** essere coinvolto in; ***to be ~ed up with sb.*** frequentare qcn.; *(having affair with)* avere una storia con qcn.; ***he is ~ed up with a fast crowd*** frequenta cattiva compagnia; ***to get ~ed up with sb.*** mettersi a frequentare qcn.

▷ **mixed** /mɪkst/ **I** p.pass. → **2.mix II** agg. **1** *(varied)* [*collection, programme*] vario; [*diet*] variato; [*nuts, sweets*] assortito; [*salad*] misto; [*group, community*] *(socially, in age)* eterogeneo; *(racially)* misto; ***of ~ blood*** di sangue misto **2** *(for both sexes)* [*school, team, sauna*] misto; ***in ~ company*** in compagnia di uomini e donne **3** *(contrasting)* [*reaction, reception*] contrastante; ***to have ~ feelings about*** avere sentimenti contrastanti riguardo a; ***with ~ feelings*** con sentimenti contrastanti; ***to have ~ fortunes*** avere alterne fortune.

mixed ability /ˌmɪkstəˈbɪlətɪ/ agg. SCOL. [*class*] che comprende vari livelli; [*teaching*] a studenti di vari livelli.

mixed bag /ˌmɪkstˈbæg/ n. *(of things, people)* miscuglio m.

mixed blessing /ˌmɪkstˈblesɪŋ/ n. ***to be a ~*** avere vantaggi e svantaggi.

mixed doubles /ˌmɪkstˈdʌblz/ n. doppio m. misto.

mixed economy /ˌmɪkstɪˈkɒnəmɪ/ n. economia f. mista.

mixed farming /ˌmɪkstˈfɑːmɪŋ/ n. = utilizzo della terra sia per la coltivazione sia per l'allevamento di bestiame.

mixed fruit /ˌmɪkstˈfruːt/ n. frutta f. mista.

mixed grill /ˌmɪkstˈgrɪl/ n. grigliata f. mista.

mixed marriage /ˌmɪkstˈmærɪdʒ/ n. matrimonio m. misto.

mixed media /ˌmɪkstˈmiːdɪə/ agg. multimediale.

mixed metaphor /ˌmɪkstˈmetəfɔː(r)/ n. metafora f. stravagante.

mixedness /ˈmɪksɪdnɪs/ n. *(mixture)* mescolanza f.; *(confusion)* confusione f.

mixed race /ˌmɪkstˈreɪs/ **I** n. razza f. meticcia; ***of ~*** meticcio **II** modif. [*person*] meticcio.

mixed-up /ˌmɪkstˈʌp/ agg. COLLOQ. **1** *(emotionally confused)* [*person*] turbato **2** *(jumbled up)* [*thoughts, memories, emotions*] confuso.

mixed vegetables /ˌmɪkstˈvedʒtəblz/ n.pl. verdure f. miste.

mixen /ˈmɪksən/ n. BE ANT. letamaio m.

mixer /ˈmɪksə(r)/ n. **1** GASTR. *(electric)* frullatore m.; *(manual)* frullino m. **2** *(drink)* = bevanda non alcolica usata per allungare i superalcolici **3** *(for cement)* betoniera f. **4** MUS. *(engineer)* tecnico m. del missaggio; *(device)* mixer m. **5** *(sociable person)* ***to be a good ~*** legare facilmente con le persone; ***to be a bad ~*** essere un orso **6** AE *(social gathering)* = incontro organizzato per presentare e fare conoscere diverse persone.

mixer tap /ˈmɪksətæp/ BE, **mixer faucet** /ˈmɪksərfɔːsɪt/ AE n. IDR. miscelatore m.

▷ **mixing** /ˈmɪksɪŋ/ n. **1** *(combining) (of people, objects, ingredients)* mescolamento m.; *(of cement)* preparazione f. **2** MUS. mixing m., missaggio m.

mixing bowl /ˈmɪksɪŋbəʊl/ n. GASTR. = ciotola per mescolare ingredienti.

mixing desk /ˈmɪksɪŋdesk/ n. MUS. mixer m.

▷ **mixture** /ˈmɪkstʃə(r)/ n. **1** *(combination) (of people, flavours)* mescolanza f.; *(of reasons)* insieme m. (**of** di) **2** GASTR. CHIM. miscela f.; FARM. sciroppo m.

mix-up /ˈmɪksʌp/ n. *(confusion)* confusione f. (**over** su); *(muddle)* pasticcio m. (**over** con).

miz(z)en /ˈmɪzn/ n. **1** *(sail)* (vela di) mezzana f. **2** *(mast)* albero m. di mezzana.

1.mizzle /ˈmɪzl/ n. pioggerella f.

2.mizzle /ˈmɪzl/ intr. piovigginare.

3.mizzle /ˈmɪzl/ intr. COLLOQ. andarsene, sparire, svignarsela.

mizzly /ˈmɪzlɪ/ agg. piovigginoso.

Mk ⇒ mark marchio ~ ***II Jaguar*** Jaguar modello II.

MLitt n. GB (⇒ Magister Litterarum) = (diploma di) dottore in lettere (conseguito con un corso di studi di cinque o sei anni).

MLR n. (⇒ minimum lending rate) = tasso minimo di sconto.

MLS n. US (⇒ Master of Library Science) = (diploma di) dottore in biblioteconomia (conseguito con un corso di studi di cinque o sei anni).

MMC n. (⇒ Monopolies and Mergers Commission) = commissione per i monopoli.

MMR I n. (⇒ measles, mumps and rubella morbillo, parotite e rosolia) MPR f. **II** modif. [*vaccination, shot*] MPR.

MMS n. **1** *(system)* (⇒ Multimedia Messaging Service servizio messaggi multimediali) MMS m. **2** *(message)* MMS m.

MN US ⇒ Minnesota Minnesota.

mnemonic /nɪˈmɒnɪk/ **I** agg. mnemonico **II** n. **1** *(device)* mezzo m. mnemonico **2** INFORM. codice m. mnemonico.

mnemonics /nɪˈmɒnɪks/ n. + verbo sing. mnemonica f., mnemotecnica f.

mo /məʊ/ n. BE COLLOQ. *(moment)* momento m., istante m.; ***just a ~!*** solo un attimo!

1.MO n. **1** MIL. (⇒ Medical Officer) = ufficiale medico **2** (⇒ money order) = ordine di pagamento, vaglia.

2.MO US ⇒ Missouri Missouri.

moa /məʊə/ n. moa m.

Moabite /ˈməʊəbaɪt/ **I** agg. moabita **II** n. moabita m. e f.

▷ **1.moan** /məʊn/ n. **1** *(of person, wind)* gemito m., lamento m. **2** COLLOQ. *(grouse)* lamentela f., lagnanza f. (**about** su, circa); ***to have a good ~ about sth., sb.*** COLLOQ. lamentarsi *o* lagnarsi di qcs., qcn.

▷ **2.moan** /məʊn/ **I** tr. **1** *(complain)* ***to ~ that*** lamentarsi che **2** *(wail)* ***"no!" he ~ed*** "no!" disse piagnucolando **II** intr. **1** *(make sound)* [*person*] gemere (**with** di); [*wind*] gemere **2** COLLOQ. *(grouse)* lamentarsi (**about** di); ***to ~ and groan*** brontolare.

moaner /ˈməʊnə(r)/ n. COLLOQ. piagnone m. (-a).

moaning /ˈməʊnɪŋ/ n. **1** *(whimpering)* piagnucolio m. **2** COLLOQ. *(grumbling)* lamentele f.pl. **3** *(of wind)* gemiti m.pl.

1.moat /məʊt/ n. fosso m., fossato m.; ***the ~ of a castle*** il fossato di un castello.

2.moat /məʊt/ tr. cingere [qcs.] con un fossato [*castle*].

moated /ˈməʊtɪd/ **I** p.pass. → **2.moat II** agg. circondato da un fossato.

▷ **1.mob** /mɒb/ **I** n. + verbo sing. o pl. **1** *(crowd)* folla f., ressa f. (**of** di); ***an angry ~*** una folla inferocita **2** *(gang)* gang f.; ***the Mob*** la Mafia **3** COLLOQ. *(group)* combriccola f., banda f. (anche SPREG.); ***Byron, Keats and all that ~*** Byron, Keats e compagnia bella **4** *(masses)* ***the ~*** le masse, la plebaglia SPREG. **II** modif. **1** *(Mafia)* [*boss, leader*] mafioso, della Mafia; [*connection*] con la Mafia **2** *(crowd)* [*violence, hysteria*] di massa.

▷ **2.mob** /mɒb/ **I** tr. (forma in -ing ecc. **-bb-**) *(attack)* attaccare, assalire [*person*]; assaltare [*place*]; *(crowd around)* affollarsi intorno a, circondare **II** intr. (forma in -ing ecc. **-bb-**) affollarsi, accalcarsi.

mobbing /ˈmɒbɪŋ/ n. *(in the workplace)* mobbing m.

mobcap /ˈmɒbkæp/ n. ABBIGL. charlotte f.

mob-handed /mɒbˈhændɪd/ avv. BE COLLOQ. [*turn up, go in*] a frotte, in gran numero.

▷ **mobile** /'məʊbaɪl, AE -bl, *anche* -bi:l/ **I** agg. **1** *(moveable)* [*centre, unit, workforce, canteen, classroom, population*] mobile; [*missile*] trasportabile **2** FIG. *(expressive)* [*features*] espressivo, mobile **3** *(able to get around)* ***to be ~*** *(able to walk)* riuscire a camminare; *(able to travel)* riuscire a spostarsi; ***he's not as ~ as he was*** *(at home)* non riesce a camminare bene come una volta; *(on journeys)* non si sposta più tanto facilmente; ***I'm still ~*** *(at home)* riesco ancora a camminare abbastanza bene; *(on journeys)* mi sposto ancora molto **II** n. **1** ART. *(having decorations)* mobile m. **2** (anche **~ phone**) (telefono) cellulare m., telefonino m.

mobile communications /ˌməʊbaɪlkəmju:nɪ'keɪʃnz/ n.pl. + verbo sing. telefonia f. mobile.

mobile home /ˌməʊbaɪl'həʊm, AE -bl-/ n. casa f. mobile.

mobile library /ˌməʊbaɪl'laɪbrərɪ, AE -bl'laɪbrerɪ/ n. BE bibliobus m.

mobile shop /ˌməʊbaɪl'ʃɒp, AE -bl-/ n. camioncino m. per la vendita ambulante.

mobile telephony /ˌməʊbaɪltɪ'lefənɪ/ n. telefonia f. mobile.

▷ **mobility** /məʊ'bɪlətɪ/ n. **1** *(ability to move)* mobilità f.; *(of features)* espressività f., mobilità f.; *(agility)* agilità f.; ***those with restricted ~*** le persone che si muovono con difficoltà; ***it allows unrestricted ~*** permette di muoversi con estrema facilità **2** SOCIOL. ***social ~*** mobilità sociale.

mobility allowance /məʊ'bɪlətɪəˌlaʊəns/ n. BE = indennità che spetta ai disabili per coprire le spese di assistenza negli spostamenti.

mobilization /ˌməʊbɪlaɪ'zeɪʃn, AE -lɪ'z-/ n. *(of armed forces, resources, opinion)* mobilitazione f.; ***to order (a) ~*** ordinare la mobilitazione, dare l'ordine di mobilitare le truppe.

mobilize /'məʊbɪlaɪz/ **I** tr. MIL. mobilitare [*troops*] (**against** contro); mobilitare [*resources, opinion*]; ***to ~ the support of sb.*** FIG. cercare l'appoggio di qcn. **II** intr. MIL. mobilitarsi (**against** contro).

mob oratory /'mɒbɒrətrɪ, AE -ɔ:rətɔ:rɪ/ n. SPREG. demagogia f.

mob rule /'mɒbru:l/ n. SPREG. dominio m. delle masse.

mob scene /'mɒbsi:n/ n. (grande) concorso m. di folla; CINEM. scena f. di massa.

mobster /'mɒbstə(r)/ n. criminale m., gangster m.

moccasin /'mɒkəsɪn/ n. **1** *(shoe)* mocassino m. **2** *(snake)* mocassino m.

mocha /'mɒkə, AE 'məʊkə/ n. **1** *(coffee)* moka m. **2** *(flavouring)* = aroma di caffè e cioccolato.

▷ **1.mock** /mɒk/ **I** agg. **1** *(imitation)* finto [*suede, ivory*]; ***~ leather*** similpelle; ***~-Gothic, -Tudor architecture*** architettura neogotica, di imitazione Tudor **2** *(feigned)* [*innocence, horror, humility*] falso; [*accident, battle, trial*] simulato; ***in ~ terror, innocence*** simulando terrore, innocenza **3** *(practice)* [*interview, raid, rescue*] simulato; ***a ~ exam*** una simulazione d'esame **II** n. BE SCOL. simulazione f. d'esame.

▷ **2.mock** /mɒk/ **I** tr. **1** *(laugh at)* deridere, canzonare, farsi beffe di [*person*]; ridere di [*action, attempt*] **2** LETT. *(frustrate)* farsi beffe di [*attempt, effort, hopes*] **3** *(ridicule by imitation)* fare il verso a, scimmiottare [*person*]; imitare [*accent, defect*] **II** intr. prendere in giro.

■ **mock up**: **~ [sth.] up, ~ up [sth.]** fare un modello di [*car*].

mocker /'mɒkə(r)/ n. burlone m. (-a), canzonatore m. (-trice) ◆ ***to put the ~s on sth.*** BE mandare qcs. all'aria.

mockery /'mɒkərɪ/ n. **1** *(ridicule)* derisione f., scherno m.; ***to make a ~ of*** mettere in ridicolo [*person, group, process, report, work*]; vanificare [*law, principle, rule*]; ***self~*** autoironia **2** *(travesty) (of art, activity, justice)* parodia f. **3** *(object of ridicule)* zimbello m.

mock-heroic /ˌmɒkhɪ'rəʊɪk/ agg. LETTER. eroicomico.

mocking /'mɒkɪŋ/ **I** n. presa f. in giro **II** agg. [*manner, remark, smile, tone*] beffardo; ***self~*** autoironico.

mockingbird /'mɒkɪŋbɜ:d/ n. ZOOL. mimo m.

mockingly /'mɒkɪŋlɪ/ avv. [*applaud, grin, laugh, mimic*] beffardamente, con fare beffardo; [*speak*] con tono di derisione.

mock orange /ˌmɒk'ɒrɪndʒ, AE -'ɔ:r-/ n. BOT. filadelfo m.

mock turtle soup /ˌmɒktɜ:tl'su:p/ n. = brodo di vitello.

mock-up /'mɒkʌp/ n. **1** *(of car)* modello m. (a grandezza naturale) **2** TIP. menabò m. **3** MIL. manichino m., sagoma f.

mod /mɒd/ **I** agg. **1** BE mod **2** AE COLLOQ. *(up-to-date)* alla moda **II** n. BE (anche **Mod**) mod m. e f.

MoD n. GB (⇒ Ministry of Defence) = Ministero della Difesa.

MOD n. (⇒ movies-on-demand) = film a pagamento.

modal /'məʊdl/ **I** agg. modale **II** n. (anche **~ auxiliary**, **~ verb**) (verbo) modale m.

modality /mə'dælətɪ/ n. modalità f.

mod con /ˌmɒd'kɒn/ n. BE (accorc. modern convenience) comodità f.pl. moderne; ***"all ~s"*** *(in advert)* "tutti i comfort".

mode /məʊd/ n. **1** *(way, style)* modo m.; ***~ of life*** stile di vita; ***~ of behaviour*** comportamento; ***~ of dress*** modo di vestire; ***~ of speech*** o ***expression*** modo di esprimersi; ***~ of leadership*** stile di comando **2** *(method)* ***~ of funding*** tipo di finanziamento; ***~ of production*** metodo di produzione; ***~ of transport*** mezzo di trasporto **3** *(state) (of equipment)* fase f., modalità f.; *(of person)* vena f., disposizione f.; ***in printing ~*** in modalità di stampa; ***in playback ~*** in riproduzione; ***operational ~*** modalità operativa; ***to switch*** o ***change ~*** [*machine*] cambiare modalità; [*person*] cambiare; ***I'm in work ~*** ho voglia di mettermi al lavoro; ***I'm in party ~*** sono in vena di feste **4** MUS. modo m. **5** STATIST. moda f.

▶ **1.model** /'mɒdl/ **I** n. **1** *(scale representation) (for planning, engineering)* modello m. (**of** di); *(made as hobby)* modellino m. (**of** di) **2** *(version of car, appliance, garment)* modello m.; ***the new, latest ~*** il nuovo, l'ultimo modello; ***a 1956 ~ (car)*** un modello del 1956 **3** ♦ **27** *(person) (for artist, photographer)* modello m. (-a); *(showing clothes)* indossatore m. (-trice); ***top, fashion ~*** top model, modello **4** *(example, thing to be copied)* modello m.; ***to be a*** o ***serve as a ~ for sth.*** servire da modello per qcs.; ***a ~ of*** un modello di [*tact, fairness, good government*]; ***a legal system on the British ~*** un sistema giudiziario sul modello britannico; ***to hold sth. up*** o ***out as a ~*** prendere qcs. a modello **5** MAT. INFORM. modello m.; ***computer, climate ~*** modello informatico, climatico **II** agg. **1** [*railway, village*] in miniatura; ***a ~ train, aeroplane, boat, car*** un modellino di treno, aeroplano, barca, auto; ***~ soldier*** soldatino **2** *(new and exemplary)* [*farm, hospital, prison*] modello **3** *(perfect)* [*spouse, student*] mo-dello; [*conduct*] esemplare.

2.model /'mɒdl/ **I** tr. (forma in -ing ecc. **-ll-**, **-l-** AE) **1** ***to ~ sth. on sth.*** modellare qcs. su qcs. **2** [*fashion model*] indossare, presentare [*garment*]; presentare [*design*] **3** *(shape)* modellare [*clay, wax, figure, head*] (**in** in) **4** INFORM. MAT. impostare [qcs.] su un modello [*process, economy*] **II** intr. (forma in -ing ecc. **-ll-**, **-l-** AE) **1** [*artist's model*] posare (**for** per) **2** [*fashion model*] fare il modello, la modella (**for** per) **3** [*sculptor, artist*] ***to ~ in*** modellare in [*clay, wax*] **III** rifl. (forma in -ing ecc. **-ll-**, **-l-** AE) ***to ~ oneself on sb.*** prendere qcn. a modello.

model answer /ˌmɒdl'ɑ:nsə(r), AE -'ænsər/ n. esempio m. di risposta.

modeled AE → **modelled.**

modeler AE → **modeller.**

modeling AE → **modelling.**

modelled /'mɒdld/ **I** p.pass. → **2.model II** agg. **1** [*clothes*] indossato (**by** da) **2** ***~ on sth.*** modellato su qcs.

modeller /'mɒdələ(r)/ n. modellista m. e f.

▷ **modelling** /'mɒdəlɪŋ/ n. **1** *(of clothes)* ***to take up ~*** fare il modello, la modella; ***have you done any ~?*** hai già lavorato come modella? ***~ is a tough career*** la carriera di modella è molto difficile **2** *(for photographer, artist)* ***to do some ~*** posare (**for** per) **3** *(with clay etc.)* modellatura f. **4** INFORM. modellazione f. su elaboratore.

modelling clay /'mɒdəlɪŋˌkleɪ/ n. creta f. per modellare.

model theory /'mɒdlθɪərɪ/ n. teoria f. dei modelli.

▷ **modem** /'məʊdem/ n. modem m.

modena /'mɒdɪnə/ n. rosso m. porpora.

1.moderate /'mɒdərət/ **I** agg. **1** *(not extreme)* [*person, opinion, demand, party, tone*] moderato (**in** in) **2** *(of average extent)* [*gain, income, success*] modesto; [*performance*] mediocre; ***at*** o ***over a ~ heat*** a fuoco medio; ***in a ~ oven*** in forno a temperatura media **3** METEOR. [*conditions*] mite; [*wind, rain*] leggero **II** n. moderato m. (-a).

2.moderate /'mɒdəreɪt/ **I** tr. **1** moderare [*demands, stance, temper, person*] **2** BE SCOL. UNIV. = assicurarsi che tutti gli esami vengano valutati utilizzando gli stessi criteri di giudizio **II** intr. **1** *(become less extreme)* moderarsi **2** *(chair)* presiedere; ***to ~ over*** fare da moderatore in [*debate*] **3** METEOR. [*wind, storm*] placarsi; [*rain*] diminuire.

moderate breeze /ˌmɒdərət'bri:z/ n. METEOR. vento m. moderato.

moderate gale /ˌmɒdərət'geɪl/ n. METEOR. vento m. forte.

▷ **moderately** /'mɒdərətlɪ/ avv. **1** *(averagely)* [*confident, fit, interesting, successful*] abbastanza; ***~ priced*** a medio prezzo; ***this car is ~ priced*** quest'auto ha un prezzo abbordabile; ***~ sized*** di taglia media; ***~ good*** abbastanza buono; ***~ well*** abbastanza bene **2** *(restrainedly)* [*criticize, speak, react*] con moderazione.

moderating /'mɒdəreɪtɪŋ/ agg. [*influence*] moderatore; [*role*] da moderatore.

moderation /ˌmɒdə'reɪʃn/ n. moderazione f. (**in** in); ***in ~*** con moderazione; ***to be taken in ~*** da prendere in piccole dosi.

moderator /ˈmɒdəreɪtə(r)/ n. **1** *(chairperson)* moderatore m. (-trice) **2** RELIG. ***Moderator of the Church of Scotland*** = capo della chiesa presbiteriana di Scozia **3** BE SCOL. UNIV. esaminatore m. (-trice) **4** NUCL. moderatore m.

▶ **modern** /ˈmɒdn/ **I** agg. **1** *(up-to-date)* [*car, factory, device, company, system, person*] moderno; ***all ~ conveniences*** tutti i comfort **2** *(contemporary)* [*era, literature, world*] moderno; ***~ China, Berlin*** la Cina, Berlino attuale; ***in ~ times*** in epoca moderna; *(nowadays)* al giorno d'oggi; ***he's a sort of ~ Napoleon*** è una specie di Napoleone dei nostri giorni **II** n. moderno m. (-a).

modern art /ˌmɒdnˈɑːt/ n. arte f. moderna.

modern-day /ˈmɒdnˌdeɪ/ agg. attuale, dei nostri giorni.

modern dress /ˌmɒdnˈdres/ n. TEATR. abiti m.pl. moderni.

modern English /ˌmɒdnˈɪŋglɪʃ/ n. inglese m. moderno.

modern Greek /ˌmɒdnˈgriːk/ n. greco m. moderno.

modern history /ˌmɒdnˈhɪstrɪ/ n. storia f. moderna.

modernism /ˈmɒdənɪzəm/ n. (anche **Modernism**) modernismo m.

modernist /ˈmɒdənɪst/ **I** agg. (anche **Modernist**) modernista **II** n. (anche **Modernist**) modernista m. e f.

modernistic /ˌmɒdəˈnɪstɪk/ agg. modernistico.

modernity /mɒˈdɜːnətɪ/ n. modernità f.

modernization /ˌmɒdɜːnaɪˈzeɪʃn, AE -nɪˈz-/ n. modernizzazione f.; ***the office is in need of ~*** l'ufficio ha bisogno di essere modernizzato.

modernize /ˈmɒdənaɪz/ **I** tr. modernizzare [*system, factory*]; rimodernare [*kitchen*] **II** intr. modernizzarsi.

modern language /ˌmɒdnˈlæŋgwɪdʒ/ **I modern languages** n.pl. lingue f. (moderne) **II** modif. (anche **modern languages**) [*student, lecturer, teacher*] di lingue moderne.

▷ **modest** /ˈmɒdɪst/ agg. **1** *(unassuming)* [*person*] modesto (**about** riguardo a, circa); ***he's just being ~!*** sta solo facendo il modesto! **2** *(not large or showy)* [*gift, aim, sum, salary*] modesto **3** *(demure)* [*dress, person*] modesto, dimesso.

modestly /ˈmɒdɪstlɪ/ avv. **1** *(unassumingly)* [*talk, explain*] con modestia **2** *(demurely)* [*dress*] in modo modesto **3** *(moderately)* ***he has been ~ successful*** ha avuto un modesto successo.

modesty /ˈmɒdɪstɪ/ n. **1** *(humility)* modestia f.; ***false ~*** falsa modestia; ***in all ~*** modestia a parte **2** *(demureness) (of person, dress)* modestia f. **3** *(smallness) (of sum)* (l')essere modesto; *(of aspirations)* modestia f.

modicum /ˈmɒdɪkəm/ n. minimo m. (**of** di); ***a ~ of sense, truth*** un briciolo di buonsenso, verità; ***a ~ of success*** un minimo di successo.

modifiability /mɒdɪfaɪəˈbɪlɪtɪ/ n. modificabilità f.

modifiable /ˈmɒdɪfaɪəbl/ agg. modificabile.

▷ **modification** /ˌmɒdɪfɪˈkeɪʃn/ n. modificazione f., modifica f.; ***to make ~s to*** o ***in sth.*** apportare delle modifiche a qcs.; ***the project will need ~*** il progetto dovrà essere modificato; ***we accept it without further ~s*** lo prendiamo così com'è.

modificative /ˈmɒdɪfɪkeɪtɪv/ agg. modificativo.

modifier /ˈmɒdɪfaɪə(r)/ n. **1** LING. modificatore m. **2** CHIM. agente m. modificatore.

▷ **modify** /ˈmɒdɪfaɪ/ tr. **1** *(alter)* truccare [*engine*]; alterare [*drug*]; apportare delle modifiche a [*weapon*] **2** *(moderate)* moderare [*demand, statement, policy*]; modificare [*punishment*] (**to** in) **3** *(change)* modificare, cambiare [*attitude, views*] **4** LING. modificare.

modifying /ˈmɒdɪfaɪŋ/ agg. LING. modificativo.

modillion /məˈdɪljən/ n. modiglione m.

modi operandi /ˌməʊdaɪˌɒpeˈrændɪ/ → **modus operandi.**

modish /ˈməʊdɪʃ/ agg. *(fashionable)* alla moda, elegante; *(extravagant)* stravagante, ridicolo.

modi vivendi /ˌməʊdaɪvɪˈvendɪ/ → **modus vivendi.**

modiste /mɒˈdiːst/ ➧ ***27*** n. modista f.

modular /ˈmɒdjʊlə(r), AE -dʒʊ-/ agg. modulare.

modulate /ˈmɒdjʊleɪt, AE -dʒʊ-/ **I** tr. RAD. ELETTRON. modulare **II** intr. MUS. modulare (**from** da; **to** a).

modulation /ˌmɒdjʊˈleɪʃn, AE -dʒʊ-/ n. modulazione f.

modulator /ˈmɒdjʊleɪtə(r), AE -dʒʊ-/ n. modulatore m.

▷ **module** /ˈmɒdjuːl, AE -dʒʊ-/ n. ARCH. INFORM. ELETTRON. SCOL. modulo m.; ***lunar ~*** modulo lunare.

modulus /ˈmɒdjʊləs, AE -dʒʊ-/ n. (pl. **-i**) MAT. FIS. modulo m.

modus operandi /ˌməʊdəsˌɒpəˈrændɪ/ n. (pl. **modi operandi**) modus operandi m.

modus vivendi /ˌməʊdəsvɪˈvendɪ/ n. (pl. **modi vivendi**) modus vivendi m.

mofette /mɒˈfet/ n. mofeta f.

mog /mɒg/, **moggie**, **moggy** /ˈmɒgɪ/ n. BE COLLOQ. micio m. (-a).

1.mogul /ˈməʊgl/ n. *(magnate)* magnate m., pezzo m. grosso.

2.mogul /ˈməʊgl/ n. *(in skiing)* gobba f.

Mogul /ˈməʊgl/ **I** n. mogol m.; ***the Great*** o ***Grand ~*** il Gran Mogol **II** agg. [*emperor, rule*] moghul.

mohair /ˈməʊheə(r)/ **I** n. mohair m. **II** modif. [*garment*] di mohair.

Mohammed /məʊˈhæmed/ n.pr. RELIG. Maometto ◆ ***if the mountain will not come to ~, then ~ must go to the mountain*** se la montagna non va a Maometto, Maometto va alla montagna.

Mohammedan /məʊˈhæmɪdən/ **I** agg. maomettano **II** n. maomettano m. (-a).

Mohammedanism /məʊˈhæmɪdənɪzəm/ n. maomettismo m.

mohican /məʊˈhiːkən/ n. *(hairstyle)* cresta f.

Mohican /məʊˈhiːkən/ **I** agg. mo(h)icano **II** n. mo(h)icano m. (-a).

Mohs scale /ˈməʊzskeɪl, ˈmɔːs-/ n. scala f. di Mohs.

moiety /ˈmɔɪətɪ/ n. RAR. metà f.

moil /ˈmɔɪl/ intr. ***to toil and ~*** sgobbare, sfacchinare.

Moira /ˈmɔɪərə/ n.pr. Moira.

moiré /ˈmwɑːreɪ/ **I** agg. moiré **II** n. TESS. moiré m.

▷ **moist** /mɔɪst/ agg. [*climate, wind, soil, compost, towel, cloth*] umido; [*stone*] coperto di umidità; [*cake*] morbido; [*meat*] succulento; [*hands*] *(with sweat)* madido; COSMET. [*skin*] idratato; ***his eyes ~ with tears*** gli occhi umidi di lacrime; ***keep the soil ~*** assicurarsi che la terra sia sempre umida.

moisten /ˈmɔɪsn/ **I** tr. **1** inumidire [*stamp, cloth*]; ***to ~ an envelope*** inumidire il lato gommato di una busta; ***to ~ one's fingers, lips*** inumidirsi le dita, le labbra **2** GASTR. bagnare leggermente **II** intr. [*eyes*] inumidirsi.

moistness /ˈmɔɪstnɪs/ n. *(of air, soil)* umidità f.; *(of hand)* sudore m.; COSMET. *(of skin)* idratazione f.

▷ **moisture** /ˈmɔɪstʃə(r)/ n. *(of soil, in walls)* umidità f.; *(on glass)* condensa f.; *(of skin)* idratazione f.; *(sweat)* sudore m.

moisturize /ˈmɔɪstʃəraɪz/ tr. idratare [*skin*].

moisturizer /ˈmɔɪstʃəraɪzə(r)/ n. *(lotion)* lozione f. idratante; *(cream)* crema f. idratante.

moisturizing /ˈmɔɪstʃəraɪzɪŋ/ agg. [*cream, lotion*] idratante.

mojo /ˈməʊdʒəʊ/ n. (pl. **~s, ~es**) AE *(voodoo amulet)* amuleto m. voodoo; *(voodoo spell)* maledizione f. voodoo.

moke /məʊk/ n. asino m. (-a), somaro m. (-a) (anche FIG.).

molal /ˈməʊləl/ agg. molale.

molar /ˈməʊlə(r)/ **I** agg. molare **II** n. *(tooth)* molare m.

molasse /məˈlæs/ n. molassa f.

molasses /məˈlæsɪz/ n. + verbo sing. melassa f.

mold AE → **1.mould, 2.mould, 3.mould, 4.mould.**

moldable AE → **mouldable.**

Moldavia /mɒlˈdeɪvɪə/ ➧ ***6, 24*** n.pr. Moldavia f.

Moldavian /mɒlˈdeɪvɪən/ ➧ ***18, 14*** **I** agg. moldavo **II** n. **1** STOR. *(person)* moldavo m. (-a) **2** *(language)* moldavo m.

molder AE → **moulder.**

molding AE → **moulding.**

Moldova /mɒlˈdəʊvə/ ➧ ***6*** n.pr. Moldavia f.

Moldovan /mɒlˈdəʊvən/ ➧ ***18*** **I** agg. moldavo **II** n. moldavo m. (-a).

moldy AE → **mouldy.**

1.mole /məʊl/ n. *(on skin)* neo m.

2.mole /məʊl/ n. *(animal)* talpa f.; FIG. *(spy)* talpa f., infiltrato m. (-a).

3.mole /məʊl/ n. *(breakwater)* molo m., frangiflutti m.

4.mole /məʊl/ n. MED. mola f.

5.mole /məʊl/ n. FIS. mole f.

mole-catcher /ˈməʊlˌkætʃə(r)/ n. cacciatore m. (-trice) di talpe.

mole-cricket /ˈməʊlˌkrɪkɪt/ n. grillotalpa m. e f.

molecular /məˈlekjʊlə(r)/ agg. molecolare.

molecularity /məlekjʊˈlærɪtɪ/ n. molecolarità f.

▷ **molecule** /ˈmɒlɪkjuːl/ n. molecola f.

molehill /ˈməʊlhɪl/ n. = monticello di terra sollevato dalla talpa ◆ ***to make a mountain out of a ~*** fare di una mosca un elefante.

moleskin /ˈməʊlskɪn/ **I** n. **1** *(fur)* pelliccia f. di talpa **2** *(cotton)* fustagno m. **II** modif. **1** *(fur)* [*garment*] di (pelliccia di) talpa **2** *(cotton)* [*trousers, jacket*] di fustagno.

molest /məˈlest/ tr. **1** *(sexually assault)* molestare [*child*] **2** FORM. *(annoy)* importunare [*person*].

molestation /ˌməʊleˈsteɪʃn/ n. **1** *(sexual assault)* molestie f.pl. sessuali **2** FORM. *(annoyance)* ***without ~*** senza fastidi.

molester /məˈlestə(r)/ n. molestatore m. (-trice); ***child ~*** = pedofilo.

moll /mɒl/ n. *(criminal's girlfriend)* ***a gangster's ~*** la pupa di un gangster; VOLG. *(prostitute)* battona f.

Moll /mɒl/ n.pr. diminutivo di **Mary**.

mollification /mɒlɪfɪˈkeɪʃn/ n. *(of anger)* mitigazione f.; *(reduction of harshness)* rabbonimento m., addolcimento m.

mollifier /ˈmɒlɪfaɪə(r)/ n. **1** *(substance)* emolliente m., calmante m. **2** *(person)* paciere m. (-a).

mollify /ˈmɒlɪfaɪ/ tr. *(make less angry)* calmare, placare [*person*]; *(make less harsh)* addolcire.
mollusc, mollusk AE /ˈmɒləsk/ n. ZOOL. mollusco m.
Molly /ˈmɒlɪ/ n.pr. diminutivo di **Mary**.
1.mollycoddle /ˈmɒlɪkɒdl/ n. *(mollycoddled man)* cocco m. di mamma; *(effeminate man)* effeminato m.
2.mollycoddle /ˈmɒlɪkɒdl/ tr. coccolare, viziare.
moloch /ˈməʊlɒk/ n. *(lizard)* moloc m.
Moloch /ˈməʊlɒk/ n.pr. MITOL. Moloc.
Molossian /məˈlɒsɪən/ n. (anche ~ **dog**) molosso m.
Molotov cocktail /ˌmɒlətɒfˈkɒkteɪl/ n. (bomba) molotov f.
molt AE → **1.moult, 2.moult.**
molten /ˈməʊltən/ agg. attrib. [*metal, rock*] fuso.
Moluccan /məˈlʌkən/ **I** agg. molucchese **II** n. molucchese m. e f.
Moluccas /məˈlʌkəs/ ➧ *12* n.pr.pl. (anche **Molucca Islands**) ***the*** ~ le (isole) Molucche.
molybdate /məˈlɪbdeɪt/ n. molibdato m.
molybdenite /məˈlɪbdɪnaɪt/ n. molibdenite f.
molybdenum /məˈlɪbdɪnəm/ n. molibdeno m.
molybdic /məˈlɪbdɪk/ agg. molibdico.
▷ **mom** /mɒm/ n. AE COLLOQ. mamma f.
mom and pop store /ˌmɒmənˈpɒpstɔ:(r)/ n. AE COLLOQ. negozietto m. a conduzione familiare.
▶ **moment** /ˈməʊmənt/ n. **1** *(instant)* momento m., istante m.; ***in a*** ~ in un momento; ***for the*** ~ per il momento; ***it will only take you a*** ~ ci metterai solo un attimo; ***just for a ~ I thought you were Paul*** per un attimo ho pensato fossi Paul; ***at any*** ~ da un momento all'altro; ***I didn't think for a*** o ***one ~ that you were guilty*** non ti ho creduto colpevole neanche per un istante; ***I don't believe that for one*** ~ non ci credo nel modo più assoluto; ***I recognized him the ~ I saw him*** l'ho riconosciuto appena l'ho visto; ***just a ~, that's not what you said yesterday!*** un attimo, ieri non hai detto così! ***and not a ~ too soon!*** appena in tempo! ***the car hasn't given me a ~'s trouble*** la macchina non mi ha mai dato problemi; ***in a ~ of panic, weakness, I agreed*** in un momento di panico, di debolezza ho accettato; ***in his lucid ~s he appears quite normal*** nei suoi momenti di lucidità sembra normale **2** *(point in time)* momento m.; ***a great ~ in Italian history*** un momento importante della storia italiana; ***at the right*** ~ al momento giusto; ***to choose one's*** ~ scegliere il momento giusto; ***phone me the ~ (that) he arrives*** chiamami appena arriva; ***I've only this ~ arrived*** sono appena arrivato; ***her bad luck began the ~ she was born*** la sfortuna la perseguita da quando è nata; ***at this ~ in time*** adesso come adesso; ***he's the man of the*** ~ è l'uomo del momento; ***this is the ~ of truth*** è l'ora della verità **3** *(good patch)* ***the film, novel had its ~s*** il film, il romanzo aveva i suoi momenti buoni; ***he has his ~s*** ha i suoi momenti buoni **4** LETT. *(importance)* importanza f.; ***to be of great ~ to sb.*** essere di grande importanza per qcn. **5** FIS. momento m.
▷ **momentarily** /ˈməʊməntrəlɪ, AE ˌməʊmənˈterəlɪ/ avv. **1** *(for an instant)* [*glance, hesitate, forget, stop*] per un attimo **2** AE *(very soon)* in un attimo; *(at any moment)* da un momento all'altro.
momentariness /ˈməʊməntrɪnɪs, AE -terɪnɪs/ n. transitorietà f.
momentary /ˈməʊməntrɪ, AE -terɪ/ agg. **1** *(temporary)* [*aberration, delay, lapse*] temporaneo, momentaneo; ***a ~ silence*** un attimo di silenzio; ***a ~ panic*** un attimo di panico **2** *(fleeting)* [*impulse, indecision, whim*] momentaneo, passeggero; [*glimpse*] rapido.
momentous /məˈmentəs, məʊˈm-/ agg. [*news, discovery*] importantissimo; [*decision, crisis*] grave; [*occasion*] memorabile.
momentousness /məˈmentəsnɪs, məʊˈm-/ n. importanza f. capitale.
▷ **momentum** /məˈmentəm, məʊˈm-/ n. **1** *(pace)* slancio m. (anche FIG.); ***to gain ~*** prendere lo slancio; ***lose ~*** perdere lo slancio **2** FIS. momento m. (della quantità di moto); ***to gain*** o ***gather, lose ~*** aumentare, diminuire di velocità.
momism /ˈmɒmɪzəm/ n. AE mammismo m.
Momus /ˈməʊməs/ **I** n.pr. MITOL. Momo **II** n. FIG. momo m., critico m. feroce.
Mon ⇒ Monday lunedì (lun.).
Monaco /ˈmɒnəkəʊ/ ➧ *6, 34* n.pr. Monaco m.
monad /ˈmɒnæd, ˈməʊ-/ n. monade f.
monadelphous /mɒnəˈdelfəs/ agg. monadelfo.
monadical /mɒˈnædɪkl/ agg. monadico.
monadism /ˈmɒnədɪzəm, ˈməʊ-/ n. monadismo m.
Mona Lisa /ˌməʊnəˈli:zə/ n.pr. ***the*** ~ la Gioconda.
monandrous /mɒˈnændrəs/ agg. monandro.
monandry /mɒˈnændrɪ/ n. monandria f.
monarch /ˈmɒnək/ n. **1** *(ruler)* monarca m. e f. **2** ZOOL. monarca m.
monarchal /məˈnɑ:kl/ agg. da monarca, regale.
monarchic(al) /məˈnɑ:kɪk(l)/ agg. monarchico.
monarchism /ˈmɒnəkɪzəm/ n. monarchismo m.
monarchist /ˈmɒnəkɪst/ **I** agg. monarchico **II** n. monarchico m. (-a).
▷ **monarchy** /ˈmɒnəkɪ/ n. monarchia f.
▷ **monastery** /ˈmɒnəstrɪ, AE -terɪ/ n. monastero m.
monastic /məˈnæstɪk/ agg. **1** RELIG. [*vows*] monastico **2** *(ascetic)* [*life*] monacale.
monastical /məˈnæstɪkl/ agg. monastico.
monastically /məˈnæstɪklɪ/ avv. monasticamente.
monasticism /məˈnæstɪsɪzəm/ n. monachesimo m.
monatomic /mɒnəˈtɒmɪk/ agg. monoatomico.
monaural /məˈnɔ:rəl/ agg. **1** ANAT. monoaurale **2** FIS. monofonico.
monazite /ˈmɒnəzaɪt/ n. monazite f.
▶ **Monday** /ˈmʌndeɪ, -dɪ/ ➧ *36* n. lunedì m.; ***that ~ morning feeling*** quella sensazione da lunedì mattina.
Monegasque /ˌmɒnɪˈgæsk/ ➧ *18* **I** agg. monegasco **II** n. monegasco m. (-a).
monetarism /ˈmʌnɪtərɪzəm/ n. monetarismo m.
monetarist /ˈmʌnɪtərɪst/ **I** agg. [*policy, reform*] monetarista, monetaristico **II** n. monetarista m. e f.
▷ **monetary** /ˈmʌnɪtrɪ, AE -terɪ/ agg. [*base, standard, reserves, unit*] monetario.
monetize /ˈmʌnɪtaɪz/ tr. **1** *(coin into money)* monetare **2** *(assess in terms of money)* monetizzare.
▶ **money** /ˈmʌnɪ/ **I** n. **1** *(coins, notes)* soldi m.pl., denaro m. **2** *(funds)* soldi m.pl.; ***to make*** ~ [*person*] fare soldi; [*business, project*] rendere bene; ***to run out of*** ~ rimanere senza soldi; ***to get one's ~ back*** *(in shop)* essere rimborsati; *(after loan, resale)* rientrare dei propri soldi; *(after risky venture, with difficulty)* recuperare i propri soldi; ***to find the ~ to do*** trovare i soldi per fare; ***there's no ~ in it*** è un pessimo investimento, non rende; ***where is the ~ going to come from?*** e i soldi da dove li prendiamo? ***there's big ~ involved*** COLLOQ. ci sono un sacco di soldi in ballo; ***they made a lot of ~ when they sold the house*** hanno guadagnato un sacco di soldi dalla vendita della casa **3** *(in banking, on stock exchange)* capitale m., moneta f.; ***to raise*** ~ trovare i capitali; ***to pay good*** ~ pagare molti soldi; ***to put up ~ for a project*** investire in un progetto **4** *(salary)* stipendio m.; ***the job is boring but the ~ is good*** il lavoro è noioso, ma lo stipendio è buono; ***to earn good*** ~ guadagnare bene **5** *(price)* prezzo m.; ***it's not the best car in the world, but it's good for the*** ~ non è la macchina migliore del mondo, ma per quella cifra va benissimo **6** *(wealth)* ricchezza f.; ***to make one's ~ in business*** arricchirsi nel mondo degli affari; ***to inherit one's*** ~ diventare ricco grazie a un'eredità; ***there's a lot of ~ in that area*** è una zona ricca (di risorse); ***there's a lot of ~ (to be made) in computing*** si possono fare un sacco di soldi nel campo dell'informatica **II** **monies, moneys** n.pl. *(funds)* fondi m.; *(sums)* somme f. **III** modif. [*matters, problems, worries*] di soldi ◆ ***not for love nor ~*** per niente al mondo; ***for my*** ~ a mio avviso; ***it's ~ well spent*** sono soldi ben spesi; ***~ burns a hole in her pocket*** o ***she spends ~ like water*** ha le mani bucate; ***it's ~ for jam, it's ~ for old rope*** sono soldi facili; ***~ talks*** col denaro si può tutto; ***time is*** ~ il tempo è denaro; ***the smart ~ is on X*** se scommetti su X vai a colpo sicuro; ***to be in the*** ~ essere ricco sfondato; ***to be made of*** ~ essere pieno di soldi; ***to get one's ~'s worth, to get a good run for one's*** ~ spendere bene il proprio denaro; ***to give sb. a good run for his, her*** ~ far fare un ottimo affare a qcn.; ***to have ~ to burn*** avere soldi da buttare via; ***to put one's ~ where one's mouth is*** mettere mano al *o* tirare fuori il portafoglio; ***to throw good ~ after bad*** = sprecare denaro nel tentativo di porre rimedio a un pessimo affare; ***your ~ or your life!*** o la borsa o la vita!
money-back guarantee /ˈmʌnɪbækgærənˌti:/ n. garanzia f. di rimborso.
moneybags /ˈmʌnɪbægz/ n. riccone m. (-a).
money belt /ˈmʌnɪˌbelt/ n. cintura f. porta-denaro.
moneybox /ˈmʌnɪbɒks/ n. salvadanaio m.
money-changer /ˈmʌnɪˌtʃeɪndʒə(r)/ ➧ *27* n. cambiavalute m. e f.
moneyed /ˈmʌnɪd/ agg. **1** *(wealthy)* ricco **2** *(consisting of money)* [*assistance*] in denaro; [*resources*] finanziario.
money-grubbing /ˈmʌnɪgrʌbɪŋ/ agg. SPREG. avido di denaro.
money-laundering /ˈmʌnɪˌlɔ:ndərɪŋ/ n. riciclaggio m. di denaro sporco.
money-lender /ˈmʌnɪˌlendə(r)/ ➧ *27* n. **1** ECON. COMM. chi concede prestiti **2** *(usurer)* prestasoldi m. e f.
moneyless /ˈmʌnɪles/ agg. povero, squattrinato.
money-loser /ˈmʌnɪˌlu:zə(r)/ n. affare m. che non rende.
moneymaker /ˈmʌnɪˌmeɪkə(r)/ n. *(product)* prodotto m. che rende bene; *(activity)* attività f. proficua; *(person)* persona f. che fa soldi.

moneymaking /ˈmʌnɪˌmeɪkɪŋ/ **I** n. (il) fare soldi **II** agg. [*scheme*] *(profitable)* proficuo, redditizio; *(designed for profit)* per fare soldi.
moneyman /ˈmʌnɪˌmæn/ n. (pl. **-men**) finanziere m.
money market /ˈmʌnɪˌmɑːkɪt/ n. mercato m. monetario.
money market fund /ˈmʌnɪmɑːkɪtˌfʌnd/ n. fondo m. comune di investimento.
moneymen /ˈmʌnɪˌmen/ → **moneyman.**
money order /ˈmʌnɪˌɔːdə(r)/ n. ordine m. di pagamento, vaglia m.
money rate /ˈmʌnɪˌreɪt/ n. tasso m. di interesse monetario.
money spider /ˈmʌnɪˌspaɪdə(r)/ n. = piccolo ragno che, secondo la credenza popolare, porta fortuna negli affari.
money spinner /ˈmʌnɪˌspɪnə(r)/ n. BE FIG. miniera f. d'oro.
money supply /ˈmʌnɪˌsəplaɪ/ n. ECON. massa f. monetaria.
moneywort /ˈmʌnɪwɜːt/ n. *(creeping plant)* nummularia f.
mongol /ˈmɒŋgl/ **I** agg. mongoloide (anche SPREG.) **II** n. mongoloide m. e f., mongolo m. (-a) (anche SPREG.).
Mongol /ˈmɒŋgl/ ➧ **18 I** agg. mongolo **II** n. mongolo m. (-a).
Mongolia /mɒŋˈgəʊlɪə/ ➧ **6** n.pr. Mongolia f.; ***Outer ~*** *(until 1924)* Mongolia; ***to live in Outer ~*** SCHERZ. abitare a casa del diavolo.
Mongolian /mɒŋˈgəʊlɪən/ ➧ **18, 14 I** agg. mongolo **II** n. **1** *(person)* mongolo m. (-a) **2** *(language)* mongolo m.
Mongolic /mɒŋˈgɒlɪk/ **I** agg. **1** LING. mongolico **2** *(mongolian)* mongolo **II** n. LING. gruppo m. delle lingue mongoliche.
mongolism /ˈmɒŋgəlɪzəm/ n. ANT. MED. mongolismo m.
mongoloid /ˈmɒŋgəlɔɪd/ **I** agg. mongoloide (anche SPREG.) **II** n. mongoloide m. e f. (anche SPREG.).
mongoose /ˈmɒŋguːs/ n. mangusta f.
mongrel /ˈmʌŋgrl/ **I** n. *(dog)* (cane) bastardo m.; *(plant, animal)* ibrido m., incrocio m. **II** agg. [*dog*] bastardo; [*plant, word, dialect*] ibrido; [*animal*] di razza mista.
mongrelism /ˈmʌŋgrəlɪzəm/ n. ibridismo m.
mongrelize /ˈmʌŋgrəlaɪz/ tr. ibridare, incrociare [*animal, plant*].
Monica /ˈmɒnɪkə/ n.pr. Monica.
monied → **moneyed**.
monies /ˈmʌnɪz/ n.pl. *(funds)* fondi m.; *(sums)* somme f.
moniker /ˈmɒnɪkə(r)/ n. COLLOQ. nomignolo m.
moniliform /məˈnɪlɪfɔːm/ agg. moniliforme.
Monique /mɒnˈiːk/ n.pr. Monica.
monism /ˈmɒnɪzəm/ n. monismo m.
monist /ˈmɒnɪst/ n. monista m. e f.
monistical /mɒˈnɪstɪkl/ agg. monistico.
monition /məˈnɪʃn/ n. **1** *(reproof)* ammonizione f. **2** *(warning)* monito m., preavviso m., avvertimento m. **3** DIR. citazione f.
▶ **1.monitor** /ˈmɒnɪtə(r)/ n. **1** TECN. monitor m. **2** MED. monitor m.; ***heart ~*** monitor cardiaco **3** INFORM. monitor m., video m.; ***~ program*** programma di controllo **4** BE SCOL. = allievo cui vengono affidati particolari incarichi, come la pulizia della lavagna, il mantenimento della disciplina ecc. **5** AE SCOL. capoclasse m. e f. **6** GIORN. RAD. = addetto all'ascolto di trasmissioni radiofoniche straniere.
▶ **2.monitor** /ˈmɒnɪtə(r)/ tr. **1** TECN. monitorare [*rate, result*]; ***to ~ the weather*** monitorare i fenomeni metereorologici **2** MED. monitorare [*breathing, patient*]; ***to ~ sb. for*** tenere qcn. sotto monitoraggio per [*heart problems etc.*] **3** SCOL. seguire [*student, progress*] **4** RAD. GIORN. = ascoltare trasmissioni radiofoniche straniere (come attività lavorativa).
▷ **monitoring** /ˈmɒnɪtərɪŋ/ **I** n. **1** TECN. MED. *(by person)* controllo m.; *(by device)* monitoraggio m.; ***careful ~ for problems*** controllo costante per eventuali problemi **2** BE SCOL. monitoraggio m.; ***~ of students, progress*** monitoraggio degli alunni, dei progressi **3** RAD. GIORN. *(of broadcasts)* attività f. di ascolto delle radio straniere **II** modif. [*device, equipment*] di controllo, di monitoraggio.
monitor lizard /ˈmɒnɪtəˌlɪzəd/ n. varano m.
monitory /ˈmɒnɪtrɪ, AE -tɔːrɪ/ **I** agg. monitorio **II** n. RELIG. monitorio m.
▷ **monk** /mʌŋk/ n. monaco m.
▷ **1.monkey** /ˈmʌŋkɪ/ n. **1** ZOOL. scimmia f.; ***female ~*** scimmia femmina **2** COLLOQ. *(rascal)* monello m. (-a) **3** BE COLLOQ. cinquecento sterline f.pl. **4** TECN. *(of pile driver)* mazza f. battente ◆ ***I don't give a ~'s about it*** COLLOQ. non me ne potrebbe fregare di meno; ***to have a ~ on one's back*** COLLOQ. *(be addicted)* avere la scimmia sulla spalla; *(have a problem)* avere un grosso peso; ***to make a ~ out of sb.*** COLLOQ. far passare qcn. per scemo.
2.monkey /ˈmʌŋkɪ/ tr. scimmiottare.
▪ **monkey around** COLLOQ. *(act foolish)* fare il cretino; *(play around)* gingillarsi (**with** con).
monkey business /ˈmʌŋkɪˌbɪznɪs/ n. COLLOQ. *(fooling)* buffonate f.pl., pagliacciate f.pl.; *(cheating)* imbroglio m.
monkey house /ˈmʌŋkɪˌhaʊs/ n. gabbia f., recinto m. delle scimmie.
monkey jacket /ˈmʌŋkɪˌdʒækɪt/ n. = giacca corta e attillata indossata da marinai e da camerieri.
monkey nut /ˈmʌŋkɪˌnʌt/ n. BE COLLOQ. nocciolina f. americana.
monkey puzzle (tree) /ˈmʌŋkɪˌpʌzl(triː)/ n. araucaria f.
monkey shines /ˈmʌŋkɪˌʃaɪns/ n.pl. AE → **monkey business.**
monkey suit /ˈmʌŋkɪˌsuːt, -ˌsjuːt/ n. AE COLLOQ. *(man's uniform)* alta uniforme f.; *(man's formal dress)* abito m. da sera.
monkey tricks /ˈmʌŋkɪˌtrɪks/ n.pl. COLLOQ. → **monkey business.**
monkey wrench /ˈmʌŋkɪˌrentʃ/ n. chiave f. inglese.
monkfish /ˈmʌŋkfɪʃ/ n. (pl. **~, ~es**) *(angler fish)* (rana) pescatrice f.; *(angel shark)* squadro m., angelo m. di mare.
monkhood /ˈmʌŋkhʊd/ n. monacato m.
monkish /ˈmʌŋkɪʃ/ agg. monastico, monacale.
monkshood /ˈmʌŋkshʊd/ n. aconito m.
monkseal /ˈmʌŋksiːl/ n. foca f. monaca.
mono /ˈmɒnəʊ/ **I** agg. mono **II** n. *(recording)* registrazione f. mono; *(reproduction)* riproduzione f. mono; ***in ~*** in mono.
monoacid /ˌmɒnəʊˈæsɪd/ agg. monoacido.
monobasic /ˌmɒnəʊˈbeɪsɪk/ agg. monobasico.
monobloc /ˈmɒnəʊblɒk/ **I** agg. monoblocco **II** n. MECC. monoblocco m.
monocarpic /ˌmɒnəʊˈkɑːpɪk/ agg. monocarpico.
monocentric /ˌmɒnəʊˈsentrɪk/ agg. monocentrico.
monochord /ˈmɒnəkɔːd/ n. monocordo m.
monochromatic /ˌmɒnəkrəˈmætɪk/ agg. monocromatico.
monochromatism /mɒnəˈkrəʊmətɪzəm/ n. monocromatismo m.
monochromator /ˌmɒnəʊˈkrəʊmeɪtə(r)/ n. monocromatore m.
monochrome /ˈmɒnəkrəʊm/ **I** n. *(technique)* ***in ~*** ART. in monocromia; FOT. in monocromia; *(in black and white)* in bianco e nero; CINEM. TELEV. in bianco e nero **II** agg. **1** CINEM. TELEV. FOT. in bianco e nero; ART. monocromo; INFORM. monocromatico **2** FIG. *(dull)* monotono, incolore.
monocle /ˈmɒnəkl/ n. monocolo m.
monoclinal /mɒnəʊˈklaɪnl/ agg. monoclinale.
monocline /ˈmɒnəʊklaɪn/ n. monoclinale f.
monoclinic /mɒnəʊˈklɪnɪk/ agg. [*crystal system*] monoclino.
monoclinous /mɒnəʊˈklaɪnəs/ agg. [*plant, flower*] monoclino.
monocoque /ˈmɒnəkɒk/ **I** agg. AUT. monoscocca; MAR. monoscafo **II** n. **1** AUT. (automobile) monoscocca f. **2** MAR. monoscafo m.
monocotyledon /mɒnəkɒtɪˈliːdn/ **I** agg. monocotiledone **II** n. monocotiledone f.
monocotyledonous /mɒnəʊkɒtɪˈliːdənəs/ agg. monocotiledone.
monocular /məˈnɒkjʊlə(r)/ agg. *(pertaining to one eye)* monoculare; *(having only one eye)* monocolo.
monoculture /ˈmɒnəʊkʌltʃə(r)/ n. monocoltura f.
monocycle /ˈmɒnəsaɪkl/ n. monociclo m.
monocyte /ˈmɒnəsaɪt/ n. monocito m., monocita m.
monodactylous /mɒnəˈdæktɪləs/ agg. monodattilo.
monodic /məˈnɒdɪk/ agg. monodico.
monodist /ˈmɒnədɪst/ n. *(composer)* compositore m. (-trice) di monodie; *(singer)* cantante m. e f. di monodie.
monody /ˈmɒnədɪ/ n. monodia f.
monoecious /məˈniːʃəs/ agg. [*plant*] monoico; [*animal*] ermafrodito.
monogamic /mɒnəˈgæmɪk/ agg. monogamico.
monogamist /məˈnɒgəmɪst/ **I** agg. monogamo **II** n. monogamo m. (-a).
monogamous /məˈnɒgəməs/ agg. monogamo.
monogamy /məˈnɒgəmɪ/ n. monogamia f.
monogenesis /mɒnəʊˈdʒenəsɪs/ n. monogenesi f.
monogenetic /mɒnəʊdʒɪˈnetɪk/ agg. monogenetico.
1.monogram /ˈmɒnəgræm/ n. monogramma m.
2.monogram /ˈmɒnəgræm/ tr. (forma in -ing ecc. **-mm-**) decorare con un monogramma.
monogrammatical /mɒnəgrəˈmætɪkl/ agg. monogrammatico.
monogrammed /ˈmɒnəgræmd/ **I** p.pass. → **2.monogram II** agg. ***his ~ ties*** le sue cravatte con le cifre.
monograph /ˈmɒnəgrɑːf, AE -græf/ n. monografia f.
monographer /məˈnɒgrəfə(r)/ n. monografista m. e f.
monographic(al) /mɒnəʊˈgræfɪk(l)/ agg. monografico.
monogynous /məˈnɒdʒɪnəs/ agg. monogeno.
monohull /ˈmɒnəʊhʌl/ n. monoscafo m.
monohydrate /mɒnəʊˈhaɪdreɪt/ n. monoidrato m.
monokini /ˌmɒnəʊˈkiːnɪ/ n. monokini m.

monolingual /ˌmɒnəʊˈlɪŋɡwəl/ **I** agg. monolingue **II** n. monolingue m. e f.
monolith /ˈmɒnəlɪθ/ n. monolito m.
monolithic /ˌmɒnəˈlɪθɪk/ agg. monolitico.
monologue, **monolog** AE /ˈmɒnəlɒɡ/ n. monologo m.
monomania /ˌmɒnəˈmeɪnɪə/ ♦ *11* n. monomania f.
monomaniac /ˌmɒnəˈmeɪnɪæk/ **I** agg. monomaniaco **II** n. monomaniaco m. (-a).
monomaniacal /mɒnəməˈnaɪkl/ agg. monomaniacale.
monomer /ˈmɒnəmə(r)/ n. monomero m.
monomeric /mɒnəˈmerɪk/ agg. CHIM. monomero.
monometallism /mɒnəʊˈmetəlɪzəm/ n. monometallismo m.
monometric /mɒnəʊˈmetrɪk/ agg. monometrico.
monomial /məˈnəʊmɪəl/ **I** agg. monomiale **II** n. monomio m.
monomolecular /mɒnəʊməˈlekjʊlə(r)/ agg. monomolecolare.
monomorphic /ˌmɒnəˈmɔːfɪk/ agg. monomorfo.
monomorphism /ˌmɒnəˈmɔːfɪzəm/ n. monomorfismo m.
mononuclear /ˌmɒnəʊˈnjuːklɪə(r), -ˈnuː-/ **I** agg. mononucleare, mononucleato **II** n. mononucleato m.
mononucleosis /ˌmɒnəʊˌnjuːklɪˈəʊsɪs, AE -ˌnuː-/ ♦ *11* n. mononucleosi f.
monopetalous /mɒnəʊˈpetələs/ agg. monopetalo.
monophagous /məˈnɒfəɡəs/ agg. monofago.
monophonic /ˌmɒnəˈfɒnɪk/ agg. monofonico.
monophthong /ˈmɒnəfθɒŋ/ n. monottongo m.
Monophysite /məˈnɒfɪsaɪt/ **I** agg. monofisita **II** n. monofisita m. e f.
Monophysitic /mɒnəʊfɪˈsɪtɪk/ agg. monofisita.
Monophysitism /mɒnəʊfɪˈsɪtɪzəm/ n. monofisismo m.
monoplane /ˈmɒnəpleɪn/ n. monoplano m.
Monopolies and Mergers Commission /məˌnɒpəlɪzənˌmɜːdʒəzkəˈmɪʃn/ n. GB = commissione per i monopoli.
monopolist /məˈnɒpəlɪst/ n. monopolista m. e f.
monopolistic /məˌnɒpəˈlɪstɪk/ agg. [*advantage, position, practices, system, authority, company*] monopolistico.
monopolization /məˌnɒpəlaɪˈzeɪʃn, AE -lɪˈz-/ n. monopolizzazione f.
monopolize /məˈnɒpəlaɪz/ tr. **1** ECON. monopolizzare, avere il monopolio di [*raw materials, market*]; ***the media have been ~d by a small group*** i media sono nelle mani di poche persone **2** FIG. monopolizzare [*bathroom*].
monopolizer /məˈnɒpəlaɪzə(r)/ n monopolizzatore m. (-trice).
▷ **monopoly** /məˈnɒpəlɪ/ **I** n. monopolio m.; ***to have a ~ on*** o ***of*** avere il monopolio su *o* di; ***to break sb.'s ~ on sth.*** porre fine al monopolio di qcn. su qcs. **II Monopoly**® n.pr. Monopoli® m. **III** modif. [*industry*] monopolistico; [*control, position, restrictions*] di monopolio.
monopoly capitalism /məˈnɒpəlɪˌkæpɪtəlɪzəm/ n. capitalismo m. monopolistico.
Monopoly money /məˈnɒpəlɪˌmʌnɪ/ n. SCHERZ. denaro m. senza valore.
monopsonist /məˈnɒpsənɪst/ n. monopsonista m. e f.
monopsony /məˈnɒpsənɪ/ n. monopsonio m.
monorail /ˈmɒnəʊreɪl/ **I** agg. monorotaia **II** n. monorotaia f.
monosaccharide /mɒnəʊˈsækəraɪd/ n. monosaccaride m.
monoscope /ˈmɒnəskəʊp/ n. *(tube)* monoscopio m.; ***~ signal*** *(image)* monoscopio.
monosemic /mɒnəʊˈsiːmɪk/ agg. LING. monosemico.
monosepalous /mɒnəʊˈsepələs/ agg. monosepalo.
1.monoski /ˈmɒnəskiː/ n. monoscì m.
2.monoski /ˈmɒnəskiː/ intr. fare monoscì, andare sul monoscì.
monoskiing /ˈmɒnəskiːɪŋ/ ♦ *10* n. monoscì m.
monosodium glutamate /ˌmɒnəʊˌsəʊdɪəmˈɡluːtəmeɪt/ n. glutammato m. di sodio.
monosome /ˈmɒnəsəʊm/ n. monosoma m.
monosomy /ˈmɒnəsəʊmɪ/ n. monosomia f.
monospermous /mɒnəˈspɜːməs/ agg. monospermo.
monosyllabic /ˌmɒnəsɪˈlæbɪk/ agg. monosillabico.
monosyllable /ˈmɒnəsɪləbl/ n. monosillabo m.; ***in ~s*** a monosillabi.
monotheism /ˈmɒnəθiːɪzəm/ n. monoteismo m.
monotheist /ˈmɒnəθiːɪst/ **I** agg. monoteista **II** n. monoteista m. e f.
monotheistic /ˌmɒnəθiːˈɪstɪk/ agg. monoteistico.
monotint /ˈmɒnəʊtɪnt/ n. monocromia f.
monotone /ˈmɒnətəʊn/ n. *(utterance)* tono m. uniforme; ***to speak in a ~*** parlare in modo monotono.
monotonic /mɒnəˈtɒnɪk/ agg. *(uttered in a monotone)* monotono; MAT. [*function*] monotono.
monotonous /məˈnɒtənəs/ agg. [*life, diet, person*] monotono.
monotonously /məˈnɒtənəslɪ/ avv. [*speak, sound, move, act*] in modo monotono, monotonamente.
monotony /məˈnɒtənɪ/ n. monotonia f.
monotreme /ˈmɒnətriːm/ n. monotremo m.
monotype /ˈmɒnətaɪp/ n. ART. monotipo m.
Monotype® /ˈmɒnətaɪp/ n. Monotype® m.
monovalent /ˈmɒnəveɪlənt/ agg. monovalente.
monovular /məˈnɒvjʊlə(r)/ agg. monovulare.
monoxide /məˈnɒksaɪd/ n. monossido m.
monozygotic /mɒnəzaɪˈɡɒtɪk/ agg. monozigotico.
Monroe doctrine /mʌnˈrəʊˌdɒktrɪn/ n. STOR. POL. dottrina f. di Monroe.
monseigneur /ˌmɒnsenˈjɜː(r)/ n. monsignore m.
monsignor /mɒnˈsiːnjə(r)/ n. monsignore m.
monsoon /mɒnˈsuːn/ n. monsone m.; ***during the ~ (season)*** nella stagione dei monsoni.
monsoonal /mɒnˈsuːnl/ agg. monsonico.
monsoon rain /mɒnˈsuːnˌreɪn/ n. (anche **monsoon rains**) piogge f.pl. monsoniche.
monster /ˈmɒnstə(r)/ **I** n. mostro m. (anche FIG.); ***sea ~*** mostro marino **II** modif. enorme, gigantesco.
monstrance /ˈmɒnstrəns/ n. ostensorio m.
monstrosity /mɒnˈstrɒsɪtɪ/ n. **1** *(eyesore)* orrore m. **2** *(of act, behaviour, crime)* mostruosità f.
monstrous /ˈmɒnstrəs/ agg. **1** *(odious)* [*creature, crime, accusation*] mostruoso; [*building*] mostruoso, orribile; ***it is ~ that*** è assurdo che; ***that's ~!*** è orribile! **2** *(huge)* mostruoso, enorme, gigantesco.
monstrously /ˈmɒnstrəslɪ/ avv. *(extremely)* ***~ huge, wicked*** mostruosamente grande, cattivo; *(in an odious manner)* [*treat*] in modo orribile.
mons veneris /mɒnzˈvenərɪs/ n. monte m. di Venere.
montage /mɒnˈtɑːʒ/ n. ART. CINEM. montaggio m.; FOT. fotomontaggio m.
Montague /ˈmɒntəɡjuː/ n.pr. LETTER. Montecchi; ***the ~s*** i Montecchi.
Montana /mɒnˈtænə/ ♦ *24* n.pr. Montana m.
Mont Blanc /ˌmɔːmˈblɑːn/ n.pr. Monte m. Bianco.
monte /ˈmɒntɪ/ n. AE = gioco di azzardo con le carte di origine ispano-americana.
Montenegrin /ˌmɒntɪˈniːɡrɪn/ ♦ *18* **I** agg. montenegrino **II** n. montenegrino m. (-a).
Montenegro /ˌmɒntɪˈniːɡrəʊ/ ♦ *6* n.pr. Montenegro m.
Montezuma's revenge /ˌmɒntɪˌzuːməzrɪˈvendʒ/ n. SCHERZ. vendetta f. di Montezuma.
Montgomery /məntˈɡʌmərɪ, mɒn-, -ˈɡɒ-/ n.pr. Montgomery (nome di uomo).
▶ **month** /mʌnθ/ ♦ *33* n. mese m.; ***in two ~s, in two ~s' time*** in due mesi; ***every ~*** ogni mese, tutti i mesi; ***for ~s*** per mesi; ***~ by ~*** mese per mese; ***next, last ~*** il mese prossimo, scorso; ***the ~ before last*** due mesi fa; ***the ~ after next*** tra due mesi; ***~s later*** mesi più tardi; ***once a ~*** una volta al mese; ***every other ~*** un mese sì e uno no; ***~ in ~ out*** tutti i mesi, ogni mese; ***in the ~ of June*** nel mese di giugno; ***at the end of the ~*** alla fine del mese; AMM. COMM. a fine mese; ***what day of the ~ is today?*** quanti ne abbiamo oggi? ***six ~s' pay*** sei mesi di stipendio; ***a ~'s rent*** un mese, una mesata di affitto; ***a seven-month-old baby*** un bambino di sette mesi; ***~ after ~ he forgets to pay*** *(regular payment)* tutti i mesi si dimentica di pagare; *(single payment)* mese dopo mese continua a dimenticarsi di pagare; ***your salary for the ~ beginning May 15*** il tuo stipendio dal 15 maggio al 15 giugno ◆ ***it's her time of the ~*** EUFEM. ha le sue cose.
▷ **monthly** /ˈmʌnθlɪ/ **I** agg. mensile; ***~ instalment*** rata mensile **II** n. *(journal)* mensile m. **III** avv. [*pay, earn, publish*] mensilmente; [*happen, visit*] ogni mese; ***it is £ 200 ~*** sono 200 sterline al mese.
monticule /ˈmɒntɪkjuːl/ n. *(small mountain)* monticello m.; *(of a vulcano)* cono m. secondario.
Montreal /ˌmɒntrɪˈɔːl/ ♦ *34* n.pr. Montréal f.
monty /ˈmɒntɪ/ n. BE COLLOQ. ***the full ~*** servizio completo *o* tutto; ***we sell books, magazines, newspapers - the full ~*** vendiamo libri, riviste, giornali - tutto quanto; ***sandwich, drink, dessert, the full ~ for 4*** sandwich, bibita, dolce, il tutto per 4.
▷ **monument** /ˈmɒnjʊmənt/ n. monumento m. (anche FIG.); ***~ to a war hero*** monumento a un eroe di guerra; ***the building is a ~ to his art, ambition*** l'edificio è un monumento alla sua arte, alla sua ambizione.
monumental /ˌmɒnjʊˈmentl/ agg. monumentale; ***~ work*** ART. LETTER. opera monumentale.

monumentality /mɒnjʊmən'tælətɪ/ n. monumentalità f.
monumentally /ˌmɒnjʊ'mentəlɪ/ avv. [*dull, boring*] mortalmente; ~ ***ignorant*** di un'ignoranza abissale.
monumental mason /mɒnjʊ'mentlˌmeɪsn/ ⧫ ***27*** n. marmista m. e f. funebre.
1.moo /mu:/ **I** n. muggito m. **II** inter. muuh.
2.moo /mu:/ intr. muggire.
1.mooch /mu:tʃ/ n. AE *(cadger)* scroccone m. (-a); *(loiterer)* bighellone m. (-a).
2.mooch /mu:tʃ/ **I** tr. AE *(cadge)* ***to ~ sth. from*** o ***off sb.*** scroccare qcs. a qcn. **II** intr. BE *(loiter)* ***to ~ along*** o ***about*** bighellonare; ***to ~ around the house*** ciondolare per casa.
▷ **mood** /mu:d/ n. **1** *(frame of mind)* umore m., stato m. d'animo; ***to be in the ~ for jokes, work*** essere in vena di scherzi, di lavorare; ***to be in the ~ for doing*** o ***to do*** avere voglia di fare; ***to be in no ~ for doing*** o ***to do*** non avere voglia di fare; ***to be in a good, bad ~*** essere di buon, cattivo umore; ***to be in a stubborn ~*** fare il testardo; ***to be in a relaxed ~*** sentirsi rilassato; ***when he's in the ~*** quando ne ha voglia; ***when*** o ***as the ~ takes him*** secondo il suo umore; ***I'm not in the ~*** non sono in vena **2** *(bad temper)* cattivo umore m.; ***to be in a ~*** essere di cattivo umore; ***he's in one of his ~s today*** oggi ha la luna di traverso **3** *(atmosphere) (in room, meeting)* atmosfera f., aria f.; *(of place, era, artwork)* atmosfera f.; *(of group, party)* umore m.; ***the general ~ was one of despair*** la sensazione generale era di disperazione; ***the ~ of the moment*** l'umore del momento **4** LING. modo m.; ***in the subjunctive ~*** al congiuntivo.
mood-altering /'mu:dˌɔ:ltərɪŋ/ agg. [*drug*] psicotropo, psicoattivo.
moodily /'mu:dɪlɪ/ avv. [*say, speak*] con risentimento; [*look, sit, stare*] con aria cupa.
moodiness /'mu:dɪnɪs/ n. umore m. incostante.
mood music /'mu:dˌmju:zɪk/ n. musica f. d'atmosfera.
mood swing /'mu:dˌswɪŋ/ n. sbalzo m. d'umore.
▷ **moody** /'mu:dɪ/ agg. **1** *(unpredictable)* lunatico; ***a ~ person*** un lunatico **2** *(atmospheric)* [*novel, film*] suggestivo **3** *(sultry)* [*actor, appearance*] tenebroso.
mooing /'mu:ɪŋ/ n. (il) muggire.
moola(h) /'mu:lə/ n. AE COLLOQ. grana f., quattrini m.pl.
▷ **1.moon** /mu:n/ n. ASTR. *(satellite)* luna f.; ***the ~*** *(of the earth)* la luna; ***the ~s of Saturn*** le lune di Saturno; ***there will be a ~ tonight*** stasera si vedrà la luna; ***there will be no ~ tonight*** non ci sarà la luna stasera; ***by the light of the ~*** al chiaro di luna; ***to put a man on the ~*** mandare un uomo sulla Luna; ***many ~s ago*** LETT. anni or sono ◆ ***to be over the ~ about sth.*** essere al settimo cielo per qcs.; ***once in a blue ~*** (a) ogni morte di papa; ***the man in the ~*** il volto della luna; ***to shoot the ~*** AE = fuggire di nascosto per evitare un pagamento.
2.moon /mu:n/ intr. **1** *(daydream)* fantasticare (**over sth., sb.** su qcn., qcs.) **2** COLLOQ. *(display buttocks)* mostrare le chiappe.
■ **moon about**, **around** COLLOQ. bighellonare, ciondolare.
moonbeam /mu:nbi:m/ n. raggio m. di luna.
moon boots /'mu:nˌbu:ts/ n.pl. moon boot m.
moon buggy /'mu:nˌbʌgɪ/ n. veicolo m. lunare.
mooncalf /'mu:nˌkɑ:f, AE -ˌkæf/ n. (pl. **-calves**) **1** *(fool)* imbecille m. e f., idiota m. e f. **2** *(idle person)* fannullone m. (-a) **3** ANT. *(monstrosity)* essere m. deforme, mostro m.
moon-faced /'mu:nfeɪst/ agg. con la faccia di luna piena; MED. con la faccia lunare, dal viso di luna piena.
moonfish /'mu:nfɪʃ/ n. (pl. ~, **~es**) pesce m. luna.
moonflower /'mu:nˌflaʊə(r)/ n. *(daisy)* margherita f.; *(tropical flower)* bella f. di notte.
Moonie /'mu:nɪ/ n. COLLOQ. = membro della Unification Church.
moonish /'mu:nɪʃ/ agg. lunatico, capriccioso.
moon landing /'mu:nˌlændɪŋ/ n. allunaggio m.
moonless /'mu:nlɪs/ agg. senza luna.
▷ **1.moonlight** /'mu:nlaɪt/ n. chiaro m. di luna; ***in the*** o ***by ~*** al chiaro di luna ◆ ***to do a ~ flit*** BE COLLOQ. = scappare di notte senza pagare.
2.moonlight /'mu:nlaɪt/ intr. fare un secondo lavoro in nero.
moonlighter /'mu:nlaɪtə(r)/ n. **1** *(worker)* = chi fa un secondo lavoro in nero **2** AE *(illegal distiller)* distillatore m. (-trice) clandestino (-a).
moonlighting /'mu:nlaɪtɪŋ/ n. = (il) fare un secondo lavoro in nero.
moonlit /'mu:nlɪt/ agg. [*sky, evening*] illuminato dalla luna; ***a ~ night*** una notte di luna.
moonraker /'mu:nreɪkə(r)/ n. MAR. uccellina f.
moonrise /'mu:nraɪz/ n. (il) sorgere della luna.
moon rock /'mu:nˌrɒk/ n. roccia f. lunare.
moonsail /'mu:nseɪl/ → **moonraker.**
moonscape /'mu:nˌskeɪp/ n. paesaggio m. lunare.
moonset /'mu:nset/ n. tramonto m. della luna.
moonshine /'mu:nʃaɪn/ n. **1** *(nonsense)* fesserie f.pl., fantasie f.pl. **2** AE *(liquor)* liquore m. di contrabbando.
moonshiner /'mu:nʃaɪnə(r)/ n. AE COLLOQ. *(maker)* distillatore m. (-trice) clandestino (-a); *(seller)* contrabbandiere m. (-a) di alcolici.
moonshot /'mu:nʃɒt/ n. lancio m. verso la luna.
moonstone /'mu:nˌstəʊn/ n. pietra f. di luna.
moonstruck /'mu:nˌstrʌk/ agg. matto, pazzo.
moonwalk /'mu:nwɔ:k/ n. passeggiata f. lunare.
moonwort /'mʊnwɜ:t/ n. botrichio m.
moony /mu:nɪ/ agg. **1** *(of the moon)* lunare **2** *(shaped like a crescent moon)* lunato; *(shaped like a full moon)* [*face*] di luna piena **3** *(dreamy)* distratto, trasognato.
1.moor /mɔ:(r), mʊə(r)/ n. landa f., brughiera f.; ***on the ~s*** nelle brughiere.
2.moor /mɔ:(r), mʊə(r)/ **I** tr. ormeggiare, attraccare [*boat, ship*] **II** intr. ormeggiarsi, attraccare.
Moor /mɔ:(r), mʊə(r)/ n. STOR. moro m.
moorage /'mɔ:rɪdʒ, 'mʊər-/ n. **1** *(act of mooring, place for mooring)* ormeggio m. **2** *(charge for mooring)* tassa f. di ancoraggio.
moorcock /'mɔ:kɒk, 'mʊər-/ n. maschio m. di pernice bianca nordica.
moorfowl /'mɔ:faʊl, 'mʊər-/ n. pernice f. bianca nordica.
moorhen /'mɔ:hen, 'mʊər-/ n. BE **1** *(female moorfowl)* femmina f. di pernice bianca nordica **2** *(gallinule)* gallinella f. d'acqua.
mooring /'mɔ:rɪŋ, 'mʊər-/ **I** n. *(place)* ormeggio m.; ***a boat at its ~s*** una barca all'ormeggio **II moorings** n.pl. *(ropes)* ormeggi m.; FIG. *(ideological, emotional)* legami m.
mooring buoy /'mɔ:rɪŋˌbɔɪ, 'mʊər-/ n. boa f. d'ormeggio.
moorish /'mɔ:rɪʃ,'mʊərɪʃ/ agg. di brughiera.
Moorish /'mɔ:rɪʃ,'mʊərɪʃ/ agg. [*style, architecture*] moresco.
moorland /'mɔ:lənd, 'mʊər-/ **I** n. landa f., brughiera f. **II** modif. [*air, hills, sheep*] della brughiera.
moory /'mɔ:rɪ, 'mʊərɪ/ agg. *(marshy)* paludoso; *(growing in a marsh)* di palude.
moose /mu:s/ n. (pl. ~) *(Canadian)* alce m. americano; *(European elk)* alce m. europeo.
1.moot /mu:t/ **I** n. (anche ~ **court**) = tribunale fittizio in cui gli studenti di giurisprudenza discutono per esercizio casi legali teorici **II** modif. *(open to argument)* discutibile, opinabile.
2.moot /mu:t/ tr. FORM. *(bring up for discussion)* proporre, discutere su [*possibility*]; ***it has been mooted that*** è stato suggerito *o* opinato che; ***to ~ a question*** sollevare una questione.
moot point /'mu:tˌpɔɪnt/ n. ***that is a ~*** *(debatable)* è una questione controversa; *(no longer important)* è un fatto irrilevante.
1.mop /mɒp/ n. **1** *(for floors) (of cotton)* scopa f. a filacce; *(of sponge)* spazzolone m. (rivestito di spugna) **2** *(for dishes)* spazzolino m. per stoviglie **3** *(hair)* zazzera f.; ***a ~ of red, curly hair*** una massa *o* una criniera di capelli rossi, di ricci.
2.mop /mɒp/ **I** tr. (forma in -ing ecc. **-pp-**) **1** *(wash)* lavare, spazzare [*floor, deck*] **2** *(wipe)* ***to ~ one's face, brow (with sth.)*** asciugarsi la faccia, la fronte (con qcs.); ***to ~ sb.'s brow*** asciugare la fronte di qcn. **II** intr. (forma in -ing ecc. **-pp-**) asciugarsi.
■ **mop down**: ***~ [sth.] down***, ***~ down [sth.]*** lavare a fondo, perfettamente [*floor, deck*].
■ **mop up**: ***~ up [sth.]***, ***~ [sth.] up*** **1** raccogliere, asciugare [*mess, liquid*]; ***he ~ped up his gravy with some bread*** ha raccolto il sugo con un po' di pane **2** MIL. *(get rid of)* annientare [*resistance, rebels*] **3** *(absorb)* prosciugare [*savings, profits, surplus*] **4** AE *(polish off)* fare fuori, spazzolare [*food*].
3.mop /mɒp/ n. ***~s and mows*** smorfie, boccacce.
4.mop /mɒp/ intr. (forma in -ing ecc. **-pp-**) ***to ~ and mow*** fare smorfie, boccacce.
mopboard /'mɒpbɔ:d/ n. AE battiscopa m.
1.mope /məʊp/ **I** n. *(person)* musone m. (-a) **II mopes** n.pl. *(of spirits)* depressione f.sing., abbattimento m.sing.
2.mope /məʊp/ intr. **1** *(brood)* essere abbattuto, depresso, avere il muso; ***to ~ about sth.*** rimuginare su qcs. **2** → **~ about.**
■ **mope about**, **around** aggirarsi come un'anima in pena.
moped /'məʊped/ n. motorino m., ciclomotore m.
mop-head /'mɒphed/ n. COLLOQ. capellone m. (-a).
mopheaded /'mɒphedɪd/ agg. COLLOQ. capelluto, zazzeruto.
mopish /'məʊpɪʃ/ agg. *(characterized by moping)* triste, depresso; *(causing moping)* deprimente.

moppet /ˈmɒpɪt/ n. COLLOQ. piccino m. (-a), bimbo m. (-a).
mopping-up operation /mɒpɪŋˈʌppəˌreɪʃn/ n. MIL. operazione f. di pulizia.
moquette /mɒˈket, AE məʊ-/ n. moquette f.
morainal /məˈreɪnl, mɒˈreɪnl/ agg. morenico.
moraine /məˈreɪn, mɒˈreɪn/ n. morena f.
morainic /məˈreɪnɪk, mɒˈreɪnɪk/ agg. → **morainal.**
▶ **moral** /ˈmɒrəl, AE ˈmɔːrəl/ **I** agg. *(all contexts)* morale; ***on ~ grounds*** per questioni morali; ***~ certainty*** certezza morale; ***~ support*** sostegno morale; ***to take the ~ high ground*** prendere una posizione moralista **II** n. morale f.; ***the ~ is that*** la morale è che; ***to draw a ~ from sth.*** trarre la morale da qcs. **III morals** n.pl. **1** *(habits)* moralità f.sing.; ***public ~s*** moralità pubblica; ***a person of loose ~s*** una persona di dubbia moralità **2** *(morality)* moralità f.sing., principi m. morali; ***to have no ~s*** essere privo di principi morali.
▷ **morale** /məˈrɑːl, AE -ˈræl/ n. morale m.; ***to raise ~*** tirare su il morale; ***to lower sb.'s ~*** buttare giù di morale qcn.; ***~ is low at present*** al momento il morale è basso.
morale-booster /məˈrɑːlˌbuːstə(r), AE -ˈræl-/ n. ***his comment was a ~*** il suo commento ci ha proprio tirato su di morale.
moral fibre BE, **moral fiber** AE /ˌmɒrəlˈfaɪbə(r), AE ˌmɔːr-/ n. tempra f. morale.
moralism /ˈmɒrəlɪzəm, AE ˈmɔːrəlɪzəm/ n. moralismo m.
moralist /ˈmɒrəlɪst, AE ˈmɔːrəlɪst/ n. moralista m. e f. (anche SPREG.).
moralistic /ˌmɒrəˈlɪstɪk, AE ˌmɔːr-/ agg. moralistico.
▷ **morality** /məˈrælətɪ/ n. *(all contexts)* moralità f.
morality play /məˈrælətɪˌpleɪ/ n. TEATR. moralità f.
morality tale /məˈrælətɪˌteɪl/ n. racconto m. morale.
moralization /mɒrəlaɪˈzeɪʃn, AE mɔːrəlɪˈzeɪʃn/ n. *(moralizing)* moralizzazione f.; *(moral interpretation)* interpretazione f. morale.
moralize /ˈmɒrəlaɪz, AE ˈmɔːr-/ intr. moraleggiare (**about** su).
moralizing /ˈmɒrəlaɪzɪŋ, AE ˈmɔːr-/ **I** agg. moraleggiante **II** n. (il) moraleggiare.
▷ **morally** /ˈmɒrəlɪ, AE ˈmɔːr-/ avv. moralmente; ***~ wrong*** contrario alla morale, moralmente sbagliato; ***~ speaking*** dal punto di vista morale.
moral majority /ˌmɒrəlməˈdʒɒrətɪ, AE ˌmɔːrəlməˈdʒɔːrətɪ/ n. maggioranza f. benpensante.
Moral Majority /ˈmɒrəlməˌdʒɒrətɪ, AE ˈmɔːrəlməˌdʒɔːrətɪ/ n. US POL. = movimento cristiano di destra.
moral philosopher /ˌmɒrəlfɪˈlɒsəfə(r), AE ˌmɔːrəl-/ n. filosofo m. morale.
moral philosophy /ˌmɒrəlfɪˈlɒsəfɪ, AE ˌmɔːrəl-/ n. filosofia f. morale.
Moral Rearmament /ˌmɒrəlriːˈɑːməmənt, AE ˌmɔːrəl-/ n. = movimento politico-religioso nato a Oxford negli anni trenta, in opposizione al materialismo.
moral theology /ˌmɒrəlθɪˈɒlədʒɪ, AE ˌmɔːrəl-/ n. teologia f. morale.
morass /məˈræs/ n. *(marsh)* palude f.; FIG. pantano m.
moratorium /ˌmɒrəˈtɔːrɪəm/ n. (pl. **-ia**) moratoria f. (**on** di).
moratory /ˈmɒrətrɪ, AE ˈmɔːrətɔːrɪ/ agg. moratorio.
Moravia /məˈreɪvɪə/ ♦ *6* n.pr. Moravia f.
Moravian /məˈreɪvɪən/ ♦ *18* **I** agg. moravo **II** n. moravo m. (-a).
moray (eel) /ˈmʌrɪ(iːl)/ n. murena f.
morbid /ˈmɔːbɪd/ agg. **1** *(abnormal)* morboso (anche MED.) **2** *(gruesome)* macabro **3** MED. *(indicative of or caused by disease)* [*growth*] patologico.
morbid anatomy /ˌmɔːbɪdəˈnætəmɪ/ n. anatomia f. patologica.
morbidity /ˌmɔːˈbɪdətɪ/ n. **1** *(of imagination, preoccupation, subject)* morbosità f. **2** MED. morbosità f.; *(pathological state)* stato m. patologico, morbilità f. **3** MED. STATIST. morbilità f.
morbidly /ˈmɔːbɪdlɪ/ avv. morbosamente.
morbific /mɔːˈbɪfɪk/ agg. *(causing disease)* patogeno; *(diseased)* patologico.
morbilli /mɔːˈbɪlaɪ/ ♦ *11* n.pl. morbillo m.sing.
morbilliform /mɔːˈbɪlɪfɔːm/ agg. morbilliforme.
mordacious /mɔːˈdeɪʃəs/ agg. mordace.
mordacity /mɔːˈdæsətɪ/ n. FORM. mordacità f.
mordant /ˈmɔːdnt/ **I** agg. FORM. [*wit*] pungente, caustico **II** n. mordente m.
Mordecai /ˌmɔːdɪˈkeɪaɪ/ n.pr. Mardocheo.
mordent /ˈmɔːdnt/ n. MUS. mordente m.
▶ **more** /mɔː(r)/ When used as a *quantifier* to indicate a greater amount or quantity of something, *more* is very often translated by *più, in più* or *ancora*: *more cars than people* = più auto che persone; *some more books* = qualche libro in più / ancora qualche libro. For examples and further uses, see **I.1** below.- When used to modify an adjective or an adverb to form the comparative, *more* is very often translated by *più*: *more expensive* = più caro; *more beautiful* = più bello; *more easily* = più facilmente; *more regularly* = più regolarmente. For examples and further uses, see **III.1** below. **I** quantif. **1** ***~ cars than people*** più auto che persone; ***~ eggs than milk*** più uova che latte; ***~ cars than expected*** più macchine del previsto; ***~ cars than before*** più macchine di prima; ***some ~ books*** ancora qualche libro; ***a little ~ wine*** ancora un po' di vino; ***a lot ~ wine*** molto più vino; ***~ bread*** ancora (del) pane; ***there's no ~ bread*** non c'è più pane; ***have some ~ beer!*** bevi ancora un po' di birra! ***have you any ~ questions, problems?*** avete ancora domande, problemi? ***we've no ~ time*** non abbiamo più tempo; ***nothing ~*** nient'altro; ***something ~*** ancora qualcosa **2 more and more** sempre più; ***~ and ~ work, time*** sempre più lavoro, tempo **II** pron. **1** *(larger amount or number)* più; ***it costs ~ than the other one*** costa più dell'altro; ***he eats ~ than you*** mangia più di te; ***the children take up ~ of my time*** i bambini mi occupano più tempo; ***many were disappointed, ~ were angry*** le persone deluse erano molte, ma ancora di più erano le persone arrabbiate; ***we'd like to see ~ of you*** ci piacerebbe vederti più spesso **2** *(additional amount, number)* (di) più; ***tell me ~ (about it)*** dimmi di più; ***I need ~ of them*** me ne servono di più; ***I need ~ of it*** me ne serve di più; ***we found several ~, a few ~ (of them) in the house*** ne abbiamo trovati ancora molti, ancora alcuni in casa; ***I can't tell you any ~*** non posso dirti di più; ***have you heard any ~ from your sister?*** hai più sentito tua sorella? ***I have nothing ~ to say*** non ho più niente da dire; ***in Mexico, of which ~ later*** in Messico, di cui riparleremo più avanti; ***let's*** o ***we'll say no ~ about it*** non parliamone più! **III** avv. **1** *(comparative)* più; ***it's ~ serious than we thought, you think*** è più grave di quanto pensassimo, pensi; ***the ~ intelligent (child) of the two*** il (bambino) più intelligente tra i due; ***he's no ~ honest than his sister*** non è più onesto di sua sorella; ***the ~ developed countries*** le nazioni più sviluppate **2** *(to a greater extent)* di più, più; ***you must work, sleep, rest ~*** devi lavorare, dormire, riposare di più; ***he sleeps, talks ~ than I do*** lui dorme, parla più di me; ***you can't paint any ~ than I can, you can no ~ paint than I can*** non dipingi meglio di quanto non faccia io; ***the ~ you think of it, the harder it will seem*** più ci pensi, più ti sembrerà difficile; ***he is (all) the ~ determined, angry because*** è ancora più deciso, arrabbiato perché **3** *(longer)* ***I don't work there any ~*** non lavoro più lì; ***I couldn't continue any ~*** non potrei più continuare; ***she is no ~*** LETT. non è più **4** *(again)* ***once, twice ~*** ancora una volta, ancora due volte; ***he's back once ~*** è tornato di nuovo **5** *(rather)* ***~ surprised than angry*** sorpreso più che arrabbiato; ***he's ~ a mechanic than an engineer*** ha più del meccanico che dell'ingegnere; ***it's ~ a question of organization than of money*** è una questione di organizzazione piuttosto che di soldi **6 more and more** sempre (di) più; ***to work, sleep ~ and ~*** lavorare, dormire sempre di più; ***~ and ~ regularly*** in modo sempre più regolare **7 more or less** più o meno **8 more so** ancora di più; ***in York, and even ~ so in Oxford*** a York, e ancor di più a Oxford; ***it is very interesting, made (even) ~ so because*** è molto interessante, ancor più perché; ***he is just as active as her, if not ~ so*** o ***or even ~ so*** è attivo quanto lei, se non di più; ***(all) the ~ so because*** ancora di più perché; ***they are all disappointed, none ~ so than Mr Lowe*** sono tutti delusi, ma nessuno quanto il signor Lowe; ***no ~ so than usual, the others*** non più del normale, degli altri **9 more than** *(greater amount or number)* più di; ***~ than 20 people, £ 50*** più di 20 persone, di 50 sterline; ***~ than half*** più della metà; ***~ than enough*** *(too much)* fin troppo, più che abbastanza; *(too many)* fin troppi, più che abbastanza ◆ ***she's nothing ~ (nor less) than a thief, she's a thief, neither ~ nor less*** è semplicemente una ladra, niente di più e niente di meno; ***he's nothing*** o ***no*** o ***not much ~ than a servant*** è soltanto un servo; ***and what is ~*** e per di più, e come se non bastasse; ***there's ~ where that came from*** non è che l'inizio.
moreish /ˈmɔːrɪʃ/ agg. COLLOQ. appetitoso; ***to be ~*** essere invitante.
1.morel /məˈrel/ n. (erba) morella f.
2.morel /məˈrel/ n. *(mushroom)* spugnola gialla f.
3.morel /məˈrel/ n. → **morello.**
morello /məˈreləʊ/ n. (pl. **~s**) *(tree)* marasco m.; *(fruit)* (anche **~ cherry**) marasca f.
▶ **moreover** /mɔːˈrəʊvə(r)/ avv. inoltre, per di più.
mores /ˈmɔːreɪz, -riːz/ n.pl. costumi m., usanze f.
Moresque /məˈresk/ agg. ARCH. moresco.
Morgan /ˈmɔːgən/ n.pr. Morgan (nome di uomo e di donna).
morganatic /ˌmɔːgəˈnætɪk/ agg. [*wedding*] morganatico.

morgue /mɔːg/ n. **1** morgue f., obitorio m.; COLLOQ. FIG. mortorio m.; ***this place is like a ~*** questo posto è un mortorio **2** GIORN. archivio m. di materiale vario.

MORI n. (⇒ Market and Opinion Research Institute) = istituto di sondaggi britannico corrispondente all'ISTAT italiano; ***a ~ poll*** un sondaggio realizzato dal MORI.

moribund /'mɒrɪbʌnd/ agg. moribondo.

1.morion /'mɒrɪən/ n. STOR. *(helmet)* morione m.

2.morion /'mɒrɪən/ n. MINER. morione m.

Morisco /mə'rɪskəʊ/ **I** agg. moresco **II** n. **1** *(Moor)* moro m. **2** *(dance)* moresca f.

Mormon /'mɔːmən/ **I** n. *(follower)* mormone m. (-a) **II** n.pr. *(prophet)* Mormon **III** agg. mormone.

> **i** **Mormon** I mormoni (*Mormons*), membri della *Church of Jesus Christ of Latter-Day Saints* (Chiesa di Gesù Cristo dei Santi degli Ultimi Giorni), sono circa dieci milioni. La loro chiesa fu fondata nel 1830 da Joseph Smith nello stato di New York, ma negli anni successivi i suoi membri, guidati da Brigham Young, si trasferirono a ovest e fondarono Salt Lake City nello Utah, i cui abitanti ancora oggi sono in gran parte mormoni. Hanno regole morali molto severe e non possono bere né alcolici né caffè.

Mormonism /'mɔːmənɪzəm/ n. mormonismo m.

morn /mɔːn/ n. LETT. mattino m.

▶ **morning** /'mɔːnɪŋ/ ➧ **4** **I** n. mattino m., mattina f.; *(with emphasis on duration)* mattinata f.; ***during the ~*** in mattinata; ***at 3 o'clock in the ~*** alle tre del mattino; ***(on) Monday ~*** lunedì mattina; ***on Monday ~s*** il lunedì mattina; ***this ~*** stamattina; ***later this ~*** più tardi in mattinata; ***tomorrow, yesterday ~*** domani, ieri mattina; ***the previous ~*** la mattina prima; ***the following ~*** o ***the ~ after*** o ***the next ~*** il mattino dopo; ***on the ~ of 2 May*** il mattino del due maggio; ***on a cold winter's ~*** in una fredda mattina d'inverno; ***early in the ~*** *(dawn)* di prima mattina *o* la mattina presto; ***all right, I'll do it first thing in the ~*** va bene, lo faccio come prima cosa domani mattina; ***from ~ till night*** dalla mattina alla sera; ***to work ~s*** lavorare il mattino; ***to be on ~s*** fare il turno del mattino; ***we've done a good ~'s work*** abbiamo lavorato bene questa mattina **II** modif. [*air, flight, train, news, paper, prayers, star*] del mattino; ***that early ~ feeling*** il torpore del mattino **III** inter. COLLOQ. 'giorno ◆ ***the ~ after the night before*** *(hangover or after sex)* il mattino dopo.

morning-after pill /ˌmɔːnɪŋ'ɑːftəˌpɪl, AE -'æft-/ n. pillola f. del giorno dopo.

morning coat /'mɔːnɪŋˌkəʊt/ n. giacca f. da tight, giacca f. a coda di rondine.

morning coffee /ˌmɔːnɪŋ'kɒfɪ, AE -'kɔːfɪ/ n. *(at mid-morning)* caffè m. di metà mattina.

morning dress /'mɔːnɪŋdres/ n. tight m.

morning glory /ˌmɔːnɪŋ'glɔːrɪ/ n. BOT. rampichino m.

morning room /'mɔːnɪŋruːm, -rʊm/ n. ANT. soggiorno m.

morning service /'mɔːnɪŋˌsɜːvɪs/ n. RELIG. *(prayer)* mattutino m.; *(mass)* messa f. del mattino.

morning sickness /'mɔːnɪŋˌsɪknɪs/ n. nausee f.pl. mattutine.

morning watch /'mɔːnɪŋˌwɒtʃ/ n. MAR. diana f.

Moroccan /mə'rɒkən/ ➧ **18** **I** agg. marocchino **II** n. marocchino m. (-a).

morocco /mə'rɒkəʊ/ **I** n. (anche ~ **leather**) marocchino m. **II** modif. [*binding, shoes*] in marocchino.

Morocco /mə'rɒkəʊ/ ➧ **6** n.pr. Marocco m.

moron /'mɔːrɒn/ n. MED. ritardato m. (-a) mentale; COLLOQ. idiota m. e f.; scemo m. (-a).

moronic /mə'rɒnɪk/ agg. MED. dalla mente debole; COLLOQ. idiota, scemo.

moronically /mə'rɒnɪklɪ/ avv. COLLOQ. come uno scemo.

moronism /'mɔːrɒnɪzəm/ n. MED. debolezza f. mentale; COLLOQ. idiozia f., scemenza f.

morose /mə'rəʊs/ agg. [*person, expression*] imbronciato, scontento; [*mood*] cupo; [*thing, idea*] pesante, opprimente.

morosely /mə'rəʊslɪ/ avv. [*sit, stare*] con aria scontenta.

morph /mɔːf/ n. LING. morfo m.

morpheme /'mɔːfiːm/ n. morfema m.

morphemic /mɔː'fiːmɪk/ agg. morfematico, morfemico.

Morpheus /'mɔːfɪəs/ n.pr. Morfeo ◆ ***to be in the arms of ~*** LETT. essere tra le braccia di Morfeo.

morphia /'mɔːfɪə/ n. ANT. morfina f.

morphine /'mɔːfiːn/ n. morfina f.

morphine addict /'mɔːfiːnˌædɪkt/ n. morfinomane m. e f.

morphine addiction /'mɔːfiːnəˌdɪkʃn/ n. morfinomania f.

morphing /'mɔːfɪŋ/ n. CINEM. morphing m.

morphinism /'mɔːfiːnɪzəm/ ➧ **11** n. morfinismo m.

morphism /'mɔːfɪzəm/ n. morfismo m.

morphogenesis /ˌmɔːfə'dʒenəsɪs/ n. morfogenesi f.

morphological /ˌmɔːfə'lɒdʒɪkl/ agg. morfologico.

morphologically /ˌmɔːfə'lɒdʒɪklɪ/ avv. morfologicamente.

morphologist /mɔː'fɒlədʒɪst/ ➧ **27** n. morfologista m. e f.

morphology /mɔː'fɒlədʒɪ/ n. *(all contexts)* morfologia f.

Morris /'mɒrɪs/ n.pr. Maurizio.

morris (dance) /'mɒrɪs(ˌdɑːns), AE (-ˌdæns)/ n. = danza folcloristica inglese.

morris dancer /'mɒrɪsˌdɑːnsə(r), AE -ˌdænsər/ n. = chi balla la morris dance.

morris dancing /'mɒrɪsˌdɑːnsɪŋ, AE -ˌdænsɪŋ/ n. **U** = il ballare la morris dance.

morris man /'mɒrɪsˌmæn/ n. (pl. **-men**) = ballerino di morris dance.

morrow /'mɒrəʊ, AE 'mɔːr-/ n. ANT. **1** *(the following day)* indomani m.; ***on the ~*** l'indomani **2** *(morning)* mattino m.; ***good ~!*** buongiorno!

morse /mɔːs/ n. tricheco m.

Morse /mɔːs/, **Morse code** /ˌmɔːs'kəʊd/ **I** n. alfabeto m. Morse, morse m.; ***in ~*** in morse **II** modif. [*signal, alphabet*] morse.

morsel /'mɔːsl/ n. **1** *(of food)* boccone m., pezzetto m.; ***a tasty ~*** un buon bocconcino **2** FIG. *(of sense, self-respect)* pizzico m. (**of** di).

Morse set /ˌmɔːs'set/ n. apparecchio m. morse.

1.mort /mɔːt/ n. = suono del corno che, durante una battuta di caccia, segnala la morte del cervo.

2.mort /mɔːt/ n. salmone m. di tre anni.

Mort /mɔːt/ n.pr. diminutivo di **Mortimer**.

mortadella /ˌmɔːtə'delə/ n. (pl. **-e**, **~s**) mortadella f.

▷ **mortal** /'mɔːtl/ **I** agg. **1** [*man, life, enemy, danger, injury*] mortale; [*blow*] mortale, fatale **2** RELIG. [*sin*] mortale **II** n. mortale m. e f.

mortal combat /ˌmɔːtl'kɒmbæt/ n. duello m. mortale.

mortality /mɔː'tælətɪ/ n. mortalità f.

mortality rate /mɔː'tælətɪˌreɪt/ n. tasso m. di mortalità.

mortally /'mɔːtəlɪ/ avv. mortalmente.

mortal remains /ˌmɔːtlrɪ'meɪns/ n.pl. resti m. mortali.

▷ **1.mortar** /'mɔːtə(r)/ n. MIL. FARM. mortaio m.

2.mortar /'mɔːtə(r)/ tr. attaccare con i mortai.

▷ **3.mortar** /'mɔːtə(r)/ n. EDIL. malta f.

4.mortar /'mɔːtə(r)/ tr. *(join)* cementare con la malta; *(plaster)* intonacare con la malta.

mortarboard /'mɔːtəbɔːd/ n. **1** BE UNIV. tocco m. **2** EDIL. sparviere m.

▷ **1.mortgage** /'mɔːgɪdʒ/ **I** n. ipoteca f.; *(mortgage loan)* mutuo m. (ipotecario) (**on** su); ***to apply for a ~*** chiedere un mutuo; ***to raise*** o ***take out a ~*** accendere un'ipoteca; ***to pay off*** o ***clear a ~*** togliere *o* estinguere un'ipoteca **II** modif. [*agreement, deed*] ipotecario.

▷ **2.mortgage** /'mɔːgɪdʒ/ tr. ipotecare [*property*] (**for** per); ***the house is ~d to the bank*** la casa è stata ipotecata alla banca; ***to ~ one's future*** mettere un'ipoteca sul proprio futuro.

mortgage broker /'mɔːgɪdʒˌbrəʊkə(r)/ ➧ **27** n. intermediario m. (-a) per mutui ipotecari.

mortgagee /ˌmɔːgɪ'dʒiː/ n. creditore m. ipotecario.

mortgage loan /'mɔːgɪdʒˌləʊn/ n. mutuo m. (ipotecario).

mortgager, **mortgagor** /'mɔːgɪdʒə(r)/ n. debitore m. ipotecario.

mortgage rate /ˌmɔːgɪdʒ'reɪt/ n. tasso m. di interesse ipotecario.

mortgage relief /ˌmɔːgɪdʒrɪ'liːf/ n. = detrazione fiscale per il pagamento di interessi ipotecari.

mortgage repayment /ˌmɔːgɪdʒrɪ'peɪmənt/ n. rata f. del mutuo.

mortgagor → **mortgager**.

mortice → **1.mortise**, **2.mortise**.

mortician /mɔː'tɪʃn/ ➧ **27** n. AE *(person who arranges funerals)* impresario m. (-a) di pompe funebri; *(undertaker)* becchino m., necroforo m.

Mortie /'mɔːtɪ/ n.pr. diminutivo di **Mortimer**.

mortification /ˌmɔːtɪfɪ'keɪʃn/ n. *(all contexts)* mortificazione f.

mortified /'mɔːtɪfaɪd/ **I** p.pass → **mortify** **II** agg. mortificato.

mortify /'mɔːtɪfaɪ/ tr. **1** *(embarrass)* mortificare, umiliare [*person*] **2** RELIG. mortificare; ***to ~ the flesh*** mortificare la carne.

mortifying /'mɔːtɪfaɪɪŋ/ agg. mortificante, umiliante.

mortifyingly /'mɔːtɪfaɪɪŋlɪ/ avv. in modo mortificante, in modo umiliante.

Mortimer /'mɔːtɪmə(r)/ n.pr. Mortimer (nome di uomo).

1.mortise /'mɔːtɪs/ n. mortasa f.

2.mortise /'mɔːtɪs/ tr. mortasare, unire a mortasa.

mortise and tenon joint /ˌmɔːtɪsən'tenəndʒɔɪnt/ n. incastro m. a tenone e mortasa.
mortise lock /'mɔːtɪsˌlɒk/ n. serratura f. incassata.
mortlake /'mɔːtleɪk/ n. *(of river)* morta f., mortizza f.
mortmain /'mɔːtmeɪn/ n. DIR. manomorta f.
mortuary /'mɔːtʃərɪ, AE 'mɔːtʃʊerɪ/ **I** n. obitorio m. **II** agg. mortuario; ~ ***chapel*** camera ardente; ~ ***rite*** rito funebre.
Morty /'mɔːtɪ/ n.pr. diminutivo di **Mortimer**.
▷ **mosaic** /məʊ'zeɪɪk/ **I** n. mosaico m. (anche FIG.) **II** modif. [*floor, pattern*] a mosaico; [*art*] musivo.
Mosaic /məʊ'zeɪɪk/ agg. BIBL. mosaico.
mosaicist /məʊ'zeɪɪsɪst/ ❥ ***27*** n. mosaicista m. e f.
moschatel /mɒskə'tel/ n. ranuncolino m. muschiato.
moselle /məʊ'zel/ n. vino m. bianco della Mosella.
Moscow /'mɒskəʊ/ ❥ ***34*** n.pr. Mosca f.
Moses /'məʊzɪz/ n.pr. Mosè; ***Holy ~!*** COLLOQ. santo Dio!
Moses basket /'məʊzɪzˌbɑːskɪt, AE -ˌbæskɪt/ n. = culla portatile di vimini, simile a un cestino.
1.mosey /'məʊzɪ/ n. COLLOQ. giretto m.; ***to have a ~ round the garden*** fare un giretto in giardino.
2.mosey /'məʊzɪ/ intr. COLLOQ. gironzolare; ***to ~ down the street*** gironzolare per strada; ***I'd better be ~ing along*** è meglio che me ne vada a fare un giro; ***let's ~ on down to the pub*** andiamo a fare una puntatina giù al pub.
Moslem /'mɒzləm/ **I** agg. musulmano **II** n. musulmano m. (-a).
▷ **mosque** /mɒsk/ n. moschea f.
▷ **mosquito** /məs'kiːtəʊ, mɒs-/ n. zanzara f.
mosquito bite /məs'kiːtəʊˌbaɪt, mɒs-/ n. puntura f. di zanzara.
mosquito net /məs'kiːtəʊˌnet, mɒs-/ n. zanzariera f.
mosquito repellent /məs'kiːtəʊrɪˌpelənt, mɒs-/ n. (repellente) antizanzare m.
1.moss /mɒs, AE mɔːs/ n. BOT. muschio m. ◆ ***a rolling stone gathers no ~*** PROV. pietra smossa non fa muschio.
2.moss /mɒs, AE mɔːs/ tr. coprire di muschio.
Moss /mɒs, AE mɔːs/ n.pr. Moss (nome di uomo).
mossback /'mɒsbæk, AE 'mɔːs-/ n. AE COLLOQ. retrogrado m. (-a), parruccone m. (-a).
moss-covered /'mɒskʌvəd, AE 'mɔːs-/ agg. coperto di muschio, muscoso.
moss green /mɒs'griːn, AE mɔːs-/ ❥ **5 I** n. verde m. muschio **II** agg. verde muschio.
moss-grown /'mɒsgrəʊn, AE 'mɔːs-/ agg. **1** *(moss-covered)* coperto di muschio, muscoso **2** *(antiquated)* antiquato.
moss rose /'mɒsˌrəʊz, AE 'mɔːs-/ n. rosa f. muscosa.
moss stitch /'mɒsˌstɪtʃ, AE 'mɔːs-/ n. punto m. riso.
moss-trooper /'mɒsˌtruːpə(r), AE 'mɔːs-/ n. STOR. = predone, bandito che agiva sul confine tra Scozia e Inghilterra nel XVII secolo.
mossy /'mɒsɪ, AE 'mɔːsɪ/ agg. *(moss-covered)* coperto di muschio, muscoso; *(resembling moss)* simile a muschio.
▶ **most** /məʊst/ When used to form the superlative of adjectives, *most* is translated by *il / la / i / le più* depending on the gender and number of the noun: *the most expensive hotel in Rome* = il più costoso albergo di Roma / l'albergo più costoso di Roma; *the most beautiful woman in the room* = la più bella donna nella stanza / la donna più bella nella stanza; *the most difficult problems* = i problemi più difficili; *the most profitable discussions* = le discussioni più utili. Note that in the plural the adjective in the superlative form usually follows the noun it refers to. - For examples and further uses, see the entry below. **I** quantif. **1** *(the majority of, nearly all)* la maggior parte di; ~ ***people, computers*** la maggior parte delle persone, dei computer **2** *(superlative: more than all the others)* ***she got the ~ votes, money*** ha ottenuto il più alto numero di voti, la somma più alta; ***we had (the) ~ success, problems in China*** abbiamo avuto il maggiore successo, i maggiori problemi in Cina; ***those with (the) ~ intelligence*** quelli più intelligenti **3 for the most part** *(most of us, you, them)* per la maggior parte; *(most of the time)* per la maggior parte del tempo; *(basically)* soprattutto; ***for the ~ part, they*** per lo più, loro; ***for the ~ part he works in his office*** lavora soprattutto in ufficio; ***the book is, for the ~ part, about sex*** il libro parla soprattutto di sesso; ***his experience is, for the ~ part, in publishing*** ha esperienza soprattutto in campo editoriale **II** pron. **1** *(the majority)* la maggioranza, la maggior parte (**of** di); ~ ***of the people, of the computers*** la maggioranza delle persone, dei computer; ~ ***of you, us*** la maggior parte di voi, di noi; ~ ***of the bread, wine*** quasi tutto il pane, il vino; ~ ***of the money*** la maggior parte dei soldi; ***for ~ of the day, evening*** per quasi tutto il giorno, per quasi tutta la sera; ~ ***agreed*** erano quasi tutti d'accordo; ~ ***were blue*** erano quasi tutti blu **2** *(the maximum)* il massimo; ***the ~ you can expect is...*** il massimo che tu possa sperare è...; ***the ~ I can do is...*** il massimo che io possa fare è...; ***what's the ~ we'll have to pay?*** quanto pagheremo al massimo? **3** *(more than all the others)* ***John has got the ~*** John ne ha più di tutti **4 at (the) most** *(at the maximum)* al massimo **5 most of all** soprattutto **III** avv. **1** *(used to form superlative)* ***the ~ beautiful town in Italy*** la più bella città d'Italia; ~ ***easily*** molto facilmente, facilissimamente; ***the ~ beautifully written poetry*** le poesie più belle *o* la migliore poesia; ~ ***interestingly (of all), he...*** la cosa più interessante è che lui... **2** *(very)* molto, estremamente; ~ ***encouraging, odd*** molto incoraggiante, molto strano; ~ ***amusing*** estremamente divertente; ~ ***probably*** molto probabilmente **3** *(more than all the rest)* maggiormente, di più; ***what ~ annoyed him*** o ***what annoyed him ~ (of all) was*** la cosa che lo irritava di più era; ***those who will benefit, suffer ~ from*** quelli che trarranno maggior beneficio da, quelli che soffriranno di più di **4** AE COLLOQ. *(almost)* quasi; ~ ***everyone*** quasi tutti ◆ ***to make the ~ of*** trarre il massimo (vantaggio) da [*situation*]; sfruttare al massimo [*opportunity, resources, looks, abilities, space*]; godersi il più possibile [*holiday, good weather*].
▶ **mostly** /'məʊstlɪ/ avv. **1** *(chiefly)* soprattutto, essenzialmente; *(most of us, you, them)* per la maggior parte; ***he composes ~ for the piano*** compone soprattutto per pianoforte; ***200 people, ~ Americans*** 200 persone, per la maggior parte americani **2** *(most of the time)* quasi sempre, per la maggior parte del tempo; ~ ***we travelled by train*** abbiamo viaggiato soprattutto in treno; ~ ***he stays in his room*** sta quasi sempre *o* per lo più in camera sua.
1.MOT /ˌeməʊ'tiː/ BE AUT. (⇒ Ministry of Transport) **I** n. (anche ~ **test**, ~ **inspection**) *(of car)* revisione f. annuale, collaudo m. tecnico periodico; ***to take one's car in for its ~*** portare la macchina a fare la revisione; ***to pass, fail the ~*** passare, non passare la revisione; ***"~ until June"*** = certificato di revisione valido fino a giugno **II** modif. [*certificate, centre*] di revisione.
2.MOT /ˌeməʊ'tiː/ tr. portare a fare la revisione [*car*].
mote /məʊt/ n. *(of dust)* granello m., bruscolo m. ◆ ***to see the ~ in one's brother's eye but not the beam in one's own*** vedere la pagliuzza nell'occhio del prossimo e non la trave nel proprio.
motel /məʊ'tel/ n. motel m.
motet /məʊ'tet/ n. mottetto m.
moth /mɒθ, AE mɔːθ/ n. **1** *(night-flying butterfly)* falena f., farfalla f. notturna **2** *(in clothes)* tarma f.
1.mothball /'mɒθbɔːl, AE 'mɔːθ-/ n. pallina f. di naftalina; ***to put sth. in, take sth. out of ~s*** mettere qcs. in, tirare fuori qcs. dalla naftalina (anche FIG.).
2.mothball /'mɒθbɔːl, AE 'mɔːθ-/ tr. mettere in disuso [*pit, shipyard*].
moth-eaten /'mɒθiːtn, AE 'mɔːθ-/ agg. **1** *(shabby)* logoro **2** *(damaged by moths)* tarlato, tarmato.
▶ **1.mother** /'mʌðə(r)/ n. **1** *(parent)* madre f.; ***a ~ of two*** madre di due bambini; ***she's like a ~ to me*** è come una madre per me **2** *(form of address) (to mother)* madre f. FORM., mamma f. **3** AE POP. ***a ~ of*** un cavolo di **4 Mother** RELIG. madre f.; ***Reverend Mother*** reverenda madre ◆ ***every ~'s son (of them)*** = ognuno di loro; ***to learn sth. at one's ~'s knee*** o ***to take sth. in with one's ~'s milk*** succhiare qcs. col latte della madre.
2.mother /'mʌðə(r)/ tr. **1** *(give birth to)* dare alla luce [*young*]; FIG. dare vita a [*legend*] **2** *(fuss over)* coccolare, viziare.
3.mother /'mʌðə(r)/ n. (anche ~ **of vinegar**) madre f. (dell'aceto).
motherboard /'mʌðəbɔːd/ n. scheda f. madre.
Mother Carey's chicken /ˌmʌðəkæriːz'tʃɪkɪn/ n. procellaria f., uccello m. delle tempeste.
mother church, **Mother Church** /'mʌðətʃɜːtʃ/ n. *(Catholic church)* Santa Madre Chiesa f.
mother country /'mʌðəˌkʌntrɪ/ n. madrepatria f.
mother earth /ˌmʌðər'ɜːθ/ n. madre terra f.
mother figure /'mʌðəˌfɪgə(r), AE -gjə(r)/ n. figura f. materna.
motherfucker /'mʌðəˌfʌkə(r)/ n. VOLG. figlio m. di puttana.
motherfucking /'mʌðəˌfʌkɪŋ/ agg. VOLG. fottutissimo, di merda.
Mother Goose /ˌmʌðə'guːs/ n. Mamma f. Oca.
mother hen /ˌmʌðə'hen/ n. chioccia f. (anche FIG.).
motherhood /'mʌðəhʊd/ n. maternità f.; ***the responsibilities of ~*** le responsabilità dell'essere madre; ***to combine ~ with a career*** conciliare famiglia e carriera.
mothering /'mʌðərɪŋ/ n. **1** *(motherly care)* cure f.pl. materne **2** *(being a mother)* maternità f.
Mothering Sunday /'mʌðərɪŋˌsʌndeɪ, -dɪ/ n. BE ANT. = la quarta domenica di quaresima, in cui si celebra la festa della mamma.
mother-in-law /'mʌðərɪnˌlɔː/ n. (pl. **mothers-in-law**) suocera f.

mother-in-law's tongue /ˌmʌðərɪnlɔ:zˈtʌŋ/ n. sansevieria f.
motherland /ˈmʌðərlænd/ n. *(all contexts)* patria f.
motherless /ˈmʌðəlɪs/ agg. [*child*] orfano di madre; [*animal*] senza mamma.
motherliness /ˈmʌðəlɪnɪs/ n. senso m. materno.
mother love /ˌmʌðəˈlʌv/ n. amore m. materno.
motherly /ˈmʌðəlɪ/ agg. materno.
mother-naked /ˈmʌðəˌneɪkɪd/ agg. (nudo) come mamma l'ha fatto.
Mother Nature /ˌmʌðəˈneɪtʃə(r)/ n. Madre f. Natura.
Mother of God /ˌmʌðərəvˈgʌd/ n. Madre f. di Dio.
mother-of-pearl /ˌmʌðərəvˈpɜ:l/ **I** n. madreperla f. **II** modif. [*necklace, brooch, box*] di madreperla.
mother-of-thousands /ˌmʌðərəvˈθaʊzndz/ n. cimbalaria f.
mother's boy /ˈmʌðəzˌbɔɪ/ n. mammone m.
Mother's Day /ˈmʌðəzˌdeɪ/ n. festa f. della mamma.
mother's help /ˌmʌðəzˈhelp/ BE, **mother's helper** /ˌmʌðəzˈhelpə(r)/ AE n. = collaboratrice domestica che bada alla casa e ai bambini.
mother ship /ˈmʌðəˌʃɪp/ n. nave f. appoggio.
Mother Superior /ˌmʌðəsu:ˈpɪərɪə(r)/ n. madre f. superiora.
mother-to-be /ˌmʌðətəˈbi:/ n. futura madre f.
mother tongue /ˌmʌðəˈtʌŋ/ n. **1** *(native tongue)* madrelingua f. **2** *(tongue from which another evolves)* lingua f. madre.
mother wit /ˈmʌðəˌwɪt/ n. buonsenso m.
1.mothproof /ˈmɒθpru:f, AE ˈmɔ:θ-/ agg. sottoposto a trattamento antitarmico.
2.mothproof /ˈmɒθpru:f, AE ˈmɔ:θ-/ tr. trattare [qcs.] con sostanze antitarmiche.
mothy /ˈmɒθɪ, AE ˈmɔ:-/ agg. *(infested with moths)* pieno di tarme; *(moth-eaten)* tarmato.
motif /məʊˈti:f/ n. *(in art, music)* motivo m.; *(in literature)* tema m.
▶ **1.motion** /ˈməʊʃn/ n. **1** *(movement)* movimento m.; ***to be in ~*** essere in movimento; ***to set sth. in ~*** dare la carica a [*pendulum*]; FIG. mettere in atto [*plan*]; innescare [*chain of events*]; ***to set the wheels in ~*** FIG. mettere le cose in moto **2** FIS. moto m.; ***perpetual ~*** moto perpetuo **3** *(gesture) (of hands)* gesto m.; *(of head)* movimento m.; *(of body)* movimento m., movenze f.pl. **4** AMM. POL. mozione f., istanza f.; ***to table, second the ~*** presentare, appoggiare la mozione; ***to carry, defeat the ~ by 10 votes to 8*** approvare, respingere la mozione con 10 voti contro 8; ***a ~ of censure*** una mozione di censura **5** MED. *(evacuation)* defecazione f., evacuazione f.; *(faeces)* feci f.pl.; ***to have a ~*** defecare *o* andare di corpo ◆ ***to go through the ~s*** fare qualcosa tanto per fare, pro forma; ***to go through the ~s of doing*** fare finta di fare.
2.motion /ˈməʊʃn/ **I** tr. ***to ~ sb. away, back*** fare segno *o* cenno a qcn. di allontanarsi, di indietreggiare; ***to ~ sb. to approach*** fare segno *o* cenno a qcn. di avvicinarsi **II** intr. fare segno (**to** a).
motionless /ˈməʊʃnlɪs/ agg. [*sit, stand*] immobile, fermo; [*hawk*] immobile; [*cloud*] fermo, che non si muove; ***they sat ~*** restarono seduti immobili.
motionlessly /ˈməʊʃnlɪslɪ/ avv. senza muoversi.
motionlessness /ˈməʊʃnlɪsnɪs/ n. immobilità f.
motion picture /ˌməʊʃnˈpɪktʃə(r)/ **I** n. film m. **II** modif. [*industry, director*] cinematografico.
motion sickness /ˈməʊʃnˌsɪknɪs/ ➧ ***11*** n. chinetosi f.
motivate /ˈməʊtɪveɪt/ **I** tr. *(serve as a reason)* motivare; *(stimulate)* spingere, incitare; PSIC. motivare (**to do** a fare) **II** rifl. ***to ~ oneself*** motivarsi.
▷ **motivated** /ˈməʊtɪveɪtɪd/ **I** p.pass. → **motivate II** agg. **1** [*person, pupil*] motivato; ***highly*** o ***well ~*** molto *o* fortemente motivato **2** ***politically, racially ~*** [*act*] di matrice politica, razzista.
motivating /ˈməʊtɪveɪtɪŋ/ agg. [*force, factor*] scatenante.
▷ **motivation** /ˌməʊtɪˈveɪʃn/ n. motivo m. (**for** per; **for doing, to do** per fare); ***he lacks ~*** non è motivato.
motivational /ˌməʊtɪˈveɪʃnəl/ agg. motivazionale.
motivation(al) research /məʊtɪˌveɪʃn(əl)rɪˈsɜ:tʃ, -ˈri:-/ n. ricerca f. motivazionale.
motivator /ˈməʊtɪveɪtə(r)/ n. *(person, thing)* motore m., elemento m. trascinante; ***the team ~*** il motore della squadra; ***to be a*** o ***act as a ~*** essere l'elemento trascinante.
▷ **motive** /ˈməʊtɪv/ **I** n. **1** motivo m., ragione f. (**for** per; **behind** che sta dietro a); ***sb.'s ~ in doing*** il motivo che spinge qcn. a fare; ***a political ~*** una ragione politica; ***base, noble ~s*** ignobili, nobili motivi **2** DIR. movente m. (**for** di) **II** agg. [*force, power*] motore; ***she was the ~ force behind our decision*** FIG. è stata lei che ci ha spinto a prendere la decisione.
motiveless /ˈməʊtɪvlɪs/ agg. [*crime, act*] gratuito, immotivato.
motivelessly /ˈməʊtɪvlɪslɪ/ avv. gratuitamente, senza una ragione.
motivity /ˈməʊtɪvətɪ/ n. energia f., forza f. motrice.
motley /ˈmɒtlɪ/ **I** n. STOR. *(jester's costume)* abito m. (multicolore) da giullare **II** agg. **1** *(heterogeneous)* [*crowd, gathering*] eterogeneo, composito; [*collection*] eterogeneo; ***a ~ crew*** SCHERZ. IRON. un bel campionario di gente **2** *(variegated)* [*marble, flower*] variegato, screziato; *(of different colours)* [*coat*] variopinto, multicolore.
motocross /ˈməʊtəkrɒs/ ➧ ***10*** n. motocross m.
▶ **1.motor** /ˈməʊtə(r)/ **I** n. **1** EL. MECC. *(engine)* motore m. **2** FIG. ***to be the ~ for sth.*** essere il motore di qcs. **3** COLLOQ. *(car)* macchina f. **II** modif. **1** AUT. [*industry, racing*] automobilistico; [*insurance, show*] dell'auto; [*vehicle*] a motore; [*exhibition, trade, manufacturer*] di automobili **2** MED. [*cell*] motore; [*disorder, activity, function, nerve*] motorio.
2.motor /ˈməʊtə(r)/ intr. **1** *(travel by car)* andare in macchina; ***to ~ along, away*** passare, andarsene in auto; ***to ~ down to the coast*** fare un giro in macchina fino alla costa; ***to go ~ing*** andare a fare un giro in macchina **2** COLLOQ. *(go fast)* andare avanti a tutta birra; ***she's really ~ing through the work*** sta procedendo molto velocemente nel lavoro.
motorail /ˈməʊtəreɪl/ n. GB = treno con auto al seguito.
▷ **motorbike** /ˈməʊtəbaɪk/ n. motociclo m.
motorboat /ˈməʊtəbəʊt/ n. barca f. a motore; *(fast boat)* motoscafo m.
motorbus /ˈməʊtəbʌs/ n. autobus m.
motorcade /ˈməʊtəkeɪd/ n. corteo m., sfilata f. (di automobili).
motor car /ˈməʊtəkɑ:(r)/ n. ANT. autovettura f.
motorcoach /ˈməʊtəkəʊtʃ/ n. autopullman m.
motor court /ˈməʊtəkɔ:t/ n. AE → **motor lodge**.
▷ **motorcycle** /ˈməʊtəˌsaɪkl/ n. motocicletta f., moto f.
motorcycle escort /ˌməʊtəsaɪklˈeskɔ:t/ n. scorta f. in motocicletta.
motorcycle messenger /məʊtəˌsaɪklˈmesɪndʒə(r)/ ➧ ***27*** n. pony m. express; *(soldier)* messaggero m. in motocicletta.
motorcycling /ˈməʊtəˌsaɪklɪŋ/ ➧ ***10*** n. motociclismo m.
motorcyclist /ˈməʊtəˌsaɪklɪst/ n. motociclista m. e f.
motor home /ˈməʊtəhəʊm/ n. camper m., motorhome m.
motoring /ˈməʊtərɪŋ/ **I** n. ANT. *(driving a car)* automobilismo m. **II** modif. [*organization, accident*] automobilistico; [*correspondent*] che si occupa di automobilismo; [*magazine*] di automobili, di automobilismo; [*holiday*] in automobile; [*offence*] al codice della strada, stradale.
motor inn /ˌməʊtərˈɪn/ n. AE → **motor lodge**.
▷ **motorist** /ˈməʊtərɪst/ n. automobilista m. e f.
motorization /ˌməʊtəraɪˈzeɪʃn, AE -rɪˈz-/ n. motorizzazione f.
motorize /ˈməʊtəraɪz/ tr. **1** motorizzare [*troops, police*] **2** dotare di motore, motorizzare [*system, device, vehicle*].
motorized /ˈməʊtəraɪzd/ **I** p.pass → **motorize II** agg. [*transport, regiment*] motorizzato; [*camera, device*] a motore; [*vehicle*] motorizzato, a motore.
motor launch /ˈməʊtəlɔ:ntʃ/ n. motovedetta f.
motor lodge /ˈməʊtəlɒdʒ/ n. AE motel m.
motorman /ˈməʊtəmən/ ➧ ***27*** n. (pl. **-men**) AE *(of tram, underground train etc.)* conducente m.
motor mechanic /ˈməʊtəmɪˌkænɪk/ ➧ ***27*** n. meccanico m. (d'auto).
motormen /ˈməʊtəmen/ → **motorman.**
motormouth /ˈməʊtəmaʊθ/ n. COLLOQ. chiacchierone m. (-a).
motor mower /ˈməʊtəˌməʊə(r)/ n. tosaerba m. (a motore).
motor neurone disease /ˌməʊtəˈnjʊərəʊndɪˌzi:z, -ˈnʊ-/ ➧ ***11*** n. malattia f. dei neuroni motori.
motor oil /ˈməʊtərɔɪl/ n. olio m. lubrificante.
motor scooter /ˈməʊtəˌsku:tə(r)/ n. (moto)scooter m.
motorship /ˈməʊtəʃɪp/ n. motonave f.
motor truck /ˈməʊtətrʌk/ n. AE autocarro m., camion m.
motorway /ˈməʊtəweɪ/ **I** n. BE autostrada f. **II** modif. BE [*markings, traffic, police, network, system, junction, building programme*] autostradale; [*service station, telephone, pile-up*] sull'autostrada; [*driving*] in autostrada, sull'autostrada.
Motown® /ˈməʊtaʊn/ **I** n.pr. Motown® f. **II** modif. ***a ~ record*** un disco Motown.
1.mottle /ˈmɒtl/ n. *(on animal skin)* chiazza f., screziatura f.; *(on paper)* macchietta f.
2.mottle /ˈmɒtl/ tr. chiazzare [*skin*]; macchiettare [*paper, drawing*].
mottled /ˈmɒtld/ **I** p.pass. → **2.mottle II** agg. [*skin, hands*] a chiazze, chiazzato; [*paper, file, binding, design*] marmorizzato, variegato; [*markings*] variegato, screziato.

motto /ˈmɒtəʊ/ n. 1 *(of person, institution)* motto m.; ***that's my ~*** è il mio motto 2 BE *(in cracker) (joke)* motto m. di spirito; *(riddle)* indovinello m.

mouf(f)lon /ˈmu:flɒn/ n. muflone m.

▷ **1.mould** BE, **mold** AE /məʊld/ n. 1 *(shape)* forma f., stampo m.; ***candle~*** stampo per candele 2 FIG. stampo m., tempra f.; ***in the~ of*** sullo stampo di; ***in the same~*** dello stesso stampo; ***to be cast in the same~*** essere dello stesso stampo; ***those two brothers are out of the same~*** quei due fratelli sono fatti con lo stampo; ***to be cast in a different~ from*** non essere dello stesso stampo di; ***to be cast in*** o ***to fit into a~*** rientrare nei canoni; ***to break the~*** rompere gli schemi 3 *(vessel for pudding, jelly)* stampo m., stampino m.; *(pudding, jelly)* budino m., sformato m.; ***ring~*** stampo per ciambelle; ***rice~*** sformato di riso.

▷ **2.mould** BE, **mold** AE /məʊld/ I tr. 1 modellare [*plastic, clay*] (**into sth.** a forma di qcs.); modellare [*sculpture, shape*] (**out of, from, in** in); ***to~ sth. around sth.*** modellare qcs. su qcs.; ***to be~ed to sb.'s body*** [*dress etc.*] essere molto aderente, essere modellato sul corpo di qcn. 2 FIG. plasmare [*character, society*]; formare [*opinion*] (**into** su); ***to~ sb., sth. into sth.*** trasformare qcn., qcs. in qcs. II intr. ***to~ to sth.*** o ***to~ round sth.*** modellarsi su qcs.

3.mould BE, **mold** AE /məʊld/ n. *(soil)* terriccio m.

▷ **4.mould** BE, **mold** AE /məʊld/ n. *(fungi)* muffa f.

mouldable BE, **moldable** AE /ˈməʊldəbl/ agg. modellabile, plasmabile.

mouldboard /ˈməʊldbɔ:d/ n. *(of plough)* versoio m.

mould-breaker /ˈməʊld,breɪkə(r)/ n. innovatore m. (-trice); ***to be a~*** [*person, design, book, film*] essere innovativo *o* fuori dagli schemi; [*machine etc.*] essere innovativo.

mould-breaking /məʊldˈbreɪkɪŋ/ agg. innovativo.

moulded /ˈməʊldɪd/ I p.pass → **2.mould** II agg. [*plastic, frame*] stampato; [*chair*] di plastica stampata.

moulder BE, **molder** AE /ˈməʊldə(r)/ intr. (anche ~ **away**) 1 [*building, ruins*] sgretolarsi, ridursi in polvere; [*corpse, refuse*] decomporsi 2 FIG. [*person*] marcire.

moulding BE, **molding** AE /ˈməʊldɪŋ/ n. 1 *(of opinion, character)* formazione f. 2 *(moulded object)* forma f. 3 *(trim on wall, frame, car)* modanatura f.

mouldiness /ˈməʊldɪnɪs/ n. (l')essere ammuffito.

mouldy BE, **moldy** AE /ˈməʊldɪ/ agg. [*bread, food*] ammuffito; ***a ~ smell*** un odore di muffa; ***to go~*** ammuffirsi.

1.moult BE, **molt** AE /məʊlt/ n. ZOOL. muta f.

2.moult BE, **molt** AE /məʊlt/ I tr. perdere, cambiare [*fur*]; fare la muta di [*feathers*] II intr. [*cat, dog*] perdere il pelo; [*bird*] fare la muta (delle penne).

▷ **1.mound** /maʊnd/ n. 1 *(hillock)* montagnola f.; *(tumulus)* tumulo m. 2 *(heap)* mucchio m., montagna f. (**of** di); ***I have a~ of newspapers to read*** ho una montagna di giornali da leggere 3 AE SPORT *(in baseball)* pedana f. (di lancio).

▷ **2.mound** /maʊnd/ tr. 1 *(surround with a mound)* circondare con un terrapieno 2 *(heap up in a mound)* ammucchiare, ammonticchiare.

▶ **1.mount** /maʊnt/ n. *(mountain)* monte m.; ***~ Everest*** il monte Everest, l'Everest; ***~ Etna*** l'Etna; ***the Sermon on the Mount*** il Discorso della Montagna.

2.mount /maʊnt/ n. 1 *(horse)* cavallo m., cavalcatura f. 2 *(support, surround) (for jewel, lens)* montatura f.; *(for picture)* cornice f.; *(for microscope, slide)* vetrino m.; *(for film slide)* telaietto m.

▶ **3.mount** /maʊnt/ I tr. 1 *(ascend)* salire [*stairs*]; salire su [*platform, scaffold*]; ***to~ the throne*** FIG. salire *o* ascendere al trono; ***to~ the pavement*** AUT. salire sul marciapiede 2 *(fix into place)* montare [*picture, photo*] (**on** su); incastonare, montare [*jewel*] (**on** su); inserire (in un album) [*stamp*]; preparare [*specimen*]; mettere [qcs.] in posizione (di tiro) [*gun*]; AUT. TECN. montare [*engine*]; installare [*device*] 3 *(get on)* montare a [*horse*]; salire in, montare in, inforcare [*bicycle*] 4 *(set up, hold)* allestire [*exhibition*]; organizzare [*demonstration, campaign*]; TEATR. allestire, mettere in scena [*production*]; ***to~ an attack*** MIL. sferrare un'offensiva; ***to~ a raid on*** ECON. dare la scalata a; ***to~ guard*** montare di guardia (**at, over** a) 5 ZOOL. *(in copulation)* montare II intr. 1 [*climber, staircase*] salire (**to** a, fino a); ***the blood~ed to his cheeks*** il sangue gli salì al viso 2 *(increase)* [*temperature, prices*] salire, aumentare; [*debts, toll*] aumentare; [*number, concern*] aumentare, crescere 3 EQUIT. montare (in sella).

▶ **mountain** /ˈmaʊntɪn, AE -ntn/ I n. montagna f.; FIG. montagna f., mucchio m. (**of** di); ***in the~s*** in montagna; ***a~ of debts*** una montagna di debiti; ***I've got~s of work to do*** ho una montagna di lavoro da fare; ***meat, butter~*** ECON. eccedenze di carne, di burro II modif. [*road, stream, scenery, air*] di montagna; [*tribe*] delle montagne ◆ ***to make a~ out of a molehill*** fare di una mosca un elefante.

mountain ash /,maʊntɪnˈæʃ, AE -ntn-/ n. sorbo m. degli uccellatori.

mountain bike /ˈmaʊntɪn,baɪk, AE -ntn-/ n. mountain bike f.

mountain cat /ˈmaʊntɪn,kæt, AE -ntn-/ n. *(puma)* puma m.; *(lynx)* lince f. rossa.

mountain climbing /ˈmaʊntɪn,klaɪmɪŋ, AE -ntn-/ ♦ ***10*** n. alpinismo m.

Mountain Daylight Time /,maʊntɪn,deɪlaɪtˈtaɪm, AE -ntn-/ n. AE = ora legale adottata nella zona delle Montagne Rocciose.

mountain dew /,maʊntɪnˈdju:, AE -ntnˈdu:/ n. COLLOQ. whisky m. di contrabbando.

1.mountaineer /,maʊntɪˈnɪə(r), AE -ntnˈɪər/ n. 1 *(climber)* alpinista m. e f. 2 AE *(mountain-dweller)* montanaro m. (-a).

2.mountaineer /,maʊntɪˈnɪə(r), AE -ntnˈɪər/ intr. fare dell'alpinismo.

mountaineering /,maʊntɪˈnɪərɪŋ, AE -ntnˈɪərɪŋ/ ♦ ***10*** n. alpinismo m.

mountain goat /ˈmaʊntɪn,gəʊt, AE -ntn-/ n. = capra che vive nella zona delle Montagne Rocciose.

mountain-high /,maʊntɪnˈhaɪ, AE -ntn-/ agg. altissimo, alto come una montagna.

mountain lion /ˈmaʊntɪn,laɪən, AE -ntn-/ n. puma m.

mountainous /ˈmaʊntɪnəs, AE -ntənəs/ agg. [*region, country*] montuoso; [*landscape*] montano; FIG. *(huge)* [*wave, heap*] enorme, grande come una montagna.

mountainousness /ˈmaʊntɪnəsnɪs, AE -ntənəs-/ n. montuosità f.

mountain range /,maʊntɪnˈreɪndʒ, AE -ntn-/ n. catena f. montuosa.

mountain sickness /,maʊntɪnˈsɪknɪs, AE -ntn-/ ♦ ***11*** n. mal m. di montagna.

mountainside /ˈmaʊntɪnsaɪd, AE -ntn-/ n. fianco m., versante m. di una montagna.

Mountain Standard Time /,maʊntɪnˈstændəd,taɪm, AE -ntn-/ n. AE 1 = ora solare della zona delle Montagne Rocciose 2 → **Mountain Time**.

Mountain Time /ˈmaʊntɪn,taɪm, AE -ntn-/ n. AE = tempo medio della zona delle Montagne Rocciose.

mountain top /ˈmaʊntɪntɒp, AE -ntn-/ n. cima f., vetta f.

mountebank /ˈmaʊntɪbæŋk/ n. LETT. ciarlatano m.

mounted police /,maʊntɪdpəˈli:s/ n. + verbo pl. polizia f. a cavallo.

mounted policeman /,maʊntɪnpəˈli:smən/ n. (pl. **mounted policemen**) poliziotto m. a cavallo.

mounter /ˈmaʊntə(r)/ ♦ ***27*** n. 1 IND. montatore m. (-trice) 2 *(of jewels)* incastonatore m. (-trice).

Mountie /ˈmaʊntɪ/ n. = membro della polizia a cavallo canadese; ***the~s*** = la polizia a cavallo canadese.

mounting /ˈmaʊntɪŋ/ n. 1 *(of jewel)* incastonatura f., montatura f.; *(of picture, photo)* montatura f. 2 MECC. montaggio m. 3 *(of play)* allestimento m., messa f. in scena; *(of exhibit)* allestimento m.

mounting block /ˈmaʊntɪŋblɒk/ n. montatoio m.

▷ **mourn** /mɔ:n/ I tr. piangere [*person, death*] II intr. *(observe ritual)* portare il lutto; ***to~ for sth., sb.*** piangere qcs., qcn.

mourner /ˈmɔ:nə(r)/ n. *(relation)* chi porta il lutto; *(other)* chi partecipa al funerale; ***the chief~*** = parente stretto o amico intimo che si occupa del funerale.

mournful /ˈmɔ:nfl/ agg. [*person*] triste, addolorato; [*expression, look*] triste, dolente, mesto; [*sound*] lugubre; ***to look ~*** avere un'aria da funerale.

mournfully /ˈmɔ:nfəlɪ/ avv. tristemente, mestamente.

mournfulness /ˈmɔ:nfəlnɪs/ n. tristezza f., dolore m., mestizia f.

mourning /ˈmɔ:nɪŋ/ n. 1 *(state, clothes)* lutto m.; ***to be in~*** essere in lutto (**for** per); ***to be in deep~*** essere in lutto stretto; ***to wear~*** portare il lutto; ***to go into, come out of~*** mettere, smettere il lutto 2 *(wailing)* lamenti m.pl.

mourning band /ˈmɔ:nɪŋ,bænd/ n. fascia f. da lutto.

mourning clothes /ˈmɔ:nɪŋ,kləʊðz, AE -,kləʊz/ n.pl. abiti m. da lutto, gramaglie f.

mourning paper /ˈmɔ:nɪŋ,peɪpə(r)/ n. carta f. listata a lutto.

▷ **1.mouse** /maʊs/ I n. 1 (pl. **mice**) topo m.; FIG. *(term of endearment)* topino m., topolino m. 2 (pl. **~s**) INFORM. mouse m. II modif. [*button, click, pointer*] del mouse ◆ ***as quiet as a~*** = molto tranquillo e silenzioso; ***to play cat and~ (with sb.)*** giocare al gatto col topo (con qcn.).

2.mouse /maʊs/ intr. 1 [*cat*] dare la caccia ai topi 2 INFORM. puntare con il mouse (**over** su).

mouse-colour BE, **mouse-color** AE/ˌmaʊs'kʌlə(r)/ ◗ *5* **I** n. grigio m. topo **II** agg. grigio topo.
mouse-ear /'maʊsɪə(r)/ n. BOT. orecchio m. di topo, pelosella f.
mousehole /'maʊshəʊl/ n. tana f., buco m. (del topo); FIG. *(small place)* buco m.
mouse mat /'maʊsˌmæt/, **mouse pad** /'maʊsˌpæd/ n. tappetino m. (del mouse).
mouse potato /'maʊspəˌteɪtəʊ/ n. COLLOQ. SPREG. = persona che passa tutto il proprio tempo incollata davanti al computer.
mouser /'maʊsə(r)/ n. cacciatore m. di topi.
mouse-tail /'maʊsteɪl/ n. BOT. coda f. di topo.
mousetrap /'maʊstræp/ n. trappola f. per topi.
mousey /'maʊsɪ/ agg. **1** *(colour)* [*hair*] color topo; [*colour*] (grigio) topo **2** SPREG. *(timid)* scialbo, grigio **3** [*odour*] di chiuso.
mousse /mu:s/ n. mousse f.
mousseline /'mu:sli:n/ n. mussolina f.
moustache /mə'stɑ:ʃ/, **mustache** AE /'mʌstæʃ/ n. baffi m.pl.; ***a man with a ~*** un uomo coi baffi, baffuto; ***to wear a ~*** portare, avere i baffi.
moustachio, mustachio AE /mə'stɑ:ʃɪəʊ, AE -'stæʃ-/ n. SCHERZ. baffoni m.pl., mustacchi m.pl.
moustachioed, mustachioed AE /mə'stɑ:ʃɪəʊd, AE -'stæʃ-/ agg. SCHERZ. con i baffoni, con i mustacchi.
mousy → **mousey.**
▶ **1.mouth** /maʊθ/ ◗ *2* n. **1** *(of human, animals)* bocca f.; ***in one's ~*** in bocca; ***to open, shut one's ~*** aprire, chiudere la bocca; ***with my, his etc. ~ open*** a bocca aperta; ***why did you have to open your (big) ~?*** COLLOQ. non potevi tenere chiusa quella boccaccia? ***he's got a big ~*** COLLOQ. è un chiacchierone; ***me and my big ~!*** COLLOQ. accidenti alla mia boccaccia! ***to have five ~s to feed*** avere cinque bocche da sfamare **2** *(of cave, tunnel)* imbocco m., ingresso m.; *(of river)* foce f., bocca f.; *(of geyser, volcano)* bocca f.; *(of valley)* imboccatura f.; *(of jar, bottle, decanter)* imboccatura f., bocca f.; *(of bag, sack)* apertura f., bocca f. **3** COLLOQ. *(talk)* ***he's all ~ (and no action)*** è tutto chiacchiere (e niente fatti); ***that's enough ~ from you!*** hai già detto abbastanza! ***to watch one's ~*** fare attenzione a quello che si dice ◆ ***by word of ~*** a voce; ***don't put words in my ~*** non farmi dire cose che non ho detto; ***his heart was in his ~*** aveva il cuore in gola; ***to be down in the ~*** essere giù di morale; ***to leave a bad*** o ***nasty taste in one's*** o ***the ~*** FIG. lasciare l'amaro in bocca; ***to put one's foot in one's ~*** fare una gaffe; ***to shoot one's ~ off*** sparare cazzate; ***to take the words right out of sb.'s ~*** togliere le parole di bocca a qcn.; ***wash your ~ out!*** lavati la bocca col sapone! ***I'll wash your ~ out with soap!*** guarda che ti lavo la bocca col sapone!
2.mouth /maʊθ/ **I** tr. **1** *(move lips silently)* = formare [qcs.] con le labbra senza emettere suoni [*word, lyrics, answer*] **2** SPREG. *(say insincerely)* ***to ~ platitudes*** riempirsi la bocca di luoghi comuni; ***to ~ rhetoric*** fare della retorica **II** intr. **1** *(mime)* = muovere la bocca senza emettere suoni **2** *(speak pompously)* declamare.
▪ **mouth off:** ~ **off** COLLOQ. SPREG. **1** *(shout)* blaterare; *(complain)* lamentarsi (**about** di, su); ***to ~ off at sb.*** prendere a male parole qcn. **2** AE *(be impudent)* rispondere male; *(speak indiscreetly)* raccontare cose in giro; ~ **off [sth.]** sparare [*opinions, prejudices*].
mouthful /'maʊθfʊl/ n. **1** *(of food)* boccone m.; *(of liquid)* sorsata f.; ***to swallow a meal in one ~*** mangiare tutto (il pasto) in un sol boccone **2** COLLOQ. *(long hard word)* = parola impronunciabile; *(long hard name)* = nome impronunciabile **3** COLLOQ. *(abuse)* sgridata f.; ***to give sb. a ~*** dare una lavata di capo a qcn.; ***to get a ~*** prendersi un cazziatone; ***a ~ of obscenities, of curses*** una sfilza di oscenità, di improperi **4** AE COLLOQ. *(pertinent remark)* ***you've said a ~!*** l'hai detta giusta!
mouth organ /'maʊθˌɔ:gən/ ◗ *17* n. armonica f. a bocca.
mouthpiece /'maʊθpi:s/ n. **1** *(of musical instrument, pipe)* bocchino m.; *(of telephone)* microfono m.; *(of snorkel)* boccaglio m. **2** *(person)* portavoce m. (**of, for** di); FIG. *(newspaper)* organo m. (**of** di).
mouth-to-mouth /ˌmaʊθtə'maʊθ/ agg. [*technique, method*] di respirazione bocca a bocca.
mouth-to-mouth resuscitation /maʊθtəˌmaʊθrɪˌsʌsɪ'teɪʃn/ n. (rianimazione con) respirazione f. bocca a bocca.
mouth ulcer /'maʊθˌʌlsə(r)/ n. afta f.
mouthwash /'maʊθwɒʃ/ n. collutorio m.
mouth-watering /'maʊθwɔ:tərɪŋ/ agg. che fa venire l'acquolina in bocca; ***to look ~*** avere un'aria molto appetitosa.
mouthy /'maʊðɪ/ agg. COLLOQ. chiacchierone, sbruffone.
movability /'mu:vəbɪlətɪ/ n. mobilità f.
movable /'mu:vəbl/ agg. **1** mobile **2** DIR. [*goods, property*] mobile ◆ ***a ~ feast*** una festa mobile; ***here, lunch is a ~ feast*** SCHERZ. qui si pranza quando capita *o* non si mangia mai alla stessa ora; ***our wedding anniversary has become a ~ feast*** ormai non festeggiamo più il nostro anniversario di matrimonio il giorno giusto.
movableness /'mu:vəblnɪs/ n. mobilità f.
movables /'mu:vəblz/ n.pl. beni m. mobili.
movably /'mu:vəblɪ/ avv. con mobilità.
▶ **1.move** /mu:v/ n. **1** *(movement)* movimento m.; *(gesture)* movimento m., mossa f.; ***one ~ and you're dead!*** muovi un muscolo e sei morto! ***to watch sb.'s every ~*** sorvegliare le mosse di qcn.; ***don't make any sudden ~s*** non fare movimenti bruschi; ***there was a ~ towards the door*** si spostarono tutti verso la porta; ***let's make a ~*** COLLOQ. andiamo, muoviamoci; ***it's time I made a ~*** COLLOQ. è ora che me ne vada **2** *(transfer) (of residence)* trasloco m.; *(of company)* trasferimento m.; ***the ~ took a day*** c'è voluto un giorno per traslocare; ***the firm's ~ out of town*** il trasferimento della società fuori città; ***our friends helped with the ~*** i nostri amici ci hanno aiutato a traslocare; ***our ~ to Brighton*** il nostro trasferimento a Brighton; ***to make the ~ to London*** [*family, firm*] trasferirsi a Londra; [*employee*] essere trasferito a Londra; ***she made the ~ from sales to management*** è passata dal settore vendite alla direzione; ***she's due for a ~*** deve essere trasferita **3** GIOC. mossa f.; ***his last, next ~*** la sua ultima, prossima mossa; ***white has the first ~*** il bianco muove per primo; ***it's your ~*** tocca a te (muovere) **4** *(step, act)* mossa f.; ***a good ~*** una bella mossa; ***a bad ~*** una mossa sbagliata; ***what's our next ~?*** che facciamo ora? ***to make the first ~*** fare il primo passo *o* la prima mossa; ***they have made no ~(s) to allay public anxiety*** non hanno mosso un dito per tranquillizzare l'opinione pubblica; ***there has been a ~ towards liberalization*** è stato fatto un primo passo verso la liberalizzazione; ***in a ~ to counter opposition attacks*** come contromossa agli attacchi dell'opposizione **5 on the move** ***to be on the ~*** [*army*] essere in marcia; [*train*] essere in movimento; ***to be always on the ~*** [*diplomat, family*] spostarsi *o* trasferirsi continuamente; [*nomad*] spostarsi continuamente; [*traveller*] essere sempre in giro *o* in viaggio; ***the circus is on the ~ again*** il circo è ripartito; ***a society on the ~*** FIG. una società in evoluzione ◆ ***to get a ~ on*** COLLOQ. darsi una mossa; ***to make a ~ on sb.*** COLLOQ. provarci con qcn.; ***to put the ~s on sb.*** AE COLLOQ. provarci con qcn.
▶ **2.move** /mu:v/ **I** tr. **1** *(change position of)* spostare [*cursor, bus stop, car, furniture*]; muovere [*game piece*]; trasportare [*injured person, patient, army*]; *(to clear a space)* spostare [*object*]; ***~ your things!*** sposta la tua roba! ***to ~ sb. to another hospital*** trasferire qcn. in un altro ospedale; ***he's too ill to be ~d*** è troppo malato per potere essere spostato; ***to ~ sth. off*** spostare *o* togliere qcs. da [*table, chair*]; ***to ~ sth. out of*** portare qcs. fuori da [*room, house*]; ***~ the chair out of the way*** togli la sedia dai piedi; ***~ your head, I can't see!*** sposta la testa, non vedo niente! ***to ~ sth. into*** portare qcs. in [*room, garden*]; ***to ~ sth. upstairs, downstairs*** spostare qcs. di sopra, di sotto; ***to ~ sth. further away*** spostare qcs. più lontano *o* allontanare qcs.; ***to ~ sth. closer*** spostare qcs. più vicino, avvicinare qcs.; ***to ~ troops to the front*** mandare le truppe al fronte **2** *(set in motion)* [*person*] muovere [*limb, finger, head*]; [*wind*] agitare [*leaves*]; agitare, scuotere [*branch*]; [*wind, water*] muovere, mettere in movimento [*wheel*]; [*mechanism*] fare muovere, mettere in moto [*wheel, cog*] **3** *(to new location or job)* trasferire [*employee, staff, office, headquarters*]; ***I've asked to be ~d*** ho chiesto di essere trasferito **4** *(to new house, site)* spostare, traslocare [*furniture, belongings, equipment*]; ***to ~ house*** traslocare; ***a local firm ~d us*** una società locale ci ha costretti a traslocare **5** *(affect)* commuovere, toccare [*person*]; ***to be ~d by sth.*** commuoversi per qcs.; ***~d to tears*** commosso fino alle lacrime **6** *(prompt, motivate)* ***to ~ sb. to, to do*** [*circumstance*] spingere qcn. a, a fare; ***he was ~d to act by the letter*** la lettera l'ha spinto ad agire; ***I felt ~d to protest*** ho sentito che dovevo protestare **7** *(propose)* proporre [*amendment, adjournment*]; ***to ~ that the matter (should) be put to the vote*** proporre che la questione sia messa ai voti **8** *(sell, shift)* vendere [*goods, stock*] **II** intr. **1** *(stir, not stay still)* [*person*] muoversi, spostarsi; [*lips, branch, earth*] muoversi; ***don't ~!*** non ti muovere! ***it won't ~*** non si muoverà più; ***will you please ~!*** vuoi spostarti, per favore? ***I can't ~ for plants in here*** BE qui ci sono così tante piante che non riesco neanche a muovermi; ***you can't ~ for tourists in town*** BE in città ci sono talmente tanti turisti che non si riesce più a circolare **2** *(proceed, travel)* [*vehicle, person*] viaggiare, andare, procedere; [*procession*] muoversi, avanzare; [*army*] essere in marcia; ***we were moving at about 60 kilometres an hour*** stavamo andando più o meno ai 60 all'ora; ***we'd better keep moving*** faremmo meglio a non fermarci; ***we must get things moving*** FIG. dobbiamo darci una mossa; ***things***

are starting to ~ on the job front qualcosa si sta muovendo, sul fronte del lavoro; ***go on, get moving!*** dai, muoviti! ***to ~ into*** entrare in; ***we are moving into a new era in science*** stiamo entrando in una nuova era per la scienza; ***to ~ along, across sth.*** muoversi lungo, attraverso qcs.; ***his fingers ~d rapidly over the keys*** le sue dita si muovevano veloci sui tasti; ***to ~ back*** indietreggiare; ***to ~ forward*** spostarsi in avanti; ***public opinion has ~d to the right*** l'opinione pubblica si è spostata a destra **3** COLLOQ. *(proceed quickly)* ***that cat can really ~!*** quel gatto è vivacissimo! ***that traffic cop's really moving!*** quel vigile va come una scheggia! **4** *(change home, location)* [*person, family*] cambiare casa, traslocare; [*firm, shop*] trasferirsi; ***to ~ to*** trasferirsi in [*countryside, Scotland, Italy*]; trasferirsi a [*Rome*]; ***to ~ (in)to a bigger, smaller house*** trasferirsi *o* andare a vivere in una casa più grande, più piccola; ***to ~ to via Garibaldi, Oxford Street*** trasferirsi in via Garibaldi, in Oxford Street; ***to ~ back to England*** tornare a vivere in Inghilterra **5** *(change job)* essere trasferito; ***to ~ to*** essere trasferito a *o* in [*accounts, different department*] **6** *(act)* entrare in azione, agire; ***to ~ on*** intervenire in [*problem, question*]; ***to ~ to do*** intervenire per fare; ***he ~d swiftly to deny the allegations*** si è mosso prontamente per smentire le accuse **7** GIOC. [*player*] muovere; ***the bishop ~ in C4*** alfiere in C4 **8** COMM. *(sell)* vendere; *(be sold)* vendere, vendersi; ***this line is moving fast*** questa linea (di prodotti) vende *o* si vende bene **III** rifl. ***to ~ oneself*** COLLOQ. darsi una mossa; ***~ yourself!*** *(get out of way)* levati! *(hurry up)* muoviti! spicciati! ◆ ***to ~ with the times*** stare al passo coi tempi.

■ **move about, move around:** ***~ about, around*** **1** *(to different position)* [*person, object*] spostarsi, muoversi (qua e là) **2** *(to different home)* traslocare; ***~ [sb., sth.] about, around*** spostare [*object, furniture*]; ***they ~ him around a lot between branches, departments*** lo spostano *o* trasferiscono spesso tra le varie succursali, tra i vari dipartimenti.

■ **move along:** ***~ along*** **1** *(stop loitering)* andarsene, circolare; *(proceed)* procedere, andare avanti; *(squeeze up)* fare posto; ***~ along please!*** *(on bus)* andate avanti, prego! **2** FIG. *(progress)* ***things are moving along nicely*** le cose stanno andando avanti bene; ***~ [sb., sth.] along*** fare circolare [*loiterers, crowd*]; spostare, fare andare avanti [*herd, group*].

■ **move away:** ***~ away*** *(by moving house)* traslocare, trasferirsi; *(by leaving scene of activity)* andarsene, allontanarsi; ***to ~ away from*** allontanarsi da, abbandonare [*area, accident scene*]; ***she has ~d away from this view*** si è allontanata da questa posizione; ***to ~ away from the window*** allontanarsi dalla finestra; ***~ [sb., sth.] away, ~ away [sb., sth.]*** fare allontanare [*crowd*]; spostare, rimuovere [*obstruction*].

■ **move down:** ***~ down*** *(in list)* andare giù, scendere; *(in hierarchy)* scendere (di livello); ***~ [sb.] down, ~ down [sb.]*** **1** BE SCOL. spostare [qcn.] in una classe inferiore [*pupil*] **2** *(in division, ranking)* fare retrocedere [*team, player*]; ***~ [sth.] down, ~ down [sth.]*** *(to lower shelf etc.)* spostare [qcs.] più in basso.

■ **move in:** ***~ in*** **1** ***to ~ in with*** andare ad abitare con [*friend, relative*]; andare a vivere con [*lover*] **2** *(advance, attack)* [*troops, police, bulldozer*] avanzare; ***to ~ in on*** [*police*] attaccare [*person*]; [*demolition men*] cominciare ad abbattere [*site*]; [*attackers*] aggredire [*person*]; [*corporate raider, racketeer*] andare all'attacco di [*market, company*] **3** *(intervene)* [*company, government*] intervenire; ***~ [sb.] in, ~ in [sb.]*** **1** *(place in housing)* [*authorities, council*] assegnare un alloggio, una casa a [*family etc.*] **2** *(change residence)* ***a friend helped to ~ me in*** un amico mi ha aiutato a traslocare.

■ **move off** [*procession, parade*] partire; [*vehicle*] partire, muoversi; [*troops*] mettersi in marcia.

■ **move on:** ***~ on*** **1** [*person, traveller*] andarsene, partire; [*vehicle*] partire; [*time*] passare; ***to ~ on to*** andare a [*Manchester, Milan etc.*]; passare a [*next item*]; ***to ~ on to a new town*** andarsene in un'altra città; ***to ~ on to consider sth.*** passare a (considerare) qcs.; ***to ~ on to something better*** passare a qualcosa di meglio; ***let's ~ on*** *(in discussion)* passiamo oltre *o* ad altro **2** *(keep moving)* [*crowd, traffic*] circolare **3** *(develop)* ***things have ~d on since*** le cose sono molto cambiate da allora; ***I'm OK now, I've ~d on*** ora sto bene, tutto è passato; ***~ [sth.] on, ~ on [sth.]*** BE portare avanti [*discussion*]; mettere avanti [*clock hands*]; ***~ [sb.] on, ~ on [sb.]*** BE fare sloggiare, mandare via [*busker, street trader*].

■ **move out:** ***~ out*** *(of house)* andarsene; *(of camp)* [*soldiers*] levare il campo; [*tanks*] sgombrare il campo; ***to ~ out of*** andarsene da, lasciare [*house, office, area*]; ***~ [sb., sth.] out, ~ out [sb., sth.]*** (fare) evacuare [*residents*]; rimuovere [*object*].

■ **move over:** ***~ over*** **1** spostarsi; ***~ over!*** spostati! **2** FIG. *(for younger generation etc.)* cedere il posto (**for sb.** a qcn.); ***~ [sb., sth.] over*** spostare [*person, object*]; ***~ it over to the left*** spostalo a sinistra.

■ **move up:** ***~ up*** **1** *(make room)* fare posto **2** *(be promoted)* [*employee*] avere una promozione; ***to ~ up to second place*** *(in list, chart)* salire al secondo posto *o* in seconda posizione; ***to ~ up to the first division*** [*team*] salire *o* essere promosso in massima divisione; *(in society)* [*person*] frequentare la gente che conta; ***~ [sb.] up, ~ up [sb.]*** **1** BE SCOL. spostare [qcn.] in una classe superiore [*pupil*] **2** SPORT *(into higher league, division)* promuovere [*team*]; fare passare in prima squadra, in una squadra di serie superiore [*player*]; ***~ [sth.] up*** *(to higher shelf etc.)* mettere [qcs.] più in alto.

moveable → **movable.**

▶ **movement** /ˈmuːvmənt/ n. **1** *(of person, dancer, wave, vehicle, machine part)* movimento m.; *(of arm, hand)* movimento m., gesto m.; *(of head)* movimento m., cenno m.; ***an upward, downward ~*** un movimento verso l'alto, verso il basso; ***a graceful, sudden ~*** *(of arm)* un movimento aggraziato, brusco; ***to watch sb.'s ~s*** sorvegliare le mosse di qcn. **2** FIG. *(in prices, market, situation)* variazione f., movimento m.; ***very little ~ on the stock exchange, the political front*** poco movimento in borsa, poche novità sul fronte politico; ***an upward, downward ~ in prices*** un aumento, una diminuzione dei prezzi; ***a ~ towards liberalization*** un passo verso la liberalizzazione; ***a ~ away from marriage*** una tendenza a non sposarsi **3** *(organization, group)* movimento m. (**for** per); ***mass ~*** movimento di massa; ***the trade union ~*** i movimenti sindacali **4** MUS. movimento m.; ***in three ~s*** in tre movimenti **5** *(transporting)* trasporto m. (**of** di; **by** con) **6** *(circulation)* circolazione f.; ***the free ~ of goods*** la libera circolazione delle merci **7** TECN. *(of clock, watch)* meccanismo m. **8** MED. *(of bowels)* evacuazione f.; ***to have a ~*** andare di corpo.

mover /ˈmuːvə(r)/ ➧ **27** n. **1** *(who proposes motion)* proponente m. e f. **2** AE *(removal person)* traslocatore m. (-trice) **3** *(dancer)* ***to be a lovely*** o ***great (little) ~*** COLLOQ. essere un ottimo ballerino.

mover and shaker /ˌmuːvərənˈʃeɪkə(r)/ n. AE COLLOQ. trascinatore m. (-trice).

▷ **movie** /ˈmuːvɪ/ **I** n. AE film m.; ***to go to a ~*** andare a vedere un film **II movies** n.pl. ***the ~s*** il cinema; ***to go to the ~s*** andare al cinema; ***to be in ~s*** fare parte del mondo del cinema.

movie camera /ˈmuːvɪˌkæmərə/ n. macchina f. da presa.

movie director /ˈmuːvɪdaɪˌrektə(r), -dɪ-/ ➧ **27** n. regista m. e f. cinematografico (-a).

movie film /ˈmuːvɪˌfɪlm/ n. **1** *(used to make movies)* pellicola f. cinematografica **2** *(movie)* film m.

moviegoer /ˈmuːvɪˌɡəʊə(r)/ n. frequentatore m. (-trice) di cinema.

movieland /ˈmuːvɪlænd/ n. cinelandia f.

movie-maker /ˈmuːvɪˌmeɪkə(r)/ ➧ **27** n. cineasta m. e f.

movie mogul /ˈmuːvɪˌməʊɡl/ n. colosso m. della produzione cinematografica.

movie producer /ˈmuːvɪprəˌdjuːsə(r), AE -ˌduː-/ ➧ **27** n. produttore m. (-trice) cinematografico (-a).

movies-on-demand /ˌmuːvɪzɒndɪˈmɑːnd, AE -ˈmænd/ n. film m. a pagamento.

movie star /ˈmuːvɪstɑː(r)/ n. stella f., star f. del cinema.

▷ **movie theater** /ˈmuːvɪˌθɪətə(r)/ n. AE cinema m.

▷ **moving** /ˈmuːvɪŋ/ agg. **1** [*vehicle, train*] in movimento; [*parts, target, staircase, walkway*] mobile **2** FIG. *(emotional)* [*story, scene, speech*] commovente, toccante **3** FIG. *(motivating)* ***to be the ~ force*** o ***spirit behind sth.*** essere l'anima di qcs.

movingly /ˈmuːvɪŋlɪ/ avv. [*talk, describe, convey*] in modo commovente, toccante.

1.mow /məʊ/ n. ***to give the lawn a ~*** tagliare l'erba.

2.mow /məʊ/ tr. (p.pass. **~ed, mown**) tagliare, falciare [*grass, hay*]; mietere [*corn*].

■ **mow down:** ***~ down [sb.], ~ [sb.] down*** *(by machine gun)* falciare [*person*].

3.mow /məʊ/ n. **1** *(stack) (of hay)* mucchio m.; *(of corn)* covone m., bica f. **2** *(in barn) (of hay)* fienile m.; *(of corn)* granaio m.

4.mow /məʊ/ n. ANT. boccaccia f.

5.mow /məʊ/ intr. ANT. fare le boccacce.

mower /ˈməʊə(r)/ ➧ **27** n. **1** *(person)* falciatore m. (-trice) **2** *(machine)* (macchina) falciatrice f.; *(lawnmower)* tosaerba m. e f., tagliaerba m.

Mowgly /ˈmaʊɡlɪ/ n.pr. Mowgly.

mowing /ˈməʊɪŋ/ n. *(of lawn, hay)* falciatura f.; *(of corn)* mietitura f.; *(of lawn)* (il) tagliare.

mown /məʊn/ p.pass → **2.mow.**

moxibustion /ˌmɒksɪˈbʌstʃn/ n. moxibustione f.

moxie /ˈmɒksɪ/ n. AE COLLOQ. *(courage)* fegato m.

Mozambican /ˌməʊzæmˈbiːkən/ ◆ *18* **I** agg. mozambicano **II** n. mozambicano m. (-a).
Mozambique /ˌməʊzæmˈbiːk/ ◆ *6* n.pr. Mozambico m.
Mozarab /ˌməʊˈzærəb/ n. mozarabo m. (-a).
Mozarabic /ˌməʊˈzærəbɪk/ agg. mozarabico.
mozzie /ˈmɒzɪ/ n. COLLOQ. zanzara f.
MP n. **1** BE (⇒ Member of Parliament) = deputato **2** (⇒ military police polizia militare) PM f.; (⇒ military policeman) = soldato della polizia militare.
MP3 /ˌempiːˈθriː/ n. MP3 m.
MP3 player /ˌempiːˈθriːˌpleɪə(r)/ n. lettore m. MP3.
mpg ⇒ miles per gallon miglia per gallone.
mph ⇒ miles per hour miglia all'ora; ***to travel at 50* ~** andare a 50 miglia all'ora.
MPhil n. UNIV. (⇒ Master of Philosophy) = (diploma di) dottore in discipline umanistiche (intermedio fra MA e PhD).
MPS n. GB (⇒ Member of the Pharmaceutical Society) = iscritto all'albo dei farmacisti.
MPV n. (⇒ multipurpose vehicle veicolo multiuso) MPV m.
▶ **Mr** /ˈmɪstə(r)/ ◆ *9* n. (pl. **Messrs**) **1** *(title for man)* signor; *(written abbreviation)* sig.; **~ *George Jones*** il signor George Jones; ***I saw* ~ *Taylor*** ho visto il signor Taylor; ***good morning,* ~ *Miller*** buongiorno, signor Miller; **~ *Right*** il principe azzurro **2** *(title for position)* **~ *President*** signor Presidente; **~ *Big*** COLLOQ. grande capo.
MRC n. GB (⇒ Medical Research Council) = consiglio per la ricerca medica.
MRCP n. GB (⇒ Member of the Royal College of Physicians) = dottore iscritto all'albo dei medici.
MRCS n. GB (⇒ Member of the Royal College of Surgeons) = dottore iscritto all'albo dei chirurghi.
MRCVS n. GB (⇒ Member of the Royal College of Veterinary Surgeons) = dottore iscritto all'albo dei veterinari.
MRI I n. (⇒ Magnetic Resonance Imaging Risonanza Magnetica) RM f.; ***to have*** o ***get an* ~** fare una risonanza magnetica **II** modif. [*scanner*] RM.
▶ **Mrs** /ˈmɪsɪz/ ◆ *9* n. signora; *(written abbreviation)* sig.ra; **~ *Sue Clark*** la signora Sue Clark; **~ *John Clark*** FORM. la signora John Clark; ***I saw* ~ *Evans*** ho visto la signora Evans; ***good morning,* ~ *Martin*** buongiorno, signora Martin.
MRSA n. (⇒ methicillin-resistant Staphylococcus aureus Staphylococcus aureus meticillino-resistente) MRSA m.
▷ **Ms** /mɪz, məz/ ◆ *9* n. signora; *(written abbreviation)* sig.ra.
1.MS 1 ⇒ manuscript manoscritto (MS) **2** ⇒ multiple sclerosis sclerosi multipla **3** US ⇒ Mississippi Mississippi.
2.MS n. US UNIV. (⇒ Master of Science) = (diploma di) dottore in discipline scientifiche.
MSc n. UNIV. (⇒ Master of Science) = (diploma di) dottore in discipline scientifiche.
MSP n. (⇒ Member of the Scottish Parliament) = membro del Parlamento scozzese.
MST n. AE (⇒ Mountain Standard Time) = tempo medio della zona delle Montagne Rocciose.
Mt ⇒ Mount monte (M.).
MT 1 ⇒ machine translation traduzione automatica **2** US ⇒ Montana Montana.
mth ⇒ month mese (m.).
▶ **much** /mʌtʃ/ When *much* is used as an adverb, it is translated by *molto*: *it's much longer* = è molto più lungo; *she doesn't talk much* = lei non parla molto. For particular usages, see **I** below. - When *much* is used as a pronoun, it is usually translated by *molto*: *there is much to learn* = c'è molto da imparare. However, in negative sentences *non... un granché* is also used: *I didn't learn much* = non ho imparato un granché. - When *much* is used as a quantifier, it is translated by *molto* or *molta* according to the gender of the following noun: *they don't have much money / much luck* = non hanno molto denaro / molta fortuna. For particular usages, see **II** below. ◆ *22* **I** avv. **1** *(to a considerable degree)* molto; **~ *smaller, happier*** molto più piccolo, molto più felice (**than** di); ***they're not* ~ *cheaper than the originals*** non costano molto meno degli originali; **~ *more interesting*** molto più interessante; ***the film was* ~ *better than expected*** il film era molto meglio del previsto; ***it's* ~ *better organized*** è molto meglio organizzato; ***they're getting* ~ *less demanding*** stanno diventando molto meno esigenti; ***the shoes are* ~ *too expensive*** le scarpe sono davvero troppo care; ***it's* ~ *too dangerous*** è un po' troppo pericoloso; ***he doesn't* ~ *care for them*** non gli importa un granché di loro; ***I didn't* ~ *like what I saw*** non mi è piaciuto molto quello che ho visto; ***she doesn't worry* ~ *about it*** non se ne preoccupa molto; ***we'd* ~ *rather stay here*** noi preferiremmo di gran lunga restare qui; ***the meeting has been* ~ *criticized*** l'incontro è stato molto criticato; ***they are* ~ *to be pitied*** devono essere compatiti; ***your comments would be* ~ *appreciated*** i vostri commenti saranno molto graditi; ***he's not* ~ *good at Latin*** non è molto bravo in latino; ***he's not* ~ *good at tennis*** non gioca molto bene a tennis; ***he's not* ~ *good at doing*** non è molto bravo a fare; ***does it hurt* ~?** fa tanto *o* molto male? ***it's* ~ *the more interesting of the two studies*** fra i due è di gran lunga lo studio più interessante; ***she's* ~ *the best teacher here*** è di gran lunga l'insegnante migliore che c'è qui; **~ *to our annoyance, they didn't phone back*** con nostro grande disappunto, non ci hanno richiamato; **~ *to my surprise*** con mia grande sorpresa **2** *(often)* molto, spesso; ***we don't go out* ~** non usciamo molto; ***they didn't see each other* ~** non si vedevano spesso; ***she doesn't talk* ~ *about the past*** non parla molto del passato; ***do you go to concerts* ~?** vai spesso ai concerti? ***a* ~ *married film star*** una star del cinema che si è risposata molte volte **3** *(approximately, nearly)* più o meno, pressappoco, all'incirca; ***to be* ~ *the same*** essere quasi uguale (**as** a); ***his condition is* ~ *the same as yesterday*** le sue condizioni sono pressappoco uguali a ieri; ***it's pretty* ~ *like driving a car*** è più o meno come guidare una macchina; ***he behaved* ~ *the way the others did*** si è comportato più o meno come gli altri; ***in* ~ *the same way*** più o meno nello stesso modo (**as** di); **~ *the same is true of China*** quasi lo stesso si può dire della Cina **4** *(specifying degree to which something is true)* ***too* ~** troppo; ***you worry, talk too* ~** ti preoccupi, parli troppo; ***very* ~** *(a lot)* molto; *(absolutely)* moltissimo, tantissimo; ***he misses you very* ~** gli manchi da morire; ***I'd appreciate it very* ~ *if*** mi farebbe molto piacere se; ***thanks very* ~** molte, mille grazie; ***we enjoyed ourselves very* ~** ci siamo divertiti moltissimo; ***she's very* ~ *like her mother*** somiglia tantissimo a sua madre; ***it's very* ~ *the norm*** è piuttosto normale; ***I felt very* ~ *the foreigner*** mi sono sentito veramente un estraneo; ***so* ~** (così) tanto; ***I wanted so* ~ *to meet you*** avevo così tanta voglia di incontrarti; ***it hurts so* ~** fa male da morire; ***it's so* ~ *better*** è davvero molto meglio; ***he hates flying so* ~ *that he prefers to take the boat*** odia talmente volare che preferisce andare in nave; ***thanks so* ~ *for*** grazie di cuore per; ***as* ~** tanto (**as** quanto); ***I like them as* ~ *as you (do)*** li amo tanto quanto te; ***she doesn't worry as* ~ *as before*** non si preoccupa più (tanto) come prima; ***they hated each other as* ~ *as ever*** si odiavano così come sempre; ***she is as* ~ *entitled to a visa as you*** ha lo stesso tuo diritto di ricevere un visto; ***they were as* ~ *a part of village life as the farmers*** facevano parte integrante del villaggio tanto quanto i contadini; ***he wasn't sure and said as* ~** non ne era sicuro e l'ha ammesso; ***I thought as* ~** me l'aspettavo; ***however* ~** sebbene, per quanto; ***you'll have to accept the decision however* ~ *you disagree*** dovrai accettare la decisione anche se non sei d'accordo; ***I couldn't cry out however* ~ *it hurt*** per quanto male facesse, non riuscivo a urlare **5** *(emphatic: setting up a contrast)* ***not so* ~ *X as Y*** non tanto X, ma piuttosto Y; ***it wasn't so* ~ *a warning as a threat*** più che un avvertimento era una minaccia; ***the discovery wasn't so* ~ *shocking as depressing*** la scoperta fu più deprimente che scioccante; ***it doesn't annoy me so* ~ *as make me wonder*** più che darmi fastidio mi stupisce **6 much as** per quanto, anche se; **~ *as he needed the money, he wouldn't beg for it*** per quanto bisogno avesse di quel denaro, non lo avrebbe mai chiesto; **~ *as we regret our decision we have no choice*** anche se ci dispiace dover prendere una tale decisione non abbiamo scelta **7 much less** tanto meno; ***I've never seen him* ~ *less spoken to him*** non l'ho mai visto, né tanto meno gli ho parlato **8 so much as *without so* ~ *as saying goodbye, as an apology*** senza neanche salutare, senza neanche scusarsi; ***if you so* ~ *as move, sigh*** se ti azzardi a muoverti, a lamentarti; ***they can be imprisoned for so* ~ *as criticizing the regime*** possono essere incarcerati anche solo per avere criticato il regime **9 so much for** *(having finished with)* ***so* ~ *for that problem, now for*** chiudiamo l'argomento e passiamo a; *(used disparagingly)* COLLOQ. ***so* ~ *for equality, liberalism*** addio uguaglianza, liberalismo; ***so* ~ *for saying you'd help*** meno male che avevi detto che avresti dato una mano **10 much-** in composti **~*-loved*** amatissimo; ***-respected*** molto rispettato; **~*-maligned*** molto chiacchierato; **~*-needed*** indispensabile **II** quantif. molto, tanto; ***have you got* ~ *money, work?*** hai molti soldi, tanto lavoro? ***I haven't got (very)* ~ *time*** non ho molto tempo; ***we didn't get* ~ *support*** non abbiamo ricevuto molto appoggio; ***it doesn't make* ~ *sense*** non ha molto senso; ***there isn't* ~ *wine left*** non c'è quasi più vino; ***does he watch* ~ *TV?*** guarda molto la televisione? ***she didn't speak* ~ *English*** non parlava molto bene l'inglese; ***too* ~ *energy*** troppa forza; ***to spend too* ~ *money*** spendere troppi soldi; ***we don't have too* ~ *time*** non abbiamo troppo tempo; ***don't use so* ~ *salt***

non mettere così tanto sale; ***why does he make so ~ noise?*** perché fa così tanto rumore? ***I spent so ~ time doing*** ho passato così tanto tempo a fare; ***she gets so ~ enjoyment out of the radio*** le piace così tanto ascoltare la radio; ***we paid twice as ~ money*** abbiamo pagato il doppio (dei soldi); ***how ~ time have we got left?*** quanto tempo ci rimane? ***how ~ liquid does it contain?*** quanto liquido contiene? **III** pron. **1** *(a great deal)* molto m., tanto m.; ***do you have ~ left?*** ne avete ancora molto? ***did he earn ~?*** ha guadagnato molto? ***we have ~ to learn*** abbiamo molto da imparare (**from** da); ***we didn't eat ~*** non avevamo mangiato molto; ***there isn't ~ to do*** non c'è un granché da fare; ***he doesn't have ~ to say*** non ha molto da dire; ***there isn't ~ one can do to prevent it*** non si può fare molto per impedirlo; ***he doesn't have ~ to complain about*** non ha molto da lamentarsi; ***it leaves ~ to be desired*** lascia molto a desiderare; ***there's ~ to be said for*** ci sono molti argomenti a favore di [*plan, country life, job sharing*]; ***~ of*** gran parte di; ***~ of the difficulty lies in*** gran parte della difficoltà sta in; ***~ of the meeting was spent discussing*** gran parte della riunione la si è passata a discutere; ***~ of their work involves*** buona parte del loro lavoro consiste in; ***~ of what remains is useless*** gran parte di quello che rimane è inutilizzabile; ***~ of the resentment is due to*** il rancore è dovuto in gran parte a; ***I don't see ~ of them now*** non li frequento molto al momento; ***to make ~ of sth.*** *(focus on)* dare importanza a qcs.; *(understand)* capire qcs.; ***the report made ~ of the scandal*** il rapporto dava molto risalto allo scandalo; ***I couldn't make ~ of her last book*** non ho capito molto del suo ultimo libro **2** *(expressing a relative amount, degree)* ***so ~*** così tanto; ***they are willing to pay so ~ per vehicle*** sono pronti a pagare un tanto a veicolo; ***we'd eaten so ~ that*** abbiamo mangiato così tanto che; ***she spends so ~ of her life abroad*** vive soprattutto all'estero; ***she spends so ~ of her life abroad that*** passa così tanto tempo all'estero che; ***so ~ of her work is gloomy*** gran parte delle sue opere sono cupe; ***so ~ of the earth is polluted*** gran parte della terra è inquinata; ***so ~ of the time, it's a question of patience*** nella maggior parte dei casi è una questione di pazienza; ***too ~*** troppo; ***it costs too ~*** è troppo caro; ***you eat too ~*** mangi troppo; ***it's too ~!*** è troppo! *(in protest)* questo è troppo! ***she's late again? that's a bit ~!*** è ancora in ritardo? adesso (si) esagera! ***it's too ~ of a strain*** è uno sforzo troppo grande; ***she was too ~ of an egotist to do*** era troppo egoista per fare; ***I couldn't eat all that, it's too ~ for me!*** non ce la farei a mangiare tutta quella roba, è troppo per me! ***the heat was too ~ for them*** faceva troppo caldo per loro; ***the work was too ~ for them*** il lavoro era troppo per loro; ***the measures proved too ~ for them*** i provvedimenti si dimostrarono troppo rigidi per loro; ***he was too ~ for his opponent*** era troppo forte per il suo avversario; ***I bought about this ~*** ne ho comprato più o meno tanto così; ***he's read this ~ already*** ha già letto tutto questo; ***I'll say this ~ for him, he's honest*** posso dirti questo di lui: è una persona onesta; ***this ~ is certain, we'll have no choice*** una cosa è certa, non avremo scelta; ***twice as ~*** due volte tanto; ***if we had half as ~ as you*** se avessimo la metà di quello che hai tu; ***I'll need half as ~ again*** me ne servirà ancora metà; ***as ~ as possible*** per quanto (è) possibile; ***they paid as ~ as we did*** hanno pagato tanto quanto noi; ***is it as ~ as that?*** (costa) così tanto? ***I enjoy nature as ~ as the next person*** amo la natura come chiunque altro; ***it can cost as ~ as £ 50*** si può arrivare a pagarlo 50 sterline; ***it was as ~ as I could do not to laugh*** sono riuscito a malapena a trattenere le risate; ***it is as ~ as to say*** equi-vale a dire; ***how ~?*** quanto fa? ***how ~ did you pay for it?*** quanto l'hai pagato? ***tell us how ~ you won*** dicci quanto hai vinto; ***how ~ do they know?*** quanto ne sanno? ***he never knew how ~ we missed him*** non ha mai saputo quanto ci è mancato; ***do you know how ~ this means to me?*** sai quanto significa questo per me? **3** *(focusing on limitations, inadequacy)* ***it's not*** o ***nothing ~*** non è niente di che; ***it's not up to ~*** BE non è un granché; ***he's not ~ to look at*** (fisicamente) non è un granché; ***she doesn't think ~ of him*** non ha una buona opinione di lui; ***she doesn't think ~ of it*** non ne pensa un gran che bene; ***I'm not ~ of a letter-writer*** non amo molto scrivere lettere; ***I'm not ~ of a reader*** non sono un gran lettore; ***it's not ~ of a film*** non è un gran film; ***it wasn't ~ of a life*** così non era vivere; ***it wasn't ~ of a holiday for us*** non è stata una vera vacanza per noi; ***that's not ~ of a consolation!*** non è una gran consolazione! ***I'm not ~ of a one for cooking*** COLLOQ. cucinare non è il mio forte ◆ ***~ wants more*** chi più ha più vuole; ***there isn't ~ in*** BE o ***to*** AE ***it*** *(in contest, competition)* = sono molto vicini; ***there isn't ~ in it for us*** *(to our advantage)* non ci guadagnamo un granché.

muchness /'mʌtʃnɪs/ n. ***they're much of a ~*** = sono molto simili.

mucic /'mju:sɪk/ agg. mucico.

mucilage /'mju:sɪlɪdʒ/ n. mucillagine f.

mucilaginous /ˌmju:sɪ'lædʒɪnəs/ agg. *(all contexts)* mucillaginoso.

mucin /'mju:sɪn/ n. musina f.

1.muck /mʌk/ n. **1** *(filth, rubbish)* sporcizia f., sudiciume m.; *(mud)* fango m.; *(manure)* letame m.; ***cat, dog, bird ~*** escrementi *o* cacca di gatto, di cane, di uccello **2** COLLOQ. FIG. *(book, film etc.)* schifezza f.; *(food)* porcheria f.

2.muck /mʌk/ tr. *(fertilize)* concimare; *(dirty)* insudiciare, sporcare.

■ **muck about, muck around:** COLLOQ. ***~ about*** *(fool about)* fare lo scemo; *(potter about)* gingillarsi; ***to ~ about with*** trafficare con [*appliance*]; pasticciare [*object*]; ***~ [sb.] about*** menare qcn. per il naso.

■ **muck in** *(share task)* collaborare, dare una mano; *(share accommodation)* dividere l'alloggio (**with** con).

■ **muck out:** ***~ out [sth.]*** pulire [*cowshed, stable*].

■ **muck up:** ***~ up [sth.]*** **1** *(spoil)* mandare all'aria [*plans*]; fare pasticci in [*task*]; non passare [*exam*]; incasinarsi in [*interview*]; perdere [*opportunity*] **2** sporcare [*clothes, carpet*].

1.mucker /'mʌkə(r)/ n. COLLOQ. *(heavy fall)* capitombolo m.; ***to come, get a ~*** cadere (anche FIG.).

2.mucker /'mʌkə(r)/ n. COLLOQ. *(coarse person)* cafone m. (-a).

muckheap /'mʌkhi:p/ n. letamaio m.

muckiness /'mʌkɪnɪs/ n. sporcizia f., sudiciume m.

muckle /'mʌkl/ n. SCOZZ. *(large amount)* mucchio m.

muckrake /'mʌkreɪk/ intr. divulgare scandali.

muckraker /'mʌkreɪkə(r)/ n. SPREG. scandalista m. e f.

muckraking /'mʌkreɪkɪŋ/ **I** agg. [*story*] scandalistico; [*campaign*] di diffamazione **II** n. scandalismo m.

muckslinging /'mʌkˌslɪŋɪŋ/ → **mud-slinging**.

muck-up /'mʌkʌp/ n. COLLOQ. *(mess)* pasticcio m., casino m.

muck-worm /'mʌkwɜ:m/ n. **1** *(grub)* verme m. del letame **2** *(miser)* taccagno m. (-a), spilorcio m. (-a).

mucky /'mʌkɪ/ agg. COLLOQ. *(muddy)* infangato, inzaccherato; *(dirty)* sudicio, lurido; ***what ~ weather!*** che schifo di tempo! ***you ~ pup!*** COLLOQ. *(to a child)* sei un maialino!

mucolytic /ˌmju:kəʊ'lɪtɪk/ **I** agg. mucolitico **II** n. mucolitico m.

mucoprotein /ˌmju:kəʊ'prəʊteɪn/ n. mucoproteina f.

mucosa /mju:'kəʊsə/ n. (pl. **~s**, **-ae**) mucosa f.

mucosity /mju:'kɒsətɪ/ n. mucosità f.

mucous /'mju:kəs/ agg. mucoso.

mucous membrane /ˌmju:kəs'membreɪn/ n. (membrana) mucosa f.

mucoviscidosis /ˌmju:kəʊvɪsɪ'dəʊsɪs/ ♦ ***11*** n. (pl. **-es**) mucoviscidosi f.

mucus /'mju:kəs/ n. muco m.

▷ **1.mud** /mʌd/ n. fango m., melma f.; ***to sink in the ~*** sprofondare nel fango ◆ ***here's ~ in your eye!*** COLLOQ. alla tua (salute)! ***his name is ~*** non ha una grande reputazione; ***it's as clear as ~!*** COLLOQ. IRON. chiarissimo! ***to drag sb.'s name in*** o ***through the ~*** trascinare il nome di qcn. nel fango; ***to sling ~ at sb.*** gettare fango su qcn.

2.mud /mʌd/ tr. (forma in -ing ecc. **-dd-**) infangare.

mudbank /'mʌdbæŋʀ/ n. *(in river, sea)* banco m. di sabbia.

mud bath /'mʌdbɑ:θ, AE -bæθ/ n. *(for person)* (bagno di) fango m. (termale), fangatura f.; *(for animal)* bagno m. di fango; FIG. pantano m., impiccio m.

muddily /'mʌdɪlɪ/ avv. **1** *(turbidly)* torbidamente **2** *(confusedly)* confusamente.

muddiness /'mʌdɪnɪs/ n. **1** *(of road)* fangosità f.; *(of water)* torbidità f. **2** FIG. *(of thought, ideas)* confusione f., nebulosità f.

1.muddle /'mʌdl/ n. **1** *(mess)* *(of papers)* disordine m.; *(of string)* ingarbugliamento m.; FIG. *(in administration)* pasticcio m., imbroglio m.; ***my documents are in a ~*** i miei documenti sono tutti mischiati; ***the clients' records have got into a terrible ~*** i dossier dei clienti sono tutti terribilmente in disordine; ***what a ~!*** che pasticcio! ***your financial affairs are in a ~*** i vostri affari sono molto ingarbugliati **2** *(mix-up)* pasticcio m.; ***there was a ~ over my hotel reservation*** hanno fatto un pasticcio con la mia prenotazione all'albergo **3** *(mental confusion)* ***to be in a ~*** essere confuso; ***to be in a ~ over*** o ***about*** avere le idee confuse a proposito di; ***to get into a ~*** fare confusione.

2.muddle /'mʌdl/ tr. → **muddle up**.

■ **muddle along** tirare avanti.

■ **muddle through** cavarsela alla meno peggio.

■ **muddle up:** ***~ [sth.] up, ~ up [sth.]*** *(disorder)* mettere in disordine [*papers*]; ingarbugliare [*string*]; ***~ [sb.] up*** *(confuse)* confondere le idee a [*person*]; ***to get sth. ~d up*** fare confusione di [*dates, names*]; ***I got you ~d up with Martin*** ti ho preso per *o* ti ho confuso con Martin.

muddled /ˈmʌdld/ **I** p.pass. → **2.muddle II** agg. **1** *(confused)* ***to be ~*** [*person*] essere confuso **2** *(unclear)* [*account, story, thinking*] confuso.

muddle-headed /ˌmʌdlˈhedɪd/ agg. [*person*] dalle idee confuse; [*attempt, idea, plan*] confuso; ***he's rather ~*** è un po' tonto.

muddler /ˈmʌdlə(r)/ n. pasticcione m. (-a).

▷ **1.muddy** /ˈmʌdɪ/ agg. **1** [*hand*] inzaccherato, sporco di fango; [*shoe, garment*] infangato, inzaccherato; [*road*] fangoso; [*water, coffee*] torbido; [*complexion*] smorto; ***~ pink*** rosa tendente al beige; ***~ green*** verdastro; ***~ yellow*** (giallo) ocra **2** FIG. [*thought, idea*] confuso, nebuloso; [*style*] poco chiaro, oscuro.

2.muddy /ˈmʌdɪ/ tr. inzaccherare, sporcare [qcs.] di fango [*hands*]; infangare, inzaccherare [*shoes, clothes*]; intorbidare [*water*] ◆ ***to ~ the waters*** intorbidare le acque.

mud flap /ˈmʌdflæp/ n. paraspruzzi m.

mud flat /ˈmʌdflæt/ n. = zona di terra che rimane scoperta durante la bassa marea o nei periodi di magra dei fiumi.

mudguard /ˈmʌdgɑːd/ n. parafango m.

mud hut /ˈmʌdhʌt/ n. capanna f. di fango.

mud lark /ˈmʌdlɑːk/ n. ANT. monello m., ragazzo m. di strada.

mudpack /ˈmʌdpæk/ n. maschera f. (di bellezza) all'argilla.

mud pie /ˈmʌdpaɪ/ n. = tortino di terra o di sabbia che i bambini fanno con le formine.

mudslide /ˈmʌdslaɪd/ n. colata f. di fango.

mud-slinging /ˈmʌdslɪŋɪŋ/ n. diffamazione f., denigrazione f.

muesli /ˈmjuːzlɪ/ n. BE muesli m.

muezzin /muːˈezɪn, AE mjuː-/ n. muezzin m.

1.muff /mʌf/ n. **1** ABBIGL. manicotto m. **2** AE VOLG. *(vulva)* fica f.

2.muff /mʌf/ tr. COLLOQ. ciccare [*ball*]; sbagliare [*shot*]; mancare [*catch*]; fallire, perdere [*chance*]; confondere [*lines*].

muffin /ˈmʌfɪn/ n. **1** BE INTRAD. m. (focaccina dolce tonda e piatta) **2** AE *(cupcake)* tortina f.

1.muffle /ˈmʌfl/ n. **1** *(of sound)* smorzatore m. **2** TECN. muffola f. **3** ABBIGL. muffola f.

2.muffle /ˈmʌfl/ tr. **1** *(wrap up)* imbacuccare [*person*] (**in** in); ***~d in furs*** impellicciato **2** *(mute)* attutire il suono di [*bell*]; mettere la sordina a [*drum, trumpet*]; smorzare [*voice*]; soffocare [*laughter*]; FIG. ***to ~ the voice of protest*** soffocare le proteste.

muffled /ˈmʌfld/ **I** p.pass. → **2.muffle II** agg. [*cough, giggle*] soffocato; [*bell*] attutito, smorzato; [*drum, trumpet*] in sordina; ***a ~ thump*** o ***thud*** un tonfo sordo.

muffler /ˈmʌflə(r)/ n. **1** ABBIGL. sciarpone m. **2** AE AUT. silenziatore m.

mufti /ˈmʌftɪ/ n. **1** RELIG. muftì m. **2** MIL. abito m. civile; ***to wear ~*** essere in borghese; ***in ~*** in borghese.

▷ **1.mug** /mʌg/ n. **1** *(for tea, coffee)* tazza f., mug m., tazzone m.; *(for beer)* boccale m. **2** *(contents) (of tea, coffee)* tazza f., tazzone m.; *(of beer)* boccale m. **3** COLLOQ. *(face)* muso m., faccia f.; ***what an ugly ~!*** che brutto ceffo! **4** BE *(fool)* gonzo m. (-a), sempliciotto m. (-a); ***it's a ~'s game*** è tempo perso **5** AE *(photo)* → **mug shot 6** COLLOQ. *(thug)* teppista m. e f.

▷ **2.mug** /mʌg/ **I** tr. (forma in -ing ecc. **-gg-**) aggredire; ***to be mugged*** essere aggredito **II** intr. (forma in -ing ecc. **-gg-**) AE fare le boccacce.

3.mug /mʌg/ **I** intr. (forma in -ing ecc. **-gg-**) BE COLLOQ. studiare molto, sgobbare **II** tr. (forma in -ing ecc. **-gg-**) BE COLLOQ. → **mug up**.

▪ **mug up:** ***~ up [sth.]*** mettersi a studiare [qcs.] di brutto [*subject*].

mugger /ˈmʌgə(r)/ n. aggressore m. (-ditrice), rapinatore m. (-trice).

mugginess /ˈmʌgɪnɪs/ n. afa f., calura f.

mugging /ˈmʌgɪŋ/ n. **1** *(attack)* aggressione f. (a scopo di rapina) **2** U *(crime)* aggressioni f.pl.; ***~ is on the increase*** le aggressioni sono in aumento.

muggins /ˈmʌgɪnz/ n. BE COLLOQ. SCHERZ. ***~ here will pay the bill*** il solito fesso *o* il pollo pagherà il conto.

muggy /ˈmʌgɪ/ agg. [*weather*] afoso; [*room, day*] soffocante; ***it's ~ in here*** qui dentro si soffoca.

mugho pine /ˌmjuːgəʊˈpaɪn/ n. mugo m.

mug shot /ˈmʌgʃɒt/ n. **1** *(of criminal)* foto f. segnaletica **2** SCHERZ. foto f. (tessera).

mugwump /ˈmʌgwʌmp/ n. AE POL. indipendente m. e f.

Muhammad /məˈhæmɪd/ → **Mohammed**.

Muhammadan /məˈhæmɪdən/ → **Mohammedan**.

mujaheddin, mujahedeen /ˌmuːdʒəhɪˈdiːn/ n.pl. ***the ~*** i mujaheddin.

mulatto /mjuːˈlætəʊ, AE məˈl-/ **I** agg. mulatto **II** n. (pl. **~s, ~es**) mulatto m. (-a).

mulberry /ˈmʌlbrɪ, AE -berɪ/ ♦ **5 I** n. **1** *(tree)* gelso m., moro m. **2** *(fruit)* mora f. **3** *(colour)* porpora m. scuro **II** modif. [*juice, wine*] di more; [*leaf*] di gelso.

1.mulch /mʌltʃ/ n. pacciame m.

2.mulch /mʌltʃ/ tr. pacciamare.

1.mulct /mʌlkt/ n. FORM. *(fine)* multa f., penale f. pecuniaria.

2.mulct /mʌlkt/ tr. FORM. **1** *(punish by fine)* multare **2** *(cheat)* truffare.

1.mule /mjuːl/ n. **1** mulo m. (anche FIG.) **2** TESS. filatoio m. **3** COLLOQ. (anche **drug ~**) *(person)* corriere m. della droga ◆ ***as stubborn as a ~*** testardo come un mulo.

2.mule /mjuːl/ n. *(slipper)* pianella f.

mule driver /ˈmjuːlˌdraɪvə(r)/ ♦ ***27*** n. mulattiere m. (-a).

mule path /ˈmjuːlˌpɑːθ, AE -ˌpæθ/ n. mulattiera f.

muleteer /ˌmjuːlɪˈtɪə(r)/ ♦ ***27*** n. ANT. mulattiere m. (-a).

mulish /ˈmjuːlɪʃ/ agg. testardo, ostinato (come un mulo).

mulishly /ˈmjuːlɪʃlɪ/ avv. testardamente, con ostinazione.

mulishness /ˈmjuːlɪʃnɪs/ n. testardaggine f., ostinazione f.

1.mull /mʌl/ n. SCOZZ. *(in place-names)* promontorio m.

2.mull /mʌl/ tr. scaldare e aromatizzare [*wine, cider etc.*].

3.mull /mʌl/ tr. fallire [*catch*].

▪ **mull over:** ***~ over [sth.], ~ [sth.] over*** rimuginare.

mullah /ˈmʌlə/ n. mullah m.

mulled /mʌld/ **I** p.pass. → **2.mull II** agg. [*cider etc.*] caldo e aromatizzato; ***~ wine*** vin brûlé.

mullein /ˈmʌlɪn/ n. tassobarbasso m.

muller /ˈmʌlə(r)/ n. **1** *(pestle)* pestello m. (del mortaio) **2** *(grinding stone)* macina f., molazza f.

mullet /ˈmʌlɪt/ n. (pl. ~) *(red)* triglia f.; *(grey)* muggine m.

mulligan /ˈmʌlɪgən/ n. (anche **~ stew**) AE COLLOQ. = stufato fatto con gli avanzi.

mulligatawny /ˌmʌlɪgəˈtɔːnɪ/ n. (anche **~ soup**) = minestra indiana al curry.

mulling /ˈmʌlɪŋ/ n. molazzatura f.

mullion /ˈmʌlɪən/ n. *(of window)* colonnina f. divisoria.

mullioned /ˈmʌlɪənd/ agg. [*window*] a colonnine.

mullite /ˈmʌlɪt/ n. mullite f.

multi-access /ˌmʌltɪˈækses/ agg. INFORM. ad accesso multiplo.

multicellular /ˌmʌltɪˈseljʊlə(r)/ agg. multicellulare.

multichannel /ˌmʌltɪˈtʃænl/ agg. [*television*] multicanali, pluricanale; [*reception*] di molti canali.

multicoloured BE, **multicolored** AE /ˌmʌltɪˈkʌləd/ agg. multicolore.

multicultural /ˌmʌltɪˈkʌltʃərəl/ agg. multiculturale.

multiculturalism /ˌmʌltɪˈkʌltʃərəlɪzəm/ n. multiculturalismo m.

multicylinder /ˌmʌltɪˈsɪlɪndə(r)/ agg. a più cilindri.

multidimensional /ˌmʌltɪdaɪˈmenʃənl/ agg. pluridimensionale, multidimensionale.

multidirectional /ˌmʌltɪdaɪˈrekʃənl, -dɪˈrek-/ agg. pluridirezionale, multidirezionale.

multidisciplinary /ˌmʌltɪdɪsɪˈplɪnərɪ, AE -nerɪ/ agg. SCOL. UNIV. pluridisciplinare, multidisciplinare.

multidisciplinary system /mʌltɪdɪsɪˌplɪnərɪˈsɪstəm, AE -nerɪ-/ n. SCOL. UNIV. multidisciplinarità f.

multi-ethnic /ˌmʌltɪˈeθnɪk/ agg. multietnico.

multi-faceted /ˌmʌltɪˈfæsɪtɪd/ agg. sfaccettato (anche FIG.).

multifactorial /ˌmʌltɪfækˈtɔːrɪəl/ agg. multifattoriale.

multifarious /ˌmʌltɪˈfeərɪəs/ agg. molteplice, svariato.

multiflora /ˌmʌltɪˈflɔːrə/ n. (anche **~ rose**) rosa f. multiflora.

multiform /ˈmʌltɪfɔːm/ agg. multiforme.

multiformity /ˈmʌltɪfɔːmətɪ/ n. multiformità f.

multi-function /ˌmʌltɪˈfʌŋkʃn/ agg. [*watch, calculator, computer*] multifunzione, multifunzionale.

multigrade motor oil /mʌltɪgreɪdˈməʊtərˌɔɪl/ n. olio m. multigrade.

multigym /ˈmʌltɪdʒɪm/ n. multigym m., attrezzo m. multifunzionale.

multihull /ˈmʌltɪhʌl/ n. multiscafo m.

multilateral /ˌmʌltɪˈlætərəl/ agg. **1** POL. [*talks, agreement*] multilaterale **2** MAT. [*shape*] multilatero.

multilateralism /ˌmʌltɪˈlætərəlɪzəm/ n. multilateralismo m.

multilevel /ˌmʌltɪˈlevl/ agg. **1** [*access, analysis*] su più livelli; [*parking, building, complex*] multipiano **2** INFORM. multilivello.

multilingual /ˌmʌltɪˈlɪŋgwəl/ agg. plurilingue, multilingue.

multilingualism /ˌmʌltɪˈlɪŋgwəlɪzəm/ n. plurilinguismo m., multilinguismo m.

▷ **multimedia** /ˌmʌltɪˈmiːdɪə/ agg. *(all contexts)* multimediale.

multimeter /ˌmʌltɪˈmiːtə(r)/ n. multimetro m.

multi-million /ˌmʌltɪˈmɪljən/ agg. da molti milioni; ***~ pound, dollar*** *[project, deal]* da molti milioni di sterline, di dollari.
multimillionaire /ˌmʌltɪˌmɪljəˈneə(r)/ n. multimilionario m. (-a).
multi-nation /ˌmʌltɪˈneɪʃn/ agg. di più nazioni.
▷ **multinational** /ˌmʌltɪˈnæʃənl/ **I** agg. *[company, corporation, force, agreement]* multinazionale **II** n. (anche **~ company**) multinazionale f.
multinomial /ˌmʌltɪˈnəʊmɪəl/ **I** agg. MAT. polinomiale **II** n. MAT. polinomio m.
multiparous /mʌlˈtɪpərəs/ agg. multiparo.
multipartite /ˌmʌltɪˈpɑːtaɪt/ agg. **1** POL. *[treaty]* pluripartitico **2** *[document]* composto da diverse parti.
multi-party /ˌmʌltɪˈpɑːtɪ/ agg. POL. *[government, system]* pluripartitico.
multiplatform /ˌmʌltɪˈplætfɔːm/ agg. INFORM. multipiattaforma.
multiple /ˈmʌltɪpl/ **I** agg. *(in scientific language)* multiplo; *[interests]* molteplice **II** n. **1** MAT. multiplo m. (**of** di); ***sold in ~s of six*** venduto a mezze dozzine **2** BE *(chain of shops)* catena f. di negozi.
multiple birth /ˌmʌltɪplˈbɜːθ/ n. parto m. (pluri)gemellare.
multiple choice /ˌmʌltɪplˈtʃɔɪs/ agg. *[test, question]* a scelta multipla.
multiple entry visa /mʌltɪplˌentrɪˈviːzə/ n. visto m. di ingresso multiplo.
multiple fractures /ˌmʌltɪplˈfræktʃəz/ n.pl. fratture f. multiple.
multiple fruit /ˌmʌltɪplˈfruːt/ n. frutto m. multiplo.
multiple injuries /ˌmʌltɪplˈɪndʒərɪz/ n.pl. ferite f. multiple.
multiple occupancy /ˌmʌltɪplˈɒkjʊpənsɪ/ n. = casa con parti condivise da più persone.
multiple ownership /ˌmʌltɪplˈəʊnəʃɪp/ n. multiproprietà f.
multiple personality /ˌmʌltɪplpɜːsəˈnælətɪ/ n. PSIC. personalità f. multipla.
multiple pile-up /ˌmʌltɪplˈpaɪlʌp/ n. tamponamento m. a catena.
multiple risk /ˌmʌltɪplˈrɪsk/ agg. *[insurance, policy]* multirischio.
multiple sclerosis /ˌmʌltɪplsklɪəˈrəʊsɪs/ ♦ ***11*** n. sclerosi f. multipla.
multiple stab wounds /ˌmʌltɪplˈstæbˌwuːndz/ n.pl. ferite f. multiple di arma da taglio.
multiple store /ˌmʌltɪplˈstɔː(r)/ n. BE = negozio che fa parte di una catena.
multiplet /ˈmʌltɪplət/ n. multipletto m.
1.multiplex /ˈmʌltɪpleks/ **I** agg. TEL. multiplex **II** n. **1** TEL. multiplex m. **2** CINEM. multiplex m., multisala f.
2.multiplex /ˈmʌltɪpleks/ tr. TEL. dotare di multiplex.
multiplexer /ˈmʌltɪpleksə(r)/ n. TEL. multiplexer m.
multiplexing /ˈmʌltɪpleksɪŋ/ n. TEL. multiplexing m.
multiplexor → **multiplexer**.
multipliable /ˈmʌltɪplaɪəbl/, **multiplicable** /ˈmʌltɪplɪkəbl/ agg. moltiplicabile (**by** per).
multiplicand /ˌmʌltɪplɪˈkænd/ n. moltiplicando m.
multiplication /ˌmʌltɪplɪˈkeɪʃn/ n. MAT. moltiplicazione f.; ***to do ~*** fare le moltiplicazioni.
multiplication sign /mʌltɪplɪˈkeɪʃnˌsaɪn/ n. segno m. di moltiplicazione.
multiplication table /mʌltɪplɪˈkeɪʃnˌteɪbl/ n. tavola f. pitagorica.
multiplicative /ˌmʌltɪˈplɪkətɪv/ agg. moltiplicativo.
multiplicity /ˌmʌltɪˈplɪsətɪ/ n. **1** *(wide variety)* molteplicità f., varietà f. (**of** di) **2** *(numerousness)* moltitudine f., grande quantità f.
multiplier /ˈmʌltɪplaɪə(r)/ n. *(all contexts)* moltiplicatore m.
multiplier effect /ˌmʌltɪplaɪərɪˈfekt/ n. effetto m. moltiplicatore.
▷ **multiply** /ˈmʌltɪplaɪ/ **I** tr. *(all contexts)* moltiplicare (**by** per) **II** intr. **1** MAT. moltiplicare **2** BIOL. *(increase)* moltiplicarsi.
multiply handicapped /ˌmʌltɪplɪˈhændɪkæpt/ **I** agg. con diversi handicap **II** n. + verbo pl. ***the ~*** = i portatori di diversi handicap.
multipolar /ˌmʌltɪˈpəʊlə(r)/ agg. multipolare.
multiprocessing /ˌmʌltɪˈprəʊsesɪŋ/ n. INFORM. multiprogrammazione f.
multiprocessor /ˌmʌltɪˈprəʊsesə(r)/ n. INFORM. multiprocessore m.
multi-product /ˌmʌltɪˈprɒdʌkt/ agg. *[firm]* a produzione multipla.
multiprogramming /ˌmʌltɪˈprəʊgræmɪŋ/ n. INFORM. multiprogrammazione f.
multipurpose /ˌmʌltɪˈpɜːpəs/ agg. *[tool, gadget]* multiuso; *[area, organization]* polivalente.
multiracial /ˌmʌltɪˈreɪʃl/ agg. multirazziale.
multirisk /ˈmʌltɪrɪsk/ agg. *[insurance, policy]* multirischio.
multi-screen /ˈmʌltɪskriːn/ agg. *[cinema]* multischermo.
multisensory /ˌmʌltɪˈsensərɪ/ agg. multisensoriale.
multistage /ˈmʌltɪsteɪdʒ/ agg. **1** *[rocket]* multistadio **2** TECN. *[turbine, compressor]* pluristadio **3** *[process, investigation]* a più stadi.
multistandard /ˌmʌltɪˈstændəd/ agg. TELEV. multistandard.
multistorey /ˌmʌltɪˈstɔːrɪ/ agg. BE *[building, car park]* multipiano.
multi-talented /ˌmʌltɪˈtæləntɪd/ agg. *[performer]* poliedrico.
multitasking /ˌmʌltɪˈtɑːskɪŋ/ n. INFORM. multitasking m.
multi-tool /ˈmʌltɪtuːl/ n. attrezzo m. multiuso.
multitrack /ˈmʌltɪtræk/ agg. *[sound recording]* a piste multiple.
multitude /ˈmʌltɪtjuːd, AE -tuːd/ n. moltitudine f. ◆ ***to hide*** o ***cover a ~ of sins*** SCHERZ. = essere una scusa che funziona sempre.
multitudinous /ˌmʌltɪˈtjuːdɪnəs, AE -ˈtuːdɪnəs/ agg. innumerevole.
multi-use /ˌmʌltɪˈjuːz/ agg. multiuso.
multiuser /ˌmʌltɪˈjuːzə(r)/ agg. INFORM. *[computer, system, installation]* multiutente.
multivalence /ˌmʌltɪˈveɪləns/, **multivalency** /ˌmʌltɪˈveɪlənsɪ/ n. CHIM. polivalenza f.
multivalent /ˌmʌltɪˈveɪlənt/ agg. CHIM. polivalente.
multiversity /ˌmʌltɪˈvɜːsətɪ/ n. AE = università composta da molte facoltà.
multivitamin /ˌmʌltɪˈvɪtəmɪn, AE -ˈvaɪ-/ n. multivitaminico m.
multi-warhead /ˌmʌltɪˈwɔːhed/ agg. *[missile]* a testata multipla.
▶ **1.mum** /mʌm/ n. BE COLLOQ. *(mother)* mamma f.
2.mum /mʌm/ n. (accorc. chrysanthemum) crisantemo m.
3.mum /mʌm/ avv. in silenzio ◆ ***~'s the word!*** acqua in bocca! ***to keep ~*** non fare parola, stare muto come un pesce.
4.mum /mʌm/ intr. (forma in -ing ecc. **-mm-**) fare il mimo.
1.mumble /ˈmʌmbl/ n. borbottio m.
▷ **2.mumble** /ˈmʌmbl/ **I** tr. borbottare, biascicare *[apology, reply]*; ***"sorry", he ~d*** "scusa", borbottò **II** intr. ***to ~ to oneself*** borbottare fra sé e sé.
mumbler /ˈmʌmblə(r)/ n. brontolone m. (-a).
mumblingly /ˈmʌmblɪŋlɪ/ avv. brontolando, borbottando.
mumbo jumbo /ˌmʌmbəʊˈdʒʌmbəʊ/ n. COLLOQ. SPREG. **1** *(speech, writing)* ***it was all ~ to me*** non ci ho capito niente, per me era arabo **2** *(ritual)* = cerimoniale astruso e ridicolo.
mummer /ˈmʌmə(r)/ n. TEATR. mimo m.
mummery /ˈmʌmərɪ/ n. **1** TEATR. pantomima f. **2** SPREG. *(ridiculous ceremony)* pagliacciata f.
mummification /ˌmʌmɪfɪˈkeɪʃn/ n. mummificazione f.
mummify /ˈmʌmɪfaɪ/ **I** tr. mummificare **II** intr. mummificarsi.
1.mummy /ˈmʌmɪ/ n. *(embalmed body)* mummia f.
▷ **2.mummy** /ˈmʌmɪ/ n. BE COLLOQ. *(mother)* mamma f., mammina f.
mummy's boy /ˈmʌmɪzˌbɔɪ/ n. BE mammone m.
mumps /mʌmps/ ♦ ***11*** n.pl. + verbo sing. orecchioni m.; ***to have (the) ~*** avere gli orecchioni.
munch /mʌntʃ/ tr. **1** *(eat)* *[person]* sgranocchiare *[food]*; *[animal]* masticare, ruminare *[food]*; ***to ~ one's way through*** *[person, animal]* divorare *[food]* **2** SCHERZ. *[machine]* mangiare *[card, money]*.
■ **munch away** masticare; ***to ~ away at sth.*** divorare qcs.
■ **munch on:** ***~ on [sth.]*** sgranocchiare.
Munchausen's syndrome /ˈmʊŋkhaʊznzˌsɪndrəʊm/ n. sindrome f. di Munchausen.
munchies /ˈmʌntʃiːz/ n.pl. COLLOQ. roba f. da sgranocchiare; ***to have the ~*** avere un languorino.
mundane /mʌnˈdeɪn/ agg. *(dull, ordinary)* banale, ordinario.
mundanely /mʌnˈdeɪnlɪ/ avv. banalmente, in modo ordinario.
mundaneness /mʌnˈdeɪnnɪs/ n. banalità f.
mung bean /ˈmʌŋbiːn/ n. fagiolo m. mungo.
mungo /ˈmʌŋgəʊ/ n. (pl. **~s**) *(fibre)* lana f. rigenerata; *(cloth)* tessuto m. in lana rigenerata.
▷ **municipal** /mjuːˈnɪsɪpl/ agg. *(of town)* municipale, comunale; *(of state)* interno, nazionale.
municipal court /mjuːˌnɪsɪplˈkɔːt/ n. AE DIR. tribunale m. municipale.
municipality /mjuːˌnɪsɪˈpælətɪ/ n. **1** *(community of a town)* municipalità f. **2** *(governing body)* giunta f. comunale.
municipalization /mjuːnɪsɪpəlaɪˈzeɪʃn, AE -lɪˈz-/ n. municipalizzazione f.
municipalize /mjuːˈnɪsɪpəlaɪz/ tr. municipalizzare.
munificence /mjuːˈnɪfɪsns/ n. FORM. munificenza f.
munificent /mjuːˈnɪfɪsnt/ agg. FORM. *[person]* munifico; *[gift, donation]* munifico, generoso.
munificently /mjuːˈnɪfɪsntlɪ/ avv. con munificenza, generosamente.
muniments /ˈmjuːnɪmənts/ n.pl. DIR. atti m., documenti m. probatori.
munition /mjuːˈnɪʃn/ tr. rifornire di munizioni, munizionare.
munitions /mjuːˈnɪʃnz/ **I** n.pl. MIL. munizioni f. **II** modif. *[factory, industry]* di munizioni.

Munro /mən'rəʊ/ n. GB *(in mountaineering)* = in Scozia, qualunque vetta al di sopra dei 3.000 piedi (circa 914 metri).

muon /'mju:ɒn/ n. muone m.

mural /'mjʊərəl/ **I** agg. [*art, decoration*] murale **II** n. pittura f. murale; *(in cave)* pittura f. rupestre

▶ **1.murder** /'mɜ:də(r)/ **I** n. **1** DIR. *(crime)* omicidio m., assassinio m.; ***attempted ~*** tentato omicidio **2** COLLOQ. *(hell)* ***it's ~ in town today!*** oggi in città è un inferno! ***finding a parking space here is sheer ~!*** parcheggiare qui è un vero macello! ***to be ~ on the feet*** distruggere i piedi; ***to be ~ on the nerves*** logorare i nervi **II** modif. [*inquiry, investigation*] su un omicidio; [*scene, weapon*] del delitto; [*squad*] omicidi; [*trial*] per omicidio; ***~ hunt*** caccia all'assassino; ***~ suspect*** presunto assassino; ***~ victim*** vittima (di un omicidio); ***~ story, ~ mystery*** giallo, poliziesco ◆ ***to get away with ~*** [*dishonest people*] farla franca; ***that child gets away with ~!*** gliele fanno proprio passare tutte a quel bambino! ***to scream*** o ***yell blue*** BE o ***bloody*** AE ***~*** COLLOQ. [*child*] urlare a squarciagola; [*public figure, press*] protestare vivamente.

▶ **2.murder** /'mɜ:də(r)/ tr. **1** DIR. *(kill)* assassinare, uccidere (**with** con) **2** COLLOQ. FIG. ammazzare; ***I could ~ that woman!*** la ammazzerei, quella donna! **3** COLLOQ. *(ruin)* massacrare [*language, piece of music*] **4** COLLOQ. *(defeat)* massacrare, distruggere [*team, opponents*] **5** BE COLLOQ. *(devour)* ***I could ~ a pint, a sandwich!*** mi farei (fuori) una pinta, un panino!

murder case /'mɜ:dəˌkeɪs/ n. *(for police)* caso m. di omicidio; *(for court)* processo m. per omicidio.

murder charge /'mɜ:dəˌtʃɑ:dʒ/ n. accusa f. di omicidio; ***to face ~s*** essere accusato di omicidio.

murdered /'mɜ:dərd/ **I** p.pass → **2.murder II** agg. ***the ~ man, woman*** la vittima (dell'omicidio).

▷ **murderer** /'mɜ:dərə(r)/ n. assassino m., omicida m.

murderess /'mɜ:dərɪs/ n. assassina f., omicida f.

murder one /ˌmɜ:dər'wʌn/ n. AE DIR. COLLOQ. omicidio m. di primo grado.

murderous /'mɜ:dərəs/ agg. **1** *(deadly)* [*expression, look*] assassino; [*regime, attack, deeds*] criminale; [*intent, tendencies, thoughts*] omicida **2** COLLOQ. *(emphatic)* [*heat, conditions, pressure*] massacrante **3** *(dangerous)* [*route, conditions*] micidiale.

murderous-looking /ˌmɜ:dərəs'lʊkɪŋ/ agg. [*weapon*] micidiale; ***he's a ~ individual*** ha un aspetto da criminale.

murderously /'mɜ:dərəslɪ/ avv. [*jealous, suspicious*] terribilmente; [*difficult*] spaventosamente, terribilmente; ***~ long*** lungo da morire.

murderousness /'mɜ:dərəsnɪs/ n. tendenze f.pl. assassine, istinto m. omicida.

Murdoch /'mɜ:dɒk/ n.pr. Murdoch (nome di uomo).

murex /'mjʊəreks/ n. (pl. **~es**, **-ices**) murice m.

muriate /'mjʊərɪət/ n. muriato m., cloruro m.

muriatic /mjʊərɪ'ætɪk/ agg. muriatico, cloridrico.

Muriel /'mjʊrɪəl/ n.pr. Muriel (nome di donna).

murk /mɜ:k/, **murkiness** /'mɜ:kɪnɪs/ n. LETT. *(darkness)* oscurità f., buio m.; *(of water)* torbidezza f.; *(of sound)* profondità f.; *(of past, feelings)* oscurità f.

murky /'mɜ:kɪ/ agg. **1** *(gloomy)* [*night*] cupo, buio; [*water*] scuro, torbido; [*colour*] tetro; [*hour*] buio; [*weather*] cupo, fosco; [*distance*] indistinto **2** *(suspect)* [*past, secret*] oscuro.

▷ **1.murmur** /'mɜ:mə(r)/ n. **1** *(of traffic)* rumore m. (**of** di); *(of voices, stream)* mormorio m. (**of** di) **2** *(expressing reaction)* mormorio m.; ***a ~ of disapproval, agreement*** un mormorio di disapprovazione, di approvazione; ***to obey without a ~*** obbedire senza fiatare.

▷ **2.murmur** /'mɜ:mə(r)/ **I** tr. mormorare [*words*] **II** intr. **1** [*person, stream*] mormorare **2** *(grumble)* [*person*] borbottare, brontolare (**at, against** contro).

murmuring /'mɜ:mərɪŋ/ **I** n. *(of voices, stream, sea)* mormorio m. **II murmurings** n.pl. *(complaints)* proteste f. (**about** contro); *(rumours)* voci f. **III** agg. [*stream*] mormorante.

murmuringly /'mɜ:mərɪŋlɪ/ avv. mormorando, con un mormorio.

murmurous /'mɜ:mərəs/ agg. pieno di mormorii.

murphy /'mɜ:fɪ/ n. COLLOQ. patata f.

murphy bed /'mɜ:fɪˌbed/ n. AE letto m. a scomparsa.

Murphy's Law /ˌmɜ:fɪz'lɔ:/ n. legge f. di Murphy.

murrain /'mʌrɪn/ n. moria f. del bestiame.

Murray /'mʌrɪ/ n.pr. Murray (nome di uomo).

murrhine /'mʌraɪn/ agg. murrino.

muscadel /mʌskə'del/ → **muscatel**.

muscadine /'mʌskədaɪn/ n. moscatello m.

muscardine /mʌ'skɑ:di:n/ n. moscardina f.

muscat /'mʌskət/ n. (anche **~ grape**) moscato m., uva f. moscata.

muscatel /ˌmʌskə'tel/ n. **1** *(wine)* (vino) moscato m. **2** *(grape)* moscatello m.

▷ **1.muscle** /'mʌsl/ ♦ **2 I** n. **1** *(in arm, leg etc.)* muscolo m.; ***calf ~s*** muscoli del polpaccio; ***stomach ~s*** (muscoli) addominali; ***without moving a ~*** senza muovere un muscolo; ***don't move a ~!*** non muoverti! **2** ANAT. *(tissue)* muscoli m.pl., muscolatura f. **3** *(clout)* potenza f., potere m.; ***financial, military ~*** potenza finanziaria, militare; ***they have no ~*** non hanno potere; ***we have the ~ to compete with these firms*** siamo abbastanza forti da poter competere con queste aziende; ***to give ~ to*** dare forza a [*argument, threat*] **II** modif. [*exercise, relaxant*] per i muscoli; [*fatigue, injury, tissue*] muscolare **III -muscled** agg. in composti ***strong~, well~, full~*** forzuto, pieno di muscoli.

2.muscle /'mʌsl/ tr. ***to ~ one's way into sth.*** imporsi con la forza in [*discussion*]; farsi largo con la forza in [*room*].

■ **muscle in** COLLOQ. immischiarsi (**on** in); ***to ~ in on sb.'s territory*** sconfinare sul territorio di qcn.

muscle-bound /'mʌslˌbaʊnd/ agg. [*person*] dai muscoli eccessivamente sviluppati.

muscle car /'mʌslkɑ:(r)/ n. AE COLLOQ. bolide m.

musclehead /'mʌslhed/ n. AE = uomo tutto muscoli e poco cervello.

muscleman /'mʌslmən/ n. (pl. **-men**) COLLOQ. SPREG. **1** *(strong man)* mister m. muscolo **2** *(thug)* scagnozzo m.

muscle shirt /'mʌslˌʃɜ:t/ n. AE maglietta f. aderente (da uomo).

muscle strain /'mʌslˌstreɪn/ n. strappo m. muscolare.

Muscovite /'mʌskəvaɪt/ **I** agg. moscovita **II** n. moscovita m. e f.

▷ **muscular** /'mʌskjʊlə(r)/ agg. **1** ANAT. [*disease, tissue*] muscolare **2** *(strong)* [*person, body, limbs*] muscoloso; ***to have a ~ build*** essere muscoloso **3** FIG. *(vigorous)* [*attitude*] da bullo; [*pose*] da culturista; ***~ Christians*** BE STOR. cristiani vigorosi.

muscular dystrophy /ˌmʌskjʊlə'dɪstrəfɪ/ ♦ **11** n. distrofia f. muscolare.

muscularity /mʌskjʊ'lærətɪ/ n. muscolosità f.

musculature /'mʌskjʊlətʃə(r)/ n. muscolatura f.

1.muse /mju:z/ n. musa f.

▷ **2.muse** /mju:z/ intr. *(in silence)* meditare, riflettere (**on**, **over**, **about** su); *(aloud)* riflettere, pensare ad alta voce.

musette /mju:'zet/ n. musette f.

▶ **museum** /mju:'zɪəm/ **I** n. museo m.; ***science, natural history, military ~*** museo della scienza, di storia naturale, militare **II** modif. [*curator, display, collection*] del museo.

museum piece /mju:'zɪəmˌpi:s/ n. SPREG. o SCHERZ. pezzo m. da museo.

1.mush /mʌʃ/ n. **1** *(of vegetables)* poltiglia f., pappetta f.; ***boiled to a ~*** ridotto in poltiglia **2** AE *(corn porridge)* polenta f. **3** COLLOQ. *(soppiness)* sdolcinatezza f., sentimentalismo m.

2.mush /mʌʃ/ n. (anche **~-faker**) COLLOQ. ANT. ombrello m.

3.mush /mʌʃ/ n. AE = viaggio su slitta trainata da cani.

4.mush /mʌʃ/ intr. AE = viaggiare su slitta trainata da cani.

mushiness /'mʌʃɪnɪs/ n. sdolcinatezza f.

▷ **1.mushroom** /'mʌʃrʊm, -ru:m/ ♦ **5 I** n. **1** BOT. GASTR. fungo m.; ***to spring*** o ***pop up like ~s*** FIG. crescere *o* spuntare come funghi **2** *(colour)* marroncino m. **II** modif. GASTR. [*soup*] ai funghi; [*omelette*] di funghi **III** agg. (anche **~-coloured**) marroncino.

2.mushroom /'mʌʃrʊm, -ru:m/ intr. [*buildings*] venire su come funghi; [*towns*] espandersi, svilupparsi rapidamente; [*group, organization*] espandersi rapidamente; [*business*] avere una rapida crescita; [*demand, profits*] aumentare rapidamente.

mushroom cloud /'mʌʃrʊmˌklaʊd, -ru:m-/ n. fungo m. atomico.

mushroom growth /ˌmʌʃrʊm'grəʊθ, -ru:m-/ n. rapido sviluppo m.

mushrooming /'mʌʃru:mɪŋ, -rʊ-/ **I** n. **1** *(activity)* ***to go ~*** andare per funghi **2** *(spread)* rapida diffusione f., espansione f. **II** agg. [*demand*] crescente; [*trade*] in pieno sviluppo; [*payments, deficit*] in grande aumento.

mushy /'mʌʃɪ/ agg. COLLOQ. **1** *(pulpy)* [*mixture, texture*] molle; [*vegetables*] spappolato, in poltiglia; [*ground*] molliccio **2** *(sentimental)* [*film, story*] sdolcinato; [*person*] languido, svenevole; ***to go (all) ~*** fare il sentimentale (**over**, **about** su).

mushy peas /'mʌʃɪˌpi:z/ n.pl. purè m. e f.sing. di piselli.

▶ **music** /'mju:zɪk/ **I** n. **1** *(art, composition)* musica f.; ***guitar, piano ~*** musica per chitarra, per pianoforte; ***to write ~*** scrivere musica *o* comporre; ***to set sth. to ~*** mettere qcs. in musica *o* musicare qcs. **2** *(printed)* spartito m.; ***to read ~*** leggere la musica **II** modif. [*exam, lesson, teacher*] di musica; [*appreciation*] della musica; [*festival, critic, practice*] musicale ◆ ***to face the ~*** = affrontare con coraggio le difficoltà *o* accettare le conseguenze delle proprie azioni; ***to be ~ to sb.'s ears*** essere musica per le orecchie di qcn.

▷ **musical** /'mju:zɪkl/ **I** agg. **1** [*person*] *(gifted)* che ha orecchio (per la musica), che ha talento musicale; *(interested)* amante della musica; ***they are a very ~ family*** sono molto appassionati di musica in quella famiglia **2** [*voice, laughter*] melodioso **3** [*accompaniment, score*] musicale; [*director*] d'orchestra **II** n. (anche **~ comedy**) musical m., commedia f. musicale.
musical box /'mju:zɪkl,bɒks/ n. BE carillon m.
musical chairs /,mju:zɪkl'tʃeəz/ ♦ *10* n.pl. gioco m.sing. delle sedie.
musicale /mju:zɪ'kɑ:l/, **musical evening** /'mju:zɪkl,i:vnɪŋ/ n. serata f. musicale.
musical instrument /,mju:zɪkl'ɪnstrʊmənt/ ♦ *17* n. strumento m. musicale.
musicality /mju:zɪ'kælətɪ/ n. musicalità f.
musically /'mju:zɪklɪ/ avv. **1** *(in a musical way)* musicalmente **2** *(making a pleasant sound)* melodiosamente.
musicassette /,mju:zɪkə'set/ n. musicassetta f.
music box /'mju:zɪk,bɒks/ n. AE carillon m.
music centre /'mju:zɪk,sentə(r)/ n. BE impianto m. stereo.
music college /'mju:zɪk,kɒlɪdʒ/ n. conservatorio m.
music hall /'mju:zɪk,hɔ:l/ **I** n. BE music-hall m. **II** modif. [*artist*] di varietà, di music-hall.
▷ **musician** /mju:'zɪʃn/ ♦ *27* n. musicista m. e f.
musicianship /mju:'zɪʃnʃɪp/ n. abilità f. di musicista.
music lover /'mju:zɪk,lʌvə(r)/ n. appassionato m. (-a) di musica.
musicologist /,mju:zɪ'kɒlədʒɪst/ ♦ *27* n. musicologo m. (-a).
musicology /,mju:zɪ'kɒlədʒɪ/ n. musicologia f.
music stand /'mju:zɪk,stænd/ n. leggio m.
music stool /'mju:zɪk,stu:l/ n. sgabello m. per pianoforte.
music video /'mju:zɪk,vɪdɪəʊ/ n. video m. musicale, videoclip m.
musing /'mju:zɪŋ/ **I** n. meditazione f. **II musings** n.pl. riflessioni f. **III** agg. [*stare, way*] meditabondo, pensieroso.
musk /mʌsk/ n. muschio m.
musk deer /'mʌsk,dɪə(r)/ n. (pl. **musk deer**, **musk deers**) mosco m.
musket /'mʌskɪt/ **I** n. moschetto m. **II** modif. [*fire*] di moschetto; [*drill*] col moschetto.
musketeer /,mʌskɪ'tɪə(r)/ n. moschettiere m.
musketry /'mʌskɪtrɪ/ n. tiri m.pl. di moschetto, moschetteria f.
muskiness /'mʌskɪnɪs/ n. odore m. di muschio.
muskmelon /'mʌsk,melən/ n. melone m.
musk ox /'mʌskɒks/ n. (pl. **musk oxen**) bue m. muschiato.
musk-rat /'mʌskræt/ → **musquash.**
musk rose /'mʌsk,rəʊz/ n. rosa f. muschiata.
musky /'mʌskɪ/ agg. muschiato.
Muslim /'mʊzlɪm, AE 'mʌzləm/ → **Moslem.**
muslin /'mʌzlɪn/ **I** n. **1** *(cloth)* mussola f., mussolina f. **2** GASTR. *(for straining)* stamigna f., garza f. (per avvolgere burro ecc.) **II** modif. [*apron, curtain*] di mussola, di mussolina.
muslin bag /'mʌzlɪn,bæg/ n. GASTR. = sacchetto di garza per infusioni.
muso /'mju:zəʊ/ n. COLLOQ. musicista m. e f.
musquash /'mʌskwɒʃ/ **I** n. *(animal)* topo m. muschiato; *(fur)* rat musqué m. **II** modif. [*jacket, stole*] di rat musqué.
1.muss /mʌs/ n. AE COLLOQ. *(mess)* casino m.
2.muss /mʌs/ tr. → **muss up.**
■ **muss up** COLLOQ. ~ **[sth.] up**, ~ **up [sth.]** arruffare, scompigliare [*hair*]; sgualcire [*clothing*]; mettere in disordine, buttare all'aria [*papers, belongings*].
mussel /'mʌsl/ n. cozza f., mitilo m.
mussel bed /'mʌsl,bed/ n. vivaio m. di cozze.
mussy /'mʌsɪ/ agg. AE COLLOQ. [*hair*] arruffato, scompigliato; [*clothing*] sgualcito; [*paper, belonging*] in disordine.
▶ **1.must** /*forma debole* məst, *forma forte* mʌst/ When *must* indicates obligation or necessity, Italian generally has *dovere*; sometimes the impersonal form *si deve* or the impersonal construction *bisogna* + infinitive (or *bisogna che* + subjunctive) are used: *I must go* = devo andare, bisogna che vada; *it must be done* = lo si deve fare, bisogna farlo. For more examples and particular uses see **1** and **3** below. See also **1.have II 1** and the related usage note. - *Must have* + past participle can be translated by either the imperfect or the present indicative of Italian *dovere*: *it must have been a nice place once* = doveva essere un bel posto un tempo; *somebody must have stolen it* = qualcuno deve averlo rubato. - The negative form of *must* is either *mustn't*, which indicates prohibition and should be translated by *dovere*, or *needn't*, which indicates that there is no obligation and is generally translated by *non c'è bisogno che*: *you mustn't do it* = non lo devi fare; *you needn't do it* = non c'è bisogno che tu lo faccia. - For the conjugation of *dovere*, see the Italian verb tables. mod. (negat. **must not, mustn't**) **1** *(indicating obligation, prohibition)* dovere; ***you ~ check your rearview mirror before indicating*** si deve guardare nello specchietto prima di mettere la freccia; ***the feeding bottles ~ be sterilized*** i biberon devono essere sterilizzati; ***they said she ~ be consulted first*** hanno detto che prima bisogna consultare lei; ***~ we really be up by 7 am?*** dobbiamo veramente alzarci alle 7? ***you mustn't mention this to anyone*** non devi farne parola con nessuno; ***all visitors ~ leave the premises*** i signori visitatori sono pregati uscire; ***the loan ~ be repaid in one year*** il prestito deve essere rimborsato in un anno; ***withdrawals ~ not exceed £ 200*** i prelievi non possono superare le 200 sterline; ***they begin, as all parents ~, to adapt*** stanno cominciando ad adattarsi, come tutti i genitori devono fare; ***it ~ eventually have an effect*** prima o poi dovrà fare effetto **2** *(indicating requirement, condition)* dovere; ***candidates ~ be EU nationals*** i candidati dovranno essere cittadini comunitari; ***applicants ~ have spent at least one year abroad*** per potere fare domanda bisogna essere stati almeno un anno all'estero; ***to gain a licence you ~ spend 40 hours in the air*** per ottenere il brevetto devi avere fatto almeno 40 ore di volo **3** *(stressing importance, necessity)* dovere; ***children ~ be alerted to the dangers*** i bambini devono essere avvisati dei pericoli che possono correre; ***we ~ do more to improve standards*** dobbiamo fare di più per migliorare gli standard; ***immigrants ~ not become scapegoats*** gli immigrati non devono diventare capri espiatori; ***you ~ be patient*** devi avere pazienza; ***tell her she mustn't worry*** dille di non preoccuparsi *o* che non deve preoccuparsi; ***we ~ never forget*** non dimentichiamocelo mai; ***I ~ ask you not to smoke*** devo chiedervi di non fumare; ***it's very odd I ~ admit*** devo ammettere che è molto strano; ***I feel I ~ tell you that*** mi sento in dovere di dirti che; ***it ~ be said that*** bisogna dire che; ***I ~ apologize for being late*** chiedo scusa per il ritardo; ***I ~ say, I was impressed*** devo dire che sono rimasto impressionato; ***that was pretty rude, I ~ say!*** è stata una cosa molto maleducata, devo dire! ***very nice, I ~ say!*** IRON. ma che simpatico! **4** *(expressing intention)* dovere; ***we ~ ask them about it soon*** dobbiamo chiederglielo al più presto; ***I ~ check the reference*** devo verificare la fonte di riferimento; ***we mustn't forget to let the cat out*** non dobbiamo dimenticarci di fare uscire il gatto **5** *(indicating irritation)* dovere; ***well, come in if you ~*** e va bene, entra, se proprio devi; ***why ~ she always be so cynical?*** perché dev'essere sempre così cinica? ***he's ill, if you ~ know*** è malato, se proprio vuoi saperlo; ***~ you make such a mess?*** devi proprio fare tutto 'sto casino? **6** *(in invitations, suggestions)* dovere; ***you ~ come and visit us!*** devi venire a trovarci! ***we really ~ get together soon*** dobbiamo assolutamente rivederci al più presto; ***you ~ meet Flora Brown*** devi conoscere Flora Brown **7** *(expressing assumption, probability)* dovere; ***it ~ be difficult living there*** dev'essere difficile vivere là; ***it ~ have been very interesting for you to do*** dev'essere stato molto interessante per te; ***there ~ be some mistake!*** dev'esserci qualche errore! ***they ~ be wondering what happened to us*** si staranno chiedendo che cosa ci è successo; ***what ~ people think?*** che cosa ne deve pensare la gente? ***viewers ~ have been surprised*** gli spettatori devono essere rimasti sorpresi; ***that ~ mean we're at the terminus*** vorrà dire che siamo al capolinea; ***that ~ be Mary's tea*** questo dev'essere il tè di Mary; ***because he said nothing people thought he ~ be shy*** siccome stava in silenzio, la gente pensava che fosse timido; ***they ~ really detest each other*** si devono veramente detestare; ***they ~ be even richer than we thought*** devono essere ancora più ricchi di quanto pensassimo; ***"he said so" - "oh well it ~ be right, mustn't it?"*** IRON. "ha detto così" - "ah, bene, allora sarà vero, no?" ***anyone who believes her ~ be naïve*** chi le crede è un ingenuo; ***you ~ be out of your mind!*** devi essere impazzito! **8** *(expressing strong interest, desire)* dovere; ***this I ~ see!*** devo assolutamente vederlo! ***we simply ~ get away from here!*** dobbiamo a tutti i costi uscire di qua!
2.must /mʌst/ n. ***it's a ~*** è indispensabile, è un must (**for** per); ***the book is a ~ for all gardeners*** quel libro è un must per tutti quelli che amano il giardinaggio; ***Latin is no longer a ~ for access to university*** il latino non è più indispensabile per potere accedere all'università; ***this film is a ~*** questo film è imperdibile; ***if you're going to Paris, a visit to the Louvre is a ~*** se vai a Parigi devi assolutamente andare a visitare il Louvre.
3.must /mʌst/ n. ENOL. mosto m.
4.must /mʌst/ n. *(mustiness)* odore m. di muffa; *(mould)* muffa f.
5.must /mʌst/ **I** agg. [*elephant, camel*] in fregola, infuriato **II** n. *(of elephant, camel)* fregola f., eccitazione f. sessuale.
mustache /'mʌstæʃ/ AE → **moustache.**

mustachio AE → **moustachio.**
mustachioed AE → **moustachioed.**
mustang /'mʌstæŋ/ n. mustang m.
mustard /'mʌstəd/ ▸ 5 **I** n. **1** *(plant, condiment)* senape f.; ***~ and cress*** = condimento per insalate costituito da senape bianca e crescione inglese **2** *(colour)* (giallo) senape m. **II** modif. [*seed, spoon*] di senape; ***~ powder*** senape in polvere; ***~ pot*** senapiera, vasetto della senape **III** agg. (giallo) senape ◆ ***to be as keen as ~*** essere pieno di entusiasmo; ***he doesn't cut the ~*** AE *(doesn't succeed)* non ce la fa; *(doesn't come up to expectations)* non è all'altezza.
mustard gas /'mʌstəd,gæs/ n. MIL. gas m. mostarda, iprite f.
mustard plaster /'mʌstəd,plɑ:stə(r), AE -,plæ-/n. senapismo m., cataplasma m. senapato.
1.muster /'mʌstə(r)/ n. MIL. *(assembly)* adunata f.; *(assembling of troops for inspection etc.)* rivista f., rassegna f.; ***to pass ~*** passare l'ispezione; FIG. essere passabile *o* accettabile.
2.muster /'mʌstə(r)/ **I** tr. **1** (anche **~ up**) *(summon)* fare appello a [*energy, enthusiasm*]; raccogliere [*support*]; provocare [*argument*]; ***with all the dignity she could ~*** con tutta la dignità che aveva **2** *(gather)* chiamare a raccolta, radunare [*team, volunteers, troops*] **II** intr. MIL. adunarsi, radunarsi.
▪ **muster in** AE MIL. ~ *[sb.]* **in** arruolare; ~ **sb. into** *[sth.]* arruolare qcn. in [*army*].
▪ **muster out** AE MIL. ~ *[sb.]* **out** congedare [*soldier*].
muster station /'mʌstəsteɪʃn/ n. punto m. di riunione.
must-have /'mʌsthæv/ **I** n. COLLOQ. must m. **II** agg. COLLOQ. [*accessory, gadget*] assolutamente indispensabile; ***a mobile is a ~ item for teenagers*** il telefonino è un must per i teenager.
mustiness /'mʌstɪnɪs/ n. **1** *(of room)* odore m. di chiuso, di muffa; *(of book, clothing)* odore m. di muffa **2** FIG. ***~ of ideas*** idee ammuffite; ***~ of thinking*** modo di pensare antiquato.
mustn't /'mʌsnt/ contr. **must not.**
must've /'mʌstəv/ contr. **must have.**
musty /'mʌstɪ/ agg. **1** [*room, area*] che puzza di chiuso; [*book, clothing*] ammuffito; [*smell*] *(of room etc.)* di chiuso; *(of book etc.)* di muffa; ***to smell ~*** puzzare di vecchio *o* di stantio; ***to taste ~*** sapere di vecchio *o* di stantio; ***to go ~*** ammuffire **2** FIG. [*ideas, thinking*] antiquato, ammuffito.
mutability /,mju:tə'bɪlətɪ/ n. mutabilità f., mutevolezza f.
mutable /'mju:təbl/ agg. mutabile (**into** in).
mutableness /'mju:təblnɪs/ n. RAR. mutabilità f., mutevolezza f.
mutably /'mju:təblɪ/ avv. mutevolmente.
mutagen /'mju:tədʒən/ n. (agente) mutageno m.
mutagenic /,mju:tə'dʒenɪk/ agg. mutageno.
mutant /'mju:tənt/ **I** agg. **1** BIOL. mutante **2** LING. metafonetico **II** n. mutante m. e f.
mutase /'mju:teɪs/ n. mutasi f.
mutate /mju:'teɪt, AE 'mju:teɪt/ **I** tr. trasformare, mutare **II** intr. [*cell, organism*] subire una mutazione; [*alien, monster*] tramutarsi (**into** in).
mutation /mju:'teɪʃn/ n. **1** BIOL. mutazione f. **2** LING. metafonesi f.
mutatis mutandis /mu:,tɑ:tɪsmu:'tændɪs/ avv. mutatis mutandis.
1.mute /mju:t/ **I** agg. **1** *(dumb)* muto **2** *(silent)* muto (anche LING.); ***to remain ~*** stare zitto **3** DIR. ***to stand ~*** rifiutarsi di rispondere al giudice **II** n. MUS. sordina f. ⚠ Although *speech impaired* is often used in English instead of *mute* (in its **I 1** meaning), the Italian translation is *muto* for both English expressions.
2.mute /mju:t/ tr. **1** MUS. mettere la sordina a [*instrument*] **2** stemperare [*enthusiasm*]; indebolire [*resistance*].
3.mute /mju:t/ intr. [*birds*] defecare.
muted /'mju:tɪd/ **I** p.pass. → **2.mute II** agg. **1** *(subdued)* [*response*] tiepida; [*celebration*] in sordina, in tono minore; [*pleasure*] rovinato; [*criticism*] velato; [*colour*] attenuato; [*sound*] attutito **2** MUS. [*trumpet*] in sordina.
mutely /'mju:tlɪ/ avv. in silenzio, silenziosamente.
muteness /'mju:tnɪs/ n. mutezza f.
mute swan /,mju:t'swɒn/ n. cigno m. reale.
muticous /'mju:tɪkəs/ agg. mutico.
mutilate /'mju:tɪleɪt/ tr. mutilare.
mutilated /'mju:tɪleɪtɪd/ **I** p.pass. → **mutilate II** agg. mutilato.
mutilation /,mju:tɪ'leɪʃn/ n. mutilazione f.
mutilator /,mju:tɪ'leɪtə(r)/ n. mutilatore m. (-trice).
mutineer /,mju:tɪ'nɪə(r)/ n. ammutinato m. (-a).
mutinous /'mju:tɪnəs/ agg. [*soldier, sailor*] ammutinato; [*pupil, behaviour, look*] ribelle; ***to turn ~*** ribellarsi.
1.mutiny /'mju:tɪnɪ/ n. ammutinamento m.
2.mutiny /'mju:tɪnɪ/ intr. ammutinarsi.
mutism /'mju:tɪzəm/ n. mutismo m.
mutt /mʌt/ n. COLLOQ. **1** *(dog)* bastardino m. **2** *(person)* testa f. di legno.
1.mutter /'mʌtə(r)/ n. mormorio m., brontolio m.
2.mutter /'mʌtə(r)/ **I** tr. mormorare [*prayer, reply*]; *(disagreeably)* borbottare, biascicare [*curse, insult*]; ***"too bad," he ~ed*** "tanto peggio," brontolò; *(imitating people conferring)* *"~, ~"* "bla, bla, bla" **II** intr. brontolare; ***to ~ about doing*** COLLOQ. parlare di fare; ***to ~ to oneself*** mormorare fra sé (e sé); ***what are you ~ing about?*** COLLOQ. che cosa stai borbottando?
mutterer /'mʌtərə(r)/ n. brontolone m. (-a).
muttering /'mʌtərɪŋ/ n. mormorii m.pl. (**about** contro).
mutton /'mʌtn/ **I** n. GASTR. montone m., carne f. di montone **II** modif. [*stew, pie*] di montone ◆ ***as dead as ~*** morto stecchito; ***~ dressed as lamb*** tardona.
mutton chops /'mʌtn,tʃɒps/ n.pl. *(whiskers)* favoriti m., scopettoni m.
mutton head /'mʌtnhed/ n. AE COLLOQ. testa f. d'asino.
▷ **mutual** /'mju:tʃʊəl/ agg. **1** *(reciprocal)* mutuo, reciproco; ***the feeling is ~*** è una cosa reciproca **2** *(common)* comune; ***our ~ friend*** il nostro comune amico; ***by ~ agreement*** di comune accordo; ***it is to their ~ advantage*** è nel loro comune interesse; ***it's to our ~ advantage to sign*** è nel nostro comune interesse firmare **3** COMM. [*organization, society*] mutuo ◆ ***it's a ~ admiration society*** = sono un gruppo di persone che non fanno altro che incensarsi a vicenda.
mutual aid /,mju:tʃʊəl'eɪd/, **mutual assistance** /,mju:tʃʊələ'sɪstəns/ n. mutuo m. soccorso.
mutual company /'mju:tʃʊəl,kʌmpənɪ/ n. (società) cooperativa f.
mutual consent /,mju:tʃʊəlkən'sent/ n. DIR. consenso m. contrattuale; ***to get divorced by ~*** divorziare consensualmente; ***by ~*** di comune accordo.
mutual fund /'mju:tʃʊəl,fʌnd/ n. AE ECON. fondo m. comune di investimento.
mutualism /'mju:tʃʊəlɪzəm/ n. mutualismo m.
mutuality /,mju:tʃʊ'ælətɪ/ n. DIR. mutualità f., reciprocità f.
mutually /'mju:tʊəlɪ/ avv. reciprocamente; ***~ acceptable*** accettabile da ambedue le parti; ***~ agreed*** accettato di comune accordo; ***~ dependent*** interdipendente; ***~ exclusive options*** opzioni che si escludono a vicenda; ***I hope we find a ~ acceptable solution*** spero che troveremo una soluzione che ci soddisfi entrambi.
mutual shareholding /,mju:tʊəl'ʃeəhəʊldɪŋ/ n. partecipazione f. incrociata.
mutuary /'mju:tʊərɪ/ n. mutuatario m. (-a).
mutule /'mju:tju:l/ n. mutulo m.
Muzak® /'mju:zæk/ n. SPREG. musica f. di sottofondo (registrata).
▷ **1.muzzle** /'mʌzl/ n. **1** *(snout)* muso m. **2** *(worn by animal)* museruola f. **3** *(of gun, cannon)* bocca f.
▷ **2.muzzle** /'mʌzl/ tr. mettere la museruola a (anche FIG.).
muzzleloader /'mʌzl,ləʊdə(r)/ n. [*gun, cannon*] ad avancarica.
muzzle velocity /'mʌzlvɪ,lɒsətɪ/ n. *(of projectile)* velocità f. iniziale.
muzzy /'mʌzɪ/ agg. COLLOQ. **1** *(confused)* [*head*] confuso; ***my head's ~*** sono rintronato **2** *(blurred)* [*recollection*] vago; [*picture*] confuso; ***to go ~*** confondersi.
MV n. MAR. (⇒ motor vessel) = motonave.
MVP n. SPORT (⇒ Most Valued Player) = giocatore che alla fine del campionato ha la media dei voti (assegnati dai giornali sportivi) più alta.
MW ⇒ medium wave onde medie (OM).
▶ **my** /maɪ/ When translating *my*, remember that in Italian possessives, like most other adjectives, agree in gender and number with the noun they qualify, not as in English with the possessor they refer to; *my* is translated by *mio* + masculine singular noun (*my neighbour, my dog* = il mio vicino, il mio cane), *mia* + feminine singular noun (*my teacher, my house* = la mia maestra, la mia casa), *miei* + masculine plural noun (*my children, my books* = i miei figli, i miei libri), and *mie* + feminine plural noun (*my friends, my shoes* = le mie amiche, le mie scarpe). - The above examples also show that Italian possessives, unlike English ones, are normally preceded by an article. - When *own* is used after *my* to intensify the meaning of the possessive, it is not usually translated in Italian: *I'll get there on my own car* = ci andrò con la mia macchina. - When *my* is used before nouns indicating parts of the body (for which ▸ 2), garments, relatives, food and drink etc., Italian has an article instead: *I had my hair cut* = mi sono fatto tagliare i capelli; *I kept my hat on* = ho tenuto il cappello; *I have eaten up my soup* = ho finito la minestra; *I'm in my forties* = ho passato la quarantina. **I** determ. mio; ***~ house*** la mia casa; ~

friends and yours i miei amici e i tuoi; ***Nick and my sister*** Nick e mia sorella; ***it was ~ fault*** è stata colpa mia; ***I broke ~ ankle*** mi ruppi la caviglia **II** inter. ***oh ~!*** mamma mia! mio Dio! ***~ ~!*** accidenti!

myalgia /maɪ'ældʒə/ n. mialgia f.

myalgic /maɪ'ældʒɪk/ agg. mialgico.

myalgic encephalomyelitis /maɪˌældʒɪkenˌkefələʊˌmaɪə'laɪtɪs, -enˌse-/ ➧ ***11*** n. encefalomielite f. mialgica.

myall /'maɪəl/ n. acacia f. australiana.

Myanmar /mjæn'mɑː(r)/ ➧ ***6*** n.pr. ***Union of ~*** Myanmar.

myasthenia /maɪəs'θiːnɪə/ ➧ ***11*** n. miastenia f.

myasthenic /maɪəs'θenɪk/ agg. miastenico.

mycelia /maɪ'siːlɪə/ → **mycelium.**

mycelial /maɪ'siːlɪəl/, **mycelian** /maɪ'siːlɪən/ agg. del micelio.

mycelium /maɪ'siːlɪəm/ n. (pl. **-ia**) micelio m.

Mycenaean /maɪ'sɪniːən/ **I** agg. miceneo **II** n. **1** *(person)* miceneo m. (-a) **2** *(language)* miceneo m.

mycological /maɪkə'lɒdʒɪkəl/ agg. micologico.

mycology /maɪ'kɒlədʒɪ/ n. micologia f.

mycosis /maɪ'kəʊsɪs/ ➧ ***11*** n. (pl. **-es**) micosi f.

mycotic /maɪ'kɒtɪk/ agg. micotico.

mydriasis /maɪ'draɪəsɪs/ n. (pl. **-es**) midriasi f.

mydriatic /maɪdrɪ'ætɪk/ agg. midriatico.

myelin /'maɪəlɪn/ n. mielina f.

myelinic /maɪə'lɪnɪk/ agg. mielinico.

myelitis /maɪə'laɪtɪs/ ➧ ***11*** n. mielite f.

myeloblast /'maɪələblæst/ n. mieloblasto m.

myelocyte /'maɪələsaɪt/ n. mielocita m., mielocito m.

myeloma /maɪə'ləʊmə/ n. (pl. **~s, -ata**) mieloma m.

myelopathy /ˌmaɪə'lɒpəθɪ/ n. MED. mielopatia f.

mygale /'mɪgəlɪ/ n. *(spider)* migale f.

mylonite /'maɪlənaɪt/ n. milonite f.

mynah /'maɪnə/ n. (anche **~ bird**) merlo m. indiano.

MYOB n. AE (⇒ mind your own business) = fatti gli affari tuoi.

myocardia /maɪəʊ'kɑːdɪə/ → **myocardium.**

myocardial /maɪə'kɑːdɪəl/ agg. miocardico, del miocardio.

myocardiopathy /maɪəʊkɑːdɪ'ɒpəθɪ/ ➧ ***11*** n. miocardiopatia f.

myocarditis /maɪəʊkɑː'daɪtɪs/ ➧ ***11*** n. miocardite f.

myocardium /maɪəʊ'kɑːdɪəm/ n. (pl. **-ia**) miocardio m.

myoglobin /maɪəʊ'gləʊbɪn/ n. mioglobina f.

myology /maɪ'ɒlədʒɪ/ n. miologia f.

myopathy /maɪ'ɒpəθɪ/ ➧ ***11*** n. miopatia f.

myope /'maɪəʊp/ n. miope m. e f., ipometrope m. e f.

myopia /maɪ'əʊpɪə/ ➧ ***11*** n. miopia f. (anche FIG.).

myopic /maɪ'ɒpɪk/ agg. **1** MED. [*vision*] miope **2** FIG. [*attitude, policy*] miope; [*view*] limitato, ristretto.

myosin /'maɪəʊsɪn/ n. miosina f.

myosis /maɪ'əʊsɪs/ n. miosi f.

myosote /'maɪəsəʊt/ n. → **myosotis.**

myosotis /maɪə'səʊtɪs/ n. (pl. **-es**) miosotide m. e f., nontiscordardimé m.

myotome /'maɪətəʊm/ n. miotomo m.

myriad /'mɪrɪəd/ **I** n. LETT. miriade f. (**of** di) **II** agg. [*problems, opportunities, items*] innumerevole; ***~ detail*** innumerevoli dettagli.

myriapod /'mɪrɪəpɒd/ **I** n. miriapode m. **II** agg. dei miriapodi.

myrmecophile /'mɜːmɪkəʊfaɪl/ n. organismo m. mirmecofilo.

myrmidon /'mɜːmɪdən, AE -dɒn/ n. **1** MITOL. mirmidone m. e f. **2** LETT. SPREG. O SCHERZ. sgherro m., scherano m.

Myrna /'mɜːnə/ n.pr. Myrna (nome di donna).

myrobalan /maɪ'rɒbələn/ n. mirabolano m.

myrrh /mɜː(r)/ n. mirra f.

myrtle /'mɜːtl/ n. mirto m.

Myrtle /'mɜːtl/ n.pr. Myrtle (nome di donna).

▶ **myself** /maɪ'self, mə'self/ When used as a reflexive pronoun, direct and indirect, *myself* is translated by *mi* which is always placed before the verb: *I've hurt myself* = mi sono fatto male. - When used as an emphatic to stress the corresponding personal pronoun, the translation is *io stesso* or *anch'io*: *I did it myself* = l'ho fatto io stesso; *I'm a stranger here myself* = anch'io sono forestiero da queste parti. - When used after a preposition, *myself* is translated by *me* or *me stesso*: *I did it for myself* = l'ho fatto per me / me stesso. - Note that the difference between *me* and *myself* is not always made clear in Italian: compare *she's looking at me* = lei mi sta guardando and *I'm looking at myself in the mirror* = mi sto guardando allo specchio, or *Jane works for me* = Jane lavora per me and *I work for myself* = io lavoro per me / me stesso. - *(All) by myself* is translated by *da solo*, which means alone and/or without help. - For particular usages see below. pron. **1** *(reflexive)* mi, me, me stesso (-a); *(after preposition)* me, me stesso (-a); ***I hurt ~*** mi sono ferito; ***I'm not pleased with ~*** non sono soddisfatto di me **2** *(emphatic)* io stesso (-a), me stesso (-a); ***I saw it ~*** l'ho visto con i miei (stessi) occhi; ***for ~*** per me (stesso); ***(all) by ~*** (tutto) da solo, da me **3** *(expressions)* ***I'm not much of a dog-lover ~*** personalmente, non amo molto i cani; ***I'm not ~ today*** oggi non sono io *o* non sono in me.

mystagogic(al) /mɪstə'gɒdʒɪk(l)/ agg. mistagogico.

mystagogue /'mɪstəgɒg/ n. mistagogo m.

mystagogy /'mɪstəgɒdʒɪ/ n. mistagogia f.

▷ **mysterious** /mɪ'stɪərɪəs/ agg. **1** *(puzzling)* misterioso **2** *(enigmatic)* [*person, smile, place*] misterioso, pieno di mistero; ***to give sb. a ~ look*** guardare qcn. con aria misteriosa; ***don't be so ~!*** non fare tanto il misterioso! ***to be ~ about*** fare il misterioso a proposito di [*person, activity, object*] ◆ ***God moves in ~ ways*** = i disegni del Signore sono imperscrutabili.

mysteriously /mɪ'stɪərɪəslɪ/ avv. [*die, disappear, appear*] misteriosamente; [*say, smile, signal*] con aria misteriosa.

▷ **mystery** /'mɪstərɪ/ **I** n. **1** *(puzzle)* mistero m.; ***to be, remain a ~ to sb.*** essere, restare un mistero per qcn.; ***it's a ~ to me how, why, where*** per me è un mistero come, perché, dove; ***it's a ~ how, where*** è un mistero come, dove; ***there is no ~ about her success*** o ***about why she is successful*** non stupisce che abbia successo; ***there's no ~ about it*** non c'è nessun mistero; ***to make a great ~ of sth.*** fare gran mistero di qcs. **2** *(mysteriousness)* mistero m.; ***the ~ surrounding sth.*** il mistero che circonda qcs.; ***shrouded in ~*** avvolto nel mistero **3** *(book)* (romanzo) giallo m. **4** *(film)* (film) giallo m. **5** RELIG. mistero m. **II** modif. [*death, illness, voice, guest, visitor*] misterioso; [*prize, trip*] a sorpresa; ***the ~ man, woman*** l'uomo, la donna del mistero.

mystery play /'mɪstərɪˌpleɪ/ n. mistero m., sacra rappresentazione f.

mystery shopper /ˌmɪstərɪ'ʃɒpə(r)/ n. = persona incaricata da una ditta di verificare l'efficienza e la qualità del servizio delle filiali o dei negozi ad essa appartenenti fingendosi un normale cliente.

mystery tour /'mɪstərɪˌtʊə(r), -ˌtɔː(r)/ n. = gita con destinazione a sorpresa.

mystic /'mɪstɪk/ **I** agg. [*religion, union, beauty*] mistico; [*power*] occulto; [*practice*] esoterico **II** n. RELIG. mistico m. (-a).

▷ **mystical** /'mɪstɪkl/ agg. mistico.

mysticism /'mɪstɪsɪzəm/ n. misticismo m.

mysticize /'mɪstɪsaɪz/ tr. rendere mistico.

mystification /ˌmɪstɪfɪ'keɪʃn/ n. **1** *(of issue, process)* mistificazione f. **2** *(of person)* disorientamento m.; ***in some ~, he...*** un po' disorientato, lui...

mystificator /mɪstɪfɪ'keɪtə(r)/ n. RAR. mistificatore m. (-trice).

mystificatory /ˌmɪstɪfɪ'keɪtrɪ, AE -tɔːrɪ/ agg. mistificatorio.

mystify /'mɪstɪfaɪ/ tr. confondere le idee a, disorientare; ***I am completely mystified*** sono estremamente confuso; ***to be mystified to find*** o ***discover that*** essere sconcertato nello scoprire che.

mystifying /'mɪstɪfaɪɪŋ/ agg. che confonde, sconcertante.

mystifyingly /'mɪstɪfaɪɪŋlɪ/ avv. in modo sconcertante.

mystique /mɪ'stiːk/ n. aria f. di mistero; ***full of, clothed in ~*** pieno, carico di mistero.

▷ **myth** /mɪθ/ n. **1** *(story)* mito m.; *(fallacy)* leggenda f. **2** U *(mythology)* mito m., miti m.pl.

mythic(al) /'mɪθɪk(l)/ agg. **1** MITOL. [*hero, creature, portrayal*] mitico, leggendario **2** FIG. [*wealth*] immaginario, fittizio; ***a crash of ~ proportions*** un disastro di proporzioni bibliche.

mythically /'mɪθɪkəlɪ/ avv. miticamente.

mythicize /'mɪθɪsaɪz/ tr. *(turn into myth)* mitizzare; *(explain as myth)* interpretare come mito.

mythographer /mɪ'θɒgrəfə(r)/ n. mitografo m. (-a).

mythography /mɪ'θɒgrəfɪ/ n. mitografia f.

mythological /ˌmɪθə'lɒdʒɪkl/ agg. mitologico.

mythologically /ˌmɪθə'lɒdʒɪklɪ/ avv. mitologicamente.

mythologist /mɪ'θɒlədʒɪst/ n. mitologo m. (-a).

mythologize /mɪ'θɒlədʒaɪz/ tr. mitizzare.

▷ **mythology** /mɪ'θɒlədʒɪ/ n. mitologia f.

mythomania /mɪθə'meɪnɪə/ ➧ ***11*** n. mitomania f.

mythomaniac /mɪθə'meɪnɪæk/ n. mitomane m. e f.

mythopoeic /mɪθə'piːɪk/ agg. mitopoietico.

myxomatosis /ˌmɪksəmə'təʊsɪs/ ➧ ***11*** n. mixomatosi f.

myxoedema /mɪksɪ'diːmə/ ➧ ***11*** n. mixedema m.

myxoma /mɪk'səʊmə/ ➧ ***11*** n. (pl. **~s, -ata**) mixoma m.

myxomycete /mɪksəʊmaɪ'siːt/ n. mixomicete m.

myxovirus /'mɪksəʊvaɪərəs/ n. mixovirus m.

n

n, **N** /en/ n. **1** *(letter)* n, N m. e f. **2** **n** MAT. n f.; ***to the power of ~*** elevato a n **3** **N** GEOGR. ⇒ north nord (N) **4** **'n'** → **and**.

n/a, **N/A** ⇒ not applicable *(on forms)* non pertinente.

NA ⇒ North America Nord America.

NAACP n. AE (⇒ National Association for the Advancement of Colored People) = associazione per il progresso della gente di colore.

Naafi /'næfɪ/ n. BE **1** (⇒ Navy Army and Air Force Institutes) = organizzazione di spacci militari **2** *(canteen)* = spaccio militare.

1.nab /næb/ n. BE (⇒ no alcohol beer) = birra analcolica.

2.nab /næb/ tr. (forma in -ing ecc. **-bb-**) COLLOQ. **1** *(catch)* beccare, acciuffare [*wrongdoer*]; raggiungere [*passerby*]; ***~ John when he comes in*** blocca John quando arriva **2** *(appropriate)* mettere le mani su [*object*] **3** *(steal)* sgraffignare.

nabe /neɪb/ n. AE COLLOQ. = cinema di quartiere.

nablabs /'næblæbs/ n.pl. BE (⇒ no alcohol beers and low alcohol beers) = categoria di birre analcoliche e a basso contenuto alcolico.

nabob /'neɪbɒb/ n. nababbo m.

nacelle /nə'sel/ n. *(of balloon, airship)* navicella f.; *(of aeroplane)* gondola f. motore.

nacho /'nætʃəʊ/ n. (pl. **~s**) nacho m.

nacre /'neɪkə(r)/ n. madreperla f.

nacreous /'neɪkrɪəs/ agg. *(consisting of nacre)* di madreperla; *(pearly)* madreperlaceo.

Nadine /'nædi:n/ n.pr. Nadine (nome di donna).

nadir /'neɪdɪə(r)/ n. **1** *(celestial point)* nadir m. **2** FIG. *(low point)* punto m. più basso; ***to reach a ~*** toccare il fondo.

naevus /'ni:vəs/ n. (pl. **-i**) MED. nevo m., neo m.

1.naff /næf/ agg. BE COLLOQ. *(not fashionable)* da sfigato, da sfigati; *(faulty)* del cavolo.

2.naff /næf/ intr. BE POP. → **naff off**.

▪ **naff off** POP. tagliare la corda, andarsene.

naffing /'næfɪŋ/ agg. BE POP. del cavolo.

NAFTA /'næftə/ n. (⇒ North American Free Trade Agreement) = accordo di libero scambio fra gli stati del Nord America.

1.nag /næg/ n. COLLOQ. SPREG. **1** *(horse)* ronzino m., brocco m. **2** *(woman)* bisbetica f.

2.nag /næg/ **I** tr. (forma in -ing ecc. **-gg-**) **1** *(pester)* tormentare, rompere le scatole a [*person*] (**about** per, su); ***he's been ~ging me for a new bike*** mi sta rompendo le scatole perché gli compri una bici nuova; ***to ~ sb. into doing*** tormentare qcn. per fargli fare **2** *(niggle)* [*pain, discomfort*] non dare pace; [*doubt, worry*] assillare, tormentare; [*conscience*] rimordere **II** intr. (forma in -ing ecc. **-gg-**) **1** *(moan)* brontolare, lamentarsi continuamente; ***stop ~ging!*** smettila di brontolare! ***all you do is ~!*** non fai altro che lamentarti! ***to ~ at sb.*** tormentare qcn.; ***to ~ at sb. to do*** tormentare qcn. per fargli fare **2** *(niggle)* ***to ~ (away) at sb.*** [*pain*] non dare pace a qcn.; [*conscience, worry*] tormentare qcn.

nagger /'nægə(r)/ n. *(man)* brontolone m.; *(woman)* bisbetica f., brontolona f.

nagging /'nægɪŋ/ agg. *(niggling)* [*pain*] lancinante; [*doubt, suspicion*] assillante, tormentoso; [*problem*] ossessionante; ***I still had a ~ doubt*** avevo ancora un dubbio che mi rodeva.

nagor /'neɪgɔ:(r)/ n. redunca f., cervicapra f.

Nahum /'neɪəm, -həm, -hʌm/ n.pr. Nahum (nome di uomo).

naiad /'naɪæd/ n. (pl. **~s**, **~es**) *(all contexts)* naiade f.

▷ **1.nail** /neɪl/ ♦ *2* n. **1** unghia f.; ***to bite one's ~s*** mangiarsi le unghie **2** TECN. chiodo m. ◆ ***a ~ in sb.'s coffin*** un brutto colpo per qcn.; ***to hit the ~ on the head*** colpire nel segno; ***cash on the ~*** (denaro) sull'unghia *o* in contanti; ***to be as hard*** o ***as tough as ~s*** avere il cuore duro; ***to fight tooth and ~*** combattere con le unghie e con i denti (**against** contro).

2.nail /neɪl/ tr. **1** *(attach with nails)* inchiodare; ***they ~ed planks over the doors*** hanno inchiodato delle assi sulle porte; ***to ~ a picture to a wall*** attaccare *o* appendere un quadro al muro **2** COLLOQ. *(trap, pin down)* acchiappare, inchiodare [*wrongdoer*]; beccare [*liar*] **3** COLLOQ. *(expose)* smentire [*rumour*]; distruggere, fare crollare [*myth*] ◆ ***to ~ one's colours to the mast*** = dichiarare la propria posizione in modo netto e definitivo.

▪ **nail down:** ***~ down [sth.], ~ [sth.] down*** **1** inchiodare **2** FIG. *(define)* definire [*agreement, policy*]; ***~ [sb.] down*** inchiodare [*person*]; ***to ~ sb. down to a time, date, price*** costringere qcn. a fissare una data, un appuntamento, un prezzo.

▪ **nail up:** ***~ up [sth.], ~ [sth.] up*** **1** attaccare [*picture, sign*] **2** *(board up)* sprangare [*doors, windows*]; *(seal)* inchiodare [*box, crate*].

nail-biting /'neɪlbaɪtɪŋ/ **I** n. (il) mangiarsi le unghie **II** agg. [*match, finish*] al cardiopalma; [*wait*] snervante.

nail bomb /'neɪlbɒm/ n. = ordigno esplosivo riempito di chiodi.

nailbrush /'neɪlbrʌʃ/ n. spazzolino m. (per unghie).

nail clippers /'neɪl,klɪpəz/ n.pl. tagliaunghie m.sing., tronchesina f. sing.

nail enamel /'neɪlɪ,næməl/ n. AE smalto m. (per unghie).

nailer /'neɪlə(r)/ n. **1** *(nail-maker)* fabbricante m. e f. di chiodi **2** COLLOQ. *(champion)* fenomeno m., campione m.

nail file /'neɪl,faɪl/ n. limetta f. (per unghie).

nail polish /'neɪl,pɒlɪʃ/ n. smalto m. (per unghie).

nail polish remover /'neɪl,pɒlɪʃrɪ,mu:və(r)/ n. solvente m. per smalto, acetone m.

nail scissors /'neɪl,sɪzəz/ n.pl. forbicine f. (per unghie).

nail varnish /'neɪl,vɑ:nɪʃ/ n. smalto m. (per unghie).

nail varnish remover /'neɪll,vɑ:nɪʃrɪ,mu:və(r)/ n. AE solvente m. per smalto, acetone m.

▷ **naïve** /naɪ'i:v/ agg. **1** ingenuo, candido **2** ART. naïf.

naïvely /naɪ'i:vlɪ/ avv. [*believe, say, behave*] ingenuamente; [*draw, write*] in stile naïf; ***~ forthright, loyal*** ingenuamente franco, leale.

naïvety, **naïveté** /naɪ'i:vətɪ/ n. ingenuità f.; ***in my ~*** nella mia beata ingenuità.

▷ **naked** /'neɪkɪd/ agg. **1** *(bare)* [*person, body*] nudo; ***to go ~*** andare in giro nudo; ***you can't go around stark ~!*** non puoi andare in giro tutto nudo! ***~ to the waist*** a torso nudo **2** *(exposed)* [*flame*] libero; [*light, bulb*] scoperto; [*sword*] sguainato **3** *(blunt)* [*truth*] nudo (e crudo); [*facts*] puro (e semplice); [*aggression, hostility, ambition*] palese, evidente; [*terror*] puro **4** *(unaided)* ***visible to the ~ eye*** visibile a occhio nudo **5** DIR. *(incomplete)* ~

agreement patto non vincolante **6** ECON. *(unhedged)* ***~ option*** opzione allo scoperto ◆ ***as ~ as the day he was born*** nudo come mamma l'ha fatto.

nakedness /ˈneɪkɪdnɪs/ n. nudità f.

NALGO /ˈnælgəʊ/ n. GB (⇒ National and Local Government Officers' Association) = sindacato dei funzionari dell'amministrazione statale.

NAM n. (⇒ New Age Movement) = movimento New Age.

Nam /næm/ n.pr. AE COLLOQ. (accorc. Vietnam) Vietnam m.

namby-pamby /ˌnæmbɪˈpæmbɪ/ **I** n. COLLOQ. SPREG. pappamolla m. e f. **II** agg. COLLOQ. SPREG. sdolcinato, stucchevole.

▶ **1.name** /neɪm/ n. **1** *(title) (of person, place, object)* nome m.; *(of book, film)* titolo m.; ***first ~*** nome; ***my ~ is Bill*** mi chiamo Bill; ***what is your ~?*** come ti chiami? ***what ~ shall I say?*** *(on phone)* chi devo dire? *(in person)* chi devo annunciare? ***a woman by the ~ of Mary*** una donna che risponde al nome di Mary; ***he goes by the ~ of Max*** si fa chiamare Max; ***I know it by another ~*** lo conosco sotto un altro nome; ***I know my regulars by ~*** conosco i nomi di tutti i miei clienti abituali; ***I only know the company by ~*** conosco la ditta solo di nome; ***to refer to sb., sth. by ~*** chiamare qcn. per nome, qcs. con il suo nome; ***the common, Latin ~ for this plant*** il nome comune, latino di questa pianta; ***in the ~ of God!*** in nome di Dio! ***in the ~ of freedom*** nel *o* in nome della libertà; ***in my ~*** a nome mio; ***a passport in the ~ of Nell Drury*** un passaporto a nome di Nell Drury; ***she writes under the ~ Eve Quest*** scrive sotto lo pseudonimo *o* con il nome di Eve Quest; ***he's president in ~ only*** è presidente solo sulla carta; ***they are married in ~ only*** sono sposati solo sulla carta; ***to be party leader in all*** o ***everything but ~*** essere di fatto il leader del partito; ***to give one's ~ to sth.*** dare il proprio nome a qcs.; ***to lend one's ~ to*** sottoscrivere [*cause*]; ***to put one's ~ to*** sottoscrivere [*petition*]; ***to take*** o ***get one's ~ from*** prendere il nome da [*flower*]; avere il nome di [*relative*]; ***to put one's ~ down for*** iscriversi a [*course, school*]; ***she put her ~ down to act in the play*** si è segnata per recitare nello spettacolo; ***the big ~s in show business*** i grandi nomi dello spettacolo **2** *(reputation)* nome m., reputazione f.; ***a good, bad ~*** una buona, cattiva reputazione; ***they have a ~ for efficiency*** sono noti per la loro efficienza; ***that was the film that made her ~*** è stato il film che l'ha resa famosa; ***to make one's ~, a ~ for oneself as a writer*** farsi un nome come scrittore; ***to make a ~ for oneself as a coward, liar*** SPREG. farsi la reputazione di codardo, bugiardo **3** *(insult)* ***to call sb. ~s*** coprire di insulti qcn.; ***he called me all sorts of ~s*** me ne ha dette di tutti i colori ◆ ***that's the ~ of the game*** è quello che conta *o* è la cosa più importante; ***competitiveness, perfection is the ~ of the game*** competitività, precisione è la parola d'ordine; ***to see one's ~ in lights*** = diventare famoso.

▶ **2.name** /neɪm/ tr. **1** *(call)* chiamare, dare il nome a [*person, area, boat, planet*]; ***they ~d the baby Lucy*** hanno chiamato la bambina Lucy; ***they ~d her after*** BE o ***for*** AE ***her mother*** l'hanno chiamata come la mamma; ***we'll ~ him Martin after Martin Luther King*** lo chiameremo Martin in onore di Martin Luther King; ***a boy ~d Joe*** un ragazzo di nome Joe; ***the product is ~d after its inventor*** il prodotto ha preso il nome dal suo inventore **2** *(cite)* citare, dire il nome di [*country, name, planet*]; ***~ three American States*** citate il nome di tre stati americani; ***~ me all the members of the EU*** ditemi il nome di tutti i paesi membri della UE; ***Italy, Spain, France, to ~ but a few*** Italia, Spagna, Francia, per dirne solo alcuni; ***illnesses? you ~ it, I've had it!*** malattie? dinne una che io l'ho avuta! ***hammers, drills, nails, you ~ it, we've got it!*** martelli, trapani, chiodi, abbiamo tutto quello che volete **3** *(reveal identity of)* fare, dire [*names*]; rivelare [*sources*]; rivelare l'identità di [*suspect*]; ***to ~ names*** fare i nomi; ***naming no names*** senza fare nomi; ***to be ~d as a suspect*** essere fra i sospetti **4** *(appoint)* nominare [*captain*]; dare la formazione di [*team*]; designare [*heir*]; eleggere [*successor*]; ***he's been ~d actor of the year*** è stato nominato attore dell'anno; ***to ~ sb. for*** fare il nome di qcn. *o* proporre qcn. per [*post, award*] **5** *(state)* indicare [*place, time*]; fissare [*price, terms*]; ***~ your price*** fate il vostro prezzo; ***to ~ the day*** fissare la data (delle nozze).

nameable /ˈneɪməbl/ agg. nominabile.

name-calling /ˈneɪmkɔːlɪŋ/ n. (l')insultare; ***to resort to, indulge in ~*** arrivare, lasciarsi andare agli insulti.

name day /ˈneɪmdeɪ/ n. **1** RELIG. onomastico m. **2 Name Day** ECON. giorno m. di spunta.

name-drop /ˈneɪmdrɒp/ intr. (forma in -ing ecc. **-pp-**) SPREG. = fare sfoggio di (presunte) conoscenze importanti.

name-dropper /ˈneɪmdrɒpə(r)/ n. ***he's a ~*** SPREG. = è uno che ama farsi bello dicendo di conoscere gente famosa.

nameless /ˈneɪmlɪs/ agg. **1** *(anonymous)* [*person*] anonimo, ignoto; [*grave*] senza nome; ***a certain person, who shall remain*** o ***be ~*** una persona di cui non farò il nome **2** *(indefinable)* [*fear, dread*] indicibile, indescrivibile.

namelessly /ˈneɪmlɪslɪ/ avv. anonimamente.

namelessness /ˈneɪmlɪsnɪs/ n. anonimato m.

▷ **namely** /ˈneɪmlɪ/ avv. vale a dire, cioè; ***two countries, ~ Italy and Spain*** due paesi, per la precisione Italia e Spagna.

name part /ˈneɪmpɑːt/ n. TEATR. ruolo m. principale.

name plate /ˈneɪmpleɪt/ n. *(of manufacturer)* marchio m. (di fabbrica); *(of practitioner, home owner)* targa f., targhetta f.

namesake /ˈneɪmseɪk/ n. omonimo m. (-a).

name tag /ˈneɪmtæg/ n. targhetta f. d'identificazione.

name tape /ˈneɪmteɪp/ n. = etichetta cucita all'interno degli abiti (su cui è scritto il nome del proprietario).

Namibia /nəˈmɪbɪə/ ➧ ***6*** n.pr. Namibia f.

Namibian /nəˈmɪbɪən/ ➧ ***18*** **I** agg. namibiano **II** n. namibiano m. (-a).

nan /næn/, **nana** /ˈnænə/ n. COLLOQ. nonna f., nonnina f.

nan bread /ˈnɑːnbred/ n. = pane indiano piatto e tondo.

nance /næns/, **nancy** /ˈnænsɪ/, **nancy-boy** /ˈnænsɪbɔɪ/ n. COLLOQ. SPREG. checca f.

Nancy /ˈnænsɪ/ n.pr. diminutivo di **Agnes** e **Ann**.

nankeen /næŋˈkiːn/ n. nanchino m., anchina f.

Nanking /ˌnænˈkɪŋ/ ➧ ***34*** n.pr. Nanchino f.

nanny /ˈnænɪ/ n. **1** *(nurse)* tata f. **2** COLLOQ. *(grandmother)* nonnina f.

nanny goat /ˈnænɪˌgəʊt/ n. capra f., capretta f.

nanny state /ˈnænɪˌsteɪt/ n. POL. stato m. ipergarantista.

nanosecond /ˈnænəʊˌsekənd/ n. nanosecondo m.

nanotechnology /ˌnænəʊtekˈnɒlədʒɪ/ n. nanotecnologia f.

Naomi /neɪˈəmɪ, ˈneɪəmɪ, AE ˈnaɪəmɪ, naɪˈɒmɪ/ n.pr. Naomi.

▷ **1.nap** /næp/ n. *(snooze)* sonnellino m., pisolino m., riposino m.; ***afternoon ~*** riposino (pomeridiano), siesta; ***to have*** o ***take a ~*** fare una dormitina *o* schiacciare un pisolino; *(after lunch)* fare un riposino *o* una siesta.

▷ **2.nap** /næp/ intr. (forma in -ing ecc. **-pp-**) fare un sonnellino, schiacciare un pisolino ◆ ***to catch sb. ~ping*** COLLOQ. *(off guard)* cogliere qcn. alla sprovvista.

3.nap /næp/ n. **1** TESS. *(pile)* pelo m.; ***velvet that has lost its ~*** velluto liso **2** TESS. *(direction of cut)* pelo m.; ***with the ~*** nella direzione del pelo; ***against the ~*** contropelo.

4.nap /næp/ n. **1** GIOC. napoleone m. **2** BE EQUIT. (cavallo) favorito m. ◆ ***to go ~ (on sth.)*** COLLOQ. scommettere tutto (su qcs.)

5.nap /næp/ tr. (forma in -ing ecc. **-pp-**) BE EQUIT. ***to ~ the winner*** indicare il cavallo favorito.

1.napalm /ˈneɪpɑːm/ **I** n. napalm m. **II** modif. [*bomb*] al napalm; [*attack*] con bombe al napalm.

2.napalm /ˈneɪpɑːm/ tr. attaccare [qcn., qcs.] con bombe al napalm.

nape /neɪp/ n. nuca f.; ***the ~ of the neck*** la collottola.

napery /ˈneɪpərɪ/ n. biancheria f. da tavola.

naphtha /ˈnæfθə/ n. nafta f.

naphthalene /ˈnæfθəliːn/ n. CHIM. naftalene m.; COMM. naftalina f.

naphthenic /næfˈθiːnɪk/ agg. naftenico.

naphthol /ˈnæfθɒl/ n. naftolo m.

naphthoquinone /næfθəˈkwɪnəʊn/ n. naftochinone m.

naphthyl /ˈnæfθɪl/ n. naftile m.

napkin /ˈnæpkɪn/ n. **1** *(serviette)* tovagliolo m.; ***~ ring*** portatovagliolo **2** BE FORM. *(nappy)* pannolino m.

Naples /ˈneɪplz/ ➧ ***34*** n.pr. Napoli f.

napoleon /nəˈpəʊlɪən/ n. **1** *(coin)* napoleone m. **2** AE GASTR. millefoglie m. e f. **3** GIOC. napoleone m.

Napoleon /nəˈpəʊlɪən/ n.pr. Napoleone.

Napoleonic /nəˌpəʊlɪˈɒnɪk/ agg. napoleonico.

nappy /ˈnæpɪ/ n. BE pannolino m. (per bambini).

nappy liner /ˈnæpɪˌlaɪnə(r)/ n. = in vecchi tipi di pannolino da bambino, parte assorbente da buttare dopo l'uso.

nappy rash /ˈnæpɪˌræʃ/ n. BE eritema m. da pannolino; ***to have ~*** avere il culetto arrossato.

narc /nɑːk/ n. AE COLLOQ. (accorc. narcotics agent) agente m. e f. della (squadra) narcotici.

narceine /ˈnɑːsɪɪn/ n. narceina f.

narcissi /nɑːˈsɪsaɪ/ → **narcissus**.

narcissism /ˈnɑːsɪsɪzəm/ ➧ ***11*** n. narcisismo m.

narcissist /ˈnɑːsɪsɪst/ n. narcisista m. e f.

narcissistic /ˌnɑːsɪˈsɪstɪk/ agg. narcisistico.

narcissus /nɑːˈsɪsəs/ n. (pl. **~es, -i**) BOT. narciso m.

Narcissus /nɑːˈsɪsəs/ n.pr. MITOL. Narciso.

narcolepsy /ˈnɑːkəlepsɪ/ ➧ ***11*** n. narcolessia f.

narcosis /nɑːˈkəʊsɪs/ n. narcosi f.

narcotic /nɑː'kɒtɪk/ **I** n. *(soporific)* narcotico m.; FIG. sonnifero m.; *(illegal drug)* stupefacente m.; ***to be arrested on a ~s charge*** essere arrestato per traffico di stupefacenti **II** agg. [*substance*] narcotico; FIG. soporifero.
narcotics agent /nɑː'kɒtɪks,eɪdʒənt/ ➧ **27** n. AE agente m. e f. della (squadra) narcotici.
narcotics squad /nɑː'kɒtɪks,skwɒd/ n. AE squadra f. narcotici.
narcotism /'nɑːkətɪzəm/ n. narcosi f.
narcotist /'nɑːkətɪst/ n. narcomane m. e f.
narcotization /,nɑːkətaɪ'zeɪʃn, AE -tɪ'z-/ n. narcotizzazione f.
narcotize /'nɑːkətaɪz/ tr. narcotizzare [*person*].
nard /nɑːd/ n. nardo m.
narghile /'nɑːgɪleɪ/ n. narghilè m.
1.nark /nɑːk/ n. **1** BE COLLOQ. *(informant)* informatore m., spia f. **2** BE *(grumbler)* brontolone m. (-a) **3** AE → **narc**.
2.nark /nɑːk/ **I** tr. BE *(annoy)* scocciare, seccare **II** intr. BE **1** *(grumble)* brontolare (**about** contro) **2** *(inform police)* fare la spia, cantare.
narked /nɑːkt/ **I** p.pass. → **2.nark** **II** agg. COLLOQ. incavolato, scocciato; ***to get ~*** scocciarsi, incavolarsi.
narky /'nɑːkɪ/ agg. BE COLLOQ. incazzoso POP.; ***don't get ~*** non ti scaldare.
narrate /nə'reɪt/ tr. LETT. narrare, raccontare.
narration /nə'reɪʃn/ n. narrazione f.
▷ **narrative** /'nærətɪv/ **I** n. **1** *(account, story)* storia f., racconto m. **2** *(storytelling)* narrazione f.; ***he is a master of ~*** è un maestro nell'arte della narrazione **II** modif. [*skill, talent, poem*] narrativo; ***~ literature*** narrativa; ***~ writer*** romanziere, scrittore di narrativa.
narratology /,nærə'tɒlədʒɪ/ n. narratologia f.
▷ **narrator** /nə'reɪtə(r)/ n. LETTER. narratore m.; MUS. voce f. recitante.
▶ **1.narrow** /'nærəʊ/ ➧ **15** **I** agg. **1** *(in breadth)* [*street, valley, room, bridge, gap, vase*] stretto; ***to grow*** o ***become ~*** [*road, river, valley*] restringersi; ***to have ~ eyes*** avere gli occhi stretti; ***he is ~ across the shoulders*** o ***his shoulders are ~*** ha le spalle strette **2** *(in scope)* [*range, choice, group, field, issue, views, boundaries*] ristretto; [*sense*] stretto; [*vision, interests, understanding*] limitato; [*life*] meschino; [*version*] ridotto **3** *(in degree)* [*majority*] esiguo; [*margin*] stretto; ***to have a ~ lead*** avere un leggero vantaggio; ***to suffer a ~ defeat*** essere sconfitto per un pelo; ***to win a ~ victory*** o ***to win by the ~est of margins*** vincere per un pelo; ***to have a ~ escape*** o ***a ~ squeak*** BE COLLOQ. scamparla bella *o* salvarsi per miracolo *o* per un pelo; ***that was a ~ squeak!*** BE COLLOQ. l'abbiamo scampata bella *o* per un pelo! **4** *(in size, shape)* [*shoes, jacket, dress, skirt, trousers*] stretto **5** LING. [*vowel, transcription*] stretto **II narrows** n.pl. stretto m.sing. ◆ ***the straight and ~*** la retta via; ***to keep to, wander from the straight and ~*** mantenersi sulla, deviare dalla retta via.
2.narrow /'nærəʊ/ **I** tr. **1** *(limit)* restringere [*choice, range, field, options*] (**to** a); limitare [*sense, definition*] (**to** a) **2** *(reduce)* ridurre [*gap, deficit, margin*] (**from** da; **to** a); ***Elliott has ~ed the gap*** *(in race, poll)* Elliott ha accorciato le distanze **3** *(reduce breadth of)* restringere [*road, path, arteries*]; ***to ~ one's eyes*** socchiudere gli occhi **II** intr. **1** *(in breadth)* [*street, lake, corridor, valley, arteries*] restringersi; ***the road ~ed to a track*** la strada si riduceva a un sentiero; ***her eyes ~ed*** socchiuse gli occhi **2** *(fall off)* [*gap, deficit, margin, lead*] ridursi (**to** a) **3** *(in scope)* [*choice*] limitarsi, restringersi (**to** a).
■ **narrow down** [*investigation, search*] restringersi, limitarsi (**to** a); [*field of contestants, suspects*] ridursi (**to** a); ***~ [sth.] down, ~ down [sth.]*** restringere, limitare [*choice, investigation, research*] (**to** a); ridurre [*numbers, list*] (**to** a).
narrowing /'nærəʊɪŋ/ agg. [*street, channel, passage, field*] che si restringe; [*gap, deficit*] che si riduce.
narrow boat /'nærəʊ,bəʊt/ n. BE chiatta f.
narrowcast /'nærəʊkɑːst, AE -kæst/ **I** tr. (pass., p.pass. **-cast**, **~ed**) trasmettere via cavo (su un'area limitata) [*television programmes*] **II** intr. (pass., p.pass. **-cast**, **~ed**) [*programmers, advertisers*] rivolgersi a un pubblico ristretto.
narrow gauge /'nærəʊ,geɪdʒ/ n. scartamento m. ridotto.
narrow-gauge engine /,nærəʊgeɪdʒ'endʒɪn/ n. locomotiva f. a scartamento ridotto.
narrow-gauge railway /,nærəʊgeɪdʒ'reɪlweɪ/ n. ferrovia f. a scartamento ridotto.
▷ **narrowly** /'nærəʊlɪ/ avv. **1** *(barely)* a malapena, per un pelo **2** *(strictly)* [*define, interpret*] in senso stretto.
narrow-minded /,nærəʊ'maɪndɪd/ agg. SPREG. di mentalità ristretta; ***to be ~ about*** avere delle vedute ristrette su.
narrow-mindedness /,nærəʊ'maɪndɪdnɪs/ n. SPREG. ristrettezza f. di vedute, di mentalità.
narrowness /'nærəʊnɪs/ n. **1** *(in breadth)* strettezza f. **2** *(in scope)* ristrettezza f. **3** *(in degree)* ristrettezza f.
narthex /'nɑːθeks/ n. ARCH. nartece m.
narwhal /'nɑːwəl/ n. narvalo m.
NAS n. US (⇒ National Academy of Sciences) = accademia nazionale delle scienze.
NASA /'næsə/ n. (⇒ National Aeronautics and Space Administration Ente Nazionale Aeronautico e Spaziale) NASA f.
nasal /'neɪzl/ **I** agg. **1** LING. [*vowel, pronunciation*] nasale **2** [*voice, accent*] nasale; ***to speak with a ~ twang*** parlare col naso **II** n. LING. nasale f.
nasality /neɪ'zælətɪ/ n. nasalità f.
nasalization /,neɪzəlaɪ'zeɪʃn, AE -lɪ'z-/ n. nasalizzazione f.
nasalize /'neɪzəlaɪz/ tr. nasalizzare.
nasally /'neɪzəlɪ/ avv. [*speak*] col naso.
nasal spray /'neɪzl,spreɪ/ n. spray m. nasale, nebulizzatore m. per inalazioni.
nascent /'næsnt/ agg. **1** nascente **2** CHIM. nascente.
NASDAQ /'næzdæk/ n. (⇒ National Association of Securities Dealers Automated Quotations indice della Borsa di New York dei titoli del comparto tecnologico) NASDAQ m.
Nashville /'næʃvɪl/ ➧ **34** n.pr. Nashville f.
nastily /'nɑːstɪlɪ/ avv. **1** *(unkindly)* [*behave*] scortesemente, in malo modo; [*speak*] sgarbatamente; [*laugh*] sguaiatamente; ***to say sth. ~*** dire qcs. in modo scortese *o* in malo modo **2** *(severely)* [*leak*] molto; [*crack*] malamente.
nastiness /'nɑːstɪnɪs/ n. **1** *(spitefulness)* cattiveria f. **2** *(unpleasantness) (of food, medicine)* gusto m. cattivo.
nasturtium /nə'stɜːʃəm/ n. nasturzio m.
▷ **nasty** /'nɑːstɪ/ **I** agg. COLLOQ. **1** *(unpleasant)* [*crime*] orribile, terribile; [*suspicion, surprise, habit, experience, stain*] brutto; [*sight, feeling, task, rumour*] sgradevole; [*expression*] cattivo; [*taste*] disgustoso, nauseante; [*affair, business*] brutto, sporco; ***a ~ look*** un'occhiataccia; ***I got a ~ fright*** mi sono preso un bello spavento; ***the ~ weather*** il brutto tempo; ***to smell ~*** avere un odoraccio; ***to taste ~*** essere disgustoso *o* avere un gusto schifoso; ***it's ~ and hot*** fa un caldo terribile; ***things could get ~*** le cose potrebbero mettersi male; ***to turn ~*** [*dog*] diventare cattivo; [*person*] incattivirsi; [*weather*] guastarsi; ***to be a ~ piece of work*** essere un brutto tipo **2** *(unkind)* [*person*] odioso; [*trick*] brutto; [*gossip*] cattivo, maligno; [*letter*] scortese; ***you've got a ~ mind*** pensi subito male; ***a ~ sense of humour*** un umorismo un po' perverso; ***he gets ~ when he's tired*** diventa insopportabile quando è stanco; ***to be ~ to*** essere odioso con; ***to say ~ things about*** dire delle cattiverie su **3** *(serious)* [*cut, bruise, cold, fall, accident, bump, crack*] brutto **4** *(ugly)* [*colour, shape, style*] bruttissimo, orrendo **5** *(tricky)* [*problem, question*] difficile; [*bend*] brutto, pericoloso **II** n. COLLOQ. *(in food, water, air)* porcherie f.pl., schifezze f.pl.; ***video ~*** = film dell'orrore su videocassetta particolarmente violento o sanguinoso.
NAS/UWT n. GB (⇒ National Association of Schoolmasters/Union of Women Teachers) = sindacato degli insegnanti.
Nat /næt/ n.pr. diminutivo di **Nathan**, **Nathaniel**.
natal /'neɪtl/ agg. natale; ***~ day*** LETT. natale.
Natal /nə'tæl/ n.pr. Natal m.
Natalie /'nætəlɪ/ n.pr. Natalia.
natality /nə'tælətɪ/ n. natalità f.
natatorial /,neɪtə'tɔːrɪəl/, **natatory** /'neɪtətərɪ, AE -tɔːrɪ/ agg. natatorio.
natch /nætʃ/ inter. AE COLLOQ. naturalmente, certo.
nates /'neɪtiːz/ n.pl. ANAT. **1** *(buttocks)* natiche f. **2** *(of brain)* tubercoli m. quadrigemini anteriori.
NATFHE n. GB (⇒ National Association of Teachers in Further and Higher Education) = associazione dei docenti di scuola superiore e universitari.
Nathan /'neɪθən/ n.pr. Nathan.
Nathaniel /nə'θænjəl/ n.pr. Nataniele.
nathless /'neɪθlɪs/ avv. ANT. tuttavia.
▶ **nation** /'neɪʃn/ n. **1** POL. *(entity)* nazione f., paese m.; ***the ~'s past*** la storia del paese; ***throughout*** o ***across the ~*** in tutto il paese **2** *(people)* popolo m.; ***to address the ~*** rivolgersi alla nazione; ***a ~ of storytellers*** un popolo di narratori.
▶ **national** /'næʃənl/ **I** agg. **1** *(concerning country)* [*event, news, channel*] nazionale; ***the ~ press*** o ***newspapers*** BE la stampa nazionale; ***~ affairs*** affari interni; ***in the ~ interest*** nell'interesse nazionale; ***the ~ government*** il governo nazionale; ***a ~ strike*** uno sciopero nazionale **2** *(particular to country)* [*dress, flag, game, pastime*] nazionale **3** *(government-run)* [*railway, company*] statale **II** n. **1** AMM. *(citizen)* cittadino m. (-a); ***foreign, EC ~s*** cittadini

stranieri, comunitari **2** BE GIORN. COLLOQ. *(newspaper)* ***the ~s*** i quotidiani nazionali.
national anthem /ˌnæʃənl'ænθəm/ n. inno m. nazionale.
National Assembly /ˌnæʃənlə'semblɪ/ n. assemblea f. nazionale.
National Curriculum /ˌnæʃənlkə'rɪkjʊləm/ n. GB = programma che le scuole statali inglesi e gallesi devono seguire dal 1990.
national debt /ˌnæʃənl'det/ n. debito m. pubblico.
National Enterprise Board /ˌnæʃənl'entəpraɪzˌbɔːd/ n. GB = ente per lo sviluppo industriale.
National Foundation for the Arts and the Humanities /ˌnæʃənlfaʊnˌdeɪʃnfɔːðɪˌɑːtsənðəhjuː'mænətɪz/ n. US = istituzione statale che sovvenziona le attività artistiche e letterarie.
National Front /ˌnæʃənl'frʌnt/ n. GB = partito nazionalista.
National Geographic Association /ˌnæʃənldʒɪə'græfɪkəsəʊsɪˌeɪʃn/ n. US = associazione geografica statunitense.
National Graphical Association /ˌnæʃənl'græfɪkləsəʊsɪˌeɪʃn/ n. GB = associazione nazionale grafici.
national grid /ˌnæʃənl'grɪd/ n. BE EL. rete f. nazionale (di corrente ad alta tensione).
National Guard /ˌnæʃənl'gɑːd/ n. US guardia f. nazionale.

> **National Guard** Corpo militare volontario reclutato da ognuno degli stati degli USA, la cui storia risale all'epoca coloniale. Presta servizio, per i singoli stati o per lo stato federale, in occasione di calamità naturali o di emergenze civili e oggi viene considerato parte dell'esercito nazionale.

National Health /ˌnæʃənl'helθ/ n. GB ***you can get it on the ~*** lo passa la mutua *o* è mutuabile.
National Health Service /ˌnæʃənl'helθˌsɜːvɪs/ n. GB servizio m. sanitario nazionale.

> **National Health Service – NHS** In Gran Bretagna, è il servizio pubblico di assistenza medica, finanziato in gran parte dal governo. In generale l'assistenza medica è gratuita, si devono pagare le cure odontoiatriche e i farmaci prescritti, a eccezione di alcune categorie esentate dal pagamento, come i bambini e i pensionati.

national holiday /ˌnæʃənl'hɒlədeɪ/ n. festa f. nazionale.
national income /ˌnæʃənl'ɪŋkʌm/ n. reddito m. nazionale.
National Insurance /ˌnæʃənlɪn'ʃɔːrəns, AE -'ʃʊər-/ n. GB = istituto britannico per la previdenza sociale, corrispondente all'INPS.
National Insurance contributions /ˌnæʃənlɪn'ʃɔːrənsˌkɒntrɪˌbjuːʃnz, AE -'ʃʊər-/ n.pl. GB contributi m. previdenziali.
National Insurance number /ˌnæʃənlɪn'ʃɔːrənsˌnʌmbə(r), AE -'ʃʊər-/ n. = numero di previdenza sociale.
▷ **nationalism** /'næʃnəlɪzəm/ n. nazionalismo m.
▷ **nationalist** /'næʃnəlɪst/ **I** agg. nazionalista **II** n. nazionalista m. e f.
nationalistic /ˌnæʃnə'lɪstɪk/ agg. nazionalistico (anche SPREG.).
▷ **nationality** /ˌnæʃə'nælətɪ/ n. nazionalità f.; ***what ~ is he?*** di che nazionalità è?
nationalization /ˌnæʃnəlaɪ'zeɪʃn, AE -lɪ'z-/ n. nazionalizzazione f.
nationalize /'næʃnəlaɪz/ tr. nazionalizzare [*industry, mine*].
▷ **nationally** /'næʃnəlɪ/ avv. **1** *(at national level)* [*develop, institute, negotiate*] su scala nazionale; ***there are problems locally and ~*** ci sono problemi a livello locale e nazionale **2** *(nationwide)* [*broadcast, distribute, enforce*] su scala nazionale; [*employ*] su tutto il territorio nazionale; [*known, respected*] a livello nazionale; [*available*] su tutto il territorio nazionale.

> **National Lottery** È la lotteria nazionale britannica, con i cui ricavi vengono finanziate iniziative culturali o sportive, opere benefiche e interventi di conservazione del patrimonio nazionale.

National Minimum Wage /ˌnæʃənlˌmɪnɪməm'weɪdʒ/ n. (salario) minimo m. garantito.
national monument /ˌnæʃənl'mɒnjʊmənt/ n. monumento m. nazionale.
national park /ˌnæʃənl'pɑːk/ n. parco m. nazionale.
National Power /ˌnæʃənl'paʊə(r)/ n. GB = azienda per la fornitura di energia elettrica.
National Rifle Association /ˌnæʃənl'raɪfləsəʊsɪˌeɪʃn/ n. US = associazione che promuove la libertà di detenzione delle armi.
National Savings Bank /ˌnæʃənl'seɪvɪŋzbæŋk/ n. GB = cassa di risparmio nazionale (che opera attraverso gli uffici postali).
National Savings Certificate /ˌnæʃənl'seɪvɪŋzsəˌtɪfɪkət/ n. GB = certificato di risparmio della National Savings Bank.
National School /ˌnæʃənl'skuːl/ n. *(in Ireland)* scuola f. statale.
National Science Foundation /ˌnæʃənl'saɪənsfaʊnˌdeɪʃn/ n. US = istituto nazionale per la ricerca scientifica.
national security /ˌnæʃənlsɪ'kjʊərətɪ/ n. sicurezza f. nazionale.
National Security Adviser /ˌnæʃənlsɪ'kjʊərətɪədˌvaɪzə(r)/ n. US = consigliere per la sicurezza nazionale.
National Security Council /ˌnæʃənlsɪ'kjʊərətɪˌkaʊnsl/ n. US consiglio m. nazionale di sicurezza.
national service /ˌnæʃənl'sɜːvɪs/ n. BE STOR. servizio m. militare.
National Socialism /ˌnæʃənl'səʊʃəlɪzəm/ n. STOR. nazionalsocialismo m.
National Trust /ˌnæʃənl'trʌst/ n. GB = ente per la salvaguardia di luoghi di interesse storico o naturalistico.

> **National Trust** Associazione britannica senza scopo di lucro, fondata nel 1895 per tutelare e preservare dall'industrializzazione alcuni edifici e parti del territorio nazionale. Dopo la sua creazione, il *National Trust* ha acquisito o ha ricevuto come donazione numerosi siti e monumenti, molti dei quali sono aperti al pubblico. Questa associazione è oggi il primo proprietario terriero britannico e conta più di due milioni di soci (v. ***English Heritage***).

nationhood /'neɪʃnhʊd/ n. status m. di nazione.
nation-state /ˌneɪʃn'steɪt/ n. stato-nazione m.
▷ **nationwide** /ˌneɪʃn'waɪd/ **I** agg. [*appeal*] a tutta la nazione; [*survey*] su scala nazionale; [*coverage, scheme, strike, campaign, poll*] nazionale **II** avv. [*broadcast, travel, compete*] in tutto il paese; ***showing at cinemas ~*** su tutti gli schermi.
native /'neɪtɪv/ **I** agg. **1** *(original)* [*land*] nativo, natio; [*tongue*] materno; ***his ~ Austria*** l'Austria, il suo paese natio; ***~ English, Italian, German speaker*** madrelingua inglese, italiano, tedesco **2** [*labour*] locale; [*peoples, species*] indigeno; [*quarter*] abitato da nativi; ***~ to Northern Europe*** originario dell'Europa del Nord; ***to go ~*** SCHERZ. assumere i costumi del luogo **3** *(natural)* [*cunning, wit*] innato **4** *(local)* [*produce*] locale **II** n. **1** *(from a particular place)* BOT. ZOOL. specie f. indigena; ***to be a ~ of*** [*person, plant*] essere originario di; ***to speak a language like a ~*** parlare una lingua come un parlante nativo **2** ANTROP. *(indigenous inhabitant)* indigeno m. (-a) **3** SPREG. *(local resident)* indigeno m. (-a); ***the ~s never visit the museum*** SCHERZ. la gente del posto non va mai al museo.
Native American /ˌneɪtɪvə'merɪkən/ **I** agg. amerindio **II** n. amerindio m. (-a).
native son /ˌneɪtɪv'sʌn/ n. nativo m.
native speaker /ˌneɪtɪv'spiːkə(r)/ n. madrelingua m. e f., parlante m. e f. nativo (-a); ***to have ~ fluency*** parlare come un madrelingua; ***"we require a ~ of English"*** "cerchiamo un madrelingua inglese".
nativism /'neɪtɪvɪzəm/ n. = atteggiamento o politica che tende a proteggere gli interessi della popolazione nativa a discapito degli immigrati.
Nativity /nə'tɪvətɪ/ n. RELIG. ART. Natività f.
Nativity Play /nə'tɪvətɪpleɪ/ n. TEATR. rappresentazione f. della Natività.
Nativity scene /nə'tɪvətɪsiːn/ n. natività f.
Nato, NATO /'neɪtəʊ/ n. (⇒ North Atlantic Treaty Organization Organizzazione del Trattato Nord Atlantico) NATO f.
natrium /'neɪtrɪəm/ n. sodio m.
natrolite /'neɪtrəʊlaɪt/ n. natrolite f.
natron /'neɪtrən/ n. natron m.
1.natter /'nætə(r)/ n. BE COLLOQ. chiacchierata f. (**about** su); ***to have a ~*** farsi una chiacchierata.
2.natter /'nætə(r)/ intr. BE COLLOQ. (anche **~ on**) chiacchierare (**about** di; **to, with** con).
natterer /'nætərə(r)/ n. BE COLLOQ. chiacchierone m. (-a).
natterjack (toad) /'nætədʒæk(təʊd)/ n. rospo m. calamita.
nattily /'nætɪlɪ/ avv. COLLOQ. **1** *(smartly)* [*dress*] elegantemente **2** *(cleverly)* ingegnosamente.
nattiness /'nætɪnɪs/ n. COLLOQ. **1** *(smartness)* eleganza f. **2** *(cleverness)* ingegnosità f.
natty /'nætɪ/ agg. COLLOQ. **1** *(smart)* [*outfit, person*] elegante; ***he's a ~ dresser*** si veste bene **2** *(clever)* [*machine, tool*] furbo.

▶ **natural** /ˈnætʃrəl/ **I** agg. **1** *(not artificial or man-made)* [*phenomenon, force, disaster, harbour, light, resources, process, progression, beauty, material, food*] naturale; ***the ~ world*** il mondo della natura; ***in its ~ state*** allo stato naturale **2** *(usual, normal)* naturale, normale; ***it's ~ to do, to be*** è normale fare, essere; ***it's ~ for sb. to do*** per qcn. è normale fare; ***the ~ thing to do would be to protest*** la cosa più naturale sarebbe protestare; ***it's only ~*** è del tutto naturale; ***it's not ~!*** non è normale! ***to die of ~ causes*** morire di morte naturale; ***death from ~ causes*** DIR. morte naturale; ***for the rest of one's ~ life*** DIR. vita natural durante; ***~ person*** DIR. persona fisica **3** *(innate)* [*gift, talent, trait*] innato; [*artist, professional, storyteller*] nato; [*affinity*] naturale; ***a ~ advantage*** *(of person, party, country)* un atout **4** *(unaffected)* [*person, manner*] spontaneo, semplice; ***try and look more ~*** cerca di sembrare più naturale **5** *(actual, real)* [*parent*] naturale; ANT. *(illegitimate)* [*child*] illegittimo, naturale **6** MUS. naturale; ***~ horn*** corno naturale **II** n. **1** COLLOQ. *(person)* ***as an actress, she's a ~*** è un'attrice nata; ***he's a ~ for the role of Hamlet*** è la persona adatta per interpretare il ruolo di Amleto **2** MUS. *(sign)* bequadro m.; *(note)* nota f. naturale **3** ANT. *(simpleton)* idiota m. e f., stupido m. (-a).

natural childbirth /ˌnætʃrəlˈtʃaɪldbɜːθ/ n. parto m. spontaneo.

natural gas /ˌnætʃrəlˈɡæs/ n. gas m. naturale.

natural history /ˌnætʃrəlˈhɪstrɪ, AE -tɔːrɪ/ n. storia f. naturale.

naturalism /ˈnætʃrəlɪzəm/ n. naturalismo m.

naturalist /ˈnætʃrəlɪst/ **I** agg. naturalista **II** n. naturalista m. e f.

naturalistic /ˌnætʃrəˈlɪstɪk/ agg. naturalistico.

naturalization /ˌnætʃrəlaɪˈzeɪʃn, AE -lɪˈz-/ n. **1** AMM. naturalizzazione f.; ***~ papers*** documenti di naturalizzazione **2** BOT. ZOOL. naturalizzazione f., acclimatazione f.

naturalize /ˈnætʃrəlaɪz/ **I** tr. **1** AMM. naturalizzare [*person*]; ***to be ~d*** naturalizzarsi; ***she's a ~d American*** è naturalizzata americana **2** BOT. ZOOL. acclimatare **3** LING. naturalizzare **II** intr. **1** BOT. ZOOL. acclimatarsi **2** AMM. [*person*] naturalizzarsi.

natural justice /ˌnætʃrəlˈdʒʌstɪs/ n. = garanzia di legittimità e giustizia nel processo civile e penale.

natural language /ˌnætʃrəlˈlæŋɡwɪdʒ/ n. lingua f. naturale.

natural language processing /ˌnætʃrəlˌlæŋɡwɪdʒˈprəʊsesɪŋ, AE -ˈprɒ-/ n. elaborazione f. del linguaggio naturale.

natural logarithm /ˌnætʃrəlˈlɒɡərɪðəm, AE -ˈlɔːɡ-/ n. logaritmo m. naturale.

▶ **naturally** /ˈnætʃrəlɪ/ avv. **1** *(obviously, of course)* naturalmente; ***~ enough, she refused*** naturalmente, ha rifiutato **2** *(as a logical consequence)* naturalmente; ***I ~ assumed that*** ho subito pensato che *o* ho dato per scontato che **3** *(by nature)* [*cautious, shy etc.*] per natura, di carattere; [*pale*] di natura; ***her hair is ~ blonde*** è bionda naturale; ***~ talented*** che ha un talento naturale; ***I was doing what comes ~*** stavo facendo la cosa più naturale; ***politeness comes ~ to him*** gli viene spontaneo essere cortese; ***politeness doesn't come ~ to him*** IRON. non riesce proprio a essere educato **4** *(unaffectedly, unselfconsciously)* [*act, behave, speak, smile*] con naturalezza; ***she expressed herself quite ~*** si è espressa con molta naturalezza; ***just try and act ~*** prova semplicemente a essere naturale **5** *(in natural world)* allo stato naturale; ***~ occurring*** che accade in natura.

naturalness /ˈnætʃrəlnɪs/ n. *(of manner, behaviour, person)* naturalezza f., spontaneità f.; *(of style)* naturalezza f.

natural number /ˌnætʃrəlˈnʌmbə(r)/ n. numero m. naturale.

natural sciences /ˌnætʃrəlˈsaɪənsɪz/ n.pl. scienze f. naturali.

natural selection /ˌnætʃrəlsɪˈlekʃn/ n. selezione f. naturale.

natural wastage /ˌnætʃrəlˈweɪstɪdʒ/ n. **U** *(of students)* dispersione f.; *(of employees)* = normale riduzione dell'organico per pensionamento o per dimissioni.

▶ **nature** /ˈneɪtʃə(r)/ **I** n. **1** *(the natural world)* natura f.; ***in ~*** in natura; ***the laws, wonders of ~*** le leggi, le meraviglie della natura; ***it's ~'s way of doing sth.*** è il modo in cui la natura fa qcs.; ***let ~ take its course*** lascia che la natura faccia il suo corso; ***contrary to ~*** o ***against ~*** contro natura; ***~ versus nurture*** natura contro cultura; ***to obey a call of ~*** EUFEM. fare un bisognino; ***to go back to*** o ***return to ~*** ritornare alla natura; ***state of ~*** FILOS. stato di natura; ***to paint from ~*** dipingere (copiando) dal vero; ***one of ~'s gentlemen*** un gentiluomo nato **2** *(character, temperament)* natura f., indole f.; ***by ~*** per *o* di natura; ***it's not in her ~ to be aggressive*** non è nella sua natura essere aggressiva; ***he has a very loving ~*** è molto affettuoso di carattere; ***it is in the ~ of animals to kill*** fa parte della natura degli animali uccidere **3** *(kind, sort)* natura f.; ***what is the ~ of the problem?*** qual è la natura del problema? ***nothing of that ~ ever happened here*** non è mai successo niente del genere qui; ***matters of a personal, medical ~*** questioni di carattere personale, medico; ***of a serious ~*** di natura seria; ***her letter was something in the ~ of a confession*** la sua lettera fu una specie di confessione; ***"~ of contents"*** "descrizione del contenuto" **4** *(essential character)* natura f.; ***it is in the ~ of things*** è nella natura delle cose; ***dangerous by its very ~*** di per sé pericoloso **II -natured** agg. in composti ***sweet-~d*** affettuoso; ***pleasant-~d*** piacevole, gradevole ◆ ***~ abhors a vacuum*** la natura aborre dal vuoto.

nature conservancy /ˈneɪtʃəkənˌsɜːvənsɪ/ n. tutela f. della natura.

nature cure /ˈneɪtʃəˌkjʊə(r)/ n. cura f. naturale.

nature reserve /ˈneɪtʃərɪˌzɜːv/ n. riserva f. naturale.

nature trail /ˈneɪtʃətreɪl/ n. = percorso naturalistico guidato con segnalazione dei vari tipi di piante, animali, ecc.

naturism /ˈneɪtʃərɪzəm/ n. naturismo m.

naturist /ˈneɪtʃərɪst/ **I** agg. naturista **II** n. naturista m. e f.

naturopath /ˈneɪtʃərəpæθ/ ♦ **27** n. naturopata m. e f.

naturopathy /neɪtʃəˈrɒpəθɪ/ n. naturopatia f.

naught /nɔːt/ n. ANT. LETT. *(nothing)* niente m.; ***to bring sth. to ~*** vanificare qcs.; ***to come to ~*** non portare a niente *o* risolversi in nulla.

naughtily /ˈnɔːtɪlɪ/ avv. **1** *(disobediently)* ***to behave ~*** [*child*] comportarsi male, essere disobbediente **2** *(suggestively)* ***she winked at him ~*** SCHERZ. gli ha strizzato l'occhio maliziosamente.

naughtiness /ˈnɔːtɪnɪs/ n. **1** *(of child, pet etc.)* disobbedienza f. **2** *(of joke, picture)* volgarità f.; *(of story, suggestion)* salacità f., volgarità f.

naughty /ˈnɔːtɪ/ agg. **1** *(disobedient)* [*child*] disobbediente; ***you ~ boy!*** sei proprio un birbante! ***don't be ~!*** fai il bravo! **2** *(suggestive)* [*joke, picture, story*] salace, volgare; ***a ~ word*** una parolaccia; ***the ~ nineties*** = la Belle Epoque.

Nauru /nɑːˈuːru/ ♦ **6** n.pr. Nauru m.

▷ **nausea** /ˈnɔːsɪə, AE ˈnɔːʒə/ n. nausea f.; ***a wave of ~*** un'ondata di nausea; ***to have a feeling of ~*** avere un senso di nausea; ***the idea filled her with ~*** la sola idea le faceva venire la nausea.

nauseate /ˈnɔːsɪeɪt, AE ˈnɔːz-/ tr. nauseare (anche FIG.).

nauseating /ˈnɔːsɪeɪtɪŋ, AE ˈnɔːz-/ agg. nauseante (anche FIG.).

nauseatingly /ˈnɔːsɪeɪtɪŋlɪ, AE ˈnɔːz-/ avv. ***~ sweet*** dolce da fare venire la nausea; ***~ rich*** ricco da fare schifo.

nauseatingness /ˈnɔːsɪeɪtɪŋnɪs, AE ˈnɔːz-/ n. (l')essere nauseante (anche FIG.).

nauseous /ˈnɔːsɪəs, AE ˈnɔːʃəs/ agg. **1** [*taste*] disgustoso, nauseante; [*smell*] nauseante, nauseabondo; [*gas*] nauseante **2** AE *(affected with nausea)* nauseato; ***to feel ~*** avere la nausea.

nautical /ˈnɔːtɪkl/ agg. [*instrument, almanac*] nautico; [*term*] nautico, marinaresco; [*rules*] di navigazione; [*theme*] marinaresco; [*career*] nella marina; ***~ mile*** miglio marino; ***~ telescope*** telescopio nautico.

nautilus /ˈnɔːtɪləs/ n. (pl. **~es**, **-i**) nautilo m.

Navaho /ˈnævəhəʊ/ **I** agg. navaho **II** n. **1** *(person)* navaho m. e f. **2** *(language)* lingua f. navaho.

▷ **naval** /ˈneɪvl/ agg. [*strength, building*] navale; [*officer, recruit*] di marina; [*uniform, affairs*] della marina; [*traditions*] marinaro.

naval academy /ˈneɪvləˌkædəmɪ/ n. accademia f. navale.

naval air force /ˈneɪvlˌeəfɔːs/ n. forze f.pl. aeronavali.

naval air station /ˈneɪvlˌeəsteɪʃn/ n. stazione f. aeronavale.

naval architect /ˈneɪvlˌɑːkɪtekt/ ♦ **27** n. ingegnere m. navale.

naval architecture /ˈneɪvlˌɑːkɪtektʃə(r)/ n. ingegneria f. navale.

naval attaché /ˈneɪvləˌtæʃeɪ, AE -ætəˌʃeɪ/ n. addetto m. navale.

naval base /ˈneɪvlbeɪs/ n. base f. navale.

naval battle /ˈneɪvlˌbætl/ n. MAR. MIL. battaglia f. navale.

naval dockyard /ˈneɪvlˌdɒkjɑːd/ n. cantiere m. navale; BE MAR. MIL. arsenale m.

naval forces /ˈneɪvlˌfɔːsɪz/ n.pl. forze f. navali.

naval station /ˈneɪvlˌsteɪʃn/ n. → **naval base**.

naval stores /ˈneɪvlˌstɔːz/ n.pl. *(depot)* deposito m.sing. navale; *(supplies)* materiali m. per navi.

naval warfare /ˌneɪvlˈwɔːfeə(r)/ n. guerra f. sul mare.

nave /neɪv/ n. **1** ARCH. navata f. **2** TECN. *(of wheel)* mozzo m.

navel /ˈneɪvl/ n. ombelico m.

navel-gazing /ˈneɪvlˌɡeɪzɪŋ/ n. SPREG. (il) parlarsi addosso.

navel orange /ˌneɪvlˈɒrɪndʒ/ n. (arancia) navel f.

navicular /nəˈvɪkjʊlə(r)/ **I** agg. ANAT. navicolare **II** n. ANAT. osso m. navicolare.

navigability /ˌnævɪɡəˈbɪlətɪ/ n. *(of river, ship)* navigabilità f.

navigable /ˈnævɪɡəbl/ agg. [*river*] navigabile; ***a ~ balloon*** un dirigibile; ***a vessel in a ~ condition*** un'imbarcazione in condizione di navigare.

▷ **navigate** /ˈnævɪɡeɪt/ **I** tr. **1** *(sail)* navigare **2** *(guide, steer)* [*navigator*] governare [*plane, ship*]; ***to ~ one's way through*** destreggiarsi tra [*crowd, streets, obstacles, difficulties*] **II** intr. MAR. AER. navigare; AUT. *(in a rally)* fare il navigatore; *(on a jour-*

ney) [*passenger*] indicare la strada; ***to ~ by the stars*** orientarsi guardando le stelle.

▷ **navigation** /ˌnævɪˈgeɪʃn/ n. **1** MAR. AER. navigazione f. **2** *(on the Internet)* navigazione f.

navigational /ˌnævɪˈgeɪʃənl/ agg. [*instruments*] nautico; [*science*] della navigazione.

navigation channel /ˌnævɪˈgeɪʃnˌtʃænl/ n. via f. di navigazione.

navigation laws /ˌnævɪˈgeɪʃnˌlɔːz/ n.pl. codice m.sing. di navigazione.

navigation lights /ˌnævɪˈgeɪʃnˌlaɪts/ n.pl. fanali m. di via.

navigator /ˈnævɪgeɪtə(r)/ n. AER. MAR. AUT. navigatore m.

navvy /ˈnævɪ/ n. BE COLLOQ. sterratore m. (-trice), terrazziere m. (-a).

▷ **navy** /ˈneɪvɪ/ **I** n. **1** *(fleet)* flotta f. **2** *(fighting force)* marina f. militare; ***to join the ~*** arruolarsi in marina **II** modif. MIL. MAR. [*life*] di marina; [*uniform*] della marina; [*wife*] di marinaio **III** agg. ➧ **5** (anche **~ blue**) *(colour)* navy, blu marina.

navy bean /ˈneɪvɪbiːn/ n. AE fagiolo m. bianco.

navy yard /ˈneɪvɪjɑːd/ n. AE MAR. MIL. arsenale m.

nawab /nəˈwɑːb/ n. nababbo m. (anche FIG.).

nay /neɪ/ **I** avv. ANT. LETT. **1** *(no)* no **2** *(rather)* anzi, (o) meglio; ***she is pretty, ~ beautiful!*** è carina, anzi bella! ***irreverent, ~ immoral*** irriverente, o meglio, immorale **II** n. *(negative vote)* no m., voto m. contrario; ***the ~s have it*** i voti contrari sono in maggioranza *o* vincono i no.

Nazarene /ˌnæzəˈriːn, ˈnæ-/ **I** agg. nazareno **II** n. nazareno m.; ***the ~*** il Nazareno.

Nazareth /ˈnæzərəθ/ ➧ ***34*** n.pr. Nazareth f.

1.Nazarite /ˈnæzəraɪt/ n. nazareno m. (-a).

2.Nazarite /ˈnæzəraɪt/ n. STOR. nazireo m.

naze /neɪz/ n. promontorio m.

Nazi /ˈnɑːtsɪ/ **I** agg. nazista **II** n. nazista m. e f.

Nazi(i)sm /ˈnɑːtsɪzəm/ n. nazismo m.

NBA n. **1** US (⇒ National Basketball Association Associazione Nazionale di Basket) NBA f. **2** US (⇒ National Boxing Association) = associazione nazionale boxe **3** GB (⇒ Net Book Agreement) = accordo tra le case editrici e i librai, in base al quale i libri non possono essere venduti al di sotto di un certo prezzo.

NBC n. US TELEV. (⇒ National Broadcasting Company) = una delle maggiori emittenti televisive americane.

NC **1** COMM. ⇒ no charge senza spese **2** US ⇒ North Carolina Carolina del Nord **3** ⇒ numerical control controllo numerico (CN).

NCO n. MIL. (⇒ noncommissioned officer) = sottufficiale.

NCVQ n. GB (⇒ National Centre for Vocational Qualifications) = centro nazionale per le qualifiche professionali.

ND US ⇒ North Dakota Nord Dakota.

NE **1** ➧ ***21*** ⇒ northeast nordest (NE) **2** US ⇒ Nebraska Nebraska.

Neal /niːl/ n.pr. Neal (nome di uomo).

Neanderthal /nɪˈændətɑːl/ **I** n. Neandertal m. **II** agg. di Neandertal, neandertaliano; ***~ man*** uomo di Neandertal.

neap /niːp/, **neap-tide** /ˈniːptaɪd/ n. marea f. delle quadrature.

Neapolitan /nɪəˈpɒlɪtən/ **I** agg. napoletano; ***~ ice cream*** = gelato di crema, cioccolato e fragola **II** n. napoletano m. (-a).

▶ **1.near** /nɪə(r)/ **I** avv. **1** *(nearby)* ***to live, work quite ~*** abitare, lavorare abbastanza vicino; ***to move*** o ***draw ~*** avvicinarsi (**to** a); ***to move, draw ~er*** avvicinarsi di più (**to** a); ***to bring sth. ~er*** avvicinare qcs. **2** *(close in time)* ***the exams are drawing ~*** gli esami si stanno avvicinando; ***the time is ~ when...*** si avvicina il tempo in cui...; ***how ~ are they in age?*** quanti anni di differenza ci sono tra loro? **3** *(nearly)* ***as ~ perfect as it could be*** il più vicino possibile alla perfezione; ***nowhere ~ finished, ready*** tutt'altro che finito, pronto; ***he's not anywhere ~ as bright as her*** non è neanche lontanamente intelligente come lei **4** **near enough** *(approximately)* circa; ***there were 20 yachts ~ enough*** c'erano circa 20 yacht; *(sufficiently close)* ***that's ~ enough*** *(not any closer)* così vicino va bene; *(acceptable as quantity)* ce n'è abbastanza; ***to be ~ enough, come ~ enough to do*** essere, venire abbastanza vicino per fare **II** prep. **1** *(in space)* vicino a [*place, person, object*]; ***~ here, there*** qui, lì vicino; ***don't go ~ the fire*** non avvicinarti al fuoco; ***don't come ~ me*** non ti avvicinare **2** *(in time)* ***we'll think about it ~er the time*** ci penseremo quando verrà il momento; ***it's getting ~ Christmas*** si sta avvicinando il *o* siamo quasi a Natale; ***on or ~ the 12th*** il 12 o intorno al 12; ***their anniversary is ~ ours*** il loro anniversario è vicino al nostro; ***~er 40 than 30*** più sui 40 che sui 30 **3** *(in degree)* vicino a; ***~er the truth*** più vicino alla verità; ***~er this colour than that*** più vicino a questo colore che a quello; ***~er what I'm looking for*** più simile a ciò che cerco; ***~ the beginning, end of the article*** verso l'inizio, la fine dell'articolo; ***~ the climax of the play*** verso il climax dell'opera; ***I'm no ~er (finding) a solution than I was yesterday*** non sono più vicino alla soluzione rispetto a ieri; ***he's no ~er (making) a decision*** è sempre allo stesso punto, non ha ancora deciso; ***she's nowhere ~ finishing*** è ben lontana dall'avere finito; ***£ 400? it cost ~er £ 600*** 400 sterline? era quasi 600; ***nobody comes anywhere ~ her*** FIG. nessuno può reggere il confronto con lei **4** **near to** *(in space)* vicino a [*place, person, object*]; ***~ to where*** vicino al luogo in cui; ***~er to*** più vicino a; ***how ~ are we to Venice?*** a che distanza siamo da Venezia? *(on point of)* ***~ to tears, hysteria, collapse*** sul punto di piangere, di avere una crisi isterica, di crollare; ***to be ~ to doing*** essere sul punto di fare; ***how ~ are you to completing...?*** quanto ti manca per completare...? *(in degree)* ***to come ~est to*** avvicinarsi il più possibile a [*ideal, conception*]; ***he came ~ to giving up*** c'è mancato poco che rinunciasse.

▶ **2.near** /nɪə(r)/ agg. **1** *(close in distance, time)* vicino, prossimo; ***the ~est tree*** l'albero più vicino; ***our ~est neighbours live 10 km away*** quelli che abitano più vicino stanno a 10 km; ***in the ~ future*** nel prossimo futuro **2** *(in degree)* ***in the ~ darkness*** nella penombra; ***he's the ~est thing to an accountant we've got*** tra tutti è quello che se ne intende di più di ragioneria; ***it's the ~est thing*** *(to article, colour required)* è la cosa più simile; ***to calculate sth. to the ~est whole number*** MAT. arrotondare un risultato **3** *(short)* ***the ~est route*** la strada più breve **4** **near-** in composti quasi; ***a ~-catastrophic blunder*** un errore quasi catastrofico; ***a ~-perfect exam paper*** una prova d'esame quasi perfetta.

3.near /nɪə(r)/ tr. **1** *(draw close to)* avvicinarsi a [*place*]; ***as we ~ed the city, the harbour*** mentre ci avvicinavamo alla città, al porto **2** FIG. avvicinarsi a [*peak, record high*]; ***to ~ the end of*** avvicinarsi alla fine di [*season, term*]; ***to ~ the end of one's life*** avvicinarsi alla fine; ***to ~ completion*** [*project, book*] essere quasi terminato; ***to ~ retirement*** essere vicino *o* prossimo alla pensione.

near beer /ˈnɪəbɪə/ n. birra f. analcolica.

▷ **nearby** /nɪəˈbaɪ/ **I** agg. [*person, town, village etc.*] vicino, accanto; ***to a ~ bench, garage*** fino alla panchina più vicina, all'autofficina più vicina **II** avv. [*park, wait, stand*] nelle vicinanze; ***~, there's a village*** c'è un paese nelle vicinanze.

Near East /ˌnɪərˈiːst/ n.pr. Vicino Oriente m., Levante m.

▶ **nearly** /ˈnɪəlɪ/ avv. **1** *(almost)* quasi, circa; ***~ as big*** all'incirca grande così; ***she was ~ crying*** stava quasi per mettersi a piangere; ***we're ~ there*** siamo quasi arrivati; ***I have ~ finished*** ho quasi finito; ***it's ~ bedtime*** è quasi ora di andare a letto; ***have you ~ finished?*** hai quasi finito? ***~ identical*** quasi identico; ***~ a week later*** circa una settimana dopo; ***he ~ laughed*** a momenti rideva; ***I very ~ gave up*** c'è mancato proprio poco che mi ritirassi; ***it's the same thing or very ~*** è la stessa cosa o quasi; ***£ 1,000 or very ~*** 1.000 sterline o giù di lì **2** *(used with negatives)* ***not ~*** tutt'altro *o* affatto; ***not ~ as talented, surprised as*** ben lontano dall'essere dotato, sorpreso come; ***he's not ~ ready*** non è affatto pronto; ***there isn't ~ enough to go around*** non basta proprio per tutti **3** *(closely)* ***the more you look, the more ~ it seems to resemble him*** più lo si guarda, più sembra assomigliargli.

nearly new /ˌnɪəlɪˈnjuː, AE -ˈnuː/ agg. [*clothes*] usato d'occasione.

near miss /ˌnɪəˈmɪs/ n. AER. mancata collisione f.; ***to have a ~*** [*planes*] sfiorare una collisione; [*cars*] evitare un incidente per un soffio; ***he had several near misses for first prize*** ha più volte mancato per un soffio il primo premio.

near money /ˌnɪəˈmʌnɪ/ n. AE quasi moneta f.

nearness /ˈnɪənɪs/ n. *(of person, object, place, event)* prossimità f., vicinanza f.

nearshore /ˈnɪəʃɔː(r)/ agg. GEOGR. costiero.

nearside /ˈnɪəsaɪd/ **I** n. AUT. EQUIT. *(in GB)* lato m. sinistro; *(elsewhere)* lato m. destro **II** modif. AUT. EQUIT. [*lane*] *(in GB)* di sinistra; *(elsewhere)* di destra.

near-sighted /ˌnɪəˈsaɪtɪd/ agg. miope.

near-sightedness /ˌnɪəˈsaɪtɪdnɪs/ n. miopia f.

nearthrosis /nɪɑːˈθrəʊsɪs/ n. (pl. **-es**) pseudoartrosi f.

▷ **neat** /niːt/ **I** agg. **1** *(tidy)* [*person*] *(in habits)* ordinato, pulito; *(in appearance)* curato; [*room, house, desk*] pulito, ordinato; [*garden*] curato; [*village*] pulito; [*handwriting*] chiaro; [*copybook*] ordinato; [*accounts*] ben tenuto; ***their house is always ~ and tidy*** la loro casa è sempre pulita e ordinata; ***she's a ~ worker*** è una lavoratrice accurata *o* precisa; ***in ~ piles*** in pile regolari **2** *(adroit)* [*theory, solution*] acuto, intelligente; [*explanation, formula*] chiaro, conciso; [*phrase, slogan*] efficace; [*category, division*] preciso; [*summary*] conciso; ***that's a ~ way of doing it!*** che trovata ingegnosa! **3** *(trim)* [*figure*] ben proporzionato, armonioso; [*waist*] sottile; [*features*] regolare; ***she has a ~ little figure*** è piccola e ben proporzionata; ***she was wearing a ~ little hat*** aveva un grazioso cappellino **4** AE COLLOQ.

(very good) [*plan, party, car*] fantastico; [*profit, sum of money*] eccezionale; ***that's a ~ idea!*** COLLOQ. è un'idea fantastica! **5** *(unmixed)* [*alcohol, spirits*] puro; ***a ~ vodka*** una vodka liscia **II** avv. liscio; ***he drinks his whisky ~*** beve il whisky liscio ◆ ***to be as ~ as a new pin*** [*house*] brillare come uno specchio.

neaten /ˈniːtn/ tr. aggiustarsi [*tie, skirt*]; sistemare [*pile of paper*]; ***to ~ one's hair*** aggiustarsi i capelli.

neath /niːθ/ prep. LETTER. sotto.

▷ **neatly** /ˈniːtlɪ/ avv. **1** *(tidily)* [*arrange, wrap, fold*] con cura; [*dress*] bene, con eleganza; [*write*] in modo chiaro; ***his hair was ~ combed*** era ben pettinato **2** *(perfectly)* [*link, match*] perfettamente; [*illustrate, summarize*] chiaramente; ***the facts fit together ~*** i fatti coincidono perfettamente; ***~ put!*** ben detto! ***the case is designed to fit ~ into your pocket*** l'astuccio è stato pensato per poter entrare facilmente in tasca.

neatness /ˈniːtnɪs/ n. **1** *(tidiness, orderliness) (of person's appearance)* aspetto m. curato, ordinato; *(in habits, of room, house)* ordine m., pulizia f.; *(of garden)* aspetto m. curato; *(of copybook)* ordine m.; *(of handwriting)* chiarezza f.; ***extra marks are given for ~*** nella valutazione si terrà conto dell'ordine **2** *(trimness) (of figure)* armoniosità f.; *(of features)* regolarità f. **3** *(adroitness) (of explanation)* chiarezza f.; *(of solution)* acutezza f.; *(of divisions, categories)* precisione f.

neb /neb/ n. SCOZZ. **1** *(of a bird)* becco m.; *(of a person)* muso m., grugno m. **2** *(nose, snout)* naso m. **3** *(projecting point)* punta f., estremità f.

NEB n. GB (⇒ National Enterprise Board) = ente per lo sviluppo industriale.

nebbish /ˈnebɪʃ/ **I** agg. AE COLLOQ. timido, remissivo **II** n. AE COLLOQ. nullità f., persona f. insignificante.

Nebraska /nɪˈbræskə/ ➧ ***24*** n.pr. Nebraska m.

Nebuchadnezzar /ˌnebjʊkədˈnezə(r)/ n.pr. Nabucodonosor.

nebula /ˈnebjʊlə/ n. (pl. **-ae**) nebulosa f.

nebular /ˈnebjʊlə(r)/ agg. nebulare.

nebulization /ˈnebjʊlaɪˈzeɪʃn, AE -lɪˈz-/ n. nebulizzazione f.

nebulize /ˈnebjʊlaɪz/ tr. nebulizzare.

nebulizer /ˈnebjʊlaɪzə(r)/ n. nebulizzatore m.

nebulosity /nebjʊˈlɒsətɪ/ n. nebulosità f.

nebulous /ˈnebjʊləs/ agg. **1** ASTR. nebuloso **2** FIG. nebuloso, vago.

nebulously /ˈnebjʊləslɪ/ avv. FIG. nebulosamente, vagamente.

nebulousness /ˈnebjʊləsnɪs/ n. **1** ASTR. nebulosità f. **2** FIG. nebulosità f., vaghezza f.

NEC n. (⇒ National Executive Committee) = comitato esecutivo nazionale.

▶ **necessarily** /ˌnesəˈserəlɪ, ˈnesəsərəlɪ/ avv. **1** *(definitely)* necessariamente, per forza; ***it is not ~ the answer*** non è detto che questa sia la soluzione; ***not ~!*** non necessariamente! **2** *(of necessity)* [*slow, brief*] necessariamente, per forza di cose; ***a ~ cautious statement*** un'affermazione necessariamente cauta.

▶ **necessary** /ˈnesəsərɪ, AE -serɪ/ **I** agg. **1** *(required)* [*arrangement, decision, information, skill*] necessario; [*qualification*] richiesto; ***if ~*** o ***as ~*** se necessario; ***it is ~ that you do*** occorre che tu faccia; ***"no experience ~"*** "non è richiesta nessuna esperienza" **2** *(essential)* [*action*] necessario, essenziale; ***a ~ evil*** un male inevitabile; ***to become ~*** diventare necessario; ***to find it ~ to do*** pensare che sia necessario fare; ***it is ~ for him to do*** occorre che lui faccia; ***it is ~ that she should do*** occorre proprio che faccia; ***to do what is ~*** fare ciò che è necessario; ***to do everything (that is) ~*** fare tutto ciò che è necessario; ***when ~*** quando occorre; ***don't spend more time than is ~*** non metterci più del necessario; ***circumstances make it ~ for me to do*** le circostanze rendono necessario che io faccia **3** *(inevitable)* [*consequence, result*] inevitabile **II** n. **1** COLLOQ. *(money)* denaro m. necessario, soldi m.pl.; ***have you got the ~?*** ce li hai i soldi? **2** *(needed thing)* ***to do the ~*** fare il necessario **III necessaries** n.pl. **1** DIR. alimenti m. (dovuti alla moglie e/o a minori) **2** beni m. di prima necessità.

necessitarian /nɪsesɪˈterɪən/ **I** agg. determinista **II** n. determinista m. e f.

necessitarianism /nɪsesɪˈteərɪənɪzəm/ n. determinismo m., necessitismo m.

necessitate /nɪˈsesɪteɪt/ tr. necessitare, richiedere [*cuts, operation, work*]; ***the changes were ~d by*** si è reso necessario fare cambiamenti a causa di; ***the job would ~ your moving*** il lavoro richiederebbe che tu ti trasferisca.

necessitous /nɪˈsesɪtəs/ agg. FORM. [*family, person*] bisognoso, indigente.

necessitousness /nɪˈsesɪtəsnɪs/ n. FORM. *(of family, person)* bisogno m., indigenza f.

▷ **necessity** /nɪˈsesətɪ/ n. **1** *(need)* necessità f., bisogno m.; ***from*** o ***out of ~*** per necessità *o* per forza di cose; ***the ~ of doing*** la necessità di fare; ***the ~ for*** o ***of*** il bisogno *o* la necessità di; ***there is a ~ for*** c'è bisogno di [*change*]; ***there is no ~ for*** non c'è nessun bisogno di [*change*]; ***there is no ~ for tears*** non c'è bisogno di piangere; ***the ~ for him to work*** il suo bisogno di lavorare; ***there is no ~ for you to do that*** non c'è bisogno che tu lo faccia; ***if the ~ arises*** se si presenta la necessità; ***of ~*** necessariamente **2** *(essential item)* ***the necessities of life*** i beni di prima necessità; ***to be a ~*** essere una necessità; ***the bare necessities*** le cose essenziali *o* il minimo indispensabile **3** *(essential measure)* imperativo m., necessità f.; ***a political ~*** un imperativo politico; ***to be a ~*** essere una necessità **4** *(poverty)* necessità f., bisogno m., indigenza f.; ***to live in ~*** vivere nel bisogno **5** FILOS. necessità f. ◆ ***~ knows no law*** necessità non conosce legge; ***~ is the mother of invention*** la necessità aguzza l'ingegno.

▶ **1.neck** /nek/ ➧ ***2*** **I** n. **1** ANAT. collo m.; ***to wear sth. round one's ~*** portare qcs. (intorno) al collo; ***to fling one's arms around sb.'s ~*** gettare le braccia al collo di qcn.; ***to drip*** o ***run down sb.'s ~*** [*liquid*] colare giù per il collo; ***the back of the ~*** la nuca **2** ZOOL. *(of horse, donkey)* collo m. **3** ABBIGL. *(collar)* collo m., colletto m.; *(neckline)* scollatura f.; ***with a high ~*** col collo alto; ***with a low ~*** scollato **4** GASTR. *(of lamb, beef)* collo m. **5** *(narrowest part) (of bottle, flask, vase)* collo m. **6** MUS. *(of instrument)* manico m. **7** GEOGR. istmo m. **8** MED. *(of womb)* collo m.; *(dental)* colletto m. **9** GEOL. *(of volcano)* camino m. vulcanico **II -necked** agg. in composti ***long-~ed, short-~ed*** dal collo lungo, corto; ***high-~ed*** accollato; ***low-~ed*** scollato ◆ ***to be a pain in the ~*** COLLOQ. essere un rompiscatole; ***to be ~ and ~*** essere testa a testa; ***he's up to his ~ in it*** COLLOQ. c'è dentro fino al collo; ***he's up to his ~ in debt*** COLLOQ. è indebitato fino al collo; ***to get*** o ***catch it in the ~*** COLLOQ. prendersi una lavata di capo; ***to risk one's ~*** COLLOQ. rischiare l'osso del collo; ***to stick one's ~ out*** COLLOQ. esporsi (alle critiche); ***to win by a ~*** [*horse*] vincere di un'incollatura; [*person*] vincere con un distacco minimo *o* per un pelo; ***in this ~ of the woods*** COLLOQ. da queste parti *o* nei paraggi; ***to be dead from the ~ up*** COLLOQ. essere una testa vuota.

2.neck /nek/ intr. COLLOQ. sbaciucchiarsi, pomiciare.

neckband /ˈnekbænd/ n. **1** *(part of garment)* listino m. del collo **2** *(choker)* collarina f.

neckerchief /ˈnekətʃɪf/ n. fazzoletto m. da collo, foulard m.

necking /ˈnekɪŋ/ n. COLLOQ. **U** sbaciucchiamento m., pomiciata f.

▷ **1.necklace** /ˈneklɪs/ n. collana f.

2.necklace /ˈneklɪs/ tr. = uccidere con il necklacing.

necklacing /ˈneklɪsɪŋ/ n. = tortura praticata in Sud Africa, consistente nel mettere al collo di qualcuno una gomma piena di benzina a cui poi viene dato fuoco.

necklet /ˈneklet/ n. **1** *(fur)* collo m. di pelliccia **2** *(ornament)* collana f.

neckline /ˈneklaɪn/ n. scollatura f.; ***a plunging ~*** una scollatura profonda.

neck scarf /ˈnekskɑːf/ n. (pl. **neck scarves**) foulard m.

necktie /ˈnektaɪ/ n. AE cravatta f.

neckwear /ˈnekweə(r)/ n. **U** = colletti, cravatte e sciarpe.

necrological /ˌnekrəˈlɒdʒɪkl/ agg. necrologico.

necrologist /neˈkrɒlədʒɪst/ ➧ ***27*** n. necrologista m. e f.

necrology /neˈkrɒlədʒɪ/ n. **1** *(register)* obituario m., necrologio m. **2** *(obituary)* necrologio m., necrologia f.

necromancer /ˈnekrəʊmænsə(r)/ n. negromante m. e f.

necromancy /ˈnekrəʊmænsɪ/ n. negromanzia f.

necromantic /ˌnekrəʊˈmæntɪk/ agg. negromantico.

necrophagus /neˈkrɒfəgəs/ agg. ZOOL. necrofago.

necrophile /ˈnekrəfaɪl/ n. → **necrophiliac**.

necrophilia /ˌnekrəˈfɪlɪə/ ➧ ***11*** n. necrofilia f.

necrophiliac /ˌnekrəˈfɪlɪæk/ **I** agg. necrofilo **II** n. necrofilo m. (-a).

necrophilism /neˈkrɒfɪlɪzəm/ → **necrophilia**.

necrophobe /ˌnekrəˈfəʊb/ n. necrofobo m. (-a).

necrophobia /ˌnekrəˈfəʊbɪə/ ➧ ***11*** n. necrofobia f.

necrophobic /ˌnekrəˈfəʊbɪk/ agg. necrofobico.

necrophorus /neˈkrɒfərəs/ n. ZOOL. necroforo m.

necropolis /neˈkrɒpəlɪs/ n. (pl. **~es**) necropoli f.

necropsy /ˈnekrɒpsɪ/ n. necroscopia f.

necroscopic(al) /ˌnekrəˈskɒpɪk(l)/ agg. necroscopico.

necrosis /neˈkrəʊsɪs/ n. (pl. **-es**) necrosi f.

necrotic /neˈkrɒtɪk/ agg. necrotico.

necrotize /ˈnekrətaɪz/ **I** tr. necrotizzare **II** intr. necrotizzarsi.

necrotizing /ˈnekrətaɪzɪŋ/ agg. necrotizzante.

nectar /ˈnektə(r)/ n. *(all contexts)* nettare m.
nectariferous /nektəˈrɪfərəs/ agg. nettarifero.
nectarine /ˈnektərɪn/ n. *(fruit)* pesca f. nettarina, pescanoce f.; *(tree)* pesconoce m.
nectary /ˈnektərɪ/ n. BOT. nettario m.
Ned /ned/ n.pr. diminutivo di **Edgar**, **Edmund** e **Edward**.
NEDC n. GB (⇒ National Economic Development Council) = consiglio nazionale per lo sviluppo economico.
Neddy /ˈnedɪ/ n. GB COLLOQ. → **NEDC**.
née /neɪ/ agg. nata; ***Mrs Mary Smith, ~ Miss Brown*** la signora Mary Smith nata Brown.

▶ **1.need** /niːd/ When *need* is used as a verb meaning *to require* or *to want*, it is generally translated *avere bisogno di* in Italian: *I need help* = ho bisogno d'aiuto. - When *need* is used as a verb to mean *must* or *have to*, it can generally be translated by *dovere* + infinitive: *I need to leave* = devo partire. - When *need* is used as a modal auxiliary in the negative to say that there is no obligation, it is generally translated by *non c'è bisogno che* + subjunctive: *you needn't finish it today* = non c'è bisogno che tu lo finisca oggi. - When *needn't* is used as a modal auxiliary to say that something is not worthwhile or necessary, it is generally translated by *non è necessario che* or *non vale la pena che* + subjunctive: *I needn't have hurried* = non era necessario che mi sbrigassi / non valeva la pena che mi sbrigassi. - For examples of the above and further uses of need, see the entry below. **I** mod. **1** *(must, have to)* ***you needn't wait*** non c'è bisogno che tu aspetti; ***"I waited" - "you needn't have"*** "ho aspettato" - "non era necessario"; ***I needn't have worn a jacket*** non c'era bisogno che mi mettessi la giacca; ***you needn't shout!*** non c'è bisogno di gridare! ***~ he reply?*** deve rispondere? ***~ we discuss it now?*** dobbiamo discuterne adesso? ***why do you always ~ to complain?*** perché devi sempre lamentarti? ***~ I say more?*** devo dire di più? ***I hardly ~ say that...*** non c'è bisogno che io dica che...; ***I ~ hardly remind you that*** non c'è bisogno che te lo ricordi; ***did you ~ to be so unpleasant to him?*** dovevi proprio essere così antipatico con lui? ***"previous applicants ~ not apply"*** "le persone che hanno già risposto all'annuncio sono pregate di non inviare ulteriori domande" **2** *(be logically inevitable)* ***~ that be true?*** deve essere per forza vero? ***it needn't be the case*** non è detto che sia il caso; ***it needn't follow that*** non è detto che ne consegua che; ***it needn't cost a fortune*** non è detto che costi carissimo; ***microwaved food needn't be bland*** non è detto che il cibo cotto al microonde debba per forza essere insipido; ***they needn't have died*** la loro morte avrebbe potuto essere evitata **II** tr. **1** *(require)* ***to ~ sth.*** avere bisogno di qcs.; ***to ~ to do*** avere bisogno di fare; ***my shoes ~ to be polished*** o ***my shoes ~ polishing*** le mie scarpe hanno bisogno di una lucidata *o* vanno lucidate; ***the proofs ~ careful checking*** le bozze devono essere controllate con attenzione; ***I ~ you to hold the ladder*** ho bisogno che tu mi tenga la scala; ***more money, more time is ~ed*** occorrono più soldi, occorre più tempo; ***everything you ~*** tutto ciò di cui hai bisogno; ***they ~ one another*** hanno bisogno l'uno dell'altro; ***I gave it a much-~ed clean*** l'ho pulito, ne aveva proprio bisogno; ***this job ~s a lot of concentration*** questo lavoro richiede molta concentrazione; ***to raise the money ~ed for the deposit*** raccogliere i soldi necessari per la caparra; ***they ~ to have things explained to them*** occorre spiegargli le cose; ***it ~ed six men to restrain him*** sono stati necessari sei uomini per trattenerlo; ***you don't ~ me to tell you that...*** non c'è bisogno che io vi dica che...; ***everything you ~ to know about computers*** tutto ciò che occorre sapere sui computer; ***parents - who ~s them!*** COLLOQ. i genitori - a che servono? **2** *(have to)* ***you ~ to learn some manners*** devi imparare le buone maniere; ***you'll ~ to work hard*** dovrai lavorare sodo; ***something ~ed to be done*** bisognava fare qualcosa; ***why do you always ~ to remind me?*** perché me lo devi sempre ricordare? ***it ~ only be said that*** occorre solo dire che; ***you only ~ed to ask*** dovevi solo chiedere; ***nothing more ~ be said*** non occorre dire niente di più; ***nobody ~ know*** non è necessario che nessuno lo sappia; ***nobody ~ know that I did it, that it was me who did it*** nessuno deve sapere che l'ho fatto io, che sono stato io a farlo **3** *(want)* avere bisogno di; ***I ~ a holiday, a whisky*** ho bisogno di una vacanza, un whisky; ***she ~s to feel loved*** ha bisogno di sentirsi amata; ***that's all I ~!*** è tutto ciò di cui ho bisogno!

▶ **2.need** /niːd/ n. **1** *(necessity)* necessità f., bisogno m. (**for** di); ***the ~ for closer cooperation*** la necessità di una più stretta collaborazione; ***I can't see the ~ for it*** non ne vedo la necessità; ***without the ~ for an inquiry*** senza bisogno di un'inchiesta; ***to feel the ~ to do*** sentire il bisogno di fare; ***to have no ~ to work*** non avere bisogno di lavorare; ***there's no ~ to wait, hurry*** non c'è bisogno di aspettare, affrettarsi; ***there's no ~ for panic, anger*** non è il caso di avere paura, arrabbiarsi; ***there's no ~ for you to wait*** non c'è bisogno che tu aspetti; ***if ~ be*** se (è) necessario *o* al bisogno; ***if the ~ arises*** in caso di bisogno; ***there's no ~, I've done it*** non ce n'è bisogno, l'ho fatto io **2** *(want, requirement)* bisogno m., richiesta f. (**for** di); ***to be in ~ of sth.*** avere bisogno di qcs.; ***to be in great ~ of sth.*** avere molto bisogno di qcs.; ***to have no ~ of sth.*** non avere nessun bisogno di qcs.; ***to satisfy a ~*** soddisfare un bisogno; ***to express a ~*** esprimere una necessità; ***to be in ~ of repair, painting*** avere bisogno di essere aggiustato, verniciato; ***to meet sb.'s ~s*** soddisfare le esigenze di qcn.; ***to meet industry's ~ for qualified staff*** andare incontro all'esigenza dell'industria di personale qualificato; ***a list of your ~s*** una lista di ciò di cui avete bisogno; ***my ~s are few*** mi basta poco; ***manpower, energy ~s*** bisogno di manodopera, energia **3** *(adversity, distress)* ***to help sb. in times of ~*** aiutare qcn. nel momento del bisogno; ***she was there in my hour of ~*** c'era quando avevo bisogno di lei; ***your ~ is greater than mine*** tu hai più bisogno di me **4** *(poverty)* bisogno m., indigenza f.; ***to be in ~*** essere povero; ***families in ~*** le famiglie bisognose.

needful /ˈniːdfl/ agg. FORM. necessario, indispensabile.
neediness /ˈniːdɪnɪs/ n. bisogno m., indigenza f.

▷ **1.needle** /ˈniːdl/ n. **1** SART. MED. BOT. ago m.; ***the eye of a ~*** la cruna di un ago; ***knitting ~*** ferro da maglia; ***crochet ~*** uncinetto; ***pine ~*** ago di pino **2** *(in measure, compass)* ago m. **3** *(stylus)* puntina f. **4** *(obelisk)* obelisco m. ◆ ***as sharp as a ~*** [*person*] = acuto; ***to have pins and ~s*** avere il formicolio; ***to get the ~*** BE COLLOQ. incavolarsi; ***to give sb. the ~*** COLLOQ. punzecchiare qcn.; ***to be on the ~*** AE COLLOQ. [*drug addict*] bucarsi; ***it is, was like looking for a ~ in a haystack*** è, era come cercare un ago in un pagliaio.

2.needle /ˈniːdl/ tr. **1** *(annoy)* punzecchiare, stuzzicare [*person*] **2** AE COLLOQ. *(increase alcoholic strength of)* aumentare la gradazione alcolica di [*drink*].
needle book /ˈniːdlbʊk/, **needle case** /ˈniːdlkeɪs/ n. agoraio m.
needlecraft /ˈniːdlkrɑːft, AE -kræft/ n. cucito m.
needle exchange /ˈniːdlɪksˌtʃeɪndʒ/ n. = luogo dove i tossicodipendenti possono cambiare siringhe usate con siringhe sterili.
needlefish /ˈniːdlfɪʃ/ n. (pl. **~**, **~es**) ZOOL. **1** *(garfish)* aguglia f. **2** *(pipefish)* pesce m. ago.
needleful /ˈniːdlfl/ n. gugliata f.
needlepoint /ˈniːdlpɔɪnt/ n. ricamo m. ad ago.
▷ **needless** /ˈniːdlɪs/ agg. **1** [*anxiety, delay, suffering*] inutile, non necessario **2** [*intrusion*] inopportuno; [*intervention*] inopportuno, superfluo; ***~ to say*** inutile dire.
needlessly /ˈniːdlɪslɪ/ avv. [*worry, suffer, die*] inutilmente; [*disturbed, upset*] per niente.
needlessness /ˈniːdlɪsnɪs/ n. **1** *(unnecessary nature)* inutilità f. (**of** di) **2** *(tactlessness)* inopportunità f.
needlewoman /ˈniːdlˌwʊmən/ n. (pl. **-women**) RAR. cucitrice f.
needlework /ˈniːdlwɜːk/ n. ricamo m., cucito m.
needn't /ˈniːdnt/ contr. need not.
needs /niːdz/ avv. ***~ must*** RAR. è necessario ◆ ***~ must when the devil drives*** necessità non conosce legge.
need-to-know /ˌniːdtəˈnəʊ/ agg. ***we operate on a ~ basis*** o ***we have a ~ policy*** il nostro metodo è di divulgare le informazioni solo tra i diretti interessati.
needy /ˈniːdɪ/ **I** agg. [*person*] bisognoso; [*sector, area*] senza risorse **II** n. ***the ~*** + verbo pl. i bisognosi.
ne'er /neə(r)/ avv. ANT. → **never**.
ne'er-do-well /ˈneəduːwel/ **I** agg. RAR. SPREG. [*person*] buono a nulla **II** n. RAR. SPREG. buono m. (-a) a nulla.
nefandous /nɪˈfændəs/ agg. nefando.
nefarious /nɪˈfeərɪəs/ agg. FORM. nefando.
nefariously /nɪˈfeərɪəslɪ/ avv. FORM. nefandamente.
nefariousness /nɪˈfeərɪəsnɪs/ n. FORM. nefandezza f.
negate /nɪˈgeɪt/ tr. **1** *(cancel out)* annullare [*advantage, effect, measure, work*] **2** *(deny)* negare [*concept, existence, fact*] **3** *(contradict)* rifiutare [*theory, results*] **4** LING. volgere alla forma negativa [*phrase, meaning*].
negation /nɪˈgeɪʃn/ n. **1** *(contradiction)* rifiuto m. **2** *(denial)* negazione f. **3** LING. FILOS. negazione f.
▶ **negative** /ˈnegətɪv/ **I** agg. **1** *(saying no)* [*answer, decision, statement*] negativo **2** LING. negativo **3** *(pessimistic)* [*attitude, response, approach*] negativo; ***to be ~ about sth.*** essere pessimista su qcs.; ***don't be so ~!*** non essere così pessimista! **4** *(harmful)* [*effect*] nocivo; [*influence*] negativo **5** *(unpleasant)* [*association, experience, feeling*] negativo **6** CHIM. ELETTRON. MED. FIS. negativo **7** AMM. MAT. [*amount, answer, number*] negativo; [*balance, bank*] in deficit **8** FOT. negativo **II** n. **1** *(refusal)* risposta f. negativa, diniego m.,

rifiuto m.; ***to answer*** o ***reply in the ~*** rispondere negativamente *o* di no **2** FOT. negativo m. **3** LING. negazione f.; ***double ~*** doppia negazione; ***in the ~*** alla forma negativa **4** ELETTRON. polo m. negativo **III** inter. MIL. RAD. negativo.

negative income tax /ˌnegətɪvˈɪŋkʌmˌtæks/ n. imposta f. negativa sul reddito.

▷ **negatively** /ˈnegətɪvlɪ/ avv. **1** *(unenthusiastically)* [*react, respond*] negativamente **2** *(harmfully)* [*affect, influence*] in modo negativo **3** ELETTRON. FIS. ***~ charged*** a carica negativa.

negativeness /ˈnegətɪvnɪs/ n. **1** *(of answer, reply)* negatività f., (l')essere negativo **2** LING. (l')essere alla forma negativa **3** *(of attitude, response, approach)* pessimismo m. **4** ELETTRON. FIS. negatività f.

negativism /ˈnegətɪvɪzəm/ n. negativismo m. (anche PSIC.).

Negev /ˈnegev/ n.pr. ***the ~ (Desert)*** il (deserto del) Negev.

▷ **1.neglect** /nɪˈglekt/ n. **1** *(lack of care) (of person)* negligenza f., trascuratezza f.; *(of building, garden)* abbandono m., incuria f.; *(of health)* (il) trascurare; *(of appearance)* trascuratezza f., trasandatezza f.; *(of equipment)* trascuratezza f.; ***to fall into ~*** cadere in uno stato di abbandono; ***to be in a state of ~*** essere in uno stato di abbandono **2** *(lack of interest)* indifferenza f., disinteresse m. (**of** per, nei confronti di); ***the government's ~ of agriculture*** il disinteresse del governo nei confronti dell'agricoltura.

▷ **2.neglect** /nɪˈglekt/ **I** tr. **1** *(fail to care for)* trascurare [*person, dog, plant, garden, house, health, appearance*] **2** *(ignore)* [*person*] trascurare [*problem, friend, work*]; [*government*] disinteressarsi di [*industry, economy, sector*]; non tenere conto di [*needs, wishes*] **3** *(fail)* ***to ~ to do*** mancare di fare **4** *(overlook)* non tenere conto di [*offer, opportunity*]; trascurare [*artist, writer, subject*]; ***to ~ to mention*** dimenticarsi di menzionare **II** rifl. ***to ~ oneself*** trascurarsi.

neglected /nɪˈglektɪd/ **I** p.pass. → **2.neglect II** agg. **1** *(uncared for)* [*child, pet*] trascurato, abbandonato; [*appearance*] trascurato, trasandato; [*garden, building*] abbandonato; ***to feel ~*** sentirsi trascurato **2** *(overlooked)* [*writer, subject, masterpiece*] trascurato.

neglectful /nɪˈglektfl/ agg. [*owner, parent*] negligente, noncurante; ***to be ~ of*** trascurare [*appearance, health*]; ***to be ~ of sb.*** trascurare qcn.; ***to be ~ of one's duties*** venire meno ai propri doveri.

negligee, **négligée** /ˈneglɪʒeɪ, AE ˌneglɪˈʒeɪ/ n. négligé m.

▷ **negligence** /ˈneglɪdʒəns/ n. **1** negligenza f., trascuratezza f.; ***through ~*** per trascuratezza **2** DIR. ***gross ~*** colpa grave; ***criminal ~*** = imperizia che dà luogo a responsabilità penale; ***contributory ~*** concorso di colpa; ***to sue for (medical) ~*** citare per negligenza medica.

negligent /ˈneglɪdʒənt/ agg. **1** [*person*] negligente; ***to be ~ in doing, failing to do sth.*** dare prova di negligenza nel fare, nel mancare di fare; ***to be ~ of one's duties*** FORM. venire meno ai propri doveri **2** DIR. [*person*] negligente, colpevole di negligenza; [*procedure*] colposo **3** [*air, manner*] noncurante.

negligently /ˈneglɪdʒəntlɪ/ avv. **1** *(irresponsibly)* negligentemente; DIR. con negligenza **2** *(nonchalantly)* con noncuranza, trascuratamente.

negligibility /neglɪdʒəˈbɪlətɪ/ n. irrilevanza f.

negligible /ˈneglɪdʒəbl/ agg. irrilevante.

negotiability /nɪˌgəʊʃɪəˈbɪlətɪ/ n. negoziabilità f.

negotiable /nɪˈgəʊʃəbl/ agg. **1** [*rate, terms, figure*] negoziabile; ***"salary ~"*** "stipendio negoziabile" **2** COMM. [*cheque, bill of exchange*] trasferibile; ***"not ~"*** "non trasferibile" **3** [*road, pass*] percorribile; [*obstacle*] superabile.

negotiable instrument /nɪˌgəʊʃəblˈɪnstrʊmənt/, **negotiable security** /nɪˌgəʊʃəblsɪˈkjʊərətɪ/ n. titolo m. (di credito) negoziabile.

▷ **negotiate** /nɪˈgəʊʃɪeɪt/ **I** tr. **1** *(discuss)* negoziare, trattare (**with** con); ***"to be ~d"*** "trattabile" **2** *(manoeuvre around)* (riuscire a) superare [*bend, turn, obstacle, rapids*] **3** *(deal with)* risolvere [*problem*]; superare [*difficulty*] **4** ECON. trasferire [*cheque, bond, asset*] **II** intr. negoziare, trattare (**with** con; **for** per).

negotiated /nɪˈgəʊʃɪeɪtɪd/ **I** p.pass. → **negotiate II** agg. [*settlement, peace, solution*] negoziato.

negotiating /nɪˈgəʊʃɪeɪtɪŋ/ agg. **1** [*ploy, position, rights*] di negoziazione; ***the ~ table*** il tavolo delle trattative **2** [*team, committee*] che conduce le trattative.

negotiation /nɪˌgəʊʃɪˈeɪʃn/ n. negoziazione f., trattativa f. (**between** tra; **with** con); ***to enter into ~(s)*** entrare in trattativa; ***pay, arms ~s*** negoziazioni salariali, per il disarmo; ***by ~*** attraverso una trattativa; ***to be under ~*** essere in corso di trattativa; ***to be open for ~*** essere aperto alle trattative; ***to be up for ~*** essere trattabile.

negotiator /nɪˈgəʊʃɪeɪtə(r)/ n. negoziatore m. (-trice).

Negress /ˈniːgrɪs/ n. SPREG. negra f.

negritude /ˈnegrɪtjuːd/ n. negritudine f.

Negro /ˈniːgrəʊ/ **I** agg. SPREG. [*descent, race*] negro **II** n. (pl. **~es**) SPREG. negro m. (-a).

Negroid /ˈniːgrɔɪd/ agg. negroide.

Negro spiritual /ˌniːgrəʊˈspɪrɪtʃʊəl/ n. spiritual m.

negus /ˈniːgəs/ n. (pl. **~es**) = bevanda di acqua calda, vino, zucchero e spezie.

Negus /ˈniːgəs/ n. negus m.

1.neigh /neɪ/ n. nitrito m.

2.neigh /neɪ/ intr. nitrire.

▶ **1.neighbour** BE, **neighbor** AE /ˈneɪbə(r)/ n. **1** *(person)* vicino m. (-a); *(country)* vicino m.; ***next-door-~*** vicino di casa; ***upstairs, downstairs ~*** inquilino del piano di sopra, di sotto; ***she's our next-door ~*** abita alla porta accanto; ***England's nearest ~ is France*** lo stato più vicino all'Inghilterra è la Francia; ***to be a good ~*** essere un buon vicino **2** RELIG. LETT. prossimo m.; ***love thy ~*** ama il tuo prossimo.

2.neighbour BE, **neighbor** AE /ˈneɪbə(r)/ intr. ***to ~ on sth.*** [*building, site*] essere vicino a, confinare con qcs.; [*country*] confinare con qcs.

▷ **neighbourhood** BE, **neighborhood** AE /ˈneɪbəhʊd/ **I** n. **1** *(district)* quartiere m.; ***in the ~*** nel quartiere **2** *(vicinity)* ***in the ~*** nelle vicinanze *o* nei paraggi; ***in the ~ of the station*** dalle parti della stazione **II** modif. [*facility, shop, office*] di quartiere.

neighbourhood effect BE, **neighborhood effect** AE /ˈneɪbəhʊdɪˌfekt/ n. POL. = situazione, evento ecc. che produce un effetto sui paesi confinanti.

neighbourhood television BE, **neighborhood television** AE /ˌneɪbəhʊdˈtelɪvɪʒn/ n. televisione f. locale.

neighbourhood watch (scheme) BE, **neighborhood watch (scheme)** AE /ˌneɪbəhʊdˈwɒtʃ(ˌskiːm)/ n. = programma di vigilanza organizzato dagli abitanti di un quartiere per combattere la criminalità della loro zona.

neighbouring BE, **neighboring** AE /ˈneɪbərɪŋ/ agg. vicino.

neighbourliness BE, **neighborliness** AE /ˈneɪbəlɪnɪs/ n. buon vicinato m.; ***out of good ~, Mrs Birdsall brought us some of her homegrown vegetables*** da buona vicina, la signora Birdsall ci ha portato un po' delle verdure del suo orto.

neighbourly BE, **neighborly** AE /ˈneɪbəlɪ/ agg. [*person, act*] gentile, cordiale; [*relations*] di buon vicinato; ***she is very ~*** è molto gentile.

neighbour states BE, **neighbor states** AE /ˈneɪbəˌsteɪts/ n.pl. stati m. confinanti, vicini.

neighing /ˈneɪɪŋ/ n. nitrito m.

▶ **neither** /ˈnaɪðə(r), ˈniːðə(r)/ When used as coordinating conjunctions *neither... nor* are translated by *né... né*, although the first *né* may be omitted: *she speaks neither English nor French* = lei non parla (né) inglese né francese; *he is neither intelligent nor kind* = non è (né) intelligente né gentile; *neither lemon, nor milk* = né limone né latte. Note that the preceding verb is negated by *non* in Italian. - When used as a conjunction to show agreement or similarity with a negative statement, *neither* is translated by *nemmeno* or *neanche*: *"I don't like him" - "neither do I"* = "a me non piace" - "nemmeno a me"; *"he's not Spanish" - "neither is John"* = "non è spagnolo" - "neanche John"; *"I can't sleep" - "neither can I"* = "non riesco a dormire" - "nemmeno io". - When used to give additional information to a negative statement, *neither* can often be translated by *(e) nemmeno* or *(e) neanche* preceded by a negative verb: *she hasn't written, neither has she telephoned* = non ha scritto, e nemmeno ha telefonato; *I don't wish to insult you, but neither do I wish to lose my money* = non voglio offenderti, ma neanche voglio perdere i miei soldi. - For examples and further uses, see the entry below. **I** determ. né l'uno né l'altro, nessuno dei due; ***~ book is suitable*** nessuno dei due libri è adatto; ***~ girl replied*** nessuna delle due ragazze rispose **II** pron. né l'uno né l'altro, né l'una né l'altra; ***~ of them came*** nessuno dei due venne; ***"which one is responsible?" - "~"*** "chi dei due è il responsabile?" - "nessuno dei due" **III** cong. **1** *(not either)* ***I have ~ the time nor the money*** non ho né il tempo né i soldi; ***I've seen ~ him nor her*** non ho visto né lui né lei **2** *(nor)* ***he doesn't have the time, ~ does he have the money*** non ha il tempo e neanche i soldi; ***you don't have to tell him, ~ should you*** non è necessario che tu glielo dica, anzi non dovresti proprio.

nekton /ˈnektən/ n. necton m.

Nell /nel/ n.pr. diminutivo di **Helen** e **Eleanor**.

Nellie → **Nelly**.

nelly /ˈnelɪ/ n. **1** *(giant petrel)* ossifraga f. **2** *(sooty albatross)* albatro m.

Nelly /ˈnelɪ/ **I** n.pr. diminutivo di **Helen** e **Eleanor** **II** n. POP. SPREG. **1** *(silly person)* sciocco m. (-a) **2** AE *(homosexual)* checca f., finocchio m. ◆ ***not on your ~*** BE COLLOQ. neanche per sogno.

nelson /ˈnelsn/ n. SPORT (anche **full ~**) nelson f., elson f.; ***half-~*** mezza nelson.

Nelson /ˈnelsn/ n.pr. Nelson (nome di uomo).

nelumbo /nɪˈlʌmbəʊ/ n. (pl. **~s**) nelumbo m.

nematode /ˈnemətəʊd/ n. nematode m.

nem con /ˌnemˈkɒn/ avv. (accorc. nemine contradicente) all'unanimità.

nemesia /nɪˈmiːʒə/ n. nemesia f.

nemesis /ˈneməsɪs/ n. (pl. **-es**) *(punishment)* nemesi f.

Nemesis /ˈneməsɪs/ n.pr. MITOL. Nemesi.

nenuphar /ˈnenjʊfɑː(r), AE -nuː-/ n. **1** *(white water lily)* ninfea f. bianca **2** *(yellow water lily)* nenufero m., ninfea f. gialla.

Neocene /ˈniːəsiːn/ n. → **Neogene**.

neoclassical /ˌniːəʊˈklæsɪkl/ agg. neoclassico.

neoclassicism /ˌniːəʊˈklæsɪsɪzəm/ n. neoclassicismo m.

neocolonial /ˌniːəʊkəˈləʊnɪəl/ agg. neocoloniale.

neocolonialism /ˌniːəʊkəˈləʊnɪəlɪzəm/ n. neocolonialismo m.

neocolonialist /ˌniːəʊkəˈləʊnɪəlɪst/ n. neocolonialista m. e f.

neocon /ˈniːəʊkɒn/ agg. (accorc. neoconservative) neoconservatore.

neoconservative /ˌniːəʊkənˈsɜːvətɪv/ **I** agg. neoconservatore **II** n. neoconservatore m. (-trice).

neodymium /ˌniːəˈdɪmɪəm/ n. neodimio m.

neofascism /ˌniːəʊˈfæʃɪzəm/ n. neofascismo m.

neofascist /ˌniːəʊˈfæʃɪst/ **I** agg. neofascista **II** n. neofascista m. e f.

Neogene /ˈniːədʒiːn/ **I** n. ***the ~*** il neogene **II** agg. neogenico.

neolith /ˈniːəlɪθ/ n. pietra f. dell'età neolitica.

Neolithic /ˌnɪːəˈlɪθɪk/ **I** n. ***the ~*** il neolitico **II** agg. neolitico.

neologism /niːˈɒlədʒɪzəm/ n. neologismo m.

neologistic /ˌniːɒləˈdʒɪstɪk/ agg. neologico.

neologize /niːˈɒlədʒaɪz/ intr. usare, coniare neologismi.

neomycin /ˌniːəʊˈmaɪsɪn/ n. neomicina® f.

neon /ˈniːɒn/ **I** n. **1** CHIM. *(gas)* neon m. **2** *(type of lighting)* neon m. **II** modif. [*light, lighting, sign*] al neon; [*atom*] di neon.

neonatal /ˌniːəʊˈneɪtl/ agg. neonatale.

neonate /ˈniːəneɪt/ n. neonato m. (-a).

neonazi /ˌniːəʊˈnɑːtsɪ/ **I** agg. [*party, group*] neonazista **II** n. neonazista m. e f.

Neo-Nazism /niːəʊˈnɑːtsɪzəm/ n. neonazismo m.

neophyte /ˈniːəfaɪt/ n. *(all contexts)* neofita m. e f.

neoplasia /niːəʊˈpleɪʒə/ n. neoplasia f.

neoplasm /ˈniːəʊplæzəm/ n. neoplasma m.

neoplastic /niːəʊˈplæstɪk/ agg. neoplastico.

Neo-Platonic /ˌniːəʊpləˈtɒnɪk/ agg. neoplatonico.

Neo-Platonism /ˌniːəʊˈpleɪtənɪzəm/ n. neoplatonismo m.

Neo-Platonist /ˌniːəʊˈpleɪtənɪst/ n. neoplatonico m. (-a).

neoprene /ˈniːəʊpriːn/ n. neoprene m.

neoteny /niːˈɒtənɪ/ n. neotenia f.

Neozoic /ˌniːəʊˈzəʊɪk/ agg. neozoico.

Nepal /nɪˈpɔːl/ ▸ ***6*** n.pr. Nepal m.

Nepalese /ˌnepəˈliːz/ ▸ ***18*** **I** agg. nepalese **II** n. (pl. ~) nepalese m. e f.

Nepali /nɪˈpɔːlɪ/ ▸ ***18, 14*** **I** agg. nepalese **II** n. **1** *(person)* nepalese m. e f. **2** *(language)* nepalese m.

nepenthe /nɪˈpenθɪ/ n. MED. nepente m.

nepheline /ˈnefəliːn/ n. nefelina f.

nephelograph /ˈnefələgrɑːf, AE -græf/ n. nefelografo m.

nephelometer /nefəˈlɒmɪtə(r)/ n. nefelometro m.

nephelometry /nefəˈlɒmətrɪ/ n. nefelometria f.

nepheloscope /ˈnefələskəʊp/ n. nefeloscopio m.

nepheloscopy /nefəˈlɒskəpɪ/ n. nefeloscopia f.

▷ **nephew** /ˈnefjuː, ˈnev-/ n. nipote m. (di zii).

nephralgia /nɪˈfrældʒɪə/ ▸ ***11*** n. nefralgia f.

nephrectomy /nɪˈfrektəmɪ/ n. nefrectomia f.

nephric /ˈnefrɪk/ agg. nefrico.

nephrite /ˈnefraɪt/ n. MIN. nefrite f.

nephritic /nɪˈfrɪtɪk/ agg. nefritico.

nephritis /nɪˈfraɪtɪs/ ▸ ***11*** n. nefrite f.

nephrolith /ˈnefrəlɪθ/ n. nefrolito m.

nephrologist /nɪˈfrɒlədʒɪst/ ▸ ***27*** n. nefrologo m. (-a).

nephrology /nɪˈfrɒlədʒɪ/ n. nefrologia f.

nephropathy /nɪˈfrɒpəθɪ/ ▸ ***11*** n. nefropatia f.

nephrosis /nɪˈfrəʊsɪs/ ▸ ***11*** n. (pl. **-es**) nefrosi f.

nephrotomy /nɪˈfrɒtəmɪ/ n. nefrotomia f.

nepotic /nɪˈpɒtɪk/ agg. nepotistico, nepotista.

nepotism /ˈnepətɪzəm/ n. nepotismo m.

nepotist /ˈnepətɪst/ n. nepotista m. e f.

Neptune /ˈneptjuːn, AE -tuːn/ n.pr. **1** MITOL. Nettuno **2** ASTR. Nettuno m.

Neptunian /nepˈtjuːnɪən, AE -ˈtuː-/ agg. **1** MITOL. nettunio, di Nettuno **2** ASTR. nettuniano, del pianeta Nettuno **3** GEOL. [*rock*] nettuniano.

neptunism /ˈneptjuːnɪzəm, AE -ˈtuː-/ n. nettunismo m.

neptunium /nepˈtjuːnɪəm, AE -ˈtuː-/ n. CHIM. nettunio m.

nerd /nɜːd/ n. POP. SPREG. *(insignificant, boringly conventional person)* sfigato m. (-a).

nerdy /ˈnɜːdɪ/ agg. POP. SPREG. *(insignificant, boringly conventional)* sfigato.

nereid /ˈnɪərɪɪd/ n. (pl. **~s, ~es**) nereide f.

Nereid /ˈnɪərɪɪd/ n.pr. (pl. **~s, ~es**) Nereide f.

Nerissa /nɪˈrɪsə/ n.pr. Nerissa (nome di donna).

Nero /ˈnɪərəʊ/ n.pr. Nerone.

neroli /ˈnɪərəlɪ/ n. neroli m.; **~ *oil*** olio essenziale di neroli.

nervate /ˈnɜːveɪt/ agg. BOT. nervato.

nervation /nɜːˈveɪʃn/ n. BOT. nervatura f.

▷ **1.nerve** /nɜːv/ **I** n. **1** ANAT. nervo m.; BOT. nervatura f. **2** *(courage)* coraggio m., animo m., sangue m. freddo; *(confidence)* sicurezza f., padronanza f. di sé; ***to have the ~ to do*** avere il coraggio di fare; ***to keep one's ~*** mantenere i nervi saldi; ***to lose one's ~*** perdersi d'animo; ***to recover one's ~*** ritrovare la padronanza di sé **3** COLLOQ. *(impudence, cheek)* sfacciataggine f., faccia f. tosta; ***to have the ~ to do*** avere la faccia tosta di fare; ***he's got a ~!*** ha una bella faccia tosta! ***of all the ~! what a ~!*** che faccia tosta! **II nerves** n.pl. *(nervousness)* nervi m.; *(stage fright)* panico m.sing., trac m.sing.; ***to have an attack of ~s*** avere un attacco di nervi; ***she suffers from (her) ~s*** è molto nervosa; ***to be in a state of ~s*** avere i nervi a pezzi; ***it's only ~s!*** sei solo nervoso! ***his ~s were on edge*** aveva i nervi a fior di pelle; ***that noise is getting on my ~s*** quel rumore mi dà sui nervi; ***to live on one's ~s*** essere sempre nervoso *o* vivere con i nervi a fior di pelle; ***to be all ~s*** essere un fascio di nervi; ***to calm sb.'s ~s*** calmare qcn.; ***you need strong ~s to do that kind of work*** bisogna avere i nervi saldi per fare quel tipo di lavoro; ***to have ~s of steel*** avere nervi d'acciaio; ***a war*** o ***battle of ~s*** una guerra di nervi **III -nerved** agg. in composti ***strong-~d*** dai nervi saldi ◆ ***to touch*** o ***hit a raw ~*** toccare un nervo scoperto; ***to strain every ~ to do*** fare ogni sforzo *o* mettercela tutta per riuscire a fare.

2.nerve /nɜːv/ tr. ***to ~ oneself to do*** farsi animo per fare.

nerve cell /ˈnɜːvˌsel/ n. cellula f. nervosa.

nerve centre BE, **nerve center** AE /ˈnɜːvˌsentə(r)/ n. ANAT. centro m. nervoso; FIG. centro m. nevralgico.

nerved /nɜːvd/ agg. BOT. nervato.

nerve ending /ˈnɜːvˌendɪŋ/ n. terminazione f. nervosa.

nerve gas /ˈnɜːvˌgæs/ n. gas m. nervino.

nerve impulse /ˈnɜːvˌɪmpʌls/ n. impulso m. nervoso.

nerveless /ˈnɜːvlɪs/ agg. **1** *(numb)* [*fingers, limbs*] *(from cold, fear, fatigue)* intorpidito, insensibile **2** *(brave)* [*person*] freddo, dai nervi saldi, coraggioso **3** *(lacking courage, vigour)* fiacco **4** ANAT. BOT. non innervato.

nerve racking, **nerve wracking** /ˈnɜːvˌrækɪŋ/ agg. esasperante, snervante.

nervily /ˈnɜːvəlɪ/ avv. **1** *(anxiously)* nervosamente **2** *(impudently)* sfacciatamente.

nervine /ˈnɜːviːn/ **I** agg. nervino **II** n. MED. preparato m. nervino.

nerviness /ˈnɜːvɪnɪs/ n. **1** BE *(nervousness)* nervosismo m. **2** AE *(impudence)* sfacciataggine f.

▷ **nervous** /ˈnɜːvəs/ agg. **1** [*person*] *(fearful)* teso; *(anxious)* ansioso, agitato; *(highly strung)* nervoso; [*smile, laugh, habit*] nervoso; ***to be ~ of*** BE o ***around*** AE avere paura di [*strangers, animals etc.*]; ***to be ~ of*** BE o ***about*** AE essere preoccupato per [*change, disagreement*]; ***to be ~ about doing*** avere paura di fare; ***to feel ~*** *(apprehensive)* essere preoccupato; *(before performance)* avere un attacco di panico; *(afraid)* avere paura; *(ill at ease)* sentirsi a disagio; ***I feel ~ in crowds*** la folla mi innervosisce; ***she makes me feel ~*** *(intimidates me)* mi fa sentire a disagio; *(puts my nerves on edge)* mi fa venire i nervi; ***all this talk of war makes me ~*** tutto questo gran parlare della guerra mi mette in ansia; ***"not suitable for persons of a ~ disposition"*** "sconsigliato a persone particolarmente sensibili" **2** ANAT. MED. nervoso; **~ *disease*** malattia nervosa; **~ *exhaustion*** esaurimento nervoso; **~ *tension*** tensione nervosa **3** ECON. [*market*] instabile, nervoso.

nervous breakdown /ˌnɜːvəsˈbreɪkdaʊn/ n. esaurimento m. nervoso; ***to have a ~*** avere un esaurimento nervoso.

nervous energy /ˌnɜːvəsˈenədʒɪ/ n. tensione f. nervosa; ***to be full of*** **~** essere molto teso.

▷ **nervously** /ˈnɜːvəslɪ/ avv. nervosamente.

nervous Nellie /ˌnɜːvəsˈnelɪ/ n. AE COLLOQ. SPREG. timidona f.

nervousness /ˈnɜːvəsnɪs/ n. **1** *(of person) (shyness)* timidezza f.; *(fear)* paura f.; *(anxiety)* ansia f.; *(stage fright)* trac m.; *(physical embarrassment)* imbarazzo m.; *(tenseness)* nervosismo m., agitazione f., tensione f. **2** ***the ~ of his smile, laughter*** il suo sorriso nervoso, la sua risata nervosa **3** ECON. *(of market)* instabilità f.

▷ **nervous system** /ˈnɜːvəsˌsɪstəm/ n. sistema m. nervoso.

nervous wreck /ˌnɜːvəsˈrek/ n. COLLOQ. esaurito m. (-a); ***she's a ~*** ha i nervi a pezzi.

nervure /ˈnɜːvjʊə(r)/ n. BOT. ZOOL. nervatura f.

nervy /ˈnɜːvɪ/ agg. **1** BE COLLOQ. *(tense, anxious)* nervoso **2** AE COLLOQ. *(impudent)* sfacciato.

nescience /ˈnesɪəns/ n. **1** *(ignorance)* nescienza f. **2** *(agnosticism)* agnosticismo m.

nescient /ˈnesɪənt/ agg. **1** *(ignorant)* nesciente **2** *(agnostic)* agnostico.

ness /nes/ n. promontorio m., capo m.

Nessie /ˈnesɪ/ n.pr. diminutivo di **Agnes**.

▷ **1.nest** /nest/ n. **1** *(of animal)* nido m.; ***to build*** o ***make its ~*** farsi il nido; ***wasps', ants' ~*** nido di vespe, formiche **2** *(group of baby birds, mice)* nidiata f. (**of** di) **3** *(of criminals, traitors)* covo m., rifugio m. **4** *(of boxes, bowls)* = serie di oggetti che possono essere contenuti l'uno dentro l'altro; ***~ of tables*** serie di tavolini che rientrano uno sotto l'altro **5** *(gun site)* nido m.; ***machine-gun ~*** nido di mitragliatrici ◆ ***to flee*** o ***fly*** o ***leave the ~*** lasciare il nido; ***to feather one's (own) ~*** riempirsi le tasche; ***to foul one's (own) ~*** [*polluter*] = distruggere un bene comune; [*criminal, adulterer*] infangare il buon nome della propria famiglia; ***a ~ of vipers, a vipers' ~*** un covo di vipere.

▷ **2.nest** /nest/ intr. **1** [*bird*] fare il nido, nidificare **2** [*tables*] rientrare l'uno sotto l'altro; [*boxes, pans*] inserirsi l'uno nell'altro.

nested /ˈnestɪd/ **I** p.pass. → **2.nest** **II** agg. **1** [*pans, bowls*] impilabile; ***a set of ~ tables*** una serie di tavolini che rientrano l'uno sotto l'altro **2** INFORM. [*loop, subroutine*] nidificato **3** LING. [*phrase, expression*] incassato.

nest egg /ˈnesteg/ n. gruzzolo m.

nesting /ˈnestɪŋ/ **I** n. **1** ZOOL. nidificazione f. **2** INFORM. nidificazione f. **3** LING. incassamento m. **II** modif. [*ground, habitat, place*] adatto alla nidificazione; [*habit, season*] di nidificazione.

nesting box /ˈnestɪŋˌbɒks/ n. scatole f.pl. cinesi.

nesting site /ˈnestɪŋˌsaɪt/ n. luogo m. adatto alla nidificazione.

nestle /ˈnesl/ **I** tr. ***to ~ one's head*** appoggiare la testa (**on** su; **against** contro); ***to ~ a baby in one's arms*** stringere un bambino tra le braccia **II** intr. **1** [*person, animal*] rannicchiarsi (**against** contro; **under** sotto); ***to ~ into an armchair*** accoccolarsi su una poltrona **2** [*village, house, object*] annidarsi.

■ **nestle down** accoccolarsi.

■ **nestle up** rannicchiarsi (**against**, **to** contro).

nestling /ˈneslɪŋ/ n. nidiace m.

Nestor /ˈnestə(r)/ n.pr. Nestore.

1.net /net/ agg. **1** ECON. COMM. [*profit, income, price, weight, loss*] netto; ***~ of tax*** al netto delle tasse; ***terms strictly ~*** prezzi netti; ***it weighs 20 kilos ~*** il suo peso netto è di 20 chili; ***an income of £ 30,000 ~*** un utile netto di 30.000 sterline **2** [*result, effect, increase*] finale, definitivo.

▶ **2.net** /net/ **I** n. **1** *(in fishing, hunting)* rete f.; ***butterfly ~*** retino per le farfalle **2** SPORT *(in tennis, football)* rete f.; ***to come (up) to the ~*** sfiorare la rete; ***in the ~*** in rete; ***to put the ball into (the back of) the ~*** mettere la palla in rete **3** FIG. *(trap)* ***the ~ is closing in on them*** stanno per finire nella rete; ***to slip through the ~*** liberarsi dalla trappola **4** TEL. rete f. **5** TESS. tulle m. **II Net** n.pr. ***the Net*** Internet, la Rete; ***to surf the Net*** navigare in Internet *o* in Rete ◆ ***to cast one's ~ wide*** = coinvolgere un gran numero di persone, cose.

3.net /net/ tr. (forma in -ing ecc. **-tt-**) **1** *(in fishing)* pescare [qcs.] con la rete [*fish*]; *(in hunting)* catturare [qcs.] con la rete [*butterfly*] **2** COMM. ECON. [*person*] guadagnare, ricavare; [*sale, export, deal*] rendere, fare realizzare un utile di; ***to ~ sb. sth.*** rendere a qcn. qcs. **3** SPORT *(in football)* segnare [*goal*] **4** FIG. *(catch)* [*police*] catturare [*criminal*] **5** *(win)* [*sportsman, team*] vincere [*trophy*].

net asset value /ˌnetæsetˈvæljuː/ n. ECON. valore m. d'inventario.

netball /ˈnetbɔːl/ n. netball m.

Net Book Agreement /ˌnetˈbʊkəˌgriːmənt/ n. GB COMM. = accordo tra le case editrici e i librai che fissa un prezzo minimo di vendita dei libri.

net cord /ˈnetkɔːd/ n. SPORT *(in tennis) (shot)* net m.; *(cord)* nastro m.

net curtain /ˌnetˈkɜːtn/ n. tenda f. di tulle.

netful /ˈnetfl/ n. *(in fishing, hunting)* retata f.

nethead /ˈnethed/ n. COLLOQ. fanatico m. (-a) di Internet.

nether /ˈneðə(r)/ agg. ANT. più basso, inferiore; [*garments*] intimo; ***the ~ regions*** *(hell)* gli inferi; *(lower body)* EUFEM. SCHERZ. le parti basse; *(basement)* il sotterraneo.

Netherlander /ˈneðələndə(r)/ ♦ ***18*** n. RAR. nativo m. (-a), abitante m. e f. dei Paesi Bassi, neerlandese m. e f.

Netherlandish /ˈneðələndɪʃ/ agg. neerlandese.

Netherlands /ˈneðələndz/ ♦ ***6*** **I** n.pr. ***the ~*** + verbo sing. i Paesi Bassi; ***in the ~*** nei Paesi Bassi **II** modif. [*tradition, climate*] dei Paesi Bassi.

Netherlands Antilles /ˌneðələndzænˈtɪliːz/ ♦ ***6*** n.pr.pl. Antille f. olandesi.

nethermost /ˈneðəməʊst/ agg. ANT. (il) più basso; ***the ~ depths*** le grandi profondità.

netiquette /ˈnetɪket, -kət/ n. = in Internet, le convenzioni di uso corretto della rete e della posta elettronica.

netizen /ˈnetɪzn/ n. internauta m. e f.

net present value /ˌnetˈpreznt ˌvæljuː/ n. ECON. valore m. attuale netto.

netrepreneur /ˌnetrəprəˈnɜː(r)/ n. imprenditore m. (-trice) su Internet.

netspeak /ˈnetspiːk/ n. gergo m., linguaggio m. di Internet.

netsurf /ˈnetsɜːf/ intr. navigare in Internet, in rete.

netsurfer /ˈnetsɜːfə(r)/ n. navigatore m. (-trice) in rete.

netsurfing /ˈnetsɜːfɪŋ/ n. navigazione f. in Internet, in rete.

nett BE → **1.net**.

Nettie /ˈnetɪ/ n.pr. diminutivo di **Henrietta**.

netting /ˈnetɪŋ/ n. **1** *(mesh) (of rope)* rete f.; *(of metal, plastic)* reticolato m.; ***side ~*** *(in football)* rete laterale esterna **2** TESS. tulle m.

1.nettle /ˈnetl/ **I** n. (anche **stinging ~**) ortica f. **II** modif. [*sting*] di ortica; [*soup*] di ortiche ◆ ***to grasp*** o ***seize the ~*** prendere il toro per le corna.

2.nettle /ˈnetl/ tr. irritare, infastidire.

nettle rash /ˈnetlræʃ/ ♦ ***11*** n. orticaria f.

net ton /ˌnetˈtʌn/ ♦ ***37*** n. US → **ton**.

▶ **1.network** /ˈnetwɜːk/ n. *(all contexts)* rete f. (**of** di); ***computer, telephone ~*** rete informatica, telefonica; ***rail, road ~*** rete ferroviaria, stradale; ***radio, TV*** o ***television ~*** network radiofonico, televisivo.

2.network /ˈnetwɜːk/ **I** tr. **1** TELEV. RAD. diffondere [*programme*] **2** INFORM. collegare in rete [*computers*] **II** intr. crearsi dei contatti.

networkable /ˈnetwɜːkəbl/ agg. INFORM. installabile in rete.

networked /ˈnetwɜːkt/ **I** p.pass. → **2.network** **II** agg. [*computer, workstation*] (collegato) in rete.

networking /ˈnetwɜːkɪŋ/ n. **1** COMM. presa f. di contatto informale **2** INFORM. collegamento m. in rete **3** *(establishing contacts)* ***~ is important*** è importante avere dei contatti; ***I was doing some ~*** stavo cercando di crearmi dei contatti.

network operator /ˌnetwɜːkˈɒpəreɪtə(r)/ n. TEL. operatore m. di rete.

network television /ˌnetwɜːkˈtelɪvɪʒn/ n. AE network m.

neume /njuːm, AE nuːm/ n. neuma m.

neural /ˈnjʊərəl, AE ˈnʊ-/ agg. neurale.

neuralgia /ˌnjʊəˈrældʒə, AE ˌnʊ-/ ♦ ***11*** n. nevralgia f.

neuralgic /ˌnjʊəˈrældʒɪk, AE ˌnʊ-/ agg. nevralgico.

neural network /ˌnjʊərəlˈnetwɜːk, AE ˌnʊ-/ n. rete f. neuronale.

neurasthenia /ˌnjʊərəsˈθiːnɪə, AE ˌnʊ-/ n. ANT. nevrastenia f.

neurasthenic /ˌnjʊərəsˈθenɪk, AE ˌnʊ-/ **I** agg. ANT. nevrastenico **II** n. ANT. nevrastenico m. (-a).

neurasthenically /ˌnjʊərəsˈθenɪklɪ, AE ˌnʊ-/ avv. ANT. nevrastenicamente.

neuration /ˌnjʊəˈreɪʃn, AE ˌnʊ-/ n. RAR. nervatura f.

neurine /ˈnjʊəraɪn, AE ˈnʊ-/ n. CHIM. neurina f.

neuritis /ˌnjʊəˈraɪtɪs, AE ˌnʊ-/ ♦ ***11*** n. nevrite f.

neuroblast /ˈnjʊərəʊblæst, AE ˈnʊ-/ n. neuroblasto m.

neuroblastoma /ˌnjʊərəʊblæˈstəʊmə, AE ˌnʊ-/ n. (pl. **~s, -ata**) neuroblastoma m.

neurocranium /ˌnjʊərəʊˈkreɪnɪəm, AE ˌnʊ-/ n. neurocranio m.

neurocyte /ˈnjʊərəʊsaɪt, AE ˈnʊ-/ n. neurocita m., neurone m.

neurofibril /ˌnjʊərəʊˈfaɪbrɪl, AE ˌnʊ-/ n. neurofibrilla f.

neurogenic /ˌnjʊərəʊˈdʒenɪk, AE ˌnʊ-/ agg. neurogeno.

neuroleptic /ˌnjʊərəʊˈleptɪk, AE ˌnʊ-/ **I** agg. neurolettico **II** n. neurolettico m.

neurological /ˌnjʊərəˈlɒdʒɪkl, AE ˌnʊ-/ agg. neurologico.

neurologist /ˌnjʊˈrɒlədʒɪst, AE ˌnʊ-/ ➧ **27** n. neurologo m. (-a).
neurology /ˌnjʊəˈrɒlədʒɪ, AE ˌnʊ-/ n. neurologia f.
neuroma /ˌnjʊəˈrəʊmə, AE ˌnʊ-/ n. (pl. **~s**, **-ata**) neuroma m.
neuromuscular /ˌnjʊərəʊˈmʌskjʊlə(r), AE ˌnʊ-/ agg. neuromuscolare.
neuron /ˈnjʊərɒn, AE ˈnʊ-/ n. neurone m.
neuronal /ˌnjʊəˈrəʊnl, AE ˌnʊ-/ agg. neuronale.
neurone → **neuron**.
neuropath /ˌnjʊərəʊˈpæθ, AE ˌnʊ-/ n. neuropatico m. (-a).
neuropathic /ˌnjʊərəʊˈpæθɪk, AE ˌnʊ-/ agg. neuropatico.
neuropathology /ˌnjʊərəʊpəˈθɒlədʒɪ, AE ˌnʊ-/ n. neuropatologia f.
neuropathy /njʊˈrɒpəθɪ, AE nʊ-/ n. neuropatia f.
neurophysiological /ˌnjʊərəʊˌfɪzɪəˈlɒdʒɪkl, AE ˌnʊ-/ agg. neurofisiologico.
neurophysiologist /ˌnjʊərəʊˌfɪzɪˈɒlədʒɪst, AE ˌnʊ-/ ➧ **27** n. neurofisiologo m. (-a).
neurophysiology /ˌnjʊərəʊˌfɪzɪˈɒlədʒɪ, AE ˌnʊ-/ n. neurofisiologia f.
neuropsychiatric /ˌnjʊərəʊˌsaɪkɪˈætrɪk, AE ˌnʊ-/ agg. neuropsichiatrico.
neuropsychiatrist /ˌnjʊərəʊsaɪˈkaɪətrɪst, AE ˌnʊ-/ ➧ **27** n. neuropsichiatra m. e f.
neuropsychiatry /ˌnjʊərəʊsaɪˈkaɪətrɪ, AE ˌnʊ-/ n. neuropsichiatria f.
neuropsychologist /ˌnjʊərəʊsaɪˈkɒlədʒɪst, AE ˌnʊ-/ ➧ **27** n. neuropsicologo m. (-a).
neurosis /njʊəˈrəʊsɪs, AE nʊ-/ ➧ **11** n. (pl. **-es**) nevrosi f.; FIG. ***to have a ~ about sth.*** essere ossessionato da qcs.
neurosurgeon /ˌnjʊərəʊˈsɜːdʒn, AE ˌnʊ-/ ➧ **27** n. neurochirurgo m. (-a).
neurosurgery /ˌnjʊərəʊˈsɜːdʒərɪ, AE ˌnʊ-/ n. neurochirurgia f.
neurosurgical /ˌnjʊərəʊˈsɜːdʒɪkl, AE ˌnʊ-/ agg. [*technique, institution, patient, operation*] neurochirurgico.
neurotic /njʊəˈrɒtɪk, AE nʊ-/ **I** agg. nevrotico; ***to be ~ about sth., about doing*** avere la fissa di qcs., di fare **II** n. nevrotico m. (-a).
neurotically /njʊəˈrɒtɪklɪ, AE nʊ-/ avv. nevroticamente.
neuroticism /njʊəˈrɒtɪsɪzəm, AE nʊ-/ n. tendenza f. alla nevrosi.
neurotomy /njʊəˈrɒtəmɪ, AE nʊ-/ n. neurotomia f.
neurotoxic /ˌnjʊrəʊˈtɒksɪk, AE ˌnʊ-/ agg. neurotossico.
neurotoxin /ˈnjʊərəʊˌtɒksɪn, AE ˈnʊ-/ n. neurotossina f.
neurotransimitter /ˌnjʊərəʊtrænzˈmɪtə(r), AE ˌnʊ-/ n. neurotrasmettitore m.
neurovascular /ˌnjʊərəʊˈvæskjʊlə(r), AE ˌnʊ-/ agg. neurovascolare.
1.neuter /ˈnjuːtə(r), AE ˈnuː-/ **I** agg. BOT. LING. ZOOL. neutro **II** n. LING. neutro m.; ***in the ~*** al neutro.
2.neuter /ˈnjuːtə(r), AE ˈnuː-/ tr. VETER. castrare.
▷ **neutral** /ˈnjuːtrəl, AE ˈnuː-/ **I** agg. *(all contexts)* neutrale (**about** per quanto riguarda); ***to have a ~ policy*** avere una politica neutrale; ***to have a ~ effect on sth.*** non avere nessun effetto su qcs. **II** n. **1** MIL. POL. neutrale m. **2** AUT. folle f.; ***in*** o ***into ~*** in folle.
neutralism /ˈnjuːtrəlɪzəm, AE ˈnuː-/ n. neutralismo m.
neutralist /ˈnjuːtrəlɪst, AE ˈnuː-/ **I** agg. neutralista **II** n. neutralista m. e f.
neutrality /njuːˈtrælətɪ, AE nuː-/ n. **1** CHIM. POL. *(status)* neutralità f.; ***armed ~*** neutralità armata **2** *(attitude)* neutralità f. (**towards** verso).
neutralization /ˌnjuːtrəlaɪˈzeɪʃn, AE ˌnuːtrəlɪˈzeɪʃn/ n. CHIM. MIL. POL. neutralizzazione f. (anche EUFEM.).
neutralize /ˈnjuːtrəlaɪz, AE ˈnuː-/ tr. CHIM. MIL. POL. neutralizzare (anche EUFEM.).
neutralizer /ˈnjuːtrəlaɪzə(r), AE ˈnuː-/ n. CHIM. neutralizzante m.
neutrally /ˈnjuːtrəlɪ, AE ˈnuː-/ avv. *(all contexts)* neutralmente.
neutrino /njuːˈtriːnəʊ, AE nuː-/ n. (pl. **~s**) neutrino m.
neutron /ˈnjuːtrɒn, AE ˈnuː-/ **I** n. neutrone m. **II** modif. [*bomb*] al neutrone; [*star*] di neutroni.
neutron number /ˈnjuːtrɒnˌnʌmbə(r), AE ˈnuː-/ n. numero m. di neutroni.
neutrophil /ˈnjuːtrəfɪl, AE ˈnuː-/ **I** agg. BIOL. [*cell, tissue*] neutrofilo **II** n. neutrofilo m.
Nevada /nəˈvɑːdə/ ➧ **24** n.pr. Nevada m.; ***in, to ~*** in Nevada.
Nevadan /nəˈvɑːdən/ **I** n. nativo m. (-a), abitante m. e f. del Nevada **II** modif. [*landscape*] del Nevada; [*weather*] in Nevada.
▶ **never** /ˈnevə(r)/ When *never* is used to modify a verb (*she never wears a hat, I've never seen him*), it is translated *non... mai* in Italian; *non* comes before the verb, and before the auxiliary in compound tenses, and *mai* comes after the verb or auxiliary: *lei non porta mai il cappello, non l'ho mai visto.* - When *never* is used without a verb, it is translated by *mai* alone: *"admit it!" - "never!"* = "ammettilo!" - "mai!" - For examples and particular usages, see the entry below. avv. **1** *(not ever)* ***I ~ go to London*** non vado mai a Londra; ***he will ~ forget it*** non lo dimenticherà mai; ***she ~ says anything*** non dice mai niente; ***I ~ work on Saturdays*** non lavoro mai di sabato; ***I've ~ known him to be late*** non è mai arrivato in ritardo che io sappia; ***I've ~ seen such a mess*** non ho mai visto un disordine simile; ***~ have I seen such poverty*** mai ho visto una tale povertà; ***"have you ever been to Paris?" - "~"*** "sei mai stato a Parigi?" - "mai"; ***it's now or ~*** ora o mai più; ***~ again*** mai più; ***~ before has the danger been so great*** il pericolo non è mai stato così grande; ***~ in all my life*** o ***born days*** mai in tutta la mia vita; ***~ ever lie to me again!*** non mentirmi mai più! ***he ~ ever drinks alcohol*** non beve assolutamente alcolici; ***~ one to refuse a free meal, he agreed*** dato che non è uno che rifiuterebbe mai un pasto gratuito, accettò; ***~ a day passes but he phones me*** non trascorre mai un giorno senza che lui mi telefoni; ***better late than ~*** meglio tardi che mai; ***you ~ know*** non si sa mai **2** *(as an emphatic negative)* ***he ~ said a word*** non ha detto neanche una parola; ***I ~ knew that*** non l'ho mai saputo; ***he ~ so much as apologized*** non si è neanche scusato; ***Bob, ~ a strong swimmer, tired quickly*** Bob, che non è mai stato un grande nuotatore, si è stancato subito; ***she mustn't catch you crying! that would ~ do*** non deve vederti piangere! non sia mai detto; ***~ fear!*** niente paura! non temere! ***~ mind!*** *(don't worry)* non preoccuparti! *(it doesn't matter)* non importa! **3** *(expressing surprise, shock)* ***you're ~ 40!*** BE non è possibile che tu abbia 40 anni! ***you've ~ gone and broken it have you!*** BE COLLOQ. non dirmi che l'hai rotto! ***~!*** non è possibile! ***"I punched him" - "you ~ (did)!"*** BE COLLOQ. "gli ho dato un pugno" - "ma va'!"; ***well I ~ (did)!*** questa poi!
never-ending /ˌnevərˈendɪŋ/ agg. interminabile.
nevermore /ˌnevəˈmɔː(r)/ avv. LETT. mai più; ***~ will he see his homeland*** non rivedrà mai più la sua patria.
never-never /ˌnevəˈnevə(r)/ n. BE COLLOQ. ***to buy sth. on the ~*** comprare qcs. a rate.
Never-never Land /ˌnevəˈnevəˌlænd/ n.pr. l'Isola che non c'è; FIG. = paese, luogo immaginario e meraviglioso; ***to live in ~*** vivere nel mondo dei sogni.
▶ **nevertheless** /ˌnevəðəˈles/ avv. **1** *(all the same)* tuttavia, nonostante ciò; ***I like him ~*** mi piace lo stesso; ***he's my friend ~*** nonostante tutto è mio amico; ***they go on trying ~*** tuttavia continuano a provare; ***thanks ~*** grazie lo stesso; ***~, I think you should go*** nonostante ciò, penso che dovresti andarci **2** *(nonetheless)* ***it's ~ true that*** è tuttavia vero che; ***so strong yet ~ so gentle*** così forte e tuttavia così gentile **3** *(however)* ***he did ~ say that*** comunque ha detto che.
never-to-be-forgotten /ˌnevətəbɪfəˈgɒtn/ agg. indimenticabile.
▶ **new** /njuː, AE nuː/ agg. **1** *(not known, seen, owned etc. before)* nuovo; ***the area is ~ to me*** la zona è nuova per me; ***the work, subject is ~ to me*** non conosco il lavoro, la materia; ***as good as ~*** come nuovo (anche FIG.); ***"as ~"*** *(in advertisement)* "come nuovo"; ***that's nothing ~*** non è una novità; ***I feel like a ~ man*** mi sento un altro uomo; ***"what's ~?"*** "che c'è di nuovo?" ***that's a ~ one on me*** è una novità per me **2** *(different)* [*boyfriend, life, era, approach, design*] nuovo; ***the New Left, Right*** POL. la nuova sinistra, destra; ***someone, something ~*** qualcuno, qualcosa di nuovo; ***could I have a ~ plate? this one is dirty*** può portarmi un altro piatto? questo è sporco **3** *(recently arrived)* [*recruit, arrival*] nuovo; ***to be ~ to*** non essere abituato a [*job, way of life*]; ***we're ~ to the area*** siamo nuovi della zona **4** *(latest)* [*book, film, model*] nuovo; [*fashion*] ultimo **5** *(harvested early)* [*vegetable*] fresco.
New Age /ˌnjuːˈeɪdʒ, AE ˌnuː-/ **I** n. New Age f. **II** modif. [*music, ideas, sect, traveller*] New Age.
New Age Movement /ˌnjuːeɪdʒˈmuːvmənt, AE ˌnuː-/ n. movimento m. New Age.
newbie /ˈnjuːbɪ/ n. COLLOQ. principiante m. e f. di Internet.
new blood /ˌnjuːˈblʌd, AE ˌnuː-/ n. ***the company is looking for ~*** l'azienda è alla ricerca di forze fresche.
▷ **newborn** /ˈnjuːbɔːn, AE ˈnuː-/ agg. appena nato, neonato; ***~ baby*** neonato ◆ ***as innocent as a ~ babe*** innocente come un bambino.
New Brunswick /ˌnjuːˈbrʌnzwɪk, AE ˌnuː-/ ➧ **24** n.pr. New Brunswick m.
New Caledonia /ˌnjuːkælɪˈdəʊnɪə, AE ˌnuː-/ ➧ **12** n.pr. Nuova Caledonia f.
Newcastle /ˈnjuːkɑːsl, AE ˈnuːkæsl/ ➧ **34** n.pr. Newcastle f.
▷ **newcomer** /ˈnjuːkʌmə(r), AE ˈnuː-/ n. *(in place, club)* nuovo (-a) arrivato m. (-a); *(in job)* novellino m. (-a); *(in sport)* nuovo arrivo m.; *(in theatre)* giovane attore m. (-trice); *(in cinema)* giovane

attore m. (-trice), volto m. nuovo; ***to be a ~ to a job*** essere un novellino; ***to be a ~ to a team*** essere un nuovo arrivo di una squadra; ***to be a ~ to a town*** essere appena arrivato in una città.

New Deal /ˌnjuːˈdiːl, AE ˌnuː-/ n. AE STOR. New Deal m.

New Delhi /ˌnjuːˈdelɪ, AE ˌnuː-/ ➧ ***34*** n.pr. Nuova Delhi f.

new economy /ˌnjuːɪˈkɒnəmɪ/ n. new economy f.

newel /ˈnjuːəl, AE ˈnuːəl/ n. **1** (anche **~ post**) *(on banisters)* montante m. **2** *(for spiral stairs)* montante m. di scala a chiocciola.

New England /ˌnjuːˈɪŋglənd, AE ˌnuː-/ ➧ ***24*** n.pr. New England m.

newfangled /ˌnjuːˈfæŋgld, AE ˌnuː-/ agg. SPREG. moderno.

newfound /ˈnjuːfaʊnd, AE ˈnuː-/ agg. [*friend*] nuovo; [*remedy, cure*] appena scoperto.

Newfoundland /njuːˈfaʊndlənd, AE ˈnuːfəndlənd/ ➧ ***12*** **I** n.pr. GEOGR. Terranova f. **II** n. *(dog)* terranova m. **III** modif. [*people, landscape, industry*] di Terranova.

Newfoundlander /njuːˈfaʊndləndə(r), AE nuː-/ n. terranovese m. e f.

New Guinea /ˌnjuːˈgɪnɪ, AE ˌnuː-/ ➧ ***12*** n.pr. Nuova Guinea f.

New Hampshire /ˌnjuːˈhæmpʃɪə(r), AE ˌnuː-/ ➧ ***24*** n.pr. New Hampshire m.

New Hebrides /ˌnjuːˈhebrɪdiːz, AE ˌnuː-/ ➧ ***6*** n.pr.pl. STOR. Nuove Ebridi f.

newish /ˈnjuːɪʃ, AE ˈnuː-/ agg. abbastanza nuovo.

New Jersey /ˌnjuːˈdʒɜːzɪ, AE ˌnuː-/ ➧ ***24*** n.pr. New Jersey m.

New Jerusalem /ˌnjuːdʒəˈruːsələm, AE ˌnuː-/ n.pr. RELIG. Nuova Gerusalemme f.

New Latin /ˌnjuːˈlætɪn, AE ˌnuːˈlætn/ n. latino m. moderno.

new look /ˌnjuːˈlʊk, AE ˌnuː-/ **I** n. *(image) (for person)* nuovo look m.; *(for house)* nuovo aspetto m. **II new-look** agg. [*product, car*] nuovo; [*team, show*] rinnovato; [*edition*] con una nuova veste grafica.

New Look /ˌnjuːˈlʊk, AE ˌnuː-/ **I** n. ABBIGL. STOR. new look m. **II** modif. ABBIGL. STOR. new look.

▷ **newly** /ˈnjuːlɪ, AE ˈnuː-/ avv. **1** *(recently)* [*arrived, bought, built, elected, formed, qualified*] recentemente; [*washed*] da poco; [*shaved*] di fresco **2** *(differently)* [*named*] in un altro modo; [*arrange*] in modo nuovo.

newlyweds /ˈnjuːlɪwedz, AE ˈnuː-/ n.pl. sposini m.

new man /ˌnjuːˈmæn, AE ˌnuː-/ n. BE = uomo moderno (che aiuta la moglie nei lavori domestici e nel badare ai bambini).

new math /ˌnjuːˈmæθ, AE ˌnuː-/ n. AE matematica f. moderna.

New Mexico /ˌnjuːˈmeksɪkəʊ, AE ˌnuː-/ ➧ ***24*** n.pr. Nuovo Messico m.

new moon /ˌnjuːˈmuːn, AE ˌnuː-/ n. luna f. nuova.

new-mown /ˌnjuːˈməʊn, AE ˌnuː-/ agg. attrib. appena tagliato.

newness /ˈnjuːnɪs, AE ˈnuː-/ n. *(of idea, feeling, fashion)* novità f.; *(of object, car, clothes)* (l')essere nuovo.

New Orleans /ˌnjuːˈɔːliːənz, AE ˌnuː/ ➧ ***34*** n.pr. New Orleans f.

▶ **news** /njuːz, AE nuːz/ n. **U 1** *(new political or public information)* notizia f., notizie f.pl.; ***an item of ~*** una notizia (anche GIORN.); ***the latest ~ is that all is quiet*** secondo le ultime notizie tutto è tranquillo; ***the ~ that she had resigned*** la notizia che ha dato le dimissioni; ***~ of her resignation reached Parliament*** la notizia delle sue dimissioni arrivò in Parlamento; ***~ is just coming in of an explosion*** è appena arrivata notizia di un'esplosione; ***here now with ~ of today's sport is Andy Garvey*** passiamo alla pagina sportiva con Andy Garvey; ***these events are not ~*** questi avvenimenti non fanno notizia; ***to be in the ~*** o ***to make (the) ~*** fare notizia; ***she's always in the ~*** fa sempre notizia **2** *(personal information)* notizia f., notizie f.pl., novità f.pl.; ***a bit*** o ***piece of ~*** una notizia; ***a sad bit of ~*** una notizia triste; ***have you heard the ~?*** hai sentito la notizia? ***it's wonderful ~ about Henry!*** ottime notizie che riguardano Henry! ***I heard the ~ from Jo*** ho saputo la notizia da Jo; ***have I got ~ for you!*** COLLOQ. ho una notizia che ti riguarda! ***have you any ~ of her?*** hai sue notizie? ***I have no ~ of her*** non ho sue notizie; ***tell me all your ~!*** raccontami tutto! ***that's ~ to me!*** COLLOQ. è una novità per me! ***that's good, bad ~*** è una bella, brutta notizia; ***she's bad ~!*** COLLOQ. meglio starle alla larga! ***this is*** o ***spells bad ~ for*** è una brutta notizia per; ***bad ~ travels fast*** le brutte notizie arrivano in fretta **3** RAD. *(programme)* giornale radio m., notiziario m. **4** TELEV. *(programme)* ***the ~*** il telegiornale; ***to see sth., sb. on the ~*** vedere qcs., qcn. al telegiornale **5** GIORN. *(column title)* ***"financial ~"*** "economia"; ***"Home News"*** "interno"; ***"The Baltimore News"*** *(newspaper title)* il "Baltimore News" ◆ ***no ~ is good ~*** nessuna nuova, buona nuova.

news agency /ˈnjuːzˌeɪdʒənsɪ, AE ˈnuːz-/ n. agenzia f. di stampa.

newsagent /ˈnjuːzˌeɪdʒənt, AE ˈnuːz-/ ➧ ***27*** n. BE giornalaio m. (-a), edicolante m. e f.

newsagent's /ˈnjuːzˌeɪdʒənts, AE ˈnuːz-/ n. BE ***to go to the ~*** andare in edicola *o* dal giornalaio.

news analyst /ˈnjuːzˌænəlɪst, AE ˈnuːz-/ ➧ ***27*** n. AE commentatore m. (-trice).

news blackout /ˈnjuːzˌblækaʊt, AE ˈnuːz-/ n. blackout m. dell'informazione.

newsboy /ˈnjuːzbɔɪ, AE ˈnuːz-/ n. ragazzo m. dei giornali.

news bulletin /ˈnjuːzˌbʊlətɪn, AE ˈnuːz-/ BE, **news cast** /ˈnjuːzkɑːst, AE ˈnuːzkæst/ AE n. **1** RAD. giornale radio m., notiziario m. **2** TELEV. telegiornale m., notiziario m.

newscaster /ˈnjuːzˌkɑːstə(r), AE ˈnuːzˌkæstə(r)/ ➧ ***27*** n. conduttore m. (-trice) (di notiziario).

news conference /ˈnjuːzˌkɒnfərəns, AE ˈnuːz-/ n. conferenza f. stampa.

newsdealer /ˈnjuːzˌdiːlə(r), AE ˈnuːz-/ ➧ ***27*** n. AE giornalaio m. (-a), edicolante m. e f.

news desk /ˈnjuːzdesk, AE ˈnuːz-/ n. *(at newspaper)* redazione f.; ***now over to our ~ for the headlines*** e ora linea allo studio per le notizie di oggi.

news editor /ˈnjuːzˌedɪtə(r), AE ˈnuːz-/ ➧ ***27*** n. redattore m. (-trice).

news flash /ˈnjuːzflæʃ, AE ˈnuːz-/ n. flash m. d'agenzia.

newsgathering /ˈnjuːzˌgæðərɪŋ, AE ˈnuːz-/ n. raccolta f. di notizie.

newsgroup /ˈnjuːzgruːp, AE ˈnuːz-/ n. *(on the Net)* newsgroup m.

newshawk /ˈnjuːzhɔːk, AE ˈnuːz-/ n. AE COLLOQ. cronista m. e f. d'assalto.

news headlines /ˈnjuːzˌhedlaɪnz, AE ˈnuːz-/ n.pl. TELEV. titoli m. (delle notizie).

newshound /ˈnjuːzhaʊnd, AE ˈnuːz-/ n. cronista m. e f. d'assalto.

news item /ˈnjuːzˌaɪtəm, AE ˈnuːz-/ n. notizia f.

▷ **newsletter** /ˈnjuːzˌletə(r), AE ˈnuːz-/ n. bollettino m. di informazioni, newsletter f.

news magazine /ˈnjuːzmægəˌziːn, AE ˈnuːzˌmæ-/ n. periodico m. di attualità.

newsmaker /ˈnjuːzmeɪkə(r), AE ˈnuːz-/ n. US persona f., avvenimento m. che fa notizia.

newsman /ˈnjuːzmən, AE ˈnuːz-/ ➧ ***27*** n. (pl. **-men**) giornalista m.

newsmonger /ˈnjuːzmʌŋə(r), AE ˈnuːzmɒŋər-/ n. ANT. pettegolo m. (-a).

news-on-demand /ˌnjuːzɒndɪˈmɑːnd/ n. notiziari m.pl. a pagamento.

New South Wales /ˌnjuːsaʊθˈweɪlz, AE ˌnuː-/ n.pr. Nuovo Galles m. del Sud.

▶ **newspaper** /ˈnjuːspeɪpə(r), AE ˈnuːz-/ **I** n. **1** *(item)* giornale m., quotidiano m.; ***the Sunday ~s*** i giornali della domenica (nei paesi anglosassoni caratterizzati da numerosi supplementi dedicati a cultura, viaggi, sport ecc.) **2** *(substance)* carta f. di giornale; ***wrapped in ~*** avvolto nella carta di giornale **II** modif. [*article, photograph, cuttings*] di giornale; [*archives*] del giornale.

> **Newspapers** Nel Regno Unito si fa generalmente la distinzione fra due tipi di quotidiani: i *broadsheets*, giornali di grande formato, considerati di qualità (*Times, Guardian, Daily Telegraph*, ecc.) e i *tabloids* di formato ridotto, circa la metà di quello normale, considerati stampa sensazionalista (*Sun, Daily Mail*, ecc.). La tiratura dei quotidiani è molto elevata (*Sun*: 4 milioni di copie; *Telegraph*: 1 milione di copie), inoltre la maggior parte di essi ha un'edizione week-end, molto popolare e diffusa.
> Gli Stati Uniti non hanno un vero e proprio quotidiano nazionale (ad eccezione dell'*USA Today*) ma ogni grande città ha le proprie testate (*Los Angeles Times, New York Times, Washington Post*, ecc.). I giornali della sera sono più numerosi di quelli del mattino. Nell'80 % dei casi i quotidiani vengono distribuiti a domicilio.

newspaperman /ˈnjuːspeɪpəmən, AE ˈnuːz-/ ➧ ***27*** n. (pl. **-men**) giornalista m.

newspaper office /ˈnjuːspeɪpərˌɒfɪs, AE ˈnuːzpeɪpərˌɔːfɪs/ n. redazione f. (di giornale).

newspaperwoman /ˈnjuːspeɪpəˌwʊmən, AE ˈnuːz-/ ➧ ***27*** n. (pl. **-women**) giornalista f.

newspeak /ˈnjuːspiːk, AE ˈnuː-/ n. SPREG. = linguaggio tendenzioso usato soprattutto nella propaganda politica e nelle dichiarazioni ufficiali.

news photographer /ˈnjuːzfəˌtɒgrəfə(r), AE ˈnuːz-/ ➧ ***27*** n. fotoreporter m. e f.

newsprint /ˈnjuːzprɪnt, AE ˈnuːz-/ n. *(paper)* carta f. da giornale; *(ink)* inchiostro m. da stampa.

newsreader /ˈnjuːzˌriːdə(r), AE ˈnuːz-/ ➧ ***27*** n. BE conduttore m. (-trice) di notiziario.

newsreel /'nju:zri:l, AE 'nu:z-/ n. CINEM. STOR. cinegiornale m.
newsroom /'nju:zru:m, -rʊm, AE 'nu:z-/ n. redazione f.
news service /'nju:z,sɜ:vɪs, AE 'nu:z-/ n. **1** *(agency)* agenzia f. di informazioni **2** *(service provided by media)* servizio m. di informazione.
news sheet /'nju:zʃi:t, AE 'nu:z-/ n. bollettino m.
newsstand /'nju:zstænd, AE 'nu:z-/ n. edicola f.
new-style /'nju:staɪl, AE 'nu:-/ agg. nuovo stile.
New Style /'nju:staɪl, AE 'nu:-/ n.pr. calendario m. gregoriano.
news value /'nju:z,vælju:, AE 'nu:z-/ n. (il) fare notizia.
news vendor /'nju:z,vendə(r), AE 'nu:z-/ ➧ *27* n. giornalaio m. (-a), edicolante m. e f.
newswoman /'nju:z,wʊmən, AE 'nu:z-/ ➧ *27* n. (pl. **-women**) giornalista f.
newsworthy /'nju:z,wɜ:ðɪ, AE 'nu:z-/ agg. che fa notizia.
newsy /'nju:zɪ, AE 'nu:-/ agg. [*letter*] ricco di notizie.
newt /nju:t, AE nu:t/ n. tritone m. ◆ ***pissed as a ~*** BE POP. ubriaco fradicio.
New Testament /,nju:'testəmənt, AE ,nu:-/ n.pr. BIBL. Nuovo Testamento m.
newton /'nju:tn, AE 'nu:-/ n. FIS. newton m.
Newtonian /nju:'təʊnɪən, AE nu:-/ agg. newtoniano.
new town /'nju:taʊn, AE 'nu:-/ n. = nuovo centro urbano progettato e finanziato dal governo per assorbire l'eccesso di popolazione.
new wave /,nju:'weɪv, AE ,nu:/ **I** n. new wave f. **II New Wave** n.pr. CINEM. Nouvelle Vague f. **III** agg. new wave.
New World /,nju:'wɜ:ld, AE ,nu:-/ n. Nuovo Mondo m.
▷ **New Year** /,nju:'jɪə(r), AE ,nu:-/ n. **1** *(January 1st)* anno m. nuovo; ***at (the) ~*** il primo dell'anno; ***for, over (the) ~*** (per) il primo dell'anno; ***closed for ~*** o AE ***~'s*** COMM. chiuso per le feste di fine anno; ***to celebrate ~*** o AE ***~'s*** festeggiare l'anno nuovo; ***to see in*** o ***bring in the ~*** *(celebrate)* salutare il nuovo anno; ***Happy ~!*** felice anno nuovo! buon anno! **2** *(next year)* prossimo anno m.; ***early in the ~*** all'inizio del prossimo anno.
New Year's Day /,nju:jɪəz'deɪ, AE ,nu:-/ BE, **New Year's** /'nju:jɪəz, AE 'nu:-/ AE n. primo m. dell'anno.
New Year's Eve /,nju:jɪəz'i:v, AE ,nu:-/ n. notte f. di san Silvestro, capodanno m.; ***~ party*** o ***celebrations*** festa di capodanno.
New Year's Honours list /,nju:jɪəz'ɒnəz,lɪst, AE ,nu:-/ n. BE = elenco, che viene pubblicato all'inizio del nuovo anno, con i nomi delle persone a cui vengono concesse onorificenze o titoli cavallereschi e nobiliari dal sovrano.
New Year's resolution /,nju:jɪəz,rezə'lu:ʃn, AE ,nu:-/ n. propositi m.pl. per l'anno nuovo.
New York City /,nju:jɔ:k'sɪtɪ, AE ,nu:-/ ➧ *34* n.pr. (città di) New York f.
New Yorker /nju:'jɔ:kə(r), AE nu:-/ n. newyorkese m. e f.
New York State /,nju:jɔ:k'steɪt, AE ,nu:-/ ➧ *24* n.pr. Stato m. di New York.
New Zealand /,nju:'zi:lənd, AE ,nu:-/ **I** ➧ *6* n.pr. Nuova Zelanda f. **II** agg. neozelandese.
New Zealander /,nju:'zi:ləndə(r), AE ,nu:-/ ➧ *18* n. neozelandese m. e f.
▶ **next** /nekst/ When *next* is used as an adjective, it is generally translated by *prossimo* when referring to something which is still to come or happen, and by *seguente* when referring to something which has passed or happened: *I'll be 45 next year* = avrò 45 anni l'anno prossimo; *the next year, he went to Spain* = l'anno seguente andò in Spagna. Note that, unlike English, Italian uses the article in both expressions. - For examples and further usages, see the entry below. See also the lexical note **TIME UNITS**. **I** agg. **1** *(in list, order or series) (following)* successivo, seguente; *(still to come)* prossimo; ***the ~ page*** la pagina seguente; ***get the ~ train*** prendete il prossimo treno; ***he got on the ~ train*** prese il treno dopo; ***the ~ person to talk will be punished*** il prossimo che parla sarà punito; ***she's ~ in the queue*** BE dopo tocca a lei; ***you're ~ on the list*** sei il prossimo della lista; ***what's ~ on the list?*** *(while shopping)* che altro manca? FIG. che c'è da fare adesso? ***the ~ thing to do is*** la prossima cosa da fare è; ***the ~ thing to do was*** la cosa successiva da fare era; ***"~!"*** "il prossimo!"; ***"who's ~?"*** "chi è il prossimo?", "a chi tocca?"; ***"you're ~"*** "tocca a lei"; ***you're ~ in line*** sei il prossimo; ***you're ~ but one*** ancora una persona e poi tocca a te; ***~ to last*** penultimo; ***the ~ size (up)*** la taglia più grande; ***the ~ size down*** la taglia più piccola; ***I don't know where my ~ meal is coming from*** vivo alla giornata; ***I asked the ~ person I saw*** l'ho chiesto alla prima persona che ho incontrato **2** *(in expressions of time) (in the future)* prossimo; *(in the past)* successivo, seguente; ***~ Thursday*** o ***Thursday ~*** giovedì prossimo; ***~ year*** l'anno prossimo; ***~ month's forecasts*** le previsioni per il prossimo mese; ***when is the ~ meeting?*** quando avrà luogo la prossima riunione? ***~ time you see her*** la prossima volta che la vedi; ***the ~ few hours are critical*** le prossime ore saranno critiche; ***I'll phone in the ~ few days*** telefonerò tra qualche giorno; ***he's due to arrive in the ~ 10 minutes*** dovrebbe arrivare entro 10 minuti; ***this time ~ week*** tra una settimana; ***I'll do it in the ~ two days*** lo farò nei prossimi due giorni; ***the ~ week she was late*** la settimana seguente era in ritardo; ***the ~ day*** il giorno dopo; ***the ~ day but one*** dopo due giorni; ***the ~ morning*** la mattina seguente; ***during the ~ few hours he rested*** nelle ore seguenti si riposò; ***the ~ moment*** l'istante dopo; ***(the) ~ thing I knew, he'd stolen my wallet*** subito dopo mi sono accorto che mi aveva rubato il portafoglio; ***~ thing you know he'll be writing you love poems!*** prima ancora che tu te ne accorga, finirà per scriverti poesie d'amore! ***(the) ~ thing I knew, the police were at the door*** ancor prima che me ne accorgessi la polizia era alla porta; ***we offer a ~-day service*** offriamo un servizio in 24 ore **3** *(adjacent)* [*street*] vicino; [*building, house, room*] vicino, accanto **II** pron. ***after this train the ~ is at noon*** il prossimo treno è a mezzogiorno; ***he's happy one minute, sad the ~*** un momento è felice e un momento dopo è triste; ***I hope my ~ will be a boy*** spero che il prossimo sia un maschio; ***from one minute to the ~*** da un momento all'altro; ***take the ~ left*** prenda la prima a sinistra; ***to go from one pub to the ~*** andare da un pub all'altro; ***to survive from one day to the ~*** sopravvivere di giorno in giorno; ***the ~ to speak was Emily*** subito dopo prese la parola Emily; ***the week, month after ~*** tra due settimane, mesi **III** avv. **1** *(afterwards)* in seguito, dopo, poi; ***what happened ~?*** che cosa è successo dopo? ***what word comes ~?*** che parola viene dopo? ***whatever ~!*** cos'altro ancora! **2** *(now)* ***~, I'd like to say...*** a questo punto vorrei dire...; ***what shall we do ~?*** che facciamo adesso? **3** *(on a future occasion)* ***when I ~ go there*** la prossima volta che ci vado; ***when she ~ comes to visit*** la prossima volta che viene a trovarci; ***when you phone her ~*** la prossima volta che la chiami; ***they ~ met in 1981*** si rividero nel 1981 **4** *(nearest in order)* ***the ~ tallest is Patrick*** subito dopo, il più alto è Patrick; ***she's the ~ oldest after Brigitte*** è la più vecchia dopo Brigitte; ***after 65, 50 is the ~ best score*** dopo 65, il miglior punteggio è 50; ***after champagne, sparkling white wine is the ~ best thing*** dopo lo champagne, che è il massimo, viene lo spumante; ***the ~ best thing would be to...*** come seconda alternativa, la cosa migliore sarebbe... **5 ~ *to*** quasi; ***~ to impossible*** quasi impossibile; ***~ to nobody*** quasi nessuno; ***~ to no details*** quasi nessun dettaglio; ***~ to no money*** quasi niente soldi; ***to give sb. ~ to nothing*** non dare quasi niente a qcn.; ***I got this for ~ to nothing*** me l'hanno praticamente regalato; ***in ~ to no time it was over*** finì in un istante **IV next to** prep. vicino a, accanto a, presso; ***~ to the bank, table*** vicino alla banca, al tavolo; ***two seats ~ to each other*** due posti a sedere uno accanto all'altro; ***to wear silk ~ to the skin*** indossare seta sulla pelle; ***~ to Picasso, my favourite painter is Chagall*** subito dopo Picasso, il mio pittore preferito è Chagall ◆ ***to get ~ to sb.*** AE COLLOQ. mettersi con qcn. (per interesse); ***I can sing as well as the ~ man*** o ***person*** non canto né meglio né peggio di qualsiasi altra persona; ***he's as honest as the ~ man*** o ***person*** non è né più né meno onesto di chiunque altro.
▷ **next door** /,nekst'dɔ:(r)/ **I** n. *(people)* vicini m.pl.; ***~'s cat*** il gatto dei vicini; ***~'s garden*** il giardino dei vicini **II** agg. (anche **next-door**) [*garden, building*] vicino; ***the girl ~*** la ragazza della porta accanto (anche FIG.) **III** avv. [*live, move in*] vicino; ***to live ~ to sth., to sb.*** vivere vicino a qcs., qcn.; ***to pop ~*** fare un salto dai vicini.
next-door neighbour BE, **next-door neighbor** AE /,nekstdɔ:'neɪbə(r)/ n. vicino m. (-a) di casa; ***we're ~s*** siamo vicini di casa.
next of kin /,nekstəv'kɪn/ n. *(close relative)* ***to be sb.'s ~*** essere un parente stretto di qcn.; ***to inform the ~*** *(close relative)* informare i parenti stretti; *(family)* informare i familiari.
nexus /'neksəs/ n. (pl. **~, ~es**) **1** *(link)* nesso m., legame m. **2** *(network)* rete f. di collegamenti.
NF n. **1** GB POL. (⇒ National Front) = partito nazionalista **2** ECON. (anche **N/F**) (⇒ no funds) = niente fondi, conto scoperto.
NFL n. US (⇒ National Football League) = federazione di football americano.
NFU n. GB (⇒ National Farmers' Union) = sindacato dei coltivatori.
NG n. US (⇒ National Guard) = forza militare di uno stato americano che, in caso di necessità, può essere utilizzata anche a livello federale.
NGA n. GB (⇒ National Graphical Association) = associazione nazionale grafici.

NGO n. (⇒ Non-Governmental Organization organizzazione non governativa) ONG f.
NH US ⇒ New Hampshire New Hampshire.
NHL n. US (⇒ National Hockey League) = federazione nazionale hockey.
NHS I n. GB (⇒ National Health Service) = servizio sanitario nazionale; ***on the ~*** mutuabile II modif. [*hospital, bed, ward*] convenzionato con la mutua; [*operation, treatment*] mutuabile; ***~ waiting list*** lista d'attesa (per un'operazione, un esame ecc. mutuabile).
1.NI n. GB (⇒ National Insurance) = istituto britannico per la previdenza sociale, corrispondente all'INPS.
2.NI GEOGR. ⇒ Northern Ireland Irlanda del Nord.
niacin /'naɪəsɪn/ n. niacina f.
Niagara /naɪ'ægərə/ ➧ *25* n.pr. Niagara m.; ~ ***Falls*** cascate del Niagara.
nib /nɪb/ I n. pennino m. II **-nibbed** agg. in composti ***fine-~bed*** a punta fine; ***steel-~bed*** con il pennino in acciaio.
1.nibble /'nɪbl/ n. 1 *(snack food, small meal)* snack m., spuntino m., boccone m.; ***to feel like*** o ***fancy a ~*** avere voglia di fare uno spuntino 2 *(action)* (il) mordicchiare, (lo) sbocconcellare; ***to have*** o ***take a ~ at*** dare un morsetto a.
2.nibble /'nɪbl/ I tr. 1 *(eat)* [*mouse, rabbit*] rosicchiare; [*person*] sbocconcellare, sgranocchiare, mangiucchiare; [*sheep, goat*] brucare 2 *(playfully)* [*person, animal*] mordicchiare [*ear, neck*] II intr. 1 [*animal*] mordicchiare; [*person*] mangiucchiare; ***to ~ at*** [*mouse, rabbit*] rosicchiare; [*sheep, goat*] brucare; [*person*] sbocconcellare, sgranocchiare, mangiucchiare 2 FIG. ***to ~ at*** mostrare un certo interesse per, prendere in considerazione [*idea, proposal*].
nibs /nɪbz/ n. COLLOQ. SCHERZ. ***his ~*** sua altezza.
NIC n. (⇒ newly industrialized countries) = paesi di nuova industrializzazione.
Nicaragua /ˌnɪkə'rægjʊə/ ➧ *6* n.pr. Nicaragua m.
Nicaraguan /ˌnɪkə'rægjʊən/ ➧ *18* I agg. nicaraguense II n. nicaraguense m. e f.
▶ **nice** /naɪs/ agg. 1 *(enjoyable, pleasant)* [*drive, holiday*] bello, piacevole; ***it would be ~ to do*** sarebbe carino fare; ***it would be ~ for him to do*** sarebbe bello per lui fare; ***it's not very ~ doing*** non è molto piacevole fare; ***did you have a ~ time?*** ti sei divertito? ***~ weather isn't it?*** bel tempo, vero? ***a ~ cool drink*** una bella bibita fredda; ***it's ~ and sunny*** fa proprio bello; ***to have a ~ long chat*** fare una lunga e piacevole chiacchierata; ***~ work if you can get it!*** SCHERZ. non sarebbe mica male come lavoro! ***~ to have met you*** piacere di averla conosciuta; ***~ to see you*** felice di rivederti; ***how ~!*** che bello! ***have a ~ day!*** buona giornata! 2 *(attractive)* [*house, district, painting*] bello; [*place*] bello, gradevole; ***a really ~ house*** una casa davvero bella; ***Edinburgh is a really ~ place*** Edimburgo è veramente un bel posto; ***you look very ~!*** come stai bene! ***he has a ~ taste in clothes*** ha buon gusto nel vestire 3 *(tasty)* buono; ***to taste ~*** essere buono; ***a ~ cup of tea*** una buona *o* bella tazza di tè 4 *(kind)* simpatico, carino, gentile; ***to be ~ to*** essere gentile con; ***it was ~ of her to do*** è stato carino da parte sua fare; ***how ~ of you to come*** sei stato molto gentile a venire; ***he's a really ~ guy*** COLLOQ. è veramente un tipo simpatico; ***what a ~ man!*** che uomo simpatico! ***he says really ~ things about you*** parla molto bene di te 5 *(socially acceptable)* [*neighbourhood*] perbene; [*school*] buono; ***~ manners, behaviour*** buone maniere, bei modi; ***it is not ~ to do*** non sta bene fare; ***a ~ girl*** una ragazza perbene; ***that's not very ~!*** non è molto carino! 6 *(used ironically)* ***~ friends you've got!*** begli amici (che) hai! ***a ~ mess you've got us into!*** ci hai messo in un bel pasticcio! ***that's a ~ way to talk to your father!*** bel modo di parlare a tuo padre! ***this is a ~ state of affairs!*** bell'affare! 7 FORM. *(subtle)* [*distinction*] sottile 8 FORM. *(pleasing to the mind)* [*coincidence, contrast*] piacevole ◆ ***~ one!*** *(in admiration)* bravo! (anche IRON.).
nice-looking /ˌnaɪs'lʊkɪŋ/ agg. attraente, di bell'aspetto.
▷ **nicely** /'naɪslɪ/ avv. 1 *(kindly)* [*speak, treat, ask*] gentilmente 2 *(attractively)* [*decorated, furnished*] bene; [*dressed*] bene, elegantemente; ***she sings very ~*** canta molto bene 3 *(satisfactorily)* bene; ***the engine is ticking over ~*** il motore tiene bene il minimo; ***the building is coming along very ~*** la costruzione sta procedendo bene; ***to be ~ chilled*** essere ben *o* bello freddo; ***to be ~ done*** [*steak*] essere ben cotto; ***that will do ~*** questo andrà proprio bene; ***to be ~ placed to do*** essere ben messo per fare 4 *(politely)* [*eat, speak*] bene, educatamente; [*ask*] educatamente; [*explain*] gentilmente 5 FORM. *(subtly)* [*distinguish*] sottilmente.
Nicene /ˌnaɪ'siːn/ agg. niceno.
niceness /'naɪsnɪs/ n. 1 *(kindness)* gentilezza f. 2 *(subtlety) (in distinction, contrast)* sottigliezza f.
nicety /'naɪsətɪ/ n. 1 *(subtle detail)* sottigliezza f., precisione f.; ***the niceties of protocol*** le sottigliezze del protocollo 2 *(refinement)* ***the social niceties*** i convenevoli sociali.
▷ **niche** /nɪtʃ, niːʃ/ n. 1 *(role, occupation)* posto m.; ***to find one's ~*** trovare il proprio posto; ***to carve out one's*** o ***a ~*** crearsi un posticino 2 ECON. nicchia f. di mercato 3 *(recess)* nicchia f. 4 nicchia f. ecologica.
niche market /ˌnɪtʃ'mɑːkɪt, ˌniːʃ-/ n. mercato m. di nicchia.
niche marketing /ˌnɪtʃ'mɑːkɪtɪŋ, ˌniːʃ-/ n. = marketing indirizzato a una nicchia di mercato.
Nicholas /'nɪkələs/ n.pr. Nicola.
1.nick /nɪk/ n. 1 *(notch)* tacca f., intaccatura f. (**in** in); ***to take a ~ out of sth.*** fare una tacca su qcs. 2 BE COLLOQ. *(condition)* ***to be in good, bad ~*** [*car, machine, carpet etc.*] essere in buono, cattivo stato; [*person*] essere, non essere in forma 3 BE COLLOQ. *(jail)* galera f., gattabuia f.; ***in the ~*** in galera 4 BE COLLOQ. *(police station)* commissariato m. ◆ ***just in the ~ of time*** giusto in tempo.
2.nick /nɪk/ I tr. 1 *(cut)* fare una tacca in, intaccare [*stick, surface*]; ***to ~ one's finger*** farsi uno spelino sul dito 2 BE COLLOQ. *(steal)* fregare, sgraffignare, grattare 3 BE COLLOQ. *(arrest)* beccare, pizzicare; ***he got ~ed (for speeding)*** COLLOQ. lo hanno beccato (per eccesso di velocità) 4 AE COLLOQ. *(strike)* dare un leggero colpo a 5 AE POP. *(cheat, overcharge)* fregare, pelare 6 EQUIT. VETER. inglesare [*horse, tail*] II rifl. ***to ~ oneself*** farsi uno spelino.
■ **nick off** BE COLLOQ. squagliarsela.
Nick /nɪk/ n.pr. 1 diminutivo di **Nicholas** 2 ***Old ~*** COLLOQ. = il diavolo.
1.nickel /'nɪkl/ I n. 1 AE *(coin)* nichelino m. 2 *(metal)* nickel m. II modif. [*coin, knife, alloy*] di nickel.
2.nickel /'nɪkl/ tr. nichelare.
nickel-and-dime /ˌnɪklən'daɪm/ agg. AE COLLOQ. da quattro soldi.
nickelic /nɪ'kelɪk/ agg. nichelico.
nickelodeon /ˌnɪkə'ləʊdɪən/ n. AE 1 *(jukebox)* jukebox m. 2 RAR. *(cinema)* = nome con cui venivano chiamate le prime sale cinematografiche (a causa del costo del biglietto).
nickel-plated /ˌnɪkl'pleɪtɪd/ agg. nichelato.
nickel silver /ˌnɪkl'sɪlvə(r)/ n. argentone m., alpacca f.
1.nicker /'nɪkə(r)/ n. (pl. ~) BE COLLOQ. sterlina f.
2.nicker /'nɪkə(r)/ intr. *(neigh)* nitrire.
nickle-plate /nɪkl'pleɪt/ tr. nichelare.
nicknack → **knick-knack**.
▷ **1.nickname** /'nɪkneɪm/ n. soprannome m.
▷ **2.nickname** /'nɪkneɪm/ tr. soprannominare.
Nicodemus /ˌnɪkəʊ'diːməs/ n.pr. Nicodemo.
Nicole /nɪ'kəʊl/ n.pr. Nicoletta.
Nicosia /ˌnɪkəʊ'siːə/ ➧ *34* n.pr. Nicosia f.
nicotiana /nɪˌkəʊʃɪ'ɑːnə/ n. nicoziana f.
nicotine /'nɪkətiːn/ I n. nicotina f. II modif. [*addiction, poisoning*] da nicotina; [*chewing gum*] alla nicotina; [*stain*] di nicotina; ***~ content*** contenuto di nicotina; ***~-stained*** macchiato di nicotina.
nicotine patch /'nɪkətiːnˌpætʃ/ n. cerotto m. alla nicotina.
nicotinic acid /ˌnɪkətiːnɪk'æsɪd/ n. acido m. nicotinico.
nicotinism /'nɪkətiːnɪzəm/ ➧ *11* n. nicotinismo m.
NICS n. GB (⇒ National Insurance Contributions) = contributi previdenziali.
nictation /nɪk'teɪʃn/, **nictitation** /ˌnɪktɪ'teɪʃn/ n. MED. nittitazione f.
1.niddle-noddle /'nɪdlnɒdl/ agg. (dal capo) tentennante.
2.niddle-noddle /'nɪdlnɒdl/ I tr. tentennare [*head*] II intr. *(nod)* tentennare, vacillare.
nidi /'naɪdaɪ/ → **nidus**.
nidificate /'nɪdɪfɪkeɪt/ intr. nidificare.
nidification /nɪdɪfɪ'keɪʃn/ n. nidificazione f.
nidify /'nɪdɪfaɪ/ → **nidificate**.
nidus /'naɪdəs/ n. (pl. **~es**, **-i**) 1 MED. *(of bacteria)* focolaio m. 2 ZOOL. *(of insects, snails, etc.)* nido m. 3 BIOL. = luogo favorevole allo sviluppo delle spore.
▷ **niece** /niːs/ n. nipote f. (di zii).
1.niello /nɪ'eləʊ/ n. (pl. **~s**, **-i**) 1 *(process, article)* niello m. 2 *(impression)* niellatura f.
2.niello /nɪ'eləʊ/ tr. niellare.
Nietzschean /'niːtʃɪən/ agg. nietzschiano, nicciano.
1.niff /nɪf/ n. BE COLLOQ. puzza f.
2.niff /nɪf/ intr. BE COLLOQ. puzzare.
niffy /'nɪfɪ/ agg. BE COLLOQ. puzzolente.
niftily /'nɪftɪlɪ/ avv. COLLOQ. 1 *(skilfully)* [*manouvre, play*] abilmente 2 *(attractively)* [*dress*] elegantemente.

niftiness /ˈnɪftɪnɪs/ n. COLLOQ. **1** *(skilfulness) (of manouvre, footwork, play)* abilità f. **2** *(attractiveness) (of car, design, clothes)* (l')essere carino.

nifty /ˈnɪftɪ/ agg. COLLOQ. **1** *(skilful)* [*manoeuvre, footwork, player*] abile **2** *(attractive)* [*car, design, clothes*] carino.

Nigel /ˈnaɪdʒl/ n.pr. Nigel (nome di uomo).

Niger /ˈnaɪdʒə(r)/ ➧ *6, 25* n.pr. *(country, river)* Niger m.

Nigeria /naɪˈdʒɪərɪə/ ➧ *6* n.pr. Nigeria f.

Nigerian /naɪˈdʒɪərɪən/ ➧ *18* **I** agg. [*town, custom, economy*] nigeriano **II** n. *(person)* nigeriano m. (-a).

niggard /ˈnɪgəd/ **I** agg. ANT. avaro **II** n. ANT. avaro m. (-a).

niggardliness /ˈnɪgədlɪnɪs/ n. avarizia f.

niggardly /ˈnɪgədlɪ/ agg. **1** [*person*] avaro **2** [*portion, amount*] scarso, misero.

nigger /ˈnɪgə(r)/ n. POP. SPREG. negro m. (-a) ◆ ***there is a ~ in the woodpile*** = c'è un'insidia nascosta.

1.niggle /ˈnɪgl/ n. COLLOQ. **1** *(complaint)* reclamo m., critica f. **2** *(worry)* ***I've a ~ at the back of my mind*** ho un tarlo che mi rode.

2.niggle /ˈnɪgl/ **I** tr. COLLOQ. *(irritate)* scocciare **II** intr. COLLOQ. *(complain)* menarla (**about, over** con; **that** che).

niggler /ˈnɪglə(r)/ n. COLLOQ. **1** *(irritator)* rompiscatole m. e f. **2** *(complainer)* pignolo m. (-a).

niggling /ˈnɪglɪŋ/ **I** n. lite f., briga f. **II** agg. **1** [*person*] pignolo **2** [*doubt, fear, worry*] assillante.

nigh /naɪ/ **I** agg. ANT. LETT. vicino **II** avv. ANT. LETT. **1** vicino; ***to draw ~*** avvicinarsi **2 well nigh** ben vicino **3 nigh on** vicino a.

▶ **night** /naɪt/ ➧ *33* n. **1** *(period of darkness)* notte f.; *(before going to bed)* sera f.; ***during the ~*** durante la notte; ***in the middle of the ~*** nel bel mezzo della notte; ***to travel, hunt by ~*** viaggiare, andare a caccia di notte; ***at ~*** di notte; ***all ~ long*** tutta la notte; ***~ and day*** giorno e notte; ***Moscow by ~*** Mosca di notte; ***to work ~s*** lavorare di notte; ***to be on ~s*** fare la notte; ***eight o'clock at ~*** le otto di sera; ***late at ~*** la sera tardi; ***late into the ~*** a notte fonda; ***he arrived last ~*** è arrivato ieri sera; ***I slept badly last ~*** ho dormito male questa notte; ***he arrived the ~ before last*** è arrivato l'altra sera; ***I slept badly the ~ before last*** ho dormito male l'altra notte; ***she had arrived the ~ before*** era arrivata la sera prima; ***on the ~ of October 6*** la notte del 6 ottobre; ***on Tuesday ~s*** il martedì sera; ***it rained on Tuesday ~*** ha piovuto martedì sera; ***to sit up all ~ with sb.*** rimanere in piedi tutta la notte con qcn.; ***to sit up all ~ reading*** stare sveglio tutta la notte a leggere; ***to spend*** o ***stay the ~ with sb.*** trascorrere la notte con qcn.; ***to have a good, bad ~*** dormire bene, male; ***to have a comfortable, restless ~*** trascorrere una notte tranquilla, agitata; ***to have a late ~*** andare a letto tardi; ***to get an early ~*** andare a letto presto; ***to stay out all ~*** stare fuori tutta la notte **2** *(evening)* sera f.; *(evening as a whole)* serata f.; ***it's his ~ out*** è la sua sera di libera uscita; ***to take a ~ off*** prendersi una serata; ***it's my ~ off*** è la mia sera libera; ***a ~ to remember*** una serata da ricordare; ***a ~ at the opera*** una serata all'opera; ***the play will run for three ~s*** TEATR. ci saranno tre rappresentazioni serali dello spettacolo; ***to make a ~ of it*** COLLOQ. trascorrere una serata a fare baldoria *o* festeggiare **3** *(darkness)* buio m., tenebre f.pl.; ***he left as ~ was falling*** partì al calar delle tenebre; ***to disappear into the ~*** scomparire nel buio; ***in our dark ~ of despair*** LETT. nella nostra buia disperazione.

night bird /ˈnaɪtbɜːd/ n. ZOOL. uccello m. notturno; FIG. nottambulo m. (-a).

night blindness /ˈnaɪtˌblaɪndnɪs/ n. cecità f. notturna.

nightcap /ˈnaɪtkæp/ n. **1** *(hat)* berretto m. da notte **2** *(drink)* ***to have a ~*** bere qualcosa prima di andare a letto.

nightclothes /ˈnaɪtkləʊðz, AE -kləʊz/ n.pl. = pigiami, camicie da notte ecc.

▷ **nightclub** /ˈnaɪtklʌb/ n. night (club) m.

nightclubbing /ˈnaɪtˌklʌbɪŋ/ n. ***to go ~*** andare per night.

nightdress /ˈnaɪtdres/ n. camicia f. da notte.

night editor /ˈnaɪtˌedɪtə(r)/ n. GIORN. redattore m. (-trice) che lavora di notte.

nightfall /ˈnaɪtfɔːl/ n. calar m. della notte; ***at ~*** al calar della notte.

nightglow /ˈnaɪtgləʊ/ n. nightglow m.

nightgown /ˈnaɪtgaʊn/ n. AE camicia f. da notte.

nighthawk /ˈnaɪthɔːk/ n. **1** *(bird)* succiacapre m., caprimulgo m. **2** AE COLLOQ. *(person)* nottambulo m. (-a).

nightie /ˈnaɪtɪ/ n. COLLOQ. camicia f. da notte.

nightingale /ˈnaɪtɪŋgeɪl, AE -tng-/ n. usignolo m.

nightjar /ˈnaɪtdʒɑː(r)/ n. succiacapre m., caprimulgo m.

night-lamp /ˈnaɪtlæmp/ n. lampada f. da notte, abat-jour m.

night letter /ˈnaɪtˌletə(r)/ n. AE telegramma m. notturno.

nightlife /ˈnaɪtlaɪf/ n. vita f. notturna; ***there's not much ~*** non c'è molta vita la sera.

night-light /ˈnaɪtlaɪt/ n. lampada f. da notte.

nightlong /ˈnaɪtlɒŋ, AE -lɔːŋ/ **I** agg. [*festivities, vigil*] che dura tutta la notte **II** avv. LETT. [*work, watch*] tutta la notte.

nightly /ˈnaɪtlɪ/ **I** agg. [*journey, visitor*] notturno, serale; [*performance, visit*] serale; [*prayers*] della sera; [*revels, disturbance*] LETT. notturno **II** avv. **1** [*perform*] ogni sera; [*visit*] alla sera; ***performances ~*** TEATR. rappresentazioni tutte le sere **2** *(at night)* [*occur, happen*] di notte, nottetempo.

▷ **nightmare** /ˈnaɪtmeə(r)/ n. incubo m.; ***to have a ~ about sth.*** avere un incubo; ***it was a living ~*** è stato un vero incubo; ***a ~ journey, experience*** un viaggio, un'esperienza da incubo.

nightmarish /ˈnaɪtmeərɪʃ/ agg. da incubo.

nightmarishly /ˈnaɪtmeərɪʃlɪ/ avv. come in un incubo.

nightmarishness /ˈnaɪtmeərɪʃnɪs/ n. (l')essere (simile a) un incubo.

night-night /ˈnaɪtˌnaɪt/ inter. INFANT. COLLOQ. 'notte.

night nurse /ˈnaɪtˌnɜːs/ n. infermiere m. (-a) di notte.

night owl /ˈnaɪtaʊl/ n. nottambulo m. (-a).

night porter /ˈnaɪtˌpɔːtə(r)/ n. portiere m. di notte.

nights /naɪts/ avv. AE di notte; ***he works ~*** lavora di notte.

night safe /ˈnaɪtseɪf/ n. BE cassa f. continua.

night school /ˈnaɪtskuːl/ n. scuola f. serale; ***to study at, go to ~*** frequentare la scuola serale, andare alla scuola serale.

nightshade /ˈnaɪtʃeɪd/ n. BOT. morella f.

night shelter /ˈnaɪtˌʃeltə(r)/ n. ricovero m. notturno.

night shift /ˈnaɪtʃɪft/ n. **1** *(period)* ***to be*** o ***work on the ~*** fare il turno di notte *o* fare la notte **2** *(workers)* turno m. di notte.

nightshirt /ˈnaɪtʃɜːt/ n. camicia f. da notte.

night sky /ˌnaɪtˈskaɪ/ n. ***the ~*** il cielo di notte.

night soil /ˈnaɪtsɔɪl/ n. *(of cesspools)* bottino m.

night spot /ˈnaɪtspɒt/ n. COLLOQ. locale m. notturno, night m.

nightstand /ˈnaɪtstænd/ n. AE comodino m.

nightstick /ˈnaɪtstɪk/ n. AE manganello m.

night table /ˈnaɪtˌteɪbl/ n. comodino m.

night-time /ˈnaɪttaɪm/ **I** n. notte f.; ***at ~*** di notte **II** modif. notturno.

night vision /ˈnaɪtˌvɪʒn/ n. visione f. notturna.

night watchman /ˌnaɪtˈwɒtʃmən/ ➧ *27* n. (pl. **night watchmen**) guardia f. notturna, metronotte m.

nightwear /ˈnaɪtweə(r)/ n. = pigiami, camicie da notte ecc.

nigrescent /nɪˈgresənt/ agg. nerastro.

nigrosine /ˈnɪgrəʊsiːn/ n. nigrosina f.

nihilism /ˈnaɪɪlɪzəm, ˈnɪhɪl-/ n. nichilismo m.

nihilist /ˈnaɪɪlɪst, ˈnɪhɪl-/ **I** agg. nichilista **II** n. nichilista m. e f.

nihilistic /ˌnaɪɪˈlɪstɪk, ˌnɪhɪˈl-/ agg. nichilistico.

Nike /ˈnaɪkɪ/ n.pr. Nike.

nil /nɪl/ n. **1** ***to be ~*** [*courage, enthusiasm*] essere a zero; [*importance, progress*] essere nullo **2** SPORT zero m. **3** *(on forms)* nessuno m.

Nile /naɪl/ ➧ *25* n.pr. Nilo m.

nilgai /ˈnɪlgaɪ/ n. nilgai m., nilgau m.

Nilotic /naɪˈlɒtɪk/ **I** agg. nilotico **II** n. **1** *(person)* nilotico m. (-a) **2** ➧ *14* *(language)* lingua f. nilotica.

nimbi /ˈnɪmbaɪ/ → **nimbus**.

nimble /ˈnɪmbl/ agg. [*person*] svelto, agile (**at doing** a fare; **with** con); [*movement, fingers*] agile, abile; [*mind, wits*] sveglio, pronto; ***to be ~ on one's feet*** essere agile e veloce.

nimble-fingered /ˌnɪmblˈfɪŋgəd/ agg. lesto di mano.

nimbleness /ˈnɪmblnɪs/ n. *(of person)* sveltezza f., agilità f.; *(of fingers)* agilità f., abilità f.

nimbly /ˈnɪmblɪ/ avv. agilmente.

nimbostratus /ˌnɪmbəʊˈstreɪtəs, -ˈstrɑːtəs/ n. (pl. **-i**) nimbostrato m.

nimbus /ˈnɪmbəs/ n. (pl. **~es, -i**) **1** METEOR. nembo m. **2** *(halo)* nimbo m., aureola f.

NIMBY, Nimby /ˈnɪmbɪ/ n. (⇒ not in my back yard) *(person)* = persona che si oppone alla costruzione di nuovi edifici (soprattutto pubblici) nella zona in cui abita.

niminy-piminy /ˈnɪmɪnɪˌpɪmɪnɪ/ agg. affettato, ricercato.

nincompoop /ˈnɪŋkəmpuːp/ n. COLLOQ. sciocco m. (-a), sempliciotto m. (-a).

▶ **nine** /naɪn/ ➧ *19, 1, 4* **I** determ. nove; ***~ people, pages*** nove persone, pagine; ***~ times out of ten*** nove volte su dieci; ***~-hole golf course*** percorso a nove buche **II** pron. nove; ***there are ~ of them*** ce ne sono nove **III** n. nove m.; ***to multiply by ~*** moltiplicare per nove ◆ ***a ~ day(s') wonder*** un fuoco di paglia; ***to have ~ lives*** avere sette vite; ***to be dressed up to the ~s*** COLLOQ. essere in ghingheri *o* in tiro.

ninefold /ˈnaɪnfəʊld/ **I** agg. **1** *(nine time as great)* nonuplo **2** *(having nine parts)* che ha nove parti **II** avv. nove volte tanto.

ninepin /ˈnaɪnpɪn/ n. birillo m. ◆ ***to go down*** o ***fall like ~s*** cadere come mosche.

ninepins /ˈnaɪnpɪnz/ ➧ *10* n. + verbo sing. gioco m. dei birilli, birilli m.pl.

▶ **nineteen** /ˌnaɪnˈtiːn/ ➧ *19, 1, 4* **I** determ. diciannove; ***~ people, pages*** diciannove persone, pagine **II** pron. diciannove; ***there are ~ of them*** ce ne sono diciannove **III** n. diciannove m.; ***to multiply by ~*** moltiplicare per diciannove ◆ ***to talk ~ to the dozen*** parlare a macchinetta.

nineteenth /ˌnaɪnˈtiːnθ/ ➧ *19, 8* **I** determ. diciannovesimo; ***the ~ page*** la diciannovesima pagina; ***the ~-richest man in the world*** il diciannovesimo uomo più ricco del mondo **II** pron. **1** *(in order)* diciannovesimo m. (-a); ***the ~ in line*** il diciannovesimo della fila **2** *(of month)* diciannove m.; ***the ~ of May*** il diciannove maggio **III** n. *(fraction)* diciannovesimo m. **IV** avv. [*come, finish*] diciannovesimo, in diciannovesima posizione.

nineteenth hole /ˌnaɪntiːnθˈhəʊl/ n. COLLOQ. SCHERZ. = locale in cui i giocatori di golf possono andare a bere qualcosa dopo una partita.

ninetieth /ˈnaɪntɪəθ/ ➧ *19* **I** determ. novantesimo; ***the ~ page*** la novantesima pagina; ***the ~-richest man in the world*** il novantesimo uomo più ricco del mondo **II** pron. *(in order)* novantesimo m. (-a); ***the ~ in line*** il novantesimo della fila **III** n. *(fraction)* novantesimo m. **IV** avv. [*come, finish*] novantesimo, in novantesima posizione.

nine-to-five /ˌnaɪntəˈfaɪv/ **I** agg. [*job, routine*] impiegatizio **II** **nine to five** avv. [*work*] dalle 9 alle 5.

▶ **ninety** /ˈnaɪntɪ/ ➧ *19, 1, 8* **I** determ. novanta; ***~ people, pages*** novanta persone, pagine **II** pron. novanta; ***there are ~ of them*** ce ne sono novanta **III** n. novanta m.; ***to multiply by ~*** moltiplicare per novanta **IV** **nineties** n.pl. **1** *(decade)* ***the nineties*** gli anni '90 **2** *(age)* ***to be in one's nineties*** avere passato i novanta; ***a man in his nineties*** un novantenne.

ninny /ˈnɪnɪ/ n. COLLOQ. sempliciotto m. (-a), sciocco m. (-a).

▷ **ninth** /naɪnθ/ ➧ *19, 8* **I** determ. nono; ***the ~ page*** la nona pagina; ***the ~-richest man in the world*** il nono uomo più ricco del mondo **II** pron. **1** *(in order)* nono m. (-a); ***the ~ in line*** il nono della fila **2** *(of month)* nove m.; ***the ~ of July*** il nove luglio **III** n. **1** *(fraction)* nono m. **2** MUS. nona f. **IV** avv. [*come, finish*] nono, in nona posizione.

Niobe /ˈnaɪəbɪ/ n.pr. Niobe.

niobium /naɪˈəʊbɪəm/ n. niobio m.

1.nip /nɪp/ n. **1** *(pinch)* pizzicotto m. **2** *(bite)* morso m.; ***the dog gave him a ~ on the ankle*** il cane gli ha dato un morso alla caviglia **3** FIG. ***there's a ~ in the air*** c'è un freddo pungente ◆ ***~ and tuck*** COLLOQ. *(cosmetic surgery)* chirurgia estetica; AE *(neck and neck)* testa a testa; ***the race was ~ and tuck*** COLLOQ. la gara è stata molto combattuta.

2.nip /nɪp/ n. COLLOQ. *(small measure)* sorso m. (**of** di).

3.nip /nɪp/ **I** tr. (forma in -ing ecc. **-pp-**) **1** *(pinch)* pizzicare; ***to ~ one's finger in sth.*** pizzicarsi il dito in qcs. **2** *(bite)* mordere, morsicare; *(playfully)* mordicchiare; ***he was ~ped on the ankle by a crab*** è stato pizzicato alla caviglia da un granchio **3** [*frost*] rovinare [*seedlings*] **4** COLLOQ. *(steal)* arraffare, rubare **II** intr. (forma in -ing ecc. **-pp-**) **1** *(bite)* [*animal*] mordere; *(playfully)* mordicchiare; [*bird*] beccare **2** BE COLLOQ. *(go)* ***to ~ into a shop*** infilarsi in un negozio; ***to ~ in front of sb.*** passare davanti a qcn.; ***to ~ out to the shops*** fare un salto a comprare qualcosa; ***to ~ downstairs*** fare un salto di sotto; ***to ~ over to France for the weekend*** fare un salto in Francia per il fine settimana ◆ ***to ~ sth. in the bud*** stroncare qcs. sul nascere.

▪ **nip along** [*person, vehicle, train*] andare a una buona velocità; ***to ~ along to sth.*** fare un salto in [*shops*].

▪ **nip in:** ***~ in [sth.], ~ [sth.] in*** sciancrare [*garment*].

▪ **nip off:** ***~ off*** [*person*] andarsene in fretta, scappare, filare via; ***~ off [sth.], ~ [sth.] off*** strappare, tirare via [*withered flower, bud*].

Nip /nɪp/ n. COLLOQ. SPREG. giapponese m. e f.

nipper /ˈnɪpə(r)/ **I** n. **1** BE COLLOQ. *(child)* monello m. (-a), moccioso m. (-a) **2** *(of crab)* chela f. **II** **nippers** n.pl. *(tool)* pinze f.; ***a pair of ~s*** un paio di pinze.

▷ **nipple** /ˈnɪpl/ n. **1** ANAT. capezzolo m. **2** (anche **grease ~**) TECN. (nipple) ingrassatore m., lubrificatore m.

nipplewort /ˈnɪplwɜːt/ n. lapsana f.

Nipponese /nɪpəˈniːz/ **I** agg. nipponico **II** n. (pl. ~) **1** *(person)* nipponico m. (-a) **2** *(language)* giapponese m.

Nipponian /nɪˈpəʊnɪən/ agg. nipponico.

nippy /ˈnɪpɪ/ agg. COLLOQ. **1** *(cold)* [*air, wind*] pungente, gelido, freddo; ***it's a bit ~ today*** fa piuttosto freddo oggi **2** BE *(quick)* [*person*] agile, svelto; [*car*] veloce; ***be ~ about it!*** sbrigati! **3** *(strong)* [*flavour, cheese*] piccante.

nirvana /nɪəˈvɑːnə/ n. nirvana m.

Nisbet /ˈnɪzbɪt/ n.pr. diminutivo di **Elizabeth**.

Nisei /ˈnɪseɪ/ n. AE = cittadino statunitense nato da genitori di origine giapponese.

nisi /ˈnaɪsaɪ/ agg. DIR. provvisorio; ***decree ~*** sentenza provvisoria (di divorzio).

Nissen hut /ˈnɪsnhʌt/ n. = baracca a forma cilindrica di lamiera ondulata e pavimento in cemento.

1.nit /nɪt/ n. *(louse) (egg)* lendine m. e f.; *(larva)* larva f. di pidocchio; ***to have ~s*** avere i pidocchi.

2.nit /nɪt/ n. BE COLLOQ. *(idiot)* imbecille m. e f., stupido m. (-a).

3.nit /nɪt/ n. FIS. nit m.

niter AE → **nitre**.

niton /ˈnaɪtɒn/ n. RAR. niton m.

nit-pick /ˈnɪtpɪk/ intr. cercare il pelo nell'uovo, fare il pignolo.

nit-picker /ˈnɪtpɪkə(r)/ n. pignolo m. (-a), pedante m. e f.

nit-picking /ˈnɪtpɪkɪŋ/ **I** n. pignoleria f., pedanteria f. **II** agg. pignolo, pedante.

nitrate /ˈnaɪtreɪt/ n. nitrato m.; ***sodium ~*** nitrato di sodio.

nitration /naɪˈtreɪʃn/ n. nitrazione f.

nitre BE, **niter** AE /ˈnaɪtə(r)/ n. nitro m., salnitro m., nitrato m. di potassio.

nitric /ˈnaɪtrɪk/ agg. nitrico.

nitric acid /ˌnaɪtrɪkˈæsɪd/ n. acido m. nitrico.

nitric oxide /ˌnaɪtrɪkˈɒksaɪd/ n. ossido m. di azoto.

nitride /ˈnaɪtraɪd/ n. nitruro m.

nitriding /ˈnaɪtraɪdɪŋ/ n. nitrurazione f.

nitrification /ˌnaɪtrɪfɪˈkeɪʃn/ n. nitrificazione f.

nitrify /ˈnaɪtrɪfaɪ/ tr. nitrificare.

nitrile /ˈnaɪtraɪl/ n. nitrile m.

nitrite /ˈnaɪtraɪt/ n. CHIM. nitrito m.

nitrobenzene /ˌnaɪtrəʊˈbenziːn/ n. nitrobenzene m.

nitrocellulose /ˌnaɪtrəʊˈseljʊləʊs/ n. nitrocellulosa f.

nitrogen /ˈnaɪtrədʒən/ n. azoto m.

nitrogen dioxide /ˌnaɪtrədʒəndaɪˈɒksaɪd/ n. diossido m. di azoto.

nitrogenize /naɪˈtrɒdʒənaɪz/ tr. azotare.

nitrogenous /naɪˈtrɒdʒɪnəs/ agg. azotato.

nitroglycerin(e) /ˌnaɪtrəʊˈglɪsəriːn, AE -rɪn/ n. nitroglicerina f.

nitrolic /naɪˈtrɒlɪk/ agg. nitrolico.

nitrometer /naɪˈtrɒmɪtə(r)/ n. nitrometro m., azotometro m.

nitronium /naɪˈtrəʊnɪəm/ n. nitronio m.

nitroparaffin /ˌnaɪtrəʊˈpærəfɪn/ n. nitroparaffina f.

nitrosyl /ˈnaɪtrəʊsɪl/ n. nitrosile m.

nitrous /ˈnaɪtrəs/ agg. nitroso.

nitrous acid /ˌnaɪtrəsˈæsɪd/ n. acido m. nitroso.

nitrous oxide /ˌnaɪtrəsˈɒksaɪd/ n. ossido m. nitroso.

nitty-gritty /ˌnɪtɪˈgrɪtɪ/ n. COLLOQ. ***the ~*** il nocciolo, il succo; ***to get down to the ~*** venire al dunque *o* al sodo, arrivare al nocciolo.

nitwit /ˈnɪtwɪt/ n. COLLOQ. imbecille m. e f., stupido m. (-a).

nitwitted /ˈnɪtwɪtɪd/ agg. COLLOQ. imbecille, stupido.

nival /ˈnaɪvl/ agg. nivale.

nivation /naɪˈveɪʃn/ n. nivazione f.

1.nix /nɪks/ n. spiritello m. delle acque.

2.nix /nɪks/ **I** avv. AE COLLOQ. no **II** inter. AE COLLOQ. no, per niente **III** pron. AE COLLOQ. niente, nix.

3.nix /nɪks/ tr. respingere, bocciare.

nixie /ˈnɪksɪ/ n. MITOL. ondina f.

NJ US ⇒ New Jersey New Jersey.

NLF n. (⇒ National Liberation Front Fronte di Liberazione Nazionale) FLN m.

NLP n. LING. INFORM. (⇒ natural language processing) = elaborazione del linguaggio naturale.

NM US ⇒ New Mexico New Mexico.

NMR n. (⇒ nuclear magnetic resonance risonanza magnetica nucleare) RMN f.

▶ **1.no** /nəʊ/ When *no* is used as a determiner (meaning *not any*), it precedes either uncountable nouns or countable nouns in the plural: *there is no tea left* = non è rimasto del tè; *there are no clouds in the sky* = non ci sono nuvole in cielo. **I** determ. **1** *(not one, not any)* ***to have ~ coat, job, money, shoes*** non avere un cappotto, un lavoro, soldi, scarpe; ***~ intelligent man would have done that*** nessuna persona intelligente l'avrebbe fatto; ***~ two dresses are alike*** non ci sono due vestiti uguali; ***~ two people would agree on this*** non si troverebbero due persone d'accordo su questo; ***of ~ interest, importance*** di nessun interesse, di nessuna importanza; ***with ~ help*** senza aiuto; ***I have ~ wish to do*** non ho alcuna voglia di fare; ***he has ~ intention of going*** non ha alcuna intenzione di andarci; ***there's ~ chocolate like Belgian chocolate*** non c'è nessun cioccolato come quello belga *o* il cioccolato belga non ha uguali **2** *(with gerund)* ***there's ~ knowing, saying what will happen*** (è) impossibile sapere, dire cosa succederà; ***there's ~ denying that*** è inutile negarlo; ***there's ~ arguing with him*** è inutile discutere con lui **3** *(prohibiting)* ***~ smoking*** vietato fumare; ***~ parking*** divieto di sosta; ***~ talking!*** silenzio! ***~ surrender!*** non ci arrendiamo! ***~ job losses!*** nessun licenziamento! **4** *(for emphasis)* ***he's ~ expert*** non è certo un esperto; ***you're ~ friend of mine!*** ma chi ti conosce! ***this is ~ time to cry*** non è questo il momento di piangere; ***at ~ time did I say that*** non ho mai detto che; ***this is ~ place to stop*** non è un luogo in cui fermarsi; ***it was ~ easy task*** non è stato un compito facile **5** *(hardly any)* ***in ~ time*** in un istante *o* in un battibaleno; ***it was ~ distance*** non era lontano **II** n. no m.; *(vote against)* no m., voto m. contrario, voto m. a sfavore.

▶ **2.no** /nəʊ/ avv. no; ***"lend me £ 10" - "~, I won't"*** "prestami 10 sterline" - "no"; ***~ thanks*** no grazie; ***oh ~!*** *(exasperation)* oh no! *(contradicting)* no! *(polite reassurance)* ma no!

▶ **3.no** /nəʊ/ When *no* precedes an adjective, the latter is usually in the comparative: *no fewer than 50 people came* = non vennero meno di 50 persone. Otherwise, *not* is used, especially before *a, all, many, much,* and *enough*: *she is not stupid* = non è stupida; *not many people came* = non sono venuti in molti. avv. **1** *(not any)* ***it's ~ further, easier, more interesting than*** non è più lontano, più facile, più interessante di; ***I ~ longer work there*** non lavoro più là; ***~ later than Wednesday*** non più tardi di mercoledì; ***it's ~ different from driving a car*** è esattamente come guidare una macchina; ***~ fewer than 50 people*** non meno di 50 persone; ***they need ~ less than three weeks, £ 1,000*** hanno bisogno di almeno tre settimane, di almeno 1.000 sterline; ***it was the president, ~ less!*** IRON. era nientemeno che il presidente! **2** *(not)* no; ***tired or ~, you're going to bed*** te ne vai a letto, che tu sia stanco o no; ***whether it rains or ~*** che piova o no.

no., No. ⇒ number numero (n.).

no-account /ˈnəʊəkaʊnt/ **I** agg. COLLOQ. da quattro soldi **II** n. COLLOQ. buono m. (-a) a nulla.

Noah /ˈnəʊə/ n.pr. Noè; ***~'s Ark*** l'arca di Noè.

Noam /ˈnəʊəm/ n.pr. Noam (nome di uomo).

1.nob /nɒb/ n. BE COLLOQ. *(person)* nobile m. e f.

2.nob /nɒb/ n. ANT. *(head)* testa f., zucca f.

3.nob /nɒb/ tr. (forma in -ing ecc. **-bb-**) RAR. colpire alla testa.

no-ball /ˈnəʊbɔːl/ n. SPORT lancio m. non valido.

nobble /ˈnɒbl/ tr. BE COLLOQ. **1** *(drug)* drogare [*horse*] **2** *(bribe)* corrompere; *(threaten)* minacciare **3** *(catch)* acciuffare, prendere [*criminal*] **4** *(get the attention of)* attirare l'attenzione di **5** *(steal)* rubare.

nobelium /nəʊˈbiːlɪəm/ n. nobelio m., nobelium m.

Nobel prize /nəʊˌbelˈpraɪz/ **I** n. premio m. Nobel (**for** per) **II** modif. ***a ~ physicist*** un (premio) Nobel per la fisica.

Nobel prizewinner /nəʊˌbelˈpraɪzwɪnə(r)/ n. *(person)* (premio) Nobel m.

Nobel prizewinning /nəʊˌbelˈpraɪzwɪnɪŋ/ agg. *(person)* (premio) Nobel.

nobility /nəʊˈbɪlətɪ/ n. *(all contexts)* nobiltà f.

▷ **noble** /ˈnəʊbl/ **I** agg. **1** [*birth, family, appearance*] nobile; ***the ~ art of*** la nobile arte di **2** [*spirit, sentiment, character, act*] nobile; ***that was very ~ of you*** è stato molto nobile da parte tua **3** [*building, arch, proportions*] imponente, grandioso; [*tree*] maestoso **4** CHIM. nobile **II** n. nobile m. e f.

nobleman /ˈnəʊblmən/ n. (pl. **-men**) nobile m., nobiluomo m.

noble-minded /ˌnəʊblˈmaɪndɪd/ agg. di animo nobile, magnanimo.

nobleness /ˈnəʊblnɪs/ n. nobiltà f.

noble savage /ˌnəʊblˈsævɪdʒ/ n. buon selvaggio m.

noblewoman /ˈnəʊblwʊmən/ n. (pl. **-women**) nobile f., nobildonna f.

nobly /ˈnəʊblɪ/ avv. **1** [*behave, serve, strive*] nobilmente; [*give, donate, allow*] generosamente **2** *(aristocratically)* nobilmente; ***to be ~ born*** essere di nobili natali **3** *(of building)* ***~ proportioned*** dalle proporzioni imponenti.

▶ **nobody** /ˈnəʊbədɪ/ When the pronoun *nobody* is the subject or object of a verb, Italian usually requires *non* before the verb (or auxiliary): *nobody loves him* = non lo ama nessuno / nessuno lo ama; *I heard nobody* = non ho sentito nessuno. - *Nobody* is the negative equivalent of *somebody*: *somebody helped me* = mi ha aiutato qualcuno is the opposite of *nobody helped me* = non mi ha aiutato nessuno. As it is a negative pronoun, *nobody* can not be used in a sentence where another negative form, such as *not* or *never*, is present; in these cases, *anybody* is used instead: *I never meet anybody on my way from work* = non incontro mai nessuno tornando a casa dal lavoro. - For examples and particular usages, see the entry below. **I** pron. (anche **no-one**) nessuno m. (-a); ***"who's there?" - "~"*** "chi c'è?" - "nessuno"; ***~ saw her*** nessuno l'ha vista; ***there was ~ in the car*** non c'era nessuno nell'auto; ***~ but me*** nessuno tranne me; ***it's ~'s business but mine*** sono affari miei e di nessun altro **II** n. ***to be a ~*** non essere nessuno; ***they're just nobodies*** non sono proprio nessuno; ***I knew her when she was still a ~*** la conoscevo già quando non era ancora nessuno ◆ ***to work like ~'s business*** BE COLLOQ. lavorare come un pazzo; ***he's ~'s fool*** è tutt'altro che stupido.

no-brainer /nəʊˈbreɪnə(r)/ n. COLLOQ. = qualcosa, ad esempio un libro, un film, una decisione, che non richiede alcuno sforzo mentale.

1.nock /nɒk/ n. *(of arrow)* cocca f.

2.nock /nɒk/ tr. accoccare [*arrow*].

no-claim(s) bonus /nəʊˈkleɪm(z)ˌbəʊnəs/ n. *(in insurance)* = riduzione bonus malus.

noctambulism /nɒkˈtæmbjʊlɪzəm/ n. sonnambulismo m.

noctambulist /nɒkˈtæmbjʊlɪst/ n. sonnambulo m. (-a).

noctiluca /ˌnɒktɪˈluːkə/ n. (pl. **-ae**) nottiluca f.

noctilucent /ˌnɒktɪˈluːsənt/ agg. nottilucente.

noctule /ˈnɒktjuːl/ n. nottola f.

nocturnal /nɒkˈtɜːnl/ agg. *(all contexts)* notturno.

nocturne /ˈnɒktɜːn/ n. MUS. ART. notturno m.

nocuous /ˈnɒkjʊəs/ agg. RAR. nocivo.

1.nod /nɒd/ n. cenno m. del capo; ***she gave him a ~*** gli fece un cenno col capo; *(as greeting)* lo salutò con un cenno del capo; *(indicating assent)* gli accennò di sì *o* gli annuì col capo; ***to answer with a ~*** rispondere con un cenno del capo; ***with a ~ to his guests he left the room*** lasciò la stanza salutando i suoi ospiti con un cenno del capo ◆ ***to get the ~*** BE COLLOQ. [*proposal, project*] avere il via libera; ***to give sb., sth. the ~*** BE COLLOQ. dare a qcn., qcs. il via libera; ***on the ~*** BE COLLOQ. senza discutere; ***a ~ is as good as a wink (to a blind horse)*** a buon intenditor poche parole.

2.nod /nɒd/ **I** tr. (forma in -ing ecc. **-dd-**) ***to ~ one's head*** accennare col capo; *(to indicate assent)* accennare di sì col capo; ***he ~ded his assent, approval*** fece un cenno di assenso, di approvazione col capo **II** intr. (forma in -ing ecc. **-dd-**) **1** accennare col capo; *(in assent)* accennare di sì, annuire col capo; ***to ~ to sb.*** fare un cenno col capo a qcn.; *(in greeting)* salutare qcn. con un cenno del capo; ***she ~ded to him to sit down*** gli fece cenno (col capo) di sedersi; ***he ~ded in agreement*** accennò di sì col capo **2** *(sway)* [*flowers, treetops, feathers*] ondeggiare **3** *(be drowsy)* ciondolare il capo, sonnecchiare.

■ **nod off** appisolarsi.

NOD n. (⇒ news-on-demand) = notiziari a pagamento.

nodal /ˈnəʊdl/ agg. nodale.

nodding /ˈnɒdɪŋ/ agg. **1** *(bending downward)* [*flower*] pendulo **2** *(bending forward)* piegato in avanti **3** *(drowsy)* [*head*] che casca (dal sonno) ◆ ***to have a ~ acquaintance with sb.*** conoscere qcn. di vista.

noddle /ˈnɒdl/ n. COLLOQ. testa f., zucca f.

noddy /ˈnɒdɪ/ **I** agg. gonzo, babbeo **II** n. gonzo m. (-a), babbeo m. (-a).

node /nəʊd/ n. ASTR. LING. BOT. FIS. MAT. nodo m.; *(abnormal)* MED. nodo m., nodosità f.

nodi /ˈnəʊdaɪ/ → **nodus**.

nodical /ˈnəʊdɪkl/ n. ASTR. nodale.

nodose /ˈnəʊdəʊs/ agg. nodoso.

nodosity /nəʊˈdɒsətɪ/ n. nodosità f.

nodular /ˈnɒdjʊlə(r), AE ˈnɒdʒuːlə(r)/ agg. nodulare.

nodulated /ˈnɒdjʊleɪtɪd, AE ˈnɒdʒuːleɪtɪd/ agg. nodoso.

nodule /ˈnɒdjuːl, AE ˈnɒdʒuːl/ n. *(all contexts)* nodulo m.

noduli /ˈnəʊdjʊlaɪ, AE ˈnɒdʒuːlaɪ/ → **nodulus**.

nodulose /ˈnɒdjʊləʊs, AE ˈnɒdʒuːləʊs/, **nodulous** /ˈnɒdjʊləs, AE ˈnɒdʒuːləs/ agg. noduloso.

nodulus /ˈnɒdjʊləs, AE ˈnɒdʒuːləs/ n. (pl. **-i**) nodulo m. (del cervelletto).

nodus /ˈnəʊdəs/ n. (pl. **-i**) **1** ANT. MED. nodo m., nodosità f. **2** FIG. nodo m.

Noel /nəʊˈel/ n.pr. **1** *(male name)* Natale **2** *(female name)* Natalina.

noesis /nəʊˈiːsɪs/ n. (pl. **-es**) noesi f.

noetic /nəʊˈetɪk/ agg. noetico.

no-fault divorce /ˌnəʊˈfɔːltdɪˌvɔːs/ n. AE DIR. divorzio m. consensuale.

no-fault insurance /ˌnəʊˈfɔːltɪnˌʃɔːrəns, AE -ˌʃʊər-/ n. AE AUT. = assicurazione in cui l'indennizzo viene corrisposto all'assicurato indipendentemente dalla responsabilità dell'incidente.

no-fly zone /ˌnəʊˈflaɪˌzəʊn/ n. no-fly zone f., zona f. di interdizione ai voli.

no-frills /ˌnəʊˈfrɪlz/ agg. [*insurance policy*] base; [*approach, accommodation*] alla buona.

1.nog /nɒg/ n. piolo m., tassello m. a muro.

2.nog /nɒg/ tr. (forma in -ing ecc. **-gg-**) fissare con tasselli a muro.

noggin /ˈnɒgɪn/ n. ANT. **1** *(drink)* bicchierino m., goccetto m.; *(cup)* boccaletto m. **2** COLLOQ. *(head)* testa f., zucca f.

nogging /ˈnɒgɪŋ/ n. = muratura rustica di riempimento sostenuta da un'armatura in legno.

no-go /ˌnəʊˈgəʊ/ agg. COLLOQ. ***it's (a)~*** non serve a nulla.

no-go area /ˌnəʊˈgəʊˌeərɪə/ n. **1** MIL. zona f. invalicabile **2** = quartiere particolarmente pericoloso in cui neanche la polizia osa avventurarsi.

no-good /ˌnəʊˈgʊd/ agg. AE COLLOQ. buono a nulla, incapace.

no-hoper /ˌnəʊˈhəʊpə(r)/ n. COLLOQ. = persona inutile.

nohow /ˈnəʊhaʊ/ avv. **1** COLLOQ. in nessun modo **2** ***to feel ~*** COLLOQ. sentirsi scombussolato.

noil /nɔɪl/ n. RAR. pettinaccia f., cascame m. di pettinatura.

▶ **1.noise** /nɔɪz/ n. **1** *(sound)* rumore m.; ***aircraft, background, traffic ~*** rumore degli aerei, di sottofondo, del traffico; ***loud, soft ~*** rumore forte, leggero; ***to make a ~*** fare rumore; ***above the ~ of the engine*** sopra il rumore del motore; ***a grinding, tinkling, rattling ~*** un rumore stridulo, un tintinnio, un rumore di ferraglia **2** *(din)* rumore m., frastuono m., baccano m.; *(shouting)* schiamazzo m.; ***please make less ~!*** per favore, fate meno rumore! ***hold your ~!*** COLLOQ. calma! smettila di fare chiasso! **3** EL. TEL. TELEV. interferenze f.pl., disturbi m.pl., fruscio m. **4** *(comment, reaction)* scalpore m.; ***to make ~s*** o ***a ~ about sth.*** fare un gran cancan per qcs.; ***to make polite, sympathetic ~s*** mostrare gentilezza, comprensione; ***to make the right ~s*** dire la cosa giusta **5** TEATR. ***~s off*** rumori fuori campo ◆ ***to be a big ~ (in sth.)*** COLLOQ. essere un pezzo grosso (in qcs.).

2.noise /nɔɪz/ tr. → **noise abroad, noise about.**

▪ **noise abroad, noise about** ANT. ***~ [sth.] abroad*** diffondere, divulgare.

noise generator /ˈnɔɪzˌdʒenəreɪtə(r)/ n. generatore m. di rumore.

noiseless /ˈnɔɪzlɪs/ agg. silenzioso.

noiselessly /ˈnɔɪzlɪslɪ/ avv. silenziosamente.

noise level /ˈnɔɪzˌlevl/ n. livello m. di rumore.

noisemeter /ˈnɔɪzˌmiːtə(r)/ n. misuratore m. di rumore.

noise nuisance /ˈnɔɪzˌnjuːsns, AE -ˌnuː-/, **noise pollution** /ˈnɔɪzpəˌluːʃn/ n. inquinamento m. acustico.

▷ **noisily** /ˈnɔɪzɪlɪ/ avv. rumorosamente.

noisiness /ˈnɔɪzɪnɪs/ n. rumore m., rumorosità f.

noisome /ˈnɔɪsəm/ agg. FORM. fetido.

▷ **noisy** /ˈnɔɪzɪ/ agg. [*person, activity, machine, place, talk*] rumoroso; [*argument*] turbolento; [*clothes*] chiassoso.

no-knock raid /ˌnəʊˈnɒkˌreɪd/ n. AE = incursione della polizia senza mandato di perquisizione o preavviso.

nomad /ˈnəʊmæd/ n. nomade m. e f.

nomadic /nəʊˈmædɪk/ agg. nomade.

nomadism /ˈnəʊmædɪzəm/ n. nomadismo m.

no-man's land /ˈnəʊmænzˌlænd/ n. *(all contexts)* terra f. di nessuno.

nom de plume /ˌnɒmdəˈpluːm/ n. (pl. **noms de plume**) pseudonimo m.

nome /nəʊm/ n. nomo m.

nomenclature /nəˈmenklətʃə(r), AE ˈnəʊmənkleɪtʃər/ n. nomenclatura f.

nominal /ˈnɒmɪnl/ agg. **1** *(in name only)* nominale **2** *(small)* [*fee, sum*] minimo; [*fine, penalty*] simbolico; [*rent*] nominale, irrisorio **3** LING. nominale.

nominal damages /ˌnɒmɪnlˈdæmɪdʒɪz/ n. DIR. risarcimento m. simbolico, risarcimento m. nominale.

nominalism /ˈnɒmɪnəlɪzəm/ n. nominalismo m.

nominalist /ˈnɒmɪnəlɪst/ **I** agg. nominalista **II** n. nominalista m. e f.

nominalistic /ˌnɒmɪnəˈlɪstɪk/ agg. nominalistico.

nominalization /ˌnɒmɪnəlaɪˈzeɪʃn, AE -lɪˈz-/ n. nominalizzazione f.

nominalize /ˈnɒmɪnəlaɪz/ tr. nominalizzare.

nominally /ˈnɒmɪnəlɪ/ avv. *(in name)* nominalmente; *(in theory)* teoricamente.

nominal price /ˈnɒmɪnlˌpraɪz/ n. prezzo m. nominale.

nominal value /ˈnɒmɪnlˌvæljuː/ n. valore m. nominale.

▷ **nominate** /ˈnɒmɪneɪt/ tr. **1** *(propose)* proporre, candidare; ***to ~ sb. for a position*** proporre qcn. per un posto; ***to ~ sb. for president*** proporre qcn. come candidato alla presidenza; ***to ~ sb. for a prize*** proporre qcn. per un premio **2** *(appoint)* nominare; ***to ~ sb. (as) chairman*** nominare qcn. presidente; ***to ~ sb. to a position*** designare qcn. a un posto; ***to ~ sb. to do*** designare qcn. per fare.

▷ **nomination** /ˌnɒmɪˈneɪʃn/ n. **1** *(as candidate)* candidatura f. (**for** a); US POL. nomination f. (**for** a); ***his ~ was approved*** la sua candidatura è stata approvata; ***the Democratic ~ went to Smith*** Smith ha ottenuto la candidatura democratica **2** *(appointment)* nomina f., designazione f. (**to** a) **3** *(for award)* selezione f.; *(for Academy Award)* nomination f.

nominative /ˈnɒmɪnətɪv/ **I** n. LING. nominativo m.; ***in the ~*** al nominativo **II** agg. **1** LING. [*ending*] del nominativo; [*noun*] al nominativo; ***~ case*** caso nominativo **2** *(bearing a name)* [*share*] nominativo.

nominator /ˈnɒmɪneɪtə(r)/ n. *(to a position)* nominatore m. (-trice), designatore m. (-trice).

▷ **nominee** /ˌnɒmɪˈniː/ n. *(to an office)* persona f. nominata; *(as a candidate)* candidato m. (-a).

nominee company /ˌnɒmɪˈniːˌkʌmpənɪ/ n. ECON. società f. intestataria.

nomography /nəʊˈmɒgrəfɪ/ n. nomografia f.

nonabsorbent /ˌnɒnəbˈsɔːbənt/ agg. non assorbente.

nonacademic /ˌnɒnækəˈdemɪk/ agg. [*course*] di formazione; [*staff*] non docente.

nonacceptance /ˌnɒnəˈkseptəns/ n. mancata accettazione f.

non-accountability /ˌnɒnəˈkaʊntəbɪlətɪ/ n. irresponsabilità f.

nonaddictive /ˌnɒnəˈdɪktɪv/ agg. [*substance, drug*] che non dà dipendenza.

nonadmission /ˌnɒnədˈmɪʃn/ n. non ammissione f., mancata ammissione f.

nonaffiliated /ˌnɒnəˈfɪlɪeɪtɪd/ agg. non affiliato.

nonage /ˈnəʊnɪdʒ/ n. immaturità f.; DIR. minorità f.

nonagenarian /ˌnɒnədʒɪˈneərɪən/ **I** agg. nonagenario **II** n. nonagenario m. (-a).

nonagesimal /ˌnɒnəˈdʒesɪml/ agg. nonagesimo.

nonaggression /ˌnɒnəˈgreʃn/ **I** n. non aggressione f. **II** modif. [*pact, treaty*] di non aggressione.

nonagon /ˈnɒnəgɒn/ n. ennagono m.

nonalcoholic /ˌnɒnælkəˈhɒlɪk/ agg. non alcolico, analcolico.

nonaligned /ˌnɒnəˈlaɪnd/ agg. POL. non allineato.

nonalignment /ˌnɒnəˈlaɪnmənt/ n. POL. non allineamento m.

nonallergenic /ˌnɒnæləˈdʒenɪk/, **nonallergic** /ˌnɒnəˈlɜːdʒɪk/ agg. MED. FARM. anallergico.

nonane /ˈnəʊneɪn/ n. nonano m.

nonappearance /ˌnɒnəˈpɪərəns/ n. DIR. mancata comparizione f.

nonapproved /ˌnɒnəˈpruːvd/ agg. ECON. non approvato, respinto.

nonarrival /ˌnɒnəˈraɪvl/ n. *(of letter)* mancato arrivo m.; *(of person)* assenza f.

nonassessable /ˌnɒnəˈsesəbl/ agg. ECON. non soggetto a contribuzione.

nonattendance /ˌnɒnəˈtendəns/ n. (il) non assistere, (il) non frequentare.

nonavailability /ˌnɒnəˌveɪləˈbɪlətɪ/ n. non disponibilità f.

nonavailable /ˌnɒnəˈveɪləbl/ agg. non disponibile.

nonbank /ˌnɒnˈbæŋk/ agg. AE non bancario.

nonbeliever /ˌnɒnbɪˈliːvə(r)/ n. non credente m. e f.

non-belligerency /ˌnɒnbɪˈlɪdʒərənsɪ/ n. non belligeranza f.

nonbelligerent /ˌnɒnbɪˈlɪdʒərənt/ agg. non belligerante.

nonbiodegradable /ˌnɒnbaɪəʊdɪˈgreɪdəbl/ agg. non biodegradabile.

nonbiological /ˌnɒnbaɪəˈlɒdʒɪkl/ agg. non biologico.

nonbreakable /ˌnɒnˈbreɪkəbl/ agg. infrangibile.

non-broadcast video /ˌnɒnˈbrɔːdkɑːstˌvɪdɪəʊ, AE -kæst-/ n. video m. a uso non commerciale.

non-budgetary /ˌnɒnˈbʌdʒɪtrɪ/ agg. fuori budget.

non-Catholic /nɒnˈkæθəlɪk/ **I** agg. non cattolico **II** n. non cattolico m. (-a).

1.nonce /nɒns/ n. ANT. *(present)* ***for the ~*** per il momento, per questa volta.

2.nonce /nɒns/ n. COLLOQ. *(prisoners' slang) (rapist)* violentatore m.; *(child molester)* pedofilo m.

nonce word /ˈnɒnsˌwɜːd/ n. = parola coniata per l'occasione.

nonchalance /ˈnɒnʃələns/ n. nonchalance f., noncuranza f.; ***an air of ~*** un'aria noncurante.

nonchalant /ˈnɒnʃələnt/ agg. noncurante.

nonchalantly /ˈnɒnʃələntlɪ/ avv. con nonchalance, con noncuranza.
non-chlorine bleached /ˌnɒnˈklɔːriːnˌbliːtʃt/ agg. [*paper*] non sbiancato con il cloro.
non-Christian /nɒnˈkrɪstʃən/ **I** agg. non cristiano **II** n. non cristiano m. (-a).
nonclassified /ˌnɒnˈklæsɪfaɪd/ agg. [*information*] non riservato.
noncollegiate /ˌnɒnkəˈliːdʒɪət/ **I** agg. [*university*] non composto da college **II** n. → **noncollegiate student**.
noncollegiate student /ˌnɒnkəˈliːdʒɪət/ n. UNIV. = studente che non appartiene a un college.
noncom /ˌnɒnˈkɒm/ n. COLLOQ. (accorc. noncommissioned officer) sottufficiale m.
noncombatant /ˌnɒnˈkɒmbətənt/ **I** agg. non combattente **II** n. non combattente m. e f.
noncombustible /ˌnɒnkəmˈbʌstəbl/ agg. incombustibile.
non-commercial /ˌnɒnkəˈmɜːʃəl/ agg. [*event, activity*] senza fini di lucro.
noncommissioned officer /ˌnɒnkəˌmɪʃndˈɒfɪsə(r), AE -ˈɔːfɪ-/ n. MIL. sottufficiale m.
noncommittal /ˌnɒnkəˈmɪtl/ agg. [*person, reply*] evasivo, vago (**about** riguardo a).
noncommittally /ˌnɒnkəˈmɪtəlɪ/ avv. [*respond*] in modo evasivo, in modo vago.
noncommunicant /ˌnɒnkəˈmjuːnɪkənt/ **I** agg. non comunicante **II** n. non comunicativo m. (-a).
noncommunication /ˌnɒnkəˌmjuːnɪˈkeɪʃn/ n. mancanza f. di comunicazione.
noncompeting /ˌnɒnˈkɒmpiːtɪŋ/ agg. [*shops*] non in concorrenza.
noncompletion /ˌnɒnkəmˈpliːʃn/ n. *(of work)* mancato completamento m.
noncompliance /ˌnɒnkəmˈplaɪəns/ n. *(with standards) (of substance, machine)* non conformità f. (**with** a); *(with orders) (of person)* inadempienza f. (**with** a).
non compos mentis /ˌnɒnˌkɒmpəsˈmentɪs/ agg. ***to be ~*** DIR. essere incapace di intendere e di volere.
nonconducting /ˌnɒnkənˈdʌktɪn/ agg. coibente, isolante.
nonconductor /ˌnɒnkənˈdʌktə(r)/ n. coibente m., isolante m.
nonconformism /ˌnɒnkənˈfɔːmɪzəm/ n. **1** anticonformismo m., nonconformismo m. **2** BE RELIG. (anche **Nonconformism**) nonconformismo m.
nonconformist /ˌnɒnkənˈfɔːmɪst/ **I** agg. **1** anticonformista, nonconformista **2** BE RELIG. (anche **Nonconformist**) nonconformista **II** n. **1** anticonformista m. e f., nonconformista m. e f. **2** BE RELIG. (anche **Nonconformist**) nonconformista m. e f.
nonconformity /ˌnɒnkənˈfɔːmətɪ/ n. RELIG. nonconformismo m.; TECN. *(with standards)* non conformità f.
noncontemporary /ˌnɒnkənˈtemprərɪ, AE -pərerɪ/ agg. non contemporaneo.
non-contract /nɒnˈkɒntrækt/ agg. senza contratto.
noncontributory /ˌnɒnkənˈtrɪbjʊtərɪ, AE -tɔːrɪ/ agg. non contributivo.
noncontributory pension scheme /ˌnɒnkənˈtrɪbjʊtərɪˌpenʃnˌskiːm, AE -tɔːrɪ-/ n. piano m. di pensionamento non basato sui contributi.
noncontroversial /ˌnɒnkɒntrəˈvɜːʃl/ agg. non controverso.
noncooperation /ˌnɒnkəʊˌɒpəˈreɪʃn/ n. mancata cooperazione f.
noncooperative /ˌnɒnkəʊˈɒpərətɪv/ agg. non cooperativo.
non-core /ˌnɒnˈkɔː(r)/ agg. [*business*] annesso.
non-corroding /ˌnɒnkəˈrəʊdɪŋ/ agg. non corrosivo.
non-custodial sentence /ˌnɒnkʌˈstəʊdɪəlˌsentəns/ n. DIR. pena f. non detentiva.
nondairy /ˌnɒnˈdeərɪ/ agg. senza latte e derivati.
nondazzle /ˌnɒnˈdæzl/ agg. non abbagliante.
nondeductible /ˌnɒndɪˈdʌktəbl/ agg. non deducibile, non detraibile.
nondelivery /ˌnɒndɪˈlɪvərɪ/ n. mancata consegna f.
nondemocratic /ˌnɒndeməˈkrætɪk/ agg. non democratico.
nondenominational /ˌnɒndɪˌnɒmɪˈneɪʃənl/ agg. [*church*] ecumenico; [*school*] aconfessionale.
nondescript /ˈnɒndɪskrɪpt/ agg. [*person, performance, book*] insignificante; [*clothes, building*] qualunque, qualsiasi; [*colour*] indefinito.
nondestructive /ˌnɒndɪˈstrʌktɪv/ agg. non distruttivo.
nondetachable /ˌnɒndɪˈtætʃəbl/ agg. non staccabile.
nondirectional /ˌnɒndɪˈrekʃənl, -daɪ-/ agg. [*antenna*] omnidirezionale.
nondirective therapy /ˌnɒndɪˈrektɪvˌθerəpɪ, -daɪ-/ n. PSIC. psicoterapia f. non direttiva.
nondisclosure /ˌnɒndɪsˈkləʊʒə(r)/ n. mancata divulgazione f., reticenza f.
nondiscrimination /ˌnɒndɪˌskrɪmɪˈneɪʃn/ n. non discriminazione f.
nondisposable /ˌnɒndɪˈspəʊzəbl/ agg. da restituire, a rendere.
nondomestic /ˌnɒndəˈmestɪk/ agg. [*premises*] non residenziale.
nondrinker /ˌnɒnˈdrɪŋkə(r)/ n. astemio m. (-a).
nondriver /ˌnɒnˈdraɪvə(r)/ n. persona f. che non guida.
nondurable /ˌnɒnˈdjʊrəbl, AE -ˈdʊərəbl/ agg. [*goods*] deperibile, non durevole.
▶ **none** /nʌn/ The pronoun *none (of)* can have three different meanings: a) when it means *not any of a number of people or things*, it is related to a countable plural noun and is translated by *nessuno*/ *nessuna*, as in *none of my relatives came to see me* = nessuno dei miei parenti è venuto a trovarmi, or *none of his statues were sold* = non è stata venduta nessuna delle sue statue; b) when it means *not any of something*, it is related to an uncountable noun and it may be translated by *niente*, *neanche*, *nessuno* / *nessuna* or *nemmeno*, as in *"do you take any sugar in your coffee?" "none, thank you"* = "metti zucchero nel caffè?" "niente, grazie"; c) when it means *not one thing or person*, it is translated by *niente* or *nessuno* / *nessuna*, as in *even an old car is better than none* = anche una macchina vecchia è meglio di niente. - Please note that *none* is different from *nothing* or *nobody* in that it always has or implies a relative, not an absolute meaning; compare the following examples: *none of my colleagues were at the office* = nessuno dei miei colleghi era in ufficio, and *there was nobody at the office* = non c'era nessuno in ufficio. **I** pron. **1** *(not any, not one)* nessuno m. (-a); ***~ of us, you, them*** nessuno di noi, di voi, di loro; ***~ of the chairs, houses*** nessuna delle sedie, delle case; ***"have you any pens?" - "~ at all"*** "hai delle penne?" - "no, neanche una"; ***~ was more beautiful, interesting than...*** nessuno era più bello, interessante di...; ***there's ~ so clever, old as Jane*** non c'è nessuno intelligente, vecchio quanto Jane; ***if you need a lawyer, there's ~ better than George*** se hai bisogno di un avvocato non ce n'è nessuno migliore di George; ***he saw three dogs, ~ of which was black*** ha visto tre cani, nessuno dei quali era nero; ***he waited for some sign of anger but saw ~*** aspettava un gesto di rabbia ma non ne vide; ***I waited but ~ came*** ho aspettato ma non è venuto nessuno; ***~ but him, you*** nessuno tranne lui, te; ***I told ~ but him, you*** non l'ho detto a nessuno tranne a lui, a te; ***~ but a fool would do it*** soltanto uno stupido potrebbe farlo; ***it was ~ other than Peter, the prime minister (himself)*** non era altri che Peter, il primo ministro (in persona) **2** *(not any, no part)* ***~ of the wine, milk*** neanche una goccia di vino, di latte; ***~ of the bread*** nemmeno una briciola di pane; ***~ of the cheese*** neanche un pezzetto di formaggio; ***"is there any money left?" - "~ at all"*** "sono rimasti dei soldi?" - "neanche un po'"; ***"did you have any difficulty?" - "~ whatsoever*** o ***at all"*** "hai avuto delle difficoltà?" - "proprio nessuna"; ***we have ~*** non ne abbiamo; ***there's ~ left*** non ce ne sono più *o* non ce n'è più; ***~ of it was true, of any interest*** non c'era niente di vero, di interessante; ***he was having ~ of it*** non ne voleva sapere *o* non voleva sentire storie; ***we'll have ~ of that now!*** adesso basta! ***some money is better than ~*** meglio pochi soldi di niente **3** *(on form, questionnaire)* nessuno m. (-a) **II** avv. *(not, not at all)* ***it was ~ too easy, pleasant*** non è stato niente affatto facile, piacevole; ***it's ~ too warm*** non fa per niente caldo; ***I was ~ too sure, happy that*** non ero niente affatto sicuro, contento che; ***"I'm here!" - "and ~ too soon!"*** "eccomi!" - "per niente presto!" ***he was ~ the worse for the experience*** è uscito incolume da quell'esperienza; ***the play is long, but ~ the worse for that*** l'opera è lunga, ma non per questo meno bella.
nonedible /ˌnɒnˈedɪbl/ agg. non commestibile.
noneffective /ˌnɒnɪˈfektɪv/ **I** agg. [*treatment*] inefficace; [*soldier*] inabile al servizio attivo **II** n. = soldato inabile al servizio attivo.
nonego /ˌnɒnˈegəʊ, -ˈiːgəʊ, AE -ˈiːgəʊ/ n. non io m.
nonelastic /ˌnɒnɪˈlæstɪk/ agg. anelastico.
nonemergency /ˌnɒnɪˈmɜːdʒənsɪ/ agg. non urgente.
nonenforceable /ˌnɒnɪnˈfɔːsəbl/ agg. AE DIR. inapplicabile.
nonenforcement /ˌnɒnɪnˈfɔːsmənt/ n. AE DIR. mancata applicazione f.
nonentity /nɒˈnentətɪ/ n. SPREG. *(person)* essere m. insignificante; ***a complete*** o ***total ~*** un essere completamente insignificante.
nones /nəʊnz/ n.pl. + verbo sing. o pl. **1** *(in ancient Rome)* none f. **2** RELIG. nona f.sing.
nonessential /ˌnɒnɪˈsenʃl/ agg. non essenziale.

nonessentials /ˌnɒnɪ'senʃlz/ n.pl. *(objects)* oggetti m. non essenziali; *(details)* dettagli m. non essenziali; ***forget the ~*** dimentica i dettagli.

nonestablished /ˌnɒnɪ'stæblɪʃt/ agg. non stabilito.

▷ **nonetheless** /ˌnʌnðə'les/ avv. → **nevertheless**.

non-EU /ˌnɒnˌiː'juː/ agg. [*country, national*] extracomunitario.

nonevent /ˌnɒnɪ'vent/ n. **1** *(unsuccessful)* fiasco m., delusione f. **2** *(not taking place)* = avvenimento che non ha avuto luogo.

non-examination course /ˌnɒnɪgˌzæmɪ'neɪʃnˌkɔːs/ n. = corso che non prevede un esame finale.

nonexecutive director /ˌnɒnɪgˌzekjʊtɪvdaɪ'rektə(r), -dɪ-/ n. direttore m. non esecutivo.

nonexistence /ˌnɒnɪg'zɪstəns/ n. inesistenza f.; *(of God)* non esistenza f.

▷ **nonexistent** /ˌnɒnɪg'zɪstənt/ agg. inesistente.

nonexplosive /ˌnɒnɪk'spləʊsɪv/ agg. non esplosivo.

nonfactual /ˌnɒn'fæktʃʊəl/ agg. non effettivo.

nonfading /ˌnɒn'feɪdɪŋ/ agg. che non si scolora.

non-family /ˌnɒn'fæməlɪ/ agg. non di famiglia.

nonfat /ˌnɒn'fæt/ agg. senza grassi.

nonfattening /ˌnɒn'fætnɪŋ/ agg. che non fa ingrassare.

nonfeasance /ˌnɒn'fiːzəns/ n. DIR. omissione f. di atto dovuto, mancato adempimento m.

nonferrous /ˌnɒn'ferəs/ agg. non ferroso.

nonfiction /ˌnɒn'fɪkʃn/ **I** n. saggistica f., saggi m.pl. **II** modif. [*publishing, section, writing*] di saggistica.

nonfigurative /ˌnɒn'fɪgərətɪv/ agg. ART. non figurativo.

non-finite form /ˌnɒn'faɪnaɪtˌfɔːm/ n. LING. modo m. indefinito.

non-finite verb /ˌnɒn'faɪnaɪtˌvɜːb/ n. verbo m. nel modo indefinito.

nonflammable /ˌnɒn'flæməbl/ agg. ininfiammabile, non infiammabile, non combustibile.

nonfraternization /ˌnɒnˌfrætənaɪ'zeɪʃn, AE -nɪ'z-/ n. (il) non fraternizzare.

non-fulfilment /ˌnɒnfʊl'fɪlmənt/ n. *(of contract, obligation)* inadempienza f.; *(of desire, wish)* mancata realizzazione f.

non-governmental organization /ˌnɒngʌvn'mentlˌɔːgənaɪˌzeɪʃn, AE -nɪˌz-/ n. organizzazione f. non governativa.

nongrammatical /ˌnɒngrə'mætɪkl/ agg. non grammaticale.

non grata /ˌnəʊn'grɑːtɑ/ agg. non gradito.

nongreasy /ˌnɒn'griːsɪ/ agg. [*make-up*] che non unge; [*skin*] non grasso; [*food*] non unto.

nonhistorical /ˌnɒnhɪ'stɒrɪkl, AE -'stɔːr-/ agg. non storico, astorico.

nonhuman /ˌnɒn'hjuːmən/ agg. non umano, inumano.

nonillion /nəʊ'nɪlɪən/ n. **1** BE *(formerly)* nona potenza f. di un milione **2** *(now)* decima potenza f. di mille.

non-infectious /ˌnɒnɪn'fekʃəs/ agg. non infettivo.

noninflammable /ˌnɒnɪn'flæməbl/ agg. ininfiammabile.

noninflationary /ˌnɒnɪn'fleɪʃənərɪ, AE -nerɪ/ agg. non inflazionistico.

non-interest-bearing /ˌnɒn'ɪntrɪstˌbeərɪŋ/ agg. infruttifero.

noninterference /ˌnɒnɪntə'fɪərəns/ n. non ingerenza f.

nonintervention /ˌnɒnɪntə'venʃn/ n. non intervento m.

nonintoxicating /ˌnɒnɪn'tɒksɪkeɪtɪŋ/ agg. [*drink*] non alcolico; [*substance*] non tossico, atossico.

non-invasive /ˌnɒnɪn'veɪsɪv/ agg. MED. [*surgery, tumour*] non invasivo.

noninvolvement /ˌnɒnɪn'vɒlvmənt/ n. non coinvolgimento m.

noniron /ˌnɒn'aɪən, AE -'aɪərn/ agg. autostiro.

non-Jew /ˌnɒn'dʒuː/ n. non ebreo m. (-a).

non-Jewish /ˌnɒn'dʒuːɪʃ/ agg. non ebreo, non ebraico.

nonjudgmental /ˌnɒndʒʌdʒ'mentl/ agg. che non giudica, che non dà giudizi.

non-league /ˌnɒn'liːg/ agg. SPORT non di campionato.

nonliability /ˌnɒnlaɪə'bɪlətɪ/ n. non responsabilità f.

nonlinear /ˌnɒn'lɪnɪə(r)/ agg. non lineare.

nonlinguistic /ˌnɒnlɪŋ'gwɪstɪk/ agg. non linguistico.

nonlogical /ˌnɒn'lɒdʒɪkl/ agg. illogico.

nonmalignant /ˌnɒnmə'lɪgnənt/ n. MED. benigno.

nonmaterial /ˌnɒnmə'tɪərɪəl/ agg. immateriale.

nonmember /ˌnɒn'membə(r)/ n. non socio m. (-a).

nonmetal /ˌnɒn'metl/ n. non metallo m.

nonmetallic /ˌnɒnmɪ'tælɪk/ agg. non metallico.

nonmetallic element /ˌnɒnmɪ'tælɪkˌelɪmənt/ n. CHIM. non-metallo m.

nonmilitary /ˌnɒn'mɪlɪtrɪ, AE -terɪ/ agg. non militare.

nonmonetary /ˌnɒn'mʌnɪtrɪ, AE -terɪ/ agg. non monetario.

non-negotiable /ˌnɒnnɪ'gəʊʃəbl/ agg. non negoziabile.

nonnuclear /ˌnɒn'njuːklɪə(r), AE -'nuː-/ agg. [*weapon*] non nucleare; [*country*] che non fa uso di armi nucleari.

no-no /'nəʊnəʊ/ n. COLLOQ. ***that's a ~*** questo è tabù; *(talking to children)* questo non si fa.

nonobservance /ˌnɒnəb'zɜːvəns/ n. *(of law)* inosservanza f.

non obst. ⇒ non obstante nonostante.

no-nonsense /ˌnəʊ'nɒnsəns/ agg. [*manner, look, tone, attitude, policy*] diretto; [*person*] serio.

nonoperational duties /ˌnɒnɒpə'reɪʃənlˌdjuːtɪz, AE -ˌduːtɪz/ n.pl. *(in police force)* compiti m. non operativi.

nonpareil /ˌnɒnpə'reɪl, AE -'rel/ **I** n. *(master)* ***he's the ~ of tragedians*** è un tragediografo senza pari *o* impareggiabile **II nonpareils** n.pl. AE GASTR. *(decoration)* codette f.

nonpartisan /ˌnɒnpɑːtɪ'zæn/ agg. imparziale.

nonparty /ˌnɒn'pɑːtɪ/ agg. [*issue, decision*] imparziale; [*person*] che non appartiene a un partito.

nonpayer /ˌnɒn'peɪə(r)/ n. *(of rent, bills)* moroso m.; *(of taxes)* evasore m.

nonpaying /ˌnɒn'peɪɪŋ/ agg. non pagante.

nonpayment /ˌnɒn'peɪmənt/ n. mancato pagamento m.; *(of rent)* morosità f.

nonperishable /ˌnɒn'perɪʃəbl/ agg. non deperibile.

nonperson /'nɒn'pɜːsn/ n. **1** SPREG. *(insignificant person)* essere m. insignificante **2** POL. ***officially, he's a ~*** ufficialmente, non esiste.

1.nonplus /ˌnɒn'plʌs/ n. (pl. **~es**, **~ses**) perplessità f., imbarazzo m.

2.nonplus /ˌnɒn'plʌs/ tr. (forma in -ing ecc. **-ss-**) sconcertare.

nonplussed /ˌnɒn'plʌst/ **I** p.pass. → **2.nonplus II** agg. perplesso.

nonpolitical /ˌnɒnpə'lɪtɪkl/ agg. apolitico.

non-practising /ˌnɒn'præktɪsɪŋ/ agg. **1** RELIG. non praticante **2** [*doctor, barrister*] che non esercita.

nonproductive /ˌnɒnprə'dʌktɪv/ agg. improduttivo.

nonprofessional /ˌnɒnprə'feʃənl/ **I** agg. *(amateur)* dilettante; *(not belonging to a profession)* non professionista **II** n. non professionista m. e f.

▷ **nonprofit** /ˌnɒn'prɒfɪt/ agg. AE → **non-profitmaking**.

non-profitmaking /ˌnɒn'prɒfɪtmeɪkɪŋ/ agg. [*organization*] non-profit, senza fini di lucro; ***on a ~ basis*** senza fini di lucro; ***to be ~*** essere senza fini di lucro.

nonproliferation /ˌnɒnprəlɪfə'reɪʃn/ n. non proliferazione f.

nonpunitive /ˌnɒn'pjuːnətɪv/ agg. non punitivo.

nonreceipt /ˌnɒnrɪ'siːt/ n. mancato ricevimento m.

nonrecurring expenses /ˌnɒnrɪ'kɜːrɪŋɪkˌspensɪz/ n.pl. spese f. straordinarie.

non-recyclable /ˌnɒnriː'saɪkləbl/ agg. non riciclabile.

non-redeemable /ˌnɒnrɪ'diːməbl/ agg. ECON. non riscattabile.

nonrefillable /ˌnɒnriː'fɪləbl/ agg. [*lighter, pen*] non ricaricabile; [*can, bottle*] non riutilizzabile.

nonreflective /ˌnɒnrɪ'flektɪv/ agg. irriflessivo.

nonrefundable /ˌnɒnrɪ'fʌndəbl/ agg. ECON. non rimborsabile.

nonreligious /ˌnɒnrɪ'lɪdʒəs/ agg. non religioso, laico.

nonrenewable /ˌnɒnrɪ'njuːəbl, AE -'nuː-/ agg. non rinnovabile.

nonrenewal /ˌnɒnrɪ'nuːəl/ n. *(of contract, lease)* mancato rinnovo m.

nonrepresentational /ˌnɒnˌreprɪzen'teɪʃnl/ agg. ART. astratto.

nonresident /ˌnɒn'rezɪdənt/ **I** agg. **1** [*guest*] di passaggio; [*student, visitor*] non residente; [*caretaker*] diurno **2** (anche **non-residential**) [*job, course*] = che non fornisce alloggio **3** INFORM. [*routine*] non residente **II** n. non residente m. e f.

nonrestrictive /ˌnɒnrɪ'strɪktɪv/ agg. LING. [*clause*] non restrittivo, non limitativo.

nonreturnable /ˌnɒnrɪ'tɜːnəbl/ agg. [*bottle*] a perdere.

nonrun /ˌnɒn'rʌn/ agg. [*tights*] che non si smagliano.

nonrunner /ˌnɒn'rʌnə(r)/ n. *(in horseracing)* = cavallo che non gareggia.

nonsectarian /ˌnɒnsek'teərɪən/ agg. aconfessionale.

nonsegregated /ˌnɒn'segrɪgeɪtɪd/ agg. [*area, arrangement*] senza segregazione; [*society*] non segregazionista.

▷ **nonsense** /'nɒnsns, AE -sens/ n. **1** *(foolishness)* assurdità f.pl., insensatezze f.pl., nonsenso m.; ***it's a ~ that*** è assurdo che; ***to make (a) ~ of*** dimostrare l'assurdità di [*law, system, claim*]; rendere completamente inutile, vanificare [*hard work*]; ***(stuff and) ~!*** sciocchezze! ***what utter ~!*** che grossa assurdità! ***to talk, write ~*** dire, scrivere delle assurdità; ***what's all this ~ about feeling ill, leaving work?*** cosa sono tutte queste stupidaggini sull'essere malato, sul lasciare il lavoro? ***I won't stand any more ~ from him, you!*** ne ho abbastanza delle sue, tue stupidaggini! ***there's no ~ about him*** esige serietà **2** *(trifle)* sciocchezza f.

nonsense verse /ˈnɒnsnsˌvɜːs, AE -sens-/ n. versi m.pl. non senso.
nonsense word /ˈnɒnsnsˌwɜːd, AE -sens-/ n. parola f. non senso.
nonsensical /nɒnˈsensɪkl/ agg. *(stupid)* assurdo, insensato, privo di senso.
nonsensically /nɒnˈsensɪklɪ/ avv. in modo assurdo, in modo insensato.
non-separation /ˌnɒnsepəˈreɪʃən/ n. POL. ~ ***of powers*** accentramento dei poteri.
non sequitur /ˌnɒnˈsekwɪtə(r)/ n. **1** ***to be a*** ~ essere illogico **2** FILOS. = conclusione che non deriva dalle premesse.
nonsexist /ˌnɒnˈseksɪst/ agg. non sessista.
nonshrink /ˌnɒnˈʃrɪŋk/ agg. irrestringibile.
nonsked /ˌnɒnˈsked/ **I** n. AE COLLOQ. volo m. speciale **II non-sked** agg. AE COLLOQ. [*flight*] speciale.
nonskid /ˌnɒnˈskɪd/, **nonslip** /ˌnɒnˈslɪp/ n. pneumatico m. antisdrucciolevole.
nonsmoker /ˌnɒnˈsməʊkə(r)/ n. *(person)* non fumatore m. (-trice).
nonsmoking /ˌnɒnˈsməʊkɪŋ/ agg. [*area, compartment*] (per) non fumatori.
nonsolvent /ˌnɒnˈsɒlvənt/ **I** agg. non solvente **II** n. non solvente m.
non-speaking /ˌnɒnˈspiːkɪŋ/ agg. CINEM. TEATR. [*role*] di un personaggio muto.
nonspecialist /ˌnɒnˈspeʃəlɪst/ agg. [*publication*] non specialista; ***to the*** ~ ***ear*** per il profano.
non-specialized /ˌnɒnˈspeʃəlaɪzd/ agg. non specializzato.
non-specific /ˌnɒnspəˈsɪfɪk/ agg. MED. aspecifico.
nonstandard /ˌnɒnˈstændəd/ agg. LING. non standard.
nonstarter /ˌnɒnˈstɑːtə(r)/ n. ***to be a*** ~ [*person*] non avere possibilità di successo; [*plan, idea*] essere destinato al fallimento.
nonstick /ˌnɒnˈstɪk/ agg. [*coating, pan*] antiaderente.
nonstop /ˌnɒnˈstɒp/ **I** agg. [*flight*] senza scalo, non stop; [*journey*] senza fermate; [*train*] diretto; [*talk, work, service, show, pressure, noise*] continuo; [*coverage*] non stop **II** avv. [*work, talk, argue*] ininterrottamente, senza sosta; [*drive*] senza sosta, senza fermarsi; [*fly*] senza scalo.
non-stretch /ˌnɒnˈstretʃ/ agg. [*garment*] che non si sforma.
nonstriker /ˌnɒnˈstraɪkə(r)/ n. = chi non aderisce a uno sciopero.
nonstructural /ˌnɒnˈstrʌktʃərəl/ agg. non strutturale.
nonstudent /ˌnɒnˈstjuːdnt/ n. non studente m. (-essa).
1.nonsuit /nɒnˈsjuːt, -ˈsuːt/ n. DIR. ordinanza f. di non luogo a procedere.
2.nonsuit /nɒnˈsjuːt, -ˈsuːt/ tr. DIR. emettere un'ordinanza di non luogo a procedere ai danni di.
nonsupport /ˌnɒnsəˈpɔːt/ n. AE DIR. mancato mantenimento m.
nonswimmer /ˌnɒnˈswɪmə(r)/ n. = chi non sa nuotare.
non-taxable /ˌnɒnˈtæksəbl/ agg. non tassabile, non imponibile.
non-taxpayer /ˌnɒnˈtækspeɪə(r)/ n. ECON. = chi è esente dal pagamento delle tasse.
nonteaching staff /ˌnɒnˈtiːtʃɪŋˌstɑːf, -ˌstæf/ n. SCOL. personale m. non docente.
nonthreatening /ˌnɒnˈθretnɪŋ/ agg. non minaccioso; [*illness*] non pericoloso.
non-toxic /ˌnɒnˈtɒksɪk/ agg. atossico.
non-trading /ˌnɒnˈtreɪdɪŋ/ agg. ~ ***partnership*** società non commerciale.
nontransferable /ˌnɒntrænsˈfɜːrəbl/ agg. non trasferibile.
non-U /ˌnɒnˈjuː/ agg. COLLOQ. (accorc. non upper class) poco fine, plebeo.
non-union /ˌnɒnˈjuːnɪən/ agg. [*person*] non iscritto al sindacato; [*initiative*] non gestito dai sindacati.
non-unionist /ˌnɒnˈjuːnɪənɪst/ n. lavoratore m. (-trice) non iscritto (-a) al sindacato.
nonuse /ˌnɒnˈjuːs/ n. non uso m.
nonverbal /ˌnɒnˈvɜːbl/ agg. [*communication*] non verbale.
nonviable /ˌnɒnˈvaɪəbl/ agg. non praticabile, non fattibile.
non-vintage /nɒnˈvɪntɪdʒ/ agg. [*champagne, port*] non millesimato.
nonviolence /ˌnɒnˈvaɪələns/ n. nonviolenza f.
nonviolent /ˌnɒnˈvaɪələnt/ agg. nonviolento.
nonvocational /ˌnɒnvəʊˈkeɪʃənl/ agg. non professionale.
nonvolatile /ˌnɒnˈvɒlətaɪl, AE -tl/ agg. CHIM. INFORM. non volatile.
nonvoluntary /ˌnɒnˈvɒləntrɪ/ agg. non volontario.
nonvoter /ˌnɒnˈvəʊtə(r)/ n. non votante m. e f.
nonvoting /ˌnɒnˈvəʊtɪŋ/ agg. non votante.
nonvoting share /ˌnɒnˈvəʊtɪŋˌʃeə(r)/ n. ECON. azione f. senza il diritto di voto.
non-white, **non-White** /ˌnɒnˈwaɪt, AE -ˈhwaɪt/ **I** agg. [*person*] non bianco; [*immigration*] di non bianchi **II** n. non bianco m. (-a).
non-worker /ˌnɒnˈwɜːkə(r)/ n. non lavoratore m. (-trice).
non-working /ˌnɒnˈwɜːkɪŋ/ agg. [*hours*] festivo; [*day*] festivo, non lavorativo; [*person*] che non lavora.
nonwoven /ˌnɒnˈwəʊvn/ agg. non tessuto.
nonzero /ˌnɒnˈzɪərəʊ/ agg. diverso da zero.
1.noodle /ˈnuːdl/ n. **1** AE COLLOQ. *(head)* testa f., zucca f. **2** BE COLLOQ. ANT. *(fool)* gonzo m. (-a), sempliciotto m. (-a).
2.noodle /ˈnuːdl/ intr. MUS. improvvisare.
noodles /ˈnuːdlz/ n.pl. GASTR. = tagliatelle; ***egg*** ~ = tagliatelle all'uovo.
nook /nʊk/ n. **1** *(retreat)* cantuccio m. **2** *(in room)* angolo m.; *(for ornaments)* nicchia f.; ***breakfast*** ~ zona pranzo ◆ ***every*** ~ ***and cranny*** in ogni angolo.
nookie, nooky /ˈnʊkɪ/ n. POP. ***a nice*** ~ una bella fica; ***to get some*** ~ farsi una scopata.
▷ **noon** /nuːn/ ◗ **4 I** n. mezzogiorno m.; ***by, about*** ~ a, verso mezzogiorno; ***at 12*** ~ a mezzogiorno; ***at high*** ~ a mezzogiorno in punto **II** modif. [*heat, sun, train, deadline*] di mezzogiorno ◆ ***morning,*** ~ ***and night*** giorno e notte.
noonday /ˈnuːndeɪ/ **I** n. ANT. mezzodì m. **II** modif. LETT. ***the*** ~ ***sun*** il sole di mezzodì.
▷ **no-one** /ˈnəʊwʌn/ pron. → **nobody I.**
1.noose /nuːs/ n. **1** *(loop)* laccio m. **2** *(for hanging)* corda f., cappio m.; ***the hangman's*** ~ la corda per impiccare, il capestro; ***to put a*** ~ ***around one's neck*** mettersi il cappio al collo; FIG. mettersi nei guai ◆ ***to put one's head in a*** ~ darsi la zappa sui piedi.
2.noose /nuːs/ tr. **1** *(catch with a noose)* accalappiare, prendere al laccio **2** *(arrange in a noose)* fare un cappio a [*cord*] **3** *(hang)* impiccare.
nopal /ˈnəʊpl/ n. **1** *(red-flowered)* cactus m. della cocciniglia **2** *(yellow-flowered)* opunzia f.
nope /nəʊp/ inter. COLLOQ. no.
▶ **nor** /nɔː(r), nə(r)/ If you want to know how to translate *nor* when used in combination with *neither*, look at the entry **neither**. - When used as a conjunction to show agreement or similarity with a negative statement, *nor* is very often translated by *nemmeno* or *neanche*: *"I don't like him"*, - *"nor do I"* = "a me non piace" - "nemmeno a me"; *"he's not Spanish"* - *"nor is John"* = "non è spagnolo" - "neanche John"; *"I can't sleep"* - *"nor can I"* = "non riesco a dormire" - "nemmeno io". - When used to give additional information to a negative statement, *nor* can very often be translated by *(e) nemmeno* or *(e) neanche* preceded by a negative verb: *she hasn't written, nor has she telephoned* = non ha scritto, e nemmeno ha telefonato; *I do not wish to insult you, (but) nor do I wish to lose my money* = non voglio offen-derti, ma neanche voglio perdere i miei soldi. - For examples and further uses of *nor*, see the entry below. cong. ***you don't have to tell him,*** ~ ***should you*** non è necessario che tu glielo dica, anzi non dovresti proprio.
nor' /nɔː(r)/ agg. e avv. nord; ***to sail*** ~***-***~***-east*** navigare in direzione nord-nord-est.
Nora /ˈnɔːrə/ n.pr. Nora.
noradrenalin(e) /ˌnɔːrəˈdrenəlɪn/ n. noradrenalina f.
Norah /ˈnɔːrə/ n.pr. Nora.
Nordic /ˈnɔːdɪk/ agg. [*customs, appearance, country*] nordico; ***the*** ~ ***peoples*** i popoli nordici.
Nordic walking /ˌnɔːdɪkˈwɔːkɪŋ/ n. SPORT Nordic walking m., camminata f. nordica.
Norfolk /ˈnɔːfək/ ◗ **24** n.pr. Norfolk m.
noria /ˈnɔːrɪə/ n. noria f.
norite /ˈnɔːraɪt/ n. GEOL. norite f.
norland /ˈnɔːlənd/ n. ANT. regione f. settentrionale.
▷ **norm** /nɔːm/ n. *(all contexts)* norma f. (**for** per); ***it is the*** ~ ***to do*** è la norma fare; ***above, below the*** ~ sopra, sotto la norma.
▶ **normal** /ˈnɔːml/ **I** agg. **1** *(usual)* [*amount, method, position, service, size, temperature*] normale; [*view*] consueto, abituale; [*time, place*] solito; ***it is*** ~ ***for sb. to do*** è normale per qcn. fare *o* che qcn. faccia; ***it is*** ~ ***that*** è normale che; ***it is*** ~ ***for trains to be late in winter*** è normale che i treni siano in ritardo d'inverno; ***as*** ~ come al solito; ***in the*** ~ ***course of events*** in condizioni normali *o* normalmente; ***in*** ~ ***circumstances*** in circostanze normali **2** PSIC. *(conventional)* [*person, behaviour*] normale **3** MAT. normale **4** BIOL. [*control*] normale **5** CHIM. normale **II** n. **1** norma f., normalità f.; ***above, below*** ~ sopra, sotto la norma; ***to get back*** o ***return to*** ~ ritornare alla normalità; ***a temperature above*** ~ ***for May*** una temperatura sopra la norma per maggio; ***richer, bigger than*** ~ più ricco, più grande del normale **2** MAT. normale f., perpendicolare f.
normalcy /ˈnɔːmlsɪ/ n. normalità f.

normality /nɔː'mælətɪ/ n. normalità f.; ***to return to ~*** ritornare alla normalità.
normalization /ˌnɔːməlaɪ'zeɪʃn, AE -lɪ'z-/ n. normalizzazione f.
normalize /'nɔːməlaɪz/ **I** tr. normalizzare **II** intr. normalizzarsi.
normalizing /'nɔːməlaɪzɪŋ/ n. TECN. *(of steel)* normalizzazione f.
▶ **normally** /'nɔːməlɪ/ avv. normalmente.
Norman /'nɔːmən/ **I** agg. normanno **II** n. **1** *(person)* normanno m. (-a) **2** (anche ~ **French**) *(language)* normanno m. **III** n.pr. Norman (nome di uomo).
Norman Conquest /ˌnɔːmən'kɒŋkwest/ n. conquista f. normanna.
Normandy /'nɔːməndɪ/ ♦ *24* n.pr. Normandia f.
Norman English /ˌnɔːmən'ɪŋglɪʃ/ n. anglo-normanno m.
normative /'nɔːmətɪv/ agg. normativo.
normocyte /'nɔːməʊˌsaɪt/ n. normocito m.
Norse /nɔːs/ ♦ *18, 14* **I** agg. [*mythology, saga*] nordico **II** n. **1** *(language)* norvegese m.; ***Old ~*** norreno **2** (anche ~ **men**) ***the ~*** + verbo pl. i norvegesi; STOR. gli scandinavi.
Norseman /'nɔːsmən/ ♦ *18* n. (pl. **-men**) norvegese m. e f.; STOR. scandinavo m. (-a).
▶ **north** /nɔːθ/ ♦ *21* **I** n. nord m., settentrione m.; ***true ~*** nord geografico **II North** n.pr. **1** GEOGR. ***the North*** il Nord; AE STOR. il Nord, gli stati del Nord; ***the far North*** il Grande Nord **2** *(in cards)* nord m. **III** agg. attrib. [*side, face, door*] nord; [*coast*] settentrionale; [*wind*] del nord, settentrionale; ***in, from ~ London*** nella, dalla zona nord di Londra **IV** avv. [*live, lie*] a nord (**of** di); [*move*] verso nord; ***to go ~ of sth.*** passare a nord di qcs.
North Africa /ˌnɔːθ'æfrɪkə/ n.pr. Africa f. del Nord, Nordafrica m., Africa f. settentrionale.
North African /ˌnɔːθ'æfrɪkən/ **I** agg. [*town, custom, climate*] nordafricano **II** n. nordafricano m. (-a).
North America /ˌnɔːθə'merɪkə/ n.pr. America f. del Nord, Nord America m., America f. settentrionale.
North American /ˌnɔːθə'merɪkən/ **I** agg. nordamericano **II** n. nordamericano m. (-a).
Northamptonshire /nɒː'θæmptənˌʃɪə(r)/ ♦ *24* n.pr. Northamptonshire m.
Northants GB ⇒ Northamptonshire Northamptonshire.
North Atlantic Drift /ˌnɔːθətlæntɪk'drɪft/ n. deriva f. nordatlantica.
North Atlantic Treaty Organization /ˌnɔːθətlæntɪk'triːtɪəgənaɪˌzeɪʃn, AE -nɪˌz-/ n. Organizzazione f. del Trattato del Nord Atlantico.
northbound /'nɔːθbaʊnd/ agg. [*carriageway, traffic*] in direzione nord; ***the ~ platform, train*** BE *(in underground)* il binario, il treno in direzione nord.
North Carolina /ˌnɔːθkærə'laɪnə/ ♦ *24* n.pr. Carolina f. del Nord, North Carolina m.
Northd GB ⇒ Northumberland Northumberland.
North Dakota /ˌnɔːθdə'kəʊtə/ ♦ *24* n.pr. Nord Dakota m.
northeast /ˌnɔːθ'iːst/ ♦ *21* **I** n. nord-est m. **II** agg. [*side*] nord-est; [*coast*] nord-orientale; [*wind*] di nord-est **III** avv. [*live, lie*] a nord-est (**of** di); [*move*] verso nord-est.
northeaster /ˌnɔːθ'iːstə(r)/ n. vento m. di nord-est.
northeasterly /ˌnɔːθ'iːstəlɪ/ **I** agg. [*wind*] di nord-est; [*point*] a nord-est; ***in a ~ direction*** in direzione nord-est **II** n. vento m. di nord-est.
northeastern /ˌnɔːθ'iːstən/ ♦ *21* agg. [*coast, boundary*] nord-orientale; [*town, custom, accent*] del nord-est; ***~ Scotland*** il nord-est della Scozia.
northeastward /ˌnɔːθ'iːstwəd/ ♦ *21* **I** agg. [*side*] nord-orientale; [*wall, slope*] rivolto a nord-est; [*journey, route, movement*] verso nord-est; ***in a ~ direction*** in direzione nord-est **II** avv. (anche **~s**) verso nord-est.
norther /'nɔːθə(r)/ n. vento m. del nord.
northerly /'nɔːðəlɪ/ **I** agg. [*wind, area*] del nord; [*point*] a nord; [*breeze*] da nord; ***in a ~ direction*** in direzione nord **II** n. vento m. del nord.
▶ **northern** /'nɔːðən/ ♦ *21* agg. attrib. [*coast, boundary*] settentrionale; [*town, region, custom, accent*] del nord; [*Europe*] del nord, settentrionale; [*hemisphere, latitude*] boreale; ***~ England*** il nord dell'Inghilterra; ***~ English*** [*landscape etc.*] del nord dell'Inghilterra.
northerner /'nɔːðənə(r)/ n. **1 *~s*** la gente del nord; ***to be a ~*** venire dal nord **2** BE nativo m. (-a), abitante m. e f. del nord dell'Inghilterra.
Northern Ireland /ˌnɔːðən'aɪələnd/ ♦ *6* n. Irlanda f. del Nord.
Northern Ireland Office /ˌnɔːðən'aɪələndˌɒfɪs/ n. GB ministero m. dell'Irlanda del Nord.
Northern Irish /ˌnɔːðən'aɪərɪʃ/ agg. dell'Irlanda del Nord.

> **Northern Ireland Assembly** L'Assemblea dell'Irlanda del Nord, istituita a Belfast nel 1998 dal governo britannico dopo precedenti tentativi falliti, ha pieni poteri legislativi ed esecutivi rispetto alle questioni interne. I suoi 108 deputati (*Members of the Legislative Assembly* o *MLAs*), che rappresentano 18 circoscrizioni elettorali, sono eletti con sistema proporzionale (v. ***Ulster***).

Northern Lights /ˌnɔːðən'laɪts/ n.pl. aurora f.sing. boreale.
northernmost /'nɔːðəməʊst/ agg. (il) più a nord, (il) più settentrionale.
Northern Territory /ˌnɔːðən'terətrɪ, AE -'terɪtɔːrɪ/ n. Territorio m. del Nord.
north-facing /ˌnɔːθ'feɪsɪŋ/ agg. rivolto, esposto a nord.
northing /'nɔːθɪŋ/ n. MAR. = distanza percorsa in direzione nord.
North Island /'nɔːθ'aɪlənd/ n. Isola f. del Nord (della Nuova Zelanda).
North Korea /ˌnɔːθkə'rɪə/ ♦ *6* n.pr. Corea f. del Nord.
North Korean /ˌnɔːθkə'rɪən/ ♦ *18* **I** agg. nordcoreano **II** n. nordcoreano m. (-a).
Northman /'nɔːθmən/ n. (pl. **-men**) ANT. nordico m. (-a).
North Pole /ˌnɔːθ'pəʊl/ n. Polo m. Nord.
North Sea /ˌnɔːθ'siː/ ♦ *20* **I** n. ***the ~*** il Mare del Nord **II** modif. [*oil, gas*] del Mare del Nord.
North Star /ˌnɔːθ'stɑː(r)/ n. stella f. polare.
Northumberland /nɔː'θʌmbələnd/ ♦ *24* n.pr. Northumberland m.
Northumbria /nɔː'θʌmbrɪə/ ♦ *24* n.pr. Northumbria m.
Northumbrian /nɔː'θʌmbrɪən/ **I** agg. del Northumberland; STOR. del Northumbria **II** n. **1** *(person)* nativo m. (-a), abitante m. e f. del Northumberland; STOR. nativo m. (-a), abitante m. e f. del Northumbria **2** *(dialect)* dialetto m. del Northumberland; STOR. dialetto m. del Northumbria.
North Vietnam /ˌnɔːθvjet'næm/ ♦ *6* n.pr. STOR. Vietnam m. del Nord.
northward /'nɔːθwəd/ ♦ *21* **I** agg. [*side*] settentrionale; [*wall, slope*] rivolto a nord; [*journey, route, movement*] verso nord; ***in a ~ direction*** in direzione nord **II** avv. (anche **~s**) verso nord.
northwest /ˌnɔːθ'west/ ♦ *21* **I** n. nord-ovest m. **II** agg. [*side*] nord-ovest; [*coast*] nord-occidentale; [*wind*] di nord-ovest **III** avv. [*live, lie*] a nord-ovest (**of** di); [*move*] verso nord-ovest.
northwester /ˌnɔːθ'westə(r)/ n. vento m. di nord-ovest.
northwesterly /ˌnɔːθ'westəlɪ/ **I** agg. [*wind*] di nord-ovest; [*point*] a nord-ovest; ***in a ~ direction*** in direzione nord-ovest **II** n. vento m. di nord-ovest.
northwestern /ˌnɔːθ'westən/ ♦ *21* agg. [*coast, boundary*] nord-occidentale; [*town, custom, accent*] del nord-ovest; ***~ Scotland*** il nord-ovest della Scozia.
Northwest Passage /ˌnɔːθwest'pæsɪdʒ/ n.pr. passaggio m. a nord-ovest.
Northwest Territories /ˌnɔːθwest'terətrɪz, AE -'terɪtɔːrɪz/ n.pr.pl. Territori m. del Nord-Ovest.
northwestward /ˌnɔːθ'westwəd/ ♦ *21* **I** agg. [*side*] nord-occidentale; [*wall, slope*] rivolto a nord-ovest; [*journey, route, movement*] verso nord-ovest; ***in ~ direction*** in direzione nord-ovest **II** avv. (anche **~s**) verso nord-ovest.
North Yorkshire /ˌnɔːθ'jɔːkʃɪə(r)/ ♦ *24* n.pr. North Yorkshire m.
Norway /'nɔːweɪ/ ♦ *6* n.pr. Norvegia f.
Norwegian /nɔː'wiːdʒən/ ♦ *18, 14* **I** agg. norvegese **II** n. **1** *(person)* norvegese m. e f. **2** *(language)* norvegese m.
nor'wester /nɔː'westə(r)/ n. **1** *(hat)* → **sou'wester 2** *(drink)* bicchiere m. di liquore forte **3** *(wind)* vento m. di nord-ovest.
no sale /ˌnəʊ'seɪl/ n. mancata vendita f.
▶ **1.nose** /nəʊz/ ♦ *2* n. **1** naso m.; ***to breathe through one's ~*** respirare dal naso; ***to speak through one's ~*** parlare nel naso; ***the end*** o ***tip of the ~*** la punta del naso; ***she was always burying her ~ in a book*** era sempre china su un libro **2** *(of plane, car)* muso m.; *(of boat)* prua f.; ***~ to tail traffic*** incolonnamenti; ***to travel ~ to tail*** viaggiare incolonnati **3** *(sense of smell)* odorato m.; *(of wine or perfume expert)* naso m.; *(of dog)* fiuto m.; ***a dog with a good ~*** un cane che ha fiuto **4** *(smell of wine)* bouquet m. **5** FIG. *(instinct)* ***to have a ~ for sth.*** avere naso *o* fiuto per qcs.; ***to follow one's ~*** seguire il proprio fiuto *o* andare a naso ◆ ***it's as plain as the ~ on your face*** è chiaro come la luce del sole *o* è lampante; ***it's six on the ~*** AE COLLOQ. sono le sei in punto; ***to count ~s*** COLLOQ. contare chi c'è; ***to get up sb.'s ~*** COLLOQ. stare sull'anima *o* sullo stomaco a qcn.; ***to put sb.'s ~ out of joint*** = offendere qcn.; ***to hit sth. on the***

not

- When *not* is used without a verb before an adjective, an adverb, a verb or a noun, it is translated by *non*:

not easy	= non facile
it's here, not there	= è qui, non là
it's a cat, not a dog	= è un gatto, non un cane

For examples and particular usages, see the entry **not**.

- When *not* is used to make a verb negative, it is translated by *non* in Italian; *non* comes before the verb or the auxiliary in compound tenses:

it's not a cat	= non è un gatto
she hasn't been ill	= non è stata malata
he doesn't like oranges	= non gli piacciono le arance
she hasn't arrived yet	= non è ancora arrivata
she won't come by car	= non verrà in macchina
he decided not to go	= decise di non andare
you were wrong not to tell her	= hai sbagliato a non dirglielo.

- Remember that negative sentences in Italian may contain two negative words; therefore, *not + anybody, not + anything, not + either* etc. should be translated with two negative forms:

didn't you meet anybody else?	= non hai incontrato nessun altro?
I won't eat anything	= non mangerò niente
we didn't see either John or his sister	= non abbiamo visto né John né sua sorella.

- When *not* stands for a whole sentence after certain verbs, it is translated by *no* in Italian:

"Is Andrew at home?"	= "Andrew è a casa?"
"I hope / I think not"	"spero / penso di no".

- When *not* is used in question tags, the whole tag can usually be translated by the Italian *non è vero?*:

she bought it, didn't she?	= l'ha comprato, non è vero?

- For usages not covered in this note, see the entry **not**.

~ AE centrare qcs. in pieno; ***to keep one's ~ clean*** COLLOQ. tenersi fuori dai guai; ***to keep one's ~ out of sth.*** COLLOQ. non impicciarsi in qcs. *o* tenersi fuori da qcs.; ***to lead sb. by the ~*** COLLOQ. menare qcn. per il naso; ***to look down one's ~ at sb., sth.*** guardare qcn., qcs. dall'alto in basso; ***to pay through the ~ for sth.*** pagare qcs. un occhio della testa; ***to poke*** o ***stick one's ~ into sth.*** COLLOQ. ficcare il naso in qcs.; ***to rub sb.'s ~ in it*** fare sentire qcn. una merda *o* smerdare qcn.; ***to see no further than the end of one's ~*** non vedere più in là del proprio naso; ***to turn one's ~ up at sth., at the idea of doing*** arricciare *o* torcere il naso davanti a qcs., all'idea di fare; ***(right) under sb.'s ~*** (proprio) sotto il naso *o* sotto gli occhi di qcn.; ***to win by a ~*** *(in horseracing)* vincere per meno di una testa; ***with one's ~ in the air*** con aria di superiorità.

2.nose /nəʊz/ **I** tr. **1** *(sniff)* [*animal*] annusare, fiutare; [*wine taster*] annusare **2** *(manoeuvre)* ***to ~ sth. in, out*** fare entrare, uscire [qcs.] con cautela [*boat, vehicle*]; ***the captain ~d the boat out of the harbour*** il capitano fece uscire la nave dal porto con cautela; ***the boat ~d its way out of the harbour*** la nave è uscita dal porto lentamente **II** intr. ***to ~ into, out of sth.*** [*boat, vehicle*] entrare in, uscire da [qcs.] con cautela; ***the car ~d into the traffic*** la macchina si infilò lentamente nel traffico.

▪ **nose about, nose around** ficcanasare, ficcare il naso (**in** in).

▪ **nose at:** ~ ***at [sth.]*** [*animal*] annusare.

▪ **nose down** [*aircraft*] scendere in picchiata.

▪ **nose out:** ~ ***out*** [*vehicle, boat*] uscire con cautela; ~ ***out [sth.]***, ~ ***[sth.] out*** **1** *(sniff out)* fiutare [*animal, scent*] **2** FIG. SPREG. *(discover)* scoprire [*facts, truth, secret*] **3** SPORT FIG. *(put in second place)* battere per un pelo [*car, horse*].

▪ **nose up** [*aircraft*] cabrare; ~ ***[sth.] up*** cabrare [*aircraft*].

nosebag /ˈnəʊzbæg/ n. *(for horses)* musetta f.

noseband /ˈnəʊzbænd/ n. = parte della testiera che passa sul naso del cavallo.

nosebleed /ˈnəʊzbliːd/ n. ***to have a ~*** perdere sangue dal naso.

nose-cone /ˈnəʊzkəʊn/ n. AER. MIL. ogiva f.

1.nose-dive /ˈnəʊzdaɪv/ n. **1** AER. picchiata f.; ***to go into a ~*** fare una picchiata **2** FIG. ***to go into*** o ***take a ~*** [*currency, rate*] crollare.

2.nose-dive /ˈnəʊzdaɪv/ intr. [*plane*] scendere in picchiata; FIG. [*demand, prices, sales*] crollare.

nose drops /ˈnəʊzˌdrɒps/ n.pl. gocce f. per il naso.

nosegay /ˈnəʊzgeɪ/ n. mazzolino m. di fiori.

nose job /ˈnəʊzdʒɒb/ n. ***to have a ~*** farsi rifare il naso.

nosepiece /ˈnəʊzpiːs/ n. *(on glasses)* ponticello m.

nose-rag /ˈnəʊzræg/ n. COLLOQ. fazzoletto m. (da naso).

nose ring /ˈnəʊzrɪŋ/ n. anello m. per il naso.

nose stud /ˈnəʊzstʌd/ n. orecchino m. da naso.

nose wheel /ˈnəʊzwiːl, AE -hwiːl/ n. ruota f. anteriore.

nosey → **nosy**.

1.nosh /nɒʃ/ n. BE COLLOQ. *(food)* cibo m.; *(meal)* mangiata f.; AE spuntino m.

2.nosh /nɒʃ/ **I** tr. BE COLLOQ. mangiare **II** intr. **1** BE COLLOQ. farsi una mangiata **2** AE ***to ~ on*** mangiare alla veloce [*food*].

noshery /ˈnɒʃərɪ/ n. ristorantino m.

no-show /ˌnəʊˈʃəʊ/ n. AE = chi prenota un posto e non si presenta a occuparlo.

nosh-up /ˈnɒʃʌp/ n. BE COLLOQ. mangiata f.

nosily /ˈnəʊzɪlɪ/ avv. da ficcanaso.

nosiness /ˈnəʊzɪnɪs/ n. (il) ficcanasare, curiosaggine f.

nosing /ˈnəʊzɪŋ/ n. *(on stair)* aggetto m. (di un gradino); *(moulding)* serpeggiamento m.

nosography /nəˈsɒgrəfɪ/ n. nosografia f.

nosological /ˌnɒsəˈlɒdʒɪkl/ agg. [*book, expert*] di nosologia; [*theory, problem*] nosologico.

nosologist /nəˈsɒlədʒɪst/ ♦ ***27*** n. esperto m. (-a) di nosologia.

nosology /nəˈsɒlədʒɪ/ n. nosologia f.

▷ **nostalgia** /nɒˈstældʒə/ n. nostalgia f.

nostalgic /nɒˈstældʒɪk/ agg. [*feeling, portrayal*] nostalgico; ***to feel ~ for*** avere nostalgia di [*era, place*].

nostalgically /nɒˈstældʒɪklɪ/ avv. [*talk, look back*] con nostalgia.

nostra /ˈnɒstrə/ → **nostrum**.

nostril /ˈnɒstrɪl/ n. *(of person)* narice f.; *(of horse)* frogia f.

nostrum /ˈnɒstrəm/ n. (pl. **~s, -a**) ANT. SPREG. *(remedy)* rimedio m. da ciarlatani; FIG. panacea f.

nosy /ˈnəʊzɪ/ agg. COLLOQ. ficcanaso.

nosy parker /ˈnəʊzɪpɑːkə(r)/ n. COLLOQ. SPREG. ficcanaso m. e f.

▶ **not** /nɒt/ avv. **1** *(negating verb)* non; ***she isn't at home*** non è a casa; ***they didn't like it*** a loro non è piaciuto; ***we won't need a car*** non avremo bisogno di una macchina; ***has he ~ seen it?*** non l'ha visto? **2** *(replacing word, clause, sentence etc.)* ***"is he angry?" - "I hope ~"*** "è arrabbiato?" - "spero di no"; ***"is she married?" - "I believe*** o ***think ~"*** "è sposata?" - "non penso"; ***I'm afraid ~*** temo di no; ***certainly, probably ~*** certamente, probabilmente no; ***~ only*** o ***simply*** o ***merely*** o ***just*** non soltanto *o* non solo; ***tired or ~, you're going to bed*** te ne vai a letto, che tu sia stanco o no; ***do you know whether he's coming or ~?*** sai se viene o no? ***whether it rains or ~, I'm going*** che piova o no, io ci vado; ***why ~?*** perché no? **3** *(contrasting)* non; ***they live in caves, ~ in houses*** o ***they live ~ in houses, but in caves*** non vivono in case ma in grotte; ***I laughed, ~ because I was amused but from nervousness*** ho riso, non per divertimento ma perché ero nervoso; ***he's ~ so much aggressive as assertive*** è più sicuro di sé che aggressivo **4** *(to emphasize opposite)* ***it's ~ impossible, cheap*** non è impossibile, economico; ***she's ~ a dishonest, an aggressive woman*** non è una donna disonesta, aggressiva; ***~ without problems, some reservations*** non senza problemi, non senza alcune riserve; ***you're ~ wrong*** non ti sbagli; ***a ~*** o ***~ an (entirely) unexpected response*** una risposta non del tutto inaspettata **5** *(less than)* meno di; ***~ three miles, hours from here*** a meno di tre miglia, di tre ore da qui; ***~ five minutes ago*** meno di cinque minuti fa **6** *(in suggestions)* ***hadn't we better pay the bill?*** non faremmo meglio a pagare il conto? ***couldn't we tell them later?*** non potremmo dirglielo più tardi? ***why ~ do it now? why don't we do it now?*** perché non lo facciamo adesso? **7** *(with all, every)* ***~ all doctors agree, ~ every doctor agrees*** non tutti i medici sono d'accordo; ***~ everyone likes it*** non piace a tutti; ***it's ~ everyone that can speak several foreign languages*** non è da tutti parlare diverse lingue straniere; ***it's ~ every day that*** non succede tutti i giorni che **8** *(with a, one)* ***~ a*** o ***one*** non un, non uno, non una; ***not one*** o ***a (single) chair, letter*** non una sedia, una lettera; ***~ a sound was heard*** non si udì nemmeno un suono; ***~ one*** o ***a single person knew*** nessuno lo sapeva **9 not at all** niente affatto, per niente; *(responding to thanks)* prego, non c'è di che **10 not but what** → **not that 11 not that** ***(it's) ~ that he hasn't been helpful*** non (è) che non sia stato d'aiuto; ***~ that I know of*** non che io sappia; ***if she refuses, ~ that she will...*** se rifiuta, ma non lo farà...

notability /ˌnəʊtəˈbɪlətɪ/ n. *(person)* notabile m., persona f. eminente.

▷ **notable** /ˈnəʊtəbl/ **I** agg. [*person*] notabile, notevole, ragguardevole; [*event, achievement, success, difference*] notevole, degno di nota; ***with a few ~ exceptions*** a parte alcune notevoli eccezioni; ***to be ~ for*** essere notevole per [*clarity, appearance, quality*]; essere noto per [*incompetence, failure*]; ***it is ~ that*** è notevole che **II** n. FORM. notabile m. e f.

▷ **notably** /'nəʊtəblɪ/ avv. **1** *(in particular)* particolarmente, specialmente; ***most ~*** più di tutto **2** *(markedly)* [*unimpressed, resilient*] notevolmente.

notarial /nəʊ'teərɪəl/ agg. [*seal, stamp*] notarile; [*status, profession*] di notaio.

notarial deed /nəʊ'teərɪəl,di:d/ n. atto m. notarile.

notarization /,nəʊtəraɪ'zeɪʃn, AE -rɪ'z-/ n. certificazione f. notarile, autenticazione f. notarile.

notarize /'nəʊtəraɪz/ tr. [*notary*] certificare, autenticare; ***to be ~d*** essere certificato davanti a un notaio.

notary /'nəʊtərɪ/ ♦ *27* n. (anche **~ public**) notaio m.; ***before a ~*** davanti a un notaio.

notate /nəʊ'teɪt/ tr. fare la notazione di, trascrivere.

notation /nəʊ'teɪʃn/ n. **1** MUS. MAT. notazione f. **2** *(system)* sistema m. di notazione, notazione f. **3** *(record)* annotazione f., nota f.

▷ **1.notch** /nɒtʃ/ n. **1** *(nick) (in plank)* tacca f., incisione f.; *(in fabric, belt)* intaglio m.; *(in lid)* incavo m. a V **2** *(as record)* tacca f. **3** COLLOQ. *(degree)* gradino m.; ***to go up a ~*** [*opinion*] salire di un gradino; ***to be several ~es above sb.*** dare parecchi punti a qcn. **4** AE GEOGR. *(pass)* passo m.

▷ **2.notch** /nɒtʃ/ tr. **1** *(mark)* intaccare, incidere [*stick, surface, edge*]; intagliare [*fabric*] **2** COLLOQ. *(achieve)* → **notch up**.

■ **notch up** COLLOQ. ~ ***up*** ***[sth.]*** ottenere [*win, point, prize*]; ***to ~ up a notable success*** riportare un notevole successo.

notchback /'nɒtʃbæk/ n. automobile f. a tre volumi.

▶ **1.note** /nəʊt/ n. **1** *(written record)* nota f., appunto m., annotazione f.; ***to make a ~ in*** prendere nota su [*diary, notebook*]; ***to make a ~ of*** annotarsi, segnarsi [*date, address*]; ***to take ~ of*** prendere nota di (anche FIG.); ***take ~!*** prendete nota! ***to take ~s*** [*student, secretary*] prendere appunti; ***to speak without ~s*** parlare senza appunti *o* a braccio; ***according to police ~s*** stando alla polizia **2** *(short letter)* biglietto m.; ***to write sb. a ~*** scrivere due parole a qcn.; ***a ~ of thanks*** due parole di ringraziamento **3** *(explanation, annotation) (in book, on form etc.)* nota f.; ***see ~ below*** si veda la nota sotto **4** FIG. *(tone)* tono m.; ***to hit the right ~*** trovare la nota giusta; ***to strike*** o ***hit a wrong ~*** toccare un tasto falso; ***on a less serious ~*** passando a cose meno serie; ***to end on an optimistic ~*** finire con una nota di ottimismo; ***to sound a ~ of caution*** mettere in guardia **5** MUS. *(sound, symbol)* nota f.; ***to play*** o ***hit a wrong ~*** fare una nota sbagliata; ***a high, low ~*** una nota acuta, grave; ***the black ~s*** *(on keyboard)* i tasti neri **6** *(tone) (in voice)* tono m.; ***a ~ of panic*** una nota di panico; ***the engine took on a different ~*** il rumore del motore è cambiato **7** *(banknote)* banconota f., biglietto m. (di banca); ***£ 500 in ~s*** 500 sterline in banconote; ***a £ 20 ~*** una banconota da 20 sterline **8** *(diplomatic memo)* nota f. **9 of note** [*person*] notabile, notevole; [*development, contribution*] di rilievo, degno di nota ♦ ***to compare ~s*** scambiare le proprie impressioni (**with** con).

▶ **2.note** /nəʊt/ tr. **1** *(observe)* notare [*change, increase, similarity, absence*]; ***to ~ that*** notare che; ***it is interesting to ~ that*** è interessante notare che; ***the report ~d that*** il rapporto rilevava che; ***noting the improvements, the minister said...*** dopo avere notato i miglioramenti, il ministro disse...; ***as I ~d last week...*** come ho notato la settimana scorsa... **2** *(pay attention to)* fare attenzione a [*comment, remarks, complaint, concern*]; ***it should be ~d that*** bisogna notare che; ***~ that she didn't mention him!*** nota che non lo ha menzionato! ***aspiring managers, please ~!*** aspiranti direttori, prendete esempio! **3** *(write down)* prendere nota di, annotare [*date, time, number, symptom*] (**in** su); ***"no change," he ~d*** "nessun cambiamento," annotò.

■ **note down:** ~ ***down [sth.]***, ~ ***[sth.] down*** annotare, prendere nota di [*idea, detail*].

▷ **notebook** /'nəʊtbʊk/ n. **1** taccuino m., block-notes m. **2** DIR. AMM. bollettario m. **3** GIORN. *(column title)* **City ~** listino della Borsa di Londra **4** INFORM. notebook m.

notebook pc /,nəʊtbʊk'pi:si:/ n. INFORM. notebook m.

notecase /'nəʊtkeɪs/ n. portafoglio m.

▷ **noted** /'nəʊtɪd/ **I** p.pass. → **2.note II** agg. [*intellectual, criminal*] noto; ***to be ~, not ~ for*** essere noto, non essere noto per [*tact, wit*].

note issue /'nəʊt,ɪʃu:, AE -,ɪsju:/ n. emissione f. di banconote.

notelet /'nəʊtlɪt/ n. **1** noterella f. **2** *(card)* biglietto m.

notepad /'nəʊtpæd/ n. blocchetto m. per appunti, block-notes m.

notepaper /'nəʊtpeɪpə(r)/ n. carta f. da lettera.

noteworthy /'nəʊtwɜ:ðɪ/ agg. degno di nota, notevole.

> ## nothing
>
> - When *nothing* is used alone as a reply to a question in English, it is translated by *niente* or *nulla:*
>
>   *"what are you doing?"* = "che cosa stai facendo?"
>   *"nothing"* "niente".
>
> - When the pronoun *nothing* is the subject of a verb, Italian may require *non* before the verb (or auxiliary):
>
>   *nothing changes* = niente cambia / non cambia niente.
>   *nothing has changed* = niente è cambiato / non è cambiato niente
>
> - When the pronoun *nothing* is the object of a verb, Italian always requires *non* before the verb (or auxiliary):
>
>   *I see nothing* = non vedo niente
>   *I saw nothing* = non ho visto niente
>
> - *Nothing* is the negative equivalent of *something*: *there is something in this box* = c'è qualcosa in questa scatola is the opposite of *there is nothing in this box* = non c'è niente in questa scatola. As it is a negative pronoun, *nothing* cannot be used in a sentence where another negative form, such as *not* or *never*, is present; in these cases, *anything* is used instead: *you never eat anything special at that restaurant* = non si mangia mai niente di speciale in quel ristorante.
>
> - For the phrases *nothing but, nothing less than, nothing more than,* and for translations of *nothing* as an adverb (*it's nothing like as difficult*) see **1.nothing** and **2.nothing**.

not guilty /,nɒt'gɪltɪ/ agg. DIR. [*person*] non colpevole, innocente; [*verdict*] di non colpevolezza; ***to plead ~*** dichiararsi innocente; ***to find sb. ~*** dichiarare qcn. innocente.

▶ **1.nothing** /'nʌθɪŋ/ **I** pron. **1** *(no item, event, idea)* niente, nulla; ***she says ~*** non dice niente; ***I knew ~ about it*** non ne sapevo nulla; ***we saw ~*** non vedemmo niente; ***we can do ~ (about it)*** non possiamo farci nulla; ***there's ~ in the fridge*** non c'è niente nel frigo; ***~ can alter the fact that*** niente può cambiare il fatto che; ***~ could be further from the truth*** niente potrebbe essere più lontano dalla verità; ***can ~ be done to help?*** si può fare niente per aiutare? ***~ happened*** non è successo nulla; ***they behaved as if ~ had happened*** si sono comportati come se niente fosse; ***there's ~ to drink*** non c'è niente da bere; ***I've got ~ to wear*** non ho niente da mettermi; ***you have ~ to lose*** non hai niente da perdere; ***there's ~ to stop you leaving*** nulla ti impedisce di andartene; ***we've had ~ to eat*** non abbiamo mangiato niente; ***you did ~ at all to stop them*** non hai fatto assolutamente nulla per fermarli; ***next to ~*** quasi niente; ***~ much*** non molto; ***there's ~ much on TV*** non c'è molto alla televisione; ***~ much happens here*** non succede molto qui; ***I've ~ much to tell*** non ho molto da dire; ***~ more*** niente di più; ***we ask for ~ more*** non chiediamo nulla di più; ***is there ~ more you can do?*** non potete fare niente di più? ***she's just a friend, ~ more or less*** è un'amica e nient'altro; ***~ else*** nient'altro; ***there's ~ else for us*** non c'è nient'altro per noi; ***~ else matters*** nient'altro conta; ***she thinks about ~ else*** non pensa a nient'altro; ***there's ~ else one can say*** non c'è nient'altro da dire; ***if ~ else it will be a change for us*** se non altro sarà un cambiamento per noi; ***to have ~ against sb., sth.*** non avere nulla contro qcn., qcs.; ***to have ~ to do with*** *(no connection)* non avere (a) che vedere con; *(no dealings, involvement)* non avere niente (a) che fare con; ***the drop in sales has ~ to do with the scandal*** il calo delle vendite non ha niente a che vedere con lo scandalo; ***it had ~ to do with safety*** non aveva nulla a che vedere con la sicurezza; ***he had ~ to do with the murder*** non aveva niente a che fare con l'omicidio; ***I had ~ to do with it!*** non avevo nulla a che farci! ***that's got ~ to do with it!*** questo non c'entra niente! ***she will have*** o ***she wants ~ to do with it, us*** non vuole avere niente a che fare con questo, con noi; ***it's ~ to do with us*** non ci riguarda; ***she acts as though it had ~ to do with her*** si comporta come se non la riguardasse; ***to come to ~*** non portare a nulla; ***to stop at ~*** non fermarsi di fronte a nulla (**to do** per fare); ***to have ~ on*** *(no clothes)* essere nudo *o* non avere nulla addosso; *(no engagements, plans)* essere libero *o* non avere impegni; ***you've got ~ on me!*** COLLOQ. *(to incriminate)* non avete prove contro di me! ***he's got ~ on you!*** COLLOQ. *(to rival)* non è niente *o* non vale niente in confronto a te! ***Paris has ~ on this!*** COLLOQ. Parigi è niente rispetto a questo! **2** *(emphasizing insignificance)* niente, nulla; ***a fuss about ~*** storie per nulla; ***to get upset over ~*** preoccuparsi per niente; ***we were talking about ~ much*** parlavamo del più e del meno; ***to count for ~***

non contare nulla; ***he means*** o ***is ~ to me*** lui non significa niente per me; ***so all this effort means ~ to you?*** allora tutto questo sforzo non conta nulla per te? ***it meant ~ to him*** non gli importava (**that, whether** che); ***the names meant ~ to him*** i nomi non gli dicevano nulla; ***he cares ~ for convention*** FORM. non bada alle convenzioni; ***to think ~ of doing*** *(consider normal)* trovare normale fare; *(not baulk at)* non esitare a fare; ***I thought ~ of it until the next day*** mi è parso del tutto normale *o* non ci ho fatto caso fino al giorno dopo; ***think ~ of it!*** non è nulla! si figuri! ***it was ~ to them to walk miles to school*** per loro non era nulla fare tutta quella strada a piedi per andare a scuola; ***there's ~ to driving a truck*** è una cosa da nulla guidare un camion; ***there's really ~ to it!*** è veramente facile! **3** *(very little indeed)* niente (anche FIG.); ***she's four foot ~*** SCHERZ. è alta un metro e un tappo; ***it costs next to ~*** costa praticamente nulla; ***for ~*** *(for free)* gratuitamente, gratis; *(pointlessly)* per niente; ***it's money for ~*** sono soldi regalati; ***all this work for ~*** tutto questo lavoro per nulla; ***they aren't called skyscrapers for ~*** non per niente sono chiamati grattacieli; ***not for ~ is he known as...*** non per niente è conosciuto come...; ***I'm not English for ~!*** SCHERZ. non per niente sono inglese! **4** *(indicating absence of trait, quality)* ***~ serious, useful*** niente di serio, di utile; ***~ too fancy*** niente di troppo sofisticato; ***~ interesting*** o ***~ of any interest*** niente di interessante; ***~ new to report*** niente di nuovo da segnalare; ***have they ~ cheaper?*** non hanno nulla di meno costoso? ***there's ~ unusual about doing*** non c'è niente di straordinario nel fare; ***there's ~ unusual about it*** non ha niente di straordinario; ***it seems easy but it's ~ of the kind*** sembra facile ma non è così; ***~ of the kind should ever happen again*** non dovrebbe mai più succedere niente di simile; ***you'll do ~ of the sort!*** non farai una cosa del genere! **5** *(emphatic: setting up comparisons)* ***it's ~ like that at all!*** non è affatto così! ***there's ~ like the sea air for doing*** non c'è niente di meglio dell'aria di mare per fare; ***there's ~ like seeing old friends*** non c'è niente di meglio che rivedere i vecchi amici; ***there's ~ like it!*** non c'è niente di meglio! ***there's ~ so embarrassing as doing*** non c'è niente di così imbarazzante come fare; ***I can think of ~ worse than*** non riesco a immaginare niente di peggio che; ***there's ~ more ridiculous than*** non c'è nulla di più ridicolo che; ***that's ~ to what he'll do if he finds out that*** è niente in confronto a quello che farà se scopre che; ***the hive resembles ~ so much as a business*** l'alveare assomiglia proprio a un'impresa; ***to say ~ of*** per non parlare di; ***detested by his colleagues to say ~ of the students*** detestato dai suoi colleghi per non parlare degli studenti **6** *(no element, part)* ***to know ~ of*** non sapere niente di [*truth, events, plans*]; ***he knows ~ of the skill involved*** non ha la minima idea dell'abilità che questo implica; ***we heard ~ of what was said*** non abbiamo sentito nulla di quello che è stato detto; ***he has ~ of the aristocrat about him*** non c'è niente di aristocratico in lui; ***there was ~ of the exotic in the place*** il posto non aveva nulla di esotico **7** *(no truth, value, use)* ***you get ~ out of it*** non ci ricavi niente; ***there's ~ in it for me*** non c'è niente di interessante per me; ***there's ~ in it*** *(in gossip, rumour)* non c'è niente di vero; *(in magazine, booklet)* non c'è niente di interessante **8 nothing but** ***he's ~ but a coward*** non è (altro) che un vigliacco; ***they've done ~ but moan*** COLLOQ. non hanno fatto altro che lamentarsi; ***it's caused me ~ but trouble*** mi ha dato solo problemi; ***~ but the best for me!*** voglio solo il meglio per me! ***she has ~ but praise for them*** non ha che elogi per loro **9 nothing less than** ***it's ~ less than a betrayal*** è un vero tradimento; ***they want ~ less than reunification*** vogliono nientemeno che la riunificazione; ***~ less than real saffron will do*** solamente lo zafferano può andare bene **10 nothing more than** ***it's ~ more than a strategy to do*** è soltanto una strategia per fare; ***the stories are ~ more than gossip*** le storie sono niente più che pettegolezzi; ***they'd like ~ more than to do*** non chiedono di meglio che fare **II** agg. ***to be ~ without sb., sth.*** essere niente senza qcn., qcs.; ***he's ~ without you, his career*** non è niente senza di te, senza la sua carriera **III** n. **1** *(nothingness)* niente m., nulla m. **2** *(trivial matter)* ***it's a mere ~ compared to*** è niente paragonato a ◆ ***~ doing!*** COLLOQ. niente da fare! non se ne parla nemmeno! ***there was ~ for it but to call the doctor*** BE non c'è stato altro da fare che chiamare il medico; ***there's ~ for it!*** BE non c'è altro da fare; ***you get ~ for ~*** nessuno fa niente per niente; ***to whisper sweet ~s into sb.'s ear*** sussurrare paroline dolci all'orecchio di qcn.

2.nothing /ˈnʌθɪŋ/ avv. **1** *(in no way)* ***it is ~ like as important, difficult as*** è lungi dall'essere importante, difficile quanto; ***it's ~ like enough!*** lungi dal bastare! ***the portrait looks ~ like her*** il ritratto non le assomiglia per niente; ***she is ~ like her sister*** non assomiglia per niente a sua sorella; ***the city is ~ like what it was*** la città non è proprio più quella che era **2** *(emphatic: totally, only)* ***it's ~ short of brilliant, disgraceful*** è veramente splendido, vergognoso; ***~ short of a miracle can save them*** soltanto un miracolo può salvarli **3** *(emphatic: decidedly)* ***she's ~ if not original in her dress*** ha un modo di vestire a dir poco originale; ***I'm ~ if not stubborn!*** sono a dir poco testardo!

nothingness /ˈnʌθɪŋnɪs/ n. nulla m.

no throw /ˌnəʊˈθrəʊ/ n. SPORT tiro m. non valido.

▶ **1.notice** /ˈnəʊtɪs/ n. **1** *(written sign)* avviso m., annuncio m., comunicazione f. **2** *(advertisement)* annuncio m. **3** *(attention)* attenzione f., considerazione f.; ***to take ~*** fare *o* prestare attenzione (**of** a); ***they never take any ~ of what I say*** non fanno mai attenzione a quello che dico; ***take no ~*** o ***don't take any ~*** non farci caso *o* non badarci; ***it was beneath her ~*** non meritava la sua attenzione; ***to bring sth. to sb.'s ~*** portare qcs. all'attenzione di qcn.; ***it did not escape my ~ that*** non mi è sfuggito che; ***it has come to my ~ that*** ho notato che; ***they took absolutely no ~, they didn't take a blind bit*** o ***the slightest bit of ~*** non ne hanno assolutamente tenuto conto **4** TEATR. GIORN. *(review)* recensione f., critica f. **5** *(advance warning)* preavviso m.; ***we require a month's ~*** richiediamo un mese di preavviso; ***without ~*** senza preavviso; ***to do sth. at short ~, at a moment's ~, at two hours' ~*** fare qcs. con poco preavviso, su due piedi, con due ore di preavviso; ***to give sb. ~ of sth.*** avvertire qcn. di qcs.; ***until further ~*** fino a nuovo ordine *o* nuovo avviso; ***two days is very short ~*** due giorni di preavviso sono pochi; ***I'm sorry it's such short ~*** mi dispiace di avervi avvertito così tardi **6** AMM. DIR. *(notification)* notifica f.; ***to give sb. ~ that*** o ***to serve ~ on sb. that*** notificare a qcn. che **7** *(notification of resignation, dismissal)* ***to give in*** o ***hand in one's ~*** licenziarsi *o* dare le dimissioni; ***to give sb. (their) ~*** licenziare qcn.; ***to get one's ~*** essere licenziato; ***to get*** o ***to be given three weeks' ~*** essere licenziato con tre settimane di preavviso **8** *(to vacate premises)* preavviso m.; ***to give ~*** [*tenant*] dare il preavviso; ***one month's ~*** un mese di preavviso; ***to give sb. ~ to quit*** dare a qcn. il preavviso di fine locazione; ***to give the landlord ~*** avvisare il proprietario della propria partenza.

▶ **2.notice** /ˈnəʊtɪs/ tr. accorgersi di, notare [*absence, mark*]; ***I ~ that*** noto che; ***I ~d you talking to that girl*** ti ho visto parlare con quella ragazza; ***to ~ that sth. is happening*** notare che sta succedendo qcs.; ***to get oneself ~d*** farsi notare; ***you'll ~ we don't stand on ceremony here!*** noterai che non facciamo troppe cerimonie qui! ***not so as you'd ~*** COLLOQ. non si nota *o* non si vede; ***I can't say I ~d*** non posso dire di averlo notato.

▷ **noticeable** /ˈnəʊtɪsəbl/ agg. [*flaw, scar, improvement, deterioration*] evidente, visibile.

noticeably /ˈnəʊtɪsəblɪ/ avv. [*increase, improve*] notevolmente; [*different, better, colder*] nettamente.

noticeboard /ˈnəʊtɪsbɔːd/ n. bacheca f., quadro m. per gli avvisi.

notice to pay /ˈnəʊtɪstəˌpeɪ/ n. avviso m. di pagamento.

notifiable /ˈnəʊtɪfaɪəbl/ agg. [*disease*] da denunciare all'autorità sanitaria; [*crime, incident*] da denunciare; ***to be ~ to*** [*noncompliance, disease*] dovere essere segnalato a [*authorities*].

notification /ˌnəʊtɪfɪˈkeɪʃn/ n. **1 U** AMM. DIR. *(communication)* notificazione f.; ***to receive written ~ of sth.*** ricevere una notificazione scritta di qcs.; ***to receive ~ that*** essere avvisato che **2 C** *(of decision, changes)* notificazione f., comunicazione f.; *(of fine)* notifica f. **3** *(formal announcement)* comunicazione f. (anche GIORN.); DIR. avviso m., notifica f., ingiunzione f.; ***"please accept this as the only ~"*** "questo avviso non sarà ripetuto".

notify /ˈnəʊtɪfaɪ/ tr. **1** BE *(give notice of)* notificare; ***all claims should be notified*** tutte le richieste devono essere notificate; ***to ~ sb. of*** o ***about*** informare qcn. di [*result, incident*]; avvertire qcn. di [*intention*]; ***to ~ sth. to sb.*** BE notificare qcs. a qcn.; ***to ~ sb. that*** notificare a qcn. che **2** *(announce formally)* ***to ~ sb. of*** denunciare a qcn. [*birth, death*]; dichiarare [*engagement*].

▷ **notion** /ˈnəʊʃn/ **I** n. **1** *(idea)* idea f.; ***I had a ~ (that) he was married*** avevo idea che fosse sposato; ***I never had any ~ of asking her*** non ho mai pensato di chiederglielo; ***this gave him the ~ of going abroad*** questo gli ha fatto venire voglia di andare all'estero; ***what gave you the ~ that they were rich?*** che cosa ti ha fatto pensare che fossero ricchi? ***she has some strange ~s*** ha delle strane idee; ***what a silly ~!*** che idea sciocca! ***another one of his silly ~s!*** un'altra delle sue idee sciocche! ***he got the ~ that he hadn't been invited*** si è messo in testa di non essere stato invitato; ***she got the ~ into her head that*** si è messa in testa l'idea che; ***what put such ~s into your head?*** che cosa ti ha fatto venire certe idee? da dove ti vengono queste idee? ***don't be putting ~s into his head!*** non mettergli in testa certe idee! **2** *(vague understanding)* nozione f., idea f.; ***some ~ of*** alcune nozioni di; ***he has no ~ of what is meant by discipline*** non ha alcuna idea di cosa si intenda per disciplina; ***she has no ~***

of time non ha nessuna nozione del tempo **3** *(whim, desire)* idea f., voglia f.; ***he had*** o ***took a sudden ~ to go for a swim*** gli è venuta improvvisamente voglia di andare a nuotare **II notions** n.pl. AE *(haberdashery)* articoli m. di merceria.

notional /'nəʊʃənl/ agg. **1** *(hypothetical)* [*element, amount, figure*] ipotetico, teorico **2** FILOS. nozionale.

notional grammar /'nəʊʃənl,græmə(r)/ n. grammatica f. nozionale.

notional word /'nəʊʃənl,wɜːd/ n. parola f. piena.

notoriety /,nəʊtə'raɪətɪ/ n. **1** *(reputation)* notorietà f. (**for** per); ***the ~ surrounding sth.*** la notorietà di qcs. **2** BE SPREG. *(person)* persona f. di cattiva fama.

▷ **notorious** /nəʊ'tɔːrɪəs/ agg. [*criminal, organization*] noto, notorio, famigerato; [*district, venue*] malfamato; [*feature, opinion*] noto, conosciuto; [*example, case*] celebre, noto; ***~ for, as sth.*** [*person, place*] noto per, come qcs.; ***the ~ Mr Brown, Bermuda Triangle*** il famoso signor Brown, il famigerato triangolo delle Bermuda.

notoriously /nəʊ'tɔːrɪəslɪ/ avv. [*erratic, difficult*] notoriamente; ***~ corrupt, inefficient*** notoriamente corrotto, inefficiente; ***they're ~ unreliable*** sono notoriamente inaffidabili.

no trumps /,nəʊ'trʌmps/ n. dichiarazione f. senza atout.

Nottingham /'nɒtɪŋəm/ ♦ ***34*** n.pr. Nottingham f.

Nottinghamshire /'nɒtɪŋəmʃɪə(r)/ ♦ ***24*** n.pr. Nottinghamshire m.

Notts GB ⇒ Nottinghamshire Nottinghamshire.

notwithstanding /,nɒtwɪθ'stændɪŋ/ **I** prep. ***~ the legal difficulties, the legal difficulties ~*** nonostante *o* malgrado le difficoltà legali **II** avv. nondimeno, tuttavia.

nougat /'nuːgɑː, 'nʌgət, AE 'nuːgət/ n. torrone m.

nought /nɔːt/ **I** n. **1** *(as number)* zero m.; ***three ~s*** tre zeri **2** *(nothing)* → **naught II** agg. zero; ***~ per cent*** zero per cento.

noughts and crosses /,nɔːtsən'krɒsɪz, AE -'krɔːsɪz/ ♦ ***10*** n. + verbo sing. (gioco del) tris m.

noumenon /'naʊmənɒn/ n. (pl. **-a**) noumeno m.

noun /naʊn/ n. nome m., sostantivo m.

noun phrase /'naʊnfreɪz/ n. sintagma m. nominale.

nourish /'nʌrɪʃ/ tr. **1** nutrire [*person, animal, plant, skin*] (**with** con; **on** di); concimare [*soil*] (**with** con) **2** FORM. FIG. nutrire, alimentare [*illusion, feeling, belief*]; coltivare [*dream*].

nourishing /'nʌrɪʃɪŋ/ agg. nutriente.

nourishment /'nʌrɪʃmənt/ n. **1** *(nutrition)* ***there's lots of ~ in it*** è molto nutriente; ***there is no ~ in that*** non è nutriente **2** *(food)* nutrimento m.; ***to take ~*** prendere nutrimento; ***to give sb. ~*** dare nutrimento a *o* nutrire qcn. **3** FIG. ***intellectual ~*** nutrimento per l'intelletto.

nous /naʊs/ n. BE COLLOQ. buonsenso m.; ***to have the ~ to do*** avere il buonsenso di fare; ***political ~*** intuito politico.

nouveau riche /,nuːvəʊ'riːʃ/ n. (pl. **nouveaux riches**) nuovo ricco m.

Nov ⇒ November novembre (nov.).

nova /'nəʊvə/ n. (pl. **~s, -ae**) nova f.

Nova Scotia /,nəʊvə'skəʊʃə/ ♦ ***24*** n.pr. Nuova Scozia f.

Nova Scotian /,nəʊvə'skəʊʃn/ **I** agg. [*accent, climate, flora, village*] della Nuova Scozia **II** n. nativo m. (-a), abitante m. e f. della Nuova Scozia.

novation /nə'veɪʃn/ n. DIR. novazione f.

1.novel /'nɒvl/ agg. nuovo, originale.

▶ **2.novel** /'nɒvl/ n. **1** *(work)* romanzo m.; ***historical, detective ~*** romanzo storico, poliziesco **2** *(genre)* ***the ~*** il romanzo.

novelette /,nɒvə'let/ n. **1** *(short novel)* romanzo m. breve; SPREG. *(over-sentimental)* romanzetto m. rosa; *(trivial)* romanzo m. da quattro soldi **2** LETTER. *(novella)* novella f.

novelettish /,nɒvə'letɪʃ/ agg. COLLOQ. SPREG. [*style*] da romanzetto rosa.

▷ **novelist** /'nɒvəlɪst/ ♦ ***27*** n. romanziere m. (-a).

novelize /'nɒvəlaɪz/ tr. romanzare.

novella /nə'velə/ n. (pl. **~s, -ae**) LETTER. novella f.

▷ **novelty** /'nɒvltɪ/ **I** n. **1** novità f. (**of doing** di fare); ***to be a ~ to sb.*** essere una novità per qcn.; ***to do sth. for the ~*** fare qcs. per il gusto della novità; ***the ~ soon wore off*** la novità è passata in fretta **2** *(trinket)* ninnolo m. **II** modif. [*key ring, mug, stationery*] di moda.

▶ **November** /nə'vembə(r)/ ♦ ***16*** n. novembre m.

novena /nə'viːnə/ n. (pl. **-ae**) novena f.

▷ **novice** /'nɒvɪs/ **I** n. **1** *(beginner)* novizio m. (-a) (**in** di); ***a political ~*** un novizio della politica **2** RELIG. *(probationer)* novizio m. (-a) **3** SPORT *(beginner)* principiante m. e f. **4** *(horse)* principiante m. **II** modif. **1** [*writer, driver, salesperson, teacher*] novizio; ***~ gardener, workman*** apprendista giardiniere, operaio **2** SPORT [*class*] principianti; [*crew*] di principianti.

noviciate, novitiate /nə'vɪʃɪət/ n. noviziato m.

novocaine® /'nəʊvəkeɪn/ n. novocaina® f.

▶ **now** /naʊ/ **I** avv. **1** *(at the present moment)* ***she's ~ 17*** adesso ha 17 anni; ***I'm doing it ~*** lo sto facendo adesso; ***the ~ familiar routine*** quella che è ormai la routine abituale; ***the ~ famous court case*** il caso ora celebre **2** *(these days)* ora, adesso; ***they ~ have 5 children*** ora hanno 5 figli; ***she's working in Japan ~*** adesso lavora in Giappone; ***business is better ~*** adesso gli affari vanno meglio **3** *(at once)* adesso, subito; ***right ~*** proprio adesso; ***do it ~*** fallo subito; ***I must go ~*** ora devo andare **4** *(the present time)* ***you should have phoned him before ~*** avresti dovuto telefonargli prima; ***before ~*** prima d'ora; ***until ~*** finora; ***he should be finished by ~*** ormai dovrebbe avere finito; ***between ~ and next Friday*** da qui a venerdì prossimo; ***between ~ and then*** nel frattempo; ***10 days from ~*** da qui a 10 giorni *o* tra 10 giorni; ***from ~ on(wards)*** d'ora in poi *o* d'ora in avanti; ***that's enough for ~*** per il momento basta; ***goodbye for ~*** a presto; ***~ is as good a time as any*** tanto vale (farlo) adesso; ***~ is the best time to do*** questo è il momento migliore per fare **5** *(in time expressions)* ***it's a week ~ since she left*** è una settimana oggi che è partita; ***it has been six months ~*** sono sei mesi ormai; ***some years ago ~*** sono alcuni anni ormai; ***he won't be long ~*** ormai non dovrebbe tardare; ***he could arrive any time*** o ***moment ~*** potrebbe arrivare da un momento all'altro; ***the results will be announced any day ~*** i risultati saranno resi noti da un giorno all'altro **6** *(in view of events)* adesso, ora; ***I'll never get a job ~*** adesso non troverò più un lavoro; ***~ I understand why*** ora capisco il perché; ***how can you trust them ~?*** adesso come puoi fidarti di loro? ***he ~ admits to being wrong*** adesso ammette di avere avuto torto; ***I'll be more careful ~*** adesso farò più attenzione **7** *(at that moment, then)* ***it was ~ 4 pm*** ormai erano le quattro (del pomeriggio); ***~ the troops attacked*** in quel momento le truppe attaccarono; ***by ~ it was too late*** ormai era troppo tardi **8** *(sometimes)* ***~ fast, ~ slowly*** ora velocemente, ora lentamente; ***(every) ~ and then*** o ***~ and again*** di quando in quando *o* di tanto in tanto *o* ogni tanto *o* a volte **9** *(introducing a change)* ***~ for the next question*** passiamo alla domanda successiva; ***~ for a drink*** e adesso beviamo qualcosa; ***if we can ~ compare...*** se adesso paragoniamo...; ***~ then, where was I?*** allora, dove ero rimasto? **10** *(introducing information, opinion)* ***~, this is important because*** questo è importante perché; ***~ there's a man I can trust!*** ecco un uomo di cui posso fidarmi! ***~ Paul would never do a thing like that*** Paul non farebbe mai una cosa del genere; ***~ that would never have happened 10 years ago*** questo non sarebbe mai successo 10 anni fa **11** *(in requests, warnings, reprimands)* ***careful ~!*** attenzione! ***~ let's see*** allora, vediamo; ***~! ~!*** su! ***come ~!*** dai! su! ***there ~, what did I tell you?*** allora, cosa ti avevo detto? ***~ then, let's get down to work*** bene, riprendiamo il lavoro; ***~ then! what's all this noise?*** allora, cos'è tutto questo rumore? **II** cong. ***~ (that) I know her*** ora che la conosco; ***~ (that) you've recovered*** adesso che sei guarito **III** agg. *(current)* attuale.

NOW n. US (⇒ National Organization for Women) = associazione per la tutela dei diritti delle donne.

▷ **nowadays** /'naʊədeɪz/ avv. *(these days)* oggi, al giorno d'oggi, oggigiorno; *(at present, now)* ora, al momento; ***I can't afford wine ~*** al momento non posso permettermi il vino.

noway /'nəʊweɪ/, **noways** /'nəʊweɪz/ AE avv. → **nowise**.

▷ **nowhere** /'nəʊweə(r)/ avv. **1** da nessuna parte, in nessun posto; ***~ special*** da nessuna parte; ***~ but in Scotland*** in nessun posto tranne in Scozia; ***she's ~ to be seen*** non la si vede da nessuna parte; ***the key is ~ to be found*** la chiave non si trova da nessuna parte; ***I've got ~ else to go*** non ho nessun altro posto in cui andare; ***~ else will you find a better bargain*** non troverete un affare migliore da nessun'altra parte; ***to appear*** o ***come out of ~*** venire dal nulla; ***there's ~ better for a holiday*** non c'è posto migliore per una vacanza; ***there's ~ to sit down, park*** non c'è un posto per sedere, per parcheggiare; ***~ is this custom more widespread than in China*** la Cina è il luogo in cui questo costume è maggiormente diffuso; ***business is good and ~ more so than in Tokyo*** gli affari vanno bene, soprattutto a Tokyo; ***these negotiations are going ~*** questi negoziati non porteranno a nulla; ***this company, this team is going ~*** questa società, questa squadra sta facendo ben poco; ***£ 10 goes ~ these days*** con 10 sterline non fai molto oggigiorno; ***all this talk is getting us ~*** tutto questo gran parlare non ci porterà a niente; ***flattery will get you ~!*** non otterrai nulla con le lusinghe! ***she came out of ~ to win the race*** è sbucata fuori dal nulla e ha vinto la corsa **2 nowhere near ~** ***near sufficient, satisfactory*** neanche lontanamente sufficiente, soddisfacente; ***~ near big enough*** neanche lontanamente grande quanto basta; ***~ near as useful as*** lungi dall'essere utile quanto; ***the carpark is ~ near the bank*** il parcheggio non è per niente vicino alla banca; ***50 dollars is ~ near enough*** 50 dollari non sono assolutamente abbastanza; ***I'm ~ near finished*** mi manca ancora molto per finire; ***we're ~ near finding a solution*** siamo ancora lontani da una soluzione ◆ ***we're getting ~ fast*** non stiamo combinando *o* concludendo nulla *o* non stiamo facendo progressi; ***in the middle of ~*** in capo al mondo, a casa del diavolo.

no-win /nəʊ'wɪn/ agg. [*situation*] senza possibilità di successo.

nowise /'nəʊwaɪz/ avv. in nessun modo.

nowt /naʊt/ n. BE COLLOQ. niente m. ◆ ***there's ~ so queer as folk*** il mondo è bello perché è vario.

noxious /'nɒkʃəs/ agg. *(all contexts)* nocivo, dannoso.

nozzle /'nɒzl/ n. **1** *(of hose, pipe)* boccaglio m., ugello m.; *(of bellows, hoover)* ugello m.; *(for icing)* bocchetta f. **2** COLLOQ. *(nose)* naso m., muso m.

NP LING. ⇒ noun phrase sintagma nominale (SN).

NPV n. ECON. (⇒ net present value) = valore attuale netto.

nr ⇒ near vicino.

NRA n. US (⇒ National Rifle Association) = associazione che promuove la libertà di detenzione delle armi.

NSPCC n. GB (⇒ National Society for the Prevention of Cruelty to Children) = associazione per la tutela dell'infanzia.

NSW ⇒ New South Wales Nuovo Galles del Sud.

1.NT 1 BIBL. ⇒ New Testament Nuovo Testamento (NT) **2** GEOGR. ⇒ Northern Territory Territorio del Nord.

2.NT n. GB (⇒ National Trust) = ente per la salvaguardia di luoghi di interesse storico o naturalistico.

nth /enθ/ agg. MAT. ennesimo (anche FIG.); ***to the ~ power*** o ***degree*** all'ennesima potenza; ***for the ~ time*** per l'ennesima volta.

NTSC n. TELEV. (⇒ national television system committee Comitato Nazionale per il Sistema Televisivo) NTSC m.; ***~ standard*** norma NTSC.

nuance /'nju:ɑ:s, AE 'nu:-/ n. sfumatura f.

nub /nʌb/ n. **1** *(of problem)* nocciolo m.; ***the ~ of the matter*** il nocciolo della questione **2** *(knob, lump)* pezzo m., pezzetto m.

nubble /'nʌbl/ n. pezzo m., pezzetto m.

nubbly /'nʌblɪ/, **nubby** /'nʌbɪ/ agg. [*fabric, tweed, silk*] a nodi.

Nubia /'nju:bɪə, AE 'nu:-/ ♦ **24** n.pr. Nubia f.

Nubian /'nju:bɪən, AE 'nu:-/ **I** agg. nubiano **II** n. nubiano m. (-a).

nubile /'nju:baɪl, AE 'nu:bl/ agg. **1** *(attractive)* attraente **2** FORM. *(marriageable)* nubile, in età da marito.

nubility /nju:'bɪlətɪ, AE 'nu:-/ n. **1** *(being attractive)* (l')essere attraente **2** FORM. *(being marriageable)* (l')essere nubile, (l')essere in età da marito.

nubilous /'nju:bɪləs, AE 'nu:-/ agg. RAR. nuvoloso.

nubuck /'nju:bʌk/ n. nabuk m.

nuchal /'nju:kl/ agg. MED. nucale.

▷ **nuclear** /'nju:klɪə(r), AE 'nu:-/ agg. [*accident, arsenal, fission, fusion, fuel, industry, potential, reaction, research, technology*] nucleare; [*missile*] a testata nucleare.

nuclear bomb /ˌnju:klɪə'bɒm, AE ˌnu:-/ n. bomba f. atomica.

nuclear capability /ˌnju:klɪəkeɪpə'bɪlətɪ, AE ˌnu:-/ n. potenziale m. nucleare.

nuclear deterrence /ˌnju:klɪədɪ'terəns, AE ˌnu:klɪədɪ'tɜ:-/ n. deterrenza f. nucleare.

nuclear deterrent /ˌnju:klɪədɪ'terənt, AE ˌnu:klɪədɪ'tɜ:-/ n. deterrente m. nucleare.

nuclear device /ˌnju:klɪədɪ'vaɪs, AE ˌnu:-/ n. dispositivo m. nucleare.

nuclear disarmament /ˌnju:klɪədɪs'ɑ:məmənt, AE ˌnu:-/ n. disarmo m. nucleare.

nuclear energy /ˌnju:klɪər'enədʒɪ, AE ˌnu:-/ n. energia f. nucleare, atomica.

nuclear family /ˌnju:klɪə'fæməlɪ, AE ˌnu:-/ n. ANTROP. famiglia f. nucleare.

nuclear-free /ˌnju:klɪə'fri:, AE ˌnu:-/ agg. denuclearizzato.

nuclear-free zone /ˌnju:klɪəfri:'zəʊn, AE ˌnu:-/ n. BE zona f. denuclearizzata.

nuclear physicist /ˌnju:klɪə'fɪzɪsɪst, AE ˌnu:-/ ♦ **27** n. fisico m. (-a) nucleare.

nuclear physics /ˌnju:klɪə'fɪzɪks, AE ˌnu:-/ n. + verbo sing. fisica f. nucleare.

nuclear power /ˌnju:klɪə'paʊə(r), AE ˌnu:-/ n. **1** *(energy)* → **nuclear energy 2** *(country)* potenza f. nucleare.

nuclear-powered /ˌnju:klɪə'paʊəd, AE ˌnu:-/ agg. che funziona con energia nucleare.

nuclear power station /ˌnju:klɪə'paʊəˌsteɪʃn, AE ˌnu:-/ n. centrale f. nucleare, atomica.

nuclear reactor /ˌnju:klɪərɪ'æktə(r), AE ˌnu:-/ n. reattore m. nucleare.

Nuclear Regulatory Commission /ˌnju:klɪə'regjʊleɪtrɪkəˌmɪʃn, AE ˌnu:klɪə'regjʊleɪtɔ:rɪ-/ n. US = commissione per il controllo della sicurezza nelle centrali nucleari.

nuclear reprocessing plant /ˌnju:klɪəri:'prəʊsesɪŋˌplɑ:nt, AE ˌnu:klɪəri:'prəʊsesɪŋˌplænt/ n. impianto m. per lo smaltimento delle scorie radioattive.

nuclear sap /ˌnju:klɪə'sæp, AE ˌnu:-/ n. carioplasma m.

nuclear scientist /ˌnju:klɪə'saɪəntɪst, AE ˌnu:-/ ♦ **27** n. → **nuclear physicist**.

nuclear shelter /ˌnju:klɪə'ʃeltə(r), AE ˌnu:-/ n. rifugio m. antiatomico.

nuclear submarine /ˌnju:klɪəsʌbmə'ri:n, AE ˌnu:klɪə'sʌb-/ n. sottomarino m. a propulsione nucleare.

nuclear test /ˌnju:klɪə'test, AE ˌnu:-/ n. esperimento m. nucleare.

nuclear testing /ˌnju:klɪə'testɪŋ, AE ˌnu:-/ n. esperimenti m.pl. nucleari.

nuclear umbrella /ˌnju:klɪərʌm'brelə, AE ˌnu:-/ n. ombrello m. nucleare.

nuclear warhead /ˌnju:klɪə'wɔ:hed, AE ˌnu:-/ n. testata f. nucleare.

nuclear waste /ˌnju:klɪə'weɪst, AE ˌnu:-/ n. scorie f.pl. radioattive, scorie f.pl. nucleari.

▷ **nuclear weapon** /ˌnju:klɪə'wepən, AE ˌnu:-/ n. arma f. nucleare, arma f. atomica.

nuclear winter /ˌnju:klɪə'wɪntə(r), AE ˌnu:-/ n. inverno m. nucleare.

nucleate /'nju:klɪət, AE 'nu:-/, **nucleated** /'nju:klɪeɪtɪd, AE 'nu:-/ agg. nucleato.

nucleation /ˌnju:klɪ'eɪʃn, AE ˌnu:-/ n. nucleazione f.

nuclei /'nju:klɪaɪ, AE 'nu:-/ → **nucleus**.

nucleic acid /nju:ˌkli:ɪk 'æsɪd, AE nu:-/ n. acido m. nucleico.

nucleiform /'nju:klɪfɔ:m, AE 'nu:-/ agg. nucleiforme.

nuclein /'nju:klɪn, AE 'nu:-/ n. nucleina f.

nucleoid /'nju:klɪɔɪd, AE 'nu:-/ agg. nucleoide.

nucleolar /nju:'kli:ələ(r), AE nu:-/ agg. nucleolare.

nucleolate /nju:'kli:ələt, AE nu:-/, **nucleolated** /'nju:klɪəleɪtɪd, AE 'nu:-/ agg. che contiene un nucleolo.

nucleolus /nju:'kli:ələs, AE nu:-/ n. (pl. **-i**) nucleolo m.

nucleon /'nju:klɪɒn, AE 'nu:-/ n. nucleone m.

nucleonics /ˌnju:klɪ'ɒnɪks, AE ˌnu:-/ n. + verbo sing. nucleonica f.

nucleoplasm /'nju:klɪəplæzəm, AE 'nu:-/ n. nucleoplasma m.

nucleoside /'nju:klɪəsaɪd, AE 'nu:-/ n. nucleoside m.

nucleotide /'nju:klɪətaɪd, AE 'nu:-/ n. nucleotide m.

nucleus /'nju:klɪəs, AE 'nu:-/ n. (pl. **-i**) *(all contexts)* nucleo m.; ***atomic ~*** nucleo atomico.

nuclide /'nju:klaɪd, AE 'nu:-/ n. nuclide m.

▷ **nude** /nju:d, AE nu:d/ **I** agg. [*person*] nudo; ***to do ~ scenes*** fare scene di nudo **II** n. **1** ART. nudo m. **2** ***in the ~*** nudo.

nudely /'nju:dlɪ, AE 'nu:-/ avv. nudamente.

nudeness /'nju:dnɪs, AE 'nu:-/ n. nudità f.

▷ **1.nudge** /nʌdʒ/ n. colpetto m., gomitata f.

▷ **2.nudge** /nʌdʒ/ tr. *(push, touch)* dare un colpetto a, dare una gomitata a; *(accidentally)* dare un colpo a, urtare; *(brush against)* sfiorare; ***to ~ one's way through*** farsi avanti a gomitate ◆ ***~ ~, wink wink*** COLLOQ. sai com'è!

nudie /'nju:dɪ, AE 'nu:dɪ/ n. COLLOQ. *(movie)* film con molte scene di nudo; *(magazine)* rivista con molte immagini di nudi.

nudism /'nju:dɪzəm, AE 'nu:-/ n. nudismo m.

nudist /'nju:dɪst, AE 'nu:-/ **I** n. nudista m. e f. **II** modif. [*camp, colony*] di nudisti, nudista; [*beach*] nudista, per nudisti.

nudity /'nju:dətɪ, AE 'nu:-/ n. nudità f.

nudnik /'nʌdnɪk/ n. AE COLLOQ. seccatore m. (-trice), scocciatore m. (-trice).

nugatory /'nju:gətərɪ, AE 'nu:gətɔ:rɪ/ agg. FORM. *(worthless)* frivolo, futile; *(invalid)* [*law*] invalido.

nugget /'nʌgɪt/ n. pepita f.; ***gold ~*** pepita d'oro; ***a ~ of information*** un'informazione preziosa.

▷ **nuisance** /'nju:sns, AE 'nu:-/ n. **1** *(annoyance)* fastidio m.; ***the ~ caused by heavy traffic*** il fastidio causato dal traffico intenso; ***the delay, noise was a ~*** il ritardo, il rumore era una seccatura **2** *(annoying person) (child)* peste f.; *(adult)* scocciatore m. (-trice), tormento m.; ***children can be little ~s*** i bambini possono essere delle piccole pesti; ***Mr Jenkins is a real ~*** il signor Jenkins è un vero scocciatore; ***~s like him should not be on the committee*** seccatori come lui non dovrebbero fare parte del comitato; ***to be a ~ to sb.*** [*person*] infastidire qcn. *o* dare fastidio a qcn. *o* dare sui nervi a qcn.; [*action, noise, smell*] dare fastidio a qcn.; ***to make a ~ of oneself*** rompere le scatole **3** *(inconvenience)* disturbo m., seccatura f.; ***to be a ~*** disturbare; ***to cause a ~ to sb.*** causare disagio a qcn.; ***it's*** *a ~ that...* disturba il fatto che... *o* dà fastidio che...; ***it's a ~ for me to do*** mi disturba fare; ***it's a ~ doing*** o ***having to do*** disturba fare, dovere fare; ***the ~ is that...*** la noia è che...; ***what a ~!*** che fastidio! che seccatura! ***I'm sorry to be such a ~*** sono spiacente di disturbarla; ***to have a ~ value*** servire a disturbare tutti **4** DIR. turbativa f.

nuisance call /'nju:sns,kɔ:l, AE 'nu:-/ n. TEL. molestia f. telefonica.

nuisance caller /'nju:sns,kɔ:lə(r), AE 'nu:-/ n. molestatore m. (-trice) telefonico (-a).

NUJ n. GB (⇒ National Union of Journalists) = sindacato dei giornalisti.

1.nuke /nju:k, AE nu:k/ n. COLLOQ. **1** *(weapon)* arma f. nucleare, arma f. atomica **2** AE *(plant)* centrale f. nucleare, centrale f. atomica.

2.nuke /nju:k, AE nu:k/ tr. AE COLLOQ. **1** *(bomb)* distruggere con un'arma atomica **2** *(microwave)* passare nel microonde.

null /nʌl/ agg. **1** DIR. [*document, decision*] nullo; ***~ and void*** nullo; ***to render ~*** annullare, invalidare **2** MAT. nullo.

null hypothesis /'nʌl,haɪpɒθəsɪs/ n. (pl. **null hypotheses**) STATIST. ipotesi f. nulla.

nullification /,nʌlɪfɪ'keɪʃn/ n. annullamento m.

nullify /'nʌlɪfaɪ/ tr. annullare, invalidare.

nulliparous /nə'lɪpərəs/ agg. [*woman*] nullipara.

nullipore /'nʌlɪpɔ:(r)/ n. nullipora f.

nullity /'nʌlətɪ/ n. DIR. *(of act, contract, marriage)* nullità f.

nullity suit /'nʌlətɪ,su:t, -,sju:t/ n. domanda f. di annullamento di matrimonio.

NUM n. GB (⇒ National Union of Mineworkers) = sindacato dei minatori.

▷ **1.numb** /nʌm/ agg. **1** [*limb, face*] *(due to cold)* intirizzito, intorpidito; *(due to pressure)* intorpidito, insensibile; *(due to anaesthetic)* insensibile; ***to go ~*** intorpidirsi; ***~ with cold*** intirizzito per il freddo **2** FIG. [*person*] intontito; ***~ with shock*** tramortito dallo shock; ***to feel ~*** non sentire niente.

▷ **2.numb** /nʌm/ tr. **1** [*cold*] intirizzire, intorpidire; [*anaesthetic*] rendere insensibile; ***to ~ the pain*** togliere il dolore **2** [*news, shock*] intontire.

▶ **1.number** /'nʌmbə(r)/ ♦ *19* **I** n. **1** numero m.; ***the ~ twelve*** il numero dodici; ***think of a ~*** pensa a un numero; ***a three-figure ~*** un numero a tre cifre; ***odd, even ~*** numero dispari, pari; ***a list of ~s*** una lista di numeri **2** *(in series) (of bus, house, account, page, passport, telephone)* numero m.; ***to live at ~ 18*** abitare al numero 18; ***the ~ 7 bus*** l'autobus numero 7 *o* il 7; ***to take a car's ~*** prendere il numero di targa di una macchina; ***a wrong ~*** un numero sbagliato; ***is that a London ~?*** è un numero di Londra? ***there's no reply at that ~*** non risponde nessuno a quel numero; ***to be ~ three on the list*** essere il terzo sulla lista; ***to be ~ 2 in the charts*** essere il numero 2 nella hit-parade **3** *(amount, quantity)* numero m., quantità f.; ***a ~ of people, times*** un certo numero di persone, di volte; ***for a ~ of reasons*** per un certo numero di ragioni; ***a large ~ of*** un gran numero di; ***to come in large ~s*** accorrere numerosi *o* in gran numero; ***to come in such ~s that*** accorrere in così gran numero che; ***large ~s of people*** molte persone; ***a small ~ of houses*** un piccolo numero di case; ***in a small ~ of cases*** in un ristretto numero di casi; ***on a ~ of occasions*** in un certo numero di occasioni; ***on a large ~ of occasions*** molte volte *o* sovente; ***a fair ~*** un buon numero; ***to be due to a ~ of factors*** essere dovuto a un insieme di fattori; ***five people were killed, and a ~ of others were wounded*** cinque persone sono state uccise e altre sono state ferite; ***many, few in ~*** molti, pochi; ***they were sixteen in ~*** erano sedici (di numero) *o* in sedici; ***in equal ~s*** in numero uguale; ***any ~ of books*** un vasto numero di libri; ***any ~ of times*** mille volte *o* molto sovente; ***any ~ of things could happen*** potrebbe succedere di tutto; ***this may be understood in any ~ of ways*** questo potrebbe essere inteso in molti modi; ***beyond*** o ***without ~*** LETT. innumerevole; ***times without ~*** innumerevoli volte **4** *(group)* ***one of our ~*** uno dei nostri; ***three of their ~ were killed*** tre di loro sono stati uccisi; ***among their ~, two spoke English*** tra loro, due parlavano inglese **5** *(issue) (of magazine, periodical)* numero m.; ***the May ~*** il numero di maggio **6** MUS. *(song)* pezzo m., brano m.; ***for my next ~ I would like to sing...*** e ora vi canterò... **7** TEATR. numero m. **8** COLLOQ. *(object of admiration)* ***a little black ~*** *(dress)* un bel vestitino nero; ***that car is a neat little ~*** quella macchina è un gioiellino; ***a nice little ~ in Rome*** *(job)* un bel lavoretto a Roma; ***she's a cute little ~*** è carina **9** LING. numero m.; ***to agree in ~*** concordare in numero **II numbers** n.pl. *(in company, of army)* effettivi m.; *(in school)* studenti m.; *(of crowd)* numero m.sing.; ***a fall in ~s*** una diminuzione degli studenti; ***to estimate their ~s*** stimare il numero; ***to win by force, weight of ~s*** vincere per superiorità numerica; ***to make up the ~s*** fare il conto **III Numbers** n.pr.pl. + verbo sing. BIBL. ***the (Book of) Numbers*** il libro dei Numeri *o* i Numeri ♦ ***I've got your ~!*** COLLOQ. guarda che ti conosco! ormai ti ho inquadrato! ***your ~'s up!*** COLLOQ. è giunta la tua ora! ***to do sth. by the ~s*** AE o ***by ~s*** fare qcs. pedissequamente; ***to colour*** o ***paint by ~s*** colorare secondo lo schema cifrato; ***to play the ~s*** o ***the ~s game*** *(lottery)* giocare al lotto; ***to play a ~s game*** o ***racket*** AE SPREG. *(falsify figures)* falsificare i numeri; *(embezzle money)* sottrarre fondi.

▷ **2.number** /'nʌmbə(r)/ **I** tr. **1** *(allocate number to)* numerare; ***to be ~ed*** [*page, house*] essere numerato; ***they are ~ed from 1 to 100*** sono numerati dall'1 al 100 **2** *(amount to)* contare; ***the regiment ~ed 1,000 men*** il reggimento contava 1.000 uomini **3** *(include)* includere, annoverare; ***to ~ sb. among one's closest friends*** includere qcn. tra gli amici più intimi; ***to be ~ed among the great novelists*** essere annoverato tra i grandi romanzieri **4** *(be limited)* ***to be ~ed*** [*opportunities, options*] essere contato; ***his days are ~ed*** ha i giorni contati **II** intr. **1** *(comprise in number)* ***a crowd ~ing in the thousands*** una folla di migliaia di persone; ***to ~ among the great musicians*** essere annoverato tra i grandi musicisti **2** → **number off**.

■ **number off** MIL. dire a voce alta il proprio numero; ***they ~ed off from the right*** dissero a voce alta il loro numero partendo da destra.

number-cruncher /'nʌmbə,krʌntʃə(r)/ n. COLLOQ. SCHERZ. *(machine)* calcolatore m.

number-crunching /'nʌmbə,krʌntʃɪŋ/ n. COLLOQ. SCHERZ. (il) fare calcoli, calcolo m.

numbering /'nʌmbərɪŋ/ n. numerazione f.

numbering machine /'nʌmbərɪŋmə,ʃi:n/ n. numeratore m.

numberless /'nʌmbəlɪs/ agg. LETT. innumerevole.

number one /,nʌmbə'wʌn/ **I** n. **1** COLLOQ. *(oneself)* ***she only thinks about ~*** pensa solo a se stessa; ***to look after*** o ***look out for*** o ***take care of ~*** pensare prima a se stessi **2** *(most important)* numero m. uno (**in** in); ***to be the world ~*** SPORT essere il numero uno nel mondo; ***their record is (at) ~*** il loro disco è al primo posto **3** INFANT. COLLOQ. EUFEM. ***to do ~*** *(urinate)* fare la pipì **II** modif. [*player*] migliore; [*expert, problem*] principale; [*enemy, priority*] numero uno; ***the world's ~ tennis player*** il tennista numero uno al mondo; ***rule ~ is to keep calm*** regola numero uno: rimanere calmi.

numberplate /'nʌmbəpleɪt/ n. BE AUT. targa f.

number sign /'nʌmbə,saɪn/ n. AE *(hash)* cancelletto m.

Number Ten /,nʌmbə'ten/ n. GB = il governo britannico.

number two /,nʌmbə'tu:/ n. **1** POL. *(second-in-command)* numero m. due; ***the party ~*** il numero due del partito; ***to be sb.'s ~*** essere il vice di qcn. **2** INFANT. COLLOQ. EUFEM. ***to do ~*** fare la popò *o* fare la cacca.

numbfish /'nʌmfɪʃ/ n. (pl. **~**, **~es**) ZOOL. torpedine f.

numbhead /'nʌmhed/ n. AE COLLOQ. → **numbskull**.

numbly /'nʌmlɪ/ avv. [*say, look*] con aria intontita.

numbness /'nʌmnɪs/ n. *(physical)* intorpidimento m., insensibilità f.; *(emotional, mental)* torpore m.

numbskull /'nʌmskʌl/ n. COLLOQ. zuccone m. (-a).

numerable /'nju:mərəbl, AE 'nu:-/ agg. numerabile, calcolabile.

numerability /,nju:mərə'bɪlətɪ, AE ,nu:-/ n. numerabilità f., calcolabilità f.

numeracy /'nju:mərəsɪ, AE 'nu:-/ n. capacità f. di calcolo; ***to improve pupils' standards of ~*** migliorare le capacità di calcolo degli alunni.

numeraire /,nju:mə'reə(r), AE 'nu:-/ n. ECON. numerario m.

numeral /'nju:mərəl, AE 'nu:-/ **I** agg. numerale **II** n. numero m., cifra f.; ***Roman, Arabic ~s*** numeri romani, arabi.

numerate /'nju:mərət, AE 'nu:-/ agg. che sa contare; ***to be ~*** sapere contare; ***~ degree, degree in a ~ subject*** = laurea in discipline scientifiche.

numeration /,nju:mə'reɪʃn, AE ,nu:-/ n. numerazione f.

numerator /'nju:məreɪtə(r), AE 'nu:-/ n. *(of fraction)* numeratore m.

▷ **numerical** /nju:'merɪkl, AE nu:-/ agg. numerico; ***in ~ order*** in ordine numerico.

numerical code /nju:'merɪkl,kəʊd, AE nu:-/ n. → **numeric code**.

numerical control /nju:'merɪklkən,trəʊl, AE nu:-/ n. IND. controllo m. numerico.

numerically /nju:'merɪklɪ, AE nu:-/ avv. numericamente; ***we were ~ superior to them*** eravamo numericamente superiori.

numeric code /nju:'merɪk,kəʊd, AE nu:-/ n. MAT. INFORM. codice m. numerico.

numerics /nju:'merɪks, AE nu:-/ n.pl. caratteri m. numerici.

numerology /,nju:mə'rɒlədʒɪ, AE ,nu:-/ n. numerologia f.

numerous /'nju:mərəs, AE 'nu:-/ agg. numeroso; ***on ~ occasions*** in numerose occasioni.

numerously /ˈnjuːmərəslɪ, AE ˈnuː-/ avv. in gran numero.
numerousness /ˈnjuːmərəsnɪs, AE ˈnuː-/ n. numerosità f.
numinous /ˈnjuːmɪnəs, AE ˈnuː-/ agg. numinoso.
numismatic /ˌnjuːmɪzˈmætɪk, AE ˌnuː-/ agg. numismatico.
numismatics /ˌnjuːmɪzˈmætɪks, AE ˌnuː-/ n. + verbo sing. numismatica f.
numismatist /njuːˈmɪzmətɪst, AE nuː-/ n. numismatico m. (-a).
numismatology /ˌnjuːmɪzməˈtɒlədʒɪ, AE ˌnuː-/ n. numismatica f.
nummary /ˈnʌmərɪ/, **nummulary** /ˈnʌmjʊlərɪ, AE -lerɪ/ agg. nummario.
nummulite /ˈnʌmjʊlaɪt/ n. nummulite f.
nummulitic /ˌnʌmjʊˈlɪtɪk/ agg. nummulitico.
numskull AE → **numbskull**.
▷ **nun** /nʌn/ n. suora f., monaca f.; ***to become a ~*** farsi suora.
nun-buoy /ˈnʌnbɔɪ/ n. boa f. a doppio cono.
nunciature /ˈnʌnʃətjʊə(r)/ n. nunziatura f.
nuncio /ˈnʌnʃɪəʊ/ n. (pl. **~s**) nunzio m.
nuncupation /ˌnʌnkjʊˈpeɪʃn/ n. nuncupazione f.
nuncupative /ˈnʌnkjʊpeɪtɪv/ agg. nuncupativo.
nunnery /ˈnʌnərɪ/ n. ANT. convento m., monastero m.
NUPE n. GB (⇒ National Union of Public Employees) = sindacato degli impiegati statali.
nuphar /ˈnjuːfə(r), AE ˈnuː-/ n. → **nenuphar**.
nuptial /ˈnʌpʃl/ agg. LETT. o SCHERZ. nuziale.
nuptials /ˈnʌpʃlz/ n.pl. LETT. o SCHERZ. nozze f., sposalizio m.sing.
NUR n. GB (⇒ National Union of Railwaymen) = sindacato dei ferrovieri.
nurd → **nerd**.
Nuremberg /ˈnjʊərəmbɜːg, AE ˈnʊ-/ ♦ ***34*** n.pr. Norimberga f.
▶ **1.nurse** /nɜːs/ ♦ ***27*** n. **1** MED. infermiere m. (-a); ***male ~*** infermiere; ***school ~*** = infermiera in servizio nella scuola **2** → **nursemaid**.
2.nurse /nɜːs/ **I** tr. **1** MED. curare, assistere [*person*]; curare [*cold*]; ***to ~ sb. through an illness*** prendersi cura di qcn. durante una malattia; ***to ~ sb. back to health*** assistere qcn. fino alla sua guarigione; ***to ~ one's pride*** curare il proprio orgoglio ferito **2** *(clasp)* stringere [*object*]; ***to ~ a baby in one's arms*** cullare un bambino tra le braccia; ***to ~ one's drink*** sorseggiare *o* centellinare una bevanda **3** *(suckle)* allattare [*baby*] **4** *(nurture)* coltivare [*project, young company, constituency*]; ***the economy needs nursing*** l'economia ha bisogno di essere coltivata **5** *(foster)* nutrire [*grievance, hatred, hope*]; coltivare [*dream*] **II** intr. **1** *(be a nurse)* fare l'infermiere, l'infermiera **2** *(feed)* [*baby*] poppare.
nurse-child /ˈnɜːsˌtʃaɪld/ n. (pl. **nurse-children**) bambino m. (-a) a balia.
nurse-frog /ˈnɜːsˌfrɒg, AE -ˌfrɔːg/ n. alite m. ostetrico.
nurseling → **nursling**.
nursemaid /ˈnɜːsmeɪd/ ♦ ***27*** n. bambinaia f.
nurse practitioner /ˈnɜːspræk ˌtɪʃənə(r)/ ♦ ***27*** n. AE coordinatore m. medico.
▷ **nursery** /ˈnɜːsərɪ/ n. **1** (anche **day ~**) asilo m. nido, nido m. d'infanzia; *(in hotel, shop)* baby-parking m. **2** *(room)* camera f., stanza f. dei bambini **3** AGR. vivaio m. **4** FIG. *(cradle)* vivaio m.
nursery education /ˌnɜːsərɪedʒʊˈkeɪʃn/ n. = sistema educativo delle scuole materne.
nursery maid /ˈnɜːsərɪmeɪd/ ♦ ***27*** n. → **nursemaid**.
nurseryman /ˈnɜːsərɪmən/ ♦ ***27*** n. (pl. **-men**) vivaista m.
nursery nurse /ˈnɜːsərɪˌnɜːs/ ♦ ***27*** n. *(nurse)* puericultore m. (-trice).
nursery rhyme /ˈnɜːsərɪraɪm/ n. filastrocca f.
nursery school /ˈnɜːsərɪskuːl/ n. scuola f. materna, asilo m. infantile.
nursery slope /ˈnɜːsərɪˌsləʊp/ n. BE *(in skiing)* pista f. baby.
nursery (school) teacher /ˈnɜːsərɪ(skuːl)ˌtiːtʃə(r)/ ♦ ***27*** n. maestro m. (-a) di scuola materna, maestro m. (-a) d'asilo.
nurse's aide /ˈnɜːsɪzˌeɪd/ ♦ ***27*** n. AE aiuto infermiere m. (-a).
nurse shark /ˈnɜːsʃɑːk/ n. squalo m. nutrice.
▷ **nursing** /ˈnɜːsɪŋ/ ♦ ***27*** **I** n. **1** *(profession)* professione f. d'infermiere, d'infermiera; ***to enter*** o ***go into ~*** diventare infermiere **2** *(care)* assistenza f. infermieristica; ***round-the-clock ~*** assistenza infermieristica 24 ore su 24 **3** *(breast-feeding)* allattamento m. **II** agg. **1** [*mother*] che allatta **2** MED. [*staff, practice*] infermieristico; [*methods*] di cura.
nursing auxiliary /ˈnɜːsɪŋɔːgˌzɪlɪərɪ/ n. BE infermiere m. (-a) ausiliario (-a).
nursing bra /ˈnɜːsɪŋˌbrɑː/ n. reggiseno m. per allattamento.
nursing home /ˈnɜːsɪŋhəʊm/ n. **1** *(old people's)* casa f. di riposo; *(convalescent's)* casa f. di cura **2** BE *(small private hospital)* clinica f.; *(maternity)* clinica f. ostetrica.
nursing orderly /ˈnɜːsɪŋˌɔːdəlɪ/ ♦ ***27*** n. infermiere m. (-a) ausiliario (-a).
nursing school /ˈnɜːsɪŋˌskuːl/ n. scuola f. per infermieri.
nursing sister /ˈnɜːsɪŋˌsɪstə(r)/ n. BE suora f. ospedaliera.
nursling /ˈnɜːslɪŋ/ n. lattante m., poppante m.
▷ **1.nurture** /ˈnɜːtʃə(r)/ n. **U** **1** *(of child)* allevamento m. **2** ***the nature ~ debate*** la questione della contrapposizione tra natura e cultura.
▷ **2.nurture** /ˈnɜːtʃə(r)/ tr. **1** allevare [*child*]; crescere [*plant*] **2** FIG. nutrire [*hope, feeling*]; coltivare [*talent*]; fare sviluppare [*project*].
NUS n. GB (⇒ National Union of Students) = sindacato degli studenti.
▷ **1.nut** /nʌt/ **I** n. **1** GASTR. *(walnut)* noce f.; *(hazelnut)* nocciola f.; *(almond)* mandorla f.; *(peanut)* arachide f., nocciolina f. americana **2** TECN. dado m. **3** COLLOQ. *(mad person)* svitato m. (-a) **4** COLLOQ. *(enthusiast)* fanatico m. (-a); ***a cycling, health food ~*** un patito della bici, del cibo sano **5** COLLOQ. *(head)* zucca f.; ***use your ~!*** usa la testa! **6** MUS. *(on bow)* bietta f., nasello m.; *(on string instrument)* capotasto m. **7** *(in climbing)* nut m. **II** **nuts** n.pl. POP. *(testicles)* palle f., coglioni m. ◆ ***I can't draw, cook for ~s*** BE COLLOQ. disegno, cucino da schifo; ***he's a hard*** o ***tough ~ to crack*** è un osso duro; ***to be off one's ~*** essere fuori di testa; ***to do one's ~*** uscire dai gangheri *o* incavolarsi; ***the ~s and bolts*** i dettagli pratici (**of** di).
2.nut /nʌt/ tr. (forma in -ing ecc. **-tt-**) BE COLLOQ. dare una zuccata a, dare una capocciata a [*person*].
NUT n. GB (⇒ National Union of Teachers) = sindacato degli insegnanti.
nutation /njuːˈteɪʃn, AE nuː-/ n. nutazione f.
nutball /ˈnʌtbɔːl/ n. AE COLLOQ. svitato m. (-a).
nut-brown /ˈnʌtbraʊn/ ♦ ***5*** agg. [*hair, eyes*] castano; [*skin*] scuro, bruno.
nut burger /ˈnʌtˌbɜːgə(r)/ n. = hamburger a base di nocciole tritate.
nutcase /ˈnʌtkeɪs/ n. COLLOQ. matto m. (-a).
nutcrackers /ˈnʌtkrækəz/ n.pl. schiaccianoci m.sing.
nut cutlet /ˈnʌtˌkʌtlɪt/ n. = bistecca vegetariana a base di nocciole.
nutgall /ˈnʌtˌgɔːl/ n. noce f. di galla.
nuthatch /ˈnʌthætʃ/ n. picchio m. muratore.
nut-hook /ˈnʌthʊk/ n. *(for nuts)* bacchio m.
nuthouse /ˈnʌthaʊs/ n. COLLOQ. manicomio m.; ***he's in the ~*** è al manicomio.
nutmeg /ˈnʌtmeg/ n. *(tree, fruit)* noce f. moscata.
nutmeg-grater /ˈnʌtmegˌgreɪtə(r)/ n. grattugia f. per la noce moscata.
nut-oil /ˈnʌtˌɔɪl/ n. olio m. di noce.
nutraceutical /ˌnjuːtrəˈsjuːtɪkl, AE -ˈsuː-/ n. nutraceutico m.
nutria /ˈnjuːtrɪə, AE ˈnuː-/ n. **1** ZOOL. nutria f. **2** *(fur)* castorino m.
▷ **nutrient** /ˈnjuːtrɪənt, AE ˈnuː-/ **I** agg. nutriente **II** n. nutriente m.
nutriment /ˈnjuːtrɪmənt, AE ˈnuː-/ n. nutrimento m., alimento m.
▷ **nutrition** /njuːˈtrɪʃn, AE nuː-/ n. **1** *(act, process)* nutrizione f., alimentazione f. **2** *(science)* nutrizionistica f.
▷ **nutritional** /njuːˈtrɪʃənl, AE nuː-/ agg. **1** *(good for you)* nutritivo; ***~ value*** valore nutritivo **2** [*composition, information*] nutrizionale.
nutritionist /njuːˈtrɪʃənɪst, AE nuː-/ ♦ ***27*** n. nutrizionista m. e f.
nutritious /njuːˈtrɪʃəs, AE nuː-/ agg. nutriente, nutritivo.
nutritive /ˈnjuːtrɪtɪv, AE ˈnuː-/ agg. → **nutritious**.
nut roast /ˈnʌtrəʊst/ n. GASTR. = piatto vegetariano a base di frutta secca, verdura ed erbe.
▷ **nuts** /ˈnʌts/ **I** agg. **1** COLLOQ. *(crazy)* mai attrib. svitato, sbullonato **2** COLLOQ. *(enthusiastic)* ***to be ~ about sb.*** essere pazzo di qcn.; ***to be ~ about sth.*** andare pazzo per qcs. *o* impazzire per qcs. **II** inter. COLLOQ. palle ◆ ***~s to you!*** COLLOQ. vai al diavolo!
nuts-and-bolts /ˈnʌtsənˌbəʊlts/ agg. attrib. pratico.
nutshell /ˈnʌtʃel/ n. **1** *(of walnut)* guscio m. di noce; *(of hazelnut)* guscio m.; *(of almond)* guscio m. di mandorla **2** FIG. ***in a ~*** in poche parole *o* in nuce; ***to put sth. in a ~*** riassumere qcs. in poche parole.
nut steak /ˈnʌtˌsteɪk/ n. → **nut cutlet**.
nutter /ˈnʌtə(r)/ n. BE COLLOQ. svitato m. (-a), pazzo m. (-a); ***to be a ~*** essere fuori di testa.
nut tree /ˈnʌtˌtriː/ n. *(bearing walnuts)* noce m.; *(bearing hazelnuts)* nocciolo m.
nutty /ˈnʌtɪ/ agg. **1** *(containing hazelnuts)* [*cake, taste*] di nocciole; [*chocolate*] con nocciole **2** COLLOQ. *(mad)* [*person*] svitato, fuori (di testa); [*idea, plan*] folle.
nutty slack /ˈnʌtɪˌslæk/ n. carbonella f.
nut-weevil /ˈnʌtˌwiːvɪl/ n. balanino m. delle nocciole.
nux vomica /ˌnʌksˈvɒmɪkə/ n. noce f. vomica.

nuzzle /ˈnʌzl/ **I** tr. [*horse, dog*] strofinare il muso contro; [*person*] strofinare il naso contro; [*pig*] grufolare in **II** intr. → **nuzzle up**.
▪ **nuzzle up** ***to ~ up against*** o ***to sb.*** rannicchiarsi contro qcn.
NV US ⇒ Nevada Nevada.
NVQ n. BE (⇒ National Vocational Qualification) = qualifica professionale ottenuta dopo un corso di formazione.
NW ➧ ***21*** ⇒ northwest nord-ovest (NO).
NY US ⇒ New York New York.
Nyasa /naɪˈæsə/ **I** agg. del Niassa **II** n. nativo m. (-a), abitante m. e f. del Niassa.
Nyasaland /naɪˈæsəlænd/ n.pr. STOR. Niassa m.
NYC US ⇒ New York City (città di) New York.
nyctalope /ˈnɪktələʊp/ n. nictalope m.
nyctalopia /ˌnɪktəˈləʊpɪə/ n. nictalopia f.
nyctitropism /ˌnɪktɪˈtrəʊpɪzəm/ n. nictitropismo m.
▷ **nylon** /ˈnaɪlɒn/ **I** n. nylon m., nailon m. **II** modif. [*article*] di nylon.
nylons /ˈnaɪlɒnz/ n.pl. calze f. di nailon.
nymph /nɪmf/ n. MITOL. ZOOL. ninfa f.
nymphaea /nɪmˈfiːə/ n. ninfea f.
nymphal /ˈnɪmfl/ agg. MITOL. ZOOL. ninfale.
nymphet /nɪmˈfet/ n. SCHERZ. ninfetta f.
nympho /ˈnɪmfəʊ/ n. (pl. **~s**) COLLOQ. SPREG. (accorc. nymphomaniac) ninfomane f.
nymphomania /ˌnɪmfəˈmeɪnɪə/ ➧ ***11*** n. ninfomania f.
nymphomaniac /ˌnɪmfəˈmeɪnɪæk/ **I** agg. SPREG. ninfomane **II** n. SPREG. ninfomane f.
nymphosis /nɪmˈfəʊsɪs/ n. (pl. **-es**) ninfosi f.
NYSE n. US (⇒ New York Stock Exchange Borsa valori di New York) NYSE f.
nystagmus /nɪˈstægməs/ n. nistagmo m.
nystatin /ˈnɪstətɪn/ n. nistatina f.
NZ ⇒ New Zealand Nuova Zelanda.

O

o, O /əʊ/ **I** n. **1** *(letter)* o, O m. e f. **2 O** *(spoken number)* zero m. **II O** inter. LETT. o, oh.
o' /ə/ COLLOQ. → **of**.
oaf /əʊf/ n. *(clumsy)* persona f. goffa; *(loutish)* zotico m. (-a).
oafish /'əʊfɪʃ/ agg. [*person*] zotico, rozzo; [*behaviour*] da zotico.
▷ **oak** /əʊk/ **I** n. quercia f.; ***light, dark*** ~ quercia chiara, scura **II** modif. [*table, finish*] in quercia ◆ ***big*** o ***great ~s from little acorns grow*** PROV. i piccoli ruscelli fanno i grandi fiumi.
oak apple /'əʊk,æpl/ n. noce f. di galla.
Oak-apple Day /'əʊk,æpl,deɪ/ n. BE = il 29 maggio, giorno in cui si commemora la restaurazione di Carlo II avvenuta nel 1660.
oak bark /'əʊk,bɑ:k/ n. corteccia f. di quercia.
oaken /'əʊkən/ agg. LETT. in quercia.
oak-gall /'əʊkgɔ:l/ n. → **oak apple**.
oakleaf lettuce /'əʊk,li:f,letɪs/ n. = varietà di lattuga con foglie frastagliate.
oakum /'əʊkəm/ n. stoppa f.; ***to pick*** ~ fare stoppa.
OAP n. BE **1** (⇒ old age pensioner) = pensionato **2** (⇒ old age pension) = pensione di vecchiaia.
1.oar /ɔ:(r)/ n. **1** remo m. **2** *(person)* rematore m. (-trice) ◆ ***to put*** o ***shove*** o ***stick one's ~ in*** COLLOQ. metterci il becco, immischiarsi.
2.oar /ɔ:(r)/ **I** tr. sospingere coi remi **II** intr. LETT. remare.
oarlock /'ɔ:lɒk/ n. AE scalmiera f., forcella f.
oarsman /'ɔ:zmən/ n. (pl. **-men**) rematore m.
oarsmanship /'ɔ:zmənʃɪp/ n. arte f. del remare.
oarsmen /'ɔ:zmen/ → **oarsman**.
oarswoman /'ɔ:zwʊmən/ n. (pl. **-women**) rematrice f.
OAS n. US (⇒ Organization of American States Organizzazione degli Stati Americani) OSA f.
oasis /əʊ'eɪsɪs/ n. (pl. **-es**) oasi f. (anche FIG.).
oast /əʊst/ n. forno m. per asciugare il luppolo.
oasthouse /'əʊsthaus/ n. essiccatoio m. per il luppolo.
oat /əʊt/ **I** n. *(plant)* avena f.; ***~s*** avena **II** modif. [*biscuit*] d'avena; [*crop*] dell'avena ◆ ***to be off one's ~s*** COLLOQ. avere perso l'appetito; ***to feel one's ~s*** COLLOQ. *(feel exuberant)* essere su di giri; *(be self-important)* essere pieno di sé; ***to be getting, not getting one's*** ~ COLLOQ. farlo, non farlo regolarmente; ***to sow one's wild ~s*** correre la cavallina.
oatcake /'əʊtkeɪk/ n. focaccia f. di farina d'avena.
oater /'əʊtə(r)/ n. AE COLLOQ. film m. western.
▷ **oath** /əʊθ/ n. **1** DIR. giuramento m.; ***under*** ~ o ***on*** ~ BE sotto giuramento; ***to take the*** ~ o ***to swear an*** ~ giurare *o* fare giuramento (**to do** di fare; **that** che); ***to administer the ~ to sb.*** o ***to put sb. under*** ~ fare prestare giuramento a qcn.; ***she swore on*** o ***under*** ~ affermò sotto giuramento; ***I'll take my ~ on it*** sarei pronto a giurarlo; ~ ***of office*** giuramento d'ufficio; ~ ***of allegiance*** giuramento di fedeltà **2** *(swearword)* imprecazione f., bestemmia f.; ***a stream*** o ***torrent of ~s*** un torrente di imprecazioni; ***to let out an*** ~ imprecare, bestemmiare.
oatmeal /'əʊtmi:l/ **I** n. **U 1** *(cereal)* farina f. d'avena **2** AE *(porridge)* porridge m. **3** *(colour)* (color) corda m. **II** ◗ **5** agg. [*fabric, garment*] color corda.
OAU n. (⇒ Organization of African Unity Organizzazione per l'Unità Africana) OAU f.
Obadiah /,əʊbə'daɪə/ n.pr. Abdia.
obbligato /,ɒblɪ'gɑ:təʊ/ **I** agg. obbligato **II** n. MUS. parte f. obbligata; ***with piano*** ~ con pianoforte obbligato.
obduracy /'ɒbdjʊrəsɪ, AE -dər-/ n. **1** *(stubbornness)* ostinazione f., caparbietà f. **2** *(hard-heartedness)* durezza f. (di cuore).
obdurate /'ɒbdjʊrət, AE -dər-/ agg. **1** *(stubborn)* ostinato **2** *(hard-hearted)* duro di cuore.
OBE n. GB (⇒ Officer of the Order of the British Empire) = ufficiale dell'ordine dell'impero britannico.
obedience /ə'bi:dɪəns/ n. **1** *(to person, rite, law)* ubbidienza f., obbedienza f., sottomissione f. (**to** a); ***in ~ to*** secondo [*wish, order*]; ***to show ~ to*** ubbidire *o* obbedire a; ***to owe ~ to*** dovere ubbidienza a **2** RELIG. obbedienza f. (**to** a).
obedient /ə'bi:dɪənt/ agg. [*child, dog*] ubbidiente, obbediente; ***to be ~ to*** ubbidire *o* obbedire a; ***your ~ servant*** LETT. *(in letters)* Suo devotissimo.
obediently /ə'bi:dɪəntlɪ/ avv. ubbidientemente, obbedientemente.
obeisance /əʊ'beɪsns/ n. FORM. **1** *(homage)* omaggio m. **2** *(bow)* inchino m.
obelisk /'ɒbəlɪsk/ n. **1** ARCH. obelisco m. **2** TIP. croce f. (per indicare una parola obsoleta o una persona defunta).
Oberon /'əʊbərən/ n.pr. Oberon.
obese /əʊ'bi:s/ agg. obeso.
▷ **obesity** /əʊ'bi:sətɪ/ n. obesità f.
▷ **obey** /ə'beɪ/ **I** tr. ubbidire, obbedire a [*person, order, conscience*]; ubbidire, attenersi a [*law*]; seguire [*instructions, instinct*]; DIR. ottemperare a [*summons, order*] **II** intr. ubbidire, obbedire.
obfuscate /'ɒbfəskeɪt/ tr. FORM. offuscare [*issue*]; offuscare, ottenebrare [*mind*].
obfuscation /,ɒbfə'skeɪʃn/ n. offuscamento m.
ob-gyn /,əʊbɪ'gaɪn/ n. (accorc. obstetrics and gynaecology) specialista m. e f. in ostetricia e ginecologia.
obit /'ɒbɪt, 'əʊbɪt/ n. COLLOQ. (accorc. obituary) necrologia f.
obiter dicta /,ɒbɪtə'dɪktə/ n.pl. DIR. = dichiarazioni incidentali del giudice nella sentenza.
obituarist /ə'bɪtʃʊərɪst/ ◗ ***27*** n. necrologista m. e f.
obituary /ə'bɪtʃʊərɪ, AE -tʃʊerɪ/ **I** n. (anche ~ **notice**) necrologia f., necrologio m. **II** modif. [*column, page*] delle necrologie, dei necrologi.
▶ **1.object** /'ɒbdʒɪkt/ n. **1** *(item)* oggetto m.; ***everyday ~s*** gli oggetti di tutti i giorni **2** *(goal)* obiettivo m., scopo m. (**of** di); ***his ~ was to do*** il suo obiettivo era fare; ***the ~ of the exercise*** lo scopo dell'esercizio; ***with the ~ of doing*** con l'intento di fare **3** *(focus)* ***to be the ~ of*** essere oggetto di; ***to become the sole ~ of sb.'s affections*** diventare il solo oggetto dell'affetto di qcn. **4** LING. oggetto m.; ***direct*** ~ complemento oggetto *o* diretto; ***indirect*** ~ complemento indiretto **5** FILOS. oggetto m. ◆ ***money is no*** ~ i soldi non sono un problema, non sono un ostacolo.
▶ **2.object** /əb'dʒekt/ **I** tr. ***to ~ that*** obiettare che; ***"it's unfair," she ~ed*** "non è giusto," obiettò **II** intr. fare delle obiezioni, essere con-

trario; ***if people*** ~ se la gente si oppone; ***the neighbours started to*** ~ i vicini iniziarono a protestare; ***"I~!"*** "mi oppongo!" *o* "non sono d'accordo!"; ***if you don't*** ~ se non avete obiezioni *o* se non avete nulla in contrario; ***I won't do it if you*** ~ non lo farò se siete contrari; ***would you ~ if...?*** ha qualcosa in contrario se...? ***they didn't ~ when...*** non hanno protestato quando...; ***to ~ to*** opporsi a [*plan, action, law*]; essere contrario a [*attitude*]; lamentarsi per [*noise, dirt, delay*]; essere contro [*leader, candidate*]; sollevare *o* muovere un'obiezione contro, a [*witness, juror*]; ***to ~ strongly to*** opporsi categoricamente a; ***to ~ to sb. as president*** essere sfavorevole a qcn. come presidente; ***to ~ to sb. on grounds of sex, age*** essere contrario a qcn. per motivi di sesso, età; ***to ~ to sb.('s) doing*** opporsi al fatto che qcn. faccia; ***do you ~ to my*** o ***me smoking?*** le dà fastidio se fumo? ***to ~ to doing*** rifiutarsi di fare; ***I don't ~ to signing but...*** non mi rifiuto di firmare ma...

object clause /ˈɒbdʒɪktˌklɔːz/ n. proposizione f. complementare, proposizione f. completiva.

object-glass /ˈɒbdʒɪktˌglɑːs, AE -ˌglæs/ n. FOT. obiettivo m.

objectification /əbˈdʒektɪfɪkeɪʃn/ n. oggettivazione f.

objectify /əbˈdʒektɪfaɪ/ tr. oggettivare.

▷ **objection** /əbˈdʒekʃn/ n. **1** obiezione f. (**to** a; **from** da parte di); ***are there any ~s?*** ci sono obiezioni? ***if you have no ~(s)*** se non avete obiezioni *o* se non avete nulla in contrario; ***I've no ~(s)*** non ho obiezioni *o* sono d'accordo; ***I can't see any*** ~ non ho obiezioni (**to doing** a fare); ***the main ~ was to tax increases*** l'obiezione principale è stata all'aumento delle tasse; ***to have an ~ to sb.*** essere contrario a qcn.; ***to have an ~ to doing*** essere contrario a fare; ***have you some ~ to washing up?*** IRON. qualcosa in contrario a lavare i piatti? ***have you any ~ to people taking photos?*** vi crea fastidio se la gente fa delle foto? ***I've no ~ to them coming*** non ho nulla in contrario al fatto che vengano; ***the ~ that*** l'obiezione secondo la quale **2** DIR. ***to make ~ to*** fare delle obiezioni a [*argument, statement*]; ***~!*** obiezione! ~ ***sustained, overruled*** obiezione accolta, respinta.

objectionable /əbˈdʒekʃənəbl/ agg. [*remark, allegation*] cui si può obiettare; [*views*] sgradevole; [*behaviour, habit*] deplorevole, riprovevole; [*language*] sconveniente; [*law, system*] inaccettabile; [*person*] insopportabile; ***there's nothing ~ about him*** non ci sono obiezioni a suo riguardo.

objectionably /əbˈdʒekʃənəblɪ/ avv. [*behave*] deplorevolmente, riprovevolmente; [*speak*] in modo sconveniente.

▶ **objective** /əbˈdʒektɪv/ **I** agg. **1** *(unbiased)* obiettivo, oggettivo (**about** riguardo a) **2** FILOS. oggettivo **3** LING. = relativo al complemento oggetto o di termine **II** n. **1** obiettivo m. (anche MIL.); ***to do sth. with the ~ of doing*** fare qcs. con lo scopo di fare; ***foreign policy ~s*** obiettivi della politica estera **2** FOT. obiettivo m. **3** LING. → **objective case**.

objective case /əbˈdʒektɪvˌkeɪs/ n. LING. caso m. oggettivo.

objective complement /əbˈdʒektɪvˌkɒmplɪmənt/ n. LING. complemento m. predicativo dell'oggetto.

objectively /əbˈdʒektɪvlɪ/ avv. **1** *(fairly)* obiettivamente, oggettivamente **2** FILOS. oggettivamente.

objectiveness /əbˈdʒektɪvnɪs/ n. *(fairness)* obiettività f., oggettività f.

objectivism /əbˈdʒektɪvɪzəm/ n. oggettivismo m.

objectivity /ˌɒbdʒekˈtɪvətɪ/ n. obiettività f., oggettività f.

object language /ˈɒbdʒɪktˌlæŋgwɪdʒ/ n. metalingua f.

object lesson /ˈɒbdʒɪktˌlesn/ n. dimostrazione f. (**in** di); ***an ~ in doing*** o ***in how to do*** una dimostrazione di come fare.

objector /əbˈdʒektə(r)/ n. oppositore m. (-trice).

object-oriented /ˈɒbdʒɪktˌɔːrɪəntɪd/ agg. INFORM. [*programming, program, language, database*] a oggetti.

objet d'art /ˌɒbʒerˈdɑː/ n. (pl. **objets d'art**) oggetto m. d'arte.

1.oblate /ˈɒbleɪt/ n. RELIG. oblato m. (-a).

2.oblate /ˈɒbleɪt/ agg. MAT. schiacciato ai poli.

oblation /əʊˈbleɪʃn/ n. RELIG. oblazione f.

obligate /ˈɒblɪgeɪt/ tr. obbligare (**to do** a fare).

▷ **obligation** /ˌɒblɪˈgeɪʃn/ n. **1** *(duty)* obbligo m., dovere m. (**towards, to** verso); ***family, moral ~s*** obblighi familiari, morali; ***to have an ~ to do*** avere l'obbligo di fare; ***to be under (an) ~ to do*** essere tenuto a fare; ***to fulfil one's ~s*** compiere il proprio dovere; ***out of a sense of ~*** per senso del dovere; ***day of ~*** festa di precetto *o* comandata **2** *(commitment) (contractual)* obbligo m. (**to** verso; **to do** di fare); *(personal)* impegno m. (**to** verso; **to do** a fare); ***without ~*** COMM. senza impegno; ***there is no ~ to pay*** non c'è obbligo di pagamento; ***"no ~ to buy"*** COMM. "senza obbligo di acquisto"; ***to discharge*** o ***fulfil one's ~s*** onorare i propri impegni; ***he failed to meet his ~s*** non ha rispettato i suoi impegni; ***to place sb. under (an) ~ to do*** obbligare qcn. a fare; ***to be under ~ to do*** essere tenuto a fare **3** *(debt) (financial)* impegno m. di spesa, obbligazione f.; *(of gratitude)* debito m.; ***to meet one's ~s*** onorare i propri debiti; ***to repay an ~*** sdebitarsi; ***to be under ~ to sb. for sth.*** essere in debito con qcn. per qcs.

obligatorily /əˈblɪgətrɪlɪ, AE -tɔːrɪ-/ avv. obbligatoriamente.

obligatoriness /əˈblɪgətrɪnɪs, AE -tɔːrɪ-/ n. obbligatorietà f.

obligatory /əˈblɪgətrɪ, AE -tɔːrɪ/ agg. **1** *(compulsory)* obbligatorio (**to do** fare); ***to make it ~ for sb. to do sth.*** rendere obbligatorio per qcn. fare qcs. **2** *(customary)* d'obbligo.

▷ **oblige** /əˈblaɪdʒ/ tr. **1** *(compel)* [*contract, event, law, person*] obbligare, costringere (**to do** a fare); ***to be, feel ~d to do*** essere, sentirsi obbligato a fare; ***don't feel ~d to pay*** non sentitevi obbligati a pagare **2** *(be helpful)* fare un favore a, fare una cortesia a [*person*]; ***to ~ sb. by doing*** fare un favore a qcn. facendo; ***could you ~ me with a lift?*** potrebbe essere così gentile da darmi un passaggio? ***anything to ~!*** a vostro servizio! **3** *(be grateful)* ***to be ~d to sb.*** essere riconoscente a qcn. (**for** per; **for doing** per avere fatto); ***I would be ~d if you'd stop smoking*** le sarei grato se smettesse di fumare; ***much ~d!*** obbligato!

obligee /ˌɒblɪˈdʒiː/ n. obbligatario m., promissario m.

obliging /əˈblaɪdʒɪŋ/ agg. [*manner, person*] cortese; ***it is ~ of them*** è cortese da parte loro (**to do** fare).

obligingly /əˈblaɪdʒɪŋlɪ/ avv. cortesemente, gentilmente.

obligingness /əˈblaɪdʒɪŋnɪs/ n. cortesia f.

1.oblique /əˈbliːk/ **I** agg. **1** [*line, stroke, look*] obliquo **2** FIG. [*reference, compliment, method*] indiretto **3** LING. obliquo **II** n. TIP. barra f.

2.oblique /əˈbliːk/ intr. **1** *(take an oblique direction)* inclinarsi **2** MIL. avanzare obliquamente.

oblique angle /əˈbliːkˌæŋgl/ n. angolo m. non retto.

obliquely /əˈbliːklɪ/ avv. **1** [*placed, drawn*] obliquamente, in diagonale **2** FIG. [*answer, refer*] indirettamente.

obliqueness /əˈbliːknɪs/ n. **1** *(of line, look)* obliquità f. **2** *(of reference)* (l')essere indiretto.

obliquity /əˈblɪkwətɪ/ n. → **obliqueness**.

obliterate /əˈblɪtəreɪt/ tr. **1** *(rub out, remove)* obliterare, cancellare [*trace, print, word*]; ***the village was completely ~d*** il villaggio fu completamente distrutto **2** *(cover)* nascondere [*sun, view*] **3** *(erase from mind)* obliterare, fare svanire [*memory*] **4** *(cancel)* obliterare [*stamp*].

obliteration /əˌblɪtəˈreɪʃn/ n. **1** *(of mark, memory, impression)* obliterazione f. **2** *(of city)* distruzione f. totale.

obliterator /əˈblɪtəreɪtə(r)/ n. (macchina) obliteratrice f.

oblivion /əˈblɪvɪən/ n. **1** *(being forgotten)* oblio m.; *(being as yet unknown)* oscurità f.; ***to rescue sb., sth. from ~*** salvare qcn., qcs. dall'oblio; ***to sink into ~*** cadere nell'oblio **2** *(unconsciousness, nothingness)* ***to drink oneself into ~*** bere fino a perdere i sensi; ***to long for ~*** *(death)* desiderare la morte; *(sleep, drug-induced)* desiderare uno stato di incoscienza.

▷ **oblivious** /əˈblɪvɪəs/ agg. **1** *(unaware)* inconsapevole, ignaro; ***to be ~ of*** o ***to*** essere ignaro di [*surroundings, presence, risk, implications*] **2** *(forgetful)* dimentico, immemore.

obliviously /əˈblɪvɪəslɪ/ avv. **1** *(forgetfully)* senza ricordare, dimenticando **2** *(unconsciously)* inconsapevolmente.

obliviousness /əˈblɪvɪəsnɪs/ n. **1** *(forgetfulness)* dimenticanza f. **2** *(unconsciousness)* inconsapevolezza f.

oblong /ˈɒblɒŋ, AE -lɔːŋ/ **I** agg. [*table, building*] oblungo, bislungo **II** n. = figura oblunga.

obloquy /ˈɒbləkwɪ/ n. ingiuria f., offesa f.

obnoxious /əbˈnɒkʃəs/ agg. [*person*] odioso, detestabile; [*behaviour*] riprovevole; [*smell*] disgustoso, ripugnante.

obnoxiously /əbˈnɒkʃəslɪ/ avv. odiosamente.

obnoxiousness /əbˈnɒkʃəsnɪs/ n. *(of person)* odiosità f.; *(of behaviour)* (l')essere riprovevole; *(of smell)* (l')essere disgustoso, ripugnante.

oboe /ˈəʊbəʊ/ ♦ ***17*** n. oboe m.

oboist /ˈəʊbəʊɪst/ ♦ ***27, 17*** n. oboista m. e f.

obol /ˈɒbɒl/ n. STOR. obolo m.

obolus /ˈɒbələs/ n. (pl. **-i**) → **obol**.

obscene /əbˈsiːn/ agg. **1** [*film, publication, remark*] osceno **2** FIG. [*wealth*] schifoso; [*war*] mostruoso, ripugnante.

obscenely /əbˈsiːnlɪ/ avv. **1** [*leer, suggest*] oscenamente **2** FIG. ***to be ~ rich*** essere ricco da fare schifo.

obscenity /əbˈsenətɪ/ n. **1** oscenità f.; ~ ***laws*** DIR. leggi contro l'oltraggio al pudore **2** FIG. ***the ~ of war*** la mostruosità della guerra.

obscurantism /ˌɒbskjʊəˈræntɪzəm/ n. oscurantismo m.

obscurantist /ˌɒbskjʊəˈræntɪst/ **I** agg. oscurantista, oscurantistico **II** n. oscurantista m. e f.

obscuration /ˌɒbskjʊəˈreɪʃn/ n. 1 oscuramento m. 2 FIG. *(of mind, truth)* offuscamento m.

▷ **1.obscure** /əbˈskjʊə(r)/ agg. 1 *(hard to understand)* [*meaning, theory, motive, origin*] oscuro 2 *(little-known)* [*writer, book*] oscuro, sconosciuto; [*village*] sconosciuto; [*life*] anonima, nell'ombra 3 *(indistinct)* [*shape*] indistinto; [*memory*] indistinto, vago; [*feeling*] oscuro.

▷ **2.obscure** /əbˈskjʊə(r)/ tr. 1 *(conceal)* offuscare, nascondere [*truth, meaning*]; ***to ~ the issue*** confondere *o* complicare la questione 2 *(cover)* oscurare [*moon*]; offuscare, oscurare [*view*] 3 *(darken)* oscurare, adombrare.

obscurely /əbˈskjʊəlɪ/ avv. oscuramente.

obscureness /əbˈskjʊərnɪs/ n. RAR. oscurità f.

obscurity /əbˈskjʊərətɪ/ n. 1 *(of argument, reference, origin, life)* oscurità f.; ***to fall back into ~*** ritornare nell'anonimato *o* nell'ombra 2 *(of shape)* incertezza f. 3 LETT. *(darkness)* oscurità f., tenebre f.pl.

obsequies /ˈɒbsɪkwɪz/ n.pl. FORM. esequie f.

obsequious /əbˈsiːkwɪəs/ agg. ossequioso (**to, towards** con, nei confronti di); SPREG. servile (**to, towards** con, nei confronti di).

obsequiously /əbˈsiːkwɪəslɪ/ avv. ossequiosamente; SPREG. servilmente.

obsequiousness /əbˈsiːkwɪəsnɪs/ n. ossequiosità f.; SPREG. servilismo m.

observable /əbˈzɜːvəbl/ agg. 1 *(discernible)* osservabile, visibile 2 *(noteworthy)* notevole.

observably /əbˈzɜːvəblɪ/ avv. [*move, react*] in modo evidente; [*change, improve*] notevolmente; [*larger, smaller*] visibilmente, nettamente.

observance /əbˈzɜːvəns/ n. 1 *(of law, rule, right, code)* osservanza f., rispetto m. (**of** di); *(of sabbath, religious festival)* osservanza f. (**of** di); *(of anniversary)* celebrazione f. (**of** di) 2 *(religious rite, ceremony)* usanza f., cerimonia f. (religiosa); ***religious ~s*** cerimonie religiose.

observant /əbˈzɜːvənt/ agg. 1 [*person, eye, mind, reporter*] osservatore 2 *(of law)* rispettoso (**of** di).

▶ **observation** /ˌɒbzəˈveɪʃn/ n. 1 osservazione f. (**of** di); ***to be under ~*** *(in hospital)* essere in osservazione; ***to keep sb., sth. under ~*** tenere qcn., qcs. sotto osservazione; ***powers of ~*** capacità di osservazione; ***clinical, scientific ~s*** osservazioni cliniche, scientifiche 2 *(remark)* osservazione f. (**about, on** su); ***to make an ~*** fare un'osservazione; ***to make the ~ that*** osservare che.

observational /ˌɒbzəˈveɪʃənl/ agg. basato, fondato sull'osservazione.

observation balloon /ˌɒbzəˈveɪʃnbəˌluːn/ n. pallone m. osservatorio.

observation car /ˌɒbzəˈveɪʃnˌkɑː(r)/ n. FERR. carrozza f. belvedere, vagone m. panoramico.

observation deck /ˌɒbzəˈveɪʃnˌdek/ n. *(terrace)* terrazza f. panoramica; *(on ship)* ponte m. panoramico.

observation post /ˌɒbzəˈveɪʃnˌpəʊst/ n. MIL. osservatorio m.

observation satellite /ˌɒbzəˈveɪʃnˌsætəlaɪt/ n. satellite m. di osservazione.

observation tower /ˌɒbzəˈveɪʃnˌtaʊə(r)/ n. torre f. panoramica.

observation ward /ˌɒbzəˈveɪʃnˌwɔːd/ n. *(in hospital)* reparto m. di osservazione.

observatory /əbˈzɜːvətrɪ, AE -tɔːrɪ/ n. osservatorio m.

▶ **observe** /əbˈzɜːv/ tr. 1 *(see, notice)* osservare, notare (**that** che); ***this was ~d to be true*** si osservò *o* fu osservato che ciò era vero 2 *(watch)* [*police*] osservare, sorvegliare; [*doctor*] tenere sotto osservazione; [*scientist, researcher*] osservare 3 *(remark)* (fare) osservare, (fare) notare (**that** che); ***as Sartre ~d*** come osservava Sartre; ***"it's raining," she ~d*** "piove", fece notare 4 *(adhere to)* osservare, rispettare [*law, custom*]; osservare [*condition, silence*]; ***to ~ neutrality*** restare neutrale 5 *(celebrate)* osservare [*Sabbath, religious festival*].

observer /əbˈzɜːvə(r)/ **I** n. 1 *(of event, phenomenon, election)* osservatore m. (-trice) (**of** di); ***to attend as an ~*** partecipare come *o* in veste di osservatore; ***an independent, outside ~*** un osservatore neutrale, esterno 2 GIORN. POL. *(commentator)* inviato m. (-a) (**of** in); ***according to a well-placed ~...*** secondo una fonte ben informata... **II** modif. [*delegation, group*] di osservatori; [*mission*] di osservazione; [*status*] di osservatore; [*country*] osservatore.

obsess /əbˈses/ tr. ossessionare; ***~ed by*** o ***with*** ossessionato da.

▷ **obsession** /əbˈseʃn/ n. ossessione f. (**with** di, per; **with doing** per fare); ***she has an ~ with hygiene, with tidiness*** ha una vera ossessione per la pulizia, per l'ordine; ***sailing is an ~ with him*** la vela per lui è una fissazione; ***to have an ~ with death*** essere ossessionato dall'idea della morte; ***her life was dominated by one great ~*** la sua vita era dominata da un'unica grande ossessione.

obsessional /əbˈseʃənl/ agg. ossessivo; ***to be ~ about doing*** avere l'ossessione di fare.

obsessive /əbˈsesɪv/ **I** agg. [*person*] ossessivo, maniaco; [*neurosis*] ossessivo; [*thought*] ossessivo, ossessionante; [*memory*] ossessionante; ***his ~ fear of illness, death*** la sua paura ossessiva della malattia, della morte **II** n. PSIC. maniaco m. (-a) ossessivo (-a); FIG. fissato m. (-a), maniaco m. (-a).

obsessive-compulsive disorder /əbˌsesɪvkəmˈpʌlsɪvdɪsˌɔːdə(r)/ n. disturbo m. ossessivo-compulsivo.

obsessively /əbˈsesɪvlɪ/ avv. ossessivamente; ***~ clean*** di una pulizia maniacale; ***to be ~ interested in sth.*** essere fissato per qcs. *o* avere un'ossessione per qcs.; ***to be ~ concerned with sth.*** essere preoccupato in modo ossessivo per qcs.; ***~ devoted, discreet*** morbosamente affezionato, maniacalmente discreto.

obsidian /əbˈsɪdɪən/ n. ossidiana f.

obsolesce /ˌɒbsəˈles/ intr. diventare obsoleto.

obsolescence /ˌɒbsəˈlesəns/ n. obsolescenza f.; ***built-in*** o ***planned ~*** obsolescenza programmata.

obsolescent /ˌɒbsəˈlesnt/ agg. obsolescente.

obsolete /ˈɒbsəliːt/ agg. [*technology, word*] obsoleto; [*custom, idea*] obsoleto, antiquato.

obsoleteness /ˈɒbsəliːtnɪs/ n. (l')essere obsoleto, antiquato.

▷ **obstacle** /ˈɒbstəkl/ n. ostacolo m. (anche FIG.); ***to be an ~ to sth.*** *(accidentally)* essere un ostacolo per *o* essere di ostacolo a qcs.; *(deliberately)* ostacolare qcs.; ***to put an ~ in the way of sth.*** ostacolare qcs.; ***to put an ~ in sb.'s way*** mettere i bastoni tra le ruote a qcn.; ***partition is the chief ~ in the talks*** la divisione è l'ostacolo principale delle trattative.

obstacle course /ˈɒbstəklkɔːs/ n. MIL. percorso m. di guerra; FIG. corsa f. a ostacoli.

obstacle race /ˈɒbstəklreɪs/ n. corsa f. a ostacoli.

obstetric(al) /əbˈstetrɪk(l)/ agg. [*technique*] ostetrico; [*service*] ostetrico, di ostetricia; ***~ medicine*** medicina ostetrica.

obstetrician /ˌɒbstəˈtrɪʃn/ ➧ ***27*** n. *(physician)* (medico) ostetrico m.; *(midwife)* ostetrica f.

obstetrics /əbˈstetrɪks/ n. + verbo sing. ostetricia f.

obstinacy /ˈɒbstənəsɪ/ n. *(of person)* ostinazione f. (**in doing** a fare); *(of cough, illness)* persistenza f.; *(of resistance)* ostinazione f.

obstinate /ˈɒbstənət/ agg. [*person*] ostinato, testardo (**about** su, per ciò che riguarda); [*behaviour, silence, effort, stain*] ostinato; [*resistance*] accanito; [*illness, cough, fever*] persistente; ***he's being most ~ about it*** è irremovibile su questo.

obstinately /ˈɒbstənətlɪ/ avv. [*refuse*] ostinatamente; [*defend, resist*] con accanimento; ***he ~ clings to the belief that*** si aggrappa ostinatamente alla convinzione che *o* si ostina a credere che; ***she ~ insisted on paying*** ostinatamente insistette per pagare lei.

obstinateness /ˈɒbstənətnɪs/ n. ostinazione f.

obstreperous /əbˈstrepərəs/ agg. [*drunk*] turbolento; [*child*] turbolento, ribelle; [*crowd*] tumultuoso.

obstreperously /əbˈstrepərəslɪ/ avv. [*act*] in modo turbolento; [*say*] strepitando.

obstreperousness /əbˈstrepərəsnɪs/ n. turbolenza f.

obstruct /əbˈstrʌkt/ **I** tr. 1 *(block)* nascondere, impedire [*view*]; ostruire [*road*]; MED. ostruire (**with** con) 2 *(impede)* bloccare [*traffic*]; ostacolare [*plan, person, justice*]; impedire [*progress*]; fare ostruzione su [*player*]; ***to ~ the passage of a bill*** POL. fare ostruzionismo contro l'approvazione di un disegno di legge; ***to ~ the police*** ostacolare la polizia **II** intr. SPORT fare ostruzione.

obstruction /əbˈstrʌkʃn/ n. 1 **U** *(act, state)* ostruzione f.; ***to be charged with ~ of the police (in the course of their duties)*** essere accusato di aver intralciato gli agenti di polizia (nell'esercizio delle loro funzioni) 2 *(thing causing blockage) (to traffic, progress)* ostruzione f., ostacolo m.; *(in pipe)* ostruzione f.; MED. ostruzione f., occlusione f.; ***~ of the bowels*** occlusione intestinale; ***to cause an ~ to traffic*** provocare il blocco del traffico *o* bloccare il traffico 3 SPORT ostruzione f.; ***to commit an ~*** fare (fallo di) ostruzione.

obstructionism /əbˈstrʌkʃənɪzəm/ n. ostruzionismo m.; ***to have a policy of ~*** seguire *o* fare una politica di ostruzionismo.

obstructionist /əbˈstrʌkʃənɪst/ **I** agg. ostruzionista **II** n. ostruzionista m. e f.

obstructive /əbˈstrʌktɪv/ agg. 1 *(uncooperative)* [*policy, tactics, person, behaviour*] ostruzionista; ***he's just being ~*** sta solo facendo ostruzionismo 2 MED. ostruttivo.

obstructively /əbˈstrʌktɪvlɪ/ avv. ostruzionisticamente, in modo ostruzionistico.

▶ **obtain** /əb'teɪn/ **I** tr. ottenere [*information, permission, degree, visa*]; *(for oneself)* ottenere, procurarsi [*money, goods*]; acquistare, acquisire [*experience*]; ottenere, conseguire [*prize*]; ***to ~ sth. for sb.*** procurare qcs. a qcn.; ***this effect is ~ed by mixing colours*** questo effetto si ottiene mescolando i colori; ***this chemical is ~ed from zinc*** questo prodotto chimico è ricavato dallo zinco; ***our products may be ~ed from any supermarket*** i nostri prodotti si possono trovare in qualsiasi supermercato **II** intr. FORM. [*practice*] essere in voga, essere diffuso; [*situation*] esistere, perdurare; [*rule*] essere in vigore.

obtainable /əb'teɪnəbl/ agg. ottenibile, procurabile; ***~ in all good bookstores*** disponibile nelle migliori librerie; ***petrol is easily ~*** è facile procurarsi benzina.

obtected /əb'tektɪd/ agg. ZOOL. rivestito da un involucro chitinoso.

obtrude /əb'tru:d/ intr. **1** FORM. *(impinge)* ***to ~ on*** [*person, law*] imporsi su **2** FORM. *(become apparent)* [*opinion*] intrudersi; [*comedy*] spuntare, emergere **3** *(stick out)* protrudere.

obtruder /əb'tru:də(r)/ n. FORM. RAR. importuno m. (-a), invadente m. e f.

obtrusion /əb'tru:ʒn/ n. FORM. intrusione f.

obtrusive /əb'tru:sɪv/ agg. **1** *(conspicuous)* [*decor*] appariscente, chiassoso; [*stain, object*] vistoso; [*noise*] assordante; [*smell*] fastidioso **2** *(indiscreet)* [*person, behaviour*] importuno, invadente.

obtrusively /əb'tru:sɪvlɪ/ avv. [*behave*] in modo importuno, invadente; [*stick out*] in modo vistoso.

obtrusiveness /əb'tru:sɪvnɪs/ n. *(of person)* invadenza f.

obtund /əb'tʌnd/ tr. ottundere [*senses*]; MED. intorpidire.

obturate /'ɒbtjʊəreɪt/ tr. FORM. otturare.

obturation /ˌɒbtjʊə'reɪʃn/ n. **1** otturazione f. **2** MED. occlusione f.

obturator /'ɒbtjʊəreɪtə(r)/ **I** agg. ANAT. [*muscle*] otturatore; [*nerve*] otturatorio **II** n. **1** TECN. otturatore m. **2** ANAT. (muscolo) otturatore m.

obtuse /əb'tju:s, AE -'tu:s/ agg. **1** *(stupid)* [*person*] ottuso; [*remark*] stupido; ***he's being deliberately ~*** fa il tonto, fa finta di non capire **2** MAT. [*angle*] ottuso.

obtusely /əb'tju:səlɪ, AE 'tu:səlɪ/ avv. ottusamente.

obtuseness /əb'tju:snɪs, AE -'tu:snɪs/ n. ottusità f.

obverse /'ɒbvɜ:s/ **I** n. **1** *(opposite)* opposto m. **2** *(of coin, medal)* diritto m., recto m. **II** agg. **1** *(contrary)* [*argument*] opposto, contrario **2** *(of coin)* ***the ~ side*** o ***face*** il diritto, il recto **3** BOT. [*leaf*] obovato.

obversely /'ɒbvɜ:slɪ/ avv. in modo opposto.

obviate /'ɒbvɪeɪt/ tr. FORM. **1** *(get round)* ovviare a, aggirare [*difficulty*]; sopperire a [*requirement*]; rimediare a [*delay*]; ***to ~ the need for sth.*** per sopperire alla necessità di qcs. **2** *(do away with)* evitare [*delay*]; evitare, eliminare [*danger*]; ***this would ~ the need to do*** questo risparmierebbe la necessità di dover fare.

▶ **obvious** /'ɒbvɪəs/ **I** agg. **1** *(evident)* ovvio, evidente (**to** per); ***it's ~ that...*** è ovvio che...; ***her anxiety was ~*** era visibilmente preoccupata; ***his disappointment was ~ to all*** la sua delusione fu evidente per tutti; ***it was ~ to everyone that there had been a mistake*** fu palese per tutti che c'era stato un errore; ***she is the ~ choice for the job*** è chiaramente la persona più adatta al lavoro; ***it was the ~ solution to choose*** era ovviamente la soluzione per cui optare; ***it was the ~ thing to do*** era la cosa più ovvia da fare; ***the ~ thing to do would be to...*** la cosa più ovvia da fare sarebbe...; ***for ~ reasons, I do not wish to discuss this*** per ovvi motivi, non voglio discutere di questo **2** *(unsubtle)* [*lie*] palese; [*joke, symbolism*] ovvio; ***she was too ~ about it*** fu troppo esplicita su questo **II** n. ***statement of the ~*** ovvietà f.; ***to state the ~*** dire una cosa ovvia, delle ovvietà.

▶ **obviously** /'ɒbvɪəslɪ/ **I** avv. ovviamente, evidentemente; ***she ~ needs help*** ha evidente bisogno di aiuto; ***he's ~ lying*** è ovvio che sta mentendo; ***she's ~ happy, clever*** è visibilmente felice, è chiaramente intelligente; ***he was ~ in pain*** era evidente che stava soffrendo; ***"hasn't he heard of them?" - "~ not"*** IRON. "non ha sentito parlare di loro?" - "ovviamente no"; ***he had ~ been taking lessons*** era evidente che aveva preso delle lezioni **II** inter. *(indicating assent)* ovviamente, certamente.

obviousness /'ɒbvɪəsnɪs/ n. ovvietà f.

OC n. **1** BE (⇒ Officer Commanding) = ufficiale comandante **2** MED. (⇒ Oral Contraceptive) = contraccettivo orale, pillola.

ocarina /ˌɒkə'ri:nə/ ♦ **17** n. ocarina f.

▶ **1.occasion** /ə'keɪʒn/ n. **1** *(particular time)* occasione f.; ***on that ~*** in quella occasione *o* quella volta; ***on one ~*** in una occasione *o* una volta; ***on several ~s*** in diverse occasioni *o* diverse volte; ***on a previous ~*** in una precedente occasione *o* in precedenza; ***on rare ~s*** in rare occasioni *o* rare volte; ***on ~*** all'occasione; ***on the ~ of*** in occasione di; ***when the ~ demands it*** quando il caso lo richiede; ***to rise to the ~*** essere all'altezza della situazione **2** *(opportunity)* occasione f.; ***to have ~ to do*** avere (l')occasione di fare; ***it's no ~ for laughter, frivolity*** non è il momento, il caso di ridere, di essere frivoli; ***should the ~ arise*** se dovesse presentarsi l'occasione **3** *(event, function)* occasione f., avvenimento m.; ***a big ~*** una grande occasione *o* un grande avvenimento; ***on special ~s*** nelle occasioni speciali *o* nelle grandi occasioni; ***for the ~*** per l'occasione; ***the wedding was quite an ~*** il matrimonio fu un avvenimento; ***ceremonial ~*** cerimonia; ***state ~*** cerimonia di stato **4** FORM. *(cause)* motivo m.; ***there was no ~ to be so rude*** non c'era motivo, non era il caso di essere così villano; ***there is no ~ for alarm*** non c'è motivo, non è il caso di allarmarsi; ***we have no ~ for complaint*** non abbiamo motivo di lamentarci.

2.occasion /ə'keɪʒn/ tr. FORM. occasionare, causare, provocare.

▷ **occasional** /ə'keɪʒənəl/ agg. **1** [*event*] occasionale, sporadico; ***the ~ letter, cigarette*** una lettera, una sigaretta di tanto in tanto; ***they have the ~ row*** di tanto in tanto litigano; ***~ showers*** METEOR. piogge sparse **2** FORM. [*poem, music*] d'occasione, di circostanza.

occasionalism /ə'keɪʒnəlɪzəm/ n. FILOS. occasionalismo m.

▶ **occasionally** /ə'keɪʒnəlɪ/ avv. occasionalmente, di tanto in tanto; ***very ~*** molto raramente, quasi mai.

occasional table /əˌkeɪʒnəl'teɪbl/ n. tavolino m. (di servizio).

Occident /'ɒksɪdənt/ n. LETT. ***the ~*** l'Occidente.

occidental /ˌɒksɪ'dentl/ agg. occidentale.

occidentalism /ˌɒksɪ'dentəlɪzəm/ n. occidentalismo m.

occidentalize /ˌɒksɪ'dentəlaɪz/ tr. occidentalizzare.

occipita /ɒk'sɪpɪtə/ → **occiput**.

occipital /ɒk'sɪpɪtl/ **I** agg. occipitale **II** n. (osso) occipitale m.

occiput /'ɒksɪpʌt/ n. (pl. **~s**, **-ita**) occipite m.

occlude /ə'klu:d/ tr. occludere; ***~d front*** METEOR. fronte occluso.

occlusion /ə'klu:ʒn/ n. occlusione f.

occlusive /ə'klu:sɪv/ LING. **I** agg. occlusivo **II** n. (consonante) occlusiva f.

1.occult /ɒ'kʌlt/ agg. [*powers, arts, literature*] occulto.

2.occult /ɒ'kʌlt, AE ə'kʌlt/ n. ***the ~*** l'occulto.

3.occult /ɒ'kʌlt/ **I** tr. occultare **II** intr. occultarsi.

occultation /ˌɒkəl'teɪʃn/ n. **1** occultamento m. **2** ASTR. occultazione f.

occultism /ɒ'kʌltɪzəm, AE ə'kʌ-/ n. occultismo m.

occultist /'ɒkəltɪst, AE ə'kʌ-/ **I** agg. occultista **II** n. occultista m. e f.

occultly /'ɒkʌltlɪ/ avv. occultamente.

occultness /'ɒkʌltnɪs/ n. occultezza f.

occupancy /'ɒkjʊpənsɪ/ n. *(of house, land, etc.)* occupazione f.; ***full ~*** *(of house, land)* pieno titolo; *(of hotel room)* capienza; ***multiple, sole ~ of a house*** occupazione di una casa in comune fra più locatari, occupazione esclusiva di una casa; ***a change of ~*** un cambio di occupante; ***to have sole ~ of a house*** essere l'unico occupante di una casa; ***available for immediate ~*** libero subito.

▷ **occupant** /'ɒkjʊpənt/ n. **1** *(of building, bed, vehicle)* occupante m. e f. **2** *(of post)* titolare m. e f.

occupation /ˌɒkjʊ'peɪʃn/ **I** n. **1** *(of house)* ***to be in ~*** stabilirsi; ***ready for ~*** pronto per essere occupato; ***the date of their ~*** la data in cui si sono stabiliti nei locali; ***to take up ~*** installarsi (**of** in) **2** MIL. POL. occupazione f. (**of** di); ***to be under ~*** essere occupato; ***to come under ~*** venire occupato; ***an army of ~*** un esercito di occupazione; STOR. ***the Occupation*** l'occupazione **3** *(job) (trade)* occupazione f., impiego m.; *(profession)* professione f. **4** *(leisure activity)* occupazione f. **II** modif. [*army, forces, troops*] di occupazione.

▷ **occupational** /ˌɒkjʊ'peɪʃənəl/ agg. [*accident*] sul lavoro; [*disease, activity, group, opportunity, training*] professionale; [*risk*] del mestiere; [*stress*] da lavoro; [*safety*] sul lavoro.

occupational hazard /ˌɒkjʊˌpeɪʃnəl'hæzəd/ n. rischio m. professionale.

occupational health /ˌɒkjʊˌpeɪʃnəl'helθ/ n. medicina f. del lavoro.

occupational pension /ˌɒkjʊˌpeɪʃnəl'penʃn/ n. GB pensione f. (di lavoro).

occupational pension scheme /ˌɒkjʊˌpeɪʃnəl'penʃnˌski:m/ n. GB pensione f. integrativa.

occupational psychologist /ˌɒkjʊˌpeɪʃnəlsaɪ'kɒlədʒɪst/ ♦ **27** n. psicologo m. (-a) del lavoro.

occupational psychology /ˌɒkjʊˌpeɪʃnəlsaɪ'kɒlədʒɪ/ n. psicologia f. del lavoro.

occupational therapist /ˌɒkjʊˌpeɪʃnəl'θerəpɪst/ ♦ **27** n. ergoterapista m. e f.

occupational therapy /ˌɒkjʊˌpeɪʃnəl'θerəpɪ/ n. ergoterapia f.

occupier /'ɒkjʊpaɪə(r)/ n. occupante m. e f.

▶ **occupy** /ˈɒkjʊpaɪ/ **I** tr. **1** *(inhabit)* occupare [*house, premises*] **2** *(fill)* occupare [*bed, seat, room*]; ***is this seat occupied?*** questo posto è occupato? **3** *(take over)* occupare [*country, building*]; ***an occupied territory*** un territorio occupato; ***the occupied territories*** POL. i territori occupati; ***the occupied zone*** la zona occupata **4** *(take up)* occupare, prendere [*time*]; [*activity*] durare [*day, afternoon*]; ***the lecture occupies a whole day*** la conferenza dura un giorno intero; occupare [*area, floor, surface*]; ***that table occupies too much space*** quel tavolo occupa, prende troppo spazio **5** *(keep busy)* occupare [*person*]; catturare [*attention*]; ***to be occupied in doing*** essere occupato a fare; ***to be occupied with sb., sth.*** essere occupato con *o* occuparsi di qcn., qcs.; ***something to ~ my mind*** qualche cosa che mi occupi la mente **6** *(hold)* occupare [*position, post*]; ricoprire [*office*] **II** rifl. ***to ~ oneself*** occuparsi; ***to keep oneself occupied*** tenersi occupato (**by doing** facendo).

▶ **occur** /əˈkɜː(r)/ intr. (forma in -ing ecc. **-rr-**) **1** *(happen)* [*change, event*] avvenire, verificarsi; [*delay, fault, mistake*] verificarsi; [*epidemic, outbreak*] manifestarsi; [*symptom*] comparire; [*opportunity*] presentarsi; [*sale, visit*] avvenire **2** *(be present)* [*disease, infection*] presentarsi; [*species, toxin*] trovarsi; [*expression, phrase*] ricorrere; [*misprint, mistake*] trovarsi **3** *(suggest itself)* ***the idea ~red to me that...*** mi venne in mente l'idea che...; ***it ~s to me that he's wrong*** mi pare che abbia torto; ***it ~red to me to do*** mi venne in mente di fare; ***it didn't ~ to me to do*** non mi venne in mente di fare; ***it only ~red to me later*** mi venne in mente solo più tardi; ***that she was mistaken never ~red to me*** non pensai mai, non mi passò mai per la mente che potesse sbagliarsi.

▷ **occurrence** /əˈkʌrəns/ n. **1** *(event)* evento m., avvenimento m., fatto m.; ***to be a rare, regular, daily ~*** avvenire, verificarsi raramente, con regolarità, quotidianamente; ***an unfortunate ~*** un evento sfortunato **2** *(instance)* occorrenza f. (**of** di) **3** *(presence) (of disease, phenomenon)* (il) verificarsi; *(of species)* comparsa f.

▷ **ocean** /ˈəʊʃn/ **I** n. oceano m. **II oceans** n.pl. COLLOQ. ***~s of*** un oceano, un mare di [*food, work etc.*]; un'immensità di [*space*]; un'eternità di [*time*] **III** modif. [*voyage, wave*] oceanico; ***~ bed*** fondo dell'oceano *o* fondale oceanico.

oceanarium /ˌəʊʃəˈneərɪəm/ n. (pl. **~s, -ia**) acquario m. marino.

ocean-going /ˈəʊʃnˌɡəʊɪŋ/ agg. [*vessel*] d'altura, d'alto mare; [*ship*] da lungo corso, transatlantico; ***~ liner*** transatlantico.

Oceania /ˌəʊʃɪˈeɪnɪə/ n.pr. Oceania f.

Oceanian /ˌəʊʃɪˈeɪnɪən/ **I** agg. oceaniano **II** n. oceaniano m. (-a).

oceanic /ˌəʊʃɪˈænɪk/ agg. oceanico.

oceanographer /ˌəʊʃəˈnɒɡrəfə(r)/ ♦ ***27*** n. oceanografo m. (-a).

oceanographic(al) /ˌəʊʃənəˈɡræfɪk(l)/ agg. oceanografico.

oceanography /ˌəʊʃəˈnɒɡrəfɪ/ n. oceanografia f.

ocellate(d) /ˈɒseleɪt(ɪd)/ agg. ocellato.

ocellus /əʊˈseləs/ n. (pl. **-i**) ocello m.

ocelot /ˈəʊsɪlɒt, AE ˈɒsəlɒt/ n. ocelot m.

och /ɒx/ inter. SCOZZ. oh.

ochre BE, **ocher** AE /ˈəʊkə(r)/ ♦ **5** **I** n. **1** *(pigment)* ocra f. **2** *(colour)* ocra m. **II** agg. *(colour)* ocra.

ochreous /ˈəʊkrɪəs/, **ochrous** /ˈəʊkrəs/, **ochry** /ˈəʊkrɪ/ agg. ocraceo.

ochroid /ˈəʊkrɔɪd/ agg. *(colour)* simile all'ocra.

▷ **o'clock** /əˈklɒk/ ♦ ***4*** avv. ***at one ~*** all'una (in punto); ***it's two, three ~*** sono le due, le tre (in punto); ***12 ~ midday, midnight*** mezzogiorno, mezzanotte; ***the 10 ~ screening*** la proiezione delle 10; ***to catch the six ~*** prendere quello, il treno, l'autobus ecc. delle sei.

OCR I n. (⇒ optical character recognition lettura ottica di caratteri) OCR f. **II** modif. ***~ machine*** o ***reader*** lettore ottico (di caratteri).

Oct ⇒ October ottobre (ott.).

octad /ˈɒktæd/ n. gruppo m. di otto.

octagon /ˈɒktəɡən, AE -ɡɒn/ n. ottagono m.

octagonal /ɒkˈtæɡənl/ agg. ottagonale.

octahedra /ˌɒktəˈhiːdrə/ → **octahedron**.

octahedrite /ˌɒktəˈhiːdraɪt/ n. ottaedrite f.

octahedron /ˌɒktəˈhiːdrən, -ˈhedrən, AE -drɒn/ n. (pl. **~s, -a**) ottaedro m.

octal /ˈɒktl/ INFORM. MAT. **I** agg. [*system, notation*] ottale; ***235 ~*** 235 in base otto **II** n. sistema m. ottale.

octameter /ɒkˈtæmɪtə(r)/ n. ottametro m.

octane /ˈɒkteɪn/ n. ottano m.

octane number /ˈɒkteɪnˌnʌmbə(r)/, **octane rating** /ˈɒkteɪnˌreɪtɪŋ/ n. numero m. di ottani.

octant /ˈɒktənt/ n. ottante m.

octave /ˈɒktɪv/ n. MUS. LETTER. ottava f.

octave-flute /ˈɒktɪvˌfluːt/ ♦ ***17*** n. MUS. ottavino m.

Octavia /ɒkˈteɪvjə/ n.pr. Ottavia.

Octavian /ɒkˈteɪvjən/ n.pr. Ottaviano.

Octavius /ɒkˈteɪvjəs/ n.pr. Ottavio.

octavo /ɒkˈteɪvəʊ/ **I** n. (pl. **~s**) **1** *(size of book)* formato m. in ottavo **2** *(book)* volume m. in ottavo; *(page)* foglio m. in ottavo **II** modif. [*volume*] in ottavo.

octet(te) /ɒkˈtet/ n. **1** MUS. *(group, composition)* ottetto m. **2** INFORM. ottetto m. **3** LETTER. ottava f.

octillion /ɒkˈtɪljən/ n. **1** AE = ventisettesima potenza di dieci **2** BE = quarantottesima potenza di dieci.

▶ **October** /ɒkˈtəʊbə(r)/ ♦ ***16*** n. ottobre m.; ***the ~ Revolution*** STOR. la rivoluzione d'ottobre.

octodecimo /ˌɒktəˈdesɪməʊ/ **I** n. (pl. **~s**) **1** *(size of book)* formato m. in-diciottesimo **2** *(book)* volume m. in-diciottesimo; *(page)* foglio m. in-diciottesimo **II** modif. [*volume*] in-diciottesimo.

octogenarian /ˌɒktədʒɪˈneərɪən/, **octogenary** /ɒkˈtɒdʒɪnərɪ/ **I** agg. ottuagenario **II** n. ottuagenario m. (-a).

octonary /ˈɒktənərɪ/ **I** agg. di otto **II** n. **1** gruppo m. di otto **2** METR. = strofa di otto versi.

octopus /ˈɒktəpəs/ n. **1** (pl. **~, ~es**) ZOOL. polpo m. **2** FIG. piovra f. **3** BE *(elastic straps)* = insieme di cavi elastici disposti a raggiera, utilizzato per legare il carico di un veicolo.

octoroon /ˌɒktəˈruːn/ n. = persona che ha un ottavo di sangue negro.

octosyllabic /ˌɒktəsɪˈlæbɪk/ agg. [*poem*] in ottonari; [*word*] di otto sillabe.

octosyllable /ˈɒktəˌsɪləbl/ n. *(line)* ottonario m., ottosillabo m.; *(word)* parola f. di otto sillabe.

ocular /ˈɒkjʊlə(r)/ agg. [*defect, muscle*] oculare.

ocularly /ˈɒkjʊlərlɪ/ avv. ocularmente.

oculist /ˈɒkjʊlɪst/ ♦ ***27*** n. oculista m. e f.

oculomotor /ˌɒkjʊləˈməʊtə(r)/ agg. oculomotore.

1.OD /əʊˈdiː/ n. COLLOQ. (⇒ overdose) overdose f.

2.OD /əʊˈdiː/ intr. (⇒ overdose) (3a pers. pres. **OD's**; forma in -ing **OD'ing**; pass., p.pass. **OD'd, OD'ed**) COLLOQ. → **2.overdose**.

ODA n. GB (⇒ Overseas Development Administration) = ente amministrativo per l'aiuto ai paesi in via di sviluppo.

odalisque /ˈəʊdəlɪsk/ n. odalisca f.

▶ **odd** /ɒd/ **I** agg. **1** *(strange, unusual)* [*person, object, occurrence*] strano; ***there is something ~ about*** c'è qualcosa di strano in [*appearance, statement*]; ***there is something ~ about her*** c'è qualcosa di strano in lei *o* ha qualcosa di strano; ***there is something, nothing ~ about it*** c'è qualcosa, non c'è niente di strano (in ciò); ***it is ~ that*** è strano che; ***it is ~ to see*** è strano vedere; ***it is ~ how people react*** è strano come le persone reagiscono; ***it would be ~ if they were to do*** sarebbe strano se facessero; ***to be an ~ couple*** essere una strana coppia; ***that's ~*** è strano; ***he's a bit ~*** *(eccentric)* è un po' strano, strambo **2** *(occasional)* ***I have the ~ drink, pizza*** mi capita di prendere qualcosa da bere, farmi una pizza di tanto in tanto; ***to write the ~ article*** scrivere un articolo di quando in quando; ***to pay sb. the ~ visit*** andare a trovare qcn. ogni tanto; ***the landscape was bare except for the ~ tree*** il paesaggio era spoglio, a parte qualche albero (qua e là) **3** *(not matching)* [*socks, gloves*] spaiato, scompagnato **4** *(miscellaneous)* ***there were some ~ envelopes, bits of cloth left*** c'erano ancora delle buste assortite, dei pezzetti di stoffa; ***a few ~ coins*** un po' di spiccioli **5** MAT. [*number*] dispari **6** *(different)* ***spot the ~ man*** o ***one out*** trova l'intruso; ***to feel the ~ one out*** sentirsi fuori luogo, un pesce fuor d'acqua **II -odd** in composti *(approximately)* ***he lost a thousand-~ dollars*** ha perso mille dollari e rotti; ***there were fifty-~ people*** c'erano circa cinquanta persone; ***twenty-~ years later*** più di una ventina di anni dopo ◆ ***he's as ~ as two left feet*** COLLOQ. è un tipo bizzarro, strambo.

oddball /ˈɒdbɔːl/ n. COLLOQ. originale m. e f.

odd bod /ˈɒdbɒd/ n. BE COLLOQ. originale m. e f.

odd-come-shorts /ˈɒdkʌmˌʃɔːts/ n.pl. cianfrusaglie f., rimasugli m.

oddity /ˈɒdətɪ/ n. *(odd thing)* stranezza f.; *(person)* tipo m. (-a) strambo m. (-a), originale m. e f.

odd job /ˌɒdˈdʒɒb/ n. *(for money)* lavoretto m.; ***to do ~s around the house*** fare lavoretti in casa.

odd-jobman /ˌɒdˈdʒɒbmən/ n. (pl. **odd-jobmen**) uomo m. tuttofare.

odd-looking /ˌɒdˈlʊkɪŋ/ agg. dall'aria strana; ***to be ~*** avere un aspetto bizzarro, strambo.

odd lot /ˈɒdˌlɒt/ n. **1** COMM. *(merchandise)* scampoli m.pl., fondi m.pl. di magazzino **2** ECON. *(in stock market)* spezzatura f.

▷ **oddly** /ˈɒdlɪ/ avv. [*dress*] in modo strambo, originale; ***~ shaped*** di forma bizzarra; ***~ enough...*** stranamente, curiosamente...

oddment /ˈɒdmənt/ n. RAR. scampolo m.

of

- In almost all its uses the preposition *of* is translated by *di*. Remember that, when the article *the* is used after the preposition *of* in English, the two words are translated by one word in Italian; the following cases may occur:

of the cinema	= (di + il) del cinema
of the stadium	= (di + lo) dello stadio
of the church	= (di + la) della chiesa
of the hospital, of the abbey, of the hotel	= (di + l') dell'ospedale, dell'abbazia, dell'hotel
of the mountains	= (di + i) dei monti
of the open spaces	= (di + gli) degli spazi aperti
of the houses	= (di + le) delle case.

- Note that the same Italian translation is to be used when equivalent noun phrases, with or without *of*, can alternate in English:
  the top of the mountain = la cima della montagna
  = *the mountain top* .

- To find translations for phrases beginning with *of* (*of course, of all, of interest, of late, of old* etc.), you should consult the appropriate noun etc. entry (**course**, **all**, **interest**, **late**, **old** etc.).

- *Of* also often appears as the second element of a verb (*consist of, deprive of, die of, think of*): for translations, consult the appropriate verb entry. Please note that in some cases *of* is not translated at all:

he reminds me of my father	= lui mi ricorda mio padre
I often dream of a frightening monster	= sogno spesso un mostro spaventoso.

- *Of* is used after certain nouns, pronouns and adjectives in English (*a member of, a game of, some of, most of, afraid of, capable of, ashamed of* etc.): for translations, consult the appropriate noun, pronoun or adjective entry (**member**, **game**, **some**, **most**, **afraid**, **capable**, **ashamed** etc.).

- When *of it* or *of them* are used for something already referred to, they are translated by *ne*:

there's a lot of it	= ce n'è un mucchio
there are several of them	= ce ne sono parecchi.

- For particular usages see the entry **of**.

- This dictionary contains lexical notes on such topics as **AGE**, **CAPACITY**, **DATE**, **ILLNESSES**, **LENGTH MEASURES**, **QUANTITIES**, **TOWNS AND CITIES**, and **WEIGHT MEASURES**, many of which use *of*. For these notes see the end of the English-Italian section.

oddness /ˈɒdnɪs/ n. stranezza f.

odds /ɒdz/ n.pl. **1** *(in betting)* quotazione f.sing., quota f.sing. (**on** di); ***what are the ~?*** qual è la quotazione? ***the ~ are 20 to 1*** la quotazione è di 20 a 1; ***the ~ on Blue Star are 3 to 1*** Blue Star è dato 3 a 1; ***the ~ are six to one on*** la quotazione è di sei a uno a favore; ***the ~ are five to two against*** la quotazione è di cinque a due a sfavore; ***to give*** o ***offer ~ of*** proporre una quotazione di; ***to quote ~ of 6 to 1*** dare 6 a 1; ***the ~ on Andrew are short, long*** Andrew è poco, molto quotato **2** *(chance, likelihood)* probabilità f.; ***the ~ are against, in favour of sth.*** le probabilità in favore di qcs. sono poche, molte; ***the ~ are against it*** è poco probabile; ***the ~ against, in favour of sth. happening*** la probabilità che qcs. non accada, accada; ***the ~ on sth. happening are even*** le probabilità che qcs. avvenga sono al 50%; ***the ~ are against us, in our favour*** le probabilità giocano a nostro sfavore, favore; ***the ~ are in favour of her doing*** è probabile che faccia; ***the ~ are that she'll do*** la probabilità è che lei faccia; ***to fight against the ~*** combattere contro le circostanze avverse; ***to win against the ~*** vincere contro ogni previsione; ***to shorten, lengthen the ~ on sth.*** rendere qcs. più, meno probabile; ***to shorten the ~ on sb. doing*** aumentare le probabilità che qcn. faccia ◆ ***it makes no ~*** BE non ha importanza; ***to pay over the ~ for sth.*** pagare qcs. più del suo prezzo; ***to be at ~*** *(in dispute)* essere in conflitto; *(contradictory, inconsistent)* essere in contraddizione.

odds and ends /ˌɒdzəndˈendz/, **odds and sods** /ˌɒdzənˈsɒdz/ n.pl. BE COLLOQ. cianfrusaglie f.

odds-on /ˌɒdzˈɒn/ agg. **1** COLLOQ. *(likely)* ***it is ~ that*** è molto probabile che; ***he has an ~ chance of doing*** ha forti probabilità di fare **2** *(in betting)* ***to be the ~ favourite*** essere il grande favorito.

ode /əʊd/ n. ode f.

odeum /əˈdiːm/ n. (pl. **~s**, **-a**) **1** STOR. odeon m. **2** RAR. auditorium m.

Odin /ˈəʊdɪn/ n.pr. Odino.

odious /ˈəʊdɪəs/ agg. odioso.

odiously /ˈəʊdɪəslɪ/ avv. [*laugh, say*] in modo odioso; ***~ smug*** dall'aria insopportabilmente compiaciuta.

odiousness /ˈəʊdɪəsnɪs/ n. odiosità f.

odium /ˈəʊdɪəm/ n. *(intolerance)* insofferenza f., intolleranza f.; *(execration)* odio m., riprovazione f. generale.

Odo /ˈəʊdəʊ/ n.pr. Oddone.

odometer /ɒˈdɒmɪtə(r)/ n. AE AUT. odometro m.

odontalgia /ˌɒdɒnˈtældʒə/ ➧ ***11*** n. → **odontalgy**.

odontalgic(al) /ˌɒdɒnˈtældʒɪk(l)/ agg. odontalgico.

odontalgy /ˌɒdɒnˈtældʒɪ/ ➧ ***11*** n. odontalgia f.

odontist /əˈdɒntɪst/ ➧ ***27*** n. odontoiatra m. e f.

odontoblast /əˈdɒntəblæst/ n. odontoblasto m.

odontogenesis /əˌdɒntəˈdʒenɪsɪs/ n. odontogenesi f.

odontoglossum /əˌdɒntəˈglɒsəm/ n. odontoglosso m.

odontological /ɒˌdɒntəˈlɒdʒɪkl/ agg. odontologico.

odontologist /ˌɒdɒnˈtɒlədʒɪst/ ➧ ***27*** n. odontologo m. (-a).

odontology /ˌɒdɒnˈtɒlədʒɪ/ n. odontologia f.

odor AE → **odour**.

odoriferous /ˌəʊdəˈrɪfərəs/ agg. odorifero, profumato.

odoriferously /ˌəʊdəˈrɪfərəslɪ/ avv. profumatamente.

odoriferousness /ˌəʊdəˈrɪfərəsnɪs/ n. (l')essere odorifero.

odorize /ˈəʊdəraɪz/ tr. odorizzare.

odorless AE → **odourless**.

odorous /ˈəʊdərəs/ agg. LETT. odoroso.

odorously /ˈəʊdərəslɪ/ avv. LETT. odorosamente.

odorousness /ˈəʊdərəsnɪs/ n. LETT. (l')essere odoroso.

▷ **odour** BE, **odor** AE /ˈəʊdə(r)/ n. odore m.; ***in the ~ of sanctity*** in odore di santità ◆ ***to be in bad ~*** essere malvisto (**with** da) *o* avere cattiva reputazione (**with** presso).

odourless BE, **odorless** AE /ˈəʊdəlɪs/ agg. [*gas, chemical*] inodore; [*cosmetic*] non profumato.

Odysseus /əˈdɪsjuːs/ n.pr. Odisseo.

odyssey /ˈɒdɪsɪ/ n. odissea f.; ***the Odyssey*** l'Odissea.

OE n. LING. (⇒ Old English) = inglese antico.

OECD n. (⇒ Organization for Economic Cooperation and Development Organizzazione per la Cooperazione e lo Sviluppo Economico) OCSE f.

oecumenical → **ecumenical**.

oedema BE, **edema** AE /ɪˈdiːmə/ n. (pl. **~s**, **-ata**) edema m.

oedipal, **Oedipal** /ˈiːdɪpl/ agg. PSIC. edipico.

Oedipus /ˈiːdɪpəs/ n.pr. Edipo.

Oedipus complex /ˈiːdɪpəsˌkɒmpleks, AE -kəmˈpleks/ n. complesso m. di Edipo.

oenological /ˌiːnəˈlɒdʒɪkl/ agg. enologico.

oenologist BE, **enologist** AE /iːˈnɒlədʒɪst/ ➧ ***27*** n. enologo m. (-a).

oenology BE, **enology** AE /iːˈnɒlədʒɪ/ n. enologia f.

o'er /ɔː(r)/ LETT. → **1.over**.

oesophageal BE, **esophageal** AE /ɪsɒfəˈdʒɪːəl/ agg. esofageo.

oesophagus BE, **esophagus** AE /ɪˈsɒfəgəs/ n. esofago m.

oestrogen BE, **estrogen** AE /ˈiːstrədʒən/ n. estrogeno m.

oestrone BE, **estrone** AE /ˈiːstrəʊn/ n. follicolina f.

oestrous BE, **estrous** AE /ˈiːstrəs/ agg. [*cycle*] estrale; [*female animal*] in calore.

oestrum BE, **estrum** AE /ˈiːstrəm/ n. → **oestrus**.

oestrus BE, **estrus** AE /ˈiːstrəs/ n. ZOOL. *(heat)* estro m.

oeuvre /ˈɜːvrə/ n. **1** *(complete works)* opera f. (completa), opere f.pl. **2** *(individual painting etc.)* opera f.

▶ **of** /*forma debole* əv, *forma forte* ɒv/ prep. **1** *(in most uses)* di; ***the leg ~ the table*** la gamba del tavolo; ***the difficulty ~ the work*** la difficoltà del lavoro; ***the king ~ beasts*** il re degli animali **2** *(made or consisting of)* ***a ring (made) ~ gold*** un anello d'oro; ***a plaque (made) ~ grey marble*** una targa di marmo grigio; ***a will ~ iron*** FIG. una volontà di ferro; ***a heart ~ stone*** FIG. un cuore di pietra **3** *(indicating an agent)* ***that's kind ~ you, him*** è molto gentile da parte tua, sua **4** *(indicating a proportion or fraction)* ***some ~ us stayed for dinner*** alcuni di noi si fermarono a cena; ***several ~ them were rotten*** parecchi di essi erano marci; ***of the twelve ~ us only nine could swim*** su dodici di noi solo nove sapevano nuotare **5** BE *(in expressions of time)* ***~ an evening*** la sera *o* di sera; ***~ a morning*** il mattino, al mattino, (al)la mattina, di mattina; ***I like to play golf ~ an afternoon*** mi piace giocare a golf il *o* di pomeriggio.

ofay /ˈəʊfeɪ/ n. AE GERG. *(person)* bianco m. (-a).

▶ **1.off** /ɒf, AE ɔ:f/ *Off* is often found as the second element in verb combinations (*fall off, run off* etc.) and in offensive interjections (*clear off* etc.): for translations consult the appropriate verb entry (**fall**, **run**, **clear** etc.). - *Off* is used in certain expressions such as *off limits, off piste* etc.: translations for these will be found under the noun entry (**limit**, **piste** etc.). - For other uses of *off*, see the entry below. prep. **1** *(away from in distance)* ~ ***Rocky Point, the west coast*** al largo di Rocky Point, della costa occidentale; ***three metres ~ the ground*** a tre metri dal suolo **2** *(away from in time)* ***to be a long way ~ doing*** essere (ancora) ben lontano dal fare; ***he's only a year ~ retirement*** gli manca solo un anno alla pensione **3** (anche **just** ~) (proprio) accanto a [*area*]; ***there's a kitchen (just) ~ the dining room*** c'è una cucina (proprio) accanto alla sala da pranzo; ***a house just ~ the path*** una casa a poca distanza dal sentiero; ***I was just ~ the motorway*** ero appena uscito dall'autostrada; ***in a street (leading) ~ the main road*** in una strada che si dirama dalla via principale **4** *(astray from)* ***it is ~ the point*** o ***subject*** non c'entra, è fuori argomento; ***to be ~ centre*** essere fuori centro, scentrato **5** *(detached from)* ***to be ~ its hinges*** essere fuori dai cardini, scardinato; ***to be ~ its base*** essere (uscito) fuori dalla propria base; ***there's a button ~ your cuff*** manca un bottone al polsino della tua camicia **6** COLLOQ. *(no longer interested in)* ***to be ~ drugs*** avere smesso di drogarsi; ***to be ~ one's food*** non avere (più) voglia di mangiare *o* non avere appetito; ***I'm ~ her, men at the moment!*** non voglio (più) sentire parlare di lei, degli uomini per il momento! **7** (anche ~ **of**) COLLOQ. ***to borrow sth. ~ a neighbour*** prendere qcs. in prestito da un vicino; ***to eat ~ a tray, a paper plate*** mangiare in un vassoio, in un piatto di carta.

▶ **2.off** /ɒf, AE ɔ:f/ avv. **1** *(leaving)* ***to be ~*** partire, andarsene; ***it's time you were ~*** è ora che tu vada; ***they're ~ to the States today*** partono per gli Stati Uniti oggi; ***I'm ~*** vado *o* me ne vado; *(to avoid sb.)* non ci sono; ***to be ~ to a good start*** fare una buona partenza *o* partire bene; ***"...and they're ~!"*** "...ecco che partono!"; ***he's ~ again talking about his exploits!*** FIG. eccolo che ricomincia a parlare dei suoi exploit! **2** *(at a distance)* ***to be 30 metres, kilometres ~*** essere a 30 metri, chilometri (di distanza); ***some way, not far ~*** piuttosto, non troppo lontano **3** *(ahead in time)* ***Easter is a month ~*** manca un mese a Pasqua; ***the exam is still several months ~*** mancano ancora diversi mesi prima dell'esame **4** TEATR. ***shouting, trumpet sound ~*** si sentono delle urla, si sente uno squillo di tromba fuori scena.

▶ **3.off** /ɒf, AE ɔ:f/ agg. **1** *(free)* ***to have Monday ~ to do*** prendersi il lunedì (di permesso) per fare; ***Tuesday's my day ~*** il martedì è il mio giorno libero; ***did you have the morning ~?*** ti sei preso la mattina libera? ***I got time ~*** mi hanno dato un permesso **2** *(turned off)* ***to be ~*** [*water, gas, tap*] essere chiuso; [*light, TV*] essere spento; ***in the "~" position*** in posizione "off, spento" **3** *(cancelled)* ***to be ~*** [*match, party*] essere annullato; ***our engagement's ~*** il nostro fidanzamento è rotto; ***the fried chicken is ~*** *(from menu)* il pollo fritto è finito **4** *(removed)* ***the lid*** o ***top is ~*** non c'è il coperchio; ***the handle's ~*** la maniglia è venuta via *o* è rotta; ***with her make-up ~*** senza trucco; ***with his shoes ~*** senza scarpe; ***to have one's leg ~*** COLLOQ. farsi tagliare una gamba; ***25% ~*** COMM. 25% di sconto **5** COLLOQ. *(bad)* ***to be ~*** [*food*] essere avariato *o* andato a male; [*milk*] essere inacidito **6** ***off and on*** a periodi ◆ ***how are we ~ for flour, sugar etc.?*** COLLOQ. come stiamo a farina, a zucchero, ecc.? ***that's a bit ~*** BE COLLOQ. non va molto bene; ***to feel a bit ~(-colour)*** BE COLLOQ. sentirsi un po' fuori fase; ***to have an ~ day*** avere una giornata no.

4.off /ɒf, AE ɔ:f/ n. COLLOQ. *(start)* ***the ~*** la partenza; ***just before the ~*** *(of race)* proprio prima della partenza; ***from the ~*** FIG. fin dall'inizio.

5.off /ɒf, AE ɔ:f/ inter. ***~! ~!*** *(as chant)* fuori! fuori! via! via! ***~ with her head!*** tagliatele la testa! ***(get) ~!*** COLLOQ. *(from wall etc.)* (scendi) giù (da lì)!

6.off /ɒf, AE ɔ:f/ **I** tr. **1** *(take off)* togliere (via) **2** POP. *(kill)* fare fuori **II** intr. *(come off)* venire via; *(go off)* andare via, andarsene.

offal /ˈɒfl, AE ˈɔ:fl/ n. scarti m.pl.; *(of food)* avanzi m.pl. (anche FIG.).

off-balance sheet /ˌɒfˈbæləns ˌʃi:t/ agg. fuori bilancio.

offbeat /ˌɒfˈbi:t, AE ˌɔ:f-/ **I** n. MUS. tempo m. debole, levare m. **II** agg. **1** MUS. [*rhythm*] sul tempo debole **2** *(unusual)* [*humour*] strampalato; [*approach*] insolito; [*account*] bizzarro.

off-Broadway /ˌɒfˈbrɔ:dweɪ, AE ˌɔ:f-/ agg. AE TEATR. ***~ production*** produzione off-Broadway (al di fuori del circuito commerciale di Broadway); ***~ theatre*** teatro (situato) fuori Broadway.

off camera /ˈɒfˌkæmərə, AE ˈɔ:f-/ agg. e avv. fuori campo.

off-centre BE, **off-center** AE /ˈɒfˌsentə(r), AE ˈɔ:f-/ agg. scentrato, fuori centro.

off-chance /ˈɒftʃɑ:ns, AE ˈɔ:ftʃæns/ n. possibilità f., caso m.; ***there's just an ~ that*** c'è una sola remota possibilità che; ***on the ~ that*** nell'improbabile caso in cui; ***I came just on the ~!*** sono venuto solo per precauzione!

off-color /ˌɒfˈkʌlə(r), AE ˌɔ:f-/ agg. AE [*story, joke*] osceno.

off-colour /ˌɒfˈkʌlə(r), AE ˌɔ:f-/ agg. BE COLLOQ. *(unwell)* fuori fase.

offcuts /ˈɒfkʌts, AE ˈɔ:f-/ n.pl. *(of fabric)* ritagli m.; *(of pastry)* avanzi m.; *(of meat, fish)* scarti m.

▶ **offence** BE, **offense** AE /əˈfens/ n. **1** DIR. trasgressione f., reato m.; ***to commit an ~*** commettere un'infrazione; ***to charge sb. with an ~*** accusare qcn. di un reato; ***it is an ~ to do*** è reato fare; ***~s against property, the person, the state*** reati contro la proprietà, la persona, lo stato **2** *(insult)* offesa f.; ***to cause*** o ***give ~ to sb.*** offendere qcn.; ***to take ~ (at)*** offendersi (per); ***to avoid ~*** evitare di offendere; ***this building is an ~ to the eye*** questo edificio offende la vista *o* è un pugno in un occhio; ***no ~ intended, but...*** senza offesa, non ti offendere, ma...; ***no ~ taken*** non c'è niente di male **3** *(attack)* attentato m. (**against** a, contro) **4** MIL. offesa f.; ***weapons of ~*** armi di offesa **5** AE SPORT ***the ~*** l'attacco.

offenceless /əˈfenslɪs/ agg. **1** *(harmless)* inoffensivo **2** *(not guilty)* senza colpa.

▷ **offend** /əˈfend/ **I** tr. **1** *(hurt)* [*person*] offendere [*person*]; [*article, remark*] offendere, ferire [*person*]; ***to be ~ed by sth.*** offendersi per [*behaviour, remark*]; ***to get ~ed*** offendersi; ***don't be ~ed*** non offenderti **2** *(displease)* fare torto a; ***the decision ~s my sense of justice*** la decisione va contro il mio senso di giustizia; ***to ~ the eye*** [*building etc.*] offendere la vista **II** intr. DIR. commettere un reato (**against** contro); ***to ~ again*** recidivare.

■ **offend against:** ~ ***against [sth.]*** **1** *(commit a crime)* trasgredire, infrangere [*law, rule*] **2** *(violate)* offendere [*good taste*]; andare contro [*common sense*].

▷ **offender** /əˈfendə(r)/ n. **1** DIR. *(against the law)* trasgressore m. (-ditrice), reo m. (-a); *(against regulations)* trasgressore m. (-ditrice), contravventore (-trice) (**against** di) **2** *(culprit)* colpevole m. e f.; ***the press, the police are the worst ~s*** la stampa, la polizia è la vera colpevole.

offending /əˈfendɪŋ/ agg. **1** *(responsible)* [*component*] che reca danno; [*object*] che reca offesa; [*person*] colpevole, responsabile **2** *(offensive)* [*photo, sentence*] offensivo.

offense AE → **offence**.

▷ **offensive** /əˈfensɪv/ **I** agg. **1** *(insulting)* [*remark, suggestion, behaviour*] offensivo (**to** per, nei confronti di) **2** *(vulgar)* [*language, gesture*] offensivo, volgare **3** *(revolting)* [*smell*] rivoltante; [*behaviour, idea*] ripugnante **4** MIL. SPORT [*action, play*] offensivo **II** n. **1** MIL. POL. SPORT offensiva f. (**against** contro); ***to go on, take the ~*** passare all'offensiva; ***air, diplomatic ~*** offensiva aerea, diplomatica; ***to be on the ~*** essere sull'offensiva **2** COMM. campagna f.; ***advertising, sales ~*** campagna pubblicitaria, commerciale.

offensively /əˈfensɪvlɪ/ avv. **1** *(rudely)* [*behave*] in modo offensivo; [*speak, write*] in modo offensivo, in termini offensivi (**about** di) **2** *(aggressively)* ***to fight ~*** combattere in modo aggressivo, attaccare.

offensiveness /əˈfensɪvnɪs/ n. offensività f.

offensive weapon /əˌfensɪvˈwepən/ n. DIR. arma f. offensiva.

▶ **1.offer** /ˈɒfə(r), AE ˈɔ:f-/ n. **1** *(proposition)* offerta f. (anche ECON.) (**to do** di fare); ***an ~ of help, work*** un'offerta di aiuto, di lavoro; ***to make sb. an ~*** fare un'offerta a qcn.; ***job ~*** offerta d'impiego; ***an ~ of marriage*** una proposta di matrimonio; ***an ~ of £ 10 per share*** un'offerta di 10 sterline per azione; ***~s over, around 40,000 dollars*** offerte superiori, intorno ai 40.000 dollari; ***that's my final*** o ***best ~*** è la mia ultima offerta; ***to be open to ~s*** essere disposto a prendere in considerazione offerte; ***to put in*** o ***make an ~ on a house*** fare un'offerta per una casa; ***the house is under ~*** la casa ha ricevuto un'offerta di acquisto; ***or near(est) ~*** *(in property ad)* trattabile; ***~s in the region of £ 80,000*** 80.000 sterline trattabili **2** COMM. *(promotion)* offerta f., promozione f.; ***to be on special ~*** essere in offerta speciale **3** *(available)* ***the goods, cases on ~ were dear*** la merce in vendita era cara, le valigie in vendita erano care; ***there's a lot, nothing on ~*** c'è molta, non c'è scelta; ***what's on ~ in the catalogue?*** che cosa c'è *o* vendono sul catalogo?

▶ **2.offer** /ˈɒfə(r), AE ˈɔ:f-/ **I** tr. **1** *(proffer)* offrire, dare [*advice, explanation, friendship, cigarette, help, job, reward, suggestion, support*]; dare [*opinion, information*]; offrire, proporre [*service*]; ***to ~ sb. sth., to ~ sth. to sb.*** offrire qcs. a qcn.; ***to ~ to do*** offrirsi di fare; ***"I'll do it," she ~ed*** "lo farò io," propose; ***she has a lot to ~ the company*** ha molto da offrire alla società; ***he had little to ~ in the way of news, evidence*** aveva ben poche informazioni, prove da fornire **2** *(provide)* offrire [*facilities, advantages, guarantee, resist-*

ance]; fornire [*insight*]; ***the tree ~s protection from the rain*** l'albero offre riparo dalla pioggia; ***this vest ~s protection against bullets*** questo giubbotto garantisce una protezione contro i proiettili *o* è antiproiettile **3** *(possess)* conoscere, padroneggiare [*language*]; avere [*experience*]; ***candidates must ~ two foreign languages*** i candidati devono conoscere due lingue straniere **4** *(sell)* offrire [*goods*]; ***the radios were being ~ed at bargain prices*** le radio erano in offerta a prezzi convenienti; ***to ~ sth. for sale*** mettere qcs. in vendita **5** *(present)* offrire, presentare; ***the army, battleship ~ed its flank to the enemy*** l'esercito, la corazzata offriva il fianco al nemico **II** intr. *(volunteer)* offrirsi **III** rifl. ***to ~ oneself*** offrirsi (**for** per); ***to ~ itself*** [*opportunity*] offrirsi, presentarsi.

■ **offer up** ~ [sth.] up, ~ up [sth.] offrire [*prayer, sacrifice*]; sacrificare [*animal*]; ***to ~ up one's life for sth.*** offrire la propria vita per qcs.

OFFER n. GB (⇒ Office of Electricity Regulation) = ente di controllo dei servizi di erogazione elettrica.

offeree /ˌɒfəˈriː, AE ˌɔːf-/ n. DIR. destinatario m. (-a) della proposta.

offerer → **offeror**.

▷ **offering** /ˈɒfərɪŋ, AE ˈɔːf-/ n. **1** *(act of giving)* offerta f.; ***the ~ of bribes is unethical*** offrire bustarelle è immorale **2** *(thing offered)* proposta f.; ***I heard the band's latest ~ yesterday*** IRON. SPREG. ho ascoltato le ultime proposte della band ieri **3** RELIG. offerta f., carità f. **4** *(sacrifice)* offerta f.; ***to make an ~*** fare un'offerta.

offeror /ˈɒfərə(r), AE ˈɔːf-/ n. DIR. proponente m. e f.

offer price /ˈɒfəpraɪs, AE ˈɔːf-/ n. COMM. prezzo m. di offerta.

offertory /ˈɒfətrɪ, AE ˈɔːfətɔːrɪ/ n. RELIG. offertorio m.

off-glide /ˈɒfglaɪd, AE ˈɔːf-/ n. FON. metastasi f.

offhand /ˌɒfˈhænd, AE ˌɔːf-/, **offhanded** /ˌɒfˈhændɪd, AE ˌɔːf-/ **I** agg. *(impolite)* brusco; *(casual)* noncurante **II** avv. ***~, I don't know*** così su due piedi, non saprei.

offhandedly /ˌɒfˈhændɪdlɪ, AE ˌɔːf-/ avv. *(impolitely)* in modo brusco; *(casually)* con noncuranza.

offhandedness /ˌɒfˈhændɪdnɪs, AE ˌɔːf-/ n. *(impoliteness)* bruschezza f., modi m.pl. bruschi; *(casualness)* noncuranza f.

▶ **office** /ˈɒfɪs, AE ˈɔːf-/ **I** n. **1** *(room or place of work)* ufficio m.; ***the accounts ~*** l'ufficio contabile; ***doctor's, dentist's ~*** AE studio medico, odontoiatrico; ***lawyer's ~*** studio d'avvocato; ***to work in an ~*** lavorare in un ufficio *o* essere impiegato d'ufficio; ***the whole ~ knows*** tutto l'ufficio lo sa; ***a day at the ~*** una giornata in ufficio **2** *(position)* ufficio m., incarico m.; ***public ~*** ufficio, incarico pubblico; ***to perform the ~ of*** rivestire l'incarico di; ***to be in*** o ***hold ~*** [*president, mayor, minister*] essere in carica; [*political party*] essere al potere, al governo; ***to take ~*** [*president, mayor*] entrare in carica; [*political party*] salire al potere, al governo; ***to go out of ~*** o ***leave ~*** [*president, mayor, minister*] lasciare l'incarico; [*political party*] perdere il potere, uscire dal governo; ***to stand*** BE o ***run*** AE ***for ~*** essere candidato alle elezioni; ***to rise to high ~*** assumere una carica importante **3** RELIG. ufficio m., rito m.; ***the ~ for the dead*** l'ufficio funebre **II offices** n.pl. **1** FORM. *(services)* uffici m., servigi m.; ***through their good ~s*** per mezzo dei loro buoni uffici **2** BE *(of property)* ***"the usual ~s"*** *(including outbuildings)* "garage e annessi"; *(in smaller house)* "cucina e servizi" **III** modif. [*equipment, furniture*] per ufficio; [*staff, job*] di ufficio; ***to go on an ~ outing*** uscire insieme ai colleghi dell'ufficio.

office automation /ˈɒfɪsɔːtəˌmeɪʃn, AE ˈɔːf-/ n. burotica f., office automation f.

office bearer /ˈɒfɪsˌbeərə(r), AE ˈɔːf-/ n. **1** *(of society)* funzionario m. **2** POL. *(of party)* funzionario m. (-a), incaricato m. (-a); ***former ~s such as Reagan*** ex presidenti come Reagan.

office block /ˈɒfɪsblɒk, AE ˈɔːf-/ n. BE palazzo m. di uffici.

office boy /ˈɒfɪsbɔɪ, AE ˈɔːf-/ n. fattorino m.

office building /ˈɒfɪsˌbɪldɪŋ, AE ˈɔːf-/ n. → **office block**.

officeholder /ˈɒfɪsˌhəʊldə(r), AE ˈɔːf-/ n. → **office bearer**.

office hours /ˈɒfɪsaʊəz, AE ˈɔːf-/ n.pl. orario m.sing. d'ufficio.

office junior /ˈɒfɪsˌdʒuːnɪə(r), AE ˈɔːf-/ n. giovane m. e f. di ufficio.

office manager /ˈɒfɪsˌmænɪdʒə(r), AE ˈɔːf-/ n. direttore m. di ufficio.

office party /ˌɒfɪsˈpɑːtɪ, AE ˌɔːf-/ n. festa f. dell'ufficio, party m. aziendale.

office politics /ˌɒfɪsˈpɒlətɪks, AE ˌɔːf-/ n. intrighi m.pl. di ufficio.

▶ **1.officer** /ˈɒfɪsə(r), AE ˈɔːf-/ n. **1** MIL. MAR. ufficiale m. **2** *(official) (in a company)* responsabile m. e f.; *(in government)* funzionario m. (-a); *(in committee, union, club)* dirigente m. e f.; ***information, personnel ~*** addetto all'informazione, responsabile del personale; ***the Committee shall elect its ~s*** il Comitato eleggerà i suoi rappresentanti **3** (anche **police ~**) agente m. e f.; ***"excuse me, ~"*** "mi scusi, signor agente"; ***Officer Brook*** AE l'agente Brook.

2.officer /ˈɒfɪsə(r), AE ˈɔːf-/ tr. MIL. **1** *(command)* comandare **2** *(supply with officers)* fornire di ufficiali.

officer of the day /ˌɒfɪsərəvðəˈdeɪ, AE ˌɔːf-/ n. ufficiale m. di giornata.

officer of the guard /ˌɒfɪsərəvðəˈgɑːd, AE ˌɔːf-/ n. ufficiale m. di picchetto.

officer of the law /ˌɒfɪsərəvðəˈlɔː, AE ˌɔːf-/ n. → **police officer**.

officer of the watch /ˌɒfɪsərəvðəˈwɒtʃ, AE ˌɔːf-/ n. ufficiale m. di guardia.

officers' mess /ˈɒfɪsəzˌmes, AE ˈɔːf-/ n. mensa f. ufficiali.

Officers' Training Corps /ˌɒfɪsəzˈtreɪnɪŋˌkɔː(r), AE ˌɔːf-/ n. US = organizzazione universitaria extrascolastica che fornisce una formazione militare di base ai futuri ufficiali.

office space /ˈɒfɪsˌspeɪs, AE ˈɔːf-/ n. area f. adibita ad uffici, uffici m.pl.; ***1,500 m² of ~*** 1.500 m² di uffici.

office technology /ˌɒfɪstekˈnɒlədʒɪ/ n. burotica f.

office worker /ˈɒfɪsˌwɜːkə(r), AE ˈɔːf-/ ➧ **27** n. impiegato m. (-a).

▶ **official** /əˈfɪʃl/ **I** n. *(of central or local government, of state)* funzionario m. (-a), pubblico ufficiale m.; *(of party, trade union)* funzionario m. (-a); *(of police, customs)* agente m. e f.; *(at town hall)* impiegato m. (-a) **II** agg. [*statement, reason, document, function, visit, language, candidate, strike*] ufficiale; [*biography*] ufficiale, autorizzato; ***it's ~!*** GIORN. è ufficiale!

Official Birthday /əˌfɪʃlˈbɜːθdeɪ/ n. GB = secondo sabato di giugno, scelto per festeggiare solennemente il genetliaco della regina.

officialdom /əˈfɪʃldəm/ n. burocrazia f.

officialese /əˌfɪʃəˈliːz/ n. SPREG. burocratese m.

▷ **officially** /əˈfɪʃəlɪ/ avv. [*announce, confirm, celebrate*] ufficialmente; ***~ she has retired*** ufficialmente è in pensione.

Official Receiver /əˌfɪʃlrɪˈsiːvə(r)/ n. curatore m. (-trice) fallimentare.

Official Secrets Act /əˌfɪʃlˈsiːkrɪtsˌækt/ n. GB legge f. sul segreto di stato; ***to have signed the ~*** dovere mantenere il segreto di stato.

officiant /əˈfɪʃənt/ n. officiante m. e f.

officiate /əˈfɪʃɪeɪt/ intr. [*official*] presiedere; [*priest*] officiare; [*referee, umpire*] arbitrare; ***to ~ as host*** rivestire la funzione di ospite.

officinal /ˌɒfɪˈsaɪnl/ agg. officinale.

officious /əˈfɪʃəs/ agg. SPREG. invadente, importuno.

officiously /əˈfɪʃəslɪ/ avv. [*say*] in modo invadente, importuno.

officiousness /əˈfɪʃəsnɪs/ n. SPREG. invadenza f.

offing /ˈɒfɪŋ/ n. attrib. **in the ~** [*catastrophe, storm, war*] imminente; [*promotion, business deal, wedding*] in vista.

offish /ˈɒfɪʃ, AE ɔːf-/ agg. altero, altezzoso, distante.

off-key /ˌɒfˈkiː, AE ˌɔːf-/ agg. MUS. stonato, fuori tono.

off-licence /ˈɒfˌlaɪsəns, AE ˈɔːf-/ n. BE negozio m. di alcolici.

off-limits /ˌɒfˈlɪmɪts, AE ˌɔːf-/ agg. vietato, proibito.

offline, off-line /ˈɒfˌlaɪn, AE ˈɔːf-/ **I** agg. **1** *(not connected to the Internet)* [*access, service*] non in linea, off-line; ***to be ~*** non essere connesso **2** INFORM. [*equipment, system*] autonomo, indipendente; [*processing*] in differita, fuori linea, off-line; [*storage*] fuori linea, off-line **II** avv. [*write, work, read*] non in linea, off-line.

off-load /ˌɒfˈləʊd, AE ˌɔːf-/ **I** tr. **1** FIG. *(get rid of)* sbarazzarsi di [*goods, stock*]; scaricare [*investments*]; ***to ~ the blame onto sb.*** scaricare la colpa su qcn. **2** INFORM. scaricare **II** intr. ***to ~ onto sb.*** sfogarsi con qcn.

off-message /ɒfˈmesɪdʒ/ agg. BE POL. ***to be ~*** non condividere la linea politica del governo.

off-off-Broadway /ˌɒfˈɒfˌbrɔːdweɪ, AE ˌɔːfˈɔːf-/ agg. AE TEATR. [*production*] off-off-broadway, d'avanguardia.

off-peak /ˌɒfˈpiːk, AE ˌɔːf-/ **I** agg. [*electricity*] a tariffa ridotta; [*travel, flight, reductions*] in periodo di bassa stagione; ***in the ~ period*** *(of day)* fuori dall'orario di punta; *(of year)* fuori stagione, nel periodo di bassa affluenza; ***at the ~ rate*** [*call*] a tariffa ridotta **II** avv. TEL. [*call, cost*] in orario di tariffa ridotta.

off-piste /ɒfˈpiːst/ agg. e avv. fuoripista.

1.offprint /ˈɒfprɪnt, AE ˈɔːf-/ n. *(of article)* ristampa f. in fascicolo separato.

2.offprint /ˈɒfprɪnt, AE ˈɔːf-/ tr. ristampare in fascicolo separato [*article*].

off-putting /ˈɒfˌpʊtɪŋ, AE ˈɔːf-/ agg. [*manner*] che smonta, che fa perdere ogni slancio; ***it was very ~*** fu molto scoraggiante, mi fece cadere le braccia.

off-roading /ɒfˈrəʊdɪŋ/ ➧ **10** n. SPORT fuoristrada m.

off-road vehicle /ˌɒfrəʊdˈvɪəkl, AE ˌɔːfrəʊdˈviːhɪkl/ n. fuoristrada m.

off-sales /ˈɒfˌseɪlz, AE ˈɔːf-/ n. vendita f. di alcolici da asporto.

offscourings /ɒfˈskaʊərɪŋz/ n.pl. rifiuti m., scarti m., feccia f.sing.

off-screen /ˌɒfˈskriːn, AE ˌɔːf-/ **I** agg. CINEM. [*action, voice*] fuori campo; [*relationship*] fuori dal set, nella vita privata **II** avv. in privato.

off-season /ˌɒfˈsiːzn, AE ˌɔːf-/ **I** n. ***during the ~*** in bassa stagione **II** agg. [*cruise*] in bassa stagione; [*losses, deficit*] di bassa stagione.

▷ **1.offset** /ˈɒfset, AE ˈɔːf-/ n. **1** compensazione f.; ***as an ~ to*** come compenso per *o* per compensare **2** BOT. germoglio m. **3** (anche **~ pipe**) TECN. scarto m.

▷ **2.offset** /ˈɒfset, AE ˈɔːf-/ tr. (forma in -ing **-tt-**; pass., p.pass. **offset**) **1** compensare (**by** con); ***to ~ sth. against sth.*** compensare qcs. con qcs. **2** TIP. stampare mediante la tecnica dell'offset.

offset litho /ˈɒfsetˌlaɪθəʊ, AE ˈɔːf-/ n. (pl. **offset lithos**) → **offset lithograph**.

offset lithograph /ˈɒfsetˌlɪθəgrɑːf, AE ˈɔːfsetˌlɪθəgræf/ n. litografia f. offset.

offset paper /ˈɒfsetˌpeɪpə(r), AE ˈɔːf-/ n. carta f. per stampa offset.

offset press /ˈɒfsetˌpres, AE ˈɔːf-/ n. macchina f. per stampa offset.

offset printing /ˈɒfsetˌprɪntɪŋ, AE ˈɔːf-/ n. stampa f. offset.

offshoot /ˈɒfʃuːt, AE ˈɔːf-/ n. *(of tree, organization)* ramificazione f.; *(of plant)* germoglio m.; *(of idea, decision)* frutto m., conseguenza f.

▷ **1.offshore** /ˌɒfˈʃɔː(r), AE ˌɔːf-/ **I** agg. **1** MAR. [*fishing*] d'altura, d'alto mare; [*powerboat, racing*] off-shore; ***~ waters*** mare aperto, alto mare; ***in ~ waters*** in mare aperto *o* alto mare, al largo; ***~ wind*** vento di terra **2** ECON. [*funds, banking, tax haven*] off-shore **3** *(in oil industry)* [*drilling, oil field*] off-shore, in mare aperto; [*platform*] marino, off-shore **4** FIG. *(language)* ***~ English*** inglese internazionale **II** avv. **1** ***to invest, bank ~*** fare investimenti, operazioni bancarie off-shore **2** *(in oil industry)* [*work*] in alto mare, in mare aperto.

2.offshore /ˌɒfˈʃɔː(r), AE ˌɔːf-/ tr. ECON. delocalizzare.

offshoring /ˌɒfˈʃɔːrɪŋ, AE ˌɔːf-/ n. ECON. delocalizzazione f.

offside /ˌɒfˈsaɪd, AE ˌɔːf-/ **I** n. BE AUT. lato destro, del guidatore; ***on the ~*** dal, sul lato destro, del guidatore **II** agg. **1** BE AUT. ***the ~ wing, window*** il parafango, il finestrino destro, sul lato del guidatore; ***the ~ rear wheel*** la ruota posteriore destra; ***the ~ lane*** la corsia (di) destra **2** SPORT ***~ position*** fuorigioco; ***the ~ rule*** la regola del fuorigioco.

off-site /ˈɒfsaɪt, AE ˈɔːf-/ agg. e avv. fuori sede.

▷ **offspring** /ˈɒfsprɪŋ, AE ˈɔːf-/ n. (pl. **~**) *(of animal)* prole f., progenie f.; *(of human)* prole f.; SCHERZ. figliolanza f.; ***five ~*** cinque figli.

offstage /ˌɒfˈsteɪdʒ, AE ˌɔːf-/ agg. e avv. TEATR. fuori scena, dietro le quinte.

off-street parking /ˌɒfstriːtˈpɑːkɪŋ, AE ˌɔːf-/ n. *(indoors)* parcheggio m. coperto; *(outdoors)* area f. di parcheggio, parcheggio m.

off-the-cuff /ˌɒfðəˈkʌf, AE ˌɔːf-/ **I** agg. [*remark*] spontaneo; [*speech*] improvvisato **II off the cuff** avv. spontaneamente.

off-the-peg /ˌɒfðəˈpeg, AE ˌɔːf-/, **off-the-rack** /ˌɒfðəˈræk, AE ˌɔːf-/ **I** agg. [*garment*] (pre)confezionato, di serie **II off the peg, off the rack** avv. ***to buy clothes off the peg*** comprare abiti già confezionati.

off-the-record /ˌɒfðəˈrekɔːd, AE ˌɔːfðəˈrekərd/ **I** agg. ufficioso **II** avv. ufficiosamente.

off-the-shelf /ˌɒfðəˈʃelf, AE ˌɔːf-/ **I** agg. **1** COMM. [*goods*] *(ready-made)* pronto, preconfezionato; *(from existing stock)* in pronta consegna, disponibile (in magazzino) **2** INFORM. [*software*] preconfezionato **II off the shelf** avv. [*available*] in pronta consegna.

off-the-shoulder /ˌɒfðəˈʃəʊldə(r), AE ˌɔːf-/ agg. ***an ~ dress*** un vestito che lascia le spalle scoperte.

off-the-wall /ˌɒfðəˈwɔːl, AE ˌɔːf-/ agg. COLLOQ. demenziale, fuori di testa.

off-white /ˌɒfˈwaɪt, AE ˌɔːf-/ **I** agg. bianco sporco **II** n. bianco m. sporco.

off year /ˈɒfˌjɪə(r), AE ˈɔːf-/ n. AE POL. anno privo di elezioni importanti.

Ofgas /ˈɒfgæs/ n. GB (accorc. Office of the Gas Supply) = ente di controllo dei servizi di erogazione del gas.

Ofsted /ˈɒfsted/ n. GB (accorc. Office for Standards in Education) = organismo che si occupa dell'ispezione delle scuole finanziate dallo stato.

oft /ɒft/ LETT. **I** avv. spesso, sovente **II oft-** in composti ***~-quoted, -repeated, -heard*** spesso citato, ripetuto, sentito.

Oftel /ˈɒftel/ n. GB (accorc. Office of Telecommunications) = ente di controllo delle telecomunicazioni.

▶ **often** /ˈɒfn, ˈɒftən, AE ˈɔːfn/ avv. spesso, sovente; ***very, so, too, less ~*** molto, così, troppo, meno spesso; ***more and more ~*** sempre più spesso; ***as ~ as not, more ~ than not*** il più delle volte; ***it's not ~ you see that*** non si vede spesso (una cosa simile); ***you'll ~ find that*** troverai spesso che; ***how ~ do you meet?*** quanto spesso vi incontrate? ogni quanto vi vedete? ***how ~ do the planes depart?*** ogni quanto partono gli aerei? con quale frequenza partono gli aerei? ***an ~-repeated remark*** un'osservazione spesso ripetuta; ***it cannot be said too ~ that*** non sarà mai ripetuto abbastanza che; ***once too ~*** una volta di troppo; ***every so ~*** *(in time)* di quando in quando; *(in distance, space)* qua e là.

oftimes /ˈɒftaɪmz/ avv. LETT. spesso, sovente.

Ofwat /ˈɒfwɒt/ n. GB (accorc. Office of Water Services) = ente di controllo dei servizi di erogazione idrica.

OG n. MIL. (⇒ officer of the guard) = ufficiale di picchetto.

ogee /ˈəʊdʒiː/ **I** n. ARCH. **1** *(S-shaped curve)* modanatura f. a S **2** *(double curve)* gola f. **II** modif. [*arch, window*] ogivale.

ogival /əʊˈdʒaɪvl/ agg. ARCH. ogivale.

ogive /ˈəʊdʒaɪv/ n. *(all contexts)* ogiva f.

ogle /ˈəʊgl/ tr. COLLOQ. occhieggiare.

ogre /ˈəʊgə(r)/ n. **1** orco m. (anche FIG.) **2** FIG. *(woman)* orchessa f.

ogress /ˈəʊgres/ n. *(giant)* orchessa f. (anche FIG.).

ogrish /ˈəʊgrɪʃ/ agg. di orco, da orco.

▶ **oh** /əʊ/ inter. oh; ***~ dear!*** oh santo cielo! ***~ damn!*** COLLOQ. che diamine! ***~ shit!*** POP. oh, merda! ***~ (really)?*** ah davvero? ***~ really!*** *(cross)* ma insomma! ***~ by the way*** ah, fra l'altro; ***~ Fred, can you lend me £ 10?*** ah Fred *o* senti Fred, puoi prestarmi 10 sterline? ***~ all right*** ah va bene; ***~ no!*** oh no! ***~ no, not again!*** oh no, di nuovo! ***~ no it isn't!*** ma no! ***~ yes?*** *(pleased)* ah sì? *(sceptical)* ma va? ***~ how I hate work!*** ah, come odio il lavoro! ***~ for some sun!*** oh, se solo ci fosse un po' di sole! ***~ to be in Paris!*** oh, se fossi a Parigi!

OH US ⇒ Ohio Ohio.

Ohio /əʊˈhaɪəʊ/ ♦ ***24*** n. Ohio m.; ***in ~*** in Ohio.

ohm /əʊm/ n. ohm m.

ohmmeter /ˈəʊmiːtə(r)/ n. ohmmetro m.

OHMS GB (⇒ On Her, His Majesty's Service) = al servizio di Sua Maestà (formula che compare sulle pubblicazioni ufficiali dell'amministrazione).

OHP n. (⇒ overhead projector) = lavagna luminosa.

oik /ɔɪk/ n. BE COLLOQ. ignorante m. e f., zoticone m. (-a).

▶ **1.oil** /ɔɪl/ **I** n. **1** *(for fuel)* petrolio m.; *(for lubrication)* olio m.; ***crude ~*** (petrolio) greggio; ***engine ~*** olio per motori; ***heating ~*** olio combustibile, nafta; ***to check the ~*** AUT. controllare il livello dell'olio; ***to change the ~*** AUT. cambiare l'olio, fare il cambio dell'olio; ***to strike ~*** trovare il petrolio; FIG. trovare una miniera d'oro **2** *(for cooking)* olio m.; ***corn, sunflower ~*** olio di mais, di girasole; ***to cook with ~*** cucinare con l'olio; ***an ~ and vinegar dressing*** un condimento a base di olio e aceto; *(for salad)* una vinaigrette **3** ART. *(medium)* olio m.; ***to work in ~s*** lavorare, dipingere a olio; ***the portrait is (done) in ~s*** il ritratto è (fatto) a olio **4** ART. *(picture)* olio m. **5** *(medicinal, beauty)* olio m.; ***essential ~s*** oli essenziali; ***~ of cloves, lemon*** essenza di chiodi di garofano, essenza di limone **6** AE COLLOQ. *(flattery)* adulazione f. **II** modif. [*deposit, exporter, producer, imports, reserves*] di petrolio; [*prices*] del petrolio; [*company, crisis, industry, exploration, production, terminal*] petrolifero; ***an ~ magnate*** un magnate del petrolio ♦ ***to be (like) ~ and water*** essere come il diavolo e l'acquasanta; ***to pour ~ on troubled waters*** gettare acqua sul fuoco.

2.oil /ɔɪl/ tr. **1** *(lubricate)* oliare, lubrificare [*mechanism, parts*]; ungere [*pan*] **2** COSMET. ungere, cospargere di olio [*skin, hair*] ♦ ***to ~ the wheels*** facilitare le cose.

oil-based /ˈɔɪlˌbeɪst/ agg. [*paint, plastic, polymer*] a base di olio.

oil-bearing /ˈɔɪlˌbeərɪŋ/ agg. [*stratum, region*] petrolifero, ricco di petrolio; [*palm, tree*] ricco di olio.

oil-bird /ˈɔɪlbɜːd/ n. guaciaro m.

oil-burning /ˈɔɪlˌbɜːnɪŋ/ agg. [*stove, boiler*] a nafta.

oil cake /ˈɔɪlkeɪk/ n. AGR. panello m. (di semi oleosi).

oilcan /ˈɔɪlkæn/ n. *(applicator)* oliatore m.; *(container)* bidone m. (per l'olio).

oil change /ˈɔɪlˌtʃeɪndʒ/ n. cambio m. dell'olio.

oilcloth /ˈɔɪlklɒθ/ n. tela f. cerata.

oil colour BE, **oil color** AE /ˈɔɪlˌkʌlə(r)/ n. colore m. a olio.

oil-cooled /ˈɔɪlˌkuːld/ agg. [*engine*] con raffreddamento a olio.

oilcup /ˈɔɪlkʌp/ n. oliatore m. a tazza.

oil drill /ˈɔɪldrɪl/ n. trivella f. petrolifera.

oil drum /ˈɔɪldrʌm/ n. barile m. per petrolio.

oiled /ɔɪld/ **I** p.pass. → **2.oil II** agg. **1** [*hair*] cosparso di olio; [*moustache*] impomatato; [*pistons, mechanism*] oliato, lubrificato; [*seabird, animal*] coperto di nafta; [*cloth*] cerato; [*silk*] ciré; [*paper*] oleato **2** COLLOQ. *(drunk)* bevuto, ubriaco.

oiler /ˈɔɪlə(r)/ **I** n. **1** *(ship)* petroliera f. **2** *(worker)* lubrificatore m. (-trice) **3** COLLOQ. *(oilcan)* oliatore m. **II oilers** n.pl. AE *(in fashion)* incerata f.sing., cerata f.sing.
oil field /ˈɔɪlfi:ld/ n. campo m. petrolifero.
oil filter /ˈɔɪlˌfɪltə(r)/ n. filtro m. dell'olio.
oil-fired /ˈɔɪlfaɪəd/ agg. [*furnace, heating*] a nafta.
oil gauge /ˈɔɪlˌgeɪdʒ/ n. indicatore m. (del livello) dell'olio.
oil heater /ˈɔɪlˌhi:tə(r)/ n. stufa f. a nafta.
oiliness /ˈɔɪlɪnɪs/ n. oleosità f.
oil lamp /ˈɔɪlˌlæmp/ n. lampada f. a olio.
oil level /ˈɔɪlˌlevel/ n. livello m. dell'olio.
oil man /ˈɔɪlmən/ n. (pl. **oil men**) *(worker)* petroliere m.
oil meal /ˈɔɪlmi:l/ n. farina f. di semi di lino.
oil men /ˈɔɪlmen/ → **oil man**.
oil mill /ˈɔɪlmɪl/ n. **1** *(machine)* frantoio m. **2** *(factory)* oleificio m.
oil nut /ˈɔɪlnʌt/ n. noce f. da olio.
oil of vitriol /ˌɔɪləvˈvɪtrɪəl/ n. acido m. solforico; COLLOQ. vetriolo m.
oil paint /ˈɔɪlpeɪnt/ n. **1** *(paint)* vernice f. a (base di) olio **2** *(oil colour)* colore m. a olio; ***to use ~s*** usare colori a olio *o* dipingere a olio.
oil painting /ˈɔɪlˌpeɪntɪŋ/ n. *(picture)* (dipinto a) olio m.; *(activity)* pittura f. a olio; ***she's no ~!*** SCHERZ. non è certo una bellezza!
oil palm /ˈɔɪlpɑ:m/ n. palma f. da olio.
oil pan /ˈɔɪlpæn/ n. AE coppa f. dell'olio.
oil pipeline /ˈɔɪlˌpaɪplaɪn/ n. oleodotto m.
oil pollution /ˈɔɪlpəˌlu:ʃn/ n. inquinamento m. da idrocarburi.
oil pressure /ˈɔɪlˌpreʃə(r)/ n. pressione f. dell'olio.
oil-producing /ˈɔɪlprəˌdju:sɪŋ, AE -ˌdu:s-/ agg. [*country*] produttore di petrolio.
oil refinery /ˈɔɪlrɪˌfaɪnərɪ/ n. raffineria f. di petrolio.
oil rig /ˈɔɪlrɪg/ n. *(offshore)* piattaforma f. petrolifera; *(on land)* torre f. di trivellazione.
oilseed rape /ˈɔɪlsi:dˌreɪp/ n. ravizzone m.
oil shale /ˈɔɪlʃeɪl/ n. scisto m. bituminoso.
oilskin /ˈɔɪlskɪn/ **I** n. BE *(fabric)* tela f. cerata **II** agg. [*jacket, trousers*] in tela cerata **III oilskins** n.pl. *(in fashion)* incerata f.sing., cerata f.sing.
oil slick /ˈɔɪlslɪk/ n. onda f. nera, marea f. nera.
oil spill /ˈɔɪlspɪl/ n. perdita f. di petrolio, di nafta.
oilstone /ˈɔɪlstəʊn/ n. cote f.
oil stove /ˈɔɪlstəʊv/ n. stufa f. a nafta.
oil tank /ˈɔɪltæŋk/ n. *(domestic)* serbatoio m. della nafta; *(industrial)* cisterna f. di petrolio.
oil tanker /ˈɔɪlˌtæŋkə(r)/ n. *(ship)* petroliera f.
oil technology /ˈɔɪltekˌnɒlədʒɪ/ n. tecnologia f. del petrolio, degli idrocarburi.
oil well /ˈɔɪlwel/ n. pozzo m. petrolifero, di petrolio.
oily /ˈɔɪlɪ/ agg. **1** *(saturated)* [*cloth, food, hair, skin*] unto; [*stain*] di unto, di grasso; [*water*] sporco di olio, di nafta; ***his hands are ~*** ha le mani unte **2** *(in consistency)* [*substance, dressing*] oleoso; [*lotion*] grasso **3** SPREG. *(slimy)* [*person, manner, tone*] untuoso.
1.oink /ɔɪŋk/ n. grugnito m.
2.oink /ɔɪŋk/ intr. [*pig*] grugnire.
ointment /ˈɔɪntmənt/ n. unguento m., pomata f. ◆ ***she's the fly in the ~*** è quella che mette i bastoni fra le ruote; ***there's one fly in the ~*** c'è una difficoltà, uno scoglio.
o.i.r.o. BE ⇒ offers in the region of trattabile (tratt.); ~ ***£ 75,000*** 75.000 sterline trattabili.
▷ **1.OK** → **1.okay, 2.okay**.
2.OK US ⇒ Oklahoma Oklahoma.
okapi /əʊˈkɑ:pɪ/ n. okapi m.
▷ **1.okay** /ˌəʊˈkeɪ/ **I** agg. COLLOQ. **1** [*car, colour, party, holiday, job*] discreto, non male; [*plumber, babysitter*] (abbastanza) bravo; ***it's ~ to do*** si può fare, non c'è niente di male nel fare; ***it's ~ by me, him*** per me, lui va bene; ***is it ~ if...?*** va bene se...? ***to be ~ for time, money*** avere abbastanza tempo, denaro; ***he's ~*** è un tipo a posto, regolare; ***"is he a good teacher?" - "yes, he's ~"*** "è un bravo insegnante?" - "sì, non è male"; ***to feel ~*** sentirsi bene; ***"how are you?" - "~"*** "come stai?" - "bene"; ***"how was the meeting, interview, exam?" - "~"*** "com'è andata la riunione, l'intervista, com'è stato l'esame?" - "bene"; ***"how was the match?" - "~"*** "com'è stata la partita?" - "non male"; ***"is my hat, hair ~?"*** "va bene il mio cappello, mi stanno bene i capelli?" **2** *(acceptable)* ***that's ~ for men, but...*** può andare per gli uomini, ma...; ***that may be ~ in other countries, in your house, but...*** potrà andare bene in altri paesi, a casa tua, ma...; ***it's ~ to call him by his nickname*** lo si può chiamare col soprannome; ***it's ~ to refuse drugs*** è giusto rifiutare la droga **3** *(in agreement, confirmation)* [*reply, signal*] di OK, di approvazione **II** avv. COLLOQ. **1** [*cope, drive, ski, work out*] (abbastanza) bene **2** *(giving agreement)* OK, sì, va bene **3** *(seeking consensus)* ***~?*** OK? va bene? **4** *(seeking information)* OK, va bene; ***~, whose idea was this?*** OK, di chi è stata l'idea? **5** *(introducing topic)* OK, bene; ***~, let's move on to...*** OK, passiamo a...; ***~, now turn to page 26*** OK, ora girate a pagina 26 **III** n. COLLOQ. OK m., approvazione f.; ***to give one's ~ to sb., sth.*** dare il proprio OK *o* consenso a qcn., qcs.; ***to give sth. the ~*** dare l'OK a qcs.; ***to give sb. the ~ to do*** dare l'OK a qcn. per fare.
2.okay /ˌəʊˈkeɪ/ tr. dare l'OK a, approvare [*change, plan*].
okey-doke(y) /ˌəʊkɪˈdəʊk(ɪ)/ avv. COLLOQ. OK, d'accordo.
Okie /ˈəʊkɪ/ n. AE COLLOQ. nativo m. (-a), abitante m. e f. dell'Oklahoma.
Oklahoma /ˌəʊkləˈhəʊmə/ ♦ ***24*** n.pr. Oklahoma m.; ***in ~*** in Oklahoma.
okra /ˈəʊkrə/ n. BOT. GASTR. abelmosco m.
▶ **old** /əʊld/ ♦ **1 I** agg. **1** *(elderly, not young)* vecchio, anziano; ***an ~ man*** un vecchio *o* un anziano; ***~ people*** i vecchi; ***~er people*** gli anziani; ***if I live to be ~*** se vivrò abbastanza a lungo da diventare vecchio *o* se diventerò vecchio; ***to get*** o ***grow ~*** diventare vecchio *o* invecchiare; ***to look ~*** sembrare vecchio *o* avere l'aria vecchia; ***~ before one's time*** invecchiato anzitempo; ***grief has made her ~ before her time*** il dolore l'ha fatta invecchiare prima del tempo; ***do you want ~ Mr Salter or young Mr Salter?*** cerca il signor Salter padre o il signor Salter figlio? **2** *(of a particular age)* ***how ~ are you, is he?*** quanti anni hai, ha? ***no-one knows how ~ this tree is*** nessuno sa quanti anni abbia, nessuno conosce l'età di questo albero; ***she is 10 years ~*** ha 10 anni; ***a six-year-~ girl*** una bambina di sei anni; ***a six-year ~*** un bambino di sei anni; ***when you were one year ~*** quando avevi un anno; ***this bread is two days ~*** questo pane è vecchio di due giorni; ***a centuries-~ tradition*** una tradizione vecchia di secoli; ***to be as ~ as sb.*** avere la stessa età di qcn.; ***to be as ~ as the century*** essere nato all'inizio del secolo; ***I'm ~er than you*** sono più vecchio di te; ***she is 10 years ~er than him*** ha 10 anni più di lui; ***the north wing is 100 years ~er than the east wing*** l'ala nord è più vecchia di 100 anni rispetto all'ala est; ***my ~er brother, sister*** mio fratello, mia sorella maggiore; ***an ~er man, woman*** un uomo più vecchio, una donna più vecchia; ***the ~er children play here*** i (bambini) più grandi giocano qui; ***I'll tell you when you're ~er*** te lo dirò quando sarai più grande; ***he's going to be handsome when he's ~er*** quando crescerà *o* quando sarà più grande diventerà un bel ragazzo; ***as you get ~er you learn what really matters*** quando cresci *o* invecchi impari quali sono le cose che contano veramente; ***I'm the ~est*** sono il più grande *o* il più vecchio; ***the ~est person there was 18*** il più grande aveva 18 anni; ***I'm ~ enough to be your father, mother*** potrei essere tuo padre, tua madre; ***to be ~ enough to do*** essere grande abbastanza per fare; ***you're ~ enough to know better*** alla tua età dovresti avere un po' di buonsenso; ***you're too ~ for silly games*** ormai sei (troppo) grande per fare queste stupidaggini; ***he's too ~ for you*** è troppo vecchio per te; ***that dress is too ~ for you*** quel vestito ti invecchia troppo; ***to be ~ for one's age*** essere maturo per la propria età **3** *(not new)* [*garment, object, car, song, tradition, family*] vecchio; [*story, excuse*] vecchio; [*joke*] inflazionato; ***an ~ friend*** un vecchio amico *o* un amico di vecchia data; ***the ~ town*** la città vecchia; ***an ~ firm*** una ditta di antica fondazione **4** *(former, previous)* vecchio, precedente [*address, school, job, boss, admirer, system*]; ***there's our ~ house*** ecco la nostra vecchia casa; ***where is her ~ confidence?*** dove è finita tutta la fiducia che aveva in se stessa? ***do you see much of the ~ crowd?*** COLLOQ. ti vedi spesso con i vecchi amici? ***in the ~ days*** ai vecchi tempi *o* un tempo; ***just like ~ times*** proprio come ai vecchi tempi; ***in the good ~ days*** ai bei tempi andati **5** COLLOQ. *(as term of affection)* vecchio; ***there was ~ Jim*** c'era il vecchio Jim; ***there's ~ Fido*** ecco il vecchio Fido; ***dear ~ Max*** caro vecchio Max; ***good ~ John!*** il caro vecchio John! ***good ~ British weather!*** IRON. il solito tempaccio inglese! ***hello, ~ chap, girl!*** ANT. ciao, vecchio mio, vecchia mia! ***how are you, you ~ devil?*** COLLOQ. come va, vecchio mio? **6** COLLOQ. *(as intensifier)* ***a right ~ battle, mess*** una gran bella battaglia, un gran bel casino; ***they were having a high*** o ***rare ~ time*** si stavano divertendo come matti *o* come non mai; ***just put them down any ~ how, where*** mettili giù come, dove accidenti *o* diavolo ti pare; ***I don't want just any ~ doctor, any ~ car*** non voglio un dottore qualsiasi, un'auto qualunque; ***any ~ tie will do*** una cravatta qualsiasi andrà bene **II** n. **1** *(old people)* ***the ~*** + verbo pl. i vecchi, gli anziani; ***~ and young together*** vecchi e giovani insieme **2** *(earlier era)* ***(in days) of ~*** un tempo *o* nei giorni andati; ***the knights of ~*** i cavalieri dei tempi antichi; ***I know him of ~*** lo conosco da molto tempo **III olds** n.pl. *(parents)* ***my ~s*** i miei vecchi.

old age /ˌəʊld'eɪdʒ/ n. vecchiaia f.; ***in (one's)~*** nella (propria) vecchiaia.
old-age pension /ˌəʊldˌeɪdʒ'penʃn/ n. BE pensione f. di vecchiaia.
old-age pensioner /ˌəʊldˌeɪdʒ'penʃənə(r)/ n. BE pensionato m. (-a).
Old Bailey /ˌəʊld'beɪlɪ/ n.pr. = corte d'assise di Londra.
Old Bill /ˌəʊld'bɪl/ n. BE COLLOQ. polizia f., pula f.
old boy n. **1** /'əʊldbɔɪ/ *(ex-pupil)* ex allievo m. **2** /ˌəʊld'bɔɪ/ COLLOQ. *(old man)* vecchio m. **3** /ˌəʊld'bɔɪ/ RAR. COLLOQ. *(dear chap)* vecchio m. mio.
old boy network /'əʊldbɔɪˌnetwɜ:k/ n. BE = rete di collaborazione e di aiuto reciproco fra coloro che hanno frequentato le stesse scuole private, università, o sono appartenuti agli stessi reggimenti.
old country /'əʊldˌkʌntrɪ/ n. madrepatria f.
Old Dominion /ˌəʊlddə'mɪnɪən/ n. AE Virginia f.
olden /'əʊldən/ agg. ***in ~ times, in the ~ days*** ai vecchi tempi, nei tempi andati; ***tell us about the ~ days*** raccontaci dei tempi andati.
Old English /ˌəʊld'ɪŋglɪʃ/ n. *(language)* inglese m. antico.
Old English sheepdog /ˌəʊldɪŋglɪʃ'ʃi:pdɒg/ n. bobtail m.
old-established /ˌəʊldɪ'stæblɪʃt/ agg. antico, di antica fondazione, creazione.
olde-worlde /ˌəʊldɪ'wɜ:ldɪ/ agg. SCHERZ. o SPREG. dal sapore antico, anticheggiante.
▷ **old-fashioned** /ˌəʊld'fæʃnd/ **I** agg. [*person, ways, manners, idea, attitude, garment, machine*] antiquato; ***good ~ common sense*** il sano vecchio buonsenso **II** n. AE = cocktail a base di whisky.
old-fashioned look /ˌəʊldˌfæʃnd'lʊk/ n. aspetto m. antico, sorpassato.
old favourite /ˌəʊld'feɪvərɪt/ n. *(song)* evergreen m.; *(book, play, film)* classico m.
old flame /ˌəʊld'fleɪm/ n. COLLOQ. vecchia fiamma f.
old fogey BE, **old fogy** AE /ˌəʊld'fəʊgɪ/ n. COLLOQ. vecchio m. (-a) retrogrado (-a), cariatide f., matusa m. e f.
old folks' home /ˌəʊld'fəʊksˌhəʊm/ n. COLLOQ. → **old people's home.**
Old French /ˌəʊld'frentʃ/ n. *(language)* francese m. antico.
old girl n. **1** /'əʊldgɜ:l/ *(ex-pupil)* ex allieva f. **2** /ˌəʊld'gɜ:l/ COLLOQ. *(old lady)* vecchietta f. **3** /ˌəʊld'gɜ:l/ RAR. COLLOQ. *(dear lady)* vecchia f. mia.
Old Glory /ˌəʊld'glɔ:rɪ/ n.pr. = bandiera degli Stati Uniti d'America.
old gold /ˌəʊld'gəʊld/ **I** n. oro m. antico **II** agg. *(colour)* (color) oro antico.
old guard /'əʊldˌgɑ:d/ n. vecchia guardia f.
old hand /ˌəʊld'hænd/ n. esperto m. (-a) del mestiere, vecchia volpe f.; ***to be an ~ at sth., at doing*** essere esperto del mestiere in qcs., a fare qcs.
old hat /ˌəʊld'hæt/ agg. COLLOQ. superato, sorpassato.
oldie /'əʊldɪ/ n. COLLOQ. **1** *(film, song)* vecchio successo m. **2** *(person)* vecchio m. (-a).
oldish /'əʊldɪʃ/ agg. vecchiotto.
old lady /ˌəʊld'leɪdɪ/ n. **1** *(elderly woman)* vecchia signora f. **2** COLLOQ. *(wife)* ***my, his, the ~*** la mia, la sua, la vecchia (moglie) **3** COLLOQ. *(mother)* ***my ~*** la mia vecchia (mamma).
old lag /ˌəʊld'læg/ n. COLLOQ. **1** *(prisoner)* galeotto m. **2** BE *(experienced person)* esperto m. (-a), vecchia volpe f.
Old Latin /ˌəʊld'lætɪn/ n. latino m. antico.
old maid /ˌəʊld'meɪd/ n. SPREG. vecchia zitella f.
▷ **old man** /ˌəʊld'mæn/ n. (pl. **old men**) **1** *(elderly man)* uomo m. vecchio, vecchio m. **2** COLLOQ. *(husband)* ***my, her ~*** il mio, il suo vecchio (marito) **3** COLLOQ. *(father)* ***my ~*** il mio vecchio (papà) **4** RAR. COLLOQ. *(dear chap)* vecchio m. mio **5** COLLOQ. *(boss)* ***the ~*** il vecchio, il padrone.
old man's beard /ˌəʊldmænz'bɪəd/ n. BOT. vitalba f.
old master /ˌəʊld'mɑ:stə(r)/ n. **1** *(artist)* antico maestro m. **2** *(work)* opera f. di antico maestro.
old men /ˌəʊld'men/ → **old man.**
Old Nick /ˌəʊld'nɪk/ n. RAR. COLLOQ. = il diavolo.
old people's home /ˌəʊld'pi:plzˌhəʊm/ n. *(state-run)* ospizio m.; *(private)* casa f. di riposo.
old rose /ˌəʊld'rəʊz/ ➧ ***5*** **I** n. rosa m. antico **II** agg. (color) rosa antico.
old school tie /ˌəʊldˌsku:l'taɪ/ n. BE cravatta f. con i colori della scuola, di una scuola; FIG. = spirito di solidarietà e lealtà fra ex studenti, e anche membri di club rappresentato da tale cravatta.
old sod /ˌəʊld'sɒd/ n. COLLOQ. SCHERZ. madrepatria f.
old soldier /ˌəʊld'səʊldʒə(r)/ n. **1** *(former soldier)* veterano m. **2** *(old hand)* esperto m. (-a) del mestiere, vecchio volpone m.
Old South /ˌəʊld'saʊθ/ n. US STOR. il vecchio Sud m. (precedente la guerra di secessione).
old stager /ˌəʊld'steɪdʒə(r)/ n. BE COLLOQ. esperto m. (-a) del mestiere, vecchia volpe f.
oldster /'əʊldstə(r)/ n. COLLOQ. vecchio m. (-a), anziano m. (-a).
old style /ˌəʊld'staɪl/ agg. vecchio stile.
Old Style /ˌəʊld'staɪl/ n.pr. calendario m. giuliano.
Old Testament /ˌəʊld'testəmənt/ n. Antico Testamento m.
old-time /ˌəʊld'taɪm/ agg. del tempo passato.
old-time dancing /ˌəʊldˌtaɪm'dɑ:nsɪŋ, AE -'dænsɪŋ/ n. balli m.pl. da sala.
old timer /ˌəʊld'taɪmə(r)/ n. COLLOQ. **1** *(at work)* esperto m. (-a) del mestiere **2** *(old person)* vecchio m. (-a).
old wives' tale /ˌəʊld'waɪvzteɪl/ n. storia f., superstizione f. da donnette.
▷ **old woman** /ˌəʊld'wʊmən/ n. (pl. **old women**) **1** *(elderly lady)* (donna) vecchia f. **2** SPREG. *(man)* ***to be an ~*** essere una donnetta **3** COLLOQ. *(wife)* ***my*** o ***the ~*** la mia vecchia (moglie) **4** COLLOQ. *(mother)* ***my*** o ***the ~*** la mia vecchia (mamma).
old-world /'əʊldwɜ:ld/ agg. [*cottage, charm, courtesy*] d'altri tempi.
Old World /ˌəʊld'wɜ:ld/ n. Vecchio Mondo m.
ole /əʊl/ agg. COLLOQ. → **old.**
oleaginous /ˌəʊlɪ'ædʒɪnəs/ agg. oleoso.
oleander /ˌəʊlɪ'ændə(r)/ n. oleandro m.
oleaster /ˌəʊlɪ'æstə(r)/ n. **1** *(wild variant of the olive)* oleastro m., olivastro m. **2** *(small southern European trees)* eleagno m., olivagno m.
oleate /'əʊlɪeɪt/ agg. oleato.
olefin(e) /'əʊlɪfaɪn/ n. olefina f.
olefinic /ˌəʊlə'fɪnɪk/ agg. olefinico.
oleic /'əʊlɪɪk/ agg. oleico.
olein /'əʊlɪɪn/ n. oleina f.
oleo /'əʊlɪəʊ/ n. AE (accorc. oleomargarine) (pl. **~s**) margarina f.
oleograph /'əʊlɪəgrɑ:f, AE -græf/ n. *(technique)* oleografia f.
oleographic /əʊlɪə'grɑ:fɪk/ agg. oleografico.
oleography /əʊlɪ'ɒgrəfɪ/ n. *(picture)* oleografia f.
oleomargarine /ˌəʊlɪəʊˌmɑ:dʒə'ri:n, -'mɑ:dʒərɪn/ n. AE margarina f.
O level /'əʊlevl/ n. GB SCOL. (accorc. Ordinary Level) = esame che conclude il primo ciclo della scuola secondaria superiore, oggi sostituito dal GCSE.
olfactory /ɒl'fæktərɪ/ agg. olfattorio, olfattivo.
olibanum /ɒ'lɪbənəm/ n. olibano m.
oligarch /'ɒlɪgɑ:k/ n. oligarca m. e f.
oligarchic(al) /ˌɒlɪ'gɑ:kɪk(l)/ agg. oligarchico.
oligarchy /'ɒlɪgɑ:kɪ/ n. oligarchia f.
Oligocene /'ɒlɪgəsi:n/ **I** n. oligocene m. **II** agg. oligocenico.
oligoclase /'ɒlɪgəˌkleɪs/ n. oligoclasio m.
oligocythemia /ˌɒlɪgəˌsaɪ'θi:mɪə/ n. oligocitemia f.
oligomer /ɒ'lɪgəmə(r)/ n. oligomero m.
oligophrenia /ˌɒlɪgə'fri:nɪə/ ➧ ***11*** n. oligofrenia f.
oligopolist /ˌɒlɪ'gɒpəlɪst/ n. oligopolista m. e f.
oligopoly /ˌɒlɪ'gɒpəlɪ/ n. oligopolio m.
oligopsonist /ˌɒlɪ'gɒpsənɪst/ **I** agg. oligopsonista **II** n. oligopsonista m. e f.
oligopsony /ɒlɪ'gɒpsənɪ/ n. oligopsonio m.
oliguria /ɒlɪ'gjʊərɪə/ n. oliguria f.
olio /'əʊlɪəʊ/ n. (pl. **~s**) **1** GASTR. spezzatino m. **2** FIG. miscellanea f., miscuglio m.
olivaceous /ˌɒlɪ'veɪʃəs/ agg. olivaceo.
olivary /'ɒlɪvərɪ/ agg. olivare.
▷ **olive** /'ɒlɪv/ ➧ **5** **I** n. **1** *(fruit)* oliva f.; ***green, black ~*** oliva verde, nera **2** (anche **~ tree**) olivo m., ulivo m. **3** *(colour)* verde m. oliva **II** agg. [*dress, eyes*] (color) verde oliva; [*complexion*] olivastro ◆ ***to hold out*** o ***extend an ~ branch to*** offrire un ramoscello d'olivo a; ***to be intended as an ~ branch*** rappresentare un'offerta di pace.
Olive /'ɒlɪv/ n.pr. Oliva, Olivia.
olive drabs /ˌɒlɪv'dræbz/ n.pl. verde m.sing. militare.
olive green /ˌɒlɪv'gri:n/ ➧ **5** **I** n. verde m. oliva **II** agg. (color) verde oliva.
olive grove /'ɒlɪvˌgrəʊv/ n. oliveto m., uliveto m.
olive oil /ˌɒlɪv'ɒɪl/ n. olio m. d'oliva.
olivenite /əʊ'lɪvənaɪt/ n. olivenite f.
olive press /'ɒlɪvˌpres/ n. frantoio m.
Oliver /'ɒlɪvə(r)/ n.pr. Oliviero.

olive-skinned /ˈɒlɪvˌskɪnd/ agg. dalla carnagione olivastra.
Olivetan /ˌɒlɪˈviːtən/ n. RELIG. Olivetano m.
Olivia /ɒˈlɪvɪə/ n.pr. Olivia.
Olivier /əˈlɪvɪeɪ/ n.pr. Oliviero.
olivine /ˌɒlɪˈviːn/ n. olivina f.
olm /ɒlm/ n. proteo m.
ology /ˈɒlədʒɪ/ n. ANT. SCHERZ. scienza f.
Olympia /əˈlɪmpɪə/ n.pr. Olimpia f.
Olympiad /əˈlɪmpɪæd/ n.pr. olimpiade f.
Olympian /əˈlɪmpɪən/ agg. [*god, hero*] dell'Olimpo; [*calm*] olimpico.
Olympic /əˈlɪmpɪk/ **I** agg. [*torch, athlete, medal*] olimpico **II** n. ***the ~s*** le olimpiadi.
Olympic Games /əˌlɪmpɪkˈgeɪmz/ n.pl. giochi m. olimpici.
Olympus /əˈlɪmpəs/ n.pr. Olimpo m.
OM n. (⇒ Order of Merit) = ordine del quale fanno parte persone distintesi per motivi di merito.
O&M (⇒ Organization and Methods) = organizzazione e metodi.
Omaha /ˈəʊməhɑː/ ➧ **34** n.pr. Omaha f.
Oman /əʊˈmɑːn/ ➧ **6** n.pr. Oman m.
Omani /əʊˈmɑːnɪ/ ➧ **18 I** agg. omanita **II** n. omanita m. e f.
omasum /əˈmeɪsəm/ n. (pl. **-a**) omaso m.
ombre /ˈɒmbə(r)/ ➧ **10** n. *(card game)* ombra f.
ombrometer /ˌɒmˈbrɒmɪtə(r)/ n. pluviometro m.
ombudsman /ˈɒmbʊdzmən/ n. (pl. **-men**) AMM. ombudsman m., difensore m. civico.
ombudswoman /ˈɒmbʊdzˌwʊmən/ n. (pl. **-women**) AMM. ombudsman m., difensore m. civico.
omega /ˈəʊmɪgə, AE əʊˈmegə/ n. omega m. e f.; ***the alpha and ~ (of sth.)*** l'alfa e l'omega (di qcs.)
omelette /ˈɒmlɪt/ n. omelette f. ◆ ***you can't make an ~ without breaking eggs*** non si può fare una frittata senza rompere le uova.
omen /ˈəʊmən/ n. augurio m., presagio m., auspicio m.
omentum /əʊˈmentəm/ n. (pl. **-a**) MED. omento m.
omicron /əˈmaɪkrən/ n. omicron m. e f.
ominous /ˈɒmɪnəs/ agg. [*presence, shadow*] sinistro, minaccioso; [*cloud*] minaccioso; [*development, news*] inquietante; [*sign*] di malaugurio.
ominously /ˈɒmɪnəslɪ/ avv. **1** *(threateningly)* [*look, gesture, move*] in modo minaccioso; [*say*] in tono minaccioso; ***the house was ~ silent*** nella casa regnava un silenzio sinistro, inquietante **2** *(worryingly)* ***~, the child has not yet been found*** il bambino non è ancora stato trovato, il che non promette niente di buono.
ominousness /ˈɒmɪnəsnɪs/ n. (l')essere minaccioso.
omissible /əˈmɪsɪbl/ agg. che si può omettere; tralasciabile.
▷ **omission** /əˈmɪʃn/ n. **1** DIR. omissione f. **2** *(from list)* omissione f., dimenticanza f.; *(from team)* esclusione f., assenza f.
▷ **omit** /əˈmɪt/ tr. (forma in -ing ecc. **-tt-**) omettere (**from** da; **to do** di fare).
omnibus /ˈɒmnɪbəs/ **I** n. (pl. **~es**) **1** (anche **~ edition**) BE *(of TV programme)* replica f. delle puntate della settimana **2** (anche **~ volume**) *(book)* volume m. omnibus **3** ANT. *(bus)* omnibus m. **II** agg. AE che comprende argomenti eterogenei, di portata generale ◆ ***the man on the Clapham ~*** BE ANT. l'uomo della strada, la persona media.
omnibus bill /ˈɒmnɪbəsˌbɪl/ n. AE POL. legge f. omnibus.
omnidirectional /ˌɒmnɪdɪˈrekʃnəl, -daɪ-/ agg. omnidirezionale.
omnifarious /ˌɒmnɪˈfeərɪəs/ agg. d'ogni genere, svariato.
omnipotence /ɒmˈnɪpətəns/ n. onnipotenza f.
omnipotent /ɒmˈnɪpətənt/ **I** agg. onnipotente **II** n.pr. ***the Omnipotent*** l'Onnipotente.
omnipresence /ˌɒmnɪˈprezəns/ n. onnipresenza f.
omnipresent /ˌɒmnɪˈpreznt/ agg. onnipresente.
omnirange /ˈɒmnɪˌreɪndʒ/ n. radiofaro m. omnidirezionale.
omniscience /ɒmˈnɪsɪəns/ n. onniscienza f.
omniscient /ɒmˈnɪsɪənt/ agg. onnisciente.
omnium-gatherum /ˌɒmnɪəmˈgæðərəm/ n. ANT. COLLOQ. accozzaglia f., miscuglio m.
omnivore /ˈɒmnɪvɔː(r)/ n. onnivoro m.
omnivorous /ɒmˈnɪvərəs/ agg. **1** onnivoro **2** FIG. [*reader*] onnivoro.
omoplate /ˈəʊməpleɪt/ n. omoplata m.
omphalocele /ɒmˈfæləsiːl/ n. onfalocele m.
omphalos /ˈɒmfəlɒs/ n. LETT. ombelico m.
▶ **1.on** /ɒn/ prep. **1** *(position)* su; ***~ the table, the pavement*** sul tavolo, sul marciapiede; ***~ the coast, the lake*** sulla costa, sul lago; ***~ top of the piano*** sul pianoforte; ***~ the wall, ceiling, blackboard*** sul muro, sul soffitto, sulla lavagna; ***~ the floor*** sul pavimento *o* per terra; ***there's a stain ~ it*** c'è una macchia sopra *o* è macchiato; ***to live ~ Park Avenue*** abitare in Park Avenue; ***it's ~ Carson Road*** è in Carson Road; ***~ the M4 motorway*** sull'autostrada M4; ***a studio ~ Sweetbrier Lane*** un monolocale in Sweetbrier Lane; ***the paintings ~ the wall*** i quadri appesi al muro; ***accidents ~ and off the piste*** incidenti in pista e fuori pista; ***to climb, leap ~ to sth.*** salire, saltare su qcs. **2** *(indicating attachment, contact)* ***to hang sth. ~ a nail*** appendere qcs. a un chiodo; ***~ a string*** legato a un cordino; ***to put a hand ~ sb.'s shoulder*** mettere una mano sulla spalla di qcn.; ***to punch sb. ~ the nose, on the chin*** colpire qcn. sul naso, sul mento *o* dare un pugno sul naso, sul mento a qcn. **3** *(on or about one's person)* ***I've got no small change ~ me*** non ho spiccioli (con me); ***have you got the keys ~ you?*** hai le chiavi (con te)? ***to have a ring ~ one's finger*** portare un anello al dito; ***the finger with the ring ~ it*** il dito con l'anello *o* che porta l'anello; ***a girl with sandals ~ her feet*** una ragazza con *o* che porta i sandali (ai piedi); ***to have a smile, to have a frown ~ one's face*** avere un sorriso stampato sul viso, avere il viso accigliato **4** *(about, on the subject of)* su; ***a book, a programme ~ Africa*** un libro, un programma sull'Africa; ***information ~ the new tax*** informazioni sulla nuova tassa; ***to read Freud ~ dreams*** leggere quello che Freud ha scritto sui sogni; ***have you heard him ~ electoral reform?*** hai sentito che cosa dice a proposito della riforma elettorale? ***we're ~ fractions in maths*** in matematica, siamo alle frazioni *o* stiamo facendo le frazioni **5** *(employed, active)* ***to be ~*** essere in *o* fare parte di [*team, board, committee, council*]; ***to be ~ the Gazette*** lavorare alla Gazette; ***a job ~ the railways*** un lavoro nelle ferrovie; ***there's a bouncer ~ the door*** c'è un buttafuori alla porta; ***there are 20 staff ~ this project*** ci sono 20 persone che lavorano a questo progetto **6** *(in expressions of time)* ***~ 22 February*** il 22 febbraio; ***~ Friday*** venerdì; ***~ Saturdays*** il sabato *o* tutti i sabati; ***~ the night of 15 May*** la sera del 15 maggio; ***~ or about the 23rd*** intorno al 23; ***~ sunny days*** nei giorni di sole; ***~ Christmas Day*** il giorno di Natale *o* a Natale; ***~ your birthday*** il giorno del tuo compleanno **7** *(immediately after)* ***~ his arrival*** al suo arrivo; ***~ the death of his wife*** alla morte di sua moglie; ***~ hearing the truth she...*** al sentire la verità *o* quando seppe la verità, lei...; ***~ reaching London he...*** al suo arrivo a Londra *o* quando arrivò a Londra, lui... **8** *(taking, using)* ***to be ~ tablets, steroids*** prendere delle pastiglie, (degli) steroidi; ***to be ~ heroin*** prendere l'eroina *o* essere eroinomane; ***to be ~ drugs*** drogarsi *o* essere drogato; ***to be ~ 40 (cigarettes) a day*** fumare 40 sigarette al giorno; ***to be ~ a bottle of whisky a day*** bere una bottiglia di whisky al giorno **9** *(powered by)* ***to work*** o ***run ~ batteries*** funzionare *o* andare a pile; ***to run ~ electricity*** essere azionato dalla corrente elettrica *o* andare a elettricità **10** *(indicating support)* su; ***to stand ~ one leg*** reggersi su un piede; ***to lie ~ one's back*** essere coricato sulla schiena; ***put it ~ its side*** mettilo *o* adagialo sul fianco **11** *(indicating a medium)* ***~ TV, the radio*** alla tivù, alla radio; ***I heard it ~ the news*** l'ho sentito dire al notiziario; ***~ video, cassette*** in *o* su video, cassetta; ***~ disk, computer*** su disco, computer; ***~ channel four*** sul quarto canale; ***to play sth. ~ the piano*** suonare qcs. al pianoforte; ***with Phil Collins ~ drums*** con Phil Collins alla

---

1.on

- When *on* is used as a straightforward preposition expressing position, it is generally translated by *su*. Remember that, when the article *the* is used after the preposition *on* in English, the two words are translated by one word in Italian; the following cases may occur: *on the table* = (su + il) sul tavolo; *on the rock* = (su + lo) sullo scoglio; *on the beach* = (su + la) sulla spiaggia; *on the tree, on the swing* = (su + l') sull'albero, sull'altalena; *on the roofs* = (su + i) sui tetti; *on the rocks* = (su + gli) sugli scogli; *on the stairs* = (su + le) sulle scale.
- *On it* is translated by *sopra*: *there's a table over there, put the key on it* = c'è un tavolo laggiù, mettici sopra la chiave.
- *On* is often used in verb combinations in English (*depend on, rely on, cotton on* etc.): for translations, consult the appropriate verb entry (**depend**, **rely**, **cotton** etc.).
- If you have doubts about how to translate a phrase or expression beginning with *on* (*on demand, on impulse, on top* etc.), consult the appropriate noun or other entry (**demand**, **impulse**, **top** etc.).
- This dictionary contains lexical notes on such topics as DATE, ISLANDS, RIVERS etc. Many of these use the preposition *on*. For these notes see the end of the English-Italian section.
- For examples of the above and further uses of *on*, see the entry **1.on**.

batteria **12** *(income, amount of money)* ***to be ~ £ 20,000 a year*** avere un reddito di 20.000 sterline all'anno; ***to be ~ a salary*** o ***income of £ 15,000*** avere un salario *o* reddito di 15.000 sterline; ***he's ~ more than me*** guadagna più di me *o* ha un reddito più alto del mio; ***to be ~ a low income*** avere un reddito basso **13** *(paid for by, at the expense of)* ***this round is ~ me*** questo giro tocca a me; ***have a beer ~ me*** ti offro una birra **14** *(repeated events)* ***disaster ~ disaster*** disastro su disastro; ***defeat ~ defeat*** sconfitta dopo sconfitta **15** *(in scoring)* ***to be ~ 25 points*** avere 25 punti; ***Martin is the winner ~ 50 points*** Martin vince con 50 punti **16** *(in horseracing)* ***he's got £ 10 ~ Easy Rider*** ha scommesso 10 sterline su Easy Rider; ***I'll have 50 dollars ~ Black Beauty*** scommetto 50 dollari su Black Beauty **17** AUT. FERR. AER. ***to travel ~ the bus, train*** viaggiare in autobus, in treno; ***to be ~ the plane, the train*** essere in aereo *o* sull'aereo, in treno *o* sul treno; ***to be ~ the yacht*** essere sullo yacht; ***to be ~ one's bike*** essere in bici; ***to leave ~ the first train, flight*** partire con, prendere il primo treno, volo.

▶ **2.on** /ɒn/ avv. **1** *(on or about one's person)* ***to have a hat, coat ~*** portare *o* indossare un cappello, un cappotto; ***to have one's glasses ~*** portare *o* avere gli occhiali; ***he's got his suit ~*** porta *o* indossa un vestito; ***to have nothing ~*** non avere niente addosso *o* non indossare niente; ***~ with your coats!*** mettetevi i cappotti! ***to have make-up ~*** essere truccato; ***with sandals, slippers ~*** con i sandali, in pantofole **2** *(ahead in time)* ***20 years ~ he was still the same*** 20 anni dopo era sempre lo stesso; ***a few years ~ from now*** fra qualche anno; ***from that day ~*** da quel giorno *o* a partire da quel giorno; ***to be well ~ in years*** essere avanti negli anni; ***the party lasted well ~ into the night*** la festa durò fino a tarda notte **3** *(further)* ***to walk ~*** continuare a camminare; ***to walk ~ another 2 km*** camminare ancora 2 km; ***to go ~ to Newcastle*** proseguire fino a Newcastle; ***to go to Rome then ~ to Naples*** andare a Roma e poi proseguire fino a Napoli; ***to play, work ~*** continuare a giocare, lavorare; ***a little further ~*** ancora un po' più lontano **4** *(on stage)* ***I'm ~ after the juggler*** sono (di scena) dopo il giocoliere; ***he's not ~ until Act II*** non entra *o* compare in scena fino al secondo atto; ***you're ~!*** tocca a te! in scena! **5** ***on and off, off and on*** ogni tanto, a intermittenza; ***to see sb. ~ and off*** vedere qcn. ogni tanto; ***she's been working at the novel ~ and off for years*** sono anni che lavora saltuariamente al romanzo; ***he lives there ~ and off*** ci abita di tanto in tanto; ***to flash ~ and off*** lampeggiare *o* accendersi e spegnersi **6** ***on and on*** a lungo; ***to go ~ and ~*** [*speaker*] continuare a parlare, dilungarsi (per ore); [*lectures, speech*] durare a lungo, prolungarsi per ore; ***he went*** o ***talked ~ and ~ about the war*** continuò a parlare per ore o non la finiva più di parlare della guerra; ***the list goes ~ and ~*** la lista continua ancora a lungo.

▶ **3.on** /ɒn/ agg. **1** *(taking place, happening)* ***to be ~*** [*event*] avere luogo, avvenire; ***is the match still ~?*** la partita è ancora in corso? ***the engagement is back ~ again*** si sono di nuovo fidanzati; ***while the meeting is ~*** mentre la riunione è in corso; ***there's a war, recession ~*** c'è una guerra, una recessione in corso; ***I've got nothing ~ tonight*** non ho nessun impegno questa sera; ***to have something ~*** avere un impegno; ***I've got a lot ~*** ho molti impegni *o* ho molto da fare **2** *(being broadcast, performed, displayed)* ***Euro-express is ~ tonight*** c'è Euro-express alla televisione questa sera; ***the news is ~ in 10 minutes*** il telegiornale va in onda *o* comincia fra dieci minuti; ***it's ~ at the Rex*** lo danno *o* è in programma al Rex; ***there's an exhibition ~ at the Town Hall*** c'è una mostra in municipio; ***what's ~?*** *(on TV)* che cosa c'è *o* danno (alla televisione)? *(at the cinema)* che cosa danno al cinema? *(at the theatre)* che cosa c'è in programma *o* danno a teatro? ***there's nothing ~*** non c'è niente (di bello); ***Hamlet is still ~*** Amleto è ancora in programma **3** *(functional, live)* ***to be ~*** [*TV, radio, oven, light*] essere acceso; [*handbrake*] essere tirato; [*dishwasher, washing machine*] essere acceso, in funzione; [*hot tap, gas tap*] essere aperto; ***the power is ~*** la corrente è accesa; ***the power is back ~*** c'è corrente *o* è tornata la corrente; ***the switch is in the "~" position*** l'interruttore è in posizione di acceso *o* in posizione "on" **4** BE *(permissible)* ***it's just*** o ***simply not ~*** *(out of the question)* è fuori questione, non se ne parla nemmeno; *(not the done thing)* non si fa; *(unacceptable)* è inammissibile; ***it's simply not ~ to expect me to do that*** è impensabile che ci si aspetti che io lo faccia **5** *(attached, in place)* ***to be ~*** [*lid, top, cap*] essere posizionato; ***the cap isn't properly ~*** il coperchio è mal messo; ***once the roof is ~*** una volta che il tetto è posato ◆ ***you're ~*** d'accordo; ***are you still ~ for tomorrow's party?*** sei sempre d'accordo per la festa di domani? ***to be always ~ at sb.*** avercela sempre con qcn.; ***she's always ~ at me to get my hair cut*** mi sta sempre addosso *o* mi assilla perché mi faccia tagliare i capelli; ***what's he ~ about?*** BE che cosa vuole dire? ***I don't know what you're ~ about*** non capisco quello che vuoi dire; ***he's been ~ to me about the lost files*** BE mi ha contattato a proposito dei file persi.

onager /ˈɒnəgə(r)/ n. **1** ZOOL. onagro m. **2** MIL. onagro m.

onanism /ˈəʊnənɪzəm/ n. onanismo m.

onanist /ˈəʊnənɪst/ n. onanista m. e f.

on-board /ˈɒnbɔːd/ agg. di bordo.

▶ **once** /wʌns/ **I** avv. **1** *(one time)* una volta; ***~ or twice*** una volta o due *o* una o due volte; ***~ before*** una volta in precedenza; ***more than ~*** più di una volta *o* più volte; ***I will tell you ~ only*** te lo dico una volta sola *o* solo una volta; ***if I've told you ~ I've told you a hundred times*** non so quante volte te l'ho già detto, sono stufo di ripetertelo; ***~ is enough*** una volta è sufficiente; ***~ again*** o ***more*** ancora una volta *o* una volta di più; ***~ and for all*** una volta per tutte; ***never ~ did he offer*** o ***he never ~ offered to help*** non una volta si è offerto di aiutare *o* non si è offerto di aiutare nemmeno una volta; ***~ released, he...*** una volta libero, lui...; ***~ too often*** una volta di troppo; ***~ a day, year*** una volta al giorno, (al)l'anno; ***~ every six months*** una volta ogni sei mesi; ***(every) ~ in a while*** di tanto in tanto; ***~ in a lifetime*** una volta nella vita; ***it was a ~-in-a-lifetime experience*** è stata un'esperienza unica; ***you only live ~*** si vive una volta sola; ***if ~ you forget the code*** se ti capita di dimenticare il codice; ***~ a Catholic, always a Catholic*** un cattolico resta sempre cattolico; ***~ a thief, always a thief*** ladro una volta, ladro per sempre **2** *(formerly)* una volta, un tempo; ***she was ~ very famous*** (un tempo) era molto famosa; ***a ~ famous actor*** un attore un tempo famoso; ***I'm not as young as I ~ was*** non sono più tanto giovane; ***there was ~ a time when he would have said yes*** un tempo avrebbe detto sì *o* c'è stato un tempo in cui avrebbe detto di sì; ***~ upon a time there was a queen*** c'era una volta una regina **3** ***at once*** *(immediately)* subito, all'istante; *(simultaneously)* allo stesso tempo, contemporaneamente; ***all at ~*** improvvisamente; ***don't all talk at ~!*** non parlate tutti insieme *o* allo stesso tempo! **II** cong. una volta che, dopo che; ***~ he had eaten he...*** una volta che ebbe mangiato...; ***~ he arrives we...*** dopo che sarà arrivato noi... **III** n. ***I've only been there the ~*** ci sono solo stato una volta; ***I'll do it just this ~*** lo faccio solo questa volta; ***for ~*** per una volta.

once-over /ˈwʌnsˌəʊvə(r)/ n. COLLOQ. **1** *(quick look)* ***to give sth. the ~*** dare un'occhiata a qcs.; ***to give sb. the ~*** dare un'occhiata a qcn. **2** *(quick clean)* ***to give sth. a quick ~*** dare una passata *o* botta a qcs.

oncer /ˈwʌnsə(r)/ n. **1** ANT. COLLOQ. *(bank note)* banconota f. da una sterlina **2** AE COLLOQ. *(woman)* = donna che rimane fedele ad un uomo per tutta la vita.

oncogene /ˈɒŋkəʊˌdʒiːn/ n. oncogene m.

oncogenesis /ˌɒŋkəˈdʒenəsɪs/ n. (pl. **-es**) oncogenesi f.

oncogenic /ˌɒŋkəˈdʒenɪk/, **oncogenous** /ɒnˈkɒdʒənəs/ agg. oncogeno.

oncologic(al) /ˌɒŋkəˈlɒdʒɪk(l)/ agg. oncologico.

oncologist /ɒŋˈkɒlədʒɪst/ ➧ **27** n. oncologo m. (-a).

oncology /ɒŋˈkɒlədʒɪ/ n. oncologia f.

oncoming /ˈɒnkʌmɪŋ/ agg. **1** [*car, vehicle*] proveniente dalla direzione opposta; ***"beware of ~ traffic"*** "circolazione a doppio senso di marcia" **2** [*event, election*] imminente.

oncosts /ˈɒnkɒsts/ n.pl. COMM. spese f. generali.

OND n. (⇒ Ordinary National Diploma) = diploma tecnico di scuola secondaria superiore.

▶ **one** /wʌn/ When *one* is used impersonally as an indefinite pronoun, it is translated by *si* or *uno* when it is the subject of the verb: *one never knows* = non si sa mai; *one would like to think that...* = uno vorrebbe credere che... When *one* is the object of the verb or comes after a preposition, it is usually translated by *te* o *ti*: *it can make one ill* = ti può far ammalare. - When used as an indefinite pronoun, *one* is very formal; it is only used when you do not mean any one person in particular, in very general statements, stock phrases and proverbs: *one must eat to live, not live to eat* = si deve mangiare per vivere, non vivere per mangiare; *one has to look after one's health* = ci si deve preoccupare della propria salute. - As a consequence, *one* is very often substituted with you: *you can do as you like here* = qui si può fare quello che si vuole. - *One* and its plural form *ones* are used instead of a noun that has already been mentioned, and after *this* and *that*: *"which of these books do you want?" "the big one, please"* = "quale di questi libri vuoi?" "quello grosso, per favore"; *I need some new ones* = ne ho bisogno di nuovi; *give me that one, not this one* = dammi quello, non questo. - *One* and *ones*, however, are not used after *these* and *those*, the genitive case, and cardinal numbers: *I want these* = voglio questi; *I won't drive my car, I'll get there in John's* = non userò la mia macchina, ci andrò con quella di John; *I'll take four* = ne prendo quattro. - For more examples and all other uses, see the entry below. ♦ *19, 1, 4* **I** determ. **1** *(single)* un, uno; ~ ***car*** un'automobile; ~ ***dog*** un cane; ***twenty-~ flowers*** ventuno fiori; ***to raise ~ hand*** alzare una mano; ***no ~ person can do it alone*** nessuno può farlo da solo **2** *(unique, sole)* solo, unico; ***my ~ and only tie*** la mia sola e unica cravatta; ***her ~ vice, pleasure*** il suo solo vizio, unico piacere; ***she's the ~ person who can help*** è l'unica persona che possa dare un aiuto; ***the ~ and only Edith Piaf*** la sola e unica Edith Piaf; ***she's ~ fine artist*** AE è una eccellente artista **3** *(same)* stesso; ***in the ~ direction*** nella stessa direzione; ***at ~ and the same time*** allo stesso tempo; ***to be ~ and the same thing*** essere esattamente la stessa cosa; ***they're ~ and the same person*** sono la stessa persona *o* si tratta della stessa persona; ***two offers in the ~ day*** due offerte nello stesso giorno; ***to be of ~ mind*** essere unanimi; ***it's all ~ to me*** per me è lo stesso *o* la stessa cosa **4** *(in expressions of time)* ~ ***day, evening*** un giorno, una sera; ~ ***hot summer's day*** in una calda giornata estiva; ~ ***of these days*** uno di questi giorni **5** *(for emphasis)* ~ ***Simon Richard*** un certo Simon Richard **II** pron. **1** *(indefinite)* uno m., una f.; ***can you lend me ~?*** puoi prestarmene uno? ~ ***of them*** *(person)* uno di loro; *(thing)* uno di essi; ***she's ~ of my best customers*** è una delle mie migliori clienti; ~ ***after the other*** (l')uno dopo l'altro; ***I can't tell ~ from the other*** non riesco a distinguerli l'uno dall'altro; ***every ~ of them was broken*** erano tutti rotti; ~ ***was grey and the other was pink*** uno era grigio e l'altro era rosa; ***two volumes in ~*** due tomi in un volume; ***it's a two-in-~ whisk and blender*** fa da frullatore e sbattitore; ***Merry Christmas ~ and all*** Buon Natale a tutti; ***she's ~ of us*** è una di noi *o* è dei nostri **2** *(impersonal) (as subject)* uno; *(as object)* te, ti; ~ ***would like to think that*** uno vorrebbe credere che; ~ ***can't help wondering*** non si può fare a meno di chiedersi; ***if ~ wanted*** se uno volesse *o* se si volesse; ***it's enough to make ~ despair*** c'è da finire sull'orlo della disperazione **3** *(referring to a specific person)* ***the advice of ~ who knows*** i consigli di qualcuno che sa; ***for ~ who claims to be an expert*** per uno che dice di essere un esperto; ***like ~ possessed*** come un invasato; ***I'm not ~ for doing*** non sono uno *o* il tipo che fa; ***she's a great ~ for doing*** le piace moltissimo fare *o* è bravissima a fare; ***I'm not ~ for football*** non sono un appassionato di calcio; ***he's ~ for the ladies*** è un tipo che piace (alle donne); ***she's a clever ~*** è una intelligente *o* un tipo intelligente; ***you're a ~!*** COLLOQ. sei un bel tipo! ***I for ~ think that*** personalmente *o* da parte mia credo che; ***"who disagrees?" - "I for ~!"*** "chi non è d'accordo?" - "io, per esempio" **4** *(demonstrative)* ***the grey ~*** quello grigio; ***the pink ~s*** quelli rosa; ***my friend's ~*** quello del mio amico; ***this ~*** questo qui; ***that ~*** quello là; ***the ~ in the corner*** quello nell'angolo; ***which ~?*** quale? ***that's the ~*** è quello (là); ***he's the ~ who*** è (lui) quello che; ***buy the smallest ~*** compra il più piccolo; ***my new car is faster than the old ~*** la mia auto nuova è più veloce di quella vecchia **5** *(in currency)* ***~-fifty*** *(in sterling)* una sterlina e cinquanta; *(in dollars)* un dollaro e cinquanta **6** COLLOQ. *(drink)* ***he's had ~ too many*** ne ha bevuto uno di troppo; ***a quick ~*** un bicchierino; ***make mine a large ~*** riempimi bene il bicchiere **7** COLLOQ. *(joke)* ***that's a good ~!*** questa è buona! ***have you heard the ~ about...?*** hai sentito quella di...? **8** COLLOQ. *(blow)* ***to land*** o ***sock sb. ~*** mollarne uno, una a qcn. **9** COLLOQ. *(question, problem)* ***that's a tough*** o ***tricky ~*** questa è (una domanda, una questione) difficile; ***ask me another ~*** fammi un'altra domanda **10** *(person one is fond of)* ***her loved*** o ***dear ~s*** i suoi cari; ***to lose a loved ~*** perdere uno dei propri cari; ***the little ~s*** i piccoli *o* i bambini **11** *(in knitting)* ***knit ~, purl ~*** un diritto, un rovescio; ***make ~*** aumentare di un punto **12 as one** [*rise*] come un sol uomo; [*shout, reply*] all'unisono **13 in one** in un colpo solo; ***to down a drink in ~*** buttare giù una bevanda in un sorso solo; ***you've got it in ~*** l'hai trovato subito **14 one by one** [*pick up, collect, wash*] uno per uno, uno a uno **III** n. *(number)* uno m.; ***~, two, three, go!*** uno, due, tre, via! ***to throw a ~*** *(on dice)* fare uno; ***there are three ~s in one hundred and eleven*** ci sono tre uno nel numero centoundici; ~ ***o'clock*** l'una (in punto); ***to arrive in ~s and twos*** arrivare alla spicciolata ♦ ***to be ~ up on sb.*** COLLOQ. essere in vantaggio rispetto a qcn.; ***to be at ~ with sb.*** essere d'accordo con qcn.; ***to go ~ better than sb.*** fare meglio di qcn.; ***to give sb. ~*** POP. dare una botta a qcn., farsi qcn.; ***to be a dictionary and grammar all in ~*** o ***all rolled into ~*** essere un dizionario e una grammatica tutto in uno; ***all for ~ and ~ for all*** tutti per uno e uno per tutti; ***to have a thousand*** o ***million and ~ things to do*** avere mille, un milione di cose da fare.

one-act play /ˌwʌnækt'pleɪ/ n. atto m. unico.

▶ **one another** /ˌwʌnə'nʌðə(r)/ *One another* - in Italian, *l'un l'altro* - is very often translated by simply using a reflexive pronoun: *they have known one another for years* = si conoscono da anni. - For examples and particular usages see the entry below. pron. ***they love ~*** si amano; ***to help ~*** aiutarsi l'un l'altro *o* a vicenda; ***we often use ~'s cars*** ci scambiamo spesso le macchine; ***to worry about ~*** preoccuparsi l'uno per l'altro; ***separated from ~*** separati l'uno dall'altro; ***close to ~*** vicini (l'uno all'altro).

one-armed /ˌwʌn'ɑːmd/ agg. con un braccio solo.

one-armed bandit /ˌwʌnɑːmd'bændɪt/ n. slot machine f.

one-day /ˌwʌn'deɪ/ agg. [*international, seminar*] di una giornata.

one-dimensional /ˌwʌndɪ'menʃənl/ agg. **1** unidimensionale (anche MAT.) **2** FIG. *(superficial)* [*treatment*] superficiale; ***to be ~*** [*character*] LETTER. essere privo di spessore.

one-eyed /'wʌnaɪd/ agg. con un occhio solo; ***a ~ man, woman*** un uomo, una donna con un occhio solo.

one-for-one /ˌwʌnfə'wʌn/ agg. MAT. [*correspondence, mapping*] biunivoco.

one-handed /ˌwʌn'hændɪd/ **I** agg. [*person*] con una mano sola; [*tool*] dotato di presa per una sola mano **II** avv. [*catch, hold*] con una mano sola.

one-horse town /ˌwʌnhɔːs'taʊn/ n. COLLOQ. paesino m. minuscolo.

oneiric /əʊ'naɪrɪk/ agg. onirico.

oneirology /ˌɒnaɪ'rɒlədʒɪ/ n. onirismo m.

oneiromancy /əʊ'naɪərəmænsɪ/ n. oniromanzia f.

one-legged /ˌwʌn'legɪd/ agg. con una gamba sola; ***a ~ man, woman*** un uomo, una donna con una gamba sola.

one-line /ˌwʌn'laɪn/ agg. composto da una sola linea.

one-liner /ˌwʌn'laɪnə(r)/ n. battuta f. di spirito.

▷ **one-man** /'wʌnmæn/ agg. **1** [*job*] *(for one person)* per cui basta un uomo solo; *(done by one person)* fatto da un uomo solo; ***it's a ~ outfit*** o ***operation*** o ***company*** è una ditta individuale **2** *(monogamous)* ***she's a ~ woman*** è una donna fedele **3** SPORT [*bobsled*] monoposto.

one-man band /ˌwʌnmæn'bænd/ n. = suonatore ambulante che suona contemporaneamente più strumenti musicali; FIG. persona f. che fa tutto da sé, ditta f. individuale.

one-man show /ˌwʌnmæn'ʃəʊ/ n. **1** TEATR. recital m. **2** ART. (mostra) personale f. **3** FIG. *(in business)* ***it's a ~*** COLLOQ. è una ditta individuale.

oneness /'wʌnnɪs/ n. *(unity)* unità f.; *(uniformity)* uniformità f.; *(uniqueness)* unicità f.

one-night stand /ˌwʌnnaɪt'stænd/ n. COLLOQ. **1** *(sexual)* avventura f. di una sera, una notte **2** *(of comic, singer)* serata f. singola, unica.

one-off /ˌwʌn'ɒf, AE -'ɔːf/ **I** n. BE ***to be a ~*** [*TV programme*] non fare parte di una serie; [*issue, magazine*] essere un'edizione straordinaria, speciale; [*design*] essere un modello esclusivo; [*order*] essere unico; [*object*] essere un esemplare unico; ***it was a ~*** *(of event, accident)* è stato un evento unico, irripetibile **II** agg. BE [*experiment, order, deal, design, performance*] unico; [*event, decision, offer*] eccezionale; [*example*] insolito; [*payment*] una tantum.

one-on-one /ˌwʌnɒn'wʌn/ agg. → **one-to-one**.

one-parent family /ˌwʌnpeərənt'fæməlɪ/ n. famiglia f. monoparentale.

one-party system /ˌwʌnpɑːtɪ'sɪstəm/ n. sistema m. monopartitico.

one-piece /'wʌnpiːs/ agg. monoblocco (anche TECN.); ~ ***swimsuit*** costume (da bagno) intero.

one-price store /ˌwʌnpraɪs'stɔː(r)/ n. negozio m. a prezzo unico.

one-reeler /ˌwʌn'riːlə(r)/ n. CINEM. cortometraggio m.

one-room flat /ˌwʌnruːm'flæt, -rʊm-/, **one-room apartment** /ˌwʌnruːmə'pɑːtmənt, -rʊm-/ n. monolocale m.

onerous /'ɒnərəs/ agg. **1** [*task, workload, responsibility*] oneroso **2** DIR. [*conditions, terms*] oneroso.

onerousness /'ɒnərəsnɪs/ n. onerosità f.

1.one's /wʌnz/ contr. one is, one has.

▶ **2.one's** /wʌnz/ When translating *one's*, remember that in Italian determiners, like possessives and most other adjectives, agree in gender and number with the noun they qualify; *one's* is translated by *il proprio* + masculine singular noun (*one's neighbour, one's dog* = il proprio vicino, il proprio cane), *la propria* + feminine singular noun (*one's teacher, one's house* = la propria maestra, la propria casa), *i propri* + masculine plural noun (*one's children, one's books* = i propri figli, i propri libri), and *le proprie* + feminine plural noun (*one's friends, one's shoes* = le proprie amiche, le proprie scarpe). - When *one's* is used as a reflexive pronoun after a verb in the infinitive, it is translated by *si* which is always joined to the verb to form a single word: *to brush* *one's teeth* = lavarsi i denti. - For examples and particular usages see the entry below. ♦ 2 determ. proprio; ***to wash ~ hands*** lavarsi le mani; ***~ books, friends*** i propri libri, i propri amici; ***one tries to do ~ best*** uno cerca *o* si cerca di fare del proprio meglio; ***it upsets ~ concentration*** disturba la concentrazione; ***it limits ~ options*** limita le possibilità di scelta; ***a house, car of ~ own*** una casa, un'auto tutta per sé.

▷ **oneself** /ˌwʌn'self/ When used as a reflexive pronoun, direct and indirect, *oneself* is translated by *si*: *to hurt oneself* = farsi male; *to enjoy oneself* = divertirsi. - When used in emphasis the translation is *sé* o *se stesso*: *to do something oneself* = fare qualcosa da sé. - For particular usages see the entry below. pron. **1** *(reflexive)* si, sé, se stesso; *(after preposition)* sé, se stesso; ***to wash, cut ~*** lavarsi, tagliarsi; ***to be sure of ~*** essere sicuro di sé; ***to look pleased with ~*** avere l'aria soddisfatta *o* compiaciuta; ***to have the house all to ~*** avere la casa tutta per sé; ***to talk to ~*** parlare da solo *o* fra sé e sé **2** *(emphatic)* se stesso; ***for ~*** per sé *o* per se stesso **3** *(expressions)* ***(all) by ~*** (tutto) da solo; ***not to be oneself*** non essere in sé.

one-shot /ˌwʌn'ʃɒt/ agg. AE → **one-off**.

one-sided /ˌwʌn'saɪdɪd/ agg. **1** *(biased)* [*account*] parziale **2** *(unequal)* [*decision*] unilaterale; [*contest, fight, game*] impari; [*bargain, deal*] iniquo; [*conversation, relationship*] a senso unico.

one-sidedness /ˌwʌn'saɪdɪdnɪs/ n. **1** *(of account)* parzialità f. **2** *(of decision)* unilateralità f.; *(of contest, fight, game)* disparità f.

one-size /ˌwʌn'saɪz/ agg. [*garment*] taglia unica.

one-size-fits-all /ˌwʌnsaɪzfɪts'ɔːl/ agg. COLLOQ. *(always suitable)* (buono) per tutte le stagioni.

one-stop shopping /ˌwʌnstɒp'ʃɒpɪŋ/ n. = possibilità di fare tutti i propri acquisti in un unico centro commerciale.

one-time /'wʌntaɪm/ agg. d'un tempo.

one-to-one /ˌwʌntə'wʌn/ **I** agg. **1** *(private, personal)* ***~ meeting*** incontro a due *o* tête à tête; ***~ session*** PSIC. faccia a faccia; ***~ tuition*** insegnamento individuale; ***to teach on a ~ basis*** dare lezioni individuali **2** MAT. [*correspondence, mapping*] biunivoco **3** SPORT [*contest, fight*] a due; [*marking*] individuale **II** avv. [*discuss*] a quattr'occhi, faccia a faccia; ***to teach ~*** fare lezioni individuali.

one-track /ˌwʌn'træk/ agg. ***to have a ~ mind*** essere fissato; *(sexually)* avere il chiodo fisso.

one-two /ˌwʌn'tuː/ n. COLLOQ. uno-due m.; ***to give sb. the old ~*** BE assestare a qcn. un uno-due.

one-up /ˌwʌn'ʌp/ tr. (forma in -ing ecc. **-pp-**) AE COLLOQ. surclassare [*person*].

one-upmanship /ˌwʌn'ʌpmənʃɪp/ n. capacità f. di surclassare gli altri; ***to practise ~*** cercare di surclassare gli altri.

▷ **one-way** /ˌwʌn'weɪ/ **I** agg. **1** AUT. [*traffic, tunnel*] a senso unico; ***~ street*** (strada a) senso unico; ***~ system*** sistema di sensi unici **2** *(single)* ***~ ticket*** (biglietto di) corsa semplice *o* sola andata; ***the ~ trip costs £ 300*** la sola andata costa 300 sterline **3** *(not reciprocal)* [*process, conversation*] a senso unico; [*friendship*] non corrisposto; [*transaction*] unilaterale **4** EL. TEL. [*cable, circuit*] unidirezionale **5** *(nonrefundable)* ***~ bottle*** o ***glass*** vuoto a perdere **6** *(opaque in one direction)* [*glass*] segreto **II** avv. ***it costs £ 10 ~*** l'andata costa 10 sterline; ***there's no give-and-take with him, it's all ~*** COLLOQ. non si può fare nessuno scambio con lui, vuole sempre tutto per sé.

one-woman /ˌwʌn'wʊmən/ agg. **1** [*job*] *(for one person)* per cui basta una sola donna; *(done by one person)* fatto da una sola donna; ***it's a ~ outfit*** o ***operation*** o ***company*** fa tutto da sola *o* è una ditta individuale **2** *(monogamous)* ***he's a ~ man*** è un uomo fedele.

one-woman show /ˌwʌnwʊmən'ʃəʊ/ n. **1** TEATR. recital m. **2** ART. (mostra) personale f. **3** FIG. *(in business)* ***it's a ~*** COLLOQ. è una ditta individuale.

ongoing /'ɒngəʊɪŋ/ agg. [*process*] continuo; [*battle, saga*] in corso; ***research is ~*** le ricerche sono in corso.

▷ **onion** /'ʌnɪən/ n. cipolla f. ♦ ***to know one's ~s*** BE COLLOQ. sapere il fatto proprio.

onion dome /'ʌnɪənˌdəʊm/ n. ARCH. cupola f. a bulbo.

onion gravy /'ʌnɪənˌgreɪvɪ/ n. sugo m. a base di cipolla.

onion rings /'ʌnɪənˌrɪŋ/ n.pl. = anelli di cipolla impanati e fritti.

onionskin /'ʌnɪənskɪn/ n. *(paper)* carta f. semitrasparente (per lucidi), carta f. velina.

onion soup /'ʌnɪənˌsuːp/ n. zuppa f. di cipolle.

online, on-line /ˌɒn'laɪn/ **I** agg. **1** *(on the Internet)* [*help, service*] in linea, on-line; [*ordering, shopping, bank, bookshop*] on-line; ***to be ~*** essere on-line *o* in linea *o* connesso **2** INFORM. [*access, mode, data processing, storage*] in linea, on-line; ***~ data service*** servizio di dati on line **II** avv. [*buy, search*] on-line.

onlooker /'ɒnlʊkə(r)/ n. spettatore m. (-trice).

▶ **only** /'əʊnlɪ/ **I** agg. **1** *(sole)* solo, unico; ***~ child*** figlio unico; ***the ~ one left*** l'unico rimasto *o* l'ultimo (rimasto); ***you're not the ~ one*** non sei il solo; ***we're the ~ people who know*** siamo i soli *o* gli unici a saperlo; ***it's the ~ way*** è il solo *o* l'unico modo; ***one and ~*** unico; ***the ~ thing is, I'm broke*** COLLOQ. l'unica cosa è che sono al verde; ***his ~ answer was to shrug his shoulders*** per tutta risposta scrollò le spalle **2** *(best, preferred)* ***skiing is the ~ sport for me*** lo sci è l'unico sport che fa per me; ***champagne is the ~ drink*** lo champagne è l'unica cosa che valga la pena di bere **II** avv. **1** *(exclusively)* ***I'm ~ interested in European stamps*** mi interessano soltanto i francobolli europei; ***~ in Italy can one...*** solo in Italia si può...; ***he ~ reads science fiction*** legge solo libri di fantascienza; ***we're ~ here for the free beer*** siamo qui solo per la birra gratis; ***it's ~ harmful if you eat a lot*** ti fa male solo se ne mangi troppo; ***I'll go but ~ if you'll go too*** andrò ma solo se andrai anche tu; ***I'll lend you money but ~ if you repay me*** ti darò del denaro solo a patto che tu me lo renda; ***~ Annie saw her*** solo Annie l'ha vista; ***~ an expert can do that*** solo un esperto può farlo; ***~ time will tell*** si saprà solo con il tempo *o* solo il tempo potrà dire; ***"men ~"*** "per soli uomini"; ***"for external use ~"*** "solo per uso esterno" **2** *(nothing more than)* ***it's ~ fair to let him explain*** è solo giusto lasciarlo spiegare; ***it's ~ polite*** non è che normale buona educazione; ***it's ~ natural for her to be curious*** è del tutto naturale che sia curiosa **3** *(in expressions of time)* ***~ yesterday, last week*** solo ieri, non più tardi della scorsa settimana; ***I saw him ~ recently*** l'ho visto proprio di recente; ***it seems like ~ yesterday*** sembra solo ieri **4** *(merely)* ***he's ~ a baby*** è solo un bebè; ***Mark is ~ sixteen*** Mark ha solo sedici anni; ***it's ~ a suggestion*** è solo *o* non è che un suggerimento; ***it's ~ 10 o'clock*** sono solo le 10; ***it ~ took five minutes*** ci sono voluti solo *o* appena cinque minuti; ***I ~ earn £ 2 an hour*** guadagno solo due sterline all'ora; ***you ~ had to ask*** bastava solo che lo chiedessi *o* non avevi che da chiedere; ***I've ~ met her once*** l'ho incontrata solo una volta; ***he ~ grazed his knees*** si è solo sbucciato le ginocchia; ***~ half the money*** solo la metà del denaro; ***~ twenty people turned up*** si sono presentate solo venti persone; ***you've ~ got to look around you*** non devi far altro che guardarti attorno; ***she's not ~ charming but also intelligent*** non è soltanto affascinante, è anche intelligente; ***I was ~ joking!*** stavo solo scherzando! **5** *(just)* ***I ~ wish he would apologize*** vorrei solo *o* semplicemente che chiedesse scusa; ***I ~ hope she'll realize*** spero solo che se ne renda conto; ***you'll ~ make him angry*** lo farai solo arrabbiare *o* riuscirai solo a farlo arrabbiare; ***he'll ~ waste the money*** non farà altro che sprecare il denaro; ***~ think, you could win the jackpot*** pensa un pò se solo tu vincessi il jackpot; ***I can ~ think that Claire did it*** non può essere stata che Claire; ***open up, it's ~ me*** apri, sono solo io; ***I got home ~ to find*** o ***discover (that) I'd been burgled*** tornai a casa per trovare *o* scoprire che mi avevano derubato **6** ***only just*** appena; *(very recently)* ***to have ~ just done*** ho appena fatto *o* finito di fare; ***I've ~ just arrived*** sono appena arrivato; *(barely)* ***it's ~ just tolerable*** è appena tollerabile; ***the plank is ~ just long enough*** l'asse è lunga appena a sufficienza; ***I caught the bus, but ~ just*** ho preso l'autobus, ma per un pelo **7** ***only too*** fin troppo; ***it's ~ too obvious that*** è fin troppo ovvio *o* evidente che; ***I remember it ~ too well*** lo ricordo fin troppo bene; ***they were ~ too pleased to help*** erano felicissimi di poter aiutare **III** cong. *(but)* ma, solo; ***you can hold the baby, ~ don't drop him*** tieni pure in braccio il bambino, ma non farlo cadere; ***it's like hang-gliding ~ safer*** è come il volo a vela, però più sicuro; ***it's like a mouse ~ bigger*** è come un topo, solo più grosso; ***I'd come ~ I'm working tonight*** verrei ma questa sera lavoro; ***he needs a car ~ he can't afford one*** ha bisogno di un'auto, però non se ne può permettere una ♦ ***goodness*** o ***God*** o ***Heaven ~ knows!*** Dio solo lo sa!

on-message /ɒn'mesɪdʒ/ agg. BE POL. ***to be ~*** condividere la linea politica del governo.

o.n.o. BE ⇒ or nearest offer trattabile (tratt.).

on-off /ˌɒn'ɒf/ agg. [*button, control*] di accensione e spegnimento; FIG. [*talks, relationship*] discontinuo.

onomasiology /ˌɒnəmæzɪ'ɒlədʒɪ/ n. onomasiologia f.

onomastic /ˌɒnə'mæstɪk/ agg. onomastico.

onomastics /ˌɒnə'mæstɪks/ n. + verbo sing. onomastica f.

onomatopoeia /ˌɒnəˌmætə'pɪə/ n. onomatopea f.

onomatopoeic /ˌɒnəˌmætə'piːɪk/, **onomatopoetic** /ˌɒnəˌmætəpəʊ'etɪk/ agg. onomatopeico.

onrush /'ɒnrʌʃ/ n. *(of water, tears)* torrente m.; *(of people)* fiumana f.; *(of feelings, pain)* accesso m.

onrushing /'ɒnrʌʃɪŋ/ agg. impetuoso.

on-screen /ˌɒn'skriːn/ **I** agg. **1** INFORM. a video, sullo schermo **2** CINEM. [*action etc.*] sullo schermo; [*sex*] mostrato sullo schermo;

[*relationship*] nella finzione **II** avv. INFORM. [*edit, display*] a video, sullo schermo.

▷ **onset** /ˈɒnset/ n. inizio m. (**of** di).

onshore /ˈɒnʃɔː(r)/ agg. **1** [*installation, oil field, work*] a terra, terrestre **2** [*wind, current*] di mare.

onside /ˌɒnˈsaɪd/ agg. e avv. SPORT in gioco, non in fuori gioco.

on-site /ˌɒnˈsaɪt/ agg. sul posto.

onslaught /ˈɒnslɔːt/ n. assalto m. furibondo (**on** contro).

onstage /ˌɒnˈsteɪdʒ/ **I** agg. di scena **II** avv. in, sulla scena; ***to come ~*** entrare in scena.

on-target earnings /ˌɒntɑːgɪtˈɜːnɪŋz/ n.pl. ***"~ £ 20,000"*** "guadagni complessivi previsti intorno alle 20.000 sterline".

Ontario /ɒnˈteərɪəʊ/ ➧ ***34, 24*** n.pr. *(city)* Ontario f.; *(province)* Ontario m.

on-the-job /ˌɒnðəˈdʒɒb/ agg. [*training*] sul posto (di lavoro), sul lavoro, pratico.

on-the-spot /ˌɒnðəˈspɒt/ agg. [*team*] sul posto; [*reporting*] dal luogo dei fatti; [*investigation*] sul luogo; [*fine*] inflitta sul luogo dell'infrazione; *(paid)* conciliata; [*advice, quotation*] immediato, su due piedi.

▶ **onto** /ˈɒntuː/ prep. (anche **on to**) su ◆ ***to be ~ something*** COLLOQ. aver trovato qualcosa; ***I think I'm ~ something big*** COLLOQ. credo di aver trovato qualcosa di grosso; ***the police are ~ him*** COLLOQ. la polizia gli sta alle costole; ***she's ~ us*** COLLOQ. ha scoperto il nostro gioco.

ontogenesis /ˌɒntəˈdʒenɪsɪs/ n. ontogenesi f.

ontogenic /ˌɒntəˈdʒenɪk/, **ontogenetic** /ˌɒntədʒɪˈnetɪk/ agg. ontogenetico.

ontogeny /ɒnˈtɒdʒənɪ/ n. ontogenesi f.

ontological /ˌɒntəˈlɒdʒɪkl/ agg. ontologico.

ontology /ɒnˈtɒlədʒɪ/ n. ontologia f.

onus /ˈəʊnəs/ n. obbligo m.; ***the ~ is on sb. to do sth.*** l'obbligo di fare qcs. spetta a qcn.; ***to put the ~ on sb. to do sth.*** imporre a qcn. l'obbligo di fare qcs.

onward /ˈɒnwəd/ **I** agg. ***~ flight*** (volo in) coincidenza (**to** per); ***the coach then makes the ~ journey to Cairo*** poi il pullman prosegue per il Cairo; ***the ~ march of progress*** l'inarrestabile avanzata del progresso **II** avv. → **onwards.**

▷ **onwards** /ˈɒnwədz/ avv. **1** *(forwards)* ***the journey ~ to Tokyo*** il viaggio di proseguimento fino a Tokyo; ***to fly to Paris then ~ to Geneva*** fare scalo a Parigi e poi proseguire fino a Ginevra; ***to go*** o ***rise ~ and upwards*** salire i gradini della gerarchia **2** *(in time phrases)* ***from tomorrow, next year ~*** da domani, dal prossimo anno in poi; ***from now ~*** d'ora in poi; ***from that day ~*** da quel giorno *o* da allora in poi.

onyx /ˈɒnɪks/ **I** n. onice f. **II** modif. [*brooch, chess piece, paperweight*] di onice.

oocyte /ˈəʊəsaɪt/ n. oocita m., ovocita m.

oodles /ˈuːdlz/ n.pl. COLLOQ. mucchi m., grande quantità f.sing.; ***to have ~ of*** avere moltissimo *o* un sacco di.

ooh /uː/ **I** inter. uh; ***~s and ahs*** degli uh! e degli ah! *o* delle esclamazioni **II** intr. ***to ~ and ah*** esclamare uh! e ah! *o* prorompere in esclamazioni.

oogamy /əʊˈɒgəmɪ/ n. oogamia f., ovogamia f.

oogenesis /ˌəʊəˈdʒenɪsɪs/ n. (pl. **-es**) oogenesi f., ovogenesi f.

ook /uːk/ n. AE COLLOQ. persona f. insipida e odiosa.

oolite /ˈəʊəlaɪt/ n. *(limestone)* oolite f.

oolith /ˈəʊəlɪθ/ n. *(granule)* oolite f.

oolitic /ˌəʊəˈlɪtɪk/ agg. oolitico.

oompah /ˈʊmpɑː/ n. umpappà m.

oomph /ʊmf/ n. COLLOQ. grinta f., dinamismo m.

Oona /ˈuːnə/ n.pr. Una.

oophorectomy /ˌəʊəfəˈrektəmɪ/ n. ooforectomia f., ovariectomia f.

oophoritis /ˌəʊəfəˈraɪtɪs/ ➧ ***11*** n. ooforite f., ovarite f.

oops /uːps, ʊps/ inter. COLLOQ. oops.

oosphere /ˈəʊəsfɪə(r)/ n. oosfera f., ovocellula f.

oospore /ˈəʊəspɔː(r)/ n. oospora f.

1.ooze /uːz/ n. *(silt)* fanghiglia f., melma f.

2.ooze /uːz/ **I** tr. **1** ***the wound ~d blood*** la ferita sanguinava lievemente; ***to ~ butter*** [*cake*] trasudare burro **2** FIG. [*person*] irradiare [*charm, sexuality*] **II** intr. **1** ***to ~ with*** lasciare colare [*butter, cream*] **2** FIG. irradiare [*charm, sexuality*].

▪ **ooze out** (s)gocciolare.

oozy /ˈuːzɪ/ agg. fangoso, melmoso.

▷ **op** /ɒp/ n. MED. INFORM. COLLOQ. (accorc. operation) operazione f.

Op. ⇒ opus opus (op.).

opacity /əˈpæsətɪ/ n. opacità f. (anche FIG.).

opah /ˈəʊpə/ n. pesce re m.

opal /ˈəʊpl/ **I** n. opale m. e f. **II** modif. [*ring, brooch, necklace*] di opale.

opalescence /ˌəʊpəˈlesəns/ n. opalescenza f.

opalescent /ˌəʊpəˈlesnt/ agg. opalescente.

1.opaline /ˈəʊpəlaɪn/ n. vetro m. opalino; opalina f.

2.opaline /ˈəʊpəliːn/ agg. opalino.

opaque /əʊˈpeɪk/ agg. opaco (anche FIG.).

opaquely /əʊˈpeɪklɪ/ avv. in modo opaco (anche FIG.).

opaqueness /əʊˈpeɪknɪs/ n. opacità f. (anche FIG.).

opaque projector /əʊˌpeɪkprəˈdʒektə(r)/ n. FIS. episcopio m.

op art /ˈɒpɑːt/ n. (accorc. optical art) op art f.

op artist /ˈɒpɑːtɪst/ n. (accorc. optical artist) artista m. e f. op art.

ope /əʊp/ tr. e intr. LETT. → **2.open.**

Opec, OPEC /ˈəʊpek/ **I** n. (⇒ Organization of Petroleum Exporting Countries organizzazione dei paesi esportatori di petrolio) OPEC f. **II** modif. [*meeting, member, oil*] dell'OPEC; [*price*] applicato dall'OPEC.

op-ed page /ɒpˈedˌpeɪdʒ/ n. AE GIORN. (accorc. opposite editorial page) = pagina contenente lettere dei lettori, commenti e annunci collocata a fronte della pagina dell'editoriale.

▶ **1.open** /ˈəʊpən/ **I** agg. **1** *(not closed)* [*door, box, parcel, book, eyes, shirt, wound, flower*] aperto; [*arms, legs*] aperto, divaricato; *(to the public)* [*bank, shop, bar, bridge, meeting*] aperto; ***to get sth. ~*** aprire qcs.; ***to burst*** o ***fly ~*** aprirsi di schianto *o* violentemente; ***"~ 9 to 5"*** "aperto dalle 9 alle 5"; ***"~ on Sundays"*** "aperto di domenica"; ***the book lay ~*** il libro stava aperto; ***the door was partly*** o ***slightly*** o ***half ~*** la porta era socchiusa; ***to be ~ for business*** o ***to the public*** essere aperto al pubblico; ***my door is always ~*** la mia porta è sempre aperta; ***is there a bank ~?*** c'è una banca aperta? **2** *(not obstructed)* ***to be ~*** [*road*] essere aperto (al traffico); [*canal, harbour*] essere aperto (per la navigazione); [*telephone line, frequency*] essere libero; ***the ~ air*** l'aria aperta; ***in the ~ air*** all'aria aperta *o* all'aperto; *(at night)* all'addiaccio *o* all'aperto; ***~ country*** aperta campagna; ***~ ground*** terreno aperto; ***the ~ road*** la strada libera; ***the ~ sea*** il mare aperto; ***an ~ space*** uno spazio aperto; ***the (wide) ~ spaces*** i grandi spazi aperti; ***an ~ view*** una visuale libera (**of** di); FIG. una visione aperta (**of** di); ***~ water*** acque libere (da ostacoli); ***they're trying to keep the bridge, tunnel ~*** stanno cercando di mantenere sgombro il ponte, il tunnel **3** *(not covered)* [*car, carriage*] scoperto, senza capote; [*tomb*] aperto; [*mine, sewer*] a cielo aperto; ***an ~ fire*** un fuoco (di camino) **4** *(susceptible)* ***~ to the air, to the wind, to the elements*** esposto all'aria, al vento, agli elementi; ***~ to attack*** esposto all'attacco, agli attacchi; ***to be ~ to offers, to suggestions, to new ideas, to criticism*** essere aperto *o* disposto ad accettare offerte, suggerimenti, nuove idee, critiche; ***to be ~ to persuasion*** essere disposto a farsi convincere; ***to lay*** o ***leave oneself ~ to criticism, to attack*** essere esposto *o* esporsi alle critiche, agli attacchi; ***it is ~ to doubt*** o ***question whether*** è in dubbio *o* una questione aperta se; ***this incident has left his honesty ~ to doubt*** o ***question*** questo incidente lascia dei dubbi sulla sua onestà **5** *(accessible)* [*job, position*] libero, vacante; [*access, competition*] aperto (a tutti); [*meeting, hearing, session*] pubblico; ***to be ~ to sb.*** [*competition, service, park, facilities*] essere aperto a qcn.; ***she kept my job ~*** mi ha conservato il posto di lavoro; ***the job is still ~*** il posto è ancora vacante; ***there are several courses of action, choices ~ to us*** possiamo scegliere tra diverse linee di azione, opzioni **6** *(candid)* [*person, discussion, declaration, statement*] sincero; ***to be ~ (with sb.) about sth.*** essere sincero (con qcn.) su qcs. **7** *(blatant)* [*hostility, rivalry, attempt, contempt*] evidente, dichiarato; [*disagreement, disrespect*] aperto, evidente; ***in ~ rebellion*** o ***revolt*** in aperta ribellione **8** *(undecided)* [*question*] aperto; ***to leave the date, decision ~*** lasciare la data, la decisione in sospeso; ***the race, election is (wide) ~*** la gara, l'elezione è aperta *o* è incerta; ***to have*** o ***keep an ~ mind about sth.*** avere *o* conservare una mentalità aperta nei confronti di qcs.; ***~ return, ticket*** ritorno, biglietto open; ***I have an ~ invitation to visit him, Paris*** sono invitato ad andare da lui, a Parigi quando voglio **9** *(with spaces)* [*weave, material*] traforato **10** SPORT [*tournament, contest*] open **11** MUS. [*string*] vuoto **12** LING. [*vowel, syllable*] aperto **II** n. **1** *(outside)* ***the ~*** l'aperto; ***in the ~*** all'aperto **2** *(exposed position)* scoperto m.; ***in, into the ~*** allo scoperto; FIG. ***to be out in the ~*** essere allo scoperto; ***to bring sth. out into the ~*** portare qcs. allo scoperto; ***to come out into the ~ (and say...)*** uscire allo scoperto (e dire...); ***let's get all this out in the ~*** mettiamo le carte in tavola **3** (anche **Open**) SPORT (torneo) open m.; ***the US Open*** gli Open americani.

▶ **2.open** /ˈəʊpən/ **I** tr. **1** *(cause not to be closed)* aprire [*door, envelope, letter, wound, box, shirt, umbrella, jar*]; slacciare [*button*]; aprire, spiegare [*map, newspaper*]; dilatare [*pores*]; ***to ~ one's***

arms, legs aprire *o* allargare le braccia, le gambe; ***to ~ a door, window slightly*** o ***a little*** socchiudere una porta, una finestra; ***to ~ the door to*** FIG. aprire le porte a [*abuse, corruption*]; ***to ~ one's eyes, mouth*** aprire gli occhi, la bocca; ***to ~ one's mind (to sth.)*** aprirsi (a qcs.) **2** *(begin)* aprire, iniziare [*discussions, negotiations, meeting*]; aprire, intavolare [*conversation*]; aprire [*account, enquiry*]; ***to ~ the score*** o ***scoring*** SPORT aprire il punteggio; ***to ~ fire*** aprire il fuoco; ***she ~ed the show with a song*** aprì lo spettacolo con una canzone **3** COMM. *(set up)* aprire, avviare [*shop, business, branch*] **4** *(inaugurate)* aprire, inaugurare [*exhibition, shop*]; inaugurare [*bridge*]; ***to ~ parliament*** aprire la seduta parlamentare **5** *(make wider)* → **open up II** intr. **1** *(become open)* [*door, window, flower, curtain*] aprirsi; ***his eyes, mouth ~ed*** i suoi occhi si aprirono, la bocca gli si aprì *o* spalancò; ***to ~ into*** o ***onto sth.*** [*door, room, window*] aprirsi su, dare su qcs.; ***~ wide!*** *(at dentist's)* apra bene! ***to ~ slightly*** o ***a little*** [*window, door*] socchiudersi **2** COMM. *(operate)* [*shop, bank, bar*] aprire **3** *(begin)* [*meeting, conference, discussion, play*] aprirsi, iniziare; ***to ~ with sth.*** [*person, meeting, play*] cominciare con qcs.; ***to ~ by doing*** [*person*] cominciare con il fare **4** ART. CINEM. TEATR. *(have first performance)* [*film*] uscire (sugli schermi); [*exhibition*] aprire; ***the play ~s in London on the 25th*** lo spettacolo debutterà a Londra il 25; ***we ~ on the 25th*** apriamo *o* cominciamo il 25 **5** *(be first speaker)* [*person*] aprire il dibattito; ***to ~ for the defence, the prosecution*** DIR. prendere la parola per la difesa, per la pubblica accusa **6** *(become wider)* → **open up 7** ECON. [*shares*] aprire **8** GIOC. aprire.

■ **open out:** ~ **out** *(become broader)* [*river, passage, path, view*] allargarsi; [*countryside*] estendersi; [*flower*] aprirsi, sbocciare; ***to ~ out into*** [*passage, tunnel*] aprirsi su, dare su [*room, cave*]; [*stream, river*] gettarsi in [*pool, lake*]; ~ **[sth.] out,** ~ **out [sth.]** aprire, spiegare [*garment, newspaper, map*].

■ **open up:** ~ **up 1** *(unlock a building)* aprire; ***I'll ~ up for you*** ti apro io; ***"police! ~ up!"*** "polizia! aprite!" **2** *(become wider)* [*gap*] aumentare; [*crack, split, crevice, fissure*] aprirsi (anche FIG.) **3** *(speak freely)* aprirsi **4** *(develop)* [*opportunities, possibilities, market*] aprirsi **5** *(become open)* [*flower*] aprirsi, schiudersi **6** COMM. *(start up)* [*shop, business, branch*] aprire **7** MIL. *(start firing)* aprire il fuoco; ~ **[sth.] up,** ~ **up [sth.] 1** *(make open)* aprire [*parcel, suitcase, wound*] **2** *(make wider)* aumentare [*gap*]; ***to ~ up a lead*** [*athlete, racer*] aumentare il vantaggio **3** *(unlock)* aprire [*shop, building*] **4** *(start up)* aprire [*shop, business, branch, mine*]; ***to ~ up a plant*** o ***factory*** aprire un impianto *o* una fabbrica **5** *(make accessible)* aprire, liberare [*area, road, country*]; rendere accessibile [*forest, desert*]; FIG. aprire [*opportunities, possibilities, career*]; ***to ~ up new horizons for sb.*** aprire nuovi orizzonti a qcn.; ***they are trying to ~ the region up to trade*** stanno cercando di sviluppare il commercio nella regione.

open admissions (policy) /ˌəʊpənəd'mɪʃnz(ˌpɒləsɪ)/ n.pl. AE UNIV. = (politica di) libera ammissione alle facoltà universitarie.

open-air /ˌəʊpən'eə(r)/ agg. [*swimming pool, market, stage*] all'aperto; ~ ***theatre*** teatro all'aperto.

open-and-shut /ˌəʊpənən'ʃʌt/ agg. [*case*] semplicissimo, che non presenta complicazioni.

opencast mining /ˌəʊpənkɑːst'maɪnɪŋ/ n. BE scavi m.pl. a cielo aperto.

open circuit /ˌəʊpən'sɜːkɪt/ n. EL. circuito m. aperto.

open competition /ˌəʊpənˌkɒmpə'tɪʃn/ n. concorso m. (aperto a tutti).

open court /ˌəʊpən'kɔːt/ n. ***in ~*** con udienza a porte aperte.

open day /'əʊpənˌdeɪ/ n. giornata f. a porte aperte.

open door /ˌəʊpən'dɔː(r)/ **I** n. ECON. POL. porta f. aperta **II open-door** agg. ECON. POL. [*policy*] della porta aperta.

open-end /'əʊpənend/ agg. ECON. open-end; ~ ***investment fund*** fondo di investimento open-end.

open-ended /ˌəʊpən'endɪd/ agg. [*policy, strategy*] flessibile; [*contract*] aperto, modificabile; [*discussion, debate, question*] aperto; [*relationship, situation*] fluido; [*stay*] di durata non stabilita; [*period*] indeterminato; [*phrase, wording*] suscettibile di più interpretazioni.

▷ **opener** /'əʊpnə(r)/ n. **1** SPORT *(in cricket)* primo battitore m.; *(in baseball)* partita f. d'apertura della stagione **2** TEATR. *(first act)* numero m. d'apertura; TELEV. *(first episode)* primo episodio m. **3** GIOC. *(in bridge) (bid)* apertura f.; *(player)* apritore m. **4** *(for bottles)* apribottiglie m.; *(for cans, tins)* apriscatole m. **5 for openers** COLLOQ. tanto per cominciare, come inizio.

open-eyed /ˌəʊpən'aɪd/ agg. **1** *(alert)* guardingo, attento **2** *(agog)* ***to be ~ in wonder, surprise*** avere gli occhi spalancati dalla meraviglia, dalla sorpresa.

open-faced /ˌəʊpən'feɪst/ agg. [*person*] (dall'aspetto) leale.

open-face(d) sandwich /ˌəʊpənfeɪs(t)'sænwɪdʒ, AE -wɪtʃ/ n. AE tartina f.

open government /ˌəʊpən'gʌvənmənt/ n. POL. = politica di trasparenza nella gestione dello stato.

open-handed /ˌəʊpən'hændɪd/ agg. generoso, liberale.

open-hearted /ˌəʊpən'hɑːtɪd/ agg. **1** *(sincere)* franco, leale, sincero **2** *(kindly)* di buon cuore.

open-heartedness /ˌəʊpən'hɑːtɪdnɪs/ n. **1** *(sincerity)* franchezza f., lealtà f., sincerità f. **2** *(kindliness)* generosità f.

open-hearth process /ˌəʊpənˌhɑːθ'prəʊses, AE -'prɒses/ n. processo m. Martin-Siemens.

open-heart surgery /ˌəʊpənhɑːt'sɜːdʒərɪ/ n. MED. **1** *(discipline)* chirurgia f. a cuore aperto **2** *(operation)* intervento m. a cuore aperto.

open house /ˌəʊpən'haʊs/ n. **1** *(be hospitable)* ***to keep ~*** essere ospitale; ***it's always ~ at the Batemans'*** i Bateman sono sempre molto ospitali **2** AE *(open day)* giorno m. di visita.

▷ **1.opening** /'əʊpnɪŋ/ n. **1** *(start) (of book, piece of music)* inizio m.; *(of business, premises, shop)* apertura f.; *(of exhibition, parliament)* apertura f.; *(of play, film)* prima f. **2** *(inauguration) (of building, business, shop etc.)* inaugurazione f. **3** *(gap) (in wall)* apertura f., breccia f., foro m.; *(in fence, garment)* apertura f., foro m.; *(in forest)* radura f.; ***door ~*** vano della porta **4** *(opportunity)* occasione f., opportunità f. (**to do** di fare); COMM. *(in market etc.)* sbocco m. (**for** per); *(for employment) (in company)* posto m. vacante; *(in field)* possibilità f., prospettiva f. di lavoro; ***job*** o ***career ~*** posto (vacante) di lavoro **5** GIOC. apertura f.

2.opening /'əʊpnɪŋ/ agg. [*scene, line, chapter*] iniziale; [*remarks, statement*] preliminare, introduttivo; [*speech*] d'apertura; ECON. [*price, offer, bid*] di partenza; *(on the stock exchange)* [*share price*] d'apertura; ~ ***move*** prima mossa *o* mossa d'apertura; ~ ***shot*** inquadratura iniziale.

opening balance /ˌəʊpnɪŋ'bæləns/ n. AMM. *(of individual)* saldo m. iniziale; *(of company)* bilancio m. d'apertura.

opening ceremony /'əʊpnɪŋˌserɪmənɪ, AE -məʊnɪ/ n. (cerimonia d')inaugurazione f., (cerimonia d')apertura f.

opening gambit /ˌəʊpnɪŋ'gæmbɪt/ n. *(in chess)* gambetto m.

opening hours /'əʊpnɪŋˌaʊəz/ n.pl. COMM. orario m.sing. d'apertura.

opening night /ˌəʊpnɪŋ'naɪt/ n. CINEM. TEATR. prima f.

opening time /'əʊpnɪŋˌtaɪm/ n. COMM. orario m. d'apertura; *(in pubs)* = orario in cui i pub possono aprire e servire alcolici.

open learning /ˌəʊpən'lɜːnɪŋ/ n. open learning m., autoistruzione f.

open letter /ˌəʊpən'letə(r)/ n. lettera f. aperta (**to** a).

▷ **openly** /'əʊpənlɪ/ avv. *(all contexts)* apertamente.

open market /ˌəʊpən'mɑːkɪt/ n. ECON. mercato m. aperto; ***on the ~*** sul mercato aperto.

open marriage /ˌəʊpən'mærɪdʒ/ n. = matrimonio in cui ciascun coniuge può avere rapporti sessuali con altri partner.

open-minded /ˌəʊpən'maɪndɪd/ agg. di mente aperta, di larghe vedute; ***to be ~*** avere la mente aperta; ***to be ~ about sth.*** essere di larghe vedute riguardo a qcs.

open-mouthed /ˌəʊpən'maʊðd/ agg. con la, a bocca aperta; ~ ***with surprise, with admiration*** a bocca aperta per la sorpresa, per l'ammirazione.

open-necked /ˌəʊpən'nekt/ n. [*shirt*] scollato.

openness /'əʊpənnɪs/ n. **1** *(candour) (of person)* franchezza f.; *(of manner, attitude)* lealtà f.; *(of government)* trasparenza f.; *(of atmosphere, society)* (l')essere aperto **2** *(receptiveness)* apertura f. mentale (**to** verso).

open pit mining /ˌəʊpən'pɪtˌmaɪnɪŋ/ n. MIN. coltivazione f. a cielo aperto.

open-plan /ˌəʊpən'plæn/ agg. a pianta aperta, senza pareti divisorie; ~ ***office*** open space.

open primary /ˌəʊpən'praɪmərɪ, AE -merɪ/ n. US POL. = elezioni primarie in cui i votanti non devono dichiarare la propria appartenenza politica.

open prison /ˌəʊpən'prɪzn/ n. = prigione in cui i detenuti vivono in un regime carcerario meno restrittivo rispetto ad altre prigioni.

open sandwich /ˌəʊpən'sænwɪdʒ, AE -wɪtʃ/ n. BE tartina f.

open scholarship /ˌəʊpən'skɒləʃɪp/ n. UNIV. = borsa di studio non riservata a categorie particolari di studenti.

open season /'əʊpənˌsiːzn/ n. = stagione in cui la caccia e la pesca sono permesse.

open secret /ˌəʊpən'siːkrɪt/ n. segreto m. di Pulcinella.

open sesame /ˌəʊpən'sesəmɪ/ n. *(marvellous means of access)* apriti sesamo m.

open shop /ˌəʊpən'ʃɒp/ n. IND. POL. = azienda che assume lavoratori indipendentemente dalla loro appartenenza a un sindacato.

open-toed /ˌəʊpən'təʊd/ agg. [*sandal*] aperto.

Open University /ˌəʊpən͵juːnɪ'vɜːsətɪ/ n. GB = sistema di insegnamento universitario aperto a tutti che prevede corsi a distanza per corrispondenza, in televisione ecc.

open verdict /ˌəʊpən'vɜːdɪkt/ n. = verdetto che stabilisce che la causa della morte di qcn. non è conosciuta.

openwork /'əʊpənwɜːk/ **I** n. **1** SART. lavoro m. traforato **2** ARCH. = struttura di pietra o metallo traforati **II** modif. [*gloves, stockings, metal*] traforato.

▷ **1.opera** /'ɒprə/ n. MUS. opera f.; ***do you like ~?*** le piace l'opera? ***tickets for the ~*** biglietti per l'opera.

2.opera /'ɒprə/ → **opus**.

operable /'ɒprəbl/ agg. **1** [*plan*] realizzabile, fattibile; [*machine*] funzionante, che funziona; [*system*] in grado di funzionare **2** MED. [*case, condition, tumour*] operabile.

opera company /'ɒprəˌkʌmpənɪ/ n. compagnia f. d'opera.

opera glasses /'ɒprəˌglaːsɪz, AE -ˌglæsɪz/ n.pl. binocolo m.sing. da teatro.

operagoer /'ɒprəˌgəʊə(r)/ n. frequentatore m. (-trice) dell'opera.

opera house /'ɒprəhaʊs/ n. teatro m. dell'opera, teatro m. lirico.

operand /'ɒpərænd/ n. MAT. INFORM. operando m.

opera singer /'ɒprəsɪŋə(r)/ ♦ **27** n. cantante m. e f. lirico (-a).

▶ **operate** /'ɒpəreɪt/ **I** tr. **1** *(run)* far funzionare, azionare [*appliance, machine, vehicle*] **2** *(enforce)* applicare [*policy, system*]; fare entrare in vigore [*ban, control*] **3** *(manage)* gestire, dirigere [*service, radio station*]; sfruttare [*mine, racket*]; [*bank*] gestire [*pension plan, savings scheme*] **II** intr. **1** *(do business, engage in criminal activity)* operare, agire; ***they ~ out of London*** operano a Londra **2** *(function)* funzionare **3** *(take effect)* agire **4** MIL. fare un'operazione militare **5** FIG. *(work)* [*factor, force, law*] operare, giocare (**in favour of** a favore, a vantaggio di; **against** contro) **6** *(run)* essere in funzione, funzionare; ***does the shuttle service ~ on Saturdays?*** la navetta è in funzione di sabato? **7** MED. operare; ***we shall have to ~*** bisognerà operare; ***to ~ on*** operare [*person*]; ***to be ~d on*** essere operato; ***to ~ on sb.'s leg, ear*** operare qcn. alla gamba, all'orecchio; ***to ~ on sb. for appendicitis*** operare qcn. di appendicite.

operatic /ˌɒpə'rætɪk/ agg. **1** [*voice, career*] da cantante lirico; [*composer*] di opere liriche, d'opera; [*society*] di cantanti lirici **2** *(histrionic)* [*gesture, tone*] melodrammatico.

operatics /ˌɒpə'rætɪks/ n. + verbo sing. TEATR. opera f.

operating /'ɒpəreɪtɪŋ/ agg. [*costs, income*] di gestione, di esercizio.

operating budget /'ɒpəreɪtɪŋˌbʌdʒɪt/ n. budget m. operativo.

operating instructions /'ɒpəreɪtɪŋɪnˌstrʌkʃnz/ n.pl. istruzioni f. operative.

operating manual /'ɒpəreɪtɪŋˌmænjʊəl/ n. manuale m. di istruzioni; manuale m. d'utilizzo.

operating room /'ɒpəreɪtɪŋruːm, -rʊm/ n. AE sala f. operatoria.

operating system /'ɒpəreɪtɪŋˌsɪstəm/ n. sistema m. operativo.

operating table /'ɒpəreɪtɪŋˌteɪbl/ n. tavolo m. operatorio.

operating theatre /'ɒpəreɪtɪŋˌθɪətə(r)/ n. BE sala f. operatoria.

▶ **operation** /ˌɒpə'reɪʃn/ n. **1** *(working)* funzionamento m. **2** MED. operazione f., intervento m.; ***to have an ~*** farsi operare *o* subire un'operazione; ***to have a major, minor ~*** subire un grosso, piccolo intervento; ***to have an ~ on one's knee, ankle*** farsi operare il ginocchio, la caviglia *o* subire un'operazione al ginocchio, alla caviglia; ***to have a heart, stomach ~*** subire un'operazione al cuore, allo stomaco **3** *(use, application) (of machinery)* utilizzo m.; *(of plant, mine)* sfruttamento m.; *(of law, scheme)* efficacia f., vigore m.; ***to be in ~*** [*plan, scheme, rule*] essere in vigore; [*oil rig, mine*] essere produttivo; [*machine*] essere in azione *o* in funzione; ***to come into ~*** [*law, scheme*] entrare in vigore; ***to put sth. into ~*** fare entrare in vigore [*law, scheme*]; ***to put [sth.] out of ~*** ritirare *o* non utilizzare più [*equipment, machinery, vehicle*]; rendere non più produttivo [*factory*] **4** *(manoeuvres) (by police, armed forces)* operazione f. **5** INFORM. operazione f. **6** *(undertaking)* operazione f.; ***a big ~*** una grande impresa **7** *(business)* ***their European ~ is expanding*** le loro attività in Europa sono in espansione **8** ECON. operazione f.

▷ **operational** /ˌɒpə'reɪʃənl/ agg. **1** *(working)* funzionante, in funzione; ***to be fully ~*** essere pienamente funzionante **2** *(encountered while working)* [*budget, costs*] operativo, di gestione, di esercizio; ***we have had some ~ problems*** abbiamo avuto alcuni problemi di gestione; ***~ requirements*** condizioni di funzionamento; INFORM. requisiti di sistema **3** MIL. *(ready to operate)* operativo.

operational amplifier /ˌɒpəreɪʃənl'æmplɪfaɪə(r)/ n. amplificatore m. operazionale.

operationally /ˌɒpə'reɪʃənlɪ/ avv. ***~ satisfying*** soddisfacente per quel che riguarda il funzionamento.

operational manager /ˌɒpəreɪʃənl'mænɪdʒə(r)/ n. responsabile m. e f. operativo (-a).

operational research /ˌɒpəreɪʃənlrɪ'sɜːtʃ, -'riːsɜːtʃ/ n. ricerca f. operativa.

operation code /ɒpə'reɪʃənˌkəʊd/ n. INFORM. codice m. operativo.

operations research /ˌɒpəreɪʃnzrɪ'sɜːtʃ, -'riːsɜːtʃ/ n. AE → **operational research**.

operations room /ɒpə'reɪʃnzˌruːm, -ˌrʊm/ n. sala f. operativa.

operative /'ɒpərətɪv, AE -reɪt-/ **I** agg. **1** *(effective)* [*rule, law, system*] in vigore; ***how soon will the plan be ~?*** entro quanto sarà in vigore il piano? **2** *(important)* [*word*] importante, fondamentale (per la comprensione); ***X being the ~ word*** essendo X la parola chiave **II** n. **1** *(factory worker)* operaio m. (-a); *(artisan)* artigiano m. (-a) **2** *(secret agent)* agente m. segreto; AE *(private investigator)* investigatore m. (-trice) privato (-a).

operatively /'ɒpərətɪvlɪ, AE -reɪt-/ avv. efficacemente.

operator /'ɒpəreɪtə(r)/ ♦ **27** n. **1** *(in telecommunications)* telefonista m. e f., centralinista m. e f., operatore m. (-trice) **2** INFORM. RAD. TECN. operatore m. (-trice) **3** *(in tourism)* operatore m. turistico, tour operator m. **4** *(of equipment)* operatore m. (-trice) **5** COMM. *(of business)* imprenditore m. (-trice), esercente m. e f.; ***a shrewd ~*** SPREG. un politicone *o* una persona subdola; ***he's a smooth ~*** è un furbo *o* un volpone.

operculum /ə'pɜːkjʊləm, əʊ'p-/ n. (pl. **-a**) BOT. ZOOL. opercolo m.

operetta /ˌɒpə'retə/ n. operetta f.

operon /'ɒpərɒn/ n. operone m.

operose /'ɒpərəʊs/ agg. RAR. operoso.

operosely /'ɒpərəʊslɪ/ avv. RAR. operosamente.

operoseness /'ɒpərəʊsnɪs/ n. RAR. operosità f., zelo m.

Ophelia /ə'fiːlɪə, əʊ-/ n.pr. Ofelia.

ophidian /əʊ'fɪdɪən/ **I** agg. degli ofidi **II** n. ofide m.

ophiolite /'ɒfɪəʊlaɪt/ n. ofiolite f.

ophiology /ɒfɪ'ɒlədʒɪ/ n. ofiologia f.

ophite /'ɒfaɪt/ n. ofite f., serpentino m.

ophthalmia /ɒf'θælmɪə/ n. oftalmia f.

ophthalmic /ɒf'θælmɪk/ agg. [*nerve, vein*] oftalmico; [*clinic*] oftalmico, oftalmologico; [*research*] oftalmologico.

ophthalmic optician /ɒfˌθælmɪkɒp'tɪʃn/ ♦ **27** n. oculista m. e f.

ophthalmological /ˌɒfθælmə'lɒdʒɪkl/ agg. oftalmologico.

ophthalmologist /ˌɒfθæl'mɒlədʒɪst/ ♦ **27** n. oftalmologo m. (-a).

ophthalmology /ˌɒfθæl'mɒlədʒɪ/ n. oftalmologia f.

ophthalmoscope /ɒf'θælməskəʊp/ n. oftalmoscopio m.

ophthalmoscopic /ˌɒfθælmə'skɒpɪk/ agg. oftalmoscopico.

ophthalmoscopy /ˌɒfθæl'mɒskəpɪ/ n. oftalmoscopia f.

1.opiate /'əʊpɪət/ **I** n. **1** *(derived from opium)* oppiato m. **2** *(narcotic)* narcotico m.; sonnifero m. **II** agg. LETT. oppiato, oppiaceo.

2.opiate /'əʊpɪeɪt/ tr. oppiare.

opine /əʊ'paɪn/ tr. e intr. LETT. opinare.

▶ **opinion** /ə'pɪnɪən/ n. **1** *(belief, view)* opinione f. (**about** su), avviso m. (**about**, **on** su); ***conflicting ~s*** opinioni contrastanti; ***informed ~*** opinione fondata; ***legal, medical ~*** parere legale, medico; ***personal ~*** opinione personale; ***public ~*** opinione pubblica; ***world ~ agrees that..*** tutto il mondo concorda che...; ***to be of the ~ that*** essere dell'opinione che; ***in my, his ~*** secondo me, lui; ***of the same ~*** della stessa opinione; ***to express, venture an ~*** esprimere, azzardare un'opinione; ***what's your ~?*** qual è la tua opinione? che ne pensi? ***that's my ~, for what it's worth*** è la mia opinione, per quel che vale; ***if you want my honest, considered ~*** se vuoi sapere ciò che penso onestamente, ciò che penso dopo attenta riflessione; ***that's a matter of ~*** ognuno ha le sue opinioni *o* è una questione di punti di vista; ***in the ~ of experts*** o ***in the experts' ~*** secondo gli esperti **2** *(evaluation) (of person, performance, action)* opinione f. (**of** di), stima f.; ***to have a high, low ~ of sb., sth.*** avere una buona, cattiva opinione di qcn., qcs.; ***to seek*** o ***get a second ~*** cercare il parere di qualcun altro; MED. chiedere un consulto **3 U** *(range of views)* opinioni f.pl.; ***a range of ~*** una gamma di opinioni; ***a difference of ~*** una divergenza di opinioni; ***~ is divided*** i pareri sono discordi; ***a programme of news and ~*** RAD. TELEV. un programma di notizie e commenti **4** DIR. (anche **counsel's ~**) parere m. (di un avvocato); ***to take counsel's ~*** consultare un avvocato.

opinionated /ə'pɪnɪəneɪtɪd/ agg. [*person*] dogmatico, supponente; [*tone of voice*] supponente.

opinionatedness /ə'pɪnɪəneɪtɪdnɪs/ n. presunzione f., supponenza f.

opinion poll /ə'pɪnɪənpəʊl/ n. sondaggio m. d'opinione; ***to hold an ~*** fare un sondaggio d'opinione.

opium /ˈəʊpɪəm/ n. oppio m.; ***the ~ of the masses*** l'oppio dei popoli.
opium addict /ˈəʊpɪəm,ædɪkt/ n. oppiomane m. e f.
opium den /ˈəʊpɪəmden/ n. fumeria f. d'oppio.
opium eater /ˈəʊpɪəm,iːtə(r)/ n. mangiatore m. (-trice) d'oppio.
opium poppy /ˈəʊpɪəm,pɒpɪ/ n. papavero m. da oppio.
opossum /əˈpɒsəm/ n. (pl. ~, **~s**) opossum m.
oppidan /ˈɒpɪdən/ **I** agg. RAR. cittadino, urbano **II** n. **1** ANT. *(inhabitant of town)* cittadino m. (-a) **2** *(at Eton)* = studente che vive in un edificio appartenente al college ma situato all'esterno del sito originario.
▷ **opponent** /əˈpəʊnənt/ n. **1** POL. SPORT *(adversary)* avversario m. (-a) **2** POL. *(of regime, project, scheme)* oppositore m. (-trice) (**of** di).
opportune /ˈɒpətjuːn, AE ,ɒpərˈtuːn/ agg. [*time, moment, occasion*] opportuno, favorevole; ***she considers it ~ to do*** le pare opportuno fare.
opportunely /ˈɒpətjuːnlɪ, AE ,ɒpərˈtuːn-/ avv. [*happen, come along*] al momento opportuno; [*situated, placed*] in posizione ideale.
opportuneness /ˈɒpətjuːnnɪs, AE ,ɒpərˈtuːn-/ n. opportunità f., convenienza f.
opportunism /,ɒpəˈtjuːnɪzəm, AE -ˈtuːn-/ n. opportunismo m.
opportunist /,ɒpəˈtjuːnɪst, AE -ˈtuːn-/ **I** agg. opportunista **II** n. opportunista m. e f.
opportunistic /,ɒpətjuːˈnɪstɪk, AE -tuːˈn-/ agg. **1** [*person*] opportunista; [*behaviour*] opportunistico **2** MED. [*infection*] opportunistico; [*microorganism*] opportunista.
opportunistically /,ɒpətjuːˈnɪstɪklɪ, AE -tuːˈn-/ avv. opportunisticamente.
▶ **opportunity** /,ɒpəˈtjuːnətɪ, AE -ˈtuː-/ n. **1** *(appropriate time, occasion)* opportunità f., occasione f. (**for** di; **to do, of doing, for doing** di fare); ***to seek an ~ for discussion, rest*** cercare un'occasione per discutere, per riposare; ***to give sb. an*** o ***the ~ to do*** dare a qcn. l'opportunità *o* l'occasione di fare; ***to give sb. every ~*** dare a qcn. tutte le possibilità (**to do** di fare); ***to miss a golden ~*** perdere un'occasione d'oro; ***I should like to take this ~ to say*** vorrei approfittare dell'occasione per dire; ***at the earliest ~*** alla prima occasione **2** *(good chance, possibility)* opportunità f., possibilità f.; ***training, career opportunities*** possibilità di formazione, di carriera; ***export, investment ~*** possibilità d'esportazione, d'investimento; ***a job with opportunities*** un lavoro che offre opportunità, prospettive; ***"ideal ~ in industry for young graduate"*** "occasione ideale per un giovane laureato di entrare nell'industria" ◆ ***~ knocks!*** la fortuna bussa alla porta!
opportunity cost /,ɒpəˈtjuːnətɪ,kɒst, AE ,ɒpərˈtuːnətɪ,kɔːst/ n. costo m. opportunità, costo m. di sostituzione.
opposable /əˈpəʊzəbl/ agg. RAR. opponibile; ***~ thumb*** pollice opponibile.
▶ **oppose** /əˈpəʊz/ tr. fare opposizione a, opporsi a [*plan, bill*]; opporsi a [*bail*].
▷ **opposed** /əˈpəʊzd/ **I** p.pass. → **oppose II** agg. **1** *(averse)* contrario, avverso; ***to be ~ to sth.*** essere contro qcs. *o* essere contrario a qcs.; ***to be ~ to doing*** essere contrario a fare; ***to be ~ to sb. doing sth.*** essere contrario al fatto che qcn. faccia qcs. *o* a che qcn. faccia qcs.; ***I am not ~ to his coming*** non sono contrario a che lui venga **2** *(conflicting)* [*interests, characters*] opposto **3** MECC. contrapposto **4 as opposed to** invece di, invece che, al contrario di.
opposer /əˈpəʊzə(r)/ n. oppositore m. (-trice), avversario m. (-a).
▷ **opposing** /əˈpəʊzɪŋ/ agg. [*force, group, party*] avverso; [*team*] avversario; [*army*] nemico; [*view, style*] opposto; ***the ~ voices*** le voci contrarie.
▶ **opposite** /ˈɒpəzɪt/ **I** n. contrario m., opposto m. (**to, of** di); ***the exact ~*** o ***quite the ~*** proprio il contrario; ***just the ~*** esattamente l'opposto *o* il contrario; ***fat is the ~ of thin*** grasso è il contrario di magro; ***it does the ~ to what one expects*** fa il contrario di ciò che ci si aspetta; ***it's the attraction of ~s*** o ***~s attract*** gli opposti si attraggono **II** agg. **1** *(facing)* [*direction, side, pole*] opposto (anche MAT.); [*building*] di fronte; [*page*] accanto; ***at ~ ends of the table, street*** ai due lati opposti del tavolo, alle due estremità della strada; ***to live at ~ ends of the town*** abitare in due parti opposte della città **2** *(different)* [*attitude, position, viewpoint, camp*] opposto; [*effect, approach*] opposto, contrario; ***the ~ sex*** l'altro sesso **III** avv. [*live, stand*] di fronte, dirimpetto; ***directly ~*** proprio di fronte **IV** prep. di fronte a, dirimpetto a [*building, park, person*]; davanti a [*port*]; ***to be, live, sit ~ sb., sth.*** stare, vivere, sedere di fronte a qcn., qcs.; ***to stop, turn ~ sth.*** fermarsi, girare di fronte a qcs.; ***to play ~ one another*** SPORT giocare l'uno contro l'altro; CINEM. TEATR. recitare uno a fianco dell'altro.
opposite number /,ɒpəzɪtˈnʌmbə(r)/ n. BE **1** collega m. e f., omologo m. (-a) (anche POL.); ***the Italian Defence Minister and his ~ in Spain*** il Ministro della Difesa italiano e il suo collega spagnolo **2** SPORT avversario m. (-a).
▶ **opposition** /,ɒpəˈzɪʃn/ **I** n. **1** opposizione f., resistenza f. (**to** a); ***to encounter*** o ***meet with ~*** incontrare opposizione; ***to put up ~ against*** fare opposizione a; ***to run into*** o ***up against ~*** incontrare opposizione; ***to express ~*** esprimere la propria contrarietà (**to** a) **2** POL. (anche **Opposition**) opposizione f.; ***to be, remain in ~*** [*party*] essere, restare all'opposizione **3** SPORT ***the ~*** l'avversario **II** modif. POL. [*politician, debate, party etc.*] dell'opposizione.
Opposition bench /,ɒpəˈzɪʃn,bentʃ/ n. GB POL. banchi m.pl. dell'opposizione.
oppress /əˈpres/ tr. **1** *(subjugate)* opprimere, angariare **2** [*weather, anxiety*] opprimere; [*responsibility*] opprimere, gravare, sopraffare.
oppressed /əˈprest/ **I** p.pass. → **oppress II** agg. **1** [*minority, group*] oppresso **2** *(by pain, emotion)* oppresso, sopraffatto (**by** da) **III** n. ***the ~*** gli oppressi.
▷ **oppression** /əˈpreʃn/ n. oppressione f.
oppressive /əˈpresɪv/ agg. **1** [*law, regime*] oppressivo **2** [*heat*] opprimente; [*atmosphere*] opprimente, pesante.
oppressively /əˈpresɪvlɪ/ avv. [*govern, rule*] in modo oppressivo; ***it's ~ hot*** fa caldo da soffocare.
oppressiveness /əˈpresɪvnɪs/ n. oppressione f.
oppressor /əˈpresə(r)/ n. oppressore m.
opprobrious /əˈprəʊbrɪəs/ agg. FORM. **1** [*language*] oltraggioso, ingiurioso **2** [*behaviour*] obbrobrioso.
opprobriously /əˈprəʊbrɪəslɪ/ avv. **1** [*speak*] oltraggiosamente, ingiuriosamente **2** [*behave*] obbrobriosamente.
opprobriousness /əˈprəʊbrɪəsnɪs/ n. **1** *(of language)* (l')essere oltraggioso, (l')essere ingiurioso **2** *(of behaviour)* obbrobriosità f.
opprobrium /əˈprəʊbrɪəm/ n. FORM. **1** *(censure)* disprezzo m., spregio m. **2** *(disgrace)* obbrobrio m., infamia f.
oppugn /ɒˈpjuːn/ tr. contestare, osteggiare [*statement, belief*].
Oprah /ˈəʊprə/ n.pr. Oprah (nome di donna).
▷ **opt** /ɒpt/ intr. ***to ~ for sth.*** optare per qcs.; ***to ~ to do, not to do*** scegliere di fare, di non fare.
■ **opt out** BE [*person, country*] decidere di non partecipare (**of** a); [*school, hospital*] = rinunciare al controllo degli enti locali per passare a quello dello stato.
optative /ˈɒptətɪv, ɒpˈteɪtɪv/ **I** agg. ottativo **II** n. ottativo m.
optic /ˈɒptɪk/ **I** agg. [*nerve, disc, fibre*] ottico **II** n. BE *(in bar)* dosatore m.
▷ **optical** /ˈɒptɪkl/ agg. *(all contexts)* ottico.
optical brightener /,ɒptɪklˈbraɪtnə(r)/ n. azzurrante m.
optical character reader /,ɒptɪklˈkærəktə,riːdə(r)/ n. lettore m. ottico (di caratteri).
optical character recognition /,ɒptɪklˈkærəktə,rekəg,nɪʃn/ n. lettura f. ottica (di caratteri).
optical disk /,ɒptɪklˈdɪsk/ n. disco m. ottico.
optical fibre BE, **optical fiber** AE /,ɒptɪklˈfaɪbə(r)/ n. fibra f. ottica.
optical illusion /,ɒptɪklɪˈluːʒn/ n. illusione f. ottica.
optical wand /,ɒptɪklˈwɒnd/ n. lettore m. ottico, penna f. ottica.
optician /ɒpˈtɪʃn/ ♦ **27** n. *(selling glasses etc.)* ottico m. (-a); *(eye specialist)* BE oculista m. e f.
optics /ˈɒptɪks/ n. + verbo sing. ottica f.
▷ **optimal** /ˈɒptɪml/ agg. ottimale.
optimally /ˈɒptɪməlɪ/ avv. ottimamente.
optimate /ˈɒptɪmət/ n. STOR. ottimate m.
▷ **optimism** /ˈɒptɪmɪzəm/ n. ottimismo m.
optimist /ˈɒptɪmɪst/ n. ottimista m. e f.
▷ **optimistic** /,ɒptɪˈmɪstɪk/ agg. [*person*] ottimista; [*statement, claim*] ottimista, ottimistico (**about** riguardo a); ***wildly, cautiously ~*** esageratamente, cautamente ottimista; ***to be ~ that sth. will happen*** essere fiducioso che qcs. accada.
optimistically /,ɒptɪˈmɪstɪklɪ/ avv. [*imagine, promise, say*] ottimisticamente.
optimization /,ɒptɪmaɪˈzeɪʃn, AE -mɪˈz-/ n. ottimizzazione f.
▷ **optimize** /ˈɒptɪmaɪz/ tr. ottimizzare.
▷ **optimum** /ˈɒptɪməm/ **I** n. (pl. **~s, -a**) optimum m. (anche BIOL.); ***at its ~*** al (suo) meglio **II** agg. [*age, conditions, level, rate, speed, value*] ottimale (**for** per).
▶ **option** /ˈɒpʃn/ n. **1** *(something chosen)* opzione f. (anche INFORM.); (facoltà di) scelta f. (**to do** di fare); ***best ~*** migliore opzione; ***easy ~, soft ~*** soluzione comoda, facile; ***safe ~*** soluzione *o* scelta sicura; ***zero ~*** opzione zero; ***to choose*** o ***go for an ~*** scegliere una possibilità; ***it's the only ~ for us*** è l'unica possibilità

che abbiamo; ***the only ~ open to me*** l'unica possibilità che mi resta; ***to keep one's ~s open*** non impegnarsi *o* riservarsi di decidere; ***to consider one's ~s*** considerare le proprie possibilità (di scelta) **2** *(possibility of choosing)* scelta f.; ***to have the ~ of doing sth.*** poter scegliere di fare qcs.; ***to give sb. the ~ of doing sth.*** offrire a qcn. la scelta di fare qcs.; ***with the ~ of doing*** con la possibilità di fare; ***I had no ~ but to leave*** non potei fare altro che andarmene; ***I had little, no ~*** non avevo molta scelta, non avevo scelta **3** ECON. COMM. opzione f. (**on** su; **to do** per fare); ***call ~*** opzione d'acquisto; ***exclusive ~*** opzione esclusiva; ***stock ~*** diritto di opzione; ***put ~*** opzione di vendita; ***to take up an ~*** esercitare il diritto di opzione; ***with an ~ on sth.*** con un'opzione su qcs.; ***to have first ~*** avere diritto di prelazione; ***to cancel one's ~s*** rinunciare alle proprie opzioni **4** BE SCOL. UNIV. *(course of study)* = corso complementare che può essere scelto oltre ai corsi obbligatori **5** AUT. optional m.

▷ **optional** /ˈɒpʃənl/ agg. [*activity, course, subject*] opzionale, facoltativo; [*colour, size*] a scelta; ***"evening dress ~"*** "abito da sera facoltativo"; ***~ extras*** optional.

optionally /ˈɒpʃənəlɪ/ avv. facoltativamente.

option trading /ˌɒpʃnˈtreɪdɪŋ/ n. negoziazione f., compravendita f. di opzioni.

optometer /ˌɒpˈtɒmɪtə(r)/ n. optometro m.

optometrist /ɒpˈtɒmetrɪst/ ♦ *27* n. optometrista m. e f.

optometry /ɒpˈtɒmetrɪ/ n. optometria f.

opulence /ˈɒpjʊləns/ n. opulenza f.

opulent /ˈɒpjʊlənt/ agg. [*person*] ricco; [*country*] opulento, ricco; [*clothing, object*] sfarzoso, sontuoso.

opulently /ˈɒpjʊləntlɪ/ avv. con opulenza.

opuntia /əʊˈpʌnʃɪə/ n. opunzia f.

opus /ˈəʊpəs/ n. (pl. **~es, opera**) opera f., opus m.

opuscule /əˈpʌskjuːl/ n. LETT. MUS. opera f. minore.

▶ **1.or** /ɔː(r)/ In most uses *or* is translated by *o* or *oppure*. There are two exceptions to this: when used to link alternatives after a negative verb, the translation is *né... né*: *I can't come today or tomorrow* = non posso venire né oggi né domani (for more examples and their translations, see **3** below); when used to indicate consequence or explanation, the translation is *(o) altrimenti*: *it can't be serious or she'd have called us* = non dev'essere una cosa seria, altrimenti ci avrebbe chiamati (see **6** and **7** below). - Please note the Italian translations of the expressions *or something, or somebody* and *or somewhere*: *I'd like to eat a sandwich or something* = vorrei mangiare un panino, o qualcosa del genere / vorrei mangiare qualcosa, ad esempio un panino; *I want to speak to the manager or somebody* = vorrei parlare con il direttore o qualcun altro; *let's go to the cinema or somewhere* = andiamo al cinema, o da qualche altra parte / andiamo da qualche parte, magari al cinema. - For the uses of *or* after *either* and *whether*, see **2** in the entry below and the entries **either** and **whether**. cong. **1** *(linking two or more alternatives)* o; ***with ~ without sugar?*** con o senza zucchero? ***would you like to eat here ~ in town?*** vorresti mangiare qui o in città? ***it can be roasted, grilled ~ fried*** può essere arrostito, grigliato o fritto; ***any brothers ~ sisters?*** fratelli o sorelle? **2** *(linking two clear alternatives)* o, oppure; ***will you ~ won't you be coming?*** vieni o non vieni? ***either... ~...*** o... o...; ***essays may be either handwritten ~ typed*** le dissertazioni possono essere (o) scritte a mano o battute a macchina; ***they'll stay either here ~ at Dave's*** staranno o qui o da Dave; ***whether he likes it ~ not*** che gli piaccia o no; ***he wants to know whether ~ not you're free*** vuole sapere se sei libero o meno; ***I didn't know whether to laugh ~ cry*** non sapevo se ridere o piangere; ***rain ~ no rain, we're going out*** pioggia o non pioggia noi usciamo; ***car ~ no car, you've got to get to work*** macchina o non macchina, devi andare a lavorare **3** *(linking alternatives in the negative)* ***I can't come today ~ tomorrow*** non posso venire né oggi né domani; ***don't tell Mum ~ Dad!*** non dirlo né a mamma né a papà *o* non dirlo a mamma e a papà! ***without food ~ lodgings*** senza cibo né un posto per dormire; ***I couldn't eat ~ sleep*** non potevo né mangiare né dormire; ***she doesn't drink ~ smoke*** non beve e non fuma **4** *(indicating approximation, vagueness)* o; ***once ~ twice a week*** una o due volte a settimana; ***I'll buy him a tie ~ something*** gli comprerò una cravatta o qualcosa del genere; ***someone ~ other from Personnel*** qualcuno dell'ufficio personale; ***in a week ~ so*** in una settimana circa **5** *(introducing qualification, correction, explanation)* o; ***I knew her, ~ at least I thought I did!*** la conoscevo, o almeno credevo di conoscerla! ***my daughter, ~ rather our daughter*** mia figlia, anzi nostra figlia; ***X, ~ should I say, Mr X*** X, o dovrei dire il signor X; ***Rosalind, ~ Ros to her friends*** Rosalind, (o) Ros per gli amici **6** *(indicating consequence: otherwise)* o, altrimenti; ***be careful ~ you'll cut yourself*** fai attenzione, se no ti tagli; ***do as you're told - ~ else!*** COLLOQ. fai come ti dico, altrimenti, se no! **7** *(in explanation, justification)* o, altrimenti; ***it can't have been serious ~ she'd have called us*** non doveva essere una cosa seria, altrimenti ci avrebbe chiamati.

2.or /ɔː(r)/ n. ARALD. oro m., giallo m. oro.

OR US ⇒ Oregon Oregon.

orach(e) /ˈɒrətʃ/ n. atreplice m., bietolone m. rosso.

oracle /ˈɒrəkl, AE ˈɔːr-/ n. STOR. RELIG. oracolo m.

Oracle® /ˈɒrəkl/ n.pr. GB TELEV. = servizio di teletext.

oracular /əˈrækjʊlə(r)/ agg. **1** *(of oracle)* oracolare, di oracolo **2** FIG. *(wise)* autorevole, saggio; *(mysterious)* oscuro, sibillino.

oracularly /əˈrækjʊləlɪ/ avv. in tono oracolare.

▷ **oral** /ˈɔːrəl/ **I** agg. orale; [*medicine*] da assumere per via orale; [*cavity, hygiene*] orale; [*thermometer*] che si mette in bocca; [*history*] trasmesso oralmente; [*evidence*] verbale; ***~ contraceptive*** contraccettivo orale **II** n. BE SCOL. AE UNIV. orale m.

orality /ɔːˈrælətɪ/ n. oralità f. (anche PSIC.).

orally /ˈɔːrəlɪ/ avv. **1** [*communicate, testify*] verbalmente; [*examine*] oralmente **2** MED. per via orale.

oral sex /ˌɔːrəlˈseks/ n. sesso m. orale.

oral skills /ˈɔːrəlˌskɪlz/ n.pl. abilità f. di espressione orale, abilità f. del parlato.

oral tradition /ˈɔːrəltrəˌdɪʃn/ n. tradizione f. orale.

▷ **orange** /ˈɒrɪndʒ, AE ˈɔːr-/ ♦ **5 I** n. **1** *(fruit)* arancia f. **2** *(drink)* bibita f. al gusto di arancia; *(juice)* succo m. d'arancia; ***gin and ~*** gin e succo d'arancia **3** *(colour)* arancione m. **II** modif. [*drink, pudding, sauce*] all'arancia; [*jam*] d'arance **III** agg. *(colour)* arancione.

orangeade /ˌɒrɪndʒˈeɪd, AE ˌɔːr-/ n. aranciata f.

orange blossom /ˈɒrɪndʒˌblɒsəm, AE ˈɔːr-/ n. **U** fiori m.pl. d'arancio, zagara f.

orange drink /ˈɒrɪndʒˌdrɪŋk, AE ˈɔːr-/ AE → **orange squash**.

orange flower water /ˌɒrɪndʒˌflaʊəˈwɔːtə(r), AE ˌɔːr-/ n. acqua f. di fiori d'arancio.

Orange Free State /ˌɒrɪndʒfriːˈsteɪt, AE ˌɔːr-/ n.pr. Stato m. Libero dell'Orange.

orange grove /ˈɒrɪndʒˌgrəʊv, AE ˈɔːr-/ n. aranceto m.

orange juice /ˈɒrɪndʒˌdʒuːs, AE ˈɔːr-/ n. succo m., spremuta f. d'arancia.

Orangeman /ˈɒrɪndʒmən, AE ˈɔːr-/ n. (pl. **-men**) *(in Northern Ireland)* orangista m.

orange peel /ˈɒrɪndʒˌpiːl, AE ˈɔːr-/ n. scorza f. d'arancia.

orangery /ˈɒrɪndʒərɪ, AE ˈɔːr-/ n. *(sheltered place)* aranciera f.

orange segment /ˈɒrɪndʒˌsegmənt, AE ˈɔːr-/ n. spicchio m. d'arancia.

orange soda /ˌɒrɪndʒˈsəʊdə, AE ˌɔːr-/ n. AE aranciata f.

orange squash /ˌɒrɪndʒˈskwɒʃ, AE ˌɔːr-/ n. BE = succo concentrato di arancia utilizzato per la preparazione di bevande.

orange stick /ˈɒrɪndʒˌstɪk, AE ˈɔːr-/ n. bastoncino m. di legno d'arancio (usato come scalzapelli).

orange tree /ˈɒrɪndʒtriː, AE ˈɔːr-/ n. arancio m.

orangewood /ˈɒrɪndʒwʊd, AE ˈɔːr-/ n. legno m. d'arancio.

orang-outang /ɔːˌræŋuːˈtæn/ BE, **orangutan** /əˌræŋəˈtæn/ AE n. orangutan m., orango m.

orate /ɔːˈreɪt/ intr. FORM. fare un'orazione, arringare; SPREG. pontificare.

oration /ɔːˈreɪʃn/ n. FORM. orazione f., arringa f., discorso m. solenne.

orator /ˈɒrətə(r), AE ˈɔːr-/ n. FORM. oratore m. (-trice).

oratorian /ˌɒrəˈtɔːrɪən, AE ˌɔːr-/ n. (padre) oratoriano m.

oratorical /ˌɒrəˈtɒrɪkl, AE ˌɔːrəˈtɔːr-/ agg. FORM. [*skill, tone*] oratorio; SPREG. ampolloso, retorico.

oratorically /ˌɒrəˈtɒrɪklɪ, AE ˌɔːrəˈtɔːr-/ avv. FORM. in tono oratorio; SPREG. ampollosamente, retoricamente.

oratorio /ˌɒrəˈtɔːrɪəʊ, AE ˌɔːr-/ n. (pl. **~s**) MUS. oratorio m.; ***Christmas ~*** oratorio di Natale.

1.oratory /ˈɒrətrɪ, AE ˈɔːrətɔːrɪ/ n. FORM. *(public speaking) (art)* (arte) oratoria f.; *(talent)* eloquenza f.

2.oratory /ˈɒrətrɪ, AE ˈɔːrətɔːrɪ/ n. **1** ARCH. RELIG. oratorio m. **2 Oratory** *(religious society)* Oratorio m.

1.orb /ɔːb/ n. LETT. *(all contexts)* orbe m., globo m.

2.orb /ɔːb/ **I** tr. LETT. **1** *(form a circle)* dare forma di sfera a **2** *(surround)* circondare, racchiudere **II** intr. muoversi in un'orbita.

orbicular /ɔːˈbɪkjʊlə(r)/ agg. FORM. **1** *(circular)* circolare, sferico **2** ANAT. orbicolare.

▷ **1.orbit** /ˈɔːbɪt/ n. orbita f. (anche FIG.); ***to be in ~ round sth.*** essere in orbita attorno a qcs.; ***to go into ~*** entrare in orbita; ***to put sth. into ~*** mettere in orbita qcs.; ***to make an ~*** descrivere un'orbita.

▷ **2.orbit** /ˈɔːbɪt/ **I** tr. orbitare attorno a [*planet*] **II** intr. orbitare.

orbital /ˈɔːbɪtl/ agg. ASTR. ANAT. orbitale; ~ ***road*** circonvallazione.

Orcadian /ɔːˈkeɪdɪən/ **I** agg. delle (isole) Orcadi **II** n. nativo m. (-a), abitante m. e f. delle (isole) Orcadi.

orchard /ˈɔːtʃəd/ n. frutteto m.

orchardist /ˈɔːtʃədɪst/ ◗ *27* n. frutticoltore m. (-trice).

orchardman /ˈɔːtʃədmən/ ◗ *27* n. (pl. **-men**) → **orchardist**.

▷ **orchestra** /ˈɔːkɪstrə/ n. orchestra f.; ***chamber, dance ~*** orchestra da camera, da ballo; ***string, symphony ~*** orchestra d'archi, sinfonica; ***the full ~*** l'orchestra al completo.

orchestral /ɔːˈkestrəl/ agg. [*concert, music*] orchestrale; [*instrument*] di orchestra; ***an ~ player*** un orchestrale.

orchestra pit /ˈɔːkɪstrəpɪt/ n. fossa f. dell'orchestra, golfo m. mistico.

orchestra seats /ˈɔːkɪstrəsiːts/ AE, **orchestra stalls** /ˈɔːkɪstrəˌstɔːlz/ BE n.pl. TEATR. poltrone f. (di platea).

orchestrate /ˈɔːkɪstreɪt/ tr. orchestrare (**for** per) (anche FIG.).

orchestration /ˌɔːkɪˈstreɪʃn/ n. orchestrazione f. (anche FIG.).

orchestrina /ˌɔːkɪˈstriːnə/, **orchestrion** /ˌɔːˈkestrɪən/ n. organetto m., organino m.

orchid /ˈɔːkɪd/ n. orchidea f.

orchidaceous /ˌɔːkɪˈdeɪʃəs/ agg. orchidaceo.

orchil /ˈɔːtʃɪl/ n. *(lichen, dye)* oricello m.

orchis /ˈɔːkɪs/ n. orchide m.

orchitis /ɔːˈkaɪtɪs/ ◗ *11* n. orchite f.

ordain /ɔːˈdeɪn/ tr. **1** *(decree)* decretare, stabilire (**that** che) **2** RELIG. ordinare, consacrare; ***he was ~ed priest*** fu ordinato sacerdote.

ordeal /ɔːˈdiːl, ˈɔːdiːl/ n. **1** STOR. ordalia f., giudizio m. di Dio; ***trial by ~*** ordalia **2** FIG. prova f., traversia f.; ***to go through, come through an ~*** superare, uscire da una dura prova.

▶ **1.order** /ˈɔːdə(r)/ **I** n. **1** *(logical arrangement)* ordine m.; ***sense of ~*** senso dell'ordine; ***it's in the natural ~ of things*** è nell'ordine naturale delle cose; ***to produce ~ out of chaos*** creare l'ordine dal caos; ***to put*** o ***set sth. in ~*** mettere in ordine [*affairs*]; ***to set*** o ***put one's life in ~*** mettere ordine nella propria vita **2** *(sequence)* ordine m., successione f.; ***to be in alphabetical, chronological ~*** essere in ordine alfabetico, cronologico; ***to put sth. in ~*** ordinare, classificare [*files, record cards*]; ***to put the names in alphabetical ~*** mettere i nomi in ordine alfabetico; ***in ~ of priority*** in ordine di priorità; ***in ascending, descending ~*** in ordine crescente, decrescente; ***in the right, wrong ~*** nell'ordine giusto, sbagliato; ***to be out of ~*** [*files, records*] essere in disordine **3** *(discipline, control)* ordine m., disciplina f.; ***to restore ~*** ristabilire l'ordine; ***to keep ~*** [*police, government*] mantenere l'ordine; [*teacher*] mantenere la disciplina; ***law and ~*** ordine e legalità; ***public ~*** ordine pubblico **4** *(established state)* ordine m.; ***the old, existing ~*** il vecchio ordine, l'ordine attuale **5** *(command)* ordine m., comando m., consegna f. (**to do** di fare); ***to give, issue an ~*** dare, spiccare un ordine; ***to carry out an ~*** eseguire un ordine; ***to give an ~ for the crowd to disperse*** ordinare alla folla di disperdersi; ***to be under sb.'s ~s*** essere agli ordini di qcn.; ***to have*** o ***to be under ~s to do*** avere l'ordine di fare; ***my ~s are to guard the door*** ho l'ordine di fare la guardia alla porta; ***I have ~s not to let anybody through*** ho l'ordine di non far passare nessuno; ***to take ~s from sb.*** prendere *o* ricevere ordini da qcn.; ***they take their ~s from Paris*** ricevono ordini da Parigi; ***I won't take ~s from you*** non accetto ordini da lei; ***he won't take ~s from anybody*** non accetta ordini da nessuno; ***on the ~s of the General*** per ordine del Generale; ***to act on sb.'s ~*** agire per ordine di qcn.; ***that's an ~!*** è un ordine! ***~s are ~s*** gli ordini sono ordini; ***until further ~s*** fino a nuovo ordine **6** COMM. *(request to supply)* ordine m., ordinativo m. (**for** di); *(in restaurant)* ordine m. (**of** di); ***to place an ~*** collocare, passare un ordine; ***to put in*** o ***place an ~ for sth.*** fare un'ordinazione di qcs.; ***to place an ~ with sb. for sth.*** passare a qcn. un ordinativo di qcs.; ***a grocery ~*** un'ordinazione di generi alimentari; ***a telephone ~*** un'ordinazione per telefono; ***a rush, repeat ~*** un'ordinazione urgente, ripetuta; ***the books are on ~*** i libri sono stati ordinati; ***made to ~*** fabbricato su ordinazione; ***cash with ~*** contanti all'ordinazione **7** *(operational state)* ***to be in good, perfect ~*** essere in buono, perfetto stato; ***in working*** o ***running ~*** in grado di funzionare, efficiente, in funzione; ***to be out of ~*** [*phone line, lift, machine*] essere fuori uso, essere guasto **8** *(correct procedure)* ***to call the meeting to ~*** dichiarare aperta una riunione; ***~! ~!*** *(in court)* silenzio in aula! ***to call sb. to ~*** richiamare qcn. all'ordine; ***to be in ~*** [*documents, paperwork*] essere in regola; ***the Honourable member is perfectly in ~*** GB POL. = l'onorevole ha perfettamente ragione, non ha infranto il regolamento; ***the Speaker ruled the question out of ~*** il presidente ha dichiarato la questione contraria alla procedura, non ammissibile; ***it is perfectly in ~ for him to refuse to pay*** ha tutto il diritto di rifiutarsi di pagare; ***would it be out of ~ for me to phone her at home?*** sarebbe sconveniente se le telefonassi a casa? ***your remark was way out of ~*** la tua affermazione era completamente fuori luogo; ***I hear that congratulations are in ~*** sembra che ci si debba congratulare *o* e così dobbiamo farti le congratulazioni; ***a toast would seem to be in ~*** sembra che sia il caso di fare un brindisi; ***the ~ of the day*** MIL. POL. l'ordine del giorno; ***economy is the ~ of the day*** FIG. l'economia è all'ordine del giorno **9** *(taxonomic group)* ordine m. **10** RELIG. ordine m.; ***closed ~*** ordine di clausura; ***teaching ~*** ordine che si dedica all'insegnamento **11** *(rank, scale)* ***craftsmen of the highest ~*** artigiani di primissimo ordine; ***investment of this ~ is very welcome*** gli investimenti di questo genere sono molto bene accetti; ***talent of this ~ is rare*** un talento di questo livello è raro; ***the higher, lower ~s*** le categorie superiori, inferiori; ***of the ~ of 15%*** BE, ***in the ~ of 15%*** AE dell'ordine del 15% **12** DIR. *(decree)* ordine m., ordinanza f.; ***an ~ of the Court*** un ordine del tribunale; ***by ~ of the Minister*** per ordine del ministro **13** ECON. ***pay to the ~ of T. Williams*** *(on cheque, draft)* pagare all'ordine di T. Williams; ***banker's ~*** ordine di pagamento; ***money ~*** mandato di pagamento, vaglia; ***postal ~*** vaglia postale; ***standing ~*** ordine permanente **14** *(on the stock exchange)* ordine m.; ***buying, selling ~*** ordine di acquisto, di vendita; ***limit ~*** ordine con limite di prezzo; ***stop ~*** ordine con limite di prezzo **15** BE *(honorary association, title)* ordine m. (**of** di); ***he was awarded the Order of the Garter*** gli hanno conferito l'Ordine della Giarrettiera **16** ARCH. ordine m. **17** MIL. *(formation)* ordine m., schieramento m.; *(clothing)* tenuta f.; ***battle ~*** ordine, schieramento di battaglia; ***close ~*** ordine chiuso; ***short-sleeve ~*** uniforme estiva **18 in order that** *(with the same subject)* per, al fine di; *(with different subjects)* perché, affinché; ***I've come in ~ that I might help you*** sono venuto per aiutarti; ***he brought the proofs in ~ that I might check them*** ha portato le bozze perché potessi riscontrarle **19 in order to** per, al fine di, allo scopo di; ***he came in ~ to talk to me*** venne per parlarmi; ***I'll leave in ~ not to disturb you*** me ne vado per non disturbarti **II orders** n.pl. RELIG. ordini m.; ***major, minor ~s*** ordini maggiori, minori; ***to be in Holy ~s*** appartenere al clero; ***to take Holy ~s*** prendere gli ordini ◆ ***in short ~*** in poco tempo, in quattro e quattr'otto.

▶ **2.order** /ˈɔːdə(r)/ **I** tr. **1** *(command)* ordinare [*inquiry, retrial, investigation*]; ***to ~ sb. to do*** ordinare *o* comandare a qcn. di fare; ***to ~ the closure, delivery of sth.*** ordinare la chiusura, la consegna di qcs.; ***to ~ sb. home, to bed*** ordinare a qcn. di andare a casa, di andare a dormire; ***to ~ sth. to be done*** ordinare di fare qcs.; ***to ~ that sth. be done*** ordinare che qcs. sia fatto; ***the council ~ed the building to be demolished*** il consiglio comunale ha ordinato l'abbattimento dell'edificio; ***the soldiers were ~ed to disembark*** i soldati ricevettero l'ordine di sbarcare; ***"keep quiet," she ~ed*** "silenzio," ordinò **2** *(request the supply of)* ordinare [*goods, meal*] (**for sb.** per qcn.); chiamare [*taxi*] (**for** a) **3** *(arrange)* organizzare [*affairs*]; ordinare, mettere in ordine [*files, cards*]; ordinare [*names, dates*] **II** intr. [*diner, customer*] ordinare.

▪ **order about, order around:** ~ ***[sb.] around*** dare ordini a [qcn.] (in continuazione), mandare [qcn.] di qua e di là; ***he loves ~ing people around*** gli piace dare ordini; ***you've got no right to ~ me around*** non hai nessun diritto di darmi ordini in continuazione.

▪ **order away:** ~ ***[sb.] away*** mandare via, allontanare.

▪ **order back:** ~ ***[sb.] back*** richiamare, fare tornare indietro.

▪ **order in:** ~ ***[sb.] in*** ordinare [a qcn.] di entrare, fare entrare [qcn.].

▪ **order off** SPORT ~ ***[sb.] off*** [*referee*] espellere [*player*]; ***to ~ sb. off*** ordinare a qcn. di allontanarsi da [*land, grass*].

▪ **order out:** ~ ***[sb.] out*** **1** *(summon)* fare intervenire [*troops*]; [*union*] incitare allo sciopero [*members*] **2** *(send out)* ***to ~ sb. out of*** ordinare a qcn. di uscire da *o* fare uscire qcn. da [*classroom*].

▪ **order up:** ~ ***[sb.] up,*** ~ ***up [sb.]*** mettere in campo [*troops*].

order book /ˈɔːdəbʊk/ n. libro m. (delle) ordinazioni, registro m. delle ordinazioni.

ordered /ˈɔːdəd/ **I** p.pass. → **2.order II** agg. **1** [*list, structure*] ordinato; ***an ~ whole*** un insieme ordinato; ***a well-~ society, life*** una società, una vita (ben) ordinata; ***in ~ ranks*** in, a ranghi ordinati **2** MAT. [*set*] ordinato.

order form /ˈɔːdəfɔːm/ n. modulo m., bollettino m. di ordinazione.

Order in Council /ˌɔːdərɪnˈkaʊnsl/ n. GB POL. = decreto emanato dal governo su delega del parlamento.

ordering /ˈɔːdərɪŋ/ n. **1** *(organization)* disposizione f., ordinamento m. **2** RELIG. ordinazione f.
orderliness /ˈɔːdəlɪnɪs/ n. **1** *(of life, habits)* regolarità f. **2** *(of room, area)* ordine m.
orderly /ˈɔːdəlɪ/ **I** agg. **1** *(well-regulated)* [*queue, line, row, rank*] ordinato; [*arrangement, pattern*] regolare; [*mind, system*] metodico; [*lifestyle, society*] (ben) regolato; ***in an ~ fashion*** o ***manner*** [*leave etc.*] in modo ordinato, disciplinatamente **2** *(calm)* [*crowd, demonstration, debate*] calmo, tranquillo **II** n. **1** MIL. piantone m., STOR. attendente m. **2** MED. inserviente m. e f.
orderly officer /ˈɔːdəlɪˌɒfɪsə(r), AE ˌɔːf-/ n. MIL. ufficiale m. di servizio; ufficiale m. di picchetto.
orderly room /ˈɔːdəlɪˌruːm, -ˌrʊm/ n. MIL. fureria f.
order number /ˈɔːdəˌnʌmbə(r)/ n. numero m. d'ordine.
order of service /ˌɔːdərəvˈsɜːvɪs/ n. RELIG. *(in Protestant Church)* liturgia f. della funzione religiosa.
order paper /ˈɔːdəˌpeɪpə(r)/ n. BE POL. = ordine del giorno dei lavori alla Camera dei Comuni.
order to view /ˌɔːdətəˈvjuː/ n. = permesso di visitare una casa in vendita concesso dal proprietario all'agente immobiliare e ai suoi clienti.
ordinal /ˈɔːdɪnl, AE -dənl/ **I** agg. ordinale **II** n. (numero) ordinale m.
ordinance /ˈɔːdɪnəns/ n. **1** DIR. ordinanza f., ingiunzione f. **2** AE DIR. AMM. ordinanza f. locale; *(of corporation, company)* regolamento m., statuto m.
ordinand /ˈɔːdɪnənd/ n. ordinando m. (-a).
ordinarily /ˈɔːdənrəlɪ, AE ˌɔːrdnˈerəlɪ/ avv. ordinariamente, normalmente; ***~, it would be fatal*** normalmente *o* di solito, sarebbe fatale; ***more than ~ quiet, cautious*** più silenzioso, prudente del solito.
ordinariness /ˈɔːdənrɪnɪs, AE ˈɔːrdənerɪnɪs/ n. ordinarietà f., banalità f.
▶ **ordinary** /ˈɔːdənrɪ, AE ˈɔːrdənerɪ/ **I** agg. **1** *(normal)* [*experience, clothes*] ordinario, di tutti i giorni; [*citizen, life, family*] ordinario, comune; ***to seem quite ~*** sembrare del tutto ordinario *o* comune; ***to be just ~ people*** non essere che gente comune; ***most ~ mortals wouldn't understand it*** la maggior parte dei comuni mortali non lo capirebbe; ***objects in ~ use*** oggetti d'uso quotidiano *o* ordinario; ***this is no ~ case*** non è un caso comune; ***in the ~ way, I'd have accepted*** normalmente *o* in una situazione normale, avrei accettato **2** *(average)* [*consumer, family*] medio; ***the ~ man in the street*** l'uomo della strada **3** SPREG. *(uninspiring)* [*place, film, performance, meal, person*] mediocre **II** n. **1** *(normal)* ***to be out of the ~*** essere fuori del comune; ***the trip was something out of the ~*** la gita è stata qualcosa di fuori dall'ordinario; ***it's nothing out of the ~*** non è nulla di straordinario **2** RELIG. *(of mass)* ordinale m. **3** AE *(penny-farthing)* biciclo m.
ordinary degree /ˈɔːdənrɪdɪˌgriː, AE ˈɔːrdənerɪ-/ n. BE = laurea.
Ordinary Grade /ˈɔːdənrɪˌgreɪd, AE ˈɔːrdənerɪ-/ n. BE = in Scozia, esame di diploma che si sostiene alla fine del ciclo obbligatorio di studi.
ordinary seaman /ˌɔːdənrɪˈsiːmən, AE ˌɔːrdənerɪ-/ n. (pl. **ordinary seamen**) marinaio m. comune di seconda classe.
ordinary share /ˌɔːdənrɪˈʃeə(r), AE ˌɔːrdənerɪ-/ n. ECON. azione f. ordinaria.
ordinate /ˈɔːdnət/ n. MAT. ordinata f.
ordination /ˌɔːdɪˈneɪʃn, AE -dnˈeɪʃn/ n. RELIG. ordinazione f.
ordinee /ˌɔːdɪˈniː/ n. = chi è stato ordinato di recente.
ordnance /ˈɔːdnəns/ n. **1 U** *(supplies)* materiale m. militare **2** AMM. *(department)* = dipartimento del governo che si occupa delle forniture militari **3** *(artillery)* artiglieria f.
ordnance depot /ˈɔːdnənsˌdepəʊ, AE -ˌdiːpəʊ/ n. deposito m. di materiale militare.
Ordnance Survey /ˌɔːdnənsˈsɜːveɪ/ n. GB *(body)* = istituto cartografico nazionale britannico.
Ordnance Survey map /ˌɔːdnənsˈsɜːveɪˌmæp/ n. = carta topografica militare britannica.
Ordovician /ˌɔːdəˈvɪsɪən, ˌɔːdəʊˈvɪʃɪən/ agg. ordoviciano.
ordure /ˈɔːdjʊə(r), AE -dʒər/ n. **1** escrementi m.pl., lordura f. **2** FIG. indecenza f.
ore /ɔː(r)/ n. minerale m. (grezzo); ***iron ~*** minerale di ferro.
oregano /ˌɒrɪˈgɑːnəʊ, AE əˈregənəʊ/ n. (pl. **~s**) *(seasoning)* origano m.
Oregon /ˈɒrɪgɒn/ ➧ **24** n.pr. Oregon m.
oreo /ˈəʊrɪəʊ/ n. AE = biscotto al cioccolato farcito di vaniglia.
Orestes /ɒˈrestiːz/ n.pr. Oreste.
▷ **organ** /ˈɔːgən/ ➧ **17 I** n. **1** BOT. ANAT. organo m.; ***to donate an ~*** donare un organo; ***donor ~, transplant ~*** *(sought)* organo da trapiantare; *(transplanted)* organo trapiantato; ***male ~*** membro (virile); ***reproductive, sexual ~s*** organi riproduttivi, sessuali; ***vital ~*** organo vitale; ***~s of speech*** organi della fonazione **2** (anche **pipe ~**) MUS. organo m.; ***on the ~*** all'organo; ***to play the ~*** suonare l'organo; *(as job)* suonare l'organo, essere un organista; ***chamber ~*** organo positivo; ***church ~*** organo da chiesa; ***cinema ~*** = organo con più registri ed effetti; ***electric, electronic ~*** organo elettrico, elettronico **3** FIG. *(publication)* organo m.; *(organization)* organo m., organismo m. (**of** di) **II** modif. MUS. [*music, composition*] per organo, organistico; [*component*] d'organo.
organ bank /ˈɔːgənbæŋk/ n. MED. banca f. degli organi.
organ builder /ˈɔːgənˌbɪldə(r)/ ➧ **27** n. MUS. fabbricante m. e f. d'organi.
organdie /ˈɔːgəndɪ/ n. organdi m., organza f.
organ donor /ˈɔːgənˌdəʊnə(r)/ n. donatore m. (-trice) di organi.
organdy AE → **organdie**.
organ gallery /ˈɔːgənˌgælərɪ/ n. ARCH. galleria f. dell'organo.
organ grinder /ˈɔːgənˌgraɪndə(r)/ ➧ **27** n. suonatore m. (-trice) d'organetto.
organic /ɔːˈgænɪk/ agg. **1** *(not artificial)* [*cultivation, grower, produce*] biologico; [*restaurant*] dove si mangiano prodotti biologici; [*fertilizer*] naturale; [*poultry*] allevato con prodotti naturali; [*meat*] proveniente da allevamenti biologici **2** *(of body or plant)* [*substance, disease, society*] organico **3** *(integral)* [*structure, system, society, unit, whole*] organico, integrato (**to** a); [*part*] organico, intrinseco; [*development*] organico; ***~ law*** legge organica.
organically /ɔːˈgænɪklɪ/ avv. **1** [*grown, raised*] biologicamente, in modo naturale **2** *(physiologically)* organicamente **3** [*develop, structured*] organicamente.
organic chemist /ɔːˌgænɪkˈkemɪst/ ➧ **27** n. chimico m. (-a) specializzato (-a) in chimica organica.
organic chemistry /ɔːˌgænɪkˈkemɪstrɪ/ n. chimica f. organica.
organicism /ɔːˈgænɪsɪzəm/ n. organicismo m.
organicist /ɔːˈgænɪsɪst/ n. organicista m. e f.
organicistic /ɔːgænɪˈsɪstɪk/ agg. organicistico.
▷ **organism** /ˈɔːgənɪzəm/ n. *(all contexts)* organismo m.
organist /ˈɔːgənɪst/ ➧ **17, 27** n. organista m. e f.; ***church ~*** organista di una chiesa.
organizable /ˈɔːgənaɪzəbl/ agg. organizzabile.
▶ **organization** /ˌɔːgənaɪˈzeɪʃn, AE -nɪˈz-/ n. **1** *(group)* organizzazione f.; *(bureaucratic)* organismo m.; *(voluntary)* organizzazione f., associazione f.; ***employers', charitable ~*** associazione dei datori di lavoro, filantropica; ***government ~*** organismo governativo; ***voluntary, human rights ~*** associazione di volontari, per la difesa dei diritti umani **2** *(arrangement)* organizzazione f. (**of** di) **3** AE IND. *(unionization)* organizzazione f. in sindacati, sindacalizzazione f.
▷ **organizational** /ˌɔːgənaɪˈzeɪʃənl, AE -nɪˈz-/ agg. [*ability, skill*] organizzativo, di organizzatore; [*role*] di organizzatore; [*problem, matter*] organizzativo; [*structure*] organizzativo, dell'organizzazione.
organizationally /ˌɔːgənaɪˈzeɪʃənəlɪ, AE -nɪˈz-/ avv. organizzativamente.
organization and method(s) /ɔːgənaɪˌzeɪʃnənˈmeθəd(z), AE -nɪˌz-/ n. organizzazione f. e metodi.
organization chart /ɔːgənaɪˌzeɪʃnˈtʃɑːt, AE -nɪˌz-/ n. organigramma m.
Organization of African Unity /ɔːgənaɪˌzeɪʃnəvˌæfrɪkənˈjuːnətɪ, AE -nɪˌz-/ n. Organizzazione f. per l'unità africana.
▶ **organize** /ˈɔːgənaɪz/ **I** tr. **1** *(arrange)* organizzare [*event, day, time, life, facts*]; sistemare, ordinare [*books, papers*]; ***to ~ sth. into groups, chapters*** organizzare qcs. in gruppi, in capitoli; ***I'll ~ the drinks*** mi occuperò delle bevande; ***I have to ~ the children for school*** devo preparare i bambini per la scuola; ***I had to ~ a babysitter*** ho dovuto trovare una babysitter; ***they ~d it*** o ***things so I don't have to pay*** hanno organizzato le cose in modo che io non debba pagare **2** AE IND. *(unionize)* organizzare sindacalmente, sindacalizzare [*workforce, workers*] **II** intr. AE *(unionize)* sindacalizzarsi **III** rifl. ***to ~ oneself*** organizzarsi (**to do** per fare).
▷ **organized** /ˈɔːgənaɪzd/ **I** p.pass. → **organize II** agg. **1** [*person, thoughts, household, resistance, support*] organizzato; ***well, badly ~*** ben, mal organizzato; ***to get ~*** organizzarsi **2** [*workforce, workers*] organizzato sindacalmente, sindacalizzato.
organized crime /ˌɔːgənaɪzdˈkraɪm/ n. criminalità f. organizzata.
organized labour /ˌɔːgənaɪzdˈleɪbə(r)/ n. manodopera f. organizzata (sindacalmente), manodopera f. sindacalizzata.
organized religion /ˌɔːgənaɪzdrɪˈlɪdʒən/ n. religione f. istituzionalizzata.

▷ **organizer** /ˈɔːgənaɪzə(r)/ n. **1** *(person)* organizzatore m. (-trice) (of di); ***union ~, labour ~*** sindacalista, attivista sindacale **2** (anche **personal ~**) organizer m.; ***electronic ~*** organizer (elettronico) *o* agenda elettronica **3** *(container)* ***desk ~*** portaoggetti da scrivania; ***shoe ~*** scarpiera.
organizer bag /ˈɔːgənaɪzəbæg/ n. = borsa con molte tasche.
organizer file /ˈɔːgənaɪzəfaɪl/ n. archivio m.
organizing /ˈɔːgənaɪzɪŋ/ **I** n. organizzazione f.; ***she did all the ~*** ha organizzato tutto lei; ***to be good at ~*** essere bravo a organizzare **II** agg. [*group, committee*] organizzatore.
organ loft /ˈɔːgənlɒft/ → **organ gallery**.
organogenesis /ˌɔːgənəʊˈdʒenəsɪs/ n. organogenesi f.
organoleptic /ˌɔːgənəʊˈleptɪk/ agg. organolettico.
organometallic /ˌɔːgənəʊmɪˈtælɪk/ agg. organometallico.
organon /ˈɔːgənɒn/ n. sistema m. epistemologico, sistema m. di regole logiche.
organoscopy /ɔːgəˈnɒskəpɪ/ n. organoscopia f.
organotherapy /ˌɔːgənəʊˈθerəpɪ/ n. organoterapia f.
organ-pipe /ˈɔːgənpaɪp/ n. canna f. d'organo.
organ screen /ˈɔːgənskriːn/ n. ARCH. = schermatura ornamentale dietro cui è collocato l'organo di una chiesa.
organ stop /ˈɔːgənstɒp/ n. MUS. registro m. d'organo.
organ transplant /ˈɔːgənˌtrænsplɑːnt, AE -plænt/ n. MED. trapianto m. d'organo.
organza /ɔːˈgænzə/ n. organza f.
organzine /ˈɔːgənziːn, AE ɔːˈgæn-/ n. organzino m.
▷ **orgasm** /ˈɔːgæzəm/ n. orgasmo m.
orgasmic /ɔːˈgæzmɪk/ agg. **1** FISIOL. orgasmico **2** FIG. eccitantissimo.
orgastic /ɔːˈgæstɪk/ agg. orgastico.
orgeat /ˈɔːdʒɪæt, ˈɔːʒɑːt/ n. orzata f.
orgiastic /ˌɔːdʒɪˈæstɪk/ agg. orgiastico; [*scene*] d'orgia.
orgy /ˈɔːdʒɪ/ n. *(all contexts)* orgia f.
oriel /ˈɔːrɪəl/ n. (anche **~ window**) oriel m.
1.orient /ˈɔːrɪənt/ **I** n. ***the Orient*** l'Oriente, il Levante; ***in the ~*** in Oriente **II** agg. LETT. orientale; ***the Orient Express*** FERR. l'Orient Express.
2.orient /ˈɔːrɪənt/ **I** tr. **1** orientare [*building, map*] **2** FIG. orientare, indirizzare [*person, society*] (**at, towards** verso); ***to be ~ed at*** [*campaign, course*] toccare, riguardare **II** rifl. ***to ~ oneself*** orientarsi; FIG. adattarsi (**to, in** a).
oriental /ˌɔːrɪˈentl/ agg. orientale; [*appearance, eyes*] da orientale; [*carpet*] orientale; ***~ poppy*** papavero orientale.
Oriental /ˌɔːrɪˈentl/ n. orientale m. e f.
orientalism /ˌɔːrɪˈentəlɪzəm/ n. orientalismo m.
orientalist /ˌɔːrɪˈentəlɪst/ n. orientalista m. e f.
orientalization /ˌɔːrɪentəlaɪˈzeɪʃn, AE -lɪˈz-/ n. orientalizzazione f.
orientalize /ɔːrɪˈentəlaɪz/ **I** tr. orientalizzare, rendere orientale **II** intr. diventare orientale.
orientate /ˈɔːrɪənteɪt/ → **2.orient**.
▷ **orientation** /ˌɔːrɪənˈteɪʃn/ **I** n. **1** *(training)* UNIV. corso m. di orientamento **2** *(inclination) (political, intellectual)* orientamento m.; *(sexual)* orientamento m., tendenza f. **3** ARCH. TECN. orientamento m. **II** modif. [*course, week*] di orientamento.
oriented /ˈɔːrɪentɪd/ **I** p.pass. → **2.orient II -oriented** agg. in composti ***customer-, family-~*** orientato verso il cliente, verso la famiglia *o* mirato al cliente, alla famiglia; ***politically ~*** politicamente orientato.
orienteering /ˌɔːrɪənˈtɪərɪŋ/ n. orienteering m.
orifice /ˈɒrɪfɪs/ n. orifizio m. (anche ANAT.)
oriflamme /ˈɒriflæm/ n. orifiamma f.
origami /ˌɒrɪˈgɑːmɪ/ n. origami m.
origan /ˈɒrɪgən/, **origanum** /ɒˈrɪgənəm/ n. *(plant)* origano m.
▶ **origin** /ˈɒrɪdʒɪn/ n. **1** *(of custom, idea, person, relics)* origine f.; ***his family has its ~s in Scotland*** la sua famiglia è d'origine scozzese; ***the problem has its ~(s) in...*** il problema ha origine in... **2** *(of goods)* origine f., provenienza f.; ***of unknown ~*** di origine ignota; ***spare parts of European ~*** pezzi di ricambio di provenienza europea; ***prehistoric in ~*** d'origine preistorica; ***country of ~*** paese di origine.
▶ **original** /əˈrɪdʒənl/ **I** agg. **1** *(initial)* [*version*] originale; [*comment, question, site, strategy*] originale, iniziale; [*member*] originario; ***the ~ inhabitants, owner*** i primi abitanti, il primo possessore; ***I saw the film in the ~ version*** ho visto il film in versione originale **2** *(not copied)* [*manuscript, painting*] originale; [*invoice, receipt*] originale **3** *(creative)* [*design, suggestion, work, writer*] originale; ***an ~ thinker*** un pensatore originale **4** *(unusual)* [*character, person*] originale; ***he's ~*** è un tipo originale **II** n. **1** *(genuine article)* originale m.; ***this painting is an ~*** questo quadro è un originale; ***to read sth. in the ~*** leggere qcs. in originale **2** *(unusual person)* originale m. e f., tipo m. originale.
original cost /əˌrɪdʒənlˈkɒst, AE -ˈkɔːst/ n. COMM. ECON. costo m. originario.
original evidence /əˌrɪdʒənlˈevɪdəns/ n. DIR. prova f. diretta.
originality /əˌrɪdʒəˈnælətɪ/ n. originalità f.; ***of great ~*** di grande originalità.
original jurisdiction /əˌrɪdʒənlˌdʒʊərɪsˈdɪkʃn/ n. AE DIR. giurisdizione f. di primo grado.
▶ **originally** /əˈrɪdʒənəlɪ/ avv. **1** *(initially)* originariamente, inizialmente; ***~ I had refused*** inizialmente avevo rifiutato **2** *(in the first place)* originariamente, in origine; ***this car was ~ built for export*** in origine questa macchina fu costruita per essere esportata; ***I am*** o ***come from France ~*** sono originario della Francia **3** *(creatively)* [*speak, think, write*] in modo originale.
original sin /əˌrɪdʒənlˈsɪn/ n. peccato m. originale.
▷ **originate** /əˈrɪdʒɪneɪt/ **I** tr. [*action, artiste, event*] originare, dare origine a **II** intr. [*custom, style, tradition*] avere origine, nascere; [*fire*] avere origine, svilupparsi; ***to ~ from*** o ***with*** [*goods*] provenire da; [*proposal*] provenire da, venire da; ***this custom ~d in Rome, in the fifteenth century*** questa usanza ha avuto origine a Roma, nel quindicesimo secolo.
originating /əˈrɪdʒɪneɪtɪŋ/ agg. [*bank*] emittente.
origination /ərɪdʒɪˈneɪʃn/ n. **1** *(origin)* origine f. **2** *(creation)* creazione f., invenzione f. **3** ANT. *(of word)* origine f., etimologia f.
originator /əˈrɪdʒɪneɪtə(r)/ n. **1** *(of artwork)* autore m. (-trice); *(of idea, rumour)* chi dà inizio **2** *(of invention, system)* creatore m. (-trice) **3** *(in postal services, telecommunications)* mittente m. e f.
orinasal /ˌɔːrɪˈneɪzəl/ **I** agg. FON. oronasale **II** n. suono m. oronasale.
Orinoco /ˌɒrɪˈnəʊkəʊ/ ♦ ***25*** n.pr. Orinoco m.
oriole /ˈɔːrɪəʊl/ n. rigogolo m.
Orion /əˈraɪən/ n.pr. **1** MITOL. Orione m. **2** ASTR. Orione f.
orison /ˈɒrɪzən, AE ˈɔːr-/ n. ANT. orazione f., preghiera f.
Orkneys /ˈɔːknɪz/ ♦ ***12*** n.pr.pl. (anche **~ Islands**) (Isole) Orcadi f.; ***in, on ~*** nelle Orcadi.
Orlon® /ˈɔːlɒn/ n. orlon® m.
orlop /ˈɔːlɒp/ n. (anche **~ deck**) ponte m. inferiore.
ormer /ˈɔːmə(r)/ n. orecchia f. di mare.
ormolu /ˈɔːməluː/ **I** n. bronzo m. dorato **II** modif. [*furniture, object*] di bronzo dorato.
ormolu varnish /ˈɔːməluːˌvɑːnɪʃ/ n. porporina f.
1.ornament /ˈɔːnəmənt/ n. **1 C** *(trinket)* ninnolo m., soprammobile m.; ***china ~*** soprammobile di porcellana **2 U** *(decoration)* ornamento m., decorazione f.; ***(only) for ~*** (solo) per ornamento **3** MUS. ornamento m., abbellimento m.
2.ornament /ˈɔːnəmənt/ tr. **1** ornare, decorare (**with** con) **2** MUS. ornare.
ornamental /ˌɔːnəˈmentl/ **I** agg. [*plant*] ornamentale; [*lake*] decorativo; [*motif, artwork, button*] decorativo; ***~ garden*** giardino ornamentale **II** n. *(tree)* albero m. decorativo; *(plant)* pianta f. decorativa.
ornamentally /ˌɔːnəˈmentəlɪ/ avv. in modo decorativo.
ornamentation /ˌɔːnəmenˈteɪʃn/ n. ornamentazione f., decorazione f.
ornate /ɔːˈneɪt/ agg. riccamente ornato, adorno; LETTER. [*style*] elaborato.
ornately /ɔːˈneɪtlɪ/ avv. in modo riccamente ornato; [*write*] in stile elaborato.
ornateness /ɔːˈneɪtnɪs/ n. *(of art)* ricca decorazione f.; *(of writing)* stile m. elaborato.
orneriness /ˈɔːnərɪnɪs/ n. AE COLLOQ. *(of person, comment, joke)* volgarità f.; *(cantankerous behaviour)* irascibilità f., litigiosità f.; *(stubbornness)* testardaggine f.
ornery /ˈɔːnərɪ/ agg. AE COLLOQ. *(nasty)* [*person, comment, joke*] volgare; *(cantankerous)* [*person*] irascibile, litigioso; *(self-willed)* testardo, cocciuto; ***an ~ trick*** un brutto scherzo *o* un tiro mancino.
ornithological /ˌɔːnɪθəˈlɒdʒɪkl/ agg. ornitologico.
ornithologist /ˌɔːnɪˈθɒlədʒɪst/ ♦ ***27*** n. ornitologo m. (-a).
ornithology /ˌɔːnɪˈθɒlədʒɪ/ n. ornitologia f.
ornithomancy /ˈɔːnɪθəʊˌmænsɪ/ n. ornitomanzia f.
ornithorhynchus /ˌɔːnɪθəˈrɪŋkəs/ n. ornitorinco m.
orogenesis /ˌɔːrəʊˈdʒenɪsɪs/, **orogeny** /ɔːˈrɒdʒɪnɪ/ n. orogenesi f.
orographic(al) /ˌəʊrəˈgræfɪk(l)/ agg. orografico.
orography /ɒˈrɒgrəfɪ/ n. orografia f.
oroide /ˈɔːrɔɪd/ n. oro m. matto.
orotund /ˈɒrətʌnd, AE ˈɔːr-/ agg. **1** [*voice*] sonoro, reboante **2** [*style*] pomposo, ampolloso, magniloquente.

▷ **1.orphan** /ˈɔːfn/ **I** agg. orfano **II** n. orfano m. (-a); ***war ~*** orfano di guerra.
2.orphan /ˈɔːfn/ tr. rendere orfano.
orphanage /ˈɔːfənɪdʒ/ n. orfanotrofio m.
orphan drug /ˈɔːfndrʌg/ n. MED. FARM. farmaco m. orfano.
orphanhood /ˈɔːfnhʊd/ n. (l')essere orfano, condizione f. d'orfano.
Orphean /ɔːˈfɪən/ agg. **1** orfico, di Orfeo **2** FIG. melodioso.
Orpheus /ˈɔːfɪəs/ n.pr. Orfeo.
Orphic /ˈɔːfɪk/ agg. **1** orfico, di Orfeo **2** FIG. *(oracular)* orfico, oscuro, misterioso; *(melodious)* melodioso.
Orphism /ˈɔːfɪzəm/ n. orfismo m.
orphrey /ˈɔːfrɪ/ n. *(on ecclesiastical vestment)* fregio m. dorato.
orpiment /ˈɔːpɪmənt/ n. orpimento m.
orrery /ˈɒrərɪ, AE ˈɔːr-/ n. planetario m. meccanico.
1.orris /ˈɒrɪs, AE ˈɔːr-/ n. *(plant)* giaggiolo m.
2.orris /ˈɒrɪs, AE ˈɔːr-/ n. *(embroidery)* merletto m., ricamo m. in oro e argento.
orris(-)root /ˈɒrɪsruːt, AE ˈɔːr-/ n. rizoma m. di giaggiolo.
Orson /ɔːsn/ n.pr. Orson (nome di uomo).
orthicon /ˈɔːθɪkɒn/ n. orticonoscopio m.
orthocentre /ˌɔːθəʊˈsentə(r)/ n. ortocentro m.
orthochromatic /ˌɔːθəʊkrəʊˈmætɪk/ agg. ortocromatico.
orthoclase /ˈɔːθəʊkleɪs/ n. ortoclasio m.
orthodontic /ˌɔːθəˈdɒntɪk/ agg. ortodontico.
orthodontics /ˌɔːθəˈdɒntɪks/ n. + verbo sing. ortodonzia f.
orthodontist /ˌɔːθəˈdɒntɪst/ ➧ ***27*** n. ortodontista m. e f.
▷ **orthodox** /ˈɔːθədɒks/ agg. ortodosso; ***Greek, Russian Orthodox church*** Chiesa Ortodossa greca, russa.
orthodoxy /ˈɔːθədɒksɪ/ n. ortodossia f.
orthodrome /ˈɔːθədrəʊm/ n. ortodromia f., linea f. ortodromica.
orthoepic(al) /ˌɔːθəʊˈepɪk(l)/ agg. ortoepico.
orthoepically /ˌɔːθəʊˈepɪkəlɪ/ avv. in modo ortoepico.
orthoepy /ˈɔːθəʊiːpɪ, ɔːˈθəʊɪpɪ/ n. ortoepia f.
orthogenesis /ˌɔːθəʊˈdʒenɪsɪs/ n. ortogenesi f.
orthogenetic /ˌɔːθəʊdʒɪˈnetɪk/ agg. ortogenetico.
orthogonal /ɔːˈθɒgənl/ agg. ortogonale.
orthogonally /ɔːˈθɒgənəlɪ/ avv. ortogonalmente.
orthographic(al) /ˌɔːθəˈgræfɪk(l)/ agg. ortografico; [*error, problem*] d'ortografia.
orthographically /ˌɔːθəˈgræfɪklɪ/ avv. ***to be ~ correct*** essere ortograficamente corretto; ***to be ~ different*** avere un'ortografia diversa.
orthography /ɔːˈθɒgrəfɪ/ n. ortografia f.
orthopaedic, **orthopedic** AE /ˌɔːθəˈpiːdɪk/ agg. ortopedico; ***~ surgeon*** ortopedico.
orthopaedics, **orthopedics** AE /ˌɔːθəˈpiːdɪks/ n. + verbo sing. ortopedia f.
orthopaedist, **orthopedist** AE /ˌɔːθəˈpiːdɪst/ ➧ ***27*** n. ortopedico m. (-a).
orthopteran /ɔːˈθɒptərən/ **I** agg. ortottero **II** n. ortottero m.
orthoptics /ɔːˈθɒptɪks/ n. + verbo sing. ortottica f.
orthoptist /ɔːˈθɒptɪst/ n. ortottista m. e f.
orthoscope /ˈɔːθəʊskəʊp/ n. ortoscopio m.
orthoscopic /ɔːθəʊˈskɒpɪk/ agg. ortoscopico.
orthoscopy /ɔːˈθɒskəpɪ/ n. ortoscopia f.
ortolan /ˈɔːtələn/ n. *(bird)* ortolano m.
Orwellian /ɔːˈwelɪən/ agg. orwelliano.
oryx /ˈɒrɪks, AE ˈɔːr-/ n. (pl. **~**) orice m.
OS 1 ABBIGL. ⇒ outsize taglia forte **2** GB GEOGR. ⇒ Ordnance Survey = istituto cartografico nazionale britannico **3** MAR. ⇒ ordinary seaman marinaio comune di seconda classe.
Osbert /ˈɒzbɜːt/ n.pr. Osbert (nome di uomo).
Oscar /ˈɒskə(r)/ n.pr. Oscar.
Oscar nomination /ˌɒskənɒmɪˈneɪʃn/ n. nomination f. all'Oscar.
Oscar-winning /ˌɒskəˈwɪnɪŋ/ agg. vincitore dell'Oscar.
oscillate /ˈɒsɪleɪt/ **I** tr. FIS. TECN. fare oscillare **II** intr. oscillare (**between** tra) (anche FIS. TECN.).
oscillation /ˌɒsɪˈleɪʃn/ n. oscillazione f.
oscillator /ˈɒsɪleɪtə(r)/ n. oscillatore m.
oscillatory /ɒˈsɪlətərɪ, ˈɒsɪleɪtərɪ, AE ˈɒsɪlətɔːrɪ/ agg. oscillatorio.
oscillograph /əˈsɪləgrɑːf, AE -græf/ n. oscillografo m.
oscilloscope /əˈsɪləskəʊp/ n. oscilloscopio m.
oscula /ˈɒskjʊlə/ → **osculum**.
osculant /ˈɒskjʊlənt/ agg. BIOL. *(intermediate)* intermedio; *(linking)* = che forma un punto di contatto.
oscular /ˈɒskjʊlə(r)/ agg. **1** SCHERZ. *(of kissing)* del bacio, relativo al bacio **2** ZOOL. di un osculo.
osculate /ˈɒskjʊleɪt/ **I** tr. LETT. SCHERZ. osculare, baciare **II** intr. baciarsi.
osculating /ˈɒskjʊleɪtɪŋ/ agg. ***~ orbit, sphere*** orbita, sfera osculatrice.
osculation /ˌɒskjʊˈleɪʃn/ n. **1** MAT. osculazione f. **2** SCHERZ. LETT. osculazione f., (il) baciare.
osculatory /ˈɒskjʊlətərɪ, AE -lətɔːrɪ/ agg. osculatore.
osculum /ˈɒskjʊləm/ n. (pl. **-a**) osculo m.
OSHA US (⇒ Occupational Safety and Health Administration) = dipartimento del governo americano che si occupa della sicurezza sul lavoro.
osier /ˈəʊzɪə(r), AE ˈəʊʒər/ n. vimine m.
osiery /ˈəʊzɪərɪ, AE ˈəʊʒərɪ/ n. lavoro m. in vimini.
Osiris /əʊˈsaɪrɪs/ n.pr. Osiride.
Oslo /ˈɒzləʊ/ ➧ ***34*** n.pr. Oslo f.
osmate /ˈɒzmeɪt/ n. osmiato m.
osmic /ˈɒzmɪk/ agg. osmico.
osmiridium /ˌɒzməˈrɪdɪəm/ n. osmiridio m.
osmium /ˈɒzmɪəm/ n. osmio m.
osmometer /ˌɒzˈmɒmɪtə(r)/ n. osmometro m.
osmose /ˈɒzməʊs/ **I** tr. sottoporre a osmosi **II** intr. passare per osmosi (anche FIG.).
osmosis /ɒzˈməʊsɪs/, **osmose** /ˈɒzməʊz/ n. osmosi f. (anche FIG.); ***by ~*** per osmosi.
osmotic /ɒzˈmɒtɪk/ agg. osmotico.
osmotically /ɒzˈmɒtɪklɪ/ avv. osmoticamente.
osmous /ˈɒzməs/ agg. osmoso.
osmund /ˈɒzmənd/ n. osmunda f., felce f. florida.
Osmund /ˈɒzmənd/ n.pr. Osmund (nome di uomo).
osmunda /ɒzˈmʌndə/ n. → **osmund**.
osprey /ˈɒspreɪ/ n. falco m. pescatore.
ossein /ˈɒsɪɪn/ n. osseina f.
osseous /ˈɒsɪəs/ agg. osseo.
Ossian /ˈɒsɪən, ˈɒʃɪən/ n.pr. Ossian (nome di uomo).
Ossianic /ɒsɪˈænɪk, ɒʃ-/ agg. ossianico.
ossicle /ˈɒsɪkl/ n. ossicino m.
ossiferous /ɒˈsɪfərəs/ agg. ossifero.
ossification /ˌɒsɪfɪˈkeɪʃn/ n. **1** ANAT. ossificazione f. **2** FIG. fossilizzazione f.
ossifrage /ˈɒsɪfrɪdʒ/ n. gipeto m., avvoltoio m. degli agnelli.
ossify /ˈɒsɪfaɪ/ **I** tr. **1** ANAT. ossificare **2** FIG. fossilizzare; ***to become ossified*** fossilizzarsi **II** intr. **1** ANAT. ossificarsi **2** FIG. fossilizzarsi.
ossuary /ˈɒsjʊərɪ/ n. ossario m.
ostalgia /ɒsˈtældʒə/ n. MED. ostealgia f.
osteitis /ɒstɪˈaɪtɪs/ n. osteite f.
Ostend /ɒsˈtend/ ➧ ***34*** n.pr. Ostenda f.
ostensible /ɒˈstensəbl/ agg. apparente, simulato.
ostensibly /ɒˈstensəblɪ/ avv. apparentemente.
ostension /ɒˈstenʃn/ n. RELIG. ostensione f.
ostensive /ɒˈstensɪv/ agg. FILOS. LING. ostensivo.
ostensory /ɒˈstensərɪ/ n. RELIG. ostensorio m.
ostentation /ˌɒstenˈteɪʃn/ n. ostentazione f.
ostentatious /ˌɒstenˈteɪʃəs/ agg. ostentato, esibito; *(intending to attract attention)* che ostenta, pomposo; [*surroundings, house, person*] pretenzioso.
ostentatiously /ˌɒstenˈteɪʃəslɪ/ avv. ostentatamente, pomposamente.
ostentatiousness /ˌɒstenˈteɪʃəsnɪs/ n. ostentazione f.
osteoarthritis /ˌɒstɪəʊɑːˈθraɪtɪs/ ➧ ***11*** n. osteoartrite f.
osteoblast /ˈɒstɪəʊblɑːst, AE -blæst/ n. osteoblasto m.
osteoclast /ˈɒstɪəʊklæst/ n. osteoclasta m.
osteogenesis /ˌɒstɪəʊˈdʒenɪsɪs/ n. osteogenesi f.
osteoid /ˈɒstɪɔɪd/ agg. osteoide.
osteological /ˌɒstɪəˈlɒdʒɪkl/ agg. osteologico.
osteology /ˌɒstɪˈɒlədʒɪ/ n. osteologia f.
osteoma /ˌɒstɪˈəʊmə/ n. (pl. **~s**, **-ata**) osteoma m.
osteomalacia /ˌɒstɪəʊməˈleɪʃɪə/ ➧ ***11*** n. osteomalacia f.
osteomyelitis /ˌɒstɪəʊmaɪɪˈlaɪtɪs/ ➧ ***11*** n. osteomielite f.
osteopath /ˈɒstɪəpæθ/ ➧ ***27*** n. osteopata m. e f.
osteopathic /ˌɒstɪəˈpæθɪk/ agg. osteopatico.
osteopathy /ˌɒstɪˈɒpəθɪ/ n. osteopatia f.
osteophyte /ˈɒstɪəʊfaɪt/ n. osteofita m.
osteoplasty /ˈɒstɪəplæstɪ/ n. osteoplastica f.
osteoporosis /ˌɒstɪəʊpəˈrəʊsɪs/ ➧ ***11*** n. (pl. **~es**) osteoporosi f.
osteosarcoma /ˌɒstɪəʊsɑːˈkəʊmə/ n. (pl. **~s**, **-ata**) osteosarcoma m.
osteosis /ɒstɪˈəʊsɪs/ n. osteosi f.

osteotomy /ˌɒstɪ'ɒtəmɪ/ n. osteotomia f.
ostler /'ɒslə(r)/ ➧ 27 n. mozzo m. di stalla.
ostracism /'ɒstrəsɪzəm/ n. ostracismo m.
ostracize /'ɒstrəsaɪz/ tr. ostracizzare (anche FIG.).
ostrich /'ɒstrɪtʃ/ **I** n. struzzo m. (anche FIG.) **II** modif. [*feather, egg*] di struzzo.
Ostrogoth /'ɒstrəgɒθ/ n. ostrogoto m. (-a).
Ostrogothic /ˌɒstrə'gɒθɪk/ agg. ostrogotico, ostrogoto.
Oswald /'ɒzwəld/ n.pr. Osvaldo.
1.OT n. **1** MED. (⇒ occupational therapy) = ergoterapia **2** MED. (⇒ occupational therapist) = ergoterapista.
2.OT **1** BIBL. ⇒ Old Testament Antico Testamento (AT) **2** AMM. ⇒ overtime = straordinario.
otalgia /əʊ'tældʒɪə/ n. otalgia f.
otalgic /əʊ'tældʒɪk/ agg. otalgico.
OTC **I** n. BE MIL. (⇒ Officers' Training Corps) = organizzazione universitaria extrascolastica che fornisce una formazione militare di base ai futuri ufficiali **II** avv. AE (⇒ over-the-counter) ECON. = fuori da listino; FARM. = senza prescrizione medica **III** agg. AE (⇒ over-the-counter) FARM. da banco.
OTE n. AMM. ⇒ on-target earnings = guadagni complessivi previsti.
Othello /ə'θeləʊ/ n.pr. Otello.
▶ **other** /'ʌðə(r)/ **I** agg. **1** *(what is left, the rest)* altro; ***the ~ one*** l'altro; ***the ~ children*** gli altri bambini; ***the ~ 25*** gli altri 25 **2** *(alternative, additional)* altro; ***there was one ~ suggestion*** c'era un altro suggerimento; ***I only have one ~ shirt*** ho solo un'altra camicia; ***there are ~ possibilities*** ci sono altre possibilità **3** *(alternate)* ***every ~ week*** ogni due settimane; ***every ~ year*** ogni due anni; ***every ~ Saturday*** ogni due sabati *o* un sabato sì e uno no **4** *(different, not the same)* altro; ***~ people*** (gli) altri; ***~ people have read it*** altri l'hanno letto; ***~ people's children*** i figli degli altri; ***in most ~ countries*** nella maggior parte degli altri paesi; ***I wouldn't have him any ~ way*** non lo vorrei diverso *o* non vorrei che cambiasse; ***some ~ day*** o ***time, perhaps*** un'altra volta, forse; ***it must have been some ~ child*** deve essere stato un altro bambino; ***at all ~ times, phone Paul*** fuori da quelle ore, telefona a Paul; ***the "~ woman"*** *(mistress)* l'amante, l'"altra" **5** *(opposite)* altro; ***on the ~ side of the street*** dall'altro lato della strada; ***at the ~ end of the garden*** dall'altra parte del giardino; ***he was going the ~ way*** stava andando nell'altra direzione **6** *(recent)* ***she phoned the ~ week*** ha telefonato l'altra settimana; ***I saw them the ~ day*** li ho visti l'altro giorno **7** *(in lists)* ***it is found in, amongst ~ places, Japan*** si trova, tra gli altri posti, in Giappone; ***pens, paper and ~ office stationery*** penne, carta, e altri articoli di cancelleria **8** **other than** *(except)* ***~ than that, everything's OK*** a parte quello, va tutto bene; ***all countries ~ than Spain*** tutti i paesi eccetto la Spagna; ***there's nobody here ~ than Carol*** qui non c'è nessuno tranne Carol; ***nobody knows ~ than you*** nessuno tranne te lo sa; ***we can't get home ~ than by car*** non possiamo tornare a casa se non in macchina; ***I have no choice ~ than to fire her*** non ho altra scelta che licenziarla; *(anything or anyone but)* ***he could scarcely be ~ than relieved*** non poteva che sentirsi sollevato; ***ask somebody ~ than Catherine*** chiedi a qualcuno che non sia Catherine; ***it was none the ~ than Peter, the prime minister (himself)*** non era altri che Peter, il primo ministro (in persona) **II** pron. ***the ~s*** gli altri; ***~s*** altri; ***some like red wine, ~s prefer white*** ad alcuni piace il vino rosso, altri preferiscono il bianco; ***some trains are faster than ~s*** alcuni treni sono più veloci di altri; ***each one of them distrusts the ~s*** ognuno di loro non si fida degli altri; ***one after the ~*** uno dopo l'altro; ***he's cleverer than all the ~ s*** è più intelligente di tutti gli altri; ***nurses, social workers and ~s*** infermiere, assistenti sociali e altri; ***she doesn't like upsetting ~s*** non le piace turbare gli altri; ***a family like many ~s*** una famiglia come molte altre; ***Lucy, among ~s, has been chosen*** tra gli altri, anche Lucy è stata scelta; ***Rosie and three ~s*** Rosie e altri tre; ***there are some ~s*** ce ne sono degli altri; ***here's one of them, where's the ~?*** eccone uno, dov'è l'altro? ***one or ~ of them will phone*** uno di loro telefonerà; ***somebody*** o ***someone or ~ recommended Pauline*** qualcuno ha raccomandato Pauline; ***I read it in some book or ~*** l'ho letto in un (qualche) libro; ***some day or ~*** un giorno o l'altro; ***somehow or ~*** in un modo o nell'altro; ***in some form or ~*** in un modo o nell'altro; ***for some reason or ~*** per una qualche ragione; ***he's called Bob something or ~*** si chiama Bob qualcosa; ***somewhere or ~ in Asia*** da qualche parte in Asia ◆ ***do you fancy a bit of the ~?*** BE COLLOQ. SCHERZ. *(make love)* ti va di farlo? ***my ~ half*** COLLOQ. la mia (dolce) metà.
other-directed /'ʌðədaɪˌrektɪd, -dɪ-/ agg. eterodiretto.
otherness /'ʌðənɪs/ n. (l')essere altro, diversità f., differenza f.
▶ **otherwise** /'ʌðəwaɪz/ **I** avv. **1** *(differently, in other ways)* ***I have no reason to do ~*** non c'è motivo perché faccia diversamente *o* altrimenti; ***if you improve or ~ change the design*** se lei migliora o comunque modifica il suo progetto; ***no woman, married or ~*** nessuna donna, sposata o meno; ***unless we are told ~, we will go ahead with the work*** a meno che non ci dicano il contrario, andremo avanti con il lavoro; ***he says he's 29, but I know ~*** dice di avere 29 anni, ma so che non è vero; ***she thinks she's going to be promoted, but I know ~*** pensa che sta per ottenere una promozione, ma so che non è vero; ***William ~ known as Bill*** William, alias Bill *o* conosciuto anche come Bill **2** *(in other respects)* d'altronde, per il resto; ***my lonely but ~ happy childhood*** la mia infanzia solitaria, ma per il resto felice; ***he was able to say what he would ~ have kept to himself*** ha avuto l'occasione di dire ciò che altrimenti avrebbe tenuto per sé; ***there was less damage than might ~ have been the case*** ci sono stati meno danni di quelli che ci si sarebbe potuti aspettare **II** cong. *(or else, in other circumstances)* altrimenti; ***you have to agree to this, ~ I won't sign the contract*** bisogna che tu sia d'accordo su questo, altrimenti non firmerò il contratto; ***it's quite safe, ~ I wouldn't do it*** non è per niente pericoloso, altrimenti non lo farei.
other world /'ʌðəˌwɜːld/ n. ***the ~*** l'aldilà, l'altro mondo.
otherworldliness /ˌʌðə'wɜːldlɪnɪs/ n. spiritualità f., distacco m. dal mondo terreno.
otherworldly /ˌʌðə'wɜːldlɪ/ agg. ***to be ~*** [*person*] avere la testa fra le nuvole, non avere i piedi per terra.
otiose /'əʊtɪəʊs, AE 'əʊʃɪəʊs/ agg. *(pointless)* ozioso, futile.
otioseness /'əʊtɪəʊsnɪs, AE 'əʊʃɪəʊsnɪs/ n. *(pointlessness)* oziosità f., futilità f.
otitis /ə'taɪtɪs/ ➧ 11 n. otite f.
oto(rhino)laryngologist /ˌəʊtə(ˌraɪnəʊ)ˌlærɪn'gɒlədʒɪst/ ➧ 27 n. otorinolaringoiatra m. e f.
oto(rhino)laryngology /ˌəʊtə(ˌraɪnəʊ)ˌlærɪn'gɒlədʒɪ/ n. otorinolaringoiatria f.
otology /əʊ'tɒlədʒɪ/ n. otologia f., otoiatria f.
otorrhagia /ˌəʊtəʊ'reɪdʒɪə/ n. otorragia f.
otorrhoea /ˌəʊtəʊ'rɪə/ n. otorrea f.
otoscope /'əʊtəskəʊp/ n. otoscopio m.
OTT agg. (⇒ over-the-top) = eccessivo, esagerato.
Ottawa /'ɒtəwə/ ➧ 34 n.pr. Ottawa f.
otter /'ɒtə(r)/ n. lontra f.; ***sea ~*** lontra marina.
Otto /'ɒtəʊ/ n.pr. Otto, Ottone.
ottoman /'ɒtəmən/ n. *(sofa)* ottomana f.; *(footstool)* poggiapiedi m.; *(fabric)* (tessuto) ottomano m.
Ottoman /'ɒtəmən/ **I** agg. ottomano **II** n. ottomano m. (-a).
OU n. GB UNIV. (⇒ Open University) = sistema di insegnamento universitario aperto a tutti che prevede corsi per corrispondenza, in televisione ecc.
ouch /aʊtʃ/ inter. ahi.
▶ **1.ought** /ɔːt/ In virtually all cases, *ought* is translated by the conditional tense of *dovere*: *you ought to go now* = dovresti andartene adesso; *they ought to arrive tomorrow* = dovrebbero arrivare domani. - The past *ought to have done / seen etc* is translated by the past conditional of *dovere*: *he ought to have been more polite* = avrebbe dovuto essere più gentile. For further examples, including negative sentences, see the entry below. - The Italian verb *dovere* is irregular; for its conjugation see the Italian verb tables. mod. **1** *(expressing probability, expectation)* ***that ~ to fix it*** questo dovrebbe mettere a posto le cose; ***things ~ to improve by next week*** per la prossima settimana le cose dovrebbero migliorare; ***the train ~ not to have left yet*** il treno non dovrebbe essere ancora partito; ***he ~ to be back by now*** dovrebbe essere rientrato ormai **2** *(making polite but firm suggestion)* ***oughtn't we to consult them first?*** non dovremmo prima consultarli? ***you ~ to be in bed*** dovresti essere a letto; ***she ~ to see a doctor*** dovrebbe consultare un medico **3** *(indicating moral obligation)* ***we really ~ to say something*** dovremmo davvero dire qualcosa; ***you ~ not to say things like that*** non dovresti dire cose del genere; ***someone ~ to have accompanied her*** qualcuno avrebbe dovuto accompagnarla; ***I ~ not to have been so direct*** non avrei dovuto essere così diretto; ***he felt he ~ not to be wasting time*** sentiva che non avrebbe dovuto perdere tempo **4** *(when prefacing important point)* ***I ~ to say perhaps that*** forse dovrei dire che; ***I think you ~ to know that*** penso che dovresti sapere che.
2.ought → **aught**.
oughta /'ɔːtə/ COLLOQ. contr. ought to.
oughtest /'ɔːtəst/ ANT. 2ª persona sing. pres. → **1.ought**.
oughtn't /'ɔːtnt/ contr. ought not.

Ouida /ˈwiːdə/ n.pr. Ouida (nome di donna).
Ouija® /ˈwiːdʒə/ n. (anche **ouija board**) oui-ja m.
▷ **1.ounce** /aʊns/ ➧ *37, 3* n. **1** *(weight)* oncia f. (= 28,35 g) **2** *(fluid)* oncia f. fluida (GB = 0,028 l; US = 0,029 l) **3** FIG. oncia f., grammo m.
2.ounce /aʊns/ n. ZOOL. leopardo m. delle nevi.
▶ **our** /ˈaʊə(r), ɑː(r)/ When translating *our*, remember that in Italian possessives, like most other adjectives, agree in gender and number with the noun they qualify, not as in English with the possessor they refer to; *our* is translated by *nostro* + masculine singular noun (*our neighbour, our dog* = il nostro vicino, il nostro cane), *nostra* + feminine singular noun (*our teacher, our house* = la nostra maestra, la nostra casa), *nostri* + masculine plural noun (*our children, our books* = i nostri figli, i nostri libri), and *nostre* + feminine plural noun (*our friends, our shoes* = le nostre amiche, le nostre scarpe). - The above examples also show that Italian possessives, unlike English ones, are normally preceded by an article. - When *own* is used after *our* to intensify the meaning of the possessive, it is not usually translated in Italian: *we live in our own flat* = abitiamo nel nostro appartamento. - When *our* is used before nouns indicating parts of the body (for which ➧ *2*), garments, relatives, food and drink etc., Italian has an article instead: *we had our hair cut* = ci siamo fatti tagliare i capelli; *we kept our hat on* = abbiamo tenuto il cappello; *we have eaten up our soup* = abbiamo finito la minestra; *we are both in our forties* = abbiamo entrambi passato i quaranta. determ. nostro; *~ house* la nostra casa; *~ mother* nostra madre; *~ children* i nostri bambini; *it was ~ fault* era colpa nostra.
▶ **ours** /ˈaʊəz/ In Italian, possessive pronouns have the same forms as the corresponding adjectives, are usually preceded by an article, and reflect the gender and number of the noun they are standing for. So *ours* is translated by *il nostro, la nostra, i nostri, le nostre*, according to what is being referred to: *your boss and ours* = il tuo capo e il nostro; *this room is ours* = questa stanza è la nostra; *their children are younger than ours* = i loro bambini sono più giovani dei nostri; *your shoes are brown, while ours are black* = le tue scarpe sono marroni, mentre le nostre sono nere. - Since Italian possessive adjectives, unlike English ones, may be preceded by an article, a demonstrative adjective or a numeral, an English possessive pronoun is often translated by an Italian possessive adjective: *a cousin of ours* = un nostro cugino; *that schoolfriend of ours* = quel nostro compagno di scuola; *four books of ours* = quattro nostri libri. - For examples and particular usages, see the entry below. pron. *their car is red but ~ is blue* la loro macchina è rossa, ma la nostra è blu; *which tickets are ~?* quali sono i nostri biglietti? quali biglietti sono i nostri? *it's not ~* non è nostro, non è il nostro; *she's a friend of ~* è una nostra amica; *he's no friend of ~!* non è nostro amico! *the book isn't ~ to lend you* il libro non è nostro, non possiamo prestartelo; *~ is not an easy task* FORM. il nostro non è un compito facile.
ourself /aʊəˈself, ɑː-/ pron. FORM. *(royal, editorial)* Noi.
▶ **ourselves** /aʊəˈselvz, ɑː-/ When used as a reflexive pronoun, direct and indirect, *ourselves* is translated by *ci* which is always placed before the verb: *we've hurt ourselves* = ci siamo fatti male. - When used as an emphatic to stress the corresponding personal pronoun, the translation is *noi stessi* (masculine or mixed gender) / *noi stesse* (feminine gender) or *anche noi*: *we did it ourselves* = l'abbiamo fatto noi stessi; *we're strangers here ourselves* = anche noi siamo forestieri da queste parti. - When used after a preposition, *ourselves* is translated by *noi* or *noi stessi* (masculine or mixed gender) / *noi stesse* (feminine gender): *we did it for ourselves* = l'abbiamo fatto per noi stessi. - Note that the difference between *us* and *ourselves* is not always made clear in Italian: compare *she's looking at us* = lei ci sta guardando and *we're looking at ourselves in the mirror* = ci stiamo guardando allo specchio, or *Jane works for us* = Jane lavora per noi and *we work for ourselves* = noi lavoriamo per noi / noi stessi. - *(All) by ourselves* is translated by *da soli / da sole*, which means alone and/or without help. - For particular usages see the entry below. pron. **1** *(reflexive)* ci; *(after preposition)* noi, noi stessi, noi stesse; *we hurt ~* ci siamo feriti; *we were pleased with ~* eravamo soddisfatti di noi (stessi) **2** *(emphatic)* noi stessi, noi stesse; *we ~ thought that* noi stessi pensavamo che; *for ~* per noi (stessi) **3** *(expressions)* *(all) by ~* (tutto) da soli; *we are not ~ today* oggi non siamo noi.
ousel → **ouzel**.
oust /aʊst/ tr. estromettere, soppiantare [*person*] (**from** da; **as** come); costringere alle dimissioni [*government*].
ouster /ˈaʊstə(r)/ n. **1** *(of person)* estromissione f., soppiantamento m. **2** DIR. esproprio m., espropriazione f.
▶ **1.out** /aʊt/ *Out* is used after many verbs in English to alter or reinforce the meaning of the verb (*hold out, wipe out, filter out* etc.). Very often in Italian, a verb alone will be used to translate those combinations; for translations you should consult the appropriate verb entry (**hold**, **wipe**, **filter** etc.). - When *out* is used as an adverb meaning *outside*, it often adds little to the sense of the phrase: *they're out in the garden* = *they're in the garden*; in such cases *out* will not usually be translated: *sono in giardino*. - *Out* is used as an adverb to mean *absent* or *not at home*. In this case *she's out* really means *she's gone out* and the Italian translation is: *è uscita*. - For the phrase *out of*, see **22** in the entry below. - For examples of the above and other uses, see the entry below. avv. **1** *(outside)* fuori, all'esterno; *to stand ~ in the rain* restare fuori sotto la pioggia; *to be ~ in the garden* essere (fuori) in giardino; *~ there* là fuori; *~ here* qui fuori **2** *(from within)* *to go* o *walk ~* uscire; *to pull, take sth. ~* estrarre, portare fuori qcs.; *I couldn't find my way ~* non riuscivo a trovare l'uscita; *"Out"* *(exit)* "Uscita"; *(get) ~!* fuori! **3** *(away from land, base)* *~ in China, Australia* in Cina, in Australia; *two days ~ from port, camp* a due giorni dal porto, dal campo; *when the tide is ~* quando la marea è bassa *o* si è ritirata; *further ~* più lontano *o* più in là **4** *(in the world at large)* *there are a lot of people ~ there looking for work* c'è molta gente in giro che cerca lavoro **5** *(absent)* *to be ~* essere uscito *o* essere assente; [*strikers*] essere in sciopero; *while you were ~* mentre eri fuori *o* eri uscito; *she's ~ shopping* è uscita a fare compere **6** *(in slogans)* *"Tories ~!"* "via i Conservatori!" **7** *(for social activity)* *to invite sb. ~ to dinner* invitare qcn. a cena fuori; *a day ~ at the seaside* una giornata al mare; *let's have an evening ~ this week* usciamo una sera questa settimana **8** *(published, now public)* *to be ~* [*book*] essere pubblicato; [*exam results*] essere reso pubblico; *my secret is ~* il mio segreto è di pubblico dominio; *truth will ~* la verità verrà a galla, si saprà **9** *(in bloom)* *to be ~* [*tree, shrub*] essere in fiore; *to be fully ~* [*flower*] essere sbocciato **10** *(in view)* *the sun, the moon is ~* c'è il sole, c'è la luna; *the stars are ~* ci sono le stelle **11** *(extinguished)* *to be ~* [*fire, light*] essere spento; *lights ~ at 10.30 pm* spegnimento delle luci alle 22.30 **12** SPORT GIOC. *to be ~* [*player*] essere eliminato; *"~!"* *(of ball)* "out!" *o* "fuori!" **13** *(unconscious)* *to be ~ (cold)* COLLOQ. essere svenuto *o* privo di sensi; [*boxer*] essere al tappeto *o* essere K.O. **14** *(over, finished)* *before the week is ~* prima della fine della settimana **15** BE *(incorrect)* *to be ~ in one's calculations* sbagliarsi nei propri calcoli; *to be three degrees ~* sbagliarsi di tre gradi; *my watch is two minutes ~* *(slow)* il mio orologio è indietro di due minuti; *(fast)* il mio orologio è avanti di due minuti **16** COLLOQ. *(not possible)* *no that option is ~* no, quell'opzione è esclusa **17** COLLOQ. *(actively in search of)* *to be ~ to do sth.* essere (fermamente) deciso a fare qcs.; *to be ~ for revenge* o *to get sb.* essere deciso a vendicarsi; *he's just ~ for what he can get* SPREG. non si lascia scappare alcuna opportunità **18** COLLOQ. *(not in fashion)* *to be ~* [*style, colour*] essere passato di *o* essere fuori moda **19** COLLOQ. *(in holes)* *trousers with the knees ~* pantaloni con buchi alle ginocchia **20** BE COLLOQ. *(ever)* *he's the kindest, stupidest person ~* è la persona più gentile, stupida che ci sia **21** DIR. *to be ~* [*jury*] essere in camera di consiglio **22 out of** *(from)* *to go* o *walk* o *come ~ of the house* uscire dalla casa; *get ~ of here!* esci di qui! *to jump ~ of bed, of the window* saltare fuori dal letto, (fuori) dalla finestra; *to tear a page ~ of a book* strappare una pagina a un libro; *to take sth. ~ of a box, of a drawer* prendere qcs. da una scatola, da un cassetto; *to take sth. ~ of one's bag, one's pocket* prendere qcs. nella borsa, nelle tasche *o* tirare fuori qcs. dalla borsa, dalla tasca; *(expressing ratio)* su; *two ~ of every three people* due persone su tre; *(part of whole)* *a paragraph ~ of a book* un paragrafo (preso) da un libro; *like something ~ of a horror movie* come qualcosa in un film dell'orrore; *(beyond defined limits)* lontano da [*reach, sight*]; fuori da [*water*]; al di fuori di [*city, compound*]; *(free from confinement)* *to be ~ of hospital, of prison* essere uscito dall'ospedale, di prigione; *(expressing shelter)* al riparo da [*sun, rain*]; *(lacking)* *to be (right) ~ of* non avere più [*item, commodity*]; *(made from)* di, in [*wood, plasticine, metal*]; *(due to)* per [*malice, respect etc.*]; EQUIT. *(lineage of horse)* *Rapido ~ of Lightning* Rapido figlio di Lightning ◆ *I want ~!* COLLOQ. non voglio più saperne *o* non voglio più starci! *I'm ~ of here* COLLOQ. me la filo *o* me la batto; *go on, ~ with it!* COLLOQ. dai, di' quello che devi dire! *to be on the ~s with sb.* AE COLLOQ. essere in rotta con qcn.; *to be ~ and about* essere in giro; *(after illness)* essere di nuovo in piedi; *to be ~ of it* COLLOQ. essere rintronato *o* stordito; *to feel ~ of it* sentirsi strano; *you're well ~ of it* hai fatto bene a starne fuori.

2.out /aʊt/ tr. rivelare, svelare l'omosessualità di [*person*].
3.out /aʊt/ n. COLLOQ. *(means of escape, excuse)* scappatoia f., scusa f.
outa /'aʊtə/ AE COLLOQ. contr. out of.
outage /'aʊtɪdʒ/ n. **1** COMM. *(missing goods)* perdita f. **2** IND. *(stoppage)* interruzione f.; ***power ~*** periodo di interruzione dell'erogazione dell'elettricità.
out and away /ˌaʊtən'əweɪ/ avv. BE in assoluto, di gran lunga; ***he's ~ the best athlete*** è in assoluto l'atleta migliore.
out-and-out /ˌaʊtən'aʊt/ agg. [*villain, liar etc.*] matricolato; [*adherent*] fanatico, duro e puro; [*success, failure*] completo, totale.
outback /'aʊtbæk/ n. ***the ~*** = le zone dell'entroterra australiano, disabitate e selvagge.
outbalance /ˌaʊt'bæləns/ tr. superare, eccedere.
outbargain /ˌaʊt'bɑːgɪn/ tr. ***to ~ sb.*** = avere la meglio su qcn. in una trattativa d'affari.
outbid /ˌaʊt'bɪd/ tr. (forma in -ing **-dd-**; pass., p.pass. **outbid**) rilanciare su, offrire di più di.
outboard /'aʊtbɔːd/ **I** n. *(engine)* (motore) fuoribordo m.; *(boat)* fuoribordo m. **II** agg. fuoribordo.
outbound /'aʊtbaʊnd/ agg. [*mail, traffic*] in uscita (dalla città).
outbrave /ˌaʊt'breɪv/ tr. **1** *(face)* sfidare **2** *(surpass)* superare in coraggio.
▷ **outbreak** /'aʊtbreɪk/ n. *(of war, unrest, violence)* scoppio m.; *(of spots)* eruzione f.; *(of disease)* attacco m.; ***at the ~ of war*** allo scoppio della guerra; ***an ~ of rain*** un acquazzone.
outbreed /'aʊtbriːd/ **I** tr. (pass., p.pass. **-bred**) accoppiare [qcn.] con soggetti non consanguinei **II** intr. (pass., p.pass. **-bred**) accoppiarsi con soggetti non consanguinei.
outbreeding /ˌaʊt'briːdɪŋ/ n. esogamia f.
outbuilding /'aʊtbɪldɪŋ/ n. fabbricato m. annesso.
outburst /'aʊtbɜːst/ n. *(of laughter)* scoppio m.; *(of anger)* scoppio m., accesso m.; *(of weeping)* scoppio m., crisi f.; *(of energy, vandalism)* esplosione f.
outcast /'aʊtkɑːst, AE -kæst/ n. reietto m. (-a), emarginato m. (-a), escluso m. (-a).
outcaste /'aʊtkɑːst, AE -kæst/ **I** agg. *(in India)* = che non appartiene ad alcuna casta **II** n. = chi non appartiene ad alcuna casta.
outclass /ˌaʊt'klɑːs, AE -'klæs/ tr. surclassare.
outcome /'aʊtkʌm/ n. risultato m., esito m.
outcrop /'aʊtkrɒp/ n. GEOL. affioramento m.
outcry /'aʊtkraɪ/ n. grido m. di protesta, protesta f., clamore m. (**about, against** contro).
outdare /ˌaʊt'deə(r)/ tr. RAR. **1** *(defy)* sfidare **2** *(surpass in daring)* superare in ardimento, in coraggio.
outdated /ˌaʊt'deɪtɪd/ agg. [*idea, theory, practice*] superato; [*style, clothing, product*] sorpassato, fuori moda; [*word, expression*] obsoleto.
outdid /ˌaʊt'dɪd/ pass. → **outdo**.
outdistance /ˌaʊt'dɪstəns/ tr. distanziare, staccare (anche FIG.).
outdo /ˌaʊt'duː/ **I** tr. (pass. **-did**, p.pass. **-done**) superare, sorpassare (**in** in); ***not to be outdone he redoubled his efforts*** per non essere superato raddoppiò i suoi sforzi **II** rifl. (pass. **-did**, p.pass. **-done**) ***to ~ oneself*** superarsi.
▷ **outdoor** /'aʊtdɔː(r)/ agg. [*life, sport, cinema, entertainment, restaurant, sports facilities*] all'aperto; [*person*] che ama stare all'aperto; [*plant*] da esterno; [*clothing*] per attività all'aperto; [*shoes*] da escursione; ***to lead an ~ life*** vivere all'aria aperta.
▷ **outdoors** /ˌaʊt'dɔːz/ **I** avv. [*be, sit, work*] all'aperto; [*live*] all'aria aperta; [*sleep*] all'aperto, fuori; ***to go ~*** uscire **II** n. ***the great ~*** + verbo sing. i grandi spazi aperti.
▷ **outer** /'aʊtə(r)/ agg. **1** *(furthest)* [*limit*] estremo **2** *(outside)* esteriore, esterno; ***~ clothing*** o ***garments*** vestiti, capi di vestiario.
outermost /'aʊtəməʊst/ agg. **1** *(furthest)* (il) più remoto, (il) più lontano **2** *(outside)* (il) più esterno.
outer office /ˌaʊtə'ɒfɪs, AE -'ɔːfɪs/ n. = anticamera di un ufficio.
outer space /ˌaʊtə'speɪs/ n. spazio m. (cosmico, interstellare).
outer suburbs /ˌaʊtə'sʌbɜːbz/ n.pl. estrema periferia f.sing.
outerwear /'aʊtəweə(r)/ n. AE vestiti m.pl., capi m.pl. d'abbigliamento.
outface /ˌaʊt'feɪs/ tr. **1** *(stare out)* fare abbassare gli occhi a **2** *(defy)* sfidare; affrontare coraggiosamente.
outfall /'aʊtfɔːl/ n. *(of drain)* bocca f. di scarico; *(of lake, sewer)* sbocco m.; *(of river)* foce f.
outfall pipe /'aʊtfɔːlˌpaɪp/ n. tubatura f. di scarico.
outfield /'aʊtfiːld/ n. SPORT *(in baseball, cricket) (field)* = la parte del campo più lontana dai battitori; *(players)* = i giocatori che stanno nella parte di campo più lontana dai battitori.
▷ **1.outfit** /'aʊtfɪt/ n. **1** *(set of clothes)* tenuta f., completo m.; *(for fancy dress)* costume m., completo m.; ***a cowboy's ~*** un completo da cowboy; ***riding, tennis ~*** tenuta da equitazione, da tennis **2** COLLOQ. *(company)* ditta f., impresa f.; ***publishing ~*** casa editrice **3** COLLOQ. *(group)* SPORT squadra f.; MUS. gruppo m.; MIL. unità f. **4** *(kit)* equipaggiamento m.
2.outfit /'aʊtfɪt/ tr. (forma in -ing ecc. **-tt-**) **1** *(equip)* attrezzare, equipaggiare [*company*] **2** *(dress)* vestire [*person*].
outfitter /'aʊtfɪtə(r)/ ♦ *27* n. **1** *(supplier)* fornitore m. **2** ABBIGL. chi confeziona capi d'abbigliamento; ***ladies', men's ~*** chi confeziona abbigliamento femminile, maschile; ***school, theatrical ~*** fornitore di uniformi scolastiche, di costumi teatrali; ***an ~'s*** un negozio di abbigliamento.
outfitting /'aʊtfɪtɪŋ/ n. **1** *(equipment)* attrezzatura f., equipaggiamento m. **2** MAR. *(of a ship)* armamento m.
outflank /ˌaʊt'flæŋk/ tr. **1** MIL. aggirare **2** FIG. *(get the better of)* avere la meglio su.
outflow /'aʊtfləʊ/ n. *(of money)* uscita f.; *(of ideas, emigrants)* fuga f.; *(of liquid)* deflusso m.
outfox /ˌaʊt'fɒks/ tr. essere più astuto di, vincere [qcn.] in astuzia.
outgas /aʊt'gæs/ **I** tr. (forma in -ing ecc. **-ss-**) degassare **II** intr. (forma in -ing ecc. **-ss-**) degassarsi.
outgassing /aʊt'gæsɪŋ/ n. degassamento m.
outgeneral /aʊt'dʒenrəl/ tr. (forma in -ing **-ll-**, **-l-** AE) superare [qcn.] in strategia [*commander*].
outgiving /'aʊtgɪvɪŋ/ n. AE dichiarazione f. pubblica.
1.outgo /'aʊtgəʊ/ n. (pl. **~es**) **1** *(the act of going out)* uscita f., (l')uscire **2** *(expenditure)* uscita f., spesa f.
2.outgo /ˌaʊt'gəʊ/ **I** tr. (3ª persona sing. pres. **-goes**; pass. **-went**; p.pass. **-gone**) ANT. sorpassare, superare (anche FIG.) **II** intr. (3ª persona sing. pres. **-goes**; pass. **-went**; p.pass. **-gone**) LETT. uscire.
▷ **outgoing** /'aʊtgəʊɪŋ/ agg. **1** *(sociable)* socievole, estroverso **2** *(departing)* [*government, president, tenant*] uscente; [*mail*] in partenza; [*tide*] calante **3** *(in telecommunications)* ***~ call*** telefonata in uscita.
outgoings /'aʊtgəʊɪŋz/ n.pl. BE uscite f., spese f.
outgone /ˌaʊt'gɒn/ p.pass. → **2.outgo**.
outgrow /aʊt'grəʊ/ tr. (pass. **-grew**; p.pass. **-grown**) **1** *(grow too big for)* diventare troppo grande per, diventare più grande di; ***the population has outgrown its resources*** la popolazione è cresciuta troppo rispetto alle risorse **2** *(grow too old for)* perdere [qcs.] col tempo; ***don't worry he'll ~ it*** non ti preoccupare, col passare del tempo non lo farà più **3** *(grow taller than)* superare in altezza, diventare più alto di.
outgrowth /'aʊtgrəʊθ/ n. **1** BOT. MED. escrescenza f. **2** *(spin-off)* conseguenza f., effetto m.; *(of theory)* corollario m.
outguess /ˌaʊt'ges/ tr. **1** *(anticipate)* anticipare, prevedere le mosse di **2** *(outsmart)* essere più astuto di, superare in astuzia.
outgun /ˌaʊt'gʌn/ tr. (forma in -ing ecc. **-nn-**) **1** essere superiore per armamenti a **2** FIG. avere maggiore peso, potenza di.
out-Herod /ˌaʊt'herəd/ tr. BE essere più crudele di.
outhouse /'aʊthaʊs/ n. **1** BE *(separate)* dépendance f.; *(adjoining)* fabbricato m. annesso **2** AE gabinetto m. esterno, servizi m.pl. esterni.
▷ **outing** /'aʊtɪŋ/ n. **1** *(excursion)* gita f., escursione f.; ***school ~*** gita scolastica; ***to go on an ~*** fare una gita **2** *(revealing homosexuality)* ***the ~ of sb.*** (il) rivelare in pubblico l'omosessualità di qcn.
outlaid /ˌaʊt'leɪd/ pass., p. pass. → **2.outlay**.
outlandish /aʊt'lændɪʃ/ agg. strano, bizzarro.
outlandishly /aʊt'lændɪʃlɪ/ avv. stranamente, bizzarramente.
outlandishness /aʊt'lændɪʃnɪs/ n. stranezza f., bizzarria f.
outlast /ˌaʊt'lɑːst, AE -'læst/ tr. durare più a lungo di.
▷ **1.outlaw** /'aʊtlɔː/ n. fuorilegge m. e f., criminale m. e f.
▷ **2.outlaw** /'aʊtlɔː/ tr. **1** dichiarare illegale [*practice, organization*] **2** STOR. DIR. bandire, mettere al bando [*criminal*] **3** AE DIR. annullare [*contract*].
outlawry /'aʊtlɔːrɪ/ n. **1** *(condition of being outlawed)* (l')essere dichiarato illegale, illegalità f. **2** STOR. *(of criminal)* (l')essere messo al bando, proscrizione f.
1.outlay /'aʊtleɪ/ n. spesa f., esborso m. (**on** per); ***capital ~*** spese in conto capitale, spese di impianto; ***initial ~*** spese di impianto.
2.outlay /ˌaʊt'leɪ/ tr. (pass., p.pass. **outlaid**) AE spendere.
▷ **outlet** /'aʊtlet/ n. **1** *(for gas, air)* sbocco m., apertura f.; *(for water)* scarico m.; ***sink ~*** (tubo di) scarico **2** COMM. *(market)* sbocco m.; *(shop)* punto m. vendita; ***retail ~, sales ~*** punto vendita (al dettaglio) **3** FIG. *(for energy, emotion)* sfogo m.; *(for talent)* sbocco m. **4** AE EL. presa f. (di corrente), attacco m.
outlet valve /'aʊtletˌvælv/ n. valvola f. di scarico.

▶ **1.outline** /ˈaʊtlaɪn/ n. **1** *(of object)* contorno m., sagoma f.; *(of house, mountain, tree)* profilo m., sagoma f.; *(of face)* profilo m. **2** ART. *(sketch)* abbozzo m., schizzo m.; ***to draw sth. in ~*** fare uno schizzo di qcs. **3** *(general plan, synopsis) (of plan, policy, reasons)* linee f.pl. generali, punti m.pl. essenziali; *(of essay) (sketchy)* abbozzo m.; *(more structured)* schema m.; ***to describe a plan in broad ~*** descrivere un progetto a grandi linee; ***to give a brief ~ of a plan*** presentare un progetto a grandi linee; ***in ~, the rules are...*** grosso modo, a grandi linee, le regole sono...; ***"An Outline of World History"*** *(title)* "Lineamenti di storia mondiale" **4** *(in shorthand)* stenogramma m.

▶ **2.outline** /ˈaʊtlaɪn/ tr. **1** *(give general summary of)* descrivere a grandi linee [*aims, motives, reasons*]; abbozzare, delineare [*plan, solution*] **2** *(draw round, delineate)* tracciare il contorno di [*eye, picture*] (**in, with** con); ***to be ~d against the sky*** stagliarsi contro il cielo.

outline agreement /ˈaʊtlaɪnə,griːmənt/ n. accordo m. quadro.

outline map /ˈaʊtlaɪn,mæp/ n. = carta geografica in cui sono tracciati solo i contorni degli stati o delle regioni.

outline planning application /,aʊtlaɪnˈplænɪŋæplɪ,keɪʃn/ n. BE = richiesta preliminare di costruire, in cui vengono esposte solo le linee generali del progetto.

outline planning permission /,aʊtlaɪnˈplænɪŋpə,mɪʃn/ n. BE = permesso preliminare di costruire, in cui sono accettate le linee generali del progetto.

outline proposal /,aʊtlaɪnprəˈpəʊzl/ n. BE → **outline planning application**.

outlive /,aʊtˈlɪv/ tr. **1** *(live longer than)* sopravvivere a, vivere più a lungo di [*person*]; ***she ~d her husband by ten years*** ha vissuto dieci anni più di suo marito *o* è sopravvissuta di dieci anni a suo marito **2** *(outlast)* sopravvivere a [*person, era*]; ***he, it has ~d his, its usefulness*** ha fatto il suo tempo.

▷ **outlook** /ˈaʊtlʊk/ n. **1** *(attitude)* veduta f., modo m. di vedere, punto m. di vista; ***a narrow, positive ~*** un modo di vedere ristretto, positivo; ***to change one's ~ on life*** cambiare le proprie vedute sulla vita; ***to be conservative in ~*** essere conservatore di vedute **2** *(prospects)* prospettive f.pl., previsioni f.pl. (**for** per); ***the economic ~ is bleak, bright*** le prospettive economiche sono cupe, brillanti; ***the ~ for tomorrow is rain*** METEOR. per domani si prevede pioggia **3** *(from window, house)* vista f. (**over, onto** su); ***rural ~*** vista sulla campagna.

outlying /ˈaʊtlaɪɪŋ/ agg. *(away from city centre)* periferico; *(remote)* isolato, fuori mano.

outmanoeuvre BE, **outmaneuver** AE /,aʊtməˈnuːvə(r)/ tr. superare [qcn.] in abilità o strategia.

outmarch /,aʊtˈmɑːtʃ/ tr. sorpassare [qcn.] nella marcia, marciando.

outmatch /,aʊtˈmætʃ/ tr. sorpassare, essere superiore a.

outmoded /,aʊtˈməʊdɪd/ agg. antiquato, fuori moda.

outnumber /,aʊtˈnʌmbə(r)/ tr. superare in numero, essere più numeroso di; ***they were ~ed by two to one*** erano due volte meno numerosi.

out of bounds /,aʊtəvˈbaʊndz/ agg. e avv. **1** ***to be ~*** [*area*] essere vietato, interdetto (**to** a); ***"Out of bounds"*** *(on sign)* "Accesso vietato" **2** AE SPORT ***to be ~*** essere fuori dal campo, non essere in gioco.

out-of-date /,aʊtəvˈdeɪt/ agg. [*ticket, passport*] scaduto; [*clothing*] fuori moda; [*custom*] antiquato, superato; [*theory, concept*] superato.

out of doors /,aʊtəvˈdɔːz/ avv. → **outdoors**.

out of phase /,aʊtəvˈfeɪz/ agg. fuori fase.

out-of-pocket /,aʊtəvˈpɒkɪt/ agg. **1** ***~ expenses*** spese vive **2** ***to be out of pocket*** averci rimesso, essere in passivo.

out-of-sight /,aʊtəvˈsaɪt/ agg. COLLOQ. **1** *(fantastic)* favoloso, incredibile **2** *(odd)* bislacco, strambo.

out-of-the-way /,aʊtəvðəˈweɪ/ agg. [*place*] fuori mano, distante; ***an ~ spot*** un posto sperduto.

out-of-work /,aʊtəvˈwɜːk/ agg. disoccupato.

outpace /,aʊtˈpeɪs/ tr. **1** camminare più in fretta di, distanziare **2** FIG. superare, sopravanzare.

outpatient /ˈaʊtpeɪʃnt/ n. paziente m. e f. ambulatoriale, paziente m. e f. esterno (-a); ***~s' clinic, ~s' department*** ambulatorio.

outplacement /ˈaʊtpleɪsmənt/ **I** n. ECON. ricollocamento m. del personale in esubero **II** modif. [*agency, consultant*] per il ricollocamento del personale in esubero.

outplay /,aʊtˈpleɪ/ tr. SPORT giocare meglio di, battere [qcn.] in un gioco.

outpoint /,aʊtˈpɔɪnt/ tr. SPORT *(in boxing)* battere [qcn.] ai punti.

outpost /ˈaʊtpəʊst/ n. avamposto m. (anche FIG.); ***the last ~ of imperialism*** l'ultimo avamposto dell'imperialismo.

outpour /,aʊtˈpɔː(r)/ tr. LETT. effondere [*emotion etc.*].

outpouring /ˈaʊtpɔːrɪŋ/ n. *(of words, emotion etc.)* effusione f., sfogo m.

▶ **1.output** /ˈaʊtpʊt/ **I** n. **1** COMM. IND. *(of land, machine, mine, worker)* rendimento m., produttività f.; *(of factory)* produzione f.; ***industrial ~*** o ***manufacturing ~*** produzione industriale **2** ELETTRON. MECC. *(of equipment, engine)* potenza f.; *(of monitor)* segnale m. (in uscita); ***cardiac ~*** gittata cardiaca **3** INFORM. output m., uscita f.; ***computer ~*** output del computer **4** *(of composer, writer)* produzione f. **5** RAD. TELEV. emissione f. **II** modif. [*device, equipment, message, power, routine*] di uscita; ***~ data*** dati elaborati.

2.output /ˈaʊtpʊt/ tr. (forma in -ing **-tt-**; pass., p.pass. **-put** o **-putted**) [*computer*] emettere, dare un output di [*data, results*].

▷ **1.outrage** /ˈaʊtreɪdʒ/ n. **1** *(anger)* indignazione f., sdegno m. (**at** per); ***sense of ~*** sentimento di indignazione **2** *(horrifying act)* attentato m. (**against** contro, a); ***bomb ~*** attentato dinamitardo **3** *(scandal) (against decency, morality)* oltraggio m., offesa f. (**against** a; **to** a; **to do** fare); ***it's an ~ that*** è uno scandalo, un oltraggio che.

▷ **2.outrage** /ˈaʊtreɪdʒ/ tr. oltraggiare, offendere [*feelings, morality*]; scandalizzare, offendere [*person, public*].

outraged /ˈaʊtreɪdʒd/ **I** p.pass. → **2.outrage II** agg. oltraggiato, offeso (**by** da).

▷ **outrageous** /aʊtˈreɪdʒəs/ agg. **1** *(disgraceful)* oltraggioso, ingiurioso (**to do** fare); ***it is ~ that*** è oltraggioso, scandaloso che **2** *(unconventional)* [*person, dress*] bizzarro, stravagante; [*remark*] esagerato.

outrageously /aʊtˈreɪdʒəslɪ/ avv. **1** *(disgracefully)* oltraggiosamente **2** COLLOQ. *(extremely)* [*funny*] da pazzi.

outrageousness /aʊtˈreɪdʒəsnɪs/ n. carattere m. oltraggioso.

outran /,aʊtˈræn/ pass. → **outrun**.

outrange /,aʊtˈreɪndʒ/ tr. [*firearm*] avere una gittata maggiore di.

outrank /,aʊtˈræŋk/ tr. avere un grado superiore a, essere superiore [a qcn.] in grado.

outré /ˈuːtreɪ, AE uːˈtreɪ/ agg. SPREG. eccentrico, insolito.

1.outreach /ˈaʊtriːtʃ/ **I** n. **1** *(in social security)* assistenza f. **2** *(extent)* estensione f., portata f. **II** modif. *(in social security)* [*group, work*] di assistenza; ***~ worker*** = chi opera nel campo dell'assistenza sociale; ***~ program*** AE programma di assistenza.

2.outreach /,aʊtˈriːtʃ/ tr. **1** *(exceed)* superare in estensione **2** LETT. *(reach out)* stendere, allungare [*hand*].

outride /,aʊtˈraɪd/ tr. (pass. **-rode**; p.pass. **-ridden**) **1** *(ride faster)* cavalcare più velocemente di, superare [qcn.] a cavallo **2** MAR. [*ship*] superare (indenne) [*storm*].

outrider /ˈaʊtraɪdə(r)/ n. (anche **motorcycle ~**) motociclista m. e f. di una scorta.

outrigger /ˈaʊtrɪgə(r)/ n. outrigger m.

▷ **outright** /ˈaʊtraɪt/ **I** agg. **1** *(absolute)* [*independence*] totale, completo; [*control, lead, majority*] assoluto; [*defiance*] totale; [*owner*] indiscusso, assoluto; [*purchase, sale*] in blocco; [*ban, refusal, rejection*] categorico, netto, completo; [*attack*] diretto, vero e proprio; ***an ~ gift*** un vero e proprio regalo **2** *(obvious)* [*favourite, victory*] incontestato; [*winner*] incontestato, assoluto; [*criminal, liar*] matricolato **3** *(unreserved)* [*egoism, contempt, disbelief, hostility*] bell'e buono **II** avv. **1** *(completely)* [*ban, deny, oppose, refuse*] categoricamente, nettamente, completamente; [*win*] senza possibilità di contestazione; [*buy, sell*] per intero, in blocco, in un'unica soluzione; [*kill*] sul colpo **2** *(openly)* [*ask, say, tell*] francamente, chiaro e tondo; ***to laugh ~ at sb.*** ridere in faccia a qcn.; ***he laughed ~ at my idea*** mi rise in faccia quando sentì la mia idea.

outrightness /ˈaʊtraɪtnɪs/ n. franchezza f.

outrival /,aʊtˈraɪvl/ tr. (forma in -ing ecc. **-ll-**, **-l-** AE) vincere, avere la meglio su.

outroar /ˈaʊtrɔː(r)/ n. baccano m., frastuono m.

outrode /,aʊtˈrəʊd/ p.pass. → **outride**.

outroot /,aʊtˈruːt/ tr. sradicare.

outrun /,aʊtˈrʌn/ tr. (forma in -ing **-nn-**; pass. **-ran**; p.pass. **-run**) **1** correre più veloce di, superare nella corsa **2** FIG. *(exceed)* superare, andare oltre.

outrunner /,aʊtˈrʌnə(r)/ n. **1** battistrada m.; FIG. *(forerunner)* precursore m. **2** *(of a team of sledge dogs)* cane m. di testa.

outsell /,aʊtˈsel/ tr. (pass., p.pass. **-sold**) [*person*] vendere di più di; [*product*] vendersi di più di.

▷ **outset** /ˈaʊtset/ n. ***at the ~*** all'inizio, al principio; ***from the ~*** dall'inizio.

outshine /,aʊtˈʃaɪn/ tr. (pass., p.pass **-shone**) **1** superare in splendore **2** FIG. eclissare.

▶ **1.outside** I /aʊt'saɪd, 'aʊtsaɪd/ n. **1** *(of object, building)* esterno m., parte f. esterna; ***to be blue, crisp on the ~*** essere blu, croccante all'esterno *o* (di) fuori; ***on the ~ of*** *(on surface itself)* sull'esterno di [*box, file, fabric*]; *(in external space)* all'esterno di [*building*]; ***you can't open the door from the ~*** non si può aprire la porta dall'esterno **2** AUT. ***to overtake on the ~*** *(in GB, Australia etc.)* sorpassare a destra; *(in US, Europe etc.)* sorpassare a sinistra **3** *(in motor racing)* esterno m. **4** *(not within company, institution etc.)* esterno m.; ***to bring in an expert from (the) ~*** fare venire un esperto da fuori *o* dall'esterno; ***to smuggle sth. in from (the) ~*** fare entrare qcs. di contrabbando **5** FIG. *(from objective position)* ***from (the) ~*** da fuori, dall'esterno **6** *(maximum)* ***at the ~*** al massimo, tutt'al più **6 outside in** a rovescio, rovesciato, rivoltato **II** /'aʊtsaɪd/ agg. **1** *(outdoor)* [*temperature*] esterno; [*toilet*] esterno, fuori; BE TELEV. RAD. [*broadcast*] (registrato) in esterni **2** *(outer)* [*measurement, edge, wall*] esterno **3** *(in telecommunications)* [*line*] esterno; [*call*] dall'esterno **4** *(beyond usual environment)* [*interests, commitments*] *(outside home)* fuori casa; *(outside work)* al di fuori del lavoro; ***the ~ world*** il mondo (esterno) **5** *(from elsewhere)* [*help*] (che viene) dall'esterno; [*influence*] esterno; ***an ~ opinion*** l'opinione di qualcuno disinteressato **6** *~ lane* *(in GB, Australia etc.)* corsia di destra; *(in US, Europe etc.)* corsia di sinistra; *(of athletics track)* corsia esterna **7** *(faint)* ***an ~ chance*** una remota *o* minima possibilità.

▶ **2.outside** I /'aʊtsaɪd, aʊt'saɪd/ prep. (anche **~ of**) **1** *(not within)* fuori da [*city, community*]; al di là di [*boundary*]; fuori da, all'esterno di [*convent, prison*]; fuori da, al largo di [*harbour*] **2** *(in front of)* davanti a, fuori da [*house, shop*] **3** *(over)* ***to wear a shirt ~ one's trousers*** portare la camicia fuori dai pantaloni **4** FIG. *(beyond)* ***~ her family, her work*** al di fuori della sua famiglia, del suo lavoro; ***~ office hours*** al di fuori dell'orario d'ufficio; ***~ our jurisdiction*** fuori dalla nostra giurisdizione; ***it's ~ my experience*** va al di là della mia esperienza **II** /aʊt'saɪd/ avv. [*play, wait*] fuori; [*film*] in esterni.

outside calliper /ˌaʊtsaɪd'kælɪpə(r)/ n. compasso m. di spessore, spessimetro m.

outside examiner /ˌaʊtsaɪdɪg'zæmɪnə(r)/ n. BE SCOL. UNIV. esaminatore m. (-trice) esterno (-a).

outside left /ˌaʊtsaɪd'left/ n. *(in football)* esterno m. sinistro, ala f. sinistra.

▷ **outsider** /ˌaʊt'saɪdə(r)/ n. **1** *(stranger) (in community)* estraneo m. (-a); *(to organization, company)* persona f. esterna **2** *(person, horse) (unlikely to win)* outsider m. e f.; ***a complete*** o ***rank ~*** un outsider con scarsissime possibilità di vittoria.

outside right /ˌaʊtsaɪd'raɪt/ n. *(in football)* esterno m. destro, ala f. destra.

outsize /'aʊtsaɪz/ **I** n. COMM. taglia f. forte **II** modif. COMM. [*department*] taglie forti; [*shop*] che vende taglie forti; [*clothing*] di taglia forte, grande **III** agg. enorme, gigantesco.

outsized /'aʊtsaɪzd/ agg. enorme, gigantesco.

outsize load /ˌaʊtsaɪz'ləʊd/ n. trasporto m. eccezionale.

outskirts /'aʊtskɜ:ts/ n.pl. **1** *(of town, city)* periferia f.sing., sobborghi m.; ***on the ~*** in periferia; ***on the ~ of Manchester*** nella, alla periferia di Manchester **2** *(of forest)* limitare m.sing.

outsmart /ˌaʊt'smɑ:t/ tr. superare [qcn.] in astuzia, essere più furbo di.

outsold /aʊt'sɒld/ pass., p.pass. → **outsell**.

outsource /'aʊtsɔ:s/ tr. appaltare a ditte esterne [*work*].

outsourcing /'aʊtsɔ:sɪŋ/ n. outsourcing m., appalto m. a ditte esterne.

outspan /ˌaʊt'spæn/ tr. (forma in -ing ecc. **-nn-**) ANT. *(in South Africa)* togliere il giogo a [*oxen*].

outspoken /ˌaʊt'spəʊkən/ agg. **1** *(frank)* [*opponent*] esplicito, dichiarato; [*support*] chiaro, dichiarato; [*critic*] che non ha peli sulla lingua; [*criticism*] esplicito, franco; ***to be ~ in one's remarks, criticism*** essere franco nelle proprie affermazioni, critiche *o* parlare, criticare senza giri di parole **2** EUFEM. *(rude)* diretto.

outspokenly /ˌaʊt'spəʊkənlɪ/ avv. [*honest, feminist etc.*] apertamente; [*oppose*] nettamente, categoricamente.

outspokenness /aʊt'spəʊkənnɪs/ n. franchezza f., schiettezza f.

outspread /ˌaʊt'spred/ agg. [*arms*] teso, disteso; [*wings*] spiegato; [*fingers*] disteso, aperto.

▷ **outstanding** /ˌaʊt'stændɪŋ/ agg. **1** *(excellent)* [*achievement, performance, career*] eccezionale, notevole **2** *(prominent, conspicuous)* [*feature*] saliente; [*example*] lampante, chiaro **3** *(unresolved)* [*problem, issue*] in sospeso; [*correspondence, orders*] in sospeso, da evadere; [*work*] arretrato; [*bill, account*] non pagato; [*interest*] scaduto; ***what is the amount ~?*** quant'è l'arretrato? ***questions ~ from the previous meeting*** questioni rimaste in sospeso dall'incontro precedente; ***~ debts*** debiti insoluti; ***~ shares*** ECON. azioni in circolazione.

outstandingly /ˌaʊt'stændɪŋlɪ/ avv. **1** *(particularly)* eccezionalmente **2** *(extremely)* notevolmente; ***~ good*** notevole, ottimo.

outstare /ˌaʊt'steə(r)/ tr. ***to ~ sb.*** = fissare qcn. intensamente fino a fargli abbassare lo sguardo.

outstay /ˌaʊt'steɪ/ tr. ***to ~ sb.*** stare più a lungo di qcn. ◆ ***to ~ one's welcome*** trattenersi più del necessario *o* prolungare troppo una visita.

outstep /ˌaʊt'step/ tr. (forma in -ing ecc. **-pp-**) andare oltre, andare al di là di.

outstretched /ˌaʊt'stretʃt/ agg. [*hand, arm, fingers*] disteso, aperto; [*wings*] spiegato; [*legs*] disteso; ***to welcome sb. with ~ arms*** accogliere qcn. a braccia aperte.

outstrip /ˌaʊt'strɪp/ tr. (forma in -ing ecc. **-pp-**) superare (nella corsa) [*person*]; superare [*production*]; essere superiore a [*demand, supply*].

outtake /'aʊtteɪk/ n. CINEM. taglio m.

outtalk /ˌaʊt'tɔ:k/ tr. soverchiare parlando.

out-tray /'aʊtˌtreɪ/ n. vaschetta f. della corrispondenza in partenza.

outturn /'aʊttɜ:n/ n. produzione f., resa f.

outvie /ˌaʊt'vaɪ/ tr. RAR. vincere, superare (in una competizione).

outvote /ˌaʊt'vəʊt/ tr. *(in election)* prendere più voti di; *(on issue)* mettere [qcn.] in minoranza; ***to be ~d*** essere battuto ai voti *o* essere messo in minoranza.

outwalk /ˌaʊt'wɔ:k/ tr. *(faster)* camminare più veloce di; *(further)* fare più strada a piedi di.

▷ **outward** /'aʊtwəd/ **I** agg. **1** *(external)* [*appearance, sign*] esteriore; [*calm*] apparente; ***to all ~ appearances*** stando alle apparenze *o* a giudicare dalle apparenze **2** *(from port, base)* [*freight, ship*] in partenza; ***~ journey*** viaggio d'andata **II** avv. → **outwards**.

outward bound /ˌaʊtwəd'baʊnd/ **I** agg. [*ship*] in partenza **II** avv. AE ***to be ~*** essere in partenza (**from** da; **for** per).

Outward Bound movement /ˌaʊtwəd'baʊndˌmu:vmənt/ n. = associazione britannica che si occupa di organizzare attività di tipo avventuroso all'aperto per i ragazzi.

outwardly /'aʊtwədlɪ/ avv. **1** *(apparently)* [*calm, confident, indifferent etc.*] apparentemente, in apparenza **2** *(seen from outside)* esternamente, (visto) dall'esterno.

outwardness /'aʊtwədnɪs/ n. apparenza f., esteriorità f.

outwards /'aʊtwədz/ avv. (anche **outward**) [*open, bend, grow*] verso l'esterno; ***to face ~*** [*room*] dare sulla strada; [*person*] volgersi verso l'esterno.

outwash /'aʊtwɒʃ/ n. deposito m. di dilavamento glaciale.

outwear /ˌaʊt'weə(r)/ tr. (pass. **-wore**; p.pass. **-worn**) **1** *(waste by wearing)* consumare, logorare [*clothes*] **2** *(outlast)* durare più a lungo di.

outweigh /ˌaʊt'weɪ/ tr. pesare di più di, avere maggior peso di; ***the advantages ~ the disadvantages, the disadvantages are ~ed by the advantages*** i vantaggi prevalgono sugli, superano gli svantaggi.

outwent /ˌaʊt'went/ pass. → **2.outgo**.

outwit /ˌaʊt'wɪt/ tr. (forma in -ing ecc. **-tt-**) essere più astuto di; eludere la sorveglianza di [*guard*]; mettere nel sacco [*opponent*].

outwith /aʊt'wɪθ/ prep. SCOZZ. → **2.outside**.

outwore /ˌaʊt'wɔ:(r)/ pass. → **outwear**.

outwork /'aʊtwɜ:k/ n. BE lavoro m. a domicilio.

outworker /'aʊtwɜ:kə(r)/ n. BE lavoratore m. (-trice) a domicilio.

outworn /ˌaʊt'wɔ:n/ **I** p.pass. → **outwear II** agg. [*custom, theory, system*] datato, obsoleto; [*clothing, expression*] logoro.

ouzel /'u:zl/ n. → **ring ouzel**.

ouzo /'u:zəʊ/ n. ouzo m.

ova /'əʊvə/ → **ovum**.

▷ **oval** /'əʊvl/ **I** agg. (anche **~-shaped**) ovale; ***the Oval Office*** US POL. lo Studio Ovale **II** n. ovale m.

ovarial /ə'veərɪəl/ agg. RAR. → **ovarian**.

ovarian /ə'veərɪən/ agg. ovarico.

ovariectomy /ˌəʊvərɪ'ektəmɪ/ n. ovariectomia f.

ovariotomy /əʊˌveərɪ'ɒtəmɪ/ n. ovariotomia f.

ovaritis /əʊvə'raɪtɪs/ ▸ ***11*** n. → **oophoritis**.

▷ **ovary** /'əʊvərɪ/ n. **1** ANAT. ovaia f. **2** BOT. ovario m.

ovate /'əʊveɪt/ agg. ovato, ovoidale.

ovation /əʊ'veɪʃn/ n. ovazione f.; ***to give sb. an ~*** accogliere qcn. con un'ovazione; ***to give sb. a standing ~*** alzarsi in piedi ad applaudire qcn. *o* acclamare qcn. con una standing ovation.

▷ **oven** /'ʌvn/ **I** n. forno m.; ***electric, gas, microwave ~*** forno elettrico, a gas, a microonde; ***cook in a hot, moderate, slow ~*** fare cuocere in forno ad alta, media, bassa temperatura; ***it's like an ~ in here!*** FIG. è un forno qui! **II** modif. [*door, temperature*] del forno.

oven chip /'ʌvntʃɪp/ n. = patatina da cuocere al forno.

oven cleaner /'ʌvn,klɪ:nə(r)/ n. prodotto m. per pulire il forno.

oven dish /'ʌvndɪʃ/ n. teglia f. da forno, pirofila f.

oven glove /'ʌvnglʌv/ n. guanto m. da forno.

ovenproof /'ʌvnpru:f/ agg. che può andare in forno.

oven rack /'ʌvnræk/ n. AE → **oven shelf**.

oven-ready /,ʌvn'redɪ/ agg. pronto per il forno.

oven shelf /'ʌvn,ʃelf/ n. (pl. **oven shelves**) BE ripiano m. del forno.

oven-to-tableware /,ʌvntə'teɪblweə(r)/, **ovenware** /'ʌvnweə(r)/ n. **U** stoviglie f.pl. da forno.

▶ **1.over** /'əʊvə(r)/ *Over* is used after many verbs in English (*change over, fall over, lean over* etc.): for translations, consult the appropriate verb entry (**change**, **fall**, **lean** etc.). - *Over* is often used with another preposition in English (*to, in, on*) without altering the meaning. In this case *over* is usually not translated in Italian: *to be over in France* = essere in Francia; *to swim over to somebody* = nuotare verso qualcuno. - *Over* is often used with nouns in English when talking about superiority (*control over, priority over* etc.) or when giving the cause of something (*concern over, fight over* etc.): for translations, consult the appropriate noun entry (**control**, **priority**, **concern**, **fight** etc.). - *Over* is often used as a prefix in verb combinations (*overeat*), adjective combinations (*overconfident*) and noun combinations (*overcoat*): these combinations are treated as headwords in the dictionary. - For particular usages see the entry below. **I** prep. **1** *(across the top of)* oltre, di là da, al di sopra di; ***to jump, look, talk ~ a wall*** saltare, guardare, parlare di là dal muro; ***to step ~ the cat*** scavalcare il gatto; ***a bridge ~ the Thames*** un ponte sul Tamigi **2** *(from or on the other side of)* ***my neighbour, the house ~ the road*** il vicino, la casa di fronte *o* dall'altra parte della strada; ***it's just ~ the road, river*** è giusto dall'altro lato della strada, del fiume; ***the noise came from ~ the wall*** il rumore veniva dall'altro lato del muro; ***~ here, there*** di qui, laggiù; ***come ~ here!*** vieni (di) qui! ***from ~ the sea, the Channel*** d'oltremare, d'oltre Manica; ***from ~ the Atlantic*** d'oltre Atlantico **3** *(above but not touching)* su, sopra, al di sopra di; ***clouds ~ the valley*** nuvole sulla valle; ***they live ~ the shop*** vivono sopra il negozio **4** *(covering, surrounding)* su, sopra; ***to spill tea ~ sth.*** rovesciare il tè su qcs.; ***he's spilled tea ~ it*** ci ha rovesciato sopra il tè; ***to carry one's coat ~ one's arm*** portare il cappotto sul braccio; ***to wear a sweater ~ one's shirt*** portare un maglione sulla camicia; ***shutters ~ the windows*** persiane alle finestre **5** *(physically higher than)* ***the water was*** o ***came ~ my ankles*** l'acqua mi arrivava alle caviglie **6** *(more than)* più di, oltre; ***children (of) ~ six*** i bambini oltre i sei anni *o* di più di sei anni; ***to be ~ 21*** avere più di 21 anni; ***well ~ 200*** ben più di 200; ***to take ~ a year*** impiegare più di *o* oltre un anno; ***temperatures ~ 40°*** temperature superiori a 40° **7** *(in rank, position)* ***to be ~ sb.*** essere superiore a qcn.; MIL. essere più alto in grado di qcn. **8** *(in the course of)* ***~ the weekend, the summer*** durante il fine settimana, durante l'estate; ***~ a period of*** durante un periodo di; ***~ the last decade, few days*** negli ultimi dieci anni, negli ultimi giorni; ***he has changed ~ the years*** negli *o* con gli anni è cambiato; ***to do sth. ~ Christmas*** fare qcs. nel periodo di Natale; ***to stay with sb. ~ Easter*** passare la Pasqua con qcn.; ***to talk ~ coffee, lunch*** parlare davanti a un caffè, durante il pranzo **9** *(recovered from)* ***to be ~*** essersi ripreso da [*illness, operation, loss*]; ***she'll be ~ it soon*** si riprenderà in fretta; ***to be ~ the worst*** avere passato il peggio **10** *(by means of)* ***~ the phone*** al, per telefono; ***~ the radio*** alla radio **11** *(everywhere in)* ***to travel all ~ the world, Africa*** viaggiare in tutto il mondo, per tutta l'Africa; ***to search all ~ the house*** cercare in tutta la casa; ***to show sb. ~ a house*** fare visitare una casa a qcn.; ***I've lived all ~ France*** ho abitato dappertutto in Francia **12** *(because of)* ***to laugh ~ sth.*** ridere di qcs.; ***to pause ~ sth.*** soffermarsi su qcs.; ***how long will you be ~ it?*** quanto tempo ti prenderà? **13** MAT. ***12 ~ 3 is 4*** 12 fratto 3 fa 4 **14 over and above** ***~ and above that*** oltre a ciò, in aggiunta a ciò; ***~ and above the minimum requirement*** ben oltre i requisiti minimi **II** avv. **1** *(above)* sopra, al di sopra; ***does it go under or ~?*** va sotto o sopra? **2** *(more)* ***children of six and ~*** o ***six or ~*** i bambini di sei anni e più; ***it can be two metres or ~*** può essere di due metri o più; ***temperatures of 40° and ~*** temperature di 40° e più **3** *(to one's house, country)* ***to invite*** o ***ask sb. ~*** invitare qcn. (a casa propria); ***come ~ for lunch*** venite a pranzo (da noi); ***we had them ~ on Sunday, for dinner*** sono stati nostri ospiti domenica, a cena; ***they were ~ for the day*** sono venuti da noi per la giornata; ***they're ~ from Sydney*** sono venuti da Sydney; ***when you're next ~ this way*** quando passi di nuovo da queste parti **4** RAD. TELEV. ***~!*** passo! ***~ to you*** a te *o* voi la linea; ***now ~ to Tim for the weather*** la linea va ora a Tim per le previsioni del tempo; ***now ~ to our Paris studios*** passiamo ora la linea ai nostri studi di Parigi **5** *(showing repetition)* ***five, several times ~*** cinque volte, più volte di seguito; ***to start all ~ again*** ricominciare da capo; ***I had to do it ~*** AE ho dovuto rifarlo; ***to hit sb. ~ and ~ (again)*** colpire qcn. ripetutamente; ***I've told you ~ and ~ (again)...*** ti ho detto migliaia di volte... **6** BE *(excessively)* ***I'm not ~ keen*** non sono troppo entusiasta; ***she wasn't ~ pleased*** non era molto contenta **7** *(use with verbs not covered in the note above)* ***~ she went*** è caduta; ***~ you go!*** su, andate! **III** agg. **1** *(finished)* ***to be ~*** [*term, meeting, incident*] essere finito, terminato; [*war*] essere finito; ***after the war is ~*** quando la guerra sarà finita; ***it was all ~ by Christmas*** a Natale era tutto finito; ***when this is all ~*** quando sarà tutto finito; ***to get sth. ~ with*** farla finita con qcs. **2** *(remaining)* ***two biscuits each and one ~*** due biscotti a testa e ne avanza uno; ***six metres and a bit ~*** un po' più di sei metri; ***2 into 5 goes 2 and 1 ~*** il 2 nel 5 sta 2 volte con il resto di 1; ***there's nothing ~*** non è rimasto nulla; ***there is, we have some money left ~*** rimane, ci rimane del denaro.

2.over /'əʊvə(r)/ n. SPORT *(in cricket) (number of balls)* = serie di palle (sei o otto) tirate dal lanciatore; *(part of game)* parte di partita in cui il lanciatore tira sei o otto palle.

overabundance /,əʊvərə'bʌndəns/ n. sovrabbondanza f.

overabundant /,əʊvərə'bʌndənt/ agg. sovrabbondante.

overachieve /əʊvərə'tʃi:v/ intr. SCOL. = andare meglio del previsto; [*team, player, etc.*] = ottenere una prestazione superiore alle proprie possibilità.

overachiever /əʊvərə'tʃi:və(r)/ n. SCOL. = studente che riesce meglio del previsto; *(generally)* = chi ottiene risultati superiori alle proprie possibilità.

overact /,əʊvər'ækt/ **I** tr. esagerare (nel fare) [*role*] **II** intr. strafare, eccedere.

overactive /,əʊvər'æktɪv/ agg. [*imagination*] troppo attivo, iperattivo; ***to have an ~ thyroid*** soffrire di ipertiroidismo.

1.overage /'əʊvərɪdʒ/ n. AE COMM. eccedenza f. (di merci).

2.overage /,əʊvər'eɪdʒ/ agg. troppo vecchio.

1.overall /'əʊvərɔ:l/ **I** n. BE *(coat-type)* camice m., grembiule m. da lavoro; *(child's)* grembiule m. **II overalls** n.pl. BE tuta f.sing. (intera) da lavoro; AE salopette f.sing., pantaloni m. (da lavoro) con pettorina.

▶ **2.overall** /,əʊvər'ɔ:l/ **I** agg. **1** [*cost*] totale, complessivo, globale; [*measurement, responsibility*] totale, complessivo; [*figures, improvement, increase, trend, value*] globale, complessivo; [*control, impression, standard*] generale, globale; [*ability, effect*] globale, complessivo, d'insieme; [*majority*] POL. assoluto **2** SPORT [*placing, winner*] assoluto, in classifica generale **II** avv. **1** *(in total)* in tutto, complessivamente **2** *(in general)* complessivamente, nell'insieme **3** SPORT ***first ~*** primo assoluto, in classifica generale **4** LETT. *(everywhere)* ovunque.

overalled /'əʊvərɔ:ld/ agg. BE *(coat-type)* che indossa un camice, un grembiule; *(trouser-type)* che indossa una tuta da lavoro; AE che indossa una salopette.

overanxious /,əʊvər'æŋkʃəs/ agg. *(nervous)* troppo ansioso, preoccupato; ***I'm not ~ to go*** non ho troppa voglia di andarci.

overarch /,əʊvər'a:tʃ/ tr. coprire con una volta, formare un arco su.

overarm /'əʊvərɑ:m/ **I** agg. SPORT [*service, throw*] (fatto) dall'alto, fatto con il braccio alzato al di sopra della spalla; *(in swimming)* ***~ stroke*** bracciata alla marinara **II** avv. [*serve, throw*] dall'alto, con il braccio alzato al di sopra della spalla.

overate /,əʊvər'eɪt, -'et/ pass. → **overeat**.

overawe /,əʊvər'ɔ:/ tr. intimidire.

1.overbalance /,əʊvə'bæləns/ n. **1** *(excess)* eccedenza f. **2** *(imbalance)* squilibrio m.

2.overbalance /,əʊvə'bæləns/ **I** tr. sbilanciare, fare perdere l'equilibrio a **II** intr. [*person*] perdere l'equilibrio; [*pile of objects*] crollare.

overbear /,əʊvə'beə(r)/ **I** tr. (pass. **-bore**; p.pass. **-borne**) sopraffare, sottomettere **II** intr. (pass. **-bore**; p.pass. **-borne**) [*plant*] dare troppi frutti.

overbearing /,əʊvə'beərɪŋ/ agg. [*person, manner*] arrogante, prepotente, dispotico.

overbearingly /,əʊvə'beərɪŋlɪ/ avv. arrogantemente, in modo prepotente.

overbearingness /,əʊvə'beərɪŋnɪs/ n. arroganza f., prepotenza f.

1.overbid /'əʊvə,bɪd/ n. **1** *(at auction)* rilancio m. **2** *(in bridge)* dichiarazione f. troppo alta.

2.overbid /,əʊvə'bɪd/ **I** tr. (forma in -ing **-dd-**; pass., p.pass. **-bid**) *(at auction)* fare un'offerta più alta di [*person*]; *(in cards)* ***to ~ a hand***

= fare una dichiarazione troppo alta rispetto alle carte che si hanno **II** intr. (forma in -ing **-dd-**; pass., p.pass. **-bid**) *(at auction)* rilanciare; *(in bridge)* fare una dichiarazione troppo alta.

overblow /ˌəʊvəˈbləʊ/ **I** tr. (pass. **-blew**; p.pass. **-blown**) **1** *(blow away)* soffiare via; disperdere soffiando **2** *(cover by blowing over)* ricoprire (con uno strato di sabbia ecc.) **II** intr. (pass. **-blew**; p.pass. **-blown**) **1** *(abate)* [*storm*] placarsi, calmarsi **2** FIG. [*danger*] essere passato; [*anger*] essere passato, essere sbollito.

overblown /ˌəʊvəˈbləʊn/ **I** p.pass. → **overblow II** agg. **1** [*style*] pomposo, ampolloso, tronfio **2** [*flower*] troppo aperto, spampanato **3** [*beauty*] sfiorito, passato.

overboard /ˈəʊvəbɔːd/ avv. fuori bordo, in mare; ***to fall, jump ~*** cadere, saltare in mare; ***to push, throw sb., sth. ~*** spingere, gettare qcn, qcs. in mare; ***man ~!*** uomo in mare! ***to go ~*** COLLOQ. FIG. perdere la testa.

overbold /ˌəʊvəˈbəʊld/ agg. temerario.

overbook /ˌəʊvəˈbʊk/ **I** tr. prenotare in overbooking [*flight*]; *(in hotel, theatre etc.)* = prenotare per un numero maggiore di posti rispetto a quelli disponibili **II** intr. = fare prenotazioni per un numero maggiore di posti rispetto a quelli disponibili.

overbooking /ˌəʊvəˈbʊkɪŋ/ n. overbooking m.

overbore /ˌəʊvəˈbɔː(r)/ pass. → **overbear**.

overborne /ˌəʊvəˈbɔːn/ p.pass. → **overbear**.

overbought /ˌəʊvəˈbɔːt/ pass., p.pass. → **overbuy**.

overbridge /ˈəʊvəbrɪdʒ/ n. BE cavalcavia m., sovrappasso m.

overbrim /ˌəʊvəˈbrɪm/ **I** tr. (forma in -ing ecc. **-mm-**) [*liquid*] traboccare da [*container*] **II** intr. (forma in -ing ecc. **-mm-**) [*liquid*] traboccare.

overbuild /ˌəʊvəˈbɪld/ tr. (pass., p.pass. **-built**) costruire troppo; ***to ~ a site*** costruire troppi edifici in un'area.

overbuilt /ˌəʊvəˈbɪlt/ **I** p.pass. → **overbuild II** agg. [*site*] troppo edificato.

1.overburden /ˈəʊvəˌbɜːdn/ n. GEOL. terreno m. sterile.

2.overburden /ˌəʊvəˈbɜːdn/ tr. *(with work, responsibility, debt)* sovraccaricare, oberare; ***he was ~ed with guilt*** era sopraffatto dal senso di colpa.

overbusy /ˌəʊvəˈbɪzɪ/ agg. **1** *(too busy)* troppo indaffarato, occupatissimo **2** *(officious)* troppo zelante.

overbuy /ˌəʊvəˈbaɪ/ tr. (pass., p.pass. **-bought**) comprare [qcs.] in quantità superiore rispetto alle necessità [*goods*].

overcall /ˌəʊvəˈkɔːl/ **I** tr. *(in cards)* ***to ~ a hand*** = fare una dichiarazione troppo alta rispetto alle carte che si hanno **II** intr. *(in bridge)* fare una dichiarazione troppo alta.

overcame /ˌəʊvəˈkeɪm/ pass. → **overcome**.

overcapacity /ˌəʊvəkəˈpæsətɪ/ n. ECON. eccesso m. di capacità produttiva.

overcapitalize /ˌəʊvəˈkæpɪtəlaɪz/ tr. sovracapitalizzare [*company*].

overcareful /ˌəʊvəˈkeəfl/ agg. **1** *(too prudent)* troppo prudente **2** *(too meticulous)* troppo meticoloso, accurato.

1.overcast /ˌəʊvəˈkɑːst, AE -ˈkæst/ tr. (pass., p.pass. **-cast**) *(in sewing)* cucire a sopraggitto.

2.overcast /ˌəʊvəˈkɑːst, AE -ˈkæst/ **I** p.pass. → **1.overcast II** agg. **1** METEOR. nuvoloso, coperto; ***to become ~*** rannuvolarsi **2** FIG. [*expression*] triste, cupo.

overcautious /ˌəʊvəˈkɔːʃəs/ agg. eccessivamente cauto, prudente.

overcautiously /ˌəʊvəˈkɔːʃəslɪ/ avv. in modo eccessivamente cauto, prudente.

1.overcharge /ˈəʊvəˌtʃɑːdʒ/ n. **1** *(in money)* prezzo m. eccessivo, sovrapprezzo m. **2** EL. sovraccarico m.

2.overcharge /ˌəʊvəˈtʃɑːdʒ/ **I** tr. **1** *(in money)* fare pagare troppo (caro) a; ***they ~d him*** l'hanno fatto pagare più del dovuto; ***they ~d him by £ 10*** gli hanno fatto pagare 10 sterline in più di quanto fosse giusto, del dovuto; ***they ~d him for it*** glielo hanno fatto pagare troppo caro **2** EL. sovraccaricare **II** intr. fare pagare un prezzo troppo alto.

overcloud /ˌəʊvəˈklaʊd/ **I** tr. **1** annuvolare, rannuvolare **2** FIG. rattristare **II** intr. **1** rannuvolarsi **2** FIG. rattristarsi.

overcoat /ˈəʊvəkəʊt/ n. soprabito m.

▷ **overcome** /ˌəʊvəˈkʌm/ **I** tr. (pass. **-came**; p.pass. **-come**) **1** *(defeat)* sconfiggere, superare, vincere [*opponent, enemy*]; controllare [*nerves*]; superare, vincere [*dislike, fear*]; risolvere, superare [*problem*] **2** *(overwhelm)* ***to be overcome by smoke*** essere soffocato dal fumo; ***to be overcome by*** o ***with jealousy, despair*** essere sopraffatto dalla gelosia, dalla disperazione; ***overcome by fear*** sopraffatto *o* paralizzato dalla paura; ***tiredness overcame them*** la stanchezza ebbe la meglio su di loro; ***I was overcome when I heard the news*** la notizia mi ha annichilito **II** intr. (pass. **-came**; p.pass. **-come**) vincere.

overcompensate /ˌəʊvəˈkɒmpenseɪt/ intr. **1** compensare eccessivamente; ***to ~ for sth.*** compensare qcs. in modo eccessivo (**by doing** facendo) **2** PSIC. compensare in modo patologico.

overcompensation /ˌəʊvəˌkɒmpenˈseɪʃn/ n. PSIC. = atteggiamento compensatorio patologico.

overconfidence /ˌəʊvəˈkɒnfɪdəns/ n. eccessiva fiducia f., eccessiva sicurezza f. di sé.

overconfident /ˌəʊvəˈkɒnfɪdənt/ agg. troppo fiducioso, troppo sicuro di sé.

overconfidently /ˌəʊvəˈkɒnfɪdəntlɪ/ avv. con eccessiva fiducia, con eccessiva sicurezza di sé.

overconsumption /ˌəʊvəkənˈsʌmpʃn/ n. *(of food, alcohol, fuel, goods)* consumo m. eccessivo.

overcook /ˌəʊvəˈkʊk/ tr. cuocere troppo, scuocere.

overcooked /ˌəʊvəˈkʊkt/ **I** p.pass. → **overcook II** agg. troppo cotto, scotto.

overcrop /ˌəʊvəˈkrɒp/ tr. (forma in -ing ecc. **-pp-**) ***to ~ a land*** impoverire un terreno sfruttandolo eccessivamente.

overcrowd /ˌəʊvəˈkraʊd/ tr. sovraffollare, gremire.

overcrowded /ˌəʊvəˈkraʊdɪd/ **I** p.pass. → **overcrowd II** agg. **1** [*vehicle, shop, room*] *(with people)* sovraffollato, stipato (**with** di); [*road*] sovraffollato, intasato; [*institution, city*] sovrappopolato (**with** di); [*class*] sovraffollato; [*room*] *(with furniture)* ingombro (**with** di) **2** MED. [*teeth*] troppo vicino.

overcrowding /ˌəʊvəˈkraʊdɪŋ/ n. *(in city, institution)* sovrappopolamento m.; *(in transport)* sovraffollamento m.; ***~ in classrooms*** classi sovraffollate.

overdevelop /ˌəʊvədɪˈveləp/ tr. **1** sviluppare eccessivamente [*muscle*] **2** FOT. sovrasviluppare.

overdeveloped /ˌəʊvədɪˈveləpt/ **I** p.pass. → **overdevelop II** agg. **1** *(physically)* [*person*] troppo sviluppato; [*muscle*] sviluppato eccessivamente, ipertrofico **2** [*sense of humour, of importance etc.*] eccessivo, esagerato **3** FOT. sovrasviluppato **4** POL. ECON. sovrasviluppato.

overdo /ˌəʊvəˈduː/ tr. (pass. **-did**; p.pass. **-done**) **1** *(exaggerate)* esagerare [*sentiment, reaction*]; ***to ~ it*** o ***things*** *(when describing)* esagerare; *(when performing)* esagerare, calcare la mano; *(when working)* esagerare, strafare; ***don't ~ the exercises, studying*** non esagerare con gli esercizi, con lo studio; ***he rather overdoes the devoted nephew*** fa un po' troppo la parte del nipote devoto **2** *(use too much of)* esagerare con [*flavouring, perfume, makeup*] **3** *(overcook)* fare cuocere troppo [*meat, vegetables*].

overdone /ˌəʊvəˈdʌn/ **I** p.pass. → **overdo II** agg. **1** *(exaggerated)* [*effect, emotion*] esagerato; ***the comedy was ~*** la commedia era recitata in modo esagerato **2** *(overcooked)* troppo cotto.

1.overdose /ˈəʊvədəʊs/ n. **1** *(large dose)* dose f. eccessiva; ***radiation, vitamin ~*** dose eccessiva di radiazioni, di vitamine **2** *(lethal dose)* *(of medicine)* dose f. letale; *(of drugs)* overdose f.; ***to take an ~ of*** prendere una dose letale di; ***a heroin ~*** un'overdose di eroina.

2.overdose /ˌəʊvəˈdəʊs/ **I** tr. somministrare una dose eccessiva a [*patient*] **II** intr. *(on medicine)* prendere una dose eccessiva di medicinali; *(on drugs)* farsi un'overdose; ***to ~ on*** prendere una dose letale di [*tablets*]; farsi un'overdose di [*drugs*]; COLLOQ. FIG. farsi un'overdose di, rimpinzarsi di [*chocolate etc.*]; farsi un'overdose di, istupidirsi davanti a [*television*].

overdraft /ˈəʊvədrɑːft, AE -dræft/ **I** n. *(agreement with a bank)* fido m.; *(debt)* scoperto m.; ***to take out an ~*** ottenere un fido; ***to have an ~*** essere scoperto; ***agreed ~*** o ***~ arrangement*** concessione di scoperto **II** modif. [*limit*] di credito, di scoperto; ***~ facility*** apertura di credito allo scoperto, facilitazione di scoperto, fido.

overdraw /ˌəʊvəˈdrɔː/ tr. (pass. **-drew**; p.pass. **-drawn**) **1** ECON. ***to ~ one's account*** andare in scoperto, prelevare più di quanto è presente sul conto **2** LETTER. *(exaggerate)* esagerare, caricare.

overdrawn /ˌəʊvəˈdrɔːn/ **I** p.pass. → **overdraw II** agg. **1** ECON. [*account*] scoperto; ***I am £ 100 ~*** ho uno scoperto di 100 sterline; ***you are, your account is £ 100 ~*** è scoperto, il suo conto è scoperto di 100 sterline **2** LETTER. esagerato, caricato.

overdress /ˌəʊvəˈdres/ **I** tr. *(too much)* vestire troppo, vestire con abiti troppo pesanti; *(too formally)* vestire in modo eccessivamente formale **II** intr. *(too much)* vestirsi troppo, vestirsi con abiti troppo pesanti; *(too formally)* vestirsi in modo eccessivamente formale.

overdrew /ˌəʊvəˈdruː/ pass. → **overdraw**.

1.overdrive /ˈəʊvədraɪv/ n. **1** AUT. overdrive m., marcia f. sovramoltiplicata; ***in ~*** in overdrive; ***to go into ~*** mettere l'overdrive **2** FIG. attività f. frenetica.

2.overdrive /ˌəʊvəˈdraɪv/ tr. (pass. **-drove**; p.pass. **-driven**) sfruttare eccessivamente [*machinery, equipment*].

overdue /ˌəʊvəˈdjuː, AE -ˈduː/ agg. [*plane, train, work*] in ritardo (**by** di); [*bill*] scaduto; [*cheque*] presentato in ritardo; [*baby*] che tarda (a nascere); [*pregnant woman*] il cui termine di gravidanza è scaduto; ***the car is ~ for a service*** l'auto avrebbe già dovuto fare un controllo; ***this measure is long ~*** questa contromisura è attesa da tempo; ***the book is ~*** il prestito del libro è scaduto.

overeager /ˌəʊvəˈiːgə(r)/ agg. [*person*] eccessivamente diligente, zelante.

over easy /ˌəʊvərˈiːzɪ/ agg. AE [*egg*] al tegamino (cotto su entrambi i lati).

overeat /ˌəʊvərˈiːt/ intr. (pass. **-ate**; p.pass. **-eaten**) mangiare troppo.

overeating /ˌəʊvərˈiːtɪŋ/ n. (il) mangiare troppo.

overemphasize /ˌəʊvərˈemfəsaɪz/ tr. dare troppa enfasi a [*aspect, fact*]; esagerare [*importance*]; ***I cannot ~ how vital it is*** non posso esagerarne l'importanza.

overemployment /ˌəʊvərɪmˈplɔɪmənt/ n. sovraoccupazione f.

overenthusiastic /ˌəʊvərɪnˌθjuːzɪˈæstɪk, AE -ˌθuː-/ agg. troppo entusiasta; ***to be ~ in doing*** mettere troppo entusiasmo nel fare.

overenthusiastically /ˌəʊvərɪnˌθjuːzɪˈæstɪklɪ, AE -ˌθuː-/ avv. con troppo entusiasmo.

1.overestimate /ˌəʊvərˈestɪmət/ n. stima f. eccessiva, supervalutazione f.

2.overestimate /ˌəʊvərˈestɪmeɪt/ tr. sopravvalutare, sovrastimare.

overexcitable /ˌəʊvərɪkˈsaɪtəbl/ agg. sovreccitabile.

overexcite /ˌəʊvərɪkˈsaɪt/ tr. sovreccitare.

overexcited /ˌəʊvərɪkˈsaɪtɪd/ **I** p.pass. → **overexcite II** agg. sovreccitato; ***he gets ~ very easily*** si sovreccita molto facilmente.

overexcitement /ˌəʊvərɪkˈsaɪtmənt/ n. sovreccitazione f.

overexert /ˌəʊvərɪgˈzɜːt/ **I** tr. sovraffaticare **II** rifl. ***to ~ oneself*** sovraffaticarsi.

overexertion /ˌəʊvərɪgˈzɜːʃn/ n. sovraffaticamento m.

overexpose /ˌəʊvərɪkˈspəʊz/ tr. **1** FOT. sovraesporre **2** FIG. sovraesporre [qcn.] sui media [*actor*].

overexposure /ˌəʊvərɪkˈspəʊʒə(r)/ n. **1** FOT. sovraesposizione f. **2** FIG. sovraesposizione f.

overfall /ˈəʊvəfɔːl/ n. **1** *(turbulent stretch of sea)* tratto m. di mare agitato **2** *(waterfall)* cascata f.; *(rapid)* rapide f.pl. **3** IDR. stramazzo m.

overfeed /ˌəʊvəˈfiːd/ tr. (pass., p.pass. **-fed**) sovralimentare, nutrire eccessivamente [*child, pet*]; concimare eccessivamente [*plant*].

overfeeding /ˌəʊvəˈfiːdɪŋ/ n. sovralimentazione f., ipernutrizione f.

overfill /ˌəʊvəˈfɪl/ tr. riempire troppo.

overfish /ˌəʊvəˈfɪʃ/ **I** tr. impoverire le risorse ittiche di [*river, sea*] **II** intr. impoverire le risorse ittiche.

overfishing /ˌəʊvəˈfɪʃɪŋ/ n. overfishing m.

overflew /ˌəʊvəˈfluː/ pass. → **overfly**.

1.overflow /ˈəʊvəfləʊ/ n. **1** *(surplus)* ***the ~ of students, passengers*** l'eccesso *o* la sovrabbondanza di studenti, di passeggeri; ***our school takes in the ~ from other areas*** la nostra scuola accoglie gli studenti in eccesso dalle zone vicine **2** (anche **~ pipe**) *(from bath, sink)* troppopieno m.; *(from dam)* sfioratore m. **3** *(spillage) (action)* straripamento m., traboccamento m.; *(liquid spilt)* liquido m. traboccato **4** INFORM. overflow m.

2.overflow /ˌəʊvəˈfləʊ/ **I** tr. [*crowd*] inondare, invadere [*stadium, theatre*]; ***to ~ the banks*** [*river*] straripare, esondare **II** intr. [*bath, bin*] traboccare; [*river, water*] tracimare, straripare (**into** in; **onto** su); [*crowd, refugees*] riversarsi; ***they ~ed onto the steps, into the streets*** si riversarono sui gradini, nelle strade; ***to be full to ~ing*** [*bath, bowl*] traboccare; [*room, theatre*] essere pieno zeppo *o* stracolmo; ***to ~ with*** FIG. essere colmo di *o* traboccare di [*gratitude, love*].

overflow car park /ˌəʊvəfləʊˈkɑːpɑːk/ n. BE = parcheggio aggiuntivo, supplementare.

overflowing /ˌəʊvəˈfləʊɪŋ/ **I** n. *(of river)* inondazione f., tracimazione f.; *(of bin)* traboccamento m. **II** agg. [*school*] affollato; [*prison*] affollato, sovrappopolato; [*dustbin, bath*] traboccante, colmo.

overflown /ˌəʊvəˈfləʊn/ p.pass. → **overfly**.

overflow parking lot /ˌəʊvəfləʊˈpɑːkɪŋlɒt/ n. AE → **overflow car park**.

overfly /ˌəʊvəˈflaɪ/ tr. (pass. **-flew**; p.pass. **-flown**) sorvolare.

overfond /ˌəʊvəˈfɒnd/ agg. troppo amante, troppo appassionato (**of** di).

overfull /ˌəʊvəˈfʊl/ agg. troppo pieno.

overgenerous /ˌəʊvəˈdʒenərəs/ agg. troppo generoso (**with** con); [*amount, dose*] eccessivo.

overgrow /ˌəʊvəˈgrəʊ/ **I** tr. (pass. **-grew**; p.pass. **-grown**) **1** *(cover with growth)* coprire, ricoprire **2** *(grow too big for)* diventare troppo grande per **II** intr. (pass. **-grew**; p.pass. **-grown**) diventare troppo grande.

overgrown /ˌəʊvəˈgrəʊn/ **I** p.pass. → **overgrow II** agg. **1** *(covered in weeds)* ricoperto, invaso dalla vegetazione; ***~ with nettles*** invaso dalle ortiche **2** SCHERZ. *(big)* enorme, gigantesco **3** ***to behave like an ~ schoolboy*** comportarsi come se si fosse ancora un ragazzo *o* come un ragazzo troppo cresciuto.

overgrowth /ˈəʊvəgrəʊθ/ n. *(eccessive growth) (of vegetation)* vegetazione f. eccessiva, rigogliosa; *(of animal etc.)* crescita f. eccessiva.

overhand /ˈəʊvəhænd/ **I** agg. **1** SPORT [*service, throw*] (fatto) dall'alto, fatto con il braccio alzato al di sopra della spalla **2** *(in sewing)* cucito a sopraggitto **II** avv. **1** SPORT [*serve, throw*] dall'alto, con il braccio alzato al di sopra della spalla **2** [*sew*] a sopraggitto.

1.overhang /ˈəʊvəhæŋ/ n. **1** *(of cliff)* strapiombo m.; *(of roof)* aggetto m., sporgenza f.; *(of tablecloth, bedcover etc.)* lembo m. **2** ECON. *(over budget)* eccesso m. di spesa; *(of commodities)* surplus m.

2.overhang /ˌəʊvəˈhæŋ/ **I** tr. (pass., p.pass. **-hung**) sporgere sopra, strapiombare su **II** intr. (pass., p.pass. **-hung**) sporgere, strapiombare.

overhanging /ˌəʊvəˈhæŋɪŋ/ agg. [*ledge, cliff, rock*] a strapiombo; [*tree, branch*] sporgente; [*balcony*] aggettante.

1.overhaul /ˈəʊvəhɔːl/ n. *(of machine)* revisione f., esame m. accurato; FIG. *(of system)* riorganizzazione f., ristrutturazione f.

2.overhaul /ˌəʊvəˈhɔːl/ tr. **1** revisionare, aggiustare [*car, machine*]; riparare [*roof*]; FIG. riorganizzare [*system, procedure*] **2** *(overtake)* sorpassare, superare; *(catch up with)* raggiungere [*rival, ship, vehicle*].

▷ **1.overhead** /ˈəʊvəhed/ **I** n. AE spese f.pl. generali **II overheads** n.pl. BE spese f. generali **III** agg. **1** ECON. ***~ charges*** o ***costs*** o ***expenses*** spese generali **2** [*cable*] aereo; [*railway*] sopraelevato **3** SPORT [*stroke*] fatto con la racchetta tenuta al di sopra della testa.

▷ **2.overhead** /ˌəʊvəˈhed/ avv. **1** *(in the sky)* in cielo, lassù **2** *(above the head)* al di sopra della testa; ***to hold sth. ~*** tenere qcs. al di sopra della testa.

overhead camshaft /ˌəʊvəhedˈkæmʃɑːft, AE -ʃæft/ n. albero m. a camme in testa.

overheaded price /ˈəʊvəhedɪdˌpraɪs/ n. ECON. prezzo m. tutto compreso.

overhead light /ˌəʊvəhedˈlaɪt/ n. plafoniera f.

overhead locker /ˌəʊvəhedˈlɒkə(r)/ n. AER. scomparto m. bagagli a mano.

overhead luggage rack /ˌəʊvəhedˈlʌgɪdʒˌræk/ n. FERR. portabagagli m.

overhead projector /ˌəʊvəhedprəˈdʒektə(r)/ n. lavagna f. luminosa.

overhead-travelling crane /ˌəʊvəhedˈtrævlɪŋˌkreɪn/ n. carroponte m., gru f. a ponte.

overhead valve /ˈəʊvəhedˌvælv/ n. AUT. valvola f. in testa.

overhear /ˌəʊvəˈhɪə(r)/ tr. (pass., p.pass. **-heard**) udire per caso, sentire di sfuggita; ***I overheard a conversation between...*** ho sentito per caso una conversazione tra...

overheard /ˌəʊvəˈhɜːd/ **I** p.pass. → **overhear II** agg. [*conversation, remark*] sentito per caso.

overheat /ˌəʊvəˈhiːt/ **I** tr. surriscaldare [*room, economy*]; fare scaldare troppo [*sauce, oven*] **II** intr. [*car, equipment, oven, furnace*] surriscaldarsi; [*child*] avere troppo caldo; [*economy*] surriscaldarsi.

overheated /ˌəʊvəˈhiːtɪd/ **I** p.pass. → **overheat II** agg. [*room*] surriscaldato; [*debate*] infuocato, surriscaldato; [*person*] accalorato; [*imagination*] in ebollizione, in fermento; [*economy*] surriscaldato.

overheating /ˌəʊvəˈhiːtɪŋ/ n. surriscaldamento m.

overhung /ˌəʊvəˈhʌŋ/ pass., p.pass. → **2.overhang**.

overindulge /ˌəʊvərɪnˈdʌldʒ/ **I** tr. viziare [*child, pet*] **II** intr. lasciarsi andare, essere troppo indulgenti (**in** in); abusare (**in** di).

overindulgence /ˌəʊvərɪnˈdʌldʒəns/ n. **1** *(excess)* eccesso m. (**in** di) **2** *(partiality)* eccessiva indulgenza f. (**of, towards** verso).

overindulgent /ˌəʊvərɪnˈdʌldʒənt/ agg. troppo indulgente (**to, towards** verso).

overinsurance /ˌəʊvərɪnˈʃɔːrəns, AE -ˈʃʊər-/ n. soprassicurazione f.

overinvest /ˌəʊvərɪnˈvest/ intr. investire in eccesso (**in** in).

overinvoicing /ˌəʊvərˈɪnvɔɪsɪŋ/ n. sovrafatturazione f.

1.overissue /ˌəʊvərˈɪʃuː, -ˈɪsjuː/ n. *(of shares etc.)* sovraemissione f., emissione f. eccessiva.

2.overissue /ˌəʊvərˈɪʃuː, -ˈɪsjuː/ tr. emettere in eccesso [*shares etc.*].

overjoyed /ˌəʊvəˈdʒɔɪd/ agg. [*person*] felicissimo, pazzo di gioia (**at** per); [*cry, smile*] di grande gioia; ***to be ~ to do*** essere felicissimo di fare; ***I was ~ that she had returned*** ero felicissimo che fosse tornata.
overkill /ˈəʊvəkɪl/ n. **1** MIL. potenziale m. nucleare distruttivo in eccesso **2** FIG. martellamento m.; ***advertising, media ~*** martellamento pubblicitario, dei media.
overkind /ˌəʊvəˈkaɪnd/ agg. troppo gentile.
overlabour /ˌəʊvəˈleɪbə(r)/ tr. **1** *(overwork)* sovraccaricare di lavoro **2** *(elaborate to excess)* elaborare troppo.
overladen /ˌəʊvəˈleɪdn/ agg. sovraccarico.
overlaid /ˌəʊvəˈleɪd/ pass., p.pass. → **2.overlay**.
overlain /ˌəʊvəˈleɪn/ p.pass. → **overlie**.
overland /ˈəʊvəlænd/ **I** agg. [*route*] via terra; [*journey*] via terra, per via di terra **II** avv. via terra; ***to go ~ to India*** andare in India per via di terra.
▷ **1.overlap** /ˈəʊvəlæp/ n. **1** *(of organizations, services, systems, activities)* sovrapposizione f. (**between** tra); *(undesirable)* sconfinamento m. (**between** di); ***an ~ between the public and private sectors*** una (parziale) sovrapposizione tra il settore pubblico e il settore privato; ***an ~ between the two sectors*** una sovrapposizione tra i due settori **2** TECN. *(in sewing)* parte f. sormontata.
▷ **2.overlap** /ˌəʊvəˈlæp/ **I** tr. (forma in -ing ecc. **-pp-**) *(partly cover)* sovrapporre (parzialmente); ***the tiles ~ each other*** le tegole sono parzialmente sovrapposte (l'una sull'altra) **II** intr. (forma in -ing ecc. **-pp-**) **1** [*organization, service, sector, system, activity*] sovrapporsi, accavallarsi (**with** con); *(undesirably)* sconfinare (**with** in); [*events*] coincidere (**with** con); ***the two sectors ~*** i due settori sono (parzialmente) sovrapposti **2** [*materials, edges*] sovrapporsi (parzialmente); [*one edge*] sporgere; ***the tiles ~*** le tegole sono parzialmente sovrapposte.
overlapping /ˌəʊvəˈlæpɪŋ/ **I** n. *(of organizations, services, sectors, activities)* sovrapposizione f. (**between** tra); *(undesirably)* sconfinamento m. (**between** di) **II** agg. **1** [*organizations, services, systems, activities*] che si sovrappongono; [*events*] che coincidono **2** [*edges, scales*] che si sovrappongono parzialmente; [*one edge*] che sporge.
1.overlay /ˈəʊvəleɪ/ n. **1** *(clear sheet)* trasparente m. **2** *(decoration)* rivestimento m., copertura f. **3** FIG. *(layer)* strato m.
2.overlay /ˌəʊvəˈleɪ/ tr. (pass., p.pass. **-laid**) coprire, ricoprire (**with** con, di).
3.overlay /ˌəʊvəˈleɪ/ pass. → **overlie**.
overleaf /ˌəʊvəˈliːf/ avv. sul verso, sul retro; ***see ~*** vedi retro, vedi a tergo.
overleap /ˌəʊvəˈliːp/ tr. (pass., p.pass. **-leapt** /-ˈlept/, **-leaped**) **1** *(leap over)* saltare al di là, oltre **2** FIG. *(leave out)* tralasciare, omettere.
overlie /ˌəʊvəˈlaɪ/ tr. (pass. **-lay**; p.pass. **-lain**) coprire, ricoprire.
1.overload /ˈəʊvələʊd/ n. **1** ING. ELETTRON. sovraccarico m. **2** FIG. carico m. eccessivo, sovraccarico m.
2.overload /ˌəʊvəˈləʊd/ tr. sovraccaricare [*machine, vehicle, system*] (**with** con, di).
overloaded /ˌəʊvəˈləʊdɪd/ **I** p.pass. → **2.overload** **II** agg. sovraccarico.
overlong /ˌəʊvəˈlɒŋ/ agg. troppo lungo.
▷ **overlook** /ˌəʊvəˈlʊk/ tr. **1** *(have a view of)* [*building, window*] dare su, guardare su; ***we ~ the sea from the balcony*** il nostro balcone dà sul mare **2** *(miss)* lasciarsi sfuggire, non vedere [*detail, error*]; ***to ~ the fact that*** tralasciare il fatto che **3** *(ignore)* chiudere un occhio su, passare sopra a, tollerare [*behaviour, fault, mistake*]; ignorare, non considerare [*candidate, person*]; non tenere conto di, trascurare [*effect, fact, need, problem*].
overlord /ˈəʊvəlɔːd/ n. signore m. supremo, sovrano m.
overlordship /ˈəʊvəlɔːdʃɪp/ n. potere m. di un signore supremo, sovranità f.
▷ **overly** /ˈəʊvəlɪ/ avv. troppo, eccessivamente.
overmanned /ˌəʊvəˈmænd/ agg. [*factory, office*] con esubero di personale.
overmanning /ˌəʊvəˈmænɪŋ/ n. esubero m. di personale.
overmantel /ˈəʊvəmæntl/ n. caminiera f.
overmaster /ˌəʊvəˈmɑːstə(r)/ tr. sottomettere, dominare.
1.overmatch /ˈəʊvəmætʃ/ n. avversario m. (-a) più forte.
2.overmatch /ˌəʊvəˈmætʃ/ tr. essere più forte di, superare.
overmodest /ˌəʊvəˈmɒdɪst/ agg. troppo modesto.
overmuch /ˌəʊvəˈmʌtʃ/ **I** agg. eccessivo, troppo **II** avv. eccessivamente, troppo.
overnice /ˌəʊvəˈnaɪs/ agg. pignolo.
overnicely /ˌəʊvəˈnaɪslɪ/ avv. pignolescamente.
▷ **1.overnight** /ˈəʊvənaɪt/ **I** agg. **1** *(night-time)* [*crossing, boat, bus, flight, journey, train*] notturno; [*stay*] di una notte; [*guest, stop*] per una notte; [*party, rain*] che dura tutta la notte **2** FIG. *(rapid)* [*change, result, success*] immediato **II** avv. **1** *(in the night)* durante la notte, di notte; *(for the night)* per la notte; [*drive*] tutta la notte; [*stop*] per la notte; [*keep*] fino al giorno dopo; ***to stay ~*** restare a dormire **2** FIG. *(rapidly)* da un giorno all'altro.
2.overnight /ˌəʊvəˈnaɪt/ intr. *(spend the night)* ***to ~ in Chicago*** pernottare a Chicago; *(travel overnight)* viaggiare di notte.
overnight bag /ˌəʊvənaɪtˈbæg/ n. piccola borsa f. da viaggio, ventiquattrore f.
overpaid /ˌəʊvəˈpeɪd/ **I** pass., p.pass. → **overpay** **II** agg. strapagato.
overparticular /ˌəʊvəpəˈtɪkjʊlə(r)/ agg. **1** *(fussy)* troppo esigente **2** *(concerned)* preoccupato (**about** di); ***he's not ~ about his reputation*** non si preoccupa molto della sua reputazione; ***I'm not ~*** non ho esigenze particolari.
1.overpass /ˈəʊvəpɑːs, AE -pæs/ n. **1** *(for cars)* cavalcavia m. **2** *(footbridge)* sovrappasso m., sovrappassaggio m.
2.overpass /ˌəʊvəˈpɑːs, AE -ˈpæs/ tr. **1** *(travel over)* passare sopra a, valicare **2** *(excel)* superare, eccellere **3** *(ignore)* ignorare, passare sopra.
overpay /ˌəʊvəˈpeɪ/ tr. (pass., p.pass. **-paid**) strapagare, pagare troppo [*employee*]; ***I was overpaid by £ 500*** mi hanno pagato 500 sterline più del dovuto.
overpayment /ˌəʊvəˈpeɪmənt/ n. **1** *(of tax etc.)* pagamento m. eccessivo **2** *(excess paid)* retribuzione f. eccessiva.
overplay /ˌəʊvəˈpleɪ/ tr. **1** *(exaggerate)* esagerare [*benefits, problem, situation*] **2** *(overact)* esagerare [*role, part*] ◆ ***to ~ one's hand*** spingersi troppo in là.
overplus /ˈəʊvəˌplʌs/ n. eccedenza f., sovrappiù m.
overpopulated /ˌəʊvəˈpɒpjʊleɪtɪd/ agg. sovrappopolato.
overpopulation /ˌəʊvəpɒpjʊˈleɪʃn/ n. sovrappopolazione f.
overpower /ˌəʊvəˈpaʊə(r)/ tr. **1** sopraffare [*thief*]; sopraffare, sconfiggere [*army, nation*] **2** SPORT sopraffare, dominare [*rival*] **3** FIG. [*smell, smoke, heat*] opprimere.
overpowering /ˌəʊvəˈpaʊərɪŋ/ agg. [*person*] prepotente; [*personality*] dominante; [*desire, urge*] irresistibile; [*heat*] opprimente, soffocante; [*smell*] irrespirabile; [*strength*] invincibile.
overpoweringly /ˌəʊvəˈpaʊərɪŋlɪ/ avv. prepotentemente.
overpraise /ˌəʊvəˈpreɪz/ tr. lodare troppo, incensare [*person, achievement*].
overprescribe /ˌəʊvəprɪˈskraɪb/ **I** tr. ***my GP ~s antibiotics*** il mio medico di base prescrive troppi antibiotici **II** intr. esagerare nel prescrivere farmaci.
overprice /ˌəʊvəˈpraɪs/ tr. mettere un prezzo troppo alto a [*goods, services*].
overpriced /ˌəʊvəˈpraɪst/ **I** p.pass. → **overprice** **II** agg. **1** troppo caro **2** ECON. [*market*] gonfiato.
1.overprint /ˈəʊvəprɪnt/ n. TIP. sovrastampa f.
2.overprint /ˌəʊvəˈprɪnt/ **I** tr. TIP. **1** *(add)* sovrastampare [*additions, stamp*]; ***~ed in red*** sovrastampato in rosso **2** *(cover up)* nascondere [*error*] **II** intr. TIP. *(print too much)* stampare in eccesso.
overproduce /ˌəʊvəprəˈdjuːs, AE -ˈduːs/ **I** tr. produrre in eccesso **II** intr. produrre in eccesso.
overproduction /ˌəʊvəprəˈdʌkʃn/ n. sovrapproduzione f.
overproof /ˈəʊvəˌpruːf/ agg. [*spirit*] di gradazione alcolica superiore allo standard.
overprotect /ˌəʊvəprəˈtekt/ tr. proteggere eccessivamente.
overprotective /ˌəʊvəprəˈtektɪv/ agg. [*attitude, feelings*] iperprotettivo; ***an ~ father*** un padre iperprotettivo.
overprotectively /ˌəʊvəprəˈtektɪvlɪ/ avv. iperprotettivamente.
overprotectiveness /ˌəʊvəprəˈtektɪvnɪs/ n. iperprotettività f.
overqualified /ˌəʊvəˈkwɒlɪfaɪd/ agg. troppo qualificato.
overran /ˌəʊvəˈræn/ pass. → **2.overrun**.
overrate /ˌəʊvəˈreɪt/ tr. sopravvalutare [*person, ability, value*].
overrated /ˌəʊvəˈreɪtɪd/ **I** p.pass. → **overrate** **II** agg. sopravvalutato.
overreach /ˌəʊvəˈriːtʃ/ rifl. ***to ~ oneself*** prefiggersi obiettivi troppo ambiziosi, fare il passo più lungo della gamba.
overreact /ˌəʊvərɪˈækt/ intr. reagire in modo eccessivo (**to** a).
overreaction /ˌəʊvərɪˈækʃn/ n. reazione f. eccessiva, esagerata (**by** da parte di; **to** a).
overrefine /ˌəʊvərɪˈfaɪn/ intr. sottilizzare, andare per il sottile.
overrefinement /ˌəʊvərɪˈfaɪnmənt/ n. raffinatezza f. eccessiva.
overreliance /ˌəʊvərɪˈlaɪəns/ n. dipendenza f. eccessiva (**on** da).
overrent /ˌəʊvəˈrent/ tr. fare pagare un affitto troppo alto a.

1.override /ˈəʊvəraɪd/ **I** n. controllo m. manuale; ***on*** ~ in (modo) manuale **II** modif. [*facility, mechanism*] manuale.
2.override /ˌəʊvəˈraɪd/ tr. (pass. **-rode**; p.pass. **-ridden**) **1** *(control)* passare [qcs.] al controllo manuale [*machine*] **2** *(disregard)* passare sopra a, non tenere conto di [*consideration, opinion*] **3** *(take precedence)* avere la precedenza su [*decision, desire, theory*] **4** *(cancel)* annullare [*order, law*].
overrider /ˌəʊvəˈraɪdə(r)/ n. BE rostro m.
overriding /ˌəʊvəˈraɪdɪŋ/ agg. [*problem, importance*] prioritario; [*priority*] assoluto.
overriding commission /ˌəʊvəraɪdɪŋkəˈmɪʃn/ n. ECON. = commissione corrisposta a un agente per le vendite effettuate dai suoi subordinati.
overripe /ˌəʊvəˈraɪp/ agg. [*fruit*] troppo maturo; [*cheese*] troppo stagionato.
overrode /ˌəʊvəˈrəʊd/ pass. → **2.override**.
overrule /ˌəʊvəˈruːl/ tr. DIR. annullare [*decision, judgment*]; respingere [*conclusion, plan, vote, objection*]; avere il sopravvento su [*person, committee*].
overruling /ˌəʊvəˈruːlɪŋ/ n. DIR. *(of decision)* annullamento m.; *(of plan, vote)* rigetto m.
1.overrun /ˈəʊvərʌn/ n. ECON. eccedenza f. (**of** di); ***cost*** ~ sforamento del budget.
2.overrun /ˌəʊvəˈrʌn/ **I** tr. (forma in -ing **-nn-**; pass. **-ran**; p.pass. **-run**) **1** *(invade)* invadere [*country, site*]; ***to be overrun with*** essere invaso, infestato da **2** *(exceed)* eccedere, superare [*time, budget*] **3** AER. FERR. *(overshoot)* sorpassare, oltrepassare **II** intr. (forma in -ing **-nn-**; pass. **-ran**; p.pass. **-run**) [*conference, activity, performer*] sforare (**by** di); ***the lecturer overran his time by an hour*** il conferenziere ha sforato di un'ora; ***the lecture overran by an hour*** la conferenza è durata un'ora più del previsto.
overrunning /ˌəʊvəˈrʌnɪŋ/ n. **1** *(invasion)* invasione f., incursione f. **2** *(of time, budget)* sforamento m. **3** AER. FERR. *(overshooting)* sorpasso m.
oversaw /ˌəʊvəˈsɔː/ pass. → **oversee**.
▷ **overseas** /ˌəʊvəˈsiːz/ **I** agg. **1** *(from abroad)* [*student, visitor, investor, company*] straniero, d'oltremare **2** *(in or to other countries)* [*travel, investment*] all'estero; [*trade, market*] estero; ~ ***aid*** aiuti ai paesi esteri; ***to get an*** ~ ***posting*** andare in trasferta all'estero **II** avv. *(abroad)* [*work, retire*] all'estero; *(across the sea)* oltremare; *(across the Channel)* al di là della Manica; ***from*** ~ dall'estero.
Overseas Development Administration /ˌəʊvəsiːzdɪˈveləpməntədmɪnɪˌstreɪʃn/ n. BE = organismo governativo per l'aiuto ai paesi in via di sviluppo.
oversee /ˌəʊvəˈsiː/ tr. (pass. **-saw**; p.pass. **-seen**) sovrintendere a, sorvegliare.
overseer /ˈəʊvəsiːə(r)/ n. **1** *(of workers, convicts)* caposquadra m. e f. **2** *(of project)* responsabile m. e f.
oversell /ˌəʊvəˈsel/ **I** tr. (pass., p.pass. **-sold**) ECON. **1** *(sell aggressively)* vendere usando tecniche di vendita aggressive **2** *(exaggerate the merits of)* lodare esageratamente [*idea, plan, job*] **II** rifl. (pass., p.pass. **-sold**) ***to*** ~ ***oneself*** esagerare i propri meriti.
oversensitive /ˌəʊvəˈsensɪtɪv/ agg. [*person*] ipersensibile; [*attitude, approach*] troppo suscettibile; ***to be*** ~ ***about public opinion*** essere troppo suscettibile all'opinione pubblica.
oversensitiveness /ˌəʊvəˈsensɪtɪvnɪs/, **oversensitivity** /ˌəʊvəsensɪˈtɪvɪtɪ/ n. ipersensibilità f.
overset /ˌəʊvəˈset/ tr. (forma in -ing **-tt-**; pass., p.pass. **-set**) **1** ANT. *(turn over)* capovolgere, rovesciare **2** *(derange)* sconvolgere, mettere sottosopra.
oversew /ˈəʊvəsəʊ/ tr. (pass. **-sewed**; p.pass. **-sewn**) sopraggittare.
oversexed /ˌəʊvəˈsekst/ agg. COLLOQ. SPREG. ***to be*** ~ essere un assatanato, un maniaco.
overshadow /ˌəʊvəˈʃædəʊ/ tr. **1** *(tower over)* [*mountain*] dominare [*valley*] **2** *(spoil)* [*death, news, war*] gettare un'ombra su, rattristare [*celebration*] **3** *(eclipse)* eclissare, fare passare in secondo piano [*achievement*].
overshoe /ˈəʊvəʃuː/ n. *(rubber)* soprascarpa f.
overshoot /ˌəʊvəˈʃuːt/ tr. (pass., p.pass. **-shot**) oltrepassare [*junction, traffic lights*]; mancare, tirare troppo oltre [*target, hole*]; ***the plane overshot the runway*** atterrando l'aereo è uscito di pista ◆ ***to*** ~ ***the mark*** esagerare, passare il segno.
overside **I** /ˈəʊvəsaɪd/ agg. a fianco della nave; ~ ***delivery*** consegna a fianco della nave **II** /əʊvəˈsaɪd/ avv. ***to load a ship*** ~ caricare una nave dal fianco.
▷ **oversight** /ˈəʊvəsaɪt/ n. *(omission)* svista f., distrazione f.; *(criticized)* negligenza f.; ***due to*** o ***through an*** ~ per distrazione.
oversimplification /ˌəʊvəˌsɪmplɪfɪˈkeɪʃn/ n. schematizzazione f., semplificazione f. eccessiva; ***it is an*** ~ ***to say*** è una semplificazione eccessiva dire.
oversimplified /ˌəʊvəˈsɪmplɪfaɪd/ **I** p.pass. → **oversimplify** **II** agg. eccessivamente semplificato.
oversimplify /ˌəʊvəˈsɪmplɪfaɪ/ tr. semplificare eccessivamente.
oversize(d) /ˈəʊvəsaɪz(d)/ agg. **1** *(very big)* enorme; *(too big)* [*shirt, boots, sweater*] troppo grande, oversize **2** [*book*] di grande formato.
overskirt /ˈəʊvəskɜːt/ n. sopraggonna f.
oversleep /ˌəʊvəˈsliːp/ intr. (pass., p.pass. **-slept**) restare addormentato, non svegliarsi in tempo; ***sorry I'm late - I overslept*** scusate il ritardo - sono rimasto addormentato.
oversleeve /ˌəʊvəˈsliːv/ n. manichetta f., mezza manica f.
overslept /ˌəʊvəˈslept/ pass., p.pass. → **oversleep.**
oversold /ˌəʊvəˈsəʊld/ **I** p.pass. → **oversell** **II** agg. ECON. [*market*] caratterizzato da vendite eccessive.
oversoul /ˈəʊvəsəʊl/ n. FILOS. anima f. cosmica, del mondo.
1.overspend /ˌəʊvəˈspend/ n. *(in public spending)* sforamento m. budgetario.
2.overspend /ˌəʊvəˈspend/ **I** tr. (pass., p.pass. **-spent**) spendere più di [*budget, income*] **II** intr. (pass., p.pass. **-spent**) spendere troppo; ***they've overspent by £ 500*** hanno speso 500 sterline più del previsto.
overspending /ˌəʊvəˈspendɪŋ/ **I** n. **U** spesa f. eccessiva; ECON. AMM. sforamento m. budgetario **II** agg. [*council*] che spende più del previsto.
overspent /ˌəʊvəˈspent/ pass., p.pass. → **2.overspend**.
overspill /ˈəʊvəspɪl/ **I** n. sovrappopolazione f., eccesso m. di popolazione **II** modif. ***an*** ~ ***(housing) development*** un'opera di urbanizzazione satellite; ~ ***population*** popolazione in eccesso; ~ ***town*** città satellite.
overspread /ˌəʊvəˈspred/ tr. (pass., p.pass. **-spread**) **1** *(diffuse over)* coprire, stendersi sopra **2** *(cover)* spandersi, diffondersi su.
overstaffed /ˌəʊvəˈstɑːft, AE -ˈstæft/ agg. [*company*] con esubero di personale; ***the section was*** ~ nel settore c'era un esubero di personale.
overstaffing /ˌəʊvəˈstɑːfɪŋ, AE -ˈstæfɪŋ/ n. esubero m. di personale.
overstate /ˌəʊvəˈsteɪt/ tr. esagerare, ingrandire; ***to*** ~ ***the case*** gonfiare il caso; ***the importance of this new product cannot be ~d*** l'importanza di questo nuovo prodotto non sarà mai evidenziata abbastanza.
overstatement /ˌəʊvəˈsteɪtmənt/ n. esagerazione f.
overstay /ˌəʊvəˈsteɪ/ tr. prolungare più del previsto [*visit*]; ***to*** ~ ***one's welcome*** trattenersi troppo (come ospite), abusare dell'ospitalità di qcn.; ***to*** ~ ***one's visa*** = restare (in un paese straniero) anche dopo la scadenza del permesso di soggiorno.
overstayer /ˌəʊvəˈsteɪə(r)/ n. = persona il cui permesso di soggiorno, lavoro ecc. in un paese straniero è scaduto.
oversteer /ˈəʊvəstɪə(r)/ intr. sovrasterzare.
overstep /ˌəʊvəˈstep/ tr. (forma in -ing ecc. **-pp-**) oltrepassare [*limits, bounds*]; eccedere [*authority*]; ***to*** ~ ***the mark*** o ***line*** passare il segno *o* oltrepassare i limiti.
1.overstock /ˌəʊvəˈstɒk/ n. = sovrabbondanza di merce in magazzino.
2.overstock /ˌəʊvəˈstɒk/ **I** tr. sovrappopolare [*farm enclosure*] (**with** di); rifornire, stoccare eccessivamente [*shop, factory*] (**with** in) **II** intr. rifornirsi eccessivamente.
overstocked /ˌəʊvəˈstɒkt/ **I** p.pass. → **2.overstock** **II** agg. [*shop*] con una sovrabbondanza di merce in magazzino; ECON. con uno stoccaggio eccessivo; [*farmland*] con troppi animali; ***the farm was*** ~ nella fattoria c'erano troppi animali.
overstocking /ˌəʊvəˈstɒkɪŋ/ n. COMM. sovrastoccaggio m.
1.overstrain /ˈəʊvəˌstreɪn/ n. sforzo m. eccessivo.
2.overstrain /ˌəʊvəˈstreɪn/ **I** tr. sovraffaticare [*heart*]; strapazzare [*animal*]; sfruttare all'eccesso [*resources, reserves*]; deformare, sollecitare [*metal*] **II** rifl. ***to*** ~ ***oneself*** strapazzarsi, sforzarsi troppo.
overstress /ˌəʊvəˈstres/ tr. enfatizzare troppo [*importance*]; LING. accentuare troppo [*syllable*].
overstressed /ˌəʊvəˈstrest/ **I** p.pass. → **overstress** **II** agg. *(person)* sovraffaticato.
overstretched /ˌəʊvəˈstretʃt/ agg. [*budget*] con uno sforamento; [*resources*] sovrautilizzato; ***she is*** ~ ha troppi impegni.
overstrung /ˌəʊvəˈstrʌŋ/ agg. ~ ***piano*** pianoforte a corde incrociate.
overstuff /ˌəʊvəˈstʌf/ tr. imbottire, riempire (anche FIG.).

overstuffed /ˌəʊvəˈstʌft/ **I** p.pass. → **overstuff II** agg. ***an ~ armchair*** una poltrona troppo imbottita.

oversubscribe /ˌəʊvəsəbˈskraɪb/ tr. richiedere in eccesso [*tickets*].

oversubscribed /ˌəʊvəsəbˈskraɪbd/ **I** p.pass. → **oversubscribe II** agg. [*offer, tickets*] in eccesso di domanda; ***an ~ share issue*** una emissione di azioni sottoscritta in eccesso.

1.oversupply /ˌəʊvəsəˈplaɪ/ n. → **1.overstock**.

2.oversupply /ˌəʊvəsəˈplaɪ/ tr. e intr. → **2.overstock**.

overt /ˈəʊvɜːt, AE əʊˈvɜːrt/ agg. aperto, manifesto.

▷ **overtake** /ˌəʊvəˈteɪk/ **I** tr. (pass. **-took**; p.pass. **-taken**) **1** *(pass)* [*vehicle*] BE superare, sorpassare; [*person*] superare, passare **2** *(catch up with)* raggiungere **3** FIG. [*disaster, change, misfortune*] sconvolgere [*project, country*]; [*fear, surprise*] assalire [*person*]; [*storm*] sorprendere [*person*]; ***he was overtaken by*** o ***with fear*** è stato assalito dalla paura; ***utter weariness overtook me*** un'estrema stanchezza si è impadronita di me; ***to be overtaken by events*** essere sopraffatto dagli eventi **4** FIG. *(take the lead over)* passare davanti a [*team, economy*] **5** *(supplant)* [*problem, question*] prendere il posto di; ***his fear was overtaken by embarrassment*** la sua paura ha lasciato il posto all'imbarazzo **II** intr. (pass. **-take**; p.pass. **-taken**) BE [*vehicle*] superare, sorpassare; [*person*] passare.

overtaking /ˌəʊvəˈteɪkɪŋ/ n. AUT. sorpasso m.; ***"no ~"*** "divieto di sorpasso".

overtask /ˌəʊvəˈtɑːsk/ tr. affidare un compito troppo gravoso a.

overtax /ˌəʊvəˈtæks/ **I** tr. **1** *(strain)* sovraccaricare, pretendere troppo da **2** ECON. AMM. oberare di tasse **II** rifl. ***to ~ oneself*** sovraccaricarsi.

over-the-counter /ˌəʊvəðəˈkaʊntə(r)/ **I** agg. [*medicines*] da banco; ECON. fuoriborsa **II** avv. ***to sell medicines over the counter*** vendere medicinali da banco, senza prescrizione medica.

over-the-top /ˌəʊvəðəˈtɒp/ agg. COLLOQ. **1** attrib. esagerato **2** dopo verbo ***to go over the top*** *(with anger)* uscire dai gangheri (**about** per); *(overreact)* reagire in modo eccessivo; ***to go over the top with one's hairstyle, clothes*** avere una pettinatura esagerata, dei vestiti esagerati.

1.overthrow /ˈəʊvəθrəʊ/ n. POL. rovesciamento m.

▷ **2.overthrow** /ˌəʊvəˈθrəʊ/ tr. (pass. **-threw**; p.pass. **-thrown**) POL. rovesciare [*government, system*]; FIG. demolire, abbattere [*values, standards*].

▷ **overtime** /ˈəʊvətaɪm/ **I** n. **1** *(extra hours)* straordinario m.; ***to put in*** o ***do ~*** fare del lavoro straordinario, gli straordinari **2** (anche **~ pay**) *(extra pay)* straordinario m.; ***to earn £ 50 in ~*** guadagnare 50 sterline di straordinario **3** AE SPORT tempo m. supplementare; ***to play ~*** giocare i supplementari **II** avv. ***to work ~*** [*person*] fare gli straordinari (anche FIG.); [*imagination*] lavorare senza sosta.

overtime ban /ˈəʊvətaɪmˌbæn/ n. proibizione f. dello straordinario.

overtime rate /ˈəʊvətaɪmˌreɪt/ n. tasso m. di retribuzione di lavoro straordinario.

overtire /ˌəʊvəˈtaɪə(r)/ **I** tr. strapazzare, stancare troppo **II** rifl. ***to ~ oneself*** strapazzarsi, stancarsi troppo.

overtired /ˌəʊvəˈtaɪəd/ **I** p.pass. → **overtire II** agg. strapazzato; [*baby, child*] stanco e capriccioso.

overtly /ˈəʊvɜːtlɪ, AE əʊˈvɜːtlɪ/ avv. apertamente.

overtone /ˈəʊvətəʊn/ n. **1** *(nuance)* sottinteso m., connotazione f.; ***~s of racism*** sottintesi razzisti(ci) **2** *(similarity)* tono m., sfumatura f.; ***to have ~s of Proust*** avere toni proustiani **3** MUS. armonica f. superiore.

overtook /ˌəʊvəˈtʊk/ pass. → **overtake**.

overtop /ˌəʊvəˈtɒp/ tr. (forma in -ing ecc. **-pp-**) **1** *(surmount)* elevarsi al di sopra di, sovrastare **2** ANT. *(excel)* essere superiore a, sovrastare.

overtrade /ˌəʊvəˈtreɪd/ intr. svolgere un'attività commerciale eccedente i propri mezzi.

overtrain /ˌəʊvəˈtreɪn/ **I** tr. fare svolgere un superallenamento a **II** intr. svolgere un superallenamento.

overtrick /ˈəʊvətrɪk/ n. *(in bridge)* presa f. supplementare.

overtrump /ˌəʊvəˈtrʌmp/ tr. GIOC. giocare un atout più alto di.

overture /ˈəʊvətjʊə(r)/ n. **1** MUS. ouverture f. (**to** a) **2** (anche **overtures**) *(approach) (social)* approccio m. (**to** verso); *(business)* proposta f.; ***to make friendly ~s*** fare delle offerte di amicizia; ***romantic ~s*** avances.

overturn /ˌəʊvəˈtɜːn/ **I** tr. **1** *(roll over)* rovesciare [*car, chair*]; capovolgere [*boat*] **2** *(reverse)* revocare [*decision*]; cassare [*sentence, judgment, ruling*]; fare vacillare [*majority*] **II** intr. [*car, chair*] rovesciarsi; [*boat*] capovolgersi.

1.overuse /ˌəʊvəˈjuːs/ n. **1** *(of word, product)* abuso m. **2** *(of facility)* uso m. eccessivo; ***to be worn through ~*** essere consumato dall'uso eccessivo.

2.overuse /ˌəʊvəˈjuːz/ tr. fare un uso eccessivo di [*machine*]; abusare di [*chemical, service, word*].

overvalue /ˌəʊvəˈvæljuː/ tr. ECON. sopravvalutare [*currency, property*].

▷ **overview** /ˈəʊvəvjuː/ n. visione f. d'insieme, panoramica f. (**of** di).

overvoltage /ˌəʊvəˈvəʊltɪdʒ/ n. sovratensione f.

overweening /ˌəʊvəˈwiːnɪŋ/ agg. **1** *(conceited)* arrogante, presuntuoso **2** *(excessive)* eccessivo, smodato.

overweeningly /ˌəʊvəˈwiːnɪŋlɪ/ avv. **1** *(conceitedly)* arrogantemente, presuntuosamente **2** *(excessively)* eccessivamente, smodatamente.

overweigh /ˌəʊvəˈweɪ/ tr. **1** *(outweigh)* pesare più di **2** *(oppress)* opprimere, soverchiare.

▷ **overweight** /ˌəʊvəˈweɪt/ agg. **1** [*person*] sovrappeso; ***to be ~*** essere (in) sovrappeso; ***to be ~ by a few kilos*** avere qualche chilo di troppo **2** [*parcel, suitcase*] in sovrappeso; ***to be ~*** pesare troppo; ***my case is 10 kilos ~*** la mia valigia supera di 10 chili il peso consentito.

overwhelm /ˌəʊvəˈwelm, AE -ˈhwelm/ tr. **1** [*wave, avalanche*] sommergere; [*flood*] inondare; [*enemy*] schiacciare, sopraffare **2** FIG. [*emotion, letters, offers, phone calls*] sommergere, inondare; [*feeling*] invadere; [*shame, unhappiness, work*] opprimere; [*favours, kindness*] confondere; ***the film ~ed me*** quel film mi ha coinvolto totalmente.

▷ **overwhelmed** /ˌəʊvəˈwelmd, AE -ˈhwelmd/ **I** p.pass. → **overwhelm II** agg. *(with letters, offers, phone calls, kindness)* sommerso (**with**, **by** di); *(with shame, unhappiness, work)* oppresso (**with**, **by** da); *(by sight, experience)* sopraffatto (**by** da).

▷ **overwhelming** /ˌəʊvəˈwelmɪŋ, AE -ˈhwelm-/ agg. [*defeat, victory, majority, argument, evidence*] schiacciante; [*desire, beauty, generosity, welcome*] travolgente; [*force, effect*] implacabile; [*heat, sorrow*] opprimente; [*concern, importance, impression*] dominante; [*response, support*] entusiasta; [*conviction*] assoluto.

overwhelmingly /ˌəʊvəˈwelmɪŋlɪ, AE -ˈhwelm-/ avv. [*beautiful, generous, successful*] straordinariamente; [*win, lose*] in modo schiacciante; [*vote, accept, reject*] con una maggioranza schiacciante, in massa; ***the country is ~ Protestant*** il paese è per la stragrande maggioranza protestante; ***the meeting was ~ in favour of the motion*** la riunione ha approvato la mozione con una maggioranza schiacciante.

overwind /ˌəʊvəˈwaɪnd/ tr. (pass., p.pass. **-wound**) caricare troppo [*spring, watch*].

overwinter /ˌəʊvəˈwɪntə(r)/ **I** tr. fare svernare [*animal*]; proteggere [qcs.] dal freddo [*plant*] **II** intr. [*animal, plant*] ibernare, svernare.

1.overwork /ˈəʊvəwɜːk/ n. superlavoro m.

2.overwork /ˌəʊvəˈwɜːk/ **I** tr. strapazzare, fare lavorare troppo [*animal, employee, heart*] **II** intr. lavorare troppo.

overworked /ˌəʊvəˈwɜːkt/ **I** p.pass. → **2.overwork II** agg. **1** [*employee, parent*] affaticato dal lavoro, stressato **2** [*excuse, word*] troppo elaborato.

overwound /ˌəʊvəˈwaʊnd/ pass., p.pass. → **overwind**.

overwrite /ˌəʊvəˈraɪt/ tr. (pass. **-wrote**; p.pass. **-written**) INFORM. sovrascrivere [*data, memory*].

overwrought /ˌəʊvəˈrɔːt/ agg. nervoso, teso, sovreccitato; ***to get ~ about sth.*** entrare in uno stato di sovreccitazione per qcs.

overzealous /ˌəʊvəˈzeləs/ agg. [*person, attitude*] troppo zelante; [*use*] eccessivo.

Ovid /ˈɒvɪd/ n.pr. Ovidio.

Ovidian /ˈɒvɪdɪən/ agg. ovidiano.

oviduct /ˈəʊvɪdʌkt/ n. ovidotto m.

oviform /ˈəʊvɪfɔːm/ agg. BIOL. oviforme.

ovine /ˈəʊvaɪn/ agg. ovino.

oviparous /əʊˈvɪpərəs/ agg. oviparo.

ovoid /ˈəʊvɔɪd/ **I** n. ovoide m. **II** agg. ovoide, ovoidale.

ovoviviparous /ˌəʊvəʊvɪˈvɪpərəs/ agg. ovoviviparo.

ovular /ˈɒvjʊlə(r), ˈəʊ-/ agg. ovulare.

ovulate /ˈɒvjʊleɪt/ intr. ovulare.

ovulation /ˌɒvjʊˈleɪʃn/ n. ovulazione f.

ovule /ˈəʊvjuːl/ n. ovulo m.

ovum /ˈəʊvəm/ n. (pl. **-a**) ovulo m.

ow /aʊ/ inter. ahi.

▶ **owe** /əʊ/ tr. **1** *(be indebted for)* dovere [*money, invention, life, success*]; ***to ~ sth. to sb.*** dovere qcs. a qcn. [*good looks, talent, failure*]; dovere qcs. a qcn., essere debitore di qcs. a qcn. [*money*]; ***I ~***

him £ 10 for the ticket gli devo 10 sterline per il biglietto; ***he still ~s us for the ticket*** ci deve ancora dei soldi per il biglietto; ***I've forgotten my purse, can I ~ it to you?*** ho dimenticato il portafoglio, posso restituirteli più tardi? ***my mother, to whom I ~ so much*** mia madre, a cui devo così tanto; ***I ~ you a favour, I ~ you one*** COLLOQ. a buon rendere; ***he ~s me a favour, he ~s me one*** COLLOQ. mi deve un favore **2** *(be morally bound to give)* dovere [*apology, duty, loyalty, explanation, thanks*]; ***you ~ it to your parents to work hard*** lavorare molto è un dovere nei confronti dei tuoi genitori; ***you ~ it to yourself to try everything*** è un dovere verso te stesso di fare ogni tentativo possibile; ***don't think the world ~s you a living!*** COLLOQ. non credere che tutto ti sia dovuto! **3** *(be influenced by)* ***to ~ much, something to sb.*** dovere molto, qualcosa a qcn.; ***his style ~s much to the Impressionists*** il suo stile ha preso molto dagli *o* deve molto agli impressionisti.

Owen /'əʊɪn/ n.pr. Owen (nome di uomo).

owing /'əʊɪŋ/ agg. **1** da pagare, dovuto (**for** per); ***how much is ~ to you?*** quanto vi è dovuto? ***£ 20 is still ~*** deve ancora 20 sterline; ***the amount*** o ***sum ~*** la somma dovuta **2 owing to** a causa di; ***~ to the fact that*** poiché.

▷ **owl** /aʊl/ n. gufo m.; *(with tufted ears)* civetta f. ◆ ***a wise old ~*** un vecchio saggio.

owlet /'aʊlɪt/ n. gufo m. giovane; *(with tufted ears)* civetta f. giovane.

owlish /'aʊlɪʃ/ agg. [*appearance, gaze*] da gufo; [*expression*] solenne.

owlishly /'aʊlɪʃlɪ/ avv. solennemente.

owl-light /'aʊl,laɪt/ n. crepuscolo m.

owl pigeon /'aʊl,pɪdʒɪn, -,dʒn/ n. = varietà di piccione.

▶ **1.own** /əʊn/ **I** agg. *(belonging to particular person, group etc.)* proprio; ***his ~ car, house*** la sua auto, casa; ***my ~ sister, daughter*** mia sorella, figlia; ***his ~ children*** i suoi figli; ***to have one's ~ business*** avere una ditta in proprio; ***to start one's ~ business*** mettersi in proprio; ***the company has its ~ lawyer*** la ditta ha un suo avvocato; ***he has his ~ ideas about what the truth is*** ha una sua idea su quale sia la verità; ***he is responsible to his ~ government, department*** deve rendere conto al suo governo, reparto; ***don't ask him to do it, he has his ~ problems*** non chiedere a lui di farlo, ha già (abbastanza) problemi per conto suo; ***for your, his, their ~ safety*** per la tua, sua, loro sicurezza; ***he's very nice in his ~ way*** a modo suo è molto gentile; ***the film was, in his ~ words, "rubbish"*** per usare le sue parole, il film era "una schifezza"; ***the house has its ~ garage, garden*** la casa ha un garage, giardino (privato); ***with my ~ eyes*** con i miei stessi occhi; ***she does her ~ cooking, washing*** si fa da mangiare da sola, si lava le cose da sola; ***he makes his ~ decisions*** decide da solo **II** pron. ***I don't have a company car, I use my ~*** non ho la macchina della ditta, uso la mia; ***he didn't borrow it, it's his ~*** non l'ha preso in prestito, è proprio suo; ***she borrowed my pen, because she'd lost her ~*** prese in prestito la mia penna perché aveva perso la sua; ***they have problems of their ~*** hanno (abbastanza) problemi per conto loro; ***when you have children of your ~*** quando avrai figli tuoi; ***he has a room of his ~*** ha una camera tutta per sé; ***I have a suggestion of my ~ to make*** avrei un suggerimento personale da dare; ***a house, a garden of our (very) ~*** una casa (tutta) nostra, un giardino (tutto) nostro; ***it's his (very) ~*** è (tutto) suo; ***we've got nothing to call our ~*** non abbiamo niente che sia proprio nostro; ***my time's not my ~*** non ho neanche un attimo per me stessa ◆ ***to come into one's ~*** entrare in possesso di ciò a cui si ha diritto; FIG. ottenere il giusto riconoscimento; ***to do one's ~ thing*** fare quel che si vuole; ***each to his ~*** ciascuno per sé; ***to get one's ~ back*** vendicarsi (**on sb.** di qcn.); ***to hold one's ~*** tenere duro; ***on one's ~*** da solo; ***to get sb. on their ~*** incontrare qcn. da solo *o* in privato.

▶ **2.own** /əʊn/ **I** tr. **1** *(possess)* avere, possedere [*car, house, dog*]; ***she ~s three shops and a café*** è proprietaria di tre negozi e di un bar; ***who ~s this house, car?*** di chi è questa casa, macchina? ***he walks around as if he ~s the place*** SPREG. si comporta come se questo posto fosse suo **2** *(admit)* riconoscere, ammettere; ***to ~ that*** ammettere che **II** intr. ***to ~ to a mistake*** riconoscere il proprio errore; ***he ~ed to having lied, cheated, forgotten*** ammise di aver mentito, ingannato, dimenticato.

▪ **own up** confessare; ***to ~ up to having done*** o ***to doing*** ammettere *o* confessare di avere fatto; ***to ~ up to the murder, theft*** confessare il delitto, il furto.

own brand /,əʊn'brænd/ **I** n. marchio m. commerciale **II own-brand** modif. [*product*] venduto con il marchio del distributore.

▶ **owner** /'əʊnə(r)/ n. proprietario m. (-a); ***car, dog, home ~*** proprietario di un'auto, di un cane, di una casa; ***previous ~*** vecchio *o* precedente proprietario; ***proud ~*** orgoglioso proprietario; ***legal, rightful ~*** legittimo proprietario; ***share ~*** azionista; ***"one careful ~"*** *(car ad)* "unico proprietario, buono stato".

owner-driver /,əʊnə'draɪvə(r)/ n. padroncino m.

ownerless /'əʊnəlɪs/ agg. [*car*] senza proprietario, abbandonato; [*dog*] senza padrone, randagio.

owner-manager /,əʊnə'mænɪdʒə(r)/ n. proprietario-direttore m.

owner-occupied /,əʊnə'ɒkjʊpaɪd/ agg. [*flat, house*] occupato dal proprietario.

owner-occupier /,əʊnə'ɒkjʊpaɪə(r)/ n. = proprietario che occupa il suo immobile.

▷ **ownership** /'əʊnəʃɪp/ n. proprietà f.; *(of land)* possesso m.; ***foreign ~*** proprietà straniera; ***home ~*** (l')essere proprietario della casa in cui si abita; ***joint ~*** comproprietà; ***private, public ~*** proprietà privata, pubblica; ***property ~*** proprietà immobiliare; ***share ~*** partecipazione al capitale di una società; ***to be in*** o ***under private ~*** essere (una) proprietà privata; ***to take into public ~*** nazionalizzare; ***"under new ~"*** "nuova gestione" *o* "nuovo proprietario"; ***under her ~ the club has flourished*** il club va molto bene da quando è suo; ***home ~ is increasing*** il numero di persone che possiedono la casa in cui abitano è in aumento; ***to provide proof of ~*** dimostrare di essere proprietario.

own goal /,əʊn'gəʊl/ n. autogol m. (anche FIG.).

own label /,əʊn'leɪbl/ n. → **own brand**.

ownsome /'əʊnsəm/ n. BE COLLOQ. SCHERZ. ***all on one's ~*** tutto (da) solo.

owt /aʊt/ pron. BE → **aught**.

ox /ɒks/ n. (pl. **oxen**) bue m. ◆ ***as strong as an ~*** forte come un toro; ***a blow that would have felled an ~*** un colpo che avrebbe steso un elefante.

oxalate /'ɒksə,leɪt/ n. ossalato m.

oxalic /ɒk'sælɪk/ agg. ossalico.

oxalic acid /,ɒksælɪk'æsɪd/ n. acido m. ossalico.

oxalis /'ɒksəlɪs/ n. acetosella f.

ox-bird /'ɒksbɜːd/ n. piovanello m. pancianera.

oxblood /'ɒksblʌd/ ➧ **5 I** n. rosso m. cupo, bordeaux m. **II** agg. [*shoes, polish*] bordeaux.

oxbow /'ɒksbəʊ/ n. **1** GEOGR. meandro m. (a forma di ferro di cavallo) **2** → **oxbow lake**.

oxbow lake /'ɒksbəʊ,leɪk/ n. lanca f.

Oxbridge /'ɒksbrɪdʒ/ n. = le università di Oxford e di Cambridge.

ox cart /'ɒkskɑːt/ n. carro m. (trainato) da buoi.

oxen /'ɒksn/ → **ox**.

ox-eyed /'ɒksaɪd/ agg. dagli occhi bovini.

oxeye daisy /,ɒksaɪ'deɪzɪ/ n. margherita f.

Oxfam /'ɒksfæm/ n. (⇒ Oxford Committee for Famine Relief) = comitato che raccoglie fondi per aiutare i paesi colpiti dalla carestia.

Oxford /'ɒksfəd/ ➧ ***34*** n.pr. Oxford f.

Oxford bags /'ɒksfəd,bægs/ n.pl. *(in fashion)* = pantaloni a gamba larga.

Oxford blue /,ɒksfəd'bluː/ ➧ **5 I** n. blu m. scuro **II** agg. blu scuro.

Oxford movement /'ɒksfəd,muːvmənt/ n. RELIG. movimento m. di Oxford.

oxfords /'ɒksfədz/ n.pl. = scarpe classiche da uomo basse e stringate.

Oxfordshire /'ɒksfədʃə(r)/ ➧ ***24*** n.pr. Oxfordshire m.

oxhide /'ɒkshaɪd/ n. cuoio m., pelle f. di bue.

oxidant /'ɒksɪdənt/ n. ossidante m.

oxidase /'ɒksɪdeɪz/ n. ossidasi f.

oxidation /,ɒksɪ'deɪʃn/ n. ossidazione f.

oxidation-reduction /,ɒksɪ'deɪʃnrɪ,dʌkʃn/ n. ossidoriduzione f.

oxide /'ɒksaɪd/ n. ossido m.

oxidize /'ɒksɪdaɪz/ **I** tr. ossidare **II** intr. ossidarsi.

oxidizer /'ɒksɪdaɪzə(r)/ n. (agente) ossidante m.

oxidizing /'ɒksɪdaɪzɪŋ/ agg. ossidante.

oxine /'ɒksiːn/ n. ossina f.

oxlip /'ɒkslɪp/ n. BOT. primavera f. maggiore.

1.Oxon GB ⇒ Oxfordshire Oxfordshire.

2.Oxon /'ɒksən/ GB UNIV. ⇒ Oxoniensis Università di Oxford; ***Tom Lewis MA (~)*** Tom Lewis MA (Università di Oxford).

Oxonian /ɒk'səʊnɪən/ **I** n. FORM. **1** *(graduate)* laureato m. (-a) dell'università di Oxford **2** *(inhabitant)* oxoniense m. e f. **II** agg. FORM. oxoniense, di Oxford.

oxtail soup /,ɒksteɪl'suːp/ n. zuppa f. di coda di bue.

ox tongue /'ɒkstʌŋ/ n. lingua f. di bue.

oxyacetylene /,ɒksɪə'setɪliːn/ agg. ossiacetilenico.

oxyacetylene burner /ˌɒksɪəˈsetɪliːnˌbɜːnə(r)/, **oxyacetylene lamp** /ˌɒksɪəˈsetɪliːnˌlæmp/, **oxyacetylene torch** /ˌɒksɪəˈsetɪliːnˌtɔːtʃ/ n. cannello m. ossiacetilenico.
oxygen /ˈɒksɪdʒən/ **I** n. ossigeno m.; ***to be on ~*** MED. essere sotto ossigeno **II** modif. [*bottle, cylinder, supply, tank*] di ossigeno; [*mask, tent*] a ossigeno.
oxygenase /ˈɒksɪdʒəneɪs/ n. ossigenasi f.
oxygenate /ɒkˈsɪdʒəneɪt/ tr. ossigenare.
oxygenation /ˌɒksɪdʒəˈneɪʃn/ n. ossigenazione f.
oxygenize /ɒkˈsɪdʒənaɪz/ tr. → **oxygenate**.
oxyhydrogen /ɒksɪˈhaɪdrədʒən/ agg. ossidrico.
oxymoron /ˌɒksɪˈmɔːrɒn/ n. (pl. **-a**) LETTER. ossimoro m.
oxytone /ˈɒksɪˌtəʊn/ **I** n. (parola) ossitona f. **II** agg. ossitono.
oyer /ˈɔɪə(r)/ n. DIR. udienza f.
oyes /əʊˈjes/, **oyez** /əʊˈjez/ inter. udite (udite).
oyster /ˈɔɪstə(r)/ **I** n. **1** ZOOL. ostrica f. **2** *(colour)* grigioverde m. **3** GASTR. *(part of fowl)* noce f. **II** modif. [*knife*] da ostriche; [*sauce*] alle ostriche; [*shell*] d'ostrica ◆ ***the world's your ~*** il mondo è tuo.
oyster bed /ˈɔɪstəbed/ n. banco m. d'ostriche.
oyster catcher /ˈɔɪstəˌkætʃə(r)/ n. ORNIT. ostrichiere m.
oyster cracker /ˈɔɪstəˌkrækə(r)/ n. US = cracker salato che accompagna piatti a base di ostriche o altri molluschi.
oyster farm /ˈɔɪstəfɑːm/ n. *(place)* allevamento m. di ostriche, ostricaio m.
oyster farmer /ˈɔɪstəˌfɑːmə(r)/ ♦ *27* n. ostricoltore m. (-trice).
oysterman /ˈɔɪstəmən/ ♦ *27* n. (pl. **-men**) ostricaio m.
oyster mushroom /ˈɔɪstəˌmʌʃruːm, -rʊm/ n. BOT. gelone m.
oz ⇒ ounce(s) oncia, once.
Oz /ɒz/ n. BE COLLOQ. Australia f.
ozocerite /əʊˈzɒsəraɪt/, **ozokerite** /əʊˈzəʊkəraɪt/ n. ozocerite f., ozocherite f.
ozone /ˈəʊzəʊn/ n. **1** CHIM. METEOR. ozono m. **2** COLLOQ. *(sea air)* aria f. pura di mare.
ozone-depleting /ˈəʊzəʊndɪˌpliːtɪŋ/ agg. [*chemical, gas*] che danneggia l'ozono.
ozone depletion /ˈəʊzəʊndɪˌpliːʃn/ n. riduzione f. dello strato di ozono.
ozone distribution /ˈəʊzəʊndɪstrɪˌbjuːʃn/ n. distribuzione f. dello strato di ozono.
ozone-friendly /ˌəʊzəʊnˈfrendlɪ/ agg. che non danneggia l'ozono.
ozone layer /ˈəʊzəʊnˌleɪə(r)/ n. strato m. di ozono.
ozone value /ˈəʊzəʊnˌvæljuː/ n. percentuale f. di ozono.
ozonic /əʊˈzɒnɪk/ agg. ozonico.
ozonization /əʊzəʊnaɪˈzeɪʃn, AE -nɪˈz-/ n. ozonizzazione f.
ozonize /ˈəʊzəʊnaɪz/ tr. ozonizzare.
ozonizer /ˈəʊzəʊnaɪzə(r)/ n. ozonizzatore m.
ozonosphere /əʊˈzəʊnəsfɪə(r)/ n. ozonosfera f.
ozonotherapy /əʊˌzəʊnəˈθerəpɪ/ n. ozonoterapia f.
Ozzie /ˈɒzɪ/ n. SPREG. australiano m. (-a).

p

p, P /piː/ n. **1** *(letter)* p, P m. e f. **2 p** BE (⇒ penny, pence) penny m. ◆ ***you'd better mind*** o ***watch your p's and q's*** attento a quel(lo) che dici *o* fai.

pa /pɑː/ n. COLLOQ. papà m.

p.a. ⇒ per annum all'anno.

PA 1 ⇒ personal assistant assistente personale **2** ⇒ public address (system) sistema di diffusione sonora; ***to announce sth. over the ~*** annunciare qcs. per altoparlante **3** US ⇒ Pennsylvania Pennsylvania.

pabulum /ˈpæbjʊləm/ n. pabulo m.

PAC n. (⇒ political action committee) = comitato di sostegno che raccoglie contributi volontari a favore di un candidato o partito politico.

paca /ˈpækə/ n. paca m.

▶ **1.pace** /peɪs/ n. **1** *(step)* passo m.; ***to take a ~ backwards, forwards*** fare un passo indietro, avanti **2** *(measure)* passo m.; ***the room measures 12 ~s by 14 ~s*** la stanza misura 12 passi per 14; ***12 ~s away*** a 12 passi **3** *(rate of movement) (of person walking, of life, change)* ritmo m., andatura f.; ***at a fast, slow ~*** velocemente, lentamente; ***at walking ~*** a passo d'uomo; ***to quicken one's ~*** affrettare il passo; ***at my own ~*** al mio ritmo; ***to keep up the ~*** tenere il passo (anche FIG.); ***to keep ~ with sth.*** andare al passo con qcs. (anche FIG.); ***I can't stand the ~*** non riesco a stare al passo (anche FIG.); ***to step up, slow down the ~*** accelerare, rallentare il passo; ***to set the ~*** dare il passo; FIG. fare da battistrada **4** *(speed)* velocità f.; ***to have ~*** essere veloce; ***to gather ~*** [*vehicle, ball*] prendere velocità; [*athlete*] accelerare (il ritmo); [*process*] ampliarsi; ***his lack of ~ let him down*** fu tradito dalla sua lentezza **5** MUS. TEATR. ritmo m. ◆ ***to put sb. through their ~s*** mettere qcn. alla prova.

2.pace /peɪs/ **I** tr. percorrere, misurare (a passi) [*cage, room*] **II** intr. (anche **~ up and down**) *(slowly)* camminare su e giù; *(impatiently)* misurare a grandi passi; ***to ~ up and down sth.*** misurare qcs. a grandi passi **III** rifl. ***to ~ oneself*** *(in a race)* dosare i propri sforzi; *(at work)* gestirsi.

3.pace /ˈpeɪsɪ/ prep. FORM. con tutto il rispetto per, con il dovuto rispetto per.

paced /ˈpeɪst/ **I** p.pass. → **2.pace II** agg. **1** *(measured by paces)* misurato (a passi) **2** *(having a specified pace)* in composti ***fast-~, slow-~*** dal passo veloce, lento; ***even-~*** dal passo regolare.

pacemaker /ˈpeɪsmeɪkə(r)/ n. **1** MED. pacemaker m., stimolatore m. cardiaco **2** SPORT battistrada m., lepre f.

pacer /ˈpeɪsə(r)/ n. **1** EQUIT. ambiatore m. **2** SPORT battistrada m.

pacesetter /ˈpeɪssetə(r)/ n. **1** SPORT *(horse)* ambiatore m.; *(athlete)* battistrada m. **2** FIG. *(trendsetter)* pioniere m. (-a).

pachyderm /ˈpækɪdɜːm/ n. pachiderma m.

pachydermatous /ˌpækɪˈdɜːmətəs/ agg. pachidermico; FIG. [*person*] dalla pelle dura.

pacifiable /ˈpæsɪfaɪəbl/ agg. pacificabile.

pacific /pəˈsɪfɪk/ agg. pacifico.

▷ **Pacific** /pəˈsɪfɪk/ ❥ **20** n.pr. ***the ~*** il Pacifico.

pacifically /pəˈsɪfɪklɪ/ avv. pacificamente.

pacification /ˌpæsɪfɪˈkeɪʃn/ n. pacificazione f.

pacificatory /pəˈsɪfɪkətərɪ, AE -tɔːrɪ/ agg. pacificatore.

Pacific Daylight Time /pəˌsɪfɪkˈdeɪlaɪtˌtaɪm/ n. AE = ora legale adottata nella zona dell'America settentrionale che si affaccia sul Pacifico.

Pacific Islands /pəˌsɪfɪkˈaɪləndz/ n.pl. isole f. del Pacifico.

Pacific Ocean /pəˌsɪfɪkˈəʊʃn/ ❥ **20** n.pr. oceano m. Pacifico.

Pacific Rim /pəˌsɪfɪkˈrɪm/ n. cintura f. del Pacifico.

Pacific Standard Time /pəˌsɪfɪkˈstændədˌtaɪm/ n. = ora solare della zona dell'America settentrionale che si affaccia sul Pacifico.

pacifier /ˈpæsɪfaɪə(r)/ n. AE *(for baby)* ciuccio m., succhiotto m.

pacifism /ˈpæsɪfɪzəm/ n. pacifismo m.

pacifist /ˈpæsɪfɪst/ **I** agg. pacifista **II** n. pacifista m. e f.

pacify /ˈpæsɪfaɪ/ tr. **1** pacificare, tranquillizzare [*person*] **2** MIL. POL. pacificare [*country*].

▶ **1.pack** /pæk/ **I** n. **1** *(container) (box)* pacco m.; *(large box)* scatola f.; *(bag)* sacchetto m.; ***a cigarette ~*** un pacchetto di sigarette; ***a cornflakes ~*** una scatola di cornflakes **2** *(group) (of wolves, dogs)* branco m.; *(of people)* banda f.; *(of hounds, in hunting)* muta f.; *(of cub scouts, brownies)* branco m. **3** SPORT *(in rugby)* pacchetto m.; *(in race)* gruppo m. **4** GIOC. *(of cards)* mazzo m. **5** *(load) (backpack)* zaino m.; *(carried by animal)* soma f. **6** MED. impacco m.; *(smaller)* compressa f. **II -pack** in composti ***a two, four-~*** *(of cassettes, beer)* una confezione da due, quattro ◆ ***a ~ of lies*** un sacco di bugie.

▶ **2.pack** /pæk/ **I** tr. **1** *(stow) (in suitcase)* mettere [qcs.] in valigia [*clothes*]; *(in box, crate)* imballare, impacchettare [*ornaments, books*] **2** *(put things into)* riempire [*box, crate*]; ***to ~ one's suitcase*** fare *o* preparare la valigia; ***to ~ one's bags*** fare i bagagli (anche FIG.); ***to ~ sth. with*** riempire qcs. di **3** *(package commercially)* imballare, impacchettare [*fruit, meat, goods*] **4** *(cram into)* [*people, crowd*] stiparsi in, affollare [*church, theatre, stadium*]; riempire [*corner, hole, gap*] (**with** di); ***to be ~ed with*** essere pieno zeppo di [*people*]; essere pieno di [*ideas, sweets*]; ***to ~ sth. into a hole*** tappare un buco con qcs. **5** *(press firmly)* pressare [*snow, earth*] **6** COLLOQ. *(carry)* portare, avere addosso [*pistol, gun*] **7** POL. *(influence composition of)* ***to ~ a jury, committee*** scegliersi una giuria, un comitato favorevole; ***to ~ a conference, meeting*** fare volgere a proprio favore l'andamento di una conferenza, riunione **II** intr. **1** *(get ready for departure)* [*person*] fare le valigie **2** *(crowd)* ***to ~ into*** stiparsi, affollarsi in [*hall, theatre, church, stadium*] ◆ ***to send sb. ~ing*** cacciare via qcn.

■ **pack away:** ***~ [sth.] away, ~ away [sth.]*** mettere via, riporre [*clothes, books*].

■ **pack in:** ***~ in*** COLLOQ. *(break down)* [*car, machine*] rompersi; [*heart, liver*] collassare, smettere di funzionare; ***~ [sth.] in, ~ in [sth.]*** **1** *(cram in)* fare entrare, pigiare [*people*]; ***that musical is really ~ing them in*** quel musical sta veramente attirando un sacco di pubblico **2** COLLOQ. *(give up)* piantare [*job, boyfriend*]; ***to ~ it all in*** mollare tutto; ***I've ~ed in smoking*** ho smesso di fumare; ***~ it in!*** piantala!

■ **pack off:** ***~ [sb.] off, ~ off [sb.]*** mandare, spedire via; ***to ~ sb. off to*** spedire qcn. a [*school, bed*]; spedire qcn. in [*country*].

▪ **pack up:** *~ up* 1 *(prepare to go)* [*person*] fare i bagagli 2 COLLOQ. *(break down)* [*TV, machine*] guastarsi; [*car*] andare in panne; [*heart, liver*] collassare 3 COLLOQ. *(stop)* smettere, piantare; *~ [sth.] up*, *~ up [sth.]* 1 *(put away)* mettere via [*books, clothes*]; *(in boxes, crates)* imballare, inscatolare [*books, objects*] 2 COLLOQ. *(stop)* ***to ~ up doing*** smettere di fare.

▶ **1.package** /ˈpækɪdʒ/ n. 1 *(parcel)* pacco m., collo m., pacchetto m. 2 *(collection) (of reforms, measures, proposals)* pacchetto m. (**of** di); ***aid ~*** insieme di misure di assistenza; ***an insurance ~*** un pacchetto assicurativo; ***the sunroof is not part of the ~*** il tettuccio apribile non è compreso nel pacchetto; ***the radio is part of the ~*** la radio è compresa nel prezzo 3 AE *(pack)* pacco m. (**of** di) 4 INFORM. pacchetto m., package m.; ***word-processing ~*** package di videoscrittura *o* di trattamento testi 5 → **package holiday**.

▶ **2.package** /ˈpækɪdʒ/ tr. 1 *(put into packaging)* imballare, impacchettare [*goods, object*] 2 *(present, design image for)* confezionare [*product*]; presentare [*policy, proposal*]; curare la campagna pubblicitaria di [*film, singer, band*].

package deal /ˈpækɪdʒˌdiːl/ n. COMM. pacchetto m., offerta f. speciale.

package holiday BE /ˈpækɪdʒˌhɒlɪdeɪ/, **package tour** /ˈpækɪdʒtʊə(r)/, **package vacation** AE /ˈpækɪdʒvəˌkeɪʃn/ n. pacchetto m., viaggio m. tutto compreso, viaggio m. organizzato.

packager /ˈpækɪdʒə(r)/ ➧ *27* n. impacchettatore m. (-trice), imballatore m. (-trice).

▷ **packaging** /ˈpækɪdʒɪŋ/ n. 1 COMM. *(materials)* imballaggio m. 2 *(way thing is presented, promoted) (of product)* confezione f., packaging m.; *(of company, policy, film, singer, politician)* immagine f. pubblica.

pack animal /ˈpækˌænɪml/ n. bestia f. da soma.

pack drill /ˈpækˌdrɪl/ n. BE MIL. = punizione che consiste nel fare marciare i soldati in uniforme di servizio e combattimento completa ◆ ***no names, no ~*** = non ci saranno punizioni.

▷ **packed** /pækt/ I p.pass. → **2.pack** II agg. 1 *(crowded)* pieno zeppo, stracolmo; ***~ with*** pieno zeppo di; ***to play to ~ houses*** TEATR. riempire il teatro *o* fare il tutto esaurito 2 *(having done one's packing)* ***I'm ~*** ho fatto le valigie.

packed lunch /ˌpæktˈlʌntʃ/ n. pranzo m. al sacco.

packer /ˈpækə(r)/ ➧ *27* n. IND. 1 *(person)* imballatore m. (-trice) 2 *(machine)* imballatrice f.

▷ **1.packet** /ˈpækɪt/ I n. 1 *(container) (box)* scatola f., pacchetto m.; *(bag)* sacchetto m., busta f.; *(for drinks)* brick m. 2 *(parcel)* pacco m., collo m. 3 ANT. MAR. postale m. II modif. [*soup*] in busta; [*drink*] in brick ◆ ***to cost, earn a ~*** COLLOQ. costare, guadagnare un pacco di soldi.

2.packet /ˈpækɪt/ tr. impacchettare.

packet switching /ˈpækɪtˌswɪtʃɪŋ/ n. INFORM. commutazione f. di pacchetto.

pack horse /ˈpækhɔːs/ n. cavallo m. da soma.

pack ice /ˈpækaɪs/ n. pack m., banchisa f.

packing /ˈpækɪŋ/ n. 1 COMM. imballaggio m., imballo m.; ***including postage and ~*** spese di imballaggio e di spedizione incluse 2 *(of suitcases)* ***to do one's ~*** fare i bagagli *o* fare le valigie 3 TECN. *(for making water- or gas-tight)* guarnizione f.

packing case /ˈpækɪŋˌkeɪs/ n. cassa f. da imballaggio.

packing density /ˈpækɪŋˌdensɪtɪ/ n. INFORM. = densità delle informazioni immagazzinate.

packing free /ˌpækɪŋˈfriː/ agg. franco d'imballaggio.

packing gland /ˈpækɪŋˌglænd/ n. premistoppa m.

packing house /ˈpækɪŋhaʊs/, **packing plant** /ˈpækɪŋplɑːnt/ n. impresa f. di confezionamento.

packing press /ˈpækɪŋˌpres/ n. pressa f. per imballare.

packman /ˈpækmən/ n. (pl. **-men**) ANT. venditore m. ambulante.

packsack /ˈpæksæk/ n. zaino m.

packsaddle /ˈpæksædl/ n. basto m.

packthread /ˈpækθred/ n. spago m.

packtripper /ˈpæktrɪpə(r)/ n. AE escursionista m. e f., saccopelista m. e f.

▷ **pact** /pækt/ n. patto m., accordo m.; ***to make a ~ with*** concludere, firmare un patto con [*country, government*]; fare un patto con [*person*]; ***to make a ~ with the devil*** fare un patto col diavolo; ***to make a ~ to do*** [*people*] mettersi d'accordo per fare.

pactional /ˈpækʃnl/ agg. pattizio.

▷ **1.pad** /pæd/ n. 1 *(of paper)* blocco m., blocchetto m. 2 *(to prevent chafing or scraping)* imbottitura f., protezione f.; ***rubber, felt ~*** imbottitura di gomma, di feltro 3 *(to absorb or distribute liquid)* tampone m., batuffolo m.; ***make-up remover ~*** tampone struccante; ***scouring ~*** paglietta 4 *(to give shape to sth.)* imbottitura f.; ***foam ~*** imbottitura di gommapiuma 5 *(sticky part on object, plant, animal)* ventosa f. 6 SPORT *(in general)* protezione f.; *(for leg in cricket, hockey)* gambale m., parastinchi m. 7 *(of paw)* cuscinetto m. palmare; *(of finger)* polpastrello m. 8 (anche **launch ~**) piattaforma f. di lancio 9 *(sanitary towel)* assorbente m. igienico 10 ANT. COLLOQ. *(flat)* appartamento m., casa f. 11 AE COLLOQ. *(bribe)* bustarella f.

▷ **2.pad** /pæd/ I tr. (forma in -ing ecc. **-dd-**) 1 *(put padding in, on)* imbottire [*chair, shoulders, bra, jacket*] (**with** con); rivestire [*walls, floor, large surface*]; ***to ~ a wound with cotton wool*** tamponare una ferita con ovatta 2 *(make longer)* → **pad out** II intr. (forma in -ing ecc. **-dd-**) ***to ~ along, around*** camminare con passo felpato.

▪ **pad out:** *~ out [sth.]*, *~ [sth.] out* 1 FIG. inzeppare, infarcire [*essay, book, speech*] (**with** di); allungare [*meal, course, dish*] (**with** con); gonfiare [*bill, expense account*] (**with** con) 2 imbottire [*shoulders, bust, costume*].

padded /ˈpædɪd/ I p.pass. → **2.pad** II agg. [*armrest, bra, seat, jacket*] imbottito (**with** di).

padded cell /ˌpædɪdˈsel/ n. = cella con pareti imbottite per malati mentali.

padded envelope /ˌpædɪdˈenvələʊp, -ˈɒnvə-/ n. busta f. imbottita.

padded income /ˌpædɪdˈɪnkʌm, -ˈɪŋkəm/ n. AE COLLOQ. = reddito incrementato con entrate illecite.

padded shoulder /ˌpædɪdˈʃəʊldə(r)/ n. spalla f. imbottita, ovattata, spallina f.

padder /ˈpædə(r)/ n. condensatore m. in serie.

padding /ˈpædɪŋ/ n. 1 *(stuffing, foam)* imbottitura f.; *(on wall, large surface)* rivestimento m.; ***protective ~*** rivestimento protettivo 2 *(in speech, essay)* riempitivo m. 3 COLLOQ. *(filling food)* = cibo che riempie.

▷ **1.paddle** /ˈpædl/ n. 1 *(oar)* pagaia f. 2 *(on waterwheel)* pala f. 3 *(wade)* ***to go for a ~*** andare a sguazzare (nell'acqua) 4 GASTR. spatola f. 5 AE SPORT racchetta f. da ping-pong.

▷ **2.paddle** /ˈpædl/ I tr. 1 *(row)* ***to ~ a canoe*** pagaiare in canoa 2 *(dip)* immergere [*feet, fingers*] (**in** in) 3 AE *(spank)* sculacciare [*child*] II intr. 1 *(row)* pagaiare 2 *(wade)* [*person*] sguazzare 3 *(swim about)* [*duck, swan*] nuotare, sguazzare.

paddle boat /ˈpædlˌbəʊt/ n. barca f. a pale.

paddle box /ˈpædlˌbɒks/ n. tamburo m. di ruota a pale.

paddle steamer /ˈpædlˌstiːmə(r)/ n. nave f. a ruota, piroscafo m. a ruota.

paddle wheel /ˈpædlˌwiːl/ n. ruota f. a pale.

paddling pool /ˈpædlɪŋˌpuːl/ n. *(public)* piscina f. per bambini; *(inflatable)* piscinetta f. gonfiabile.

1.paddock /ˈpædək/ n. 1 *(field)* prato m. (recintato), paddock m. 2 *(in horseracing)* paddock m. 3 *(in motor racing)* paddock m.

2.paddock /ˈpædək/ n. BE rospo m., rana f.

paddy /ˈpædɪ/ n. 1 *(rice)* riso m. vestito, risone m. 2 → **paddyfield** 3 BE COLLOQ. accesso m. d'ira, attacco m. di rabbia; ***to get into a ~*** avere un accesso di rabbia.

1.Paddy /ˈpædɪ/ n. COLLOQ. SPREG. irlandese m.

2.Paddy /ˈpædɪ/ n.pr. diminutivo di **Patrick**.

paddyfield /ˈpædɪˌfiːld/ n. risaia f.

paddy wagon /ˈpædɪˌwægən/ n. AE COLLOQ. *(van)* cellulare m.

1.padlock /ˈpædlɒk/ n. lucchetto m.

2.padlock /ˈpædlɒk/ tr. chiudere col lucchetto [*door, gate, bicycle*].

padre /ˈpɑːdreɪ/ n. *(priest)* padre m.; MIL. *(chaplain)* cappellano m.

padsaw /ˈpædsɔː/ n. saracco m.

Padua /ˈpædjuːə/ ➧ *34* n.pr. Padova f.

Paduan /ˈpædjuːən/ I agg. padovano II n. padovano m. (-a).

paean /ˈpiːən/ n. LETT. peana m. (anche FIG.) (**to** a).

paederast → **pederast.**

paederasty → **pederasty.**

paediatric → **pediatric.**

paediatrician → **pediatrician.**

paediatrics → **pediatrics.**

paedophile → **pedophile.**

paedophilia → **pedophilia.**

paella /paɪˈelə/ n. paella f.

pagan /ˈpeɪgən/ I agg. pagano II n. pagano m. (-a).

paganish /ˈpeɪgənɪʃ/ agg. pagano.

paganism /ˈpeɪgənɪzəm/ n. paganesimo m.

paganize /ˈpeɪgənaɪz/ I tr. paganizzare, rendere pagano II intr. diventare pagano.

▶ **1.page** /peɪdʒ/ n. 1 *(in book, newspaper)* pagina f.; ***on ~ two*** a pagina due; ***a six ~ letter*** una lettera di sei pagine; ***the book is 200 ~s long*** è un libro di 200 pagine; ***two ~s on fishing*** due pagine sulla *o* dedicate alla pesca; ***financial ~*** pagina economica; ***sports ~***

pagina sportiva; ***women's* ~** rubrica femminile **2** INFORM. pagina f. **3** FIG. *(episode)* pagina f. ◆ ***to turn the* ~ *on sth.*** voltare pagina su qcs.

2.page /peɪdʒ/ tr. **1** numerare le pagine di [*book*] **2** INFORM. TIP. impaginare.

3.page /peɪdʒ/ n. **1** STOR. *(boy training for knighthood)* paggio m. **2** *(attendant) (in hotel)* groom m., fattorino m.; AE *(in Congress)* commesso m.

4.page /peɪdʒ/ tr. *(on pager)* chiamare con il cercapersone; *(over loudspeaker)* fare chiamare; ***"paging Mr Jones"*** "il signor Jones (è desiderato) al telefono".

pageant /ˈpædʒənt/ n. *(play)* ricostruzione f. storica; *(carnival)* festa f. a tema storico ◆ ***it's all part of life's rich* ~** IRON. la vita è bella perché è varia.

pageantry /ˈpædʒəntrɪ/ n. pompa f., sfarzo m.

pageboy /ˈpeɪdʒbɔɪ/ n. **1** *(bride's attendant)* paggetto m. **2** *(hairstyle)* acconciatura f. alla paggio.

page break /ˈpeɪdʒˌbreɪk/ n. INFORM. interruzione f. di pagina.

page number /ˈpeɪdʒˌnʌmbə(r)/ n. numero m. di pagina.

page proof /ˈpeɪdʒˌpruːf/ n. TIP. bozza f. impaginata, impaginato m.

pager /ˈpeɪdʒə(r)/ n. TEL. cercapersone m.

page reference /ˈpeɪdʒˌrefərəns/ n. rimando m. a pagina.

page set-up /ˈpeɪdʒˌsetʌp/ n. INFORM. impostazione f. di pagina.

page three /ˌpeɪdʒˈθriː/ n. BE = terza pagina di un giornale popolare con foto di ragazze spesso svestite.

page three girl /ˌpeɪdʒˈθriːˌɡɜːl/ n. BE = pin-up girl che compare sulla terza pagina di un giornale popolare spesso svestita.

page turner /ˈpeɪdʒˌtɜːnə(r)/ n. BE = libro che si fa leggere tutto d'un fiato.

paginal /ˈpædʒɪnl/, **paginary** /ˈpædʒɪnərɪ/ agg. **1** *(of page)* di pagina **2** *(page by page)* pagina per pagina.

paginate /ˈpædʒɪneɪt/ tr. numerare le pagine di [*book*].

pagination /ˌpædʒɪˈneɪʃn/ n. paginatura f.

paging /ˈpeɪdʒɪŋ/ n. INFORM. paginazione f.

pagoda /pəˈɡəʊdə/ n. pagoda f.

pagoda tree /pəˈɡəʊdəˌtriː/ n. robinia f. del Giappone.

pagurian /pəˈɡjʊərɪən/ n. paguro m.

pah /pɑː/ inter. *(expressing disgust, disdain)* puah.

▷ **paid** /peɪd/ **I** pass., p.pass. → **2.pay II** agg. [*job*] rimunerato, pagato; [*holiday*] pagato; ~ ***assassin*** sicario ◆ ***to put* ~ *to sth.*** BE porre termine a qcs.

paid-up /ˌpeɪdˈʌp/ agg. BE [*payment, instalment*] aggiornato; [*share, capital*] versato.

paid-up member /ˌpeɪdʌpˈmembə(r)/ n. BE = membro in regola con il pagamento della quota d'iscrizione.

pail /peɪl/ n. secchio m. (**of** di).

pailful /ˈpeɪlfl/ n. secchiata f. (**of** di).

paillasse → **palliasse**.

▶ **1.pain** /peɪn/ **I** n. **1** *(suffering)* dolore m., male m.; ***to feel* ~, *to be in* ~** soffrire *o* avere male; ***he's caused me a lot of* ~** mi ha fatto soffrire molto; ***the cramps are causing me a lot of* ~** i crampi mi fanno molto male; ***the* ~ *of separation, loss*** il dolore della separazione, perdita; ***to feel no* ~** non sentire alcun dolore; AE FIG. *(be drunk)* non sentire nulla per l'ubriachezza **2** *(localized)* dolore m.; ***abdominal, chest* ~*s*** dolori addominali, al petto; ***period* ~*s*** dolori mestruali; ***I have a* ~ *in my arm*** ho male a *o* mi fa male un braccio; ***where is the* ~?** dove ti fa *o* hai male? **3** COLLOQ. *(annoying person, thing)* ***she can be a real* ~** sa essere una vera rompiscatole; ***he gives me a* ~** mi da fastidio *o* mi rompe le scatole; ***he's a* ~ *in the neck*** COLLOQ. è un rompiscatole; ***he's a* ~ *in the arse*** BE VOLG. o ***in the ass*** AE VOLG. è un rompicoglioni *o* rompipalle; ***it's a real* ~ *in the arse*** BE VOLG. o ***in the ass*** AE VOLG. è una vera rottura (di palle) **4** ***on* ~ *of death, of excommunication*** sotto pena di morte, di scomunica **II pains** n.pl. ***to be at* ~*s to do sth.*** darsi pena *o* prendersi la briga di fare qcs.; ***I was at* ~*s to speak very slowly*** mi sono sforzato di parlare lentamente; ***to take great* ~*s over*** o ***with sth.*** darsi gran pena per qcs.; ***for my, his etc.* ~*s*** per il mio, suo ecc. disturbo; ***he got a black eye for his* ~*s*** in cambio si è pure preso un occhio nero.

2.pain /peɪn/ tr. **1** *(hurt)* ***my leg* ~*s me a little*** mi fa un po' male la gamba **2** FORM. *(grieve)* addolorare; ***it* ~*s me to have to tell you that*** mi addolora doverti dire che.

pained /peɪnd/ **I** p.pass. → **2.pain II** agg. ***with a* ~ *expression*** con un'aria afflitta.

▷ **painful** /ˈpeɪnfl/ agg. **1** [*injury, swelling etc.*] doloroso; FIG. [*lesson, memory, reminder*] penoso; [*blow*] duro; ***it was* ~ *to watch*** è stato penoso da guardare; ***it was too* ~ *to bear*** era troppo doloroso da sopportare **2** *(laborious)* [*progress, task*] faticoso **3** COLLOQ. *(bad)* [*display, performance*] penoso.

▷ **painfully** /ˈpeɪnfəlɪ/ avv. **1** *(excruciatingly)* ***his arm is* ~ *swollen*** il suo braccio è gonfio e gli fa male; ***to be* ~ *shy*** essere tremendamente timido; ***I am* ~ *aware of that*** lo so fin troppo bene **2** *(laboriously)* ***progress has been* ~ *slow*** i progressi sono stati terribilmente lenti.

painfulness /ˈpeɪnfəlnɪs/ n. dolore m., pena f.

painkiller /ˈpeɪnˌkɪlə(r)/ n. analgesico m., antidolorifico m.

painkilling /ˈpeɪnˌkɪlɪŋ/ agg. analgesico, antidolorifico.

painless /ˈpeɪnlɪs/ agg. **1** [*operation, injection, death*] indolore **2** *(troublefree)* semplice, facile.

painlessly /ˈpeɪnlɪslɪ/ avv. **1** *(without physical pain)* senza soffrire **2** *(easily)* [*achieved, completed*] senza molta fatica.

painstaking /ˈpeɪnzˌteɪkɪŋ/ agg. minuzioso, accurato.

painstakingly /ˈpeɪnzˌteɪkɪŋlɪ/ avv. minuziosamente, accuratamente.

▶ **1.paint** /peɪnt/ **I** n. **1** vernice f., colore m.; ART. pittura f.; ***the* ~ *on the walls has yellowed*** il colore sulle pareti è ingiallito; ***all it needs is a fresh coat of* ~** basta soltanto una mano di vernice; ***"wet* ~*"*** "vernice fresca" **2** *(make-up)* ANT. SCHERZ. fard m. **II paints** n.pl. ART. colori m.; ***why don't you get out your* ~*s?*** perché non tiri fuori i tuoi colori?

▶ **2.paint** /peɪnt/ **I** tr. **1** verniciare, dipingere, pitturare [*wall*]; dipingere [*subject*]; dipingere il ritratto di [*person*]; ***to* ~ *sth. blue, green*** dipingere qcs. di blu, di verde; ART. ***to* ~ *sth. in*** dipingere qcs. su [*background, figure*]; ***to* ~ *sth. on*** applicare qcs. su [*varnish, undercoat*]; ***to* ~ *sth. out*** ricoprire qcs. di vernice [*face, figure, wallpaper*]; ***I'm going to* ~ *a picture*** ho intenzione di dipingere qualcosa; ***to* ~ *one's nails*** dipingersi le unghie **2** FIG. *(depict)* dipingere; ***to* ~ *a rather gloomy picture of sth.*** dipingere qcs. a tinte fosche; ***to* ~ *an unflattering portrait of sb.*** dipingere un ritratto che non rende giustizia a qcn. **3** MED. spennellare [*cut, wound*] (**with** con) **II** intr. dipingere; ***to* ~ *from life, outdoors*** dipingere dal vero, all'aria aperta; ***to* ~ *in oils, watercolours*** dipingere a olio, ad acquerello ◆ ***he is not as black as he is* ~*ed*** non è cattivo come dicono *o* come lo dipingono; ***to* ~ *the town red*** fare baldoria.

paintbox /ˈpeɪntbɒks/ n. scatola f. dei colori.

paintbrush /ˈpeɪntbrʌʃ/ n. pennello m.

painted lady /ˌpeɪntɪdˈleɪdɪ/ n. ENTOM. vanessa f., del cardo.

▷ **painter** /ˈpeɪntə(r)/ ♦ **27** n. **1** *(artist)* pittore m. **2** *(workman)* imbianchino m. (-a); ~ ***and decorator*** imbianchino e decoratore **3** MAR. barbetta f.

painter's colic /ˈpeɪntəzˌkɒlɪk/ n. colica f. saturnina.

▶ **painting** /ˈpeɪntɪŋ/ n. **1 U** *(activity, art form)* pittura f. **2** *(work of art)* dipinto m., quadro m.; *(unframed)* tela f.; *(of person)* ritratto m.; ***a* ~ *by Matisse*** un quadro di Matisse; ***a* ~ *of Napoleon by David*** un ritratto di Napoleone dipinto da David; ***a* ~ *of Flatford Mill*** un quadro del *o* che rappresenta il mulino di Flatford **3 U** *(domestic decorating)* verniciatura f., tinteggiatura f.; ***finish the* ~ *before you put the carpets down*** finisci di tinteggiare prima di mettere i tappeti per terra.

painting book /ˈpeɪntɪŋˌbʊk/ n. album m. da colorare.

paintpot /ˈpeɪntpɒt/ n. barattolo m. di vernice.

paint remover /ˈpeɪntrɪˌmuːvə(r)/ n. **1** *(for removing stains)* sverniciante m. **2** → **paint stripper**.

paintress /ˈpeɪntrɪs/ ♦ **27** n. *(artist)* pittrice f.

paint roller /ˈpeɪntˌrəʊlə(r)/ n. rullo m.

paint spray /ˈpeɪntˌspreɪ/, **paint sprayer** /ˈpeɪntˌspreɪə(r)/ n. aerografo m., pistola f. a spruzzo.

paint stripper /ˈpeɪntˌstrɪpə(r)/ n. *(chemical)* sverniciatore m., sverniciante m.; *(tool)* raschietto m.

paint tray /ˈpeɪntˌtreɪ/ n. scatola f. di acquerelli.

paintwork /ˈpeɪntwɜːk/ n. **1 U** *(on door, window)* verniciatura f. **2** *(on car)* vernice f.

▶ **1.pair** /peə(r)/ **I** n. **1** *(two matching items)* paio m.; ***to be one of a* ~** fare parte di un paio; ***these candlesticks are sold in* ~*s*** queste candele sono vendute a coppie *o* a due a due; ***the children arrive in* ~*s*** i bambini arrivano a due a due; ***to work in* ~*s*** lavorare in gruppi di due *o* a coppie; ***to put*** o ***arrange sth. in* ~*s*** mettere *o* disporre qcs. a coppie; ***these gloves are not a* ~** questi guanti sono spaiati; ***I've only got one* ~ *of hands!*** COLLOQ. ho solo due mani! **2** *(item made of two parts)* paio m.; ***a* ~ *of glasses, scissors, trousers*** un paio di occhiali, forbici, pantaloni **3** *(two people, animals etc.) (sexually involved)* coppia f.; *(grouped together)* paio m.; ***they're a* ~ *of crooks, fools*** sono due imbroglioni, due stupidi; ***the* ~ *of them are on very good terms*** COLLOQ. quei due vanno molto d'accordo; ***a coach and* ~** una carrozza a due cavalli **4** GB POL. = parlamentare che ha raggiunto un accordo con un parlamentare dell'opposizione affinché entrambi si astengano dal voto **II pairs** modif. SPORT [*competition, final*] a coppie.

2.pair /peə(r)/ tr. appaiare [*gloves, socks*]; ***to ~ Paul with Val*** accoppiare *o* mettere Paul con Val; ***to ~ jeans with a T-shirt*** mettere i jeans con una T-shirt; ***to ~ each name with a photograph*** associare ciascun nome a una foto; ***to ~ one player against another*** fare incontrare un giocatore con un altro.

▪ **pair off:** ~ **off** *(as a couple)* mettersi insieme; *(for temporary purposes)* mettersi a coppie; ***to ~ Melanie off with Al*** mettere Melanie insieme ad Al.

▪ **pair up:** ~ **up** [*dancers, lovers*] formare una coppia; [*competitors*] accoppiarsi, fare squadra; ***to ~ Dan up with Louise*** mettere insieme Dan e Louise.

pair bond /ˈpeəˌbɒnd/ n. ZOOL. legame m. di coppia.

pair bonding /ˈpeəˌbɒndɪŋ/ n. ZOOL. instaurazione f. di un legame di coppia.

pair oar /ˈpeərˌɔː(r)/ n. **1** SPORT *(in rowing)* due senza m. **2** *(boat)* barca f. a due remi.

paisley /ˈpeɪzlɪ/ **I** n. *(fabric)* tessuto m. a motivi cachemire **II** modif. [*scarf, skirt*] a motivi cachemire; ~ ***pattern*** motivo cachemire.

pajamas AE → **pyjamas**.

Paki /ˈpækɪ/ **I** agg. BE SPREG. pachistano **II** n. BE SPREG. pachistano m. (-a).

Paki-basher /ˈpækɪˌbæʃə(r)/ n. GB POP. = persona che compie atti di violenza gratuita contro gli immigrati pachistani e indiani.

Paki-bashing /ˈpækɪˌbæʃɪŋ/ n. GB POP. = atti di violenza gratuita contro gli immigrati pachistani e indiani.

Pakistan /ˌpɑːkɪˈstɑːn, ˌpækɪ-/ ➧ **6** n.pr. Pakistan m.

Pakistani /ˌpɑːkɪˈstɑːnɪ, ˌpækɪ-/ ➧ **18 I** agg. pachistano **II** n. pachistano m. (-a).

▷ **1.pal** /pæl/ n. COLLOQ. amico m. (-a); ***to be ~s with sb.*** essere amico di qcn.; ***be a ~!*** sii buono *o* gentile!

2.pal /pæl/ intr. (forma in -ing ecc. **-ll-**) fare amicizia.

▪ **pal up** fare amicizia (**with** con), diventare amico (**with** di).

PAL /pæl/ n. TELEV. (⇒ phase alternative line linea a fase alternata) PAL m.; ~ ***standard*** sistema PAL.

▶ **palace** /ˈpælɪs/ n. *(of monarch)* palazzo m., reggia f.; *(of bishop)* vescovado m.

palace car /ˈpælɪsˌkɑː(r)/ n. AE FERR. vettura f. salone.

palace guard /ˌpælɪsˈɡɑːd/ n. **1** guardia f. di palazzo **2** SPREG. *(inner circle)* entourage m. di palazzo.

palace revolution /ˌpælɪsrevəˈluːʃn/ n. POL. congiura f. di palazzo.

paladin /ˈpælədɪn/ n. paladino m. (-a).

palaestra /pəˈliːstrə, -ˈlaɪstrə/ n. (pl. **~s, -ae**) palestra f.

palafitte /ˈpæləfɪt/ n. (pl. ~) palafitta f.

palais /ˈpæleɪ/, **palais de danse** /ˌpæleɪdəˈdɑːns/ n. BE ANT. COLLOQ. (pl. ~) sala f. da ballo.

palama /ˈpæləmə/ n. (pl. **-ae**) membrana f. interdigitale, palma f.

palankeen, palanquin /ˌpælənˈkiːn/ n. palanchino m., portantina f.

palatable /ˈpælətəbl/ agg. [*food*] saporito, gustoso; [*solution, law*] accettabile.

palatableness /ˈpælətəblnɪs/ n. RAR. sapore m., gusto m.

palatal /ˈpælətl/ **I** agg. FON. ANAT. palatale **II** n. FON. palatale f.

palatalization /ˌpælətəlaɪˈzeɪʃn, AE -lɪˈz-/ n. palatalizzazione f.

palatalize /ˈpælətəlaɪz/ tr. palatalizzare.

palate /ˈpælət/ n. **1** ANAT. palato m. **2** *(sense of taste)* palato m., gusto m.; ***too sweet for my ~*** troppo dolce per i miei gusti; ***to have a discriminating ~*** FIG. avere il palato fine.

palatial /pəˈleɪʃl/ agg. magnifico, splendido.

palatinate /pəˈlætɪneɪt, AE -tənət/ n. STOR. palatinato m.

1.palatine /ˈpælətaɪn/ **I** agg. STOR. palatino **II** n. STOR. conte m. palatino.

2.palatine /ˈpælətaɪn/ **I** agg. ANAT. palatale, palatino **II** n. ANAT. osso m. palatino.

1.palaver /pəˈlɑːvə(r), AE -ˈlæv-/ n. COLLOQ. **1** *(bother)* seccatura f., fastidio m.; ***what a ~ doing*** che seccatura fare **2** *(idle talk)* chiacchiera f. inutile, ciancia f.

2.palaver /pəˈlɑːvə(r), AE -ˈlæv-/ intr. cianciare, fare discorsi inutili.

▷ **1.pale** /peɪl/ agg. [*complexion, colour, light, dawn*] pallido; ~ ***blue*** blu pallido; ***you look ~*** sei pallido; ***to turn*** o ***go ~*** impallidire *o* sbiancare; ~ ***with fright*** pallido per la paura.

2.pale /peɪl/ n. **1** *(stake)* palo m., picchetto m. **2** *(fence)* recinto m., steccato m. **3** FIG. *(limit)* limite m., confine m. **4** ARALD. palo m. ◆ ***to be beyond the ~*** [*remark, behaviour*] essere inammissibile; [*person*] *(socially)* essere indecente.

3.pale /peɪl/ tr. recintare, circondare con uno steccato.

4.pale /peɪl/ intr. **1** [*person, face*] impallidire, sbiancare **2** FIG. ***to ~ into insignificance*** divenire irrisorio.

pale ale /ˌpeɪlˈeɪl/ n. BE birra f. chiara.

paled /peɪld/ **I** p.pass. → **3.pale II** agg. recintato, circondato da uno steccato.

paleethnological /ˌpælɪeθnəˈlɒdʒɪkl/ agg. paletnologico.

paleethnologist /ˌpælɪeθˈnɒlədʒɪst/ ➧ **27** n. paletnologo m. (-a).

paleethnology /ˌpælɪeθˈnɒlədʒɪ/ n. paletnologia f.

paleface /ˈpeɪlfeɪs/ n. viso m. pallido, uomo m. bianco.

pale-faced /ˈpeɪlfeɪst/ agg. (dal viso) pallido.

palely /ˈpeɪllɪ/ avv. pallidamente.

paleness /ˈpeɪlnɪs/ n. *(of face, person, skin)* pallore m.

paleoanthropology /ˌpælɪəʊænθrəˈpɒlədʒɪ/ n. paleoantropologia f.

Paleocene /ˈpælɪəˌsiːn/ n. paleocene m.

Paleogene /ˈpælɪəˌdʒiːn/ n. paleogene m.

paleographer /ˌpælɪˈɒɡrəfə(r)/ ➧ **27** n. paleografo m. (-a).

paleographic /ˌpælɪˈɒɡræfɪk/ agg. paleografico.

paleography /ˌpælɪˈɒɡrəfɪ/ n. paleografia f.

paleolith /ˈpælɪəʊlɪθ/ n. = utensile in pietra non levigata del paleolitico.

Paleolithic /ˌpælɪəʊˈlɪθɪk/ agg. paleolitico.

paleologist /ˌpælɪˈɒlədʒɪst/ ➧ **27** n. paleografo m. (-a), paleologo m. (-a).

paleology /ˌpælɪˈɒlədʒɪ/ n. paleografia f.

paleontological /ˌpælɪɒntɒˈlədʒɪkl/ agg. paleontologico.

paleontologist /ˌpælɪɒnˈtɒlədʒɪst/ ➧ **27** n. paleontologo m. (-a).

paleontology /ˌpælɪɒnˈtɒlədʒɪ/ n. paleontologia f.

Paleozoic /ˌpælɪəʊˈzəʊɪk/ **I** agg. paleozoico **II** n. paleozoico m.

Palestine /ˈpæləstaɪn/ ➧ **24** n.pr. Palestina f.

Palestine Liberation Organization /ˌpæləstaɪnlɪbəˈreɪʃnɔːɡənaɪˌzeɪʃn, AE -nɪˌz-/ n. Organizzazione f. per la Liberazione della Palestina.

Palestinian /ˌpælɪˈstɪnɪən/ ➧ **18 I** agg. palestinese **II** n. palestinese m. e f.

palestra /pəˈliːstrə, -ˈlaɪstrə/ → **palaestra**.

palette /ˈpælɪt/ n. *(object, colours)* tavolozza f.

palette knife /ˈpælɪtnaɪf/ n. (pl. **palette knives**) **1** ART. mestichino m., spatola f. **2** GASTR. spatola f.

palfrey /ˈpɔːlfrɪ/ n. ANT. palafreno m.

palimony /ˈpælɪmənɪ/ n. = alimenti passati all'ex convivente dopo la separazione.

palimpsest /ˈpælɪmpsest/ n. FILOL. palinsesto m.

palindrome /ˈpælɪndrəʊm/ **I** agg. palindromo **II** n. palindromo m.

paling /ˈpeɪlɪŋ/ **I** n. *(stake)* palo m., paletto m. **II palings** n.pl. *(fence)* palizzata f.sing., staccionata f.sing.

palingenesis /ˌpælɪnˈdʒenɪsɪs/ n. palingenesi f.

palinode /ˈpælɪnəʊd/ n. palinodia f.

1.palisade /ˌpælɪˈseɪd/ **I** n. *(fence)* palizzata f. **II palisades** n.pl. AE *(cliffs)* scogliere f., dirupi m.

2.palisade /ˌpælɪˈseɪd/ tr. recintare, circondare con una palizzata.

palisander /ˌpælɪˈsændə(r)/ n. palissandro m.

1.pall /pɔːl/ n. **1** *(coffin cloth)* drappo m. funebre; *(coffin)* bara f. **2** *(covering) (of smoke, dust)* cappa f.; *(of gloom, mystery)* velo m.; *(of silence)* manto m.

2.pall /pɔːl/ intr. ***it never ~s*** non stanca mai, non stufa mai; ***these pleasures soon ~ed me*** mi stancai presto di questo tipo di piaceri.

palladia /pəˈleɪdɪə/ → **1.palladium**.

Palladian /pəˈleɪdɪən/ agg. palladiano.

Palladianism /pəˈleɪdɪənɪzəm/ n. stile m. palladiano, palladianesimo m.

palladic /pəˈlædɪk, -ˈleɪdɪk/ agg. palladico.

1.palladium /pəˈleɪdɪəm/ n. (pl. **-ia**) **1** ARCH. *(statue)* palladio m. **2** ANT. FIG. palladio m., protezione f., baluardo m.

2.palladium /pəˈleɪdɪəm/ n. CHIM. palladio m.

Pallas /ˈpæləs/ n.pr. Pallade.

pallbearer /ˈpɔːlbeərə(r)/ n. = chi porta la bara a un funerale.

pallet /ˈpælɪt/ n. **1** *(for loading)* pallet m. **2** RAR. *(mattress)* pagliericcio m. **3** RAR. *(bed)* giaciglio m.

pallet truck /ˈpælɪtˌtrʌk/ n. transpallet m.

palletize /ˈpælɪtaɪz/ tr. pal(l)ettizzare.

pallia /ˈpælɪəm/ → **pallium**.

palliasse /ˈpælɪæs, AE ˌpælɪˈæs/ n. ANT. pagliericcio m.

palliate /ˈpælɪeɪt/ tr. FORM. attenuare, mitigare; ***to ~ a crime*** trovare attenuanti per un crimine.

palliation /ˌpælɪˈeɪʃn/ n. FORM. **1** *(alleviation)* attenuazione f., mitigazione f. **2** *(extenuation)* attenuante f., palliativo m.

palliative /ˈpælɪətɪv/ **I** agg. palliativo (anche MED.) **II** n. palliativo m. (anche MED.).

pallid /'pælɪd/ agg. [*skin, light*] pallido.
pallidly /'pælɪdlɪ/ avv. pallidamente.
pallidness /'pælɪdnɪs/ n. RAR. → **pallor**.
pallium /'pælɪəm/ n. (pl. **~s, -ia**) *(all contexts)* pallio m.
pall-mall /pæl'mæl, pel'mel/ n. pallamaglio m. e f.
pallor /'pælə(r)/ n. pallore m.
pally /'pælɪ/ agg. BE COLLOQ. culo e camicia, pappa e ciccia (**with** con).
1.palm /pɑːm/ n. **1** BOT. (anche **~ tree**) *(plant)* palma f. **2** *(branch)* ramo m. di palma; *(leaf)* foglia f. di palma **3** RELIG. palma f.
2.palm /pɑːm/ n. *(of hand)* palma f., palmo m.; ***in the ~ of one's hand*** nel palmo della mano; ***he read my ~*** mi ha letto la mano ◆ ***you have him in the ~ of your hand!*** lo hai in pugno! ***to grease*** o ***oil sb.'s ~*** ungere *o* corrompere qcn.; ***to cross sb.'s ~ with silver*** dare soldi a qcn. (in cambio di un favore).
3.palm /pɑːm/ tr. *(hide in trick)* nascondere (nel palmo della mano) [*card, coin*]; *(steal)* rubare [*money*].
■ **palm off** COLLOQ. **~ [sth.] off, ~ off [sth.]** spacciare qcs. (**as** per); ***to ~ sth. off on sb., to ~ sb. off with sth.*** affibbiare, rifilare qcs. a qcn.
palmaceous /pæl'meɪʃəs/ agg. BOT. di palma.
palmar /'pælmə(r)/ agg. ANAT. ZOOL. palmare.
palmate /'pælmeɪt/, **palmated** /'pælmeɪtɪd/ agg. BOT. ZOOL. palmato.
palmer /'pɑːmə(r)/ n. **1** *(pilgrim)* palmiere m., pellegrino m. (-a) (in Terra Santa) **2** *(monk)* monaco m. pellegrino.
palmerworm /'pɑːməˌwɜːm/ n. bruco m.
palmetto /pæl'metəʊ/ n. (pl. **~es, ~s**) palmetto m.
palm grove /'pɑːmˌgrəʊv/ n. palmeto m.
palmiped /'pælmɪˌped/, **palmipede** /'pælmɪˌpiːd/ **I** agg. palmipede **II** n. palmipede m.
palmist /'pɑːmɪst/ ◆ ***27*** n. chiromante m. e f.
palmistry /'pɑːmɪstrɪ/ n. chiromanzia f.
palmitate /'pælmɪteɪt/ n. palmitato m.
palmitic /pæl'mɪtɪk/ agg. palmitico.
palmitin /'pælmɪtɪn/ n. palmitina f.
Palm Sunday /ˌpɑːm'sʌndeɪ, -dɪ/ n. domenica f. delle Palme.
palmtop computer /'pɑːmtɒpkəmˌpjuːtə(r)/ n. computer m. palmare.
palmy /'pɑːmɪ/ agg. ***in the ~ days of sth.*** ai bei tempi di qcs.; ***in my ~ days*** nel mio periodo d'oro, migliore.
palmyra /pæl'maɪrə/ n. borasso m. (flabelliforme).
palomino /ˌpælə'miːnəʊ/ n. palomino m.
palooka /pə'luːkə/ n. AE COLLOQ. rimbambito m. (-a), imbecille m. e f.
palp /pælp/ n. palpo m.
palpability /pælpə'bɪlətɪ/ n. palpabilità f. (anche FIG.).
palpable /'pælpəbl/ agg. [*error, fear, tension, relief*] palpabile; [*lie, difference, nonsense*] evidente.
palpably /'pælpəblɪ/ avv. palpabilmente.
palpate /pæl'peɪt/ tr. palpare (anche MED.).
palpation /pæl'peɪʃn/ n. palpazione f. (anche MED.).
palpebral /'pælpɪbrəl/ agg. palpebrale.
palpitant /'pælpɪtənt/ agg. palpitante.
palpitate /'pælpɪteɪt/ intr. *(all contexts)* palpitare (**with** di).
palpitation /ˌpælpɪ'teɪʃn/ n. MED. palpitazione f.
palsgrave /'pɔːlzgreɪv/ n. STOR. conte m. palatino.
palsied /'pɔːlzɪd/ **I** p.pass. → **2.palsy II** agg. ANT. tremante.
1.palsy /'pɔːlzɪ/ n. *(paralysis)* paralisi f.; *(trembling)* tremore m.
2.palsy /'pɔːlzɪ/ **I** tr. *(paralyse)* paralizzare **II** intr. *(tremble)* tremare.
palsy-walsy /ˌpælzɪ'wælzɪ/ agg. AE COLLOQ. → **pally**.
palter /'pɔːltə(r)/ intr. ANT. **1** *(equivocate)* equivocare, tergiversare **2** *(haggle)* mercanteggiare, contrattare.
paltriness /'pɔːltrɪnɪs/ n. grettezza f., meschinità f.
paltry /'pɔːltrɪ/ agg. [*sum*] irrisorio; [*excuse*] meschino.
paludal /pə'ljuːdl, 'pæ-/ agg. [*plant, animal*] palustre.
paludism /'pæljʊdɪzəm/ ◆ ***11*** n. paludismo m., malaria f.
1.paly /'peɪlɪ/ agg. pallidino, palliduccio.
2.paly /'peɪlɪ/ agg. ARALD. [*shield*] palato.
Pam /pæm/ n.pr. diminutivo di **Pamela**.
Pamela /'pæmələ/ n.pr. Pamela.
pampas /'pæmpəs, AE -əz/ n.pl. + verbo sing. pampa f.sing.
pampas grass /'pæmpəsˌgrɑːs, AE -əz-/ n. erba f. delle pampas, ginerio m.
pamper /'pæmpə(r)/ **I** tr. viziare [*person, pet*]; curare, prendersi molta cura di [*skin*] **II** rifl. ***to ~ oneself*** viziarsi, coccolarsi.
pamphlet /'pæmflɪt/ n. **1** opuscolo m., brochure f. **2** *(political)* trattato m. **3** STOR. *(satirical)* pamphlet m., libello m.
1.pamphleteer /ˌpæmflɪ'tɪə(r)/ n. ANT. pamphlettista m. e f., libellista m. e f.
2.pamphleteer /ˌpæmflɪ'tɪə(r)/ intr. ANT. scrivere opuscoli, pamphlet.
▷ **1.pan** /pæn/ n. **1** GASTR. *(saucepan)* padella f., pentola f., tegame m.; ***heavy ~*** padella a fondo spesso; ***a ~ of water*** una padella d'acqua; ***heat up a ~ of water*** fate scaldare dell'acqua in una pentola **2** *(on scales)* piatto m. **3** *(in lavatory)* tazza f., coppa f. **4** *(for washing ore)* bateia f.
2.pan /pæn/ **I** tr. (forma in -ing ecc. **-nn-**) **1** COLLOQ. *(criticize)* stroncare, criticare [*performance, production*] **2** MINER. vagliare [qcs.] con la bateia [*gravel, silt*]; estrarre [*gold*] **II** intr. (forma in -ing ecc. **-nn-**) MINER. ***to ~ for*** cercare [*gold*].
■ **pan out** *(turn out)* andare (a finire); *(turn out well)* riuscire, avere successo.
3.pan /pæn/ n. CINEM. panoramica f.
4.pan /pæn/ **I** tr. (forma in -ing ecc. **-nn-**) CINEM. FOT. TELEV. fare una panoramica di, panoramicare **II** intr. CINEM. FOT. TELEV. (forma in -ing ecc. **-nn-**) [*camera*] fare una panoramica, panoramicare; ***to ~ around*** fare una panoramica di [*room*].
5.pan /pæn/ n. BOT. foglia f. di betel.
panacea /ˌpænə'siːə/ n. *(all contexts)* panacea f.
panache /pæ'næʃ, AE pə-/ n. pennacchio m.
Pan-African /ˌpæn'æfrɪkən/ agg. panafricano.
panama /'pænəmɑː/ n. *(hat)* panama m.
Panama /'pænəmɑː/ ◆ ***6*** n.pr. Panama m.
Panama Canal /ˌpænəmɑːkə'næl/ n.pr. canale m. di Panama.
Panama City /ˌpænəmə'sɪtɪ/ ◆ ***34*** n.pr. Panama f.
panama hat /ˌpænəmɑː'hæt/ n. → **panama.**
Panamanian /ˌpænə'meɪnɪən/ ◆ ***18*** **I** agg. panamense **II** n. panamense m. e f.
Pan-American /ˌpænə'merɪkən/ agg. panamericano.
1.pancake /'pæŋkeɪk/ n. **1** GASTR. frittella f., pancake m. **2** TEATR. COSMET. fondotinta m. solido, pancake m. ◆ ***as flat as a ~*** COLLOQ. piatto come una tavola.
2.pancake /'pæŋkeɪk/ **I** intr. spanciare, atterrare spanciando **II** tr. spanciare [*plane*].
pancake day /'pæŋkeɪkˌdeɪ/ n. martedì m. grasso.
pancake engine /'pæŋkeɪkˌendʒɪn/ n. motore m. a cilindri radiali.
pancake filling /'pæŋkeɪkˌfɪlɪŋ/ n. farcitura f. per frittelle.
pancake landing /ˌpæŋkeɪk'lændɪŋ/ n. atterraggio m. spanciato, in caduta.
pancake mix /'pæŋkeɪkˌmɪks/ n. *(in packet)* preparato m. per pancake; *(batter)* impasto m. per pancake.
pancake race /'pæŋkeɪkˌreɪs/ n. = gara di corsa che si svolge il martedì grasso, durante la quale i concorrenti devono lanciare in aria un pancake e riprenderlo al volo con una padella.
panchromatic /ˌpænkrə'mætɪk/ agg. pancromatico.
pancreas /'pæŋkrɪəs/ n. pancreas m.
pancreatic /ˌpæŋkrɪ'ætɪk/ agg. pancreatico.
pancreatin /'pæŋkrɪætɪn/ n. pancreatina f.
pancreatitis /ˌpæŋkrɪə'taɪtɪs/ ◆ ***11*** n. pancreatite f.
panda /'pændə/ n. panda m.
panda car /'pændəkɑː(r)/ n. BE COLLOQ. auto f. della polizia.
Pandean /pæn'diːən/ agg. MITOL. del dio Pan, panico.
pandects /'pændekts/ n.pl. pandette f.
pandemic /pæn'demɪk/ **I** agg. MED. pandemico **II** n. MED. pandemia f.
pandemonium /ˌpændɪ'məʊnɪəm/ n. pandemonio m.
1.pander /'pændə(r)/ n. ANT. ruffiano m. (-a), mezzano m. (-a).
2.pander /'pændə(r)/ intr. ***to ~ to*** assecondare [*person, whim*]; favorire [*market*].
pandora /pæn'dɔːrə/, **pandore** /pæn'dɔːr/ n. bandura f., pandora f.
Pandora /pæn'dɔːrə/ n.pr. Pandora; ***~'s box*** vaso di Pandora (anche FIG.).
pane /peɪn/ n. vetro m., lastra f. di vetro; ***a ~ of glass*** un vetro *o* una lastra di vetro.
panegyric /ˌpænɪ'dʒɪrɪk/ n. LETT. panegirico m. (**on, of** di).
panegyrical /ˌpænɪ'dʒɪrɪkl/ agg. panegirico, elogiativo.
panegyrically /ˌpænɪ'dʒɪrɪklɪ/ avv. panegiricamente.
panegyrist /ˌpænɪ'dʒɪrɪst/ n. LETT. panegirista m. e f. (anche FIG.).
panegyrize /'pænɪdʒɪˌraɪz/ tr. LETT. fare il panegirico di, elogiare.
▶ **1.panel** /'pænl/ n. **1** *(group) (of experts, judges)* commissione f., gruppo m., panel m.; TELEV. RAD. *(on discussion programme)* ospiti m.pl.; *(on quiz show)* giuria f.; ***to be on a ~ (of experts, judges)*** fare parte di un panel, di una commissione; TELEV. RAD. fare parte di una giuria; ***adjudication ~*** comitato decisionale; ***investigating ~*** commissione d'inchiesta **2** ARCH. ING. *(section of wall)* pannello m.;

glass, wooden ~ pannello di vetro, di legno **3** AUT. TECN. *(section)* pannello m.; *(of instruments, switches)* pannello m., quadro m. **4** DIR. *(list)* lista f. dei giurati; *(specific jury)* giuria f.

2.panel /ˈpænl/ tr. (forma in -ing ecc. **-ll-**, **-l-** AE) rivestire [qcs.] di pannelli.

panel beater /ˈpænlˌbiːtə(r)/ ➧ ***27*** n. carrozziere m.

panel-beating /ˈpænlˌbiːtɪŋ/ n. riparatura f. di carrozzeria.

panel discussion /ˈpænldɪˌskʌʃn/ n. RAD. TELEV. dibattito m., tavola f. rotonda.

panel game /ˈpænlgeɪm/ n. RAD. gioco m. radiofonico (a quiz); TELEV. gioco m. televisivo (a quiz).

panelled, paneled AE /ˈpænld/ **I** p.pass. → **2.panel II** agg. **1** [*fencing*] in pannelli; [*door, ceiling, walls, bath*] rivestito di pannelli, pannellato **2 -panelled, -paneled** AE in composti ***oak~, wood~*** rivestito di pannelli di rovere, di legno.

panelling, paneling AE /ˈpænəlɪŋ/ n. pannellatura f.; ***oak, pine, wood*** ~ pannellatura di rovere, di pino, di legno.

panellist, panelist AE /ˈpænəlɪst/ n. RAD. TELEV. chi partecipa a un panel, a una tavola rotonda.

panel pin /ˈpænlpɪn/ n. chiodino m. (da legno).

panel truck /ˈpænltrʌk/ n. AE camioncino m., furgoncino m.

pan-fry /ˈpænfraɪ/ tr. fare saltare in padella.

panful /ˈpænfʊl/ n. *(contents)* padellata f.

pang /pæŋ/ n. **1** *(emotional)* fitta f., stretta f. (al cuore); ***a ~ of jealousy, regret*** una fitta di gelosia, di dispiacere; ***~s of conscience*** o ***guilt*** rimorsi di coscienza **2** *(physical)* ***~s of hunger, hunger ~s*** morsi della fame; ***birth ~s*** doglie; FIG. avvisaglie.

pangenesis /ˌpænˈdʒenɪsɪs/ n. pangenesi f.

pangenetic /ˌpændʒɪˈnetɪk/ agg. pangenetico.

pangolin /pæŋˈgəʊlɪn/ n. pangolino m.

1.panhandle /ˈpænhændl/ n. **1** manico m. di padella **2** AE FIG. = striscia di territorio di uno stato che si insinua fra altri due.

2.panhandle /ˈpænhændl/ **I** tr. AE COLLOQ. chiedere l'elemosina a **II** intr. AE COLLOQ. mendicare, chiedere l'elemosina.

panhandler /ˈpænhændlə(r)/ n. AE COLLOQ. mendicante m. e f., accattone m. (-a).

▷ **1.panic** /ˈpænɪk/ **I** n. **1** panico m.; ***in a ~*** in preda al panico; ***to get into a ~*** farsi prendere dal panico (**about** a causa di); ***to throw sb. into a ~*** gettare qcn. nel panico; ***the news threw the city into a ~*** la notizia ha seminato il panico in città **2** AE COLLOQ. ***she's a ~*** è uno spasso **II** modif. [*decision*] preso in un momento di panico; [*reaction*] dettato dal panico.

▷ **2.panic** /ˈpænɪk/ **I** tr. (forma in -ing ecc. **-ck-**) spaventare, terrorizzare [*person, animal*]; scatenare il panico tra [*crowd*]; ***to be ~ked into doing*** lasciarsi prendere dal panico e fare **II** intr. (forma in -ing ecc. **-ck-**) [*person, animal, crowd*] farsi prendere dal panico, essere in preda al panico; ***don't ~!*** niente panico! ***to ~ at the idea, sight of*** farsi prendere dal panico all'idea, alla vista di.

3.panic /ˈpænɪk/ n. BOT. (anche **~ grass**) panico m.

panic attack /ˈpænɪkəˌtæk/ n. attacco m. di panico.

panic button /ˈpænɪkˌbʌtn/ n. pulsante m. d'allarme; ***to hit*** o ***push the ~*** COLLOQ. farsi prendere dal panico; avere una reazione violenta.

panic buying /ˈpænɪkˌbaɪɪŋ/ n. ECON. = acquisto provocato da allarmismo.

panicky /ˈpænɪkɪ/ agg. [*person*] preso dal panico, in preda al panico; [*look*] (pieno) di panico.

panicle /ˈpænɪkl/ n. BOT. pannocchia f.

panic measure /ˈpænɪkˌmeʒə(r)/ n. POL. ECON. disposizione f. presa in preda al panico, avventata.

panic selling /ˈpænɪkˌselɪŋ/ n. ECON. = vendita provocata da allarmismo.

panic stations /ˈpænɪkˌsteɪʃnz/ n. ***it was ~*** c'era uno stato di panico generale.

panic-stricken /ˈpænɪkˌstrɪkn/ agg. preso dal panico, in preda al panico.

paniculate(d) /pəˈnɪkjʊleɪt(ɪd)/ agg. panicolato, a forma di pannocchia.

panjandrum /pænˈdʒændrəm/ n. IRON. pezzo m. grosso, papavero m.

panne /pæn/ n. = felpa soffice simile a velluto.

pannier /ˈpænɪə(r)/ n. **1** *(on bike)* panierino m. **2** *(on mule)* paniere m. da basto.

pannikin /ˈpænɪkɪn/ n. **1** *(cannikin)* piccolo boccale m. di metallo **2** *(small pan)* tegamino m., padellino m.

1.panning /ˈpænɪŋ/ n. **1** *(criticism)* stroncatura f., critica f. **2** MINER. lavaggio m. (di sabbie aurifere) con la bateia.

2.panning /ˈpænɪŋ/ n. CINEM. → **3.pan.**

panoplied /ˈpænəplɪd/ agg. rivestito di panoplia.

panoply /ˈpænəplɪ/ n. panoplia f.

panorama /ˌpænəˈrɑːmə/ n. panorama m. (anche FIG.).

panoramic /ˌpænəˈræmɪk/ agg. panoramico.

panoramically /ˌpænəˈræmɪkəlɪ/ avv. panoramicamente.

panpipes /ˈpænpaɪps/ n.pl. flauto m. di Pan, siringa f.

pan scourer /ˌpænˈskɔːrə(r)/, **pan scrubber** /ˌpænˈskrʌbə(r)/ n. paglietta f. per tegami.

Pan-slavism /ˌpænˈslɑːvɪzəm/ n. panslavismo m.

pansy /ˈpænzɪ/ n. **1** BOT. viola f. del pensiero **2** ANT. COLLOQ. *(weak man)* femminuccia f.; *(homosexual)* checca f., finocchio m.

1.pant /pænt/ n. respiro m. affannoso.

2.pant /pænt/ **I** tr. → **pant out II** intr. [*person, animal*] ansimare, avere il fiatone; ***to be ~ing for breath*** essere senza fiato; ***she came ~ing up the stairs*** venne ansimando su per le scale.

■ **pant out:** ***~ out [sth.], ~ [sth.] out*** dire [qcs.] ansimando.

pantagruelian /ˌpæntəgruːˈelɪən/ agg. pantagruelico.

Pantaloon /ˌpæntəˈluːn/ n.pr. Pantalone.

pantaloons /ˌpæntəˈluːnz/ n.pl. ANT. pantaloni m.

pantechnicon /pænˈteknɪkən/ n. BE ANT. furgone m. per traslochi.

pantheism /ˈpænθɪɪzəm/ n. panteismo m.

pantheist /ˈpænθɪɪst/ **I** agg. panteistico **II** n. panteista m. e f.

pantheistic(al) /ˌpænθɪˈɪstɪk(l)/ agg. panteistico.

pantheon /ˈpænθɪən, AE -θɪɒn/ n. *(all contexts)* pantheon m., panteon m.

panther /ˈpænθə(r)/ n. **1** *(leopard)* pantera f., maschio m. di pantera **2** AE *(puma)* puma m.

pantheress /ˈpænθərɪs/ n. *(female leopard)* pantera f., femmina f. di pantera.

▷ **panties** /ˈpæntɪz/ ➧ ***28*** n.pl. mutandine f.

pantile /ˈpæntaɪl/ n. tegola f. alla fiamminga.

panting /ˈpæntɪŋ/ **I** n. respiro m. affannoso **II** agg. [*person, animal*] ansimante; [*breath*] affannoso.

pantingly /ˈpæntɪŋlɪ/ avv. affannosamente.

Pantisocracy /pæntɪˈsɒkrəsɪ/ n. pantisocrazia f.

panto /ˈpæntəʊ/ n. BE COLLOQ. (accorc. pantomime) pantomima f.

pantograph /ˈpæntəgrɑːf, AE -græf/ n. pantografo m.

pantomime /ˈpæntəmaɪm/ n. **1** BE TEATR. = tipica rappresentazione teatrale natalizia **2** *(mime)* pantomima f.; ***to explain sth. in ~*** spiegare qcs. a gesti.

> **Pantomime** È una rappresentazione teatrale per lo più rivolta ai bambini, normalmente messa in scena durante le festività natalizie. È di solito l'adattamento di una fiaba, arricchita da numeri musicali, balletti e momenti comici. Ha personaggi fissi che includono il *principal boy*, l'eroe, interpretato da una giovane donna e la *dame*, personaggio comico di anziana signora, interpretato da un uomo. Il pubblico partecipa attivamente allo spettacolo, rispondendo agli inviti degli attori o cantando in coro le canzoni.

pantomimic /ˌpæntəˈmɪmɪk/ agg. pantomimico.

pantomimist /ˌpæntəˈmaɪmɪst/ n. *(actor)* pantomimo m.

pantry /ˈpæntrɪ/ n. **1** *(larder)* dispensa f. **2** *(butler's etc.)* office m.

▷ **1.pants** /pænts/ ➧ ***28*** n.pl. **1** AE *(trousers)* pantaloni m.; ***he was still in short ~*** portava ancora i pantaloni corti **2** BE *(underwear)* mutande f. **3** BE COLLOQ. *(rubbish)* schifo m., schifezza f.; ***the film was ~*** il film era uno schifo ◆ ***to beat the ~ off sb.*** COLLOQ. dare un sacco di botte a qcn.; ***to bore the ~ off sb.*** COLLOQ. annoiare qcn. a morte; ***to charm the ~ off sb.*** COLLOQ. incantare qcn. (anche FIG.); ***to scare the ~ off sb.*** COLLOQ. spaventare qcn. a morte; ***to catch sb. with his, her ~ down*** COLLOQ. cogliere qcn. alla sprovvista; ***to fly by the seat of one's ~*** [*pilot*] pilotare a naso; ***a kick in the ~*** un calcio nel sedere (anche FIG.); ***to wear the ~*** COLLOQ. portare i pantaloni.

2.pants /pænts/ tr. AE COLLOQ. togliere i pantaloni a [*person*].

pantsuit /ˈpæntsuːt, -sjuːt/ n. AE tailleur-pantalone m.

panty /ˈpæntɪ/ n. → **panties.**

panty girdle /ˈpæntɪˌgɜːdl/ n. mutande f.pl. lunghe.

panty hose /ˈpæntɪˌhəʊz/ n.pl. AE collant m.

panty-liner /ˈpæntɪˌlaɪnə(r)/ n. salvaslip m.

pap /pæp/ n. **1** *(mush, babyfood)* pappa f. **2 U** SPREG. *(in book, on TV)* spazzatura f. **3** ANT. *(nipple)* capezzolo m.

▷ **papa** /pəˈpɑː, AE ˈpɑːpə/ n. **1** BE ANT. padre m. **2** AE COLLOQ. papà m.

papacy /ˈpeɪpəsɪ/ n. papato m.

papain /pəˈpeɪɪn/ n. papaina f.

papal /ˈpeɪpl/ agg. [*authority, blessing, residence*] papale, pontificio.
papal bull /ˈpeɪpl͵bʊl/ n. bolla f. papale.
papalism /ˈpeɪpəlɪzəm/ n. papismo m.
papalist /ˈpeɪpəlɪst/ n. papista m. e f.
papal nuncio /ˈpeɪpl͵nʌnʃɪəʊ/ n. nunzio m. apostolico.
Papal States /ˈpeɪpl͵steɪts/ n.pr. stati m. pontifici.
paparazzo /ˈpæpərætsəʊ/ n. (pl. **-i**) paparazzo m.
papaverine /pəˈpeɪvəraɪn/ n. papaverina f.
papaw /pəˈpɔː/, **papaya** /pəˈpaɪə/ n. *(fruit, tree)* papaia f.
▶ **1.paper** /ˈpeɪpə(r)/ **I** n. **1** *(substance) (for writing etc.)* carta f.; ***a piece, a sheet of ~*** un pezzo, un foglio di carta; ***to get*** o ***put sth. down on ~*** mettere qcs. per iscritto *o* su(lla) carta; ***it's a good idea on ~*** FIG. sulla carta è una buona idea; ***the car only exists on ~*** la macchina esiste solo sulla carta; ***this contract isn't worth the ~ it's written on*** questo contratto vale meno della carta su cui è scritto **2** (anche **wall~**) carta f. da parati **3** *(newspaper)* giornale m.; ***local, Sunday ~*** giornale locale, della domenica **4** *(scholarly article)* saggio m., articolo m. (**on** su) **5** *(lecture)* lezione f. (**on** su); *(report)* relazione f., intervento m. (**on** su); ***I'm writing Monday's discussion ~*** sto preparando la relazione per l'incontro di lunedì **6** *(examination)* esame m. scritto, prova f. (**on** di); ***the French ~*** l'esame di francese **7** ECON. effetto m. (commerciale); ***commercial ~*** carta commerciale; ***financial ~*** carta finanziaria; ***long, short ~*** carta lunga, corta **8** *(government publication)* documento m., libro m. **II papers** n.pl. AMM. carte f., documenti m.; ***identification ~*** documenti d'identità **III** modif. **1** [*bag, hat, napkin, plate*] di carta; [*industry, manufacture*] della carta **2** FIG. [*loss, profit*] teorico, nominale; [*promise, agreement*] senza valore, sulla carta.
2.paper /ˈpeɪpə(r)/ **I** tr. (anche **wall~**) tappezzare [*room, wall*] **II** intr. ***to ~ over the existing wallpaper*** ricoprire la tappezzeria precedente; ***to ~ over one's differences, problems*** cercare di nascondere le differenze, i problemi ◆ ***to ~ over the cracks*** metterci una pezza.
paperback /ˈpeɪpəbæk/ **I** n. libro m. tascabile, edizione f. economica; ***in ~*** in edizione economica **II** modif. [*edition, version*] economico; [*copy rights*] sulle edizioni economiche; ***~ book*** libro tascabile *o* in edizione economica.
paper bank /ˈpeɪpəbænk/ n. = contenitore per il recupero della carta da riciclare.
paperboard /ˈpeɪpəbɔːd/ n. cartone m.
paperbound /ˈpeɪpə͵baʊnd/ agg. TIP. brossurato, in brossura.
paper boy /ˈpeɪpəbɔɪ/ n. ragazzo m. dei giornali.
paper chain /ˈpeɪpətʃeɪn/ n. festone m. (di carta).
paper chase /ˈpeɪpətʃeɪs/ n. = gara in cui i partecipanti seguono un percorso indicato da pezzetti di carta lasciati cadere dall'apripista.
paperclip /ˈpeɪpəklɪp/ n. graffetta f., clip f.
paper cup /ˈpeɪpəkʌp/ n. bicchiere m. di carta.
paper currency /ˈpeɪpə͵kʌrənsɪ/ n. cartamoneta f., moneta f. cartacea.
paper fastener /ˈpeɪpə͵fɑːsnə(r), AE -͵fæs-/ n. → **paperclip.**
paper feed tray /ˈpeɪpə%fiːdtreI/ n. INFORM. TIP. vassoio m. di alimentazione della carta.
paper girl /ˈpeɪpəgɜːl/ n. ragazza f. dei giornali.
paper handkerchief /͵peɪpəˈhæŋkətʃɪf, -tʃiːf/ n. fazzoletto m. di carta, kleenex® m.
paperhanger /ˈpeɪpə͵hæŋə(r)/ ♦ ***27*** n. tappezziere m. (-a).
paperhanging /ˈpeɪpə͵hæŋɪŋ/ n. (il) tappezzare.
paper knife /ˈpeɪpənaɪf/ n. (pl. **paper knives**) tagliacarte m.
paper lantern /ˈpeɪpə͵læntən/ n. lampioncino m.
paperless /ˈpeɪpəlɪs/ agg. INFORM. [*office, system*] informatizzato.
paper maker /ˈpeɪpə͵meɪkə(r)/ ♦ ***27*** n. cartaio m. (-a).
paper mill /ˈpeɪpəmɪl/ n. cartiera f.
paper money /ˈpeɪpə͵mʌnɪ/ n. cartamoneta f., moneta f. cartacea.
paper pusher /ˈpeɪpə͵pʊʃə(r)/ n. passacarte m. e f.
paper qualifications /ˈpeɪpə͵kwɒlɪfɪ͵keɪʃnz/ n.pl. attestati m.
paper round /ˈpeɪpə͵raʊnd/ n. ***he has*** o ***does a ~*** consegna i giornali a domicilio.
paper seller /ˈpeɪpə͵selə(r)/ ♦ ***27*** n. giornalaio m. (-a).
paper shop /ˈpeɪpə͵ʃɒp/ n. edicola f., (negozio di) giornalaio m.
paper shredder /ˈpeɪpə͵ʃredə(r)/ n. distruggidocumenti m.
paper tape /ˈpeɪpə͵teɪp/ n. INFORM. nastro m. perforato.
paper thin /͵peɪpəˈθɪn/ agg. sottilissimo, finissimo.
paper tiger /͵peɪpəˈtaɪgə(r)/ n. FIG. tigre f. di carta.
paper towel /͵peɪpəˈtaʊəl/ n. asciugamano m. di carta.
paperweight /ˈpeɪpəweɪt/ n. fermacarte m.
▷ **paperwork** /ˈpeɪpəwɜːk/ n. **1** *(administration)* lavoro m. d'ufficio **2** *(documentation)* pratiche f.pl.
papery /ˈpeɪpərɪ/ agg. [*leaves*] simile a carta; [*texture*] cartaceo; [*skin*] incartapecorito.
papier mâché /͵pæpjeɪˈmæʃeɪ/ n. cartapesta f.
papilionaceous /pə͵pɪljəˈneɪʃəs/ agg. papilionaceo.
papilla /pəˈpɪlə/ n. (pl. **-ae**) papilla f.
papillary /pəˈpɪlərɪ/ agg. papillare.
papillate /ˈpæpɪ͵leɪt/ agg. papillato.
papilloma /͵pæpɪˈləʊmə/ n. (pl. **~s, -ata**) papilloma m.
papillose /ˈpæpɪ͵ləʊs/ agg. papilloso.
papism /ˈpeɪpɪzəm/ n. SPREG. papismo m.
papist /ˈpeɪpɪst/ **I** agg. SPREG. papista **II** n. SPREG. papista m. e f.
papistic(al) /pəˈpɪstɪk(l)/ agg. SPREG. papistico.
papistry /ˈpeɪpɪstrɪ/ n. SPREG. papismo m.
papoose /pəˈpuːs/ n. bambino m. (-a) pellerossa.
pappi /ˈpæpaɪ/ → **pappus.**
pappose /pæˈpəʊs/ agg. BOT. papposo.
pappus /ˈpæpəs/ n. (pl. **-i**) pappo m.
1.pappy /ˈpæpɪ/ n. AE COLLOQ. papà m., babbo m.
2.pappy /ˈpæpɪ/ agg. papposo, simile a pappa.
paprika /ˈpæprɪkə, pəˈpriːkə/ n. paprica f.
Pap smear /ˈpæpsmɪə(r)/ n. striscio m. vaginale.
Pap test /ˈpæptest/ n. pap-test m.
Papuan /ˈpɑːpʊən, ˈpæ-/ ♦ ***18, 14*** **I** agg. [*culture, language*] papuano, papuaso **II** n. *(person)* papuano m. (-a), papuaso m. (-a).
Papua New Guinea /͵pɑːpʊənjuːˈgɪniː, AE -nuː-/ ♦ ***6*** n.pr. Papua Nuova Guinea f.
papula /ˈpæpjʊlə/ n. (pl. **-ae**) papula f.
papular /ˈpæpjʊlə(r)/ agg. papulare.
papule /ˈpæpjuːl/ n. → **papula.**
papyraceous /͵pæpɪˈreɪʃəs/ agg. papiraceo.
papyri /pəˈpaɪərʌɪ/ → **papyrus.**
papyrology /͵pæpɪˈrɒlədʒɪ/ n. papirologia f.
papyrus /pəˈpaɪərəs/ n. (pl. **~es, -i**) papiro m.
par /pɑː(r)/ n. **1** ***to be on a ~ with*** [*performance*] essere alla pari con *o* paragonabile a; [*person*] essere pari a; ***to be up to ~*** essere all'altezza; ***to be below*** o ***under ~*** [*performance*] essere inferiore alla media; [*person*] non sentirsi *o* non essere in forma **2** *(in golf)* par m., norma f.; ***two under ~*** due (colpi) sotto par **3** ECON. parità f.; ***at ~*** alla pari; ***above, below ~*** sopra, sotto la pari ◆ ***to be ~ for the course*** essere normale *o* la norma.
para /ˈpærə/ n. **1** ⇒ paragraph paragrafo (par.) **2** BE COLLOQ. MIL. (⇒ paratrooper) parà m.
parabasis /pəˈræbəsɪs/ n. TEATR. (pl. **-es**) parabasi f.
parabiosis /͵pærəbaɪˈəʊsɪs/ n. ZOOL. parabiosi f.
parable /ˈpærəbl/ n. BIBL. parabola f.
parabola /pəˈræbələ/ n. MAT. parabola f.
parabolic /͵pærəˈbɒlɪk/ agg. parabolico.
parabolically /͵pærəˈbɒlɪklɪ/ avv. parabolicamente.
parabolic reflector /͵pærəˈbɒlɪkrɪ͵flektə(r)/ n. riflettore m. parabolico.
paraboloid /pəˈræbəlɔɪd/ n. paraboloide m.
paracentesis /͵pærəsenˈtiːsɪs/ n. (pl. **-es**) paracentesi f.
paracetamol /͵pærəˈsetəmɒl, -ˈsiːtəmɒl/ n. BE *(substance)* paracetamolo m.; *(pill)* pastiglia f. (analgesica, antiinfluenzale).
1.parachute /ˈpærəʃuːt/ n. paracadute m.
2.parachute /ˈpærəʃuːt/ **I** tr. paracadutare, lanciare col paracadute; ***to ~ sth. into a country*** paracadutare qcs. in un paese **II** intr. paracadutarsi, lanciarsi col paracadute.
parachute drop /ˈpærəʃuːt͵drɒp/, **parachute jump** /ˈpærəʃuːt͵dʒʌmp/ n. lancio m. con il paracadute.
parachute regiment /ˈpærəʃuːt͵redʒɪmənt/ n. reggimento m. (di) paracadutisti.
parachute silk /ˈpærəʃuːt͵sɪlk/ n. seta f. da paracadute.
parachuting /ˈpærəʃuːtɪŋ/ ♦ ***10*** n. ***to go ~*** fare paracadutismo.
parachutist /ˈpærəʃuːtɪst/ n. paracadutista m. e f.
Paraclete /ˈpærəkliːt/ n. Paracleto m.
▷ **1.parade** /pəˈreɪd/ n. **1** *(procession)* parata f., sfilata f.; ***a ~ of floats*** una sfilata di carri; ***carnival ~*** sfilata di carnevale; ***circus ~*** parata del circo **2** MIL. *(public march)* parata f.; *(review)* rassegna f., rivista f.; *(in barracks)* contrappello m.; ***to be on ~*** essere in parata **3** *(display) (of designs)* esposizione f., mostra f.; *(of models)* sfilata f.; *(of ideas)* sfoggio m. (anche SPREG.); ***new inventions will be on ~*** verranno esposte nuove invenzioni **4** ***to make a ~ of*** SPREG. fare sfoggio di *o* ostentare [*grief, knowledge*] **5** BE *(row)* ***a ~ of shops, houses*** una sfilza di negozi, di case.
▷ **2.parade** /pəˈreɪd/ **I** tr. **1** *(display)* ostentare, fare sfoggio di [*knowledge, morals, wares, wealth*] (anche SPREG.) **2** *(claim)* ***to ~ sth. as sth.*** sfoggiare qcs. come qcs.; ***it was ~ed as the miracle***

solution è stata pubblicizzata come una soluzione miracolosa **II** intr. *(march)* sfilare (in corteo) (**through** per); ***to ~ up and down*** [*soldier, model*] sfilare su e giù (in parata); [*child, person*] fare la sfilata (pavoneggiandosi).

▪ **parade about, parade around** sfilare.

parade ground /pəˈreɪd͵graʊnd/ n. campo m. di marte, piazza f. d'armi.

▷ **paradigm** /ˈpærədaɪm/ n. paradigma m.

paradigmatic /͵pærədɪgˈmætɪk/ agg. paradigmatico.

paradigmatically /͵pærədɪgˈmætɪklɪ/ avv. paradigmaticamente.

paradisaical /͵pærədɪˈseɪɪkl/ → **paradisiac**.

▷ **paradise** /ˈpærədaɪs/ n. RELIG. paradiso m. (anche FIG.); ***in ~*** in paradiso; ***an artist's ~*** un paradiso per gli artisti; ***an island ~*** un'isola paradisiaca ◆ ***to be living in a fool's ~*** vivere fra le nuvole.

paradisiac /͵pærədɪˈsaɪək/, **paradisiacal** /͵pærədɪˈsaɪəkl/ agg. RELIG. paradisiaco (anche FIG.).

parados /ˈpærədɒs/ n. MIL. (pl. **~**, **-es**) paradorso m., paradosso m.

▷ **paradox** /ˈpærədɒks/ n. paradosso m.

paradoxical /͵pærəˈdɒksɪkl/ agg. paradossale.

paradoxically /͵pærəˈdɒksɪklɪ/ avv. paradossalmente.

paraesthesia /͵pærɪsˈθiːzɪə/ n. (pl. **-ae**) parestesia f.

paraffin /ˈpærəfɪn/ **I** n. **1** BE *(fuel)* cherosene m. **2** (anche **~ wax**) paraffina f. **II** modif. BE [*lamp, heater*] a cherosene.

paraglider /ˈpærəglaɪdə(r)/ n. *(parachute)* parapendio m.

paragliding /ˈpærəglaɪdɪŋ/ ➧ ***10*** n. *(sport)* parapendio m.

paragoge /͵pærəˈgəʊdʒɪ/ n. paragoge f.

paragogic /͵pærəˈgɒdʒɪk/ agg. paragogico.

1.paragon /ˈpærəgən, AE -gɒn/ n. modello m. (**of** di); ***a ~ of virtue*** un modello di virtù.

2.paragon /ˈpærəgən, AE -gɒn/ tr. paragonare.

paragonite /pəˈrægənaɪt/ n. MIN. paragonite f.

▷ **1.paragraph** /ˈpærəgrɑːf, AE -græf/ n. **1** *(section)* paragrafo m.; ***new ~*** *(in dictation)* a capo **2** GIORN. *(article)* trafiletto m. **3** TIP. (anche **~ mark**) piede m. di mosca.

2.paragraph /ˈpærəgrɑːf, AE -græf/ tr. paragrafare, dividere in paragrafi.

paragrapher /ˈpærəgrəfə(r)/, **paragraphist** /ˈpærəgrəfɪst/ n. chi scrive trafiletti.

Paraguay /ˈpærəgwaɪ/ ➧ ***6*** n.pr. Paraguay m.

Paraguayan /ˈpærəgwaɪən/ ➧ ***18*** **I** agg. paraguaiano **II** n. paraguaiano m. (-a).

parakeet /ˈpærəkiːt/ n. parrocchetto m.

parakinesia /͵pærəkɪˈniːʒə/ n. paracinesia f.

paralanguage /ˈpærəlæŋgwɪdʒ/ n. tratti m.pl. paralinguistici.

paralinguistic /͵pærəlɪŋˈgwɪstɪk/ agg. paralinguistico.

parallactic /͵pærəˈlæktɪk/ agg. parallattico.

parallax /ˈpærəlæks/ n. parallasse f.

▶ **1.parallel** /ˈpærəlel/ **I** n. **1** MAT. parallela f. **2** GEOGR. parallelo m. **3** *(comparison)* parallelo m. (**between** tra; **to** con); ***in ~*** in parallelo; ***to draw, establish a ~ between*** fare, stabilire un parallelo tra; ***to be on a ~ with sth.*** essere paragonabile a qcs.; ***without ~*** senza pari *o* senza paragone **4** ELETTRON. ***in ~*** in parallelo **II** agg. **1** MAT. parallelo (**to**, **with** a); ***~ lines*** rette parallele **2** *(similar)* [*case, example, experience, situation*] analogo, parallelo (**to**, **with** a); ***to develop along ~ lines*** svilupparsi in maniera analoga **3** *(simultaneous)* parallelo (**to**, **with** a) **4** ELETTRON. [*circuit, connection*] (in) parallelo **5** INFORM. [*printer, transfer, transmission*] in parallelo **III** avv. ***~ to***, ***~ with*** parallelamente a; ***the species evolved ~ to one another*** le specie si sono evolute parallelamente.

2.parallel /ˈpærəlel/ tr. (forma in -ing ecc. **-ll-** BE, **-l-** AE) **1** *(equal)* uguagliare **2** *(find a comparison)* trovare un equivalente a.

parallel bars /͵pærəlelˈbɑːz/ n.pl. parallele f.

parallelepiped /͵pærəleˈlepɪped/ n. parallelepipedo m.

parallelism /ˈpærəlelɪzəm/ n. MAT. parallelismo m. (**between** tra) (anche FIG.).

parallelogram /͵pærəˈleləgræm/ n. parallelogramma f., parallelogrammo m.

parallel-park /͵pærəlelˈpɑːk/ intr. AUT. parcheggiare parallelamente al bordo della strada.

parallel processing /͵pærəlelˈprəʊsesɪŋ, AE -ˈprɒ-/ n. INFORM. elaborazione f. in parallelo.

parallel programming /͵pærəlelˈprəʊgræmɪŋ, AE -grəm-/ n. INFORM. programmazione f. in parallelo.

parallel turn /͵pærəlelˈtɜːn/ n. SPORT curva f. a sci paralleli, cristiania m. parallelo.

paralogism /pəˈrælə͵dʒɪzəm/ n. paralogismo m.

Paralympian /͵pærəˈlɪmpɪən/ **I** n. paraolimpionico m. (-a) **II** agg. paraolimpico.

Paralympics /pærəˈlɪmpɪks/ n.pl. SPORT Paraolimpiadi f.

paralysation BE, **paralyzation** AE /͵pærəlaɪˈzeɪʃn, AE -lɪˈz-/ n. MED. paralisi f. (anche FIG.).

paralyse BE, **paralyze** AE /ˈpærəlaɪz/ tr. MED. paralizzare (anche FIG.).

paralysed BE, **paralyzed** AE /ˈpærəlaɪzd/ agg. **1** MED. paralizzato; ***to be ~ from the waist down*** essere paralizzato dalla vita in giù *o* paraplegico; ***her right arm is ~*** ha il braccio destro paralizzato **2** FIG. [*network, industry, person*] paralizzato (**with**, **by** da).

paralysis /pəˈræləsɪs/ n. MED. paralisi f. (anche FIG.); ***~ of the arm*** paralisi del braccio.

paralytic /͵pærəˈlɪtɪk/ **I** agg. **1** MED. [*person*] paralitico; [*arm, leg*] paralizzato **2** BE COLLOQ. *(drunk)* ubriaco fradicio **II** n. paralitico m. (-a).

paramagnetic /͵pærəmægˈnetɪk/ agg. paramagnetico.

paramagnetism /͵pærəˈmægnɪ͵tɪzəm/ n. paramagnetismo m.

paramedic /͵pærəˈmedɪk/ ➧ ***27*** n. paramedico m.

paramedical /͵pærəˈmedɪkl/ agg. paramedico.

parament /ˈpærəmənt/ n. RELIG. paramento m.

parameter /pəˈræmɪtə(r)/ n. **1** MAT. INFORM. parametro m. **2** *(limiting factor)* parametro m.; ***to define the ~s of*** definire i parametri di; ***within the ~s of*** entro i limiti di.

parametric /͵pærəˈmetrɪk/ agg. parametrico.

paramilitary /͵pærəˈmɪlɪtrɪ, AE -terɪ/ **I** agg. paramilitare **II** n. membro m. di un'organizzazione paramilitare.

paramnesia /͵pæræmˈniːzɪə, AE -ˈniːʒə/ ➧ ***11*** n. paramnesia f.

paramount /ˈpærəmaʊnt/ agg. [*consideration, goal*] primario, principale; ***to be ~***, ***to be of ~ importance*** essere di primaria importanza.

paramountcy /ˈpærəmaʊntsɪ/ n. supremazia f., preminenza f.

paramour /ˈpærəmʊə(r)/ n. ANT. amante m. e f.

paranasal /͵pærəˈneɪsl/ agg. paranasale.

paranoia /͵pærəˈnɔɪə/ ➧ ***11*** n. PSIC. paranoia f. (anche FIG.).

paranoi(a)c /͵pærəˈnɔɪɪk, -ˈnəʊɪk/ → **paranoid**.

paranoi(a)cally /͵pærəˈnɔɪɪkəlɪ, -ˈnəʊɪkəlɪ/ avv. paranoicamente.

▷ **paranoid** /ˈpærənɔɪd/ **I** agg. **1** PSIC. paranoide **2** *(suspicious)* paranoico (**about** riguardo a); ***to be ~ about being burgled*** avere la paranoia che vengano i ladri in casa **II** n. paranoico m. (-a), paranoide m. e f.

paranoid schizophrenia /͵pærənɔɪdskɪtsəʊˈfriːnɪə/ n. schizofrenia f. paranoide.

paranormal /͵pærəˈnɔːml/ **I** agg. paranormale **II** n. paranormale m.

paranormally /͵pærəˈnɔːməlɪ/ avv. in modo paranormale.

paranymph /ˈpærənɪmf/ n. paraninfo m.

parapet /ˈpærəpɪt/ n. ARCH. MIL. parapetto m. ◆ ***to stick one's head above the ~*** FIG. scoprire il fianco, esporsi.

paraphernalia /͵pærəfəˈneɪlɪə/ n. + verbo sing. **1** *(articles, accessories)* arnesi m.pl., armamentario m. **2** BE *(rigmarole, procedure)* trafila f.

1.paraphrase /ˈpærəfreɪz/ n. parafrasi f.

2.paraphrase /ˈpærəfreɪz/ tr. parafrasare.

paraphrastic /͵pærəˈfræstɪk/ agg. parafrastico.

paraphrastically /͵pærəˈfræstɪklɪ/ avv. parafrasticamente.

paraplegia /͵pærəˈpliːdʒə/ ➧ ***11*** n. paraplegia f.

paraplegic /͵pærəˈpliːdʒɪk/ **I** agg. [*person*] paraplegico; [*games*] per paraplegici **II** n. paraplegico m. (-a).

parapsychological /pærə͵saɪkəˈlɒdʒɪkl/ agg. parapsicologico.

parapsychology /͵pærəsaɪˈkɒlədʒɪ/ n. parapsicologia f.

paraquat® /ˈpærəkwɒt/ n. = potente erbicida altamente tossico.

parascending /ˈpærəsendɪŋ/ n. BE paracadutismo m. ascensionale; ***to go ~*** fare paracadutismo ascensionale.

paraselene /͵pærəsɪˈliːnɪ/ n. (pl. **-ae**) paraselene m.

parasite /ˈpærəsaɪt/ n. parassita m.; FIG. parassita m. e f.

parasitic(al) /͵pærəˈsɪtɪk(l)/ agg. **1** BOT. ZOOL. parassita, parassitico (**on** di) (anche FIG.) **2** MED. parassitario.

parasitically /͵pærəˈsɪtɪklɪ/ avv. **1** BOT. ZOOL. parassiticamente (anche FIG.) **2** MED. parassitariamente.

parasiticide /͵pærəˈsɪtɪsaɪd/ n. parassiticida m., antiparassitario m.

parasitism /ˈpærəsaɪ͵tɪzəm/ n. BOT. ZOOL. parassitismo m. (anche FIG.).

parasitologic(al) /͵pærəsaɪtɒˈlədʒɪkl/ agg. parassitologico.

parasitologist /͵pærəsaɪˈtɒlədʒɪst/ n. parassitologo m. (-a).

parasitology /͵pærəsaɪˈtɒlədʒɪ/ n. parassitologia f.

parasitosis /͵pærəsaɪˈtəʊsɪs/ ➧ ***11*** n. parassitosi f.

parasol /ˈpærəsɒl, AE -sɔːl/ n. **1** *(sunshade)* parasole m.; *(for table)* ombrellone m. **2** BOT. (anche **~ mushroom**) mazza f. di tamburo.

parasympathetic /͵pærə͵sɪmpəˈθetɪk/ agg. parasimpatico.

paratactic /͵pærəˈtæktɪk/ agg. paratattico.

parataxis /ˌpærəˈtæksɪs/ n. paratassi f.
parathyroid (gland) /ˌpærəˈθaɪrɔɪd(ˌglænd)/ n. paratiroide f.
paratrooper /ˈpærətruːpə(r)/ ◗ *27* n. paracadutista m. e f., parà m.
paratroops /ˈpærətruːps/ n.pl. truppe f. paracadutiste, reparti m. paracadutisti.
paratyphoid /ˌpærəˈtaɪfɔɪd/ ◗ *11* n. (anche ~ **fever**) paratifo m.
paravane /ˈpærəˌveɪn/ n. paramine m.
parboil /ˈpɑːbɔɪl/ tr. sbollentare, scottare.
1.parbuckle /ˈpɑːbʌkl/ n. lentia f.
2.parbuckle /ˈpɑːbʌkl/ tr. *(raise)* sollevare per mezzo di una lentia; *(lower)* calare per mezzo di una lentia.
Parcae /ˈpɑːsiː/ n.pr. RELIG. MITOL. Parche.
1.parcel /ˈpɑːsl/ n. **1** *(package)* pacco m., collo m. **2** *(of land)* appezzamento m. **3** ECON. *(of shares)* pacchetto m. **4** COLLOQ. FIG. *(of people, problems etc.)* sacco m.; ***a ~ of lies*** un sacco di bugie ◆ ***to be part and ~ of*** essere *o* fare parte integrante di.
2.parcel /ˈpɑːsl/ tr. (forma in -ing ecc. **-ll-** BE, **-l-** AE) → **parcel up**.
▪ **parcel out:** ~ ***out [sth.]***, ~ ***[sth.] out*** ripartire, distribuire (**among** tra).
▪ **parcel up:** ~ ***up [sth.]***, ~ ***[sth.] up*** imballare, impacchettare.
parcel bomb /ˈpɑːslbɒm/ n. pacco m. bomba.
parcelling /ˈpɑːslɪŋ/ n. **1** *(distribution)* ripartizione f., distribuzione f. **2** *(wrapping)* imballaggio m., impacchettatura f.
parcel office /ˈpɑːslˌɒfɪs, AE -ˌɔːf-/ n. ufficio m. pacchi.
parcel post /ˈpɑːslpəʊst/ n. servizio m. pacchi postali; ***to send sth. by ~*** mandare qcs. per pacco postale.
parcel shelf /ˈpɑːslˌʃelf/ n. AUT. cappelliera f.
parcels service /ˈpɑːslsɜːvɪs/ n. *(company)* ditta f. di spedizioni.
parcener /ˈpɑːsənə(r)/ n. DIR. coerede m. e f.
parch /pɑːtʃ/ tr. essiccare.
parched /pɑːtʃt/ **I** p.pass. → **parch II** agg. **1** [*earth*] riarso; [*grass, lips*] secco **2** COLLOQ. *(thirsty)* ***to be ~*** morire di sete *o* avere la gola riarsa.
parching /ˈpɑːtʃɪŋ/ agg. bruciante, essiccante.
parchment /ˈpɑːtʃmənt/ n. **1** STOR. *(substance, document)* pergamena f., cartapecora f. **2** *(paper)* (carta) pergamena f.
1.pard /pɑːd/ n. ANT. LETT. leopardo m.
2.pard /pɑːd/ n. AE COLLOQ. socio m. (-a), compagno m. (-a).
▷ **1.pardon** /ˈpɑːdn/ **I** n. **1** *(forgiveness)* perdono m., scusa f.; ***to beg sb.'s ~*** chiedere perdono a qcn.; ***I beg your ~?*** scusi? prego? **2** DIR. (anche **free** ~) grazia f.; ***royal ~*** grazia reale **3** RELIG. indulgenza f. **II** inter. **1** *(apologizing)* scusi **2** *(failing to hear)* scusi? prego?
▷ **2.pardon** /ˈpɑːdn/ tr. **1** *(forgive)* perdonare; ***to ~ sb. for sth.*** perdonare qcs. a qcn. *o* qcn. per qcs.; ***to ~ sb. for doing sth.*** perdonare a qcn. di avere fatto qcs.; ***~ me for asking, but...*** perdonatemi la domanda, ma...; ***~ me!*** mi scusi! **2** DIR. graziare [*criminal*].
pardonable /ˈpɑːdnəbl/ agg. perdonabile, scusabile.
pardonably /ˈpɑːdnəblɪ/ avv. in modo perdonabile, scusabilmente.
pardoner /ˈpɑːdnə(r)/ n. **1** *(forgiver)* chi perdona **2** STOR. RELIG. *(preacher)* venditore m. di indulgenze.
pare /peə(r)/ tr. **1** *(peel)* pelare, sbucciare [*apple*] **2** *(trim)* tagliare [*nails*] **3** *(reduce)* → **pare down** ◆ ***to ~ sth. to the bone*** ridurre qcs. all'osso.
▪ **pare down:** ~ ***[sth.] down***, ~ ***down [sth.]*** ridurre (**to** a).
▪ **pare off:** ~ ***[sth.] off***, ~ ***off [sth.]*** **1** *(cut away)* togliere [*rind, peel*] **2** *(reduce)* ridurre [*amount, percentage*].
pared-down /ˌpeədˈdaʊn/ agg. [*budget, version*] ridotto; [*prose, plot*] stringato.
paregoric /ˌpærɪˈgɒrɪk/ **I** agg. paregorico, sedativo **II** n. sedativo m.
parenchyma /pəˈrenkɪmə/ n. parenchima m.
parenchymal /pəˈrenkɪməl/, **parenchymatous** /pəˈrenkɪmətəs/ agg. parenchimatico, parenchimatoso.
▶ **parent** /ˈpeərənt/ n. **1** *(of child)* genitore m. (-trice); ***my ~s*** i miei genitori; ***as a ~*** in qualità di genitore; ***~s are worried*** i genitori sono preoccupati **2** COMM. *(company)* casa f. madre; *(organization)* società f. madre.
parentage /ˈpeərəntɪdʒ/ n. ascendenza f., genitori m.pl.; ***of unknown ~*** di genitori sconosciuti.
▷ **parental** /pəˈrentl/ agg. [*rights, authority, involvement*] parentale; ***his ~ pride*** orgoglio paterno; ***to leave the ~ home*** abbandonare la casa paterna.
parent company /ˌpeərəntˈkʌmpənɪ/ n. casa f. madre.
parenteral /pəˈrentərəl/ agg. parenterale.
parent-governor /ˌpeərəntˈgʌvənə(r)/ n. BE SCOL. = rappresentante dei genitori al consiglio di istituto.
parenthesis /pəˈrenθəsɪs/ n. (pl. **-es**) parentesi f.; ***in ~*** tra parentesi.
parenthesize /pəˈrenθəˌsaɪz/ tr. **1** *(bracket)* mettere tra parentesi [*word*] **2** *(insert)* inserire parenteticamente.
parenthetic(al) /ˌpærənˈθetɪk(l)/ agg. [*comment*] tra parentesi.
parenthetically /ˌpærənˈθetɪklɪ/ avv. [*note, observe*] parenteticamente.
parenthood /ˈpeərənthʊd/ n. *(fatherhood)* paternità f.; *(motherhood)* maternità f.; ***ready for ~*** pronto per mettere su famiglia; ***the joys of ~*** IRON. le gioie di essere genitore.
parenting /ˈpeərəntɪŋ/ n. cura f. parentale, educazione f. dei figli.
parentless /ˈpeərəntlɪs/ agg. orfano (di entrambi i genitori).
parent organization /ˈpeərəntɔːgənaɪˌzeɪʃn, AE -nɪˌz-/ n. → **parent company**.
parent power /ˈpeərəntˌpaʊə(r)/ n. SCOL. = potere decisionale di cui godono i genitori degli alunni.
parents' evening /ˈpeərəntsˌiːvnɪŋ/ n. SCOL. = serata preparata dagli alunni per i genitori.
parent-teacher association /ˌpeərəntˈtiːtʃərəsəʊsɪˌeɪʃn/ n. associazione f. genitori-insegnanti.
parent tree /ˈpeərəntˌtriː/ n. albero m. genealogico.
parer /ˈpeərə(r)/ n. pelapatate m.
paresis /pəˈriːsɪs, ˈpærɪsɪs/ n. (pl. **-es**) paresi f.
paresthesia → **paraesthesia**.
paretic /pəˈretɪk/ agg. paretico.
par excellence /ˌpɑːrˈeksələns/ avv. per antonomasia; ***Robert De Niro is the actor ~*** Robert De Niro è l'attore per antonomasia.
1.parget /ˈpɑːdʒɪt/ n. intonaco m., stucco m., gesso m.
2.parget /ˈpɑːdʒɪt/ tr. intonacare, stuccare.
parhelion /pɑːˈhiːlɪən/ n. (pl. **-ia**) parelio m.
pariah /pəˈraɪə, ˈpærɪə/ n. paria m. e f.
Parian /ˈpeərɪən/ **I** agg. pario, dell'isola di Paro **II** n. nativo m. (-a), abitante m. e f. dell'isola di Paro.
parietal /pəˈraɪətl/ **I** agg. ANAT. BOT. parietale **II** n. ANAT. parietale m.
parietals /pəˈraɪətlz/ n.pl. AE UNIV. = norme che regolano le visite di persone del sesso opposto nelle residenze universitarie.
paring /ˈpeərɪŋ/ **I** n. *(process)* *(of fruit)* pelatura f., sbucciatura f.; *(of budget, economy)* riduzione f. **II parings** n.pl. **1** *(of fruit)* bucce f. **2** *(of nails)* pezzetti m. di unghie tagliate.
paring knife /ˈpeərɪŋˌnaɪf/ n. (pl. **paring knives**) coltello m. da cucina, pelapatate m.
1.Paris /ˈpærɪs/ ◗ *34* **I** n.pr. Parigi f. **II** modif. [*fashion, metro, restaurant*] di Parigi.
2.Paris /ˈpærɪs/ n.pr. Paride.
parish /ˈpærɪʃ/ **I** n. **1** RELIG. parrocchia f. **2** BE *(administrative)* comune m. rurale **3** AE contea f. (in Louisiana) **II** modif. [*church, hall, meeting, register*] parrocchiale.
parish council /ˌpærɪʃˈkaʊnsl/ n. RELIG. consiglio m. parrocchiale; BE POL. consiglio m. comunale (di comune rurale).
parishioner /pəˈrɪʃənə(r)/ n. parrocchiano m. (-a).
parish priest /ˌpærɪʃˈpriːst/ n. *(Protestant)* pastore m.; *(Catholic)* parroco m.
parish-pump /ˌpærɪʃˈpʌmp/ agg. BE ***~ politics*** SPREG. politica campanilistica.
Parisian /pəˈrɪzɪən/ **I** agg. parigino **II** n. parigino m. (-a).
parisyllabic /ˌpærɪsɪˈlæbɪk/ agg. parisillabo.
parity /ˈpærətɪ/ n. *(equality)* parità f. (**with** con); ***nuclear ~*** parità delle forze nucleari; ***pay ~*** parità salariale.
▶ **1.park** /pɑːk/ n. **1** *(public garden)* parco m., giardino m. pubblico **2** *(estate)* parco m. **3** COMM. IND. parco m.; ***business ~*** centro amministrativo e degli affari; ***industrial ~*** zona industriale; ***science ~*** parco tecnologico **4** BE *(pitch)* campo m.; AE *(stadium)* stadio m. **5** *(on automatic gearbox)* posizione f. di stazionamento.
▶ **2.park** /pɑːk/ **I** tr. **1** AUT. parcheggiare [*vehicle*] **2** COLLOQ. *(deposit)* lasciare, parcheggiare [*equipment, boxes, person*] **II** intr. [*driver*] parcheggiarsi **III** rifl. COLLOQ. ***to ~ oneself*** parcheggiarsi, inse-diarsi.
parka /ˈpɑːkə/ n. parka m.
park-and-ride /ˌpɑːkənˈraɪd/ n. AUT. = parcheggio per auto private alla periferia della città collegato al centro con mezzi pubblici.
park bench /ˌpɑːkˈbentʃ/ n. panchina f. dei giardini pubblici.
parked /pɑːkt/ **I** p.pass. → **2.park II** agg. [*car, lorry*] parcheggiato; ***badly ~*** parcheggiato male.
parkerhouse roll /ˌpɑːkərhaʊsˈrəʊl/ n. = disco di pasta di pane ripiegato in metà e farcito.
parkin /ˈpɑːkɪn/ n. BE GASTR. INTRAD. m. (torta o panino di avena e zenzero).
▷ **parking** /ˈpɑːkɪŋ/ **I** n. **1** *(action)* parcheggio m.; ***"No ~"*** "divieto di sosta" **2** *(space for cars)* posteggio m., parcheggio m. **II** modif.

[*area, permit, problem, regulations, restrictions*] di parcheggio; [*charge*] di posteggio; [*facilities*] per il posteggio.
parking attendant /'pɑːkɪŋə,tendənt/ ➧ *27* n. custode m. e f. di parcheggio.
parking bay /'pɑːkɪŋbeɪ/ n. area f. di sosta.
parking brake /'pɑːkɪŋbreɪk/ n. AUT. freno m. a mano, freno m. di stazionamento.
parking garage /'pɑːkɪŋ,gærɑːʒ, -,gærɪdʒ, AE -gə,rɑːʒ/ n. AE *(multistorey)* parcheggio m. multipiano; *(underground)* parcheggio m. sotterraneo.
parking light /'pɑːkɪŋ,laɪt/ n. AUT. luce f. di posizione.
▷ **parking lot** /'pɑːkɪŋlɒt/ n. AE parcheggio m., posteggio m.
parking meter /'pɑːkɪŋ,miːtə(r)/ n. parchimetro m.
parking offence BE, **parking offense** AE /'pɑːkɪŋə,fens/ n. (il) parcheggiare in divieto di sosta.
parking place /'pɑːkɪŋ,pleɪs/, **parking space** /'pɑːkɪŋ,speɪs/ n. posto m. macchina.
parking ticket /'pɑːkɪŋ,tɪkɪt/ n. **1** *(from machine)* voucher m. **2** *(fine)* multa f. per divieto di sosta.
parkinsonian /pɑːkɪn'səʊnɪən/ **I** agg. parkinsoniano **II** n. parkinsoniano m. (-a).
parkinsonism /'pɑːkɪnsənɪzəm/ ➧ *11* n. parkinsonismo m.
Parkinson's disease /'pɑːkɪnsnzdɪ,ziːz/ ➧ *11* n. morbo m. di Parkinson.
Parkinson's law /'pɑːkɪnsnz,lɔː/ n. SCHERZ. legge f. di Parkinson.
park keeper /'pɑːk,kiːpə(r)/ ➧ *27* n. guardiano m. (-a) del parco, custode m. e f. del parco.
parkland /'pɑːklænd/ n. bosco m. adibito a parco.
park ranger /'pɑːk,reɪndʒə(r)/, **park warden** /'pɑːkwɔːdn/ ➧ *27* n. *(on estate)* guardiano m. (-a) del parco; *(in game reserve)* guardacaccia m. e f.; *(in national parks)* guardaparco m. e f.
parkway /'pɑːkweɪ/ n. AE viale m., strada f. alberata.
parky /'pɑːkɪ/ agg. BE COLLOQ. fresco, freddo.
parlance /'pɑːləns/ n. parlata f., linguaggio m.; ***in legal, journalistic ~*** nel linguaggio giuridico, giornalistico; ***in common ~*** nella lingua corrente.
1.parlay /'pɑːleɪ/ n. AE (il) puntare la somma appena vinta.
2.parlay /'pɑːleɪ/ tr. **1** *(bet)* puntare la somma appena vinta **2** *(exploit)* mettere a profitto [*asset*].
1.parley /'pɑːlɪ/ n. colloquio m., abboccamento m.
2.parley /'pɑːlɪ/ intr. parlamentare (**with** con).
parleyvoo /pɑːlɪ'vuː/ intr. COLLOQ. SCHERZ. parlare francese.
▶ **parliament** /'pɑːləmənt/ **I** n. POL. parlamento m.; ***in ~*** in parlamento **II Parliament** n.pr. BE **1** *(institution, members)* Parlamento m.; ***to get into Parliament*** farsi eleggere in Parlamento **2** *(parliamentary session)* sessione f. parlamentare.

> **Parliament** Organo legislativo britannico composto dalla Camera dei Comuni, dalla Camera dei Lord e dal sovrano. Ha sede a Londra, nel Palazzo di Westminster detto *Houses of Parliament.* Il Parlamento viene convocato e sciolto dal sovrano, che apre ogni sessione parlamentare e firma i testi delle leggi già approvate. Le elezioni legislative hanno luogo come minimo ogni cinque anni e rinnovano la totalità dei membri della Camera dei Comuni (v. ***House of Commons***, ***House of Lords***).

parliamentarian /,pɑːləmen'teərɪən/ n. **1** *(member)* parlamentare m. e f., membro m. del parlamento **2** *(expert in procedure)* esperto m. (-a) di procedure parlamentari.
parliamentarianism /,pɑːləmen'teərɪənɪzəm/ n. parlamentarismo m.
▷ **parliamentary** /,pɑːlə'mentrɪ, AE -terɪ/ agg. parlamentare.
Parliamentary Commissioner /,pɑːləmentrɪkə'mɪʃənə(r), AE -terɪ-/ n. difensore m. civico.
parliamentary election /,pɑːləmentrɪɪ'lekʃn, AE -terɪ-/ n. elezioni f.pl. parlamentari.
parliamentary government /,pɑːləmentrɪ'gʌvənmənt, AE -terɪ-/ n. governo m. parlamentare.
parliamentary private secretary /,pɑːləmentrɪ,praɪvɪt'sekrətrɪ, AE -terɪ,praɪvɪt'sekrəterɪ/ n. GB = deputato che assiste un ministro e cura le relazioni con gli altri deputati.
parliamentary privilege /,pɑːləmentrɪ'prɪvəlɪdʒ, AE -terɪ-/ n. immunità f. parlamentare.
parliamentary secretary /,pɑːləmentrɪ'sekrətrɪ, AE -terɪ-'sekrəterɪ/ n. GB = deputato che assiste un ministro.
parliamentary under-secretary /,pɑːləmentrɪ,ʌndə'sekrətrɪ, AE -terɪ,ʌndə'sekrəterɪ/ n. BE sottosegretario m. (di Stato).
parlour BE, **parlor** AE /'pɑːlə(r)/ n. **1** ANT. *(in house)* salottino m. **2** *(in convent)* parlatorio m.
parlour car BE, **parlor car** AE /'pɑːlə,kɑː/ n. vettura f. salone, carrozza f. di lusso.
parlour game BE, **parlor game** AE /'pɑːlə,geɪm/ n. gioco m. di società.
parlour maid BE, **parlor maid** AE /'pɑːlə,meɪd/ n. domestica f. (che serve a tavola).
parlous /'pɑːləs/ agg. FORM. SCHERZ. precario, rischioso.
Parma /'pɑːmə/ ➧ *34* n.pr. Parma f.
Parma ham /,pɑːmə'hæm/ n. prosciutto m. di Parma.
Parma violet /,pɑːmə'vaɪələt/ n. BOT. violetta f. di Parma.
Parmesan /'pɑːmɪzæn, AE ,pɑːrmɪ'zæn/ n. (anche ~ **cheese**) parmigiano m.
Parnassus /pɑː'næsəs/ n.pr. (monte) Parnaso m.
parochial /pə'rəʊkɪəl/ agg. **1** SPREG. [*interest, view*] limitato, ristretto **2** AE *(of parish)* parrocchiale.
parochialism /pə'rəʊkɪəlɪzəm/ n. SPREG. ristrettezza f. (di vedute), grettezza f.
parochial school /pə'rəʊkɪəl,skuːl/ n. AE scuola f. religiosa.
parodic /pə'rɒdɪk/ agg. parodico, parodistico.
parodist /'pærədɪst/ n. parodista m. e f.
parodontosis /,pærədɒn'təʊsɪs/ n. MED. parodontosi f., paradentosi f.
▷ **1.parody** /'pærədɪ/ n. *(all contexts)* parodia f.
▷ **2.parody** /'pærədɪ/ tr. fare la parodia di, parodiare [*person, style*].
parol /pə'rəʊl/ **I** agg. DIR. orale, verbale **II** n. DIR. dichiarazione f. orale; ***by ~*** verbalmente.
1.parole /pə'rəʊl/ n. **1** DIR. libertà f. condizionale; ***on ~*** in libertà condizionale; ***to release sb. on ~*** rilasciare qcn. con la condizionale; ***he was granted, refused ~*** gli è stata concessa, rifiutata la libertà condizionale; ***to break ~*** non rispettare le condizioni della libertà condizionale **2** MIL. parola f. d'ordine; ***on ~*** sulla parola **3** LING. parole f.
2.parole /pə'rəʊl/ tr. DIR. rilasciare sulla parola, mettere in libertà condizionale.
parole board /pə'rəʊl,bɔːd/ n. = commissione per la scarcerazione sulla parola.
parolee /pə,rəʊ'liː/ n. AE detenuto m. (-a) liberato (-a) con la condizionale.
parole officer /pə'rəʊl,ɒfɪsə(r), AE -,ɔːf-/ n. = ufficiale che sorveglia chi è in libertà condizionale.
paroquet /'pærəkɪt/ → **parakeet**.
parotid /pə'rɒtɪd/ **I** agg. parotideo **II** n. parotide f.
parotitis /,pærə'taɪtɪs/ ➧ *11* n. parotite f.
paroxysm /'pærəksɪzəm/ n. parossismo m., accesso m. (**of** di).
paroxysmal /,pærək'sɪzməl/ agg. parossistico.
paroxytone /pə'rɒksɪ,təʊn/ **I** agg. parossitono **II** n. parossitona f.
1.parquet /'pɑːkeɪ, AE pɑːr'keɪ/ n. **1** *(floor, flooring)* parquet m.; ***to lay ~*** posare il parquet **2** AE TEATR. parterre m.
2.parquet /'pɑːkeɪ, AE pɑːr'keɪ/ tr. pavimentare con parquet.
parquetry /'pɑːkɪtrɪ/ n. parchettatura f.
parr /pɑː(r)/ n. ZOOL. salmone m. giovane.
parrakeet → **parakeet**.
parricidal /,pærɪ'saɪdl/ agg. parricida.
parricide /'pærɪsaɪd/ n. **1** *(crime)* parricidio m. **2** *(person)* parricida m. e f.
1.parrot /'pærət/ n. **1** ZOOL. pappagallo m. **2** FIG. SPREG. *(person)* pappagallo m. ◆ ***to be as sick as a ~*** COLLOQ. rimanerci malissimo; ***to have a mouth (that tastes) like the bottom of a ~'s cage*** COLLOQ. avere un alito fetente.
2.parrot /'pærət/ tr. SPREG. ripetere a pappagallo.
parrot-fashion /'pærət,fæʃn/ avv. come un pappagallo, pappagallescamente.
parrot fever /'pærət,fiːvə(r)/ ➧ *11* n. psittacosi f.
parrot fish /'pærətfɪʃ/ n. (pl. ~, **~es**) pesce m. pappagallo.
1.parry /'pærɪ/ n. **1** SPORT *(in fencing, boxing)* parata f., schivata f. **2** *(verbal)* risposta f. evasiva.
2.parry /'pærɪ/ **I** tr. **1** SPORT *(in fencing, boxing)* parare, schivare **2** eludere, schivare [*question*] **II** intr. *(in fencing, boxing)* parare, schivare.
parse /pɑːz/ tr. **1** LING. fare l'analisi grammaticale di; ***to ~ a sentence*** fare l'analisi logica di una frase **2** INFORM. fare l'analisi sintattica di [*string*].
parsec /'pɑːsek/ n. parsec m.
Parsee /,pɑː'siː/ n. parsi m. e f.
parser /'pɑːzə(r)/ n. INFORM. parser m.

parsimonious /ˌpɑːsɪˈməʊnɪəs/ agg. FORM. parsimonioso.
parsimoniously /ˌpɑːsɪˈməʊnɪəslɪ/ avv. FORM. parsimoniosamente.
parsimoniousness /ˌpɑːsɪˈməʊnɪəsnɪs/, **parsimony** /ˈpɑːsɪmənɪ, AE -məʊnɪ/ n. FORM. parsimonia f.
parsing /ˈpɑːzɪŋ/ n. **1** LING. analisi f. grammaticale, sintattica **2** INFORM. analisi f. sintattica.
parsley /ˈpɑːslɪ/ n. prezzemolo m.
parsley sauce /ˌpɑːslɪˈsɔːs/ n. salsa f. al prezzemolo.
parsnip /ˈpɑːsnɪp/ n. pastinaca f. ◆ ***fine words butter no ~s*** le belle parole non servono a niente.
parson /ˈpɑːsn/ n. RELIG. pastore m., parroco m.
parsonage /ˈpɑːsənɪdʒ/ n. presbiterio m., canonica f.
parsonic /pɑːˈsɒnɪk/ agg. RELIG. pastorale, di parroco.
parson's nose /ˌpɑːsənzˈnəʊz/ n. COLLOQ. boccone m. del prete.
Parsons table /ˌpɑːsənzˈteɪbl/ n. AE tavolo m. quadrato.
▶ **1.part** /pɑːt/ **I** n. **1** *(of whole)* parte f.; *(of country)* parte f., area f.; ***~ of the book, time, district*** (una) parte del libro, tempo, quartiere; ***~ of me hates him*** una parte di me lo odia; ***in*** o ***around these ~s*** da queste parti; ***in ~*** in parte; ***in ~ it's due to...*** in parte è dovuto a...; ***~ of the reason is...*** in parte è perché...; ***to be (a) ~ of*** fare parte di; ***to feel ~ of*** sentirsi parte di; ***to form ~ of*** fare parte di; ***the early ~ of my life*** la prima parte della mia vita *o* la mia gioventù; ***it's all ~ of being young*** è tipico della giovinezza; ***the latter ~ of the century*** l'ultima parte del secolo; ***that's the best, hardest ~*** questa è la parte migliore, più difficile; ***that's the ~ I don't understand*** quella è la parte che non capisco; ***to be good in ~s*** BE avere delle parti buone; ***in ~s it's very violent*** BE in alcuni punti è molto violento; ***for the most ~*** per la maggior parte; ***my, our ~ of the world*** il mio, nostro paese; ***what are you doing in this ~ of the world?*** che cosa ci fai da queste parti? **2** *(component of car, engine, machine)* parte f., pezzo m.; ***machine, engine ~s*** parti di macchina, di motore; ***spare ~s*** pezzi di ricambio; ***~s and labour*** pezzi e manodopera **3** TELEV. *(of serial, programme)* parte f.; ***"end of ~ one"*** "fine della prima parte, puntata"; ***a two-, four-~ series*** una serie in due, quattro puntate **4** *(share, role)* parte f., ruolo m. (**in** in); ***to do one's ~*** fare la propria parte; ***to have a ~ in sth.*** avere un ruolo in qcs. *o* a che fare con qcs.; ***to have a ~ in deciding to do, in choosing*** partecipare alla decisione di fare, alla scelta; ***I want no ~ in it, I don't want any ~ of it*** non voglio saperne niente *o* averci a che fare; ***to take ~*** partecipare *o* prendere parte (**in** a); ***they took no further ~ in it*** non hanno più voluto prendere parte alla cosa **5** TEATR. TELEV. CINEM. ruolo m., parte f. (**of** di); ***I got the ~!*** ho avuto la parte! ***to play the ~ of*** recitare la parte di **6** *(equal measure)* parte f.; ***two ~s tonic to one ~ gin*** due parti di acqua tonica per una di gin; ***mix X and Y in equal ~s*** mischiare X e Y in parti uguali; ***in a concentration of 30,000 ~s per million*** in una concentrazione del 3% **7** MUS. *(for instrument, voice)* parte f.; ***the viola, tenor ~*** la parte della viola, del tenore; ***voice ~*** parte vocale **8** MUS. *(sheet music)* partitura f.; ***the piano ~*** la partitura per pianoforte **9** *(behalf)* ***on the ~ of*** da parte di; ***it wasn't very nice on your ~*** non è stato molto bello da parte tua; ***for my, his ~*** da parte mia, sua; ***to take sb.'s ~*** prendere le parti di *o* parteggiare per qcn. **10** AE *(in hair)* scriminatura f., riga f. **II** avv. *(partly)* in parte; ***it was ~ fear, ~ greed*** in parte era paura, in parte avidità ◆ ***a man, a woman of (many) ~s*** un uomo, una donna di molte risorse; ***to look the ~*** essere perfetto per la parte; ***to take sth. in good ~*** non prendersela per qcs.
2.part /pɑːt/ **I** tr. **1** *(separate)* separare, dividere [*couple, friends, boxers*]; divaricare, aprire [*legs*]; scostare, aprire [*lips, curtains*]; aprirsi un varco tra [*crowd*]; aprire [*ocean, waves*]; ***to be ~ed from*** essere separato da; ***"till death do us ~"*** "finché morte non ci separi" **2** *(make parting in)* ***to ~ one's hair*** farsi la riga; ***he ~s his hair on the left*** si fa la riga a sinistra **II** intr. **1** *(take leave, split up)* [*partners, husband and wife*] separarsi; ***we ~ed friends*** ci siamo lasciati da amici; ***to ~ from*** separarsi da [*husband, wife*] **2** *(divide)* [*crowd, sea, clouds*] aprirsi; [*lips*] dischiudersi; TEATR. [*curtains*] aprirsi **3** *(break)* [*rope, cable*] rompersi.
▪ **part with: ~ with [sth.]** disfarsi di [*money*]; separarsi da [*object*].
partake /pɑːˈteɪk/ intr. (pass. **-took**; p.pass. **-taken**) FORM. **1** ***to ~ of*** prendere *o* mangiare un po' di [*food*]; bere un po' di [*drink*]; avere (qualcosa di) [*quality*]; godere di [*nature*] **2** ***to ~ in*** partecipare a.
partaker /pɑːˈteɪkə(r)/ n. partecipante m. e f.
part-baked /pɑːtˈbeɪkd/ agg. precotto.
part exchange /pɑːtɪksˈtʃeɪndʒ/ n. BE = compravendita con ritiro dell'usato; ***to take sth. in ~*** comprare qcs. dando indietro l'usato.
parthenogenesis /ˌpɑːθɪnəʊˈdʒenəsɪs/ n. partenogenesi f.
parthenogenetic /ˌpɑːθɪnəʊdʒɪˈnetɪk/ agg. partenogenetico.
parthenogenetically /ˌpɑːθɪnəʊdʒɪˈnetɪklɪ/ avv. partenogeneticamente.
Parthenon /ˈpɑːθənɒn/ n.pr. ***the ~*** il Partenone.
Parthian /ˈpɑːθɪən/ **I** agg. partico **II** n. STOR. parto m.
Parthian shot /ˈpɑːθɪənˌʃɒt/ n. freccia f. del parto.
▷ **partial** /ˈpɑːʃl/ agg. **1** [*collapse, deafness, failure, reduction, success, truth, victory, withdrawal*] parziale **2** *(biased)* [*judgment, attitude*] parziale, di parte **3** *(fond)* ***to be ~ to*** avere un debole per.
partial disability /ˌpɑːʃldɪsəˈbɪlətɪ/ n. invalidità f. parziale.
partial eclipse /ˌpɑːʃlɪˈklɪps/ n. eclissi f. parziale.
partial exchange /ˌpɑːʃlɪksˈtʃeɪndʒ/ n. AE → **part exchange.**
partiality /ˌpɑːʃɪˈælətɪ/ n. **1** *(bias)* parzialità f., preferenza f. **2** *(liking)* debole m., predilezione f. (**to, for** per).
▷ **partially** /ˈpɑːʃəlɪ/ avv. **1** [*controlled, obscured, recovered, severed*] parzialmente, in parte; ***he was only ~ successful*** ha avuto successo solo in parte **2** [*treat, judge, regard*] con parzialità.
partially clothed /ˌpɑːʃəlɪˈkləʊðd/ agg. [*person, body*] mezzo nudo.
partially preserved /ˌpɑːʃəlɪprɪˈzɜːvd/ agg. ***~ product*** semiconservato.
partially sighted /ˌpɑːʃəlɪˈsaɪtɪd/ **I** agg. ipovedente **II** n. ***the ~*** + verbo pl. gli ipovedenti.
partial pressure /ˌpɑːʃlˈpreʃə(r)/ n. pressione f. parziale.
partible /ˈpɑːtɪbl/ agg. divisibile.
participance /pɑːˈtɪsɪpəns/ n. AE → **participation.**
participant /pɑːˈtɪsɪpənt/ n. partecipante m. e f. (**in** a).
participate /pɑːˈtɪsɪpeɪt/ intr. partecipare (**in** a).
▷ **participation** /pɑːˌtɪsɪˈpeɪʃn/ n. partecipazione f. (**in** a); ***audience, worker ~*** partecipazione del pubblico, degli operai.
participator /pɑːˈtɪsɪpeɪtə(r)/ n. → **participant.**
participatory /pɑːˌtɪsɪˈpeɪtrɪ, AE -tɔːrɪ/ agg. ***~ play*** opera con partecipazione del pubblico; ***~ democracy*** = democrazia diretta.
participial /ˌpɑːtɪˈsɪpɪəl/ agg. participiale.
participle /ˈpɑːtɪsɪpl/ n. participio m.; ***past, present ~*** participio passato, presente.
▷ **particle** /ˈpɑːtɪkl/ n. **1** FIS. particella f.; ***elementary, subatomic ~*** particella elementare, subatomica **2** *(of ash, dust, metal, food)* granello m.; ***not a ~ of truth, evidence*** neanche un briciolo di verità, di prove **3** LING. particella f.
particle accelerator /ˈpɑːtɪklәkˌseləreɪtə(r)/ n. acceleratore m. di particelle.
particle board /ˈpɑːtɪklˌbɔːd/ n. AE pannello m. truciolare, truciolato m.
particle physics /ˈpɑːtɪklˌfɪzɪks/ n. fisica f. delle particelle.
parti-coloured BE, **parti-colored** AE /ˈpɑːtɪkʌləd/ agg. variopinto, multicolore.
▶ **particular** /pəˈtɪkjʊlə(r)/ **I** n. **1** *(detail)* particolare m., dettaglio m.; ***in every ~*** in tutti i particolari *o* dettagli; ***in one ~*** in un unico particolare; ***in several ~s*** in molti particolari; ***to go into ~s*** entrare nei dettagli **2** ***in ~*** in particolare; ***France in general and Paris in ~*** la Francia in generale e Parigi in particolare; ***nothing in ~*** niente di particolare; ***are you looking for anything in ~?*** stai cercando qualcosa in particolare, di preciso? **II particulars** n.pl. *(information)* dettagli m., particolari m.; *(description) (of person) (name, address etc.)* dati m. personali, generalità f.; *(of missing person, suspect)* segni m. particolari; AMM. *(of vehicle, stolen goods etc.)* descrizione f.sing.; ***~s of sale*** DIR. descrizione dei beni venduti all'asta; ***for further ~s please phone...*** per ulteriori informazioni *o* dettagli siete pregati di telefonare a... **III** agg. **1** *(specific)* particolare; ***for no ~ reason*** senza un *o* per nessun motivo particolare; ***in this ~ case*** in questo caso specifico; ***this ~ colour doesn't really suit me*** questo colore non mi sta molto bene; ***I didn't watch that ~ programme*** non ho visto quella trasmissione (lì); ***is there any ~ colour you would prefer?*** c'è un colore in particolare che preferiresti? ***no ~ time has been arranged*** non è stata fissata un'ora precisa **2** *(special, exceptional)* particolare; ***to take ~ care over sth.*** fare qcs. con particolare attenzione *o* usare una particolare attenzione con qcs.; ***I have ~ pleasure in welcoming tonight's guest speaker*** è con particolare piacere che accolgo l'ospite di questa serata; ***this painting is a ~ favourite of mine*** questo dipinto in particolare è uno dei miei preferiti *o* mi piace particolarmente; ***he is a ~ friend of mine*** è uno dei miei migliori amici **3** *(fussy)* meticoloso; ***to be ~ about*** essere esigente su [*cleanliness, punctuality*]; fare attenzione a [*appearance*]; essere difficile in fatto di [*food*]; ***"any special time?" - "no, I'm not ~"*** "hai preferenze riguardo all'ora?" - "no, mi va bene tutto" **4** FORM. *(exact)* [*account, description*] dettagliato, preciso.
particularism /pəˈtɪkjʊlæˌrɪzəm/ n. POL. RELIG. particolarismo m.
particularist /pəˈtɪkjʊlərɪst/ n. POL. RELIG. particolarista m. e f.

particularity /pəˌtɪkjʊˈlærətɪ/ n. particolarità f.

particularize /pəˈtɪkjʊləraɪz/ **I** tr. particolareggiare, dettagliare **II** intr. particolareggiare, dare i dettagli.

▶ **particularly** /pəˈtɪkjʊləlɪ/ avv. **1** *(in particular)* in particolare, particolarmente **2** *(especially)* particolarmente, specialmente; ***not ~*** non particolarmente.

parting /ˈpɑːtɪŋ/ **I** n. **1** *(separation)* separazione f., divisione f.; ***the ~ of the Red Sea*** il passaggio del Mar Rosso; ***the ~ of the ways*** il bivio **2** BE *(in hair)* riga f., scriminatura f.; ***centre, left ~*** riga in mezzo, a sinistra; ***side ~*** riga da una parte **II** agg. [*gift, words*] d'addio (anche IRON.); ***~ shot*** freccia del parto.

▷ **partisan** /ˈpɑːtɪzæn, ˌpɑːtɪˈzæn, AE ˈpɑːrtɪzn/ **I** n. MIL. partigiano m. (-a) **II** agg. **1** *(biased)* partigiano, fazioso **2** [*army, attack*] di partigiani.

partisanship /ˈpɑːtɪzænʃɪp, ˌpɑːtɪ-, AE ˈpɑːrt-/ n. partigianeria f., parzialità f.

partite /ˈpɑːtaɪt/ agg. BOT. ZOOL. partito, diviso.

▷ **1.partition** /pɑːˈtɪʃn/ n. **1** *(in room, office, house)* parete f. divisoria, tramezzo m.; ***glass, wooden ~*** tramezzo di vetro, di legno **2** POL. *(of country)* divisione f., spartizione f. **3** DIR. *(of property)* divisione f., ripartizione f.

▷ **2.partition** /pɑːˈtɪʃn/ tr. **1** → **partition off 2** POL. dividere, spartire [*country*] **3** DIR. dividere, ripartire [*property*].

■ **partition off:** ~ ***off [sth.]***, ~ ***[sth.] off*** tramezzare [*space, area, room*].

partitioned /pɑːˈtɪʃnd/ **I** p.pass. → **2.partition II** agg. separato, tramezzato.

partition wall /pɑːˈtɪʃnˌwɔːl/ n. parete f. divisoria, tramezzo m.

partitive /ˈpɑːtɪtɪv/ agg. partitivo.

▶ **partly** /ˈpɑːtlɪ/ avv. [*explain, justify, funded, dependent, responsible*] in parte; ***~, I did it because...*** in parte l'ho fatto perché...

▶ **1.partner** /ˈpɑːtnə(r)/ n. **1** COMM. DIR. socio m. (-a), partner m. e f. (**in** in); ***active ~*** socio attivo; ***business ~*** socio in affari; ***general ~*** accomandatario; ***limited ~*** accomandante **2** ECON. POL. partner m. e f.; ***Britain's Nato ~s*** i partner della Gran Bretagna in seno alla NATO **3** SPORT *(in dancing)* partner m. e f.; ***golf, tennis ~*** compagno di golf, tennis **4** *(in relationship)* partner m. e f. **5** *(workmate)* collega m. e f. **6** AE COLLOQ. *(form of address)* amico m. (-a) ◆ ***to be ~s in crime*** essere complici.

2.partner /ˈpɑːtnə(r)/ tr. essere collega di, lavorare con [*workmate*]; essere il partner di, ballare con [*dancer*]; fare coppia con, giocare con [*player*].

▷ **partnership** /ˈpɑːtnəʃɪp/ n. **1** DIR. società f., partnership f. (**between** tra; **with** con); ***to be in ~ with*** essere in società con; ***to go into ~ with*** associarsi a; ***in ~ with*** in società con; ***to take sb. into ~*** prendere qcn. come socio; ***general ~*** società in nome collettivo; ***limited ~*** società in accomandita semplice; ***professional ~, non-trading ~*** società professionale, non commerciale **2** *(alliance)* associazione f., partnership f. (**between** tra; **with** con); ***in ~ with*** in associazione con; ***economic, industrial ~*** partnership economica, industriale **3** *(association)* associazione f.; ***acting, sporting ~*** associazione teatrale, sportiva; ***a working ~*** una squadra; ***we make a good ~*** siamo una buona squadra.

partnership agreement /ˈpɑːtnəʃɪpəˌgriːmənt/ n. COMM. DIR. contratto m. di società.

partnership certificate /ˈpɑːtnəʃɪpsəˌtɪfɪkət/ n. AE ECON. DIR. attestazione f. di società.

partnership limited by shares /ˌpɑːtnəʃɪpˈlɪmɪtɪdbaɪˌʃeəz/ n. COMM. DIR. società f. in accomandita per azioni.

part of speech /ˌpɑːtəvˈspiːtʃ/ n. parte f. del discorso.

parton /ˈpɑːtɒn/ n. FIS. partone m.

partook /pɑːˈtʊk/ pass. → **partake**.

part owner /ˌpɑːtˈəʊnə(r)/ n. comproprietario m. (-a).

part payment /ˌpɑːtˈpeɪmənt/ n. pagamento m. parziale, acconto m.

partridge /ˈpɑːtrɪdʒ/ n. pernice f.

partridge-wood /ˈpɑːtrɪdʒˌwʊd/ n. legno m. pernice.

part song /ˈpɑːtˌsɒŋ/ n. canto m. polifonico.

▷ **part-time** /ˌpɑːtˈtaɪm/ **I** n. part time m., orario m. ridotto; ***to be on ~*** lavorare part time *o* a tempo parziale **II** agg. [*worker*] part time, a tempo parziale **III** avv. [*work*] part time, a tempo parziale.

part-timer /ˌpɑːtˈtaɪmə(r)/ n. lavoratore m. (-trice) part time.

parturient /ˌpɑːˈtjʊrɪənt, AE -ˈtʃʊ-/ **I** agg. partoriente **II** n. partoriente f.

parturition /ˌpɑːtjʊˈrɪʃn, AE -tʃʊ-/ n. parto m.

partway /ˌpɑːtˈweɪ/ avv. ***~ through the evening, film*** a un certo punto della serata, del film; ***~ down the page*** verso fondo pagina; ***to drill ~ through the rock*** trivellare una parte della roccia; ***to be ~ through doing*** essere a buon punto nel fare; ***I'm ~ through the book*** sono più o meno a metà del libro.

part work /ˈpɑːtwɜːk/ n. BE pubblicazione f. a fascicoli, a dispense.

▶ **1.party** /ˈpɑːtɪ/ **I** n. **1** *(social event)* festa f.; *(in evening)* soirée f.; *(formal)* ricevimento m.; ***birthday ~*** festa di compleanno; ***children's ~*** festa per bambini; ***leaving ~*** festa d'addio; ***to give*** o ***have a ~ for sb.*** dare *o* organizzare una festa per qcn.; ***I'm having a ~*** do *o* faccio una festa **2** *(group)* gruppo m.; MIL. distaccamento m., reparto m.; ***a ~ of tourists*** una comitiva di turisti; ***a ~ of children*** un gruppo di bambini; ***reconnaissance ~*** MIL. pattuglia di ricognizione; ***rescue ~*** squadra di soccorso **3** POL. partito m.; ***political ~*** partito politico; ***the Party*** il Partito (Comunista) **4** DIR. *(individual, group)* parte f.; ***a solution acceptable to both, all parties*** una soluzione accettabile per entrambe, tutte le parti; ***to be a ~ to a contract, treaty*** essere parte contraente di *o* firmare un contratto, trattato; ***a ~ to the suit*** DIR. una parte in causa; ***innocent ~*** innocente **5** FORM. *(participant)* ***to be a ~ to*** essere complice di [*crime*]; ***I won't be ~ to any violence*** non mi renderò complice di alcuna violenza **6** ANT. COLLOQ. SCHERZ. *(person)* tipo m. **II** modif. **1** [*atmosphere, spirit*] di festa; [*game*] di società **2** POL. [*activist, conference, meeting, member, policy*] di, del partito; [*loyalty*] al partito; ***the ~ faithful*** i fedeli al partito.

2.party /ˈpɑːtɪ/ intr. COLLOQ. fare festa, divertirsi.

3.party /ˈpɑːtɪ/ agg. ARALD. [*shield*] partito.

party animal /ˈpɑːtɪˌænɪml/ n. COLLOQ. festaiolo m. (-a).

party dress /ˈpɑːtɪˌdres/ n. *(formal)* abito m. da sera; ***to wear one's ~*** [*child*] indossare il vestito più bello.

party-goer /ˈpɑːtɪgəʊə(r)/ n. festaiolo m. (-a).

party hat /ˈpɑːtɪˌhæt/ n. cappellino m. di carta (che si indossa alle feste).

party line /ˈpɑːtɪlaɪn/ n. **1** POL. ***the ~*** la linea del partito (anche FIG.); ***to follow the ~*** essere fedele alla linea **2** TEL. duplex m.

party machine /ˈpɑːtɪməˌʃiːn/ n. macchina f., apparato m. del partito.

party piece /ˈpɑːtɪˌpiːs/ n. ***to do one's ~*** COLLOQ. fare il proprio pezzo forte.

party political /ˌpɑːtɪpəˈlɪtɪkl/ agg. [*issue, point*] relativo alla politica di partito.

party political broadcast /ˌpɑːtɪpəlɪtɪklˈbrɔːdkɑːst, AE -kæst/ n. tribuna f. politica, elettorale.

party politics /ˌpɑːtɪˈpɒlətɪks/ n. SPREG. politica f. di partito, partitismo m.

party pooper /ˈpɑːtɪˌpuːpə(r)/ n. COLLOQ. guastafeste m. e f.

party wall /ˈpɑːtɪˌwɔːl/ n. muro m. divisorio comune.

par value /ˈpɑːvæljuː/ n. ECON. valore m. nominale.

parvenu /ˈpɑːvəˌnuː/ n. parvenu m., arricchito m. (-a).

parvis /ˈpɑːvɪs/ n. *(of a church) (court)* sagrato m.; *(portico)* porticato m.

pas /pɑː/ n. **1** *(precedence)* precedenza f., passo m. **2** *(in dancing) (step)* passo m.

PASCAL /ˌpæsˈkæl/ n. INFORM. (anche **Pascal**) pascal m.

paschal /ˈpæskl, ˈpɑːskl/ agg. sacrificale, pasquale.

paschal candle /ˈpæsklkændl, ˈpɑːskl-/ n. cero m. pasquale.

Paschal Lamb /ˈpæskllæm, ˈpɑːskl-/ n. agnello m. pasquale.

1.pass /pɑːs, AE pæs/ n. **1** *(permission document) (to enter, leave)* lasciapassare m.; *(for journalists)* pass m.; *(to be absent)* permesso m. (anche MIL.); *(of safe conduct)* salvacondotto m., passi m. **2** *(travel document)* abbonamento m., tessera f. d'abbonamento; ***bus, train, monthly ~*** abbonamento dell'autobus, ferroviario, mensile **3** SCOL. UNIV. *(success)* promozione f., sufficienza f. (**in** in); ***I'll be happy with a ~*** mi accontenterei della sufficienza; ***to get a ~ in physics*** superare l'esame di fisica *o* prendere la sufficienza in fisica **4** SPORT *(in ball games)* passaggio m.; *(in fencing)* affondo m., stoccata f.; ***a backward, forward ~*** un passaggio (all')indietro, in avanti; ***to make a ~*** effettuare un passaggio; ***downward ~*** fendente ◆ ***to come to such a ~ that...*** giungere a tale punto che...; ***to make a ~ at sb.*** provarci con qcn. *o* fare delle avances a qcn.

2.pass /pɑːs, AE pæs/ n. **1** GEOGR. *(in mountains)* passo m., valico m., gola f.; ***mountain ~*** valico di un monte **2** AER. ***he flew a low ~*** volò a bassa quota; ***to make a ~ over sth.*** sorvolare qcs. *o* fare un volo di ricognizione su qcs. ◆ ***to sell the ~*** tradire una causa.

▶ **3.pass** /pɑːs, AE pæs/ **I** tr. **1** *(go past) (to far side)* passare [*checkpoint, customs*]; superare, oltrepassare [*finishing line*]; *(alongside and beyond)* passare davanti, accanto a, superare, oltrepassare [*building, area*]; [*vehicle*] superare, sorpassare [*vehicle*]; superare [*level*]; superare, andare al di là di [*understanding, expectation*]; ***to ~ sb. in the street*** incrociare qcn. per strada **2** *(hand over) (directly)* passare, porgere; *(indirectly)* fare passare; ~

me your plate passami il tuo piatto; ~ ***the salt along please*** potete fare passare il sale? ***to ~ stolen goods, counterfeit notes*** mettere in circolazione *o* piazzare merce rubata, moneta falsa; ***to ~ sth. along the line*** passare qcs. di mano in mano; ***"we'll ~ you back to the studio now"*** TELEV. RAD. "ora ripassiamo la linea allo studio" **3** *(move)* (fare) passare; ~ ***the rope through, round the ring*** fare passare la corda nell'anello, intorno all'anello; ***he ~ed his hand over his face*** si passò la mano sul viso **4** SPORT passare [*ball*]; ***to ~ the ball backwards, forwards*** passare la palla indietro, avanti **5** *(spend)* passare, trascorrere [*time*] (**doing** facendo) **6** *(succeed in)* [*person*] passare, superare [*test, exam*]; [*car, machine etc.*] superare [*test*] **7** *(declare satisfactory)* approvare, promuovere [*candidate*]; approvare, accettare [*invoice*]; ***to ~ sth. (as being) safe, suitable etc.*** giudicare qcs. come sicuro, adatto ecc.; ***the censors ~ed the film as suitable for adults only*** la censura ha giudicato il film adatto soltanto a un pubblico adulto **8** *(vote in)* approvare, fare passare [*bill, motion, resolution*] **9** *(pronounce)* pronunciare, emettere [*judgment, verdict, sentence*]; ***to ~ sentence on*** DIR. emettere *o* pronunciare una condanna contro [*accused*]; ***to ~ a remark about sb., sth.*** fare un'osservazione su qcn., qcs. **10** MED. ***to ~ water*** urinare; ***to ~ blood*** avere sangue nelle urine, nelle feci **11** AE ECON. ritenere [*dividend*] **II** intr. **1** *(go past)* [*person, car*] passare, andare oltre; ***let me ~*** fammi passare **2** *(move)* passare; ***to ~ along, over sth.*** passare lungo, sopra qcs.; ***to ~ through sth.*** passare attraverso qcs. *o* attraversare qcs.; ~ ***down the bus please*** scorrete verso il fondo dell'autobus per favore **3** FIG. *(go by)* [*time*] passare, trascorrere; [*crisis, feeling*] passare; [*memory*] svanire; [*old order*] scomparire; ***the evening had ~ed all too quickly*** la serata era passata fin troppo in fretta; ***to ~ unnoticed*** passare inosservato; ***let the remark ~*** lascia correre *o* chiudi un occhio **4** *(be transferred)* passare (**to** a); [*title, property*] passare (in eredità), essere trasmesso (**to** a); [*letter, knowing look*] essere scambiato (**between** tra); ***his mood ~ed from joy to despair*** il suo umore passò dalla gioia alla disperazione; ***deeds which have ~ed into legend*** imprese che sono entrate nella leggenda **5** SPORT passare, effettuare un passaggio; ***to ~ to sb.*** effettuare un passaggio a qcn. **6** GIOC. passare; ***I'm afraid I must ~ on that one*** FIG. *(in discussion)* temo di dover passare la mano **7** LETT. *(happen)* accadere, succedere; ***to come to ~*** accadere; ***it came to ~ that...*** BIBL. avvenne che...; ***to bring sth. to ~*** fare accadere qcs. **8** *(succeed)* passare, essere promosso; ***she ~ed in both subjects*** fu promossa in entrambe le materie **9** *(be accepted)* [*person, rudeness, behaviour*] essere accettato; ***he'd ~ for an Italian*** potrebbe passare *o* essere scambiato per un italiano; ***she ~es for 40*** le danno 40 anni **10** AE DIR. pronunciarsi, decidere (**on** su) **11** CHIM. trasformarsi (**into** in) ◆ ***to ~ the word*** passare parola; ***it won't ~ my lips*** non ne farò parola.

■ **pass along:** ~ ***[sth.] along***, ~ ***along [sth.]*** fare passare, fare circolare.

■ **pass around:** ~ ***[sth.] around***, ~ ***around [sth.]*** fare passare, fare circolare [*document, photos*]; offrire, distribuire [*food*]; fare passare [*plates*].

■ **pass away** EUFEM. *(die)* passare a miglior vita, mancare, andarsene.

■ **pass by** [*procession*] passare; [*person*] passare vicino, accanto, davanti; ***life seems to have ~ed me by*** ho l'impressione che la vita mi sia scorsa accanto *o* mi sembra che la vita non mi abbia riservato nulla.

■ **pass down:** ~ ***[sth.] down***, ~ ***down [sth.]*** trasmettere [*secret, knowledge*]; trasmettere, tramandare, passare (in eredità) [*title*] (**from** da; **to** a).

■ **pass off:** ~ ***off*** **1** *(take place)* [*demonstration*] svolgersi, avere luogo; [*party*] andare **2** *(disappear)* [*headache*] passare, andare via; [*effects*] passare, svanire; ~ ***[sb., sth.] off***, ~ ***off [sb., sth.]*** fare passare, spacciare [*person, incident*] (**as** per).

■ **pass on:** ~ ***on*** passare oltre, procedere, andare avanti; ***to ~ on to sth.*** passare a qcs.; ***let's ~ on to the next question*** passiamo alla domanda seguente; ~ ***[sth.] on***, ~ ***on [sth.]*** porgere [*good wishes, condolences*]; inoltrare, trasmettere [*message*]; trasmettere, passare (in eredità) [*title*]; passare [*book, clothes*]; trasmettere [*cold*]; fare gravare, fare ricadere [*costs*].

■ **pass out:** ~ ***out*** **1** *(faint, fall drunk)* svenire, perdere i sensi **2** MIL. *(complete training)* completare un corso di addestramento; ***to ~ out of*** o ***from the military academy*** uscire dall'accademia militare; ~ ***[sth.] out***, ~ ***out [sth.]*** distribuire, fare circolare [*leaflets*].

■ **pass over:** ~ ***over*** ANT. → **pass away**; ~ ***[sb.] over*** non prendere in considerazione [*employee, candidate*]; ***he was ~ed over in favour of another candidate*** fu scartato in favore di un altro candidato; ~ ***over [sth.]*** passare sopra a, non fare caso a [*rude remark, behaviour*].

■ **pass round** → **pass around.**

■ **pass through:** ~ ***through [sth.]*** attraversare, passare attraverso [*substance*]; passare per [*place*]; ***I'm just ~ing through*** sono solo di passaggio.

■ **pass up** COLLOQ. ~ ***up [sth.]*** rifiutare [*opportunity, offer*].

passable /ˈpɑːsəbl, AE ˈpæs-/ agg. **1** *(of acceptable standard)* [*English, quality, food, knowledge, performance*] passabile, discreto, accettabile; ***only ~*** appena accettabile; ***to have a ~ knowledge of sth.*** avere una discreta conoscenza di qcs. **2** [*road*] transitabile, praticabile; [*river*] guadabile.

passably /ˈpɑːsəblɪ, AE ˈpæs-/ avv. passabilmente, discretamente.

▶ **1.passage** /ˈpæsɪdʒ/ n. **1** (anche **passageway**) *(indoors)* passaggio m., corridoio m.; *(outdoors)* passaggio m., varco m.; ***clear a ~ for the King*** fate largo al re **2** ANAT. condotto m., dotto m.; ***ear ~*** condotto *o* canale uditivo; ***urinary ~*** vie urinarie; ***nasal ~s*** fosse nasali **3** MUS. LETTER. passo m., brano m.; ***selected ~s*** LETTER. passi scelti **4** *(movement)* passaggio m.; ***the ~ of vehicles, ships*** il passaggio di veicoli, di navi; ~ ***of arms*** combattimento, scontro; ***the ~ of time*** il passare del tempo; ***her beauty survived the ~ of time*** la sua bellezza non si arrese al passare del tempo **5** DIR. (anche **right of ~**) passaggio m. (**over** su); ***to deny sb. ~*** negare a qcn. il diritto di passaggio **6** *(journey)* traversata f., viaggio m.; ***to book one's ~*** prenotare il biglietto per la traversata; ***to work one's ~*** pagarsi la traversata lavorando a bordo; ***the bill had a stormy ~ through parliament*** FIG. l'approvazione del disegno di legge ha avuto un iter travagliato.

2.passage /ˈpæsɪdʒ/ intr. *(journey)* viaggiare, compiere una traversata.

passant /ˈpæsənt/ agg. ARALD. passante; ***a lion ~*** un leone passante.

passband /ˈpɑːsbænd, AE ˈpæs-/ n. ELETTRON. banda f. passante.

passbook /ˈpɑːsbʊk, AE ˈpæs-/ n. ECON. libretto m. di risparmio, libretto m. di deposito.

pass degree /ˈpɑːsdɪˌgriː, AE ˈpæs-/ n. UNIV. = laurea ottenuta con il minimo dei voti.

passé /ˈpæseɪ, AE pæˈseɪ/ agg. SPREG. superato, passato di moda.

passementerie /pæsˈmentrɪ/ n. RAR. passamaneria f.

▷ **passenger** /ˈpæsɪndʒə(r)/ n. **1** *(in car, boat, plane, ship)* passeggero m. (-a); *(in train, bus, coach, tube)* viaggiatore m. (-trice) **2** BE SPREG. *(idler)* parassita m. e f., peso m. morto.

passenger car /ˈpæsɪndʒəˌkɑː(r)/ n. AE → **passenger coach.**

passenger coach /ˈpæsɪndʒəˌkəʊtʃ/ n. BE carrozza f. viaggiatori.

passenger compartment /ˈpæsɪndʒəkəmˌpɑːtmənt/ n. BE AUT. abitacolo m.

passenger door /ˈpæsɪndʒəˌdɔː(r)/ n. portello m. per i passeggeri.

passenger ferry /ˈpæsɪndʒəˌferɪ/ n. battello m., traghetto m. passeggeri.

passenger inquiries /ˌpæsɪndʒərɪnˈkwaɪərɪz, AE -ˈɪŋkwərɪz/ n.pl. servizio m.sing. informazioni per viaggiatori.

passenger jet /ˈpæsɪndʒəˌdʒet/ n. aereo m. di linea.

passenger list /ˈpæsɪndʒəˌlɪst/ n. lista f., elenco m. dei passeggeri.

passenger plane /ˈpæsɪndʒəˌpleɪn/ n. → **passenger jet.**

passenger seat /ˈpæsɪndʒəˌsiːt/ n. posto m. passeggero.

passenger service /ˈpæsɪndʒəˌsɜːvɪs/ n. servizio m. passeggeri.

passenger train /ˈpæsɪndʒəˌtreɪn/ n. treno m. passeggeri.

passe-partout /ˌpæspɑːˈtuː, ˌpɑːs-/ n. *(key)* passe-partout m., comunella f.; *(frame)* passe-partout m.

passerby /ˌpɑːsəˈbaɪ/ n. (pl. **passersby**) passante m. e f.

passerine /ˈpæsəraɪn/ **I** agg. relativo ai Passeriformi **II** n. *(bird)* passeriforme m., passeraceo m.

passim /ˈpæsɪm/ avv. LETT. passim.

▷ **passing** /ˈpɑːsɪŋ, AE ˈpæs-/ **I** n. **1** *(movement)* passaggio m.; ***the ~ of the years*** il trascorrere *o* il passare degli anni; ***the ~ of the boats*** il passaggio delle barche; ***with the ~ of time*** con il passare del tempo **2** *(end)* fine f., scomparsa f.; ***the ~ of traditional customs*** la scomparsa dei costumi tradizionali **3** EUFEM. *(death)* scomparsa f., dipartita f. **II** agg. **1** *(going by)* [*motorist, policeman*] di passaggio, che passa; ***witnessed by a ~ tourist*** visto da un turista che passava; ***with each ~ day*** ogni giorno che passa **2** *(momentary)* [*whim*] passeggero, momentaneo **3** *(cursory)* [*reference*] rapido, superficiale **4** *(vague)* [*resemblance*] vago ◆ ***in ~*** di sfuggita, en passant.

passing bell /ˈpɑːsɪŋˌbel, AE ˈpæs-/ n. campana f. a morto.

passing note /ˈpɑːsɪŋˌnəʊt, AE ˈpæs-/ n. MUS. nota f. di passaggio.

passing-out parade /ˈpɑːsɪŋaʊtpəˌreɪd, AE ˈpæs-/ n. MIL. = parata eseguita al termine di un corso di addestramento.

passing place /ˈpɑːsɪŋˌpleɪs, AE ˈpæs-/ n. slargo m. (in una strada).

passing shot /ˈpɑːsɪŋˌʃɒt, AE ˈpæs-/ n. *(in tennis)* passante m.

passion /ˈpæʃn/ **I** n. **1** *(love, feeling)* passione f.; ***a ~ for opera*** una passione per l'opera **2** *(anger)* ira f., collera f.; ***a fit of ~*** un accesso d'ira **II Passion** n.pr. RELIG. ***the Passion*** la Passione; ***Saint Matthew's Passion*** la Passione secondo Matteo.

passional /'pæʃnl/ **I** agg. passionale **II** n. *(book)* passionario m.

▷ **passionate** /'pæʃənət/ agg. [*kiss, person, nature, speech*] appassionato, ardente; [*advocate, plea*] appassionato, infervorato; [*belief*] profondo; [*relationship*] passionale.

passionately /'pæʃənətlɪ/ avv. [*love, kiss*] appassionatamente; [*write, defend*] con passione, infervoratamente; [*believe*] profondamente; [*want*] ardentemente, intensamente; [*oppose*] vibratamente, ferocemente; ***to be ~ fond of sb., sth.*** essere appassionato di qcn., qcs.

passion flower /'pæʃn,flaʊə(r)/ n. passiflora f., fior m. di passione.

passion fruit /'pæʃn,fru:t/ n. frutto m. della passione, granadiglia f.

Passionist /'pæʃnɪst/ n. passionista m. e f.

passion-killer /'pæʃn,kɪlə(r)/ n. COLLOQ. *(undergarment)* ***it's a real ~*** ti fa proprio passare la voglia.

passionless /'pæʃənlɪs/ agg. [*marriage*] senza passione; [*account*] distaccato, freddo.

Passion play /'pæʃnpleɪ/ n. *(miracle play)* passione f.

Passion Sunday /,pæʃn'sʌndeɪ, -'sʌndɪ/ n. domenica f. di Passione.

Passiontide /'pæʃntaɪd/ n. periodo m. della Passione.

Passion Week /'pæʃnwi:k/ n. settimana f. di Passione; *(Holy Week)* settimana f. Santa.

passivate /'pæsɪveɪt/ tr. CHIM. passivare.

passivation /,pæsɪ'veɪʃn/ n. passivazione f.

▷ **passive** /'pæsɪv/ **I** agg. *(all contexts)* passivo **II** n. LING. ***the ~*** il passivo; ***in the ~*** al passivo, nella forma passiva.

passively /'pæsɪvlɪ/ avv. **1** [*gaze, stare*] con aria indifferente, assente; [*wait, react*] passivamente **2** LING. [*use, express*] al passivo, nella forma passiva.

passiveness /'pæsɪvnɪs/ n. → **passivity**.

passive resistance /,pæsɪvrɪ'zɪstəns/ n. resistenza f. passiva.

passive smoking /,pæsɪv'sməʊkɪŋ/ n. fumo m. passivo.

passive vocabulary /,pæsɪvvə'kæbjʊlərɪ, AE -lerɪ/ n. vocabolario m. passivo, lessico m. passivo.

passivism /'pæsɪvɪzəm/ n. *(passive behaviour)* passivismo m., atteggiamento m. passivo.

passivity /pæ'sɪvətɪ/ n. passività f.

passkey /'pɑ:ski:, AE 'pæs-/ n. passe-partout m., comunella f.

pass mark /'pɑ:smɑ:k, AE 'pæs-/ n. SCOL. UNIV. sufficienza f.

Passover /'pɑ:səʊvə(r), AE 'pæs-/ n. Pasqua f. ebraica.

▷ **passport** /'pɑ:spɔ:t, AE 'pæs-/ n. passaporto m.; ***false ~*** passaporto falso; ***diplomatic ~*** passaporto diplomatico; ***visitor's ~*** BE passaporto temporaneo; ***his looks are a ~ to success*** FIG. la sua bellezza gli assicurerà il successo.

passport holder /'pɑ:spɔ:t,həʊldə(r), AE 'pæs-/ n. titolare m. e f. di passaporto.

pass-rate /'pɑ:sreɪt, AE 'pæs-/ n. percentuale f. di candidati promossi.

pass the parcel /,pɑ:sðə'pɑ:sl, AE ,pæs-/ n. = gioco infantile che consiste nel passarsi un pacchetto avvolto da molti strati di carta e nel cercare di scartarlo per vincere il premio in esso contenuto.

pass-through /'pɑ:sθru:, AE 'pæs-/ n. AE passavivande m.

▷ **password** /'pɑ:swɜ:d, AE 'pæs-/ n. **1** INFORM. password f. **2** MIL. parola f. d'ordine.

▶ **1.past** /pɑ:st, AE pæst/ ♦ ***33*** **I** n. **1** passato m.; ***in the ~*** in passato *o* un tempo; ***she had taught at the school in the ~*** aveva insegnato a scuola in passato; ***I have done things in the ~ that I'm not proud of*** in passato ho fatto cose di cui non vado fiero; ***there are more students, unemployed people now than in the ~*** ora ci sono molti più studenti, disoccupati rispetto al passato; ***in the ~ we (always) spent our holidays in Greece, taken the train*** in passato abbiamo (sempre) trascorso le vacanze in Grecia, abbiamo (sempre) preso il treno; ***to live in the ~*** vivere di ricordi; ***that's a thing of the ~*** è una cosa che appartiene al passato; ***soon petrol-driven cars will be a thing of the ~*** presto le auto a benzina saranno un ricordo del passato; ***he, she has a ~*** ha un passato **2** LING. (anche **~ tense**) passato m.; ***in the ~*** al passato **II** agg. **1** *(preceding)* [*week, days, month etc.*] passato, scorso, ultimo; ***during the ~ few days, months*** negli ultimi giorni, mesi; ***in the ~ three years, months*** negli ultimi tre anni, mesi; ***the ~ two years have been difficult*** gli ultimi due anni sono stati difficili **2** *(previous, former)* [*generations, centuries, achievements, problems, experience*] passato, precedente; [*government*] precedente; ***~ president, chairman*** ex presidente; ***~ incumbent*** ex titolare; ***in times ~*** nei tempi passati *o* nei tempi andati **3** *(finished)* ***summer is ~*** l'estate è finita; ***that's all ~*** è tutto passato.

▶ **2.past** /pɑ:st, AE pæst/ ♦ ***4*** **I** prep. **1** *(moving beyond)* ***to walk*** o ***go ~ sb., sth.*** passare davanti *o* oltre a qcn., qcs.; ***to drive ~ sth.*** passare in auto davanti a qcs.; ***to run ~ sth.*** passare correndo davanti a qcs. **2** *(beyond in time)* ***it's ~ 6, midnight*** sono le sei passate, è mezzanotte passata; ***twenty ~ two*** le due e venti; ***half, quarter ~ two*** le due e mezza, le due e un quarto; ***he is ~ 70*** ha superato i 70 anni *o* ha passato la settantina **3** *(beyond in position)* oltre, al di là, dopo; ***~ the church, the park*** oltre *o* dopo la chiesa, il parco **4** *(beyond or above a certain level)* ***the temperature soared ~ 40°C*** la temperatura salì bruscamente oltre 40°C; ***he didn't get ~ the first chapter*** non andò più in là del primo capitolo; ***he didn't get ~ the first interview*** *(for job)* non ha superato il primo colloquio; ***she can't count ~ ten*** riesce a contare solo fino a dieci **5** *(beyond scope of)* ***to be ~ understanding*** essere al di là dell'umana comprensione; ***he is ~ playing football, working*** è troppo in là con gli anni per giocare a calcio, per lavorare **II** avv. **1** *(onwards)* ***to go*** o ***walk ~*** passare oltre **2** *(ago)* ***two years ~*** due anni fa ◆ ***to be ~ it*** COLLOQ. non avere più l'età; ***to be ~ its best*** [*cheese, fruit etc.*] essere un po' passato; [*wine*] perdere un po'; ***I wouldn't put it ~ him, them to do*** per me sarebbe anche capace, sarebbero anche capaci di fare; ***I'm ~ caring*** non m'importa più (di nulla) *o* me ne infischio.

▷ **pasta** /'pæstə/ n. **U** pasta f. (alimentare).

▷ **1.paste** /peɪst/ **I** n. **1** *(glue)* colla f.; ***wallpaper ~*** colla per carta da parati **2** *(mixture)* impasto m., pasta f.; ***mix to a smooth ~*** mescolare fino a ottenere un impasto ben amalgamato **3** GASTR. *(fish, meat)* pâté m.; *(vegetable, fruit)* purè m. e f.; ***salmon ~*** pâté di salmone; ***tomato ~*** concentrato di pomodoro **4** *(in jewellery)* strass m. **II** modif. [*gem, ruby*] di strass.

▷ **2.paste** /peɪst/ tr. **1** *(stick)* incollare, appiccicare [*label, paper*] (**onto** su; **into** in; **together** insieme) **2** *(coat in glue)* spalmare di colla [*wallpaper*] **3** COLLOQ. *(hit)* picchiare, pestare [*person*] **4** COLLOQ. *(defeat)* stracciare [*opponent, team*] **5** INFORM. incollare.

■ **paste up: ~ *[sth.]* up, ~ up *[sth.]*** **1** affiggere, attaccare [*notice, poster*] **2** TIP. fare un menabò di [*article, page*].

pasteboard /'peɪstbɔ:d/ **I** n. TIP. cartone m. **II** modif. FIG. *(flimsy)* di cartapesta.

pastel /'pæstl, AE pæ'stel/ **I** n. **1** *(medium, crayon)* pastello m.; ***to work in ~s*** disegnare a pastello **2** *(drawing)* pastello m., dipinto m. a pastello **II** modif. [*colour, green, pink, shade*] pastello; [*drawing*] a pastello.

pastern /'pæstən/ n. ZOOL. pastorale m.

paste-up /'peɪstʌp/ n. TIP. menabò m.

paste-up artist /'peɪstʌp,ɑ:tɪst/ ♦ ***27*** n. TIP. grafico m. (-a) impaginatore (-trice).

pasteurism /'pæstrɪzəm/ n. metodo m. Pasteur.

pasteurization /,pɑ:stʃəraɪ'zeɪʃn, AE ,pæstʃərɪ'zeɪʃn/ n. pastorizzazione f.

pasteurize /'pɑ:stʃəraɪz, AE 'pæst-/ tr. pastorizzare.

pasteurized /'pɑ:stʃəraɪzd, AE 'pæst-/ **I** p.pass. → **pasteurize II** agg. pastorizzato.

past historic /,pɑ:sthɪ'stɒrɪk, AE ,pæsthɪ'stɔ:rɪk/ n. LING. passato m. remoto.

pastiche /pæ'sti:ʃ/ n. *(all contexts)* pastiche m.

pastille /'pæstəl, AE pæ'sti:l/ n. pastiglia f., pasticca f.; ***throat ~*** pasticca per la gola.

pastime /'pɑ:staɪm, AE 'pæs-/ n. passatempo m., svago m.; ***America's national ~*** il passatempo preferito degli americani (anche IRON.).

pasting /'peɪstɪŋ/ n. COLLOQ. **1** *(defeat)* botta f., bastonata f.; ***to take a (severe) ~*** prendere una (bella) batosta; ***to give sb. a ~*** stracciare qcn. *o* dare una batosta a qcn. **2** *(criticism)* ***to take a ~*** ricevere una stroncatura; ***to give sb. a ~*** criticare ferocemente qcn.

past master /,pɑ:st'mɑ:stə(r), AE ,pæst'mæstə(r)/ n. ***to be a ~ at doing*** essere un maestro nel fare.

pastor /'pɑ:stə(r), AE 'pæs-/ ♦ ***27*** n. RELIG. pastore m., ministro m. (del culto).

pastoral /'pɑ:stərəl, AE 'pæs-/ **I** n. **1** *(letter)* pastorale f. **2** *(crosier)* pastorale m. **3** LETTER. poesia f. pastorale **II** agg. **1** [*life, idyll, scene, poem, society*] pastorale **2** BE SCOL. UNIV. [*role, work*] di consigliere morale; ***he looks after students' ~ needs*** fornisce assistenza agli studenti **3** RELIG. pastorale.

pastoral care /,pɑ:stərəl'keə(r), AE ,pæs-/ n. BE SCOL. UNIV. ***to be responsible for ~*** essere responsabile dell'assistenza morale degli studenti.

pastorale /,pæstə'rɑ:lɪ/ n. (pl. **~s, -i**) MUS. pastorale f.

pastoral letter /,pɑ:stərəl'letə(r), AE ,pæs-/ n. lettera f. pastorale.

pastorally /'pɑːstərəlɪ, AE 'pæs-/ avv. in modo pastorale, pastoralmente.
pastorate /'pɑːstərət, AE 'pæs-/ n. ufficio m. pastorale.
past perfect /ˌpɑːst'pɜːfɪkt, AE ˌpæst-/ n. LING. trapassato m. prossimo.
pastrami /pæ'strɑːmɪ/ n. = carne di manzo aromatizzata e affumicata.
pastry /'peɪstrɪ/ n. **1** *(mixture, substance)* pasta f., impasto m.; ***to make, to roll out ~*** preparare, stendere la pasta; ***frozen ~*** pasta congelata **2** *(item, cake)* pasticcino m., pasta f.
pastry bag /'peɪstrɪbæg/ n. AE GASTR. tasca f. (da pasticciere).
pastry board /'peɪstrɪbɔːd/ n. spianatoia f.
pastry brush /'peɪstrɪbrʌʃ/ n. pennello m. da pasticciere.
pastry case /'peɪstrɪkeɪs/ n. **1** fondo m. di pasta **2** *(of paper)* pirottino m.
pastry cook /'peɪstrɪkʊk/ n. pasticciere m. (-a).
pastry cutter /'peɪstrɪˌkʌtə(r)/ n. GASTR. tagliapasta m.
pastry shell /'peɪstrɪʃel/ n. → **pastry case**.
past tense /ˌpɑːst'tens/ n. LING. passato m. (remoto); ***to talk about sb. in the ~*** parlare di qcn. al passato.
pasturage /'pɑːstʃərɪdʒ, AE 'pæs-/ n. U **1** *(land)* pastura f., pascolo m. **2** *(right)* diritto m. di pascolo.
▷ **1.pasture** /'pɑːstʃə(r), AE 'pæs-/ n. **1** *(land)* pascolo m., pastura f.; ***rich ~*** pascolo ricco *o* grasso; ***permanent ~*** pascolo permanente; ***to put a cow out to ~*** portare una mucca al pascolo **2** *(grass)* pascolo m., pastura f., foraggio m. ◆ ***to leave for ~s new*** = partire per vedere cose nuove; ***to put sb. out to ~*** dare il benservito a qcn.
2.pasture /'pɑːstʃə(r), AE 'pæs-/ **I** tr. pascolare, pascere, portare al pascolo [*animal*] **II** intr. pascolare, pascere.
pastureland /'pɑːstʃəlænd, AE 'pæs-/ n. U terreno m. da pascolo, pascolo m.
1.pasty /'pæstɪ/ n. BE GASTR. pasticcio m., sfoglia f. con ripieno di carne.
2.pasty /'peɪstɪ/ agg. **1** *(white)* [*face*] bianco come un lenzuolo, pallido come un morto; [*skin*] pallidissimo, diafano **2** *(doughy)* [*consistency, mixture*] pastoso, molle.
pasty-faced /ˌpeɪstɪ'feɪst/ agg. bianco come un lenzuolo, pallido come un morto.
▷ **1.pat** /pæt/ n. **1** *(gentle tap)* colpetto m., buffetto m.; ***a ~ on the head, the knee*** un colpetto sulla testa, sul ginocchio **2** *(of butter)* panetto m. ◆ ***to get a ~ on the back*** ricevere le congratulazioni *o* grandi lodi; ***to give oneself a ~ on the back*** compiacersi di se stesso, congratularsi con se stesso.
▷ **2.pat** /pæt/ tr. (forma in -ing ecc. **-tt-**) **1** *(tap gently)* dare un colpetto a, toccare leggermente [*car*]; dare un buffetto a [*hand*]; ***to ~ a ball*** palleggiare; ***to ~ one's hair into place*** sistemarsi *o* mettersi in ordine i capelli **2** *(stroke)* accarezzare [*dog*].
3.pat /pæt/ agg. **1** *(glib)* sbrigativo, disinvolto **2** *(apt)* adatto, appropriato ◆ ***to have sth. off*** BE o ***down*** AE ~ sapere qcs. a menadito; ***to stand ~*** AE = essere irremovibile.
Pat /pæt/ n.pr. diminutivo di **Patricia**, **Patrick**.
pat-a-cake /'pætəˌkeɪk/ n. = gioco infantile in cui i bambini battono insieme le mani.
Patagonia /ˌpætə'gəʊnɪə/ ➧ **24** n.pr. Patagonia f.
▷ **1.patch** /pætʃ/ n. (pl. **~es**) **1** *(for repair) (in clothes)* toppa f., pezza f., rattoppo m.; *(on tyre, airbed)* = toppa, pezza per la riparazione di camere d'aria **2** *(protective cover) (on eye)* benda f.; *(on wound)* cerotto m. **3** *(small area) (of snow)* mucchietto m., piccolo cumulo m.; *(of ice)* piccola lastra f., crosta f.; *(of colour, damp, rust, oil)* macchia f., chiazza f.; *(of fog)* (piccolo) banco m.; *(of sunlight, blue sky)* squarcio m.; ***to have a bald ~*** avere la pelata; ***in ~es*** a chiazze *o* a macchie **4** *(area of ground)* pezzo m. di terra; ***strawberry, vegetable ~*** parte di orto coltivato a fragole, a verdure; ***a ~ of grass*** uno spiazzo erboso; ***a ~ of violets*** una macchia di violette **5** STOR. COSMET. neo m. posticcio **6** BE COLLOQ. *(territory) (of gangster)* territorio m.; *(of salesman, policeman, official)* zona f. **7** COLLOQ. *(period)* periodo m., momento m.; ***to go through*** o ***have a bad ~*** attraversare un brutto periodo *o* un momento difficile; ***in ~es*** a tratti *o* a momenti **8** ELETTRON. collegamento m. provvisorio **9** INFORM. patch m., correzione f. (fuori sequenza) ◆ ***he's not a ~ on his father*** non regge il confronto con suo padre; ***the film isn't a ~ on the book*** il film non regge il confronto con il libro.
▷ **2.patch** /pætʃ/ tr. **1** *(repair)* rattoppare, rappezzare [*hole, trousers*]; riparare [*tyre*] **2** ELETTRON. collegare provvisoriamente [*circuits*] **3** INFORM. correggere [*software*].
■ **patch through** TEL. ***to ~ a call through*** fare un trasferimento di chiamata (**to sb.** a qcn.).
■ **patch together:** ***~ [sth.] together*** mettere assieme [*pieces, fragments*]; raffazzonare, rabberciare [*deal, report*]; mettere insieme alla meglio [*team*].
■ **patch up:** ***~ up [sth.], ~ [sth.] up*** [*doctor*] ricucire [*person*]; rattoppare, rappezzare [*hole, trousers*]; riparare [*ceiling, tyre*]; FIG. salvare [*marriage*]; ***~ up [sth.]*** appianare [*differences*]; comporre [*quarrel*]; ***we've ~ed it up*** ci siamo riconciliati.
patchiness /'pætʃɪnɪs/ n. **1** *(the quality of being patchy)* (l')essere rattoppato, rappezzato **2** *(irregularity)* disposizione f. a macchie, a chiazze; *(of story)* (l')essere raffazzonato; *(of memory)* (l')essere frammentario.
patchouli /'pætʃʊlɪ, pə'tʃuːlɪ/ n. patchouli m.
patch pocket /ˌpætʃ'pɒkɪt/ n. tasca f. applicata.
patch test /'pætʃˌtest/ n. MED. patch-test m.
patchwork /'pætʃwɜːk/ **I** n. **1** SART. patchwork m. **2** FIG. *(of episodes, ideas, groups)* zibaldone m., miscuglio m.; *(of colours)* mescolanza f., miscuglio m.; *(of fields)* mosaico m. **II** modif. **1** SART. [*cover, quilt*] patchwork **2** *(not uniform)* [*approach, theory*] eterogeneo, frammentario, disomogeneo.
patchy /'pætʃɪ/ agg. [*colour*] disomogeneo, non uniforme; [*essay, novel, quality*] non uniforme, discontinuo; [*result, safety record*] oscillante, non costante; [*performance*] discontinuo, irregolare; [*knowledge, memory*] frammentario; ***~ cloud*** nuvole sparse; ***~ fog*** (piccoli) banchi di nebbia.
pate /peɪt/ n. ANT. testa f., zucca f.; ***a bald ~*** una testa pelata.
pâté /'pæteɪ, AE pɑː'teɪ/ n. pâté m.; ***liver, duck ~*** pâté di fegato, d'anatra; ***salmon ~*** pâté di salmone.
patella /pə'telə/ n. (pl. **-ae**) ANAT. rotula f.
paten /'pætn/ n. patena f.
patency /'pætnsɪ, 'peɪtnsɪ, AE 'pætnsɪ/ n. **1** *(obviousness)* ovvietà f., evidenza f. **2** MED. pervietà f.
1.patent /'pætnt, 'peɪtnt, AE 'pætnt/ **I** n. **1** *(document)* brevetto m. (**for, on** per); ***to hold a ~ on sth.*** avere il brevetto di qcs.; ***to take out a ~ on sth.*** brevettare qcs.; ***to come out of ~*** o ***off ~*** uscire dal brevetto; ***~ pending*** brevetto in corso di registrazione **2** *(patented invention)* invenzione f. brevettata **II** agg. **1** *(obvious)* evidente, palese, patente **2** DIR. *(licensed)* munito di brevetto.
2.patent /'pætnt, 'peɪtnt, AE 'pætnt/ tr. DIR. brevettare.
patentable /'pætntəbl, 'peɪt-, AE 'pæt-/ agg. brevettabile.
patent agent /'pætntˌeɪdʒənt, 'peɪtnt-, AE 'pætnt-/ ➧ **27** n. GB consulente m. e f. brevettuale.
Patent and Trademark Office /ˌpætntənd'treɪdmɑːkˌɒfɪs, ˌpeɪtnt-, AE ˌpætntənd'treɪdmɑːkˌɔːfɪs/ n. US → **Patent Office**.
patent attorney /'pætntəˌtɜːnɪ, 'peɪtnt-, AE 'pætnt-/ ➧ **27** n. US → **patent agent**.
patented /'pætntɪd, 'peɪtntɪd, AE 'pætntɪd/ **I** p.pass. → **2.patent II** agg. brevettato.
patentee /ˌpeɪtn'tiː, AE ˌpætn-/ n. titolare m. di un brevetto.
patent leather /ˌpætnt'leðə(r), ˌpeɪtnt-, AE ˌpætnt-/ n. coppale m., pelle f. verniciata.
patently /'peɪtntlɪ, AE 'pæt-/ avv. evidentemente, palesemente, ovviamente.
patent medicine /ˌpætnt'medsn, ˌpeɪtnt-, AE ˌpætnt'medɪsn/ n. specialità f.pl. medicinali, farmaceutiche.
Patent Office /'pætntˌɒfɪs, 'peɪtnt-, AE 'pætntˌɔːfɪs/ n. GB = ufficio brevetti.
patentor /'peɪtntə(r), AE 'pæt-/ ➧ **27** n. *(person)* = persona incaricata di rilasciare brevetti; *(body)* = organismo incaricato di rilasciare brevetti.
patent right /'pætntˌraɪt, 'peɪtnt-, AE 'pætnt-/ n. DIR. diritto m. di privativa.
Patent Rolls /'pætntˌrəʊlz, 'peɪtnt-, AE 'pætnt-/ n. GB DIR. registro m. brevetti.
pater /'peɪtə(r)/ n. BE ANT. SCHERZ. padre m.
paterfamilias /ˌpeɪtəfə'mɪlɪæs, AE ˌpæt-/ n. (pl. **patresfamilias**) FORM. pater familias m.
paternal /pə'tɜːnl/ agg. *(all contexts)* paterno; ***to feel ~ towards sb.*** avere un atteggiamento paterno nei confronti di qcn.
paternalism /pə'tɜːnəlɪzəm/ n. paternalismo m.
paternalist /pə'tɜːnəlɪst/ **I** agg. paternalistico, paternalista **II** n. paternalista m. e f.
paternalistic /pəˌtɜːnə'lɪstɪk/ agg. SPREG. paternalistico, paternalista.
paternalistically /pəˌtɜːnə'lɪstɪklɪ/ avv. SPREG. in modo paternalista, in modo paternalistico.
paternally /pə'tɜːnəlɪ/ avv. [*smile, greet*] paternamente.
paternity /pə'tɜːnətɪ/ n. paternità f.; ***to deny, acknowledge ~*** negare, riconoscere la paternità.

paternity leave /pə'tɜːnətɪˌliːv/ n. congedo m. di paternità.
paternity suit /pə'tɜːnətɪˌsuːt, AE -ˌsjuːt/ n. DIR. azione f. di accertamento della paternità.
paternity test /pə'tɜːnətɪˌtest/ n. test m. di paternità.
paternoster /ˌpætə'nɒstə(r)/ n. **1** RELIG. (anche **Paternoster**) Padrenostro m. **2** *(elevator)* = ascensore privo di porte che è in movimento continuo e non effettua fermate ai piani.
paternoster line /ˌpætə'nɒstəˌlaɪn/ n. tirlindana f.
▶ **1.path** /pɑːθ, AE pæθ/ n. **1** *(track)* (anche **pathway**) sentiero m., viottolo m.; ***a mountain ~*** un sentiero di montagna; ***to clear a ~ through the jungle*** aprire un sentiero attraverso la giungla **2** *(in garden)* vialetto m. **3** *(course) (of projectile, vehicle)* traiettoria f.; *(of planet)* orbita f., moto m., cammino m.; *(of sun)* moto m., cammino m., percorso m.; *(of river)* corso m., cammino m.; *(of hurricane)* corso m.; ***in my ~*** sulla mia strada; ***in the ~ of the car*** sulla traiettoria della macchina; ***he threw himself in the ~ of the train*** si buttò sotto il treno; ***to stand in sb.'s ~*** essere d'intralcio *o* d'ostacolo a qcn. (anche FIG.) **4** *(option)* via f., scelta f.; ***the ~ of least resistance*** la via meno difficile **5** *(means)* via f. (**to** di) **6** INFORM. path m., percorso m. ◆ ***to beat a ~ to sb.'s door*** bussare a centinaia alla porta di qcn.
2.path /pɑːθ, AE pæθ/ n. (accorc. pathology) patologia f.
Pathan /pə'tɑːn/ **I** n. = membro della comunità linguistica pashto **II** agg. = relativo alla comunità linguistica pashto.
pathbreaking /'pɑːθˌbreɪkɪŋ, AE 'pæθ-/ agg. rivoluzionario, innovativo.
▷ **pathetic** /pə'θetɪk/ agg. **1** *(full of pathos)* patetico, commovente, toccante **2** SPREG. *(inadequate)* patetico, penoso, miserabile **3** COLLOQ. SPREG. *(contemptible)* spregevole, meschino.
pathetically /pə'θetɪklɪ/ avv. **1** [*vulnerable*] in modo commovente; [*grateful*] in modo lacrimevole; ***~ thin*** macilento *o* emaciato da far pena **2** COLLOQ. SPREG. [*fail*] miseramente; [*play, perform*] in modo penoso.
pathetic fallacy /pəˌθetɪk'fæləsɪ/ n. LETTER. = rappresentazione antropomorfica di animali od oggetti inanimati.
pathfinder /'pɑːθˌfaɪndə(r), AE 'pæθ-/ n. **1** *(explorer)* esploratore m. (-trice); FIG. pioniere m. **2** AER. MIL. *(aircraft)* ricognitore m.
pathless /'pɑːθlɪs, AE 'pæθ-/ agg. **1** *(having no path)* senza sentieri **2** *(untrodden)* inesplorato, non calpestato.
pathogen /'pæθədʒən/ n. agente m. patogeno.
pathogenesis /ˌpæθə'dʒenəsɪs/ n. patogenesi f.
pathogenetic /ˌpæθədʒɪ'netɪk/ agg. patogenetico.
pathogenic /ˌpæθə'dʒenɪk/ agg. patogeno.
pathogeny /pə'θɒdʒənɪ/ n. RAR. → **pathogenesis**.
pathological /ˌpæθə'lɒdʒɪkl/ agg. **1** [*fear, hatred*] patologico, morboso; [*condition*] patologico; ***he's a ~ liar*** COLLOQ. è un bugiardo patologico **2** [*journal*] medico; [*research*] delle cause patologiche.
pathologically /ˌpæθə'lɒdʒɪklɪ/ avv. ***he's ~ jealous, mean*** è morbosamente geloso, è di un'avarizia patologica.
pathologist /pə'θɒlədʒɪst/ ◗ ***27*** n. *(doing post-mortems)* medico m. legale; *(specialist in pathology)* patologo m. (-a).
▷ **pathology** /pə'θɒlədʒɪ/ n. patologia f.
pathophobia /ˌpæθə'fəʊbɪə/ ◗ ***11*** n. patofobia f.
pathophysiology /ˌpæθəˌfɪzɪ'ɒlədʒɪ/ n. fisiopatologia f.
pathos /'peɪθɒs/ n. pathos m., drammaticità f., emotività f.
▷ **pathway** /'pɑːθweɪ, AE 'pæθ-/ n. sentiero m., viottolo m.
▷ **patience** /'peɪʃns/ n. **1** pazienza f. (**with** con); ***to have no ~ with sth.*** non avere pazienza con qcs.; ***to lose ~ (with sb.)*** perdere la pazienza (con qcn.); ***to try*** o ***test sb.'s ~*** mettere alla prova *o* cimentare la pazienza di qcn.; ***my ~ is running out*** o ***wearing thin*** sto perdendo la pazienza **2** ◗ ***10*** *(game)* solitario m.; ***to play ~*** fare un solitario ◆ ***~ is a virtue*** la pazienza è una gran virtù.
Patience /'peɪʃns/ n.pr. Patience (nome di donna).
patience dock /'peɪʃnsˌdɒk/ n. erba f. pazienza.
▶ **patient** /'peɪʃnt/ **I** n. paziente m. e f., malato m. (-a); ***private ~*** paziente pagante; ***heart ~*** cardiopatico; ***mental ~*** malato mentale **II** agg. paziente, tollerante (**with** con).
▷ **patiently** /'peɪʃntlɪ/ avv. pazientemente, con pazienza.
patina /'pætɪnə/ n. **1** *(on metal, wood)* patina f. **2** FIG. *(aura)* patina f., aura f.
patinated /'pætɪneɪtɪd/ agg. patinato.
patio /'pætɪəʊ/ n. (pl. **~s**) **1** *(terrace)* terrazza f. **2** *(courtyard)* patio m.
patio doors /'pætɪəʊˌdɔː(r)z/ n.pl. portafinestra f.sing.
patio furniture /'pætɪəʊˌfɜːnɪtʃə(r)/ n. **U** mobili m.pl. da giardino.
patio garden /'pætɪəʊˌgɑːdn/ n. patio m.
Patna rice /'pætnəraɪs/ n. (riso) patna m.
patois /'pætwɑː/ n. (pl. ~) LING. patois m.; SCHERZ. gergo m.
patresfamilias /ˌpeɪtriːzfə'mɪlɪæs/ → **paterfamilias**.
patrial /'peɪtrɪəl/ n. GB STOR. = persona che ha diritto di domicilio nel Regno Unito.
patriarch /'peɪtrɪɑːk, AE 'pæt-/ n. **1** patriarca m. **2** RELIG. (anche **Patriarch**) patriarca m.
patriarchal /ˌpeɪtrɪ'ɑːkl, AE ˌpæt-/ agg. **1** [*society, system*] patriarcale **2** [*figure*] patriarcale; [*beard*] da patriarca.
patriarchate /'peɪtrɪɑːkeɪt, AE 'pæt-/ n. patriarcato m.
patriarchy /'peɪtrɪɑːkɪ, AE 'pæt-/ n. patriarcato m., società f. patriarcale.
Patricia /pə'trɪʃə/ n.pr. Patrizia.
patrician /pə'trɪʃn/ **I** agg. **1** STOR. patrizio **2** *(aristocratic)* patrizio, nobile **II** n. **1** STOR. patrizio m. (-a) **2** *(aristocrat)* patrizio m. (-a), nobile m. e f.
patriciate /pə'trɪʃɪət/ n. patriziato m.
patricidal /ˌpætrɪ'saɪdl/ agg. parricida.
patricide /'pætrɪsaɪd/ n. **1** *(act)* parricidio m. **2** FORM. *(person)* parricida m. e f.
Patrick /'pætrɪk/ n.pr. Patrizio.
patrimonial /ˌpætrɪ'məʊnɪəl/ agg. patrimoniale, ereditario.
patrimony /'pætrɪmənɪ, AE -məʊnɪ/ n. FORM. patrimonio m., eredità f.
patriot /'pætrɪət, AE 'peɪt-/ n. patriota m. e f.
▷ **patriotic** /ˌpætrɪ'ɒtɪk, AE 'peɪt-/ agg. [*mood, emotion, song*] patriottico; ***~ person*** patriota.
patriotically /ˌpætrɪ'ɒtɪklɪ, AE ˌpeɪt-/ avv. [*react*] da patriota; [*cheer, say*] patriotticamente, in modo patriottico; [*decorated*] in modo patriottico.
▷ **patriotism** /'pætrɪətɪzəm, AE 'peɪt-/ n. patriottismo m.
patristic /pə'trɪstɪk/ agg. patristico.
patristics /pə'trɪstɪks/ n. + verbo sing. patristica f.
▷ **1.patrol** /pə'trəʊl/ **I** n. **1** *(surveillance, activity)* perlustrazione f., ricognizione f.; ***to be, go (out) on ~*** essere di pattuglia, andare in perlustrazione; ***air, sea ~*** ricognizione aerea, marittima; ***foot, night ~*** ronda a piedi, notturna; ***traffic ~*** pattuglia della polizia stradale; ***to carry out a ~*** fare una ricognizione **2** *(of group)* pattuglia f., ronda f.; ***a military, police ~*** una pattuglia di militari, di polizia **II** modif. [*helicopter*] di ricognizione; [*vehicle*] di pattuglia.
▷ **2.patrol** /pə'trəʊl/ **I** tr. (forma in -ing ecc. **-ll-**) pattugliare, perlustrare; ***a heavily ~led zone*** una zona intensamente pattugliata **II** intr. (forma in -ing ecc. **-ll-**) pattugliare, andare in pattuglia, fare la ronda.
patrol boat /pə'trəʊlˌbəʊt/ n. (nave) vedetta f.
patrol car /pə'trəʊlˌkɑː(r)/ n. auto(radio) f. della polizia, volante f.
patrol leader /pə'trəʊlˌliːdə(r)/ n. capopattuglia m.
patrolman /pə'trəʊlmən/ ◗ ***27*** n. (pl. **-men**) **1** AE *(policeman)* poliziotto m. (assegnato a una zona) **2** BE AUT. = persona addetta all'assistenza agli automobilisti.
patrol vessel /pə'trəʊlˌvesl/ n. → **patrol boat**.
patrol wagon /pə'trəʊlˌwægən/ n. AE (furgone) cellulare m.
▷ **patron** /'peɪtrən/ n. **1** *(supporter) (of artist)* mecenate m. e f.; *(of person)* protettore m. (-trice); *(of cause)* patrocinatore m. (-trice); *(of charity)* patrono m. (-essa), benefattore m. (-trice); ***~ of the arts*** protettore delle arti; ***to be ~ of an organization*** patrocinare un'organizzazione **2** COMM. *(client)* cliente m. e f. (**of** di) **3** (anche **~ saint**) patrono m. (-a) (**of** di).
patronage /'pætrənɪdʒ/ n. **1** *(support)* patronato m., patrocinio m., egida f.; ***under the ~ of*** sotto l'egida *o* il patrocinio di; ***Royal, government ~*** patrocinio reale, del governo; ***~ of the arts*** mecenatismo **2** POL. *(right to appoint)* = facoltà di affidare incarichi, di conferire nomine **3** SPREG. ***political ~*** clientelismo politico; ***to get a ~ appointment*** ottenere un incarico grazie alle proprie conoscenze **4** BE RELIG. patronato m. ecclesiastico, giuspatronato m. **5** COMM. clientela f.
patronal /pə'trəʊnl/ agg. patronale; ***~ festival*** festa patronale.
patroness /'peɪtrənɪs/ n. **1** *(female patron)* patronessa f. **2** *(patron saint)* (santa) patrona f.
patronize /'pætrənaɪz/ tr. **1** SPREG. trattare con condiscendenza, con degnazione, con paternalismo; ***don't ~ me!*** non fare il paternalista! **2** COMM. frequentare abitualmente [*restaurant, cinema*]; ***to ~ a shop*** fare acquisti presso un negozio *o* essere cliente abituale di un negozio **3** *(support)* sostenere, patrocinare [*charity*]; promuovere, incentivare [*the arts*].
patronizer /'pætrənaɪzə(r)/ n. = persona che tratta con condiscendenza, con degnazione, con paternalismo.
patronizing /'pætrənaɪzɪŋ/ agg. SPREG. condiscendente, paternalistico.

patronizingly /ˈpætrənaɪzɪŋlɪ/ avv. [*smile, say, treat*] con condiscendenza, con degnazione, con paternalismo; [*behave*] in modo condiscendente.
patron saint /ˌpeɪtrənˈseɪnt/ n. santo patrono m., santa patrona f. (**of** di).
patronymic /ˌpætrəˈnɪmɪk/ **I** n. patronimico m. **II** agg. patronimico.
patroon /pəˈtruːn/ n. US STOR. = proprietario terriero sotto il governo olandese di New York e del New Jersey.
patsy /ˈpætsɪ/ n. POP. SPREG. zimbello m.
1.patter /ˈpætə(r)/ n. COLLOQ. *(of salesman)* imbonimento m., parlantina f.; *(of comedian, magician)* parlantina f., chiacchiera f.
2.patter /ˈpætə(r)/ **I** tr. recitare meccanicamente [*prayer*] **II** intr. parlare in fretta, ciarlare.
3.patter /ˈpætə(r)/ n. *(of raindrops)* picchiettio m.; ***~ of footsteps*** scalpiccio di piedi; ***we'll soon be hearing the ~ of tiny feet*** SCHERZ. presto in casa si sentirà lo scalpiccio di piedini.
4.patter /ˈpætə(r)/ intr. [*child*] sgambettare, trotterellare; [*mouse*] zampettare; [*rain, hailstones*] picchiettare (**on** su).
▶ **1.pattern** /ˈpætn/ n. **1** *(decorative design)* disegno m., motivo m.; ***striped, floral ~*** disegno a righe, motivo floreale; ***a ~ of roses*** un motivo con delle rose; ***he drew a ~ in the sand*** tracciò una figura sulla sabbia **2** *(regular or standard way of happening)* ***~ of behaviour, behaviour ~*** schema di comportamento, modello di comportamento; ***working ~s in industry*** l'organizzazione del lavoro nell'industria; ***the current ~ of events*** l'attuale quadro degli avvenimenti; ***the ~ of events leading to the revolution*** la serie degli avvenimenti che hanno portato alla rivoluzione; ***a clear ~ emerges from these statistics*** da queste statistiche emerge un quadro molto preciso; ***the current scandal is part of a much wider ~ of corruption*** lo scandalo attuale è solo uno degli aspetti di una corruzione molto più generalizzata; ***he could detect a ~ in the plot*** riusciva a intravedere uno schema di fondo *o* un nesso logico nel complotto; ***to follow a set ~*** seguire uno schema fisso *o* ben preciso; ***traffic ~*** controllo del traffico aereo nella zona aeroportuale; ***weather ~s*** condizioni climatiche; ***trade ~*** andamento degli scambi **3** *(model, example)* campione m., modello m.; ***on the ~ of*** sul modello di; ***to set the ~ for sth.*** impostare lo schema *o* il modello di qcs. **4** *(in dressmaking)* cartamodello m., paper pattern m.; *(in knitting)* modello m. **5** *(style of manufacture)* stile m. **6** *(sample) (of cloth, wallpaper etc.)* campione m. **7** LING. struttura f. **8** TECN. *(for casting metal)* stampo m., forma f.
2.pattern /ˈpætn/ tr. *(model)* modellare (**on, after** su).
pattern book /ˈpætnˌbʊk/ n. *(of fabrics, wallpaper)* campionario m.; *(in dressmaking)* catalogo m. di cartamodelli.
patterned /ˈpætnd/ agg. [*fabric etc.*] a motivi.
patterning /ˈpætnɪŋ/ n. **1** *(patterns)* motivi m.pl., disegni m.pl.; *(on animal's coat) (spots)* tacche f.pl.; *(stripes)* striature f.pl. **2** PSIC. pattern m. culturale.
patternmaker /ˈpætnmeɪkə(r)/ ♦ ***27*** n. modellista m. e f., stampista m. e f.
patty /ˈpætɪ/ n. **1** AE *(in hamburger etc.)* polpetta f. **2** *(pie)* tortino m. (di carne).
Patty /ˈpætɪ/ n.pr. diminutivo di **Patricia**.
paucity /ˈpɔːsətɪ/ n. FORM. *(of crops)* penuria f., scarsità f., scarsezza f.; *(of fuel, money, work)* scarsezza f., scarsità f.; *(of evidence, information)* insufficienza f.
Paul /pɔːl/ n.pr. Paolo.
Paula /ˈpɔːlə/ n.pr. Paola.
Paulina /pɔːˈliːnə/, **Pauline** /ˈpɔːliːn/ n.pr. diminutivo di **Paula**.
Pauline /ˈpɔːlaɪn/ agg. RELIG. paolino.
paulownia /pɔːˈləʊnɪə/ n. paulonia f.
paunch /pɔːntʃ/ n. **1** *(of person)* pancia f., trippa f. **2** *(of ruminant)* rumine m.
paunchy /ˈpɔːntʃɪ/ agg. SPREG. panciuto.
pauper /ˈpɔːpə(r)/ n. indigente m. e f., bisognoso m. (-a); ***to die a ~*** morire in miseria; ***~'s funeral*** funerale da povero; ***~'s grave*** fossa comune.
pauperism /ˈpɔːpərɪzəm/ n. indigenza f., povertà f.; ECON. pauperismo m.
pauperization /ˌpɔːpəraɪˈzeɪʃn, AE -rɪˈz-/ n. impoverimento m.
pauperize /ˈpɔːpəraɪz/ tr. impoverire, ridurre in povertà.
▶ **1.pause** /pɔːz/ n. **1** *(brief silence)* pausa f., breve silenzio m.; ***an awkward ~*** una pausa imbarazzante **2** *(break)* pausa f., interruzione f. (**in** in; **for** per) **3** *(stoppage)* interruzione f., intervallo m.; ***there was a ten minute ~ in production*** la produzione è stata interrotta per dieci minuti; ***without a ~*** senza interruzioni *o* senza posa **4** MUS. pausa f. **5** LETTER. cesura f.
▶ **2.pause** /pɔːz/ intr. **1** *(stop speaking)* fare una pausa, smettere, interrompersi **2** *(stop)* fermarsi; ***to ~ in*** interrompere [*activity, work*]; ***to ~ for lunch, thought*** fare una pausa per pranzare, per pensare; ***to ~ to do*** fermarsi per fare **3** *(hesitate)* esitare, indugiare.
■ **pause over:** ***~ over [sth.]*** fermarsi su.
pavane /pəˈvɑːn/ n. pavana f.
▷ **pave** /peɪv/ tr. lastricare (**with** di); pavimentare (**with** con) ♦ ***to ~ the way for sth.*** spianare la strada a qcs.
▷ **pavement** /ˈpeɪvmənt/ n. **1** BE *(footpath)* marciapiede m. **2** AE *(roadway)* carreggiata f., corsia f.; *(road surface)* pavimentazione f. stradale, lastricato m. stradale **3** *(paved area)* lastricato m., selciato m., lastrico m. **4** AE *(material)* pietra f. da selciato, selce f.
pavement artist /ˈpeɪvməntˌɑːtɪst/ ♦ ***27*** n. BE madonnaro m. (-a).
pavement café /ˈpeɪvməntˌkæfeɪ, AE -kæˌfeɪ/ n. BE caffè m. con dehors.
pavement stall /ˈpeɪvməntˌstɔːl/ n. BE bancarella f.
paver /ˈpeɪvə(r)/ n. **1** *(person)* selciatore m., lastricatore m. **2** *(machine)* pavimentatrice f. stradale **3** *(paving stone)* pietra f. da selciato.
pavid /ˈpævɪd/ agg. pavido, timoroso.
1.pavilion /pəˈvɪlɪən/ n. *(all contexts)* padiglione m.
2.pavilion /pəˈvɪlɪən/ tr. *(provide with a pavilion)* fornire di un padiglione.
paving /ˈpeɪvɪŋ/ n. *(material)* materiale m. per pavimentazione stradale.
paving slab /ˈpeɪvɪŋˌslæb/, **paving stone** /ˈpeɪvɪŋˌstəʊn/ n. pietra f. da selciato.
pavior, **paviour** /ˈpeɪvjə(r)/ n. **1** *(person)* selciatore m., lastricatore m. **2** *(paving stone)* pietra f. da selciato.
pavlova /ˈpævləvə, pævˈləʊvə/ n. BE AUSTRAL. INTRAD. f. (torta meringata ricoperta di panna montata e frutta).
Pavlovian /ˈpævləʊvɪən/ agg. PSIC. pavloviano; FIG. [*response, reaction*] automatico, involontario.
▷ **1.paw** /pɔː/ n. *(of animal)* zampa f.; SPREG. *(hand)* zampa f., manaccia f.
▷ **2.paw** /pɔː/ tr. **1** [*animal*] dare una zampata a; ***to ~ the ground*** [*horse*] scalpitare; [*bull*] battere il terreno con lo zoccolo **2** SPREG. [*person*] palpare, palpeggiare, brancicare.
pawky /ˈpɔːkɪ/ agg. BE furbo, scaltro.
pawl /pɔːl/ n. TECN. nottolino m., dente m. d'arresto; MAR. castagna f. dell'argano.
1.pawn /pɔːn/ n. *(in chess)* pedone m.; FIG. pedina f.; ***he's just a ~ (in their hands)*** è solo una pedina (nelle loro mani).
2.pawn /pɔːn/ n. **1** COMM. *(article deposited)* pegno m., garanzia f. **2** COMM. ***to be in ~*** essere impegnato *o* in pegno; ***to get sth. out of ~*** disimpegnare *o* riscattare qcs.
3.pawn /pɔːn/ tr. impegnare, dare in pegno.
pawnable /ˈpɔːnəbl/ agg. che può essere impegnato.
pawnbroker /ˈpɔːnˌbrəʊkə(r)/ ♦ ***27*** n. gestore m. di agenzia di pegni.
pawner /ˈpɔːnə(r)/ n. debitore m. pignoratizio.
pawnshop /ˈpɔːnʃɒp/ n. agenzia f. di pegni, banco m. dei pegni, monte m. di pietà.
pawn ticket /ˈpɔːnˌtɪkɪt/ n. polizza f. di pegno, ricevuta f. di pegno.
pawpaw /ˈpɔːpɔː/ → **papaw**.
pax /pæks/ **I** n. RELIG. bacio m. della pace **II** inter. BE ANT. COLLOQ. *(school slang)* pace, tregua.
▶ **1.pay** /peɪ/ **I** n. paga f., stipendio m., retribuzione f.; *(to manual worker)* salario m.; *(to soldier)* soldo m.; ***back ~*** arretrati sulla paga; ***extra ~*** (paga) extra; ***to be in the ~ of sb.*** SPREG. essere al soldo di qcn.; ***rate of ~*** AMM. fascia di retribuzione; ***holidays*** BE o ***vacation*** AE ***with, without ~*** ferie retribuite, non retribuite; ***~ and allowances*** retribuzione e indennità; ***what's the ~ like?*** com'è lo stipendio? ***the ~ is good*** la retribuzione è buona **II** modif. [*agreement, claim, negotiations, deal*] salariale; [*rise, cut*] di stipendio, salariale; [*freeze, structure, policy*] dei salari.
▶ **2.pay** /peɪ/ **I** tr. (pass., p.pass. **paid**) **1** *(for goods, services)* pagare [*tradesman, creditor*] (**for** per; **to do** per fare); pagare [*fees*]; saldare, pagare [*bill, debt*]; versare, pagare [*price, sum etc.*] (**for** per); versare [*down payment*] (**on** per); ***to ~ cash*** pagare in contanti; ***to ~ £ 100 on account*** versare un acconto di 100 sterline; ***she paid him £ 300 to repair the roof*** lo pagò 300 sterline per riparare il tetto; ***to ~ sth. into*** versare qcs. su [*account*]; donare qcs. a [*charity*]; ***to ~ sb. for his trouble*** pagare *o* ricompensare qcn. per il suo disturbo **2** *(for regular work)* pagare, retribuire [*employee*]; ***to ~ high, low wages*** retribuire bene, male; ***to be paid weekly, monthly*** ricevere una paga settimanale, mensile; ***all expenses paid*** tutto spesato **3** ECON. *(accrue)* [*account, bond*] rendere, fruttare

[*interest*]; ***to ~ dividends*** FIG. dare buoni frutti **4** *(give)* ***to ~ attention, heed to*** fare *o* prestare attenzione a; ***to ~ a tribute to sb.*** rendere *o* tributare omaggio a qcn.; ***to ~ sb. a compliment*** fare un complimento a qcn.; ***to ~ sb. a visit*** fare visita a qcn. **5** *(benefit)* ***it would ~ him, her etc. to do*** FIG. gli, le gioverebbe fare; ***it would ~ you to find out*** ti converrebbe scoprire; ***it ~s to be honest*** conviene essere onesti; ***it doesn't ~ to do*** non conviene fare **II** intr. (pass., p.pass. **paid**) **1** *(hand over money)* pagare; ***she, the insurance will ~*** pagherà lei, l'assicurazione; ***to ~ for sth.*** pagare per qcs. (anche FIG.); ***to ~ dearly for sth.*** FIG. pagare qcs. a caro prezzo; ***I'll make you ~ for this!*** FIG. te la farò pagare! questa me la pagherai! ***I'll ~ for you*** *(in cinema etc.)* pago io per te; ***they're paying for him to go to college, to Spain*** gli pagano gli studi universitari, il viaggio in Spagna; ***"~ on entry"*** "pagamento all'ingresso"; ***you have to ~ to get in*** l'ingresso è a pagamento; ***"~ and display"*** *(in carpark)* "esporre il voucher attestante il pagamento"; ***~ on demand*** *(on cheque)* pagare a vista **2** *(settle)* pagare; ***to ~ in cash, by cheque, in instalments*** pagare in contanti, con assegno, a rate; ***to ~ one's own way*** coprire le proprie spese **3** *(reward employee)* ***the work doesn't ~ very well*** il lavoro non è ben retribuito **4** *(bring gain)* [*business*] rendere, essere redditizio; [*activity, quality*] essere vantaggioso, essere utile; ***to ~ handsomely*** fruttare molto bene; ***crime, dishonesty doesn't ~*** il crimine, la disonestà non paga; ***to ~ for itself*** [*business, purchase*] ammortizzarsi; ***to make sth. ~*** fare fruttare *o* rendere qcs. ◆ ***there'll be hell*** COLLOQ. o ***the devil to ~*** succederà un putiferio *o* saranno guai grossi; ***to ~ a visit*** COLLOQ. EUFEM. andare in quel posto *o* andare al gabinetto.

▪ **pay back:** ***~ [sb.] back*** *(reimburse)* rimborsare [*person*]; ***I'll ~ him back for the trick he played on me*** gliela farò pagare per lo scherzetto che mi ha giocato; ***he'll ~ you back with interest*** FIG. ti ripagherà con gli interessi; ***~ [sth.] back, ~ back [sth.]*** restituire, rendere [*money*].

▪ **pay down:** ***~ [sth.] down*** versare in acconto; ***I'd like to ~ £ 100 down*** vorrei versare un acconto di 100 sterline.

▪ **pay in** BE ***~ [sth.] in, ~ in [sth.]*** depositare, versare [*cheque, sum*].

▪ **pay off:** ***~ off*** FIG. pagare, ripagare; ***his hard work finally paid off*** alla fine la sua fatica è stata ripagata; ***~ [sb.] off, ~ off [sb.]*** **1** *(dismiss from work)* licenziare, liquidare [*worker*]; MAR. liquidare, congedare dalla nave [*seaman*] **2** COLLOQ. *(buy silence)* comprare il silenzio di [*possible informer*]; ***~ off [sth.], ~ [sth.] off*** pagare, estinguere [*mortgage, debt*].

▪ **pay out:** ***~ out [sth.]*** **1** *(hand over)* sborsare, elargire [*sum*] (**in** per); ***we've paid out a lot in publicity*** abbiamo speso molto in pubblicità; ***he paid out £ 300 for his new washing machine*** sborsò 300 sterline per la nuova lavatrice **2** *(release)* filare, lasciare scorrere [*rope*].

▪ **pay over:** ***~ [sth.] over, ~ over [sth.]*** *(hand over)* versare, corrispondere [*sum*] (**to** a).

▪ **pay up** COLLOQ. ***~ up*** pagare completamente; ***~ up!*** paga tutto! ***~ up [sth.]*** pagare fino all'ultimo centesimo, saldare [*amount*]; ***~ up the money you owe me!*** restituiscimi tutto il denaro che mi devi!

payable /ˈpeɪəbl/ agg. **1** *(which will be paid)* [*amount, interest*] dovuto; ***the interest ~ on the loan*** l'interesse passivo sul mutuo; ***to make a cheque ~ to*** emettere un assegno pagabile a **2** *(requiring payment)* ***to be ~*** [*amount, instalment, debt*] dovere essere pagato *o* essere pagabile; ***~ when due*** COMM. ECON. DIR. esigibile alla scadenza; ***~ on demand*** pagabile a richiesta *o* a vista **3** *(which may be paid)* pagabile; ***~ in instalments*** pagabile a rate **4** *(profitable)* [*proposition, venture*] rimunerativo, redditizio.

pay-and-display /ˌpeɪəndɪˈspleɪ/ agg. ***~ parking*** = parcheggio a pagamento in cui si espone il ticket emesso dall'apposita macchinetta sul parabrezza dell'auto.

pay-as-you-earn /ˌpeɪəzjʊˈɜːn/ n. BE = pagamento d'imposta mediante ritenuta alla fonte.

pay-as-you-go /ˌpeɪəzjʊˈgəʊ/ **I** n. **U** pagamento m. a consumo **II** agg. [*Internet, phone, system, tariff*] a consumo.

payback /ˈpeɪbæk/ **I** n. **1** *(of debt)* rimborso m. **2** *(revenge)* vendetta f. **II** modif. [*period*] di rimborso.

paybed /ˈpeɪbed/ n. MED. AMM. = in un ospedale pubblico, posto letto riservato a un paziente che si cura privatamente.

paybook /ˈpeɪbʊk/ n. MIL. libro m. paga.

pay channel /ˈpeɪtʃænl/ n. canale m. a pagamento.

pay cheque BE, **pay check** AE /ˈpeɪtʃek/ n. assegno m. paga.

payday /ˈpeɪdeɪ/ n. *(for wages)* giorno m. di paga; *(in stock exchange)* giorno m. dei compensi, giorno m. di liquidazione.

paydesk /ˈpeɪdesk/ n. cassa f.

pay dirt /ˈpeɪdɜːt/ n. AE minerale m. utile; ***to strike ~*** COLLOQ. FIG. trovare la gallina dalle uova d'oro, fare fortuna.

PAYE n. BE (⇒ pay-as-you-earn) = pagamento d'imposta mediante ritenuta alla fonte.

payee /peɪˈiː/ n. beneficiario m., prenditore m.

pay envelope /ˈpeɪˌenvələʊp, -ˌɒnvələʊp/ n. AE → **pay-packet.**

payer /ˈpeɪə(r)/ n. **1** COLLOQ. pagatore m. (-trice); ***he's a good, bad ~*** è un buon, cattivo pagatore **2** COMM. trattario m., trassato m.

pay gate /ˈpeɪgeɪt/ n. tornello m.

▷ **paying** /ˈpeɪɪŋ/ agg. ***a ~ proposition*** un affare conveniente *o* che rende.

paying guest /ˌpeɪɪŋˈgest/ n. ospite m. e f. pagante, pensionante m. e f.

paying-in book /ˌpeɪɪŋˈɪnˌbʊk/ BE, **paying-in deposit book** /ˌpeɪɪŋɪŋˈɪndɪˌpɒzɪtbʊk/ AE n. libretto m. di deposito.

paying-in deposit slip /ˌpeɪɪŋɪŋˈɪndɪˌpɒzɪtslɪp/ n. AE → **paying-in slip.**

paying-in slip /ˌpeɪɪŋˈɪŋˌslɪp/ n. BE modulo m. di versamento, distinta f. di versamento.

payload /ˈpeɪləʊd/ n. **1** *(of aircraft, ship)* carico m. rimunerativo, carico m. pagante **2** *(of bomb)* carica f. esplosiva **3** *(of spacecraft)* carico m. utile.

paymaster /ˈpeɪmɑːstə(r), AE -mæstər/ n. **1** impiegato m. (-a) dell'ufficio paga; MAR. commissario m. di bordo; MIL. ufficiale m. pagatore **2** SPREG. *(employer)* padrone m.

Paymaster General /ˌpeɪmɑːstəˈdʒenrəl, AE -mæstər-/ n. GB = incarico governativo corrispondente al ragioniere generale dello stato.

▶ **payment** /ˈpeɪmənt/ n. pagamento m.; *(in settlement)* saldo m.; *(into account, of instalments)* versamento m.; *(to creditor)* rimborso m., estinzione f. (di un debito); FIG. *(for kindness, help)* ricompensa f. (anche IRON.); ***to make a ~*** effettuare un pagamento; ***cash ~*** *(not credit, not cheque)* pagamento in contanti; ***in ~ for the books received*** come *o* a pagamento dei libri ricevuti; ***in ~ for what I owe*** come rimborso per quello che devo; ***~ in full is now requested*** ora si richiede di pagare a saldo; ***in monthly ~s of £ 30*** in rate mensili di 30 sterline; ***~ on*** *(instalment)* pagamento per, rata di [*television, washing machine etc.*]; ***on ~ of £ 30*** contro *o* dietro pagamento di 30 sterline; ***Social Security ~s*** contributi previdenziali; ***in ~ for your kindness*** in cambio della vostra gentilezza *o* come ricompensa per la vostra gentilezza.

payoff /ˈpeɪɒf, AE -ɔːf/ n. *(reward)* ricompensa f., premio m.; FIG. resa f. dei conti, momento m. decisivo.

payola /peɪˈəʊlə/ n. AE COLLOQ. *(bribe)* bustarella f., mazzetta f.; *(practice)* corruzione f.

payout /ˈpeɪaʊt/ n. *(disbursement)* esborso m., pagamento m.

pay-packet /ˈpeɪˌpækɪt/ n. busta f. paga; FIG. paga f., stipendio m.

pay phone /ˈpeɪfəʊn/ n. telefono m. a moneta, telefono m. pubblico.

payroll /ˈpeɪrəʊl/ n. *(list)* libro m. paga; *(sum of money)* importo m., ammontare m. delle retribuzioni; *(employees collectively)* dipendenti m.pl., personale m.; ***to be on a company's ~*** essere sul libro paga di una ditta; ***to take sb. off the ~*** licenziare qcn.; ***a ~ of 500 workers*** un personale di 500 lavoratori.

pay-sheet /ˈpeɪʃiːt/, **payslip** /ˈpeɪslɪp/ n. cedolino m. dello stipendio, busta f. paga.

pay station /ˈpeɪˌsteɪʃn/ n. AE → **pay phone.**

pay television /ˈpeɪˌtelɪvɪʒn, -telɪˌvɪʒn/ n. pay tv f.

PBS n. US (⇒ Public Broadcasting Service) = rete di emittenti radiofoniche locali non commerciali finanziate dal governo.

PBX n. GB TEL. (⇒ private branch exchange centralina privata di commutazione) PBX f.

1.pc n. (anche **PC**) (⇒ personal computer personal computer) PC m.

2.pc **1** ⇒ per cent per cento **2** ⇒ postcard cartolina postale (c.p.) **3** (anche **PC**) ⇒ political correctness atteggiamento dell'essere politically correct **4** ⇒ politically correct politically correct.

p/c **1** ⇒ prices current prezzi correnti **2** ⇒ petty cash = piccola cassa.

PC GB **1** ⇒ Police Constable agente di polizia **2** ⇒ Privy Council consiglio privato della corona **3** ⇒ Privy Councillor consigliere privato della corona.

PCB n. (⇒ polychlorinated biphenyl policlorobifenile) PCB m.

PCN n. (⇒ Personal Communications Network) = rete di comunicazioni personali.

pd ⇒ paid pagato.

PD AE ⇒ Police Department dipartimento di polizia.

PDA n. (⇒ personal digital assistant assistente informatico personale) PDA m.

PDF n. (⇒ Portable Document Format formato portatile di documento) PDF m.

PDO n. (⇒ protected designation of origin denominazione di origine protetta) DOP f.

pdq COLLOQ. (⇒ pretty damn quick) = subito, immediatamente.
PE ⇒ physical education educazione fisica, ginnastica.
▷ **pea** /piː/ n. **1** BOT. *(plant)* pisello m. **2** GASTR. (anche **green** ~) pisello m. ♦ ***to be as like as two ~s in a pod*** somigliarsi come due gocce d'acqua.
peabrain /'piːbreɪn/ n. COLLOQ. cervello m. di gallina.
▶ **peace** /piːs/ **I** n. **1** *(absence of conflict)* pace f.; ***to be at ~*** essere in pace; ***to make ~*** rappacificarsi *o* fare la pace *o* riconciliarsi (**with** con); ***to bring ~ to a country*** ristabilire la pace in un paese; ***to keep the ~*** *(between countries, individuals)* mantenere la pace; *(in town)* [*police*] tutelare l'ordine pubblico, la quiete pubblica; [*citizen*] mantenere una buona condotta **2** *(period without war)* pace f.; ***a fragile, an uneasy, a negotiated ~*** una pace precaria, instabile, negoziata **3** *(tranquillity)* pace f., tranquillità f., calma f.; ***to live in ~*** vivere in pace; ***to leave sb. in ~, give sb. no ~*** lasciare in pace qcn., non dare pace a qcn.; ***to break the ~ of sth.*** turbare la tranquillità di qcs.; ***I need a bit of ~ and quiet*** ho bisogno di starmene un po' tranquillo *o* di (stare) un po' in pace; ***to find ~ of mind*** trovare la serenità d'animo; ***to disturb sb.'s ~ of mind*** turbare la serenità di qcn.; ***to be at ~*** EUFEM. *(dead)* riposare in pace, dormire nella pace eterna **II** modif. [*campaign, agreement, initiative, mission*] di pace; [*march, settlement*] della pace; [*moves*] per la pace; [*conference*] di pace, sulla pace; [*plan, talks, treaty*] di pace, per la pace ♦ ***to be a man of ~*** essere un uomo di pace; ***to come in ~*** venire in pace; ***to hold one's ~*** tacere *o* non aprire bocca; ***to make one's ~ with sb.*** fare la pace *o* rappacificarsi con qcn.
peaceable /'piːsəbl/ agg. [*person*] pacifico, tranquillo.
peaceableness /'piːsəblnɪs/ n. = (l')essere pacifico, tranquillo.
peaceably /'piːsəblɪ/ avv. pacificamente, in modo pacifico.
peace campaigner /'piːskæm͵peɪnə(r)/ n. (attivista) pacifista m. e f.
Peace Corps /'piːs͵kɔː(r)/ n. US AMM. = organizzazione di volontari per l'aiuto ai paesi in via di sviluppo.
peace envoy /'piːs͵envɔɪ/ n. negoziatore m. (-trice) di pace.
▷ **peaceful** /'piːsfl/ agg. **1** *(tranquil)* [*place, holiday, scene*] pacifico, tranquillo **2** *(without conflict)* [*coexistence, protest, solution, reign*] pacifico.
▷ **peacefully** /'piːsfəlɪ/ avv. **1** *(without disturbance)* [*die*] in pace; [*sleep*] tranquillamente; [*situated*] in un luogo tranquillo **2** *(without violence)* [*demonstrate*] pacificamente; ***the demonstration passed off ~*** la manifestazione si svolse pacificamente.
peacefulness /'piːsflnɪs/ n. **1** *(calm)* tranquillità f., serenità f. **2** *(nonviolent nature)* = (l')essere pacifico; ***the ~ of her reign*** la pace che caratterizzò il suo regno.
peacekeeping /'piːskiːpɪŋ/ **I** n. MIL. POL. mantenimento m. della pace **II** modif. [*troops*] per il mantenimento della pace; ***~ force*** forze di pace.
peace lobby /'piːs͵lɒbɪ/ n. AE = associazione a favore della pace e del disarmo nucleare.
peace-loving /'piːs͵lʌvɪŋ/ agg. pacifico, amante della pace.
peacemaker /'piːsmeɪkə(r)/ n. **1** POL. *(statesman, nation)* mediatore m. (-trice) di pace, pacificatore m. (-trice) **2** *(in family)* paciere m. (-a).
peacemaking /'piːsmeɪkɪŋ/ **I** n. pacificazione f. **II** agg. pacificatore, conciliatore.
Peace Movement /'piːs͵muːvmənt/ n. movimento m. per la pace, movimento m. pacifista.
peacenik /'piːsnɪk/ n. AE COLLOQ. pacifista m. e f.
peace offensive /'piːsə͵fensɪv/ n. offensiva f. di pace.
peace offering /'piːs͵ɒferɪŋ, AE -͵ɔːferɪŋ/ n. BIBL. offerta f. propiziatoria, sacrificio m. propiziatorio; FIG. dono m. di riconciliazione.
peace pipe /'piːs͵paɪp/ n. calumet m. della pace.
peace process /'piːs͵prəʊses/ n. processo m. di pace.
peace studies /'piːs͵stʌdɪz/ n. + verbo sing. o pl. studi m. sulla pace.
peacetime /'piːstaɪm/ **I** n. tempo m. di pace; ***in ~*** in tempo di pace **II** modif. [*activity*] del tempo di pace, in tempo di pace; [*army, alliance, training*] in tempo di pace; [*planning, government, administration*] durante il tempo di pace.
▷ **1.peach** /piːtʃ/ **I** n. **1** *(fruit)* pesca f.; *(tree)* pesco m. **2** *(colour)* (color) pesca m. **3** COLLOQ. ***a ~ of a game*** COLLOQ. una partita eccezionale **II** modif. [*jam*] di pesche; [*yoghurt*] alla pesca; [*stone*] della pesca **III** agg. color pesca.
2.peach /piːtʃ/ intr. COLLOQ. ***to ~ on sb.*** fare una soffiata su qcn.
peach blossom /'piːtʃ͵blɒsəm/ n. **U** fiori m.pl. di pesco.
peach brandy /'piːtʃ͵brændɪ/ n. = brandy ottenuto con pesche fermentate.
peaches and cream /'piːtʃɪzən͵kriːm/ agg. ***~ complexion*** carnagione chiara con pomelli rossi, pelle di pesca.
peach melba /͵piːtʃ'melbə/ n. pesca f. (alla) Melba.
peachy /'piːtʃɪ/ agg. **1** [*cheeks*] roseo, vellutato; [*person*] dalla pelle di pesca **2** COLLOQ. FIG. *(excellent)* eccellente, fantastico.
1.peacock /'piːkɒk/ n. pavone m. (maschio) ♦ ***to be as proud as a ~*** fare il pavone.
2.peacock /'piːkɒk/ intr. pavoneggiarsi, fare il pavone.
peacock blue /͵piːkɒk'bluː/ ♦ **5 I** agg. blu pavone **II** n. blu m. pavone.
peacock butterfly /͵piːkɒk'bʌtəflaɪ/ n. vanessa io f., farfalla f. pavone.
peacockery /'piː͵kɒkərɪ/ n. RAR. *(ostentatious display)* vanità f., ostentazione f.
peacockish /'piː͵kɒkɪʃ/ agg. RAR. *(ostentatious)* vanitoso, fatuo.
peafowl /'piːfaʊl/ n. pavone m. (maschio o femmina).
pea green /͵piː'griːn/ ♦ **5 I** agg. verde pisello **II** n. verde m. pisello.
peahen /'piːhen/ n. pavona f., pavonessa f.
pea jacket /'piː͵dʒækɪt/ n. giubba f. da marinaio.
▶ **1.peak** /piːk/ **I** n. **1** *(of mountain)* picco m., cima f., vetta f., sommità f. (**of** di) **2** *(of cap)* visiera f. **3** STATIST. *(of inflation, demand, market)* picco m., punta f.; *(of quantity, price)* valore m. massimo (**in** in; **of** di); *(in hormone)* picco m.; *(in popularity)* culmine m., apice m., vertice m.; *(on a graph)* picco m.; ***to be at its*** o ***a ~*** essere al culmine **4** FIG. *(high point) (of career, achievement, empire, mental powers, creativity)* culmine m., apice m. (**of** di); *(of fitness, form)* meglio m., top m. (**of** di); ***her success is at its ~*** o ***she is at the ~ of her success*** è al culmine del successo; ***her fitness is at its ~*** o ***she is at the ~ of her fitness*** è al top della forma; ***at his ~, he earned...*** al culmine della carriera, guadagnava...; ***in the ~ of condition*** al meglio della forma; ***to be past its*** o ***one's ~*** essere in declino **5** *(busiest time)* ora f. di punta; TEL. tariffa f. intera; ***to cost 40 pence ~*** TEL. costare 40 penny a tariffa intera **6** *(of roof)* punta f.; *(of hair)* ciuffo m., banana f.; ***"beat the egg white until it forms stiff ~s"*** "sbattere le chiare d'uova a neve ben ferma" **II** modif. [*demand*] di punta; [*figure, population, risk, level, price*] massimo; [*fitness, form, performance*] eccellente, ottimo.
2.peak /piːk/ intr. [*inflation, rate, market, workload*] raggiungere un picco, un massimo (**at** di); FIG. [*career, performance, enthusiasm, interest*] raggiungere l'apice, il culmine; ***to ~ in May, in the morning*** raggiungere il valore massimo a maggio, durante la mattinata; ***to ~ too early*** [*runner*] scattare troppo presto, spomparsi troppo presto; [*prodigy*] perdersi per strada; *(in career)* bruciarsi troppo presto.
▪ **peak out** COLLOQ. [*athlete, prowess, skill, luck*] cominciare a declinare; [*inflation*] cominciare a rallentare, frenare; [*rate*] cominciare ad abbassarsi.
3.peak /piːk/ **I** tr. MAR. *(tilt up)* alzare in posizione verticale [*yard*]; disporre a picco [*oars*] **II** intr. [*whale*] alzare la coda per immergersi.
4.peak /piːk/ intr. ANT. *(waste away)* languire, consumarsi; ***to ~ and pine*** struggersi, languire.
peak demand /'piːkdɪ͵mɑːnd, AE -dɪ͵mænd/ n. domanda f. di punta; EL. carico m. massimo.
1.peaked /piːkt/ agg. **1** *(with peak)* [*cap, hat*] con visiera **2** *(pointed)* [*roof*] a punta.
2.peaked /piːkt/ agg. AE → **1.peaky**.
peak hour /'piːk͵aʊə(r)/ **I** n. *(on road, in shops)* ora f. di punta; ***at*** o ***during ~s*** nelle ore di punta **II** modif. [*delays, problems*] dell'ora di punta; [*traffic*] nelle ore di punta.
peak listening time /͵piːk'lɪsnɪŋ͵taɪm/ n. RAD. ore f.pl. di massimo ascolto.
peak load /'piːk͵ləʊd/ n. EL. carico m. massimo.
peak period /'piːk͵pɪərɪəd/ n. *(on road, in shops)* ora f. di punta; ***at*** o ***during ~s*** nelle ore di punta.
peak rate /'piːk͵reɪt/ n. TEL. tariffa f. intera; ***at ~*** nelle ore in cui si applica la tariffa intera.
peak season /'piːk͵siːzn/ n. alta stagione f.
peak time /'piːk͵taɪm/ **I** n. **1** *(on TV)* peak time m., picco m. di ascolto; ***at*** o ***during ~*** nelle fasce di massimo ascolto **2** *(for switchboard, traffic)* ore f.pl. di punta **II** modif. [*viewing, programme*] di prima serata; [*series*] trasmesso nelle ore di massimo ascolto.
1.peaky /'piːkɪ/ agg. COLLOQ. malaticcio, palliduccio.
2.peaky /'piːkɪ/ agg. **1** *(having many peaks)* [*ridge*] con molti picchi **2** → **1.peaked**.
peak year /'piːk͵jɪə(r), -͵jɜː(r)/ n. annata f. eccezionale, annata f. record.

1.peal /pi:l/ n. **1** *(sound) (of bells)* scampanio m., suono m. di campane; *(of doorbell)* suono m., squillo m., trillo m.; *(of thunder)* fragore m., scoppio m., rimbombo m.; *(of organ)* suono m.; ***~s of laughter*** scoppi *o* scrosci di risa **2** TECN. *(in bell-ringing) (motif, set of bells)* carillon m., concerto m. di campane.
2.peal /pi:l/ **I** intr. → **peal out II** tr. fare suonare a distesa [*bells*].
■ **peal out** [*bells*] scampanare, suonare a distesa; [*thunder*] rimbombare; [*organ*] risuonare; [*laughter*] scoppiare, scrosciare.
▷ **peanut** /ˈpi:nʌt/ **I** n. *(nut)* arachide f., nocciolina f. americana; *(plant)* arachide f. **II peanuts** n.pl. COLLOQ. *(meagre sum of money)* miseria f.sing., spiccioli m.; ***they're paid ~s*** li pagano quattro soldi.
peanut butter /ˌpi:nʌtˈbʌtə(r)/ n. burro m. d'arachidi.
peanut gallery /ˈpi:nʌtˌgælərɪ/ n. TEATR. loggione m., piccionaia f.
peanut oil /ˈpi:nʌtˌɔɪl/ n. olio m. di arachide.
pea pod /pi:ˈpɒd/ n. baccello m. di pisello.
pear /peə(r)/ **I** n. **1** *(fruit)* pera f.; ***~-shaped*** a forma di pera **2** (anche **~ tree**) pero m. **II** modif. [*tart*] di pere; [*juice*] di pera, alla pera ◆ ***to go ~-shaped*** COLLOQ. andare a monte.
1.pearl /pɜ:l/ ➧ **5 I** n. **1** *(real, imitation)* perla f.; FIG. *(of dew)* perla f., gocciolina f., stilla f.; *(of sweat)* goccia f. (**of** di); ***natural ~*** perla naturale **2** → **mother-of-pearl 3** FIG. *(prized person, object)* perla f.; *(city, building)* perla f., gioiello m.; ***~s of wisdom*** perle di saggezza **4** *(colour)* (color) perla m. **II** modif. [*necklace, brooch, etc.*] di perle; [*button*] di madreperla; ~ ***earrings*** orecchini di perle **III** agg. color perla.
2.pearl /pɜ:l/ intr. **1** LETT. [*dew, liquid*] stillare, formare goccioline **2** [*diver, fisherman*] andare a pesca di perle.
Pearl /pɜ:l/ n.pr. Pearl (nome di donna).
pearl-ash /ˈpɜ:læʃ/ n. perlassa f.
pearl barley /ˌpɜ:lˈbɑ:lɪ/ n. orzo m. perlato.
pearl diver /ˈpɜ:lˌdaɪvə(r)/ n. pescatore m. (-trice) di perle.
pearl diving /ˈpɜ:lˌdaɪvɪŋ/ n. pesca f. delle perle.
pearled /pɜ:ld/ **I** p.pass. → **2.pearl II** agg. LETT. *(adorned with pearls)* imperlato, adorno di perle.
pearl grey BE, **pearl gray** AE /ˈpɜ:lgreɪ/ ➧ **5 I** n. grigio m. perla **II** agg. grigio perla.
pearl-handled /ˌpɜ:lˈhændld/ agg. [*knife, hairbrush etc.*] con il manico di madreperla; [*revolver*] con l'impugnatura in madreperla.
pearlies /ˈpɜ:lɪz/ n.pl. GB = costumi tradizionali decorati con bottoni in madreperla indossati dei venditori ambulanti londinesi.
pearliness /ˈpɜ:lɪnɪs/ n. aspetto m. perlaceo.
pearl necklace /ˈpɜ:lˌneklɪs/ n. collana f. di perle, filo m. di perle.
pearl oyster /ˈpɜ:lˌɔɪstə(r)/ n. ostrica f. perlifera.
pearl-shell /ˈpɜ:lʃel/ n. madreperla f. greggia.
pearly /ˈpɜ:lɪ/ agg. perlaceo, perlato.
Pearly Gates /ˌpɜ:lɪˈgeɪts/ n.pl. ***the ~*** SCHERZ. le porte del paradiso.
pearly king /ˌpɜ:lɪˈkɪŋ/, **pearly queen** /ˌpɜ:lɪˈkwi:n/ n. GB = venditore o venditrice ambulante londinese che durante le cerimonie ufficiali indossa il costume tradizionale decorato con bottoni in madreperla.
▷ **peasant** /ˈpeznt/ **I** n. **1** *(rustic)* contadino m. (-a) **2** SPREG. zotico m. (-a), bifolco m., buzzurro m. (-a) **II** modif. [*class, custom, cuisine, craft, life*] contadino; [*costume*] dei contadini.
peasant farmer /ˈpezntˌfɑ:mə(r)/ ➧ **27** n. agricoltore m. (-trice), coltivatore m. (-trice).
peasantry /ˈpezntrɪ/ n. + verbo sing. o pl. contadini m.pl., classe f. contadina.
peasant woman /ˈpezntˌwʊmən/ n. (pl. **peasant women**) contadina f.
pease pudding /ˌpi:zˈpʊdɪŋ/ n. BE = piatto a base di piselli secchi bolliti serviti con carne di maiale.
pea shooter /ˈpi:ˌʃu:tə(r)/ n. *(toy weapon)* cerbottana f.
pea soup /ˌpi:ˈsu:p/ n. **1** zuppa f. di piselli **2** *(fog)* (anche **pea souper**) fitta nebbia f., nebbione m.
peat /pi:t/ **I** n. **1** *(substance)* torba f.; ***to cut*** o ***dig ~*** estrarre la torba **2** *(piece)* pezzo m. di torba **II** modif. [*lands, soil*] torboso; [*cutting, shrinkage*] della torba.
peat bog /ˈpi:tˌbɒg/ n. torbiera f.
peat cutter /ˈpi:tˌkʌtə(r)/ n. = operaio che lavora la torba.
peat moor /ˈpi:tmɔ:(r), AE -mʊər/ n. torbiera f.
peat moss /ˈpi:tmɒs, AE -mɔ:s/ n. sfagno m.
peaty /ˈpi:tɪ/ agg. torboso.
1.pebble /ˈpebl/ **I** n. **1** ciottolo m., sassolino m.; *(on beach)* ghiaia f., ciottolo m. **2** TECN. cristallo m. di rocca **II** modif. [*beach*] ciottoloso, ghiaioso ◆ ***he's not the only ~ on the beach*** non è l'unico uomo sulla faccia della terra, morto un papa se ne fa un altro.
2.pebble /ˈpebl/ tr. acciottolare.
1.pebbledash /ˈpebldæʃ/ **I** n. intonaco m. a pinocchino **II** modif. [*wall*] intonacato a pinocchino.
2.pebbledash /ˈpebldæʃ/ tr. intonacare a pinocchino.
pebble-leather /ˈpeblˌleðə(r)/ n. pelle f. zigrinata.
pebble-paving /ˈpeblˌpeɪvɪŋ/ n. acciottolato m.
pebbly /ˈpeblɪ/ agg. ciottoloso, ghiaioso.
pebrine /ˈpeɪbri:n/ n. pebrina f.
pecan /ˈpi:kən, pɪˈkæn, AE pɪˈkɑ:n/ **I** n. **1** *(nut)* noce f. pecan **2** *(tree)* pecan m. **II** modif. [*pie*] alle noci pecan.
peccability /ˌpekəˈbɪlətɪ/ n. peccabilità f.
peccadillo /ˌpekəˈdɪləʊ/ n. (pl. **~s**, **~es**) peccatuccio m.
peccancy /ˈpekənsɪ/ n. RAR. **1** *(faultiness)* difettosità f. **2** *(sin)* peccato m.
peccant /ˈpekənt/ agg. RAR. **1** *(guilty)* colpevole, peccaminoso **2** *(causing disease)* malsano, insalubre.
peccary /ˈpekərɪ/ n. pecari m.
1.peck /pek/ n. METROL. peck m.
2.peck /pek/ n. **1** *(from bird)* beccata f., colpo m. di becco **2** COLLOQ. *(kiss)* bacio m. frettoloso, bacetto m.; ***to give sb. a ~ (on the cheek)*** dare un bacetto (sulla guancia) a qcn.
3.peck /pek/ **I** tr. **1** *(with beak)* [*bird*] beccare [*food*]; colpire col becco, beccare [*person, animal*]; ***the bird ~ed my hand*** l'uccello mi ha beccato la mano; ***to ~ a hole in sth.*** fare un buco in qcs. con il becco **2** COLLOQ. *(kiss)* dare un bacio frettoloso, un bacetto a [*person*] **II** intr. **1** *(with beak)* ***to ~ at*** beccare [*food*]; dare dei colpi di becco contro [*window*]; beccare, perforare col becco [*tree*]; ***the hens were ~ing at the ground in the yard*** le galline stavano beccando il terreno nel cortile **2** COLLOQ. FIG. *(eat very little)* ***to ~ at one's food*** [*person*] piluccare del cibo, mangiucchiare.
■ **peck out:** ***~ [sth.] out, ~ out [sth.]*** rompere con il becco [*kernel, seeds*]; ***to ~ sb.'s eyes out*** [*bird*] cavare gli occhi a qcn.
pecker /ˈpekə(r)/ n. POP. cazzo m., uccello m. ◆ ***to keep one's ~ up*** BE stare su di morale.
peckerwood /ˈpekəwʊd/ n. AE SPREG. = povero di razza bianca.
pecking order /ˈpekɪŋˌɔ:də(r)/ n. gerarchia f., ordine m. gerarchico (anche FIG.).
peckish /ˈpekɪʃ/ agg. BE COLLOQ. ***to be*** o ***feel ~*** sentire un certo languorino *o* avere voglia di mettere qualcosa sotto i denti.
pecs /peks/ n.pl. COLLOQ. (accorc. pectorals) pettorali m.
pecten /ˈpektən/ n. (pl. **~s**, **-ines**) **1** ZOOL. *(scallop)* pettine m. **2** ZOOL. *(comblike organ)* organo m. a forma di pettine.
pectic /ˈpektɪk/ agg. pectico; ~ ***acid*** acido pectico.
pectin /ˈpektɪn/ n. pectina f.
pectines /ˈpektɪni:z/ → **pecten**.
pectoral /ˈpektərəl/ **I** n. *(ornament)* croce f. pettorale **II pectorals** n.pl. (muscoli) pettorali m. **III** agg. pettorale.
peculate /ˈpekjʊleɪt/ tr. ECON. appropriarsi indebitamente di [*funds*].
peculation /ˌpekjʊˈleɪʃn/ n. ECON. peculato m.
peculator /ˈpekjʊleɪtə(r)/ n. reo m. di peculato.
▷ **peculiar** /pɪˈkju:lɪə(r)/ agg. **1** *(odd)* strano, singolare, curioso (**that** che); ***to feel ~*** sentirsi strano; ***funny ~*** COLLOQ. SCHERZ. bizzarro, curioso **2** *(exceptional)* [*situation, importance, circumstances*] particolare, speciale **3** *(exclusive to)* [*characteristic, language, system*] peculiare, proprio, tipico; ***to be ~ to sb., sth.*** [*feature, trait*] essere caratteristico di qcn., qcs.; ***the species is ~ to Asia*** la specie è tipica dell'Asia; ***he has his own ~ way of doing it*** ha un modo tutto suo di farlo *o* ha un modo singolare di farlo.
peculiarity /pɪˌkju:lɪˈærətɪ/ n. **1** *(feature)* peculiarità f., particolarità f. **2** *(strangeness)* stranezza f., bizzarria f.
peculiarly /pɪˈkju:lɪəlɪ/ avv. **1** *(strangely)* stranamente, bizzarramente **2** *(particularly)* particolarmente, specialmente.
pecuniary /pɪˈkju:nɪərɪ, AE -ɪerɪ/ agg. pecuniario.
pedagogic(al) /ˌpedəˈgɒdʒɪk(l)/ agg. pedagogico.
pedagogics /ˌpedəˈgɒdʒɪks/ n. → **pedagogy**.
pedagogue /ˈpedəgɒg/ n. pedagogo m. (-a).
pedagogy /ˈpedəgɒdʒɪ/ n. pedagogia f.
▷ **1.pedal** /ˈpedl/ n. *(all contexts)* pedale m.; ***loud, soft ~*** MUS. pedale del forte, del piano.
▷ **2.pedal** /ˈpedl/ **I** tr. (forma in -ing ecc. **-ll-** BE, **-l-** AE) ***to ~ a bicycle*** pedalare, andare in bicicletta **II** intr. (forma in -ing ecc. **-ll-** BE, **-l-** AE) **1** *(use pedal)* pedalare; ***to ~ hard*** o ***furiously*** pedalare a tutta forza **2** *(cycle)* ***to ~ down, up*** fare una discesa, una salita in bicicletta; ***to ~ through*** passare in bicicletta attraverso; ***to ~ along, towards*** pedalare lungo, verso.
pedal bin /ˈpedlbɪn/ n. BE pattumiera f. a pedale.
pedal boat /ˈpedlbəʊt/ n. pattino m. a pedali, pedalò® m.

pedal car /ˈpedlkɑː(r)/ n. automobilina f. a pedali.
pedal cycle /ˈpedlsaɪkl/ n. bicicletta f.
pedalo /ˈpedələʊ/ n. (pl. **~s, ~es**) BE pedalò® m.
pedal pushers /ˈpedl͵pʊʃəz/ n.pl. ABBIGL. pantaloni m. alla pescatora.
pedal steel guitar /͵pedlstiːlgɪˈtɑː(r)/ n. chitarra f. hawaiana.
pedant /ˈpednt/ n. persona f. pedante.
pedantic /pɪˈdæntɪk/ agg. pedante (**about** in).
pedantically /pɪˈdæntɪklɪ/ avv. pedantemente, in modo pedante.
pedantry /ˈpedntrɪ/ n. pedanteria f.
peddle /ˈpedl/ **I** tr. fare il venditore ambulante di [*wares*]; FIG. diffondere, fare circolare, propagare [*ideas*]; ***to ~ drugs*** spacciare droga **II** intr. fare il venditore ambulante.
peddler /ˈpedlə(r)/ n. **1** ***drug ~*** spacciatore (di droga); ***street ~*** venditore ambulante **2** AE → **pedlar**.
peddling /ˈpedlɪŋ/ agg. *(trifling)* futile, insignificante.
pederast /ˈpedəræst/ n. pederasta m.
pederasty /ˈpedəræstɪ/ n. pederastia f.
1.pedestal /ˈpedɪstl/ n. *(of statue, column, ornament)* piedistallo m., base f.; *(of washbasin)* colonna f. ◆ ***to put sb. on a ~*** mettere qcn. su un piedistallo; ***to knock sb. off their ~*** fare scendere qcn. dal piedistallo.
2.pedestal /ˈpedɪstl/ tr. (forma in -ing ecc. **-ll-, -l-**) mettere su un piedistallo.
pedestal desk /ˈpedɪstl͵desk/ n. = scrittoio sostenuto ai lati da due piani di cassetti.
pedestal table /ˈpedɪstl͵teɪbl/ n. = tavolo a piede centrale.
pedestal washbasin /͵pedɪstlˈwɒʃbeɪsn/ n. lavandino m. a colonna.
▷ **pedestrian** /pɪˈdestrɪən/ **I** n. pedone m.; ***for ~s only*** riservato ai pedoni **II** modif. [*street, area*] pedonale **III** agg. *(humdrum)* pedestre, monotono, banale.
pedestrian crossing /pɪ͵destrɪənˈkrɒsɪŋ, AE -ˈkrɔːsɪŋ/ n. passaggio m., attraversamento m. pedonale.
pedestrianization /pɪ͵destrɪənaɪˈzeɪʃn, AE -nɪˈz-/ n. pedonalizzazione f.
pedestrianize /pɪˈdestrɪənaɪz/ tr. pedonalizzare [*street, town centre*].
pedestrian precinct /pɪ͵destrɪənˈpriːsɪŋkt/ n. BE zona f. pedonale.
pedestrian traffic /pɪ͵destrɪənˈtræfɪk/ n. **U** traffico m. pedonale.
pediatric /͵piːdɪˈætrɪk/ agg. [*ward, department*] pediatrico, di pediatria; [*illness*] infantile; ***~ medicine*** pediatria; ***~ nurse*** puericultrice; ***~ nursing*** puericultura.
pediatrician /͵piːdɪəˈtrɪʃn/ ➧ ***27*** n. pediatra m. e f.
pediatrics /͵piːdɪˈætrɪks/ n. + verbo sing. pediatria f.
pedicab /ˈpedɪkæb/ n. = risciò utilizzato come taxi in alcuni paesi asiatici.
pedicel /ˈpedɪsl/ n. **1** BOT. pedicello m. **2** ZOOL. *(stalk structure)* peduncolo m.
pedicellate /ˈpedɪsəleɪt/ agg. **1** BOT. [*flower*] pedicellato, peduncolato **2** ZOOL. peduncolato.
pedicular /pɪˈdɪkjʊlə(r)/ agg. **1** *(of a louse)* di pidocchio, relativo ai pidocchi **2** *(lousy)* pidocchioso.
pediculosis /pɪ͵dɪkjʊˈləʊsɪs/ ➧ ***11*** n. (pl. **-es**) pediculosi f.
pediculous /pɪˈdɪkjʊləs/ agg. pidocchioso, infestato dai pidocchi.
pedicure /ˈpedɪkjʊə(r)/ n. **1** *(chiropodist)* pedicure m. e f. **2** *(treatment)* ***to have a ~*** farsi fare la pedicure.
pedigree /ˈpedɪgriː/ **I** n. **1** *(ancestry) (of animal)* pedigree m.; *(of person, family) (line)* lignaggio m., ascendenza f.; *(tree, chart)* albero m. genealogico; *(background)* origini f.pl. **2** *(purebred animal)* animale m. di razza; ***my dog is a ~*** il mio cane ha il pedigree **3** FIG. *(of book)* origini f.pl.; *(of sportsman)* formazione f., carriera f.; *(of artist)* retroterra m. **II** modif. [*animal*] di razza, con pedigree; ***~ registration certificate*** certificato genealogico.
pediment /ˈpedɪmənt/ n. ARCH. frontone m.
pedimental /ˈpedɪməntl/ agg. ARCH. **1** *(of a pediment)* di frontone **2** *(shaped like a pediment)* a forma di frontone.
pedimented /ˈpedɪməntɪd/ agg. ARCH. *(having a pediment)* provvisto di frontone.
pedlar /ˈpedlə(r)/ n. venditore m. (-trice) ambulante.
pedogenesis /͵pedəˈdʒenəsɪs/ n. GEOL. pedogenesi f.
pedological /͵pedəˈlɒdʒɪkl/ agg. pedologico.
pedologist /pɪˈdɒlədʒɪst/ ➧ ***27*** n. pedologo m. (-a).
pedology /pɪˈdɒlədʒɪ/ n. *(study of soils)* pedologia f.
pedometer /pɪˈdɒmɪtə(r)/ n. pedometro m., contapassi m.
pedophile /ˈpedəfaɪl/ n. pedofilo m. (-a).
pedophilia /͵pedəˈfɪlɪə/ n. pedofilia f.
peduncle /pɪˈdʌŋkl/ n. BOT. ZOOL. MED. peduncolo m.
peduncular /pɪˈdʌŋkjʊlə(r)/ agg. peduncolare.
pedunculate /pɪˈdʌŋkjʊlɪt/ agg. peduncolato.
1.pee /piː/ n. COLLOQ. pipì f.; ***to have*** o ***do a ~*** fare (la) pipì.
2.pee /piː/ intr. COLLOQ. fare (la) pipì; *(more vulgar)* pisciare.
▷ **1.peek** /piːk/ n. sbirciata f., occhiata f. furtiva; ***to have*** o ***take a ~ at sb., sth.*** dare una sbirciatina a qcn., qcs.
▷ **2.peek** /piːk/ intr. sbirciare, spiare; ***to ~ at sb., sth.*** sbirciare, guardare furtivamente qcn., qcs.; ***she was ~ing out at me from behind the curtains*** mi stava spiando da dietro le tende; ***no ~ing!*** senza spiare! senza sbirciare!
peekaboo /͵piːkəˈbuː/ inter. cucù; ***to play ~*** giocare a fare cucù.
▷ **1.peel** /piːl/ n. buccia f., scorza f., pelle f.; ***potato ~*** buccia di patata.
▷ **2.peel** /piːl/ **I** tr. sbucciare, pelare [*vegetable, fruit*]; sgusciare [*prawn, shrimp*]; scortecciare [*stick*] **II** intr. [*paint*] staccarsi, scrostarsi, sfaldarsi; [*sunburnt person*] spellarsi; [*skin*] esfoliarsi, squamarsi; [*fruit, vegetable*] sbucciarsi.
■ **peel away:** ~ **away** [*paper, plastic*] staccarsi, scollarsi; [*paint*] staccarsi, scrostarsi, sfaldarsi; [*skin*] esfoliarsi, squamarsi; ~ **away [sth.]**, ~ **[sth.] away** staccare, scollare [*layer, paper*]; togliere, staccare [*plastic*].
■ **peel back** → **peel away**.
■ **peel off:** ~ **off 1** *(become removed)* [*label*] staccarsi, scollarsi (**from** da); [*paint*] staccarsi a scaglie, scrostarsi, sfaldarsi; [*paper*] staccarsi, scollarsi **2** COLLOQ. SCHERZ. *(undress)* svestirsi, spogliarsi **3** AER. [*plane*] staccarsi dalla formazione; ~ **off [sth.]**, ~ **[sth.] off** togliersi, sfilarsi [*clothing*]; staccare [*label*]; perdere [*leaves*].
■ **peel out** AE **1** COLLOQ. *(accelerate)* [*car*] sgommare **2** [*bells*] rintoccare.
3.peel /piːl/ n. STOR. = torre fortificata costruita sul confine tra Scozia e Inghilterra.
4.peel /piːl/ n. ANT. *(baker's shovel)* pala f. da fornaio.
1.peeler /ˈpiːlə(r)/ n. **1** GASTR. *(manual)* sbucciatore m.; *(electric)* pelatrice f.; ***potato ~*** pelapatate *o* sbucciapatate **2** AE COLLOQ. *(stripper)* spogliarellista m. e f.
2.peeler /ˈpiːlə(r)/ n. GB ANT. COLLOQ. poliziotto m.
peeling /ˈpiːlɪŋ/ **I** n. *(skin of fruit, vegetable)* buccia f., scorza f., pelle f.; ***potato ~s*** bucce di patata **II** agg. [*walls*] che si scrosta; [*paint*] che si stacca a scaglie, che si scrosta, che si sfalda; [*surface*] che si stacca; [*skin*] che si esfolia, che si squama.
peel-off /ˈpiːlɒf AE -ɔːf / agg. [*label*] staccabile.
1.peen /piːn/ n. *(end of a hammer head)* penna f. (del martello).
2.peen /piːn/ tr. = colpire con la penna del martello.
1.peep /piːp/ n. *(look) (quick)* occhiata f., sbirciata f.; ***to have a ~ at sth.*** dare un'occhiata a qcs.; *(furtively)* dare una sbirciatina a qcs.; ***can I have a ~?*** posso dare un'occhiatina? ◆ ***at the ~ of day*** alle prime luci dell'alba.
2.peep /piːp/ intr. **1** *(look)* dare un'occhiata, una sbirciata (**over** su; **through** da); ***to ~ at sth., sb.*** lanciare uno sguardo a qcs., qcn.; *(furtively)* sbirciare, spiare qcs., qcn.; ***no ~ing!*** senza spiare! senza sbirciare! ***to ~ round the door*** fare capolino da dietro la porta **2** LETT. ***daylight was ~ing through the curtains*** la luce del giorno filtrava attraverso le tende.
■ **peep out** [*person, animal*] apparire, venire fuori; [*gun, hanky*] spuntare, sporgere; ***she ~ed out from behind the curtains*** spiava da dietro le tende; ***the sun ~ed out from behind the clouds*** il sole faceva capolino da dietro le nuvole; ***to ~ out of*** [*gun, hanky, pencil*] spuntare da, venire fuori da [*bag, pocket*].
3.peep /piːp/ n. *(noise) (of chick)* pigolio m.; *(of mouse)* squittio m.; *(of car horn)* colpo m. di clacson; ***there wasn't a ~ out of him*** non l'abbiamo sentito fiatare; ***one more ~ out of you and...*** prova a dire un'altra parola e...
4.peep /piːp/ intr. *(make noise)* [*chick*] pigolare; [*mouse*] squittire; [*car horn*] suonare.
peeper /ˈpiːpə(r)/ n. COLLOQ. **1** *(eye)* occhio m. **2** *(voyeur)* guardone m. (-a) **3** *(detective)* investigatore m. (-trice) privato (-a).
peephole /ˈpiːphəʊl/ n. *(in door)* spioncino m.
Peeping Tom /͵piːpɪŋˈtɒm/ n. COLLOQ. guardone m., voyeur m.
peepshow /ˈpiːpʃəʊ/ n. *(erotic performance)* peepshow m.
peep-sight /ˈpiːpsaɪt/ n. MIL. mirino m.
peeptoe sandals /ˈpiːptəʊ͵sændlz/ n.pl. = sandali aperti in punta.
peep-toe shoe /ˈpiːptəʊ͵ʃuː/ n. = scarpa aperta in punta.
1.peer /pɪə(r)/ n. **1** *(equal) (in status)* pari m. e f.; *(in profession)* collega m. e f. **2** *(contemporary) (adult)* contemporaneo m. (-a), coetaneo m. (-a); *(child)* coetaneo m. (-a); ***to be tried by one's ~s*** essere giudicato dai propri pari **3** GB POL. (anche **~ of the realm**) pari m. **4** *(person of equal merit)* pari m. e f.; ***to be without ~*** o ***to***

have no ~ as a surgeon non avere *o* non trovare pari come chirurgo.

> **Peer** Nel Regno Unito ci sono due classi di pari: *hereditary peers*, il cui titolo nobiliare è ereditario, e *life peers*, il cui titolo viene conferito loro nel corso della vita e non può essere trasmesso. In passato entrambe le classi avevano diritto di far parte della Camera dei Lord, ma una riforma del 1999 ha limitato il numero dei seggi ereditari a 75. Si è anche proposto che un certo numero di *lords* vengano eletti direttamente dai cittadini (v. ***House of Lords***).

2.peer /pɪə(r)/ intr. ***to ~ at*** guardare attentamente, scrutare; ***to ~ shortsightedly, anxiously at sth.*** osservare qcs. con sguardo miope, guardare ansiosamente qcs.; ***to ~ through, over*** sbirciare *o* fare capolino da, da sopra; ***to ~ into the mist*** scrutare nella foschia.

peerage /ˈpɪərɪdʒ/ n. **1** GB POL. *(aristocracy)* nobiltà f., aristocrazia f. **2** GB POL. *(title)* paria f., titolo m. di pari; ***to raise sb. to the ~*** conferire a qcn. il titolo di pari; ***to be given a ~*** ricevere il titolo di pari *o* essere nominato pari **3** *(book)* almanacco m. nobiliare.

peeress /ˈpɪəres/ n. GB POL. **1** *(wife of a peer)* moglie f. di un pari; *(widow of a peer)* vedova f. di un pari **2** *(woman having the rank of peer)* = donna alla quale è stato conferito il titolo di pari.

peer group /ˈpɪəgruːp/ n. **1** *(of same status)* pari m.pl. **2** SOCIOL. *(contemporary) (adults)* gruppo m. di coetanei; *(children)* gruppo m. di coetanei, gruppo m. dei pari.

peer group pressure /ˌpɪəgruːpˈpreʃə(r)/ n. = pressione esercitata dal gruppo dei pari, dai coetanei.

peerless /ˈpɪəlɪs/ agg. senza pari, impareggiabile, incomparabile.

peerlessly /ˈpɪəlɪslɪ/ avv. impareggiabilmente, incomparabilmente.

peer review /ˈpɪərɪˌvjuː/ n. = valutazione di un lavoro scientifico, accademico o professionale da parte di addetti ai lavori.

1.peeve /piːv/ n. COLLOQ. seccatura f., scocciatura f.; ***to be in a ~*** essere scocciato.

2.peeve /piːv/ tr. COLLOQ. seccare, scocciare; ***it ~s me that*** mi scoccia che.

peeved /piːvd/ **I** p.pass. → **2.peeve II** agg. COLLOQ. [*person, expression*] seccato, scocciato.

peevish /ˈpiːvɪʃ/ agg. irritabile, irascibile, stizzoso.

peevishly /ˈpiːvɪʃlɪ/ agg. in modo irritabile, stizzosamente.

peevishness /ˈpiːvɪʃnɪs/ n. irritabilità f., irascibilità f.

peewee /ˈpiːwiː/ **I** n. AE *(child)* piccino m. (-a); *(animal)* animaletto m., bestiolina f. **II** agg. AE piccino, minuscolo.

peewit /ˈpiːwɪt/ n. pavoncella f.

▷ **1.peg** /peg/ n. **1** *(to hang garment)* attaccapanni m., gancio m. **2** BE (anche **clothes ~**) molletta f., pinzetta f. da bucato **3** *(to mark place in ground, game)* piolo m., paletto m.; *(for surveying)* picchetto m. **4** *(in carpentry)* cavicchio m., piolo m. **5** *(for tuning)* bischero m. **6** ECON. indice m. **7** *(barrel stop)* zipolo m. **8** *(piton)* chiodo m. da roccia **9** BE *(small drink)* goccio m. ◆ ***to be a square ~ (in a round hole)*** essere un pesce fuor d'acqua; ***to be taken*** o ***brought down a ~ (or two)*** COLLOQ. essere ridimensionato; ***to take*** o ***bring sb. down a ~ (or two)*** COLLOQ. fare abbassare la cresta a qcn.; ***to use sth. as a ~ (to hang a discussion, a theory on)*** usare qcs. come un pretesto, appiglio (per introdurre un discorso, per esporre una teoria).

▷ **2.peg** /peg/ tr. (forma in -ing ecc. **-gg-**) **1** ***to ~*** [***sth.***] ***on*** o ***onto a line*** stendere, appendere [qcs.] (al filo) [*washing*]; ***to ~ sth. down*** o ***in place*** fissare, puntare [*fabric*]; fissare con dei picchetti, piantare [*tent*] **2** incavigliare [*wood*] (**to** a; **together** insieme) **3** ECON. sostenere, stabilizzare [*price, currency, rate*] (**to** a); ***to ~ sth. at 10%, at present levels*** fissare qcs. al 10%, ai valori attuali; ***to ~ sth. for 12 months*** congelare qcs. per 12 mesi **4** AE *(characterize)* classificare, catalogare [*person*] (**as** come).

▪ **peg away** COLLOQ. darci dentro (**at** con).

▪ **peg out:** ***~ out*** COLLOQ. *(die)* morire, crepare; *(collapse)* crollare; ***~ out [sth.], ~ [sth.] out*** **1** BE *(hang out)* stendere, appendere [*washing*] **2** *(stake out)* picchettare [*land*] **3** *(spread out)* stendere, puntare (con spilli) [*hide*].

Peg /peg/ n.pr. diminutivo di **Margaret**.

Pegasus /ˈpegəsəs/ n.pr. MITOL. Pegaso.

pegboard /ˈpegbɔːd/ n. GIOC. = tavoletta perforata utilizzata come segnapunti.

peg doll(y) /ˈpegdɒl(ɪ), -dɔːl(ɪ)/ n. BE = bambola costruita con delle mollette.

pegged /pegd/ **I** p.pass. → **2.peg II** agg. [*price, rate, tax*] sostenuto, stabilizzato.

pegging /ˈpegɪŋ/ n. ECON. *(of price, currency, rate)* sostegno m., stabilizzazione f.

Peggy /ˈpegɪ/ n.pr. diminutivo di **Margaret**.

peg leg /ˈpegleg/ n. gamba f. di legno.

Peg Leg Pete /ˌpeglegˈpiːt/ n.pr. (Pietro) Gambadilegno.

pegmatite /ˈpegmətaɪt/ n. pegmatite f.

peg(-top) pants /ˈpeg(tɒp)ˌpænts/ AE, **peg(-top) trousers** /ˈpeg(tɒp)ˌtraʊzəz/ BE n.pl. = pantaloni larghi sui fianchi e stretti alle caviglie.

pejoration /ˌpɪdʒəˈreɪʃn/ n. peggioramento m.

pejorative /pɪˈdʒɒrətɪv, AE -ˈdʒɔːr-/ agg. peggiorativo.

peke /piːk/ n. COLLOQ. *(dog)* pechinese m.

Pekinese /ˌpiːkɪˈniːz/ ♦ ***14*** **I** agg. pechinese **II** n. (pl. ~, **~s**) **1** *(person)* pechinese m. e f. **2** LING. pechinese m. **3** *(dog)* pechinese m.

Peking /ˌpiːˈkɪŋ/ ♦ ***34*** n.pr. Pechino f.

Peking duck /ˌpiːkɪŋˈdʌk/ n. = piatto a base di pezzetti di anatra arrostita serviti con verdure e salse.

Pekingese → **Pekinese**.

pekoe /ˈpiːkəʊ/ n. = pregiato tè nero.

pelage /ˈpelɪdʒ/ n. *(coat) (of a mammal)* pelame m., mantello m.

Pelagian /pəˈleɪdʒɪən/ **I** agg. pelagiano **II** n. pelagiano m.

Pelagianism /pəˈleɪdʒɪənɪzəm/ n. pelagianismo m.

pelagic /pəˈlædʒɪk/ agg. pelagico, oceanico.

pelargonium /ˌpeləˈgəʊnɪəm/ n. pelargonio m.

Pelasgian /peˈlæzgɪən/ **I** n. ***the ~s*** i Pelasgi **II** agg. pelasgico.

Pelasgic /peˈlæzgɪk/ agg. pelasgico.

pelerine /ˈpeləriːn/ n. pellegrina f., mantellina f.

pelf /pelf/ n. SPREG. soldi m.pl.

pelican /ˈpelɪkən/ n. pellicano m.

pelican crossing /ˌpelɪkənˈkrɒsɪŋ, AE -ˈkrɔːsɪŋ/ n. BE = attraversamento pedonale regolato da un semaforo azionato dai pedoni.

pelisse /peˈliːs/ n. STOR. **1** *(fur-trimmed cloak)* = mantello guarnito di pelliccia **2** *(woman's cloak)* = ampio mantello da donna.

pellagra /pɪˈlægrə, -ˈleɪg-/ ♦ ***11*** n. pellagra f.

pellagrous /pɪˈlægrəs, -ˈleɪg-/ agg. pellagroso, relativo alla pellagra.

▷ **1.pellet** /ˈpelɪt/ n. **1** *(of paper, wax, mud)* pallina f., pallottolina f. **2** *(of shot)* pallottola f. **3** ZOOL. = massa di ossa, piume, pelo rigurgitata dai rapaci **4** FARM. pastiglia f., pillola f. **5** CHIM. perla f. **6** AGR. pellet m.

2.pellet /ˈpelɪt/ tr. **1** *(hit with pellets)* colpire con palline di carta **2** *(make into pellets)* appallottolare.

pelletization /ˌpelɪtaɪˈzeɪʃn, AE -tɪˈz-/ n. pellettizzazione f.

pelletize /ˈpelətaɪz/ tr. pellettizzare.

pellicle /ˈpelɪkl/ n. pellicola f., membrana f.

pellicular /pəˈlɪkjʊlə(r)/ agg. pellicolare.

pell-mell /ˌpelˈmel/ avv. alla rinfusa, confusamente.

pellucid /peˈluːsɪd/ agg. pellucido.

pellucidity /ˌpeluːˈsɪdɪtɪ/ n. pellucidità f.

pelmet /ˈpelmɪt/ n. *(border of fabric)* mantovana f.

Peloponnese /ˈpeləpəniːs/ ♦ ***24*** n.pr. Peloponneso m.

Peloponnesian /ˌpeləpəˈniːʃn/ agg. del Peloponneso; ***the ~ war*** la guerra del Peloponneso.

pelota /pəˈləʊtə/ ♦ ***10*** n. pelota f.

1.pelt /pelt/: **at full pelt** a tutta velocità, a rotta di collo.

2.pelt /pelt/ **I** tr. colpire ripetutamente, bersagliare; ***to ~ sb. with sth.*** colpire qcn. con una raffica di [*stones*] **II** intr. **1** *(fall)* (anche **~ down**) [*rain*] picchiare, scrosciare; ***it's ~ing with rain*** piove a dirotto *o* a catinelle; ***the ~ing rain*** la pioggia battente **2** COLLOQ. *(run)* [*person*] correre a gambe levate, correre a rotta di collo; ***to ~ down, across the road*** precipitarsi in strada, dall'altra parte della strada.

3.pelt /pelt/ n. *(fur)* pelliccia f.; *(hide)* pelle f.

pelta /ˈpeltə/ n. (pl. **-ae**) pelta f.

peltast /ˈpeltæst/ n. STOR. peltasta m.

peltate /ˈpelteɪt/ agg. BOT. [*leaf*] peltato.

pelves /ˈpelviːz/ → **pelvis**.

pelvic /ˈpelvɪk/ agg. pelvico; ***~ floor*** pavimento pelvico; ***~ girdle*** cinto pelvico.

pelvic inflammatory disease /ˌpelvɪkɪŋˈflæmətrɪdɪˌziːz, AE -ɪŋˈflæmətɔːrɪ-/ ♦ ***11*** n. processo m. flogistico pelvico.

pelvis /ˈpelvɪs/ ♦ ***2*** n. (pl. **-es, ~es**) pelvi f., bacino m.; ***upper, lower ~*** grande, piccola pelvi.

pemmican /ˈpemɪkən/ n. pemmican m.

▷ **1.pen** /pen/ n. *(for writing)* penna f.; ***to put*** o ***run one's ~ through sth.*** depennare qcs.; ***to put ~ to paper*** *(write)* mettersi a scrivere, prendere la penna in mano; *(give signature)* firmare, mettere la firma; ***to live by one's ~*** guadagnarsi da vivere facendo lo scrittore.

2.pen /pen/ tr. (forma in -ing ecc. **-nn-**) *(write)* scrivere [*letter, article*].

3.pen /pen/ n. *(enclosure) (for animals)* recinto m., chiuso m.; *(for child)* box m.

4.pen /pen/ tr. (forma in -ing ecc. **-nn-**) (anche ~ **in**) chiudere in un recinto [*sheep, pigs*].

5.pen /pen/ n. ZOOL. femmina f. del cigno.

6.pen /pen/ n. AE COLLOQ. (accorc. penitentiary) prigione f., gabbia f.

penal /ˈpiːnl/ n. [*reform, law, code, system, colony*] penale; [*institution*] di pena; ~ ***servitude*** STOR. lavori forzati.

penalization /ˌpiːnəlaɪˈzeɪʃn, AE -lɪˈz-/ n. *(all contexts)* penalizzazione f.

penalize /ˈpiːnəlaɪz/ tr. **1** sanzionare, punire (**for** per); ***to ~ sb. for doing*** punire qcn. per aver fatto **2** SPORT penalizzare **3** FIG. penalizzare, danneggiare.

penally /ˈpiːnlɪ/ avv. penalmente.

penalty /ˈpenltɪ/ n. **1** *(punishment)* pena f. (anche DIR.), punizione f.; *(fine)* ammenda f., multa f.; ***on*** o ***under ~ of*** sotto pena di; ***the ~ for this offence is...*** la pena inflitta per questo reato è... **2** soprattassa f. **3** FIG. *(unpleasant result)* fio m., scotto m. (**for** di); ***to pay the ~ for sth.*** pagare lo scotto di qcs. **4** SPORT *(in soccer)* penalty m., rigore m.; *(in rugby)* penalty m., punizione f.; ***to score (from) a ~*** *(in soccer)* segnare su rigore; ***to take a ~*** calciare un penalty, tirare un rigore **5** GIOC. penalizzazione f.; penalità f.; ***a ten-point ~ for a wrong answer*** una penalizzazione di dieci punti per una risposta errata.

penalty area /ˈpenltɪˌeərɪə/ n. SPORT area f. di rigore.

penalty box /ˈpenltɪˌbɒks/ n. *(in soccer)* area f. di rigore; *(in ice hockey)* = panchina per i giocatori temporaneamente sospesi.

penalty clause /ˈpenltɪˌklɔːz/ n. COMM. DIR. clausola f. penale.

penalty goal /ˈpenltɪˌgəʊl/ n. SPORT *(in rugby)* trasformato m., meta f. su calcio piazzato.

penalty kick /ˈpenltɪˌkɪk/ n. SPORT *(in rugby)* calcio m. piazzato; *(in soccer)* calcio m. di rigore.

penalty miss /ˈpenltɪˌmɪs/ n. SPORT *(in soccer)* rigore m. fallito, sbagliato.

penalty shoot-out /ˌpenltɪˈʃuːtaʊt/ n. *(at the end of a game)* calci m.pl. di rigore.

penalty spot /ˈpenltɪˌspɒt/ n. SPORT *(in soccer)* dischetto m. del rigore.

penance /ˈpenəns/ n. penitenza f. (anche RELIG.); ***to do ~ (for one's sins)*** RELIG. fare penitenza (per i propri peccati).

pen-and-ink drawing /ˌpenəndɪŋkˈdrɔːɪŋ/ n. disegno m. a china.

Penates /pɪˈnɑːtiːz, -ˈneɪt-/ n.pl. penati m.

pence /pens/ n.pl. BE → **penny**.

penchant /ˈpɑːnʃɑːn, AE ˈpentʃənt/ n. inclinazione f., propensione f. (**for** per); ***to have a ~ for doing*** avere propensione a fare.

▷ **1.pencil** /ˈpensl/ n. matita f.; ***in ~*** a matita; ~ ***drawing*** disegno a matita; ***a ~ of light*** FIG. un filo *o* uno spiraglio di luce.

2.pencil /ˈpensl/ tr. (forma in -ing ecc. **-ll-** BE, **-l-** AE) scrivere a matita [*note*].

■ **pencil in:** ~ **[sth.] in**, ~ **in [sth.]** aggiungere a matita [*word, hyphen*]; FIG. fissare provvisoriamente [*appointment, date*]; ***let's ~ in the second of May*** diciamo indicativamente il 2 di maggio.

pencil box /ˈpenslˌbɒks/ n. portamatite m., portapenne m., astuccio m.

pencil case /ˈpenslˌkeɪs/ n. → **pencil box**.

pencilled /ˈpensld/ **I** p.pass. → **2.pencil II** agg. disegnato a matita.

pencil pusher /ˈpenslˌpʊʃə(r)/ n. AE COLLOQ. SPREG. impiegatuccio m. (-a), scribacchino m. (-a).

pencil sharpener /ˈpenslˌʃɑːpənə(r)/ n. temperamatite m.

pencil skirt /ˈpenslskɜːt/ n. ABBIGL. tubino m.

pendant /ˈpendənt/ n. **1** *(necklace)* collana f. con pendente **2** *(bauble) (on earring, chandelier)* goccia f.; *(on necklace, bracelet)* pendente m., ciondolo m. **3** *(ceiling light)* lampadario m.

pendency /ˈpendənsɪ/ n. *(the condition of being pending)* = (l')essere sospeso, indeciso.

pendent /ˈpendənt/ agg. **1** *(hanging)* pendente, sospeso **2** DIR. [*lawsuit*] pendente, non giudicato **3** *(overhanging)* sporgente, sovrastante **3** *(undecided)* sospeso, indeciso.

pendentive /penˈdentɪv/ n. ARCH. pennacchio m.

▷ **pending** /ˈpendɪŋ/ **I** agg. **1** *(not yet concluded)* [*deal, matter*] in sospeso; DIR. [*claim, case, charge*] pendente, in essere; ***patent ~*** brevetto in corso di registrazione **2** *(imminent)* [*election, event, result*] imminente, incombente **II** prep. in attesa di, fino a; ~ ***trial, a decision*** in attesa del processo, di una decisione.

pending tray /ˈpendɪŋˌtreɪ/ n. = negli uffici, raccoglitore in cui vengono inseriti documenti relativi a questioni rimaste in sospeso.

pendragon /penˈdrægən/ n. STOR. = capo supremo fra i britanni e gli antichi gallesi.

pendular /ˈpendjʊlə(r)/ agg. [*vibration*] pendolare.

pendulate /ˈpendjʊleɪt/ intr. pendolare, oscillare.

penduline /ˈpendjʊlaɪn/ **I** agg. [*bird's nest*] sospeso; [*bird*] che costruisce un nido sospeso **II** n. ZOOL. pendolino m.

pendulous /ˈpendjʊləs, AE -dʒʊləs/ agg. [*breasts, stomach*] cascante, cadente, flaccido; [*lips, ears*] pendente, penzolante.

pendulum /ˈpendjʊləm, AE -dʒʊləm/ n. **1** *(in clock)* bilanciere m., pendolo m. **2** FIG. oscillazione f.; ***the swings of the ~*** le oscillazioni del pendolo **3** FIS. pendolo m. **4** *(in climbing)* pendolo m.

Penelope /pɪˈneləpɪ/ n.pr. Penelope.

peneplain /ˈpiːnɪpleɪn/ n. penepiano m.

penes /ˈpiːniːz/ → **penis**.

penetrability /ˌpenɪtrəˈbɪlətɪ/ n. penetrabilità f.

penetrable /ˈpenɪtrəbl/ agg. penetrabile.

penetralia /ˌpenɪˈtreɪljə/ n.pl. *(innermost parts)* penetrali m. (anche FIG.).

▷ **penetrate** /ˈpenɪtreɪt/ **I** tr. **1** *(enter into or through)* penetrare in, perforare, trapassare [*protective layer, skin, surface*]; entrare in, introdursi in, invadere [*territory*]; squarciare [*cloud, darkness*]; riuscire a vedere attraverso [*fog*]; squarciare, rompere [*silence*]; penetrare in, perforare [*defences*]; penetrare in, attraversare [*wall*]; *(sexually)* penetrare [*woman*] **2** FIG. *(permeate)* permeare, pervadere, compenetrare [*consciousness, mind, soul, ideas*]; invadere, diffondersi su [*market*]; [*spy*] infiltrarsi in, introdursi in [*organization*] **3** *(understand)* scoprire [*disguise*]; penetrare in [*mystery*] **II** intr. **1** *(enter)* ***to ~ into a place, city*** entrare in un luogo, in una città; ***to ~ as far as a place*** spingersi fino a un luogo, addentrarsi *o* inoltrarsi in un luogo **2** *(be perceived)* [*sound*] arrivare (**to** a); [*understanding*] essere percepito, compreso (**to** da); ***nothing I say seems to ~*** sembra che nulla di quello che dico venga compreso.

penetrating /ˈpenɪtreɪtɪŋ/ agg. **1** *(invasive)* [*eyes, gaze*] acuto, penetrante; [*cold, wind*] penetrante, pungente; [*rain*] penetrante; [*sound, voice*] acuto, penetrante **2** *(perceptive)* [*analysis, criticism, comment, question*] penetrante, acuto, profondo.

penetratingly /ˈpenɪtreɪtɪŋlɪ/ avv. **1** *(loudly)* [*speak, shout*] con una voce molto acuta **2** *(perceptively)* [*comment, analyse*] in modo acuto, penetrante.

▷ **penetration** /ˌpenɪˈtreɪʃn/ n. **1** *(entering)* penetrazione f. (**into** in); *(by spies)* infiltrazione f.; *(sexual)* penetrazione f. **2** MIL. *(ability to penetrate) (of bullets, shells)* forza f. penetrativa **3** *(insight)* penetrazione f., acume m., perspicacia f.

penetrative /ˈpenɪtrətɪv, AE -treɪtɪv/ agg. [*power*] penetrante, penetrativo; ~ ***sex*** rapporti sessuali completi.

pen friend /ˈpenˌfrend/ n. amico m. (-a) di penna, corrispondente m. e f.

penguin /ˈpeŋgwɪn/ n. pinguino m.

pen holder /ˈpenˌhəʊldə(r)/ n. asticciola f., cannello m., portapenne m.

penicillia /ˌpenɪˈsɪlɪə/ → **penicillium.**

penicillin /ˌpenɪˈsɪlɪn/ n. penicillina f.

penicillium /ˌpenɪˈsɪlɪəm/ n. (pl. **-ia**) penicillio m.

▷ **peninsula** /pəˈnɪnsjʊlə, AE -nsələ/ n. penisola f.

peninsular /pɪˈnɪnsjʊlə(r), AE -nsələr/ agg. peninsulare; ***the Peninsular War*** = guerra combattuta nella penisola iberica tra il 1808 e il 1814.

▷ **penis** /ˈpiːnɪs/ n. (pl. **~es, -es**) pene m.

penis envy /ˈpiːnɪsˌenvɪ/ n. PSIC. invidia f. del pene.

penises /ˈpiːnɪsɪz/ → **penis.**

penitence /ˈpenɪtəns/ n. pentimento m., penitenza f. (anche RELIG.); ***to show ~*** mostrare pentimento.

penitent /ˈpenɪtənt/ **I** agg. penitente (anche RELIG.) **II** n. penitente m. e f. (anche RELIG.).

penitential /ˌpenɪˈtenʃl/ agg. penitenziale; ***the ~ psalms*** i Salmi penitenziali.

penitentiary /ˌpenɪˈtenʃərɪ/ n. **1** AE *(prison)* penitenziario m., carcere m.; ***federal, state ~*** penitenziario federale, di stato **2** RELIG. *(cleric)* penitenziere m.; *(tribunal)* penitenzieria f.

penitently /ˈpenɪtəntlɪ/ avv. [*look*] con aria pentita; [*speak*] contritamente.

penknife /ˈpennaɪf/ n. (pl. **-knives**) temperino m., coltellino m.

penman /ˈpenmən/ n. (pl. **-men**) **1** calligrafo m. **2** *(writer)* scrittore m., autore m. **3** *(scribe)* copista m., scrivano m.

penmanship /ˈpenmənʃɪp/ n. calligrafia f.

penmen /'penmen/ → **penman.**

pen name /'pen,neɪm/ n. pseudonimo m., nom de plume m.

pennant /'penənt/ n. **1** *(flag) (on boat)* fiamma f.; *(in competition)* gagliardetto m.; *(in procession)* stendardo m., insegna f.; *(on car)* bandierina f. **2** AE SPORT gagliardetto m., stendardo m.; *~ holder* o *winner* vincitore del campionato.

pennate /'penɪt/ agg. **1** *(having feathers)* pennato, pennuto **2** → **pinnate.**

pen-nib /'pennɪb/ n. pennino m.

penniless /'penɪlɪs/ agg. spiantato, squattrinato; *to be left ~* rimanere senza un soldo, al verde.

Pennine /'penaɪn/ n.pr. *the ~s* i monti Pennini; *the ~ chain* la catena dei Pennini.

Pennine Alps /,penaɪn'ælps/ n.pr.pl. Alpi f. Pennine.

pennon /'penən/ n. *(of knight)* insegna f., vessillo m.; MAR. fiamma f.

Pennsylvania /,pensɪl'veɪnɪə/ ♦ *24* n.pr. Pennsylvania f.

Pennsylvanian /,pensɪl'veɪnɪən/ **I** agg. della Pennsylvania **II** n. nativo m. (-a), abitante m. e f. della Pennsylvania.

▷ **penny** /'penɪ/ ♦ *7* n. **1** (pl. **pennies**) *(small amount of money)* soldo m., centesimo m.; *it won't cost you a ~!* non ti costerà niente! *not a ~ more!* non un soldo di più! *when he died she didn't get a ~* quando è morto lei non ha ricevuto niente; *not to have a ~ to one's name* o *two pennies to rub together* essere al verde *o* non avere un soldo **2** BE (pl. **pence, pennies**) *(unit of currency)* penny m.; *fifty pence* o *p* cinquanta penny; *a five pence* o *five p piece* una moneta da cinque penny; *a 25 pence* o *25p stamp* un francobollo da 25 penny **3** AE (pl. **pennies**) centesimo m., cent m. ◆ *a ~ for your thoughts* o *for them* COLLOQ. a che cosa stai pensando? *a ~ saved is a ~ gained* o *earned* un soldo risparmiato è un soldo guadagnato; *a pretty ~* COLLOQ. una bella sommetta; *in for a ~ in for a pound* quando si è in ballo si deve ballare, abbiamo fatto trenta facciamo trentuno; *take care of the pennies and the pounds will take care of themselves* PROV. il risparmio comincia dal centesimo; *the ~ dropped* COLLOQ. finalmente ci sei arrivato; *they are two* o *ten a ~* te li tirano dietro, ce ne sono a dozzine *o* a bizzeffe; *to be ~ wise pound foolish* = essere oculato nelle piccole spese ma non in quelle grandi; *to earn* o *turn an honest ~* guadagnarsi onestamente da vivere; *to spend a ~* BE COLLOQ. EUFEM. andare al gabinetto *o* fare un po' d'acqua; *to turn up like a bad ~* saltar fuori di continuo, essere come il prezzemolo. ⚠ Although the plural form of *penny* is *pence* for a specific sum of money (*10 pence, 24 pence*) and *pennies* for the coins as objects (*a bag of pennies*), in Italian the invariable loanword *penny* is used: *10 penny, 24 penny, una borsa di penny*. Alternatively, the equivalent *centesimo* (plural form *centesimi*) may be used.

penny-a-liner /,penɪə'laɪnə(r)/ n. giornalista m. e f. da strapazzo, imbrattacarte m. e f.

Penny Black /,penɪ'blæk/ n. = primo francobollo adesivo apparso in Gran Bretagna nel 1840.

penny dreadful /,penɪ'dredfl/ n. ANT. COLLOQ. romanzetto m. di scarso valore, libro m. da quattro soldi.

penny-farthing /,penɪ'fɑ:ðɪŋ/ n. biciclo m.

penny-pincher /'penɪpɪntʃə(r)/ n. tirchio m. (-a), avaro m. (-a), spilorcio m. (-a).

penny-pinching /'penɪpɪntʃɪŋ/ **I** n. tirchieria f., avarizia f., spilorceria f. **II** agg. tirchio, avaro, spilorcio.

pennyroyal /,penɪ'rɔɪəl/ n. puleggio m.

pennyweight /'penɪweɪt/ n. METROL. pennyweight m.

penny whistle /,penɪ'wɪsl, AE -'hwɪsl/ n. piffero m., flautino m.

pennywort /'penɪwɜ:t/ n. BOT. ombelico m. di Venere.

pennyworth /'penɪwɜ:θ/ n. *a ~ of sweets* un penny di caramelle.

penologist /pi:'nɒlədʒɪst/ ♦ *27* n. penalista m. e f., criminologo m. (-a).

penology /pi:'nɒlədʒɪ/ n. diritto m. penale, criminologia f.

pen pal /'penpæl/ n. COLLOQ. amico m. (-a) di penna, corrispondente m. e f.

pen pusher /'pen,pʊʃə(r)/ n. COLLOQ. SPREG. impiegatuccio m. (-a), scribacchino m. (-a).

pen pushing /'pen,pʊʃɪŋ/ n. COLLOQ. SPREG. lavoro m. da impiegatuccio.

pensile /'pensaɪl/ agg. **1** *(suspended)* pensile, sospeso **2** *(pendu-line)* [*bird*] che costruisce un nido sospeso.

▶ **1.pension** /'penʃn/ n. **1** *(from state)* pensione f.; *to be* o *live on a ~* essere pensionato; *old-age ~* pensione di vecchiaia **2** *(from employer)* pensione f.; *company ~* programma pensionistico aziendale **3** *(in recognition of talent, services)* sussidio m., assegno m. **4** *(boarding house)* pensione f.

2.pension /'penʃn/ tr. pensionare, assegnare una pensione.

■ **pension off:** *~ [sb.] off, ~ off [sb.]* pensionare, mandare in pensione.

pensionable /'penʃənəbl/ agg. [*post, service*] che dà diritto alla pensione; [*employee*] che ha diritto alla pensione, pensionabile; *to be of ~ age* avere l'età pensionabile.

pensionary /'penʃənərɪ/ **I** agg. **1** *(of a pension)* pensionistico, di pensione **2** *(receiving a pension)* pensionato **3** *(mercenary)* mercenario **II** n. **1** *(pensioner)* pensionato m. (-a) **2** *(hireling)* mercenario m. (-a).

pension book /'penʃnbʊk/ n. libretto m. della pensione.

pensioner /'penʃənə(r)/ n. pensionato m. (-a).

pension fund /'penʃnfʌnd/ n. fondo m. pensione.

pension plan /'penʃn,plæn/ n. piano m. di pensionamento.

pension rights /'penʃn,raɪts/ n.pl. diritto m.sing. alla pensione.

pension scheme /'penʃn,ski:m/ n. → **pension plan.**

pensive /'pensɪv/ agg. pensoso, pensieroso.

pensively /'pensɪvlɪ/ avv. pensosamente, pensierosamente.

pensiveness /'pensɪvnɪs/ n. pensosità f.

penstock /'penstɒk/ n. **1** *(sluice gate)* chiusa f., cateratta f. **2** *(channel)* canale m., condotta f.

pent /pent/ agg. LETT. rinchiuso, confinato.

pentachord /'pentəkɔ:d/ n. pentacordo m.

pentacle /'pentəkl/ n. pentacolo m.

pentad /'pentæd/ n. **1** *(the number five)* cinque m. **2** *(group of five)* gruppo m., serie f. di cinque, pentade f. RAR. **3** *(period of five years)* lustro m., quinquennio m.

pentadactyl /,pentə'dæktɪl/ agg. pentadattilo.

pentagon /'pentəgən, AE -gɒn/ **I** n. **1** MAT. pentagono m. **2 Pentagon** US POL. *the ~* il Pentagono **II Pentagon** modif. [*statement, official*] del Pentagono.

> **Pentagon** Vasto edificio a pianta pentagonale, situato ad Arlington in Virginia, nei pressi di Washington, in cui ha sede il Dipartimento della Difesa degli Stati Uniti. Estensivamente il termine è usato dai media per indicare lo stato maggiore delle forze armate americane.

pentagonal /pen'tægənl/ agg. pentagonale.

pentagram /'pentəgræm/ n. FILOS. pentagramma m.

pentahedron /,pentə'hi:drən, -'hedrən, AE -drɒn/ n. (pl. **~s, -a**) pentaedro m.

pentameter /pen'tæmɪtə(r)/ n. pentametro m.

pentane /'penteɪn/ n. pentano m.

Pentateuch /'pentətju:k/ n.pr. Pentateuco m.

pentathlete /pen'tæθli:t/ n. pentat(h)leta m. e f.

pentathlon /pen'tæθlən, -lɒn/ n. pentathlon m.; *modern ~* pentathlon moderno.

pentatonic /,pentə'tɒnɪk/ agg. pentatonico.

pentavalent /,pentə'veɪlənt/ agg. pentavalente.

Pentecost /'pentɪkɒst, AE -kɔ:st/ n. Pentecoste f.

Pentecostal /,pentɪ'kɒstl, AE -'kɔ:stl/ agg. pentecostale.

Pentecostalism /,pentɪ'kɒstəlɪzəm, AE -'kɔ:st-/ n. pentecostalismo m.

Pentecostalist /,pentɪ'kɒstəlɪst, AE -'kɔ:st-/ **I** agg. pentecostale **II** n. pentecostale m. e f.

penthouse /'penthaʊs/ **I** n. **1** *(flat)* attico m. **2** *(roof)* tettoia f. a uno spiovente **II** modif. [*accommodation, suite*] al piano attico; [*roof*] spiovente.

pentode /'pentəʊd/ n. pentodo m.

pentosan /'pentəsæn/ n. pentosano m.

pentose /'pentəʊs/ n. pentosio m., pentoso m.

pentothal® /'pentəθæl/ n. pentotal® m., pentothal® m.

pent-up /,pent'ʌp/ agg. [*energy, frustration*] soffocato, frenato; [*emotion, feelings*] represso.

penultimate /pen'ʌltɪmət/ **I** n. LING. penultima sillaba f. **II** agg. penultimo.

penumbra /pɪ'nʌmbrə/ n. (pl. **~s, -ae**) ASTR. LETT. penombra f.

penumbral /pɪ'nʌmbrəl/ agg. in penombra.

penurious /pɪ'njʊərɪəs, AE -'nʊr-/ agg. FORM. **1** *(poor)* [*family*] indigente, misero; [*existence*] miserabile, miserevole, gramo; [*soil*] sterile, avaro **2** *(mean)* avaro, gretto.

penuriously /pɪ'njʊərɪəslɪ, AE -'nʊr-/ avv. FORM. **1** *(poorly)* miseramente, miserevolmente **2** *(meanly)* avaramente, grettamente.

penuriousness /pɪ'njʊərɪəsnɪs, AE -'nʊr-/ n. FORM. **1** *(poverty)* penuria f., indigenza f., miseria f. **2** *(meanness)* avarizia f., grettezza f.

penury /'penjʊrɪ/ n. penuria f., indigenza f., miseria f.
pen-wiper /'penwaɪpə(r)/ n. nettapenne m.
peon /'pi:ən/ n. peone m., peon m.
peony /'pi:ənɪ/ n. peonia f.
▶ **1.people** /'pi:pl/ **I** n. *(nation)* popolo m., nazione f.; ***an ancient ~*** un popolo antico; ***the English-speaking ~s*** le popolazioni anglofone; ***Stone Age ~s*** le popolazioni dell'età della pietra; ***the chosen ~*** il popolo eletto; FIG. gli eletti, l'élite **II** n.pl. **1** *(in general)* gente f.sing.; *(specified or counted)* persone f.; ***disabled, old ~*** gli invalidi, gli anziani; ***they're nice ~*** è gente simpatica; ***how many ~ are there?*** quante persone ci sono? ***there were several, a few, 500 ~*** c'erano parecchie, alcune, 500 persone; ***there was a roomful of ~*** la stanza era piena di gente; ***there were a lot of ~*** c'era molta gente; ***a lot of, most ~ think that*** molta gente, la maggior parte della gente pensa che; ***some ~ here think that*** alcuni qui pensano che; ***~ say that*** la gente dice *o* si dice che; ***what will ~ say?*** che cosa dirà la gente? ***other ~ say that*** altri dicono che; ***other ~'s property*** la proprietà altrui; ***he likes helping ~*** ama aiutare il prossimo *o* gli altri; ***you shouldn't do that in front of ~*** non dovresti farlo davanti alla gente *o* in pubblico; ***~ at large***, ***~ in general*** la gente in generale; ***what do you ~ want?*** che cosa volete? ***you of all ~!*** proprio tu! ***you of all ~ should know that...*** proprio tu dovresti sapere che... *o* tu in particolare dovresti sapere che...; ***I met Jack of all ~ at the party!*** fra tutti alla festa ho incontrato proprio Jack! **2** *(inhabitants) (of town)* abitanti m., gente f.sing.; *(of a country)* popolo m.sing., nazione f.sing.; ***the ~ of Bath*** gli abitanti di Bath; ***the British ~*** il popolo britannico; ***the good ~ of Oxford*** la brava gente di Oxford **3** *(citizens, subjects)* ***the ~*** il popolo *o* la gente *o* la popolazione; ***the common ~*** la gente comune; ***the ~ are protesting*** il popolo sta protestando; ***a man of the ~*** un uomo del popolo; ***to address one's ~*** rivolgersi alla propria gente, alla propria popolazione **4** COLLOQ. *(experts)* ***the tax ~*** gli agenti delle tasse; ***the heating ~*** gli operai del riscaldamento, quelli del riscaldamento **5** COLLOQ. *(relations)* famiglia f.sing., parenti m.; *(parents)* genitori m.
2.people /'pi:pl/ tr. LETT. popolare (**with** di).
people carrier /'pi:pl,kærɪə(r)/ n. AUT. monovolume f.
people management /'pi:pl,mænɪdʒmənt/ n. ***do you have experience of ~?*** ha esperienza nel campo delle gestione delle risorse umane?
people mover /'pi:pl,mu:və(r)/ n. AE tapis roulant m.
people power /'pi:pl,paʊə(r)/ n. POL. potere m. del popolo.
people's army /,pi:plz'ɑ:mɪ/ n. esercito m. popolare.
people's democracy /,pi:plzdɪ'mɒkrəsɪ/ n. democrazia f. popolare.
people's front /,pi:plz'frʌnt/ n. fronte m. popolare.
people's park /,pi:plz'pɑ:k/ n. giardino m., parco m. pubblico.
People's Party /'pi:plz,pɑ:tɪ/ n. US STOR. partito m. populista.
people's republic /,pi:plzrɪ'pʌblɪk/ n. repubblica f. popolare.
People's Republic of China /,pi:plzrɪ'pʌblɪkəv,tʃaɪnə/ ♦ *6* n.pr. Repubblica f. Popolare Cinese.

> **Peoria** /pɪ'ɔ:rɪə/ Piccola città degli Stati Uniti, nello stato dell'Illinois, considerata rappresentativa del paese e del cittadino medio. L'opinione dei suoi abitanti è indice dell'opinione di tutta la nazione.

1.pep /pep/ n. energia f., dinamismo m., vigore m.
2.pep /pep/ tr. (forma in -ing ecc. **-pp-**) vivacizzare, animare.
▪ **pep up:** ***~ up*** [*person*] tirarsi su, riprendersi; [*economy, business*] riprendersi; ***~ [sb., sth.] up***, ***~ up [sb., sth.]*** tirare su [*person*]; animare [*party*]; incitare, caricare [*team*].
PEP n. GB ECON. (⇒ Personal Equity Plan) = fondo pensionistico privato.
Pepin /'pepɪn/ n.pr. ***~ the Short*** Pipino il Breve.
peplos /'peplɒs/ n. (pl. **-oi, ~es**) peplo m.
▷ **1.pepper** /'pepə(r)/ n. **1** *(spice)* pepe m.; ***black, white ~*** pepe nero, bianco **2** *(vegetable)* peperone m.; ***red, green ~*** peperone rosso, verde.
2.pepper /'pepə(r)/ tr. **1** pepare [*meal, food*] **2** FIG. *(sprinkle liberally)* disseminare, cospargere (**with** di); ***to be ~ed with*** essere infarcito di [*swearwords, criticisms*] **3** *(fire at)* bersagliare [*wall, area*] (**with** di); crivellare [*person*] (**with** di).
pepper-and-salt /,pepərən'sɔ:lt/ ♦ *5* agg. [*hair*] pepe e sale, sale e pepe, brizzolato; [*material*] color pepe e sale, sale e pepe.
pepperbox /'pepəbɒks/ n. ANT. → **pepper pot**.
pepper-caster /'pepə,kɑ:stə(r), AE -,kæstə(r)/ n. spargipepe m., pepaiola f.
peppercorn /'pepəkɔ:n/ n. grano m. di pepe nero.
peppercorn rent /,pepəkɔ:n'rent/ n. BE canone m. di locazione nominale, simbolico.
pepperiness /'pepərɪnɪs/ n. (l')essere pepato (anche FIG.).
pepper mill /'pepə,mɪl/ n. macinapepe m., macinino m. per il pepe.
peppermint /'pepəmɪnt/ **I** n. **1** *(sweet)* caramella f. alla menta, mentina f. **2** *(plant)* menta f. piperita **II** modif. (anche **~-flavoured**) alla menta piperita.
pepper pot /'pepə,pɒt/, **pepper shaker** /'pepə,ʃeɪkə(r)/ n. pepaiola f.
peppery /'pepərɪ/ agg. **1** *(spicy)* pepato **2** *(irritable)* irascibile, collerico.
pep pill /'pep,pɪl/ n. COLLOQ. pastiglia f. eccitante.
peppy /'pepɪ/ agg. COLLOQ. [*person*] energico, vivace; [*car*] scattante.
pep rally /'pep,rælɪ/ n. US SCOL. = raduno di tifosi prima di gare scolastiche.
pepsin /'pepsɪn/ n. pepsina f.
pep talk /'pep,tɔ:k/ n. COLLOQ. discorso m. di incitamento.
peptic /'peptɪk/ agg. peptico, gastrico; ***~ ulcer*** ulcera peptica.
peptide /'peptaɪd/ n. peptide m.
peptize /'peptaɪz/ tr. peptizzare.
peptone /'peptəʊn/ n. peptone m.
peptonize /'peptənaɪz/ tr. peptonizzare.
▶ **per** /pɜ:(r)/ prep. **1** *(for each)* per, a, ogni; ***~ head*** a testa *o* pro capite; ***~ annum*** all'anno; ***~ diem*** al giorno; ***80 km ~ hour*** 80 km all'ora; ***to pay sb. £ 5 ~ hour*** pagare qcn. 5 sterline all'ora; ***revolutions ~ minute*** giri al minuto; ***as ~ usual*** COLLOQ. come al solito *o* come sempre **2** *(by means of)* ***~ post*** per posta *o* a mezzo posta **3** COMM. ***as ~ invoice, specifications*** come da fattura, specifica; ***as ~ sample*** come da campione; ***as ~ your instructions*** come da vostre istruzioni.
peracid /'pɜ:r,æsɪd/ n. peracido m.
peradventure /pərəd'ventʃə(r)/ **I** avv. ANT. per avventura, per caso, forse **II** n. ANT. *(doubt)* ***beyond ~*** senza alcun dubbio, fuori di dubbio.
perambulate /pə'ræmbjʊleɪt/ **I** tr. FORM. percorrere a piedi **II** intr. FORM. deambulare, passeggiare, camminare.
perambulation /pə,ræmbjʊ'leɪʃn/ n. FORM. passeggiata f., camminata f.
perambulator /pə'ræmbjʊleɪtə(r)/ n. BE ANT. carrozzina f., passeggino m.
perambulatory /pə'ræmbjʊleɪtrɪ, AE -tɔ:rɪ/ agg. FORM. *(wandering)* itinerante, vagante.
perborate /pə'bɔ:reɪt/ n. perborato m.
perboric /pə'bɔ:rɪk/ agg. perborico.
percale /pə'keɪl/ n. percalle m.
percaline /'pɜ:kəli:n/ n. percallina f.
per capita /pə'kæpɪtə/ agg. e avv. a testa, pro capite.
perceivable /pə'si:vəbl/ agg. percettibile, percepibile.
perceivably /pə'si:vəblɪ/ avv. percettibilmente.
perceive /pə'si:v/ **I** tr. percepire, avvertire, notare **II** rifl. ***to ~ oneself as (being) sth.*** vedersi come qcs.
▷ **perceived** /pə'si:vd/ **I** p.pass. → **perceive** **II** agg. [*need, benefit, success, failure*] percepito, sentito come tale.
▷ **per cent** /pə'sent/ **I** n. percentuale f., percento m. **II** avv. per cento.
percentage /pə'sentɪdʒ/ **I** n. percentuale f., tasso m. percentuale (**of** di; **on** su); ***as a ~ of*** come percentuale di; ***a high, small ~*** una alta, bassa percentuale; ***to get a ~ on*** guadagnare una percentuale su [*sale*] **II** modif. [*increase, decrease, change*] percentuale.
percentage point /pə'sentɪdʒ,pɔɪnt/ n. ECON. punto m. percentuale.
percentile /pə'sentaɪl/ n. percentile m.
percept /'pɜ:sept/ n. percetto m., oggetto m. della percezione.
perceptibility /pə,septə'bɪlətɪ/ n. percettibilità f.
perceptible /pə'septəbl/ agg. percettibile (**to** a, per); ***barely ~*** appena percettibile.
perceptibly /pə'septəblɪ/ avv. percettibilmente.
perception /pə'sepʃn/ n. **1** FILOS. PSIC. percezione f.; ***visual ~*** percezione visiva; ***a child's ~ of his environment*** la percezione che un bambino ha del suo ambiente **2** *(view)* ***my ~ of him, of the problem*** l'immagine che ho di lui, la mia visione del problema; ***the popular ~ of the 1960s as an era of liberation*** l'opinione comune che gli anni '60 siano stati un'epoca di liberazione; ***there is a ~ growing among nationalists that*** tra i nazionalisti si va diffondendo la sensazione *o* l'impressione che **3** *(insight) (of person)* intuizione f., intuito m.; *(of essay, novel)* introspezione f., analisi f.

psicologica; ***the psychological ~ of her later novels*** l'introspezione dei suoi ultimi romanzi **4** COMM. DIR. percezione f., riscossione f.

perceptive /pə'septɪv/ agg. **1** [*person, mind, wit*] perspicace, acuto, sottile; [*study, account, article*] analitico, minuzioso, puntuale; [*vignette, comedy*] acuto; ***how ~ of you!*** come sei perspicace! **2** PSIC. percettivo.

perceptively /pə'septɪvlɪ/ avv. perspicacemente, acutamente; ***as she ~ observes...*** come lei fa puntualmente notare...

perceptiveness /pə'septɪvnɪs/ n. *(insight) (of person)* intuizione f., intuito m.; *(of essay, novel)* introspezione f., analisi f. psicologica.

Perceval /'pɜːsɪvl/ n.pr. Parsifal.

▷ **1.perch** /pɜːtʃ/ n. **1** *(for bird)* trespolo m., posatoio m. **2** FIG. *(vantage point)* piedistallo m. **3** ANT. METROL. pertica f. ◆ ***to knock sb. off their ~*** COLLOQ. fare scendere qcn. dal piedistallo.

▷ **2.perch** /pɜːtʃ/ **I** tr. posare, appoggiare (in alto) **II** intr. [*bird*] appollaiarsi, posarsi (**on** su); [*person*] appollaiarsi (**on** su); ***to be ~ed on sth.*** [*bird, person, building*] essere appollaiato su qcs.

3.perch /pɜːtʃ/ n. ZOOL. (pesce) persico m.

perchance /pə'tʃɑːns, AE -'tʃæns/ avv. LETT. *(perhaps)* forse; *(by accident)* per avventura, per caso.

perchlorate /pə'klɔːreɪt/ n. perclorato m.

perchloric /pə'klɔːrɪk/ agg. perclorico.

perchloride /pə'klɔːraɪd/ n. percloruro m.

percipience /pə'sɪpɪəns/, **percipiency** /pə'sɪpɪənsɪ/ n. percettività f., facoltà f. di percezione.

percipient /pə'sɪpɪənt/ agg. **1** FORM. [*person*] perspicace, acuto, sottile; [*observation, remark*] acuto, sottile **2** FILOS. percettivo.

Percival → **Perceval**.

percolate /'pɜːkəleɪt/ **I** tr. filtrare, passare [*coffee*] **II** intr. (anche ~ **through**) [*coffee*] filtrare, passare; [*water, rain*] filtrare, infiltrarsi; [*news, idea, information*] giungere, arrivare (**into**, **to** a, fino a); ***the news ~d through*** la notizia filtrò *o* trapelò.

percolated /'pɜːkəleɪtɪd/ **I** p.pass. → **percolate II** agg. ***~ coffee*** caffè preparato con la caffettiera.

percolation /ˌpɜːkə'leɪʃn/ n. filtrazione f., infiltrazione f.; CHIM. FIS. percolazione f.

percolator /'pɜːkəleɪtə(r)/ n. caffettiera f.

percuss /pə'kʌs/ tr. **1** ANT. *(strike)* percuotere **2** *(in medical diagnosis)* dare colpi leggeri a, picchiettare [*body*].

▷ **percussion** /pə'kʌʃn/ **I** n. **1** MUS. percussioni f.pl. **2** *(striking together)* colpo m., urto m.; *(sound)* suono m., vibrazione f. **II** modif. [*board, lesson*] di strumenti a percussione; [*instrument*] a percussione; ***~ player*** percussionista; ***~ section*** percussioni.

percussion bullet /pə'kʌʃnˌbʊlɪt/ n. proiettile m. a percussione.

percussion cap /pə'kʌʃnˌkæp/ n. capsula f. d'innesco, detonatore m. a percussione.

percussion drill /pə'kʌʃnˌdrɪl/ n. perforatrice f. a percussione.

percussionist /pə'kʌʃənɪst/ ♦ ***27*** n. percussionista m. e f.

percussion lock /pə'kʌʃnˌlɒk/ n. congegno m., meccanismo m. di percussione.

percussion pin /pə'kʌʃnˌpɪn/ n. percussore m.

percussive /pə'kʌsɪv/ agg. di percussione.

percutaneous /ˌpɜːkjuː'teɪnɪəs/ agg. percutaneo.

Percy /'pɜːsɪ/ n.pr. diminutivo di **Perceval**, **Percival**.

perdition /pə'dɪʃn/ n. RELIG. perdizione f.

perdu(e) /'pɜːdjuː/ agg. ANT. celato, nascosto; ***to lie ~*** MIL. tendere un'imboscata.

perdurability /pəˌdjʊrə'bɪlətɪ, AE -ˌdʊərə-/ n. permanenza f., persistenza f.

perdurable /pə'djʊərəbl, AE -'dʊə-/ agg. perdurevole, durevole, duraturo.

peregrinate /'perɪgrɪneɪt/ **I** tr. ANT. o SCHERZ. *(travel through)* attraversare, percorrere [*place*] **II** intr. ANT. o SCHERZ. *(travel)* viaggiare, peregrinare.

peregrination /ˌperɪgrɪ'neɪʃn/ n. LETT. viaggio m., peregrinazione f.

peregrin(e) /'perɪgrɪn/ **I** agg. **1** ANT. *(foreign)* pellegrino, forestiero **2** *(migratory)* [*bird*] migratore **II** n. *(peregrine falcon)* falco m. pellegrino.

peregrine falcon /ˌperɪgrɪn'fɔːlkən, AE -'fælkən/ n. falco m. pellegrino.

peremptorily /pə'remptrəlɪ, AE 'perəmptɔːrəlɪ/ avv. perentoriamente, imperiosamente.

peremptoriness /pə'remptərɪnɪs, AE 'perəmptɔːrɪnɪs/ n. perentorietà f., imperiosità f.

peremptory /pə'remptərɪ, AE 'perəmptɔːrɪ/ agg. perentorio, imperioso.

▷ **perennial** /pə'renɪəl/ **I** n. (anche **hardy ~**) pianta f. perenne **II** agg. **1** *(recurring)* perenne, ricorrente, costante **2** BOT. [*plant*] perenne.

perennially /pə'renɪəlɪ/ avv. *(all contexts)* perennemente.

perestroika /ˌpere'strɔɪkə/ n. perestroika f., perestrojka f.

▶ **1.perfect** /'pɜːfɪkt/ **I** agg. **1** *(flawless)* [*arrangement, blend, condition, example, French, performance, shape, technique, weather, world*] perfetto, eccellente (**for** per); [*choice, holiday, moment, name, opportunity, place, partner, solution*] ideale (**for** per); [*hostess*] perfetto, squisito; ***to be in ~ health*** essere in perfette condizioni di salute; ***~ behaviour*** comportamento ineccepibile *o* irreprensibile; ***~ copy*** copia esatta *o* fedele; ***~ crime*** delitto perfetto; ***to be a ~ match*** abbinarsi perfettamente; ***~ score*** punteggio pieno; ***she is ~ for the part, the job*** è perfetta per la parte, per il lavoro; ***that screw will be ~ for the job*** quella vite va benissimo; ***that recording is less than ~*** quella registrazione non è proprio perfetta; ***that jacket is a ~ fit*** la giacca veste in maniera perfetta; ***to do sth. with ~ timing*** fare qcs. con un perfetto tempismo; ***everything is ~*** va tutto benissimo; ***"all right?" - "~!"*** "va tutto bene?" - "perfettamente!" **2** *(total)* [*pest*] vero; ***a ~ fool, stranger*** un perfetto idiota, sconosciuto; ***to have a ~ right to do*** avere il pieno diritto *o* tutto il diritto di fare **3** LING. ***the ~ tense*** il perfetto **II** n. LING. perfetto m.; ***in the ~*** al perfetto.

2.perfect /pə'fekt/ tr. perfezionare, migliorare.

perfecta /pə'fektə/ n. EQUIT. *(bet)* accoppiata f.

perfectibility /pəˌfektɪ'bɪlətɪ/ n. perfettibilità f.

perfectible /pə'fektəbl/ agg. perfettibile.

▷ **perfection** /pə'fekʃn/ n. perfezione f. (**of** di); ***to do sth. to ~*** fare qcs. alla perfezione; ***his singing, cooking was ~ (itself)*** il suo modo di cantare, la sua cucina era la perfezione assoluta.

perfectionism /pə'fekʃənɪzəm/ n. perfezionismo m.

perfectionist /pə'fekʃənɪst/ **I** agg. perfezionista **II** n. perfezionista m. e f.

perfective /pə'fektɪv/ **I** agg. LING. perfettivo **II** n. LING. *(verb)* verbo m. perfettivo; *(aspect)* aspetto m. perfettivo.

▶ **perfectly** /'pɜːfɪktlɪ/ avv. **1** *(totally)* [*all right, dreadful*] assolutamente; [*acceptable, normal, obvious, reasonable*] del tutto, assolutamente; [*clear*] perfettamente; ***~ happy*** in tutto e per tutto felice; ***~ good*** benissimo *o* perfetto; ***~ healthy*** in perfetta salute; ***to be ~ entitled to do*** avere il pieno diritto *o* tutto il diritto di fare **2** *(very well)* [*fit, illustrate*] perfettamente, alla perfezione.

perfectness /'pɜːfɪktnɪs/ n. perfezione f.

perfervid /pə'fɜːvɪd/ agg. LETT. fervido, ardente.

perfidious /pə'fɪdɪəs/ agg. perfido; ***~ Albion*** la perfida Albione.

perfidiously /pə'fɪdɪəslɪ/ avv. perfidamente.

perfidiousness /pə'fɪdɪəsnɪs/, **perfidy** /'pɜːfɪdɪ/ n. perfidia f.

perfoliate /pə'fəʊlɪət/ agg. perfogliato.

perforable /'pɜːfərəbl/ agg. perforabile.

perforate /'pɜːfəreɪt/ tr. perforare, forare.

perforated ulcer /ˌpɜːfəreɪtɪd'ʌlsə(r)/ n. ulcera f. perforata.

perforation /ˌpɜːfə'reɪʃn/ n. *(all contexts)* perforazione f.

perforator /'pɜːfəreɪtə(r)/ n. (macchina) perforatrice f.

perforce /pə'fɔːs/ avv. FORM. per forza, necessariamente.

▶ **perform** /pə'fɔːm/ **I** tr. **1** *(carry out)* eseguire, compiere [*task*]; adempiere, assolvere, compiere [*duties*]; eseguire, effettuare [*operation, abortion, lobotomy*] **2** *(for entertainment)* rappresentare, mettere in scena [*piece, play*]; cantare, eseguire [*song*]; eseguire [*dance*]; fare [*acrobatics, trick*] **3** *(enact)* celebrare [*rite, ceremony*] **II** intr. **1** [*actor*] recitare, interpretare una parte; [*musician*] suonare, eseguire un brano; ***to ~ in public*** esibirsi in pubblico; ***to ~ on the violin*** suonare il violino; ***she ~ed brilliantly as Viola*** interpretò brillantemente il ruolo di Viola **2** *(conduct oneself)* ***to ~ well, badly*** [*team*] offrire una buona, cattiva prestazione, comportarsi bene, male; [*interviewee*] fare una buona, cattiva impressione; ***the students ~ed better than last year*** gli studenti hanno fatto meglio dell'anno scorso; ***the minister ~s well on television*** il ministro si presenta bene in televisione **3** COMM. ECON. [*company, department*] avere un buon andamento; ***sterling ~ed badly*** la sterlina ebbe un cattivo andamento.

performable /pə'fɔːməbl/ agg. **1** eseguibile, effettuabile **2** [*play*] rappresentabile, teatrabile.

▶ **performance** /pə'fɔːməns/ n. **1** *(rendition)* interpretazione f. (**of** di); ***his ~ of Hamlet*** la sua interpretazione di Amleto; ***her ~ in King Lear*** la sua interpretazione nel Re Lear **2** *(show, play)* rappresentazione f., spettacolo m., recita f. (**of** di); *(concert)* esecuzione f., concerto m. (**of** di); ***to give a ~ of*** eseguire [*concert, music*]; interpretare [*character, ballet*]; ***to put on a ~*** allestire uno spettacolo **3** *(of team, sportsman)* performance f., prestazioni f.pl., rendimento

m. (**in** in) **4** *(economic record)* performance f., rendimento m.; *(political record)* risultato m.; ***sterling's ~*** l'andamento della sterlina **5** *(of duties)* adempimento m., assolvimento m., compimento m. (**of** di); *(of rite)* celebrazione f. (**of** di); *(of task)* esecuzione f., compimento m. (**of** di) **6** AUT. *(of car, engine)* prestazioni f.pl. **7** COLLOQ. *(outburst)* scenata f., piazzata f.; *(elaborate procedure)* trafila f., scocciatura f.; ***what a ~!*** che scena! ***it's a real ~ getting into town*** è una vera impresa entrare in città **8** LING. esecuzione f., performance f.

performance appraisal /pə'fɔ:mənsə,preɪzl/ n. AMM. valutazione f. del rendimento (del personale).

performance art /pə'fɔ:məns,ɑ:t/ n. ART. performance f.

performance artist /pə'fɔ:məns,ɑ:tɪst/ ➧ *27* n. = artista seguace della performance.

performance-enhancing drug /pə'fɔ:mənsɪn,hɑ:nsɪŋ,drʌg/ n. MED. SPORT sostanza f. dopante.

performance indicators /pə'fɔ:məns,ɪndɪkeɪtəz/ n.pl. AMM. ECON. indicatori m. di rendimento.

performance-related pay /pə,fɔ:mənsrɪ,leɪtɪd'peɪ/ n. = retribuzione legata al rendimento sul lavoro.

performance review /pə'fɔ:mənsrɪ,vju:/ n. → **performance appraisal**.

performative /pə'fɔ:mətɪv/ **I** agg. performativo **II** n. performativo m.

▷ **performer** /pə'fɔ:mə(r)/ n. **1** *(artist)* performer m. e f., artista m. e f., interprete m. e f. **2** *(achiever)* ***the car is a good, bad ~ on hilly terrain*** l'auto dà buone, cattive prestazioni su un terreno collinoso.

▷ **performing** /pə'fɔ:mɪŋ/ agg. [*seal, elephant*] ammaestrato.

performing arts /pə,fɔ:mɪŋ'ɑ:ts/ n.pl. arti f. dello spettacolo.

▷ **1.perfume** /'pɜ:fju:m, AE pər'fju:m/ n. profumo m.

2.perfume /'pɜ:fju:m, AE pər'fju:m/ tr. profumare.

perfumer /pə'fju:mə(r)/ ➧ *27* n. profumiere m. (-a).

perfumery /pə'fju:mərɪ/ ➧ *27* n. profumeria f.

perfunctorily /pə'fʌŋktrəlɪ, AE -tɔ:rəlɪ/ avv. [*search*] frettolosamente, negligentemente; [*bow, greet*] distrattamente, svogliatamente; [*kiss, comment*] frettolosamente, distrattamente; [*investigate, carry out*] superficialmente, in modo superficiale, sommariamente.

perfunctoriness /pə'fʌŋktərɪnɪs, AE -tɔ:rɪ-/ n. frettolosità f., negligenza f., superficialità f.

perfunctory /pə'fʌŋktərɪ, AE -tɔ:rɪ/ agg. [*search*] frettoloso, negligente; [*bow, greeting*] di circostanza, pro forma; [*kiss, nod, shrug*] frettoloso, distratto; [*investigation*] superficiale, sommario.

perfuse /pə'fju:z/ tr. **1** *(pour through)* versare [*liquid*] (**over, through** su) **2** *(sprinkle)* aspergere, irrorare; ***to ~ sth. with water*** spruzzare dell'acqua su qcs.

perfusion /pə'fju:ʒn/ n. aspersione f.

perfusive /pə'fju:sɪv/ agg. che si asperge, che si irrora.

pergola /'pɜ:gələ/ n. pergola f., pergolato m.

▶ **perhaps** /pə'hæps/ avv. forse, può darsi; ***~ she's forgotten*** può darsi che se ne sia dimenticata; ***~ he has missed the train*** forse ha perso il treno; ***~ I should explain that...*** forse dovrei spiegare che...; ***~ I might have a cup of tea?*** sarebbe possibile avere una tazza di tè?

perianth /'perɪænθ/ n. perianzio m.

periapt /'perɪæpt/ n. RAR. *(amulet)* amuleto m., talismano m.

periarthritis /,perɪɑ:'θraɪtɪs/ ➧ *11* n. periartrite f.

periastron /,perɪ'æstrən/ n. periastro m.

pericardia /,perɪ'kɑ:dɪə/ → **pericardium**.

pericardial /,perɪ'kɑ:djəl/ agg. pericardico.

pericarditis /,perɪkɑ:'daɪtɪs/ ➧ *11* n. pericardite f.

pericardium /,perɪ'kɑ:dɪəm/ n. (pl. **-ia**) pericardio m.

pericarp /'perɪkɑ:p/ n. pericarpo m.

peridot /'perɪdɒt/ n. MINER. olivina f., peridoto m.

perigastric /,perɪ'gæstrɪk/ agg. perigastrico.

perigee /'perɪdʒi:/ n. perigeo m.

periglacial /,perɪ'gleɪʃl/ agg. periglaciale.

perihelion /,perɪ'hi:ljən/ n. (pl. **-ia**) perielio m.

▷ **peril** /'perəl/ n. pericolo m., rischio m.; ***in ~ (of)*** in pericolo (di); ***in ~ of one's life*** in pericolo di vita; ***at my, your ~*** a mio, tuo rischio e pericolo.

perilous /'perələs/ agg. pericoloso, rischioso.

perilously /'perələslɪ/ avv. pericolosamente, rischiosamente; ***to be*** o ***come ~ close to*** essere pericolosamente vicino a.

perilousness /'perələsnɪs/ n. pericolosità f., rischiosità f.

perilune /'perɪlu:n/ n. perilunio m.

▷ **perimeter** /pə'rɪmɪtə(r)/ **I** n. perimetro m.; ***on the ~ of*** sul perimetro di, ai bordi di [*park, site*]; ***to go round the ~ of*** fare il giro intorno a **II** modif. [*wall*] perimetrale, di cinta; ***~ path*** circuito, percorso.

perimeter fence /pə,rɪmɪtə'fens/ n. (anche **perimeter fencing**) muro m. perimetrale, di cinta.

perimetric(al) /,perɪ'metrɪk(l)/ agg. perimetrale.

perinatal /,perɪ'neɪtl/ agg. perinatale.

perinea /,perɪ'ni:ə/ → **perineum**.

perineal /,perɪ'ni:əl/ agg. [*tear, damage*] perineale, del perineo.

perineum /,perɪ'ni:əm/ n. (pl. **-a**) perineo m.

▶ **period** /'pɪərɪəd/ **I** n. **1** periodo m. (anche GEOL. ASTR.); *(longer)* epoca f., era f.; ***for a short ~*** per un breve periodo *o* per un breve lasso di tempo; ***a ~ of peace and prosperity*** un periodo di pace e prosperità; ***trial, Christmas ~*** periodo di prova, di Natale; ***the late Roman, prewar ~*** l'epoca del tardo Impero romano, il periodo prebellico; ***cloudy, sunny ~s*** METEOR. annuvolamenti, schiarite; ***bright ~s*** METEOR. schiarite; ***rainy ~s*** METEOR. periodi di piogge; ***for, over a two-year ~*** per, lungo un periodo i due anni; ***for a long ~*** per un lungo periodo **2** ART. periodo m.; ***Picasso's blue ~*** il periodo blu di Picasso **3** AE *(full stop)* punto m. (anche FIG.) **4** *(menstruation)* ciclo m., mestruazioni f.pl. **5** SCOL. *(lesson)* ora f., lezione f.; ***a double ~ of French*** due ore di francese; ***to have a free ~*** avere un'ora buca **6** SPORT tempo m. **II** modif. *(of a certain era)* [*costume, furniture*] d'epoca, antico; [*instrument*] antico; *(reproduction)* [*costume, instrument, style*] caratteristico di un'epoca; [*performance*] in costume; [*furniture*] in stile.

periodic /,pɪərɪ'ɒdɪk/ agg. periodico.

periodical /,pɪərɪ'ɒdɪkl/ **I** agg. periodico **II** n. periodico m., pubblicazione f. periodica.

periodically /,pɪərɪ'ɒdɪklɪ/ avv. periodicamente.

periodicity /,pɪərɪə'dɪsətɪ/ n. periodicità f.

periodic law /,pɪərɪɒdɪk'lɔ:/ n. legge f. periodica.

periodic table /,pɪərɪɒdɪk'teɪbl/ n. tavola f. periodica (degli elementi).

period of office /'pɪərɪədəv,ɒfɪs, AE -,ɔ:fɪs/ n. POL. AMM. mandato m.

periodontal /perɪə'dɒntl/ agg. periodontale.

period pains /'pɪərɪəd,peɪnz/ n.pl. dolori m. mestruali.

period piece /'pɪərɪəd,pi:s/ n. oggetto m. d'epoca.

periostea /,perɪ'ɒstɪə/ → **periosteum**.

periosteal /,perɪ'ɒstɪəl/ agg. periostale.

periosteum /,perɪ'ɒstɪəm/ n. (pl. **-ea**) periostio m.

periostitis /,perɪə'staɪtɪs/ ➧ *11* n. periostite f.

peripatetic /,perɪpə'tetɪk/ **I** n. (anche **Peripatetic**) FILOS. peripatetico m. **II** agg. [*life, existence*] da girovago; [*teacher*] = che insegna in più scuole.

peripateticism /,perɪpə'tetɪsɪzəm/ n. peripateticismo m.

peripeteia /,perɪpɪ'taɪə/, **peripetia** /,perɪpɪ'ti:ə/ n. peripezia f., vicissitudine f.

peripheral /pə'rɪfərəl/ **I** n. INFORM. periferica f. **II** agg. [*suburb*] periferico, di periferia; [*issue*] periferico, marginale; [*vision*] periferico; [*business, investment*] secondario; ***to be ~ to*** essere di marginale, secondaria importanza rispetto a [*activity, issue*]; ***~ equipment*** INFORM. periferica.

periphery /pə'rɪfərɪ/ n. **1** *(edge)* periferia f. **2** FIG. *(fringes)* ***to be on the ~ of*** essere ai margini di [*party, movement*]; ***to remain on the ~ of*** rimanere ai margini di [*event, movement*].

periphrase /'perɪfreɪz/ → **periphrasis**.

periphrasis /pə'rɪfrəsɪs/ n. (pl. **-es**) perifrasi f.

periphrastic /,perɪ'fræstɪk/ agg. perifrastico.

periphrastically /,perɪ'fræstɪklɪ/ avv. perifrasticamente, per mezzo di perifrasi.

periscope /'perɪskəʊp/ n. periscopio m.; ***at ~ depth*** a quota periscopica.

periscopic /,perɪ'skɒpɪk/ agg. periscopico.

perish /'perɪʃ/ intr. **1** LETT. *(die)* perire, morire (**from** di); ***to do sth. or ~ in the attempt*** SCHERZ. fare qcs. rischiando il tutto per tutto; ***~ the thought!*** neanche per sogno! lungi da me! **2** *(rot)* [*food*] deperire, deteriorarsi; [*rubber*] consumarsi, logorarsi.

perishability /'perɪʃə'bɪlətɪ/ n. deperibilità f., deteriorabilità f.

perishable /'perɪʃəbl/ agg. deperibile, deteriorabile; ***~ goods*** beni deperibili.

perishableness /'perɪʃəblnɪs/ n. → **perishability**.

perishables /'perɪʃəblz/ n.pl. beni m. deperibili.

perished /'perɪʃt/ **I** p.pass. → **perish II** agg. COLLOQ. ***to be ~*** *(with cold)* [*person*] morire di freddo *o* congelare.

perisher /'perɪʃə(r)/ n. BE ANT. COLLOQ. **1** *(nuisance)* ***little ~*** piccola peste **2** *(child)* ***poor little ~*** povera creatura.

perishing /'perɪʃɪŋ/ agg. COLLOQ. **1** *(cold)* ***to be ~*** *(of weather)* fare un freddo cane **2** ANT. *(emphatic)* maledetto; ***~ idiot*** maledetto idiota; ***what a ~ nuisance!*** che scocciatura!

perishingly /ˈperɪʃɪŋlɪ/ avv. COLLOQ. ***it's ~ cold*** si muore di freddo *o* fa un freddo cane.
peristalsis /ˌperɪˈstælsɪs/ n. (pl. **-es**) peristalsi f.
peristaltic /ˌperɪˈstæltɪk/ agg. peristaltico.
peristome /ˈperɪstəʊm/ n. peristoma m.
peristyle /ˈperɪstaɪl/ n. peristilio m.
perithecium /ˌperɪˈθiːʃɪəm/ n. (pl. **-ia**) peritecio m.
peritonea /ˌperɪtəˈniːə/ → **peritoneum**.
peritoneal /ˌperɪtəˈniːəl/ agg. peritoneale.
peritoneum /ˌperɪtəˈniːəm/ n. (pl. **~s, -ea**) peritoneo m.
peritonitis /ˌperɪtəˈnaɪtɪs/ ♦ ***11*** n. peritonite f.
periwig /ˈperɪwɪg/ n. STOR. parrucca f. (da uomo).
1.periwinkle /ˈperɪwɪŋkl/ ♦ ***5*** **I** n. **1** BOT. pervinca f. **2** *(colour)* (anche **~-blue**) pervinca m. **II** agg. pervinca.
2.periwinkle /ˈperɪwɪŋkl/ n. ZOOL. littorina f.
perjure /ˈpɜːdʒə(r)/ rifl. ***to ~ oneself*** DIR. giurare il falso; *(morally)* spergiurare.
perjured /ˈpɜːdʒəd/ agg. DIR. [*witness*] falso; [*testimony*] falso.
perjurer /ˈpɜːdʒərə(r)/ n. DIR. testimone m. falso.
perjurious /pəˈdʒʊərɪəs/ agg. falso, spergiuro.
perjuriously /pəˈdʒʊərɪəslɪ/ avv. falsamente.
perjury /ˈpɜːdʒərɪ/ n. DIR. falsa testimonianza f.; ***to commit ~*** rendere falsa testimonianza.
▷ **1.perk** /pɜːk/ n. COLLOQ. (accorc. perquisite) *(fringe benefit)* fringe benefit m., beneficio m. accessorio.
▷ **2.perk** /pɜːk/ tr. COLLOQ. (accorc. percolate) filtrare, passare [*coffee*].
■ **perk up:** ~ ***up*** [*person*] riprendere animo, rincuorarsi; [*business*] andare meglio, riprendersi; [*plant*] riprendere, rinvigorire; [*weather*] migliorare; ~ ***[sth.] up***, ~ ***up [sth.]*** rinvigorire [*person, plant*]; fare andare meglio, fare riprendere [*business*]; attillare, vivacizzare [*dress*].
perkily /ˈpɜːkɪlɪ/ avv. vivacemente, briosamente, baldanzosamente.
perkiness /ˈpɜːkɪnɪs/ n. vivacità f., briosità f., baldanza f.
perky /ˈpɜːkɪ/ agg. vivace, brioso, baldanzoso.
perlite /ˈpɜːlaɪt/ n. GEOL. perlite f.
1.perm /pɜːm/ n. COSMET. permanente f.; ***to have a ~*** farsi la permanente.
2.perm /pɜːm/ tr. ***to ~ sb.'s hair*** fare la permanente a qcn.
3.perm /pɜːm/ n. BE SPORT *(in football pools)* sistema m., combinazione f.
4.perm /pɜːm/ tr. *(in football pools)* ***to ~ 8 from 16*** fare una combinazione di 8 squadre su 16.
permafrost /ˈpɜːməfrɒst, AE -frɔːst/ n. permafrost m., permagelo m.
permanence /ˈpɜːmənəns/ n. permanenza f.
permanency /ˈpɜːmənənsɪ/ n. **1** → **permanence 2** *(job)* impiego m. fisso.
▶ **permanent** /ˈpɜːmənənt/ **I** agg. [*job*] stabile, fisso; [*disability, exhibition, premises*] permanente; [*friendship*] duraturo, saldo; [*closure*] definitivo; [*contract*] a tempo indeterminato; [*staff*] assunto a tempo indeterminato, in pianta stabile; ~ ***address*** residenza stabile; ~ ***damage*** *(to property)* danni permanenti; *(to health, part of body)* infermità permanente; ***to be in a ~ state of depression*** essere in un continuo stato di depressione; ***the mortgage payments are a ~ drain on our resources*** le rate del mutuo gravano costantemente sulle nostre finanze; ***I'm not ~ in this job*** BE non sono assunto a tempo indeterminato **II** n. AE permanente f.
▷ **permanently** /ˈpɜːmənəntlɪ/ avv. *(constantly)* [*angry, happy, tired*] costantemente; *(definitively)* [*employed*] a tempo indeterminato; [*disabled*] in modo permanente; [*appointed*] permanentemente, definitivamente; [*close, emigrate, leave, settle*] definitivamente, per sempre; ***a ~ high level of unemployment*** un tasso di disoccupazione costantemente elevato; ***he will be ~ scarred*** rimarrà sfregiato a vita; FIG. rimarrà segnato per sempre.
permanent-press /ˈpɜːmənəntˌpres/ agg. [*trousers*] con la piega ingualcibile; [*skirt, fabric*] ingualcibile, antipiega.
permanent secretary (of state) /ˌpɜːmənəntˈsekrətrɪ(əvsteɪt), AE -rəterɪ-/ n. GB POL. AMM. = alto funzionario consigliere di un ministro.
permanent under-secretary /ˌpɜːmənəntˈʌndəˌsekrətrɪ, AE -rəterɪ/ n. GB POL. AMM. = vice del permanent secretary.
permanent wave /ˌpɜːmənəntˈweɪv/ n. RAR. permanente f.
permanent way /ˌpɜːmənəntˈweɪ/ n. FERR. sede f. ferroviaria.
permanganate /pəˈmæŋgəneɪt/ n. permanganato m.; ***potassium ~*** permanganato di potassio.
permanganic /pɜmæŋˈgænɪk/ agg. permanganico.
permeability /ˌpɜːmɪəˈbɪlətɪ/ n. permeabilità f.
permeable /ˈpɜːmɪəbl/ agg. permeabile.
permeance /ˈpɜːmɪəns/ n. permeanza f.
permeate /ˈpɜːmɪeɪt/ tr. **1** [*liquid*] intridere, penetrare in; [*gas*] saturare, permeare; [*odour*] pervadere, impregnare **2** FIG. [*ideas*] penetrare in, permeare.
permeated /ˈpɜːmɪeɪtɪd/ **I** p.pass. → **permeate II** agg. ***to be ~ with*** essere impregnato *o* pieno di (anche FIG.).
permeation /pɜːmɪˈeɪʃn/ n. permeazione f.
permed /pɜːmd/ **I** p.pass. → **2.perm II** agg. permanentato, con la permanente.
Permian /ˈpɜːmɪən/ **I** n. ***the ~*** il permiano, il permico **II** agg. permiano, permico.
permissibility /pəmɪsəˈbɪlətɪ/ n. ammissibilità f.
permissible /pəˈmɪsɪbl/ agg. [*level, limit, conduct*] accettabile, tollerabile; [*error*] ammissibile; ***it is morally, legally ~ to do*** è moralmente, legalmente accettabile fare; ***to tell sb. what is ~*** dire a qcn. ciò che è consentito.
▷ **permission** /pəˈmɪʃn/ n. permesso m.; *(official)* autorizzazione f.; ***to have ~ to do*** avere il permesso per fare *o* essere autorizzati a fare; ***to do sth. without ~*** fare qcs. senza autorizzazione *o* senza permesso; ***to get ~ to do*** ottenere l'autorizzazione a fare; ***to give ~ for sb. to do, to give sb. ~ to do*** dare il permesso a qcn. di fare; ***he will not give ~ for any player to miss training*** non permetterà a nessun giocatore di saltare l'allenamento; ***she will not give ~ for the meeting to take place*** non autorizzerà lo svolgimento della riunione; ***to ask (for) sb.'s ~ to do*** chiedere a qcn. il permesso di fare; ***written ~ to do*** un'autorizzazione scritta per fare; ***reprinted by ~ of the author*** ristampato con l'autorizzazione dell'autore; ***by kind ~ of the management*** per gentile concessione della direzione.
permissive /pəˈmɪsɪv/ agg. **1** *(morally lax)* permissivo; ***the ~ society*** la società permissiva; ***during the ~ sixties*** durante i permissivi anni sessanta **2** *(liberal)* [*view, law*] tollerante, indulgente; ***to take a ~ view on sth.*** essere indulgenti *o* tolleranti verso qcs.
permissively /pəˈmɪsɪvlɪ/ avv. in modo tollerante, in modo indulgente; ***some of us view such problems more ~ than others*** alcuni di noi hanno una visione più tollerante di altri riguardo a questo tipo di problemi.
permissiveness /pəˈmɪsɪvnɪs/ n. permissività f.
1.permit /ˈpɜːmɪt/ n. **1** *(document)* permesso m.; *(official permission)* autorizzazione f.; ***to apply for, issue a ~*** richiedere, rilasciare un'autorizzazione; ***work ~*** permesso di lavoro; ***fishing ~*** licenza di pesca **2** AE AUT. foglio m. rosa.
▶ **2.permit** /pəˈmɪt/ **I** tr. (forma in -ing ecc. **-tt-**) **1** *(allow)* permettere [*action, measure*]; ***travel by herself? her parents would never ~ it!*** viaggiare da sola? i suoi genitori non glielo permetterebbero mai! ***smoking is not ~ted*** è vietato fumare; ***to ~ sb. to do*** permettere a qcn. di fare; ***space does not ~ me to quote at length*** limiti di spazio non mi consentono di citare per esteso; ***~ me, Madam, to assist you*** mi permetta, signora, di aiutarla **2** *(allow formally, officially)* autorizzare; ***to ~ sb. to do*** autorizzare qcn. a fare **II** intr. (forma in -ing ecc. **-tt-**) permettere; ***weather ~ting*** tempo permettendo; ***time ~ting*** se ci sarà tempo; ***as soon as circumstances ~, I will join you*** appena le circostanze lo permetteranno, ti raggiungerò; ***to ~ of two interpretations*** FORM. [*text, phrase*] prestarsi a due diverse interpretazioni; ***to ~ of no delay*** FORM. [*matter*] non ammettere (alcun) ritardo; ***to ~ of no defence*** FORM. essere indifendibile **III** rifl. (forma in -ing ecc. **-tt-**) ***to ~ oneself*** permettersi [*smile*]; concedersi [*drink*].
permitted /pəˈmɪtɪd/ **I** p.pass. → **2.permit II** agg. [*additive, level*] autorizzato, legale.
permittivity /pɜːmɪˈtɪvətɪ/ n. permettività f.
permutation /ˌpɜːmjʊˈteɪʃn/ n. **1** MAT. permutazione f. **2** DIR. permuta f.
permute /pəˈmjuːt/ tr. MAT. permutare.
pernicious /pəˈnɪʃəs/ agg. *(all contexts)* pernicioso.
pernicious anaemia /pəˌnɪʃəsəˈniːmɪə/ ♦ ***11*** n. anemia f. perniciosa.
perniciously /pəˈnɪʃəslɪ/ avv. [*damage, spread*] in modo pernicioso; [*invasive*] perniciosamente.
perniciousness /pəˈnɪʃəsnɪs/ n. perniciosità f.
pernickety /pəˈnɪkətɪ/ agg. BE COLLOQ. **1** *(detail-conscious)* meticoloso, puntiglioso (**about** su) **2** *(choosy)* SPREG. pignolo, difficile (**about** su).
perorate /ˌperəˈreɪt/ intr. **1** *(make an oration)* perorare, fare una perorazione **2** ANT. *(sum up, conclude a speech)* concludere, chiudere un discorso.
peroration /ˌperəˈreɪʃn/ n. RET. perorazione f.

peroxide /pəˈrɒksaɪd/ n. **1** CHIM. perossido m. **2** (anche **hydrogen ~**) FARM. acqua f. ossigenata.
peroxide blonde /pəˌrɒksaɪdˈblɒnd/ n. SPREG. bionda f. ossigenata.
perpend /ˈpɜːpend/ n. ING. blocco m. passante.
perpendicular /ˌpɜːpənˈdɪkjʊlə(r)/ **I** n. **1** perpendicolare f.; MAT. (retta) perpendicolare f. (**to** a); ***to lean from the ~*** deviare dalla perpendicolare **2** ARCH. stile m. gotico perpendicolare **II** agg. **1** [*line*] perpendicolare; ***a ~ cliff face*** una scogliera a picco **2** ARCH. [*style*] gotico perpendicolare; [*building*] in stile gotico perpendicolare.
perpendicularly /ˌpɜːpənˈdɪkjʊləlɪ/ avv. perpendicolarmente.
perpetrate /ˈpɜːpɪtreɪt/ tr. perpetrare [*fraud*]; commettere [*deed*]; organizzare, fare [*hoax*].
perpetration /ˌpɜːpɪˈtreɪʃn/ n. **1** *(carrying out)* (il) commettere, (il) perpetrare **2** ANT. *(crime)* perpetrazione f.
▷ **perpetrator** /ˈpɜːpɪtreɪtə(r)/ n. perpetratore m. (-trice) (**of** di).
perpetual /pəˈpetʃʊəl/ agg. [*meetings, longing, disloyalty, stench*] continuo; [*turmoil, darkness*] perpetuo; [*state*] permanente; [*banter*] incessante; [*snow*] perenne.
perpetually /pəˈpetʃʊəlɪ/ avv. perpetuamente.
perpetual motion /pəˌpetʃʊəlˈməʊʃn/ n. moto m. perpetuo.
perpetuate /pəˈpetjʊeɪt/ tr. perpetuare.
perpetuation /pəˌpetʃʊˈeɪʃn/ n. perpetuazione f. (**of** di).
perpetuator /pəˈpetjʊeɪtə(r)/ n. perpetuatore m. (-trice).
perpetuity /ˌpɜːpɪˈtjuːətɪ, AE -ˈtuː-/ n. **1** *(eternity)* eternità f.; ***in ~*** in perpetuo; DIR. = vincolo che rende inalienabile in perpetuo una proprietà allo scopo di proteggere l'erede, non esistendo nella legislazione anglosassone l'eredità legittima **2** ECON. rendita f. vitalizia.
perpetuity rule /pɜːpɪˈtjuːətɪˌruːl, AE -ˈtuː-/ n. DIR. = regola che impedisce contratti immobiliari con vincolo in perpetuo.
perplex /pəˈpleks/ tr. rendere perplesso, imbarazzare.
perplexed /pəˈplekst/ agg. perplesso, imbarazzato; ***to be ~ as to why, how*** essere perplesso rispetto al motivo per cui, al modo in cui.
perplexedly /pəˈpleksɪdlɪ/ avv. con perplessità.
perplexing /pəˈpleksɪŋ/ agg. [*behaviour*] sconcertante; [*situation*] imbarazzante, che suscita perplessità; [*question*] difficile.
perplexity /pəˈpleksətɪ/ n. perplessità f.
perquisite /ˈpɜːkwɪzɪt/ n. **1** *(additional remuneration)* gratifica f.; *(fringe benefit)* beneficio m. accessorio **2** *(tip)* mancia f.
perron /ˈperən/ n. scalinata f.
perry /ˈperɪ/ n. *(drink)* sidro m. di pere.
Perry /ˈperɪ/ n.pr. Perry (nome di uomo).
per se /ˌpɜːˈseɪ/ avv. in sé, di per sé.
persecute /ˈpɜːsɪkjuːt/ tr. perseguitare (**for** per; **for doing** per avere fatto); ***he was ~d for being a member, for having a different view*** è stato perseguitato perché faceva parte di quel gruppo, perché la pensava diversamente.
▷ **persecution** /ˌpɜːsɪˈkjuːʃn/ n. persecuzione f. (**of** di; **by** da parte di).
persecution complex /ˌpɜːsɪˈkjuːʃnˌkɒmpleks/, **persecution mania** /ˌpɜːsɪˈkjuːʃnˌmeɪnɪə/ ➧ **11** n. mania f. di persecuzione.
persecutor /ˈpɜːsɪkjuːtə(r)/ n. persecutore m. (-trice).
persecutory /ˈpɜːsɪkjuːtrɪ, AE -tɔːrɪ/ agg. persecutorio.
Persephone /pɜːˈsefənɪ/ n.pr. Persefone.
Perseus /ˈpɜːsjuːs/ n.pr. Perseo.
perseverance /ˌpɜːsɪˈvɪərəns/ n. perseveranza f.
persevere /ˌpɜːsɪˈvɪə(r)/ intr. perseverare (**with, at** in; **in doing** nel fare).
persevering /ˌpɜːsɪˈvɪərɪŋ/ agg. perseverante (**in** in).
Persia /ˈpɜːʃə/ ➧ **6** n.pr. STOR. Persia f.
Persian /ˈpɜːʃn/ ➧ **18, 14** **I** agg. [*person, state*] persiano, della Persia; [*carpet, cat*] persiano. **II** n. **1** *(person)* persiano m. (-a) **2** *(language)* persiano m.
Persian Gulf /ˌpɜːʃnˈɡʌlf/ ➧ **20** n.pr. golfo m. Persico.
Persian lamb /ˌpɜːʃnˈlæm/ n. *(animal)* agnello m. di razza karakul; *(fur)* persiano m., astrakan m.
persiflage /ˈpɜːsɪflɑːʒ/ n. = modo frivolo e canzonatorio di parlare o di scrivere.
persimmon /pɜːˈsɪmən/ n. *(tree, fruit)* cachi m., caco m.
▷ **persist** /pəˈsɪst/ **I** tr. ***"go on" she ~ed*** "dai" insisteva lei **II** intr. persistere, insistere (**in** in; **in doing** nel fare).
persistence /pəˈsɪstəns/, **persistency** /pəˈsɪstənsɪ/ n. persistenza f., perseveranza f.; SPREG. ostinazione f. (**in** in; **in doing** nel fare).
▷ **persistent** /pəˈsɪstənt/ agg. **1** [*person*] *(persevering)* perseverante; *(obstinate)* ostinato (**in** in) **2** *(continual)* [*rain*] incessante; [*unemployment*] permanente; [*denial, nuisance, inquiries, meddling, problem*] continuo; [*noise*] insistente; [*pressure*] costante; [*illness*] persistente; [*fears*] ossessivo; [*idea*] fisso.
persistently /pəˈsɪstəntlɪ/ avv. continuamente.
persistent offender /pəˌsɪstəntəˈfendə(r)/ n. DIR. recidivo m. (-a).
persnickety /pəˈsnɪkətɪ/ agg. AE COLLOQ. → **pernickety**.
▶ **person** /ˈpɜːsn/ n. **1** *(human being)* (pl. **people, persons** FORM.) persona f., individuo m.; ***there's room for one more ~*** c'è ancora posto per un'altra persona; ***you're just the ~ we're looking for!*** sei proprio la persona che fa al caso nostro *o* che stiamo cercando! ***the average ~ cannot afford to have three cars*** una persona normale non può permettersi di avere tre macchine; ***the English drink four cups of tea per ~ per day*** gli inglesi bevono quattro tazze di tè a testa ogni giorno; ***to do sth. in ~*** fare qcs. di persona; ***he's not the kind of ~ to do*** o ***who would do such a thing*** non è il tipo da fare *o* che farebbe una cosa del genere; ***help appeared in the ~ of passing motorist Jo Ware*** i primi soccorsi sono stati prestati da Jo Ware, un automobilista di passaggio; ***single ~*** single; ***the ~ concerned*** l'interessato; ***no such ~ as Sherlock Holmes ever existed*** non è mai esistito nessun Sherlock Holmes; ***"any ~ who knows of his whereabouts is requested to contact the police"*** "chiunque sappia dove lui si trovi è pregato di contattare la polizia"; ***the accident killed one ~ and injured four more*** l'incidente ha causato una vittima e quattro feriti; ***a five-~ crew is being sent to the scene*** una squadra di cinque uomini è stata mandata sul posto; ***the very ~ I was looking for!*** proprio la persona che cercavo! **2** *(type)* ***I didn't know she was a horsey ~!*** COLLOQ. non sapevo che andasse matta per i cavalli! ***I'm not a wine ~ myself*** non amo molto il vino, io; ***what's she like as a ~?*** che tipo è? ***he's a very private, discreet ~*** è una persona molto riservata, discreta **3** *(body)* ***to have, carry sth. about one's ~*** avere, portare qcs. su di sé *o* addosso; ***with drugs concealed about his ~*** con la droga nascosta addosso; ***offences against the ~*** DIR. delitti contro la persona; ***her ~ was pleasing*** ANT. aveva un bel personale **4** LING. persona f.; ***the first ~ singular*** la prima persona singolare.
persona /pɜːˈsəʊnə/ n. **1** TEATR. (pl. **-ae**) personaggio m. **2** PSIC. (pl. **~s** AE, **-ae** BE) persona f.
personable /ˈpɜːsənəbl/ agg. [*man, woman*] di bell'aspetto, gradevole; ***to be ~*** essere piacente.
personae gratae /pɜːˌsəʊniːˈɡrɑːtiː/ → **persona grata**.
personae non gratae /pɜːˌsəʊniːnɒnˈɡrɑːtiː/ → **persona non grata**.
personage /ˈpɜːsənɪdʒ/ n. personaggio m., personalità f.; ***a royal ~*** un personaggio di spicco della famiglia reale.
persona grata /pɜːˌsəʊnəˈɡrɑːtə/ n. (pl. **personae gratae**) DIPL. persona f. grata.
▶ **personal** /ˈpɜːsənl/ **I** agg. [*opinion, problem, information, attack, remark, discussion, dispute, freedom, consumption, income, choice, profit, matter*] personale; [*life*] privato; [*service*] personalizzato; ***don't be so ~!*** non andare troppo sul personale! ***the discussion, argument became rather ~*** la discussione, il diverbio ha preso una piega molto personale; ***on*** o ***at a ~ level*** sul piano personale; ***for ~ reasons*** per motivi personali; ***he doesn't take enough care of his ~ appearance*** non si prende abbastanza cura del suo aspetto; ***to make a ~ appearance*** andare di persona (**at** a); ***he paid them a ~ visit*** è andato a trovarli di persona; ***~ call*** *(on telephone)* telefonata personale; ***~ belongings*** o ***effects*** o ***possessions*** effetti personali; ***~ friend*** (caro) amico; ***~ hygiene*** igiene personale; ***~ safety*** sicurezza personale; ***my ~ best is 10 seconds*** il mio record personale è di 10 secondi; ***as a ~ favour to you*** come piacere personale (che faccio a te) **II** n. AE annuncio m. personale.
personal accident insurance /ˌpɜːsənlˌæksɪdəntɪnˈʃɔːrəns, AE -ˈʃʊər-/ n. assicurazione f. contro gli infortuni.
personal ad /ˈpɜːsənlæd/ n. annuncio m. personale.
personal allowance /ˌpɜːsənləˈlaʊəns/ n. BE quota f. esente da imposta, detrazione f. personale.
personal assistant /ˌpɜːsənləˈsɪstənt/ ➧ **27** n. *(secretary)* segretario m. particolare; segretaria f. privata; *(assistant)* assistente m. e f. personale.
personal chair /ˌpɜːsənlˈtʃeə(r)/ n. BE UNIV. cattedra f. ad personam.
personal column /ˈpɜːsənlˌkɒləm/ n. rubrica f. degli annunci personali.
personal computer /ˌpɜːsənlkəmˈpjuːtə(r)/ n. personal (computer) m.
personal damages /ˌpɜːsənlˈdæmɪdʒɪz/ n.pl. DIR. danni m. fisici.
personal details /ˌpɜːsənlˈdiːteɪlz, AE -dɪˈ-/ n.pl. dati m. personali; *(more intimate)* dettagli m. intimi; AMM. *(on application form)* dati m. personali.

Personal Equity Plan /ˌpɜːsənl'ekwətɪˌplæn/ n. BE ECON. = fondo pensionistico privato.
personal injury /ˌpɜːsənl'ɪndʒərɪ/ n. DIR. lesione f. personale.
▷ **personality** /ˌpɜːsə'nælətɪ/ n. **1** *(character)* personalità f.; ***the study of*** ~ lo studio della personalità; ***to have an attractive*** ~ essere affascinante; ***to have an extrovert*** ~ essere (di carattere) estroverso; ***to dominate others by sheer force of*** ~ riuscire a dominare gli altri soltanto con la forza della propria personalità; ***she has a very strong*** ~ ha una personalità molto forte; ***let's leave personalities out of this!*** lasciamo da parte le osservazioni di carattere personale! **2** *(person)* personalità f., personaggio m.; ***a well-known local*** ~ una personalità locale molto nota; ***a sporting*** ~ un grande personaggio dello sport; ***a television*** ~ una star della televisione.
personality cult /pɜːsə'nælətɪkʌlt/ n. culto m. della personalità.
personality disorder /pɜːsəˌnælətɪdɪs'ɔːdə(r)/ n. disturbo m. della personalità.
personality test /pɜːsəˌnælətɪ'test/ n. test m. della personalità.
personalize /'pɜːsənəlaɪz/ tr. **1** *(tailor to individual)* personalizzare [*stationery, numberplate, clothing, car, letter*] **2** *(aim at individual)* portare, mettere [qcs.] sul (piano) personale [*issue, discussion, dispute*].
personalization /ˌpɜːsənəlaɪ'zeɪʃn, AE -lɪ'z-/ n. personalizzazione f.
personalized /'pɜːsənəlaɪzd/ **I** p.pass. → **personalize II** agg. [*numberplate, badge*] personalizzato.
personal loan /ˌpɜːsənl'ləʊn/ n. ECON. *(borrowed)* prestito m. (a titolo personale); *(given by bank etc.)* prestito m. a privato.
▷ **personally** /'pɜːsənəlɪ/ avv. personalmente; ***~, I'm against the idea*** personalmente, non sono d'accordo; ***~ speaking*** per quanto mi riguarda *o* a mio parere; ***to take sth.*** ~ prendersela (come offesa personale).
personal maid /ˌpɜːsənl'meɪd/ n. cameriera f. personale.
personal organizer /'pɜːsənlˌɔːgənaɪzə(r)/ n. agenda f. (personale), organizer m.
personal pension plan /ˌpɜːsənl'penʃnˌplæn/, **personal pension scheme** /ˌpɜːsənl'penʃnˌskiːm/ n. piano m. pensionistico personalizzato.
personal pronoun /ˌpɜːsənl'prəʊnaʊn/ n. LING. pronome m. personale.
personal property /ˌpɜːsənl'prɒpətɪ/ n. DIR. patrimonio m. personale.
personal shopper /ˌpɜːsənl'ʃɒpə(r)/ n. personal shopper m. e f. (persona che dietro compenso si occupa di fare acquisti per conto altrui o accompagna e consiglia qualcuno nello shopping).
personal stereo /ˌpɜːsənl'sterɪəʊ/ n. stereo m. portatile.
personal trainer /ˌpɜːsənl'treɪnə(r)/ n. allenatore m. (-trice) personale.
personalty /'pɜːsənltɪ/ n. DIR. beni m.pl. mobili.
persona non grata /pɜːˌsəʊnənɒn'grɑːtə/ n. (pl. **personae non gratae**) DIPL. persona f. non grata.
1.personate /'pɜːsənɪt/ agg. personato.
2.personate /'pɜːsəneɪt/ tr. TEATR. impersonare, interpretare.
personation /ˌpɜːsə'neɪʃn/ n. TEATR. interpretazione f. (**of** di).
personator /'pɜːsəneɪtə(r)/ n. caratterista m. e f.
person-day /'pɜːsnˌdeɪ/ n. giorno/uomo m.
personification /pəˌsɒnɪfɪ'keɪʃn/ n. **1** *(embodiment)* incarnazione f. (**of** di) **2** LETTER. personificazione f.
personify /pə'sɒnɪfaɪ/ tr. **1** incarnare [*ideal, attitude*] **2** LETTER. personificare [*beauty, faith*].
personnel /ˌpɜːsə'nel/ n. **1** *(staff, troops)* personale m. **2** AMM. (anche **Personnel**) ufficio m. personale; ***you'll have to see*** ~ ***about that*** dovrete consultare l'ufficio personale a questo proposito.
personnel carrier /pɜːsə'nelˌkærɪə(r)/ n. veicolo m. blindato per il trasporto truppe.
personnel department /pɜːsə'neldɪˌpɑːtmənt/ n. ufficio m. del personale.
personnel file /pɜːsə'nelˌfaɪl/ n. archivio m. dell'ufficio personale.
personnel management /pɜːsə'nelˌmænɪdʒmənt/ n. gestione f. del personale.
personnel manager /pɜːsə'nelˌmænɪdʒə(r)/ ➧ ***27*** n. capo m., direttore m. del personale.
personnel officer /pɜːsə'nelˌɒfɪsə(r), AE -ˌɔːf/ ➧ ***27*** n. responsabile m. del personale.
person-to-person /ˌpɜːsəntə'pɜːsən/ agg. TEL. = telefonata effettuata tramite operatore e diretta a una persona specifica.
perspective /pə'spektɪv/ n. prospettiva f. (anche ART.); ***new, historical*** ~ una prospettiva nuova, storica; ***from one's (own)*** ~ dal proprio punto di vista *o* dalla propria prospettiva; ***to keep things in*** ~ mantenere le cose nella giusta prospettiva; ***to let things get out of*** ~ perdere il senso della proporzione; ***to put sth. in its true*** ~ mettere qcs. nella giusta prospettiva; ***to put sth., things into*** ~ mettere qcs., le cose in prospettiva; ***to see sth. from a different*** ~ vedere qcs. sotto un'altra prospettiva.
perspectively /pə'spektɪvlɪ/ avv. in prospettiva.
perspex® /'pɜːspeks/ **I** n. perspex® m. **II** modif. [*shield, window*] di, in perspex.
perspicacious /ˌpɜːspɪ'keɪʃəs/ agg. FORM. perspicace.
perspicacity /ˌpɜːspɪ'kæsətɪ/ n. FORM. perspicacia f.
perspicuity /ˌpəspɪ'kjuːətɪ/ n. FORM. perspicuità f.
perspicuous /pə'spɪkjʊəs/ agg. FORM. perspicuo.
perspicuously /pə'spɪkjʊəslɪ/ avv. FORM. perspicuamente.
perspicuousness /pə'spɪkjʊəsnɪs/ n. FORM. perspicuità f.
perspiration /ˌpɜːspɪ'reɪʃn/ n. **1** *(sweat)* sudore m. **2** *(sweating)* sudorazione f., traspirazione f.
perspiratory /pə'spaɪərətərɪ, AE -tɔːrɪ/ agg. traspiratorio.
perspire /pə'spaɪə(r)/ intr. sudare, traspirare.
persuadable /pə'sweɪdəbl/ agg. persuasibile.
▶ **persuade** /pə'sweɪd/ **I** tr. **1** *(influence)* persuadere, convincere [*person*]; ***to*** ~ ***sb. to do, not to do*** persuadere *o* convincere qcn. a fare, a non fare; ***to be ~d by sb. to do*** essere persuasi *o* convinti da qcn. a fare **2** *(convince intellectually)* convincere (**of** di); ***to*** ~ ***sb. that*** convincere qcn. che; ***try and*** ~ ***her!*** cerca di convincerla! ***you will never*** ~ ***the rest of the family*** non riuscirai mai a convincere il resto della famiglia **II** rifl. ***to*** ~ ***oneself*** convincersi; ***he ~d himself that it was true*** si convinse che era vero.
persuader /pə'sweɪdə(r)/ n. **1** persuasore m. (-ditrice) **2** AE COLLOQ. = arma (pistola o manganello) usata a scopo intimidatorio.
persuasible /pə'sweɪzəbl/ agg. persuasibile.
persuasion /pə'sweɪʒn/ n. **1 U** *(persuading, persuasiveness)* persuasione f.; ***they had to use all their powers of*** ~ ***to get her to agree*** hanno dovuto usare tutta la loro forza di persuasione per convincerla ad accettare; ***no amount of*** ~ ***will make her change her mind*** non servirà a nulla tentare di convincerla, non cambierà idea; ***to be open to*** ~ essere disposto a lasciarsi convincere **2** RELIG. credo m., fede f. **3** *(political view)* idea f., convinzione f. politica; ***people of very different political ~s*** persone dalle idee politiche molto diverse; ***that depends on your*** ~ questo dipende dalle vostre convinzioni **4** *(kind, sort)* sorta f., tipo m.; ***people of that*** ~ gente di quel genere.
persuasive /pə'sweɪsɪv/ agg. [*person*] persuasivo, convincente; [*argument, evidence, words*] convincente; ***he can be very*** ~ sa essere molto convincente.
persuasively /pə'sweɪsɪvlɪ/ avv. [*speak*] in modo persuasivo; [*prove, demonstrate*] in modo convincente; ***this view is*** ~ ***developed*** questo punto di vista è sviluppato in maniera molto convincente.
persuasiveness /pə'sweɪsɪvnɪs/ n. forza f. di persuasione.
persulphate /pə'sʌlfeɪt/ n. persolfato m.
pert /pɜːt/ agg. [*person, manner*] *(saucy)* impertinente, insolente; *(lively)* spigliato, vivace; [*hat*] sbarazzino; ***a*** ~ ***nose*** un nasino impertinente.
pertain /pə'teɪn/ intr. ***to*** ~ ***to*** riguardare; DIR. essere di pertinenza di.
Perth /pɜːθ/ n.pr. ➧ ***34*** Perth f.
pertinacious /ˌpɜːtɪ'neɪʃəs, AE -tn'eɪʃəs/ agg. FORM. pertinace.
pertinaciously /ˌpɜːtɪ'neɪʃəslɪ, AE -tn'eɪʃəs-/ avv. FORM. pertinacemente.
pertinaciousness /ˌpɜːtɪ'neɪʃəsnɪs, AE -tn'eɪʃəs-/, **pertinacity** /ˌpɜːtɪ'næsətɪ, AE -tn'æ-/ n. FORM. pertinacia f. (**in** in; **in doing** nel fare).
pertinence /'pɜːtɪnəns, AE -tənəns/ n. FORM. pertinenza f.
pertinent /'pɜːtɪnənt, AE -tənənt/ agg. FORM. [*question, point*] pertinente; ***to be*** ~ ***to*** essere pertinente a; ***to be*** ~ ***to do*** essere pertinente fare.
pertinently /'pɜːtɪnəntlɪ, AE -tənəntlɪ/ avv. FORM. in modo pertinente, pertinentemente.
pertly /'pɜːtlɪ/ avv. in modo impertinente.
pertness /'pɜːtnɪs/ n. impertinenza f.
perturb /pə'tɜːb/ tr. [*news, rumour*] allarmare, perturbare; ***to be ~ed by*** [*person*] essere turbato da; *(more deeply)* essere sconvolto da.
perturbation /ˌpɜːtə'beɪʃn/ n. **1** *(disquiet)* turbamento m., inquietudine f. **2** *(disturbance)* agitazione f., perturbazione f. **3** ASTR. FIS. perturbazione f.
perturbing /pə'tɜːbɪŋ/ agg. allarmante; *(more deeply)* sconvolgente.
pertussis /pə'tʌsɪs/ ➧ ***11*** n. MED. pertosse f.
Peru /pə'ruː/ ➧ ***6*** n.pr. Perù m.

peruke /pə'ru:k/ n. ANT. parrucca f.
perusal /pə'ru:zl/ n. FORM. lettura f. accurata.
peruse /pə'ru:z/ tr. FORM. leggere attentamente.
Peruvian /pə'ru:vɪən/ ➧ *18* **I** agg. peruviano **II** n. peruviano m. (-a).
pervade /pə'veɪd/ tr. pervadere; ***to be ~d by*** essere pervaso da.
pervasion /pə'veɪʒn/ n. diffusione f., penetrazione f.
pervasive /pə'veɪsɪv/ agg. [*smell*] penetrante; [*idea, feeling*] pervasivo, che tende a diffondersi.
pervasiveness /pə'veɪsɪvnɪs/ n. diffusione f., penetrazione f.
perverse /pə'vɜ:s/ agg. **1** *(twisted)* [*person*] depravato, perverso; [*desire*] perverso **2** *(contrary)* [*refusal, attempt, behaviour, attitude*] irrazionale; [*effect*] contrario, opposto; ***it is, was ~ of her to do*** è, è stata una cosa assurda da parte sua fare; ***to take a ~ pleasure*** o ***delight in doing*** provare un piacere perverso nel fare.
perversely /pə'vɜ:slɪ/ avv. perversamente, in modo perverso.
perverseness /pə'vɜ:snɪs/ n. cattiveria f., malignità f.
perverse verdict /pə,vɜ:s'vɜ:dɪkt/ n. DIR. verdetto m. iniquo.
perversion /pə'vɜ:ʃn, AE -ʒn/ n. **1** *(deviation)* perversione f. (**of** di); ***~ of innocence*** corruzione dell'innocenza **2** *(wrong interpretation) (of facts)* travisamento m. (**of** di); *(of justice)* distorsione f., pervertimento m.
perversity /pə'vɜ:sətɪ/ n. **1** *(corruptness) (of person, action)* cattiveria f., malignità f. **2** *(perverse thing)* perversione f.
perversive /pə'vɜ:sɪv/ agg. RAR. che tende a fare pervertire.
1.pervert /'pɜ:vɜ:t/ n. pervertito m. (-a).
2.pervert /pə'vɜ:t/ tr. **1** *(corrupt)* corrompere [*person, mind*]; ***to ~ sb.'s behaviour*** traviare qcn. **2** *(misrepresent)* travisare [*truth, facts*]; snaturare [*meaning, tradition*]; falsare [*values*]; ***to ~ the course of justice*** DIR. commettere reati volti a intralciare il corso della giustizia.
perverted /pə'vɜ:tɪd/ **I** p.pass. → **2. pervert II** agg. **1** *(sexually deviant)* [*person*] pervertito **2** *(distorted)* [*idea*] distorto; [*act*] vizioso.
pervertedly /pə'vɜ:tɪdlɪ/ avv. in modo distorto.
perverter /pə'vɜ:tə(r)/ n. corruttore m. (-trice), pervertitore m. (-trice).
pervious /'pɜ:vɪəs/ agg. **1** [*surface, soil*] permeabile (**to** a) **2** FIG. ***~ to*** [*person, mind*] aperto a.
perviousness /'pɜ:vɪəsnɪs/ n.*(of surface, soil)* permeabilità f.; FIG. *(of person, mind)* apertura f.
peseta /pə'seɪtə/ ➧ *7* n. peseta f.
pesky /'peskɪ/ agg. AE COLLOQ. attrib. scocciante, fastidioso.
peso /'peɪsəʊ/ ➧ *7* n. (pl. **~s**) *(currency)* peso m.
pessary /'pesərɪ/ n. pessario m.
pessimism /'pesɪmɪzəm/ n. pessimismo m.
pessimist /'pesɪmɪst/ n. pessimista m. e f.
pessimistic /,pesɪ'mɪstɪk/ agg. pessimistico.
pessimistically /,pesɪ'mɪstɪklɪ/ avv. pessimisticamente, in modo pessimistico, con pessimismo.
▷ **pest** /pest/ n. **1** AGR. *(animal)* animale m. nocivo; *(insect)* insetto m. nocivo **2** COLLOQ. *(person)* scocciatore m. (-trice), rompiscatole m. e f.; *(little boy, little girl)* piccola peste f.; ***he's such a little ~!*** è proprio una peste!
pest control /'pestkən,trəʊl/ n. *(of insects)* disinfestazione f.; *(of rats)* derattizzazione f.
pest control officer /pestkən,trəʊl'ɒfɪsə(r), AE -'ɔ:f-/ ➧ *27* n. disinfestatore m. (-trice); *(for rats)* derattizzatore m. (-trice).
pester /'pestə(r)/ tr. **1** *(annoy)* importunare [*person, people*] (**with** con; **for** per); [*fly*] infastidire [*horse, cow, person*]; ***to ~ sb. to be allowed to do*** assillare qcn. per ottenere il permesso di fare; ***the children ~ed us to let them stay up late*** i bambini ci hanno tormentato perché non volevano andare a letto presto; ***to be ~ed over the telephone*** essere disturbati al telefono; ***stop ~ing me!*** lasciami in pace! ***to ~ the life out of sb.*** COLLOQ. rompere le scatole a qcn. **2** *(harass sexually)* molestare, importunare.
pesticidal /,pestɪ'saɪdl/ agg. pesticida.
▷ **pesticide** /'pestɪsaɪd/ **I** n. *(for weeds)* pesticida m.; *(for insects)* insetticida m.; ***crops treated with ~*** coltivazioni trattate coi pesticidi **II** modif. [*level, residue*] di pesticida; [*manufacturer, use*] di pesticidi.
pestiferous /pe'stɪfərəs/ agg. SCHERZ. pestifero.
pestiferously /pe'stɪfərəslɪ/ avv. in modo irritante.
pestilence /'pestɪləns/ n. LETT. ANT. peste f., pestilenza f.
pestilent /'pestɪlənt/ agg. FORM. [*air*] pestilenziale.
pestilential /,pestɪ'lenʃl/ agg. **1** SCHERZ. *(annoying)* pestifero; ***get those ~ kids out of here*** fa' uscire di qua quei terribili ragazzini **2** *(unhealthy)* FORM. pestilenziale.
1.pestle /'pesl/ n. pestello m.
2.pestle /'pesl/ tr. pestare (col pestello).
▷ **1.pet** /pet/ **I** n. **1** *(animal)* animale m. domestico, da compagnia; ***"no ~s"*** *(on shops, hotels, buildings, company sites)* vietato l'ingresso agli animali; ***tenants may not keep ~s*** ai condomini non è consentito tenere animali domestici **2** *(favourite)* prediletto m. (-a), cocco m. (-a); ***teacher's ~*** il cocco del professore **3** *(sweet person) (used affectedly)* tesoro m.; ***he's such a ~!*** che tesoruccio! **4** *(term of endearment)* ANT. ***hello, ~!*** ciao, tesoro! **II** agg. *(favourite)* [*charity, theory*] preferito, favorito; ***my ~ dog, cat*** il mio cagnolino, il mio gattino.
2.pet /pet/ **I** tr. (forma in -ing ecc. **-tt-**) **1** *(spoil)* coccolare, vezzeggiare [*person*] **2** *(caress)* accarezzare [*animal*] **II** intr. (forma in -ing ecc. **-tt-**) pomiciare.
3.pet /pet/ n. ANT. malumore m., collera f. ◆ ***to be in a ~*** COLLOQ. avere la luna di traverso.
▷ **petal** /'petl/ n. petalo m.
petalled, **petaled** AE /'petld/ agg. con i petali.
petard /pɪ'tɑ:d/ n. MIL. STOR. petardo m. ◆ ***hoist with one's ~*** fregato con le proprie mani.
petaurist /pɪ'tɔ:rɪst/ n. RAR. petauro m.
Pete /pi:t/ n.pr. diminutivo di **Peter**; ***for ~'s sake, stop it!*** COLLOQ. per l'amor di Dio, piantala!
peter /'pi:tə(r)/ n. AE POP. pisello m.; ***to point ~*** pisciare.
Peter /'pi:tə(r)/ n.pr. Pietro ◆ ***to rob ~ to pay Paul*** = pagare un debito facendone un altro.
peterman /'pi:təmən/ n. ANT. (pl. **-men**) scassinatore m.
peter out /'pi:tərаʊt/ intr. [*conversation*] languire; [*creativity*] esaurirsi; [*process, story, meeting*] volgere al termine; [*plan*] andare a monte; [*flame*] smorzarsi; [*road*] finire; [*supplies*] esaurirsi.
Peter principle /'pi:tə,prɪnsəpl/ n. = in una gerarchia, il promuovere qualcuno a una posizione superiore alle sue competenze.
petersham /'pi:təʃæm/ n. gros-grain m.
Peter's pence /,pi:təz'pens/ n.pl. RELIG. obolo m.sing. di san Pietro.
pet food /'petfu:d/ n. cibo m. per animali.
pet hate /,pet'heɪt/ n. BE bestia f. nera.
pethidine /'peθɪdi:n/ n. petidina f.
petiolar /'petɪəʊlə(r)/ agg. peduncolare.
petiolate /'petɪəʊleɪt/ agg. **1** BOT. picciolato **2** ZOOL. peduncolato.
petiole /'petɪəʊl/ n. **1** BOT. picciolo m. **2** ZOOL. peduncolo m.
petit bourgeois /,petɪ'bɔ:ʒwɑ:, AE -'bʊərʒwɑ:/ **I** n. (pl. **petits bourgeois**) piccolo borghese m. **II** agg. piccolo borghese.
petite /pə'ti:t/ **I** n. *(size)* taglia f. piccola **II** agg. ***she is ~ and vivacious*** è minuta e vivace; ***~ size*** taglia piccola.
petit four /,petɪ'fɔ:(r)/ n. (pl. **petits fours**) petit-four m.
▷ **1.petition** /pə'tɪʃn/ n. **1** *(document)* petizione f. (**to** per); ***a ~ protesting against, calling for sth.*** una petizione per protestare contro, per chiedere qcs.; ***a ~ signed by 10,000 people*** una petizione con 10.000 firme **2** *(formal request)* petizione f., istanza f. **3** DIR. domanda f., istanza f.; ***a ~ for divorce*** una domanda di divorzio; ***a ~ in bankruptcy*** un'istanza di fallimento; ***to present a ~*** *(in private bill)* presentare un'istanza; ***to file one's ~*** depositare una richiesta *o* un'istanza; ***a ~ for reprieve*** una domanda di grazia.
▷ **2.petition** /pə'tɪʃn/ **I** tr. presentare una petizione a [*person, body, government*]; DIR. ***to ~ the court for sth.*** presentare un'istanza di qcs. al tribunale **II** intr. **1** DIR. fare una petizione **2** ***to ~ for divorce*** chiedere il divorzio.
petitionary /pə'tɪʃnərɪ, AE -nerɪ/ agg. di petizione.
petitioner /pə'tɪʃnə(r)/ n. **1** *(presenter of petition, signatory)* petizionario m. **2** DIR. richiedente m. e f., ricorrente m. e f.; *(in divorce)* richiedente m. e f.
petit jury /,petɪ'dʒʊərɪ, ,pətɪ-/ n. AE DIR. giuria f. ordinaria.
petit mal /,petɪ'mæl, ,pətɪ-/ ➧ *11* n. piccolo male m.
petitory /'petɪtərɪ, AE -tɔ:rɪ/ agg. petitorio.
petits bourgeois /,petɪ'bɔ:ʒwɑ:, AE -'bʊərʒwɑ:/ → **petit bourgeois**.
petits fours /,petɪ'fɔ:z/ → **petit four**.
petits pois /,petɪ'pwɑ:, ,pətɪ-/ n.pl. pisellini m.
pet name /,pet'neɪm/ n. vezzeggiativo m.
pet peeve /,pet'pi:v/ n. AE COLLOQ. bestia f. nera.
pet project /,pet'prɒdʒekt/ n. *(special activity)* interesse m. principale, pallino m.
Petrarch /'petrɑ:k/ n.pr. Petrarca.
Petrarchan sonnet /,petrɑ:kən'sɒnɪt/ n. *(by poet himself)* sonetto m. di Petrarca, petrarchesco; *(of similar style)* sonetto m. petrarchesco.

petrel /'petrəl/ n. procellaria f.
petrifaction /ˌpetrɪ'fækʃn/, **petrification** /'petrɪfɪkeɪʃn/ n. pietrificazione f.
petrified /'petrɪfaɪd/ **I** p.pass. → **petrify II** agg. *(converted into stone)* pietrificato (**with**, **by** da); *(terrified)* [*person*] impietrito, pietrificato.
petrify /'petrɪfaɪ/ **I** tr. *(convert into stone)* pietrificare; *(terrify)* impietrire, pietrificare **II** intr. [*substance*] pietrificarsi; [*civilization, system*] fossilizzarsi.
petrifying /'petrɪfaɪɪŋ/ agg. *(terrifying)* terrificante.
petrochemical /ˌpetrəʊ'kemɪkl/ **I** n. prodotto m. petrolchimico **II** agg. [*industry, plant*] petrolchimico; [*worker, expert*] di petrolchimica.
petrochemistry /ˌpetrəʊ'kemɪstrɪ/ n. petrolchimica f.
petrodollar /'petrəʊdɒlə(r)/ n. petro(l)dollaro m.
petrographer /'petrɒgrəfə(r)/ n. petrografo m. (-a).
petrographic /ˌpetrəʊ'græfɪk/ agg. petrografico.
petrography /pe'trɒgrəfɪ/ n. petrografia f.
▷ **petrol** /'petrəl/ **I** n. BE benzina f.; ***to fill up with ~*** fare il pieno (di benzina); ***to run on ~*** andare a benzina; ***to run out of ~*** [*car*] finire la benzina; [*garage*] esaurire le scorte di carburante **II** modif. [*prices, coupon, rationing*] della benzina; [*tax*] sulla benzina.
petrolatum /ˌpetrə'leɪtəm/ n. → **petroleum jelly**.
petrol bomb /'petrəlbɒm/ n. BE (bomba) molotov f.
petrol-bomb /'petrəlbɒmɪŋ/ tr. BE lanciare delle molotov contro [*building*].
petrol can /'petrəlkæn/ n. BE tanica f. da, della, per la benzina.
petrol cap /'petrəlkæp/ n. BE tappo m. del serbatoio della benzina.
petrol-driven /ˌpetrəl'drɪvn/ agg. BE (che va) a benzina.
petrol engine /'petrəlˌendʒɪn/ n. BE motore m. a benzina.
petroleum /pə'trəʊlɪəm/ **I** n. petrolio m. **II** modif. [*product, industry, engineer*] petrolifero.
petroleum jelly /pəˌtrəʊlɪəm'dʒelɪ/ n. petrolato m.
petrol gauge /'pətrəlˌgeɪdʒ/ n. BE indicatore m. (del livello) della benzina.
petroliferous /ˌpetrəʊ'lɪfərəs/ agg. petrolifero.
petrological /ˌpetrə'lɒdʒɪkl/ agg. petrologico.
petrologist /pə'trɒlədʒɪst/ n. studioso m. (-a) di petrologia.
petrology /pə'trɒlədʒɪ/ n. petrologia f.
petrol pump /'petrəlpʌmp/ n. BE *(at garage)* pompa f. di benzina; *(in engine)* pompa f. della benzina.
petrol station /'petrəlˌsteɪʃn/ n. BE distributore m. (di benzina), stazione f. di servizio.
petrol tank /'petrəltæŋk/ n. BE serbatoio m. della benzina.
petrol tanker /'petrəlˌtæŋkə(r)/ n. BE *(ship)* petroliera f.; *(lorry)* autocisterna f.
petro-politics /ˌpetrəʊ'pɒlətɪks/ n.pl. = politica attuata dai paesi esportatori di petrolio.
petrous /'petrəs/ agg. *(stony)* pietroso; *(of temporal bone)* petroso.
Petruchio /pɪ'tru:kɪəʊ/ n.pr. Petrucchio.
pet shop /'petʃɒp/ BE, **pet store** /'petstɔ:r/ AE n. negozio m. di animali.
pet subject /ˌpet'sʌbdʒɪkt/ n. argomento m. preferito, pallino m.
pet therapy /'petˌθerəpɪ/ n. pet therapy f.
petticoat /'petɪkəʊt/ n. *(full slip)* sottoveste f.; *(half slip)* sottogonna f. ◆ ***to chase ~s*** correre dietro alle sottane.
pettifog /'petɪfɒg/ intr. (forma in -ing ecc. **-gg-**) ANT. cavillare, fare il leguleio.
pettifogger /'petɪfɒgə(r)/ n. ANT. SPREG. leguleio m., azzeccagarbugli m.
pettifoggery /'petɪˌfɒgərɪ/ n. ANT. SPREG. cavillosità f.
pettifogging /'petɪˌfɒgɪŋ/ agg. SPREG. cavilloso.
pettily /'petɪlɪ/ avv. in modo meschino.
pettiness /'petɪnɪs/ n. piccolezza f., meschineria f.
petting /'petɪŋ/ n. petting m.
pettish /'petɪʃ/ agg. permaloso.
pettishly /'petɪʃlɪ/ avv. [*speak*] con tono irritato; [*react*] con permalosità.
pettishness /'petɪʃnɪs/ n. permalosità f.
pettitoes /'petɪtəʊz/ n.pl. **1** GASTR. piedini m. di maiale **2** *(of child)* piedini m.
▷ **petty** /'petɪ/ agg. [*person, jealousy, squabble*] meschino; [*detail*] insignificante; [*regulation*] cavilloso; [*snobbery*] gretto; ***~ official*** SPREG. galoppino.
petty cash /ˌpetɪ'kæʃ/ n. COMM. piccola cassa f.
petty crime /ˌpetɪ'kraɪm/ n. *(offence)* reato m. minore; *(activity)* microcriminalità f.
petty criminal /ˌpetɪ'krɪmɪnl/ n. piccolo (-a) criminale m. e f.
petty expenses /ˌpetɪɪk'spensɪz/ n.pl. piccole spese f.
petty larceny /ˌpetɪ'lɑ:sənɪ/ n. furto m. di tenue valore.
petty-minded /ˌpetɪ'maɪndɪd/ agg. meschino.
petty-mindedness /ˌpetɪ'maɪndɪdnɪs/ n. meschinità f., piccolezza f.
petty offender /ˌpetɪə'fendə(r)/ n. autore m. (-trice) di un reato minore.
petty officer /ˌpetɪ'ɒfɪsə(r), AE -'ɔ:f-/ n. MAR. sottufficiale m.
petty sessions /ˌpetɪ'seʃnz/ n.pl. BE DIR. = sessioni di collegio speciale giudicante.
petty theft /ˌpetɪ'θeft/ n. DIR. piccolo furto m.
Petula /pə'tju:lə, AE -'tu:-/ n.pr. Petula.
petulance /'petjʊləns, AE -tʃʊ-/ n. irascibilità f.
petulant /'petjʊlənt, AE -tʃʊ-/ agg. irascibile, stizzoso.
petulantly /'petjʊləntlɪ, AE -tʃʊ-/ avv. in modo stizzito.
petunia /pə'tju:nɪə, AE -'tu:-/ n. petunia f.
pew /pju:/ n. banco m. (di chiesa); ***have*** o ***take a ~*** COLLOQ. SCHERZ. prendete posto, accomodatevi.
pewit → **peewit**.
pewter /'pju:tə(r)/ **I** n. **1** *(metal)* peltro m. **2** *(colour)* grigio argentato m. **II** modif. [*plate, pot*] di peltro **III** agg. *(colour)* (grigio) argentato.
PFC n. AE MIL. (⇒ private first class) = caporale.
PFI n. GB (⇒ Private Finance Initiative iniziativa di finanza privata) = sistema con cui i servizi pubblici ottengono finanziamenti da imprese private per lo sviluppo di determinati progetti.
PFLP n. MIL. (⇒ Popular Front for the Liberation of Palestine) = fronte popolare per la liberazione della Palestina.
PG n. **1** CINEM. (⇒ Parental Guidance) = segnalazione di spettacolo al quale i bambini possono assistere solo se accompagnati dai genitori **2** (⇒ paying guest) = ospite pagante.
PGCE n. GB (⇒ postgraduate certificate in education) = diploma post-laurea di specializzazione nell'insegnamento.
pH n. (⇒ potential of hydrogen potenziale idrogeno) pH m.
PH n. MIL. (⇒ Purple Heart) = medaglia conferita per ferite riportate in guerra.
Phaedra /'fi:drə/ n.pr. Fedra.
Phaedrus /'fi:drəs/ n.pr. Fedro.
phaeton /'feɪtn/ n. phaéton m.
phagocyte /'fægəsaɪt/ n. fagocita m.
phagocytosis /ˌfægəsaɪ'təʊsɪs/ n. fagocitosi f.
phalange /'fælændʒ/ n. ANAT. MIL. falange f.
phalangeal /fə'lændʒɪəl/ agg. di falange.
phalanger /fə'lændʒə(r)/ n. *(Australian marsupial)* falangista m.
phalanstery /'fælənstərɪ, AE -sterɪ/ n. falansterio m.
phalanx /'fælæŋks/ n. ANAT. MIL. (pl. **-ges**) falange f.
phalarope /'fælərəʊp/ n. falaropo m.
phalli /'fælaɪ/ → **phallus**.
phallic /'fælɪk/ agg. fallico.
phallus /'fæləs/ n. (pl. **~es**, **-i**) fallo m.
phanerogam /'fænərəgæm/ n. fanerogama f.
phanerogamic /fænərə'gæmɪk/ agg. fanerogamico.
phantasm /'fæntæzəm/ n. **1** *(ghost)* fantasma m. **2** PSIC. illusione f.
phantasmagoria /ˌfæntæzmə'gɒrɪə, AE -'gɔ:rɪə/ n. fantasmagoria f.
phantasmagoric(al) /ˌfæntæzmə'gɒrɪk(l), AE -'gɔ:rɪk(l)/ agg. fantasmagorico.
phantasmagory /fæn'tæzməgɒrɪ, AE -gɔ:rɪ/ n. RAR. fantasmagoria f.
phantasmal /fæn'tæzml/ agg. spettrale.
phantasy → **fantasy**.
▷ **phantom** /'fæntəm/ **I** n. **1** *(ghost)* fantasma m. **2** AER. (anche **~ jet**) Phantom m. **II** modif. [*army, bell, threat*] fantasma.
phantom pregnancy /ˌfæntəm'pregnənsɪ/ n. gravidanza f. isterica.
pharaoh /'feərəʊ/ n. (anche **Pharaoh**) faraone m.
Pharaoh ant /'feərəʊænt/ n. ZOOL. = piccola formica rossa.
pharaonic /ˌfeəreɪ'ɒnɪk/ agg. *(of a Pharaoh)* faraonico.
Pharisaic(al) /ˌfærɪ'seɪk(l)/ agg. farisaico (anche FIG. SPREG.).
Pharisaism /'færɪseɪɪzəm/ n. fariseismo m. (anche FIG. SPREG.).
Pharisee /'færɪsi:/ n. fariseo m. (-a) (anche FIG. SPREG.).
pharma /'fɑ:mə/ n. casa f. farmaceutica; ***big ~*** multinazionale farmaceutica; *(collectively)* multinazionali farmaceutiche.
pharmaceutical /ˌfɑ:mə'sju:tɪkl, AE -'su:-/ agg. farmaceutico.
pharmaceutically /ˌfɑ:mə'sju:tɪklɪ, AE -'su:-/ avv. ***it's a ~ produced hormone*** è un ormone prodotto artificialmente.
pharmaceuticals /ˌfɑ:mə'sju:tɪklz, AE -'su:-/ **I** n.pl. prodotti m. farmaceutici **II** modif. [*industry, factory*] farmaceutico; [*salesman*] di prodotti farmaceutici.

pharmaceutics /ˌfɑːmə'sjuːtɪks, AE -'suː-/ n. + verbo sing. farmaceutica f.
pharmacist /'fɑːməsɪst/ ➧ *27* n. farmacista m. e f.; ***~'s shop*** farmacia.
pharmacological /ˌfɑːməkə'lɒdʒɪkl/ agg. farmacologico.
pharmacologist /ˌfɑːmə'kɒlədʒɪst/ ➧ *27* n. farmacologo m. (-a).
pharmacology /ˌfɑːmə'kɒlədʒɪ/ n. farmacologia f.
pharmacopoeia /ˌfɑːməkə'piːə/ n. farmacopea f.
pharmacy /'fɑːməsɪ/ ➧ *27* n. **1** *(shop)* farmacia f. **2** *(science)* farmaceutica f., farmacologia f.
pharyngal /fə'rɪŋgl/ agg. faringeo, faringale.
pharinges /fæ'rɪndʒiːz/ → **pharynx**.
pharyngitis /ˌfærɪn'dʒaɪtɪs/ ➧ *11* n. faringite f.
pharyngoscope /fə'rɪŋgəskəʊp/ n. faringoscopio m.
pharyngotomy /ˌfærɪŋ'gɒtəmɪ/ n. faringotomia f.
pharynx /'færɪŋks/ n. (pl. **~es, pharynges**) faringe f.
▶ **1.phase** /feɪz/ n. *(all contexts)* fase f.; ***the ~s of the moon*** le fasi lunari; ***to go through a difficult ~*** attraversare un momento difficile; ***it's just a ~ (she's going through)*** è solo una fase (che sta attraversando); ***the war has entered a new ~*** la guerra è entrata in una nuova fase; ***the first ~ of the work*** la prima fase del lavoro; ***to be in ~*** EL. essere in fase; FIG. procedere in modo armonico; ***to be out of ~*** EL. essere fuori fase, sfasato (anche FIG.).
2.phase /feɪz/ tr. programmare [qcs.] in diverse fasi [*changes, innovations, modernization*] (**over** su); ***~d withdrawal of troops*** ritiro graduale delle truppe.
▪ **phase in:** ***~ in [sth.]*** introdurre [qcs.] per fasi successive.
▪ **phase out:** ***~ out [sth.]*** eliminare [qcs.] gradualmente.
phase angle /ˌfeɪz'æŋgl/ n. **1** ASTR. angolo m. di fase **2** EL. differenza f. di fase.
phase-out /'feɪzaʊt/ n. eliminazione f. graduale.
phasor /'feɪzə(r)/ n. fasore m.
phat /fæt/ agg. AE COLLOQ. *(very good, cool)* fico, mitico.
phatic /'fætɪk/ agg. fatico.
PhD n. (⇒ Doctor of Philosophy) = (diploma di) dottore in discipline umanistiche (con specializzazione post-laurea).
Phebe /'fiːbɪ/ n.pr. Phebe (nome di donna).
pheasant /'feznt/ n. (pl. ~, **~s**) fagiano m.; ***~ shooting*** caccia al fagiano.
phellem /'feləm/ n. fellema m.
phellogen /'felədʒən/ agg. fellogeno.
phenacetin /fɪ'næsɪtɪn/ n. fenacetina f.
phenate /'fiːneɪt/ n. fenato m.
phenic /'fiːnɪk/ agg. fenico.
phenix AE → **phoenix**.
phenocryst /'fiːnəkrɪst/ n. fenocristallo m.
phenol /'fiːnɒl/ n. fenolo m.
phenolic /fɪ'nɒlɪk/ agg. fenolico.
phenological /fɪnə'lɒdʒɪkl/ agg. fenologico.
phenology /fiː'nɒlədʒɪ/ n. fenologia f.
phenomena /fə'nɒmɪnə/ → **phenomenon**.
▷ **phenomenal** /fə'nɒmɪnl/ agg. **1** FILOS. [*reality, world*] fenomenico **2** FIG. fenomenale.
phenomenalism /fɪ'nɒmɪnəlɪzəm/ n. fenomenalismo m., fenomenismo m.
phenomenalize /fɪ'nɒmɪnəlaɪz/ tr. = concepire o rappresentare come fenomenico.
phenomenally /fə'nɒmɪnəlɪ/ avv. [*grow, increase*] in modo fenomenale; *(emphatic)* [*stupid, difficult, successful*] mostruosamente.
phenomenological /fəˌnɒmɪnə'lɒdʒɪkl/ agg. fenomenologico.
phenomenologist /fəˌnɒmɪ'nɒlədʒɪst/ n. fenomenologo m. (-a).
phenomenology /fəˌnɒmɪ'nɒlədʒɪ/ n. fenomenologia f.
phenomenon /fə'nɒmɪnən, AE -nɑːn/ n. (pl. **-a**) *(all contexts)* fenomeno m.
phenotype /'fiːnəʊtaɪp/ n. fenotipo m.
phenotypical /fiːnəʊ'tɪpɪkl/ agg. fenotipico.
phenoxide /fɪ'nɒksaɪd/ n. fenossido m.
phenyl /'fiːnaɪl, AE 'fenɪl/ n. fenile m.
phenylalanine /fiːnaɪl'æləniːn, AE fenɪl-/ n. fenilalanina f.
phenylamine /fiːnaɪl'æmɪn, AE fenɪl-/ n. fenilammina f.
pheromone /'ferəməʊn/ n. feromone m., ferormone m.
phew /fjuː/ inter. *(in relief)* fiu; *(when too hot)* pff; *(in surprise)* oh; *(in disgust)* puah.
phial /'faɪəl/ n. fiala f.
Phi Beta Kappa /ˌfaɪbiːtə'kæpə/ n. US UNIV. **1** *(group)* = associazione alla quale sono ammessi soltanto gli studenti più brillanti **2** *(person)* membro m. del Phi Beta Kappa.
Philadelphia /ˌfɪlə'delfɪə/ ➧ *34* n.pr. Filadelfia f.
Philadelphia lawyer /fɪləˌdelfɪə'lɔːjə(r)/ n. AE SPREG. = avvocato scaltro e senza scrupoli.
philander /fɪ'lændə(r)/ intr. fare il cascamorto.
philanderer /fɪ'lændərə(r)/ n. cascamorto m., donnaiolo m.
philandering /fɪ'lændərɪŋ/ n. (il) fare il cascamorto.
philanthropic /ˌfɪlən'θrɒpɪk/ agg. filantropico.
philanthropism /fɪ'lænθrəpɪzəm/ n. filantropismo m.
philanthropist /fɪ'lænθrəpɪst/ n. filantropo m. (-a).
philanthropize /fɪ'lænθrəpaɪz/ **I** intr. *(be philanthropic)* fare il filantropo **II** tr. *(treat philanthropically)* beneficare.
philanthropy /fɪ'lænθrəpɪ/ n. filantropia f.
philatelic /ˌfɪlə'telɪk/ agg. filatelico.
philatelist /fɪ'lætəlɪst/ n. filatelista m. e f.
philately /fɪ'lætəlɪ/ n. filatelia f.
philharmonic /ˌfɪlɑː'mɒnɪk/ **I** n. *(orchestra)* ***the Liverpool ~*** l'Orchestra Filarmonica di Liverpool **II** agg. [*orchestra*] filarmonico; ***~ hall*** filarmonica.
Philip /'fɪlɪp/ n.pr. Filippo.
Philippa /fɪ'lɪpə/ n.pr. Filippa.
philippic /fɪ'lɪpɪk/ n. filippica f.
Philippine /'fɪlɪpiːn/ ➧ *18* agg. filippino, delle Filippine.
Philippines /'fɪlɪpiːnz/ ➧ *6, 12* n.pr.pl. Filippine f.
philistine /'fɪlɪstaɪn/ **I** n. filisteo m. (-a) (anche FIG.); ***don't be such a ~!*** non essere così grossolano! **II** agg. [*attitude*] gretto; [*article*] comune, banale; [*public*] di ignoranti.
philistinism /'fɪlɪstɪnɪzəm/ n. filisteismo m.
Phillips screwdriver® /ˌfɪlɪps'skruːdraɪvə(r)/ n. cacciavite m. a stella.
philodendron /ˌfɪləʊ'dendrən/ n. filodendro m.
philologer /fɪ'lɒlədʒə(r)/ ➧ *27* n. filologo m (-a).
philological /ˌfɪlə'lɒdʒɪkl/ agg. filologico.
philologist /fɪ'lɒlədʒɪst/ ➧ *27* n. filologo m. (-a).
philology /fɪ'lɒlədʒɪ/ n. filologia f.
▷ **philosopher** /fɪ'lɒsəfə(r)/ ➧ *27* n. filosofo m. (-a).
philosopher's stone /fɪˌlɒsəfəz'stəʊn/ n. pietra f. filosofale.
▷ **philosophic(al)** /ˌfɪlə'sɒfɪk(l)/ agg. **1** [*knowledge, question, treatise*] filosofico **2** FIG. *(calm, stoical)* ***to be ~ about sth., to take a ~ view of sth.*** prendere qcs. con filosofia.
philosophically /ˌfɪlə'sɒfɪklɪ/ avv. filosoficamente; ***he took it all very ~*** FIG. ha preso tutto con molta filosofia.
philosophism /fɪ'lɒsəfɪzəm/ n. filosofema m.
philosophist /fɪ'lɒsəfɪst/ n. filosofastro m. (-a).
philosophize /fɪ'lɒsəfaɪz/ intr. filosofare (**about** su).
▷ **philosophy** /fɪ'lɒsəfɪ/ n. filosofia f.; ***my ~ of life*** la mia filosofia di vita; ***~ of science*** filosofia della scienza.
philtre, philter AE /'fɪltə(r)/ n. filtro m. d'amore.
Phineas /'fɪnɪəs/ n.pr. Phineas (nome di uomo).
phishing /'fɪʃɪŋ/ n. phishing m. (forma di frode telematica consistente nell'inviare finte e-mail di banche o altre ditte allo scopo di entrare in possesso dei dati personali del destinatario).
phiz /fɪz/, **phizog** /'fɪzɒg/ n. COLLOQ. SCHERZ. ANT. faccia f., muso m.
phlebitic /flɪ'bɪtɪk/ agg. flebitico.
phlebitis /flɪ'baɪtɪs/ ➧ *11* n. flebite f.
phlebology /flɪ'bɒlədʒɪ/ n. flebologia f.
phlebotomize /flɪ'bɒtəmaɪz/ tr. salassare.
phlebotomy /flɪ'bɒtəmɪ/ n. flebotomia f.
phlegm /flem/ n. **1** MED. muco m., catarro m. **2** *(calm)* flemma f.
phlegmatic /fleg'mætɪk/ agg. flemmatico (**about** su).
phlegmatically /fleg'mætɪklɪ/ avv. flemmaticamente.
phlegmy /'flemɪ/ agg. catarroso.
phlogistic /flə'dʒɪstɪk/ agg. flogistico.
phlogiston /flə'dʒɪstən/ n. flogisto m.
phlox /flɒks/ n. phlox f.
pH meter /piː'eɪtʃmɪtə(r)/ n. misuratore m. di pH.
phobia /'fəʊbɪə/ n. fobia f.; ***to have a ~ about rats, spiders*** avere la fobia dei topi, dei ragni; ***flying ~*** aerofobia, paura di volare.
phobic /'fəʊbɪk/ **I** agg. fobico; ***to be ~ about sth.*** avere la fobia di qcs **II** n. fobico m. (-a).
phocine /'fəʊsɪn/ agg. della, relativo alla foca.
phocomelia /fəʊkəʊ'miːlɪə/ ➧ *11* n. focomelia f.
phocomelic /fəʊkəʊ'miːlɪk/ agg. focomelico.
Phoebe /'fiːbɪ/ n.pr. Phoebe (nome di donna).
Phoebus /'fiːbəs/ n.pr. Febo.
Phoenicia /fɪ'nɪʃɪə/ n.pr. Fenicia f.
Phoenician /fɪ'nɪʃɪən/ **I** agg. fenicio **II** n. **1** *(person)* fenicio m. (-a) **2** *(language)* fenicio m.
phoenix /'fiːnɪks/ n. fenice f.; ***to rise like a ~ from the ashes*** rinascere dalle proprie ceneri come l'araba fenice.

Phoenix /'fi:nɪks/ ◗ *34* n.pr. Phoenix f.
phon /fɒn/ n. FIS. phon m.
phonate /'fəʊneɪt/ intr. emettere suoni.
phonation /fəʊ'neɪʃn/ n. fonazione f.
phonatory /'fəʊnətərɪ, AE -tɔ:rɪ/ agg. fonatorio.
▶ **1.phone** /fəʊn/ n. telefono m.; ***to be on the ~*** *(be talking)* essere al telefono; *(be subscriber)* avere il telefono; ***she's on the ~ to her boyfriend*** è al telefono con il suo ragazzo; ***he told me on*** o ***over the ~ that*** mi ha detto al telefono che; ***can you order by ~?*** si può ordinare per telefono?
▶ **2.phone** /fəʊn/ **I** tr. telefonare a, chiamare [*person, organization*]; ***she ~d her instructions to her lawyer*** ha dato istruzioni per telefono al suo avvocato; ***to ~ Italy*** telefonare in Italia *o* chiamare l'Italia **II** intr. telefonare; ***to ~ for a doctor, taxi*** chiamare un dottore, un taxi.
■ **phone in:** ~ **in** [*listener, viewer*] telefonare, chiamare; ~ **in [sth.]** comunicare [qcs.] per telefono [*information, answers*]; ***she ~d in sick*** ha telefonato (al lavoro) per dire che era malata.
■ **phone up:** ~ **up** telefonare, dare un colpo di telefono; ~ **up [sb.]**, ~ **[sb.] up** telefonare a, chiamare [*person, organization*].
3.phone /fəʊn/ n. LING. fono m.
phone book /'fəʊnbʊk/ n. guida f. telefonica, del telefono.
phone booth /'fəʊnbu:ð, AE -bu:θ/, **phone box** /'fəʊnˌbɒks/ n. cabina f. telefonica, del telefono.
▷ **phone call** /'fəʊnˌkɔ:l/ n. telefonata f.; AMM. comunicazione f. telefonica; ***to make a ~*** fare una telefonata (**to** a).
phone card /'fəʊnkɑ:d/ n. BE carta f. telefonica.
phone-in /'fəʊnɪn/ n. BE = trasmissione radiofonica o televisiva alla quale il pubblico può intervenire telefonando.
phone link /'fəʊnlɪŋk/ n. linea f. telefonica.
phoneme /'fəʊni:m/ n. fonema m.
phonemic /fə'ni:mɪk/ agg. fonemico.
phonemics /fə'ni:mɪks/ n. + verbo sing. fonemica f.
▷ **phone number** /'fəʊnˌnʌmbə(r)/ n. numero m. di telefono, telefonico.
phone tapping /'fəʊnˌtæpɪŋ/ n. **U** intercettazioni f.pl. telefoniche.
phonetic /fə'netɪk/ agg. fonetico.
phonetically /fə'netɪklɪ/ avv. foneticamente.
phonetic alphabet /fəˌnetɪk'ælfəbet/ n. alfabeto m. fonetico.
phonetician /ˌfəʊnə'tɪʃn/ ◗ *27* n. fonetista m. e f., studioso m. (-a) di fonetica.
phonetics /fə'netɪks/ n. + verbo sing. fonetica f.
phonetist /'fəʊnɪtɪst/ n. → **phonetician.**
phone voucher /'fəʊnˌvaʊtʃə(r)/ n. carta f. telefonica prepagata.
phoney /'fəʊnɪ/ **I** n. COLLOQ. SPREG. *(affected person)* persona f. falsa, chi si atteggia a ciò che non è; *(impostor)* impostore m. (-a); *(forgery, fake)* falso m.; ***he's not a real scientist, he's a ~*** non è un vero scienziato, è un ciarlatano **II** agg. COLLOQ. SPREG. [*name, address*] falso; [*accent*] contraffatto; [*company, firm*] fasullo; [*story, excuse*] inventato; [*emotion*] simulato, falso; [*jewel, Old Master*] falso; [*person*] falso, atteggiato; ***there's something ~ about her*** c'è qualcosa di falso in lei.
phoney war /ˌfəʊnɪ'wɔ:(r)/ n. STOR. ***the ~*** = periodo iniziale della seconda guerra mondiale, durante il quale non ci furono scontri.
phonic /'fɒnɪk/ agg. fonico.
phonics /'fɒnɪks/ n. + verbo sing. **1** *(science of sound)* acustica f. **2** *(science of spoken sounds)* fonetica f. **3** *(teaching method)* = metodo fonetico utilizzato per insegnare a leggere.
phonogram /'fəʊnəgræm/ n. fonogramma m.
phonograph /'fəʊnəgrɑ:f, AE -græf/ n. fonografo m., grammofono m.
phonographic /fəʊnə'græfɪk/ agg. fonografico.
phonography /fə'nɒgrəfɪ/ n. fonografia f.
phonolite /'fəʊnəlaɪt/ n. fonolite f.
phonological /ˌfəʊnəlɒdʒɪkl/ agg. fonologico.
phonologically /ˌfəʊnə'lɒdʒɪklɪ/ avv. fonologicamente.
phonologist /fə'nɒlədʒɪst/ ◗ *27* n. fonologo m. (-a).
phonology /fə'nɒlədʒɪ/ n. fonologia f.
phonometer /fə'nɒmɪtə(r)/ n. fonometro m.
phonon /'fəʊnɒn/ n. fonone m.
phonoscope /'fəʊnəskəʊp/ n. fonoscopio m.
phonotype /'fəʊnəʊtaɪp/ n. = carattere di stampa di un simbolo fonetico.
phony → **phoney.**
phony baloney /ˌfəʊnɪbə'ləʊnɪ/ n. AE COLLOQ. **U** scemenze f.pl., stupidaggini f.pl.
phooey /'fu:ɪ/ inter. COLLOQ. bleah.
phosgene /'fɒzdʒi:n/ n. fosgene m.
phosphatase /'fɒsfəteɪs/ n. fosfatasi f.
1.phosphate /'fɒsfeɪt/ **I** n. CHIM. fosfato m. **II phosphates** n.pl. AGR. fosfati m., concimi m. chimici.
2.phosphate /'fɒsfeɪt/ tr. fosfatare.
phosphatic /fɒs'fætɪk/ agg. fosfatico.
phosphatide /'fɒsfətaɪd/ n. fosfatide f.
phosphation /fɒs'feɪʃn/ n. fosfatazione f.
phosphatization /ˌfɒsfətaɪ'zeɪʃn, AE -tɪ'z-/ n. fosfatizzazione f.
phosphatize /'fɒsfətaɪz/ tr. fosfatizzare.
phosphene /'fɒsfi:n/ n. fosfene m.
phosphide /'fɒsfaɪd/ n. fosfuro m.
phosphine /'fɒsfi:n/ n. fosfina f.
phospholipid /ˌfɒsfəʊ'lɪpɪd/ n. fosfolipide m.
phosphoprotein /ˌfɒsfəʊ'prəʊteɪn/ n. fosfoproteina f.
phosphor /'fɒsfə(r)/ n. fosforo m.
phosphorate /'fɒsfəreɪt/ tr. rendere fosforescente.
phosphoresce /ˌfɒsfə'res/ intr. essere fosforescente.
phosphorescence /ˌfɒsfə'resns/ n. fosforescenza f.
phosphorescent /ˌfɒsfə'resnt/ agg. fosforescente.
phosphoret(t)ed /'fɒsfəretɪd/ agg. fosforato.
phosphoric /fɒs'fɒrɪk, AE -'fɔ:r-/ agg. fosforico.
phosphorism /'fɒsfərɪzəm/ ◗ *11* n. fosforismo m.
phosphorite /'fɒsfəraɪt/ n. fosforite f.
phosphorize /'fɒsfəraɪz/ tr. fosforizzare.
phosphorous /'fɒsfərəs/ agg. fosforoso.
phosphorus /'fɒsfərəs/ n. fosforo m.
phosphorylate/fɒs'fɒrɪleɪt, AE -'fɔ:r-/ tr. fosforilare.
▶ **photo** /'fəʊtəʊ/ n. (accorc. photograph) foto f.
photo album /'fəʊtəʊˌælbəm/ n. album m. fotografico, di fotografie.
photobiology /ˌfəʊtəʊbaɪ'ɒlədʒɪ/ n. fotobiologia f.
photo booth /'fəʊtəʊbu:ð, AE -bu:θ/ n. cabina f. (automatica) per le fotografie.
photocall /'fəʊtəʊkɔ:l/ n. BE servizio m. fotografico.
photocatalysis /ˌfəʊtəʊkə'tæləsɪs/ n. (pl. **-es**) fotocatalisi f.
photocathode /ˌfəʊtəʊ'kæθəʊd/ n. fotocatodo m.
photocell /'fəʊtəʊsel/ n. cellula f. fotoelettrica.
photoceptor /ˌfəʊtəʊ'septə(r)/ n. fotorecettore m.
photochemical /ˌfəʊtəʊ'kemɪkl/ agg. fotochimico.
photochemistry /ˌfəʊtəʊ'kemɪstrɪ/ n. fotochimica f.
photochromy /'fəʊtəkrəʊmɪ/ n. fotocromia f.
photocompose /ˌfəʊtəʊkəm'pəʊz/ tr. AE fotocomporre.
photocomposer /ˌfəʊtəʊkəm'pəʊzə(r)/ n. AE fotocompositrice f.
photocomposition /ˌfəʊtəʊˌkɒmpə'zɪʃn/ n. AE fotocomposizione f.
photoconductive /ˌfəʊtəʊkən'dʌktɪv/ agg. fotoconduttivo.
photoconductivity /ˌfəʊtəʊkɒndʌk'tɪvətɪ/ n. fotoconduttività f.
photocopiable /fəʊtəʊ'kɒpɪəbl/ agg. fotocopiabile.
photocopier /'fəʊtəʊkɒpɪə(r)/ n. fotocopiatrice f.
▷ **1.photocopy** /'fəʊtəʊkɒpɪ/ n. fotocopia f.
▷ **2.photocopy** /'fəʊtəʊkɒpɪ/ tr. fotocopiare.
photocopying /'fəʊtəʊkɒpɪɪŋ/ n. fotocopiatura f.
photodiode /ˌfəʊtəʊ'daɪəʊd/ n. fotodiodo m.
photodisintegration /ˌfəʊtəʊdɪsˌɪntɪ'greɪʃn/ n. fotodisintegrazione f.
photodynamic(al) /ˌfəʊtəʊdaɪ'næmɪk(l)/ agg. fotodinamico.
photoelasticity /ˌfəʊtəʊɪlæs'tɪsətɪ/ n. fotoelasticità f.
photoelectric(al) /ˌfəʊtəʊɪ'lektrɪk(l)/ agg. fotoelettrico.
photoelectricity /ˌfəʊtəʊɪlek'trɪsətɪ/ n. fotoelettricità f.
photoelectron /ˌfəʊtəʊɪ'lektrɒn/ n. fotoelettrone m.
photoelectronics /ˌfəʊtəʊɪlek'trɒnɪks/ n. + verbo sing. fotoelettronica f.
photoemission /ˌfəʊtəʊɪ'mɪʃn/ n. fotoemissione f.
photoengrave /ˌfəʊtəʊɪn'greɪv/ tr. fare una fotocalcografia.
photoengraver /ˌfəʊtəʊɪn'greɪvə(r)/ ◗ *27* n. fotocalcografo m. (-a), fotoincisore m.
photoengraving /ˌfəʊtəʊɪn'greɪvɪŋ/ n. fotocalcografia f.
photo finish /ˌfəʊtəʊ'fɪnɪʃ/ n. *(result)* = ordine d'arrivo stabilito dal photo finish; *(picture)* photo finish m.
Photofit® /'fəʊtəʊfɪt/ n. BE Photofit® m.
photoflash /'fəʊtəʊflæʃ/ n. flash m.
photoflood /'fəʊtəʊflʌd/ n. riflettore m.
photog /fə'tɒg/ n. AE COLLOQ. (accorc. photographer) fotografo m. (-a).
photogen /'fəʊtədʒen/ n. RAR. = sostanza, animale ecc. che genera luce.
photogene /'fəʊtədʒi:n/ n. *(afterimage)* immagine f. postuma.
photogenic /ˌfəʊtəʊ'dʒenɪk/ agg. **1** MED. BIOL. *(producing light)* fotogeno **2** *(looking attractive in photographs)* fotogenico.

photogeology /ˌfəʊtəʊdʒɪˈɒlədʒɪ/ n. fotogeologia f.
photogrammetric /ˌfəʊtəʊgræˈmetrɪk/ agg. fotogrammetrico.
photogrammetrist /ˌfəʊtəʊˈgræmətrɪst/ ➧ *27* n. fotogrammetrista m. e f.
photogrammetry /ˌfəʊtəʊˈgræmətrɪ/ n. fotogrammetria f.
▶ **1.photograph** /ˈfəʊtəgrɑːf, AE -græf/ n. fotografia f.; ***in the ~*** nella fotografia; ***to take a ~ of sb., sth.*** prendere *o* scattare una foto a qcn., qcs.; ***he takes a good ~*** *(he is photogenic)* è fotogenico *o* viene bene in foto; *(he takes good photographs)* è un buon fotografo *o* fa delle belle foto; ***I have a ~ of her*** ho una sua fotografia.
▶ **2.photograph** /ˈfəʊtəgrɑːf, AE -græf/ **I** tr. fotografare **II** intr. ***to ~ well*** [*person*] venire bene in fotografia.
photograph album /ˈfəʊtəgrɑːfˌælbəm, AE -græf-/ n. album m. fotografico, di fotografie.
▷ **photographer** /fəˈtɒgrəfə(r)/ ➧ *27* n. fotografo m. (-a).
photographic /ˌfəʊtəˈgræfɪk/ agg. [*method, image, reproduction, art, studio, agency, equipment*] fotografico; [*shop*] di fotografia; [*exhibition*] fotografico, di fotografie; ***to have a ~ memory*** avere memoria fotografica.
photographically /ˌfəʊtəˈgræfɪklɪ/ avv. fotograficamente.
photographic library /fəʊtəˌgræfɪkˈlaɪbrərɪ, AE -brerɪ/ n. fototeca f.
▷ **photography** /fəˈtɒgrəfɪ/ n. fotografia f.
photogravure /ˌfəʊtəʊgrəˈvjʊə(r)/ n. fotoincisione f.
photoionization /ˌfəʊtəʊaɪənaɪˈzeɪʃn, AE -nɪˈz-/ n. fotoionizzazione f.
photojournalism /ˌfəʊtəʊˈdʒɜːnəlɪzəm/ n. fotogiornalismo m.
photojournalist /ˌfəʊtəʊˈdʒɜːnəlɪst/ ➧ *27* n. fotogiornalista m. e f.
photokinesis /ˌfəʊtəʊkaɪˈniːsɪs/ n. fotocinesi f.
photolithograph /ˌfəʊtəʊˈlɪθəgrɑːf, AE -græf/ n. riproduzione f. fotolitografica.
photolithography /ˌfəʊtəʊlɪˈθɒgrəfɪ/ n. fotolitografia f.
photoluminescence /ˌfəʊtəʊluːmɪˈnesns/ n. fotoluminescenza f.
photolysis /fəʊˈtɒləsɪs/ n. (pl. **-es**) fotolisi f.
photomap /ˈfəʊtəʊmæp/ n. carta f. fotogrammetrica.
photomechanical /ˌfəʊtəʊmɪˈkænɪkl/ agg. fotomeccanico.
photometer /fəʊˈtɒmɪtə(r)/ n. fotometro m.
photometric /ˌfəʊtəʊˈmetrɪk/ agg. fotometrico.
photometry /ˌfəʊˈtɒmɪtrɪ/ n. fotometria f.
photomicrograph /ˌfəʊtəʊˈmaɪkrəʊgrɑːf, AE -græf/ n. *(image)* microfotografia f.
photomicrography /ˌfəʊtəʊmaɪˈkrɒgrəfɪ/ n. *(technique)* microfotografia f.
photomontage /ˌfəʊtəʊmɒnˈtɑːʒ/ n. fotomontaggio m.
photomultiplier /ˌfəʊtəʊˈmʌltɪplaɪə(r)/ n. fotomoltiplicatore m.
photon /ˈfəʊtɒn/ n. fotone m.
photoneutron /ˌfəʊtəʊˈnjuːtrɒn, AE -ˈnuː-/ n. fotoneutrone m.
photonuclear /ˌfəʊtəʊˈnjuːklɪə(r), AE -ˈnuː-/ agg. fotonucleare.
photo-offset /ˌfəʊtəʊˈɒfset/ n. offset m.
photo opportunity /ˌfəʊtəʊɒpəˈtjuːnətɪ, AE -ˈtuːn-/ n. = opportunità per un personaggio famoso di venire ripreso dai fotoreporter.
photoperiod /ˌfəʊtəʊˈpɪərɪəd/ n. fotoperiodo m.
photoperiodic /ˌfəʊtəʊpɪərɪˈɒdɪk/ agg. fotoperiodico.
photoperiodism /ˌfəʊtəʊˈpɪərɪədɪzəm/ n. fotoperiodismo m.
photophily /fəʊˈtɒfɪlɪ/ n. fotofilismo m.
photophobia /ˌfəʊtəʊˈfəʊbɪə/ ➧ *11* n. fotofobia f.
photoprint /ˌfəʊtəʊˈprɪnt/ n. stampa f. fotografica.
photorealism /ˌfəʊtəʊˈrɪəlɪzəm/ n. iperrealismo m.
photoreceptor /ˌfəʊtəʊrɪˈseptə(r)/ n. fotorecettore m.
photoreconnaissance /ˌfəʊtəʊrɪˈkɒnɪsns/ n. MIL. = ricognizione effettuata attraverso fotografie aeree.
photosensitive /ˌfəʊtəʊˈsensətɪv/ agg. fotosensibile.
photosensitivity /ˌfəʊtəʊˌsensəˈtɪvətɪ/ n. fotosensibilità f.
photosensitize /ˌfəʊtəʊˈsensətaɪz/ tr. rendere fotosensibile.
photo session /ˈfəʊtəʊˌseʃn/ n. seduta f. fotografica.
photoset /ˈfəʊtəʊset/ tr. (forma in -ing **-tt-**; pass., p.pass. **-set**) fotocomporre.
photo shoot /ˈfəʊtəʊˌʃuːt/ n. → **photo session.**
photosphere /ˈfəʊtəʊsfɪə(r)/ n. fotosfera f.
1.Photostat® /ˈfəʊtəstæt/ n. copia f. fotostatica, fotocopia f.
2.Photostat® /ˈfəʊtəstæt/ tr. (forma in -ing ecc. **-tt-**) fotocopiare.
photosynthesis /ˌfəʊtəʊˈsɪnθəsɪs/ n. (pl. **-es**) fotosintesi f.
photosynthetic /ˌfəʊtəʊsɪnˈθetɪk/ agg. fotosintetico.
phototelegram /ˌfəʊtəʊˈtelɪgræm/ n. fototelegramma m.
phototelegraphy /ˌfəʊtəʊtɪˈlegrəfɪ/ n. fototelegrafia f.
phototherapeutics /ˌfəʊtəʊθerəˈpjuːtɪks/ n. + verbo sing. fototerapia f.
phototherapy /ˌfəʊtəʊˈθerəpɪ/ n. fototerapia f.
phototropic /ˌfəʊtəʊˈtrɒpɪk/ agg. fototropico.
phototropism /ˌfəʊtəʊˈtrəʊpɪzəm/ n. fototropismo m.
phototube /ˈfəʊtəʊtjuːb, AE -tuːb/ n. fototubo m.
phototype /ˈfəʊtəʊtaɪp/ n. *(process)* fototipia f.; *(print)* fototipo m.
phototypesetter /ˌfəʊtəʊˈtaɪpsetə(r)/ ➧ *27* n. AE fotocompositore m. (-trice).
phototypesetting /ˌfəʊtəʊˈtaɪpsetɪŋ/ n. AE fotocomposizione f.
phototypography /ˌfəʊtəʊtaɪˈpɒgrəfɪ/ n. fototipografia f.
phototypy /ˈfəʊtəʊtaɪpɪ/ n. fototipia f.
photovoltaic /ˌfəʊtəʊvɒlˈteɪk/ agg. fotovoltaico.
phrasal verb /ˌfreɪzlˈvɜːb/ n. verbo m. frasale.
▶ **1.phrase** /freɪz/ n. **1** *(expression)* espressione f.; LING. locuzione f.; ***in Rousseau's ~, "..."*** per usare un'espressione di Rousseau, "..." **2** LING. *(part of clause)* sintagma m.; ***noun, verb ~*** sintagma nominale, verbale; ***adverbial ~*** locuzione avverbiale **3** MUS. frase f.
2.phrase /freɪz/ tr. **1** *(formulate)* esprimere [*idea*]; formulare [*question, notion, sentence, speech*]; ***a neatly ~d letter*** una lettera ben scritta **2** MUS. fraseggiare.
phrasebook /ˈfreɪzbʊk/ n. manuale m. di conversazione.
phrase marker /ˈfreɪzˌmɑːkə(r)/ n. indicatore m. sintagmatico.
phrasemonger /ˈfreɪzˌmʌŋgə(r)/ n. = chi parla in modo pomposo ed enfatico.
phraseogram /ˈfreɪzɪəgræm/ n. = simbolo stenografico che rappresenta più parole.
phraseology /ˌfreɪzɪˈɒlədʒɪ/ n. fraseologia f.
phrasing /ˈfreɪzɪŋ/ n. **1** *(of thought)* espressione f.; *(of sentence)* formulazione f.; *(of letter)* stesura f. **2** MUS. fraseggio m.
phratry /ˈfreɪtrɪ/ n. STOR. fratria f.
phreak /friːk/ n. GERG. pirata m. (informatico) telefonico.
phreatic /frɪˈætɪk/ agg. freatico.
phrenetic → **frenetic**.
phrenic /ˈfrenɪk/ agg. ANAT. frenico.
phrenological /frenɒˈlədʒɪkl/ agg. frenologico.
phrenologist /frəˈnɒlədʒɪst/ ➧ *27* n. frenologo m. (-a).
phrenology /frəˈnɒlədʒɪ/ n. frenologia f.
Phrygian cap /ˌfrɪdʒɪənˈkæp/ n. berretto m. frigio.
phthalate /ˈθæleɪt/ n. ftalato m.
phthalein /ˈθælɪɪn/ n. ftaleina f.
phthalic /ˈθælɪk/ agg. ftalico.
phthises /ˈθaɪsiːz/ → **phthisis**.
phthisic(al) /ˈθɪzɪk(l)/ agg. tisico.
phthisiology /ˌθɪzɪˈɒlədʒɪ/ n. tisiologia f.
phthisis /ˈθaɪsɪs/ ➧ *11* n. (pl. **-es**) tisi f.
phut /fʌt/ avv. COLLOQ. ***to go ~*** [*machine, car*] partire, rompersi; [*plans*] andare a rotoli.
phycology /faɪˈkɒlədʒɪ/ n. ficologia f.
phyla /ˈfaɪlə/ → **phylum**.
phylactery /fɪˈlæktərɪ/ n. RELIG. filatterio m.
phyletic /faɪˈletɪk/ agg. filogenetico, filetico.
phyllite /ˈfɪlaɪt/ n. fillade f.
phyllode /ˈfɪləʊd/ n. fillodio m.
phyllotaxis /ˌfɪləˈtæksɪs/ n. fillotassi f.
phylloxera /ˌfɪlɒkˈsɪərə, fɪˈlɒksərə/ n. (pl. **~s**, **-ae**) fillossera f.
phylogenesis /ˌfaɪləʊˈdʒenəsɪs/, **phylogeny** /faɪˈlɒdʒɪnɪ/ n. filogenesi f.
phylogenic /ˌfaɪləʊˈdʒenɪk/, **phylogenetic** /ˌfaɪləʊdʒɪˈnetɪk/ agg. filogenetico.
phylum /ˈfaɪləm/ n. (pl. **-a**) phylum m.
physic /ˈfɪzɪk/ n. ANT. *(art of medicine)* scienza f. medica, medicina f.; *(drug)* medicina f., medicamento m.
▶ **physical** /ˈfɪzɪkl/ **I** agg. **1** *(of the body)* [*strength, pain, violence, handicap, symptom*] fisico; ***~ abuse*** sevizie; ***it's a ~ impossibility*** è materialmente impossibile; ***she's very ~*** *(demonstrative)* si esprime molto con il corpo; ***did he get ~?*** *(become intimate)* ci ha provato? *(in quarrel) (become violent)* è passato alle mani? **2** [*chemistry, science, property*] fisico **II** n. COLLOQ. visita f. (medica); ***to have a ~*** andare a fare una visita (medica).
physical anthropology /ˌfɪzɪklænθrəˈpɒlədʒɪ/ n. antropologia f. fisica.
physical culture /ˌfɪzɪklˈkʌltʃə(r)/ n. culturismo m.
physical education /ˌfɪzɪkledʒʊˈkeɪʃn/ n. educazione f. fisica.
physical examination /ˌfɪzɪklɪgˌzæmɪˈneɪʃn/ n. visita f. (medica).
physical fitness /ˌfɪzɪklˈfɪtnɪs/ n. forma f. (fisica).
physical geography /ˌfɪzɪkldʒɪˈɒgrəfɪ/ n. geografia f. fisica.
physical jerks /ˌfɪzɪklˈdʒɜːks/ n.pl. BE COLLOQ. ANT. esercizi m. ginnici.

▷ **physically** /ˈfɪzɪklɪ/ avv. fisicamente; ***it is ~ impossible to*** è materialmente impossibile che; ***to be ~ abused*** essere seviziato.
physically handicapped /ˌfɪzɪklɪˈhændɪkæpt/ **I** n. + verbo pl. ***the ~*** gli handicappati (fisici) **II** agg. ***to be ~*** essere fisicamente handicappato.
physical sciences /ˌfɪzɪklˈsaɪənsɪz/ n.pl. scienze f. fisiche.
physical therapist /ˌfɪzɪklˈθerəpɪst/ ➧ **27** n. AE MED. fisioterapista m. e f.
physical therapy /ˌfɪzɪklˈθerəpɪ/ n. AE MED. fisioterapia f.
physical training /ˌfɪzɪklˈtreɪnɪŋ/ n. allenamento m.
▷ **physician** /fɪˈzɪʃn/ ➧ **27** n. BE ANT., AE medico m. generico; BE (medico) specialista m.
▷ **physicist** /ˈfɪzɪsɪst/ ➧ **27** n. fisico m. (-a), studioso m. (-a) di fisica.
▷ **physics** /ˈfɪzɪks/ n. + verbo sing. fisica f.; ***theoretical ~*** fisica teorica; ***the ~ of sound, motion*** la fisica del suono, del moto.
physio /ˈfɪzɪəʊ/ ➧ **27** n. BE COLLOQ. **1** (accorc. physiotherapist) fisioterapista m. e f. **2** (accorc. physiotherapy) fisioterapia f.
physiocracy /ˌfɪzɪˈɒkrəsɪ/ n. fisiocrazia f.
physiocrat /ˈfɪzɪəkræt/ n. fisiocrate m. e f.
physiocratic /ˌfɪzɪəˈkrætɪk/ agg. fisiocratico.
physiognomical /ˌfɪzɪəˈnɒmɪkl, AE -ɪɒgˈnɒ-/ agg. **1** *(pertaining to facial features)* fisionomico **2** *(pertaining to the rules of physiognomy)* fisiognomico.
physiognomist /ˌfɪzɪˈɒnəmɪst, AE -ˈɒgnəmɪst/ n. **1** *(skilled in recognising people's features)* fisionomista m. e f. **2** *(skilled in the practice of physiognomy)* fisiognomo m. (-a).
physiognomy /ˌfɪzɪˈɒnəmɪ, AE -ˈɒgnəmɪ/ n. **1** *(facial features)* fisionomia f. (**of** di) **2** *(practice of judging character from facial features)* fisiognomica f., fisiognomia f.
physiography /ˌfɪzɪˈɒgrəfɪ/ n. fisiografia f., geomorfologia f.
▷ **physiological** /ˌfɪzɪəˈlɒdʒɪkl/ agg. fisiologico.
physiologically /ˌfɪzɪəˈlɒdʒɪklɪ/ avv. fisiologicamente.
physiologist /ˌfɪzɪˈɒlədʒɪst/ ➧ **27** n. fisiologo m. (-a).
physiology /ˌfɪzɪˈɒlədʒɪ/ n. fisiologia f.
physiopathology /ˌfɪzɪəʊpəˈθɒlədʒɪ/ n. fisiopatologia f.
physiotherapist /ˌfɪzɪəʊˈθerəpɪst/ ➧ **27** n. fisioterapista m. e f.
physiotherapy /ˌfɪzɪəʊˈθerəpɪ/ n. fisioterapia f.
physique /fɪˈziːk/ n. fisico m., corporatura f.
phytochemistry /ˌfaɪtəʊˈkemɪstrɪ/ n. fitochimica f.
phytogenesis /ˌfaɪtəʊˈdʒenəsɪs/ n. fitogenesi f.
phytogenic /ˌfaɪtəˈdʒenɪk/ agg. fitogeno, fitogenico.
phytogeography /ˌfaɪtəʊdʒɪˈɒgrəfɪ/ n. fitogeografia f.
phytography /ˌfaɪˈtɒgrəfɪ/ n. botanica f. descrittiva.
phytology /ˌfaɪˈtɒlədʒɪ/ n. fitologia f.
phytopathology /ˌfaɪtəʊpəˈθɒlədʒɪ/ n. fitopatologia f.
phytophagous /ˌfaɪˈtɒfəgəs/ agg. fitofago.
phytoplankton /ˌfaɪtəʊˈplæŋktən/ n. fitoplancton m.
phytosterol /faɪˈtɒstərɒl/ n. fitosterolo m.
phytotoxic /ˌfaɪtəˈtɒksɪk/ agg. fitotossico.
1.pi /paɪ/ n. MAT. pi m. greco.
2.pi /paɪ/ agg. COLLOQ. SCOL. bigotto, bacchettone.
3.pi AE → **3.pie**, **4.pie**.
piacular /paɪˈækjuːlə(r)/ agg. *(expiatory)* espiatorio; *(sinful)* peccaminoso.
1.piaffe /pɪˈæf/ n. EQUIT. ciambella f., trotto m. sul posto.
2.piaffe /pɪˈæf/ intr. EQUIT. piaffare, eseguire la ciambella.
pia mater /paɪəˈmeɪtə(r)/ n. piamadre f.
pianissimo /ˌpɪəˈnɪsɪməʊ/ **I** n. MUS. pianissimo m. **II** modif. MUS. ***~ passage*** pianissimo **III** avv. MUS. pianissimo.
▷ **pianist** /ˈpɪənɪst, AE pɪˈænɪst/ ➧ **27** n. pianista m. e f.
▷ **1.piano** /pɪˈænəʊ/ ➧ **17** **I** n. (pl. **~s**) *(instrument)* pianoforte m., piano m. **II** modif. [*key*] del piano(forte); [*lesson, teacher*] di piano(forte); [*tuner*] di pianoforti; [*concerto, music, piece*] pianistico, per pianoforte; [*quartet*] con pianoforte.
2.piano /pɪˈænəʊ/ **I** n. MUS. *(direction)* piano m. **II** modif. MUS. ***~ passage*** piano **III** avv. MUS. piano.
piano accordion /pɪˌænəʊəˈkɔːdɪən/ ➧ **17** n. fisarmonica f.
piano bar /pɪˈænəʊˌbɑː(r)/ n. piano-bar m.
pianoforte /ˌpɪænəʊˈfɔːtɪ/ ➧ **17** n. FORM. pianoforte m.
pianola® /pɪəˈnəʊlə/ ➧ **17** n. pianola f. (meccanica).
piano organ /pɪˈænəʊˌɔːgən/ ➧ **17** n. organetto m.
piano player /pɪˈænəʊˌpleɪə(r)/ n. → **pianist**.
piano roll /pɪˈænəʊˌrəʊl/ n. rullo m. perforato (per pianola).
piano stool /pɪˈænəʊˌstuːl/ n. sgabello m. da pianoforte.
piano wire /pɪˈænəʊˌwaɪə(r)/ n. filo m. armonico.
piaster, **piastre** /pɪˈæstə(r)/ n. *(coin)* piastra f.
piazza /pɪˈætsə/ n. **1** *(public square)* piazza f. **2** AE *(veranda)* veranda f.
pibroch /ˈpiːbrɒk/ n. = marce per cornamusa.
pic /pɪk/ n. COLLOQ. (accorc. picture) foto f.
1.pica /ˈpaɪkə/ n. TIP. pica f.
2.pica /ˈpaɪkə/ n. MED. *(craving)* pica f.
picador /ˈpɪkədɔː(r)/ n. picador m.
Picardy /ˈpɪkədɪ/ ➧ **24** n.pr. Piccardia f.; ***in ~*** in Piccardia.
picaresque /ˌpɪkəˈresk/ agg. picaresco.
picaroon /ˌpɪkəˈruːn/ n. ANT. *(scoundrel)* picaro m.; *(pirate)* pirata m.; *(pirate ship)* nave f. pirata.
picayune /ˌpɪkəˈjuːn/ agg. AE COLLOQ. ANT. meschino.
piccalilli /ˌpɪkəˈlɪlɪ/ n. **U** = tipo di giardiniera con senape e spezie.
piccaninny /ˌpɪkəˈnɪnɪ/ n. COLLOQ. SPREG. negretto m. (-a).
piccolo /ˈpɪkələʊ/ ➧ **17** n. (pl. **~s**) ottavino m.
piccoloist /ˈpɪkələʊɪst/ ➧ **27** n. suonatore m. (-trice) di ottavino.
piceous /ˈpɪsɪəs/ agg. piceo, nero come la pece.
1.pick /pɪk/ n. *(tool)* piccone m.; *(of miner, geologist)* piccone m.; *(of climber)* piccozza f.; *(of mason)* martellina f.; ***to dig with a ~*** scavare col piccone.
2.pick /pɪk/ n. **1** *(choice)* scelta f.; ***to have one's ~ of*** avere la scelta tra; ***to take one's ~ of*** fare la propria scelta tra; ***take your ~*** scegli, prendine uno; ***to get first ~*** scegliere per primo *o* essere il primo a scegliere **2** *(best)* il meglio; ***the ~ of the crop*** *(fruit)* la frutta di prima scelta; ***the ~ of this month's new films*** il più bello fra i film usciti in questo mese; ***the ~ of the bunch*** il migliore (del gruppo).
▶ **3.pick** /pɪk/ **I** tr. **1** *(choose, select)* scegliere (**from** tra); SPORT selezionare [*player*] (**from** tra); formare [*team*]; ***"~ a card, any card"*** "pesca una carta, una qualsiasi"; ***to be ~ed for England, for the team*** essere selezionati per giocare nella nazionale inglese, per far parte della squadra; ***you ~ed the right person, a good time to do it*** hai scelto la persona giusta, il momento giusto per farlo (anche IRON.); ***you ~ed the wrong man*** o ***person*** hai scelto la persona sbagliata; ***he certainly knows how to ~ them!*** lui sì che li sa scegliere bene! (anche IRON.); ***to ~ a fight*** *(physically)* cercare la rissa (**with** con); ***to ~ a fight*** o ***a quarrel*** attaccare briga (**with** con) **2** ***to ~ one's way through*** camminare con cautela tra [*rubble, litter*]; ***to ~ one's way down*** scendere con precauzione da [*mountain, slope*] **3** *(pluck, gather)* cogliere [*fruit, flowers*] **4** *(poke at)* stuzzicare [*spot, scab*]; grattare [*skin*]; ***to ~ sth. from*** o ***off sth.*** togliere, staccare qcs. da qcs.; ***to ~ one's nose*** mettersi le dita nel naso; ***to ~ one's teeth*** pulirsi i denti (con uno stuzzicadenti); ***to ~ a hole in one's sweater*** fare un buco nella maglia (tirando i fili); ***to ~ a lock*** forzare una serratura; ***to ~ sb.'s pocket*** borseggiare qcn. **II** intr. *(choose)* scegliere; ***you can afford to ~ and choose*** ti puoi permettere di essere esigente *o* di fare il difficile (nella scelta) (**among, between** tra).
▪ **pick at:** **~ at [sth.]** **1** [*person*] piluccare [*food*]; stuzzicare, toccare [*spot, scab*]; palpare [*fabric*]; cercare di sciogliere [*knot*] **2** [*bird*] becchettare [*crumbs*]; **~ at [sb.]** AE *(harass, single out)* arrabbiarsi, prendersela con.
▪ **pick off:** **~ [sb.] off, ~ off [sb.]** *(kill)* abbattere; ***he ~ed them off one by one*** li ha eliminati uno dopo l'altro; ***lions ~ off any stragglers*** i leoni assalgono chi resta indietro; **~ [sth.] off, ~ off [sth.]** levare, togliere; **~ [sth.] off sth.** cogliere [qcs.] da qcs. [*apple, cherry*]; ***to ~ sth. off the floor*** tirare su qcs. dal pavimento; ***to ~ sth. off the top of a cake*** prendere qcs. da sopra la torta.
▪ **pick on:** **~ on [sb.]** *(harass, single out)* arrabbiarsi, prendersela con; ***stop ~ing on me!*** smettila di prendertela con me! ***~ on someone your own size!*** è troppo facile prendersela con i più deboli!
▪ **pick out:** **~ [sb., sth.] out, ~ out [sb., sth.]** **1** *(select)* selezionare; *(single out)* individuare; ***to be ~ed out from the group*** essere notato nel gruppo; ***to ~ out three winners*** selezionare tre vincitori (**from** tra) **2** *(make out, distinguish)* distinguere [*object, landmark*]; capire, afferrare [*words*]; riconoscere [*person in photo, suspect*]; scorgere [*person in crowd*]; ***to ~ out the theme in a variation*** riconoscere un tema in una variazione **3** *(highlight)* [*person, artist*] mettere in risalto, evidenziare [*title, letter*]; [*torch, beam*] illuminare [*form, object*]; ***to be ~ed out in red*** essere evidenziato in rosso **4** ***to ~ out a tune (on the piano)*** strimpellare un motivo (al pianoforte).
▪ **pick over:** **~ [sth.] over, ~ over [sth.]** **1** esaminare uno a uno, con cura [*articles, lentils, raisins*] **2** FIG. analizzare accuratamente, fare un'analisi accurata di [*film, book*].
▪ **pick up:** **~ up** **1** *(improve)* [*trade, market, business*] essere in ripresa; [*weather, performance, health*] migliorare; [*sick person*] ristabilirsi; ***things have ~ed up slightly*** le cose stanno cominciando ad andare meglio **2** *(resume)* riprendere; ***to ~ up (from) where one left off*** riprendere da dove ci si era fermati; **~ [sb., sth.] up, ~ up [sb., sth.]** **1** *(lift, take hold of)* *(to tidy)* raccogliere

[*object, litter, toys, clothes*]; *(to examine)* prendere (in mano); *(after fall)* tirare su [*person, child*]; *(for cuddle)* prendere fra le braccia [*person, child*]; ***to ~ sth. up in*** o ***with one's left hand*** prendere qcs. con la (mano) sinistra; ***to ~ up the telephone*** alzare la cornetta (del telefono); ***the wave ~ed up the boat*** l'onda fece sollevare il battello; ***to ~ up the bill*** o ***tab*** COLLOQ. pagare il conto **2** *(collect)* dare un passaggio a [*hitcher*]; caricare [*cargo*]; fare salire [*passenger*]; (andare a) ritirare [*dry-cleaning, ticket, keys*]; andare a prendere [*person from airport, station*]; ***could you ~ me up?*** puoi venirmi a prendere? **~ [sth.] up, ~ up [sth.]** **1** *(buy)* prendere, comprare [*milk, bread, newspaper*]; ***to ~ up a bargain, a find*** fare un (buon) affare; ***could you ~ up some milk on the way home?*** puoi passare a prendere il latte mentre torni a casa? **2** *(learn, acquire)* imparare [*language*]; prendere [*habit, accent*]; sviluppare [*skill*]; ***where did he ~ up those manners?*** chi gli ha insegnato l'educazione? ***I'm hoping to ~ up some tips*** spero di ricevere qualche consiglio; ***it's not difficult, you'll soon ~ it up*** non è difficile, imparerai in fretta **3** *(catch)* prendere [*illness, cold, infection*] **4** *(notice, register)* [*person*] scovare, scoprire [*mistake, error*]; [*person, machine*] trovare, rilevare [*defect*] **5** *(detect)* [*person, animal*] trovare [*trail, scent*]; [*searchlight, radar*] segnalare la presenza di, individuare [*aircraft, person, object*]; RAD. TEL. captare [*signal*]; prendere, ricevere [*broadcast*] **6** *(gain, earn)* guadagnare [*point*]; crescere, aumentare di [*size*]; ***to ~ up a reputation*** farsi una brutta fama; ***to ~ up speed*** prendere velocità **7** *(resume)* riprendere [*conversation, career*]; ***you'll soon ~ up your Italian again*** ricomincerai in fretta a parlare italiano; ***to ~ up the pieces (of one's life)*** rimettere insieme i cocci (della propria vita); **~ [sb.] up, ~ up [sb.]** **1** *(rescue)* [*helicopter, ship*] soccorrere, portare in salvo [*person*] **2** *(arrest)* [*police*] arrestare [*suspect*] **3** *(meet)* SPREG. abbordare [*person*]; rimorchiare [*partner*]; caricare (in macchina) [*prostitute*] **4** *(find fault with)* riprendere, fare delle critiche a [*person*] (**on** su); ***they'll ~ you up for being improperly dressed*** ti critícheranno per come sei vestito; **~ oneself up** **1** *(get up)* alzarsi **2** FIG. *(recover)* riprendersi, rimettersi.

pickaback /ˈpɪkəbæk/ → **1.piggyback, 2.piggyback.**

pickaninny AE → **piccaninny.**

1.pickaxe BE, **pickax** AE /ˈpɪkæks/ n. piccone m.

2.pickaxe BE, **pickax** AE /ˈpɪkæks/ **I** tr. rompere [qcs.] con il piccone [*soil, stone*] **II** intr. lavorare con il piccone.

▷ **picked** /pɪkt/ **I** p.pass → **3.pick II** agg. **1** *(chosen)* [*person*] scelto, selezionato **2** *(gathered)* [*fruit*] colto (dall'albero).

picker /ˈpɪkə(r)/ n. raccoglitore m. (-trice).

pickerel /ˈpɪkərəl/ n. (pl. ~, ~s) luccio m. nero.

1.picket /ˈpɪkɪt/ n. **1** *(in strike) (group of people)* picchetto m.; *(one person)* picchettatore m. (-trice); ***to be on a ~*** fare picchettaggio; ***flying ~*** picchetto volante **2** MIL. *(detachment)* picchetto m.; *(one soldier)* sentinella f., soldato m. di guardia; ***fire ~*** pronto intervento antincendio **3** *(stake)* picchetto m., piolo m.

2.picket /ˈpɪkɪt/ **I** tr. **1** *(to stop work)* picchettare [*factory, site*]; *(to protest)* manifestare, dimostrare davanti a [*hall, meeting place, embassy*] **2** *(fence in)* picchettare [*land*] **II** intr. fare picchettaggio.

picket duty /ˈpɪkɪtˌdjuːtɪ, AE -ˌduːtɪ/ n. ***to be on ~*** fare parte di un picchetto; MIL. essere di picchetto.

picket fence /ˌpɪkɪtˈfens/ n. palizzata f.

picketing /ˈpɪkɪtɪŋ/ n. **U** picchettaggio m.

picket line /ˈpɪkɪtlaɪn/ n. *(outside factory etc.)* picchetto m.; *(outside embassy etc.)* cordone m. di dimostranti; ***to cross the ~*** superare il picchetto.

▷ **picking** /ˈpɪkɪŋ/ **I** n. *(of crop)* raccolta f. **II pickings** n.pl. *(rewards)* guadagni m.; ***there'll be slim ~s for us on this job*** non tireremo su molto con questo lavoro.

1.pickle /ˈpɪkl/ n. **1 U** *(preserved food)* sottaceti m.pl.; ***cheese and ~*** formaggio e sottaceti **2 C** *(item) (gherkin)* cetriolino m. sott'aceto; ***~s*** cetriolini sott'aceto **3 U** *(preserving substance) (brine)* salamoia f.; *(vinegar)* aceto m.; *(marinade)* marinata f. ◆ ***to be in a ~*** SCHERZ. essere nei pasticci.

2.pickle /ˈpɪkl/ tr. **1** *(in vinegar)* mettere sott'aceto; *(in brine)* mettere in salamoia **2** MECC. decapare [*metal*].

pickled /ˈpɪkld/ **I** p.pass. → **2.pickle II** agg. **1** GASTR. [*onion, gherkin*] sott'aceto **2** BE COLLOQ. *(drunk)* sbronzo.

pickling /ˈpɪklɪŋ/ n. decapaggio m.

picklock /ˈpɪklɒk/ n. **1** *(tool)* gancio m., uncino m.; *(of burglar)* grimaldello m. **2** *(burglar)* scassinatore m. (-trice).

pick-me-up /ˈpɪkmɪʌp/ n. COLLOQ. *(drink)* cordiale m.; *(medicine)* ricostituente m.

pickpocket /ˈpɪkpɒkɪt/ n. borseggiatore m. (-trice).

▷ **pickup** /ˈpɪkʌp/ n. **1** *(of record player)* pick-up m., fonorivelatore m. **2** *(on electric guitar)* pick-up m., trasduttore m. **3** RAD. TELEV. *(reception)* ricezione f. **4** COLLOQ. *(sexual partner)* partner m. e f. occasionale **5** *(collection) (of goods)* raccolta f.; *(passenger)* = passeggero fatto salire lungo la strada; ***the school bus makes about twenty ~s*** lo scuolabus fa una ventina di fermate; ***I've still got a number of ~s to make*** devo ancora passare a prendere un po' di persone **6** AUT. *(acceleration)* ripresa f. **7** *(improvement, revival) (in business, economy)* ripresa f. (**in** di) **8** *(truck)* pick-up m., furgoncino m. (a sponde basse).

pickup arm /ˈpɪkʌpɑːm/ n. fonorivelatore m., pick-up m.

pickup point /ˈpɪkʌpˌpɔɪnt/ n. *(for passengers)* punto m. di raccolta; *(for goods)* punto m. di carico.

pickup truck /ˈpɪkʌptrʌk/, **pickup van** /ˈpɪkʌpvæn/ BE n. pick-up m., furgoncino m. (a sponde basse).

picky /ˈpɪkɪ/ agg. COLLOQ. difficile (**about** in); ***to be a ~ eater*** essere difficile nel mangiare.

pick your own /ˌpɪkjʊərˈəʊn/ n. = fattoria in cui è possibile raccogliere da soli la frutta e la verdura che si vogliono acquistare.

▷ **1.picnic** /ˈpɪknɪk/ n. picnic m.; ***to go for*** o ***on a ~*** (andare a) fare un picnic ◆ ***it's no ~!*** non è una passeggiata!

2.picnic /ˈpɪknɪk/ intr. (forma in -ing ecc. **-ck-**) fare un picnic.

picnic basket /ˈpɪknɪkˌbɑːskɪt, AE -ˌbæskɪt/ n. cestino m. da picnic.

picnic ham /ˈpɪknɪkˌhæm/ n. prosciutto m. di spalla.

picnic hamper /ˈpɪknɪkˌhæmpə(r)/ n. cesta f. da picnic.

picnicker /ˈpɪknɪkə(r)/ n. chi fa un picnic.

picnic lunch /ˈpɪknɪkˌlʌntʃ/ n. pranzo m. al sacco.

picot /ˈpiːkəʊ/ n. festoncino m.

picotee /pɪkəˈtiː/ n. = garofano con screziature sull'orlo dei petali.

picquet /ˈpɪkɪt/ n. *(stake)* picchetto m., piolo m.

picrate /ˈpɪkreɪt/ n. picrato m.

Pict /pɪkt/ n. STOR. pitto m. (-a).

Pictish /ˈpɪktɪʃ/ **I** agg. pitto **II** n. lingua f. dei Pitti.

pictogram /ˈpɪktəgræm/, **pictograph** /ˈpɪktəgrɑːf, AE -græf/ n. **1** *(symbol)* pittogramma m. **2** *(chart)* = mappa in cui le informazioni sono rappresentate da disegni.

pictorial /pɪkˈtɔːrɪəl/ **I** agg. **1** *(in pictures)* [*calendar, magazine*] illustrato; [*record, information*] grafico; [*style, technique, means*] pittorico **2** *(resembling pictures)* [*language, description*] figurato **II** n. ANT. giornale m. illustrato.

pictorially /pɪkˈtɔːrɪəlɪ/ avv. **1** *(by means of pictures)* [*portray*] per immagini; [*show*] con immagini **2** *(from a pictorial point of view)* pittoricamente.

▶ **1.picture** /ˈpɪktʃə(r)/ **I** n. **1** *(visual depiction) (painting)* quadro m., pittura f.; *(drawing)* disegno m.; *(in book)* illustrazione f.; *(in child's book)* figura f.; *(in mind)* immagine f.; ***to draw a ~ of sb., sth.*** disegnare qcn., qcs.; ***to paint a ~ of sb., sth.*** dipingere qcn., qcs.; ***to paint sb.'s ~*** fare il ritratto di qcn. **2** FIG. *(description)* descrizione f., quadro m.; ***to paint a ~ of sb., sth.*** descrivere qcn., qcs.; ***to paint*** o ***draw a gloomy ~ of sth.*** dipingere qcs. a tinte fosche; ***to paint*** o ***draw an optimistic ~ of sth.*** fare un quadro ottimistico di qcs.; ***to give*** o ***present a clear, accurate ~ of sth.*** fare un quadro chiaro, accurato di qcs. **3** FOT. fotografia f., foto f.; ***to take a ~ (of sb., sth.)*** scattare *o* fare una foto (a qcn., a qcs.) **4** FIG. *(overview)* situazione f.; ***to get the ~*** capire come stanno le cose *o* cogliere la situazione; ***to put, keep sb. in the ~*** mettere, tenere qcn. al corrente; ***to be in the ~*** essere al corrente **5** CINEM. *(film)* film m.; ***to make a ~*** fare un film **6** TELEV. immagine f.; ***the ~ is blurred*** l'immagine è sfocata **II pictures** n.pl. COLLOQ. ***the ~s*** il cinema; ***to go to the ~s*** andare al cinema ◆ ***to be the ~ of health*** essere il ritratto della salute; ***to be the ~ of sb.*** essere il ritratto di qcn.; ***to look*** o ***be a ~*** sembrare dipinto; ***her face was a ~!*** la sua espressione la diceva lunga!

2.picture /ˈpɪktʃə(r)/ tr. **1** *(form mental image of)* immaginare [*person, place, scene*] **2** *(show in picture form)* ***to be ~d*** essere ritratto; ***the vase (~d above) is*** il vaso (nell'immagine in alto) è.

picture book /ˈpɪktʃəbʊk/ n. libro m. illustrato.

picture card /ˈpɪktʃəkɑːd/ n. GIOC. figura f.

picture desk /ˈpɪktʃədesk/ n. GIORN. redazione f. fotografica.

picture editor /ˌpɪktʃərˈedɪtə(r)/ ♦ ***27*** n. GIORN. direttore m. (-trice) della redazione fotografica.

picture frame /ˈpɪktʃəfreɪm/ n. cornice f.

picture framer /ˈpɪktʃəˌfreɪmə(r)/ ♦ ***27*** n. corniciaio m. (-a).

picture framing /ˈpɪktʃəˌfreɪmɪŋ/ n. incorniciatura f.

picture gallery /ˈpɪktʃəˌgælərɪ/ n. pinacoteca f.

picture hat /ˈpɪktʃəhæt/ n. = cappello da donna a tesa larga.

picture hook /ˈpɪktʃəhʊk/ n. gancetto m. (per appendere i quadri).

picture house /ˈpɪktʃəhaʊs/, **picture palace** /ˈpɪktʃəˌpælɪs/ n. ANT. cinematografo m.
picture postcard /ˌpɪktʃəˈpəʊstkɑːd/ n. cartolina f. illustrata.
picture rail /ˈpɪktʃəreɪl/ n. = listello usato per fissare i chiodi a cui appendere i quadri.
picturesque /ˌpɪktʃəˈresk/ agg. pittoresco.
picturesquely /ˌpɪktʃəˈresklɪ/ avv. in modo pittoresco.
picturesqueness /ˌpɪktʃəˈresknɪs/ n. (l')essere pittoresco.
picture window /ˈpɪktʃəˌwɪndəʊ/ n. = grande finestra composta da un solo pannello.
picture wire /ˈpɪktʃəwaɪə(r)/ n. = tipo di filo sottile ma resistente usato per appendere i quadri.
picture writing /ˈpɪktʃəˌraɪtɪŋ/ n. scrittura f. ideografica.
PID n. (⇒ pelvic inflammatory disease) = processo flogistico pelvico.
1.piddle /ˈpɪdl/ n. COLLOQ. INFANT. ***to go for a ~*** andare a fare pipì.
2.piddle /ˈpɪdl/ intr. COLLOQ. INFANT. *(urinate)* fare pipì.
▪ **piddle away:** ~ ***away [sth.]***, ~ ***[sth.] away*** sprecare, perdere [*time*]; buttare via [*life*].
▪ **piddle down** BE ***it's piddling down*** pioviggina.
piddling /ˈpɪdlɪŋ/ agg. COLLOQ. insignificante, inutile.
piddock /ˈpɪdək/ n. folade f.
pidgin /ˈpɪdʒɪn/ n. **1** pidgin m. **2** (anche ~ **English**) pidgin-English m.; (anche ~ **French**) sabir m.
▷ **1.pie** /paɪ/ n. **1** *(savoury)* torta f. salata, pasticcio m.; ***meat, fish ~*** pasticcio di carne, di pesce; ***pork ~*** pasticcio di maiale **2** *(sweet)* torta f.; ***apple, plum ~*** torta di mele, di prugne ◆ ***it's all ~ in the sky*** è pura utopia; ***to be as easy as ~*** essere facile come bere un bicchiere d'acqua; ***to have a finger in every ~*** avere le mani in pasta; ***they all want a piece of the ~*** vogliono tutti dividersi la torta; ***to be as sweet*** o ***nice as ~*** essere uno zuccherino; SPREG. essere tutto zucchero e miele *o* mieloso.
2.pie /paɪ/ n. → **magpie**.
3.pie, pi AE /paɪ/ n. TIP. sovrapposizione f., confusione f. di caratteri; FIG. confusione f., disordine m.
4.pie, pi AE /paɪ/ tr. TIP. confondere, mischiare [*type*].
piebald /ˈpaɪbɔːld/ **I** n. (cavallo) pezzato m. **II** agg. pezzato.
▶ **1.piece** /piːs/ **I** n. **1** *(indeterminate amount) (of fabric, wood, paper, metal, string, ribbon, chocolate)* pezzo m.; *(of cake, pie, meat, cheese)* pezzo m., fetta f. **2** *(unit)* ***a ~ of furniture*** un mobile; ***a ~ of pottery*** una ceramica; ***a ~ of sculpture*** una scultura; ***a ~ of luggage*** una valigia; ***a ~ of advice*** un consiglio; ***a ~ of evidence*** una prova; ***a ~ of information*** un'informazione; ***a ~ of legislation*** una legge; ***a ~ of news*** una notizia; ***a ~ of work*** un lavoro; *(referring to book)* un'opera; *(referring to article)* un pezzo; ***a ~ of luck*** una (botta di) fortuna; ***a ~ of history*** un pezzo di storia; ***to be paid by the ~*** essere pagato a cottimo; ***they cost £ 20 a ~*** costano 20 sterline cadauno **3** *(component part) (of jigsaw, machine, model)* pezzo m.; ***~ by ~*** pezzo per pezzo; ***in ~s*** in pezzi; ***to come in ~s*** [*kit furniture*] essere da montare; ***to take sth. to ~s*** smontare qcs. **4** *(broken fragment) (of glass, cup)* pezzo m., frammento m.; ***in ~s*** in pezzi; ***to fall to ~s*** [*machine, object*] cadere in pezzi; FIG. [*case, argument*] essere demolito; ***it came to ~s in my hands*** mi si è sbriciolato fra le mani; ***to go to ~s*** FIG. [*person*] *(from shock, emotionally)* avere un crollo (nervoso), andare (in pezzi); *(in interview)* andare nel pallone **5** *(artistic work) (of music)* brano m., pezzo m.; *(sculpture)* scultura f.; *(painting)* dipinto m.; *(article)* pezzo m. (**on** su); *(play)* pièce f.; ***he read them a ~ out of the book*** ha letto loro un passaggio del libro **6** *(instance)* ***a ~ of*** un esempio di [*propaganda, materialism, flattery*]; ***a wonderful ~ of running, acting, engineering*** una magnifica corsa, recitazione, opera di ingegneria **7** *(coin)* moneta f., pezzo m.; ***a 50p ~*** una moneta da 50 penny; ***30 ~s of silver*** 30 monete d'argento **8** GIOC. *(in chess)* pezzo m.; *(in draughts)* pedina f.; ***chess ~*** pezzo degli scacchi **9** MIL. *(gun)* fucile m.; *(cannon)* pezzo m. (d'artiglieria) **10** COLLOQ. *(gun)* rivoltella f., pistola f. **11** COLLOQ. *(woman)* (bel) pezzo m. di ragazza **II -piece** in composti ***a 60-~ cutlery set*** un servizio di posate da 60 pezzi; ***a 5-~ band*** MUS. una band di *o* composta da 5 elementi ◆ ***to be (all) of a ~*** [*town, house*] essere costruito in stile omogeneo; ***to be (all) of a ~ with sth.*** [*action, statement, ideas*] essere in pieno accordo con qcs.; ***to be still in one ~*** [*object*] essere ancora intero *o* intatto; [*person*] essere intero *o* indenne; ***to give sb. a ~ of one's mind*** dire a qcn. il fatto suo; ***to pick sth. to ~s*** fare a pezzi *o* demolire qcs. (anche FIG.); ***to pick up the ~s*** raccogliere i pezzi; ***to say one's ~*** dire la propria.
2.piece /piːs/ tr. unire, connettere.
▪ **piece together** ~ ***[sth.] together***, ~ ***together [sth.]*** mettere insieme [*fragments, shreds*]; ricostruire [*vase, garment, letter*]; ricomporre [*puzzle*]; FIG. ricostruire [*facts, evidence, event, account*]; ***they tried to ~ together what had happened*** tentarono di ricostruire cos'era successo.
pièce de résistance /ˌpjesdəreˈzɪstɑːns, AE -ˌrezɪˈstɑːns/ n. (pl. **pièces de résistance**) pezzo m. forte.
piecemeal /ˈpiːsmiːl/ **I** agg. [*approach, reforms, legislation*] frammentario; [*story, description*] lacunoso; [*research*] *(random)* senza metodo; [*construction, development*] a macchia di leopardo; *(at different times)* per gradi **II** avv. [*develop, introduce*] poco a poco, per gradi; [*sell off*] al dettaglio; [*arrive*] alla spicciolata.
piecer /ˈpiːsə(r)/ ➧ **27** n. giuntatore m. (-trice).
pièces de résistance /ˌpjesdəreˈzɪstɑːns, AE -ˌrezɪˈstɑːns/ → **pièce de résistance**
piecework /ˈpiːswɜːk/ **I** n. ***to be on ~*** essere pagato a cottimo **II** modif. [*rate*] a cottimo.
pieceworker /ˈpiːsˌwɜːkə(r)/ n. cottimista m. e f.
pie chart /ˈpaɪˌtʃɑːt/ n. diagramma m. a torta, areogramma m.
pie crust /ˈpaɪkrʌst/ n. = sfoglia di pasta che ricopre la torta.
pied /paɪd/ agg. variopinto; ZOOL. pezzato.
pied-à-terre /ˌpjeɪdɑːˈteə(r)/ n. (pl. **pieds-à-terre**) pied-à-terre m.
pie dish /ˈpaɪdɪʃ/ n. teglia f.
piedmont /ˈpiːdmɒnt/ agg. GEOL. [*plain, glacier*] pedemontano.
Piedmont /ˈpiːdmɒnt/ ➧ **24** n.pr. Piemonte m.
Piedmontese /piːdmɒnˈtiːz/ **I** agg. piemontese **II** n. (pl. ~) **1** *(person)* piemontese m. e f. **2** LING. piemontese m.
Pied Piper /ˌpaɪdˈpaɪpə(r)/ n. ***the ~ (of Hamelin)*** il pifferaio magico.
pieds-à-terre /ˌpjeɪdɑːˈteə(r)/ → **pied-à-terre**.
pied wagtail /ˌpaɪdˈwægteɪl/ n. ORNIT. ballerina f. bianca.
pie-eyed /ˌpaɪˈaɪd/ agg. COLLOQ. sbronzo.
pier /pɪə(r)/ n. **1** *(at seaside resort)* molo m. **2** *(part of harbour) (built of stone)* molo m.; *(landing stage)* imbarcadero m. **3** ING. *(of bridge, dam, foundations)* pilone m.; *(pillar in church, of gateway)* pilastro m.; *(wall between openings)* trumeau m.
pierage /ˈpɪərɪdʒ/ n. diritti m.pl. di banchina.
pierce /pɪəs/ tr. **1** *(make hole in)* bucare, forare; *(penetrate)* perforare [*paper, armour, leather*]; trafiggere [*skin*]; ***to ~ a hole in*** fare un buco in; ***to have one's ears ~d*** farsi (fare) il buco alle orecchie; ***to ~ the enemy lines*** MIL. penetrare nelle linee nemiche **2** FIG. *(penetrate)* [*cry*] lacerare; [*light*] filtrare; [*cold, wind*] penetrare.
▷ **pierced** /pɪəst/ **I** p.pass. → **pierce II** agg. [*armour*] perforato; [*shoulder*] trafitto; ***~ ears*** orecchie bucate.
piercer /ˈpɪəsə(r)/ n.**1** *(thing that pierces)* punzone m.; *(sting)* pungiglione m. **2** *(person who pierces)* punzonatore m. (-trice).
piercing /ˈpɪəsɪŋ/ **I** agg. [*noise, scream*] lacerante; [*voice*] acuto; [*light*] intenso; [*cold*] pungente; [*wind*] penetrante; ***his ~ blue eyes*** i suoi penetranti occhi azzurri **II** n. piercing m.; ***to have a tongue ~*** avere un piercing alla lingua.
pier glass /ˈpɪəglɑːs, AE -glæs/ n. specchiera f. (tra due finestre).
pierhead /ˈpɪəhed/ **I** n. punta f. del molo **II** modif. BE [*show, entertainment*] di basso livello; [*humour*] pecoreccio SPREG.; ***~ comic*** comico da avanspettacolo.
pierrot /ˈpɪərəʊ/ n. pierrot m.
Pietism /ˈpaɪətɪzəm/ n. pietismo m.
Pietist /ˈpaɪətɪst/ n. pietista m. e f.
pietistic(al) /ˌpaɪəˈtɪstɪk(l)/ agg. pietistico (anche SPREG.).
piety /ˈpaɪətɪ/ n. **1** *(religiousness)* pietà f., devozione f. **2** *(belief or custom)* atto m. devoto.
piezoelectric /piːˌeɪzəʊɪˈlektrɪk/ agg. [*crystal, effect*] piezoelettrico.
piezoelectricity /piːˌeɪzəʊˌɪlekˈtrɪsətɪ/ n. piezoelettricità f.
piezometer /ˌpaɪɪˈzɒmɪtə(r)/ n. piezometro m.
1.piffle /ˈpɪfl/ n. **U** BE COLLOQ. sciocchezze f.pl., stupidaggini f.pl.
2.piffle /ˈpɪfl/ intr. BE COLLOQ. *(talk in a silly way)* dire sciocchezze, stupidaggini; *(act in a silly way)* fare lo sciocco, lo scemo.
piffler /ˈpɪflə(r)/ n. BE COLLOQ. sciocco m. (-a), scemo m. (-a).
piffling /ˈpɪflɪŋ/ agg. BE COLLOQ. *(worthless)* futile; *(silly)* sciocco.
▷ **1.pig** /pɪg/ n. **1** *(animal)* maiale m., porco m.; ***to be in ~*** [*sow*] essere gravida **2** COLLOQ. FIG. SPREG. *(greedy, dirty)* maiale m.; *(nasty)* porco m.; ***to eat, live like a ~*** *(dirtily)* mangiare, vivere come un maiale; ***to make a ~ of oneself*** mangiare come un maiale; ***you ~!*** *(greedy person)* sei proprio un maiale! *(dirty person)* fai schifo! *(nasty person)* porco! **3** COLLOQ. SPREG. *(policeman)* sbirro m.; ***the ~s*** gli sbirri **4** BE COLLOQ. *(task)* ***this is a real ~ to do!*** (fare questo) è un bel casino! ◆ ***to buy a ~ in a poke*** comprare a scatola chiusa; ***~s might fly*** gli asini volano! ***in a ~'s eye!*** AE COLLOQ. neanche per sogno! ***to make a ~'s ear of sth.*** fare un macello di *o* con qcs.

2.pig /pɪɡ/ **I** intr. (forma in -ing ecc. **-gg-**) [*sow*] figliare **II** rifl. (forma in -ing ecc. **-gg-**) COLLOQ. ***to ~ oneself*** ingozzarsi (come un maiale) (**on** di) ◆ ***to ~ it*** COLLOQ. vivere come un maiale.
■ **pig out** rimpinzarsi (**on** di).
pigeon /ˈpɪdʒɪn/ n. piccione m., colombo m. ◆ ***that's your ~!*** COLLOQ. sono affari tuoi! ***to put*** o ***set the cat among the ~s*** BE scatenare un putiferio.
pigeon-breasted /ˌpɪdʒɪnˈbrestɪd/, **pigeon-chested** /ˌpɪdʒɪnˈtʃestɪd/ agg. con il petto, lo sterno carenato.
pigeon fancier /ˈpɪdʒɪnˌfænsɪə(r)/ ♦ **27** n. allevatore m. (-trice) di piccioni, colombofilo m. (-a).
pigeon hearted /ˌpɪdʒɪnˈhɑːtɪd/ agg. timoroso, codardo.
1.pigeonhole /ˈpɪdʒɪnhəʊl/ n. BE **1** *(in desk)* scomparto m.; *(in wall unit)* casella f. **2** FIG. *(neat category)* categoria f.; ***I had privately consigned John Smith to the ~ "lousiest player ever"*** avevo per conto mio relegato John Smith nella categoria "peggior giocatore di tutti i tempi".
2.pigeonhole /ˈpɪdʒɪnhəʊl/ tr. BE **1** *(categorize)* classificare, catalogare [*person, activity*] (**as** come) **2** *(file)* archiviare [*papers, letters*].
pigeon house /ˈpɪdʒɪnhaʊs/, **pigeon loft** /ˈpɪdʒɪnlɒft/ n. piccionaia f.
pigeon post /ˈpɪdʒɪnpəʊst/ n. BE ***to send sth. by ~*** spedire qcs. per mezzo di piccioni viaggiatori.
pigeon racing /ˈpɪdʒɪnˌreɪsɪŋ/ n. **U** = competizione in cui vengono registrati i tempi che i piccioni viaggiatori impiegano a percorrere una certa distanza.
pigeon shooting /ˈpɪdʒɪnˌʃuːtɪŋ/ n. *(formerly)* tiro m. al piccione; SPORT tiro m. al piattello.
pigeon-toed /ˈpɪdʒɪntəʊd/ agg. ***to be ~*** avere il piede varo.
pig farm /ˈpɪɡfɑːm/ n. allevamento m. di maiali.
pig farmer /ˈpɪɡˌfɑːmə(r)/ ♦ **27** n. allevatore m. (-trice) di maiali.
pig farming /ˈpɪɡˌfɑːmɪŋ/ n. allevamento m. dei maiali.
piggery /ˈpɪɡərɪ/ n. *(pigsty)* porcile m. (anche FIG.).
piggish /ˈpɪɡɪʃ/ agg. SPREG. *(greedy)* ghiotto; *(dirty)* sudicio; *(rude)* grossolano.
piggishness /ˈpɪɡɪʃnɪs/ n. SPREG. *(gluttony)* golosità f.; *(dirtiness)* sporcizia f.; *(rudeness)* grossolanità f.
piggy /ˈpɪɡɪ/ **I** n. INFANT. porcellino m. **II** agg. [*manners etc.*] da maiale; ***to have ~ eyes*** SPREG. avere gli occhi porcini ◆ ***to be ~ in the middle*** BE essere preso fra due fuochi.
1.piggyback /ˈpɪɡɪbæk/ **I** n. **1** (anche **~ ride**) ***to give sb. a ~*** portare qcn. a cavalluccio *o* a spalle **2** = trasporto di un veicolo su un altro mezzo **II** avv. [*ride, carry*] a cavalluccio, in spalla.
2.piggyback /ˈpɪɡɪbæk/ **I** tr. **1** *(carry)* portare a cavalluccio, in spalla [*person*] **2** trasportare [qcs.] su un altro mezzo [*vehicle*] **3** ***to be ~ed on*** *(superposed)* essere caricato su; FIG. [*expenses*] essere assorbito da **II** intr. **1** [*expenses*] essere assorbito, coperto **2** [*vehicle*] essere trasportato su un altro mezzo.
piggy bank /ˈpɪɡɪbæŋk/ n. porcellino m. (salvadanaio).
pigheaded /ˌpɪɡˈhedɪd/ agg. SPREG. cocciuto, testardo.
pigheadedness /ˌpɪɡˈhedɪdnɪs/ n. SPREG. cocciutaggine f., testardaggine f.
pig ignorant /ˌpɪɡˈɪɡnərənt/ agg. COLLOQ. SPREG. ignorante come una capra.
pig iron /ˈpɪɡˌaɪən, AE -ˌaɪərn/ n. ghisa f. in pani.
Pig Latin /ˌpɪɡˈlætɪn, AE -ˈlætn/ n. = gergo segreto infantile nato dallo storpiamento dell'inglese.
piglet /ˈpɪɡlɪt/ n. porcellino m., maialino m.
▷ **1.pigment** /ˈpɪɡmənt/ n. BIOL. ART. pigmento m.
2.pigment /ˈpɪɡment/ **I** tr. pigmentare **II** intr. pigmentarsi.
pigmental /pɪɡˈmentl/, **pigmentary** /pɪɡˈmentrɪ, AE -terɪ/ agg. pigmentario.
pigmentation /ˌpɪɡmənˈteɪʃn/ n. pigmentazione f.
pigmented /ˈpɪɡməntɪd/ **I** p.pass. → **2.pigment II** agg. pigmentato.
pigmy → **pygmy**.
pignut /ˈpɪɡnʌt/ n. castagna f. di terra.
pigpen /ˈpɪɡpen/ n. AE → **pigsty**.
pigskin /ˈpɪɡskɪn/ **I** n. pelle f. di maiale **II** modif. [*bag etc.*] di pelle di maiale.
pig-sticker /ˈpɪɡˌstɪkə(r)/ n. **1** *(hunter)* cacciatore m. di cinghiali (con lancia) **2** *(knife)* coltello m. da caccia.
pigsty /ˈpɪɡstaɪ/ n. porcile m. (anche FIG.).
pigswill /ˈpɪɡswɪl/ n. **U 1** pastone m. per maiali **2** FIG. *(nasty food)* brodaglia f., sbobba f.
pigtail /ˈpɪɡteɪl/ n. codino m.; ***to wear one's hair in ~s*** avere *o* portare i codini.
pigweed /ˈpɪɡwiːd/ n. *(animal fodder)* farinaccio m.; *(weedy amaranth)* amaranto m. comune.
1.pike /paɪk/ n. STOR. *(spear)* picca f.
2.pike /paɪk/ tr. trafiggere, uccidere con una picca.
3.pike /paɪk/ n. (pl. **~**, **~s**) luccio m.
4.pike /paɪk/ n. BE picco m.
5.pike /paɪk/ n. BE SPORT *(in swimming)* tuffo m. carpiato; *(in gymnastics)* salto m. carpiato.
6.pike /paɪk/ n. → **turnpike**.
pikeman /ˈpaɪkmən/ n. (pl. **-men**) STOR. picchiere m.
pikeperch /ˈpaɪkpɜːtʃ/ n. lucioperca f.
piker /ˈpaɪkə(r)/ n. AE COLLOQ. SPREG. misero m. (-a).
pikestaff /ˈpaɪkstɑːf, AE -stæf/ n. ***it's as plain as a ~*** FIG. è chiaro come il sole.
pila /ˈpɪlə/ → **pilum**.
pilaf(f) /pɪˈlæf, AE -ˈlɑːf/ n. → **pilau**.
pilaster /pɪˈlæstə(r)/ n. pilastro m.; *(projecting from a wall)* lesena f.
Pilate /ˈpaɪlət/ n.pr. Pilato.
Pilates /pɪˈlɑːtiːz/ n. *(exercise)* pilates m.
pilau /pɪˈlaʊ/ n. (anche **~ rice**) (riso) pilaf m.
pilchard /ˈpɪltʃəd/ n. sardina f., sarda f.
pilcorn /ˈpɪlkɔːn/ n. avena f. nuda.
▷ **1.pile** /paɪl/ n. **1** *(untidy heap)* mucchio m. (**of** di); *(stack)* pila f. (**of** di); ***to be in a ~*** essere accatastato, essere uno sopra l'altro; ***to leave sth. in a ~*** lasciare qcs. ammucchiato; ***to sort sth. into ~s*** impilare qcs.; ***put those books into ~s*** dividi quei libri in diverse pile **2** COLLOQ. *(large amount)* ***a ~*** o ***~s of*** un mucchio di; ***to have ~s of money*** avere un sacco di soldi **3** EL. NUCL. pila f. **4** LETT. o SCHERZ. *(building)* edificio m. ◆ ***to be at the top, bottom of the ~*** essere in cima, al fondo della scala; ***to make one's ~*** COLLOQ. fare fortuna, farsi i soldi.
▷ **2.pile** /paɪl/ **I** tr. *(in a heap)* ammucchiare (**on** su); *(in a stack)* impilare (**on** su); ***to be ~d with*** [*surface*] essere ingombro, pieno di [*books, objects*]; ***the room was ~d high with boxes*** la stanza era ingombra di scatoloni; ***a plate ~d high with cakes*** un piatto ricolmo di dolci; ***to ~ luggage into a car*** caricare i bagagli in una macchina **II** intr. COLLOQ. **1** *(board)* ***to ~ on, off*** salire in massa su, scendere in massa da [*bus, train*]; ***to ~ into*** ammassarsi, stiparsi su [*vehicle*] **2** *(crash)* ***to ~ into*** [*vehicle*] tamponare [*other vehicle*]; ***the bus ~d into them*** il bus li ha tamponati.
■ **pile in** COLLOQ. accalcarsi, entrare in massa; ***the bus came and we all ~d in*** il bus arrivò e ci accalcammo dentro.
■ **pile on:** ***~ on the charm*** COLLOQ. affidarsi in modo esagerato al proprio fascino; ***~ it on*** esagerare.
■ **pile up:** ***~ up*** [*leaves, rubbish*] ammonticchiarsi; [*debts, evidence, problems, work, snow, money*] accumularsi; [*cars*] *(in accident)* tamponarsi; ***~ [sth.] up, ~ up [sth.]*** **1** *(in a heap)* ammucchiare; *(in a stack)* impilare; ***to be ~d up*** [*books, plates*] essere impilati (**on** su) **2** FIG. accumulare [*debts, evidence, problems, work*].
3.pile /paɪl/ n. ING. *(post)* palo m., pilastro m.
4.pile /paɪl/ tr. *(strengthen with piles)* rinforzare con pali; *(drive piles into)* conficcare pali in.
5.pile /paɪl/ n. *(of fabric, carpet)* pelo m.; ***deep-~ carpet*** moquette, tappeto a pelo lungo; ***to brush sth. with the ~, against the ~*** spazzolare qcs. nella direzione del pelo, contropelo.
pilea /ˈpaɪlɪə/ → **pileum**.
pile driver /ˈpaɪlˌdraɪvə(r)/ n. battipalo m., berta f.
pile dwelling /ˈpaɪlˌdwelɪŋ/ n. palafitta f.
pile fabric /ˈpaɪlˌfæbrɪk/ n. TESS. *(velvet)* velluto m.; *(other)* pile m.
pile shoe /ˈpaɪlʃuː/ n. TECN. puntazza f.
piles /paɪlz/ n.pl. COLLOQ. emorroidi f.
pileum /ˈpaɪlɪəm/ n. (pl. **-a**) pileo m.
pile-up /ˈpaɪlʌp/ n. AUT. COLLOQ. tamponamento m. (a catena).
pilfer /ˈpɪlfə(r)/ **I** tr. rubacchiare (**from** da) **II** intr. rubacchiare.
pilferage /ˈpɪlfərɪdʒ/ n. *(in insurance)* furto m. di lieve entità.
pilferer /ˈpɪlfərə(r)/ n. ladruncolo m. (-a).
pilfering /ˈpɪlfərɪŋ/ n. (il) rubacchiare, (il) fare piccoli furti.
▷ **pilgrim** /ˈpɪlɡrɪm/ n. pellegrino m. (-a); ***~s to Jerusalem*** chi si reca in pellegrinaggio a Gerusalemme.
▷ **pilgrimage** /ˈpɪlɡrɪmɪdʒ/ n. RELIG. pellegrinaggio m. (anche FIG.); ***to go on*** o ***make a ~*** fare un pellegrinaggio (**to** a).
Pilgrim Fathers /ˌpɪlɡrɪmˈfɑːðəz/ n.pl. STOR. Padri m. Pellegrini.
piliferous /paɪˈlɪfərəs/ agg. pilifero.
piling /ˈpaɪlɪŋ/ n. **1** *(of foundation)* palificazione f. **2** *(structure)* palafitta f.
▷ **1.pill** /pɪl/ n. **1** MED. FARM. *(for general use)* pastiglia f., pillola f. (**for** contro, per); ***to take a ~*** prendere una pastiglia *o* una compressa **2** *(contraceptive)* ***the ~*** la pillola (anticoncezionale); ***to be***

on, to go on the ~ prendere la pillola, iniziare a prendere la pillola; ***to come off the*** ~ smettere di prendere la pillola **3** COLLOQ. *(idiot)* persona f. pallosa, pizza f. ◆ ***he found it a bitter ~ to swallow*** per lui è stato un boccone amaro da mandare giù; ***to sugar*** o ***sweeten*** o ***gild the*** ~ addolcire *o* indorare la pillola.

Pilgrim Fathers I 102 inglesi che sbarcarono sulle coste del Nuovo Mondo nel 1620 dopo aver attraversato l'Atlantico, a bordo della *Mayflower.* Di questi, 35 erano puritani che sfuggivano alle persecuzioni religiose della madrepatria. Si stabilirono nel territorio corrispondente all'odierno Massachusetts, fondando la colonia di Plymouth (v. ***Thanksgiving***).

2.pill /pɪl/ intr. [*sweater*] fare i pallini.
1.pillage /ˈpɪlɪdʒ/ n. saccheggio m.
2.pillage /ˈpɪlɪdʒ/ **I** tr. saccheggiare **II** intr. saccheggiare.
▷ **pillar** /ˈpɪlə(r)/ n. **1** ARCH. pilastro m. **2** *(of smoke, fire, rock etc.)* colonna f.; ***a ~ of salt*** BIBL. una statua di sale; ***the ~s of Hercules*** GEOGR. le colonne d'Ercole **3** FIG. *(of institution, society)* pilastro m. (**of** di); ***to be a ~ of strength to sb.*** essere di sostegno a qcn. **4** AUT. montante m. **5** MINER. *(as support)* pilastro m. ◆ ***to go from ~ to post*** COLLOQ. correre a destra e a manca (**doing** per fare); ***to be sent from ~ to post*** COLLOQ. *(for information, papers)* essere mandati da Erode a Pilato.
pillar box /ˈpɪləbɒks/ n. BE *(public postbox)* cassetta f. per le lettere (rossa e a forma di colonna).
pillar-box red /ˌpɪləbɒksˈred/ **I** n. BE rosso m. vivo **II** agg. BE di colore rosso vivo.
pillared /ˈpɪləd/ agg. [*building, arcade*] colonnato, con colonne.
pillbox /ˈpɪlbɒks/ n. **1** *(for pills)* portapillole m. **2** MIL. casamatta f. **3** (anche ~ **hat**) = cappello femminile tondo con calotta piatta e tesa rigida.
pillhead /ˈpɪlhed/ n. AE COLLOQ. impasticcato m. (-a).
pillion /ˈpɪlɪən/ **I** n. (anche ~ **seat**) sellino m. posteriore **II** modif. *(on motorcycle)* ~ ***passenger*** passeggero **III** avv. ***to ride*** ~ viaggiare come passeggero (su una moto).
pillock /ˈpɪlək/ n. BE POP. SPREG. minchione m. (-a), babbeo m. (-a).
1.pillory /ˈpɪlərɪ/ n. STOR. gogna f., berlina f.
2.pillory /ˈpɪlərɪ/ tr. mettere alla gogna, alla berlina (**for** per) (anche FIG.).
▷ **1.pillow** /ˈpɪləʊ/ n. **1** *(on bed)* cuscino m., guanciale m.; *(of moss, grass)* cuscino m.; ***neck*** ~ cuscino ortopedico (per il collo) **2** *(in lacemaking)* tombolo m.
2.pillow /ˈpɪləʊ/ tr. ***to be ~ed on*** [*head*] appoggiare su.
pillowcase /ˈpɪləʊkeɪs/ n. federa f.
pillow fight /ˈpɪləʊfaɪt/ n. battaglia f. dei cuscini.
pillow lace /ˈpɪləʊˌleɪs/ n. merletto m. lavorato al tombolo.
pillow lava /ˈpɪləʊˌlɑːvə/ n. lava f. a cuscini.
pillowslip /ˈpɪləʊslɪp/ n. BE → **pillowcase**.
pillow talk /ˈpɪləʊtɔːk/ n. COLLOQ. conversazioni f.pl. intime (fatte a letto).
pill popping /ˈpɪlˌpɒpɪŋ/ **I** agg. COLLOQ. [*person*] impasticcato, che si impasticca **II** n. COLLOQ. impasticcato m. (-a).
pilose /ˈpaɪləʊz/ agg. BOT. ZOOL. peloso.
pilosity /paɪˈlɒsətɪ/ n. BOT. ZOOL. pelosità f.
▷ **1.pilot** /ˈpaɪlət/ ◗ ***27*** **I** n. **1** AER. pilota m. e f. **2** RAD. TELEV. *(programme)* trasmissione f. pilota (**for** per) **3** *(on cooker etc.)* (anche ~ **light**) *(gas)* fiamma f. pilota; *(electric)* spia f. luminosa **4** MAR. *(navigator)* pilota m. e f., timoniere m. (-a) **II** modif. **1** COMM. IND. [*course, project, study*] pilota; RAD. TELEV. [*programme, series*] sperimentale, pilota **2** AER. [*instruction, training*] dei piloti; [*error*] di pilotaggio.
2.pilot /ˈpaɪlət/ tr. **1** AER. MAR. *(navigate)* pilotare; ***to ~ sb. through*** FIG. pilotare, guidare qcn. attraverso [*crowd, streets*]; ***to ~ a bill through parliament*** fare passare una proposta di legge in parlamento; ***he ~ed the party to victory*** ha portato il partito alla vittoria **2** *(test)* mettere alla prova [*course, system*].
pilotage /ˈpaɪlətɪdʒ/ n. *(action of piloting)* pilotaggio m.; *(payment of pilot)* retribuzione f. del pilota.
pilot boat /ˈpaɪlətˌbəʊt/ n. battello m. pilota, pilotina f.
pilot burner /ˌpaɪlətˈbɜːnə(r)/ n. *(gas)* fiamma f. pilota; *(electric)* spia f. luminosa.
pilot fish /ˈpaɪlətˌfɪʃ/ n. (pl. **pilot fish, pilot fishes**) pesce m. pilota.
pilothouse /ˈpaɪlətˌhaʊs/ n. timoniera f.
pilot officer /ˌpaɪlətˈɒfɪsə(r), AE -ˈɔːfɪsə(r)/ n. BE sottotenente m. dell'Areonautica.
pilot plant /ˈpaɪlətˌplɑːnt, AE -ˌplænt/ n. impianto m. pilota.
pilot scheme /ˈpaɪlətˌskiːm/ n. progetto m. pilota.
pilot's licence /ˈpaɪləts ˌlaɪsns/ n. brevetto m. di pilota.
pilot whale /ˈpaɪlətˌweɪl/ n. globicefalo m.
pilous /ˈpaɪləs/ agg. ZOOL. peloso.
pilular /ˈpɪljʊlə(r)/ agg. pillolare.
pilum /ˈpɪləm/ n. (pl. **-a**) STOR. pilo m.
pimento /pɪˈmentəʊ/, **pimiento** /ˌpɪmɪˈentəʊ/ **I** n. (pl. ~, **~s**) **1** *(vegetable)* capsico m. **2** *(spice, tree)* pimento m., pepe m. della Giamaica **II** modif. [*cheese*] pimentato.
1.pimp /pɪmp/ n. protettore m., magnaccia m.
2.pimp /pɪmp/ intr. **1** *(control prostitutes)* fare il protettore, il magnaccia **2** *(find customers)* fare il ruffiano (**for** per).
pimpernel /ˈpɪmpənel/ n. mordigallina f.
pimping /ˈpɪmpɪŋ/ n. sfruttamento m. della prostituzione.
pimple /ˈpɪmpl/ n. brufolo m., pustola f.; ***to break out in ~s*** avere una fioritura di brufoli.
pimpled /ˈpɪmpld/, **pimply** /ˈpɪmplɪ/ agg. brufoloso.
pimpmobile /ˈpɪmpˌməʊbaɪl, AE -biːl/ n. = automobile molto vistosa.
▷ **1.pin** /pɪn/ **I** n. **1** *(for sewing, fastening cloth or paper)* spillo m. **2** EL. *(of plug)* spina f.; ***two-, three-~ plug*** presa a due, tre spine **3** TECN. *(to attach wood or metal)* perno m.; *(machine part)* copiglia f. **4** MED. *(in surgery)* chiodo m. **5** *(brooch)* spilla f.; ***diamond ~*** spilla di brillanti **6** *(in bowling)* birillo m. **7** *(in golf)* bandierina f. **II pins** n.pl. COLLOQ. *(legs)* gambe f. ◆ ***for two ~s I would do*** accetterei per due lire; ***you could have heard a ~ drop*** si sarebbe potuto sentire cadere uno spillo.
▷ **2.pin** /pɪn/ tr. (forma in -ing ecc. **-nn-**) **1** *(attach with pins)* puntare con degli spilli [*dress, hem, curtain*]; ***to ~ sth. to*** appuntare qcs. a; ***to ~ sth. on(to)*** puntare qcs. su; *(with drawing pin)* affiggere qcs. su [*board, wall*]; ***to ~ two things together*** tenere due cose insieme con uno spillo *o* spillare due cose insieme; ***to ~ sth. with*** fissare qcs. con [*brooch, grip, pin*] **2** *(trap, press)* bloccare, immobilizzare [*person, part of body*]; ***to ~ sb. against*** o ***to*** bloccare qcn. contro [*wall*]; tener fermo qcn. su [*sofa*]; bloccare qcn. su [*floor*]; ***her arms were ~ned to her sides*** aveva le braccia immobilizzate lungo il corpo; ***to be ~ned under*** essere intrappolati sotto [*fallen tree, wreckage*] **3** COLLOQ. *(attribute, attach)* ***to ~ the blame on sb.*** dare la colpa a qcn., incolpare qcn.; ***to ~ the crime on sb.*** accusare qcn. di un crimine *o* addossare la colpa di un crimine a qcn. **4** MIL. SPORT bloccare; ***France were ~ned in their own half*** la Francia era costretta nella propria metà campo **5** *(in chess)* inchiodare [*piece*] ◆ ***to ~ one's ears back*** COLLOQ. aprire bene le orecchie; ***to ~ one's hopes on doing*** sperare di tutto cuore di fare.
■ **pin down:** **~ down [sb.], ~ [sb.] down** **1** *(physically)* immobilizzare (**to** contro) **2** FIG. vincolare; ***he won't be ~ned down*** non si lascerà fermare; ***to ~ sb. down to a definite date, an exact figure*** costringere qcn. a fissare una data, una cifra precisa; ***to ~ sb. down to doing*** fare promettere a qcn. di fare; **~ down [sth.], ~ [sth.] down** **1** fissare con puntine [*piece of paper, cloth, map*]; spillare [*sheet*] **2** FIG. *(define)* definire, identificare [*concept, feeling*]; ***I can't ~ it down*** non riesco a definirlo *o* a metterlo a fuoco.
■ **pin up:** **~ up [sth.], ~ [sth.] up** appendere [*poster, map*] (**on** a); affiggere [*notice*] (**on** in); tirare su [*hair*].
PIN /pɪn/ n. (anche ~ **number**) (⇒ personal identification number numero di identificazione personale) PIN m.
pinafore /ˈpɪnəfɔː(r)/ n. grembiule m.
pinafore dress /ˈpɪnəfɔːˌdres/ n. scamiciato m.
pinaster /paɪˈnæstə(r)/ n. pinastro m., pino m. marittimo.
pinball /ˈpɪnbɔːl/ ◗ ***10*** n. (gioco del) flipper m.
pinball machine /ˈpɪnbɔːlməˌʃiːn/ n. flipper m., biliardino m.
pince-nez /ˌpænsˈneɪ/ n. (pl. ~) pince-nez m.
pincer /ˈpɪnsə(r)/ **I** n. ZOOL. chela f. **II pincers** n.pl. *(tool)* tenaglie f., pinze f.; ***a pair of ~s*** un paio di pinze.
pincer movement /ˌpɪnsəˈmuːvmənt/ n. manovra f. a tenaglia.
▷ **1.pinch** /pɪntʃ/ n. **1** *(nip)* pizzicotto m.; ***to give sb. a ~ on the cheek*** dare a qcn. un pizzicotto sulla guancia **2** *(small quantity)* *(of salt, spice)* pizzico m.; ***a ~ of snuff*** una presa di tabacco ◆ ***at*** BE, ***in*** AE ***a ~ I can lend you 100 euros*** al limite posso prestarti 100 euro; ***to feel the*** ~ faticare a sbarcare il lunario.
▷ **2.pinch** /pɪntʃ/ **I** tr. **1** *(with fingers)* pizzicare; ***to ~ sb.'s arm, bottom, to ~ sb. on the arm, bottom*** dare a qcn. un pizzicotto sul braccio, sul sedere **2** [*shoe*] stringere [*foot*] **3** COLLOQ. *(steal)* fregare, grattare (**from** da) **4** [*crab*] pizzicare **5** AGR. ***to ~ out*** o ***off*** togliere, staccare [*bud, tip*] (con le mani) **6** AE COLLOQ. *(arrest)* pizzicare, beccare **II** intr. [*shoe*] andare stretto **III** rifl. ***to ~ oneself*** darsi un pizzicotto (anche FIG.) ◆ ***to ~ and scrape*** tirare la cinghia.

pinchbeck /'pɪntʃbek/ **I** n. similoro m. **II** modif. **1** [*alloy*] in similoro **2** FIG. *(sham)* falso.
pinched /pɪntʃt/ **I** p.pass. → **2.pinch II** agg. [*nerve*] teso; ***his face looked*** ~ aveva l'aria tirata.
pinch-hit /ˌpɪntʃ'hɪt/ intr. (forma in -ing **-tt-**; pass., p.pass. **pinch-hit**) AE **1** *(in baseball)* sostituire il battitore **2** *(deputize)* ***to*** ~ ***for sb.*** fare le veci di qcn., sostituire qcn.
pinch-hitter /ˌpɪntʃ'hɪtə(r)/ n. AE *(all contexts)* sostituto m. (-a).
pinching /pɪntʃɪŋ/ **I** n. **1** *(nip)* pizzicata f. **2** *(severe economy)* stretta economia f. **II** agg. **1** *(squeezing)* [*shoes*] stretto, che fa male **2** *(parsimonious)* [*person*] tirato, tirchio.
pincushion /'pɪnˌkʊʃn/ n. puntaspilli m.
▷ **1.pine** /paɪn/ **I** n. **1** (anche ~ **tree**) pino m. **2** *(timber)* (legno di) pino m.; ***made of*** ~ di pino; ***stripped*** ~ pino scortecciato **II** modif. [*branch, log, fragrance*] di pino; [*furniture, plank*] in pino, di pino; [*disinfectant*] al pino.
2.pine /paɪn/ intr. desiderare ardentemente, morire dalla voglia (**for** di; **to do** di fare).
▪ **pine away** languire, consumarsi.
pineal body /'pɪnɪəlˌbɒdɪ, paɪ'ni:əl-/, **pineal gland** /'pɪnɪəlglænd, paɪ'ni:əl-/ n. ghiandola f. pineale.
pineapple /'paɪnæpl/ **I** n. *(fruit, plant)* ananas m. **II** modif. [*juice, slice*] d'ananas; [*flesh*] dell'ananas; [*dish, yogurt, cake*] all'ananas.
pineapple-flavoured BE, **pineapple-flavored** AE /ˌpaɪnæpl-'fleɪvəd/ agg. all'ananas.
pine-clad /ˌpaɪn'klæd/ agg. LETT. rivestito (di legno) di pino.
pine cone /'paɪnkəʊn/ n. pigna f.
pine kernel /'paɪnˌkɜ:nl/ n. pinolo m.
pine marten /'paɪnˌmɑ:tɪn, AE -tn/ n. martora f. comune.
pine-needle /'paɪnˌni:dl/ n. ago m. di pino.
pinenut /'paɪnʌt/ n. → **pine kernel**.
pine-scented /'paɪnˌsentɪd/ agg. [*cleanser, essence*] al pino; [*forest*] che ha odore di pino.
pinewood /'paɪnwʊd/ **I** n. *(forest)* pineta f.; *(timber)* (legno di) pino m. **II** modif. [*furniture*] in pino, di pino.
pin-feather /'pɪnˌfeðə(r)/ n. *(of bird)* penna f. immatura.
1.pinfold /'pɪnfəʊld/ n. *(for cattle)* recinto m.
2.pinfold/'pɪnfəʊld/ tr. chiudere in un recinto [*cattle*].
1.ping /pɪŋ/ **I** n. *(noise) (of bell)* tintinnio m.; *(of bullet)* sibilo m.; AE *(of car engine)* rumorino m. metallico **II** inter. tin, ding.
2.ping /pɪŋ/ **I** tr. fare tintinnare [*bell*]; tirare [*elastic*] **II** intr. [*bell*] tintinnare; [*bullet*] sibilare; [*cash register*] suonare.
pinger /'pɪŋə(r)/ n. COLLOQ. *(in cooking)* timer m.
pinging /'pɪŋɪŋ/ agg. ~ ***sound*** tintinnio.
ping-pong /'pɪŋˌpɒŋ/ ♦ ***10*** **I** n. ping-pong m., tennis m. (da) tavolo; ***to play*** ~ giocare a ping-pong **II** modif. [*game, player*] di ping-pong; [*equipment*] da ping-pong.
pinguid /'pɪŋgwɪd/ agg. pingue.
pinguidity /pɪn'gwɪdətɪ/ n. pinguedine f.
pinhead /'pɪnhed/ n. **1** capocchia f. di spillo **2** COLLOQ. SPREG. testa f. di cavolo, di rapa.
pinhole /'pɪnhəʊl/ n. foro m. di spillo.
pinhole camera /ˌpɪnhəʊl'kæmərə/ n. stenoscopio m.
1.pinion /'pɪnɪən/ n. **1** LETT. *(wing)* ala f. **2** ZOOL. *(feather)* penna f. remigante.
2.pinion /'pɪnɪən/ n. TECN. pignone m.
3.pinion /'pɪnɪən/ tr. **1** *(hold firmly)* ***to*** ~ ***sb. against*** immobilizzare qcn. contro [*wall, door*]; ***to*** ~ ***sb.'s arms*** tenere ferme le braccia a qcn. **2** VETER. tarpare le ali a [*bird*].
pinioned /'pɪnɪənd/ **I** p.pass. → **3.pinion II** agg. alato.
pinion wheel /'pɪnɪənˌwi:l, AE -ˌhwi:l/ n. pignone m.
▷ **1.pink** /pɪŋk/ ♦ ***5*** **I** n. **1** *(colour)* rosa m.; ***a shade of*** ~ un tono rosato **2** BOT. garofano m. **3** *(in snooker)* (palla) rosa f. **II** agg. **1** rosa; ***to go*** o ***turn*** ~ diventare rosa; *(blush)* arrossire (**with** di) **2** *(leftwing)* di centro-sinistra **3** COLLOQ. *(gay)* gay ♦ ***to be in the*** ~ essere in forma smagliante.
2.pink /pɪŋk/ n. ZOOL. salmone m. giovane.
3.pink /pɪŋk/ n. STOR. *(sailing vessel)* pinco m.
4.pink /pɪŋk/ tr. **1** *(scallop)* traforare [*fabric*] **2** *(prick)* trafiggere [*person*].
5.pink /pɪŋk/ intr. BE AUT. battere in testa.
pinkeye /'pɪŋkaɪ/ ♦ ***11*** n. congiuntivite f. batterica.
pink gin /ˌpɪŋk'dʒɪn/ n. BE = cocktail di gin e angostura.
pink(-fleshed) grapefruit /ˌpɪŋk(fleʃt)'greɪpfru:t/ n. pompelmo m. rosa.
pinkie /'pɪŋkɪ/ n. AE SCOZZ. mignolo m.
pinking /'pɪŋkɪŋ/ n. BE AUT. tintinnio m. metallico.
pinking shears /'pɪŋkɪŋʃɪəz/, **pinking scissors** /'pɪŋkɪŋˌsɪzəz/ n.pl. *(dressmaker's scissors)* forbici f. seghettate.
pinkish /'pɪŋkɪʃ/ agg. **1** [*colour*] rosato; ~***-white*** bianco rosato **2** *(left-wing)* sinistroide.
pinko /'pɪŋkəʊ/ **I** n. (pl. **~s, ~es**) COLLOQ. SPREG. sinistroide m. e f. **II** agg. COLLOQ. SPREG. sinistroide.
pink pound /'pɪŋkpaʊnd/ n. BE = potere d'acquisto della comunità omosessuale.
pink slip /'pɪŋkslɪp/ n. AE lettera f. di licenziamento.
pin money /'pɪŋˌmʌnɪ/ n. spiccioli m.pl.
pinna /'pɪnə/ n. (pl. **~s, -ae**) **1** *(of fish)* pinna f. **2** *(of pinnate leaf)* lobo m. **3** *(auricle)* padiglione m. auricolare **4** *(mollusc)* pinna f.
pinnace /'pɪnɪs/ n. scialuppa f.
pinnacle /'pɪnəkl/ n. **1** FIG. apogeo m., culmine m. (**of** di) **2** ARCH. pinnacolo m. **3** *(of rock)* picco m.
pinnae /'pɪni:/ → **pinna**.
pinnate /'pɪneɪt/, **pinnated** /'pɪneɪtɪd/ agg. **1** BOT. pennato **2** ZOOL. dotato di pinne.
pinniped /'pɪnɪˌped/ **I** n. pinnipede m. **II** agg. (della famiglia) dei pinnipedi.
pinnule /'pɪnju:l/ n. pinnula f.
pinny /'pɪnɪ/ n. **1** BE COLLOQ. *(apron)* grembiulino m. **2** AE *(singlet)* canottiera f. (di una squadra).
pinochle /'pi:nɒkl/ ♦ ***10*** n. pinnacolo m.
1.pinpoint /'pɪnpɔɪnt/ n. punta f. di spillo; ***a*** ~ ***of light*** un puntino luminoso.
2.pinpoint /'pɪnpɔɪnt/ tr. **1** *(identify, pick out)* indicare, individuare [*problem, risk, causes*] **2** *(place exactly)* localizzare [*location, position, site*]; fissare, indicare con esattezza [*time, exact moment*].
pinprick /'pɪnprɪk/ n. **1** puntura f. di spillo; *(feeling caused)* fitta f. **2** FIG. *(of jealousy, remorse)* fitta f.
pinstripe /'pɪnstraɪp/ **I** n. *(stripe)* righina f. **II pinstripes** n.pl. *(suit)* gessato m.sing. **III** modif. [*fabric, suit*] gessato.
pinstriped /'pɪnstraɪpt/ agg. gessato.
▷ **pint** /paɪnt/ ♦ ***3*** **I** n. **1** pinta f. (BE = 0,57 litri, AE = 0,47 litri); ***a*** ~ ***of milk*** una pinta di latte; ***to be sold in*** **~*s*** essere venduto a pinte; ***to cost 50 pence a*** ~ costare 50 penny alla pinta **2** BE COLLOQ. ***to go for a*** ~ andare a farsi una pinta, una birra; ***he's fond of a*** ~ gli piace bere birra **II** modif. [*carton, jug*] da una pinta.
pinta /'paɪntə/ n. BE COLLOQ. bottiglia f. di latte (da una pinta).
pintable /'pɪnteɪbl/ n. BE biliardino m.
pintail /'pɪnteɪl/ n. *(migratory duck)* codone m.; *(grouse)* tetraone m. codacuta.
pint glass /'paɪntglɑ:s, AE -glæs/, **pint pot** /'paɪntpɒt/ n. pinta f.
pintle /'pɪntl/ n. perno m.; *(of door)* cardine m.
pinto /'pɪntəʊ/ **I** n. AE (pl. **~s, ~es**) (cavallo) pezzato m. **II** agg. [*horse, pony*] pezzato.
pinto bean /'pɪntəˌbi:n/ n. (fagiolo) borlotto m.
pint-size(d) /'paɪntsaɪz(d)/ agg. SPREG. piccolo, tascabile.
pin tuck /'pɪntʌk/ n. SART. piegolina f.
pinup /'pɪnʌp/ n. **1** *(half-naked woman)* pin-up f.; *(half-naked man)* fusto m. **2** *(poster of star)* poster m. (di un personaggio famoso).
pinwheel /'pɪnwɪəl, AE -hwɪəl/ n. girandola f.
▷ **1.pioneer** /ˌpaɪə'nɪə(r)/ **I** n. pioniere m. (**of, in** di) **II** modif. [*research, work*] pionieristico; [*life*] da pioniere; [*farm, wagon*] dei pionieri; ***the*** ~ ***spirit*** spirito pionieristico; ***a*** ~ ***socialist, immunologist*** un pioniere del socialismo, dell'immunologia; ***a*** ~ ***astronaut*** uno dei primi astronauti.
▷ **2.pioneer** /ˌpaɪə'nɪə(r)/ tr. ***to*** ~ ***an invention*** sperimentare una nuova invenzione; ***to*** ~ ***a technique*** introdurre una nuova tecnica; ***to*** ~ ***the use, study of*** essere uno dei primi a usare, a studiare.
pioneer farmer /paɪəˌnɪə'fɑ:mə(r)/ n. pioniere m.
pioneering /ˌpaɪə'nɪərɪŋ/ agg. [*scientist, socialist, film-maker, scheme, study*] pionieristico; [*surgery*] all'avanguardia; ***he did*** ~ ***work in physics*** ha fatto delle ricerche pionieristiche nel campo della fisica.
pioneer settler /paɪəˌnɪə'setlə(r)/ n. colono m.
pious /'paɪəs/ agg. **1** *(devout)* pio **2** SPREG. *(sanctimonious)* bigotto; *(insincere)* ipocrita; ~ ***hope*** vana speranza; ~ ***wish*** pio desiderio.
piously /'paɪəslɪ/ avv. **1** [*worship*] con devozione, piamente **2** [*say, moralize*] in modo bigotto.
1.pip /pɪp/ n. *(seed)* seme m., semino m.
2.pip /pɪp/ n. BE TEL. RAD. bip m., segnale m. acustico elettronico; ***the*** **~*s*** segnale orario.
3.pip /pɪp/ n. **1** *(on card, dice, domino)* puntino m., pallino m. **2** BE MIL. *(showing rank)* stelletta f.

4.pip /pɪp/ n. **1** *(of poultry)* pipita f. **2** *(of person)* COLLOQ. SCHERZ. malumore m. ◆ ***to give sb. the ~*** COLLOQ. ANT. fare girare le scatole a qcn.

5.pip /pɪp/ tr. (forma in -ing ecc. **-pp-**) BE COLLOQ. battere; ***to ~ sb. for sth.*** soffiare qcs. a qcn.; ***to ~ sb. at*** o ***to the post*** battere qcn. sul filo di lana; ***to be ~ped at*** o ***to the post*** essere battuto sul traguardo.

6.pip /pɪp/ intr. (forma in -ing ecc. **-pp-**) pigolare, fare pio pio.

pipage /ˈpaɪpɪdʒ/ n. *(pipes collectively)* tubature f.pl., tubazioni f.pl.; *(distribution by pipes)* trasporto m. mediante tubatura.

▷ **1.pipe** /paɪp/ ➧ **17 I** n. **1** *(conduit) (in building)* tubo m.; *(underground)* tubatura f.; ***waste, gas ~*** tubo di scarico, del gas **2** *(for smoker)* pipa f.; ***to smoke a ~*** *(habitually)* fumare la pipa; ***to have a ~*** fare una pipata; ***to fill a ~*** caricare una pipa **3** MUS. *(on organ)* canna f. **4** MUS. *(flute)* piffero m., flauto m. **5** *(birdsong)* canto m., cinguettio m. **6** MAR. fischietto m. **II pipes** n.pl. MUS. cornamusa f.sing.

2.pipe /paɪp/ **I** tr. **1** *(carry)* ***to ~ water into a house*** convogliare l'acqua in una casa; ***oil is ~d across, under, to*** il petrolio è trasportato attraverso, sotto, fino a; ***~d water*** acqua corrente **2** *(transmit)* trasmettere, diffondere [*music*] (**to** in); ***music is ~d throughout the store*** al supermercato c'è la musica in sottofondo **3** *(sing)* [*person*] cinguettare [*tune*] **4** *(play) (on bagpipes)* suonare [qcs.] con la cornamusa [*tune*]; *(on flute)* suonare [qcs.] col flauto [*tune*] **5** SART. adornare, profilare [*cushion, collar*]; ***a cushion ~d with pink*** un cuscino profilato di rosa **6** GASTR. ***to ~ icing onto a cake*** decorare con la glassa una torta; ***to ~ sb.'s name on a cake*** decorare una torta con il nome di qcn. **7** MAR. dare [qcs.] con il fischietto [*order*]; ***to ~ sb. aboard*** [*boatswain*] comandare a qcn. (fischiando) di salire a bordo; ***to ~ "all hands on deck"*** fischiare l'adunata **II** intr. fischiare.

■ **pipe down** COLLOQ. *(quieten down)* abbassare la voce, fare meno chiasso; ***~ down!*** silenzio!

■ **pipe in:** ***~ [sth.] in, ~ in [sth.]*** annunciare l'arrivo di [qcs.] col suono di una cornamusa [*haggis, guests*].

■ **pipe up:** ***"it's me!" she ~d up*** "sono io!" disse alzando la voce.

1.pipeclay /ˈpaɪpkleɪ/ n. argilla f. bianca.

2.pipeclay /ˈpaɪpkleɪ/ tr. sbiancare con l'argilla bianca [*leather*].

pipe-cleaner /ˈpaɪpˌkliːnə(r)/ n. scovolino m.

piped music /ˌpaɪptˈmjuːzɪk/ n. musica f. di sottofondo.

pipe-dream /ˈpaɪpdriːm/ n. castello m. in aria, chimera f.

pipefish /ˈpaɪpfɪʃ/ n. (pl. **~, ~es**) pesce m. ago.

pipe-fitting /ˈpaɪpˌfɪtɪŋ/ n. raccordo m. per tubazioni.

pipeful /ˈpaɪpfl/ n. pipata f.

▷ **pipeline** /ˈpaɪplaɪn/ n. **1** TECN. conduttura f., condotto m.; *(for oil)* oleodotto m.; *(for gas)* gasdotto m. **2** FIG. ***to be in the ~*** [*change*] essere in corso; [*product*] essere in fase di produzione; ***she's got a new novel in the ~*** ha un nuovo romanzo in cantiere.

pipe of peace /ˌpaɪpəvˈpiːs/ n. pipa f., calumet m. della pace.

pipe organ /ˈpaɪpˌɔːgən/ n. MUS. organo m. (a canne).

piper /ˈpaɪpə(r)/ ➧ **27** n. **1** *(bagpipe player)* suonatore m. (-trice) di cornamusa, zampognaro m. (-a) **2** *(fluteplayer)* pifferaio m. (-a) ◆ ***he who pays the ~ calls the tune*** PROV. = chi paga il pifferaio sceglie la musica.

pipe rack /ˈpaɪpræk/ n. portapipe m.

piperazine /pɪˈperəziːn, AE paɪ-/ n. piperazina f.

pipe-smoker /ˈpaɪpˌsməʊkə(r)/ n. fumatore m. (-trice) di pipa.

pipe-smoking /ˈpaɪpˌsməʊkɪŋ/ agg. che fuma la pipa.

pipes of Pan /ˌpaɪpsəvˈpæn/ ➧ **17** n.pl. flauto m.sing. di Pan, siringa f.sing.

pipe tobacco /ˌpaɪptəˈbækəʊ/ n. tabacco m. da pipa.

pipette /pɪˈpet/ n. pipetta f.

pipework /ˈpaɪpwɜːk/ n. tubatura f.

piping /ˈpaɪpɪŋ/ **I** n. **1** *(conduit)* tubatura f.; *(system of conduits)* tubazioni f.pl. **2** *(transportation)* trasporto m. tramite tubatura **3** SART. passamano m., profilo m. **4** GASTR. decorazione f., guarnizione f. **II** agg. [*voice, tone*] acuto, stridulo.

piping bag /ˈpaɪpɪŋbæg/ n. GASTR. tasca f. (da pasticciere).

piping cord /ˈpaɪpɪŋkɔːd/ n. SART. passamano m.

piping hot /ˌpaɪpɪŋˈhɒt/ agg. bollente, fumante.

pipit /ˈpɪpɪt/ n. pispola f.

pipkin /ˈpɪpkɪn/ n. pentolino m. (di terracotta).

pippin /ˈpɪpɪn/ n. mela f. renetta.

pipsqueak /ˈpɪpskwiːk/ n. COLLOQ. nullità f., mezzacalzetta f.

piquancy /ˈpiːkənsɪ/ n. *(of situation)* salacità f.; *(of food)* sapore m. piccante; ***to add ~ to*** aggiungere un po' di pepe, dare un po' di brio a [*situation*]; speziare, dare un sapore piccante a [*food*].

piquant /ˈpiːkənt/ agg. **1** [*food*] piccante, speziato **2** [*person*] *(racy)* salace, pungente; *(charming)* attraente.

piquantly /ˈpiːkəntlɪ/ avv. [*remark, describe*] in modo arguto, pungente.

1.pique /piːk/ n. ripicca f., dispetto m.; ***to do sth. in ~*** o ***out of ~*** fare qcs. per dispetto; ***in a fit of ~*** per ripicca.

2.pique /piːk/ tr. **1** *(hurt)* indispettire, offendere **2** *(arouse)* destare, suscitare [*curiosity, interest*].

piqué /ˈpiːkeɪ/ n. TESS. piqué m.

piqued /piːkt/ **I** p.pass. → **2.pique II** agg. seccato (**at, by** per, da; **to do** di fare).

piquet /pɪˈket/ ➧ **10** n. *(card game)* picchetto m.

piracy /ˈpaɪərəsɪ/ n. **1** MAR. pirateria f. **2** FIG. pirateria f.; ***~ of tapes, of software*** duplicazione abusiva di cassette, di software.

Piraeus /paɪˈrɪəs/ ➧ **34** n.pr. Pireo m.

piragua /pɪˈrægwə/ n. → **pirogue**.

piranha /pɪˈrɑːnə/ n. (anche **~ fish**) piranha m.

▷ **1.pirate** /ˈpaɪərət/ **I** n. **1** MAR. pirata m. **2** *(copy of tape etc.)* copia f. pirata **3** (anche **~ station**) stazione f. pirata **4** *(entrepreneur)* pirata m. **5** *(copier)* plagiario m. **II** modif. [*video, tape, operator, firm*] pirata; [*ship*] pirata, dei pirati; [*raid*] dei pirati.

2.pirate /ˈpaɪərət/ tr. piratare [*tape, video, software*].

pirated /ˈpaɪərətɪd/ agg. [*video, tape, software, version*] pirata(to).

pirate radio /ˌpaɪərətˈreɪdɪəʊ/ n. radio f. pirata.

pirate radio ship /ˌpaɪərətˌreɪdɪəʊˈʃɪp/ n. = battello utilizzato per trasmettere programmi radiofonici al di fuori delle acque territoriali dello stato ricevente.

pirate radio station /ˌpaɪərətˌreɪdɪəʊˈsteɪʃn/ n. (stazione) radio f. pirata.

piratical /ˌpaɪəˈrætɪkl/ agg. [*appearance, exploit*] piratesco.

pirating /ˈpaɪərətɪŋ/ n. pirataggio m.

pirogue /pɪˈrəʊg/ n. piroga f.

1.pirouette /ˌpɪrʊˈet/ n. piroetta f.; ***to do ~s*** fare le piroette.

2.pirouette /ˌpɪrʊˈet/ intr. piroettare.

Pisan /ˈpɪsən/ **I** agg. pisano **II** n. pisano m. (-a).

piscary /ˈpɪskərɪ/ n. **1** *(right of fishing)* ***common of ~*** diritto di pesca pubblica **2** *(place)* zona f. di pesca.

piscatorial /ˌpɪskəˈtɔːrɪəl/ agg. piscatorio.

Piscean /ˈpaɪsɪən/ ➧ **38 I** n. ***to be a ~*** essere dei Pesci *o* essere un Pesci **II** agg. [*trait, character*] dei Pesci.

Pisces /ˈpaɪsiːz/ ➧ **38** n. ASTROL. Pesci m.pl.; ***to be (a) ~*** essere dei Pesci *o* essere un Pesci.

pisciculture /ˈpɪsɪkʌltʃə(r)/ n. piscicoltura f.

pisciform /ˈpɪsɪfɔːm/ agg. pisciforme.

piscina /pɪˈsiːnə/ n. (pl. **~s, -ae**) **1** STOR. piscina f. **2** RELIG. bacile m. per l'acqua benedetta.

piscine /ˈpɪsaɪn/ agg. di pesce.

piscivorous /pɪˈsɪvərəs/ agg. ittiofago.

1.pish /pɪʃ/ inter. *(expressing contempt)* puah; *(expressing impatience)* uff.

2.pish /pɪʃ/ intr. = esprimere disgusto o impazienza.

pisiform /ˈpɪsɪfɔːm/ **I** n. ANAT. (anche **~ bone**) pisiforme m. **II** agg. a forma di pisello.

▷ **1.piss** /pɪs/ n. **1** POP. piscio m.; ***to need a ~*** avere voglia di pisciare; ***to have*** BE o ***take*** AE ***a ~*** andare a pisciare **2** FIG. ***to go (out) on the ~*** BE andare a sbronzarsi ◆ ***it's a piece of ~*** BE POP. *(easy task)* è una cavolata; ***to take the ~ out of sb.*** POP. sfottere, prendere per il culo qcn.

▷ **2.piss** /pɪs/ **I** tr. POP. ***to ~ blood*** pisciare sangue; ***to ~ one's pants*** pisciarsi addosso **II** intr. pisciare; ***to ~ with rain*** BE piovere a dirotto *o* a catinelle **III** rifl. ***to ~ oneself*** pisciarsi addosso; ***to ~ oneself (laughing)*** scompisciarsi dal ridere ◆ ***it's ~ing in the wind*** POP. è come pisciare controvento.

■ **piss about, piss around:** ***~ about*** POP. cazzeggiare; ***~ [sb.] about*** sfottere.

■ **piss away:** ***~ away [sth.]*** AE POP. sputtanare [*fortune*].

■ **piss down** BE POP. piovere a dirotto, a catinelle.

■ **piss off:** ***~ off*** POP. togliersi dalle palle; ***~ [sb.] off, ~ off [sb.]*** *(make fed up)* rompere le palle a, scassare; *(make angry)* fare incazzare.

■ **piss on:** ***~ on [sb.]*** *(defeat)* BE POP. fare un culo così a; *(treat contemptuously)* AE POP. trattare come una merda.

piss artist /ˈpɪsˌɑːtɪst/, **pisshead** /ˈpɪshed/ n. BE POP. ubriacone m. (-a).

▷ **pissed** /pɪst/ **I** p.pass. → **2.piss II** agg. **1** BE POP. sbronzo; ***to get ~*** sbronzarsi **2** AE POP. incazzato (**at sb.** con qcn.).

pissed off /ˌpɪstˈɒf/ agg. POP. ***to be ~*** avere le palle piene (**with, at** di); ***I'm ~ that*** mi rompe che; ***a ~ tone*** un tono scazzato.

pisser /ˈpɪsə(r)/ n. AE POP. **1** *(job)* lavoraccio m. **2** *(remarkable person, thing)* meraviglia f.

pisshead /'pɪshed/ n. COLLOQ. ubriacone m. (-a).
piss poor /'pɪspɔ:(r), AE -pʊər/ agg. **1** POP. [*excuse*] squallido **2** *(broke)* [*person*] povero in canna.
piss-take /'pɪsteɪk/ n. BE POP. *(joke)* sfottò m.; *(parody)* presa f. in giro (**of** di).
piss-up /'pɪsʌp/ n. BE POP. (gran) bevuta f. ◆ ***he couldn't organize a ~ in a brewery*** non troverebbe neanche l'acqua nel mare.
pistachio /pɪ'stɑ:ʃɪəʊ, AE -æʃɪəʊ/ ➧ *5* **I** n. (pl. **~s**) **1** *(nut, tree, flavour)* pistacchio m. **2** *(colour)* verde m. pistacchio **II** agg. *(colour)* (verde) pistacchio.
pistachio-coloured BE, **pistachio-colored** AE /pɪˌstɑ:ʃɪəʊ'kʌləd, AE -æʃɪəʊ-/ ➧ *5* agg. color (verde) pistacchio.
pistachio-flavoured BE, **pistachio-flavored** AE /pɪˌstɑ:ʃɪəʊ'fleɪvəd, AE -æʃɪəʊ-/ agg. al pistacchio.
piste /pi:st/ n. pista f.; ***to ski off ~*** sciare fuoripista.
pistil /'pɪstɪl/ n. pistillo m.
pistillary /'pɪstɪlərɪ, AE -erɪ/ agg. di pistillo.
pistillate /'pɪstɪlət/ agg. pistillifero.
▷ **1.pistol** /'pɪstl/ n. pistola f.; ***automatic, starter's, toy ~*** pistola automatica, dello starter, giocattolo ◆ ***to hold a ~ to sb.'s head*** puntare una pistola alla tempia di qcn.
2.pistol /'pɪstl/ tr. (forma in -ing ecc. **-ll-**, AE **-l-**) ferire [qcn.] a colpi di pistola, sparare a qcn.
pistole /ˌpɪ'stəʊl/ n. STOR. *(gold coin)* pistola f.
pistol grip /'pɪstlˌgrɪp/ n. calcio m. della pistola.
pistol-whip /'pɪstlwɪp/ tr. (forma in -ing ecc. **-pp-**) colpire [qcn.] con il calcio della pistola.
piston /'pɪstən/ n. pistone m.
piston engine /'pɪstənˌendʒɪn/ n. motore m. a pistoni.
piston pin /'pɪstənˌpɪn/ n. spinotto m. di pistone.
piston ring /'pɪstənˌrɪŋ/ n. segmento m. (di pistone).
piston rod /'pɪstənˌrɒd/ n. biella f.
▷ **1.pit** /pɪt/ **I** n. **1** *(for storage, weapons, bodies)* fossa f., buca f. **2** MIN. miniera f.; ***to work at the ~*** lavorare in miniera; ***to go down the ~*** scendere in miniera; ***to work down the ~*** lavorare giù in miniera, essere minatore **3** *(hollow)* cavità f., depressione f.; ***the ~ of the stomach*** la bocca dello stomaco; ***a ~ of depravity*** FIG. un abisso di depravazione **4** *(quarry)* ***gravel ~*** cava di ghiaia **5** *(trap)* trappola f. **6** AE *(in peach, cherry, olive)* nocciolo m. **7** ECON. corbeille f., recinto m. delle grida; ***trading ~*** parquet *o* sala delle contrattazioni; ***wheat ~*** borsa del grano **8** TEATR. platea f.; ***orchestra ~*** golfo mistico **9** AUT. *(at garage)* fossa f. di riparazione; *(at racetrack)* box m. **10** BE COLLOQ. *(bed)* letto m. **II** modif. MIN. [*closure, gates*] della miniera; [*strike*] dei minatori; [*village*] di minatori; ***~ disaster*** disastro in miniera ◆ ***it's the ~s!*** COLLOQ. *(of place, workplace)* è un inferno! ***this place is the ~s (of the earth)*** COLLOQ. questo è il posto più schifoso del mondo; ***to dig a ~ for sb.*** tendere un tranello a qcn.
2.pit /pɪt/ **I** tr. (forma in -ing ecc. **-tt-**) **1** *(in struggle)* ***to ~ sb. against*** opporre qcn. a [*opponent*]; ***the match will ~ Scotland against Brazil*** l'incontro vede la Scozia contro il Brasile; ***to ~ one's wits against sb.*** misurarsi con qcn. **2** *(mark)* [*tool*] bucherellare, fare buchi in [*surface, stone*]; [*acid*] intaccare [*metal*]; ***her skin was ~ted by smallpox, acne*** aveva la pelle butterata dal vaiolo, dall'acne **3** AE *(remove stones from)* snocciolare, denocciolare [*peach, cherry, olive*] **II** rifl. (forma in -ing ecc. **-tt-**) ***to ~ oneself against sb.*** misurarsi con qcn.
pitapat /ˌpɪtə'pæt/ n. *(of rain)* picchiettio m.; *(of feet)* scalpiccio m., calpestio m.; *(of heart)* batticuore m., palpitazioni f.pl.; ***to go ~*** [*heart*] palpitare; [*rain*] picchiettare, picchierellare.
pit bull terrier /ˌpɪtbʊl'terɪə(r)/ n. pit bull m.
▷ **1.pitch** /pɪtʃ/ n. **1** SPORT campo m. (sportivo); ***football, rugby ~*** campo di calcio, rugby; ***on the ~*** sul terreno di gioco, in campo **2** *(sound level) (of note, voice)* tono m. (anche FON.), altezza f.; MUS. tono m., tonalità f.; ***to give the ~*** MUS. dare il tono; ***the ~ is too high, low*** MUS. la tonalità è troppo alta, bassa; ***absolute ~, perfect ~*** orecchio assoluto **3** *(degree)* grado m.; *(highest point)* colmo m.; ***excitement was at its (highest) ~, was at full ~*** l'eccitazione era al massimo; ***a ~ of frustration had been reached*** si era arrivati al culmine della frustrazione; ***the situation has reached such a ~ that*** la situazione è arrivata al punto che **4** *(sales talk or argument)* parlantina f.; ***sales ~*** parlantina da venditore; ***what's your (sales) ~?*** com'è il prodotto che vendi? **5** ING. MAR. *(tar)* pece f. nera **6** BE *(for street trader, entertainer)* posteggio m. **7** MAR. *(movement of boat)* beccheggio m. **8** SPORT *(bounce)* lancio m., tiro m. **9** ING. *(of roof)* inclinazione f., pendenza f. **10** *(in mountaineering)* lunghezza f. di corda ◆ ***to make, give*** AE ***a ~ for sb., sth.*** spezzare una lancia in favore di qcn., qcs.
2.pitch /pɪtʃ/ **I** tr. **1** *(throw)* gettare, buttare [*object*] (**into** in); SPORT lanciare; ***to ~ hay*** AGR. caricare fieno (gettandolo coi forconi nei carri); ***the horse ~ed her off*** il cavallo l'ha disarcionata; ***the carriage turned over and she was ~ed out*** la carrozza si capovolse e lei fu proiettata *o* sbalzata fuori; ***the passengers were ~ed forward*** i passeggeri sono caduti in avanti **2** *(aim, adjust)* adattare [*campaign, publicity, speech*] (**at** a); *(set)* fissare [*price*]; ***newspaper, programme ~ed at young people*** giornale, programma adatto ai giovani; ***the exam was ~ed at a high level*** l'esame è stato adattato a un livello avanzato; ***to ~ one's ambitions too high*** spingere troppo in là le proprie ambizioni, mirare troppo in alto; ***to ~ sth. a bit strong*** COLLOQ. esagerare **3** MUS. [*singer*] prendere [*note*]; [*player*] dare [*note*]; ***to ~ one's voice higher, lower*** alzare, abbassare il tono di voce; ***the song is ~ed too high for me*** la canzone ha un'intonazione troppo acuta per me **4** *(erect)* piantare, rizzare [*tent*]; ***to ~ camp*** accamparsi **5** ***to ~ sb. a story*** COLLOQ. (rac)contare una storia a qcn.; ***to ~ sb. an excuse*** COLLOQ. inventarsi una scusa con qcn. **II** intr. **1** *(be thrown)* [*rider, passenger, cyclist*] cadere **2** MAR. [*boat*] beccheggiare; ***to ~ and roll*** o ***toss*** beccheggiare **3** AE *(in baseball)* servire **4** BE SPORT [*ball*] rimbalzare.
■ **pitch in** COLLOQ. **1** *(on job) (set to work)* darci dentro; *(join in, help)* dare una mano; ***everyone ~ed in with contributions*** tutti hanno contribuito **2** *(start to eat)* lanciarsi, gettarsi sul cibo.
■ **pitch into:** **~ into [sth.]** *(attack)* contrattaccare, attaccare [*attacker*]; FIG. attaccare, dare addosso a [*opponent, speaker*]; buttarsi in [*work*]; gettarsi su [*meal*]; **~ [sb.] into** *(land in new situation)* proiettare qcn. in [*situation*]; ***the circumstances which ~ed him into the political arena*** le circostanze che l'hanno spinto nell'arena politica; ***the new director was ~ed straight into an industrial dispute*** il nuovo direttore si è ritrovato nel bel mezzo di una controversia industriale.
■ **pitch out:** **~ out [sb., sth.], ~ [sb., sth.] out** COLLOQ. buttare fuori, cacciare [*troublemaker*] (**from** da); sbarazzarsi di [*object*].
■ **pitch over** rovesciarsi.
pitch-and-putt /ˌpɪtʃən'pʌt/ n. minigolf m.
pitch-black /ˌpɪtʃ'blæk/ agg. nero come la pece; [*night*] completamente buio; ***it was ~*** era buio pesto.
pitchblende /'pɪtʃblend/ n. pechblenda f.
pitch-dark /ˌpɪtʃ'dɑ:k/ agg. buio pesto; ***it was ~*** era buio pesto.
pitch darkness /ˌpɪtʃ'dɑ:knɪs/ n. buio m. pesto, completa oscurità f.
pitched battle /ˌpɪtʃt'bætl/ n. battaglia f. campale; FIG. lotta f. all'ultimo sangue.
pitched roof /ˌpɪtʃt'ru:f/ n. tetto m. spiovente.
1.pitcher /'pɪtʃə(r)/ n. *(jug)* caraffa f., brocca f.
2.pitcher /'pɪtʃə(r)/ n. AE SPORT lanciatore m. (-trice).
1.pitchfork /'pɪtʃfɔ:k/ n. forcone m., forca f.
2.pitchfork /'pɪtʃfɔ:k/ tr. **1** AGR. inforcare **2** FIG. ***to ~ sb. into*** spingere qcn. in [*situation*].
pitching /'pɪtʃɪŋ/ n. **1** SPORT *(bounce)* lancio m. **2** MAR. *(movement of boat)* beccheggio m. **3** *(of pavement)* pavimentazione f., lastricatura f., lastricato m.
pitch invasion /ˌpɪtʃɪn'veɪʒn/ n. invasione f. di campo.
pitch-pine /'pɪtʃˌpaɪn/ n. pitch pine m.
pitch pipe /'pɪtʃˌpaɪp/ n. diapason m. a fiato, ad ancia.
pitchy /'pɪtʃɪ/ agg. **1** *(coated or sticky with pitch)* impeciato **2** *(viscid, bitominous)* pecioso **3** *(pitch-black)* nero come la pece.
piteous /'pɪtɪəs/ agg. [*cry, sight, story*] commovente; [*condition, state*] pietoso.
piteously /'pɪtɪəslɪ/ avv. pietosamente.
piteousness /'pɪtɪəsnɪs/ n. (l')essere pietoso.
pitfall /'pɪtfɔ:l/ n. **1** *(of action)* insidia f., tranello m. (**of** di); ***the ~s of doing*** le insidie che si incontrano facendo **2** *(of language)* trabocchetto m. **3** *(trap)* trappola f.
pith /pɪθ/ n. **1** *(of fruit)* albedo f. **2** *(of stem)* midollo m. **3** FIG. essenza f. (**of** di).
pithecanthrope /ˌpɪθɪkæn'θrəʊp/ n. pitecantropo m.
pithecanthropine /ˌpɪθɪkæn'θrəʊpaɪn/ agg. di, da pitecantropo.
pithecanthropus /ˌpɪθɪkæn'θrəʊpəs/ n. (pl. **-i**) pitecantropo m.
pith helmet /'pɪθˌhelmɪt/ n. casco m. coloniale.
pithily /'pɪθəlɪ/ avv. concisamente.
pithiness /'pɪθɪnɪs/ n. *(of remark, style, writing) (incisiveness)* incisività f.; *(terseness)* concisione f.
pithy /'pɪθɪ/ agg. **1** [*remark, style, writing*] *(incisive)* incisivo; *(terse)* conciso **2** [*fruit*] dalla buccia spessa.
pitiable /'pɪtɪəbl/ agg. **1** *(arousing pity)* [*appearance*] miserevole; [*sight*] commovente; [*existence, situation*] commiserabile, miserando; [*salary*] miserabile; ***a ~ beggar*** un povero mendicante

2 *(arousing contempt)* [*attempt, excuse*] meschino; [*state*] deplorevole.

pitiableness /ˈpɪtɪəblnɪs/ n. **1** *(of appearance, existence)* (l')essere miserevole, miserando **2** *(contemptibility)* meschinità f.

pitiably /ˈpɪtɪəblɪ/ avv. ~ ***poor, weak*** povero, debole da fare pietà; ~ ***thin*** magro da fare paura.

pitiful /ˈpɪtɪfl/ agg. **1** *(causing pity)* [*appearance, cry, sight*] commovente; [*income*] miserabile; [*condition, state*] pietoso **2** *(arousing contempt)* [*attempt, excuse*] meschino; [*speech, state*] spregevole; [*amount*] ridicolo.

pitifully /ˈpɪtɪfəlɪ/ avv. **1** *(arousing pity)* [*thin*] da fare paura; [*cry, suffer*] penosamente, da fare pietà; [*look*] pietosamente **2** *(arousing contempt)* [*perform, sing*] in modo penoso, in modo pietoso; [*low, obvious, poor, small*] penosamente.

pitifulness /ˈpɪtɪflnɪs/ n. **1** *(compassion)* pietà f., compassione f. **2** *(piteous state)* stato m. pietoso **3** *(contemptibility)* meschinità f.

pitiless /ˈpɪtɪlɪs/ agg. spietato, crudele, impietoso.

pitilessly /ˈpɪtɪlɪslɪ/ avv. [*beat, punish, tease*] spietatamente; [*stare*] crudelmente; ~ ***cruel*** di una crudeltà spietata.

pitilessness /ˈpɪtɪlɪsnɪs/ n. spietatezza f., crudeltà f.

pitman /ˈpɪtmən/ ♦ **27** n. (pl. **-men**) **1** *(collier)* minatore m. **2** AE MECC. biella f.

piton /ˈpiːtɒn/ n. *(in mountaineering)* chiodo m.

pit pony /ˈpɪtˌpəʊnɪ/ n. = razza di pony un tempo impiegata per i lavori in miniera.

pit prop /ˈpɪtˌprɒp/ n. puntello m. da miniera.

pitsaw /ˈpɪtsɔː/ n. *(for cutting timber)* sega f.

pit stop /ˈpɪtˌstɒp/ n. **1** *(in motor racing)* sosta f. ai box, pit stop m. **2** FIG. *(quick break)* sosta f.

pitta (bread) /ˈpɪtə(ˌbred)/ n. pane m. azzimo.

pittance /ˈpɪtns/ n. ***a*** ~ una miseria *o* un'elemosina; ***to live on, earn a*** ~ vivere con, guadagnare una miseria.

pitted /ˈpɪtɪd/ **I** p.pass. → **2.pit II** agg. **1** [*surface*] bucherellato; [*face, skin*] butterato (**with** da) **2** [*olive*] snocciolato, denocciolato.

pitter-patter /ˈpɪtəpætə(r)/ n. → **pitapat**.

pituitary /pɪˈtjuːɪtərɪ, AE -tuːəterɪ/ agg. pituitario; ~ ***gland*** ghiandola pituitaria *o* ipofisi.

pit worker /ˈpɪtˌwɜːkə(r)/ ♦ **27** n. minatore m.

▷ **1.pity** /ˈpɪtɪ/ n. **1** *(compassion)* pietà f., compassione f. (**for** per); ***out of*** ~ per pietà; ***to feel*** ~ provare compassione; ***to have*** o ***take*** ~ ***on sb.*** avere pietà, compassione di qcn.; ***to move sb. to*** ~ fare compassione a qcn. *o* muovere qcn. a compassione **2** *(shame)* peccato m.; ***what a*** ~***!*** che peccato! ***that would be a*** ~ sarebbe un peccato; ***it's a*** ~ ***that...*** è un peccato che...; ***it would be a*** ~ ***if...*** sarebbe un peccato se...; ***the*** ~ ***(of it) is that...*** ciò che dispiace è che...; ***what a*** ~ ***that...*** (che) peccato che...; ***I'm not rich, more's the*** ~ non sono ricco, purtroppo; ***I neglected to warn him, more's the*** ~ mi sono dimenticato di avvisarlo, purtroppo.

2.pity /ˈpɪtɪ/ tr. **1** *(feel compassion for)* avere pietà, compassione di, compiangere, commiserare [*person*]; ***he's to be pitied*** è da compatire; ***it's the police I*** ~***, not the criminals*** è la polizia che mi fa pena, non i criminali **2** *(feel contempt for)* compatire [*person*].

pitying /ˈpɪtɪɪŋ/ agg. **1** *(compassionate)* compassionevole, pietoso **2** *(scornful)* sprezzante.

pityingly /ˈpɪtɪɪŋlɪ/ avv. **1** *(compassionately)* compassionevolmente **2** *(scornfully)* con disprezzo.

pityriasis /pɪtɪˈraɪəsɪs/ ♦ **11** n. (pl. **-es**) pitiriasi f.

Pius /ˈpaɪəs/ n.pr. Pio.

1.pivot /ˈpɪvət/ n. **1** MECC. perno m. (anche FIG.) **2** MIL. perno m.

2.pivot /ˈpɪvət/ **I** tr. **1** *(turn)* girare (su un perno) [*lever, lamp*] **2** TECN. *(provide with a bearing)* montare su un perno **II** intr. **1** [*lamp, mechanism, device*] girare (**on** su); ***to*** ~ ***on one's heels*** girare sui talloni; ***to*** ~ ***from the hips*** = girare il busto tenendo fermo il bacino **2** FIG. [*outcome, success*] dipendere (**on** da); [*discussion*] basarsi (**on** su).

pivotal /ˈpɪvətl/ agg. [*factor, role, decision*] centrale, fondamentale, cardine; [*moment*] cruciale.

pivot joint /ˈpɪvətˌdʒɔɪnt/ n. articolazione f. trocoide.

pix /pɪks/ n.pl. COLLOQ. (accorc. pictures) *(photos)* foto f.; *(cinema)* cine m.sing.

▷ **pixel** /ˈpɪksl/ n. pixel m.

pixie /ˈpɪksɪ/ **I** n. fata f., folletto m. **II** modif. [*hat, hood*] a punta; [*haircut*] corto con il ciuffo sulla fronte.

pixillated /ˈpɪksɪleɪtɪd/ agg. **1** *(crazy)* pazzerello, svitato **2** AE COLLOQ. *(drunk)* ubriaco.

pixy → **pixie**.

▷ **pizza** /ˈpiːtsə/ **I** n. pizza f. **II** modif. [*base*] per pizza; [*oven*] da pizze; [*pan*] da pizza.

pizza parlour BE, **pizza parlor** AE /ˈpiːtsəˌpɑːlə(r)/ n. pizzeria f.

pizzazz /pɪˈzæz/ n. COLLOQ. slancio m., brio m.

pizzeria /ˌpiːtsəˈriːə/ n. pizzeria f.

pizzicato /ˌpɪtsɪˈkɑːtəʊ/ avv. pizzicato.

placable /ˈplækəbl/ agg. ANT. placabile.

placably /ˈplækəblɪ/ avv. ANT. placabilmente.

1.placard /ˈplækɑːd/ n. *(at protest march)* manifesto m.; *(on wall)* manifesto m., cartellone m. pubblicitario.

2.placard /ˈplækɑːd/ tr. affiggere [*slogan, notice*]; tappezzare di manifesti [*wall*].

placate /pləˈkeɪt, AE ˈpleɪkeɪt/ tr. placare, calmare.

placatory /pləˈkeɪtərɪ, AE ˈpleɪkətɔːrɪ/ agg. che placa, calmante.

▶ **1.place** /pleɪs/ n. **1** *(location, position)* posto m., luogo m.; ***to move from*** ~ ***to*** ~ spostarsi da un posto all'altro; ***I hope this is the right*** ~ spero che questo sia il posto giusto; ***we've come to the wrong*** ~ siamo venuti nel posto sbagliato; ***the best*** ~ ***to buy sth.*** il posto migliore per comprare qcs.; ***same time, same*** ~ stesso posto, stessa ora; ***in many*** ~***s*** in molti posti; ***in*** ~***s*** [*hilly, damaged, worn*] qua e là *o* in diversi punti; ***her leg had been stung in several*** ~***s*** era stata punta in diversi punti della gamba; ***a*** ~ ***for*** un posto per [*meeting, party, monument, office*]; ***a*** ~ ***to do*** un posto per fare; ***a safe*** ~ ***to hide*** un posto sicuro per nascondersi *o* un nascondiglio sicuro; ***a good*** ~ ***to plant roses*** un bel posto per piantare delle rose; ***a*** ~ ***where*** un posto dove; ***it's no*** ~ ***for a child!*** non è un posto per bambini! *o* non è un posto dove può stare un bambino! ***the perfect*** ~ ***for a writer*** il posto ideale per uno scrittore; ***this is the*** ~ ***for me!*** questo è il posto che fa per me! ***if you need peace and quiet, then this is not the*** ~***!*** se hai bisogno di pace e tranquillità, questo non è davvero il posto giusto! ***to be in the right*** ~ ***at the right time*** essere nel posto giusto al momento giusto; ***to be in two*** ~***s at once*** essere in due posti contemporaneamente; ***not here, of all*** ~***s!*** soprattutto non qui! ***in Oxford, of all*** ~***s!*** proprio a Oxford, figurati! **2** *(town, hotel etc.)* posto m.; ***a nice, strange*** ~ ***to live*** un bel, uno strano posto in cui vivere; ***a good*** ~ ***to eat*** un buon posto per mangiare *o* un posto dove si mangia bene; ***we stayed at a*** ~ ***on the coast*** siamo stati in un posto sulla costa; ***a little*** ~ ***called...*** un piccolo paese che si chiama...; ***in a*** ~ ***like Kent*** in una regione come il Kent; ***in a*** ~ ***like Austria*** in un paese come l'Austria; ***this*** ~ ***is filthy!*** questo posto è un porcile! ***he threatened to burn the*** ~ ***down*** COLLOQ. ha minacciato di dare fuoco al locale; ***to be seen in all the right*** ~***s*** farsi vedere nei posti giusti; ***all over the*** ~ *(everywhere)* dappertutto, ovunque; ***the speech was all over the*** ~ COLLOQ. il discorso non aveva né capo né coda; ***your hair is all over the*** ~***!*** COLLOQ. sei tutto spettinato! **3** *(for specific purpose)* ~ ***of birth, pilgrimage*** luogo di nascita, di pellegrinaggio; ~ ***of work*** luogo di lavoro; ~ ***of residence*** (luogo di) residenza; ~ ***of refuge*** rifugio **4** *(home, house)* casa f.; ***at, to David's*** ~ da David, a casa di David; ***a*** ~ ***by the sea*** una casa vicino al mare; ***a*** ~ ***of one's own*** un posto tutto per sé; ***your*** ~ ***or mine?*** da te o da me? **5** *(seat, space, setting) (on bus, at table, in queue)* posto m.; ***to keep a*** ~ tenere un posto (**for** per); ***to find, lose one's*** ~ trovare, perdere il proprio posto; ***to show sb. to his, her*** ~ accompagnare qcn. al suo posto; ***please take your*** ~***s*** accomodatevi per favore; ***I couldn't find a*** ~ ***to park*** non sono riuscito a trovare un parcheggio, posto per parcheggiare; ***to lay*** o ***set a*** ~ ***for sb.*** apparecchiare *o* mettere un posto per qcn.; ***is this*** ~ ***taken?*** questo posto è occupato? **6** *(on team, committee, board, with firm)* posto m. (**on** in); ***a*** ~ ***as*** un posto come [*au pair, cook, cleaner*] **7** BE UNIV. posto m. (**at** a); ***to get a*** ~ ***on*** essere ammesso a [*course*]; ***she got a*** ~ ***on the fashion design course*** è stata ammessa al corso per stilisti **8** *(in competition, race)* posto m., posizione f.; ***to finish in first*** ~ terminare (una gara) al primo posto; ***he backed Red Run for a*** ~ *(in horseracing)* ha puntato su Red Run piazzato; ***to take second*** ~ FIG. *(in importance)* passare in secondo piano; ***to take second*** ~ ***to sth.*** venire in secondo piano rispetto a qcs.; ***to relegate sth. to second*** ~ fare passare *o* relegare qcs. in secondo piano **9** *(in argument, analysis)* ***in the first*** ~ *(firstly)* in primo luogo; *(at the outset)* per cominciare, per prima cosa, innanzitutto; ***how much money did we have in the first*** ~***?*** quanti soldi avevamo all'inizio? **10** *(correct position)* ***to put sth. in*** ~ mettere [qcs.] a posto [*fencing, construction*]; ***to push sth. back into*** ~ rimettere qcs. a posto; ***to return sth. to its*** ~ rimettere qcs. al suo posto; ***everything is in its*** ~ tutto è a posto; ***to hold sth. in*** ~ tenere qcs. al suo posto; ***when the lever is in*** ~ quando la leva è a posto *o* in posizione; ***is the lid in*** ~***?*** c'è il coperchio? ***in*** ~ [*law*] esistente; ***to put sth. in*** ~ mettere in atto [*scheme*]; installare [*system*]; instaurare [*regime*] **11** *(rank)* ***sb.'s, sth.'s*** ~ ***in*** il posto di qcn., qcs. in [*world, society, history, politics*]; ***to take one's*** ~ ***in society*** occupare il proprio posto nella società; ***to put sb. in his, her*** ~ rimettere qcn.

al suo posto; ***to know one's*** ~ sapere stare al proprio posto **12** *(role)* ***it's not my*** ~ ***to do*** non spetta a me fare; ***to fill sb.'s*** ~ sostituire qcn.; ***to take sb.'s*** ~, ***take the*** ~ ***of sb.*** prendere il posto di qcn.; ***to have no*** ~ ***in*** non avere un ruolo in [*organization*]; non rientrare in [*philosophy, creed*]; ***there is a*** ~ ***for someone like her in this company*** c'è posto per persone come lei in questa società; ***there are*** ~***s for people like you!*** COLLOQ. FIG. SPREG. la gente come te dovrebbe essere rinchiusa! **13** *(situation)* ***in my, his*** ~ al mio, suo posto; ***in your*** ~, ***I'd have done the same*** al posto tuo avrei fatto lo stesso; ***to change*** o ***trade*** ~***s with sb.*** fare cambio di posto *o* scambiarsi di posto con qcn. **14** *(moment)* momento m.; ***in*** ~***s*** [*funny, boring, silly*] a tratti *o* di tanto in tanto; ***this is not the*** ~ ***to do*** non è il momento di fare; ***this is a good*** ~ ***to begin*** questo è un buon momento per incominciare; ***there were*** ~***s in the film where...*** c'erano momenti nel film in cui... **15** ***to mark one's*** ~ *(in book, paragraph)* tenere il segno; *(in speech)* tenere il filo (del discorso); ***to lose, find one's*** ~ *(in book, paragraph)* perdere, trovare il segno; *(in speech)* perdere, trovare il filo (del discorso) **16** AE COLLOQ. *(unspecified location)* ***some*** ~ qualche posto; ***no*** ~ nessun posto; ***he had no*** ~ ***to go*** non aveva nessun posto dove andare *o* non sapeva dove andare; ***he always wants to go*** ~***s with us*** vuole sempre venire dove andiamo noi; ***she goes*** ~***s on her bicycle*** va in giro in bicicletta **17 out of place** [*remark, behaviour*] fuori luogo; [*language, tone*] inappropriato; ***to look out of*** ~ [*building, person*] sembrare fuori posto, stonare; ***to feel out of*** ~ sentirsi fuori posto **18 in place of** al posto di [*person, object*]; ***X is playing in*** ~ ***of Y*** X sta giocando al posto di Y; ***he spoke in my*** ~ ha parlato al mio posto ◆ ***that young man is really going*** ~***s*** COLLOQ. quel ragazzo farà strada; ***to have friends in high*** ~***s*** avere amici influenti; ***corruption in high*** ~***s*** corruzione agli alti livelli; ***to fall*** o ***click*** o ***fit into*** ~ quadrare *o* diventare chiaro.

▶ **2.place** /pleɪs/ tr. **1** *(put carefully)* porre, mettere, collocare; *(arrange)* disporre; ~ ***the cucumber slices around the edge of the plate*** disponete le fette di cetriolo intorno al piatto; ***she*** ~***d the vase in the middle of the table*** collocò il vaso al centro della tavola; ~ ***the smaller bowl inside the larger one*** metti la scodella piccola dentro quella più grande; ***to*** ~ ***sth. back on*** rimettere qcs. su [*shelf, table*]; ***to*** ~ ***sth. in the correct order*** mettere qcs. nell'ordine giusto **2** *(locate)* collocare, piazzare, mettere; ***to be strategically, awkwardly*** ~***d*** essere piazzato strategicamente, inopportunamente; ***the switch had been*** ~***d too high*** l'interruttore era stato messo troppo in alto **3** *(using service)* ***to*** ~ ***an advertisement in the paper*** mettere un annuncio sul giornale; ***to*** ~ ***an order for sth.*** ordinare *o* richiedere qcs.; ***to*** ~ ***a bet*** fare una scommessa (**on** su) **4** FIG. *(put)* ***to*** ~ ***emphasis on sth.*** dare rilievo a qcs.; ***to*** ~ ***one's trust in sb., sth.*** riporre la propria fiducia in qcn., qcs.; ***to*** ~ ***sb. in a difficult situation, in a dilemma*** mettere qualcuno in una situazione difficile, di fronte a un dilemma; ***to*** ~ ***sb. at risk*** fare correre dei rischi a qcn.; ***to*** ~ ***the blame on sb.*** fare cadere la colpa su qcn.; ***two propositions were*** ~***d before those present*** ai presenti sono state fatte due proposte **5** *(rank) (in competition)* classificare; *(in exam)* GB classificare; ***to be*** ~***d third*** [*horse, athlete*] piazzarsi al terzo posto **6** *(judge)* considerare; ***to be*** ~***d among the top scientists of one's generation*** essere considerato tra i migliori scienziati della propria generazione; ***where would you*** ~ ***him in relation to his colleagues?*** come lo considereresti rispetto ai suoi colleghi? **7** *(identify)* riconoscere [*person, accent*]; ***I can't*** ~ ***his face*** non so dove l'ho già visto, dove l'ho conosciuto **8** *(find home for)* trovare una famiglia per [*child*] **9** AMM. *(send, appoint)* mettere [*student, trainee*] (**in** in); ***to*** ~ ***sb. in charge of staff, a project*** affidare a qcn. la responsabilità dell'organico, di un progetto; ***to be*** ~***d in quarantine*** essere messo in quarantena.

place-bet /ˈpleɪsbet/ n. scommessa f. sul cavallo piazzato; ***to make a*** ~ fare una scommessa sul cavallo piazzato.

placebo /pləˈsiːbəʊ/ n. (pl. ~**s**) **1** MED. placebo m. **2** FIG. contentino m.

placebo effect /pləˈsiːbəʊɪˌfekt/ n. MED. effetto m. placebo (anche FIG.).

place card /ˈpleɪsˌkɑːd/ n. *(at a table)* segnaposto m.

▷ **placed** /pleɪst/ **I** p.pass. → **2.place II** agg. **1** *(situated)* ***to be well*** ~ essere nella posizione giusta (**to do** per fare); ***he is not well*** ~ ***to judge*** non si trova nella condizione di poter giudicare; ***she is well*** ~ ***to speak on this subject*** è sicuramente in grado di parlare di questo argomento; ***she is better*** ~ ***to speak on this subject*** è in grado di parlare meglio di questo argomento **2** SPORT ***to be*** ~ [*horse*] essere piazzato.

1.placekick /ˈpleɪskɪk/ n. SPORT calcio m. piazzato; ***to take a*** ~ tirare un calcio piazzato.

2.placekick /ˈpleɪskɪk/ tr. SPORT ***to*** ~ ***the ball*** tirare un calcio piazzato.

placeman /ˈpleɪsmən/ n. (pl. **-men**) *(in government service)* raccomandato m.

place mat /ˈpleɪsˌmæt/ n. tovaglietta f. (all'americana).

placemen /ˈpleɪsmen/ → **placeman**.

▷ **placement** /ˈpleɪsmənt/ n. **1** BE (anche **work** ~) *(trainee post)* stage m., tirocinio m.; ***I got a*** ~ mi fanno fare uno stage **2** *(in accommodation) (of child)* sistemazione f. (**in** in); *(in employment) (of unemployed person)* collocamento m. (**in** in) **3** ECON. collocamento m.

placement office /ˈpleɪsməntˌɒfɪs, AE -ˈɔːf-/ n. AE UNIV. = ufficio che si occupa di inserire i neolaureati nel mondo del lavoro.

placement test /ˈpleɪsməntˌtest/ n. AE SCOL. *(entrance exam)* test m. d'ingresso; *(proficiency test)* test m. di valutazione preliminare.

place-name /ˈpleɪsneɪm/ n. toponimo m.; ***dictionary of*** ~***s*** dizionario dei toponimi *o* toponomastico.

placenta /pləˈsentə/ n. (pl. ~**s**, **-ae**) placenta f.

placental /pləˈsentl/ agg. **1** ANAT. BOT. ZOOL. *(pertaining to placenta)* placentare **2** ZOOL. *(having placenta)* placentato, placentale; ~ ***mammals*** mammiferi placentali.

place of safety order /ˌpleɪsəvˈseɪftɪˌɔːdə(r)/ n. BE DIR. = ordinanza emessa da un giudice in base alla quale una persona o un'istituzione può tenere in affidamento un bambino per un breve periodo, al fine di sottrarlo ai maltrattamenti che subisce in famiglia.

placer /ˈpleɪsə(r)/ n. GEOL. placer m.

place setting /ˈpleɪsˌsetɪŋ/ n. coperto m.

placet /ˈpleɪset/ n. *(opinion, decision)* placet m., beneplacito m.

place-value /ˈpleɪsˌvæljuː/ n. = valore numerico di una cifra in base alla sua posizione nel numero.

placid /ˈplæsɪd/ agg. [*person, nature, animal, smile*] placido.

placidity /pləˈsɪdətɪ/ n. placidità f.

placidly /ˈplæsɪdlɪ/ avv. placidamente.

placidness /ˈplæsɪdnɪs/ n. placidità f.

▷ **placing** /ˈpleɪsɪŋ/ n. **1** *(position) (in race)* posto m., posizione f.; *(in contest, league)* posto m. **2** *(positioning) (of players)* disposizione f.; *(of ball)* posizione f.; *(location) (of ball, players)* posizione f. **3** ECON. collocamento m.

placket /ˈplækɪt/ n. **1** *(petticoat)* sottoveste f. **2** *(in a garment) (for fastenings)* apertura f. **3** *(pocket)* tasca f.

placoid /ˈplækɔɪd/ **I** agg. [*scales*] placoide **II** n. pesce m. placoide.

plagal /ˈpleɪgl/ agg. plagale.

plagiarism /ˈpleɪdʒərɪzəm/ n. plagio m.

plagiarist /ˈpleɪdʒərɪst/ n. plagiario m. (-a).

plagiaristic /ˌpleɪdʒəˈrɪstɪk/ agg. plagiario.

plagiarize /ˈpleɪdʒəraɪz/ **I** tr. plagiare; ***to*** ~ ***a chapter, paragraph from sth.*** plagiare un capitolo, un paragrafo da qcs. **II** intr. copiare; ***to*** ~ ***from*** plagiare l'opera di [*writer*]; copiare da [*work*].

plagiary /ˈpleɪdʒərɪ/ n. **1** *(plagiarism)* plagio m. **2** *(plagiarist)* plagiario m. (-a).

▷ **1.plague** /pleɪg/ n. **1** MED. *(bubonic)* peste f.; *(epidemic)* pestilenza f.; ***the*** ~ la peste; ***I haven't got the*** ~***!*** SCHERZ. non ho mica la peste! ***a*** ~ ***on you!*** ANT. che tu sia maledetto! **2** FIG. *(nuisance)* piaga f., tormento m.; ***the noise is a constant*** ~ ***to residents*** il continuo rumore è proprio un tormento per i residenti; ***what a*** ~ ***that boy is!*** quel ragazzo è una vera piaga! **3** *(large number) (of ants, rats, locusts etc.)* invasione f., flagello m.; *(of crimes)* ondata f.; ***to reach*** ~ ***proportions*** raggiungere dimensioni gigantesche **4** BIBL. maledizione f. ◆ ***to avoid sb., sth. like the*** ~ evitare qcn., qcs. come la peste.

▷ **2.plague** /pleɪg/ tr. **1** *(beset)* ***to be*** ~***d by*** o ***with*** essere assalito da [*doubts*]; essere tormentato da [*remorse*]; essere afflitto da [*difficulties*]; ***he's*** ~***d by ill health*** è afflitto dai malanni; ***we were*** ~***d by bad weather*** eravamo tormentati dal brutto tempo; ***we were*** ~***d by wasps*** eravamo invasi dalle vespe **2** *(harass)* tormentare, assillare; ***to*** ~ ***sb. with questions*** tormentare qcn. con domande; ***to*** ~ ***sb. for sth.*** tormentare qcn. per qcs.; ***to*** ~ ***the life out of sb.*** COLLOQ. rendere la vita impossibile a qcn.

plague-ridden /ˈpleɪgˌrɪdn/ agg. SPREG. appestato.

plague-stricken /ˈpleɪgˌstrɪkn/ agg. [*person, village, population*] colpito dalla peste.

plaguey /ˈpleɪgɪ/ agg. **1** *(pertaining to plague)* pestilenziale **2** RAR. *(plague-stricken)* [*village*] colpito dalla peste **3** *(annoying)* fastidioso, scocciante **4** *(excessive, very great)* notevole; ***a*** ~ ***nuisance*** una tremenda seccatura.

plaice /pleɪs/ n. (pl. ~) platessa f., passera f. di mare.

plaid /plæd/ **I** n. **1** *(fabric, pattern)* tessuto m. scozzese **2** *(garment)* = mantello del costume scozzese **II** modif. [*scarf, shirt, design*] scozzese.

plaided /ˈplædɪd/ agg. **1** *(wearing a plaid)* che indossa un mantello scozzese **2** *(made of plaid)* scozzese.

▶ **plain** /pleɪn/ **I** agg. **1** *(simple)* [*dress, decor, living, language*] semplice; [*food*] semplice, non elaborato; [*building, furniture*] semplice, sobrio; ~ ***cooking*** cucina semplice; ***she's a good ~ cook*** la sua cucina è casalinga ma buona; ***a ~ man*** un uomo semplice *o* alla buona **2** *(of one colour)* [*background, fabric*] in tinta unita; [*envelope*] bianco; ***a sheet of ~ paper*** *(unheaded)* un foglio di carta non intestata; *(unlined)* un foglio di carta senza righe; ***a ~ blue dress*** un vestito blu in tinta unita; ***under ~ cover*** in busta non intestata **3** EUFEM. *(unattractive)* [*woman*] insignificante; ***she's rather ~*** è bruttina **4** *(clear)* [*line*] netto; [*marking*] chiaro; ***in ~ view of sb.*** proprio davanti a *o* sotto gli occhi di qcn. **5** *(obvious)* chiaro, evidente; ***it was ~ to everyone that he was lying*** tutti avevano capito che stava mentendo; ***it's a ~ fact that*** è chiaro che; ***it is ~ from this report that*** risulta chiaramente da questo rapporto che; ***she's jealous, it's ~ to see*** è gelosa, è evidente; ***her suffering was ~ to see*** si vedeva chiaramente che soffriva; ***to make it ~ to sb. that*** fare capire chiaramente a qcn. che; ***let me make myself quite ~, I'm not going*** voglio essere chiaro, non ci vado; ***do I make myself ~?*** sono stato chiaro? ***she made her irritation quite ~*** ha mostrato chiaramente la sua irritazione **6** *(direct)* [*answer, language*] franco, schietto; ~ ***speaking*** franchezza nel parlare; ***there was plenty of ~ speaking*** tutti hanno parlato con schiettezza; ***can't you speak in ~ English?*** puoi parlare in modo comprensibile? ***in ~ English, this means that*** in parole povere, significa che; ***the ~ truth of the matter is that*** la verità nuda e cruda è che **7** attrib. *(downright)* [*common sense*] semplice; [*ignorance, laziness*] puro e semplice, completo **8** *(ordinary)* ***I knew him when he was ~ Mr Spencer*** lo conoscevo quando era semplicemente il signor Spencer **9** *(unflavoured)* [*yoghurt*] bianco; [*crisps*] non aromatizzato; [*rice*] in bianco; [*hamburger*] = senza salse, cipolla ecc. **10** *(in knitting)* diritto **II** n. **1** GEOGR. pianura f.; ***on the ~*** in pianura; ***the (Great) Plains*** AE le Grandi Pianure **2** *(knitting stitch)* (punto) diritto m.; ***a row of ~*** un giro a diritto **III** avv. **1** *(completely)* [*stupid, wrong*] completamente, del tutto; ~ ***lazy*** di una pigrizia assoluta **2** *(directly)* ***I can't put it any ~er than that*** non posso essere più chiaro di così ◆ ***to be as ~ as day*** essere chiaro come la luce del sole; ***to be ~ sailing*** [*project, task etc.*] andare liscio come l'olio.

plainchant /ˈpleɪn,tʃɑːnt, AE -,tʃænt/ n. canto m. piano.

plain chocolate /,pleɪnˈtʃɒklət/ n. cioccolato m. fondente.

plain clothes /,pleɪnˈkləʊðz, AE -kləʊz/ **I** n.pl. ***to wear ~, to be in ~*** essere in borghese **II plain-clothes** agg. attrib. [*policeman, customs officer*] in borghese.

plain dealing /,pleɪnˈdiːlɪŋ/ n. lealtà f.

plain flour /,pleɪnˈflaʊə(r)/ n. GASTR. farina f. (senza lievito aggiunto).

plain Jane /,pleɪnˈdʒeɪn/ n. COLLOQ. ***she's rather a ~*** è bruttina.

plainly /ˈpleɪnlɪ/ avv. **1** *(obviously)* ovviamente; ***they were ~ lying*** era chiaro che mentivano; ***that is ~ not the case*** questo ovviamente non è il caso **2** *(distinctly)* [*hear, see, remember*] perfettamente, chiaramente; ***the rainbow was ~ visible*** si vedeva benissimo l'arcobaleno **3** *(in simple terms)* [*explain, state*] chiaramente, in parole povere **4** *(frankly)* [*speak*] con franchezza, in modo schietto **5** *(simply)* [*dress, eat*] in modo semplice; [*decorated, furnished*] sobriamente.

plainness /ˈpleɪnnɪs/ n. **1** *(simplicity)* *(of decor)* sobrietà f.; *(of dress)* semplicità f., sobrietà f.; *(of food, language)* semplicità f. **2** *(unattractiveness)* bruttezza f., aspetto m. ordinario.

Plains Indian /,pleɪnzˈɪndɪən/ n. indiano m. (-a) delle (Grandi) Pianure.

plainsman /ˈpleɪnzmən/ n. (pl. **-men**) abitante m. delle Grandi Pianure.

plainsong /ˈpleɪn,sɒŋ/ n. canto m. fermo.

plain speaker /,pleɪnˈspiːkə(r)/ n. ***I'm a ~*** sono uno che parla chiaro *o* non ho peli sulla lingua.

plain-spoken /,pleɪnˈspəʊkən/ agg. schietto, senza peli sulla lingua.

plaint /pleɪnt/ n. **1** LETT. *(complaint)* compianto m., lamento m. **2** DIR. querela f., istanza f.

plain text /ˈpleɪn,tekst/ n. INFORM. TEL. testo m. non codificato.

plaintiff /ˈpleɪntɪf/ n. DIR. querelante m. e f., attore m.

plaintive /ˈpleɪntɪv/ agg. lamentoso.

plaintively /ˈpleɪntɪvlɪ/ avv. [*say*] con voce lamentosa.

plaintiveness /ˈpleɪntɪvnɪs/ n. suono m. lamentoso.

1.plait /plæt, AE pleɪt/ n. treccia f.; ***to wear (one's hair in) ~s*** avere le trecce.

2.plait /plæt, AE pleɪt/ tr. intrecciare [*hair, rope, necklace*]; ***to ~ one's hair*** farsi le trecce.

plaited /ˈpleɪtɪd/ **I** p.pass. → **2.plait II** agg. [*hair, rope, reed*] intrecciato.

▶ **1.plan** /plæn/ **I** n. **1** *(scheme, course of action)* piano m., programma m.; ***to draw up a six-point ~*** preparare un programma suddiviso in sei punti; ***a ~ of action, of campaign*** un piano d'azione, per una campagna; ***the ~ is to leave very early*** abbiamo programmato di partire molto presto; ***the best ~ would be to stay here*** il migliore programma sarebbe restare qui; ***everything went according to ~*** tutto è andato secondo i piani *o* come previsto; ***to revert to ~ B*** FIG. cambiare tattica **2** *(definite aim)* progetto m. (**for** per; **to do** di fare); ***to have a ~ to do*** progettare di fare **3** ARCH. ING. TECN. progetto m. (**of** di) **4** *(rough outline)* *(of essay, book)* schema m.; ***make a ~ before you start to write*** fate uno schema prima di cominciare a scrivere **5** *(map)* pianta f., piantina f. **II plans** n.pl. **1** *(arrangements)* programmi m., progetti m., piani m.; ***the ~s for the school trip*** il programma della gita scolastica; ***what are your ~s for the future?*** quali sono i tuoi progetti per il futuro? ***to make ~s*** fare progetti; ***to make ~s for sth.*** *(organize arrangements)* fare dei piani per *o* organizzare qcs.; *(envisage)* fare delle previsioni su qcs.; ***to make ~s to do*** progettare di fare; ***to have ~s for sth., sb.*** avere dei progetti per qcs., qcn.; ***I have no particular ~s*** *(for tonight)* non ho niente di particolare in programma; *(for the future)* non ho fatto progetti per il futuro; ***what are your holiday ~s?*** che programmi hai per le vacanze? ***but Paul had other ~s*** ma Paul aveva altri programmi **2** ARCH. ING. ***the ~s*** i disegni *o* il progetto; ***submit the ~s before the end of the month*** presentate il vostro progetto prima della fine del mese.

▶ **2.plan** /plæn/ **I** tr. (forma in -ing ecc. **-nn-**) **1** *(prepare, organize)* pianificare [*future, traffic system, economy, production*]; preparare [*timetable, retirement*]; organizzare [*meeting, operation, expedition*]; programmare [*day*]; progettare [*career*]; ***to ~ it so that one can do*** organizzarsi in modo da potere fare; ***he ~ned it so he could leave early*** si è organizzato in modo da poter partire presto **2** *(intend)* organizzare, programmare [*visit, trip*]; *(propose)* proporre [*visit, trip*]; *(intend, propose)* prevedere [*new development*]; progettare [*factory*]; ***to ~ to do*** proporre di fare **3** *(premeditate)* premeditare [*crime*] **4** ARCH. ING. *(design)* progettare, disegnare [*kitchen, garden, city centre, building*] **5** *(give structure to)* organizzare la struttura di [*essay, book*]; *(make notes for)* fare lo schema di [*essay, book*] **6** *(decide on size of)* ***to ~ a family*** decidere quanti figli avere **II** intr. (forma in -ing ecc. **-nn-**) fare previsioni; ***to ~ for*** prevedere [*changes, increase*]; ***to ~ on doing, on sth.*** *(expect)* aspettarsi di fare, qcs.; *(intend)* proporsi, intendere, avere in programma di fare, qcs.; ***I'm not ~ning on losing the election*** non ho intenzione di perdere le elezioni; ***why don't you ever ~?*** perché non ti organizzi mai? ***the present situation makes it impossible to ~*** l'attuale situazione rende impossibile fare qualsiasi piano.

■ **plan ahead** *(vaguely)* fare progetti; ***it is impossible to ~ ahead*** è impossibile fare progetti; *(look, think ahead)* fare previsioni; ***in business, you have to ~ ahead*** nel mondo degli affari, bisogna saper fare delle previsioni.

■ **plan out:** ***~ out [sth.]*** definire [*strategy, policy*]; pianificare (bene) [*expenditure, traffic system*]; preparare (dettagliatamente) [*itinerary*].

planchet /ˈplɑːnʃɪt/ n. NUMISM. tondello m.

planchette /plɑːnˈʃet/ n. oui-ja m.

▶ **1.plane** /pleɪn/ **I** n. **1** AER. aereo m., aeroplano m.; ***to travel by ~*** viaggiare in aereo **2** *(in geometry)* piano m.; ***the horizontal, vertical ~*** il piano orizzontale, verticale **3** *(face of cube, pyramid)* lato m. **4** TECN. *(tool)* pialla f. **5** BOT. (anche **~ tree**) platano m. **II** modif. [*ticket*] aereo, d'aereo; [*accident*] aereo **III** agg. *(flat)* piano, piatto.

2.plane /pleɪn/ **I** tr. piallare [*wood, edge*]; ***to ~ sth. smooth*** levigare qcs. con la pialla **II** intr. [*bird, aircraft, glider*] planare.

■ **plane down:** ***~ down*** [*bird, hanglider*] planare; ***~ down [sth.], ~ [sth.] down*** piallare [*surface, wood*].

plane geometry /ˈpleɪndʒɪ,ɒmətrɪ/ n. geometria f. piana.

planer /ˈpleɪnə(r)/ n. **1** *(machine)* piallatrice f. **2** ♦ ***27*** *(worker)* piallatore m. **3** TIP. battitoia f.

plane spotter /ˈpleɪn,spɒtə(r)/ n. appassionato m. (-a) di aeroplani.

▷ **planet** /ˈplænɪt/ n. pianeta m.; ***Planet Earth*** il pianeta Terra; ***to be on another ~*** COLLOQ. *(dreaming)* vivere sulla luna; *(weird)* essere di un altro pianeta.

planetarium /,plænɪˈteərɪəm/ n. (pl. **~s, -ia**) planetario m.

planetary /ˈplænɪtrɪ, AE -terɪ/ agg. planetario.

planetoid /ˈplænɪtɔɪd/ n. planetoide m.

planetology /,plænɪˈtɒlədʒɪ/ n. planetologia f.

plangency /ˈplændʒənsɪ/ n. LETT. *(plaintiveness)* suono m. lamentoso; *(resonance)* risonanza f.
plangent /ˈplændʒənt/ agg. LETT. *(plaintive)* lamentoso; *(resonant)* risonante.
planimeter /plæˈnɪmɪtə(r)/ n. planimetro m.
planimetric(al) /plænɪˈmetrɪk(l)/ agg. planimetrico.
planimetry /plæˈnɪmətrɪ/ n. planimetria f.
planing machine /ˈpleɪnɪŋmə,ʃiːn/ n. piallatrice f.
planish /ˈplænɪʃ/ tr. **1** martellare [*metal*] **2** *(level, smooth)* spianare.
planisphere /ˈplænɪsfɪə(r)/ n. planisfero m.
1.plank /plæŋk/ n. **1** asse f., tavola f.; ***to walk the ~*** MAR. STOR. = essere obbligato dai pirati a camminare su un'asse sporgente dal bordo della nave finché non si cade in mare; FIG. = accettare le proprie responsabilità e andarsene **2** FIG. *(of policy, argument)* punto m. importante, caposaldo m.; ***to form the main*** o ***central ~ of*** essere il fulcro *o* il punto fondamentale di ◆ ***to be as thick as two (short) ~s*** BE COLLOQ. essere una testa di legno.
2.plank /plæŋk/ tr. **1** *(cover)* rivestire [qcs.] con tavole, assi [*floor*] **2** AE GASTR. *(fix)* = cuocere alla brace carne o pesce steccati su una tavola di legno; *(serve)* = servire su una tavola di legno carne o pesce cotti alla brace.
▪ **plank down: ~ down [sth.], ~ [sth.] down** sbattere giù [*chair, case*]; sborsare in contanti [*money*].
planking /ˈplæŋkɪŋ/ n. **U** ING. tavolato m., assito m.; MAR. fasciame m.
plankton /ˈplæŋktən/ n. plancton m.
planktonic /plæŋkˈtɒnɪk/ agg. planctonico.
▷ **planned** /plænd/ **I** p.pass. → **2.plan II** agg. [*growth, change, redundancy, sale, development*] pianificato; [*crime*] premeditato.
planned economy /,plændɪˈkɒnəmɪ/ n. economia f. pianificata.
planned parenthood /,plændˈpeərənthʊd/ n. pianificazione f. familiare.
▷ **planner** /ˈplænə(r)/ n. progettista m. e f.; *(in town planning)* urbanista m. e f.
▷ **planning** /ˈplænɪŋ/ **I** n. **1** *(organization) (of industry, economy, work)* pianificazione f.; *(of holiday, party, meeting)* organizzazione f.; ***we need to do some ~*** dobbiamo fare dei piani, organizzarci; ***that was bad ~*** è stato organizzato male **2** ARCH. *(in town)* urbanistica f.; *(out of town)* pianificazione f. territoriale **II** modif. **1** AMM. [*decision*] previsionale; ***at the ~ stage*** in fase progettuale, di progetto **2** ING. ARCH. [*department, authorities*] responsabile dell'urbanistica; [*policy*] urbanistico; [*decision*] in materia urbanistica.
planning application /ˈplænɪŋæplɪ,keɪʃn/ n. richiesta f. della concessione edilizia.
planning blight /ˈplænɪŋ,blaɪt/ n. = zona o edificio che, a causa di futuri cambiamenti (per esempio la costruzione di un'autostrada, di un'industria ecc.) perderà valore.
planning board /ˈplænɪŋ,bɔːd/ n. **1** *(in town planning)* commissione f. edilizia **2** ECON. comitato m. per la pianificazione.
planning committee /ˈplænɪŋkə,mɪtɪ/ n. *(in town planning)* commissione f. edilizia.
planning permission /ˈplænɪŋpə,mɪʃn/ n. concessione f. edilizia.
planning regulations /ˈplænɪŋ,regjʊ,leɪʃnz/ n.pl. regolamentazione f.sing. urbanistica.
▶ **1.plant** /plɑːnt, AE plænt/ **I** n. **1** BOT. pianta f.; *(seedling)* piantina f.; ***tobacco, flowering ~*** pianta di tabacco, fiorita **2** IND. *(factory)* stabilimento m., impianto m.; *(power station)* centrale f.; ***chemical ~*** stabilimento chimico; ***nuclear ~*** centrale nucleare; ***steel ~*** acciaieria **3 U** IND. *(buildings, machinery, fixtures)* impianto m., impianti m.pl.; *(fixed machinery)* installazioni f.pl.; *(movable machinery)* attrezzatura f. **4** *(person)* infiltrato m., talpa f., spia f.; *(piece of evidence)* = prova falsa usata per incastrare qcn.; ***he claimed that the cocaine found in his flat was a ~*** sostenne che la cocaina era stata messa appositamente nel suo appartamento per incastrarlo **II** modif. BOT. [*disease, reproduction*] delle piante.
▶ **2.plant** /plɑːnt, AE plænt/ **I** tr. **1** *(put to grow)* piantare [*seed, bulb, tree*]; seminare [*crop*]; ***to ~ a field with wheat*** seminare un campo a grano; ***to ~ one's garden with trees*** piantare alberi nel proprio giardino **2** *(illicitly put in place)* mettere, collocare, piazzare [*bomb, explosive, tape recorder, spy*]; ***to ~ drugs, a weapon on sb.*** fare trovare qcn. con della droga, un'arma; ***to ~ a story*** mettere in giro una storia; ***to ~ a question*** = fare una domanda di cui si è concordata prima la risposta **3** ***to ~ a kiss on sth.*** stampare un bacio su qcs.; ***to ~ a foot on sth.*** lasciare una pedata su qcs.; ***to ~ a knife, a spade in sth.*** conficcare un coltello, una vanga in qcs. **4** *(start, engender)* dare [*idea*]; fare nascere, seminare [*doubt*]; ***to ~ doubt in sb.'s mind*** fare venire dei dubbi a qcn.; ***to ~ an idea in sb.'s mind*** mettere in testa a qcn. un'idea **II** rifl. ***to ~ oneself between, in front of*** piantarsi tra, davanti a.
▪ **plant out: ~ [sth.] out, ~ out [sth.]** svasare [*seedlings*].
Plantagenet /plænˈtædʒənɪt/ **I** n.pr. Plantageneto **II** agg. plantageneto.
1.plantain /ˈplæntɪn/ n. piantaggine f.
2.plantain /ˈplæntɪn/ n. **1** *(tree, plant)* = varietà di banano **2** *(fruit)* = varietà di banana che si consuma cotta.
plantar /ˈplæntə(r)/ agg. plantare.
▷ **plantation** /plænˈteɪʃn/ n. *(all contexts)* piantagione f.; ***tea, sugar cane ~*** piantagione di tè, di canna da zucchero.
plant breeder /,plɑːntˈbriːdə(r), AE ,plænt-/ ♦ **27** n. coltivatore m. (-trice) di piante.
planter /ˈplɑːntə(r), AE ˈplænt-/ n. **1** *(person)* piantatore m. (-trice); *(machine)* piantatrice f. **2** *(large plantpot)* vaso m., fioriera f.; *(to hold pot)* portavasi m.
plant food /ˈplɑːnt,fuːd, AE ˈplænt-/ n. fertilizzante m.
plant geneticist /,plɑːntdʒɪ,netɪsɪst, AE ,plænt-/ ♦ **27** n. studioso m. (-a) di fitogenetica.
plant hire /ˈplɑːnt,haɪə(r), AE ˈplænt-/ n. BE locazione f. di macchinari.
plantigrade /ˈplæntɪgreɪd/ **I** agg. plantigrado **II** n. plantigrado m.
▷ **planting** /ˈplɑːntɪŋ, AE ˈplænt-/ n. piantagione f., (il) piantare.
plant kingdom /ˈplɑːnt,kɪŋdəm, AE ˈplænt-/ n. regno m. vegetale.
plant life /ˈplɑːnt,laɪf, AE ˈplænt-/ n. flora f., vegetazione f.
plantlike /ˈplɑːntlaɪk, AE ˈplæn-/ agg. simile a una pianta.
plant louse /ˈplɑːnt,laʊs, AE ˈplænt-/ n. (pl. **plant lice**) afide m., pidocchio m. delle piante.
plant pot /ˈplɑːnt,pɒt, AE ˈplænt-/ n. vaso m.
▷ **plaque** /plɑːk, AE plæk/ n. **1** *(on wall, monument)* placca f., lapide f. **2** MED. placca f. (batterica).
plash /plæʃ/ → **1.splash**, **2.splash**.
plasm /ˈplæzəm/ n. **1** *(protoplasm)* protoplasma m. **2** → **plasma**.
plasma /ˈplæzmə/ n. FISIOL. MED. FIS. plasma m.
plasmapheresis /plæzməˈferəsɪs/ n. plasmaferesi f.
plasma screen /ˈplæzmə,skriːn/ n. schermo m. al plasma.
plasmatic /plæzˈmætɪk/, **plasmic** /ˈplæzmɪk/ agg. plasmatico.
plasmid /ˈplæzmɪd/ n. plasmidio m.
plasmin /ˈplæzmɪn/ n. plasmina f.
plasmodium /plæzˈməʊdɪəm/ n. (pl. **-ia**) plasmodio m.
▷ **1.plaster** /ˈplɑːstə(r), AE ˈplæs-/ **I** n. **1** ING. MED. ART. gesso m.; ***to have an arm in ~*** avere un braccio ingessato; ***to put sb.'s leg in ~*** ingessare la gamba a qcn. **2** BE *(bandage)* cerotto m.; ***a (piece of) ~*** un cerotto; ***to put a ~ on a cut*** mettere un cerotto su un taglio **II** modif. [*model, figure, moulding*] in gesso.
▷ **2.plaster** /ˈplɑːstə(r), AE ˈplæs-/ tr. **1** ING. ***to ~ the walls of a house*** intonacare i muri di una casa **2** *(cover) (with posters, pictures)* tappezzare, ricoprire (**with** di); *(with oil, paint)* imbrattare; ***the rain had ~ed his clothes to his body*** la pioggia gli aveva appiccicato i vestiti addosso; ***the story was ~ed all over the front page*** FIG. la storia era sbattuta in prima pagina **3** MED. ingessare **4** RAR. *(defeat)* battere, sconfiggere.
▪ **plaster down: ~ down [sth.], ~ [sth.] down** impomatare [*hair*].
▪ **plaster over: ~ over [sth.]** ING. stuccare [*crack, hole*]; FIG. celare, nascondere.
▪ **plaster up: ~ up [sth.], ~ [sth.] up** → **plaster over**.
plasterboard /ˈplɑːstəbɔːd, AE ˈplæst-/ **I** n. cartongesso m. **II** modif. [*wall, ceiling*] in cartongesso.
plaster cast /,plɑːstəˈkɑːst, AE ,plæstəˈkæst/ n. MED. ingessatura f., gesso m.; ART. *(mould, sculpture)* gesso m.
plastered /ˈplɑːstəd, AE ˈplæst-/ **I** p.pass. → **2.plaster II** agg. COLLOQ. ubriaco, sbronzo; ***to get ~*** prendersi una sbronza.
plasterer /ˈplɑːstərə(r), AE ˈplæst-/ ♦ **27** n. intonacatore m. (-trice).
plastering /ˈplɑːstərɪŋ, AE ˈplæst-/ n. ***to do the ~*** preparare l'intonaco.
plaster of Paris /,plɑːstərəvˈpærɪs, AE ,plæs-/ n. gesso m. da presa, scagliola f.
plasterwork /ˈplɑːstəwɜːk, AE ˈplæs-/ n. **U** intonacatura f., intonaco m.
▶ **plastic** /ˈplæstɪk/ **I** agg. **1** *(of or relating to plastic)* [*industry*] della plastica; [*manufacture, bag, bucket, strap, pouch, component*] di plastica **2** ART. plastico; ***the ~ arts*** le arti plastiche **3** COLLOQ. SPREG. *(unnatural)* [*food*] di plastica; [*smile*] falso; [*world, environment*] artificiale, finto **II** n. **1** *(substance)* plastica f. **2 U** COLLOQ. *(credit cards)* carte f.pl. di credito **III plastics** n.pl. materie f. plastiche.
plastic bomb /,plæstɪkˈbɒm/ **I** n. bomba f. al plastico **II** modif. ~ ***attack*** attentato (con bomba) al plastico (**on** contro).
plastic bullet /,plæstɪkˈbʊlɪt/ n. pallottola f. di plastica.

plastic cup /ˌplæstɪk'kʌp/ n. bicchiere m. di plastica.
plastic explosive /ˌplæstɪkɪk'spləʊsɪv/ n. (esplosivo al) plastico m.
plastic foam /ˌplæstɪk'fəʊm/ n. espanso m. plastico.
Plasticine® /'plæstɪsi:n/ **I** n. plastilina® f. **II** modif. [*model, shape*] di plastilina.
plasticity /ˌplæs'tɪsətɪ/ n. plasticità f.
plasticization /plæstɪsaɪ'zeɪʃn, AE -sɪ'z-/ n. plastificazione f.
plasticize /'plæstɪsaɪz/ tr. *(make plastic)* rendere plastico; *(treat with plastic)* plastificare.
plastic money /ˌplæstɪk'mʌnɪ/ n. COLLOQ. carte f.pl. di credito.
plastic surgeon /ˌplæstɪk'sɜ:dʒən/ ➧ **27** n. MED. chirurgo m. plastico.
plastic surgery /ˌplæstɪk'sɜ:dʒərɪ/ n. MED. chirurgia f. plastica; ***to have ~*** subire un intervento di chirurgia plastica, farsi fare una plastica COLLOQ.
plastid /'plæstɪd/ n. plastidio m.
plastron /'plæstrən/ n. **1** STOR. *(of breast-plate)* piastrone m. **2** ZOOL. *(of tortoise)* piastrone m. **3** *(of woman's bodice)* pettorina f. **4** *(of man's shirt)* sparato m.
1.plat /plæt/ n. **1** *(of ground)* piccolo appezzamento m. **2** *(map, chart)* mappa f., pianta f.
2.plat /plæt/ n. *(plait)* treccia f.
3.plat /plæt/ tr. (forma in -ing ecc. **-tt-**) intrecciare [*hair*].
platan /'plætən/ n. platano m.
▶ **1.plate** /pleɪt/ n. **1** *(dish) (for eating, serving)* piatto m.; ***china, paper ~*** piatto di porcellana, di carta; ***to hand*** o ***present sth. to sb. on a ~*** BE porgere qcs. a qcn. su un vassoio; FIG. servire qcs. a qcn. su un piatto d'argento **2** *(dishful)* piatto m.; ***a ~ of spinach*** un piatto di spinaci **3** *(sheet of metal)* lamina f., lamiera f.; ***a metal ~*** una lastra di metallo **4** *(name plaque)* targa f., targhetta f. **5** *(registration plaque)* targa f.; ***foreign ~s*** targhe straniere **6 U** *(silverware)* argenteria f.; RELIG. tesoro m.; ***the church ~ was stolen*** è stato rubato il tesoro della chiesa **7** *(metal coating)* ***silver ~*** silver (plate); ***the spoons are ~, not solid silver*** i cucchiai sono placcati, non d'argento massiccio **8** *(illustration)* illustrazione f., tavola f. fuori testo **9** TIP. FOT. lastra f., cliché m.; ***printer's ~*** lastra per incisioni **10** MED. placca f. **11** GEOL. placca f., zolla f. litosferica **12** ZOOL. squama f. **13** SPORT *(trophy)* targa f. ◆ ***to have a lot on one's ~*** avere un gran daffare *o* avere un sacco di cose da fare.
2.plate /pleɪt/ tr. placcare [*bracelet, candlestick*] (**with** in).
plate armour /ˌpleɪt'ɑ:mə(r)/ n. BE STOR. corazza f. di piastre.
plateau /'plætəʊ, AE plæ'təʊ/ n. (pl. **~s, ~x**) **1** GEOGR. plateau m., altopiano m. **2** FIG. ***to reach a ~*** raggiungere una stabilità.
plated /'pleɪtɪd/ **I** p.pass. → **2.plate II -plated** agg. in composti ***gold-, silver-~*** placcato (in) oro, argento.
plateful /'pleɪtfʊl/ n. piatto m.
plate glass /ˌpleɪt'glɑ:s, AE -'glæs/ **I** n. vetro m. piano **II** modif. [*window, door*] di vetro.
platelayer /'pleɪtleɪə(r)/ ➧ **27** n. BE FERR. armatore m. (-trice).
platelet /'pleɪtlɪt/ n. piastrina f.
platen /'plætən/ n. *(on typewriter)* rullo m.; *(in printing press)* platina f.
plater /'pleɪtə(r)/ ➧ **27** n. **1** placcatore m. (-trice) **2** *(racehorse)* = mediocre cavallo da corsa.
plate-rack /'pleɪtˌræk/ n. *(for draining)* scolapiatti m.; *(for storage)* rastrelliera f.
plate tectonics /'pleɪttekˌtɒnɪks/ n. + verbo sing. tettonica f. a placche.
plate-warmer /'pleɪtˌwɔ:mə(r)/ n. scaldapiatti m., scaldavivande m.
▷ **platform** /'plætfɔ:m/ **I** n. **1** *(stage) (for performance)* palco m.; *(at public meeting)* tribuna f., podio m.; ***please address your remarks to the ~*** per favore rivolgete i vostri commenti alla tribuna; ***to share a ~ with sb.*** condividere la tribuna con qcn.; ***to provide a ~ for sb.*** offrire a qcn. la possibilità di far sentire la propria voce; ***to provide a ~ for sth.*** offrire una tribuna a qcs. **2** *(in oil industry)* piattaforma f. (di estrazione); *(on loading vehicle)* piattaforma f. di lavoro; *(in scaffolding, for guns)* piattaforma f.; *(on weighing machine)* piatto m.; *(for vehicles)* piattaforma f. stradale **3** POL. *(electoral programme)* piattaforma f. elettorale; ***to come to power on a ~ of economic reform*** arrivare al potere grazie a una piattaforma di riforme economiche **4** FERR. binario m., banchina f.; ***at ~ 3*** al binario 3 **5** *(springboard)* trampolino m. (anche FIG.) **6** INFORM. piattaforma f. **II platforms** n.pl. → **platform shoes**.
platforming /'plætfɔ:mɪŋ/ n. platforming m.
platform party /'plætfɔ:mˌpɑ:tɪ/ n. = le autorità che siedono in tribuna.
platform scales /ˌplætfɔ:m'skeɪlz/ n.pl. bascula f.sing.
platform shoes /'plætfɔ:mˌʃu:z/ n.pl. scarpe f. con zeppa.
platform ticket /'plætfɔ:mˌtɪkɪt/ n. BE FERR. = biglietto di accesso alla banchina.
platina /plə'ti:nə/ → **platinum**.
plating /'pleɪtɪŋ/ n. *(metal coating, protective casing)* placcatura f., rivestimento m.; ***silver ~*** argentatura, placcatura d'argento; ***nickel ~*** rivestimento di nickel; ***doors with steel ~*** porte blindate.
platinic /plə'tɪnɪk/ agg. platinico.
platinize /'plætɪnaɪz/ tr. *(coat)* platinare.
platinoid /'plætɪnɔɪd/ n. platinoide m.
platinotype /'plætɪnəʊtaɪp/ n. platinotipia f.
platinous /'plætɪnəs/ agg. platinifero.
platinum /'plætɪnəm/ **I** n. platino m. **II** modif. [*ring, jewellery, alloy*] di platino; [*hair*] platinato; ***~ blond hair*** capelli biondo platino; ***~ disc record*** disco di platino.
platinum blonde /ˌplætɪnəm'blɒnd/ n. bionda f. platinata.
platitude /'plætɪtju:d, AE -tu:d/ n. banalità f., luogo m. comune.
platitudinarian /plætɪtju:dɪ'neərɪən, AE -tu:-/ **I** agg. banale **II** n. = persona che dice o scrive banalità.
platitudinize /ˌplætɪ'tju:dɪnaɪz, AE -tu:d-/ intr. dire banalità (**about** su).
platitudinous /plætɪ'tju:dɪnəs, AE -tu:d-/ agg. banale.
Plato /'pleɪtəʊ/ n.pr. Platone.
platonic /plə'tɒnɪk/ agg. [*love, relationship*] platonico.
Platonic /plə'tɒnɪk/ agg. FILOS. [*archetype, ideal*] platonico.
platonically /plə'tɒnɪklɪ/ avv. platonicamente.
Platonism /'pleɪtənɪzəm/ n. platonismo m.
Platonist /'pleɪtənɪst/ n. platonico m. (-a).
platoon /plə'tu:n/ n. + verbo sing. o pl. **1** MIL. *(of soldiers, in cavalry, armoured corps)* plotone m.; *(of police, firemen)* squadra f. **2** FIG. *(of waiters, followers)* gruppo m., drappello m.
platoon commander /plə'tu:nkəˌmɑ:ndə(r)/ ➧ **23** n. BE MIL. comandante m. di plotone.
platoon sergeant /plə'tu:nˌsɑ:dʒənt/ ➧ **23** n. AE MIL. sergente m. di plotone.
platter /'plætə(r)/ n. **1** *(serving dish)* piatto m. da portata, vassoio m.; ***a silver ~*** un piatto d'argento **2** *(meal)* piatto m.; ***the seafood, cold meat ~*** il piatto di frutti di mare, freddo; ***to hand sb. sth. on a ~*** offrire qcs. a qcn. su un piatto; FIG. servire qcs. a qcn. su un piatto d'argento **3** AE *(of turntable)* piatto m. **4** AE *(record)* disco m. (fonografico).
platyhelminth /plætɪ'helmɪnθ/ n. platelminta m.
platypus /'plætɪpəs/ n. ornitorinco m.
platyrrhine /'plætɪraɪn/ **I** agg. ZOOL. ANTROP. platirrino **II** n. ZOOL. platirrina f.
plaudits /'plɔ:dɪts/ n.pl. applausi m.
plausibility /ˌplɔ:zə'bɪlətɪ/ n. *(of story)* plausibilità f.; *(of person)* credibilità f.
▷ **plausible** /'plɔ:zəbl/ agg. [*story, alibi*] plausibile; [*plot*] verosimile; [*person*] credibile, convincente; ***the characters are not very ~*** i personaggi non sono molto reali.
plausibly /'plɔ:zəblɪ/ avv. [*speak*] plausibilmente; ***he claims quite ~ that...*** chiede, a ragione, che...
plausive /'plɔ:sɪv/ agg. **1** *(expressing approval)* plaudente **2** *(plausible)* plausibile.
Plautus /'plɔ:təs/ n.pr. Plauto.
▶ **1.play** /pleɪ/ ➧ ***10, 17*** n. **1** TEATR. opera f. (teatrale), dramma m., pièce f., rappresentazione f. (**about** su); ***the characters in a ~*** i personaggi di un'opera teatrale; ***a radio ~, a ~ for radio*** un dramma radiofonico; ***a one-act ~*** un atto unico; ***a five-act ~*** un dramma in cinque atti **2** *(amusement, recreation)* ***the sound of children at ~*** il rumore dei bambini che giocano; ***to learn through ~*** imparare giocando **3** SPORT *(in games)* ***~ starts at 11*** la partita comincia alle 11; ***there was no ~ today*** oggi non hanno giocato; ***rain stopped ~*** la partita è stata interrotta a causa della pioggia; ***one evening's ~*** *(in cards)* una serata di gioco; ***the ball is in ~, out of ~*** la palla è buona, non è buona; ***there was some good defensive ~*** la difesa ha giocato bene; ***there was some fine ~ from the Danish team*** si è visto del bel gioco da parte dei danesi **4** *(movement, interaction)* gioco m., azione f.; ***to come into ~*** entrare in gioco, in ballo; ***it has brought new factors into ~*** ha fatto entrare in gioco *o* ha tirato in ballo nuovi elementi; ***the ~ of light on the water, of shadows against the wall*** il gioco di luci sull'acqua, di ombre sul muro; ***the ~ of forces beyond our comprehension*** il gioco di forze che va al di là della nostra comprensione; ***the free ~ of the imagination*** il libero sfogo dell'immaginazione **5** *(manipulation)* gioco m.; ***a ~ on words*** un gioco di parole; ***a ~ on the idea of reincarnation*** un'invenzione sull'idea di reincarnazione **6** AE *(in football)* tattica

f. **7** MECC. *(scope for movement)* gioco m., agio m. (**between** tra; **in** in); ***there's some ~ in the lock*** la serratura ha gioco **8** *(in fishing)* ***to give a line more, less ~*** dare più, meno lenza ◆ ***all work and no ~ (makes Jack a dull boy)*** PROV. = non c'è solo il lavoro nella vita; ***to make a ~ for sb.*** COLLOQ. = fare di tutto per attirare l'attenzione di qcn.; ***to make great ~ of sth., of the fact that*** = dare troppa importanza a qcs.

▶ **2.play** /pleɪ/ **I** tr. **1** *(for amusement)* ***to ~ football, bridge*** giocare a calcio, bridge; ***to ~ cards, a computer game*** giocare a carte, a un gioco elettronico; ***to ~ sb. at chess, at tennis*** o ***to ~ chess, tennis with sb.*** giocare a scacchi, tennis con qcn.; ***to ~ a game of chess, of tennis with sb.*** fare una partita a scacchi, tennis con qcn.; ***I'll ~ you a game of chess*** ti sfido a scacchi; ***she ~s basketball for her country*** gioca a pallacanestro nella nazionale; ***to ~ shop, hide and seek*** giocare al negozio, a nascondino; ***to ~ a joke on sb.*** fare uno scherzo a qcn. **2** MUS. suonare [*symphony, chord*]; ***to ~ the guitar, the piano*** suonare la chitarra, il piano; ***to ~ a tune on a clarinet*** suonare un motivo al clarinetto; ***to ~ a piece to, for sb.*** suonare un pezzo per, a qcn.; ***~ them a tune*** suonate qualcosa per loro; ***they will ~ a nationwide tour*** saranno in tournée in tutto il paese; ***they're ~ing the jazz club on Saturday*** suoneranno al jazz club sabato **3** TEATR. *(act out)* recitare, interpretare [*role*]; ***to ~ (the part of) Cleopatra*** interpretare (il ruolo di) Cleopatra; ***Cleopatra, ~ed by Elizabeth Taylor*** Cleopatra, interpretata da Elizabeth Taylor; ***he ~s a young officer*** recita la parte di un giovane ufficiale; ***to ~ the diplomat, the sympathetic friend*** FIG. fare la parte del diplomatico, dell'amico comprensivo; ***to ~ a leading role in public affairs*** giocare un ruolo determinante negli affari pubblici; ***to ~ a significant part in the creation of a clean environment*** avere un'importanza fondamentale nella creazione di un ambiente pulito; ***I'm not sure how to ~ things*** non so bene come fare; ***that's the way I ~ things*** COLLOQ. questo è il mio modo di fare; ***to ~ a line for laughs*** dire una battuta che fa ridere **4** mettere [*tape, video, CD*]; ***~ me the record*** fammi sentire il disco; ***to ~ music*** mettere un po' di musica; ***the tape was ~ed to the court*** la cassetta fu fatta ascoltare in tribunale; ***let me ~ the jazz tape for you*** vi faccio ascoltare quella cassetta di jazz **5** SPORT *(in a position)* [*coach, manager*] fare giocare [*player*]; ***to ~ goal, wing*** giocare in porta, all'ala; ***he ~s goal for Fulchester*** è il portiere del Fulchester **6** SPORT *(hit, kick)* [*golfer, tennis player, basketball player*] tirare [*ball*]; ***to ~ the ball over the goal*** tirare la palla sopra la traversa; ***to ~ the ball to sb.*** passare la palla a qcn.; ***to ~ a forehand*** tirare un diritto **7** *(in chess, draughts)* muovere [*piece*]; *(in cards)* giocare, buttare (giù) [*card*]; ***to ~ a club*** giocare fiori; ***to ~ the tables*** *(in roulette)* puntare **8** ECON. ***to ~ the stock market*** giocare in Borsa **9** PESC. stancare [*fish*] **II** intr. **1** [*children*] giocare (**with** con); ***to ~ together*** giocare insieme; ***can Rosie come out to ~?*** Rosie può venire fuori a giocare? ***to ~ at soldiers, at keeping shop*** giocare ai soldati, al negozio; ***to ~ at hide and seek*** giocare a nascondino **2** FIG. ***she's only ~ing at her job*** fa finta di lavorare; ***to ~ at being a manager, an artist*** atteggiarsi a manager, artista; ***what does he think he's ~ing at?*** BE COLLOQ. a che gioco sta giocando? *o* cosa sta combinando? **3** SPORT *(in games)* giocare; ***do you ~?*** giochi? ***have you ~ed yet?*** hai già giocato? ***to ~ out of turn*** giocare quando non è il proprio turno; ***I've seen them ~*** li ho visti giocare; ***England is ~ing against Ireland*** l'Inghilterra gioca contro l'Irlanda; ***he ~s for Liverpool*** gioca per il Liverpool; ***she ~ed for her club in the semifinal*** ha giocato per la sua squadra in semifinale; ***to ~ in goal*** segnare; ***to ~ for money*** [*cardplayer*] giocare a soldi; ***to ~ fair*** giocare correttamente **4** SPORT *(hit, shoot)* ***to ~ into a bunker, the net*** mandare la palla in bunker, rete; ***to ~ to sb.'s backhand*** giocare sul rovescio di qcn. **5** MUS. [*musician, band, orchestra*] suonare (**for** per); ***to ~ on the flute, on the xylophone*** suonare il flauto, lo xilofono; ***to ~ to large audiences, to small groups*** suonare per un vasto pubblico, per piccoli gruppi **6** CINEM. TEATR. [*play*] andare in scena; [*film*] essere in programma; [*actor*] recitare; ***"Macbeth" is ~ing at the Gate*** "Macbeth" va in scena al Gate; ***she's ~ing opposite him in "Macbeth"*** recita con lui in "Macbeth"; ***he's ~ing to packed houses*** sta facendo il tutto esaurito **7** *(make noise)* [*fountain, water*] scorrere, mormorare; ***a record ~ed softly in the background*** si sentiva un disco in sottofondo; ***I could hear music, the tape ~ing in the next room*** sentivo la musica, la cassetta nella stanza accanto **8** *(move lightly)* ***sunlight ~ed over the water*** la luce del sole giocava sull'acqua; ***a breeze ~ed across the lake*** una leggera brezza accarezzava il lago; ***a smile ~ed around*** o ***on her lips*** un sorriso errava sulle sue labbra ◆ ***to ~ for time*** cercare di guadagnare tempo; ***we have everything to ~ for*** abbiamo tutto da guadagnarci; ***to ~ sb. false*** = agire slealmente verso qcn., ingannare qcn.; ***they ~ed to her strengths*** *(in interview)* = le hanno chiesto cose che sapeva, non le hanno fatto domande difficili; ***he doesn't ~ to his own strengths*** non sfrutta le sue capacità.

■ **play along:** ***to ~ along*** **1** *(acquiesce)* adeguarsi a, accettare; ***to ~ along with sb.*** stare al gioco di qcn. **2** *(accompany)* ***I'll sing, you ~ along on the piano*** io canto e tu mi accompagni al pianoforte; ***to ~ along with sb., with a song*** accompagnare qcn., una canzone; ***to ~ [sb.] along*** prendersi gioco di.

■ **play around** COLLOQ. **1** *(be promiscuous)* andare (a letto) con tutti **2** *(act the fool)* fare lo sciocco; ***to ~ around with*** *(rearrange, juggle)* cambiare posto a [*chairs, ornaments*]; giocare con [*dates, figures*]; *(fiddle)* giocare con [*paperclips, pens*]; ***to ~ around with the idea of doing*** accarezzare l'idea di fare; ***how much time, money do we have to ~ around with?*** quanto tempo, quanti soldi abbiamo a disposizione?

■ **play back:** ***~ [sth.] back, ~ back [sth.]*** riascoltare [*song*]; rivedere [*film, video*]; ***to ~ sth. back to sb.*** fare riascoltare [qcs.] a qcn. [*record, music*]; fare rivedere [qcs.] a qcn. [*video, film*].

■ **play down:** ***~ down [sth.]*** minimizzare [*defeat, disaster, effects*].

■ **play off:** ***to ~ sb. off against sb.*** mettere, aizzare qcn. contro qcn. altro (per trarne vantaggio); ***they can ~ the companies, buyers off against each other*** possono mettere in concorrenza tra loro le società, gli acquirenti.

■ **play on:** ***~ on*** **1** [*musicians*] continuare a suonare; [*footballers*] continuare a giocare **2** *(in cricket)* = autoeliminarsi mandando la palla sul wicket; ***~ on [sth.]*** speculare su [*fears, prejudices*]; sfruttare [*idea*].

■ **play out:** ***~ out [sth.]*** sviluppare [*fantasy*]; ***their love affair was ~ed out against a background of war*** la loro storia d'amore aveva come sfondo la guerra; ***the drama which is being ~ed out in India*** il dramma che si svolge in India.

■ **play up:** ***~ up*** COLLOQ. [*computer, person*] fare le bizze; ***the children are ~ing up again*** i bambini cominciano di nuovo a fare i capricci; ***my rheumatism is ~ing up*** i reumatismi cominciano a darmi fastidio *o* si stanno facendo sentire; ***~ up [sth.]*** montare, gonfiare [*dangers, advantages, benefits*]; ***to ~ up a story*** GIORN. ingigantire una storia.

■ **play upon** → **play on**.

■ **play with:** ***~ with [sth.]*** **1** *(fiddle)* giocare, giocherellare con [*pen, food, paperclip*]; ***to ~ with oneself*** COLLOQ. EUFEM. *(masturbate)* toccarsi **2** *(toy)* ***to ~ with words*** giocare con le parole; ***to ~ with sb.'s affections*** giocare con i sentimenti di qcn. **3** *(be insincere)* ***to ~ with sb.*** non essere sincero con qcn.

playable /ˈpleɪəbl/ agg. [*shot, pass*] giocabile; [*cricket, football ground*] praticabile; ***the record is still ~*** il disco si può ancora ascoltare.

play-act /ˈpleɪækt/ intr. **1** *(behave insincerely)* fare la commedia, fingere, simulare **2** *(act in a play)* recitare.

play-acting /ˈpleɪæktɪŋ/ n. commedia f., finzione f., messinscena f.; ***stop your ~!*** smettila di fare la commedia!

play area /ˈpleɪˌeərɪə/ n. area f. giochi.

playback /ˈpleɪbæk/ n. **1** *(reproduction of sound, pictures)* riproduzione f.; MUS. CINEM. playback m.; ***to sing in ~*** cantare in playback **2** *(device)* apparecchio m. di riproduzione.

playback head /ˈpleɪbækˌhed/ n. testina f. di riproduzione, di lettura.

playbill /ˈpleɪbɪl/ n. TEATR. cartellone m., locandina f., manifesto m.

play book /ˈpleɪˌbʊk/ n. AE SPORT = guida che contiene varie strategie e sistemi di gioco.

playboy /ˈpleɪbɔɪ/ n. playboy m.

play-by-play /ˌpleɪbaɪˈpleɪ/ n. AE SPORT telecronaca f. in diretta.

play-centred learning /ˌpleɪˌsentədˈlɜːnɪŋ/ n. SCOL. apprendimento m. attraverso il gioco.

played-out /ˌpleɪdˈaʊt/ agg. [*emotions, passions*] spento; [*theories*] sorpassato, superato.

▶ **player** /ˈpleɪə(r)/ n. SPORT giocatore m. (-trice); MUS. suonatore m. (-trice); TEATR. attore m. (-trice); FIG. *(in market, negotiations, crisis)* protagonista m. e f.; ***tennis, chess ~*** tennista, scacchista; ***piano ~*** pianista.

player-piano /ˌpleɪəˈpɪænəʊ/ n. (pl. **~s**) pianoforte m. meccanico, pianola f.

playfellow /ˈpleɪfeləʊ/ n. compagno m. (-a) di giochi.

▷ **playful** /ˈpleɪfl/ agg. [*remark, action*] scherzoso; [*mood, person*] gaio, giocoso, allegro; [*child, kitten*] vivace, giocherellone; ***she's just being ~*** scherza.

playfully /ˈpleɪfəlɪ/ avv. [*remark, say*] scherzosamente; [*tease, push, pinch*] per dispetto.

playfulness /ˈpleɪflnɪs/ n. *(of remark, action)* (l')essere scherzoso; *(of mood, person)* gaiezza f., giocosità f.; *(of child, kitten)* vivacità f.

playgoer /ˈpleɪɡəʊə(r)/ n. = assiduo frequentatore di teatri.

▷ **playground** /ˈpleɪɡraʊnd/ n. *(in school)* cortile m. (per la ricreazione); *(in park, city)* parco m. giochi; ***the island is a ~ for the rich*** FIG. l'isola è un luogo di villeggiatura *o* un ritrovo per ricchi.

playgroup /ˈpleɪɡru:p/ n. = gruppo di gioco organizzato per bambini in età prescolare.

playhouse /ˈpleɪhaʊs/ n. **1** *(theatre)* teatro m. **2** *(for children)* casetta f.

playing /ˈpleɪɪŋ/ n. **1** MUS. esecuzione f.; TEATR. recitazione f.; ***there was some excellent guitar ~*** ci sono state delle eccellenti esecuzioni alla chitarra **2** SPORT gioco m.

playing card /ˈpleɪɪŋkɑ:d/ n. carta f. da gioco.

playing field /ˈpleɪɪŋfi:ld/ n. campo m. da gioco ◆ ***a level ~*** condizioni paritarie; ***to compete on a level ~*** [*companies, individuals*] competere ad armi pari.

playlet /ˈpleɪlɪt/ n. scenetta f., commediola f.

playmaker /ˈpleɪmeɪkə(r)/ n. SPORT playmaker m. e f.; FIG. stratega m. e f., persona f. che dirige il gioco.

playmate /ˈpleɪmeɪt/ n. compagno m. (-a) di giochi.

▷ **play-off** /ˈpleɪɒf/ n. **1** BE *(at end of match, game)* tempo m. supplementare **2** AE *(contest)* spareggio m. **3** *(at end of championship)* play off m.

playpen /ˈpleɪpen/ n. *(for children)* box m.

play reading /ˈpleɪˌri:dɪŋ/ n. lettura f. di un lavoro teatrale.

playroom /ˈpleɪru:m, -rʊm/ n. stanza f. dei giochi.

playschool /ˈpleɪsku:l/ n. → **playgroup**.

playsuit /ˈpleɪˌsu:t/ n. tenuta f. sportiva, da gioco.

plaything /ˈpleɪθɪŋ/ n. giocattolo m. (anche FIG.); ***the ~s of the gods*** i trastulli degli dei; ***I'm tired of being her ~*** sono stanco di essere il suo trastullo.

playtime /ˈpleɪtaɪm/ n. SCOL. ricreazione f., intervallo m.

▷ **playwright** /ˈpleɪraɪt/ ➧ ***27*** n. commediografo m. (-a), drammaturgo m. (-a).

plaza /ˈplɑ:zə, AE ˈplæzə/ n. **1** *(public square)* piazza f.; ***shopping ~*** centro commerciale **2** AE *(services point)* area f. di servizio; *(toll point)* casello m.

plc n. BE (⇒ public limited company società per azioni) S.p.A. f.

▷ **plea** /pli:/ n. **1** *(for tolerance, mercy etc.)* appello m., supplica f. (**for** per); *(for money, food)* richiesta f. (**for** di); ***her ~ that the school (should) be kept open*** il suo appello contro la chiusura della scuola; ***to make a ~ for aid*** lanciare una richiesta d'aiuto; ***his ~ for the homeless*** il suo appello in favore dei senzatetto; ***she ignored his ~s*** ignorò le sue richieste **2** DIR. ***to make*** o ***enter a ~ of guilty*** ammettere la propria colpevolezza; ***to make*** o ***enter a ~ of not guilty*** dichiararsi innocente; ***to make a ~ of self-defence, insanity*** invocare la legittima difesa, l'infermità mentale **3** *(excuse)* scusa f.; ***on the ~ that*** con la scusa che.

plea bargaining /ˈpli:ˌbɑ:ɡɪnɪŋ/ n. DIR. patteggiamento m.

pleach /pli:tʃ/ tr. **1** *(interlace branches)* intrecciare (per costruire una siepe) **2** *(renew a hedge)* riparare, aggiustare (una siepe intrecciandone i rami).

plead /pli:d/ **I** tr. (pass., p.pass. **pleaded, pled** AE) **1** *(beg)* implorare, supplicare **2** *(argue)* perorare, patrocinare; ***to ~ sb.'s case*** DIR. perorare, patrocinare la causa di qcn. (anche FIG.); ***to ~ insanity*** DIR. chiedere che venga riconosciuta l'infermità mentale **3** *(give as excuse)* ***to ~ ignorance*** addurre come scusa la propria ignoranza; ***she left early, ~ing a headache*** è andata via presto, adducendo un mal di testa **II** intr. (pass., p.pass. **pleaded, pled** AE) **1** *(beg)* supplicare; ***to ~ with sb.*** supplicare qcn. (**to do** perché faccia); ***to ~ with sb. for mercy, forgiveness*** pregare qcn. di avere pietà, di dimenticare; ***to ~ with sb. for more time*** supplicare qcn. di concedere più tempo **2** DIR. dichiararsi; ***to ~ guilty, not guilty (to a charge)*** dichiararsi colpevole, innocente.

pleadable /ˈpli:dəbl/ agg. **1** DIR. *(in a court of law)* adducibile, allegabile **2** FIG. [*excuse*] che si può addurre a giustificazione.

pleader /ˈpli:də(r)/ n. **1** DIR. *(advocate)* patrocinatore m. (-trice), patrocinante m. e f., avvocato m. difensore **2** intercessore m. (-ditrice).

pleading /ˈpli:dɪŋ/ **I** n. **1 U** *(requests)* supplica f. **2** DIR. *(presentation of a case)* patrocinio m., difesa f. **II pleadings** n.pl. DIR. *(documents)* comparse f. **III** agg. [*voice, look*] implorante, supplichevole.

pleadingly /ˈpli:dɪŋlɪ/ avv. [*look, say*] supplichevolmente.

▷ **pleasant** /ˈpleznt/ agg. [*taste, smell, voice, place etc.*] gradevole; [*person*] amabile, affabile, piacevole (**to** con); ***it's ~ here*** *(nice surroundings)* è molto carino qui; *(nice weather)* fa bello qui; ***to spend a very ~ evening*** trascorrere una serata molto piacevole; ***~ to the ear*** piacevole da ascoltare; ***a very ~ place to live*** davvero un bel posto in cui vivere; ***it makes a ~ change from work!*** è un piacevole diversivo al lavoro!

▷ **pleasantly** /ˈplezntlɪ/ avv. [*smile*] piacevolmente; [*say, behave*] amabilmente; ***~ surprised*** piacevolmente sorpreso; ***it was ~ warm*** faceva caldo e si stava bene.

pleasantness /ˈplezntnɪs/ n. piacevolezza f.; *(of climate)* mitezza f., gradevolezza f.; *(of person, manner)* amabilità f.

pleasantry /ˈplezntrɪ/ **I** n. FORM. *(joke)* facezia f., arguzia f., scherzo m. **II pleasantries** n.pl. *(polite remarks)* complimenti m.; ***to exchange pleasantries*** scambiarsi dei complimenti.

▶ **1.please** /pli:z/ avv. **1** *(with imperative)* per favore, per piacere, per cortesia; ***two teas ~*** due tè per favore; ***~ call me Mike*** per favore, chiamami Mike; ***~ be seated*** FORM. sedetevi per favore; ***"~ do not smoke"*** "si prega di non fumare" **2** *(with question, request)* per favore, per piacere, per cortesia; ***can I speak to Jo ~?*** posso parlare con Jo per favore? ***"can I go?" - "say ~!"*** "posso andare?" - "chiedi per favore!"; ***will you ~ be quiet!*** fate silenzio per favore! **3** *(accepting politely)* ***yes ~*** sì grazie; ***"more tea?" - "(yes) ~!"*** "ancora tè?" - "sì grazie" **4** *(encouraging, urging)* prego; *(to close friend)* dai; ***~, come in*** entrate, prego; ***~, you're my guest!*** offro io! ***"may I?" - "~ do"*** "posso?" - "certo"; ***"can I take another?" - "~ do!"*** "posso prenderne un altro?" - "sì certo!"; ***~ tell me if you need anything*** per favore fatemi sapere se avete bisogno di qualcosa **5** *(in entreaty)* ***~ stop!*** basta per favore! ***~ don't!*** per favore no! ***~, that's enough*** basta così per favore; ***Tom, ~, they can't help it*** Tom, per favore, loro non lo fanno apposta; ***~ miss...*** per favore signorina...; ***oh ~!*** *(exasperated)* ma per favore! ***~ let it be me next!*** *(praying)* ti prego, fa che tocchi a me!

▶ **2.please** /pli:z/ **I** tr. **1** *(give happiness, satisfaction to)* piacere a, fare piacere a, soddisfare, accontentare [*person*]; ***the gift ~d him*** il regalo gli è piaciuto; ***it ~d her that*** le ha fatto piacere che; ***she is easy, hard to ~*** è facile, difficile accontentarla; ***you're easily ~d!*** non è difficile accontentarti! ***there's no pleasing him*** non c'è modo di accontentarlo, non è mai contento; ***there's no pleasing some people*** ci sono persone che non sono mai contente; ***you can't ~ all of the people all of the time*** non si può sempre accontentare tutti **2** FORM. *(be the will of)* soddisfare [*person*]; ***it ~d him to refuse*** è stato contento di aver rifiutato; ***may it ~ Your Majesty*** se Vostra Maestà permette **II** intr. **1** *(give happiness or satisfaction)* piacere, soddisfare; ***to be eager*** o ***anxious to ~*** fare di tutto per compiacere gli altri; ***this is sure to ~*** questo piacerà; ***we aim to ~*** il nostro scopo è la vostra soddisfazione **2** *(like, think fit)* ***do as*** o ***what you ~*** fai come vuoi; ***as you ~!*** come vuoi! come preferisci! ***I shall do as I ~*** farò come voglio; ***come whenever you ~*** vieni quando vuoi; ***take as much as you ~*** prendine quanto *o* finché ne vuoi **3 if you please** FORM. *(please)* se permetti; *(indignantly)* ***he came to the wedding, if you ~!*** è venuto al matrimonio, e scusa(te) se è poco! **III** rifl. ***to ~ oneself*** fare ciò che si vuole; ***you can ~ yourself what time you start*** sta a te decidere a che ora cominciare; ***~ yourself!*** fai come vuoi! *o* fa' quel che ti pare!

▶ **pleased** /pli:zd/ **I** p.pass. → **2.please II** agg. compiaciuto, contento, soddisfatto (**that** che; **about, with** di; **at** a; **for sb.** per qcn.); ***to look*** o ***seem ~*** sembrare contento; ***to be, look ~ with oneself*** essere, sembrare soddisfatto di sé; ***I was ~ to see her*** mi ha fatto piacere ve-derla; ***I'm none too ~*** non sono molto soddisfatto; ***I am only too ~ to help*** mi fa molto piacere poter aiutare; ***I am ~ to announce that*** ho il piacere di annunciare che; ***I am ~ to inform you that*** ho il piacere di informarla che; ***I'm ~ to hear it!*** mi fa piacere sentirlo! che bella notizia! ***~ to meet you*** piacere *o* molto lieto; ***I'm ~ to say that we won*** ho il piacere di annunciare che abbiamo vinto; ***you've passed, I'm ~ to say*** sono lieto di annunciarle che ha superato l'esame; ***she is ~ to accept the invitation*** FORM. è lieta di accettare l'invito.

▷ **pleasing** /ˈpli:zɪŋ/ agg. [*appearance, shape, colour, voice, personality, effect, manner*] piacevole, gradevole; ***~ to the ear, the eye*** piacevole da sentire, da vedere.

pleasingly /ˈpli:zɪŋlɪ/ avv. piacevolmente, gradevolmente.

pleasurable /ˈpleʒərəbl/ agg. piacevole, gradevole.

pleasurably /ˈpleʒərəblɪ/ avv. piacevolmente, gradevolmente.

▶ **1.pleasure** /ˈpleʒə(r)/ n. **1 U** *(enjoyment)* piacere m., soddisfazione f. (**of** di; **of doing** di fare); ***to give, bring ~ to millions*** dare, arrecare piacere a milioni di persone; ***to watch, listen with ~*** guardare, ascoltare con piacere; ***to take all the ~ out of*** togliere tutto il piacere a; ***to take ~ in, in doing*** provare piacere a, a fare; ***to find ~ in*** provare soddisfazione a; ***to do sth. for ~*** fare qcs. per piacere; ***sb.'s ~ at sth.*** il piacere che qcs. dà a qcn.; ***his ~ at my remark*** il piacere che gli ha fatto la mia osservazione; ***it gives me no ~ to do*** non mi fa piacere fare; ***to get more ~ out of life*** godersi di più la vita **2** **U** *(sensual enjoyment)* piacere m.; ***sexual, sensual ~*** piacere sessuale, dei sensi **3** **C** *(enjoyable activity, experience)* piacere m., divertimento m. (**of** di); ***he has few ~s in life*** non ha molti divertimenti; ***it is my only ~*** è il mio unico divertimento; ***it is, was a ~ to do*** è, è stato un piacere fare **4** **U** *(recreation)* piacere m.; ***to put duty before ~*** mettere il dovere prima del piacere; ***to mix business and ~*** unire l'utile al dilettevole; ***are you in Rome for business or ~?*** è a Roma per lavoro o per piacere? **5** *(in polite formulae)* ***it gives me great ~ to do*** mi fa molto piacere fare; ***"will you come?" - "thank you, (with the greatest) ~"*** "viene?" - "grazie, con (molto, sommo) piacere"; ***I look forward to the ~ of meeting you*** spero di poter avere il piacere di incontrarla; ***"it's been a ~ meeting you*** o ***to meet you" - "the ~ was all mine"*** "piacere di averla conosciuta" - "piacere mio"; ***my ~*** *(replying to request for help)* con piacere; *(replying to thanks)* prego; ***what an unexpected ~!*** che bella sorpresa! (anche IRON.); ***may I have the ~ (of this dance)?*** posso avere l'onore (di questo ballo)? ***would you do me the ~ of dining with me?*** posso avere il piacere di invitarla a cena? ***"Mr and Mrs Moor request the ~ of your company at their daughter's wedding"*** "i signori Moor hanno il piacere di invitarLa al matrimonio della figlia" **6** FORM. *(will, desire)* ***what is your ~?*** cosa desidera? *(offering drink)* cosa prende? ***at one's ~*** a piacere *o* a piacimento.

2.pleasure /ˈpleʒə(r)/ tr. *(give sexual pleasure to)* fare provare piacere a [*partner*].

pleasure boat /ˈpleʒəˌbəʊt/ n. imbarcazione f., battello m. da diporto.

pleasure craft /ˈpleʒəˌkrɑːft, AE -ˌkræft/ n. **U** imbarcazioni f.pl. da diporto.

pleasure cruise /ˈpleʒəˌkruːz/ n. crociera f.

pleasure-loving /ˈpleʒəˌlʌvɪŋ/ agg. ***to be ~*** essere amante dei piaceri.

pleasure principle /ˈpleʒəˌprɪnsəpl/ n. principio m. del piacere.

pleasure-seeker /ˈpleʒəˌsiːkə(r)/ n. viveur m.

1.pleat /pliːt/ n. piega f.

2.pleat /pliːt/ tr. pieghettare.

pleated /ˈpliːtɪd/ **I** p.pass. → **2.pleat** **II** agg. [*skirt*] a pieghe; [*trousers*] con la piega.

pleb /pleb/ **I** n. BE COLLOQ. SPREG. plebeo m. (-a), popolano m. (-a) **II plebs** n.pl. ***the ~s*** il popolino; STOR. *(of ancient Rome)* la plebe.

plebe /pliːb/ n. **1** STOR. *(of ancient Rome)* plebe f. **2** AE = allievo del primo corso dell'accademia militare o navale.

plebeian /plɪˈbiːən/ **I** agg. plebeo **II** n. STOR. SPREG. plebeo m. (-a); ***the ~s*** la plebe.

plebiscitary /plɪˈbɪsɪtərɪ/ agg. plebiscitario.

plebiscite /ˈplebɪsɪt, AE -saɪt/ n. plebiscito m.

plectrum /ˈplektrəm/ n. (pl. **~s, -a**) plettro m.

pled /pled/ pass., p.pass. AE → **plead**.

▷ **1.pledge** /pledʒ/ n. **1** *(promise)* promessa f. (solenne), impegno m.; ***to give a ~ to sb.*** fare una promessa a qcn.; ***to give*** o ***make a ~ to do*** promettere *o* prendersi l'impegno di fare; ***to keep, break one's ~*** mantenere, venire meno a una promessa; ***to take*** o ***sign the ~*** RAR. SCHERZ. = fare voto di astenersi dall'alcol **2** *(thing deposited as security) (to creditor, pawnbroker)* pegno m.; ***to put, hold sth. in ~*** dare, lasciare qcs. in pegno; ***to take sth. out of ~*** disimpegnare qcs. **3** *(token)* prova f.; ***as a ~ of her friendship*** come pegno della sua amicizia **4** *(money promised to charity)* offerta f.; ***make your ~s now!*** fate le vostre offerte! **5** RAR. *(toast)* brindisi m. (**to** a) **6** AE UNIV. = studente che è stato accettato in un'associazione studentesca e deve superare determinate prove.

▷ **2.pledge** /pledʒ/ tr. **1** *(promise)* promettere [*allegiance, aid, support*] (**to** a); ***to ~ (oneself) to do, to ~ that one will do*** impegnarsi a fare, promettere che si farà; ***the treaty ~s the signatories to do*** il trattato impegna i firmatari a fare; ***to be ~d to secrecy*** essere vincolato al segreto; ***to ~ one's word*** dare la propria parola; ***to ~ money to charity*** promettere di fare la carità; ***to ~ allegiance to the flag*** giurare fedeltà alla bandiera **2** *(give as security) (to creditor, pawnbroker)* impegnare, dare in pegno **3** RAR. *(toast)* brindare **4** AE UNIV ***to ~ a fraternity, sorority*** = compiere un rito per entrare a far parte di un'associazione studentesca maschile, femminile.

pledgee /pleˈdʒiː/ n. creditore m. pignoratizio.

Pledge of Allegiance /ˌpledʒəvəˈliːdʒəns/ n. AE giuramento m. alla bandiera.

> **i** **Pledge of Allegiance** Nella scuole americane gli allievi si riuniscono ogni giorno prima di cominciare le lezioni nella *home room*, per l'appello e per prestare giuramento alla bandiera. In piedi, con la mano destra sul cuore, giurano fedeltà e lealtà agli Stati Uniti d'America pronunciando queste parole: *I pledge allegiance to the flag of the United States of America and to the republic for which it stands, one nation under God, indivisible, with liberty and justice for all.* Anche gli immigrati che prendono la nazionalità americana prestano lo stesso giuramento.

pledger /ˈpledʒə(r)/ n. **1** *(debtor)* debitore m. pignoratizio **2** *(toaster)* persona f. che brinda.

pledget /ˈpledʒɪt/ n. *(over a wound, sore)* tampone m.

pledgor /pledʒˈɔː(r)/ n. debitore m. pignoratizio.

Pleiades /ˈplaɪədiːz/ n.pr. Pleiadi f.

Pleistocene /ˈpleɪstəsiːn/ **I** n. pleistocene m. **II** agg. pleistocenico.

plena /ˈpliːnə/ → **plenum**.

plenary /ˈpliːnərɪ, AE -erɪ/ agg. [*session, meeting, discussion*] plenario; [*powers*] pieno; [*authority*] assoluto.

plenipotentiary /ˌplenɪpəˈtenʃərɪ, AE -erɪ/ **I** agg. [*powers*] pieno; [*authority, ambassador*] plenipotenziario **II** n. plenipotenziario m. (-a).

plenitude /ˈplenɪtjuːd, AE -tuːd/ n. pienezza f.

plenteous /ˈplentɪəs/ agg. LETT. abbondante, copioso.

plenteously /ˈplentɪəslɪ/ avv. LETT. abbondantemente, copiosamente.

plenteousness /ˈplentɪəsnɪs/ n. LETT. abbondanza f., copiosità f.

plentiful /ˈplentɪfl/ agg. [*food, harvest*] abbondante; [*diet*] ricco; ***fish were ~ in this river*** c'erano molti pesci in questo fiume; ***a ~ supply of*** un'abbondante provvista di; ***in ~ supply*** in abbondanza.

plentifully /ˈplentɪfəlɪ/ avv. abbondantemente.

plentifulness /ˈplentɪfəlnɪs/ n. abbondanza f.

▶ **plenty** /ˈplentɪ/ **I** quantif. **1** *(a lot, quite enough)* ***to have ~ of*** avere molto [*time, money, friends*]; ***there is ~ of time*** c'è molto tempo (a disposizione); ***there is ~ of money*** ci sono molti soldi (a disposizione); ***there are ~ of other reasons, ideas*** ci sono molti altri motivi, molte altre idee; ***there was wine, and ~ of it!*** eccome se c'era del vino! ***there is ~ more tea*** c'è ancora molto tè; ***there's ~ more where that came from!*** COLLOQ. *(of food, joke etc.)* ce n'è in quantità, finché si vuole! ***to see ~ of sb.*** vedere molto spesso qcn.; ***to have ~ to eat, to do*** avere molto da mangiare, fare; ***that's ~*** è molto, basta e avanza; ***£ 10 is, will be ~*** 10 sterline bastano, basteranno; ***"have you any questions?" - "~!"*** "avete delle domande?" - "molte!"; ***"have you any money?" - "~!"*** "soldi ne hai?" - "un sacco!"; ***"do you know anything about cars?" - "~!"*** "te ne intendi di automobili?" - "sì, parecchio!" **2** COLLOQ. *(lots of)* ***~ work, money, friends*** un sacco *o* un mucchio di lavoro, soldi, amici **II** n. **U** *(abundance)* ***a time of ~*** un periodo di prosperità; ***in ~*** in abbondanza, a iosa **III** avv. COLLOQ. **1** *(quite)* ***~ old, tall enough*** abbastanza vecchio, alto; ***that's ~ big enough!*** è abbastanza grande! **2** AE *(very or very much)* ***to be ~ thirsty*** avere molta sete; ***he cried ~*** ha pianto un sacco.

plenum /ˈpliːnəm/ n. (pl. **~s, -a**) plenum m.

pleonasm /ˈpliːənæzəm/ n. pleonasmo m.

pleonastic /ˌplɪəˈnæstɪk/ agg. pleonastico.

pleonastically /ˌplɪəˈnæstɪklɪ/ avv. pleonasticamente.

plesiosaur /ˈpliːsɪəsɔː(r)/ n. plesiosauro m.

plethora /ˈpleθərə/ n. FORM. pletora f.; ***there is a ~ of*** c'è una pletora di.

plethoric /plɪˈθɒrɪk/ agg. FORM. pletorico.

plethorically /plɪˈθɒrɪklɪ/ avv. FORM. pletoricamente.

pleura /ˈplʊərə/ n. (pl. **-ae**) pleura f.

pleural /ˈplʊərəl/ agg. ANAT. pleurico.

pleurisy /ˈplʊərəsɪ/ ♦ **11** n. pleurite f.

pleuritic /ˌplʊəˈrɪtɪk/ agg. pleuritico.

Plexiglass® /ˈpleksɪglɑːs, AE -glæs/ n. plexiglas® m.

plexus /ˈpleksəs/ n. (pl. **~, ~es**) plesso m.

pliability /ˌplaɪəˈbɪlətɪ/ n. *(of materials)* pieghevolezza f., flessibilità f.; *(of minds)* docilità f.

pliable /ˈplaɪəbl/ agg. [*twig, plastic*] pieghevole, flessibile; [*person*] arrendevole, docile.

pliableness /ˈplaɪəblnɪs/ n. *(of twig, plastic)* pieghevolezza f., flessibilità f.; *(of person)* arrendevolezza f., docilità f.

pliably /ˈplaɪəblɪ/ avv. pieghevolmente, flessibilmente; FIG. [*behave*] docilmente.

pliancy /ˈplaɪənsɪ/ n. → **pliability**.

pliant /ˈplaɪənt/ agg. [*branch, plastic*] pieghevole, flessibile; [*person*] arrendevole, docile.

plica /ˈplaɪkə/ n. (pl. **-ae**) ANAT. MUS. plica f.
plicate /ˈplaɪkət/ agg. BOT. plicato.
plication /plaɪˈkeɪʃn/ n. **1** *(action of folding)* piegatura f. **2** *(fold)* piega f. **3** GEOL. corrugamento m.
pliers /ˈplaɪəz/ n.pl. pinze f.; ***a pair of*** ~ un paio di pinze.
▷ **1.plight** /plaɪt/ n. condizione f., situazione f. (difficile); ***the ~ of the homeless*** la condizione dei senzatetto; ***to ease sb.'s*** ~ migliorare la situazione di qcn.
▷ **2.plight** /plaɪt/ tr. ANT. ***to ~ one's troth*** fare una promessa (di matrimonio).
plimsoll /ˈplɪmsəl/ n. BE scarpa f. da tennis, da ginnastica.
Plimsoll line /ˈplɪmsəllaɪn/ n. linea f. di galleggiamento massimo.
1.plink /plɪŋk/ n. rumore m. metallico.
2.plink /plɪŋk/ **I** tr. sparare a [*tin can*] **II** intr. sparare.
plinth /plɪnθ/ n. ARCH. plinto m.; *(of statue)* base f., piedistallo m.
Pliny /ˈplɪnɪ/ n.pr. Plinio; ~ ***the Younger, the Elder*** Plinio il Giovane, il Vecchio.
Pliocene /ˈplaɪəʊsiːn/ **I** n. pliocene m. **II** agg. pliocenico.
PLO n. (⇒ Palestine Liberation Organization Organizzazione per la Liberazione della Palestina) OLP f.
1.plod /plɒd/ n. *(slow walk)* passo m. pesante; ***it's a long ~ home*** è una sfacchinata andare a casa a piedi.
2.plod /plɒd/ intr. (forma in -ing ecc. **-dd-**) *(walk)* camminare con passo lento, pesante.
■ **plod along** avanzare a stento (anche FIG.).
■ **plod away** lavorare sodo, sgobbare.
■ **plod on** procedere, continuare a camminare; FIG. (continuare a) fare qcs. a fatica e controvoglia, trascinarsi.
■ **plod through:** ~ ***through [sth.]*** FIG. fare [qcs.] a fatica.
plodder /ˈplɒdə(r)/ n. sgobbone m. (-a).
plodding /ˈplɒdɪŋ/ agg. [*step*] pesante; [*style*] laborioso; [*performance*] faticoso.
1.plonk /plɒŋk/ n. **1** *(sound)* tonfo m., suono m. sordo **2** COLLOQ. *(wine)* = vino poco costoso.
2.plonk /plɒŋk/ tr. COLLOQ. sbattere [*plate, bottle*] (**on** su).
■ **plonk down:** ~ ***[sth.] down*** COLLOQ. lasciare cadere di peso, sbattere [*box, sack*] (**on** su); ***to ~ oneself down on*** lasciarsi cadere pesantemente su, sprofondarsi in [*armchair, sofa*]; ***to ~ oneself down in front of*** piazzarsi davanti a [*TV, screen*]; ~ ***down [sth.]*** AE *(pay)* sganciare [*sum*].
plonker /ˈplɒŋkə(r)/ n. BE **1** COLLOQ. *(fool)* imbecille m. e f. **2** POP. *(penis)* cazzo m.
1.plop /plɒp/ n. tonfo m.
2.plop /plɒp/ intr. (forma in -ing ecc. **-pp-**) fare un tonfo; ***the stone ~ped into the water*** la pietra è caduta in acqua con un tonfo.
plosion /ˈpləʊʒn/ n. FON. esplosione f.
plosive /ˈpləʊsɪv/ **I** agg. esplosivo **II** n. occlusiva f., consonante f. esplosiva.
▶ **1.plot** /plɒt/ n. **1** *(conspiracy)* complotto m., cospirazione f., congiura f., trama f. (**against** contro; **to do** per fare); ***an assassination ~*** un complotto omicida **2** CINEM. LETTER. *(of novel, film, play)* intreccio m., trama f. **3** AGR. *(allotment)* ~ ***of land*** appezzamento di terreno; ***a vegetable ~*** un appezzamento coltivato a ortaggi **4** EDIL. *(site)* terreno m., lotto m. edificabile **5** *(in cemetery)* posto m.
▶ **2.plot** /plɒt/ **I** tr. (forma in -ing ecc. **-tt-**) **1** *(plan)* complottare, macchinare, tramare [*murder, attack, return*]; organizzare, preparare [*revolution*]; ***to ~ to do*** complottare di fare **2** *(chart)* tracciare [*course*]; rilevare [*progress*]; ***we ~ted our position on the map*** abbiamo rilevato la nostra posizione sulla mappa **3** MAT. STATIST. *(on graph)* tracciare [*curve, graph*]; riportare [*figures*]; indicare [*points*]; ***to ~ the progress, decline of sth.*** fare il grafico del progresso, del declino di qcs. **4** LETTER. *(invent)* ideare [*episode, story, destiny*]; ***a carefully, thinly ~ted play*** una rappresentazione teatrale con una trama ben costruita, sottile **II** intr. (forma in -ing ecc. **-tt-**) *(conspire)* cospirare, complottare, tramare (**against** contro); ***to ~ together*** complottare insieme.
plotless /ˈplɒtlɪs/ agg. [*novel*] senza una trama.
plotter /ˈplɒtə(r)/ n. **1** *(schemer)* cospiratore m. (-trice) **2** INFORM. plotter m.
plotting /ˈplɒtɪŋ/ n. **U** *(scheming)* complotto m.; ***to be accused of ~*** essere accusato di avere tramato un complotto.
plotting board /ˈplɒtɪŋˌbɔːd/, **plotting table** /ˈplɒtɪŋˌteɪbl/ n. piano m. di tracciatura.
plotzed /plɒtst/ agg. AE COLLOQ. ***to be (completely) ~*** essere (completamente) sbronzo.
▷ **1.plough** /plaʊ/ **I** n. BE AGR. *(implement)* aratro m.; ***to come under the ~*** [*land*] venire coltivato **II Plough** n.pr. BE ASTR. ***the Plough*** il Grande Carro ◆ ***to put one's hand to the ~*** mettere mano a, intraprendere un lavoro.
▷ **2.plough** /plaʊ/ **I** tr. BE **1** AGR. arare [*land, field*]; fare [*furrow*] **2** *(invest)* ***to ~ money into*** investire molti soldi in [*project, company*] **3** RAR. COLLOQ. *(fail)* [*candidate*] farsi bocciare, essere bocciato a [*exam*]; [*examiner*] bocciare [*candidate*] **II** intr. BE AGR. arare.
■ **plough back:** ~ ***[sth.] back***, ~ ***back [sth.]*** reinvestire [*profits, money*] (**into** in).
■ **plough in:** ~ ***[sth.] in***, ~ ***in [sth.]*** AGR. sotterrare [qcs.] arando [*crop, manure*].
■ **plough into:** ~ ***into [sth.]*** **1** *(crash into)* [*vehicle*] andare a sbattere contro [*tree, wall*]; ***the car skidded and ~ed into the crowd*** l'auto ha slittato e ha investito la folla **2** AE *(begin enthusiastically)* gettarsi a corpo morto in [*work*].
■ **plough through:** ~ ***through sth.*** [*vehicle, driver*] aprirsi un varco attraverso [*hedge, wall*]; FIG. [*person*] leggere con fatica, finire a fatica [*book*]; [*person*] fare a fatica [*task*]; [*walker*] procedere a fatica su [*mud, snow*]; [*vehicle*] avanzare a fatica in [*mud, snow*].
■ **plough under:** ~ ***[sth.] under***, ~ ***under [sth.]*** sotterrare con l'aratro, seppellire [qcs.] arando [*crop, manure*]; ~ ***[sb.] under*** AE COLLOQ. *(thrash)* distruggere [*opponents*].
■ **plough up:** ~ ***[sth.] up***, ~ ***up [sth.]*** AGR. arare [*field*]; FIG. [*car, person*] dissestare [*ground*].
ploughboy /ˈplaʊbɔɪ/ n. **1** *(of land, field)* giovane aratore m. **2** *(country boy)* contadinello m.
plougher /ˈplaʊə(r)/ ➧ **27** n. aratore m. (-trice).
plough horse /ˈplaʊˌhɔːs/ n. cavallo m. da tiro.
ploughing /ˈplaʊɪŋ/ n. BE aratura f.
ploughland /ˈplaʊlænd/ n. BE terreno m. arativo.
ploughman /ˈplaʊmən/ ➧ **27** n. (pl. **-men**) BE **1** *(of land, field)* aratore m. **2** *(countryman)* contadino m.
ploughman's lunch /ˌplaʊmənzˈlʌntʃ/ n. BE = piatto freddo a base di pane, formaggio, sottaceti e insalata.
ploughmen /ˈplaʊmen/ → **ploughman**.
ploughshare /ˈplaʊʃeə(r)/ n. BE vomere m. ◆ ***to turn*** o ***beat (one's) swords into ~s*** = smettere di combattere e ritornare ad attività pacifiche.
plover /ˈplʌvə(r)/ n. piviere m.
plow AE → **1.plough**, **2.plough**.
plowing AE → **ploughing**.
plow-land AE → **ploughland**.
plow-man AE → **ploughman**.
plow-share AE → **ploughshare**.
ploy /plɔɪ/ n. stratagemma m., manovra f.; ***it is a ~ to attract attention, to disarm his critics*** è uno stratagemma per attirare l'attenzione, per mettere a tacere le critiche.
PLR n. GB (⇒ Public Lending Right) = diritti d'autore corrisposti sulla base della frequenza del prestito del testo in una biblioteca pubblica.
1.pluck /plʌk/ n. **1** *(courage)* coraggio m., fegato m. **2** GASTR. frattaglie f.pl.
2.pluck /plʌk/ tr. **1** cogliere [*flower, fruit*]; ***to ~ sth. from sb.'s grasp*** strappare di mano qcs. a qcn.; ***to be ~ed from obscurity*** uscire dall'anonimato **2** GASTR. spennare, spiumare [*chicken*] **3** MUS. pizzicare [*strings*]; suonare, pizzicare le corde di [*guitar*] **4** ***to ~ one's eyebrows*** sfoltire le sopracciglia ◆ ***to ~ up one's courage*** prendere il coraggio a due mani; ***to ~ up the courage to do sth.*** trovare il coraggio di fare qcs.
■ **pluck at** ***to ~ at sb.'s sleeve, arm*** tirare qcn. per la manica, il braccio.
■ **pluck off:** ~ ***off [sth.]***, ~ ***[sth.] off*** strappare [*feathers, hair, piece of fluff*].
■ **pluck out:** ~ ***out [sth.]***, ~ ***[sth.] out*** strappare.
pluckily /ˈplʌkɪlɪ/ avv. coraggiosamente.
pluckiness /ˈplʌkɪnɪs/ n. coraggio m., fegato m., audacia f.
plucky /ˈplʌkɪ/ agg. coraggioso; ***to be ~*** avere fegato.
▷ **1.plug** /plʌg/ n. **1** EL. *(on appliance)* spina f.; ***to pull out the ~*** staccare la spina; ***to be fitted with a ~*** avere una spina; ***to pull the ~ on*** COLLOQ. abbandonare [*scheme, project*]; ***to pull the ~ on sb.*** MED. COLLOQ. = staccare la spina a qcn.; AE FIG. tradire qcn. **2** INFORM. ELETTRON. *(connecting device)* spina f., spinotto m. **3** EL. *(socket)* presa f.; ***a mains ~*** una presa di corrente **4** *(in bath, sink)* tappo m.; ***to pull out the ~*** togliere il tappo **5** EDIL. *(for screw)* tassello m. **6** *(stopper) (in barrel)* zaffo m.; *(for leak)* tampone m., tappo m.; *(for medical purpose)* tampone m. **7** AUT. *(in engine)* (anche **spark ~**) candela f. **8** *(for chewing)* ***a ~ of tobacco*** una cicca di tabacco **9** RAD. TELEV. COLLOQ. *(mention)* pubblicità f. (**for** per); ***to give sth. a ~, put in a ~ for sth.*** fare pubblicità a qcs. **10**

AE *(fire hydrant)* pompa f. antincendio **11** GEOL. (anche **volcanic ~**) tappo m.

2.plug /plʌɡ/ **I** tr. (forma in -ing ecc. **-gg-**) **1** *(block)* tamponare, tappare, chiudere [*leak, hole*] (**with** con); ***to ~ a gap*** tappare *o* chiudere un buco; FIG. riempire un vuoto *o* colmare una lacuna; ***she ~ged a hole in my tooth*** mi ha otturato il dente; ***to ~ one's ears*** tapparsi le orecchie **2** RAD. TELEV. COLLOQ. *(promote)* fare pubblicità a, pubblicizzare [*book, product*]; promuovere [*show*]; ***to ~ one's record on a programme*** fare la promozione del proprio disco in una trasmissione televisiva **3** EL. *(insert)* ***to ~ sth. into*** inserire qcs. in [*socket*]; collegare qcs. a [*amplifier, computer*] **4** AE RAR. COLLOQ. *(shoot)* sparare, colpire **II** intr. (forma in -ing ecc. **-gg-**) ***to ~ into*** *(be compatible with)* collegarsi a [*TV, computer*]; ***they have ~ged into the national mood*** GIORN. COLLOQ. si sono uniformati allo stato d'animo del paese.

▪ **plug away** COLLOQ. sgobbare (**at** su); ***he's ~ging away at his Latin*** sta sgobbando sui libri di latino.

▪ **plug in: ~ [sth.] in, ~ in [sth.]** attaccare, collegare, allacciare [*appliance*].

▪ **plug up: ~ up [sth.], ~ [sth.] up** tappare [*hole*]; riempire [*gap*] (**with** con).

plug and play /ˌplʌɡən'pleɪ/ **I** n. INFORM. plug and play m. **II plug-and-play** agg. [*peripheral, compatibility*] plug and play.

plugger /'plʌɡə(r)/ n. **1** RAD. TELEV. COLLOQ. *(of product)* persona f. che fa pubblicità; *(of show)* promotore m. **2** COLLOQ. *(student)* secchione m. (-a), sgobbone m. (-a).

plughole /'plʌɡhəʊl/ n. BE scarico m., buco m. di scarico; ***to go down the ~*** [*water*] andare giù nello scarico; [*ring*] cadere nel buco di scarico; COLLOQ. FIG. andare perso *o* sprecato.

plug-in /'plʌɡˌɪn/ **I** n. INFORM. plug-in m. **II** agg. [*appliance*] a innesto; [*telephone*] a presa.

plum /plʌm/ ➧ ***5*** **I** n. **1** BOT. *(fruit)* prugna f., susina f.; *(tree)* prugno m., susino m. **2** *(colour)* prugna m. **II** modif. [*stone*] di prugna; [*jam*] di prugne **III** agg. **1** *(colour)* (anche **~-coloured**) (color) prugna **2** COLLOQ. *(good)* ***to get a ~ job, part*** procurarsi un lavoro favoloso, la parte migliore.

plumage /'plu:mɪdʒ/ n. piumaggio m.

1.plumb /plʌm/ **I** n. **1** (anche **~ line**) ING. filo m. a piombo; MAR. scandaglio m. **2** *(perpendicular)* ***to be out of ~*** o ***off ~*** essere fuori piombo **II** avv. **1** AE COLLOQ. *(totally)* [*crazy, wrong*] completamente, del tutto **2** COLLOQ. *(precisely)* ***~ in*** o ***down*** o ***through the middle*** esattamente nel mezzo.

2.plumb /plʌm/ tr. **1** FIG. svelare, scoprire [*mystery*]; mettere a nudo [*soul*]; ***to ~ the depths of*** raggiungere il colmo di [*despair, misery, bad taste*] **2** sondare, scandagliare [*sea, depths*].

▪ **plumb in: ~ [sth.] in, ~ in [sth.]** collegare.

plumbaginous /plʌm'bædʒɪnəs/ agg. che contiene piombaggine.

plumbago /plʌm'beɪɡəʊ/ n. (pl. **~s**) **1** MINER. piombaggine f. **2** BOT. piombaggine f.

plumbeous /'plʌmbɪəs/ agg. plumbeo (anche FIG.).

plumber /'plʌmə(r)/ ➧ ***27*** n. idraulico m.

plumber's helper /ˌplʌməz'helpə(r)/ n. AE COLLOQ. sturalavandini m.

plumbers' merchant /ˌplʌməz'mɜ:tʃənt/ ➧ ***27*** n. commerciante m. e f. di articoli idraulici e rubinetterie.

plumbic /'plʌmbɪk/ agg. piombico.

plumbiferous /plʌm'bɪfərəs/ agg. piombifero.

plumbing /'plʌmɪŋ/ n. lavori m.pl. di idraulica; ***lead ~*** impianto idraulico in piombo; ***~ system*** impianto idraulico.

plumbism /'plʌmbɪzəm/ ➧ ***11*** n. saturnismo m.

plumbous /'plʌmbəs/ agg. piomboso.

plum brandy /ˌplʌm'brændɪ/ n. brandy m. di prugna.

plumb rule /'plʌmru:l/ n. archipendolo m.

plum cake /'plʌmˌkeɪk/ n. plum cake m.

plum duff /'plʌmˌdʌf/ n. = budino con prugne e uva passa.

1.plume /plu:m/ n. *(feather)* piuma f.; *(of several feathers)* pennacchio m.; FIG. *(of steam, smoke etc.)* pennacchio m. (**of** di).

2.plume /plu:m/ rifl. ***to ~ oneself*** [*bird*] lisciarsi le penne; FIG. ***to ~ oneself on sth.*** [*person*] vantarsi di qcs.

plumed /plu:md/ **I** p.pass. → **2.plume II** agg. [*horse*] impennacchiato; [*helmet, hat*] piumato.

plumelet /'plu:mlət/ n. piccola piuma f.

1.plummet /'plʌmɪt/ n. TECN. PESC. piombo m.

2.plummet /'plʌmɪt/ intr. **1** [*bird*] cadere a piombo; [*aircraft*] precipitare **2** FIG. [*share prices, birthrate, profits, sales, value*] crollare, colare a picco; [*temperature*] abbassarsi bruscamente; [*standards, popularity, morale*] crollare.

plummy /'plʌmɪ/ agg. **1** BE COLLOQ. [*voice, accent*] affettato **2** *(plum-coloured)* (color) prugna **3** *(of plums)* [*taste*] della prugna.

plumose /'plu:məʊs/ agg. **1** *(feathery)* piumoso **2** *(resembling a feather)* simile a una piuma.

1.plump /plʌmp/ agg. [*person, cheek, face*] grassottello, grassoccio, cicciottello, rotondetto, paffuto; [*arm, leg*] grassoccio, cicciottello, pienotto; [*chicken*] bello grasso; [*cushion*] ben imbottito.

2.plump /plʌmp/ **I** tr. → **plump up II** intr. → **plump out**.

▪ **plump down: ~ down** COLLOQ. [*person*] lasciarsi cadere (pesantemente) (**into** in; **onto** su); **~ [oneself] down** COLLOQ. lasciarsi cadere di peso; ***~ yourself down over there*** mettiti comodo là; **~ [sth.] down, ~ down [sth.]** lasciare cadere, sbattere.

▪ **plump for: ~ for [sth.]** COLLOQ. scegliere, preferire [*candidate*]; scegliere [*purchase*]; scegliere, prendere [*food*].

▪ **plump out** [*cheeks*] gonfiarsi; [*person, animal*] ingrassare.

▪ **plump up: ~ up [sth.]** imbottire [*cushion*].

plumpness /'plʌmpnɪs/ n. *(of person, arms, legs etc.)* (l')essere grassoccio, rotondità f.

plum pudding /ˌplʌm'pʊdɪŋ/ n. = budino con prugne e uva passa.

plum tart /'plʌmˌtɑ:t/ n. torta f. di prugne.

plum tomato /ˌplʌmtə'mɑ:təʊ, AE -tə'meɪtəʊ/ n. (pl. **plum tomatoes**) = (pomodoro) San Marzano.

plum tree /'plʌmˌtri:/ n. prugno m., susino m.

plumule /'plu:mju:l/ n. **1** BOT. *(shoot)* plumula f., piumetta f. **2** ZOOL. *(feather)* piccola piuma f.

plumy /'plu:mɪ/ agg. piumoso, piumato.

1.plunder /'plʌndə(r)/ n. **1** *(act of stealing)* saccheggio m. **2** *(booty)* bottino m.

2.plunder /'plʌndə(r)/ **I** tr. [*soldiers*] saccheggiare [*shop, property, possessions*]; [*thieves*] saccheggiare, svaligiare [*shop, property*]; trafugare, depredare [*possessions*]; ***to ~ a museum of its treasures*** rubare i tesori di un museo **II** intr. saccheggiare, depredare.

plunderer /'plʌndərə(r)/ n. saccheggiatore m. (-trice), rapinatore m. (-trice).

plundering /'plʌndərɪŋ/ **I** n. saccheggio m. **II** agg. [*mob, troops*] saccheggiatore.

1.plunge /plʌndʒ/ n. **1** *(from height)* tuffo m.; ***to take a ~*** *(dive)* tuffarsi; ***death ~*** GIORN. mossa suicida **2** ECON. brusca caduta f., caduta f. a picco, crollo m.; ***a ~ in share*** BE o ***stock*** AE un repentino calo dei titoli **3** FIG. ***the company's ~ into debt*** l'indebitamento subito dalla società; ***the ~ in confidence*** la perdita di fiducia; ***nothing could prevent the country's ~ into chaos*** niente potrebbe evitare che il paese piombi nel caos ◆ ***to take the ~*** saltare il fosso.

2.plunge /plʌndʒ/ **I** tr. **1** *(thrust)* ***to ~ sth. into sth.*** affondare qcs. in qcs.; ***he ~d the knife into her heart*** le conficcò il coltello nel cuore; ***she ~d her hand into the water, the bag*** immerse la mano nell'acqua, ficcò la mano nella borsa; ***to be ~d into*** sprofondare in [*crisis*]; essere messo in [*danger*]; essere immerso in [*new experience*]; essere coinvolto in [*strike*]; essere sommerso da [*debt*]; ***the house was ~d into darkness*** la casa fu avvolta dall'oscurità **2** *(unblock)* sturare [*sink*] **II** intr. **1** *(fall from height)* [*person, waterfall*] tuffarsi; [*submarine*] immergersi; [*bird, plane*] picchiare; [*road*] FIG. scendere ripidamente; [*cliff*] FIG. cadere a picco; ***the plane ~d to the ground*** l'aereo è sceso in picchiata verso terra; ***the boy ~d over the precipice to his death*** il bambino è caduto nel precipizio ed è morto; ***the car ~d off the road*** l'automobile è uscita di strada **2** FIG. *(drop sharply)* [*rate, value*] calare (all'improvviso), crollare **3** FIG. *(embark on)* ***to ~ into*** intraprendere [*activity, career, negotiations*]; entrare in [*chaos, crisis*]; entrare in una fase di [*decline*]; essere in [*danger*].

▪ **plunge forward** [*person, vehicle*] precipitarsi (in avanti); [*boat, horse*] lanciarsi (in avanti).

▪ **plunge in** [*swimmer*] tuffarsi, immergersi; FIG. *(impetuously)* lanciarsi.

plunge bath /'plʌndʒˌbɑ:θ, AE -ˌbæθ/ n. vasca f. da bagno (grande).

plunge pool /'plʌndʒˌpu:l/ n. **1** GEOGR. bacino m. **2** *(in a sauna)* vasca f. di acqua fredda.

plunger /'plʌndʒə(r)/ n. sturalavandini m.

plunging /'plʌndʒɪŋ/ agg. ***~ neckline*** scollatura vertiginosa.

1.plunk /plʌŋk/ n. COLLOQ. colpo m. forte.

2.plunk /plʌŋk/ tr. COLLOQ. **1** *(place)* gettare, fare cadere [*bottle, plate*] (**on** su) **2** *(strum)* pizzicare le corde di [*banjo, guitar*].

▪ **plunk down** COLLOQ. → **plonk down**.

pluperfect /ˌplu:'pɜ:fɪkt/ **I** n. LING. piuccheperfetto m., trapassato m. prossimo **II** modif. LING. [*form*] del trapassato prossimo; ***~ tense*** piuccheperfetto, trapassato prossimo.

plural /ˈplʊərəl/ **I** agg. **1** LING. [*noun, adjective, form*] plurale; [*ending*] del plurale **2** POL. [*society, system*] pluralista, pluralistico **II** n. LING. plurale m.; ***in the* ~** al plurale.
pluralism /ˈplʊərəlɪzəm/ n. pluralismo m.
pluralist /ˈplʊərəlɪst/ **I** agg. [*society, policy, values*] pluralistico, pluralista **II** n. pluralista m. e f.
pluralistic /plʊərəˈlɪstɪk/ agg. pluralistico.
plurality /plʊəˈrælətɪ/ n. **1** *(multitude, diversity)* pluralità f., molteplicità f. (**of** di) **2** *(majority)* maggioranza f.; AE POL. maggioranza f. relativa.
pluralize /ˈplʊərəlaɪz/ **I** tr. volgere al plurale, pluralizzare [*noun*] **II** intr. **1** [*noun*] formare il plurale **2** *(in clergy)* = detenere (contemporaneamente) più di un beneficio.
▶ **plus** /plʌs/ **I** n. **1** MAT. più m. **2** *(advantage)* vantaggio m.; ***with the added* ~ *that*** con in più il vantaggio che; ***she doesn't smoke, and that's a* ~** non fuma, ed è un punto a suo favore **II** agg. **1** MAT. [*sign*] più; [*number, value*] positivo **2** EL. positivo **3** *(advantageous)* **~ *factor*, ~ *point*** fattore positivo, atout; ***the* ~ *side*** il lato positivo **4** *(in expressions of age, quantity)* ***50* ~** più di 50; ***20 years* ~** più di 20 anni; ***the 65-~ age group*** le persone dai 65 anni in su **5** BOT. [*fungus*] = che si riproduce solo con una specie minus **III** prep. MAT. più; ***15* ~ *12*** 15 più 12 **IV** cong. e, più; ***bedroom* ~ *bathroom*** camera da letto e bagno; ***two adults* ~ *a baby*** due adulti più un bambino.
plus-fours /ˈplʌsfɔːz/ n.pl. calzoni m. alla zuava.
plush /plʌʃ/ **I** n. TESS. felpa f., tessuto m. felpato; *(with a long nap)* peluche m. **II** agg. **1** COLLOQ. *(luxurious)* [*house, room*] lussuoso, sontuoso; [*hotel*] di lusso; [*surroundings, district, area*] elegante **2** TESS. [*curtain*] di tessuto felpato; [*carpet*] di peluche.
plushy /ˈplʌʃɪ/ agg. COLLOQ. [*house, room*] lussuoso; [*hotel*] di lusso.
plus sign /ˈplʌsˌsaɪn/ n. MAT. segno m. più.
Plutarch /ˈpluːtɑːk/ n.pr. Plutarco.
plute /pluːt/ n. AE COLLOQ. *(plutocrat)* plutocrate m. e f., riccone m. (-a).
pluteus /ˈpluːtɪəs/ n. (pl. **-i**) **1** MIL. ANT. *(wooden wall)* pluteo m. **2** ARCH. *(barrier between wall)* pluteo m. **3** ZOOL. pluteo m.
Pluto /ˈpluːtəʊ/ n.pr. **1** MITOL. Plutone **2** ASTR. Plutone m. **3** *(cartoons' character)* Pluto.
plutocracy /pluːˈtɒkrəsɪ/ n. plutocrazia f.
plutocrat /ˈpluːtəkræt/ n. plutocrate m. e f.
plutocratic /ˌpluːtəˈkrætɪk/ agg. plutocratico.
pluton /ˈpluːtɒn/ n. GEOL. plutone m.
Plutonian /pluːˈtəʊnɪən/ agg. **1** MITOL. plutonico **2** ASTR. plutoniano.
Plutonic /pluːˈtɒnɪk/ agg. **1** GEOL. [*rocks*] plutonico **2** ASTR. plutoniano.
plutonism /ˈpluːtənɪzəm/ n. GEOL. plutonismo m.
plutonium /pluːˈtəʊnɪəm/ n. plutonio m.
1.pluvial /ˈpluːvɪəl/ agg. *(rainy)* pluviale.
2.pluvial /ˈpluːvɪəl/ n. *(of priest)* piviale m.
pluviograph /ˈpluːvɪəgrɑːf, AE -græf/ n. pluviografo m.
pluviometer /ˌpluːvɪˈɒmɪtə(r)/ n. pluviometro m.
pluviometric(al) /pluːvɪəˈmetrɪk(l)/ agg. pluviometrico.
pluviometry /pluːvɪˈɒmətrɪ/ n. pluviometria f.
pluvioscope /ˈpluːvɪəskəʊp/ n. pluvioscopio m.
1.ply /plaɪ/ n. *(thickness)* strato m.; ***two, three* ~ *paper*** carta a due, tre strati; ***two* ~ *wool*** lana a due capi; ***three, five* ~ *wood*** compensato a tre, cinque strati.
2.ply /plaɪ/ **I** tr. **1** *(sell)* vendere [*wares*] **2** *(perform)* esercitare [*trade*] **3** *(manipulate)* maneggiare [*pen, oars*]; ***to* ~ *one's needle*** cucire **4** *(travel)* [*boat*] solcare [*sea*]; ***to* ~ *the route between two ports*** fare servizio di linea tra due porti **5** *(press)* ***to* ~ *sb. for*** tormentare qcn. per ottenere [*information*]; ***to* ~ *sb. with*** assillare qcn. di *o* incalzare qcn. con [*questions*]; ***to* ~ *sb. with food*** rimpinzare qcn. di cibo; ***to* ~ *sb. with drink*** offrire di continuo *o* insistentemente da bere a qcn. **II** intr. [*boat, bus*] fare servizio di linea (**between** tra).
Plymouth /ˈplɪməθ/ ♦ ***34*** n.pr. Plymouth f.
plywood /ˈplaɪwʊd/ **I** n. (legno) compensato m. **II** modif. [*box, boat*] di, in compensato; [*sheet*] di compensato.
pm ♦ ***4*** avv. (⇒ post meridiem) ***two* ~** le due (del pomeriggio); ***nine* ~** le nove (di sera).
PM n. GB (⇒ Prime Minister) = primo ministro.
PMG n. **1** GB (⇒ Paymaster General) = ministro responsabile della ragioneria generale **2** (⇒ Postmaster General) = ministro delle poste.
PMS n. (⇒ premenstrual syndrome) = sindrome premestruale.
PMT n. (⇒ premenstrual tension) = tensione premestruale.
PND n. MED. (⇒ post-natal depression) = depressione post partum.
pneuma /ˈnjuːmə, AE ˈnuː-/ n. MUS. FILOS. pneuma m.
pneumatic /njuːˈmætɪk, AE nuː-/ agg. **1** MECC. [*brakes, system, hammer*] pneumatico **2** BE COLLOQ. *(rounded)* [*woman, body*] formoso; ***to have a* ~ *figure*** essere formosa.
pneumatically /njʊˈmætɪklɪ, AE nu-/ avv. pneumaticamente.
pneumatic drill /njuːˌmætɪkˈdrɪl, AE nuː-/ n. martello m. pneumatico.
pneumatics /njuːˈmætɪks, AE nuː-/ n. + verbo sing. pneumatica f.
pneumatic tyre BE, **pneumatic tire** AE /njuːˌmætɪkˈtaɪə(r), AE nuː-/ n. pneumatico m.
pneumatology /njuːməˈtɒlədʒɪ, AE nuː-/ n. FILOS. pneumatologia f.
pneumatometer /njuːməˈtɒmɪtə(r), AE nuː-/ n. MED. pneumatometro m., spirometro m.
pneumococcus /njuːməˈkɒkəs, AE nuː-/ n. (pl. **-i**) pneumococco m.
pneumoconiosis /ˌnjuːməʊˌkɒnɪˈəʊsɪs, AE nuː-/ ♦ ***11*** n. pneumoconiosi f.
pneumogastric /njuːməʊˈgæstrɪk, AE nuː-/ agg. pneumogastrico; **~ *nerve*** nervo pneumogastrico, nervo vago.
pneumograph /ˈnjuːməgrɑːf, AE ˈnuːməgræf/ n. pneumografo m.
pneumonectomy /njuːməˈnektəmɪ, AE nuː-/ n. pneumonectomia f.
pneumonia /njuːˈməʊnɪə, AE nuː-/ ♦ ***11*** n. polmonite f.
pneumonic /njʊˈmɒnɪk, AE nuː-/ agg. **1** *(pulmonary)* polmonare **2** *(pertaining to pneumonia)* polmonitico **3** *(affected with pneumonia)* polmonitico.
pneumothorax /njuːməʊˈθɔːræks, AE nuː-/ n. (pl. **~es, -aces**) pneumotorace m.
po /pəʊ/ n. BE COLLOQ. vaso m. da notte.
PO **1** ⇒ post office ufficio postale **2** ⇒ postal order vaglia postale (V.P.).
poach /pəʊtʃ/ **I** tr. **1** *(hunt illegally)* cacciare di frodo [*game*]; pescare di frodo [*fish*] **2** FIG. *(steal)* portare via [*staff, players*] (**from** da); rubare [*idea, information*] (**from** da) **3** GASTR. cuocere in bianco [*fish*]; fare in camicia [*eggs*] **II** intr. **1** *(hunt)* cacciare di frodo, fare il bracconiere; ***to* ~ *on sb.'s territory*** FIG. sconfinare nel territorio di qcn. **2** SPORT *(in tennis)* = colpire la palla nella metà campo del compagno di gioco.
poached /pəʊtʃt/ **I** p.pass. → **poach II** agg. GASTR. [*egg*] affogato, in camicia; [*fish*] al vapore.
poacher /ˈpəʊtʃə(r)/ n. **1** *(hunter)* bracconiere m., cacciatore m. di frodo **2** GASTR. *(pan) (for eggs)* pentolino m. (per fare le uova in camicia); *(for fish)* AE pesciera f., pesciaiola f.
poaching /ˈpəʊtʃɪŋ/ n. *(illegal hunting)* caccia f. di frodo.
P.O. BOX ⇒ Post Office Box casella postale (c.p.).
pochard /ˈpəʊtʃəd/ n. moriglione m.
pochette /pɒˈʃet, AE pəʊ-/ n. **1** MUS. *(small violin)* pochette f. **2** *(in garment)* taschino m. **3** *(handbag)* pochette f., busta f.
pock /pɒk/ n. → **pockmark**.
▶ **1.pocket** /ˈpɒkɪt/ **I** n. **1** *(in garment)* tasca f.; ***jacket, trouser* ~** tasca della giacca, dei pantaloni; ***with one's hands in one's* ~*s*** con le mani in tasca; ***to put one's hand in one's* ~** mettere le mani in tasca; FIG. mettere mano al portafoglio; ***to go through sb.'s* ~*s*** frugare nelle tasche di qcn.; ***to turn out one's* ~*s*** vuotarsi le tasche; ***he paid for it out of his own* ~** l'ha pagato di tasca sua; ***prices to suit every* ~** FIG. prezzi per tutte le tasche **2** *(in car door, suitcase, folder etc.)* tasca f. **3** FIG. *(small area)* sacca f.; **~ *of resistance, of opposition*** sacca di resistenza, opposizione **4** GEOL. tasca f.; ***air* ~** AER. vuoto d'aria **5** *(in billiards)* buca f. **II** modif. [*calculator, flask, diary, dictionary, edition*] tascabile ♦ ***to be in* ~** BE avere guadagnato; ***to be out of* ~** BE rimetterci; ***I'm £ 40 out of* ~** ci ho rimesso 40 sterline; ***to have sb. in one's* ~** tenere qcn. in pugno; ***to line one's* ~*s*** riempirsi le tasche; ***to live in each other's* ~*s*** stare sempre appiccicati *o* essere inseparabili.
2.pocket /ˈpɒkɪt/ tr. **1** *(put in one's pocket)* mettersi in tasca, intascare; FIG. *(keep for oneself)* intascare [*money, profits*] **2** AE POL. ***to* ~ *a bill*** opporre un veto a un progetto di legge **3** *(in billiards)* imbucare, mandare in buca ♦ ***to* ~ *one's pride*** mettere da parte il proprio orgoglio.
pocket battleship /ˌpɒkɪtˈbætlʃɪp/ n. corazzata f. tascabile.
pocket billiards /ˌpɒkɪtˈbɪlɪədz/ n.pl. **1** ♦ ***10*** biliardo m.sing. americano **2** POP. FIG. ***to play* ~** = masturbarsi tenendo la mano in tasca.
pocketbook /ˈpɒkɪtbʊk/ n. **1** *(wallet)* portafoglio m. **2** *(book)* (libro) tascabile m., pocket m. **3** AE *(bag)* busta f.
pocket calculator /ˌpɒkɪtˈkælkjʊleɪtə(r)/ n. calcolatrice f. tascabile.
pocketful /ˈpɒkɪtfʊl/ n. tascata f. (**of** di).

pocket-handkerchief /ˌpɒkɪt'hæŋkətʃi:f/ **I** n. fazzoletto m. da tasca **II** modif. ***a ~ garden, plot*** un fazzoletto di giardino, terra.
pocketknife /'pɒkɪtˌnaɪf/ n. (pl. **-knives**) temperino m., coltellino m.
pocket money /'pɒkɪtˌmʌnɪ/ n. **1** *(for occasional expenses)* denaro m. per le piccole spese **2** *(of a child)* paghetta f., mancetta f.
pocketphone /'pɒkɪtˌfəʊn/ n. telefonino m.
pocket-size(d) /'pɒkɪtˌsaɪz(d)/ agg. [*book, map, edition etc.*] tascabile; FIG. *(tiny)* piccino.
pocket veto /'pɒkɪtˌvi:təʊ/ n. US POL. = veto indiretto esercitato dal Presidente (trattenendo un progetto di legge senza firmarlo in modo da far coincidere i 10 giorni a lui concessi con un periodo di chiusura dei lavori del Congresso).
pocket watch /'pɒkɪtˌwɒtʃ/ n. orologio m. da tasca.
pockmark /'pɒkmɑ:k/ n. MED. buttero m.
pockmarked /'pɒkmɑ:kt/ agg. [*skin, face*] butterato.
▷ **1.pod** /pɒd/ n. **1** BOT. *(of peas, beans) (intact)* baccello m.; *(of vanilla)* capsula f. **2** AER. *(for engine, weapons)* contenitore m. sganciabile; *(for fuel)* serbatoio m. sganciabile **3** *(in aerospace)* modulo m., distaccabile.
2.pod /pɒd/ tr. (forma in -ing ecc. **-dd-**) sgranare, sbucciare [*beans, peas*].
podagra /pə'dægrə/ ➧ ***11*** n. podagra f.
podagral /pə'dægrəl/ agg. podagrico, podagroso.
podge /pɒdʒ/ n. *(person)* tombolotto m., barilotto m.; *(animal)* animale m. tozzo e grasso.
podginess /'pɒdʒɪnɪs/ n. (l')essere tozzo e grasso.
podgy /'pɒdʒɪ/ agg. COLLOQ. grassottello.
podia /'pəʊdɪə/ → **podium**.
podiatrist /pə'daɪətrɪst/ ➧ ***27*** n. AE podologo m. (-a).
podiatry /pə'daɪətrɪ/ n. AE podologia f.
▷ **podium** /'pəʊdɪəm/ n. (pl. **~s, -ia**) *(for speaker, conductor, winner)* podio m. (anche ARCHEOL.).
podology /pəʊ'dɒlədʒɪ/ n. podologia f.
Podunk /'pɒdʌŋk/ n. AE = cittadina di provincia, fuori mano, sperduta.
▶ **poem** /'pəʊɪm/ n. poesia f.; *(longer)* poema m.
poesy /'pəʊɪzɪ/ n. **1** LETT. *(poetry)* poesia f. **2** *(poem)* poesia f.; *(longer)* poema m.
poet /'pəʊɪt/ n. ➧ ***27*** poeta m. (-essa).
poetaster /ˌpəʊɪ'tæstə(r)/ n. poetastro m. (-a).
poetess /'pəʊɪtes/ ➧ ***27*** n. SPREG. poetessa f.
▷ **poetic(al)** /pəʊ'etɪk(l)/ agg. poetico.
poetically /pəʊ'etɪklɪ/ avv. poeticamente.
poeticize /pəʊ'etɪsaɪz/ tr. poetizzare.
poetic justice /pəʊˌetɪk'dʒʌstɪs/ n. = giustizia ideale nella distribuzione delle ricompense e delle punizioni.
poetic licence BE, **poetic license** AE /pəʊˌetɪk'laɪsəns/ n. licenza f. poetica.
poetics /pəʊ'etɪks/ n. + verbo sing. poetica f.
poet laureate /ˌpəʊɪt'lɒrɪət, AE -'lɔ:-/ n. poeta m. laureato.

> **i** **Poet laureate** Il poeta laureato in Gran Bretagna viene scelto fra i più grandi poeti del paese per scrivere versi commemorativi in occasione di eventi di importanza nazionale, ed è nominato a vita. Il primo poeta laureato fu, nel 1616, Ben Jonson. Fra gli altri si ricordano Dryden, Wordsworth e Tennyson. Negli Stati Uniti questa carica, istituita solo nel 1986, ha invece nomina annuale.

▷ **poetry** /'pəʊɪtrɪ/ n. poesia f.; ***to write, read ~*** scrivere, leggere poesie; ***a collection of ~*** una raccolta di poesie; ***the ~ of Pope*** la poesia di Pope; ***~ reading*** lettura di poesie.
po-faced /'pəʊfeɪst/ agg. BE COLLOQ. ***to look, be ~*** avere l'aria melensa.
pogey /'pəʊgɪ/ n. AE **1** *(for disabled, needy)* ricovero m., ospizio m. **2** *(unemployment benefit)* sussidio m. di disoccupazione.
1.pogo /'pəʊgəʊ/ n. *(pogo-stick)* pogo m.; *(dancing)* pogo m.
2.pogo /'pəʊgəʊ/ intr. *(on a pogo-stick)* saltare col pogo; *(dance)* pogare.
pogonip /'pəʊgəʊnɪp/ n. AE nebbia f. glaciale (tipica delle montagne della Sierra Nevada).
pogo-stick /'pəʊgəʊstɪk/ n. pogo m.
pogrom /'pɒgrəm, AE pə'grɒm/ n. pogrom m.
poignancy /'pɔɪnjənsɪ/ n. *(of situation, poem, play)* intensità f. (emotiva); ***a song of great ~*** una canzone molto commovente; ***a moment of great ~*** un momento di intensa emozione; ***to add ~ to sth.*** dare maggiore intensità a qcs. *o* rendere qcs. più intenso.
poignant /'pɔɪnjənt/ agg. intenso, commovente, toccante.
poignantly /'pɔɪnjəntlɪ/ avv. [*feel*] intensamente; [*note, describe*] in maniera commovente; ***the sacrifice was ~ vain*** purtroppo il sacrificio fu completamente inutile.
poinsettia /pɔɪn'setɪə/ n. poinsettia f.
▶ **1.point** /pɔɪnt/ **I** n. **1** *(tip) (of knife, needle, pencil, tooth, star)* punta f.; ***the knife, pencil has a sharp ~*** il coltello è molto appuntito, la matita è molto appuntita; ***the tree comes to a ~ at the top*** la cima dell'albero è appuntita; ***to threaten sb. at knife ~*** minacciare qcn. coltello alla mano **2** *(place) (precise location, position on scale)* punto m.; *(less specific)* posto m.; ***boiling ~*** punto di ebollizione; ***compass ~*** punto cardinale; ***assembly ~*** punto di raccolta; ***embarkation ~*** luogo di imbarco; ***the furthest, highest ~*** il punto più lontano, più alto; ***at the ~ where the path divides*** nel punto in cui il sentiero si divide; ***the road swings north at this ~*** a questo punto la strada si dirige verso nord; ***~ of entry*** *(into country)* punto di sbarco; *(of bullet into body)* foro di entrata; *(into atmosphere)* punto di impatto; ***~ of no return*** punto di non ritorno **3** *(extent, degree)* punto m.; ***the rope had been strained to breaking ~*** la corda era stata tirata fino al punto di rottura; ***his nerves were strained to breaking ~*** era sull'orlo di una crisi nervosa; ***to be driven to the ~ of exhaustion*** essere portato allo stremo; ***I've got to the ~ where I can't take any more*** sono arrivato al punto di non poterne più; ***to push sth. to the ~ of absurdity*** spingere qcs. fino all'assurdo; ***she was frank to the ~ of brutality*** o ***of being brutal*** la sua franchezza rasentava la brutalità; ***to reach a ~ in sth. when...*** raggiungere il punto in cui qcs....; ***up to a ~*** fino a un certo punto **4** *(moment) (precise)* punto m., momento m.; *(stage)* punto m., stadio m.; ***to be on the ~ of doing*** essere sul punto di fare; ***to be on the ~ of bankruptcy*** essere sull'orlo del fallimento *o* stare per fallire; ***at this ~ I gave up*** a quel punto mi sono arreso; ***at this ~ in her career*** a questo punto della sua carriera; ***at what ~ do we cease to feel sorry for him?*** quando smetteremo di dispiacerci per lui? ***at some ~ in the future*** prima o poi; ***at one ~*** a un certo punto; ***the judge intervened at this ~*** a quel punto è intervenuto il giudice; ***it's at this ~ in the story that*** è a questo punto della storia che; ***there comes a ~ when...*** arriva un momento in cui...; ***when it came to the ~ of deciding*** quando è arrivato il momento di decidere; ***at this ~ in time*** in questo momento **5** *(question, matter)* punto m., questione f.; *(idea)* opinione f.; *(contribution in discussion)* commento m.; ***to make a ~*** fare una considerazione (**about** su); ***to make the ~ that*** fare notare che; ***you've made your ~, please let me speak*** hai espresso la tua opinione, (adesso) per favore fammi parlare; ***to make a ~ of doing*** *(make sure one does)* sforzarsi di fare; *(do proudly, insistently)* ritenere doveroso fare *o* farsi un dovere di fare; ***to raise a ~ about sth.*** fare di qcs. una questione essenziale; ***my ~ was that*** ciò che volevo dire era che; ***to take up*** o ***return to sb.'s ~*** riprendere il *o* ritornare sul punto considerato da qcn.; ***this proves my ~*** questo conferma ciò che ho detto; ***are we agreed on this ~?*** siamo d'accordo su questo punto? ***a three, four-~ plan*** un programma suddiviso in tre, quattro punti; ***to go through a text ~ by ~*** analizzare un testo punto per punto; ***the ~ at issue*** il punto in questione, l'argomento in esame; ***that's a good ~*** questo è interessante; ***I take your ~*** *(agreeing)* sono d'accordo con te; ***I take your ~, but*** ho capito quello che vuoi dire, ma; ***all right, ~ taken!*** bene, ne terrò conto! ***good ~!*** giusto! *o* esatto! ***you've got a ~ there*** su questo punto avete ragione; ***in ~ of fact*** effettivamente; ***as a ~ of information*** a titolo informativo **6** *(central idea)* punto m.; ***the ~ is that*** il punto è che; ***the ~ is, another candidate has been selected*** il fatto è che è stato scelto un altro candidato; ***to come straight to the ~*** venire al punto *o* al sodo *o* al dunque; ***he never got to the ~*** non è mai venuto al dunque; ***to keep to*** o ***stick to the ~*** restare in tema *o* non divagare; ***to miss the ~*** non cogliere il nocciolo della questione; ***I missed the ~ of what she said*** non ho capito che cosa voleva dire; ***to the ~*** pertinente *o* a proposito; ***what she said was short and to the ~*** ha fatto un discorso breve e pertinente; ***that's beside the ~*** questo non è pertinente; ***what you're saying is beside the ~*** ciò che stai dicendo non è pertinente; ***to wander off the ~*** divagare; ***to see the ~*** o ***to get the ~*** cogliere il nocciolo della questione; ***that's not the ~*** non è questo il punto **7** *(purpose)* motivo m., scopo m., utilità f.; ***what was the ~ of her visit?*** qual era il motivo della sua visita? ***the exercise does have a ~*** l'esercizio non è inutile; ***what's the ~?*** per quale motivo? *o* a che scopo? ***what's the ~ of doing...?*** a cosa serve fare...? ***there's no ~ in doing*** non c'è motivo di fare, non serve fare; ***I see little ~ in doing*** o ***I don't see the ~ of doing*** non capisco a cosa serva fare **8** *(feature, characteristic)* lato m., punto m., caratteristica f.; ***his good, bad ~s*** i suoi lati positivi, negativi; ***what ~s do you look for***

when buying a car? che cosa guardi quando acquisti un'automobile? ***punctuality is not her strong*** ~ la puntualità non è il suo (punto) forte; ***the ~s of similarity between*** i punti in comune tra; ***the ~s of difference between*** le caratteristiche diverse tra; ***it's a ~ in their favour*** è un punto a loro favore; ***it has its ~s*** ha le sue qualità **9** SPORT ECON. *(in scoring)* punto m.; ***to win, to be beaten by 4 ~s*** vincere, essere sconfitto per quattro punti; ***to win on ~s*** *(in boxing)* vincere ai punti; ***the FTSE 100 was up, down three ~s*** ECON. l'indice della Borsa di Londra ha guadagnato, perso tre punti; ***Smurfit gained 4 ~s*** ECON. le Smurfit hanno guadagnato 4 punti; ***to evaluate sth. on a 5-~ scale*** dare una valutazione a qcs. con una scala da 1 a 5; ***match, championship ~*** *(in tennis)* match point, match point della finale del torneo **10** *(dot)* punto m.; *(decimal point)* virgola f.; *(diacritic)* segno m. diacritico; ***a ~ of light*** un punto luminoso **11** MAT. *(in geometry)* punto m. **12** TIP. INFORM. (anche ~ **size**) punto m. (tipografico), corpo m. **13** GEOGR. *(headland)* promontorio m. **II points** n.pl. **1** BE FERR. ago m.sing. dello scambio **2** AUT. puntine f. (platinate) **3** *(in ballet)* ***to dance on ~(s)*** ballare sulle punte.

▶ **2.point** /pɔɪnt/ **I** tr. **1** *(aim, direct)* ***to ~ sth. at sb.*** puntare [qcs.] contro qcn. [*gun*]; puntare [qcs.] verso qcn. [*camera*]; ***to ~ one's finger at sb.*** indicare *o* mostrare qcn. (col dito) *o* additare qcn.; ***to ~ the finger at sb.*** *(accuse)* puntare il dito contro qcn.; ***just ~ the camera and press*** devi solo inquadrare e premere il pulsante; ***to ~ the car, boat towards*** dirigere l'auto, la barca verso; ***to ~ sb. in the right direction*** indicare a qcn. la direzione giusta; FIG. mettere qcn. sulla buona strada **2** *(show)* ***to ~ the way to*** [*person, signpost*] indicare la direzione per; ***to ~ sb. the way to*** indicare a qcn. la strada per; ***the report ~s the way to a fairer system*** il rapporto mostra la via per rendere il sistema più equo **3** *(in ballet, gym)* ***to ~ one's toes*** ballare sulle punte **4** EDIL. rabboccare [*wall*] **II** intr. **1** *(indicate)* indicare, puntare; ***it's rude to ~*** non è educato indicare col dito; ***she ~ed over her shoulder*** ha fatto segno dietro di lei; ***she ~ed in the direction of*** indicò in direzione di; ***to ~ at sb., sth.*** indicare qcn., qcs.; ***he was ~ing with his stick at something*** stava indicando qcs. con il bastone; ***to ~ to*** indicare **2** *(be directed, aligned)* [*signpost, arrow*] indicare; ***to ~ at sb.*** o ***in sb.'s direction*** [*gun*] essere puntato verso qcn.; [*camera*] inquadrare qcn.; ***the needle ~s north*** l'ago indica il nord; ***the gun was ~ing straight at me*** il fucile era puntato contro di me **3** *(suggest)* ***to ~ to*** [*evidence, facts*] indicare; ***all the evidence ~s to murder*** tutte le prove fanno pensare a un assassinio; ***everything ~s in that direction*** tutto sembra indicare che è così **4** *(cite)* ***to ~ to*** indicare; ***to ~ to sth. as evidence of success*** indicare qcs. come prova di successo **5** INFORM. ***to ~ at sth.*** puntare qcs. (col mouse) **6** [*dog*] puntare.

■ **point out:** ~ ***out [sth., sb.]***, ~ ***[sth., sb.] out*** *(show)* indicare, mostrare (**to** a); ***can you ~ him out to me?*** me lo puoi indicare? ***to ~ out where, who*** indicare dove, chi; ~ ***out [sth.]*** *(remark on)* fare notare, fare rilevare [*fact, discrepancy*]; ***to ~ out that*** fare notare che; ***as he ~ed out*** come ha fatto notare.

■ **point up:** ~ ***up [sth.]*** mettere in evidenza [*contrast, similarity*]; sottolineare, fare notare [*lack, incompetence*].

point-blank /ˌpɔɪnt'blæŋk/ **I** agg. ***at ~ range*** a bruciapelo **II** avv. **1** [*shoot*] a bruciapelo **2** FIG. [*refuse, deny*] seccamente, in modo categorico; [*ask*] a bruciapelo, di punto in bianco; [*reply*] di punto in bianco.

point duty /'pɔɪntdju:tɪ, AE -du:tɪ/ n. BE ***to be on ~*** [*policeman*] = dirigere il traffico a un incrocio.

▷ **pointed** /'pɔɪntɪd/ **I** p.pass. → **2.point II** agg. **1** *(sharp)* [*stick, chin*] appuntito, a punta; [*hat*] a punta; [*window, arch*] ogivale, a sesto acuto **2** [*remark, reference, question*] mirato.

pointedly /'pɔɪntɪdlɪ/ avv. [*ignore, look*] intenzionalmente, di proposito; ***somewhat ~, he remained silent*** è volutamente rimasto in silenzio.

▷ **pointer** /'pɔɪntə(r)/ n. **1** *(piece of information)* indicazione f., suggerimento m., indizio m.; ***a ~ to sth.*** un'indicazione su qcs.; ***to give sb. a few ~s to a problem*** dare a qcn. dei suggerimenti *o* delle dritte per risolvere un problema **2** *(dog) (breed)* pointer m.; *(in hunting)* cane m. da ferma **3** *(for teaching)* bacchetta f. **4** *(on projector screen)* cursore m. **5** INFORM. *(cursor, variable)* puntatore m.

pointillism /'pɔɪntɪlɪzəm, 'pwænti:lɪzəm/ n. pointillisme m., puntinismo m.

pointing /'pɔɪntɪŋ/ n. EDIL. rabbocco m.

▷ **pointless** /'pɔɪntlɪs/ agg. [*request, demand, activity, gesture*] inutile; [*attempt*] vano; ***it's ~ to do, for me to do*** non serve a niente fare, che io faccia.

pointlessly /'pɔɪntlɪslɪ/ avv. inutilmente.

pointlessness /'pɔɪntlɪsnɪs/ n. inutilità f.

point of contact /ˌpɔɪntəv'kɒntækt/ n. punto m. di contatto.

point of departure /ˌpɔɪntəvdɪ'pɑ:tʃə(r)/ n. punto m. di partenza.

point of law /ˌpɔɪntəv'lɔ:/ n. materia f. di diritto.

point of order /ˌpɔɪntəv'ɔ:də(r)/ n. questione f. di procedura; ***to reject sth. on a ~*** respingere qcs. per motivi procedurali.

point of principle /ˌpɔɪntəv'prɪnsəpl/ n. questione f. di principio.

point of reference /ˌpɔɪntəv'refərəns/ n. punto m. di riferimento.

point of sale /ˌpɔɪntəv'seɪl/ n. punto m. vendita.

point-of-sale /ˌpɔɪntəv'seɪl/, **point-of-sale advertising** /ˌpɔɪntəvˌseɪl'ædvətaɪzɪŋ/ n. pubblicità f. sul punto vendita.

point-of-sale terminal /ˌpɔɪntəv'seɪlˌtɜ:mɪnl/ n. terminale m. POS.

point of view /ˌpɔɪntəv'vju:/ n. punto m. di vista; ***to see sth. from her ~*** vedere qcs. dal suo punto di vista; ***it depends on your ~*** dipende dal tuo punto di vista.

pointsman /'pɔɪntsmən/ ➧ **27** n. (pl. **-men**) **1** BE FERR. deviatore m., scambista m. **2** = agente che dirige il traffico a un incrocio.

point(s) system /'pɔɪnt(s)ˌsɪstəm/ n. sistema m. a punti.

point-to-point /ˌpɔɪnttə'pɔɪnt/ n. EQUIT. corsa f. a ostacoli su tracciato fisso.

pointy /'pɔɪntɪ/ agg. appuntito.

1.poise /pɔɪz/ n. **1** *(aplomb)* padronanza f. di sé **2** *(confidence)* sicurezza f. di sé **3** *(physical elegance)* portamento m.

2.poise /pɔɪz/ tr. tenere in equilibrio, bilanciare [*javelin, spade*].

poised /pɔɪzd/ **I** p.pass. → **2.poise II** agg. **1** *(self-possessed)* [*person*] padrone di sé, sicuro; [*manner*] calmo e dignitoso **2** *(elegant)* elegante **3** *(suspended)* [*pen, knife*] pronto; [*hand*] sospeso; ***~ in midair*** sospeso a mezz'aria; ***she sat there, pen ~*** si sedette lì, pronta per scrivere **4** *(balanced)* ***to be ~ on*** stare in equilibrio su [*rock, platform, cliff*]; ***the power was ~ between ministers and businessmen*** FIG. il potere veniva diviso tra i ministri e gli uomini d'affari; ***~ on the brink of a great discovery*** FIG. in procinto di fare una grande scoperta **5** *(on the point of)* ***to be ~ to do*** essere sul punto di fare; ***to be ~ for sth.*** essere pronto per qcs.

▷ **1.poison** /'pɔɪzn/ n. **1** veleno m. (anche FIG.); ***to take ~*** avvelenarsi **2** RAR. COLLOQ. *(drink)* ***what's your ~?*** cosa bevi? ◆ ***to hate sb. like ~*** odiare a morte qcn.

▷ **2.poison** /'pɔɪzn/ tr. [*person*] avvelenare [*person, animal*] (**with** con); [*lead, chemical fumes*] intossicare; *(make poisonous)* avvelenare [*dart, arrowtip*]; mettere del veleno in, avvelenare [*foodstuffs, water*]; *(contaminate)* contaminare, inquinare, avvelenare [*environment, air, rivers*] (**with** con); FIG. *(damage)* rovinare, avvelenare [*relationship, life*]; ***to ~ sb.'s mind*** corrompere l'animo di qcn.; ***they've ~ed his mind against his family*** l'hanno messo contro la sua famiglia *o* gli hanno fatto odiare la sua famiglia.

poisoned /'pɔɪznd/ **I** p.pass. → **2.poison II** agg. **1** [*dart, drink*] avvelenato **2** ***to have a ~ finger, toe*** avere un'infezione al dito, all'alluce.

poisoner /'pɔɪzənə(r)/ n. avvelenatore m. (-trice).

poison gas /ˌpɔɪzn'gæs/ n. gas m. asfissiante, tossico.

poisoning /'pɔɪzənɪŋ/ n. avvelenamento m.; ***alcoholic ~*** intossicazione da alcol; ***cyanide ~*** avvelenamento da cianuro.

poison ivy /ˌpɔɪzn'aɪvɪ/, **poison oak** /ˌpɔɪzn'əʊk/ n. BOT. albero m. del veleno; MED. *(rash)* = irritazione provocata dall'albero del veleno.

▷ **poisonous** /'pɔɪzənəs/ agg. **1** *(noxious)* [*chemicals, fumes, gas*] tossico; [*plant, mushroom, berry*] velenoso; ZOOL. [*snake, insect, bite, sting*] velenoso; ***the coffee's absolutely ~!*** COLLOQ. il caffè è disgustoso! **2** FIG. *(vicious)* [*rumour, propaganda, ideology*] pernicioso, dannoso; [*person*] maligno.

poison-pen letter /ˌpɔɪzn'penˌletə(r)/ n. = lettera anonima diffamatoria o offensiva.

poison pill /'pɔɪznˌpɪl/ n. ECON. = tattica per scoraggiare un'offerta pubblica di acquisto, consistente nel ridurre il valore della società.

▷ **1.poke** /pəʊk/ n. **1** *(prod)* colpo m., ditata f.; ***a ~ in the eye*** una ditata nell'occhio; FIG. un'umiliazione; ***to give the fire a ~*** attizzare il fuoco **2** *(punch)* pugno m.; ***to take a ~ at sb.*** tirare un pugno a qcn.; FIG. fare una battuta ai danni di qcn. **3** VOLG. *(sex)* scopata f., botta f.; ***to have a ~*** scopare ◆ ***it's better than a ~ in the eye (with a sharp stick)*** è meglio che un pugno in un occhio.

▷ **2.poke** /pəʊk/ **I** tr. **1** *(jab, prod)* spingere [*person*]; dare dei colpetti a [*pile, substance*]; attizzare [*fire*]; ***to ~ sb. in the ribs*** dare una gomitata nelle costole a qcn.; ***to ~ sb. in the eye*** ficcare un dito in un occhio a qcn.; ***to ~ oneself in the eye with a pencil*** ficcarsi la matita nell'occhio; ***he ~d his food with his fork*** esaminava il contenuto del suo piatto con la forchetta **2** *(push, put)* ***to ~ sth. into*** infilare qcs. in [*hole, pot*]; ***to ~ one's finger into a hole, pot*** infilare le dita in un buco, vaso; ***to ~ one's finger up one's nose*** mettersi le dita nel naso; ***to ~ one's head round the door*** fare capolino dalla porta; ***to ~ one's head out of the window*** sporgere la testa dalla finestra; ***to ~ food through the bars*** passare del cibo attraverso le sbarre **3** *(pierce)* ***to ~ a hole in sth.*** fare un buco in qcs. (**with** con) **II** intr. [*elbow, toe, blade, spring*] spuntare fuori; [*flower*] spuntare; ***to ~ through*** [*spring, stuffing*] venire fuori da [*hole, old mattress*]; [*flower*] spuntare tra [*snow, rubble*]; ***to ~ from under*** spuntare da sotto [*bed, covers*].

▪ **poke around, poke about** BE frugare, rovistare (**in** in; **for** per).

▪ **poke at: ~ at [sth.]** giocherellare con [*food, plate*].

▪ **poke out: ~ out** [*elbow, toe, blade, spring*] spuntare fuori; [*flower*] spuntare; ***to ~ out through*** [*spring, stuffing*] venire fuori da [*hole, old mattress*]; [*flower*] spuntare su [*snow, rubble*]; ***to ~ out from under*** spuntare da sotto [*bed, covers*]; ***to ~ out [sth.], to ~ [sth.] out*** mettere fuori [*head, nose*]; tirare fuori [*tongue*]; ***to ~ sb.'s eye out*** cavare un occhio a qcn.

▪ **poke up** [*flower, shoot*] spuntare (**through** tra).

▷ **poker** /ˈpəʊkə(r)/ ◗ **10** n. **1** *(for fire)* attizzatoio m. **2** *(card game)* poker m. ◆ ***(as) stiff as a ~*** rigido come un manico di scopa.

poker dice /ˈpəʊkəˌdaɪs/ n.pl. *(dice)* dadi m. da poker; *(game)* poker-dadi m.sing.; ***to play ~*** giocare a poker-dadi.

poker-faced /ˈpəʊkəfeɪst/ agg. [*person, look*] impassibile.

pokerwork /ˈpəʊkəwɜːk/ n. pirografia f.

pokey /ˈpəʊkɪ/ n. COLLOQ. gattabuia f.

poky /ˈpəʊkɪ/ agg. **1** *(small)* [*room*] piccolo e stretto **2** AE COLLOQ. *(slow)* [*waiter*] lento.

pol /pɒl/ n. AE POP. politico m. (-a).

Polack /ˈpəʊlæk/ n. COLLOQ. SPREG. polacco m. (-a).

Poland /ˈpəʊlənd/ ◗ **6** n.pr. Polonia f.

▷ **polar** /ˈpəʊlə(r)/ agg. GEOGR. EL. [*icecap, region*] polare; [*attraction*] *(one)* del polo; *(both)* dei poli, polare; ***~ lights*** aurora polare; ***to be ~ opposites*** FIG. essere agli antipodi *o* ai poli opposti.

polar bear /ˈpəʊləˌbeə(r)/ n. orso m. polare.

polarimeter /ˌpəʊləˈrɪmɪtə(r)/ n. polarimetro m.

polarimetry /ˌpəʊləˈrɪmətrɪ/ n. polarimetria f.

Polaris /pəˈlɑːrɪs/ n. **1** *(star)* stella f. polare **2** MIL. NUCL. *(missile)* missile m. Polaris.

polariscope /ˌpəʊˈlærɪskəʊp/ n. polariscopio m.

polarity /pəˈlærətɪ/ n. EL. FIS. polarità f. (anche FIG.); ***reversed ~*** polarità inversa.

polarizability /ˌpəʊləraɪzəˈbɪlətɪ/ n. polarizzabilità f.

polarization /ˌpəʊləraɪˈzeɪʃn, AE -rɪˈz-/ n. **1** EL. FIS. polarizzazione f. **2** FIG. *(split)* contrapposizione f. (**of** tra).

polarize /ˈpəʊləraɪz/ **I** tr. **1** EL. FIS. polarizzare; ***~d sunglasses*** occhiali polarizzati *o* polarizzanti **2** *(divide)* dividere [*opinion*] **3** *(focus)* polarizzare, attirare **II** intr. *(divide)* [*opinions*] divergere.

polarizer /ˈpəʊləraɪzə(r)/ n. polarizzatore m.

polarography /pəʊləˈrɒgrəfɪ/ n. polarografia f.

Polaroid® /ˈpəʊlərɔɪd/ **I** n. *(photograph)* polaroid® f.; *(camera)* polaroid® f.; *(glass)* polaroid® m. **II** modif. [*camera, film, glass, photograph*] polaroid® **III Polaroids®** n.pl. *(sunglasses)* (occhiali) polaroid® m.; ***a pair of ~s*** un paio di polaroid.

polder /ˈpəʊldə(r)/ n. polder m.

▷ **1.pole** /pəʊl/ n. **1** *(stick)* palo m., asta f.; *(for garden, scaffolding, tent)* palo m.; *(for flag, athletics)* asta f.; *(for boat)* albero m.; *(for skiing)* racchetta f., bastoncino m.; *(piste marker)* paletto m. **2** EQUIT. *(starting position)* = posizione di partenza nella parte più interna della pista **3** METROL. pertica f. ◆ ***to be up the ~*** COLLOQ. *(wrong)* sbagliarsi di grosso; *(in difficulties)* essere nei casini; *(mad)* essere svitato *o* fuori di testa; ***I wouldn't touch him with a ten-foot ~*** AE preferisco stargli alla larga; ***I wouldn't touch it with a ten-foot ~*** AE non voglio averci a che fare.

2.pole /pəʊl/ tr. *(provide with poles)* mettere pali a, sostenere con pali; *(push with a pole)* spingere [qcs.] con una pertica [*boat, barge*].

3.pole /pəʊl/ n. GEOGR. FIS. polo m.; ***North, South Pole*** Polo Nord, Sud; ***negative, positive ~*** polo negativo, positivo; ***to go from ~ to ~*** FIG. passare da un estremo all'altro; ***to be at the opposite ~ from*** FIG. trovarsi agli antipodi rispetto a ◆ ***to be ~s apart*** [*theories, methods, opinions*] essere diametralmente opposti; [*people*] essere ai poli opposti.

Pole /pəʊl/ ◗ **18** n. polacco m. (-a).

1.poleaxe, poleax AE /ˈpəʊlæks/ n. *(butcher's axe)* mannaia f.; STOR. *(battle-axe)* azza f.

2.poleaxe, poleax AE /ˈpəʊlæks/ tr. abbattere [*animal*]; stendere [*person*] (anche FIG.).

pole-axed /ˈpəʊlækst/ agg. COLLOQ. ***to be ~*** essere colpito da una mannaia; FIG. *(with distress, surprise)* rimanere steso, stecchito.

polecat /ˈpəʊlkæt/ n. **1** *(ferret)* furetto m. **2** *(skunk)* puzzola f.

polemic /pəˈlemɪk/ n. polemica f. (**about** su); ***a ~ against sb., sth.*** una polemica contro qcn., qcs.; ***a ~ on behalf of sb., sth.*** una energica difesa di qcn., qcs.

polemical /pəˈlemɪkl/ agg. polemico.

polemically /pəˈlemɪklɪ/ avv. polemicamente.

polemicist /pəˈlemɪsɪst/ n. *(author)* polemista m. e f.

polemics /pəˈlemɪks/ n. + verbo sing. polemica f.

polemist /pəˈlemɪst/ → **polemicist.**

polemize /ˈpɒləmaɪz/ intr. polemizzare.

pole position /ˈpəʊlpəˈsɪʃn/ n. pole position f.; ***to be in ~*** essere in pole position (anche FIG.); ***to have ~*** avere la pole position.

poler /ˈpəʊlə(r)/ n. chiattaiolo m.

pole star /ˈpəʊlstɑː(r)/ n. stella f. polare (anche FIG.).

1.pole vault /ˈpəʊlvɔːlt/ n. salto m. con l'asta.

2.pole vault /ˈpəʊlvɔːlt/ intr. fare salto con l'asta.

pole vaulter /ˈpəʊlvɔːltə(r)/ n. astista m. e f.

pole vaulting /ˈpəʊlvɔːltɪŋ/ ◗ **10** n. salto m. con l'asta.

▶ **1.police** /pəˈliːs/ **I** n. **1** + verbo pl. *(official body)* ***the ~*** la polizia; ***to be in the ~*** fare parte della polizia; ***to assist the ~ with their enquiries*** EUFEM. essere ascoltato dalla polizia **2** *(men and women)* poliziotti m.pl. **II** modif. [*action, involvement, intervention, protection, raid, car, operation, vehicle, presence, escort*] della polizia.

2.police /pəˈliːs/ tr. **1** *(keep order)* mantenere l'ordine in [*area*] **2** *(patrol)* sorvegliare [*area, frontier*] **3** *(staff with police)* ***to ~ a demonstration, a match*** assicurare il servizio d'ordine a una manifestazione, una partita **4** *(monitor)* vigilare su [*measures, regulations*].

police academy /pəˈliːsəkædəmɪ/ n. AE → **police college**.

police cell /pəˈliːssel/ n. cella f. (nel commissariato).

police chief /pəˈliːstʃiːf/ ◗ **27** n. commissario m.

police college /pəˈliːskɒlɪdʒ/ n. scuola f. di polizia.

Police Complaints Authority /pəˌliːskəmplˈeɪntzɔːθɒrətɪ/ n. GB = organo che si occupa di verificare le segnalazioni di disservizi della polizia da parte dei cittadini.

police constable /pəˌliːsˈkʌnstəbl, AE -ˈkɒn-/ n. agente m. e f. di polizia.

police court /pəˈliːsˌkɔːt/ n. DIR. = corte di giustizia di primo grado.

police custody /pəˈliːsˌkʊstədɪ/ n. ***to be in ~*** essere trattenuto dalla polizia.

Police Department /pəˈliːsˌdɪpɑːtmənt/ n. AE dipartimento m. di polizia.

police dog /pəˈliːsˌdɒg, AE -ˌdɔːg/ n. cane m. poliziotto.

police force /pəˈliːsˌfɔːs/ n. corpo m. di polizia; ***to join the ~*** entrare a far parte del corpo di polizia.

police headquarters /pəˈliːshedˌkwɔːtəz/ n.pl. comando m.sing. di polizia.

police-issue /pəˈliːsˌɪʃuː, -ˌɪsjuː/ agg. attrib. [*weapons, uniforms*] in dotazione alla polizia.

▷ **policeman** /pəˈliːsmən/ ◗ **27** n. (pl. **-men**) poliziotto m.

police officer /pəˈliːsˌɒfɪsə(r), AE -ˌɔːf-/ ◗ **27** n. agente m. e f. di polizia.

police record /pəˈliːsˌrekɔːd, AE -ˌrekərd/ n. fedina f. penale; ***to have no ~*** avere la fedina penale pulita.

police state /pəˈliːsˌsteɪt/ n. stato m. di polizia.

police station /pəˈliːsˌsteɪʃn/ n. posto m. di polizia; *(larger)* commissariato m.

police van /pəˈliːsˌvæn/ n. (furgone) cellulare m.

policewoman /pəˈliːsˌwʊmən/ ◗ **27** n. (pl. **-women**) donna f. poliziotto.

police work /pəˈliːsˌwɜːk/ n. *(detection)* indagini f.pl. della polizia.

policing /pəˈliːsɪŋ/ **I** n. **1** *(maintaining law and order)* mantenimento m. dell'ordine; ***the ~ of our city streets*** il mantenimento dell'ordine pubblico sulle strade della nostra città **2** *(patrolling)* sorveglianza f.; ***the ~ of the border*** la sorveglianza della frontiera **3** *(staffing with police)* servizio m. d'ordine; ***the ~ of football matches, demonstrations*** il servizio d'ordine alle partite, alle manifestazioni **4** *(monitoring)* controllo m., sorveglianza f., vigilanza f.; ***the ~ of the new regulations*** il controllo dei nuovi regolamenti **II** modif. [*measures, system, strategy*] *(at strike, demonstration, match)* di mantenimento dell'ordine.

▶ **1.policy** /ˈpɒləsɪ/ **I** n. **1** *(political line)* politica f. (**on** su); ***economic, foreign ~*** politica economica, estera; ***government ~*** linea politica del governo; ***to make ~*** stabilire una linea politica **2** *(administrative rule)* politica f.; ***company ~*** politica aziendale; ***it is***

our ~ to do la nostra politica è di fare; ***to have*** o ***follow a ~ of doing*** adottare la politica di fare; ***they make it their ~ to do*** hanno adottato la politica di fare; ***it is our ~ that*** la nostra politica è che; ***our company has a no-smoking ~*** nella nostra ditta vige la regola di non fumare **II** modif. [*decision, matter, statement*] *(political)* di (linea) politica; *(administrative)* di politica aziendale; [*discussion, meeting, paper*] *(political)* che riguarda la linea politica; *(administrative)* che riguarda la politica aziendale.

2.policy /'pɒləsɪ/ n. *(type of insurance cover)* contratto m. di assicurazione; *(insurance document)* polizza f. assicurativa, di assicurazione; ***to take out a ~*** stipulare una polizza assicurativa.

policyholder /'pɒləsɪˌhəʊldə(r)/ n. *(in insurance)* titolare m. e f. di una polizza assicurativa.

policy maker /'pɒləsɪˌmeɪkə(r)/ n. chi stabilisce una politica.

policy-making /'pɒləsɪmeɪkɪŋ/ **I** n. (lo) stabilire una politica **II** agg. [*body, group*] che stabilisce una politica.

policy owner /'pɒləsɪˌəʊnə(r)/ → **policyholder**.

polio /'pəʊlɪəʊ/ ➧ ***11*** n. (accorc. poliomyelitis) polio f.

poliomyelitis /ˌpəʊlɪəʊˌmaɪə'laɪtɪs/ ➧ ***11*** n. poliomielite f.

poliovirus /pəʊlɪəʊ'vaɪərəs/ n. poliovirus m.

▷ **1.polish** /'pɒlɪʃ/ n. **1** *(substance) (for floor, car, wood, furniture)* cera f.; *(for shoes)* lucido m.; *(for brass, silver)* lucidante m. **2** *(action)* ***to give sth. a ~*** *(dust)* dare una spolverata a qcs.; *(put polish on)* dare la cera, una lucidata a qcs. **3** *(shiny quality)* lucentezza f., brillantezza f.; ***to lose its ~*** perdere lucentezza; ***table with a high ~*** tavolo di legno verniciato **4** FIG. *(elegance) (of manner, performance, person)* eleganza f.

▷ **2.polish** /'pɒlɪʃ/ **I** tr. **1** lucidare [*shoes, wood, floor, furniture, car, silver*]; levigare [*stone, marble*]; pulire [*glasses*] **2** FIG. *(refine)* perfezionare [*performance, act, image*]; affinare [*manner, style*] **II** intr. raffinarsi.

▪ **polish off** COLLOQ. ***~ off [sth.], ~ [sth.] off*** **1** *(eat)* spazzolare, fare fuori [*food, meal*]; sbrigare [*job, task*] **2** *(see off)* sbarazzarsi di, liquidare [*opponent, team, rival*]; *(beat or kill)* sbaragliare, fare fuori [*opponent, team, rival*].

▪ **polish up:** ***~ up [sth.], ~ [sth.] up*** **1** lucidare [*car, glass, cutlery, silver, wood, floor, table*] **2** COLLOQ. *(perfect)* perfezionare [*Spanish, pianoplaying, sporting skill*]; ***to ~ up one's act*** migliorare.

Polish /'pəʊlɪʃ/ ➧ ***18, 14*** **I** agg. polacco **II** n. **1** LING. polacco m. **2** *(people)* ***the ~*** + verbo pl. i polacchi.

▷ **polished** /'pɒlɪʃt/ **I** p.pass. → **2.polish II** agg. **1** [*surface, floor, shoes, silver, brass, wood*] lucidato; ***highly ~*** splendente **2** FIG. *(refined)* [*person, manner*] distinto, raffinato **3** *(accomplished)* [*performance, production, speech*] curato.

polisher /'pɒlɪʃə(r)/ ➧ ***27*** n. **1** *(machine) (for floor)* lucidatrice f.; *(for stones, gems)* levigatrice f. **2** *(person)* lucidatore m. (-trice).

polishing /'pɒlɪʃɪŋ/ n. *(making smooth)* levigatura f.; *(making shiny)* lucidatura f.; *(making refined)* rifinitura f., raffinamento m.

▷ **polite** /pə'laɪt/ agg. educato, cortese (**to** con); ***to be ~ about sth.*** essere diplomatico a proposito di qcs.; ***when I complimented her I was only being ~*** mi sono complimentato con lei solo per educazione; ***to make ~ conversation*** scambiarsi i convenevoli; ***I made ~ noises about his present*** l'ho ringraziato del regalo proprio perché dovevo; ***in ~ company*** o ***society*** nella buona società; ***to keep a ~ distance*** mantenere una cortese distanza; ***to use the ~ form*** LING. dare del lei.

▷ **politely** /pə'laɪtlɪ/ avv. educatamente, cortesemente.

politeness /pə'laɪtnɪs/ n. educazione f.; ***out of ~*** per educazione.

Politian /pə'lɪʃn/ n.pr. Poliziano.

politic /'pɒlətɪk/ agg. FORM. *(wise)* ***it is*** o ***would be ~ to do*** è, sarebbe saggio fare; ***to find*** o ***feel it ~ to do*** trovare, ritenere opportuno fare.

▶ **political** /pə'lɪtɪkl/ agg. politico; ***he's a ~ animal*** è un animale politico.

political act /pəˌlɪtɪkl'ækt/ n. atto m. politico.

political action committee /pəˌlɪtɪkl'ækʃnkəmɪtɪ/ n. US = comitato di sostegno che raccoglie contributi volontari a favore di un candidato o partito politico.

political analyst /pəˌlɪtɪkl'ənælɪst/ ➧ ***27*** n. commentatore m. (-trice) politico (-a).

political asylum /pəˌlɪtɪklə'saɪləm/ n. asilo m. politico.

political colour /pəˌlɪtɪkl'kʌlə(r)/ n. colore m. (politico).

political commentator /pəˌlɪtɪkl'kɒmənteɪtə(r)/ ➧ ***27*** n. → **political analyst**.

political correctness /pəˌlɪtɪklkə'rektnɪs/ n. = l'essere politically correct.

political economy /pəˌlɪtɪklɪ'kɒnəmɪ/ n. economia f. politica.

political football /pəˌlɪtɪkl'fʊtbɔːl/ n. (il) palleggiarsi le responsabilità politiche; ***the parties are playing ~*** i partiti si stanno palleggiando le responsabilità.

▷ **politically** /pə'lɪtɪklɪ/ avv. [*motivated, biased*] politicamente; ***~ speaking*** dal punto di vista politico.

politically correct /pə'lɪtɪklɪkəˌrekt/ agg. politically correct, politicamente corretto.

politically-minded /pə'lɪtɪklɪˌmaɪndɪd/ agg. [*person*] orientato verso la politica.

politically-sensitive /pə'lɪtɪklɪˌsensətɪv/ agg. [*issue, problem*] delicato sul piano politico.

political prisoner /pə'lɪtɪklˌprɪznə(r)/ n. prigioniero m. (-a) politico (-a).

political refugee /pə'lɪtɪklrefjʊˌdʒɪ, AE -ˌrefjʊ'dʒiː/ n. rifugiato m. (-a) politico (-a).

political science /pə'lɪtɪklˌsaɪəns/ n. politologia f.

political scientist /pə'lɪtɪklˌsaɪəntɪst/ ➧ ***27*** n. politologo m. (-a).

▷ **politician** /ˌpɒlɪ'tɪʃn/ ➧ ***27*** n. **1** POL. politico m. (-a) **2** AE SPREG. politicante m. e f.

politicization /pəlɪtɪsaɪ'zeɪʃn, AE -sɪ'z-/ n. politicizzazione f.

politicize /pə'lɪtɪsaɪz/ **I** tr. politicizzare **II** intr. fare politica.

politicking /'pɒlɪtɪkɪŋ/ n. SPREG. (il) fare politica per interesse.

politicly /pə'lɪtɪklɪ/ avv. in modo accorto, astuto.

politico /pə'lɪtɪkəʊ/ n. (pl. **~s**) AE SPREG. *(politician)* politicante m. e f.

▶ **politics** /'pɒlətɪks/ **I** n. **1** + verbo sing. *(political life, affairs)* politica f.; ***Italian, local ~*** la politica italiana, locale; ***to talk ~*** COLLOQ. parlare di politica; ***to make a career in ~*** fare carriera in politica **2** + verbo sing. SCOL. UNIV. scienze f.pl. politiche **3** + verbo pl. *(political views)* idee f.pl. politiche **4** SPREG. + verbo pl. *(manoeuvering)* ***office ~*** intrighi *o* macchinazioni **II** modif. UNIV. SCOL. [*exam, student, teacher, course*] di scienze politiche.

polity /'pɒlətɪ/ n. *(form of government)* forma f. di governo; *(state)* stato m.

polka /'pɒlkə, AE 'pəʊlkə/ n. polka f.

polka dot /'pɒlkəˌdɒt, AE 'pəʊlkəˌdɒt/ **I** n. pois m. **II** modif. [*pattern, garment*] a pois.

▷ **1.poll** /pəʊl/ n. **1** *(vote casting)* votazione f.; *(election)* elezioni f.pl.; *(number of votes cast)* voti m.pl.; *(counting of votes)* scrutinio m., spoglio m. delle schede; ***to take a ~ on*** votare su qcs.; ***on the eve of the ~*** alla vigilia delle elezioni; ***the result of the ~*** i risultati del voto; ***to top*** o ***head the ~*** essere in testa nelle votazioni; ***they got 45% of the ~*** hanno ottenuto il 45% dei voti; ***a light, heavy ~*** una bassa, alta percentuale di votanti; ***there was a 75% ~*** l'affluenza alle urne è stata del 75%; ***to go to the ~s*** andare alle urne; ***the party sustained a heavy defeat at the ~s*** il partito subì una pesante sconfitta alle elezioni **2** *(list of voters)* lista f. elettorale; *(list of taxpayers)* lista f. dei contribuenti **3** *(survey)* sondaggio m. (d'opinione) (**on** su); ***to conduct a ~*** condurre un sondaggio; ***a ~ of teachers, workers*** un sondaggio tra gli insegnanti, i lavoratori.

▷ **2.poll** /pəʊl/ **I** tr. **1** *(obtain in election)* ottenere [*votes*] **2** *(canvass)* intervistare [qcn.] per un sondaggio [*group*]; ***a majority of those ~ed were against censorship*** la maggior parte degli intervistati era contro la censura **3** INFORM. interrogare **II** intr. **1** *(obtain votes)* ***to ~ badly, well*** registrare pochi, molti voti **2** *(cast vote)* dare il voto a, votare.

3.poll /pəʊl/ agg. [*tree*] senza cima; [*animal*] senza corna.

4.poll /pəʊl/ tr. **1** *(cut the top off)* capitozzare, potare a capitozza [*tree*]; tagliare le corna a [*animal*] **2** *(cut the hair of)* tosare [*animal*].

pollack, pollock /'pɒlək/ n. ZOOL. merlano m. nero.

1.pollard /'pɒləd/ n. **1** *(tree)* albero m. capitozzato **2** *(animal)* animale m. senza corna **3** *(for animals)* = miscuglio di farina e crusca.

2.pollard /'pɒləd/ tr. capitozzare [*tree*]; mozzare le corna a [*animal*].

▷ **pollen** /'pɒlən/ n. polline m.

pollen count /'pɒlənˌkaʊnt/ n. misurazione f. della quantità di polline nell'atmosfera.

pollen sac /'pɒlənˌsæk/ n. sacco m. pollinico.

poller /'pəʊlə(r)/ n. **1** *(voter)* votante m. e f. **2** *(person who conducts polls)* intervistatore m. (-trice).

pollex /'pɒleks/ n. (pl. **-ices**) ANT. *(thumb)* pollice m.; *(big toe)* alluce m.

pollinate /'pɒləneɪt/ tr. impollinare.

pollinated /'pɒləneɪtɪd/ **I** p.pass. → **pollinate II** agg. impollinato.

pollination /ˌpɒlə'neɪʃn/ n. impollinazione f.

pollinator /'pɒləneɪtə(r)/ n. impollinatore m.

polling /'pəʊlɪŋ/ n. **1** *(voting)* voto m.; *(election)* elezioni f.pl.; *(turnout)* affluenza f. alle urne; ***~ was light, heavy*** c'è stata bassa,

grande affluenza alle urne **2** INFORM. polling m., interrogazione f. in sequenza.
polling booth /ˈpəʊlɪŋˌbuːð, AE -ˌbuːθ/ n. cabina f. elettorale.
polling day /ˈpəʊlɪŋˌdeɪ/ n. giorno m. delle elezioni.
polling place /ˈpəʊlɪŋˌpleɪs/ n. AE → **polling station**.
polling station /ˈpəʊlɪŋˌsteɪʃn/ n. seggio m. elettorale.
polliniferous /pɒlɪˈnɪfərəs/ agg. pollinifero.
pollinosis /pɒlɪˈnəʊsɪs/ n. (pl. **-es**) pollinosi f.
polliwog /ˈpɒlɪwɒg, AE -wɔːg/ n. girino m.
pollster /ˈpəʊlstə(r)/ n. pollster m. e f.; ***according to the ~s*** secondo i sondaggi.
poll tax /pəʊlˌtæks/ n. *(tax levied on every individual)* imposta f. pro capite; GB STOR. *(community charge)* imposta f. locale pro capite.
pollutant /pəˈluːtənt/ n. (agente) inquinante m.
pollute /pəˈluːt/ tr. **1** inquinare [*air, water, earth*] (**with** con) **2** FIG. *(morally)* corrompere; *(physically)* profanare, violare.
polluted /pəˈluːtɪd/ **I** p.pass. → **pollute II** agg. *(contaminated)* [*environment, atmosphere*] inquinato; *(morally corrupt)* corrotto; *(profaned)* profanato, violato.
polluter /pəˈluːtə(r)/ n. inquinatore m. (-trice).
▷ **pollution** /pəˈluːʃn/ **I** n. **1** *(of environment)* inquinamento m. (**of** di); ***noise ~*** inquinamento acustico; ***oil ~*** inquinamento da idrocarburi **2** FIG. *(moral)* corruzione f. **II** modif. [*level*] di inquinamento; [*control*] dell'inquinamento; [*test*] per l'inquinamento; [*measures*] contro l'inquinamento.
Pollux /ˈpɒləks/ n.pr. Polluce.
Polly /ˈpɒlɪ/ n.pr. diminutivo di **Mary**.
Pollyanna /ˌpɒlɪˈænə/ **I** n.pr. Pollianna **II** n. AE = inguaribile ottimista.
polo /ˈpəʊləʊ/ **I** n. **1** ♦ ***10*** SPORT polo m. **2** BE *(sweater)* dolcevita f. **II** modif. SPORT [*match, player*] di polo; [*stick*] da polo.
polonaise /ˌpɒləˈneɪz/ n. **1** COREOGR. MUS. polonaise f., polacca f. **2** ABBIGL. polonaise f.
polo neck /ˈpəʊləʊˌnek/ n. BE *(collar)* collo m. alto; *(sweater)* dolcevita f.
polo neck sweater /ˈpəʊləʊnekˌswetə(r)/ n. maglione m. a collo alto, dolcevita f.
polo shirt /ˈpəʊləʊʃɜːt/ n. ABBIGL. polo f.
polonium /pəˈləʊnɪəm/ n. polonio m.
Polonius /pəˈləʊnɪəs/ n.pr. Polonio.
polony /pəˈləʊnɪ/ n. mortadella f.
poltergeist /ˈpɒltəgaɪst/ n. poltergeist m.
poltroon /pɒlˈtruːn/ n. LETT. ANT. pusillanime m. e f., vile m. e f.
poltroonery /pɒlˈtruːnərɪ/ n. LETT. ANT. pusillanimità f., viltà f.
poly /ˈpɒlɪ/ n. GB COLLOQ. (accorc. polytechnic) = istituto parauniversitario specialmente di orientamento tecnico-scientifico.
polyamide /pɒlɪˈeɪmaɪd/ n. poliammide f.
polyandrous /ˌpɒlɪˈændrəs/ agg. BOT. poliandro; SOCIOL. *(practising polyandry)* che pratica la poliandria; *(of or characterized by polyandry)* poliandrico.
polyandry /ˈpɒlɪændrɪ/ n. poliandria f.
polyanthus /ˌpɒlɪˈænθəs/ n. (pl. **~es, -i**) *(garden primula)* primula f. maggiore; *(garden narcissus)* tazzetta f.
polyarchy /ˈpɒlɪɑːkɪ/ n. poliarchia f.
polyarthritis /pɒlɪɑːˈθraɪtɪs/ ♦ ***11*** n. poliartrite f.
polybasic /pɒlɪˈbeɪsɪk/ agg. polibasico.
polybasite /pɒlɪˈbeɪsaɪt/ n. polibasite f.
polybutadiene /pɒlɪbjuːtəˈdaɪiːn/ n. polibutadiene m.
polycarbonate /pɒlɪˈkɑːbəneɪt/ n. policarbonato m.
polycarpous /pɒlɪˈkɑːpəs/ agg. policarpico.
polychromatic /ˌpɒlɪkrəʊˈmætɪk/ agg. policromatico.
polychrome /ˈpɒlɪkrəʊm/ **I** agg. policromo **II** n. *(object)* opera f. policroma; *(association of many colours)* policromia f.
polychromy /ˈpɒlɪkrəʊmɪ/ n. policromia f.
polyclinic /pɒlɪˈklɪnɪk/ n. *(clinic)* policlinico m.; *(in hospital)* poliambulatorio m.
polycotton /ˌpɒlɪˈkɒtn/ **I** n. misto cotone m. **II** modif. [*sheets*] in misto cotone.
polycystic /ˌpɒlɪˈsɪstɪk/ agg. MED. policistico.
polycythaemia, polycythemia /pɒlɪsaɪˈθiːmɪə/ n. policitemia f.
polydactyl /pɒlɪˈdæktɪl/ **I** agg. polidattilo **II** n. polidattilo m. (-a).
polyene /ˈpɒlɪiːn/ n. poliene m.
polyester /ˌpɒlɪˈestə(r)/ **I** n. poliestere m. **II** modif. [*garment etc.*] di poliestere.
polyethylene /ˌpɒlɪˈeθəliːn/ n. → **polythene**.
polygala /pəˈlɪgələ/ n. poligala f.
polygamist /pəˈlɪgəmɪst/ n. poligamo m. (-a).
polygamous /pəˈlɪgəməs/ agg. poligamo.
polygamy /pəˈlɪgəmɪ/ n. poligamia f.
polygenesis /pɒlɪˈdʒenəsɪs/ n. poligenesi f.
polygenism /pəˈlɪdʒənɪzəm/ n. poligenismo m.
polygeny /pəˈlɪdʒənɪ/ n. ANTROP. poligenesi f.
polyglot /ˈpɒlɪglɒt/ **I** agg. poliglotta **II** n. poliglotta m. e f.
polyglottism /ˈpɒlɪglɒtɪzəm/ n. poliglottismo m.
polygon /ˈpɒlɪgən, AE -gɒn/ n. MAT. poligono m.
polygonal /pəˈlɪgənl/ agg. poligonale.
polygraph /ˈpɒlɪgrɑːf, AE -græf/ **I** n. *(lie detector)* macchina f. della verità **II** modif. [*test*] con la macchina della verità.
polygyny /pəˈlɪdʒɪnɪ/ n. poliginia f.
polyhedra /ˌpɒlɪˈhiːdrə/ → **polyhedron**.
polyhedral /ˌpɒlɪˈhedrəl/ agg. [*form*] poliedrico; ***~ angle*** angoloide di un poliedro.
polyhedron /ˌpɒlɪˈhiːdrən, -ˈhedrən, AE -drɒn/ n. (pl. **~s, -a**) poliedro m.
polymath /ˈpɒlɪmæθ/ n. spirito m. eclettico.
polymer /ˈpɒlɪmə(r)/ n. polimero m.
polymerase /pɒˈlɪməreɪz/ n. polimerasi f.
polymeric /pɒlɪˈmerɪk/ agg. CHIM. polimerico.
polymerism /pɒˈlɪmerɪzəm/ n. BIOL. polimeria f.; CHIM. polimerismo m.
polymerization /pɒlɪməraɪˈzeɪʃn, AE -rɪˈz-/ n. polimerizzazione f.
polymerize /ˈpɒlɪməraɪz/ **I** tr. polimerizzare **II** intr. polimerizzarsi.
polymerous /pəˈlɪmərəs/ agg. BIOL. polimero.
polymorph /ˈpɒlɪmɔːf/ n. BIOL. ZOOL. organismo m. polimorfo; CHIM. MINER. elemento m. polimorfo; MED. leucocita m. polimorfonucleato.
polymorphic /pɒlɪˈmɔːfɪk/ agg. CHIM. MINER. polimorfo.
polymorphism /ˌpɒlɪˈmɔːfɪzəm/ n. BIOL. CHIM. MINER. polimorfismo m.
polymorphous /ˌpɒlɪˈmɔːfəs/ agg. BIOL. CHIM. MINER. polimorfo.
Polynesia /ˌpɒlɪˈniːʒə/ n.pr. Polinesia f.
Polynesian /ˌpɒlɪˈniːʒn/ **I** agg. polinesiano **II** n. **1** *(person)* polinesiano m. (-a) **2** *(language)* polinesiano m.
polyneuritis /pɒlɪnjʊəˈraɪtɪs/ ♦ ***11*** n. polinevrite f.
polynomial /ˌpɒlɪˈnəʊmɪəl/ **I** agg. polinomiale **II** n. polinomio m.
polyp /ˈpɒlɪp/ n. MED. ZOOL. polipo m.
polypary /ˈpɒlɪpərɪ, AE -perɪ/ n. polipaio m.
polypeptide /pɒlɪˈpeptaɪd/ n. polipeptide m.
polypetalous /pɒlɪˈpetələs/ agg. polipetalo.
polyphagous /pəˈlɪfəgəs/ agg. polifago.
polyphagy /pəˈlɪfədʒɪ/ n. polifagia f.
polyphase /ˈpɒlɪfeɪz/ agg. polifase.
Polypheme /ˈpɒlɪfiːm/ n.pr. Polifemo.
polyphonic /ˌpɒlɪˈfɒnɪk/ agg. polifonico.
polyphony /pəˈlɪfənɪ/ n. polifonia f.
polypite /ˈpɒlɪpaɪt/ n. polipo m. (di una colonia).
polyploid /ˈpɒlɪplɔɪd/ agg. poliploide.
polyploidy /ˈpɒlɪplɔɪdɪ/ n. poliploidia f.
polypod /ˈpɒlɪpɒd/, **polypody** /ˈpɒlɪpəʊdɪ/ n. polipodio m.
polypoid /ˈpɒlɪpɔɪd/ agg. polipoide.
polyposis /pɒlɪˈpəʊzɪs/ ♦ ***11*** n. poliposi f.
polypropylene /ˌpɒlɪˈprəʊpɪliːn/ n. polipropilene m.
polyptyc(h) /ˈpɒlɪptɪk/ n. ART. polittico m.
polypus /ˈpɒlɪpəs/ n. (pl. **-i**) MED. polipo m.
polyrhythm /ˈpɒlɪrɪðəm/ n. poliritmia f.
polyrhythmic /ˌpɒlɪˈrɪðmɪk/ agg. poliritmico.
polysaccharide /pɒlɪˈsækəraɪd/ n. polisaccaride m.
polysemous /ˌpɒlɪˈsiːməs/ agg. polisemico.
polysemy /ˈpɒlɪsiːmɪ, ˌpɒˈlɪsɪmɪ/ n. polisemia f.
polystyrene /ˌpɒlɪˈstaɪriːn/ **I** n. polistirolo m., polistirene m.; ***expanded ~*** polistirolo espanso **II** modif. [*packaging*] con il polistirolo; [*tile*] di polistirene.
polystyrene chips /pɒlɪˌstaɪriːnˈtʃɪps/ n.pl. fiocchi m. di polistirolo.
polysyllabic /ˌpɒlɪsɪˈlæbɪk/ agg. polisillabico, polisillabo.
polysyllable /ˈpɒlɪsɪləbl/ n. polisillabo m.
polysyndeton /pɒlɪˈsɪndɪtən/ n. polisindeto m.
polysynthetic /pɒlɪsɪnˈθetɪk/ agg. LING. polisintetico.
polytechnic /ˌpɒlɪˈteknɪk/ n. GB = istituto parauniversitario specialmente di orientamento tecnico-scientifico.
polytheism /ˈpɒlɪθiːɪzəm/ n. politeismo m.
polytheist /ˈpɒlɪθiːɪst/ n. politeista m. e f.
polytheistic /ˌpɒlɪθiːˈɪstɪk/ agg. *(pertaining to or characterized by polytheism)* politeistico; *(believing in polytheism)* politeista.

polythene /ˈpɒlɪθiːn/ **I** n. BE politene m., polietilene m. **II** modif. [*sheeting*] di polietilene; **~ *bag*** sacchetto di plastica.
polytonality /pɒlɪtəʊˈnæləti/ n. MUS. politonalità f.
polyunsaturated /ˌpɒlɪʌnˈsætʃəreɪtɪd/ agg. [*fat*] poliinsaturo.
polyunsaturates /ˌpɒlɪʌnˈsætʃərɪts/ n.pl. (acidi) grassi m. poliinsaturi; ***high in* ~** ricco di grassi poliinsaturi.
polyurethane /ˌpɒlɪˈjʊərəθeɪn/ **I** n. poliuretano m. **II** modif. poliuretanico.
polyuria /pɒlɪˈjʊərɪə/ n. poliuria f.
polyvalence /pɒlɪˈveɪləns/ n. CHIM. MED. polivalenza f.
polyvalent /ˌpɒlɪˈveɪlənt/ agg. CHIM. MED. polivalente.
polyvinyl /ˌpɒlɪˈvaɪnɪl/ **I** n. polivinile m. **II** modif. [*acetate, chloride*] di polivinile; [*resin*] polivinilico.
pom /pɒm/ n. AUSTRAL. COLLOQ. SPREG. → **pommy**.
pomace /ˈpʌmɪs/ n. *(crushed apples)* = polpa di mele usata nella preparazione del sidro; *(refuse of fish or oil seeds)* = residui di pesci e piante oleose dopo l'estrazione dell'olio.
pomaceous /pəʊˈmeɪʃəs/ agg. pomaceo.
1.pomade /pəˈmɑːd/ n. brillantina f.
2.pomade /pəˈmɑːd/ tr. impomatare.
pomander /pəˈmændə(r)/ n. diffusore m. (di profumo per ambienti).
pome /pəʊm/ n. *(fruit)* pomo m.
pomegranate /ˈpɒmɪgrænɪt/ n. **1** *(fruit)* melagrana f. **2** *(tree)* melograno m.
pomelo /ˈpʌmələʊ/ n. (pl. **~s**) *(variety of grapefruit)* pomelo m.; AE *(grapefruit)* pompelmo m.
Pomeranian /ˌpɒməˈreɪnɪən/ n. *(dog)* pomero m., volpino m. di Pomerania.
pomiferous /pəʊˈmɪfərəs/ agg. pomifero.
1.pommel /ˈpʌml/ n. **1** *(on saddle, sword)* pomo m. **2** *(in gymnastics)* maniglia f.
2.pommel → **pummel**.
pommel horse /ˈpʌmlˌhɔːs/ n. *(in gymnastics)* cavallo m. con maniglie.
pommy, pommie /ˈpɒmɪ/ n. AUSTRAL. COLLOQ. SPREG. inglese m. e f.
pomologist /pəʊˈmɒlədʒɪst/ n. pomologo m. (-a).
Pomona /pəˈməʊnə/ n.pr. Pomona.
pomp /pɒmp/ n. pompa f.; ***with great* ~** in pompa magna; **~ *and circumstance*** apparato.
pompeian /pɒmˈpeɪən/ **I** agg. pompeiano **II** n. *(native of Pompeii)* pompeiano m. (-a).
Pompeii /pɒmˈpeɪiː/ ➧ ***34*** n.pr. Pompei f.
Pompey /ˈpɒmpɪ/ n.pr. Pompeo.
pom-pom /ˈpɒmpɒm/ n. mitragliera f.
pompom, pompon /ˈpɒmpɒn/ n. pompon m.
pompom girl /ˈpɒmpɒnˌgɜːl/ n. AE ragazza f. pompon.
pomposity /pɒmˈpɒsəti/ n. pomposità f., solennità f.
pompous /ˈpɒmpəs/ agg. [*air, person*] tronfio, pomposo; [*speech, style*] pomposo.
pompously /ˈpɒmpəslɪ/ avv. [*speak*] con tono pomposo; [*behave*] in maniera pomposa.
pompousness /ˈpɒmpəsnɪs/ n. pomposità f.
1.ponce /pɒns/ n. BE COLLOQ. **1** *(pimp)* magnaccia m., pappone m. **2** SPREG. *(effeminate man)* checca f.; ***he looks a* ~** sembra una checca.
2.ponce /pɒns/ intr. *(act as pimp)* fare da magnaccia.
▪ **ponce about, ponce around** COLLOQ. *(show off)* pavoneggiarsi; *(fool around)* bighellonare.
poncho /ˈpɒntʃəʊ/ n. (pl. **~s**) poncho m.
poncy /ˈpɒnsɪ/ agg. da checca.
▷ **pond** /pɒnd/ n. *(large)* stagno m.; *(in garden)* laghetto m.
▷ **ponder** /ˈpɒndə(r)/ **I** tr. ponderare, valutare [*options, possible action*]; riflettere su [*past events*] **II** intr. riflettere (**on** su); *(more deeply)* meditare (**on** su).
ponderability /pɒndərəˈbɪləti/ n. ponderabilità f.
ponderable /ˈpɒndərəbl/ agg. ponderabile.
ponderation /ˌpɒndəˈreɪʃn/ n. ponderazione f.
ponderer /ˈpɒndərə(r)/ n. chi pondera.
ponderingly /ˈpɒndərɪŋlɪ/ avv. con ponderatezza, ponderatamente.
ponderous /ˈpɒndərəs/ agg. [*movement*] lento e impacciato; [*tone*] pesante, noioso.
ponderously /ˈpɒndərəslɪ/ avv. [*move*] in modo lento e impacciato; [*speak*] con un tono noioso; [*write*] con uno stile pesante.
pond life /ˈpɒndˌlaɪf/ n. **1** = animali che vivono negli stagni **2** FIG. ***he is* ~*!*** è un'ameba!
pond lily /ˈpɒndˌlɪlɪ/ n. ninfea f.
pondweed /ˈpɒndwiːd/ n. pianta f. acquatica.
pone /pəʊn/ → **corn pone**.
1.pong /pɒŋ/ n. BE COLLOQ. puzzo m.; ***what a* ~*!*** che tanfo!
2.pong /pɒŋ/ intr. puzzare.
▪ **pong out** BE COLLOQ. **~ *out [sth.]*, ~ *[sth.] out*** impuzzolentire [*place*].
pongee /pʌnˈdʒiː/ n. = varietà di seta cinese.
pongid /ˈpɒndʒɪd/ n. pongide m.
pongo /ˈpɒŋgəʊ/ n. (pl. **~s**) orango m.
pongy /ˈpɒŋɪ/ agg. puzzolente.
poniard /ˈpɒnjəd/ n. pugnale m.
pons Varolii /ˌpɒnsvæˈrɒlɪiː/ n. (pl. **pontes Varolii**) ponte m. di Varolio.
pontifex /ˈpɒntɪfeks/ n. (pl. **-ices**) STOR. pontefice m.
pontiff /ˈpɒntɪf/ n. pontefice m.; ***the Supreme Pontiff*** il Sommo Pontefice.
pontifical /pɒnˈtɪfɪkl/ agg. **1** RELIG. pontificale **2** SPREG. [*manner, tone*] pontificale.
1.pontificate /pɒnˈtɪfɪkət/ n. RELIG. STOR. pontificato m.
2.pontificate /pɒnˈtɪfɪˌkeɪt/ intr. pontificare (**about**, **on** su) (anche FIG.).
pontifices /ˈpɒntɪfɪsiːz/ → **pontifex**.
Pontius Pilate /ˌpɒntjəsˈpaɪlət/ n.pr. Ponzio Pilato.
ponton /ˈpɒntn/ → **2.pontoon**.
pontoneer, pontonier /pɒntəˈnɪə/ n. pontiere m.
1.pontoon /pɒnˈtuːn/ ➧ ***10*** n. BE GIOC. ventuno m.
2.pontoon /pɒnˈtuːn/ n. **1** *(pier)* pontone m. **2** AER. *(float)* galleggiante m. (di un idrovolante).
pontoon bridge /pɒnˈtuːnˌbrɪdʒ/ n. ponte m. galleggiante, ponte m. di barche.
▷ **pony** /ˈpəʊnɪ/ **I** n. **1** pony m. **2** BE COLLOQ. *(£ 25)* = venticinque sterline **II** modif. [*ride*] sul pony.
▷ **ponytail** /ˈpəʊnɪteɪl/ n. coda f. di cavallo; ***to wear one's hair in a* ~** portare *o* avere la coda di cavallo.
pony trekking /ˈpəʊnɪˌtrekɪŋ/ n. trekking m. a dorso di pony.
pooch /puːtʃ/ n. COLLOQ. botolo m.
1.poodle /ˈpuːdl/ n. barboncino m.; SPREG. *(servile follower)* leccapiedi m. e f.
2.poodle /ˈpuːdl/ tr. tosare come un barboncino [*dog*].
poof /pʊf/, **poofter** /ˈpʊftə(r)/ n. BE COLLOQ. SPREG. *(homosexual)* checca f., finocchio m.
poofy /ˈpʊfɪ/ agg. BE COLLOQ. SPREG. [*manner*] da checca; ***he is so* ~*!*** è proprio checca!
pooh /puː/ **I** n. BE INFANT. popò f. **II** inter. *(expressing disgust)* bleah; ANT. *(expressing scorn)* puah.
Pooh-Bah /puːˈbɑː/ n. *(person holding several offices)* = persona che ricopre diverse cariche; *(important person)* pezzo m. grosso.
pooh-pooh /ˌpuːˈpuː/ tr. COLLOQ. snobbare [*idea*]; minimizzare [*anxiety*]; non cacare POP. [*persona*].
▶ **1.pool** /puːl/ n. **1** *(pond)* stagno m.; *(artificial)* laghetto m.; *(still spot in river)* tonfano m.; *(underground: of oil, gas)* giacimento m. **2** (anche **swimming ~**) piscina f. **3** *(puddle)* pozzanghera f.; ***(to be lying in) a* ~ *of blood*** (trovarsi in) una pozza di sangue; ***a* ~ *of light*** un cono di luce.
▶ **2.pool** /puːl/ **I** n. **1** *(kitty, in cards)* piatto m., posta f. **2** *(common supply) (of money, resources, labour)* riserva f.; *(of experts)* pool m.; *(of ideas, experience)* serbatoio m.; *(of teachers, players, candidates)* gruppo m. **3** SPORT *(billiards)* pool m. **4** AE COMM. *(monopoly trust)* trust m. **5** AE ECON. *(consortium)* pool m. **II pools** n.pl. BE (anche **football ~s**) totocalcio m.; ***to do the* ~*s*** giocare al totocalcio *o* giocare la schedina ◆ ***to play dirty* ~** AE COLLOQ. fare il gioco sporco.
3.pool /puːl/ tr. mettere in comune [*information, money, resources, experience*].
pool attendant /puːləˈtendənt/ ➧ ***27*** n. bagnino m. (-a) (di una piscina).
pool liner /ˈpuːlˌlaɪnə(r)/ n. rivestimento m. della piscina.
pool party /ˈpuːlˌpɑːtɪ/ n. piscina party m.
pool room /ˈpuːlˌruːm, -ˌrʊm/ n. *(room with pool table)* sala f. da pool.
poolside /ˈpuːlsaɪd/ agg. attrib. ai bordi della piscina.
pool table /ˈpuːlˌteɪbl/ n. tavolo m. da pool.
1.poop /puːp/ n. **1** *(stern)* poppa f. **2** (anche **~ deck**) cassero m. di poppa.
2.poop /puːp/ intr. MAR. [*wave*] frangersi contro la poppa di una nave; [*boat*] prendere le onde da poppa.
3.poop /puːp/ n. COLLOQ. cacca f.
4.poop /puːp/ intr. COLLOQ. [*dog, child*] fare la cacca.
5.poop /puːp/ n. informazioni f.pl. ufficiose.

pooped /puːpt/ agg. COLLOQ. ***to be ~ (out)*** essere stanco morto *o* essere distrutto.

pooper-scooper /ˈpuːpəskuːpə(r)/, **poop-scoop** /ˈpuːpskuːp/ n. COLLOQ. paletta f. (per gli escrementi del cane).

▶ **poor** /pɔː(r), AE pʊər/ **I** agg. **1** *(not wealthy)* [*person, country*] povero (**in** di); ***I ended up £ 100 the ~er*** mi sono ritrovato con cento sterline di meno; ***to become*** o ***get ~er*** impoverirsi **2** *(inferior)* [*quality, performance, work, worker, factory*] scadente; [*result, student, pupil*] scarso; [*English*] stentato; [*health*] cagionevole; [*eyesight, memory*] debole; [*soil, harvest*] povero; [*meal*] *(insufficient)* magro; *(lacking quality)* scadente; [*start, record*] brutto; [*advice, communication, soldier*] cattivo; [*manager*] incapace; [*planning*] scadente; [*education, lightning, appetite, chance, attendance, visibility*] scarso; [*weather, forecast*] brutto, cattivo; [*consolation*] magro; ***to be ~ at*** [*person*] essere scarso in [*maths, French*]; ***to be a ~ sailor*** non essere un granché come marinaio; ***I'm a ~ traveller*** non sono nato per viaggiare **3** *(deserving pity)* povero; ***the ~ little boy*** il povero piccolo; ***~ Eric!*** povero Eric! ***~ you!*** povero te! ***you ~ (old) thing!*** poveretto! ***she's got a cold, ~ thing*** ha il raffreddore, poverina **4** *(sorry, pathetic)* [*attempt, creature*] patetico; [*excuse*] che non regge **II** n. ***the ~*** + verbo pl. i poveri ◆ ***as ~ as a church mouse*** povero in canna; ***the ~ man's caviar*** il caviale dei poveri.

poor box /ˈpɔːrˌbɒks, AE ˈpʊər-/ n. cassetta f. delle elemosine.

poor boy (sandwich) /ˈpɔːˌbɔɪ(sænwɪdʒ), AE ˈpʊərˌbɔɪ(sænwɪtʃ)/ n. AE GASTR. = panino farcito con carne, formaggio e verdure.

poor house /ˈpɔːˌhaʊs, AE ˈpʊər-/ n. STOR. ospizio m. per poveri.

Poor Laws /ˈpɔːˌlɔːz, AE ˈpʊər-/ n.pl. GB STOR. = leggi per l'assistenza ai poveri in vigore in Gran Bretagna durante l'epoca vittoriana.

▷ **poorly** /ˈpɔːlɪ, AE ˈpʊərlɪ/ **I** avv. **1** *(not richly)* [*live, dress, dressed*] miseramente; ***to be ~ off*** essere malmesso (economicamente) **2** *(badly)* [*written, designed, paid, argued*] male; ***to do ~*** [*company, student*] ottenere scarsi risultati **3** *(inadequately)* [*funded, managed, lit*] male **II** agg. malaticcio, in cattiva salute.

poor-mouth /ˈpɔːmaʊθ, AE pʊərmaʊθ/ intr. AE COLLOQ. piangere miseria.

poorness /ˈpɔːnɪs, AE ˈpʊərnɪs/ n. *(of land, soil, diet)* povertà f.; *(of education)* carenza f.; *(of pay)* esiguità f.; *(of appetite)* scarsezza f.; *(of eyesight, hearing)* debolezza f.

poor relation /ˈpɔːrɪˌleɪʃn, AE ˈpʊər-/ n. parente m. povero (anche FIG.).

poor-spirited /ˈpɔːˌspɪrɪtɪd, AE ˈpʊər-/ agg. vigliacco, codardo.

poor White /ˈpɔːwaɪt, AE ˈpʊərhwaɪt/, **poor White trash** /ˈpɔːwaɪtˌtræʃ, AE ˈpʊərhwaɪt-/ n. US SPREG. = bianco che appartiene agli strati sociali più bassi del Sud degli Stati Uniti.

▶ **1.pop** /pɒp/ n. **1** *(sound)* scoppio m.; ***to go ~*** [*cork*] fare il botto; ***the balloons went ~*** sono scoppiati i palloncini **2** COLLOQ. *(drink)* bevanda f. gassata **3** BE COLLOQ. *(punch)* colpo m., pugno m.; ***to take a ~ at*** dare un pugno a.

▶ **2.pop** /pɒp/ **I** tr. (forma in -ing ecc. **-pp-**) **1** COLLOQ. *(burst)* fare scoppiare [*balloon, bubble*] **2** *(remove)* fare saltare [*cork*] **3** COLLOQ. *(put)* ***to ~ sth. in(to)*** infilare qcs. in [*oven, cupboard, mouth*]; ***to ~ a letter in the post*** imbucare una lettera; ***to ~ one's head through the window*** fare capolino dalla finestra **4** COLLOQ. *(take)* buttare giù [*pills*] **5** BE COLLOQ. *(pawn)* impegnare **II** intr. (forma in -ing ecc. **-pp-**) **1** *(go bang)* [*balloon*] scoppiare; [*cork*] saltare **2** [*ears*] tapparsi **3** *(bulge, burst)* [*buttons*] saltare; ***her eyes were ~ping out of her head*** aveva gli occhi fuori dalle orbite **4** BE COLLOQ. *(go)* ***to ~ across*** o ***over to*** fare un salto al *o* dal [*shop, store*]; ***to ~ into town, into the bank*** fare un salto in città, in banca; ***to ~ home, next door*** fare un salto a casa, dai vicini ◆ ***to ~ the question*** = fare una proposta di matrimonio.

■ **pop back** BE COLLOQ. tornare; ***I'll ~ back in 20 minutes*** ripasso tra 20 minuti.

■ **pop in** BE COLLOQ. passare, fare un salto; ***I'll ~ in later*** passo più tardi; ***I've just ~ped in to say hello*** sono solo passata a salutare.

■ **pop off** BE COLLOQ. **1** *(leave)* andarsene **2** *(die)* crepare.

■ **pop out** BE uscire; ***I only ~ped out for a couple of minutes*** sono uscito solo per qualche minuto.

■ **pop over, pop round** BE passare; ***to ~ over and see sb.*** passare a trovare qcn.; ***~ over if you have time*** passa se hai tempo.

■ **pop up** BE COLLOQ. *(appear suddenly)* [*head*] sbucare; [*missing person*] ricomparire; [*missing thing*] saltare fuori.

3.pop /pɒp/ **I** n. *(popular music)* pop m., musica f. pop **II** modif. [*concert, group, music, song, video, record, singer*] pop; ***~ star*** popstar.

4.pop /pɒp/ n. AE COLLOQ. *(dad)* (anche **~s**) pa' m.

pop art /ˈpɒpˌɑːt/ n. pop art f.

pop charts /ˈpɒpˌtʃɑːts/ n.pl. hit-parade f.sing., classifica f.sing.

pop corn /ˈpɒpkɔːn/ n. pop-corn m.

pope /pəʊp/ n. papa m.; *(in Orthodox churches)* pope m.; ***Pope Paul VI*** Papa Paolo VI.

popery /ˈpəʊpərɪ/ n. SPREG. papismo m.

Popeye /ˈpɒpaɪ/ n.pr. Braccio di Ferro.

pop-eyed /ˈpɒpaɪd/ agg. COLLOQ. **1** *(permanently)* dagli occhi sporgenti; ***to be ~*** avere gli occhi in fuori **2** *(with amazement)* con gli occhi sgranati.

pop gun /ˈpɒpgʌn/ n. pistola f. ad aria compressa.

popinjay /ˈpɒpɪndʒeɪ/ n. ANT. *(parrot)* pappagallo m.; ANT. *(shooting target)* bersaglio m. (raffigurante un pappagallo); *(conceited man)* damerino m.

popish /ˈpəʊpɪʃ/ agg. ANT. SPREG. papistico.

poplar /ˈpɒplə(r)/ n. pioppo m.

poplin /ˈpɒplɪn/ **I** n. popeline f. **II** modif. [*dress, blouse*] di popeline.

popliteal /pɒpˈlɪtɪəl/ agg. popliteo.

popliteus /pɒpˈlɪtɪəs/ n. (pl. **-i**) poplite m.

popover /ˈpɒpəʊvə(r)/ n. AE GASTR. = dolce di pastella.

poppa /ˈpɒpə/ n. AE COLLOQ. papà m.

popper /ˈpɒpə(r)/ n. **1** BE COLLOQ. *(press-stud)* bottone m. automatico **2** AE GASTR. = padella o macchina per fare i pop-corn **3** COLLOQ. *(drug)* popper m.

1.poppet /ˈpɒpɪt/ n. MECC. ~ ***valve*** valvola a fungo; MAR. invasatura.

2.poppet /ˈpɒpɪt/ n. BE COLLOQ. ANT. ***my (little) ~*** tesoro mio; ***she's a real ~*** è davvero un amore.

poppied /ˈpɒpɪd/ agg. **1** *(covered with poppies)* coperto di papaveri **2** *(sleep-inducing)* soporifero **3** *(drowsy)* sonnolento.

poppy /ˈpɒpɪ/ ➧ **5 I** n. **1** BOT. papavero m.; ***wild ~*** papavero selvatico **2** *(colour)* rosso m. papavero **3** GB *(worn in buttonhole)* = papavero di carta indossato nella settimana dell'11 Novembre in commemorazione dei soldati caduti in guerra **II** modif. [*seeds, fields*] di papavero **III** agg. rosso papavero.

poppycock /ˈpɒpɪkɒk/ n. COLLOQ. ANT. **U** fesserie f.pl., sciocchezze f.pl.

Poppy Day /ˈpɒpɪˌdeɪ/ n. GB COLLOQ. = la domenica più vicina all'11 novembre.

> ℹ **Poppy Day** Chiamato anche *Remembrance Sunday*, è il giorno in cui vengono commemorati i caduti delle due guerre mondiali. In questo giorno è uso portare all'occhiello un papavero, di carta o di plastica, venduto dalle associazioni benefiche, che dovrebbe evocare i fiori dei campi della Francia o del Belgio dove riposano i caduti della prima guerra mondiale.

poppy-head /ˈpɒpɪˌhed/ n. **1** *(seed capsule)* testa f. di papavero **2** ARCH. *(church decoration)* fiore m. cruciforme.

Popsicle® /ˈpɒpsɪkl/ n. AE ghiacciolo m.

popsy /ˈpɒpsɪ/, **popsy-wopsy** /ˌpɒpsɪˈwɒpsɪ/ n. ANT. *(girl)* fanciulla f.; *(girlfriend)* fidanzatina f.

pop sock /ˈpɒpsɒk/ n. gambaletto m.

pop-top /ˈpɒptɒp/ n. *(on cans)* linguetta f. (per aprire le lattine).

populace /ˈpɒpjʊləs/ n. *(ordinary people)* popolo m.; *(mob)* volgo m.

▶ **popular** /ˈpɒpjʊlə(r)/ agg. **1** *(generally liked)* [*actor, singer, politician*] popolare (**with, among** tra); [*profession, hobby, sport*] diffuso, popolare (**with, among** tra); [*food, dish*] apprezzato (**with, among** da); [*product, resort, colour, design*] di moda (**with, among** tra); ***John is very ~*** John è simpatico a tutti *o* è molto popolare; ***Smith was a ~ choice as chairman*** in molti hanno approvato la scelta di Smith come presidente; ***she's ~ with the boys*** ha successo con i ragazzi; ***I'm not very ~ with my husband at the moment*** in questo momento mio marito non mi sopporta tanto **2** *(of or for the people)* [*music*] leggero; [*song*] di musica leggera; [*entertainment, TV programme*] popolare; [*science, history etc.*] divulgativo; [*enthusiasm, interest, support*] del pubblico; [*discontent, uprising*] della gente; [*movement*] popolare; ***to have ~ appeal*** avere successo col pubblico; ***contrary to ~ belief*** contrariamente a quanto si crede comunemente; ***the ~ image of sth.*** l'immagine comune di qcs.; ***the ~ view*** o ***perception of sth.*** l'idea comune di qcs.; ***by ~ demand*** o ***request*** a grande richiesta; ***the ~ press*** la stampa popolare.

popular front /ˈpɒpjʊləˌfrʌnt/ n. fronte m. popolare.

popularist /ˈpɒpjʊlərɪst/ agg. *(democratic)* democratico; *(concerning or appealing to the people)* popolare (anche SPREG.).

▷ **popularity** /ˌpɒpjʊˈlærətɪ/ n. popolarità f. (**of** di; **with** tra); ***to lose ~*** perdere popolarità; ***to gain ~*** acquistare popolarità.

popularization /ˌpɒpjʊləraɪˈzeɪʃn, AE -rɪˈz-/ n. diffusione f.; *(of ideas, science)* divulgazione f.
popularize /ˈpɒpjʊləraɪz/ tr. **1** *(make fashionable)* diffondere **2** *(make accessible)* divulgare, rendere accessibile.
popularizer /ˈpɒpjʊləraɪzə(r)/ n. *(of commodity)* chi diffonde; *(of ideas, science)* divulgatore m. (-trice).
popularly /ˈpɒpjʊləlɪ/ avv. generalmente, comunemente; ***it is a ~ held belief that*** è opinione comune che.
populate /ˈpɒpjʊleɪt/ tr. popolare.
populated /ˈpɒpjʊleɪtɪd/ **I** p.pass. → **populate II** agg. popolato (**with**, **by** da); ***densely, sparsely ~*** densamente, scarsamente popolato.
▶ **population** /ˌpɒpjʊˈleɪʃn/ **I** n. popolazione f. **II** modif. [*increase, decrease, figure*] demografico.
population control /pɒpjʊˈleɪʃnkənˌtrəʊl/ n. controllo m. demografico, controllo m. delle nascite.
population explosion /pɒpjʊˈleɪʃnɪkˌspləʊʒn/ n. esplosione f. demografica.
populism /ˈpɒpjʊlɪzəm/ n. populismo m.
populist /ˈpɒpjʊlɪst/ **I** agg. populistico, populista **II** n. populista m. e f.
populous /ˈpɒpjʊləs/ agg. popoloso, densamente popolato.
pop-up book /ˈpɒpʌpˌbʊk/ n. (libro) pop-up m.
pop-up headlight /ˈpɒpʌpˌhedlaɪt/ n. AUT. fanale m. a scomparsa.
pop-up menu /ˈpɒpʌpˌmenju:/ n. INFORM. menu m. pop-up, a tendina.
pop-up toaster /ˈpɒpʌpˌtəʊstə(r)/ n. tostapane m. (in cui la fetta di pane viene fatta uscire da un meccanismo al termine della cottura).
pop-up window /ˈpɒpʌpˌwɪndəʊ/ n. INFORM. finestra f. pop-up.
porbeagle /ˈpɔ:bi:gl/ n. ITTIOL. smeriglio m.
porcelain /ˈpɔ:səlɪn/ **I** n. **1** *(ware)* porcellane f.pl.; ***a piece of ~*** una porcellana; ***to collect ~*** fare collezione di porcellane **2** *(substance)* porcellana f. **II** modif. [*cup, plate, doll*] di porcellana; ***~ clay*** caolino.
porcelainize /ˈpɔ:slɪnaɪz/ tr. *(coat)* porcellanare.
porcelain ware /ˈpɔ:səlɪnˌweə(r)/ n. porcellane f.pl., articoli m.pl. in, di porcellana.
porcel(l)aneous /pɔ:ˈselənəs/ agg. di porcellana.
▷ **porch** /pɔ:tʃ/ n. **1** *(of house, church)* portico m. **2** AE *(veranda)* veranda f.
porcine /ˈpɔ:saɪn/ agg. porcino.
porcupine /ˈpɔ:kjʊpaɪn/ n. porcospino m.
porcupine fish /ˈpɔ:kjʊpaɪnˌfɪʃ/ n. (pl. **porcupine fish**, **porcupine fishes**) riccio m. di mare.
pore /pɔ:(r)/ n. poro m.
pore over /ˈpɔ:rˌəʊvə(r)/ tr. sgobbare su [*book*]; studiare [qcs.] con attenzione [*map, details*]; ***she's always poring over her books*** sta sempre a sgobbare sui libri.
porge /pɔ:dʒ/ tr. RELIG. = purificare un animale ucciso secondo un rito ebraico.
porgy /ˈpɔ:gɪ/ n. pagro m.
porifer /ˈpɔ:rɪfə(r)/ n. porifero m.
poriferan /pəˈrɪfərən/ **I** n. porifero m. **II** agg. dei poriferi.
▷ **pork** /pɔ:k/ n. carne f. di maiale; ***a leg of ~*** una zampa di maiale.
pork barrel /ˌpɔ:kˈbærəl/ n. AE POL. COLLOQ. = fondi governativi ottenuti per finanziare progetti concepiti esclusivamente per acquisire voti.
pork butcher /ˌpɔ:kˈbʊtʃə(r)/ ♦ ***27*** n. macellaio m. (-a) che lavora e vende carne di maiale.
pork chop /ˌpɔ:kˈtʃɒp/ n. braciola f. di maiale.
porker /ˈpɔ:kə(r)/ n. maiale m. da ingrasso.
pork pie /ˌpɔ:kˈpaɪ/ n. = tortino a base di carne di maiale tritata.
pork pie hat /pɔ:kˌpaɪˈhæt/ n. = cappello a cupola bassa e falda rialzabile.
pork sausage /ˌpɔ:kˈsɒsɪdʒ, AE -ˌsɔ:s-/ n. salsiccia f. di maiale.
pork scratchings /ˌpɔ:kˈskrætʃɪŋz/ n.pl. BE ciccioli m.
porky /ˈpɔ:kɪ/ agg. COLLOQ. grasso come un maiale.
▷ **porn** /pɔ:n/ **I** n. (accorc. pornography) porno m.; ***it's ~*** è pornografia **II** modif. (accorc. pornography) [*film, magazine, shop*] porno.
porno /ˈpɔ:nəʊ/ agg. COLLOQ. (accorc. pornographic) porno.
pornographic /ˌpɔ:nəˈgræfɪk/ agg. pornografico.
▷ **pornography** /pɔ:ˈnɒgrəfɪ/ n. pornografia f.
porn shop /ˈpɔ:nˌʃɒp/ n. pornoshop m.
porosity /pɔ:ˈrɒsətɪ/ n. porosità f.
porous /ˈpɔ:rəs/ agg. **1** [*rock, wood, substance*] poroso **2** ***~ border*** o ***frontier*** FIG. = frontiera attraverso cui è facile fare passare clandestini o merce di contrabbando.
porousness /ˈpɔ:rəsnɪs/ n. porosità f.
porphin /ˈpɔ:fɪn/ n. porfina f.
porphyria /pɔ:ˈfɪrɪə/ n. porfiria f.
porphyrite /ˈpɔ:fɪraɪt/ n. porfirite f.
porphyritic /pɔ:fɪˈrɪtɪk/ agg. GEOL. porfirico.
porphyroid /ˈpɔ:fɪrɔɪd/ **I** n. porfiroide m. **II** agg. porfirico.
porphyry /ˈpɔ:fɪrɪ/ n. porfido m.
porpoise /ˈpɔ:pəs/ n. ZOOL. focena f., marsovino m.
porrect /pəˈrekt/ tr. **1** stendere, allungare [*part of body*] **2** RELIG. presentare [*document*].
porridge /ˈpɒrɪdʒ, AE ˈpɔ:r-/ n. **1** GASTR. INTRAD. m. (piatto a base di farina d'avena bollita in acqua o latte) **2** BE COLLOQ. *(prison sentence)* ***to do ~*** stare al fresco per un po'.
▶ **1.port** /pɔ:t/ **I** n. *(harbour)* porto m. (anche FIG.); ***in ~*** nel porto; ***to come into ~*** entrare in porto; ***to put into ~*** attraccare; ***the ship left ~*** la nave è salpata; ***~ of despatch, embarkation, entry*** porto di scarico, imbarco, sbarco; ***~ of call*** MAR. porto di scalo; ***home ~*** porto d'immatricolazione **II** modif. [*area, authorities, facilities, security*] portuale; [*dues*] di porto ♦ ***any ~ in a storm*** in tempo di tempesta ogni buco è porto.
2.port /pɔ:t/ **I** n. AER. MAR. *(left)* sinistra f.; ***to ~*** o ***on the ~ side*** a sinistra **II** modif. AER. MAR. *(left)* [*entrance, engine, bow*] di sinistra.
3.port /pɔ:t/ **I** tr. ***to ~ the helm*** virare a sinistra **II** intr. [*boat*] virare a sinistra.
4.port /pɔ:t/ n. **1** AER. MAR. *(window)* → **porthole 2** MIL. MAR. *(embrasure)* feritoia f. **3** TECN. *(in engine)* condotto m. **4** INFORM. porta f.
5.port /pɔ:t/ tr. INFORM. trasferire (da un sistema all'altro) [*piece of software*].
6.port /pɔ:t/ n. ENOL. porto m.
portability /ˌpɔ:təˈbɪlətɪ/ n. (l')essere portatile (anche INFORM.); ***number ~*** TEL. portabilità del numero.
▷ **portable** /ˈpɔ:təbl/ **I** agg. **1** [*TV, telephone etc.*] portatile **2** INFORM. [*software*] trasferibile **II** n. portatile m.
1.portage /ˈpɔ:tɪdʒ/ n. **1** *(transport)* trasporto m. **2** *(costs)* spese f.pl. di trasporto.
2.portage /ˈpɔ:tɪdʒ/ tr. = trasportare via terra da un corso navigabile a un altro.
Portakabin® /ˈpɔ:təkæbɪn/ n. prefabbricato m.; *(on building site)* baracca f.
portal /ˈpɔ:tl/ n. ARCH. INFORM. portale m.
port authority /ˌpɔ:tɔ:ˈθɒrətɪ/ n. capitaneria f. di porto.
portcullis /ˌpɔ:tˈkʌlɪs/ n. saracinesca f. (di fortezza, castello).
portend /pɔ:ˈtend/ tr. LETT. presagire (**for** per).
portent /ˈpɔ:tent/ n. LETT. **1** *(omen)* presagio m. (**of** di; **for** per); ***a ~ of doom*** un triste presagio **2** *(importance)* ***a day of ~*** un giorno decisivo **3** *(marvel)* prodigio m., portento m.
portentous /pɔ:ˈtentəs/ agg. LETT. **1** *(ominous)* funesto **2** *(significant)* di somma importanza **3** *(solemn)* solenne **4** *(pompous)* pomposo.
portentously /pɔ:ˈtentəslɪ/ avv. LETT. **1** *(ominously)* [*say, announce*] in un tono funesto **2** *(pompously)* [*say, announce*] in tono pomposo.
portentousness /pɔ:ˈtentəsnɪs/ n. LETT. SPREG. pomposità f.
1.porter /ˈpɔ:tə(r)/ ♦ ***27*** n. **1** *(in station, airport, hotel)* facchino m. (-a); *(in hospital)* portantino m. (-a); *(in market)* scaricatore m. (-trice); *(on expedition)* portatore m. (-trice) **2** BE *(at entrance) (of hotel)* portiere m. (-a); *(of apartment block)* portinaio m. (-a); *(of school, college)* custode m. e f. **3** AE FERR. *(steward)* cuccettista m. e f.
2.porter /ˈpɔ:tə(r)/ n. *(beer)* birra f. scura.
porterage /ˈpɔ:tərɪdʒ/ n. *(transportation)* facchinaggio m.; *(costs)* spese f.pl. di facchinaggio.
porterhouse (steak) /ˈpɔ:təhaʊs(ˌsteɪk)/ n. bistecca f. di manzo.
▷ **portfolio** /pɔ:tˈfəʊlɪəʊ/ n. (pl. **~s**) **1** *(case)* cartella f.; *(for drawings)* cartellina f. da disegno **2** ART. FOT. *(sample)* portfolio m. (**of** di) **3** POL. *(post)* portafoglio m.; ***defence, finance ~*** portafoglio della Difesa, delle Finanze; ***minister without ~*** ministro senza portafoglio **4** ECON. *(of investments)* portafoglio m. (**of** di).
portfolio management /pɔ:tˌfəʊlɪəʊˈmænɪdʒmənt/ n. ECON. gestione f. del portafoglio.
portfolio manager /pɔ:tˌfəʊlɪəʊˈmænɪdʒə(r)/ n. ECON. gestore m. (-trice) del portafoglio.
porthole /ˈpɔ:thəʊl/ n. *(on ship)* oblò m.; *(on aircraft)* finestrino m.
Portia /ˈpɔ:ʃə, -ɪə/ n.pr. Porzia.
portico /ˈpɔ:tɪkəʊ/ n. (pl. **~s**) *(entrance, walkway)* portico m.; *(colonnade)* colonnato m.

▷ **1.portion** /'pɔːʃn/ n. **1** *(part, segment) (of house, machine, document, country, group)* parte f. (**of** di) **2** *(share) (of money)* quota f.; *(food item)* razione f. (**of** di); *(of responsibility, blame)* parte f. (**of** di) **3** *(at meal)* porzione f.; ***an extra ~*** una porzione in più **4** LETT. *(fate)* fato m., sorte f.

2.portion /'pɔːʃn/ tr. *(divide)* dividere; *(allot)* distribuire, assegnare.

▪ **portion out:** ~ ***out [sth.]***, ~ ***[sth.] out*** ripartire, spartire (**among, between** tra).

portionless /'pɔːʃnlɪs/ agg. [*girl*] senza dote.

portliness /'pɔːtlɪnɪs/ n. corpulenza f.

portly /'pɔːtlɪ/ agg. *(corpulent)* corpulento, grosso; *(dignified)* dignitoso; *(majestic)* maestoso; *(imposing)* imponente.

portmanteau /pɔːt'mæntəʊ/ n. (pl. **~s**, **~x**) baule m.

portmanteau word /pɔːt'mæntəʊˌwɜːd/ n. parola f. macedonia.

portmanteaux /pɔːt'mæntəʊ/ → **portmanteau**.

▷ **portrait** /'pɔːtreɪt, -trɪt/ n. **1** ART. ritratto m. (**of** di) (anche FIG.); ***family, group ~*** ritratto di famiglia, gruppo **2** *(in printing)* orientamento m. verticale.

portrait gallery /ˌpɔːtreɪt'gælərɪ, -trɪt-/ n. galleria f. di ritratti.

portraitist /'pɔːtreɪtɪst, -trɪtɪst/ ➧ ***27*** n. ritrattista m. e f.

portrait lens /'pɔːtreɪtˌlenz, -trɪt-/ n. obiettivo m.

portrait painter /'pɔːtreɪtˌpeɪntə(r), -trɪt-/ ➧ ***27*** n. ritrattista m. e f.

portrait photography /ˌpɔːtreɪtfə'tɒgrəfɪ, -trɪt-/ n. ritrattistica f. fotografica.

portraiture /'pɔːtreɪtʃə(r), -trɪtʃə(r), AE -treɪtʃʊər/ n. ritrattistica f.

▷ **portray** /pɔː'treɪ/ tr. **1** ritrarre, dipingere [*person, group, era*]; descrivere [*place, situation, event*] **2** CINEM. TEATR. [*actor*] interpretare, portare sulla scena [*figure, character*]; [*film, play*] rappresentare [*period*] **3** ART. [*artist*] ritrarre [*person*]; [*picture, artist*] raffigurare [*scene*].

▷ **portrayal** /pɔː'treɪəl/ n. **1** *(by actor)* interpretazione f. (**of** di) **2** *(by author, film-maker)* rappresentazione f. (**of** di; **as** come); ***the media's ~ of women*** l'immagine della donna diffusa dai media; ***his ~ of country life*** la sua descrizione della vita di campagna.

portrayer /pɔː'treɪə(r)/ ➧ ***27*** n. ritrattista m. e f. (anche FIG.).

portress /'pɔːtrɪs/ n. portinaia f.; *(in convent)* suora f. portinaia.

Portugal /'pɔːtʃʊgl/ ➧ ***6*** n.pr. Portogallo m.; ***in*** o ***to ~*** in Portogallo.

Portuguese /ˌpɔːtʃʊ'giːz/ ➧ ***18, 14*** **I** agg. [*custom, landscape, literature*] portoghese; [*ambassador, prime minister*] portoghese, del Portogallo **II** n. **1** (pl. **~**) *(person)* portoghese m. e f. **2** *(language)* portoghese m. **III** modif. *(of Portuguese)* [*lesson, class, course*] di portoghese; *(into Portuguese)* [*translation*] in portoghese.

Portuguese man-of-war /ˌpɔːtʃʊgiːz'mænəvˌwɔː(r)/ n. ZOOL. caravella f. portoghese.

Portuguese-speaking /pɔːtʃʊˌgiːz'spiːkɪŋ/ agg. [*person, country*] di lingua portoghese, lusofono.

portulaca /pɔːtʃʊ'leɪkə, -'læ-/ n. portulaca f.

POS n. (⇒ point of sale punto vendita) POS m.

▷ **1.pose** /pəʊz/ n. **1** *(for portrait, photo)* posa f.; ***to adopt a ~*** assumere una posa **2** SPREG. *(posture)* posa f., atteggiamento m.; ***it's all a ~*** è tutta scena; ***to strike a ~*** mettersi in posa.

▷ **2.pose** /pəʊz/ **I** tr. *(present)* porre, sollevare [*problem*] (**for** a); proporre [*challenge*] (**to** a); rappresentare [*threat, risk*] (**to** per); sollevare, porre [*question*] (**about** circa) **II** intr. **1** *(for artist)* posare (**for** per; **with** con); ***to ~ for one's portrait*** farsi fare il *o* posare per un ritratto **2** *(in front of mirror, audience)* posare, mettersi in posa **3** *(masquerade)* ***to ~ as*** spacciarsi per *o* passare per [*nurse, salesman*] **4** SPREG. *(posture)* posare.

Poseidon /pɒ'saɪdn/ n.pr. Poseidone.

poser /'pəʊzə(r)/ n. COLLOQ. **1** *(person)* → **poseur** **2** *(question)* rompicapo m.; *(problem)* grattacapo m.

poseur /pəʊ'zɜː(r)/ n. posatore m. (-trice).

posh /pɒʃ/ agg. COLLOQ. **1** *(high-class)* [*person, house, resort, clothes, car*] elegante, chic; [*accent*] distinto; [*wedding, party*] mondano; ***the ~ part of town*** i quartieri alti della città **2** SPREG. *(snobbish)* [*person, school, district, clientele*] bene, snob; [*club*] esclusivo; ***to talk ~*** COLLOQ. parlare in modo affettato.

posh up /'pɒʃʌp/ intr. BE COLLOQ. ***to be all poshed up*** [*person*] essere in tiro *o* in ghingheri; [*room, flat*] essere rinnovato.

posit /'pɒzɪt/ tr. FORM. *(put forward)* avanzare [*argument*]; *(postulate)* postulare.

▶ **1.position** /pə'zɪʃn/ n. **1** *(situation, state)* posizione f., situazione f.; ***to be in an awkward, impossible ~*** trovarsi in una posizione imbarazzante, impossibile; ***the management is in a strong ~*** la direzione è in posizione di forza; ***to be in a ~ to do*** essere nella condizione di fare; ***to be in a good ~ to do*** essere nella condizione ideale per fare; ***to be in no ~ to do*** non essere nella posizione giusta per, non potersi permettere di fare; ***to undertake sth. from a ~ of strength*** intraprendere qcs. da una posizione di forza *o* avvantaggiata; ***to be*** o ***find oneself in the happy ~ of doing*** avere la fortuna di fare; ***to be*** o ***find oneself in the unhappy ~ of having to do*** trovarsi nella malaugurata situazione di dover fare; ***if I were in your ~*** se fossi al tuo posto; ***put yourself in my ~!*** mettiti nei miei panni! ***well, what's the ~?*** allora, com'è la situazione? **2** *(attitude, stance)* atteggiamento m., posizione f.; ***I understand your ~, but*** capisco il tuo punto di vista, ma; ***the official, British ~*** la posizione ufficiale, britannica; ***there has been a change in their negotiating ~*** la loro posizione nelle trattative è cambiata **3** *(place, location)* posizione f.; ***to be in ~*** *(in place)* essere in posizione; *(ready)* essere pronti; ***to get into ~*** mettersi in posizione; ***to hold sth. in ~*** [*glue, string*] tenere qcs. a posto; ***please put everything back in its original ~*** per favore rimettete ogni cosa al suo posto; ***I can't see anything from this ~*** non vedo niente da questa posizione; ***the house is in a good ~*** la casa si trova in un'ottima posizione **4** *(posture, attitude of body)* posizione f.; ***the sitting ~*** la posizione seduta; ***to be in a sitting, kneeling ~*** essere seduto, inginocchiato **5** *(of lever, switch)* posizione f.; ***in the on, off ~*** sull'on, sull'off **6** *(ranking)* posto m. in classifica; *(in sport, competitive event)* posto m., posizione f.; ***can the airline retain its ~ among the leaders?*** la compagnia aerea potrà mantenere salda la sua posizione tra i leader del settore? ***to be in third ~*** essere al terzo posto **7** SPORT ruolo m.; ***his usual ~ as goalkeeper*** il suo ruolo abituale di portiere; ***what ~ does he play?*** in che posizione gioca? **8** *(job)* carica f., posto m.; ***to hold*** o ***occupy a senior ~*** rivestire una carica direttiva; ***her ~ as party leader*** la sua carica di leader del partito; ***a ~ of responsibility*** una posizione di responsabilità **9** *(place in society)* condizione f. (sociale) **10** MIL. appostamento m., postazione f. **11** *(counter)* sportello m.; ***"~ closed"*** "sportello chiuso".

2.position /pə'zɪʃn/ **I** tr. **1** *(station)* piazzare [*policemen, soldiers*] **2** *(situate)* collocare [*flowerbed, house extension*] **3** *(get correct angle)* posizionare [*telescope, lamp, aerial*] **II** rifl. ***to ~ oneself*** mettersi *o* sistemarsi.

positional /pə'zɪʃnl/ agg. posizionale, di posizione.

▶ **positive** /'pɒzətɪv/ **I** agg. **1** *(affirmative)* [*answer*] affermativo, positivo **2** *(optimistic)* [*message, person, response, attitude, tone*] positivo, ottimista; ***to be ~ about*** accogliere [qcs.] favorevolmente [*idea, proposal*]; ***~ thinking*** atteggiamento positivo; ***to think ~*** pensare positivo **3** *(constructive)* [*contribution, effect*] positivo; [*progress*] effettivo; [*advantage, good*] reale; ***these measures could do some ~ good*** questi provvedimenti potrebbero essere davvero utili **4** *(pleasant)* [*association, experience, feeling*] positivo **5** *(sure)* [*proof, fact*] certo, innegabile; [*identification*] certo; ***to be ~*** essere sicuro (**about** di; **that** che); ***~!*** sicuro! **6** *(forceful)* [*action, measure*] concreto; [*kick, shot*] secco; [*order*] categorico **7** MED. [*reaction, result, test*] positivo **8** CHIM. ELETTRON. MAT. FOT. FIS. positivo **9** *(extreme)* [*pleasure, disgrace, outrage*] vero; [*genius*] autentico **II** n. **1** LING. grado m. positivo; ***in the ~*** di grado positivo **2** FOT. positivo m., positiva f. **3** MAT. numero m. positivo **4** EL. polo m. positivo.

positive discrimination /ˌpɒzətɪvdɪskrɪmɪ'neɪʃn/ n. discriminazione f. positiva.

▷ **positively** /'pɒzətɪvlɪ/ avv. **1** *(constructively)* [*contribute, criticize*] in modo costruttivo; ***to think ~*** pensare in modo positivo *o* avere un atteggiamento positivo **2** *(favourably)* [*react, refer, respond*] positivamente; [*speak*] bene **3** *(actively)* [*participate*] concretamente; [*prepare, promote*] attivamente **4** *(definitely)* [*identify, prove*] con sicurezza **5** *(absolutely)* veramente [*beautiful, dangerous, miraculous, disgraceful*]; completamente [*idiotic*]; [*refuse, forbid*] categoricamente; ***I ~ hated the film*** ho trovato il film decisamente brutto; ***~ not*** o ***nothing*** assolutamente no, niente **6** ELETTRON. FIS. ***~ charged*** a carica positiva.

positiveness /'pɒzətɪvnɪs/ n. positività f.

positive vetting /ˌpɒzətɪv'vetɪŋ/ n. GB AMM. = screening positivo per l'accesso a determinate cariche governative.

positivism /'pɒzɪtɪvɪzəm/ n. FILOS. positivismo m.

positivist /'pɒzɪtɪvɪst/ n. FILOS. positivista m. e f.

positivistic /pɒzɪtɪ'vɪstɪk/ agg. FILOS. positivistico.

positon /'pɒzɪtɒn/, **positron** /'pɒzɪtrɒn/ n. positone m., positrone m.

positronium /pɒzɪ'trəʊnɪəm/ n. positronio m.

posological /pɒsə'lɒdʒɪkl/ agg. posologico.

posology /pəʊ'sɒlədʒɪ/ n. posologia f.

posse /'pɒsɪ/ n. **1** STOR. *(sheriff's)* = uomini convocabili dallo sceriffo per far rispettare la legge **2** *(group) (of pressmen)* gruppo m. (**of** di); *(of security men)* squadra f. (**of** di) **3** *(rap group)* posse f. **4**

(gang) banda f. ◆ ***to be ahead of the ~*** = essere un passo avanti rispetto agli altri.

▶ **possess** /pəˈzes/ tr. **1** *(have)* possedere [*property, weapon*]; avere [*proof*]; *(illegally)* detenere, essere in possesso di [*arms, drugs*] **2** *(be endowed with)* avere, possedere [*quality, charm*]; avere [*power, advantage, facility*]; ***to be ~ed of*** FORM. essere dotato di [*charm, feature*] **3** *(take control of)* [*anger, fury*] impadronirsi di [*person*]; [*devil*] possedere [*person*]; ***to be ~ed by*** essere ossessionato da [*idea, illusion*]; essere divorato da [*jealousy*]; ***what ~ed you, him to do that?*** che ti, gli è preso? perché ti, gli è saltato in mente di farlo?

possessed /pəˈzest/ **I** p.pass. → **possess II** agg. *(by demon)* posseduto **III** n. posseduto m. (-a); ***he was screaming like one ~*** urlava come un indemoniato.

▷ **possession** /pəˈzeʃn/ **I** n. **1** *(state of having)* possesso m. (**of** di); ***the ~ of certain abilities*** il possedere certe capacità; ***to be in ~ of*** essere in possesso di [*passport, degree, evidence*]; ***to come into sb.'s ~*** diventare proprietà di qcn.; ***to come into the ~ of a newspaper*** [*information*] diventare proprietà di un giornale; ***to have sth. in one's ~*** avere qcs. in proprio possesso; ***to have ~ of sth.*** avere possesso di qcs.; ***to get ~ of sth.*** *(legally)* acquisire qcs.; *(by force)* appropriarsi di qcs.; ***among the documents in our ~*** tra i documenti in nostro possesso **2** DIR. *(illegal)* detenzione f., possesso m. (**of** di); ***to be in ~ of*** detenere *o* essere in possesso di [*arms, drugs*] **3** DIR. *(of property)* possesso m. (**of** di); ***to come into ~ of*** entrare in possesso di; ***to take ~ of*** prendere possesso di [*premises, property*]; ***to be in ~*** essere in possesso **4** SPORT ***to be in*** o ***have ~*** essere in possesso della palla; ***to win, lose ~*** prendere, perdere possesso della palla **5** *(by demon)* possessione f. (**by** di) **6** *(colonial)* possedimento m. **II possessions** n.pl. *(belongings)* beni m., possedimenti m., proprietà f. ◆ ***~ is nine-tenths*** o ***nine points of the law*** = possedere qualcosa significa quasi averla per diritto.

possession order /pəˌzeʃnˈɔːdə(r)/ n. intimazione f. di rilascio.

possessive /pəˈzesɪv/ **I** agg. **1** *(jealous)* [*person, behaviour*] possessivo (**towards** verso; **with** con) **2** *(slow to share)* possessivo, geloso; ***he's ~ about his toys*** è molto geloso dei suoi giocattoli **3** LING. [*pronoun, adjective*] possessivo; ***~ case*** genitivo sassone **II** n. LING. *(case)* genitivo m. sassone; *(pronoun)* pronome m. possessivo; *(adjective)* aggettivo m. possessivo; ***in the ~*** al genitivo sassone.

possessively /pəˈzesɪvlɪ/ avv. in modo possessivo.

possessiveness /pəˈzesɪvnɪs/ n. *(with people)* possessività f. (**towards** nei confronti di); *(with things)* gelosia f. (**about** di).

possessor /pəˈzesə(r)/ n. possessore m.; ***to be the ~ of*** essere il proprietario di [*object*]; ***the proud ~ of*** l'orgoglioso proprietario di.

possessory /pəˈzesərɪ/ agg. *(pertaining to a possessor)* di possessore; DIR. *(pertaining to possession)* possessorio.

posset /ˈpɒsɪt/ n. STOR. = bevanda a base di latte caldo, spezie, vino o birra usata come rimedio per il raffreddore.

▶ **possibility** /ˌpɒsəˈbɪlətɪ/ **I** n. **1** *(chance, prospect)* possibilità f.; ***he had ruled out the ~ that he might win*** o ***of winning*** aveva escluso la possibilità di vincere; ***there is a definite ~ that he'll come*** ci sono buone probabilità che venga; ***there is no ~ of him succeeding*** è impossibile che riesca; ***the ~ of him succeeding*** le sue possibilità di successo; ***there is no ~ of changing the text*** è impossibile cambiare il testo; ***within the bounds of ~*** nei limiti del possibile; ***beyond the bounds of ~*** al di fuori di ogni possibilità; ***there is little or no ~ of a strike*** è quasi impossibile che ci sia uno sciopero **2** *(eventuality)* ***the ~ of a refusal, failure*** la possibilità di un rifiuto, fallimento; ***the collapse of the company is now a ~*** attualmente è possibile che la società fallisca **II possibilities** n.pl. *(potential)* ***the idea has possibilities*** l'idea ha buone possibilità di successo; ***the market has possibilities*** il mercato offre buone possibilità di successo; ***this invention opens up fantastic possibilities*** questa invenzione apre delle prospettive fantastiche.

▶ **possible** /ˈpɒsəbl/ **I** agg. **1** *(likely to happen)* [*consequence, litigation, risk*] possibile; ***it's quite ~*** è più che possibile **2** *(that can be achieved)* [*strategy, result, improvements*] possibile; ***it is ~ to do sth.*** è possibile fare qcs.; ***the experiments are technically ~*** gli esperimenti sono tecnicamente possibili; ***if ~, I would like a change*** mi piacerebbe cambiare, se possibile; ***he did as much as ~*** ha fatto il possibile; ***as far as ~*** nei limiti del possibile; ***I'll do it as soon as ~*** lo farò al più presto possibile; ***as quickly as ~*** più rapidamente possibile; ***we interviewed witnesses wherever ~*** abbiamo interrogato i testimoni dove è stato possibile; ***to make sth. ~*** rendere qcs. possibile; ***none of this would have been ~ without your help*** tutto questo non sarebbe stato possibile senza il tuo aiuto **3** *(when conjecturing)* possibile (**to do** fare; **that** che); ***it's ~ (that) he took it*** è possibile che l'abbia preso **4** *(acceptable)* [*solution, explanation, candidate*] possibile **5** *(for emphasis)* ***of what ~ interest can it be to you?*** cosa ci troverai mai di interessante? ***of what ~ benefit can it be to you?*** che vantaggi potrai mai ricavarne? ***there can be no ~ excuse for such behaviour*** non c'è scusa che tenga per un comportamento simile **II** n. ***a list of ~s for the vacancy*** un elenco di possibili candidati per il posto; ***she's a ~ for the team*** è un possibile nuovo elemento della squadra; ***it's within the realms of the ~*** rientra nei limiti del possibile.

▶ **possibly** /ˈpɒsəblɪ/ avv. **1** *(maybe)* forse; ***pornography is ~ to blame*** la pornografia potrebbe essere la causa; ***the infection is ~ due to contaminated water*** può darsi che l'infezione sia stata causata dall'acqua contaminata; ***the house was ~ once an inn*** è possibile che un tempo la casa sia stata una locanda; ***"will it rain tonight?" - "~"*** "pioverà stasera?" - "può darsi"; ***~, but is there any evidence?*** è possibile, ma abbiamo delle prove? **2** *(for emphasis)* ***how could they ~ understand?*** come potrebbero capire? ***what can he ~ do to you?*** ma cosa vuoi che ti faccia? ***we can't ~ afford it*** non possiamo assolutamente permettercelo; ***I can't ~ stay here*** non posso assolutamente restare qui; ***I'll do everything I ~ can*** farò tutto ciò che mi è possibile; ***she'll come as soon as she ~ can*** verrà non appena le sarà possibile.

possum /ˈpɒsəm/ n. COLLOQ. opossum m.; ***to play ~*** fingersi addormentato; FIG. fare l'indiano.

▶ **1.post** /pəʊst/ n. BE *(system)* posta f., poste f.pl.; *(letters)* posta f., corrispondenza f.; *(delivery)* (distribuzione della) posta f.; *(collection)* levata f.; COLLOQ. *(postbox)* buca f. (delle lettere); ANT. *(stagecoach)* corriera f.; ***to send sth., notify sb. by ~*** inviare qcs., avvertire qcn. per posta; ***(to reply) by return of ~*** (rispondere) a giro di posta; ***to put sth. in the ~*** imbucare qcs.; ***it was lost in the ~*** le poste lo hanno smarrito; ***to get sth. through the ~*** ricevere qcs. per posta; ***your cheque is in the ~*** il suo assegno è stato spedito; ***is there any ~ for me?*** c'è posta per me? ***has the ~ come yet?*** è già arrivata la posta? ***to deal with*** o ***answer one's ~*** sbrigare la corrispondenza; ***it came in today's ~*** è arrivato con la posta di oggi; ***has the ~ gone yet?*** è già stata levata la posta? ***please take this letter to the ~*** per favore, puoi imbucare questa lettera? ***to catch the ~*** imbucare in tempo per la levata; ***to miss the ~*** perdere la levata.

▶ **2.post** /pəʊst/ **I** tr. **1** BE *(send by post)* spedire (per posta); *(put in letterbox)* imbucare **2** AMM. *(transfer)* trascrivere [*entry*]; *(enter)* registrare [*entry*]; *(update)* aggiornare, tenere [qcs.] aggiornato [*ledger*] **3** INFORM. mettere in Internet [*information*] **II** intr. ANT. *(travel)* viaggiare in diligenza ◆ ***to keep sb. ~ed (about sth.)*** tenere qcn. al corrente (di qcs.).

▪ **post off** BE ~ **[sth.] off**, ~ **off [sth.]** spedire qcs.

▪ **post on** BE ~ **on [sth.]**, ~ **[sth.] on** inoltrare; ***I will ~ it on to you*** te lo farò arrivare per posta.

▶ **3.post** /pəʊst/ n. **1** AMM. *(job)* posto m. (**as, of** di); ***administrative ~*** posto nell'amministrazione; ***defence ~*** posto alla difesa; ***management ~*** posto direttivo; ***party ~*** carica in un partito; ***to hold a ~*** avere un posto; ***to have, fill a ~*** avere, rivestire una carica; ***to take up a ~*** assumere una carica; ***to offer sb. a ~*** offrire un posto a qcn. **2** *(duty, station)* posto m., postazione f. (anche MIL.); ***at one's ~*** al proprio posto; ***to remain at one's*** o ***in ~*** restare al proprio posto.

4.post /pəʊst/ tr. MIL. **1** *(send)* destinare, assegnare (**to** a); ***to be ~ed overseas*** essere mandato all'estero; ***to be ~ed to a unit*** essere assegnato a un'unità **2** *(station)* postare [*guard, sentry*].

▶ **5.post** /pəʊst/ n. *(pole)* palo m.; *(in horseracing)* traguardo m.; *(in soccer)* palo m. (della porta); ***starting ~*** (punto di) partenza; ***finishing ~*** traguardo; ***beaten at the ~*** battuto sul traguardo; ***to be the first past the ~*** tagliare per primo il traguardo; POL. FIG. vincere con la maggioranza relativa ◆ ***to be left at the ~*** rimanere fermo al palo.

▶ **6.post** /pəʊst/ tr. *(stick up)* affiggere [*notice, rules, details, results*]; appendere [*poster*]; ***to be ~ed missing in action*** essere nella lista dei dispersi; ***~ no bills*** divieto di affissione.

▪ **post up:** **up [sth.]**, ~ **[sth.] up** affiggere [*information, notice*].

7.post /pəʊst/ tr. AE DIR. pagare [*bail*].

postage /ˈpəʊstɪdʒ/ n. tariffa f. postale; ***how much is the ~ for Belgium?*** qual è la tariffa per il Belgio? ***including ~ and packing*** incluse le spese di spedizione; ***~ extra*** le spese di spedizione sono a parte; ***£ 12 plus ~*** 12 sterline più le spese postali; ***~ free*** porto affrancato.

postage meter /ˈpəʊstɪdʒˌmiːtə(r)/ n. AE affrancatrice f.

postage rates /ˈpəʊstɪdʒˌreɪts/ n.pl. tariffe f. postali.

postage stamp /ˈpəʊstɪdʒˌstæmp/ n. francobollo m.

▷ **postal** /ˈpəʊstl/ agg. [*charges, district*] postale; [*worker*] delle poste; [*application*] per le poste; [*strike*] delle poste; ***~ service***

servizio postale; ***US ~ Service*** Servizio postale degli Stati Uniti; ***~ ballot*** voto per posta.
postal order /ˈpəʊstlˌɔːdə(r)/ n. BE vaglia m. postale (**for** di).
postal vote /ˈpəʊstlˌvəʊt/ n. BE *(process)* voto m. per posta; *(paper)* cartolina f. per il voto per posta.
postbag /ˈpəʊstbæg/ n. BE **1** *(for transport)* sacco m. postale **2** *(of postman)* borsa f. del portalettere **3** *(correspondence)* posta f.
postbox /ˈpəʊstbɒks/ n. BE buca f., cassetta f. delle lettere.
postcard /ˈpəʊstkɑːd/ n. cartolina f. (postale).
post chaise /ˈpəʊstʃeɪz/ n. diligenza f.
post code /ˈpəʊstkəʊd/ n. BE codice m. postale.
post-communion /ˌpəʊstkəˈmjuːnɪən/ n. postcommunio m.
1.postdate /ˈpəʊstdeɪt/ n. = data (assegnata a un documento o attribuita a un evento) posteriore a quella effettiva o ritenuta tale.
2.postdate /ˌpəʊstˈdeɪt/ tr. postdatare [*letter, document, event*].
postdoctoral /ˌpəʊstˈdɒktərəl/ agg. [*research, studies*] = relativo a studi successivi al dottorato di ricerca.
▷ **poster** /ˈpəʊstə(r)/ n. *(for information)* avviso m., affisso m.; *(decorative)* poster m.; ***election, Aids ~*** manifesto elettorale, sull'AIDS; ***to put up a ~*** attaccare *o* appendere un poster.
poste restante /ˌpəʊstˈrestɑːnt, AE -reˈstænt/ **I** n. BE fermo posta m. **II** modif. BE fermo posta **III** avv. BE fermo posta; ***to send sth. ~*** mandare qcs. fermo posta.
▷ **posterior** /pɒˈstɪərɪə(r)/ **I** n. SCHERZ. *(buttocks)* posteriore m., didietro m. **II** agg. FORM. posteriore (**to** a); *(secondary)* secondario.
posteriority /pɒstɪərɪˈɒrətɪ/ n. posteriorità f.
posterity /pɒˈsterətɪ/ n. **1** *(future generations)* posteri m.pl; ***to go down to ~ as*** passare ai posteri come **2** *(descendants)* FORM. posterità f., discendenza f.
postern /ˈpɒstən, ˈpəʊs-/ **I** n. *(back door)* porta f. sul retro; *(side entrance)* porta f. di servizio **II** agg. *(of gate, door) (situated at the back)* posteriore; *(secondary)* secondario.
poster paint /ˈpəʊstəˌpeɪnt/ n. guazzo m.
post-feminist /ˌpəʊstˈfemɪnɪst/ agg. postfemminista.
post-free /ˌpəʊstˈfriː/ **I** agg. franco di porto **II** avv. franco di porto.
postgraduate /ˌpəʊstˈgrædʒʊət/ **I** agg. [*course, studies*] di specializzazione post-laurea; [*student*] che segue un corso di specializzazione post-laurea; [*accommodation, centre*] per studenti che seguono un corso di specializzazione post-laurea **II** n. = studente che segue un corso di specializzazione post-laurea.
post haste /ˌpəʊstˈheɪst/ avv. BE ANT. in gran fretta.
post-horn /ˌpəʊstˈhɔːn/ n. = corno suonato anticamente per annunciare l'arrivo della posta.
post-horse /ˌpəʊstˈhɔːs/ n. = cavallo tenuto presso le poste che veniva usato dai corrieri o noleggiato ai viaggiatori.
post-house /ˌpəʊstˈhaʊs/ n. = luogo dove venivano custoditi i cavalli delle poste.
posthumous /ˈpɒstjʊməs, AE ˈpɒstʃəməs/ agg. postumo.
posthumously /ˈpɒstjʊməslɪ, AE ˈpɒstʃəməslɪ/ avv. [*publish, award*] dopo la morte.
postiche /pɒˈstiːʃ/ **I** agg. artificiale, posticcio **II** n. *(false moustache)* baffi m.pl. posticci; *(false beard)* barba f. posticcia; *(false hair)* posticcio m., capelli m.pl. posticci.
postignition /ˌpəʊstɪgˈnɪʃn/ n. postaccensione f.
postil(l)ion /pɒˈstɪlɪən/ n. postiglione m.
postimpressionism /ˌpəʊstɪmˈpreʃənɪzəm/ n. postimpressionismo m.
postimpressionist /ˌpəʊstɪmˈpreʃənɪst/ **I** agg. postimpressionista **II** n. postimpressionista m. e f.
postindustrial /ˌpəʊstɪnˈdʌstrɪəl/ agg. postindustriale.
post-infarction /pəʊstɪnˈfɑːkʃn/ agg. attrib. postinfartuale.
▷ **1.posting** /ˈpəʊstɪŋ/ n. **1** BE *(mailing)* spedizione f.; ***proof of ~*** prova di spedizione **2** INFORM. *(to newsgroup)* messaggio m., post m.
▷ **2.posting** /ˈpəʊstɪŋ/ n. *(job)* assegnazione f., destinazione f. (**to** a) (anche MIL.); ***an overseas ~*** un incarico all'estero.
postliminium /pəʊs(t)lɪˈmɪnɪəm/ n. (pl. **-ia**) postliminio m., posliminio m.
postliminy /pəʊs(t)ˈlɪmɪnɪ/ n. postliminio m., posliminio m.
post-lingually deaf /ˈpəʊstlɪŋgwɪlɪˌdef/ agg. che soffre di sordità acquisita.
postlude /ˈpəʊstluːd/ n. pos(t)ludio m.
postman /ˈpəʊstmən/ ➧ **27** n. (pl. **-men**) postino m.
1.postmark /ˈpəʊstmɑːk/ n. timbro m. postale; ***date as ~*** fa fede la data del timbro postale.
2.postmark /ˈpəʊstmɑːk/ tr. timbrare, apporre il timbro postale su [*letter, postcard*]; ***the card was ~ed Brussels*** la cartolina aveva il timbro di Bruxelles.
postmaster /ˈpəʊstˌmɑːstə(r), AE -ˌmæs-/ ➧ **27** n. direttore m. di un ufficio postale.
Postmaster General /ˌpəʊstˌmɑːstəˈdʒenrəl, AE -ˌmæs-/ n. ministro m. delle Poste.
postmen /ˈpəʊstmen/ → **postman**.
post-meridian /pəʊs(t)məˈrɪdɪən/ agg. pomeridiano.
postmistress /ˈpəʊstmɪstrɪs/ ➧ **27** n. direttrice f. di un ufficio postale.
postmodern /ˌpəʊstˈmɒdn/ agg. postmoderno.
postmodernism /ˌpəʊstˈmɒdənɪzəm/ n. postmodernismo m.
postmodernist /ˌpəʊstˈmɒdənɪst/ **I** agg. postmodernista **II** n. postmodernista m. e f.
post-mortem /ˌpəʊstˈmɔːtəm/ **I** n. MED. autopsia f.; FIG. analisi f. retrospettiva **II** agg. [*investigation*] svolto dopo il decesso; ***~ examination*** autopsia.
post-natal /ˌpəʊstˈneɪtl/ agg. post-parto.
post-natal depression /ˌpəʊstneɪtldɪˈpreʃn/ n. depressione f. post-parto.
post-nuptial /pəʊs(t)nʌpʃəl/ agg. posteriore alle nozze.
▷ **post office** /ˈpəʊstˌɒfɪs, AE -ˌɔːf-/ **I** n. **1** *(building)* posta f., ufficio m. postale; ***main ~*** posta f. centrale **2** *(institution)* (anche **Post Office, PO**) ***the ~*** le poste **II** modif. [*management, staff, strike*] delle poste.
Post Office Box /ˌpəʊstɒfɪsˈbɒks, AE -ɔːf-/ n. casella f. postale.
post-operative /ˌpəʊstˈɒpərətɪv, AE -reɪt-/ agg. postoperatorio.
post paid /ˌpəʊstˈpeɪd/ → **post-free**.
postponable /pəˈspəʊnəbl/ agg. rimandabile, che si può posticipare.
▷ **postpone** /pəˈspəʊn/ tr. rimandare, posticipare, posporre (**until** fino a; **for** di).
postponement /pəˈspəʊnmənt/ n. rinvio m., posticipazione f. (**of** di; **until** a).
postposition /ˌpəʊstpəˈzɪʃn/ n. LING. *(placing of element)* posposizione f.; *(particle)* particella f. pospositiva.
postpositive /ˌpəʊstˈpɒzətɪv/ **I** agg. pospositivo **II** n. elemento m. pospositivo.
postprandial /ˌpəʊstˈprændɪəl/ agg. FORM. SCHERZ. [*nap*] dopo pranzo; [*speech*] alla fine del pranzo; MED. postprandiale.
post-production /pəʊstprəˈdʌkʃn/ n. CINEM. TELEV. postproduzione f.
postscript /ˈpəʊsskrɪpt/ n. **1** *(at end of letter, document)* post scriptum m., poscritto m. (**to** a); *(to book)* postfazione f. (**to** a); FIG. *(continuation)* seguito m., resto m. (**to** di) **2** FIG. *(spoken)* ***can I add a brief ~ to that?*** posso aggiungere una piccola cosa?
post-tax /ˌpəʊstˈtæks/ **I** agg. al netto d'imposta **II** avv. al netto d'imposta.
post-traumatic /pəʊsttrɔːˈmætɪk, AE -traʊ-/ agg. postraumatico.
postulant /ˈpɒstjʊlənt, AE -tʃʊ-/ n. RELIG. postulante m. e f.
1.postulate /ˈpɒstjʊlət, AE -tʃʊ-/ n. postulato m. (anche MAT.).
2.postulate /ˈpɒstjʊleɪt, AE -tʃʊ-/ tr. **1** postulare (anche MAT.) **2** *(assume)* postulare, presupporre **3** RAR. *(demand)* postulare, richiedere.
postulation /pɒstjʊˈleɪʃn, AE -tʃʊ-/ n. postulazione f.
postulator /ˈpɒstjʊleɪtə(r), AE -tʃʊ-/ n. RELIG. postulatore m.
1.posture /ˈpɒstʃə(r)/ n. **1** *(pose)* posa f.; FIG. *(stance)* posizione f., atteggiamento m. **2** *(bearing)* portamento m., postura f.; ***to have good ~*** avere un bel portamento; ***to have bad ~*** non avere un bel portamento.
2.posture /ˈpɒstʃə(r)/ intr. SPREG. mettersi in posa, atteggiarsi.
posturing /ˈpɒstʃərɪŋ/ n. SPREG. (l')atteggiarsi.
post-viral (fatigue) syndrome /pəʊstˌvaɪərəl(fətiːg)ˈsɪndrəʊm/ ➧ **11** n. encefalomielite f. mialgica.
postvocalic /ˌpəʊstvəˈkælɪk/ agg. postvocalico.
postvolcanic /ˌpəʊstvɒlˈkænɪk/ agg. postvulcanico.
▷ **postwar** /ˌpəʊstˈwɔː(r)/ agg. del dopoguerra; ***the ~ period*** o ***years*** il dopoguerra.
postwoman /ˈpəʊstwʊmən/ ➧ **27** n. (pl. **-women**) postina f.
posy /ˈpəʊzɪ/ n. mazzolino m. di fiori.
▷ **1.pot** /pɒt/ n. **1** *(container) (for jam)* barattolo m., vasetto m. (**of** di); *(for paint, glue)* barattolo m. (**of** di) **2** (anche **tea ~**) teiera f.; ***a ~ of tea for two*** = due tè; ***to make a ~ of tea*** fare del tè **3** (anche **coffee ~**) caffettiera f.; ***to make a ~ of coffee*** fare del caffè **4** *(saucepan)* pentola f.; ***~s and pans*** pentolame **5** *(piece of pottery)* ceramica f.; ***to throw a ~*** fare un vaso (di ceramica) **6** (anche **plant ~**) vaso m. (**of** di) **7** (anche **chamber ~**) pitale m.; *(for infant)* vasino m. **8** COLLOQ. *(belly)* pancia f. **9** *(in billiards)* (messa in) buca f. **10** AE *(in gambling) (pool)* posta f. **11** COLLOQ. *(trophy)* coppa f. ◆ ***to go to ~*** COLLOQ. *(person)* lasciarsi andare; *(thing)* andare in rovina;

to have, make ~s of money BE COLLOQ. avere, fare un mucchio di soldi; ***to keep the ~ boiling*** *(in children's games)* tenere vivo il gioco; *(earn a living)* guadagnarsi il pane; ***a watched ~ never boils*** pentola guardata non bolle mai; ***to take ~ luck*** *(for meal)* BE mangiare quel che passa il convento; *(for hotel room, at cinema etc.)* scegliere a casaccio.

2.pot /pɒt/ **I** tr. (forma in -ing ecc. **-tt-**) **1** conservare [qcs.] in un barattolo [*jam*]; conservare [qcs.] in scatola [*shrimps*] **2** *(in billiards)* ***to ~ the red*** mandare la rossa in buca **3** mettere [qcn.] sul vasino [*baby*] **4** (anche **~ up**) piantare [qcs.] in un vaso, mettere [qcs.] in un vaso [*plant*] **5** COLLOQ. *(shoot)* cacciare [*rabbit, pigeon*] **II** intr. (forma in -ing ecc. **-tt-**) **1** [*potter*] fare ceramiche **2** COLLOQ. ***to ~ at sth.*** sparare a casaccio a qcs.

3.pot /pɒt/ n. COLLOQ. *(drug)* erba f., maria f.; *(kif)* fumo m.; ***to smoke ~*** farsi le canne.

potable /'pəʊtəbl/ agg. potabile.

potamology /pɒtə'mɒlədʒɪ/ n. potamologia f.

potash /'pɒtæʃ/ n. **1** *(caustic potash)* potassa f. caustica, idrossido m. di potassio **2** *(potassium carbonate)* potassa f., carbonato m. di potassio.

potassic /pə'tæsɪk/ agg. potassico.

potassium /pə'tæsɪəm/ **I** n. potassio m. **II** modif. [*carbonate, compound*] di potassio.

potation /pə'teɪʃn/ n. FORM. *(act)* (il) bere; *(drink)* bevanda f.

▷ **potato** /pə'teɪtəʊ/ n. (pl. **~es**) patata f.; ***a little more ~?*** ancora un po' di patate?

potato beetle /pə,teɪtəʊ'bi:tl/ n. dorifora f.

potato blight /pə,teɪtəʊ'blaɪt/ n. peronospora f. della patata.

potato bug /pə,teɪtəʊ'bʌg/ n. → **potato beetle**.

potato chips /pə'teɪtəʊ,tʃɪps/ n.pl. AE → **potato crisps**.

potato crisps /pə,teɪtəʊ'krɪsps/ n.pl. BE patatine f.

potato masher /pə'teɪtəʊ,mæʃə(r)/ n. schiacciapatate m.

potato peeler /pə'teɪtəʊ,pi:lə(r)/ n. pelapatate m.

potato salad /pə'teɪtəʊ,sæləd/ n. insalata f. di patate.

pot bellied /'pɒt,belɪd/ agg. [*person*] *(from overeating)* panciuto; *(from hunger)* col ventre gonfio; [*stove*] bombata.

pot belly /pɒt'belɪ/ n. *(from overeating)* panciona f.; *(from malnutrition)* ventre m. gonfio.

potboiler /'pɒt,bɔɪlə(r)/ n. SPREG. *(artistic work)* = opera realizzata unicamente per vendere; *(film)* film m. di cassetta.

pot-bound /'pɒt,baʊnd/ agg. [*plant*] in un vaso troppo piccolo.

1.potch /pɒtʃ/ n. schiaffo m., sberla f.

2.potch /pɒtʃ/ tr. dare uno schiaffo, dare una sberla.

pot cheese /'pɒttʃi:z/ n. AE = formaggio fresco in fiocchi.

poteen /pɒ'ti:n/ n. = whisky irlandese distillato clandestinamente.

potence /'pəʊtns/, **potency** /'pəʊtnsɪ/ n. **1** *(strength) (of drug, voice)* potenza f.; *(of image)* forza f., potenza f.; *(of remedy)* efficacia f.; *(of drink)* forza f. **2** *(sexual ability)* potenza f. sessuale.

▷ **potent** /'pəʊtnt/ agg. **1** *(strong)* [*force, drug, weapon*] potente; [*image, symbol, factor, argument*] convincente; [*remedy*] potente, efficace; [*alcoholic drink, mixture*] forte **2** *(able to have sex)* [*man*] potente.

potentate /'pəʊtnteɪt/ n. potentato m., sovrano m.

▶ **potential** /pə'tenʃl/ **I** agg. *(possible)* [*disaster, danger, bidder, champion, bestseller, investor, victim, rival*] potenziale; ***he is a ~ leader, musician*** è un futuro leader, musicista; ***the play is a ~ success*** la commedia ha buone possibilità di essere un successo **II** n. potenziale m. (**as** come; **for** per); ***human, industrial ~*** potenziale umano, industriale; ***growth, sales ~*** potenziale di crescita, di vendita; ***the ~ to do*** le capacità per fare; ***to have ~*** avere potenzialità *o* avere capacità; ***to fulfil one's ~*** mettere a frutto le proprie capacità.

potential difference /pə'tenʃl,dɪfrəns/ n. FIS. differenza f. di potenziale.

potentiality /pə,tenʃɪ'ælətɪ/ n. potenzialità f., capacità f.pl. (**as** come).

▷ **potentially** /pə'tenʃəlɪ/ avv. potenzialmente.

potentiate /pəʊ'tenʃɪeɪt/ tr. potenziare.

potentiometer /pəʊ,tenʃɪ'ɒmɪtə(r)/ n. potenziometro m.

pothead /'pɒthed/ n. spinellato m. (-a).

potheen /pɒ'θi:n/ → **poteen**.

pother /'pɒðə(r)/ n. COLLOQ. baccano m., chiasso m.; ***to be in a ~*** essere agitato.

pot-herbs /'pɒthɜ:bz/ n.pl. erbette f. (da cucina).

pothole /'pɒthəʊl/ n. **1** *(in road)* buca f. **2** GEOL. *(in riverbed)* marmitta f. dei giganti; *(in rock)* grotta f.; *(system of passages)* grotte f.pl. sotterranee.

potholer /'pɒthəʊlə(r)/ n. BE speleologo m. (-a) (dilettante).

potholing /'pɒthəʊlɪŋ/ ➧ ***10*** n. BE speleologia f.

pothook /'pɒthʊk/ n. *(hook)* gancio m. (per appendere il paiolo).

pothouse /'pɒthaʊs/ n. osteria f., bettola f.

pot-hunter /'pɒt,hʌntə(r)/ n. ANT. **1** *(hunter)* = chi pratica la caccia non come sport, ma per procurarsi cibo e guadagno **2** *(athlete)* collezionatore m. (-trice) di trofei **3** *(amateur archeologist)* archeologo m. (-a) dilettante.

potion /'pəʊʃn/ n. pozione f.; ***magic ~*** pozione magica; ***love ~*** filtro d'amore.

potlatch /'pɒtlætʃ/ n. **1** ANTROP. potlatch m. **2** AE *(party)* festone m.

potluck /,pɒt'lʌk/ n. quello che c'è; ***~ dinner*** = cena alla quale ogni invitato porta qualcosa; ***we took ~ and got on the first available flight*** siamo saliti a caso sul primo volo disponibile.

pot marigold /'pɒt,mærɪgəʊld/ n. calendola f.

potpie /'pɒtpaɪ/ n. AE = torta salata a base di carne, cotta al forno o al vapore.

pot plant /'pɒt,plɑ:nt, AE -,plænt/ n. pianta f. d'appartamento.

potpourri /,pəʊ'pʊərɪ, AE ,pəʊpə'ri:/ n. pot-pourrì m.

pot roast /'pɒtrəʊst/ n. brasato m.

pot-roast /'pɒtrəʊst/ tr. brasare.

pot scrub /'pɒtskrʌb/ n. spugna f., paglietta f. per pentole.

potsherd /'pɒtʃɜ:d/ n. frammento m. di vaso.

potshot /'pɒtʃɒt/ n. ***to take a ~ at sth.*** FIG. tirare a caso su qcs.

pottage /'pɒtɪdʒ/ n. ANT. = zuppa molto densa di carne o verdure.

potted /'pɒtɪd/ **I** p.pass. → **2.pot II** agg. **1** GASTR. ***~ meat, shrimps*** BE carne, gamberetti in scatola **2** [*palm, plant*] in vaso **3** *(condensed)* breve [*biography, history*]; [*version*] ridotto.

1.potter /'pɒtə(r)/ ➧ ***27*** n. vasaio m. (-a), ceramista m. e f.

2.potter /'pɒtə(r)/ n. BE ***let's go for a ~ in the park*** andiamo a farci un giro nel parco.

3.potter /'pɒtə(r)/ intr. BE muoversi a rilento.

■ **potter about, potter around** BE *(do odd jobs)* lavoricchiare; *(go about daily chores)* lavoricchiare in casa; *(pass time idly)* bighellonare.

■ **potter along** BE andare lemme lemme.

potter's field /'pɒtəz,fi:ld/ n. AE cimitero m. dei poveri.

potter's wheel /'pɒtəz,wi:l, AE -,hwi:l/ n. tornio m. da vasaio.

pottery /'pɒtərɪ/ **I** n. **1** *(craft, subject)* ceramica f. **2** **U** *(ware)* ceramiche f.pl.; ***a piece of ~*** una ceramica; ***to sell, make ~*** vendere, fare ceramiche **3** *(factory, workshop)* laboratorio m. di ceramiche **II** modif. [*dish*] di ceramica; ***~ class*** corso di ceramica; ***~ town*** città rinomata per le sue ceramiche.

potting /'pɒtɪŋ/ n. *(of plant)* invasatura f.; *(of food)* (il) mettere in vaso.

potting compost /'pɒtɪŋ,kɒmpɒst/ n. terriccio m.

potting shed /'pɒtɪŋʃed/ n. *(in garden)* ripostiglio m. per gli attrezzi.

1.potty /'pɒtɪ/ n. INFANT. COLLOQ. vasino m.

2.potty /'pɒtɪ/ agg. BE COLLOQ. **1** *(crazy)* matto, fuori di testa; ***to drive sb. ~*** far impazzire qcn. **2** *(foolish)* [*scheme, idea*] folle **3** *(enthusiastic)* ***to be ~ about sb., sth.*** andare matto per qcs.

potty-train /'pɒtɪtreɪn/ tr. ***to ~ a child*** insegnare a un bambino ad usare il vasino.

potty-trained /'pɒtɪtreɪnd/ **I** p.pass. → **potty-train II** agg. [*child*] che sa usare il vasino.

1.pouch /paʊtʃ/ n. **1** *(bag)* trousse f., astuccio m.; *(for tobacco)* borsa f. da tabacco; *(for ammunition)* cartucciera f.; *(for cartridges)* giberna f.; *(for mail)* sacco m. postale; *(for money)* borsellino m.; *(of clothes)* tasca f.; *(of skin)* borsa f. **2** ZOOL. *(of marsupials)* marsupio m.; *(of rodents)* tasca f. guanciale.

2.pouch /paʊtʃ/ **I** tr. **1** *(put into pouch)* mettere in una borsa **2** *(put into pocket)* mettere in tasca **3** *(swell)* gonfiare [*cheeks*] **4** *(hang loosely)* drappeggiare [*part of garment*] **II** intr. *(become pouchlike)* gonfiarsi.

pouched /paʊtʃt/ **I** p.pass. → **2.pouch II** agg. *(shaped like a pouch)* a forma di borsa, rigonfio; *(having a pouch)* provvisto di borse; ***~ animal*** marsupiale.

pouchy /'paʊtʃɪ/ agg. *(resembling a pouch)* di borsa, simile a una borsa; *(having pouches)* con le borse.

pouf(fe) /pu:f/ n. **1** *(cushion)* pouf m. **2** BE → **poof**.

poult /pəʊlt/ n. *(any young fowl)* galliforme m. giovane; *(chicken)* pollastro m.; *(pheasant)* fagiano m. giovane; *(turkey)* tacchinotto m.

poulterer /'pəʊltərə(r)/ ➧ ***27*** n. BE = chi commercia pollame e selvaggina.

1.poultice /'pəʊltɪs/ n. cataplasma m., fomento m.; ***mustard ~*** cataplasma senapato.

2.poultice /'pəʊltɪs/ tr. applicare un impacco su [*head, knee*].

poultry /'pəʊltrɪ/ n. **U** *(birds)* volatili m.pl.; *(meat)* pollame m.

poultry dealer /'pəʊltrɪ,di:lə(r)/ ➧ ***27*** n. pollivendolo m. (-a).

poultry farm /ˈpəʊltrɪˌfɑ:m/ n. azienda f. avicola.
poultry farmer /ˈpəʊltrɪˌfɑ:mə(r)/ ♦ 27 n. avicoltore m. (-trice).
poultry farming /ˈpəʊltrɪˌfɑ:mɪŋ/ n. avicoltura f.
poultryman /ˈpəʊltrɪˌmæn/ ♦ 27 n. (pl. **-men**) AE *(poultry farmer)* avicoltore m.; *(poultry dealer)* pollivendolo m.
poultry pen /ˈpəʊltrɪˌpen/ n. recinto m. per il pollame.
1.pounce /paʊns/ n. balzo m., salto m.
2.pounce /paʊns/ intr. balzare; ***to ~ on*** [*animal*] balzare su [*prey, object*]; [*person*] lanciarsi su [*victim*]; ***he ~d on my mistake*** al mio errore è saltato su immediatamente.
3.pounce /paʊns/ n. *(for drawings)* polverino m., spolvero m.
4.pounce /paʊns/ tr. *(smooth down)* lisciare con la pomice; *(transfer)* spolverizzare [*design*].
▶ **1.pound** /paʊnd/ **I** n. **1** ♦ *37, 7* METROL. libbra f.; ***two ~s of apples*** due libbre di mele; ***pears are 80 pence a*** o ***per ~*** le pere vengono 80 penny alla libbra; ***~ for ~ chicken is better value than pork*** a parità di peso conviene di più il pollo del maiale; ***to lose ten ~s in weight*** perdere dieci libbre **2** *(unit of currency)* sterlina f.; ***the British, Irish, Maltese ~*** la sterlina inglese, irlandese, maltese; ***£ 500 worth of traveller's cheques***, *(spoken)* ***five hundred ~s' worth of traveller's cheques*** 500 sterline in traveller's cheques; ***I'll match your donation ~ for ~*** donerò una somma pari alla tua **II** modif. [*weight*] di una libbra; [*coin, note*] da una sterlina; ***a £ 200,000 house***, *(spoken)* ***a two hundred thousand ~ house*** una casa da duecentomila sterline; ***a two million ~ fraud, robbery*** una truffa, una rapina da due milioni di sterline; ***a five, ten ~ note*** una banconota da cinque, dieci sterline.
2.pound /paʊnd/ n. *(compound) (for dogs)* canile m.; *(for cars)* deposito m.
3.pound /paʊnd/ n. *(loud sound)* botto m., tonfo m.
4.pound /paʊnd/ **I** tr. **1** GASTR. *(crush)* pestare [*spices, salt*]; battere [*grain, meat*]; ***to ~ sth. to*** ridurre qcs. in [*powder, paste*]; fare qcs. a [*pieces*] **2** *(beat)* [*waves*] battere contro [*shore*]; ***to ~ one's chest*** battersi il petto; ***to ~ sth. with one's fists*** battere coi pugni a [*door*]; battere coi pugni su [*table*]; ***to ~ a stake into the ground*** conficcare un palo nella terra **3** *(bombard)* [*artillery*] bombardare [*city*] **4** *(tread heavily)* ***to ~ the streets*** battere le strade; ***to ~ the beat*** [*policeman*] fare la ronda **II** intr. **1** *(knock loudly)* ***to ~ on*** battere su [*door, wall*] **2** *(beat)* [*heart*] battere; ***to ~ on*** [*waves*] infrangersi contro [*beach, rocks*] **3** *(run noisily)* ***to ~ up, down the stairs*** correre rumorosamente su, giù per le scale; ***to come ~ing down*** o ***along the street*** correre rumorosamente per la strada **4** *(throb)* ***my head is ~ing*** mi sta scoppiando la testa; ***I've got a ~ing headache*** ho un mal di testa martellante.
▪ **pound away:** ~ ***away at [sth.]*** **1** *(strike hard)* pestare su [*piano*]; ***she was ~ing away at the typewriter*** stava battendo furiosamente a macchina **2** *(work doggedly)* lavorare sodo a [*novel, report*].
▪ **pound out:** ~ ***out*** [*music*] risuonare; ~ ***[sth.] out***, ~ ***out [sth.]*** **1** *(play)* suonare pestando forte [*rhythm, tune*] **2** COLLOQ. *(produce)* battere rumorosamente a macchina qcs. [*script*] **3** AE GASTR. *(flatten)* battere [*steak*].
▪ **pound up:** ~ ***[sth.] up***, ~ ***up [sth.]*** frantumare [*rocks*]; macinare [*pepper*].
1.poundage /ˈpaʊndɪdʒ/ n. **1** *(weight)* peso m. **2** *(per pound sterling)* = tassa calcolata per ogni sterlina; *(per pound weight)* = tassa calcolata per ogni libbra.
2.poundage /ˈpaʊndɪdʒ/ n. *(for animals)* recinzione f.
poundcake /ˈpaʊndkeɪk/ n. = torta che contiene all'incirca una libbra di ogni ingrediente.
pounder /ˈpaʊndə(r)/ agg. **-pounder** in composti COLLOQ. **1** ***a ten~*** *(fish)* un pesce da dieci libbre; *(baby)* un neonato di dieci libbre **2** MIL. ***a thirty~*** un pezzo da trenta.
pounding /ˈpaʊndɪŋ/ n. **1** *(sound) (of waves)* (il) frangersi; *(of drums)* rullo m.; *(of heart)* battito m.; *(of guns, fists)* colpi m.pl.; *(of hooves)* scalpitio m.; **2** *(damage, defeat)* ***to take a ~*** [*area, building*] essere bombardato; ***we took a ~ in the final*** SPORT COLLOQ. abbiamo preso una bella batosta nella finale; ***we gave the other team a ~*** COLLOQ. li abbiamo stracciati.
pound net /ˌpaʊndˈnet/ n. nassa f.
pound sign /ˌpaʊndˈsaɪn/ n. **1** simbolo m. della sterlina **2** AE *(hash)* cancelletto m.
▷ **pour** /pɔ:(r)/ **I** tr. **1** versare [*liquid*]; colare [*cement, metal, wax*]; ***to ~ sth. into, over*** versare qcs. in, su; ***she ~ed the milk down the sink*** ha versato il latte nel lavandino; ***she looks as if she's been ~ed into that dress*** COLLOQ. sembra che le abbiano cucito il vestito addosso **2** (anche ~ **out**) *(serve)* servire, versare [*drink*]; ***I ~ed him a cup of coffee*** gli ho servito un caffè; ***he ~ed her a drink, he ~ed a drink for her*** le ha versato da bere; ***~ me a drink please*** mi versi da bere per favore? ***can I ~ you some more coffee?*** le verso ancora un po' di caffè? ***to ~ oneself a drink*** versarsi da bere; ***she ~ed herself another whisky*** si è versata un altro whisky **3** *(supply freely)* ***to ~ money into industry, education*** investire molto denaro nell'industria, nell'istruzione; ***to ~ one's energies into one's work*** concentrare tutte le proprie energie nel lavoro; ***they're still ~ing troops into the region*** continuano a inviare tantissime truppe nella regione **II** intr. **1** *(flow)* [*liquid*] colare; ***to ~ into*** [*water, liquid*] colare in; [*smoke, fumes, light*] entrare in *o* diffondersi; ***to ~ out of*** o ***from*** [*smoke, fumes*] uscire (in grande quantità) da; [*water*] sgorgare da; ***there was blood ~ing from the wound*** il sangue sgorgava dalla ferita; ***perspiration, tears ~ed down her face*** il sudore le scorreva, le lacrime le scorrevano sul volto; ***water ~ed down the walls*** l'acqua colava lungo i muri; ***light ~ed through the window*** la luce entrava a fiotti dalla finestra; ***relief ~ed over me*** fui pervaso da un grande senso di sollievo **2** FIG. ***to ~ into*** [*people*] affluire in; ***to ~ from*** o ***out of*** [*people, cars*] uscire in massa *o* riversarsi fuori da; [*supplies, money*] uscire in grande quantità da; ***to ~ across*** o ***over*** [*people*] riversarsi su [*border, bridge*]; ***workers came ~ing through the factory gates*** gli operai entrarono in massa dai cancelli della fabbrica **3** *(serve tea, coffee)* ***shall I ~?*** servo io? **4** [*jug, teapot*] versare; ***to ~ well, badly*** versare bene, male **III** impers. ***it's ~ing (with rain)*** piove a dirotto; ***it's ~ing buckets*** COLLOQ. piove a catinelle ◆ ***to ~ cold water on sth.*** farsi vedere poco entusiasti per qcs.; ***to ~ it on*** COLLOQ. SPREG. = esagerare.
▪ **pour away:** ~ ***away [sth.]***, ~ ***[sth.] away*** buttare via [*surplus, dregs*].
▪ **pour down** scendere a dirotto; ***the rain was ~ing down*** la pioggia cadeva a dirotto.
▪ **pour forth** LETT. → **pour out**.
▪ **pour in:** ~ ***in*** [*letters, requests, money, job offers*] piovere; [*water*] entrare a fiotti; ***invitations came ~ing in*** arrivarono moltissimi inviti; ~ ***in [sth.]***, ~ ***[sth.] in*** versare [*water, cream*].
▪ **pour off:** ~ ***off [sth.]***, ~ ***[sth.] off*** gettare via, eliminare [*excess, fat, cream*].
▪ **pour out:** ~ ***out*** [*liquid, smoke*] uscire (in grandi quantità) da; [*people*] uscire in massa; ***all her troubles came ~ing out*** lasciò fuoriuscire tutti i suoi problemi; ~ ***out [sth.]***, ~ ***[sth.] out*** **1** versare, servire [*coffee, wine etc.*] **2** FIG. dare libero sfogo a [*ideas*]; sfogare [*feelings, anger, troubles*] (**to sb.** con qcn.); scaricare [*fumes, sewage*]; vomitare [*music*]; elargire [*money, funding*] (**on** a); scaricare [*goods, exports*]; ***to ~ out one's troubles*** o ***heart to sb.*** sfogarsi con qcn.; ***he ended up ~ing out all he knew about him*** finì col raccontare tutto ciò che sapeva su di lui.
pouring /ˈpɔ:rɪŋ/ agg. **1** ***in the ~ rain*** sotto la pioggia battente **2** ***to be of ~ consistency*** GASTR. essere di consistenza liquida.
pourpoint /ˈpʊəpɔɪnt/ n. STOR. farsetto m. imbottito.
1.pout /paʊt/ n. muso m., broncio m.; ***to answer with a ~*** rispondere facendo il broncio.
2.pout /paʊt/ **I** tr. ***to ~ one's lips*** mettere il broncio **II** intr. fare il broncio, imbronciarsi.
pouting /ˈpaʊtɪŋ/ agg. imbronciato.
poutingly /ˈpaʊtɪŋlɪ/ avv. col broncio.
poverty /ˈpɒvətɪ/ n. **1** *(lack of money)* povertà f.; *(more severe)* miseria f.; ***to live in ~*** vivere nella miseria; ***to be reduced to ~*** ridursi in miseria **2** *(of imagination, resources)* povertà f., scarsezza f. (**of** di).
poverty line /ˈpɒvətɪˌlaɪn/, **poverty level** /ˈpɒvətɪˌlevl/ n. soglia f. di povertà; ***below, near the ~*** al di sotto della, vicino alla soglia di povertà.
poverty-stricken /ˈpɒvətɪstrɪkn/ agg. molto povero, poverissimo.
poverty trap /ˈpɒvətɪˌtræp/ n. BE trappola f. della povertà.
POW n. (⇒ prisoner of war) = prigioniero di guerra.
▷ **1.powder** /ˈpaʊdə(r)/ n. polvere f.; COSMET. cipria f.; *(snow)* neve f. farinosa; ***face ~*** cipria; ***washing ~*** detersivo in polvere; ***to crush*** o ***reduce to a ~*** ridurre in polvere; ***to grind to a ~*** macinare; ***in ~ form*** in polvere ◆ ***to keep one's ~ dry*** tenere gli occhi ben aperti.
2.powder /ˈpaʊdə(r)/ tr. **1** *(dust)* COSMET. incipriare [*face*]; *(with snow)* spolverare (**with** di) **2** *(grind up)* macinare, ridurre in polvere ◆ ***to ~ one's nose*** EUFEM. SCHERZ. *(go to the toilet)* andare a incipriarsi il naso.
powder blue /ˌpaʊdərˈblu:/ ♦ 5 **I** n. azzurro m. pastello **II** agg. azzurro pastello.
powder compact /ˈpaʊdərˌkɒmpækt/ n. COSMET. portacipria m.
powdered /ˈpaʊdəd/ **I** p.pass. → **2.powder II** agg. [*egg, milk, coffee*] in polvere.
powder flask /ˈpaʊdərˌflɑ:sk, AE -ˌflæsk/ n. STOR. MIL. fiasca f.

powder horn /ˈpaʊdər,hɔːn/ n. STOR. corno m. per la polvere da sparo.
powder keg /ˈpaʊdər,keg/ n. **1** MIL. barile m. di polvere da sparo **2** FIG. *(dangerous situation)* polveriera f.; ***to be sitting on a ~*** essere seduti su una polveriera.
powder magazine /paʊdər,mægəˈziːn/ n. MIL. *(in a fort)* polveriera f.; *(on ship)* santabarbara f.
powder monkey /ˈpaʊdər,mʌnkɪ/ n. **1** STOR. = ragazzo addetto al trasporto della polvere da sparo dalla santabarbara al cannone **2** artificiere m.
powder puff /ˈpaʊdər,pʌf/ n. piumino m. della cipria.
powder room /ˈpaʊdər,ruːm, -,rʊm/ n. EUFEM. toilette f. per signore.
powder snow /ˈpaʊdər,snəʊ/ n. neve f. farinosa.
powdery /ˈpaʊdərɪ/ agg. **1** *(in consistency)* in polvere; [*stone*] friabile **2** *(covered with powder)* impolverato, coperto di polvere.
▶ **1.power** /ˈpaʊə(r)/ **I** n. **1** POL. *(control)* potere m.; ***to take*** o ***seize ~*** prendere il potere; ***to be in, come to ~*** essere, salire al potere; ***to be returned, swept to ~*** essere ristabilito, portato al potere; ***~ to the people!*** potere al popolo! ***~ corrupts*** il potere corrompe; ***to be in sb.'s ~*** essere alla mercé di qcn.; ***to have sb. in one's ~*** avere qcn. in pugno **2** *(strength)* potenza f., forza f.; ***divine ~*** la potenza divina; ***to wield enormous ~*** esercitare un enorme potere; ***a poem, speech of great ~*** una poesia, un discorso estremamente coinvolgente **3** *(influence)* influenza f. (**over** su); ***I have no ~ over the committee*** non ho alcun ascendente sul comitato; ***I have no ~ over how the money is spent*** non ho voce in capitolo per quanto riguarda la gestione delle spese; ***the act gives new ~s to the taxman*** la legge attribuisce nuovi poteri al fisco **4** *(capability)* capacità f.; ***~(s) of concentration*** capacità di concentrazione; ***~(s) of persuasion*** forza di persuasione; ***it is in*** o ***within my ~ to do*** ho il potere di fare; ***it is in*** o ***you have it in your ~ to change things*** hai il potere di cambiare le cose; ***it does not lie within my ~ to help you*** FORM. non ho modo di aiutarti; ***to do everything in one's ~*** fare quanto è in proprio potere (**to do** per fare); ***to lose the ~ of speech*** perdere l'uso della parola; ***to be at the height of one's ~s*** essere all'apogeo della potenza; [*artist*] essere all'apice della creatività **5 U** *(authority)* poteri m.pl.; ***the courts, police have the ~ to do sth.*** il tribunale, la polizia ha il potere di fare qcs. **6** *(physical force) (of person, explosion)* forza f., potenza f.; *(of storm)* violenza f. **7** FIS. TECN. energia f.; *(electrical)* energia f. elettrica; *(current)* corrente f.; ***to switch on the ~*** attaccare la corrente; ***a cheap source of ~*** una fonte energetica poco costosa **8** MECC. *(of vehicle, plane)* potenza f.; ***we're losing ~*** perdiamo potenza; ***to be running at full, half ~*** funzionare a massima potenza, a potenza ridotta **9** *(magnification)* potenza f. **10** MAT. ***8 to the ~ of 3*** 8 alla potenza di 3; ***to the nth ~*** (elevato) all'ennesima potenza; ***second ~*** seconda potenza **11** *(country)* potenza f.; ***the big ~s*** le grandi potenze **II** modif. TECN. EL. [*drill, circuit, cable*] elettrico; [*mower*] a motore; [*shovel, lathe*] meccanico; ***~ brake*** servofreno ◆ ***to do sb. a ~ of good*** essere un toccasana per qcn.; ***to be the ~ behind the throne*** essere l'eminenza grigia; ***the ~s of darkness*** le potenze delle tenebre; ***the ~s that be*** il potere costituito.
2.power /ˈpaʊə(r)/ tr. alimentare [*engine*]; motorizzare [*plane, boat*]; ***~ed by*** che va a [*engine*]; che funziona a [*gas*]; alimentato da [*electricity, generator*].
power-assisted /,paʊərəˈsɪstɪd/ agg. ***~ steering*** servosterzo.
power base /ˈpaʊə,beɪs/ n. POL. base f. di potere.
powerboat /ˈpaʊəbəʊt/ n. motoscafo m.
power breakfast /ˈpaʊə,brekfəst/ n. = importante incontro d'affari nel corso di una prima colazione.
power broker /ˈpaʊə,brəʊkə(r)/ n. AE POL. intrallazzatore m. (-trice).
power cut /ˈpaʊə,kʌt/ n. interruzione f. di corrente.
power dispute /ˈpaʊədɪ,spjuːt/ n. vertenza f. sulla questione energetica.
power dive /ˈpaʊə,daɪv/ n. AER. picchiata f. (col motore acceso).
power dressing /,paʊəˈdresɪŋ/ n. = stile nel vestire di chi vuole segnalare la propria posizione di potere (soprattutto nel mondo degli affari).
power-driven /ˈpaʊə,drɪvn/ agg. [*lawnmower*] a motore; [*bike*] elettrico.
powered /ˈpaʊəd/ **I** p.pass. → **2.power II** agg. in composti ***electrically~*** elettrico.
▶ **powerful** /ˈpaʊəfl/ agg. [*person*] potente, influente; [*arms, engine, computer, bomb, government, regime*] potente; [*build, voice*] possente; [*athlete*] forte; [*description, portrayal*] efficace; [*smell, emotion, impression, light*] forte, intenso; [*kick, blow*] forte, vigoroso; [*argument, evidence*] convincente; [*performance*] coinvolgente.
powerfully /ˈpaʊəfəlɪ/ avv. [*influenced, affected*] fortemente; [*portrayed*] con efficacia; [*attack, urge*] energicamente; [*argue*] in modo energico; [*reek, smell*] intensamente (**of** di); ***to be ~ built*** avere un fisico possente.
power game /ˈpaʊə,geɪm/ n. gioco m. di potere.
powerhouse /ˈpaʊəhaʊs/ n. **1** centrale f. elettrica **2** COLLOQ. FIG. *(of ideas etc.)* fucina f. **3** FIG. *(person)* vulcano m.; ***she's a ~!*** ha energie da vendere! ***to be a ~ in attack*** [*team*] avere un attacco fortissimo.
powerless /ˈpaʊəlɪs/ agg. impotente (**against** innanzi); ***I was ~ to prevent it*** non ho potuto fare niente per impedirlo; ***the police were ~ to intervene*** la polizia non è potuta intervenire.
powerlessness /ˈpaʊəlɪsnɪs/ n. impotenza f.
power line /ˈpaʊə,laɪn/ n. linea f. elettrica.
power lunch /ˈpaʊə,lʌntʃ/ n. = importante incontro d'affari nel corso di un pranzo di lavoro.
power nap /ˈpaʊə,næp/ n. sonnellino m. rigenerante.
power of attorney /,paʊərəvəˈtɜːnɪ/ n. procura f.
power pack /ˈpaʊəpæk/ n. AE EL. alimentatore m.
power plant /ˈpaʊəplɑːnt, AE -plænt/ n. AE → **power station**.
power play /ˈpaʊəpleɪ/ n. AE FIG. concentrazione f. di forze.
power point /ˈpaʊəpɔɪnt/ n. presa f. (di corrente).
power politics /,paʊəˈpɒlətɪks/ n.pl. *(using military force)* politica f. della forza; *(using coercion)* politica f. intimidatoria.
power sharing /,paʊəˈʃeərɪŋ/ n. = tipo di governo in cui i partiti dividono il potere.
power station /ˈpaʊə,steɪʃn/ n. centrale f. elettrica.
power steering /,paʊəˈstɪərɪŋ/ n. servosterzo m.
power structure /ˈpaʊə,strʌktʃə(r)/ n. struttura f. del potere.
power surge /ˈpaʊə,sɜːdʒ/ n. EL. sovracorrente f.
power tool /ˈpaʊə,tuːl/ n. attrezzo m. elettrico.
power user /ˈpaʊə,juːzə(r)/ n. INFORM. utente m. e f. avanzato (-a).
power windows /ˈpaʊə,wɪndəʊz/ n.pl. alzacristalli m.sing. elettrico.
power workers /ˈpaʊə,wɜːkəz/ n.pl. operai m. (-e) nelle centrali elettriche.
1.powwow /ˈpaʊwaʊ/ n. **1** ANTROP. *(ceremony)* = cerimonia sacra tra gli indiani del Nord America; *(council)* = consiglio, riunione di indiani del Nord America; *(priest)* stregone m. **2** COLLOQ. FIG. = riunione.
2.powwow /ˈpaʊwaʊ/ **I** tr. ANTROP. *(cure)* curare con le arti magiche **II** intr. **1** *(among North American Indians) (have a ceremony)* tenere una cerimonia; *(hold a council)* partecipare a un consiglio **2** COLLOQ. FIG. fare una riunione.
Powys /ˈpaʊɪs/ ➧ ***24*** n.pr. Powys m.
pox /pɒks/ ➧ ***11*** n. **1** ANT. *(smallpox)* vaiolo m. **2** COLLOQ. ANT. *(syphilis)* sifilide f. ◆ ***a ~ on you!*** ANT. ti venga un accidente!
poxy /ˈpɒksɪ/ agg. BE **1** *(spotty)* pustoloso **2** COLLOQ. [*face, dog, house, meal, present*] schifoso; [*reward, salary*] schifoso, da schifo.
pozz(u)olan(a) /pɒtsə(ʊ)ˈlɑːn(ə)/ n. pozzolana f.
pp 1 *(on document)* ⇒ per procurationem per procura (p.p.) **2** MUS. ⇒ pianissimo pianissimo (p.p.) **3** ⇒ pages pagine (pp., pagg.).
p&p n. (⇒ postage and packing) = spese di spedizione.
PPE n. BE UNIV. (⇒ philosophy, politics and economics) = filosofia, politica ed economia.
PPS n. BE (⇒ Parliamentary Private Secretary) = segretario parlamentare.
Pr n. (⇒ prince) = principe.
1.PR n. **1** (⇒ public relations pubbliche relazioni) PR f. **2** (⇒ proportional representation) = rappresentanza proporzionale **3** AE COLLOQ. SPREG. (⇒ Puerto Rican) = portoricano.
2.PR AE ⇒ Puerto Rico Portorico.
practicability /,præktɪkəˈbɪlətɪ/ n. **1** *(feasibility) (of proposal, plan)* attuabilità f. **2** *(of roads, access)* praticabilità f.
practicable /ˈpræktɪkəbl/ agg. **1** *(feasible)* [*proposal, plan*] realizzabile **2** *(passable)* [*road*] praticabile.
▶ **practical** /ˈpræktɪkl/ **I** agg. **1** *(concrete, not theoretical)* pratico, concreto; ***for all ~ purposes*** di fatto; ***in ~ terms*** in pratica **2** [*person*] *(sensible)* (con senso) pratico; *(with hands)* pratico; ***to be ~*** avere senso pratico **3** *(functional)* [*clothes, shoes, furniture, equipment*] pratico **4** *(viable)* [*plan etc.*] realizzabile **5** *(virtual)* ***it's a ~ certainty that*** è praticamente certo che **II** n. *(exam)* esame m. pratico, prova f. pratica; *(lesson)* lezione f. pratica.
practicality /,præktɪˈkælətɪ/ **I** n. **1** *(of person)* senso m. pratico; *(of clothes, equipment)* praticità f. **2** *(of scheme, idea, project)* aspetto m. pratico **II practicalities** n.pl. dettagli m. pratici.

practical joke /ˌpræktɪkl'dʒəʊk/ n. burla f., scherzo m.
practical joker /ˌpræktɪkl'dʒəʊkə(r)/ n. burlone m. (-a).
▷ **practically** /'præktɪklɪ/ avv. **1** *(almost, virtually)* quasi, praticamente **2** *(in a practical way)* in modo pratico.
practicalness /'præktɪklnɪs/ n. → **practicality**.
practical nurse /ˌpræktɪkl'nɜ:s/ ➧ *27* n. infermiere m. (-a) ausiliare.
▶ **1.practice** /'præktɪs/ **I** n. **1** U *(exercises)* esercizio m.; *(experience)* pratica f.; ***it's just a matter of ~*** è solo una questione di esercizio; ***to do one's piano ~*** esercitarsi al pianoforte; ***to have had ~ in*** o ***at sth., in*** o ***at doing*** avere esperienza in qcs., nel fare; ***it's all good ~*** è tutta esperienza; ***to be in ~*** *(for sport)* essere allenato; *(for music)* essersi esercitato; ***to be out of ~*** essere fuori esercizio **2** *(meeting) (for sport)* allenamento m.; *(for music, drama)* prove f.pl.; ***I've got soccer ~ tonight*** ho l'allenamento di calcio stasera **3** *(procedure)* pratica f., procedura f.; ***it's standard, common ~ to do*** è una procedura standard, comune fare; ***against normal ~*** contrariamente alla prassi; ***business ~*** prassi (aziendale); ***it's normal business ~ to do*** è nostra prassi fare **4** C *(habit)* abitudine f.; ***my usual ~ is to do*** sono solito fare; ***to make a ~ of doing*** o ***to make it a ~ to do*** prendere l'abitudine di fare; ***as is my usual ~*** come faccio di prassi **5** *(custom)* usanza f.; ***the ~ of doing*** l'usanza di fare; ***they make a ~ of doing*** o ***they make it a ~ to do*** è loro prassi fare **6** *(business of doctor, lawyer)* pratica f. (professionale), esercizio m. (della professione); ***to have a ~ in London*** avere uno studio a Londra; ***to be in ~*** esercitare (la professione); ***to be in ~ in Oxford*** esercitare a Oxford; ***to set up in*** o ***go into ~*** aprire uno studio **7** U *(as opposed to theory)* pratica f.; ***in ~*** in pratica; ***to put sth. into ~*** mettere qcs. in pra-tica **II** modif. [*game, match*] di allenamento; [*flight*] di prova; ***~ exam*** esercitazione d'esame ◆ ***~ makes perfect*** vale più la pratica che la grammatica.
2.practice AE → **practise**.
practiced AE → **practised**.
practice run /'præktɪsˌrʌn/ n. prova f. generale.
practice teacher /'præktɪsˌti:tʃə(r)/ n. AE *(secondary)* professore m. (-essa) tirocinante; *(primary)* maestro m. (-a) tirocinante.
practicing AE → **practising**.
▷ **practise** BE, **practice** AE /'præktɪs/ **I** tr. **1** *(work at)* provare [*song, speech*]; esercitarsi in [*Italian*]; esercitare [*movement, shot*]; perfezionare [*technique*]; fare le prove per [*play, performance*]; ***to ~ the piano*** esercitarsi al pianoforte; ***to ~ one's scales*** (esercitarsi a) fare le scale; ***she's practising what to say to him*** sta ripetendosi il discorso che vuole fargli; ***to ~ doing*** o ***how to do*** esercitarsi a fare; ***to ~ one's Italian on sb.*** fare pratica di italiano *o* mettere in pratica il proprio italiano con qcn. **2** *(use)* utilizzare, praticare [*method*]; fare uso di [*torture*]; ***to ~ restraint*** esercitare l'autocontrollo; ***to ~ kindness*** essere gentile; ***to ~ economy*** fare economia **3** *(follow a profession)* praticare, esercitare; ***to ~ medicine, law*** esercitare la professione di medico, la professione giuridica **4** *(observe)* osservare, praticare [*custom, religion*] **II** intr. **1** *(train) (at piano, violin)* esercitarsi; *(for sports)* allenarsi; *(for play, concert)* provare; ***to ~ for*** allenarsi per [*match, game*]; provare [*play, speech*] **2** *(follow a profession)* esercitare una professione; ***to ~ as*** fare il [*doctor, lawyer*] ◆ ***to ~ what one preaches*** mettere in pratica ciò che si predica; ***he doesn't ~ what he preaches*** predica bene e razzola male.
practised BE, **practiced** AE /'præktɪst/ **I** p.pass. → **practise II** agg. [*player, lawyer, cheat*] esperto; [*eye, ear*] allenato; [*movement, performance*] perfetto; ***to be ~ in, in doing*** essere esperto in, a fare.
practising BE, **practicing** AE /'præktɪsɪŋ/ agg. [*Christian, Muslim*] praticante; [*doctor, lawyer*] che esercita; [*homosexual*] (sessualmente) attivo.
▷ **practitioner** /præk'tɪʃənə(r)/ n. **1** *(of profession)* professionista m. e f.; ***legal ~*** giurista; ***dental ~*** dentista **2** *(of belief)* praticante; ***~ of magic*** operatore m. (-trice) dell'occulto.
praesidium → **presidium**.
praetor /'pri:tə(r)/ n. STOR. pretore m.
praetorial /pri:'tɔ:rɪəl/ agg. STOR. pretorio.
praetorian /pri:'tɔ:rɪən/ **I** n. STOR. pretoriano m. **II** agg. STOR. pretorio; ***~ guard*** coorte pretoria.
▷ **pragmatic** /præg'mætɪk/ agg. **1** *(matter-of-fact)* pratico, pragmatico **2** *(dogmatic)* dogmatico, intransigente **3** *(pertaining to the State)* ***the ~ sanction*** la prammatica sanzione **4** FILOS. pragmatistico **5** LING. pragmatico.
pragmatical /præg'mætɪkl/ agg. **1** *(matter-of-fact)* pratico, pragmatico **2** *(dogmatic)* dogmatico, intransigente **3** FILOS. pragmatistico.
pragmatically /præg'mætɪklɪ/ avv. [*say, accept etc.*] in modo pragmatico; [*considered*] pragmaticamente.
pragmatics /præg'mætɪks/ n. + verbo sing. **1** LING. pragmatica f. **2** *(of scheme, situation)* aspetto m. pratico, aspetti m.pl. pratici.
pragmatism /'prægmətɪzəm/ n. **1** FILOS. pragmatismo m. **2** *(pedantry)* pedanteria f.
pragmatist /'prægmətɪst/ n. **1** *(practical person)* pragmatico m. (-a) **2** FILOS. pragmatista m. e f. **3** LING. studioso m. (-a) di pragmatica.
pragmatize /'prægmətaɪz/ tr. rappresentare come reale, dare forma concreta a.
Prague /prɑ:g/ ➧ *34* n.pr. Praga f.
prairie /'preərɪ/ n. prateria f.
prairie chicken /ˌpreərɪ'tʃɪkɪn/ n. AE ZOOL. tetraone m. delle praterie.
prairie dog /ˌpreərɪ'dɒg, AE -'dɔ:g/ n. cane m. delle praterie.
prairie hen /ˌpreərɪ'hen/ n. → **prairie chicken**.
prairie oyster /ˌpreərɪ'ɔɪstə(r)/ n. AE **1** COLLOQ. *(drink)* = bevanda a base di uovo crudo utilizzata come rimedio dopo le ubriacature **2** GASTR. *(testicles)* testicoli m.pl. di vitello.
prairie schooner /ˌpreərɪ'sku:nə(r)/ n. STOR. carro m. delle praterie.
prairie wolf /'preərɪˌwʊlf/ n. AE coyote m.
▷ **1.praise** /preɪz/ n. **1** elogio m., lode f. (**for** per; **for doing** per avere fatto); ***in ~ of sb.*** in lode di qcn.; ***in ~ of sth.*** in lode di qcs.; ***beyond ~*** superiore a ogni lode; ***worthy of ~*** degno di lode; ***to be loud in one's ~ of sb.*** tessere apertamente le lodi di qcn.; ***to be loud in one's ~ of sth.*** decantare qcs.; ***to heap ~ on sb.*** coprire qcn. di lodi; ***to be highly ~d*** ricevere molti elogi; ***faint ~*** elogio tiepido; ***high ~*** grande elogio; ***that's ~ indeed coming from her*** detto da lei è davvero un complimento **2** RELIG. gloria f.
▷ **2.praise** /preɪz/ tr. **1** lodare [*person, book, achievement*]; ***to ~ sb. for sth., for doing*** lodare qcn. per qcs., per avere fatto; ***to ~ sb., sth. as sth.*** elogiare qcn., qcs. in quanto qcs.; ***to ~ sb. to the skies*** portare *o* levare qcn. alle stelle; ***to ~ sth. to the skies*** decantare le virtù di qcs.; ***to sing sb.'s, sth.'s ~s*** cantare le lodi di qcn., di qcs. **2** RELIG. lodare [*God*] (**for** per); ***Praise be to God!*** Dio sia lodato!
praiseworthiness /'preɪzwɜ:ðɪnɪs/ n. (l')essere lodevole (**of** di).
praiseworthy /'preɪzwɜ:ðɪ/ agg. lodevole, encomiabile (**to do** fare).
praline /'prɑ:li:n/ n. pralina f.
1.pram /præm/ n. BE carrozzina f. (per bambini).
2.pram /præm/ n. pram m.
1.prance /prɑ:ns, AE præns/ n. **1** *(of horse)* impennata f. **2** *(spring)* balzo m., saltello m. **3** *(walk) (happy)* andatura f. allegra; *(proud)* passo m. baldanzoso.
2.prance /prɑ:ns, AE præns/ intr. [*horse*] impennarsi; [*person*] *(gaily)* saltellare; *(smugly)* camminare impettito; ***to ~ in, out*** [*person*] entrare, uscire baldanzosamente *o* saltellando.
prancing /'prɑ:nsɪŋ, AE 'præns-/ agg. [*horse*] che si impenna; [*person*] baldanzoso.
prandial /'prandɪəl/ agg. ANT. SCHERZ. di, del pranzo.
1.prang /præŋ/ n. BE ANT. COLLOQ. **1** MIL. *(bombing)* bombardamento m. **2** *(accident) (of aircrafts)* caduta f.; *(of cars)* scontro m.
2.prang /præŋ/ tr. COLLOQ. *(bomb)* bombardare; *(collide with)* scontrarsi con; *(destroy by crashing)* fracassare, sfasciare [*car*].
1.prank /præŋk/ n. burla f., scherzo m.; ***to play a ~ on sb.*** fare uno scherzo a qcn.; ***childish ~s*** birichinate.
2.prank /præŋk/ intr. scherzare.
prankster /'præŋkstə(r)/ n. burlone m. (-a).
prase /preɪz/ n. MIN. prasio m.
praseodymium /ˌpreɪzɪə'dɪmɪəm/ n. praseodimio m.
prat, pratt /præt/ n. BE POP. scemo m. (-a), cretino m. (-a).
1.prate /preɪt/ n. ANT. ciance f.pl., cicaleccio m.
2.prate /preɪt/ **I** tr. ANT. blaterare **II** intr. ANT. (anche **~ on**) cianciare, chiacchierare (**about** su, a proposito di).
prater /preɪtə(r)/ n. chiacchierone m. (-a).
pratfall /'prætfɔ:l/ n. POP. *(in a burlesque)* caduta f. sul sedere; FIG. scivolone m.
pratincole /'prætɪŋkəʊl/ n. pernice f. di mare.
pratique /'prati:k/ n. MAR. pratica f.
1.prattle /'prætl/ n. chiacchiere f.pl., ciance f.pl.; *(of children)* cicaleccio m., parlottio m.
2.prattle /'prætl/ intr. parlare a vanvera, cianciare; [*children*] parlottare; ***to ~ on about sth.*** chiacchierare ininterrottamente su qcs.
prattler /'prætlə(r)/ n. chiacchierone m. (-a).
prawn /prɔ:n/ **I** n. gamberetto m. **II** modif. [*salad*] di gamberetti; [*sandwich*] con i gamberetti; ***~ cocktail*** cocktail di gamberetti.

praxis /'praksɪs/ n. (pl. **~es, -es**) FORM. *(accepted practice)* prassi f., procedura f. corrente; *(opposed to theory)* pratica f.; *(collection of exercises)* eserciziario m.

1.pray /preɪ/ **I** tr. **1** RELIG. pregare, implorare (**that** che); ***to ~ God for forgiveness, mercy*** implorare il perdono di Dio, la misericordia di Dio **2** ANT. *(request)* pregare; ***to ~ sb. (to) do sth.*** pregare qcn. di fare qcs. **II** intr. RELIG. pregare (**for** per); ***to ~ to God for sth.*** pregare Dio per qcs.; ***to ~ for rain, fair weather*** pregare che piova, che faccia bel tempo.

2.pray /preɪ/ avv. ANT. di grazia, per favore (anche IRON.); ***what is that, ~?*** di grazia, cosa sarebbe quello? ***~ be seated*** di grazia, sedetevi; ***~ silence for his lordship*** vogliate fare silenzio per sua signoria.

▷ **prayer** /'preə(r)/ **I** n. RELIG. preghiera f.; FIG. *(hope)* supplica f.; ***in ~*** in preghiera; ***to be at ~*** o ***at one's ~s*** essere in preghiera; ***to say a ~ that*** pregare che; ***to say one's prayers*** dire le preghiere; ***his ~s were answered*** FIG. le sue preghiere furono esaudite; ***you are in my ~s*** ti ricordo sempre nelle mie preghiere **II prayers** n.pl. *(informal)* preghiere f.; *(formal)* ufficio m.; ***it was time for family ~s*** era l'ora delle preghiere in famiglia; ***evening ~s*** preghiere della sera; ***Evening ~s*** vespro; ***Morning ~s*** mattutino **III** modif. RELIG. [*group, meeting*] di preghiera ◆ ***not to have a ~*** COLLOQ. non avere uno straccio di possibilità; ***on a wing and a ~*** COLLOQ. = con ancora un filo di speranza.

prayer beads /'preə,bi:dz/ n.pl. rosario m.sing.

prayer book /'preəbʊk/ n. libro m. di preghiere; ***the Prayer Book*** = il rituale della Chiesa anglicana.

prayerful /'preəfl/ agg. [*person*] pio, devoto; [*speech, action*] religioso.

prayer mat /'preə,mæt/ n. tappeto m. di preghiera.

prayer rug /'preə,rʌg/ → **prayer mat**.

prayer shawl /'preə,ʃɔ:l/ n. taled m.

prayer wheel /'preə,wi:l, AE -,hwi:l/ n. mulino m. da preghiere.

praying /'preɪɪŋ/ **I** n. *(action)* (il) pregare; *(preyer)* preghiera f. **II** agg. in preghiera.

praying mantis /,preɪɪŋ'mæntɪs/ n. (pl. **praying mantises, praying mantis**) mantide f. religiosa.

▷ **1.preach** /pri:tʃ/ n. sermone m., predica f.

▷ **2.preach** /pri:tʃ/ **I** tr. RELIG. predicare (**to** a); FIG. predicare, esaltare [*tolerance, virtue, pacifism etc.*]; ***to ~ a sermon*** fare una predica **II** intr. RELIG. predicare (**to** a); FIG. SPREG. fare la predica; ***to ~ at sb.*** fare la predica a qcn. ◆ ***to practise what one ~es*** mettere in pratica ciò che si predica; ***to ~ to the converted*** sfondare una porta aperta.

▷ **preacher** /'pri:tʃə(r)/ n. predicatore m. (-trice); RELIG. predicatore m.

preachership /'pri:tʃəʃɪp/ n. ufficio m. di predicatore.

preachify /'pri:tʃɪfaɪ/ intr. COLLOQ. SPREG. fare la predica.

preaching /'pri:tʃɪŋ/ **I** n. *(action)* (il) predicare; *(sermon)* predica f.; sermone m. **II** agg. che predica.

preachingly /'pri:tʃɪŋlɪ/ avv. in tono moraleggiante, con aria da predicatore.

preachment /'pri:tʃmənt/ n. *(action)* (il) predicare; *(tedious sermon)* predica f. (anche SPREG.).

preachy /'pri:tʃɪ/ agg. COLLOQ. *(inclined to preach)* incline a fare le prediche; *(moralistic)* moraleggiante.

pre-admonish /,pri:əd'mɒnɪʃ/ tr. preavvertire.

preadmonition /,pri:ædmə'nɪʃn/ n. preavvertimento m.

1.preamble /pri:'æmbl/ n. preambolo m. (**to** a); *(in book)* prefazione.

2.preamble /pri:'æmbl/ **I** tr. fare un preambolo a **II** intr. fare un preambolo.

preamplifier /pri:'æmplɪfaɪə(r)/ n. preamplificatore m.

preannounce /,pri:ə'naʊns/ tr. preannunciare.

preannouncement /,pri:ə'naʊnsmənt/ n. preannuncio m.

prearrange /,pri:ə'reɪndʒ/ tr. prestabilire, predisporre.

prearrangement /,pri:ə'reɪndʒmənt/ n. predisposizione f.

pre-atomic /,pri:ə'tɒmɪk/ agg. preatomico.

prebend /'prebənd/ n. STOR. prebenda f.

prebendal /pre'bəndl/ agg. *(pertaining to prebend)* di prebenda; *(pertaining to prebendary)* di prebendario.

prebendary /'prebəndrɪ, AE -derɪ/ n. prebendario m.

Precambrian /,pri:'kæmbrɪən/ **I** agg. precambriano **II** n. precambriano m.

precancerous /pri:'kænsərəs/ agg. precanceroso.

precarious /prɪ'keərɪəs/ agg. *(unstable, uncertain)* precario, incerto; *(risky)* rischioso; *(unfounded)* gratuito.

precariously /prɪ'keərɪəslɪ/ avv. precariamente.

precariousness /prɪ'keərɪəsnɪs/ n. precarietà f.

precast /,pri:'kɑ:st, AE -'kæst/ agg. prefabbricato; ***~ concrete*** componenti di calcestruzzo prefabbricati.

precatory /'prekətrɪ, AE -tɔ:rɪ/ agg. FORM. che esprime una preghiera o una richiesta.

▷ **precaution** /prɪ'kɔ:ʃn/ n. precauzione f. (**against** contro); ***as a ~*** per precauzione; ***to take ~s*** prendere delle precauzioni; ***to take ~s to ensure, avoid*** prendere delle precauzioni per assicurare, evitare; ***to take the ~ of doing*** prendere la precauzione di fare.

precautionary /prɪ'kɔ:ʃənərɪ, AE -nerɪ/ agg. precauzionale, preventivo; ***~ measure*** misura precauzionale.

precede /prɪ'si:d/ tr. precedere; ***to ~ sb. as*** precedere qcn. come [*president, leader*]; ***~d by*** preceduto da; ***to ~ a speech with a few words of thanks*** fare precedere il discorso da *o* iniziare un discorso con qualche parola di ringraziamento.

precedence /'presɪdəns/ n. **1** *(in importance)* priorità f., precedenza f.; ***to take*** o ***have ~ over sth., sb.*** avere la precedenza su qcs., qcn. **2** *(in rank)* precedenza f.; ***to have ~ over sb.*** avere la precedenza su qcn.; ***in order of ~*** in ordine di precedenza.

▷ **precedent** /'presɪdənt/ n. precedente m.; ***to set a ~*** creare un precedente.

precedential /presɪ'denʃl/ agg. *(constituting a precedent)* che costituisce un precedente; *(having precedence)* antecedente; *(preliminary)* preliminare.

▷ **preceding** /prɪ'si:dɪŋ/ agg. precedente.

precent /prɪ'sent/ **I** tr. intonare [*psalm*] **II** intr. guidare il coro, dirigere il coro.

precentor /prɪ'sentə(r)/ n. canonico m. cantore.

precept /'pri:sept/ n. *(rule)* precetto m., regola f.; *(maxim)* massima f.; DIR. ordine m., ordinanza f.

preceptive /pri:'septɪv/ agg. *(didactic)* didattico, istruttivo; DIR. precettivo.

preceptor /'pri:septə(r)/ n. **1** ANT. *(teacher)* istitutore m. (-trice), precettore m. (-trice) **2** AE UNIV. = medico specialista presso il quale gli studenti di medicina svolgono il tirocinio.

preceptorial /pri:sep'tɒrɪəl/ agg. *(pertaining to preceptor)* di precettore; *(didactic)* didattico, istruttivo.

preceptorship /pri:'septəʃɪp/ n. ufficio m. di precettore; AE UNIV. = tirocinio fatto da uno studente di medicina sotto la guida di un medico specialista.

preceptory /pri:'septrɪ, AE -tɔ:rɪ/ n. *(community)* = comunità dei Cavalieri Templari; *(estates)* = beni appartenenti alle comunità dei Cavalieri Templari.

preceptress /pri:'septrɪs/ n. ANT. istitutrice f.

precession /prɪ'seʃn/ n. precessione f.; ***~ of the equinoxes*** precessione degli equinozi.

processional /prɪ'seʃnl/ agg. di precessione.

pre-Christian /prɪ'krɪstʃən/ agg. precristiano.

precinct /'pri:sɪŋkt/ **I** n. **1** BE (anche **shopping ~**) zona f. commerciale **2** BE (anche **pedestrian ~**) isola f., zona f. pedonale **3** AE AMM. *(of county)* circoscrizione f.; *(of city)* distretto m. **II precincts** n.pl. **1** *(surrounding area)* ***in the ~s of*** nei pressi di *o* nei dintorni di **2** BE *(of university, cathedral)* confini m. **III** modif. AE AMM. [*captain, police station*] distrettuale; ***~ worker*** AE POL. propagandista.

preciosity /preʃɪ'ɒsɪtɪ/ n. *(refinement in style, language)* preziosità f., ricercatezza f.

▷ **precious** /'preʃəs/ **I** agg. **1** *(valuable)* [*resource, possession, time*] prezioso; [*land*] che ha molto valore **2** *(held dear)* [*person*] caro (**to** a) **3** COLLOQ. IRON. *(beloved)* amato **4** SPREG. *(affected)* [*person*] che si atteggia; [*style*] affettato **II** avv. *(very)* ***~ little time, sense*** molto poco tempo, senso; ***~ little to do*** molto poco da fare; ***~ few cars, solutions*** veramente poche macchine, soluzioni **III** n. *(as endearment)* caro m. (-a); ***Florence come here ~*** Fiorenza, vieni qui tesoro.

preciously /'preʃəslɪ/ avv. **1** *(with refined language)* con un linguaggio molto ricercato **2** COLLOQ. *(exceedingly)* estremamente.

precious metal /,preʃəs'metl/ n. metallo m. prezioso.

preciousness /'preʃəsnɪs/ n. **1** *(value) (of time, possessions)* valore m. **2** *(affectedness)* preziosità f., ricercatezza f.

precious stone /,preʃəs'stəʊn/ n. pietra f. preziosa.

precipice /'presɪpɪs/ n. precipizio m., strapiombo m.; FIG. precipizio m.

precipitable /prɪ'sɪpɪtəbl/ agg. precipitabile.

precipitance /prɪ'sɪpɪtəns/, **precipitancy** /prɪ'sɪpɪtənsɪ/ n. FORM. *(excessive haste)* precipitazione f.; *(rashness)* avventatezza f.

precipitant /prɪ'sɪpɪtənt/ **I** n. CHIM. precipitante m. **II** agg. FORM. *(hasty)* [*decision, departure*] precipitoso, affrettato; [*person*] precipitoso, avventato.

1.precipitate **I** /prɪˈsɪpɪtət/ agg. *(hasty)* [*decision, departure*] precipitoso, affrettato; [*person*] precipitoso, avventato **II** /prɪˈsɪpɪteɪt/ n. CHIM. precipitato m.
2.precipitate /prɪˈsɪpɪteɪt/ **I** tr. **1** CHIM. precipitare **2** METEOR. fare cadere [*water*] **3** *(hurl)* (fare) precipitare, gettare (anche FIG.) **4** *(hasten)* precipitare, affrettare, accelerare **II** intr. **1** CHIM. precipitare **2** METEOR. cadere.
precipitately /prɪˈsɪpɪtətlɪ/ avv. FORM. *(with haste)* frettolosamente, precipitosamente; *(rashly)* avventatamente.
precipitation /prɪˌsɪpɪˈteɪʃn/ n. **1** CHIM. precipitazione f. **2** METEOR. precipitazioni f.pl. **3** *(rashness)* avventatezza f.
precipitator /prɪˈsɪpɪteɪtə(r)/ n. precipitatore m.
precipitous /prɪˈsɪpɪtəs/ agg. **1** FORM. *(steep)* [*cliff*] scosceso, a picco; [*road, steps*] ripido **2** *(hasty)* [*decision, departure*] precipitoso, affrettato; [*person*] precipitoso, avventato.
precipitously /prɪˈsɪpɪtəslɪ/ avv. FORM. *(rashly)* precipitosamente; *(suddenly)* improvvisamente.
precipitousness /prɪˈsɪpɪtəsnɪs/ n. **1** *(steepness)* ripidezza f. **2** *(hastiness)* precipitosità f.
1.précis /ˈpreɪsiː, AE preɪˈsiː/ n. (pl. ~) riassunto m., sunto m.
2.précis /ˈpreɪsiː, AE preɪˈsiː/ tr. fare un riassunto di, riassumere [*text, speech*].
▷ **precise** /prɪˈsaɪs/ agg. **1** *(exact)* [*idea, moment, sum, measurement*] preciso; ***can you be more ~?*** puoi essere più preciso? ***to be ~*** per la precisione; ***not at this ~ moment*** non in questo preciso momento **2** *(meticulous)* [*person, mind*] meticoloso, puntiglioso.
▷ **precisely** /prɪˈsaɪslɪ/ avv. **1** *(exactly)* esattamente, precisamente; ***I saw her ~ four times*** l'ho vista esattamente quattro volte; ***~ because*** precisamente perché; ***that's ~ why*** è esattamente per quel motivo; ***at ten o'clock ~*** alle dieci precise **2** *(accurately)* [*describe, record*] con precisione.
preciseness /prɪˈsaɪsnɪs/ n. precisione f., meticolosità f.
precisian /prɪˈsɪʒn/ n. ANT. rigorista m. e f., pignolo m. (-a); STOR. puritano m. (-a).
precisianism /prɪˈsɪʒənɪzəm/ n. rigorismo m.
▷ **precision** /prɪˈsɪʒn/ **I** n. precisione f.; ***with ~*** con precisione; ***with military ~*** con rigore militare; ***with surgical ~*** con una precisione chirurgica **II** modif. [*engineering, steering, tool*] di precisione.
precision bombing /prɪˌsɪʒnˈbɒmɪŋ/ n. bombardamento m. di precisione.
precision casting /prɪˌsɪʒnˈkɑːstɪŋ, AE -ˈkæstɪŋ/ n. microfusione f.
precisionist /prɪˈsɪʒənɪst/ n. chi è molto attento alla precisione; *(purist)* purista m. e f.
preclassical /priːˈklæsɪkl/ agg. preclassico.
preclude /prɪˈkluːd/ tr. escludere [*choice, possibility*]; impedire [*action, involvement*]; ***to ~ sb. (from) doing*** impedire a qcn. di fare; ***to ~ sth. (from) doing*** impedire a qcs. di fare.
preclusion /prɪˈkluːʒn/ n. RAR. preclusione f.
preclusive /prɪˈkluːsɪv/ agg. preclusivo, che preclude.
precocious /prɪˈkəʊʃəs/ agg. precoce; ***a ~ child*** SPREG. un saputello.
precociously /prɪˈkəʊʃəslɪ/ avv. precocemente.
precociousness /prɪˈkəʊʃəsnɪs/, **precocity** /prɪˈkɒsətɪ/ n. precocità f.
precognition /ˌpriːkɒgˈnɪʃn/ n. *(knowledge)* preconoscenza f.; *(perception)* precognizione f.
pre-Columbian /ˌpriːkəˈlʌmbɪən/ agg. precolombiano.
precombustion /ˌpriːkəmˈbʌstʃən/ **I** n. precombustione f. **II** modif. ***~ chamber*** camera di precombustione; ***~ engine*** motore a precombustione.
preconceive /ˌpriːkənˈsiːv/ tr. *(conceive beforehand)* pensare anticipatamente; *(form ideas)* farsi dei preconcetti su qcs.
preconceived /ˌpriːkənˈsiːvd/ **I** p.pass. → **preconceive II** agg. preconcetto.
preconception /ˌpriːkənˈsepʃn/ n. preconcetto m., idea f. preconcetta (**about** su, di), pregiudizio m. (**about** su).
preconcert /ˌpriːkənˈsɜːt/ tr. ANT. predisporre, prestabilire.
preconcerted /ˌpriːkənˈsɜːtɪd/ **I** p.pass. → **preconcert II** agg. predisposto, prestabilito.
1.precondition /ˌpriːkənˈdɪʃn/ n. *(required condition)* requisito m. indispensabile.
2.precondition /ˌpriːkənˈdɪʃn/ tr. preparare, predisporre (anche PSIC.).
preconscious /priːˈkɒnʃəs/ **I** agg. preconscio **II** n. preconscio m.
precook /ˌpriːˈkʊk/ tr. cuocere prima, preparare prima.
precooked /ˌpriːˈkʊkt/ **I** p.pass. → **precook II** agg. precotto.
precool /ˌpriːˈkuːl/ tr. preraffreddare, sottoporre a preraffreddamento.
precordium /prɪˈkɔːdɪəm/ n. (pl. **-a**) precordio m.
precursive /prɪˈkɜːsɪv/ agg. → **precursory**.
precursor /ˌpriːˈkɜːsə(r)/ n. **1** *(person)* precursore m. (-corritrice); *(sign)* presagio m., segnale m. **2** *(prelude)* preludio m. (**to**, **of** a) **3** *(predecessor)* predecessore m. (-a).
precursory /ˌpriːˈkɜːsərɪ/ agg. *(serving as precursor)* precursore; *(introductory)* introduttivo, preliminare.
predaceous, predacious /prɪˈdeɪʃəs/ agg. *(raptorial)* [*animal*] rapace, predatore; *(pertaining to predatory animals)* del predatore.
predate /ˌpriːˈdeɪt/ tr. **1** *(put earlier date)* retrodatare [*cheque, document*] **2** *(exist before)* [*event, discovery*] precedere, essere antecedente a; [*building*] risalire a prima di.
▷ **predator** /ˈpredətə(r)/ **I** n. **1** *(animal)* predatore m. **2** COMM. *(in takeover)* raider m. e f. **II** modif. ***~ group, company*** azienda, compagnia di raider.
predatorily /ˈpredətərɪlɪ/ avv. in modo predatorio.
predatoriness /ˈpredətərɪnɪs/ n. rapacità f.
predatory /ˈpredətrɪ, AE -tɔːrɪ/ agg. **1** [*animal*] rapace, predatore; [*habits*] del predatore **2** COMM. [*consortium, company*] di avvoltoi; [*raid*] aggressivo.
predatory competition /predətrɪˌkɒmpɪˈtɪʃn, AE -tɔːrɪ-/ n. COMM. concorrenza f. sleale.
predatory pricing /ˌpredətrɪˈpraɪsɪŋ, AE -tɔːrɪ-/ n. COMM. riduzione f. sleale di prezzo.
predatory stake /ˌpredətrɪˈsteɪk, AE -tɔːrɪ-/ n. ECON. = quota di partecipazione in seguito a un'offerta pubblica di acquisizione.
1.predecease /ˌpriːdɪˈsiːs/ n. premorienza f.
2.predecease /ˌpriːdɪˈsiːs/ **I** tr. DIR. FORM. premorire a **II** intr. morire prima (di qcn.).
▷ **predecessor** /ˈpriːdɪsesə(r), AE ˈpredə-/ n. predecessore m. (-a).
predestinarian /prɪˌdestɪˈneərɪən/ **I** agg. *(pertaining to predestination)* della predestinazione; *(believing in predestination)* che crede nella predestinazione **II** n. *(believer in predestination)* chi crede nella predestinazione; *(fatalist)* fatalista m. e f.
predestinarianism /prɪˌdestɪˈneərɪənɪzəm/ n. dottrina f. della predestinazione, predestinazionismo m.
1.predestinate /priːˈdestɪnət/ agg. predestinato.
2.predestinate /priːˈdestɪneɪt/ tr. predestinare.
predestination /ˌpriːdestɪˈneɪʃn/ n. predestinazione f.
predestine /ˌpriːˈdestɪn/ tr. [*God, fate*] destinare (**to** a; **to do** a fare); ***it is*** o ***has been ~d that*** è destino che.
predetermination /ˌpriːdɪtɜːmɪˈneɪʃn/ n. **1** RELIG. predestinazione f. **2** *(of outcome)* predeterminazione f.
predetermine /ˌpriːdɪˈtɜːmɪn/ tr. **1** *(fix beforehand)* decidere anticipatamente, determinare anticipatamente **2** RELIG. FILOS. predeterminare.
predetermined /ˌpriːdɪˈtɜːmɪnd/ **I** p.pass. → **predetermine II** agg. [*strategy, personality*] prederminato.
predial /ˈpriːdɪəl/ **I** agg. prediale **II** n. servo m. (-a) della gleba.
predicability /predɪkəˈbɪlətɪ/ n. FILOS. (l')essere predicabile.
predicable /ˈpredɪkəbl/ agg. FILOS. predicabile.
predicament /prɪˈdɪkəmənt/ n. **1** *(condition)* situazione f. difficile; ***to help sb. out of his, her ~*** aiutare qcn. a uscire da una situazione difficile *o* trarre qcn. d'impaccio **2** FILOS. predicamento m., categoria f. (aristotelica).
predicant /ˈpredɪkənt/ **I** n. STOR. predicatore m. **II** agg. STOR. predicante.
1.predicate /ˈpredɪkət/ **I** n. LING. FILOS. predicato m. **II** agg. **1** LING. FILOS. predicativo **2** MAT. ***~ calculus*** calcolo delle proposizioni.
2.predicate /ˈpredɪkeɪt/ tr. **1** *(assert)* sostenere [*theory*]; ***to ~ sth. to be*** asserire che qcs. è; ***to ~ that*** asserire che **2** FILOS. *(affirm)* predicare (**of** di) **3** *(base)* fondare (**on** su) **4** ***to be ~ed on*** *(have as condition)* implicare che.
predication /predɪˈkeɪʃn/ n. **1** RAR. *(sermon)* predica f. **2** *(assertion)* affermazione f., asserzione f. **3** LING. FILOS. predicazione f.
predicative /prɪˈdɪkətɪv, AE ˈpredɪkeɪtɪv/ agg. LING. predicativo.
predicatively /prɪˈdɪkətɪvlɪ, AE ˈpredɪkeɪtɪvlɪ/ avv. LING. [*use*] in funzione predicativa.
predicatory /ˈpredɪkətrɪ, AE -tɔːrɪ/ agg. predicatorio.
▷ **predict** /prɪˈdɪkt/ tr. predire [*future, event*]; ***to ~ that*** predire che; ***to ~ where, when, how*** predire dove, quando, come.
predictability /prɪˌdɪktəˈbɪlətɪ/ n. prevedibilità f.
▷ **predictable** /prɪˈdɪktəbl/ agg. prevedibile; ***you're so ~*** sei così prevedibile.
predictably /prɪˈdɪktəblɪ/ avv. [*boring, late*] come previsto; ***~, nobody came*** come ci si aspettava, non è venuto nessuno.

▷ **prediction** /prɪˈdɪkʃn/ n. *(forecast)* predizione f., previsione f. (**about** su; **of** di; **that** che); *(prophecy)* profezia f.; ***a ~ that inflation will fall*** la previsione che ci sarà un calo dell'inflazione.
▷ **predictive** /prɪˈdɪktɪv/ agg. **1** *(predicting the future)* che predice, profetico; *(indicative)* indicativo (**of** di) **2** LING. predittivo.
▷ **predictor** /prɪˈdɪktə(r)/ n. **1** indovino m. (-a), chi predice il futuro **2** MIL. puntatore.
predigest /ˌpriːdaɪˈdʒest/ tr. sottoporre a predigestione.
predigested /ˌpriːdaɪˈdʒestɪd, -dɪˈ-/ **I** p.pass. → **predigest II** agg. predigerito.
predigestion /ˌpriːdaɪˈdʒestʃn, -dɪˈ-/ n. predigestione f.
predilection /ˌpriːdɪˈlekʃn, AE ˌpredɪlˈek-/ n. predilezione f. (**for** per).
predispose /ˌpriːdɪˈspəʊz/ tr. predisporre (**to** a; **to do** a fare).
predisposition /ˌpriːdɪspəˈzɪʃn/ n. predisposizione f. (**to** a; **to do** a fare).
prednisolone /predˈnɪsələʊn/ n. prednisolone m.
prednisone /ˈprednɪsəʊn/ n. prednisone m.
predominance /prɪˈdɒmɪnəns/, **predominancy** /prɪˈdɒmɪnənsɪ/ n. predominanza f. (**of** di; **over** su).
predominant /prɪˈdɒmɪnənt/ agg. predominante.
▷ **predominantly** /prɪˈdɒmɪnəntlɪ/ avv. [*represent, feature*] in predominanza, predominantemente; [*Muslim, female, Italian-speaking*] prevalentemente; ***~ influenced by*** influenzato prevalentemente da; ***the flowers were ~ pink*** i fiori erano in prevalenza rosa.
predominate /prɪˈdɒmɪneɪt/ intr. predominare, prevalere (**over** su).
pre-eclampsia /priːɪˈklæmpsɪə/ n. MED. preeclampsia f.
pre-election /ˌpriːɪˈlekʃn/ agg. preelettorale.
pre-embryo /ˌpriːˈembrɪəʊ/ n. pre-embrione m.
preemie /ˌpriːˈemiː/ n. AE MED. COLLOQ. prematuro m. (-a).
pre-eminence /ˌpriːˈemɪnəns/ n. preminenza f.; SPORT superiorità f.
pre-eminent /ˌpriːˈemɪnənt/ agg. **1** *(distinguished)* [*celebrity, scientist*] eminente **2** *(leading)* [*nation, cult, company*] preminente.
pre-eminently /ˌpriːˈemɪnəntlɪ/ avv. **1** *(highly)* particolarmente [*successful, distinguished*] **2** *(above all)* in modo preminente rispetto ad altri.
pre-empt /ˌpriːˈempt/ tr. **1** *(anticipate)* anticipare [*question, decision, move*]; precedere [*person*] **2** *(thwart)* ostacolare, contrastare [*action, plan*] **3** DIR. *(appropriate)* acquistare [qcs.] per diritto di prelazione [*building, land*].
pre-emption /ˌpriːˈempʃn/ **I** n. **1** azione f. preventiva **2** DIR. *(of sale)* prelazione f. **II** modif. DIR. [*right*] di prelazione.
pre-emptive /ˌpriːˈemptɪv/ agg. **1** DIR. [*right*] di prelazione; [*purchase*] per diritto di prelazione **2** MIL. [*strike, attack*] preventivo.
preen /priːn/ **I** tr. [*bird*] lisciare [*feathers*] **II** intr. [*bird*] lisciarsi le penne **III** rifl. ***to ~ oneself*** [*bird*] lisciarsi le penne; [*person*] SPREG. pavoneggiarsi.
pre-engage /ˌpriːɪnˈgeɪdʒ/ tr. impegnare precedentemente.
pre-engagement /ˌpriːɪnˈgeɪdʒmənt/ n. impegno m. precedente.
pre-establish /ˌpriːɪˈstæblɪʃ/ tr. prestabilire.
pre-examination /ˌpriːɪgˌzæmɪˈneɪʃn/ n. preesame m.
pre-exist /ˌpriːɪgˈzɪst/ **I** tr. preesistere a, esistere prima di **II** intr. [*situation*] sussistere prima; [*phenomenon*] manifestarsi prima; [*person, soul*] preesistere.
pre-existence /ˌpriːɪgˈzɪstəns/ n. preesistenza f.
pre-existent /ˌpriːɪgˈzɪstənt/ agg. preesistente.
pre-existing /ˌpriːɪgˈzɪstɪŋ/ agg. preesistente; ***a ~ medical condition*** un disturbo preesistente.
prefab /ˈpriːfæb, AE ˌpriːˈfæb/ **I** agg. (accorc. prefabricated) prefabbricato **II** n. (accorc. prefabricated house) prefabbricato m.
prefabricate /ˌpriːˈfæbrɪkeɪt/ tr. prefabbricare.
prefabricated /ˌpriːˈfæbrɪkeɪtɪd/ **I** p.pass. → **prefabricate II** agg. prefabbricato; ***~ house*** prefabbricato.
prefabrication /ˌpriːfæbrɪˈkeɪʃn/ n. prefabbricazione f.
1.preface /ˈprefɪs/ n. *(to book)* prefazione f. (**to** a); *(to speech)* preambolo m.
2.preface /ˈprefɪs/ tr. scrivere una prefazione a [*book*]; ***to ~ sth. with sth.*** fare precedere qcs. da qcs.; ***I would like to ~ my remarks with a word of thanks to...*** vorrei fare precedere le mie osservazioni da alcune parole di ringraziamento per...
prefaded /ˌpriːˈfeɪdɪd/ agg. [*jeans*] délavé.
prefatorial /ˌprefəˈtɔːrɪəl/, **prefatory** /ˈprefətrɪ, AE -tɔːrɪ/ agg. [*comments, pages, notes*] introduttivo.
prefect /ˈpriːfekt/ n. **1** POL. STOR. RELIG. prefetto m. **2** BE SCOL. = studente incaricato di mantenere la disciplina tra i suoi compagni.
prefectorial /ˌpriːfekˈtɔːrɪəl/ agg. prefettizio.
prefectural /priːˈfektʃərəl/ agg. di, della prefettura.
prefecture /ˈpriːfektjʊə(r), AE -tʃər/ n. POL. STOR. RELIG. prefettura f.
▶ **prefer** /prɪˈfɜː(r)/ tr. (forma in -ing ecc. **-rr-**) **1** *(like better)* preferire; ***to ~ sth. to*** preferire qcs. a; ***to ~ doing*** preferire fare; ***I ~ painting to drawing*** preferisco dipingere piuttosto che disegnare; ***to ~ to do*** preferire fare; ***to ~ to walk rather than to take the bus*** preferire camminare piuttosto che prendere l'autobus; ***to ~ sb. to do, not to do*** preferire che qcn. faccia, non faccia; ***to ~ that*** preferire che; ***to ~ it if*** preferire (che); ***I would ~ it if you didn't smoke*** preferirei (che) tu non fumassi **2** DIR. ***to ~ charges*** citare in giudizio *o* denunciare; ***to ~ charges against sb.*** citare in giudizio *o* denunciare qcn. **3** *(promote)* elevare, fare salire di rango [*clergyman*].
preferability /ˌprefrəˈbɪlətɪ/ n. preferibilità f.
preferable /ˈprefrəbl/ agg. preferibile (**to** a); ***it is ~ to do*** è preferibile fare.
preferableness /ˈprefrəblnɪs/ n. → **preferability**.
▷ **preferably** /ˈprefrəblɪ/ avv. preferibilmente.
▷ **preference** /ˈprefrəns/ n. preferenza f. (**for** per); ***in ~ to*** preferibilmente a; ***in ~ to doing*** piuttosto di *o* che fare; ***to give ~ to sb. (over sb.)*** preferire qcn. (a qcn.).
preference share /ˈprefrənsˌʃeə(r)/ n. BE ECON. azione f. privilegiata.
preferential /ˌprefəˈrenʃl/ agg. *(all contexts)* preferenziale.
preferentially /ˌprefəˈrenʃlɪ/ avv. preferenzialmente.
preferment /prɪˈfɜːmənt/ n. AMM. promozione f., avanzamento m.
▷ **preferred** /prɪˈfɜːd/ **I** p.pass. → **prefer II** agg. attrib. [*term, method, route*] preferito; [*option, solution*] preferibile; ***~ creditor*** ECON. creditore privilegiato; ***there is a ~ candidate*** *(in job ad)* c'è un candidato favorito.
preferred stock /prɪˌfɜːdˈstɒk/ n. AE ECON. azioni f.pl. privilegiate.
prefiguration /ˌpriːfɪgəˈreɪʃn, AE -gjə-/ n. prefigurazione f.
prefigurative /ˌpriːˈfɪgərətɪv, AE -gjə-/ agg. che prefigura.
prefigure /ˌpriːˈfɪgə(r), AE -gjər/ tr. **1** *(be an early sign of)* [*event*] prefigurare; [*person*] essere il precursore di **2** *(imagine beforehand)* prevedere, immaginare.
pre-financing /ˌpriːˈfaɪnænsɪŋ, -fɪˈnænsɪŋ/ n. prefinanziamento m.
1.prefix /ˈpriːfɪks/ n. **1** LING. prefisso m. **2** BE TEL. prefisso m. **3** BE AUT. = sequenza di simboli posti all'inizio del numero identificativo di un veicolo e utilizzata per la sua classificazione.
2.prefix /ˈpriːfɪks/ tr. mettere come prefisso a, prefissare [*word*]; ***to ~ X to Y*** fare precedere X a Y.
preflight /ˈpriːflaɪt/ agg. [*checks*] prima del decollo; ***he suffers from ~ nerves*** è molto agitato quando deve prendere l'aereo.
preform /ˌpriːˈfɔːm/ tr. preformare [*components*].
preformation /ˌpriːfɔːˈmeɪʃn/ n. preformazione f.
prefrontal /ˌpriːˈfrʌntl/ agg. [*lobe, lobotomy*] prefrontale.
preggers /ˈpregəz/ agg. BE ANT. COLLOQ. gravida, incinta.
preglacial /ˌpriːˈgleɪsɪəl, AE -ˈgleɪʃl/ agg. preglaciale.
pregnable /ˈpregnəbl/ agg. **1** [*fortress*] espugnabile **2** FIG. vulnerabile.
pregnancy /ˈpregnənsɪ/ n. **1** gravidanza f., gestazione f. **2** FIG. pregnanza f.
pregnancy test /ˈpregnənsɪˌtest/ n. test m. di gravidanza.
▷ **pregnant** /ˈpregnənt/ n. **1** MED. [*woman*] incinta, gravida; [*female animal*] gravida, pregna; ***to become ~*** rimanere incinta; ***~ mothers*** donne incinte *o* gestanti; ***to get ~*** COLLOQ. rimanere incinta; ***to get ~ by sb.*** rimanere incinta di qcn.; ***to get sb. ~*** COLLOQ. mettere incinta qcn.; ***two months ~*** incinta di due mesi; ***to be ~ with twins*** aspettare due gemelli **2** FIG. [*pause*] significativo, suggestivo; [*word*] pregnante; ***~ with meaning*** denso di significato; ***~ with danger*** pieno di pericoli.
pregnantly /ˈpregnəntlɪ/ avv. significativamente, suggestivamente.
preheat /ˌpriːˈhiːt/ tr. preriscaldare [*oven*].
prehensile /ˌpriːˈhensaɪl, AE -sl/ agg. prensile.
prehensility /ˌpriːhenˈsɪlətɪ/ n. prensilità f.
prehension /prɪˈhenʃn/ n. **1** *(physically)* prensione f. **2** *(mentally)* comprensione f., apprendimento m.
prehistoric /ˌpriːhɪˈstɒrɪk, AE -tɔːrɪk/ agg. preistorico (anche FIG.); ***in ~ times*** in epoca preistorica.
prehistorically /ˌpriːhɪˈstɒrɪklɪ, AE -tɔːrɪklɪ/ avv. nell'era preistorica.
prehistory /ˌpriːˈhɪstrɪ/ n. preistoria f. (anche FIG.).
pre-ignition /ˌpriːɪgˈnɪʃn/ n. preaccensione f.
prejudge /ˌpriːˈdʒʌdʒ/ tr. dare un giudizio avventato su, giudicare prematuramente [*person*]; dare un giudizio avventato su [*issue*].
prejudg(e)ment /ˌpriːˈdʒʌdʒmənt/ n. giudizio m. prematuro, avventato.
▷ **1.prejudice** /ˈpredʒʊdɪs/ n. **1** *(single, specific)* pregiudizio m., preconcetto m. (**against** contro); ***to overcome one's ~s*** superare i

propri pregiudizi; ***to have a ~ in favour of sb.*** essere ben disposto verso qcn. **2 U** pregiudizi m.pl., preconcetti m.pl.; ***racial, political ~*** pregiudizi razziali, politici **3** *(harm)* DIR. pregiudizio m.; ***to the ~ of*** di pregiudizio per; ***without ~*** senza pregiudizio (**to** di).

2.prejudice /ˈpredʒʊdɪs/ tr. **1** *(bias)* influenzare; ***to ~ sb. against, in favour of*** influenzare negativamente, positivamente qcn. nei confronti di **2** *(harm, jeopardize)* pregiudicare [*claim, case*]; recare pregiudizio a [*person*]; pregiudicare, compromettere [*chances*]; ***to ~ the course of justice*** DIR. pregiudicare il corso della giustizia.

prejudiced /ˈpredʒʊdɪst/ **I** p.pass. → **2.prejudice II** agg. [*person*] con pregiudizi, prevenuto; [*judge, jury*] prevenuto, parziale; [*opinion*] preconcetto; [*judgment, account*] tendenzioso; ***to be ~ against*** essere prevenuto contro; ***to be ~ in favour of*** essere a priori ben disposto verso; ***you're ~*** sei prevenuto.

prejudicial /ˌpredʒʊˈdɪʃl/ agg. FORM. pregiudizievole (**to** per).

prelacy /ˈpreləsɪ/ n. **1** *(prelature)* prelatura f. **2** *(church government)* governo m. prelatizio.

prelate /ˈprelət/ n. prelato m.

prelatic(al) /prɪˈlætɪk(l)/ agg. prelatizio.

prelatism /ˈprelətɪzəm/ n. governo m. prelatizio.

prelatize /ˈprelətaɪz/ tr. **1** *(make prelatical)* rendere prelatizio **2** *(bring under prelatic government)* porre sotto il governo prelatizio.

prelature /ˈprelətʃə(r)/ n. prelatura f.

prelaw /ˈpriːlɔː/ agg. AE UNIV. [*studies*] propedeutico allo studio del diritto; [*student*] di un corso propedeutico allo studio del diritto.

prelection /prɪˈlekʃn/ n. conferenza f., lezione f. universitaria.

prelector /prɪˈlektə(r)/ n. conferenziere m. (-a).

prelibation /ˌpriːlaɪˈbeɪʃn/ n. pregustazione f. (anche FIG.).

prelim /ˈpriːlɪm/ n. gener. pl. **1** BE UNIV. (accorc. preliminary) preesame m. **2** BE SCOL. (accorc. preliminary) = esame di prova prima dell'esame effettivo **3** TIP. (accorc. preliminary) pagine f.pl. preliminari **4** SPORT (accorc. preliminary) eliminatoria f.

▷ **preliminary** /prɪˈlɪmɪnərɪ, AE -nerɪ/ **I** agg. [*comment, test*] preliminare; [*heat, round*] eliminatorio; ***~ data*** prime informazioni; ***~ to*** preliminare a **II** n. **1** ***as a ~ to*** come introduzione a *o* come preliminare a **2** SPORT eliminatoria f. **III preliminaries** n.pl. preliminari m. (**to** a).

preliminary hearing /prɪˈlɪmɪnərɪˌhɪərɪŋ, AE -nerɪ-/ n. BE DIR. udienza f. preliminare.

preliminary inquiry /prɪˌlɪmɪnərɪɪnˈkwaɪərɪ, AE -nerɪˈɪŋkwərɪ/, **preliminary investigation** /prɪˌlɪmɪnərɪɪnˈvestɪˌgeɪʃn, AE -nerɪ-/ n. DIR. inchiesta f. preliminare.

preliminary ruling /prɪˌlɪmɪnərɪˈruːlɪŋ, AE -nerɪ-/ n. DIR. decisioni f.pl. preliminari.

1.prelude /ˈpreljuːd/ n. MUS. preludio m. (**to** a).

2.prelude /ˈpreljuːd/ tr. FORM. preludere a.

prelusion /prɪˈluːʒn/ n. RAR. preludio m.

prelusive /prɪˈluːsɪv/ agg. introduttivo, preliminare.

premarital /ˌpriːˈmærɪtl/ agg. [*relations, contract*] prematrimoniale; ***~ sex*** rapporti sessuali prematrimoniali.

▷ **premature** /ˈprematjʊə(r), AE ˌpriːməˈtʊər/ agg. **1** prematuro; ***it is ~ to do*** o ***it is ~ to be doing*** è prematuro fare **2** MED. [*baby, birth*] prematuro; [*ejaculation, menopause, ageing*] precoce; ***to be born two weeks ~*** essere nato in anticipo di due settimane.

prematurely /ˈprematjʊəlɪ, AE ˌpriːməˈtʊərlɪ/ avv. [*act, be born, die*] prematuramente; [*flower*] precocemente; [*born*] prematuramente; [*aged, bald, wrinkled*] precocemente; ***to retire ~*** andare in prepensionamento.

prematureness /ˈprematjʊənɪs, AE ˌpriːməˈtʊənɪs/, **prematurity** /preməˈtjʊərətɪ, AE ˌpriːməˈtʊərətɪ/ n. *(of baby, birth)* prematurità f.; *(of ejaculation, menopause, ageing)* precocità f.

premed /ˌpriːˈmed/ **I** agg. AE UNIV. (accorc. premedical) [*studies*] propedeutico allo studio della medicina; [*student*] di un corso propedeutico allo studio della medicina **II** n. BE (accorc. premedication) preanestesia f.

premedical /ˌpriːˈmedɪkl/ agg. [*studies*] propedeutico allo studio della medicina; [*student*] di un corso propedeutico allo studio della medicina.

premedication /ˌpriːmedɪˈkeɪʃn/ n. preanestesia f.

premeditate /ˌpriːˈmedɪteɪt/ tr. DIR. premeditare [*act, attack, crime*].

premeditation /ˌpriːmedɪˈteɪʃn/ n. DIR. premeditazione f.

premenstrual /ˌpriːˈmenstrʊəl/ agg. premestruale.

premenstrual syndrome /priːˌmenstrʊəlˈsɪndrəʊm/ ♦ ***11*** n. sindrome f. premestruale.

premenstrual tension /priːˌmenstrʊəlˈtenʃn/ n. tensione f. premestruale.

premie → **preemie.**

▷ **premier** /ˈpremɪə(r), AE ˈpriːmɪər/ **I** agg. primo **II** n. premier m., primo ministro m., capo m. del governo.

▷ **1.première** /ˈpremɪeə(r), AE ˈpriːmɪər/ n. prima f.; ***world, British, London ~*** prima mondiale, britannica, londinese.

▷ **2.première** /ˈpremɪeə(r), AE ˈpriːmɪər/ **I** tr. dare la prima di [*film, play*] **II** intr. [*film*] essere proiettato per la prima volta.

Premier League /ˌpremɪəˈliːg/ n. GB *(in football)* = la serie A.

▷ **premiership** /ˈpremɪeəʃɪp, AE prɪˈmɪərʃɪp/ n. **1** POL. *(office of prime minister)* carica f. di premier, di primo ministro; *(office of head of government)* carica f. di capo del governo; *(period of office)* governo m. **2** BE SPORT ***the Premiership*** *(in soccer)* la massima divisione.

▶ **1.premise** /ˈpremɪs/ **I** n. BE (anche **premiss** BE) premessa f.; ***on the ~ that*** premesso che **II premises** n.pl. = proprietà immobiliare costituita da edifici ed eventuali terreni adiacenti; ***business ~s*** locali commerciali *o* aziendali; ***council ~s*** locali del municipio; ***embassy ~s*** ambasciata; ***office ~s*** uffici; ***on the ~s*** nello stabile *o* nell'edificio; ***off the ~s*** fuori dallo stabile *o* dall'edificio; ***she asked me to leave the ~s*** mi chiese di andarmene *o* di lasciare il locale; ***the accident happened off our ~s*** l'incidente non è avvenuto sulla nostra proprietà.

2.premise /prɪˈmaɪz/ tr. premettere [*observation*]; ***to ~ that*** premettere che.

premiss /ˈpremɪs/ n. premessa f.

▷ **premium** /ˈpriːmɪəm/ n. **1** *(extra payment)* premio m., ricompensa f.; ***to buy, sell at a ~ (price)*** comprare, vendere al miglior prezzo **2** *(on the stock exchange)* sovrapprezzo m.; ***to sell shares*** o ***stock at a ~*** vendere delle azioni sopra la pari **3** *(in insurance)* premio m. (di assicurazione) **4** COMM. *(payment for lease)* buonentrata f. **5** FIG. ***to be at a ~*** valere oro; ***time is at a ~*** il tempo è prezioso; ***to put*** o ***place*** o ***set a (high) ~ on sth.*** dare (estrema) importanza a qcs.

premium bond /ˈpriːmɪəmbɒnd/ n. BE titolo m. di stato a premio.

premium fuel /ˈpriːmɪəmˌfjuːəl/ BE, **premium gasoline** /ˈpriːmɪəmˌgæsəliːn/ AE n. supercarburante m.

premium price /ˈpriːmɪəmˌpraɪs/ n. prezzo m. migliore.

premium product /ˈpriːmɪəmˌprɒdʌkt/ n. prodotto m. di alta qualità.

premium rent /ˈpriːmɪəmˌrent/ n. affitto m. caro.

premolar /ˌpriːˈməʊlə(r)/ n. premolare m.

premonition /ˌpriːməˈnɪʃn, ˌpre-/ n. premonizione f.; ***to have a ~ of, that*** avere il presentimento di, che.

premonitorily /prɪˈmɒnɪtərɪlɪ, AE -tɔːrɪlɪ/ avv. in modo premonitorio.

premonitory /prɪˈmɒnɪtərɪ, AE -tɔːrɪ/ agg. FORM. premonitore, premonitorio.

prenatal /ˌpriːˈneɪtl/ agg. AE prenatale.

prentice /ˈprentɪs/ n. ANT. apprendista m. e f.

pre-nup /ˈpriːnʌp/ n. COLLOQ. → **prenuptial agreement.**

prenuptial /ˌpriːˈnʌpʃl/ agg. prematrimoniale.

prenuptial agreement /priːˌnʌpʃləˈgriːmənt/ n. accordo m. prematrimoniale.

preoccupation /ˌpriːɒkjʊˈpeɪʃn/ n. preoccupazione f.; ***to have a ~ with*** preoccuparsi di; ***his ~ with*** la sua preoccupazione per.

preoccupied /ˌpriːˈɒkjʊpaɪd/ **I** p.pass. → **preoccupy II** agg. preoccupato (**with, by** per).

preoccupiedly /ˌpriːˈɒkjʊpaɪdlɪ/ avv. con aria preoccupata.

preoccupy /ˌpriːˈɒkjʊpaɪ/ tr. (pass., p.pass. **-pied**) preoccupare.

pre-op /ˌpriːˈɒp/ **I** agg. COLLOQ. (accorc. preoperative) preoperatorio **II** n. COLLOQ. (accorc. preoperative procedures) trattamento m. preoperatorio.

preoperative /ˌpriːˈɒpərətɪv, AE -reɪt-/ agg. preoperatorio; ***~ injection*** iniezione preoperatoria; ***~ medication*** trattamento (medico) preoperatorio.

preordain /ˌpriːɔːˈdeɪn/ tr. **1** predisporre [*decree, order*] **2** RELIG. FILOS. prestabilire, preordinare [*sb.'s fate, shape of world*].

preordained /ˌpriːɔːˈdeɪnd/ **I** p.pass. → **preordain II** agg. **1** [*decree, order*] predisposto **2** RELIG. FILOS. [*outcome, pattern*] prestabilito.

pre-ordination /ˌpriːˌɔːdɪˈneɪʃn, AE -dnˈeɪʃn/ n. **1** *(of decree, order)* predisposizione f. **2** RELIG. FILOS. preordinazione f., predestinazione f.

1.prep /prep/ n. **1** BE COLLOQ. (accorc. preparation) *(homework)* compiti m.pl.; *(study period)* ora f. di studio **2** AE COLLOQ. (accorc. preparatory) *(student)* preppy m. e f. **3** AE MED. (accorc. preparation) *(of patient)* preparazione f.

2.prep /prep/ **I** tr. (forma in -ing ecc. **-pp-**) AE MED. COLLOQ. (accorc. prepare) preparare [*patient*] **II** intr. (forma in -ing ecc. **-pp-**) AE **1** ***to***

~ **for** COLLOQ. prepararsi per [*exam, studies*] **2** SCOL. COLLOQ. = frequentare una preparatory school.

prepack /ˌpriːˈpæk/, **prepackage** /ˌpriːˈpækɪdʒ/ tr. preconfezionare.

prepaid /ˌpriːˈpaɪd/ **I** p.pass. → **prepay II** agg. prepagato; ***carriage*** ~ franco di porto; ~ ***reply card*** = cartolina postale di risposta preaffrancata; ~ ***envelope*** busta preaffrancata.

▶ **preparation** /ˌprepəˈreɪʃn/ **I** n. **1** *(of meal, report, lecture, event)* preparazione f.; ~***s*** preparativi; ***to make ~s for*** fare i preparativi per; ***in ~ for*** in vista di [*event, journey, meeting, conflict*]; ***to be in ~*** essere in preparazione **2** *(physical, psychological)* preparazione f. (**for** per); *(sporting)* allenamento m. (**for** per); ***education should be a ~ for life*** l'istruzione dovrebbe preparare alla vita **3** COSMET. GASTR. MED. *(substance)* preparato m. (**for** per; **to do** per fare) **4** BE *(homework)* **U** compiti m.pl. **II** modif. [*time*] di preparazione; [*stage*] preparatorio.

preparative /prɪˈpærətɪv/ **I** agg. preparatorio **II** n. **1** *(preparation)* preparazione f. **2** *(preparatory act)* preparativo m. **3** MIL. MAR. = segnale acustico usato per preparare l'equipaggio a una manovra.

preparatory /prɪˈpærətrɪ, AE -tɔːrɪ/ agg. [*course*] preparatorio, propedeutico; [*studies*] di preparazione, propedeutico; [*training, meeting, report, research, investigations, steps*] preliminare; [*drawing*] preparatorio; ~ ***to sth.*** in vista di qcs. *o* prima di qcs.; ~ ***to doing*** prima di fare.

preparatory school /prɪˈpærətrɪskuːl, AE -tɔːrɪ-/ n. **1** BE = scuola privata di preparazione alla scuola superiore **2** AE = scuola superiore privata di preparazione al college.

▶ **prepare** /prɪˈpeə(r)/ **I** tr. *(make ready, plan)* preparare [*food, meal, bed, room, class, speech, report, plan*] (**for** per); preparare [*surprise*] (**for** a); ***to ~ to do*** prepararsi a *o* accingersi a fare; ***to ~ sb. for*** preparare qcn. a [*exam, situation, shock*]; ***to ~ one's defence*** DIR. preparare la propria difesa; ***to ~ the ground*** preparare il terreno (anche FIG.) (**for** per); ***to ~ the way*** FIG. preparare il terreno (**for** per) **II** intr. ***to ~ for*** prepararsi a [*trip, talks, exam, election, storm, war*]; prepararsi per [*party, ceremony, game*]; ***to ~ for action*** MIL. prepararsi all'azione **III** rifl. ***to ~ oneself*** prepararsi; ~ ***yourself for some bad news*** preparati a ricevere cattive notizie.

▷ **prepared** /prɪˈpeəd/ **I** p.pass. → **prepare II** agg. **1** *(willing)* ***to be ~ to do*** essere disposto a fare **2** *(ready)* ***to be ~ for*** essere pronto per, essere preparato a [*disaster, strike, conflict, change*]; ***to be well-, ill-~*** *(with materials)* essere bene, male equipaggiato; ***to come ~*** arrivare preparato; ***be ~!*** siate pronti! tenetevi pronti! ***to be ~ for the worst*** essere pronti *o* preparati al peggio; ***I really wasn't ~ for this!*** proprio non ero preparato a questo! questo mi coglie impreparato! **3** *(ready-made)* [*meal*] già pronto; [*speech, text*] preparato; [*statement, response*] pronto, preparato in precedenza.

preparedness /prɪˈpeərɪdnɪs/ n. **1** ~ ***for*** (l')essere preparato a [*disaster*]; (l')essere pronto per [*development*]; ***a state of ~*** MIL. stato d'allerta **2** *(willingness)* ***her ~ to address major issues*** la sua disponibilità a trattare questioni di una certa importanza.

prepay /ˌpriːˈpeɪ/ tr. (pass., p.pass. **-paid**) pagare in anticipo.

prepayment /ˌpriːˈpeɪmənt/ n. pagamento m. anticipato, prepagamento m.

prepense /prɪˈpens/ agg. DIR. premeditato, intenzionale, deliberato.

pre-plan /priːˈplæn/ tr. (forma in -ing ecc. **-nn-**) pre-programmare.

preponderance /prɪˈpɒndərəns/, **preponderancy** /prɪˈpɒndərənsɪ/ n. preponderanza f. (**of** di; **over** su); ***it differs from previous governments in the ~ of ministers below the age of 63*** si distingue dai governi precedenti per la preponderanza di ministri al di sotto dei 63 anni di età.

preponderant /prɪˈpɒndərənt/ agg. preponderante.

preponderantly /prɪˈpɒndərəntlɪ/ avv. preponderantemente.

preponderate /prɪˈpɒndəreɪt/ intr. preponderare, prevalere (**over** su).

prepose /ˌpriːˈpəʊz/ tr. preporre.

preposition /ˌprepəˈzɪʃn/ n. preposizione f.

prepositional /ˌprepəˈzɪʃənəl/ agg. preposizionale; ~ ***phrase*** *(used as preposition)* locuzione preposizionale; *(introduced by preposition)* sintagma preposizionale.

prepositionally /ˌprepəˈzɪʃənəlɪ/ avv. come preposizione.

prepositive /prɪˈpɒzɪtɪv/ **I** agg. prepositivo **II** n. particella f. prepositiva.

prepossess /ˌpriːpəˈzes/ tr. FORM. **1** *(preoccupy)* ossessionare **2** *(influence)* influenzare.

prepossessing /ˌpriːpəˈzesɪŋ/ agg. attraente, affascinante.

prepossessingly /ˌpriːpəˈzesɪŋlɪ/ avv. in modo affascinante.

preposterous /prɪˈpɒstərəs/ agg. assurdo, irragionevole.

preposterously /prɪˈpɒstərəslɪ/ avv. assurdamente, irragionevolmente.

preposterousness /prɪˈpɒstərəsnɪs/ n. assurdità f., irragionevolezza f.

prepotence /prɪˈpəʊtəns/, **prepotency** /prɪˈpəʊtənsɪ/ n. **1** *(great power)* prepotere m., strapotere m. **2** BIOL. dominanza f.

prepotent /prɪˈpəʊtənt/ agg. **1** *(powerful)* strapotente **2** BIOL. dominante.

preppie, **preppy** AE /ˈprepɪ/ **I** agg. preppy **II** n. *(student)* preppy m. e f.; FIG. SPREG. preppy m. e f.

preprogrammed /ˌpriːˈprəʊgræmd, AE -grəmd/ agg. programmato in anticipo (**to do** per fare); INFORM. preprogrammato.

prep school /ˈprepskuːl/ n. (accorc. preparatory school) **1** GB = scuola privata di preparazione alla scuola superiore **2** US = scuola superiore privata di preparazione al college.

> **Prep school** Abbreviazione di *preparatory school.* Nel Regno Unito, scuola privata che accoglie allievi fra i 7 e i 13 anni e li prepara al *Common entrance examination*, esame di ammissione a una *public school.* Negli Stati Uniti, scuola secondaria privata molto esclusiva che prepara gli studenti ad entrare nelle migliori università.

prepster /ˈprepstə(r)/ n. AE SCOL. COLLOQ. preppy m. e f.

prepuberal /priːˈpjuːbərəl/ agg. prepuberale.

prepuberty /priːˈpjuːbətɪ/ n. prepubertà f.

prepuce /ˈpriːpjuːs/ n. prepuzio m.

prequel /ˈpriːkwəl/ n. *(film, book)* prequel m.

Pre-Raphaelite /ˌpriːˈræfəlaɪt/ **I** agg. [*style, sensibility, face, look*] preraffaellita **II** n. preraffaellita m. e f.

Pre-Raphaelitism /ˌpriːˈræfəlaɪtɪzəm/ n. preraffaellismo m.

prerecord /ˌpriːrɪˈkɔːd/ tr. TELEV. RAD. preregistrare [*programme*].

prerecorded /ˌpriːrɪˈkɔːdɪd/ **I** p.pass. → **prerecord II** agg. [*broadcast*] preregistrato.

preregister /ˌpriːˈredʒɪstə(r)/ intr. AE UNIV. fare una preiscrizione.

preregistration /ˌpriːredʒɪˈstreɪʃn/ n. AE UNIV. preiscrizione f.

prerelease /ˌpriːrɪˈliːs/ **I** n. anteprima f. **II** modif. [*screening, publicity*] in anteprima.

prerequisite /ˌpriːˈrekwɪzɪt/ **I** agg. [*condition*] essenziale, indispensabile **II** n. **1** *(requirement)* requisito m. indispensabile, presupposto m. (**of** di; **for** per) **2** AE UNIV. ***to be a ~ for*** [*course*] essere propedeutico a [*higher course*].

prerogative /prɪˈrɒgətɪv/ n. *(official)* prerogativa f.; *(personal)* prerogativa f., privilegio m.; ~***s of the head of State, of the regime*** prerogative del capo dello stato, del regime; ***that is your ~*** è una tua prerogativa.

1.presage /ˈpresɪdʒ/ n. FORM. presagio m. (**of** di).

2.presage /ˈpresɪdʒ/ tr. FORM. presagire [*disaster*].

presbyope /ˈprezbɪəʊp/ n. presbite m. e f.

presbyopia /ˌprezbɪˈəʊpɪə/ ♦ ***11*** n. presbiopia f.

presbyopic /ˌprezbɪˈɒpɪk/ agg. presbite.

presbyter /ˈprezbɪtə(r)/ n. presbitero m.

presbyteral /prezˈbɪtərəl/ agg. presbiterale.

presbyterate /prezˈbɪtərət/ n. **1** *(office)* presbiterato m. **2** *(body of presbyters)* presbiterio m.

presbyterial /ˌprezbɪˈtɪərɪəl/ agg. presbiterale.

Presbyterian /ˌprezbɪˈtɪərɪən/ **I** agg. presbiteriano **II** n. presbiteriano m. (-a).

Presbyterianism /ˌprezbɪˈtɪərɪənɪzəm/ n. presbiterianesimo m.

presbytery /ˈprezbɪtrɪ, AE -terɪ/ n. **1** *(part of church)* presbiterio m. **2** *(ruling body)* + verbo sing. o pl. presbiterio m. **3** *(priest's house)* canonica f.

preschool /ˌpriːˈskuːl/ **I** agg. [*child*] in età prescolare; [*years*] prescolastico **II** n. AE *(kindergarten)* scuola f. materna; ***in ~*** alla scuola materna.

preschooler /ˌpriːˈskuːlə(r)/ n. AE SCOL. bambino m. (-a) in età prescolare.

preschool playgroup /ˌpriːskuːlˈpleɪgruːp/ n. BE giardino m. d'infanzia.

prescience /ˈpresɪəns/ n. prescienza f.

prescient /ˈpresɪənt/ agg. presciente.

presciently /ˈpresɪəntlɪ/ avv. con prescienza.

prescind /prɪˈsɪnd/ **I** tr. staccare (**from** da) **II** intr. prescindere (**from** da).

prescribe /prɪˈskraɪb/ tr. **1** MED. prescrivere (**for sb.** a qcn.; **for sth.** per qcs.) (anche FIG.); ***he was ~d aspirin*** gli è stata prescritta dell'aspirina®; ***what do you ~?*** SCHERZ. cosa posso fare dottore? **2** *(lay down)* stabilire [*rule*].

▷ **prescribed** /prɪ'skraɪbd/ **I** p.pass. → **prescribe II** agg. **1** *(recommended)* [*drug, treatment, course of action*] prescritto **2** *(set)* [*rule*] stabilito; SCOL. UNIV. [*book*] indicato nel programma.

prescript /'pri:skrɪpt/ n. **1** MED. prescrizione f. **2** DIR. ordinanza f., comando m.

prescriptibility /prɪˌskrɪptə'bɪlətɪ/ n. prescrittibilità f.

prescriptible /prɪ'skrɪptəbl/ agg. prescrittibile.

▷ **prescription** /prɪ'skrɪpʃn/ **I** n. **1** MED. *(paper)* ricetta f. (**for** per); ***on ~*** sulla ricetta; ***repeat ~*** ricetta ripetibile **2** MED. *(recommendation)* prescrizione f. (**of** di) **3** FIG. *(formula)* ricetta f. (**for** per); *(set of rules)* prescrizioni f.pl. **II** modif. MED. [*glasses, lenses*] prescritto; ~ ***drug*** = farmaco vendibile solo dietro presentazione di ricetta medica.

prescription charges /prɪ'skrɪpʃntʃɑ:dʒɪz/ n.pl. BE MED. = ticket sui medicinali.

prescriptive /prɪ'skrɪptɪv/ agg. **1** *(with set rules)* normativo **2** LING. normativo, prescrittivo **3** DIR. [*right, title*] prescrittibile **4** FORM. canonico.

prescriptivism /prɪ'skrɪptɪvɪzəm/ n. prescrittivismo m.

▶ **presence** /'prezns/ n. **1** presenza f.; ***in sb.'s ~*** o ***in the ~ of sb.*** in presenza di qcn. *o* alla presenza di qcn.; ***in my ~*** in mia presenza; ***to be admitted to sb.'s ~*** essere ammesso alla presenza di qcn.; ***signed in the ~ of X*** DIR. firmato in presenza di X; ***your ~ is requested at*** è richiesta la Sua presenza a **2** *(personal quality)* presenza f., prestanza f.; ***stage ~*** presenza scenica **3** *(of troops, representatives)* presenza f.; ***military, UN ~*** presenza militare, dell'ONU; ***to maintain a ~ in a country*** mantenere la propria presenza in un paese; ***a heavy police ~*** una massiccia presenza di polizia **4** *(human or ghostly)* presenza f.; ***to sense a ~*** sentire una presenza; ***ghostly ~*** presenza soprannaturale ◆ ***to make one's ~ felt*** fare sentire la propria presenza.

presence chamber /'prezns͵tʃeɪmbə(r)/ n. sala f. delle udienze.

presence of mind /ˌpreznsəv'maɪnd/ n. presenza f. di spirito.

▶ **1.present** /'preznt/ **I** agg. **1** *(attending)* [*person*] presente; ***all those ~*** o ***everybody ~*** tutti i presenti; ***half of those ~*** la metà dei presenti; ***to be ~ at*** essere presente a; ***to be ~ in*** [*substance, virus*] essere presente in [*blood, wine, population*]; ***there are ladies ~*** ci sono delle signore; ***~ company excepted*** esclusi i presenti; ***all ~ and correct!*** MIL. tutti presenti! (anche SCHERZ.) **2** *(current)* [*address, arrangement, circumstance, government, leadership, situation*] attuale; ***in the ~ climate*** FIG. con il clima attuale; ***up to the ~ day*** fino al giorno d'oggi; ***at the ~ time*** o ***moment*** al momento attuale; ***during the ~ year, decade*** durante l'anno, il decennio corrente **3** *(under consideration)* [*case, argument, issue*] presente; ***the ~ writer feels that*** chi scrive pensa che **4** LING. [*tense, participle*] presente **II** n. **1** ***the ~*** *(now)* il presente; ***the past and the ~*** il passato e il presente; ***to live in the ~*** vivere nel presente; ***for the ~*** per il momento *o* per ora **2** LING. (anche **~ tense**) presente m.; ***in the ~*** al presente **3 at present** *(at this moment)* in questo momento *o* ora; *(nowadays)* al presente **III presents** n.pl. DIR. presente documento m.sing., presente scrittura f.sing. ◆ ***there is no time like the ~*** = se non ora quando?

▶ **2.present** /'preznt/ n. *(gift)* presente m., dono m.; ***to give sb. a ~*** fare un regalo a qcn.; ***to give sb. sth. as a ~*** dare in regalo qcs. a qcn.

▶ **3.present** /prɪ'zent/ **I** tr. **1** *(raise)* presentare [*problem, risk*]; offrire [*chance, opportunity*]; rappresentare [*challenge, obstacle*] **2** *(proffer, show)* presentare, mostrare [*tickets, documents*]; mostrare [*sight, picture*]; ***to ~ a cheque for payment*** presentare un assegno all'incasso; ***to be ~ed with a choice, dilemma*** trovarsi dinnanzi a una scelta, un dilemma; ***to be ~ed with a huge bill, with a splendid view*** trovarsi di fronte un conto salato, una splendida vista **3** *(submit for consideration)* presentare [*plan, report, figures, views, bill, case*]; promuovere [*petition*]; fornire [*evidence*]; ***to ~ sth. to sb.*** o ***to ~ sb. with sth.*** presentare qcs. a qcn. **4** *(formally give)* offrire [*bouquet*]; consegnare [*prize, award, certificate, cheque*]; porgere [*apologies, respects, compliments*]; ***to ~ sth. to sb.*** o ***to ~ sb. with sth.*** consegnare qcs. a qcn. **5** *(portray)* rappresentare [*person, situation*] (**as** come); ***to ~ sth. in a good, different light*** presentare qcs. sotto una buona luce, sotto una luce diversa **6** TELEV. RAD. presentare [*programme, broadcast, show*]; ***~ed by*** presentato da **7** *(put on, produce)* mettere in scena, rappresentare [*play*]; dare [*concert*]; presentare [*production, exhibition, actor, star*]; ***we are proud to ~ Don Wilson*** siamo lieti di presentarvi Don Wilson **8** FORM. *(introduce)* presentare; ***may I ~ my son Piers?*** posso presentarle mio figlio Piers? ***to be ~ed at court*** essere presentato a corte **9** MIL. presentare [*arms*]; ***~ arms!*** presentat'arm! **II** intr. MED. [*baby, patient*] presentarsi; [*symptom, humour, condition*] presentarsi, apparire **III** rifl. **1** ***to ~ oneself*** presentarsi (**as** come; **at** a; **for** per); ***to learn how to ~ oneself*** imparare a presentarsi **2** ***to ~ itself*** [*opportunity*] presentarsi; [*thought*] presentarsi alla mente.

presentability /prɪˌzentə'bɪlətɪ/ n. presentabilità f.

presentable /prɪ'zentəbl/ agg. presentabile.

▷ **presentation** /ˌprezən'teɪʃn/ n. **1** *(of plan, report, bill, etc.)* presentazione f.; *(of petition)* promozione f.; ***on ~ of this coupon*** COMM. presentando questo tagliando **2** *(by salesman, colleague, executive, etc.)* presentazione f., relazione f.; ***to do*** o ***give*** o ***make a ~ on*** fare la presentazione di *o* presentare **3** *(of gift, cheque, award)* consegna f. (**of** di); ***the chairman will make the ~*** il presidente consegnerà il premio; ***there will be a ~ at 5.30*** ci sarà una cerimonia di consegna alle 5.30 **4** *(person's way of communicating sth.)* modo m. di comunicare **5** *(portrayal)* rappresentazione f. (**of** di; **as** come) **6** TEATR. rappresentazione f. **7** MED. *(of baby)* presentazione f. **8** *(introduction)* FORM. presentazione f.

presentational skills /ˌprezən'teɪʃnlˌskɪlz/ n. → **presentation skills.**

presentation box /ˌprezən'teɪʃnˌbɒks/ n. confezione f. regalo.

presentation copy /ˌprezən'teɪʃnˌkɒpɪ/ n. copia f. omaggio.

presentation pack /ˌprezən'teɪʃnˌpæk/ n. materiale m. informativo (di presentazione).

presentation skills /ˌprezən'teɪʃnˌskɪlz/ n.pl. ***to have good ~*** avere buone doti comunicative.

▷ **present-day** /ˌprezənt'deɪ/ agg. attuale.

presentee /ˌprezən'ti:/ n. **1** RELIG. = chi è destinato a un beneficio ecclesiastico **2** *(person presented at court)* = chi è presentato a corte **3** *(recipient of a present)* destinatario m. (-a) di un regalo.

▷ **presenter** /prɪ'zentə(r)/ ♦ ***27*** n. TELEV. RAD. presentatore m. (-trice); ***television, radio ~*** presentatore televisivo, radiofonico.

presentient /prɪ'senʃɪənt/ agg. presago.

presentiment /prɪ'zentɪmənt/ n. FORM. presentimento m.

▷ **presently** /'prezəntlɪ/ avv. **1** *(currently)* attualmente, in questo momento **2** *(soon afterwards, in past)* poco dopo, di lì a poco **3** *(soon, in future)* tra poco, fra poco, a momenti; ***he will be here ~*** sarà qui a momenti.

presentment /prɪ'zentmənt/ n. **1** ECON. presentazione f.; ***~ for payment*** presentazione all'incasso **2** AE DIR. = verdetto del grand jury consistente in un rinvio a giudizio.

present perfect /ˌpreznt'pɜ:fɪkt/ n. passato m. prossimo.

preservable /prɪ'zɜ:vəbl/ agg. [*food, building*] conservabile; [*peace, tradition*] mantenibile; [*life, dignity*] da salvaguardare.

▷ **preservation** /ˌprezə'veɪʃn/ n. *(of building)* conservazione f., preservazione f. (**of** di); *(of peace)* mantenimento m. (**of** di); *(of food)* conservazione f. (**of** di); *(of wildife, dignity, tradition)* salvaguardia f. (**of** di); *(of life)* salvaguardia f., protezione f. (**of** di).

preservation order /ˌprezə'veɪʃnˌɔ:də(r)/ n. ***to put a ~ on sth.*** = dichiarare qcs. patrimonio nazionale; ***there is a ~ on the tree*** = l'albero è stato dichiarato patrimonio nazionale.

preservative /prɪ'zɜ:vətɪv/ **I** agg. [*mixture, product*] per la conservazione; [*effect*] conservativo **II** n. *(for food)* conservante m.; *(for wood)* vernice f. protettiva.

1.preserve /prɪ'zɜ:v/ n. **1** GASTR. *(jam)* (anche **~s**) confettura f., composta f.; ***peach, cherry ~*** confettura di pesche, di ciliegie **2** *(territory)* riserva f. di caccia (**of** di); FIG. area f. riservata, campo m. (**of** di); ***to be a male ~*** essere riservato agli uomini.

▶ **2.preserve** /prɪ'zɜ:v/ tr. **1** *(save from destruction)* conservare, preservare [*building, manuscript, memory, language*] (**for** per); salvaguardare [*land, tradition*] (**for** per); conservare [*wood, leather, painting*] **2** *(maintain)* preservare [*rights*]; mantenere [*peace, harmony, order, standards*] **3** *(keep, hold onto)* [*person*] mantenere [*sense of humour, dignity, silence, beauty, health*] **4** *(rescue, save life of)* preservare; ***God ~ us!*** Dio ci salvi! ***heaven*** o ***the saints ~ us from that!*** ANT. o SCHERZ. il cielo ce ne scampi! **5** GASTR. *(prevent from rotting)* conservare [*food*] **6** *(make into jam)* fare una confettura con [*fruit*].

preserved /prɪ'zɜ:vd/ **I** p.pass. → **2.preserve II** agg. [*food*] conservato; [*site, castle*] protetto; ***~ in vinegar, peat*** conservato sott'aceto, nella torba; ***~ on film, on tape*** conservato su pellicola, su nastro.

preserver /prɪ'zɜ:və(r)/ n. **1** RELIG. salvatore m. **2** VENAT. guardacaccia m. e f.; PESC. guardapesca m. e f.

preset /ˌpri:'set/ tr. (forma in -ing **-tt-**; pass., p.pass. **preset**) programmare [*timer, cooker, video*] (**to do** per fare).

presetting /ˌpri:'setɪŋ/ n. programmazione f.

preshrunk /ˌpri:'ʃrʌŋk/ agg. [*fabric*] irrestringibile.

preside /prɪ'zaɪd/ intr. presiedere; ***to ~ at*** presiedere [*meeting, conference*]; ***to ~ over*** *(chair)* presiedere [*conference, committee*]; *(oversee)* presiedere a [*activity, change*].

▷ **presidency** /'prezɪdənsɪ/ n. presidenza f.

▶ **president** /'prezɪdənt/ ◗ *9* n. **1** presidente m. (-essa) (anche POL.); ***President Kennedy*** il presidente Kennedy; ***to run for ~*** essere candidato alla presidenza **2** AE COMM. direttore m. (-trice) generale.

> **President** Negli Stati Uniti il presidente è il capo dello Stato, il responsabile della politica estera e il capo delle forze armate. Il presidente ha la facoltà di nominare i giudici federali e i ministri e di promulgare le leggi approvate dal Congresso. Può rimanere in carica per un massimo di due mandati (*terms*) di quattro anni ciascuno.

president-elect /ˌprezɪdəntɪ'lekt/ n. = presidente eletto ma non ancora insediato.

▷ **presidential** /ˌprezɪ'denʃl/ agg. [*election, government, office, policy, term*] presidenziale; [*race, candidate*] alla presidenza; [*adviser*] del presidente.

presidentially /ˌprezɪ'denʃlɪ/ avv. [*represented*] dal presidente.

President of the Board of Trade /ˌprezɪdəntəvðəˌbɔːdəv'treɪd/ n. BE = ministro del Commercio e dell'Industria.

Presidents' Day /'prezɪdəntsˌdeɪ/ n. AE = il terzo lunedì di febbraio, giorno in cui si commemora la nascita di Washington.

presidentship /'prezɪdəntʃɪp/ n. presidenza f.

presidia /prɪ'sɪdɪə/ → **presidium**.

presiding /prɪ'zaɪdɪŋ/ agg. che presiede.

presidium /prɪ'sɪdɪəm/ n. (pl. **~s, -ia**) POL. presidium m.

pre-soak /ˌpriː'səʊk/ tr. mettere in ammollo [*washing*].

presort /ˌpriː'sɔːt/ tr. AE smistare [qcs.] in base ai codici postali [*mail*].

▶ **1.press** /pres/ **I** n. **1** ***the ~*** o ***the Press*** + verbo sing. o pl. la stampa; ***in the ~*** sui giornali; ***to get a good, bad ~*** FIG. avere buona, cattiva stampa **2** (anche **printing ~**) stampa f.; ***to come off the ~*** essere fresco di stampa; ***to go to ~*** andare in stampa; ***at*** o ***in (the) ~*** in stampa; ***to pass sth. for ~*** mandare qcs. in stampa *o* in macchina; ***at the time of going to ~*** al momento di andare in stampa **3** *(publishing house)* casa f. editrice; *(print works)* tipografia f., stamperia f.; ***the University Press*** editoria universitaria; ***the Starlight Press*** la casa editrice Starlight **4** *(device for flattening)* pressa f.; ***cider ~*** pressa da mele; ***garlic ~*** spremiaglio **5** *(act of pushing)* pressione f.; ***to give sth. a ~*** esercitare una pressione su, schiacciare qcs.; ***at the ~ of a button*** premendo un bottone **6** *(with iron)* stiratura f.; ***to give sth. a ~*** dare una stirata *o* una schiacciata a qcs. **7** *(crowd)* pigia pigia m. (**of** di) **8** SPORT distensione f. **9** BE *(cupboard)* armadio m. a muro **II** modif. [*acclaim, criticism*] della stampa; [*freedom, campaign*] di stampa; [*photo, photographer*] per la stampa; [*announcement, advertising*] tramite la stampa; ***~ story*** o ***~ report*** reportage.

▶ **2.press** /pres/ **I** tr. **1** *(push)* premere [*button*]; schiacciare [*switch, pedal*]; ***to ~ sth. in*** fare entrare *o* inserire qcs. premendo; ***~ the pedal right down*** schiaccia il pedale fino in fondo; ***~ the switch down*** abbassa l'interruttore; ***to ~ sth. into*** conficcare qcs. in [*clay, mud, ground*]; ***to ~ sth. into place*** spingere qcs. per metterlo a posto; ***to ~ a lid onto sth.*** premere un coperchio su qcs.; ***to ~ sth. into sb.'s hand*** mettere qcs. nella mano di qcn. **2** *(apply)* ***to ~ one's nose, face against sth.*** schiacciare il naso, il viso contro qcs.; ***to ~ a blotter, cloth onto sth.*** premere un tampone, un panno contro qcs.; ***to ~ a stamp, a label onto sth.*** mettere un timbro, un'etichetta su qcs.; ***to ~ one's hands to one's ears*** tapparsi le orecchie con le mani; ***to ~ the receiver to one's ear*** mettere il ricevitore contro l'orecchio; ***to ~ one's face into the pillow*** affondare il viso nel cuscino; ***to ~ one's knees together*** stringere le ginocchia; ***to ~ two objects together*** stringere due oggetti uno contro l'altro **3** *(squeeze)* spremere [*fruit*]; pressare [*flower*]; stringere [*arm, hand, person*]; ***to ~ sb. to one*** stringere qcn. a sé; ***to ~ sb. to one's bosom*** stringere qcn. al petto; ***to ~ the soil flat*** spianare il terreno; ***to ~ clay into shape*** modellare l'argilla **4** *(iron)* stirare con una pressa [*clothes*]; ***to ~ the pleats flat*** stirare le pieghe **5** *(urge)* fare pressione su, sollecitare [*person*]; insistere su [*point, matter, issue*]; perorare [*case*]; ***to ~ sb. to do*** spingere qcn. a fare; ***to ~ sb. for action*** spingere qcn. all'azione; ***to ~ sb. into a role*** spingere qcn. a recitare una parte; ***to ~ sb. into doing*** esortare qcn. a fare; ***I must ~ you for an answer*** insisto per avere una risposta; ***when ~ed, he admitted that...*** dopo molte insistenze, ha ammesso che...; ***to ~ a point*** insistere; ***to ~ one's suit*** fare una corte insistente **6** TECN. dare [*shape*]; formare [*object*]; stampare [*record, CD, steel, metal, car body*]; ***to ~ out pieces*** stampare pezzi **7** MAR. STOR. arruolare forzatamente [*recruit, man*] **8** SPORT sollevare [qcs.] in distensione [*weight*] **9** STOR. *(as torture)* sottoporre [qcn.] a schiacciamento **II** intr. **1** *(push with hand, foot, object)* ***to ~ down*** schiacciare; ***to ~ (down) on, to ~ against*** premere su [*pedal, surface*]; ***the blankets are ~ing (down) on my leg*** le coperte mi premono sulla gamba; ***her guilt ~ed down on her*** la colpa le pesava **2** *(throng, push with body)* [*crowd, person*] accalcarsi, premere (**against** contro; **around** attorno a; **forward** in avanti); ***to ~ through the entrance*** accalcarsi all'entrata; ***to ~ through the crowd*** aprirsi la strada tra la folla **III** rifl. ***to ~ oneself against*** schiacciarsi contro [*wall*]; stringersi a [*person*].

■ **press ahead** andare avanti; ***to ~ ahead with [sth.]*** persistere nel portare avanti [*reform, plan, negotiations*].

■ **press for:** ***~ for [sth.]*** fare pressione per ottenere [*change, support, release*]; ***to be ~ed for sth.*** essere a corto di qcs.

■ **press on:** ***~ on*** **1** *(on journey)* continuare; ***to ~ on through the rain*** continuare incurante della pioggia **2** *(carry on)* tirare avanti, tirare innanzi; ***to ~ on regardless*** tirare avanti malgrado tutto **3** *(move on, keep moving)* FIG. andare avanti; ***let's ~ on to the next item*** passiamo al punto seguente; ***to ~ on with*** fare andare avanti [*reform, plan, negotiation*]; proseguire con [*agenda*]; passare a [*next item*]; ***~ [sth.] on sb.*** costringere qcn. a prendere [*gift, food, drink*].

press agency /'presˌeɪdʒənsɪ/ n. agenzia f. di stampa.

press agent /'presˌeɪdʒənt/ ◗ *27* n. addetto m. (-a) stampa, press agent m. e f.

Press Association /'presəsəʊsɪˌeɪʃn/ n. BE = agenzia di stampa britannica.

press attaché /'presəˌtæʃeɪ/ ◗ *27* n. → **press agent**.

press baron /'presˌbærən/ n. magnate m. della stampa.

press box /'presbɒks/ n. *(at sports ground)* tribuna f. stampa.

press card /'preskɑːd/ n. tessera f. da giornalista.

press clipping /'presˌklɪpɪŋ/ n. ritaglio m. di giornale.

▷ **press conference** /'presˌkɒnfərəns/ n. conferenza f. stampa.

press corps /'preskɔː(r)/ n. giornalisti m.pl.

press cutting /'presˌkʌtɪŋ/ n. ritaglio m. di giornale.

pressed /prest/ **I** p.pass. → **2.press II** agg. **1** *(squeezed)* [*fruit*] spremuto **2** *(compacted by pressure)* pressato; ***~ beef*** manzo in scatola pressato **3** TECN. [*steel*] stampato.

presser /'presə(r)/ ◗ *27* n. **1** *(person)* pressatore m. (-trice) **2** (anche **~-foot**) premistoffa m.

press gallery /'presˌgælərɪ/ n. *(in Parliament)* tribuna f. stampa.

1.press-gang /'presgæŋ/ n. STOR. + verbo sing. o pl. = squadra addetta all'arruolamento forzato.

2.press-gang /'presgæŋ/ tr. STOR. arruolare forzatamente; ***to ~ sb. into the navy*** arruolare forzatamente qcn. in marina; ***to ~ sb. into doing*** FIG. forzare qcn. a fare.

pressie /'prezɪ/ n. BE COLLOQ. regalo m.

▷ **pressing** /'presɪŋ/ **I** n. **1** *(of olives)* spremitura f. **2** *(of record)* stampa f. **II** agg. **1** *(urgent)* [*business, concern, duty*] pressante, urgente; [*issue, need, problem, question*] urgente **2** *(insistent)* [*invitation*] pressante; [*anxiety, feeling*] opprimente.

press lord /'presˌlɔːd/ n. magnate m. della stampa.

pressman /'presmən/ ◗ *27* n. (pl. **-men**) **1** *(printer)* tipografo m. **2** BE *(journalist)* giornalista m., cronista m.

pressmark /'presmɑːk/ n. BE segnatura f., collocazione f.

pressmen /'presmen/ → **pressman**.

press officer /'presˌɒfɪsə(r), AE -ˌɔːf-/ ◗ *27* n. addetto m. stampa, press agent m.

press of sail /'presəvˌseɪl/ n. MAR. forza f. di vele.

press-on /'presɒn/ agg. adesivo.

press pack /'prespæk/ n. cartella f. stampa.

press pass /'prespɑːs, AE -pæs/ n. pass m. per la stampa.

press proof /'presˌpruːf/ n. bozza f. di stampa.

▷ **press release** /'presrɪˌliːs/ n. comunicato m. stampa, press release m.

pressroom /'presruːm, -rʊm/ n. TIP. reparto m. stampa; GIORN. POL. sala f. stampa.

press run /'presrʌn/ n. tiratura f.

press secretary /'presˌsekrətrɪ, AE -rəterɪ/ ◗ *27* n. addetto m. (-a) stampa.

press-stud /'presstʌd/ n. BE (bottone) automatico m.

press-up /'presʌp/ n. flessione f. sulle braccia.

▶ **1.pressure** /'preʃə(r)/ n. **1** pressione f. (anche TECN. METEOR.); ***to exert ~ on sth.*** esercitare una pressione su qcs.; ***put ~ on sth.*** fare pressione su qcs.; ***to store sth. under ~*** conservare qcs. sotto pressione; ***a ~ of 1 kg per cm²*** una pressione di 1 kg per cm²; ***blood ~*** pressione sanguigna; ***high ~*** alta pressione **2** FIG. *(on person)* pressione f.; ***the ~ on her to conform*** le pressioni esercitate su di lei per farla allineare; ***to put ~ on sb.*** fare pressione su qcn. (**to do** perché faccia); ***to do sth. under ~*** fare qcs. sotto costrizione; ***to do sth. under ~ from sb.*** fare qcs. sotto costrizione di qcn.; ***to work well, badly under ~*** lavorare bene, male sotto pressione; ***he is under ~ from his boss to do*** il suo capo gli fa pressione perché faccia; ***she has come under a lot of ~ to do*** subisce molte pressioni perché faccia; ***to be put under ~ by one's job*** essere oppresso dal lavoro; ***due to ~ of work*** a causa del carico di lavoro; ***financial ~s*** difficoltà finanziarie; ***the ~s of fame*** lo stress della fama; ***the ~s of modern life*** lo stress della vita moderna **3** *(volume) (of traffic, tourists, visitors)* flusso m.

2.pressure /'preʃə(r)/ tr. → **pressurize**.

pressure cabin /'preʃə,kæbɪn/ n. cabina f. pressurizzata.

pressure casting /'preʃə,kɑ:stɪŋ, AE -,kæst-/ n. pressofusione f.

pressure-cook /'preʃə,kʊk/ tr. cuocere (con la pentola) a pressione.

pressure cooker /'preʃə,kʊkə(r)/ n. pentola f. a pressione.

pressure gauge /'preʃə,geɪdʒ/ n. manometro m.

pressure group /'preʃəgru:p/ n. + verbo sing. o pl. gruppo m. di pressione.

pressure point /'preʃəpɔɪnt/ n. MED. punto m. di compressione.

pressure suit /'preʃə,su:t, -,sju:t/ n. tuta f. pressurizzata.

pressure vessel /'preʃə,vesl/ n. NUCL. recipiente m. a pressione.

pressurization /,preʃəraɪ'zeɪʃn, AE -rɪ'z-/ n. pressurizzazione f.

pressurize /'preʃəraɪz/ tr. **1** *(maintain pressure in)* pressurizzare [*cabin, compartment, suit*] **2** *(put under pressure)* mettere sotto pressione [*liquid, gas*] **3** FIG. fare pressione su [*person*]; ***to be ~d into doing*** essere costretto a fare.

pressurized /'preʃəraɪzd/ **I** p.pass. → **pressurize II** agg. **1** [*cabin, compartment, suit*] pressurizzato **2** *(put under pressure)* [*gas*] compresso.

pressurized water reactor /'preʃəraɪzd,wɔ:tərɪ,æktə(r)/ n. reattore m. pressurizzato.

presswoman /'preswʌmən/ ➧ **27** n. (pl. **-women**) BE giornalista f., cronista f.

presswork /'presw3:k/ n. lavoro m. di stampa.

Prestel® /'pres'tel/ n. BE = servizio di informazioni trasmesse per via telefonica su un apposito televisore.

prestidigitation /,prestɪdɪdʒɪ'teɪʃn/ n. prestidigitazione f.

▷ **prestige** /pre'sti:ʒ/ **I** n. prestigio m. **II** modif. [*car, site*] di prestigio; [*housing, hotel*] prestigioso.

▷ **prestigious** /pre'stɪdʒəs/ agg. prestigioso.

prestigiously /pre'stɪdʒəslɪ/ avv. prestigiosamente.

presto /'prestəʊ/ **I** n. MUS. presto m. **II** modif. MUS. ***~ passage*** presto **III** avv. MUS. presto **IV** inter. ***hey ~!*** voilà!

prestress /,pri:'stres/ tr. precomprimere.

prestressed /,pri:'strest/ **I** p.pass. → **prestress II** agg. precompresso.

prestressed concrete /,pri:'strest,kɒŋkri:t/ n. (cemento armato) precompresso m.

presumable /prɪ'zju:məbl, AE -'zu:m-/ agg. presumibile.

▷ **presumably** /prɪ'zju:məblɪ, AE -'zu:m-/ avv. presumibilmente.

▷ **presume** /prɪ'zju:m, AE -'zu:m/ **I** tr. **1** *(suppose)* presumere, supporre (**that** che); ***I ~ (that) he's honest*** presumo sia onesto; ***I ~d him to be honest*** lo credevo onesto; ***she is ~d to be innocent*** si presume che sia innocente; ***I ~ it was him*** immagino fosse lui; ***"does he know?" - "I ~ so, I ~ not"*** "lo sa?" - "presumo di sì, di no"; ***you'll come, I ~?*** suppongo che tu verrai **2** *(presuppose)* presupporre (**that** che) **3** *(dare)* ***to ~ to do*** permettersi di fare **II** intr. ***to ~ upon*** approfittare di [*person, kindness*]; ***I hope I'm not presuming*** spero di non prendermi delle libertà.

presumed /prɪ'zju:md/ **I** p.pass. → **presume II** agg. ***~ dead*** morto presunto; ***~ innocent, guilty*** presunto innocente, colpevole.

presumedly /prɪ'zju:mdlɪ, AE -'zu:m-/ avv. presumibilmente.

presuming /prɪ'zju:mɪŋ, AE -'zu:m-/ agg. presuntuoso, arrogante.

presumingly /prɪ'zju:mɪŋlɪ, AE -'zu:m-/ avv. in modo presuntuoso, in modo arrogante.

presumption /prɪ'zʌmpʃn/ n. **1** *(supposition)* presunzione f., congettura f. (**that** che); DIR. presunzione f. (**of** di); ***on the ~ that*** nella presunzione che; ***to make a ~*** fare una supposizione; ***the ~ is that*** si suppone che **2** *(basis)* presupposizione f. (**against** contro; **in favour of** a favore di) **3** *(impudence)* presunzione f., arroganza f.

presumptive /prɪ'zʌmptɪv/ agg. **1** presuntivo **2** DIR. [*heir*] presunto; [*evidence*] presuntivo.

presumptively /prɪ'zʌmptɪvlɪ/ avv. presuntivamente.

presumptuous /prɪ'zʌmptʃʊəs/ agg. presuntuoso, arrogante (**of** da parte di; **to do** fare).

presumptuously /prɪ'zʌmptʃʊəslɪ/ avv. presuntuosamente, in modo arrogante.

presumptuousness /prɪ'zʌmptʃʊəsnɪs/ n. presuntuosità f., arroganza f.

presuppose /,pri:sə'pəʊz/ tr. presupporre (**that** che).

presupposition /,pri:sʌpə'zɪʃn/ n. *(action)* presupposizione f.; *(idea)* presupposto m. (**that** che).

pre-tax /,pri:'tæks/ agg. al lordo di imposte; ***a ~ profit of £ 3m*** un profitto di 3 milioni di sterline al lordo di imposte.

preteen /,pri:'ti:n/ **I** agg. (anche **pre-teen**) preadolescente **II** n. preadolescente m. e f.; ***the ~s*** *(period)* la preadolescenza; *(people)* i preadolescenti.

pretence BE, **pretense** AE /prɪ'tens/ n. **1** *(false show)* finta f.; ***to make a ~ of sth.*** fingere qcs.; ***to make a ~ of doing*** fare finta di fare; ***to make no ~ of sth.*** non fare mistero di qcs.; ***on*** o ***under the ~ of doing*** con il pretesto di fare; ***under the ~ that*** con la scusa che; ***to keep up, abandon the ~ of doing*** continuare a, smettere di fare finta di fare; ***he spoke with no ~ at*** o ***of politeness*** parlò senza fare finta di essere educato **2** *(sham)* finzione f., simulazione f. (**of** di); ***a ~ of love*** un amore simulato; ***a ~ of sympathy*** una compassione *o* una simpatia simulata; ***on*** o ***under false ~*** con un sotterfugio *o* con l'inganno.

1.pretend /prɪ'tend/ agg. COLLOQ. INFANT. *(make-believe)* [*gun, car*] immaginario; [*jewels*] finto; ***it's only ~!*** è solo per finta!

▷ **2.pretend** /prɪ'tend/ **I** tr. **1** *(feign)* fingere [*illness, ignorance*]; simulare [*emotion*]; ***to ~ that*** fingere che; ***to ~ to do*** fingere di fare; ***let's ~ (that) it never happened*** facciamo finta che non sia mai successo; ***let's ~ (that) we are cowboys*** facciamo finta di essere cowboy; ***a thief ~ing to be a policeman*** un ladro che si finge poliziotto **2** *(claim)* ***to ~ to know, understand*** pretendere di sapere, di capire; ***to ~ to be*** pretendere di essere **II** intr. **1** *(feign)* fingere, fare finta; ***to play let's ~*** = giocare a fingere di essere qualcun altro **2** *(maintain deception)* fingere; ***after 40 years of marriage it is time to stop ~ing*** dopo 40 anni di matrimonio è ora di smettere di fingere; ***I was only ~ing*** stavo solo facendo finta **3** *(claim)* ***to ~ to*** pretendere [*throne*]; rivendicare un diritto a [*title, crown*].

pretended /prɪ'tendɪd/ **I** p.pass. → **2.pretend II** agg. [*emotion, ignorance, illness*] simulato.

pretendedly /prɪ'tendɪdlɪ/ avv. falsamente.

pretender /prɪ'tendə(r)/ n. **1** *(claiming a throne)* pretendente m. e f. (**to** a) **2** *(simulator)* simulatore m. (-trice).

pretense AE → **pretence**.

pretension /prɪ'tenʃn/ n. pretesa f.; ***to have ~s to sth.*** pretendere qcs.; ***to have ~s to doing*** avere la pretesa di fare.

pretentious /prɪ'tenʃəs/ agg. pretenzioso.

pretentiously /prɪ'tenʃəslɪ/ avv. pretenziosamente.

pretentiousness /prɪ'tenʃəsnɪs/ n. pretenziosità f.

preterhuman /,pri:tə'hju:mən/ agg. sovrumano.

preterite /'pretərət/ n. LING. preterito m.; ***in the ~*** al preterito.

preterition /,pri:tə'rɪʃn/ n. **1** RET. preterizione f. **2** *(omission)* omissione f.

pretermission /,pri:tə'mɪʃn/ n. **1** *(omission)* omissione f., pretermissione f. **2** *(interruption)* interruzione f.

pretermit /,pri:tə'mɪt/ tr. ANT. (forma in -ing ecc. **-tt-**) **1** *(omit)* omettere **2** *(interrupt)* interrompere.

preternatural /,pri:tə'nætʃərəl/ agg. preternaturale.

preternaturally /,pri:tə'nætʃərəlɪ/ avv. in modo preternaturale.

pretext /'pri:tekst/ n. pretesto m., scusa f. (**for** per; **for doing** per fare); ***under*** o ***on the ~ of sth., of doing*** con la scusa di qcs., di fare.

Pretoria /prɪ'tɔ:rɪə/ ➧ **34** n.pr. Pretoria f.

pretrial /,pri:'traɪl/ **I** agg. precedente al processo **II** n. AE DIR. udienza f. preliminare.

prettify /'prɪtɪfaɪ/ tr. abbellire, ingraziosire.

prettily /'prɪtɪlɪ/ avv. [*arrange, dress, decorate*] graziosamente, elegantemente; [*perform, talk*] con grazia; [*blush, smile*] graziosamente; [*apologize, thank*] gentilmente.

prettiness /'prɪtɪnɪs/ n. **1** *(of person)* grazia f.; *(of dress, decoration)* graziosità f., eleganza f.; *(of smile)* graziosità f.; *(of apologize, thank)* gentilezza f. **2** *(of style)* affettazione f.

▶ **1.pretty** /'prɪtɪ/ **I** agg. **1** *(attractive)* carino, grazioso, bello; ***it was not a ~ sight*** non era bello a vedersi **2** *(trite)* SPREG. ***a ~ speech*** un bel discorsetto; ***a ~ music*** una musichetta **3** COLLOQ. *(considerable)* ***a ~ sum*** una bella somma **II** avv. COLLOQ. *(very)* molto; *(fairly)* abbastanza; *(almost)* quasi; ***~ certain*** o ***~ sure*** quasi sicuro; ***~ good*** abbastanza buono; ***~ well all*** o ***~ much all*** praticamente tutto; ***"how are you?" - "~ well"*** "come stai?" - "abbastanza bene" ◆ ***~ as***

a picture bello come un quadro; ***I'm not just a ~ face*** COLLOQ. SCHERZ. non sono soltanto carina; ***this is a ~ mess*** o ***a ~ state of affairs*** IRON. che bello *o* bella roba; ***that must have cost you a ~ penny*** COLLOQ. ti deve essere costato una bella cifra; ***to be sitting ~*** COLLOQ. dormire tra due guanciali *o* essere in una botte di ferro; ***things have come to a ~ pass when...*** le cose si sono messe male quando...

2.pretty /ˈprɪtɪ/ tr. → **pretty up**.

▪ **pretty up:** ~ *[sth.]* up, ~ up *[sth.]* abbellire.

pretty boy /ˈprɪtɪˌbɔɪ/ n. COLLOQ. SPREG. *(foppish)* fichetto m.; *(effeminate)* checca f.

pretty-pretty /ˈprɪtɪˌprɪtɪ/ agg. SPREG. affettato, lezioso.

pretzel /ˈpretsl/ n. INTRAD. m. (ciambella salata a forma di nodo).

▷ **prevail** /prɪˈveɪl/ intr. **1** *(win)* [*ability, common sense, vice, virtue*] prevalere (**against** su) **2** *(be usual)* predominare.

▪ **prevail upon:** ~ *upon [sb.]* persuadere, convincere (**to do** a fare).

prevailing /prɪˈveɪlɪŋ/ agg. **1** [*custom, attitude, idea, style*] diffuso, comune **2** ECON. [*rate*] in vigore **3** METEOR. [*wind*] prevalente.

prevalence /ˈprevələns/ n. **1** *(widespread nature)* diffusione f. **2** *(superior position)* predominanza f.

prevalent /ˈprevələnt/ agg. **1** *(widespread)* diffuso **2** *(predominant)* predominante.

prevalently /ˈprevələntlɪ/ avv. **1** *(extensively)* diffusamente **2** *(predominantly)* predominantemente.

prevaricate /prɪˈværɪkeɪt/ intr. FORM. tergiversare.

prevarication /prɪˌværɪˈkeɪʃn/ n. FORM. tergiversazione f.; ***after much ~*** dopo molto tergiversare.

prevaricator /prɪˈværɪkeɪtə(r)/ n. tergiversatore m. (-trice).

prevenient /prɪˈviːnɪənt/ agg. **1** *(previous)* precedente, antecedente; TEOL. [*grace*] preveniente **2** *(anticipatory)* preventivo.

▶ **prevent** /prɪˈvent/ tr. prevenire [*illness*]; evitare [*conflict, disaster, damage, fire, violence*]; ostacolare [*marriage*]; ***to ~ the outbreak of war, the introduction of reform*** evitare lo scoppio della guerra, l'introduzione di una riforma; ***to ~ sb., sth. from doing*** impedire a qcn., qcs. di fare; ***to ~ sb., sth. from being criticized*** impedire che qcn., qcs. venga criticato; ***to prevent sb.'s death*** evitare la morte di qcn.

preventable /prɪˈventəbl/ agg. evitabile; ***the accident was ~*** l'incidente poteva essere evitato.

preventative /prɪˈventətɪv/ agg. → **preventive**.

preventer /prɪˈventə(r)/ n. MAR. elemento m. di rinforzo.

preventible → **preventable**.

▷ **prevention** /prɪˈvenʃn/ n. prevenzione f.; ***accident ~*** prevenzione degli infortuni; *(on road)* prevenzione degli incidenti stradali; ***crime ~*** prevenzione della criminalità; ***fire ~*** prevenzione degli incendi ◆ ***~ is better than cure*** PROV. prevenire è meglio che curare.

preventive /prɪˈventɪv/ agg. preventivo; ~ ***detention*** DIR. carcerazione preventiva.

preventively /prɪˈventɪvlɪ/ avv. preventivamente.

▷ **1.preview** /ˈpriːvjuː/ n. **1** *(showing) (of film, play)* anteprima f.; *(of exhibition)* vernissage m. **2** *(report) (of match, programme)* presentazione f. (**of** di).

2.preview /ˈpriːvjuː/ tr. mostrare in anteprima [*match, programme*].

▶ **previous** /ˈpriːvɪəs/ agg. **1** attrib. *(before)* [*day, meeting, manager, chapter*] precedente; *(further back in time)* anteriore; ***the ~ page*** la pagina precedente; ***the ~ day*** il giorno precedente *o* il giorno prima; ***the ~ week, year*** la settimana, l'anno prima; ***in a ~ life*** in una vita precedente; ***on a ~ occasion*** in una precedente occasione *o* in precedenza; ***on ~ occasions*** altre volte; ***she has two ~ convictions*** DIR. ha già altre due condanne; ***he has no ~ convictions*** DIR. è incensurato; ***to have a ~ engagement*** essere già impegnato; ***"~ experience essential"*** "è indispensabile esperienza nel settore" **2** mai attrib. COLLOQ. *(hasty)* [*decision*] affrettato; [*action*] prematuro; ***he was a little ~ in making the decision alone*** è stato un po' avventato da parte sua prendere questa decisione da solo **3 previous to** prima di; ***~ to living here, he...*** prima di abitare qui, lui...

▶ **previously** /ˈpriːvɪəslɪ/ avv. *(before)* precedentemente, in precedenza, prima; *(already)* già; ***two years, days ~s*** due anni, giorni prima; ***we've met ~*** ci siamo già incontrati in precedenza.

previousness /ˈpriːvɪəsnɪs/ n. precedenza f., priorità f.

prevision /ˌpriːˈvɪʒn/ n. **1** *(foresight)* previsione f. **2** *(prognostication)* profezia f., pronostico m.

previsional /ˌpriːˈvɪʒənl/ agg. previsionale.

prewar /ˌpriːˈwɔː(r)/ agg. prebellico; ***the ~ period*** o ***years*** il periodo prebellico.

prewash /ˌpriːˈwɒʃ/ n. prelavaggio m.

prexy /ˈpreksɪ/ n. AE COLLOQ. UNIV. rettore m.

▷ **1.prey** /preɪ/ n. preda f. (anche FIG.); ***to fall ~ to sth., sb.*** [*animal*] diventare la preda di qcs., di qcn.; [*person*] cadere preda di qcs., di qcn.; ***he was ~ to anxiety*** era in preda all'ansia.

▷ **2.prey** /preɪ/ intr. → **prey on**.

▪ **prey on:** ~ *on [sth.]* **1** *(hunt)* [*animal*] cacciare, predare [*rodents, birds*] **2** FIG. *(worry)* ***to ~ on sb.'s mind*** [*accident, exam, problems*] preoccupare, assillare **3** *(exploit)* sfruttare [*fears, worries*]; ~ *on [sb.]* [*con man*] colpire, scegliere le sue vittime tra [*the elderly, the gullible*]; [*mugger, rapist*] colpire, prendere di mira [*women, joggers, etc.*].

prezy /ˈprezɪ/ n. AE COLLOQ. POL. presidente m.

prezzie /ˈprezɪ/ n. BE COLLOQ. regalo m.

priapic /praɪˈæpɪk/ agg. **1** (anche **Priapic**) MITOL. priapeo **2** *(phallic)* fallico.

priapism /ˈpraɪəpɪzəm/ ♦ **11** n. priapismo m.

Priapus /praɪˈeɪpəs/ n.pr. Priapo.

▷ **1.price** /praɪs/ n. **1** *(cost)* prezzo m. (anche FIG.); ***the ~ per ticket*** il prezzo del singolo biglietto; ***the ~ per kilo, head*** il prezzo al chilo, a persona; ***to sell sth. for*** o ***at a good ~*** vendere qcs. a un buon prezzo; ***at competitive, attractive ~s*** a prezzi competitivi, interessanti; ***"we pay top ~s for..."*** "offriamo la massima valutazione per..."; ***cars have gone up, fallen in ~*** le automobili sono aumentate, scese di prezzo; ***to give sb. a ~*** *(estimate)* fare un prezzo a qcn.; ***what sort of ~ did you have to pay?*** quanto hai dovuto pagare? ***to pay a high ~ for sth.*** pagare caro qcs.; ***to pay a high ~ for sth.*** FIG. pagare qcs. a caro prezzo; ***to pay a high ~ for doing*** FIG. pagare un caro prezzo per avere fatto; ***loss of independence was a high ~ to pay for peace*** la perdita dell'indipendenza è stata un caro prezzo da pagare per la pace; ***no ~ is too high for winning their support*** nessun prezzo sarebbe troppo alto pur di ottenere il loro sostegno; ***that's the ~ one pays for being famous*** è il prezzo che si deve pagare per la fama; ***he paid a very low ~ for it*** l'ha pagato molto poco; ***that's a small ~ to pay for sth., for doing*** FIG. è un piccolo sacrificio per ottenere qcs., per fare; ***you can achieve success - but at a ~!*** puoi raggiungere il successo, ma a un *o* devi pagare un prezzo; ***that can be arranged - for a ~!*** SCHERZ. si può sistemare, pagando (bene)! ***she wants to get on in life, at any ~*** o ***whatever the ~*** vuole riuscire nella vita, a qualsiasi costo; ***peace at any ~*** pace a ogni costo; ***I wouldn't buy, wear that horrible thing at any ~!*** per niente al mondo comprerei, indosserei quell'orrore! **2** *(value)* valore m. (anche FIG.); ***of great ~*** di grande valore; ***beyond*** o ***above ~*** inestimabile; ***to put a ~ on*** valutare [*object, antique*]; ***to put*** o ***set a high ~ on*** dare grande valore a [*loyalty, hard work*]; ***you can't put a ~ on friendship*** l'amicizia non ha prezzo; ***what ~ all his good intentions now!*** dove sono finite tutte le sue buone intenzioni? **3** *(in betting)* quotazione f.; ***what ~ he'll turn up late?*** FIG. scommetti che arriverà tardi? ◆ ***every man*** o ***everyone has his ~*** ognuno ha il suo prezzo; ***to put a ~ on sb.'s head*** mettere una taglia sulla testa di qcn.; ***he has a ~ on his head*** ha una taglia sulla testa.

2.price /praɪs/ tr. **1** *(fix, determine the price of)* fissare il prezzo di [*product, object*] (**at** a) **2** *(estimate, evaluate the worth of)* stimare, valutare [*object*] **3** *(mark the price of)* prezzare [*product*].

▪ **price down:** ~ *[sth.]* down, ~ down *[sth.]* BE vendere al prezzo più basso.

▪ **price out:** ***~ oneself*** o ***one's goods out of the market*** vendere a prezzi troppo alti per potere rimanere sul mercato; ***we've been ~d out of business, the British market*** ci siamo giocati l'affare, il mercato britannico a causa dei prezzi troppo alti; ***X has ~d Y out of the market*** X ha escluso Y dal mercato praticando prezzi più concorrenziali.

▪ **price up:** ~ *[sth.]* up, ~ up *[sth.]* BE vendere al prezzo più alto.

price bracket /ˈpraɪsˌbrækɪt/ n. → **price range**.

price control /ˈpraɪskənˌtrəʊl/ n. controllo m. dei prezzi.

price cut /ˈpraɪsˌkʌt/ n. riduzione f. di prezzo.

price cutting /ˈpraɪsˌkʌtɪŋ/ n. riduzione f. di prezzo.

priced /praɪst/ **I** p.pass. → **2.price II** agg. ***a moderately-~ hotel*** un hotel dai prezzi ragionevoli; ***a dress ~ at £ 30*** un vestito a 30 sterline; ***this product is reasonably, competitively ~*** questo prodotto ha un prezzo ragionevole, competitivo.

price discrimination /ˈpraɪsdɪskrɪmɪˌneɪʃn/ n. discriminazione f. dei prezzi.

price-earning ratio /ˈpraɪsˌɜːnɪŋˌreɪʃɪəʊ/ n. rapporto m. prezzo-utili.

price fixing /ˈpraɪsˌfɪksɪŋ/ n. fissazione f. dei prezzi.

price freeze /ˈpraɪsˌfriːz/ n. blocco m. dei prezzi, congelamento m. dei prezzi.

price index /ˈpraɪsˌɪndeks/ n. indice m. dei prezzi.
price inflation /ˈpraɪsɪnˌfleɪʃn/ n. inflazione f.
price label /ˈpraɪsˌleɪbl/ n. cartellino m. del prezzo.
priceless /ˈpraɪslɪs/ agg. **1** *(extremely valuable)* [*object, treasure, person*] inestimabile; [*advice, information*] preziosissimo **2** *(amusing)* [*person, joke, speech*] che fa morire (dal ridere).
pricelessness /ˈpraɪslɪsnɪs/ n. valore m. inestimabile.
price list /ˈpraɪsˌlɪst/ n. listino m. prezzi.
price range /ˈpraɪsˌreɪndʒ/ n. gamma f. di prezzi; ***cars in a ~ of £ 15,000 to £ 20,000*** automobili in una gamma di prezzi che va dalle 15.000 alle 20.000 sterline; ***that's out of, in my ~*** è fuori dal, rientra nel mio limite di spesa.
price restrictions /ˈpraɪsrɪˌstrɪkʃnz/ n. controllo m. dei prezzi.
price rigging /ˈpraɪsˌrɪgɪŋ/ n. manipolazione f. dei prezzi.
price ring /ˈpraɪsˌrɪŋ/ n. sindacato m. commerciale.
price rise /ˈpraɪsˌraɪz/ n. aumento m. dei prezzi, rialzo m. dei prezzi.
prices and income policy /ˌpraɪsɪzəndˈɪŋkʌmˌpɒləsɪ/ n. politica f. dei prezzi e dei redditi.
price support /ˈpraɪsəˌpɔːt/ n. sostegno m. dei prezzi.
price tag /ˈpraɪstæg/ n. **1** *(label)* cartellino m. del prezzo **2** FIG. *(cost)* costo m. (**on, for** di).
price ticket /ˈpraɪsˌtɪkɪt/ n. cartellino m. del prezzo.
price war /ˈpraɪsˌwɔː(r)/ n. guerra f. dei prezzi.
pricey /ˈpraɪsɪ/ agg. COLLOQ. caro, salato.
pricing /ˈpraɪsɪŋ/ n. determinazione f. del prezzo, assegnazione f. del prezzo.
1.prick /prɪk/ n. **1** *(of needle etc.)* puntura f.; ***to give sth. a ~*** pungere qcs.; ***a ~ of conscience*** FIG. un rimorso di coscienza **2** VOLG. *(penis)* cazzo m. **3** POP. *(idiot)* cazzone m. (-a) ◆ ***to kick against the ~s*** continuare a ostinarsi.
2.prick /prɪk/ **I** tr. **1** *(cause pain)* [*needle, thorn, person*] pungere (**with** con); ***to ~ one's finger*** pungersi un dito; ***to ~ sb.'s conscience*** FIG. rodere la coscienza di qcn.; ***his conscience ~ed him*** FIG. aveva dei rimorsi di coscienza *o* gli rimordeva la coscienza **2** *(pierce)* forare [*paper, plastic*] (**with** con); bucare [*bubble, balloon*] (**with** con); GASTR. punzecchiare [*potato etc.*]; ***to ~ a hole in sth.*** fare un buco in qcs. **3** *(prick up)* ***the dog ~ed its ears*** il cane drizzò le orecchie; ***to ~ one's ears*** FIG. drizzare le orecchie **II** intr. **1** *(sting)* [*eyes, skin*] pizzicare; ***my eyes are ~ing*** mi pizzicano gli occhi; ***my eyes ~ed with tears*** mi sentivo salire le lacrime agli occhi **2** [*bush, thorn*] pungere **III** rifl. ***to ~ oneself*** pungersi (**on, with** con).
■ **prick out:** ~ ***out*** ***[sth.]***, ~ ***[sth.]*** ***out*** **1** AGR. trapiantare [*seedlings*] **2** ART. tracciare con forellini [*design, outline*].
■ **prick up:** ~ ***up*** [*dog's ears*] drizzarsi; ***at that, my ears ~ed up*** quello mi ha fatto drizzare le orecchie; ~ ***up [sth.] the dog ~ed up its ears*** il cane drizzò le orecchie; ***to ~ up one's ears*** FIG. drizzare le orecchie.
pricker /ˈprɪkə(r)/ n. strumento m. appuntito.
pricket /ˈprɪkɪt/ n. **1** *(deer)* cerbiatto m. di due anni; *(fallow deer)* daino m. di due anni **2** *(spike)* punta f. di candelabro.
pricking /ˈprɪkɪŋ/ **I** n. *(internal feeling)* formicolio m.; *(result of pin etc.)* puntura f. **II** modif. [*sensation, feeling*] di formicolio.
1.prickle /ˈprɪkl/ n. **1** *(of hedgehog)* aculeo m.; *(of thistle, holly)* spina f. **2** *(feeling)* formicolio m.; ***to feel ~s down one's spine*** sentire un formicolio alla schiena; ***to feel a ~ of hostility*** percepire una punta di ostilità.
2.prickle /ˈprɪkl/ **I** tr. [*clothes, jumper*] pungere **II** intr. [*hairs*] drizzarsi (**with** da); ***my skin ~d*** mi è venuta la pelle d'oca.
prickleback /ˈprɪklbæk/ n. → **stickleback**.
prickliness /ˈprɪklɪnɪs/ n. **1** *(spininess)* spinosità f. **2** *(touchiness)* permalosità f.
prickling /ˈprɪklɪŋ/ **I** n. punzecchiatura f. **II** agg. pungente.
prickly /ˈprɪklɪ/ agg. **1** *(with prickles)* [*bush, rose, leaf*] spinoso; [*animal*] con aculei; [*thorn*] pungente **2** *(itchy)* [*jumper, beard*] che punge; ***my skin feels ~*** mi sento pizzicare dappertutto **3** COLLOQ. *(touchy)* permaloso, irritabile (**about** a riguardo di).
prickly broom /ˌprɪklɪˈbruːm, -ˈbrʊm/ n. ginestra f. spinosa.
prickly heat /ˌprɪklɪˈhiːt/ n. miliaria f.
prickly lettuce /ˌprɪklɪˈletɪs/ n. lattuga f. selvatica.
prickly pear /ˌprɪklɪˈpeə(r)/ n. fico m. d'India.
prick teaser /ˈprɪkˌtiːzə(r)/ n. VOLG. = donna che ama provocare gli uomini senza però concedersi.
prickwood /ˈprɪkwʊd/ n. fusaggine f.
▷ **1.pride** /praɪd/ n. **1** *(satisfaction)* orgoglio m., fierezza f.; ***to have ~ in sb., sth.*** essere fiero di qcn., qcs.; ***with ~*** con orgoglio; ***to take ~ in*** andare orgoglioso di [*ability, achievement, talent*]; curare [*appearence, work*] **2** *(self-respect)* amor m. proprio; SPREG. spocchia f.; ***to hurt*** o ***wound sb.'s ~*** ferire l'amor proprio di qcn.; ***her ~ was hurt*** è stata ferita nel suo amor proprio; ***she has no ~*** non ha un minimo di amor proprio; ***~ alone prevented him from...*** il suo orgoglio gli ha impedito di...; ***family ~*** l'onore della famiglia; ***national ~*** orgoglio nazionale **3** *(source of satisfaction)* orgoglio m., vanto m.; ***to be the ~ of*** essere l'orgoglio di; ***to be sb.'s ~ and joy*** essere l'orgoglio di qcn. **4** *(group of lions)* branco m. (**of** di) ◆ ***to have ~ of place*** occupare il posto d'onore; ***to give sth. ~ of place*** mettere qcs. al posto d'onore; ***~ comes before a fall*** PROV. la superbia va a cavallo e torna a piedi.
2.pride /praɪd/ rifl. ***to ~ oneself on sth., on doing*** essere orgoglioso di qcs., di fare.
prideful /praɪdfʊl/ agg. orgoglioso, superbo.
prie-dieu /ˈpriːdjɜː/ n. (pl. **prie-dieux**) inginocchiatoio m.
prier /ˈpraɪə(r)/ n. curiosone m. (-a).
▷ **priest** /priːst/ ➧ **27** n. prete m., sacerdote m.; ***parish ~*** parroco.
priestcraft /ˈpriːstkrɑːft, -kræft/ n. **1** *(work of a priest)* esercizio m. delle funzioni sacerdotali **2** SPREG. arte f. pretina.
priestess /ˈpriːstes/ ➧ **27** n. sacerdotessa f.
priesthood /ˈpriːsthʊd/ n. *(calling)* sacerdozio m.; *(clergy)* clero m.; ***to enter the ~*** farsi prete.
priestly /ˈpriːstlɪ/ agg. sacerdotale.
prig /prɪg/ n. pedante m. e f.
priggery /ˈprɪgərɪ/ n. pedanteria f.
priggish /ˈprɪgɪʃ/ agg. pedante.
priggishly /ˈprɪgɪʃlɪ/ avv. pedantemente.
priggishness /ˈprɪgɪʃnɪs/ n. pedanteria f.
1.prim /prɪm/ agg. (anche ~ **and proper**) [*person*] sussiegoso; [*manner, appearance*] compassato; [*expression*] compito; [*voice*] affettato; [*clothing*] formale.
2.prim /prɪm/ **I** tr. (forma in -ing ecc. **-mm-**) atteggiare a compostezza cerimoniosa [*face, mouth*] **II** intr. (forma in -ing ecc. **-mm-**) assumere un atteggiamento compito.
prima ballerina /ˌpriːməˌbæləˈriːnə/ n. prima ballerina f.
primacy /ˈpraɪməsɪ/ n. **1** *(primary role) (of principle, language, skill)* primato m. (**of** di; **over** su); *(of party, power)* supremazia f. (**of** di); ***to have ~*** avere il primato **2** RELIG. (anche **Primacy**) primato m.
prima donna /ˌpriːməˈdɒnə/ n. TEATR. prima donna f.; FIG. *(difficult person)* ***to be a (real) ~*** fare la prima donna.
primaeval → **primeval**.
prima facie /ˌpraɪməˈfeɪʃiː/ **I** agg. a prima vista; ***to make a ~ case*** DIR. = produrre degli elementi sufficienti per chiedere un rinvio a giudizio; ***~ evidence*** DIR. prova sufficiente **II** avv. a prima vista.
primage /ˈpraɪmɪdʒ/ n. MAR. cappa f., diritto m. di cappa.
primal /ˈpraɪml/ agg. [*quality, feeling, myth, stage, origins*] originario; [*cause*] principale; ***~ scream*** PSIC. = momento in cui vengono liberate le emozioni e i sentimenti relativi alle prime esperienze di un individuo.
▷ **primarily** /ˈpraɪmərəlɪ, AE praɪˈmerəlɪ/ avv. **1** *(chiefly)* essenzialmente, principalmente **2** *(originally)* in origine.
▷ **primary** /ˈpraɪmərɪ, AE -merɪ/ **I** agg. **1** *(main)* [*aim, cause, concern, factor, reason, role, source, task*] principale; [*sense, meaning*] primitivo; [*importance*] primario; ***of ~ importance*** di importanza primaria **2** SCOL. *(elementary)* [*education*] elementare; [*teaching, post*] nella scuola primaria **3** *(initial)* [*stage*] primo **4** GEOL. [*rock*] primario **5** ECON. attrib. [*commodities, products*] del settore primario; ***~ industry*** settore primario **II** n. **1** AE POL. (anche **~ election**) primarie f.pl. **2** ZOOL. (anche **~ feather**) penna f. primaria **3** SCOL. → **primary school**.

> **Primaries** Negli Stati Uniti, elezioni primarie con cui i partiti politici scelgono i propri delegati per ciascuno stato. I delegati in seguito si riuniscono in una convenzione nazionale per designare il candidato del partito alla presidenza e il candidato alla vicepresidenza (*presidential ticket*).

primary colour /ˌpraɪmərɪˈkʌlə(r), AE -merɪ-/ n. colore m. primario.
primary evidence /ˈpraɪmərɪˌevɪdəns, AE -merɪ-/ n. DIR. prova f. diretta, prova f. documentale (consistente in un documento originale).
primary health care /ˌpraɪmərɪˈhelθkeə(r), AE -merɪ-/ n. cure f.pl. mediche di base.
primary infection /ˈpraɪmərɪɪnˌfekʃn, AE -merɪ-/ n. infezione f. primaria.

primary school /ˈpraɪmərɪˌsku:l, AE -merɪ-/ **I** n. scuola f. elementare, scuola f. primaria **II** modif. **~ *children*** alunni della scuola elementare; ***children of ~ age*** bambini delle elementari.

Primary schools In Gran Bretagna, per l'educazione primaria esistono sistemi scolastici diversi a seconda delle zone. Le *primary schools* sono scuole statali per i bambini fra i 5 e gli 11 anni, al loro interno spesso divise in *infant school* (dai 5 ai 7-8 anni) e *junior school* (dai 7 agli 11). Un altro sistema di educazione primaria comprende la *first school* (dai 5 agli 8) e la *middle school* (dagli 8 ai 13).

primary school teacher /ˌpraɪmərɪˌsku:lˈti:tʃə(r), AE -merɪ-/ ➧ *27* n. (anche **primary teacher**) BE insegnante m. e f. di scuola elementare, maestro m. (-a).
primary sector /ˈpraɪmərɪˌsektə(r), AE -merɪ-/ n. ECON. settore m. primario.
primary stress /ˌpraɪmərɪˈstres, AE -merɪ-/ n. accento m. principale.
primate /ˈpraɪmeɪt/ n. **1** ZOOL. *(mammal)* primate m. **2** RELIG. (anche **Primate**) primate m. (**of** di); ***the Primate of all England*** il primate d'Inghilterra.
primateship /ˈpraɪmeɪtʃɪp/ n. RELIG. primazia f.
1.prime /praɪm/ **I** agg. **1** *(chief)* [*aim, candidate, factor, target, suspect*] principale; [*importance*] primario; ***of ~ importance*** di primaria importanza **2** COMM. *(good quality)* attrib. [*site, location, land*] ottimo; [*meat, cuts*] di prima scelta; [*foodstuffs*] di prima qualità; ***in ~ condition*** [*machine*] in ottime condizioni; [*livestock*] di prima categoria; ***of ~ quality*** di prima qualità **3** *(classic)* [*example, instance*] ottimo **4** MAT. primo **II** n. **1** *(peak period)* ***in one's ~*** *(politically, professionally)* all'apice; *(physically)* nel fiore degli anni; ***in its ~*** [*organization, industry*] all'apice; ***to be past one's ~*** [*person*] non essere più nel fiore degli anni; ***to be past its ~*** [*building, institution, car*] avere conosciuto giorni migliori; ***in the ~ of life*** nel fiore degli anni **2** MAT. (anche **~ number**) numero m. primo **3** RELIG. prima f.
2.prime /praɪm/ tr. **1** *(brief)* preparare [*witness, interviewee*]; ***to ~ sb. about*** mettere qcn. al corrente di [*details, facts*]; ***to ~ sb. to say*** preparare qcn. a dire; ***to be ~d for sth.*** essere preparato a qcs. **2** *(apply primer to)* dare una vernice di fondo su [*wood, metal*] **3** MIL. innescare [*device, bomb*]; caricare [*firearm*] **4** TECN. adescare [*pump*].
prime bill /ˌpraɪmˈbɪl/ n. cambiale f. di primissimo ordine.
prime cost /ˌpraɪmˈkɒst, AE -ˈkɔ:st/ n. costo m. variabile, costo m. di funzionamento.
prime meridian /ˌpraɪmməˈrɪdɪən/ n. meridiano m. fondamentale, zero.
▷ **prime minister** /ˌpraɪmˈmɪnɪstə(r)/ ➧ *9* n. primo ministro m.
prime-ministerial /ˌpraɪmmɪnɪˈstɪərɪəl/ agg. [*power, role, responsibility*] del primo ministro.
prime ministership /ˌpraɪmˈmɪnɪstəʃɪp/ n. *(office)* carica f. di primo ministro; *(term of office)* governo m.
prime mover /ˌpraɪmˈmu:və(r)/ n. **1** *(influential force) (person)* promotore m. (-trice); *(drive, instinct)* motore m. **2** FIS. TECN. forza f. motrice **3** FILOS. primo motore m.
1.primer /ˈpraɪmə(r)/ n. **1** STOR. *(prayer book)* libro m. di preghiere **2** *(textbook) (introductory)* testo m. elementare; *(for reading)* sillabario m.
2.primer /ˈpraɪmə(r)/ n. **1** *(first coat)* vernice f. di fondo, mestica f. **2** *(for detonating)* innesco m.
prime rate /ˈpraɪmˌreɪt/ n. prime rate m.
prime time /ˈpraɪmˌtaɪm/ **I** n. prime time m. **II prime-time** modif. [*advertising, programme*] di prime time, di prima serata.
primeval /praɪˈmi:vl/ agg. **1** *(ancient)* [*condition, force, creative*] primordiale; ***the ~ forest*** la foresta primordiale **2** *(instinctive)* [*instinct, innocence, terror*] primordiale.
primevally /praɪˈmi:vlɪ/ avv. primordialmente.
primeval soup /praɪˌmi:vlˈsu:p/ n. BIOL. brodo m. primordiale.
primigenial /ˌpraɪmɪˈdʒi:nɪəl/ agg. primigenio.
priming /ˈpraɪmɪŋ/ n. **1** MIL. *(of weapon)* caricamento m. **2** ING. *(of surface)* applicazione f. di una vernice di fondo.
priming coat /ˈpraɪmɪŋˌkəʊt/ n. vernice f. di fondo, mestica f.
primipara /praɪˈmɪpərə/ n. primipara f.
primiparous /praɪˈmɪpərəs/ agg. primipara.
▷ **primitive** /ˈprɪmɪtɪv/ **I** agg. primitivo **II** n. primitivo m. (-a) (anche ART.).
primitively /ˈprɪmɪtɪvlɪ/ avv. primitivamente.
primitiveness /ˈprɪmɪtɪvnɪs/ n. primitività f.
primitivism /ˈprɪmɪtɪvɪzəm/ n. primitivismo m.
primly /ˈprɪmlɪ/ avv. **1** *(starchily)* [*behave, smile*] in modo freddo, con sussiego; [*say, reply*] con freddezza **2** *(demurely)* [*behave, sit*] in modo compito.
primness /ˈprɪmnɪs/ n. **1** *(prudishness)* aria f. di sussiego **2** *(demureness)* compitezza f.
primogenitor /ˌpraɪməʊˈdʒenɪtə(r)/ n. primogenitore m. (-trice).
primogeniture /ˌpraɪməʊˈdʒenɪtʃə(r)/ n. primogenitura f.
primordial /praɪˈmɔ:drəl/ agg. [*chaos, matter*] primordiale; ***~ life*** la vita allo stato primitivo; ***~ soup*** brodo primordiale.
primordially /praɪˈmɔ:drəlɪ/ avv. primordialmente.
1.primp /prɪmp/ agg. AE COLLOQ. agghindato, elegante.
2.primp /prɪmp/ intr. (anche **~ and preen**) agghindarsi, farsi elegante.
primrose /ˈprɪmrəʊz/ n. primula f. ◆ ***the ~ path*** la via del piacere.
Primrose /ˈprɪmrəʊz/ n.pr. Primrose (nome di donna).
primrose yellow /ˌprɪmrəʊzˈjeləʊ/ ➧ *5* **I** n. giallo m. pallido **II** agg. giallo pallido.
primula /ˈprɪmjʊlə/ n. primula f.
Primus® /ˈpraɪməs/ n. (anche **~ stove**) fornello m. a petrolio.
▷ **prince** /prɪns/ ➧ *9* n. principe m. (anche FIG.); ***Prince Charles*** il principe Carlo; ***Prince Charming*** il principe azzurro; ***the ~ of darkness*** il principe delle tenebre.
princedom /ˈprɪnsdəm/ n. principato m.
Prince Edward Island /ˌprɪnsˈedwədˌaɪlənd/ ➧ *12* n.pr. Isola f. Principe Edoardo.
princeliness /ˈprɪnslɪnɪs/ n. (l')essere principesco.
princeling /ˈprɪnslɪŋ/ n. *(young)* principino m.; *(petty)* SPREG. principuccio m.
princely /ˈprɪnslɪ/ agg. [*amount, salary, style*] principesco; [*court, role*] del principe; [*life*] da principe.
prince regent /ˌprɪnsˈri:dʒənt/ n. principe m. reggente.
▷ **princess** /prɪnˈses/ ➧ *9* n. principessa f.; ***Princess Anne*** la principessa Anna; ***the Princess Royal*** = la figlia maggiore di un sovrano.
Princeton /ˈprɪnstən/ ➧ *34* n.pr. Princeton f.
principal /ˈprɪnsəpl/ **I** agg. **1** *(main)* principale **2** MUS. TEATR. ***~ violin, clarinet*** primo violino, clarinetto; ***~ dancer*** primo ballerino **3** LING. [*clause*] principale; ***the ~ parts of a verb*** il paradigma di un verbo **II** n. **1** ➧ *9* *(headteacher) (of senior school, college)* preside m. e f.; *(of junior school)* direttore m. (-trice) **2** TEATR. primo (-a) attore m. (-trice) **3** MUS. solista m. e f. **4** *(client)* mandante m., preponente m. **5** ECON. *(interest-bearing sum)* capitale m. **6** DIR. autore m. (-trice) principale di un crimine **7** *(civil servant)* funzionario m.
principal boy /ˌprɪnsəplˈbɔɪ/ n. TEATR. = in una pantomima, ruolo maschile principale, di solito affidato a una ragazza.
principality /ˌprɪnsəˈpælətɪ/ n. principato m.
principally /ˈprɪnsəplɪ/ avv. principalmente.
► **principle** /ˈprɪnsəpl/ n. **1** *(basic tenet)* principio m.; ***run on socialist ~s*** gestito secondo principi socialisti **2** *(rule of conduct)* principio m.; ***to be against sb.'s ~s*** essere contro i principi di qcn. (**to do** fare); ***to have high ~s*** avere sani principi; ***on ~*** per principio; ***it's the ~ of the thing*** o ***it's a point of ~*** è una questione di principio; ***a woman of ~*** una donna di principi; ***to make it a ~ to do*** avere come principio il fare **3** *(scientific law)* principio m.; ***it relies on the ~ that water evaporates*** si fonda sul principio che l'acqua evapora; ***to get back to first ~s*** tornare ai principi basilari; ***in ~*** in principio.
principled /ˈprɪnsəpld/ agg. [*decision*] di principio; [*person*] di (sani) principi; ***to be ~*** avere sani principi; ***to act in a ~ way*** agire secondo principi.
prink /prɪŋk/ intr. (anche **~ and preen**) agghindarsi, farsi elegante.
► **1.print** /prɪnt/ **I** n. **1** *(typeface)* **U** caratteri m.pl.; ***in small, large ~*** a piccoli, grandi caratteri; ***the ~ is very small*** è scritto molto piccolo; ***the small*** o ***fine ~*** FIG. i dettagli; ***don't forget to read the small ~*** non dimenticare di leggere le clausole aggiuntive in piccolo; ***to set sth. up in ~*** TIP. comporre qcs. **2** *(published form)* ***in ~*** in commercio; ***out of ~*** fuori commercio; ***to go into ~*** andare in stampa; ***to put*** o ***get sth. into ~*** dare alle stampe qcs.; ***to appear in ~*** o ***to get into ~*** essere pubblicato; ***to see sth. in ~*** vedere qcs. pubblicato; ***to see oneself in ~*** vedere pubblicato il proprio lavoro; ***"at the time of going to ~"*** "al momento di andare in stampa" **3** ART. *(etching)* stampa f.; *(engraving)* incisione f., stampa f. **4** FOT. *(from negative)* stampa f.; ***to make a ~ from a negative*** stampare una fotografia da un negativo **5** CINEM. *(of film)* stampa f. **6** *(impression) (of finger, hand)* impronta f.; *(of foot)* orma f., impronta f.; *(of tyre)* traccia f., impronta f.; ***to leave ~s*** lasciare delle impronte; ***to take sb.'s ~s***

prendere le impronte di qcn. **7** TESS. (tessuto) stampato m. **8** *(handwriting)* stampatello m. **II** modif. TESS. [*blouse, curtains, dress*] in tessuto stampato.

▶ **2.print** /prɪnt/ **I** tr. **1** TIP. stampare [*poster, document, book, banknote*] (**on** su); ***to ~ sth. in italics*** stampare qcs. in corsivo; ***over 1,000 copies of the book have been ~ed*** sono state stampate più di 1.000 copie del libro; ***"~ed in Japan"*** "stampato in Giappone" **2** GIORN. *(publish)* pubblicare [*story, report, interview, photo*]; ***the article was ~ed in the local press*** l'articolo è stato pubblicato dalla stampa locale **3** ART. TESS. stampare [*pattern, motif, design*] (**in** in; **on** su) **4** FOT. *(from negative)* stampare [*copy, photos*] **5** *(write)* scrivere in stampatello [*detail, letter*] (**on** su); ***"~ your name in block capitals"*** "scrivere il nome in stampatello maiuscolo" **II** intr. **1** *(write)* scrivere in stampatello **2** TIP. stampare.

■ **print off:** ~ **off** **[sth.]**, ~ **[sth.]** **off** stampare [*copies*].

■ **print out:** ~ **out** **[sth.]**, ~ **[sth.]** **out** INFORM. stampare.

printable /'prɪntəbl/ agg. **1** *(publishable)* pubblicabile; ***barely*** o ***scarcely ~*** difficilmente pubblicabile **2** TIP. stampabile.

print character /'prɪnt,kærəktə(r)/ n. carattere m. di stampa.

printed /'prɪntɪd/ **I** p.pass. → **2.print II** agg. [*design, fabric, paper, circuit*] stampato; ***"~ matter"*** "stampe"; ***~ notepaper*** carta da lettere intestata; ***the power of the ~ word*** il potere della parola scritta.

▷ **printer** /'prɪntə(r)/ ♦ **27** n. **1** *(person)* tipografo m. (-a), stampatore m. (-trice); ***at the ~'s*** o ***~s*** in tipografia **2** TIP. *(machine)* stampatrice f., macchina f. da stampa **3** INFORM. *(machine)* stampante f.

printer's devil /,prɪntəz'devl/ n. apprendista m. tipografo.

printer's error /'prɪntəz,erə(r)/ n. errore m. di stampa.

printer's ink /'prɪntəz,ɪŋk/ n. inchiostro f. da stampa.

printer's reader /'prɪntəz,ri:də(r)/ ♦ **27** n. correttore m. (-trice) di bozze.

printery /'prɪntərɪ/ n. **1** AE *(for paper)* tipografia f. **2** *(for fabric)* = stabilimento per la stampa di tessuti.

print format /'prɪnt,fɔ:mæt/ n. formato m. stampa.

printhead /'prɪnt,hed/ n. testina f. rotante.

▷ **printing** /'prɪntɪŋ/ **I** n. **1** ART. IND. TIP. *(technique, result)* stampa f. **2** *(print run)* tiratura f. **II** modif. ***~ business*** tipografia; ***~ industry*** industria tipografica.

printing frame /'prɪntɪŋ,freɪm/ n. torchietto m. da stampa.

printing house /'prɪntɪŋ,haʊs/ n. tipografia f.

printing ink /'prɪntɪŋɪŋk/ n. inchiostro m. da stampa.

printing press /'prɪntɪŋpres/ n. torchio m. tipografico, macchina f. tipografica.

printing works /'prɪntɪŋ,wɜ:ks/ n. tipografia f.

print journalism /'prɪnt,dzɜ:nəlɪzəm/ n. giornalismo m. della carta stampata.

printmaker /'prɪnt,meɪkə(r)/ ♦ **27** n. incisore m.

printmaking /'prɪnt,meɪkɪŋ/ n. incisione f.

printout /'prɪntaʊt/ n. INFORM. stampata f.

print run /'prɪnt,rʌn/ n. tiratura f.

print shop /'prɪnt,ʃɒp/ n. **1** TIP. *(workshop)* tipografia f. **2** *(art shop)* negozio m. di stampe.

print-through /'prɪnt,θru:/ n. trapasso m. dell'inchiostro da stampa.

print union /'prɪnt,ju:nɪən/ n. sindacato m. dei tipografi.

printwheel /'prɪnt,wi:l, AE -,hwi:l/ n. rotella f. di stampa.

prion /'pri:ɒn/ n. prione m.

▶ **prior** /'praɪə(r)/ **I** agg. **1** *(previous)* [*appointment, engagement*] precedente; ***~ notice*** preavviso **2** *(more important)* prioritario; ***she has a ~ claim on the legacy*** ha una priorità di diritto sull'eredità **3** **prior to** ~ ***to sth., to doing*** prima di qcs., di fare **II** n. RELIG. priore m.

priorate /'praɪərət/ n. priorato m., prioria f.

prior charge /'praɪə,tʃɑ:dʒ(r)/ n. ECON. onere m. con diritto prioritario.

prioress /,praɪə'res/ n. priora f.

▶ **priority** /praɪ'ɒrətɪ, AE -'ɔ:r-/ **I** n. **1 C** *(main concern)* priorità f.; ***the main*** o ***highest ~*** la massima priorità; ***to get one's priorities right, wrong*** definire correttamente, in modo errato l'ordine delle priorità **2 U** *(prominence)* priorità f.; ***to have*** o ***take ~ over sth.*** avere la priorità su qcs.; ***to get ~*** avere la priorità **3** AUT. precedenza f.; ***~ to the right*** precedenza a destra **II** modif. [*case, debt, expense, mail, call*] prioritario; [*appointment*] più importante.

priority share /praɪ'ɒrətɪʃeə(r), AE -'ɔ:r-/ n. ECON. azione f. privilegiata.

prior preferred stock /'praɪəprɪ,fɜ:d,stɒk/ n. AE ECON. azioni f.pl. privilegiate.

priorship /'praɪəʃɪp/ n. priorato m.

priory /'praɪərɪ/ n. = monastero retto da un priore.

Priscilla /prɪ'sɪlə/ n.pr. Priscilla.

prise /praɪz/ tr. forzare, staccare facendo leva.

■ **prise apart:** ~ **[sth.]** **apart** separare [*layers, planks, people*]; aprire [qcs.] con la forza [*lips, teeth*].

■ **prise away:** ***to ~ sb. away from*** FIG. staccare qcn. da [*TV, work*].

■ **prise off:** ~ **[sth.]** **off** togliere [qcs.] facendo leva [*lid*].

■ **prise open:** ~ **[sth.]** **open**, ~ **open** **[sth.]** aprire [qcs.] facendo leva [*box, door*].

■ **prise out:** ~ **[sth.]** **out** estrarre [*bullet, nail*] (**of, from** da); ***to ~ sth. out of sb.*** carpire qcs. a qcn. [*details, information, secret*]; ***to ~ sb. out of*** tirare via qcn. da [*bed, chair*].

■ **prise up:** ~ **[sth.]** **up** sollevare [qcs.] facendo leva [*floorboard*]; staccare [*nail*].

prism /'prɪzəm/ n. prisma m.

prismatic(al) /prɪz'mætɪk(l)/ agg. prismatico.

prismatic binoculars /prɪz'mætɪkbɪ,nɒkjʊləz/ n.pl. binocolo m.sing. a prismi.

prismatic compass /prɪz'mætɪk,kʌmpəs/ n. bussola f. prismatica.

prismoid /'prɪzmɔɪd/ n. prismoide m.

▶ **prison** /'prɪzn/ **I** n. **1** *(place)* prigione f., carcere m.; ***to be in ~*** essere in carcere; ***to go to ~*** andare in prigione; ***to send sb. to ~*** mandare qcn. in prigione; ***he sent them to ~ for 12 years*** li ha condannati a 12 anni di prigione; ***to put sb. in ~*** mettere qcn. in prigione; ***to have been in ~*** essere stato in carcere; ***her house felt like a ~*** si sentiva come in prigione in casa propria **2** *(punishment)* prigione f., carcere m. **II** modif. [*death, life, suicide*] in prigione, in carcere; [*administration, population, regulation, reform*] carcerario; [*cell, governor, yard*] di prigione; [*chapel, kitchen, governor*] della prigione, del carcere; [*conditions*] di detenzione.

prison authorities /,prɪznɔ:'θɒrətɪz/ n.pl. autorità f. carcerarie.

prison camp /'prɪznkæmp/ n. campo m. di prigionia.

▶ **prisoner** /'prɪznə(r)/ n. prigioniero m. (-a) (anche FIG.); *(in jail)* carcerato m. (-a), detenuto m. (-a); ***to hold*** o ***keep sb. ~*** tenere prigioniero qcn.; ***they took me ~*** mi hanno fatto prigioniero; ***~ of war*** prigioniero di guerra; ***~ of conscience*** detenuto politico; ***~ of war camp*** campo di prigionia; ***I'm a ~ in my own home*** sono prigioniero in casa mia ◆ ***to take no ~s*** [*army*] non fare prigionieri; [*boxer, team*] non avere pietà per l'avversario; [*negotiating team, rival*] non fare concessioni.

prison guard /'prɪzn,gɑ:d/ ♦ **27** n. AE agente m. e f. di custodia, guardia f. carceraria.

prison issue /'prɪzn,ɪʃu:, -,ɪsju:/ agg. fornito dalla prigione.

prison officer /'prɪzn,ɒfɪsə(r), AE -,ɔ:f-/ ♦ **27** n. BE agente m. e f. di custodia, guardia f. carceraria.

prison riot /'prɪzn,raɪət/ n. rivolta f. carceraria.

prison sentence /'prɪzn,sentəns/ n. pena f. detentiva; ***a two-year ~*** una pena detentiva di due anni.

prison service /'prɪzn,sɜ:vɪs/ n. servizio m. di amministrazione penitenziaria.

prison term /'prɪzn,tɜ:m/ n. → **prison sentence**.

prison van /'prɪzn,væn/ n. (furgone) cellulare m.

prison visiting /,prɪzn'vɪzɪtɪŋ/ n. visita f. ai detenuti.

prison visitor /,prɪzn'vɪzɪtə(r)/ n. chi visita i detenuti.

prissy /'prɪsɪ/ agg. [*person*] affettato, lezioso; [*style*] affettato.

pristine /'prɪsti:n, 'prɪstaɪn/ agg. [*snow, sheets, cloth*] immacolato; ***to be in ~ condition*** essere come nuovo; ***"in ~ condition"*** "come nuovo".

prithee /'prɪðɪ/ inter. LETT. deh.

▷ **privacy** /'prɪvəsɪ, 'praɪ-/ n. **1** *(private life, freedom from interference)* vita f. privata, privacy f.; ***to respect, invade sb.'s ~*** rispettare, invadere la privacy di qcn.; ***the right to ~*** il diritto alla riservatezza **2** *(solitude, seclusion)* intimità f., isolamento m.; ***in the ~ of your own home*** nell'intimità della vostra casa; ***there's no ~ here!*** non si può stare soli qui!

privacy laws /'prɪvəsɪ,lɔ:z, 'praɪ-/ n.pl. DIR. leggi f. per la tutela della privacy, leggi f. sulla privacy.

▶ **private** /'praɪvɪt/ **I** agg. **1** *(not for general public)* [*property, land, beach, chapel, jet, vehicle, line, collection, party, viewing*] privato; ***room with ~ bath*** camera con bagno; ***the funeral, the wedding will be ~*** il funerale, il matrimonio sarà celebrato in forma privata **2** *(personal, not associated with company)* [*letter, phone call, use of car, income, means*] personale; [*life*] privato; [*sale*] a privati; ***a person of ~ means*** una persona con delle rendite personali; ***she is making a ~ visit*** è in visita privata; ***to act in a ~ capacity*** o ***as a ~ person*** agire a titolo personale; ***the ~ citizen*** il privato cittadino **3** *(not public, not state-run)* [*sector, health care, education, school, hospital, housing, landlord, firm*] privato; [*accommodation*] presso privati; ~ ***industry*** l'industria privata; ~ ***lessons*** lezioni private **4** *(not to be openly revealed)* [*conversation, talk, meeting, matter*] riservato; [*reason, opinion, thought*] personale; ***to come to a ~ understanding*** accordarsi in via amichevole; ***to keep sth. ~*** mantenere il riserbo su qcs.; ***it's our ~ joke*** è una battuta fra noi **5** *(undisturbed)* [*place, room, corner*] tranquillo; ***let's go inside where we can be ~*** andiamo in casa dove possiamo stare tranquilli **6** *(secretive)* [*person*] riservato **II** n. **1** ➧ ***23*** soldato m. semplice; ***Private Taylor*** soldato Taylor **2 in private** in privato **III privates** n.pl. COLLOQ. parti f. intime ◆ ***to go ~*** ECON. privatizzarsi; MED. farsi curare privatamente.

private bar /ˌpraɪvɪtˈbɑː(r)/ n. BE *(in pub, bar)* sala f. interna.

private bill /ˌpraɪvɪtˈbɪl/ n. = progetto di legge che riguarda un singolo individuo o un singolo ente.

private buyer /ˌpraɪvɪtˈbaɪə(r)/ n. acquirente m. e f. privato (-a).

private company /ˌpraɪvɪtˈkʌmpənɪ/ n. società f. privata.

private detective /ˌpraɪvɪtdɪˈtektɪv/ ➧ ***27*** n. investigatore m. (-trice) privato (-a), detective m. e f.

private enterprise /ˌpraɪvɪtˈentəpraɪz/ n. impresa f. privata.

1.privateer /praɪvəˈtɪə(r)/ n. STOR. **1** *(vessel)* nave f. da, di corsa, corsara **2** *(commander)* capitano m. di nave da, di corsa **3** *(member of the crew)* marinaio m. di nave da, di corsa.

2.privateer /praɪvəˈtɪə(r)/ intr. [*person*] corseggiare; [*vessel*] navigare come nave corsara.

privateering /praɪvəˈtɪərɪŋ/ n. spedizione f. corsara.

private eye /ˌpraɪvɪtˈaɪ/ n. COLLOQ. investigatore m. (-trice) privato (-a), detective m. e f.

private first class /ˌpraɪvɪtˈfɜːstˌklɑːs, AE -ˌklæs/ ➧ ***23*** n. AE MIL. soldato m. scelto, caporale m.

private hotel /ˌpraɪvɪthəʊˈtel/ n. = hotel non obbligato ad accettare tutti i clienti.

private investigator /ˌpraɪvɪtɪnˈvestɪgeɪtə(r)/ ➧ ***27*** n. → **private detective**.

private investor /ˌpraɪvɪtɪnˈvestə(r)/ n. piccolo investitore m.

private law /ˈpraɪvɪtˌlɔː/ n. diritto m. privato.

▷ **privately** /ˈpraɪvɪtlɪ/ avv. **1** *(in private, not publicly)* [*tell, talk, admit, question*] in privato **2** *(out of public sector)* [*educate, be treated*] privatamente; ~ ***managed*** a gestione privata; ~***-owned*** privato; ~ ***funded*** o ~ ***financed*** finanziato privatamente **3** *(secretly, in one's heart)* [*feel, believe, doubt*] personalmente.

private member /ˌpraɪvɪtˈmembə(r)/ n. GB = membro del parlamento che non fa parte del governo.

private member's bill /ˌpraɪvɪtˈmembəzˌbɪl/ n. GB POL. DIR. = proposta di legge avanzata da un private member.

privateness /ˈpraɪvɪtnɪs/ n. **1** *(privacy)* intimità f., privatezza f. **2** *(secrecy)* segretezza f., riservatezza f.

private nuisance /ˌpraɪvɪtˈnjuːsns, AE -ˈnuː-/ n. DIR. turbativa f. dei diritti d'uso e godimento di un immobile.

private parts /ˌpraɪvɪtˈpɑːts/ n.pl. EUFEM. parti f. intime.

private practice /ˌpraɪvɪtˈpræktɪs/ n. BE MED. esercizio m. privato della professione; ***to work*** o ***be in ~*** [*doctor*] esercitare privatamente.

private secretary /ˌpraɪvɪtˈsekrətrɪ, AE -terɪ/ n. segretario m. (-a) privato (-a), segretario m. (-a) personale (anche POL.).

private soldier /ˌpraɪvɪtˈsəʊldʒə(r)/ n. soldato m. semplice.

private treaty /ˌpraɪvɪtˈtriːtɪ/ n. trattativa f. privata; ***by ~*** per trattativa privata.

private view /ˌpraɪvɪtˈvjuː/ n. ART. anteprima f.

privation /praɪˈveɪʃn/ n. privazione f.; ***to suffer ~*** subire delle privazioni.

privative /ˈprɪvətɪv/ agg. privativo.

privatively /ˈprɪvətɪvlɪ/ avv. in modo privativo.

▷ **privatization** /ˌpraɪvɪtaɪˈzeɪʃn, AE -tɪˈz-/ n. privatizzazione f.

privatize /ˈpraɪvɪtaɪz/ tr. privatizzare.

privatized /ˈpraɪvɪtaɪzt/ **I** p.pass. → **privatize II** agg. privatizzato.

privet /ˈprɪvɪt/ n. ligustro m.; ***a ~ hedge*** una siepe di ligustro.

▷ **1.privilege** /ˈprɪvəlɪdʒ/ n. **1** *(honour, advantage)* privilegio m.; ***it's been a great ~ to work with you*** è stato un grande privilegio lavorare con lei; ***tax ~s*** privilegi fiscali; ***diplomatic ~*** immunità diplomatica; ***rights and ~s*** diritti e privilegi **2** *(prerogative)* prerogativa f.; ***travel was then the ~ of the rich*** viaggiare era una prerogativa dei ricchi **3** AE ECON. opzione f.

2.privilege /ˈprɪvəlɪdʒ/ tr. privilegiare.

▷ **privileged** /ˈprɪvəlɪdʒd/ **I** p.pass. → **2.privilege II** agg. [*minority, life, position*] privilegiato; [*information*] riservato, confidenziale; ***to be ~ to meet sb., to see sth.*** avere il privilegio di incontrare qcn., di vedere qcs.; ***to be ~ to have had a good education*** avere il privilegio di avere ricevuto una buona istruzione; ***the ~ few*** i pochi privilegiati **III** n. + verbo pl. ***the ~*** i privilegiati; ***the less ~*** *(economically)* i meno abbienti; *(unlucky)* i meno fortunati.

privily /ˈprɪvɪlɪ/ avv. ANT. in segreto.

privity /ˈprɪvətɪ/ n. **1** *(knowledge)* conoscenza f. segreta **2** DIR. rapporto m. giuridico.

privy /ˈprɪvɪ/ **I** agg. ***to be ~ to sth.*** essere al corrente di qcs. **II** n. ANT. latrina f.

Privy Council /ˌprɪvɪˈkaʊnsl/ n. GB consiglio m. privato della corona.

Privy Councillor /ˌprɪvɪˈkaʊnsələ(r)/ n. GB consigliere m. privato della corona.

privy purse /ˌprɪvɪˈpɜːs/ n. BE appannaggio m. reale.

▶ **1.prize** /praɪz/ **I** n. **1** *(award)* premio m.; ***first ~*** primo premio; ***cash ~*** premio in denaro; ***to win a ~*** vincere un premio; ***the ~ for coming first in the test will be a book*** il premio per il migliore nel test sarà un libro **2** LETT. *(valued object)* tesoro m.; *(reward for effort)* ricompensa f. **II** modif. **1** [*rose, vegetable, bull etc.*] *(grown or bred for competitions)* da concorso; *(prize-winning)* premiato; FIG. *(excellent)* [*pupil*] eccellente; ***a ~ example of*** un classico esempio di; ***I felt like a ~ idiot!*** mi sono sentito un perfetto idiota! **2** [*possession*] prezioso ◆ ***no ~s for guessing who was there!*** non ci va molto a capire chi c'era!

2.prize /praɪz/ tr. *(value)* apprezzare, stimare [*independence, possession*].

3.prize /praɪz/ n. MIL. MAR. preda f., bottino m.

4.prize → **prise**.

prized /praɪzd/ **I** p.pass. → **2.prize II** agg. [*possession, asset*] prezioso; ***to be ~ for sth.*** essere apprezzato per qcs.

prize day /ˈpraɪzdeɪ/ n. giorno m. della premiazione.

prize draw /ˈpraɪzdrɔː/ n. *(for charity)* pesca f. di beneficenza; *(for advertising)* estrazione f. a premi.

prize fight /ˈpraɪzfaɪt/ n. incontro m. professionistico di pugilato.

prize fighter /ˈpraɪzfaɪtə(r)/ n. pugile m. professionista.

prize fighting /ˈpraɪzfaɪtɪŋ/ n. pugilato m. professionistico.

prize-giving /ˈpraɪzgɪvɪŋ/ n. premiazione f.

prize money /ˈpraɪzˌmʌnɪ/ n. *(for one prize)* ammontare m. del premio; *(total amount given out)* monte m. premi; ***all the ~ was stolen*** tutto il monte premi è stato rubato.

prize ring /ˈpraɪzˌrɪŋ/ n. *(for boxing)* ring m.

prizewinner /ˈpraɪzˌwɪnə(r)/ n. premiato m. (-a).

prize-winning /ˈpraɪzˌwɪnɪŋ/ agg. vincitore, premiato.

1.pro /prəʊ/ **I** prep. COLLOQ. *(in favour of)* pro, per; ***are you ~ the plan?*** sei favorevole al progetto? **II** n. *(advantage)* ***the ~s and cons*** i pro e i contro; ***the ~s and cons of sth.*** i pro e i contro di qcs.

2.pro /prəʊ/ n. **1** COLLOQ. (accorc. professional) professionista m. e f.; ***to turn ~*** passare professionista; ***golf ~*** professionista del golf **2** COLLOQ. (accorc. prostitute) prostituta f.

PRO n. **1** (⇒ public relations officer) = responsabile delle pubbliche relazioni **2** (⇒ Public Records Office) = archivio di stato.

pro-abortionist /prəʊəˈbɔːʃənɪst/ agg. ***to be a ~*** essere favorevole all'aborto.

proactive /prəʊˈæktɪv/ agg. **1** PSIC. proattivo **2** *(dynamic)* [*approach, role*] dinamico.

pro-am /prəʊˈæm/ agg. con professionisti e dilettanti.

probabilism /ˈprɒbəbɪlɪzəm/ n. probabilismo m.

probabilist /ˈprɒbəbɪlɪst/ n. probabilista m. e f.

probabilistic /ˈprɒbəbɪlɪstɪk/ agg. probabilistico.

▷ **probability** /ˌprɒbəˈbɪlətɪ/ n. **1 U** *(likelihood)* probabilità f., possibilità f.; ***in all ~*** con tutta probabilità; ***the ~ of our getting a pay rise is good*** ci sono delle buone probabilità di avere un aumento di stipendio; ***what is the ~ of an avalanche?*** quante sono le probabilità di una valanga? ***the ~ of winning*** le probabilità di vincere; ***the ~ of losing*** le probabilità di perdere; ***the ~ of sth. happening, taking place*** le probabilità che qcs. succeda, abbia luogo; ***the ~ of an accident, a wedding is remote*** un incidente, un matrimonio è poco probabile **2 U** *(likely result)* probabilità f.; ***war is a ~*** la guerra è probabile; ***an election is a ~*** le elezioni sono probabili **3** MAT. STATIST. probabilità f. (**that** che); ***the theory of ~*** o ~ ***theory*** il calcolo delle probabilità.

▷ **probable** /ˈprɒbəbl/ **I** agg. probabile (**that** che) **II** n. ***the ~*** *(event)* l'evento probabile; *(person)* il probabile vincitore.

▶ **probably** /ˈprɒbəblɪ/ avv. probabilmente; ***very ~*** *(as reply)* molto probabilmente; ***he's very ~ in Paris*** molto probabilmente è a Parigi.

probang /ˈprəʊbæŋ/ n. sonda f. faringoesofagea.

1.probate /ˈprəʊbeɪt/ n. DIR. **1** *(process)* omologazione f.; ***to grant ~ (of a will)*** omologare un testamento; ***to be in ~*** essere in corso di omologazione **2** *(document)* documento m. omologato **3** *(probate copy of will)* copia f. omologata di un testamento.

2.probate /'prəʊbeɪt/ tr. AE omologare [*will*].

probate action /'prəʊbeɪt,ækʃn/ n. DIR. = azione giudiziaria per l'omologazione di un testamento.

Probate Registry /'prəʊbeɪt,redʒɪstrɪ/ n. GB DIR. = Registro dei testamenti omologati.

probation /prə'beɪʃn, AE prəʊ-/ n. **1** DIR. = affidamento in prova al servizio sociale; ***to put sb. on ~*** *(adult)* mettere qcn. in libertà vigilata *o* in regime di semilibertà **2** *(trial period)* periodo m. di prova; ***to be on three months ~*** essere in prova per tre mesi; ***to be on (academic) ~*** AE SCOL. UNIV. essere in prova (dopo un'ammonizione).

probational /prə'beɪʃnl/, **probationary** /prə'beɪʃnrɪ, AE prəʊ'beɪʃənerɪ/ agg. **1** *(trial)* [*period, year*] di prova **2** *(training)* [*month, period*] di tirocinio.

probationary teacher /prə'beɪʃnrɪ,tiːtʃə(r), AE prəʊ'beɪʃənerɪ-/ n. BE SCOL. insegnante m. e f. tirocinante.

probationer /prə'beɪʃənə(r), AE prəʊ-/ n. **1** *(trainee)* praticante m. e f., apprendista m. e f. **2** *(employee on trial)* impiegato m. (-a) in prova **3** DIR. = chi è in libertà vigilata o in affidamento ai servizi sociali.

probation officer /prə'beɪʃn,ɒfɪsə(r), AE prəʊ'beɪʃn,ɔːf-/ ♦ *27* n. DIR. = pubblico ufficiale cui è affidato il controllo di chi è sottoposto a regime di libertà vigilata o è affidato ai servizi sociali.

probation order /prə'beɪʃn,ɔːdə(r), AE prəʊ-/ n. DIR. = ordinanza di libertà vigilata o di affidamento ai servizi sociali.

probation service /prə'beɪʃn,sɜːvɪs, AE prəʊ-/ n. DIR. = ente responsabile del controllo di chi è in libertà vigilata o è affidato ai servizi sociali.

probative /'prəʊbətɪv/ agg. probativo.

probatory /'prəʊbətrɪ, AE -tɔːrɪ/ agg. probatorio.

1.probe /prəʊb/ n. **1** *(investigation)* indagine f. (**into** su); ***death, drugs ~*** indagini sulla morte, sulla droga **2** MED. TECN. *(instrument)* sonda f., specillo m.; *(operation)* sondaggio m. **3** AER. sonda f.; ***space ~*** sonda spaziale.

2.probe /prəʊb/ **I** tr. **1** *(investigate)* indagare, investigare su [*affair, causes, mystery, scandal*]; ***"do you still love her?" he ~ed*** "l'ami ancora?" provò a chiedere **2** TECN. sondare [*ground*] (**with** con) **3** MED. specillare [*wound*] (**with** con); esaminare [*swelling*]; sondare [*tooth*] **4** AER. esplorare [*space*] **5** *(explore)* esplorare con cura [*hole, surface*]; [*searchlight*] esplorare [*darkness*] **II** intr. fare delle indagini; ***to ~ for*** andare alla ricerca di [*details, scandal*].

■ **probe into:** ~ ***into*** [***sth.***] indagare su [*suspicious activity*]; scandagliare [*private affairs*]; sondare [*mind, thoughts*]; provare a leggere, guardare di nascosto [*post*].

probing /'prəʊbɪŋ/ **I** n. **1** *(examination)* (il) sondare, (l')esplorare **2** *(questions)* serie f. di domande, interrogatorio m. **II** agg. [*look*] inquisitore; [*question*] pungente; [*study, examination*] approfondito.

probiotic /prəʊbaɪ'ɒtɪk/ agg. probiotico.

probity /'prəʊbətɪ/ n. probità f.

▶ **problem** /'prɒbləm/ **I** n. **1** *(difficulty)* problema m.; ***to have ~s*** avere dei problemi (**with** con); ***to have a drink ~*** avere problemi con l'alcol; ***to have a weight ~*** avere problemi di peso; ***to cause*** o ***present a ~*** essere problematico; ***it's a real ~*** è un vero problema; ***it's a bit of a ~*** è un piccolo problema; ***what's the ~?*** qual è il problema? ***the ~ is that...*** il problema è che...; ***that's the least of my ~s!*** è l'ultimo dei miei problemi! ***to be a ~ to sb.*** essere un problema per qcn.; ***their son is becoming a real ~*** il loro figlio sta diventando un vero problema; ***she's a real ~*** è un vero problema; ***it wouldn't be any ~ (to me) to do it*** per me non è un problema farlo; ***I'll have a ~ explaining that to her*** avrò dei problemi a spiegarglielo; ***it was quite a ~ getting him to cooperate*** è stato un bel problema farlo cooperare; ***it was no ~ parking the car*** non fu un problema parcheggiare l'auto; ***it's*** o ***that's not my ~!*** non mi riguarda! non sono affari miei! ***it's no ~, I assure you!*** non è un problema, te lo assicuro! ***sure, no ~!*** COLLOQ. sicuro, non c'è problema! ***what's your ~?*** COLLOQ. che vuoi? **2** *(of logic)* problema m. (anche MAT.); ***to solve a ~*** risolvere un problema **II** modif. **1** PSIC. SOCIOL. [*child*] difficile; [*family*] con problemi; [*group*] che crea dei problemi **2** LETTER. [*play, novel*] a tesi.

▷ **problematic(al)** /,prɒblə'mætɪk(l)/ agg. problematico.

problematically /,prɒblə'mætɪklɪ/ avv. problematicamente.

problem case /'prɒbləm,keɪs/ n. SOCIOL. caso m. sociale.

problem page /'prɒbləm,peɪdʒ/ n. = pagina del giornale in cui un esperto risolve i problemi dei lettori.

problem solver /'prɒbləm,sɒlvə(r)/ n. = esperto di problem solving.

problem solving /'prɒbləm,sɒlvɪŋ/ n. problem solving m.

proboscidean, proboscidian /,prəʊbə'sɪdɪən/ **I** agg. [*animal*] proboscidato **II** n. proboscidato m.

proboscis /prə'bɒsɪs/ n. (pl. **~es, -ides**) **1** ZOOL. proboscide f. **2** SCHERZ. *(nose)* proboscide f.

procaine /'prəʊkeɪn/ n. procaina® f.

procedural /prə'siːdʒərəl/ agg. [*change, detail*] procedurale; [*error*] di procedura.

procedural language /prə'siːdʒərəl,læŋgwɪdʒ/ n. INFORM. linguaggio m. procedurale.

▶ **procedure** /prə'siːdʒə(r)/ n. **1** procedimento m., procedura f. (**for doing** per fare); ***to follow a ~*** seguire una procedura; ***(the) normal ~ is to do*** la procedura normale consiste nel fare **2** POL. DIR. procedura f.; ***parliamentary ~*** procedura parlamentare **3** INFORM. procedura f.

▶ **proceed** /prə'siːd, prəʊ-/ **I** tr. ***to ~ to do*** continuare a fare; ***"so...," he ~ed*** "così...," continuò **II** intr. **1** *(act)* [*person, committee*] *(set about)* procedere; *(continue)* proseguire; ***to ~ with*** procedere in [*idea, plan, sale*]; procedere a [*ballot, election*]; ***to ~ to*** passare a [*item, problem*]; ***let us ~*** *(begin)* cominciamo; *(continue)* procediamo; ***please ~*** *(begin)* cominci pure; *(continue)* proceda pure; ***I'm not sure how to ~*** non so bene come procedere; ***to ~ with care*** o ***caution*** procedere con prudenza; ***before we ~ any further...*** *(at beginning of meeting)* prima di iniziare...; *(in middle of speech)* prima di proseguire...; ***we'll arrange a meeting and ~ from there*** organizzeremo un incontro e da quello partiremo **2** *(be in progress)* [*project, work*] procedere; [*interview, talks, trial*] proseguire; *(take place)* [*work, interview, talks*] svolgersi; ***to ~ smoothly*** procedere senza intoppi; ***everything is ~ing according to plan*** tutto procede secondo i piani **3** *(move along)* [*person, vehicle*] procedere, avanzare; [*road, river*] continuare; ***to ~ along, to*** [*person*] dirigersi lungo, fino a; [*car*] avanzare lungo, fino a **4** FORM. *(issue)* ***to ~ from*** provenire da **5** DIR. ***to ~ against sb.*** [*police, plaintiff*] procedere contro qcn.

▷ **proceeding** /prə'siːdɪŋ/ **I** n. *(procedure)* procedimento m. **II proceedings** n.pl. **1** *(meeting)* riunione f.sing., seduta f.sing.; *(ceremony)* cerimonia f.sing.; *(discussion)* dibattiti m.; ***to direct ~s*** dirigere le operazioni **2** DIR. procedimento m.sing.; ***disciplinary ~s*** procedimenti disciplinari; ***extradition ~s*** procedura di estradizione; ***to take*** o ***institute ~s*** intraprendere un procedimento (**against** contro); ***to start divorce ~s*** intentare una causa di divorzio; ***to commence criminal ~s*** intraprendere un'azione penale (**against** contro) **3** *(report, record)* verbale m. sing.; *(of conference, society)* atti m.

▷ **proceeds** /'prəʊsiːdz/ n.pl. *(of sale, privatization)* proventi m.; *(of fair, concert)* ricavato m.sing.

▶ **1.process** /'prəʊses, AE 'prɒses/ n. **1** processo m. (**of** di); ***the peace ~*** il processo di pace; ***the ~ of doing*** il processo consistente nel fare; ***to begin the ~ of doing*** iniziare a fare; ***to be in the ~ of doing*** stare facendo; ***in the ~ of doing this, he...*** mentre faceva questo, lui...; ***in the ~*** allo stesso tempo; ***it's a long*** o ***slow ~*** ci vuole del tempo **2** *(method)* processo m., procedimento m. (**for** per; **for doing** per fare); ***manufacturing ~*** processo di fabbricazione **3** DIR. *(lawsuit)* procedimento m.; *(summons)* citazione f. in giudizio; ***to bring a ~ against*** intraprendere un procedimento contro; ***to serve a ~ on*** citare [qcn.] in giudizio **4** INFORM. processo m., elaborazione f. **5** BOT. ZOOL. processo m.

▶ **2.process** /'prəʊses, AE 'prɒses/ tr. **1** portare avanti [*form, application*]; versare [*cheque*] **2** INFORM. elaborare, processare [*data*] **3** IND. trasformare [*raw materials, food product*]; trattare [*chemical, synthetic fibre, waste*] **4** FOT. sviluppare [*film*] **5** GASTR. [*person, blender*] *(mix)* tritare; *(chop)* tagliare **6** AE *(straighten)* stirare [*hair*].

3.process /prə'ses/ intr. **1** RELIG. STOR. andare in processione **2** FORM. *(move)* ***to ~ down, along*** sfilare in, lungo [*road*].

process control /,prəʊseskən'trəʊl, AE ,prɒses-/ n. controllo m. di processo.

processed /'prəusest/ **I** p.pass. → **2.process II** agg. [*food*] trattato; [*meat, peas*] conservato; [*steel*] trattato; ***~ cheese*** formaggio fuso.

process engineering /,prəʊses,endʒɪ'nɪərɪŋ, AE ,prɒses-/ n. process engineering m., ingegneria f. di processo.

process engraving /,prəʊsesɪn'greɪvɪŋ, AE ,prɒses-/ n. fotoincisione f.

▷ **processing** /'prəʊsesɪŋ, AE 'prɒ-/ n. **1** *(of form, application)* esame m. **2** INFORM. *(of data)* elaborazione f. **3** IND. *(of raw material, food product)* trasformazione f.; *(of chemical, synthetic fibre, waste)* trattamento m.; ***the food ~ industry*** l'industria alimentare, conserviera **4** FOT. sviluppo m.

▷ **procession** /prəˈseʃn/ n. *(of carnival)* sfilata f.; *(for formal occasion)* corteo m.; RELIG. processione f.; ***carnival ~*** sfilata di carnevale; ***funeral, wedding ~*** corteo funebre, nuziale; ***to walk, drive along in ~*** camminare, guidare in corteo.

processional /prəˈseʃənl/ **I** agg. processionale **II** n. *(book)* processionale m.; *(hymn)* inno m. processionale.

processionary moth /prəˈseʃənərɪˌmɒθ, AE prəˈseʃənerɪˌmɔːθ/ n. processionaria f.

▷ **processor** /ˈprəʊsesə(r), AE ˈprɒ-/ n. **1** INFORM. processore m. **2** → **food processor**.

process printing /ˌprəʊsesˈprɪntɪŋ, AE ˌprɒses-/ n. stampa f. a quattro colori.

process-server /ˈprəʊsesˌsɜːvə(r), AE ˈprɒses-/ ♦ ***27*** n. DIR. = persona autorizzata a effettuare la notifica di atti.

pro-choice /prəʊˈtʃɔɪs/ agg. [*voter, candidate*] favorevole all'aborto; ~ ***lobby*** o ***movement*** = campagna in favore della libera scelta in materia di aborto; ~ ***supporter*** = sostenitore della libera scelta in materia di aborto.

pro-choicer /ˌprəʊˈtʃɔɪsə(r)/ n. = sostenitore della libera scelta in materia di aborto.

▷ **proclaim** /prəˈkleɪm/ **I** tr. *(all contexts)* proclamare (**that** che) **II** rifl. ***to ~ oneself a Christian, communist*** proclamarsi cristiano, comunista.

proclamation /ˌprɒkləˈmeɪʃn/ n. *(declaration)* proclamazione f. (**of** di); *(official announcement)* proclama m.

proclitic /prəʊˈklɪtɪk/ agg. proclitico.

proclivity /prəˈklɪvətɪ/ n. proclività f. (**for**, **to**, **towards** a); ***sexual proclivities*** tendenze sessuali.

proconsul /ˌprəʊˈkɒnsl/ n. *(in ancient Rome)* proconsole m.; *(in colony)* governatore m.

proconsular /ˌprəʊˈkɒnsjʊlə(r)/ agg. proconsolare.

proconsulate /ˌprəʊˈkɒnsjʊlət/, **proconsulship** /ˌprəʊˈkɒnsl-ʃɪp/ n. *(in ancient Rome)* proconsolato m.; *(in colony)* governatorato m.

procrastinate /prəʊˈkræstɪneɪt/ intr. procrastinare.

procrastination /prəʊˌkræstɪˈneɪʃn/ n. **U** procrastinazione f.; ***to accuse sb. of ~*** accusare qcn. di procrastinazione ♦ ***~ is the thief of time*** PROV. non rimandare a domani ciò che puoi fare oggi.

procrastinator /prəʊˈkræstɪneɪtə(r)/ n. procrastinatore m. (-trice); ***to be a ~*** *(by nature)* essere un temporeggiatore.

procreate /ˈprəʊkrɪeɪt/ **I** tr. procreare [*children, young*] **II** intr. riprodursi.

procreation /ˌprəʊkrɪˈeɪʃn/ n. *(human)* procreazione f.; *(animal)* riproduzione f.

procreative /ˈprəʊkrɪeɪtɪv/ agg. procreativo.

procreator /ˌprəʊkrɪˈeɪtə(r)/ n. procreatore m. (-trice).

Procrustean /prəʊˈkrʌstɪən/ agg. MITOL. di Procuste; FIG. [*measures, solution*] drastico.

proctitis /prɒkˈtaɪtɪs/ ♦ ***11*** n. proctite f.

proctology /prɒkˈtɒlədʒɪ/ n. proctologia f.

1.proctor /ˈprɒktə(r)/ n. BE UNIV. = responsabile della disciplina; AE UNIV. *(invigilator)* = responsabile della sorveglianza durante gli esami.

2.proctor /ˈprɒktə(r)/ tr. AE UNIV. sorvegliare [*exam*].

proctorship /ˈprɒktəʃɪp/ n. BE UNIV. = ufficio del responsabile della disciplina; AE UNIV. = ufficio del responsabile della sorveglianza durante gli esami.

procumbent /prəʊˈkʌmbənt/ agg. **1** BOT. procombente **2** [*person*] prono.

procurable /prəˈkjʊərəbl/ agg. che si può procurare.

procuration /ˌprɒkjʊˈreɪʃn/ n. **1** FORM. *(obtaining)* (il) procurare, (l')ottenere **2** DIR. *(of prostitutes)* lenocinio m.

procurator /ˈprɒkjʊreɪtə(r)/ n. STOR. procuratore m.; *(in church of Rome)* procuratore m.

procurator-fiscal /ˌprɒkjʊreɪtəˈfɪskl/ n. SCOZZ. DIR. pubblico m. ministero.

procuratorial /ˌprɒkjʊrəˈtɔːrɪəl/ agg. procuratorio.

procuratorship /ˈprɒkjʊreɪtəʃɪp/ n. procuratorato m.

procuratory /ˈprɒkjʊreɪtrɪ, AE -tɔːrɪ/ n. procura f.

procure /prəˈkjʊə(r)/ **I** tr. **1** FORM. *(obtain)* procurarsi [*object, arms, supplies*]; ***to ~ sth. for sb.*** *(directly)* procurare qcs. a qcn.; *(indirectly)* fare ottenere qcs. a qcn.; ***to ~ sth. for oneself*** procurarsi qcs. **2** DIR. indurre alla prostituzione [*prostitutes*] **II** intr. DIR. *(in prostitution)* sfruttare la prostituzione.

procurement /prəˈkjʊəmənt/ n. ottenimento m.; MIL. COMM. approvvigionamento m.; ***arms ~*** approvvigionamento di armi; ***steel ~*** reperimento di acciaio.

procurement department /prəˈkjʊəməntdɪˌpɑːtmənt/ n. AE MIL. AMM. servizio m. di approvvigionamento.

procurer /prəˈkjʊərə(r)/ n. **1** AMM. COMM. procuratore m. (-trice) **2** DIR. *(in prostitution)* lenone m.

procuress /prəˈkjʊərɪs/ n. DIR. *(in prostitution)* mezzana f.

procuring /prəˈkjʊərɪŋ/ n. lenocinio m.

1.prod /prɒd/ n. **1** *(poke)* colpetto m.; ***to give sth., sb. a ~*** *(with implement)* punzecchiare qcs., qcn.; *(with finger)* toccare qcs., qcn. con un dito **2** COLLOQ. FIG. *(encouragement, reminder)* ***to give sb. a ~*** spronare qcn.; ***he, she needs a ~ to do*** ha bisogno di essere spronato, spronata a fare; ***he needs a gentle ~ to do*** ha bisogno di una piccola spinta **3** AGR. (anche **cattle ~**) sperone m.

2.prod /prɒd/ tr. (forma in -ing ecc. **-dd-**) (anche **~ at**) **1** *(poke) (with foot, stick)* dare dei colpetti a; *(with instrument)* pungolare, punzecchiare; *(with finger)* toccare; *(with fork)* punzecchiare; ***stop ~ding me!*** smettila di spintonarmi! ***to ~ sb. in the stomach*** *(hard)* piantare le dita in pancia a qcn.; ***to ~ sb.'s stomach*** *(gently)* [*doctor*] tastare lo stomaco di qcn. **2** COLLOQ. *(remind, encourage)* spronare, spingere; ***to ~ sb. into doing*** spingere qcn. a fare; ***the government will have to be ~ded into acting*** bisognerà sollecitare il governo perché agisca; ***he needs to be ~ed occasionally*** ogni tanto ha bisogno di essere spronato **3** *(interrogate)* interrogare.

Prod /prɒd/ n. BE COLLOQ. SPREG. protestante m. e f.

prodding /ˈprɒdɪŋ/ n. **1** *(reminding)* ***after a bit of ~ he agreed*** dopo qualche incoraggiamento ha acconsentito; ***she needs a bit of ~*** ha bisogno di essere spronata **2** *(interrogation)* domande f.pl.

prodigal /ˈprɒdɪgl/ agg. LETT. [*expenditure*] folle; [*generosity*] ampio; [*government, body*] prodigo; ***to be ~ with*** o ***of*** essere prodigo di [*gifts, money*]; ***the ~ son*** BIBL. il figliol prodigo (anche FIG.).

prodigality /ˌprɒdɪˈgælətɪ/ n. LETT. prodigalità f.

prodigally /ˈprɒdɪgəlɪ/ avv. [*spend, use*] prodigalmente; [*give, entertain*] con prodigalità.

prodigious /prəˈdɪdʒəs/ agg. prodigioso.

prodigiously /prəˈdɪdʒəslɪ/ avv. [*eat, drink*] in grandi quantità; [*drunk, fat*] estremamente; [*talented, successful*] prodigiosamente; [*increase, grow*] in maniera prodigiosa.

prodigiousness /prəˈdɪdʒəsnɪs/ n. prodigiosità f.

prodigy /ˈprɒdɪdʒɪ/ n. **1** *(person)* prodigio m.; ***child ~*** bambino prodigio; ***music, tennis ~*** prodigio della musica, del tennis **2** *(wonder)* prodigio m.; ***to be a ~ of learning*** essere un pozzo di scienza.

prodromal /ˈprɒdrəməl/ agg. prodromico.

prodrome /ˈprɒdrəm/ n. prodromo m.

1.produce /ˈprɒdjuːs, AE -duːs/ n. **U** prodotti m.pl.; ***agricultural ~*** prodotti agricoli; ***"~ of Spain"*** "prodotto spagnolo".

▶ **2.produce** /prəˈdjuːs, AE -ˈduːs/ tr. **1** *(cause)* produrre [*effect*]; dare origine a [*agreement, success*]; dare [*result*]; provocare [*reaction, change*] **2** AGR. IND. [*region, industry, farmer, company*] produrre (**from** a partire da); [*worker, machine*] fabbricare, produrre **3** *(biologically)* [*gland, animal, plant*] produrre; ***to ~ young*** figliare; ***to ~ children*** generare figli **4** *(generate)* produrre [*heat, electricity, sound, energy, fumes, gas, gains, profits, returns*]; ***to ~ electricity from coal*** produrre elettricità dal carbone **5** *(form, create)* [*school, course, era, country*] produrre [*scientist, artist, worker*]; ***the country that ~ed Picasso*** il paese che ha dato i natali a Picasso; ***to ~ a work of art*** produrre un'opera d'arte **6** *(present)* presentare, esibire [*passport, voucher, document*]; fare [*report, statement*]; fornire [*evidence, argument*]; dare [*example*]; ***to ~ sth. from*** estrarre qcs. da [*pocket, bag*]; ***to ~ sth. from behind one's back*** tirare fuori qcs. da dietro alla schiena **7** CINEM. MUS. RAD. TELEV. produrre [*film, programme, show*]; BE TEATR. mettere in scena [*play*] **8** *(put together)* preparare [*meal, package*]; mettere a punto [*argument, timetable, solution*]; pubblicare [*leaflet, brochure, guide*] **9** SPORT *(achieve)* segnare [*goal*]; ottenere [*result*]; ***to ~ a fine performance*** fornire una buona prestazione **10** MAT. prolungare [*line*].

▶ **producer** /prəˈdjuːsə(r), AE -ˈduːs-/ ♦ ***27*** n. **1** *(supplier) (of produce, food)* produttore m. (-trice); *(of machinery, goods)* fabbricante m. e f., produttore m. (-trice); ***the world's leading tea ~*** il maggiore produttore mondiale di tè **2** CINEM. RAD. TELEV. produttore m. (-trice), producer m. e f.; BE TEATR. produttore m. (-trice).

producer gas /prəˈdjuːsəˌgæs, AE -ˈduːs-/ n. gas m. di gasogeno.

producer goods /prəˈdjuːsəˌgʊdz, AE -ˈduːs-/ n. beni m. capitali, beni m. strumentali.

producer price index /prəˈdjuːsəˌpraɪsˌɪndeks, AE -ˈduːs-/ n. indice m. dei prezzi alla produzione.

producible /prəˈdjuːsəbl, AE -ˈduːs-/ agg. producibile.

▷ **producing** /prəˈdjuːsɪŋ, AE -ˈduːs-/ agg. **1** [*country*] produttore **2** **-producing** in composti produttore di; ***oil-, cocaine-~ countries*** paesi produttori di petrolio, di cocaina; ***wine-~ region*** regione produttrice di vino.

▶ **product** /'prɒdʌkt/ **I** n. **1** *(commercial item)* prodotto m.; ***consumer ~s*** prodotti *o* generi di consumo; ***the finished ~*** COMM. il prodotto finito **2** *(result)* ***to be a ~ of*** essere un prodotto di [*period, causes, event, imagination, training*]; ***he was the ~ of a certain era*** era il prodotto di una certa epoca; ***the end ~*** il risultato finale **3** MAT. prodotto m. (**of** di) **II** modif. [*design, launch, development, testing*] di un prodotto; ***~ range*** gamma di prodotti.

product designer /'prɒdʌktdɪˌzaɪnə(r)/ ➧ ***27*** n. progettista m. e f. industriale.

▶ **production** /prə'dʌkʃn/ **I** n. **1** AGR. IND. *(of crop, produce, foodstuffs, metal)* produzione f. (**of** di); *(of machinery, furniture, cars)* fabbricazione f., produzione f. (**of** di); ***to go into*** o ***be in ~*** essere prodotto; ***the model has gone*** o ***is out of ~*** il modello non è più fabbricato; ***to be in full ~*** [*factory*] essere in piena produzione; ***to take land out of ~*** sospendere lo sfruttamento di un terreno **2** *(output)* produzione f.; ***crop ~*** produzione agricola; ***~ fell by 5%*** la produzione è diminuita del 5% **3** BIOL. FIS. *(generating) (of cells, antibodies, energy, sound)* produzione f. (**of** di) **4** *(presentation) (of document, ticket, report)* presentazione f. (**of** di); *(of evidence)* produzione f. (**of** di); ***on ~ of*** su presentazione di **5** *(of programme, film, record)* produzione f.; *(of play)* messa f. in scena; ***to work in TV ~*** lavorare nella produzione televisiva **6** *(film, programme, show)* produzione f., realizzazione f. (**of** di); *(opera, play)* produzione f., allestimento m. (**of** di); ***X's ~ of "Hamlet"*** allestimento di X dell'"Amleto"; ***to put on a ~ of*** TEATR. mettere in scena [*play, work*] **II** modif. [*costs, difficulties, levels, methods, quota, unit*] di produzione; [*control, department*] della produzione.

production company /prə'dʌkʃnˌkʌmpənɪ/ n. società f. di produzione.

production line /prə'dʌkʃnlaɪn/ n. linea f. di montaggio, catena f. di montaggio; ***to come off the ~*** uscire dalla catena di montaggio; ***to work on a ~*** lavorare in linea.

production manager /prə'dʌkʃnˌmænɪdʒə(r)/ ➧ ***27*** n. direttore m. (-trice) di produzione.

▷ **productive** /prə'dʌktɪv/ agg. **1** *(efficient)* [*factory, industry, land, worker*] produttivo; [*system, method, use*] efficace **2** *(constructive)* [*discussion, collaboration, experience*] fruttuoso; [*day, phase, period*] produttivo **3** ECON. [*sector, capital, task, capacity*] produttivo **4** *(resulting in)* ***to be ~ of*** essere causa di [*knowledge, tyranny, health*] **5** MED. ***~ cough*** tosse grassa.

productively /prə'dʌktɪvlɪ/ avv. [*work*] in modo produttivo; [*organize*] in modo efficace; [*farm, cultivate*] in modo redditizio; [*spend time*] in modo utile.

productiveness /prə'dʌktɪvnɪs/ n. produttività f.

▷ **productivity** /ˌprɒdʌk'tɪvətɪ/ **I** n. produttività f.; ***to increase ~*** aumentare la produttività **II** modif. [*agreement, bonus, drive*] di produttività; [*gains, growth*] della produttività.

product liability /'prɒdʌktlaɪəˌbɪlətɪ/ n. = responsabilità del produttore o dell'impresa nei confronti del consumatore per la vendita di prodotti nocivi.

product licence /'prɒdʌktˌlaɪsns/ n. licenza f. di fabbricazione.

product manager /'prɒdʌktˌmænɪdʒə(r)/ ➧ ***27*** n. product manager m. e f.

product placement /'prɒdʌktˌpleɪsmənt/ n. product placement m. (forma di pubblicità in cui prodotti di determinate marche compaiono, in modo apparentemente casuale, in film o trasmissioni televisive).

product range /'prɒdʌktˌreɪndʒ/ n. gamma f. di prodotti.

proem /'prəʊem/ n. proemio m.

prof /prɒf/ n. COLLOQ. (accorc. professor) prof m. e f.

Prof ⇒ professor professore (prof.).

profanation /ˌprɒfə'neɪʃn/ n. FORM. profanazione f.

1.profane /prə'feɪn, AE prəʊ'feɪn/ agg. **1** *(blasphemous)* profano, blasfemo **2** *(secular)* profano.

2.profane /prə'feɪn, AE prəʊ'feɪn/ tr. profanare [*shrine, tradition, honour*].

profanely /prə'feɪnlɪ, AE prəʊ'feɪnlɪ/ avv. profanamente.

profaneness /prə'feɪnɪs, AE prəʊ'feɪnɪs/ n. profanità f.

profanity /prə'fænətɪ, AE prəʊ-/ n. FORM. **1** *(behaviour)* empietà f. **2** *(oath)* bestemmia f.

profess /prə'fes/ tr. **1** *(claim)* pretendere (**to do** di fare; **that** che); ***to ~ total ignorance of the matter*** sostenere di non sapere nulla a riguardo; ***I don't ~ to be a lover of poetry*** non fingo di essere un amante della poesia **2** *(declare openly)* professare, dichiarare apertamente [*opinion, religion*]; ***she ~ed faith in their policies*** proclamava la sua fiducia nella loro politica.

professed /prə'fest/ **I** p.pass. → **profess II** agg. **1** [*supporter, atheist, Christian etc.*] *(genuine)* dichiarato; *(pretended)* sedicente **2** RELIG. [*nun, monk*] professo.

professedly /prə'fesɪdlɪ/ avv. FORM. *(avowedly)* [*antagonistic, supportive*] dichiaratamente; *(with notion of insincerity)* sedicentemente; ***~ on business*** apparentemente per affari.

▷ **profession** /prə'feʃn/ n. **1** *(occupation)* professione f., mestiere m.; ***by ~*** di professione; ***the ~s*** le professioni liberali; ***to enter a ~*** iniziare una professione; ***the oldest ~ (in the world)*** EUFEM. il mestiere più antico del mondo **2** *(group)* ***the legal, medical, teaching ~*** gli avvocati, i medici, gli insegnanti **3** *(statement)* professione f. (**of** di).

▶ **professional** /prə'feʃənl/ **I** agg. **1** *(relating to an occupation)* [*duty, experience, incompetence, qualification, status*] professionale; ***~ career*** carriera; ***to seek ~ advice*** chiedere consiglio a un professionista; ***he needs ~ help*** ha bisogno dell'aiuto di un professionista; ***they are ~ people*** sono dei professionisti **2** *(not amateur)* [*footballer, dancer*] professionista; [*diplomat, soldier*] di professione, di carriera; ***to turn ~*** [*actor, singer*] diventare professionista; [*footballer, athlete*] passare al professionismo; ***he's a ~ troublemaker, gossip*** IRON. è un piantagrane, un pettegolo di professione **3** *(of high standard)* [*attitude, work, person*] professionale; ***he did a very ~ job*** ha fatto un lavoro da professionista **II** n. **1** *(not amateur)* professionista m. e f. **2** *(in small ad)* lavoratore m. (-trice) qualificato (-a).

professional bias /prəˌfeʃənl'baɪəs/ n. (pl. **professional biases**) deformazione f. professionale.

professional fee /prəˌfeʃənl'fiː/ n. onorario m.

professional foul /prəˌfeʃənl'faʊl/ n. SPORT fallo m. intenzionale.

professionalism /prə'feʃənəlɪzəm/ n. **1** *(high standard) (of person, organization)* professionalità f.; *(of performance, piece of work)* alta qualità f. **2** SPORT professionismo m.

professionalize /prə'feʃənəlaɪz/ tr. professionalizzare, rendere professionale.

professionally /prə'feʃənəlɪ/ avv. **1** *(expertly)* [*decorated, designed*] da un professionista; ***to have sth. ~ done*** far fare qcs. da un professionista; ***~ qualified*** professionalmente qualificato; ***he is ~ trained*** ha avuto una formazione professionale **2** *(from an expert standpoint)* da un punto di vista professionale **3** *(in work situation)* [*know, meet*] in ambito lavorativo; ***he is known ~ as Tim Jones*** sul lavoro è conosciuto come Tim Jones **4** *(as a paid job)* [*play sport*] professionalmente; ***he sings, dances ~*** è un cantante, un ballerino professionista **5** *(to a high standard)* [*do, work, behave*] in modo professionale.

professional school /prəˌfeʃənl'skuːl/ n. AE UNIV. *(business school)* = scuola di amministrazione aziendale; *(law school)* = facoltà di giurisprudenza; *(medical school)* = facoltà di medicina.

▶ **professor** /prə'fesə(r)/ ➧ ***9*** n. **1** UNIV. *(chair holder)* professore m. (universitario); ***Professor Barker*** il professor Barker **2** AE UNIV. *(teacher)* professore m. (-essa).

professorial /ˌprɒfɪ'sɔːrɪəl/ agg. **1** UNIV. [*duties, post*] di professore; [*salary*] da professore **2** *(imposing)* [*manner, appearance*] autorevole.

professorship /prə'fesəʃɪp/ n. **1** *(chair)* cattedra f. (universitaria); ***to apply for, obtain a ~*** richiedere, ottenere una cattedra; ***the ~ of Physics*** la cattedra di fisica **2** AE UNIV. *(teaching post)* docenza f.

1.proffer /'prɒfə(r)/ n. profferta f., offerta f.

2.proffer /'prɒfə(r)/ tr. FORM. **1** *(hold out)* porgere [*hand, pen, handkerchief*] **2** *(offer)* profferire [*advice*]; offrire [*friendship*].

proficiency /prə'fɪʃnsɪ/ n. *(practical)* abilità f. (**in, at** in; **in doing** a fare); *(academic)* conoscenza f. (**in** di), competenza f. (**in** in); ***to show ~*** mostrare competenza; ***to lack ~*** mancare di competenza.

proficiency test /prə'fɪʃnsɪˌtest/ n. = esame di profitto, relativo specialmente all'inglese per stranieri.

proficient /prə'fɪʃnt/ agg. competente (**at, in** in; **at doing** per fare); ***she is a highly ~ musician, swimmer*** è una musicista, una nuotatrice esperta.

proficiently /prə'fɪʃntlɪ/ avv. in modo competente, con competenza.

1.profile /'prəʊfaɪl/ n. **1** *(of face, body, mountain)* profilo m. (anche FIG.); ***in ~*** di profilo; ***a photo in three-quarter ~*** una foto di tre quarti; ***you have the right ~ for the job*** FIG. ha le caratteristiche giuste per questo lavoro **2** GIORN. *(of celebrity)* profilo m. (**of** di) **3** *(graph, table, list)* profilo m. **4** FIG. rilievo m., risalto m.; ***to keep*** o ***maintain a low ~*** rimanere in ombra, mantenere un profilo basso; ***to have, maintain a high ~*** essere molto in vista, mantenere una posizione di rilievo; ***he enjoys a high ~ in the literary world*** è un personaggio molto in vista nell'ambiente letterario; ***to raise one's ~*** mettersi in evidenza **5** *(of person, genes)* profilo m.; ***psychological, DNA ~*** profilo psicologico, del DNA; ***reader ~*** profilo del lettore.

2.profile /ˈprəʊfaɪl/ tr. GIORN. tracciare il profilo di [*person*].
profiled /ˈprəʊfaɪld/ **I** p.pass. → **2.profile II** agg. *(silhouetted)* ***to be ~*** profilarsi (**against** contro).
▶ **1.profit** /ˈprɒfɪt/ n. **1** COMM. profitto m.; ***gross, net ~*** profitto lordo, netto; ***~ and loss*** profitti e perdite; ***to make*** o ***turn a ~*** ricavare un profitto (**on** da); ***the banks make handsome ~s*** le banche fanno dei bei guadagni; ***they're only interested in making quick ~s*** a loro interessa solo guadagnare in fretta; ***to sell sth. at a ~*** vendere qcs. con profitto; ***they sold the house at a ~ of £ 6,000*** hanno guadagnato 6.000 sterline vendendo la casa; ***to operate at a ~*** lavorare in utile; ***to bring in*** o ***yield a ~*** dare utile, fruttare; ***there isn't much ~ in that line of business nowadays*** oggigiorno quella linea di mercato non è molto proficua; ***with ~s insurance policy*** polizza di assicurazione con partecipazioni agli utili **2** FIG. *(benefit)* vantaggio m., guadagno m.; ***to turn sth. to ~*** FIG. trarre vantaggio da qcs.
2.profit /ˈprɒfɪt/ **I** tr. LETT. giovare a; ***it will ~ you nothing to do this*** questo non ti gioverà a nulla **II** intr. ***to ~ by*** o ***from sth.*** profittare di qcs.
profitability /ˌprɒfɪtəˈbɪlətɪ/ n. redditività f.
▷ **profitable** /ˈprɒfɪtəbl/ agg. COMM. [*business, investment, market*] proficuo, redditizio; FIG. [*meeting, negotiations*] fruttuoso; ***it is ~ to do*** è redditizio fare; ***to make ~ use of sth.*** fare un uso redditizio di qcs.; ***a most ~ afternoon*** un pomeriggio fruttuosissimo.
profitableness /ˈprɒfɪtəblnɪs/ n. → **profitability**.
profitably /ˈprɒfɪtəblɪ/ avv. **1** ECON. [*sell*] con profitto; [*trade, invest*] proficuamente **2** *(usefully)* proficuamente.
profit and loss account /ˌprɒfɪtənˈlɒsəˌkaʊnt, AE -ˈlɔːs-/ n. conto m. profitti e perdite.
profit balance /ˈprɒfɪtˌbæləns/ n. attivo m.
profit centre BE, **profit center** AE /ˈprɒfɪtˌsentə(r)/ n. centro m. di profitti.
1.profiteer /ˌprɒfɪˈtɪə(r)/ n. SPREG. profittatore m. (-trice); ***war ~*** profittatore di guerra.
2.profiteer /ˌprɒfɪˈtɪə(r)/ intr. SPREG. realizzare grandi guadagni.
profiteering /ˌprɒfɪˈtɪərɪŋ/ SPREG. **I** n. realizzazione f. di grandi guadagni; ***to engage in ~*** partecipare alla realizzazione di grandi guadagni **II** agg. profittatore.
profit forecast /ˈprɒfɪtˌfɔːkɑːst, AE -kæst/ n. previsione f. degli utili.
profit graph /ˈprɒfɪtˌgrɑːf, AE -ˌgræf/ n. diagramma m. di redditività.
profitless /ˈprɒfɪtlɪs/ agg. senza profitto, inutile.
profitlessness /ˈprɒfɪtlɪsnɪs/ n. mancanza f. di profitto, inutilità f.
profit-making organization /ˌprɒfɪtˌmeɪkɪŋɔːgənaɪˈzeɪʃn, AE -nɪˈz-/ n. organizzazione f. a scopo di lucro.
profit margin /ˈprɒfɪtˌmɑːdʒɪn/ n. margine m. di profitto.
profit motive /ˈprɒfɪtˌməʊtɪv/ n. movente m. del profitto.
profit sharing /ˈprɒfɪtˌʃeərɪŋ/ n. compartecipazione f. agli utili.
profit sharing scheme /ˈprɒfɪtˌʃeərɪŋˌskiːm/ n. piano m. di compartecipazione agli utili.
profit squeeze /ˌprɒfɪtˈskwiːz/ n. ECON. compressione f. degli utili.
profit taking /ˈprɒfɪtˌteɪkɪŋ/ n. realizzazione f. dei profitti.
profligacy /ˈprɒflɪgəsɪ/ n. FORM. **1** *(extravagance)* dissipatezza f. **2** *(debauchery)* dissolutezza f.
profligate /ˈprɒflɪgət/ agg. FORM. **1** *(extravagant)* [*government*] che sperpera il denaro pubblico; [*spending*] eccessivo; ***~ use of taxpayers' money*** lo sperpero dei soldi dei contribuenti **2** *(dissolute)* dissoluto.
profligately /ˈprɒflɪgətlɪ/ avv. **1** *(extravagantly)* dissipatamente **2** *(dissolutely)* dissolutamente.
profligateness /ˈprɒflɪgətnɪs/ n. → **profligacy**.
pro-form /ˌprəʊˈfɔːm/ n. LING. proforma f.
pro forma invoice /ˌprəʊˌfɔːməˈɪnvɔɪs/ n. fattura f. pro forma.
▷ **profound** /prəˈfaʊnd/ agg. profondo.
▷ **profoundly** /prəˈfaʊndlɪ/ avv. **1** *(emphatic)* [*traumatized, unnatural, affected*] profondamente **2** *(wisely)* [*observe, remark*] acutamente.
profoundness /prəˈfaʊndnɪs/ n. → **profundity**.
profundity /prəˈfʌndətɪ/ n. FORM. **1** *(of understanding)* profondità f.; *(of changes)* radicalità f. **2** *(wise remark)* osservazione f. profonda (anche IRON.).
profuse /prəˈfjuːs/ agg. [*growth*] abbondante; [*bleeding*] profuso, copioso; [*apologies, praise, thanks*] profuso.
profusely /prəˈfjuːslɪ/ avv. [*sweat, bleed*] profusamente, copiosamente; [*bloom*] a profusione; [*thank*] profusamente; ***to apologize ~*** profondere scuse.
profuseness /prəˈfjuːsnɪs/ n. (l')essere profuso.
profusion /prəˈfjuːʒn/ n. profusione f. (**of** di); ***to grow in ~*** crescere a profusione.
1.prog /prɒg/ n. BE TELEV. RAD. COLLOQ. (accorc. programme) programma m.
2.prog /prɒg/ n. ANT. GERG. (accorc. proctor) → **1.proctor**.
progenitor /prəʊˈdʒenɪtə(r)/ n. FORM. **1** progenitore m. (-trice) **2** FIG. *(of idea)* precursore m. (-corritrice); *(of movement)* predecessore m.
progeny /ˈprɒdʒənɪ/ n. + verbo sing. o pl. FORM. **1** *(children)* progenie f., prole f. **2** *(descendants)* progenie f. **3** FIG. successori m.pl.
progestational /ˌprəʊdʒesˈteɪʃənl/ agg. progestinico.
progesterone /prəʊˈdʒestərəʊn/ n. progesterone m.
progestin /prəʊˈdʒestɪn/ n. progestina f.
proglottis /prəʊˈglɒtɪs/ n. (pl. **-des**) proglottide f.
prognathism /ˈprɒgnəθɪzəm/ n. prognatismo m.
prognathous /prɒgˈneɪθəs/ agg. prognato.
prognosis /prɒgˈnəʊsɪs/ n. (pl. **-es**) **1** MED. prognosi f. (**on, about** su) **2** *(prediction)* pronostico m. (**for** su); previsione f. (**for** per).
prognostic /prɒgˈnɒstɪk/ agg. **1** MED. prognostico **2** *(predictive)* che pronostica, che predice.
prognosticate /prɒgˈnɒstɪkeɪt/ tr. pronosticare (**that** che).
prognostication /prɒgˌnɒstɪˈkeɪʃn/ n. pronostico m., previsione f.
prognosticator /prɒgˈnɒstɪkeɪtə(r)/ n. pronosticatore m. (-trice).
1.program /ˈprəʊgræm, AE -grəm/ n. **1** INFORM. programma m.; ***to run a ~*** lanciare un programma **2** AE → **1.programme**.
2.program /ˈprəʊgræm, AE -grəm/ **I** tr. (forma in -ing ecc. **-mm-** BE, **-m-** AE) **1** programmare (**to do** per fare) (anche INFORM.) **2** AE → **2.programme II** intr. (forma in -ing ecc. **-mm-** BE, **-m-** AE) INFORM. programmare (**in** in).
programer AE → **programmer**.
programing AE → **programming**.
▶ **1.programme** BE, **program** AE /ˈprəʊgræm, AE -grəm/ n. **1** TELEV. RAD. *(single broadcast)* programma m., trasmissione f. (**about** su); *(schedule of broadcasting)* programmi m.pl., trasmissioni f.pl.; ***jazz, news ~s*** programmi di jazz, notiziari; ***to do a ~*** fare un programma (**on** su) **2** *(plan, schedule)* programma m. (**of** di); ***research, training ~*** programma di ricerca, di formazione; ***what's on the ~ (for today)?*** che cosa c'è in programma (per oggi)? **3** MUS. TEATR. *(booklet)* programma m.; *(plan for season)* programma m., cartellone m.
▶ **2.programme** BE, **program** AE /ˈprəʊgræm, AE -grəm/ tr. *(set)* programmare [*machine*] (**to do** per fare); ***we are ~d from birth to be social beings*** siamo programmati fin dalla nascita per essere animali sociali.
programmed learning BE, **programed learning** AE /ˌprəʊgræmdˈlɜːnɪŋ, AE -grəm-/ n. apprendimento m. programmato.
programme music BE, **program music** AE /ˈprəʊgræmˌmjuːzɪk, AE -grəm-/ n. MUS. musica f. a programma.
programme note BE, **program note** AE /ˈprəʊgræmˌnəʊt, AE -grəm-/ n. commento m., nota f. di programma.
▷ **programmer** BE, **programer** AE /ˈprəʊgræmə(r), AE -grəm-/ ♦ **27** n. programmatore m. (-trice).
▷ **programming** BE, **programing** AE /ˈprəʊgræmɪŋ, AE -grəm-/ n. **1** INFORM. programmazione f. **2** TELEV. RAD. programmazione f.
programming language BE, **programing language** AE /ˈprəʊgræmɪŋˌlæŋgwɪdʒ, AE -grəm-/ n. linguaggio m. di programmazione.
▶ **1.progress** /ˈprəʊgres, AE ˈprɒgres/ n. **1** *(advances)* progresso m.; ***in the name of ~*** in nome del progresso; ***~ towards a settlement has been slow*** i progressi verso un accordo sono stati lenti; ***to make ~ in one's work, in physics*** fare progressi nel proprio lavoro, in fisica; ***to make slow, steady ~*** fare lenti, costanti progressi; ***to work for ~ on human rights*** lavorare per progredire nel campo dei diritti umani; ***the patient is making ~*** il paziente sta migliorando **2** *(course, evolution)* *(of person, career)* progresso m., progressi m.pl.; *(of inquiry, event, dispute, talks)* andamento m., svolgimento m.; *(of disease)* evoluzione f., andamento m.; ***we are watching the ~ of the negotiations, of the research with interest*** stiamo osservando con interesse l'andamento delle negoziazioni, della ricerca; ***to make (slow, steady) ~*** fare (lenti, costanti) progressi *o* procedere (lentamente, con costanza); ***to be in ~*** [*discussions, meeting, work*] essere in corso; ***work is already in ~*** i lavori sono già iniziati; ***"examination in ~"*** "esame in corso" **3** *(of vehicle)* (l')avanzare, avanzamento m.
▶ **2.progress** /prəˈgres/ intr. **1** *(develop, improve)* [*work, research, studies*] avanzare, procedere, progredire; [*society*] progredire; [*person*] fare dei progressi, migliorare; ***to ~ towards democracy***

fare progressi verso la democrazia **2** *(follow course)* [*person, vehicle*] muoversi in avanti, avanzare; [*discussion*] procedere, progredire; [*storm*] aumentare di intensità; ***as the day ~ed*** con il passare delle ore; ***as the novel ~es*** via via che il romanzo procede *o* che la storia si sviluppa.

▷ **progression** /prəˈgreʃn/ n. **1** *(development) (improvement)* progresso m., avanzata f.; *(evolution)* evoluzione f.; ***natural, logical ~*** evoluzione naturale, sviluppo logico **2** *(series)* successione f., serie f. **3** MAT. serie f. **4** MUS. progressione f.

progressionist /prəˈgreʃənɪst/, **progressist** /prəˈgresɪst/ n. progressista m. e f.

progressive /prəˈgresɪv/ **I** agg. **1** *(gradual)* [*increase, change*] progressivo; [*illness*] progressivo, evolutivo; ***~ taxation*** tassazione progressiva; ***to show a ~ improvement*** mostrare un miglioramento graduale **2** *(radical)* [*person, idea, policy*] progressista; [*school*] dai metodi didattici moderni; [*age, period*] di sviluppo; ***~ rock*** MUS. progressive (rock) **3** LING. progressivo **II** n. **1** POL. *(person)* progressista m. e f. **2** LING. progressivo m.

▷ **progressively** /prəˈgresɪvlɪ/ avv. progressivamente.

progressiveness /prəˈgresɪvnɪs/ n. progressività f.

progress report /ˈprəʊgresrɪˌpɔːt, AE ˈprɒgres-/ n. *(on construction work)* rapporto m. sull'andamento dei lavori; *(on project)* rapporto m. sullo sviluppo del progetto; *(on patient)* cartella f. clinica; *(on pupil)* pagella f., scheda f. scolastica.

▷ **prohibit** /prəˈhɪbɪt, AE prəʊ-/ tr. **1** *(forbid)* proibire; ***to ~ sb. from doing*** proibire a qcn. di fare; ***children are ~ed from using the elevator*** è vietato l'uso dell'ascensore ai bambini; ***"smoking ~ed"*** "vietato fumare" **2** FORM. *(make impossible)* impedire (**from doing** di fare); ***his poor health ~s him from playing sports*** la salute cagionevole non gli consente di praticare sport.

▷ **prohibition** /ˌprəʊhɪˈbɪʃn, AE ˌprəʊəˈbɪʃn/ **I** n. **1** *(forbidding)* proibizione f., divieto m. (**of** di) **2** *(ban)* divieto m. (**on, against** di) **II Prohibition** n.pr. ***the Prohibition*** AE STOR. il proibizionismo **III** modif. [*law, party*] proibizionista; [*America*] negli anni del proibizionismo; [*days, years*] del proibizionismo.

prohibitionism /ˌprəʊhɪˈbɪʃənɪzəm, AE ˌprəʊə-/ n. proibizionismo m.

prohibitionist /ˌprəʊhɪˈbɪʃənɪst, AE ˌprəʊə-/ n. proibizionista m. e f.

prohibitive /prəˈhɪbətɪv, AE prəʊ-/ agg. [*cost, price*] proibitivo, astronomico.

prohibitively /prəˈhɪbɪtɪvlɪ, AE prəʊ-/ avv. ***prices are ~ high*** i prezzi sono proibitivi.

prohibitory /prəˈhɪbɪtərɪ, AE -tɔːrɪ/ agg. [*law, command*] proibitivo.

▶ **1.project** /ˈprɒdʒekt/ **I** n. **1** *(plan, scheme)* progetto m. (**to do** di fare); ***a ~ to build a road*** un progetto di costruzione di una strada **2** SCOL. UNIV. ricerca f. (**on** su); ***research ~*** ricerca **3** AE *(state housing) (large)* quartiere m. di case popolari; *(small)* caseggiato m. popolare; ***to grow up in the ~s*** crescere nei casermoni **II** modif. [*budget, funds*] di un progetto; ***~ manager*** project manager, direttore del progetto; ING. progettista; ***~ outline*** progetto preliminare.

▶ **2.project** /prəˈdʒekt/ **I** tr. **1** *(throw, send)* proiettare, gettare [*object*]; lanciare [*missile*]; fare arrivare [*voice*] **2** *(put across)* dare [*image*]; ***to ~ a new image*** dare una nuova immagine **3** *(transfer)* proiettare [*guilt, doubts, anxiety*] (**onto** su) **4** *(estimate)* stimare, fare la proiezione di [*figures, results*] **5** CINEM. FIS. proiettare [*light, film, slide*] (**onto** su) **6** GEOGR. fare la proiezione di [*earth, map*]; MAT. proiettare [*solid*] **II** intr. **1** *(stick out)* sporgere (**from** da); ***to ~ over*** sporgere in fuori **2** TEATR. [*actor*] emergere; ***the actor ~s well on the stage*** l'attore si presenta bene sul palco **III** rifl. ***to ~ oneself*** **1** *(make an impression)* fare una buona impressione; ***to ~ oneself as being*** dare l'impressione di essere **2** ***to ~ oneself into the future*** proiettarsi nel futuro.

projected /prɒˈdʒektɪd/ **I** p.pass. → **2.project II** agg. [*figure, deficit*] previsto; ***their ~ visit*** la visita da loro programmata; ***a ~ £ 4 m deficit*** un deficit stimato in 4 milioni di sterline; ***the ~ figures are...*** le cifre previste sono...

projectile /prəˈdʒektaɪl, AE -tl/ n. proiettile m.

projecting /prəˈdʒektɪŋ/ agg. sporgente, in aggetto.

▷ **projection** /prəˈdʒekʃn/ n. **1** *(of object)* sporgenza f.; *(from building)* aggetto m. **2** *(estimate)* proiezione f., calcolo m. approssimativo, stima f. **3** CINEM. MAT. GEOGR. proiezione f. **4** FIG. *(of thoughts, emotions)* proiezione f.

projectionist /prəˈdʒekʃənɪst/ ♦ **27** n. proiezionista m. e f.

projection room /prəˈdʒekʃnˌrʊm/ n. cabina f. di proiezione.

projective /prəˈdʒektɪv/ agg. proiettivo.

projectivity /prəʊdʒekˈtɪvətɪ/ n. proiettività f.

projector /prəˈdʒektə(r)/ n. proiettore m.

prolactin /prəʊˈlæktɪn/ n. prolattina f.

prolamine /ˈprəʊləmɪn/ n. prolammina f.

1.prolapse /ˈprəʊlæps/ n. prolasso m.

2.prolapse /ˈprəʊlæps/ intr. [*organ*] prolassare.

prolapsus /prəʊˈlæpsəs/ n. → **1.prolapse**.

prole /prəʊl/ n. COLLOQ. SPREG. (accorc. proletarian) proletario m. (-a).

prolegomena /ˌprəʊləˈgɒmɪnə/ n.pl. prolegomeni m.

prolepsis /prəʊˈlepsɪs/ n. (pl. **-es**) prolessi f.

proleptic /prəʊˈleptɪk/ agg. prolettico.

proleptically /prəʊˈleptɪklɪ/ avv. prolетticamente.

proletarian /ˌprəʊlɪˈteərɪən/ **I** agg. **1** POL. ECON. [*class, revolution*] proletario **2** [*decency, life*] proletario, del proletario **II** n. proletario m. (-a).

proletarianism /ˌprəʊlɪˈteərɪənɪzəm/ n. *(condition, class)* proletariato m.

proletarianize /ˌprəʊlɪˈteərɪənaɪz/ tr. proletarizzare, rendere proletario.

proletariat /ˌprəʊlɪˈteərɪət/ n. *(class)* proletariato m.

pro-life /ˌprəʊˈlaɪf/ agg. [*movement, campaigner, lobby*] per la vita.

pro-lifer /ˌprəʊˈlaɪfə(r)/ n. sostenitore m. (-trice) del movimento per la vita.

proliferate /prəˈlɪfəreɪt, AE prəʊ-/ intr. proliferare.

▷ **proliferation** /ˌprəlɪfəˈreɪʃn, AE ˌprəʊ-/ n. proliferazione f. (**of** di).

proliferous /prəˈlɪfərəs, AE prəʊ-/ agg. FORM. [*plant, coral*] prolifero; [*animal*] prolifico.

▷ **prolific** /prəˈlɪfɪk/ agg. **1** *(productive)* [*writer*] prolifico; [*decade*] fecondo; ***~ scorer*** *(of goals)* goleador **2** *(in reproduction)* [*plant*] prolifero; [*animal, person*] prolifico; [*growth*] rapido.

prolificacy /ˌprəˈlɪfɪkəsɪ/ n. prolificità f. (anche FIG.).

prolifically /prəˈlɪfɪklɪ/ avv. prolificamente.

prolificity /ˌprəʊlɪˈfɪsətɪ/, **prolificness** /ˌprəʊˈlɪfɪknɪs/ n. prolificità f.

proline /ˈprəʊliːn/ n. prolina f.

prolix /ˈprəʊlɪks, AE prəʊˈlɪks/ agg. FORM. prolisso.

prolixly /ˈprəʊlɪkslɪ, AE ˌprəʊˈlɪkslɪ/ avv. prolissamente, in modo prolisso.

prolixness /ˈprəʊlɪksnɪs, AE ˌprəʊˈlɪksnɪs/, **prolixity** /prəˈlɪksətɪ, AE ˌprəʊ-/ n. FORM. prolissità f.

prolocutor /prəʊˈlɒkjʊtə(r)/ n. **1** ANT. *(spokesperson)* portavoce m. e f. **2** *(in Anglican church)* presidente m. (del sinodo).

prologize /ˈprəʊlɒgaɪz/ intr. *(write)* scrivere un prologo; *(say)* pronunciare un prologo.

prologue /ˈprəʊlɒg, AE -lɔːg/ n. **1** LETTER. prologo m. (**to** di) **2** *(preliminary)* preludio m. (**to** a).

prolong /prəˈlɒŋ, AE -ˈlɔːŋ/, **prolongate** /ˈprəʊlɒngeɪt, AE ˌprəʊˈlɔːŋ-/ tr. prolungare, protrarre.

prolongation /ˌprəʊlɒŋˈgeɪʃn, AE -lɔːŋ-/ n. *(in time)* proroga f.; *(in space)* prolungamento m.

▷ **prolonged** /prəˈlɒŋd, AE -ˈlɔːŋd/ **I** p.pass. → **prolong II** agg. prolungato.

prolusion /prəʊˈljuːʒn, AE -ˈluːʒən/ n. **1** *(essay, article)* prolusione f. **2** ANT. *(prelude)* preludio m.

prolusory /prəʊˈljuːsərɪ, AE -ˈluːsərɪ/ agg. preliminare, introduttivo.

▷ **prom** /prɒm/ n. COLLOQ. **1** BE (accorc. promenade concert) = concerto estivo di musica classica **2** AE *(at high school, college)* ballo m. studentesco **3** BE (accorc. promenade) *(at seaside)* passeggiata f. a mare.

> **i** **Proms** Festival annuale di musica classica che si svolge alla Royal Albert Hall di Londra. L'ultima serata ha sempre un carattere festoso e patriottico: si eseguono celebri inni (*Land of Hope and Glory, Rule, Britannia!*) che il pubblico canta insieme all'orchestra. *Proms* è l'abbreviazione di *promenade concerts*, perché parte degli spettatori resta in piedi (v. ***Britannia***).

1.promenade /ˌprɒməˈnɑːd, AE -ˈneɪd/ n. **1** *(path)* passeggiata f.; *(by sea)* passeggiata f. (a mare), lungomare m. **2** *(dance)* promenade f.

2.promenade /ˌprɒməˈnɑːd, AE -ˈneɪd/ **I** tr. FORM. esibire, ostentare [*virtues etc.*] **II** intr. FORM. passeggiare.

promenade concerts /ˈprɒmənɑːdˌkɒnsəts, AE -ˈneɪd-/ n.pl. BE = concerti estivi di musica classica.

promenade deck /ˈprɒmənɑːdˌdek, AE -ˈneɪd-/ n. *(on ship)* ponte m. di passeggiata.

Promethean /prəˈmiːθjən/ agg. **1** *(of Prometheus)* di Prometeo; *(similar to Prometheus)* simile a Prometeo **2** *(brave)* prometeico.

Prometheus /prəˈmiːθjuːs/ n.pr. Prometeo.
promethium /prəˈmiːθɪəm/ n. CHIM. promezio m., prometeo m.
prominence /ˈprɒmɪnəns/, **prominency** /ˈprɒmɪnənsɪ/ n. **1** *(of person)* importanza f., rilievo m., risalto m., spicco m.; *(of issue)* importanza f., rilievo m.; ***to rise to ~*** emergere, assumere (notevole) rilievo; ***to give ~ to sth.*** dare risalto, attribuire importanza a qcs.; ***to come to ~ as a writer*** distinguersi come scrittore **2** *(of feature, building, object)* prominenza f.
▷ **prominent** /ˈprɒmɪnənt/ agg. **1** [*person, figure, activist, campaigner*] eminente, insigne, di spicco, di rilievo; [*artist, intellectual, industrialist*] famoso; ***to play a ~ part*** o ***role in sth.*** avere un ruolo di spicco *o* di primo piano in qcs. **2** [*position, place, feature*] prominente, in vista; [*peak, ridge*] che emerge, che spicca; [*marking*] molto evidente, appariscente, vistoso; [*mole*] in rilievo, rilevato; ***leave the key in a ~ place*** lascia la chiave in un posto bene in vista **3** [*forehead, cheekbone*] pronunciato; [*nose*] prominente; [*eye, tooth*] sporgente, in fuori.
prominently /ˈprɒmɪnəntlɪ/ avv. [*displayed, hung, shown*] bene in vista; ***to feature*** o ***figure ~ in sth.*** avere un ruolo importante *o* di spicco *o* di rilievo in qcs.
promiscuity /ˌprɒmɪˈskjuːətɪ/ n. promiscuità f.
promiscuous /prəˈmɪskjʊəs/ agg. SPREG. [*person*] di facili costumi; [*behaviour*] promiscuo.
promiscuously /prəˈmɪskjʊəslɪ/ avv. promiscuamente.
promiscuousness /prəˈmɪskjʊəsnɪs/ n. promiscuità f.
▶ **1.promise** /ˈprɒmɪs/ n. **1** *(undertaking)* promessa f.; ***to make a ~ to sb.*** fare una promessa a qcn.; ***to break, keep one's ~*** venire meno alla, mantenere la propria promessa; ***they held him to his ~*** gli hanno fatto mantenere la promessa; ***under a ~ of secrecy*** con la promessa di mantenere il segreto; ***"I'll come next time!" - "is that a ~?"*** "verrò la prossima volta!" - "è una promessa?" *o* "me lo prometti?" **2 U** *(hope, prospect)* speranza f., prospettiva f.; ***there seems little ~ of peace*** pare che ci siano poche prospettive di pace; ***her early life held little ~ of her future happiness*** la sua gioventù non lasciava presagire nulla della sua successiva felicità; ***full of Eastern ~*** ricco di fascino orientale **3 U** *(likelihood of success)* ***she shows great ~*** promette molto bene *o* è una grande promessa; ***a young writer of ~*** un giovane scrittore molto promettente.
▶ **2.promise** /ˈprɒmɪs/ **I** tr. **1** *(pledge)* ***to ~ sb. sth.*** promettere qcs. a qcn.; ***to ~ to do*** promettere di fare; ***she ~d me (that) she would come*** mi promise che sarebbe venuta; ***they ~d him their support, to do*** gli promisero il proprio appoggio, di fare; ***I can't ~ anything*** non posso promettere niente; ***as ~d*** come promesso **2** *(give prospect of)* annunciare, promettere; ***the clouds ~d rain*** le nubi preannunciavano pioggia; ***it ~s to be a fine day*** la giornata promette bene **3** *(assure)* assicurare, garantire; ***it won't be easy, I ~ you*** non sarà facile, te lo assicuro **4** ANT. ***to be ~d in marriage to sb.*** essere promessa sposa *o* in matrimonio a qcn. **II** intr. **1** *(give pledge)* promettere; ***do you ~?*** promesso? me lo prometti? ***I ~*** lo prometto; ***but you ~d!*** ma lo avevi promesso! **2** FIG. ***to ~ well*** [*young talent, candidate*] essere promettente; [*result, situation, event*] promettere bene *o* essere promettente; ***this doesn't ~ well for the future*** questo non promette niente di buono (per il futuro) **III** rifl. ***to ~ oneself sth.*** ripromettersi qcs.; ***to ~ oneself to do*** ripromettersi di fare ◆ ***to ~ sb. the earth*** promettere la luna a qcn.
Promised Land /ˌprɒmɪstˈlænd/ n. terra f. promessa (anche FIG.).
promisee /prɒmɪˈsiː/ n. DIR. promissario m. (-a).
▷ **promising** /ˈprɒmɪsɪŋ/ agg. [*situation, sign, result, career, future, artist, candidate*] promettente; ***the weather, the future looks more ~*** il tempo, il futuro si preannuncia migliore; ***it doesn't look very ~*** [*weather, outlook, result, scheme*] non promette niente di buono; [*exam results*] non sembra molto incoraggiante; ***"I've been short-listed for the job" - "that's ~"*** "sono stato selezionato nella rosa dei candidati per il posto" - "è un buon segno"; ***the film gets off to a ~ start but...*** il film ha un bell'inizio, ma...; ***a ~ young actor*** un giovane attore promettente *o* di belle speranze.
promisingly /ˈprɒmɪsɪŋlɪ/ avv. in modo promettente; ***the talks started off quite ~ but...*** le trattative partirono piuttosto bene *o* in modo piuttosto promettente, ma...
promisor /ˌprɒmɪˈsɔːr/ n. DIR. promittente m. e f.
promissory /ˈprɒmɪsərɪ, AE -sɔːrɪ/ agg. promissorio.
promissory note /ˌprɒmɪsərɪˈnəʊt, AE -sɔːrɪ-/ n. pagherò m., vaglia m. cambiario, cambiale f. propria.
promo /ˈprəʊməʊ/ **I** n. (pl. **~s**) (accorc. promotional video) COLLOQ. *(for television programme, etc.)* promo m.; *(for pop record, etc.)* promo-video m., videoclip m. **II** agg. (accorc. promotional) COLLOQ. promozionale, pubblicitario.
promontory /ˈprɒməntrɪ, AE -tɔːrɪ/ n. promontorio m.
▶ **promote** /prəˈməʊt/ **I** tr. **1** *(in rank)* promuovere, far avanzare di grado; ***to be ~d from secretary to administrator*** essere promosso dal grado di segretario a quello di amministratore; ***he was ~d to manager*** fu promosso direttore **2** *(advertise)* promuovere, pubblicizzare [*product*]; *(market)* promuovere [*brand, book, town, theory, image*]; ***to ~ a candidate*** fare pubblicità a un candidato **3** *(encourage)* favorire, sostenere [*democracy, understanding etc.*]; ***to ~ a bill*** POL. promuovere un disegno di legge **4** BE *(in football)* ***to be ~d from the fourth to the third division*** passare dalla quarta alla terza divisione *o* essere promosso in terza divisione **5** AE SCOL. promuovere **II** rifl. ***to ~ oneself*** farsi pubblicità.
▷ **promoter** /prəˈməʊtə(r)/ n. **1** promotore m. (-trice) **2** *(of events, products)* promoter m. **3** → **company promoter**.
▷ **promotion** /prəˈməʊʃn/ n. **1** *(of employee)* promozione f., avanzamento m.; ***his ~ to manager*** la sua promozione al grado di direttore; ***after his ~ from captain to colonel*** dopo la sua promozione dal grado di capitano a quello di colonnello; ***to gain ~*** essere promosso; ***to recommend sb. for ~*** raccomandare qcn. per una promozione; ***to apply for ~*** fare domanda di promozione; ***to be in line for ~*** essere prossimo alla promozione **2** COMM. promozione f., pubblicità f. (**of** di); ***sales ~*** *(activity)* vendita promozionale; *(campaign)* campagna pubblicitaria **3** *(encouragement)* sostegno m., incoraggiamento m. (**of** di) **4** AE SCOL. promozione f.
▷ **promotional** /prəˈməʊʃənl/ agg. **1** COMM. promozionale **2** *(in workplace)* ***the ~ ladder*** la scala gerarchica.
promotional video /prəˌməʊʃənlˈvɪdɪəʊ/ n. (pl. **~s**) video m., filmato m. promozionale.
promotion prospects /prəˌməʊʃnˈprɒspekts/ n.pl. prospettive f., possibilità f. di promozione, di avanzamento di carriera.
promotions manager /prəˈməʊʃnzˌmænɪdʒə(r)/ ♦ *27* n. responsabile m. e f. del settore promozionale.
▷ **1.prompt** /prɒmpt/ **I** agg. [*attention, recovery, result, refund*] rapido; [*action, reply*] pronto, sollecito; ***to be ~ to do*** essere sollecito a fare *o* alacre nel fare **II** n. **1** INFORM. prompt m. **2** COMM. termine m. di pagamento **3** TEATR. suggerimento m.; ***to give sb. a ~*** suggerire a qcn. **III** avv. in punto; ***at six o'clock ~*** alle sei in punto *o* precise.
▷ **2.prompt** /prɒmpt/ **I** tr. **1** *(cause)* provocare [*reaction, decision, anger, action, revolt, accusation*]; suscitare [*concern, comment, warning*]; scatenare [*alert, strike*]; ***to ~ sb. to do sth.*** indurre, spingere qcn. a fare qcs. **2** *(encourage to talk)* ***"and then what?" she ~ed*** "e poi?" chiese incalzante; ***"... boring?" he ~ed*** "... noioso?" suggerì **3** *(remind)* suggerire a [*person*] (anche TEATR.) **II** intr. suggerire (anche TEATR.).
prompt book /ˈprɒmptˌbʊk/ n. copione m. del suggeritore.
prompt box /ˈprɒmptˌbɒks/ n. TEATR. buca f. del suggeritore.
prompter /ˈprɒmptə(r)/ ♦ *27* n. **1** TEATR. suggeritore m. (-trice) **2** AE TELEV. = schermo su cui scorre il testo che deve essere letto dai partecipanti a un programma televisivo.
prompting /ˈprɒmptɪŋ/ n. suggerimento m.; ***I decided that without any ~*** lo decisi senza che me lo avesse suggerito nessuno.
promptitude /ˈprɒmptɪtjuːd, AE -tuːd/ n. FORM. **1** *(speed)* prontezza f., rapidità f. **2** *(punctuality)* puntualità f.
▷ **promptly** /ˈprɒmptlɪ/ avv. **1** *(immediately)* subito, immediatamente; ***he lifted it up and ~ dropped it*** lo sollevò e subito lo fece cadere **2** *(without delay)* [*reply, act, pay*] prontamente **3** *(punctually)* [*arrive, leave, start*] puntuale; ***~ at six o'clock*** alle sei in punto *o* precise.
promptness /ˈprɒmptnɪs/ n. **1** *(speed)* prontezza f. (**in doing** nel fare) **2** *(punctuality)* puntualità f.
prompt note /ˈprɒmptˌnəʊt/ n. COMM. promemoria m. di pagamento.
prompt side /ˈprɒmptˌsaɪd/ n. BE TEATR. lato m. destro (del palcoscenico); AE TEATR. lato m. sinistro (del palcoscenico).
promulgate /ˈprɒmlgeɪt/ tr. FORM. **1** *(proclaim)* promulgare [*law, doctrine*] **2** *(promote)* promulgare, diffondere, divulgare [*theory, idea*].
promulgation /ˌprɒmlˈgeɪʃn/ n. **1** *(announcement)* promulgazione f. **2** *(promotion)* promulgazione f., diffusione f., divulgazione f.
promulgator /ˌprɒmlˈgeɪtə(r)/ n. promulgatore m. (-trice).
pronaos /prəʊˈneɪɒs/ n. (pl. **-oi**) pronao m.
pronate /ˈprəʊneɪt/ tr. ruotare [qcs.] verso il basso [*arm*]; ruotare [qcs.] a palme in giù [*hand*].
pronation /prəʊˈneɪʃn/ n. pronazione f.
pronator /prəʊˈneɪtə(r)/ n. (muscolo) pronatore m.
▷ **prone** /prəʊn/ agg. **1** *(prostrate)* ***to lie ~*** giacere prono *o* essere in posizione prona **2** *(liable)* ***to be ~ to*** essere soggetto a [*migraines, colds*]; essere incline a [*depression, violence*]; ***to be ~***

to do o *to doing* tendere a fare **3 -prone** in composti ***accident~*** soggetto a incidenti; ***flood~*** soggetto a inondazioni.
pronely /ˈprəʊnlɪ/ avv. in posizione prona.
proneness /ˈprəʊnnɪs/ n. inclinazione f., disposizione f.
1.prong /prɒŋ, AE prɔːŋ/ n. *(on fork)* rebbio m., dente m.; *(on antler)* punta f.
2.prong /prɒŋ, AE prɔːŋ/ tr. infilzare.
pronged /prɒŋd, AE prɔːŋd/ **I** p.pass. → **2.prong II** agg. **1** [*fork*] dotato di rebbi, di denti; [*spear*] dotato di punte **2 -pronged** in composti ***two-, three-~*** [*fork*] a due, tre rebbi, punte; [*spear*] a due, tre punte; ***two-, three-~ attack*** *(sided)* attacco su due, tre fronti.
pronghorn /ˈprɒŋhɔːn, AE ˈprɔːŋhɔːn/ n. (pl. **~, ~s**) antilocapra f.
pronominal /prəʊˈnɒmɪnl/ agg. pronominale.
pronominally /prəʊˈnɒmɪnəlɪ/ avv. pronominalmente.
pronoun /ˈprəʊnaʊn/ n. pronome m.
▷ **pronounce** /prəˈnaʊns/ **I** tr. **1** LING. pronunciare [*letter, word*]; ***is the letter "h" ~d?*** la "h" si pronuncia? **2** *(announce)* pronunciare, emettere [*judgment, sentence, verdict*]; esprimere [*opinion*]; ***to ~ sb. dead, guilty*** dichiarare qcn. morto, colpevole; ***to ~ sth. (to be) genuine, satisfactory*** affermare che qcs. è genuino, soddisfacente; ***to ~ that*** dichiarare che; ***"this is a fake," she ~d*** "è un falso", sentenziò; ***I now ~ you man and wife*** io vi dichiaro marito e moglie **II** intr. DIR. pronunciarsi; ***to ~ for, against sb.*** pronunciarsi a favore di, dichiararsi contrario a qcn. **III** rifl. ***to ~ oneself satisfied, bored*** dichiararsi soddisfatto, annoiato; ***to ~ oneself for, against sth.*** pronunciarsi in favore di qcs., dichiararsi contrario a qcs.
■ **pronounce on:** ~ on [sth.] pronunciarsi su [*case, matter*]; affermare [*existence, truth*]; esprimersi su [*merits*].
pronounceable /prəˈnaʊnsəbl/ agg. pronunciabile.
▷ **pronounced** /prəˈnaʊnst/ **I** p.pass. → **pronounce II** agg. **1** *(noticeable)* [*accent, tendency*] spiccato; [*limp*] pronunciato; [*stammer*] marcato; [*change, difference, increase*] notevole **2** *(strongly felt)* [*idea, opinion, view*] deciso, chiaro.
pronouncement /prəˈnaʊnsmənt/ n. **1** *(statement)* dichiarazione f. (**on** su) **2** *(verdict)* verdetto m. (**on** su).
pronouncing /prəˈnaʊnsɪŋ/ n. pronuncia f.
pronouncing dictionary /prəˈnaʊnsɪŋˌdɪkʃənrɪ, AE -nerɪ/ n. dizionario m. di pronuncia.
pronto /ˈprɒntəʊ/ avv. COLLOQ. subito.
pronuclear /prəʊˈnjuːklɪə(r), AE -ˈnuː-/ agg. pronucleare.
▷ **pronunciation** /prəˌnʌnsɪˈeɪʃn/ n. pronuncia f.
▷ **1.proof** /pruːf/ **I** n. **1 U** *(evidence)* prova f., dimostrazione f. (**of** di; **that** che); ***I have ~*** ho la prova *o* le prove; ***you have no ~*** non hai nessuna prova; ***to have ~ that*** avere la prova *o* le prove che; ***there is no ~ that*** non c'è alcuna prova che; ***do you have (any) ~?*** hai delle prove? ***the ~ is that*** la prova è che; ***this is ~ that*** questa è la dimostrazione del fatto che; ***to produce sth. as ~*** produrre qcs. come prova; ***to take sth. as ~ that*** considerare qcs. come prova del fatto che; ***absolute, conclusive ~*** prova inconfutabile *o* conclusiva; ***to fail through lack of ~*** [*case*] cadere per mancanza di prove; ***to be ~ of sb.'s worth, age, existence*** essere la prova del valore, dell'età, dell'esistenza di qcn.; ***to be living ~ of sth.*** essere la prova vivente di qcs.; ***~ of identity*** documento d'identità **2** MAT. FILOS. prova f. **3** TIP. bozza f., prova f. di stampa; ***at ~ stage*** in bozza; ***to read sth. in ~*** leggere qcs. in bozza **4** FOT. provino m. **5 U** *(of alcohol)* gradazione f. alcolica standard; ***over, under ~*** al di sopra, al di sotto della gradazione alcolica standard; ***to be 70°*** o ***70% ~*** = BE avere una gradazione alcolica di 40°; AE avere una gradazione alcolica di 35° **II** agg. **1** ***to be ~ against*** essere a prova di [*wind, infection, heat, time*]; essere incorruttibile da [*temptation, charms*] **2 -proof** in composti *(resistant to)* ***vandal-~*** a prova di vandalo; ***earthquake-~*** antisismico; ***toddler-~ toys*** adatto ai bambini dai 18 ai 24 mesi di età.
2.proof /pruːf/ tr. **1** *(make waterproof)* impermeabilizzare [*fabric*]; *(make sound-proof)* insonorizzare [*room, house*] **2** → **proofread**.
proof of delivery /ˌpruːfəvdɪˈlɪvərɪ/ n. ricevuta f. di consegna.
proof of ownership /ˌpruːfəvˈəʊnəʃɪp/ n. certificato m., documento m. di proprietà.
proof of postage /ˌpruːfəvˈpəʊstɪdʒ/ n. ricevuta f. di spedizione.
proof of purchase /ˌpruːfəvˈpɜːtʃəs/ n. prova f. d'acquisto.
proof press /ˈpruːfˌpres/, **proof puller** /ˈpruːfˌpʊlə(r)/ n. tirabozze m., torchio m. per bozze.
proofread /ˈpruːfriːd/ **I** tr. (pass., p.pass. **-read** /-red/) **1** *(check copy)* correggere **2** *(check proofs)* correggere le bozze di [*novel, article*] **II** intr. (pass., p.pass. **-read** /-red/) **1** *(check copy)* correggere **2** *(check proofs)* correggere bozze.
proofreader /ˈpruːfriːdə(r)/ ♦ *27* n. correttore m. (-trice) di bozze.
proofreading /ˈpruːfriːdɪŋ/ n. correzione f. di bozze.
proof spirit /ˌpruːfˈspɪrɪt/ n. BE alcol m. a 57,1°; AE alcol m. a 50°.
▷ **1.prop** /prɒp/ n. **1** ING. TECN. *(support)* sostegno m., puntello m., appoggio m. **2** *(supportive person)* sostegno m. (**for** per) **3** SPORT *(in rugby)* pilone m. **4** AGR. *(for plant)* paletto m., palo m. di sostegno; *(for crop)* bastone m. di sostegno.
▷ **2.prop** /prɒp/ **I** tr. (forma in -ing ecc. **-pp-**) **1** *(support)* sostenere [*roof, tunnel*]; puntellare, sorreggere [*wall*]; ***I ~ped his head on a pillow*** gli sostenni la testa con un cuscino **2** *(lean)* ***to ~ sb., sth. against sth.*** appoggiare, sostenere qcn., qcs. contro qcs. **II** rifl. (forma in -ing ecc. **-pp-**) ***to ~ oneself against sth.*** appoggiarsi a, contro [*tree, wall*].
■ **prop up:** ~ [sth.] up, ~ up [sth.] sostenere, puntellare, sorreggere [*beam, wall*]; FIG. sostenere [*company, currency, economy, person, regime*].
3.prop /prɒp/ n. (accorc. propeller) COLLOQ. elica f.
▷ **4.prop** /prɒp/ n. (accorc. property) TEATR. oggetto m. di scena, arredi m.pl. scenici; ***stage ~*** oggetto di scena.
propaedeutic(al) /prəʊpɪˈdjuːtɪk(l), AE -ˈduːt-/ agg. propedeutico.
propaedeutics /prəʊpɪˈdjuːtɪks, AE -ˈduːt-/ n. + verbo sing. propedeutica f.
propagable /ˈprɒpəgəbl/ agg. propagabile.
▷ **propaganda** /ˌprɒpəˈgændə/ **I** n. propaganda f. (**against** contro; **for** per) **II** modif. [*campaign, exercise, film, war*] di propaganda.
propagandist /ˌprɒpəˈgændɪst/ n. propagandista m. e f.
propagandistic /ˌprɒpəgænˈdɪstɪk/ agg. propagandistico.
propagandize /ˌprɒpəˈgændaɪz/ **I** tr. propagandare **II** intr. fare propaganda.
propagate /ˈprɒpəgeɪt/ **I** tr. **1** *(spread)* propagare, diffondere [*myth, story*] **2** AGR. propagare [*plant*] (**from** da) **II** intr. AGR. propagarsi.
propagated error /ˌprɒpəgeɪtɪdˈerə(r)/ n. errore m. propagato.
propagation /ˌprɒpəˈgeɪʃn/ n. propagazione f.
propagator /ˈprɒpəgeɪtə(r)/ n. *(tray)* germinatoio m.
propane /ˈprəʊpeɪn/ n. propano m.
proparoxytone /ˌprəʊpərˈɒksɪtəʊn/ **I** agg. proparossitono **II** n. parola f. proparossitona.
propel /prəˈpel/ tr. (forma in -ing ecc. **-ll-**) **1** *(power)* azionare [*vehicle, ship*] **2** *(push)* spingere [*person*]; *(more violently)* sparare [*person*]; ***to ~ sb. into power, into the limelight*** portare qcn. al potere, alla ribalta.
propellant, propellent /prəˈpelənt/ n. **1** *(in aerosol)* gas m. propellente **2** *(in rocket)* propellente m. **3** *(in gun)* polvere f. di lancio, esplosivo m. da sparo.
▷ **propelled** /prəˈpeld/ **I** p.pass. → **propel II -propelled** agg. in composti ***wind-~*** azionato dall'energia eolica; ***jet-~*** a reazione; ***rocket-~*** con propulsione a razzo.
propeller /prəˈpelə(r)/ n. AER. MAR. elica f.
propeller blade /prəˈpeləˌbleɪd/ n. pala f. di elica.
propeller-head /prəˈpeləˌhed/ n. COLLOQ. fanatico m. (-a) dell'informatica.
propeller shaft /prəˈpeləˌʃɑːft, AE -ˌʃæft/ n. AUT. albero m. di trasmissione; MAR. AER. albero m. portaelica.
propelling pencil /prəˌpelɪŋˈpensl/ n. BE portamine m.
prop-engine /ˈprɒpˌendʒɪn/ n. motore m. a elica.
propensity /prəˈpensətɪ/ n. propensione f. (**to, for** a; **to do, for doing** a fare).
▶ **proper** /ˈprɒpə(r)/ **I** agg. **1** *(right)* [*spelling*] giusto, corretto; [*order, manner, tool, choice, response, term*] corretto, giusto, appropriato; [*sense*] proprio; [*precautions*] dovuto, necessario; [*clothing*] adatto; ***it's only ~ for her to keep the money*** è giusto che si tenga il denaro; ***everything is in the ~ place*** tutto è al posto giusto; ***to go through the ~ channels*** passare per i canali ufficiali; ***in the ~ way*** nel modo giusto *o* per bene **2** *(adequate)* [*funding, recognition*] appropriato; [*education, training*] adatto, giusto; [*care, control*] adatto, necessario; ***there are no ~ safety checks*** non ci sono controlli di sicurezza appropriati; ***we have no ~ tennis courts*** non abbiamo campi da tennis decenti; ***it has ~ facilities*** ha delle buone attrezzature **3** *(fitting)* ***~ to*** FORM. adatto a [*position, status*]; ***to show ~ respect for tradition, for the dead*** mostrare il dovuto rispetto alla tradizione, ai defunti; ***I did as I thought ~*** ho agito come credevo opportuno **4** *(respectably correct)* [*person*] per bene, corretto; [*upbringing*] appropriato, degno; ***it wouldn't be ~ to do*** sarebbe sconveniente fare; ***it is only ~ that he be invited*** è giusto che (lui) sia invitato; ***prim and ~*** [*person*] per benino *o* tutto compito; ***to do the ~ thing by a girl*** EUFEM. *(marry)* salvare una ragazza dal disonore **5** *(real, full)* [*doctor, holiday, job*] vero; [*opportunity*] buono; ***he did a ~ job of repairing the car*** ha fatto un buon lavoro con la riparazione dell'auto **6** COLLOQ. *(complete)* ***I felt a ~ fool!*** mi sono sentito un vero e proprio stupido! ***it was a ~***

disaster fu un vero disastro; ***we're in a ~ mess*** o ***pickle now*** siamo in un bel casino adesso **7** *(actual)* dopo nome ***in the village ~*** nel paese vero e proprio; ***the show, competition ~*** lo spettacolo propriamente detto, la gara propriamente detta **8** FORM. *(particular to)* ***~ to sb., sth.*** adatto a qcn., qcs. **II** n. RELIG. proprio m. ◆ ***to beat sb. good and ~*** FIG. dare una bella batosta a qcn.

proper fraction /ˌprɒpə(r)ˈfrækʃn/ n. frazione f. propria.

▶ **properly** /ˈprɒpəlɪ/ avv. **1** *(correctly)* correttamente; ***I like to do things ~*** mi piace fare le cose per bene; ***to do one's job ~*** fare bene il proprio lavoro; ***you acted very ~ in reporting the theft*** avete agito molto bene denunciando il furto; ***~ speaking*** a dire il vero *o* per l'esattezza; ***walk, behave ~!*** *(to child)* cammina, comportati come si deve! **2** *(fully)* [*completed*] bene; [*shut, open*] completamente; ***read the letter ~*** leggi la lettera come si deve; ***you're not ~ dressed*** non sei abbastanza vestito *o* coperto; ***~ prepared for the interview*** ben preparato per il colloquio; ***I didn't have time to thank you ~*** non ho avuto il tempo di ringraziarti per bene **3** *(adequately)* [*eat, rest, plan*] a sufficienza; [*insured, ventilated*] adeguatamente **4** *(suitably)* [*dressed*] decorosamente; ***he was ~ apologetic, grateful*** ha porto le scuse dovute, ha dimostrato la dovuta riconoscenza.

proper motion /ˌprɒpəˈməʊʃn/ ASTR. n. moto m. proprio.

proper name /ˌprɒpəˈneɪm/, **proper noun** /ˌprɒpəˈnaʊn/ n. LING. nome m. proprio.

propertied /ˈprɒpətɪd/ agg. [*class*] possidente; ***a ~ man, woman*** un possidente, una possidente.

▶ **property** /ˈprɒpətɪ/ **I** n. **1 U** *(belongings)* proprietà f., patrimonio m., beni m.pl., averi m.pl.; ***government ~*** proprietà di Stato; ***personal ~*** beni personali; ***public ~*** bene pubblico; ***"private ~"*** *(on sign)* "proprietà privata"; ***that is not your ~*** non è roba tua **2 U** *(real estate)* beni m.pl. immobili, proprietà f.pl. immobiliari; ***to have ~ abroad*** avere delle proprietà (immobiliari) all'estero; ***to invest in ~*** investire in immobili; ***~ was damaged*** gli immobili hanno subito danni **3** *(house)* proprietà f.; ***the ~ is detached*** la casa è indipendente **4** CHIM. FIS. *(characteristic)* proprietà f., caratteristica f., qualità f. **5** DIR. *(copyrighted work)* proprietà f. **II properties** n.pl. **1** ECON. settore m.sing. immobiliare **2** TEATR. attrezzi m. (di scena), attrezzeria f.sing. **III** modif. *(real estate)* [*company, development, group, market, speculator, value*] immobiliare; [*law*] sugli immobili; [*prices*] degli immobili ◆ ***to be hot ~*** essere molto richiesto; ***~ is theft*** la proprietà è un furto.

property dealer /ˈprɒpətɪˌdiːlə(r)/ ➧ **27** n. agente m. e f. immobiliare.

property developer /ˈprɒpətɪdɪˌveləpə(r)/ ➧ **27** n. impresario m. (-a) edile.

property insurance /ˈprɒpətɪɪnˌʃɔːrəns, AE -ˌʃʊər-/ n. assicurazione f. sulla proprietà.

property owner /ˈprɒpətɪˌəʊnə(r)/ n. proprietario m. (-a) (di beni immobili).

property sales /ˈprɒpətɪˌseɪlz/ n.pl. vendita f.sing. immobiliare.

property speculation /ˈprɒpətɪspekjʊˌleɪʃn/ n. speculazione f. edilizia.

property tax /ˈprɒpətɪˌtæks/ n. imposta f. sul patrimonio, sulla proprietà.

prophecy /ˈprɒfəsɪ/ n. profezia f. (**that** secondo cui); ***to make a ~ that*** profetizzare che.

prophesier /ˈprɒfɪsaɪə(r)/ n. profeta m. (-essa).

▷ **prophesy** /ˈprɒfəsaɪ/ **I** tr. profetizzare (**that** che) **II** intr. pronunciare profezie (**about** su).

▷ **prophet** /ˈprɒfɪt/ n. profeta m. (-essa); ***~ of doom*** profeta di sciagure (anche FIG.).

Prophet /ˈprɒfɪt/ **I** n. RELIG. ***the ~*** *(Mohammed)* il Profeta **II Prophets** n.pr.pl. + verbo sing. BIBL. ***the (Book of) ~s*** il libro dei Profeti.

prophetess /ˈprɒfɪtes/ n. profetessa f.

prophetic(al) /prəˈfetɪk(l)/ agg. profetico.

prophetically /prəˈfetɪklɪ/ avv. profeticamente.

prophylactic /ˌprɒfɪˈlæktɪk/ **I** agg. profilattico **II** n. **1** MED. profilassi f. **2** *(condom)* profilattico m.

prophylactically /ˌprɒfɪˈlæktɪklɪ/ avv. in via, come misura preventiva.

prophylaxis /ˌprɒfɪˈlæksɪs/ n. (pl. **-es**) profilassi f.

propinquity /prəˈpɪŋkwətɪ/ n. FORM. **1** *(in space)* prossimità f. **2** *(in relationship)* parentela f.

propitiate /prəˈpɪʃɪeɪt/ tr. propiziarsi [*person, gods*].

propitiation /prəˌpɪʃɪˈeɪʃn/ n. propiziazione f.; ***to do sth. in ~*** fare qcs. a scopo di propiziazione.

propitiator /prəˈpɪʃɪeɪtə(r)/ n. propiziatore m. (-trice).

propitiatory /prəˈpɪʃɪətrɪ, AE -tɔːrɪ/ agg. **1** RELIG. propiziatorio **2** [*smile*] conciliante.

propitious /prəˈpɪʃəs/ agg. propizio (**for** a).

propitiously /prəˈpɪʃəslɪ/ avv. [*start*] sotto buoni auspici; [*arrive*] a proposito; [*disposed*] favorevolmente.

propitiousness /prəˈpɪʃəsnɪs/ n. (l')essere propizio.

propjet /ˈprɒpdʒet/ n. turbogetto m.

propman /ˈprɒpmæn/ ➧ **27** n. (pl. **-men**) trovarobe m.; TEATR. attrezzista m.

propolis /ˈprɒpəlɪs/ n. propoli m. e f.

▷ **proponent** /prəˈpəʊnənt/ n. fautore m. (-trice), sostenitore m. (-trice), propugnatore m. (-trice) (**of** di).

▶ **1.proportion** /prəˈpɔːʃn/ **I** n. **1** *(part, quantity) (of group, population etc.)* parte f., percentuale f. (**of** di); *(of income, profit, work etc.)* parte f., porzione f. (**of** di); ***a large, small ~ of the students*** una grande, piccola percentuale degli studenti; ***a large ~ of the work*** una grande parte del lavoro; ***in equal ~s*** in quantità uguali *o* in parti uguali **2** *(ratio)* proporzione f.; ***the ~ of pupils to teachers*** il rapporto *o* la proporzione studenti/insegnanti; ***productivity increases in ~ to the incentives offered*** la produttività aumenta in ragione degli incentivi offerti; ***tax should be in ~ to income*** le tasse dovrebbero essere proporzionali al reddito **3** *(harmony, symmetry)* ***out of, in ~*** sproporzionato, proporzionato; ***the door is out of ~ with the rest of the building*** la porta è sproporzionata rispetto al resto dell'edificio **4** FIG. *(perspective)* ***to get sth. out of all ~*** non considerare qcs. nelle sue giuste proporzioni; ***her reaction was out of all ~ to the event*** la sua reazione fu del tutto sproporzionata rispetto all'importanza dell'avvenimento; ***you've got to have a sense of ~*** bisogna avere il senso della misura **II proportions** n.pl. *(of building, ship, machine)* dimensioni f.; *(of problem, project)* dimensioni f., proporzioni f.; ***a lady of ample ~s*** una signora dalle forme generose; ***to reach alarming ~s*** raggiungere proporzioni allarmanti; ***to reach epidemic ~s*** diventare un'epidemia.

2.proportion /prəˈpɔːʃn/ tr. proporzionare, commisurare.

proportionable /prəˈpɔːʃənəbl/ agg. ANT. proporzionabile.

proportionably /prəˈpɔːʃənəblɪ/ avv. proporzionabilmente, in modo proporzionabile.

proportional /prəˈpɔːʃənl/ **I** agg. proporzionale (**to** a) **II** n. MAT. medio m. proporzionale.

proportional assessment /prəˌpɔːʃənləˈsesmənt/ n. perequazione f.

proportional counter /prəˌpɔːʃənlˈkaʊntə(r)/ n. contatore m. proporzionale.

proportionality /prəˌpɔːʃəˈnælətɪ/ n. proporzionalità f.

proportionally /prəˈpɔːʃənəlɪ/ avv. proporzionalmente.

proportional representation /prəˌpɔːʃənlreprɪzentˈteɪʃn/ n. rappresentanza f. proporzionale; ***to be elected by ~*** essere eletto con il sistema (della rappresentanza) proporzionale.

proportionate /prəˈpɔːʃənət/ agg. proporzionato.

proportionately /prəˈpɔːʃənətlɪ/ avv. proporzionalmente [*larger, higher*]; [*distribute*] in proporzione.

proportionateness /prəˈpɔːʃənətnɪs/ n. proporzionalità f.

proportioned /prəˈpɔːʃnd/ **I** p.pass. → **2.proportion II -proportioned** agg. in composti ***well-, badly-~*** (ben) proporzionato, sproporzionato.

▶ **proposal** /prəˈpəʊzl/ n. **1** *(suggestion)* proposta f., offerta f.; ***to make, put forward a ~*** fare, avanzare una proposta; ***a ~ for changes, new regulations*** una proposta di cambiamento, per un nuovo regolamento; ***a ~ for doing*** o ***to do*** una proposta per, di fare; ***the ~ that everybody should get a pay rise*** la proposta di un aumento di stipendio per tutti **2** *(offer of marriage)* proposta f. di matrimonio; ***to receive a ~*** ricevere una proposta di matrimonio **3** *(by insurance company)* (anche **~ form**) proposta f. di assicurazione.

▶ **propose** /prəˈpəʊz/ **I** tr. **1** *(suggest)* proporre [*change, course of action, rule, solution*]; presentare [*motion*]; proporre, fare [*toast*] (**to** in onore di); ***to ~ doing*** proporre di fare; ***to ~ that*** proporre che **2** *(intend)* ***to ~ doing*** o ***to do*** avere l'intenzione di *o* proporsi di fare **3** ***to ~ marriage to sb.*** fare una proposta di matrimonio a qcn. **4** *(nominate)* proporre [*person*] (**as, for** come) **II** intr. fare una proposta di matrimonio (**to** a).

proposed /prəˈpəʊzd/ **I** p.pass. → **propose II** agg. [*action, reform*] proposto.

proposer /prəˈpəʊzə(r)/ n. proponente m. e f.

▷ **1.proposition** /ˌprɒpəˈzɪʃn/ n. **1** *(suggestion)* proposta f., offerta f.; ***a ~ to do*** una proposta di fare **2** *(assertion)* asserzione f.; ***the ~ that*** l'asserzione secondo cui **3** MAT. FILOS. proposizione f. **4** *(enterprise)* affare m., faccenda f.; ***an economic*** o ***a paying ~*** un affare conveniente, che rende; ***a commercial ~*** un'impresa *o* un progetto commerciale; ***that's quite a different ~*** questa è tutta

un'altra faccenda; ***he's a tough*** o ***difficult*** ~ è un tipo duro, difficile **5** *(sexual overture)* proposta f., avances f.pl.

2.proposition /ˌprɒpəˈzɪʃn/ tr. fare una proposta, delle avances a [*person*].

propositional /ˌprɒpəˈzɪʃənl/ agg. MAT. INFORM. proposizionale.

propound /prəˈpaʊnd/ tr. proporre, avanzare.

▷ **proprietary** /prəˈpraɪətrɪ, AE -terɪ/ agg. **1** [*rights, duties, interest*] patrimoniale, di proprietà **2** [*manner, attitude*] padronale, da padrone **3** COMM. [*information*] di proprietà riservata; [*system*] brevettato.

proprietary brand /prəˌpraɪətrɪˈbrænd, AE -terɪ-/ n. marchio m. depositato.

proprietary colony /prəˌpraɪətrɪˈkɒlənɪ, AE -terɪ-/ n. STOR. = colonia concessa a uno o più individui dalla corona, specialmente nei territori americani.

proprietary company /prəˌpraɪətrɪˈkʌmpənɪ, AE -terɪ-/ n. società f. madre, di controllo.

proprietary hospital /prəˌpraɪətrɪˈhɒspɪtl, AE -terɪ-/ n. AE ospedale m. privato.

proprietary medicine /prəˌpraɪətrɪˈmedsn, AE -terɪˈmedɪsn/ n. specialità f. farmaceutica, farmaco m. brevettato.

proprietary name /prəˌpraɪətrɪˈneɪm, AE -terɪ-/ n. marchio m. registrato, nome m. commerciale.

proprietor /prəˈpraɪətə(r)/ n. proprietario m. (-a), titolare m. e f. (**of** di).

proprietorial /prəˌpraɪəˈtɔːrɪəl/ agg. di proprietario, padronale.

proprietorship /prəˈpraɪətəʃɪp/ n. *(fact of owning)* possesso m.; ***under his ~, the company prospered*** quando era proprietario l'azienda prosperava.

proprietress /prəˈpraɪətrɪs/ n. proprietaria f., titolare f. (**of** di).

propriety /prəˈpraɪətɪ/ n. **1** *(politeness)* proprietà f., decoro m. **2** *(morality)* decenza f.

prop root /ˈprɒpruːt/ n. radice f. aerea.

prop shaft /ˈprɒpʃæft/ n. (accorc. propeller shaft) AUT. albero m. di trasmissione; MAR. AER. albero m. portaelica.

props master /ˈprɒpsˌmɑːstə(r), AE -ˌmæs-/ ♦ ***27*** n. TEATR. trovarobe m.

props mistress /ˈprɒpsˌmɪstrɪs/ ♦ ***27*** n. TEATR. trovarobe f.

propulsion /prəˈpʌlʃn/ n. propulsione f.

propulsive /prəˈpʌlsɪv/, **propulsory** /prəˈpʌlsərɪ/ agg. [*force, power*] di propulsione; [*gas*] propellente.

prop word /ˈprɒpˌwɜːd/ n. LING. *(empty word)* parola f. vuota, elemento m. vuoto; *(substitute)* proforma f., sostituto m.

propyla /ˈprɒpɪlə/ → **propylon**.

propylaeum /ˌprɒpɪˈliːəm/ n. (pl. **-a**) propileo m.

propylene /ˈprəʊpɪliːn/ n. propilene m.

propylic /prəʊˈpɪlɪk/ agg. propilico.

propylite /ˈprɒpɪlaɪt/ n. propilite f.

propylon /ˈprɒpɪlɒn/ n. (pl. **-a**) → **propylaeum**.

pro rata /ˌprəʊˈrɑːtə, AE -ˈreɪtə/ **I** agg. ***on a ~ basis*** pro rata *o* su basi proporzionali **II** avv. [*increase*] pro rata, in proporzione, proporzionalmente; ***salary £ 15,000 ~*** stipendio di 15.000 sterline pro rata.

prorate /ˌprəʊˈreɪt/ **I** tr. **1** *(divide)* ripartire proporzionalmente **2** *(assess)* valutare su base proporzionale **II** intr. effettuare una ripartizione proporzionale.

prorogation /ˌprəʊrəˈgeɪʃn/ n. POL. proroga f.

prorogue /prəˈrəʊg/ **I** tr. POL. aggiornare una seduta di [*parliament, assembly*] **II** intr. POL. essere aggiornato, prorogato.

prosaic /prəˈzeɪɪk/ agg. [*style*] prosaico; [*description*] prosaico, noioso; [*existence*] banale, comune.

prosaically /prəˈzeɪɪklɪ/ avv. prosaicamente.

prosaicism /prəˈzeɪɪsɪzəm/ n. prosaicismo m.

prosaicness /prəˈzeɪɪknɪs/ n. prosaicità f.

proscenium /prəˈsiːnɪəm/ n. (pl. **~s**, **-ia**) proscenio m.

proscenium arch /prəˌsiːnɪəmˈɑːtʃ/ n. arco m. scenico.

proscribe /prəˈskraɪb, AE prəʊ-/ tr. proscrivere.

proscriber /prəˈskraɪbə(r), AE prəʊ-/ n. proscrittore m. (-trice).

proscription /prəˈskrɪpʃn, AE prəʊ-/ n. proscrizione f.

proscriptive /prəˈskrɪptɪv, AE prəʊ-/ agg. che proscrive, di proscrizione.

▷ **prose** /prəʊz/ n. **1** *(not verse)* prosa f.; ***in ~*** in prosa; ***her elegant ~ style*** la sua prosa elegante **2** BE SCOL. UNIV. *(translation)* traduzione f. in lingua straniera; *(in classical languages)* versione f.

▷ **prosecute** /ˈprɒsɪkjuːt/ **I** tr. **1** DIR. perseguire (penalmente); ***to ~ sb. for doing*** perseguire qcn. per aver fatto; ***"trespassers will be ~d"*** "i trasgressori saranno perseguiti a termini di legge"; ***"shoplifters will be ~d"*** "si ricorda che il taccheggio è reato" **2** FORM. *(pursue)* proseguire [*war, research, interests*] **II** intr. fare causa, intentare giudizio.

prosecuting attorney /ˌprɒsɪkjuːtɪŋəˈtɜːnɪ/ n. AE *(lawyer)* avvocato m. dell'accusa; *(public official)* procuratore m.

prosecuting lawyer /ˌprɒsɪkjuːtɪŋˈlɔːjə(r)/ n. avvocato m. dell'accusa.

▷ **prosecution** /ˌprɒsɪˈkjuːʃn/ n. **1** DIR. *(institution of charge)* procedimento m. giudiziario; ***to face, result in ~*** rischiare, portare a un procedimento giudiziario; ***liable to ~*** incriminabile; ***the ~ process*** il procedimento giudiziario **2** DIR. *(party)* ***the ~*** *(private individual)* l'accusa; *(state, Crown)* la pubblica accusa *o* il pubblico ministero; ***Mr Green, for the ~, said...*** il signor Green, nelle vesti di pubblico ministero, affermò... **3** FORM. *(of war, research)* prosecuzione f. (**of** di); ***in the ~ of one's duties*** nell'adempimento delle proprie funzioni *o* nel compimento del proprio dovere.

▷ **prosecutor** /ˈprɒsɪkjuːtə(r)/ n. DIR. **1** *(instituting prosecution)* ***to be the ~*** essere l'attore in giudizio **2** *(in court)* = l'organo pubblico o privato che promuove l'azione penale **3** AE *(prosecuting attorney)* avvocato m. dell'accusa; *(public official)* procuratore m.

1.proselyte /ˈprɒsəlaɪt/ n. proselito m. (-a).

2.proselyte /ˈprɒsəlaɪt/ tr. e intr. AE → **proselytize**.

proselytism /ˈprɒsəlɪtɪzəm/ n. proselitismo m.

proselytize /ˈprɒsəlɪtaɪz/ **I** tr. convertire **II** intr. fare proseliti.

proselytizer /ˈprɒsəlɪtaɪzə(r)/ n. chi fa proseliti.

proseminar /prəʊˈsemɪnɑː(r)/ n. AE UNIV. seminario m. (per studenti di grado avanzato).

prosenchyma /prɒˈseŋkɪmə/ n. (pl. **~s**, **~ta**) prosenchima m.

prosenchymatous /ˌprɒseŋˈkɪmətəs/ agg. prosenchimatico.

prose poem /ˌprəʊzˈpəʊɪm/ n. poema m. in prosa.

proser /ˈprəʊzə(r)/ n. prosatore m. (-trice).

prose writer /ˈprəʊzˌraɪtə(r)/ n. scrittore m. (-trice) in prosa, prosatore m. (-trice).

prosily /ˈprəʊzɪlɪ/ avv. prosaicamente.

prosiness /ˈprəʊzɪnɪs/ n. prosaicità f.

prosodiac(al) /prɒsəˈdaɪək(l)/ agg. → **prosodic(al)**.

prosodiacally /prɒsəˈdaɪəklɪ/ avv. → **prosodically**.

prosodic(al) /prəˈsɒdɪk(l)/ agg. prosodico.

prosodically /prəˈsɒdɪkəlɪ/ avv. prosodicamente.

prosodist /ˈprɒsədɪst/ n. prosodista m. e f.

prosody /ˈprɒsədɪ/ n. prosodia f.

prosopopoeia /prɒˌsəʊpəˈpiːə/ n. prosopopea f.

▶ **1.prospect** /ˈprɒspekt/ **I** n. **1** *(hope, expectation) (of change, improvement, promotion)* prospettiva f., speranza f.; *(of success)* possibilità f. (**of doing** di fare); ***there is some ~, little ~ of improvement*** c'è qualche speranza, ci sono poche speranze di miglioramento; ***a bleak, gloomy ~*** una prospettiva triste, deprimente; ***there is some ~ that*** c'è qualche speranza *o* possibilità che; ***there is no ~ of the strike ending soon, of my*** o ***me being released*** non c'è alcuna speranza che lo sciopero finisca presto, non c'è alcuna possibilità che mi rilascino; ***to hold out the ~ of sth.*** avere la speranza di qcs. *o* sperare in qcs.; ***to face the ~ of sth., of doing*** trovarsi di fronte alla prospettiva di qcs., di fare; ***to face the ~ that*** trovarsi di fronte alla possibilità che; ***to rule out the ~ of sth.*** escludere la possibilità di qcs. **2** *(outlook)* prospettiva f.; ***to have sth. in ~*** avere qcs. in vista *o* aspettarsi qcs.; ***to be in ~*** [*changes, cuts*] essere in vista *o* essere previsto **3** *(good option) (for job)* candidato m. (-a); *(for sports team)* speranza f.; ***this new product seems like a good ~ for the company*** sembra che questo nuovo prodotto potrebbe aprire nuove prospettive per la società **4** COMM. *(likely client)* potenziale cliente m. e f. **5** LETT. *(view)* vista f. (**of** di, su) **II prospects** n.pl. prospettive f.; ***she has good career ~s*** ha delle buone prospettive di fare carriera; ***the ~s for the economy, for growth*** le prospettive dell'economia, di crescita; ***what are the ~s of promotion, of being promoted?*** quali sono le possibilità di promozione, di essere promosso? ***an industry with excellent ~s*** un'industria con eccellenti prospettive; ***a job with good ~s*** un lavoro con buone prospettive; ***to have no ~s*** [*person, job*] non avere prospettive; ***a young man with ~s*** un giovanotto dall'avvenire brillante.

2.prospect /prəˈspekt, AE ˈprɒspekt/ **I** tr. fare ricerche minerarie in [*land, region*] **II** intr. fare ricerche minerarie; ***to ~ for*** cercare [*gold, oil, diamonds*].

prospecting /prəˈspektɪŋ, AE ˈprɒspektɪŋ/ **I** n. COMM. GEOL. prospezione f.; ***gold, mineral, oil ~*** prospezione di oro, minerale, petrolio **II** modif. [*rights, licence*] di prospezione.

▷ **prospective** /prəˈspektɪv/ agg. [*buyer, earnings, use, candidate*] potenziale, possibile; ***my ~ son-in-law, mother-in-law*** il mio futuro genero, la mia futura suocera.

prospector /prəˈspektə(r), AE ˈprɒspektər/ n. prospettore m.; ***oil* ~** prospettore di petrolio; ***gold* ~** cercatore d'oro.
prospectus /prəˈspektəs/ n. *(booklet)* opuscolo m., dépliant m. informativo; *(for shares, flotation)* prospetto m. informativo; ***university ~, college ~*** = prospetto informativo dell'università, del college.
prosper /ˈprɒspə(r)/ intr. prosperare, essere fiorente ◆ ***cheats never* ~** PROV. la farina del diavolo va tutta in crusca.
▷ **prosperity** /prɒˈsperətɪ/ n. prosperità f., benessere m.
Prospero /ˈprɒspərəʊ/ n.pr. Prospero.
▷ **prosperous** /ˈprɒspərəs/ agg. [*country*] prospero, florido; [*farm*] prospero, fiorente; [*person*] ricco, benestante; [*appearance*] prosperoso, di prosperità.
prosperously /ˈprɒspərəslɪ/ avv. prosperamente, prosperosamente.
prosperousness /ˈprɒspərəsnɪs/ n. prosperità f., prosperosità f.
prostaglandin /ˌprɒstəˈglændɪn/ n. prostaglandina f.
▷ **prostate** /ˈprɒsteɪt/ n. (anche ~ **gland**) prostata f.; ***to have a* ~ *operation*** avere un'operazione alla prostata.
prostatectomy /ˌprɒsteɪˈtektəmɪ/ n. prostatectomia f.
prostatic /prɒˈstætɪk/ agg. prostatico.
prostatism /ˈprɒstətɪzəm/ n. prostatismo m.
prostatitis /ˌprɒstəˈtaɪtɪs/ ➧ *11* n. prostatite f.
prosthesis /ˈprɒsθəsɪs, -ˈθiːsɪs/ n. (pl. **-es**) MED. protesi f.
prosthetic /prɒsˈθetɪk/ agg. MED. protesico.
prosthodontics /ˌprɒsθəˈdɒntɪks/ n. + verbo sing. *(technique)* protesi f. dentaria.
prosthodontist /ˌprɒsθəˈdɒntɪst/ ➧ *27* n. protesista m. e f.
▷ **1.prostitute** /ˈprɒstɪtjuːt, AE -tuːt/ n. **1** *(woman)* prostituta f. **2** ***male* ~** *(young)* ragazzo di vita; *(transvestite)* travestito; *(gigolo)* gigolo.
2.prostitute /ˈprɒstɪtjuːt, AE -tuːt/ **I** tr. prostituire [*person, talent*] **II** rifl. ***to* ~ *oneself*** prostituirsi (anche FIG.).
▷ **prostitution** /ˌprɒstɪˈtjuːʃn, AE -ˈtuː-/ n. prostituzione f. (**of** di); ***to be forced into* ~** essere costretto a prostituirsi.
prostitutor /ˈprɒstɪtjuːtə(r)/ n. chi induce alla prostituzione.
1.prostrate /ˈprɒstreɪt/ agg. **1** *(on stomach)* [*body, figure*] prostrato, disteso sul ventre; ***to lie* ~** giacere prostrato **2** FIG. *(incapacitated)* [*nation, country, sick person*] prostrato; ~ ***with grief*** prostrato per il dolore **3** BOT. prostrato.
2.prostrate /prɒˈstreɪt, AE ˈprɒstreɪt/ **I** tr. ***to be* ~*d by*** essere prostrato da [*illness, grief*] **II** rifl. ***to* ~ *oneself*** prostrarsi *o* prosternarsi (**before** davanti).
prostration /prɒˈstreɪʃn/ n. **1** *(in submission, worship)* prostrazione f. **2** *(from illness, overwork)* prostrazione f.
prostyle /ˈprəʊstaɪl/ **I** agg. prostilo **II** n. prostilo m.
prosy /ˈprəʊzɪ/ agg. **1** *(prosaic)* prosaico, prosastico **2** *(dull)* prosaico, banale, comune.
Prot /prɒt/ n. COLLOQ. SPREG. (accorc. Protestant) protestante m. e f.
protactinium /ˌprəʊtækˈtɪnɪəm/ n. protoattinio m.
▷ **protagonist** /prəˈtægənɪst/ n. **1** LETTER. CINEM. protagonista m. e f., eroe m. (-ina); ***the main* ~** il personaggio principale **2** *(prominent participant)* protagonista m. e f.; *(advocate)* propugnatore m. (-trice) (**of** di).
protamine /ˈprəʊtəmiːn/ n. protamina f.
protasis /ˈprɒtəsɪs/ n. (pl. **-es**) protasi f.
protean /ˈprəʊtɪən, -ˈtiːən/ agg. LETT. proteiforme, mutevole.
protease /ˈprəʊtiːeɪs/ n. proteasi f.
▶ **protect** /prəˈtekt/ **I** tr. **1** *(keep safe)* proteggere, difendere [*home, person, possessions, skin*]; proteggere [*data, identity, surface*]; salvaguardare, proteggere [*environment*] (**against** contro; **from** da, contro) **2** *(defend)* difendere, tutelare [*consumer, interests, privilege*] (**against** da); proteggere, tutelare [*investment*] (**against**, **from** da); proteggere [*standards, economy, industry*] (**against**, **from** contro, da); difendere [*privacy*] (**against**, **from** contro, da) **II** rifl. ***to* ~ *oneself*** *(against threat)* tutelarsi (**against**, **from** contro, da); *(against attack)* proteggersi, difendersi (**against**, **from** da).
▶ **protection** /prəˈtekʃn/ n. **1** *(safeguard)* protezione f. (anche FIG.) (**against**, **from** contro; **for** per), tutela f., salvaguardia f.; ***to give*** o ***offer sb.* ~ *against sth.*** [*coat, insurance, police, shelter, vaccine*] proteggere qcn. contro *o* da qcs.; ***to need* ~ *against sth.*** avere bisogno di protezione contro *o* da qcs.; ***to use sth. as* ~ *against sth.*** usare qcs. come protezione contro *o* da qcs.; ***under the* ~ *of*** sotto la protezione *o* la tutela di; ***environmental* ~** protezione ambientale *o* salvaguardia dell'ambiente; ***for his own* ~** *(moral)* per il suo bene; *(physical)* per proteggerlo **2** ECON. (anche **trade ~**) protezionismo m. **3** *(extortion)* ***to pay sb.* ~** IRON. pagare delle tangenti a qcn.; ***to buy* ~** IRON. pagare la tangente per ottenere protezione **4** INFORM. protezione f.; ***data, file* ~** protezione dei dati, dei file; ***memory* ~** o ***storage* ~** protezione della memoria **5** *(protective clothing)* ***head* ~** casco (protettivo); ***eye* ~** *(goggles)* occhiali protettivi; *(screen etc.)* protezione per gli occhi.
protection factor /prəˈtekʃnˌfæktə(r)/ n. *(of sun cream)* fattore m. di protezione.
protectionism /prəˈtekʃənɪzəm/ n. protezionismo m.; ***agricultural, trade* ~** protezionismo agrario, commerciale.
protectionist /prəˈtekʃənɪst/ **I** agg. protezionista **II** n. protezionista m. e f.
protection money /prəˈtekʃnˌmʌnɪ/ n. EUFEM. tangente f., pizzo m.; ***to pay* ~ *to sb.*** pagare la tangente a qcn.
protection racket /prəˈtekʃnˌrækɪt/ n. racket m.
▷ **protective** /prəˈtektɪv/ **I** agg. **1** *(providing security)* [*cover, layer, measure*] protettivo; [*clothing, gear*] protettivo, da lavoro **2** *(caring)* [*attitude, gesture, tone*] protettivo, premuroso; ***to feel* ~ *towards*** provare sentimenti materni nei confronti di [*person*]; ***to be* ~ *of*** custodire con cura *o* essere geloso di [*car, possessions*]; proteggere [*discovery, research*] **3** ECON. [*tariff, system*] protezionista, protezionistico **II** n. AE *(condom)* preservativo m.
protective coloration /prəˌtektɪvkʌləˈreɪʃn/ n. ZOOL. omocromia f.
protective custody /prəˌtektɪvˈkʌstədɪ/ n. DIR. ***to place sb. in* ~** trattenere qcn. come misura di sicurezza detentiva.
protectively /prəˈtektɪvlɪ/ avv. protettivamente, in modo protettivo.
protectiveness /prəˈtektɪvnɪs/ n. istinto m. di protezione, senso m. materno.
protector /prəˈtektə(r)/ n. **1** *(defender)* protettore m. (-trice); *(of rights)* difensore m. **2** *(protective clothing)* ***ear* ~*s*** cuffie antirumore; ***elbow, shin* ~** gomitiera, parastinchi **3** BE STOR. ***the Protector*** il Protettore (Oliver Cromwell).
protectorate /prəˈtektərət/ n. POL. (anche **Protectorate**) protettorato m.
protectorship /prəˈtektəʃɪp/ n. protettorato m.
protectress /prəˈtektrɪs/ n. protettrice f.
protégé /ˈprəʊteʒeɪ, AE ˌprəʊtɪˈʒeɪ/ n. protetto m.
proteid(e) /ˈprəʊtiːd/ n. protide m.
protein /ˈprəʊtiːn/ **I** n. proteina f. **II -protein** in composti ***high-, low-*** ~ ricco, povero di proteine.
proteinase /ˈprəʊtiːneɪs/ n. proteinasi f.
protein content /ˈprəʊtiːnˌkɒntent/ n. contenuto m. proteico.
protein deficiency /ˈprəʊtiːndɪˌfɪʃənsɪ/ n. carenza f. di proteine.
pro tem /ˌprəʊˈtem/ **I** agg. (accorc. pro tempore) provvisorio, temporaneo **II** avv. (accorc. pro tempore) pro tempore, provvisoriamente, temporaneamente.
proteolysis /ˌprəʊtɪˈɒlɪsɪs/ n. proteolisi f.
proteolytic /ˌprəʊtɪəˈlɪtɪk/ agg. proteolitico.
proteome /ˈprəʊtɪəʊm, AE ˈproʊtɪoʊm/ n. proteoma m.
Proterozoic /ˌprəʊtərəʊˈzəʊɪk/ **I** agg. proterozoico **II** n. proterozoico m.
▶ **1.protest** /ˈprəʊtest/ **I** n. **1 U** *(disapproval)* protesta f.; ***in* ~** per protesta *o* in segno di protesta; ***without* ~** senza protestare; ***in* ~ *at*** o ***against sth.*** come protesta per *o* per protesta contro qcs.; ***I paid, followed him under* ~** lo pagai, lo seguii malvolentieri *o* controvoglia **2 C** *(complaint)* protesta f., reclamo m. (**about, at** su, per; **from** di, da parte di); ***as a* ~ *against*** o ***at sth.*** per protestare contro qcs.; ***to lodge, register a* ~** presentare, registrare un reclamo **3** *(demonstration)* manifestazione f. di protesta (**against** contro); ***to stage a* ~** organizzare una manifestazione di protesta **4** DIR. protesto m. **II** modif. [*march, movement, rally, song*] di protesta.
▶ **2.protest** /prəˈtest/ **I** tr. **1** *(complain)* ***"that's unfair!" they* ~*ed*** "non è giusto!" protestarono; ***to* ~ *that*** protestare per il fatto che **2** *(declare)* affermare [*truth*]; ***to* ~ *one's innocence*** protestare la propria innocenza **3** AE *(complain about)* manifestare contro (**to** con, presso) **4** ECON. DIR. ***to* ~ *a bill*** protestare una cambiale **II** intr. **1** *(complain)* protestare (**about, at, over** per; **to** con, presso); ***to* ~ *at being chosen, ignored*** protestare per essere stato scelto, ignorato **2** *(demonstrate)* manifestare, fare una manifestazione di protesta (**against** contro).
▷ **Protestant** /ˈprɒtɪstənt/ **I** agg. protestante; ***the* ~ *Church*** la Chiesa protestante; *(in official names)* la Chiesa Riformata; ***the* ~ *service*** il culto protestante **II** n. protestante m. e f.
Protestantism /ˈprɒtɪstəntɪzəm/ n. protestantesimo m.
Protestantize /ˈprɒtɪstəntaɪz/ tr. rendere protestante.
protestation /ˌprɒtɪˈsteɪʃn/ n. protesta f.; ***in* ~** per protesta.
▷ **protester** /prəˈtestə(r)/ n. **1** chi protesta **2** *(demonstrator)* manifestante m. e f.

protestingly /prə'testɪŋlɪ/ avv. per protesta, in tono di protesta.
protestor → **protester**.
Proteus /'prəʊtɪu:s/ n. Proteo m.
prothalamion /ˌprəʊθə'leɪmɪən/, **prothalamium** /ˌprəʊθə'leɪmɪəm/ n. (pl. **-ia**) epitalamio m.
prothesis /'prɒθɪsɪs/ n. (pl. **-es**) **1** LING. protesi f. **2** RELIG. protesi f.
prothonotary /ˌprəʊθə'nəʊtərɪ/ n. → **protonotary**.
prothorax /prəʊ'θɔ:ræks/ n. (pl. **~es, -ces**) protorace m.
prothrombin /prəʊ'θrɒmbɪn/ n. protrombina f.
protium /'prəʊtɪəm/ n. CHIM. protio m., prozio m.
protoactinium /ˌprəʊtəʊæk'tɪnɪəm/ n. → **protactinium.**
1.protocol /ˌprəʊtə'kɒl, AE -'kɔ:l/ n. protocollo m. (anche POL. INFORM.)
2.protocol /ˌprəʊtə'kɒl, AE -'kɔ:l/ **I** tr. (forma in -ing ecc. **-ll-** BE, **-l-** AE) protocollare **II** intr. (forma in -ing ecc. **-ll-** BE, **-l-** AE) redigere protocolli.
protomartyr /ˌprəʊtə'mɑ:tə(r)/ n. protomartire m. e f.
proton /'prəʊtɒn/ n. protone m.
protonium /prəʊ'təʊnɪəm/ n. protonio m.
protonotary /ˌprəʊtə'nəʊtərɪ/ n. RELIG. STOR. protonotario m.
proton synchrotron /ˌprəʊtɒn'sɪŋkrətrɒn/ n. protosincrotrone m.
protoplasm /'prəʊtəplæzəm/ n. protoplasma m.
protoplasmatic /ˌprəʊtəplæz'mætɪk/, **protoplasmic** /ˌprəʊtəplæzmɪk/ agg. protoplasmatico.
protoplast /'prəʊtəplæst/ n. protoplasto m.
protoplastic /ˌprəʊtə'plæstɪk/ agg. **1** di, simile a protoplasto **2** BIOL. protoplasmatico.
protostar /'prəʊtəstɑ:(r)/ n. protostella f.
prototype /'prəʊtətaɪp/ **I** n. prototipo m. (**of** di) **II** modif. [*vehicle, aircraft*] prototipo.
prototype system /'prəʊtətaɪpˌsɪstəm/ n. INFORM. sistema m. prototipo.
prototypic(al) /ˌprəʊtə'tɪpɪk(l)/ agg. prototipico.
prototyping /'prəʊtətaɪpɪŋ/ n. **1** *(design, construction)* creazione f. di prototipi **2** *(use)* impiego m. di prototipi.
protoxide /prə'tɒksaɪd/ n. protossido m.
protozoa /ˌprəʊtə'zəʊə / → **protozoon**.
protozoan /ˌprəʊtə'zəʊən/ **I** agg. protozoico **II** n. protozoo m.
protozoon /ˌprəʊtə'zəʊɒn/ n. (pl. **-a**) protozoo m.
protract /prə'trækt, AE ˌprəʊ-/ tr. protrarre.
protracted /prə'træktɪd, AE ˌprəʊ-/ **I** p.pass. → **protract II** agg. protratto.
protractedly /prə'træktɪdlɪ, AE ˌprəʊ-/ avv. prolungatamente, a lungo.
protractile /prə'træktaɪl, AE ˌprəʊ'træktl/ agg. protrattile.
protraction /prə'trækʃn, AE ˌprəʊ-/ n. protrazione f.
protractor /prə'træktə(r), AE ˌprəʊ-/ n. MAT. (goniometro) rapportatore m.
protrude /prə'tru:d, AE ˌprəʊ-/ intr. protrudere (**from** da); [*teeth*] sporgere (in fuori).
protruding /prə'tru:dɪŋ, AE ˌprəʊ-/ agg. **1** [*rock*] sporgente; [*nail*] che sporge **2** [*eyes*] sporgente; [*ears*] a sventola; [*ribs*] in fuori; [*chin*] sporgente, pronunciato; ***to have ~ teeth*** avere i denti in fuori.
protrusible /prə'tru:səbl, AE ˌprəʊ-/ agg. estensibile, che si può spingere fuori.
protrusile /prə'tru:saɪl, AE ˌprəʊ'tru:sl/ agg. protrudibile.
protrusion /prə'tru:ʒn, AE ˌprəʊ-/ n. FORM. **1** *(thing) (on rocks)* sporgenza f.; *(part of building)* aggetto m.; *(on skin)* protuberanza f. **2** *(action)* protrusione f.
protrusive /prə'tru:sɪv, AE ˌprəʊ-/ agg. FORM. [*eyes, teeth*] sporgente, in fuori; [*chin*] sporgente, pronunciato; [*ears*] a sventola.
protuberance /prə'tju:bərəns, AE ˌprəʊ'tu:-/ n. FORM. protuberanza f.
protuberant /prə'tju:bərənt, AE ˌprəʊ'tu:-/ agg. FORM. protuberante.
▷ **proud** /praʊd/ agg. **1** *(satisfied)* [*person, parent, winner*] orgoglioso, fiero (**of** di; **of doing** di fare); [*owner*] orgoglioso; ***to be ~ of oneself*** essere fiero di sé; ***I was ~ that I had been chosen*** ero fiero di essere stato scelto; ***she is ~ that he has won*** è orgogliosa del fatto che lui abbia vinto; ***I'm working-class and ~ of it*** appartengo alla classe operaia e ne vado fiero; ***I hope you're ~ of yourself!*** IRON. puoi essere ben fiero di te (stesso)! ***it was his ~ boast that he had won the gold medal*** l'aver vinto la medaglia d'oro era il suo più grande orgoglio **2** *(self-respecting)* [*person, nation, race*] fiero, orgoglioso (anche SPREG.) **3** *(great)* grande [*day, moment*] **4** BE *(protruding)* sporgente; ***fill the hole ~*** riempi il buco fino a creare una sporgenza; ***to stand ~ of*** sporgere da [*crack, hole, surface*] ◆ ***to do sb. ~*** *(entertain)* trattare qcn. con tutti gli onori; *(praise)* fare *o* tributare onore a qcn.; ***your honesty does you ~*** la tua onestà ti fa onore; ***to do oneself ~*** trattarsi bene *o* non farsi mancare nulla.
proud flesh /ˌpraʊd'fleʃ/ n. tessuto m. di granulazione esuberante.
▷ **proudly** /'praʊdlɪ/ avv. [*display, show*] con fierezza, con orgoglio; [*sit, speak, stand, fly, walk*] fieramente, con fierezza; ***a ~ independent country*** un paese fiero della propria indipendenza; CINEM. ***Disney Studios ~ present "Bambi"*** la Disney è orgogliosa di presentare "Bambi".
proudness /'praʊdnɪs/ n. orgoglio m., fierezza f.
proustite /pru:'staɪt/ n. proustite f.
prov ⇒ province provincia (prov.).
provable /'pru:vəbl/ agg. provabile, dimostrabile.
provableness /'pru:vəblnɪs/ n. provabilità f., dimostrabilità f.
provably /'pru:vəblɪ/ avv. in modo provabile, dimostrabile.
▶ **prove** /pru:v/ **I** tr. (pass. **~d**, p.pass. **~d, ~n**) **1** *(show)* provare (**that** che); *(by argument)* provare, dimostrare, comprovare (**that** che); *(by demonstration)* dimostrare [*theorem, opposite theory*]; ***it remains to be ~d*** rimane da provare; ***it all goes to ~ that*** tutto porta alla dimostrazione che; ***to ~ beyond doubt*** provare oltre ogni dubbio; ***events ~d him right, wrong*** i fatti gli hanno dato ragione, torto; ***to ~ a point*** dimostrare un punto, fatto **2** DIR. omologare [*will*] **3** GASTR. fare lievitare [*dough*] **II** intr. (pass. **~d**, p.pass. **~d, ~n**) **1** *(turn out)* dimostrarsi, rivelarsi; ***to ~ to be difficult, broken*** dimostrarsi difficile, risultare rotto; ***it ~d otherwise*** si dimostrò altrimenti; ***if I ~ to be mistaken*** se risulta che mi sono sbagliato **2** GASTR. [*dough*] lievitare **III** rifl.(pass. **~d**, p.pass. **~d, ~n**) ***to ~ oneself*** mettersi alla prova; ***to ~ oneself (to be)*** rivelarsi *o* dimostrarsi; ***he ~d himself the best, the winner*** si è dimostrato il migliore, il vincitore.
▷ **proven** /'pru:vn/ **I** p.pass. → **prove II** agg. **1** [*competence, reliability, talent*] provato, dimostrato; [*method*] provato, sperimentato **2** SCOZZ. DIR. ***a verdict of not ~*** un verdetto di non colpevolezza per mancanza di prove.
provenance /'prɒvənəns/ n. provenienza f.
Provençal /ˌprɒvɒn'sɑ:l/ **I** agg. provenzale **II** n. provenzale m. e f.
provender /'prɒvɪndə(r)/ n. ANT. foraggio m.
proverb /'prɒvɜ:b/ **I** n. proverbio m. **II Proverbs** n.pr.pl. + verbo sing. BIBL. ***the (Book of) Proverbs*** il libro dei Proverbi *o* i Proverbi.
proverbial /prə'vɜ:bɪəl/ agg. **1** [*wisdom*] dei proverbi; [*saying*] proverbiale; ***he's got me over the ~ barrel*** mi tiene in pugno *o* sono alla sua mercé **2** *(widely known)* proverbiale.
proverbially /prə'vɜ:bɪəlɪ/ avv. ***he is ~ stupid, mean*** è di una stupidità, avarizia proverbiale.
▶ **provide** /prə'vaɪd/ **I** tr. **1** *(supply)* fornire, dare [*answer, opportunity, evidence, meals, service, support, understanding*] (**for** a); procurare [*jobs*] (**for** a); dare [*satisfaction*] (**for** a); fornire, procurare, mettere a disposizione [*food, shelter*] (**for** a); ***the club ~s a meeting place*** il club è *o* rappresenta un luogo d'incontro; ***to ~ access*** [*path*] dare accesso; *(to records, information)* consentire l'accesso; ***"training ~d"*** "corso di formazione compreso *o* si offre corso di formazione"; ***to ~ sb. with*** procurare a qcn. [*food, shelter, job, room*]; dare a qcn. [*opportunity, support*]; fornire a qcn. [*service*]; offrire a qcn. [*understanding*]; ***the course ~d them with a chance to meet people*** il corso ha dato loro l'occasione di incontrare della gente; ***to ~ the perfect introduction to*** essere *o* costituire una introduzione perfetta a [*subject, work*]; ***to ~ an incentive to do*** fornire un incentivo per fare; ***please use the bin ~d*** per favore servitevi del bidone a vostra disposizione; ***write your answer in the space ~d*** scrivete la risposta nello spazio apposito **2** DIR. AMM. *(stipulate)* [*law, clause, agreement*] prevedere (**that** che); ***except as ~d*** salvo nei casi previsti **II** intr. provvedere alle necessità.
■ **provide against:** ~ against [sth.] prepararsi a [*possibility, hardship, disaster*].
■ **provide for:** ~ for [sth.] **1** *(account for)* provvedere, badare a, occuparsi di [*expenses, eventuality*]; ***to ~ for sth. to be done*** provvedere che qcs. venga fatto **2** DIR. [*treaty, agreement, clause*] prevedere; ***the law ~s for sth. to be done*** la legge prevede che qcs. sia fatto; ~ for [sb.] [*person, will*] provvedere a; ***she ~s for her family*** o ***her family's needs*** mantiene la sua famiglia *o* provvede al mantenimento della sua famiglia; ***to be well ~d for*** stare bene economicamente.
▷ **provided** /prə'vaɪdɪd/ **I** p.pass. → **provide II** cong. (anche **~ that**) a condizione che, a patto che, purché, posto che; ***I'll go ~ (that) sth. is done*** andrò a condizione che qcs. venga fatto; ***you can go ~ (that) you do*** puoi andare purché tu faccia; ***~ always that*** DIR. AMM. sempre a condizione che.

providence /'prɒvɪdəns/ n. **1** (anche **Providence**) *(fate)* provvidenza f.; ***divine*** ~ provvidenza divina **2** FORM. *(foresight, thrift)* previdenza f.
provident /'prɒvɪdənt/ agg. previdente.
provident association /ˌprɒvɪdəntəˌsəʊsɪ'eɪʃn/ n. BE società f. di mutuo soccorso.
providential /ˌprɒvɪ'denʃl/ agg. FORM. provvidenziale.
providentially /ˌprɒvɪ'denʃəlɪ/ avv. FORM. provvidenzialmente.
providently /'prɒvɪdəntlɪ/ avv. FORM. prudentemente.
provider /prə'vaɪdə(r)/ n. **1** *(in family)* ***to be a good, bad*** ~ provvedere adeguatamente, non provvedere adeguatamente al mantenimento della propria famiglia; ***to be the sole*** ~ essere l'unica fonte di reddito **2** COMM. fornitore m. (-trice) **3** INFORM. provider m.
▷ **providing** /prə'vaɪdɪŋ/ cong. → **provided**.
province /'prɒvɪns/ n. **1** *(region)* provincia f.; ***in the ~s*** in provincia **2** FIG. *(field, area)* campo m., sfera f. d'azione; ***that is not my*** ~ non è il mio campo **3** RELIG. *(of archbishop)* provincia f., arcidiocesi f.; *(of religious order)* provincia f.
▷ **provincial** /prə'vɪnʃl/ **I** agg. **1** [*doctor, newspaper, capital*] di provincia; [*life*] di provincia, provinciale; [*tour*] in provincia **2** SPREG. *(narrow)* provinciale **II** n. **1** *(person from provinces)* provinciale m. e f. (anche SPREG.) **2** RELIG. (padre) provinciale m.
provincially /prə'vɪnʃəlɪ/ avv. **1** *(manner)* con modi da provinciale, come un provinciale **2** *(location)* a livello provinciale, in provincia.
provincialism /prə'vɪnʃəlɪzəm/ n. SPREG. provincialismo m., provincialità f.
provincialize /prə'vɪnʃəlaɪz/ tr. rendere provinciale.
proving /'pru:vɪŋ/ n. **1** prova f., dimostrazione f. **2** DIR. dichiarazione f. di autenticità **3** INFORM. controllo m.
proving ground /'pru:vɪŋgraʊnd/ n. terreno m. di prova; FIG. banco m. di prova.
1.provision /prə'vɪʒn/ **I** n. **1** *(supplying) (of housing, information, facility)* (il) provvedere; *(of equipment)* rifornimento m., fornitura f.; *(of service)* fornitura f. (**to** a); *(of food)* approvvigionamento m., vettovagliamento m. (**to** a); ***health care*** ~ servizi sanitari; ***to be responsible for the ~ of transport, teachers*** essere responsabile dei trasporti, del personale docente **2** *(for future, old age)* provvedimento m., provvedimenti m.pl., misura f., misure f.pl. (**for** per; **against** contro); ***to make ~ for*** provvedere a *o* prendere provvedimenti per *o* adottare misure per **3** DIR. AMM. *(stipulation) (of agreement, treaty)* clausola f.; *(of bill, act)* disposizione f.; ***~ to the contrary*** disposizione contraria; ***to make ~ for*** prevedere; ***under the ~s of*** nei termini di; ***with the ~ that*** a condizione che *o* a patto che; ***within the ~s of the treaty*** nei termini del trattato; ***to exclude sth. from its ~s*** [*act*] escludere qcs. dalle proprie disposizioni; [*treaty*] escludere qcs. dalle proprie condizioni **II provisions** n.pl. *(food)* provviste f., viveri m.; ***to get ~s in*** fare provvista.
2.provision /prə'vɪʒn/ tr. vettovagliare [*ship*] (**with** di); approvvigionare [*house, person*] (**with** di).
▷ **provisional** /prə'vɪʒənl/ agg. provvisorio.
Provisional /prə'vɪʒənl/ n. = membro dell'ala estremista dell'IRA.
provisional driving licence /prəˌvɪʒənl'draɪvɪŋˌlaɪsns/ n. BE = foglio rosa.
Provisional IRA /prəˌvɪʒənlˌaɪˌɑ:r'eɪ/ n. ala f. estremista dell'IRA.
provisionally /prə'vɪʒnəlɪ/ avv. provvisoriamente.
provisioner /prə'vɪʒənə(r)/ n. approvvigionatore m. (-trice).
proviso /prə'vaɪzəʊ/ n. (pl. **~s, ~es**) condizione f.; DIR. clausola f. condizionale; ***with the ~ that*** a condizione *o* a patto che.
provisory /prə'vaɪzərɪ/ agg. [*contract, clause, agreement*] condizionale.
provitamin /prəʊ'vɪtəmɪn, AE -'vaɪt-/ n. provitamina f.
Provo /'prəʊvəʊ/ n. (pl. **~s**) (accorc. Provisional) COLLOQ. = membro dell'ala estremista dell'IRA.
provocation /ˌprɒvə'keɪʃn/ n. provocazione f.; ***at the slightest*** ~ alla minima provocazione; ***he will react under*** ~ reagisce se provocato.
provocative /prə'vɒkətɪv/ agg. **1** *(causing anger, controversy)* [*remark, statement, tactics*] provocatorio; ***to be*** ~ essere provocatorio; ***he is being deliberately*** ~ sta facendo apposta a provocare **2** *(sexually)* [*pose, behaviour, dress*] provocante; ***to look*** ~ avere un aspetto provocante, procace **3** *(challenging)* [*book, film*] provocatorio, polemico; [*title*] provocatorio.
provocatively /prə'vɒkətɪvlɪ/ avv. **1** *(causing anger, controversy)* in modo provocatorio **2** *(sexually)* in modo provocante.
▷ **provoke** /prə'vəʊk/ tr. **1** *(annoy)* provocare [*person, animal*]; ***to ~ sb. to do*** o ***into doing sth.*** spingere qcn. a fare qcs.; ***he is harmless, unless ~d*** è innocuo, se non viene provocato **2** *(cause, arouse)* provocare, suscitare [*anger*]; provocare [*crisis*]; suscitare [*complaints, laughter*]; ***to ~ a reaction*** provocare una reazione (**in sb.** in qcn.).
provoker /prə'vəʊkə(r)/ n. provocatore m. (-trice).
provoking /prə'vəʊkɪŋ/ agg. *(annoying)* provocatorio, irritante.
provokingly /prə'vəʊkɪŋlɪ/ avv. in modo provocatorio.
provost /'prɒvəst, AE 'prəʊvəʊst/ n. **1** UNIV. SCOL. rettore m. (-trice); *(of college)* preside m. e f. **2** *(in Scotland)* sindaco m. **3** RELIG. prevosto m.
provost court /prə'vəʊkɔ:t, AE 'prəʊvəʊˌkɔ:θ/ n. = tribunale militare incaricato dei processi per reati minori nei territori occupati.
provost guard /prə'vəʊgɑ:d, AE ˌprəʊvəʊ-/ n. guardia f. della polizia militare.
provost marshal /prə'vəʊmɑ:ʃl, AE ˌprəʊvəʊ-/ n. comandante m. della polizia militare.
provostship /'prɒvəstʃɪp, AE 'prəʊvəʊst-/ n. **1** GB UNIV. SCOL. rettorato m., presidenza f. **2** US UNIV. rettorato m. **3** *(in Scotland) (office)* ufficio m. di sindaco; *(post)* carica f. di sindaco **4** RELIG. prevostura f., prepositura f.
prow /praʊ/ n. prua f.
prowess /'praʊɪs/ n. U **1** *(skill)* prodezze f.pl., abilità f.; ***her ~ as a gymnast*** le sue acrobazie di ginnasta **2** *(bravery)* prodezza f., valore m. **3** SCHERZ. *(sexual)* prodezze f.pl., acrobazie f.pl.
1.prowl /praʊl/ n. ***to be on the*** ~ [*animal*] essere in caccia; FIG. [*person*] aggirarsi (**for** alla ricerca di); ***to be on the ~ for*** essere a caccia di *o* andare in cerca di; ***to go on the*** ~ [*animal*] andare in cerca di preda; FIG. [*person*] aggirarsi (furtivamente).
2.prowl /praʊl/ **I** tr. ***to ~ the streets at night*** aggirarsi (furtivamente) per le strade di notte **II** intr. (anche **~ around, ~ about** BE) [*animal*] andare a caccia di preda; [*thief*] aggirarsi furtivamente; *(restlessly)* [*person*] vagare, aggirarsi; [*animal*] *(in cage)* andare avanti e indietro.
prowl car /'praʊlˌkɑ:(r)/ n. AE volante f., gazzella f., radiomobile f. della polizia.
prowler /'praʊlə(r)/ n. malintenzionato m. (-a).
prox ⇒ proximo del mese prossimo venturo (p.v.).
proxemics /prɒk'semɪks/ n. + verbo sing. prossemica f.
proximal /'prɒksɪml/ agg. prossimale.
proximate /'prɒksɪmət/ agg. **1** *(near)* prossimo, vicino **2** *(approximate)* approssimato, approssimativo.
proximately /'prɒksɪmətlɪ/ avv. **1** *(near)* vicino **2** *(approximately)* approssimatamente, approssimativamente.
proximity /prɒk'sɪmətɪ/ n. prossimità f., vicinanza f. (**of** di); ***in the ~ of*** in prossimità di; ***its close ~ to the station, to London*** la sua vicinanza alla stazione, a Londra.
proximity fuse /prɒk'sɪmətɪˌfju:z/ n. spoletta f. di prossimità.
proximo /'prɒksɪməʊ/ avv. del mese prossimo venturo.
▷ **1.proxy** /'prɒksɪ/ n. **1** *(person)* procuratore m. (-trice); ***to be sb.'s*** ~ essere il procuratore di qcn. **2** *(authority)* POL. ECON. procura f.; ***by*** ~ per procura.
2.proxy /'prɒksɪ/ intr. agire per procura.
proxy battle /'prɒksɪˌbætl/, **proxy fight** /'prɒksɪˌfaɪt/ n. ECON. battaglia f. di procedure.
proxy vote /'prɒksɪˌvəʊt/ n. voto m. per procura.
prude /pru:d/ n. persona f. prude, puritano m. (-a); ***to be a*** ~ essere prude *o* un puritano.
prudence /'pru:dns/ n. FORM. prudenza f.
Prudence /'pru:dns/ n.pr. Prudenza.
prudent /'pru:dnt/ agg. FORM. *(wise)* prudente, avveduto; *(cautious)* prudente, cauto; ***it would be ~ to wait*** sarebbe prudente aspettare.
prudential /pru:'denʃl/ agg. FORM. prudente.
prudently /'pru:dntlɪ/ avv. FORM. *(wisely)* prudentemente; *(with caution)* con prudenza.
prudery /'pru:dərɪ/ n. pruderie f.
prudish /'pru:dɪʃ/ agg. prude; ***to be ~ about sth., about doing*** essere prude nei confronti di qcs., quando si tratta di fare.
prudishly /'pru:dɪʃlɪ/ avv. con pruderie.
prudishness /'pru:dɪʃnɪs/ n. pruderie f.
Prue /pru:/ n.pr. diminutivo di **Prudence**.
1.prune /pru:n/ n. **1** GASTR. prugna f. secca **2** COLLOQ. babbeo m. (-a).
2.prune /pru:n/ tr. **1** AGR. (anche **~ back**) *(cut back)* potare; *(thin out)* spuntare, sfrondare **2** FIG. ridurre, limare [*essay, article*]; sfrondare, tagliare [*budget, expenditure*].
1.prunella /pru:'nelə/ n. TESS. prunella f.
2.prunella /pru:'nelə/ n. BOT. prunella f.
pruner /'pru:nə(r)/ n. potatore m. (-trice).

pruning /ˈpruːnɪŋ/ n. *(of bush, tree)* potatura f.; ***to do the ~*** fare la potatura.
pruning shears /ˈpruːnɪŋˌʃɪəz/ n.pl. cesoie f. (da siepe).
prurience /ˈprʊərɪəns/ n. FORM. lubricità f.
prurient /ˈprʊərɪənt/ agg. FORM. lubrico.
pruriently /ˈprʊərɪəntlɪ/ avv. lubricamente.
pruriginous /prʊˈrɪdʒɪnəs/ agg. pruriginoso.
prurigo /prʊˈraɪgəʊ/ n. (pl. **~s**) prurigine f.
pruritus /prʊˈraɪtəs/ n. MED. prurito m.
Prussia /ˈprʌʃə/ n.pr. Prussia f.
Prussian /ˈprʌʃn/ **I** agg. prussiano **II** n. prussiano m. (-a).
Prussian blue /ˌprʌʃnˈbluː/ n. ART. CHIM. blu m. di Prussia.
prussiate /ˈprʌʃɪeɪt/ n. prussiato m.
prussic acid /ˌprʌsɪkˈæsɪd/ n. acido m. prussico.
1.pry /praɪ/ n. AE leva f., palanchino m.
2.pry /praɪ/ tr. AE **1** ***to ~ sth. open*** aprire qcs. facendo leva *o* usando un palanchino; ***to ~ the lid off a jar*** togliere il coperchio a un barattolo facendo leva *o* usando una leva **2** ***to ~ sth. out of*** o ***from sb.*** carpire qcs. a qcn. [*secret*]; sottrarre qcs. a qcn. [*money*].
3.pry /praɪ/ intr. curiosare, spiare; ***to ~ into*** ficcare il naso in [*business*].
prying /ˈpraɪɪŋ/ agg. ficcanaso.
pryingly /ˈpraɪɪŋlɪ/ avv. in modo curioso, indiscreto.
prytaneum /ˌprɪtəˈniːəm/ n. pritaneo m.
PS n. (⇒ postscriptum post scriptum) P.S. m.
psalm /sɑːm/ **I** n. salmo m. **II Psalms** n.pr.pl. + verbo sing. ***the (Book of) Psalms*** BIBL. il libro dei Salmi, i Salmi.
psalmbook /ˈsɑːmbʊk/ n. *(book)* salterio m.
psalmist /ˈsɑːmɪst/ n. salmista m.
psalmodic /sælˈmɒdɪk/ agg. salmodico.
psalmodist /ˈsɑːlmədɪst/ n. → **psalmist**.
psalmody /ˈsɑːmədɪ/ n. salmodia f.
psalter /ˈsɔːltə(r)/ n. BIBL. salterio m.
psaltery /ˈsɔːltərɪ/ n. MUS. salterio m.
PSBR n. (⇒ Public Sector Borrowing Requirement) = deficit pubblico.
psephologist /seˈfɒlədʒɪst, AE siː-/ n. psefologo m. (-a).
psephology /seˈfɒlədʒɪ, AE siː-/ n. psefologia f.
pseud /sjuːd, AE ˈsuːd/ **I** agg. COLLOQ. pretenzioso **II** n. COLLOQ. pallone m. gonfiato.
pseudepigrapha /sjuːdɪˈpɪgrəfə, AE suːd-/ n.pl. pseudepigrafi m.
pseudomorph /ˈsjuːdəmɔːf, AE ˈsuː-/ n. minerale m. pseudomorfo.
pseudomorphic /ˌsjuːdəˈmɔːfɪk, AE ˌsuː-/, **pseudomorphous** /ˌsjuːdəˈmɔːfəs, AE ˌsuː-/ agg. pseudomorfo.
pseudonym /ˈsjuːdənɪm, AE ˈsuːd-/ n. pseudonimo m. (**of** di); ***under a ~*** sotto pseudonimo.
pseudonymous /sjuːˈdɒnɪməs, AE suː-/ agg. [*novel, article*] (scritto sotto) pseudonimo.
pseudonymously /sjuːˈdɒnɪməslɪ, AE suː-/ avv. [*written*] usando uno pseudonimo.
pseudopodium /ˌsjuːdəˈpəʊdɪəm, AE ˌsuː-/ n. (pl. **-ia**) pseudopodio m.
pseudopregnancy /ˌsjuːdəˈpregnənsɪ, AE ˌsuː-/ n. pseudogravidanza f.
pseudoscience /ˌsjuːdəˈsaɪəns, AE ˌsuː-/ n. pseudoscienza f.
pseudoscientific /ˌsjuːdəˌsaɪənˈtɪfɪk, AE ˌsuː-/ agg. pseudoscientifico.
pshaw /pʃɔː, AE ʃɔː/ inter. ANT. *(expressing contempt, disgust)* puah; *(expressing impatience)* uff.
psi (⇒ pounds per square inch) = libbre per pollice quadrato.
psittacosis /ˌsɪtəˈkəʊsɪs/ ➧ ***11*** n. (pl. **-es**) psittacosi f.
psoas /ˈsəʊəs/ n. (pl. **~**) psoas m.
psoriasis /səˈraɪəsɪs/ ➧ ***11*** n. (pl. **-es**) psoriasi f.
PST n. (⇒ Pacific Standard Time) = ora solare della zona dell'America settentrionale che si affaccia sul Pacifico.
PSV n. BE (⇒ public service vehicle) = veicolo adibito al trasporto pubblico.
1.psych /saɪk/ n. AE UNIV. COLLOQ. (accorc. psychology) psicologia f.
2.psych /saɪk/ tr. COLLOQ. → **psych out**.
▪ **psych out** COLLOQ. ~ ***[sb., sth.] out***, ~ ***out [sb., sth.]*** COLLOQ. **1** *(intimidate, unnerve)* spaventare, intimidire [*person, opponent*] **2** AE *(outguess)* capire, indovinare [*intentions, response*]; ***I ~ed her out*** ho capito le sue intenzioni.
▪ **psych up** COLLOQ. ***to ~ oneself up*** prepararsi psicologicamente (**for** a); ***to get*** o ***be all ~ed up for*** essere preparatissimo *o* concentratissimo per.
3.psych /saɪk/ inter. AE COLLOQ. ***~!*** fantastico!
psyche /ˈsaɪkɪ/ n. psiche f.
psychedelia /ˌsaɪkɪˈdiːlɪə/ n. **U 1** *(objects)* oggetti m.pl. psichedelici **2** *(music)* musica f. psichedelica.
psychedelic /ˌsaɪkɪˈdelɪk/ agg. psichedelico.
▷ **psychiatric(al)** /ˌsaɪkɪˈætrɪk(l), AE ˌsɪ-/ agg. [*hospital, care, nurse, treatment, help*] psichiatrico; [*illness, disorder*] di natura psichiatrica, mentale; [*patient*] che soffre di disturbi psichiatrici.
▷ **psychiatrist** /saɪˈkaɪətrɪst, AE sɪ-/ ➧ ***27*** n. psichiatra m. e f.
psychiatry /saɪˈkaɪətrɪ, AE sɪ-/ n. psichiatria f.
▷ **psychic** /ˈsaɪkɪk/ **I** agg. **1** *(paranormal)* [*phenomenon, experience*] psichico, paranormale; *(telepathic)* [*person*] dotato di capacità extrasensoriali; ***to have ~ powers*** essere dotato di poteri paranormali; ***you must be ~!*** COLLOQ. devi essere un indovino! **2** *(psychological)* psichico **II** n. medium m. e f., veggente m. e f.
psychical /ˈsaɪkɪkl/ agg. → **psychic**.
psychic determinism /ˌsaɪkɪkdɪˈtɜːmɪnɪzəm/ n. determinismo m. psichico.
psychic investigator /ˌsaɪkɪkɪnˈvestɪgeɪtə(r)/, **psychic researcher** /ˌsaɪkɪkrɪˈsɜːtʃə(r), -ˈriːsɜːtʃə(r)/ ➧ ***27*** n. parapsicologo m. (-a).
psychic research /ˌsaɪkɪkrɪˈsɜːtʃ, -ˈriːsɜːtʃ/ n. parapsicologia f.
psychic surgery /ˌsaɪkɪkˈsɜːdʒərɪ/ n. chirurgia f. a mani nude.
psycho /ˈsaɪkəʊ/ n. (accorc. psychopath) (pl. **~s**) POP. psicopatico m. (-a).
psychoactive /ˌsaɪkəʊˈæktɪv/ agg. psicoattivo.
psychoanalyse BE, **psychoanalyze** AE /ˌsaɪkəʊˈænəlaɪz/ tr. psicoanalizzare.
psychoanalysis /ˌsaɪkəʊəˈnæləsɪs/ n. (pl. **-es**) psicoanalisi f.; ***to undergo ~*** sottoporsi a psicoanalisi.
psychoanalyst /ˌsaɪkəʊˈænəlɪst/ ➧ ***27*** n. psicoanalista m. e f.
psychoanalytic(al) /ˌsaɪkəʊˌænəˈlɪtɪk(l)/ agg. psicoanalitico.
psychoanalyze AE → **psychoanalyse**.
psychobabble /ˈsaɪkəʊˌbæbl/ n. SPREG. gergo m. degli psicologi.
psychodrama /ˈsaɪkəʊˌdrɑːmə/ n. psicodramma m.
psychodynamic /ˌsaɪkəʊdaɪˈnæmɪk/ agg. psicodinamico.
psychodynamics /ˌsaɪkəʊdaɪˈnæmɪks/ n. + verbo sing. psicodinamica f.
psychograph /ˈsaɪkəʊgrɑːf, AE -græf/ n. psicografo m.
psychography /ˌsaɪˈkɒgrəfɪ/ n. psicografia f.
psychokinesis /ˌsaɪkəʊkɪˈniːsɪs/ n. psicocinesi f.
psychokinetic /ˌsaɪkəʊkɪˈnetɪk/ agg. psicocinetico.
psycholinguistic /ˌsaɪkəʊlɪŋˈgwɪstɪk/ agg. psicolinguistico.
psycholinguistics /ˌsaɪkəʊlɪŋˈgwɪstɪks/ n. + verbo sing. psicolinguistica f.
▷ **psychologic(al)** /ˌsaɪkəˈlɒdʒɪk(l)/ agg. *(all contexts)* psicologico.
psychologically /ˌsaɪkəˈlɒdʒɪklɪ/ avv. psicologicamente.
psychological warfare /ˌsaɪkəˌlɒdʒɪklˈwɔːfeə(r)/ n. guerra f. psicologica.
▷ **psychologist** /saɪˈkɒlədʒɪst/ ➧ ***27*** n. psicologo m. (-a).
▷ **psychology** /saɪˈkɒlədʒɪ/ n. *(all contexts)* psicologia f. (**of** di); FIG. ***it is bad ~ to do*** non è una buona tattica *o* un buon sistema fare.
psychometric /ˌsaɪkəʊˈmetrɪk/ agg. psicometrico.
psychometrics /ˌsaɪkəʊˈmetrɪks/, **psychometry** /ˌsaɪˈkɒmetrɪ/ n. + verbo sing. psicometria f.
psychomotor /ˈsaɪkəʊməʊtə(r)/ agg. psicomotorio.
psychoneurosis /ˌsaɪkəʊnjʊəˈrəʊsɪs, AE -nʊ-/ n. (pl. **-es**) psiconeurosi f., psiconevrosi f.
psychopath /ˈsaɪkəʊpæθ/ n. PSIC. psicopatico m. (-a) (anche FIG.).
psychopathic /ˌsaɪkəʊˈpæθɪk/ agg. [*personality*] psicopatico; ***he's ~*** PSIC. è psicopatico; FIG. è uno psicopatico.
psychopathist /ˌsaɪˈkɒpəθɪst/ ➧ ***27*** n. → **psychopathologist**.
psychopathologic(al) /ˌsaɪkəʊˌpæθəˈlɒdʒɪk(l)/ agg. psicopatologico.
psychopathologist /ˌsaɪkəʊpəˈθɒlədʒɪst/ ➧ ***27*** n. psicopatologo m. (-a).
psychopathology /ˌsaɪkəʊpəˈθɒlədʒɪ/ n. psicopatologia f.
psychopathy /saɪˈkɒpəθɪ/ n. psicopatia f.
psychopharmacological /ˌsaɪkəʊˌfɑːməkəˈlɒdʒɪkl/ agg. psicofarmacologico.
psychopharmacology /ˌsaɪkəʊˌfɑːməˈkɒlədʒɪ/ n. psicofarmacologia f.
psychophysical /ˌsaɪkəʊˈfɪzɪkl/ agg. psicofisico.
psychophysics /ˌsaɪkəʊˈfɪzɪks/ n. + verbo sing. psicofisica f.
psychophysiological /ˌsaɪkəʊˌfɪzɪəˈlɒdʒɪkl/ agg. psicofisiologico.
psychophysiology /ˌsaɪkəʊˌfɪzɪˈɒlədʒɪ/ n. psicofisiologia f.
psychoses /saɪˈkəʊsiːs/ → **psychosis**.

psychosexual /ˌsaɪkəʊˈsekʃʊəl/ agg. psicosessuale.
psychosis /saɪˈkəʊsɪs/ n. (pl. **-es**) psicosi f.
psychosocial /ˌsaɪkəʊˈsəʊʃl/ agg. psicosociale.
psychosomatic /ˌsaɪkəʊsəˈmætɪk/ agg. psicosomatico.
psychosomatics /ˌsaɪkəʊsəˈmætɪks/ n. + verbo sing. psicosomatica f.
psychosurgery /ˌsaɪkəʊˈsɜːdʒərɪ/ n. psicochirurgia f.
psychotherapeutic /ˌsaɪkəʊˌθerəˈpjuːtɪk/ agg. psicoterapeutico.
psychotherapeutics /ˌsaɪkəˌθerəˈpjuːtɪks/ n. + verbo sing. psicoterapia f.
psychotherapist /ˌsaɪkəʊˈθerəpɪst/ ♦ *27* n. psicoterapeuta m. e f.
psychotherapy /ˌsaɪkəʊˈθerəpɪ/ n. psicoterapia f.
psychotic /saɪˈkɒtɪk/ **I** agg. psicotico **II** n. psicotico m. (-a).
psychotoxic /ˌsaɪkəʊˈtɒksɪk/ agg. psicotossico.
psychotropic /ˌsaɪkəʊˈtrɒpɪk/ **I** agg. psicotropo **II** n. farmaco m. psicotropo.
psychrometer /saɪˈkrɒmɪtə(r)/ n. psicrometro m.
psywar /ˈsaɪwɔː(r)/ n. AE COLLOQ. guerra f. psicologica.
pt ⇒ pint pinta.
Pt ⇒ platinum platino (Pt).
PT n. (⇒ physical training) = allenamento.
PTA n. SCOL. (⇒ Parent-Teacher Association) = associazione genitori-insegnanti.
ptarmigan /ˈtɑːmɪgən/ n. pernice f. bianca.
Pte ⇒ Private soldato semplice.
pterodactyl /ˌterəˈdæktɪl/ n. pterodattilo m.
pteropod /ˈterəpɒd/ n. pteropode m.
pterosaur /ˈterəsɔː(r)/ n. pterosauro m.
pterygoid /ˈterɪgɔɪd/ agg. pterigoideo.
PTO (⇒ please turn over) = voltare pagina, vedi retro (v.r.).
Ptolemaic /ˌtɒləˈmeɪɪk/ agg. tolemaico.
Ptolemaic system /ˌtɒləˈmeɪɪkˌsɪstəm/ n. sistema m. tolemaico.
Ptolemy /ˈtɒləmɪ/ n.pr. Tolomeo; ***the Ptolemies*** STOR. i Tolomei.
ptomaine /ˈtəʊmeɪn/ n. ptomaina f.
ptosis /ˈtəʊsɪs/ n. (pl. **-es**) ptosi f.
ptyalin /ˈtaɪəlɪn/ n. ptialina f.
ptyalism /ˈtaɪəlɪzəm/ n. ptialismo m.
▷ **pub** /pʌb/ n. BE COLLOQ. pub m., birreria f.; ***in the ~*** nel pub *o* al pub.
pub crawl /ˈpʌbˌkrɔːl/ n. BE ***to go on a ~*** (andare a) fare il giro dei pub.
pub-crawl /ˈpʌbˌkrɔːl/ intr. BE fare il giro dei pub.
pube /pjuːb, AE puːb/ n. POP. pelo m., peli m.pl. pubici.
puberty /ˈpjuːbətɪ/ n. pubertà f.; ***at ~*** nella pubertà; ***the age of ~*** (l'età del)la pubertà.
1.pubes /ˈpjuːbiːz/ → **pubis**.
2.pubes /ˈpjuːbiːz/ n. (pl. ~) **1** *(hair)* peli m.pl. pubici **2** *(region)* pube m., regione f. pubica.
pubescence /pjuːˈbesns/ n. **1** *(stage)* inizio m. della pubertà **2** ZOOL. BOT. *(downiness)* pubescenza f.
pubescent /pjuːˈbesnt/ agg. **1** [*girl, boy*] in età puberale **2** ZOOL. BOT. *(downy)* pubescente.
pub food /ˈpʌbˌfuːd/ n. BE = cibo cucinato e servito nei pub.
pubic /ˈpjuːbɪk/ agg. pubico.
pubic bone /ˈpjuːbɪkbəʊn/ n. osso m. pubico.
pubic hair /ˈpjuːbɪkheə(r)/ n. **1** U *(area)* peli m.pl. pubici **2** *(single hair)* pelo m. pubico.
pubis /ˈpjuːbɪs/ n. (pl. **-es**) osso m. pubico, pube m.
▶ **public** /ˈpʌblɪk/ **I** agg. [*amenity, call box, health, library, property, park, footpath, expenditure, inquiry, admission, announcement, execution, image*] pubblico; [*disquiet, enthusiasm, indifference, support*] generale; [*duty, spirit*] civico; ***in the ~ interest*** nell'interesse pubblico; ***to receive ~ acclaim*** essere lodato dal pubblico; ***to be in ~ life*** partecipare alla vita pubblica *o* fare vita pubblica; ***to be in the ~ eye*** essere sotto i riflettori dell'opinione pubblica; ***to make one's views ~, to go ~ with one's views*** rendere pubblica *o* di pubblico dominio la propria opinione; ***she has decided to go ~ (with her story)*** ha deciso di rendere pubblica la propria storia; ***the company is going ~*** la società sarà quotata in borsa; ***the ~ good*** il bene pubblico; ***it is ~ knowledge that*** è pubblicamente noto che; ***he's become ~ property*** è diventato un personaggio pubblico; ***let's go somewhere less ~*** andiamo in un posto più appartato; ***at ~ expense*** a spese dei contribuenti **II** n. ***the ~*** il pubblico; ***open to the ~*** aperto al pubblico; ***to please, disappoint one's ~*** piacere al, deludere il proprio pubblico; ***the theatre-going, racing ~*** gli amanti del teatro, delle corse; ***in ~*** in pubblico *o* pubblicamente.
public access channel /ˌpʌblɪkˈæksesˌtʃænl/ n. = canale televisivo o radiofonico che trasmette programmi prodotti dai telespettatori o dagli ascoltatori.
public address (system) /ˌpʌblɪkəˈdres(ˌsɪstəm)/ n. sistema m. di altoparlanti, altoparlanti m.pl.
public affairs /ˌpʌblɪkəˈfeəz/ n.pl. affari m. pubblici; ***~ manager, director of ~*** responsabile per, direttore degli affari pubblici.
publican /ˈpʌblɪkən/ ♦ *27* n. **1** BE *(bar owner)* proprietario m. (-a) di pub **2** STOR. pubblicano m.
public appearance /ˌpʌblɪkəˈpɪərəns/ n. *(of dignitary)* apparizione f. pubblica; *(of star, celebrity)* apparizione f. in pubblico; ***to make a ~*** fare un'apparizione pubblica *o* comparire in pubblico.
public assistance /ˌpʌblɪkəˈsɪstəns/ n. AE assistenza f. pubblica.
▶ **publication** /ˌpʌblɪˈkeɪʃn/ n. **1** *(printing)* pubblicazione f.; ***to accept sth. for ~*** accettare di pubblicare qcs.; ***date of ~*** data di pubblicazione; ***on the day of ~*** il giorno della pubblicazione; ***at the time of ~*** al momento della pubblicazione; ***"not for ~"*** "riservato" **2** *(book, journal)* pubblicazione f.; ***"~s"*** *(on CV)* "pubblicazioni".
publications list /ˌpʌblɪˈkeɪʃnzˌlɪst/ n. elenco m. delle pubblicazioni.
public bar /ˌpʌblɪkˈbɑː(r)/ n. BE = in un pub, sala meno elegante e meno cara.
public bill /ˌpʌblɪkˈbɪl/ n. BE disegno m. di legge d'interesse pubblico.
public company /ˌpʌblɪkˈkʌmpənɪ/ n. società f. per azioni.
public convenience /ˌpʌblɪkkənˈviːnɪəns/ n. BE bagno m. pubblico.
public corporation /ˌpʌblɪkˌkɔːpəˈreɪʃn/ n. BE ente m. pubblico.
public debt /ˌpʌblɪkˈdet/ n. debito m. pubblico.
public defender /ˌpʌblɪkdɪˈfendə(r)/ n. AE avvocato m. d'ufficio.
public domain /ˌpʌblɪkdəʊˈmeɪn/ n. DIR. dominio m. pubblico; ***in the ~*** di dominio pubblico; ***to fall into the ~*** diventare di dominio pubblico.
public domain software /ˌpʌblɪkdəʊmeɪnˈsɒftweə(r), AE -ˈsɔːft-/ n. freeware m.
public enemy /ˌpʌblɪkˈenəmɪ/ n. nemico m. pubblico.
public enemy number one /ˌpʌblɪkˌenəmɪˌnʌmbəˈwʌn/ n. COLLOQ. nemico m. pubblico numero uno.
public examination /ˌpʌblɪkɪgˌzæmɪˈneɪʃn/ n. esame m. pubblico.
public gallery /ˌpʌblɪkˈgælərɪ/ n. *(in court, etc.)* galleria f. destinata al pubblico.
public holiday /ˌpʌblɪkˈhɒlədeɪ/ n. BE festività f. pubblica, festa f. riconosciuta.
public house /ˌpʌblɪkˈhaʊs/ n. **1** BE FORM. pub m. **2** AE locanda f.
publicist /ˈpʌblɪsɪst/ ♦ *27* n. *(advertiser)* pubblicitario m. (-a); *(press agent)* agente m. e f. di pubblicità.
▷ **publicity** /pʌbˈlɪsətɪ/ **I** n. **1** *(media attention)* pubblicità f.; ***to attract ~*** attirare *o* richiamare l'attenzione del pubblico; ***to shun ~*** evitare la pubblicità; ***to take place in a blaze of ~*** avere luogo *o* avvenire sotto i riflettori dei media; ***to receive bad*** o ***adverse ~*** ricevere cattiva pubblicità; ***there is no such thing as bad ~*** parlatene male, purché se ne parli **2** *(advertising)* pubblicità f., propaganda f.; ***to be responsible for ~*** essere responsabile della pubblicità; ***to give sth. great ~*** o ***to be great ~ for sth.*** fare molta pubblicità a qcs.; ***to be bad ~ for*** essere una cattiva pubblicità per; ***advance ~*** promozione (in anteprima) (**for** di) **3** *(advertising material)* pubblicità f.; *(brochures)* dépliant m.pl., volantini m.pl. pubblicitari; *(posters)* cartelloni m.pl. pubblicitari; *(films)* video m.pl. pubblicitari; ***I've seen some of their ~*** ho visto alcune delle loro pubblicità **II** modif. [*bureau*] di pubblicità; [*launch*] pubblicitario.
publicity agency /pʌbˈlɪsətɪˌeɪdʒənsɪ/ n. agenzia f. pubblicitaria, di pubblicità.
publicity agent /pʌbˈlɪsətɪˌeɪdʒənt/ ♦ *27* n. agente m. pubblicitario.
publicity campaign /pʌbˈlɪsətɪkæmˌpeɪn/ n. *(to sell product)* campagna f. pubblicitaria; *(to raise social issue)* campagna f. di sensibilizzazione.
publicity drive /pʌbˈlɪsətɪˌdraɪv/ n. → **publicity campaign**.
publicity machine /pʌbˈlɪsətɪməˌʃiːn/ n. meccanismo m., sistema m. pubblicitario.
publicity photograph /pʌbˈlɪsətɪˌfəʊtəgrɑːf, AE -græf/ n. fotografia f. pubblicitaria.
publicity stunt /pʌbˈlɪsətɪˌstʌnt/ n. trovata f. pubblicitaria.
publicize /ˈpʌblɪsaɪz/ tr. **1** *(raise awareness of)* richiamare l'attenzione del pubblico su, sensibilizzare l'opinione pubblica su [*issue, event, predicament*]; ***the event was little ~d*** l'avvenimento ha ricevuto poca attenzione dai media **2** *(make public)* rendere pubblico, noto [*intentions, reasons, matter*] **3** *(advertise)* pubblicizzare, fare pubblicità a.

publicized /ˈpʌblɪsaɪzd/ **I** p.pass. → **publicize II -publicized** agg. in composti ***well~, much~*** [*event*] di grande risonanza; [*scandal, controversy*] che fa notizia; [*show, concert*] molto pubblicizzato.
public law /ˌpʌblɪkˈlɔː/ n. diritto m. pubblico.
Public Lending Right /ˌpʌblɪkˈlendɪŋˌraɪt/ n. GB = diritti d'autore corrisposti sulla base della frequenza del prestito del testo in una biblioteca pubblica.
▷ **publicly** /ˈpʌblɪklɪ/ avv. [*state, announce, renounce, exhibit*] pubblicamente; ~ ***owned*** *(state-owned)* pubblico; *(floated on market)* pubblico, per azioni; ***~-funded*** [*project, scheme*] sovvenzionato con fondi pubblici.
publicness /ˈpʌblɪknɪs/ n. pubblicità f., notorietà f.
public nuisance /ˌpʌblɪkˈnjuːsns, AE -ˈnuː-/ n. DIR. turbativa f. del diritto pubblico.
▷ **public opinion** /ˌpʌblɪkəˈpɪnɪən/ n. opinione f. pubblica.
public order /ˌpʌblɪkˈɔːdə(r)/ n. ordine m. pubblico.
public order act /ˌpʌblɪkˈɔːdərˌækt/ n. legge f. sull'ordine pubblico.
public order offence /ˌpʌblɪkˈɔːdərəˌfens/ n. attentato m. all'ordine pubblico.
public ownership /ˌpʌblɪkˈəʊnəʃɪp/ n. ***to be in*** o ***be taken into ~*** essere nazionalizzato; ***to bring sth. under*** o ***into ~*** nazionalizzare [*industry*].
public prosecutor /ˌpʌblɪkˈprɒsɪkjuːtə(r)/ n. BE pubblico m. ministero, avvocato m. della pubblica accusa.
public purse /ˌpʌblɪkˈpɜːs/ n. tesoro m., erario m. pubblico.
Public Records Office /ˌpʌblɪkˈrekɔːdzˌɒfɪs, AE -kərdzˌɔːf-/ n. GB = archivio di stato.
public relations /ˌpʌblɪkrɪˈleɪʃnz/ **I** n.pl. pubbliche relazioni f., public relations f. **II** modif. [*manager*] delle pubbliche relazioni; [*department*] (per le) pubbliche relazioni; [*consultant, expert, firm*] di pubbliche relazioni.
public relations officer /ˌpʌblɪkrɪˈleɪʃnzˌɒfɪsə(r), AE -ˌɔːf-/ n. responsabile m. e f. delle pubbliche relazioni.
public restroom /ˌpʌblɪkˈrestruːm, -rʊm/ n. AE bagno m. pubblico.
public school /ˌpʌblɪkˈskuːl/ n. **1** BE scuola f. superiore privata; ***to have a ~ education*** frequentare una scuola privata **2** AE SCOZZ. scuola f. pubblica.

> **ℹ Public schools** Contrariamente a quello che il loro nome sembrerebbe indicare, le *public schools* inglesi sono scuole private. Sono in genere frequentate dai figli della classe dirigente e dei ceti agiati in quanto il costo della retta è molto elevato, in particolar modo nelle più prestigiose (*Eton, Harrow, Winchester, Rugby*). Tuttavia queste scuole concedono iscrizioni gratuite o borse di studio agli allievi meritevoli e meno abbienti (v. ***Secondary schools***).

public schoolboy /ˌpʌblɪkˈskuːlbɔɪ/ n. BE scolaro m., allievo m. di scuola privata.
▷ **public sector** /ˌpʌblɪkˈsektə(r)/ n. settore m. pubblico.
Public Sector Borrowing Requirement /ˌpʌblɪkˌsektəˈbɒrəʊɪŋrɪˌkwaɪəmənt/ n. deficit m. pubblico.
public servant /ˌpʌblɪkˈsɜːvənt/ n. dipendente m. pubblico.
▷ **public service** /ˌpʌblɪkˈsɜːvɪs/ n. **1 C** *(transport, education, utility etc.)* servizio m. pubblico **2 U** *(public administration, civil service)* servizi m.pl. pubblici; ***a career in ~*** una carriera nel settore pubblico.
public service broadcasting /ˌpʌblɪkˈsɜːvɪsˌbrɔːdkɑːstɪŋ, AE -kæst-/ n. **U** radiotelevisione f. di Stato.
public service corporation /ˌpʌblɪkˈsɜːvɪsˌkɔːpəreɪʃn/ n. AE ente m. pubblico non statale.
public service vehicle /ˌpʌblɪkˈsɜːvɪsˌvɪəkl, AE ˌviːhɪkl/ n. veicolo m. adibito al trasporto pubblico.
public speaking /ˌpʌblɪkˈspiːkɪŋ/ n. ***the art of ~*** l'arte di saper parlare in pubblico; ***to be unaccustomed to ~*** non essere abituato a parlare in pubblico.
public-spirited /ˌpʌblɪkˈspɪrɪtɪd/ agg. [*person*] dotato di senso civico; ***it was ~ of you*** hai dato prova di senso civico.
public transport /ˌpʌblɪkˈtrænspɔːt/ n. trasporti m.pl. pubblici, mezzi m.pl. pubblici.
public utility /ˌpʌblɪkjuːˈtɪlətɪ/ n. servizio m. di pubblica utilità.
public works /ˌpʌblɪkˈwɜːks/ n.pl. lavori m. pubblici.
▶ **publish** /ˈpʌblɪʃ/ **I** tr. **1** *(print commercially)* pubblicare [*book, article, letter, guide, newspaper, magazine*]; ***who ~es Newsweek?*** chi pubblica Newsweek? ***his novel has just been ~ed*** il suo romanzo è appena uscito *o* è appena stato pubblicato; ***to be ~ed weekly, monthly*** uscire tutte le settimane, mensilmente **2** *(make public)* rendere noto, divulgare [*accounts, figures, findings*] **3** [*scholar, academic*] ***have you ~ed anything?*** ha pubblicato qualcosa? ha delle pubblicazioni? **II** intr. [*scholar, academic*] fare una pubblicazione, delle pubblicazioni.
publishable /ˈpʌblɪʃəbl/ agg. pubblicabile.
▷ **publisher** /ˈpʌblɪʃə(r)/ ♦ ***27*** n. *(person)* editore m. (-trice); *(company)* editore m., casa f. editrice; ***newspaper ~*** editore di una testata giornalistica *o* di testate giornalistiche.
▷ **publishing** /ˈpʌblɪʃɪŋ/ **I** n. editoria f.; ***a career in ~*** una carriera nell'editoria **II** modif. [*group, empire*] editoriale.
publishing house /ˈpʌblɪʃɪŋˌhaʊs/ n. casa f. editrice.
pub lunch /ˈpʌbˌlʌntʃ/ n. BE ***to go for a ~*** andare a pranzo in un pub; ***do they do ~es?*** servono piatti caldi a pranzo (in questo pub)?
puce /pjuːs/ ♦ ***5*** **I** agg. color pulce; ***to turn ~*** *(with rage, embarrassment)* diventare paonazzo **II** n. color pulce m.
1.puck /pʌk/ n. *(in ice hockey)* puck m., disco m.
2.puck /pʌk/ n. *(sprite)* folletto m.
Puck /pʌk/ n.pr. Puck (nome di uomo).
1.pucker /ˈpʌkə(r)/ n. **1** *(of skin)* ruga f., grinza f. **2** *(of fabric)* piega f.
2.pucker /ˈpʌkə(r)/ intr. **1** [*face*] raggrinzirsi; [*mouth*] incresparsi, arricciarsi **2** [*fabric, cloth*] incresparsi, stropicciarsi; [*skirt*] spiegazzarsi, fare le grinze; [*seam*] arricciarsi.
puckered /ˈpʌkəd/ **I** p.pass. → **2.pucker II** agg. **1** [*brow*] corrugato, increspato; [*mouth*] arricciato **2** [*seam*] arricciato.
1.pud /pʊd/ n. BE COLLOQ. (accorc. pudding) **1** *(cooked sweet dish)* INTRAD. m. (pietanza dolce a base di farina e uova, di consistenza soffice) **2** *(dessert)* dolce m., dessert m. **3** *(cooked savoury dish)* INTRAD. m. (pasticcio a base di carne).
2.pud /pʊd/ n. AE POP. *(penis)* pisello m.
pudding /ˈpʊdɪŋ/ n. **1** *(cooked sweet dish)* INTRAD. m. (pietanza dolce a base di farina e uova, di consistenza soffice); ***chocolate, bread-and-butter ~*** pudding al cioccolato, di pane; ***apple ~*** pudding *o* budino di mele **2** BE *(dessert)* dolce m., dessert m.; ***what's for ~?*** che cosa c'è per, come dessert? **3** *(cooked savoury dish)* INTRAD. m. (pasticcio a base di carne); ***steak-and-kidney ~*** pasticcio di carne e rognone **4** BE *(sausage)* ***black ~*** = specie di sanguinaccio a base di strutto; ***white ~*** = specie di salsiccia a base di avena e strutto **5** SPREG. *(fat person)* grassone m. (-a); *(slow person)* polentone m. (-a) ◆ ***the proof of the ~ is in the eating*** PROV. provare per credere.
pudding basin /ˈpʊdɪŋˌbeɪsn/, **pudding bowl** /ˈpʊdɪŋˌbəʊl/ BE **I** n. ciotola f., scodella f. **II** modif. ~ ***haircut*** taglio a scodella, alla paggio.
pudding rice /ˈpʊdɪŋˌraɪs/ n. riso m. a chicchi tondeggianti.
puddingstone /ˈpʊdɪŋstəʊn/ n. puddinga f.
1.puddle /ˈpʌdl/ n. pozza f., pozzanghera f.
2.puddle /ˈpʌdl/ **I** tr. **1** rivestire di malta [*wall*] **2** METALL. puddellare **II** intr. sguazzare nel fango.
puddler /ˈpʌdlə(r)/ ♦ ***27*** n. **1** impastatore m. (-trice) di malta **2** METALL. forno m. di puddellaggio.
puddling /ˈpʌdlɪŋ/ n. IND. puddellaggio m.
puddly /ˈpʌdlɪ/ agg. **1** *(with puddles)* pieno di pozzanghere **2** *(muddy)* fangoso, melmoso.
pudenda /pjuːˈdendə/ n.pl. pudenda f.
pudginess /ˈpʌdʒɪnɪs/ n. → **podginess**.
pudgy /ˈpʌdʒɪ/ agg. COLLOQ. → **podgy**.
pueblo /ˈpwebləʊ/ n. (pl. **~s**) pueblo m.
Pueblo Indian /ˌpwebləʊˈɪndɪən/ n. pueblo m.
puerile /ˈpjʊəraɪl, AE -rəl/ agg. FORM. puerile.
puerilism /ˈpjʊərɪlɪzəm/ n. puerilismo m.
puerility /pjʊəˈrɪlətɪ/ n. FORM. puerilità f.
puerperal /pjuːˈɜːpərəl/ agg. puerperale.
puerperium /pjuːəˈpɪrɪəm/ n. (pl. **-ia**) puerperio m.
Puerto Rican /ˌpwɜːtəʊˈriːkən/ ♦ ***18*** **I** agg. portoricano **II** n. portoricano m. (-a).
Puerto Rico /ˌpwɜːtəʊ ˈriːkəʊ/ ♦ ***6*** n.pr. Portorico m.
▷ **1.puff** /pʌf/ n. **1** *(of smoke, steam)* sbuffo m.; *(of air, of breath: from mouth)* soffio m.; ***to blow out the candles in one ~*** spegnere le candele in un soffio solo; ***to take a ~ at*** dare un tiro a [*cigarette, pipe*]; ***to vanish*** o ***disappear in a ~ of smoke*** svanire *o* scomparire in una nuvola di fumo; FIG. andare in fumo; ***~s of cloud*** riccioli di nuvole **2** BE COLLOQ. *(breath)* fiato m., respiro m.; ***to be out of ~*** COLLOQ. avere il fiatone; ***to get one's ~ back*** COLLOQ. riprendere fiato **3** GASTR. sfogliatina f.; ***jam ~*** sfogliatina alla marmellata **4** COSMET. → **powder puff** **5** BE COLLOQ. SPREG. *(homosexual)* checca f. **6** COLLOQ. *(favourable review)* gonfiatura f., pompatura f.;

(favourable publicity) montatura f.; ***to give a ~ to*** pompare *o* gonfiare *o* decantare [*play, show*].

▷ **2.puff** /pʌf/ **I** tr. **1** fumare, tirare da [*pipe*]; ***to ~ smoke*** [*person, chimney, train*] fare sbuffi di fumo; ***to ~ smoke into sb.'s face*** soffiare del fumo in faccia a qcn. **2** COLLOQ. *(praise)* pompare, gonfiare, decantare [*book, film, play*] **II** intr. **1** sbuffare; ***smoke ~ed from the chimney*** il fumo usciva a sbuffi dal comignolo; ***to ~ (away) at*** tirare boccate a [*pipe, cigarette*]; ***to ~ in, out, along*** [*train*] entrare, uscire, procedere sbuffando **2** *(pant)* ansimare, ansare; ***he was ~ing hard*** o ***~ing and panting*** stava ansimando pesantemente; ***she came ~ing and blowing up the hill*** venne su per la collina col fiato grosso.

■ **puff out:** ~ *out* [*sails*] gonfiarsi; [*sleeve, skirt*] essere a sbuffo; ~ *out [sth.]*, ~ *[sth.] out* **1** *(swell)* gonfiare [*sails*]; ***to ~ out one's cheeks*** gonfiare le guance; ***to ~ out one's chest*** gonfiare il petto; ***the bird ~ed out its feathers*** l'uccello arruffò le piume **2** *(give out)* ***to ~ out smoke*** [*person, chimney, train*] fare sbuffi di fumo; ~ *[sb.] out* COLLOQ. togliere il fiato a qcn.; ***the run had ~ed him out*** COLLOQ. la corsa gli aveva tolto il fiato.

■ **puff up:** ~ *up* [*feathers*] arruffarsi; [*eyes*] gonfiare, gonfiarsi; [*rice*] gonfiarsi; ~ *up [sth.]*, ~ *[sth.] up* arruffare [*feathers, fur*]; ***her eyes were all ~ed up*** i suoi occhi erano tutti gonfi; ***to be ~ed up with pride*** essere pieno d'orgoglio *o* tutto tronfio.

puff-adder /ˈpʌf,ædə(r)/ n. vipera f. soffiante.

puffball /ˈpʌfbɔːl/ n. BOT. vescia f. di lupo.

puffed /pʌft/ **I** p.pass. → **2.puff II** agg. **1** COLLOQ. *(breathless)* [*person*] senza fiato, con il fiatone **2** [*sleeve*] a sbuffo.

puffer /ˈpʌfə(r)/ n. **1** ZOOL. pesce m. palla **2** COLLOQ. *(train)* locomotiva f. a vapore.

puffery /ˈpʌfərɪ/ n. gonfiatura f., montatura f.

puffin /ˈpʌfɪn/ n. pulcinella m. di mare.

puffiness /ˈpʌfɪnɪs/ n. *(of face, eyes)* gonfiore m.; ***~ around the eyes indicates fatigue*** il gonfiore degli occhi indica affaticamento.

puffing billy /,pʌfɪŋˈbɪlɪ/ n. COLLOQ. locomotiva f. a vapore.

puff pastry /,pʌfˈpeɪstrɪ/ n. pasta f. sfoglia.

puff puff /,pʌfˈpʌf/ n. INFANT. COLLOQ. *(train)* ciuf ciuf m.

puffy /ˈpʌfɪ/ agg. [*face, eye*] gonfio; ***face ~ with sleep*** viso gonfio di sonno; ***~-lipped*** dalle *o* con le labbra gonfie.

1.pug /pʌg/ n. (anche **pugdog**) *(dog)* carlino m.

2.pug /pʌg/ tr. (forma in -ing ecc. **-gg-**) impastare [*clay*].

pugilism /ˈpjuːdʒɪlɪzəm/ n. FORM. pugilato m.

pugilist /ˈpjuːdʒɪlɪst/ n. FORM. pugile m. e f.

pugilistic /,pjuːdʒɪˈlɪstɪk/ agg. FORM. pugilistico.

pugnacious /pʌgˈneɪʃəs/ agg. pugnace, combattivo.

pugnaciously /pʌgˈneɪʃəslɪ/ avv. pugnacemente, combattivamente.

pugnaciousness /pʌgˈneɪʃəsnɪs/ n. combattività f.

pugnacity /pʌgˈnæsətɪ/ n. pugnacia f.

pug nose /,pʌgˈnəʊz/ n. naso m. rincagnato.

pug-nosed /,pʌgˈnəʊzd/ agg. dal *o* con il naso rincagnato.

puisne /ˈpjuːnɪ/ **I** agg. BE DIR. più giovane, di grado inferiore **II** n. BE DIR. giudice m. subalterno.

1.puke /pjuːk/ n. POP. vomito m.

2.puke /pjuːk/ intr. POP. [*adult*] vomitare; [*baby*] rigurgitare.

■ **puke up:** ~ *[sth.] up*, ~ *up [sth.]* vomitare.

pukka /ˈpʌkə/ agg. **1** INDIAN. *(real, genuine)* vero, autentico **2** COLLOQ. *(excellent)* fortissimo, fichissimo.

pulchritude /ˈpʌlkrɪtjuːd, AE -tuːd/ n. LETT. venustà f.

pule /pjuːl/ intr. gemere, piagnucolare.

puling /ˈpjuːlɪŋ/ agg. piagnucoloso.

> **i** **Pulitzer Prize** /ˈpʊlɪtsə,praɪz/ Premio molto prestigioso, istituito dal giornalista Joseph Pulitzer, che viene assegnato ogni anno negli Stati Uniti a una trentina fra giornalisti, scrittori, poeti e musicisti che si sono particolarmente distinti.

▶ **1.pull** /pʊl/ n. **1** *(tug)* strattone m., tiro m.; ***one good ~ and the door opened*** un bello strattone e la porta si aprì; ***to give sth. a ~*** dare uno strattone a qcs. **2** *(attraction)* forza f.; FIG. forza f. di attrazione, attrattiva f.; ***gravitational ~*** forza gravitazionale; ***the ~ of Hollywood, of the sea*** il richiamo di Hollywood, del mare **3** COLLOQ. *(influence)* influenza f.; ***to exert a ~ over sb.*** esercitare una certa influenza su qcn.; ***to have a lot of ~ with sb.*** avere molta influenza su qcn.; ***to have the ~ to do*** avere l'influenza sufficiente per fare **4** COLLOQ. *(swig)* sorso m., sorsata f.; ***to take a ~ from the bottle*** bere un sorso dalla bottiglia **5** COLLOQ. *(on cigarette etc.)* tiro m., boccata f.; ***to take a ~ at*** o ***on a cigarette*** fare un tiro da una sigaretta **6** SPORT *(in rowing)* colpo m. di remo; *(in golf)* tiro m. con effetto, effettato **7** *(snag) (in sweater)* maglia f. tirata; ***there's a ~ in my sweater*** il mio maglione ha una maglia tirata **8** TIP. bozza f. **9** *(prolonged effort)* ***it was a hard ~ to the summit*** è stata una bella tirata arrivare in cima; ***the next five kilometres will be a hard ~*** i prossimi cinque chilometri saranno duri ◆ ***to be on the ~*** POP. rimorchiare.

▶ **2.pull** /pʊl/ **I** tr. **1** *(tug)* tirare [*chain, curtain, hair, tail, cord, rope*]; ***to ~ the door open, shut*** aprire, chiudere la porta (tirando); ***to ~ the sheets over one's head*** tirarsi le lenzuola sopra la testa; ***to ~ a sweater over one's head*** *(to put it on)* infilare un maglione (dalla testa); *(to take it off)* sfilarsi un maglione (dalla testa) **2** *(tug, move) (towards oneself)* tirare (**towards** verso); *(by dragging)* trascinare [*reticent person, heavy object*] (**along** lungo); *(to show sth.)* tirare (per il braccio) [*person*]; ***to ~ sb. by the arm, hair*** tirare qcn. per il braccio, per i capelli; ***to ~ sb., sth. through*** tirare qcn., qcs. per farlo passare attraverso [*hole, window*] **3** *(draw)* [*vehicle*] trainare [*caravan, trailer*]; [*horse*] tirare [*cart, plough*]; [*person*] tirare [*handcart, sled*] **4** *(remove, extract)* tirare, estrarre [*tooth*]; raccogliere [*peas, beans, flowers*]; cavare [*potatoes*]; ***to ~ sth. off*** [*small child, cat*] tirare qcs. giù da [*shelf, table*]; ***he ~ed her attacker off her*** la liberò dall'aggressore; ***to ~ sth. out of*** tirare qcs. fuori da [*pocket, drawer*]; ***to ~ sb. out of*** estrarre *o* tirare fuori qcn. da [*wreckage*]; ripescare qcn. da [*river*] **5** COLLOQ. *(brandish)* tirare fuori, estrarre [*gun, knife*]; ***to ~ a gun on sb.*** puntare un'arma contro qcn. **6** *(operate)* premere [*trigger*]; tirare [*lever*] **7** MED. *(strain)* strapparsi [*muscle*]; ***a ~ed muscle*** uno strappo muscolare **8** *(hold back)* [*rider*] trattenere [*horse*]; ***to ~ one's punches*** [*boxer*] trattenere i colpi; ***he didn't ~ his punches*** FIG. non risparmiò nessun colpo *o* infierì duramente **9** *(steer, guide)* ***to ~ a boat into the bank*** portare una barca a riva **10** SPORT [*golfer, batsman*] tirare con effetto [*ball, shot*] **11** TIP. tirare [*proof*] **12** BE COLLOQ. *(pour)* spillare [*beer*] **13** COLLOQ. *(attract)* attirare, richiamare [*audience, voters, girls, men*] **14** *(make)* ***to ~ a face*** fare una smorfia; ***to ~ faces*** fare le smorfie; ***to ~ a strange expression*** fare una strana espressione **II** intr. **1** *(tug)* tirare (**at, on** su); ***to ~ at sb.'s sleeve*** tirare qcn. per la manica **2** *(resist restraint)* [*dog, horse*] tirare (**at, on** su) **3** *(move)* tirare; ***the car ~s to the left*** l'automobile tende a sinistra *o* tira verso sinistra; ***the brakes are ~ing to the left*** quando si frena l'automobile va a sinistra; ***to ~ ahead of sb.*** [*athlete, rally driver*] staccare qcn.; [*company*] distanziare [*competitor*] **4** *(smoke)* ***to ~ at*** dare un tiro da [*cigarette*] **5** SPORT [*golfer*] fare un tiro con effetto; [*batsman*] spingere **6** *(row)* remare ◆ ***~ the other one (it's got bells on)!*** COLLOQ. chi credi di prendere in giro!

■ **pull along:** ~ *[sth.] along*, ~ *along [sth.]* tirare, trainare [*sled*]; ~ *[sb.] along* tirare qcn. per il braccio.

■ **pull apart:** ~ *apart* [*component, pieces*] venire via; ~ *[sb., sth.] apart* **1** *(dismantle)* smontare [*machine, toy*] **2** *(destroy)* [*child*] fare a pezzi [*toy*]; [*animal*] fare a pezzi [*object, prey*]; ***I'll find the key, I don't care if I have to ~ the house apart!*** FIG. troverò la chiave, a costo di mettere sottosopra tutta la casa! **3** FIG. *(disparage)* fare a pezzi, stroncare [*essay*] **4** *(separate)* separare [*combattants, dogs, pages*].

■ **pull away:** ~ *away* **1** *(move away, leave)* [*car*] allontanarsi, partire; [*person*] andare via, andarsene **2** *(become detached)* [*component, piece*] staccarsi **3** *(open up lead)* [*car, horse*] staccare gli altri concorrenti; staccarsi (**from** da); ~ *away from [sb., sth.]* [*car, person*] allontanarsi da [*person, kerb*]; ~ *[sb., sth.] away* allontanare [*person*]; ritirare [*hand*]; ***to ~ [sth.] away from sb.*** prendere, togliere qcs. a qcn. [*held object*]; ***to ~ sb., sth. away from*** allontanare qcn., qcs. da [*danger, window, wall etc.*].

■ **pull back:** ~ *back* **1** *(withdraw)* [*troops*] ritirarsi (**from** da) **2** *(move backwards)* [*car*] fare retromarcia; [*person*] indietreggiare **3** *(close the gap)* recuperare (il ritardo); ***she's ~ing back*** *(in race)* sta recuperando (il ritardo accumulato); ~ *[sb., sth.] back*, ~ *back [sb., sth.]* **1** *(restrain)* trattenere, tenere [*person, object*]; ***~ her back, she'll fall*** tienila, sta per cadere *o* se no cade **2** *(tug back)* ***~ the rope back hard*** tira forte la corda.

■ **pull down:** ~ *[sth.] down*, ~ *down [sth.]* **1** *(demolish)* buttare giù, demolire, abbattere [*building*] **2** *(lower)* abbassare [*curtain, blind*]; ***to ~ down one's trousers*** tirarsi giù i pantaloni **3** *(reduce)* abbassare, ribassare [*prices*]; ridurre [*inflation*]; ~ *[sb., sth.] down*, ~ *down [sb., sth.]* *(drag down)* fare cadere [*person, object*] (**onto** su); FIG. trascinare [*person, company*]; ***he'll ~ you down with him*** ti trascinerà giù con sé.

■ **pull in:** ~ *in* [*car, bus, driver*] fermarsi; ***~ in at the next service station*** fermati alla prossima stazione di servizio; ***the police signalled***

to the motorist to ~ in BE la polizia segnalò all'automobilista di accostare; ***to ~ in to the kerb*** accostare *o* accostarsi al marciapiede; **~ [sb.] in, ~ in [sb.]** **1** *(bring in)* [*police*] fermare qcn.; ***to ~ sb. in for questioning*** fermare qcn. per interrogarlo **2** *(attract)* [*exhibition, show*] attirare [*crowds, tourists*]; **~ [sth.] in, ~ in [sth.]** **1** *(retract)* [*animal*] ritrarre [*antenna, tentacle, claw*]; [*person*] tirare in dentro [*stomach*] **2** COLLOQ. *(earn)* [*appeal, event*] incassare [*sum*] **3** *(steer)* [*driver*] fermare, accostare [*car*].

■ **pull off: ~ off** [*flash gun, lid*] togliersi; [*handle*] essere rimovibile; **~ off [sth.]** *(leave)* lasciare [*motorway, road*]; **~ off [sth.], ~ [sth.] off** **1** *(remove)* togliere, togliersi [*coat, sweater, shoes, socks*]; tirare via [*lid, wrapping, sticker*] **2** COLLOQ. *(clinch)* mettere a segno [*raid, robbery*]; riuscire a concludere [*deal*]; portare a compimento [*coup, feat*]; ottenere, riportare [*win, victory*].

■ **pull out: ~ out** **1** *(emerge)* [*car, truck*] partire; ***I got to the platform just as the train was ~ing out*** arrivai al binario proprio mentre il treno stava partendo; ***to ~ out of*** lasciare *o* uscire da [*drive, parking space, station*] **2** *(withdraw)* [*army, troops*] ritirarsi; [*candidate, competitor*] ritirarsi; ***to ~ out of*** ritirarsi da [*negotiations, Olympics, area*] **3** *(come away)* [*drawer*] venire via; [*component, section*] staccarsi; **~ [sth.] out, ~ out [sth.]** **1** *(extract)* tirare, cavare, togliere [*tooth*]; togliere [*splinter*]; strappare [*weeds*] **2** *(take out)* tirare fuori [*knife, gun, wallet, handkerchief*] **3** *(withdraw)* ritirare, richiamare [*troops, army*].

■ **pull over: ~ over** [*motorist, car*] accostare; **~ [sb., sth.] over** [*police*] fare accostare [*driver, car*].

■ **pull through: ~ through** [*accident victim*] cavarsela, farcela, riprendersi; **~ [sb., sth.] through** fare passare (per il rotto della cuffia) [*candidate*]; salvare [*accident victim*]; fare passare [*object, wool*]; ***~ the thread through to the front*** fai passare il filo sul davanti.

■ **pull together: ~ together** collaborare, cooperare; ***we must all ~ together*** dobbiamo collaborare tutti; **~ [sth.] together** ***~ the two ends of the rope together*** unisci le due estremità della corda; ***~ the two pieces together*** metti insieme i due pezzi; ***to ~ oneself together*** dominarsi, controllarsi, riprendersi, riacquistare il controllo di sé.

■ **pull up: ~ up** **1** *(stop)* [*car, athlete*] fermarsi **2** *(regain lost ground)* [*athlete, pupil*] recuperare; **~ up [sth.], ~ [sth.] up** **1** *(uproot)* strappare [*weeds*] **2** *(lift)* levare [*anchor, drawbridge*]; ***to ~ up one's trousers, one's socks*** tirarsi su i pantaloni, i calzini; ***to ~ up a chair*** avvicinare *o* prendere una sedia **3** *(stop)* [*rider*] fermare [*horse*]; **~ [sb.] up** **1** *(lift)* tirare su; ***to ~ sb. up a cliff, out of a well*** issare qcn. su per una scarpata, fuori da un pozzo; ***to ~ oneself up*** issarsi **2** *(reprimand)* riprendere, rimproverare; ***he ~ed me up for working too slowly*** mi ha ripreso perché lavoro troppo lentamente **3** *(stop)* [*policeman*] fermare [*driver*]; SPORT [*official*] squalificare [*athlete*].

pull-back /'pʊl,bæk/ n. **1** impedimento m., ostacolo m. **2** MIL. ritirata f.

pull-down menu /,pʊldaʊn'menju:/ n. INFORM. menu m. a tendina.

puller /'pʊlə(r)/ n. **1** *(person)* chi tira **2** MECC. argano m. a mano **3** FIG. richiamo m., attrazione f.

pullet /'pʊlɪt/ n. pollastra f., pollastrella f.

pulley /'pʊlɪ/ n. puleggia f., carrucola f.

pull-in /'pʊlɪn/ n. BE **1** COLLOQ. *(café)* autogrill m. **2** *(lay-by)* area f. di sosta (ai lati di una strada), piazzola f.

pulling power /'pʊlɪŋ,paʊə(r)/ n. forza f. d'attrazione, potere m. di richiamo.

Pullman /'pʊlmən/ n. **1** FERR. *(train)* treno m. di lusso; *(carriage)* pullman m. **2** AE *(suitcase)* valigia f.

Pullman kitchen /'pʊlmən,kɪtʃɪn/ n. AE cucina f. compatta prefabbricata.

pull-off /'pʊlɒf/ agg. staccabile.

pull-on /'pʊlɒn/ agg. che si infila dalla testa, senza allacciatura.

pull-out /'pʊlaʊt/ **I** n. **1** TIP. inserto m., fascicolo m. (da staccare e conservare) **2** *(withdrawal)* ritirata f., ritiro m.; ***~ of the troops*** ritiro delle truppe **II** agg. [*section, supplement*] staccabile; [*map, diagram*] fuori testo, pieghevole.

pullover /'pʊləʊvə(r)/ n. pullover m., maglione m.

pull strategy /'pʊl,strætədʒɪ/ n. = strategia pubblicitaria di attrazione del potenziale acquirente.

pull-through /'pʊlθru:/ n. MIL. MUS. scovolo m.

pullulate /'pʌljʊleɪt/ intr. pullulare.

pull-up /'pʊlʌp/ n. SPORT trazione f.

pulmonary /'pʌlmənərɪ, AE -nerɪ/ agg. polmonare.

pulmonate /'pʌlmənət/ agg. e n. polmonato.

pulmonic /pʌl'mɒnɪk/ agg. polmonare.

▷ **1.pulp** /pʌlp/ **I** n. **1** *(soft centre) (of fruit, vegetable)* polpa f.; *(of tooth)* polpa f. dentaria **2** *(crushed mass) (of food)* pappa f., poltiglia f.; *(of wood)* pasta f.; ***to reduce*** o ***crush to a ~*** ridurre in poltiglia [*fruit, vegetable*]; ridurre in pasta [*wood, cloth*]; ***to beat sb. to a ~*** COLLOQ. spappolare qcn. *o* ridurre qcn. in poltiglia **3** COLLOQ. SPREG. *(trashy books)* letteratura f. scadente, dozzinale **II** modif. [*literature*] scadente, dozzinale; [*magazine*] scandalistico; ***~ novel*** romanzo scadente *o* dozzinale *o* romanzaccio.

▷ **2.pulp** /pʌlp/ tr. **1** *(crush)* ridurre in poltiglia [*fruit, vegetable*]; ridurre in pasta [*wood, cloth*]; mandare al macero [*newspapers, books*] **2** COLLOQ. FIG. *(in fight)* spappolare [*person, head*].

pulp cavity /'pʌlp,kævətɪ/ n. cavità f. pulpare.

pulper /'pʌlpə(r)/ n. TECN. spappolatore m.

pulp fiction /,pʌlp'fɪkʃn/ n. SPREG. letteratura f. scadente, dozzinale.

pulpit /'pʊlpɪt/ n. *(in church)* pulpito m.

pulpiteer /,pʊlpɪ'tɪə(r)/ intr. ANT. SPREG. predicatore m. (-trice) da strapazzo.

pulpwood /'pʌlpwʊd/ n. pasta f. di legno.

pulpy /'pʌlpɪ/ agg. polposo, molle.

pulsar /'pʌlsɑ:(r)/ n. pulsar f.

pulsate /pʌl'seɪt, AE 'pʌlseɪt/ intr. [*vein, blood*] pulsare; [*heart*] pulsare, palpitare.

pulsatile /'pʌlsətaɪl/ agg. **1** ANAT. [*organ*] pulsante **2** MUS. [*instrument*] a percussione.

pulsating /pʌl'seɪtɪŋ, AE 'pʌlseɪtɪŋ/ agg. **1** *(beating)* [*heart, vein*] pulsante, che pulsa; [*beat, rhythm*] pulsante **2** FIG. *(exciting)* [*finale*] da cardiopalmo.

pulsation /pʌl'seɪʃn/ n. pulsazione f.

pulsator /pʌl'seɪtə(r), AE 'pʌlseɪtə(r)/ n. *(machine)* mungitrice f.

pulsatory /'pʌlsətərɪ, AE -tɔ:rɪ/ agg. pulsante.

▷ **1.pulse** /pʌls/ n. **1** ANAT. polso m.; MED. (battito del) polso m.; ***his ~ raced*** aveva il polso accelerato; ***to take*** o ***feel sb.'s ~*** prendere *o* tastare il polso a qcn.; ***to take the ~ of Europe in the 90s*** FIG. tastare il polso all'Europa degli anni '90; ***to have one's finger on the ~ of sth.*** FIG. avere il polso di qcs. **2** *(beat, vibration) (of music)* ritmo m.; *(of drums)* battito m. **3** EL. FIS. impulso m.

2.pulse /pʌls/ n. BOT. GASTR. legume m.

3.pulse /pʌls/ intr. [*blood*] circolare; [*heart*] battere; ***she could feel the blood pulsing through her body*** sentiva il suo cuore battere.

pulse-jet /'pʌlsdʒet/ n. pulsogetto m.

pulse modulation /'pʌlsmɒdjʊ,leɪʃn, AE -dʒʊ-/ n. EL. FIS. modulazione f. degli impulsi.

pulser /'pʌlsə(r)/ n. **1** RAD. generatore m. di impulsi **2** TECN. pulsatore m.

pulse rate /'pʌls,reɪt/ n. polso m.

pulsimeter /pʌl'sɪmɪtə(r)/ n. pulsimetro m.

pulsometer /pʌl'sɒmɪtə(r)/ n. pulsometro m.

pulverable /'pʌlvərəbl/, **pulverizable** /'pʌlvəraɪzəbl, AE ,pʌlvə'raɪzəbl/ agg. polverizzabile.

pulverization /,pʌlvəraɪ'zeɪʃn, AE -rɪ'z-/ n. polverizzazione f. (anche FIG.).

pulverize /'pʌlvəraɪz/ **I** tr. polverizzare (anche FIG.) **II** intr. polverizzarsi.

pulverizer /'pʌlvəraɪzə(r)/ n. polverizzatore m.

pulverulent /pʌl'verʊlənt/ agg. polverulento.

pulvinate /'pʌlvɪnət/, **pulvinated** /'pʌlvɪneɪtɪd/ agg. pulvinato.

puma /'pju:mə, AE 'pu:mə/ n. puma m.

pumice /'pʌmɪs/ n. (anche **~ stone**) (pietra) pomice f.

pumiceous /pjʊ'mɪʃəs/ agg. pomicioso.

pummel /'pʌml/ tr. (forma in -ing ecc. **-ll-** BE, **-l-** AE) dare pugni a, colpire.

1.pump /pʌmp/ n. **1** TECN. pompa f.; ***bicycle ~*** pompa di bicicletta; ***air, vacuum ~*** pompa pneumatica, pompa a vuoto; ***to prime the ~*** adescare la pompa; FIG. aprire il rubinetto **2** *(squeeze)* ***to give sb.'s hand a ~*** dare una vigorosa stretta di mano a qcn. **3** *(fire engine)* autopompa f. ◆ ***all hands to the ~s!*** diamoci dentro! mettiamoci sotto!

2.pump /pʌmp/ n. **1** BE *(plimsoll)* scarpa f. da ginnastica **2** BE *(flat shoe)* ballerina f. **3** AE *(court shoe)* (scarpa) décolleté f. **4** ANT. *(dancing shoe)* scarpa f. da ballo (per uomo).

3.pump /pʌmp/ **I** tr. **1** *(push)* pompare [*air, gas, water, blood*] (**out of** da, fuori da); ***to ~ oil around the engine*** fare circolare l'olio nel motore; ***to ~ air into a tyre*** pompare aria in un pneumatico; ***to ~ sewage into the sea*** pompare liquami in mare; ***the boiler ~s water to the radiators*** la caldaia pompa acqua nei radiatori; ***to ~ the hold dry*** prosciugare la stiva (con una pompa, delle pompe); ***to ~ bullets*** COLLOQ. vomitare pallottole; ***to ~ sb. full of drugs*** COLLOQ. imbottire qcn. di medicine; ***to ~ sb. full of lead*** COLLOQ. riempire *o* imbottire qcn. di piombo; ***to ~ iron*** COLLOQ. fare pesi **2** *(move)* azionare [*handle, lever*]; ***to ~ the brakes*** pigiare sui pedali, frenare a più riprese **3** *(shake)* ***to ~ sb.'s hand*** stringere energicamente la mano di qcn. **4** COLLOQ. *(question)* spremere [*person*] (**about** su); ***to ~ sb. for sth.*** cercare di cavare, carpire qcs. a qcn. [*details, information*]; ***to ~ money out of sb.*** spremere qcn., spillare denaro a qcn. **5** MED. ***to ~ sb.'s stomach*** fare una lavanda gastrica a qcn.; ***to have one's stomach ~ed*** subire una lavanda gastrica **II** intr. **1** *(function)* [*machine, piston*] funzionare **2** *(flow)* sgorgare, scorrere (**from, out of** da) **3** *(beat)* [*blood*] pulsare all'impazzata; [*heart*] palpitare, battere all'impazzata.

■ **pump out:** *~ out [sth.], ~ [sth.] out* **1** *(pour out)* vomitare, lanciare [*music, propaganda*]; emettere [*fumes*]; scaricare [*sewage*] **2** *(empty)* prosciugare, (s)vuotare (usando una pompa, delle pompe) [*hold, pool*]; ***to ~ sb.'s stomach out*** fare una lavanda gastrica a qcn.

■ **pump up:** *~ up [sth.], ~ [sth.] up* **1** *(inflate)* gonfiare [*tyre, air bed*] **2** COLLOQ. *(increase)* alzare [*volume*]; *~ up [sb.], ~ [sb.] up* COLLOQ. gasare, caricare.

pump-action /ˈpʌmpˌækʃn/ agg. [*gun*] a pompa.

pump attendant /ˈpʌmpəˌtendənt/ ➧ 27 n. pompista m. e f.

pump dispenser /ˈpʌmpdɪˌspensə(r)/ n. COSMET. vaporizzatore m.

pumped /pʌmpt/ agg. (anche **~ up**) COLLOQ. [*person*] gasato, caricato.

pumper /ˈpʌmpə(r)/ n. chi pompa.

pumpernickel /ˈpʌmpənɪkl/ n. pumpernickel m.

pump house /ˈpʌmpˌhaʊs/ n. distributore m. di benzina.

pumpkin /ˈpʌmpkɪn/ n. zucca f.

pumpkinhead /ˈpʌmpkɪnˌhed/ n. COLLOQ. zuccone m. (-a).

pumpkin pie /ˌpʌmpkɪnˈpaɪ/ n. torta f. di zucca.

pump prices /ˈpʌmpˌpraɪsɪz/ n.pl. *(of petrol)* prezzi m. al dettaglio, del distributore.

pump priming /ˈpʌmpˌpraɪmɪŋ/ **I** n. **1** TECN. adescamento m. della pompa **2** ECON. pump priming m. **II pump-priming** modif. [*aid, capital, funds*] per il pump priming.

pump room /ˈpʌmpˌruːm, -ˌrʊm/ n. BE STOR. = sala in cui si bevono le acque termali.

1.pun /pʌn/ n. gioco m. di parole (**on** su).

2.pun /pʌn/ intr. (forma in -ing ecc. **-nn-**) fare un gioco di parole, dei giochi di parole.

3.pun /pʌn/ tr. (forma in -ing ecc. **-nn-**) BE compattare.

▷ **1.punch** /pʌntʃ/ n. **1** *(blow)* pugno m.; ***to give sb. a ~*** dare un pugno a qcn.; ***she gave him a ~ on the nose, on the chin*** gli diede un pugno sul naso, sul mento; ***to hit sb. in the face with a ~*** colpire in faccia qcn. con un pugno **2** FIG. *(forcefulness) (of person)* grinta f., slancio m., energia f.; *(of style, performance)* energia f., vigore m.; ***it lacks ~*** manca di vigore; ***a slogan with a bit more ~*** uno slogan un po' più grintoso ◆ ***to pack a ~*** COLLOQ. [*boxer*] essere un picchiatore; [*book, film*] avere un forte impatto; ***to pull no ~es*** non risparmiare i colpi *o* andarci pesante; ***this cocktail packs a ~*** questo cocktail ti stende.

▷ **2.punch** /pʌntʃ/ **I** tr. **1** *(hit)* ***to ~ sb. in the face*** dare un pugno in faccia a qcn. *o* colpire qcn. in faccia con un pugno; ***to ~ sb. on the nose, on the chin*** dare un pugno sul naso, sul mento a qcn.; ***to ~ sb. hard*** dare un gran pugno *o* forti pugni qcn.; ***he was ~ed and kicked*** fu preso a pugni e a calci **2** INFORM. TEL. schiacciare, premere [*key*] **II** intr. tirare, dare pugni.

■ **punch out:** ***to ~ out a number on the phone*** comporre un numero al telefono.

3.punch /pʌntʃ/ n. *(tool) (for leather)* lesina f.; *(for metal)* punzone m.; INFORM. perforatore m.; ***ticket ~*** obliteratrice.

▷ **4.punch** /pʌntʃ/ tr. **1** INFORM. RAD. perforare [*cards, tape*] **2** *(make hole in) (manually)* bucare, punzonare; *(in machine)* obliterare [*ticket*]; ***to ~ holes in sth.*** *(in paper, leather)* fare dei buchi in *o* punzonare *o* bucare qcs.; *(in metal)* perforare qcs.

■ **punch in:** *~ in [sth.], ~ [sth.] in* INFORM. introdurre (mediante perforazione) [*data*].

■ **punch out:** *~ out [sth.], ~ [sth.] out* *(shape)* tagliare qcs. con la perforatrice.

5.punch /pʌntʃ/ n. *(drink)* punch m., ponce m.

Punch /pʌntʃ/ n.pr. Pulcinella ◆ ***to be as pleased as ~*** essere contento come una pasqua.

Punch-and-Judy show /ˌpʌntʃənˈdʒuːdɪˌʃəʊ/ n. = spettacolo di burattini.

punchbag /ˈpʌntʃbæg/ n. BE SPORT punching bag m.; *(whipping boy)* capro m. espiatorio.

punch ball /ˈpʌntʃbɔːl/ n. punching ball m.

punch bowl /ˈpʌntʃbəʊl/ n. tazza f. per il punch.

punch card /ˈpʌntʃkɑːd/ n. scheda f. perforata.

punch clock /ˈpʌntʃˌklɒk/ n. orologio m. marcatempo.

punch-drunk /ˈpʌntʃdrʌŋk/ agg. *(in boxing)* ubriaco, frastornato per i colpi; FIG. *(from tiredness)* ubriaco di stanchezza.

punched card /ˌpʌntʃtˈkɑːd/ → **punch card**.

punched paper tape /ˌpʌntʃtˈpeɪpəˌteɪp/ n. nastro m. di carta perforato.

punched tape /ˌpʌntʃtˈteɪp/ n. nastro m. perforato.

puncheon /ˈpʌntʃən/ n. **1** *(piece of timber)* palo m. di sostegno **2** *(instrument)* punteruolo m., punzone m., stampo m.

puncher /ˈpʌntʃə(r)/ n. **1** MECC. punzone m. **2** INFORM. punzonatore m.

punching bag /ˈpʌntʃɪŋbæg/ n. AE → **punchbag**.

punching machine /ˈpʌntʃɪŋməˌʃiːn/ n. punzonatrice f.

punch line /ˈpʌntʃlaɪn/ n. battuta f. finale (di una barzelletta).

punch-up /ˈpʌntʃʌp/ n. BE COLLOQ. zuffa f.

punchy /ˈpʌntʃɪ/ agg. COLLOQ. **1** [*person, style*] energico, vigoroso; [*music*] incalzante; [*article*] vibrante **2** → **punch-drunk**.

punctate /ˈpʌŋkteɪt/, **punctated** /ˈpʌŋkteɪtɪd/ agg. punteggiato, macchiettato.

punctation /ˌpʌŋkˈteɪʃn/ n. punteggiatura f., macchiettatura f.

punctilio /pʌŋkˈtɪlɪəʊ/ n. (pl. **~s**) FORM. *(etiquette)* puntigliosità f.; *(point of etiquette)* puntiglio m.

punctilious /pʌŋkˈtɪlɪəs/ agg. FORM. [*observance, attention*] puntiglioso; ***to be ~ about (one's) work*** essere puntiglioso nel (proprio) lavoro.

punctiliously /pʌŋkˈtɪlɪəslɪ/ avv. FORM. puntigliosamente.

punctiliousness /pʌŋkˈtɪlɪəsnɪs/ n. puntigliosità f.

punctual /ˈpʌŋktʃʊəl/ agg. [*person, delivery*] puntuale; ***to be ~ for sth.*** essere puntuale per qcs.; ***to be ~ in doing*** essere puntuale a fare.

punctuality /ˌpʌŋktʃʊˈælətɪ/ n. puntualità f.

punctually /ˈpʌŋktʃʊəlɪ/ avv. [*start, arrive, leave*] in modo puntuale, puntualmente; ***to arrive ~ at 10*** arrivare puntualmente alle dieci.

punctualness /ˈpʌŋktʃʊəlnɪs/ n. puntualità f.

punctuate /ˈpʌŋktʃʊeɪt/ **I** tr. **1** mettere la punteggiatura in [*text, letter*] **2** *(interrupt)* punteggiare (**with, by** di) **II** intr. fare uso della punteggiatura.

punctuation /ˌpʌŋktʃʊˈeɪʃn/ n. punteggiatura f., interpunzione f.

punctuation mark /ˌpʌŋktʃʊˈeɪʃnmɑːk/ n. segno m. di punteggiatura, d'interpunzione.

1.puncture /ˈpʌŋktʃə(r)/ n. *(in tyre, balloon, airbed)* foratura f., bucatura f.; *(in skin)* puntura f.; *(to lung)* perforazione f.; ***we had a ~ on the way*** abbiamo forato per strada.

2.puncture /ˈpʌŋktʃə(r)/ **I** tr. **1** *(perforate)* forare, bucare [*tyre, balloon, airbed*]; perforare [*organ*]; incidere [*abscess*]; ***to ~ a hole in*** fare un buco in; ***to ~ a lung*** MED. perforare *o* perforarsi un polmone **2** FIG. *(deflate)* sgonfiare [*myth*]; ***to ~ sb.'s pride*** o ***ego*** sgonfiare qcn. *o* fare abbassare la cresta a qcn. **II** intr. [*tyre, balloon*] forarsi, bucarsi.

puncture kit /ˈpʌŋktʃəˌkɪt/, **puncture repair kit** /ˌpʌŋktʃərɪˈpeəˌkɪt/ n. kit m. per la riparazione di forature.

puncture-proof /ˈpʌŋktʃəˌpruːf/ agg. a prova di foratura.

puncture wound /ˈpʌŋktʃəˌwuːnd/ n. ferita f. da punta.

pundit /ˈpʌndɪt/ n. **1** *(expert)* esperto m. (-a), sapientone m. (-a) **2** RELIG. pandit m.

pungency /ˈpʌndʒənsɪ/ n. **1** *(of sauce, dish)* sapore m. piccante; *(of smoke, smell)* acredine f. **2** *(of speech, satire)* mordente m.

pungent /ˈpʌndʒənt/ agg. **1** *(strong)* [*flavour*] forte, aspro; [*smell*] pungente; [*gas, smoke*] acre **2** [*speech, satire*] mordente, caustico, pungente.

pungently /ˈpʌndʒəntlɪ/ avv. GASTR. ***a ~ flavoured sauce*** una salsa forte.

Punic /ˈpjuːnɪk/ **I** agg. punico **II** n. punico m. (-a).

Punic Wars /ˈpjuːnɪkˌwɔːz/ n.pl guerre f. puniche.

puniness /ˈpjuːnɪnɪs/ n. COLLOQ. SPREG. piccolezza f.

▷ **punish** /ˈpʌnɪʃ/ tr. **1** punire [*person, crime*]; ***to ~ sb. for sth., for doing*** punire qcn. per qcs., per aver fatto; ***a crime ~ed by death*** un crimine punito con la morte **2** COLLOQ. *(treat roughly)* mettere a dura prova [*opponent, car*]; affaticare, fare lavorare duramente, sforzare oltre il dovuto [*horse*].

punishability /ˌpʌnɪʃəˈbɪlətɪ/ n. punibilità f.

punishable /ˈpʌnɪʃəbl/ agg. [*offence*] punibile, passibile di condanna; ***~ by a fine*** passibile di un'ammenda; ***to be ~ by law*** essere perseguibile a termini di legge.

punishing /ˈpʌnɪʃɪŋ/ **I** n. *(act)* punizione f.; ***to take a ~*** COLLOQ. [*opponent, team*] prendere una batosta **II** agg. [*schedule, pace*] pesante, stancante; [*defeat*] cocente.

▷ **punishment** /ˈpʌnɪʃmənt/ n. **1** punizione f.; *(stronger)* castigo m.; DIR. pena f.; ***as ~ for*** come punizione per; ***as ~, they were sent*** *to bed* per punizione, sono stati mandati a letto **2** COLLOQ. FIG. *(rough treatment)* ***to take a lot of*** ~ COLLOQ. [*team, car, engine*] essere messo a dura prova.

punitive /'pju:nətɪv/, **punitory** /'pju:nɪtərɪ, -tɔ:rɪ/ agg. [*measure, action*] punitivo; [*taxation*] penalizzante, esoso; ~ ***damages*** DIR. risarcimento esemplare.

Punjab /,pʌn'dʒɑ:b/ ♦ ***24*** n.pr. Punjab m.

Punjabi /,pʌn'dʒɑ:bɪ/ ♦ ***14*** **I** agg. del Punjab **II** n. **1** *(language)* panjabi m. **2** *(person)* nativo m. (-a), abitante m. e f. del Punjab.

punk /pʌŋk/ **I** n. **1** *(music, fashion, movement)* punk m. **2** *(person)* punk m. e f. **3** AE COLLOQ. SPREG. *(hoodlum)* teppista m. e f.; *(presumptuous youth)* fichetto m. (-a) **II** agg. [*music, record, band, hairstyle, clothes*] punk.

punka(h) /'pʌŋkə/ n. INDIAN. = grande ventaglio sospeso al soffitto e azionato a mano mediante un cordone.

punk rock /,pʌŋk'rɒk/ n. (rock) punk m.

1.punner /'pʌnə(r)/ n. mazzapicchio m.

2.punner /'pʌnə(r)/ n. → **punster**.

punnet /'pʌnɪt/ n. BE cestello m.

punningly /'pʌnɪŋlɪ/ avv. facendo giochi di parole.

punster /'pʌnstə(r)/ n. chi fa giochi di parole.

1.punt /pʌnt/ n. *(boat)* = piccola imbarcazione dal fondo piatto, spinta con l'uso di una pertica.

2.punt /pʌnt/ intr. *(travel by punt)* ***to go ~ing*** (andare a) fare una gita in barca.

3.punt /pʌnt/ n. *(bet)* puntata f.

4.punt /pʌnt/ intr. *(bet)* puntare.

5.punt /pʊnt/ ♦ ***7*** n. *(Irish pound)* lira f. irlandese.

▷ **punter** /'pʌntə(r)/ n. BE COLLOQ. **1** *(at horse races)* scommettitore m. (-trice); *(at casino)* giocatore m. (-trice) **2** *(average client)* cliente m.

punt-pole /'pʌnt,pəʊl/ n. pertica f. da barcaiolo.

punty /'pʌntɪ/ n. = asta per forgiare il vetro.

puny /'pju:nɪ/ agg. COLLOQ. SPREG. [*person, body*] minuscolo, gracile; [*effort*] fiacco, debole.

1.pup /pʌp/ n. **1** ZOOL. *(dog)* cagnolino m., cucciolo m.; *(seal, otter etc.)* cucciolo m., piccolo m. **2** COLLOQ. *(person)* ***a cheeky young*** ~ uno sbarbatello insolente ◆ ***to be sold a*** ~ COLLOQ. farsi imbrogliare *o* lasciarsi bidonare.

2.pup /pʌp/ intr. (forma in -ing ecc. **-pp-**) [*bitch, seal*] partorire, fare i cuccioli.

pupa /'pju:pə/ n. (pl. **~s, -ae**) pupa f.

pupal /'pju:pəl/ agg. di pupa.

pupate /pju:'peɪt, AE 'pju:peɪt/ intr. trasformarsi in pupa.

pupation /,pju:'peɪʃn/ n. trasformazione f. in pupa.

▶ **1.pupil** /'pju:pɪl/ n. SCOL. alunno m. (-a), scolaro m. (-a), allievo m. (-a).

▶ **2.pupil** /'pju:pɪl/ n. ANAT. pupilla f.

pupillage /'pju:pɪlɪdʒ/ n. condizione f. di alunno.

1.pupillary /'pju:pɪlərɪ, AE -lerɪ/ agg. di alunno.

2.pupillary /'pju:pɪlərɪ, AE -lerɪ/ agg. ANAT. pupillare, della pupilla.

▷ **puppet** /'pʌpɪt/ **I** n. burattino m., marionetta f. (anche FIG.) **II** modif. [*government, state*] fantoccio.

puppeteer /,pʌpɪ'tɪə(r)/ ♦ ***27*** n. burattinaio m. (-a).

puppetry /'pʌpɪtrɪ/ n. arte f. del burattinaio.

puppet show /'pʌpɪtʃəʊ/ n. spettacolo m. di burattini.

puppet theatre BE, **puppet theater** AE /'pʌpɪt,θɪətə(r)/ n. teatro m. di burattini.

▷ **puppy** /'pʌpɪ/ n. *(dog)* cucciolo m., cagnolino m.; *(of seal, shark)* cucciolo m., piccolo m.; ***to have puppies*** avere dei cuccioli.

puppy fat /'pʌpɪ,fæt/ n. BE COLLOQ. pinguedine f., adipe m. infantile.

puppyish /'pʌpɪɪʃ/ agg. di, simile a cucciolo.

puppy love /'pʌpɪlʌv/ n. amore m. acerbo.

pup tent /'pʌptent/ n. tenda f. canadese.

purblind /'pɜ:blaɪnd/ agg. **1** ANT. *(partly blind)* quasi cieco, ipovedente **2** FIG. FORM. *(lacking insight)* miope.

purblindness /'pɜ:blaɪndnɪs/ n. **1** ANT. *(partial blindness)* cecità f. parziale **2** FIG. FORM. *(lack of insight)* miopia f.

purchasable /'pɜ:tʃəsəbl/ agg. acquistabile.

▶ **1.purchase** /'pɜ:tʃəs/ n. **1** COMM. acquisto m., compera f.; ***to make a*** ~ fare un acquisto **2** *(grip)* appiglio m., presa f.; ***to get*** o ***gain (a)*** ~ ***on*** [*climber*] trovare un appiglio su; [*vehicle*] aderire a.

▶ **2.purchase** /'pɜ:tʃəs/ tr. **1** COMM. acquistare, comprare [*hat, painting, house*]; ***to*** ~ ***sth. from sb., from the butcher's, from Buymore*** comprare qcs. da qcn., dal macellaio, da Buymore **2** FIG. ottenere [*victory*]; acquistare [*liberty*].

purchase ledger /'pɜ:tʃəs,ledʒə(r)/ n. partitario m. fornitori.

purchase order /'pɜ:tʃəs,ɔ:də(r)/ n. ordine m. di acquisto.

purchase price /'pɜ:tʃəs,praɪs/ n. prezzo m. d'acquisto.

purchaser /'pɜ:tʃəsə(r)/ n. acquirente m. e f., compratore m. (-trice).

purchase tax /'pɜ:tʃəs,tæks/ n. BE imposta f. sugli acquisti.

purchasing /'pɜ:tʃəsɪŋ/ n. acquisto m.

purchasing department /'pɜ:tʃəsɪŋdɪ,pɑ:tmənt/ n. ufficio m., settore m. acquisti.

purchasing officer /'pɜ:tʃəsɪŋ,ɒfɪsə(r), AE 'ɔ:f-/ ♦ ***27*** n. responsabile m. e f. degli acquisti.

purchasing power /'pɜ:tʃəsɪŋ,paʊə(r)/ n. potere m. d'acquisto.

purdah /'pɜ:də/ n. **1** *(curtain)* = in India, tenda o velo che nasconde le donne alla vista degli estranei **2** *(system)* = in India, il nascondere le donne alla vista degli estranei per mezzo di una tenda o un velo; ***to go into*** ~ FIG. isolarsi.

▷ **pure** /pjʊə(r)/ agg. **1** *(unadulterated)* [*oxygen, air, water*] puro; [*gold*] zecchino; ~ ***silk*** pura seta; ~ ***(new) wool*** pura lana (vergine); ~ ***cotton*** puro cotone; ~ ***alcohol*** CHIM. alcol puro; ***a*** ~ ***voice*** una voce perfettamente intonata **2** *(chaste)* [*person, life*] puro, casto; ***to be*** ~ ***in mind and body*** essere puro nell'anima e nel corpo; ***blessed are the*** ~ ***in heart*** BIBL. beati i puri di cuore **3** *(sheer)* [*happiness, nonsense, malice*] puro, puro e semplice; ***out of*** ~ ***curiosity*** per pura curiosità; ***by*** ~ ***chance*** per puro caso; ***by*** ~ ***accident*** in modo puramente accidentale *o* per puro caso; ~ ***and simple*** puro e semplice **4** *(not applied)* [*mathematics, science*] puro; ~ ***research*** ricerca pura ◆ ***as*** ~ ***as the driven snow*** puro come un giglio.

pure-blooded /,pjʊə'blʌdɪd/ agg. purosangue.

purebred /'pjʊəbred/ **I** agg. purosangue, di razza (pura) **II** n. *(horse)* purosangue m.

1.puree /'pjʊəreɪ, AE pjʊə'reɪ/ n. purè m. e f., passato m.; ***vegetable*** ~ passato di verdura; ***apple*** ~ mousse di mele.

2.puree /'pjʊəreɪ, AE pjʊə'reɪ/ tr. passare, ridurre in purè [*vegetables, fruit*].

pureed /'pjʊəreɪd, AE pjʊə'reɪd/ **I** p.pass. → **2.puree II** agg. passato, ridotto in purè; ~ ***vegetables*** passato di verdure.

pure line /'pjʊə,laɪn/ n. **1** ZOOL. razza f. pura **2** BOT. varietà f. non incrociata.

▷ **purely** /'pjʊəlɪ/ avv. puramente; ~ ***and simply*** semplicemente *o* soltanto; ~ ***to be polite*** solo per essere gentile; ~ ***as a pretext*** solamente come pretesto.

pureness /'pjʊənɪs/ n. purezza f.

pure vowel /'pjʊə,vaʊəl/ n. vocale f. semplice, monottongo m.

purgation /pɜ:'geɪʃn/ n. **1** RELIG. purgazione f., purificazione f. **2** MED. POL. purga f.

purgative /'pɜ:gətɪv/ **I** agg. purgativo, purgante **II** n. purgante m.

purgatorial /,pɜ:gə'tɔ:rɪəl/ agg. [*punishment, test*] del purgatorio; FIG. [*experience, place*] infernale.

purgatory /'pɜ:gətrɪ, AE -tɔ:rɪ/ n. purgatorio m. (anche FIG.); ***it was (sheer)*** ~ ***to do*** è stato un vero purgatorio fare.

1.purge /pɜ:dʒ/ n. **1** *(action)* purga f.; POL. purga f., epurazione f. (**of** di) **2** MED. purga f.

2.purge /pɜ:dʒ/ **I** tr. **1** MED. purgare (**of** da) **2** POL. epurare [*country, party*] (**of** da); epurare, cacciare [*extremists, traitors, dissidents etc.*] (**from** da) **3** RELIG. espiare [*sin*]; FIG. purgare, liberare [*mind, heart*] (**of** da) **4** DIR. ***to*** ~ ***one's contempt*** fare onorevole ammenda; ***to*** ~ ***an offence*** scontare una pena **II** rifl. ~ ***oneself of*** RELIG. liberarsi da [*sin*]; ***to*** ~ ***oneself of a charge*** DIR. discolparsi.

purging /'pɜ:dʒɪŋ/ **I** n. MED. purga f., purgazione f. **II** agg. MED. purgante, purgativo.

purification /,pjʊərɪfɪ'keɪʃn/ n. **1** *(of water, air, chemicals)* depurazione f. **2** RELIG. *(of person, soul)* purificazione f.

purification plant /,pjʊərɪfɪ'keɪʃn,plɑ:nt, -'plænt/ n. impianto m. di depurazione.

purificatory /,pjʊərɪfɪ'keɪtərɪ, AE pjʊə'rɪfɪkətɔ:rɪ/ agg. purificatore.

purifier /'pjʊərɪfaɪə(r)/ n. *(for water, air)* depuratore m.

▷ **purify** /'pjʊərɪfaɪ/ tr. **1** TECN. depurare [*air, water, chemical*] **2** RELIG. purificare [*person, soul*].

purifying /'pjʊərɪfaɪɪŋ/ **I** n. **1** *(of air, water)* depurazione f. **2** *(of soul, person)* purificazione f. **II** agg. purificante.

purine /pju:'ri:n/ n. purina f.

purism /'pjʊərɪzəm/ n. purismo m.

purist /'pjʊərɪst/ **I** agg. purista, puristico **II** n. purista m. e f.

puristic(al) /pjʊə'rɪstɪk(l)/ agg. puristico.

puritan /'pjʊərɪtən/ **I** agg. puritano (anche FIG.) **II** n. **1 Puritan** RELIG. STOR. puritano m. (-a) **2** FIG. puritano m. (-a).

puritanical /,pjʊərɪ'tænɪkl/ agg. RELIG. puritano.

puritanically /,pjʊərɪ'tænɪkəlɪ/ avv. in modo puritano.

puritanism /ˈpjʊərɪtənɪzəm/ n. **1 Puritanism** RELIG. STOR. puritanesimo m. **2** FIG. puritanesimo m., rigidezza f.

▷ **purity** /ˈpjʊərətɪ/ n. purezza f., purità f.

1.purl /pɜːl/ **I** n. punto m. rovescio **II** agg. [*row, stitch*] a rovescio.

2.purl /pɜːl/ tr. lavorare [qcs.] a punto rovescio [*row, stitch*].

3.purl /pɜːl/ intr. **1** [*water, stream*] scorrere gorgogliando **2** *(swirl)* [*water*] scorrere in vortici.

purler /ˈpɜːlə(r)/ n. COLLOQ. = colpo, spinta che fa cadere a gambe all'aria.

purlieus /ˈpɜːljuːz/ n.pl. FORM. dintorni m., adiacenze f.

purlin /ˈpɜːlɪn/ n. arcareccio m.

purloin /pɜːˈlɔɪn/ tr. LETT. rubare, sottrarre.

purloiner /pɜːˈlɔɪnə(r)/ n. LETT. ladro m. (-a).

▷ **1.purple** /ˈpɜːpl/ ♦ *5* **I** agg. *(bluish)* viola, violaceo; *(reddish)* (color) porpora, porporino, purpureo; ***to turn ~*** *(bluish)* diventare violaceo; *(reddish)* diventare color porpora; [*person*] *(in anger)* diventare paonazzo (dalla rabbia) **II** n. **1** *(colour)* viola m.; *(red)* (color) porpora m. **2** RELIG. ***the ~*** *(rank)* la porpora; *(bishops)* GB i vescovi (anglicani).

2.purple /ˈpɜːpl/ **I** tr. tingere color porpora **II** intr. diventare color porpora.

purple heart /ˌpɜːplˈhɑːt/ n. **1** *(pill) (in drug addicts' slang)* = compressa di colore purpureo e a forma di cuore a base di anfetamina **2** BOT. mogano m. della Caienna.

Purple Heart /ˌpɜːplˈhɑːt/ n. US MIL. = medaglia conferita per ferite riportate in guerra.

purple martin /ˌpɜːplˈmɑːtɪn/ n. AE rondine f. porporina.

purple passage /ˌpɜːplˈpæsɪdʒ/, **purple patch** /ˌpɜːplˈpætʃ/ n. LETTER. SPREG. = passo elaborato, ornato, all'interno di un'opera letteraria.

purple prose /ˌpɜːplˈprəʊz/ n. stile m. elaborato, ornato.

purplish /ˈpɜːplɪʃ/ ♦ *5* agg. *(bluish)* violaceo; *(reddish)* porporino, purpureo.

1.purport /ˈpɜːpət/ n. FORM. senso m., significato m.

2.purport /pəˈpɔːt/ tr. ***to ~ to do*** avere la pretesa di *o* pretendere di fare; ***a woman ~ing to be a social worker*** una donna che passa per un'assistente sociale.

purported /pəˈpɔːtɪd/ **I** p.pass. → **2.purport II** agg. FORM. asserito, presunto, supposto.

purportedly /pəˈpɔːtɪdlɪ/ avv. a quanto si dice.

▶ **1.purpose** /ˈpɜːpəs/ n. **1** *(aim)* scopo m., fine m., intenzione f., proposito m.; ***for the ~ of doing*** con il proposito *o* lo scopo di fare; ***what was his ~ in coming?*** per quale scopo è venuto? ***to have a ~ in life*** avere uno scopo nella vita; ***for cooking, business ~s*** per cucinare, per gli affari; ***for our ~s, we can assume that...*** per i no-stri scopi, possiamo supporre che...; ***for the ~s of this book, I shall confine myself to the 18th century*** dati gli scopi di questo libro, mi limiterò al XVIII secolo; ***for all practical ~s*** a tutti gli effetti *o* in pratica *o* praticamente; ***~ unknown*** uso sconosciuto; ***this knife will serve the ~*** questo coltello andrà bene *o* farà al caso nostro; ***this bag is large enough for the ~*** questa borsa è grande quanto serve; ***put it in the bin provided for the ~*** mettetelo nel bidone fornito allo scopo; ***to some*** o ***good ~*** non invano *o* con qualche risultato; ***to no ~*** invano *o* con nessun risultato; ***to the ~*** FORM. a proposito *o* all'uopo; ***not to the ~*** FORM. non a proposito **2** *(determination)* (anche **strength of ~**) decisione f., fermezza f.; ***to have a sense of ~*** essere determinato *o* deciso; ***lack of ~*** mancanza di decisione *o* indecisione **3 on purpose** *(deliberately)* apposta *o* di proposito; ***I didn't do it on ~*** non l'ho fatto apposta; ***she said it on ~ to frighten him*** l'ha detto apposta per spaventarlo.

2.purpose /ˈpɜːpəs/ tr. ANT. proporsi, avere l'intenzione (**to do** di fare).

purpose-built /ˌpɜːpəsˈbɪlt/ agg. BE costruito, fabbricato appositamente; ***a ~ apartment*** locali a uso abitativo; ***it's not a ~ apartment*** non è stato costruito per uso abitativo.

purposeful /ˈpɜːpəsfl/ agg. risoluto, deciso.

purposefully /ˈpɜːpəsfəlɪ/ avv. risolutamente.

purposefulness /ˈpɜːpəsfəlnɪs/ n. risolutezza f., decisione f., fermezza f.

purposeless /ˈpɜːpəslɪs/ agg. inutile, senza scopo.

purposelessly /ˈpɜːpəslɪslɪ/ avv. inutilmente, senza scopo.

purposelessness /ˈpɜːpəslɪsnɪs/ n. inutilità f., mancanza f. di scopo.

purposely /ˈpɜːpəslɪ/ avv. apposta, volutamente, di proposito; ***he said it ~ to annoy her*** l'ha detto apposta per irritarla.

purpose-made /ˌpɜːpəsˈmeɪd/ agg. BE fatto appositamente (**for** per).

purposive /ˈpɜːpəsɪv/ agg. **1** *(serving some purpose)* utile **2** *(acting with purpose)* deciso, risoluto **3** *(performed with conscious purpose)* voluto, intenzionale, finalizzato.

purpura /ˈpɜːpjʊrə/ n. MED. porpora f.

purpuric /pɜːˈpjʊərɪk/ agg. CHIM. MED. purpurico.

purpurin /ˈpɜːpjʊrɪn/ n. porpurina f.

1.purr /pɜː(r)/ n. **1** *(of cat)* fusa f.pl. **2** *(of engine)* ronzio m.

2.purr /pɜː(r)/ **I** intr. [*cat*] fare le fusa; [*engine*] ronzare **II** tr. FIG. esprimere [qcs.] facendo le fusa come un gatto [*endearments*].

▷ **1.purse** /pɜːs/ n. **1** *(for money)* borsellino m., portamonete m. **2** AE *(handbag)* borsa f. **3** FIG. *(resources)* fondi m.pl., possibilità f.pl. economiche; ***it's beyond my ~*** va al di là delle mie possibilità **4** *(prize)* premio m. (in denaro) ◆ ***to hold, loosen, tighten the ~-strings*** tenere, allargare, stringere i cordoni della borsa.

2.purse /pɜːs/ tr. aggrottare, corrugare [*brows*]; ***to ~ one's lips*** contrarre le labbra *o* fare una smorfia di disapprovazione.

purse-bearer /ˈpɜːsˌbeərə(r)/ n. cassiere m., tesoriere m.

purse-net /ˈpɜːsnet/ n. → **purse-seine**.

purse-proud /ˈpɜːspraʊd/ agg. AE orgoglioso della propria ricchezza.

purser /ˈpɜːsə(r)/ ♦ *27* n. commissario m. di bordo.

purse-seine /ˈpɜːsˌseɪn/ n. MAR. sciabica f., senna f. a sacco.

purse snatcher /ˈpɜːsˌsnætʃə(r)/ n. AE scippatore m. (-trice).

pursiness /ˈpɜːsɪnɪs/ n. corpulenza f., obesità f.

purslane /ˈpɜːslɪn/ n. BOT. porcellana f.

pursuance /pəˈsjuːəns, AE -ˈsuː-/ n. DIR. ***in ~ of*** *(in accordance with)* conformemente a *o* in applicazione a [*instructions, clause etc.*]; *(during the execution of)* nell'adempimento di.

pursuant /pəˈsjuːənt, AE -ˈsuː-/ agg. DIR. ***~ to*** in conformità con *o* conforme a.

▶ **pursue** /pəˈsjuː, AE -ˈsuː-/ tr. **1** inseguire [*person*] **2** perseguire [*aim, ambition*]; perseguire, portare avanti [*policy*]; dedicarsi a [*occupation, interest*]; inseguire, ricercare [*excellence*]; ***to ~ a career*** fare carriera (**in** in); ***to ~ a line of inquiry, of thought*** seguire una pista, una linea di pensiero **3** proseguire, portare avanti [*studies*].

pursuer /pəˈsjuːə(r), AE -ˈsuː-/ n. inseguitore m. (-trice).

▷ **pursuit** /pəˈsjuːt, AE -ˈsuː-/ n. **1 U** *(following)* inseguimento m.; ***in ~ of*** all'inseguimento di; ***the ~ of happiness*** la ricerca della felicità; ***in close ~, in hot ~*** alle calcagna (di qcn.) **2** *(hobby, interest)* svago m., passatempo m., occupazione f.; ***artistic ~s*** interessi artistici; ***scientific ~s*** interessi *o* ricerche scientifiche.

pursuit plane /pəˈsjuːtˌpleɪn, AE -ˈsuː-/ n. (aereo da) caccia m.

pursuivant /ˈpɜːsɪvənt/ n. **1** STOR. attendente m. dell'araldo **2** ANT. *(follower)* seguace m. e f.

pursy /ˈpɜːsɪ/ agg. ANT. **1** *(fat)* grasso, obeso **2** [*horse*] asmatico, bolso.

purulence /ˈpjʊərələns/, **purulency** /ˈpjʊərələnsɪ/ n. purulenza f., suppurazione f.

purulent /ˈpjʊərələnt/ agg. purulento.

purvey /pəˈveɪ/ tr. FORM. fornire [*goods, services, information*].

purveyance /pəˈveɪəns/ n. FORM. fornitura f., approvvigionamento m.

purveyor /pəˈveɪə(r)/ n. FORM. fornitore m. (-trice), approvvigionatore m. (-trice); ***~ of pornography*** chi fa commercio di materiale pornografico.

purview /ˈpɜːvjuː/ n. DIR. *(of act, law)* dispositivo m., parte f. dispositiva; ***to be within the ~ of sb., sth.*** rientrare nell'ambito *o* nel campo d'azione di qcn., qcs.

pus /pʌs/ n. pus m.

▶ **1.push** /pʊʃ/ n. **1** *(shove, press)* spinta f., spintone m.; ***to give sb., sth. a ~*** dare una spinta a qcn., qcs.; ***the car won't start - we need a ~*** la macchina non parte - bisogna spingerla; ***at the ~ of a button*** premendo un pulsante **2** *(campaign, drive)* campagna f., spinta f. (**for** a favore di; **to do** per fare) **3** FIG. *(stimulus)* stimolo m., impulso m.; ***to give sth., sb. a ~*** incoraggiare qcs., qcn., dare una spinta a qcs., qcn.; ***this gave me the ~ I needed*** mi ha dato la spinta di cui avevo bisogno; ***to give sth. a ~ in the right direction*** fare avanzare qcs. nella giusta direzione **4** MIL. offensiva f. (**to** contro; **towards** verso); ***the big ~*** la grande offensiva **5** *(spirit, drive)* decisione f., risolutezza f., grinta f. ◆ ***at a ~*** BE COLLOQ. al bisogno *o* in caso d'emergenza; ***to give sb. the ~*** BE COLLOQ. *(fire)* licenziare qcn.; *(break up with)* mollare qcn.; ***if it comes to the ~*** se arriva il momento critico *o* se è assolutamente necessario; ***when*** o ***if ~ comes to shove*** COLLOQ. alla peggio *o* nella peggiore delle ipotesi *o* quando non c'è più nulla da fare.

▶ **2.push** /pʊʃ/ **I** tr. **1** *(move, shove, press)* spingere [*person, animal, chair, door, car, pram*]; premere, schiacciare [*button, switch*];

premere [*bell*]; ***to ~ sb., sth. away*** respingere *o* allontanare qcn., qcs.; ***to ~ sth. up, down sth.*** spingere qcs. su, giù da [*hill*]; spingere qcs. lungo [*street*]; ***she ~ed him down the stairs*** l'ha spinto giù dalle scale; ***to ~ sb., sth. into*** spingere qcn., qcs. in [*lake, ditch, house*]; ***to ~ one's finger into*** premere un dito in; ***~ a stick into*** spingere con forza un bastone in; ***to ~ sth. into sb.'s hand*** cacciare qcs. in mano a qcn.; ***I ~ed her in*** l'ho spinta dentro; ***to ~ sth. to*** spingere qcs. fino a [*place, garage*]; ***to ~ sb., sth. out of the way*** scostare *o* spingere via qcn., qcs.; ***to ~ sb. aside*** spingere qcn. da parte; ***to ~ a suggestion aside*** scartare un suggerimento; ***to ~ one's way through sth.*** aprirsi un varco tra qcs.; ***to ~ sth. off the road*** spingere qcs. fuori dalla carreggiata; ***to ~ the door open, shut*** aprire, chiudere la porta con uno spintone; ***to ~ a thought to the back of one's mind*** ricacciare un pensiero in un angolo remoto della mente **2** *(urge, drive)* spingere, incoraggiare [*pupil, person*] (**to do**, **into doing** a fare); ***to ~ sb. too hard*** spingere (troppo) qcn.; ***to ~ sb. too far*** spingere qcn. troppo oltre; ***don't ~ me!*** COLLOQ. non tirare troppo la corda! non mi provocare; ***to be ~ed*** COLLOQ. *(under pressure)* essere sotto pressione; ***to be ~ed for sth.*** COLLOQ. *(short of)* essere a corto di qcs. **3** COLLOQ. *(promote)* fare grande pubblicità a, promuovere [*product*]; cercare d'imporre, di fare accettare [*policy, theory*] **4** COLLOQ. *(sell)* spacciare [*drugs*] **II** intr. spingere, dare spinte; ***to get out and ~*** uscire a spingere; ***"Push"*** "Spingere"; ***there's no need to ~!*** non c'è bisogno di spingere! ***to ~ against*** spingere contro; ***to ~ at sth.*** spingere qcs.; ***to ~ past sb.*** dare una spinta a qcn. per passare; ***to ~ through*** farsi largo attraverso [*crowd, room*] **III** rifl. ***to ~ oneself upright*** raddrizzarsi; ***to ~ oneself into a sitting position*** raddrizzarsi e mettersi seduto; ***to ~ oneself through the crowd*** farsi largo tra la folla; ***to ~ oneself through a gap*** passare attraverso un buco; *(drive oneself)* darsi da fare (**to do** per fare) ◆ ***to be ~ing 50*** avvicinarsi ai 50; ***to ~ one's luck*** o ***to ~ it*** COLLOQ. sfidare la sorte; ***that's ~ing it a bit!*** COLLOQ. *(scheduling)* c'è il rischio di non farcela; *(exaggerating)* è un po' azzardato.

- **push about** → **push around**.
- **push ahead** *(with plans)* perseverare, andare avanti con determinazione (**with** in); *(on journey)* proseguire.
- **push along** [*guest*] andarsene, andare via.
- **push around:** ***~ [sb.] around*** COLLOQ. comandare a bacchetta, dare ordini a destra e a manca.
- **push back:** ***~ [sth.] back***, ***~ back [sth.]*** **1** spingere (indietro) [*object, furniture*] **2** arrestare l'avanzata di [*forest, shoreline*]; respingere [*army, enemy*]; ***to ~ back the frontier of ignorance*** fermare l'avanzata dell'ignoranza **3** posticipare [*date, meeting*] **4** tirare indietro (dalla fronte) [*hair*].
- **push by** avanzare a spintoni, spingendo.
- **push down:** ***~ [sth.] down***, ***~ down [sth.]*** fare calare [*price, rate, temperature*]; ***~ down [sb.]***, ***~ [sb.] down*** fare cadere [*person*].
- **push for:** ***~ for [sth.]*** fare pressione in favore di, reclamare [*reform, action*].
- **push forward:** ***~ forward*** *(with plans)* perseverare, andare avanti con determinazione (**with** in); *(on journey)* continuare; ***~ [sth.] forward***, ***~ forward [sth.]*** avanzare, fare valere [*idea, proposal*]; ***to ~ oneself forward*** farsi avanti (**as** come; **for** per).
- **push in:** ***~ in*** mettersi in testa a una coda (spingendo); ***~ [sth.] in***, ***~ in [sth.]*** fare entrare a forza [*button*]; chiudere a forza [*door, window*].
- **push off 1** BE COLLOQ. andare, filare via; ***~ off!*** fila (via)! smamma! **2** MAR. prendere il largo; ***~ off from*** MAR. allontanarsi spingendo con un remo contro [*bank, jetty*].
- **push on** → **push ahead**.
- **push out:** ***~ [sth.] out*** [*factory*] produrre [qcs.] in grandi quantità [*goods*].
- **push over:** ***~ over*** COLLOQ. *(move over)* scansarsi; ***~ over [sth., sb.]***, ***~ [sth., sb.] over*** fare cadere, buttare giù con una spinta [*person, table*]; rovesciare [*car*].
- **push through:** ***~ [sth.] through***, ***~ through [sth.]*** fare votare, fare approvare [*bill, legislation*]; fare portare a termine, concludere a fatica [*deal*]; ***to ~ through a passport application*** accelerare le pratiche per il passaporto; ***to ~ a bill through parliament*** fare votare rapidamente un progetto di legge.
- **push up:** ***~ up [sth.]***, ***~ [sth.] up*** fare salire, fare crescere [*price, rate*]; fare crescere [*unemployment*].

push-bike /ˈpʊʃbaɪk/ n. COLLOQ. bicicletta f.
push button /ˈpʊʃbʌtn/ n. pulsante m.
push-button /ˈpʊʃbʌtn/ agg. attrib. [*control, tuning, selection*] tramite pulsanti, a pulsante; [*telephone*] a tasti; [*radio*] a pulsanti; [*dialling*] a pulsanti; ***~ warfare*** guerra teleguidata.
pushcart /ˈpʊʃkɑːt/ n. carretto m. a mano.
pushchair /ˈpʊʃtʃeə(r)/ n. BE passeggino m.
pushed /pʊʃt/ **I** p.pass. → **2.push II** agg. COLLOQ. **1** *(in difficulty)* in difficoltà; *(in trouble)* nei guai **2** *(busy)* occupato, indaffarato.
pusher /ˈpʊʃə(r)/ n. **1** COLLOQ. (anche **drug ~**) spacciatore m. (-trice) di droga **2** *(aircraft propeller)* elica f. spingente.
pushful /ˈpʊʃfʊl/ agg. **1** *(full of energy)* intraprendente, grintoso **2** *(assertive)* che sa farsi valere.
pushiness /ˈpʊʃɪnɪs/ n. *(ambition)* arrivismo m.; *(tenacity)* tenacia f., ostinazione f.
▷ **1.pushing** /ˈpʊʃɪŋ/ n. spinta f., spinte f.pl., spintoni m.pl.; ***a lot of ~ and shoving*** molte spinte *o* molti spintoni *o* un gran spingere.
2.pushing /ˈpʊʃɪŋ/ agg. → **pushful**.
pushover /ˈpʊʃəʊvə(r)/ n. COLLOQ. **1** *(easy to do)* passeggiata f., gioco m. da ragazzi; *(easy to beat)* avversario m. debole, non temibile; ***the team were no ~*** giocare contro quella squadra non è stata una passeggiata **2** *(easily convinced)* ***to be a ~*** essere un credulone *o* un pollo *o* essere uno che si beve qualsiasi cosa.
pushpin /ˈpʊʃpɪn/ n. AE puntina f. da disegno.
push-pull /ˌpʊʃˈpʊl/ agg. EL. push-pull, in controfase.
pushrod /ˈpʊʃˌrɒd/ n. MECC. asta f. di comando.
1.push-start /ˈpʊʃstɑːt/ n. ***to give sth. a ~*** spingere qcs. (per farla partire).
2.push-start /ˌpʊʃˈstɑːt/ tr. ***to ~ a car*** spingere una macchina (per farla partire).
push technology /ˈpʊʃtekˌnɒlədʒɪ/ n. INFORM. tecnologia f. push.
push-up /ˈpʊʃʌp/ n. SPORT piegamento m., flessione f. sulle braccia.
push-up bra /ˈpʊʃʌpˌbrɑː/ n. (reggiseno) push up m.
pushy /ˈpʊʃɪ/ agg. COLLOQ. *(ambitious)* intraprendente, arrivista, grintoso; ***she's very ~*** *(assertive)* è una che sa farsi valere.
pusillanimity /ˌpjuːsɪləˈnɪmətɪ/ n. FORM. pusillanimità f.
pusillanimous /ˌpjuːsɪˈlænɪməs/ agg. FORM. pusillanime.
pusillanimously /ˌpjuːsɪˈlænɪməslɪ/ avv. pusillanimamente.
pusillanimousness /ˌpjuːsɪˈlænɪməsnɪs/ n. → **pusillanimity**.
1.puss /pʊs/ n. COLLOQ. **1** *(cat)* micio m., micino m. **2** *(girl)* ragazza f., tipa f.
2.puss /pʊs/ n. AE COLLOQ. *(mouth)* bocca f., muso m.
▷ **pussy** /ˈpʊsɪ/ n. **1** BE *(cat)* INFANT. micio m., micino m. **2** VOLG. fica f.; *(intercourse)* scopata f., chiavata f.
pussy cat /ˈpʊsɪkæt/ n. **1** INFANT. micio m., micino m. **2** COLLOQ. FIG. ***he's a real ~*** è un micione.
pussyfoot /ˈpʊsɪfʊt/ intr. COLLOQ. (anche **~ around, ~ about**) non prendere posizione, cercare di non compromettersi.
pussyfooter /ˈpʊsɪfʊtə(r)/ n. **1** chi non prende posizione **2** *(prohibitionist)* proibizionista m. e f.
pussyfooting /ˈpʊsɪfʊtɪŋ/ **I** n. COLLOQ. **U** (il) non prendere posizione, (il) non pronunciarsi **II** agg. COLLOQ. [*attitude, behaviour*] timoroso.
pussy willow /ˈpʊsɪˌwɪləʊ/ n. **1** *(tree)* salice m. americano **2** *(catkin)* gattino m., amento m.
pustular /ˈpʌstjʊlə(r), AE -tʃuː-/, **pustulate** /ˈpʌstjuːlət, AE -tʃuː-/ agg. pustoloso.
pustulation /ˌpʌstjuːˈleɪʃn, AE -tʃuː-/ n. formazione f. di pustole.
pustule /ˈpʌstjuːl, AE -tʃuːl/ n. pustola f.
1.put /pʊt/ n. ECON. → **put option**.
▶ **2.put** /pʊt/ **I** tr. (forma in -ing **-tt-**; pass., p.pass. **put**) **1** *(place)* mettere, porre [*object*]; ***~ them here please*** per favore li metta qui; ***to ~ sth. on, under, around etc.*** mettere qcs. su, sotto, attorno a ecc.; ***to ~ a stamp on a letter*** mettere un francobollo su una lettera; ***to ~ a lock on the door, a button on a shirt*** mettere una serratura alla porta, mettere un bottone a una camicia; ***to ~ one's arm around sb.*** mettere il braccio attorno a qcn.; ***to ~ one's hands in one's pockets*** mettere le mani in tasca; ***to ~ sth. in a safe place*** mettere qcs. in un posto sicuro; ***to ~ sugar in one's tea*** mettere zucchero nel proprio tè; ***to ~ more sugar in one's tea*** mettere più zucchero *o* mettere altro zucchero nel proprio tè; ***to ~ more soap in the bathroom*** mettere altro sapone nel bagno **2** *(cause to go or undergo)* ***to ~ sth. through*** fare scivolare qcs. in [*letterbox*]; passare qcs. da [*window*]; passare qcs. a [*mincer*]; ***to ~ one's head through the window*** sporgere la testa dalla finestra; ***to ~ one's fist through the window*** rompere la finestra con un pugno; ***to ~ sth. through the books*** AMM. inserire qcs. nei libri contabili; ***to ~ sth. through a test*** sottoporre qcs. a una prova; ***to ~ sth. through a process*** fare subire un processo a qcs.; ***to ~ sb. through*** fare andare qcn. a [*university, college*]; fare passare qcn. attraverso [*suffering, ordeal*]; fare sostenere a qcn., sottoporre qcn. a [*test*]; fare seguire a qcn. [*course*]; ***after all you've put me through*** dopo tutto quello che mi hai fatto passare; ***to ~ sb. through hell*** fare soffrire le

pene dell'inferno a qcn.; ***to ~ one's hand, finger to*** portare una mano, un dito a [*mouth*] **3** *(cause to be or do)* mettere [*person*]; ***to ~ sb. in prison, on a diet*** mettere qcn. in prigione, a dieta; ***to ~ sb. on the train*** mettere qcn. sul treno; ***to ~ sb. in goal, in defence*** BE mettere, schierare qcn. in porta, in difesa; ***to ~ sb. in a bad mood, in an awkward position*** mettere qcn. di cattivo umore, in una situazione delicata; ***to ~ sb. to work*** mettere qcn. al lavoro; ***to ~ sb. to mending, washing sth.*** mettere qcn. ad aggiustare, a lavare qcs. *o* fare aggiustare, lavare qcs. a qcn. **4** *(devote, invest)* ***to ~ money, energy into sth.*** mettere *o* investire denaro, energia in qcs.; ***if you ~ some effort into your work, you will improve*** se metterai un po' di impegno nel tuo lavoro, migliorerai; ***to ~ a lot into*** impegnarsi molto in *o* per [*work, project*]; mettere molto di sé in *o* sacrificare molto per [*marriage*]; ***to ~ a lot of effort into sth.*** mettere molta energia in qcs., fare molti sforzi per qcs.; ***she ~s a lot of herself into her novels*** c'è molto di lei nei suoi romanzi *o* ci sono molti elementi autobiografici nei suoi romanzi **5** *(add)* ***to ~ sth. towards*** destinare qcs. a [*holiday, gift, fund*]; ***~ it towards some new clothes*** destinalo all'acquisto di alcuni abiti nuovi; ***to ~ tax, duty on sth.*** mettere una tassa, un dazio su qcs.; ***to ~ a penny on income tax*** BE aumentare l'imposta sul reddito **6** *(express)* ***how would you ~ that in French?*** come si direbbe in francese? ***how can I ~ it?*** come posso esprimerlo *o* come posso dirlo? ***it was - how can I ~ it - unusual*** era - come dire - originale; ***that's one way of ~ting it!*** IRON. mettiamola così! ***as Sartre ~s it*** come dice Sartre; ***to ~ it simply*** per dirlo in parole povere; ***to ~ it bluntly*** per parlar chiaro *o* per dirla francamente; ***let me ~ it another way*** lasciate che ve lo spieghi in un altro modo; ***that was very well*** o ***nicely put*** era molto ben espresso *o* molto ben detto; ***to ~ one's feelings, one's anger into words*** esprimere i propri sentimenti, la propria rabbia a parole; ***to ~ sth. in writing*** mettere qcs. per iscritto **7** *(offer for consideration)* esporre [*argument, point of view, proposal*]; ***to ~ sth. to*** esporre *o* sottoporre qcs. a [*meeting, conference, board*]; ***to ~ sth. to the vote*** mettere qcs. ai voti *o* procedere alla votazione di qcs.; ***I ~ it to you that*** DIR. faccio notare *o* sottopongo alla vostra attenzione che **8** *(rate, rank)* giudicare, valutare; ***where would you ~ it on a scale of one to ten?*** quale sarebbe il tuo giudizio in una scala da uno a dieci? ***to ~ sb. in the top rank of artists*** considerare qcn. tra i migliori artisti; ***I ~ a sense of humour before good looks*** per me il senso dell'umorismo viene prima della bellezza; ***I ~ a sense of humour first*** per me il senso dell'umorismo è la cosa più importante; ***to ~ children, safety first*** porre i bambini, la sicurezza davanti a tutto; ***to ~ one's family before everything*** porre la famiglia davanti a tutto **9** *(estimate)* ***to ~ sth. at*** valutare *o* stimare qcs. [*sum*]; ***to ~ the value of sth. at*** stimare il valore di qcs. a [*sum*]; ***I'd ~ him at about 40*** gli darei una quarantina d'anni **10** SPORT lanciare [*shot*] **11** AGR. *(for mating)* ***to ~ a heifer, mare to*** portare una giovenca, una giumenta da [*male*] **II** rifl. (forma in -ing **-tt-**; pass., p.pass. **put**) ***to ~ oneself in a strong position*** mettersi in una posizione di forza; ***to ~ oneself in sb.'s place, shoes*** mettersi al posto *o* nei panni di qcn. ◆ ***I didn't know where to ~ myself*** non sapevo dove mettermi; ***I wouldn't ~ it past him!*** penso che ne sarebbe capace! (**to do** di fare); ***I wouldn't ~ anything past her!*** credo che sia capace di tutto! ***~ it there!*** COLLOQ. *(invitation to shake hands)* qua la mano! ***to ~ it about a bit*** POP. SPREG. darla via a tutti; ***to ~ one over*** o ***across*** BE ***on sb.*** COLLOQ. darla a bere a qcn.

■ **put about:** ***~ about*** MAR. virare di bordo; ***~ [sth.] about, ~ about [sth.]*** **1** *(spread)* mettere in giro [*rumour, gossip, story*]; ***to ~ (it) about that*** mettere in giro la storia che; ***it is being put about that*** gira voce che **2** MAR. invertire la rotta di, fare virare di bordo [*vessel*].

■ **put across:** ***~ across [sth.], ~ [sth.] across*** comunicare [*idea, message, concept, case, point of view*]; fare valere [*personality*]; ***to ~ oneself across*** farsi valere.

■ **put aside:** ***~ aside [sth.], ~ [sth.] aside*** mettere da parte, risparmiare [*money*]; mettere, tenere da parte [*article*]; mettere da parte, dimenticare [*differences, divisions, mistrust*].

■ **put away:** ***~ away [sth.], ~ [sth.] away*** **1** *(tidy away)* mettere a posto, mettere via, riporre [*toys, dishes*] **2** *(save)* mettere da parte, risparmiare [*money*] **3** COLLOQ. *(consume)* fare fuori, mangiarsi [*food*]; scolarsi, tracannarsi [*drink*]; ***~ away [sb.], ~ [sb.] away*** COLLOQ. **1** *(in mental hospital)* rinchiudere; ***he had to be put away*** abbiamo dovuto rinchiuderlo **2** *(in prison)* mettere dentro, mettere al fresco [*person*] (**for** per).

■ **put back:** ***~ back [sth.], ~ [sth.] back*** **1** *(return, restore)* rimettere (a posto) [*object*]; ***to ~ sth. back where it belongs*** rimettere qcs. a posto **2** *(postpone)* rinviare [*meeting, departure*] (**to** a; **until** fino a); posticipare [*date*] **3** spostare, mettere indietro [*clock, watch*]; ***remember to ~ your clocks back an hour*** ricordate di spostare le lancette degli orologi indietro di un'ora **4** *(delay)* ritardare, rallentare [*project, production*]; ritardare [*deliveries*] (**by** di) **5** COLLOQ. *(knock back)* buttare giù, scolarsi [*drink, quantity*].

■ **put before** ***~ sth. before sb.*** presentare qcs. a qcn. [*project*].

■ **put by** BE ***~ [sth.] by, ~ by [sth.]*** mettere da parte, risparmiare [*money*]; ***to have a bit (of money) put by*** avere qualcosa da parte.

■ **put down:** ***~ down*** *(land)* [*aircraft*] atterrare (**on** su); ***~ [sth.] down, ~ down [sth.]*** **1** *(on ground, table)* mettere giù, posare [*object*]; fare atterrare [*plane*] (**on** su); mettere [*rat poison etc.*] **2** *(suppress)* reprimere [*uprising, revolt, opposition*] **3** *(write down)* annotare, scrivere [*date, time, name*]; ***~ down whatever you like*** scrivi quello che vuoi **4** *(ascribe)* ***to ~ sth. down to*** attribuire *o* imputare qcs. a [*incompetence, human error etc.*]; ***to ~ sth. down to the fact that*** attribuire qcs. al fatto che **5** *(charge)* ***to ~ sth. down to*** mettere *o* segnare qcs. sul [*account*] **6** VETER. *(by injection)* fare la puntura letale a; *(by other method)* abbattere, sopprimere; ***to have a dog put down*** fare sopprimere un cane **7** *(advance, deposit)* ***to ~ down a deposit*** versare una somma in deposito *o* come anticipo; ***to ~ £ 50 down on sth.*** dare 50 sterline come anticipo di qcs. **8** *(lay down, store)* mettere in cantina [*wine*]; stagionare [*cheese*] **9** *(put on agenda)* mettere [qcs.] all'ordine del giorno [*motion*]; ***~ [sb.] down, ~ down [sb.]*** **1** *(drop off)* fare scendere, lasciare [*passenger*]; ***to ~ sb. down on the corner*** lasciare qcn. all'angolo **2** COLLOQ. *(humiliate)* umiliare, mortificare [*person*] **3** SCOL. *(into lower group)* inserire in un livello inferiore [*pupil*]; fare retrocedere [*team*] (**from** da; **to, into** a) **4** *(classify, count in)* ***to ~ sb. down as*** considerare qcn. come [*possibility, candidate, fool*]; ***I'd never have put you down as a Scotsman!*** non avrei mai pensato che tu fossi uno scozzese! ***to ~ sb. down for*** *(note as wanting or offering)* segnare qcn. per [*contribution*]; *(put on waiting list)* mettere qcn. in lista per [*school, club*]; ***~ me down for a meal*** conta un pasto per me; ***to ~ sb. down for £ 10*** segnare qcn. per 10 sterline; ***to ~ sb. down for three tickets*** segnare qcn. per tre biglietti *o* prenotare tre biglietti per qcn.

■ **put forth** LETT. ***~ forth [sth.], ~ [sth.] forth*** **1** mettere, fare spuntare [*shoots, leaves, buds*] **2** FIG. avanzare, proporre [*idea, theory*].

■ **put forward:** ***~ forward [sth.], ~ [sth.] forward*** **1** *(propose)* avanzare, proporre [*idea, theory, name, plan, suggestion*]; avanzare [*opinion*] **2** *(in time)* anticipare [*meeting, date*] (**by** di; **to** a); mettere avanti [*clock*] (**by** di); ***don't forget to ~ your clocks forward one hour*** non dimenticate di portare avanti di un'ora le lancette del vostro orologio; ***~ [sb.] forward, ~ forward [sb.]*** proporre, presentare la candidatura di qcn. (**for** per); ***~ sb. forward as*** presentare qcn. come [*candidate*]; ***to ~ oneself forward*** farsi avanti; ***to ~ oneself forward as a candidate*** farsi avanti come candidato *o* presentare la propria candidatura; ***to ~ oneself forward for*** farsi avanti *o* presentarsi per [*post*].

■ **put in:** ***~ in*** **1** [*ship*] fare scalo (**at** a; **to** in; **for** per) **2** *(apply)* ***to ~ in for*** [*person*] proporsi, candidarsi per [*job, promotion, rise*]; fare domanda per [*transfer, overtime*]; ***~ in [sth.], ~ [sth.] in*** **1** *(fit, install)* installare [*central heating*]; montare [*shower, kitchen*]; mettere [*contact lenses*]; ***to have sth. put in*** fare installare qcs. **2** *(make)* fare, presentare [*request, claim, offer, bid*]; ***to ~ in an application for*** presentare domanda per [*visa, passport*]; fare domanda per [*job*]; ***to ~ in a protest*** protestare *o* presentare una protesta; ***to ~ in an appearance*** fare un'apparizione fugace *o* fare una capatina **3** *(contribute)* dedicare [*time, hours, days*]; contribuire con [*sum, amount*]; ***they are each ~ting in £ 1 m*** ognuno di loro contribuirà con un milione di sterline; ***to ~ in a lot of time doing*** dedicare molto tempo a fare; ***to ~ in a good day's work*** metterci una giornata buona di lavoro; ***to ~ in a lot of work*** metterci un sacco di lavoro; ***thank you for all the work you've put in*** grazie per tutto il lavoro che hai fatto **4** *(insert)* mettere, inserire [*paragraph, word, reference*]; ***to ~ in that*** aggiungere che; ***to ~ in how, why*** spiegare come, perché **5** *(elect)* eleggere, mandare al potere; ***that ~s the Conservatives in again*** così i conservatori tornano di nuovo al potere; ***~ [sb.] in for*** iscrivere per [*exam, scholarship*]; proporre, candidare per [*promotion, job*]; proporre per [*prize, award*]; ***to ~ oneself in for*** proporsi per [*job, promotion*].

■ **put off:** ***~ off*** MAR. salpare; ***~ off from*** allontanarsi da [*quay, jetty*]; ***~ off [sth.], ~ [sth.] off*** **1** *(delay, defer)* rinviare, rimandare [*wedding, meeting*]; ***to ~ sth. off until June, until after Christmas*** rimandare qcs. a giugno, a dopo Natale; ***I should see a doctor, but I keep ~ting it off*** dovrei vedere un dottore, ma continuo a rimandare; ***to ~ off visiting sb., doing one's homework*** rimandare la visita a qcn., rimandare i compiti **2** *(turn off)* spegnere [*light, radio,* *radiator, heating*]; **~ off [sb.], ~ [sb.] off** **1** *(fob off, postpone seeing)* rimandare la visita di [*guest*]; ***to ~ sb. off coming with an excuse*** trovare una scusa per non fare venire qcn.; ***I put your mother off spending all that money*** ho convinto tua madre a non spendere tutti quei soldi; ***to be easily put off*** scoraggiarsi facilmente **2** *(repel)* [*appearance, smell, colour*] disgustare, sconcertare; [*manner, person*] sconcertare; ***don't be put off by the colour - it tastes delicious!*** non farti impressionare dal colore - è buonissimo! **3** BE *(distract)* disturbare, distrarre; ***stop trying to ~ me off!*** smettila di disturbarmi! ***you're ~ting me off my work*** mi distrai dal mio lavoro **4** *(drop off)* fare scendere, lasciare [*passenger*].

▪ **put on: ~ on [sth.], ~ [sth.] on** **1** mettersi, indossare [*garment, hat*]; mettersi [*cream, lipstick*] **2** *(switch on, operate)* accendere [*light, gas, radio, heating*]; mettere [*record, tape, music*]; ***to ~ the kettle on*** mettere il bollitore sul fuoco; ***to ~ the brakes on*** frenare *o* azionare i freni **3** *(gain)* mettere su, prendere [*weight, kilo*] **4** *(add)* imporre [*extra duty, tax*] **5** *(produce)* allestire, mettere in scena [*play*]; allestire [*exhibition*] **6** *(assume, adopt)* assumere [*air, look, expression*]; prendere [*accent*]; ***he's ~ting it on*** fa finta *o* fa solo scena **7** *(lay on, offer)* aggiungere [*extra train*]; potenziare [*bus service*]; offrire [*meal, dish*] **8** *(put forward)* mettere avanti [*clock*] **9** EQUIT. *(bet)* puntare, scommettere [*amount*]; ***to ~ a bet on*** fare una scommessa su; **~ [sb.] on** **1** TEL. *(connect)* mettere in comunicazione con, passare; ***I'll ~ him on*** glielo passo **2** AE COLLOQ. prendere in giro [*person*] **3** *(recommend)* ***to ~ sb. on to sth.*** indicare *o* consigliare qcs. a qcn.; ***who put you on to me?*** chi l'ha mandata da me? **4** *(put on track of)* ***to ~ sb. on to*** mettere qcn. sulla pista di [*killer, criminal, runaway*].

▪ **put out: ~ out** **1** MAR. salpare (**from** da); ***to ~ out to sea*** salpare **2** AE POP. SPREG. starci, andare con tutti, darla; **~ out [sth.], ~ [sth.] out** **1** *(extend)* stendere, allungare [*hand, arm, foot, leg*]; ***to ~ out one's tongue*** tirare fuori la lingua **2** *(extinguish)* spegnere [*fire, cigarette, candle, light*] **3** *(take outside)* portare, mettere fuori [*bin, garbage*]; fare uscire [*cat*] **4** *(issue)* diramare, trasmettere [*description, report, warning*]; diffondere, fare [*statement*]; diffondere [*rumour*] **5** *(make available, arrange)* mettere (a disposizione) [*food, dishes, towels etc.*] **6** *(sprout)* mettere [*shoot, bud, root*] **7** *(cause to be wrong)* fare sbagliare, fare sballare [*figure, estimate, result*] **8** *(dislocate)* lussarsi, slogarsi [*shoulder, ankle*] **9** *(subcontract)* dare fuori [*work*] (**to** a); **~ [sb.] out** **1** *(inconvenience)* arrecare disturbo, scomodare; ***to ~ oneself out*** disturbarsi *o* darsi pena (**to do** per fare); ***to ~ oneself out for sb.*** darsi pena *o* scomodarsi per aiutare qcn.; ***don't ~ yourself out for us*** non disturbarti per noi **2** *(annoy)* seccare, contrariare; ***he looked really put out*** sembrava davvero seccato **3** *(evict)* buttare fuori, sfrattare.

▪ **put over** → **put across.**

▪ **put through: ~ [sth.] through, ~ through [sth.]** **1** *(implement)* fare approvare, fare passare [*reform, bill, amendment, plan, measure*] **2** TEL. *(transfer)* passare [*call*] (**to** a); ***she put through a call from my husband*** mi ha passato una telefonata di mio marito; **~ [sb.] through** TEL. passare [*caller*] (**to** a); ***I'm just ~ting you through*** la sto mettendo in comunicazione; ***I was put through to another department*** mi hanno passato un altro reparto.

▪ **put together: ~ [sb., sth.] together, ~ together [sb., sth.]** **1** *(assemble)* mettere insieme, assemblare [*pieces, parts*]; ***to ~ sth. together again*** o ***to ~ sth. back together*** rimettere insieme qcs.; ***more, smarter than all the rest put together*** più, più intelligente di tutti gli altri messi assieme **2** *(place together)* mettere insieme [*animals, objects, people*] **3** *(form)* creare, formare [*coalition, partnership, group, team, consortium*] **4** *(edit, make)* creare [*file, portfolio, anthology*]; redigere [*newsletter, leaflet*]; creare, stabilire [*list*]; fare, creare [*film, programme, video*] **5** *(concoct)* improvvisare, preparare [*meal*] **6** *(present)* preparare, presentare [*case*]; preparare, strutturare [*argument, essay*].

▪ **put up: ~ up** **1** *(stay)* ***to ~ up at sb.'s*** sistemarsi *o* alloggiare da qcn.; ***to ~ up in a hotel*** scendere in *o* trovare alloggio in un albergo **2** ***to ~ up with*** *(tolerate)* sopportare, tollerare [*behaviour, person*]; ***to have a lot to ~ up with*** dover sopportare molte cose; **~ up [sth.]** opporre [*resistance*]; ***to ~ up a fight, struggle*** lottare, resistere; ***to ~ up a good performance*** [*team, competitor*] difendersi bene; **~ [sth.] up, ~ up [sth.]** **1** *(raise)* issare [*flag, sail*]; tirare su [*hair*]; ***to ~ up one's hand, leg*** alzare una mano, una gamba; ***~ your hands up!*** *(in class)* alzate le mani! ***~ 'em up!*** COLLOQ. *(to fight)* in guardia! *(to surrender)* mani in alto, arrenditi! **2** *(post up)* affiggere, attaccare [*sign, poster, notice*]; mettere [*plaque, decorations*]; affiggere, appendere [*list*]; ***to ~ sth. up on the wall, on the board*** affiggere qcs. alla parete, in bacheca **3** *(build, erect)* alzare [*fence, barrier, tent*]; costruire [*building, memorial*] **4** *(increase, raise)* aumentare [*rent, prices, tax*]; (fare) aumentare, fare crescere [*temperature, pressure*] **5** *(provide)* fornire, mettere [*money, amount, percentage*] (**for** per; **to do** per fare) **6** *(present)* presentare [*proposal, argument*]; ***to ~ sth. up for discussion*** sottoporre qcs. alla discussione **7** *(put in orbit)* lanciare in orbita [*satellite, probe*]; **~ [sb.] up, ~ up [sb.]** **1** *(lodge)* alloggiare, sistemare **2** *(as candidate)* proporre [*candidate*]; ***to ~ sb. up for*** proporre qcn. come [*leader, chairman*]; proporre qcn. per [*promotion, position*]; ***to ~ oneself up for*** proporsi come [*chairman*]; proporsi per [*post*] **3** *(promote)* promuovere, fare passare al livello superiore [*pupil*]; ***to be put up*** [*pupil, team*] essere promosso *o* essere fatto passare al livello superiore (**to** in) **4** *(incite)* ***to ~ sb. up to sth., to doing*** spingere *o* incitare qcn. a qcs., a fare; ***somebody must have put her up to it*** deve averla spinta qcn.

▪ **put upon: ~ upon [sb.]** dare fastidio a, creare inconvenienti a [*person*]; ***to be put upon*** essere usato *o* sfruttato; ***to feel put upon*** avere l'impressione essere sfruttato; ***I won't be put upon any more*** non mi farò più mettere i piedi in testa.

put and call /ˌpʊtənd'kɔːl/ n. BE ECON. opzione f. doppia.

putative /'pjuːtətɪv/ agg. FORM. putativo.

putatively /'pjuːtətɪvlɪ/ avv. putativamente.

put-down /'pʊtdaʊn/ n. dura critica f., parole f.pl. umilianti; ***it was a real ~*** è stata una vera umiliazione.

putlock /'pʌtlɒk/, **putlog** /'pʌtlɒg, AE -lɔːg/ n. EDIL. traversa f. orizzontale di ponteggio.

put-off /'pʊtɒf, AE -ɔːf/ n. **1** *(delay)* rinvio m. **2** *(pretext)* pretesto m., scusa f.

put-on /'pʊtɒn/ **I** agg. AE [*smile*] finto, fatto controvoglia **II** n. AE *(trick)* burla f., scherzo m.; messa f. in scena.

put option /'pʊtˌɒpʃn/ n. ECON. COMM. opzione f. di vendita, opzione f. put.

put-out /ˌpʊt'aʊt/ agg. COLLOQ. *(offended)* seccato, contrariato.

put-put /'pʌtpʌt/ n. *(vehicle)* utilitaria f. di piccole dimensioni; *(boat)* barchetta f. a motore.

putrefaction /ˌpjuːtrɪ'fækʃn/ n. putrefazione f.

putrefy /'pjuːtrɪfaɪ/ **I** tr. putrefare **II** intr. putrefarsi.

putrescence /pjuː'tresns/ n. FORM. putrescenza f.

putrescent /pjuː'tresnt/ agg. FORM. putrescente.

putrescine /pjuː'tresiːn/ n. putrescina f.

putrid /'pjuːtrɪd/ agg. **1** FORM. *(decaying)* putrido **2** COLLOQ. *(awful)* schifoso, orribile.

putridity /pjuː'trɪdətɪ/, **putridness** /'pjuːtrɪdnɪs/ n. putredine f., marciume m.

putsch /pʊtʃ/ n. putsch m.

1.putt /pʌt/ n. putt m.

2.putt /pʌt/ **I** tr. colpire con un putt, imbucare con un putt [*ball*] **II** intr. effettuare un putt.

puttee /'pʌtɪ/ n. fascia f., mollettiera f.

1.putter /'pʌtə(r)/ n. SPORT *(in golf) (club)* putter m.; *(player)* putter m.

2.putter /'pʌtə(r)/ intr. **1** ***to ~ along, past*** [*vehicle*] avanzare, passare ronzando **2** AE → **2.potter**.

putting green /'pʌtɪŋˌgriːn/ n. = nel golf, area erbosa pianeggiante intorno alla buca.

1.putty /'pʌtɪ/ n. *(in woodwork)* stucco m. per legno; *(for panes of glass)* stucco m. da vetraio ◆ ***he's like ~ in my hands*** è come creta nelle mie mani.

2.putty /'pʌtɪ/ tr. stuccare.

put-up job /ˌpʊtʌp'dʒɒb/ n. COLLOQ. imbroglio m., intrallazzo m., macchinazione f.

put-upon /'pʊtəpɒn/ agg. **1** *(badly treated)* maltrattato **2** *(exploited for one's kindness, willingness etc.)* sfruttato, usato; ***he began to feel ~*** cominciava a sentire che la gente approfittava di lui.

put-you-up /'pʊtjʊˌʌp/ n. BE COLLOQ. divano letto m.

putz /pʊts/ n. AE **1** POP. *(person)* cazzone m., coglione m. **2** VOLG. *(penis)* cazzo m.

▷ **1.puzzle** /'pʌzl/ n. **1** *(mystery)* enigma m., mistero m.; ***it's a ~ to me how, why*** per me è un mistero come, perché; ***it's a bit of a ~*** BE COLLOQ. è un po' un mistero **2** GIOC. enigma m., rompicapo m.; ***crossword ~*** parole incrociate *o* cruciverba; ***jigsaw ~*** puzzle.

▷ **2.puzzle** /'pʌzl/ **I** tr. [*question, attitude*] sconcertare, rendere perplesso [*person*] **II** intr. ***to ~ over sth.*** scervellarsi su qcs.

▪ **puzzle out: ~ out [sth.], ~ [sth.] out** (riuscire a) indovinare [*identity, meaning*].

puzzle book /'pʌzlˌbʊk/ n. = libro di giochi e indovinelli per bambini.

puzzled /'pʌzld/ **I** p.pass. → **2.puzzle** **II** agg. [*person*] perplesso, sconcertato; [*smile*] di perplessità; ***to be ~ as to why, how*** chiedersi (con perplessità) perché, come.
puzzle-headed /'pʌzl͵hedɪd/ agg. confuso, che ha le idee confuse.
puzzlement /'pʌzlmənt/ n. perplessità f.
puzzler /'pʌzlə(r)/ n. enigma m., mistero m.
puzzling /'pʌzlɪŋ/ agg. sconcertante, enigmatico, che lascia perplesso.
puzzlingly /'pʌzlɪŋlɪ/ avv. in modo sconcertante, enigmatico.
puzzolana /͵pu:tsə'lɑ:nə/ n. pozzolana f.
PVC n. (⇒ polyvinyl chloride polivinilcloruro) PVC m.
Pvt MIL. ⇒ private soldato semplice.
pw ⇒ per week alla settimana.
PWR n. (⇒ pressurized water reactor reattore pressurizzato) PWR m.
PX n. AE (⇒ Post Exchange) = spaccio militare.
pyaemia /paɪ'i:mɪə/ ➧ ***11*** n. piemia f.
pye-dog /'paɪdɒg, AE -dɔ:g/ n. INDIAN. cane m. randagio.
pyelitis /͵paɪə'laɪtɪs/ n. pielite f.
pyemia → **pyaemia**.
Pygmalion /pɪg'meɪlɪən/ n.pr. Pigmalione.
pygmean /pɪg'mi:ən/ agg. pigmeo.
pygmy /'pɪgmɪ/ **I** n. **1** (anche **Pygmy**) pigmeo m. (-a) **2** SPREG. pigmeo m. (-a), nano m. (-a) **II** modif. [*feature, tradition, race*] pigmeo.
pyjamas BE, **pajamas** AE /pə'dʒɑ:məz/ **I** n.pl. pigiama m.sing.; ***a pair of ~*** un pigiama; ***to be in one's ~*** essere in pigiama **II** **pyjama** BE, **pajama** AE modif. [*cord, jacket, trousers*] del pigiama.
pylon /'paɪlən, -lɒn/ n. EL. AER. pilone m.; ***electricity ~*** traliccio dell'elettricità.
pylori /paɪ'lɔ:raɪ/ → **pylorus**.
pyloric /paɪ'lɒrɪk/ agg. pilorico.
pylorus /paɪ'lɔ:rəs/ n. (pl. **-i**) piloro m.
PYO ⇒ pick your own = (cartello posto nelle vicinanze di una) fattoria in cui è possibile raccogliere da soli la frutta e la verdura che si vogliono acquistare.
pyoderma /͵paɪə'dɜ:mə/ n. ➧ ***11*** piodermite f.
pyogen /'paɪədʒən/ n. piogeno m.
pyogenic /͵paɪə'dʒenɪk/ agg. piogeno.
pyorrh(o)ea /͵paɪə'rɪə/ ➧ ***11*** n. piorrea f.
pyralid /paɪ'rælɪd/ n. piralide f.
▷ **1.pyramid** /'pɪrəmɪd/ n. piramide f.
2.pyramid /'pɪrəmɪd/ intr. ECON. = reinvestire in nuovi titoli i guadagni conseguiti con la vendita di titoli acquistati in precedenza.
pyramidal /pɪ'ræmɪdl/ agg. piramidale.
pyramidally /pɪ'ræmɪdlɪ/ avv. piramidalmente.
pyramidal tract /͵pɪræmɪdl'trækt/ n. ANAT. fascio m. piramidale.
pyramid selling /͵pɪræmɪd'selɪŋ/ n. = sistema di vendita piramidale.
pyrargyrite /paɪ'rɑ:dzəraɪt/ n. pirargirite f.
pyre /'paɪə(r)/ n. pira f.
Pyrenean /͵pɪrə'ni:ən/ agg. pirenaico, dei pirenei.
Pyrenean mountain dog /͵pɪrə'ni:ən͵maʊntɪn͵dɒg, AE -͵maʊntn͵dɔ:g/ n. pastore m. dei Pirenei.
Pyrenees /͵pɪrə'ni:z/ n.pr.pl. Pirenei m.
pyrethrin /paɪ'ri:θrɪn/ n. piretrina f.
pyrethrum /paɪ'ri:θrəm/ n. *(plant, insecticide)* piretro m.
pyretic /paɪ'retɪk, pɪ-/ agg. piretico, febbrile.
Pyrex® /'paɪreks/ **I** n. Pyrex® m. **II** modif. [*dish, jug*] in Pyrex®.
pyrexia /paɪ'reksɪə/ n. piressia f.
pyrexic /paɪ'reksɪk/, **pyrexial** /paɪ'reksɪəl/ agg. piretico, febbrile.
pyrheliometer /pɜ:͵hi:lɪ'ɒmɪtə(r)/ n. pireliometro m.
pyridine /'paɪrɪdɪn/ n. piridina f.
pyriform /'pɪrɪfɔ:m/ agg. piriforme.
pyrimidine /pɪ'rɪmədi:n/ n. pirimidina f.
pyrite /'paɪraɪt, AE 'pɪraɪt/ n. pirite f.
pyrites /paɪ'raɪti:z, AE pɪ'raɪti:z/ n.pl. bisolfuro m.sing.
pyritic(al) /paɪ'rɪtɪk(l)/ agg. piritico.
pyroclastic /͵paɪrəʊ'klæstɪk/ agg. piroclastico.
pyroelectricity /͵paɪrəʊ͵ɪlek'trɪsətɪ/ n. piroelettricità f.
pyrogallic /͵paɪrəʊ'gælɪk/ agg. pirogallico.
pyrogenic /͵paɪrə'dʒenɪk/ agg. MED. pirogeno, che produce febbre.
pyrogenous /paɪ'rɒdʒɪnəs/ agg. RAR. GEOL. igneo.
pyrography /paɪ'rɒgrəfɪ/ n. pirografia f.
pyroligneous /͵paɪrəʊ'lɪgnɪəs/ agg. pirolegnoso.
pyrolusite /͵paɪrəʊ'lju:saɪt/ n. pirolusite f.
pyrolysis /paɪ'rɒləsɪs/ n. pirolisi f.
pyromancy /'paɪrəʊmænsɪ/ n. piromanzia f.
pyromania /͵paɪrəʊ'meɪnɪə/ n. piromania f.
pyromaniac /͵paɪrəʊ'meɪnɪæk/ n. piromane m. e f.
pyrometer /paɪ'rɒmɪtə(r)/ n. pirometro m.
pyrometry /paɪ'rɒmɪtrɪ/ n. pirometria f.
pyromorphite /͵paɪrə'mɔ:faɪt/ n. piromorfite f.
pyrope /'paɪrəʊp/ n. piropo m.
pyrosis /paɪ'rəʊsɪs/ n. pirosi f.
pyrosphere /'paɪrəʊsfɪə(r)/ n. pirosfera f.
pyrosulphate /͵paɪrəʊ'sʌlfeɪt/ n. pirosolfato m.
pyrosulphuric /͵paɪrəʊsʌl'fjʊərɪk/ agg. pirosolforico.
pyrotechnic(al) /͵paɪrə'teknɪk(l)/ agg. pirotecnico; ***~ display*** spettacolo pirotecnico.
pyrotechnics /͵paɪrə'teknɪks/ n. **1** + verbo sing. *(science)* pirotecnica f. **2** + verbo sing. *(display)* spettacolo m. pirotecnico, fuochi m.pl. d'artificio **3** + verbo pl. ***verbal, intellectual ~*** sfoggio verbale, intellettuale.
pyrotechnist /͵paɪrəʊ'teknɪst/ ➧ ***27*** n. pirotecnico m. (-a).
pyrotechny /'paɪrəʊteknɪ/ n. pirotecnica f.
pyroxene /'paɪrɒksi:n/ n. pirosseno m.
pyroxenite /paɪ'rɒksənaɪt/ n. pirossennite f.
1.pyrrhic /'pɪrɪk/ n. (danza) pirrica f.
2.pyrrhic /'pɪrɪk/ **I** n. LETTER. pirrichio m. **II** agg. [*poem*] fatto di pirrichi.
Pyrrhic /'pɪrɪk/ agg. ***a ~ victory*** una vittoria di Pirro.
pyrrhonism /'pɪrənɪzəm/ n. pirronismo m.
pyrrhonist /'pɪrənɪst/ n. pirronista m. e f.
pyrrhotite /'pɪrətaɪt/ n. pirrotina f., pirrotite f.
Pyrrhus /'pɪrəs/ n.pr. Pirro.
pyrrole /'pɪrəʊl/ n. pirrolo m.
pyruvate /paɪ'ru:veɪt/ n. piruvato m.
pyruvic /paɪ'ru:vɪk/ agg. piruvico.
Pythagoras /paɪ'θægərəs/ n.pr. Pitagora.
Pythagorean /paɪ͵θægə'ri:ən/ agg. [*philosophy*] pitagorico; [*theorem*] di Pitagora; [*number*] pitagorico.
Pythagorism /paɪ'θægɔ:rɪzəm/ n. pitagorismo m.
Pythian /'pɪθɪən/ **I** agg. pitico **II** n. **1** nativo m. (-a), abitante m. e f. di Delfi **2** *(priestess)* pizia f. (anche FIG.).
1.python /'paɪθn, AE 'paɪθɒn/ n. ZOOL. pitone m.
2.python /'paɪθn/ n. **1** *(possessing spirit)* demone m. **2** *(person possessed)* ossesso m. (-a).
pythoness /'paɪθənes/ n. STOR. pitonessa f.
pythonic /paɪ'θɒnɪk/ agg. pitonico.
pyuria /paɪ'ju:rɪə/ n. piuria f.
pyx /pɪks/ n. *(in church)* pisside f.
pyxis /'pɪksɪs/ n. (pl. **-ides**) **1** *(small box)* scatolina f., scatoletta f. **2** BOT. pisside f.

q

q, Q /kjuː/ n. q, Q m. e f.
Q and A n. (accorc. question and answer) domanda e risposta f.
Qatar /kæˈtɑː/ ➧ *6* n.pr. Qatar m.
Qatari /kæˈtɑːrɪ/ ➧ *18* **I** agg. del Qatar **II** n. nativo m. (-a), abitante m. e f. del Qatar.
Q-boat /ˈkjuˌbəʊt/ n. nave f. civetta.
QC n. BE DIR. (⇒ Queen's Counsel) = alto titolo onorifico concesso ad avvocati.
QE2 n. = Queen Elizabeth II, transatlantico della compagnia Cunard in servizio tra Southampton e New York, usato oggi per crociere intorno al mondo.
QED (⇒ quod erat demonstrandum) come dovevasi dimostrare (qed, c.d.d.).
Q-ship /ˈkjuːʃɪp/ n. → **Q-boat**.
qt /kjuːˈtiː/ n. COLLOQ. (accorc. quiet) ***on the ~*** in segreto *o* segretamente.
Q-tip® /ˈkjuːtɪp/ n. cotton fioc® m.
qty ⇒ quantity quantità.
qua /kweɪ/ cong. FORM. in quanto, come; ***~ doctor*** come dottore *o* in quanto dottore; ***she has no interest in computers ~ computers*** non è interessata ai computer in quanto computer.
1.quack /kwæk/ n. **1** *(impostor)* ciarlatano m. (-a) **2** BE COLLOQ. *(doctor)* dottore m. (-essa).
2.quack /kwæk/ intr. fare il ciarlatano.
3.quack /kwæk/ n. *(cry of duck)* qua qua m.
4.quack /kwæk/ intr. [*duck*] fare qua qua, schiamazzare.
quackery /ˈkwækərɪ/ n. ciarlataneria f.
quack grass /ˈkwækgrɑːs, -græs/ n. AE → **couch grass**.
1.quad /kwɒd/ n. COLLOQ. (accorc. quadrangle) **1** MAT. quadrangolo m., quadrilatero m. **2** ARCH. corte f. quadrangolare interna.
2.quad /kwɒd/ n. COLLOQ. (accorc. quadruplet) uno m. di quattro gemelli; ***the ~s*** i quattro gemelli.
quad bike /ˈkwɒdbaɪk/ n. quad m. (tipo di motociclo a quattro larghe ruote).
quadragenarian /ˌkwɒdrədʒɪˈneərɪən/ **I** agg. quadragenario **II** n. quadragenario m. (-a).
Quadragesima /ˌkwɒdrəˈdʒesɪmə/ n. quadragesima f.
quadragesimal /ˌkwɒdrəˈdʒesɪməl/ agg. quadragesimale.
quadrangle /ˈkwɒdræŋgl/ n. **1** MAT. quadrangolo m., quadrilatero m. **2** ARCH. corte f. quadrangolare interna.
quadrangular /kwɒˈdræŋgjʊlə(r)/ agg. quadrangolare.
quadrant /ˈkwɒdrənt/ n. quadrante m.
quadrantal /kwɒˈdræntl/ agg. a forma di quadrante.
quadraphonic /ˌkwɒdrəˈfɒnɪk/ agg. quadrifonico.
quadraphonics /ˌkwɒdrəˈfɒnɪks/ n. + verbo sing. quadrifonia f.
quadraphony /kwɒˈdrɒfənɪ/ n. quadrifonia f.
quadrat /ˈkwɒdrət/ n. **1** TIP. quadrato m. **2** BIOL. = area delimitata di ridotte dimensioni utilizzata per studiare la distribuzione locale di piante e animali.
1.quadrate /ˈkwɒdrɪt/ **I** agg. ANAT. quadrato **II** n. ANAT. quadrato m.
2.quadrate /ˈkwɒdreɪt/ **I** tr. ANT. quadrare, squadrare **II** intr. ANT. accordarsi, essere conforme a.
quadratic /kwɒˈdrætɪk/ agg. quadratico.
quadratic equation /kwɒˌdrætɪkɪˈkweɪʒn/ n. equazione f. di secondo grado.
quadrature /ˈkwɒdrətʃə(r)/ n. MAT. ASTR. ELETTRON. quadratura f.
quadrennial /kwɒˈdrenɪəl/ agg. quadriennale.
quadrennially /kwɒˈdrenɪəlɪ/ avv. ogni quattro anni.
quadric /ˈkwɒdrɪk/ **I** agg. quadrico **II** n. quadrica f.
quadriceps /ˈkwɒdrɪˌseps/ n. (pl. ~) quadricipite m.
quadriennium /ˌkwɒdrɪˈenɪəm/ n. (pl. **~s**, **-ia**) quadriennio m.
quadrifoliate /ˌkwɒdrɪˈfəʊlɪət/ agg. quadrifogliato.
quadriga /kwəˈdriːgə/ n. (pl. **-ae**) STOR. quadriga f.
quadrilateral /ˌkwɒdrɪˈlætərəl/ **I** agg. quadrilatero **II** n. quadrilatero m.
quadrilingual /ˌkwɒdrɪˈlɪŋgwəl/ agg. quadrilingue.
1.quadrille /kwɒˈdrɪl/ n. *(dance)* quadriglia f.
2.quadrille /kwɒˈdrɪl/ n. STOR. *(card game)* quadrigliato m.
quadrillion /kwɒˈdrɪlɪən/ n. **1** BE *(fourth power of a million)* quadrilione m. **2** AE *(fifth power of a thousand)* quadrilione m.
quadrinomial /ˌkwɒdrɪˈnəʊmɪəl/ **I** agg. quadrinomiale **II** n. quadrinomio m.
quadripartite /ˌkwɒdrɪˈpɑːtaɪt/ agg. quadripartito.
quadriplegia /ˌkwɒdrɪˈpliːdʒə/ ➧ *11* n. tetraplegia f., quadriplegia f.
quadriplegic /ˌkwɒdrɪˈpliːdʒɪk/ agg. tetraplegico, quadriplegico.
quadrireme /ˈkwɒdrɪriːm/ n. STOR. quadrireme f.
quadrisyllabic /ˌkwɒdrɪsɪˈlæbɪk/ agg. quadrisillabo.
quadrisyllable /ˌkwɒdrɪˈsɪləbl/ n. quadrisillabo m.
quadrivalence /ˌkwɒdˈrɪvələns/, **quadrivalency** /ˌkwɒdrɪˈveɪlənsɪ/ n. CHIM. tetravalenza f.
quadrivalent /ˌkwɒˈdrɪvələnt/ agg. CHIM. tetravalente.
quadrivium /ˌkwɒˈdrɪvɪəm/ n. (pl. **-a**) STOR. quadrivio m.
quadroon /kwɒˈdruːn/ n. quadroon m. e f., quarterone m. (-a).
quadrophonic → **quadraphonic**.
quadrumane /ˈkwɒdruːmeɪn/ n. quadrumane m.
quadrumanous /kwɒˈdruːmənəs/ agg. quadrumane.
quadruped /ˈkwɒdrʊped/ **I** agg. quadrupede **II** n. quadrupede m.
quadrupedal /kwɒdrʊˈpiːdl/ agg. quadrupede.
1.quadruple /ˈkwɒdrʊpl, AE kwɒˈdruːpl/ **I** agg. quadruplo **II** n. quadruplo m.
2.quadruple /ˈkwɒdrʊpl, AE kwɒˈdruːpl/ **I** tr. quadruplicare **II** intr. quadruplicarsi.
quadruplet /ˈkwɒdrʊplət, AE kwɒˈdruːp-/ n. = gemello di parto quadrigemino; ***a set of ~s*** quattro gemelli nati da un parto.
1.quadruplicate /kwɒˈdruːplɪkət/ n. ***in ~*** in quattro copie.
2.quadruplicate /kwɒˈdruːplɪkeɪt/ tr. **1** *(quadruple)* quadruplicare **2** *(make four identical copies)* fare quattro copie di.
quadruplication /kwɒˌdruːplɪˈkeɪʃn/ n. quadruplicazione f.
quadrupole /ˈkwɒdrʊpəʊl/ n. quadrupolo m.
quaestor /ˈkwiːstə(r)/ n. STOR. questore m.
quaestorial /kwiːˈstɔːrɪəl/ agg. STOR. di, da questore.
quaestorship /ˈkwiːstəʃɪp/ n. STOR. *(office of quaestor)* questura f.
quaff /kwɒf, AE kwæf/ tr. ANT. tracannare [*wine, ale*].
quag /kwæg/ n. ANT. palude f., acquitrino m.
quagga /ˈkwægə/ n. quagga m.
quaggy /ˈkwægɪ/ agg. ANT. paludoso, acquitrinoso.

quagmire /'kwɒgmaɪə(r), 'kwæg-/ n. **1** pantano m., acquitrino m. **2** FIG. pantano m., pasticcio m.
quahog /'kwɔː,hɒg/ n. = mollusco, frutto di mare.
1.quail /kweɪl/ n. (pl. **~s**, ~) *(bird)* quaglia f.; ***~'s eggs*** uova di quaglia.
2.quail /kweɪl/ intr. sgomentarsi, perdersi d'animo; ***he ~ed before her, at the thought of all that work*** si sgomentò davanti a lei, al pensiero di tutto quel lavoro.
quaint /kweɪnt/ agg. **1** *(pretty)* [*pub, village, name*] pittoresco, caratteristico; ***how ~!*** davvero pittoresco! (anche IRON.) **2** [*manners, ways*] *(old-world)* d'altri tempi; *(slightly ridiculous)* un po' antiquato, un po' datato **3** *(odd)* [*reminder, conviction*] bizzarro, buffo; *(unusual)* [*title, name*] curioso, originale.
quaintly /'kweɪntlɪ/ avv. [*speak, dress*] in modo pittoresco.
quaintness /'kweɪntnɪs/ n. (l')essere pittoresco.
1.quake /kweɪk/ n. *(earthquake)* terremoto m.
2.quake /kweɪk/ intr. [*earth, person*] tremare; ***to ~ with fear*** tremare di paura.
Quaker /'kweɪkə(r)/ n. quacchero m. (-a).

> **Quaker** Membro della *Society of Friends*, gruppo religioso protestante fondato in Inghilterra nel XVII sec. da George Fox. Il nome deriva dal fatto che i suoi membri sembravano tremare (*quake*) in preda al fervore religioso. I quaccheri non hanno formalismi religiosi e rigidi cerimoniali, si oppongono fermamente alla guerra e alla violenza e svolgono un ruolo attivo nell'educazione e nelle opere benefiche.

Quakerdom /'kweɪkədəm/ n. quaccherismo m.
Quakeress /'kweɪkərɪs/ n. quacchera f.
Quaker gun /'kweɪkə,gʌn/ n. AE STOR. fucile m. finto.
Quakerish /'kweɪkərɪʃ/ agg. quacchero.
Quakerism /'kweɪkərɪzəm/ n. quaccherismo m.
Quakerly /'kweɪkəlɪ/ **I** agg. quacchero **II** avv. da quacchero.
Quaker meeting /'kweɪkə,miːtɪŋ/ n. assemblea f. religiosa di quaccheri.
qualifiable /'kwɒlɪfaɪəbl/ agg. qualificabile.
▷ **qualification** /,kwɒlɪfɪ'keɪʃn/ n. **1** *(diploma, degree etc.)* qualifica f., titolo m. di studio (**in** in); *(experience, skills)* qualifica f., capacità f., competenza f.; *(attribute)* qualità f.; ***to have the (necessary*** o ***right) ~s for, for doing*** o ***to do*** *(on paper)* avere i titoli *o* i requisiti (necessari) per, per fare; *(in experience, skills)* avere le capacità *o* le competenze per fare **2** BE *(graduation)* ***my first job after ~*** il mio primo lavoro dopo il diploma **3** *(restriction)* restrizione f., riserva f.; ***to accept sth. without ~*** accettare qcs. senza riserve *o* senza condizioni; ***my only ~ is (that)*** l'unica mia riserva è che **4** AMM. *(eligibility)* condizione f., requisito m.; ***~ for benefits*** requisiti per ricevere sussidi **5** LING. qualificazione f.
qualification share /,kwɒlɪfɪ,keɪʃn'ʃeə(r)/ n. ECON. pacchetto m. azionario di un amministratore.
qualificatory /'kwɒlɪfɪkətrɪ, AE -tɔːrɪ/ agg. **1** *(qualifying)* qualificativo **2** *(limiting)* restrittivo, limitativo.
▷ **qualified** /'kwɒlɪfaɪd/ **I** p.pass. → **qualify II** agg. **1** *(for job) (having diploma)* qualificato, diplomato; *(having experience, skills)* qualificato, competente; ***~ homeopath, nurse*** un omeopata, un infermiere diplomato; ***to be ~ for sth., to do*** *(on paper)* avere i titoli *o* essere in possesso dei requisiti per qcs., per fare; *(by experience, skills)* avere la capacità *o* le competenze per qcs., per fare; ***~ teacher*** BE insegnante abilitato **2** *(competent) (having authority)* qualificato (**to do** per fare), abilitato (**to do** a fare); *(having knowledge)* competente (**to do** per fare); ***not having read the report, I am not ~ to discuss it*** non avendo letto il rapporto, non ho la competenza necessaria per discuterne **3** *(modified)* [*approval, praise, success*] limitato, condizionato.
▷ **qualifier** /'kwɒlɪfaɪə(r)/ n. **1** SPORT *(contestant)* chi si qualifica; *(match)* eliminatoria f. **2** LING. *(adjective)* aggettivo m. qualificativo; *(adverb)* avverbio m. qualificativo.
▶ **qualify** /'kwɒlɪfaɪ/ **I** tr. **1** *(make competent)* ***to ~ sb. for a job, to do*** [*degree, diploma*] qualificare qcn. per un lavoro, per fare; [*experience, skills*] rendere qcn. adatto *o* idoneo a un lavoro, a fare; ***to ~ to do*** avere i requisiti per fare **2** AMM. ***to ~ sb. for sth.*** dare titolo *o* diritto a qcn. a qcs. [*membership, benefit, legal aid*]; ***to ~ sb. to do*** dare a qcn. il diritto di fare *o* i requisiti per fare; ***to ~ to do*** avere titolo a fare **3** *(give authority to)* ***to ~ sb. to do*** autorizzare qcn. a fare; ***that doesn't ~ you to criticize me*** ciò non ti autorizza a criticarmi; ***taking a few family photos hardly qualifies him as a photographer*** il fatto che scatti qualche foto alla sua famiglia non ne fa certo un fotografo **4** *(modify)* modificare, limitare [*acceptance, approval, opinion*]; precisare [*statement, remark*] **5** LING. qualificare **II** intr. **1** *(have experience, skill)* avere le competenze, le qualità (**for** per); ***to ~ as*** *(obtain diploma)* diplomarsi, ottenere il titolo di; *(obtain degree)* laurearsi; ***while she was ~ing as an engineer, teacher*** mentre studiava ingegneria, per diventare insegnante **2** AMM. acquisire i requisiti, soddisfare (al)le condizioni; ***to ~ for*** soddisfare alle condizioni per (ottenere) [*membership, benefit, legal aid*] **3** *(meet standard)* ***he hardly qualifies as a poet*** non si può certo definirlo un poeta **4** SPORT qualificarsi (**for** per).
▷ **qualifying** /'kwɒlɪfaɪɪŋ/ agg. **1** [*match*] di qualificazione; [*exam*] di abilitazione; ***~ round*** SPORT turno di qualificazione; ***~ period*** *(until trained)* (periodo di) tirocinio; *(until eligible)* periodo di attesa **2** LING. qualificativo.
▷ **qualitative** /'kwɒlɪtətɪv, AE -teɪt-/ agg. qualitativo.
qualitatively /'kwɒlɪtətɪvlɪ/ avv. qualitativamente.
▶ **quality** /'kwɒlətɪ/ **I** n. **1** *(worth)* qualità f.; ***good, poor ~*** buona, cattiva qualità; ***the ~ of life*** la qualità della vita **2** *(attribute)* qualità f., caratteristica f. **3** ANT. ***the ~*** *(upper classes)* le persone di qualità *o* i nobili **II** modif. [*car, jacket, food, workmanship, newspaper, press*] di qualità.
quality control /'kwɒlətɪkən,trəʊl/ **I** n. controllo m. di qualità **II** modif. [*techniques, procedure*] di controllo di qualità.
quality controller /'kwɒlətɪkən,trəʊlə(r)/ ♦ ***27*** n. responsabile m. e f. del controllo di qualità.
quality time /'kwɒlətɪtaɪm/ n. = tempo libero trascorso con i propri cari, specialmente i propri figli.
qualm /kwɑːm/ n. **1** *(scruple of conscience)* scrupolo m., preoccupazione f.; ***to have no ~s about doing*** non avere scrupoli a fare; ***to suffer ~s of guilt*** o ***conscience*** farsi degli scrupoli *o* soffrire di sensi di colpa **2** *(feeling of sickness)* nausea f.
qualmish /'kwɑːmɪʃ/ agg. **1** che ha scrupoli, che sente rimorso **2** *(nauseous)* che soffre di nausea.
quandary /'kwɒndərɪ/ n. difficoltà f., imbarazzo m.; *(serious)* dilemma m.; ***to be in a ~*** trovarsi in imbarazzo; *(serious)* trovarsi davanti a un dilemma (**about**, **over** riguardo a).
quango /'kwæŋgəʊ/ n. (pl. **~s**) GB = ente parastatale finanziato dallo stato.

> **Quango** Organismo britannico parastatale, finanziato dallo stato, che dispone di una larga autonomia nell'amministrare un determinato settore della vita nazionale (*Art Council, Equal Opportunities Commission*, ecc.). Questa parola è un acronimo formato dalle prime lettere dell'espressione *quasi-autonomous non-governmental organization.*

1.quant /kwænt/ n. = pertica da barcaiolo munita di un disco a un'estremità per impedire che affondi nel fango.
2.quant /kwænt/ **I** tr. spingere [qcs.] con una pertica munita di disco [*boat*] **II** intr. spingere una barca con una pertica munita di disco.
quanta /'kwɒntə/ → **quantum**.
quantic /'kwɒntɪk/ agg. quantico.
quantifiable /,kwɒntɪ'faɪəbl/ agg. quantificabile.
quantification /,kwɒntɪfɪ'keɪʃn/ n. quantificazione f.
quantifier /'kwɒntɪfaɪə(r)/ n. LING. FILOS. quantificatore m.
▷ **quantify** /'kwɒntɪfaɪ/ tr. quantificare (anche FILOS. FIS.).
quantile /'kwɒntaɪl/ n. quantile m.
quantitative /'kwɒntɪtətɪv, AE -teɪt-/ agg. quantitativo (anche LING.); ***~ analysis*** analisi quantitativa.
quantitatively /'kwɒntɪtətɪvlɪ/ avv. quantitativamente.
▶ **quantity** /'kwɒntətɪ/ ♦ ***22*** **I** n. quantità f. (anche METR. LING.); ***in ~*** in (grande) quantità; ***a ~ of*** una quantità di; ***unknown ~*** MAT. incognita (anche FIG.) **II** modif. [*purchase, sale*] in (grande) quantità; [*production*] in grande quantità.
quantity mark /'kwɒntətɪ,mɑːk/ n. METR. LING. segno m. di quantità, segno m. di lunga o di breve.
quantity surveying /'kwɒntətɪsə,veɪɪŋ/ n. computo m. metrico ed estimativo dei materiali.
quantity surveyor /,kwɒntətɪ,sə'veɪə(r)/ ♦ ***27*** n. perito m. misuratore.
quantize /'kwɒntaɪz/ tr. FIS. quantizzare.
quantum /'kwɒntəm/ **I** n. (pl. **-a**) quanto m. **II** modif. [*mechanics, optics, statistics*] quantistico; [*number*] quantico.
quantum leap /,kwɒntəm'liːp/ n. FIS. salto m. quantico; FIG. grande progresso m., prodigioso balzo m. in avanti.
quantum theory /'kwɒntəm,θɪərɪ/ n. teoria f. quantistica, dei quanti.

quaquaversal /ˌkweɪkwə'vɜːsəl/ agg. periclinale.

1.quarantine /'kwɒrəntiːn, AE 'kwɔːr-/ **I** n. quarantena f.; ***in ~*** in quarantena; ***to go into, come out of ~*** essere messo in quarantena, uscire di quarantena; ***six months' ~*** una quarantena di sei mesi **II** modif. [*hospital, kennels, period*] di quarantena; [*laws*] sulla quarantena.

2.quarantine /'kwɒrəntiːn, AE 'kwɔːr-/ tr. mettere [qcn., qcs.] in quarantena.

quark /kwɑːk/ n. quark m.

1.quarrel /'kwɒrəl, AE 'kwɔːrəl/ n. **1** *(argument)* lite f., litigio m. (**between** tra; **over** riguardo a); ***to have a ~*** litigare **2** *(feud)* contrasto m., dissidio m. (**about**, **over** riguardo a); ***to have a ~ with sb.*** essere in dissidio con qcn. **3** *(difference of opinion)* disaccordo m.; ***to have no ~ with sb.*** non avere nulla contro qcn.; ***to have no ~ with sth.*** non avere nulla da ridire su qcs.

2.quarrel /'kwɒrəl, AE 'kwɔːrəl/ intr. (forma in -ing ecc. **-ll-**, **-l-** AE) **1** *(argue)* litigare, bisticciare **2** *(sever relations)* essere in contrasto, in disaccordo **3** *(dispute)* ***to ~ with*** contestare [*claim, idea, statistics*]; trovare da ridire su *o* discutere su [*price, verdict*].

3.quarrel /'kwɒrəl, AE 'kwɔːrəl/ n. **1** STOR. *(arrow)* quadrello m. **2** *(diamond-shaped pane of glass)* losanga f. (di vetrata) **3** *(square tile)* quadrello m.

quarreller, **quarreler** AE /'kwɒrələ(r), AE 'kwɔː-/ n. **1** *(person who quarrels)* litigante m. e f., contendente m. e f. **2** *(burly person)* attaccabrighe m. e f.

quarrelling, **quarreling** AE /'kwɒrəlɪŋ, AE 'kwɔː-/ n. **U** liti f.pl., dispute f.pl.; ***stop your ~!*** basta con i vostri litigi!

quarrelsome /'kwɒrəlsəm, AE 'kwɔː-/ agg. [*person, nature*] litigioso, irascibile; [*comment, remark*] aggressivo, brutale.

quarrelsomely /'kwɒrəlsəmlɪ, AE 'kwɔː-/ avv. [*behave*] litigiosamente, contenziosamente; [*remark*] aggressivamente.

quarrelsomeness /'kwɒrəlsəmnɪs, AE 'kwɔː-/ n. *(of behaviour)* litigiosità f., (l')essere contenzioso; *(of remark)* aggressività f.

quarrier /'kwɒrɪə(r)/ ➧ ***27*** n. cavatore m. (-trice), cavapietre m. e f.

1.quarry /'kwɒrɪ, AE 'kwɔːrɪ/ n. *(in ground)* cava f.; ***chalk, slate ~*** cava di gesso, di ardesia.

2.quarry /'kwɒrɪ, AE 'kwɔːrɪ/ **I** tr. (anche **~ out**) cavare [*stone*] **II** intr. ***to ~ for*** estrarre [*stone, gravel*].

3.quarry /'kwɒrɪ, AE 'kwɔːrɪ/ n. *(prey)* preda f. (anche FIG.); *(in hunting)* selvaggina f.

quarryman /'kwɒrɪmən, AE 'kwɔːrɪ-/ ➧ ***27*** n. (pl. **-men**) cavatore m.

quarry tile /'kwɒrɪˌtaɪl, AE 'kwɔːrɪ-/ n. quadrello m.

quarry-tiled floor /ˌkwɒrɪˌtaɪld'flɔː(r), AE ˌkwɔːrɪ-/ n. pavimento m. a quadrelli.

1.quart /kwɔːt/ ➧ ***3*** n. = misura di capacità equivalente a un quarto di gallone (GB 1,136 l, US 0.946 l) ◆ ***you can't get a ~ into a pint pot*** = bisogna accettare le cose come sono.

2.quart /kɑːt/ n. **1** SPORT *(in fencing)* quarta f. **2** GIOC. sequenza f. di quattro carte.

3.quart /kɑːt/ intr. SPORT *(in fencing)* mettersi in posizione di quarta.

quartan /'kwɔːtn/ **I** agg. quartano **II** n. (febbre) quartana f.

quartation /kwɔː'teɪʃn/ n. METALL. inquartazione f.

▶ **1.quarter** /'kwɔːtə(r)/ ➧ ***4, 7, 37*** **I** n. **1** *(one fourth) (of area, cake, litre, kilometre, tonne)* quarto m.; ***a ~ of a hectare, of the population*** un quarto di ettaro, della popolazione **2** *(15 minutes)* ***~ of an hour*** quarto d'ora; ***in ~ of an hour*** in un quarto d'ora **3** ECON. *(three months)* trimestre m. **4** *(district)* quartiere m.; ***residential, poor, artists' ~*** quartiere residenziale, povero, degli artisti **5** *(group)* ambiente m., settore m.; ***there was criticism in some*** o ***certain ~s*** ci sono state critiche in alcuni settori; ***don't expect help from that ~*** non aspettarti alcun aiuto da quel settore **6** *(mercy)* LETT. pietà f.; ***to get no ~ from sb.*** non ricevere alcuna pietà da qcn.; ***to give no ~*** non dare quartiere a **7** AE *(25 cents)* quarto m. di dollaro **8** GB METROL. = unità di misura di peso equivalente a 113,4 g **9** US METROL. = unità di misura di peso equivalente a 12,7 kg **10** GASTR. quarto m.; ***~ of beef*** quarto di bue **11** SPORT *(time period)* quarto m. **12** ASTR. quarto m. (della luna) **13** MAR. ***on the port ~*** a sinistra; ***on the starboard ~*** a tribordo *o* a destra; ***a wind from a southerly ~*** un vento da sud; ***from all ~s of the globe*** FIG. dai quattro angoli della terra **14** ARALD. quarto m. **15 at close quarters** da vicino; ***I had never seen a zebra at close ~s*** non ho mai visto una zebra da vicino; ***seen at close ~s, he's ugly*** se lo guardi da vicino, è brutto; ***to fight at close ~s*** combattere corpo a corpo **II quarters** n.pl. MIL. quartieri m., alloggiamento m. sing.; ***to take up ~s*** acquartierarsi (**in** in); ***to retire to one's ~s*** ritirarsi nei propri quartieri; ***to be confined to ~s*** MIL. essere consegnato in caserma; ***single, married ~s*** alloggi per i non sposati, per le famiglie; ***servants' ~s*** alloggi della servitù; ***we're living in very cramped ~s*** viviamo allo stretto *o* in un ambiente molto stretto; ***battle*** o ***general ~s*** MIL. posti di combattimento **III** pron. **1** *(25%)* quarto m.; ***only a ~ passed*** solo un quarto è passato; ***you can have a ~ now and the rest later*** puoi averne un quarto ora e il resto dopo **2** *(in time phrases)* ***at (a) ~ to 11*** BE, ***at a ~ of 11*** AE alle undici meno un quarto; ***an hour and a ~*** un'ora e un quarto **3** *(in age)* ***she's ten and a ~*** ha dieci anni e tre mesi **IV** agg. ***she has a ~ share in the company*** ha un quarto delle azioni della società; ***a ~ century*** *(25 years)* un quarto di secolo; *(25 runs at cricket)* = 25 punti a cricket; ***a ~ mile*** un quarto di miglio; ***a ~ tonne*** = un quarto di tonnellata, 250 kg; ***three and a ~ years*** tre anni e tre mesi **V** avv. ***a ~ full*** pieno fino a un quarto; ***a ~ as big*** grande un quarto; ***~ the price, size*** un quarto del prezzo, della grandezza.

2.quarter /'kwɔːtə(r)/ tr. **1** *(divide into four)* dividere in quattro (parti) [*cake, apple*] **2** *(accommodate)* acquartierare [*troops*]; alloggiare [*people*]; accogliere, trovare un riparo per [*livestock*] **3** STOR. *(torture)* squartare [*prisoner*] **4** VENAT. [*dogs*] battere, perlustrare.

quarterage /'kwɔːtərɪdʒ/ n. **1** ANT. *(quarterly payment)* pagamento m. trimestrale **2** RAR. MIL. *(of troops)* acquartieramento m.

▷ **1.quarterback** /'kwɔːtəbæk/ n. AE quarterback m.

2.quarterback /'kwɔːtəbæk/ tr. giocare come quarterback in [*team*].

quarter-binding /'kwɔːtəˌbaɪndɪŋ/ n. rilegatura f. a mezza pelle.

quarter-bound /'kwɔːtəˌbaʊnd/ agg. rilegato a mezza pelle; [*book, manuscript*] rilegato a mezza pelle.

quarter-day /'kwɔːtədeɪ/ n. giorno m. di scadenza (di pagamenti trimestrali).

quarterdeck /'kwɔːtəˌdek/ n. **1** MAR. *(on ship)* cassero m. di poppa **2** *(officers)* ufficiali m.pl.

▷ **quarterfinal** /ˌkwɔːtə'faɪnl/ n. quarto m. di finale.

quartering /'kwɔːtərɪŋ/ n. **1** MIL. acquartieramento m. (**on sb.** presso qcn.) **2** ARALD. inquartatura f.

quarter-light /'kwɔːtəlaɪt/ n. AUT. deflettore m.

▷ **quarterly** /'kwɔːtəlɪ/ **I** n. *(in publishing)* pubblicazione f. trimestrale, trimestrale m. **II** agg. trimestrale **III** avv. trimestralmente.

quartermaster /'kwɔːtəˌmaːstə(r), AE ˌmæs-/ ➧ ***23*** n. **1** *(in army)* ufficiale m. commissario, di commissariato **2** *(in navy)* timoniere m.

quartermaster general /'kwɔːtəmɑːstəˌdʒenrəl, AE -mæs-/ ➧ ***23*** n. BE MIL. capo m. del Commissariato; AE MIL. generale m. del Commissariato.

quartermaster sergeant /'kwɔːtəmɑːstəˌsɑːdʒənt, AE -mæs-/ ➧ ***23*** n. AE MIL. sottufficiale m. d'alloggio.

quarter-miler /'kwɔːtəˌmaɪlə(r)/ n. SPORT = specialista del quarto di miglio.

quartern /'kwɔːtən/ n. **1** ANT. = unità di misura della capacità pari a un quarto di pinta **2** (anche **~ loaf**) pagnotta f. di quattro libbre.

quarternote /'kwɔːtəˌnəʊt/ n. AE → **crotchet**.

quarter-pounder /ˌkwɔːtə'paʊndə(r)/ n. GASTR. = hamburger che pesa un quarto di libbra.

quarter sessions /'kwɔːtəˌseʃnz/ n.pl. udienze f., sessioni f. trimestrali.

quarterstaff /'kwɔːtəˌstɑːf, AE -ˌstæf/ n. (pl. **~s**, **quarterstaves**) STOR. MIL. = bastone con la punta di ferro usato come arma dai contadini inglesi.

quarter tone /'kwɔːtəˌtəʊn/ n. quarto m. di tono.

quarter-wind /'kwɔːtəˌwɪnd/ n. MAR. vento m. al giardinetto.

▷ **quartet** /kwɔː'tet/ n. quartetto m. (anche MUS.); ***piano, string ~*** quartetto con pianoforte, d'archi; ***jazz ~*** quartetto jazz.

quartic /'kwɔːtɪk/ n. MAT. quartica f.

quartile /'kwɔːtaɪl/ n. quartile m.

quarto /'kwɔːtəʊ/ **I** n. (pl. **~s**) (volume) in-quarto m.; ***bound in ~*** rilegato in quarto **II** modif. [*size, book*] in-quarto.

quartz /kwɔːts/ **I** n. quarzo m. **II** modif. [*crystal, deposit, mine*] di quarzo; [*clock, lamp, watch*] al quarzo.

quartz glass /'kwɔːtsˌglɑːs, AE -ˌglæs/ n. vetro m. di quarzo.

quartziferous /kwɔː'tsɪfərəs/ agg. quarzifero.

quartz-iodine /ˌkɔːts'aɪəʊdiːn, AE -daɪn/ agg. [*lamp*] alogeno, al quarzo-iodio.

quartzite /'kwɔːtsaɪt/ n. quarzite f.

quartzose /'kwɔːtsəʊs/, **quartzous** /'kwɔːtsəs/ agg. quarzoso.

quasar /'kweɪzɑː(r)/ n. quasar f.

quash /kwɒʃ/ tr. **1** DIR. annullare **2** respingere, rifiutare [*decision, proposal*] **3** domare, reprimere [*rebellion*].

quasi /'kweɪzaɪ, 'kwɑːzɪ/ agg. e avv. in composti quasi, semi; ***~-military, -official*** semimilitare, semiufficiale; ***a ~-state*** un quasi stato.

quassia /'kwɒʃə/ n. quassia f.
quatercentenary /ˌkwætəsen'ti:nərɪ, AE -'sentənerɪ/ n. quarto centenario m.
quaternary /kwə'tɜ:nərɪ/ **I** n. MAT. quattro m.; *(set)* quaterna f. **II** agg. quaternario.
Quaternary /kwə'tɜ:nərɪ/ **I** n. GEOL. quaternario m. **II** agg. quaternario.
quaternion /kwə'tɜ:nɪən/ n. quaternione m.
quatrain /'kwɒtreɪn/ n. quartina f.
quatrefoil /'kætrəfɔɪl/ n. **1** ANT. BOT. quadrifoglio m. **2** ARALD. quattrofoglie m.
1.quaver /'kweɪvə(r)/ n. **1** BE MUS. croma f. **2** *(trembling)* tremolio m., vibrazione f. (**in** in).
2.quaver /'kweɪvə(r)/ **I** tr. ***"Yes," he ~ed*** "Sì," disse con voce tremula **II** intr. tremolare, tremare.
quavering /'kweɪvərɪŋ/ **I** n. tremito m. **II** agg. tremante, tremolante.
quaveringly /'kweɪvərɪŋlɪ/ avv. con voce tremula.
quavery /'kweɪvərɪ/ agg. tremante, tremolante.
quay /ki:/ n. banchina f., molo m.; ***at*** o ***alongside the ~*** all'ormeggio; ***on the ~*** sul molo.
quayage /'ki:ɪdʒ/ n. diritti m.pl. di banchina.
quayside /'ki:saɪd/ n. banchina f., molo m.; ***at the ~*** [*boat*] all'ormeggio; [*people, cargo*] sul molo.
queasiness /'kwi:zɪnɪs/ n. nausea f.
queasy /'kwi:zɪ/ agg. **1** ***to be*** o ***feel ~*** avere la nausea; ***to have a ~ stomach*** *(tendency)* essere delicato di stomaco; *(temporary)* avere lo stomaco un po' in disordine **2** FIG. [*conscience*] inquieto, a disagio; ***to have a ~ feeling about sth.*** o ***to feel ~ about sth.*** sentirsi inquieto riguardo a qcs.
Quebec /kwɪ'bek/ ◗ ***34, 24*** **I** n.pr. **1** *(town)* Québec f.; ***in ~*** a Québec **2** *(province)* Québec m.; ***in ~*** nel Québec **II** modif. [*people, architecture, culture*] quebecchese.
Quebec(k)er /kwɪ'bekə(r)/, **Quebecois** /kwɪ'bekwɑ:/ n. quebecchese m. e f.
Quechua /'ketʃwə/ ◗ ***14*** n. LING. quechua m.
▶ **1.queen** /kwi:n/ ◗ ***9*** n. **1** *(monarch)* regina f. (anche FIG.); ***the Queen*** la Regina; ***Queen Anne*** la regina Anna **2** ZOOL. regina f. **3** GIOC. *(in chess)* regina f.; *(in cards)* donna f., regina f. **4** COLLOQ. SPREG. *(homosexual)* finocchio m., frocio m.
2.queen /kwi:n/ tr. *(in chess)* fare regina [*pawn*] ◆ ***to ~ it over sb.*** spadroneggiare su qcn.
Queen Anne /ˌkwi:n'æn/ modif. [*chair, house*] stile regina Anna (1702-14).
Queen Anne's lace /ˌkwi:n'ænzˌleɪs/ n. BOT. **1** → **cow parsley** **2** AE *(wild carrot)* carota f. selvatica.
queen bee /ˌkwi:n'bi:/ n. **1** ZOOL. ape f. regina **2** FIG. ***she thinks she's (the) ~ bee*** crede di essere la regina *o* crede di essere chissà chi; ***she's (the) ~ around here*** è lei che comanda qui.
queen cake /'kwi:nˌkeɪk/ n. BE INTRAD. m. (dolce all'uvetta a forma di cuore).
queen consort /ˌkwi:n'kɒnsɔ:t/ n. regina f. consorte.
queen dowager /ˌkwi:n'daʊədʒə(r)/ n. regina f. madre.
Queenie /'kwi:nɪ/ n.pr. Queenie (nome di donna).
queenliness /'kwi:nlɪnɪs/ n. dignità f. di regina, regalità f.
queenly /'kwi:nlɪ/ agg. degno di una regina, regale.
queen mother /ˌkwi:n'mʌðə(r)/ n. regina f. madre.
queen post /'kwi:nˌpəʊst/ n. ING. monaco m.
queen regent /ˌkwi:n'ri:dʒənt/ n. reggente f.
queen-regnant /ˌkwi:n'regnənt/ n. regina f. regnante.
Queen's Bench (Division) /ˌkwi:nz'bentʃ(dɪˌvɪʒn)/ n. BE DIR. = sezione dell'Alta Corte di Giustizia.
Queensberry rules /ˌkwi:nzbərɪ'ru:lz/ n.pl. **1** = regole della boxe **2** FIG. gioco m. leale, rispetto m. delle regole del gioco.
Queen's Counsel /ˌkwi:nz'kaʊnsl/ n. BE DIR. = patrocinante per la corona (alto titolo onorifico conferito agli avvocati).
Queen's English /ˌkwi:nz'ɪŋglɪʃ/ n. ***to speak the ~*** parlare un inglese corretto (come viene parlato in Gran Bretagna).
Queen's evidence /ˌkwi:nz'evɪdəns/ n. ***to turn ~*** BE DIR. = (il) testimoniare contro i propri complici per ottenere dei benefici.
queenship /'kwi:nʃɪp/ n. condizione f., dignità f. di regina.
queen-size bed /'kwi:nsaɪzˌbed/ n. = letto più grande di un letto a due piazze.
Queensland /'kwi:nzlənd/ n.pr. Queensland m.
Queen's Regulations /ˌkwi:nzˌregjʊ'leɪʃnz/ n.pl. GB MIL. = codice di disciplina militare.
Queen's shilling /ˌkwi:nz'ʃɪlɪŋ/ n. STOR. = lo scellino dato in passato a chi si arruolava ◆ ***to take the ~*** arruolarsi.
Queen's speech /ˌkwi:nz'spi:tʃ/ n. BE POL. discorso m. della Regina (all'apertura della sessione parlamentare o a Natale).
▷ **1.queer** /kwɪə(r)/ **I** agg. **1** *(strange)* strano, bizzarro, curioso **2** *(suspicious)* dubbio, sospetto **3** BE ANT. *(ill)* indisposto; ***to come over*** COLLOQ. o ***feel ~*** non sentirsi molto bene *o* essere indisposto **4** COLLOQ. SPREG. *(homosexual)* da frocio **II** n. COLLOQ. SPREG. *(homosexual)* finocchio m., frocio m. ◆ ***to be in Queer Street*** BE essere pieno di debiti *o* essere in difficoltà finanziarie.
2.queer /kwɪə(r)/ tr. **1** *(spoil)* rovinare, guastare **2** RAR. *(ridicule)* mettere [qcn.] in ridicolo ◆ ***to ~ sb.'s pitch*** rompere le uova nel paniere a qcn.
queer bashing /'kwɪəˌbæʃɪŋ/ n. COLLOQ. SPREG. aggressione f. contro gli omosessuali.
queerish /'kwɪərɪʃ/ agg. piuttosto strano, bizzarro.
queerly /'kwɪəlɪ/ avv. stranamente, curiosamente.
queerness /'kwɪənɪs/ n. stranezza f., singolarità f.
quell /kwel/ tr. placare, calmare [*anger, anxiety*]; reprimere, domare [*revolt*]; ***to ~ sb. with a look*** dominare qcn. con lo sguardo.
quench /kwentʃ/ tr. **1** LETT. spegnere [*flame*]; calmare, spegnere [*thirst*]; spegnere, soffocare [*desire, enthusiasm, hope*] **2** TECN. temprare, raffreddare [*metal*].
quenchable /'kwentʃəbl/ agg. [*flame*] spegnibile; [*desire, enthusiasm, hope*] che può essere spento, soffocato.
quencher /'kwentʃə(r)/ n. **1** spegnitore m. (-trice) **2** COLLOQ. *(drink)* bevanda f.
quenching /'kwentʃɪŋ/ n. ELETTRON. CHIM. METALL. quenching m.
Quentin /'kwentɪn/ n.pr. Quintino.
quercetin /'kwɜ:sətən/ n. quercetina f.
quercitol /'kwɜ:sɪtɒl/ n. quercitolo m., quercite f.
quern /kwɜ:n/ n. *(for corn)* macina f. a mano; *(for pepper)* macinapepe m., macinino m.
querulous /'kwerʊləs/ agg. querulo, lamentoso.
querulously /'kwerʊləslɪ/ avv. in tono querulo, lamentoso, lamentosamente.
querulousness /'kwerʊləsnɪs/ n. (l')essere querulo, lamentoso.
▷ **1.query** /'kwɪərɪ/ n. **1** *(request for information)* domanda f., quesito m. (**about** su); ***to reply to*** o ***answer a ~*** rispondere a una domanda; ***a ~ from sb.*** una domanda di qcn.; ***queries from customers, parents*** domande dei clienti, dei genitori; ***readers' queries*** domande dei lettori **2** *(expression of doubt)* dubbio m., domanda f. (**about** su); ***to raise a ~ about sth.*** sollevare un dubbio *o* una questione su qcs.; ***I have a ~ about your statement*** ho una domanda riguardo alla vostra affermazione **3** INFORM. query f., interrogazione f. **4** *(question mark)* punto m. interrogativo.
▷ **2.query** /'kwɪərɪ/ tr. mettere in dubbio, mettere in discussione; ***to ~ whether*** chiedersi se; ***nobody dares to ~ that*** nessuno osa mettere in dubbio che; ***to ~ sb.'s ability*** mettere in dubbio le capacità di qcn.; ***we are ~ing the way the government is handling this matter*** solleviamo dei dubbi su come il governo si sta occupando della questione; ***some may ~ my interpretation of the data*** alcuni possono avere dei dubbi sulla mia interpretazione dei dati.
query language /'kwɪərɪˌlæŋgwɪdʒ/ n. INFORM. linguaggio m. d'interrogazione.
query window /'kwɪərɪˌwɪndəʊ/ n. INFORM. *(for web search)* finestra f. di ricerca.
▷ **1.quest** /kwest/ n. ricerca f.; ***the ~ for sb., sth.*** la ricerca di qcn., qcs.; ***his, their ~ to find the truth*** la sua, la loro ricerca della verità; ***to abandon, resume one's ~*** abbandonare, riprendere la propria ricerca.
2.quest /kwest/ **I** tr. LETT. cercare **II** intr. **1** *(bay for game)* [*dog*] abbaiare **2** LETT. *(search)* ***~ for*** o ***after sb., sth.*** cercare *o* andare alla ricerca di qcn., qcs.
▶ **1.question** /'kwestʃən/ n. **1** *(request for information)* domanda f., quesito m. (**about** su); *(in exam)* domanda f.; ***to ask sb. a ~*** fare una domanda a qcn.; ***answer the ~ about where you were last night*** risponda alla domanda: dove era ieri notte? ***in reply to a ~ from Mr John Molloy*** in risposta a una domanda del signor John Molloy; ***to ask a ~*** fare una domanda; ***to put a ~ to sb.*** fare una domanda a qcn.; ***to reply to*** o ***to answer a ~*** rispondere a una domanda; ***to reply to sb.'s ~*** rispondere alla domanda di qcn.; ***to do sth. without ~*** fare qualcosa senza fare domande; ***what a ~!*** ma che domanda! è una domanda da farsi? ***it's an open ~ as to whether he was innocent*** quella relativa alla sua innocenza è ancora una questione aperta; ***a ~ from the floor*** *(in parliament)* = una domanda proveniente dall'aula; ***to put down a ~ for sb.*** BE POL. rivolgere un'interpellanza a qcn. **2** *(practical issue)* problema m.; *(ethical issue)* questione f.; ***the Hong Kong, Palestinian ~*** la questione di Hong

Kong, palestinese; ***the ~ of pollution, of military spending*** il problema dell'inquinamento, delle spese militari; ***it's a ~ of doing*** si tratta di fare; ***the ~ of animal rights*** la questione dei diritti degli animali; ***the ~ of how to protect the hostages*** il problema della protezione degli ostaggi; ***the ~ of where to live, of what families want*** il problema di dove vivere, di (sapere) cosa vogliono le famiglie; ***the ~ of whether*** o ***as to whether they can do better*** la questione che riguarda la loro possibilità di migliorare; ***the ~ for him now is how to react*** per lui si tratta ora di sapere come reagire; ***the ~ arises as to who is going to pay the bill*** si pone la questione di chi pagherà il conto; ***the ~ raised is one of justice*** qui si tratta di giustizia; ***that's another ~*** questa è un'altra questione; ***the ~ is whether, when*** la questione è se, quando; ***there was never any ~ of you paying*** non se parla neppure che tu debba pagare; ***the money, person in ~*** il denaro, la persona in questione; ***it's out of the ~*** è fuori questione; ***it's out of the ~ for him to leave*** è escluso *o* è fuori discussione che lui parta **3** *(uncertainty)* dubbio m., obiezione f.; ***to call*** o ***bring sth. into ~*** mettere qcs. in discussione *o* in dubbio; ***to prove beyond ~ that*** dimostrare senza ombra di dubbio che; ***it's open to ~*** si può mettere in discussione *o* è dubbio; ***whether we have succeeded is open to ~*** non è detto che ci siamo riusciti; ***his honesty was never in ~*** non si è mai dubitato della sua onestà.

▶ **2.question** /ˈkwestʃən/ tr. **1** *(interrogate)* interrogare [*suspect*]; fare domande a, rivolgere un'interpellanza a [*politician*]; ***to ~ sb. about sth.*** fare domande a qcn. su qcs.; ***to ~ sb. closely*** interrogare qcn. minuziosamente **2** *(cast doubt upon) (on one occasion)* mettere in dubbio, sollevare dubbi su [*tactics, methods*]; *(over longer period)* dubitare di [*tactics, methods*]; ***to ~ whether*** dubitare che; ***he ~ed the use of arms against the people*** sollevò dei dubbi sull'utilizzo delle armi contro il popolo.

▷ **questionable** /ˈkwestʃənəbl/ agg. *(debatable)* [*record, motive, decision*] discutibile; *(dubious)* [*virtue, evidence, taste*] dubbio; ***it is ~ whether*** è incerto se.

questionableness /ˈkwestʃənəblnɪs/ n. discutibilità f.

questionably /ˈkwestʃənəblɪ/ avv. discutibilmente.

questionary /ˈkwestʃənərɪ, AE -erɪ/ n. RAR. questionario m.

question-begging /ˈkwestʃənˌbegɪŋ/ n. FILOS. petizione f. di principio.

questioner /ˈkwestʃənə(r)/ n. interrogatore m. (-trice); ***police ~*** inquirente; ***his ~s asked him if he was going to resign*** gli hanno chiesto se si sarebbe dimesso.

▷ **questioning** /ˈkwestʃənɪŋ/ **I** n. **1** *(of person)* interrogazione f., domande f.pl.; *(relentless)* interrogatorio m.; ***~ about the scandal continues*** continuano le domande sullo scandalo; ***to avoid ~ about sth.*** evitare le domande su qcs.; ***his ~ of his mother*** le domande che ha fatto a sua madre; ***the ~ of motorists by the police*** l'interrogazione degli automobilisti da parte della polizia; ***~ by police, by reporters*** interrogatorio della polizia, le domande dei giornalisti; ***to bring a suspect in for ~*** portare alla centrale un indiziato per l'interrogatorio; ***he is wanted for ~ in connection with the explosion*** lo si ricerca per interrogarlo sull'esplosione; ***to admit sth. under ~*** confessare qcs. durante l'interrogatorio; ***a line of ~*** una serie di domande mirate; ***what is his line of ~?*** a cosa mirano le sue domande? ***police ~*** interrogatorio della polizia **2** *(of system, criteria, values)* (il) mettere in dubbio (**of** di) **II** agg. **1** [*glance, look, tone*] indagatore, interrogativo **2** [*techniques, tactics*] di fare domande, d'interrogare; *(by police, judge)* di fare gli interrogatori.

▷ **question mark** /ˈkwestʃənˌmɑːk/ n. **1** *(in punctuation)* punto m. interrogativo **2** *(doubt)* ***there is a ~ about his honesty*** la sua onestà pone un punto interrogativo *o* c'è un dubbio riguardo alla sua onestà; ***there is a ~ about his suitability for the job*** ci si chiede se sia adatto al lavoro; ***there is a ~ hanging over the factory, over his future*** c'è incertezza circa la fabbrica, circa il suo futuro.

question master /ˈkwestʃənˌmɑːstə(r), AE ˌmæs-/ ➧ ***27*** n. conduttore m. (-trice) di giochi a quiz.

▷ **questionnaire** /ˌkwestʃəˈneə(r)/ n. questionario m. (**on** su; **to do** per fare); ***to compile a ~*** fare *o* compilare un questionario; ***to fill in*** o ***complete a ~*** riempire un questionario; ***a survey by ~*** un sondaggio fatto tramite un questionario.

question tag /ˈkwestʃənˌtæg/ n. LING. = breve domanda in fondo a una frase.

question time /ˈkwestʃənˌtaɪm/ n. BE POL. question time m. (seduta del parlamento in cui i parlamentari rivolgono a un ministro domande e interrogazioni sull'attività del suo dicastero).

questor /ˈkwestə(r)/ n. STOR. questore m.

quetzal /ˈketsl/ n. **1** BOT. quetzal m. **2** *(monetary unit of Guatemala)* quetzal m.

▷ **1.queue** /kjuː/ n. BE *(of people)* coda f., fila f.; *(of vehicles)* coda f., colonna f.; ***to stand in a ~*** stare in coda *o* fare la coda; ***to join the ~*** [*person, car*] mettersi in coda; ***go to the back of the ~!*** si metta in coda! ***to jump the ~*** COLLOQ. saltare la coda *o* passare davanti agli altri.

▷ **2.queue** /kjuː/ intr. BE → **queue up**.

■ **queue up** [*people*] fare la coda, la fila, mettersi in coda, in fila (**for** per); [*taxis*] attendere in colonna; ***to ~ up to do sth.*** FIG. essere in tanti a voler fare qcs.

queue-jump /ˈkjuːdʒʌmp/ intr. BE saltare, non rispettare una coda, passare davanti in una coda.

queue-jumper /ˈkjuːˌdʒʌmpə(r)/ n. BE chi salta, chi non rispetta le code.

queue-jumping /ˈkjuːˌdzʌmpɪŋ/ n. BE (il) saltare le code, (il) non rispettare le code.

1.quibble /ˈkwɪbl/ n. cavillo m., sofisma m. (**about, over** su).

2.quibble /ˈkwɪbl/ intr. cavillare, sofisticare (**about, over** su).

quibbler /ˈkwɪblə(r)/ n. cavillatore m. (-trice).

quibbling /ˈkwɪblɪŋ/ **I** n. cavillo m., cavilli m.pl., sofisticherie f.pl. **II** agg. *(trivial)* insignificante; *(hair splitting)* cavilloso, cavillatore.

quiche /kiːʃ/ n. quiche f.

▶ **quick** /kwɪk/ **I** agg. **1** *(speedy)* [*pace*] veloce, rapido, svelto; [*heartbeat, train*] veloce; [*solution, profit, result*] rapido, in tempi rapidi; [*storm, shower of rain*] breve; [*meal*] breve, veloce; ***a ~ reply*** una risposta pronta; ***to make a ~ phone call*** fare una rapida telefonata; ***to have a ~ coffee*** prendere un caffè in fretta; ***I'm going to have a ~ wash*** mi do una lavata veloce; ***the ~est way to get there is...*** la via più veloce per arrivare là è...; ***she's a ~ worker*** lavora velocemente; ***the ~est way to lose your friends is to...*** il modo più veloce *o* migliore per perdere gli amici è...; ***she wasn't ~ enough*** non è stata abbastanza veloce; ***we'll have to make a ~ decision*** dovremo decidere in fretta; ***we're hoping for a ~ sale*** speriamo che si venda in fretta; ***we had a ~ chat about our plans*** abbiamo fatto una rapida chiacchierata sui nostri progetti; ***to make a ~ recovery*** ristabilirsi in fretta; ***to pay a ~ visit to sb.*** fare una visita veloce a qcn.; ***be ~ (about it)!*** sbrigati! veloce! ***a ~ hit*** *(on drugs)* flash **2** *(clever)* [*child, student*] vivace, pronto, intelligente; ***to be ~ at arithmetic*** essere bravo in aritmetica **3** *(prompt)* ***to be ~ to do*** essere pronto a fare; ***to be ~ to anger, take offence*** essere facile all'ira, a offendersi; ***to be ~ to defend one's friends*** essere pronto a difendere i propri amici; ***to be ~ to learn, to be a ~ learner*** imparare in fretta; ***to be (too) ~ to criticize, condemn*** essere (troppo) pronto *o* veloce a criticare, a condannare; ***to be ~ to admit one's mistakes*** essere pronto ad ammettere i propri errori *o* ammettere i propri errori senza problemi; ***she was ~ to see the advantages*** ne ha immediatamente visto i vantaggi **4** *(lively)* ***to have a ~ temper*** arrabbiarsi con facilità; ***a ~ temper*** un temperamento focoso; ***to have a ~ wit*** avere uno spirito vivace **II** avv. ***(come) ~!*** (vieni) veloce! ***(as) ~ as a flash*** veloce come un lampo *o* come una saetta **III** n. ANAT. MED. carne f. viva; ***to bite one's nails to the ~*** mangiarsi le unghie fino alla carne ◆ ***a ~ one*** *(drink)* un bicchierino (bevuto in fretta); *(question)* una domanda veloce; ***to have a ~ one*** BE POP. farsi una sveltina; ***the ~ and the dead*** i vivi e i morti; ***to cut*** o ***sting sb. to the ~*** toccare qcn. sul vivo; ***to make a ~ buck*** fare soldi alla svelta (e facilmente); ***to make a ~ killing*** fare fortuna in fretta.

quick-and-dirty /ˌkwɪkənˈdɜːtɪ/ agg. fatto alla carlona.

quick-assembly /ˈkwɪkˌæsəmblɪ/ agg. facile da montare.

quick assets /ˈkwɪkˌæsets/ n.pl. ECON. attività f. di pronto realizzo.

quick-change artist /ˌkwɪkˈtʃeɪndʒˌɑːtɪst/ ➧ ***27*** n. TEATR. trasformista m. e f.

quick-drying /ˈkwɪkˌdraɪɪŋ/ agg. ad asciugatura rapida; ***~ cement*** cemento a presa rapida.

quicken /ˈkwɪkən/ **I** tr. **1** affrettare, accelerare [*pace*]; accelerare [*rhythm*] **2** FIG. LETT. ravvivare, accendere, stimolare [*interest, excitement*] **II** intr. **1** [*pace, rhythm, heartbeat*] accelerare **2** FIG. LETT. [*anger, jealousy*] intensificarsi **3** [*foetus*] muoversi.

quickening /ˈkwɪkənɪŋ/ n. **1** *(of heartbeat)* accelerazione f. **2** FIG. LETT. *(of interest, life)* (il) ravvivarsi, (l')accendersi **3** *(of foetus)* movimenti m.pl.

quick-eyed /ˈkwɪkaɪd/ agg. dagli occhi vivaci, dagli occhi penetranti.

quick fire /ˈkwɪkfaɪə/ n. tiro m. rapido.

quick-fire /ˈkwɪkfaɪə/ agg. [*questions*] a ripetizione, a raffica; [*sketch*] rapido.

quick-firer /ˈkwɪkfaɪərə(r)/ n. fucile m. a ripetizione.

quick-freeze /'kwɪkfri:z/ tr. (pass. **-froze**; p.pass. **-frozen**) surgelare.
quickie /'kwɪkɪ/ n. COLLOQ. **1** *(drink)* bicchierino m. (bevuto in fretta) **2** *(question)* domanda f. veloce **3** BE POP. *(sex)* ***to have a ~*** farsi una sveltina **4** AE CINEM. = film fatto in poco tempo e con poco denaro.
quickie divorce /ˌkwɪkɪdɪ'vɔ:s/ n. COLLOQ. divorzio m. fulmineo.
quicklime /'kwɪklaɪm/ n. calce f. viva.
quick-lunch counter /'kwɪklʌntʃˌkaʊntə(r)/ n. tavola f. calda.
▶ **quickly** /'kwɪklɪ/ avv. *(rapidly)* velocemente, rapidamente; *(without delay)* velocemente, senza indugio; ***the police arrived ~*** la polizia è arrivata velocemente; ***the problem was ~ resolved*** il problema è stato risolto in fretta; ***we must sort this problem out ~*** dobbiamo risolvere questo problema in fretta; ***(come) ~!*** (vieni) veloce! ***as ~ as possible*** il più velocemente possibile; ***I acted ~ on his advice*** mi sono affrettato a seguire il suo consiglio; ***I ~ changed the subject*** ho cambiato subito argomento; ***she dealt with the problem ~ and efficiently*** si è occupata del problema velocemente ed efficacemente.
quick march /'kwɪkmɑ:tʃ/ **I** n. MIL. = passo di marcia veloce **II** inter. avanti marsh.
quickness /'kwɪknɪs/ n. **1** *(speed) (of person, movement)* velocità f., rapidità f.; ***~ to respond, react*** rapidità a rispondere, a reagire **2** *(nimbleness) (of person, movements)* prontezza f., sveltezza f. **3** *(liveliness of mind)* acume m., intelligenza f.
quick-release /ˌkwɪkrɪ'li:s/ agg. [*mechanism*] ad apertura rapida.
quicksand /'kwɪksænd/ n. **U** sabbie f.pl. mobili; FIG. ginepraio m., pantano m.
quick-set hedge /'kwɪksetˌhedʒ/ n. siepe f. viva, siepe f. di sempreverdi.
quick-setting /'kwɪkˌsetɪŋ/ agg. a presa rapida.
quick-sighted /ˌkwɪk'saɪtɪd/ agg. **1** dalla vista acuta **2** FIG. acuto, perspicace.
quick-sightedness /ˌkwɪk'saɪtɪdnɪs/ n. **1** vista f. acuta **2** FIG. acutezza f., perspicacia f.
1.quicksilver /'kwɪksɪlvə(r)/ **I** n. CHIM. mercurio m., argento m. vivo **II** modif. FIG. ***~ wit*** uno spirito molto vivace.
2.quicksilver /'kwɪksɪlvə(r)/ tr. trattare con, rivestire di mercurio.
quickstep /'kwɪkstep/ n. *(dance, dance tune)* = foxtrot veloce; *(march tune)* = marcia militare vivace.
quick-tempered /ˌkwɪk'tempəd/ agg. impulsivo, irascibile.
quickthorn /'kwɪkθɔ:n/ n. biancospino m.
quick time /'kwɪktaɪm/ n. AE = marcia veloce di circa 120 passi al minuto.
quick trick /'kwɪktrɪk/ n. *(in bridge)* = carte che permettono una presa nella prima o nella seconda mano.
quick win /'kwɪkwɪn/ n. guadagno m. rapido.
quick-witted /ˌkwɪk'wɪtɪd/ agg. [*person*] acuto, perspicace; [*reaction*] pronto.
1.quid /kwɪd/ n. BE COLLOQ. (pl. ~) sterlina f.
2.quid /kwɪd/ n. *(tobacco)* cicca f., pezzo m. di tabacco da masticare.
quiddity /'kwɪdətɪ/ n. FILOS. quiddità f.
quid pro quo /ˌkwɪdprəʊ'kwəʊ/ n. contropartita f.
quiescence /kwaɪ'esns, kwɪ-/, **quiescency** /kwaɪ'esnsɪ, kwɪ-/ n. *(of person)* quiescenza f., inattività f.
quiescent /kwaɪ'esnt, kwɪ'esnt/ agg. [*person*] quiescente, inattivo; [*mood, state, soul, spirit*] tranquillo, quieto.
▶ **1.quiet** /'kwaɪət/ **I** agg. **1** *(silent)* [*church, person, room*] quieto, silenzioso; ***to keep*** o ***stay ~*** rimanere in silenzio; ***to go ~*** [*person, assembly*] tacere; ***the room went ~*** nella stanza si fece silenzio; ***to keep sth. ~*** impedire a qcs. di fare rumore [*bells, machinery*]; fare tacere [*dog, child*]; ***be ~*** *(stop talking)* silenzio; *(make no noise)* silenzio *o* non fare rumore; ***you're ~, are you OK?*** sei silenzioso, va tutto bene? **2** *(not noisy)* [*voice*] basso, fievole; [*car, engine*] silenzioso; [*music*] tranquillo; [*cough, laugh*] discreto; ***in a ~ voice*** a voce bassa; ***that should keep the children ~*** questo dovrebbe far stare i bambini tranquilli **3** *(discreet)* [*diplomacy, chat*] discreto, riservato; [*deal*] riservato, fatto in privato; [*confidence, optimism*] pacato, sereno; [*despair, rancour*] velato, dissimulato; [*colour, stripe*] sobrio, discreto; ***I had a ~ laugh over it*** ne ho riso fra me e me *o* ne ho riso sotto i baffi; ***to have a ~ word with sb.*** parlare con qcn. in privato **4** *(calm)* [*village*] tranquillo; [*holiday, night*] calmo, tranquillo; ***business, the stock market is ~*** il mercato *o* il mercato azionario è stazionario; ***to lead a ~ life*** vivere una vita tranquilla; ***OK! anything for a ~ life!*** va bene! quello che vuoi purché mi lasci tranquillo! **5** *(for few people)* [*dinner, meal*] intimo; [*wedding, funeral*] intimo, con la presenza di poche persone **6** *(docile)* [*child, pony*] tranquillo, docile **7** *(secret)* ***to keep [sth.] ~*** tenere segreto *o* non divulgare [*plans*]; tenere segreto [*engagement*] **II** n. **1** *(silence)* quiete f., silenzio m.; ***in the ~ of the morning*** nella quiete del mattino; ***~ please!*** silenzio, per favore! **2** *(peace)* calma f., tranquillità f.; ***the ~ of the countryside*** la tranquillità della campagna; ***let's have some peace and ~*** stiamo un po' tranquilli **3** COLLOQ. *(secret)* ***to do sth. on the ~*** fare qcs. di nascosto *o* segretamente.
2.quiet /'kwaɪət/ tr. AE **1** *(calm)* calmare [*crowd, class*] **2** *(allay)* dissipare [*fears, doubts*] **3** *(silence)* fare tacere [*person*].
quieten /'kwaɪətn/ tr. **1** *(calm)* calmare [*child, crowd, animal*] **2** *(allay)* dissipare [*fear, doubts*] **3** *(silence)* fare tacere [*critics, children*].
■ **quieten down:** ***~ down*** **1** *(become calm)* [*person, queue, activity*] calmarsi; ***I'll wait for things to ~ down*** aspetterò che le cose si calmino **2** *(fall silent)* tacere; ***~ down [sb., sth.], ~ [sb., sth.] down*** **1** *(calm)* calmare [*baby, crowd, animal*] **2** *(silence)* fare tacere [*child, class*].
quietism /'kwaɪətɪzəm/ n. quietismo m.
quietist /'kwaɪətɪst/ **I** agg. quietistico **II** n. quietista m. e f.
▷ **quietly** /'kwaɪətlɪ/ avv. **1** *(not noisily)* [*move, tread*] silenziosamente, senza fare rumore; [*cough*] discretamente; [*speak, sing*] a voce bassa; [*play*] piano **2** *(silently)* [*play, read, sit*] in silenzio **3** *(discreetly)* [*pleased, optimistic, confident*] discretamente, moderatamente; ***to be ~ confident that*** essere intimamente fiducioso che **4** *(simply)* [*live*] semplicemente; [*get married*] con una cerimonia semplice **5** *(calmly)* in modo calmo, tranquillamente **6** *(soberly)* [*dress, decorate*] sobriamente.
quietness /'kwaɪətnɪs/ n. **1** *(silence)* silenzio m., calma f. **2** *(calmness) (of person)* calma f. **3** *(lowness) (of voice)* fievolezza f. **4** *(lack of activity) (of village, street)* tranquillità f.
quietude /'kwaɪɪtju:d, AE -tu:d/ n. LETT. quiete f., calma f.
quietus /kwaɪ'i:təs/ n. **1** *(receipt)* quietanza f. **2** *(death)* morte f., liberazione f. finale **3** FIG. colpo m. di grazia.
quiff /kwɪf/ n. BE ciuffo m. (di capelli).
1.quill /kwɪl/ n. **1** *(feather)* penna f.; *(stem of feather)* calamo m. **2** *(on porcupine)* aculeo m. **3** (anche **~ pen**) *(for writing)* calamo m., penna f. d'oca.
2.quill /kwɪl/ tr. **1** pieghettare [*fabric*] **2** TESS. incannare.
quill-driver /'kwɪldraɪvə(r)/ n. SPREG. scribacchino m. (-a), scrittorucolo m.
quilled /kwɪld/ **I** p.pass. → **2.quill II** agg. **1** *(having a quill)* fornito di penna **2** *(of the form of a quill)* a forma di penna.
quillet /'kwɪlɪt/ n. cavillo m., sofisma m.
1.quilt /kwɪlt/ n. **1** BE *(duvet)* piumino m. **2** *(bed cover)* trapunta f.
2.quilt /kwɪlt/ tr. **1** *(stitch as a quilt)* trapuntare **2** *(from inside)* foderare; *(from outside)* rivestire.
3.quilt /kwɪlt/ tr. AUSTRAL. COLLOQ. picchiare, battere.
quilted /'kwɪltɪd/ **I** p.pass. → **2.quilt II** agg. **1** [*cover, garment*] trapuntato **2** *(from inside)* foderato; *(from outside)* rivestito.
quilting /'kwɪltɪŋ/ n. **1** *(technique)* (il) trapuntare **2** *(from inside)* (il) foderare; *(from outside)* (il) rivestire **3** *(fabric)* tessuto m. trapuntato.
quilting bee /'kwɪltɪŋˌbi:/ n. AE = gruppo di donne che si riuniscono per fare una trapunta.
quim /kwɪm/ n. BE VOLG. fica f.
quin /kwɪn/ n. BE COLLOQ. (accorc. quintuplet) = ciascuno dei cinque gemelli da uno stesso parto.
quinary /'kwaɪnərɪ/ agg. MAT. BIOL. quinario.
quince /kwɪns/ n. *(fruit)* mela f. cotogna; *(tree)* cotogno m.
quincentenary /ˌkwɪnsen'ti:nərɪ, AE -'sentənerɪ/ n. quinto centenario m., cinquecentesimo anniversario m.
quinidine /'kwɪnədi:n/ n. chinidina f.
quinine /kwɪ'ni:n, AE 'kwaɪnaɪn/ n. *(alkaloid)* chinina f.; *(drug)* chinino m.
quinoline /'kwɪnəli:n/ n. chinolina f.
quinone /kwɪ'nəʊn/ n. chinone m.
quinquagenarian /ˌkwɪŋkwədʒɪ'neərɪən/ **I** agg. cinquantenne **II** n. cinquantenne m. e f.
quinquagenary /ˌkwɪŋ'kwædʒɪnərɪ/ **I** agg. cinquantenne **II** n. cinquantenario m.
Quinquagesima /ˌkwɪŋkwə'dʒesɪmə/ n. quinquagesima f.
quinquennia /kwɪŋ'kwenɪə/ → **quinquennium**.
quinquennial /kwɪn'kwenɪəl/ agg. quinquennale.
quinquennialy /kwɪn'kwenɪəlɪ/ avv. ogni cinque anni.
quinquennium /kwɪŋ'kwenɪəm/ n. (pl. **~s, -ia**) quinquennio.
quinquereme /'kwɪŋkwɪri:m/ n. quinquereme f.
quinsy /'kwɪnzɪ/ n. tonsillite f., angina f.
1.quint /kwɪnt/ n. AE COLLOQ. (accorc. quintuplet) = ciascuno dei cinque gemelli da uno stesso parto.

2.quint /kwɪnt/ n. MUS. quinta f.
quintain /'kwɪntɪn/ n. *(exercise)* quintana f.; *(object used)* = figura di legno usata nella quintana.
quinte /kwɪnt/ n. SPORT *(in fencing)* quinta f.
quintessence /kwɪn'tesns/ n. *(perfect example)* quintessenza f., esempio m. prototipico; *(essential part)* quintessenza f.
quintessential /ˌkwɪntɪ'senʃl/ agg. [*character, quality*] quintessenziale, fondamentale; ***he is the ~ Renaissance man*** è l'uomo del Rinascimento per eccellenza.
quintessentially /ˌkwɪntɪ'senʃlɪ/ avv. quintessenzialmente, in modo quintessenziale.
quintet /kwɪn'tet/ n. MUS. quintetto m.
quintillion /kwɪn'tɪlɪən/ n. **1** BE *(fifth power of a million)* trilione m. **2** AE *(sixth power of a thousand)* trilione m.
Quintin /'kwɪntɪn/ n.pr. Quintino.
1.quintuple /'kwɪntjʊpl, AE kwɪn'tu:pl/ **I** agg. quintuplo **II** n. quintuplo m.
2.quintuple /kwɪn'tjʊpl/ **I** tr. quintuplicare **II** intr. quintuplicarsi.
quintuplet /'kwɪntju:plet, AE kwɪn'tu:plɪt/ n. = ciascuno di cinque gemelli.
Quintus /'kwɪntəs/ n.pr. Quinto.
1.quip /kwɪp/ n. arguzia f., motto m. arguto, battuta f. di spirito.
2.quip /kwɪp/ intr. (forma in -ing ecc. **-pp-**) dire arguzie, fare battute di spirito.
quipster /'kwɪpstə(r)/ n. persona f. arguta, spiritosa.
1.quire /'kwaɪə(r)/ n. *(4 folded sheets)* quaderno m., quattro fogli m.pl. piegati; *(24 or 25 sheets)* = blocco di 24 o 25 fogli di carta.
2.quire → **1.choir**.
Quirinal /'kwɪrɪnəl/ n.pr. ***the ~*** il Quirinale.
Quirinus /kwɪ'raɪnəs/ n.pr. Quirino.
quirk /kwɜ:k/ n. *(of person)* vezzo m., (piccola) mania f.; *(of fate, nature)* capriccio m., scherzo m.
quirky /'kwɜ:kɪ/ agg. eccentrico, strano.
quirt /kwɜ:t/ n. EQUIT. frustino m.
quisling /'kwɪzlɪŋ/ n. SPREG. quisling m., collaborazionista m. e f.
1.quit /kwɪt/ agg. ***to be well ~ of sth., sb.*** essersi liberato di qcn., qcs.
▷ **2.quit** /kwɪt/ **I** tr. (forma in -ing **-tt-**; pass., p.pass. **quitted** o **quit**) **1** *(leave)* lasciare, abbandonare [*job, profession, school, politics, teaching*]; abbandonare [*person*]; andarsene da [*place*]; ***to give a tenant notice to ~*** dare a un inquilino il preavviso di fine locazione, dare a qcn. lo sfratto **2** INFORM. uscire da [*application, program*] **II** intr. (forma in -ing **-tt-**; pass., p.pass. **quitted** o **quit**) **1** *(stop, give up)* smettere (**doing** di fare), rinunciare (**doing** a fare); ***I've had enough, I ~*** ne ho avuto abbastanza, lascio; ***to ~ whilst one is ahead*** o ***on top*** lasciare quando si è all'apice; *(in career)* lasciare all'apice della carriera **2** *(resign)* [*employee, boss, politician*] dimettersi, dare le dimissioni; ***he ~ as chairman*** si è dimesso da presidente **3** INFORM. uscire.
▶ **quite** /kwaɪt/ avv. **1** *(completely)* [*new, differently*] del tutto; [*alone, empty, exhausted*] completamente; [*impossible*] del tutto; [*justified*] interamente; [*extraordinary, peculiar, obnoxious, amazed, ridiculous*] davvero, assolutamente; ***I'm ~ ready*** sono pronto *o* prontissimo; ***I ~ agree*** sono completamente d'accordo; ***I ~ understand*** capisco perfettamente; ***you're ~ right*** hai completamente ragione; ***you're ~ wrong*** ti sbagli completamente; ***it's ~ all right*** *(in reply to apology)* va bene *o* non c'è problema; ***it's ~ out of the question*** è assolutamente fuori discussione; ***I can ~ believe it*** lo credo bene *o* ci credo senz'altro; ***are you ~ sure?*** ne sei proprio sicuro? ***to be ~ aware of sth., that*** essere del tutto consapevole di qcs., che; ***~ frankly*** molto francamente; ***I saw it ~ clearly*** lo vedo molto chiaramente; ***it's ~ clear*** è del tutto chiaro; ***it's ~ clear to me that*** mi è del tutto chiaro che; ***he's ~ clearly mad, stupid*** è chiaro che è completamente pazzo, stupido; ***and ~ right too!*** giustissimo, ben gli sta! ***that's ~ enough!*** è più che abbastanza! ***have you ~ finished?*** IRON. hai finito? **2** *(exactly)* ***not ~*** non esattamente *o* non proprio; ***it's not ~ what I wanted*** non è esattamente ciò che volevo; ***I'm not ~ sure*** non ne sono proprio sicuro; ***not ~ so much*** non (proprio) così tanto; ***not ~ as many as last time*** non tanti quanti erano l'ultima volta, un po' meno dell'ultima volta; ***not ~ as interesting, expensive*** non altrettanto interessante, costoso *o* un po' meno interessante, costoso; ***he didn't ~ understand*** non ha proprio capito; ***I don't ~ know*** non sono sicuro; ***nobody knew ~ what he meant*** nessuno sapeva esattamente cosa volesse dire; ***it's not ~ that*** non è proprio così; ***that's not ~ all*** *(giving account of sth.)* e non è tutto **3** *(definitely)* ***it was ~ the best answer, the most expensive seat*** era proprio la risposta migliore, il posto più caro; ***he's ~ the stupidest man!*** è proprio l'uomo più stupido! ***our whisky is ~ simply the best!*** *(in advertising)* il nostro whisky è semplicemente il migliore! **4** *(rather)* [*big, wide, easily, often*] abbastanza, piuttosto; ***it's ~ small*** non è molto grande *o* è piuttosto piccolo; ***it's ~ good*** non è male *o* è abbastanza buono; ***it's ~ cold today*** fa piuttosto freddo; ***it's ~ warm today*** fa abbastanza caldo oggi; ***it's ~ likely that*** è abbastanza probabile che; ***I ~ like Chinese food*** la cucina cinese mi piace abbastanza; ***~ a few*** o ***~ a lot of people*** molte *o* non poche persone; ***~ a few*** o ***~ a lot of examples*** molti *o* non pochi esempi; ***~ a lot of money*** un bel po' di soldi; ***~ a lot of opposition*** un'opposizione piuttosto forte; ***it's ~ a lot colder, warmer today*** fa molto *o* nettamente più freddo, più caldo oggi; ***I've thought about it ~ a bit*** ci ho pensato un bel po' **5** *(as intensifier)* ***~ a difference*** una bella differenza, una differenza considerevole; ***~ a drop*** una flessione notevole *o* considerevole; ***that will be ~ a change for you*** sarà un bel cambiamento per te; ***she's ~ a woman, she's ~ some woman!*** che donna! ***that was ~ some party!*** che festa! quella sì che è stata una festa! ***their house, car is really ~ something*** COLLOQ. mica male la loro casa, la loro macchina; ***it was ~ a sight*** IRON. bello spettacolo! **6** *(expressing agreement)* certo, davvero; ***"he could have told us" - "~ (so)"*** "avrebbe potuto dircelo" - "già".
quits /kwɪts/ agg. COLLOQ. ***to be ~*** essere pari (**with sb.** con qcn.); ***to call it ~*** considerarsi pari *o* farla finita; ***let's call it ~!*** siamo pari *o* siamo a posto!
quittance /'kwɪtəns/ n. ANT. *(discharge from a debt)* saldo m., esecuzione f.
quitter /'kwɪtə(r)/ n. COLLOQ. ***he's a ~*** si arrende *o* si dà per vinto facilmente; ***I'm no ~*** non mi arrendo facilmente.
1.quiver /'kwɪvə(r)/ n. *(trembling) (of voice, part of body)* tremito m., fremito m.; *(of leaves)* (il) tremolare, (lo) stormire; ***a ~ of excitement*** un fremito d'eccitazione.
2.quiver /'kwɪvə(r)/ intr. [*hand, voice, lip, animal*] tremare (**with** per, di); [*leaves*] tremolare, stormire; [*wings, eyelids*] battere; [*flame*] tremolare.
3.quiver /'kwɪvə(r)/ n. *(for arrows)* faretra f.
4.quiver /'kwɪvə(r)/ agg. ANT. *(active)* attivo; *(nimble)* agile, svelto.
quivering /'kwɪvərɪŋ/ **I** n. tremito m., fremito m. **II** agg. [*hand, voice*] tremante; [*leaf, flame*] tremolante.
quiveringly /'kwɪvərɪŋlɪ/ avv. [*speak*] con voce tremante.
qui vive /ˌki:'vi:v/ n. ***to be on the ~*** stare sul chi vive.
Quixote /'kwɪksət/ **I** n.pr. Chisciotte **II** n. FIG. donchisciotte m.
quixotic /kwɪk'sɒtɪk/ agg. *(chivalrous)* cavalleresco; *(unrealistic)* donchisciottesco, idealista.
quixotically /kwɪk'sɒtɪklɪ/ avv. donchisciottescamente.
quixotism /'kwɪksətɪzəm/, **quixotry** /'kwɪksətrɪ/ n. donchisciottismo m.
▷ **1.quiz** /kwɪz/ n. (pl. **~zes**) **1** *(game)* quiz m.; *(written, in magazine)* questionario m. (**about** su); ***a sports, general knowledge ~*** un quiz sullo sport, di cultura generale **2** AE SCOL. interrogazione f.
▷ **2.quiz** /kwɪz/ tr. (forma in -ing ecc. **-zz-**) fare domande, quesiti a (**about** su).
quiz game /'kwɪzgeɪm/ n. quiz m., gioco m. a quiz.
quiz master /'kwɪzˌma:stə(r), AE -ˌmæs-/ ♦ ***27*** n. conduttore m. (-trice) di giochi a quiz.
quiz show /'kwɪzʃəʊ/ n. → **quiz game**.
quizzical /'kwɪzɪkl/ agg. interrogatorio, interrogativo.
quizzically /'kwɪzɪklɪ/ avv. con aria interrogativa.
1.quod /kwɒd/ n. BE COLLOQ. galera f., gattabuia f.
2.quod /kwɒd/ tr. (forma in -ing ecc. **-dd-**) mettere in prigione, mettere dentro.
1.quoin /kɔɪn/ n. immorsatura f., concio m. d'angolo.
2.quoin /kɔɪn/ tr. **1** TIP. serrare a cunei **2** EDIL. immorsare.
quoit /kɔɪt, AE kwɔɪt/ **I** n. = anello usato nel gioco del lancio degli anelli **II** ♦ ***10*** **quoits** n.pl. = gioco del lancio degli anelli; ***to play ~s*** giocare al gioco del lancio degli anelli.
quondam /'kwɒndæm/ agg. quondam, di un tempo.
Quonset hut® /'kwɒnsɪtˌhʌt/ n. AE MIL. = baracca semicilindrica di lamiera ondulata.
quorate /'kwɔ:rət, -reɪt/ agg. BE ***the meeting is ~*** la riunione ha raggiunto il quorum *o* il numero legale.
Quorn® /kwɔ:n/ n. = alimento a base di proteine vegetali usato in cucina in sostituzione della carne.
quorum /'kwɔ:rəm/ n. quorum m., numero m. legale; ***the ~ is ten*** il quorum è dieci; ***to have a ~*** avere raggiunto il quorum.
▷ **quota** /'kwəʊtə/ n. **1** COMM. *(in UE, prescribed number)* quota f. (**of, for** di); ***this year's ~*** la quota fissata per quest'anno; ***milk, export ~s*** quote latte, d'esportazione; ***we haven't got our full ~ of passengers*** non abbiamo raggiunto la nostra quota di passeggeri **2** *(share)* parte f., porzione f. (**of** di); *(officially allocated)* quota f.

quotable /ˈkwəʊtəbl/ agg. *(that may be quoted)* citabile, che può essere citato; *(worth quoting)* degno d'essere citato; ***what she said just wasn't*** ~ non si può ripetere ciò che ha detto.

quota system /ˈkwəʊtə͵sɪstəm/ n. COMM. *(in UE)* sistema m. delle quote.

quotation /kwəʊˈteɪʃn/ n. **1** *(phrase, passage cited)* citazione f. **2** *(estimate)* preventivo m. **3** ECON. quotazione f.

quotation marks /kwəʊˈteɪʃnmɑːks/ n.pl. virgolette f.; ***to put sth. in*** ~ o ***to put*** ~ ***around sth.*** mettere qcs. tra virgolette.

1.quote /kwəʊt/ **I** n. **1** *(quotation)* citazione f. (**from** da) **2** *(statement to journalist)* dichiarazione f. **3** *(estimate)* preventivo m. **4** ECON. quotazione f. **II quotes** n.pl. → **quotation marks**.

▶ **2.quote** /kwəʊt/ **I** tr. **1** *(repeat, recall)* citare [*person, passage, proverb*]; riportare [*words*]; citare, riportare [*reference number*]; ***to*** ~ ***Shakespeare, the Bible*** citare Shakespeare, la Bibbia; ***to*** ~ ***sb., sth. as an example*** citare qcn., qcs. come esempio; ***please*** ~ ***this number in all correspondence*** siete pregati di indicare questo numero in tutta la corrispondenza; ***don't*** ~ ***me on this, but...*** qui lo dico e qui lo nego,...; ***she was ~d as saying that*** ha dichiarato *o* detto che; ***to*** ~ ***Plato,...*** per citare Platone *o* citando Platone... **2** COMM. *(state)* fare un preventivo di [*price, figure*]; ***they ~d us £ 200 for repairing the car*** ci hanno fatto un preventivo di 200 sterline per la riparazione della macchina **3** *(on the stock exchange)* quotare [*share, price*] (**at** a); ***to be ~d on the Stock Exchange*** essere quotato in borsa **4** EQUIT. ***to*** ~ ***odds of 3 to 1*** dare 3 a 1; ***to be ~d 6 to 1*** essere dato 6 a 1 **II** intr. **1** *(from text, author)* fare citazioni; ***to*** ~ ***from Keats, the classics*** fare citazioni da Keats, dai classici **2** ***~... unquote*** *(in dictation)* aperte (le) virgolette... chiuse (le) virgolette; *(in lecture, speech)* e qui cito...; ***he's in Paris on*** ~ ***"business" unquote*** è a Parigi per, lui dice, "affari".

quoted /ˈkwəʊtɪd/ **I** p.pass. → **2.quote II** agg. [*company, share*] quotato in borsa.

quoth /kwəʊθ/ tr. ANT. ***"alas,"*** ~ ***he*** "ahimè" disse.

quotidian /kwɒˈtɪdɪən/ **I** agg. **1** *(daily)* quotidiano **2** *(commonplace)* comune, ordinario, banale **II** n. *(in malaria)* febbre f. quotidiana.

quotient /ˈkwəʊʃnt/ n. **1** MAT. quoziente m. **2** *(factor)* fattore m., quoziente m.

qv ⇒ (quod vide, letto **which see**) vedi (v.).

QWERTY /ˈkwɜːtɪ/ agg. ~ ***keyboard*** tastiera qwerty.

r

r, R /ɑ:(r)/ n. **1** *(letter)* r, R m. e f.; ***the three R's*** = leggere, scrivere, far di conto **2 R** ⇒ right destra, destro (dx) **3 R** ⇒ river fiume **4 R** BE ⇒ Rex Re (R) **5 R** ⇒ Regina Regina **6 R** US CINEM. ⇒ restricted vietato ai minori di 17 anni.

RA n. BE **1** (⇒ Royal Academy) = Accademia Reale **2** (⇒ Royal Academician) = membro dell'Accademia Reale.

RAAF n. (⇒ Royal Australian Air Force) = Reale Aviazione Militare Australiana.

1.rabbet /'ræbɪt/ n. scanalatura f.

2.rabbet /'ræbɪt/ tr. scanalare.

rabbet plane /'ræbɪt,pleɪn/ n. sponderuola f.

rabbi /'ræbaɪ/ n. rabbino m.; ***the Chief Rabbi*** il Rabbino Capo.

rabbinate /'ræbɪnət/ n. **1** *(office of rabbi)* rabbinato m. **2** *(rabbis as a class)* rabbini m.pl.

rabbinic(al) /rə'bɪnɪk(l)/ agg. rabbinico.

Rabbinic /rə'bɪnɪk/ ♦ ***14*** n. *(language)* lingua f. rabbinica.

rabbinism /'ræbɪnɪzəm/ n. rabbinismo m.

rabbinist /'ræbɪnɪst/ n. rabbinista m. e f.

▷ **1.rabbit** /'ræbɪt/ **I** n. **1** *(male)* coniglio m.; *(female)* coniglia f.; ***a tame, wild ~*** un coniglio domestico, selvatico **2** *(fur)* lapin m.; *(meat)* coniglio m. **II** modif. **1** [*stew, pie*] di coniglio **2** [*jacket*] di lapin ◆ ***to breed like ~s*** riprodursi come conigli; ***to pull a ~ out of a hat*** tirare fuori un coniglio dal cilindro, fare una mossa a sorpresa.

2.rabbit /'ræbɪt/ intr. ***to go ~ing*** andare a caccia di conigli.

▪ **rabbit on** BE COLLOQ. parlare in continuazione (a vanvera) (**about** di).

rabbit burrow /'ræbɪt,bʌrəʊ/ n. tana f. di coniglio.

rabbit ears /'ræbɪtɪəz/ n.pl. AE *(TV aerial)* baffi m.

rabbit fish /'ræbɪtfɪʃ/ n. (pl. **rabbit fish**, **rabbit fishes**) chimera f. mostruosa.

rabbit hole /'ræbɪthəʊl/ n. → **rabbit burrow.**

rabbit hutch /'ræbɪthʌtʃ/ n. conigliera f.

rabbit punch /'ræbɪtpʌntʃ/ n. colpo m. alla nuca.

rabbit-punch /'ræbɪtpʌntʃ/ tr. colpire alla nuca.

rabbit warren /'ræbɪt,wɒrən, AE -,wɔ:rən/ n. garenna f.; FIG. *(maze)* labirinto m.; *(densely populated area or house)* zona f. sovraffollata, casa f. sovraffollata.

rabbity /'ræbɪtɪ/ agg. **1** *(containing many rabbits)* pieno di conigli **2** *(like a rabbit)* di, da coniglio, simile a un coniglio.

1.rabble /'ræbl/ n. SPREG. **1** *(crowd)* folla f., ressa f., calca f. **2** *(populace)* ***the ~*** la massa *o* la plebaglia.

2.rabble /'ræbl/ n. METALL. *(iron bar) (for stirring)* mescolatore m.; *(for cleaning)* raschiatoio m.

3.rabble /'ræbl/ tr. METALL. *(stir)* mescolare; *(rake)* raschiare.

rabble-rouser /'ræblraʊzə(r)/ n. sobillatore m. (-trice), demagogo m. (-a).

rabble-rousing /'ræblraʊzɪŋ/ **I** n. sobillazione f., demagogia f. **II** agg. sobillatore, demagogico.

Rabelaisian /,ræbə'leɪzɪən/ agg. rabelesiano.

rabid /'ræbɪd, AE 'reɪbɪd/ agg. **1** VETER. rabbioso, idrofobo **2** *(fanatical)* fanatico, accanito.

rabidity /rə'bɪdətɪ/ n. **1** *(anger)* rabbia f., furia f. **2** *(fanaticism)* fanatismo m., accanimento m.

rabidly /'ræbɪdlɪ, AE 'reɪ-/ avv. rabbiosamente, ferocemente.

rabies /'reɪbi:z/ ♦ ***11*** **I** n. idrofobia f., rabbia f.; ***to have ~*** avere la rabbia **II** modif. [*controls, injection, legislation*] antirabbico; [*virus*] della rabbia.

RAC n. BE (⇒ Royal Automobile Club) = associazione britannica di automobilisti corrispondente all'ACI italiano.

raccoon /rə'ku:n, AE ræ-/ **I** n. (pl. **~s** o **~**) procione m., orsetto m. lavatore **II** modif. [*garment*] di procione.

▶ **1.race** /reɪs/ **I** n. **1** SPORT corsa f., gara f. (**between** tra; **against** contro); ***to come fifth in a ~*** arrivare quinto in una corsa; ***to have a ~*** fare una corsa (**with** con; **against** contro); ***to run a ~*** correre (**with** contro); ***boat, bicycle ~*** gara nautica, corsa, gara ciclistica; ***a ~ against the clock*** una corsa a tempo; FIG. una corsa contro il tempo **2** FIG. *(contest)* corsa f., gara f. (**for** per; **to do** per fare); ***the ~ to reach the moon*** la corsa alla luna; ***presidential, mayoral ~*** la corsa per la presidenza, per diventare sindaco; ***a ~ against time*** una corsa contro il tempo **3** *(current)* corrente f. veloce **II races** n.pl. EQUIT. corse f.

▶ **2.race** /reɪs/ **I** tr. **1** *(compete with)* correre contro, gareggiare con [*person, jockey, car, horse*]; ***to ~ sb. to sth.*** fare una corsa con qcn. fino a qcs. **2** *(rush)* ***to ~ to do*** precipitarsi a fare **3** *(enter for race)* fare correre, fare partecipare a una corsa [*horse, dog*]; fare partecipare a una gara [*car, bike, boat, yacht*]; correre per, correre su [*Ferrari, Formula One*]; fare partecipare a una gara [*pigeon*] **4** *(rev)* fare girare a vuoto, imballare [*engine*] **II** intr. **1** *(compete in race)* correre, gareggiare (**against** contro; **at** a; **to** verso; **with** con); ***to ~ around the track*** correre facendo il giro della pista **2** *(rush, run)* ***to ~ in, out*** precipitarsi dentro, fuori *o* entrare, uscire di corsa; ***to ~ after sb., sth.*** correre dietro a qcn., qcs.; ***to ~ down the stairs, the street*** correre giù per le scale, lungo la strada; ***to ~ for the house, the train*** correre per raggiungere la casa, per prendere il treno; ***to ~ through*** fare [qcs.] velocemente *o* di corsa [*exercise, task*] **3** [*heart, pulse*] battere forte; [*engine*] girare a vuoto, imballarsi; ***my mind started to ~*** la mia mente cominciò a lavorare freneticamente **4** *(hurry)* affrettarsi (**to do** a fare); ***to ~ against time*** correre contro il tempo.

▪ **race away** correre via; ***to ~ away from*** [*runner*] staccarsi da, andare in fuga da [*pack*]; correre via da *o* allontanarsi di corsa da [*person, place*].

▪ **race by** [*time, person, bike*] passare velocemente.

3.race /reɪs/ **I** n. **1** ANTROP. SOCIOL. razza f., stirpe f.; ***of an ancient ~*** di un'antica stirpe; ***discrimination on the grounds of ~*** discriminazione razziale **2** BOT. specie f.; ZOOL. razza f. **II** modif. [*attack, equality, hatred, law*] razziale.

race card /'reɪskɑ:d/ n. EQUIT. programma m. delle corse.

racecourse /'reɪskɔ:s/ n. EQUIT. ippodromo m.; AUT. pista f.

racegoer /'reɪsgəʊə(r)/ n. appassionato m. (-a), frequentatore m. (-trice) assiduo (-a) di corse di cavalli.

racehorse /'reɪshɔ:s/ n. cavallo m. da corsa.

raceme /rə'si:m, 'ræsi:m, AE reɪ'si:m/ n. BOT. racemo m.

race meeting /'reɪs,mi:tɪŋ/ n. BE riunione f. ippica, concorso m. ippico.

racemic /rə'si:mɪk, AE reɪ-/ agg. racemico.

racemization /ˌræsəmaɪˈzeɪʃn, AE -mɪˈz-/ n. racemizzazione f.
racemose /ˈræsɪməʊs/ agg. racemoso.
racer /ˈreɪsə(r)/ n. **1** *(bike)* bicicletta f. da corsa; *(motorbike)* motocicletta f. da corsa **2** *(yacht)* imbarcazione f. da competizione **3** *(car)* automobile f. da corsa **4** *(dog)* cane m. da corsa **5** *(horse)* cavallo m. da corsa **6** *(runner, cyclist etc.)* corridore m.
race relations /ˈreɪsrɪˌleɪʃnz/ n.pl. relazioni f. interrazziali, rapporti m. interrazziali.
race riot /ˈreɪsraɪət/ n. scontro m. razziale.
racetrack /ˈreɪstræk/ n. SPORT **1** EQUIT. ippodromo m. **2** *(track) (for cars)* pista f., circuito m.; *(for dogs)* pista f., cinodromo m.; *(for cycles)* pista f., velodromo m.
raceway /ˈreɪsweɪ/ n. AE *(for cars)* pista f., circuito m.; *(for dogs, harness racing)* pista f.
Rachel /ˈreɪtʃəl/ n.pr. Rachele.
rachis /ˈreɪkɪs/ n. (pl. **-ides**) ANAT. BOT. ZOOL. rachide m. e f.
rachischisis /rəˈkɪskɪsɪs/ ➧ **11** n. (pl. **-es**) rachischisi f., spina f. bifida.
rachitic /ræˈkɪtɪk/ agg. rachitico.
rachitis /ræˈkaɪtɪs/ n. RAR. rachitismo m.
Rachmanism /ˈrækmənɪzəm/ n. BE SPREG. = intimidazioni da parte del proprietario di un immobile per far sì che i locatari lascino l'immobile stesso.
▷ **racial** /ˈreɪʃl/ agg. *(all contexts)* razziale.
racialism /ˈreɪʃəlɪzəm/ n. razzismo m.
racialist /ˈreɪʃəlɪst/ **I** agg. razzista **II** n. razzista m. e f.
racially /ˈreɪʃəlɪ/ avv. [*mixed, balanced, segregated, tolerant*] dal punto di vista razziale; ***the attack was ~ motivated*** l'attacco ha avuto il razzismo come movente.
raciness /ˈreɪsɪnɪs/ n. **1** *(lively quality)* brio m., vivacità f. **2** *(risqué quality)* audacia f.
▷ **racing** /ˈreɪsɪŋ/ **I** n. **1** EQUIT. ippica f., corse f.pl. dei cavalli; ***did you see the ~?*** hai visto le corse? **2** *(with cars, bikes, boats, dogs)* corsa f.; ***motor ~*** BE, ***car ~*** AE automobilismo *o* corse automobilistiche; ***pigeon ~*** gare di piccioni viaggiatori **II** modif. [*car, bike*] da corsa; [*boat, yacht*] da competizione; [*fan, commentator*] delle corse.
racing colours BE, **racing colors** AE /ˈreɪsɪŋˌkʌləz/ n.pl. colori m. di scuderia.
racing cyclist /ˈreɪsɪŋˌsaɪklɪst/ n. corridore m. ciclista.
racing driver /ˈreɪsɪŋˌdraɪvə(r)/ ➧ **27** n. pilota m. e f. da corsa.
racing pigeon /ˈreɪsɪŋˌpɪdʒɪn/ n. piccione m. viaggiatore da competizione.
racing stable /ˈreɪsɪŋˌsteɪbl/ n. scuderia f. (da corsa).
▷ **racism** /ˈreɪsɪzəm/ n. razzismo m.
▷ **racist** /ˈreɪsɪst/ **I** agg. razzista **II** n. razzista m. e f.
▷ **1.rack** /ræk/ n. **1** *(stand) (for plates)* scolapiatti m.; *(in dishwasher)* cestello m. **2** *(for luggage on train etc.)* portabagagli m., reticella f. portabagagli; *(for clothes)* attaccapanni m.; ***roof ~*** *(on car)* portabagagli (sul tetto) **3** *(for cakes)* griglia f. (per dolci); *(for bottles)* rastrelliera f. portabottiglie; *(for newspapers)* portariviste m. **4** *(shelving)* scaffale m.
2.rack /ræk/ tr. **1** *(fill)* riempire (di foraggio) **2** *(fasten)* legare alla rastrelliera [*horse*].
■ **rack up** AE COLLOQ. ~ up [sth.] strappare [*victory*]; racimolare [*points*]; conseguire [*success*].
3.rack /ræk/ n. *(torture)* ruota f., cavalletto m.; ***to put sb. on the ~*** mettere qcn. alla ruota; ***to be on the ~*** FIG. stare sulle spine.
▷ **4.rack** /ræk/ tr. **1** STOR. mettere alla ruota, torturare **2** FIG. *(torment)* [*pain*] tormentare, torturare; [*guilt, fear*] tormentare; [*cough, sobs*] tormentare, essere un tormento per; ***to be ~ed with guilt*** essere tormentato dalla colpa; ***an industry ~ed by crisis*** un'industria messa a dura prova dalla crisi ◆ ***to ~ one's brains*** scervellarsi.
5.rack /ræk/ n. GASTR. ***~ of lamb*** carré d'agnello.
6.rack /ræk/ n. *(gait of horse)* ambiatura f.
7.rack /ræk/ tr. [*horse*] ambiare, andare all'ambio.
8.rack /ræk/ n. *(mass of clouds)* nuvolaglia f., nembi m.pl.
9.rack /ræk/ n. ***to go*** o ***run to ~ (and ruin)*** andare in rovina, in malora.
10.rack /ræk/ n. → **arrack**.
11.rack /ræk/ tr. travasare [*wine*].
rack-and-pinion /ˌrækəndˈpɪnɪən/ n. AUT. TECN. pignone m. e cremagliera f.
rack-and-pinion steering /ˌrækəndˈpɪnɪənˌstɪərɪŋ/ n. AUT. sterzo m. a cremagliera.
rack car /ˈrækˌkɑː(r)/ n. AE FERR. vagone m. per il trasporto di autovetture.

1.racket /ˈrækɪt/ **I** n. SPORT racchetta f. **II** modif. SPORT [*cover, handle, string, control*] della racchetta.
2.racket /ˈrækɪt/ n. **1** COLLOQ. *(noise)* baccano m., fracasso m., casino m.; ***to make a ~*** fare chiasso **2** *(swindle)* imbroglio m.; ***it's a ~!*** è un imbroglio! **3** *(illegal activity)* racket m.; ***the drugs ~*** il racket della droga; ***he's in on the ~*** COLLOQ. è del racket **4** COLLOQ. *(business)* occupazione f., attività f.
3.racket /ˈrækɪt/ intr. fare chiasso.
■ **racket around** COLLOQ. *(noisily)* fare chiasso; *(having fun)* fare baldoria, fare la bella vita.
racket abuse /ˈrækɪtəˌbjuːs/ n. SPORT ***to be penalized for ~*** essere penalizzato per aver scagliato in terra la racchetta.
racketeer /ˌrækəˈtɪə(r)/ n. chi fa parte di un racket, malvivente m. e f.
racketeering /ˌrækəˈtɪərɪŋ/ n. racket m.
racket press /ˈrækɪtˌpres/ n. SPORT pressa f. per racchette.
rackets /ˈrækɪts/ n. + verbo sing. = sport simile allo squash.
racking /ˈrækɪŋ/ agg. [*pain*] atroce, tremendo; [*sobs*] tormentoso, assillante.
rack rail /ˈrækˌreɪl/ n. rotaia f. a dentiera, a cremagliera.
rack railway /ˈrækˌreɪlweɪ/ n. ferrovia f. a dentiera, a cremagliera.
rack rent /ˈrækrent/ n. affitto m. esorbitante.
rack-rent /ˈrækrent/ tr. far pagare un affitto esorbitante, dare in affitto a un prezzo esorbitante.
rack-renter /ˈrækˌrentə(r)/ n. chi dà in affitto a un prezzo esorbitante.
raconteur /ˌrækɒnˈtɜː(r)/ n. = persona che sa raccontare (aneddoti).
racoon → **raccoon**.
racquet → **1.racket**.
racquetball /ˈrækɪtbɔːl/ ➧ **10** n. AE = sport simile allo squash giocato con una piccola palla dura.
racy /ˈreɪsɪ/ agg. **1** *(lively, spirited)* [*account, style*] vivido, vivace; [*book*] mordace **2** *(risqué)* osé, audace.
RADA /ˈrɑːdə/ n. BE (⇒ Royal Academy of Dramatic Art) = accademia reale d'arte drammatica.
▷ **radar** /ˈreɪdɑː(r)/ **I** n. radar m.; ***by ~*** con il radar **II** modif. [*echo, operator, screen, station*] radar; ***~ beacon*** radiofaro a impulsi.
radar astronomy /ˈreɪdɑːrəˌstrɒnəmɪ/ n. radarastronomia f.
radar scanner /ˈreɪdɑːˌskænə(r)/ n. esploratore m., antenna f. radar.
radarscope /ˈreɪdɑːskəʊp/ n. schermo m. radar.
radar-sonde /ˈreɪdɑːsɒnd/ n. radarsonda f.
radar trap /ˈreɪdɑːtræp/ n. autovelox® m.; ***to get caught in a ~*** farsi beccare dall'autovelox; ***to go through a ~*** passare davanti a un autovelox.
1.raddle /ˈrædl/ n. ANT. **1** ocra f. rossa **2** AGR. marchiatura f. con ocra rossa.
2.raddle /ˈrædl/ tr. marchiare con ocra rossa [*ram*].
raddled /ˈrædld/ **I** p.pass. → **2.raddle II** agg. **1** *(worn)* [*woman*] dal volto segnato; [*features*] segnato **2** *(over made-up)* SPREG. [*woman*] truccato troppo pesantemente, imbellettato, dipinto.
radial /ˈreɪdɪəl/ **I** agg. [*lines, roads*] radiale, a raggiera; [*engine, layout*] a stella, stellare **II** n. (anche **~ tyre**) pneumatico m. radiale.
radially /ˈreɪdɪəlɪ/ avv. radialmente, a raggiera.
radian /ˈreɪdɪən/ n. MAT. radiante m.
radiance /ˈreɪdɪəns/, **radiancy** /ˈreɪdɪənsɪ/ n. **1** *(brightness)* radiosità f., splendore m.; *(softer)* chiarore m. **2** FIG. *(of beauty, smile)* splendore m., radiosità f.
radiant /ˈreɪdɪənt/ **I** agg. **1** *(shining)* raggiante, brillante, fulgido **2** FIG. [*person, beauty, smile*] raggiante, radioso; ***to be ~ with*** essere raggiante di [*joy, health*] **3** FIS. [*heat, energy*] radiante **II** n. **1** *(on electric fire)* radiatore m. **2** ASTR. punto m. radiante.
radiant heating /ˌreɪdɪəntˈhiːtɪŋ/ n. riscaldamento m. a pannelli radianti.
radiantly /ˈreɪdɪəntlɪ/ avv. [*shine*] fulgidamente; [*smile*] in modo raggiante; ***~ beautiful*** di una bellezza radiosa.
1.radiate /ˈreɪdɪət/ agg. *(having rays)* a raggi; *(having radial symmetry)* radiale.
2.radiate /ˈreɪdɪeɪt/ **I** tr. **1** [*person*] emanare, essere raggiante di [*health, happiness*]; diffondere, emanare [*confidence*] **2** FIS. irradiare [*heat*] **II** intr. **1** ***to ~ from sb.*** [*confidence, happiness*] emanare da qcn.; ***to ~ out from sth.*** [*roads, buildings etc.*] irraggiarsi, partire a raggiera da qcs. **2** FIS. [*heat*] irradiarsi; [*light*] irraggiarsi, irradiarsi.
radiating /ˈreɪdɪeɪtɪŋ/ agg. [*roads, lines*] (disposto) a raggiera.
▷ **radiation** /ˌreɪdɪˈeɪʃn/ **I** n. **U 1** MED. NUCL. radiazioni f.pl.; ***to be exposed to ~*** essere esposto alle radiazioni; ***a high, low level of ~*** un alto, basso livello di radiazioni; ***a dose of ~*** una dose di ra-

diazioni **2** FIS. irradiazione f. **II** modif. [*levels*] di radiazioni; [*effects*] delle radiazioni; [*leak*] di radiazioni.
radiation exposure /ˌreɪdɪˈeɪʃnɪkˌspəʊʒə(r)/ n. esposizione f. alle radiazioni.
radiation processing /ˌreɪdɪˈeɪʃnˌprəʊsesɪŋ, AE ˌprɒ-/ n. trattamento m. dei materiali radioattivi.
radiation sickness /ˌreɪdɪˈeɪʃnˌsɪknɪs/ n. malattia f. da radiazioni.
radiation therapy /ˌreɪdɪˈeɪʃnˌθerəpɪ/ n. radioterapia f.
radiation worker /ˌreɪdɪˈeɪʃnwɜːkə(r)/ n. lavoratore m. (-trice) di un'industria nucleare.
radiator /ˈreɪdɪeɪtə(r)/ **I** n. **1** *(for heat)* radiatore m., termosifone m.; ***to put on, turn off a ~*** accendere, spegnere il radiatore; ***to turn up, down a ~*** alzare, abbassare il radiatore, il riscaldamento **2** AUT. radiatore m. **II** modif. [*cap, thermostat, valve*] del radiatore.
radiator grille /ˈreɪdɪeɪtəgrɪl/ n. AUT. griglia f. del radiatore, mascherina f.
radical /ˈrædɪkl/ **I** agg. POL. radicale **II** n. **1** POL. radicale m. e f. **2** CHIM. ***free ~s*** radicali liberi.
radicalism /ˈrædɪkəlɪzəm/ n. radicalismo m.
radicalize /ˈrædɪkəlaɪz/ tr. radicalizzare.
▷ **radically** /ˈrædɪklɪ/ avv. radicalmente.
radicate /ˈrædɪkeɪt/ **I** tr. BOT. fare attecchire (anche FIG.) **II** intr. radicare, attecchire.
radication /rædɪˈkeɪʃn/ n. BOT. radicamento m.
radices /ˈreɪdɪsiːz/ → **radix**.
radicle /ˈrædɪkl/ n. **1** BOT. radichetta f. **2** CHIM. radicale m.
radicular /ræˈdɪkjʊlə(r)/ agg. ANAT. radicolare.
radiculitis /rædɪkjʊˈlaɪtɪs/ n. MED. radicolite f.
radii /ˈreɪdɪaɪ/ → **radius**.
▶ **1.radio** /ˈreɪdɪəʊ/ **I** n. (pl. **~s**) **1** radio f.; ***on the ~*** alla radio; ***she was on the ~ this morning*** era alla radio questa mattina **2** *(in telecommunications)* radio f., radiotelegrafia f.; ***to send a message by ~*** [*ship, taxi cab*] inviare un messaggio via radio **II** modif. [*contact, equipment, transmitter*] radio; [*mast*] della radio; [*programme*] radiofonico, alla radio; **~ *engineer*** radiotecnico; **~ *receiver*** radioricevitore; **~ *signal*** radiosegnale.
2.radio /ˈreɪdɪəʊ/ **I** tr. (3ª persona sing. pres. **~s**; pass., p.pass. **~ed**) ***to ~ sb. that*** dire *o* trasmettere via radio a qcn. che; ***to ~ sb. for sth.*** chiamare qcn. via radio per qcs.; ***to ~ sth. (to sb.)*** trasmettere via radio qcs. (a qcn.) **II** intr. (3ª persona sing. pres. **~s**; pass., p.pass. **~ed**) ***to ~ for help*** chiedere aiuto via radio.
▷ **radioactive** /ˌreɪdɪəʊˈæktɪv/ agg. radioattivo.
radioactivity /ˌreɪdɪəʊækˈtɪvətɪ/ n. radioattività f.
radio alarm (clock) /ˈreɪdɪəʊəˌlɑːm(ˌklɒk)/ n. radiosveglia f.
radio altimeter /ˈreɪdɪəʊˌæltɪmiːtə(r)/ n. radioaltimetro m.
radio announcer /ˌreɪdɪəʊəˈnaʊnsə(r)/ ➧ **27** n. annunciatore m. (-trice) radiofonico (-a).
radio astronomy /ˈreɪdɪəʊəˌstrɒnəmɪ/ n. radioastronomia f.
radio beacon /ˈreɪdɪəʊˌbiːkən/ n. radiofaro m.
radiobiology /ˌreɪdɪəʊbaɪˈɒlədʒɪ/ n. radiobiologia f.
radio broadcast /ˈreɪdɪəʊˌbrɔːdkɑːst/ n. radiodiffusione f., radiotrasmissione f.
radio broadcasting /ˈreɪdɪəʊˌbrɔːdkɑːstɪŋ, -ˌkæs-/ n. radio f.
radio button /ˈreɪdɪəʊˌbʌtn/ n. INFORM. pulsante m. di opzione.
radio cab /ˈreɪdɪəʊkæb/ n. radiotaxi m.
radio car /ˈreɪdɪəʊkɑː(r)/ n. radiomobile f., autoradio f.
radiocarbon /ˌreɪdɪəʊˈkɑːbən/ n. radiocarbonio m.
radiocarbon dating /ˌreɪdɪəʊkɑːbənˈdeɪtɪŋ/ n. datazione f. con radiocarbonio.
radio cassette (recorder) /ˈreɪdɪəʊkəˌset(rɪˌkɔːdə(r))/ n. radioregistratore m. (a cassette).
radiochemistry /reɪdɪəʊˈkemɪstrɪ/ n. radiochimica f.
radio communication /ˈreɪdɪəʊkəˌmjuːnɪˌkeɪʃn/ n. comunicazione f. via radio.
radio compass /ˈreɪdɪəʊˌkʌmpəs/ n. radiogoniometro m. automatico, radiobussola f.
radio control /ˌreɪdɪəʊˌkənˈtrəʊl/ n. radiocomando m.
radio-control /ˌreɪdɪəʊkənˈtrəʊl/ tr. radiocomandare.
radio-controlled /ˌreɪdɪəʊkənˈtrəʊld/ **I** p.pass. → **radio-control** **II** agg. [*toy, boat*] radiocomandato; **~ *taxi*** radiotaxi.
radio documentary /ˌreɪdɪəʊˌdɒkjʊˈmentərɪ, AE -terɪ/ n. documentario m. radiofonico.
radioecology /ˌreɪdɪəʊˌiːˈkɒlədʒɪ/ n. radioecologia f.
radioelement /ˈreɪdɪəʊˌelɪmənt/ n. radioelemento m.
radio frequency /ˈreɪdɪəʊˌfriːkwənsɪ/ n. radiofrequenza f.
radio galaxy /ˌreɪdɪəʊˈgæləksɪ/ n. radiogalassia f.
radiogoniometer /ˌreɪdɪəʊˌgəʊnɪˈɒmɪθə(r)/ n. radiogoniometro m.
radiogram /ˈreɪdɪəʊgræm/ n. BE ANT. radiomessaggio m., radiogramma m.
1.radiograph /ˈreɪdɪəʊgrɑːf, AE -græf/ n. radiografia f.
2.radiograph /ˈreɪdɪəʊgrɑːf, AE -græf/ tr. radiografare.
radiographer /ˌreɪdɪˈɒgrəfə(r)/ ➧ **27** n. radiologo m. (-a)
radiographic /ˌreɪdɪəʊˈgræfɪk/ agg. radiografico.
radiographically /ˌreɪdɪəʊˈgræfɪklɪ/ avv. radiograficamente.
radiography /ˌreɪdɪˈɒgrəfɪ/ n. radiografia f.
radio ham /ˈreɪdɪəʊhæm/ n. COLLOQ. radioamatore m. (-trice).
radio interview /ˈreɪdɪəʊˌɪntəvjuː/ n. intervista f. radiofonica, radiointervista f.
radioisotope /ˌreɪdɪəʊˈaɪsətəʊp/ n. radioisotopo m.
radio journalist /ˈreɪdɪəʊˌdʒɜːnəlɪst/ ➧ **27** n. giornalista m. e f. radiofonico (-a).
radiolarian /ˌreɪdɪəʊˈleərɪən/ n. radiolario m.
radiolarite /ˌreɪdɪəʊˈleəraɪt/ n. radiolarite f.
radio link /ˈreɪdɪəʊlɪŋk/ n. ponte m. radio.
radiolocation /ˌreɪdɪəʊləʊˈkeɪʃn/ n. radiolocalizzazione f.
radiolocator /ˌreɪdɪəʊləˈkeɪtə(r)/ n. radiolocalizzatore m., radar m.
radiological /ˌreɪdɪəˈlɒdʒɪkl/ agg. radiologico.
radiologist /ˌreɪdɪˈɒlədʒɪst/ ➧ **27** n. radiologo m. (-a).
radiology /ˌreɪdɪˈɒlədʒɪ/ **I** n. radiologia f. **II** modif. [*department*] di radiologia.
radiolysis /ˌreɪdɪˈɒləsɪs/ n. radiolisi f.
radiometer /ˌreɪdɪˈɒmɪtə(r)/ n. radiometro m.
radiometric /ˌreɪdɪəʊˈmetrɪk/ agg. radiometrico.
radiometry /ˌreɪdɪˈɒmətrɪ/ n. radiometria f.
radio microphone /ˈreɪdɪəʊˌmaɪkrəfəʊn/ n. radiomicrofono m.
radio mike /ˈreɪdɪəʊmaɪk/ n. COLLOQ. → **radio microphone**.
radionuclide /ˌreɪdɪəʊˈnjuːklaɪd, -ˈnuː-/ n. radionuclide m.
radio-operator /ˈreɪdɪəʊˌɒpəreɪtə(r)/ ➧ **27** n. radiotelegrafista m. e f.
radiopaque /ˌreɪdɪəʊˈpeɪk/ agg. radioopaco.
radiophone /ˈreɪdɪəʊfəʊn/ n. radiotelefono m.
radiophonic /ˌreɪdɪəʊˈfɒnɪk/ agg. radiofonico.
radiophony /ˌreɪdɪˈɒfənɪ/ n. radiofonia f.
radio-phonograph /ˌreɪdɪəʊˈfəʊnəgrɑːf, -græf/ n. AE ANT. radiomessaggio m., radiogramma m.
radiophoto /ˈreɪdɪəʊˌfəʊtəʊ/ n. radiofoto f.
radiophotography /ˌreɪdɪəʊfəˈtɒgrəfɪ/ n. radiofotografia f.
radio play /ˈreɪdɪəʊpleɪ/ n. dramma m. radiofonico, radiodramma m.
radioscopic /reɪdɪəʊˈskɒpɪk/ agg. radioscopico.
radioscopy /ˌreɪdɪˈɒskəpɪ/ n. radioscopia f.
radiosensitive /ˌreɪdɪəʊˈsensɪtɪv/ agg. radiosensibile.
radiosensitivity /ˌreɪdɪəʊˌsensɪˈtɪvətɪ/ n. radiosensibilità f.
radio set /ˈreɪdɪəʊset/ n. ANT. apparecchio m. radio, radio f.
radio silence /ˌreɪdɪəʊˈsaɪləns/ n. silenzio m. radio.
radiosonde /ˈreɪdɪəʊsɒnd/ n. radiosonda f.
radio source /ˈreɪdɪəʊsɔːs/ n. radiosorgente f.
radio star /ˈreɪdɪəʊstɑː(r)/ n. radiostella f., radiosorgente f. discreta.
radio station /ˈreɪdɪəʊˌsteɪʃn/ n. *(channel)* stazione f. radiofonica; *(installation)* emittente f. radiofonica.
radio taxi /ˌreɪdɪəʊˈtæksɪ/ n. radiotaxi m.
radiotelegram /ˌreɪdɪəʊˈtelɪgræm/ n. radiotelegramma m.
radiotelegraphy /ˌreɪdɪəʊtɪˈlegrəfɪ/ n. radiotelegrafia f.
radiotelephone /ˌreɪdɪəʊˈtelɪfəʊn/ n. radiotelefono m.
radiotelephony /ˌreɪdɪəʊtɪˈlefənɪ/ n. radiotelefonia f.
radio telescope /ˌreɪdɪəʊˈtelɪskəʊp/ n. radiotelescopio m.
radiotherapeutic /ˌreɪdɪəʊθerəˈpjuːtɪk/ agg. radioterapico.
radiotherapeutics /ˌreɪdɪəʊθerəˈpjuːtɪks/ n. + verbo sing. radioterapia f.
radiotherapist /ˌreɪdɪəʊθerəpɪst/ ➧ **27** n. radioterapista m. e f.
radiotherapy /ˌreɪdɪəʊθerəpɪ/ n. radioterapia f.
radiothorium /ˌreɪdɪəʊˈθɔːrɪəm/ n. torio m. radioattivo.
radio wave /ˈreɪdɪəʊˌweɪv/ n. onda f. radio, radioonda f.
radish /ˈrædɪʃ/ n. ravanello m.
radium /ˈreɪdɪəm/ n. radio m.
radium therapy /ˈreɪdɪəmˌθerəpɪ/ n. radiumterapia f., radioterapia f.
radius /ˈreɪdɪəs/ n. (pl. **-ii** o **~es**) **1** MAT. raggio m. (**of** di) **2** *(distance)* raggio m.; ***within a 10 km ~ of here*** in un raggio di 10 km (da qui) **3** ANAT. radio m.
radix /ˈreɪdɪks/ n. (pl. **-ices**) numero m. base, radice f.
radon /ˈreɪdɒn/ n. radon m.
radula /ˈrædʒuːlə/ n. (pl. **-ae**) radula f.
RAF n. GB (⇒ Royal Air Force Reale Aviazione Militare Inglese) RAF f.
raffia /ˈræfɪə/ **I** n. rafia f., raffia f. **II** modif. [*basket, mat*] di rafia.
raffish /ˈræfɪʃ/ agg. LETT. [*person, behaviour*] dissipato, dissoluto; [*figure, look*] trasandato, sciatto; [*place*] malfamato.

▷ **1.raffle** /ˈræfl/ **I** n. riffa f., lotteria f.; ***in a ~*** a una lotteria **II** modif. [*prize, ticket*] della lotteria.
2.raffle /ˈræfl/ tr. → **raffle off**.
■ **raffle off:** ~ ***off [sth.]*** mettere [qcs.] in palio in una riffa.
3.raffle /ˈræfl/ n. **U** rifiuti m.pl., detriti m.pl.
1.raft /rɑːft, AE ræft/ n. **1** *(of logs)* zattera f.; *(inflatable lifeboat)* canotto m. di salvataggio **2** AE COLLOQ. *(lot)* ***~s*** o ***a ~ of*** un mucchio di *o* un casino di.
2.raft /rɑːft, AE ræft/ **I** tr. trasportare su zattera **II** intr. navigare su una zattera.
1.rafter /ˈrɑːftə(r), AE ˈræftə(r)/ n. ING. travetto m., travicello m.
2.rafter /ˈrɑːftə(r), AE ˈræftə(r)/ n. → **raftsman**.
rafting /ˈrɑːftɪŋ, AE ˈræftɪŋ/ n. rafting m.; ***to go ~*** fare rafting.
raftsman /ˈrɑːftsmən, AE ˈræfts-/ n. (pl. **-men**) zatteriere m.
▷ **1.rag** /ræg/ **I** n. **1** *(cloth)* brandello m., cencio m., straccio m.; ***a bit of ~*** uno straccio **2** COLLOQ. *(newspaper) (local)* giornale m. locale; SPREG. *(tabloid)* giornalaccio m., giornale m. di scarsa qualità **II rags** n.pl. *(old clothes)* stracci m., abiti m. vecchi; ***in ~s*** cencioso *o* vestito di stracci ◆ ***it's like a red ~ to a bull*** gli fa vedere rosso *o* lo fa andare in bestia; ***to be on the ~*** AE VOLG. *(menstruate)* = avere le mestruazioni; ***to feel like a wet ~*** sentirsi uno straccio; ***to go from ~s to riches*** passare dalle miseria alla ricchezza; ***a ~s-to-riches story*** una storia che racconta il passaggio dalla povertà alla ricchezza; ***to lose one's ~*** AE COLLOQ. uscire dai gangheri.
2.rag /ræg/ tr. (forma in -ing ecc. **-gg-**) COLLOQ. ***to ~ sb.*** prendere in giro *o* punzecchiare qcn. (**about** per).
3.rag /ræg/ n. (anche **ragtime**) ragtime m.
4.rag /ræg/ n. GB UNIV. = manifestazioni organizzate da studenti universitari per raccogliere fondi per opere di beneficenza.
5.rag /ræg/ n. EDIL. lastra f. di ardesia (per tetti).
ragamuffin /ˈrægəmʌfɪn/ n. **1** ANT. *(urchin)* monello m., ragazzaccio m. di strada **2** MUS. ragamuffin m.
rag-and-bone man /ˌrægənˈbəʊnˌmən/ n. (pl. **rag-and-bone men**) BE ANT. COLLOQ. straccivendolo m.
rag-and-bone merchant /ˌrægənˈbəʊnˌmɜːtʃənt/ n. → **rag-and-bone man**.
ragbag /ˈrægbæg/ n. *(jumble)* guazzabuglio m., confusione f.
ragbolt /ˈrægbəʊlt/ n. bullone m. di fondazione.
rag doll /ˌrægˈdɒl, AE -ˈdɔːl/ n. bambola f. di pezza.
▷ **1.rage** /reɪdʒ/ n. **1** *(anger)* rabbia f., collera f., furore m.; ***tears of ~*** lacrime di rabbia; ***purple with ~*** paonazzo dalla rabbia; ***trembling with ~*** tremante di rabbia **2** *(fit of anger)* scatto m. di rabbia; ***sudden ~s*** improvvisi scatti di rabbia; ***to be in, to fly into a ~*** essere in *o* montare *o* andare in collera **3** COLLOQ. *(fashion)* ***to be (all) the ~*** fare furore *o* furoreggiare; ***it's all the ~ in Paris*** fa furore a Parigi.
2.rage /reɪdʒ/ intr. **1** [*storm, fire, battle*] infuriare (**across, through** in, per tutto il); [*controversy, debate*] scatenarsi, infuriare (**over, about** su) **2** [*angry person*] andare in collera, infuriarsi (**at, against** contro) **3** COLLOQ. *(party)* fare festa.
ragga /ˈrægə/ n. MUS. raga m.
ragged /ˈrægɪd/ agg. **1** *(tatty)* [*garment, cloth*] logoro, stracciato, a brandelli; [*cuff, collar*] sfilacciato; [*person*] cencioso **2** *(uneven)* [*lawn, hedgerow, fringe*] irregolare; [*beard*] ispido; [*outline*] scabro, dentellato; [*cloud*] frastagliato **3** *(motley)* [*group, community*] disparato, eterogeneo **4** *(in quality)* [*performance, race*] diseguale, discontinuo ◆ ***to run sb. ~*** COLLOQ. spompare qcn.
raggedly /ˈrægɪdlɪ/ avv. **1** *(roughly)* rozzamente, male **2** *(irregularly)* [*dispose*] irregolarmente **3** *(without coordination)* senza coordinazione.
raggedness /ˈrægɪdnɪʃ/ n. **1** *(of person, garment)* (l')essere cencioso **2** *(of lawn, fringe)* irregolarità f. **3** *(of group community)* eterogeneità f.
ragged-lady /ˌrægɪdˈleɪdɪ/ n. BOT. fanciullaccia f.
ragged robin /ˌrægɪdˈrɒbn/ n. fiore m. di cuculo.
raggedy /ˈrægɪdɪ/ agg. COLLOQ. **1** → **ragged 2** *(contemptible)* spregevole, ignobile.
raggedy-ass /ˈrægɪdɪˌæs/ agg. sudicio, trasandato.
ragging /ˈrægɪŋ/ n. ANT. presa f. in giro.
raging /ˈreɪdʒɪŋ/ agg. **1** *(of feelings)* [*passion, argument, hatred*] violento; [*thirst, hunger, pain*] terribile, atroce; ***a ~ toothache*** un tremendo mal di denti; ***she was absolutely ~*** era furibonda **2** *(of forces)* [*blizzard, sea*] infuriato; ***there was a ~ storm*** infuriava la tempesta.
ragingly /ˈreɪdʒɪŋlɪ/ avv. in modo furibondo, violento.
raglan /ˈræglən/ agg. (alla) raglan.
ragman /ˈrægmən/ ⧫ ***27*** n. (pl. **-men**) straccivendolo m.
ragout /ˈrægu:, AE ræˈgu:/ n. ragù m.
rag-paper /ˈrægˌpeɪpə(r)/ n. carta f. di stracci.
rag rug /ˈrægrʌg/ n. pezzotto m.
1.ragtag /ˈrægtæg/ agg. COLLOQ. SPREG. [*group, organization*] organizzato alla meglio, indecoroso.
2.ragtag /ˈrægtæg/ n. ***the ~ and bobtail*** COLLOQ. la canaglia *o* la plebaglia.
ragtime /ˈrægtaɪm/ n. (anche **~ music**) ragtime m.
ragtop /ˈrægtɒp/ n. AE COLLOQ. decappottabile f.
rag trade /ˈrægtreɪd/ n. COLLOQ. ***the ~*** l'industria dell'abbigliamento.
ragweed /ˈrægwiːd/ n. BOT. **1** → **ragwort 2** *(in North America)* ambrosia f.
rag week /ˈrægwiːk/ n. BE UNIV. = settimana di manifestazioni organizzate da studenti universitari per raccogliere fondi per opere di beneficenza.
ragwort /ˈrægwɜːt/ n. erba f. di san Giacomo.
rah /rɑː/ inter. AE urra.
rah-rah /ˈrɑːrɑː/ agg. AE COLLOQ. [*response*] molto entusiastica; ***~ skirt*** = gonna corta utilizzata dalle ragazze pompon.
▷ **1.raid** /reɪd/ n. **1** *(attack) (military)* raid m., incursione f. (**on** su); *(on bank)* assalto m., rapina f. (**on** a); *(on home)* furto m., svaligiamento m. (**on** di, in); *(by police, customs)* irruzione f. (**on** in); ***to carry out a ~*** [*military*] fare un raid; [*robbers*] fare un assalto, assaltare; [*police*] fare irruzione **2** ECON. *(on stock market)* scalata f. (**on** a).
▷ **2.raid** /reɪd/ tr. **1** *(attack)* [*military*] fare un raid su [*base, town*]; [*robbers*] assaltare, rapinare [*bank*]; svaligiare [*house*]; [*police*] fare irruzione in [*pub, office, house*] **2** FIG. SCHERZ. depredare [*piggy bank*]; razziare, fare razzie in [*fridge, orchard*] **3** ECON. [*company*] intaccare [*fund, reserves*].
raider /ˈreɪdə(r)/ n. **1** *(thief)* razziatore m. (-trice), predone m. (-a); ***bank ~*** rapinatore **2** ECON. *(corporate)* raider m., scalatore m. **3** *(soldier)* soldato m. di un commando **4** MIL. MAR. nave f. corsara.
▷ **1.rail** /reɪl/ **I** n. **1** *(for protection, support) (in fence)* sbarra f.; *(on balcony)* balaustra f., ringhiera f.; *(on bridge, tower)* parapetto m.; *(handrail)* ringhiera f., corrimano m.; *(on ship)* parapetto m., sponda f. **2** *(for display) (in shop)* espositore m. **3** *(for curtains)* bastone m., bacchetta f.; ***towel ~*** portasciugamano; ***picture ~*** = listello usato per fissare i chiodi a cui appendere i quadri **4** *(in transport) (track)* rotaia f.; ***by ~*** [*travel, send*] su rotaia, per ferrovia **II rails** n.pl. EQUIT. steccato m.sing.; ***to come up on the ~s*** correre allo steccato **III** modif. [*network, traffic, transport*] ferroviario; [*journey, travel*] in treno; ***~ strike*** sciopero dei treni; ***~ ticket*** biglietto del treno ◆ ***to go off the ~s*** uscire dai binari *o* uscire di carreggiata.
2.rail /reɪl/ tr. munire di sbarre, di cancelli.
■ **rail off:** ~ ***[sth.] off***, ~ ***off [sth.]*** separare [qcs.] con inferriate [*areas*]; circondare [qcs.] con inferriate [*area*].
3.rail /reɪl/ intr. FORM. ***to ~ against*** o ***at*** inveire *o* scagliarsi contro [*injustice, pollution, politician*].
4.rail /reɪl/ n. ZOOL. rallo m.
railbird /ˈreɪlbɜːd/ n. AE COLLOQ. appassionato m. (-a) di corse di cavalli.
railcar /ˈreɪlkɑː(r)/ n. **1** *(self-propelled)* automotrice f. **2** AE *(railway carriage)* vagone m. ferroviario.
railcard /ˈreɪlkɑːd/ n. BE = tessera d'abbonamento per studenti e pensionati che dà diritto a tariffe agevolate.
rail fence /ˈreɪlfens/ n. AE steccato m. di legno, palizzata f.
railhead /ˈreɪlhed/ n. stazione f. capolinea, stazione f. di testa.
1.railing /ˈreɪlɪŋ/ n. **1** (anche **~s**) *(in street, park, stadium)* inferriata f., grata f., cancellata f. **2** *(on wall)* corrimano m.; *(on tower)* parapetto m.; *(on balcony)* balaustra f., ringhiera f.
2.railing /ˈreɪlɪŋ/ **I** n. (l')inveire **II railings** n.pl. imprecazioni f., invettive f.
raillery /ˈreɪlərɪ/ n. LETT. motteggio m., scherno m., presa f. in giro.
▷ **1.railroad** /ˈreɪlrəʊd/ **I** n. AE **1** *(network)* ferrovia f. **2** (anche **~ track**) binario m. **3** *(company)* ferrovie f.pl. **II** modif. AE [*industry, link, tunnel, accident*] ferroviario; [*bridge*] ferroviario, della ferrovia; [*tracks*] della ferrovia.
▷ **2.railroad** /ˈreɪlrəʊd/ tr. **1** COLLOQ. *(push)* ***to ~ sb. into doing*** forzare qcn. a fare; ***to ~ the bill through (parliament)*** fare passare una legge in tutta fretta **2** AE *(send by rail)* trasportare [qcs.] per ferrovia **3** AE COLLOQ. *(imprison)* spedire [qcn.] in prigione.
railroad car /ˈreɪlrəʊdkɑː(r)/ n. AE *(for goods)* vagone m.; *(for people)* vagone m., vettura f., carrozza f.
railroader /ˈreɪlˌrəʊdə(r)/ ⧫ ***27*** n. AE ferroviere m. (-a).
railroad ferry /ˈreɪlrəʊdˌferɪ/ n. nave f. traghetto.
rail terminus /ˈreɪlˌtɜːmɪnəs/ n. BE capolinea m.

▶ **railway** /'reɪlweɪ/ **I** n. BE **1** *(network)* ferrovia f.; ***to use the ~s*** viaggiare in treno, usare il treno **2** (anche **~ line**) linea f. ferroviaria; ***light ~*** ferrovia vicinale *o* metropolitana leggera; ***high-speed ~*** linea ad alta velocità **3** (anche **~ track**) binario m. **4** *(company)* ferrovie f.pl. **II** modif. BE [*bridge*] ferroviario, della ferrovia; [*museum, link, tunnel, accident*] ferroviario.

railway carriage /'reɪlweɪˌkærɪdʒ/ n. BE *(for goods)* vagone m.; *(for people)* vagone m., vettura f., carrozza f.

railway crossing /'reɪlweɪˌkrɒsɪŋ, AE -ˌkrɔ:sɪŋ/ n. BE incrocio m. ferroviario.

railway embankment /ˌreɪlweɪɪm'bæŋkmənt/ n. BE massicciata f. della ferrovia.

railway engine /'reɪlweɪˌendʒɪn/ n. BE locomotiva f.

railway junction /'reɪlweɪˌdʒʌŋkʃn/ n. BE nodo m. ferroviario.

railwayman /'reɪlweɪmən/ ♦ *27* n. (pl. **-men**) BE ferroviere m.

railway sleeper /'reɪlweɪˌsli:pə(r)/ n. BE traversina f. (di binario ferroviario).

railway station /'reɪlweɪˌsteɪʃn/ n. BE stazione f. (ferroviaria).

railway switch /'reɪlweɪˌswɪtʃ/ n. scambio m. (ferroviario).

raiment /'reɪmənt/ n. ANT. vesti f.pl.

▶ **1.rain** /reɪn/ **I** n. **1** METEOR. pioggia f.; ***the ~ was falling*** o ***coming down*** pioveva *o* scendeva la pioggia; ***the ~ started, stopped*** cominciò a, smise di piovere; ***a light ~*** una pioggerella *o* una pioggia fine; ***a heavy ~*** una pioggia battente; ***steady, driving ~*** pioggia regolare, persistente; ***pouring ~*** rovescio; ***in the ~*** sotto la pioggia; ***come in out of the ~!*** entra, non restare sotto la pioggia! ***it looks like ~*** minaccia pioggia **2** FIG. *(of arrows, ash)* pioggia f. (**of** di) **II rains** n.pl. stagione f.sing. delle piogge; ***summer ~s*** piogge estive; ***the ~s have failed*** la pioggia non è arrivata **III** modif. [*hood*] per la pioggia ♦ ***come ~ or shine*** col bello e col cattivo tempo; ***to be (as) right as ~*** BE [*person*] stare benissimo; [*object*] essere in perfetto stato.

▶ **2.rain** /reɪn/ **I** impers. METEOR. piovere; ***it's ~ing*** sta piovendo; ***it ~ed all night, all summer*** piovve tutta la notte, tutta l'estate; ***it was ~ing hard*** pioveva forte **II** intr. [*blows, bullets, ash, insults*] piovere (**on, onto** su) **III** tr. ***to ~ blows on sb.*** [*person*] tempestare qcn. di colpi; ***to ~ questions on sb.*** subissare qcn. di domande; ***to ~ compliments on sb.*** riempire qcn. di complimenti; ***to ~ gifts on sb.*** coprire qcn. di regali ♦ ***it never ~s but it pours*** le disgrazie non vengono mai sole; ***it's ~ing cats and dogs*** piove a catinelle.

■ **rain off** BE ***to be ~ed off*** *(cancelled)* essere rinviato per la pioggia; *(stopped)* essere sospeso a causa della pioggia.

■ **rain out** AE → **rain off**.

rainbird /'reɪnbɜ:d/ n. picchio m. verde.

▷ **rainbow** /'reɪnbəʊ/ **I** n. arcobaleno m. (anche FIG.) **II** modif. [*colours, stripes*] dell'arcobaleno ♦ ***at the ~'s end*** nel mondo dei sogni.

rainbow trout /ˌreɪnbəʊ'traʊt/ n. (pl. **rainbow trout**) trota f. arcobaleno.

rain chart /'reɪnˌtʃɑ:t/ n. carta f. pluviometrica.

rain check /'reɪnˌtʃek/ n. AE **1** COMM. = biglietto che permette a un cliente di prenotare un articolo a prezzo ridotto in caso di esaurimento scorte **2** SPORT = biglietto che permette di assistere a un incontro di recupero nel caso in cui la prima partita sia rinviata per pioggia ♦ ***"can I invite you to lunch?" - "no, thank you, but I'll take a ~ on it"*** "posso invitarti a pranzo?" - "no, grazie, ma tengo buono l'invito per un'altra volta".

raincloud /'reɪnklaʊd/ n. nube f. piovosa.

raincoat /'reɪnkəʊt/ n. impermeabile m.

raindrop /'reɪndrɒp/ n. goccia f. di pioggia.

▷ **rainfall** /'reɪnfɔ:l/ n. livello m. delle precipitazioni; ***50 cm of ~*** 50 cm di pioggia; ***heavy, low ~*** abbondanti, deboli precipitazioni.

rain forest /'reɪnˌfɒrɪst, AE -ˌfɔ:r-/ n. foresta f. pluviale, tropicale; ***to save the ~s*** salvare le foreste tropicali; ***the ~s of Brazil*** le foreste tropicali del Brasile.

rain gauge /'reɪngeɪdʒ/ n. pluviometro m.

rainless /'reɪnlɪs/ agg. secco, senza pioggia.

rainmaker /'reɪnmeɪkə(r)/ n. mago m. (-a) della pioggia.

rainmaking /'reɪnmeɪkɪŋ/ n. riti m.pl. per propiziare la pioggia.

1.rainproof /'reɪnpru:f/ agg. [*material*] impermeabile; [*roof*] impermeabilizzato.

2.rainproof /'reɪnpru:f/ tr. impermeabilizzare, rendere impermeabile.

rain shadow /ˌreɪn'ʃædəʊ/ n. = zona poco piovosa perché riparata da colline o montagne.

rain-soaked /'reɪnsəʊkt/ agg. [*person, garment, ground*] fradicio di pioggia.

rainstorm /'reɪnstɔ:m/ n. temporale m.

rainwater /'reɪnwɔ:tə(r)/ n. acqua f. piovana.

rainwear /'reɪnweə(r)/ n. abiti m.pl. da pioggia.

rain-worm /'reɪnwɜ:m/ n. lombrico m.

rainy /'reɪnɪ/ agg. [*afternoon, climate, place*] piovoso; ***~ day*** giornata piovosa, giorno di pioggia; ***~ season*** stagione delle piogge ♦ ***to keep*** o ***save something for a ~ day*** risparmiare per i tempi difficili; ***I'm saving it for a ~ day*** lo metto da parte per i momenti di bisogno.

1.raise /reɪz/ n. **1** AE *(pay rise)* aumento m. **2** GIOC. *(in poker)* rilancio m.; *(in bridge)* dichiarazione f. superiore.

▶ **2.raise** /reɪz/ **I** tr. **1** *(lift)* alzare [*baton, barrier, curtain*]; issare [*flag*]; sollevare, alzare, tirare su [*box, lid*]; aprire [*trapdoor*]; recuperare [*sunken ship*]; ***to ~ one's hand, head*** alzare la mano, la testa; ***to ~ its (ugly) head*** [*person, situation*] fare la propria comparsa, comparire; ***to ~ one's hands above one's head*** alzare le mani sopra la testa; ***he ~d the glass to his lips*** portò il bicchiere alle labbra; ***to ~ a glass to sb.*** levare il bicchiere alla salute di qcn., brindare a qcn.; ***to ~ one's hat to sb.*** togliersi il cappello per salutare qcn., scappellarsi; FIG. fare tanto di cappello a qcn.; ***I've never ~d a hand to my children*** non ho mai alzato le mani sui miei figli; ***to ~ an eyebrow*** alzare le sopracciglia; ***nobody ~d an eyebrow at my suggestion*** FIG. il mio suggerimento non ha suscitato reazioni; ***to ~ sb. from the dead*** risuscitare qcn.; ***to ~ (a cloud of) dust*** sollevare un polverone, alzare polvere; ***to ~ a dust*** FIG. *(cause turmoil)* sollevare un polverone; *(obscure)* creare una cortina fumogena **2** *(place upright)* rizzare [*mast, flagpole*]; fare alzare [*patient*] **3** *(increase)* aumentare [*fees, price, offer, salary*]; alzare [*volume*] (**from** da; **to** a); innalzare, migliorare [*level, standard*]; innalzare [*age limit*] (**for** per); ***to ~ sb.'s awareness*** o ***consciousness of*** sensibilizzare qcn. a; ***to ~ one's voice*** *(to be heard)* parlare più forte; *(in anger)* alzare la voce; ***to ~ one's voice against*** FIG. protestare contro; ***to ~ the temperature*** aumentare la temperatura; FIG. fare salire la tensione; ***to ~ sb.'s hopes*** alimentare le speranze di qcn.; ***to ~ one's sights*** puntare più in alto **4** *(cause)* fare nascere, suscitare [*doubts, fears, suspicions*]; evocare [*memories*]; ***to ~ a storm of protest*** provocare un'ondata di proteste; ***to ~ a cheer*** [*speech*] essere accolto con grida di approvazione; ***to ~ a laugh, smile*** [*joke*] fare ridere, sorridere; ***to ~ a fuss*** fare storie, piantare grane; ***to ~ a commotion*** causare trambusto **5** *(mention)* sollevare [*issue, objection, problem*]; avanzare [*possibility*]; ***please ~ any queries*** o ***questions now*** se avete domande da porre, potete farlo ora **6** *(bring up)* tirare su [*child, family*]; ***to be ~d (as) an atheist, a Catholic*** avere, ricevere un'educazione atea, cattolica **7** *(breed)* allevare [*livestock*] **8** *(find)* trovare [*capital, money*]; ***I need to ~ 3,000 dollars*** ho bisogno di trovare 3.000 dollari **9** *(form)* radunare [*army*]; formare [*team*] **10** *(collect)* riscuotere [*tax*]; ottenere [*support*]; raccogliere [*money*]; ***they ~d money for charity*** hanno raccolto denaro a scopo benefico; ***the gala ~d a million dollars*** il galà ha permesso di raccogliere un milione di dollari; ***the money ~d from the concert was donated to UNICEF*** il ricavato del concerto è stato devoluto all'UNICEF; ***I ~d £300 against my watch*** ho preso 300 sterline per il mio orologio **11** *(erect)* erigere [*monument, statue*] (**to sb.** in onore di qcn.) **12** *(end)* togliere [*ban, siege*] **13** *(contact)* contattare [*person*]; ***I can't ~ her on the phone*** non riesco a trovarla al telefono **14** *(give)* ***to ~ the alarm*** dare l'allarme (anche FIG.); ***she ~d a smile*** accennò a un sorriso **15** *(improve)* ***to ~ the tone*** alzare il tono; FIG. alzare il livello; ***to ~ sb.'s spirits*** sollevare il morale a qcn. **16** *(increase the stake)* ***I'll ~ you 200 dollars!*** rilancio di 200 dollari! ***to ~ the bidding*** *(in gambling)* aumentare la posta; *(at auction)* fare un'offerta più alta **17** MAT. ***to ~ a number to the power (of) three, four*** elevare un numero alla terza, alla quarta (potenza) **II** rifl. ***to ~ oneself*** alzarsi; ***to ~ oneself to a sitting position*** rizzarsi, levarsi a sedere; ***to ~ oneself up on one's elbows*** tirarsi su appoggiandosi sui gomiti.

▷ **raised** /reɪzd/ **I** p.pass. → **2.raise II** agg. **1** [*platform, jetty*] sopraelevato **2** ***I heard ~ voices*** ho sentito delle grida; ***to cause ~ eyebrows*** suscitare clamore; ***there were ~ eyebrows when I suggested it*** il mio suggerimento ha suscitato interesse *o* clamore.

raised beach /ˌreɪzd'bi:tʃ/ n. GEOL. spiaggia f. sopraelevata.

raised-head /'reɪzdˌhed/ agg. attrib. TECN. a testa tonda.

raiser /'reɪzə(r)/ ♦ *27* n. allevatore m. (-trice).

raisin /'reɪzn/ n. uva f. passa, uvetta f.; ***seedless ~*** uva passa senza semi.

▷ **raising** /'reɪzɪŋ/ n. **1** *(lifting)* sollevamento m. **2** *(increase) (of prices)* innalzamento m., aumento m. **3** *(upbringing)* ***the ~ of children*** (il) tirare su bambini **4** *(breeding)* allevamento m. **5** *(of taxes)* riscossione f. **6** *(of monument, statue)* erezione f. **7** TESS. garzatura f.

raising agent /'reɪzɪŋˌeɪdʒənt/ n. GASTR. agente m. lievitante.

Raj /rɑːdʒ/ n. GB STOR. ***the* ~** = il dominio dell'impero britannico nelle Indie.
rajah /ˈrɑːdʒə/ n. ragià m.
▷ **1.rake** /reɪk/ n. *(tool)* rastrello m.; *(in casino)* rastrello m. (del croupier).
▷ **2.rake** /reɪk/ I tr. 1 AGR. rastrellare [*earth*]; ***to* ~ *sth. into a pile*** ammucchiare qcs. col rastrello 2 *(scan)* [*soldier*] setacciare, rastrellare [*ground*]; [*beam*] solcare [*sky*]; ***her eyes ~d the horizon*** i suoi occhi scrutavano l'orizzonte 3 *(fire)* [*gun*] sparare a raffica su [*enemy*] II intr. ***to* ~ *among*** o ***through*** frugare o rovistare tra [*papers, possessions*].
▪ **rake about, rake around** cercare attentamente; ***to* ~ *about in sth. for sth.*** cercare qcs. in qcs.
▪ **rake in** COLLOQ. ~ ***in [sth.]*** intascare [*money, profits*]; ***he's raking it in!*** sta facendo soldi a palate!
▪ **rake out:** ~ ***[sth.] out***, ~ ***out [sth.]*** pulire (togliendo la cenere) [*fire*].
▪ **rake over:** ~ ***over [sth.]*** 1 rastrellare [*soil, flowerbed*] 2 rivangare [*memories*].
▪ **rake up:** ~ ***up [sth.]***, ~ ***[sth.] up*** 1 rastrellare [*leaves, weeds*] 2 suscitare [*grievance*]; rivangare [*past*].
3.rake /reɪk/ n. *(libertine)* libertino m.
4.rake /reɪk/ n. 1 *(slope)* inclinazione f., pendenza f. 2 *(angle)* angolo m. di inclinazione 3 MAR. *(of bow)* slancio m.; *(of mast)* inclinazione f.
5.rake /reɪk/ I intr. MAR. [*mast*] essere inclinato II tr. inclinare, dare un'inclinazione a.
6.rake /reɪk/ intr. [*hound*] = cercare la preda fiutando il terreno; [*hawk*] = volare in cerca di preda.
raked /reɪkt/ I p.pass. → **5.rake** II agg. inclinato.
rake-off /ˈreɪkɒf/ n. COLLOQ. *(legal, illicit)* percentuale f.
rakish /ˈreɪkɪʃ/ agg. 1 *(dissolute)* libertino 2 *(jaunty)* disinvolto, sbarazzino; ***to wear one's hat at a* ~ *angle*** portare il cappello sulle ventitré.
1.rally /ˈrælɪ/ I n. 1 *(meeting)* raduno m.; ***peace* ~** manifestazione per la pace 2 *(car race)* rally m. 3 *(in tennis)* scambio m., serie f. di passaggi 4 *(recovery)* miglioramento m., recupero m. (**in** in); ECON. ripresa f. II modif. [*car*] da rally; [*circuit, course, driver*] di rally.
2.rally /ˈrælɪ/ I tr. *(gather)* radunare [*supporters, troops*]; raccogliere [*support*]; ***to* ~ *public opinion to his side*** portare dalla propria l'opinione pubblica; ***to* ~ *one's supporters around*** o ***behind one*** raccogliere i propri sostenitori intorno a sé II intr. 1 *(come together)* [*people, troops*] radunarsi; ***to* ~ *to the defence of sb.*** stringersi in difesa di qcn.; ***to* ~ *to the cause*** unirsi, aderire alla causa 2 *(recover)* [*dollar, prices*] essere in ripresa; [*patient*] ristabilirsi; [*sportsperson*] rimettersi in forma; ***her spirits rallied*** ha ripreso coraggio.
▪ **rally round, rally around:** ~ ***round*** [*friends, supporters*] radunarsi; ~ ***round [sb.]*** stringersi intorno a [*person*].
3.rally /ˈrælɪ/ I tr. ANT. canzonare, motteggiare [*person*] II intr. motteggiare.
rally driving /ˈrælɪˌdraɪvɪŋ/ ♦ ***10*** n. rally m.
rallying /ˈrælɪɪŋ/ n. rally m.; ***to go* ~** fare rally.
rallying call /ˈrælɪɪŋˌkɔːl/, **rallying cry** /ˈrælɪɪŋˌkraɪ/ n. 1 *(slogan)* slogan m., motto m. 2 *(call for support)* chiamata f. a raccolta.
rallying point /ˈrælɪɪŋˌpɔɪnt/ n. punto m. di raccolta; FIG. punto m. di convergenza.
Ralph /rælf/ n.pr. Rodolfo.
1.ram /ræm/ n. 1 ZOOL. MIL. ariete m. 2 ASTROL. ***the Ram*** l'Ariete 3 EDIL. *(of pile driver)* mazza f. battente; TECN. *(plunger)* pistone m.; ***hydraulic* ~** ariete idraulico.
▷ **2.ram** /ræm/ I tr. (forma in -ing ecc. **-mm-**) 1 *(crash into)* [*vehicle*] sbattere contro, cozzare contro [*car, boat etc.*] 2 *(push)* ficcare [*fist, object*] (**into** in) II intr. (forma in -ing ecc. **-mm-**) ***to* ~ *into sth.*** [*vehicle*] andare a sbattere contro qcs.
▪ **ram down:** ~ ***[sth.] down***, ~ ***down [sth.]*** pigiare, schiacciare.
▪ **ram home:** ~ ***[sth.] home***, ~ ***home [sth.]*** mandare a segno [*ball, fist*]; FIG. fare entrare in testa [*message, point*].
RAM /ræm/ n. (⇒ random access memory memoria ad accesso casuale) RAM f.
Ramadan /ˌræməˈdæn, -ˈdɑːn/ n. ramadan m.
ramal /ˈreɪml/ agg. BOT. di ramo, appartenente a un ramo.
1.ramble /ˈræmbl/ n. *(planned)* camminata f., escursione f.; *(casual)* passeggiata f. (senza meta); ***to go for a* ~** (andare a) fare una camminata.
2.ramble /ˈræmbl/ intr. 1 *(walk) (with itinerary)* fare una camminata, un'escursione; *(without itinerary)* fare una passeggiata 2 *(grow)* [*vine*] crescere arrampicandosi.
▪ **ramble on** *(talk)* divagare (**about** su).
rambler /ˈræmblə(r)/ n. 1 *(hiker)* chi fa gite a piedi, escursionista m. e f. 2 BOT. pianta f. rampicante.
rambling /ˈræmblɪŋ/ I n. (il) fare gite a piedi, escursionismo m. II agg. 1 [*house, town*] a struttura irregolare 2 [*talk, article*] sconclusionato, incoerente 3 BOT. rampicante.
ramblingly /ˈræmblɪŋlɪ/ avv. [*talk*] in modo sconclusionato.
rambunctious /ræmˈbʌŋkʃəs/ agg. AE COLLOQ. [*person*] eccessivamente vivace, turbolento.
RAMC n. (⇒ Royal Army Medical Corps) = servizio medico dell'esercito britannico.
ramekin /ˈræməkɪn/ n. GASTR. INTRAD. m. (piatto a base di formaggio, uova e pangrattato cotti al forno; anche, il recipiente in cui si prepara).
ramie /ˈræmɪ/ n. ramiè m.
ramification /ˌræmɪfɪˈkeɪʃn/ n. ramificazione f. (anche ANAT. BOT.).
ramify /ˈræmɪfaɪ/ I tr. ramificare II intr. ramificarsi.
ramjet (engine) /ˈræmdʒet(ˌendʒɪn)/ n. statoreattore m.
rammer /ˈræmə(r)/ n. 1 EDIL. *(pile driver)* battipalo m., berta f. 2 MIL. calcatoio m.
ramose /ˈræməʊs, ˈreɪ-/, **ramous** /ˈreɪməs/ agg. ramoso, ramificato.
▷ **1.ramp** /ræmp/ n. 1 rampa f.; *(for wheelchair)* rampa f. di accesso 2 BE *(in roadworks)* dosso m.; *(to slow traffic)* dosso m. artificiale 3 AUT. TECN. *(for raising vehicle)* (ponte) sollevatore m.; ***hydraulic* ~** ponte sollevatore idraulico 4 AER. scaletta f. 5 AE AUT. *(on, off highway)* bretella f.
2.ramp /ræmp/ intr. 1 [*animal*] rampare; ARALD. essere rampante 2 *(behave furiously)* ***to* ~ *and rage*** andare su tutte le furie o infuriarsi 3 [*plant*] crescere rigoglioso.
1.rampage /ˈræmpeɪdʒ/ n. ***to be*** o ***go on the* ~** andare su tutte le furie.
2.rampage /ræmˈpeɪdʒ/ intr. scatenarsi (**through** in).
rampageous /ræmˈpeɪdʒəs/ agg. ANT. furioso, scatenato.
rampageousness /ræmˈpeɪdʒəsnɪs/ n. ANT. (l')essere scatenato, furia f.
rampancy /ˈræmpənsɪ/ n. 1 *(of crime)* (il) dilagare; *(of disease)* (l')imperversare 2 *(of plant)* (il) crescere rigoglioso.
rampant /ˈræmpənt/ agg. 1 [*crime, rumour*] dilagante; [*disease*] che imperversa, imperversante 2 [*plant*] rigoglioso 3 ARALD. rampante.
1.rampart /ˈræmpɑːt/ n. bastione m., baluardo m. (anche FIG.).
2.rampart /ˈræmpɑːt/ tr. fortificare, costruire bastioni.
rampion /ˈræmpɪən/ n. raperonzolo m.
ram-raid /ˈræmreɪd/ tr. BE = svaligiare un negozio dopo averne sfondato la vetrina con l'automobile.
ramraiding car /ˈræmreɪdɪŋˌkɑː(r)/ n. = automobile usata per sfondare la vetrina di un negozio e svaligiarlo.
ramrod /ˈræmrɒd/ n. *(for small gun)* bacchetta f.; *(for cannon)* calcatoio m. ♦ ***straight as a* ~** dritto come un fuso.
Ramses /ˈræmsiːz/ n.pr. Ramsete.
ramshackle /ˈræmʃækl/ agg. 1 [*building*] sul punto di crollare; [*vehicle*] sgangherato 2 FIG. [*organization, system*] traballante.
ramson /ˈræmsən/ n. aglio m. orsino.
ran /ræn/ pass. → **2.run**.
RAN n. (⇒ Royal Australian Navy) = regia marina australiana.
▷ **1.ranch** /rɑːntʃ, AE ræntʃ/ n. ranch m.
2.ranch /rɑːntʃ, AE ræntʃ/ intr. *(manage)* condurre un ranch; *(work)* lavorare in un ranch.
rancher /ˈrɑːntʃə(r), AE ˈræntʃə(r)/ n. *(manager)* proprietario m. (-a) di un ranch; *(worker)* persona f. che lavora in un ranch.
ranch hand /ˈrɑːntʃhænd, AE ˈræntʃ-/ n. garzone m. di fattoria.
ranch (style) house /ˈrɑːntʃ(ˌstaɪl)ˌhaʊs, AE ˈræntʃ-/ n. AE casa f. stile ranch.
ranching /ˈrɑːntʃɪŋ, AE ˈræn-/ n. allevamento m. nei ranch.
ranchman /ˈrɑːntʃmən, AE ˈræntʃ-/ n. (pl. **-men**) AE *(manager)* proprietario m. di un ranch; *(worker)* persona f. che lavora in un ranch.
rancid /ˈrænsɪd/ agg. rancido; ***to go* ~** diventare rancido, irrancidire; ***to smell* ~** avere odore di rancido.
rancidness /ˈrænsɪdnɪs/, **rancidity** /rænˈsɪdətɪ/ n. rancidezza f.
rancor AE → **rancour**.
rancorous /ˈræŋkərəs/ agg. rancoroso, che serba rancore (**towards** verso).
rancorously /ˈræŋkərəslɪ/ avv. rancorosamente.
rancour BE, **rancor** AE /ˈræŋkə(r)/ n. rancore m., risentimento m. (**against** verso).
rand /rænd/ ♦ **7** n. rand m.

Randall /ˈrændəl/ n.pr. Randall (nome di uomo).
randan /ˈrændæn/ n. = imbarcazione a tre rematori.
randem /ˈrændəm/ **I** n. = tiro a tre cavalli attaccati al carro l'uno in fila all'altro **II** avv. = con tre cavalli attaccati in fila.
Randolph /ˈrændɒlf/ n.pr. Randolfo.
▷ **random** /ˈrændəm/ **I** agg. casuale; ***on a ~ basis*** su base casuale **II** n. ***at ~*** a caso.
randomization /ˌrændəmaɪˈzeɪʃn, AE -mɪˈz-/ n. randomizzazione f.
randomize /ˈrændəmaɪz/ tr. randomizzare.
▷ **randomly** /ˈrændəmlɪ/ avv. in modo casuale, casualmente.
randomness /ˈrændəmnɪs/ n. (l')essere casuale, casualità f.
randy /ˈrændɪ/ agg. COLLOQ. *(highly-sexed)* assatanato; *(sexually excited)* arrapato, allupato.
ranee /ˈrɑːniː/ n. STOR. = moglie di un ragià.
rang /ræŋ/ pass → **4.ring**.
▶ **1.range** /reɪndʒ/ n. **1** *(choice) (of colours, models, products)* gamma f., assortimento m., scelta f.; *(of prices)* gamma f.; *(of activities, alternatives, options)* serie f.; ***a top, bottom of the ~ computer*** un modello di punta, economico di computer; ***in a wide ~ of prices*** a vari prezzi; ***in a wide ~ of colours*** in una vasta gamma di colori **2** *(spectrum) (of benefits, incentives, people, abilities, issues, assumptions)* serie f.; *(of beliefs)* varietà f.; *(of emotions)* gamma f.; ***age ~*** fascia d'età; ***salary ~*** fascia retributiva; ***in the 30-40% ~*** tra il 30 e il 40%; ***in the £50-£100 ~*** tra le 50 e le 100 sterline; ***what is your price ~?*** quanto vorrebbe spendere? ***to have a wide ~ of interests*** avere un'ampia sfera di interessi; ***a wide ~ of views, opinions*** punti di vista, opinioni molteplici; ***I teach pupils right across the ability ~*** insegno ad allievi di diverso livello; ***there is a wide ability ~ in this class*** in questa classe ci sono allievi con capacità molto diverse **3** *(scope) (of influence, knowledge)* sfera f., campo m.; *(of investigation, research)* campo m., area f. **4** *(distance)* distanza f.; ***at a ~ of 200 m*** a una distanza di 200 m; ***from long ~*** da lontano; ***to shoot sb. at close ~*** sparare a qcn. a distanza ravvicinata; ***within hearing ~*** a portata d'orecchio **5** *(capacity) (of radar, transmitter)* portata f.; *(of weapon)* portata f., gittata f. (**of** di); ***to be out of ~*** essere fuori portata; [*mobile phone*] non prendere, non avere campo **6** AUT. AER. autonomia f. **7** AE *(prairie)* prateria f.; ***on the ~*** al pascolo **8** *(of mountains)* catena f. **9** AE *(stove) (wood etc.)* fornello m.; *(gas, electric)* cucina f. **10** ECON. parametri m.pl., valori m.pl.; ***the dollar is within its old ~*** il dollaro è rientrato nei suoi vecchi parametri **11** *(firing area) (for weapons)* poligono m. (di tiro); *(for missiles)* poligono m. sperimentale **12** TEATR. *(of actor)* repertorio m. **13** MUS. *(of voice, instrument)* estensione f.
2.range /reɪndʒ/ **I** tr. **1** *(set)* mettere, disporre (**against** contro) **2** *(draw up)* schierare [*forces, troops*] **II** intr. **1** *(run)* andare (**from** da; **to** a) **2** *(vary)* variare (**between** tra) **3** *(cover)* ***to ~ over sth.*** coprire qcs.; ***his speech ~d over a wide variety of subjects*** il suo discorso toccò una serie di argomenti **4** *(roam, wander)* errare **5** MIL. ***to ~ over*** [*gun, missile*] avere una portata, una gittata di [*20 km*].
rangefinder /ˈreɪndʒˌfaɪndə(r)/ n. telemetro m.
rangeland /ˈreɪndʒlænd/ n. (terreno da) pascolo m.
ranger /ˈreɪndʒə(r)/ ♦ *27* n. **1** guardia f. forestale **2** AE MIL. ranger m. **3** BE *(in Guides)* scolta f.
Rangoon /ræŋˈguːn/ ♦ *34* n.pr. Rangoon f.
rangy /ˈreɪndʒɪ/ agg. slanciato, dalle gambe lunghe.
rani → **ranee**.
▶ **1.rank** /ræŋk/ **I** n. **1** ♦ *23* *(in military, police)* grado m.; *(in company, politics)* grado m., livello m.; *(social status)* ceto m. (sociale), rango m.; ***of high, low ~*** di alto, basso rango; ***to pull ~*** far pesare il proprio grado, la propria autorità **2** *(line) (of people)* fila f., riga f.; *(of objects)* fila f.; ***~ upon ~ of soldiers*** file e file di soldati; ***to arrange [sth.] in ~s*** mettere [qcs.] in fila [*toy soldiers*]; ***to break ~s*** [*soldiers*] rompere le file; FIG. [*politician*] uscire dai ranghi; ***to close ~s*** serrare le file, i ranghi (anche FIG.) **3** BE *(for taxis)* posteggio m.; ***taxi ~*** stazione di taxi **4** LING. rango m. **5** *(in chess)* traversa f. **II ranks** n.pl. **1** MIL. truppa f.sing.; POL. base f.sing.; ***to be in the ~s*** MIL. essere un militare di truppa; ***to rise through the ~s*** diventare ufficiale (da soldato semplice); FIG. venire dalla gavetta; ***a leader chosen from the ~s of the party*** un leader scelto tra le fila del partito; ***to join the ~s of the unemployed, of the homeless*** andare a ingrossare le file dei disoccupati, dei senza tetto; ***to be reduced to the ~s*** MIL. essere degradato a soldato semplice **2** *(echelons)* ***to rise through the ~s of the civil service*** salire i gradini dell'amministrazione statale.
▶ **2.rank** /ræŋk/ **I** tr. **1** *(classify)* [*person*] reputare, considerare [*player, novel, restaurant*] (**among** tra; **above** superiore a; **below** inferiore a); ***to be ~ed third in the world*** essere classificato terzo a livello mondiale **2** AE *(be senior to)* [*officer, colleague*] avere un grado più elevato di [*person*] **II** intr. **1** *(rate)* collocarsi, classificarsi; ***how do I ~ compared to her?*** dove mi colloco rispetto a lei? ***to ~ as a great composer*** essere considerato un grande compositore; ***to ~ among*** o ***with the champions*** essere considerato un campione; ***to ~ above, below sb.*** venir prima di, dopo qcn. (per grado, importanza); ***to ~ alongside sb.*** essere uguale a qcn. (per grado, importanza); ***this has to*** o ***must ~ as one of the worst films I've ever seen*** lo considero uno dei peggiori film che abbia mai visto; ***that doesn't ~ very high on my list of priorities*** quella per me non è una delle cose più importanti **2** AE MIL. *(be most senior)* [*admiral, general*] avere il grado più alto.
3.rank /ræŋk/ **I** agg. **1** *(absolute) (for emphasis)* [*beginner*] vero e proprio; [*favouritism, injustice*] bell'e buono; [*stupidity*] totale **2** *(foul)* [*odour*] sgradevole, cattivo **3** *(exuberant)* [*ivy, weeds*] rigoglioso; ***to be ~ with weeds*** [*garden*] essere infestato dalle *o* pieno di erbacce **II** avv. ***to smell ~*** essere maleodorante.
rank and file /ˌræŋkənˈfaɪl/ **I** n. + verbo sing. o pl. MIL. truppa f.; POL. base f. **II rank-and-file** modif. [*opinion, member, socialist*] della base; [*committee*] di base; [*membership*] alla base.
ranker /ˈræŋkə(r)/ n. BE MIL. **1** *(ordinary soldier)* soldato m. semplice **2** *(officer)* = ufficiale che è stato soldato semplice.
▷ **ranking** /ˈræŋkɪŋ/ **I** n. SPORT classifica f., ranking m.; ***to improve one's ~*** salire, guadagnare posizioni in classifica **II -ranking** agg. in composti ***high, low-~*** di alto, basso rango.
rankle /ˈræŋkl/ intr. ***her behaviour still ~s with me*** il suo comportamento mi fa ancora stare male; ***but it still ~s*** ma fa ancora male.
rankly /ˈræŋklɪ/ avv. **1** [*smell*] terribilmente **2** [*grow*] in modo lussureggiante.
rankness /ˈræŋknɪs/ n. **1** *(foul smell)* odore m. sgradevole, cattivo **2** *(of plants)* rigoglio m.
ransack /ˈrænsæk/ tr. **1** *(search)* rovistare; ***I've ~ed the house for those papers*** ho frugato in tutta la casa per trovare quei fogli **2** *(plunder)* saccheggiare; ***to ~ a house*** svaligiare una casa.
ransacker /ˈrænsækə(r)/ n. saccheggiatore m., predone m.
1.ransom /ˈrænsəm/ n. **1** *(sum)* (anche **~ money**) riscatto m.; ***to demand, pay a ~*** chiedere, pagare un riscatto (**for** per) **2** ***to hold sb. to*** BE o ***for*** AE **~** tenere qcn. in ostaggio; FIG. ricattare qcn. ◆ ***a king's ~*** una cifra esorbitante, un mucchio di soldi.
2.ransom /ˈrænsəm/ tr. **1** *(pay ransom)* riscattare [*prisoner, property*] **2** *(demand ransom)* chiedere un riscatto per la liberazione di [*person*].
ransomer /ˈrænsəmə(r)/ n. riscattatore m. (-trice).
▷ **1.rant** /rænt/ n. *(tirade)* tirata f.; *(language)* linguaggio m. vuoto e ampolloso.
▷ **2.rant** /rænt/ intr. declamare ◆ ***to ~ and rave*** fare una sfuriata (**at** a), inveire (**at** contro).
▪ **rant at:** ~ ***at [sb.]*** rimproverare (**about** per).
▪ **rant on** fare una tirata (**about** su).
ranting /ˈræntɪŋ/ **I** n. (anche **~s**) tirate f.pl. **II** agg. declamatorio, esaltato.
ranunculus /rəˈnʌŋkjʊləs/ n. (pl. **~es, -i**) ranuncolo m.
▷ **1.rap** /ræp/ **I** n. **1** *(tap)* colpo m. secco, colpetto m.; ***a ~ on the table, at the door*** un colpo sul tavolo, alla porta **2** MUS. (anche **~ music**) rap m. **3** AE COLLOQ. *(conversation)* chiacchierata f. **4** COLLOQ. *(accusation)* accusa f.; ***to beat the ~*** farla franca; ***to hang a murder, burglary ~ on sb.*** fare ricadere la colpa di un omicidio, di un furto su qcn.; ***to take the ~*** prendersi la colpa (**for** di) **II** modif. MUS. [*artist, poet, record*] rap.
▷ **2.rap** /ræp/ **I** tr. (forma in -ing ecc. **-pp-**) **1** *(tap)* colpire (leggermente) **2** *(criticize)* criticare [*person*] (**for** per; **for doing** per aver fatto) **II** intr. (forma in -ing ecc. **-pp-**) **1** *(tap)* dare dei colpetti (**with** con); ***to ~ on the table*** battere dei colpetti sul tavolo; ***to ~ at the door*** bussare alla porta **2** MUS. fare rap **3** AE COLLOQ. *(talk)* chiacchierare (**about** di), fare quattro chiacchiere (**about** su).
▪ **rap out:** ~ ***out [sth.]*** lanciare [*order*]; fare [qcs.] a bruciapelo [*question*].
3.rap /ræp/ n. matassa f. da 120 iarde.
4.rap /ræp/ n. **1** IRLAND. STOR. mezzo penny m. falso **2** COLLOQ. ***I don't care*** o ***give a ~*** non me ne importa un tubo.
rapacious /rəˈpeɪʃəs/ agg. **1** [*bird*] rapace **2** [*person*] avido.
rapaciously /rəˈpeɪʃəslɪ/ avv. rapacemente, con rapacità.
rapaciousness /rəˈpeɪʃəsnɪs/, **rapacity** /rəˈpæsətɪ/ n. **1** *(of animals)* rapacità f. **2** *(of people)* avidità f.
1.rape /reɪp/ **I** n. **1** DIR. stupro m., violenza f. carnale; ***attempted ~*** tentato stupro **2** FIG. violazione f., saccheggio m. **II** modif. DIR. [*case, charge*] di stupro; ***~ counselling*** assistenza alle vittime di

violenza carnale; ~ **victim** *(in general)* vittima di violenza carnale; *(one specific)* vittima dello stupro.

2.rape /reɪp/ tr. violentare, stuprare.

3.rape /reɪp/ n. colza f.

rapeseed /'reɪpsi:d/ n. seme m. di colza.

rape(seed) oil /ˌreɪp(si:d)'ɔɪl/ n. olio m. di (semi di) colza.

Raphael /'ræfeɪəl/ n.pr. Raffaele, Raffaello; **~'s Madonnas** le Madonne di Raffaello; **the Archangel ~** l'Arcangelo Raffaele.

▷ **rapid** /'ræpɪd/ agg. rapido; **in ~ succession** in rapida successione.

rapid deployment force /ˌræpɪddɪ'plɔɪmənt̩ˌfɔ:s/ n. MIL. forza f. di pronto intervento.

rapid eye movement /ˌræpɪd'aɪˌmu:vmənt/ n. rapidi movimenti m.pl. oculari.

rapid-fire /'ræpɪdfaɪə(r)/ agg. MIL. [*gun*] a tiro rapido; **~ questions** FIG. fuoco di fila di domande.

rapidity /rə'pɪdətɪ/ n. rapidità f.

▶ **rapidly** /'ræpɪdlɪ/ avv. rapidamente.

rapidness /'ræpɪdnɪs/ → **rapidity**.

Rapid Reaction Force /ˌræpɪdrɪ'ækʃnˌfɔ:s/ n. forza f. di pronto intervento.

rapids /'ræpɪdz/ n.pl. rapide f.; **to shoot** o **ride the ~** scendere le rapide.

rapid transit /ˌræpɪd'trænzɪt/ n. AE = sistema di trasporti pubblici che sfrutta mezzi rapidi come la metropolitana o la ferrovia sopraelevata.

rapier /'reɪpɪə(r)/ n. stocco m.

rapier thrust /ˌreɪpɪə'θrʌst/ n. stoccata f.

rapine /'ræpaɪn, AE 'ræpɪn/ n. LETT. rapina f.

rapist /'reɪpɪst/ n. violentatore m., stupratore m.

rapparee /ˌræpə'ri:/ n. **1** STOR. = soldato irregolare irlandese del XVII secolo **2** *(bandit)* bandito m., predone m.

rappee /ræ'pi:/ n. (tabacco) rapè m.

rappel /ræ'pel/ n. **1** ALP. calata f. a corda doppia **2** ANT. rullo m. di tamburo (per chiamare a raccolta i soldati).

rapper /'ræpə(r)/ n. **1** MUS. rapper m. e f. **2** AE *(door-knocker)* batacchio m.

rapping /'ræpɪŋ/ n. **1** *(knocking)* colpi m.pl. (alla porta) **2** MUS. (il) fare rap.

rapport /ræ'pɔ:(r), AE -'pɔ:rt/ n. buoni rapporti m.pl., feeling m. (**with** con; **between** tra); **in ~ with** in rapporti amichevoli con; **to establish a ~** stabilire buoni rapporti; **to develop a close ~ with the audience** creare il giusto feeling con il pubblico.

rapprochement /ræ'prɒʃmɒŋ, ræ'prəʊʃ-, AE ˌræprəʊʃ'mɒŋ/ n. riavvicinamento m., riconciliazione f. (**between** tra).

rapscallion /ræp'skæljən/ n. ANT. SCHERZ. canaglia f., mascalzone m.

rap sheet /'ræpʃi:t/ n. AE COLLOQ. casellario m. (giudiziario).

rapt /ræpt/ agg. assorto; [*smile*] estasiato; **~ with wonder** meravigliato; **to watch with ~ attention** guardare, osservare rapito.

raptor /'ræptə(r)/ n. (uccello) rapace m.

raptorial /ræp'tɔ:rɪəl/ agg. ZOOL. rapace.

rapture /'ræptʃə(r)/ n. rapimento m. (estatico), estasi f.; **with ~, in ~** in estasi; **to go into, to be in ~s over** o **about sth.** andare, essere in estasi per qcs.

rapturous /'ræptʃərəs/ agg. [*delight*] estatico; [*welcome*] caloroso; [*applause*] frenetico.

rapturously /'ræptʃərəslɪ/ avv. estaticamente; [*applaud*] con frenesia.

raptus /'ræptəs/ n. **1** PSIC. MED. raptus m. **2** *(rapture)* ispirazione f. (poetica), raptus m.

▶ **1.rare** /reə(r)/ agg. **1** *(uncommon)* raro, insolito; **it is ~ to see** è raro vedere; **it is ~ for her to arrive late** raramente arriva in ritardo; **with a few ~ exceptions** con qualche rara eccezione; **on the ~ occasions when...** le rare volte in cui...; **a ~ event** un avvenimento insolito **2** [*atmosphere, air*] rarefatto **3** *(wonderful)* eccezionale, straordinario; **to have a ~ old time** divertirsi molto.

2.rare /reə(r)/ agg. [*steak*] al sangue; **I like it very ~** mi piace poco cotto.

rarebit /'reəbɪt/ n. → **Welsh rarebit**.

rare earth /ˌreər'ɜ:θ/ **I** n. CHIM. **the rare earths** le terre rare **II rare-earth** modif. [*element, metal, alloy, mineral*] delle terre rare.

raree-show /'reəri:ˌʃəʊ/ n. ANT. **1** = spettacolo che ha luogo nelle piazze o per le strade **2** peepshow m.

rarefaction /reərɪ'fækʃn/ n. rarefazione f.

rarefactive /ˌreərɪ'fæktɪv/ agg. rarefattivo.

rarefied /'reərɪfaɪd/ **I** p.pass. → **rarefy II** agg. [*atmosphere*] rarefatto; FIG. [*idea, circle*] esclusivo, raffinato.

rarefy /'reərɪfaɪ/ **I** tr. rarefare [*gas*]; FIG. affinare, raffinare [*idea, argument*] **II** intr. rarefarsi; FIG. affinarsi, raffinarsi.

▶ **rarely** /'reəlɪ/ avv. raramente, di rado.

rareness /'reənɪs/ n. rarità f.

raring /'reərɪŋ/ agg. COLLOQ. **to be ~ to do** essere impaziente, non vedere l'ora di fare; **to be ~ to go** essere impaziente di andare, scalpitare.

rarity /'reərətɪ/ n. **1** *(plant)* pianta f. rara; *(bird)* uccello m. raro; *(collector's item)* pezzo m. raro, rarità f. **2** *(rare occurrence)* fenomeno m. raro; **to be a ~** essere una cosa rara; **it is a ~ for sb. to do** è raro che qcn. faccia **3** *(rareness)* rarità f.

rascal /'rɑ:skl, AE 'ræskl/ n. **1** *(used affectionately) (to children)* birbante m.; **he's an old ~** è un vecchio mascalzone **2** *(reprobate)* furfante m., mascalzone m., canaglia f.

rascally /'rɑ:skəlɪ, AE 'ræskəlɪ/ agg. **her ~ son** quella birba di suo figlio.

rase → **raze**.

▷ **1.rash** /ræʃ/ n. **1** *(skin)* eruzione f. cutanea, sfogo m.; **to have a ~** avere un'eruzione cutanea; **to come out** o **break out in a ~** ricoprirsi di chiazze rosse **2** FIG. *(spate)* ondata f. (**of** di) [*strikes, complaints*].

▷ **2.rash** /ræʃ/ agg. [*person, decision, move, plan*] avventato; **it was ~ to do** è stata un'imprudenza fare; **to be ~ enough to do** essere così imprudente, avventato da fare; **in a ~ moment** in un momento di follia.

rasher /'ræʃə(r)/ n. *(of bacon) (slice)* fetta f.; AE *(serving)* porzione f.

rashly /'ræʃlɪ/ avv. avventatamente.

rashness /'ræʃnɪs/ n. *(of person, behaviour)* avventatezza f.

1.rasp /rɑ:sp, AE ræsp/ n. **1** *(of saw, voice)* stridore m., suono m. aspro **2** *(file)* raspa f.

2.rasp /rɑ:sp, AE ræsp/ **I** tr. **1** *(rub)* raspare **2** FIG. **"no!," she ~ed** "no!," disse con voce stridula **II** intr. [*saw, file*] stridere.

raspatory /'rɑ:spətrɪ, AE 'ræspətɔ:rɪ/ n. raspa f. per uso chirurgico.

raspberry /'rɑ:zbrɪ, AE 'ræzberɪ/ **I** n. **1** *(fruit)* lampone m. **2** COLLOQ. *(noise)* **to blow a ~** fare una pernacchia **II** modif. [*ice cream, tart*] al lampone; [*jam*] di lamponi; **~ cane** (pianta del) lampone.

rasper /'rɑ:spə(r), AE 'ræs-/ ♦ **27** n. **1** *(person)* raschiatore m. (-trice); *(tool)* raschietto m. **2** *(in hunting)* ostacolo m. difficile da saltare.

rasping /'rɑ:spɪŋ, AE 'ræs-/ agg. [*voice, sound*] stridulo, stridente; [*saw, file*] stridente.

rasse /ræs/ n. rasse f., civetta f. indiana minore.

Rasselas /'ræsɪləs, AE 'ræsɪlæs/ n.pr. Rasselas (nome di uomo).

Rasta /'ræstə/ **I** n. COLLOQ. (accorc. Rastafarian) rasta m. e f. **II** agg. COLLOQ. (accorc. Rastafarian) rasta.

Rastafarian /ˌræstə'feərɪən/ **I** n. rastafariano m. (-a) **II** agg. rastafariano.

raster /'ræstə(r)/ n. raster m.

1.rat /ræt/ **I** n. **1** ZOOL. ratto m. **2** COLLOQ. SPREG. *(person)* verme m. **3** AE *(informer)* spia f. **II rats** inter. maledizione ♦ **to look like a drowned ~** essere bagnato come un pulcino; **to smell a ~** sentire puzza di bruciato; **~s leave a sinking ship** PROV. i topi abbandonano la nave che affonda.

2.rat /ræt/ intr. (forma in -ing ecc. **-tt-**) **1** COLLOQ. **to ~ on** fare la spia a *o* tradire [*person*]; tirarsi indietro da [*deal*]; tradire [*belief*]; disertare [*commitments*] **2 to go ~ting** dare la caccia ai topi.

ratability AE → **rateability**.

ratable AE → **rateable**.

ratafia /ˌrætə'fɪə/ n. **1** *(liqueur)* ratafià m. **2** BE *(biscuit)* (anche **~ biscuit**) = biscotto alle mandorle simile all'amaretto.

ratal /'reɪtl/ n. imponibile m.

ratan /rə'tæn/ → **rattan**.

rataplan /ˌrætə'plæn/ n. rataplan m., rullo m. di tamburo.

rat-arsed /ˌræt'ɑ:st/ agg. BE VOLG. sbronzo; **to get ~** sbronzarsi.

rat-a-tat /ˌrætə'tæt/ → **rat-tat-tat**.

ratbag /'rætbæg/ n. BE AUSTRAL. COLLOQ. SPREG. farabutto m.

ratcatcher /'rætˌkætʃə(r)/ ♦ **27** n. *(person, animal)* cacciatore m. (-trice) di topi; *(as an occupation)* derattizzatore m. (-trice).

ratch /rætʃ/ → **1.ratchet, 2.ratchet**.

1.ratchet /'rætʃɪt/ n. *(toothed rack)* dente m. di arresto; *(wheel)* ruota f. di arpionismo; *(tooth)* nottolino m.

2.ratchet /'rætʃɪt/ tr. munire di denti di arresto; **to ~ (up)** fare aumentare [*prices*].

ratchet-gear /'rætʃɪtˌgɪə(r)/ n. arpionismo m.

▶ **1.rate** /reɪt/ **I** n. **1** *(speed)* ritmo m., velocità f.; **the ~ of improvement, of production** il ritmo di crescita, di produzione; **the ~ at which children learn** la velocità di apprendimento dei bambini; **to work at a steady ~** lavorare a ritmo regolare; **at a ~ of 50 an hour** ai

50 all'ora; ***at this ~ we'll finish in no time*** di questo passo finiremo in men che non si dica; ***at this ~ we'll never be able to afford a car*** FIG. (se andiamo avanti) di questo passo non potremo mai permetterci un'automobile; ***at the ~ you're going...*** FIG. con questo ritmo, con il ritmo che hai...; ***to drive at a terrific ~*** guidare a tutta velocità; ***to work at a terrific ~*** lavorare a ritmo indiavolato **2** *(number of occurrences)* tasso m.; ***the birth, unemployment ~*** il tasso di natalità, di disoccupazione; ***the divorce ~*** la percentuale dei divorzi; ***the pass, failure ~ for that exam is 60%*** in quell'esame la percentuale dei promossi, bocciati è del 60% **3** *(level)* ***the interest ~*** il tasso di interesse; ***the mortgage ~*** il tasso ipotecario; ***the ~ of growth, of inflation, of exchange*** il tasso di crescita, di inflazione, di cambio **4** *(charge)* tariffa f., costo m., prezzo m.; ***postal, advertising ~s*** tariffe postali, pubblicitarie; ***translator's ~s*** tariffe dei traduttori; ***what is the ~ for a small ad?*** qual è la tariffa per la piccola pubblicità? ***telephone calls are charged at several ~s*** esistono diverse tariffe per le chiamate telefoniche; ***at a reduced ~*** a prezzo ridotto; ***to get a reduced ~*** beneficiare di una tariffa ridotta; ***what's the going ~ for a Picasso?*** qual è il costo attuale di un Picasso? **5** *(wage)* tariffa f.; ***his hourly ~ is £12*** la sua paga oraria è di 12 sterline; ***to pay sb. the going ~ for the job*** pagare qcn. per il suo lavoro secondo le tariffe in vigore; ***what's the going ~ for a babysitter?*** qual è la tariffa attuale di una babysitter? ***what is your hourly ~ of pay?*** quanto sei pagato all'ora? qual è la tua paga oraria? **6** ECON. *(in foreign exchange)* corso m. **II rates** n.pl. BE imposta f.sing. locale, comunale; ***business ~s*** = imposta sugli immobili adibiti ad uso commerciale e/o industriale **III** modif. BE ECON. [*increase, rebate*] delle imposte locali ◆ ***at any ~*** in ogni caso *o* a ogni modo.

▶ **2.rate** /reɪt/ **I** tr. **1** *(classify)* ***I ~ his new novel very highly*** apprezzo moltissimo il suo nuovo romanzo; ***how do you ~ this restaurant, him as an actor?*** che cosa pensi di questo ristorante, di lui come attore? ***how do you ~ the food in that restaurant?*** come trovi la cucina di quel ristorante? ***to ~ sb. as a great composer*** considerare qcn. un grande compositore; ***to ~ sb. among the best pianists in the world*** annoverare qcn. tra i migliori pianisti del mondo; ***highly ~d*** molto quotato **2** *(deserve)* meritare [*medal, round of applause*]; ***this hotel ~s three stars*** questo albergo merita tre stelle; ***the joke, the story hardly ~s a mention*** la barzelletta, la storia non merita quasi di essere raccontata **3** *(value)* ammirare [*honesty*]; tenere in grande considerazione [*friendship*]; stimare [*person*]; ***I ~ courage very highly*** ammiro moltissimo il coraggio **II** intr. *(rank)* ***how did our cheese, wine ~?*** com'è stato giudicato il nostro formaggio, vino? ***where do I ~ compared to him?*** dove mi colloco rispetto a lui? ***she ~s among the best sopranos in Europe*** è annoverata tra i migliori soprani d'Europa; ***that ~s as the best wine I've ever tasted*** è il miglior vino che abbia mai assaggiato; ***that doesn't ~ high on my list of priorities*** quella non è una cosa importante per me **III** rifl. ***how do you ~ yourself as a driver?*** come ti valuti al volante? come pensi di guidare? ***she doesn't ~ herself very highly*** non ha una grande considerazione di se stessa.

3.rate /reɪt/ tr. ANT. rimproverare, sgridare [*person, dog*].

rateability BE, **ratability** AE /reɪtə'bɪlətɪ/ n. **1** BE *(liability for local tax)* tassabilità f. **2** *(being assessable)* (l')essere stimabile, valutabile.

rateable BE, **ratable** AE /'reɪtəbl/ agg. **1** BE *(liable for local tax)* [*property*] tassabile, soggetto a tassazione; ***~ value*** BE valore imponibile **2** *(assessable)* valutabile, stimabile.

rate-cap /'reɪtkæp/ tr. (forma in -ing ecc. **-pp-**) BE POL. ECON. = fissare un limite alle spese che gli enti locali possono effettuare e alle tasse che possono riscuotere.

rate-capping /'reɪtkæpɪŋ/ n. BE POL. ECON. = imposizione da parte del governo centrale di un tetto di spesa e di un limite alle imposte che gli enti locali possono riscuotere.

ratel /'reɪtl, 'rɑ:-/ n. ratelo m., mellivora f.

rate of change /ˌreɪtəv'tʃeɪndʒ/ n. tasso m. di variazione.

rate of climb /ˌreɪtəv'klaɪm/ n. AER. velocità f. ascensionale.

rate of flow /ˌreɪtəv'fləʊ/ n. **1** *(volume)* portata f. **2** *(time)* tempo m. di scorrimento.

ratepayer /'reɪtˌpeɪə(r)/ n. BE contribuente m. e f.

rater /'reɪtə(r)/ n. **1** *(estimator)* persona f. che stima, che valuta **2** ***a first-, second-~*** una persona di prim'ordine, di second'ordine **3** MAR. ***a ten-~*** un panfilo di dieci tonnellate.

ratfink /'rætfɪŋk/ n. POP. essere m. spregevole.

▶ **rather** /'rɑ:ðə(r), AE 'ræ-/ **I** avv. **1** *(somewhat, quite)* piuttosto, abbastanza; ***it's ~ fun*** è abbastanza divertente; ***it's ~ expensive*** è piuttosto caro; ***he's ~ young*** è piuttosto *o* abbastanza giovane; ***it's ~ like an apple*** è abbastanza simile a una mela; ***~ easily*** abbastanza facilmente; ***~ stupidly*** piuttosto stupidamente; ***I ~ like him*** mi sta abbastanza simpatico *o* mi piace abbastanza; ***I ~ think she's right*** ho l'impressione che abbia ragione; ***he's ~ a bore*** è alquanto noioso; ***he's ~ a cruel man*** è un uomo piuttosto crudele; ***I'm in ~ a hurry*** sono piuttosto di fretta; ***it's ~ a pity*** è proprio un peccato; ***it's ~ too, more difficult*** è un po' troppo, più difficile **2** *(more readily, preferably)* ***~ than sth.*** piuttosto che *o* di qcs.; ***~ than do*** piuttosto di fare; ***I would*** o ***had ~ do*** preferirei fare (**than do** piuttosto che fare); ***I would*** o ***had much ~ do*** preferirei di gran lunga fare; ***would you ~ wait?*** preferireste aspettare? ***he'd die ~ than admit it*** preferirebbe morire piuttosto che ammetterlo; ***I'd ~ die!*** preferirei morire! ***I'd ~ not*** preferirei di no; ***I'd ~ not say*** preferirei non dirlo; ***I'd ~ you did, didn't*** preferirei che tu facessi, non facessi **3** *(more exactly)* anzi; ***a tree, or ~ a bush*** un albero, anzi un cespuglio; ***practical ~ than decorative*** pratico più che decorativo; ***"did it improve?" - "no, ~ it got worse"*** "è migliorato?" - "no, anzi, è peggiorato" **II** inter. BE COLLOQ. eccome.

ratherish /'rɑ:ðərɪʃ, AE 'ræ-/ avv. AE COLLOQ. un po', un tantino.

rathole /'ræthəʊl/ n. **1** tana f. di topo, topaia f.; FIG. topaia f. **2** AE COLLOQ. FIG. ***to pour one's money down a ~*** buttare i soldi nel cesso.

rathskeller /'rætskelə(r)/ n. AE COLLOQ. = ristorante, situato in un seminterrato, in cui si serve birra.

ratification /ˌrætɪfɪ'keɪʃn/ n. ratifica f.; ***for ~*** per ratifica.

ratifier /'rætɪfaɪə(r)/ n. ratificante m. e f.

ratify /'rætɪfaɪ/ tr. ratificare, sanzionare.

ratine /ræ'ti:n/ n. TESS. ratina f.

1.rating /'reɪtɪŋ/ **I** n. **1** *(score)* valutazione f., posizione f.; ***what is her ~ in the polls?*** qual è la sua posizione in base ai *o* nei sondaggi? ***she got a good ~*** ha avuto una valutazione molto positiva; ***popularity ~*** indice di popolarità; ***IQ ~*** BE quoziente di intelligenza **2** ECON. *(status)* rating m., valutazione f. (del livello di affidabilità); ***share ~*** valutazione dei titoli azionari; ***her credit ~ is good*** la sua posizione creditizia *o* finanziaria è buona **3** BE *(local tax due)* imposta f. locale; *(valuation for local tax)* imponibile m. **4** BE MIL. MAR. marinaio m. semplice **II ratings** n.pl. TELEV. RAD. indice m.sing. d'ascolto, audience f.sing., rating m.sing.; ***to be top, bottom of the ~s*** avere il massimo, minimo indice d'ascolto; ***the series has gone up, down in the ~s*** l'indice d'ascolto della serie televisiva è salito, sceso; ***a series with audience ~s of six million*** un serial seguito da *o* con un'audience di sei milioni di telespettatori.

2.rating /'reɪtɪŋ/ n. ANT. rimprovero m., rampogna f.

rating system /ˌreɪtɪŋ'sɪstəm/ n. BE = ripartizione delle imposte locali.

ratio /'reɪʃɪəʊ/ n. (pl. **~s**) rapporto m.; ***the pupil/teacher ~*** il numero di allievi per insegnante; ***a ~ of one teacher to 25 pupils*** un insegnante ogni 25 allievi *o* un rapporto insegnante/allievi di 1 a 25; ***the ~ of men to women is two to five*** ci sono due uomini ogni cinque donne; ***in direct, inverse ~ to*** direttamente, inversamente proporzionale a; ***in*** o ***by a ~ of 60:40*** in proporzione di 60 a 40.

ratiocinate /ˌrætɪ'ɒsɪneɪt, AE ˌræʃɪ'əʊ-/ intr. FORM. raziocinare, ragionare.

ratiocination /ˌrætɪɒsɪ'neɪʃn, AE ˌræʃɪəʊ-/ n. FORM. *(power or process of reasoning)* raziocinio m.; *(instance of reasoning)* ragionamento m.

ratiocinative /ˌrætɪ'ɒsɪnətɪv, AE ˌræʃɪ'əʊ-/ agg. FORM. raziocinante, ragionante.

ratiocinator /ˌrætɪ'ɒsɪneɪtə(r), AE ˌræʃɪ'əʊ-/ n. FORM. raziocinatore m. (-trice).

▷ **1.ration** /'ræʃn, AE 'reɪʃn/ **I** n. **1** *(of food, petrol)* razione f. (**of** di); ***meat ~*** razione di carne **2** FIG. *(of problems, doubts)* razione f. (**of** di); *(of TV, music, parties)* dose f. (**of** di) **II rations** n.pl. MIL. razioni f.; ***on short ~s*** a razioni ridotte; ***on full ~s*** a razioni intere.

▷ **2.ration** /'ræʃn, AE 'reɪʃn/ tr. razionare [*food, petrol*] (**to** a); limitare la razione di [*person*] (**to** a); ***sugar was ~ed to one kilo per family*** la razione di zucchero fu limitata a un chilo per famiglia.

▪ **ration out:** ~ [sth.] out, ~ out [sth.] distribuire [qcs.] in razioni (**among** tra), dare [qcs.] razionato (**among** a).

▷ **rational** /'ræʃənl/ agg. [*approach, argument, decision, position*] razionale; [*person*] sensato; ***a ~ being*** FILOS. un essere razionale *o* provvisto di ragione; ***it is ~ to do*** è sensato, ragionevole fare; ***I try to be ~*** cerco di essere ragionevole.

▷ **rationale** /ˌræʃə'nɑ:l, AE -'næl/ n. **1** *(reasons)* ragioni f.pl. (effettive) (**for** di); ***the ~ for doing*** le ragioni effettive per fare **2** *(logic)* *(of system, argument)* giustificazione f. logica; ***the ~ behind*** la (spiegazione) logica che sta dietro a [*decision, treatment*].

rationalism /'ræʃnəlɪzəm/ n. razionalismo m.

rationalist /'ræʃnəlɪst/ **I** agg. razionalista **II** n. razionalista m. e f.

rationalistic /ˌræʃnəˈlɪstɪk/ agg. razionalistico.
rationalistically /ˌræʃnəˈlɪstɪklɪ/ avv. razionalisticamente.
rationality /ˌræʃəˈnælətɪ/ n. razionalità f.
rationalization /ˌræʃnəlaɪˈzeɪʃn, AE -lɪˈz-/ n. **1** *(justification)* giustificazione f., spiegazione f. razionale (**for** di) **2** BE ECON. *(of operation, company, industry)* razionalizzazione f.
rationalize /ˈræʃnəlaɪz/ tr. **1** *(justify)* giustificare **2** BE ECON. razionalizzare [*operation, company, industry*].
rationally /ˈræʃnəlɪ/ avv. razionalmente, ragionevolmente.
ration book /ˈræʃnbʊk, AE ˈreɪʃn-/, **ration card** /ˈræʃnkɑːd, AE ˈreɪʃn-/ n. BE carta f. annonaria, tessera f. annonaria.
rationing /ˈræʃnɪŋ, AE ˈreɪʃnɪŋ/ n. razionamento m.; ***food, water*** **~** razionamento del cibo, dell'acqua.
ratlin(e)s /ˈrætlɪnz/, **ratlings** /ˈrætlɪŋz/ n.pl. MAR. griselle f.
ratoon /rəˈtuːn/ n. nuovo germoglio m. (di canna da zucchero).
rat pack /ˈrætpæk/ n. COLLOQ. paparazzi m.pl.
rat poison /ˈrætˌpɔɪzn/ n. veleno m. per topi.
rat race /ˈrætreɪs/ n. COLLOQ. SPREG. corsa f. al successo.
rat-run /ˈrætrʌn/ n. BE COLLOQ. FIG. = strada secondaria usata dagli automobilisti nelle ore di punta per evitare le zone più congestionate.
ratsbane /ˈrætsbeɪn/ n. → **rat poison**.
rat-tail /ˈrætteɪl/ n. (anche **~-file**) coda f. di topo.
rattan /rəˈtæn/ **I** n. *(tree)* canna f. d'India; *(material)* rattan m.; *(stick)* bastone m. di malacca, malacca f. **II** modif. [*chair, table*] in rattan.
rat-tat-tat /ˌrættætˈtæt/ n. toc-toc m.
rattening /ˈrætənɪŋ/ n. DIR. = atti di coercizione su un lavoratore per indurlo a iscriversi a un sindacato.
ratter /ˈrætə(r)/ n. *(dog, cat)* cacciatore m. (-trice) di topi.
▷ **1.rattle** /ˈrætl/ n. **1** *(noise) (of bottles, cutlery)* tintinnio m.; *(of chains)* sferragliamento m.; *(of window, door)* (lo) sbatacchiare; *(of car engine, bodywork)* rumore m. di ferraglia; *(of rattlesnake)* = rumore prodotto dagli anelli della coda; *(of machine gun fire)* crepitio m. **2** *(toy) (of baby)* sonaglio m.; *(of sports fan)* raganella f. **3** *(rattlesnake's tail)* sonaglio m.
▷ **2.rattle** /ˈrætl/ **I** tr. **1** *(shake)* [*person*] fare tintinnare [*bottles, cutlery*]; [*wind*] fare sbatacchiare [*window, door*]; fare sferragliare [*chains*]; [*person*] scuotere [*door handle*] **2** COLLOQ. *(annoy)* innervosire; ***to get ~d*** innervosirsi **II** intr. [*bottles, cutlery*] tintinnare; [*window, doors*] sbatacchiare; [*chains*] sferragliare; ***when I shook the box, it ~d*** quando scossi la scatola, qualcosa fece rumore al suo interno; ***the car ~d along, off etc.*** l'automobile procedeva rumorosamente ◆ ***to shake sb. until their teeth ~*** scuotere *o* scrollare violentemente qcn.
▪ **rattle away** COLLOQ. → **rattle on**.
▪ **rattle off** COLLOQ. **~ off [sth.]** *(write)* buttare giù; *(recite, read)* snocciolare.
▪ **rattle on** COLLOQ. parlare di continuo (**about** di).
▪ **rattle through** COLLOQ. ***they ~d through the rest of the meeting*** fecero il resto della riunione in fretta e furia; ***she ~d through the list of names*** lesse la lista dei nomi in fretta e furia.
3.rattle /ˈrætl/ tr. dotare di griselle.
rattle-brain /ˈrætlbreɪn/ n. testa f. vuota, scervellato m. (-a).
rattle-brained /ˈrætlbreɪnd/ agg. scervellato.
rattler /ˈrætlə(r)/ n. COLLOQ. → **rattlesnake**.
rattlesnake /ˈrætlsneɪk/ n. serpente m. a sonagli, crotalo m.
rattletrap /ˈrætltræp/ n. COLLOQ. bagnarola f., macinino m., ferrovecchio m.
rattling /ˈrætlɪŋ/ **I** n. **1** *(noise) (of bottles, cutlery)* tintinnio m.; *(of chains)* sferragliamento m.; *(of window, door)* (lo) sbatacchiare; *(of car engine, bodywork)* rumore m. di ferraglia; *(of rattlesnake)* = rumore prodotto dagli anelli della coda; *(of machine gun fire)* crepitio m. **II** agg. **1** *(vibrating)* [*door, window*] che sbatacchia; [*chain*] sferragliante; [*cough*] cupo e insistente; ***~ sound*** tintinnio **2** *(quick)* ***at a ~ pace*** di buon passo **III** avv. ***a ~ good book, meal*** COLLOQ. un ottimo libro, pasto.
rat trap /ˈrættræp/ n. trappola f. per topi.
ratty /ˈrætɪ/ agg. COLLOQ. **1** BE *(grumpy)* [*character*] permaloso, irritabile **2** AE *(shabby)* frusto, logoro **3** AE *(tangled)* [*hair*] arruffato.
raucity /ˈrɔːsətɪ/ n. RAR. raucedine f.
raucous /ˈrɔːkəs/ agg. **1** [*laughter, shout, cry*] rauco, roco **2** [*person, gathering*] rumoroso, turbolento.
raucously /ˈrɔːkəslɪ/ avv. [*laugh, call*] con voce rauca, cupa; [*behave*] in modo rumoroso, turbolento.
raucousness /ˈrɔːkəsnɪs/ n. **1** *(of voice)* raucedine f.; *(of laughter)* (l')essere roco **2** *(of person)* ***he's known for his ~*** è famoso per il suo modo di fare turbolento.
raunch /rɔːntʃ/ n. AE COLLOQ. *(bawdiness)* indecenza f.
raunchily /ˈrɔːntʃɪlɪ/ avv. COLLOQ. **1** *(in an earthy way)* grossolanamente, rozzamente **2** AE *(in a bawdy way)* in modo indecente, licenziosamente **3** AE *(dirtily)* in modo sporco, trasandato.
raunchiness /ˈrɔːntʃɪnɪs/ n. COLLOQ. **1** *(earthiness)* grossolanità f., rozzezza f. **2** AE *(bawdiness)* indecenza f., licenziosità f. **3** AE *(dirtiness)* sporcizia f.
raunchy /ˈrɔːntʃɪ/ agg. COLLOQ. **1** *(earthy)* [*performer, voice, song*] grossolano, rozzo; [*extract, story*] piccante **2** AE *(bawdy)* indecente, licenzioso **3** AE *(dirty, sloppy)* sporco, trasandato.
ravage /ˈrævɪdʒ/ tr. *(devastate)* devastare (anche FIG.); *(plunder)* saccheggiare.
ravages /ˈrævɪdʒɪz/ n.pl. danni m. (**of** di, provocati da).
▷ **1.rave** /reɪv/ **I** n. COLLOQ. **1** BE delirio m. **2** *(praise)* lode f. sperticata **3** *(craze)* moda f., mania f. **4** (anche **~ party**) rave m., festa f. rave **II** agg. COLLOQ. [*club, restaurant*] in voga; ***a ~ review*** una recensione entusiastica.
▷ **2.rave** /reɪv/ intr. **1** *(enthusiastically)* parlare entusiasticamente (**about** di) **2** *(angrily)* gridare, inveire (**at, against** contro) **3** *(when fevered)* delirare (anche FIG.) ◆ ***to ~ it up*** BE COLLOQ. fare baldoria *o* fare festa.
3.rave /reɪv/ n. sponda f. (di carro).
1.ravel /ˈrævl/ n. **1** *(tangle, knot)* nodo m., groviglio m.; FIG. complicazione f. **2** *(broken thread)* sfilacciatura f., lembo m. sfilacciato.
2.ravel /ˈrævl/ **I** tr. (forma in -ing ecc. **-ll-**, **-l-** AE) **1** FIG. *(tangle, complicate)* aggrovigliare, complicare **2** *(fray)* sfrangiare **3** *(untwist)* districare, sciogliere (anche FIG.) **II** intr. (forma in -ing ecc. **-ll-**, **-l-** AE) FIG. **1** *(become tangled, complicated)* aggrovigliarsi, complicarsi **2** *(of fabric)* sfrangiarsi **3** *(untwist)* districarsi, sciogliersi.
ravelin /ˈrævlɪn/ n. rivellino m.
raven /ˈreɪvn/ n. corvo m. (imperiale).
raven-haired /ˌreɪvnˈheəd/ agg. dai capelli corvini.
ravening /ˈrævənɪŋ/ agg. LETT. vorace, famelico.
ravenous /ˈrævənəs/ agg. [*animal*] vorace, famelico; [*appetite*] feroce; ***to be ~*** avere una fame da lupi.
ravenously /ˈrævənəslɪ/ avv. [*eat*] voracemente, con voracità; [*look*] avidamente; ***to be ~ hungry*** avere una fame da lupo.
raver /ˈreɪvə(r)/ n. BE COLLOQ. **1** *(merrymaker)* gaudente m. e f. **2** *(trendy person)* modaiolo m. (-a).
rave-up /ˈreɪvʌp/ n. BE COLLOQ. festa f. scatenata.
ravine /rəˈviːn/ n. *(gorge, cleft)* gola f., burrone m.
raving /ˈreɪvɪŋ/ **I** **ravings** n.pl. delirio m.sing., vaneggiamenti m.; ***the ~s of a lunatic*** il delirio di un pazzo **II** agg. **1** *(delirious)* delirante, furioso; ***a ~ idiot*** o ***lunatic*** un pazzo furioso **2** COLLOQ. *(tremendous)* [*success*] pazzesco, straordinario; ***she's a ~ beauty*** è uno schianto ◆ ***to be (stark) ~ mad*** COLLOQ. essere matto da legare *o* fuori di testa.
ravioli /ˌrævɪˈəʊlɪ/ n.pl. ravioli m.
ravish /ˈrævɪʃ/ tr. **1** LETT. *(delight)* rapire, incantare, affascinare **2** ANT. *(rape)* violentare.
ravisher /ˈrævɪʃə(r)/ n. *(rapist)* violentatore m.
ravishing /ˈrævɪʃɪŋ/ agg. incantevole, affascinante; ***to look ~*** essere incantevole.
ravishingly /ˈrævɪʃɪŋlɪ/ avv. ***to be ~ beautiful*** essere di una bellezza incantevole.
ravishment /ˈrævɪʃmənt/ n. **1** ANT. *(rape)* stupro m., violenza f. carnale **2** LETT. *(rapture)* rapimento m., estasi f.
▷ **raw** /rɔː/ **I** agg. **1** *(uncooked)* [*food*] crudo **2** *(unprocessed)* [*cotton, rubber, silk*] greggio; [*sugar*] non raffinato; [*data, statistics*] non elaborato; [*sewage*] non trattato; [*edge*] *(in sewing)* non cucito; [*paper, wood*] irregolare **3** *(without skin)* [*part of body, patch*] scorticato, a nudo; ***his hands had been rubbed ~*** si era scorticato le mani **4** *(cold)* [*weather, day, wind, air*] freddo e umido **5** *(inexperienced)* [*novice, recruit, youngster*] inesperto, alle prime armi **6** *(realistic)* [*description, dialogue, performance*] crudo, realistico **7** *(naturally strong)* [*emotion, energy*] puro, vero **8** AE *(vulgar)* osceno **II** n. ***in the ~*** BE allo stato grezzo *o* naturale; COLLOQ. *(naked)* nudo; ***life in the ~*** la vita secondo la natura *o* lontana dalla civiltà; ***to get sb. on the ~*** BE toccare qcn. sul vivo; ***to get*** o ***have a ~ deal*** COLLOQ. = essere trattato ingiustamente; ***to give sb. a ~ deal*** COLLOQ. = trattare qcn. in modo ingiusto; ***to touch a ~ nerve*** toccare un nervo scoperto.
rawboned /ˌrɔːˈbəʊnd/ agg. scarno, ossuto.
rawhide /ˈrɔːhaɪd/ n. **1** *(leather)* cuoio m. greggio **2** *(whip)* frusta f. (di cuoio).
Rawlplug® /ˈrɔːlplʌg/ n. tassello m. a espansione.
raw material /ˌrɔːməˈtɪərɪəl/ n. materie f.pl. prime; FIG. materia f. prima.

raw material costs /ˌrɔːmə'tɪərɪəlˌkɒsts, AE -kɔːsts/ n.pl. costo m.sing. delle materie prime.

rawness /'rɔːnɪs/ n. 1 *(of language, style)* crudezza f. 2 *(realism)* realismo m. 3 *(naïvety)* inesperienza f. 4 *(of wind)* asprezza f.

raw score /ˌrɔː'skɔː(r)/ n. AE SCOL. = in un test, punteggio realizzato che non è ancora stato rapportato a quello ottenuto dagli altri candidati.

▷ **1.ray** /reɪ/ n. 1 *(beam)* raggio m. (**of** di); ***a ~ of sunshine*** un raggio di sole 2 FIG. ***a ~ of hope*** un raggio di speranza; ***a ~ of comfort*** un po' di conforto.

2.ray /reɪ/ n. *(fish)* razza f.

3.ray /reɪ/ n. MUS. re m.

rayed /reɪd/ agg. raggiato, a raggi.

ray gun /'reɪgʌn/ n. pistola f. a raggi.

Raymond /'reɪmənd/ n.pr. Raimondo.

rayon /'reɪɒn/ **I** n. *(artificial)* raion m.; *(natural)* viscosa f.; ***made of ~*** di raion *o* di viscosa **II** modif. [*garment*] di raion, di viscosa.

raze /reɪz/ tr. distruggere completamente; ***to ~ sth. to the ground*** radere al suolo qcs.

▷ **1.razor** /'reɪzə(r)/ n. rasoio m. ◆ ***to live on a ~('s) edge*** essere sul filo del rasoio.

▷ **2.razor** /'reɪzə(r)/ tr. radere, rasare.

razorback /'reɪzəbæk/ n. AE pecari m.

razorbill /'reɪzəbɪl/ n. gazza f. marina.

razor blade /'reɪzəbleɪd/ n. lametta f. (da barba).

razor burn /'reɪzəbɜːn/ n. abrasione f. da rasoio.

razor-clam /'reɪzəklæm/ n. AE cannolicchio m.

razor cut /'reɪzəkʌt/ n. taglio m. da rasoio.

razor-sharp /ˌreɪzə'ʃɑːp/ agg. 1 [*blade, knife, edge*] affilato come un rasoio 2 [*wit, mind*] acuto.

razor-shell /'reɪzəʃel/ n. BE cannolicchio m.

razor-strop /'reɪzəstrɒp/ n. coramella f.

razor wire /'reɪzəwaɪə(r)/ n. filo m. spinato.

1.razz /ræz/ n. AE COLLOQ. pernacchia f.

2.razz /ræz/ tr. AE COLLOQ. sfottere, prendere in giro.

razzamatazz /ˌræzəmə'tæz/ → **razzmatazz**.

razzle /'ræzl/ n. BE COLLOQ. ***to go on the ~*** andare a fare baldoria.

razzledazzle /ˌræzl'dæzl/ **I** n. COLLOQ. *(bustle)* cancan m. **II** modif. COLLOQ. [*politics, salesmanship*] da imbonitori.

razzmatazz /ˌræzmə'tæz/ n. COLLOQ. strombazzamento m. (pubblicitario).

R & B n. (⇒ rhythm and blues) = rhythm and blues.

RC agg. e n. (⇒ Roman Catholic) = cattolico romano.

RCAF n. (⇒ Royal Canadian Air Force) = reale aviazione militare canadese.

RCMP n. (⇒ Royal Canadian Mounted Police) = polizia a cavallo canadese.

RCN n. 1 GB (⇒ Royal College of Nursing) = organizzazione che rappresenta la categoria degli infermieri e fornisce corsi di specializzazione 2 (⇒ Royal Canadian Navy) = regia marina canadese.

Rd ⇒ road via (v.), strada (str.).

R&D n. (⇒ research and development) = ricerca e sviluppo.

RDA n. (⇒ recommended daily amount dose giornaliera raccomandata) RDA f.

1.re /reɪ/ n. MUS. re m.

2.re /riː/ prep. (⇒ with reference to) *(in letter head)* oggetto; ***~ your letter...*** con riferimento alla vostra lettera...

RE n. 1 GB SCOL. (⇒ Religious Education) = educazione religiosa 2 GB MIL. (⇒ Royal Engineers) = genio militare britannico.

reabsorb /riːəb'zɔːb/ tr. riassorbire.

reabsorption /riːəb'zɔːpʃn/ n. riassorbimento m.

reaccustom /riːə'kʌstəm/ tr. riabituare.

1.reach /riːtʃ/ **I** n. 1 *(physical range)* portata f.; ***a boxer with a long ~*** un pugile con buon allungo; ***"keep out of ~ of children"*** "tenere fuori dalla portata dei bambini"; ***the book is beyond*** o ***out of my ~*** non arrivo a prendere il libro; ***within (arm's) ~*** a portata di mano; ***within easy ~ of*** [*place*] in prossimità di *o* a poca distanza da [*shops, facility*]; ***to be within easy ~*** essere nelle vicinanze *o* nei paraggi 2 *(capability)* ***the exam was beyond*** o ***out of ~ for*** l'esame era al di sopra delle capacità di [*person*]; ***within ~ for*** alla portata di [*person*]; ***to be within sb.'s ~*** [*price*] rientrare nelle possibilità di qcn.; ***to be beyond sb.'s ~*** [*price*] essere al di sopra delle possibilità di qcn.; ***it's still well within her ~*** ce la può ancora fare **II reaches** n.pl. 1 *(of society)* ***the upper, lower ~es*** i ceti più alti, più bassi 2 GEOGR. *(river)* ***the upper, lower ~es*** il tratto superiore, inferiore.

▶ **2.reach** /riːtʃ/ **I** tr. 1 *(after travel)* [*train, river, ambulance*] arrivare a [*place*]; [*person*] arrivare, giungere a [*place*]; arrivare da [*person*]; [*sound, news, letter*] arrivare a [*person, place*]; ***to ~ land*** toccare terra; ***the message took three days to ~ Paris*** il messaggio impiegò tre giorni per arrivare a Parigi; ***the product has yet to ~ Italy, the shops*** il prodotto deve ancora arrivare in Italia, nei negozi; ***easily ~ed by bus*** facilmente raggiungibile con l'autobus 2 *(on scale, continuum)* raggiungere, arrivare a [*age, level, position, peak*]; ***matters ~ed a point where*** le cose sono arrivate a un punto in cui; ***to ~ the finals*** arrivare in finale 3 *(come to)* raggiungere [*compromise, deal, understanding*]; arrivare, giungere a [*decision, conclusion*]; ***to ~ a verdict*** DIR. raggiungere un verdetto; ***agreement has been ~ed on*** è stato raggiunto un accordo su [*point*] 4 *(by stretching)* arrivare a [*object, shelf, switch*]; ***can you ~ that box for me?*** riesci a prendermi quella scatola? ***can you ~ me down that box?*** BE riesci a tirarmi giù quella scatola? 5 *(contact)* contattare; ***to ~ sb. by telephone*** contattare qcn. telefonicamente; ***to ~ sb. on*** BE o ***at 514053*** contattare qcn. al numero 514053 6 *(make impact on)* colpire [*audience, public, market*] (**with** con) 7 *(in height, length)* arrivare (fino) a [*floor, ceiling, roof*]; ***the snow had ~ed the window*** la neve arrivava fino alla finestra; ***curtains that ~ the floor*** tende che arrivano fino al pavimento; ***those trousers don't even ~ your ankles*** quei pantaloni non ti arrivano neanche alle caviglie; ***her feet don't ~ the pedals*** non arriva ai pedali **II** intr. 1 *(stretch)* ***to ~ up, down*** allungarsi, abbassarsi (**to do** per fare); ***to ~ across and do*** allungare la mano e fare; ***can you ~ out and close the door?*** ci arrivi a chiudere la porta? ***to ~ for one's gun*** cercare di prendere la pistola; ***to ~ for the switch*** cercare di raggiungere l'interruttore; ***the film will have you ~ing for your hanky!*** SCHERZ. questo film vi farà tirare fuori il fazzoletto! ***~ for the sky!*** punta in alto! 2 *(extend)* ***to ~ (up, down) to*** arrivare (fino) a; ***her hair ~ed down to her waist*** i capelli le arrivavano fino alla vita; ***to ~ as far as*** [*ladder, rope*] arrivare fino a.

■ **reach back:** ***~ back to [sth., sb.]*** risalire a [*era, person*].

■ **reach out:** ***~ out*** allungare la mano; ***to ~ out for*** FIG. cercare [*affection, success*]; ***to ~ out to*** *(help)* aiutare; *(make contact)* contattare; ***~ out [sth.], ~ [sth.] out*** allungare, stendere; ***to ~ out one's hand*** allungare la mano.

reachable /'riːtʃəbl/ agg. raggiungibile.

▷ **react** /rɪ'ækt/ intr. 1 *(respond)* reagire (**to** a); ***to ~ against dictatorship, one's parents*** ribellarsi alla dittatura, ai propri genitori 2 MED. *(physically)* reagire (**to** a) 3 CHIM. reagire (**with** con; **on** su).

reactance /rɪ'æktəns/ n. reattanza f.

reactant /rɪ'æktənt/ n. reagente m.

▶ **reaction** /rɪ'ækʃn/ n. 1 *(response)* reazione f. (**to** a; **against** contro; **from** da parte di) 2 MED. reazione f. (**to** a); ***adverse ~s*** effetti indesiderati 3 CHIM. reazione f. (**with** con; **between** tra) 4 POL. reazione f.; ***the forces of ~*** le forze della reazione *o* i reazionari.

reactionary /rɪ'ækʃənrɪ, AE -ənerɪ/ **I** agg. SPREG. reazionario **II** n. SPREG. reazionario m. (-a).

reaction engine /rɪ'ækʃnˌendʒɪn/ n. motore m. a reazione.

reactionist /rɪ'ækʃənɪst/ → **reactionary**.

reactivate /rɪ'æktɪveɪt/ tr. riattivare, rimettere in funzione.

reactivation /rɪˌæktɪ'veɪʃn/ n. riattivazione f.

▷ **reactive** /rɪ'æktɪv/ agg. 1 CHIM. *(tending to react)* reattivo; *(taking part in a reaction)* reagente 2 PSIC. reattivo.

reactively /riː'æktɪvlɪ/ avv. reattivamente.

reactivity /rɪæk'tɪvətɪ/ n. reattività f.

reactor /rɪ'æktə(r)/ n. 1 NUCL. reattore m. (nucleare) 2 ELETTRON. reattore m. 3 MED. = soggetto che ha una reazione, specialmente immunitaria 4 CHIM. reattore m.

1.read /riːd/ n. ***to have a ~ of*** COLLOQ. leggiucchiare [*article, magazine*]; ***I enjoy a quiet ~*** mi piace leggere tranquillo; ***I've already seen the newspaper, do you want a ~?*** ho già visto il giornale, vuoi leggerlo tu? ***to be an easy, exciting ~*** essere un libro *o* una lettura facile, appassionante; ***this book is a good ~*** è un buon libro.

▶ **2.read** /riːd/ **I** tr. (pass., p.pass. **read**) 1 *(in text etc.)* leggere [*book, instructions, map, music, sign*] (**in** in); ***I read somewhere that*** ho letto da qualche parte che; ***to ~ sth. to sb.*** o ***to ~ sb. sth.*** leggere qcs. a qcn.; ***to ~ sth. aloud*** leggere qcs. a voce alta; ***to ~ sth. to oneself*** leggere qcs. in silenzio; ***she can ~*** sa leggere; ***I can ~ German*** so leggere il tedesco 2 *(say)* ***the card ~s "Happy Birthday Dad"*** sul biglietto c'è scritto "buon compleanno papà"; ***the thermometer ~s 20 degrees*** il termometro segna 20 gradi; ***the sentence should ~ as follows*** la frase dovrebbe suonare così 3 *(decipher)* leggere [*braille*]; decifrare [*handwriting*] 4 *(interpret)* riconoscere [*signs*]; interpretare [*intentions, reactions*]; spiegare [*situation*]; ***to ~ sb.'s thoughts*** o ***mind*** leggere nei pensieri di qcn.; ***to ~ sb.'s mood*** capire di che umore è qcn.; ***to ~ sb.'s tea-leaves*** = leggere il destino di qcn. nelle foglie del tè; ***to ~ palms*** leggere la mano; ***to ~ a***

remark, statement as interpretare un'osservazione, una dichiarazione come; ***don't ~ his comments as proof of his sincerity*** non considerare i suoi commenti come una prova della sua sincerità; ***the book can be read as a satire*** il libro può essere letto come una satira; ***to ~ sth. into*** leggere qcs. dietro a [*comment, message, sentence*]; ***don't ~ too much into his reply*** non dare interpretazioni troppo complicate alla sua risposta **5** BE UNIV. studiare; ***she is ~ing history at Oxford*** studia storia a Oxford **6** *(take a recording)* leggere [*meter, dial, barometer, gauge*]; ***I can't ~ what the dial says*** non riesco a leggere il quadrante **7** RAD. TEL. sentire, ricevere [*person, pilot*]; ***I can ~ you loud and clear*** ti ricevo forte e chiaro **8** *(of corrections in text)* leggere; ***for "cat" in line 12 ~ "cart"*** alla riga 12, leggi "cart" invece di "cat" **9** INFORM. [*computer*] leggere [*data, file*] **II** intr. (pass., p.pass. **read**) **1** *(look at or articulate text)* leggere (**to sb.** a qcn.); ***to ~ aloud*** leggere a voce alta (**to sb.** a qcn.); ***to ~ about sth.*** leggere di qcs. [*accident, discovery*]; ***I read about it in the "Times"*** ho letto qualcosa al proposito sul "Times"; ***I read about him yesterday*** ho letto qualcosa di lui ieri; ***to ~ to sb. from sth.*** leggere a qcn. da qcs. **2** BE *(study)* ***to ~ for a degree in history, chemistry*** studiare storia, chimica all'università; ***to ~ for the Bar*** BE DIR. studiare da avvocato **3** *(create an impression)* ***the document ~s well, badly*** il documento si legge bene, male; ***the translation ~s like the original*** la traduzione scorre come l'originale ◆ ***to ~ between the lines*** leggere tra le righe.

- **read back:** ~ [sth.] back rileggere [*message, sentence*] (**to** a); ***to ~ sth. back to oneself*** rileggersi qcs.
- **read in:** ~ [sth.] in, ~ in [sth.] [*computer*] memorizzare [*data*].
- **read off:** ~ off [sth.], ~ [sth.] off leggere a voce alta [*names, scores*].
- **read on** continuare a leggere.
- **read out:** ~ [sth.] out, ~ out [sth.] leggere a voce alta.
- **read over, read through:** ~ over o through [sth.], ~ [sth.] over o through *(for the first time)* leggere (per intero) [*article, essay*]; *(reread)* rileggere [*notes, speech*].
- **read up:** ***to ~ up on sth., sb.*** documentarsi su qcs., qcn.

3.read /red/ **I** pass., p.pass. → **2.read II** agg. ***to take sth. as ~*** dare qcs. per letto [*minutes, report*]; ***the press took it as ~ that he was lying*** la stampa diede per scontato che stesse mentendo; ***can we take it as ~ that everybody will agree?*** possiamo dare per scontato che tutti saranno d'accordo?

readability /ˌriːdəˈbɪlətɪ/ n. **1** *(legibility)* leggibilità f. **2** *(clarity)* chiarezza f.

readable /ˈriːdəbl/ agg. **1** *(legible)* leggibile **2** *(enjoyable)* di piacevole lettura.

readdress /ˌriːəˈdres/ tr. **1** cambiare l'indirizzo su [*envelope*]; rispedire [*mail*] **2** *(take up again)* ritornare su [*question*].

▶ **reader** /ˈriːdə(r)/ n. **1** lettore m. (-trice); ***an avid ~ of science fiction*** un appassionato lettore di fantascienza; ***our regular ~s*** i nostri affezionati lettori; ***she's a great ~ of French novels*** è una grande lettrice di romanzi francesi; ***he's a slow ~*** legge lentamente **2** SCOL. *(book)* libro m. di lettura **3** BE UNIV. *(person)* = docente universitario di grado superiore a un senior lecturer e inferiore a un professor **4** AE UNIV. *(person)* assistente m. e f. **5** *(anthology)* antologia f. **6** ELETTRON. lettore m. **7** *(proofreader)* correttore m. (-trice) di bozze.

readership /ˈriːdəʃɪp/ n. **1** BE UNIV. = posto di reader (**in** in) **2 U** lettori m.pl., readership f.; ***he shocked his female ~*** ha scioccato le sue lettrici; ***to have a huge ~*** [*person*] avere un gran numero di lettori *o* essere molto letto; ***the magazine has a ~ of 35,000*** la rivista ha 35.000 lettori.

read head /ˈriːdˌhed/ n. INFORM. testina f. di lettura.

▷ **readily** /ˈredɪlɪ/ avv. **1** *(willingly)* [*accept, agree, admit, give*] senza difficoltà, volentieri; [*say, reply*] prontamente **2** *(easily)* [*available, accessible, adaptable, comprehensible*] facilmente; [*forget, forgive, understand, achieve, obtain*] facilmente, con facilità.

readiness /ˈredɪnɪs/ n. **1** *(preparedness)* (l')essere pronto, preparato; ***in ~ for sth.*** pronto per; ***to be in a state of ~*** essere pronto *o* preparato **2** *(willingness)* sollecitudine f., disponibilità f. (**to do** a fare) **3** *(of response, wit)* prontezza f., vivacità f.

▷ **reading** /ˈriːdɪŋ/ **I** n. **1** *(skill, pastime)* lettura f.; ***~ is one of my hobbies*** leggere è un mio hobby; ***~ and writing*** leggere e scrivere; ***his ~ is poor*** legge male **2** *(books)* letture f.pl.; ***these texts are recommended, required ~*** queste sono le letture consigliate, obbligatorie; ***her novels make light, heavy ~*** i suoi romanzi sono facili, difficili da leggere; ***a woman of wide ~*** una donna di vaste letture **3** *(recorded measurement) (on meter)* lettura f. (**on** di); *(on instrument)* rilevazione f. (**on** di); ***to take a ~*** fare una lettura *o* una rilevazione; ***gas ~*** lettura del contatore del gas; ***barometer ~*** rilevazione barometrica **4** *(interpretation)* interpretazione f. (**of** di) **5** *(spoken extract)* lettura f. (**from** di) **6** *(of will, banns)* lettura f. **7** BIBL. lettura f. (**from** da) **8** BE POL. lettura f. (**of** di); ***the bill was defeated at its second ~*** il progetto di legge è stato bocciato in seconda lettura **II** agg. **1** *(inclined to read)* che legge; ***the ~ public*** il pubblico dei lettori **2** *(made or used to read)* da, di lettura, per leggere.

Reading /ˈredɪŋ/ ♦ **34** n.pr. Reading f.

reading age /ˈriːdɪŋeɪdʒ/ n. SCOL. ***he has a ~ of eight*** sa leggere come un bambino di otto anni; ***children of ~*** bambini in età da saper leggere.

reading desk /ˈriːdɪŋdesk/ n. leggio m.

reading glass /ˈriːdɪŋglɑːs, AE -glæs/ n. lente f. (per leggere).

reading glasses /ˈriːdɪŋˌglɑːsɪz, AE -ˌglæsɪz/ n.pl. occhiali m. (da lettura).

reading group /ˈriːdɪŋˌgruːp/ n. gruppo m. di lettura.

reading knowledge /ˈriːdɪŋˌnɒlɪdʒ/ n. ***to have a ~ of German*** capire il tedesco scritto; ***her ~ of Italian is good*** la sua comprensione dell'italiano scritto è buona.

reading lamp /ˈriːdɪŋlæmp/ n. *(by bed)* lampada f. da comodino; *(on desk)* lampada f. da tavolo.

reading list /ˈriːdɪŋlɪst/ n. SCOL. UNIV. elenco m. dei libri, delle opere da leggere.

reading matter /ˈriːdɪŋˌmætə(r)/ n. ***it is not suitable ~ for children*** non sono letture adatte ai bambini; ***I've run out of ~*** non ho più nulla da leggere; ***I'm looking for ~*** sto cercando materiale di lettura.

reading room /ˈriːdɪŋruːm, -rʊm/ n. sala f. (di) lettura.

reading scheme /ˈriːdɪŋskiːm/ n. GB SCOL. = metodo di insegnamento della lettura.

reading speed /ˈriːdɪŋspiːd/ n. INFORM. velocità f. di lettura.

readjourn /riːəˈdʒɜːn/ tr. rimandare, aggiornare nuovamente.

readjust /ˌriːəˈdʒʌst/ **I** tr. riaggiustarsi [*hat*]; regolare nuovamente [*television, lens*]; rimettere a posto [*watch*]; ritoccare [*salary*] **II** intr. riadattarsi (**to** a).

readjustment /ˌrɪːəˈdʒʌstmənt/ n. **1** *(of a television)* regolazione f.; *(of a machine)* rimessa f. a punto; *(of salary)* ritocco m. **2** *(to new situation)* riadattamento m. (**to** a).

readmission /ˌriːədˈmɪʃn/ n. riammissione f.

readmit /ˌriːədˈmɪt/ tr. (forma in -ing ecc. **-tt-**) riammettere.

readmittance /ˌriːədˈmɪtns/ n. riammissione f.

read mode /ˈriːdməʊd/ n. INFORM. modalità f. solo lettura, di sola lettura.

read-only memory /ˌriːdəʊnlɪˈmemərɪ/ n. INFORM. memoria f. di sola lettura.

read-out /ˈriːdaʊt/ n. INFORM. lettura f. e trasferimento m. dalla memoria.

readsorption /riːədˈsɔːpʃn/ n. riassorbimento m.

readvertise /riːˈædvətaɪz/ **I** tr. ripubblicare un'inserzione per [*post, sale, item*] **II** intr. fare una seconda inserzione.

readvertisement /ˌriːədˈvɜːtɪsmənt, AE ˌriːədvərˈtaɪzmənt/ n. seconda inserzione f.

read-write access /ˌriːdraɪtˈækses/ n. INFORM. accesso m. in lettura e scrittura.

read-write head /ˌriːdraɪtˈhed/ n. INFORM. testina f. di lettura e scrittura.

▶ **1.ready** /ˈredɪ/ **I** agg. **1** *(prepared)* [*person, meal, car, product*] pronto (**for sth.** per qcs.); ***~ to do*** pronto a *o* per fare; ***to get ~*** prepararsi; ***to get sth. ~*** preparare qcs.; ***to make ~ to do*** prepararsi a fare; ***~ for anything*** pronto a tutto; ***~ when you are*** sono pronto quando vuoi; ***~, steady, go!*** SPORT pronti, via! ***~ about!*** MAR. pronti a virare! ***I'm ~, willing and able*** sono a sua completa disposizione; ***~ and waiting*** pronto (a intervenire) **2** *(willing)* disposto (**to do** a fare); ***more than ~ to do*** più che disponibile a fare; ***Ann, the house looked ~ to collapse*** Ann, la casa sembrava sul punto di crollare; ***to be ~ for*** avere bisogno di [*meal, vacation*]; ***to feel ~ for a rest*** avere bisogno di riposarsi **3** *(quick)* [*answer, wit, smile*] pronto; ***to be ~ with one's criticism, excuses*** essere pronto a criticare, a scusarsi **4** *(available)* [*market, supply, source*] a portata di mano; [*access*] diretto; ***~ to hand*** a portata di mano; ***~ cash, ~ money*** COLLOQ. contanti **II** n. ***(to have) a gun, pen at the ~*** (essere) pronto a sparare, scrivere **III readies** n.pl. BE COLLOQ. *(money)* grana f.sing.

2.ready /ˈredɪ/ **I** tr. preparare [*ship, car*] (**for sth.** per qcs.) **II** rifl. ***to ~ oneself*** prepararsi (**for sth.** a qcs.).

ready-made /ˌredɪˈmeɪd/ **I** agg. **1** *(for immediate use)* [*suit, jacket*] confezionato, prêt-à-porter; [*curtains*] confezionato; [*food*] pronto **2** [*excuse, idea, phrase*] bell'e pronto **II** n. ART. ready made m.

ready meal /ˈredɪˌmiːl/ n. piatto m. pronto.

ready-mix /ˈredɪmɪks/ n. *(cement)* calcestruzzo m. pronto.

ready reckoner /ˌredɪ'rekənə(r)/ n. prontuario m. di calcoli.
ready-to-serve /ˌredɪtə'sɜːv/ agg. [*food*] pronto.
ready-to-wear /ˌredɪtə'weə(r)/ agg. [*garment*] confezionato, prêt-à-porter.
reaffirm /ˌriːə'fɜːm/ tr. riaffermare.
reaffirmation /ˌriːæfə'meɪʃn/ n. riaffermazione f.
reafforest /ˌriːə'fɒrɪst/ BE → **reforest**.
reafforestation /ˌriːəfɒrɪ'steɪʃn/ BE → **reforestation**.
reagency /riː'eɪdʒənsɪ/ n. CHIM. *(power)* capacità f. di reazione; *(operation)* reazione f.
reagent /riː'eɪdʒənt/ n. **1** *(detector of a substance)* reattivo m. **2** *(substance in any reaction)* reagente m.
▶ **real** /rɪəl/ **I** agg. **1** *(actual, not imaginary or theoretical)* reale, vero; ***~ or imagined insults*** insulti veri o immaginari; ***the threat is very ~*** la minaccia è molto reale; ***there's no ~ cause for alarm*** non esiste un motivo valido per allarmarsi; ***he has no ~ power*** non ha potere effettivo; ***in ~ life*** nella realtà *o* nella vita reale; ***the ~ world*** la realtà *o* il mondo reale; ***it's not like that in the ~ world*** non è così nella realtà; ***in ~ terms*** in realtà **2** *(not artificial or imitation)* [*flower, leather, champagne*] vero; [*diamond*] autentico, vero; ***are these ~ orchids?*** sono vere queste orchidee? ***the ~ thing*** o ***the ~ McCoy*** COLLOQ. l'originale; ***this time it's the ~ thing*** questa volta è per davvero **3** *(true, proper)* [*Christian, Socialist, altruism*] vero; ***it's ages since I had a ~ holiday*** sono anni che non faccio una vacanza vera; ***he knows the ~ you, me*** conosce la tua, la mia vera personalità; ***the ~ France, Africa*** la Francia, l'Africa vera **4** *(for emphasis)* [*idiot, charmer, stroke of luck, pleasure*] vero; ***it's a ~ shame*** è un vero peccato; ***it was a ~ laugh*** COLLOQ. ci siamo divertiti un casino; ***this room is a ~ oven*** questa stanza è davvero un forno **5** ECON. COMM. [*asset, capital, cost, income, value*] reale; ***in ~ terms*** in termini reali **6** MAT. reale **II** n. ***the ~*** il reale **III** avv. AE COLLOQ. [*good, sorry, soon, fast*] davvero, proprio ◆ ***for ~*** COLLOQ. davvero, sul serio; ***is he for ~?*** AE *(serious)* dice sul serio? *(what a fool)* che idiota! ***get ~!*** COLLOQ. scendi dalle nuvole!
real accounts /rɪələ'kaʊnts/ n.pl. conto m.sing. patrimoniale.
real ale /ˌrɪəl'eɪl/ n. BE birra f. (di fabbricazione artigianale).
▷ **real estate** /'rɪəlɪˌsteɪt/ n. **1** DIR. COMM. *(property)* beni m.pl. immobili **2** AE *(selling land, houses)* (settore) immobiliare m.; ***to be in ~*** essere nel settore immobiliare.
real estate agent /'rɪəlɪsteɪtˌeɪdʒənt/ ♦ **27** n. AE agente m. e f. immobiliare.
real estate developer /'rɪəlɪsteɪtdɪˌveləpə(r)/ ♦ **27** n. AE impresario m. edile.
real estate office /'rɪəlɪsteɪtˌɒfɪs, AE -ˌɔːf-/ n. AE agenzia f. immobiliare.
realgar /rɪ'ælgə(r)/ n. realgar m.
realia /reɪ'ɑːlɪə/ n.pl. **1** FILOS. cose f. reali, realia m. **2** *(in didactics)* realia m.
realign /ˌriːə'laɪn/ **I** tr. **1** riallineare [*objects*]; modificare il tracciato di [*runway, road*] **2** FIG. ridefinire [*views*] **3** ECON. riallineare [*currency*] **II** intr. POL. riallinearsi; ***to ~ with*** riallinearsi con.
realignment /ˌriːə'laɪnmənt/ n. **1** *(of runway, road)* nuovo tracciato m. **2** FIG. *(of view)* ridefinizione f.; POL. *(of stance)* riallineamento m. **3** ECON. *(of currency)* riallineamento m.
▷ **realism** /'riːəlɪzəm/ n. *(all contexts)* realismo m.; ***to lend ~ to sth.*** dare un tocco di realismo a qcs.
realist /'riːəlɪst/ **I** agg. *(all contexts)* realista **II** n. *(all contexts)* realista m. e f.
▷ **realistic** /ˌrɪə'lɪstɪk/ agg. *(all contexts)* realistico; ***it is not ~ to do*** non è realistico fare.
realistically /ˌrɪə'lɪstɪklɪ/ avv. [*look at, think, portray, describe*] realisticamente; ***~, she can expect...*** volendo essere realistici, può aspettarsi...
▶ **reality** /rɪ'ælətɪ/ n. *(all contexts)* realtà f. (**of** di); ***to be out of touch with ~*** vivere al di fuori della realtà; ***the economic realities*** le realtà economiche; ***the ~ is that*** il fatto è che; ***in ~*** in realtà.
reality show /rɪ'ælətɪˌʃəʊ/ n. reality show m.
reality TV /rɪ'ælətɪtiːˌviː/ **I** n. reality TV f., reality m., reality show m.pl. **II** modif. [*show*] di reality; [*host, star*] dei reality show.
realizable /'rɪəlaɪzəbl/ agg. **1** *(of which one can be aware)* comprensibile, di cui ci si rende conto **2** *(that can be accomplished)* realizzabile **3** ECON. realizzabile.
▷ **realization** /ˌrɪəlaɪ'zeɪʃn, AE -lɪ'z-/ n. **1** *(awareness)* consapevolezza f. (**of** di; **that** del fatto che); ***to come to the ~ that*** rendersi conto del fatto che; ***the ~ dawned (on her) that*** si rese conto del fatto che; ***there is a growing ~ in society that*** la società è sempre più consapevole del fatto che **2** *(of dream, goal, design, opera)* realizzazione f. (**of** di) **3** *(of self)* realizzazione f.; *(of potential)* sviluppo m. **4** ECON. realizzo m.
▶ **realize** /'rɪəlaɪz/ tr. **1** *(know, be aware of)* rendersi conto di, realizzare [*gravity, significance, extent*]; rendersi conto di [*error, fact*]; ***I suddenly ~d who he was*** improvvisamente realizzai chi era; ***to ~ that*** rendersi conto del fatto che; ***I ~ you feel differently*** capisco che la pensate diversamente; ***to ~ how, why, what*** capire come, perché, che cosa; ***more, less than people ~*** più, meno di quanto la gente (non) creda; ***to come to ~ sth.*** arrivare a *o* rendersi conto di qcs.; ***I fully ~ that...*** capisco perfettamente che...; ***to make sb. ~ sth.*** fare capire qcs. a qcn.; ***I didn't ~!*** non me n'ero reso conto! ***you don't ~ what you're doing*** non capisci che cosa stai facendo; ***I ~ that!*** capisco! mi rendo conto! ***do you ~ that I'm waiting for you?*** ti rendi conto che sto aspettando te? ***you do ~, of course, that*** sei sicuramente consapevole del fatto che; ***I ~ you're busy, it's late, but...*** capisco che sei impegnato, che è tardi, ma... **2** *(make concrete, real)* realizzare [*idea, dream, goal, design*]; ***my worst fears were ~d*** le mie peggiori paure si concretizzarono; ***to ~ one's potential*** sviluppare le proprie capacità **3** ECON. *(liquidate)* realizzare [*credits*]; liquidare [*assets*] **4** COMM. [*sale, house, object*] fruttare [*sum*]; [*person, vendor*] realizzare [*sum*] (**on** da); ***to ~ a profit*** realizzare un profitto.
reallocate /riː'æləkeɪt/ tr. riassegnare [*funds, resources, task*]; ridistribuire [*space, time*].
reallocation /ˌriːælə'keɪʃn/ n. nuova assegnazione f.
▶ **really** /'rɪəlɪ/ **I** avv. **1** *(for emphasis)* veramente, davvero; ***they ~ enjoyed the film*** il film gli è veramente piaciuto; ***you ~ ought to have ironed them*** avresti veramente dovuto stirarli; ***I don't believe it, ~ I don't*** non ci credo, davvero; ***you ~ must taste it*** devi proprio assaggiarlo; ***I ~ like that colour*** mi piace proprio quel colore **2** *(very)* molto [*cheap, hot, badly, well*]; ***~ big*** molto grande; ***~ good*** molto buono **3** *(in actual fact)* in effetti, in realtà; ***it was ~ 100 dollars not 50 dollars*** in effetti erano 100 dollari, non 50; ***what I ~ mean is that...*** in realtà, quello che voglio dire è che...; ***I suppose I did exaggerate ~*** in effetti, credo di avere esagerato; ***he's a good teacher ~*** in effetti, è un buon professore; ***ghosts don't ~ exist*** i fantasmi non esistono veramente; ***I'll tell you what ~ happened*** vi racconterò che cosa è veramente accaduto **4** *(seriously, in all honesty)* davvero; ***I ~ don't know*** non so proprio; ***do you ~ think he'll apologize?*** pensi davvero che si scuserà? ***~?*** *(expressing disbelief)* davvero? ***"I'm 45" - "are you ~?"*** "ho 45 anni" - "veramente?"; ***does she ~?*** davvero? **II** inter. (anche **well ~**) *(expressing annoyance)* insomma.
realm /relm/ n. *(kingdom)* reame m., regno m.; FIG. regno m.
real number /ˌrɪəl'nʌmbə(r)/ n. MAT. numero m. reale.
real presence /ˌrɪəl'prezns/ n. RELIG. presenza f. reale.
real tennis /ˌrɪəl'tenɪs/ n. pallacorda f.
real time /'rɪəltaɪm/ n. tempo m. reale (anche INFORM.).
real-time processing /ˌrɪəltaɪm'prəʊsesɪŋ, AE -'prɒ-/ n. elaborazione f. in tempo reale.
real-time system /ˌrɪəltaɪm'sɪstəm/ n. sistema m. in tempo reale.
realtor /'riːəltə(r)/ n. AE agente m. e f. immobiliare (accreditato).
real TV /ˌrɪəltiː'viː/ n. TV f. verità.
realty /'riːəltɪ/ n. AE (beni) immobili m.pl.; ***to be in ~*** lavorare nel settore immobiliare.
1.ream /riːm/ n. *(of paper)* risma f.; ***she wrote ~s about it*** FIG. ha scritto pagine e pagine al riguardo.
2.ream /riːm/ tr. AE alesare.
reamer /'riːmə(r)/ n. alesatore m., alesatoio m.
reanimate /ˌriː'ænɪmeɪt/ tr. rianimare (anche FIG.).
reanimation /ˌriːænɪ'meɪʃn/ n. *(restoration to life or consciousness)* rianimazione f.; *(encouragement)* incoraggiamento m.
reannex /riːə'neks/ tr. riannettere.
reannexation /riːænek'seɪʃn/ n. riannessione f.
reap /riːp/ **I** tr. **1** AGR. mietere, raccogliere [*crop*] **2** FIG. trarre [*benefits, profits*]; ***to ~ the rewards of one's efforts*** raccogliere i frutti dei propri sforzi **II** intr. mietere ◆ ***to ~ what one has sown*** raccogliere ciò che si è seminato.
reaper /'riːpə(r)/ n. **1** *(machine)* mietitrice f. **2** ♦ **27** *(person)* mietitore m. (-trice).
reaper-and-binder /'riːpərən'baɪndə(r)/ n. mietilegatrice f.
reaping /'riːpɪŋ/ n. mietitura f.
reaping hook /'riːpɪŋˌhʊk/ n. falcetto m.
reaping machine /'riːpɪŋməˌʃiːn/ n. mietitrice f.
reappear /ˌriːə'pɪə(r)/ intr. riapparire, ricomparire.
reappearance /ˌriːə'pɪərəns/ n. riapparizione f., ricomparsa f.
reapply /ˌriːə'plaɪ/ intr. fare nuovamente domanda (**for** per).
reappoint /ˌriːə'pɔɪnt/ tr. rinominare, rieleggere (**to** a).

reappointment /ˌriːəˈpɔɪntmənt/ n. nuova nomina f., rielezione f. (**to** a).
reapportion /ˌriːəˈpɔːʃn/ tr. **1** ridistribuire, ripartire [*land, money etc.*] **2** AE POL. ridefinire [*electoral distribution*].
reapportionment /ˌriːəˈpɔːʃnmənt/ n. AE POL. ridistribuzione f. elettorale.
reappraisal /ˌriːəˈpreɪzl/ n. *(of question, policy)* riesame m., riconsiderazione f.; *(of writer, work)* rivalutazione f.
reappraise /ˌriːəˈpreɪz/ tr. riesaminare, riconsiderare [*question, policy*]; rivalutare [*writer, work*].
▷ **1.rear** /rɪə(r)/ **I** n. **1** *(of building, room etc.)* retro m., lato m. posteriore; *(of car)* parte f. posteriore; ***at the ~ of the house*** dietro la casa; ***(viewed) from the ~*** [*building, monument etc.*] (visto) da dietro; [*person*] (visto) di schiena; ***"to ~"*** *(in estate agent's brochure)* "sul retro" **2** *(of procession, train)* coda f.; MIL. *(of unit, convoy, column)* retroguardia f.; ***at the ~ of the train*** in coda al treno; ***to attack the enemy in the ~*** attaccare il nemico alle spalle; ***to bring up the ~*** MIL. formare la retroguardia **3** EUFEM. *(of person)* posteriore m., deretano m., didietro m. **II** agg. **1** [*entrance*] posteriore; [*garden*] sul retro **2** AUT. [*light, seat, suspension*] posteriore.
2.rear /rɪə(r)/ **I** tr. tirare su [*child, family*]; allevare [*animals*]; coltivare [*plants*]; ***to be ~ed on classical music*** crescere con la musica classica **II** intr. (anche **~ up**) [*horse*] impennarsi; [*snake*] alzare la testa; FIG. [*building, tree etc.*] sovrastare.
rear access /ˌrɪərˈækses/ n. ingresso m. sul retro.
rear admiral /ˌrɪərˈædmərəl/ ➧ ***23*** n. contrammiraglio m.
rear-arch /ˈrɪərɑːtʃ/ n. ARCH. arco m. interno.
rear bumper /ˌrɪəˈbʌmpə(r)/ n. AUT. paraurti m. posteriore.
rear compartment /ˌrɪəkəmˈpɑːtmənt/ n. AUT. vano m. posteriore.
rear door /ˌrɪəˈdɔː(r)/ n. *(in house)* porta f. di servizio, porta f. sul retro; AUT. portiera f. posteriore.
rear-drive /ˌrɪəˈdraɪv/ agg. a trazione posteriore.
rear end /ˌrɪərˈend/ n. **1** *(of vehicle)* parte f. posteriore **2** EUFEM. *(of person)* posteriore m., deretano m., didietro m.
rear-end /ˌrɪərˈend/ tr. AE COLLOQ. tamponare [*car, person*].
rear-engined /ˌrɪərˈendʒɪnd/ agg. con il motore dietro.
rearer /ˈrɪərə(r)/ n. **1** *(of animals)* allevatore m. (-trice); *(of children)* educatore m. (-trice); *(of plants)* coltivatore m. (-trice) **2** *(horse)* = cavallo che si impenna.
rearguard /ˈrɪəgɑːd/ n. + verbo sing. o pl. MIL. retroguardia f. (anche FIG.).
rearguard action /ˌrɪəgɑːdˈækʃn/ n. azione f. di retroguardia; ***to fight a ~*** condurre un'azione di retroguardia (**against** contro).
rear gunner /ˌrɪəˈgʌnə(r)/ n. mitragliere m. di coda.
rear-light /ˈrɪəˌlaɪt/ n. fanale m. posteriore, di coda.
rearm /ˌriːˈɑːm/ **I** tr. riarmare **II** intr. riarmarsi.
rearmament /ˌriːˈɑːməmənt/ n. riarmo m.
rearmost /ˈrɪəməʊst/ agg. (l')ultimo, il più arretrato; [*carriage*] di coda, ultimo; [*room*] al fondo.
rear-mounted /ˌrɪəˈmaʊntɪd/ agg. montato sul retro.
rear projection /ˌrɪəprəˈdʒekʃn/ n. retroproiezione f.
rearrange /ˌriːəˈreɪndʒ/ tr. riaggiustarsi [*hat*]; ravviarsi [*hair*]; ridisporre, risistemare [*furniture, room*]; modificare nuovamente [*plans*]; fissare una nuova data per [*engagement*].
rearrangement /ˌriːəˈreɪndʒmənt/ n. *(of furniture, room)* nuova disposizione f.; *(of plans)* cambiamento m.
rear-view mirror /ˌrɪəvjuːˈmɪrə(r)/ n. specchietto m. retrovisore (interno).
rearward /ˈrɪəwəd/ **I** agg. [*position*] arretrato; [*movement*] all'indietro **II** avv. (anche **rearwards**) indietro, verso il fondo **III** n. parte f. posteriore.
rear wheel /ˌrɪəˈwiːl, AE -ˈhwiːl/ n. AUT. ruota f. posteriore.
rear-wheel drive /ˌrɪəwiːlˈdraɪv, AE -hwiːl/ **I** n. trazione f. posteriore **II** modif. [*vehicle*] a trazione posteriore.
rear window /ˌrɪəˈwɪndəʊ/ n. lunotto m. (posteriore).
reascend /riːəˈsend/ **I** tr. FORM. risalire **II** intr. riascendere; ***to ~ the throne*** riascendere al trono.
reascent /riːəˈsent/ n. risalita f.
▶ **1.reason** /ˈriːzn/ n. **1** *(cause)* causa f., motivo m., ragione f. (**for**, **behind** di); ***for a good ~*** per una buona ragione; ***for no good ~*** o ***without good ~*** senza una buona ragione; ***not without ~*** non senza ragione; ***for some ~ or other*** per una ragione o per l'altra; ***if you are late for any ~*** se per un qualsiasi motivo sei in ritardo; ***for ~s best known to herself*** per ragioni note solo a lei; ***for the (very) good, simple ~ that*** per la buona, semplice ragione che; ***for ~s of space, time*** per ragioni di spazio, tempo; ***for health ~s*** per motivi di salute; ***I have ~ to believe that...*** ho motivi per credere che...; ***by ~ of*** FORM. a causa di; ***for that ~ I can't do it*** per questo non lo posso fare **2** *(explanation)* ragione f., motivo m.; ***the ~ why*** la ragione per cui; ***there are several ~s why I have to go*** ci sono diverse ragioni che mi obbligano ad andare; ***I'll tell you the ~ why...*** ti spiegherò (il) perché...; ***and that's the ~ why...*** e questa è la ragione per cui... *o* ecco perché...; ***give me one ~ why I should!*** dimmi perché dovrei! ***what was his ~ for resigning?*** per quale motivo ha dato le dimissioni? ***the ~ for having rules*** la ragione per cui ci sono delle regole; ***the ~ is that*** il fatto è che; ***the ~ given is that*** la giustificazione data è che; ***for some unknown ~*** per ragioni sconosciute **3** *(grounds)* ragione f., motivo m.; ***a good, bad ~ for doing*** una buona, cattiva ragione per fare; ***to have every ~ for doing*** o ***to do*** avere tutte le ragioni per fare; ***to have good ~ to do*** avere delle buone ragioni per fare; ***he had better ~ than most to complain*** aveva più ragioni di altri per lamentarsi; ***I see no ~ to think so*** non ho alcuna ragione per pensarlo; ***there was no ~ for you to worry*** non avevi motivo di preoccuparti; ***all the more ~ to insist on it*** ragione di più per insistere; ***she was angry, and with good ~*** era arrabbiata, e aveva ragione **4** *(common sense)* ragione f., senno m.; ***the power, the voice of ~*** il potere, la voce della ragione; ***to lose one's ~*** perdere (il lume del)la ragione; ***to listen to*** o ***see ~*** sentire ragione; ***it stands to ~ that*** non si può negare che; ***within ~*** entro limiti ragionevoli; ***sweet ~*** SCHERZ. buonsenso.
2.reason /ˈriːzn/ **I** tr. **1** *(argue)* argomentare (**that** che); ***"suppose she killed him," he ~ed*** "supponi che l'abbia ucciso," disse **2** *(conclude)* dedurre (**that** che); ***"she must have killed him," he ~ed*** "deve averlo ucciso lei," dedusse **II** intr. ***to ~ with sb.*** discutere *o* ragionare con qcn.
■ **reason out:** ***~ out [sth.], ~ [sth.] out*** trovare una soluzione a [*problem*].
▶ **reasonable** /ˈriːznəbl/ agg. **1** *(sensible)* [*person*] ragionevole; ***be ~!*** siate ragionevoli! **2** *(understanding)* [*person*] comprensivo (**about** nei confronti di) **3** *(justified)* ragionevole; ***it is ~ for sb. to do*** è ragionevole che qcn. faccia; ***it is ~ that he should want to know*** è giusto che voglia sapere; ***beyond ~ doubt*** DIR. al di là di ogni ragionevole dubbio **4** *(not too expensive)* ragionevole, accettabile **5** COLLOQ. *(moderately good)* accettabile; ***the food is ~*** il cibo è passabile; ***there is a ~ chance that*** è abbastanza possibile che.
reasonableness /ˈriːznəblnɪs/ n. **1** *(of remark, argument)* ragionevolezza f., fondatezza f. **2** *(understanding)* comprensione f. (**over**, **about** di).
▷ **reasonably** /ˈriːznəblɪ/ avv. **1** *(legitimately)* ragionevolmente, giustamente **2** *(sensibly)* ragionevolmente **3** *(rather)* [*comfortable, convenient, confident, satisfied*] abbastanza; ***"how are you getting on?" - "~ well"*** "come va?" - "abbastanza bene".
reasoned /ˈriːznd/ **I** p.pass. → **2.reason** **II** agg. [*argument, approach*] ragionato.
reasoner /ˈriːznə(r)/ n. ragionatore m. (-trice).
▷ **reasoning** /ˈriːznɪŋ/ **I** n. ragionamento m.; ***powers of ~*** capacità di ragionamento; ***what is the ~ behind the decision?*** qual è il ragionamento che sta dietro a questa decisione? **II** modif. [*skills*] di ragionamento.
reasonless /ˈriːznlɪs/ agg. **1** *(senseless)* irragionevole, irrazionale **2** *(groundless)* immotivato, senza ragione.
reassemble /ˌriːəˈsembl/ **I** tr. **1** radunare di nuovo [*troops, pupils*] **2** TECN. rimontare, assemblare di nuovo [*unit, engine etc.*] **II** intr. [*people*] riunirsi nuovamente; ***school ~s on 7 January*** la scuola ricomincia il 7 gennaio.
reassert /ˌriːəˈsɜːt/ **I** tr. riaffermare [*authority, claim*] **II** rifl. ***to ~ oneself*** [*person*] riaffermarsi; ***old habits soon ~ themselves*** le vecchie abitudini riprendono in fretta il sopravvento.
reassertion /ˌriːəˈsɜːʃn/ n. riaffermazione f.
reassess /ˌriːəˈses/ tr. riesaminare, riconsiderare [*problem, situation*]; ECON. calcolare, valutare nuovamente [*liability*]; DIR. stimare di nuovo [*damages*].
reassessment /ˌrɪːəˈsesmənt/ n. *(of situation)* riconsiderazione f.; ECON. DIR. nuova stima f.
reassign /riːəˈsaɪn/ tr. **1** *(reallocate)* riassegnare, stanziare di nuovo **2** *(reappoint)* rinominare **3** DIR. cedere nuovamente, trasferire nuovamente [*asset*] **4** *(rearrange)* stabilire nuovamente [*date, time, place*].
reassignment /riːəˈsaɪnmənt/ n. **1** *(of funds)* nuovo stanziamento m.; *(of duties)* riassegnazione f. **2** *(reappointment)* nuova nomina f., nuovo incarico m. **3** DIR. nuova cessione f.
reassurance /ˌrɪːəˈʃɔːrəns, AE -ˈʃʊər-/ n. **1** *(comfort)* rassicurazione f. **2** *(security)* riassicurazione f. **3** *(official guarantee)* ***to receive ~s, a ~ from sb. that*** ricevere da qcn. garanzie, la garanzia che.
▷ **reassure** /ˌriːəˈʃɔː(r), AE -ˈʃʊər/ tr. **1** *(comfort)* rassicurare (**about** su) **2** *(reinsure)* riassicurare.

reassuring /ˌriːəˈʃɔːrɪŋ, AE -ˈʃʊər-/ agg. rassicurante.
reassuringly /ˌriːəˈʃɔːrɪŋlɪ, AE -ˈʃʊər-/ avv. [*smile*] in modo rassicurante; [*say*] con voce rassicurante; ~ ***familiar*** di una familiarità rassicurante.
reave /riːv/ ANT. **I** tr. (pass., p.pass. **reft**) rapinare, depredare **II** intr. (pass., p.pass. **reft**) darsi al saccheggio, saccheggiare.
reawaken /ˌriːəˈweɪkən/ **I** tr. **1** FORM. risvegliare [*person*] **2** FIG. risvegliare, fare rinascere [*interest, enthusiasm*] **II** intr. FORM. [*person*] risvegliarsi.
reawakening /ˌriːəˈweɪkənɪŋ/ n. FORM. risveglio m.
reb, Reb /reb/ n. AE STOR. COLLOQ. (anche **Johnny Reb**) (soldato) confederato m.
rebarbative /rɪˈbɑːbətɪv/ agg. FORM. repellente, ripugnante.
1.rebate /ˈriːbeɪt/ n. **1** *(refund)* rimborso m. **2** *(discount)* ribasso m., sconto m.
2.rebate /ˈriːbeɪt/ tr. **1** *(refund)* rimborsare **2** *(discount)* ribassare, scontare.
3.rebate /ˈriːbeɪt/ → **1.rabbet, 2.rabbet**.
Rebecca /rɪˈbekə/ n.pr. Rebecca.
rebec(k) /ˈriːbek/ n. ribeca f.
▷ **1.rebel** /ˈrebl/ **I** n. ribelle m. e f. (anche FIG.) **II** modif. [*soldier*] ribelle; [*group*] di ribelli.
▷ **2.rebel** /rɪˈbel/ intr. (forma in -ing ecc. **-ll-**) ribellarsi, rivoltarsi, insorgere (**against** contro) (anche FIG.).
▷ **rebellion** /rɪˈbelɪən/ n. ribellione f., rivolta f.; ***to rise in*** ~ ribellarsi.
rebellious /rɪˈbelɪəs/ agg. [*nation, people, child*] ribelle; [*school*] turbolento; [*class*] indisciplinato.
rebelliously /rɪˈbelɪəslɪ/ avv. [*oppose*] con spirito di ribellione.
rebelliousness /rɪˈbelɪəsnɪs/ n. *(tendency)* ribellismo m., spirito m. di ribellione; *(behaviour)* comportamento m. ribelle.
rebirth /ˌriːˈbɜːθ/ n. rinascita f. (anche FIG.).
reboant /ˈrebəʊənt/ agg. LETT. reboante.
reboot /ˌriːˈbuːt/ tr. INFORM. riavviare.
1.rebore /ˈriːbɔː(r)/ n. rialesatura f.
2.rebore /ˌriːˈbɔː(r)/ tr. rialesare.
reborn /ˌriːˈbɔːn/ agg. **1** RELIG. ***to be*** ~ rinascere (**into** a) **2** ***to be*** ~ ***as sth.*** reincarnarsi in qcs.
▷ **1.rebound** /ˈriːbaʊnd/ n. *(of ball)* rimbalzo m.; ***he caught the ball on the*** ~ prese la palla di rimbalzo; ***to be on the*** ~ [*prices*] essere in aumento; ***to marry sb. on the*** ~ sposare qcn. per ripicca.
▷ **2.rebound** /rɪˈbaʊnd/ intr. **1** *(bounce)* rimbalzare **2** FIG. ***to*** ~ ***on*** *(affect adversely)* ripercuotersi su **3** *(recover)* [*prices, interest rates*] risalire, aumentare.
rebranding /riːˈbrændɪŋ/ n. COMM. rebranding m.
1.rebroadcast /ˌriːˈbrɔːdkɑːst, AE -kæst/ n. *(repeat)* replica f.; *(live)* ritrasmissione f.
2.rebroadcast /ˌriːˈbrɔːdkɑːst, AE -kæst/ tr. (pass., p.pass. **-cast, -casted**) *(repeat)* replicare; *(relay live)* ritrasmettere.
1.rebuff /rɪˈbʌf/ n. secco rifiuto m.; ***to meet with a*** ~ scontrarsi con un secco rifiuto.
2.rebuff /rɪˈbʌf/ tr. snobbare [*person*]; respingere, rifiutare seccamente [*suggestion, advances*].
rebuild /ˌriːˈbɪld/ tr. (pass., p.pass. **-built**) ricostruire [*building, country*]; riorganizzare [*business*].
rebuilding /ˌriːˈbɪldɪŋ/ n. ricostruzione f.
rebuilt /ˌriːˈbɪlt/ pass., p.pass. → **rebuild**.
1.rebuke /rɪˈbjuːk/ n. sgridata f., rimprovero m.
2.rebuke /rɪˈbjuːk/ tr. sgridare, rimproverare (**for** per; **for doing** per avere fatto).
rebukingly /rɪˈbjuːkɪŋlɪ/ avv. con tono di rimprovero.
rebus /ˈriːbəs/ n. (pl. **~es**) rebus m.
rebut /rɪˈbʌt/ tr. (forma in -ing ecc. **-tt-**) respingere [*charge, piece of evidence*].
rebuttable /rɪˈbʌtəbl/ agg. confutabile, contraddicibile.
rebuttal /rɪˈbʌtl/ n. rifiuto m.; DIR. *(of accusation)* rigetto m.; *(of instance)* diniego m.
rebutter /rɪˈbʌtə(r)/ n. DIR. ANT. difesa f.
rec /rek/ n. BE COLLOQ. (accorc. recreation ground) parco m. giochi.
recalcitrance /rɪˈkælsɪtrəns/, **recalcitrancy** /rɪˈkælsɪtrənsɪ/ n. FORM. opposizione f. ostinata, recalcitramento m.
recalcitrant /rɪˈkælsɪtrənt/ agg. FORM. recalcitrante.
recalcitration /rɪˌkælsɪˈtreɪʃn/ n. → **recalcitrance**.
recalculate /ˌriːˈkælkjʊleɪt/ tr. calcolare nuovamente [*price, loss etc.*].
recalescence /ˌriːkəˈlesns/ n. ricalescenza f.
1.recall /rɪˈkɔːl, ˈriːkɔːl/ n. **1** *(memory)* memoria f.; ***he has amazing powers of*** ~ ha una memoria straordinaria; ***to have total*** ~ ***of sth.*** ricordarsi perfettamente di qcs.; ***lost beyond*** o ***past*** ~ irrevocabilmente perso **2** *(summons)* richiamo m. (anche MIL. INFORM.).
▶ **2.recall** /rɪˈkɔːl/ tr. **1** *(remember)* ricordarsi di; ***I*** ~ ***seeing, what happened*** mi ricordo di avere visto, di quello che è successo; ***as I*** ~ se ricordo bene; ***you will*** ~ ***that...*** ricorderete che...; ***"it was in 1972," he ~ed*** "era nel 1972," ricordò **2** *(remind of)* ricordare **3** *(summon back)* richiamare [*troops, witness, ambassador*]; ritirare (dal commercio) [*faulty product*]; riconvocare [*parliament*].
recallable /rɪˈkɔːləbl/ agg. **1** *(that can be evoked)* che può essere ricordato **2** *(that can be summoned)* richiamabile.
recanalization /ˌriːkænəlaɪˈzeɪʃn, AE -lɪˈz-/ n. ricanalizzazione f.
recanalize /riːˈkænəlaɪz/ tr. ricanalizzare.
recant /rɪˈkænt/ **I** tr. abiurare [*heresy*]; ritrattare [*opinion, statement*] **II** intr. ritrattare; RELIG. abiurare.
recantation /ˌriːkænˈteɪʃn/ n. *(of statement, opinion)* ritrattazione f.; RELIG. abiura f.
recanter /ˌriːˈkæntə(r)/ n. *(of opinion)* ritrattatore m. (-trice); RELIG. persona f. che abiura.
1.recap /ˈriːkæp/ n. COLLOQ. (accorc. recapitulation) ricapitolazione f., riepilogo m.
2.recap /ˈriːkæp/ tr. (forma in -ing ecc. **-pp-**) COLLOQ. (accorc. recapitulate) ricapitolare, riepilogare.
3.recap /ˈriːkæp/ n. AE *(tyre)* pneumatico m. ricostruito.
4.recap /ˌriːˈkæp/ tr. (forma in -ing ecc. **-pp-**) AE ricostruire [*tyre*].
recapitalization /ˌrɪːkæpɪtəlaɪˈzeɪʃn, AE -lɪˈz-/ n. ricapitalizzazione f.
recapitalization plan /ˌrɪːkæpɪtəlaɪˈzeɪʃnˌplæn, AE -lɪˈz-/ n. piano m. di ricapitalizzazione.
recapitalize /ˌriːˈkæpɪtəlaɪz/ tr. ricapitalizzare.
recapitulate /ˌriːkəˈpɪtʃʊleɪt/ **I** tr. FORM. ricapitolare, riepilogare **II** intr. FORM. fare un riepilogo; ***to*** ~ ***on sth.*** fare un riepilogo di qcs. *o* riepilogare qcs.
recapitulation /ˌriːkəpɪtʃʊˈleɪʃn/ n. FORM. ricapitolazione f., riepilogo m.
recapitulative /ˌriːkəˈpɪtʃʊlətɪv/, **recapitulatory** /ˌriːkəˈpɪtʃʊlətrɪ, AE -tɔːrɪ/ agg. FORM. riepilogativo.
recaption /riːˈkæpʃn/ n. = riacquisizione di beni immobili illecitamente sottratti.
1.recapture /ˌriːˈkæptʃə(r)/ n. *(of prisoner, animal)* nuova cattura f.; *(of town, position)* riconquista f.
2.recapture /ˌriːˈkæptʃə(r)/ tr. **1** *(catch)* ricatturare [*prisoner, animal*] **2** *(get back)* MIL. POL. riconquistare [*town, position, seat*] **3** FIG. ritrovare [*feeling*]; ricreare [*period, atmosphere*].
recast /ˌriːˈkɑːst, AE -ˈkæst/ tr. (pass., p.pass. **recast**) **1** *(reformulate)* riformulare [*sentence, argument*]; rimaneggiare [*text, plan*]; ***to*** ~ ***a novel as a play*** trarre una pièce teatrale da un romanzo **2** TEATR. CINEM. allestire [qcs.] con nuovi attori [*work*]; cambiare il ruolo a [*actor*] **3** TECN. IND. rifondere.
recce /ˈrekɪ/ n. COLLOQ. ricognizione f., perlustrazione f. (anche MIL.); ***to be on a*** ~ fare una perlustrazione.
recd COMM. ⇒ received ricevuto.
recede /rɪˈsiːd/ intr. **1** recedere, indietreggiare; [*tide*] abbassarsi, ritirarsi; FIG. [*hope, memory, prospect*] svanire; [*threat*] attenuarsi; [*prices*] scendere **2** *(go bald)* [*person*] stempiarsi.
receding /rɪˈsiːdɪŋ/ agg. [*chin*] sfuggente; ***he has a*** ~ ***hairline*** è un po' stempiato; ***to have*** ~ ***gums*** avere le gengive che si atrofizzano.
▷ **1.receipt** /rɪˈsiːt/ **I** n. **1** COMM. *(in writing)* ricevuta f., quietanza f. (**for** di); *(from till)* scontrino m.; *(for rent)* ricevuta f. **2** *(on sending, delivery)* ricevuta f. (**for** di) **3** AMM. COMM. *(of goods, letters)* ricevimento m.; ***within 30 days of*** ~ entro 30 giorni dal ricevimento; ***to acknowledge*** ~ ***of sth.*** accusare ricevuta di qcs.; ***on*** ~ ***of sth.*** al ricevimento di qcs.; ***to be in*** ~ ***of*** avere ricevuto [*income, benefits*] **II receipts** n.pl. COMM. *(takings)* entrate f., introiti m. (**from** provenienti da); ***net, gross ~s*** incasso netto, lordo.
2.receipt /rɪˈsiːt/ tr. quietanzare [*bill, invoice*].
receipt book /rɪˈsiːtˌbʊk/ n. registro m. delle ricevute, bollettario m.
receivable /rɪˈsiːvəbl/ **I receivables** n.pl. crediti m. clienti (**on** di) **II** agg. COMM. ECON. [*bills*] esigibile, incassabile; ***accounts*** ~ crediti a breve termine.
▶ **receive** /rɪˈsiːv/ **I** tr. **1** *(get)* ricevere [*letter, money, award, advice, support, treatment, education, training*] (**from** da); subire [*setback*]; *(wrongfully)* ricettare [*stolen goods*]; prendere [*bribe*]; ricevere [*illegal payment*]; ***he ~d a 30-year sentence*** DIR. è stato condannato a 30 anni di prigione; ***"~d with thanks"*** COMM. "per quietanza"; ***the film ~d its premiere yesterday*** ieri c'è stata la prima del film; ***to*** ~ ***its premiere*** [*composition*] avere la sua prima esecuzione; ***the bill will*** ~ ***its first reading*** POL. il progetto di legge

sarà esaminato in prima lettura **2** *(meet)* ricevere, accogliere [*visitor, guest*]; ricevere [*delegation, ambassador*]; accogliere [*proposal, article, play*] (**with** con); ***to be warmly ~d*** essere accolto calorosamente; ***to be well*** o ***positively ~d*** essere accolto favorevolmente **3** ***to be ~d into*** essere accolto *o* ammesso in (seno a) [*church, order*] **4** RAD. TELEV. ricevere [*channel, programme, radio message*]; captare, ricevere [*satellite signals*] **5** AMM. *(accept)* accettare [*application*]; ***"all contributions gratefully ~d"*** "vi ringraziamo per quanto vorrete offrire" **6** AE *(in baseball)* ricevere **II** intr. **1** FORM. [*host*] ricevere **2** BE DIR. essere colpevole di ricettazione.

▷ **received** /rɪˈsiːvd/ **I** p.pass → **receive II** agg. [*ideas, opinions*] generalmente accettato (per vero).

Received Pronunciation /rɪˌsiːvdprənʌnsɪˈeɪʃn/ n. BE = pronuncia dell'inglese considerata standard.

Received Standard /rɪˌsiːvdˈstændəd/ n. AE → **Received Pronunciation**.

received wisdom /rɪˌsiːvdˈwɪzdəm/ n. opinione f. pubblica.

▷ **receiver** /rɪˈsiːvə(r)/ n. **1** *(telephone)* ricevitore m., cornetta f.; ***to pick up the ~*** alzare *o* sollevare il ricevitore; ***to put down the ~*** mettere giù il ricevitore *o* riattaccare **2** RAD. TELEV. *(equipment)* apparecchio m. ricevente, ricevitore m. **3** BE ECON. DIR. (anche **Official Receiver**) amministratore m. giudiziario, curatore m. fallimentare; ***to be in the hands of the ~s*** essere in mano al curatore fallimentare **4** BE DIR. ~ ***(of stolen goods)*** ricettatore (di merci rubate) **5** AMM. *(recipient) (of goods, consignment, mail)* destinatario m. **6** AE *(in baseball)* **(wide)** ~ ricevitore *o* catcher.

receiver dish /rɪˈsiːvə(r)ˌdɪʃ/ n. (antenna) parabolica f.

receivership /rɪˈsiːvəʃɪp/ n. BE ECON. DIR. ***to go into ~*** essere in amministrazione controllata.

▷ **receiving** /rɪˈsiːvɪŋ/ **I** n. BE DIR. ricettazione f. **II** agg. attrib. COMM. [*department, office*] ricevimento merci ◆ ***to be on the ~ end of*** essere oggetto di [*criticism, hostility*]; ricevere [*blow, punch*]; ***he'd be a lot less happy if he was on the ~ end*** sarebbe molto meno felice se il bersaglio fosse lui.

receiving blanket /rɪˈsiːvɪŋˌblæŋkɪt/ n. AE = piccola coperta in cui avvolgere un neonato.

receiving clerk /rɪˌsiːvɪŋˈklɑːk, AE -klɜːrk/ ♦ ***27*** n. COMM. addetto m. (-a) al ricevimento merci.

receiving line /rɪˈsiːvɪŋˌlaɪn/ n. AE = fila di persone che accoglie e saluta gli invitati al loro arrivo.

receiving note /rɪˈsiːvɪŋˌnəʊt/ n. **1** COLLOQ. bolla f. di consegna **2** *(on ship)* buono m. di imbarco, ordine m. di imbarco.

receiving order /rɪˌsiːvɪŋˈɔːdə(r)/ n. = provvedimento di nomina di un curatore fallimentare.

recency /ˈriːsnsɪ/ n. (l')essere recente.

recension /rɪˈsenʃn/ n. **1** *(act)* revisione f. **2** *(text)* testo m. riveduto.

▶ **recent** /ˈriːsnt/ agg. [*event, change, arrival, film, development*] recente; [*acquaintance*] nuovo; ***in ~ times*** recentemente; ***in ~ years, weeks*** negli ultimi anni, nelle ultime settimane; ***to be a ~ graduate*** essere un neolaureato.

▶ **recently** /ˈriːsntlɪ/ avv. recentemente, di recente, ultimamente; ***quite, only ~*** abbastanza, solo recentemente; ***as ~ as Monday*** solo lunedì; ***until ~*** fino a poco tempo fa.

recentness /ˈriːsntnɪs/ n. (l')essere recente.

receptacle /rɪˈseptəkl/ n. **1** *(container)* contenitore m. **2** BOT. ZOOL. ricettacolo m.

▷ **reception** /rɪˈsepʃn/ n. **1** (anche **~ desk**) *(of hotel, office)* reception f.; *(of hospital)* accettazione f.; ***at the ~ desk*** alla reception *o* all'accettazione **2** *(gathering)* ricevimento m. (**for sb.** in onore di qcn.; **for sth.** in occasione di qcs.) **3** *(public response)* accoglienza f. (**for** di); ***to get*** o ***be given a favourable, hostile ~*** ricevere una calorosa accoglienza, essere accolto con ostilità; ***they gave us a great ~*** [*fans, audience*] ci hanno riservato un'accoglienza straordinaria **4** *(of guests, visitors)* accoglienza f. **5** RAD. TELEV. ricezione f. (**on** su).

reception area /rɪˈsepʃnˌeərɪə/ n. reception f.

reception camp /rɪˈsepʃnˌkæmp/, **reception centre** /rɪˈsepʃnˌsentə(r)/ n. centro m. di accoglienza (**for** per).

reception class /rɪˈsepʃnˌklɑːs, AE -ˌklæs/ n. GB SCOL. = prima classe dell'infant school.

reception committee /rɪˈsepʃnkəˌmɪtɪ/ n. comitato m. di accoglienza.

receptionist /rɪˈsepʃənɪst/ ♦ ***27*** n. receptionist m. e f.

reception room /rɪˈsepʃnruːm, -rʊm/ n. **1** *(in house)* soggiorno m., salone m. **2** *(in hotel)* salone m., sala f. per i ricevimenti.

receptive /rɪˈseptɪv/ agg. ricettivo, aperto (**to** a, nei confronti di); ***when he's in a more ~ mood*** quando sarà più disposto ad ascoltare.

receptiveness /rɪˈseptɪvnɪs/, **receptivity** /ˌriːsepˈtɪvətɪ/ n. ricettività f. (**to** nei confronti di, verso).

receptor /rɪˈseptə(r)/ n. recettore m.

1.recess /rɪˈses, AE ˈriːses/ **I** n. **1** DIR. POL. *(parliamentary)* chiusura f. (per le vacanze); *(in courts)* ferie f.pl. giudiziarie; ***to be in ~*** essere in vacanza **2** AE *(break) (in school)* intervallo m.; *(during meeting)* pausa f. **3** ING. *(for door, window)* rientranza f.; *(large alcove)* alcova f.; *(smaller)* nicchia f.; *(very small)* angolino m. **II** **recesses** n.pl. ***the ~es of*** gli angoli nascosti di [*cupboard, room, building, cave*]; ***in the ~es of her mind, her memory*** nei recessi della sua mente, della sua memoria; ***in the deepest ~es of his heart*** nel profondo del suo cuore.

2.recess /rɪˈses/ **I** tr. **1** ING. incassare [*bath, light*] **2** AE *(interrupt)* sospendere [*meeting, hearing*] **II** intr. AE DIR. POL. sospendere i lavori.

recessed /rɪˈsest, AE ˈriːsest/ **I** p.pass → **2.recess II** agg. ING. [*bath, cupboard, seat, lighting*] incassato.

▷ **recession** /rɪˈseʃn/ n. **1** ECON. *(slump)* recessione f.; ***a world ~*** una recessione mondiale; ***to go into ~*** entrare in una fase di recessione; ***to be in ~*** essere in recessione **2** *(of flood waters)* arretramento m.

recessional /rɪˈseʃənl/ **I** n. MUS. RELIG. = inno cantato al termine della funzione liturgica, durante l'uscita del clero e del coro **II** agg. MUS. RELIG. [*hymn*] finale.

recessionary /rɪˈseʃənrɪ, AE -ənerɪ/ agg. ECON. [*effect, measure, period*] recessivo.

recessive /rɪˈsesɪv/ agg. BIOL. [*characteristic, gene*] recessivo.

Rechabite /ˈrekəbaɪt/ n. FIG. astemio m. (-a).

rechannel /riːˈtʃænl/ tr. rincanalare.

1.recharge /ˈriːtʃɑːdʒ/ n. *(refill)* ricarica f.; IDR. ravvenamento m.

2.recharge /ˌriːˈtʃɑːdʒ/ tr. ricaricare [*battery*]; ***to ~ one's batteries*** FIG. ricaricarsi.

rechargeable /ˌriːˈtʃɑːdʒəbl/ agg. [*battery*] ricaricabile.

recherché /rəˈʃeəʃeɪ/ agg. ricercato, raffinato.

rechristen /riːˈkrɪsn/ tr. ribattezzare, dare un nuovo nome a [*person, place*].

recidivism /rɪˈsɪdɪvɪzəm/ n. DIR. recidività f.

recidivist /rɪˈsɪdɪvɪst/ n. recidivo m. (-a).

▷ **recipe** /ˈresəpɪ/ n. **1** GASTR. ricetta f. (**for** di) **2** FIG. ***it's a ~ for disaster, confusion*** è una strada che conduce al disastro, al caos; ***a ~ for business success*** o ***for succeeding in business*** la chiave del successo negli affari.

recipe book /ˈresəpɪbʊk/ n. libro m. di, delle ricette, ricettario m.

recipiency /rɪˈsɪpɪənsɪ/ n. **1** *(of mail, benefits)* (il) ricevere **2** *(receptiveness)* ricettività f.

recipient /rɪˈsɪpɪənt/ n. *(receiver) (of mail)* destinatario m. (-a); *(of benefits, aid, cheque)* beneficiario m. (-a); *(of prize, award)* vincitore m. (-trice); *(of diploma)* neodiplomato m. (-a); *(of blood, tissue etc.)* ricevente m. e f.; ***welfare ~*** beneficiario di un sussidio.

reciprocal /rɪˈsɪprəkl/ **I** agg. *(all contexts)* reciproco **II** n. MAT. inverso m., reciproco m.

reciprocality /rɪˌsɪprəˈkælətɪ/ n. → **reciprocity**.

reciprocally /rɪˈsɪprəklɪ/ avv. reciprocamente.

reciprocate /rɪˈsɪprəkeɪt/ **I** tr. ricambiare [*compliment, invitation*]; ricambiare, contraccambiare [*love, kindness, affection*] **II** intr. ricambiare, contraccambiare.

reciprocating engine /rɪˈsɪprəkeɪtɪŋˌendʒɪn/ n. motore m. alternativo.

reciprocation /rɪˌsɪprəˈkeɪʃn/ n. *(exchange)* scambio m.; *(return)* contraccambio m., ricambio m.

reciprocity /ˌresɪˈprɒsətɪ/ n. reciprocità f.

recital /rɪˈsaɪtl/ **I** n. **1** *(of music, poetry)* recital m.; ***to give a piano ~*** fare un concerto pianistico; ***in ~*** in concerto **2** *(narration)* racconto m., narrazione f.; *(tedious)* sequela f. **II** modif. [*room, hall*] da concerto **III** **recitals** n.pl. DIR. parte f.sing. introduttiva (di un documento).

recitation /ˌresɪˈteɪʃn/ n. TEATR. recitazione f.; SCOL. recita f.

recitative /ˌresɪtəˈtiːv/ n. MUS. recitativo m.

▷ **recite** /rɪˈsaɪt/ **I** tr. recitare, declamare [*poem*]; fare, tenere [*speech*]; elencare, enumerare [*facts, complaints, list*] **II** intr. recitare.

reck /rek/ **I** intr. LETT. ***to ~ not of*** non curarsi, non preoccuparsi di **II** tr. LETT. ***little it ~ed us that...*** poco ci importava del fatto che...; ***what ~s it them?*** che importa loro?

▷ **reckless** /ˈreklɪs/ agg. [*person*] *(bold)* temerario; *(foolish)* avventato, sconsiderato, imprudente; [*promise*] avventato; ~ ***behaviour*** incoscienza; ~ ***driving*** DIR. guida spericolata.

recklessly /ˈreklɪslɪ/ avv. [*act*] *(dangerously)* con imprudenza; [*promise*] in modo avventato; [*spend*] in modo sconsiderato.

recklessness /ˈreklɪsnɪs/ n. *(of person, behaviour)* avventatezza f., sconsideratezza f.

▶ **reckon** /ˈrekən/ **I** tr. **1** *(judge, consider)* ritenere, reputare (**that** che); ***we ~ that this solution is the best*** riteniamo che questa sia la soluzione migliore; ***sb., sth. is ~ed to be*** si ritiene che qcn., qcs. sia; ***the region is ~ed to be uninhabitable*** si pensa che la regione sia inabitabile; ***she is ~ed (to be) the cleverest*** è considerata la più intelligente; ***he is ~ed among our best salesmen*** è considerato uno dei nostri migliori agenti di vendita **2** COLLOQ. *(think)* ***to ~ (that)*** pensare *o* credere che; ***I ~ we should leave now*** penso che dovremmo partire adesso **3** *(estimate)* stimare, calcolare; ***the number of part-time workers is ~ed at two million*** si calcola che i lavoratori part time siano due milioni; ***I ~ he's about 50*** penso che abbia circa 50 anni; ***what do you ~ our chances of survival are?*** quali ritieni che siano le nostre possibilità di sopravvivenza? **4** *(expect)* ***to ~ to do*** contare di fare; ***we ~ to reach London by mid-day*** contiamo di arrivare a Londra per mezzogiorno **5** *(calculate accurately)* calcolare [*charges, amount, number, rent*] **6** COLLOQ. *(believe to be good)* ***I don't ~ your chances of success*** ho dei dubbi circa le vostre possibilità di successo **7** COLLOQ. *(like)* stimare [*person*] **II** intr. calcolare, contare.

▪ **reckon in:** ***~ [sth.] in, ~ in [sth.]*** contare anche, includere (nel conteggio).

▪ **reckon on** COLLOQ. ***~ on [sb., sth.]*** contare su, fare affidamento su; ***~ on doing*** contare di fare; ***~ on sb.*** o ***sb.'s doing*** *(expect)* aspettarsi che qcn. faccia; *(rely)* contare (sul fatto) che qcn. faccia.

▪ **reckon up:** ***~ up*** sommare, addizionare; ***~ [sth.] up, ~ up [sth.]*** fare il totale di, sommare.

▪ **reckon with:** ***~ with [sb., sth.]*** tenere conto di, fare i conti con; ***we had to ~ with a lot of opposition*** abbiamo dovuto fare i conti con una dura opposizione; ***a force to be ~ed with*** una forza di cui bisogna tenere conto.

▪ **reckon without:** ***~ without [sb., sth.]*** non tenere conto di.

reckoner /ˈrekənə(r)/ ♦ 27 n. **1** contabile m. e f., computista m. e f. **2** ***ready ~*** prontuario dei calcoli.

reckoning /ˈrekənɪŋ/ n. **1** *(estimation)* calcolo m., stima f.; *(accurate calculation)* calcoli m.pl.; ***you were £10 out in your ~*** il tuo calcolo era sbagliato di 10 sterline; ***by my ~, the president's ~*** secondo i miei calcoli, secondo i calcoli del presidente; ***to bring sb., to come into the ~*** fare entrare qcn. in gara *o* in lizza, entrare in gara *o* in lizza **2** MAR. stima f. ♦ ***day of ~*** RELIG. giorno del Giudizio Universale; ***there's bound to be a day of ~ (for him, them etc.)*** FIG. SCHERZ. (anche per lui, per loro) verrà il giorno della resa dei conti.

1.reclaim /rɪˈkleɪm/ n. **1** *(of land)* bonifica f., risanamento m. **2** *(of material)* recupero m., riutilizzazione f. **3** *(of people)* redenzione f.

▷ **2.reclaim** /rɪˈkleɪm/ tr. **1** bonificare [*coastal land, marsh*]; risanare [*site, forest, polluted land*]; rendere fertile [*desert*]; *(recycle)* riciclare, recuperare [*glass, metal*] **2** *(get back)* rivendicare [*possessions*]; reclamare, chiedere in restituzione [*deposit, money*] **3** LETT. *(redeem)* redimere.

reclaimable /rɪˈkleɪməbl/ agg. **1** [*waste product*] riciclabile, recuperabile **2** [*expenses*] rimborsabile.

reclaimed /rɪˈkleɪmd/ **I** p.pass. → **2.reclaim** **II** agg. ***a ~ drunkard*** un ex alcolizzato.

reclamation /ˌrekləˈmeɪʃn/ n. **1** *(recycling)* recupero m. **2** *(of land, forest)* risanamento m.; *(of marsh)* bonifica f.

reclassify /riːˈklæsɪfaɪ/ tr. riclassificare.

reclinate /ˈreklɪneɪt/ agg. BOT. reclinato.

recline /rɪˈklaɪn/ **I** tr. reclinare [*head*] **II** intr. **1** [*person*] appoggiarsi (all'indietro) **2** [*seat*] essere reclinabile.

reclining /rɪˈklaɪnɪŋ/ agg. **1** ART. [*figure*] adagiato **2** [*seat, chair*] reclinabile.

reclothe /riːˈkləʊð/ tr. rivestire [*person*].

recluse /rɪˈkluːs, AE ˈrekluːs/ n. eremita m. e f., persona f. che vive in solitudine.

reclusive /rɪˈkluːsɪv/ agg. solitario.

▶ **recognition** /ˌrekəgˈnɪʃn/ n. **1** *(identification)* riconoscimento m., identificazione f.; ***to avoid ~*** per evitare di essere riconosciuto; ***to change, to improve out of all*** o ***beyond ~*** cambiare, migliorare fino a essere irriconoscibile; ***they've changed the town beyond ~*** hanno reso irriconoscibile la città **2** *(realization)* consapevolezza f. (**of** di); ***there is a growing ~ that*** c'è una crescente consapevolezza che **3** *(acknowledgement)* riconoscimento m. (anche POL.); ***to gain international ~*** ottenere riconoscimento internazionale; ***he never got the ~ he deserved*** non ha mai ottenuto l'apprezzamento che meritava; ***union ~*** riconoscimento ufficiale dei sindacati; ***to give state ~ to sth.*** riconoscere qcs. ufficialmente; ***to receive*** o ***win ~ for*** ottenere un riconoscimento per [*talent, work, achievement, contribution*]; ***in ~ of*** come riconoscimento per *o* in riconoscimento di **4** INFORM. *(of data)* riconoscimento m.; ***voice ~*** riconoscimento vocale **5** AER. *(identification)* identificazione f.

recognizability /ˌrekəgnaɪzəˈbɪlətɪ/ n. riconoscibilità f.

▷ **recognizable** /ˌrekəgˈnaɪzəbl, ˈrekəgnaɪzəbl/ agg. riconoscibile; ***she is instantly ~ by her hat*** la si riconosce immediatamente dal cappello.

recognizably /ˌrekəgˈnaɪzəblɪ, ˈrekəgnaɪzəblɪ/ avv. riconoscibilmente.

recognizance /rɪˈkɒgnɪzns/ n. DIR. *(promise)* = promessa formale, fatta dinanzi a un tribunale, di osservare determinate condizioni; *(sum)* cauzione f.; ***to enter into ~s for sb.*** pagare un debito per qcn. *o* fare da garante per qcn.

recognizant /rɪˈkɒgnɪznt/ agg. riconoscente (**of** per).

▶ **recognize** /ˈrekəgnaɪz/ tr. **1** *(identify)* riconoscere [*person, voice, sound, place, sign, symptom*] (**by** da; **as** come); ***did you ~ each other?*** vi siete riconosciuti? **2** *(acknowledge)* riconoscere [*problem, fact, value, achievement*]; *(officially)* riconoscere, legittimare [*government, authority*]; riconoscere [*claim*]; ***to ~ that*** riconoscere *o* ammettere che; ***to be ~d as*** essere riconosciuto come [*heir, owner*]; ***to be ~d by law*** essere legalmente riconosciuto **3** AE *(in debate)* passare, cedere la parola a [*speaker, debater*].

▷ **recognized** /ˈrekəgnaɪzd/ **I** p.pass. → **recognize** **II** agg. **1** *(acknowledged)* [*expert, organization*] riconosciuto **2** COMM. *(with accredited status)* [*firm, supplier*] accreditato; ***~ agent, dealer*** agente, concessionario autorizzato.

1.recoil /ˈriːkɔɪl/ n. *(of gun)* rinculo m.; *(of spring)* ritorno m.

2.recoil /rɪˈkɔɪl/ intr. **1** [*person*] *(physically)* indietreggiare, balzare indietro, ritrarsi (**from, at** di fronte, davanti a); *(mentally)* rifuggire (**from** da); ***to ~ in horror, in disgust*** ritrarsi inorridito, disgustato **2** [*gun*] rinculare; [*spring*] ritornare indietro **3** *(affect adversely)* ***to ~ on sb.*** ricadere su qcn.

recollect /ˌrekəˈlekt/ **I** tr. ricordare, ricordarsi di **II** intr. ricordare, ricordarsi; ***as far as I ~*** per quanto mi ricordo, se ricordo bene **III** rifl. ***to ~ oneself*** ricordarsi, rammentarsi.

re-collect /riːkəˈlekt/ **I** tr. *(gather again)* rimettere insieme, radunare nuovamente; ***to ~ one's thoughts*** raccogliere *o* riordinare le idee; ***to ~ one's strength*** recuperare le forze; ***to ~ one's courage*** riprendere coraggio **II** intr. *(gather together)* raccogliersi, riunirsi **III** rifl. ***to ~ oneself*** ricomporsi, riprendersi.

recollection /ˌrekəˈlekʃn/ n. ricordo m.; ***to have some ~ of*** avere qualche ricordo di; ***to the best of my ~*** per quanto ricordo.

re-collection /riːkəˈlekʃn/ n. (il) raccogliere di nuovo.

recombinant /riːˈkɒmbɪnənt/ **I** agg. BIOL. ricombinante; ***~ DNA*** DNA ricombinante **II** n. BIOL. ricombinante m.

recombination /riːˌkɒmbɪˈneɪʃn/ n. ricombinazione f. (anche FIS. BIOL.).

recombine /ˌriːkəmˈbaɪn/ **I** tr. ricombinare (anche CHIM.) **II** intr. ricombinarsi (anche CHIM.).

recommence /ˌriːkəˈmens/ **I** tr. ricominciare (**doing** a fare) **II** intr. ricominciare.

recommencement /ˌriːkəˈmensmənt/ n. (il) ricominciare, ripresa f.

▶ **recommend** /ˌrekəˈmend/ tr. **1** *(commend)* raccomandare, consigliare [*person, company, film, book*] (**as** come); ***to ~ sb. for a job*** raccomandare qcn. per un impiego; ***she comes highly ~ed*** è caldamente raccomandata **2** *(advise)* consigliare, suggerire [*investigation, treatment, policy*]; ***the judge ~ed the defendant serve a minimum of 20 years*** DIR. il giudice ha richiesto per l'accusato una pena minima di 20 anni; ***the scheme is ~ed for approval*** è un progetto che dovrebbe essere approvato; ***"~ed"*** GIORN. [*film etc.*] "consigliato" **3** *(favour)* ***the strategy has much to ~ it*** la strategia presenta notevoli vantaggi; ***the hotel has little to ~ it*** l'hotel non è particolarmente raccomandabile; ***her reputation for laziness did not ~ her to potential employers*** la sua nota pigrizia non la metteva in buona luce agli occhi di eventuali datori di lavoro.

recommendable /ˌrekəˈmendəbl/ agg. ***the film is highly ~*** il film è vivamente consigliato.

recommendation /ˌrekəmenˈdeɪʃn/ n. **1** *(by authority, report)* raccomandazione f. (**to** a; **on** su); ***to make a ~*** fare una raccomandazione; ***he was sentenced to life imprisonment with a ~ that he serve at least 30 years*** DIR. fu condannato all'ergastolo con l'obbligo di scontare almeno 30 anni di reclusione; ***his ~ was to lift the ban*** ha suggerito di annullare l'interdizione **2** *(by colleague, friend)* raccomandazione f.; ***on the ~ of*** su raccomandazione *o* consiglio di; ***we found our plumber by personal ~*** abbiamo trovato l'idraulico su consiglio di nostri conoscenti; ***to speak in ~ of sb.,***

sth. raccomandare qcn., qcs. **3** *(by employer, referee)* ***to give sb. a ~*** raccomandare qcn.; ***to write sb. a ~*** scrivere una lettera di raccomandazione per qcn. **4** *(advantage)* ***the hotel's location is its only ~*** la posizione dell'hotel è il suo unico vantaggio.

recommendatory /ˌrekəˈmendətrɪ, AE -tɔːrɪ/ agg. FORM. [*letter, remark*] di raccomandazione.

recommended daily amount /rekəˌmendɪdˌdeɪlɪəˈmaʊnt/ n. dose f. giornaliera consigliata.

recommended reading /rekəˌmendɪdˈriːdɪŋ/ n. letture f.pl. consigliate.

recommended retail price /rekəˌmendɪdˈriːteɪlˌpraɪs/ n. prezzo m. di vendita consigliato.

recommender /ˌrekəˈmendə(r)/ n. persona f. che raccomanda.

recommit /ˌriːkəˈmɪt/ tr. (forma in -ing ecc. **-tt-**) AE POL. rinviare [qcs.] a una commissione [*bill*].

recommitment /ˌriːkəˈmɪtmənt/, **recommittal** /ˌriːkəˈmɪtl/ n. AE POL. rinvio m. a una commissione.

1.recompense /ˈrekəmpens/ n. **1** FORM. *(reward)* ricompensa f., compenso m. (**for** per); ***as a ~ for*** come ricompensa per **2** DIR. risarcimento m. (**for** di).

2.recompense /ˈrekəmpens/ tr. **1** FORM. *(reward)* ricompensare (**for** per) **2** risarcire (**for** di) (anche DIR.).

recompose /ˌriːkəmˈpəʊz/ tr. *(rewrite)* ricomporre.

reconcilability /ˌrekənsaɪləˈbɪlətɪ/ n. **1** *(after quarrel)* riconciliabilità f. **2** *(being compatible)* compatibilità f., conciliabilità f.

reconcilable /ˈrekənsaɪləbl/ agg. [*differences*] conciliabile; [*views*] compatibile, conciliabile (**with** con).

▷ **reconcile** /ˈrekənsaɪl/ tr. **1** *(after quarrel)* riconciliare [*people*]; ***to be*** o ***become ~d*** riconciliarsi (**with** con) **2** *(see as compatible)* conciliare [*attitudes, views*] (**with** con) **3** *(persuade to accept)* ***to ~ sb. to sth., to doing*** convincere qcn. di qcs., a fare; ***to become ~d to sth., to doing*** rassegnarsi a qcs., a fare.

▷ **reconcilement** /ˌrekənˈsaɪlmənt/, **reconciliation** /ˌrekənˌsɪlɪˈeɪʃn/ n. **1** *(of people)* riconciliazione f., r(i)appacificazione f. **2** *(of ideas)* conciliazione f.

recondite /ˈrekəndaɪt/ agg. FORM. [*meaning, subject*] recondito.

recondition /ˌriːkənˈdɪʃn/ tr. rimettere a nuovo, riparare.

reconditioned /ˌriːkənˈdɪʃnd/ **I** p.pass. → **recondition II** agg. riparato, rimesso a nuovo; ~ ***engine*** motore rifatto *o* revisionato.

reconduct /ˌriːkənˈdʌkt/ tr. *(lead back)* ricondurre.

reconfirm /ˌriːkənˈfɜːm/ tr. riconfermare.

reconfirmation /ˌriːkɒnfəˈmeɪʃn/ n. riconferma f.

reconnaissance /rɪˈkɒnɪsns/ **I** n. MIL. ricognizione f.; ***on ~*** in ricognizione **II** modif. [*mission, plane, patrol, satellite*] di ricognizione.

reconnect /ˌriːkəˈnekt/ tr. **1** *(attach, link again)* ricollegare, riconnettere **2** *(to mains)* riallacciare.

reconnection /ˌriːkəˈnekʃn/ n. **1** *(new link)* riconnessione f. **2** *(to mains)* riallacciamento m.

reconnoitre BE, **reconnoiter** AE /ˌrekəˈnɔɪtə(r)/ **I** tr. MIL. fare una ricognizione di, perlustrare **II** intr. MIL. fare una ricognizione.

reconnoitrer BE, **reconnoiterer** AE /rekəˈnɔɪtrə(r)/ n. MIL. ricognitore m.

reconquer /riːˈkɒŋkə(r)/ tr. riconquistare.

reconquest /riːˈkɒŋkwest/ n. riconquista f.

reconsecrate /riːˈkɒnsɪkreɪt/ tr. riconsacrare.

reconsider /ˌriːkənˈsɪdə(r)/ **I** tr. *(re-examine)* riconsiderare, riesaminare [*plan, opinion*] **II** intr. *(think further)* ripensare; *(change mind)* cambiare opinione; ***we ask you to ~*** le chiediamo di ripensarci.

reconsideration /ˌriːkənsɪdəˈreɪʃn/ n. *(of decision, question)* riconsiderazione f., riesame m.

reconstituent /ˌriːkənˈstɪtjʊənt, AE -tʃʊənt/ n. FARM. ricostituente m.

reconstitute /ˌriːˈkɒnstɪtjuːt, AE -tuːt/ tr. **1** AMM. POL. ricostituire [*committee, party*] **2** GASTR. ricostituire [*milk, food*].

reconstitution /ˌriːˌkɒnstɪˈtjuːʃn, AE -tuːʃn/ n. **1** AMM. POL. ricostituzione f. **2** GASTR. = aggiunta di acqua o liquidi a sostanze secche o disidratate per riportarle alla loro forma originale.

reconstruct /ˌriːkənˈstrʌkt/ tr. **1** *(rebuild)* ricostruire [*building, system, text*] **2** *(surgically)* ricostruire **3** CINEM. TELEV. ricostruire [*event, period*] **4** [*police*] ricostruire [*crime*].

▷ **reconstruction** /ˌriːkənˈstrʌkʃn/ **I** n. **1** *(of building, system)* ricostruzione f. **2** *(of object, event, crime)* ricostruzione f. **3** MED. ricostruzione f. **II Reconstruction** n.pr. US ***the Reconstruction*** = la Ricostruzione, dopo la Guerra Civile, periodo in cui gli stati del Sud vengono riannessi a quelli del Nord.

reconstructive /ˌriːkənˈstrʌktɪv/ agg. [*surgery*] ricostruttivo.

reconvene /ˌriːkənˈviːn/ **I** tr. ***to ~ a meeting*** riconvocare una riunione **II** intr. riunirsi di nuovo.

reconvention /ˌriːkənˈvenʃn/ n. **1** riconvocazione f. **2** DIR. riconvenzione f.

reconversion /ˌrɪkənˈvɜːʃn/ n. riconversione f.

reconvert /ˌrɪkənˈvɜːt/ tr. riconvertire.

reconveyance /ˌriːkənˈveɪəns/ n. **1** rispedizione f. **2** DIR. retrocessione f.

recopy /rɪˈkɒpɪ/ tr. ricopiare.

▶ **1.record** /ˈrekɔːd, AE ˈrekərd/ **I** n. **1** *(written account) (of events)* documentazione f., resoconto m.; *(of official proceedings)* verbale m.; ***to keep a ~ of*** prendere nota di [*order, calls*]; ***I have no ~ of your application*** non c'è traccia della sua domanda; ***the hottest summer on ~*** l'estate più calda che sia mai stata registrata; ***to be on ~ as saying that*** avere dichiarato ufficialmente che; ***to say sth. off the ~*** dire qcs. ufficiosamente; ***off the ~, I think it's a bad idea*** detto tra noi, credo che sia una cattiva idea; ***just for the ~, did you really do it?*** tanto per sapere, l'hai veramente fatto? ***I'd like to set the ~ straight*** vorrei mettere le cose in chiaro **2** *(data)* (anche **~s**) *(historical)* archivi m.pl.; *(personal, administrative)* dossier m.; ***~s of births, deaths*** registro delle nascite, dei decessi; ***public ~s*** atti pubblici; ***sb.'s medical ~s*** cartella clinica di qcn.; ***official ~s*** atti ufficiali **3** *(history) (of individual)* passato m., curriculum m.; *(of organization, group)* operato m.; ***to have a good ~ on*** avere una buona reputazione per quanto riguarda [*human rights, recycling, safety*]; ***she has a distinguished ~ as a diplomat*** la sua carriera di diplomatica è notevole; ***service ~*** stato di servizio; ***academic ~*** curriculum studiorum **4** MUS. disco m. (**by, of** di); ***pop, jazz ~*** disco (di musica) pop, jazz; ***to make, to cut a ~*** fare, incidere un disco; ***to put on, to play a ~*** mettere, suonare un disco; ***change the ~!*** COLLOQ. cambia disco! **5** *(best performance)* record m. (**for, in** di); ***the sprint ~*** il record della corsa; ***to set, to hold a ~*** stabilire, detenere un record **6** INFORM. *(collection of data)* record m. **7** DIR. (anche **criminal ~**) fedina f. penale; ***to have no ~*** avere la fedina penale pulita **II** modif. **1** MUS. [*collection, shop, sales*] di dischi; [*company, producer, label, industry*] discografico **2** *(high)* [*result, sales, score, speed, time*] record, da record; ***to do sth. in ~ time*** fare qcs. in tempo record; ***to be at a ~ high, low*** essere al massimo, al minimo.

▶ **2.record** /reˈkɔːd/ **I** tr. **1** *(note)* prendere nota di [*detail, idea, opinion*]; prendere atto di [*transaction*]; ***to ~ that*** annotarsi che; ***to ~ the way in which*** prendere nota del modo in cui **2** *(on disc, tape)* incidere, registrare [*album, song*]; registrare [*interview*] (**on** su); ***to ~ sb. doing*** registrare qcn. mentre fa **3** *(register)* [*equipment*] registrare [*temperature, rainfall*]; [*dial, gauge*] indicare, segnare [*pressure, speed*] **4** *(provide an account of)* [*diary, report*] raccontare, riportare [*event, conditions*]; ***to ~ that*** raccontare, narrare che **II** intr. [*video, tape recorder*] registrare; ***he is ~ing in London*** sta registrando a Londra.

recordable /rɪˈkɔːdəbl/ agg. **1** [*song, album*] registrabile **2** *(memorable)* memorabile, degno di essere ricordato.

record book /ˈrekɔːdbʊk, AE ˈrekərd-/ n. libro m. dei record; ***to go down in the ~s*** entrare nel guinness.

record-breaker /ˈrekɔːdˌbreɪkə(r), AE ˈrekərd-/ n. primatista m. e f.

record-breaking /ˈrekɔːdˌbreɪkɪŋ, AE ˈrekərd-/ agg. da primato, da record.

record button /reˈkɔːdˌbʌtn/ n. tasto m. di registrazione.

record changer /ˈrekɔːdˌˈtʃeɪndʒə(r), AE ˈrekərd-/ n. cambiadischi m.

record deck /ˈrekɔːdˌdek, AE ˈrekərd-/ n. piastra f. del giradischi.

▷ **recorded** /rɪˈkɔːdɪd/ **I** p.pass. → **2.record II** agg. **1** *(on tape, record)* [*interview, message, music*] registrato **2** *(documented)* [*case, sighting*] denunciato; [*fact*] noto.

recorded delivery /rɪˌkɔːdɪddɪˈlɪvərɪ/ n. BE raccomandata f.; ***to send sth. ~*** spedire qcs. per raccomandata.

▷ **1.recorder** /rɪˈkɔːdə(r)/ n. **1** registratore m. **2** MUS. flauto m. dolce.

2.recorder /rɪˈkɔːdə(r)/ n. GB DIR. = giudice onorario a tempo parziale nominato dalla Corona.

record-holder /ˈrekɔːdˌhəʊldə(r), AE ˈrekərd-/ n. detentore m. (-trice) di un record, di un primato.

▷ **recording** /rɪˈkɔːdɪŋ/ **I** n. registrazione f.; ***a video ~*** una videoregistrazione; ***a sound ~*** una registrazione audio; ***to make a ~ of*** registrare **II** modif. [*engineer*] della registrazione; [*artist*] che registra dischi; [*contract, head, rights, studio*] di registrazione.

record library /ˈrekɔːdˌlaɪbrərɪ, AE ˈrekərdˌlaɪbrerɪ/ n. discoteca f., nastroteca f.

record player /ˈrekɔːdˌpleɪə(r), AE ˈrekərd-/ n. giradischi m.

record sleeve /ˈrekɔːdˌsliːv, AE ˈrekərd-/ n. copertina f. di un disco.

records office /'rekɔ:dz,ɒfɪs, AE 'rekərdz,ɔ:fɪs/ n. **1** *(of births, deaths)* ufficio m. dell'anagrafe **2** DIR. *(of court records)* cancelleria f.

record token /'rekɔ:d,təʊkən, AE 'rekərd-/ n. buono m. per l'acquisto di dischi.

recount /rɪ'kaʊnt/ tr. raccontare, narrare.

▷ **1.re-count** /'ri:kaʊnt/ n. POL. nuovo conteggio m., nuovo computo m. dei voti; ***to demand a ~*** chiedere una verifica dei voti.

2.re-count /,ri:'kaʊnt/ tr. ricontare, contare di nuovo.

recoup /rɪ'ku:p/ tr. farsi risarcire, rifarsi di [*losses*]; ***to ~ one's costs*** rientrare delle spese.

recoupment /rɪ'ku:pmənt/ n. **1** *(of a loss, an outlay)* indennizzo m., rimborso m. **2** DIR. deduzione f., trattenuta f.

recourse /rɪ'kɔ:s, AE 'ri:-/ n. ricorso m.; ***to have ~ to*** fare ricorso a *o* ricorrere a; ***without ~ to*** senza fare ricorso a *o* ricorrere a.

1.recover /rɪ'kʌvə(r)/ n. *(in fencing)* (il) rimettersi in guardia.

▶ **2.recover** /rɪ'kʌvə(r)/ **I** tr. **1** *(get back)* recuperare, ritrovare [*money, property, vehicle*]; riprendere [*territory*]; *(from water)* ripescare, ritrovare [*body, wreck*]; ***they ~ed the car from the river*** hanno ripescato l'automobile nel fiume; ***the bodies were ~ed from the wreckage of the car*** vennero recuperati i cadaveri dall'auto dopo l'incidente; ***to ~ one's sight*** recuperare la vista; ***to ~ one's health*** rimettersi (in salute); ***to ~ one's confidence*** ritrovare la fiducia in se stesso; ***to ~ one's breath*** riprendere fiato; ***to ~ one's strength*** recuperare le forze; ***to ~ consciousness*** riprendere conoscenza; ***to ~ one's composure*** riacquistare la padronanza di sé **2** *(recoup)* recuperare [*debt, costs*] (**from** da); ottenere [*loan*] (**from** da); farsi rimborsare [*taxes*] (**from** da); rifarsi di [*losses*]; ***to ~ damages*** DIR. ottenere il risarcimento dei danni; ***the right to ~ damages*** DIR. il diritto di ottenere il risarcimento dei danni **3** *(reclaim for use)* recuperare [*waste, bottles, uranium*]; ***to ~ land from the sea*** bonificare terreni strappandoli al mare **II** intr. **1** MED. [*person*] *(from illness)* rimettersi, ristabilirsi (**from** dopo); *(from defeat, mistake)* riprendersi (**from** da) **2** ECON. [*economy, market, shares, currency*] essere in ripresa **3** DIR. vincere una causa.

re-cover /,ri:'kʌvə(r)/ tr. foderare [*book, chair*].

recoverable /rɪ'kʌvərəbl/ agg. ECON. IND. recuperabile.

recovered /rɪ'kʌvəd/ **I** p.pass. → **2.recover II** agg. [*property, uranium*] recuperato.

recovery /rɪ'kʌvərɪ/ n. **1** *(getting better)* guarigione f.; FIG. *(of team, player, performer)* recupero m.; ***to be on the road to ~*** essere in via di guarigione; ***to make a ~*** *(from illness)* ristabilirsi, guarire; *(from mistake, defeat)* riprendersi; ***she has made a full ~*** si è completamente ristabilita **2** ECON. *(of economy, country, company, market)* ripresa f. (economica); *(of shares, prices, currency)* ripresa f., rialzo m.; ***the economy has staged a ~*** si è verificata una ripresa economica **3** *(getting back) (of property, money, costs, debts, vehicle)* recupero m. (**of** di); *(of losses)* risarcimento m. (**of** di).

recovery operation /rɪ'kʌvərɪɒpə,reɪʃn/ n. AER. MAR. operazione f. di recupero.

recovery position /rɪ'kʌvərɪpə,zɪʃn/ n. MED. posizione f. laterale di sicurezza.

recovery room /rɪ'kʌvərɪ,ru:m, -,rʊm/ n. MED. sala f. di rianimazione.

recovery ship /rɪ'kʌvərɪ,ʃɪp/ n. AER. MAR. navicella f. di recupero (di veicoli spaziali).

recovery team /rɪ'kʌvərɪ,ti:m/ n. AER. MAR. squadra f. di recupero; AUT. squadra f. di soccorso (stradale).

recovery vehicle /rɪ'kʌvərɪ,vi:ɪkl, ,vɪəkl/ n. AUT. *(car)* veicolo m. di soccorso; *(truck)* autogrù f.

recreance /'rekrɪəns/, **recreancy** /'rekrɪənsɪ/ n. ANT. **1** *(cowardice)* codardia f., viltà f. **2** *(disloyalty)* slealtà f., tradimento m.

recreant /'rekrɪənt/ ANT. **I** agg. **1** *(coward)* codardo, vile **2** *(disloyal)* sleale, traditore **II** n. **1** *(coward)* codardo m. (-a) **2** *(disloyal)* traditore m. (-trice).

1.recreate /'rekrɪeɪt/ tr. ricreare, svagare, divertire.

▷ **2.recreate** /,ri:krɪ'eɪt/ tr. ricreare, creare di nuovo.

▷ **recreation** /,rekrɪ'eɪʃn/ **I** n. **1** *(leisure)* ricreazione f., divertimento m., svaghi m.pl.; ***what do you do for ~?*** che cosa fai per svagarti? **2** SCOL. *(break)* ricreazione f. **II** modif. [*facilities, centre*] ricreativo; ***~ area*** *(indoor)* sala di ricreazione; *(outdoor)* campo giochi; ***~ ground*** campo giochi; ***~ room*** AE sala (di) ricreazione; *(for children)* stanza dei giochi.

re-creation /,ri:krɪ'eɪʃn/ n. *(historical reconstruction)* ricostruzione f.

▷ **recreational** /,rekrɪ'eɪʃənl/ agg. [*facilities, amenities*] ricreativo.

recreational drug /,rekrɪ,eɪʃənl'drʌg/ n. = droga che si assume occasionalmente.

recreational user /,rekrɪ,eɪʃənl'ju:zə(r)/ n. consumatore m. (-trice) occasionale di droga.

recreational vehicle /,rekrɪ,eɪʃənl'vi:ɪkl, -'vɪəkl/ n. AE veicolo m. ricreazionale.

recreative /'rekrɪeɪtɪv/ agg. ricreativo.

recriminate /rɪ'krɪmɪneɪt/ intr. recriminare (**against** contro).

recrimination /rɪ,krɪmɪ'neɪʃn/ n. recriminazione f. (**against** contro).

recriminative /rɪ'krɪmɪnətɪv/, **recriminatory** /rɪ'krɪmɪnətrɪ, AE -tɔ:rɪ/ agg. recriminatorio.

rec room /'rek,ru:m, -,rʊm/ n. AE COLLOQ. stanza f. dei giochi.

recross /,ri:'krɒs, AE -'krɔ:s/ tr. riattraversare.

recrudesce /,ri:kru:'des/ intr. LETT. essere in recrudescenza.

recrudescence /,ri:kru:'desəns/, **recrudescency** /,ri:kru:'desənsɪ/ n. LETT. recrudescenza f.

recrudescent /,ri:kru:'desnt/ agg. LETT. recrudescente.

▷ **1.recruit** /rɪ'kru:t/ n. **1** MIL. POL. recluta f. (**to** in) **2** *(new staff member)* recluta f., nuovo membro m.; ***the company is seeking ~s*** la società sta reclutando personale.

▷ **2.recruit** /rɪ'kru:t/ **I** tr. **1** MIL. POL. reclutare [*soldier, member, agent, spy*] (**from** tra); ***to ~ sb. as*** reclutare qcn. come [*courier, agent*] **2** reclutare, assumere [*staff, teachers, nurses*]; ***to ~ graduates, women*** reclutare *o* assumere laureati, donne; ***to be ~ed to do*** essere reclutato per fare **II** intr. procedere al reclutamento.

recruiting /rɪ'kru:tɪŋ/ → **recruitment**.

recruiting officer /rɪ'kru:tɪŋ,ɒfɪsə(r), AE -,ɔ:f-/ n. ufficiale m. di reclutamento.

▷ **recruitment** /rɪ'kru:tmənt/ **I** n. reclutamento m. **II** modif. [*agency, drive, ground, office, policy, problem*] di reclutamento.

recta /'rektə/ → **rectum**.

rectal /'rektəl/ agg. rettale.

rectangle /'rektæŋgl/ n. rettangolo m.

rectangular /rek'tæŋgjʊlə(r)/ agg. rettangolare.

recti /'rektaɪ/ → **rectus**.

rectifiable /'rektɪfaɪəbl, ,rektɪ'faɪəbl/ agg. rettificabile.

rectification /,rektɪfɪ'keɪʃn/ n. rettificazione f. (anche MAT. CHIM.); EL. raddrizzamento m.

rectifier /'rektɪfaɪə(r)/ n. EL. rettificatore m., raddrizzatore m.

rectify /'rektɪfaɪ/ tr. **1** rettificare [*error, omission*]; rimediare [*oversight*] **2** MAT. CHIM. rettificare **3** EL. raddrizzare.

rectilineal /,rektɪ'lɪnɪəl/, **rectilinear** /,rektɪ'lɪnɪə(r)/ agg. rettilineo.

rectilinearity /,rektɪlɪnɪ'ærətɪ/ n. (l')essere rettilineo.

rectitude /'rektɪtju:d, AE -tu:d/ n. rettitudine f.

rector /'rektə(r)/ n. **1** RELIG. *(in Church of England)* pastore m. anglicano; *(in seminary)* rettore m.; *(in Episcopal Church)* parroco m. **2** UNIV. rettore m.

rectorate /'rektərət/ n. rettorato m.

rectorial /rek'tɔ:rɪəl/ agg. rettorale.

rectorship /'rektəʃɪp/ n. → **rectorate**.

rectory /'rektərɪ/ n. presbiterio m. (anglicano).

rectoscopy /rek'tɒskəpɪ/ n. MED. rettoscopia f.

rectum /'rektəm/ n. (pl. **~s, -a**) ANAT. (intestino) retto m.

rectus /'rektəs/ n. (pl. **-i**) muscolo m. retto.

recumbency /rɪ'kʌmbənsɪ/ n. LETT. posizione f. supina.

recumbent /rɪ'kʌmbənt/ agg. LETT. disteso, supino.

recuperate /rɪ'ku:pəreɪt/ **I** tr. recuperare, rifarsi di [*loss*] **II** intr. MED. ristabilirsi, rimettersi (**from** da).

recuperation /rɪ,ku:pə'reɪʃn/ n. **1** *(of losses)* recupero m. **2** MED. guarigione f. (**from** da), recupero m.

recuperative /rɪ'ku:pərətɪv/ agg. recuperatorio; ***~ powers*** capacità di recupero.

recuperator /rɪ'ku:pəreɪtə(r)/ n. **1** ARM. recuperatore m. **2** TECN. recuperatore m. (di calore).

recur /rɪ'kɜ:(r)/ intr. (forma in -ing ecc. **-rr-**) [*event, error, dream, problem, theme, phrase*] ricorrere, ripetersi; [*illness, symptom*] ricomparire; [*thought*] ricorrere, tornare alla mente; MAT. [*number*] essere periodico.

recurrence /rɪ'kʌrəns/ n. *(of illness)* ricorrenza f.; *(of symptom)* ricomparsa f.; ***let's hope there will be no ~ of the problem*** speriamo che il problema non si ripresenti più.

▷ **recurrent** /rɪ'kʌrənt/ agg. ricorrente.

recurring /rɪ'kɜ:rɪŋ/ agg. **1** *(frequent)* [*dream, thought, pain*] ricorrente **2** MAT. ***~ decimal*** numero decimale periodico.

recursion /rɪ'kɜ:ʃn/ n. MAT. INFORM. ricorsività f.

recursive /rɪ'kɜ:sɪv/ agg. LING. INFORM. ricorsivo.

recursively /rɪ'kɜ:sɪvlɪ/ avv. in modo ricorsivo.

recursiveness /rɪ'kɜ:sɪvnɪs/ → **recursion**.

recurvate /rɪˈkɜːvət/ agg. BOT. ricurvo.

recusance /ˈrekjʊzəns/, **recusancy** /ˈrekjʊzənsɪ/ n. GB RELIG. STOR. = rifiuto di assistere alle funzioni religiose della chiesa anglicana quando erano obbligatorie per legge.

recusant /ˈrekjʊzənt/ **I** n. GB RELIG. STOR. = chi rifiutava di assistere alle funzioni religiose della chiesa anglicana quando erano obbligatorie per legge **II** agg. GB RELIG. STOR. = che rifiutava di assistere alle funzioni religiose della chiesa anglicana quando erano obbligatorie per legge.

recuse /rɪˈkjuːz/ tr. DIR. ricusare, rifiutare [*judge, jury*].

recyclable /ˌriːˈsaɪkləbl/ agg. riciclabile.

recycle /ˌriːˈsaɪkl/ tr. **1** riciclare [*paper, waste*] **2** ECON. reinvestire, riciclare [*revenue, profits*].

recycled paper /ˌriːˈsaɪkldˌpeɪpə(r)/ n. carta f. riciclata.

▷ **recycling** /ˌriːˈsaɪklɪŋ/ **I** n. riciclaggio m. **II** modif. [*facility, plant, process*] di riciclaggio.

▶ **red** /red/ ♦ **5 I** agg. **1** *(in colour)* [*apple, blood, lips, hair, curl, sky*] rosso; [*person, face, cheek*] rosso (**with** di); ***to go*** o ***turn*** **~** arrossire *o* diventare rosso *o* avvampare; ***to paint, dye sth.*** **~** dipingere, tingere qcs. di rosso; ***to dye one's hair*** **~** tingersi i capelli di rosso; ***her eyes were*** **~** ***with weeping*** aveva gli occhi arrossati dal pianto; ***his face*** o ***he went very*** **~** è diventato tutto rosso (in viso) *o* è avvampato; **~** ***in the face*** rosso in viso; ***was my face*** **~*!*** ero imbarazzatissimo! ***there'll be*** **~** ***faces when...*** ci sarà un grande imbarazzo quando... **2** *(communist)* COLLOQ. SPREG. rosso **II** n. **1** *(colour)* rosso m.; ***I like*** **~** mi piace il rosso; **~** ***means "danger"*** rosso significa "pericolo"; ***in*** **~** in rosso; ***a shade of*** **~** una tonalità di rosso **2** COLLOQ. SPREG. (anche **Red**) *(communist)* rosso m. (-a) **3** *(deficit)* ***to be in the*** **~** [*individual*] essere in rosso, avere il conto scoperto; [*company, account*] essere in passivo, in rosso; ***to be £ 500 in the*** **~** essere in rosso di 500 sterline; ***you've gone into the*** **~** sei andato in rosso **4** *(wine)* rosso m. **5** *(red ball)* (palla) rossa f. (da biliardo) **6** *(in roulette)* rosso m. ◆ ***to see*** **~*s under the bed*** COLLOQ. = vedere (complotti) comunisti dappertutto; ***to be caught*** **~*-handed*** essere preso con le mani nel sacco; ***to see*** **~** vedere rosso; **~** ***sky at night, shepherd's delight;*** **~** ***sky in the morning, shepherd's warning*** rosso di sera, bel tempo si spera; rosso di mattina, brutto tempo si avvicina.

redact /rɪˈdækt/ tr. RAR. redarre, redigere.

redaction /rɪˈdækʃn/ n. redazione f., stesura f.

red admiral /ˌredˈædmərəl/ n. ZOOL. atalanta f.

red alert /ˌredəˈlɜːt/ n. **1** MIL. NUCL. allarme m. rosso **2** massima allerta f.; ***to be on, to be put on*** **~** essere in, essere messo in stato di massima allerta.

redan /rɪˈdæn/ n. MIL. saliente m.

Red Army /ˌredˈɑːmɪ/ n. Armata f. Rossa.

red baiting /ˈredˌbeɪtɪŋ/ n. COLLOQ. = persecuzione per sospette o dichiarate simpatie comuniste.

red ball /ˈredˌbɔːl/ n. AE = treno (merci) con diritto di precedenza.

red biddy /ˌredˈbɪdɪ/ n. COLLOQ. = vino rosso allungato con alcol denaturato.

red blood cell /ˌredˈblʌdsel/ n. globulo m. rosso.

red-blooded /ˌredˈblʌdɪd/ agg. **1** [*male, man*] focoso **2** **~** ***orange*** sanguinella.

redbreast /ˈredbrest/ n. ZOOL. pettirosso m.

red-breasted merganser /ˌredbrestɪdmɜːˈgænsə(r)/ n. smergo m. minore.

redbrick university /ˌredbrɪkjuːnɪˈvɜːsɪtɪ/ n. GB = università fondata a partire dal XIX secolo, in contrapposizione a quelle antiche di Cambridge e Oxford.

red-brown /ˌredˈbraʊn/ ♦ **5 I** n. bruno m. rosso **II** agg. bruno rosso.

red cabbage /ˌredˈkæbɪdʒ/ n. cavolo m. rosso.

redcap /ˈredkæp/ n. **1** BE agente m. e f. della polizia militare **2** AE FERR. facchino m.

red card /ˌredˈkɑːd/ n. SPORT cartellino m. rosso; ***to be shown the*** **~** ricevere un cartellino rosso.

red carpet /ˌredˈkɑːpɪt/ n. FIG. tappeto m. rosso; ***to roll out the*** **~** ***for sb.*** stendere il tappeto rosso per qcn. (anche FIG.); ***to give sb. the*** **~** ***treatment*** tributare a qcn. un'accoglienza solenne *o* trattare qcn. con i guanti.

red cent /ˌredˈsent/ n. AE COLLOQ. centesimo m., soldo m.; ***not to have a*** **~** non avere un centesimo; ***not to give sb. a*** **~** non dare a qcn. (neanche) un soldo.

Red China /ˌredˈtʃaɪnə/ n. Cina f. comunista.

redcoat /ˈredkəʊt/ n. **1** BE *(at holiday camp)* animatore m. (-trice) **2** STOR. soldato m. inglese (del XVIII secolo).

red corpuscle /ˌredˈkɔːpʌsl/ n. globulo m. rosso.

Red Crescent /ˌredˈkresnt/ n. Mezzaluna f. Rossa.

Red Cross /ˌredˈkrɒs/ n. Croce f. Rossa.

redcurrant /ˌredˈkʌrənt/ **I** n. BOT. GASTR. ribes m. rosso **II** modif. [*tart, drink, jam, jelly, bush*] di ribes rossi; [*sweet, yoghurt*] al ribes rosso.

red deer /ˌredˈdɪə(r)/ n. (pl. **red deer, red deers**) cervo m. (rosso).

redden /ˈredn/ **I** tr. arrossare, fare diventare rosso **II** intr. [*face*] arrossire, diventare rosso; [*leaves*] arrossarsi, diventare rosso.

reddish /ˈredɪʃ/ agg. rossastro, rossiccio; **~** ***hair*** capelli sul rosso *o* rossicci.

1.reddle /ˈredl/ n. *(red ochre)* ocra f. rossa.

2.reddle /ˈredl/ tr. colorare, tingere con ocra rossa.

red duster /ˌredˈdʌstə(r)/ n. BE COLLOQ. → **Red Ensign**.

red dwarf /ˌredˈdwɔːf/ n. (pl. **red dwarfs, red dwarves**) ASTR. nana f. rossa.

redecorate /ˌriːˈdekəreɪt/ tr. *(paint and paper)* ridecorare; *(paint only)* ridipingere, ritinteggiare.

redecoration /ˌriːdekəˈreɪʃn/ n. lavori m.pl. di ridecorazione; ***the house needs*** **~** la casa è da ritinteggiare.

redeem /rɪˈdiːm/ **I** tr. **1** *(exchange)* scambiare [*voucher*] (**for** contro); *(for cash)* riscattare [*bond, security*] **2** *(pay off)* riscattare [*pawned goods, loan, mortgage, debt*] **3** *(salvage)* salvare, riscattare [*situation, occasion*]; fare ammenda di [*fault*]; ***a mediocre film*** **~*ed by Dustin Hoffman's performance*** un film mediocre riscattato dalla recitazione di Dustin Hoffman **4** *(satisfy)* adempiere [*obligation*]; mantenere [*pledge*] **5** RELIG. redimere, salvare **II** rifl. ***to*** **~** ***oneself*** redimersi, riscattarsi (**by doing** facendo).

redeemable /rɪˈdiːməbl/ agg. **1** ECON. [*bond, security, loan*] redimibile, riscattabile; [*mortgage*] estinguibile **2** COMM. [*voucher*] scambiabile; [*pawned goods*] riscattabile.

Redeemer /rɪˈdiːmə(r)/ n. RELIG. Redentore m.

redeeming /rɪˈdiːmɪŋ/ agg. ***her one*** **~** ***feature, quality is*** la caratteristica, la qualità che la salva è *o* si salva solo grazie a; ***this is a film without any*** **~** ***feature*** di questo film non si salva nulla.

redefine /ˌriːdɪˈfaɪn/ tr. *(all contexts)* ridefinire.

redefinition /ˌriːdefɪˈnɪʃn/ n. ridefinizione f.

redemption /rɪˈdempʃn/ **I** n. **1** ECON. *(of loan, debt)* rimborso m.; *(of bill, mortgage)* estinzione f.; *(from pawn)* riscatto m. **2** RELIG. redenzione f.; ***beyond*** o ***past*** **~** [*situation*] irrimediabile; [*machine, person*] SCHERZ. irrecuperabile **II** modif. [*date, price, rate, premium*] di riscatto; **~** ***value*** *(of bond)* valore di rimborso; *(of share)* valore di riscatto.

redemptive /rɪˈdemptɪv/ agg. RELIG. redentore.

Red Ensign /ˌredˈensən/ n. = bandiera della marina mercantile britannica.

redeploy /ˌriːdɪˈplɔɪ/ tr. dislocare [*troops*]; ridistribuire [*resources*]; reimpiegare, dislocare [*staff*].

redeployment /ˌriːdɪˈplɔɪmənt/ n. *(of troops)* dislocazione f.; *(of resources)* ridistribuzione f.; *(of staff)* reimpiego m.

redesign /ˌriːdɪˈzaɪn/ tr. riprogettare [*area, building*]; ***to*** **~** ***a logo, book jacket*** ridisegnare un logo, una sopraccoperta.

redevelop /ˌriːdɪˈveləp/ tr. ricostruire [*site, town centre*]; risanare [*run-down district*].

redevelopment /ˌriːdɪˈveləpmənt/ **I** n. *(of site, town)* ricostruzione f.; *(of run-down area)* risanamento m. **II** modif. [*costs, plans*] di ricostruzione.

redeye /ˈredaɪ/ n. AE COLLOQ. **1** (anche **~ flight**) volo m. notturno **2** *(poor quality whisky)* = whisky di qualità scadente.

red-eyed /ˈredaɪd/ agg. dagli occhi rossi; ***to be*** **~** avere gli occhi rossi.

red-faced /ˌredˈfeɪst/ agg. **1** *(with emotion, exertion)* rosso in viso; FIG. *(embarrassed)* [*officials, ministers*] imbarazzato, mortificato **2** *(permanently)* rubicondo.

redfish /ˈredfɪʃ/ n. (pl. **~, ~es**) **1** *(male salmon)* = salmone maschio nel periodo della riproduzione **2** ZOOL. salmone m. rosso.

red flag /ˌredˈflæg/ n. bandiera f. rossa.

red fox /ˌredˈfɒks/ n. volpe f. rossa.

red giant /ˌredˈdʒaɪənt/ n. ASTR. gigante f. rossa.

red-gold /ˌredˈgəʊld/ ♦ **5** agg. [*hair*] biondo tiziano, rosso tiziano.

red grouse /ˌredˈgraʊs/ n. pernice f. bianca nordica.

Red Guard /ˌredˈgɑːd/ n. *(organization, person)* guardia f. rossa.

red-haired /ˌredˈheəd/ agg. rosso (di capelli).

red-handed /ˌredˈhændɪd/ agg. con le mani nel sacco, in flagrante.

red hat /ˌredˈhæt/ n. RELIG. cappello m. cardinalizio.

redhead /ˈredhed/ n. rosso m. (-a).

redheaded /ˌredˈhedɪd/ agg. rosso (di capelli).

red heat /ˌredˈhiːt/ n. FIS. calore m. rosso.

red herring /ˌred'herɪŋ/ n. **1** *(distraction)* depistaggio m. **2** *(cured fish)* aringa f. affumicata **3** AE ECON. manifesto m. di emissione preliminare.
redhibition /redhɪ'bɪʃn/ n. azione f. redibitoria, redibizione f.
redhibitory /red'hɪbɪtrɪ, AE -tɔ:rɪ/ agg. redibitorio.
red-hot /ˌred'hɒt/ **I** n. AE COLLOQ. hot-dog m. **II** agg. **1** [*metal, lava, coal, poker*] incandescente, rovente **2** [*passion, enthusiasm, lover*] ardente; ***the ~ favourite*** il grande favorito **3** [*news, story*] recentissimo, fresco fresco.
redial /ˌri:'daɪəl/ **I** tr. TEL. rifare, ricomporre [*number*] **II** intr. TEL. richiamare.
redial button /'ri:daɪəlˌbʌtn/ n. tasto m. di richiamata.
redial facility /'ri:daɪəlfəˌsɪlɪtɪ/ n. funzione f. di ricomposizione automatica dell'ultimo numero.
redid /ˌri:'dɪd/ pass. → **redo.**
Red Indian /ˌred'ɪndɪən/ n. SPREG. pellerossa m. e f.
red ink /ˌred'ɪŋk/ n. **1** inchiostro m. rosso **2** COMM. passivo m.; ***~ interest*** interesse passivo.
redintegrate /rɪ'dɪntɪˌgreɪt/ tr. ANT. reintegrare.
redintegration /rɪˌdɪntɪ'greɪʃn/ n. reintegrazione f.
redirect /ˌri:dɪ'rekt/ tr. rindirizzare [*resources*]; deviare [*traffic*]; rispedire a nuovo indirizzo [*mail*].
redirection /ˌri:dɪ'rekʃn/ n. *(of mail)* = rispedizione a un nuovo indirizzo.
rediscount /ˌri:'dɪskaʊnt/ n. risconto m.
rediscover /ˌri:dɪ'skʌvə(r)/ tr. *(find again)* ritrovare; *(re-experience)* riscoprire.
rediscovery /ˌri:dɪ'skʌvərɪ/ n. riscoperta f.
redistribute /ˌri:dɪ'strɪbju:t/ tr. ridistribuire.
redistribution /ˌri:dɪstrɪ'bju:ʃn/ n. ridistribuzione f.
redistrict /ˌri:dɪs'trɪkt/ tr. AE POL. = ridividere in nuovi distretti elettorali.
redistricting /ˌri:dɪs'trɪktɪŋ/ n. AE POL. = ridivisione in nuovi distretti elettorali.
red kidney bean /ˌred'kɪdnɪˌbi:n/ n. fagiolo m. rosso.
red lead /ˌred'led/ n. minio m.
red lentil /ˌred'lentɪl/ n. lenticchia f. rossa.
red-letter day /ˌred'letədeɪ/ n. = giorno memorabile.
red light /ˌred'laɪt/ n. semaforo m. rosso; ***to go through a ~*** passare col rosso.
red light area /ˌred'laɪtˌeərɪə/, **red light district** /ˌred'laɪtˌdɪstrɪkt/ n. quartiere m. a luci rosse.
redlining /ˌred'laɪnɪŋ/ n. AE = rifiuto di accordare un'ipoteca su aree urbane deprezzate.
redman /'redmən/ n. AE SPREG. (pl. **-men**) pellerossa m.
red meat /ˌred'mi:t/ n. carne f. rossa.
redmen /'redmen/ → **redman.**
red mullet /ˌred'mʌlət/ n. (pl. ~) triglia f. di scoglio.
redneck /'rednek/ **I** n. SPREG. = persona rozza, ignorante e reazionaria appartenente ai ceti bassi del Sud degli Stati Uniti **II** agg. ignorante e reazionario.
redness /'rednɪs/ n. rossore m.
redo /ˌri:'du:/ tr. (3ª persona sing. pres. **redoes**; pass. **redid**; p.pass. **redone**) rifare.
redolence /'redələns/ n. LETT. profumo m., fragranza f.
redolent /'redələnt/ agg. LETT. redolente; ***to be ~ of sth.*** profumare di qcs.; FIG. evocare qcs.
redone /ˌri:'dʌn/ p.pass. → **redo.**
1.redouble /ˌri:'dʌbl/ n. GIOC. surcontre m.
2.redouble /ˌri:'dʌbl/ **I** tr. **1** raddoppiare; ***to ~ one's efforts*** raddoppiare gli sforzi **2** *(in bridge)* surcontrare **II** intr. raddoppiare.
redoubt /rɪ'daʊt/ n. **1** MIL. ridotta f. **2** *(outpost)* avamposto m.
redoubtable /rɪ'daʊtəbl/ agg. formidabile, temibile.
redound /rɪ'daʊnd/ intr. FORM. **1** *(contribute to)* ***to ~ to sb.'s honour*** BE o ***honor*** AE contribuire ad accrescere l'onore di qcn. **2** *(recoil)* ***to ~ (up) on sb., sth.*** ricadere su qcn., qcs.
red-pencil /ˌred'pensɪl/ tr. correggere in rosso.
red pepper /ˌred'pepə(r)/ n. peperone m. rosso.
redpoll /'redpɒl/ n. ZOOL. organetto m.
redraft /ˌri:'drɑ:ft/ tr. redigere [qcs.] di nuovo.
1.redress /rɪ'dres/ n. *(of wrong)* rimedio m., riparazione f. (anche DIR.); ***to seek, to obtain (legal) ~*** chiedere, ottenere riparazione (per vie legali) (**for** per); ***they have no (means of) ~*** non hanno alcuna possibilità di ottenere una riparazione *o* compensazione.
2.redress /rɪ'dres/ tr. riparare [*error, wrong*]; raddrizzare [*situation*]; ***to ~ the balance*** ristabilire l'equilibrio.
Red Riding Hood /ˌred'raɪdɪŋˌhʊd/ n. Cappuccetto Rosso.
red salmon /ˌred'sæmən/ n. salmone m. rosso.
Red Sea /ˌred'si:/ ♦ **20** n. Mar m. Rosso.
red sea bream /ˌred'si:bri:m/ n. pagello m. occhialone.
redshank /'redʃæŋk/ n. ZOOL. pettegola f.
Red shirt /'redʃɜ:t/ n. STOR. camicia f. rossa.
redskin /'redskɪn/ n. SPREG. pellerossa m. e f.
red snapper /ˌred'snæpə(r)/ n. luzianide m.
Red Square /ˌred'skweə(r)/ n. piazza f. Rossa.
red squirrel /ˌred'skwɪrl/ n. scoiattolo m. rosso.
redstart /'redˌstɑ:t/ n. ZOOL. codirosso m.
red tape /ˌred'teɪp/ n. burocrazia f., lungaggini f.pl. burocratiche.
redtop /'redtɒp/ n. BE COLLOQ. = quotidiano popolare, tabloid.
► **reduce** /rɪ'dju:s, AE -'du:s/ **I** tr. **1** *(make smaller)* ridurre [*inflation, number, pressure, impact*] (**by** di); abbassare, ridurre [*prices, temperature*]; MED. ridurre, fare riassorbire [*swelling*]; fare abbassare [*fever*]; ***the jackets have been ~d by 50%*** COMM. il prezzo delle giacche è stato ridotto del 50%; ***"~ speed now"*** AUT. "rallentare" **2** *(in scale)* ridurre [*map, drawing*]; *(condense)* ridurre, adattare [*chapter, article*] **3** MIL. *(in status)* degradare; ***to be ~d to the ranks*** essere degradato a soldato semplice **4** *(alter the state of)* ***to ~ sth. to shreds*** ridurre qcs. a pezzi [*book, document etc.*]; ***to ~ sth. to ashes*** ridurre qcs. in cenere **5** *(bring forcibly)* ***to ~ sb. to tears*** fare piangere qcn.; ***to be ~d to silence*** essere ridotto al silenzio; ***to be ~d to begging, prostitution*** essere ridotto a mendicare, a prostituirsi; ***he was ~d to apologizing*** è stato ridotto *o* obbligato a scusarsi **6** *(simplify)* ridurre [*argument, existence*] (**to** a); MAT. ridurre [*equation*] **7** DIR. ridurre [*sentence*] (**to** a; **by** di) **8** GASTR. ridurre [*sauce, stock*] **II** intr. **1** AE *(lose weight)* calare (di peso) **2** GASTR. [*sauce, stock*] ridursi; ***let the sauce ~ to half its volume*** lasciate ridurre la salsa a metà del suo volume.
▷ **reduced** /rɪ'dju:st, AE -'du:st/ **I** p.pass. → **reduce II** agg. **1** *(in price)* ridotto; ***at a ~ price*** a prezzo ridotto; ***~ goods*** merci in saldo **2** [*scale, rate*] ridotto **3** *(straitened)* ***in ~ circumstances*** FORM. in ristrettezze.
reducer /rɪ'dju:sə(r), AE -'du:sə(r)/ n. FOT. riduttore m.
reducibility /ˌrɪdju:sɪ'bɪlətɪ, AE -du:sɪ-/ n. riducibilità f.
reducible /rɪ'dju:səbl, AE -'du:səbl/ agg. riducibile (**to** a).
reductase /rɪ'dʌkteɪz/ n. reduttasi f.
reductio ad absurdum /rɪˌdʌktɪəʊædəb'sɜ:dəm/ n. dimostrazione f. per assurdo.
► **reduction** /rɪ'dʌkʃn/ n. **1** *(decrease, diminution)* riduzione f., diminuzione f. (**in** di); ***~ in strength*** *(of army, workforce)* riduzione dell'effettivo **2** COMM. riduzione f., sconto m.; ***huge ~s!*** sconti eccezionali! **3** *(simplification)* riduzione f.; ***the ~ of life to the basics*** la riduzione della vita all'essenziale **4** CHIM. riduzione f. **5** MIL. *(in status)* degradazione f.
reductionist /rɪ'dʌkʃənɪst/ **I** agg. **1** SPREG. riduzionistico, riduttivo **2** FILOS. riduzionista **II** n. FILOS. riduzionista m. e f.
reductive /rɪ'dʌktɪv/ agg. [*theory, explanation*] riduttivo.
reductively /rɪ'dʌktɪvlɪ/ avv. riduttivamente.
redundance /rɪ'dʌndəns/, **redundancy** /rɪ'dʌndənsɪ/ **I** n. **1** BE IND. licenziamento m. (per esubero di personale); ***400 redundancies*** 400 licenziamenti; ***to take ~*** accettare il licenziamento per esubero di personale; ***to face ~*** rischiare il licenziamento **2** INFORM. TEL. LING. ridondanza f. **II** modif. **1** BE [*scheme, pay, notice*] di licenziamento **2** ***~ check*** INFORM. controllo per ridondanza.
▷ **redundant** /rɪ'dʌndənt/ agg. **1** BE IND. [*worker*] in esubero; ***to be made ~*** essere licenziato (per esubero di personale) **2** *(not needed, unused)* [*information, device*] superfluo; [*land, machinery*] inutilizzato; ***to feel ~*** sentirsi di troppo **3** BE *(outdated)* [*technique, practice, craft*] sorpassato **4** INFORM. LING. ridondante.
1.reduplicate /rɪ'dju:plɪkət, AE -'du:-/ agg. **1** BOT. valvato **2** LING. reduplicato.
2.reduplicate /rɪ'dju:plɪkeɪt, AE -'du:-/ tr. **1** rifare, ripetere [*work, task*] **2** LING. reduplicare, raddoppiare.
reduplication /rɪˌdju:plɪ'keɪʃn, AE -ˌdu:-/ n. reduplicazione f., raddoppiamento m. (anche LING.).
reduplicative /rɪ'dju:plɪkətɪv, AE -'du:-/ agg. LING. reduplicativo.
red weed /'redˌwi:d/ n. papavero m.
red wine /ˌred'waɪn/ n. vino m. rosso.
red wine vinegar /ˌredwaɪn'vɪnɪgə(r)/ n. aceto m. (di vino) rosso.
redwing /'redwɪŋ/ n. tordo m. sassello.
redwood /'redwʊd/ n. sequoia f.
re-echo /ˌri:'ekəʊ/ (pass., p.pass. **~ed**) **I** tr. riecheggiare [*sentiments*] **II** intr. riecheggiare, risuonare.
reed /ri:d/ **I** n. **1** BOT. canna f. **2** MUS. *(device)* ancia f.; ***the ~s*** gli strumenti ad ancia **II** modif. **1** [*basket, hut*] di canne **2** MUS. [*instrument*] ad ancia ◆ ***Peter is a broken ~*** non si può fare affidamento su Peter.
reed bunting /'ri:dˌbʌntɪŋ/ n. ZOOL. migliarino m.

re-edition /ˌrɪˈdɪʃn/ n. riedizione f.
reedling /ˈriːdlɪŋ/ n. ZOOL. basettino m.
reed-mace /ˈriːdˌmeɪs/ n. BOT. mazza f. di palude, mazzasorda f.
reed-organ /ˈriːdˌɔːgən/ ➧ **17** n. armonium m.
reed-pheasant /ˈriːdˌfeznt/ n. ZOOL. → **reedling.**
reed-pipe /ˈriːdˌpaɪp/ ➧ **17** n. **1** *(instrument)* zampogna f. **2** *(pipe)* canna m. d'organo.
reed stop /ˈriːdˌstɒp/ n. registro m. dell'organo.
re-educate /ˌriːˈedʒʊkeɪt/ tr. rieducare.
re-education /ˌriːedʒʊˈkeɪʃn/ n. rieducazione f.
reed warbler /ˈriːdˌwɔːblə(r)/, **reed wren** /ˈriːdˌren/ n. ZOOL. cannaiola f.
reedy /ˈriːdɪ/ agg. [*voice, tone*] acuto, stridulo.
▷ **1.reef** /riːf/ n. **1** *(in sea)* scogliera f.; scoglio m. (anche FIG.); ***coral~*** barriera corallina **2** MIN. vena f., filone m.
2.reef /riːf/ n. MAR. terzarolo m.
3.reef /riːf/ **I** tr. MAR. terzarolare [*sail*] **II** intr. MAR. fare terzarolo.
reefer /ˈriːfə(r)/ n. **1** (anche **~ jacket**) giacca f. alla marinara **2** COLLOQ. *(joint) (drug addicts' slang)* joint m., spinello m. di marijuana **3** AE COLLOQ. *(ship)* nave f. frigorifera.
reef knot /ˈriːfnɒt/ n. MAR. nodo m. piano.
1.reek /riːk/ n. tanfo m., fetore m.; puzzo m. (anche FIG.); ***~ of corruption*** puzzo di corruzione.
2.reek /riːk/ intr. **1** *(stink)* ***to ~ of sth.*** puzzare di qcs. (anche FIG.) **2** BE SCOZZ. [*chimney, lamp*] fumare.
reekie, **reeky** /ˈriːkɪ/ agg. puzzolente, fetido.
1.reel /riːl/ n. *(for cable, cotton, film, tape)* bobina f.; PESC. mulinello m.; ***~-to-~*** [*tape recorder*] a bobine; ***a ~ of cotton*** o ***a cotton ~*** un rocchetto di cotone; ***a three-~ film*** un film di tre pizze ◆ ***off the ~*** AE senza posa *o* tutto d'un fiato.
2.reel /riːl/ **I** tr. *(wind onto reel)* bobinare [*cotton*] **II** intr. *(sway)* [*person*] vacillare, barcollare; ***he ~ed across the room*** attraversò la stanza barcollando; ***the blow sent him ~ing*** il colpo lo ha fatto barcollare; ***the news sent him ~ing*** FIG. la notizia lo ha scosso; ***his mind was ~ing at the thought of*** gli girava la testa all'idea di; ***the government is still ~ing after its defeat*** il governo non si è ancora ripreso dopo la sconfitta.
▪ **reel back** [*person*] indietreggiare barcollando.
▪ **reel in** *(in fishing)* tirare su [qcs.] col mulinello.
▪ **reel off: *~ off [sth.]*** dipanare [*thread*]; snocciolare [*list, names*].
▪ **reel out: *~ out [sth.]*** dipanare.
3.reel /riːl/ n. = danza popolare scozzese.
4.reel /riːl/ intr. ballare il reel.
re-elect /ˌriːɪˈlekt/ tr. rieleggere.
▷ **re-election** /ˌriːɪˈlekʃn/ n. rielezione f.; ***to stand for*** BE o ***run for ~*** ripresentarsi (alle elezioni).
reeler /ˈriːlə(r)/ n. in composti ***two-, three-~*** un film di due, tre pizze.
reeling /ˈriːlɪŋ/ agg. **1** *(dizzy)* barcollante, vacillante **2** *(revolving)* vorticoso.
reelingly /ˈriːlɪŋlɪ/ avv. **1** *(dizzily)* con passo barcollante, vacillante **2** *(revolvingly)* vorticosamente.
re-embark /ˌriːɪmˈbɑːk/ **I** tr. reimbarcare **II** intr. reimbarcarsi.
re-embarkation /ˌriːˌembɑːˈkeɪʃn/ n. reimbarco m.
re-emerge /ˌriːɪˈmɜːdʒ/ intr. [*problem*] riemergere; [*person, sun*] riapparire.
re-employ /ˌriːɪmˈplɔɪ/ tr. reimpiegare.
re-enact /ˌriːɪˈnækt/ tr. **1** rappresentare nuovamente [*scene*]; ricostruire [*crime, movements*]; recitare di nuovo [*role*]; ***to be ~ed*** [*scene, drama*] essere nuovamente rappresentato **2** DIR. rimettere in vigore.
re-enactment /ˌriːɪˈnæktmənt/ n. **1** *(of scene, movement)* ricostruzione f. **2** DIR. rimessa f. in vigore.
re-enforce → **2.reinforce.**
re-enforcement → **reinforcement.**
re-engage /ˌriːɪnˈgeɪdʒ/ tr. **1** AMM. riassumere [*employee*] **2** TECN. AUT. ringranare.
re-engagement /ˌriːɪnˈgeɪdʒmənt/ n. **1** AMM. *(of employee)* riassunzione f. **2** TECN. AUT. ringranaggio m.
re-enlist /ˌriːɪnˈlɪst/ **I** tr. **1** MIL. riarruolare [*soldier*] **2** FIG. ***to ~ sb.'s help*** assicurarsi nuovamente l'aiuto di qcn. **II** intr. riarruolarsi.
re-enlistment /ˌriːɪnˈlɪstmənt/ n. MIL. nuovo arruolamento m.
re-enter /ˌriːˈentə(r)/ **I** tr. rientrare in [*room, country etc.*]; ***to ~ the atmosphere*** AER. rientrare nell'atmosfera **II** intr. **1** *(come back in)* [*person, vehicle etc.*] rientrare **2** ***to ~ for*** ripresentarsi a, iscriversi di nuovo a [*competition, exam*].
re-entry /ˌriːˈentrɪ/ n. **1** rientro m. (anche AER.) **2** FIG. *(into politics etc.)* rientro m., ritorno m. (**into** in); ***~ to the political scene*** rientro sulla scena politica **3** INFORM. reintroduzione f.
re-entry point /riːˈentrɪˌpɔɪnt/ n. AER. INFORM. punto m. di rientro.
re-entry visa /riːˈentrɪˌviːzə/ n. visto m. di rientro.
re-equip /ˌriːɪˈkwɪp/ tr. (forma in -ing ecc. **-pp-**) riequipaggiare [*person*]; riattrezzare [*building, room, factory*].
re-equipment /ˌriːɪˈkwɪpmənt/ n. *(of person)* nuovo equipaggiamento m.; *(of building, factory)* nuova attrezzatura f.
re-erect /ˌriːɪˈrekt/ tr. riergere, ricostruire [*building, monument*]; rimontare [*scaffolding*]; rimettere in piedi [*system*].
re-establish /ˌriːɪˈstæblɪʃ/ tr. **1** *(restore)* ristabilire [*contact, order, law*]; rimettere su [*business*] **2** *(reaffirm status of)* riabilitare [*person, party, art form*].
re-establishment /ˌriːɪˈstæblɪʃmənt/ n. **1** *(of order)* ristabilimento m.; *(of business)* ricostituzione f.; *(of dynasty)* restaurazione f. **2** *(restoring of status)* riabilitazione f.; ***his ~ as a great author*** la sua riaffermazione in qualità di grande scrittore.
re-evaluate /riːɪˈvæljʊeɪt/ tr. **1** *(again)* valutare nuovamente **2** *(differently)* riconsiderare.
re-evaluation /riːɪˌvæljʊˈeɪʃn/ n. **1** *(new evaluation)* nuova valutazione f. **2** *(different evaluation)* riconsiderazione f.
1.reeve /riːv/ n. **1** BE STOR. *(king's agent)* = il più alto magistrato reale in una città o provincia; *(on estate)* amministratore m., intendente m. **2** *(in Canada)* presidente m. e f. del consiglio municipale.
2.reeve /riːv/ tr. (pass. **rove, reeved**; p.pass. **reeved**) MAR. passare in un anello, incocciare [*rope*].
re-examination /ˌriːɪgˌzæmɪˈneɪʃn/ n. **1** *(of issue, problem)* riesame m. **2** SCOL. UNIV. ***to present oneself for ~*** [*candidate*] ripresentarsi all'esame **3** DIR. nuovo interrogatorio m.
re-examine /ˌriːɪgˈzæmɪn/ tr. **1** riesaminare [*issue, problem*] **2** *(question)* interrogare di nuovo [*witness, accused, candidate*] (anche DIR.).
re-export /ˌriːɪkˈspɔːt/ tr. riesportare.
re-exportation /ˌriːekspɔːˈteɪʃn/ n. riesportazione f.
▷ **1.ref** /ref/ n. SPORT COLLOQ. (accorc. referee) arbitro m.
▷ **2.ref** /ref/ **I** tr. (forma in -ing ecc. **-ff-**) COLLOQ. arbitrare [*match*] **II** intr. (forma in -ing ecc. **-ff-**) COLLOQ. arbitrare.
3.ref ⇒ reference riferimento (rif.).
reface /riːˈfeɪs/ tr. **1** EDIL. rifare la facciata di [*building*] **2** MECC. rettificare [*metal surface*].
refashion /riːˈfæʃn/ tr. **1** *(remodel)* rimodellare **2** *(fashion anew)* rimodernare.
refection /rɪˈfekʃn/ n. ANT. refezione f., ristoro m.
refectory /rɪˈfektrɪ, ˈrefɪktrɪ/ n. refettorio m.
▶ **refer** /rɪˈfɜː(r)/ **I** tr. (forma in -ing ecc. **-rr-**) **1** *(pass on)* affidare [*task, problem, enquiry, matter*] (**to** a) **2** DIR. rimettere, deferire [*case*] (**to** a); ***to ~ a dispute to arbitration*** sottoporre una controversia ad arbitrato **3** MED. AMM. ***to be ~red to a specialist, to a hospital*** essere mandato da uno specialista, a un ospedale **4** *(direct)* ***to ~ sb. to*** [*person*] indirizzare qcn. in [*department*]; [*critic, text*] rinviare qcn. a [*article, footnote*] **5** ECON. ***the cheque has been ~red*** l'assegno è stato restituito (al traente) perché non può essere onorato **II** intr. (forma in -ing ecc. **-rr-**) **1** *(allude to, talk about)* ***to ~ to*** riferirsi a, parlare di [*person, topic, event*]; ***I wasn't ~ring to you*** non mi stavo riferendo a te **2** *(as name, label)* ***she ~s to him as Bob*** lo chiama Bob; ***this is what I ~ to as our patio*** questa è quella che io definisco la nostra terrazza; ***he's always ~red to as "the secretary"*** viene sempre definito "il segretario"; ***don't ~ to him as an idiot*** non dargli dell'idiota **3** *(signify)* ***to ~ to*** [*number, date, term*] riferirsi a; ***what does this date here ~ to?*** a che cosa si riferisce questa data? **4** *(consult)* [*person*] ***to ~ to*** consultare [*notes, article, system*] **5** *(apply)* ***to ~ to sb., sth.*** rivolgersi a qcn., qcs.; ***this ~s to you in particular*** questo riguarda soprattutto te **6** COMM. ECON. ***"~ to drawer"*** "rivolgersi all'emittente"; ***"~ to bank"*** *(in cash machine)* "rivolgersi alla propria banca".
▪ **refer back: *~ back to*** [*speaker*] ritornare su [*issue*]; ***~ [sth.] back*** rinviare [*matter, decision, question*] (**to** a).
referable /rɪˈfɜːrəbl/ agg. ***~ to*** [*case*] che può essere rimesso a [*court, arbitration*].
▷ **1.referee** /ˌrefəˈriː/ n. **1** SPORT arbitro m. **2** BE *(giving job reference)* referenza f.; ***to act as a ~ for sb.*** fornire delle referenze su qcn.
2.referee /ˌrefəˈriː/ **I** tr. arbitrare [*match*] **II** intr. fare da arbitro, arbitrare.
▶ **1.reference** /ˈrefərəns/ **I** n. **1** *(mention, allusion)* riferimento m. (**to** a), allusione f. (**to** a); ***in a pointed ~ to recent events*** con chiara allusione ai recenti avvenimenti; ***there are three ~s to his son in the article*** suo figlio è menzionato tre volte nell'articolo; ***few ~s are made to*** ci sono pochi riferimenti a **2** *(consultation)* ***to do sth. without ~ to sb., sth.*** fare qcs. senza consultare qcn., qcs.; ***"for ~***

only" *(on library book)* "solo per consultazione"; ***I'll keep this leaflet for future ~*** terrò questo opuscolo, in futuro mi potrebbe servire; ***for future ~, dogs are not allowed*** per il futuro, (sappiate che) è vietato l'ingresso ai cani; ***for easy ~, we recommend the pocket edition*** per una consultazione più facile, consigliamo l'edizione tascabile **3** *(consideration)* ***without ~ to*** senza tenere conto di [*cases, statistics, objectives, needs*] **4** *(allusion)* allusione f. (**to** a); ***to make ~ to sb., sth.*** alludere a qcn., qcs. **5** TIP. *(in book)* rimando m. **6** (anche **~ mark**) segno m. di rinvio, rimando m. **7** COMM. *(on letter, memo)* riferimento m.; ***please quote this ~*** si prega di fare riferimento alla presente **8** *(testimonial)* ***a ~*** le referenze; ***to write*** o ***give sb. a ~*** fornire le referenze a *o* referenziare qcn. **9** *(referee)* referenza f. **10** LING. riferimento m. **11** GEOGR. ***map ~s*** coordinate **II with reference to** in riferimento a; ***with particular, specific ~ to*** particolarmente, specificamente in riferimento a; ***with ~ to your letter, request*** in riferimento alla vostra lettera, richiesta.

2.reference /ˈrefərəns/ tr. fornire le fonti di [*book, article*]; ***the book is not well ~d*** il libro non ha una buona bibliografia.

reference book /ˈrefərənsˌbʊk/ n. opera f. di consultazione.

reference library /ˈrefərənsˌlaɪbrərɪ/ n. biblioteca f. di consultazione.

reference number /ˈrefərənsˌnʌmbə(r)/ n. numero m. di riferimento.

reference point /ˈrefərənsˌpɔɪnt/ n. FIG. punto m. di riferimento.

▷ **referendum** /ˌrefəˈrendəm/ n. (pl. **~s**, **-a**) referendum m.; ***to hold a ~*** indire un referendum.

referent /ˈrefərənt/ n. LING. referente m.

referential /ˌrefəˈrenʃl/ agg. referenziale.

▷ **referral** /rɪˈfɜːrəl/ n. **1** MED. *(person)* = paziente mandato da uno specialista; *(system)* = il mandare un paziente da uno specialista; ***you cannot see a specialist without a ~ from your doctor*** non è possibile farsi vedere da uno specialista senza una richiesta da parte del proprio medico **2** *(of matter, problem)* rinvio m. (**to** a); ***~ to the committee would be time-consuming*** rinviare (la questione) alla commissione richiederebbe troppo tempo.

1.refill /ˈriːfɪl/ n. **1** *(for fountain pen)* cartuccia f.; *(for ballpoint, lighter, perfume)* ricarica f.; *(for pencil)* mina f. di ricambio; *(for album, notebook etc.)* fogli m.pl. di ricambio **2** COLLOQ. *(drink)* ***how about a ~?*** ancora un po'?

2.refill /ˌriːˈfɪl/ **I** tr. ricaricare [*pen, lighter*]; riempire di nuovo [*glass, bottle*] **II** intr. [*tank*] riempirsi di nuovo.

refinancing /ˌriːfaɪˈnænsɪŋ, ˌriːˈfaɪnænsɪŋ/ n. rifinanziamento m.

refine /rɪˈfaɪn/ **I** tr. **1** IND. raffinare [*oil, sugar etc.*] **2** *(improve)* perfezionare [*theory, concept*]; raffinare [*manners*]; affinare [*method, taste, language*] **II** intr. ***to ~ upon*** perfezionare, migliorare.

▷ **refined** /rɪˈfaɪnd/ **I** p.pass. → **refine II** agg. **1** *(cultured)* raffinato, ricercato **2** *(improved)* [*method, model*] raffinato; [*theory, concept*] perfezionato **3** IND. [*oil, sugar etc.*] raffinato; [*metal*] affinato.

refinedly /rɪˈfaɪnɪdlɪ/ avv. raffinatamente.

refinedness /rɪˈfaɪnɪdnɪs/ n. raffinatezza f.

refinement /rɪˈfaɪnmənt/ n. **1** *(elegance)* raffinatezza f.; ***a man of ~*** un uomo raffinato **2** *(refined, reworked version)* *(of plan, joke)* versione f. migliorata **3** *(addition, improvement)* raffinamento m.

refiner /rɪˈfaɪnə(r)/ ♦ ***27*** n. *(of oil, foodstuff)* raffinatore m. (-trice); *(of metal)* affinatore m. (-trice).

refinery /rɪˈfaɪnərɪ/ n. *(for oil, foodstuff)* raffineria f.

refining /rɪˈfaɪnɪŋ/ n. IND. *(of oil, sugar etc.)* raffinazione f.

1.refit /ˈriːfɪt/ n. *(of shop, factory etc.)* rinnovamento m.; *(of ship)* raddobbo m.; ***the ship is under ~*** la nave è in raddobbo.

2.refit /ˌriːˈfɪt/ **I** tr. (forma in -ing ecc. **-tt-**) raddobbare [*ship*]; rinnovare [*shop, factory*]; ***the liner was ~ted as a warship*** la nave di linea è stata trasformata in nave da guerra **II** intr. (forma in -ing ecc. **-tt-**) *(ship)* essere raddobbato.

refitment /ˈriːfɪtmənt/, **refitting** /ˌrɪːˈfɪtɪŋ/ → **1.refit.**

reflate /ˌriːˈfleɪt/ tr. ECON. adottare misure reflazionistiche.

reflation /ˌriːˈfleɪʃn/ n. ECON. reflazione f.

reflationary /ˌriːˈfleɪʃnrɪ, AE -nerɪ/ agg. ECON. [*measure*] reflazionistico; ***to be ~*** adottare una politica di reflazione.

▶ **reflect** /rɪˈflekt/ **I** tr. **1** riflettere (anche FIG.) [*image, face*]; riflettere, rispecchiare (anche FIG.) [*ideas, views, problems*]; ***to be ~ed in sth.*** rispecchiarsi in qcs. (anche FIG.); ***he saw himself, Helen's face ~ed in the mirror*** vide il suo riflesso, il riflesso del viso di Helen nello specchio **2** *(throw back)* riflettere [*light, heat, sound*] **3** *(think)* pensare, dirsi (**that** che); ***"it's my fault," he ~ed*** "è colpa mia," pensava *o* si diceva **II** intr. **1** *(think)* riflettere (**on, upon** su) **2** ***to ~ well on sb.*** fare onore a qcn. *o* essere motivo di vanto per qcn.; ***to ~ badly on sb.*** tornare a discredito di qcn. *o* disonorare qcn.; ***her behaviour ~s well on her parents*** il suo comportamento fa onore ai suoi genitori; ***how is this going to ~ on the school?*** che ripercussioni avrà sulla scuola?

reflectance /rɪˈflektəns/ n. FIS. riflettenza f.

reflecting /rɪˈflektɪŋ/ agg. riflettente.

reflection /rɪˈflekʃn/ n. **1** *(image)* riflesso m., immagine f. riflessa (**of** di) (anche FIG.) **2** *(thought)* riflessione f.; ***on ~*** riflettendoci (bene); ***lost in ~*** assorto nelle proprie riflessioni *o* nei propri pensieri; ***this is a time for ~*** occorre una pausa di riflessione *o* è il momento di riflettere **3** *(idea)* riflessione f., pensiero m. (**on** su); *(remark)* osservazione f. (**that** che); ***the ~ that*** il pensiero *o* l'idea che **4** *(criticism)* ***it is a sad ~ on our society that...*** va a demerito della nostra società che...; ***no ~ on you, but...*** non per criticarvi, ma...

reflective /rɪˈflektɪv/ agg. **1** *(thoughtful)* [*mood*] pensieroso; [*person*] riflessivo, meditabondo; [*style, piece of music, passage*] riflessivo **2** *(which reflects light, heat)* [*material, strip, surface*] riflettente.

reflectively /rɪˈflektɪvlɪ/ avv. riflessivamente.

reflectiveness /rɪˈflektɪvnɪs/ n. *(thoughtfulness)* riflessività f., ponderatezza f.

reflector /rɪˈflektə(r)/ n. **1** *(on vehicle)* catarifrangente m. **2** *(of light, heat)* riflettore m.

▷ **1.reflex** /ˈriːfleks/ **I** n. riflesso m. (anche FISIOL.) **II** agg. **1** riflesso (anche FISIOL.); ***a ~ action*** un (atto) riflesso **2** MAT. [*angle*] concavo **3** FIS. [*light, heat*] riflesso.

2.reflex /rɪˈfleks/ tr. RAR. **1** *(reflect)* riflettere **2** *(bend back)* piegare all'indietro.

reflex camera /ˈriːfleksˌkæmrə, -ˌkæmərə/ n. macchina f. (fotografica) reflex, reflex m. e f.

reflexed /rɪˈflekst/ **I** p.pass. → **2.reflex II** agg. riflesso.

reflexibility /ˌrɪfleksɪˈbɪlətɪ/ n. riflessibilità f.

reflexion → **reflection.**

reflexive /rɪˈfleksɪv/ **I** n. LING. **1** (anche **~ verb**) (verbo) riflessivo m. **2** (anche **~ form**) forma f. riflessiva; ***in the ~*** al riflessivo *o* nella forma riflessiva **II** agg. LING. riflessivo.

reflexively /rɪˈfleksɪvlɪ/ avv. LING. al riflessivo.

reflexive verb /rɪˌfleksɪvˈvɜːb/ n. (verbo) riflessivo m.

reflexivity /ˌrɪflekˈsɪvətɪ/ n. LING. riflessività f.

reflexologist /ˌriːflekˈsɒlədʒɪst/ ♦ ***27*** n. riflessologo m. (-a).

reflexology /ˌriːflekˈsɒlədʒɪ/ n. riflessologia f.

reflexotherapy /ˌrɪfleksəʊˈθerəpɪ/ n. riflessoterapia f.

refloat /ˌriːˈfləʊt/ **I** tr. MAR. ECON. riportare a galla **II** intr. MAR. tornare a galla.

refluent /ˈreflʊənt/ agg. refluo.

reflux /ˈriːflʌks/ n. riflusso m.

reforest /riːˈfɒrɪst/ tr. (ri)forestare, rimboschire, afforestare.

reforestation /ˌriːfərəˈsteɪʃn/ n. (ri)forestazione f., rimboschimento m., afforestamento m.

▶ **1.reform** /rɪˈfɔːm/ **I** n. riforma f. **II** modif. [*programme, movement*] di riforma.

▶ **2.reform** /rɪˈfɔːm/ **I** tr. riformare **II** intr. riformarsi.

re-form /ˌriːˈfɔːm/ **I** tr. riformare, ricostituire; MIL. rimettere in formazione [*troops*] **II** intr. **1** MUS. [*group*] riformarsi **2** MIL. [*troops*] rimettersi in formazione.

reformable /ˌriːˈfɔːməbl/ agg. riformabile.

reformat /ˌriːˈfɔːmæt/ tr. (forma in -ing ecc. **-tt-**) INFORM. riformattare.

reformation /ˌrefəˈmeɪʃn/ **I** n. *(of system, person)* riforma f. **II Reformation** n.pr. RELIG. Riforma f.

reformational /ˌrefəˈmeɪʃənəl/ agg. di riforma.

reformative /rɪˈfɔːmətɪv/ agg. riformativo.

reformatory /rɪˈfɔːmətrɪ, AE -tɔːrɪ/ n. riformatorio m.

reformed /rɪˈfɔːmd/ **I** p.pass. → **2.reform II** agg. **1** [*state, system*] riformato; [*criminal*] riabilitato; ***he's a ~ character*** ha messo la testa a posto **2** *(in Protestantism)* riformato; ***~ Judaism*** ebraismo riformato.

▷ **reformer** /rɪˈfɔːmə(r)/ n. riformatore m. (-trice).

reformist /rɪˈfɔːmɪst/ **I** n. riformista m. e f. **II** agg. riformistico.

Reform Judaism /rɪˈfɔːmˌdʒuːdeɪˌɪzəm/ n. ebraismo m. riformato.

reform school /rɪˈfɔːmˌskuːl/ n. AE riformatorio m., casa f. di correzione.

reformulate /ˌriːˈfɔːmjʊˌleɪt/ tr. riformulare.

reformulation /ˌriːfɔːmjʊˈleɪʃn/ n. riformulazione f.

refract /rɪˈfrækt/ tr. FIS. rifrangere.

refracting telescope /rɪˈfræktɪŋˌtelɪskəʊp/ n. (telescopio) rifrattore m., telescopio m. diottrico.

refraction /rɪˈfrækʃn/ n. FIS. rifrazione f.

refractional /rɪˈfrækʃənəl/ agg. FIS. relativo a rifrazione.
refractive /rɪˈfræktɪv/ agg. FIS. rifrangente; ~ ***index*** indice di rifrazione.
refractivity /rɪˌfrækˈtɪvətɪ/ n. FIS. rifrattività f.
refractor /rɪˈfræktə(r)/ n. FIS. *(substance)* sostanza f. rifrangente; *(object)* rifrattore m.
refractorily /rɪˈfræktərɪlɪ/ avv. refrattariamente.
refractoriness /rɪˈfræktərɪnɪs/ n. *(all contexts)* refrattarietà f.
refractory /rɪˈfræktərɪ/ agg. *(all contexts)* refrattario.
▷ **1.refrain** /rɪˈfreɪn/ n. **1** MUS. LETTER. refrain m., ritornello m. **2** FIG. ritornello m.
▷ **2.refrain** /rɪˈfreɪn/ intr. trattenersi; ***to ~ from doing*** trattenersi *o* astenersi dal fare; ***to ~ from comment*** astenersi da ogni commento; ***he could not ~ from saying*** non è riuscito a trattenersi dal dire; ***please ~ from smoking*** FORM. si prega di non fumare.
refrangibility /rɪˌfrændʒɪˈbɪlətɪ/ n. rifrangibilità f.
refrangible /rɪˈfrændʒəbl/ agg. rifrangibile.
refresh /rɪˈfreʃ/ **I** tr. **1** *(invigorate)* [*bath*] rinfrescare, ristorare; [*cold drink*] rinfrescare, dissetare; [*hot drink, holiday, rest*] ristorare; ***to feel ~ed*** sentirsi rinfrescato *o* ristorato **2** *(renew)* rinnovare [*image, design*]; ***to ~ sb.'s memory*** rinfrescare la memoria a qcn. **3** INFORM. aggiornare [*Internet document*] **II** rifl. ***to ~ oneself*** *(with rest)* riposarsi, ristorarsi; *(with bath, beer)* rinfrescarsi.
refresher /rɪˈfreʃə(r)/ n. BE DIR. onorario m. supplementare.
refresher course /rɪˈfreʃəkɔːs/ n. corso m. di aggiornamento.
▷ **refreshing** /rɪˈfreʃɪŋ/ agg. **1** *(invigorating)* [*shower, breeze*] rinfrescante; [*drink*] dissetante; [*sleep, rest*] ristoratore **2** *(novel)* [*humour, outlook, insight, theme*] originale; ***it is ~ to see, to hear etc.*** fa piacere vedere, sentire ecc.; ***it makes a ~ change*** è un piacevole cambiamento.
refreshingly /rɪˈfreʃɪŋlɪ/ avv. piacevolmente.
▷ **refreshment** /rɪˈfreʃmənt/ **I** n. *(rest)* riposo m.; *(food, drink)* ristoro m.; ***to stop for ~*** fermarsi a mangiare, bere qualcosa **II refreshments** n.pl. *(drinks)* rinfreschi m.; ***light ~s*** *(on journey)* pasto leggero; ***~s will be served*** *(at gathering)* ci sarà un rinfresco.
refreshment bar /rɪˈfreʃməntˌbɑː(r)/, **refreshment stall** /rɪˈfreʃməntˌstɔːl/, **refreshment stand** /rɪˈfreʃməntˌstænd/ n. buffet m., posto m. di ristoro.
refreshments tent /rɪˈfreʃməntsˌtent/ n. tendone m. dei rinfreschi.
refrigerant /rɪˈfrɪdʒərənt/ **I** agg. **1** TECN. EL. refrigerante **2** MED. *(allaying inflammation)* refrigerante; *(allaying fever)* antipiretico **II** n. **1** TECN. EL. refrigerante m. **2** MED. *(allaying inflammation)* farmaco m. refrigerante; *(allaying fever)* antipiretico m.
refrigerate /rɪˈfrɪdʒəreɪt/ tr. refrigerare.
refrigerated /rɪˈfrɪdʒəreɪtɪd/ **I** p.pass → **refrigerate II** agg. [*product*] da frigo; [*transport*] frigorifero; ***"keep ~"*** "conservare in frigorifero".
refrigeration /rɪˌfrɪdʒəˈreɪʃn/ **I** n. refrigerazione f.; ***under ~*** refrigerato **II** modif. [*equipment*] frigorifero; ***~ engineer*** frigorista.
▷ **refrigerator** /rɪˈfrɪdʒəreɪtə(r)/ **I** n. *(appliance)* frigorifero m.; *(room)* cella f. frigorifera **II** modif. [*truck, wagon*] frigorifero.
refrigeratory /rɪˈfrɪdʒərətrɪ, AE -tɔːrɪ/ agg. refrigerante.
refringent /rɪˈfrɪndʒənt/ agg. rifrangente.
reft /reft/ pass., p.pass. → **reave**.
refuel /ˌriːˈfjʊəl/ **I** tr. (forma in -ing ecc. **-ll-** BE, **-l-** AE) fare benzina a [*car*]; rifornire di carburante [*plane, boat*]; FIG. alimentare [*fears, speculation*] **II** intr. (forma in -ing ecc. **-ll-** BE, **-l-** AE) fare benzina, rifornirsi di carburante.
refuelling BE, **refueling** AE /ˌriːˈfjʊəlɪŋ/ n. rifornimento m. di carburante; ***~ stop*** AER. scalo di rifornimento.
▷ **refuge** /ˈrefjuːdʒ/ n. **1** *(protection)* rifugio m. (**from** da); ***to take ~ from*** mettersi al riparo da [*danger, people*]; ripararsi da [*weather*]; ***to take ~ in*** rifugiarsi in [*place, drink, drugs*]; ***to seek, to find ~*** *(from danger, people)* cercare, trovare rifugio; *(from weather)* cercare, trovare riparo **2** *(hostel)* rifugio m.
▷ **refugee** /ˌrefjʊˈdʒiː, AE ˈrefjʊdʒiː/ **I** n. rifugiato m. (-a), profugo m. (-a) (**from** da) **II** modif. [*camp*] (di) profughi; [*status*] di rifugiato.
refulgence /rɪˈfʌldʒəns/, **refulgency** /rɪˈfʌldʒənsɪ/ n. LETT. fulgore m., splendore m.
refulgent /rɪˈfʌldʒənt/ agg. LETT. fulgente, splendente.
1.refund /ˈriːfʌnd/ n. rimborso m.; ***to get a ~ on sth.*** farsi rimborsare qcs.; ***did you get a ~?*** sei riuscito a ottenere un rimborso?
2.refund /ˌriːˈfʌnd/ tr. rimborsare [*price, charge, excess paid*]; ***your expenses will be ~ed*** le spese vi saranno rimborsate; ***I took the book back and they ~ed the money*** ho riportato il libro e mi hanno ridato *o* rimborsato i soldi.
3.refund /ˌriːˈfʌnd/ tr. rifinanziare.
refundable /riːˈfʌndəbl/ agg. rimborsabile.
refurbish /ˌriːˈfɜːbɪʃ/ tr. rinnovare, rimettere a nuovo.
refurbishment /ˌriːˈfɜːbɪʃmənt/ n. rinnovo m.
refurnish /ˌriːˈfɜːnɪʃ/ tr. riammobiliare.
refusable /rɪˈfjuːzəbl/ agg. rifiutabile, ricusabile.
▷ **refusal** /rɪˈfjuːzl/ n. **1** *(negative response)* rifiuto m. (**to do** di fare); ***his ~ of aid*** il suo rifiuto di essere aiutato; ***her ~ to accept*** il suo rifiuto di (accettare) [*situation, advice etc.*]; ***they saw no grounds for ~*** non vedevano alcun motivo per rifiutare **2** *(to application, invitation)* risposta f. negativa **3** COMM. *(option to refuse)* ***to give sb. first ~*** concedere a qcn. diritto d'opzione *o* di prelazione; ***to give sb. first ~ of sth.*** offrire qcs. a qcn. per primo; ***she has first ~*** ha il diritto d'opzione **4** DIR. ***~ of justice*** diniego di giustizia **5** EQUIT. rifiuto m.
▶ **1.refuse** /rɪˈfjuːz/ **I** tr. **1** rifiutare, rifiutarsi (**to do** di fare); ***to ~ sb. sth.*** rifiutare qcs. a qcn.; ***the bank ~d them the loan*** la banca ha rifiutato loro il prestito; ***I was ~d admittance*** non mi è stato permesso di entrare **2** EQUIT. ***to ~ a fence*** rifiutare un ostacolo **II** intr. **1** rifiutare; ***we asked her for a day off but she ~ed*** le abbiamo chiesto un giorno di ferie, ma non ce l'ha concesso **2** EQUIT. fare un rifiuto.
2.refuse /ˈrefjuːs/ **I** n. BE *(household)* rifiuti m.pl., spazzatura f.; *(industrial)* rifiuti m.pl. industriali; *(garden)* rifiuti m.pl. del giardino **II** modif. [*collection, burning*] dei rifiuti.
refuse bin /ˈrefjuːsˌbɪn/ n. BE bidone m. della spazzatura, pattumiera f.
refuse chute /ˈrefjuːsˌʃuːt/ n. BE condotto m. della pattumiera.
refuse collector /ˈrefjuːskəˌlektə(r)/ ♦ **27** n. BE spazzino m. (-a).
refuse disposal /ˈrefjuːsdɪˌspəʊzl/ n. BE smaltimento m. (dei) rifiuti.
refuse disposal service /ˌrefjuːsdɪˈspəʊzlˌsɜːvɪs/ n. servizio m. di smaltimento (dei) rifiuti.
refuse disposal unit /ˌrefjuːsdɪˈspəʊzlˌjuːnɪt/ n. tritarifiuti m.
refuse dump /ˈrefjuːsˌdʌmp/ n. BE discarica f. pubblica.
refuse lorry /ˈrefjuːsˌlɒrɪ, AE -ˌlɔːrɪ/ n. BE camion m. della nettezza urbana.
refusenik /rɪˈfjuːznɪk/ n. refuznik m.
refuse skip /ˈrefjuːsˌskɪp/ n. BE cassonetto m. dell'immondizia.
refutability /rɪˌfjuːtəˈbɪlətɪ, ˌrefjʊtə-/ n. confutabilità f.
refutable /rɪˈfjuːtəbl, ˈrefjʊtəbl/ agg. confutabile.
refutal /rɪˈfjuːtəl/, **refutation** /ˌrefjuːˈteɪʃn/ n. confutazione f.
refute /rɪˈfjuːt/ tr. confutare.
refuter /rɪˈfjuːtə(r)/ n. confutatore m. (-trice).
Reg /redʒ/ n.pr. diminutivo di **Reginald**.
regain /rɪˈgeɪn/ tr. **1** *(win back)* recuperare, riacquistare [*health, strength, sight, freedom*]; riconquistare [*territory, power, seat*]; ritrovare [*balance, composure*]; riprendere [*title, lead, control*]; recuperare, riguadagnare [*time*]; ***to ~ possession of*** rientrare in possesso di; ***to ~ one's footing*** riprendere l'equilibrio; FIG. riprendere il giro; ***to ~ consciousness*** riprendere conoscenza **2** FORM. *(return to)* riguadagnare [*place*].
regal /ˈriːgl/ agg. regale, regio, reale.
regale /rɪˈgeɪl/ tr. **1** *(entertain)* intrattenere (**with** con) **2** *(delight)* deliziare (**with** con).
regalia /rɪˈgeɪlɪə/ n.pl. *(official)* insegne f.; *(royal)* insegne f. regali; ***in full ~*** in grande pompa (anche SCHERZ.).
regalism /ˈriːgəˌlɪzəm/ n. regalismo m.
regality /rɪˈgælɪtɪ/ n. regalità f.
regally /ˈriːgəlɪ/ avv. regalmente.
Regan /ˈriːgən/ n.pr. Regana.
▷ **1.regard** /rɪˈgɑːd/ **I** n. **1** *(consideration)* riguardo m. (**for** per); ***out of ~ for his feelings*** per riguardo verso i suoi sentimenti; ***without ~ for the rules, human rights*** senza riguardo per le regole, per i diritti dell'uomo **2** *(esteem)* stima f. (**for** per); ***to have little ~ for money*** avere poca considerazione per i soldi; ***to hold sb., sth. in high ~*** o ***to have a high ~ for sb., sth.*** avere molta stima di qcn., qcs. **3** *(connection)* ***with*** o ***in ~ to the question of pay, I would like to say that*** per quanto riguarda la questione della paga, vorrei dire che; ***his attitude, his policy with ~ to minorities*** la sua attitudine, la sua politica riguardo alle minoranze; ***in this ~*** a questo riguardo *o* al riguardo **II regards** n.pl. *(good wishes)* saluti m.; ***kindest*** o ***warmest ~s*** cordiali *o* affettuosi saluti; ***with ~s*** distinti saluti; ***give them my ~s*** salutali da parte mia.
▷ **2.regard** /rɪˈgɑːd/ tr. **1** *(consider)* considerare; ***to ~ sb., sth. as sth.*** considerare qcn., qcs. (come) qcs.; ***he is ~ed as*** è considerato (come); ***to ~ sb., sth. with contempt, dismay*** considerare qcn., qcs. con disprezzo, costernazione; ***to ~ sb. with suspicion*** nutrire *o*

avere sospetti su qcn.; ***her work is very highly ~ed*** il suo lavoro è molto apprezzato; ***they ~ him very highly*** lo stimano molto **2** FORM. *(respect)* tenere conto di; ***without ~ing our wishes*** senza tenere conto dei nostri desideri **3** *(look at)* ***to ~ sb., sth. closely*** considerare qcn., qcs. con attenzione **4** FORM. *(concern)* riguardare **5** **as regards** per quanto riguarda; ***as ~s the question of pay, I would like to point out that*** per quanto riguarda la questione della paga, vorrei fare notare che.

regardant /rɪˈgɑːdənt/ agg. ARALD. che guarda indietro, volto a guardare indietro.

regardful /rɪˈgɑːdfl/ agg. FORM. riguardoso (**of** verso); attento (**of** a).

regardfully /rɪˈgɑːdfəlɪ/ avv. con riguardo, riguardosamente.

regardfulness /rɪˈgɑːdfəlnɪs/ n. (l')essere riguardoso.

▶ **regarding** /rɪˈgɑːdɪŋ/ prep. riguardo a, (in) quanto a.

regardless /rɪˈgɑːdlɪs/ **I** prep. ***~ of cost, of age, of colour*** senza badare al prezzo, all'età, al colore; ***~ of the weather, the outcome*** qualunque tempo faccia, qualunque sia il risultato **II** avv. [*continue, press on*] malgrado tutto.

regardlessness /rɪˈgɑːdlɪsnɪs/ n. noncuranza f., indifferenza f.

regatta /rɪˈgætə/ n. regata f.

regency /ˈriːdʒənsɪ/ **I** n. POL. STOR. reggenza f.; ***the Regency*** *(in France)* la Reggenza; *(in Great Britain)* il periodo della reggenza (di Giorgio IV) **II Regency** modif. [*style, furniture*] regency.

regenerate /rɪˈdʒenəreɪt/ **I** tr. rigenerare **II** intr. rigenerarsi.

regeneration /rɪˌdʒenəˈreɪʃn/ n. *(economic, political etc.)* rigenerazione f.; *(urban)* restauro m.

regenerative /rɪˈdʒenərətɪv/ agg. rigenerativo.

regenerator /rɪˈdʒenəreɪtə(r)/ n. rigeneratore m. (-trice).

regent /ˈriːdʒənt/ n. **1** POL. STOR. reggente m. e f. **2** AE UNIV. = membro del consiglio di facoltà di un'università statale.

reggae /ˈregeɪ/ n. reggae m.

Reggie /ˈredʒɪ/ n.pr. diminutivo di **Reginald**.

regicidal /redʒɪˈsaɪdl/ agg. regicida.

regicide /ˈredʒɪsaɪd/ n. **1** *(act)* regicidio m. **2** *(person)* regicida m. e f.

regime, régime /reɪˈʒiːm, ˈreʒiːm/ n. **1** POL. regime m.; ***~ change*** cambio di regime **2** MED. FORM. regime m.; ***to be on a ~*** essere a regime.

regimen /ˈredʒɪmen/ n. MED. FORM. regime m.

▷ **1.regiment** /ˈredʒɪmənt/ n. MIL. reggimento m. (anche FIG.).

2.regiment /ˈredʒɪmənt/ tr. MIL. irreggimentare (anche FIG.).

regimental /ˌredʒɪˈmentl/ **I** agg. [*colours, band*] reggimentale **II regimentals** n.pl. uniforme f.sing.

Regimental Sergeant-Major /redʒɪˌmentlˌsɑːdzəntˈmeɪdʒə(r)/ ♦ *23* n. = sottufficiale con funzioni simili a quelle del maresciallo maggiore aiutante.

regimentation /ˌredʒɪmenˈteɪʃn/ n. irreggimentazione f.

regimented /ˈredʒɪmentɪd/ **I** p.pass. → **2.regiment II** agg. irreggimentato, sottoposto a una rigida disciplina.

1.Regina /rəˈdʒaɪnə/ n. BE DIR. ***~ v Jones*** la Regina contro Jones.

2.Regina /rəˈdʒiːnə/ n.pr. Regina.

Reginald /rəˈdʒɪnld/ n.pr. Reginaldo.

▶ **region** /ˈriːdʒən/ **I** n. **1** GEOGR. regione f., zona f.; ***in the Oxford ~*** nella zona di Oxford; ***in the ~s*** BE in provincia; ***the lower ~s*** EUFEM. gli inferi **2** FISIOL. ***in the back, the shoulder ~*** nella regione dorsale, delle spalle **II in the region of** intorno a, all'incirca; ***(somewhere) in the ~ of £ 300*** intorno alle 300 sterline *o* all'incirca, sulle 300 sterline.

▶ **regional** /ˈriːdʒənl/ agg. regionale.

regional council /ˌriːdʒənlˈkaʊnsl/ n. AMM. *(in Scotland)* consiglio m. regionale.

regional development /ˌriːdʒənldɪˈveləpmənt/ n. IND. sviluppo m. del territorio.

regionalism /ˈriːdʒənəlɪzəm/ n. regionalismo m.

regionalist /ˈriːdʒənəlɪst/ **I** agg. regionalista **II** n. regionalista m. e f.

▶ **1.register** /ˈredʒɪstə(r)/ n. **1** registro m. (anche AMM. COMM.); SCOL. registro m. delle assenze; ***to keep a ~*** tenere la contabilità; ***to enter sth. in a ~*** inserire qcs. in un registro; ***to take the ~*** SCOL. prendere le presenze; ***~ of births, marriages and deaths*** registro di stato civile *o* anagrafe; ***missing persons' ~*** registro delle persone scomparse **2** MUS. LING. INFORM. TIP. registro m.; ***lower, middle, upper ~*** MUS. registro grave, medio, alto **3** AE *(till)* registratore m. di cassa; ***to ring sth. up on the ~*** registrare qcs. sul registratore di cassa.

▶ **2.register** /ˈredʒɪstə(r)/ **I** tr. **1** *(declare officially)* [*member of the public*] dichiarare, registrare, denunciare [*birth, death, marriage*]; registrare [*vehicle*]; consegnare al check in [*luggage*]; depositare [*trademark, patent, invention, complaint*]; fare registrare [*company*]; dichiarare [*firearm*]; ***to ~ a protest*** protestare **2** [*official*] iscrivere, immatricolare [*student*]; registrare [*name, birth, death, marriage, company, firearm, trademark*]; immatricolare [*vehicle*]; ***she has a German--ed car*** ha un'auto immatricolata in Germania; ***to be ~ed (as) disabled, unfit for work*** essere ufficialmente riconosciuto disabile, inabile al lavoro **3** [*measuring instrument*] indicare [*speed, temperature, pressure*]; *(show)* [*person, face, expression*] esprimere [*anger, disapproval, disgust*]; [*action*] dimostrare [*emotion, surprise, relief*]; ***the earthquake ~ed six on the Richter scale*** il terremoto era del sesto grado della scala Richter **4** *(mentally) (notice)* prendere nota, registrare (nella mente); *(realize)* rendersi conto; ***I ~ed (the fact) that he was late*** ho preso mentalmente nota del fatto che fosse in ritardo; ***she suddenly ~ed that*** o ***it suddenly ~ed (with her) that*** improvvisamente si rese conto che **5** *(achieve, record)* [*person, bank, company*] registrare [*loss, gain, victory, success*] **6** mandare [qcs.] per raccomandata [*letter*]; registrare [*luggage*] **7** TECN. [*person, machine*] registrare [*parts*]; ***to be ~ed*** [*parts*] essere regolato *o* registrato **8** TIP. mettere [qcs.] in registro [*printing press*] **II** intr. **1** *(declare oneself officially)* [*person*] *(to vote, for course, school)* iscriversi; *(at hotel)* registrarsi a; *(with police, for national services, for taxes)* farsi recensire (**for** per); *(for shares)* intestare (**for** a); ***to ~ for voting, for a course, for a school*** iscriversi nelle liste elettorali, a un corso, in una scuola; ***to ~ with a doctor, dentist*** iscriversi nella lista dei pazienti di un dottore, di un dentista **2** *(be shown)* [*speed, temperature, earthquake*] essere registrato **3** *(mentally)* ***the enormity of what had happened just didn't ~*** non ci si rendeva conto dell'enormità di quanto era appena successo; ***his name didn't ~ with me*** il suo nome non mi diceva niente **4** TECN. [*parts*] essere regolato, registrato.

▷ **registered** /ˈredʒɪstəd/ **I** p.pass. → **2.register II** agg. **1** [*voter*] iscritto; [*vehicle*] immatricolato; [*charity*] riconosciuto; [*student*] immatricolato, iscritto; [*firearm*] dichiarato; [*company*] registrato, iscritto nel registro delle società; [*shares, securities, debentures*] ECON. nominativo; [*design, invention*] depositato; [*childminder*] autorizzato; ***to be ~ (as) disabled, blind*** essere ufficialmente riconosciuto disabile, non vedente; ***a ~ drug addict*** un tossicodipendente che segue un programma di disintossicazione **2** [*letter*] *(uninsured)* raccomandato; *(insured)* assicurato; [*luggage*] registrato.

registered general nurse /ˌredʒɪstədˌdʒenrəlˈnɜːs/ n. BE infermiere m. (-a) professionale.

registered nurse /ˌredʒɪstədˈnɜːs/ n. AE infermiere m. (-a) professionale.

registered post /ˌredʒɪstədˈpəʊst/ n. *(service)* posta m. raccomandata; ***by ~*** *(uninsured)* per raccomandata; *(insured)* per assicurata.

registered shareholder /ˌredʒɪstədˈʃeəˌhəʊldə(r)/ n. intestatario m. (-a) di azioni.

registered trademark /ˌredʒɪstədˈtreɪdmɑːk/ n. marchio m. registrato, depositato.

register office /ˈredʒɪstərˌɒfɪs, AE -ˌɔːf-/ n. → **registry office**.

registrable /ˈredʒɪstrəbl/ agg. registrabile.

registrant /ˈredʒɪstrənt/ n. chi registra.

registrar /ˌredʒɪsˈtrɑː(r), ˈredʒ-/ ♦ *27* n. **1** BE AMM. ufficiale m. e f. dell'anagrafe **2** UNIV. responsabile m. e f. della segreteria **3** BE MED. (medico) specializzando m. **4** BE DIR. cancelliere m.

Registrar of Companies /ˌredʒɪstrɑːrɒvˈkʌmpənɪz/ n. COMM. conservatore m. del registro delle società.

▷ **registration** /ˌredʒɪˈstreɪʃn/ n. **1** *(of person) (for course, institution)* iscrizione f.; *(for taxes)* dichiarazione f.; *(for national service)* arruolamento m.; *(of trademark, patent)* deposito m.; *(of firearm)* dichiarazione f.; *(of birth, death, marriage)* denuncia f.; *(of company, luggage)* registrazione f. **2** *(entry in register)* registrazione f. **3** AUT. (anche **~ document**) libretto m. di circolazione.

registration form /redʒɪˈstreɪʃnˌfɔːm/ n. modulo m. d'iscrizione.

registration number /redʒɪˈstreɪʃnˌnʌmbə(r)/ n. numero m. d'immatricolazione, numero m. di targa.

registration plate /redʒɪˈstreɪʃnˌpleɪt/ n. targa f. di circolazione.

▷ **registry** /ˈredʒɪstrɪ/ n. **1** BE *(in church, university)* ufficio m. dei registri **2** MAR. immatricolazione f.

registry office /ˈredʒɪstrɪˌɒfɪs, AE -ˌɔːf-/ n. BE ufficio m. di stato civile, ufficio m. anagrafico, anagrafe f.; ***to get married in a ~*** sposarsi in municipio *o* civilmente; ***a ~ wedding*** un matrimonio civile.

regius professor /ˌriːdʒɪəsprəˈfesə(r)/ n. BE UNIV. professore m. regio.

regnal /ˈregnl/ agg. di, del regno.

regnant /ˈregnənt/ agg. regnante.

regorge /rɪ'gɔ:dʒ/ **I** tr. FORM. rigurgitare **II** intr. FORM. rigurgitare, rifluire (**into** in).
regrate /ri'greɪt/ tr. accaparrare, fare incetta di.
regrating /ri'greɪtɪŋ/ n. accaparramento m., incetta f.
1.regress /'ri:gres/ n. regresso m., retrocessione f.
2.regress /rɪ'gres/ intr. BIOL. PSIC. regredire (**to** a, allo stadio di); FIG. [*civilization, economy*] regredire; ***to ~ to childhood*** regredire allo stadio infantile.
regression /rɪ'greʃn/ n. *(all contexts)* regressione f.
regressive /rɪ'gresɪv/ agg. **1** BIOL. PSIC. regressivo **2** SPREG. [*behaviour, measure, policy*] retrogrado; [*effects*] regressivo; ***~ tax*** imposta regressiva.
regressively /rɪ'gresɪvlɪ/ avv. regressivamente.
regressiveness /rɪ'gresɪvnɪs/ n. regressività f.
▷ **1.regret** /rɪ'gret/ **I** n. rimpianto m., rammarico m. (**about**, **at** per; **that** che); ***my ~ at*** o ***for having done*** il mio rimpianto di aver fatto; ***to have no ~s about doing*** non rimpiangere di aver fatto; ***to my great ~*** con mio grande rammarico; ***no ~s?*** nessun rimpianto? **II** **regrets** n.pl. *(apologies)* scuse f.
▷ **2.regret** /rɪ'gret/ tr. (forma in -ing ecc. **-tt-**) **1** *(rue)* rimpiangere [*action, decision, remark*]; ***to ~ that*** rimpiangere che; ***to ~ doing*** o ***having done*** rimpiangere di aver fatto; ***to live to ~ sth.*** rimpiangere qcs. per tutta la vita **2** *(feel sad about)* rimpiangere [*absence, lost youth*]; ***I ~ to say that*** mi dispiace dover dire che; ***I ~ to inform you that*** sono spiacente di informarla che; ***it is to be ~ted that*** è deplorevole che.
regretful /rɪ'gretfl/ agg. [*air, glance, smile*] pieno di rimpianto; ***to be ~ about sth.*** rimpiangere qcs.
regretfully /rɪ'gretfəlɪ/ avv. **1** *(with sadness)* [*abandon, accept, decide*] con rincrescimento; [*announce, smile, wave*] con rimpianto **2** *(unfortunately)* purtroppo, malauguratamente.
regretfulness /rɪ'gretfəlnɪs/ n. (il) rimpiangere, rimpianto m.
regrettable /rɪ'gretəbl/ agg. deplorevole, spiacevole; ***it is ~ that*** è deplorevole che.
regrettably /rɪ'gretəblɪ/ avv. **1** *(sadly)* malauguratamente, purtroppo; ***~ for him*** purtroppo per lui **2** *(very)* [*low, slow, weak*] deplorevolmente.
regroup /ˌri:'gru:p/ **I** tr. raggruppare, radunare di nuovo **II** intr. raggrupparsi di nuovo.
regrouping /ˌri:'gru:pɪŋ/ n. raggruppamento m.
regt ⇒ regiment reggimento (rgt.).
regulable /'regjʊləbl/ agg. regolabile.
▶ **regular** /'regjʊlə(r)/ **I** agg. **1** *(fixed, evenly arranged in time or space)* regolare; ***at ~ intervals*** a intervalli regolari; ***on a ~ basis*** regolarmente; ***to keep ~ hours*** osservare orari regolari; ***to be ~ in one's habits*** essere abitudinario; ***~ features*** tratti regolari; ***~ income*** reddito fisso; ***to take ~ exercise*** allenarsi regolarmente **2** *(usual)* [*activity, customer, offender, partner, visitor*] abituale; [*dentist, doctor, time*] solito; COMM. [*price, size*] normale; ***I am a ~ listener to your programme*** ascolto regolarmente il vostro programma *o* sono un vostro fedele ascoltatore **3** *(constant)* [*job*] regolare; ***to be in ~ employment*** avere un impiego fisso; ***in ~ use*** costantemente utilizzato **4** BE AMM. MIL. [*army, army officer, soldier*] regolare; [*policeman*] di carriera; [*staff*] effettivo **5** MED. [*breathing, pulse, heartbeat*] regolare; ***to have ~ bowel movements*** andare di corpo regolarmente **6** *(honest)* [*procedure, method*] regolare **7** LING. [*verb, conjugation, declension etc.*] regolare **8** COLLOQ. *(thorough)* vero e proprio; ***he's a ~ crook*** è un furfante matricolato **9** AE COLLOQ. *(nice)* ***he's a ~ guy*** è un tipo a posto **II** n. **1** *(habitual client)* cliente m. e f. abituale, cliente m. e f. fisso (-a), assiduo (-a); *(habitual visitor etc.)* frequentatore m. (-trice) abituale, assiduo (-a) **2** BE MIL. soldato m. permanente, di carriera **3** AE *(petrol)* benzina f. normale **4** AE SPORT *(team member)* titolare m. e f. **5** AE POL. *(person loyal to party)* fedele m. e f.
regularity /ˌregjʊ'lærətɪ/ n. regolarità f.; ***with unfailing ~*** con perfetta regolarità.
regularization /ˌregjʊləraɪ'zeɪʃn, AE -rɪ'z-/ n. regolarizzazione f.
regularize /'regjʊləraɪz/ tr. regolarizzare.
▷ **regularly** /'regjʊləlɪ/ avv. regolarmente.
▷ **regulate** /'regjʊleɪt/ tr. **1** *(control)* regolare [*behaviour, lifestyle, activity, tendency*]; controllare, regolamentare [*money supply*]; regolamentare [*traffic, use*] **2** *(adjust)* regolare, mettere a punto [*mechanism, temperature, pressure, flow, speed*].
regulated /'regjʊleɪtɪd/ **I** p.pass. → **regulate** **II** agg. in composti ***well-~*** ben regolato; ***state-~*** sotto il controllo statale.
regulated market economy /ˌregjʊleɪtɪdˌmɑ:kɪtɪ'kɒnəmɪ/ n. economia f. pianificata.
regulated tenancy /ˌregjʊleɪtɪd'tenənsɪ/ n. BE equo canone m.
▶ **regulation** /ˌregjʊ'leɪʃn/ **I** n. **1** *(rule) (for safety, fire)* norma f.; *(for discipline)* regolamento m.; *(legal requirements)* disposizione f. (**for** per); ***a set of ~s*** una serie di norme; ***building ~s*** regolamento edilizio; ***college, school ~*** regolamento universitario, scolastico; ***EEC ~s*** regolamento comunitario; ***fire ~s*** *(laws)* norme antincendio; *(instructions)* istruzioni in caso d'incendio; ***government ~s*** norme governative; ***safety ~s*** norme di sicurezza; ***traffic ~s*** regolamentazione del traffico; ***under the (new) ~s*** secondo il (nuovo) regolamento *o* le (nuove) disposizioni; ***against*** o ***contrary to the ~s*** contrario al regolamento *o* alle norme; ***to meet the ~s*** [*person, company*] conformarsi alle norme; [*equipment, conditions etc.*] essere conforme alla regolamentazione **2** *(act or process of controlling)* regolamentazione f., controllo m. (**of** di); ***to free sth. from excessive ~*** liberare qcs. da un controllo eccessivo **II** modif. *(legal)* [*width, length etc.*] regolamentare; SCHERZ. *(standard)* [*garment*] di rigore.
regulative /'regjʊlətɪv/ → **regulatory**.
▷ **regulator** /'regjʊleɪtə(r)/ n. **1** *(device)* regolatore m. **2** *(person)* chi regola, regolatore m. (-trice) **3** ECON. regolatore m.
regulatory /'regjʊleɪtrɪ, AE -tɔ:rɪ/ agg. regolatore.
reguli /'regjʊlaɪ/ → **regulus**.
regulo® /'regjʊləʊ/ n. (pl. **~**, **~s**) BE = regolatore di temperatura per forni a gas.
regulus /'regjʊləs/ n. (pl. **~es**, **-i**) ZOOL. METALL. regolo m.
regurgitate /rɪ'gɜ:dʒɪteɪt/ tr. [*animal, person*] rigurgitare; [*drain, pipe*] rigurgitare, rifluire; [*machine*] restituire; FIG. SPREG. ripetere meccanicamente, pedestremente [*facts, opinions, lecture notes*].
regurgitation /rɪˌgɜ:dʒɪ'teɪʃn/ n. rigurgito m.; FIG. SPREG. ripetizione f. meccanica.
rehab /'ri:hæb/ n. AE (accorc. rehabilitation) riabilitazione f.
rehabilitate /ˌri:ə'bɪlɪteɪt/ tr. **1** *(medically)* riabilitare; *(to society)* reinserire [*handicapped person, ex-prisoner*]; riabilitare [*addict, alcoholic*] **2** *(reinstate)* riabilitare (anche POL.) **3** *(restore)* riabilitare, restaurare [*building, area*]; risanare [*environment*]; ***~d building*** AE edificio ristrutturato.
▷ **rehabilitation** /ˌri:əbɪlɪ'teɪʃn/ **I** n. **1** *(of person) (medical)* riabilitazione f.; *(social)* reinserimento m. **2** *(reinstatement)* riabilitazione f. (anche POL.) **3** *(restoration) (of building, area)* riabilitazione f., restauro m.; *(of environment)* risanamento m. **II** modif. [*course, programme*] *(for the handicapped)* di riabilitazione; *(for alcoholics etc.)* di reinserimento.
rehabilitation centre BE, **rehabilitation center** AE /ˌri:əbɪlɪ'teɪʃnˌsentə(r)/ n. *(for the handicapped)* centro m. di riabilitazione; *(for addicts etc.)* centro m. di reinserimento.
1.rehash /'ri:hæʃ/ n. SPREG. rimaneggiamento m.
2.rehash /ˌri:'hæʃ/ tr. SPREG. rimaneggiare.
rehear /ˌri:'hɪə(r)/ tr. (pass., p.pass. **reheard**) DIR. riesaminare [*lawsuit*].
rehearing /ˌri:'hɪərɪŋ/ n. DIR. *(of a lawsuit)* riesame m.
▷ **rehearsal** /rɪ'hɜ:sl/ n. **1** TEATR. prova f. (**of** di) (anche FIG.); ***in ~*** durante le prove **2** FORM. *(of facts, grievances)* ripetizione f., enumerazione f.
rehearsal call /rɪ'hɜ:slˌkɔ:l/ n. chiamata f. in scena (per le prove).
rehearse /rɪ'hɜ:s/ **I** tr. **1** TEATR. provare [*scene*]; fare provare a, far fare le prove a [*performer*]; FIG. provare, preparare [*speech, excuse*] **2** FORM. *(recount)* raccontare [*story*]; enumerare [*grievances*] **II** intr. provare, fare le prove (**for** per).
rehearser /rɪ'hɜ:sə(r)/ n. **1** TEATR. chi dirige le prove **2** FORM. chi enumera, ripete.
reheat /ˌri:'hi:t/ tr. riscaldare.
reheel /ri:'hi:l/ tr. ***to have one's shoes ~ed*** farsi rifare i tacchi delle scarpe.
Rehoboam /ˌri:ə'bəʊm/ n.pr. Roboamo.
rehouse /ˌri:'haʊz/ tr. rialloggiare.
rehydrate /ˌri:haɪ'dreɪt/ tr. reidratare.
reification /ˌri:ɪfɪ'keɪʃn/ n. reificazione f.
reify /'ri:ɪˌfaɪ/ tr. reificare.
▷ **1.reign** /reɪn/ n. regno m. (anche FIG.); ***in the ~ of*** durante *o* sotto il regno di [*monarch*]; ***during the ~ of Churchill*** quando Churchill era al potere; ***~ of terror*** FIG. regime di terrore; ***the Reign of Terror*** STOR. il (regno del) Terrore.
▷ **2.reign** /reɪn/ intr. regnare (**over** su) (anche FIG.); ***to ~ supreme*** [*person*] avere il potere supremo; FIG. [*chaos*] regnare sovrano.
reigning /'reɪnɪŋ/ agg. [*monarch*] regnante; [*champion*] in carica.
reimbursable /ˌri:ɪm'bɜ:səbl/ agg. rimborsabile.
reimburse /ˌri:ɪm'bɜ:s/ tr. rimborsare; ***to ~ sb. for sth.*** rimborsare qcs. a qcn. *o* rimborsare qcn. di qcs.
reimbursement /ˌri:ɪm'bɜ:smənt/ n. rimborso m. (**of** di; **for** per).

1.reimport /ˌriːˈɪmpɔːt/ n. reimportazione f.
2.reimport /ˌriːɪmˈpɔːt/ tr. reimportare.
reimportation /ˌriːɪmpɔːˈteɪʃn/ n. → **1.reimport**.
reimpose /ˌriːɪmˈpəʊz/ tr. reimporre.
▷ **1.rein** /reɪn/ n. EQUIT. redine f., briglia f. (anche FIG.); ***to take up, hold the ~s*** prendere, tenere le redini (anche FIG.); ***to keep a horse on a short ~*** tenere le redini corte; ***to keep sb. on a tight ~*** FIG. tenere qcn. sotto stretto controllo; ***to keep a ~ on sth.*** tenere qcs. sotto controllo; ***to give full*** o ***free ~ to*** dare libero sfogo a *o* sbrigliare.
2.rein /reɪn/ tr. **1** EQUIT. imbrigliare, mettere le redini a [*horse*] **2** FIG. frenare, tenere a freno.
■ **rein back:** ~ ***back [sth.]*** **1** fare rinculare [*horse*] **2** FIG. frenare, tenere a freno [*expansion, spending*].
■ **rein in:** ~ ***in [sth.]*** **1** rimettere al passo [*horse*] **2** FIG. contenere, ridurre [*spending, inflation*]; tenere a freno [*person*].
1.reincarnate /ˌriːɪnˈkɑːneɪt/ agg. reincarnato.
2.reincarnate /ˌriːɪnˈkɑːneɪt/ tr. ***to be ~d*** reincarnarsi (**as** in).
reincarnation /ˌriːɪnkɑːˈneɪʃn/ n. reincarnazione f. (**of** di).
reincorporate /ˌriːɪnˈkɔːpəreɪt/ tr. rincorporare.
reindeer /ˈreɪndɪə(r)/ n. (pl. ~, **~s**) renna f.
reindeer moss /ˈreɪndɪəˌmɒs/ n. lichene m. delle renne.
1.reinforce /ˌriːɪnˈfɔːs/ n. RAR. rinforzo m. (anche MIL.).
▷ **2.reinforce** /ˌriːɪnˈfɔːs/ tr. **1** rinforzare, rafforzare (anche MIL. ING.) **2** FIG. rafforzare [*feeling, opinion, prejudice, trend*]; ravvivare [*hopes*]; avvalorare [*argument, theory*]; ***to ~ the belief that*** rafforzare l'opinione che; ***this ~s my belief that*** questo consolida la mia opinione che.
reinforced concrete /ˌriːɪnfɔːstˈkɒŋkriːt/ n. cemento m. armato.
▷ **reinforcement** /ˌriːɪnˈfɔːsmənt/ **I** n. **1** *(action)* rafforzamento m. (**of** di) **2** *(support)* rinforzo m. **II reinforcements** n.pl. MIL. FIG. rinforzi m.; ***to send for ~s*** mandare a chiamare i rinforzi.
reinforcement rod /ˌriːɪnˈfɔːsməntˌrɒd/ n. EDIL. armatura f.
reinsert /ˌriːɪnˈsɜːt/ tr. reinserire.
reinsertion /ˌriːɪnˈsɜːʃn/ n. reinserimento m.
reinstate /ˌriːɪnˈsteɪt/ tr. reintegrare, riassumere [*employee*]; reintegrare [*team*]; ripristinare [*legislation, service*]; rinnovare [*belief*].
reinstatement /ˌriːɪnˈsteɪtmənt/ n. *(of employee)* reintegrazione f., riassunzione f.; *(of legislation, service)* ripristino m.
reinstitute /ˌriːˈɪnstɪtjuːt, AE -tuːt/ tr. ristabilire.
reinsurance /ˌriːɪnˈʃɔːrəns, AE -ˈʃʊər-/ n. riassicurazione f.
reinsure /ˌriːɪnˈʃɔː(r), AE -ˈʃʊə(r)/ tr. riassicurare.
reintegrate /ˌriːˈɪntɪgreɪt/ tr. reintegrare (**into** in).
reintegration /ˌriːɪntɪˈgreɪʃn/ n. reintegrazione f. (**into** in).
reintegrative /ˌriːˈɪntɪgreɪtɪv/ agg. reintegrativo.
reinter /ˌriːɪnˈtɜː(r)/ tr. riseppellire, risotterrare.
reinvent /ˌriːɪnˈvent/ tr. reinventare.
reinvest /ˌriːɪnˈvest/ tr. reinvestire (**in** in).
reinvestment /ˌriːɪnˈvestmənt/ n. reinvestimento m. (**in** in).
reinvigorate /ˌriːɪnˈvɪgəreɪt/ tr. rinvigorire.
reinvigoration /ˌriːɪnvɪgəˈreɪʃn/ n. rinvigorimento m.
1.reissue /ˌriːˈɪʃuː/ n. **1** *(new version) (of book, record, film)* riedizione f. **2** *(act) (in publishing)* ristampa f.; CINEM. riedizione f.
2.reissue /ˌriːˈɪʃuː/ tr. ristampare [*book, record*]; ridistribuire [*film*]; rinnovare [*invitation, warning*]; riemettere [*share certificates*].
reiterate /riːˈɪtəreɪt/ tr. reiterare, ripetere.
reiteration /riːˌɪtəˈreɪʃn/ n. reiterazione f., ripetizione f.
reiterative /riːˈɪtərətɪv/ agg. reiterativo.
reive → **reave**.
1.reject /ˈriːdʒekt/ **I** n. **1** COMM. scarto m. di produzione **2** FIG. ***to be a social ~*** [*person*] essere un reietto *o* un rifiuto della società **II** modif. COMM. [*goods, stock*] di scarto, di seconda scelta.
▶ **2.reject** /rɪˈdjekt/ tr. **1** rigettare, rifiutare, respingere [*advice, request, application, motion*]; rifiutare [*invitation, decision, suggestion*]; respingere [*advances, suitor, candidate, manuscript, claim*]; disconoscere, rifiutare [*child, parent*] **2** MED. TECN. INFORM. PSIC. rigettare.
rejected /rɪˈdjektɪd/ **I** p.pass. → **2.reject II** agg. ***to feel ~*** sentirsi rifiutato.
rejecter /rɪˈdjektə(r)/ n. chi rigetta, respinge.
▷ **rejection** /rɪˈdʒekʃn/ n. **1** rifiuto m.; *(of candidate, manuscript)* rigetto m.; ***to meet with ~*** ricevere un rifiuto; ***to experience ~ as a child*** sentirsi rifiutato da bambino **2** MED. INFORM. TECN. rigetto m.
rejection letter /rɪˈdʒekʃnˌletə(r)/ n. lettera f. di rifiuto.
rejection slip /rɪˈdʒekʃnˌslɪp/ n. *(in publishing)* lettera f. di rifiuto.
reject shop /ˈriːdʒektˌʃɒp/ ⧫ **27** n. = negozio specializzato nella vendita di merci di seconda scelta.

rejig /ˌriːˈdʒɪg/ tr. (forma in -ing ecc. **-gg-**) BE riorganizzare [*plans, timetable*].
rejigger /ˌriːˈdʒɪgə(r)/ AE → **rejig**.
rejoice /rɪˈdʒɔɪs/ **I** tr. gioire; ***to ~ that*** gioire del fatto che **II** intr. gioire (**at, over** per); ***to ~ in*** gioire di [*good news, event*]; ridere per [*joke, story*]; godere di [*freedom, independence*]; ***to ~ in the name of*** IRON. avere l'onore di chiamarsi.
rejoicing /rɪˈdʒɔɪsɪŋ/ **I** n. *(jubilation)* esultanza f., gioia f., giubilo m. **II rejoicings** n.pl. FORM. *(celebrations)* festeggiamenti m.
rejoicingly /rɪˈdʒɔɪsɪŋlɪ/ avv. gioiosamente, allegramente.
1.rejoin /riːˈdʒɔɪn/ tr. **1** *(join again)* riunirsi, ricongiungersi a [*companion*]; ricongiungersi a [*regiment*]; rientrare in [*team, organization*]; [*road*] ricongiungersi a [*coast, route*]; ***to ~ ship*** MAR. risalire a bordo *o* reimbarcarsi **2** *(put back together)* riunire, ricongiungere.
2.rejoin /rɪˈdʒɔɪn/ tr. replicare, ribattere.
rejoinder /rɪˈdʒɔɪndə(r)/ n. replica f. (anche DIR.).
rejuvenate /rɪˈdʒuːvɪneɪt/ **I** tr. ringiovanire (anche FIG.) **II** intr. ringiovanire (anche FIG.).
rejuvenation /rɪˌdʒuːvɪˈneɪʃn/ n. ringiovanimento m. (anche FIG.).
rejuvenesce /rɪˌdʒuːvɪˈnes/ **I** tr. **1** *(rejuvenate)* ringiovanire **2** BIOL. rivitalizzare [*cells*] **II** intr. **1** *(rejuvenate)* ringiovanire **2** BIOL. [*cells*] rivitalizzarsi.
rejuvenescence /rɪˌdʒuːvɪˈnesns/ n. **1** *(rejuvenation)* ringiovanimento m. **2** BIOL. rivitalizzazione f.
rejuvenescent /rɪˌdʒuːvɪˈnesnt/ agg. **1** *(rejuvenating)* che ringiovanisce **2** BIOL. che rivitalizza.
rekindle /ˌriːˈkɪndl/ **I** tr. riaccendere, ravvivare (anche FIG.) **II** intr. [*fire*] riaccendersi; [*emotion*] riaccendersi, ravvivarsi.
relaid /riːˈleɪd/ pass., p.pass. → **3.relay**.
1.relapse /ˈriːlæps/ n. MED. ricaduta f., recidiva f.; FIG. ricaduta f.; ***to have a ~*** avere *o* subire una ricaduta.
2.relapse /rɪˈlæps/ intr. ricadere (**into** in); MED. ricadere, recidivare.
relapsing fever /rɪˌlæpsɪŋˈfiːvə(r)/ n. febbre f. ricorrente.
▷ **relate** /rɪˈleɪt/ **I** tr. **1** *(connect)* ***to ~ sth. and sth.*** mettere qcs. in relazione con qcs.; ***to ~ sth. to sth.*** collegare qcs. a qcs. **2** *(recount)* raccontare [*story*] (**to** a); ***to ~ that, how*** raccontare che, come **II** intr. **1** *(have connection)* ***to ~ to*** riferirsi a; ***the figures ~ to last year*** le cifre si riferiscono allo scorso anno; ***the two things ~*** le due cose sono collegate; ***everything relating to*** o ***that ~s to him*** tutto ciò che ha a che fare con lui **2** *(communicate)* ***to ~ to*** comunicare *o* intendersi con; ***the way children ~ to their teachers*** il rapporto che i bambini hanno con i loro insegnanti; ***to have problems relating (to others)*** avere problemi a rapportarsi (con gli altri) **3** *(respond, identify)* ***to ~ to*** identificarsi con [*idea*]; apprezzare [*music*]; ***I can't ~ to the character*** non mi identifico con quel personaggio; ***I can't ~ to the painting*** il dipinto non mi dice niente; ***I can ~ to that!*** lo posso capire!
▶ **related** /rɪˈleɪtɪd/ **I** p.pass. → **relate II** agg. **1** *(in the same family)* [*person, language*] imparentato (**by, through** per; **to** con); ***we are ~ by marriage*** siamo parenti acquisiti **2** *(connected)* [*subject, matter*] connesso, collegato (**to** a); [*area, evidence, idea, information, incident*] legato (**to** a); [*substance, species, type*] affine, simile (**to** a); ***the murders are ~*** i crimini sono collegati tra di loro; ***plastic and ~ substances*** la plastica e i suoi derivati **3** MUS. relativo **4 -related** in composti legato a; ***drug, work~*** legato alla droga, al lavoro.
relater /rɪˈleɪtə(r)/ n. narratore m. (-trice).
relating /rɪˈleɪtɪŋ/ agg. ~ ***to*** relativo (a), riguardante.
▶ **relation** /rɪˈleɪʃn/ **I** n. **1** *(relative)* parente m. e f.; ***my ~s*** i miei parenti; ***Paul Presley, no ~ to Elvis*** Paul Presley, che non ha niente a che vedere con Elvis *o* che non è parente di Elvis **2** *(connection)* relazione f., rapporto m. (**between** tra; **of** di; **with** con); ***to bear no ~ to*** non avere nulla a che vedere con *o* non avere alcun rapporto con [*reality, truth*] **3** *(story)* relazione f. (**of** di) **4** *(comparison)* ***in ~ to*** in rapporto a; ***with ~ to*** in relazione a *o* per quanto riguarda **5** MAT. relazione f. **II relations** n.pl. **1** *(mutual dealings)* relazioni f. (**between** tra; **with** con); ***to have business ~s with*** avere relazioni commerciali, d'affari con; ***East-West ~s*** le relazioni Est-Ovest **2** EUFEM. *(intercourse)* rapporto m.sing. (sessuale).
relational /rɪˈleɪʃnəl/ agg. LING. INFORM. relazionale.
relational database /rɪˌleɪʃnəlˈdeɪtəbeɪs/ n. database m. relazionale.
relational model /rɪˌleɪʃnəlˈmɒdl/ n. modello m. relazionale.
relational operator /rɪˌleɪʃənlˈɒpəreɪtə(r)/ n. operatore m. relazionale.
▶ **relationship** /rɪˈleɪʃnʃɪp/ n. **1** *(human connection)* relazione f., rapporto m. (**with** con); ***to form ~s*** stabilire legami (**with** con); ***to have a good ~ with*** avere un buon rapporto con; ***a working ~*** un

rapporto di lavoro; ***the superpower*** ~ i rapporti tra le superpotenze; ***a doctor-patient*** ~ una relazione medico-paziente; ***father-son*** ~ rapporti tra padre e figlio; ***an actor's ~ with the audience*** il rapporto di un attore con il suo pubblico **2** *(in a couple)* relazione f. (**between** tra; **with** con); ***sexual*** ~ relazione sessuale; ***are you in a ~?*** hai una relazione con qualcuno *o* sei impegnato? ***we have a good*** ~ abbiamo un bel rapporto **3** *(logical or other connection)* relazione f., rapporto m. (**between** tra; **to, with** con) **4** *(family bond)* parentela f. (**between** tra; **to** con); ***family~s*** legami di parentela.

relatival /ˌrelə'taɪvl/ agg. LING. relativo.

▶ **relative** /'relətɪv/ **I** agg. **1** *(comparative)* [*comfort, ease, happiness, wealth*] relativo; ***he's a ~ stranger*** è poco più di uno sconosciuto; ***the ~ merits of X and Y*** i rispettivi meriti di X e Y; **~ *to*** *(compared to)* relativo a, proporzionale a; ***supply is ~ to demand*** l'offerta è proporzionale *o* varia in relazione alla domanda **2** METROL. TECN. [*density, frequency, value, velocity*] relativo **3** *(concerning)* **~ *to*** relativo a **4** LING. [*pronoun, clause*] relativo **5** MUS. relativo **6** INFORM. relativo **II** n. **1** *(relation)* parente m. e f.; ***my ~s*** i miei parenti **2** LING. relativo m.

▶ **relatively** /'relətɪvlɪ/ avv. [*cheap, easy, high, small*] relativamente; **~ *speaking*** relativamente parlando.

relativeness /'relətɪvnɪs/ n. → **relativity**.

relativism /'relətɪvɪzəm/ n. relativismo m.

relativist /'relətɪvɪst/ **I** n. relativista m. e f. **II** agg. relativista.

relativistic /ˌrelətɪ'vɪstɪk/ agg. FIS. relativistico.

relativity /ˌrelə'tɪvətɪ/ n. relatività f. (**of** di) (anche LING. FIS.); ***the theory of*** ~ la teoria della relatività.

relativize /'relətɪvaɪz/ tr. relativizzare.

relator /rɪ'leɪtə(r)/ n. **1** DIR. denunciante m. e f., istante m. e f. **2** RAR. *(relater)* narratore m. (-trice).

▶ **relax** /rɪ'læks/ **I** tr. allentare [*grip*]; rilassare, decontrarre [*jaw, muscle, limb*]; ridurre, diminuire [*concentration, attention, efforts*]; rilassare [*restrictions, discipline, policy*]; rilassare, distendere [*body, mind*]; stirare [*hair*] **II** intr. **1** *(unwind)* [*person*] rilassarsi, distendersi; ***~!*** rilassati! ***I won't ~ until she arrives*** non starò tranquillo fino a quando non arriverà **2** *(loosen, ease)* [*grip*] allentarsi; [*jaw, muscle, limb*] rilassarsi; [*face, features*] distendersi; [*discipline, policy, restrictions*] rilassarsi; ***her face ~ed into a smile*** il suo viso si distese in un sorriso.

relaxant /rɪ'læksənt/ n. rilassante m., antispastico m.

▷ **relaxation** /ˌriːlæk'seɪʃn/ **I** n. **1** *(recreation)* distensione f., relax m.; ***it's a form of*** ~ è un modo per distendersi; ***her only (form of)*** ~ il suo unico relax; ***what do you do for ~?*** che cosa fai per rilassarti, distenderti? **2** *(loosening, easing)* *(of grip)* allentamento m.; *(of jaw, muscle)* decontrazione f., rilassamento m.; *(of efforts, concentration)* diminuzione f.; *(of restrictions, discipline, policy)* rilassamento m. (**in** di); *(of body, mind)* distensione f., rilassamento m. **II** modif. [*exercises, technique, session*] di rilassamento.

▷ **relaxed** /rɪ'lækst/ **I** p.pass. → **relax II** agg. [*person, manner, atmosphere, discussion*] rilassato; [*muscle*] rilassato, disteso; ***he's quite ~ about it*** è abbastanza tranquillo al riguardo.

relaxer /rɪ'læksə(r)/ n. = acido per stirare i capelli.

relaxin /rɪ'læksɪn/ n. rilassina f.

▷ **relaxing** /rɪ'læksɪŋ/ agg. [*atmosphere, activity, evening*] rilassante; [*period, vacation*] riposante, rilassante.

▷ **1.relay** /'riːleɪ/ **I** n. **1** *(shift)* *(of workers)* turno m.; *(of horses)* muta f.; ***to work in ~s*** [*rescue workers*] lavorare a turno, fare turni di lavoro; [*employees*] fare i turni **2** RAD. TELEV. trasmissione f. **3** (anche **~ race**) corsa f. a staffetta **4** EL. relè m., relais m. **II** modif. SPORT **~ *team*** staffetta; **~ *runner*** staffettista.

▷ **2.relay** /'riːleɪ, rɪ'leɪ/ tr. (pass., p.pass. **relayed**) RAD. TELEV. trasmettere (**to** a); FIG. trasmettere, inoltrare [*message, question*] (**to** a).

3.relay /riː'leɪ/ tr. (pass., p.pass. **relaid**) posare di nuovo [*carpet*].

relay station /'riːleɪˌsteɪʃn/ n. RAD. TELEV. radioripetitore m., stazione f. ripetitrice.

▶ **1.release** /rɪ'liːs/ **I** n. **1** *(liberation)* rilascio m., liberazione f.; ***the ~ of the hostages (from captivity)*** il rilascio degli ostaggi; ***on his ~ from prison*** alla sua scarcerazione **2** FIG. *(relief)* sollievo m.; ***a feeling of*** ~ una sensazione di sollievo; ***death came as a merciful*** ~ la morte giunse come una misericordiosa liberazione **3** TECN. IND. *(of pressure)* rilascio m.; *(of steam, gas, liquid, chemicals)* scarico m. **4** MIL. *(of missile)* lancio m.; *(of bomb)* sganciamento m. **5** TECN. *(of mechanism)* sgancio m.; *(handle)* levetta f. **6** GIORN. *(announcement)* comunicato m. (stampa) **7** CINEM. *(making publicly available)* distribuzione f.; ***since the ~ of his latest film*** dall'uscita del suo ultimo film; ***the film is now on general*** ~ il film è ora in tutti i cinema *o* in tutte le sale **8** CINEM. *(film, video, record)* novità f. **9** *(in transport)* *(from customs, warehouse)* sdoganamento m.; **~ *for shipment*** autorizzazione di spedizione **10** *(discharge form)* congedo m.; ***to sign the*** ~ firmare il congedo **11** *(of employee for training)* **day ~** = permesso giornaliero di studio concesso ai lavoratori **II** modif. TECN. [*button, mechanism*] di scarico; AMM. [*documents*] di congedo.

▶ **2.release** /rɪ'liːs/ tr. **1** *(set free)* rilasciare, mettere in libertà [*hostage, prisoner*]; liberare [*accident victim, animal*] **2** FIG. ***to ~ sb. from*** sciogliere qcn. da [*promise, obligation, debt*]; ***to ~ sb. to attend a course*** accordare a qcn. il permesso di seguire un corso **3** TECN. *(unlock)* sganciare [*safety catch, clasp*]; FOT. aprire [*shutter*]; AUT. togliere [*handbrake*]; ***to ~ the clutch (pedal)*** rilasciare la frizione **4** *(launch into flight)* scoccare [*arrow*]; MIL. sganciare [*bomb*]; lanciare [*missile*] **5** *(let go of)* lasciare, mollare [*object, arm, hand*]; ***to ~ one's grip*** lasciare *o* allentare la presa; ***to ~ one's grip of sth.*** lasciare qcs. *o* allentare la propria presa su qcs. **6** GIORN. diffondere, rendere pubblico [*news, statement, bulletin*]; pubblicare [*photo, picture*] **7** CINEM. fare uscire, distribuire [*film*]; MUS. fare uscire, lanciare [*video, record*] **8** DIR. *(relinquish)* cedere [*title, right*]; rendere [*vehicle, keys*] **9** MED. liberare [*hormone, drug*].

releaser /rɪ'liːsə(r)/ n. liberatore m. (-trice).

releasor /rɪ'liːsə(r)/ n. DIR. cedente m. e f.

relegable /'relɪgəbl/ agg. che si può relegare.

relegate /'relɪgeɪt/ tr. **1** *(downgrade)* relegare, retrocedere [*person, object, issue, information*] (**to** in); ***to be ~d to the scrap heap*** FIG. essere scartato **2** BE SPORT fare retrocedere (**to** in); ***to be ~d*** essere retrocesso; ***to be ~d to the third division*** essere retrocesso in terza divisione **3** FORM. *(assign)* rimettere (**to** a).

relegation /ˌrelɪ'geɪʃn/ n. **1** *(downgrading)* relegazione f., retrocessione f. (**to** in) **2** BE SPORT retrocessione f. (**to** in) **3** FORM. *(of problem, matter)* rinvio m. (**to** a).

relent /rɪ'lent/ intr. [*person, government*] cedere; [*weather, storm*] calmarsi; ***the rain showed little sign of ~ing*** la pioggia non dava segno di volersi placare.

▷ **relentless** /rɪ'lentlɪs/ agg. [*urge, pressure*] implacabile; [*ambition*] sfrenato; [*noise, activity*] incessante; [*attack, pursuit, enemy*] accanito; [*advance*] inesorabile.

relentlessly /rɪ'lentlɪslɪ/ avv. **1** *(incessantly)* [*rain*] incessantemente; [*shine*] implacabilmente; [*argue, attack*] accanitamente **2** *(mercilessly)* [*advance*] inesorabilmente.

relentlessness /rɪ'lentlɪsnɪs/ n. **1** *(incessantness)* *(of rain)* (l')essere incessante; *(of sun)* (l')essere implacabile; *(of attack, pursuit)* accanimento m. **2** *(mercilessness)* *(of advance)* inesorabilità f.

relet /ˌriː'let/ tr. (forma in -ing **-tt-**; pass., p.pass. **relet**) riaffittare.

▷ **relevance** /'reləvəns/, **relevancy** /'reləvənsɪ/ n. *(of issue, theory, fact, remark, information, resource)* pertinenza f. (**to** con), interesse m. (**to** per); *(of art)* interesse m. (**to** per); ***the ~ of politics to daily life*** l'impatto della politica sulla vita quotidiana; ***to be of ~ to*** essere pertinente a; ***of little, great*** ~ poco, molto pertinente; ***to have ~ for sb.*** avere significato per qcn. *o* interessare a qcn.; ***this has no ~ to the issue*** questo non ha nulla a che vedere con l'argomento *o* non ha alcuna pertinenza con la questione.

▶ **relevant** /'reləvənt/ agg. **1** *(pertinent)* [*facts, remark, point*] pertinente; [*issue, theory, law*] pertinente, attuale; [*information, resource*] utile; ***to be ~ to*** essere pertinente a; ***that's not ~ to the subject*** ciò non ha nulla a che vedere con l'argomento; ***such considerations are not*** ~ tali considerazioni non sono rilevanti **2** *(appropriate, corresponding)* [*chapter*] corrispondente; [*time, period*] in questione; **~ *document*** DIR. prova rilevante; ***the ~ authorities*** le autorità competenti; ***to have ~ experience*** avere esperienza nel campo.

▷ **reliability** /rɪˌlaɪə'bɪlətɪ/ n. *(of friend)* affidabilità f.; *(of witness)* attendibilità f.; *(of employee, firm)* serietà f., affidabilità f.; *(of car, machine)* affidabilità f., sicurezza f.; *(of information, memory, account)* attendibilità f., esattezza f.

▷ **reliable** /rɪ'laɪəbl/ agg. [*friend*] fidato; [*neighbour*] affidabile; [*witness*] attendibile; [*employee, firm*] serio, affidabile; [*car, machine*] affidabile; [*information, memory, account*] sicuro, attendibile; ***he's not very*** ~ non si può fare molto affidamento su di lui; ***a ~ source of information*** una fonte (di informazioni) autorevole *o* sicura; ***the weather is not very*** ~ il tempo è piuttosto instabile.

reliableness /rɪ'laɪəblnɪs/ → **reliability**.

reliably /rɪ'laɪəblɪ/ avv. [*operate, work*] correttamente; ***to be ~ informed that*** sapere da fonte sicura che.

▷ **reliance** /rɪ'laɪəns/ n. affidamento m. (**on** su), dipendenza f. (**on** da).

reliant /rɪ'laɪənt/ agg. ***to be ~ on*** [*person*] essere dipendente da [*drugs, welfare payments*]; [*country*] basarsi su [*industry, exports*]; [*industry*] dipendere da [*material*].

relic /ˈrelɪk/ n. 1 RELIG. reliquia f. 2 FIG. *(custom, building)* vestigia f.pl. (**of** di); *(object)* reliquia f. (**of** di)

relict /ˈrelɪkt/ n. BIOL. GEOL. LING. relitto m.

▶ **1.relief** /rɪˈliːf/ **I** n. 1 *(from pain, distress, anxiety)* sollievo m.; ***(greatly) to my ~*** con mio (grande) sollievo; ***it was a ~ to them that*** è stato un sollievo per loro che; ***it was a ~ to hear that, to see that*** è stato un sollievo apprendere che, vedere che; ***to bring*** o ***give ~ to sb.*** arrecare *o* dare sollievo a qcn.; ***to seek ~ from depression in drink*** cercare sollievo contro la depressione nel bere; ***that's a ~!*** è un sollievo! che sollievo! 2 *(alleviation) (of poverty)* alleviamento m.; ***tax ~*** agevolazione *o* sgravio fiscale; ***debt ~*** *(partial)* riduzione del debito; *(total)* cancellazione del debito 3 *(help)* aiuto m., soccorso m.; ***famine ~*** aiuto alle vittime della carestia; ***to come to the ~ of sb.*** venire in aiuto *o* in soccorso di qcn.; ***to send ~ to*** mandare aiuti a 4 AE *(in welfare work)* pubblica assistenza f.; ***to be on ~*** percepire un sussidio statale 5 *(diversion)* divertimento m., distrazione f.; ***to provide light ~*** allentare la tensione con qualche battuta; ***he reads magazines for light ~*** come passatempo gli piace leggere delle riviste 6 MIL. *(of garrison, troops)* liberazione f., soccorso m. (**of** di) 7 *(replacement on duty)* cambio m. 8 DIR. *(of grievance)* riparazione f. **II** modif. [*operation*] di soccorso; [*programme, project*] di aiuti; [*bus, train, service*] supplementare; ***~ driver*** autista che dà il cambio alla guida; ***~ guard*** cambio (della guardia).

2.relief /rɪˈliːf/ n. ART. ARCH. GEOGR. rilievo m.; ***high ~*** altorilievo; ***low ~*** bassorilievo; ***in ~*** in rilievo; ***to bring*** o ***throw sth. into ~*** mettere qcs. in rilievo; ***to stand out in (sharp) ~ against*** spiccare (nettamente) rispetto a.

relief agency /rɪˈliːfˌeɪdʒənsɪ/ n. organizzazione f. umanitaria.

relief effort /rɪˈliːfˌefət/ n. intervento m. di assistenza.

relief fund /rɪˈliːfˌfʌnd/ n. fondo m. di assistenza; *(in emergency)* fondo m. di soccorso.

relief map /rɪˈliːfˌmæp/ n. carta f. orografica; *(three-dimensional)* cartina f. in rilievo.

relief organization /rɪˈliːfɔːgənaɪˌzeɪʃn, AE -nɪˌz-/ n. organizzazione f. umanitaria.

relief road /rɪˈliːfˌrəʊd/ n. strada f. secondaria, circonvallazione f.

relief shift /rɪˈliːfˌʃɪft/ n. turno m. (successivo).

relief supplies /rɪˈliːfsəˌplaɪz/ n.pl. soccorsi m.

relief valve /rɪˈliːfˌvælv/ n. valvola f. di sicurezza.

relief work /rɪˈliːfˌwɜːk/ n. opere f.pl. assistenziali.

relief worker /rɪˈliːfˌwɜːkə(r)/ n. soccorritore m. (-trice).

relievable /rɪˈliːvəbl/ agg. che può essere alleviato, soccorso.

relieve /rɪˈliːv/ **I** tr. 1 *(alleviate)* alleviare, attenuare [*pain, suffering, distress, anxiety, tension*]; scacciare, ingannare [*boredom*]; ridurre [*poverty, famine*]; migliorare [*social conditions*]; alleggerire [*debt*]; rompere [*monotony*]; ***to ~ one's feelings*** *(when distressed)* sfogarsi *o* dare sfogo ai propri sentimenti; *(when angry)* sfogare la propria collera; ***to ~ congestion*** MED. AUT. decongestionare 2 *(brighten)* ravvivare; ***a black dress ~d by a string of pearls*** un vestito nero ravvivato da un filo di perle 3 *(take away)* ***to ~ sb. of*** togliere a qcn. [*plate, coat*]; alleggerire qcn. di [*bag, burden*]; ***to ~ sb. of a post, command*** sollevare qcn. da un incarico, dal comando; ***a pickpocket ~d him of his wallet*** SCHERZ. un borseggiatore lo ha alleggerito del portafoglio 4 *(help)* venire in aiuto di, soccorrere [*troops, population*] 5 *(take over from)* dare il cambio a, rilevare [*worker, sentry*]; ***to ~ the guard*** fare il cambio della guardia 6 MIL. liberare dall'assedio [*town*] **II** rifl. ***to ~ oneself*** EUFEM. *(urinate, defecate)* liberarsi.

▷ **relieved** /rɪˈliːvd/ **I** p.pass. → **relieve II** agg. ***to feel ~*** sentirsi sollevato; ***to be ~ to hear that*** essere sollevato nell'apprendere che; ***to be ~ that*** essere sollevato che; ***to be ~ at*** essere sollevato per [*news, results*].

reliever /rɪˈliːvə(r)/ n. chi conforta, soccorre.

relievo /rɪˈliːvəʊ/ n. (pl. **~s**) ART. ARCH. rilievo m.

▷ **religion** /rɪˈlɪdʒən/ n. religione f.; ***what ~ is he?*** di che religione è? ***the Christian, Muslim ~*** la religione cristiana, musulmana; ***freedom of ~*** libertà di religione *o* di culto; ***it's against my ~ to...*** è contro la mia religione...; IRON. è contro i miei principi...; ***to make a ~ of sth.*** fare una religione di qcs.; ***her work is her ~*** il lavoro è la sua religione *o* unica fede; ***to get ~*** COLLOQ. convertirsi *o* diventare religioso; SPREG. diventare bigotto *o* imbigottirsi; ***to lose one's ~*** perdere la fede.

religionist /rɪˈlɪdʒənɪst/ n. bigotto m. (-a), baciapile m. e f.

religiose /rɪˈlɪdʒɪəʊs/ agg. bigotto, bacchettone.

religiosity /rɪˌlɪdʒɪˈɒsətɪ/ n. religiosità f.; SPREG. bigotteria f.

▶ **religious** /rɪˈlɪdʒəs/ **I** agg. 1 [*belief, conversion, faith, fanatic, person, practice*] religioso; [*war*] di religione; [*art, music*] sacro; ***she's very ~*** è molto religiosa 2 FIG. [*attention, care*] religioso **II** n. religioso m. (-a).

religious affairs /rɪˌlɪdʒəsəˈfeəz/ n.pl. GIORN. POL. questioni f. religiose.

Religious Education /rɪˌlɪdʒəsedjʊˈkeɪʃn/, **Religious Instruction** /rɪˌlɪdʒəsɪnˈstrʌkʃn/ n. educazione f. religiosa, istruzione f. religiosa.

religious leader /rɪˌlɪdʒəsˈliːdə(r)/ n. leader m. religioso.

religiously /rɪˈlɪdʒəslɪ/ avv. religiosamente (anche FIG.).

religiousness /rɪˈlɪdʒəsnɪs/ n. religiosità f.

reline /ˌriːˈlaɪn/ tr. 1 SART. rifoderare [*garment, curtains*] 2 AUT. sostituire le pastiglie di [*brakes*].

relinquish /rɪˈlɪŋkwɪʃ/ tr. FORM. 1 *(surrender)* rinunciare a [*claim, right, privilege, title*] (**to** a favore di); cedere [*post, task, power*] (**to** a) 2 *(abandon)* abbandonare [*efforts, struggle*]; lasciare [*responsibility*]; ***to ~ one's hold*** o ***grip on sth.*** lasciare la presa su qcs.

relinquishment /rɪˈlɪŋkwɪʃmənt/ n. FORM. *(of claim, privilege etc.)* rinuncia f. (**of** a).

reliquary /ˈrelɪkwərɪ, AE -kwerɪ/ n. reliquiario m.

▷ **1.relish** /ˈrelɪʃ/ n. 1 ***to eat, drink with ~*** mangiare, bere con gusto 2 FIG. gusto m., piacere m. (**for** per); ***with ~*** [*perform, sing*] con evidente piacere; ***she announced the news with ~*** ha annunciato la notizia con piacere; *(gloatingly)* ha annunciato la notizia esultante 3 *(flavour)* sapore m.; FIG. *(appeal)* attrattiva f. 4 GASTR. condimento m., salsa f.

▷ **2.relish** /ˈrelɪʃ/ tr. 1 gustare, assaporare [*food*] 2 FIG. apprezzare [*joke, sight*]; provare piacere in [*opportunity, prospect*]; ***I don't ~ the thought*** o ***prospect of telling her the news*** il pensiero *o* la prospettiva di darle la notizia non mi entusiasma.

relishable /ˈrelɪʃəbl/ agg. saporito, gustoso, piacevole.

relive /ˌriːˈlɪv/ tr. rivivere.

relly /ˈrelɪ/ n. BE COLLOQ. parente m. e f.; ***your rellies*** il tuo parentado.

reload /ˌriːˈləʊd/ tr. ricaricare.

relocatable /ˌriːləʊˈkeɪtəbl/ agg. trasferibile.

▷ **relocate** /ˌriːləʊˈkeɪt, AE ˌriːˈləʊkeɪt/ **I** tr. trasferire [*employee, offices*] (**to** a, in); INFORM. riallocare **II** intr. [*company, employee*] trasferirsi.

relocation /ˌriːləʊˈkeɪʃn/ **I** n. *(of company, employee)* trasferimento m. (**to** a, in); *(of population, refugees)* trasferimento m., spostamento m. (**to** verso); INFORM. riallocazione f. **II** modif. [*costs, expenses*] di trasferimento.

relocation allowance /ˌriːləʊˈkeɪʃnəˌlaʊəns/ n. indennità f. di trasferimento.

relocation package /ˌriːləʊˈkeɪʃnˌpækɪdʒ/ n. indennità f. di trasloco.

▷ **reluctance** /rɪˈlʌktəns/, **reluctancy** /rɪˈlʌktənsɪ/ n. 1 riluttanza f.; *(stronger)* ripugnanza f.; ***to show ~ to do*** mostrare riluttanza a fare; ***with great ~*** con molta riluttanza *o* controvoglia; ***to do sth. with ~*** fare qcs. con riluttanza; ***to make a show of ~*** farsi pregare 2 EL. riluttanza f.

▷ **reluctant** /rɪˈlʌktənt/ agg. 1 *(unwilling)* riluttante; ***to be ~ to do*** essere riluttante *o* restio a fare; ***she is a rather ~ celebrity*** la celebrità non le piace molto 2 *(lukewarm)* [*consent, promise, acknowledgement*] dato a malincuore.

reluctantly /rɪˈlʌktəntlɪ/ avv. [*act, agree, decide*] con riluttanza.

▶ **rely** /rɪˈlaɪ/ intr. 1 *(be dependent)* ***to ~ on*** [*person, place, group*] dipendere da [*industry, subsidy, aid*]; [*economy, system, plant*] basarsi su [*exports, industry, method, technology*]; [*government*] appoggiarsi a [*deterrent, military*]; ***he relies on her for everything*** dipende da lei per qualunque cosa 2 *(count)* ***to ~ on sb., sth.*** contare su qcn., qcs. (**to do** per fare); ***you can ~ on me!*** puoi contare su di me! ***she cannot be relied (up)on to help*** non si può contare sul suo aiuto; ***don't ~ on their being on time*** non contare sulla loro puntualità; ***you can't ~ on the evening being a success*** non è garantito che la serata sarà un successo 3 *(trust in)* ***to ~ on sb., sth.*** fidarsi di qcn., qcs.; ***he can't be relied (up)on*** di lui non ci si può fidare.

REM /rem/ n. (⇒ rapid eye movements rapidi movimenti oculari) REM m.

remade /ˌriːˈmeɪd/ pass., p.pass. → **2.remake**.

▶ **remain** /rɪˈmeɪn/ intr. 1 *(be left)* restare; ***not much ~s of the building*** non resta molto dell'edificio; ***a lot ~s to be done*** resta *o* c'è ancora molto da fare; ***the fact ~s that*** resta il fatto che; ***it ~s to be seen whether*** resta da vedere se; ***that ~s to be seen*** questo resta da vedere; ***it only ~s for me to say*** non mi resta che dire 2 *(stay)* [*person, memory, trace*] restare, rimanere; [*problem, doubt*] rimanere, sussistere; ***to ~ standing, seated*** restare in piedi, seduto;

to ~ silent restare in silenzio; ***to ~ hopeful*** continuare a sperare; ***to let things ~ as they are*** lasciare le cose come sono; ***to ~ with sb. all his, her life*** [*memory*] accompagnare qcn. per tutta la vita; ***if the weather ~s fine*** se il tempo resta bello *o* regge; ***"I ~, yours faithfully"*** "distinti saluti".

▷ **1.remainder** /rɪˈmeɪndə(r)/ **I** n. **1** *(remaining things, money)* resto m.; *(remaining people)* altri m.pl. (-e), rimanenti m. e f.pl.; *(remaining time)* resto m.; ***for the ~ of the day*** per il resto della giornata **2** MAT. resto m. **3** DIR. = diritto immobiliare subordinato a un prevalente diritto altrui **II remainders** n.pl. COMM. remainder m.

2.remainder /rɪˈmeɪndə(r)/ tr. liquidare, svendere [*books, goods*].

▷ **remaining** /rɪˈmeɪnɪŋ/ agg. rimanente, restante; ***for the ~ months of my life*** per i mesi che mi restano da vivere.

▷ **remains** /rɪˈmeɪnz/ n.pl. **1** *(of meal, fortune)* resti m.; *(of building, city)* vestigia f., resti m.; ***literary ~*** opere postume **2** *(corpse)* resti m.; ***human ~*** resti umani.

▷ **1.remake** /ˈriːmeɪk/ n. remake m., rifacimento m.

2.remake /ˌriːˈmeɪk/ tr. (pass., p.pass. **remade**) rifare.

reman /ˌriːˈmæn/ tr. (forma in -ing ecc. **-nn-**) riequipaggiare [*ship*].

1.remand /rɪˈmɑːnd, AE rɪˈmænd/ n. DIR. rinvio m. a giudizio; ***to be on ~*** *(in custody)* essere in custodia cautelare; *(on bail)* essere in libertà provvisoria dietro cauzione.

2.remand /rɪˈmɑːnd, AE rɪˈmænd/ tr. DIR. rimandare, rinviare [*case, accused*]; ***to be ~ed in custody*** essere in custodia cautelare; ***to be ~ed on bail*** essere in libertà provvisoria dietro cauzione; ***to ~ sb. for trial*** rinviare qcn. a giudizio; ***to be ~ed to a higher court*** essere rimesso a una corte superiore; ***the case was ~ed for a week*** il caso è stato rinviato di una settimana.

remand centre /rɪˈmɑːndˌsentə(r), AE rɪˈmænd-/ n. BE centro m. di carcerazione preventiva.

remand home /rɪˈmɑːndˌhəʊm, AE rɪˈmænd-/ n. BE centro m. di carcerazione minorile.

remand prisoner /rɪˈmɑːndˌprɪznə(r), AE rɪˈmænd-/ n. BE detenuto m. (-a) in custodia cautelare.

remand wing /rɪˈmɑːndˌwɪŋ, AE rɪˈmænd-/ n. BE = settore riservato ai detenuti in custodia cautelare.

remanent /ˈremənənt/ agg. rimanente, residuo.

remanet /ˈremənet/ n. **1** DIR. causa f. rinviata **2** POL. = disegno di legge rimandato a un'altra sessione parlamentare.

▶ **1.remark** /rɪˈmɑːk/ n. **1** *(comment, note)* osservazione f. (**about** a proposito di, su); ***opening ~s*** preambolo; ***closing ~s*** conclusione **2** *(casual observation)* riflessione f. (**about** a proposito di, su); ***keep your ~s to yourself*** tieniti le tue riflessioni per te **3** *(notice)* ***worthy of ~*** notevole *o* degno di nota; ***to escape ~*** passare inosservato.

▶ **2.remark** /rɪˈmɑːk/ tr. **1** *(comment)* ***to ~ that*** osservare *o* notare che (**to** a); ***"strange!" Liam ~ed*** "strano!" osservò Liam **2** *(notice)* FORM. osservare, notare [*change, gesture*]; ***to ~ that*** osservare che.

▪ **remark on, remark upon:** ~ ***on*** o ***upon*** ***[sth.]*** fare delle osservazioni su [*conduct, dress, weather*] (**to** a).

▷ **remarkable** /rɪˈmɑːkəbl/ agg. [*performance, ease, person*] rimarchevole, notevole; ***it is ~ that*** è degno di nota che.

remarkableness /rɪˈmɑːkəblnɪs/ n. (l')essere rimarchevole.

▷ **remarkably** /rɪˈmɑːkəblɪ/ avv. rimarchevolmente; ***~ enough*** strano a dirsi.

remarriage /ˌriːˈmærɪdʒ/ n. seconde nozze f.pl.

remarry /ˌriːˈmærɪ/ **I** tr. risposare **II** intr. risposarsi.

remast /riːˈmɑːst/ tr. MAR. dotare [qcs.] di un nuovo albero [*ship*].

remaster /riːˈmɑːstə(r)/ tr. rimasterizzare.

remastered /riːˈmɑːstəd/ **I** p.pass. → **remaster II** agg. rimasterizzato; ***digitally ~*** rimasterizzato digitalmente.

rematch /ˈriːˌmætʃ/ n. SPORT partita f. di ritorno, ritorno m.; *(in boxing)* secondo combattimento m.

remediable /rɪˈmiːdɪəbl/ agg. rimediabile.

remediableness /rɪˈmiːdɪəblnɪs/ n. RAR. rimediabilità f.

remedial /rɪˈmiːdɪəl/ agg. **1** [*measures*] riparatore; ***to take ~ action*** intraprendere un'azione riparatoria **2** MED. [*treatment*] curativo; ***~ exercises*** ginnastica correttiva **3** SCOL. [*class*] di recupero; ***~ French course*** corso di recupero di francese; ***~ education*** = insegnamento per studenti con una preparazione insufficiente.

▷ **1.remedy** /ˈremədɪ/ n. MED. rimedio m. (**for** a, contro) (anche FIG.); DIR. ricorso m.; ***to be beyond (all) ~*** essere irrimediabile *o* senza rimedio ◆ ***desperate diseases require desperate remedies*** a mali estremi, estremi rimedi.

▷ **2.remedy** /ˈremədɪ/ tr. rimediare a; ***the situation cannot be remedied*** la situazione è irrimediabile.

▶ **remember** /rɪˈmembə(r)/ **I** tr. **1** *(recall)* ricordarsi di, ricordare [*fact, name, place, event*]; ricordarsi di, ricordare [*person*]; ***to ~ that*** ricordare *o* ricordarsi che; ***it must be ~ed that*** bisogna ricordare che; ***~ that he was only 20 at the time*** ricordati che aveva solo 20 anni all'epoca; ***to ~ doing*** ricordarsi *o* ricordare di avere fatto; ***I ~ him as a very dynamic man*** (me) lo ricordo come un uomo molto dinamico; ***I ~ a time when*** (mi) ricordo un tempo in cui; ***I don't ~ anything about it*** non mi ricordo nulla (al riguardo); ***I can never ~ names*** non riesco mai a ricordarmi i nomi; ***I can't ~ her name for the moment*** in questo momento non riesco a ricordarmi come si chiama; ***I wish I had something to ~ him by*** vorrei tanto avere qualcosa in suo ricordo *o* per ricordarmi di lui; ***I've been working here for longer than I care to ~*** è un'eternità che lavoro qui; ***that's longer ago than I care to ~*** non voglio pensare a quanto tempo è passato; ***that's worth ~ing*** buono a sapersi *o* è da tenere a mente; ***a night to ~*** una serata indimenticabile **2** *(not forget)* ***to ~ to do*** ricordarsi di fare; ***did you ~ to get a newspaper, feed the cat?*** ti sei ricordato di prendere il giornale, di dare da mangiare al gatto? ***~ that it's fragile*** ricordati che è fragile; ***~ where you are!*** comportati bene! un po' di contegno! ***to ~ sb. in one's prayers*** ricordarsi di qcn. nelle proprie preghiere **3** EUFEM. *(give money to)* ***he always ~s me on my birthday*** si ricorda sempre del mio compleanno; ***she ~ed me in her will*** si è ricordata di me nel suo testamento **4** *(commemorate)* ricordare, commemorare [*battle, war dead*] **5** *(convey greetings from)* ***to ~ sb. to sb.*** salutare qcn. da parte di qcn.; ***she asks to be ~ed to you*** mi ha pregato di salutarti **II** intr. ricordare, ricordarsi; ***if I ~ correctly*** o ***rightly*** se (mi) ricordo bene; ***not as far as I ~*** non per quel che ricordo io; ***as far as I can ~*** per quanto mi ricordo **III** rifl. ***to ~ oneself*** ricordare a se stesso.

remembrance /rɪˈmembrəns/ n. **1** *(memento)* ricordo m., souvenir m. **2** *(memory)* ricordo m., memoria f.; ***in ~ of*** in ricordo di *o* in memoria di.

remembrance ceremony /rɪˈmembrənsˌserɪmənɪ, AE -məʊnɪ/ n. cerimonia f. commemorativa, commemorazione f.

Remembrance Day /rɪˈmembrənsˌdeɪ/ n. US = giorno consacrato alla commemorazione dei soldati caduti durante le guerre mondiali.

remembrancer /rɪˈmembrənsə(r)/ n. **1** BE (anche **Remebrancer**) ***Queen's ~*** o ***King's ~*** = funzionario incaricato di riscuotere le tasse dovute alla Corona; ***City ~*** = rappresentante della City di Londra in parlamento **2** RAR. *(memento)* ricordo m., souvenir m. **3** RAR. *(reminder)* promemoria m.

Remembrance Sunday /rɪˌmembrənsˈsʌndeɪ, -dɪ/ n. GB → **Poppy Day**.

remilitarize /ˌriːˈmɪlɪtəraɪz/ tr. rimilitarizzare.

▶ **remind** /rɪˈmaɪnd/ **I** tr. ricordare; ***to ~ sb. of sth.*** ricordare qcs. a qcn.; ***to ~ sb. to do*** ricordare a qcn. di fare; ***he ~s me of my brother*** mi ricorda mio fratello; ***to ~ sb. that*** ricordare a qcn. che; ***you are ~ed that*** vi ricordiamo che; ***I forgot to ~ her about the meeting*** mi sono dimenticata di ricordarle della riunione; ***that ~s me...*** a proposito... **II** rifl. ***to ~ oneself*** ricordare a se stesso (**that** che).

▷ **reminder** /rɪˈmaɪndə(r)/ n. promemoria m. (**of** di; **that** del fatto che); ***a ~ to sb. to do*** un promemoria a qcn. perché faccia; ***(letter of) ~*** AMM. (lettera di) sollecito; ***to be*** o ***to serve as a ~ that*** servire a ricordare che; ***it is*** o ***it serves as a ~ of the importance of the treaty*** serve a ricordare l'importanza del trattato; ***to be a ~ of the problems faced by parents*** ricordare i problemi affrontati dai genitori; ***~s of the past*** ricordi del passato; ***~s of her status*** segni che evidenziano il suo status sociale.

remindful /rɪˈmaɪndfʊl/ agg. che ricorda, che richiama alla mente.

reminisce /ˌremɪˈnɪs/ intr. abbandonarsi ai ricordi, lasciarsi andare ai ricordi (**about** di).

reminiscence /ˌremɪˈnɪsəns/ n. **1** *(recalling)* reminiscenza f. **2** *(memory)* ricordo m.

▷ **reminiscent** /ˌremɪˈnɪsnt/ agg. ***to be ~ of sb., sth.*** ricordare qcn., qcs.

reminiscently /ˌremɪˈnɪsntlɪ/ avv. [*smile, look*] con nostalgia; ***to talk ~ of sth., sb.*** ricordare nostalgicamente qcs., qcn.

1.remise /rɪˈmiːz/ n. **1** *(in fencing)* rimessa f. **2** *(shelter for carriage)* rimessa f. di carrozze.

2.remise /rɪˈmiːz/ n. DIR. cessione f. di proprietà.

3.remise /rɪˈmiːz/ tr. DIR. rinunciare a, cedere [*property, right*].

remiss /rɪˈmɪs/ agg. negligente; ***it was ~ of him not to reply*** è stato negligente da parte sua non rispondere.

remissible /rɪˈmɪsɪbl/ agg. remissibile.

remission /rɪˈmɪʃn/ n. **1** DIR. *(of sentence)* condono m. **2** MED. RELIG. remissione f. **3** *(of debt)* remissione f.; ***fee ~*** esonero da imposta **4** *(deferment)* rinvio m.

remissive /rɪˈmɪsɪv/ agg. remissivo.
remissness /rɪˈmɪsnɪs/ n. negligenza f., trascuratezza f.
1.remit /ˈriːmɪt/ n. competenze f.pl., compito m. (**to do** di fare; **for** per); ***it's outside my ~*** è fuori dalla mia giurisdizione; ***to exceed one's ~*** essere al di fuori delle competenze di qualcuno.
2.remit /rɪˈmɪt/ **I** tr. (forma in -ing ecc. **-tt-**) **1** *(send back)* rinviare, rimettere [*case, problem*] (**to** a) **2** *(reduce)* ridurre, condonare [*penalty, taxation*] **3** *(send)* rimettere, inviare [*money*] **4** *(postpone)* rimettere, dilazionare [*payment*] **5** RELIG. rimettere, perdonare [*sin*] **II** intr. (forma in -ing ecc. **-tt-**) *(abate)* ridursi.
remittal /rɪˈmɪtl/ n. **1** *(of debt, sin)* remissione f. **2** DIR. *(of case)* rinvio m.
remittance /rɪˈmɪtəns/ n. *(payment, allowance)* rimessa f.
remittance advice /rɪˈmɪtnsəd,vaɪs/ n. distinta f. di accompagnamento.
remittee /rɪmɪˈtiː/ n. DIR. beneficiario m. (-a) di rimessa.
remittent /rɪˈmɪtnt/ agg. MED. remittente.
remitter /rɪˈmɪtə(r)/ n. DIR. **1** *(of title)* = rinvio al miglior titolo di acquisto **2** *(of case)* rinvio m.
1.remix /ˌriːˈmɪks/ n. MUS. remix m.
2.remix /ˌriːˈmɪks/ tr. MUS. remixare.
remnant /ˈremnənt/ n. *(of food, commodity)* resti m.pl., avanzi m.pl.; *(of building)* resti m.pl., vestigia f.pl.; *(of past, ideology)* vestigia f.pl.; COMM. *(of fabric)* scampolo m.; ***the ~s of the crowd, of the army*** gli ultimi rimasti della folla, dell'esercito.
remodel /ˌriːˈmɒdl/ tr. (forma in -ing ecc. **-ll-** BE, **-l-** AE) riorganizzare, ristrutturare [*company, institution*]; rimodellare [*policy, constitution*]; rifarsi [*nose*]; ristrutturare [*house, town*].
remold AE → **1.remould, 2.remould**.
remonetize /riːˈmʌnɪˌtaɪz/ tr. ridare corso legale a [*silver*].
remonstrance /rɪˈmɒnstrəns/ n. FORM. rimostranza f.
remonstrant /rɪˈmɒnstrənt/ n. FORM. rimostrante m. e f.
remonstrate /ˈremənstreɪt/ **I** tr. FORM. fare notare (**that** che); *(protest)* protestare (**that** che) **II** intr. FORM. protestare, rimostrare; ***to ~ with sb. about sth.*** fare delle rimostranze a qcn. per qcs. *o* protestare con qcn. per qcs.
remonstration /ˌremənˈstreɪʃn/ → **remonstrance**.
remonstrative /rɪˈmɒnstrətɪv/ agg. FORM. rimostrante.
remonstrator /ˈremənstreɪtə(r)/ n. FORM. chi protesta, chi fa rimostranze.
remontant /rɪˈmɒntənt/ **I** agg. BOT. [*rose*] rifiorente **II** n. BOT. pianta f. rifiorente.
remorse /rɪˈmɔːs/ n. rimorso m. (**for** per); ***a fit of ~*** un attacco di rimorso; ***a feeling of ~*** una sensazione di rimorso; ***she felt no ~ for her crime*** non provava alcun rimorso per il crimine commesso.
remorseful /rɪˈmɔːsfl/ agg. [*person*] tormentato dal rimorso; [*apology, confession*] pieno di rimorso.
remorsefully /rɪˈmɔːsfəlɪ/ avv. [*speak*] con rimorso; [*cry*] di, per il rimorso.
remorsefulness /rɪˈmɔːsflnɪs/ n. (l')essere pieno di rimorso.
remorseless /rɪˈmɔːslɪs/ agg. **1** *(brutal)* spietato, crudele, senza rimorsi **2** *(relentless)* [*ambition*] sfrenato; [*attempt*] accanito; [*progress*] inesorabile; [*enthusiasm, optimism*] inguaribile.
remorselessly /rɪˈmɔːslɪslɪ/ avv. **1** *(brutally)* spietatamente, senza rimorsi **2** *(relentlessly)* accanitamente.
remorselessness /rɪˈmɔːslɪsnɪs/ n. accanimento m.
▷ **remote** /rɪˈməʊt/ **I** agg. **1** *(distant)* [*era*] lontano, remoto; [*antiquity*] remoto; [*ancestor, country, planet*] lontano; ***in the ~ future, past*** nel lontano futuro, passato; ***in the ~ distance*** molto in lontananza; ***in the ~st corners of Asia*** negli angoli più remoti dell'Asia **2** *(isolated)* [*area, village*] remoto, isolato; ***~ from society*** isolato dalla società **3** FIG. *(aloof)* [*person*] distante, assente; ***the leaders are too ~ from the people*** i leader sono troppo distaccati dalla gente **4** *(slight)* [*chance, connection, resemblance*] minimo, vago; ***I haven't (got) the ~st idea*** non ne ho la minima idea; ***there is only a ~ possibility that they survived*** c'è soltanto una remota possibilità che siano sopravvissuti **5** INFORM. [*printer, terminal*] remoto **II** n. **1** RAD. TELEV. trasmissione f. in esterni **2** COLLOQ. *(gadget)* telecomando m.
remote access /rɪˌməʊtˈækses/ n. INFORM. accesso m. remoto.
remote central locking /rɪˌməʊtˌsentrəlˈlɒkɪŋ/ n. chiusura f. centralizzata a distanza.
remote control /rɪˌməʊtkənˈtrəʊl/ n. **1** *(gadget)* telecomando m. **2** *(technique)* telecomando m., comando m. a distanza; ***to operate sth. by ~*** telecomandare qcs.
remote-controlled /rɪˌməʊtkənˈtrəʊld/ agg. telecomandato.
remote damage /rɪˌməʊtˈdæmɪdʒ/ n. DIR. danno m. indiretto.
remote job entry /rɪˌməʊtˈdʒɒbˌentrɪ/ n. INFORM. remote job entry m.
▷ **remotely** /rɪˈməʊtlɪ/ avv. **1** *(at a distance)* [*located, situated*] lontano da tutto; ***~ operated*** telecomandato **2** *(slightly)* [*resemble*] vagamente; ***he's not ~ interested*** non è minimamente interessato; ***it is ~ possible that*** c'è una remota possibilità che; ***this does not taste ~ like caviar*** questo non assomiglia neanche lontanamente al gusto del caviale; ***I don't look ~ like her*** non le assomiglio neanche lontanamente; ***~ related events*** avvenimenti vagamente collegati.
remoteness /rɪˈməʊtnɪs/ n. **1** *(isolation)* isolamento m. (**from** da, in rapporto a) **2** *(in time)* lontananza f. (nel tempo) (**from** da, in rapporto a) **3** *(of person)* distacco m., freddezza f. (**from** verso); ***his ~ from the electorate*** il suo distacco dall'elettorato.
remote sensing /rɪˌməʊtˈsensɪŋ/ n. telerilevamento m.
remote surveillance /rɪˌməʊtsɜːˈveɪləns/ n. telesorveglianza f.
remotion /rɪˈməʊʃn/ n. RAR. rimozione f.
1.remould BE, **remold** AE /ˈriːməʊld/ n. BE pneumatico m. ricostruito.
2.remould BE, **remold** AE /ˌriːˈməʊld/ tr. **1** BE AUT. ricostruire [*tyre*] **2** FIG. *(transform)* ristrutturare [*company, institution*]; riplasmare [*person, personality*].
1.remount /ˌriːˈmaʊnt/ n. **1** *(fresh horse)* nuova cavalcatura f., cavallo m. fresco **2** MIL. rimonta f.
2.remount /ˌriːˈmaʊnt/ **I** tr. **1** rimontare in [*bicycle*]; risalire [*hill, stairs*]; rimontare su [*ladder*]; ***to ~ a horse*** rimettersi in sella *o* rimontare a cavallo **2** ART. riallestire [*exhibition*]; rincorniciare [*picture*] **II** intr. [*cyclist*] rimontare in bicicletta; [*rider*] rimontare a cavallo, rimettersi in sella.
removability /rɪˈmuːvəbɪlətɪ/ n. amovibilità f.
removable /rɪˈmuːvəbl/ agg. rimovibile, amovibile.
▷ **removal** /rɪˈmuːvl/ **I** n. **1** *(elimination) (of barrier, subsidy, threat, doubt, worry)* eliminazione f.; *(of tax)* soppressione f. **2** *(cleaning)* ***for the ~ of grease stains*** per eliminare le macchie di grasso; ***stain ~*** smacchiatura **3** *(withdrawal) (of troops)* ritiro m. **4** MED. *(excision)* rimozione f., asportazione f., ablazione f. **5** *(change of home, location)* trasloco m., trasferimento m. (**from** da; **to** a) **6** *(dismissal) (of employee, official)* destituzione f., rimozione f.; *(of leader)* deposizione f., revoca f.; ***after his ~ from office*** dopo la sua destituzione dall'incarico **7** *(of demonstrators, troublemakers)* allontanamento m., espulsione f. **8** *(collecting)* ***he's responsible for the ~ of the rubbish, boxes*** è incaricato della rimozione dei rifiuti, delle scatole **9** *(transfer) (of patient, prisoner)* trasferimento m. **10** *(killing)* COLLOQ. EUFEM. liquidazione f. **II** modif. [*costs*] di trasloco, di trasferimento; [*firm*] di traslochi.
removal expenses /rɪˈmuːvlɪkˌspensɪz/ n.pl. spese f. di trasloco.
removal man /rɪˈmuːvlˌmən/ ➧ **27** n. (pl. **removal men**) traslocatore m.
removal order /rɪˈmuːvlˌɔːdə(r)/ n. DIR. ordinanza f. di sfratto.
removal van /rɪˈmuːvlˌvæn/ n. camion m. per traslochi.
1.remove /rɪˈmuːv/ n. FORM. ***to be at one ~ from, at many ~s from*** essere a un passo da, molto lontano da; ***genius that is (at) only one ~ from madness*** genio che rasenta la pazzia.
▶ **2.remove** /rɪˈmuːv/ **I** tr. **1** togliere [*object*] (**from** da); togliere, togliersi [*clothes, shoes*]; togliere, fare andare via [*stain*]; togliere, eliminare [*passage, paragraph, word*]; togliere, abolire [*tax, subsidy*]; MED. togliere, asportare [*tumour, breast, organ*]; ***I ~d my hand from his shoulder*** gli tolsi la mano dalla spalla; ***over 30 bodies were ~d from the rubble*** più di 30 cadaveri sono stati estratti dalle macerie; ***to ~ a child from a school*** ritirare un bambino da una scuola; ***to ~ goods from the market*** togliere delle merci dal mercato; ***to ~ industry from state control*** sottrarre l'industria al controllo statale; ***to ~ sb.'s name from a list*** eliminare il nome di qcn., depennare qcn. da una lista; ***to be ~d to hospital*** BE essere portato all'ospedale; ***to ~ one's make-up*** struccarsi; ***to ~ unwanted hair from one's legs*** depilarsi le gambe **2** *(oust)* licenziare [*employee*]; ***to ~ sb. from office*** rimuovere *o* destituire qcn. dall'incarico; ***to ~ sb. from power*** destituire qcn. **3** *(dispel)* dissipare [*suspicion, fears, boredom*]; fugare [*doubt*]; rimuovere, eliminare [*obstacle, difficulty, threat*] **4** EUFEM. *(kill)* eliminare, liquidare [*person*] **5** INFORM. rimuovere **II** intr. FORM. traslocare, trasferirsi; ***they have ~d from London to the country*** da Londra si sono trasferiti in campagna **III** rifl. ***to ~ oneself*** SCHERZ. togliersi di mezzo, andarsene (**to** a).
removed /rɪˈmuːvd/ **I** p.pass. → **2.remove II** agg. **1** ***to be far ~ from*** essere molto lontano da [*reality, truth*] **2** *(in kinship)* ***cousin once, twice ~*** cugino di secondo, terzo grado.
remover /rɪˈmuːvə(r)/ ➧ **27** n. **1** *(person)* traslocatore m. (-trice) **2** ***stain ~*** *(chemical)* smacchiatore.

REM sleep /'rem,sli:p/ n. sonno m. REM.
remunerate /rɪ'mju:nəreɪt/ tr. rimunerare (**for** per).
remuneration /rɪ,mju:nə'reɪʃn/ n. FORM. *(all contexts)* rimunerazione f.
remunerative /rɪ'mju:nərətɪv, AE -nəreɪtɪv/ agg. FORM. rimunerativo.
remuneratively /rɪ'mju:nərətɪvlɪ, AE -nəreɪtɪvlɪ/ avv. FORM. rimunerativamente.
Remus /'ri:məs/ n.pr. Remo.
renaissance /rɪ'neɪsəns, AE 'renəsɑ:ns/ n. *(of culture)* rinascimento m.; *(of interest etc.)* rinascita f.
Renaissance /rɪ'neɪsəns, AE 'renəsɑ:ns/ **I** n.pr. ***the*** ~ il Rinascimento **II** modif. [*art, palace*] del Rinascimento, rinascimentale.
Renaissance man /rɪ'neɪsns,mən, AE 'renəsɑ:ns-/ n. (pl. **Renaissance men**) FIG. spirito m. universale.
renal /'ri:nl/ agg. [*failure, function*] renale.
renal dialysis /'ri:nldaɪ,ælɪsɪs/ n. emodialisi f.
renal specialist /'ri:nl,speʃəlɪst/ ➧ *27* n. nefrologo m. (-a).
renal unit /'ri:nl,ju:nɪt/ n. centro m. di nefrologia.
rename /,ri:'neɪm/ tr. ribattezzare, rinominare.
renascence /rɪ'næsns/ n. rinascita f.
renascent /rɪ'næsnt/ agg. rinascente.
rend /rend/ tr. (pass., p.pass. **rent**) strappare, lacerare (anche FIG.).
1.render /'rendə(r)/ n. ING. rinzaffo m.
2.render /'rendə(r)/ tr. **1** *(cause to become)* ***to ~ sth. impossible, harmless, lawful*** rendere qcs. impossibile, inoffensivo, legale; ***to ~ sb. unconscious*** fare perdere i sensi a qcn.; ***to ~ sb. homeless*** sfrattare qcn.; ***to ~ sb. speechless*** lasciare qcn. senza parole *o* fare ammutolire qcn. **2** *(provide)* rendere [*service*] (**to** a); prestare [*assistance, aid*] (**to** a); ***"for services ~ed"*** "per i servizi resi" **3** *(give)* rendere [*homage, respect, allegiance*] (**to** a); ***to ~ one's life for sth.*** LETT. sacrificare la propria vita per qcs. **4** ART. LETTER. MUS. rendere [*work, mood, style*] **5** *(translate)* rendere [*nuance, text, phrase*] (**into** in) **6** COMM. *(submit)* presentare [*account*]; rilasciare [*statement*]; ***"for account ~ed"*** "per conto presentato" **7** DIR. emettere, pronunciare [*judgment, decision*] **8** ING. rinzaffare [*wall, surface*] **9** *(melt down)* → **render down**.
▪ **render down:** ~ ***[sth.] down***, ~ ***down [sth.]*** fare bollire [qcs.] per sciogliere il grasso [*carcass, meat*].
▪ **render up:** ~ ***up [sth.]*** LETT. rendere, consegnare [*soul, arms, treasure*].
rendering /'rendərɪŋ/ n. **1** ART. LETTER. MUS. interpretazione f. (**of** di) **2** *(translation)* traduzione f. (**of** di) **3** ING. *(plaster)* rinzaffo m.
1.rendezvous /'rɒndɪvu:/ n. (pl. ~) *(meeting)* appuntamento m.; *(place)* punto m. d'incontro; ***to have a ~ with sb.*** avere un appuntamento con qcn.
2.rendezvous /'rɒndɪvu:/ intr. *(meet)* incontrarsi; ***to ~ with sb.*** incontrarsi con qcn.
rendition /ren'dɪʃn/ n. ART. LETTER. MUS. interpretazione f.
Renée /'renɪ/ n.pr. Renata.
1.renegade /'renɪgeɪd/ **I** n. **1** *(abandoning beliefs)* rinnegato m. (-a) **2** *(rebel)* ribelle m. e f. **II** agg. **1** *(abandoning beliefs)* rinnegato **2** *(rebel)* ribelle.
2.renegade /'renɪgeɪd/ intr. diventare un rinnegato.
renege /rɪ'ni:g, -'neɪg/ intr. ritirarsi, tirarsi indietro; ***to ~ on an agreement*** venire meno a un impegno.
renegotiate /,ri:nɪ'gəʊʃɪeɪt/ tr. rinegoziare [*deal, contract*].
renegotiation /,ri:nɪ,gəʊʃɪ'eɪʃn/ n. rinegoziazione f. (**of** di).
renegue → **renege.**
renew /rɪ'nju:, AE -'nu:/ tr. rinnovare [*efforts, stock, passport, contract, acquaintance*]; riprendere [*courage, negotiations*]; cambiare [*tyres*]; rinnovare il prestito di [*library book*].
renewable /rɪ'nju:əbl, AE -'nu:əbl/ **I** n. gener. pl. risorsa f. rinnovabile **II** agg. *(all contexts)* rinnovabile.
▷ **renewal** /rɪ'nju:əl, AE -'nu:əl/ **I** n. *(of subscription, passport, lease)* rinnovo m.; *(of hostilities, diplomatic relations)* ripresa f.; *(of interest)* rinnovamento m.; *(of premises, drains)* restauro m.; ***to come up for ~*** arrivare alla scadenza *o* scadere **II** modif. [*date, fee, form*] di rinnovo.
▷ **renewed** /rɪ'nju:d, AE -'nu:d/ **I** p.pass. → **renew II** agg. [*interest, optimism*] rinnovato; [*attack, call*] nuovo.
renewer /rɪ'nju:ə(r), AE -'nu:-/ n. rinnovatore m. (-trice).
reniform /'ri:nɪ,fɔ:m/ agg. reniforme.
renin /'ri:nɪn/ n. renina f.
renitency /rɪ'naɪtənsɪ/ n. renitenza f.
renitent /rɪ'naɪtənt/ agg. renitente.
1.rennet /'renɪt/ n. *(curdled milk)* caglio m.
2.rennet /'renɪt/ n. *(apple)* (mela) renetta f.
rennin /'renɪn/ n. rennina f.
renominate /ri:'nɒmɪ,neɪt/ tr. rinominare.
1.renounce /rɪ'naʊns/ n. *(in cards)* rifiuto m.
2.renounce /rɪ'naʊns/ **I** tr. rinunciare a [*claim, party, habit, nationality, strategy, violence*]; rinnegare [*faith, family*]; ripudiare [*friend*]; rifiutare, rinunciare a [*succession*]; denunciare [*agreement, treaty*]; ***to ~ the world*** rinunciare al mondo **II** intr. GIOC. rifiutare.
renouncement /rɪ'naʊnsmənt/ n. rinuncia f.
renouncer /rɪ'naʊnsə(r)/ n. **1** chi rinuncia **2** DIR. rinunciatario m. (-a).
renovate /'renəveɪt/ tr. rinnovare, restaurare [*building, statue*]; riparare [*vehicle, electrical appliance*].
▷ **renovation** /,renə'veɪʃn/ **I** n. *(process)* restauro m.; ***property in need of ~*** proprietà da restaurare **II renovations** n.pl. lavori m. di restauro **III** modif. [*scheme, project, work*] di restauro.
renovation grant /,renə'veɪʃn,grɑ:nt, AE -,grænt/ n. BE = sovvenzione per restauri o ristrutturazioni.
renovator /'renəveɪtə(r)/ n. *(of buildings, statues)* restauratore m. (-trice).
renown /rɪ'naʊn/ n. rinomanza f., fama f.; ***of world, international ~*** di fama mondiale, internazionale.
▷ **renowned** /rɪ'naʊnd/ agg. famoso, rinomato (**for** per).
1.rent /rent/ n. *(rip)* strappo m., lacerazione f. (anche FIG.).
▷ **2.rent** /rent/ **I** n. *(for accommodation)* affitto m.; ***two months' ~ in advance*** due mesi di affitto anticipato; ***for ~*** affittasi **II** modif. [*control, strike*] degli affitti; [*increase*] dell'affitto.
▷ **3.rent** /rent/ **I** tr. **1** *(hire)* affittare, prendere in affitto [*car, TV, house, apartment*] **2** *(let)* → **rent out II** intr. **1** *(pay rent)* [*tenant*] essere locatario, affittuario, in affitto **2** *(let for rent)* ***he ~s to students*** [*landlord*] affitta a studenti **3** *(be let)* ***to ~ for £ 600 a month*** [*property*] essere affittato per 600 sterline al mese.
▪ **rent out:** ~ ***[sth.] out***, ~ ***out [sth.]*** affittare, dare in affitto (**to** a).
4.rent /rent/ pass., p.pass. → **rend.**
rentable /'rentəbl/ agg. affittabile.
rent-a-crowd /'rentəkraʊd/ agg. COLLOQ. SCHERZ. SPREG. [*party, event*] = a cui sono state invitate più persone possibile per fare colpo.
Rent Act /'rent,ækt/ n. GB = legge che regola le relazioni tra locatore e affittuario.
rent agreement /'rentə,gri:mənt/ n. contratto m. di affitto, di locazione.
▷ **rental** /'rentl/ n. *(of car, premises, equipment)* locazione f., affitto m.; *(of phone line)* canone m. (di noleggio); ***monthly, weekly ~*** affitto mensile, settimanale; ***car ~*** autonoleggio; ***line ~*** canone di abbonamento telefonico; ***the weekly ~ for the TV is £ 2*** l'affitto della televisione è di due sterline a settimana.
rental agreement /'rentlə,gri:mənt/ n. contratto m. di affitto, di locazione.
rental building /'rentl,bɪldɪŋ/ n. AE immobile m. locatizio.
rental company /'rentl,kʌmpənɪ/ n. agenzia f. immobiliare di locazione.
rental income /'rentl,ɪŋkʌm/ n. reddito m. da locazione.
rental library /'rentl,laɪbrərɪ/ n. AE biblioteca f. circolante.
rent-a-mob /'rentəmɒb/ n. COLLOQ. SPREG. = folla reclutata per creare disordini.
rent arrears /'rentə,rɪəz/ n.pl. affitto m.sing. arretrato.
rent book /'rent,bʊk/ n. blocchetto m. delle ricevute d'affitto.
rent boy /'rent,bɔɪ/ n. BE giovane prostituto m., ragazzo m. di vita.
rent collector /'rentkə,lektə(r)/ n. esattore m. (-trice) degli affitti.
rent-controlled /'rentkən,trəʊld/ agg. sottoposto al controllo dei canoni d'affitto, a equo canone.
▷ **rented** /'rentɪd/ **I** p.pass. → **3.rent II** agg. [*room, villa*] affittato; [*car, phone*] in locazione.
renter /'rentə(r)/ n. **1** *(tenant)* locatario m. (-a) **2** *(landlord)* locatore m. (-trice).
rent-free /,rent'fri:/ **I** agg. [*house*] concesso in affitto gratuito **II** avv. [*live, use*] senza pagare l'affitto.
rentier /'rɒntɪeɪ/ n. redditiere m. (-a).
rent rebate /'rent,ri:beɪt/ n. riduzione f. del canone di affitto.
rent roll /'rent,rəʊl/ n. ruolo m. dei canoni di affitto.
rent tribunal /'renttraɪ,bju:nl/ n. GB DIR. = tribunale con giurisdizione su disaccordi tra locatore e affittuario.
renumber /,ri:'nʌmbə(r)/ tr. rinumerare.
renunciation /rɪ,nʌnsɪ'eɪʃn/ n. *(of faith)* rinnegamento m. (**of** di); *(of family, friend)* ripudio m., rinnegamento m. (**of** di); *(of pleasures)* rinuncia f. (**of** a); *(of right, nationality, title, succession)* rinuncia f. (**of** a); *(of property)* cessione f. (**of** di).

renunciative /rɪ'nʌnʃɪətɪv/, **renunciatory** /rɪ'nʌnʃɪətrɪ, AE -tɔ:rɪ/ agg. rinunciatario.
reoccupy /ˌri:'ɒkjʊpaɪ/ tr. rioccupare [*territory, position*].
reoffend /ri:ə'fend/ intr. recidivare.
reopen /ˌri:'əʊpən/ **I** tr. *(all contexts)* riaprire; ***to ~ old wounds*** FIG. riaprire vecchie ferite **II** intr. [*school, shop*] riaprire; [*trial, talks, play*] riprendere.
reopening /ˌri:'əʊpnɪŋ/ n. riapertura f.
1.reorder /ˌri:'ɔ:də(r)/ n. nuova ordinazione f.
2.reorder /ˌri:'ɔ:də(r)/ **I** tr. ordinare di nuovo **II** intr. fare una nuova ordinazione.
reorganization /ˌri:ˌɔ:gənaɪ'zeɪʃn, AE -nɪ'z-/ n. riorganizzazione f.
reorganize /ˌri:'ɔ:gənaɪz/ **I** tr. riorganizzare [*office, industry*] **II** intr. riorganizzarsi.
1.rep /rep/ n. reps m.
2.rep /rep/ n. TEATR. **1** (accorc. repertory) repertorio m.; *(theatre)* teatro m. di repertorio **2** (accorc. repertory company) compagnia f. di repertorio.
3.rep /rep/ n. AE COLLOQ. (accorc. reputation) reputazione f.
4.rep /rep/ ➧ **27** n. COMM. IND. (accorc. representative) rappresentante m. e f. (di commercio).
5.rep /rep/ intr. (forma in -ing ecc. **-pp-**) fare il rappresentante.
1.Rep /rep/ n. AE POL. (accorc. Representative) deputato m. (-a).
2.Rep /rep/ n. AE POL. (accorc. Republican) repubblicano m.
repackage /ri:'pækɪdʒ/ tr. **1** COMM. rinnovare la confezione di [*product*] **2** FIG. rifare, rinnovare [*pay offer*]; rinnovare l'immagine di [*politician, media personality*].
repaid /ˌri:'peɪd/ pass., p.pass. → **repay**.
repaint /ˌri:'peɪnt/ tr. ridipingere, riverniciare.
▶ **1.repair** /rɪ'peə(r)/ n. **1** riparazione f.; *(of clothes)* rammendo m.; MAR. *(of hull)* raddobbo m.; ***to be under ~*** [*building*] essere in ristrutturazione; [*ship*] essere in raddobbo; ***the ~s to the roof cost £ 900*** la riparazione del tetto è costata 900 sterline; ***we have carried out the necessary ~s*** abbiamo effettuato le riparazioni necessarie; ING. abbiamo fatto i lavori necessari; ***to be (damaged) beyond ~*** essere danneggiato in modo irreparabile; ***"road under ~"*** "lavori in corso"; ***"~s while you wait"*** "riparazione rapida" **2** FORM. *(condition)* ***to be in good, bad ~*** o ***to be in a good, bad state of ~*** essere in buono, cattivo stato; ***to keep sth. in good ~*** tenere bene qcs.
▶ **2.repair** /rɪ'peə(r)/ tr. **1** rammendare [*clothes*]; riparare, aggiustare [*clock, machine, road*]; MAR. raddobbare [*hull*] **2** FORM. FIG. riparare, rimediare a [*wrong*]; ricucire [*relations*].
3.repair /rɪ'peə(r)/ intr. FORM. *(go)* recarsi.
repairable /rɪ'peərəbl/ agg. [*article*] riparabile; [*wrong, situation*] rimediabile.
repairer /rɪ'peərə(r)/ n. riparatore m. (-trice).
repair kit /rɪ'peəˌkɪt/ n. kit m. di riparazione.
repairman /rɪ'peəmən/ n. (pl. **-men**) riparatore m.
repand /ˌrɪ'pænd/ agg. BOT. dai margini ondulati.
repaper /ˌri:'peɪpə(r)/ tr. ritappezzare.
reparable /'repərəbl/ agg. → **repairable**.
reparably /'repərəblɪ/ avv. in modo rimediabile.
reparation /ˌrepə'reɪʃn/ **I** n. FORM. ammenda f.; ***to make ~ for sth.*** fare ammenda di qcs. **II reparations** n.pl. POL. risarcimento m.sing. dei danni di guerra.
reparative /rɪ'pærətɪv/ agg. **1** *(pertaining to repair)* di riparazione **2** *(compensatory)* di risarcimento.
repartee /ˌrepɑ:'ti:/ n. **1** *(conversation)* scambio m. di battute **2** *(wit)* battuta f. (pronta) **3** *(reply)* risposta f., replica f.
1.repartition /ri:pɑ:'tɪʃn/ n. *(distribution)* ripartizione f., distribuzione f.; *(fresh partition)* ridistribuzione f.
2.repartition /ri:pɑ:'tɪʃn/ tr. ridistribuire.
repast /rɪ'pɑ:st, AE -'pæst/ n. LETT. pasto m.
1.repatriate /ri:'pætrɪeɪt, AE -'peɪt-/ n. rimpatriato m. (-a).
2.repatriate /ri:'pætrɪeɪt, AE -'peɪt-/ **I** tr. **1** rimpatriare, fare tornare in patria [*person*] **2** ECON. rimpatriare [*funds*] **II** intr. [*person*] rimpatriare.
repatriation /ˌri:pætrɪ'eɪʃn, AE -peɪt-/ **I** n. rimpatrio m. **II** modif. [*scheme*] di rimpatrio; [*arrangements*] per il rimpatrio.
▷ **repay** /rɪ'peɪ/ tr. (pass., p.pass. **-paid**) **1** *(pay back)* rimborsare [*person, sum, loan, debt*] **2** *(compensate)* ricambiare [*hospitality, favour*]; ***to ~ a debt of gratitude*** ricambiare un favore; ***how can I ever ~ you (for your kindness)?*** come potrò mai ricompensarti (per la tua gentilezza)? ***you've been very hospitable, I hope one day I will be able to ~ you*** sei stato molto ospitale, in futuro spero di poter contraccambiare **3** FORM. *(reward)* ***this book ~s careful reading*** questo libro merita di essere letto attentamente.

repayable /rɪ'peɪəbl/ agg. rimborsabile; ***~ in instalments*** pagabile a rate.
repayment /rɪ'peɪmənt/ n. rimborso m. (**on** di); ***to fall behind with one's ~s*** essere indietro nel pagamento delle rate *o* essere moroso.
repayment mortgage /rɪ'peɪmənt̩mɔ:gɪdʒ/ n. mutuo m. rateale.
repayment schedule /rɪˌpeɪmənt'ʃedju:l, AE -'skedʒʊl/ n. scadenzario m. (dei pagamenti).
1.repeal /rɪ'pi:l/ n. DIR. abrogazione f. (**of** di).
2.repeal /rɪ'pi:l/ tr. DIR. abrogare.
repealable /rɪ'pi:ləbl/ agg. [*law*] abrogabile, rivedibile.
repealer /rɪ'pi:lə(r)/ n. **1** *(person who repeals)* chi abroga; *(person who advocates repeal)* chi chiede l'abrogazione **2** STOR. = fautore della separazione fra Irlanda e Gran Bretagna.
1.repeat /rɪ'pi:t/ **I** n. **1** *(of event, performance, act)* ripetizione f.; TEATR. *(in same week)* replica f. **2** RAD. TELEV. replica f. **3** MUS. *(of movement)* ripresa f. **II** modif. [*attack, attempt, offer, order, performance*] ripetuto; ***~ order offender*** DIR. recidivo; ***~ prescription*** MED. ricetta ripetibile.
▶ **2.repeat** /rɪ'pi:t/ **I** tr. **1** ripetere [*word, action, success, offer, test*]; SCOL. ripetere [*year*]; rifare [*course*]; RAD. TELEV. replicare [*programme*]; ***to ~ that*** ripetere che; ***to be ~ed*** [*event, attack*] essere ripetuto; RAD. TELEV. essere replicato; COMM. [*offer*] essere rinnovato **2** MUS. riprendere [*movement, motif*] **II** intr. ***cucumbers ~ on me*** EUFEM. i cetrioli mi tornano su **III** rifl. ***to ~ oneself*** ripetersi; ***history is ~ing itself*** la storia si sta ripetendo.
repeatable /rɪ'pi:təbl/ agg. ripetibile.
▷ **repeated** /rɪ'pi:tɪd/ **I** p.pass. → **2.repeat II** agg. **1** [*warnings, requests, criticisms, refusals, efforts, attempts*] ripetuto, reiterato; [*defeats, difficulties, setbacks*] ripetuto **2** MUS. [*movement, theme*] ripreso.
▷ **repeatedly** /rɪ'pi:tɪdlɪ/ avv. ripetutamente, più volte.
repeater /rɪ'pi:tə(r)/ n. **1** *(gun)* arma f. (da fuoco) a ripetizione **2** *(watch)* orologio m. a ripetizione **3** EL. ripetitore m. **4** AE SCOL. = ripetente **5** AE DIR. *(habitual offender)* recidivo m. (-a).
repeating firearm /rɪˌpi:tɪŋ'faɪərɑ:m/ n. arma f. (da fuoco) a ripetizione.
repeg /ˌri:'peg/ tr. (forma in -ing ecc. **-gg-**) riallineare.
repel /rɪ'pel/ tr. (forma in -ing ecc. **-ll-**) **1** *(defeat)* respingere [*invader, advances*] **2** *(disgust)* ripugnare a, disgustare; ***to be ~led by sb.*** essere disgustati da qcn. **3** ELETTRON. FIS. [*electric charge*] respingere; [*surface*] essere impermeabile a [*water*].
repellent /rɪ'pelənt/ **I** agg. [*idea, image*] repellente, ripugnante **II** n. ***insect ~*** insettifugo.
1.repent /rɪ'pent/ **I** tr. **1** *(feel remorse about)* pentirsi di **2** *(regret)* rammaricarsi di **II** intr. pentirsi ◆ ***marry in haste ~ at leisure*** PROV. = chi si sposa con troppa fretta avrà tutto il tempo per pentirsene.
2.repent /rɪ'pent/ agg. ZOOL. strisciante; BOT. rampicante.
repentance /rɪ'pentəns/ n. pentimento m.
repentant /rɪ'pentənt/ agg. pentito, contrito.
repentantly /rɪ'pentəntlɪ/ avv. in modo contrito.
repercussion /ˌri:pə'kʌʃn/ n. **1** *(consequence)* ripercussione f., conseguenza f. (**of** di; **on** su; **for** per); ***to have ~s*** avere delle ripercussioni **2** FIS. *(recoil)* ripercussione f.
repercussive /ˌri:pə'kʌʃɪv/ agg. ripercussivo.
repertoire /'repətwɑ:(r)/ n. TEATR. MUS. repertorio m. (anche FIG.).
repertory /'repətrɪ, AE -tɔ:rɪ/ n. **1** *(repertoire)* repertorio m. **2** *(system of producing and presenting plays)* ***to work in ~*** fare teatro di repertorio.
repertory company /'repətrɪˌkʌmpənɪ, AE -tɔ:rɪ-/ n. compagnia f. di repertorio.
repetend /'repɪtend/ n. **1** MAT. periodo m. **2** *(refrain)* ritornello m.
▷ **repetition** /ˌrepɪ'tɪʃn/ n. ripetizione f.
repetitious /ˌrepɪ'tɪʃəs/, **repetitive** /rɪ'petɪtɪv/ agg. ripetitivo.
repetitively /rɪ'petɪtɪvlɪ/ avv. in modo ripetitivo.
repetitive motion injury /rɪˌpetɪtɪv'məʊʃnˌɪndʒərɪ/ n. MED. lesione f. da movimento ripetuto.
repetitiveness /rɪ'petɪtɪvnɪs/ n. ripetitività f.
rephrase /ˌri:'freɪz/ tr. riformulare [*remark*].
repine /rɪ'paɪn/ intr. LETT. dolersi (**at** di).
▶ **replace** /rɪ'pleɪs/ tr. **1** *(put back)* rimettere [*lid, cork*]; rimettere [qcs.] a posto [*book, ornament*]; ***to ~ the receiver*** riattaccare (la cornetta del telefono) **2** *(supply replacement for)* sostituire [*goods*] (**with** con) **3** *(in job)* rimpiazzare [*person*] **4** EUFEM. *(dismiss)* soppiantare **5** INFORM. sostituire.
replaceable /rɪ'pleɪsəbl/ agg. sostituibile.
replacement /rɪ'pleɪsmənt/ **I** n. **1** *(person)* sostituto m. (-a) (**for** di) **2** COMM. ***we will give you a ~ (article)*** ve ne daremo un altro in sostituzione **3** *(act)* rimpiazzo m. **4** *(spare part)* ricambio m. **II**

modif. [*cost*] di sostituzione; [*engine, part*] di ricambio; ~ ***staff*** sostituti.

replant /ˌriːˈplɑːnt, AE -ˈplænt/ tr. ripiantare.

▷ **1.replay** /ˈriːpleɪ/ n. SPORT incontro m. ripetuto; FIG. ripetizione f.; ***action*** ~ BE, ***instant*** ~ AE TELEV. replay.

2.replay /ˌriːˈpleɪ/ tr. **1** MUS. ripetere, suonare di nuovo [*piece*] **2** riascoltare [*disc, cassette*] **3** SPORT rigiocare, ridisputare [*match*].

repleader /riːˈpliːdə(r)/ n. DIR. *(second pleading)* replica f.; *(right to second pleading)* diritto m. di replica.

replenish /rɪˈplenɪʃ/ tr. reintegrare [*stocks*]; riempire [*larder*]; rifornire [*shop shelves*]; rimpinguare [*account*]; ***may I ~ your glass?*** posso riempirvi il bicchiere?

replenishment /rɪˈplenɪʃmənt/ n. *(of stocks)* reintegrazione f.; *(of larder)* riempimento m.; *(of shop shelves)* rifornimento m.; *(of account)* versamento m.

replete /rɪˈpliːt/ agg. **1** *(after eating)* sazio (**with** di) **2** *(fully supplied)* pieno (**with** di).

repletion /rɪˈpliːʃn/ n. FORM. sazietà f.

replevin /rɪˈplevɪn/ n. DIR. (azione di) rivendicazione f.

replevy /rɪˈplevɪ/ tr. riconsegnare, liberare su cauzione [*goods*].

replica /ˈreplɪkə/ n. ART. *(by the same author)* replica f.; *(facsimile)* riproduzione f., copia f.

▷ **1.replicate** /ˈreplɪkeɪt/ **I** tr. replicare [*success*]; copiare [*style, document*]; riprodurre [*result*] **II** intr. MED. [*virus, chromosome*] riprodursi (per replicazione).

2.replicate /ˈreplɪkət/ n. MUS. = tono di una o più ottave superiore o inferiore a un dato tono.

3.replicate /ˈreplɪkət/ agg. BOT. ZOOL. ripiegato su se stesso.

replication /ˌreplɪˈkeɪʃn/ n. BIOL. replicazione f.; FIG. *(of error, result)* riproduzione f.

▷ **1.reply** /rɪˈplaɪ/ n. risposta f.; DIR. replica f.; ***in ~ to*** in risposta a; ***to make no ~*** non rispondere.

▷ **2.reply** /rɪˈplaɪ/ **I** tr. rispondere; DIR. replicare **II** intr. rispondere (**to** a); DIR. replicare (**to** a).

repo /ˈriːpəʊ/ n. (pl. **~s**) COLLOQ. = automobile espropriata (a un insolvente).

repoint /ˌriːˈpɔɪnt/ tr. rabboccare nuovamente [*wall*].

repointing /ˌriːˈpɔɪntɪŋ/ n. nuovo rabbocco m., nuova rabboccatura f.

repo man /ˈriːpəʊmæn/ n. (pl. **repo men**) COLLOQ. → **repossession man**.

repopulate /riːˈpɒpjʊleɪt/ tr. ripopolare.

repopulation /riːpɒpjʊˈleɪʃn/ n. ripopolamento m.

▷ **1.report** /rɪˈpɔːt/ **I** n. **1** *(written or verbal account)* resoconto m., relazione f., rapporto m. (**on** su) **2** *(notification)* ***have you had any ~s of lost dogs?*** hai ricevuto segnalazioni di cani smarriti? **3** AMM. *(published findings)* rapporto m., relazione f.; *(of enquiry)* rapporto m. (d'inchiesta); ***to prepare, publish a ~*** preparare, pubblicare una relazione; ***the chairman's, committee's ~*** la relazione del presidente, della commissione; ***the Warren commission's ~*** il rapporto della commissione Warren **4** GIORN. RAD. TELEV. servizio m.; *(longer)* reportage m.; ***and now a ~ from our Moscow correspondent*** e ora un servizio dal nostro inviato a Mosca; ***we bring you this special ~*** vi offriamo questo servizio speciale **5** BE SCOL. pagella f. (scolastica) **6** AE SCOL. *(review)* relazione f.; ***to write a ~*** scrivere una relazione **7** *(noise)* detonazione f. **II reports** n.pl. GIORN. RAD. TELEV. *(unsubstantiated news)* ***we are getting ~s of heavy fighting*** ci sono giunte voci di gravi scontri; ***there have been ~s of understaffing in prisons*** è stato riferito che le prigioni sono a corto di personale; ***according to ~s, the divorce is imminent*** corre voce che il divorzio sia imminente; ***I've heard ~s that the headmaster is taking early retirement*** ho sentito dire che il direttore andrà in prepensionamento.

▷ **2.report** /rɪˈpɔːt/ **I** tr. **1** *(relay)* riportare, riferire [*fact, occurrence*]; ***I have nothing to ~*** non ho niente da segnalare; ***to ~ sth. to sb.*** riferire [qcs.] a qcn. [*result, decision, news*]; ***the union ~ed the vote to the management*** il sindacato ha riferito l'esito della votazione alla direzione; ***did she have anything of interest to ~?*** aveva qualcosa di interessante da raccontare? ***my friend ~ed that my parents are well*** il mio amico mi ha riferito che i miei genitori stanno bene **2** GIORN. TELEV. RAD. *(give account of)* fare la cronaca di [*debate*]; ***Peter Jenkins is in Washington to ~ the latest developments*** Peter Jenkins è a Washington per tenerci aggiornati sugli ultimi sviluppi; ***only one paper ~ed their presence in London*** un solo giornale ha parlato della loro presenza a Londra; ***the Italian press has ~ed that the tunnel is behind schedule*** la stampa italiana ha riportato la notizia del ritardo nella costruzione del tunnel **3** AMM. *(notify authorities)* segnalare, denunciare [*theft, death, accident, case*]; ***15 new cases of cholera were ~ed this week*** questa settimana sono stati segnalati 15 nuovi casi di colera; ***five people are ~ed dead*** sono stati segnalati cinque morti; ***no casualties have been ~ed*** non sono stati segnalati feriti; ***three people were ~ed missing after the explosion*** tre persone sono state dichiarate disperse in seguito all'esplosione **4** *(allege)* ***it is ~ed that*** si dice che; ***she is ~ed to have changed her mind*** pare che abbia cambiato idea **5** *(make complaint about)* fare rapporto contro [*person*]; SPREG. denunciare [*person*]; ***I shall ~ you to your headmaster*** farò rapporto contro di te al preside; ***your insubordination will be ~ed*** la vostra insubordinazione verrà denunciata; ***you will be ~ed to the boss*** sarà fatto rapporto contro di te al direttore; ***the residents ~ed the noise to the police*** i residenti hanno chiamato la polizia per il rumore **II** intr. **1** *(give account)* ***to ~ on*** fare un resoconto di [*talks, progress*]; GIORN. fare un servizio su [*event*]; ***he will ~ to Parliament on the negotiations*** farà un resoconto al Parlamento sui negoziati **2** *(present findings)* [*committee, group*] fare rapporto (**on** su); ***the committee will ~ in June*** il comitato presenterà il suo rapporto a giugno **3** *(present oneself)* presentarsi; ***~ to reception, to the captain*** presentarsi alla reception, dal capitano; ***to ~ for duty*** riprendere servizio; ***to ~ sick*** darsi malato; ***to ~ to one's unit*** MIL. presentarsi al proprio reparto **4** AMM. *(have as immediate superior)* ***to ~ to*** essere agli ordini di [*superior*]; ***she ~s to me*** sono il suo superiore.

■ **report back:** ~ ***back*** **1** *(after absence)* [*employee*] (ri)presentarsi **2** *(present findings)* [*committee, representative*] presentare un rapporto (**about, on** su).

reportable /rɪˈpɔːtəbl/ agg. *(able to be reported)* riferibile, dichiarabile; *(worthy to be reported)* degno di menzione; *(that should or must be reported to authorities)* da dichiarare; ***one's ~ income*** reddito da dichiarare (al fisco).

reportage /ˌrepɔːˈtɑːʒ/ n. reportage m.

report card /rɪˈpɔːtˌkɑːd/ n. AE pagella f. (scolastica).

reported clause /rɪˌpɔːtɪdˈklɔːz/ n. proposizione f. indiretta.

▷ **reportedly** /rɪˈpɔːtɪdlɪ/ avv. ***he is ~ unharmed*** stando a quel che si dice ne è uscito indenne; ***they are ~ planning a new offensive*** da quanto è stato riferito stanno preparando una nuova offensiva.

reported speech /rɪˌpɔːtɪdˈspiːtʃ/ n. discorso m. indiretto.

reporter /rɪˈpɔːtə(r)/ ➧ **27** n. reporter m. e f.

reporting /ˌrɪˈpɔːtɪŋ/ n. GIORN. informazione f., cronaca f.

reporting restrictions /rɪˌpɔːtɪŋrɪˈstrɪkʃnz/ n.pl. DIR. GIORN. = restrizioni sull'informazione.

reportorial /ˌrepəˈtɔːrɪəl/ agg. di, da cronista.

report stage /rɪˈpɔːtˌsteɪdʒ/ n. BE POL. = fase di presentazione di un progetto di legge in sede deliberante, dopo la seconda lettura.

reposal /rɪˈpəʊzəl/ n. FORM. (il) riporre; ***~ of trust, confidence in sb.*** fiducia in qcn.

1.repose /rɪˈpəʊz/ n. FORM. *(rest)* riposo m.; *(peace of mind)* tranquillità f., quiete f.; ***in ~*** in tranquillità.

2.repose /rɪˈpəʊz/ **I** tr. FORM. riporre [*trust*] (**in** in) **II** intr. FORM. *(lie buried)* riposare; SCHERZ. *(be lying)* [*person*] riposare; [*object*] giacere.

reposeful /rɪˈpəʊzfl/ agg. riposato, tranquillo.

repository /rɪˈpɒzɪtrɪ, AE -tɔːrɪ/ n. **1** *(person, institution) (of secret, power, authority, learning)* depositario m. (-a); *(of hopes, fears)* confidente m. e f. **2** *(place)* deposito m. (**of, for** di).

repossess /ˌriːpəˈzes/ tr. [*bank, building society*] rientrare in possesso di [*house*]; [*landlord, creditor*] riprendersi [*property, goods*].

repossession /ˌriːpəˈzeʃn/ n. ripresa f. di possesso, riacquisto m.; ***to seek ~ of a house*** cercare di rientrare in possesso di una casa.

repossession man /riːpəˈzeʃnˌmən/ n. (pl. **repossession men**) = chi espropria i beni agli acquirenti insolventi.

repossession order /riːpəˈzeʃnˌɔːdə(r)/ n. sentenza f. di restituzione al proprietario.

repot /riːˈpɒt/ tr. (forma in -ing ecc. **-tt-**) rinvasare.

repotting /riːˈpɒtɪŋ/ n. rinvaso m., rinvasatura f.

repoussé /rəˈpuːseɪ/ **I** agg. [*metalwork*] sbalzato, lavorato a sbalzo **II** n. metallo m. sbalzato.

repp /rep/ n. reps m.

reprehend /ˌreprɪˈhend/ tr. FORM. riprovare, riprendere, rimproverare.

reprehensible /ˌreprɪˈhensɪbl/ agg. FORM. riprensibile, riprovevole.

reprehensibly /ˌreprɪˈhensɪblɪ/ avv. FORM. [*behave, act*] in modo riprensibile.

reprehension /ˌreprɪˈhenʃn/ n. FORM. riprovazione f.

▶ **represent** /ˌreprɪˈzent/ **I** tr. **1** *(act on behalf of)* rappresentare [*person, group, region*]; ***to be under-~ed*** non essere rappresentato in modo adeguato; ***to be well ~ed*** *(numerous)* essere ben rappresentato **2** *(present, state to be)* presentare [*person, situation, event*] (**as** come) **3** *(convey, declare)* esporre, illustrare [*facts, results, reasons etc.*] **4** *(portray)* [*painting, sculpture etc.*] rappresentare, raffigurare **5** *(be sign or symbol of) (on map etc.)* rappresentare, simboleggiare **6** *(correspond to, constitute)* rappresentare, significare; ***that ~s an awful lot of work*** questo significa un'enorme mole di lavoro **7** *(be typical of, exemplify)* rappresentare; ***he ~s the best in the tradition*** lui rappresenta il meglio della tradizione **8** TEATR. impersonare, fare la parte di [*character*]; interpretare [*role, part*] **II** rifl. ***to ~ oneself as*** presentarsi come, farsi passare per.

re-present /ˌriːprɪˈzent/ tr. ripresentare.

representable /ˌreprɪˈzentəbl/ agg. rappresentabile.

representation /ˌreprɪzenˈteɪʃn/ **I** n. **1** rappresentanza f. (**of** di; **by** da parte di) (anche POL.); ***the right of workers to union ~*** il diritto dei lavoratori alla rappresentanza sindacale **2** TEATR. *(of character, scene)* rappresentazione f.; *(of role)* interpretazione f. **II representations** n.pl. ***to make ~s to sb.*** *(make requests)* fare delle richieste a qcn.; *(complain)* fare delle rimostranze a qcn.; ***to receive ~s from sb.*** ricevere delle proteste da parte di qcn.

representational /ˌreprɪzenˈteɪʃənl/ agg. **1** rappresentativo **2** ART. figurativo.

▶ **representative** /ˌreprɪˈzentətɪv/ **I** agg. **1** *(typical)* rappresentativo, tipico (**of** di); ***a ~ cross-section*** o ***sample of the population*** un campione rappresentativo della popolazione **2** POL. [*government, election, institution*] rappresentativo **II** ♦ ***27*** n. rappresentante m. e f.; COMM. rappresentante m. e f., agente m. e f. di commercio; AE POL. deputato m.

repress /rɪˈpres/ tr. **1** *(suppress)* reprimere [*reaction, smile etc.*]; PSIC. rimuovere **2** *(subjugate)* opprimere [*people*]; soffocare [*revolt*].

repressed /rɪˈprest/ **I** p.pass. → **repress II** agg. **1** represso **2** PSIC. rimosso; ***~ content*** o ***experience*** il rimosso.

repressible /rɪˈpresəbl/ agg. reprimibile.

▷ **repression** /rɪˈpreʃn/ n. **1** *(of people)* repressione f. **2** PSIC. rimozione f.

repressive /rɪˈpresɪv/ agg. repressivo.

repressiveness /rɪˈpresɪvnɪs/ n. repressività f.

repricing /riːˈpraɪsɪŋ/ n. **1** (il) fissare un nuovo prezzo **2** ECON. = modifica del tasso (nei titoli a tasso variabile).

1.reprieve /rɪˈpriːv/ n. **1** DIR. sospensione f. della pena **2** *(delay)* rinvio m. **3** *(respite)* tregua f.

2.reprieve /rɪˈpriːv/ tr. **1** DIR. sospendere la pena a [*prisoner*] **2** ***the school was ~d*** hanno permesso che la scuola non chiudesse; *(for limited period)* alla scuola è stata concessa una proroga.

1.reprimand /ˈreprɪmɑːnd, AE -mænd/ n. rimprovero m.; AMM. censura f., ammonimento m.

2.reprimand /ˈreprɪmɑːnd, AE -mænd/ tr. rimproverare; AMM. censurare, ammonire.

1.reprint /ˈriːprɪnt/ n. ristampa f.

2.reprint /ˌriːˈprɪnt/ **I** tr. ristampare; ***the book is being ~ed*** il libro è in ristampa **II** intr. [*book*] essere ristampato.

reprisal /rɪˈpraɪzl/ **I** n. rappresaglia f. (**for** contro); ***in ~ for***, ***in ~ against*** per rappresaglia contro **II reprisals** n.pl. rappresaglie f. (**for** per; **against** contro); ***to take ~s*** compiere rappresaglie.

1.reprise /rɪˈpriːz/ n. MUS. ripresa f.

2.reprise /rɪˈpriːz/ tr. MUS. riprendere.

repro /ˈriːprəʊ/ **I** agg. COLLOQ. [*furniture*] in stile; ***a ~ Gothic house*** una casa finto gotico **II** n. **1** TIP. (accorc. reprographics) riprografia f. **2** TIP. (anche **~ proof**) (accorc. reproduction proof) controstampa f. **3** COLLOQ. (accorc. reproduction) riproduzione f.

1.reproach /rɪˈprəʊtʃ/ n. *(all contexts)* rimprovero m.; ***above*** o ***beyond ~*** irreprensibile, ineccepibile.

2.reproach /rɪˈprəʊtʃ/ **I** tr. rimproverare [*person*]; ***to ~ sb. with*** o ***for sth.*** rimproverare qcn. di, per qcs.; ***to ~ sb. for doing*** o ***having done*** rimproverare qcn. di, per avere fatto **II** rifl. ***to ~ oneself*** rimproverarsi (**for doing** di, per avere fatto); ***to ~ oneself for*** o ***with sth.*** rimproverarsi qcs.

reproachable /rɪˈprəʊtʃəbl/ agg. riprovevole.

reproachably /rɪˈprəʊtʃəblɪ/ avv. in modo riprovevole.

reproachful /rɪˈprəʊtʃfl/ agg. [*person*] riprovevole; [*remark, look, expression*] riprovatorio, di biasimo; [*letter, word*] di rimprovero, di biasimo.

reproachfully /rɪˈprəʊtʃfəlɪ/ avv. [*look at*] in modo riprovatorio; [*say*] con tono riprovatorio.

reproachfulness /rɪˈprəʊtʃfəlnɪs/ n. riprovazione f.

1.reprobate /ˈreprəbeɪt/ n. ***the old ~*** quella vecchia canaglia.

2.reprobate /ˈreprəbeɪt/ tr. ANT. riprovare, biasimare.

reprobation /ˌreprəˈbeɪʃn/ n. riprovazione f.

reprocess /ˌriːˈprəʊses, AE -ˈprɑː-/ tr. rilavorare.

reprocessing /ˌriːˈprəʊsesɪŋ, AE -ˈprɑː-/ n. rilavorazione f.; NUCL. reprocessing m., ritrattamento m.

reprocessing plant /riːˌprəʊsesɪŋˈplɑːnt, AE riːˈprɑːsesɪŋˌplænt/ n. NUCL. impianto m. di reprocessing.

▷ **reproduce** /ˌriːprəˈdjuːs, AE -ˈduːs/ **I** tr. *(all contexts)* riprodurre **II** intr. BIOL. (anche **~ oneself**) riprodursi.

reproduceable /ˌriːprəˈdjuːsəbl, AE -ˈduːs-/ agg. RAR. riproducibile.

reproducer /ˌriːprəˈdjuːsə(r), AE -ˈduːs-/ n. riproduttore m.

reproducible /ˌriːprəˈdjuːsəbl, AE -ˈduːs-/ agg. riproducibile.

▷ **reproduction** /ˌriːprəˈdʌkʃn/ n. riproduzione f.; ***photographic, sound ~*** riproduzione fotografica, del suono.

reproduction furniture /riːprəˈdʌkʃnˌfɜːnɪtʃə(r)/ n. **U** mobili m.pl. in stile.

reproduction proof /riːprəˈdʌkʃnˌpruːf/ n. TIP. controstampa f.

reproductive /ˌriːprəˈdʌktɪv/ agg. [*organ*] riproduttore; [*process*] riproduttivo; ***~ cycle*** ciclo riproduttivo.

reproductiveness /ˌriːprəˈdʌktɪvnɪs/ n. riproduttività f.

reprogram(me) /ˌriːˈprəʊgræm/ tr. riprogrammare.

reprographic /ˌriːprəˈgræfɪk/ agg. reprografico.

reprographics /ˌriːprəˈgræfɪks/ n. + verbo sing. → **reprography**.

reprography /rɪˈprɒgrəfɪ/ **I** n. riprografia f. **II** modif. [*process, copy*] riprografico.

reproof /rɪˈpruːf/ n. rimprovero m.; ***in ~*** con aria di rimprovero.

re-proof /ˌriːˈpruːf/ tr. reimpermeabilizzare [*coat, tent*].

reprove /rɪˈpruːv/ tr. rimproverare [*person*] (**for** per; **for doing** per avere fatto).

reproving /rɪˈpruːvɪŋ/ agg. ***a ~ glance*** un'occhiata di rimprovero.

reprovingly /rɪˈpruːvɪŋlɪ/ avv. [*look, gesture*] con aria di rimprovero; [*say, speak*] con tono di rimprovero.

reps /reps/ n. reps m.

reptant /ˈreptənt/ agg. **1** ZOOL. strisciante **2** BOT. reptante.

reptile /ˈreptaɪl, AE -tl/ n. ZOOL. rettile m. (anche FIG. SPREG.).

reptile house /ˈreptaɪlhaʊs, AE -tl-/ n. rettilario m.

reptilian /repˈtɪlɪən/ **I** agg. **1** ZOOL. di, da rettile **2** COLLOQ. FIG. SPREG. viscido, strisciante **II** n. ZOOL. rettile m.

▷ **republic** /rɪˈpʌblɪk/ n. repubblica f.

republican /rɪˈpʌblɪkən/ **I** n. repubblicano m. (-a) **II** agg. repubblicano.

Republican /rɪˈpʌblɪkən/ **I** agg. repubblicano **II** n. POL. **1** US repubblicano m. (-a) **2** *(in Northern Ireland)* repubblicano m. (-a).

republicanism /rɪˈpʌblɪkənɪzəm/ n. **1** repubblicanesimo m. **2 Republicanism** POL. *(in the United States)* repubblicanesimo m.; *(in Northern Ireland)* ideologia f. repubblicana.

republicanize /rɪˈpʌblɪkənaɪz/ tr. *(make republican)* rendere repubblicano; *(convert into republican form)* trasformare in repubblica.

republication /riːˌpʌblɪˈkeɪʃn/ n. riedizione f.

republish /ˌriːˈpʌblɪʃ/ tr. ripubblicare.

repudiate /rɪˈpjuːdɪeɪt/ tr. **1** *(reject)* respingere, ripudiare [*spouse*] **2** *(give up)* rifiutare [*violence*]; abbandonare [*action, aim*] **3** DIR. addivenire alla risoluzione non giudiziaria di [*treaty, contract, obligation*].

repudiation /rɪˌpjuːdɪˈeɪʃn/ n. *(of charge, claim)* respinta f.; *(of violence)* rifiuto m.; *(of spouse)* ripudio m.; *(of treaty)* risoluzione f. non giudiziaria.

repudiator /rɪˌpjuːdɪˈeɪtə(r)/ n. ripudiatore m. (-trice).

repugn /rɪˈpjuːn/ **I** tr. RAR. avversare, ostacolare **II** intr. RAR. opporsi (**at, to** a).

repugnance /rɪˈpʌgnəns/ n. ripugnanza f. (**for sth.** per qcs.; **for sb.** per qcn.).

repugnant /rɪˈpʌgnənt/ agg. ripugnante; ***to be ~ to sb.*** disgustare qcn.

repulse /rɪˈpʌls/ tr. respingere.

repulsed /rɪˈpʌlst/ **I** p.pass. → **repulse II** agg. *(disgusted)* disgustato, schifato.

repulsion /rɪˈpʌlʃn/ n. *(all contexts)* repulsione f.

repulsive /rɪˈpʌlsɪv/ agg. **1** *(disgusting)* repulsivo, ripugnante **2** FIS. repulsivo.

repulsively /rɪˈpʌlsɪvlɪ/ avv. [*act*] in modo repulsivo; ***~ ugly, dirty*** disgustosamente brutto, sporco.

repulsiveness /rɪˈpʌlsɪvnɪs/ n. repulsività f.

1.repurchase /ˌriːˈpɜːtʃɪs/ n. riacquisto m.

2.repurchase /ˌriːˈpɜːtʃɪs/ tr. riacquistare.

repurchase agreement /riːˈpɜːtʃɪsəˌgriːmənt/ n. ECON. accordo m. di riacquisto.

reputability /ˌrepjʊtəˈbɪlətɪ/ n. rispettabilità f., buona reputazione f.

reputable /ˈrepjʊtəbl/ agg. [*accountant, firm, shop*] che gode di buona reputazione; [*profession*] onorevole.

▶ **reputation** /ˌrepjʊˈteɪʃn/ n. reputazione f., fama f.; ***to have a good, bad ~*** avere una buona, cattiva reputazione; ***she has a ~ as a good lawyer*** ha la reputazione di essere un buon avvocato; ***your ~ as*** la tua fama di [*lawyer, poet etc.*]; ***he has a ~ for honesty*** è conosciuto per la sua onestà; ***she has a ~ for arriving late*** ha (la) fama di arrivare sempre in ritardo; ***to have the ~ of being*** avere la fama di essere; ***by ~*** di fama; ***to live up to one's ~*** essere all'altezza della propria fama.

repute /rɪˈpjuːt/ n. ***of ~*** rinomato; ***to be of high, low ~*** godere di grande, scarsa considerazione; ***to hold sb., sth. in high ~*** avere una grande opinione di qcn., qcs.; ***a woman, a house of ill ~*** EUFEM. una donna, una casa di malaffare.

reputed /rɪˈpjuːtɪd/ **I** p.pass. → **2.repute II** agg. **1** *(well known)* rinomato; ***to be ~ to be*** *(have reputation of being)* avere (la) fama di essere; ***he is ~ to be very rich*** pare che sia molto ricco **2** *(alleged)* DIR. putativo.

reputedly /rɪˈpjuːtɪdlɪ/ avv. a quanto pare.

▶ **1.request** /rɪˈkwest/ n. **1** *(comment)* domanda f., richiesta f. (**for** di; **to** a); ***to make a ~*** fare una richiesta; ***on ~*** su richiesta; ***at the ~ of*** su richiesta di; ***at your ~*** su vostra richiesta; ***by popular ~*** a grande richiesta; ***by special ~*** su speciale richiesta; ***I have received a ~ that I do, do not do*** mi è stato richiesto di fare, di non fare; ***a ~ that we (should) be allowed to do*** una domanda di autorizzazione a fare; ***"No flowers by ~"*** = "Non fiori ma opere di bene" **2** RAD. (radio)dedica f., disco m. a richiesta; ***to play a ~ for sb.*** trasmettere un brano a richiesta per qcn.

▶ **2.request** /rɪˈkwest/ tr. (ri)chiedere [*information, help, money*] (**from** a); ***to ~ sb. to do*** chiedere a qcn. di fare; ***to ~ sb.'s help*** chiedere l'aiuto di qcn.; ***to ~ that sth. be done*** richiedere che sia fatto qualcosa; ***you are kindly ~ed not to smoke*** siete pregati di non fumare; ***as ~ed*** *(in correspondence)* come richiesto, come da istruzioni.

request stop /rɪˈkwestˌstɒp/ n. BE fermata f. a richiesta.

requiem /ˈrekwɪem/ n. requiem m.; ***Mozart's Requiem*** il Requiem di Mozart.

requiem mass /ˌrekwɪemˈmæs/ n. messa f. da requiem.

requirable /rɪˈkwaɪərəbl/ agg. RAR. esigibile.

▶ **require** /rɪˈkwaɪə(r)/ tr. **1** *(need)* [*person, client, company*] avere bisogno di [*help, money, staff, surgery*]; ***this machine ~s servicing*** questa macchina ha bisogno di riparazioni; ***take the tablets as ~d*** all'occorrenza prendere le pastiglie; ***"does Madam ~ tea?"*** FORM. "la signora desidera del tè?" **2** *(demand)* [*person, law, job, situation*] esigere, richiedere [*explanation, funds, obedience, qualifications*]; ***to be ~d by law*** essere obbligatorio per legge; ***to ~ that*** ordinare che; ***to ~ sth. of*** o ***from*** esigere qcs. da; ***to be ~d to do*** essere tenuto a fare; ***this job ~s an expert*** questo lavoro richiede l'intervento di un esperto.

▷ **required** /rɪˈkwaɪəd/ **I** p.pass. → **require II** agg. [*amount, shape, size, qualification*] richiesto; ***to be ~ reading*** [*writer*] essere una lettura obbligatoria; ***by the ~ date*** entro la data stabilita; ***~ course*** AE UNIV. esame fondamentale.

▶ **requirement** /rɪˈkwaɪəmənt/ n. **1** *(need)* bisogno m., esigenza f. (**for** di); ***to meet sb.'s ~s*** soddisfare le richieste *o* i bisogni di qcn.; ***market, customer ~s*** le esigenze di mercato, dei clienti; ***performance ~s*** esigenze di resa **2** *(condition)* requisito m.; ***university entrance ~s*** requisiti di ammissione all'università; ***to fulfil*** o ***meet*** o ***satisfy the ~s*** avere tutti i requisiti *o* avere le carte in regola; ***what are the ~s for membership?*** che requisiti bisogna avere per potersi iscrivere? **3** *(obligation)* obbligo m. (**to do** a fare); ***legal ~*** obbligo legale; ***there is no ~ for you to do*** non sei obbligato a fare; ***the ~ for us to do*** il nostro obbligo a fare; ***there is a ~ that we do*** siamo tenuti a fare; ***there is a ~ that guns be registered*** le armi devono essere dichiarate **4** AE UNIV. *(required course)* esame m. fondamentale.

requisite /ˈrekwɪzɪt/ **I** agg. richiesto, necessario **II** n. requisito m. (**for** per) **III requisites** n.pl. *(for artist, office)* occorrente m.sing.; ***toilet ~*** accessori da bagno; ***smokers' ~s*** articoli per fumatori.

1.requisition /ˌrekwɪˈzɪʃn/ n. **1** MIL. requisizione f. **2** AMM. ordine m., richiesta f.; ***the paper is on ~*** la carta è stata ordinata.

2.requisition /ˌrekwɪˈzɪʃn/ tr. **1** MIL. requisire [*supplies, vehicle*] **2** AMM. ordinare, fare richiesta di [*equipment, stationery*].

requital /rɪˈkwaɪtl/ n. FORM. *(reward)* ricompensa f.; *(revenge)* vendetta f., rappresaglia f.; ***in ~ of*** *(reward)* come ricompensa per; *(revenge)* per vendicarsi di.

requite /rɪˈkwaɪt/ tr. FORM. *(repay kindness)* ricompensare [*person, service*] (**for** di; **with** con); *(repay bad deed)* vendicarsi di [*person, wrong, injury*]; ***~d love*** amore corrisposto.

reran /ˌriːˈræn/ pass. → **2.rerun**.

reread /ˌriːˈriːd/ tr. (pass., p.pass. **-read**) rileggere.

reredos /ˈrɪədɒs/ n. paliotto m., dossale m.

reroof /ˌriːˈruːf/ tr. rifare il tetto a [*building*].

reroute /ˌriːˈruːt/ tr. cambiare la rotta di [*flight*]; (fare) deviare [*traffic, race*].

1.rerun /ˈriːrʌn/ n. (anche **re-run**) CINEM. seconda visione f.; TELEV. TEATR. replica f.; FIG. *(of incident, problem)* ripetizione f.

2.rerun /ˌriːˈrʌn/ tr. (forma in -ing **-nn-**; pass. **-ran**; p.pass. **-run**) CINEM. fare uscire di nuovo [*film*]; TEATR. replicare [*play*]; TELEV. ritrasmettere, ridare [*film, programme*]; POL. rifare [*election, vote*]; SPORT ripetere [*race*].

resale /ˈriːseɪl, riːˈseɪl/ n. rivendita f.; ***not for ~*** articolo che non può essere rivenduto.

resaleable /riːˈseɪləbl/ agg. rivendibile.

resat /ˌriːˈsæt/ pass., p.pass. → **2.resit**.

reschedule /ˌriːˈʃedjuːl, AE -ˈskedʒʊl/ tr. **1** *(change time)* modificare gli orari di; *(change date)* cambiare la data di [*match, performance*] **2** ECON. riscadenzare, rinegoziare [*debt, repayment*].

rescheduling /ˌriːˈʃedjuːlɪŋ, AE -ˈskedʒʊlɪŋ/ n. **1** *(of time, date)* riprogrammazione f. **2** ECON. rinegoziazione f.

rescind /rɪˈsɪnd/ tr. DIR. o FORM. abrogare [*law*]; annullare [*decision, order, treaty*]; rescindere [*contract, agreement*]; cassare [*judgment*]; ritirare [*statement*].

rescission /rɪˈsɪʒn/ n. DIR. o FORM. *(of law)* abrogazione f.; *(of decision, order, treaty)* annullamento m.; *(of contract, agreement)* rescissione f., risoluzione f.; *(of judgment)* cassazione f.; *(of statement)* ritiro m.

▷ **1.rescue** /ˈreskjuː/ **I** n. **1** *(aid)* soccorso m.; ***to wait for ~*** attendere i soccorsi; ***to come*** o ***go to sb.'s, sth.'s ~*** accorrere in aiuto di qcn., di qcs.; ***to come*** o ***go to the ~*** andare alla riscossa; ***X to the ~!*** X alla riscossa! **2** *(operation)* salvataggio m. (**of** di) **3** *(service)* soccorso m.; ***air-sea ~*** soccorso aeronavale **II** modif. [*bid, helicopter, mission, operation, work*] di salvataggio; [*centre, service, team*] di soccorso.

▷ **2.rescue** /ˈreskjuː/ tr. **1** *(save life of)* salvare (**from** da) **2** *(aid)* soccorrere [*person, company*]; intervenire a favore di [*economy, industry*] **3** *(release)* liberare (**from** da) **4** *(preserve) (from destruction)* salvare [*planet, wildlife*]; *(from closure)* evitare la chiusura di [*school, museum, factory*] **5** *(salvage)* recuperare [*valuables, documents*]; salvare [*plan, game*].

rescue cover /ˈreskjuːˌkʌvə(r)/ n. *(in insurance)* = servizio di recupero gratuito del veicolo in caso di incidente stradale.

rescue package /ˈreskjuːˌpækɪdʒ/ n. ECON. piano m. di salvataggio.

rescue party /ˈreskjuːˌpɑːtɪ/ n. squadra f. di soccorso.

rescuer /ˈreskjuːə(r)/ n. salvatore m. (-trice).

rescue worker /ˈreskjuːˌwɜːkə(r)/ n. soccorritore m. (-trice).

▶ **1.research** /rɪˈsɜːtʃ, ˈriːsɜːtʃ/ **I** n. **1** *(academic, medical etc.)* ricerca f. (**into**, **on** su); ***to do ~*** fare ricerca; ***money for cancer ~*** soldi per la ricerca sul cancro; ***she's doing some ~ on cancer*** sta facendo delle ricerche sul cancro; ***animal ~*** sperimentazione sugli animali; ***a piece of ~*** una ricerca **2** COMM. *(for marketing)* analisi f., indagine f.; ***~ shows that*** l'analisi mostra che; ***market ~*** indagine di mercato **3** GIORN. RAD. TELEV. servizio m. (**into** su) **II researches** n.pl. *(investigations)* ricerche f., indagini f. (**into**, **on** su) **III** modif. [*assistant, department, grant, institute, programme, project, unit*] di ricerca; [*student*] che fa ricerca; [*funding*] per la ricerca; ***~ work*** ricerca; ***~ biologist, chemist, physicist*** biologo, chimico, fisico ricercatore; ***~ scientist*** ricercatore scientifico.

2.research /rɪˈsɜːtʃ, ˈriːsɜːtʃ/ **I** tr. **1** fare delle ricerche su [*topic*]; fare delle ricerche per scrivere [*book, article, play*]; UNIV. fare ricerca in [*field*] **2** GIORN. RAD. TELEV. documentarsi su [*issue, problem*]; ***well ~ed*** ben documentato **3** COMM. analizzare [*consumer attitudes, customer needs*]; ***to ~ the market*** fare un'indagine di mercato; ***you will be required to ~ techniques for*** sarete incaricato di mettere a punto delle tecniche di **II** intr. ***to ~ into*** fare delle ricerche su.

research and development /rɪˌsɜːtʃəndɪˈveləpmənt, ˌriːsɜːtʃ-/ n. ricerca f. e sviluppo m.

research assistant /rɪˌsɜːtʃəˈsɪstənt, ˌriːsɜːtʃ/ ♦ **27** n. UNIV. assistente m. e f. (di ricerca).

researcher /rɪˈsɜːtʃə(r), ˈriːsɜːtʃə(r)/ ♦ **27** n. **1** *(academic, scientific)* ricercatore m. (-trice) **2** TELEV. = chi fa ricerche per servizi o programmi.

research establishment /rɪˌsɜːtʃɪˈstæblɪʃmənt, ˌriːsɜːtʃ-/ n. centro m. ricerche.

research fellow /rɪˌsɜːtʃˈfeləʊ, ˌriːsɜːtʃ/ n. BE UNIV. ricercatore m. (-trice) universitario.

research fellowship /rɪˌsɜːtʃˈfeləʊʃɪp, ˌriːsɜːtʃ-/ n. BE UNIV. posto m. di ricercatore universitario.
research laboratory /rɪˌsɜːtʃləˈbɒrətrɪ, ˌriːsɜːtʃ-, AE -ˈlæbrətɔːrɪ/ n. laboratorio m. di ricerca.
research worker /rɪˌsɜːtʃˈwɜːkə(r), ˌriːsɜːtʃ/ ♦ 27 n. ricercatore m. (-trice).
reseat /ˌriːˈsiːt/ tr. **1** rimettere a sedere [*person*] **2** rifare il sedile di [*chair*].
resect /ˌriːˈsekt/ tr. CHIR. resecare.
resection /ˌriːˈsekʃn/ n. CHIR. resezione f.
reseda /rɪˈsiːdə/ n. **1** *(plant)* reseda f. **2** *(colour)* verde m. pallido.
reselect /ˌriːsɪˈlekt/ tr. POL. riconfermare [*candidate*].
reselection /ˌriːsɪˈlekʃn/ n. POL. riconferma f. di un candidato; ***to stand for* ~** candidarsi alla riconferma.
resell /riːˈsel/ tr. (pass., p.pass. **-sold**) rivendere.
▷ **resemblance** /rɪˈzembləns/ n. somiglianza f. (**between** tra; **to** con); ***family* ~** aria di famiglia; ***to bear a close* ~ *to*** (as)somigliare molto a; ***to bear no* ~ *to*** non (as)somigliare per niente a; ***there the* ~ *ends*** la somiglianza finisce lì.
▷ **resemble** /rɪˈzembl/ tr. (as)somigliare a [*person*]; essere simile a, sembrare [*building, object*]; ***to* ~ *each other*** (as)somigliarsi; ***she* ~*s him in manner*** gli somiglia nel modo di fare; ***he has never had anything resembling a steady job*** non ha mai avuto niente che potesse somigliare a un lavoro fisso; ***he* ~*d nothing so much as a tramp*** aveva proprio l'aria di (essere) un barbone.
resent /rɪˈzent/ tr. non sopportare [*person*]; mal sopportare [*change, system*]; essere infastidito da [*tone, term*]; ***he* ~*ed her*** ce l'aveva con lei (**for doing** per avere fatto); ***to* ~ *sb.'s success*** patire il successo di qcn.; ***to* ~ *having to do*** non sopportare di dovere fare; ***I* ~ *that remark*** non mi è piaciuto quel commento; ***to* ~ *sb. doing*** non sopportare che qcn. faccia; ***he* ~*ed her being better paid*** gli dava fastidio il fatto che lei fosse pagata più di lui; ***to* ~ *the fact that*** mal tollerare il fatto che.
resentful /rɪˈzentfl/ agg. [*person*] risentito, pieno di risentimento; [*look*] risentito; ***to be* ~ *of sb.*** essere risentito con qcn.
resentfully /rɪˈzentfəlɪ/ avv. [*look*] con risentimento; [*reply*] con tono risentito.
▷ **resentment** /rɪˈzentmənt/ n. risentimento m. (**about** per; **against** contro; **at** verso); ***~ among*** scontento fra [*workers, residents, locals*].
reserpine /rɪˈsɜːpiːn/ n. reserpina f.
▷ **reservation** /ˌrezəˈveɪʃn/ n. **1** *(doubt, qualification)* riserva f.; ***mental* ~** riserva mentale; ***without* ~** senza riserve; ***with some* ~*s*** con qualche riserva; ***to have* ~*s about sth.*** avere delle riserve su qcs.; ***they expressed some* ~*s about the plan*** hanno espresso delle riserve sul piano **2** *(booking)* prenotazione f.; ***to make a* ~ *at a restaurant*** riservare un tavolo al ristorante; ***do you have a* ~?** avete prenotato? **3** AE *(Indian land)* riserva f. **4** DIR. riserva f.
reservation desk /ˌrezəˈveɪʃnˌdesk/ n. prenotazioni f.pl.
▶ **1.reserve** /rɪˈzɜːv/ **I** n. **1** *(resource, stock) (of commodity, food)* ri-serva f., scorta f.; *(of parts, ammunition)* riserva f.; ***oil, gold* ~*s*** riserve petrolifere, auree; ***capital, currency* ~*s*** riserve di capitale, di valuta; ***to have* ~*s of energy, of patience*** avere riserva di energie, di pazienza; ***to keep*** o ***hold sth. in* ~** tenere qualcosa di scorta **2** *(reticence)* riserbo m., reticenza f.; ***to break through sb.'s* ~** vincere le resistenze di qcn.; ***to lose one's* ~** abbandonare ogni riserva **3** *(doubt, qualification)* riserva f.; ***without* ~** senza riserve **4** MIL. ***the* ~** la riserva; ***the* ~*s*** le riserve **5** SPORT riserva f. **6** *(area of land)* riserva f.; ***wildlife* ~** riserva, parco naturale **7** COMM. (anche **~ price**) prezzo m. base **II** modif. [*currency, fund, stock, supplies*] di riserva; SPORT [*team*] delle riserve; ***~ player*** riserva; MIL. [*army, forces*] di riserva.
▶ **2.reserve** /rɪˈzɜːv/ tr. **1** *(set aside)* mettere da parte, serbare, riservare; ***she* ~*s her fiercest criticism for*** ha riservato le sue critiche più feroci a; ***to* ~ *a warm welcome for sb.*** riservare un caloroso benvenuto a qcn.; ***to* ~ *one's strength*** risparmiare le forze; ***to* ~ *the right to do sth.*** riservarsi il diritto di fare qcs.; ***the management* ~*s the right to refuse admission*** la direzione si riserva il diritto di rifiutare l'ammissione; ***to* ~ *judgment*** riservarsi il giudizio **2** *(book)* prenotare, riservare [*room, seat*].
reserve bank /rɪˈzɜːvˌbæŋk/ n. US = ciascuna delle 12 banche appartenenti al Federal Reserve System.
reserved /rɪˈzɜːvd/ **I** p.pass. → **2.reserve II** agg. **1** [*person, manner*] riservato; ***to be* ~ *about sth.*** essere riservato su qcs. **2** *(booked)* [*table, room, seat etc.*] riservato, prenotato **3** COMM. ***all rights* ~** diritti riservati **4** INFORM. ***~ word*** parola riservata, parola speciale.
reservedly /rɪˈzɜːvɪdlɪ/ avv. in modo riservato, con riserbo.
reserve list /rɪˌzɜːvˈlɪst/ n. lista f. di nominativi di riserva.
reserve petrol tank /rɪˌzɜːvˈpetrəlˌtæŋk/ n. BE AUT. tanica f. di benzina di riserva.
reserve price /rɪˌzɜːvˈpraɪs/ n. BE *(at auctions)* prezzo m. minimo.
reservist /rɪˈzɜːvɪst/ n. riservista m. e f.
▷ **reservoir** /ˈrezəvwɑː(r)/ n. **1** serbatoio m., bacino m. **2** FIG. *(of funds, labour)* riserva f. (**of** di).
reset /ˌriːˈset/ tr. (forma in -ing **-tt-**; pass., p.pass. **-set**) **1** *(adjust)* aggiustare [*control, machine*]; regolare [*clock*]; azzerare [*counter*] **2** MED. ridurre [*broken bone*] **3** INFORM. resettare [*computer*] **4** TIP. ricomporre [*type*] **5** [*jeweller*] incastonare di nuovo [*stone, gem*].
reset button /ˈriːsetˌbʌtn/ n. INFORM. TIP. (bottone di) reset m.
reset key /ˈriːsetˌkiː/ n. INFORM. tasto m. di reset.
resettle /ˌriːˈsetl/ **I** tr. fare inserire [*worker*]; fare stabilire [*immigrant*]; ricolonizzare [*area*] **II** intr. stabilirsi (in una nuova zona, un nuovo paese).
resettlement /ˌriːˈsetlmənt/ n. *(of immigrants, refugees)* = (lo) stabilirsi in una nuova zona, un nuovo paese; *(of prisoner, delinquent)* reinserimento m.
resettlement house /ˌriːˈsetlmənthaʊs/ n. AE centro m. di accoglienza.
reshape /ˌriːˈʃeɪp/ tr. **1** rimodellare [*form*]; rifare [*nose, chin etc.*] **2** *(restructure)* riorganizzare [*industry, economy, policy, constitution, life*].
reship /ˌriːˈʃɪp/ **I** tr. (forma in -ing ecc. **-pp-**) *(put on board a ship again)* reimbarcare; *(trasfer to another ship)* trasbordare **II** intr. (forma in -ing ecc. **-pp-**) reimbarcarsi.
reshipment /ˌriːˈʃɪpmənt/ n. *(act of putting on board again)* reimbarco m.; *(act of tranferring to another ship)* trasbordo m.
1.reshuffle /ˌriːˈʃʌfl/ n. **1** POL. rimpasto m.; ***cabinet* ~** rimpasto ministeriale **2** *(of cards)* (il) rimischiare, (il) rimescolare.
2.reshuffle /ˌriːˈʃʌfl/ tr. **1** POL. rimpastare [*cabinet*] **2** GIOC. rimischiare, rimescolare [*cards*].
▷ **reside** /rɪˈzaɪd/ intr. FORM. **1** *(live)* risiedere, abitare (**with** con) (anche DIR.) **2** *(be present in)* trovarsi, essere (presente) (**in** in).
▷ **residence** /ˈrezɪdəns/ n. **1** *(in property ad)* casa f., residenza f.; *(prestigious)* villa f., casa f. signorile; ***family* ~** residenza familiare **2** FORM. *(dwelling)* casa f., domicilio m. **3** AMM. ***official, permanent* ~** residenza ufficiale, permanente **4** AMM. DIR. *(in area, country)* residenza f., soggiorno m.; ***place of* ~** luogo di residenza; ***to take up* ~** [*person*] andare ad abitare, prendere residenza; [*animal*] stanziarsi; ***she has taken up* ~ *in Italy, Rome*** ha preso residenza in Italia, a Roma; ***to be in* ~** FORM. [*monarch*] = essere (presente) nella residenza reale; ***artist, writer in* ~** = artista, scrittore che vive e lavora presso un'istituzione, un'università, ecc. **5** AE UNIV. (anche **~ hall, hall of ~**) casa f. dello studente, collegio m. universitario.
residence permit /ˈrezɪdənsˌpɜːmɪt/ n. permesso m. di soggiorno.
residency /ˈrezɪdənsɪ/ **I** n. **1** *(for artist, orchestra)* = (l')esibirsi in un luogo fisso **2** DIR. *(residence)* residenza f. **3** AE MED. *(training)* = internato **II** modif. [*requirement*] della residenza; [*right*] di residenza.
▷ **resident** /ˈrezɪdənt/ **I** agg. **1** *(permanent)* [*population, species*] locale; [*work force*] permanente; ***to be* ~ *in*** abitare, risiedere in [*town, district, region*]; ***to be* ~ *abroad, in the UK, in London*** risiedere all'estero, in Gran Bretagna, a Londra **2** *(live-in)* attrib. [*staff, nurse, tutor, caretaker, specialist*] = che abita nella casa o nell'istituto in cui lavora **3** [*band*] fisso; [*orchestra*] stabile **II** n. *(of city, region, suburbs, street)* abitante m. e f., residente m. e f.; *(of home, hostel, guest house)* ospite m. e f. fisso (-a), pensionante m. e f.; ***"~s' parking only"*** "parcheggio riservato ai residenti"; ***the local* ~*s*** la popolazione locale.
resident head /ˈrezɪdəntˌhed/ n. AE UNIV. responsabile m. e f.
▷ **residential** /ˌrezɪˈdenʃl/ agg. **1** [*area, district, development*] residenziale; ***~ accommodation*** alloggiamento (in residence) **2** *(living in)* [*staff*] = che abita nella casa o nell'istituto in cui lavora; [*course*] residenziale; ***~ home*** BE *(for elderly)* casa di riposo; *(for disabled)* comunità per disabili; *(for youth)* ostello; ***~ school*** SCOL. collegio; ***to be in* ~ *care*** essere ospitato da un istituto; ***a* ~ *post*** un posto (di lavoro) con obbligo di residenza nella casa o istituto in cui si lavora.
residential qualification /rezɪˌdenʃlˌkwɒlɪfɪˈkeɪʃn/ n. requisito m. della residenza.
residentiary /ˌrezɪˈdenʃərɪ/ **I** agg. residente, con obbligo di residenza; ***canon* ~** canonico residente **II** n. residente m. e f.; *(ecclesiastic)* = ecclesiastico che ha obbligo di residenza.
residents association /rezɪˌdentzəˌsəʊsɪˈeɪʃn/ n. associazione f. di quartiere.

resident student /ˌrezɪdentˈstjuːdənt/ n. AE UNIV. = studente che vive nel collegio dell'università in cui studia.

residua /rɪˈzɪdjʊə/ → **residuum.**

residual /rɪˈzɪdjʊəl, AE -dʒʊ-/ **I** agg. **1** [*desire, prejudice, need*] residuo, persistente; [*income*] residuale; [*value*] residuo; ***a ~ fear of authority*** una residua paura dell'autorità **2** CHIM. FIS. residuo **3** GEOL. residuale **II** n. **1** MAT. resto m. **2** CHIM. residuo m. **3** STATIST. scarto m. **III residuals** n.pl. DIR. = diritti d'autore versati in caso di riprogrammazione di un film o di un programma televisivo.

residuary /rɪˈzɪdjʊərɪ, AE -dʒʊerɪ/ agg. residuo, restante.

residuary estate /rɪˌzɪdjʊərɪˈsteɪt, AE -dʒʊerɪ-/ n. DIR. residuo m. attivo dell'eredità.

residuary legatee /rɪˌzɪdjʊərɪlegəˈtiː, AE -dʒʊerɪ-/ n. DIR. legatario m. universale.

residue /ˈrezɪdjuː, AE -duː/ n. **1** residuo m. (**of** di) (anche CHIM.) **2** FIG. residuo m., resto m. (**of** di) **3** DIR. residuo m.

residuum /rɪˈzɪdjʊəm, AE -ˈzɪdʒ-/ n. (pl. **-a**) **1** CHIM. residuo m. **2** DIR. residuo m. attivo della successione.

resign /rɪˈzaɪn/ **I** tr. lasciare, dimettersi da [*post, job*]; ***to ~ one's seat*** *(on committee)* dimettersi dalla propria carica; *(as MP)* dimettersi dalla carica di ministro; ***to ~ one's commission*** MIL. dimettersi dal grado di ufficiale **II** intr. dimettersi (**as** dal posto di; **from** da; **over** a causa di); ***to be called on to ~*** essere pregati di rassegnare le dimissioni **III** rifl. ***to ~ oneself*** rassegnarsi (**to** a; **to doing** a fare).

▷ **resignation** /ˌrezɪɡˈneɪʃn/ **I** n. **1** *(from post)* dimissione f. (**from** da; **as** dal posto di); ***to offer*** o ***tender one's ~*** offrire le dimissioni; ***to send in*** o ***hand in one's ~*** rassegnare *o* dare le dimissioni **2** *(patience)* rassegnazione f.; ***with ~*** con rassegnazione **II** modif. [*letter*] di dimissioni.

▷ **resigned** /rɪˈzaɪnd/ **I** p.pass. → **resign II** agg. rassegnato (**to** a; **to doing** a fare).

resignedly /rɪˈzaɪnɪdlɪ/ avv. [*act*] in modo rassegnato; [*speak, look at*] con rassegnazione.

resile /rɪˈzaɪl/ **I** tr. [*elastic body*] = riassumere forma e dimensioni iniziali (dopo compressione o dilatazione) **II** intr. ritirarsi, tirarsi indietro (**from** da); ***to ~ from a contract*** rescindere un contratto.

resilience /rɪˈzɪlɪəns/ n. **1** *(of person, group) (mental)* determinazione f.; *(physical)* resistenza f. (fisica) **2** *(of industry, economy)* capacità f. di ripresa **3** *(of substance, material)* resilienza f.

resilient /rɪˈzɪlɪənt/ agg. **1** *(morally)* determinato; *(physically)* resistente **2** [*demand, market*] dinamico **3** [*material, substance*] resiliente.

1.resin /ˈrezɪn, AE ˈrezn/ n. *(natural, synthetic)* resina f.

2.resin /ˈrezɪn, AE ˈrezn/ tr. trattare con resina.

1.resinate /ˈrezɪneɪt/ n. resinato m.

2.resinate /ˈrezɪneɪt/ tr. resinare [*wine*].

resinify /ˈrezɪnɪfaɪ, AE -zən-/ **I** tr. resinificare **II** intr. resinificarsi.

resinoid /ˈrezɪnɔɪd, AE -zən-/ **I** agg. resinoide **II** n. sostanza f. resinoide.

resinous /ˈrezɪnəs, AE -zən-/ agg. resinoso.

▷ **resist** /rɪˈzɪst/ **I** tr. **1** *(oppose)* opporsi a [*reform, attempt, conscription*] **2** *(struggle against)* respingere [*attack, shock*]; ***to ~ arrest*** fare resistenza all'arresto **3** *(refrain from)* resistere a [*temptation, offer, suggestion*]; ***to ~ doing*** trattenersi dal fare **4** *(to be unaffected by)* essere resistente, resistere a [*damage, rust, heat*] **II** intr. resistere.

▷ **resistance** /rɪˈzɪstəns/ **I** n. **1** *(to change, enemy)* resistenza f. (**to** a) (anche PSIC.); ***to meet with ~*** incontrare resistenza; ***to overcome ~*** vincere la resistenza; ***to put up ~*** resistere; ***consumer ~*** resistenze del consumatore; ***fierce ~*** accanita resistenza **2** FISIOL. resistenza f. (**to** a); ***his ~ is low*** ha poca resistenza; ***to build up a ~ to sth.*** diventare più resistenti contro qcs.; ***the body's ~*** la resistenza fisica **3** EL. resistenza f. **II Resistance** n.pr. POL. STOR. ***the ~*** la Resistenza ◆ ***to take the line*** o ***path of least ~*** prendere la strada più facile.

resistance fighter /rɪˈzɪstənsˌfaɪtə(r)/ n. resistente m. e f.

resistance meter /rɪˌzɪstənsˈmiːtə(r)/ n. ohmmetro m.

resistance movement /rɪˈzɪstənsˌmuːvmənt/ n. movimento m. di resistenza, resistenza f.

▷ **resistant** /rɪˈzɪstənt/ agg. **1** [*virus, strain*] resistente (**to** a) **2** *(opposed)* ***~ to*** refrattario a, che si oppone a [*change, demands etc.*] **3** [*rock, wall*] resistente (**to** a) **4 -resistant** in composti ***heat-, rust-~*** resistente al calore, alla ruggine; ***water-~*** impermeabile; ***fire-~*** ignifugo.

resistibility /rɪzɪstəˈbɪlətɪ/ n. capacità f. di resistenza.

resistible /rɪˈzɪstəbl/ agg. resistibile.

resistivity /rɪzɪˈstɪvətɪ/ n. resistività f.

resistless /rɪˈzɪstlɪs/ n. ANT. *(irresistible)* irresistibile; *(unresisting)* debole, incapace di fare resistenza.

resistor /rɪˈzɪstə(r)/ n. resistore m., resistenza f.

1.resit /ˈriːsɪt/ n. BE (il) ridare un esame.

2.resit /ˌriːˈsɪt/ tr. (forma in -ing **-tt-**; pass., p.pass. **-sat**) BE ridare, ripetere [*exam, test*].

reskill /riːˈskɪl/ tr. riqualificare [*staff*].

reskilling /riːˈskɪlɪŋ/ n. riqualificazione f.

resold /ˌriːˈsəʊld/ pass., p.pass. → **resell.**

resole /ˌriːˈsəʊl/ tr. risuolare.

resoluble /ˈrezɒljʊbl/ agg. ANT. risolubile, risolvibile.

resolute /ˈrezəluːt/ agg. [*approach, attitude, person*] risoluto; [*action, measure*] deciso; [*decision*] fermo; ***to remain ~*** essere fermo *o* deciso; ***with a ~ air*** con aria risoluta.

resolutely /ˈrezəluːtlɪ/ avv. [*oppose, persist*] risolutamente; [*refuse*] fermamente; [*independent, objective*] decisamente; ***to be ~ opposed to sth.*** essere fermamente contrario a qcs.

resoluteness /ˈrezəluːtnɪs/ n. risolutezza f., determinazione f.

resolution /ˌrezəˈluːʃn/ n. **1** *(determination)* risolutezza f., fermezza f.; ***to lack ~*** mancare di decisione **2** *(decree)* risoluzione f. (**against** contro; **that** per la quale); ***a ~ calling for sth., condemning sth.*** una risoluzione che si rivolge a, di condanna verso qcs.; ***to pass a ~*** approvare una risoluzione **3** *(promise)* risoluzione f., decisione f. (**to do** di fare); ***to make a ~ to do*** ripromettersi di fare **4** *(solving of problem)* (ri)soluzione f. (**of** di); ***conflict ~*** la risoluzione del conflitto **5** CHIM. FIS. risoluzione f. (**into** in) **6** MED. risoluzione f. **7** MUS. risoluzione f. **8** INFORM. risoluzione f.

resolutive /ˈrezɒljʊtɪv/ agg. DIR. [*clause*] risolutivo; MED. risolvente.

resolvability /rɪˌzɒlvəˈbɪlətɪ/ n. risolvibilità f.

resolvable /rɪˈsɒlvəbl/ agg. [*problem, crisis, difficulty*] risolvibile, risolubile.

1.resolve /rɪˈzɒlv/ n. **1** *(determination)* determinazione f.; ***to strengthen, weaken sb.'s ~*** motivare, demotivare qcn.; ***to show ~*** mostrare determinazione **2** *(decision)* risolutezza f., decisione f.

▶ **2.resolve** /rɪˈzɒlv/ **I** tr. **1** *(solve)* risolvere [*dispute, crisis, contradiction*]; chiarire [*doubts*] **2** *(decide)* ***to ~ that*** decidere che; ***to ~ to do*** risolvere di fare **3** *(break down)* analizzare, scomporre [*problem, argument*] (**into** in); FIS. CHIM. risolvere (**into** in) **4** MED. curare [*inflammation*] **5** MUS. risolvere **II** intr. *(decide)* [*person*] decidere; [*government*] deliberare; ***to ~ on doing*** risolvere di fare; ***to ~ on sth.*** prendere una decisione su qcs. **III** rifl. ***to ~ itself*** decidersi (**into** su).

resolved /rɪˈzɒlvd/ **I** p.pass → **2.resolve II** agg. FORM. risoluto (**to do** a fare; **that** a fare in modo che).

resolvedly /rɪˈzɒlvɪdlɪ/ avv. risolutamente.

resolvedness /rɪˈzɒlvɪdnɪs/ n. risolutezza f.

resonance /ˈrezənəns/ n. *(all contexts)* risonanza f.

resonant /ˈrezənənt/ agg. FORM. **1** [*voice, sound*] sonoro **2** [*place, object*] risonante.

resonate /ˈrezəneɪt/ intr. FORM. **1** [*voice, sound*] risuonare, echeggiare **2** [*place*] risuonare (**with** di) **3** [*language, word*] risuonare (**with** di).

resonator /ˈrezəneɪtə(r)/ n. risuonatore m.

resorcin /rɪˈzɔːsɪn/ n. resorcina f.

resorption /rɪˈzɔːpʃn/ n. riassorbimento m.

▷ **1.resort** /rɪˈzɔːt/ n. **1** *(resource)* risorsa f.; ***a last ~*** un'ultima risorsa; ***as a last ~*** come ultima risorsa **2** ***in the last ~*** in fin dei conti **3** *(recourse)* ricorso m.; ***to have ~ to sth.*** fare ricorso a qcs. **4** *(holiday centre)* luogo m. di villeggiatura; ***seaside ~*** stazione balneare; ***ski ~*** stazione sciistica **5** AE *(hotel)* club m. vacanze **6** FORM. *(haunt)* ricorso m.

2.resort /rɪˈzɔːt/ intr. ***to ~ to*** ricorrere a, fare ricorso a.

re-sort /riːˈsɔːt/ tr. riselezionare.

resound /rɪˈzaʊnd/ intr. **1** [*noise*] risuonare (**through** in) **2** [*place*] risuonare (**with** di) **3** [*fame, reputation, action*] avere grande risonanza (**through, throughout** in).

resounding /rɪˈzaʊndɪŋ/ agg. **1** [*voice*] risonante; [*cheers*] echeggiante; [*crash*] fragoroso **2** [*success, victory*] eclatante, clamoroso; [*failure*] clamoroso, schiacciante; ***the answer was a ~ "no"*** la risposta fu un clamoroso "no".

resoundingly /rɪˈzaʊndɪŋlɪ/ avv. **1** [*echo, crash*] fragorosamente **2** *(thoroughly)* ***to be ~ successful*** avere un successo clamoroso; ***to be ~ defeated*** subire una sconfitta schiacciante.

▶ **1.resource** /rɪˈsɔːs, -ˈzɔːs, AE ˈriːsɔːrs/ n. **1** risorsa f. (anche ECON. IND. AMM.); ***natural, energy, financial ~s*** risorse naturali, energetiche, finanziarie; ***the world's ~s of coal, oil*** le risorse mondiali di carbone, di petrolio; ***to put more ~s into sth.*** investire più risorse in qcs.; ***to draw on one's ~s*** sfruttare le proprie risorse; ***he has no inner ~s*** FIG. non ha risorse interiori; ***reading is her only ~ against boredom*** la lettura è la sua unica risorsa contro la noia; ***to be left to one's own ~s*** essere abbandonati a se stessi **2** *(facility, service)* risorsa f., struttura f.; ***the library is a valuable ~*** la biblioteca è una risorsa preziosa **3** INFORM. risorsa f. **4** FORM. *(cleverness)* risorse f.pl.; ***a man of (great) ~*** un uomo pieno di risorse **5** *(expedient)* risorsa f., mezzo m., espediente m.

2.resource /rɪˈsɔːs, -ˈzɔːs, AE ˈriːsɔːrs/ tr. fornire le risorse necessarie a [*institution, service*]; ***to be under-~d*** non avere risorse sufficienti.

resource allocation /rɪˌsɔːsˌæləˈkeɪʃn, -ˌzɔːs-, AE ˌriːsɔːrs-/ n. INFORM. allocazione f. delle risorse.

resource centre BE, **resource center** AE /rɪˈsɔːsˌsentə(r), -ˌzɔːs-, AE ˈriːsɔːrs-/ n. centro m. di documentazione.

resourceful /rɪˈsɔːsfl, -ˈzɔːs-, AE ˈriːsɔːrsfl/ agg. [*person*] pieno di risorse; [*adaptation, management*] ingegnoso.

resourcefully /rɪˈsɔːsfəlɪ,-ˈzɔːs-, AE ˈriːsɔːrs-/ avv. ingegnosamente.

resourcefulness /rɪˈsɔːsfəlnɪs,-ˈzɔːs-, AE ˈriːsɔːrs-/ n. *(of person)* arte f. di arrangiarsi; *(of adaptation)* ingegnosità f.

resourceless /rɪˈsɔːslɪs,-ˈzɔːs-, AE ˈriːsɔːrs-/ agg. privo di, senza risorse.

resource management /rɪˌsɔːsˈmænɪdʒmənt,-ˌzɔːs-, AE ˌriːsɔːrs-/ n. INFORM. gestione f. risorse.

resource(s) room /rɪˈsɔːs(ɪz)ˌruːm, -ˈzɔːs-, AE ˈriːsɔːrs-/ n. sala f. di documentazione.

resource sharing /rɪˌsɔːsˈʃerɪŋ, -ˌzɔːs-, AE ˌriːsɔːrs-/ n. INFORM. condivisione f. delle risorse.

▶ **1.respect** /rɪˈspekt/ **I** n. **1** *(admiration)* stima f., rispetto m.; ***I have the greatest*** o ***highest ~ for him, for his works*** ho una grandissima stima di lui, del suo lavoro; ***to win*** o ***earn the ~ of sb.*** guadagnarsi la stima di qcn.; ***to command ~*** avere polso *o* farsi rispettare; ***as a mark*** o ***token of his ~*** in segno di rispetto **2** *(politeness, consideration)* rispetto m.; ***out of ~*** per rispetto (**for** di); ***to have no ~ for sb., sth.*** non avere alcun rispetto per qcn., qcs.; ***you've got no ~!*** non hai (nessun) rispetto! ***with (all due*** o ***the utmost) ~*** con tutto il *o* con il dovuto rispetto; ***to treat sb. with ~*** trattare qcn. con riguardo; ***to treat sth. with ~*** FIG. maneggiare con cura [*machine, appliance*]; ***in ~ of*** *(as regards)* per quanto riguarda, riguardo a; *(in payment for)* per; ***with ~ to*** riguardo a **3** *(recognition, regard) (for human rights, privacy, the law)* rispetto m. (**for** per) **4** *(aspect, detail)* ***in this ~*** a questo riguardo; ***in some, all ~s*** sotto certi, tutti gli aspetti; ***in many, in several, in other ~s*** sotto molti, molteplici, altri aspetti; ***in few ~s*** sotto pochi punti di vista; ***in what ~?*** a che riguardo? **II respects** n.pl. rispetti m., ossequi m.; ***to offer*** o ***pay one's ~s to sb.*** presentare i propri rispetti a qcn.; ***to pay one's last ~s to sb.*** rendere l'ultimo omaggio a qcn.

▶ **2.respect** /rɪˈspekt/ **I** tr. *(honour, recognize)* rispettare, stimare; ***as ~s sth.*** rispetto a qcs. *o* per quanto riguarda qcs. **II** rifl. ***to ~ oneself*** avere rispetto per se stessi.

respectability /rɪˌspektəˈbɪlətɪ/ n. rispettabilità f.

▷ **respectable** /rɪˈspektəbl/ agg. **1** *(reputable)* [*person, home, family*] rispettabile; [*upbringing*] buono; ***in ~ society*** tra gente rispettabile; ***I'm a ~ married man!*** SCHERZ. sono un (rispettabile) uomo sposato! **2** *(adequate)* [*size, number*] discreto, rispettabile; [*mark, performance, piece of work*] decoroso; ***to earn a ~ wage*** guadagnare uno stipendio decoroso; ***to finish a ~ fourth*** piazzarsi a un rispettabile quarto posto.

respectably /rɪˈspektəblɪ/ avv. **1** *(reputably)* [*dress, behave, speak*] in modo decoroso **2** *(adequately)* ***a ~ large audience*** un pubblico piuttosto numeroso; ***she finished ~ in fourth place*** si è piazzata a un rispettabile quarto posto; ***he plays tennis very ~*** si difende bene a tennis.

respecter /rɪˈspektə(r)/ n. FORM. ***to be a ~ of sth.*** essere rispettoso *o* avere rispetto di qcs.; ***illness, death is no ~ of persons*** la malattia, la morte non guarda in faccia nessuno; ***diseases are no ~s of geographical boundaries*** la diffusione delle malattie non ha confini geografici.

respectful /rɪˈspektfl/ agg. [*person, behaviour, distance, silence*] rispettoso (**of** di; **to, towards** verso).

respectfully /rɪˈspektfəlɪ/ avv. rispettosamente.

respectfulness /rɪˈspektfəlnɪs/ n. rispettosità f. (**to, towards** per, verso).

respecting /rɪˈspektɪŋ/ prep. per quanto riguarda, rispetto a.

▷ **respective** /rɪˈspektɪv/ agg. rispettivo.

respectively /rɪˈspektɪvlɪ/ avv. rispettivamente.

respell /riːˈspel/ tr. (pass., p.pass. **~ed, -spelt**) **1** *(spell again)* rifare lo spelling di [*word*] **2** *(give alternative spelling)* scrivere con una diversa ortografia [*word*].

respirable /ˈrespɪrəbl/ agg. respirabile.

respiration /ˌrespɪˈreɪʃn/ n. *(action of breathing)* respirazione f.; *(single act of breathing)* respiro m.; ***~ rate*** ritmo respiratorio.

respirator /ˈrespɪreɪtə(r)/ n. **1** *(artificial)* respiratore m. (artificiale, automatico); ***to be on a ~*** essere attaccato al respiratore **2** *(protective)* mascherina f.

respiratory /rɪˈspɪrətrɪ, AE -tɔːrɪ/ agg. respiratorio; ***~ quotient*** quoziente respiratorio; ***~ tract*** vie respiratorie.

respire /rɪˈspaɪə(r)/ intr. MED. BOT. respirare.

1.respite /ˈrespaɪt, -spɪt/ n. **1** FORM. *(relief)* sollievo m. (**from** da); ***a brief ~*** una breve pausa **2** COMM. DIR. *(delay)* proroga f., dilazione f.; ***a week's ~*** una proroga di una settimana; ***to grant a ~ for payment*** concedere una dilazione di pagamento.

2.respite /ˈrespaɪt, -spɪt/ tr. **1** *(give relief)* dare respiro, dare tregua a **2** COMM. DIR. dilazionare [*payment, debt*].

resplendence /rɪˈsplendəns/ n. FORM. splendore m.

resplendent /rɪˈsplendənt/ agg. FORM. (ri)splendente; ***to look ~*** essere radioso.

▶ **respond** /rɪˈspɒnd/ intr. **1** *(answer)* rispondere (**to** a); ***to ~ with a letter, a phone call*** dare una risposta *o* rispondere per lettera, per telefono **2** *(react)* [*patient, organism*] reagire (**to** a); [*engine, car*] rispondere; ***to ~ to sb.'s needs*** rispondere ai bisogni di qcn.; ***they ~ed by putting up their prices*** hanno reagito alzando i prezzi; ***to ~ to pressure*** POL. AMM. cedere alle pressioni **3** *(listen, adapt)* adeguarsi **4** RELIG. *(by singing)* rispondere (al sacerdote) cantando; *(by speaking)* rispondere (al sacerdote).

respondence /rɪˈspɒndəns/, **respondency** /rɪˈspɒndənsɪ/ n. FORM. (cor)rispondenza f.

respondent /rɪˈspɒndənt/ n. **1** *(to questionnaire)* = chi risponde **2** DIR. appellato m. (-a), convenuto m. (-a).

▶ **response** /rɪˈspɒns/ n. **1** *(answer)* risposta f., responso m. (**to** a); ***in ~ to*** in risposta a; ***appropriate, lukewarm, official ~*** risposta appropriata, tiepida, ufficiale **2** *(reaction)* reazione f. (**to** a; **from** da); ***to meet with a favourable ~*** essere accolto favorevolmente **3** RELIG. ***the ~s*** i responsori.

response time /rɪˈspɒnsˌtaɪm/ n. INFORM. tempo m. di risposta.

▶ **responsibility** /rɪˌspɒnsəˈbɪlətɪ/ n. responsabilità f. (**for** di; **for doing, to do** di fare); ***to have a ~ to sb., to sth.*** avere una certa responsabilità verso qcn., qcs.; ***to take ~ for sth.*** assumersi la responsabilità di qcs.; ***a sense of ~*** un senso di responsabilità; ***a great sense of ~*** un grande senso di responsabilità; ***his responsibilities as chairman include...*** le sue responsabilità di presidente includono...; ***"we take no ~ for loss or damage to possessions"*** "decliniamo ogni responsabilità per la perdita o il danneggiamento dei beni personali"; ***the company disclaimed*** o ***denied any ~ for the accident*** la compagnia ha declinato ogni responsabilità per quanto riguarda l'incidente; ***it's not my ~ to do*** non è mia responsabilità fare; ***it's your ~*** è vostra responsabilità; ***the terrorists claimed ~ for the attack*** i terroristi hanno rivendicato l'attentato.

▶ **responsible** /rɪˈspɒnsəbl/ agg. **1** *(answerable)* responsabile (**for** di); ***~ for killing ten people, destroying the forest*** responsabile della morte di dieci persone, della distruzione della foresta; ***~ for producing the leaflets, looking after the children*** incaricato di fare i volantini, di badare ai bambini; ***to be ~ to sb.*** essere responsabile di fronte a qcn.; ***to hold sb. ~*** ritenere qcn. responsabile (**for** di); ***the person ~*** la persona responsabile *o* il responsabile; ***those ~*** i responsabili; ***I won't be ~ for my actions*** non risponderò delle mie azioni **2** *(trustworthy)* [*person, organization, attitude*] responsabile; ***she is very ~*** è molto responsabile **3** *(involving accountability)* [*job, task*] di responsabilità.

responsibly /rɪˈspɒnsəblɪ/ avv. responsabilmente, in modo responsabile.

▷ **responsive** /rɪˈspɒnsɪv/ agg. **1** *(alert)* [*audience, class, pupil*] ricettivo **2** *(affectionate)* comprensivo **3** *(adaptable)* [*organization*] dinamico; ***a more ~ political system*** un sistema politico più dinamico **4** AUT. [*car, engine*] scattante; [*brakes, steering*] che risponde bene.

responsiveness /rɪˈspɒnsɪvnɪs/ n. **1** *(of audience, class, pupil)* ricettività f. **2** *(affection)* comprensione f. **3** *(of organization)* dinamismo m.

responsory /rɪˈspɒnsərɪ/ n. responsorio m.

1.respray /ˈriːspreɪ/ n. riverniciatura f. (a spruzzo); ***the car had been given a ~*** la macchina era stata riverniciata.

2.respray /rɪˈspreɪ/ tr. riverniciare (a spruzzo) [*vehicle*].

▶ **1.rest** /rest/ n. 1 *(what remains)* ***the ~*** *(of food, books, day, story)* il resto (**of** di); ***you can keep, leave the ~*** puoi tenere, lasciare quello che resta; ***I've forgotten the ~*** ho dimenticato il resto; ***for the ~ of my life*** per il resto della mia vita; ***for the ~...*** per il resto...; ***and all the ~ of it*** COLLOQ. e tutto il resto 2 *(other people)* ***he is no different from the ~ (of them)*** non è diverso dagli altri; ***why can't you behave like the ~ of us?*** perché non puoi comportarti come tutti gli altri?

▶ **2.rest** /rest/ n. 1 *(repose, inactivity)* riposo m.; ***a day of ~*** un giorno di riposo; ***to recommend six weeks' ~*** consigliare sei settimane di riposo; ***to set*** o ***put sb.'s mind at ~*** tranquillizzare qcn.; ***to lay sb., sth. to ~*** (anche FIG.) seppellire qcn., qcs. 2 *(break)* pausa f.; *(nap, lie-down)* riposino f.; ***to have*** o ***take a ~*** riposarsi; ***to have a ~ in the afternoon*** fare un riposino pomeridiano; ***let's have a little ~*** facciamo una pausa; ***it was a ~ from the serious business of the day*** è stato un momento di tregua fra i gravosi impegni della giornata; ***he really needs a ~*** ha proprio bisogno di riposo 3 *(object which supports)* supporto m. 4 MUS. pausa f. 5 *(immobility)* ***to be at ~*** essere fermo; ***to come to ~*** fermarsi ◆ ***a change is as good as a ~*** PROV. = cambiare fa bene tanto quanto riposarsi; ***give it a ~!*** piantala!

▶ **3.rest** /rest/ **I** tr. 1 *(lean)* ***to ~ sth. on*** appoggiare qcs. su [*rock, table*] 2 *(allow to rest)* riposare [*legs, feet*]; tenere a riposo [*injured limb*]; fare riposare [*horse*]; ***~ your legs!*** riposati! 3 AGR. *(leave uncultivated)* lasciare a maggese [*land*] 4 *(keep from entering)* [*organizer, team*] escludere [*competitor*] 5 DIR. ***to ~ one's case*** chiudere il caso; ***I ~ my case*** FIG. non ho niente da aggiungere **II** intr. 1 *(relax, lie down)* [*person*] riposarsi; ***I won't ~ until I know*** non mi darò pace finché non (lo) saprò; ***to ~ easy*** stare tranquillo 2 *(be supported)* ***to ~ on*** [*hand, weight, shelf*] appoggiarsi su; ***to be ~ing on*** [*elbow, arm*] essere appoggiato su; ***to ~ on one's spade*** appoggiarsi alla vanga; ***I need something to ~ on*** ho bisogno di un supporto *o* di appoggiarmi 3 EUFEM. [*actor*] ***to be ~ing*** essere disoccupato *o* non avere una parte 4 [*dead person*] ***to ~ in peace*** riposare in pace; ***may he ~ in peace*** riposi in pace 5 FIG. *(lie)* ***to let the matter*** o ***things ~*** lasciare perdere; ***you can't just let it ~ there!*** non puoi abbandonare tutto così! ◆ ***to ~ on one's laurels*** riposare sugli allori; ***and there the matter ~s*** tutto qui *o* qui finisce la storia; ***God ~ his soul*** Dio accolga la sua anima, che Dio l'abbia in gloria.

▪ **rest in:** ***~ in [sth.]*** [*key, solution*] consistere in [*change*]; ***to ~ in doing*** consistere nel fare.

▪ **rest on:** ***~ on [sb., sth.]*** 1 [*eyes, gaze*] fermarsi su [*object, person*] 2 *(depend)* basarsi su [*assumption, reasoning*].

▪ **rest up** riposarsi.

▪ **rest with:** ***~ with [sb., sth.]*** [*decision, choice*] essere nelle mani di, dipendere da.

4.rest /rest/ n. ANT. resta f.; ***lance in ~*** lancia in resta.

rest area /ˈrestˌeərɪə/ n. area f. di sosta.

1.restart /ˈriːstɑːt/ n. 1 SPORT *(in football)* ripresa f.; *(in motor racing)* nuova partenza f. 2 BE *(retraining)* (anche **~ scheme**) = progetto governativo per la riqualificazione.

▷ **2.restart** /ˌriːˈstɑːt/ **I** tr. 1 riprendere [*work, service, talks*] 2 riaccendere [*engine, boiler etc.*] **II** intr. [*cycle, activity, person*] ricominciare, riprendere; [*engine*] riaccendersi, riavviarsi.

restate /ˌriːˈsteɪt/ tr. riaffermare (**that** che); ***he ~d the case for imposing sanctions*** ha riaffermato la necessità di imporre delle sanzioni.

restatement /riːˈsteɪtmənt/ n. riaffermazione f.

▶ **restaurant** /ˈrestrɒnt, AE -tərənt/ n. ristorante m.

restaurant car /ˈrestrɒntˌkɑː(r), AE -tərənt-/ n. BE vagone m. ristorante.

restaurant owner /ˌrestrɒntˈəʊnə(r), AE -tərənt-/ n. proprietario m. (-a) di ristorante, ristoratore m. (-trice).

restaurateur /ˌrestərəˈtɜː(r)/ ◆ **27** n. ristoratore m. (-trice).

rest cure /ˈrestˌkjʊə(r)/ n. cura f. del riposo; ***it wasn't exactly a ~!*** SCHERZ. non è stata una cosa molto riposante!

restful /ˈrestfl/ agg. [*holiday, hobby, music, colour*] riposante; [*spot, place*] tranquillo.

restfully /ˈrestfəlɪ/ avv. tranquillamente, quietamente.

restfulness /ˈrestfəlnɪs/ n. quiete f., tranquillità f.

restharrow /ˈrestˌhærəʊ/ n. ononide f., restabue m.

rest home /ˈrestˌhəʊm/ n. casa f. di riposo.

resting place /ˈrestɪŋˌpleɪs/ n. ***his last ~*** FIG. la sua estrema dimora.

restitution /ˌrestɪˈtjuːʃn, AE -ˈtuː-/ n. restituzione f.; DIR. risarcimento m.; ***to make ~ of sth.*** risarcire *o* rifondere qcs.; DIR. STOR. ***~ of conjugal rights*** reintegrazione dei diritti coniugali.

restitution order /restɪˈtjuːʃnˌɔːdə(r), AE -ˈtuː-/ n. DIR. ordine m. di risarcimento.

restive /ˈrestɪv/ agg. [*person, crowd*] insofferente, irrequieto; [*animal*] restio, recalcitrante.

restively /ˈrestɪvlɪ/ avv. in modo insofferente.

restiveness /ˈrestɪvnɪs/ n. *(of person)* insofferenza f., irrequietezza f.; *(of animal)* (l')essere recalcitrante.

▷ **restless** /ˈrestlɪs/ agg. [*person, animal*] irrequieto, agitato; [*movement*] nervoso; [*minority, populace*] irrequieto, scontento; ***to get*** o ***grow ~*** [*audience, person*] dare segni di impazienza; ***to feel ~*** *(on edge)* sentirsi irrequieto.

restlessly /ˈrestlɪslɪ/ avv. nervosamente, con irrequietezza.

restlessness /ˈrestlɪsnɪs/ n. 1 *(physical)* agitazione f. 2 *(of character)* irrequietezza f. 3 *(in populace, party)* scontento m.

restock /ˌriːˈstɒk/ tr. 1 *(fill)* rifornire [*shelf, shop*] (**with** di); ripopolare [*river, forest*] (**with** di) 2 *(reorder)* riordinare, ordinare di nuovo.

restorable /rɪˈstɔːrəbl/ agg. restaurabile.

▷ **restoration** /ˌrestəˈreɪʃn/ n. 1 *(of property, territory)* restituzione f. (**to** a) 2 *(of custom, right)* ripristino m.; *(of law, order, democracy)* ristabilimento m.; *(of monarch, dynasty)* restaurazione f. 3 *(of building, work of art)* restauro m.

Restoration /ˌrestəˈreɪʃn/ n.pr. ***the ~*** la Restaurazione (inglese).

Restoration drama /ˌrestəˌreɪʃnˈdrɑːmə/ n. dramma m., opera f. teatrale (del periodo) della Restaurazione.

restorative /rɪˈstɒrətɪv/ **I** agg. [*tonic*] corroborante; [*exercises*] per tornare in forma; [*sleep*] ristoratore; ***~ powers*** poteri curativi **II** n. ricostituente m.

▶ **restore** /rɪˈstɔː(r)/ tr. 1 *(return)* restituire, rendere [*property*] (**to** a) 2 *(bring back)* rendere [*faculty*]; ridare [*confidence, good humour*] (**to** a); restaurare, ristabilire [*right, custom, tradition*] (**to** a); ristabilire [*peace, law, tax*]; POL. restaurare [*monarch, regime*]; ***to ~ one's health*** ristabilirsi; ***to ~ sb.'s sight*** restituire la vista a qcn.; ***to be ~d to health*** ristabilirsi *o* rimettersi in salute; ***his sight, health was ~d to him*** ha recuperato la vista, la salute; ***to ~ sb. to life*** riportare in vita qcn.; ***to ~ law and order*** ristabilire l'ordine; ***to ~ sb. to power*** riportare qcn. al potere; ***to ~ sacked workers to their jobs*** reintegrare i lavoratori (che erano stati) licenziati; ***you ~ my faith in humanity*** tu mi ridai fiducia nell'umanità 3 *(repair)* restaurare [*work of art, building*]; trattare [*leather*] 4 INFORM. ripristinare [*window*].

restorer /rɪˈstɔːrə(r)/ n. *(person)* restauratore m. (-trice); ***hair ~*** rigeneratore per capelli.

▷ **restrain** /rɪˈstreɪn/ **I** tr. 1 *(hold back)* trattenere [*person, animal, tears, laughter*]; contenere [*crowd, desires*]; bloccare [*attacker*]; ***to ~ sb. from doing sth.*** impedire a qcn. di fare qcs. 2 *(curb)* limitare [*spending, demand*]; contenere [*inflation*] 3 *(control)* controllare [*demonstration, picketing*] **II** rifl. ***to ~ oneself*** trattenersi.

restrained /rɪˈstreɪnd/ **I** p.pass → **restrain II** agg. 1 *(sober)* [*style, music, colour, dress*] sobrio; [*lifestyle*] semplice; [*writer*] (che ha uno stile) sobrio, asciutto; [*musician*] (che suona in modo) contenuto, delicato 2 *(kept in check)* [*emotion, hysteria*] contenuto; [*manner*] compassato; [*protest*] controllato; [*argument*] civile; [*discussion*] pacato.

restraining order /rɪˈstreɪnɪŋˌɔːdə(r)/ n. ordinanza f. restrittiva.

▷ **restraint** /rɪˈstreɪnt/ n. 1 *(moderation)* moderazione f.; ***to exercise ~*** dare prova di moderazione; ***he showed remarkable ~*** ha dato prova di grande moderazione; ***to advocate ~*** invitare alla moderazione 2 *(restriction)* restrizione f.; ***to talk without ~*** parlare liberamente; ***pay*** o ***wage ~s*** controllo dei salari; ***to impose price, wage ~s*** imporre il controllo dei prezzi, dei salari 3 *(rule)* ***social ~s*** convenzioni sociali.

▶ **restrict** /rɪˈstrɪkt/ **I** tr. limitare [*activity, choice, growth*] (**to** a); limitare [*freedom*]; riservare [*access, membership*] (**to** a); ***visibility was ~ed to 50 metres*** la visibilità era limitata a 50 metri; ***~ed to applicants over 18*** riservato ai maggiori di 18 anni **II** rifl. ***to ~ oneself to sth., to doing*** limitarsi a qcs., a fare.

▷ **restricted** /rɪˈstrɪktɪd/ **I** p.pass. → **restrict II** agg. [*budget, growth, movement, powers, hours*] limitato; [*document, file*] riservato, confidenziale; [*film*] US = vietato ai minori di 17 anni.

restricted access /rɪˌstrɪktɪdˈækses/ n. accesso m. riservato.

restricted area /rɪˌstrɪktɪdˈeərɪə/ n. zona f. ad accesso limitato.

restricted code /rɪˌstrɪktɪdˈkəʊd/ n. LING. codice m. ristretto.

restricted language /rɪˌstrɪktɪdˈlæŋgwɪdʒ/ n. LING. linguaggio m. ristretto.

restricted parking /rɪˌstrɪktɪdˈpɑːkɪŋ/ n. = parcheggio consentito solo in determinate ore del giorno.

restricted user group /rɪˌstrɪktɪd'ju:zəˌgru:p/ n. INFORM. gruppo m. di utenti autorizzato.

▷ **restriction** /rɪ'strɪkʃn/ n. **1** *(rule)* restrizione f., limitazione f.; ***to impose ~s on sth., sb.*** imporre dei limiti a qcs., qcn.; ***the ~s on sb.*** le restrizioni imposte a qcn.; ***~s on arms sales*** limitazioni sulla vendita delle armi; ***credit ~s*** restrizioni creditizie; ***currency ~s*** restrizioni valutarie; ***parking ~s*** restrizioni *o* limitazioni che regolano il parcheggio; ***price ~s*** controllo dei prezzi; ***speed ~s*** limiti di velocità; ***travel ~s*** restrizioni alla libera circolazione; ***weight ~s*** *(for vehicles)* limiti di peso **2** *(limiting) (of amount)* limite m. (**on** di); *(of freedom)* restrizioni f.pl. (**of** a).

restrictive /rɪ'strɪktɪv/ agg. **1** [*law, measure*] restrittivo; [*environment, routine*] opprimente **2** LING. [*clause*] restrittivo, limitativo.

restrictive covenant /rɪˌstrɪktɪv'kʌvənənt/ n. DIR. clausola f. vessatoria, stipulazione f. restrittiva.

restrictive practices /rɪˌstrɪktɪv'præktɪsɪz/ n.pl. *(by companies)* pratiche f. restrittive; *(by trade unions)* pratiche f. sindacali restrittive.

1.re-string /'ri:strɪŋ/ n. *(racket)* racchetta f. riaccordata.

2.re-string /ˌri:'strɪŋ/ tr. (pass., p.pass. **-strung**) riaccordare [*racket*]; incordare di nuovo [*instrument*]; rinfilare [*necklace, beads*].

rest room /'restru:m, -rʊm/ n. AE toilette f.

▷ **restructure** /ˌri:'strʌktʃə(r)/ tr. ristrutturare.

re-strung /ˌri:'strʌŋ/ pass., p.pass. → **2.re-string.**

restuff /ri:'stʌf/ tr. imbottire di nuovo [*pillow, couch*].

1.restyle /'ri:staɪl/ n. nuova pettinatura f.; ***to have a ~*** cambiare pettinatura.

2.restyle /ˌri:'staɪl/ tr. cambiare la linea di [*car*]; ***to ~ sb.'s hair*** fare una nuova pettinatura a qcn.

restyled /ˌri:'staɪld/ **I** p.pass. → **2.restyle II** agg. [*car*] nuova versione.

▶ **1.result** /rɪ'zʌlt/ **I** n. **1** *(consequence)* risultato m., conseguenza f. (**of** di); ***as a ~ of*** come risultato di; ***with the ~ that the company went bankrupt*** con il risultato che la compagnia fece bancarotta; ***as a ~*** come conseguenza; ***without ~*** senza risultato **2** *(of exam, match, election)* risultato m.; ***exam(ination) ~s*** risultati degli esami; ***football ~s*** risultati delle partite (di calcio) **3** COLLOQ. *(successful outcome)* risultato m.; SPORT vittoria f., risultato m.; ***to get ~s*** ottenere dei risultati; ***to need a ~*** SPORT dovere fare risultato **4** MAT. risultato m. **II results** n.pl. COMM. ECON. risultati m.

▶ **2.result** /rɪ'zʌlt/ intr. risultare, derivare; ***to ~ from*** risultare da; ***to ~ in*** avere per risultato *o* portare a [*death, abolition, re-election, loss*]; ***the accident ~ed in him losing his job*** l'incidente gli fece perdere il posto di lavoro.

resultant /rɪ'zʌltənt/ **I** agg. risultante **II** n. MAT. risultante f.

resumable /rɪ'zju:məbl, AE -'zu:m-/ agg. recuperabile.

▷ **resume** /rɪ'zju:m, AE -'zu:m/ **I** tr. riprendere [*flight, work, talks, seat*]; ricominciare [*relations*]; ***to ~ doing*** rimettersi a fare **II** intr. riprendere.

résumé /'rezju:meɪ, AE ˌrezʊ'meɪ/ n. **1** *(summary)* riassunto m. **2** AE *(CV)* curriculum vitae m.

resumption /rɪ'zʌmpʃn/ n. ripresa f. (**of** di).

resumptive /rɪ'zʌmptɪv/ agg. riassuntivo.

resupinate /rɪ'su:pɪneɪt, -'sju:-/ agg. resupinato.

resupply /rɪsə'plaɪ/ tr. rifornire.

resurface /ˌri:'sɜ:fɪs/ **I** tr. ripavimentare, rifare [*road, court*] **II** intr. [*submarine*] riemergere, tornare in superficie; [*doubt, prejudice, rumour*] riemergere, riaffiorare; [*person, group*] ricomparire, fare la ricomparsa.

resurgence /rɪ'sɜ:dʒəns/ n. *(of party, danger, tradition, economy, currency)* ripresa f.; *(of interest)* rinascita f.

resurgent /rɪ'sɜ:dʒənt/ agg. [*country*] che rifiorisce, rinascente; [*party, economy*] in ripresa.

resurrect /ˌrezə'rekt/ **I** tr. risuscitare, riportare in vita (anche FIG.) **II** intr. risuscitare, tornare in vita (anche FIG.).

resurrection /ˌrezə'rekʃn/ **I** n. risurrezione f. **II Resurrection** n.pr. RELIG. ***the ~*** la Risurrezione.

resurrectionist /ˌrezə'rekʃnɪst/ n. **1** STOR. *(body snatcher)* trafugatore m. (-trice) di cadaveri **2** *(of habit, tradition)* chi fa rivivere **3** *(believer in resurrection)* = chi crede nella risurrezione di Cristo.

Resurrection plant /ˌresə'rekʃnˌplɑ:nt, AE -ˌplænt/ n. rosa f. di Gerico.

resurvey /rɪ'sɜ:veɪ/ n. riesame m.

resuscitate /rɪ'sʌsɪteɪt/ tr. **1** MED. rianimare **2** FIG. ridare vita a [*plan, project*].

resuscitation /rɪˌsʌsɪ'teɪʃn/ **I** n. rianimazione f. **II** modif. [*equipment, unit*] di rianimazione.

resuscitative /rɪ'sʌsɪtətɪv/ agg. che rianima.

resuscitator /rɪ'sʌsɪteɪtə(r)/ n. *(apparatus)* apparecchio m. per la respirazione artificiale.

ret /ret/ tr. (forma in -ing ecc. **-tt-**) macerare [*flax, hemp, timber*].

1.ret. ⇒ retired in pensione.

2.ret. ⇒ returned restituito.

retable /rɪ'teɪbl/ n. retablo m.

1.retail /'ri:teɪl/ **I** n. vendita f. al minuto, al dettaglio **II** modif. [*business, sector, customer*] di vendita al dettaglio, al minuto; [*customer*] che compra al dettaglio, al minuto **III** avv. al dettaglio, al minuto.

2.retail /'ri:teɪl/ **I** tr. **1** COMM. vendere [qcs.] al minuto, al dettaglio **2** *(spread)* riportare, riferire [*gossip*] **II** intr. ***to ~ at*** essere venduto al minuto, al dettaglio a.

▷ **retailer** /'ri:teɪlə(r)/ n. **1** *(company)* azienda f. per la vendita al dettaglio **2** *(person)* dettagliante m. e f.

retailing /'ri:teɪlɪŋ/ **I** n. distribuzione f. **II** modif. [*giant, sector*] della distribuzione; [*group, operations*] di distribuzione.

retail price /'ri:teɪlˌpraɪs/ n. prezzo m. al dettaglio.

retail price index /ˌri:teɪlˌpraɪs'ɪndeks/ n. indice m. dei prezzi al dettaglio.

retail price maintenance /ˌri:teɪlˌpraɪs'meɪntənəns/ n. = imposizione di un prezzo minimo al dettaglio.

retail sales /'ri:teɪlˌseɪlz/ n.pl. vendite f. al dettaglio.

retail space /'ri:teɪlˌspeɪs/ n. spazio m. di vendita.

retail trade /'ri:teɪlˌtreɪd/ n. *(companies)* aziende f.pl. che vendono al dettaglio; *(industry)* commercio m. al dettaglio.

▶ **retain** /rɪ'teɪn/ tr. **1** *(keep)* mantenere [*dignity, control, identity, support*]; conservare [*trophy, property*] **2** *(contain)* contenere [*water*]; trattenere [*heat*] **3** *(remember)* tenere a mente [*fact*]; conservare [*image*] **4** DIR. impegnare (pagando un anticipo sull'onorario) [*lawyer*].

retained earnings /rɪˌteɪnd'ɜ:nɪŋz/ n. utili m.pl. non distribuiti, capitale m. di risparmio.

retained object /rɪˌteɪnd'ɒbdʒɪkt/ n. complemento m. oggetto di un verbo passivo.

retainer /rɪ'teɪnə(r)/ n. **1** *(fee) (for services)* = anticipo sull'onorario di qcn. per assicurarsi i suoi servizi; *(for accommodation)* deposito m. **2** MED. *(in dentistry)* ancoraggio m. **3** ANT. *(servant)* servitore m.

retaining dam /rɪ'teɪnɪŋˌdæm/ n. diga f. di sbarramento, diga f. di ritenuta.

retaining ring /rɪ'teɪnɪŋˌrɪŋ/ n. anello m. di ritenuta.

retaining wall /rɪ'teɪnɪŋˌwɔ:l/ n. muro m. di sostegno.

1.retake /'ri:teɪk/ n. CINEM. nuova ripresa f.

2.retake /ˌri:'teɪk/ tr. (pass. **-took**; p.pass. **-taken**) **1** CINEM. filmare di nuovo [*scene*] **2** SCOL. UNIV. ripetere [*exam*] **3** MIL. riconquistare [*town, island*].

retaliate /rɪ'tælɪeɪt/ intr. *(all contexts)* reagire, rivalersi.

retaliation /rɪˌtælɪ'eɪʃn/ n. rappresaglia f., ritorsione f. (**for** per; **against** contro); ***in ~*** in rappresaglia, per ritorsione (**for** per; **against** contro).

retaliatory /rɪ'tælɪətrɪ, AE -tɔ:rɪ/ agg. *(violent)* di rappresaglia; *(nonviolent)* di ritorsione.

1.retard /'ri:tɑ:d/ n. AE POP. SPREG. ritardato m. (-a).

2.retard /rɪ'tɑ:d/ tr. ritardare.

retardant /ri:'tɑ:dənt/ **I** agg. ritardante **II** n. (agente) ritardante m.

retardation /ˌri:tɑ:'deɪʃn/ n. **1** ritardo m. **2** TECN. decelerazione f. **3** AE PSIC. ritardo m. mentale.

retardative /rɪ'tɑ:dətɪv/ agg. che causa ritardo.

retarded /rɪ'tɑ:dɪd/ **I** p.pass. → **2.retard II** agg. **1** PSIC. ritardato **2** AE POP. *(stupid)* ritardato, deficiente.

retardee /ri:tɑ:'di:/ n. AE PSIC. ritardato m. (-a) mentale.

retarder /rɪ'tɑ:də(r)/ n. CHIM. (agente) ritardante m.

1.retch /retʃ/ n. conato m. di vomito.

2.retch /retʃ/ intr. avere i conati di vomito.

retd ⇒ retired in pensione.

rete /'ri:tɪ/ n. (pl. **-ia**) ANAT. ZOOL. *(of vessels, fibres)* rete f.

retell /ˌri:'tel/ tr. (pass., p.pass. **-told**) raccontare di nuovo.

retelling /ˌri:'telɪŋ/ n. nuova versione f.

retention /rɪ'tenʃn/ n. **1** *(of right, territory)* conservazione f. **2** *(storing of facts)* memoria f. **3** MED. ritenzione f.

retention money /rɪ'tenʃnˌmʌnɪ/ n. COMM. trattenuta f.

retentive /rɪ'tentɪv/ agg. **1** [*memory*] buono **2** [*soil*] che trattiene.

▷ **1.rethink** /'ri:θɪŋk/ n. ***to have a ~*** avere un ripensamento.

▷ **2.rethink** /ˌri:'θɪŋk/ **I** tr. (pass., p.pass. **-thought**) ripensare **II** intr. (pass., p.pass. **-thought**) ripensarci.

retia /'ri:tɪə/ → **rete.**

retiary /'ri:ʃɪərɪ/ n. (anche ~ **spider**) ragno m. tessitore.
reticence /'retɪsns/ n. reticenza f., riservatezza f. (**on, about** su).
reticent /'retɪsnt/ agg. reticente, riservato; ***to be ~ about sth.*** essere evasivo su qcs.
reticently /'retɪsntlɪ/ avv. con reticenza, con riserbo.
reticle /'retɪkl/ n. TECN. reticolo m.
reticula /rɪ'tɪkjʊlə/ → **reticulum.**
reticular /rɪ'tɪkjʊlə(r)/ agg. reticolare.
reticulate /rɪ'tɪkjʊlət/ agg. reticolato.
reticulation /rɪtɪkjʊ'leɪʃn/ n. **1** *(network)* reticolo m. **2** FOT. reticolatura f., reticolazione f.
reticule /'retɪkju:l/ n. ANT. reticolo m.
reticulum /rɪ'tɪkjʊləm/ n. (pl. **-a**) BIOL. ZOOL. reticolo m.
retiform /'ri:tɪfɔ:m/ agg. RAR. retiforme.
retina /'retɪnə, AE 'retənə/ n. (pl. **~s, -ae**) retina f.
retinal /'retɪnəl, AE 'retə-/ agg. retinico; ~ ***rivalry*** PSIC. antagonismo retinico.
retinitis /retɪ'naɪtɪs, AE retə-/ ♦ ***11*** n. retinite f.
retinol /'retɪnɒl, AE 'retə-/ n. retinolo m.
retinopathy /retɪn'ɒpəθɪ, AE retə-/ n. retinopatia f.
retinoscopy /retɪn'ɒskəpɪ, AE retə-/ n. retinoscopia f.
retinue /'retɪnju:, AE 'retənu:/ n. scorta f., seguito m.
▶ **retire** /rɪ'taɪə(r)/ **I** tr. mandare in pensione (**on grounds of** per motivi di); ***to be compulsorily ~d*** essere obbligato ad andare in pensione **II** intr. **1** *(from work)* andare in pensione; ***to ~ from sth.*** lasciare qcs.; ***to ~ as*** andare in pensione da; ***to ~ early*** andare in pensione presto; ***to ~ on £ 100 a week*** andare in pensione con 100 sterline alla settimana **2** *(withdraw)* [*jury, person*] ritirarsi (**from** da); ***to ~ to the drawing-room, to one's room*** FORM. ritirarsi in salotto, nella propria camera **3** ***to ~ (to bed)*** ANT. ritirarsi; ***to ~ early*** coricarsi presto **4** SPORT ritirarsi; ***to ~ from sth.*** ritirarsi da qcs.; ***to ~ with an injury, to ~ injured*** ritirarsi per infortunio **5** MIL. ripiegare (**to** su).
▷ **retired** /rɪ'taɪəd/ **I** p.pass. → **retire II** agg. **1** [*person*] pensionato, in pensione **2** [*place, life*] appartato, solitario.
retiredly /rɪ'taɪədlɪ/ avv. in modo appartato, privatamente.
retiredness /rɪ'taɪədnɪs/ n. isolamento m.
retiree /ˌrɪtaɪə'ri:/ n. AE pensionato m. (-a).
▷ **retirement** /rɪ'taɪəmənt/ n. **1** *(action)* pensionamento m. (**of** di); ***to announce one's ~*** annunciare il proprio pensionamento; ***to take early ~*** andare in prepensionamento **2** *(state)* ritiro m., isolamento m.; ***a peaceful ~*** una serena solitudine; ***to come out of ~*** uscire dall'isolamento.
retirement age /rɪ'taɪəməntˌeɪdʒ/ n. età f. pensionabile.
retirement bonus /rɪˌtaɪəmənt'bəʊnəs/ n. premio m. di pensionamento.
retirement home /rɪ'taɪəməntˌhəʊm/ n. **1** *(individual)* = casa dove si va a vivere dopo essere andati in pensione **2** *(communal)* casa f. di riposo, pensionato m. per anziani.
retirement pension /rɪ'taɪəməntˌpenʃn/ n. pensione f. di anzianità.
retiring /rɪ'taɪərɪŋ/ agg. **1** *(leaving service)* uscente, che va in pensione **2** *(shy)* riservato, schivo.
retold /ˌri:'təʊld/ pass., p.pass. → **retell.**
retook /ˌri:'tʊk/ pass. → **2.retake.**
retool /ˌri:'tu:l/ **I** tr. **1** *(re-equip)* riattrezzare [*factory*] **2** AE *(reorganize)* riorganizzare, ristrutturare [*factory*] **II** intr. **1** *(re-equip)* riattrezzarsi **2** AE *(reorganize)* riorganizzarsi, ristrutturarsi.
retooling /ˌri:'tu:lɪŋ/ n. **1** *(act of providing new equipment)* riattrezzatura f. **2** *(reorganization)* riorganizzazione f., ristrutturazione f.
▷ **1.retort** /rɪ'tɔ:t/ n. *(reply)* replica f.
▷ **2.retort** /rɪ'tɔ:t/ tr. replicare, ribattere (**that** che).
3.retort /rɪ'tɔ:t/ n. CHIM. storta f.
1.retouch /'ri:tʌtʃ/ n. ritocco m.
2.retouch /ˌri:'tʌtʃ/ tr. ritoccare.
retrace /ri:'treɪs/ tr. ripercorrere [*movements*]; ***to ~ one's steps*** tornare sui propri passi; ***to ~ one's path*** o ***route*** ripercorrere la strada (da cui si è venuti).
retract /rɪ'trækt/ **I** tr. **1** *(withdraw)* ritrattare [*statement, allegation*]; ritirare [*claim*] **2** *(pull in)* fare rientrare [*landing gear*]; [*animal*] ritrarre [*claws etc.*] **II** intr. [*landing gear*] rientrare; [*horns etc.*] ritrarsi.
retractable /rɪ'træktəbl/ agg. [*landing gear, headlights*] retrattile; [*pen*] a punta retrattile.
retractation /ri:træk'teɪʃn/ n. ritrattazione f.
retractile /rɪ'træktaɪl/ agg. retrattile.
retractility /rɪ'træktɪlətɪ/ n. retrattilità f.
retraction /rɪ'trækʃn/ n. ritrazione f.; *(of landing gear)* rientro m.
retractor /rɪ'træktə(r)/ n. **1** (anche ~ **muscle**) ANAT. muscolo m. retrattore **2** *(medical instrument)* retrattore m., divaricatore m.
retrain /ˌri:'treɪn/ **I** tr. riaddestrare **II** intr. riaddestrarsi.
retraining /ˌri:'treɪnɪŋ/ n. riaddestramento m., aggiornamento m.
retransmit /ˌri:trænz'mɪt/ tr. ritrasmettere.
1.retread /'ri:tred/ n. pneumatico m. (con battistrada) ricostruito.
2.retread /ˌri:'tred/ tr. (pass., p.pass. **~ed**) ricostruire il battistrada di [*tyre*].
▷ **1.retreat** /rɪ'tri:t/ n. **1** *(withdrawal)* ritirata f. (**from** da; **into** in); ***to beat*** o ***make a ~*** battere in ritirata; ***to beat a hasty ~*** battere velocemente in ritirata; ***to sound, beat the ~*** MIL. suonare la ritirata; ***to be in ~*** [*ideology etc.*] essere superato **2** *(house)* seconda casa f.; ***mountain ~*** rifugio; ***country ~*** casa di campagna **3** RELIG. ritiro m.; ***to go into, go on a ~*** andare in ritiro (spirituale).
▷ **2.retreat** /rɪ'tri:t/ **I** tr. GIOC. fare indietreggiare [*piece*] **II** intr. **1** [*person*] ritirarsi (**into** in; **from** da); ***to ~ before sth.*** battere in ritirata di fronte a qcs. **2** MIL. [*army*] battere in ritirata (**to** su; **into** in; **behind** dietro) **3** FIG. ritirarsi (**to** in; **from** da); ***to ~ into a dream world, into silence*** rifugiarsi nel mondo dei sogni, nel silenzio; ***to ~ into oneself*** ripiegarsi in se stessi **4** [*glacier, flood water, desert*] ritirarsi.
retreating /rɪ'tri:tɪŋ/ agg. **1** [*army*] in ritirata **2** [*chin*] sfuggente.
1.retrench /rɪ'trentʃ/ FORM. **I** tr. tagliare [*expenditure*]; fare (apportare) dei tagli a [*book*] **II** intr. ridurre le spese, fare economia.
2.retrench /rɪ'trentʃ/ tr. MIL. trincerare, fortificare.
1.retrenchment /rɪ'trentʃmənt/ n. FORM. *(economizing)* risparmio m., taglio m. (delle spese).
2.retrenchment /rɪ'trentʃmənt/ n. MIL. trincea f. interna, linea f. di difesa interna.
retrial /ˌri:'traɪəl/ n. DIR. nuovo processo m.
retribution /ˌretrɪ'bju:ʃn/ n. FORM. castigo m. (**for, against** per).
retributive /rɪ'trɪbjʊtɪv/, **retributory** /rɪ'trɪbjʊtrɪ, AE -tɔ:rɪ/ agg. FORM. di castigo, punitivo.
retrievable /rɪ'tri:vəbl/ agg. **1** [*sum*] recuperabile; [*loss*] sanabile; [*mistake*] rimediabile **2** INFORM. recuperabile.
▷ **retrieval** /rɪ'tri:vl/ n. **1** *(of property)* riacquisto m.; *(of money)* recupero m. **2** INFORM. recupero m.
▷ **retrieve** /rɪ'tri:v/ **I** tr. **1** *(get back)* recuperare, riprendere [*object*] **2** *(save)* raddrizzare, salvare [*situation*] **3** VENAT. [*dog*] riportare [*game*] **4** INFORM. recuperare [*data*] **II** intr. VENAT. [*dog*] riportare.
retriever /rɪ'tri:və(r)/ n. retriever m., cane m. da riporto.
retro /'retrəʊ/ **I** n. gusto m. rétro **II** modif. [*rock, art, chic*] rétro.
retroact /ˌretrəʊ'ækt/ intr. **1** *(react)* reagire; *(act in opposite direction)* agire in senso contrario **2** DIR. retroagire, avere effetto retroattivo.
retroaction /ˌretrəʊ'ækʃn/ n. **1** *(reaction)* reazione f.; *(opposed action)* azione f. contraria **2** PSIC. retroazione f.
retroactive /ˌretrəʊ'æktɪv/ agg. retroattivo.
retroactively /ˌretrəʊ'æktɪvlɪ/ avv. retroattivamente, con effetto retroattivo.
retroactivity /ˌretrəʊæk'tɪvətɪ/ n. retroattività f.
1.retrocede /ˌretrəʊ'si:d/ tr. restituire [*territory*].
2.retrocede /ˌretrəʊ'si:d/ intr. retrocedere, indietreggiare.
1.retrocession /ˌretrəʊ'seʃn/ n. *(of territory)* restituzione f.
2.retrocession /ˌretrəʊ'seʃn/ n. *(act of moving backwards)* retrocessione f., indietreggiamento m.
retrochoir /'retrəʊkwaɪə(r)/ n. = parte di una cattedrale dietro l'altare maggiore.
retroengine /ˌretrəʊ'endʒɪn/ n. retrorazzo m.
1.retrofit /'retrəʊfɪt/ tr. (forma in -ing ecc. **-tt-**) modificare, apportare delle innovazioni a [*aircraft, machine, tool*]; ***to ~ a catalyst to an old car*** AUT. applicare un retrofit a una vecchia auto.
2.retrofit /'retrəʊfɪt/ n. AUT. retrofit m.
retroflex /'retrəfleks/ agg. retroflesso.
retroflexion /ˌretrə'flekʃn/ n. retroflessione f.
retrogradation /ˌretrəʊgrə'deɪʃn/ n. **1** *(action of going back)* (il) tornare indietro **2** ASTR. retrogradazione f.
1.retrograde /'retrəgreɪd/ agg. retrogrado; ***in ~ order*** in ordine inverso.
2.retrograde /'retrəgreɪd/ intr. retrogradare.
retrogress /ˌretrə'gres/ intr. **1** regredire, tornare indietro (**to** fino a) (anche FIG.) **2** BIOL. MED. regredire.
retrogression /ˌretrə'greʃn/ n. regressione f.
retrogressive /ˌretrə'gresɪv/ agg. **1** retrogrado **2** BIOL. regressivo.
retropack /'retrəʊpæk/ n. gruppo m. di retrorazzi.
retropulsion /ˌretrəʊ'pʌlʃn/ n. retropulsione f.
retrorocket /'retrəʊˌrɒkɪt/ n. retrorazzo m.

retrorse /rɪ'trɔːs/ agg. retrorso.
retrospect /'retrəʊspekt/ n. ***in retrospect*** in retrospettiva, retrospettivamente, a posteriori.
retrospection /ˌretrə'spekʃn/ n. retrospezione f.
▷ **retrospective** /ˌretrə'spektɪv/ **I** agg. **1** [*approach, view*] retrospettivo **2** DIR. AMM. [*regulation, application, rebate*] retroattivo **II** n. (anche **~ exhibition, ~ show**) ART. CINEM. retrospettiva f.
retrospectively /ˌretrə'spektɪvlɪ/ avv. **1** retrospettivamente **2** DIR. AMM. [*apply, validate*] retroattivamente.
retroussé /ˌrə'truːseɪ/ agg. [*nose*] all'insù, alla francese.
retroversion /ˌretrəʊ'vɜːʃŋ/ n. retroversione f.
retroverted /ˌretrəʊ'vɜːtɪd/ agg. retroverso.
retrovirus /'retrəʊvaɪərəs/ n. retrovirus m.
retry /ˌriː'traɪ/ tr. **1** DIR. riprocessare [*person*]; ridiscutere, riaprire [*case*] **2** INFORM. rifare [*operation*].
retsina /ret'siːnə, AE 'retsɪnə/ n. vino m. resinato.
retting /'retɪŋ/ n. *(of flax, hemp, timber)* macerazione f.
retune /ˌriː'tjuːn, AE -'tuːn/ tr. riaccordare [*musical instrument*]; risintonizzare [*radio, television*]; regolare [*car engine*].
▶ **1.return** /rɪ'tɜːn/ **I** n. **1** *(getting back, going back)* ritorno m. (**to** a; **from** da) (anche FIG.); ***my ~ to London*** il mio ritorno a Londra; ***a ~ to power*** un ritorno al potere; ***a ~ to traditional values*** un ritorno ai valori tradizionali; ***on my ~ home*** al mio ritorno; ***on your ~ to work*** quando tornerai al lavoro **2** *(recurrence, coming back)* ritorno m. (**of** di); ***I'm hoping for a ~ of the fine weather*** spero che torni il bel tempo **3** *(restitution, bringing back) (of law, practice)* ritorno m. (**of** di); *(of object)* restituzione f., resa f. (**of** di); ***I hope for its ~*** spero che mi verrà restituito; ***on ~ of the vehicle*** al momento della restituzione del veicolo **4** *(sending back of letter, goods)* rinvio m. (**of** di) **5** *(reward)* ricompensa f.; ***is this my ~ for helping you?*** è questa la ricompensa per l'aiuto che ti ho dato? **6** ***in ~*** in cambio (**for** di) **7** ECON. *(yield on investment)* rendimento m., profitto m. (**on** di); *(on capital)* rendita f.; ***the law of diminishing ~s*** la legge dei rendimenti decrescenti **8** *(in transports) (ticket)* (biglietto di) andata e ritorno m.; ***two ~s to Paris*** due biglietti (di) andata e ritorno per Parigi **9** TEATR. *(ticket)* = biglietto acquistato in prevendita e poi rivenduto al botteghino; ***"~s only"*** = esaurito, disponibili solo i biglietti rivenduti al botteghino **10** *(book)* giacenza f. **11** SPORT *(of ball)* rinvio m. **II returns** n.pl. POL. risultati m. ◆ ***by ~ of post*** a giro di posta; ***many happy ~s!*** cento di questi giorni!
▶ **2.return** /rɪ'tɜːn/ **I** tr. **1** *(give back)* ridare, rendere [*book, video, car*]; restituire [*money*] **2** *(bring back, take back)* restituire [*purchase, library book*] (**to** a); ***keep the receipt in case you have to ~ your purchase*** conservate lo scontrino nel caso vogliate sostituire la merce acquistata **3** *(put back)* rimettere a posto [*file, book*]; ***to ~ sth. to its place*** rimettere qcs. a posto **4** *(send back)* rinviare [*parcel, sample*]; ***"~ to sender"*** "rispedire al mittente" **5** *(give, issue in return)* ricambiare [*greeting, invitation*]; ***to ~ the compliment*** (anche SCHERZ.) ricambiare il complimento; ***to ~ the compliment by doing*** ricambiare la gentilezza facendo; ***to ~ the favour*** contraccambiare il favore; ***I'll be glad to ~ the favour*** sarò lieto di contraccambiare **6** *(reciprocate)* ricambiare [*love, feelings, affection*] **7** MIL. rispondere a [*fire*] **8** SPORT rinviare, rilanciare [*ball, shot*] **9** *(reply, rejoin)* replicare **10** COMM. ***to ~ details of one's income*** fare la dichiarazione dei redditi **11** DIR. emettere [*verdict*] **12** ECON. *(yield)* dare, produrre [*profit*] **13** POL. *(elect)* eleggere [*candidate*]; ***to be ~ed*** essere eletto **14** TEL. ***to ~ sb.'s call*** richiamare qcn. **II** intr. **1** *(come back)* ritornare (**from** da); ***he left never to ~*** è partito per sempre **2** *(go back)* ritornare (**to** a) **3** *(come or go back from abroad)* ritornare (**from** da) **4** *(get back home)* tornare a casa; ***what time did you ~?*** a che ora sei rientrato? **5** *(resume)* ***to ~ to*** riprendere [*activity*]; ***to ~ to one's book*** riprendere la lettura; ***to ~ to the point I made earlier*** per tornare a quello che dicevo poco fa; ***to ~ to power*** ritornare al potere; ***to ~ to sanity*** tornare in sé *o* rinsavire **6** *(recur, come back)* [*symptom, feeling, doubt, days, times, season*] tornare.
returnable /rɪ'tɜːnəbl/ agg. ***~ bottle*** vuoto a rendere; ***~ by 6 April*** da restituire entro il 6 aprile.
returner /rɪ'tɜːnə(r)/ n. = donna che si reinserisce nel mondo del lavoro dopo un lungo periodo trascorso a casa per allevare i figli.
return fare /rɪ'tɜːnˌfeə(r)/ n. prezzo m. di un biglietto (di) andata e ritorno.
return flight /rɪ'tɜːnˌflaɪt/ n. volo m. di ritorno.
returning officer /rɪˌtɜːnɪŋ'ɒfɪsə(r), AE -'ɔːf-/ n. BE presidente m. di seggio elettorale.
return journey /rɪˌtɜːn'dʒɜːnɪ/ n. BE viaggio m. di ritorno; ***on her ~*** durante il suo viaggio di ritorno.
return stroke /rɪ'tɜːnˌstrəʊk/ n. MECC. corsa f. di ritorno.
return ticket /rɪˌtɜːn'tɪkɪt/ n. biglietto m. (di) andata e ritorno.
return trip /rɪˌtɜːn'trɪp/ n. AE → **return journey**.
return visit /rɪˌtɜːn'vɪzɪt/ n. ***to make a ~*** ricambiare una visita.
retuse /rɪ'tjuːs/ agg. retuso.
reunification /ˌriːjuːnɪfɪ'keɪʃn/ n. riunificazione f.
reunify /ˌriː'juːnɪfaɪ/ tr. riunificare.
▷ **reunion** /ˌriː'juːnɪən/ n. **1** *(celebration)* riunione f. **2** *(meeting)* incontro m. (**with** con).
reunite /ˌriːjuː'naɪt/ **I** tr. gener. passivo riunire [*family*]; riunificare [*country, party*]; ***he was ~d with his family*** si è ricongiunto alla sua famiglia **II** intr. [*country, party*] riunificarsi.
re-up /ˌriː'ʌp/ intr. AE COLLOQ. *(military slang)* rinnovare la ferma.
reusable /ˌriː'juːzəbl/ agg. riutilizzabile.
1.reuse /ˌriː'juːs/ n. riutilizzazione f.
2.reuse /ˌriː'juːz/ tr. riutilizzare.
1.rev /rev/ n. AUT. COLLOQ. (accorc. revolution) giro m. (di motore); ***200 ~s (per minute)*** 200 giri al minuto.
2.rev /rev/ **I** tr. (forma in -ing ecc. **-vv-**) (anche **~ up**) mandare su di giri [*engine*] **II** intr. (forma in -ing ecc. **-vv-**) (anche **~ up**) [*engine*] andare su di giri.
Rev(d) ⇒ Reverend reverendo (Rev.).
revalorization /ˌriːvælәraɪ'zeɪʃn, AE -rɪ'z-/ n. ECON. rivalorizzazione f.
revalorize /ˌriː'væləraɪz/ tr. ECON. rivalorizzare.
revaluation /ˌriːvæljuː'eɪʃn/ n. COMM. ECON. rivalutazione f.
revalue /ˌriː'væljuː/ tr. COMM. ECON. rivalutare.
1.revamp /'riːvæmp/ n. **1** *(process)* rinnovo m., rinnovamento m. **2** *(result)* versione f. rinnovata.
2.revamp /ˌriː'væmp/ tr. rinnovare [*image, play*]; riorganizzare [*company*]; rimodernare [*building, clothing*].
revamped /ˌriː'væmpt/ **I** p.pass. → **2.revamp II** agg. [*programme, management, play*] rinnovato; [*building, room, clothing*] rimodernato.
revanchism /rɪ'væntʃɪzəm/ n. revanscismo m.
revanchist /rɪ'væntʃɪst/ **I** agg. revanscistico, revanscista **II** n. revanscista m. e f.
revascularization /riːvæskjʊləraɪ'zeɪʃn, AE -rɪ'z-/ n. rivascolarizzazione f.
rev counter /'revkaʊntə(r)/ n. BE COLLOQ. contagiri m.
▶ **reveal** /rɪ'viːl/ **I** tr. **1** *(make public)* rivelare [*truth, plan, fault*]; svelare, rivelare [*secret*]; ***to ~ that*** rivelare che; ***to ~ sth. to sb.*** rivelare qcs. a qcn.; ***they ~ed him to be a spy*** rivelarono che era una spia; ***to ~ sb.'s identity*** svelare l'identità di qcn.; ***to ~ all*** *(divulge)* spiattellare tutto; *(undress)* scoprire tutto **2** *(make visible)* mostrare [*view, picture*]; ***~ed religion*** religione rivelata **II** rifl. ***to ~ oneself*** [*person, God*] rivelarsi; ***to ~ oneself to be a traitor*** rivelarsi un traditore.
revealable /rɪ'viːləbl/ agg. rivelabile.
revealing /rɪ'viːlɪŋ/ agg. **1** [*remark, interview, report*] significativo, eloquente **2** [*dress, blouse*] scollato.
reveille /rɪ'vælɪ, AE 'revəlɪ/ n. MIL. diana f.
1.revel /'revl/ n. (anche **~s**) baldoria f., gozzoviglie f.pl.
2.revel /'revl/ intr. (forma in -ing ecc. **-ll-**, **-l-** AE) **1** AE *(celebrate)* fare baldoria, gozzovigliare **2** *(enjoy)* ***to ~ in sth.*** crogiolarsi *o* bearsi in qcs.; ***to ~ in doing*** goderci a *o* nel fare.
▷ **revelation** /ˌrevə'leɪʃn/ **I** n. rivelazione f. (**of** di) (anche RELIG.) **II Revelation** n.pr. BIBL. Apocalisse f.
revelational /ˌrevə'leɪʃnəl/ agg. RELIG. della rivelazione.
revelationist /ˌrevə'leɪʃnɪst/ n. RELIG. chi crede nella rivelazione; ***the Revelationist*** il Rivelatore, S. Giovanni.
revelatory /ˌrevə'leɪtrɪ, AE -tɔːrɪ/ agg. rivelatore.
reveller, **reveler** AE /'revələ(r)/ n. bisboccione m. (-a), gozzovigliatore m. (-trice).
revelling /'revlɪŋ/, **revelry** /'revəlrɪ/ n. baldoria f., gozzoviglie f.pl.
▷ **1.revenge** /rɪ'vendʒ/ n. **1** *(punitive act)* vendetta f.; ***in ~*** per vendetta; ***in ~ for sth.*** per vendicare qcs.; ***to take*** o ***get one's ~*** ottenere *o* ricevere vendetta (**for** per; **on** su) **2** *(getting even)* rivincita f.; ***by way of ~*** come rivincita; ***to get one's ~*** prendersi la rivincita (**on** su; **for** per) ◆ ***~ is sweet*** = vendicarsi dà soddisfazione.
▷ **2.revenge** /rɪ'vendʒ/ rifl. ***to ~ oneself*** vendicarsi (**on** su; **for** di).
revengeful /rɪ'vendʒfl/ agg. [*nature, mood*] vendicativo.
revengefully /rɪ'vendʒfəlɪ/ avv. in modo vendicativo, vendicativamente.
revengefulness /rɪ'vendʒfəlnɪs/ n. vendicatività f.
revenue /'revənjuː, AE -ənuː/ **I** n. reddito m., entrata f.; ***a source of ~*** una fonte di reddito **II revenues** n.pl. ***oil ~s*** ricavi petroliferi; ***tax ~s*** entrate erariali.
Revenue /'revənjuː, AE -ənuː/ n. GB (anche **Inland ~**) fisco m.

revenue sharing /ˈrevənjuːˌʃeərɪŋ, AE -ənuː-/ n. US ripartizione f. del gettito fiscale.

revenue stamp /ˈrevənjuːˌstæmp, AE -ənuː-/ n. marca f. da bollo.

reverberant /rɪˈvɜːbərənt/ agg. [*light*] abbacinante, abbagliante; [*sound*] risonante, echeggiante.

reverberate /rɪˈvɜːbəreɪt/ **I** tr. **1** riverberare [*light, sound, heat*] **2** TECN. fondere in un forno a riverbero **II** intr. [*hills, room*] risuonare (**with** di); [*thunder, footsteps*] rimbombare (**through** in); [*debate, shock wave*] avere risonanza, propagarsi (**through** in); [*light, heat, sound*] diffondersi, riverberarsi.

reverberation /rɪˌvɜːbəˈreɪʃn/ n. riverbero m.; FIG. ripercussione f.

reverberator /rɪˈvɜːbəreɪtə(r)/ n. lampada f. a riverbero.

reverberatory /rɪˈvɜːbəreɪtrɪ, AE -tɔːrɪ/ agg. di riverbero; ~ ***furnace*** forno a riverbero.

revere /rɪˈvɪə(r)/ tr. riverire.

reverence /ˈrevərəns/ n. riverenza f.

1.reverend /ˈrevərənd/ agg. ANT. venerabile.

2.reverend /ˈrevərənd/ ➧ 9 n. **1** *(person) (Roman Catholic, Anglican)* reverendo m.; *(Protestant)* pastore m. **2 Reverend** *(as title)* ***the Reverend Jones*** *(Roman Catholic, Anglican)* il reverendo Jones; *(Protestant)* il reverendo pastore Jones; ***the Very Reverend X*** il molto reverendo X; ***the Most Reverend X*** il reverendissimo X; ***Reverend Mother*** reverenda madre; ***Reverend Father*** reverendo padre.

reverent /ˈrevərənt/ agg. [*hush*] religioso; [*attitude, expression*] rispettoso, riverente.

reverential /ˌrevəˈrenʃl/ agg. FORM. [*awe*] reverenziale; [*tones, attitude*] rispettoso.

reverently /ˈrevərəntlɪ/ avv. [*speak*] con rispetto, con riverenza; [*listen*] rispettosamente.

reverie /ˈrevərɪ/ n. fantasticheria f., rêverie f.; ***to fall into a*** ~ fantasticare.

revers /rɪˈvɪə(r)/ n.pl. revers m. sing.

▷ **reversal** /rɪˈvɜːsl/ n. **1** *(of policy)* capovolgimento m.; *(of order)* inversione f.; *(of method, trend)* inversione f.; *(of fortune)* rovescio m.; ***a ~ of traditional roles*** un rovesciamento dei ruoli tradizionali **2** DIR. annullamento m.

▷ **1.reverse** /rɪˈvɜːs/ **I** n. **1** *(opposite)* ***the*** ~ il contrario; ***rather the*** ~ piuttosto il contrario; ***quite the*** ~ al contrario; ***the truth was exactly the*** ~ la verità era tutto il contrario **2** *(back)* ***the*** ~ *(of coin, fabric)* il rovescio; *(of banknote)* il verso; *(of picture)* il retro **3** *(setback)* rovescio m. **4** AUT. (anche ~ **gear**) marcia f. indietro, retromarcia f.; ***you're in*** ~ sei in retromarcia; ***to go into*** ~ [*driver*] mettere la marcia indietro; FIG. [*process*] invertirsi; ***to put a plan, policy into*** ~ FIG. fare marcia indietro su un piano, una politica; ***the same process but in*** ~ lo stesso processo, ma in senso inverso **II** agg. **1** *(opposite)* [*argument, effect*] contrario; [*direction*] opposto; [*trend*] inverso **2** *(other)* ***the ~ side*** *(of coin, medal, fabric)* il rovescio; *(of picture)* la parte dietro **3** *(backwards)* [*somersault*] (all')indietro; ***to answer the questions in ~ order*** rispondere alle domande cominciando dall'ultima **4** AUT. ~ ***gear*** marcia indietro *o* retromarcia; ~ ***turn*** curva in retromarcia **5 in reverse** [*do, function*] al contrario.

▷ **2.reverse** /rɪˈvɜːs/ **I** tr. **1** *(invert)* invertire [*order, trend, process, policy*] **2** *(exchange, switch)* rovesciare, ribaltare [*roles*] **3** BE POL. riscattare [*defeat*] **4** TECN. AUT. fare girare [qcs.] al contrario [*mechanism, machine*]; ***to ~ a car*** fare retromarcia; ***to ~ a car out of a garage*** uscire da un garage in retromarcia **5** DIR. cassare, revocare **6** TEL. ***to ~ the charges*** fare una telefonata a carico (del destinatario) **II** intr. [*driver*] fare marcia indietro, fare retromarcia; ***he ~d into a tree*** è andato a sbattere contro un albero facendo retromarcia; ***to ~ down the lane, into a parking space*** percorrere la strada, parcheggiare in retromarcia.

reverse charge call /rɪˈvɜːsˌtʃɑːdʒˌkɔːl/ n. telefonata f. a carico del destinatario.

reverse engineering /rɪˌvɜːsˌendʒɪˈnɪərɪŋ/ n. reverse engineering m., ingegneria f. inversa.

reverse thrust /rɪˌvɜːsˈθrʌst/ n. AER. spinta f. contraria, spinta f. inversa.

reversibility /rɪˈvɜːsəbɪlətɪ/ n. **1** *(of process)* reversibilità f. **2** *(of law)* abrogabilità f., revocabilità f.

reversible /rɪˈvɜːsəbl/ agg. [*process*] reversibile; [*cloth, coat*] double-face; [*law*] abrogabile, revocabile.

reversing light /rɪˈvɜːsɪŋˌlaɪt/ n. luce f. di retromarcia.

reversion /rɪˈvɜːʃn, AE -ʒn/ n. **1** *(process of reverting)* ritorno m. (**to** a); ~ ***to its wild state*** ritorno allo stato selvatico; ~ ***to type*** *(of plant, animal)* regressione (a uno stadio precedente) **2** DIR. reversione f.

reversional /rɪˈvɜːʃnəl, AE -ʒn-/ agg. di reversione.

reversionary /rɪˈvɜːʃənərɪ, AE -ʒənerɪ/ agg. *(in insurance)* [*pension, annuity, bonus*] reversibile.

reversionary characteristic /rɪˌvɜːʃənərɪˌkærəktəˈrɪstɪk, AE -ʒənerɪ-/ n. BIOL. carattere m. regressivo.

reversionary rights /rɪˌvɜːʃənərɪˈraɪtz, AE -ʒənerɪ-/ n.pl. DIR. diritti m. reversibili.

revert /rɪˈvɜːt/ intr. **1** *(return)* ***to ~ to*** [*person*] riprendere [*habit, name*]; [*area*] ritornare [*moorland, wilderness*]; ***to ~ to doing*** [*person*] ricominciare, rimettersi a fare; ***to ~ to normal*** tornare alla normalità **2** BIOL. ZOOL. ***to ~ to type*** regredire a uno stadio precedente; ***he ~ed to type*** FIG. è tornato alle origini **3** *(return in speaking, discussing)* ***to ~ to your first question*** per tornare alla vostra prima domanda **4** DIR. spettare, tornare per reversione (**to** a).

reverter /rɪˈvɜːtə(r)/ n. DIR. reversione f.

revertible /rɪˈvɜːtɪbl/ agg. DIR. reversibile.

revet /rɪˈvet/ tr. (forma in -ing ecc. **-tt-**) rivestire [*wall*].

▶ **1.review** /rɪˈvjuː/ n. **1** *(reconsideration)* revisione f. (**of** di) (anche AMM. DIR. POL.); *(report)* analisi f., esame m. (**of** di); ***policy*** ~ analisi politica; ***to be under*** ~ [*policy*] essere riesaminato; [*pay, salaries*] essere rivisto; ***to come under*** ~ essere preso in esame; ***to keep sth. under*** ~ tenere qcs. sotto controllo *o* in continua revisione; ***to set up a*** ~ prendere in esame; ***to be subject to*** ~ essere suscettibile di revisione; RAD. TELEV. ***the week in*** ~ la rassegna delle notizie della settimana **2** GIORN. LETTER. *(critical assessment)* recensione f., critica f. (**of** di); ***book*** ~ recensione di un libro; ***music*** ~ critica musicale; ***rave*** ~ COLLOQ. critiche entusiastiche; ***to get a good, bad*** ~ ricevere buone, cattive recensioni; ***to write a*** ~ scrivere una recensione; ***to send a book for*** ~ mandare un libro per farlo recensire **3** GIORN. *(magazine)* rivista f.; *(in headline)* ***the Saturday Review*** il Saturday Review **4** MIL. rivista f., rassegna f.; ***to hold a*** ~ passare in rassegna le truppe **5** AE SCOL. UNIV. *(of lesson)* ripasso m.

▶ **2.review** /rɪˈvjuː/ **I** tr. **1** *(re-examine)* riconsiderare [*facts, question, situation*]; rivedere, riesaminare [*attitude, case, pension, policy, sentence*]; esaminare, analizzare [*performance, progress, success*]; passare in rassegna [*troops*] **2** GIORN. LETTER. recensire [*book, film, play etc.*]; ***to be well, badly ~ed*** essere bene accolto, stroncato dalla critica **3** AE SCOL. UNIV. ripassare [*subject, lesson*] **II** intr. GIORN. [*person*] fare il critico, scrivere recensioni (**for sb.** per qcn.; **in sth.** su qcs.).

reviewable /rɪˈvjuːəbl/ agg. [*policy, case*] rivedibile, riesaminabile; [*book, film*] recensibile.

reviewal /rɪˈvjuːəl/ n. **1** *(revision)* revisione f. **2** *(critique)* recensione f., critica f.

review article /rɪˈvjuːˌɑːtɪkl/ n. recensione f.

review board /rɪˈvjuːˌbɔːd/, **review body** /rɪˈvjuːˌbɒdɪ/ n. AMM. comitato m. di revisione.

review copy /rɪˈvjuːˌkɒpɪ/ n. copia f. saggio, per recensione.

review date /rɪˈvjuːˌdeɪt/ n. data f. di revisione.

review document /rɪˈvjuːˌdɒkjʊmənt/ n. documento m. di revisione.

▷ **reviewer** /rɪˈvjuːə(r)/ ➧ 27 n. LETTER. MUS. critico m.; ***book, film*** ~ critico letterario, cinematografico.

review process /rɪˈvjuːˌprəʊses, AE -ˌprɒses/ n. AMM. processo m. di revisione.

revile /rɪˈvaɪl/ tr. FORM. vituperare.

revisable /rɪˈvaɪzəbl/ agg. rivedibile.

revisal /rɪˈvaɪzl/ n. revisione f.

1.revise /rɪˈvaɪz/ n. TIP. seconda bozza f.

▷ **2.revise** /rɪˈvaɪz/ **I** tr. **1** *(alter)* rivedere, modificare [*proposal, treaty, estimate, figures*]; cambiare [*attitude*]; ***to ~ one's position*** rivedere la propria posizione; ***to ~ one's opinion of sb., sth.*** cambiare opinione su qcn., qcs.; ***to be ~d upwards, downwards*** [*figures, profits etc.*] essere arrotondato per eccesso, per difetto **2** BE *(for exam)* ripassare [*subject, notes*] **3** *(amend, correct)* rivedere, correggere [*text*]; ***~d edition*** edizione riveduta e corretta **II** intr. BE ripassare; ***to ~ for one's exams*** ripassare in vista degli esami; ***she's busy revising*** è in pieno ripasso.

Revised Standard Version /rɪˌvaɪzdˌstændədˈvɜːʃn, AE -ʒn/ n. = revisione della versione inglese della Bibbia compiuta negli anni 1946-52.

Revised Version /rɪˌvaɪzdˈvɜːʃn, AE -ʒn/ n. = revisione della versione inglese della Bibbia compiuta negli anni 1881-85.

reviser /rɪˈvaɪsə(r)/ ➧ 27 n. *(of text, manuscript etc.)* revisore m. (-a); *(proofreader)* correttore m. (-trice) di bozze.

▷ **revision** /rɪˈvɪʒn/ n. **1** *(reviewal)* revisione f. **2** SCOL. UNIV. ripasso m.

revisional /rɪ'vɪʒnl/ agg. di revisione.
revisionism /rɪ'vɪʒənɪzəm/ n. revisionismo m.
revisionist /rɪ'vɪʒənɪst/ **I** agg. revisionistico, revisionista **II** n. revisionista m. e f.
revisit /ˌriː'vɪzɪt/ tr. rivisitare, tornare a visitare [*museum etc.*]; tornare a visitare [*person, childhood home*]; FIG. *(look at again)* rivisitare; ***Boccaccio ~ed*** Boccaccio rivisitato.
revitalization /ˌriːvaɪtəlaɪ'zeɪʃn, AE -lɪ'z-/ n. **1** *(of economy)* rilancio m. **2** *(of depressed area)* rinascita f. **3** COSMET. rivitalizzazione f.
revitalize /riː'vaɪtəlaɪz/ tr. **1** rilanciare, rivitalizzare [*economy*]; dare nuova vita a [*company*] **2** COSMET. rivitalizzare [*complexion*].
revivable /rɪ'vaɪvəbl/ agg. che si può far rivivere.
▷ **revival** /rɪ'vaɪvl/ n. **1** *(of person)* ripresa f. (anche MED.); FIG. *(of economy, trade)* ripresa f.; *(of hope, interest)* rinascita f. **2** *(restoration) (of custom, language, fashion)* revival m.; *(of law)* rimessa f. in vigore; ***the Gothic ~*** il neogotico **3** TEATR. rimessa f. in scena **4** RELIG. *(renewal of commitment)* rinascita f. religiosa; *(meeting)* = incontro (con musica e ospiti d'onore) inteso a risvegliare l'interesse nella religione cristiana **5** MUS. STOR. revival m.
revivalism /rɪ'vaɪvəlɪzəm/ n. **1** RELIG. revivalismo m. religioso **2** ARCH. ***fifties ~*** revival dello stile anni cinquanta; ***Gothic ~*** revival dell'arte gotica.
revivalist /rɪ'vaɪvəlɪst/ **I** n. **1** RELIG. revivalista m. e f. **2** ARCH. MUS. *(of custom, style)* revivalista m. e f. **II** agg. **1** RELIG. revivalista; revivalistico **2** ARCH. ***Greek, Gothic ~*** neogreco, neogotico **3** MUS. [*jazz*] del revival.
▷ **revive** /rɪ'vaɪv/ **I** tr. **1** rianimare; *(from coma, faint etc.)* rianimare, fare riprendere i sensi a [*person*]; ***the fresh air will ~ you*** un po' di aria fresca ti farà bene **2** FIG. ridare vita a [*custom, institution*]; rinfrescare [*memory*]; riaccendere [*anger, fears, enthusiasm, interest, hopes, friendship*]; rimettere [qcs.] all'ordine del giorno [*proposals*]; rimettere in vigore [*law*]; rilanciare [*debate, career, movement*]; fare tornare in voga [*style, fashion*]; ridare slancio a [*economy*]; fare rivivere [*language*]; ***to ~ sb.'s (flagging) spirits*** tirare su il morale a qcn.; ***to ~ interest in sb., sth.*** suscitare un nuovo interesse per qcn., qcs. **3** TEATR. rimettere in scena [*play*] **II** intr. [*person*] *(from coma, faint)* riprendersi, riprendere conoscenza; [*wilting flowers*] riprendersi; [*hopes, interest, enthusiasm*] rinascere, riaccendersi; [*market, economy*] riprendersi; ***he ~d once he went outside*** quando uscì si sentì meglio; ***our spirits soon ~d*** ci risollevammo presto.
reviver /rɪ'vaɪvə(r)/ n. **1** *(person)* = chi rianima qcn. o fa rivivere qcs. **2** *(preparation for restoring faded colours)* = preparato che ridà colore alle stoffe **3** *(stimulating drink)* cordiale m., sorso m. di liquore.
revivification /rɪˌvɪvɪfɪ'keɪʃn/ n. *(return from death to life)* ritorno m. in vita, reviviscenza f.; *(renewal of vigour)* rinvigorimento m.
revivify /rɪ'vɪvɪfaɪ/ tr. FORM. rianimare, rinvigorire.
reviviscence /revɪ'vɪsəns/ n. reviviscenza f.
reviviscent /revɪ'vɪsənt/ agg. reviviscente.
revocable /'revəkəbl/ agg. revocabile.
revocation /ˌrevə'keɪʃn/ n. FORM. o DIR. *(of licence, permission)* ritiro m.; *(of law)* abrogazione f.; *(of will, offer, edict)* revoca f.; *(of decision, order)* annullamento m.
revocatory /'revəkətrɪ, AE -tɔːrɪ/ agg. DIR. revocatorio, revocativo.
1.revoke /rɪ'vəʊk/ n. *(in bridge)* rifiuto m.
2.revoke /rɪ'vəʊk/ **I** tr. FORM. o DIR. ritirare [*licence, permission, statement*]; revocare [*will, offer, edict*]; abrogare [*law*]; annullare [*decision, order*] **II** intr. *(in bridge)* non rispondere a seme.
▷ **1.revolt** /rɪ'vəʊlt/ n. rivolta f., ribellione f. (**over** contro); ***to be in ~*** essere in rivolta; ***they are in ~ over the bill*** si stanno opponendo al progetto di legge; ***to rise in ~*** sollevare una rivolta (**against** contro); ***to be in open ~*** essere in aperta rivolta.
▷ **2.revolt** /rɪ'vəʊlt/ **I** tr. disgustare, rivoltare; ***to be ~ed by sth.*** essere disgustato da qcs. **II** intr. rivoltarsi, ribellarsi (**against** contro).
revolting /rɪ'vəʊltɪŋ/ agg. **1** *(morally, physically)* ripugnante, disgustoso **2** COLLOQ. [*food*] schifoso; [*place, people*] orribile; ***to taste, smell ~*** avere un gusto, un odore rivoltante.
revoltingly /rɪ'vəʊltɪŋlɪ/ avv. disgustosamente, in modo rivoltante.
▶ **revolution** /ˌrevə'luːʃn/ n. **1** POL. rivoluzione f. (**in** in) (anche FIG.); ***to bring about a ~ in sth.*** rivoluzionare qcs. **2** AUT. TECN. giro m. (di motore); ***200 ~s per minute*** 200 giri al minuto **3** ASTR. rivoluzione f. (**round** attorno a).
▷ **revolutionary** /ˌrevə'luːʃənərɪ, AE -nerɪ/ **I** agg. rivoluzionario **II** n. rivoluzionario m. (-a).
revolutionism /ˌrevə'luːʃənɪzəm/ n. rivoluzionarismo m.
revolutionist /ˌrevə'luːʃənɪst/ n. rivoluzionario m. (-a), fautore m. (-trice) di una rivoluzione.
revolutionize /ˌrevə'luːʃənaɪz/ tr. rivoluzionare.
▷ **revolve** /rɪ'vɒlv/ **I** tr. fare girare **II** intr. **1** girare (**on** su; **around** attorno) **2** FIG. ***to ~ around*** *(be focused on)* essere imperniato su.
revolver /rɪ'vɒlvə(r)/ n. revolver m.
revolving /rɪ'vɒlvɪŋ/ agg. **1** [*chair, stand, stage*] girevole; [*cylinder*] rotante; [*heavenly body*] che ruota **2** POL. *(in EU)* [*presidency*] a rotazione.
revolving credit /rɪˌvɒlvɪŋ'kredɪt/ n. ECON. credito m. rotativo.
revolving door /rɪˌvɒlvɪŋ'dɔː(r)/ **I** n. porta f. girevole **II** modif. COLLOQ. [*government, president*] provvisorio.
revolving door sex /rɪˌvɒlvɪŋˌdɔː'seks/ n. COLLOQ. = relazioni sessuali in cui si alternano numerosi partner.
revolving fund /rɪˌvɒlvɪŋ'fʌnd/ n. fondo m. rotativo.
revue /rɪ'vjuː/ n. TEATR. rivista f.
revulsant /rɪ'vʌlʃənt/ agg. revulsivo.
revulsion /rɪ'vʌlʃn/ n. disgusto m. (**against** per); ***to feel ~ at sth., at having to do*** provare disgusto per qcs., nel dover fare; ***to regard sth. with ~*** guardare qcs. con repulsione; ***to shudder in ~*** avere un brivido di disgusto.
revulsive /rɪ'vʌlsɪv/ agg. revulsivo.
▶ **1.reward** /rɪ'wɔːd/ n. **1** *(recompense)* ricompensa f.; ***a £ 50 ~ will be offered*** verrà offerta una ricompensa di 50 sterline; ***there is a 500 dollars ~ for Billy the Kid*** c'è una taglia di 500 dollari su Billy the Kid; ***a poor ~*** FIG. una magra ricompensa **2** FIG. *(satisfaction)* soddisfazione f. ◆ ***virtue is its own ~*** PROV. = la virtù ha in se stessa la sua ricompensa.
▶ **2.reward** /rɪ'wɔːd/ tr. *(for efforts, service)* ricompensare (**for** di, per); ***to ~ sb. with a cheque, prize*** ricompensare qcn. con un assegno, con un premio.
rewarder /rɪ'wɔːdə(r)/ n. rimuneratore m. (-trice).
rewarding /rɪ'wɔːdɪŋ/ agg. [*experience*] che arricchisce; [*job, work*] gratificante; [*pursuit*] che dà soddisfazione; ***a ~ novel*** un romanzo che vale la pena di leggere; ***financially ~*** rimunerativo.
rewind /ˌriː'waɪnd/ tr. (pass., p.pass. **-wound**) riavvolgere [*tape, film*].
rewind button /riːˌwaɪnd'bʌtn/ n. (tasto di) rewind m.
rewinding /ˌriː'waɪndɪŋ/ n. riavvolgimento m.
rewire /ˌriː'waɪə(r)/ tr. rifare l'impianto elettrico di [*building*].
reword /ˌriː'wɜːd/ tr. riformulare [*paragraph, law, proposal*].
rework /ˌriː'wɜːk/ tr. **1** rilavorare [*metal*]; rielaborare [*theme*] **2** MUS. LETTER. riadattare [*classic*].
reworking /ˌriː'wɜːkɪŋ/ n. MUS. LETTER. riadattamento m. (**of** di).
rewound /ˌriː'waʊnd/ pass., p.pass. → **rewind.**
rewritable /riː'raɪtəbl/ agg. INFORM. [*CD*] riscrivibile.
▷ **1.rewrite** /'riːraɪt/ n. riscrittura f.; ***to do three ~s of a story*** fare tre stesure di un racconto.
▷ **2.rewrite** /ˌriː'raɪt/ tr. (pass. **-wrote**; p.pass. **-written**) **1** *(rework)* riscrivere [*story, script*]; ***to ~ history*** riscrivere la storia; ***to ~ a play as a novel*** riscrivere un'opera teatrale in forma di romanzo **2** AE GIORN. redigere [*article*].
rewriter /ˌriː'raɪtə(r)/ ➧ ***27*** n. AE GIORN. redattore m. (-trice).
rewrite rule /'riːˌraɪtˌruːl/ n. regola f. di riscrittura.
rewritten /ˌriː'rɪtn/ p.pass. → **2.rewrite.**
rewrote /ˌriː'rəʊt/ pass. → **2.rewrite.**
1.Rex /reks/ n. BE DIR. ***~ v Jones*** la Corona contro Jones.
2.Rex /reks/ n.pr. Rex (nome di uomo).
Reykjavik /'reɪkjəviːk/ ➧ ***34*** n.pr. Reykjavik f.
Reynold /'renld/ n.pr. Rinaldo.
RFC n. (⇒ rugby football club) = squadra di rugby.
RFD n. AE (⇒ rural free delivery) = consegna gratuita (della posta) nelle zone rurali.
RGN n. BE (⇒ registered general nurse) = infermiere professionale.
Rhaetian Alps /ˌriːʃɪən'ælps/ n.pr.pl. Alpi f. Retiche.
rhabdomancer /'ræbdəmænsə(r)/ n. rabdomante m. e f.
rhabdomancy /'ræbdəmænsɪ/ n. rabdomanzia f.
Rhaetic /'riːtɪk/ agg. retico.
rhagas /'rægəs/ n. (pl. **-ades**) ragade f.
rhapsode /ræp'səʊd/ n. rapsodo m.
rhapsodic /ræp'sɒdɪk/ agg. **1** MUS. rapsodico **2** LETTER. [*prose, article*] rapsodico **3** FIG. FORM. [*welcome*] entusiastico.
rhapsodist /'ræpsədɪst/ n. rapsodo m.
rhapsodize /'ræpsədaɪz/ intr. ***to ~ about*** o ***over sth.*** andare in estasi per qcs.
rhapsody /'ræpsədɪ/ n. **1** MUS. LETTER. rapsodia f. **2** FIG. ***to go into rhapsodies over*** o ***about sth.*** andare in estasi per qcs.
rhd n. (⇒ right-hand drive) = guida a destra.
rhea /'rɪə/ n. nandù m.
rheme /riːm/ n. rema m.

Rhenish /ˈriːnɪʃ/ agg. renano.
rhenium /ˈriːnɪəm/ n. renio m.
rheometer /riːˈɒmɪtə(r)/ n. reometro m.
rheophore /ˈriːəfɔː(r)/ n. reoforo m.
rheoscope /ˈriːəskəʊp/ n. reoscopio m.
rheostat /ˈriːəstæt/ n. reostato m.
rhesus baby /ˈriːsəsˌbeɪbɪ/ n. neonato m. (-a) con incompatibilità Rh.
rhesus factor /ˈriːsəsˌfæktə(r)/ n. fattore m. Rh.
rhesus monkey /ˌriːsəsˈmʌŋkɪ/ n. reso m.
rhesus negative /ˌriːsəsˈnegətɪv/ agg. [*blood, person*] Rh negativo.
rhesus positive /ˌriːsəsˈpɒsɪtɪv/ agg. [*blood, person*] Rh positivo.
▷ **rhetoric** /ˈretərɪk/ n. **1** LETTER. retorica f. **2** ***the ~ of romanticism*** la retorica del romanticismo; ***the ~ of terrorism*** la retorica del terrorismo; ***empty ~*** vuota retorica.
rhetorical /rɪˈtɒrɪkl, AE -ˈtɔːr-/ agg. **1** LETTER. retorico; ***~ figure*** figura retorica; ***~ question*** domanda retorica **2** SPREG. [*style, speech*] ampolloso, enfatico, retorico.
rhetorically /rɪˈtɒrɪklɪ, AE -ˈtɔːr-/ avv. **1** ***to ask sth. ~*** fare una domanda retorica **2** *(in theory)* teoricamente; ***~ (speaking)*** teoricamente parlando.
rhetorician /ˌretəˈrɪʃn/ n. **1** STOR. *(teacher)* retore m. **2** SPREG. *(rhetoric writer or speaker)* retore m.
rheum /ruːm/ n. *(from eyes)* lacrime f.pl.; *(from nose)* muco m.
rheumatic /ruːˈmætɪk/ **I** n. *(sufferer)* = chi è affetto da reumatismi **II** agg. [*joints, person*] affetto da reumatismi; [*condition, pain*] reumatico.
rheumatic fever /ruːˌmætɪkˈfiːvə(r)/ ♦ ***11*** n. febbre f. reumatica.
rheumaticky /ruːˈmætɪkɪ/ agg. reumatizzato.
rheumatics /ruːˈmætɪks/ n. + verbo sing. COLLOQ. reumatismi m.pl.
rheumatism /ˈruːmətɪzəm/ ♦ ***11*** n. reumatismo m.; ***to suffer from ~*** avere i reumatismi.
rheumatoid /ˈruːmətɔɪd/ agg. [*symptom*] reumatoide.
rheumatoid arthritis /ˌruːmətɔɪdɑːˈθraɪtɪs/ ♦ ***11*** n. artrite f. reumatoide.
rheumatologist /ˌruːməˈtɒlədʒɪst/ ♦ ***27*** n. reumatologo m. (-a).
rheumatology /ˌruːməˈtɒlədʒɪ/ n. reumatologia f.
rheumy /ˈruːmɪ/ agg. LETT. [*eyes*] umido.
rhinal /ˈraɪnəl/ agg. delle narici, nasale.
Rhine /raɪn/ ♦ ***25*** n.pr. Reno m.
Rhineland /ˈraɪnlænd/ ♦ ***24*** n.pr. Renania f.
Rhineland Palatinate /ˌraɪnlandˈpælətɪneɪt, AE -tənət/ n. STOR. Renania-Palatinato f.
rhinestone /ˈraɪnstəʊn/ **I** n. strass m. **II** modif. [*necklace, bracelet*] di strass.
Rhine wine /ˈraɪnˌwaɪn/ n. vino m. del Reno.
rhinitis /raɪˈnaɪtɪs/ ♦ ***11*** n. rinite f.
1.rhino /ˈraɪnəʊ/ n. ANT. COLLOQ. *(money)* grana f., quattrini m.pl.
2.rhino /ˈraɪnəʊ/ n. (pl. **~**, **~s**) (accorc. rhinoceros) rinoceronte m.
rhinoceros /raɪˈnɒsərəs/ n. (pl. **~**, **~es**, **-i**) rinoceronte m.
rhinoceros beetle /raɪˈnɒsərəsˌbiːtl/ n. scarabeo m. rinoceronte.
rhinoplasty /ˈraɪnəplæstɪ/ n. rinoplastica f.
rhinorrhea /raɪnəˈrɪə/ n. rinorrea f.
rhinoscope /ˈraɪnɒskəʊp/ n. rinoscopio m.
rhinovirus /ˈraɪnəvaɪərəs/ n. rinovirus m.
rhizoid /ˈraɪzɔɪd/ n. rizoide m.
rhizome /ˈraɪzəʊm/ n. rizoma m.
Rhoda /ˈrəʊdə/ n.pr. Rhoda (nome di donna).
Rhode Island /ˌrəʊdˈaɪlənd/ ♦ ***24*** n.pr. Rhode Island f.
Rhode Island red /rəʊdˌaɪləndˈred/ n. *(male)* gallo m. di Rhode Island; *(female)* gallina f. di Rhode Island.
Rhodes /rəʊdz/ n.pr. Rodi f.
Rhodesia /rəʊˈdiːzjə/ ♦ ***6*** n.pr. STOR. Rhodesia f.
Rhodesian /rəʊˈdiːzjən/ ♦ ***18*** STOR. **I** agg. rhodesiano **II** n. rhodesiano m. e f.
Rhodian /ˈrəʊdɪən/ **I** agg. rodiese **II** n. rodiese m. e f.
rhodic /ˈrəʊdɪk/ agg. rodico.
rhodium /ˈrəʊdɪəm/ n. rodio m.
rhodochrosite /ˌrəʊdəˈkrəʊʃaɪt/ n. rodocrosite f.
rhododendron /ˌrəʊdəˈdendrən/ n. (pl. **~s**, **-a**) rododendro m.
rhomb /rɒm/ n. rombo m., losanga f.
rhombi /ˈrɒmbaɪ/ → **rhombus**
rhombic /ˈrɒmbɪk/ agg. rombico, a forma di rombo.
rhombohedral /rɒmbəʊˈhiːdrəl/ agg. romboedrico.
rhombohedron /rɒmbəʊˈhiːdrən, -ˈhedrən, AE -drɒn/ n. (pl. **-a**) romboedro m.
rhomboid /ˈrɒmbɔɪd/ **I** agg. **1** romboidale **2** ANAT. ***~ muscle*** (muscolo) romboide **II** n. romboide m.
rhomboidal /rɒmˈbɔɪdl/ agg. romboidale.
rhombus /ˈrɒmbəs/ n. (pl. **~es**, **-i**) rombo m., losanga f.
Rhonda /ˈrɒndə/ n.pr. Rhonda (nome di donna).
Rhone /rəʊn/ ♦ ***25*** **I** n.pr. Rodano m. **II** modif. [*glacier, delta*] del Rodano.
rhubarb /ˈruːbɑːb/ **I** n. **1** GASTR. rabarbaro m.; ***it's a ~ plant*** è una pianta di rabarbaro **2** BE TEATR. *(nonsense word)* ***to say "~, ~"*** dire "rabarbaro, rabarbaro" **3** AE COLLOQ. litigio m. **II** modif. [*pie, pudding*] al rabarbaro; [*leaf, patch, wine, stem, jam*] di rabarbaro.
rhumb /rʌm/ n. MAR. rombo m.; ***~-line*** linea *o* rotta lossodromica.
▷ **1.rhyme** /raɪm/ n. **1** *(poem)* versi m.pl., poesia f., componimento m. in versi; *(children's)* filastrocca f. **2** *(fact of rhyming)* rima f.; ***in ~*** in rima; ***to find a ~ for sth.*** trovare una rima per qcs. ◆ ***without ~ or reason*** senza capo né coda.
▷ **2.rhyme** /raɪm/ **I** tr. fare rimare [*words, lines*] (**with** con) **II** intr. fare rima, rimare (**with** con).
rhymer /ˈraɪmə(r)/ n. rimatore m. (-trice), verseggiatore m. (-trice).
rhyme royal /ˈraɪmˌrɔɪəl/ n. LETTER. = stanza costituita da sette pentametri giambici (con schema metrico ababbcc).
rhyme scheme /ˈraɪmˌskiːm/ n. schema m. metrico.
rhymester /ˈraɪmstə(r)/ n. ANT. SPREG. poetastro m. (-a).
rhyming couplet /ˌraɪmɪŋˈkʌplɪt/ n. distico m. rimato.
rhyming slang /ˌraɪmɪŋˈslæŋ/ n. = gergo, come ad esempio il cockney, in cui una parola viene sostituita da un'altra parola o da un gruppo di parole che fa rima con essa.
rhyolite /ˈraɪəlaɪt/ n. riolite f.
▷ **rhythm** /ˈrɪðəm/ n. ritmo m. (anche MUS. LETTER.); ***the ~ of the seasons*** il ritmo delle stagioni; ***to have a sense of ~*** avere senso del ritmo; ***to the ~ of*** al ritmo di [*band, music*]; ***in iambic ~*** in versi giambici.
rhythm and blues /ˌrɪðəmənˈbluːz/ n. rhythm and blues m.
rhythm band /ˈrɪðəmbænd/ n. AE = gruppo di scolari che suonano semplici strumenti a percussione.
▷ **rhythmic(al)** /ˈrɪðmɪk(l)/ agg. [*beat, music*] ritmato; [*movement*] ritmico; [*breathing*] regolare.
rhythmically /ˈrɪðmɪklɪ/ avv. [*breathe*] regolarmente; [*press*] ritmicamente; ***he isn't playing, dancing ~*** non suona, non balla a tempo; ***to move ~ to the music*** muoversi a tempo di musica.
rhythmicity /rɪðˈmɪsətɪ/ n. ritmicità f.
rhythm method /ˈrɪðəmˌmeθəd/ n. contraccezione f. naturale ritmica, astinenza f. periodica.
rhythm section /ˈrɪðəmˌsekʃn/ n. sezione f. ritmica.
RI **1** SCOL. (⇒ religious instruction) = istruzione religiosa **2** US ⇒ Rhode Island Rhode Island.
▷ **1.rib** /rɪb/ n. **1** ANAT. costa f., costola f.; ***broken ~*** costola rotta *o* fratturata; ***to give sb. a dig in the ~*** dare a qcn. una gomitata nelle costole **2** GASTR. costoletta f., cotoletta f. con l'osso **3** *(structural) (in umbrella)* stecca f.; BOT. nervatura f.; ARCH. nervatura f., costolone m.; MAR. costola f., costa f.; AER. centina f. **4** *(in knitting) (stitch)* costa f.; ***to knit sth. in ~*** lavorare qcs. a coste ◆ ***to stick to one's ~s*** COLLOQ. [*food*] pesare sullo stomaco.
2.rib /rɪb/ tr. (forma in -ing ecc. **-bb-**) **1** *(provide with ribs)* fornire di coste, rinforzare con nervature [*structure*] **2** *(knit in rib)* lavorare a coste **3** COLLOQ. *(tease)* prendere in giro, sfottere.
ribald /ˈrɪbld/ agg. osceno, licenzioso, scurrile.
ribaldry /ˈrɪbldrɪ/ n. oscenità f., licenziosità f., scurrilità f.
riband /ˈrɪbənd/ n. ANT. → **ribbon.**
ribbed /rɪbd/ **I** p.pass. → **2.rib** **II** agg. [*garment*] a coste, cordonato; [*ceiling, vault*] a nervature, a costoloni; [*seashell*] scanalato.
ribbing /ˈrɪbɪŋ/ n. **1** ING. ARCH. nervature f.pl., costoloni m.pl. **2** *(in knitting)* coste f.pl. **3** COLLOQ. *(teasing)* ***to give sb. a ~*** prendere in giro qcn.
▷ **ribbon** /ˈrɪbən/ n. **1** *(for hair, medal)* nastro m.; *(for typewriter)* nastro m. (tipografico); ***to tie sth. with a ~*** legare qcs. con un nastro **2** FIG. ***a ~ of land, cloud*** una striscia di terra, di nuvole; ***a ~ of smoke*** una striscia di fumo; ***in ~s*** a brandelli; ***to tear sth. to ~s*** ridurre qcs. a brandelli.
ribbon building /ˈrɪbənˌbɪldɪŋ/, **ribbon development** /ˈrɪbəndɪˌveləpmənt/ n. = eccessivo sviluppo edilizio lungo le principali strade in uscita da una città.
ribbonfish /ˈrɪbənfɪʃ/ n. (pl. **~**, **~ es**) regaleco m.
ribbon-grass /ˈrɪbəngrɑːs, AE -græs/ n. BOT. scagliola f.
ribbon saw /ˈrɪbənsɔː/ n. TECN. sega f. a nastro.
ribbon worm /ˈrɪbənwɜːm/ n. nemerteo m.
rib cage /ˈrɪbkeɪdʒ/ n. cassa f. toracica.
ribes /ˈraɪbiːz/ n. (pl. **~**) ribes m.

riboflavin /ˌraɪbəʊ'fleɪvɪn/ n. riboflavina f.
ribonuclease /ˌraɪbəʊ'nju:klɪeɪs, AE -'nu:-/ n. ribonucleasi f.
ribonucleic acid /ˌraɪbəʊnju:ˌkli:ɪk'æsɪd, AE -'nu:-/ n. acido m. ribonucleico, RNA m.
ribose /'raɪbəʊs/ n. ribosio m.
ribosome /'raɪbəsəʊm/ n. ribosoma m.
rib roast /'rɪbrəʊst/ n. costoletta f. di manzo.
rib tickler /'rɪbˌtɪklə(r)/ n. COLLOQ. spasso m., storiella f. divertente.
rib-tickling /'rɪbˌtɪklɪŋ/ agg. COLLOQ. spassoso, divertente.
ribwork /'rɪbwɜ:k/ n. ARCH. struttura f. a costoloni, nervatura f.
ribwort /'rɪbwɜ:t/ n. arnoglossa f., piantaggine f. femmina.
▷ **rice** /raɪs/ n. riso m.; ***boiled ~*** riso bollito.
rice-bird /'raɪsbɜ:d/ n. **1** *(sparrow)* padda m. e f., passero m. delle risaie **2** AE → **bobolink**.
rice bowl /'raɪsbəʊl/ n. **1** *(container)* scodella f., ciotola f. per il riso **2** *(area)* = zona ad alta produzione risicola.
ricefield /'raɪsfi:ld/, **rice paddy** /'raɪsˌpædɪ/ n. risaia f.
rice paper /'raɪsˌpeɪpə(r)/ n. ART. carta f. di riso.
rice pudding /ˌraɪs'pʊdɪŋ/ n. budino m. di riso.
ricer /'raɪsə(r)/ n. AE GASTR. *(utensil)* schiacciapatate m., passapatate m.
rice wine /'raɪswaɪn/ n. saké m.
▶ **rich** /rɪtʃ/ **I** agg. **1** [*person, family*] ricco, facoltoso; [*country, tradition, history*] ricco; [*soil, land*] fertile, generoso; [*life*] pieno, ricco; [*harvest*] abbondante, copioso; [*profit*] grosso, lauto; ***to grow*** o ***get ~*** arricchirsi; ***to make sb. ~*** arricchire *o* rendere ricco qcn.; ***~ in*** ricco di [*oil, vitamins, symbolism*] **2** *(lavish)* [*costume*] sontuoso, sfarzoso, fastoso; [*furnishings*] pregiato; [*gift*] prezioso **3** *(full, strong)* [*colour*] intenso, carico; [*smell, flavour*] intenso; [*sound, voice*] pieno, sonoro, profondo; [*diet, food*] sostanzioso, nutriente **4** LETTER. ***~ rhyme*** rima ricca **II** n. + verbo pl. ***the ~*** i ricchi; ***to take from the ~ to give to the poor*** togliere ai ricchi per dare ai poveri **III riches** n.pl. ricchezze f. **IV -rich** in composti ***oil-, protein-~*** ricco di petrolio, proteine ◆ ***that's a bit ~!*** BE COLLOQ. questo è davvero troppo! ***that's a bit ~ coming from her!*** COLLOQ. è proprio lei a parlare! senti chi parla! ***to strike it ~*** fare fortuna; ***to go from rags to ~es*** passare dalla miseria alla ricchezza; ***a rags-to-~es story*** una storia che racconta il passaggio dalla povertà alla ricchezza.
Rich /rɪtʃ/ n.pr. diminutivo di **Richard**.
Richard /'rɪtʃəd/ n.pr. Riccardo; ***~ the Lion-heart*** Riccardo Cuor di Leone.
richly /'rɪtʃlɪ/ avv. [*dressed, furnished, ornamented*] riccamente, sontuosamente, sfarzosamente; [*coloured*] vivacemente; ***~ talented*** di grande talento; ***~ deserved*** abbondantemente *o* ampiamente meritato.
richness /'rɪtʃnɪs/ n. **1** *(of person, family, country)* ricchezza f., opulenza f.; *(of soil, land)* fertilità f., generosità f., rigogliosità f.; *(of experience, life)* pienezza f., ricchezza f.; *(of history)* ricchezza f.; *(of harvest)* abbondanza f., copiosità f. **2** *(lavishness) (of costumes, furnishings)* sontuosità f., sfarzosità f., fastosità f.; *(of meal)* abbondanza f., sfarzosità f.; *(fullness, vividness) (of colours)* intensità f., vivacità f.; *(of voice)* profondità f.
Richter scale /'rɪktəˌskeɪl/ n. scala f. Richter; ***on the ~*** della scala Richter.
ricin /'raɪsɪn/ n. ricina f.
ricinoleic /ˌraɪsɪnəʊ'lɪɪk/ agg. ricinoleico.
ricinolein /ˌraɪsɪ'nəʊlɪən/ n. ricinoleina f.
1.rick /rɪk/ n. *(of hay)* mucchio m., cumulo m.; AE *(of wood)* catasta f. (di legna).
2.rick /rɪk/ tr. ammucchiare [*hay*]; AE accatastare [*wood*].
3.rick /rɪk/ n. BE *(light sprain)* storta f., distorsione f.
4.rick /rɪk/ tr. ***to ~ one's ankle*** BE prendere una storta alla caviglia.
Rick /rɪk/ n.pr. diminutivo di **Richard**.
rickets /'rɪkɪts/ ◆ **11** n. + verbo sing. rachitismo m.
rickettsia /rɪ'ketsɪə/ n. (pl. **~s, -ae**) rickettsia f.
rickety /'rɪkətɪ/ agg. **1** *(shaky)* [*chair, staircase*] traballante, sgangherato; [*house*] pericolante **2** FIG. [*coalition, government*] traballante, instabile **3** MED. rachitico.
rickey /'rɪkɪ/ n. AE gin fizz m.
rickrack /'rɪkræk/ n. AE passamano m. a zigzag.
rickshaw /'rɪkʃɔ:/ n. risciò m.; ***in a ~*** sul risciò.
ricky-tick /ˌrɪkɪ'tɪk/ agg. AE COLLOQ. fuori moda, superato.
1.ricochet /'rɪkəʃeɪ, AE ˌrɪkə'ʃeɪ/ n. *(of a bullet)* rimbalzo m.; ***killed by a ~*** ucciso da un proiettile che l'ha colpito di rimbalzo.
2.ricochet /'rɪkəʃeɪ, AE ˌrɪkə'ʃeɪ/ intr. (pass., p.pass. **ricocheted, ricochetted** /-ˌʃeɪd, AE -'ʃeɪd/) rimbalzare (**off** da).
rictus /'rɪktəs/ n. (pl. **~, ~es**) FORM. rictus m., ghigno m.
▷ **rid** /rɪd/ **I** tr. (forma in -ing **-dd-**; pass., p.pass. **rid**) ***to ~ the house of mice*** liberare *o* disinfestare la casa dai topi; ***to ~ the streets of cars*** sgombrare le strade dalle auto; ***to ~ the world of famine, of imperialism*** sconfiggere la fame nel mondo, liberare il mondo dall'imperialismo; ***to ~ sb. of his, her illusions*** disilludere qcn. *o* fare perdere le illusioni a qcn.; ***to be (well) ~ of*** essersi liberato *o* sbarazzato di; ***to get ~ of*** liberarsi *o* sbarazzarsi di [*waste, old car, guests*]; eliminare *o* fare scomparire [*pain*]; sconfiggere [*famine*]; liberarsi da *o* spogliarsi di [*prejudice*] **II** rifl. (forma in -ing **-dd-**; pass., p.pass. **rid**) ***to ~ oneself of sth.*** liberarsi *o* sbarazzarsi di qcs.
riddance /'rɪdns/ n. liberazione f. ◆ ***good ~ (to bad rubbish)!*** che liberazione!
ridden /'rɪdn/ **I** p.pass. → **2.ride II** agg. **-ridden** in composti **1** *(afflicted by)* ***debt-~*** oppresso dai debiti *o* indebitato fino al collo; ***crisis-~*** in piena crisi; ***guilt-~*** perseguitato *o* tormentato dai sensi di colpa **2** *(full of)* ***flea-, snake-~*** infestato dalle pulci, dai serpenti; ***famine-~*** perseguitato dalla carestia; ***drug-~*** invaso dalla droga; ***cliché-~*** pieno di stereotipi *o* di luoghi comuni.
1.riddle /'rɪdl/ n. **1** *(puzzle)* indovinello m., enigma m.; ***to ask sb.*** o ***tell sb. a ~*** fare un indovinello a qcn.; ***to speak in ~s*** parlare per enigmi; ***the ~ of the Sphinx*** l'enigma della Sfinge **2** *(mystery)* enigma m.; ***he's a ~*** è un enigma.
2.riddle /'rɪdl/ **I** tr. risolvere, sciogliere [*riddle*] **II** intr. *(speak in riddles)* parlare per enigmi.
3.riddle /'rɪdl/ n. *(sieve)* vaglio m., crivello m., setaccio m.
4.riddle /'rɪdl/ tr. **1** *(perforate)* ***to ~ sth. with*** crivellare qcs. di [*bullets*]; riempire di [*holes*] **2** *(undermine)* ***to be ~d with*** [*person, organ*] essere minato *o* roso da [*disease*]; [*person*] essere tormentato da [*doubt, guilt*]; [*issue*] essere pieno di [*problems*]; [*language*] pullulare *o* essere pieno di [*ambiguities, errors*]; ***it's ~d with corruption*** è infestato dalla corruzione **3** *(sieve)* passare al crivello, setacciare [*soil*].
riddler /'rɪdlə(r)/ n. = persona che parla per enigmi.
▶ **1.ride** /raɪd/ n. **1** *(from A to B)* tragitto m., percorso m. (**in, on** in); *(for pleasure)* viaggio m., gita f., giro m.; ***bus, train ~*** corsa in autobus, viaggio in treno; ***horse, bike ~*** passeggiata a cavallo, in bici; ***sleigh ~*** giro in slitta; ***it's a short, long ~*** è un tragitto breve, lungo; ***it's a £ 3 bus ~*** il viaggio in autobus costa 3 sterline; ***it's a five-minute ~ by taxi*** è a cinque minuti di taxi; ***to go for a ~*** andare a fare un giro *o* una passeggiata; ***to have a ~ in a steam train, in a cart, on a merry-go-round*** fare un viaggio su un treno a vapore, fare un giro su un carro, in giostra; ***he took his mother for a nice ~*** portò sua madre a fare un bel giro *o* una bella passeggiata; ***to give sb. a ~*** AE dare un passaggio (in macchina ecc.) a qcn.; ***give the child a ~ on your shoulders*** porta il bambino a cavalluccio **2** EQUIT. *(in race)* corsa f.; *(for pleasure)* cavalcata f., passeggiata f. a cavallo; ***the jockey has got three ~s today*** il fantino deve correre tre volte oggi **3** FIG. *(path)* strada f.; ***an easy ~ to the Presidency*** la strada spianata alla presidenza; ***he'll have a difficult ~*** incontrerà molti ostacoli **4** AUT. ***smooth ~*** guida confortevole **5** *(bridle path)* sentiero m., pista f. per cavalli ◆ ***to be in for a rough*** o ***bumpy ~*** imbarcarsi in un'impresa difficile; ***to give sb. a rough ~*** rendere la vita difficile a qcn. *o* dare del filo da torcere a qcn.; ***to go along for the ~*** = essere presente a qcs. senza parteciparvi attivamente; FIG. godersi lo spettacolo; ***to take sb. for a ~*** COLLOQ. *(swindle)* prendere in giro *o* fare fesso qcn.; AE EUFEM. *(kill)* sbarazzarsi di qcn. *o* fare fuori qcn.
▶ **2.ride** /raɪd/ **I** tr. (pass. **rode**; p.pass. **ridden**) **1** *(as rider)* cavalcare, montare [*animal*]; andare in [*bike*]; cavalcare [*broomstick, hobby horse*]; disputare, correre [*race*]; ***can you ~ a bike?*** sai andare in bici? ***to ~ a good race*** EQUIT. disputare una bella corsa (a cavallo); ***who's riding Pharlap in the 3.30?*** EQUIT. chi monta Pharlap nella corsa delle 15.30? ***do you want to ~ my bike, horse?*** vuoi fare un giro con la mia bici, vuoi montare il mio cavallo? ***he ~s his bike to school*** va a scuola in bici; ***to ~ one's bike up, down the road*** salire su, scendere giù per la strada in bici **2** AE *(travel on)* viaggiare in [*subway, bus*]; attraversare [*prairies, range*] **3** *(float on)* [*surfer*] cavalcare [*wave*]; [*bird*] lasciarsi trasportare da [*air current*] **4** AE COLLOQ. *(pressure)* ***to ~ sb. about sth.*** fare pressioni su qcn. per qcs. *o* tormentare qcs. per qcs.; ***you're riding them too hard*** li stai opprimendo troppo *o* li fai sgobbare troppo; ***don't let him ~ you*** non farti mettere i piedi in testa da lui **II** intr. (pass. **rode**; p.pass. **ridden**) **1** *(as rider) (to describe position)* stare; *(to express movement)* andare; ***to ~ astride, side saddle*** cavalcare a cavalcioni, all'amazzone; ***to ~ behind*** stare dietro al cavaliere; ***to ~ pillion*** viaggiare sul sellino posteriore (di una moto); ***she was riding on a camel, his shoulders*** andava su un cammello, era a cavalcioni sulle sue spalle; ***she rode to London on her bike*** andò a Lon-

dra in bici; ***they had been riding for hours*** erano a cavallo, in bici da ore; ***I can't ~ any further*** non ce la faccio più a pedalare *o* ad andare avanti; ***to ~ across*** attraversare (a cavallo ecc.); ***to ~ along sth.*** passare (a cavallo ecc.) accanto a qcs.; ***to ~ along the lane and back*** fare su e giù per il sentiero **2** *(travel)* ***to ~ in*** o ***on*** [*passenger*] viaggiare in *o* andare in [*bus, taxi etc.*]; [*bird, surfer*] essere trasportato da [*air current, wave*]; ***I've never ridden on a bus*** non ho mai preso l'autobus; ***riding on a wave of popularity*** FIG. trasportato da un'ondata di popolarità; ***to ~ up and down the escalators*** andare su e giù con la scala mobile **3** EQUIT. SPORT *(as leisure activity)* cavalcare, andare a cavallo; EQUIT. *(race)* correre; ***can you ~?*** sai andare a cavallo? ***to ~ in the 2.00 race*** gareggiare nella corsa delle 14.00; ***to ~ well*** [*person*] cavalcare bene, andare bene a cavallo; [*horse*] essere facile da montare **4** *(be at stake)* ***to ~ on*** [*money, future*] essere in gioco in; ***there's a lot riding on this project*** si fa molto affidamento su questo progetto *o* molto dipende da questo progetto ◆ ***to be riding for a fall*** andare in cerca di guai; ***to be riding high*** [*moon*] LETT. essere alta nel cielo; [*person*] *(be ambitious)* mirare in alto; *(be successful)* sfondare; ***to let sth.*** o ***things ~*** lasciare correre *o* fare seguire il corso naturale alle cose; ***to ~ sb. on a rail*** AE mettere qcn. alla berlina.

▪ **ride about, ride around** spostarsi.

▪ **ride back** ritornare (a cavallo, in bicicletta) (**to** a).

▪ **ride down:** ***~ [sb.] down, ~ down [sb.]*** **1** *(trample)* travolgere, calpestare (a cavallo) **2** *(catch up with)* raggiungere (a cavallo).

▪ **ride off:** andare via, andarsene (a cavallo, in bici); ***to ~ off to*** andare, dirigersi verso.

▪ **ride on** continuare (a cavalcare, a pedalare), andare avanti (a cavallo, in bici).

▪ **ride out:** ***~ out*** andare (a cavallo, in bici) (**to** a); ***~ [sth.] out, ~ out [sth.]*** superare [*crisis, recession*]; ***to ~ out the storm*** MAR. superare la tempesta; FIG. superare la crisi.

▪ **ride up 1** *(approach)* [*rider*] arrivare (a cavallo, in bici) (**to** a) **2** *(rise)* [*skirt, sweater*] salire, scivolare in su (**over** sopra, lungo).

ride-off /'raɪdɒf, AE -ɔ:f/ n. EQUIT. spareggio m.

▷ **rider** /'raɪdə(r)/ n. **1** *(person) (on horse)* cavaliere m., cavallerizzo m. (-a); *(on motorbike)* motociclista m. e f.; *(on bike, in bike race)* ciclista m. e f.; *(in horse race)* fantino m. (-a); *(in circus)* cavallerizzo m. (-a) **2** *(stipulation) (as proviso)* clausola f. condizionale; *(as addition)* DIR. clausola f. aggiuntiva; *(to document)* allegato m.; *(to contract)* clausola f.

riderless /'raɪdəlɪs/ agg. senza cavaliere.

▷ **1.ridge** /rɪdʒ/ n. **1** GEOGR. *(along mountain top, on hillside)* cresta f., crinale m.; *(in ocean)* dorsale f.; *(mountain range)* catena f. **2** *(raised strip) (on rock, metal surface)* striatura f.; *(on fabric)* costa f.; *(in ploughed land)* porca f.; *(of potatoes, plants)* filare m.; *(in wet sand)* solco m. **3** ANAT. *(of nose)* setto m.; *(of back)* spina f. dorsale; *(in skin)* solco m., ruga f. **4** ING. *(on roof)* colmo m., linea f. di colmo **5** METEOR. ***~ of high pressure*** dorsale barometrica.

2.ridge /rɪdʒ/ tr. striare [*rock, metal surface*]; fare solchi in [*sand*]; completare, coprire il colmo di [*roof*]; AGR. imporcare, lavorare a porche [*land*].

ridge-bone /'rɪdʒbəʊn/ n. ANAT. spina f. dorsale.

ridge pole /'rɪdʒpəʊl/ n. *(of roof)* trave f. di colmo; *(of tent)* traversa f.

ridge tent /'rɪdʒtent/ n. (tenda) canadese f.

ridge tile /'rɪdʒtaɪl/ n. colmo m., tegola f. di colmo.

ridgeway /'rɪdʒweɪ/ n. BE = strada lungo un crinale.

ridgy /'rɪdʒɪ/ agg. **1** *(covered with ridges)* corrugato, striato **2** [*land*] imporcato, lavorato a porche.

1.ridicule /'rɪdɪkju:l/ n. scherno m., derisione f., ridicolo m.; ***to hold sb., sth. up to ~*** mettere qcn., qcs. in ridicolo; ***to be met with ~*** essere messo in ridicolo; ***to be an object of ~*** [*hat, hairstyle*] essere ridicolo *o* essere oggetto di derisione; [*person*] essere uno zimbello.

2.ridicule /'rɪdɪkju:l/ tr. ridicolizzare, mettere in ridicolo [*idea, proposal*].

▷ **ridiculous** /rɪ'dɪkjʊləs/ agg. ridicolo, assurdo; ***to look ~*** avere un aspetto ridicolo; ***he's quite ~*** è davvero ridicolo; ***a ~ price*** un prezzo irrisorio.

ridiculously /rɪ'dɪkjʊləslɪ/ avv. [*dressed*] in modo ridicolo, ridicolmente; [*cheap*] irrisoriamente; [*easy, long*] esageratamente; [*expensive*] irragionevolmente, assurdamente; ***~ high prices*** prezzi esageratamente elevati.

ridiculousness /rɪ'dɪkjʊləsnɪs/ n. ridicolaggine f.

▷ **1.riding** /'raɪdɪŋ/ ♦ **10 I** n. equitazione f.; ***to go ~*** fare equitazione **II** modif. [*clothes, equipment*] da equitazione; [*lesson*] di equitazione.

2.riding /'raɪdɪŋ/ n. GB STOR. = una delle tre divisioni amministrative dello Yorkshire.

riding boots /'raɪdɪŋ,bu:ts/ n.pl. stivali m. da equitazione.

riding breeches /'raɪdɪŋ,brɪtʃɪz/ n.pl. calzoni m. alla cavallerizza.

riding crop /'raɪdɪŋ,krɒp/ n. scudiscio m.

riding habit /'raɪdɪŋ,hæbɪt/ n. tenuta f. da amazzone.

riding school /'raɪdɪŋ,sku:l/ n. maneggio m.

riding stables /'raɪdɪŋ,steɪblz/ n.pl. scuderie f.

riding whip /'raɪdɪŋ,wɪp, AE -,hwɪp/ n. → **riding crop**.

rif /rɪf/ tr. (forma in -ing ecc. **-ff-**) COLLOQ. licenziare, mandare a spasso.

rife /raɪf/ agg. dopo verbo ***to be ~*** [*crime, disease, drug abuse*] essere diffuso *o* dilagare; ***speculation was ~*** le ipotesi si moltiplicavano; ***a city ~ with disease, crime*** una città in cui la malattia, il crimine dilaga.

riff /rɪf/ n. riff m.; ***guitar ~*** un riff di chitarra.

1.riffle /'rɪfl/ n. AE **1** *(rapid of a stream)* rapida f. **2** *(rocky shoal)* bassofondo m., secca f. **3** *(ripple)* increspatura f. **4** MINER. = dispositivo per il setacciamento delle acque aurifere.

2.riffle /'rɪfl/ tr. (anche **~ through**) sfogliare, scorrere [*pages*].

riffler /'rɪflə(r)/ n. TECN. lima f. curva, raspino m.

riffraff /'rɪfræf/ n. SPREG. marmaglia f., gentaglia f., feccia f.

▷ **1.rifle** /'raɪfl/ n. MIL. VENAT. fucile m., carabina f.; *(at fairground)* fucile m.; ***to aim one's ~ at*** puntare il fucile contro; ***to fire a ~*** sparare un colpo di fucile (**at** a).

2.rifle /'raɪfl/ tr. *(make grooves in)* rigare [*gun barrel*].

3.rifle /'raɪfl/ tr. svaligiare [*house*]; rovistare, frugare in [*drawer, safe*].

▪ **rifle through:** ***~ through [sth.]*** rovistare, frugare in.

rifle butt /'raɪfl,bʌt/ n. calcio m. di fucile.

rifle green /,raɪfl'gri:n/ **I** agg. grigioverde **II** n. grigioverde m.

rifle grenade /'raɪflgrə,neɪd/ n. granata f. per fucile.

rifleman /'raɪflmən/ n. (pl. **-men**) **1** MIL. fuciliere m. **2** *(person skilled in using a rifle)* abile tiratore m.

rifler /'raɪflə(r)/ n. *(robber)* predone m., bandito m.

rifle range /'raɪflreɪndʒ/ n. MIL. poligono m. di tiro; *(at fairground)* pedana f. di tiro.

rifle shot /'raɪflʃɒt/ n. portata f., gittata f. di fucile.

rifling /'raɪflɪŋ/ n. *(on the inside of gun barrel)* rigatura f.

1.rift /rɪft/ n. **1** *(disagreement)* incrinatura f., screzio m. (**between** tra; **with** con; **about** su, per); *(permanent)* spaccatura f., rottura f., frattura f. (**between** tra; **with** con; **about** su, per); ***there is a widening*** o ***deepening ~*** il dissidio sta diventando insanabile **2** *(split) (in rock)* crepa f., fenditura f., crepaccio m.; *(in clouds)* squarcio m.; ***a deep ~*** una profonda spaccatura.

2.rift /rɪft/ tr. *(split)* spaccare, fendere.

3.rift /rɪft/ n. AE *(in stream)* rapida f., cateratta f.

rift valley /'rɪft,vælɪ/ n. rift valley f.

1.rig /rɪg/ n. BE COLLOQ. *(trick)* trucco m., imbroglio m.

▷ **2.rig** /rɪg/ tr. (forma in -ing ecc. **-gg-**) *(control fraudulently)* manipolare [*election*]; truccare [*result competition, race*]; controllare, manovrare [*market*].

▷ **3.rig** /rɪg/ n. **1** MAR. attrezzatura f. **2** *(for drilling oil) (on land)* torre f. di trivellazione; *(offshore)* piattaforma f. petrolifera; ***floating ~*** piattaforma petrolifera galleggiante **3** *(piece of equipment)* parte f., apparecchiatura f.; ***lighting ~*** sistema di illuminazione **4** AE *(carriage)* carrozza f. a cavalli **5** AE COLLOQ. *(lorry)* autotreno m. **6** COLLOQ. *(clothes)* → **rig-out**.

4.rig /rɪg/ tr. (forma in -ing ecc. **-gg-**) MAR. attrezzare, armare [*boat*].

▪ **rig out:** ***~ [sth., sb.] out, ~ out [sb., sth.]*** **1** *(equip)* equipaggiare [*soldier, person*] (**with** con); accessoriare [*car*]; arredare, attrezzare [*house*] (**with** con) **2** COLLOQ. *(dress)* ***to ~ sb. out in sth.*** fare indossare qcs. a qcn.; ***he was ~ged out in his best clothes*** era tutto agghindato *o* era bardato di tutto punto.

▪ **rig up:** ***~ up [sth.]*** montare, allestire [*equipment, system*]; improvvisare, arrangiare [*shelter*].

rigger /'rɪgə(r)/ ♦ **27** n. **1** MAR. attrezzatore m. **2** *(in rowing)* portascalmo m. **3** *(oil-rig worker)* = operaio che lavora su una piattaforma petrolifera.

1.rigging /'rɪgɪŋ/ n. **1** MAR. attrezzatura f. **2** AER. *(of balloon, biplane)* sartiame m.

2.rigging /'rɪgɪŋ/ n. *(fraudulent control) (of election)* broglio m.; *(of competition, result)* manipolazione f.; *(of share prices)* ECON. aggiotaggio m.; ***vote-*** o ***poll-~*** brogli elettorali.

rigging loft /'rɪgɪŋ,lɒft, AE ,lɔ:ft/ n. **1** MAR. = parte dell'arsenale in cui viene preparata l'attrezzatura **2** AE TEATR. = galleria posta al di sopra del palcoscenico per la manovra degli scenari.

▶ **1.right** /raɪt/ **I** n. **1 U** *(side, direction)* destra f., parte f. destra; ***keep to the ~*** AUT. tenere la destra *o* viaggiare a destra; ***on*** o ***to your***

~ is the town hall alla vostra destra si trova il municipio; *he doesn't know his left from his ~* non distingue la sinistra dalla destra; *take the second ~ after Richmond Road* prenda la seconda a destra dopo Richmond Road **2 U** + verbo sing. POL. (anche **Right**) *the ~* la destra; *they are further to the ~ than the Conservatives* sono ancora più a destra rispetto ai conservatori **3 U** *(morally)* giusto m., bene m.; *~ and wrong* il bene e il male; *he doesn't know ~ from wrong* non sa distinguere il bene dal male *o* non sa ciò che è giusto e ciò che è sbagliato; *to be in the ~* essere dalla parte della ragione **4** *(just claim)* diritto m.; *to have a ~ to sth.* avere diritto a qcs.; *to have a* o *the ~ to do* avere il diritto di fare; *the ~ to work, to strike* il diritto al lavoro, di sciopero; *she has no ~ to treat you like that* non ha nessun diritto di trattarti così; *he may be the boss, but that doesn't give him the ~ to treat you like that* sarà anche il capo, ma questo non gli dà il diritto di trattarti in quel modo; *what ~ have you to criticize me like that?* che diritto hai di criticarmi così? *I've got every ~ to be annoyed* ho tutte le ragioni per essere seccato; *you have every ~ to do so* hai tutti i diritti di farlo; *to know one's ~s* avere coscienza dei propri diritti; *one's ~s as a consumer* i propri diritti di consumatore; *human ~s* diritti dell'uomo; *civil ~s* diritti civili; *to be within one's ~s* essere nel proprio diritto; *you would be quite within your ~s to refuse* sarebbe nel tuo pieno diritto rifiutare; *the property belongs to him as of ~* la proprietà appartiene a lui di diritto; *her husband is a celebrity in his own ~* suo marito è famoso grazie ai suoi meriti personali; *the gardens are worth a visit in their own ~* i giardini da soli meritano una visita; *she is a countess in her own ~* è contessa per diritto di nascita **5** *(in boxing)* destro m.; *he hit him a ~ to the jaw* lo colpì con un destro alla mascella **II rights** n.pl. **1** COMM. DIR. diritti m.; *the translation, film ~s of a book* i diritti di traduzione, di adattamento cinematografico di un libro; *mining ~s* o *mineral ~s* diritti minerari; *to have the sole ~s to sth.* avere l'esclusiva *o* il diritto esclusivo su qcs. **2** *(moral) the ~s and wrongs of a matter* i pro e i contro di una questione; *the ~s and wrongs of capital punishment* le motivazioni a favore e contro la pena di morte ◆ *by ~s* di diritto *o* di regola *o* a rigor di logica; *by ~s it should belong to me* di regola dovrebbe appartenere a me; *to put* o *set sth. to ~s* mettere a posto qcs. *o* sistemare qcs.

▶ **2.right** /raɪt/ agg. **1** *(as opposed to left)* destro; *one's ~ eye, arm* il proprio occhio, braccio destro; *on my ~ hand* *(position)* alla *o* sulla mia destra; *"eyes ~!"* MIL. "attenti a destr!" **2** *(morally correct)* giusto, onesto, leale; *(fair, just)* giusto, corretto, equo; *it's not ~ to steal* non è onesto rubare; *you were quite ~ to criticize him* hai fatto proprio bene a criticarlo; *it's only ~ that she should know* ha tutto il diritto di saperlo; *I thought it ~ to tell him* pensavo fosse giusto dirglielo; *it is ~ and proper that they should be punished* è sacrosanto che vengano puniti; *to do the ~ thing* fare la cosa giusta; *I hope we're doing the ~ thing* spero che stiamo facendo la cosa giusta; *you know you're doing the ~ thing* sai di fare la cosa migliore; *to do the ~ thing by sb.* fare il proprio dovere nei confronti di qcn. **3** *(correct, true)* [*choice, conditions, decision, direction, road etc.*] giusto; [*word*] giusto, esatto, appropriato; *(accurate)* [*time*] giusto, esatto, preciso; *to be ~* [*person*] avere ragione *o* essere nel giusto; [*answer*] essere esatto *o* giusto; *I was ~ to distrust him* avevo ragione a non fidarmi di lui; *you were ~ about her, she's a real gossip* avevi ragione su di lei, è una vera pettegola; *you're quite ~!* hai proprio ragione! *that's the ~ answer* è la risposta esatta; *she got all the answers ~* ha risposto correttamente a tutte le domande; *that's ~* benissimo *o* giusto; *that's ~, call me a liar!* IRON. e va bene, dammi pure del bugiardo! *that can't be ~* non può essere giusto; *what's the ~ time?* qual è l'ora esatta? *it's not the ~ time to go away on holiday* BE o *vacation* AE non è il periodo adatto per andare in vacanza; *I hear you're going away on holiday* BE o *vacation* AE*, is that ~?* ho sentito che parti per le vacanze, è vero? *so you're a student, is that ~?* quindi sei uno studente, giusto? *am I ~ in thinking that...?* è vero che...? *I think I am ~ in saying that* credo di affermare il vero se dico che; *is this the ~ train for Dublin?* è questo il treno giusto per Dublino? *is this the ~ way to the station?* è questa la strada giusta per la stazione? *to do sth. the ~ way* fare qcs. nel modo giusto; *the ~ side of a piece of material* il diritto di un pezzo di tessuto; *make sure it's facing the ~ side* o *way up* assicurati che sia dal lato *o* verso giusto; *to get one's facts ~* documentarsi *o* informarsi bene; *you've got the spelling ~* l'ortografia va bene; *I can't think of the ~ word for it* non riesco a trovare la parola giusta per dirlo; *they've been rehearsing that scene for weeks and they still haven't got it ~* provano quella scena da settimane e non sono ancora riusciti a farla bene; *let's hope he gets it ~ this time* speriamo che lo faccia bene questa volta; *it's not the ~ size* non è la taglia giusta; *it wouldn't look ~ if we didn't attend* non sarebbe giusto se non partecipassimo; *how ~ you are!* parole sante! *time proved him ~* il tempo gli ha dato ragione **4** *(most suitable)* giusto, adatto, appropriato; *those aren't the ~ clothes for gardening* quelli non sono i vestiti giusti per fare giardinaggio; *you need to have the ~ equipment* è necessario avere l'attrezzatura adatta; *when the time is ~* al momento giusto; *you need to choose the model that's ~ for you* devi scegliere il modello adatto a te; *I'm sure she's the ~ person for the job* sono sicuro che sia la persona giusta per questo lavoro; *to be in the ~ place at the ~ time* essere nel posto giusto al momento giusto; *to know the ~ people* conoscere le persone giuste; *he was careful to say all the ~ things* ebbe il tatto di pronunciare le parole adatte (per la situazione); *just the ~ combination of humour and pathos* la giusta mescolanza di umorismo e drammaticità **5** *(in good order)* [*machine, vehicle*] in buone condizioni, in buono stato; *(healthy)* [*person*] sano, in buone condizioni; *I don't feel quite ~ these days* non mi sento troppo bene in questo periodo; *a drink will set you ~* bere qualcosa ti farà stare meglio; *the engine isn't quite ~* il motore non funziona molto bene; *there's something not quite ~ about him* in lui c'è qualcosa che non va; *I sensed that things were not quite ~* sentivo che le cose non andavano troppo bene; *things are coming ~ at last* finalmente le cose si stanno aggiustando **6** *(in order) to put* o *set ~* correggere *o* rimediare a [*mistake*]; riparare [*injustice*]; sistemare *o* mettere a posto [*situation*]; riparare [*machine, engine etc.*]; *to put* o *set one's watch ~* mettere a posto l'orologio; *they gave him a month to put* o *set things ~* gli diedero un mese per sistemare le cose; *to put* o *set sb. ~* fare ricredere qcn.; *I soon put her ~* le ho fatto subito aprire gli occhi; *this medicine should put* o *set you ~* questa medicina dovrebbe rimetterti in sesto **7** MAT. [*angle, cone*] retto; *at ~ angles to* ad angolo retto con *o* perpendicolare a **8** BE COLLOQ. *(emphatic) he's a ~ idiot!* è un vero idiota! *it's a ~ mess* è un vero pasticcio **9** BE COLLOQ. *(ready)* pronto; *are you ~?* sei pronto? ◆ *~ you are!* COLLOQ.*, ~-oh!* BE COLLOQ. benissimo! d'accordo! senz'altro!

▶ **3.right** /raɪt/ avv. **1** *(of direction)* a destra; *to turn ~* girare *o* svoltare a destra; *she looked neither ~ nor left* non guardò né a destra né a sinistra; *they looked for him ~, left and centre* COLLOQ. lo cercarono ovunque *o* da tutte le parti *o* a destra e a sinistra; *they are arresting, killing people ~, left and centre* COLLOQ. stanno arrestando, uccidendo la gente in massa **2** *(directly, straight)* direttamente, proprio; *it's ~ in front of you* ti è proprio di fronte; *I'll be ~ back* torno subito *o* immediatamente; *to go ~ home* andare direttamente a casa; *the path goes ~ down to the river* il sentiero conduce direttamente al fiume; *~ before* proprio prima, appena prima; *~ after dinner, Christmas* subito dopo cena, Natale; *the train goes ~ through to Nice* il treno va direttamente a Nizza; *he walked ~ up to her* si diresse dritto verso di lei **3** *(exactly) ~ in the middle of the room* esattamente *o* proprio al centro della stanza; *he interrupted them ~ in the middle of their dinner* li interruppe nel bel mezzo della cena; *~ now* *(immediately)* subito, immediatamente; *(at this point in time)* al momento; *I'm staying ~ here* non mi muovo da qui; *your book's ~ there by the window* il tuo libro è proprio lì vicino alla finestra; *he sat down ~ beside me* si sedette proprio al mio fianco; *the bullet hit him ~ in the forehead* il proiettile lo colpì dritto in fronte; *they live ~ on the river* vivono proprio sul fiume; *the house gives ~ onto the street* la casa dà *o* si affaccia direttamente sulla strada **4** *(correctly)* bene, correttamente; *you're not doing it ~* non lo stai facendo nel modo giusto *o* correttamente; *you did ~ not to speak to her* hai fatto bene a non parlarle; *I guessed ~* ho indovinato *o* ho visto giusto; *if I remember ~* se ben ricordo *o* se non ricordo male; *nothing seems to be going ~ for me* sembra che nulla mi vada per il verso giusto; *did I hear you ~?* ho sentito bene quello che hai detto? **5** *(completely)* completamente, del tutto; *a wall goes ~ around the garden* un muro corre tutto intorno al giardino; *go ~ to the end of the street* percorri tutta la strada fino alla fine; *if you go ~ back to the beginning* ritornando al principio, a monte; *~ at the bottom* proprio in fondo; *to turn ~ around* *(return)* tornare indietro; *(turn on one's heels)* girare i tacchi; *her room is ~ at the top of the house* la sua stanza è nella parte più alta della casa; *to read a book ~ through* leggere un libro fino alla fine; *the noise echoed ~ through the building* il rumore rimombò in tutto l'edificio; *she looked ~ through me* FIG. fece finta di non vedermi; *to turn the radio, the central heating ~ up* alzare al massimo il volume della radio, il riscaldamento centralizzato; *~ up until the 1950s* fino agli anni '50; *the door handle came ~ off in my hand* la maniglia della porta mi rimase in mano; *the roof of the house was blown ~ off by the explosion* l'esplosione fece saltare in aria il tetto della casa; ***we're ~ behind you!*** FIG. ti sosteniamo! ti siamo accanto in tutto e per tutto! **6** ⧫ ***9*** GB *(in titles)* ***the Right Honourable Jasper Pinkerton*** l'onorevole Jasper Pinkerton; ***the Right Honourable Gentleman*** *(form of address in parliament)* l'onorevole collega; ***the Right Reverend Felix Bush*** il molto reverendo Felix Bush **7** BE ANT. DIAL. *(emphatic)* molto, bene; ***he knew ~ well what was happening*** sapeva benissimo quello che stava accadendo; ***a ~ royal reception*** un ricevimento superbo **8** *(very well)* molto bene; ***~, let's have a look*** benissimo, diamo un'occhiata ◆ ***~ enough*** COLLOQ. certamente, innegabilmente, senza dubbio; ***to see sb. ~*** *(financially)* non fare mancare niente a qcn.; *(in other ways)* togliere qcn. dai guai, cavare qcn. dagli impicci; ***here's £ 10, that should see you ~*** ecco 10 sterline, dovrebbero bastarti; ***he's ~ up there!*** è nelle alte sfere!

4.right /raɪt/ **I** tr. **1** *(restore to upright position)* raddrizzare, drizzare [*vehicle, ship*] **2** *(correct)* riparare [*injustice*]; ***to ~ a wrong*** riparare un torto **II** rifl. ***to ~ oneself*** [*person*] tirarsi su *o* mettersi in piedi; ***to ~ itself*** [*ship, plane*] raddrizzarsi *o* tornare diritto; [*situation*] aggiustarsi *o* sistemarsi.

right-about face /ˌraɪtəbaʊt'feɪs/, **right-about turn** /ˌraɪtəbaʊt'tɜːn/ n. **1** MIL. dietrofront m. **2** FIG. *(reversal of policy)* dietrofront m., voltafaccia f.

right angle /'raɪtˌæŋgl/ n. angolo m. retto.

right-angled /'raɪtˌæŋgld/ agg. ad angolo retto.

right-angled triangle /ˌraɪtæŋgld'traɪæŋgl/ n. triangolo m. rettangolo.

right away /ˌraɪtə'weɪ/ avv. immediatamente, subito, all'istante.

right-click /ˌraɪt'klɪk/ **I** tr. fare clic con il pulsante destro del mouse su [*icon*] **II** intr. fare clic con il pulsante destro del mouse (**on** su).

righteous /'raɪtʃəs/ **I** n. + verbo pl. ***the ~*** i giusti **II** agg. **1** *(virtuous)* [*thoughts, person*] retto, virtuoso; ***to feel ~*** sentirsi nel giusto **2** *(justifiable)* [*anger, indignation*] giustificato, legittimo.

righteously /'raɪtʃəslɪ/ avv. in modo giusto, rettamente, virtuosamente.

righteousness /'raɪtʃəsnɪs/ n. *(rectitude)* rettitudine f.; BIBL. *(goodness)* virtù f.

rightful /'raɪtfl/ agg. giusto, legittimo.

rightfully /'raɪtfəlɪ/ avv. [*mine, yours etc.*] di diritto; [*claim, belong*] legittimamente.

▷ **right-hand** /ˌraɪt'hænd/ agg. [*page, door*] di destra; ***it's on the ~ side*** è a destra *o* sul lato destro.

right-hand drive /ˌraɪthænd'draɪv/ **I** n. guida f. a destra; ***car with ~*** auto con guida a destra **II** modif. [*vehicle*] con la guida a destra.

right-handed /ˌraɪt'hændɪd/ **I** agg. [*person*] destrimano; [*blow, stroke*] di destro; TECN. [*screw*] destrorso **II** avv. [*play, write*] con la (mano) destra.

right-hander /ˌraɪt'hændə(r)/ n. *(person)* destrimano m. (-a); *(blow)* colpo m. di destro.

right-hand man /ˌraɪthænd'mæn/ n. FIG. braccio m. destro; ***he's her ~*** è il suo braccio destro.

rightism /'raɪtɪzəm/ n. POL. (l')essere di destra, destrismo m.

rightist /'raɪtɪst/ **I** n. POL. persona f. di destra **II** agg. POL. [*party, régime*] di destra.

right-lined /ˌraɪt'laɪnd/ agg. RAR. rettilineo.

▷ **rightly** /'raɪtlɪ/ avv. **1** *(accurately)* [*describe*] correttamente, bene; ***to guess ~*** indovinare *o* azzeccare **2** *(justifiably)* giustamente, a ragione; ***and ~ so*** e a ragione *o* ed è giusto che sia così; ***~ or wrongly*** a torto o a ragione **3** *(with certainty)* con esattezza, con precisione; ***I can't ~ say*** non saprei dirlo con precisione; ***I don't ~ know*** non lo so con certezza.

right-minded /ˌraɪt'maɪndɪd/ agg. retto, giusto.

right-mindedness /ˌraɪt'maɪndɪdnɪs/ n. rettitudine f.

rightness /'raɪtnɪs/ n. **1** *(correctness)* correttezza f., giustezza f. **2** *(integrity)* rettitudine f., onestà f.

right-of-centre /ˌraɪtəv'sentə(r)/ agg. POL. di centrodestra, di centro-destra.

right off /ˌraɪt'ɒf, AE -'ɔːf/ avv. immediatamente, subito, all'istante.

right of way /ˌraɪtəv'weɪ/ n. **1** AUT. diritto m. di precedenza, precedenza f.; ***it's your ~*** hai la precedenza **2** *(over land, property) (right)* servitù f. di passaggio; *(path)* sentiero m. di passaggio.

right-on /ˌraɪt'ɒn/ **I** agg. COLLOQ. SPREG. ***they're very ~*** sono molto aggiornati *o* alla moda **II right on** inter. AE fantastico, benissimo.

rights issue /'raɪtsˌɪʃuː, -ˌɪsjuː/ n. ECON. = emissione, sottoscrizione riservata agli azionisti.

right-thinking /ˌraɪt'θɪŋkɪŋ/ agg. giudizioso, assennato.

right-to-die /ˌraɪttə'daɪ/ agg. [*movement, protester*] pro-eutanasia.

right-to-life /ˌraɪttə'laɪf/ agg. antiabortista.

right-to-lifer /ˌraɪttə'laɪfə(r)/ n. antiabortista m. e f.

rightward /'raɪtwəd/ agg. situato, rivolto a destra.

rightwards /'raɪtwədz/ avv. verso destra.

right whale /'raɪtˌweɪl, AE -ˌhweɪl/ n. balenide m.

▷ **right wing** /ˌraɪt'wɪŋ/ **I** n. **1** + verbo sing. o pl. POL. (anche **Right Wing**) ***the ~*** l'ala destra *o* la destra **2** SPORT *(side of field)* fascia f. (laterale) destra; *(player)* ala f. destra, laterale m. destro **II right-wing** agg. POL. [*party, policy, attitude*] di destra; ***they are very ~*** sono di estrema destra.

right-winger /ˌraɪt'wɪŋə(r)/ n. **1** POL. persona f. di destra **2** SPORT ala f. destra.

righty-ho /'raɪtɪhəʊ/ inter. BE COLLOQ. benissimo, d'accordo.

▷ **rigid** /'rɪdʒɪd/ agg. **1** *(strict)* [*rules, system*] rigido, ferreo; [*controls*] rigido, rigoroso, severo; [*timetable*] rigido, rigoroso; [*adherence*] stretto, rigido **2** *(inflexible)* [*person, attitude*] rigido, rigoroso, inflessibile, severo **3** *(stiff)* [*material, container, body, bearing*] rigido; ***to stand ~*** stare impettito; ***to be ~ with fear*** rimanere impietrito per la paura ◆ ***to bore sb. ~*** COLLOQ. annoiare a morte qcn.; ***to shake sb. ~*** BE COLLOQ. dare una botta a qcn.

rigidity /rɪ'dʒɪdətɪ/ n. rigidità f., rigidezza f.; ***moral ~*** rigore morale; ***the ~ of her bearing*** la rigidità del suo portamento.

rigidly /'rɪdʒɪdlɪ/ avv. **1** [*stand, lie*] rigidamente; [*stand to attention*] in modo rigido **2** [*opposed*] categoricamente; [*controlled*] rigorosamente, rigidamente, severamente; [*obey*] rigorosamente, senza obiettare; [*act, behave*] con rigorosità.

rigidness /'rɪdʒɪdnɪs/ n. RAR. → **rigidity**.

rigmarole /'rɪgmərəʊl/ n. sproloquio m. (**about** su); ***to go through a ~*** *(verbal)* fare uno sproloquio; *(procedure)* fare una trafila.

rigor AE → **rigour**.

rigor mortis /ˌrɪgə'mɔːtɪs/ n. rigor mortis m., rigidità f. cadaverica; ***~ had set in*** era subentrata la rigidità cadaverica.

▷ **rigorous** /'rɪgərəs/ agg. **1** *(strict)* [*rules, discipline*] rigido, ferreo; [*controls*] rigoroso, rigido, severo; [*regime*] duro, oppressivo; [*adherence, observance*] stretto, rigido **2** *(careful)* rigoroso, scrupoloso, preciso.

rigorously /'rɪgərəslɪ/ avv. [*test, enforce, interrogate*] rigorosamente.

rigorousness /'rɪgərəsnɪs/ n. **1** *(strictness)* rigorosità f., rigidità f. **2** *(carefulness)* rigorosità f., scrupolosità f., precisione f.

rigour BE, **rigor** AE /'rɪgə(r)/ **I** n. *(severity)* rigore m., severità f.; *(scrupulousness)* rigore m., scrupolosità f., precisione f.; ***academic, intellectual ~*** rigore accademico, intellettuale; ***the ~ of the law*** il rigore della legge **II rigours** n.pl. *(hardship)* rigori m.

rig-out /'rɪgaʊt/ n. COLLOQ. tenuta f., modo m. di vestire.

rile /raɪl/ tr. COLLOQ. irritare, innervosire; ***it ~s me that*** mi fa innervosire *o* mi irrita che; ***to get ~d (up)*** innervosirsi (**about** per).

1.rill /rɪl/ n. **1** LETT. *(stream)* ruscello m., rigagnolo m. **2** *(on moon)* → **rille**.

2.rill /rɪl/ intr. *(flow)* scorrere, sgorgare.

rille /rɪl/ n. *(on moon)* rille m.

▷ **1.rim** /rɪm/ n. **1** *(of container)* bordo m., orlo m.; *(of crater)* orlo m.; ***a cup with a gold ~*** una tazza con un bordo dorato **2** *(on wheel)* cerchio m., cerchione m. **3** *(in basketball)* ferro m. (del canestro).

2.rim /rɪm/ tr. (forma in -ing ecc. **-mm-**) [*mountains*] orlare, circondare [*valley*].

1.rime /raɪm/ n. LETT. o DIAL. *(frost)* brina f.

2.rime → **1.rhyme**, **2.rhyme**.

rimless glasses /ˌrɪmlɪs'glɑːsɪz, AE -'glæsɪz/ n.pl. occhiali m. con montatura a giorno.

rimmed /rɪmd/ **I** p.pass. → **2.rim II** agg. **-rimmed** in composti ***steel-, gold-~ spectacles*** occhiali con montatura in acciaio, oro.

rind /raɪnd/ n. **1** *(on cheese)* crosta f.; *(on bacon)* cotenna f. **2** *(on fruit)* buccia f.; ***lemon ~*** GASTR. scorza di limone **3** *(bark)* corteccia f., scorza f.

rinderpest /'rɪndəpest/ n. peste f. bovina.

▶ **1.ring** /rɪŋ/ n. **1** *(metal hoop) (for ornament, gymnast, attaching rope)* anello m.; ***to have a ~ in one's*** o ***its nose*** portare un anello al naso; ***a diamond, engagement ~*** un anello di diamanti, di fidanzamento; ***she wasn't wearing a (wedding) ~*** non portava la fede **2** *(circle) (of people, on page)* cerchio m.; ***to form a ~*** formare *o* fare un cerchio, disporsi in cerchio; ***to put a ~ round*** cerchiare *o* fare un cerchio intorno a [*name, ad*]; ***to have ~s under one's eyes*** avere gli occhi cerchiati **3** SPORT *(for horses, circus)* pista f.; *(for boxing)* ring m.; ***to retire from the ~ aged 35*** abbandonare il ring all'età di 35 anni **4** *(of smugglers, pornographers)* rete f., organizzazione f.; *(of dealers, speculators)* sindacato m.; ***drugs ~*** rete di trafficanti di droga **5** ZOOL. *(on swan, bird)* collare m. **6** ASTR. anello m.; ***Saturn's***

~s gli anelli di Saturno **7** *(on cooker)* *(electric)* fornello m. elettrico, piastra f. elettrica; *(gas)* fornello m. a gas; ***three-~ hob*** piano di cottura a tre fornelli ◆ ***to run ~s round*** surclassare, stracciare.

2.ring /rɪŋ/ tr. (pass., p.pass. **ringed**) **1** *(encircle)* [*trees, buildings*] circondare, cingere; [*police, troops, protesters*] circondare, accerchiare; ***to be ~ed in black*** essere contornato di nero; ***to be ~ed by cliffs*** essere cinto dalle scogliere **2** AGR. cercinare [*tree*] **3** *(put a ring on)* inanellare [*swan, bird*].

▶ **3.ring** /rɪŋ/ n. **1** *(sound)* *(at door)* squillo m. (di campanello), scampanellata f.; *(of phone)* squillo m.; *(of crystal)* tintinnio m.; ***hang up after three ~s*** metti giù dopo tre squilli; ***to have a hollow ~*** avere un suono falso (anche FIG.); ***to have the ~ of truth*** suonare vero *o* dare l'impressione di essere vero; ***to have a nice ~ to it*** suonare bene; ***that story has a familiar ~ (to it)*** questa storia non è nuova *o* suona familiare **2** BE *(phone call)* telefonata f., colpo m. di telefono; ***to give sb. a ~*** fare uno squillo a qcn. *o* dare un colpo di telefono a qcn. **3** *(set of bells)* serie f. di campane, concerto m. di campane (**of** di).

▶ **4.ring** /rɪŋ/ **I** tr. (pass. **rang**; p.pass. **rung**) **1** *(cause to sound)* suonare [*bell*]; ***to ~ the doorbell*** o ***bell*** suonare il campanello **2** BE TEL. chiamare [*number*]; chiamare, telefonare a [*person, station*] **II** intr. (pass. **rang**; p.pass. **rung**) **1** *(sound)* [*bell, telephone*] squillare; ***the doorbell rang*** suonò il campanello *o* suonarono alla porta; ***it*** o ***the number is ~ing*** suona **2** *(sound bell)* [*person*] suonare; ***to ~ at the door*** suonare alla porta; ***to ~ for sb.*** chiamare qcn. suonando; ***you rang, Sir?*** ha chiamato, signore? ***"please ~ for service"*** "si prega di telefonare per il servizio in camera" **3** *(resonate)* [*footsteps, laughter, words*] risuonare, riecheggiare; ***his words were still ~ing in my ears*** le sue parole mi risuonavano ancora nelle orecchie; ***their steps rang down the corridor*** il rumore dei loro passi risuonava lungo il corridoio; ***the house rang with laughter*** la casa risuonava di risate; ***that noise makes my ears ~*** quel rumore mi fa ronzare le orecchie; ***to ~ true*** suonare vero *o* dare l'impressione di essere vero; ***to ~ false*** o ***hollow*** FIG. suonare falso *o* dare l'impressione di essere falso **4** BE TEL. telefonare; ***to ~ for*** chiamare [*taxi, ambulance*] ◆ ***to ~ down, up the curtain*** abbassare, alzare il sipario; ***to ~ down the curtain on an era*** porre fine a un'epoca *o* segnare la fine di un'epoca; ***to ~ in the New Year*** festeggiare l'arrivo del nuovo anno; ***~ out the old, ~ in the new*** = buttarsi dietro le spalle il passato e confidare nel futuro.

■ **ring around** BE *(haphazardly)* fare un giro di telefonate; *(transmitting message)* = fare un giro di telefonate per comunicare un messaggio.

■ **ring back** BE **~ back** ritelefonare; **~ [sb.] back** richiamare [*caller*].

■ **ring in** BE *(to work)* telefonare al lavoro; ***to ~ in sick*** = telefonare al lavoro per dire che si è malati.

■ **ring off** BE mettere giù (il ricevitore), riattaccare.

■ **ring out: ~ out** [*voice, cry*] risuonare, riecheggiare; [*bells*] suonare; **~ out [sth.]** [*bells*] salutare [*news, message*].

■ **ring round** → **ring around**.

■ **ring up** BE **~ up** telefonare; **~ up [sth.], ~ [sth.] up** **1** *(on phone)* telefonare a, chiamare [*enquiries, station*] **2** *(on cash register)* battere [*figure, total*]; **~ up [sb.], ~ [sb.] up** chiamare, telefonare a [*friend, operator*].

ring-a-ring-a-roses /ˌrɪŋəˌrɪŋəˈrəʊzɪz/ ➧ ***10*** n. girotondo m.

ring binder /ˈrɪŋˌbaɪndə(r)/ n. quaderno m. ad anelli.

ringbolt /ˈrɪŋbəʊlt/ n. MAR. golfare m.

ringcraft /ˈrɪŋkrɑːft, AE -kræft/ n. tecnica f. pugilistica.

ringdove /ˈrɪŋdʌv/ n. **1** *(wood pigeon)* colombaccio m. **2** *(turtle dove)* tortora f. domestica.

ringed /rɪŋd/ **I** p.pass. → **2.ring** **II** agg. **1** *(wearing a ring)* [*person, fingers*] inanellato, adorno di anelli **2** [*bird*] inanellato **3** *(encircled by a ring)* cerchiato **4** *(shaped like a ring)* anulare, a forma di anello.

ringed plover /ˌrɪŋdˈplʌvə(r)/ n. ZOOL. corriere m. grosso.

1.ringer /ˈrɪŋə(r)/ n. AE COLLOQ. impostore m. (-a), intruso m. (-a), imbucato m. (-a).

2.ringer /ˈrɪŋə(r)/ n. *(quoit)* = anello usato nel gioco del lancio degli anelli.

ring-fence /ˈrɪŋfens/ tr. BE stanziare, destinare [*funds, grant*].

ring finger /ˈrɪŋˌfɪŋgə(r)/ ➧ ***2*** n. (dito) anulare m.

ring-gauge /ˈrɪŋgeɪdʒ/ n. calibro m. ad anello.

ringing /ˈrɪŋɪŋ/ **I** n. **1** *(noise of bell)* squillo m., suono m., scampanellata f. **2** *(in ears)* ronzio m., fischio m. **3** → **bell-ringing** **II** agg. [*voice*] risonante, squillante, argentino; FIG. [*declaration*] inequivocabile, deciso.

ringing tone /ˈrɪŋɪŋˌtəʊn/ n. BE TEL. segnale m. di libero.

ringleader /ˈrɪŋliːdə(r)/ n. caporione m., capobanda m.

ringlet /ˈrɪŋlɪt/ n. boccolo m., ricciolo m.

ring main /ˈrɪŋmeɪn/ n. circuito m. elettrico principale.

ringmaster /ˈrɪŋmɑːstə(r), AE -mæs-/ n. direttore m. di circo; ***the ~ entered*** è entrato in pista il direttore del circo.

ring-neck /ˈrɪŋnek/ n. = animale dal collare colorato.

ring ouzel /ˈrɪŋˌuːzl/ n. merlo m. dal collare.

ring-pull /ˈrɪŋpʊl/ n. anello m. (di lattina con apertura a strappo).

ring-pull can /ˌrɪŋpʊlˈkæn/ n. lattina f. con apertura a strappo.

ringroad /ˈrɪŋrəʊd/ n. BE circonvallazione f., tangenziale f.; ***inner ~*** circonvallazione interna.

ringside /ˈrɪŋsaɪd/ n. ***at the ~*** a bordo ring; ***our commentator at the ~*** il nostro commentatore a bordo ring ◆ ***to have a ~ seat*** FIG. avere un posto in prima fila.

ring-snake /ˈrɪŋsneɪk/ n. biscia f. dal collare, biscia f. d'acqua.

ring spanner /ˈrɪŋˌspænə(r)/ n. BE chiave f. a stella, chiave f. poligonale.

ring-tailed /ˈrɪŋteɪld/ agg. con la coda ad anelli colorati.

ringtone /ˈrɪŋtəʊn/ n. *(of mobile phone)* suoneria f.

ringworm /ˈrɪŋwɜːm/ ➧ ***11*** n. tigna f.; ***~ on the scalp*** tigna del cuoio capelluto.

rink /rɪŋk/ n. pista f. da pattinaggio.

rinky-dink /ˌrɪŋkɪˈdɪŋk/ **I** n. AE COLLOQ. roba f. da quattro soldi, robetta f. **II** agg. AE COLLOQ. *(old-fashioned)* antiquato, fuori moda; *(broken-down)* scalcagnato, scalcinato; *(cheap quality)* da quattro soldi, di qualità scadente.

▷ **1.rinse** /rɪns/ n. risciacquatura f., risciacquo m.; ***to give sth. a ~*** sciacquare qcs. [*clothes, dishes*]; ***give your mouth, hands a ~*** sciacquati la bocca, le mani.

▷ **2.rinse** /rɪns/ tr. **1** *(to remove soap)* sciacquare, risciacquare [*dishes, clothes*] **2** *(wash)* lavare; ***to ~ the soap off one's hands, out of one's hair*** eliminare i residui di sapone dalle mani, dai capelli; ***to ~ one's hands, mouth*** sciacquarsi le mani, la bocca.

■ **rinse down** COLLOQ. **~ [sth.] down, ~ down [sth.]** **1** mandare giù [qcs.] (bevendo) [*food*] **2** innaffiare [qcs.] con vino [*food*].

■ **rinse out: ~ out** [*colour, dye*] venire via con il risciacquo; **~ [sth.] out, ~ out [sth.]** sciacquare [*mouth, glass*].

rinse cycle /ˈrɪnsˌsaɪkl/ n. ciclo m. di risciacquo.

rinsing /ˈrɪnsɪŋ/ n. risciacquatura f.

Rio de Janeiro /ˌriːəʊdədʒəˈnɪərəʊ/ ➧ ***34*** n.pr. Rio de Janeiro f.

▷ **1.riot** /ˈraɪət/ n. **1** *(disturbance)* insurrezione f., sommossa f., tumulto m., rivolta f.; ***food ~*** disordini provocati dalla penuria di cibo; ***football ~*** scontri fra tifosi di calcio; ***prison ~*** rivolta carceraria; ***race ~*** scontro razziale **2** *(profuse display)* ***a ~ of*** una profusione di *o* un'orgia di [*colours, patterns*] **3** COLLOQ. ***it's a ~*** *(hilarious)* c'è da morire dal ridere *o* è uno spasso ◆ ***to run ~*** *(behave wildly)* scatenarsi *o* lasciarsi andare *o* perdere ogni freno; FIG. [*emotion*] liberarsi; [*imagination, inflation*] galoppare; *(grow profusely)* [*plant*] lussureggiare *o* svilupparsi rigogliosamente.

▷ **2.riot** /ˈraɪət/ intr. insorgere, rivoltarsi, sollevarsi; [*prisoner*] mettere in atto una rivolta.

Riot Act /ˈraɪətækt/ n. GB DIR. STOR. = legge che imponeva ai rivoltosi di disperdersi entro un'ora dalla lettura della legge stessa da parte di un magistrato ◆ ***to read the riot act to sb.*** ammonire qcn., richiamare all'ordine qcn.

riot control /ˈraɪətkənˌtrəʊl/ n. controllo m. antisommossa.

rioter /ˈraɪətə(r)/ n. rivoltoso m. (-a), facinoroso m. (-a).

riot gear /ˈraɪətˌgɪə(r)/ n. equipaggiamento m. antisommossa.

riot gun /ˈraɪətˌgʌn/ n. fucile m. a canna corta.

rioting /ˈraɪətɪŋ/ **I** n. **U** insurrezioni f.pl., sommosse f.pl., tumulti m.pl., rivolte f.pl. **II** agg. [*people, crowds*] in rivolta, in tumulto, tumultuante.

riotous /ˈraɪətəs/ agg. **1** rivoltoso, tumultuante; ***~ assembly*** radunata sediziosa **2** *(boisterous)* [*laughter*] fragoroso, sfrenato; [*welcome*] chiassoso; [*play, film*] movimentato **3** *(wanton)* [*living, party, evening*] dissoluto, licenzioso.

riotously /ˈraɪətəslɪ/ avv. ***~ funny*** divertentissimo *o* da scoppiare dal ridere.

riotousness /ˈraɪətəsnɪs/ n. (l')essere rivoltoso, tumultuosità f.

riot police /ˈraɪətpəˌliːs/ n. Celere f., reparti m.pl. antisommossa.

riot shield /ˈraɪətˌʃiːld/ n. = scudo in dotazione alle squadre antisommossa.

riot squad /ˈraɪətˌskwɒd/ n. reparto m. antisommossa.

1.rip /rɪp/ n. *(tear)* strappo m., squarcio m. (**in** in).

2.rip /rɪp/ **I** tr. (forma in -ing ecc. **-pp-**) **1** *(tear)* strappare, squarciare, lacerare; ***to ~ sth. with one's bare hands, with one's teeth, with a knife*** strappare qcs. a mani nude, lacerare qcs. con i denti, con un coltello; ***to ~ a hole in sth.*** fare un buco in qcs.; ***to ~ sth., sb. to***

pieces o ***shreds*** fare a pezzi qcs., qcn. *o* ridurre qcs., qcn. in brandelli (anche FIG.) **2** *(snatch, pull)* ***to ~ sth. off*** o ***from sth., from sb.*** strappare *o* tirare via qcs. da qcs., qcn. **II** intr. (forma in -ing ecc. **-pp-**) [*fabric*] strapparsi, lacerarsi, scucirsi ◆ ***to let ~*** COLLOQ. inveire (**against** contro; **about** contro, su); ***to let ~ at sb.*** sgridare violentemente qcn.; ***to let ~ a stream of abuse*** lanciare una sfilza *o* sequela di insulti a qcn.; ***let it, her ~!*** COLLOQ. *(of car)* lanciala! falla andare a tutto gas!

▪ **rip across:** ***~ across [sth.], ~ [sth.] across*** strappare, lacerare in due.

▪ **rip apart:** ***~ [sth.] apart*** **1** [*bomb blast*] sventrare [*car, building*]; [*person*] fare a pezzi, ridurre in brandelli [*object*] **2** COLLOQ. FIG. sbaragliare, annientare [*team, team's defences*]; distruggere, rovinare [*reputation*].

▪ **rip away:** ***~ away [sth.], ~ [sth.] away*** strappare via, tirare via.

▪ **rip down:** ***~ down [sth.], ~ [sth.] down*** strappare, tirare giù [*picture, notice*].

▪ **rip into:** ***~ into [sth., sb.]*** **1** *(enter forcefully)* [*knife*] conficcarsi, piantarsi **2** *(attack)* [*wind*] spazzare; FIG. attaccare verbalmente, assalire [*person*].

▪ **rip off:** ***~ off [sth.], ~ [sth.] off*** **1** [*person*] strappare, lacerare [*garment*]; [*wind, blast*] squarciare [*roof*] **2** COLLOQ. *(steal)* rubare, fregare [*idea, design, goods*]; ***~ off [sb.], ~ [sb.] off*** COLLOQ. bidonare, spennare, pelare; ***to get ~ped off*** farsi spennare *o* farsi pelare.

▪ **rip open:** ***~ open [sth.], ~ [sth.] open*** aprire (strappando) [*envelope, parcel*]; bucare, sfondare [*bag*].

▪ **rip out:** ***~ out [sth.], ~ [sth.] out*** strappare [*page*]; smantellare, demolire [*fireplace*]; strappare, cavare [*heart*].

▪ **rip through:** ***~ through [sth.]*** [*bomb blast*] sventrare [*building*]; [*fire*] invadere, propagarsi in [*building*].

▪ **rip up:** ***~ up [sth.], ~ [sth.] up*** stracciare, fare a pezzi, strappare [*letter, paper, contract*]; schiodare [*floorboards*]; togliere [*carpet*].

3.rip /rɪp/ n. → **riptide**.

4.rip /rɪp/ n. **1** *(old, worthless horse)* ronzino m., brocco m. **2** *(dissolute person)* dissoluto m. (-a), libertino m. (-a) **3** *(worthless thing)* inezia f., bazzecola f.

RIP (⇒ requiescat, requiescant in pace) ***Anne Smith, ~*** Anne Smith, riposi in pace.

riparian /raɪˈpeərɪən/ **I** agg. rivierasco, ripense **II** n. DIR. proprietario m. rivierasco.

riparian rights /raɪˌpeərɪənˈraɪts/ n.pl. diritti m. rivieraschi.

ripcord /ˈrɪpkɔːd/ n. *(in a balloon)* fune f. di strappamento; *(in a parachute)* cavo m. di spiegamento, di apertura.

▷ **ripe** /raɪp/ agg. **1** [*fruit*] maturo; [*cheese*] maturo, stagionato **2** *(ready)* [*person*] LETT. maturo, pronto (**for** per); ***the time is ~*** i tempi sono maturi; ***the time is ~ for change, reform*** i tempi sono maturi per il cambiamento, per la riforma; ***a site ~ for development*** un'area edificabile **3** SPREG. *(coarse)* [*language*] scurrile, volgare; ***to smell ~*** mandare cattivo odore *o* puzzare ◆ ***to live to a ~ old age*** vivere fino a tarda età; ***she lived to the ~ old age of 90*** visse in salute fino alla veneranda età di 90 anni.

ripen /ˈraɪpən/ **I** tr. maturare, fare maturare [*fruit*]; maturare, stagionare [*cheese*]; ***sun-~ed peaches*** pesche maturate al sole **II** intr. **1** [*fruit*] maturare; [*cheese*] maturare, stagionare **2** LETT. [*feelings, relationship*] trasformarsi, tramutarsi, evolversi; ***their friendship ~ed into love*** la loro amicizia si trasformò in amore.

ripeness /ˈraɪpnɪs/ n. maturità f. (anche FIG.).

ripidolite /rɪˈpɪdəlaɪt/ n. ripidolite f.

rip-off /ˈrɪpɒf, AE -ɔːf/ n. COLLOQ. imbroglio m., fregatura f., bidonata f.

rip-off artist /ˈrɪpɒfˌɑːtɪst, AE -ɔːf-/, **rip-off merchant** /ˈrɪpɒfˌmɜːtʃənt, AE -ɔːf-/ n. COLLOQ. imbroglione m. (-a), truffatore m. (-trice).

1.riposte /rɪˈpɒst/ n. **1** LETT. replica f., risposta f.; ***to make a witty*** o ***clever ~*** replicare in modo arguto *o* intelligente; ***to make a ~*** replicare **2** *(in fencing)* risposta f.

2.riposte /rɪˈpɒst/ intr. **1** LETT. replicare, ribattere, controbattere **2** *(in fencing)* rispondere.

ripped /rɪpt/ **I** p.pass. → **2.rip II** agg. AE COLLOQ. fatto, scoppiato, fuso.

ripper /ˈrɪpə(r)/ n. *(murderer)* squartatore m. (-trice).

ripping /ˈrɪpɪŋ/ agg. BE ANT. COLLOQ. straordinario, splendido; ***~ yarn*** racconto eccellente.

▷ **1.ripple** /ˈrɪpl/ n. **1** *(in water)* increspatura f.; *(in corn)* ondeggiamento m.; *(in hair)* ondulazione f.; ***to make ~s in the water*** fare delle increspature sull'acqua **2** *(sound)* ***a ~ of applause, laughter*** un leggero applauso, un brusio di risate **3** *(repercussion)* ripercussione f., contraccolpo m.; ***this measure will send ~s through the economy*** questa misura avrà delle ripercussioni nell'economia **4** *(ice cream)* gelato m. variegato.

▷ **2.ripple** /ˈrɪpl/ **I** tr. ondulare [*hair*]; increspare [*water*]; ***to ~ one's muscles*** fare guizzare i muscoli **II** intr. **1** [*water*] *(make waves)* incresparsi; *(make sound)* gorgogliare, mormorare; ***the water ~d down the pane, over the stones*** l'acqua scorreva sul vetro, gorgogliava fra i sassi **2** [*corn*] ondeggiare; [*hair*] ondularsi; [*fabric*] incresparsi, pieghettarsi; [*muscles*] guizzare; ***applause, laughter ~d through the room*** nella stanza si diffondevano leggeri applausi, si propagava un brusio di risate.

ripple effect /ˈrɪplɪˌfekt/ n. effetto m. secondario, a catena.

ripple mark /ˈrɪplmɑːk/ n. ripplemarks m.pl.

rip-rap /ˈrɪpræp/ n. AE EDIL. pietrame m. per fondazioni subacquee.

rip-roaring /ˈrɪprɔːrɪŋ/ agg. COLLOQ. [*party*] da sballo; [*show*] scatenato; [*success*] pazzesco, folle; ***to have a ~ time*** spassarsela.

ripsaw /ˈrɪpsɔː/ n. saracco m.

riptide /ˈrɪptaɪd/ n. corrente f. di marea.

▶ **1.rise** /raɪz/ n. **1** *(increase) (in amount, number)* crescita f. (**in** di); *(in inflation)* crescita f., salita f. (**in** di); *(in rates, prices)* aumento m., rialzo m., incremento m. (**in** di); *(in pressure, temperature)* aumento m. (**in** di); *(in standards)* miglioramento m. (**in** di); ***to be on the ~*** [*crime, inflation, number*] essere in crescita; [*prices*] essere in aumento *o* in rialzo **2** BE (anche **pay ~**, **wage ~**) aumento m. salariale, di stipendio **3** *(upward movement) (of plane, balloon)* ascensione f., decollo m.; *(of water, liquid, sea)* innalzamento m. di livello; ***the ~ and fall of one's chest*** il movimento della respirazione **4** *(progress) (of person)* ascesa f.; *(of country, company, empire)* ascesa f., progresso m.; *(of doctrine, ideology)* affermazione f.; ***Hitler's ~ and fall*** l'ascesa e la caduta di Hitler; ***the ~ and fall of the Roman Empire*** l'ascesa e la caduta dell'Impero Romano; ***her ~ to fame*** la sua scalata alla fama, alla celebrità **5** *(slope)* salita f.; ***there's a slight ~ in the road here*** in questo punto della strada c'è una leggera salita **6** *(hill)* collina f., altura f. **7** GEOGR. *(source)* sorgente f., origine f.; ***the river has its ~ in...*** il fiume nasce in *o* da...; ***to give ~ to*** FIG. dare origine a *o* dare adito a [*rumours, speculation, suspicion*]; suscitare [*happiness, resentment, frustration*]; causare [*problem, increase, unemployment*] ◆ ***to get*** o ***take a ~ out of sb.*** COLLOQ. fare uscire qcn. dai gangheri.

▶ **2.rise** /raɪz/ intr. (pass. **rose**; p.pass. **risen**) **1** *(become higher)* [*water*] salire (di livello); [*price, rate, number, temperature*] aumentare, salire; [*voice*] alzarsi; ***to ~ above*** [*temperature, amount*] superare; ***his voice rose to a shout*** alzò la voce fino a gridare; ***his voice rose in anger*** la rabbia gli fece alzare la voce **2** FIG. *(intensify)* [*pressure*] aumentare; [*tension*] salire; [*frustration, anger, hopes*] crescere **3** *(get up)* [*person*] alzarsi; *(after falling)* tirarsi su, rialzarsi; ***to ~ from the chair*** alzarsi dalla sedia; ***to ~ from the dead*** risuscitare; ***"~ and shine!"*** "sveglia!"; ***"all ~"*** DIR. "in piedi, entra la corte!" **4** *(ascend)* → **rise up** **5** *(rebel)* → **rise up** **6** *(meet successfully)* ***to ~ to*** essere *o* mostrarsi all'altezza di [*occasion, challenge*] **7** *(progress)* [*person*] fare carriera, farsi una posizione; ***to ~ to*** diventare [*director, manager*]; ***to ~ to a rank*** o ***position*** raggiungere una posizione; ***to ~ to fame*** diventare famoso; ***he rose from apprentice to manager*** da apprendista è diventato direttore; ***she rose from nothing to become a manager*** è partita dal nulla ed è diventata direttore; ***to ~ through the ranks*** fare la gavetta **8** *(slope upwards)* [*ground, road*] salire; [*mountain, cliff*] elevarsi, ergersi; ***to ~ to a height of*** elevarsi all'altezza di **9** *(appear over horizon)* [*sun, moon, star*] sorgere, spuntare **10** GEOGR. *(have source)* ***to ~ in*** [*river*] nascere, scaturire da [*mountain*]; nascere in [*area*] **11** GASTR. [*dough, cake*] lievitare **12** AMM. DIR. POL. [*committee, court, parliament*] sciogliersi, sospendere la seduta **13** PESC. [*fish*] venire in superficie (per cibarsi) ◆ ***to ~ to sth.*** COLLOQ. *(react)* reagire a qcs.

▪ **rise above:** ***~ above [sth.]*** *(overcome)* superare [*problems, disagreements*]; mostrarsi superiore a [*jealousy*].

▪ **rise up** **1** *(ascend)* [*ball*] alzarsi, salire; [*bird, plane*] levarsi, alzarsi in volo; [*smoke, steam*] salire, alzarsi; FIG. [*building, mountain*] ergersi, levarsi, innalzarsi; ***an office building rose up on the site of the old church*** un palazzo di uffici si ergeva dove un tempo c'era la vecchia chiesa; ***a great shout rose up from the crowd*** un grande urlo si alzò dalla folla **2** *(rebel)* LETT. [*people, region, nation*] insorgere, ribellarsi, sollevarsi (**against** contro); ***to ~ up in revolt*** fare una sommossa.

risen /ˈrɪzn/ **I** p.pass. → **2.rise II** agg. RELIG. risorto; ***the ~ Christ*** il Cristo risorto.

riser /ˈraɪzə(r)/ n. **1** *(person)* ***to be an early, a late ~*** essere un mattiniero, un dormiglione **2** *(part of stair)* alzata f.

risibility /ˌrɪzəˈbɪlətɪ/ n. FORM. risibilità f.
risible /ˈrɪzəbl/ agg. FORM. risibile, ridicolo.
1.rising /ˈraɪzɪŋ/ n. 1 *(of sun, moon)* (il) sorgere; *(of tide)* flusso m. 2 *(rebellion)* insurrezione f., ribellione f., sollevazione f.
▷ **2.rising** /ˈraɪzɪŋ/ I agg. 1 *(increasing)* [*price, costs, unemployment, temperature, demand, sales, number*] in aumento, in crescita; [*inflation*] in crescita, in salita; [*activity*] crescente, in crescita; [*tension*] che sale; [*expectations, optimism, discontent, concern*] crescente 2 *(moving upwards)* [*sun, moon*] che sorge, nascente 3 *(becoming successful)* [*politician, singer*] in ascesa; [*talent*] promettente; ***he's a ~ star*** è un astro nascente 4 *(moving to maturity)* ***the ~ generation*** le nuove generazioni II avv. ***to be ~ twelve, forty*** avere quasi dodici anni, essere vicino alla quarantina.
rising damp /ˌraɪzɪŋˈdæmp/ n. ING. = infiltrazione in un muro di umidità proveniente dal terreno.
rising fives /ˌraɪzɪŋˈfaɪvz/ n.pl. BE SCOL. = bambini che stanno per compiere cinque anni e sono quindi prossimi all'età scolare.
▶ **1.risk** /rɪsk/ n. 1 rischio m., pericolo m. (**of** di; **of doing** di fare); ***there's a ~ of him catching the illness*** o ***that he'll catch the illness*** c'è il rischio che prenda la malattia; ***is there any ~ of him catching the illness?*** ci sono rischi che prenda la malattia? rischia di prendersi la malattia? ***there's a ~ that the operation will not succeed*** c'è il rischio che l'operazione non riesca; ***there is no ~ to consumers*** non ci sono rischi per i consumatori *o* i consumatori non corrono alcun rischio; ***without ~s to health*** senza rischi *o* pericoli per la salute; ***to run the ~ of being injured, ridiculed*** correre il rischio di essere ferito, di essere messo in ridicolo; ***they run a higher ~ of cancer*** corrono maggiori pericoli di ammalarsi di cancro; ***to take ~s*** correre dei rischi; ***it's not worth the ~*** non vale la pena rischiare; ***children at ~*** bambini a rischio; ***their jobs are at ~*** i loro posti di lavoro sono a rischio; ***the factory is at ~ of closure*** la fabbrica è a rischio di chiusura; ***to put one's life, health at ~*** mettere in pericolo la propria vita, la propria salute; ***her health could be at ~*** la sua salute potrebbe essere in pericolo; ***at one's own ~*** a proprio rischio (e pericolo); ***he saved the child at considerable ~ to himself*** salvò il bambino mettendo a serio repentaglio la propria vita; ***at the ~ of seeming ungrateful, paradoxical*** a rischio di *o* con il rischio di sembrare ingrato, paradossale; ***"at owner's ~"*** "a rischio del committente" 2 ECON. rischio m.; ***to be a good, bad ~*** rappresentare un rischio lieve, un grosso rischio; ***to spread a ~*** frazionare *o* ripartire un rischio; ***an all-~s policy*** una polizza contro tutti i rischi.
▶ **2.risk** /rɪsk/ tr. 1 *(endanger)* ***to ~ one's life*** rischiare *o* mettere a repentaglio la propria vita; ***to ~ one's health*** rischiare *o* mettere in pericolo la salute; ***to ~ one's neck (doing)*** rischiare l'osso del collo (facendo) (anche FIG.) 2 *(venture)* ***to ~ doing*** arrischiarsi a fare; ***we're prepared to ~ cash*** siamo disposti a mettere in gioco del denaro; ***to ~ death*** rischiare di morire; ***to ~ injury*** rischiare di ferirsi; ***to ~ one's all*** rischiare, giocare il tutto per tutto; ***we decided to ~ it*** decidemmo di correre il rischio; ***let's ~ it anyway*** rischiamo!
risk asset ratio /ˌrɪskæsetˈreɪʃɪəʊ/ n. rapporto m. di attività di rischio.
risk capital /ˈrɪskˌkæpɪtl/ n. ECON. capitale m. di rischio, capitale m. azionario.
risk factor /ˈrɪskˌfæktə(r)/ n. fattore m. di rischio.
riskiness /ˈrɪskɪnɪs/ n. rischiosità f., pericolosità f. (**of** di).
risk management /ˌrɪskˈmænɪdʒmənt/ n. gestione f. del rischio.
risk manager /ˌrɪskˈmænɪdʒə(r)/ ◗ *27* n. direttore m. della gestione del rischio.
risk-taker /ˈrɪskteɪkə(r)/ n. persona f. ardita, intrepida; ***he's always been a ~*** ha sempre rischiato molto nella vita.
risk-taking /ˈrɪskteɪkɪŋ/ n. ***there must be no ~*** non si deve correre alcun rischio; ***~ is part of the job*** correre qualche rischio fa parte del mestiere.
▷ **risky** /ˈrɪskɪ/ agg. [*decision, undertaking*] rischioso, arrischiato, azzardato; [*bond, share, investment*] a rischio; ***it's too ~ to appoint a new director now*** è troppo rischioso nominare un nuovo direttore in questo momento; ***it's ~ to invest so much money in one company*** è rischioso investire così tanto denaro in una sola società; ***it's too ~*** è troppo rischioso *o* pericoloso.
risotto /rɪˈzɒtəʊ/ n. (pl. **~s**) risotto m.
risqué /ˈriːskeɪ, AE rɪˈskeɪ/ agg. scabroso, osé, spinto.
rissole /ˈrɪsəʊl/ n. polpetta f., crocchetta f.
Rita /ˈriːtə/ n.pr. Rita.
▷ **rite** /raɪt/ n. rito m., cerimonia f.; ***to perform a ~*** celebrare un rito; ***initiation ~*** rito di iniziazione; ***~ of passage*** rito di passaggio; ***the Rite of Spring*** MUS. la Sagra della Primavera.
▷ **ritual** /ˈrɪtʃʊəl/ I n. rituale m., cerimoniale m.; ***to go through a ~*** seguire un rituale (anche FIG.); ***the courtship ~*** ZOOL. il rituale del corteggiamento; ***he went through the ~ of thanking people*** FIG. fece i ringraziamenti di rito II agg. [*dance, gesture*] rituale; [*visit*] di rito; ***~ murder*** sacrificio umano rituale.
ritualism /ˈrɪtʃʊəlɪzəm/ n. ritualismo m.
ritualist /ˈrɪtʃʊəlɪst/ n. ritualista m. e f.
ritualistic /ˌrɪtʃʊəˈlɪstɪk/ agg. [*activity*] ritualistico; RELIG. ritualista.
ritualistically /ˌrɪtʃʊəˈlɪstɪklɪ/ avv. ritualisticamente, in modo ritualistico.
ritualize /ˈrɪtʃʊəlaɪz/ I tr. ritualizzare, rendere rituale II intr. praticare il ritualismo.
ritually /ˈrɪtʃʊəlɪ/ avv. *(ceremonially)* ritualmente, secondo il rito; FIG. *(routinely)* ritualmente, abitualmente.
ritzy /ˈrɪtzɪ/ agg. COLLOQ. lussuoso, chic, elegante.
▷ **1.rival** /ˈraɪvl/ I n. *(person)* rivale m. e f., avversario m. (-a), antagonista m. e f.; *(company)* concorrente m. e f.; ***business ~s*** concorrenza *o* rivali in affari; ***~s in love*** rivali in amore II agg. [*supporter*] avversario, antagonista; [*suitor*] rivale; [*team*] rivale, avversario; [*bid*] della concorrenza; [*business*] concorrente, in concorrenza; [*claim*] contrastante, opposto.
2.rival /ˈraɪvl/ tr. (forma in -ing ecc. **-ll-**, **-l-** AE) *(equal)* uguagliare, pareggiare (**in** in); *(compete favourably)* competere con, fare a gara con (**in** per, in); ***to ~ sb., sth. in popularity*** rivaleggiare con qcn., qcs. in popolarità; ***few can ~ his style*** pochi lo battono in fatto di stile; ***his ignorance is ~led only by his obstinacy*** la sua ignoranza è pari solo alla sua ostinazione.
▷ **rivalry** /ˈraɪvlrɪ/, **rivalship** /ˈraɪvlʃɪp/ n. rivalità f., concorrenza f. (**between** tra); ***bitter, intense ~*** accanita, intensa rivalità; ***inter-company ~*** rivalità tra ditte.
rive /raɪv/ I tr. (pass. **rived**; p.pass. **rived**, **riven**) FORM. 1 *(tear apart)* lacerare, strappare 2 ANT. *(cleave)* spaccare, fendere [*stone, wood*] 3 FIG. *(rend)* spezzare [*heart*]; lacerare [*soul*] II intr. (pass. **rived**; p.pass. **rived**, **riven**) ANT. FORM. spaccarsi, fendersi.
riven /ˈrɪvn/ I p.pass. → **rive** II agg. FORM. lacerato, strappato, spaccato (**by** da).
▶ **river** /ˈrɪvə(r)/ ◗ *25* n. 1 fiume m.; ***up ~, down ~*** a monte, a valle 2 FIG. *(of lava, mud, oil)* fiume m.; ***~s of blood*** fiumi di sangue ◆ ***to sell sb. down the ~*** tradire *o* ingannare qcn.; ***to send sb. up the ~*** AE mandare qcn. al fresco.
riverbank /ˈrɪvəbæŋk/ n. argine m.; ***along the ~*** lungo la sponda del fiume.
river basin /ˈrɪvəˌbeɪsn/ n. bacino m. fluviale.
riverbed /ˈrɪvəbed/ n. alveo m., letto m. (di un fiume).
river blindness /ˈrɪvəˌblaɪndnɪs/ ◗ *11* n. MED. cecità f. dei fiumi, oncocercosi f.
riverboat /ˈrɪvəbəʊt/ n. barca f. fluviale.
river bus /ˈrɪvəˌbʌs/ n. battello m. (di linea), vaporetto m.
river crawfish /ˈrɪvəˌkrɔːfɪʃ/ n. (pl. **river crawfish**, **river crawfishes**) gambero m. di fiume.
riverfront /ˈrɪvəfrʌnt/ n. lungofiume m.
river-head /ˈrɪvəhed/ n. sorgente f. (di un fiume).
river-horse /ˈrɪvəhɔːs/ n. COLLOQ. ippopotamo m.
riverine /ˈrɪvəraɪn/ agg. fluviale.
river mouth /ˈrɪvəˌmaʊθ/ n. foce f.
river police /ˈrɪvəpəˌliːs/ n. polizia f. fluviale.
riverside /ˈrɪvəsaɪd/ I n. lungofiume m., sponda f. di fiume II agg. [*pub, café*] lungo il fiume, sul lungofiume.
river traffic /ˈrɪvəˌtræfɪk/ n. traffico m. fluviale.
1.rivet /ˈrɪvɪt/ n. ribattino m., rivetto m.; ***to drive a ~ into sth.*** rivettare qcs.
2.rivet /ˈrɪvɪt/ tr. 1 *(captivate)* ***to be ~ed by*** essere catturato *o* affascinato da [*performance*] 2 *(fix)* ***to be ~ed on*** [*eyes, gaze*] essere fisso *o* inchiodato su; ***to be ~ed to the spot*** [*person*] essere inchiodato sul posto *o* rimanere di sasso 3 TECN. *(fasten with rivets)* rivettare.
riveter /ˈrɪvɪtə(r)/ n. *(machine)* rivettatrice f., ribaditrice f.
riveting /ˈrɪvɪtɪŋ/ I n. TECN. chiodatura f. II agg. affascinante, incantevole.
Riviera /ˌrɪvɪˈeərə/ n. ***the Italian ~*** la riviera ligure; ***the French ~*** la Costa Azzurra.
rivière /riːvˈjeə(r), ˈrɪvɪeə(r)/ n. collana f. di gemme a più giri.
rivulet /ˈrɪvjʊlɪt/ n. 1 GEOGR. *(stream)* ruscelletto m., rigagnolo m.; ***~s of lava*** piccoli torrenti di lava 2 FIG. ***~s of water, of sweat, of blood*** rivoli d'acqua, di sudore, di sangue.
rix-dollar /ˈrɪksˌdɒlə(r)/ n. STOR. *(old coin)* tallero m.
Riyadh /rɪˈjɑːd/ ◗ *34* n.pr. Riyad f.
riyal /rɪˈjɑːl/ ◗ *7* n. riyal m.

RM GB ⇒ Royal Marines fanteria di marina.
RN n. 1 AE (⇒ registered nurse) = infermiere professionale 2 GB (⇒ Royal Navy) = marina militare britannica.
RNA n. (⇒ ribonucleic acid acido ribonucleico) RNA m.
RNLI n. GB (⇒ Royal National Lifeboat Institution) = organizzazione di volontari che compiono salvataggi in mare e si occupano di raccogliere fondi per il salvataggio in mare.
1.roach /rəʊtʃ/ n. (pl. ~) *(fish)* triotto m.
2.roach /rəʊtʃ/ n. 1 AE COLLOQ. *(insect)* blatta f., scarafaggio m. 2 COLLOQ. mozzicone m. di spinello.
3.roach /rəʊtʃ/ n. MAR. allunamento m., lunata f.
▶ **road** /rəʊd/ I n. 1 *(between places)* strada f. (**from** da; **to** a); ***the ~ to Leeds, the Leeds ~*** la strada per Leeds; ***the ~ north, inland*** la strada che porta a nord, verso l'interno; ***the ~ home*** la strada di casa; ***the ~ back to sth.*** la strada che riporta a qcs.; ***are we on the right ~ for Oxford?*** è questa la strada giusta per Oxford? ***follow the ~ round to the right*** segua la strada che gira a destra; ***follow the ~ ahead*** prosegua dritto lungo la strada; ***a dog in the ~*** un cane per strada; ***after three hours on the ~*** dopo tre ore di strada; ***across the ~*** dall'altra parte della strada; ***along the ~*** lungo la strada, per la strada; ***it's just along the ~*** è appena un po' più avanti (lungo la strada); ***down the ~*** più in giù (lungo la strada); ***by ~*** su strada; ***transported by ~*** trasportato su strada; ***to hit the ~*** COLLOQ., ***to take (to) the ~*** mettersi in viaggio, in cammino; ***a bargain at £ 5,000 on the ~*** un affare da 5.000 sterline chiavi in mano; ***to be on the ~*** [*car*] essere funzionante, in grado di circolare; [*driver, person*] essere in viaggio, essere sulla *o* per strada; [*band, performers*] essere in tour *o* in tournée; ***to be*** o ***get back on the ~*** essere nuovamente in viaggio, rimettersi in viaggio *o* in cammino; ***I've been on the ~ all night*** ho viaggiato tutta la notte; ***to go on the ~ with a show*** andare in tournée per presentare uno spettacolo; ***to go off the ~*** [*vehicle*] finire fuori strada 2 *(in built-up area)* strada f., via f.; ***at the top*** o ***end of my ~*** al termine della via; ***he lives just along*** o ***down the ~*** abita appena un po' più avanti (nella via); ***Tom from down the ~*** Tom che abita più in là (lungo la strada) 3 FIG. *(way)* strada f., via f.; ***a difficult ~ to follow*** una strada difficile da seguire; ***to be on the ~ to success, disaster*** essere sulla strada del successo, andare incontro al disastro; ***we think we're on the right ~*** crediamo di essere sulla strada giusta; ***we don't want to go down that ~*** non vogliamo seguire quella strada; ***they are further down*** o ***along the ~ to union*** hanno fatto passi avanti sulla strada dell'unione; ***somewhere along the ~ she learned*** nel corso della vita ha imparato; ***to reach the end of the ~*** arrivare alla fine *o* arrivare al limite; ***it's the end of the ~ for us*** è la fine per noi; ***(get) out of my ~!*** COLLOQ. fuori dai piedi! togliti di mezzo! 4 MAR. rada f. II modif. [*bridge, congestion, junction, layout, network, map, safety, surface, traffic, accident*] stradale; [*building, construction, maintenance, repair, resurfacing*] della sede stradale; ***~ condition*** viabilità ◆ ***any ~ (up)*** BE COLLOQ. in qualsiasi modo, comunque; ***let's get this show on the ~!*** cominciamo! ***let's have one for the ~!*** beviamo il bicchiere della staffa!
roadbed /ˈrəʊdbed/ n. FERR. ballast m., massicciata f.; *(of road)* massicciata f.
1.roadblock /ˈrəʊdblɒk/ n. 1 blocco m. stradale, posto m. di blocco; ***police, army ~*** posto di blocco della polizia, militare; ***to set up, mount a ~*** istituire, disporre un posto di blocco 2 AE FIG. ostacolo m.
2.roadblock /ˈrəʊdblɒk/ tr. AE bloccare, ostacolare (anche FIG.).
road carrier /ˈrəʊdˌkærɪə(r)/ n. vettore m. stradale.
road fund licence /ˌrəʊdfʌndˈlaɪsns/ n. GB AUT. 1 *(tax)* tassa f. di circolazione 2 *(disc)* bollo m. (di circolazione).
road gang /ˈrəʊdgæŋ/ n. = squadra di operai addetti ai lavori stradali.
road haulage /ˈrəʊdˌhɔːlɪdʒ/ n. trasporto m. su strada.
road haulier /ˌrəʊdˈhɔːlɪə(r)/ ♦ ***27*** n. BE *(firm)* impresa f. di autotrasporti, ditta f. di trasporto su strada; *(person)* autotrasportatore m.
road hog /ˈrəʊdhɒg/ n. COLLOQ. pirata m. della strada.
roadholding /ˈrəʊdˌhəʊldɪŋ/ n. tenuta f. di strada.
roadhouse /ˈrəʊdhaʊs/ n. 1 *(inn)* = taverna, locanda situata lungo una strada (di campagna) 2 AE *(nightclub)* = locale notturno situato lungo una strada (di campagna).
road hump /ˈrəʊdhʌmp/ n. dissuasore m. di velocità.
roadie /ˈrəʊdɪ/ n. COLLOQ. roadie m. e f.
roadman /ˈrəʊdmən/ ♦ ***27*** n. (pl. **-men**) cantoniere m., stradino m.
road manager /ˈrəʊdˌmænɪdʒə(r)/ ♦ ***27*** n. organizzatore m. (-trice) di tournée.
road-manners /ˈrəʊdˌmænəz/ n.pl. cortesia f.sing. stradale.
roadmanship /ˈrəʊdmənʃɪp/ n. abilità f. di guida.
roadmen /ˈrəʊdmen/ → **roadman**.
road-mender /ˈrəʊdˌmendə(r)/ ♦ ***27*** n. cantoniere m., stradino m.
road metal /ˈrəʊdˌmetl/ n. pietrame m., pietrisco m.
road movie /ˈrəʊdˌmuːvɪ/ n. road movie m.
road race /ˈrəʊdreɪs/ n. corsa f. su strada.
road racer /ˈrəʊdˌreɪsə(r)/ n. *(cyclist)* ciclista m. e f. su strada.
road racing /ˈrəʊdˌreɪsɪŋ/ ♦ ***10*** n. gare f.pl. su strada.
road rider /ˈrəʊdˌraɪdə(r)/ n. → **road racer**.
roadroller /ˈrəʊdˌrəʊlə(r)/ n. rullo m. compressore, schiacciasassi m.
roadrunner /ˈrəʊdˌrʌnə(r)/ n. ZOOL. corridore m. della strada.
road sense /ˈrəʊdsens/ n. = capacità di guidare con prudenza oppure di guidare in condizioni di traffico intenso.
roadshow /ˈrəʊdʃəʊ/ n. 1 *(play, show)* spettacolo m. in tournée 2 *(TV, radio programme)* trasmissione f. itinerante 3 *(publicity tour, workshop etc.)* giro m. promozionale.
roadside /ˈrəʊdsaɪd/ I n. ciglio m., bordo m. della strada; ***at*** o ***by*** o ***on the ~*** al margine *o* sul ciglio della strada II modif. [*hedge*] sul ciglio della strada; [*advertising, café, inn*] lungo la strada; [*meal*] consumato in un locale lungo la strada; [*breath test, questioning*] sul posto; ***to carry out ~ repairs*** eseguire riparazioni di fortuna; ***we offer ~ recovery and repairs*** offriamo un servizio di recupero e di riparazione del veicolo.
roadsign /ˈrəʊdsaɪn/ n. cartello m. stradale.
roadstead /ˈrəʊdsted/ n. MAR. rada f.
roadster /ˈrəʊdstə(r)/ n. *(car)* roadster f.; *(bike)* bici f. da strada.
roadsweeper /ˈrəʊdˌswiːpə(r)/ ♦ ***27*** n. *(person)* spazzino m. (-a), netturbino m. (-a); *(machine)* spazzatrice f.
road tax /ˈrəʊdtæks/ n. tassa f. di circolazione.
road tax disc /ˈrəʊdtæksˌdɪsk/ n. bollo m. (di circolazione).
1.road test /ˈrəʊdtest/ n. prova f. su strada.
2.road test /ˈrəʊdtest/ tr. provare su strada [*car*]; AE FIG. mettere alla prova [*idea*].
road transport /ˈrəʊdˌtrænspɔːt/ n. trasporto m. su strada.
road user /ˈrəʊdˌjuːzə(r)/ n. utente m. e f. della strada.
roadway /ˈrəʊdweɪ/ n. carreggiata f., sede f. stradale.
roadwork /ˈrəʊdwɜːk/ n. SPORT corsa f. a piedi su strada.
roadworks /ˈrəʊdwɜːks/ n.pl. lavori m. stradali.
roadworthiness /ˈrəʊdˌwɜːðɪnɪs/ n. *(of a vehicle)* efficienza f.
roadworthy /ˈrəʊdˌwɜːðɪ/ agg. [*vehicle*] efficiente, in grado di viaggiare.
1.roam /rəʊm/ n. vagabondaggio m., giro m.
▷ **2.roam** /rəʊm/ I tr. vagare per, girovagare per [*world, countryside*]; fare un giro per [*cafés, shops, villages*]; ***to ~ the streets*** *(purposefully)* percorrere le strade; *(aimlessly)* gironzolare, vagare per le strade II intr. ***freedom to ~*** la libertà di girovagare *o* vagabondare; ***to ~ through*** percorrere [*region, countryside*]; andare per [*woods*]; fare un giro di [*building*].
■ **roam around** [*person*] gironzolare, vagabondare.
roamer /ˈrəʊmə(r)/ n. vagabondo m. (-a), nomade m. e f.
roaming /ˈrəʊmɪŋ/ n. 1 vagabondaggio m. 2 TEL. roaming m.
1.roan /rəʊn/ n. *(in bookbinding)* bazzana f.
2.roan /rəʊn/ I agg. [*horse*] roano II n. roano m.
▷ **1.roar** /rɔː(r)/ n. 1 *(of lion)* ruggito m.; ***to give a ~*** ruggire 2 *(of person)* urlo m.; ***to give a ~*** lanciare *o* cacciare un urlo 3 *(noise) (of engine, machine)* rombo m.; *(of traffic)* frastuono m., baccano m.; *(of waterfall)* fragore m., scroscio m. 4 *(of sea, wind)* mugghio m., (il) mugghiare 5 *(of crowd)* clamore m., frastuono m.; ***a ~ of laughter*** risate fragorose *o* uno scroscio di risate; ***a ~ of applause*** uno scroscio di applausi.
▷ **2.roar** /rɔː(r)/ I tr. 1 *(shout)* ***"quiet!" he ~ed*** "silenzio!" sbraitò; ***to ~ one's approval*** manifestare a gran voce la propria approvazione 2 *(rev up)* mandare su di giri [*engine*] II intr. 1 [*lion*] ruggire 2 [*person*] ruggire, sbraitare, strepitare; ***to ~ with pain*** urlare di dolore; ***to ~ at sb.*** gridare a qcn.; ***to ~ with laughter*** ridere fragorosamente *o* fare una sonora risata 3 *(make noise)* [*sea, wind*] mugghiare; [*thunder*] rombare, mugghiare; [*fire*] crepitare; [*crowd*] fare clamore, frastuono; [*engine, machine*] rombare; ***to ~ past sth.*** passare davanti a qcs. rombando; ***the car ~ed into life*** l'auto si mise in moto rombando.
■ **roar out:** ***~ out [sth.]*** urlare, gridare [*command*].
1.roaring /ˈrɔːrɪŋ/ n. 1 *(of lion)* (il) ruggire; *(of person)* (il) ruggire, (lo) sbraitare, (lo) strepitare 2 *(of storm, wind, sea)* (il) mugghiare 3 *(of thunder)* (il) rombare, (il) mugghiare; *(of waterfall)* (lo) scrosciare 4 *(of engine, machine)* (il) rombare 5 *(of crowd)* clamore m., frastuono m.
2.roaring /ˈrɔːrɪŋ/ I agg. 1 *(loud)* [*storm*] che ruggisce; [*engine*] che romba; [*traffic*] rumoroso; ***a ~ fire*** un fuoco crepitante; ***the ~ forties*** GEOGR. i roaring, i ruggenti quaranta 2 [*success*] travol-

gente, straordinario; ***to do a ~ trade*** fare affari d'oro (**in** con); ***the ~ Twenties*** STOR. gli anni ruggenti, i ruggenti anni venti **II** avv. ***to be ~ drunk*** essere ubriaco fradicio.

▷ **1.roast** /rəʊst/ **I** n. **1** GASTR. arrosto m.; ***~ of veal, pork*** arrosto di vitello, di maiale **2** AE *(barbecue)* barbecue m., grigliata f. **3** AE COLLOQ. *(entertainment)* = spettacolo in cui un personaggio famoso viene severamente criticato **II** agg. [*meat, poultry*] arrosto; [*potatoes*] al forno; ***~ beef*** roast beef, rosbif; ***~ chestnuts*** castagne arrosto, caldarroste.

▷ **2.roast** /rəʊst/ **I** tr. **1** arrostire, cuocere al forno [*meat, potatoes*]; arrostire [*chestnuts*]; tostare [*peanuts, coffee beans*]; ***dry ~ed peanuts*** arachidi tostate **2** COLLOQ. *(criticize severely)* criticare severamente, mettere in ridicolo; ***to be ~ed alive*** FIG. essere stroncato *o* demolito **II** intr. [*meat*] arrostirsi, arrostire; COLLOQ. FIG. *(in sun, by fire)* [*person*] arrostirsi, abbrustolirsi; ***I'm ~ing!*** COLLOQ. sto morendo di caldo!

roaster /ˈrəʊstə(r)/ n. **1** GASTR. *(chicken)* pollo m. arrosto **2** COLLOQ. *(hot day)* giornata f. torrida **3** *(oven pan)* tegame m. per l'arrosto; *(small oven)* forno m. per arrosto, girarrosto m.

roasting /ˈrəʊstɪŋ/ **I** n. COLLOQ. *(scolding)* ***to give sb. a ~*** dare una lavata di capo *o* una bella strigliata a qcn.; ***the play got a ~ from the critics*** la rappresentazione è stata stroncata dalla critica **II** agg. **1** GASTR. [*chicken, cut of meat*] da arrostire; [*pan*] per l'arrosto **2** COLLOQ. [*weather*] caldissimo, torrido.

▷ **rob** /rɒb/ tr. (forma in -ing ecc. **-bb-**) **1** [*thief*] derubare, rapinare [*person*]; rapinare, svaligiare [*bank, shop, train*]; ***to be ~bed of sth.*** essere derubato di qcs.; ***to ~ the till*** rubare il denaro da un registratore di cassa **2** *(deprive)* ***to ~ sb. of sth.*** privare qcn. di qcs. ◆ ***to ~ Peter to pay Paul*** pagare un debito facendone un altro; ***to ~ sb. blind*** lasciare qcn. in mutande.

Rob /rɒb/ n.pr. diminutivo di **Robert**.

robber /ˈrɒbə(r)/ n. rapinatore m. (-trice), ladro m. (-a); ***train ~*** assaltatore di treni.

robber baron /ˌrɒbəˈbærən/ n. STOR. = nobile che derubava le persone che transitavano sul suo feudo; FIG. = capitalista senza scrupoli.

robber fly /ˈrɒbəflaɪ/ n. assillo m.

▷ **robbery** /ˈrɒbərɪ/ n. rapina f., furto m.; ***it's sheer ~!*** FIG. è un vero furto! ***train ~*** assalto al treno; ***~ with violence*** o ***~ and assault*** DIR. furto aggravato.

Robbie /ˈrɒbɪ/ n.pr. diminutivo di **Robert**.

▷ **1.robe** /rəʊb/ n. **1** *(ceremonial garment)* veste f., abito m.; ***christening, coronation ~*** abito da battesimo, da incoronazione; ***to wear one's ~ of office*** indossare la divisa; [*academic, judge*] indossare la toga; ***ceremonial ~s*** abiti da cerimonia **2** AE *(bath robe)* accappatoio m.

2.robe /rəʊb/ tr. vestire [*dignitary*].

robed /rəʊbd/ **I** p.pass. → **2.robe II** agg. ***~ in silk, in white*** vestito di seta, di bianco.

Robert /ˈrɒbət/ n.pr. Roberto.

Roberta /rəˈbɜːtə/ n.pr. Roberta.

robin /ˈrɒbɪn/ n. **1** (anche **~ redbreast**) pettirosso m. **2** AE tordo m. migratore.

Robin /ˈrɒbɪn/ n.pr. Robin (nome di uomo e di donna).

robin-run-the-hedge /ˌrɒbɪnˈrʌnðəˌhedʒ/ n. BE edera f. terrestre.

Robinson /ˈrɒbɪnsən/ n.pr. Robinson (nome di uomo).

roborant /ˈrəʊbərənt/ **I** n. corroborante m., tonico m., ricostituente m. **II** agg. corroborante, tonico, ricostituente.

▷ **robot** /ˈrəʊbɒt/ **I** n. *(in sci-fi, industry)* robot m., automa m. (anche SPREG.) **II** modif. [*arm*] robotizzato; [*method of production, welding*] robotizzato, automatizzato.

robot bomb /ˈrəʊbɒtˌbɒm/ n. bomba f. volante.

robotic /rəʊˈbɒtɪk/ agg. [*movement, voice*] da automa, robotico; [*tool, device, machine*] robotizzato.

robotics /rəʊˈbɒtɪks/ n. + verbo sing. robotica f.

robotism /ˈrəʊbɒtɪzəm/ n. FIG. comportamento m. da automa.

robotization /ˌrəʊbətaɪˈzeɪʃn, AE -tɪˈz-/ n. robotizzazione f.

robotize /ˈrəʊbətaɪz/ tr. robotizzare.

robotized /ˈrəʊbətaɪzd/ **I** p.pass. → **robotize II** agg. robotizzato.

robot plane /ˈrəʊbɒtˌpleɪn/ n. aereo m. radiocomandato.

▷ **robust** /rəʊˈbʌst/ agg. **1** [*person*] robusto, forte, vigoroso; [*appetite, furniture, toy*] robusto; [*health*] ottimo; [*economy*] solido, fiorente, florido **2** [*humour*] rozzo, grezzo; [*defence*] efficace; [*reply*] deciso, energico; [*attitude, approach, tackle*] energico, risoluto; [*common sense*] sano **3** [*wine*] robusto, corposo, vigoroso; [*flavour*] forte, intenso.

robustious /rəʊˈbʌstʃəs/ agg. ANT. **1** *(robust)* robusto, forte, vigoroso **2** *(boisterous)* turbolento, tumultuoso.

robustly /rəʊˈbʌstlɪ/ avv. **1** [*constructed, made*] solidamente **2** FIG. [*answer, deny*] con decisione, energicamente; [*defend*] efficacemente; [*confident, practical*] estremamente.

robustness /rəʊˈbʌstnɪs/ n. **1** *(of object)* robustezza f. **2** *(of answer)* decisione f.; *(of defence)* efficacia f.; *(of economy)* solidità f., floridezza f.

roc /rɒk/ n. MITOL. = uccello da preda di dimensioni e forza eccezionali.

rocambole /ˈrɒkəmbəʊl/ n. rocambola f., aglio m. romano.

rochet /ˈrɒtʃɪt/ n. *(ecclesiastical vestment)* rocchetto m.

► **1.rock** /rɒk/ **I** n. **1 U** *(substance)* roccia f.; ***solid, molten ~*** roccia viva, fusa; ***hewn out of solid ~*** scavato *o* tagliato nella roccia **2 C** *(boulder)* masso m., macigno m.; ***the ship hit the ~s*** le nave urtò gli scogli; ***on the ~s*** MAR. contro gli scogli *o* sulle rocce; [*drink*] on the rocks; ***to be on the ~s*** FIG. [*marriage*] essere in crisi *o* naufragare **3** *(stone)* pietra f.; ***"falling ~s"*** "caduta massi" **4** BE *(sweet)* = grossa caramella dura di forma cilindrica su cui è scritto il nome della località turistica in cui è venduta **5** gener. pl. COLLOQ. *(diamond)* diamante m. **6** COLLOQ. *(in drug addicts' slang) (crack)* crack m. **II rocks** n.pl. VOLG. *(testicles)* palle f.; ***to get one's ~s off*** spassarsela ◆ ***caught between a ~ and a hard place*** trovarsi tra l'incudine e il martello; ***as firm*** o ***solid as a ~*** saldo come la roccia; ***as hard as a ~*** duro come un diamante.

2.rock /rɒk/ **I** n. (anche **~ music**) rock m. **II** modif. MUS. [*band, concert, musician*] rock; [*industry*] del rock.

3.rock /rɒk/ **I** tr. **1** *(move gently)* dondolare [*cradle*]; cullare [*baby, boat*]; ***she sat ~ing herself in her chair*** stava seduta dondolandosi sulla sedia; ***I ~ed the baby to sleep*** cullai il bambino per farlo addormentare **2** *(shake)* [*tremor, bomb*] scuotere, fare vibrare, sconquassare [*town*]; [*scandal, revelation*] fare tremare, turbare, scombussolare [*party, government*]; [*waves*] sballottare [*vessel*] **II** intr. **1** *(sway)* [*person, cradle*] dondolare; ***to ~ to and fro, back and forth*** ondeggiare su e giù, avanti e indietro; ***to ~ with laughter*** torcersi *o* sbellicarsi dalle risate **2** *(shake)* [*earth, ground, building*] tremare **3** *(dance)* ***to ~ (away)*** ballare; ***by midnight, the place is ~ing*** COLLOQ. per mezzanotte, la serata si anima.

rockabilly /ˈrɒkəbɪlɪ/ n. MUS. rockabilly m.

1.rock and roll /ˌrɒkənˈrəʊl/ **I** n. rock and roll m. **II** modif. [*band, singer*] di rock and roll; [*era*] del rock and roll; ***~ music*** musica rock and roll.

2.rock and roll /ˌrɒkənˈrəʊl/ intr. ballare il rock and roll.

rock-bed /ˈrɒkbed/ n. fondo m. roccioso.

rock-bird /ˈrɒkbɜːd/ n. galletto m. di roccia, rupicola f.

rock bottom /ˌrɒkˈbɒtəm/ **I** n. fondo m., punto m. più basso; ***to reach*** o ***hit ~*** toccare il fondo; ***to be at ~*** essere nel punto più basso **II rock-bottom** agg. [*price*] minimo, bassissimo.

rockbound /ˈrɒkbaʊnd/ agg. [*island*] circondato dalle rocce; [*coast*] roccioso.

rock bun /ˈrɒkbʌn/, **rock cake** /ˈrɒkkeɪk/ n. BE dolce m. all'uvetta.

rock candy /ˌrɒkˈkændɪ/ n. AE zucchero m. candito.

rock carving /ˈrɒkˌkɑːvɪŋ/ n. incisione f. rupestre.

rock climber /ˈrɒkˌklaɪmə(r)/ n. rocciatore m. (-trice), arrampicatore m. (-trice), scalatore m. (-trice).

rock climbing /ˈrɒkˌklaɪmɪŋ/ ➧ **10** n. scalata f.; ***to go ~*** fare roccia.

rock crystal /ˈrɒkˌkrɪstl/ n. cristallo m. di rocca.

rock dash /ˈrɒkdæʃ/ n. AE rinzaffo m.

rock-dove /ˈrɒkdʌv/ n. colombo m. selvatico.

rock drill /ˈrɒkdrɪl/ n. perforatrice f. da roccia.

▷ **rocker** /ˈrɒkə(r)/ n. **1** AE *(chair)* sedia f. a dondolo **2** *(on cradle, chair)* asse f. ricurva **3** (anche **~ switch**) interruttore m. a leva **4** BE *(biker)* motociclista m. e f., biker m. e f. **5** COLLOQ. *(performer)* rocker m. e f., cantante m. e f. rock **6** COLLOQ. *(rock fan)* rocchettaro m. (-a), appassionato m. (-a) di musica rock ◆ ***to be*** o ***go off one's ~*** COLLOQ. essere matto da legare *o* essere svitato.

rocker arm /ˈrɒkərɑːm/ n. TECN. bilanciere m.

rocker panel /ˈrɒkəˌpænl/ n. AUT. batticalcagno m.

rockery /ˈrɒkərɪ/ n. BE giardino m. roccioso.

▷ **1.rocket** /ˈrɒkɪt/ **I** n. **1** *(spacecraft, firework)* razzo m.; ***distress ~*** razzo di segnalazione; ***to take off like a ~*** partire a razzo **2** MIL. razzo m., missile m. **II** modif. [*range, base*] missilistico; [*research, technology*] spaziale ◆ ***to give sb. a ~*** BE COLLOQ. dare una lavata di capo a qcn.

▷ **2.rocket** /ˈrɒkɪt/ intr. **1** [*price, profit, level, value*] andare alle stelle, crescere vertiginosamente; ***to ~ from 10 to 100, by 400%*** balzare *o* passare rapidamente da 10 a 100, lievitare del 400% **2** [*person, vehicle*] ***to ~*** o ***go ~ing past sth.*** passare sfrecciando davanti a qcs.; ***to ~ to fame*** conquistare fulmineamente la fama.

3.rocket /'rɒkɪt/ n. BOT. GASTR. rucola f., ruchetta f.
rocket attack /'rɒkɪtə,tæk/ n. attacco m. missilistico.
rocket engine /'rɒkɪt,endʒɪn/ n. motore m. a razzo, endoreattore m.
rocket fuel /'rɒkɪt,fju:əl/ n. propergolo m.
rocket launcher /'rɒkɪt,lɔ:ntʃə(r)/ n. lanciarazzi m., lanciamissili m.
rocket-propelled /,rɒkɪtprə'peld/ agg. con propulsione a razzo.
rocket propulsion /,rɒkɪtprə'pʌlʃn/ n. propulsione f. a razzo.
rocketry /'rɒkɪtrɪ/ n. missilistica f.
rocket ship /'rɒkɪtʃɪp/ n. *(spacecraft)* veicolo m. spaziale.
rock face /'rɒkfeɪs/ n. parete f. rocciosa.
rockfall /'rɒkfɔ:l/ n. caduta f. di massi.
rockfish /'rɒkfɪʃ/ n. (pl. ~, **~es**) scorfano m., scorpena f.
rock formation /'rɒkfɔ:,meɪʃn/ n. formazione f. rocciosa.
rock garden /'rɒk,gɑ:dn/ n. giardino m. roccioso.
rock goat /'rɒkgəʊt/ n. stambecco m.
rock-hard /,rɒk'hɑ:d/ agg. durissimo, resistente.
Rockies /'rɒki:z/ n.pr.pl. Montagne f. Rocciose.
rockiness /'rɒkɪnɪs/ n. rocciosità f.
rocking /'rɒkɪŋ/ **I** n. *(gentle)* dondolio m., oscillazione f.; *(vigorous)* scossa f. **II** agg. [*boat*] che oscilla, che fluttua; ***a ~ motion*** un movimento oscillante.
rocking chair /'rɒkɪŋtʃeə(r)/ n. sedia f. a dondolo.
rocking horse /'rɒkɪŋhɔ:s/ n. cavallo m. a dondolo.
rockling /'rɒklɪŋ/ n. (pl. ~, **~s**) motella f.
rock lobster /,rɒk'lɒbstə(r)/ n. aragosta f.
rock'n'roll → **rock and roll**.
rock-oil /'rɒkɔɪl/ n. BE petrolio m. grezzo.
rock painting /'rɒk,peɪntɪŋ/ n. pittura f. rupestre.
rock plant /'rɒkplɑ:nt, AE -plænt/ n. pianta f. rupestre.
rock pool /'rɒkpu:l/ n. bacino m. tra le rocce.
rock rabbit /'rɒk,ræbɪt/ n. irace m., procavia f.
rockrose /'rɒkrəʊz/ n. cisto m., eliantemo m.
rock salmon /,rɒk'sæmən/ n. BE GASTR. *(catfish)* pesce m. gatto; *(dogfish)* gattuccio m.
rock salt /'rɒksɔ:lt/ n. salgemma m.
rockslide /'rɒkslaɪd/ n. frana f.
rock star /'rɒksta:(r)/ n. rock-star f.
rock-steady /,rɒk'stedɪ/ agg. stabile, solido.
rock wool /'rɒkwʊl/ n. lana f. di roccia.
▷ **1.rocky** /'rɒkɪ/ agg. *(covered in rocks)* [*beach*] pietroso; [*path*] sassoso; [*soil, coast, headland, peninsula*] roccioso; ***a ~ road*** una strada sassosa; FIG. un cammino irto di difficoltà.
▷ **2.rocky** /'rɒkɪ/ agg. COLLOQ. *(unstable)* [*personal relationship, career*] instabile, traballante; [*period*] difficile; [*health*] precario, malfermo; [*business*] precario; ***her marriage is a bit ~*** il suo matrimonio è un po' traballante.
Rocky Mountains /,rɒkɪ'maʊntɪnz, AE -ntnz/ n.pr.pl. Montagne f. Rocciose.
Rocky Mountain spotted fever /,rɒkɪ,maʊntɪn,spɒtɪd'fi:və(r), AE -ntn-/ n. febbre f. purpurica delle Montagne Rocciose.
rococo /rə'kəʊkəʊ/ **I** agg. rococò **II** n. rococò m.
▷ **rod** /rɒd/ n. **1** *(stick) (of wood)* verga f., bacchetta f., bastone m.; *(of metal)* sbarra f., spranga f.; ***curtain ~*** bastone *o* bacchetta per le tende; ***stair ~*** = bacchetta che tiene ferma la guida delle scale; ***steel ~*** tondino d'acciaio **2** *(for punishment)* bacchetta f. **3** PESC. canna f. da pesca; ***to fish with a ~ and line*** pescare con la canna e la lenza **4** *(staff of office)* bastone m. di comando, bacchetta f. **5** METROL. pertica f. **6** *(in eye)* bastoncello m. **7** AE COLLOQ. *(pistol)* pistola f.; ***to pack a ~*** COLLOQ. portare una pistola **8** AE VOLG. *(penis)* mazza f. ◆ ***to make a ~ for one's own back*** scavarsi la fossa; ***to rule with a ~ of iron*** comandare con pugno di ferro; ***spare the ~ and spoil the child*** PROV. il medico pietoso fa la piaga verminosa.
Rod /rɒd/ n.pr. Rod (nome di uomo).
rode /rəʊd/ pass. → **2.ride**.
rodent /'rəʊdnt/ **I** n. roditore m. **II** agg. roditore.
rodent ulcer /'rəʊdnt,ʌlsə(r)/ n. epitelioma m. basocellulare, ulcus rodens m.
rodeo /'rəʊdɪəʊ/ n. (pl. **~s**) rodeo m.
Roderick /'rɒdərɪk/ n.pr. Rodrigo.
Rodge /rɒdʒ/ n.pr. diminutivo di **Roger**.
Rodney /'rɒdnɪ/ n.pr. Rodney (nome di uomo).
rodomontade /,rɒdəmɒn'teɪd, -'tɑ:d/ n. LETT. SPREG. rodomontata f., smargiassata f.
1.roe /rəʊ/ n. → **roe deer**.
2.roe /rəʊ/ n. **1** U (anche **hard ~**) uova f.pl. di pesce; ***cod's, lumpfish ~*** uova di merluzzo, di lompo **2** (anche **soft ~**) latte m. di pesce.
roebuck /'rəʊbʌk/ n. (pl. ~) capriolo m. (maschio).
roe deer /'rəʊdɪə(r)/ n. (pl. **roe deer**, **roe deers**) **1** *(generically)* capriolo m. **2** *(female)* capriola f.
roentgen /'rɒntgən/ n. röntgen m.
roentgenogram /'rɒntgənəʊgræm/ n. röntgenogramma m., radiogramma m.
roentgenotherapy /,rɒntgənəʊ'θerəpɪ/ n. röntgenterapia f.
roestone /'rəʊstəʊn/ n. oolite f.
Rogation Days /rəʊ'geɪʃn,deɪz/ n.pl. giorni m. delle rogazioni.
rogations /rəʊ'geɪʃnz/ n.pl. rogazioni f.
rogatory /'rɒgətrɪ/ agg. rogatorio; ***~ letter*** lettera rogatoria.
1.roger /'rɒdʒə(r)/ inter. **1** TEL. ricevuto **2** COLLOQ. *(OK)* bene, d'accordo.
2.roger /'rɒdʒə(r)/ tr. BE POP. scoparsi [*woman*].
Roger /'rɒdʒə(r)/ n.pr. Ruggero.
▷ **rogue** /rəʊg/ **I** n. **1** SCHERZ. birbone m., canaglia f., briccone m.; ***charming, handsome ~*** simpatica canaglia, amabile furfante **2** SPREG. mascalzone m., canaglia f., farabutto m.; ***~s' gallery*** album segnaletico; FIG. SCHERZ. libro nero **3** *(animal)* animale m. solitario **II** modif. **1** *(maverick)* [*elephant*] solitario; [*politician*] dissidente; [*detective*] anticonformista, dai metodi stravaganti **2** SPREG. [*builder, landlord, trader*] disonesto.
roguery /'rəʊgərɪ/ n. **1** SPREG. *(dishonesty)* mascalzonata f., furfanteria f. **2** *(mischief)* birichinata f., marachella f.
rogue state /,rəʊg'steɪt/ n. stato m. canaglia.
rogue wave /,rəʊg'weɪv/ n. onda f. anomala.
roguish /'rəʊgɪʃ/ agg. furbo, smaliziato.
roguishly /'rəʊgɪʃlɪ/ avv. [*smile, say*] in modo furbo, smaliziato.
roguishness /'rəʊgɪʃnɪs/ n. furbizia f., malizia f.
roil /rɔɪl/ tr. **1** intorbidare [*liquid*] **2** AE *(irritate)* irritare, fare innervosire.
roister /'rɔɪstə(r)/ intr. ANT. fare fracasso, fare baccano, fare baldoria.
roisterer /'rɔɪstərə(r)/ n. ANT. fracassone m. (-a), chiassone m. (-a).
roistering /'rɔɪstərɪŋ/ **I** agg. ANT. chiassoso, rumoroso **II** n. ANT. baccano m., fracasso m., baldoria f.
Roland /'rəʊlənd/ n.pr. Orlando.
▶ **role** /rəʊl/ n. TEATR. CINEM. ruolo m., parte f. (**in** in) (anche FIG.); ***in the ~ of*** nel ruolo di; ***to reverse ~s*** invertire i ruoli; ***to take a ~*** interpretare un ruolo; FIG. prendere parte attiva; ***leading, supporting ~*** ruolo principale, secondario (anche FIG.); ***title ~*** = parte del personaggio che dà il nome all'opera; ***vital ~***, ***key ~*** FIG. ruolo cruciale, determinante.
role model /'rəʊl,mɒdl/ n. modello m.; PSIC. modello m. di comportamento.
1.role-play /'rəʊlpleɪ/ n. PSIC. psicodramma m.; SCOL. gioco m. di ruolo.
2.role-play /'rəʊlpleɪ/ tr. recitare, interpretare [*part, scene*]; ricreare, rappresentare [*situation*]; esternare, estrinsecare [*feeling*].
role reversal /'rəʊlrɪ,vɜ:sl/, **role swapping** /'rəʊl,swɒpɪŋ/ n. inversione f., scambio m. dei ruoli.
▶ **1.roll** /rəʊl/ n. **1** *(wad) (of paper, cloth)* rotolo m.; *(of banknotes)* mazzetta f.; *(of flesh)* rotolo m., rotolino m.; ***a ~ of film*** un rullino **2** GASTR. *(bread)* panino m.; ***cheese ~*** panino al formaggio; ***chicken, turkey ~*** *(meat)* galantina di pollo, di tacchino **3** *(register)* registro m., elenco m.; ***class ~*** registro di classe; ***electoral ~*** liste elettorali; ***to have 200 members on the ~*** avere 200 membri iscritti; ***to call the ~*** fare l'appello; ***falling school ~s*** popolazione scolastica in diminuzione.
▶ **2.roll** /rəʊl/ n. **1** *(rocking motion) (of ship)* rollio m.; ***to walk with a ~ of the hips*** camminare ancheggiando **2** SPORT *(in gymnastics)* capriola f.; ***forward, backward ~*** capriola in avanti, all'indietro **3** AER. rollio m. **4** GIOC. *(of dice)* rotolio m., lancio m. **5** *(deep sound) (of drums)* rullo m.; *(of thunder)* rombo m., rimbombo m., brontolio m. **6** *(squirm)* ***to have a ~ on*** [*dog*] rotolarsi in [*grass, sand*] ◆ ***to be on a ~*** COLLOQ. vivere un periodo fortunato.
▶ **3.roll** /rəʊl/ **I** tr. **1** *(push)* fare rotolare [*ball, barrel, log*]; ***to ~ sth. away*** fare rotolare via qcs. (**from** da); ***to ~ sth. forward*** fare rotolare qcs. in avanti; ***to ~ sth. back a few metres*** fare rotolare qcs. indietro di qualche metro **2** *(make)* arrotolare, rollare [*cigarette*]; ***to ~ one's own*** farsi da sé le sigarette; ***to ~ sth. into a ball*** *(of paper)* appallottolare qcs.; *(of dough, clay)* fare una palla di qcs.; *(of wool)* avvolgere qcs. in gomitolo, raggomitolare qcs. **3** *(flatten)* spianare, stendere, tirare [*dough*]; spianare [*lawn*]; laminare [*metal*] **4** *(turn)* ***to ~ one's eyes*** roteare gli occhi; ***~ the patient onto his back*** fare girare il paziente sulla schiena; ***she ~ed her car*** COLLOQ. la sua auto si ribaltò *o* capottò **5** CINEM. TIP. fare girare, azionare [*camera*]; fare funzionare [*presses*] **6** GIOC. lanciare, gettare [*dice*] **7** LING. ***to ~ one's "r"s*** arrotare le erre **II** intr. **1** *(move)* [*ball, coin, rock*] rotolare (**onto** su); [*person, animal*] roto-

larsi; ***to ~ backwards*** [*car*] fare marcia indietro; ***to ~ down*** [*car*] scendere da [*hill*]; [*rock*] rotolare giù per [*hill*]; [*person*] rotolare, ruzzolare, cadere giù da [*slope*]; ***to ~ into*** [*train*] entrare in [*station*]; ***to ~ off*** [*car*] precipitare *o* cadere da [*cliff*]; [*coin, dice*] cadere da [*table*]; [*person*] scivolare da [*couch*]; ***to ~ out of*** [*person*] alzarsi da [*bed*]; ***the ball ~ed over the line*** la palla superò la linea **2** *(rotate)* [*car*] rovesciarsi; [*plane*] effettuare il rollio; [*eyes*] roteare **3** *(sway)* [*ship*] rollare, barcollare, traballare **4** *(reverberate)* [*thunder*] rimbombare, brontolare; [*drum*] rullare **5** *(function)* [*camera*] girare; [*press*] mettersi in funzione ◆ ***heads will ~!*** cadranno delle teste! ***let the good times ~!*** divertiamoci! diamo inizio ai festeggiamenti! ***~ on the holidays!*** che arrivino presto le vacanze! ***to be ~ing in it*** COLLOQ. nuotare nell'oro; ***to be X, Y and Z ~ed into one*** essere X, Y e Z riuniti, incorporati in una sola cosa, mescolati in un tutt'uno.

▪ **roll about** BE, **roll around** [*animal, person*] rotolarsi; [*marbles, tins*] rotolare (qua e là); ***to ~ around on the grass*** rotolarsi sull'erba.

▪ **roll along** [*car*] procedere a velocità moderata.

▪ **roll back:** ~ **back** INFORM. rieseguire; ~ **[sth.] back,** ~ **back [sth.]** **1** *(push back)* arrotolare (rovesciando) [*carpet*] **2** FIG. andare indietro con [*years*]; superare, abbattere [*frontiers*] **3** ECON. ridurre, abbassare [*prices*].

▪ **roll down:** ~ **[sth.] down,** ~ **down [sth.]** abbassare, tirare giù [*blind, window, sleeve, trouser leg*].

▪ **roll in 1** *(pour in)* [*tourists, money, orders*] affluire **2** *(gather)* [*clouds*] accumularsi **3** *(advance)* [*tanks, trucks*] avanzare; ***the tanks ~ed into the city*** i carri armati entrarono nella città **4** COLLOQ. *(stroll in)* arrivare; ***to ~ in 20 minutes late*** arrivare con 20 minuti di ritardo.

▪ **roll off:** ~ **off [sth.]** [*cars*] uscire da [*production line*]; [*newspapers*] uscire, venire fuori da [*presses*].

▪ **roll on:** ~ **on** [*time, hours*] passare, venire (in fretta); ~ **[sth.] on,** ~ **on [sth.]** infilare [*stockings*]; ***to ~ on deodorant*** mettersi il deodorante.

▪ **roll out:** ~ **[sth.] out,** ~ **out [sth.]** spianare, stendere, tirare [*pastry*]; laminare [*metal*]; spianare, appianare [*bumps*]; srotolare, stendere [*rug*].

▪ **roll over:** ~ **over 1** [*car, boat*] ribaltarsi, rovesciarsi **2** [*person*] (ri)girarsi; ***to ~ over on one's back, stomach*** girarsi sulla schiena, sulla pancia ~ **[sth.] over** AMM. ECON. rinnovare [*debt, loan*]; ~ **[sb.] over** girare [*patient, invalid*] (**onto** su).

▪ **roll up:** ~ **up 1** COLLOQ. *(arrive)* [*guests, visitors*] arrivare, comparire (su invito); ~ ***up!*** accorrete! **2** *(form a cylinder)* [*poster, mat*] arrotolarsi ~ **up [sth.],** ~ **[sth.] up** arrotolare, avvolgere [*rug, poster*]; ***to ~ up one's sleeves*** rimboccarsi la maniche; ***I ~ed his sleeve up*** gli rimboccai la manica; ***to ~ sth., sb. up in*** avvolgere qcs., qcn. in [*blanket*].

rollaway bed /ˈrəʊləweɪˌbed/ n. AE letto m. a carriola.

rollback /ˈrəʊlbæk/ n. AE ECON. riduzione f. di prezzi.

rollbar /ˈrəʊlbɑː(r)/ n. AUT. roll-bar m.

roll-cage /ˈrəʊlkeɪdʒ/ n. AUT. gabbia f. di protezione dell'abitacolo.

roll-call /ˈrəʊlkɔːl/ n. MIL. appello m.

rolled /rəʊld/ **I** p.pass. → **3.roll II** agg. [*steel*] laminato.

rolled gold /ˌrəʊldˈɡəʊld/ **I** n. oro m. laminato **II** modif. [*watch, bracelet*] in oro laminato.

rolled oats /ˌrəʊldˈəʊts/ n.pl. GASTR. avena f.sing. sgranata e schiacciata.

rolled-up /ˌrəʊldˈʌp/ agg. [*newspaper, carpet*] arrotolato.

▷ **1.roller** /ˈrəʊlə(r)/ n. **1** IND. TECN. rullo m., cilindro m.; ***road, paint ~*** compressore stradale *o* rullo **2** *(curler)* bigodino m. **3** *(wave)* cavallone m., frangente m. **4** BE COLLOQ. Rolls Royce f.

2.roller /ˈrəʊlə(r)/ n. ZOOL. ghiandaia f. marina.

rollerball /ˈrəʊləbɔːl/ n. penna f. a sfera.

rollerbandage /ˈrəʊləˌbændɪdʒ/ n. rotolo m. di garza.

1.rollerblade /ˈrəʊləbleɪd/ n. rollerblade m., pattino m. in linea.

2.rollerblade /ˈrəʊləbleɪd/ intr. andare sui rollerblade, sui pattini in linea.

rollerblader /ˈrəʊləˌbleɪdə(r)/ n. pattinatore m. (-trice) in linea.

rollerblading /ˈrəʊləˌbleɪdɪŋ/ n. pattinaggio m. in linea.

roller blind /ˈrəʊləblaɪnd/ n. tendina f. avvolgibile.

roller coaster /ˈrəʊləˌkəʊstə(r)/ n. montagne f.pl. russe, otto m. volante.

roller disco /ˈrəʊləˌdɪskəʊ/ n. = discoteca in cui si balla indossando pattini a rotelle.

rollerdrome /ˈrəʊlədrəʊm/ n. pista f. di pattinaggio a rotelle.

1.roller-skate /ˈrəʊləskeɪt/ n. pattino m. a rotelle.

2.roller-skate /ˈrəʊləskeɪt/ intr. andare sui pattini a rotelle, schettinare; ***to ~ to work, round the park*** andare a lavoro con i pattini a rotelle, schettinare nel parco.

roller-skater /ˈrəʊləˌskeɪtə(r)/ n. pattinatore m. (-trice) a rotelle, schettinatore m. (-trice).

roller-skating /ˈrəʊləˌskeɪtɪŋ/ ♦ **10** n. pattinaggio m. a rotelle; ***to go ~*** fare pattinaggio a rotelle.

roller-skating rink /ˈrəʊləskeɪtɪŋˌrɪŋk/ n. pista f. di pattinaggio a rotelle.

roller towel /ˈrəʊləˌtaʊəl/ n. asciugamano m. automatico a rullo, bandinella f.

roll film /ˈrəʊlfɪlm/ n. FOT. pellicola f. in rotolo.

rollick /ˈrɒlɪk/ intr. COLLOQ. (anche ~ **about**) fare baldoria, spassarsela, divertirsi.

1.rollicking /ˈrɒlɪkɪŋ/ n. BE COLLOQ. ramanzina f., sgridata f.; ***to give sb. a ~*** dare una lavata di capo a qcn.

2.rollicking /ˈrɒlɪkɪŋ/, **rollicksome** /ˈrɒlɪksəm/ agg. [*person*] spensierato; [*comedy*] allegro; [*party*] scatenato, chiassoso.

▷ **1.rolling** /ˈrəʊlɪŋ/ agg. **1** [*countryside, hills*] ondulato **2** [*walk, gait*] barcollante, dondolante.

2.rolling /ˈrəʊlɪŋ/ n. IND. laminatura f.

rolling friction /ˈrəʊlɪŋˌfrɪkʃn/ n. attrito m. volvente.

rolling mill /ˈrəʊlɪŋmɪl/ n. laminatoio m.

rolling pin /ˈrəʊlɪŋpɪn/ n. GASTR. matterello m.

rolling press /ˈrəʊlɪŋpres/ n. TECN. calandra f., pressa f. a cilindri.

rolling stock /ˈrəʊlɪŋstɒk/ n. FERR. materiale m. rotabile.

rolling stone /ˌrəʊlɪŋˈstəʊn/ n. FIG. vagabondo m. (-a).

rolling strike /ˌrəʊlɪŋˈstraɪk/ n. IND. sciopero m. articolato, a scacchiera.

rollmop /ˈrəʊlmɒp/ n. GASTR. = filetto d'aringa cruda arrotolato e conservato sott'aceto.

rollneck /ˈrəʊlnek/ n. ABBIGL. collo m. alto, maglia f. a collo alto.

roll of honour BE, **roll of honor** AE /ˌrəʊləvˈɒnə(r)/ n. **1** SCOL. SPORT albo m. d'onore, albo m. d'oro **2** MIL. albo m. d'onore, albo m. d'oro (dei caduti).

roll-on /ˈrəʊlɒn/ n. COSMET. deodorante m. roll-on.

roll-on roll-off /ˈrəʊlɒnˌrəʊlɒf, AE -ɔːf/ **I** n. roll-on roll-off m. **II** agg. MAR. ~ ***ferry*** o ***ship*** nave traghetto da carico; ***the ~ system*** il trasporto merci su navi da carico.

rollout /ˈrəʊlaʊt/ n. COMM. IND. lancio m. ufficiale (di un prodotto, un servizio).

rollover /ˈrəʊləʊvə(r)/ n. ECON. *(of debt, loan)* rinnovo m., differimento m.

rollover credit /ˈrəʊləʊvəˌkredɪt/ n. ECON. credito m. rinnovabile.

roll-top desk /ˌrəʊltɒpˈdesk/ n. scrittoio m. a tamburo.

roll-up /ˈrəʊlʌp/ n. BE COLLOQ. sigaretta f. fatta a mano.

roly-poly /ˌrəʊlɪˈpəʊlɪ/ n. **1** COLLOQ. SCHERZ. persona f. paffuta, grassottella; ***to be a ~*** essere pienotto *o* grassottello **2** BE GASTR. = sfoglia ripiena di marmellata, arrotolata e cotta al forno o al vapore.

ROM /rɒm/ n. (⇒ read-only memory memoria a sola lettura) ROM f.

Romaic /rəʊˈmeɪɪk/ **I** agg. romaico **II** n. romaico m.

romaine /rəˈmeɪn/ n. AE (anche ~ **lettuce**) lattuga f. romana.

roman /ˈrəʊmən/ **I** agg. relativo al, del carattere romano **II** n. TIP. (carattere) romano m., tondo m.

Roman /ˈrəʊmən/ **I** agg. [*empire, history, calendar, alphabet, architecture*] romano; [*way of life*] dei romani **II** n. romano m. (-a) **III Romans** n.pl. + verbo sing. BIBL. Lettera f. ai Romani; ***(the Epistle to the) ~s*** BIBL. la Lettera ai Romani.

Roman candle /ˌrəʊmənˈkændl/ n. candela f. romana.

Roman Catholic /ˌrəʊmənˈkæθəlɪk/ **I** agg. cattolico romano **II** n. cattolico m. (-a) romano (-a).

Roman Catholicism /ˌrəʊmənkəˈθɒlɪsɪzəm/ n. cattolicesimo m.

▷ **1.romance** /rəʊˈmæns/ n. **1** *(of era, way of life, place)* fascino m., romanticismo m., atmosfera f. romanzesca **2** *(love affair)* avventura f., flirt m.; *(love)* amore m., idillio m.; ***to have a ~*** avere una storia d'amore; ***it was the great ~ of his life*** è stata la storia d'amore più importante *o* il grande amore della sua vita; ***a holiday*** BE o ***vacation*** AE ~ un'avventura estiva **3** *(entertainment) (novel)* romanzo m. d'amore; *(film)* film m. sentimentale; ***historical ~*** *(love story)* romanzo d'amore e d'avventura *o* romanzo di cappa e spada; *(heroic)* romanzo storico **4** LETTER. *(medieval)* romanzo m. cavalleresco; *(Shakespearean)* = le quattro opere dal contenuto fantasioso scritte dopo le grandi tragedie **5** MUS. romanza f.

2.romance /rəʊˈmæns/ intr. favoleggiare; ***to ~ about sth.*** fantasticare su qcs.

Romance /rəʊˈmæns/ **I** agg. LING. romanzo, neolatino **II** n. LING. lingua f. romanza.

romancer /rəʊ'mænsə(r)/ n. **1** scrittore m. (-trice) di opere romanzesche; *(of medieval romance)* autore m. (-trice) di romanzi cavallereschi **2** *(fantastic liar)* ***to be a ~*** IRON. avere una fervida immaginazione.
Romanesque /ˌrəʊmə'nesk/ agg. ARCH. romanico.
Romania /rəʊ'meɪnɪə/ ◗ *6* n.pr. Romania f.
Romanian /rəʊ'meɪnɪən/ ◗ *18, 14* **I** agg. rumeno **II** n. **1** *(person)* rumeno m. (-a) **2** LING. rumeno m.
Romanic /rəʊ'mænɪk/ → **Romance**.
Romanism /'rəʊmənɪzəm/ n. RELIG. SPREG. romanismo m., papismo m.
Romanist /'rəʊmənɪst/ n. **1** RELIG. SPREG. cattolico m. (-a) romano (-a), papista m. e f. **2** *(expert in Roman law)* romanista m. e f. **3** *(expert in Romance languages)* romanista m. e f., neolatinista m. e f.
romanization /ˌrəʊmənaɪ'zeɪʃn, AE -nɪ'z-/ n. LING. traslitterazione f. con caratteri latini.
romanize /'rəʊmənaɪz/ tr. (anche **Romanize**) LING. traslitterare con caratteri latini.
Roman law /ˌrəʊmən'lɔ:/ n. diritto m. romano.
Roman nose /ˌrəʊmən'nəʊz/ n. naso m. aquilino.
Roman numerals /ˌrəʊmən'nju:mərəlz, AE -'nu:-/ n.pl. numeri m. romani.
Roman rite /ˌrəʊmən'raɪt/ n. rito m. romano.
Roman road /ˌrəʊmən'rəud/ n. strada f. romana.
Romans(c)h /rəʊ'mænʃ/ n. LING. romancio m.
▷ **romantic** /rəʊ'mæntɪk/ **I** agg. **1** [*place, setting, story, person, idea*] romantico **2** *(involving affair)* sentimentale; ***to form a ~ attachment with sb.*** instaurare un legame sentimentale con qcn. **3** [*film*] sentimentale, d'amore; [*novel*] rosa, d'amore; ***the ~ lead*** il ruolo dell'eroe romantico **II** n. persona f. romantica, romantico m. (-a).
Romantic /rəʊ'mæntɪk/ **I** agg. LETTER. ART. MUS. romantico **II** n. LETTER. ART. MUS. romantico m. (-a).
romantically /rəʊ'mæntɪklɪ/ avv. [*describe, sing, play*] romanticamente, appassionatamente; [*behave*] in modo romantico, sentimentale; ***they are ~ involved*** tra loro c'è del tenero.
romantic comedy /rəʊˌmæntɪk'kɒmədɪ/ n. commedia f. sentimentale.
romantic fiction /rəʊˌmæntɪk'fɪkʃn/ n. *(genre)* romanzo m. rosa; *(in bookshop)* romanzi m.pl. rosa.
romanticism /rəʊ'mæntɪsɪzəm/ n. romanticismo m., sentimentalismo m., romanticheria f.
Romanticism /rəʊ'mæntɪsɪzəm/ n. LETTER. ART. MUS. romanticismo m.
romanticist /rəʊ'mæntɪsɪst/ n. LETTER. ART. MUS. romantico m. (-a).
romanticize /rəʊ'mæntɪsaɪz/ tr. idealizzare, dare un alone romantico a [*person, period, childhood*]; romanzare [*violence, war*].
Romany /'rɒmənɪ/ ◗ *14* **I** agg. zingaro, zingaresco, zigano **II** n. **1** *(gypsy)* zingaro m. (-a), zigano m. (-a) **2** LING. zingaro m.
Rome /rəʊm/ ◗ *34* n.pr. Roma f. ◆ ***all roads lead to ~*** PROV. tutte le strade portano a Roma; ***~ wasn't built in a day*** PROV. Roma non fu fatta in un giorno; ***when in ~ do as the Romans do*** PROV. paese che vai usanza che trovi; ***to go over to ~*** RELIG. convertirsi al cattolicesimo.
Romeo /'rəʊmɪəʊ/ **I** n.pr. *(character)* Romeo **II** n. FIG. seduttore m., conquistatore m., dongiovanni m.
Romish /'rəʊmɪʃ/ agg. SPREG. cattolico romano, papista.
1.romp /rɒmp/ n. **1** *(frolic)* divertimento m., spasso m.; ***bedroom ~s*** SCHERZ. trastulli amorosi; ***the film is an 18th century ~*** è un film molto movimentato ambientato nel XVIII secolo **2** *(easy victory)* facile vittoria f.; ***to come in at a ~*** EQUIT. vincere senza alcuno sforzo.
2.romp /rɒmp/ intr. [*children, puppies*] ruzzare, scatenarsi; ***to ~ home*** vincere con facilità.
■ **romp away** [*bidding, prices*] aumentare, prendere il volo.
■ **romp through**: ***~ through [sth.]*** vincere senza alcuna difficoltà [*match*]; eseguire agevolmente [*piece, work*].
rompers /'rɒmpəz/ n.pl. (anche **romper suit**) pagliaccetto m.sing.
Romulus /'rɒmjʊləs/ n.pr. Romolo.
Ron /rɒn/ n.pr. diminutivo di **Ronald**.
Ronald /'rɒnld/ n.pr. Ronaldo, Rinaldo.
rondeau /'rɒndəʊ/ n. (pl. **~x**) LETTER. rondò m.
rondel /'rɒndl/ n. LETTER. rondò m. (di tre stanze).
rondo /'rɒndəʊ/ n. (pl. **~s**) MUS. rondò m.
rondure /'rɒndjʊə(r)/ n. ANT. RAR. **1** (*round object*) oggetto m. rotondo, sfera f. **2** (*roundness*) rotondità f.
Roneo® /'rəʊnɪəʊ/ tr. ciclostilare.
röntgen → **roentgen**.
roo /ru:/ n. AUSTRAL. COLLOQ. (accorc. kangaroo) canguro m.
rood /ru:d/ n. **1** RELIG. crocifisso m., croce f. **2** BE ANT. *(unit)* rood m. (= 1011,71 m²).
roodloft /'ru:dlɒft, AE -lɔ:ft/ n. = galleria sovrastante lo jubé.
roodscreen /'ru:dskri:n/ n. jubé m., tramezzo m.
▶ **1.roof** /ru:f/ n. **1** *(of building)* tetto m.; *(of car)* tettuccio m.; *(of cave, mine)* cielo m.; ***under one*** o ***the same ~*** sotto lo stesso tetto; ***a room under the ~*** una stanza a tetto; ***to have a ~ over one's head*** avere un tetto sulla testa; ***the ~ of the world*** FIG. il tetto del mondo **2** ANAT. ***the ~ of the mouth*** il palato duro *o* la volta palatina ◆ ***to go through*** o ***hit the ~*** COLLOQ. [*person*] andare su tutte le furie; [*prices*] salire alle stelle; ***to raise the ~*** *(be angry)* andare su tutte le furie; *(make noise)* fare baccano *o* sollevare un putiferio.
2.roof /ru:f/ tr. coprire con un tetto [*building*].
■ **roof in:** ***~ in [sth.]*** coprire, chiudere [*area*].
■ **roof over:** ***~ over [sth.], ~ [sth.] over*** coprire, chiudere [*area*].
roof-deck /'ru:fdek/ n. terrazza f. sul tetto.
roofed /ru:ft/ **I** p.pass. → **2.roof** **II** agg. **-roofed** in composti ***slate-~ houses*** case con tetti in ardesia.
roofer /'ru:fə(r)/ ◗ *27* n. persona f. che costruisce o ripara tetti.
roof garden /'ru:fˌgɑ:dn/ n. roof-garden m.
roofing /'ru:fɪŋ/ **I** n. **1** *(material)* materiale m. per copertura di tetti **2** *(process)* copertura f. di tetti **II** modif. [*materials*] per copertura di tetti.
roofing contractor /'ru:fɪŋkənˌtræktə(r)/ n. = imprenditore edile che si occupa della costruzione o della riparazione di tetti.
roofing felt /'ru:fɪŋˌfelt/ n. carta f. catramata.
roofless /'ru:flɪs/ agg. **1** [*building*] scoperchiato, privo di tetto **2** *(homeless)* senzatetto.
roof light /'ru:flaɪt/ n. ARCH. ING. lucernario m.
roof rack /'ru:fræk/ n. AUT. portapacchi m., portabagagli m. (esterno).
roof tax /'ru:ftæks/ n. GB STOR. imposta f. sulla casa.
rooftop /'ru:ftɒp/ **I** n. tetto m.; ***to shout sth. from the ~s*** gridare, strombazzare qcs. ai quattro venti **II** modif. ***~ protest*** = protesta inscenata su tetti di edifici.
1.rook /rʊk/ n. ZOOL. corvo m. (comune).
2.rook /rʊk/ tr. ANT. COLLOQ. *(cheat)* imbrogliare, truffare.
3.rook /rʊk/ n. *(in chess)* torre f.
rookery /'rʊkərɪ/ n. *(colony) (of rooks)* colonia f. di corvi; *(of seals, penguins)* colonia f.
rookie /'rʊkɪ/ **I** n. AE COLLOQ. recluta f., spina f. **II** modif. [*player, cop*] novellino, principiante.
rooky /'rʊkɪ/ agg. abitato da molti corvi.
▶ **1.room** /ru:m, rʊm/ **I** n. **1** *(closed area) (for living)* camera f., stanza f.; *(for sleeping)* camera f. da letto; *(for working)* ufficio m.; *(for meetings, operating)* sala f.; *(for teaching)* aula f.; ***a three ~ apartment*** un appartamento con tre vani; ***the ~ fell silent*** si fece silenzio nella stanza; ***in the next ~*** nella stanza accanto; ***"~s to let"*** "stanze da affittare", "affittasi camere"; ***~ 159*** camera 159; ***~ and board*** vitto e alloggio; ***he gets ~ and board*** è a pensione completa **2 U** *(space)* spazio m., posto m. (**for** per; **to do** per fare); ***to make ~*** fare spazio *o* fare posto; ***to take up ~*** occupare spazio; ***to be short of ~*** avere poco spazio **3** *(opportunity)* ***~ for improvement, doubt*** possibilità di miglioramento, adito al dubbio; ***~ for manoeuvre*** margine di manovra **II rooms** n.pl. ANT. **1** *(rented)* camera f.sing. in affitto **2** BE UNIV. stanza f. (in una casa dello studente) ◆ ***there is always ~ at the top*** le porte del successo sono sempre aperte.
2.room /ru:m, rʊm/ intr. AE alloggiare; ***to ~ with sb.*** abitare con qcn.; ***we ~ together*** abitiamo insieme.
room-and-pillar /ˌru:mən'pɪlə(r), ˌrʊm-/ n. MIN. coltivazione f. a camere e pilastri.
room clerk /'ru:mˌklɑ:k, 'rʊm-, AE -ˌklɜ:rk/ ◗ *27* n. AE receptionist m. e f.
room divider /'ru:mdɪˌvaɪdə(r), 'rʊm-/ n. divisorio m., paravento m., tramezzo m.
roomed /ru:md, rʊmd/ agg. **-roomed** in composti ***4-~*** di 4 stanze.
roomer /'ru:mə(r), 'rʊm-/ n. AE affittuario m. (-a), inquilino m. (-a).
roomette /ru:'met, rʊ-/ n. AE *(in sleeping car)* cuccetta f.
room-fellow /'ru:mˌfeləʊ, 'rʊm-/ n. → **roommate**.
roomful /'ru:mfʊl, 'rʊm-/ n. ***a ~ of children*** una stanza piena di bambini; ***"have you got many books?" - "a ~"*** "hai tanti libri?" - "una stanza piena".
roominess /'ru:mɪnɪs, 'rʊm-/ n. *(of house, car)* spaziosità f.
rooming house /'ru:mɪŋhaʊs, 'rʊmɪŋ-/ n. pensione f., casa f. con camere in affitto; ***to live in a ~*** abitare in una pensione.

rooming-in /ˌruːmɪŋˈɪn, ˌrʊm-/ n. MED. rooming-in m.

▷ **roommate** /ˈruːmmeɪt, ˈrʊm-/ n. **1** *(in same room)* compagno m. (-a) di stanza **2** AE *(flatmate)* compagno m. (-a) d'appartamento.

room service /ˈruːmˌsɜːvɪs, ˈrʊm-/ n. servizio m. in camera.

room temperature /ˈruːmˌtemprətʃə(r), ˈrʊm-, AE -ˌtempərtʃʊər/ n. temperatura f. ambiente; ***to serve a wine at*** ~ servire un vino a temperatura ambiente.

roomy /ˈruːmɪ, ˈrʊmɪ/ agg. [*car, house*] spazioso; [*garment*] largo, ampio; [*bag, cupboard*] grande.

1.roost /ruːst/ n. *(perch, tree)* posatoio m.; ***the belfry is a ~ for pigeons*** i piccioni trascorrono la notte appollaiati sul campanile ◆ ***his chickens have come home to ~*** ha raccolto ciò che ha seminato; ***to rule the ~*** FIG. dettare legge, spadroneggiare, farla da padrone.

2.roost /ruːst/ intr. *(in trees)* appollaiarsi (per la notte); *(in belfry, attic)* annidarsi.

rooster /ˈruːstə(r)/ n. gallo m.

▶ **1.root** /ruːt/ **I** n. **1** BOT. FIG. radice f.; ***to take ~*** [*plant*] attecchire, radicare, mettere (le) radici; [*idea, value, system, feeling*] attecchire, radicarsi, mettere (le) radici, prendere piede; [*company, industry*] installarsi, aprire; ***to pull sth. up by the ~s*** sradicare, svellere qcs.; ***to pull sb.'s hair out by the ~s*** strappare i capelli a qcn.; ***to destroy, reject sth. ~ and branch*** distruggere completamente qcs. *o* rifiutare radicalmente qcs.; ***~ and branch review, opposition*** esame completo, opposizione radicale **2** *(origin) (of problem, matter)* radice f.; *(of unhappiness, evil)* radice f., causa f., origine f., fonte f.; ***to get to the ~ of the problem*** andare alla radice del problema *o* affrontare un problema alla radice; ***to be at the ~ of sth.*** essere all'origine di qcs. **3** LING. radice f. **4** MAT. radice f.; ***the fourth ~ of sth.*** la radice quarta di qcs. **II roots** n.pl. **1** *(of dyed hair)* radici f., ricrescita f.sing. **2** FIG. radici f.; ***to try to get back to one's ~s*** andare alla riscoperta delle proprie origini; ***she has no ~s*** non ha radici; ***to pull up one's ~s*** sradicarsi; ***to put down new ~s*** mettere radici *o* radicarsi in un nuovo posto **III** modif. **1** FIG. [*cause*] principale, profondo; [*problem, question, issue*] di fondo **2** BOT. [*growth*] delle radici; [*system*] radicale.

2.root /ruːt/ **I** tr. **1** FIG. ***to be ~ed in sth.*** [*music, film*] affondare le radici in qcs.; [*person*] essere radicato a qcs. **2** BOT. fare attecchire [*plant*] **II** intr. BOT. attecchire, radicare, mettere (le) radici.

■ **root out:** ***~ out [sth.], ~ [sth.] out*** sradicare, estirpare [*corruption, inefficiency*].

3.root /ruːt/ intr. *(search)* [*pig*] grufolare; [*person*] frugare, rovistare (**in, through** in).

■ **root around, root about** [*pig*] grufolare; [*person*] frugare, rovistare (**in** in).

■ **root for** COLLOQ. ***~ for [sb.]*** *(cheer)* fare il tifo, tifare, parteggiare per [*team, contestant*]; ***good luck in the exams - we're all ~ing for you!*** buona fortuna per gli esami - facciamo tutti il tifo per te!

■ **root out:** ***~ [sb.] out, ~ out [sb.]*** snidare, stanare, scovare.

root beer /ˈruːtbɪə(r)/ n. AE = bevanda frizzante a base di estratti di radici.

root-bound /ˈruːtbaʊnd/ agg. AE [*plant*] fissato a terra da radici.

root canal /ˈruːtkəˌnæl/ n. MED. canale m. radicolare.

root canal treatment /ˈruːtkənælˌtriːtmənt/, **root canal work** /ˈruːtkənælˌwɜːk/ n. MED. devitalizzazione f.

root-cap /ˈruːtkæp/ n. BOT. caliptra f., cuffia f.

root crop /ˈruːtkrɒp/ n. radice f. commestibile.

rooted /ˈruːtɪd/ **I** p.pass. → **2.root II** agg. ***deeply-~*** profondamente radicato (anche FIG.); ***to be, stand ~ to the spot*** o ***the ground*** essere, rimanere inchiodato sul posto, restare di stucco.

rootedness /ˈruːtɪdnɪs/ n. radicamento m., (l')essere radicato.

rooter /ˈruːtə(r)/ n. AE COLLOQ. tifoso m. (-a), sostenitore m. (-trice).

root ginger /ˈruːtˌdʒɪndʒə(r)/ n. radice f. di zenzero.

root-hair /ˈruːtheə(r)/ n. BOT. pelo m. radicale.

rootless /ˈruːtlɪs/ agg. [*person, existence*] sradicato, senza radici.

rootlessness /ˈruːtlɪsnɪs/ n. (l')essere sradicato, (l')essere senza radici.

rootlet /ˈruːtlɪt/ n. BOT. radichetta f., radicetta f.

root sign /ˈruːtsaɪn/ n. MAT. radicale m.

rootstock /ˈruːtstɒk/ n. **1** BOT. rizoma m. **2** AGR. portainnesto m.

rootsucker /ˈruːtˌsʌkə(r)/ n. AGR. pollone m.

rootsy /ˈruːtsɪ/ agg. COLLOQ. [*music, song, sound*] tradizionale, etnico.

root vegetable /ˈruːtˌvedʒtəbl/ n. radice f. commestibile.

root word /ˈruːtwɜːd/ n. LING. lessema m. primitivo.

▷ **1.rope** /rəʊp/ n. **1** corda f., fune f.; ***a piece of ~*** un pezzo di corda; ***the ~*** *(hanging)* il capestro, la forca; ***to bring back the ~*** reintrodurre l'impiccagione; ***to be on the ~s*** *(in boxing)* essere alle corde (anche FIG.) **2** FIG. *(of pearls)* filo m.; *(of hair)* treccia f. ◆ ***give him enough ~ and he'll hang himself*** lascialo fare e si rovinerà con le sue mani; ***to give sb. plenty of ~*** dare corda a qcn. *o* lasciare fare qcn.; ***to know the ~s*** essere pratico del mestiere; ***to show sb. the ~s*** iniziare qcn. a un mestiere; ***to be at the end of one's ~*** AE COLLOQ. essere allo stremo *o* aver perso la pazienza.

2.rope /rəʊp/ tr. **1** legare [*victim, animal*] (**to** a); legare, mettere in cordata [*climber*]; assicurare con una corda [*trunk*]; ***a ~d party (of climbers)*** una cordata (di alpinisti) **2** AE *(lasso)* prendere al lazo [*cattle*]; COLLOQ. FIG. accalappiare [*husband*]; mettere le mani su, prendere al volo [*job*].

■ **rope in** COLLOQ. ***~ [sb.], ~ in [sb.]*** **1** BE *(to help with task)* coinvolgere **2** AE *(by trickery) (into situation, deal)* irretire, invischiare; ***to get ~d in*** farsi trascinare in.

■ **rope off:** ***~ off [sth.], ~ [sth.] off*** cintare, delimitare con corde.

■ **rope up** *(in climbing)* mettersi in cordata.

rope-dancer /ˈrəʊpˌdɑːnsə(r), AE -ˌdænsər/ ♦ **27** n. → **rope-walker**.

rope-dancing /ˈrəʊpˌdɑːnsɪŋ, AE -ˌdænsɪŋ/ n. → **rope-walking**.

rope ladder /ˈrəʊpˌlædə(r)/ n. scala f. di corda.

rope-length /ˈrəʊpˌleŋθ/ n. *(in climbing)* lunghezza f. della corda.

ropemaker /ˈrəʊpˌmeɪkə(r)/ ♦ **27** n. cordaio m. (-a), funaio m. (-a).

rope trick /ˈrəʊptrɪk/ n. rope-trick m.

rope-walk /ˈrəʊpwɔːk/ n. corderia f.

rope-walker /ˈrəʊpˌwɔːkə(r)/ ♦ **27** n. funambolo m. (-a).

rope-walking /ˈrəʊpˌwɔːkɪŋ/ n. funambolismo m.

rope-way /ˈrəʊpweɪ/ n. teleferica f., funicolare f., funivia f.

ropey → **ropy**.

rope-yarn /ˈrəʊpjɑːn/ n. MAR. filaccia f.

ropy /ˈrəʊpɪ/ agg. BE COLLOQ. [*food, performance*] scadente; ***to feel a bit ~*** non sentirsi troppo bene.

ropy lava /ˌrəʊpɪˈlɑːvə/ n. lava f. a corda.

roquet /ˈrəʊkeɪ/ **I** tr. *(strike)* [*ball*] colpire [*another ball*]; [*person*] colpire con la palla [*another player's ball*] **II** intr. *(strike)* [*person*] effettuare un colpo con la palla.

RORO /ˈrəʊrəʊ/ **I** n. (⇒ roll-on roll-off roll-on roll-off) Ro-Ro m. **II** modif. ***~ ship*** nave Ro-Ro.

rorqual /ˈrɔːkwəl/ n. ZOOL. balenottera f.

Rory /ˈrɔːrɪ/ n.pr. Rory (nome di uomo).

rosaceous /rəʊˈzeɪʃəs/ agg. rosaceo.

Rosalie /ˈrəʊzəlɪ, ˈrɒzəlɪ/ n.pr. Rosalia.

Rosalind /ˈrɒzəlɪnd/ n.pr. Rosalinda.

Rosamund /ˈrɒzəmənd, ˈrəʊ-/ n.pr. Ros(a)munda.

rosaniline /rəʊˈzænəliːn/ n. rosanilina f., fucsina f.

rosary /ˈrəʊzərɪ/ n. **1** *(prayer)* rosario m.; ***to say the ~*** recitare il rosario **2** (anche **~ beads**) corona f. del rosario, rosario m.

▷ **1.rose** /rəʊz/ ♦ **5** n. **1** *(flower)* rosa f. **2** *(shrub)* rosa f., roseto m. **3** *(colour)* rosa m. **4** *(nozzle) (on watering can, shower)* cipolla f., fungo m. **5** *(gem)* rosetta f. **6** ARCH. *(window)* rosone m., rosa f.; *(on ceiling)* rosone m.; *(motif)* rosa f., rosetta f. **7** *(girl)* ***English ~*** = ragazza inglese giovane e carina dalla carnagione chiara **8** *(emblem)* rosa f.; ***the Wars of the Roses*** STOR. la guerra delle due rose ◆ ***life is not a bed of ~s*** la vita non è tutta rose e fiori; ***his life is not all ~s*** la sua vita non è tutta rose e fiori; ***everything is coming up ~s*** tutto sta andando a meraviglia, a gonfie vele; ***under the ~*** in confidenza, segretamente; ***to put the ~s back in sb.'s cheeks*** ridare colore a qcn.; ***to come up smelling of ~s*** = uscire da una situazione difficile più forti di prima.

2.rose /rəʊz/ pass. → **2.rise**.

Rose /rəʊz/ n.pr. Rosa.

rosé /ˈrəʊzeɪ, AE rəʊˈzeɪ/ **I** n. *(wine)* rosé m., rosato m. **II** agg. rosé, rosato.

rose-apple /ˈrəʊzˌæpl/ n. melarosa f., giambo m.

roseate /ˈrəʊzɪət/ agg. LETT. roseo, rosato.

rosebay /ˈrəʊzbeɪ/ n. AE rododendro m.

rosebay willowherb /ˌrəʊzbeɪˈwɪləʊhɜːb/ n. BOT. epilobio m.

rosebed /ˈrəʊzbed/ n. aiuola f. di rose.

rosebowl /ˈrəʊzbəʊl/ n. vaso m. per le rose.

rosebud /ˈrəʊzbʌd/ n. bocciolo m. di rosa.

rosebud mouth /ˌrəʊzbʌdˈmaʊθ/ n. bocca f., boccuccia f. di rosa.

rosebud vase /ˈrəʊzbʌdˌvɑːz, AE -ˌveɪs, -ˌveɪz/ n. vaso m. a stelo.

rose bush /ˈrəʊzbʊʃ/ n. rosa f., roseto m.

rose-campion /ˈrəʊzˌkæmpɪən/ n. BOT. coronaria f.

rose-chafer /ˈrəʊzˌtʃeɪfə(r)/ n. cetonia f. dorata, moscon m. d'oro.

rose-coloured BE, **rose-colored** AE /ˈrəʊzkʌləd/ ♦ **5** agg. **1** *(red)* rosa, roseo **2** *(optimistic)* [*idea, view*] roseo, ottimistico ◆ ***to see the world through ~ spectacles*** o ***glasses*** vedere tutto rosa; ***to***

see sb., sth. through ~ spectacles vedere unicamente i lati positivi di qcn., qcs.
rose-cut /ˈrəʊzkʌt/ agg. [*gem*] tagliato a rosetta.
rose gall /ˈrəʊzɡɔːl/ n. BOT. galla f. di rosa canina.
rosegarden /ˈrəʊzˌɡɑːdn/ n. roseto m., rosaio m.
rosegrower /ˈrəʊzˌɡrəʊə(r)/ n. rosicoltore m. (-trice).
rosehip /ˈrəʊzhɪp/ n. cinorrodo m., frutto m. della rosa canina.
rosehip syrup /ˈrəʊzhɪpˌsɪrəp/ n. sciroppo m. di rosa canina.
rose-laurel /ˈrəʊzˌlɒrəl, AE -lɔːrəl/ n. oleandro m.
rose-leaf /ˈrəʊzliːf/ n. (pl. **-leaves**) petalo m. di rosa.
rosemary /ˈrəʊzmərɪ, AE -merɪ/ n. rosmarino m.
Rosemary /ˈrəʊzmərɪ, AE -merɪ/ n.pr. Rosamaria.
rose of Sharon /ˌrəʊzəvˈʃærən/ n. BE erba f. di san Giovanni, iperico m.; AE ibisco m.
roseola /rəʊˈziːələ/ n. roseola f.
rose petal /ˈrəʊzˌpetl/ n. petalo m. di rosa.
rose-pink /ˌrəʊzˈpɪŋk/ ♦ **5 I** n. rosa m. **II** agg. rosa.
rose-red /ˌrəʊzˈred/ ♦ **5 I** n. vermiglio m. **II** agg. rosso come una rosa.
rose-tinted /ˈrəʊztɪntɪd/ agg. → **rose-coloured**.
rosette /rəʊˈzet/ n. **1** *(for supporter, winner)* rosetta f., coccarda f.; *(on gift wrap)* nastro m., fiocco m. **2** BOT. *(of leaves)* rosetta f. **3** ARCH. *(carving)* rosone m.; *(window)* rosone m., rosa f.
rose-water /ˈrəʊzˌwɔːtə(r)/ n. acqua f. di rose.
rose window /ˈrəʊzˌwɪndəʊ/ n. rosone m., rosa f.
rosewood /ˈrəʊzwʊd/ **I** n. palissandro m. **II** modif. [*chair, table*] di palissandro.
Rosicrucian /ˌrəʊzɪˈkruːʃn/ **I** n. rosacroce m., rosacrociano m. **II** agg. rosacroce, rosacrociano.
rosily /ˈrəʊzɪlɪ/ avv. in modo roseo, roseamente.
1.rosin /ˈrɒzɪn, AE ˈrɒzn/ n. colofonia f., pece f. greca.
2.rosin /ˈrɒzɪn, AE ˈrɒzn/ tr. strofinare con colofonia [*violin bow*].
rosinante /rɒzɪˈnæntɪ/ n. ronzino m.
rosiness /ˈrəʊzɪnɪs/ n. (l')essere roseo.
ROSPA n. GB (⇒ Royal Society for the Prevention of Accidents) = associazione per la prevenzione degli incidenti.
roster /ˈrɒstə(r)/ n. (anche **duty ~**) lista f. dei turni di servizio.
rostral /ˈrɒstrəl/ agg. **1** ZOOL. rostrale **2** *(decorated with prows)* rostrato; ***~ column*** colonna rostrata.
rostrate(d) /ˈrɒstreɪt(ɪd)/ agg. [*ship, column*] rostrato.
rostrum /ˈrɒstrəm/ n. (pl. **~s, -a**) **1** *(platform)* pedana f., podio m. **2** STOR. *(of a ship)* rostro m. **3** ZOOL. rostro m.
rosy /ˈrəʊzɪ/ agg. **1** *(pink)* [*cheek, face, lip*] roseo, rosa, rosato; [*light, dawn*] roseo; ***~-cheeked*** dalle guance rosee **2** *(favourable)* [*future, picture*] roseo, promettente; ***things are looking ~*** le cose promettono bene; ***our prospects are not ~*** le nostre prospettive non sono rosee; ***to paint a ~ picture of sth.*** descrivere qcs. a tinte rosee ♦ ***everything in the garden is ~*** tutto va a meraviglia, a gonfie vele.
▷ **1.rot** /rɒt/ n. **1** decomposizione f., putrefazione f.; FIG. corruzione f., marcio m.; ***the ~ in the system*** la cancrena del sistema; ***to stop the ~*** FIG. fermare la corruzione; ***the ~ set in when...*** le cose cominciarono a guastarsi quando... **2** BE ANT. COLLOQ. *(rubbish)* sciocchezze f.pl., stupidaggini f.pl.; ***to talk ~*** dire sciocchezze **3** VETER. zoppina f.
▷ **2.rot** /rɒt/ **I** tr. (forma in -ing ecc. **-tt-**) fare decomporre, fare imputridire, fare marcire **II** intr. (forma in -ing ecc. **-tt-**) (anche **~ away**) decomporsi, imputridire, marcire; FIG. [*person*] marcire; ***to leave sb. to ~ in prison*** lasciare marcire qcn. in prigione.
rota /ˈrəʊtə/ n. BE lista f. dei turni di servizio; ***on a ~ basis*** a turno.
Rotarian /rəʊˈteərɪən/ n. rotariano m. (-a), socio m. (-a) del Rotary Club.
rotary /ˈrəʊtərɪ/ **I** n. AE AUT. COLLOQ. rotonda f., rotatoria f. **II** agg. [*motion*] rotatorio; [*engine, pump, mower*] rotativo.
rotary clothes line /ˌrəʊtərɪˈkləʊðzˌlaɪn, AE -kləʊz-/ n. = asciugabiancheria fatto girare su se stesso dal vento.
Rotary club /ˈrəʊtərɪˌklʌb/ n. Rotary Club m.
rotary hoe /ˈrəʊtərɪˌhəʊ/ n. motozappa f.
rotary plough BE, **rotary plow** AE /ˈrəʊtərɪˌplaʊ/ n. motocoltivatore m.
rotary press /ˈrəʊtərɪpres/, **rotary printing press** /ˌrəʊtərɪˈprɪntɪŋpres/ n. rotativa f.
1.rotate /ˈrəʊteɪt/ agg. BOT. [*corolla*] rotato.
▷ **2.rotate** /rəʊˈteɪt, AE ˈrəʊteɪt/ **I** tr. **1** fare ruotare, girare [*blade, handle, mirror*] **2** *(alternate)* fare a rotazione [*job*]; scambiare [*roles*] **3** AGR. avvicendare, fare la rotazione di [*crops*] **II** intr. [*blade, handle*] ruotare, girare.
rotating /rəʊˈteɪtɪŋ, AE ˈrəʊteɪtɪŋ/ agg. **1** *(turning)* [*blade*] rotante; [*globe, mirror*] che ruota **2** [*post, presidency*] a rotazione.
rotation /rəʊˈteɪʃn/ n. **1** *(of blade, wheel, crops)* rotazione f. **2** *(taking turns)* ***job ~*** rotazione, avvicendamento delle mansioni; ***to work in ~*** lavorare a turno; ***in strict ~*** [*answer, ask*] in sequenza *o* a turno.
rotational /rəʊˈteɪʃənl/ agg. **1** rotatorio **2** FIS. rotazionale.
rotative /ˈrəʊtətɪv/ agg. rotatorio, rotativo.
rotator /rəʊˈteɪtə(r), AE ˈrəʊteɪtə(r)/ n. **1** ANAT. muscolo m. rotatorio **2** dispositivo m. di rotazione.
rotatory /ˈrəʊtətrɪ, AE -tɔːrɪ/ agg. rotatorio, rotativo.
rotch(e) /rɒtʃ/ n. gazza f. marina minore.
rote /rəʊt/ n. ***by ~*** [*learn*] a memoria.
rote learning /ˌrəʊtˈlɜːnɪŋ/ n. apprendimento m. mnemonico, meccanico; ***to encourage ~*** incoraggiare l'apprendimento mnemonico.
rotgut /ˈrɒtɡʌt/ n. POP. SPREG. torcibudella m., liquore m. di scarsa qualità.
rotifer /ˈrəʊtɪfə(r)/ n. ZOOL. rotifero m.
rotisserie /rəʊˈtiːsərɪ/ n. rosticceria f.
rotogravure /ˌrəʊtəɡrəˈvjʊə(r)/ n. rotocalcografia f., rotocalco m.
rotor /ˈrəʊtə(r)/ n. EL. AER. rotore m.
rotor arm /ˈrəʊtərɑːm/ n. AUT. spazzola f. dello spinterogeno.
rotor blade /ˈrəʊtəbleɪd/ n. rotore m. di elicottero.
rotorcraft /ˈrəʊtəkrɑːft, AE -kræft/ n. (pl. ~) aerogiro m.
rototill /ˈrəʊtətɪl/ tr. AE → **rotovate**.
Rototiller® /ˈrəʊtətɪlə(r)/ n. AE → **rotovator**®.
rotovate /ˈrəʊtəveɪt/ tr. BE lavorare con il motocoltivatore [*field, garden*].
rotovator® /ˈrəʊtəveɪtə(r)/ n. BE *(for garden, on farm)* motocoltivatore m.
rotproof /ˈrɒtpruːf/ agg. imputrescibile.
▷ **rotten** /ˈrɒtn/ **I** agg. **1** *(decayed)* [*produce*] putrido, putrefatto; [*wood, vegetation*] marcio; [*teeth*] guasto, cariato; [*ironwork*] arrugginito, mangiato dalla ruggine; [*smell*] di marcio **2** *(corrupt)* marcio, corrotto **3** COLLOQ. *(bad)* [*weather*] schifoso, infame; [*food*] schifoso, pessimo; [*cook, driver*] tremendo, pessimo; ***what ~ luck!*** che scalogna! che sfiga! ***to feel ~*** sentirsi a pezzi *o* da cani; ***I feel ~ about it*** (la cosa) mi fa stare male; ***that was a ~ thing to do!*** è stata una carognata! è stato un tiro mancino! ***a ~ bastard*** VOLG. un lurido bastardo **II** avv. ***to spoil sb. ~*** COLLOQ. viziare troppo qcn. ♦ ***to be ~ to the core*** essere marcio fino alle ossa *o* al midollo.
rotten apple /ˌrɒtnˈæpl/ n. FIG. mela f. marcia.
rotten borough /ˌrɒtnˈbʌrə, AE -rəʊ/ n. GB STOR. *(until 1832)* = collegio elettorale rappresentato in Parlamento pur avendo un basso numero di elettori.
rottenly /ˈrɒtnlɪ/ avv. COLLOQ. da cani.
rottenness /ˈrɒtnnɪs/ n. marcio m., putridume m.
rottenstone /ˈrɒtnˌstəʊn/ n. farina f. fossile.
rotter /ˈrɒtə(r)/ n. BE ANT. COLLOQ. mascalzone m. (-a).
rotting /ˈrɒtɪŋ/ agg. marcescente.
rottweiler /ˈrɒtvaɪlə(r), -waɪl-/ n. rottweiler m.
rotula /ˈrɒtjʊlə/ n. (pl. **-ae**) ANAT. rotula f.
rotund /rəʊˈtʌnd/ agg. **1** [*person*] rotondetto, paffuto; [*stomach*] rotondo, pieno, prominente **2** [*object, building*] di forma arrotondata.
rotunda /rəʊˈtʌndə/ n. ARCH. rotonda f.
rotundity /rəʊˈtʌndətɪ/ n. *(of person)* grassezza f.; *(of stomach)* rotondità f., prominenza f.; *(of building)* forma f., linea f. arrotondata.
rouble /ˈruːbl/ ♦ **7** n. rublo m.
roué /ˈruːeɪ, AE ruːˈeɪ/ n. LETT. libertino m., gaudente m.
1.rouge /ruːʒ/ n. COSMET. ANT. belletto m., fard m.
2.rouge /ruːʒ/ tr. COSMET. ANT. ***to ~ one's cheeks*** imbellettarsi le guance.
rouge-et-noire /ˌruːʒeɪˈnwɑː(r)/ n. GIOC. trente et quarante m., trenta e quaranta m.
▷ **1.rough** /rʌf/ **I** agg. **1** *(not smooth)* [*hand, skin*] ruvido; *(stronger)* rugoso; [*surface*] scabro; [*material, rock, paper*] ruvido; [*road*] accidentato; [*terrain*] ineguale; [*landscape*] selvaggio; [*grass*] secco, asciutto; ***to smooth (off) the ~ edges*** *(of stone, wood, glass etc.)* smussare **2** *(brutal)* [*person*] rude, sgarbato; [*treatment, behaviour*] rude, brusco; [*sport*] violento, duro; [*area, district*] pericoloso; ***to be ~ with sb.*** trattare qcn. duramente; ***to get ~ (with sb.)*** diventare violento (con qcn.) **3** *(approximate)* [*description, map, indication*] sommario; [*translation, calculation, figure, estimate*] approssimativo; ***can you give me a ~ idea of the cost?*** puoi darmi un'idea approssimativa del prezzo? ***~ justice*** giustizia sommaria **4** *(difficult)* [*life, period*] duro, difficile; ***it's ~ on you, him*** è difficile per te, per lui; ***we're having a ~ time*** stiamo attraversando un periodo difficile; ***to give sb. a ~ ride*** rendere la vita difficile a qcn.; ***he's had a ~ deal*** COLLOQ. è stato trattato ingiustamente

5 *(crude)* [*person, manner, behaviour*] grossolano, rozzo, rude; [*dwelling, shelter, table*] rudimentale 6 *(harsh)* [*voice, sound*] roco, rauco; [*taste, wine*] aspro 7 *(stormy)* [*sea*] agitato, grosso, mosso; [*crossing*] tempestoso; [*weather*] burrascoso; *(in plane)* [*landing*] movimentato 8 COLLOQ. *(unwell)* ***to feel ~*** sentirsi a pezzi; ***to look ~*** avere una brutta cera **II** avv. 1 *(outdoors)* ***to sleep ~*** dormire dove capita; ***to live ~*** vagabondare 2 *(violently)* [*fight*] violentemente; [*play*] in modo pesante **III** n. 1 *(unfinished copy) (draft)* brutta (copia) f.; *(sketch)* abbozzo m.; ***to write sth. out in ~*** scrivere qcs. in brutta 2 SPORT *(in golf)* rough m. ◆ ***to cut up ~*** = innervosirsi.

2.rough /rʌf/ tr. 1 *(treat roughly)* maltrattare 2 *(make rough)* irruvidire ◆ ***to ~ it*** vivere alla buona.

▪ **rough in:** ~ in [sth.] *(sketch)* abbozzare; *(estimate)* dare un'idea di [*figures, details*].

▪ **rough off** TECN. ~ [sth.] off, ~ off [sth.] sgrossare, sbozzare.

▪ **rough out:** ~ out [sth.] delineare, abbozzare [*plan, proposal*]; abbozzare [*drawing*].

▪ **rough up** COLLOQ. ~ [sb.] up, ~ up [sb.] 1 *(manhandle)* maltrattare 2 *(beat up)* pestare.

roughage /ˈrʌfɪdʒ/ n. fibre f.pl. (alimentari).

rough-and-ready /ˌrʌfənˈredɪ/ agg. 1 *(unsophisticated)* [*person*] brusco, sbrigativo; [*manner*] sbrigativo, spiccio; [*house*] semplice; [*conditions*] elementare 2 *(improvised)* [*calculation*] approssimativo; [*method, system*] improvvisato.

rough-and-tumble /ˌrʌfənˈtʌmbl/ **I** n. 1 *(rough behaviour)* rissa f., baruffa f., zuffa f. 2 FIG. *(of life, politics, business)* lotta f. (**of** di) **II** agg. [*life*] crudele; [*world*] spietato; [*profession*] rischioso.

1.roughcast /ˈrʌfkɑːst, AE -kæst/ **I** n. intonaco m. **II** agg. [*wall*] intonacato.

2.roughcast /ˈrʌfkɑːst, AE -kæst/ tr. (pass., p.pass. **-cast**) intonacare [*wall*].

rough diamond /ˌrʌfˈdaɪəmənd/ n. BE 1 *(jewel)* diamante m. grezzo 2 BE *(man)* = brav'uomo dai modo bruschi.

roughen /ˈrʌfn/ **I** tr. *(make rough)* irruvidire, fare irruvidire [*skin, hand*]; [*wind, weather*] rendere ruvido [*rock, stone*] **II** intr. [*hands, skin*] irruvidirsi, diventare ruvido.

rough-hew /ˌrʌfˈhjuː/ tr. (pass. **rough-hewed**; p.pass. **rough-hewn**) sgrossare [*wood, stone*].

rough-hewn /ˌrʌfˈhjuːn/ **I** p.pass. → **rough-hew II** agg. [*wood, stone*] sgrossato; FIG. [*features*] marcato.

rough house /ˈrʌfhaʊs/ n. COLLOQ. rissa f., zuffa f., tafferuglio m.

▷ **roughly** /ˈrʌflɪ/ avv. 1 *(approximately)* [*calculate, describe, sketch, indicate*] approssimativamente; [*equal, equivalent*] pressapoco; [*triangular, circular*] più o meno; ***~ speaking*** all'incirca, grossomodo, a occhio e croce; ***~ 10%, 100 people*** più o meno il dieci percento, cento persone; ***~ the same age, size*** pressapoco la stessa età, taglia 2 *(with force)* [*push, treat, hit*] brutalmente 3 *(crudely)* [*put together, make, chop, grate*] grossolanamente.

roughneck /ˈrʌfnek/ ➧ ***27*** n. COLLOQ. 1 *(violent person)* spaccone m. (-a), teppista m. e f. 2 *(oil-rig worker)* = operaio addetto alla trivellazione.

roughness /ˈrʌfnɪs/ n. 1 *(lack of smoothness) (of skin, hand, rock, surface, material)* ruvidità f.; *(of road, terrain)* irregolarità f. 2 *(violence) (of person, treatment)* brutalità f. 3 *(lack of sophistication) (of person, manner, appearance)* rozzezza f.; *(of voice)* asprezza f.; *(of furniture, house)* povertà f. 4 *(storminess)* ***it all depends on the ~ of the sea*** dipende tutto da quanto è agitato il mare.

rough paper /ˌrʌfˈpeɪpə(r)/ n. foglio m. di brutta.

rough puff pastry /ˌrʌfˌpʌfˈpeɪstrɪ/ n. GASTR. = pasta sfoglia fatta senza lasciare che l'impasto riposi durante la lavorazione.

roughrider /ˈrʌfˌraɪdə(r)/ ➧ ***27*** n. 1 domatore m. (-trice) di cavalli 2 MIL. = soldato irregolare di cavalleria.

roughshod /ˈrʌfʃɒd/ agg. ***to ride ~ over sb., sth.*** calpestare qcn., qcs. (anche FIG.).

rough-spoken /ˌrʌfˈspəʊkən/ agg. brusco, sgarbato, grossolano (nel parlare).

rough stuff /ˈrʌfstʌf/ n. COLLOQ. comportamento m. violento, maniere f.pl. forti.

rough trade /ˈrʌftreɪd/ n. COLLOQ. marchettaro m.

rough work /ˈrʌfwɜːk/ n. SCOL. brutta (copia) f.

roulade /ruːˈlɑːd/ n. trillo m., gorgheggio m.

roulette /ruːˈlet/ n. roulette f.

roulette table /ruːˈletˌteɪbl/ n. tavolo m. della roulette.

roulette wheel /ruːˈletˌwiːl, AE -ˌhwiːl/ n. roulette f.

Roumania → **Romania**.

Roumanian → **Romanian**.

▶ **1.round** /raʊnd/ *Round* often appears after verbs in English (*change round, gather round, get round, pass round* etc.): for translations, consult the appropriate verb entry (**change, gather, get, pass** etc.). For *go round*, see both the entry **go** and **II.2** in the entry below. **I** avv. BE 1 *(on all sides)* ***all ~*** tutt'intorno; ***whisky all ~!*** whisky per tutti! ***there were smiles all ~*** tutti sorridevano; ***to go all the way ~*** [*fence, wall, moat*] fare tutto il giro 2 *(in circular movement)* ***to go ~ and ~*** [*wheel, carousel*] girare; [*person*] girare in tondo; FIG. girare intorno; ***the tune was going ~ and ~ in my head*** non riuscivo a togliermi la musichetta dalla testa 3 *(to specific place, home)* ***to be*** o ***go ~ to*** passare da [*office, school*]; ***to ask sb. (to come) ~*** chiedere a qcn. di passare; ***she's coming ~ today*** passerà oggi; ***to invite sb. ~ for lunch*** invitare qcn. a casa per pranzo; ***I'm just going ~ to Sandra's*** faccio solo un salto da Sandra; ***I'll be ~ in a minute*** arrivo subito 4 *(in circumference)* ***three metres ~*** [*tree trunk*] di tre metri di circonferenza 5 *(as part of cycle)* ***all year ~*** tutto l'anno; ***this time ~*** questa volta; ***as summer comes ~*** quando arriva l'estate; ***my birthday will soon be ~ again*** presto sarà di nuovo il mio compleanno **II** prep. BE 1 *(expressing location)* intorno a [*table, garden etc.*]; ***let's sit ~ the table*** sediamoci intorno al tavolo; ***to sit ~ the fire*** sedersi intorno al fuoco; ***the wall goes right ~ the house*** il muro gira tutt'intorno alla casa; ***he had a scarf ~ his neck*** aveva una sciarpa intorno al collo; ***what do you measure ~ the waist?*** quanto hai di vita? 2 *(expressing direction)* ***to go ~ the corner*** girare l'angolo; ***to go ~ a bend*** *(in road)* svoltare; ***the baker's is just ~ the corner*** il panificio è subito dietro l'angolo; ***to go ~ a roundabout*** fare la rotonda; ***to go ~ an obstacle*** aggirare un ostacolo 3 *(on tour, visit)* ***shall I take you ~ the house?*** vuoi che ti faccia vedere la casa? ***her sister took us ~ Oxford*** sua sorella ci ha fatto vedere Oxford; ***to go ~ the shops*** andare per negozi 4 **round about** *(approximately)* pressapoco, circa; ***~ about 50 people*** più o meno 50 persone; ***~ about 9 am*** intorno alle nove; ***it happened ~ about here*** è successo più o meno qui; *(vicinity)* ***the people ~ about*** la gente qui intorno; ***the streets ~ about*** le strade nelle vicinanze, nei paraggi.

▶ **2.round** /raʊnd/ **I** agg. 1 *(circular)* [*object, face*] rotondo; [*building*] circolare; [*head, glasses*] tondo; ***her eyes grew ~*** sgranò gli occhi 2 *(rounded, curved)* [*arch*] a tutto sesto; [*handwriting*] rotondeggiante; [*breasts*] tondo; [*cheeks*] paffuto, pieno; ***to have ~ shoulders*** avere le spalle curve 3 *(spherical)* rotondo 4 *(complete)* [*figure*] tondo; ***in ~ figures*** in cifre tonde; ***in ~ figures, that's £100*** arrotondando, sono cento sterline; ***a ~ dozen*** un'intera dozzina; ***a nice ~ sum*** una bella sommetta 5 **round-** in composti ***~-cheeked*** con le guanciotte; ***~-eyed*** con gli occhioni; ***~-faced*** col viso paffuto **II** n. 1 *(set, series)* serie f. (**of** di); ***the social ~*** i ricevimenti mondani; ***the daily ~ of activities*** il trantran quotidiano 2 *(in competition)* turno m.; ***qualifying ~*** *(in football, rugby, tennis)* turno di qualificazione 3 *(game of golf, cards)* giro m. (**of** di); *(in boxing, wrestling)* round m., ripresa f. 4 EQUIT. *(in event)* percorso m.; ***a clear ~*** un percorso senza errori 5 POL. *(in election)* turno m. 6 *(of drinks)* giro m. (**of** di); ***it's my ~!*** pago io (da bere)! offro io! ***to pay for a ~*** pagare da bere (per tutti) 7 MIL. *(unit of ammunition)* pallottola f.; ***a ~ of ammunition*** un colpo; ***to fire ~ after ~*** sparare un colpo dopo l'altro 8 MIL. *(shot fired)* colpo m.; ***~s of machine-gun fire*** raffiche di mitragliatrice 9 *(burst)* ***~ of applause*** applauso; ***to get a ~ of applause*** essere applaudito; ***let's have a ~ of applause for David!*** facciamo un bell'applauso per David! 10 GASTR. *(of bread)* ***a ~ of toast*** una fetta di pane tostato; ***a ~ of ham sandwiches*** panini (imbottiti) al prosciutto 11 *(regular route)* giro m. 12 *(circular shape)* cerchio m., tondino m. (**of** di) 13 MUS. *(canon)* canone m. 14 TEATR. ***theatre in the ~*** = teatro in cui gli spettatori sono disposti tutt'intorno al palcoscenico centrale 15 ART. ***in the ~*** [*sculpture*] a tuttotondo 16 COREOGR. rondò m. 17 *(of cheese)* forma f. 18 GASTR. ***~ of beef*** girello **III rounds** n.pl. ***to do one's ~s*** [*doctor*] fare il giro di visite; [*postman, refuse collector*] fare il giro; [*security guard*] fare la ronda; ***to be out on one's ~s*** [*doctor*] fare visite a domicilio; ***to do*** o ***go*** o ***make the ~s*** [*rumour, joke, document*] fare il giro; [*flu*] girare; ***to go the ~s of*** [*story*] fare il giro di [*village, office*]; [*garment, book*] passare per [*relations, family*]; ***to do the ~s of*** fare il giro di [*employment agencies, relations*].

3.round /raʊnd/ tr. 1 *(go round)* doppiare [*point, headland*] (anche MAR.); ***to ~ the corner*** girare l'angolo; ***to ~ a bend*** svoltare 2 *(make round)* sporgere [*lips*] 3 FON. arrotondare [*vowels*].

▪ **round down:** ~ [sth.] down, ~ down [sth.] arrotondare [qcs.] per difetto [*figures*].

▪ **round off:** ~ off [sth.], ~ [sth.] off 1 *(finish off)* concludere, terminare [*meal, evening, visit, speech, season*] (**with** con); completare [*education, process*] 2 *(make smooth)* smussare [*corner, edge*] 3 *(change)* arrotondare [*figure, number*].

▪ **round on** BE ~ **on [sb.]** aggredire, attaccare [*critic, opponent*]; ***suddenly she ~ed on me*** all'improvviso mi si è rivoltata contro.
▪ **round out:** ~ **[sth.] out**, ~ **out [sth.]** completare, finire [*list*]; integrare, ampliare [*numbers, range*].
▪ **round up:** ~ **up [sb.]**, ~ **[sb.] up** radunare, chiamare a raccolta [*protesters, inhabitants*]; fare una retata di [*thieves, prostitutes, suspects*]; ***to be ~ed up*** essere catturato; ~ **up [sth.]**, ~ **[sth.] up** 1 radunare, raccogliere, riunire [*livestock*] 2 arrotondare [qcs.] per eccesso [*figure*].
roundabout /'raʊndəbaʊt/ I n. 1 BE *(in fairground etc.)* giostra f. 2 BE *(in playpark)* = piattaforma girevole sulla quale giocano i bambini 3 BE AUT. rotonda f., rotatoria f. II agg. ***to come by a ~ way*** o ***route*** arrivare per vie traverse; ***by ~ means*** in modo tortuoso; ***a ~ way of saying sth.*** un modo indiretto di dire qcs. *o* una circonlocuzione; ***he goes about things in rather a ~ way*** affronta le cose in modo non sistematico *o* girandoci intorno ◆ ***it's swings and ~s, what you gain on the swings you lose on the ~s*** = ciò che guadagni da una parte lo perdi dall'altra.
roundaboutness /'raʊndəbaʊtnɪs/ n. tortuosità f.
round brackets /ˌraʊnd'brækɪts/ n.pl. BE parentesi f. tonde.
round dance /'raʊndˌdɑ:ns, AE -ˌdæns/ n. COREOGR. rondò m.
▷ **rounded** /'raʊndɪd/ agg. 1 [*shape*] tondeggiante; [*corner, edge*] smussato; [*tone, style*] fluente, scorrevole 2 FON. [*vowel*] arrotondato 3 *(developed)* [*phrase*] ben fatto; [*account*] completo.
roundel /'raʊndl/ n. 1 AER. MIL. = stemma rotondo sugli aerei che ne indica la nazionalità 2 LETTER. rondò m., rondello m.
roundelay /'raʊndɪleɪ/ n. 1 LETTER. MUS. = canzone breve con ritornello 2 *(ring dance)* = danza fatta in cerchio.
rounders /'raʊndəz/ n.pl. + verbo sing. BE SPORT = sport simile al baseball.
Roundhead /'raʊndhed/ n. GB STOR. testa f. rotonda.
roundhouse /'raʊndhaʊs/ n. FERR. deposito m. per locomotive.
rounding off /ˌraʊndɪŋ'ɒf, AE -'ɔ:f/ n. MAT. arrotondamento m.
roundish /'raʊndɪʃ/ agg. tondeggiante, rotondeggiante.
roundly /'raʊndlɪ/ avv. [*condemn, criticize*] severamente; [*defeat*] completamente.
round-neck(ed) sweater /ˌraʊndnek(t)'swetə(r)/ n. maglione m. a girocollo.
roundness /'raʊndnɪs/ n. rotondità f.
round robin /ˌraʊnd'rɒbɪn/ n. 1 *(collective statement)* petizione f. (con le firme disposte a cerchio) 2 *(circulated document)* circolare f. 3 SPORT torneo m. all'italiana.
round-shouldered /ˌraʊnd'ʃəʊldəd/ agg. ***to be ~*** avere le spalle curve.
roundsman /'raʊndzmən/ n. (pl. **-men**) fattorino m.; AE *(police officer)* poliziotto m. di ronda.
round table /ˌraʊnd'teɪbl/ I n. tavola f. rotonda II **round-table** agg. ~ ***discussions*** o ~ ***talks*** tavola rotonda.
Round Table /ˌraʊnd'teɪbl/ n. MITOL. Tavola f. Rotonda.
round-the-clock /ˌraʊndðə'klɒk/ I agg. BE [*care, nursing, surveillance*] ventiquattr'ore su ventiquattro; ~ ***shifts*** tre turni di seguito II **round the clock** [*work, guard*] ventiquattr'ore su ventiquattro, giorno e notte.
round-the-world /ˌraʊndðə'wɜ:ld/ I agg. [*cruise, trip*] intorno al mondo; [*sailor*] che viaggia per il mondo II avv. ***to sail round the world*** fare il giro del mondo in barca.
round trip /ˌraʊnd'trɪp/ I n. viaggio m. di andata e ritorno II **round-trip** agg. [*price*] tutto compreso; ~ ***ticket, price*** biglietto, tariffa di andata e ritorno.
roundup /'raʊndʌp/ n. 1 *(swoop)* retata f. 2 *(herding of people, animals)* raduno m. (**of** di) 3 *(summary)* riassunto m. (**of** di); ***"news ~"*** "riassunto delle notizie principali".
roundworm /'raʊndwɜ:m/ n. ascaride m.
roup /ru:p/ n. VETER. difterite f. aviaria.
rouse /raʊz/ tr. 1 FORM. *(wake)* svegliare, destare; ***to ~ sb. from a deep sleep*** svegliare qcn. da un sonno profondo 2 *(stir)* risvegliare, scuotere [*person, troops, nation*]; provocare, suscitare [*anger*]; suscitare, risvegliare [*interest*]; ***to ~ public opinion*** sollevare l'opinione pubblica (**against** contro); ***to ~ sb. to anger*** suscitare la collera di qcn.; ***to ~ sb. to action*** spingere qcn. all'azione; ***when she's ~d*** quando è in collera.
rouser /raʊzə(r)/ n. *(person who rouses)* animatore m. (-trice), incitatore m. (-trice).
rousing /'raʊzɪŋ/ agg. [*reception, welcome*] caloroso; [*speech, words*] d'incitamento; [*song, music*] elettrizzante.
roust /raʊst/ tr. 1 *(rouse)* svegliare; *(stir)* scuotere, smuovere 2 AE COLLOQ. *(drive out)* stanare, scovare [*criminals*].
roustabout /'raʊstəbaʊt/ n. 1 *(on oil rig)* operaio m. (-a) non qualificato (-a) 2 AE *(docker)* scaricatore m. di porto 3 *(in circus)* tuttofare m.
1.rout /raʊt/ n. *(defeat)* disfatta f., sconfitta f.; ***to put sb. to ~*** sgominare qcn.
2.rout /raʊt/ tr. 1 MIL. sconfiggere, sgominare [*enemy*] 2 FIG. sbaragliare [*team*].
▪ **rout out:** ~ **[sth., sb.] out**, ~ **out [sth., sb.]** 1 *(find)* scovare [*person, animal, object*] 2 *(force out)* cacciare, buttare fuori [*person*] (**of** da); cacciare, scacciare [*animal*] (**of** da).
3.rout /raʊt/ n. *(disorderly crowd)* moltitudine f. tumultuante, folla f. tumultuante; *(uproar)* tumulto m., sommossa f.; DIR. radunata f. sediziosa.
▶ **1.route** /ru:t/ n. 1 *(way)* strada f., percorso m.; *(to workplace)* strada f. (**to** per andare a); ***on the ~ to Oxford*** sulla strada per Oxford; ***the main, shortest ~*** le strada principale, più breve (**to** per); ***escape ~*** via di fuga; ***to plan a ~*** stabilire l'itinerario; ***by a different ~*** da una strada diversa 2 *(in transport)* rotta f., tratta f.; AER. tratta f. aerea; ***domestic ~s*** tratte nazionali; ***shipping ~*** rotta di spedizione; ***bus ~*** tratta dell'autobus; ***train ~*** linea ferroviaria; ***traffic ~*** asse stradale; ***Route 86*** AE la statale 86; ***the main drug ~s*** le principali vie della droga 3 *(official itinerary)* percorso m.; ***they lined the ~*** si disposero lungo il percorso 4 FIG. *(to power, success etc.)* strada f. (**to** di, che porta a) 5 AE /raʊt/ ***(newspaper) ~*** giro di consegne (dei giornali) 6 MED. ~ ***of infection*** modalità di trasmissione.
2.route /ru:t/ tr. spedire, inoltrare [*goods*] (**to** a); dirigere [*trains*] (**to** verso); ***this flight is ~d to Athens via Rome*** questo volo è diretto ad Atene via Roma.
route march /'ru:tmɑ:tʃ/ n. marcia f. d'addestramento.
▷ **routine** /ru:'ti:n/ I n. 1 *(regular procedure)* routine f. (**of** di); ***the daily ~*** la routine quotidiana; ***office ~*** ordinaria amministrazione; ***government ~*** ordinaria pratica governativa; ***to establish a ~*** *(at work)* stabilire una procedura; *(for spare time)* impiegare il tempo libero; ***as a matter of ~*** sistematicamente 2 *(drudgery)* routine f. (**of** di); ***it would be a break from ~*** sarebbe un bel cambiamento dalla solita routine 3 MUS. TEATR. *(act)* numero m.; ***a song and dance ~*** un numero di canto e di ballo 4 COLLOQ. SPREG. *(obvious act)* scena f., messinscena f.; ***don't give me that ~!*** non fare la solita messinscena! 5 INFORM. routine f.; ***input, main ~*** routine di entrata, principale 6 *(sequence of exercises)* programma m. (di repertorio) II agg. 1 *(normal)* [*check, enquiry, matter, mission*] di routine; ***it's fairly ~*** è abbastanza normale; ~ ***procedure*** la procedura abituale; ~ ***maintenance*** *(of vehicle, building)* manutenzione ordinaria 2 *(uninspiring)* [*task*] routinario; [*lifestyle, performance*] monotono, noioso.
▷ **routinely** /ru:'ti:nlɪ/ avv. 1 *(as part of routine)* [*check, contact, review*] sistematicamente 2 *(commonly)* [*tortured, abused*] regolarmente.
routinize /ru:'ti:naɪz/ tr. rendere routinario.
1.rove /rəʊv/ n. RAR. *(wandering)* vagabondaggio m.
2.rove /rəʊv/ I tr. [*person*] *(aimlessly)* vagare per [*country*]; *(prowl)* aggirarsi per [*streets*] II intr. (anche ~ **around**, ~ **about**) [*person*] *(aimlessly)* vagare; *(prowl)* aggirarsi; ***his eye ~d around the room*** il suo sguardo si spostò per la stanza.
3.rove /rəʊv/ n. TESS. stoppino m., lucignolo m.
4.rove /rəʊv/ tr. TESS. torcere [*sliver*].
5.rove /rəʊv/ n. MECC. rondella f., rosetta f.
6.rove /rəʊv/ pass. → **2.reeve**.
rover /'rəʊvə(r)/ n. ***to be a ~*** essere un giramondo.
roving /'rəʊvɪŋ/ agg. [*ambassador*] itinerante; [*band*] nomade; ~ ***reporter*** SCHERZ. = cronista sempre a caccia di notizie; ***to have a ~ eye*** essere un farfallone.
▶ **1.row** /rəʊ/ n. 1 *(line)* *(of people, stitches, houses, seats, books)* fila f. (**of** di); *(of plants)* fila f., filare m.; ***seated in a ~*** o ***in ~s*** seduti in fila; ***a ~ of cars*** una fila di macchine; ***~s and ~s of*** tantissime file di; ~ ***after ~ of*** una fila dopo l'altra di; ***in the front ~*** in prima fila 2 *(succession)* ***six times in a ~*** sei volte di seguito *o* di fila; ***the third time, week in a ~*** la terza volta, settimana di seguito, di fila.
2.row /rəʊ/ n. gita f. in barca (a remi); ***to go for a ~*** fare un giro in barca.
3.row /rəʊ/ I tr. 1 *(for transport, pleasure)* sospingere coi remi; ***to ~ a boat across, up the river*** attraversare, risalire il fiume in barca, a remi; ***to ~ sb. across the river*** portare qcn. in barca dall'altra parte del fiume 2 SPORT ***to ~ a race*** fare una gara di canottaggio II intr. remare (**for** per; **against** contro); ***to ~ across, up*** attraversare [qcs.] con una barca a remi [*river, lake*].

4.row /raʊ/ n. **1** *(dispute) (public)* baruffa f., rissa f. (**between** tra; **about**, **over** per; **with** con); *(private)* discussione f. (**between** tra; **about**, **over** per, a proposito di; **with** con); ***a family ~*** un litigio in famiglia; ***to have*** o ***get into a ~ with*** litigare con **2** *(loud noise)* chiasso m., fracasso m.; ***the ~ from next door*** il baccano che fanno i vicini *o* il chiasso dalla porta accanto; ***to make a ~*** fare chiasso.

5.row /raʊ/ intr. *(quarrel heatedly)* azzuffarsi, litigare (**with** con; **about**, **over** per).

rowan /ˈrəʊən, ˈraʊ-/ n. **1** *(tree)* sorbo m. degli uccellatori **2** *(berry)* sorba f. selvatica.

rowboat /ˈrəʊbəʊt/ n. AE barca f. a remi.

rowdiness /ˈraʊdɪnɪs/ n. *(in streets, at match) (noise)* trambusto m., baccano m.; *(violence)* rissosità f.; *(in classroom)* chiasso m.

rowdy /ˈraʊdɪ/ **I** agg. *(noisy)* [*youth, behaviour*] chiassoso; *(violent)* violento; [*pupil*] turbolento **II** n. *(hooligan)* teppista m. e f.; *(in classroom)* chiassone m. (-a).

rowdyism /ˈraʊdɪɪzəm/ n. → **rowdiness**.

1.rowel /ˈraʊəl/ n. *(on spur)* stella f. di sperone; VETER. setone m.

2.rowel /ˈraʊəl/ tr. (forma in -ing ecc. **-ll-**, **-l-** AE) spronare [*horse*]; applicare un setone a [*horse*].

rowen /ˈraʊən/ n. secondo taglio m. (di erba, fieno).

Rowena /rəˈwiːnə/ n.pr. Rowena (nome di donna).

rower /ˈrəʊə(r)/ n. rematore m. (-trice); SPORT canottiere m. (-a).

row house /ˈrəʊhaʊs/ n. AE ***~s*** villette a schiera.

rowing /ˈrəʊɪŋ/ ♦ **10 I** n. canottaggio m.; ***he likes ~*** gli piace il canottaggio **II** modif. [*club, team, star*] di canottaggio.

rowing boat /ˈrəʊɪŋbəʊt/ n. BE barca f. a remi.

rowing machine /ˈrəʊɪŋməˌʃiːn/ n. vogatore m.

Rowland /ˈrəʊlənd/ n.pr. Rolando.

rowlock /ˈrɒlək, ˈrʌlək/ n. BE scalmo m., scalmiera f.

Roxana /rɒkˈsɑːnə/, **Roxanne** /rɒkˈsæn/ n.pr. Rossana.

Roy /rɔɪ/ n.pr. Roy (nome di uomo).

► **royal** /ˈrɔɪəl/ **I** agg. **1** (anche **Royal**) [*couple, palace*] reale; [*visit*] del sovrano; [*prerogative*] regio; ***the ~ "we"*** il pluralis maiestatis **2** *(splendid)* ***to give sb. a (right) ~ welcome*** accogliere qcn. in modo principesco *o* degno di un re **3** AE COLLOQ. *(thorough)* ***to be a ~ pain*** essere una bella rottura **II** n. **1** COLLOQ. *(person)* (membro di una famiglia) reale m. e f. **2** TIP. *(paper)* ***~ paper*** foglio formato reale.

Royal Air Force /ˌrɔɪəlˈeəfɔːs/ n. GB reale aviazione f. militare inglese.

Royal Assent /ˌrɔɪələˈsent/ n. GB assenso m. reale.

royal blue /ˌrɔɪəlˈbluː/ ♦ **5 I** agg. blu scuro **II** n. blu m. scuro.

Royal Commission /ˌrɔɪəlkəˈmɪʃn/ n. GB = commissione d'inchiesta parlamentare di nomina reale.

royal family /ˌrɔɪəlˈfæməlɪ/ n. famiglia f. reale.

royal fern /ˌrɔɪəlˈfɜːn/ n. osmunda f.

royal flush /ˌrɔɪəlˈflʌʃ/ n. *(in poker)* scala f. reale all'asso.

Royal Highness /ˌrɔɪəlˈhaɪnɪs/ ♦ **9** n. ***His*** o ***Her ~*** Sua Altezza Reale; ***Their ~es*** Loro Altezze Reali; ***Your ~*** Vostra Altezza Reale.

royal icing /ˌrɔɪəlˈaɪsɪŋ/ n. BE glassa f. reale.

royalism /ˈrɔɪəlɪzəm/ n. monarchismo m., fede f. monarchica.

royalist, **Royalist** /ˈrɔɪəlɪst/ **I** agg. monarchico, realista **II** n. monarchico m. (-a), realista m. e f.

royal jelly /ˌrɔɪəlˈdʒelɪ/ n. pappa f. reale.

royally /ˈrɔɪəlɪ/ avv. [*received*] magnificamente, in modo principesco; [*entertained*] splendidamente.

Royal Mail /ˌrɔɪəlˈmeɪl/ n. GB = servizio postale britannico.

Royal Marines /ˌrɔɪəlməˈriːnz/ n.pl. GB fanteria f.sing. di marina.

Royal Navy /ˌrɔɪəlˈneɪvɪ/ n. GB marina f. militare britannica.

Royal Society /ˌrɔɪəlsəˈsaɪətɪ/ n. GB = associazione di studiosi fondata nel diciassettesimo secolo per promuovere la ricerca scientifica.

▷ **royalty** /ˈrɔɪəltɪ/ n. **1 U** *(person)* = membro di una famiglia reale; *(persons)* reali m.pl.; ***we were treated like ~*** ci hanno trattato da re **2** *(state of royal person)* regalità f. **3** *(money) (to author, musician)* royalties f.pl., diritti m.pl. d'autore (**on** su); *(to publisher)* royalties f.pl. (**on** su); *(on patent, on coal deposits)* diritto m. di concessione, diritto m. di sfruttamento (**on** su); ***to receive £100 in royalties*** *(on book)* ricevere cento sterline in royalties.

Royal Ulster Constabulary /ˌrɔɪəlˌʌlstəkənˈstæbjʊlərɪ, AE -lerɪ/ n. GB = polizia dell'Irlanda del Nord.

royal warrant /ˌrɔɪəlˈwɒrənt, AE -ˈwɔːr-/ n. BE = diritto concesso ai fornitori ufficiali della casa reale di usare lo stemma reale sui loro prodotti.

rozzer /ˈrɒzə(r)/ n. BE COLLOQ. sbirro m.

RP n. BE (⇒ Received Pronunciation) = pronuncia dell'inglese considerata standard.

RPI n. ECON. (⇒ retail price index) = indice dei prezzi al dettaglio.

rpm n.pl. (⇒ revolutions per minute) = giri al minuto.

RPM n. (⇒ retail price maintenance) = mantenimento del prezzo al dettaglio.

R & R n. AE MIL. (⇒ rest and recuperation) = licenza concessa come periodo di riposo specialmente dopo una battaglia.

RRP BE (⇒ recommended retail price) = prezzo di vendita consigliato.

RSA n. GB (⇒ Royal Society of Arts) = società britannica per le arti.

RSI n. (⇒ repetitive strain injury) = lesioni da stiramento ripetuto.

RSM (⇒ Regimental Sergeant-Major) = sottufficiale con funzioni simili a quelle del maresciallo maggiore aiutante.

RSPB n. GB (⇒ Royal Society for the Protection of Birds) = società britannica per la protezione degli uccelli, corrispondente alla LIPU italiana.

RSPCA n. GB (⇒ Royal Society for the Prevention of Cruelty to Animals) = società britannica per la protezione degli animali, corrispondente all'ENPA italiana.

RSV n. (⇒ Revised Standard Version) = revisione della versione inglese della Bibbia fatta negli anni 1946-1952.

Rt Hon GB ⇒ Right Honourable molto onorevole.

Rt Rev ⇒ Right Reverend reverendissimo (Rev.mo).

1.rub /rʌb/ n. **1** *(massage)* massaggio m.; ***to give [sth.] a ~*** fare un massaggio a [*back*]; dare una strigliata a [*horse*] **2** *(polish)* strofinata f.; ***to give [sth.] a ~*** dare una lucidata a [*spoon*]; dare una pulita, passata a [*table*]; sfregare [*stain*] **3** *(liniment)* balsamo m. per i muscoli **4** ANT. SCHERZ. *(drawback)* intoppo m., inconveniente m.; ***there's the ~*** è questo il guaio.

▷ **2.rub** /rʌb/ **I** tr. (forma in -ing ecc. **-bb-**) **1** *(touch)* stropicciare [*chin, eyes, nose*]; ***to ~ noses*** *(in greeting)* salutarsi strofinando i nasi; ***to ~ one's hands with glee*** fregarsi le mani per la contentezza **2** *(polish)* strofinare [*stain, surface*]; ***to ~ sth. dry*** asciugare qcs. strofinando; ***to ~ sth. away*** strofinare via [*stain*]; ***to ~ a hole in sth.*** fare un buco in qcs. strofinando **3** *(massage)* massaggiare [*back, shoulders*]; ***she ~bed my back*** mi ha massaggiato la schiena **4** *(apply)* ***to ~ sth. on to the skin*** spalmare qcs. sulla pelle; ***to ~ sth. into the skin*** spalmare qcs. fino all'assorbimento **5** *(incorporate)* ***to ~ sth. into*** GASTR. incorporare qcs. in [*flour*]; ***~ the cream into your skin*** massaggiare la crema fino all'assorbimento; ***~ the shampoo into your hair*** frizionare bene i capelli con lo shampoo **6** *(chafe)* [*shoe*] scorticare [*heel*]; [*wheel*] sfregare contro [*mudguard*] **II** intr. (forma in -ing ecc. **-bb-**) **1** *(scrub)* strofinare **2** *(chafe)* ***these shoes ~*** queste scarpe fanno male **III** rifl. (forma in -ing ecc. **-bb-**) ***to ~ oneself*** sfregarsi (**against** contro); strofinarsi (**with** con); ***to ~ oneself dry*** asciugarsi strofinandosi ♦ ***to ~ salt into the wound*** girare il coltello nella piaga; ***to ~ sb. up the wrong way*** prendere qcn. per il verso sbagliato; ***to ~ shoulders with sb.*** essere a contatto di gomito con qcn.; ***to ~ sb.'s nose in it*** fare sentire qcn. una merda *o* smerdare qcn.

■ **rub along** BE COLLOQ. ***to ~ along with*** andare d'accordo con *o* trovarsi bene con [*person*].

■ **rub away:** ***~ [sth.] away*** consumare, eliminare sfregando.

■ **rub down:** ***~ [sb.] down***, ***~ down [sb.]*** massaggiare [*athlete*]; ***~ [sth.] down***, ***~ down [sth.]*** **1** *(massage)* strigliare [*horse*]; ***to ~ oneself down*** asciugarsi il sudore (strofinandosi) **2** *(smooth)* levigare [*plaster, wood*].

■ **rub in:** ***~ [sth.] in***, ***~ in [sth.]*** GASTR. incorporare [*butter*]; fare penetrare frizionando [*lotion*]; ***there's no need to ~ it in!*** COLLOQ. FIG. non c'è bisogno di rinfacciarlo *o* di ripeterlo continuamente! ***he's always ~bing it in how rich he is*** fa sempre pesare il fatto di essere ricco.

■ **rub off:** ***~ off*** **1** *(come off)* [*dye*] stingere, venire via; [*ink*] sporcare; ***the ink ~bed off on my hands*** mi sono sporcato le mani con l'inchiostro; ***I hope your integrity ~s off on him*** spero che la tua onestà si trasmetta a lui **2** *(wipe off)* ***the chalk, the pencil ~s off easily*** il gesso, la matita si cancella facilmente; ***~ [sth.] off***, ***~ off [sth.]*** lavare via [*stain*]; fare sbiadire [*pattern*].

■ **rub out:** ***~ out*** [*chalk, pencil*] cancellarsi, andare via; ***~ [sth.] out***, ***~ out [sth.]*** cancellare (con la gomma) [*word, drawing*]; ***~ [sb.] out*** AE COLLOQ. FIG. fare fuori, eliminare.

rub-a-dub /ˈrʌbədʌb/ n. *(drum roll)* rataplan m.

rubato /ruːˈbɑːtəʊ/ **I** n. (pl. **~s**, **-i**) MUS. (tempo) rubato m. **II** agg. ***tempo ~*** tempo rubato **III** avv. a tempo rubato.

rubbed /rʌbd/ **I** p.pass. → **2.rub II** agg. [*furniture*] patinato; [*book cover*] consumato.

▷ **1.rubber** /ˈrʌbə(r)/ **I** n. **1** *(substance)* gomma f.; ***made of ~*** di gomma **2** BE *(for erasing pencil)* gomma f. (da cancellare) **3** *(for cleaning)* cancellino m. **4** AE COLLOQ. *(condom)* goldone m. **II** **rubbers** n.pl. AE *(galoshes)* calosce f. **III** modif. [*ball, sole, hose,* *insulation*] di gomma ◆ ***to burn*** o ***peel ~*** AE COLLOQ. andare a manetta, a tutta birra.

2.rubber /ˈrʌbə(r)/ n. GIOC. SPORT *(set of five games)* = partita al meglio delle cinque; *(set of three games)* = partita al meglio delle tre.

rubber band /ˌrʌbəˈbænd/ n. elastico m.

rubber bullet /ˌrʌbəˈbʊlɪt/ n. pallottola f. di gomma.

rubber cement /ˌrʌbəsɪˈment/ n. AE mastice m.

rubber check /ˌrʌbəˈtʃek/ n. AE COLLOQ. assegno m. scoperto, a vuoto.

rubber dinghy /ˌrʌbəˈdɪŋɡɪ/ n. gommone m.

rubber glove /ˌrʌbəˈɡlʌv/ n. guanto m. di gomma.

rubberize /ˈrʌbəraɪz/ tr. gommare, rivestire di gomma.

rubberized /ˈrʌbəraɪzd/ **I** p.pass. → **rubberize II** agg. [*fabric, floor surface*] gommato.

rubber johnny /ˌrʌbəˈdʒɒnɪ/ n. POP. goldone m.

1.rubberneck /ˈrʌbənek/ n. COLLOQ. **1** *(onlooker)* curiosone m. (-a), ficcanaso m. e f. **2** *(tourist)* = turista che viaggia con gruppi organizzati.

2.rubberneck /ˈrʌbənek/ intr. COLLOQ. SPREG. fissare, guardare a bocca aperta.

rubbernecker /ˈrʌbənekə(r)/ n. → **1.rubberneck**.

rubber plant /ˈrʌbəplɑːnt, AE -plænt/ n. ficus m.

rubber plantation /ˈrʌbəplænˌteɪʃn/ n. piantagione f. di alberi della gomma.

rubber sheet /ˈrʌbərʃiːt/ n. traversa f. incerata.

rubber-soled /ˌrʌbəˈsəʊld/ agg. [*shoes*] con la suola di gomma.

rubber solution /ˌrʌbəsəˈluːʃn/ n. soluzione f. di gomma.

rubber stamp /ˌrʌbəˈstæmp/ **I** n. **1** timbro m. **2** FIG. SPREG. ***to be a ~ for sb.'s decisions*** [*body, group*] avallare ciecamente le decisioni di qcn. **II rubber-stamp** modif. SPREG. [*parliament, assembly*] fantoccio.

rubber-stamp /ˌrʌbəˈstæmp/ tr. **1** *(stamp)* timbrare [*document, form*] **2** FIG. SPREG. accettare [qcs.] senza fare discussioni, senza fiatare [*decision*].

rubber tapper /ˈrʌbəˌtæpə(r)/ n. chi estrae la gomma.

rubber tapping /ˈrʌbəˌtæpɪŋ/ n. estrazione f. della gomma.

rubber tree /ˈrʌbətriː/ n. albero m. della gomma.

rubbery /ˈrʌbərɪ/ agg. [*material*] gommoso; [*food*] che sembra gomma.

rubbing /ˈrʌbɪŋ/ n. **1** *(friction)* fregamento m., sfregamento m.; *(in massage)* frizione f. **2** *(picture)* riproduzione f. mediante sfregamento.

▷ **1.rubbish** /ˈrʌbɪʃ/ n. **U 1** *(refuse) (in street)* rifiuti m.pl.; *(domestic)* spazzatura f., immondizia f.; *(from garden)* sporcizia f.; *(on building site)* calcinacci m.pl., macerie f.pl. **2** *(inferior goods)* robaccia f.; *(discarded objects)* scarto m. **3** *(nonsense)* ***to talk ~*** dire stupidaggini; ***this film, book is ~!*** COLLOQ. questo libro, questo film fa schifo! ***(what a load of) ~!*** quante cavolate! quante sciocchezze! ***there's nothing but ~ on the TV*** non c'è niente di decente alla televisione.

2.rubbish /ˈrʌbɪʃ/ tr. BE [*critic, article*] criticare duramente, fare a pezzi [*person, work, achievement*].

rubbish bin /ˈrʌbɪʃˌbɪn/ n. BE pattumiera f., secchio m. dei rifiuti.

rubbish chute /ˈrʌbɪʃˌʃuːt/ n. BE condotto m. della pattumiera.

rubbish collection /ˈrʌbɪʃkəˌlekʃn/ n. BE raccolta f. dei rifiuti.

rubbish dump /ˈrʌbɪʃdʌmp/ n. BE discarica f. (pubblica).

rubbish heap /ˈrʌbɪʃhiːp/ n. cumulo m. di rifiuti; *(in garden)* cumulo m. di sporcizia.

rubbish tip /ˈrʌbɪʃtɪp/ n. BE discarica f. (pubblica).

rubbishy /ˈrʌbɪʃɪ/ agg. COLLOQ. [*article, film, book*] che fa schifo, molto scadente; ***all that ~ food*** tutte quelle schifezze.

rubble /ˈrʌbl/ n. **1 U** *(after explosion)* macerie f.pl.; *(on building site)* calcinacci m.pl.; ***the house was reduced to a pile of ~*** la casa era ridotta a un cumulo di macerie **2** ING. pietrisco m., breccia f.

rubbly /ˈrʌblɪ/ agg. *(containing rubble)* ricco di pietrisco; *(consisting of rubble)* di pietrisco, di breccia; *(of the nature of rubble)* simile a pietrisco.

rub-down /ˈrʌbdaʊn/ n. ***to give sb. a ~*** fare un massaggio a qcn.; ***to give [sth.] a ~*** strigliare [*horse*]; levigare [*woodwork, plaster*].

rube /ruːb/ n. AE SPREG. contadinotto m. (-a), rozzo m. (-a), zoticone m. (-a).

rubefy /ˈruːbifaɪ/ v.tr. RAR. fare arrossare, provocare rossore a.

Rube Goldberg /ˌruːbˈɡəʊldbɜːɡ/ agg. AE COLLOQ. [*machine, scheme*] eccessivamente complicato.

rubella /ruːˈbelə/ ➧ ***11*** **I** n. rosolia f.; ***to have ~*** avere la rosolia **II** modif. [*vaccine*] contro la rosolia.

rubellite /ˈruːbəlaɪt/ n. rubellite f.

rubeola /rʊˈbiːələ/ n. morbillo m.

Rubicon /ˈruːbɪkən, AE -kɒn/ n.pr. STOR. ***the ~*** il Rubicone ◆ ***to cross the ~*** passare il Rubicone.

rubicund /ˈruːbɪkənd/ agg. LETT. rubicondo.

rubicundity /ruːbɪˈkəndətɪ/ n. aspetto m. rubicondo.

rubidium /ruːˈbɪdɪəm/ n. rubidio m.

rubied /ˈruːbɪd/ agg. *(ruby coloured)* color rubino; *(ornamented with rubies)* adorno di rubini.

rubiginous /ruːˈbɪdʒɪnəs/ agg. *(rusty)* arrugginito, rugginoso; *(rust coloured)* color ruggine.

ruble AE → **rouble**.

rubric /ˈruːbrɪk/ n. FORM. rubrica f. (anche RELIG.).

rubrical /ˈruːbrɪkl/ agg. *(pertaining to rubrics)* di rubrica; RELIG. *(in accordance with rubrics)* prescritto dalle rubriche; RAR. *(marked by red letters)* segnato in rosso.

rubricate /ˈruːbrɪkeɪt/ tr. *(mark in red)* rubricare; *(provide with rubrics)* dotare [qcs.] di rubriche [*text*].

rubrication /ruːbrɪˈkeɪʃn/ n. *(red marking)* rubricazione f.; *(rubricated passage or text)* passo m. rubricato, testo m. rubricato.

ruby /ˈruːbɪ/ ➧ **5 I** n. **1** *(gem)* rubino m. **2** *(colour)* (rosso) rubino m. **II** modif. [*bracelet, necklace*] di rubini; ***a ~ ring*** un rubino **III** agg. [*liquid*] rosso rubino; [*lips*] vermiglio; ***~ port*** porto rosso.

Ruby /ˈruːbɪ/ n.pr. Ruby (nome di donna).

ruby-coloured BE, **ruby-colored** AE /ˌruːbɪˈkʌləd/ ➧ ***5*** agg. (color) rosso rubino.

ruby red /ˌruːbɪˈred/ ➧ **5 I** n. rosso m. rubino **II** agg. rosso rubino.

ruby wedding /ˌruːbɪˈwedɪŋ/ n. = quarantesimo anniversario di nozze.

RUC n. (⇒ Royal Ulster Constabulary) = polizia dell'Irlanda del Nord.

ruche /ruːʃ/ n. ruche f.

1.ruck /rʌk/ n. **1** *(in rugby)* mischia f. **2** SPREG. LETT. *(mass)* ***the (common) ~*** le masse.

2.ruck /rʌk/ n. *(crease)* piega f., grinza f.

3.ruck /rʌk/ tr. sgualcire, spiegazzare.

■ **ruck up** [*dress, skirt*] sgualcirsi, spiegazzarsi.

rucksack /ˈrʌksæk/ n. zaino m.

ruckus /ˈrʌkəs/ n. AE COLLOQ. ***a ~*** un putiferio.

ructions /ˈrʌkʃnz/ n.pl. BE COLLOQ. finimondo m.sing., tumulto m.sing.

rudder /ˈrʌdə(r)/ n. *(on boat, plane)* timone m.; ***horizontal, vertical ~*** AER. timone di profondità, di direzione.

rudder fish /ˈrʌdəfɪʃ/ n. (pl. **rudder fish, rudder fishes**) pesce m. pilota.

rudder hole /ˈrʌdəhəʊl/ n. losca f.

rudderless /ˈrʌdəlɪs/ agg. senza timone.

1.ruddle /ˈrʌdl/ n. ocra f. rossa.

2.ruddle /ˈrʌdl/ tr. *(mark)* marcare con ocra rossa; *(colour)* tingere con ocra rossa.

ruddock /ˈrʌdək/ n. pettirosso m.

1.ruddy /ˈrʌdɪ/ agg. **1** [*cheeks, complexion*] colorito; [*sky, glow*] rosso **2** BE COLLOQ. ANT. dannato, maledetto.

2.ruddy /ˈrʌdɪ/ tr. fare arrossare, rendere rosso.

▷ **rude** /ruːd/ agg. **1** *(impolite)* [*comment*] scortese; [*question, reply*] sgarbato; [*person*] maleducato, sgarbato; ***to be ~ to sb.*** essere scortese con qcn.; ***it is ~ to do*** è maleducato fare; ***it was very ~ of him to do*** è stato molto scortese da parte sua fare; ***I don't mean to be ~ but I have to go*** non voglio essere scortese, ma devo andare **2** *(indecent)* [*joke*] sporco, sconcio; [*gesture*] osceno; EUFEM. [*book, film, scene*] osé; ***a ~ word*** una parola oscena **3** *(abrupt)* [*shock*] duro; [*reminder*] brusco **4** LETT. *(simple)* [*tool, dwelling*] rudimentale; [*lifestyle*] primitivo; [*peasant*] rozzo ◆ ***to be in ~ health*** LETT. avere una salute di ferro.

▷ **rudely** /ˈruːdlɪ/ avv. **1** *(impolitely)* sgarbatamente; ***before I was so ~ interrupted*** prima che venissi interrotto in modo così villano **2** *(abruptly)* bruscamente **3** LETT. *(simply)* [*live*] in modo semplice, umile.

rudeness /ˈruːdnɪs/ n. maleducazione f. (**to, towards** verso); ***she was brusque to the point of ~*** i suoi modi bruschi rasentavano la maleducazione.

rudiment /ˈruːdɪmənt/ n. *(basic knowledge)* rudimenti m.pl., principi m.pl. elementari; BIOL. abbozzo m., rudimento m.

rudimental /ˌruːdɪˈmentl/ agg. → **rudimentary**.

rudimentarily /ˌruːdɪˈmentərɪlɪ/ avv. in modo rudimentale, rudimentalmente.

rudimentariness /ˌruːdɪˈmentərɪnɪs/ n. rudimentalità f.

rudimentary /ˌruːdɪˈmentrɪ/ agg. *(basic)* [*knowledge*] rudimentale, elementare; *(primitive)* [*tool*] rudimentale, primitivo; *(undeveloped)* abbozzato; BIOL. embrionale, rudimentale.

rudistid /ruː'dɪstɪd/ n. rudista f.
Rudolf, Rudolph /'ruːdɒlf/ n.pr. Rodolfo.
Rudy /'ruːdɪ/ n.pr. diminutivo di **Rudolf** e **Rudolph**.
Rudyard /'rʌdjəd/ n.pr. Rudyard (nome di uomo).
1.rue /ruː/ n. BOT. ruta f.
2.rue /ruː/ n. ANT. *(repentance)* pentimento m., rammarico m.; *(pity)* pietà f., compassione f.
3.rue /ruː/ tr. pentirsi di [*decision, action*]; ***you'll ~ the day you joined up*** SCHERZ. maledirai il giorno in cui ti sei arruolato.
rueful /'ruːfl/ agg. [*smile*] mesto; [*look*] malinconico, afflitto; [*thought*] triste.
ruefully /'ruːfəlɪ/ avv. mestamente.
1.ruff /rʌf/ n. **1** *(of lace)* gorgiera f. **2** *(of fur, feathers)* colletto m. **3** *(bird)* combattente m., pavoncella f. combattente.
2.ruff /rʌf/ n. *(freshwater perch)* acerina f.
3.ruff /rʌf/ n. *(in bridge)* (il) tagliare (con un atout).
4.ruff /rʌf/ intr. *(in bridge)* tagliare (con un atout).
ruffed /rʌft/ agg. [*person*] che porta il collare; [*animal*] dal collare.
ruffian /'rʌfɪən/ n. ANT. farabutto m. (-a); mascalzone m. (-a).
ruffianly /'rʌfɪənlɪ/ agg. LETT. [*person*] scellerato; [*manner*] brutale; [*appearance*] da farabutto.
1.ruffle /'rʌfl/ n. **1** *(at sleeve)* pieghettatura f.; *(at neck)* ruche f.; *(on shirt front)* jabot m., davantino m. pieghettato; *(on curtain)* balza f. increspata **2** *(on water, surface)* increspatura f. **3** *(agitation)* agitazione f., turbamento m.
2.ruffle /'rʌfl/ tr. **1** *(stroke)* arruffare, scompigliare [*hair, fur*] **2** arruffare [*feathers*] **3** [*wind*] increspare [*water, cornfield*] **4** *(disconcert)* sconcertare; *(upset)* turbare, mettere in agitazione; *(rumple)* spiegazzare [*sheet, cover*] ◆ ***to ~ sb.'s feathers*** SCHERZ. irritare qcn.
ruffled /'rʌfld/ **I** p.pass. → **2.ruffle II** agg. **1** [*hair*] scompigliato, arruffato; [*feathers*] arruffato; [*waters*] increspato **2** *(disconcerted)* sconcertato; *(upset)* turbato, agitato ◆ ***to smooth ~ feathers*** calmare le acque.
ruffler /'rʌflə(r)/ n. spaccone m. (-a), fanfarone m. (-a).
Rufflette (tape)® /'rʌflet(teɪp)/ n. BE = tipo di fettuccia cucita sulle tende in modo che queste si arriccino.
rufous /'ruːfəs/ ♦ ***5*** agg. rosso scuro, color ruggine.
Rufus /'ruːfəs/ n.pr. Rufus (nome di uomo).
▷ **rug** /rʌg/ n. **1** *(mat, carpet)* tappeto m.; *(by bed)* scendiletto m. **2** BE *(blanket)* plaid m., (spessa) coperta f. (di lana) **3** AE COLLOQ. *(toupee)* parrucchino m. ◆ ***to be as snug as a bug in a ~*** COLLOQ. stare al calduccio; ***to pull the ~ out from under sb.'s feet*** far mancare *o* togliere la terra sotto i piedi a qcn.
▷ **rugby** /'rʌgbɪ/ ♦ ***10*** **I** n. rugby m. **II** modif. [*ball*] da rugby; [*club, match, pitch, player*] di rugby.
rugby international /ˌrʌgbɪɪntə'næʃnəl/ n. **1** *(match)* incontro m. di rugby internazionale **2** *(player)* nazionale m. di rugby.
rugby league /'rʌgbɪˌliːg/ n. *(association)* = associazione di società di rugby fondata nel 1922; *(game)* = rugby giocato con squadre di 13 giocatori.
rugby tackle /'rʌgbɪˌtækl/ n. placcaggio m.
rugby union /'rʌgbɪˌjuːnɪən/ n. *(association)* = associazione di società di rugby fondata nel 1871; *(game)* = rugby giocato con squadre di 15 giocatori.
rugged /'rʌgɪd/ agg. **1** [*terrain*] accidentato; [*landscape*] aspro; [*coastline, cliffs, mountains*] frastagliato; [*backdrop*] irregolare **2** [*man*] robusto; [*features*] marcato; ***his ~ good looks*** la sua bellezza selvaggia **3** *(tough)* [*character, personality*] forte, duro; [*team, defence*] accanito **4** *(durable)* [*vehicle, equipment*] solido, robusto, resistente.
ruggedness /'rʌgɪdnɪs/ n. **1** *(of terrain)* (l')essere accidentato; *(of coastline)* irregolarità f.; *(of landscape)* asperità f. **2** *(of character)* durezza f.; *(of appearance)* rozzezza f.
rugger /'rʌgə(r)/ ♦ ***10*** n. BE COLLOQ. ANT. rugby m.
rugose /'ruːgəʊs, -gəʊz/, **rugous** /'ruːgəs/ agg. BOT. ZOOL. ANAT. rugoso, grinzoso.
▷ **1.ruin** /'ruːɪn/ **I** n. **1 U** *(collapse) (physical)* rovina f., distruzione f.; *(financial)* rovina f., fallimento m.; *(moral)* rovina f., fine f.; ***in a state of ~*** [*town, building*] in rovina; ***to fall into ~*** andare, cadere in rovina; ***to be on the brink of (financial) ~*** essere sull'orlo del fallimento (economico) **2** *(building)* rovine f.pl. **II ruins** n.pl. *(remains)* rovine f., resti m., ruderi m. (**of** di); ***to be*** o ***lie in ~s*** essere distrutto *o* rovinato (anche FIG.) ◆ ***to go to rack and ~*** [*house etc.*] andare in rovina; [*company, finances etc.*] andare in malora.
▷ **2.ruin** /'ruːɪn/ tr. **1** *(destroy)* distruggere [*city, career, economy*]; rovinare [*person*]; ***to ~ one's health*** rovinarsi la salute; ***to ~ one's eyesight*** rovinarsi la vista; ***to ~ sb.'s chances of doing*** distruggere le possibilità di qcn. di fare **2** *(spoil)* rovinare [*place, holiday, shoes, clothes*]; rovinare, guastare [*meal, film*]; FIG. viziare [*child, pet*]; ***it's ~ing our lives*** ci sta rovinando la vita.
ruination /ˌruːɪ'neɪʃn/ n. rovina f.; ***you'll be the ~ of me!*** SCHERZ. sarai la mia rovina!
▷ **ruined** /'ruːɪnd/ **I** p.pass. → **2.ruin II** agg. **1** *(derelict)* [*building, street, city*] in rovina **2** *(spoilt)* [*life, reputation, holiday, meal, clothes*] rovinato; [*furniture*] danneggiato; [*marriage*] naufragato; *(financially)* rovinato; ***he is ~ politically*** come uomo politico è finito.
ruinous /'ruːɪnəs/ agg. [*lawsuit*] rovinoso; [*costs, prices*] spropositato, esorbitante; [*war, dependence, course of action*] disastroso.
ruinously /'ruːɪnəslɪ/ avv. ***~ expensive*** rovinoso, esorbitante.
▶ **1.rule** /ruːl/ n. **1** *(regulation) (of game, sport, language, religion)* regola f.; *(of school, company, organization)* regolamento m.; ***the ~s of the game*** le regole del gioco (anche FIG.); ***school ~s*** il regolamento della scuola; ***EU ~s*** normativa CEE; ***to obey, break the ~s*** rispettare, infrangere le regole; ***to bend the ~s*** fare uno strappo alla regola; ***to be against the ~s*** essere vietato (**to do** fare); ***it is a ~ that*** è la norma che; ***under this ~*** secondo questo regolamento; ***~s and regulations*** normativa; ***I make it a ~ always, never to do*** per me è d'obbligo *o* mi impongo come regola di fare sempre, non fare mai **2** *(usual occurrence)* regola f., norma f.; ***hot summers are the ~ here*** le estati calde qui sono la norma; ***as a ~*** generalmente *o* di regola *o* di norma; ***as a general ~*** in linea di massima **3 U** *(authority)* dominio m., governo m.; ***colonial ~*** dominio coloniale; ***majority ~*** regola della maggioranza; ***under Tory ~*** sotto il governo dei conservatori; ***under the ~ of a tyrant*** sotto il dominio di un tiranno **4** *(for measuring)* righello m., regolo m.; ***a metre ~*** un regolo di un metro **5** TIP. filetto m.
▶ **2.rule** /ruːl/ **I** tr. **1** POL. [*ruler*] governare; [*law, convention*] vigere in; [*monarch*] regnare su; [*party*] essere al governo in, governare; [*army*] tenere in pugno **2** *(control)* [*money, appetite*] dominare [*life, character*]; [*person, consideration, factor*] determinare, dettare [*behaviour, strategy*]; ***to be ~d by sb.*** ANT. lasciarsi guidare *o* farsi condurre da qcn.; ***to let one's heart ~ one's head*** lasciare che l'istinto prevalga sulla ragione **3** *(draw)* fare, tirare [*line*]; ***~d paper*** foglio a righe **4** [*tribunal, court, judge, umpire*] ***to ~ that*** decretare *o* sentenziare che; ***to ~ sth. unlawful*** dichiarare qcs. illegale **II** intr. **1** [*monarch*] re-gnare; [*government*] essere al potere; ***anarchy ~s*** regna l'anarchia; ***Juventus ~ OK!*** COLLOQ. viva la Juve! **2** [*tribunal, court, judge, umpire*] decidere (**against** contro).
■ **rule off:** ~ **off** fare una riga, tirare una riga; ~ **off [sth.], ~ [sth.] off** separare [qcs.] con una riga [*part of writing*].
■ **rule out:** ~ **out [sth.], ~ [sth.] out** **1** *(eliminate)* escludere, scartare [*chance, possibility*] (**of** di); ***to ~ out doing*** escludere di fare **2** *(prevent)* impedire, rendere impossibile [*activity*].
rulebook /'ruːlbʊk/ n. regolamento m.; ***to throw away the ~*** FIG. ignorare il regolamento.
ruled /ruːld/ **I** p.pass → **2.rule II** agg. rigato, a righe.
rule of law /ˌruːləv'lɔː/ n. POL. supremazia f. della legge.
rule of the road /ˌruːləvðə'rəʊd/ n. = la consuetudine o il regolamento che determina la posizione dei veicoli nel sorpasso su strada.
rule of three /ˌruːləv'θriː/ n. regola f. del tre semplice.
rule of thumb /ˌruːləv'θʌm/ n. regola f. pratica.
▷ **ruler** /'ruːlə(r)/ n. **1** *(leader)* governante m. e f., sovrano m. (-a) (**of** di) **2** *(measure)* righello m., regolo m.
rulership /'ruːləʃɪp/ n. *(government)* governo m.; *(sovereignty)* sovranità f., dominio m.
▷ **ruling** /'ruːlɪŋ/ **I** agg. **1** *(in power)* [*circle, class*] dominante; [*body, group*] dirigente; [*party*] al potere, governante **2** *(dominant)* [*idea, passion, principle*] dominante, predominante, preponderante **II** n. sentenza f., decreto m. (**against** contro; **by** di; **on** su); ***to give a ~*** emettere una sentenza; ***a ~ that he must pay*** una sentenza secondo cui deve pagare.
1.rum /rʌm/ n. *(alcohol)* rum m.; ***white ~*** rum bianco.
2.rum /rʌm/ agg BE COLLOQ. ANT. *(odd)* peculiare, strano; ***a ~ do*** SCHERZ. una strana faccenda *o* un fatto strano.
Rumania → **Romania**.
Rumanian → **Romanian**.
rumba /'rʌmbə/ n. rumba f.
▷ **1.rumble** /'rʌmbl/ n. **1** *(of thunder, artillery)* rimbombo m., boato m.; *(of trucks, machines)* fracasso m., frastuono m.; *(of stomach)* brontolio m.; *(of pipes)* gorgoglio m.; *(from unhappy crowd)* mormorio m. **2** AE COLLOQ. *(fight)* zuffa f., rissa f.

▷ **2.rumble** /ˈrʌmbl/ **I** tr. **1** BE COLLOQ. *(unmask)* scoprire, smascherare [*trick*]; ***I ~d your game!*** ti ho sgamato! ***we've been ~d!*** ci hanno beccato! **2** *(growl)* ***"well?" he ~d*** "allora?" ha ringhiato **II** intr. **1** *(make noise)* [*thunder, artillery, machines, voice*] rimbombare, rintronare; [*stomach*] brontolare; [*pipes*] gorgogliare; [*person*] borbottare **2** *(trundle)* ***to ~ in, by*** [*vehicle*] entrare, passare rimbombando **3** *(growl)* ringhiare.

▪ **rumble on** [*debate, controversy*] continuare.

rumble seat /ˈrʌmblsiːt/ n. AE AUT. = sedile esterno pieghevole sul retro di un'automobile.

rumble strip /ˈrʌmblstrɪp/ n. *(on streets)* banda f. rumorosa.

rumbling /ˈrʌmblɪŋ/ **I** n. **U** *(of thunder)* boato m.; *(of vehicles, machines)* frastuono m.; *(of stomach)* brontolio m.; *(in pipes)* gorgoglio m. **II rumblings** n.pl. *(angry)* avvisaglie f., segnali m.; ***~s of discontent*** sintomi dello scontento popolare.

rumbustious /rʌmˈbʌstrəs/ agg. BE COLLOQ. [*music*] chiassoso; [*game*] turbolento; [*person*] esuberante, vivace.

rumdum /ˈrʌmdʌm/ **I** agg. ubriaco **II** n. **1** *(drunk)* ubriacone m. (-a) **2** *(stupid)* zuccone m. (-a).

rumen /ˈruːmen/ n. (pl. **~s, rumina**) rumine m.

ruminant /ˈruːmɪnənt/ **I** n. ruminante m. **II** agg. ruminante; *(contemplative)* meditativo.

ruminate /ˈruːmɪneɪt/ intr. **1** ruminare; ***to ~ on*** o ***about*** rimuginare su [*event, decision*]; riflettere su [*meaning of life*] **2** ZOOL. ruminare.

rumination /ˌruːmɪˈneɪʃn/ n. ruminazione f. (anche FIG.).

ruminative /ˈruːmɪnətɪv, AE -neɪtɪv/ agg. LETT. meditativo, riflessivo.

ruminatively /ˈruːmɪnətɪvlɪ, AE -neɪtɪvlɪ/ avv. LETT. [*look, stare*] con aria pensierosa.

ruminator /ˈruːmɪneɪtə(r)/ n. chi rimugina, chi medita.

1.rummage /ˈrʌmɪdʒ/ n. **1** *(look)* ***to have a ~ in*** rovistare *o* frugare in **2** AE *(jumble)* cianfrusaglie f.pl.

2.rummage /ˈrʌmɪdʒ/ intr. frugare, rovistare (**in**, **among**, **through** tra, in; **for** alla ricerca di).

▪ **rummage about**, **rummage around** (**in** in) buttare all'aria, mettere sottosopra.

rummer /ˈrʌmə(r)/ n. grosso bicchiere m.

rummy /ˈrʌmɪ/ ♦ **10** n. ramino m.

▷ **rumour** BE, **rumor** AE /ˈruːmə(r)/ n. diceria f., pettegolezzo m. (**about** su); ***to start a ~*** mettere in giro delle voci; ***to deny a ~*** smentire i pettegolezzi; ***~s are circulating that, ~ has it that*** circolano voci, corre voce che; ***there is no truth in any of the ~s*** i pettegolezzi non hanno alcun fondamento; ***I heard a ~ about the factory closing*** si dice *o* ho sentito dire che la fabbrica chiuderà.

rumoured BE, **rumored** AE /ˈruːməd/ agg. ***it is ~ that*** si dice *o* corre voce che; ***she is ~ to be a millionaire*** secondo i pettegolezzi è una miliardaria; ***the buyer, ~ to be the Swedish group*** l'acquirente, che secondo le indiscrezioni è il gruppo svedese.

rumourmonger BE, **rumormonger** AE /ˈruːməˌmʌŋgə(r)/ n. pettegolo m. (-a), malalingua f.

rump /rʌmp/ n. **1** (anche **~ steak**) fesa f. **2** *(of animal)* groppa f.; *(of bird)* codrione m. **3** SCHERZ. *(of person)* didietro m., sedere m. **4** *(of party, group)* superstiti m.pl.; ***the Rump Parliament*** BE POL. STOR. = i membri del Long Parliament che rimasero dopo l'espulsione dei moderati.

rump bone /ˈrʌmpbəʊn/ n. COLLOQ. osso m. sacro.

rumple /ˈrʌmpl/ tr. arruffare, scompigliare [*hair*]; sgualcire [*clothes, sheets*]; spiegazzare, stropicciare [*papers*].

rumpled /ˈrʌmpld/ **I** p.pass. → **rumple II** agg. [*clothes, sheets*] sgualcito; [*papers*] spiegazzato, stropicciato; [*hair*] arruffato, scompigliato.

rumpless /ˈrʌmplɪs/ agg. senza coda.

rumpus /ˈrʌmpəs/ n. COLLOQ. **1** *(noise)* chiasso m., baccano m. **2** *(angry protest)* putiferio m., finimondo m. (**about, over** per); ***to kick up a ~*** [*protesters*] scatenare il finimondo; [*child*] fare il diavolo a quattro.

rumpus room /ˈrʌmpəsˌruːm, -ˌrʊm/ n. AE sala f. dei giochi.

rumpy /ˈrʌmpɪ/ n. gatto m. (dell'isola) di Man.

rum toddy /ˌrʌmˈtɒdɪ/ n. grog m.

▶ **1.run** /rʌn/ **I** n. **1** *(act or period of running)* corsa f.; ***a two-mile ~*** una corsa di due miglia; ***that was a splendid ~ by Reeves*** Reeves ha fatto una corsa magnifica; ***to go for a ~*** andare a correre *o* fare una corsa; ***to take the dog for a ~ in the park*** portare il cane a correre nel parco; ***to break into a ~*** mettersi a correre; ***to do sth. at a ~*** fare qcs. di corsa; ***to take a ~ at*** prendere la rincorsa per saltare [*fence, hedge, stream*]; ***to give sb. a clear ~*** FIG. lasciare campo libero a qcn. (**at doing** per fare) **2** *(flight)* ***on the ~*** [*prisoner*] in fuga; ***to be on the ~ from sb., sth.*** fuggire da qcn., qcs.; ***to have sb. on the ~*** mettere qcn. in fuga; FIG. riuscire a spaventare qcn.; ***to make a ~ for it*** scappare di corsa; ***to make a ~ for the door*** precipitarsi verso la porta **3** *(series) (of successes, failures, reds, blacks)* serie f., sfilza f. (**of** di); ***to have a ~ of (good) luck*** avere una fortuna dopo l'altra; ***to have a ~ of bad luck*** avere una sfilza di guai *o* una sventura dopo l'altra; ***a ~ of fine weather*** una serie di belle giornate; ***we've had a long ~ without any illness*** è da tanto che non ci ammaliamo; ***the product has had a good ~ but*** il prodotto è andato bene, ma **4** TEATR. repliche f.pl., programmazione f.; ***to have a long ~*** rimanere per molto tempo in cartellone; ***to have a six-month ~*** essere replicato per sei mesi; ***tomorrow the play is beginning its Broadway ~*** da domani lo spettacolo sarà a Broadway **5** *(trend) (of events, market)* tendenza f., andamento m.; ***the ~ of the cards was against me*** mi sono capitate delle carte bruttissime; ***the ~ of the dice was against me*** sono stato sfortunato con il dado; ***in the normal ~ of things*** nell'ordine normale delle cose; ***out of the common ~*** fuori del comune **6** *(series of thing produced) (in printing)* tiratura f.; *(in industry)* serie f., produzione f.; ***a paperback ~ of 10,000*** una tiratura di 10.000 copie dell'edizione tascabile **7** ECON. *(on the stock exchange) (rush)* corsa f., assalto m.; ***a ~ on*** un assalto a [*stock market, bank*]; una corsa a [*item*]; ***a ~ on sterling, the dollar*** una corsa alla sterlina, al dollaro **8** *(trip)* giro m., viaggio m.; ***it's only a short ~ into town*** *(in car)* con la macchina ci vuole poco per arrivare in città; ***to go out for a ~ in the car*** andare a fare un giro in macchina; ***the ~ up to York*** il viaggio per York; *(route)* ***he does the Leeds ~ twice a week*** fa avanti e indietro da Leeds due volte la settimana; ***a ferry on the Portsmouth-Caen ~*** un traghetto da Portsmouth a Caen; ***a bombing ~*** una missione di bombardamento **9** *(in cricket, baseball)* punto m.; ***to score*** o ***make a ~*** segnare un punto **10** *(for rabbit, chickens)* recinto m. **11** *(in tights, material)* smagliatura f. **12** *(for skiing etc.)* pista f. **13** *(in cards)* serie f., scala f.; ***a ~ of three*** una scala di tre carte **II runs** n.pl. COLLOQ. ***the ~s*** la sciolta *o* la cacarella ◆ ***to have the ~ of sth.*** avere libero accesso a qcs., poter usare qcs. senza limitazioni; ***to give sb. the ~ of sth.*** mettere qcs. a disposizione di qcn.; ***in the long ~*** a lungo andare *o* alla lunga; ***in the short ~*** a breve scadenza *o* termine.

▶ **2.run** /rʌn/ **I** tr. (forma in -ing **-nn-**; pass. **ran**; p.pass. **run**) **1** *(cover by running)* correre [*distance*]; fare, disputare [*race, heat, stage*]; correre, partecipare a [*marathon*]; ***I ran the rest of the way*** ho corso per il resto del tragitto; ***she ran a brilliant race*** ha fatto un'ottima gara; ***she ran a very fast time*** ha fatto un ottimo tempo; ***the race will be run at 10.30*** la gara si terrà alle 10.30 **2** *(drive)* ***to ~ sb. to the station, to hospital*** portare qcn. alla stazione, all'ospedale; ***to ~ sb. home*** o ***back*** riportare qcn. a casa; ***to ~ the car over to the garage*** portare la macchina in garage; ***to ~ sth. over to sb.'s house*** portare qcs. a casa di qcn.; ***to ~ the car into a tree*** schiantarsi con la macchina contro un albero **3** *(pass, move)* ***to ~ one's hand over sth.*** passare la mano su qcs.; ***to ~ one's finger down the list*** scorrere la lista con un dito; ***to ~ one's eye(s) over sth.*** percorrere qcs. con lo sguardo; ***to ~ a duster, the vacuum cleaner over sth.*** passare la pezza della polvere, l'aspirapolvere su qcs.; ***to ~ one's pen through sth.*** cancellare qcs. con la penna **4** *(manage)* dirigere [*business, hotel, school*]; gestire [*store*]; governare [*country*]; ***a well-, badly-run organization*** un'associazione gestita bene, male; ***who is ~ning things here?*** chi è responsabile qui dentro? ***I'm ~ning this show!*** COLLOQ. sono io che mando avanti la baracca! ***stop trying to ~ my life!*** smettila di cercare di gestirmi la vita! **5** *(operate)* fare funzionare, azionare [*machine*]; fare andare [*motor, engine*]; fare girare [*program*]; usare [*car*]; ***to ~ sth. off the mains, off batteries*** fare andare qcs. a corrente, a batterie; ***the car is cheap to ~*** la macchina consuma poco; ***to ~ a tape, a film*** mettere una cassetta, un film; ***to ~ tests on sth.*** effettuare dei test su qcs.; ***to ~ a check on sb.*** [*police*] controllare i precedenti di qcn.; *(generally)* raccogliere informazioni su qcn. **6** *(organize, offer)* organizzare [*competition*]; organizzare, tenere [*lessons, course*]; mettere a disposizione [*train, bus*]; fornire [*service*] **7** *(extend, pass) (of cable, wire, pipe)* ***to ~ sth. between, from, to, around*** fare passare qcs. tra, da, a, intorno a; ***to ~ a rope through a ring*** fare passare una corda in un cerchio **8** *(cause to flow)* fare scorrere [*water*]; preparare [*bath*]; aprire [*tap*]; ***I'll ~ you a bath*** ti preparo l'acqua per il bagno; ***to ~ water into, over sth.*** fare scorrere l'acqua in, su qcs. **9** GIORN. [*newspaper*] pubblicare [*story, article*] **10** *(pass through)* discendere [*rapids*]; forzare [*blockade*]; passare con [*red light*] **11** *(smuggle)* introdurre [qcs.] di contrabbando [*guns, drugs*] **12** *(enter in contest)* iscrivere a una corsa [*horse*]; presentare alle elezioni, fare concorrere [*candidate*] **II** intr. (forma in -ing **-nn-**; pass. **ran**; p.pass. **run**) **1** *(move quickly)* [*person, ani-*

mal] correre; ***to ~ to catch the bus*** fare una corsa per prendere l'autobus; ***to ~ to help somebody*** correre in aiuto di qcn.; ***to ~ to meet sb.*** correre incontro a qcn.; ***to ~ across sth.*** attraversare qcs. di corsa; ***to ~ down, up sth.*** correre giù per, su per; ***to ~ around the house, around (in) the garden*** correre su e giù per la casa, per il giardino; ***will you ~ over to the shop and get some milk?*** puoi fare un salto al negozio e prendere del latte? ***to ~ for the train*** fare una corsa per prendere il treno; ***to ~ for the exit*** precipitarsi verso l'uscita; ***to ~ for one's country*** SPORT gareggiare per la propria nazione; ***to ~ in the 100 metres, in the 3.30 (race)*** partecipare alla gara dei cento metri, delle 15:30; ***she came ~ning towards me*** mi venne incontro correndo; ***the customers will come ~ning*** FIG. i clienti si precipiteranno **2** *(flee)* fuggire; ***I dropped everything and ran*** ho mollato tutto e sono scappato; ***to ~ for one's life*** correre per mettersi in salvo; ***~ for your life!*** COLLOQ. mettetevi in salvo! ***~ for it*** COLLOQ. correte! ***I had to ~ for it*** COLLOQ. sono dovuto scappare; ***there's nowhere to ~ (to)*** non c'è un posto dove andare; ***to go ~ning to the police*** correre dalla polizia; ***to go ~ning to one's parents*** correre dai genitori **3** COLLOQ. *(rush off)* scappare; ***sorry - must ~!*** scusa - devo scappare **4** *(function)* [*machine, generator, engine, press*] andare, funzionare; ***to leave the engine ~ning*** lasciare il motore acceso; ***to ~ off*** andare a [*mains, battery*]; ***to ~ on*** andare a [*diesel, unleaded*]; ***to ~ fast, slow*** [*clock*] andare avanti, restare indietro; ***the organization ~s very smoothly*** l'organizzazione procede senza intoppi **5** *(continue, last)* [*contract, lease*] essere valido, valere; ***to have another month to ~*** durare ancora un mese; ***to ~ from... to...*** [*school year, season*] andare da... a... **6** TEATR. [*play, musical*] restare in cartellone, essere in programma; ***this show will ~ and ~!*** questo spettacolo resterà in cartellone per un pezzo! ***to ~ for six months*** essere replicato per sei mesi; ***the film will ~ (for) another week*** il film resterà in programmazione ancora una settimana **7** *(pass)* ***to ~ past, through sth.*** [*frontier, path, line*] passare, attraversare qcs.; ***to ~ (from) east to west*** estendersi da est a ovest; ***the road ~s north for about ten kilometres*** la strada prosegue a nord per circa dieci chilometri; ***to ~ parallel to sth.*** essere parallelo a qcs.; ***the stripes ~ vertically*** le righe sono verticali; ***the bird has a green stripe ~ning down its back*** l'uccello ha una striscia verde lungo il dorso; ***a scar ~s down her arm*** ha una cicatrice lungo tutto il braccio **8** *(move)* [*sledge, vehicle*] andare (**on** su; **forward** davanti; **back** indietro); [*curtain*] scorrere (**on** su); ***to ~ through sb.'s hands*** [*rope*] scivolare tra le mani di qcn.; ***a pain ran up my leg*** un dolore mi percorse tutta la gamba; ***a wave of excitement ran through the crowd*** un'ondata di entusiasmo attraversò la folla; ***his eyes ran over the page*** diede un'occhiata alla pagina; ***the news ran from house to house*** la notizia fece il giro delle case **9** *(operate regularly)* [*buses*] circolare; [*train*] viaggiare; ***they don't ~ on Sundays*** non circolano di domenica; ***a taxi service ~s between X and Y*** ci sono dei taxi per andare da X a Y; ***a ferry ~s between X and Y*** ci sono dei traghetti che fanno la spola da X a Y; ***the train is ~ning late*** il treno è in ritardo; ***programmes are ~ning late this evening*** *(on TV)* le trasmissioni sono in ritardo stasera; ***we are ~ning 30 minutes behind schedule*** o ***late*** siamo in ritardo di mezz'ora; ***we're ~ning ahead of schedule*** siamo in anticipo rispetto alla tabella di marcia **10** *(flow)* [*water, liquid, stream*] scorrere; [*tap*] essere aperto; [*bath*] riempirsi; [*nose*] colare; ***the tap is ~ning*** il rubinetto è aperto; ***my nose is ~ning*** mi cola il naso; ***tears ran down his face*** le lacrime gli scorrevano sul viso *o* aveva il volto rigato di lacrime; ***there was water ~ning down the walls*** c'era acqua che scorreva lungo le pareti; ***my body was ~ning with sweat*** ero sudato fradicio; ***the streets will be ~ning with blood*** FIG. le strade saranno macchiate di sangue; ***the river ran red with blood*** il sangue tinse le acque di rosso; ***the meat juices ran pink, clear*** il sugo che colava dalla carne era rosa, incolore **11** *(flow when wet or melted)* [*colour, dye, garment, ink, makeup, butter, cheese*] colare **12** POL. *(as candidate)* candidarsi, concorrere, presentarsi alle elezioni; ***to ~ for*** essere candidato a [*mayor, governor*]; ***to ~ for president*** candidarsi alla presidenza; ***to ~ against*** presentarsi contro [*person*] **13** *(be worded)* [*message, speech*] dire FORM.; ***the telex ~s*** il telex dice; ***so the argument ~s*** così prosegue il ragionamento **14** *(snag)* [*tights, material*] smagliarsi.

■ **run about, around 1** *(hurrying, playing etc.)* scorrazzare, correre qua e là; ***I've been ~ning around all over the place looking for you*** ti ho cercato dappertutto **2** COLLOQ. *(have affair with)* ***to ~ around with*** farsela con *o* vedersi con [*woman, man*].

■ **run across** COLLOQ. ***~ across [sth., sb.]*** imbattersi in [*acquaintance, reference*].

■ **run after: *~ after [sb.]*** rincorrere [*thief*]; correre dietro a (anche FIG.) [*woman, man*].

■ **run along** andare via; ***~ along!*** fila via!

■ **run at: *~ at [sth.]*** **1** *(charge towards)* precipitarsi verso [*door*]; assalire, gettarsi su, avventarsi su [*person*] **2** *(be at)* [*inflation, unemployment*] raggiungere, toccare [*percentage, rate, figure*]; ***with inflation ~ning at 12%*** con l'inflazione al 12%.

■ **run away: *~ away*** **1** *(flee)* fuggire (**from sb.** da qcn.; **to do** per fare); ***to ~ away from home*** scappare di casa; ***to ~ away from one's responsibilities*** fuggire dinanzi alle proprie responsabilità; ***to ~ away from one's situation*** fuggire da una situazione **2** *(run off)* [*water, liquid*] colare; ***~ away with [sth., sb.]*** **1** *(flee)* scappare, svignarsela con [*profits, object*]; scappare, fuggire con [*person*] **2** *(carry off easily)* fare piazza pulita di [*prizes, title*] **3** BE *(use up)* [*activity*] mangiare [*money*] **4** *(get into one's head)* ***to ~ away with the idea*** o ***notion that*** immaginarsi che; ***I don't want him ~ning away with that idea*** non voglio che creda una cosa del genere; ***to let one's emotions, one's enthusiasm ~ away with one*** lasciarsi trascinare *o* trasportare dalle proprie emozioni, dal proprio entusiasmo.

■ **run back: *~ back [sth.], ~ [sth.] back*** riavvolgere, mandare indietro [*tape, film*].

■ **run back over: *~ back over [sth.]*** ritornare su [*points*]; rivedere [*plans*].

■ **run down: *~ down*** [*battery*] scaricarsi; [*watch*] fermarsi; [*exports*] diminuire; [*reserves*] esaurirsi; [*machine, industry, company*] indebolirsi; ***~ down [sth., sb.], ~ [sth., sb.] down*** **1** *(in vehicle)* investire, travolgere, mettere sotto; ***to be*** o ***get run down by sth.*** essere investito da qcs. **2** *(reduce, allow to decline)* diminuire [*production, defences*]; ridurre [*operations, reserves*]; ridimensionare [*industry*]; fare scaricare [*battery*] **3** *(disparage)* denigrare, parlare male di [*person*]; criticare [*economy*] **4** MAR. calare [*boat*] **5** *(track down)* rintracciare [*person*]; scovare [*thing*].

■ **run in: *~ in [sth.], ~ [sth.] in*** rodare, fare il rodaggio a [*car, machine*]; ***"~ning in"*** "in rodaggio"; ***~ [sb.] in*** COLLOQ. *(arrest)* acciuffare [*person*].

■ **run into: *~ into [sth., sb.]*** **1** *(collide with)* [*car*] scontrarsi con [*car*], finire contro [*wall*]; [*person*] andare sotto [*car*], sbattere contro [*wall*] **2** *(encounter)* imbattersi in, incontrare per caso [*person*]; incorrere in, incontrare [*difficulty*]; incontrare [*opposition*]; trovare [*bad weather*]; ***to ~ into debt*** indebitarsi **3** *(amount to)* [*debt, income, sales*] ammontare a [*hundreds, millions*]; ***the trial could ~ into months*** il processo potrebbe andare avanti per dei mesi.

■ **run off: *~ off*** **1** [*person, animal*] scappare, fuggire; ***to ~ off with*** scappare *o* fuggire con [*person, savings*] **2** [*liquid, water*] scorrere via; ***~ off [sth.], ~ [sth.] off*** **1** *(print)* stampare, fare [*copy*] (**on** su) **2** *(contest)* disputare [*heats*].

■ **run on: *~ on*** [*meeting, seminar*] andare avanti, prolungarsi; ***~ on [sth.]*** *(be concerned with)* [*mind, thoughts*] essere rivolto a; [*conversation*] trattare di, vertere su; ***~ on [sth.], ~ [sth.] on*** **1** TIP. non andare a capo, andare di seguito **2** LETTER. fare l'enjambement di [*line*].

■ **run out: *~ out*** **1** *(become exhausted)* [*supplies, resources, oil*] finire, esaurirsi; ***time is ~ning out*** il tempo sta finendo; ***my money ran out*** mi sono finiti i soldi; ***my patience is ~ning out*** sto perdendo la pazienza **2** *(have no more)* [*pen*] essere finito; [*vending machine*] essere vuoto; ***sorry, I've run out*** mi dispiace, non ne ho più; ***quick, before we ~ out*** presto, prima che rimaniamo senza **3** *(expire)* [*lease, passport*] scadere; ***~ out of*** non avere più [*petrol, time, money, ideas*]; ***the car ran out of petrol*** la macchina ha finito la benzina; ***to be ~ning out of*** stare per finire [*petrol, time, money, ideas*].

■ **run out on: *~ out on [sb.]*** abbandonare [*family*]; lasciare, piantare [*lover*]; voltare le spalle a [*ally*].

■ **run over: *~ over*** **1** [*meeting, programme*] andare oltre l'orario previsto; ***to ~ over by 10 minutes, by an hour*** sforare di dieci minuti, di un'ora **2** *(overflow)* [*container*] traboccare; ***my cup ~neth over*** BIBL. il mio calice trabocca; ***~ over [sth.]*** *(run through)* rivedere [*arrangements*]; ricapitolare, riepilogare [*main points*]; ***~ over [sth., sb.], ~ [sth., sb.] over*** **1** *(injure)* investire [*person, animal*]; *(kill)* schiacciare, mettere sotto [*person, animal*]; ***you'll get run over*** ti metteranno sotto **2** *(drive over)* passare sopra [*log, bump, corpse*].

■ **run through: *~ through [sth.]*** **1** *(pass through)* [*thought, tune*] passare per; [*murmur*] attraversare **2** *(be present in)* [*theme, concern, prejudice*] attraversare, pervadere [*work, society*] **3** *(look through)* scorrere, dare un'occhiata a [*list, article, notes*]; *(discuss briefly)* rivedere, riepilogare velocemente [*main points, schedule*] **4** *(use, get through)* sperperare [*money, inheritance*]; ***~ through [sth.], ~ [sth.] through*** *(rehearse)* provare [*scene, speech*];

~ [sb.] through LETT. *(with sword)* trafiggere [*person*] (**with** con); ***to ~ sth. through the computer*** controllare qcs. sul computer; ***to ~ sth. through a series of tests*** sottoporre qcs. a una serie di prove.

▪ **run to:** *~ to [sth.]* *(extend as far as)* [*book, report*] arrivare a [*number of pages, words*]; ***her tastes don't ~ to modern jazz*** coi gusti che ha sicuramente non apprezza il jazz moderno; ***his salary doesn't ~ to Caribbean cruises*** col suo stipendio non può certo permettersi crociere ai Caraibi; ***I don't think I can ~ to that*** non penso di potermelo permettere.

▪ **run up:** *~ up [sth.], ~ [sth.] up* **1** *(accumulate)* accumulare [*bill, debt*] **2** *(make)* confezionare, fare [*dress, curtains*] **3** *(raise)* issare [*flag*].

▪ **run up against:** *~ up against [sth.]* incontrare, incappare, imbattersi in [*obstacle, difficulty*].

runabout /'rʌnəbaʊt/ n. BE COLLOQ. utilitaria f.

runaround /'rʌnəraʊnd/ n. ***he's giving me the ~*** si sta inventando un sacco di scuse.

runaway /'rʌnəweɪ/ **I** n. *(child)* scappato m. (-a) di casa; *(slave)* fuggitivo m. (-a) **II** agg. **1** *(having left)* [*child, teenager*] scappato (di casa); [*slave*] fuggiasco, fuggitivo; [*wife, father*] scappato **2** *(out of control)* [*vehicle*] fuori controllo, impazzito; [*horse*] imbizzarrito; [*inflation*] galoppante **3** *(great)* [*success*] travolgente; [*victory*] schiacciante.

runcinate /'rʌnsɪnət/ agg. roncinato.

rundle /'rʌndl/ n. cilindro m. di legno; *(in ladder)* piolo m.

rundown /'rʌn,daʊn/ n. **1** *(report)* resoconto m. (**on** su); ***to give sb. a quick ~ on sth.*** fare a qcn. un resoconto veloce su qcs. **2** *(of industry, factory)* riduzione f., rallentamento m. dell'attività (**of** di).

run-down /,rʌn'daʊn/ agg. **1** *(exhausted)* [*person*] sfinito, spossato **2** *(shabby)* [*house*] malridotto, malandato, cadente; [*area*] brutto.

rune /ru:n/ n. *(character)* runa f.; *(charm)* formula f. magica; *(poem)* = (parte di) antico poema finnico.

run-flat /,rʌn'flæt/ n. = pneumatico che, anche bucato, non si sgonfia completamente.

1.rung /rʌŋ/ p.pass. → **4.ring**.

2.rung /rʌŋ/ n. **1** *(of ladder)* piolo m.; ***the bottom ~*** lo scalino più basso **2** *(in hierarchy)* scalino m.; ***to move up a few ~s*** salire di qualche grado.

runic /'ru:nɪk/ agg. runico.

run-in /'rʌnɪn/ n. COLLOQ. *(quarrel)* battibecco m.; *(fight)* lite f.

runlet /'rʌnlɪt/ n. AE ruscelletto m., torrentello m.

runnel /'rʌnl/ n. *(small stream)* ruscelletto m., torrentello m.; *(gutter)* canale m. di scolo.

▷ **runner** /'rʌnə(r)/ n. **1** *(person)* corridore m. (-trice); *(animal)* animale m. da corsa; ***to be a fast ~*** correre veloce **2** SPORT *(horse)* cavallo m. da corsa **3** MIL. *(messenger)* staffetta f. **4** *(for door, seat, drawer, curtain)* guida f. di scorrimento; *(on sled)* pattino m. **5** BOT. stolone m. **6** *(cloth)* centrino m.; *(carpet)* tappeto m. **7** COLLOQ. *(car)* ***"good ~"*** *(in ad)* "in buono stato" ◆ ***to do a ~*** COLLOQ. filarsela all'inglese.

runner bean /,rʌnə'bi:n/ n. BE fagiolo m. di Spagna.

runner up /,rʌnər'ʌp/ n. (pl. **runners up**) *(placed second)* secondo m. (-a) (**to** dopo); ***the 5 ~s up*** i 5 che seguono (in classifica).

▷ **running** /'rʌnɪŋ/ ♦ **10 I** n. **1** *(sport, exercise)* corsa f., (il) correre; ***to take up ~*** iniziare a correre **2** *(management)* direzione f. (**of** di) **II** modif. [*gear, shoes, shorts*] da corsa **III** agg. **1** *(flowing)* [*water*] corrente; [*tap*] aperto; [*knot*] scorsoio; ***~ sore*** piaga purulenta; FIG. seccatura continua **2** *(consecutive)* di seguito, di fila; ***five days ~*** cinque giorni di seguito ◆ ***go take a ~ jump!*** COLLOQ. levati dai piedi! ***to be in the ~*** essere ancora in corsa (**for** per); ***to be out of the ~*** essere fuori gara (**for** per); ***to make the ~*** *(take the lead)* essere in testa; *(set the pace)* fare l'andatura.

running battle /,rʌnɪŋ'bætl/ n. MIL. combattimento m. in ritirata; FIG. lotta f. continua (**with** con).

running board /'rʌnɪŋbɔ:d/ n. montatoio m., predellino m.

running commentary /,rʌnɪŋ'kɒməntrɪ, AE -terɪ/ n. cronaca f. diretta.

running costs /'rʌnɪŋ,kɒsts, AE -,kɔ:sts/ n.pl. *(of factory, scheme)* costi m. correnti; *(of machine)* costi m. di gestione; *(of car)* costi m. di manutenzione.

running fire /'rʌnɪŋfaɪə(r)/ n. MIL. fuoco m. di fila (anche FIG.).

running head /,rʌnɪŋ'hed/ n. titolo m. corrente, testatina f.

running jump /,rʌnɪŋ'dʒʌmp/ n. salto m. con rincorsa.

running light /'rʌnɪŋ,laɪt/ n. MAR. AER. fanale m. di via.

running mate /'rʌnɪŋmeɪt/ n. AE = candidato alla meno importante di due cariche abbinate; *(vice-presidential)* candidato m. (-a) alla vicepresidenza.

running order /'rʌnɪŋ,ɔ:də(r)/ n. RAD. TEATR. TELEV. ordine m.

running race /'rʌnɪŋreɪs/ n. corsa f.

running repairs /,rʌnɪŋrɪ'peəz/ n.pl. piccole riparazioni f., manutenzione f.sing. ordinaria.

running-stitch /'rʌnɪŋstɪtʃ/ n. filza f., imbastitura f.

running time /'rʌnɪŋtaɪm/ n. *(of film, cassette)* durata f.

running title /,rʌnɪŋ'taɪtl/ n. → **running head**.

running total /,rʌnɪŋ'təʊtl/ n. totale m. aggiornato.

running track /'rʌnɪŋtræk/ n. pista f.

runny /'rʌnɪ/ agg. [*jam, sauce, icing*] troppo liquido, acquoso; [*butter, chocolate*] squagliato, liquefatto; [*omelette, scrambled eggs, fried egg, boiled eggs*] poco cotto; [*nose*] che cola; [*eye*] che lacrima; ***to have a ~ nose*** avere il naso che cola.

runoff /'rʌnɒf/ n. **1** *(decider)* POL. ballottaggio m.; SPORT spareggio m. **2** *(of water, liquid)* deflusso m.

run-of-the-mill /,rʌnəvðə'mɪl/ agg. banale, ordinario.

run-on /'rʌnɒn/ agg. TIP. di seguito, senza a capi.

run-on line /'rʌnɒn,laɪn/ n. LETTER. *(in poetry)* enjambement m.

runproof /'rʌnpru:f/ agg. **1** [*stockings, fabric*] indemagliabile **2** [*makeup, mascara*] che non cola.

runt /rʌnt/ n. **1** *(of litter)* animale m. più piccolo (di una figliata) **2** SPREG. *(weakling)* ranocchio m.

run-through /'rʌnθru:/ n. **1** *(practice)* prova f. **2** *(cursory reading, summary)* ripasso m.

run time /'rʌntaɪm/ n. INFORM. tempo m. di esecuzione.

run-up /'rʌnʌp/ n. BE **1** SPORT rincorsa f.; ***to take a ~*** prendere la rincorsa **2** *(preceding period)* ***the ~ to*** il periodo che precede [*election, Christmas*].

▷ **runway** /'rʌnweɪ/ n. AER. pista f.; *(made by animal)* pista f.; *(ramp)* rampa f.; *(catwalk)* passerella f.; *(groove for sliding)* piano m. di scorrimento.

rupee /ru:'pi:/ ♦ **7** n. rupia f.

Rupert /'ru:pət/ n.pr. Ruperto.

rupestral /ru:'pestrəl/ agg. rupestre.

rupia /'ru:pɪə/ n. MED. rupia f.

rupicola /ru:'pɪkələ/ n. galletto m. di roccia.

rupicolous /ru:'pɪkələs/ agg. rupicolo.

1.rupture /'rʌptʃə(r)/ n. **1** MED. *(hernia)* ernia f.; *(of blood vessel, kidney)* rottura f. **2** TECN. *(in tank, container)* rottura f. **3** *(in relations)* rottura f., spaccatura f. (**between** tra).

2.rupture /'rʌptʃə(r)/ **I** tr. **1** MED. rompere [*kidney*]; perforare [*appendix*]; ***to ~ oneself*** farsi venire un'ernia **2** rompere [*relations*]; distruggere [*unity*] **II** intr. **1** MED. [*kidney*] rompersi; [*appendix*] perforarsi **2** TECN. [*container*] rompersi.

▶ **rural** /'rʊərəl/ agg. **1** [*life, community*] rurale; [*industry*] agricolo; [*tradition*] della campagna; ***~ England*** l'Inghilterra rurale **2** *(pastoral)* [*scene*] bucolico; [*beauty*] naturale.

rural dean /'rʊərəl,di:n/ n. BE RELIG. = ecclesiastico a capo di una divisione di un arcidiaconato.

ruralization /rʊərəlaɪ'zeɪʃn, AE -lɪ'z-/ n. ruralizzazione f.

ruralize /'rʊərəlaɪz/ **I** tr. rendere rurale **II** intr. = passare del tempo in campagna.

ruscus /'rʌskəs/ n. rusco m.; *(butcher's broom)* pungitopo m.

ruse /ru:z/ n. stratagemma m., astuzia f.

1.rush /rʌʃ/ **I** n. **1** *(plant, stem)* giunco m.; *(for baskets, chair bottoms etc.)* giunchi m.pl. **2** *(unimportant thing)* inezia f.; cosa f. da niente **II** modif. [*basket, matting, screen*] di vimini.

▶ **2.rush** /rʌʃ/ **I** n. **1** *(of crowd)* ressa f., calca f. (**to do** per fare); ***a ~ of photographers, volunteers*** una ressa di fotografi, volontari; ***a ~ for the door*** una corsa verso la porta; ***a ~ towards the buffet*** un assalto al buffet; ***to make a ~ at*** o ***for sth.*** [*crowd*] prendere d'assalto qcs.; ***to make a ~ at, for sth.*** [*individual*] lanciarsi su, verso qcs. **2** *(hurry)* ***to be in a ~*** avere fretta (**to do** di fare); ***there's no ~*** non c'è nessuna fretta; ***to do sth. in a ~*** fare qcs. in fretta e furia *o* di corsa; ***what's the ~?*** che fretta c'è? *o* perché tutta questa fretta? ***it all happened in such a ~*** è successo tutto così in fretta; ***we had a ~ to finish it*** avevamo fretta di portarlo a termine; ***is there any ~?*** è urgente? **3** *(peak time)* *(during day)* ora f. di punta; *(during year)* alta stagione f.; ***the morning, evening ~*** le ore di punta del mattino, della sera; ***the summer, Christmas ~*** il periodo di trambusto estivo, natalizio; ***beat the ~!*** evita la ressa! ***there's a ~ on in the book department*** il reparto libri è stato preso d'assalto **4** *(surge)* *(of liquid)* flusso m.; *(of energy, adrenalin)* scarica f., ondata f.; *(of air)* corrente f., afflusso m.; *(of emotion)* impeto m., ondata f.; *(of complaints)* pioggia f.; ***a ~ of blood to one's cheeks, into a limb*** un afflusso di sangue al viso, ad un arto; ***(to have) a ~ of blood to the head*** FIG. (fare) un colpo di testa; ***it gives you a ~*** COLLOQ. ti tira subito su *o* è elettrizzante **5** AE UNIV. = serie di attività ed eventi sociali organizzati dalle associazioni universitarie per potenziali nuovi membri **II rushes** n.pl. CINEM. *(prints of a film)* prima stampa f.sing.; *(showing)* proiezione f.sing. della prima stampa.

▶ **3.rush** /rʌʃ/ **I** tr. **1** *(transport urgently)* ***to ~ sth. to*** portare qcs. di corsa a; ***troops were ~ed to the scene*** furono immediatamente inviate delle truppe sul posto; ***to be ~ed to the hospital*** essere portato d'urgenza all'ospedale; ***"please ~ me my copy"*** GIORN. "per favore, fammi avere subito la mia copia" **2** *(do hastily)* fare [qcs.] frettolosamente [*task, essay, speech*]; ***don't try to ~ things*** cerca di non precipitare le cose **3** *(pressurize, hurry)* mettere fretta a, sollecitare [*person*]; ***I don't want to ~ you, but*** non voglio metterti fretta, ma; ***the agent ~ed me round the house in five minutes*** l'agente mi ha fatto fare un giro velocissimo della casa **4** *(charge at)* assalire [*guard*]; attaccare [*defender, player*]; prendere d'assalto [*building, platform*] **5** AE UNIV. [*student*] incoraggiare l'iscrizione a [*sorority, fraternity*] **II** intr. **1** [*person*] *(make haste)* affrettarsi (**to do** a fare); *(rush forward)* correre, precipitarsi (**to do** a fare); ***don't ~*** non correre, fa' con calma; ***to ~ to explain*** andare di corsa a dare spiegazioni; ***to ~ up to sb.*** precipitarsi da qcn.; ***to ~ out of the room*** uscire di corsa dalla stanza; ***to ~ at sb., sth.*** precipitarsi su qcn., su qcs.; ***to ~ down the stairs*** correre giù per le scale; ***to ~ round the house*** correre su e giù per la casa; ***to ~ along*** procedere velocemente; ***he ~ed off before I could tell him*** se ne è andato via di corsa prima che potessi dirglielo **2** *(travel)* [*train, vehicle*] ***to ~ past*** sfrecciare; ***to ~ along at 160 km/h*** sfrecciare a 160 chilometri orari; ***the stream ~ed down the mountainside*** il torrente scorreva veloce giù per la montagna; ***a ~ing stream*** un torrente impetuoso; ***the sound of ~ing water*** il rumore delle acque impetuose.

▪ **rush into:** ***~ into [sth.]*** lanciarsi in [qcs.] senza riflettere [*purchase, sale*]; prendere [qcs.] senza pensarci su [*commitment*]; ***to ~ into marriage*** sposarsi in fretta; ***to ~ into a decision*** precipitare una decisione; ***~ [sb.] into doing*** spingere qcn. a fare; ***to ~ sb. into marriage*** spingere qcn. a sposarsi; ***to ~ sb. into a decision*** spingere qcn. a prendere una decisione frettolosa; ***don't be ~ed into it*** non farti mettere fretta.

▪ **rush out:** ***~ out*** [*person*] uscire in fretta, precipitarsi fuori; ***~ out [sth.], ~ [sth.] out*** fare uscire [qcs.] in fretta, pubblicare [qcs.] in fretta [*pamphlet, edition*].

▪ **rush through:** ***~ through [sth.]*** sbrigare [*task*]; trattare rapidamente [*agenda*]; scorrere velocemente [*book, article*]; ***~ [sth.] through, ~ through [sth.]*** fare passare [qcs.] in fretta, fare approvare [qcs.] in fretta [*legislation, bill, amendment*]; occuparsi di [qcs.] sollecitamente [*order, application*]; ***to ~ a bill through parliament*** accelerare l'iter di una legge in parlamento *o* fare approvare una legge con procedura d'urgenza; ***~ [sth.] through to*** inviare qcs. d'urgenza a [*person*].

rushed /rʌʃt/ **I** p.pass. → **3.rush II** agg. [*attempt*] affrettato; [*letter*] frettoloso; [*job*] raffazzonato, abborracciato; [*person, staff*] sotto pressione.

rush hour /'rʌʃaʊə(r)/ **I** n. ora f. di punta; ***in*** o ***during the ~*** nell'ora di punta **II** modif. [*congestion, problems, crowds, traffic*] dell'ora di punta; ***to get caught in the ~ traffic*** restare imbottigliato nel traffico dell'ora di punta.

rush job /'rʌʃdʒɒb/ n. COLLOQ. lavoro m. urgente; ***to have a ~ on*** avere del lavoro urgente.

rushlight /'rʌʃlaɪt/ n. BE candela f. di giunco; FIG. *(person)* persona f. insignificante; *(thing)* inezia f.

rush order /'rʌʃ,ɔːdə(r)/ n. ordine m. urgente.

rusk /rʌsk/ n. galletta f.

Russel /'rʌsl/ n.pr. Russel (nome di uomo).

russet /'rʌsɪt/ **I** n. **1** *(colour)* rosso m. bruno **2** *(apple)* renetta f. del Canada **II** agg. rosso bruno.

Russia /'rʌʃə/ ♦ ***6*** n.pr. Russia f.

Russian /'rʌʃn/ ♦ ***18, 14*** **I** n. **1** *(native)* russo m. (-a) **2** *(language)* russo m. **II** modif. [*book, class, course*] di russo **III** agg. russo.

Russian Federation /,rʌʃnfedə'reɪʃn/ n. confederazione f. russa (degli stati dell'ex unione sovietica).

Russian Orthodox /,rʌʃn'ɔːθədɒks/ agg. russo-ortodosso; ***the ~ Church*** la chiesa russo-ortodossa.

Russian Revolution /,rʌʃn,revə'luːʃn/ n. rivoluzione f. russa.

Russian roulette /,rʌʃnruː'let/ n. roulette f. russa.

Russian salad /,rʌʃn'sæləd/ n. insalata f. russa.

Russian-speaking /'rʌʃn,spiːkɪŋ/ agg. russofono.

Russky BE, **Russki(e)** AE /'rʌskɪ/ n. COLLOQ. russo m. (-a).

Russophile /'rʌsəʊfaɪl/ n. russofilo m. (-a).

Russophobe /'rʌsəʊfəʊb/ n. russofobo m. (-a).

Russophobia /,rʌsəʊ'fəʊbɪə/ n. russofobia f.

1.rust /rʌst/ n. ruggine f.; FIG. *(deterioration)* (stato di) deterioramento m.; *(neglect)* trascuratezza f.

2.rust /rʌst/ **I** tr. **1** (fare) arrugginire **2** FIG. deteriorare, peggiorare **II** intr. **1** arrugginirsi **2** FIG. [*skill*] deteriorarsi.

▪ **rust away, out, through** essere corroso dalla ruggine.

▪ **rust up** arrugginire.

Rust Belt /'rʌst,belt/ n. AE = la zona centrosettentrionale degli Stati Uniti, dove sono concentrate molte industrie, specialmente siderurgiche, ora chiuse.

rust-coloured BE, **rust-colored** AE /'rʌstkʌləd/ ♦ ***5*** agg. (color) ruggine.

rust eaten /,rʌst'iːtn/ agg. corroso dalla ruggine.

rusted /'rʌstɪd/ **I** p.pass. → **2.rust II** agg. arrugginito; ***to become ~*** arrugginirsi.

rustic /'rʌstɪk/ **I** agg. [*furniture, fence, bridge*] rustico; [*charm*] agreste; [*accent*] rozzo **II** n. contadino m. (-a); SPREG. campagnolo m. (-a).

rustically /'rʌstɪklɪ/ avv. *(in a rustic manner)* in modo rustico, rozzamente, rusticamente; *(in a rustic style)* in stile rustico.

rusticate /'rʌstɪkeɪt/ **I** tr. BE UNIV. sospendere [*student*] **II** intr. FORM. = ritirarsi in campagna, andare a vivere in campagna.

rusticity /rʌs'tɪsətɪ/ n. *(lack of refinement)* rusticità f., rozzezza f.; *(simplicity)* semplicità f.

rusting /'rʌstɪŋ/ n. arrugginimento m.

1.rustle /'rʌsl/ n. *(of paper, fabric, dry leaves, silk)* fruscio m.; *(of leaves)* (lo) stormire.

2.rustle /'rʌsl/ tr. **1** fare frusciare [*papers, plastic bag*]; ***the wind ~d the leaves*** il vento faceva frusciare le foglie; ***stop rustling your newspaper!*** smettila di fare rumore col giornale! **2** AE *(steal)* rubare [*cattle, horses*].

▪ **rustle up:** ***~ up [sth.]*** preparare in fretta, improvvisare [*supper, salad*]; procurarsi, recuperare [*money*].

rustler /'rʌslə(r)/ n. AE *(cattle thief)* ladro m. (-a) di bestiame; *(horse thief)* ladro m. (-a) di cavalli.

rustless /'rʌslɪs/ agg. *(free from rust)* senza ruggine; *(not susceptible to rust)* inossidabile.

rustling /'rʌslɪŋ/ n. **1** *(of paper, fabric, dry leaves, silk)* fruscio m.; *(of leaves)* (lo) stormire; *(of mice)* scalpiccio m. **2** AE *(cattle stealing)* furto m. di bestiame; *(horses)* furto m. di cavalli.

1.rust-proof /'rʌstpruːf/ agg. [*material*] inossidabile; [*paint, coating*] antiruggine.

2.rust-proof /'rʌstpruːf/ tr. rendere [qcs.] resistente alla ruggine.

rustproofing /'rʌst,pruːfɪŋ/ n. trattamento m. antiruggine.

rust resistant /,rʌstrɪ'zɪstənt/ agg. → **1.rust-proof**.

rusty /'rʌstɪ/ agg. arrugginito (anche FIG.).

1.rut /rʌt/ n. **1** *(in ground)* solco m., ormaia f. **2** *(routine)* ***to be (stuck) in a ~*** essere intrappolato nella solita routine; ***to get into a ~*** diventare abitudinario.

2.rut /rʌt/ tr. (forma in -ing ecc. **-tt-**) solcare, fare dei solchi in [*ground*].

3.rut /rʌt/ n. ZOOL. *(mating)* ***the ~*** la fregola.

4.rut /rʌt/ intr. (forma in -ing ecc. **-tt-**) ZOOL. *(mate)* essere in calore, essere in fregola.

rutabaga /,ruːtə'beɪgə/ n. AE BOT. rutabaga f., navone m.

ruth /ruːθ/ n. ANT. *(pity)* pietà f., compassione f.; *(repentance)* pentimento m., rimorso m.; *(distress)* sofferenza f., dolore m.

Ruth /ruːθ/ n.pr. Ruth.

ruthenic /ruː'θiːnɪk/ agg. rutenico.

ruthenious /ruː'θiːnɪəs/ agg. rutenoso.

ruthenium /ruː'θiːnɪəm/ n. rutenio m.

rutherford /'rʌðəfəd/ n. rutherford m.

rutherfordium /rʌðə'fədɪəm/ n. ruthefordio m.

▷ **ruthless** /'ruːθlɪs/ agg. spietato, crudele (**in** in; **towards** verso).

ruthlessly /'ruːθlɪslɪ/ avv. spietatamente, in modo spietato.

ruthlessness /'ruːθlɪsnɪs/ n. spietatezza f., crudeltà f.

rutile /'ruːtaɪl/ n. rutilo m.

rutted /rʌtɪd/ **I** p.pass. → **2.rut II** agg. [*road*] pieno di solchi.

rutting /'rʌtɪŋ/ **I** n. ZOOL. fregola f., calore m.; ***~ season*** stagione degli amori **II** agg. in calore.

ruttish /'rʌtɪʃ/ agg. [*animal*] in calore; [*person*] lascivo, sensuale.

rutty /'rʌtɪ/ agg. *(having many ruts)* pieno di solchi; *(deeply furrowed)* profondamente solcato.

RV n. **1** (⇒ Revised Version) = revisione della versione britannica della Bibbia fatta negli anni 1881-1885 **2** AE (⇒ recreational vehicle) = veicolo ricreazionale.

Rwanda /rʊ'ændə/ ♦ ***6*** n.pr. Ruanda m.
Rwandan /rʊ'ændən/ ♦ ***18, 14*** **I** agg. ruandese **II** n. **1** *(person)* ruandese m. e f. **2** *(language)* ruandese m.
Rx **I** n. AE FARM. = simbolo delle ricette mediche **II** modif. ~ ***drug*** medicinale per cui è richiesta la ricetta.
Ryan /'raɪən/ n.pr. Ryan (nome di uomo).
rye /raɪ/ **I** n. **1** AGR. GASTR. segale f. **2** AE → **rye whiskey** **II** modif. [*bread, flour*] di segale.
rye grass /'raɪˌgrɑːs, AE -ˌgræs/ n. **1** *(common)* loglierella f. **2** (anche **Italian** ~) logliessa f.
rye whiskey /'raɪˌwɪskɪ, AE -ˌhwɪ-/ n. whisky m. di segale.
ryot /'raɪət/ n. INDIAN. contadino m. (-a), coltivatore m. (-trice).

S

s, S /es/ n. **1** *(letter)* s, S m. e f. **2 S** GEOGR. ⇒ south sud (S) **3 S** ⇒ Saint santo (S.) **4 S** ⇒ small small (S.).
SA 1 ⇒ South Africa Sudafrica **2** ⇒ South America Sudamerica **3** ⇒ South Australia Australia del sud.
sabadilla /ˌsæbəˈdɪlə/ n. sabadiglia f.
Sabaean /səˈbiːən/ **I** agg. sabeo **II** n. **1** *(native)* sabeo m. (-a) **2** *(language)* sabeo m.
Sabbatarian /ˌsæbəˈteərɪən/ **I** agg. [*Jewish family*] che osserva la festività del sabato; ~ ***principles*** principi di osservanza della festività del sabato **II** n. = chi osserva la festività del sabato.
sabbath /ˈsæbəθ/ n. (anche **Sabbath**) *(Jewish)* sabato m.; *(Christian)* domenica f.; giorno m. del Signore; ***to observe, to break the*** ~ *(Jewish)* osservare, non osservare il sabato; *(Christian)* osservare, non osservare la domenica.
sabbatical /səˈbætɪkl/ **I** n. anno m. sabbatico; ***to take a*** ~ o ***to go on*** ~ prendersi un anno sabbatico; ***to be on*** ~ essere in anno sabbatico **II** agg. [*leave, year*] sabbatico.
Sabean → **Sabaean**.
1.Sabellian /səˈbelɪən/ **I** agg. STOR. sabellico, sabello **II** n. STOR. **1** *(natives)* ***the*** ~***s*** i Sabelli **2** *(language)* dialetto m. sabellico.
2.Sabellian /səˈbelɪən/ **I** agg. RELIG. sabelliano **II** n. sabelliano m.
saber AE → **sabre**.
Sabian /ˈseɪbɪən/ n. sabio m.
Sabine /ˈsæbaɪn/ **I** agg. sabino **II** n. sabino m. (-a).
1.sable /ˈseɪbl/ **I** n. *(fur, animal)* zibellino m. **II** modif. [*hat, garment*] di zibellino; ~ ***coat, stole*** pelliccia, stola di zibellino.
2.sable /ˈseɪbl/ **I** n. **1** ARALD. nero m. **2** LETT. *(black)* nero m. **II** agg. LETT. nero.
sable antelope /ˌseɪblˈæntɪləʊp/ n. antilope f. nera.
sabot /ˈsæbəʊ, AE sæˈbəʊ/ n. *(clog)* zoccolo m.; *(heavy shoe)* = scarpa pesante con la suola di legno.
1.sabotage /ˈsæbətɑːʒ/ n. sabotaggio m.; ***to commit*** ~ fare del sabotaggio; ***due to*** ~ a causa di un sabotaggio.
2.sabotage /ˈsæbətɑːʒ/ tr. sabotare [*equipment*]; boicottare [*campaign, economy*]; impedire [*discussion*].
saboteur /ˌsæbəˈtɜː(r)/ n. sabotatore m. (-trice).
sabra /ˈsæbrə/ n. sabra m. e f.
sabre BE, **saber** AE /ˈseɪbə(r)/ n. MIL. SPORT sciabola f.
sabre rattling /ˈseɪbəˌrætlɪŋ/ n. dimostrazione f. di forza.
sabre-toothed tiger /ˌseɪbətuːθdˈtaɪgə(r)/, **sabretooth tiger** /ˌseɪbətuːθˈtaɪgə(r)/ n. tigre f. dai denti a sciabola.
Sabrina /səˈbriːnə, -aɪnə/ n.pr. Sabrina.
sabulous /ˈsæbjʊləs/ agg. sabbioso, arenoso.
saburra /səˈbʌrə, -ˈbʊə-, AE -ˈbɜː-/ n. saburra f.
saburral /səˈbʌrəl, -ˈbʊə-, AE -ˈbɜː-/ agg. saburrale.
sac /sæk/ n. **1** ANAT. BOT. tasca f., sacco m.; ***hernial*** ~ sacco erniario **2** ZOOL. *(of liquid)* sacco m.; ***honey*** ~ cestella.
saccate /ˈsækeɪt/ agg. BOT. *(pouch-shaped)* a forma di sacco, incistato.
saccharase /ˈsækəreɪs/ n. saccarasi f., invertasi f.
saccharate /ˈsækəreɪt/ n. saccarato m.
saccharic /səˈkærɪk/ agg. saccarico.
saccharide /ˈsækəraɪd/ n. saccaride m., glucide m.
sacchariferous /ˌsækəˈrɪfərəs/ agg. saccarifero.
saccharification /sækəˌrɪfɪˈkeɪʃn/ n. saccarificazione f.
saccharify /səˈkærɪfaɪ/ tr. saccarificare.
saccharimeter /ˌsækəˈrɪmɪtə(r)/ n. saccarimetro.
saccharin /ˈsækərɪn/ n. saccarina f.
saccharine /ˈsækəriːn/ agg. SPREG. **1** [*sentimentality*] svenevole; [*novel*] sdolcinato; [*smile*] mieloso, mellifluo **2** [*drink, food*] stucchevole.
saccharinity /ˌsækəˈrɪnətɪ/ n. dolcezza f.
saccharoid(al) /ˌsækəˈrɔɪd(l)/ agg. saccaroide.
saccharometer /ˌsækəˈrɒmɪtə(r)/ n. saccarometro m.
saccharose /ˈsækərəʊs/ n. saccarosio m.
sacciform /ˈsæksɪfɔːm/ agg. sacciforme.
saccular /ˈsækjʊlə(r)/ agg. sacculare, sacciforme; ~ ***aneurism*** aneurisma sacciforme.
saccule /ˈsækjuːl/ n. ANAT. sacculo m.
sacerdotal /ˌsækəˈdəʊtl/ agg. FORM. sacerdotale.
sacerdotalism /ˌsækəˈdəʊtəlɪzəm/ n. sacerdotalismo m.
sachem /ˈseɪtʃəm/ n. **1** capo m. indiano; *(important person)* pezzo m. grosso **2** US *(political leader)* leader m. e f. politico.
sachet /ˈsæʃeɪ, AE sæˈʃeɪ/ n. *(containing sugar, shampoo)* bustina f.; *(for drawers, closets etc.)* sacchetto m. profumato.
▷ **1.sack** /sæk/ n. **1** *(bag)* sacco m.; ***potato*** ~ sacco da *o* per patate; ***mail*** ~ sacco postale **2** *(contents)* sacco m.; ***a*** ~ ***of flour*** un sacco di farina **3** COLLOQ. *(dismissal)* ***to get the*** ~ essere licenziato; ***to give sb. the*** ~ cacciare via *o* mandare a spasso qcn.; ***to be threatened with the*** ~ essere minacciato di licenziamento **4** COLLOQ. *(bed)* ***the*** ~ il letto; ***to hit the*** ~ andarsene a dormire *o* mettersi a cuccia; ***to be great in the*** ~ POP. essere bravi a letto ◆ ***to look like a*** ~ ***of potatoes*** = essere sformato.
▷ **2.sack** /sæk/ tr. **1** *(put into a sack)* mettere nei sacchi, insaccare [*goods*] **2** COLLOQ. *(dismiss)* cacciare via, mandare a spasso [*employee*] (**for** per; **for doing** per avere fatto); ***to be*** o ***get*** ~***ed*** essere licenziato.
■ **sack out** AE COLLOQ. andarsene a dormire, mettersi a cuccia.
3.sack /sæk/ n. LETT. *(pillage)* saccheggio m., sacco m.
4.sack /sæk/ tr. LETT. *(pillage)* saccheggiare, mettere a sacco [*town*].
5.sack /sæk/ n. ENOL. ANT. = vino bianco importato dalla Spagna e dalle Canarie.
sackbut /ˈsækbʌt/ n. MUS. ANT. = strumento simile al trombone.
sackcloth /ˈsækklɒθ/ n. tela f. da sacco ◆ ***to be in*** o ***wear*** ~ ***and ashes*** cospargersi il capo di cenere.
sack dress /ˈsækdres/ n. abito m. a sacchetto.
sacker /sækə(r)/ n. **1** *(person who fills sacks)* insaccatore m. (-trice) **2** *(plunderer)* saccheggiatore m. (-trice).
sackful /ˈsækfʊl/ n. sacco m., saccata f.; ***a*** ~ ***of toys*** un sacco pieno di giocattoli; ***cash by the*** ~ contanti a palate; ***letters by the*** ~ lettere a mucchi.
sacking /ˈsækɪŋ/ n. **1** TESS. *(for sacks)* tela f. da sacco; *(jute)* tela f. di iuta **2** COLLOQ. *(dismissal)* licenziamento m.
sackload /ˈsækləʊd/ n. → **sackful**.

sack race /'sækreɪs/ n. corsa f. coi sacchi.
sacra /'seɪkrə/ → **sacrum**.
1.sacral /'seɪkrəl/ agg. ANAT. sacrale.
2.sacral /'seɪkrəl/ agg. RELIG. sacrale.
sacrament /'sækrəmənt/ n. *(religious ceremony)* sacramento m.; *(solemn engagement)* giuramento m. solenne, promessa f. solenne; *(sacred thing)* cosa f. di carattere sacro; *(symbol)* simbolo m. sacro.
Sacrament /'sækrəmənt/ n. *(Communion bread)* pane m. eucaristico; ***to receive the ~*** fare la comunione; ***to receive the ~s*** accostarsi ai *o* ricevere i sacramenti.
sacramental /ˌsækrə'mentl/ agg. sacramentale.
sacramentarian /sækˌrəmen'teərɪən/ **I** n. *(early Protestant)* sacramentario m. **II** agg. *(relative to early Protestants)* dei sacramentari; *(relative to the sacraments)* sacramentario.
Sacramentarianism /sækˌrəmen'teərɪənɪzəm/ n. *(Sacramentarian principles)* principi m.pl. dei sacramentari; *(sacramental doctrine)* dottrina f. dei sacramenti.
sacrarium /sə'kreərɪəm/ n. (pl. **-ia**) sacrario m.
▷ **sacred** /'seɪkrɪd/ **I** agg. **1** *(holy)* [*place, object*] sacro, consacrato (**to** a); [*book*] sacro; ***to hold sth. ~*** considerare qcs. sacro **2** *(revered)* [*name*] venerato; [*tradition*] sacrosanto; ***is nothing ~?*** SCHERZ. non c'è più religione! ***"~ to the memory of"*** "dedicato alla memoria di" **3** *(binding)* [*duty, mission*] sacro; [*trust*] incrollabile **II** n. ***the ~ and the profane*** il sacro e il profano.
sacred cow /ˌseɪkrɪd'kaʊ/ n. *(idea)* dogma m.; *(institution)* mostro m. sacro.
Sacred Heart /ˌseɪkrɪd'hɑːt/ n. Sacro Cuore m.
1.sacrifice /'sækrɪfaɪs/ n. **1** *(act)* RELIG. FIG. sacrificio m., privazione f. (**to sb.** per qcn.; **of** di); ***to make a ~, many ~s for sb.*** fare un sacrificio, tanti sacrifici per qcn. **2** *(offering)* RELIG. sacrificio m.; ***a human ~*** un sacrificio umano.
2.sacrifice /'sækrɪfaɪs/ **I** tr. **1** FIG. sacrificare, immolare (**to** per); ***to ~ sth. for one's friends, for one's principles*** rinunciare a qcs. per i propri amici, per i propri principi; ***principles ~d on the altar of profit*** principi sacrificati sull'altare del profitto **2** RELIG. offrire in sacrificio, sacrificare (**to** a) **II** rifl. ***to ~ oneself*** sacrificarsi (**for** per).
sacrificer /'sækrɪfaɪsə(r)/ n. sacrificatore m. (-trice).
sacrificial /ˌsækrɪ'fɪʃl/ agg. [*victim*] sacrificale; [*knife, robe*] sacrificale, per i sacrifici.
sacrificial lamb /ˌsækrɪfɪʃl'læm/ n. FIG. capro m. espiatorio; FIG. ***to be the ~*** fare da capro espiatorio.
sacrilege /'sækrɪlɪdʒ/ n. sacrilegio m. (anche FIG. SCHERZ.); ***it's ~ to do*** è un sacrilegio fare.
sacrilegious /ˌsækrɪ'lɪdʒəs/ agg. sacrilego (anche FIG. SCHERZ.)
sacring /'seɪkrɪŋ/ n. ANT. consacrazione f.
sacrist /'seɪkrɪst/, **sacristan** /'sækrɪstən/ n. ANT. sagrestano m.
sacristy /'sækrɪstɪ/ n. sagrestia f.
sacroiliac /ˌsækrəʊ'ɪlɪæk/ **I** n. articolazione f. sacroiliaca **II** agg. sacroiliaco.
sacrolumbar /ˌseɪkrəʊ'lʌmbə(r)/ agg. sacrolombare.
sacrosanct /'sækrəʊsæŋkt/ agg. sacrosanto, inviolabile.
sacrosanctity /ˌsækrəʊ'sæŋktətɪ/ n. inviolabilità f.
sacrum /'seɪkrəm/ n. (pl. **~s, -a**) osso m. sacro.
▷ **sad** /sæd/ agg. **1** [*person, face, voice, song, film, news*] triste; ***I'm ~ to do*** [*person*] mi rattrista fare; ***it makes me ~*** mi rattrista; ***to be ~ that*** [*person*] essere triste che; ***we are ~ about*** o ***at the accident*** siamo dispiaciuti per l'incidente; ***it's ~ that*** è triste che; ***it's ~ to hear that*** è sconsolante sentire che; ***it was a ~ sight*** era uno spettacolo penoso **2** *(unfortunate)* triste [*truth*]; [*fact*] increscioso, spiacevole; ***it is my ~ duty to sentence you to*** ho l'increscioso compito di condannarla a; ***~ to say*** triste a dirsi **3** *(deplorable)* [*situation, attitude*] deplorevole; ***a ~ change has come over society*** la società è cambiata in peggio; ***it's a ~ state of affairs when one can't, one has to*** è deplorevole quando uno non può, quando uno deve; ***it's a ~ day for democracy, football*** è una giornata nera per la democrazia, per il calcio ◆ ***to be a ~der but wiser person*** aver imparato una lezione a proprie spese.
SAD /sæd/ n. (⇒ seasonal affective disorder) = stato depressivo associato all'inverno.
sadden /'sædn/ tr. rattristare, rendere triste, affliggere [*person*]; ***it ~s me that, to think that*** mi rattrista che, pensare che.
saddened /'sædnd/ **I** p.pass. → **sadden II** agg. ***to be ~ by sth.*** essere triste per qcs.; ***to be ~ to hear sth.*** rattristarsi nel sentire qcs.; *(stronger)* essere addolorato per qcs. *o* essere addolorato di sentire qcs.
saddening /'sædnɪŋ/ agg. ***it is ~ to hear, to think that*** è deprimente *o* sconfortante sentire che, pensare che.
▷ **1.saddle** /'sædl/ n. **1** *(on bike)* sellino m.; *(on horse)* sella f.; ***to climb into the ~*** EQUIT. mettersi in sella *o* montare a cavallo **2** BE GASTR. ***~ of lamb, venison, hare*** sella di agnello, di cervo, di lepre **3** GEOGR. *(ridge)* sella f.
▷ **2.saddle** /'sædl/ **I** tr. **1** EQUIT. sellare [*horse*] **2** *(impose)* ***to ~ sb. with sth.*** addossare [qcs.] a qcn. [*responsibility, debt*]; appioppare [qcs.] a qcn. [*task*]; ***he was ~d with the running of the club*** gli accollarono *o* appiopparono la gestione del locale **3** *(enter in race)* [*trainer*] fare gareggiare [*horse*] **II** rifl. ***to ~ oneself with sth.*** prendersi qcs. sulle spalle.
■ **saddle up:** ***~ up*** sellare un cavallo; ***~ up [sth.]*** sellare [*horse*].
saddleback /'sædlbæk/ n. **1** *(ridge)* sella f. **2** *(animal)* = animale con il segno della sella sul dorso; *(crow)* cornacchia f. grigia; *(dolphin)* delfino m. comune; *(gull)* mugnaiaccio m. **3** *(roof)* tetto m. a capanna.
saddle-backed /'sædlbækt/ agg. [*road, bridge*] a schiena d'asino; [*building*] con il tetto a capanna.
saddle bag /'sædlbæg/ n. bisaccia f.
saddlebow /'sædlbəʊ/ n. arcione m.
saddlecloth /'sædlklɒθ, AE -klɔːθ/ n. sottosella m.
saddle girth /'sædlgɜːθ/ n. sottopancia m.
saddle horse /'sædlhɔːs/ n. cavallo m. da sella.
saddle joint /'sædldʒɔɪnt/ n. articolazione f. a sella.
saddler /'sædlə(r)/ ♦ **27** n. sellaio m. (-a).
saddle roof /'sædlruːf/ n. tetto m. a capanna.
saddlery /'sædlərɪ/ n. **1** *(craft)* arte f. del sellaio **2** *(equipment)* finimenti m.pl. per cavalli **3** *(place) (for making saddlery)* sellificio m.; *(for storing saddlery)* selleria f.
saddle shoes /'sædlʃuːz/ n.pl. AE = scarpe con una banda di colore diverso rispetto al resto della scarpa.
saddle soap /'sædlsəʊp/ n. sapone m. per pulire il cuoio.
saddle sore /'sædlsɔː(r)/ **I** n. = piaga causata dall'attrito con la sella **II saddle-sore** agg. **1** *(having sores)* [*horse, rider*] con piaghe causate dalla sella **2** *(sore)* [*rider*] ***to be ~*** essere indolenzito per il troppo stare in sella.
saddo /'sædəʊ/ n. (pl. **~s**) COLLOQ. nullità f., zero m.
Sadducean /'sædjʊ'siːən/ **I** agg. sadduceo **II** n. sadduceo m.
Sadducee /'sædjʊsiː/ n. sadduceo m.
sad-eyed /ˌsæd'aɪd/ agg. [*person*] dallo sguardo triste.
sad-faced /ˌsæd'feɪst/ agg. [*person*] dal volto triste.
Sadie /'seɪdɪ/ n.pr. Sadie (nome di donna).
sadism /'seɪdɪzəm/ n. sadismo m.
sadist /'seɪdɪst/ n. sadico m. (-a) (anche FIG.).
sadistic /sə'dɪstɪk/ agg. sadico.
sadistically /sə'dɪstɪklɪ/ avv. [*laugh, say*] in modo sadico; [*treated, tortured*] sadicamente.
▷ **sadly** /'sædlɪ/ avv. **1** *(with sadness)* [*sigh, say*] con tristezza; ***he will be ~ missed*** ci mancherà molto **2** *(unfortunately)* sfortunatamente; ***~, she's right*** purtroppo, ha ragione **3** *(emphatic)* ***he is ~ lacking in sense*** non ha un minimo di buonsenso; ***you are ~ mistaken*** ti sbagli di grosso.
▷ **sadness** /'sædnɪs/ n. tristezza f.
sadomasochism /ˌseɪdəʊ'mæsəkɪzəm/ n. sadomasochismo m.
sadomasochist /ˌseɪdəʊ'mæsəkɪst/ n. sadomasochista m. e f.
sadomasochistic /ˌseɪdəʊˌmæsə'kɪstɪk/ agg. sadomasochistico.
sad sack /'sædsæk/ n. AE COLLOQ. pasticcione m. (-a), imbranato m. (-a).
sae n. **1** (⇒ stamped addressed envelope) = busta preaffrancata e preindirizzata **2** (⇒ self addressed envelope) = busta indirizzata a se stessi.
safari /sə'fɑːrɪ/ n. safari m.; ***to go on, to be on ~*** andare, essere in safari.
safari hat /sə'fɑːrɪhæt/ n. casco m. coloniale.
safari jacket /sə'fɑːrɪˌdʒækɪt/ n. sahariana f.
safari park /sə'fɑːrɪpɑːk/ n. zoosafari m.
safari suit /sə'fɑːrɪsuːt, -sjuːt/ n. tenuta f. da safari.
▶ **safe** /seɪf/ **I** agg. **1** *(after ordeal, risk)* [*person*] salvo, indenne, incolume; [*object*] intatto; ***we know they are ~*** sappiamo che sono al sicuro; ***to hope for sb.'s ~ return, arrival*** sperare che qcn. ritorni, arrivi sano e salvo; ***~ and sound*** [*person*] sano e salvo **2** *(free from threat, harm)* ***to be ~*** [*person*] essere in salvo; [*document, valuables*] essere al sicuro; [*company, job, position*] essere sicuro; [*reputation*] essere inattaccabile; ***to feel ~, ~er*** sentirsi sicuro, più sicuro; ***you're quite ~ here*** qui sei al sicuro; ***is the bike ~ here?*** è sicuro lasciare qui la bicicletta? ***he's ~ in bed*** dorme tranquillamente nel suo letto; ***have a ~ journey!*** fai buon viaggio! ***to keep sb. ~*** proteggere qcn. (**from** da); ***to keep sth. ~*** *(protect)* mettere qcs. al riparo (**from** da); *(store)* tenere qcs. al sicuro; ***to be ~ from*** essere al

riparo da [*attack, curiosity*]; ***no-one is ~ from*** nessuno è al sicuro da [*unemployment, infection*]; chiunque potrebbe essere vittima di [*killer, person*]; ***to be ~ with sb.*** essere al sicuro con qcn.; ***the money is ~ with him*** con lui i soldi sono al sicuro; ***to be ~ in sb.'s hands*** essere al sicuro nelle mani di qcn. **3** *(risk-free)* [*product, toy, level, method, place, environment, vehicle, route, structure, building*] sicuro; [*animal*] innocuo, inoffensivo; [*speed*] ragionevole; ***the ~st way to do*** il modo più sicuro per fare; ***to watch from a ~ distance*** guardare da una distanza di sicurezza; ***in a ~ condition*** [*machine, building*] in buono stato; ***let's go - it's ~*** andiamo, non c'è pericolo; ***it's not ~*** è pericoloso; ***to be ~ for sb.*** essere sicuro per qcn.; ***the drug is ~ for pregnant women*** il farmaco non comporta rischi per le donne in stato di gravidanza; ***the toy, park is not ~ for children*** il giocattolo, il parco non è adatto ai bambini; ***it's ~ for swimming*** o ***to swim in*** si può fare il bagno; ***the meat is ~ for eating*** o ***to eat*** la carne si può mangiare tranquillamente; ***the water is ~ for drinking*** l'acqua è potabile; ***it is ~ to do*** si può fare tranquillamente; ***it would be ~r for you to do*** sarebbe più sicuro che tu facessi; ***it is not ~ to do*** è pericoloso fare; ***it isn't ~ for you to talk to strangers*** è pericoloso parlare con gli sconosciuti; ***that car is not ~ to drive*** è pericoloso guidare quella macchina; ***nothing here is ~ to eat*** non c'è nulla di commestibile qui; ***to make sth. ~*** rendere [qcs.] sicuro [*premises, beach*]; disinnescare [*bomb*]; ***to make food ~*** rendere il cibo commestibile; ***to make a stadium ~ for the public*** garantire la sicurezza del pubblico in uno stadio; ***in order to make the world ~ for democracy*** per proteggere la democrazia nel mondo **4** *(prudent)* [*investment*] sicuro; [*estimate*] prudente; [*choice, tactic*] cauto; [*topic, question*] che non suscita polemiche, inoffensivo; ***he's a bit too ~*** è un po' troppo cauto; ***the ~st thing to do would be to leave*** la cosa più prudente da fare sarebbe andarsene; ***it would be ~r not to do*** sarebbe meglio non fare; ***it is ~ to say, predict that*** possiamo dire, prevedere con sicurezza che; ***it's ~ to assume that*** si può presumere che **5** *(reliable)* [*driver*] prudente; [*companion, confidant*] fidato; [*guide*] affidabile; ***to be in ~ hands*** essere in buone mani; ***to have a ~ pair of hands*** [*goalkeeper*] avere una buona presa **6** BE COLLOQ. *(great)* grande, fantastico **II** n. **1** *(for valuables)* cassaforte f. **2** *(for meat)* moscaiola f. ◆ ***as ~ as houses*** BE *(secure)* [*person*] in una botte di ferro; [*place*] sicuro; *(risk-free)* senza rischi; ***better ~ than sorry!*** meglio prevenire che curare; ***just to be on the ~ side*** per non correre rischi *o* per andare sul sicuro; ***to play (it) ~*** agire con prudenza *o* con cautela.

safe bet /ˌseɪf'bet/ n. ***it's a ~*** è una cosa certa; ***he's a ~*** è qualcuno su cui si può contare; ***it's a ~ that*** è sicuro che.

safe-blower /'seɪfˌbləʊə(r)/ n. scassinatore m. (-trice) di casseforti (che usa esplosivi).

safe-breaker /'seɪfˌbreɪkə(r)/ n. BE scassinatore m. (-trice) di casseforti.

safe-conduct /ˌseɪf'kɒndʌkt/ n. **1** *(guarantee)* ***to demand, be offered ~ to, from*** chiedere, ottenere il salvacondotto per, da **2** *(document)* salvacondotto m., lasciapassare m.

safe-cracker /'seɪfˌkrækə(r)/ n. AE COLLOQ. → **safe-breaker**.

safe-deposit box /'seɪfdɪˌpɒzɪtˌbɒks/ n. cassetta f. di sicurezza.

▷ **1.safeguard** /'seɪfgɑːd/ n. **1** *(protection)* salvaguardia f., tutela f. (**for** di, **against** da) **2** *(safe-conduct)* salvacondotto m.

▷ **2.safeguard** /'seɪfgɑːd/ tr. salvaguardare (**against**, **from** da), tutelare (**against**, **from** contro).

safe house /ˌseɪf'haʊs/ n. covo m., rifugio m.

safekeeping /ˌseɪf'kiːpɪŋ/ n. ***in sb.'s ~*** in custodia di qcn.; ***to entrust sth. to sb.'s ~, to give sth. to sb. for ~*** affidare qcs. a qcn., lasciare qcs. in custodia a qcn.

▷ **safely** /'seɪflɪ/ avv. **1** *(unharmed)* [*come back*] *(of person)* sano e salvo, illeso, indenne; *(of parcel, goods)* intatto; [*land, take off*] senza problemi; ***I arrived, got back ~*** sono arrivato, rientrato sano e salvo; ***you can walk around quite ~*** si può andare in giro tranquillamente; ***to see sb. ~ across the road*** fare attraversare la strada a qcn.; ***to be ~ across the border*** essere riuscito a superare il confine senza problemi; ***to be ~ aboard*** essere a bordo al sicuro **2** *(without worry or risk)* [*leave, do, go*] in tutta tranquillità; ***you can ~ dispense with that*** puoi farne tranquillamente a meno; ***we can ~ assume, conclude, say that*** possiamo presumere, concludere, dire con certezza che **3** *(causing no concern)* [*locked*] al sicuro; [*hidden, stored*] bene; ***to be ~ tucked up in bed*** starsene al sicuro sotto le coperte; ***he's ~ behind bars*** è in prigione al sicuro; ***he's ~ through to the final*** è arrivato in finale senza difficoltà; ***with her parents ~ out of the way*** mentre i suoi genitori non c'erano **4** *(carefully)* con prudenza; ***drive ~!*** guida con prudenza!

safeness /'seɪfnɪs/ n. *(of structure, building)* solidità f.; *(of method, treatment, product, investment)* sicurezza f.

safe passage /ˌseɪf'pæsɪdʒ/ n. lasciapassare m. (**to** per; **for sb.** per qcn).

safe period /ˌseɪf'pɪərɪəd/ n. *(during the menstrual cycle)* giorni m.pl. infecondi.

safe seat /ˌseɪf'siːt/ n. POL. seggio m. sicuro.

safe sex /ˌseɪf'seks/ n. sesso m. sicuro; ***to practise ~*** fare *o* praticare sesso sicuro.

▶ **safety** /'seɪftɪ/ **I** n. **1** *(freedom from harm or hazards)* sicurezza f., salvezza f.; ***passenger ~*** la sicurezza dei passeggeri; ***to fear for*** o ***be concerned about sb.'s ~*** preoccuparsi per la sicurezza di qcn.; ***there are fears for her ~*** si teme per la sua incolumità; ***in ~*** in tutta sicurezza; ***to help sb. to ~*** aiutare qcn. a mettersi in salvo; ***to flee to ~*** mettersi in salvo; ***to reach ~*** raggiungere la salvezza; ***to transfer sth. to ~*** portare qcs. in un posto sicuro; ***in the ~ of one's home*** a casa propria al sicuro; ***to watch from the ~ of the hills*** guardare stando al sicuro sulle colline **2** *(as public issue)* sicurezza f.; ***road ~*** la sicurezza sulle strade; ***~ in the home*** la sicurezza nelle case; ***~ first*** innanzitutto la sicurezza **3** AE COLLOQ. *(condom)* goldone m., preservativo m. **II** modif. [*check, code, level, limit, measure, regulations, test, bolt, blade, strap*] di sicurezza; ***~ record*** risultati nel campo della sicurezza ◆ ***there's ~ in numbers*** l'unione fa la forza; ***to play for ~*** agire con prudenza.

safety belt /'seɪftɪbelt/ n. cintura f. di sicurezza.

safety bolt /'seɪftɪbəʊlt/ n. *(on gun)* sicura f.

safety catch /'seɪftɪkætʃ/ n. *(on gun, knife)* dispositivo m. di sicurezza, sicura f.

safety chain /'seɪftɪtʃeɪn/ n. *(connecting railway cars)* catena f.; *(on watch, bracelet)* chiusura f. di sicurezza, sicura f.; *(on door)* catena f., catenaccio m.

safety curtain /'seɪftɪˌkɜːtn/ n. TEATR. tagliafuoco m., spartifuoco m.

safety-deposit box /'seɪftɪdɪˌpɒzɪtˌbɒks/ → **safe-deposit box**.

safety glass /'seɪftɪglɑːs, AE -glæs/ n. vetro m. di sicurezza.

safety helmet /'seɪftɪˌhelmɪt/ n. casco m. di protezione.

safety island /'seɪftɪˌaɪlənd/ n. AE isola f. spartitraffico.

safety lamp /'seɪftɪlæmp/ n. lampada f. di sicurezza.

safety match /'seɪftɪmætʃ/ n. fiammifero m. di sicurezza, fiammifero m. svedese.

safety net /'seɪftɪnet/ n. **1** rete f. di sicurezza **2** FIG. *(safeguard)* protezione f., garanzia f.

safety pin /'seɪftɪpɪn/ n. spilla f. da balia, di sicurezza.

safety razor /'seɪftɪˌreɪzə(r)/ n. rasoio m. di sicurezza.

safety valve /'seɪftɪvælv/ n. valvola f. di sicurezza; FIG. valvola f. di sfogo.

safety zone /'seɪftɪˌzəʊn/ n. AE isola f. spartitraffico.

safflower /'sæflaʊə(r)/ n. cartamo m.

saffron /'sæfrən/ **I** n. *(all contexts)* zafferano m. **II** modif. [*flavour, flower*] di zafferano; [*rice*] allo zafferano **III** ♦ **5** agg. [*robes, cloth*] (giallo) zafferano.

1.sag /sæg/ n. **1** *(in ceiling)* cedimento m.; *(in mattress)* infossamento m. **2** *(in value)* abbassamento m., calo m.

2.sag /sæg/ intr. (forma in -ing ecc. **-gg-**) **1** [*ceiling*] cedere, incurvarsi; [*mattress*] infossarsi; ***to ~ in the middle*** [*tent*] afflosciarsi in mezzo; [*rope*] allentarsi **2** [*breasts*] cedere, scendere; [*flesh*] inflaccidirsi **3** *(weaken)* ***her spirits ~ged*** il suo entusiasmo si smorzò *o* venne meno **4** *(fall)* [*currency, exports*] diminuire, calare.

saga /'sɑːgə/ n. **1** COLLOQ. *(lengthy story)* storia f. lunga; ***a domestic ~*** una saga familiare **2** LETTER. saga f.

sagacious /sə'geɪʃəs/ agg. FORM. [*person*] sagace, avveduto, perspicace; [*remark*] sagace; [*advice, decision*] saggio; [*act*] sensato.

sagaciously /sə'geɪʃəslɪ/ avv. FORM. [*say*] saggiamente.

sagaciousness /sə'geɪʃəsnɪs/, **sagacity** /sə'gæsətɪ/ n. sagacia f., avvedutezza f.

sagamore /'sægəmɔː(r)/ n. capo m. indiano.

1.sage /seɪdʒ/ ♦ **5** n. **1** *(plant)* salvia f. **2** *(colour)* verde m. pallido.

▷ **2.sage** /seɪdʒ/ **I** n. *(wise person)* saggio m. (-a) **II** agg. *(wise)* [*person, comment, air*] saggio; ***to give ~ advice*** dare dei buoni consigli.

sage-and-onion stuffing /ˌseɪdʒənˌʌnɪən'stʌfɪŋ/ n. = ripieno fatto con salvia e cipolle.

sagebrush /'seɪdʒbrʌʃ/ n. *(plant)* artemisia f.; *(area)* = area ricoperta di artemisia.

Sagebrush State /'seɪdʒbrʌʃˌsteɪt/ n. AE Nevada m.

sage cock /'seɪdʒkɒk/ n. → **sage grouse**.

sage Derby /ˌseɪdʒ'dɑːbɪ, AE -'dɜːrbɪ/ n. GB = formaggio alla salvia.

sage green /ˌseɪdʒ'griːn/ ♦ **5 I** n. verde m. salvia **II** agg. verde salvia.

sage grouse /'seɪdʒgraʊs/ n. gallo m. della salvia.

sagely /'seɪdʒlɪ/ avv. [*reply, nod*] con saggezza, saggiamente.
saggar /'sægə(r)/ n. *(for ceramic ware)* cassetta f. refrattaria; METALL. cassetta f. di ricottura.
sagging /'sægɪŋ/ agg. **1** [*beam, roof*] abbassato, incurvato; [*cable*] allentato; [*tent*] afflosciato **2** [*breast*] cadente; ***~ flesh*** pelle flaccida **3** [*spirits*] smorzato; [*morale*] a terra.
Sagittarian /ˌsædʒɪ'teərɪən/ ➧ **38 I** n. ASTROL. Sagittario m.; ***to be (a) ~*** essere un Sagittario *o* essere del Sagittario **II** agg. ASTROL. [*personality, trait*] del Sagittario.
Sagittarius /ˌsædʒɪ'teərɪəs/ ➧ **38** n. ASTROL. Sagittario m.; ***to be (a) ~*** essere un Sagittario *o* essere del Sagittario.
sago /'seɪgəʊ/ n. (pl. **~s**) *(starch)* sagù m.; *(palm)* palma f. del sagù.
sago palm /'seɪgəʊpɑːm/ n. palma f. del sagù.
sago pudding /ˌseɪgəʊ'pʊdɪŋ/ n. = budino fatto cuocendo il sagù nel latte.
Sahara /sə'hɑːrə/ n.pr. Sahara m.; ***the ~ desert*** il deserto del Sahara.
Saharan /sə'hɑːrən/ **I** agg. sahariano **II** n. **1** *(native)* sahariano m. (-a) **2** *(language)* lingua f. sahariana.
sahib /'sɑːhɪb/ n. *(in India)* = termine con cui i servitori indiani si rivolgevano agli uomini europei.
said /sed/ **I** pass., p.pass. → **2.say II** agg. FORM. DIR. (sud)detto, summenzionato, sopracitato; ***the ~ Mr X*** il suddetto signor X; ***on the ~ day*** il suddetto giorno.
▶ **1.sail** /seɪl/ n. **1** *(on boat)* vela f.; ***to take in ~*** serrare le vele **2** *(navigation)* ***to set ~*** *(hoist)* issare le vele; *(start on a sea voyage)* salpare *o* alzare le vele; ***to set ~ from, for*** salpare da, per; ***to be under ~*** essere sottovela; ***to cross the ocean under ~*** attraversare l'oceano in barca a vela; ***a ship in full ~*** una nave a vele spiegate; ***the age of ~*** l'era della (navigazione a) vela **3** *(on windmill)* pala f. **4** *(journey)* ***to go for a ~*** fare un giro in barca; ***it's two days' ~ from here*** ci vogliono due giorni di navigazione da qui ◆ ***to take the wind out of sb.'s ~s*** smontare qcn. *o* fare abbassare la cresta a qcn.
▶ **2.sail** /seɪl/ **I** tr. **1** *(be in charge of)* essere al comando di [*ship, yacht*]; fare navigare [*model boat*]; *(steer)* governare, pilotare [*ship, yacht*]; ***to ~ a ship between two islands, into the port*** condurre una nave tra due isole, in porto **2** *(travel across)* attraversare [*ocean, channel*] **3** *(own)* avere [*yacht*]; ***I used to ~ a catamaran*** un tempo avevo un catamarano **II** intr. **1** *(travel by boat)* [*person*] navigare, viaggiare per mare; ***to ~ from... to*** andare in barca da... a; ***to ~ around the world*** fare il giro del mondo in barca a vela; ***to ~ north*** navigare verso nord; ***we flew there and ~ed back*** ci siamo arrivati in aereo e siamo ritornati in barca **2** *(move across water)* [*ship*] ***to ~ across*** attraversare [*ocean*]; ***to ~ into*** entrare in [*port*]; ***the ship ~ed into Plymouth*** la barca è arrivata al porto di Plymouth; ***to ~ at 15 knots*** procedere a 15 nodi; ***to ~ under the Danish flag*** battere bandiera danese **3** *(leave port, set sail)* salpare; ***the Titanic ~ed on 10 April*** il Titanic è salpato il 10 aprile; ***we ~, the boat ~s at 10 am*** salpiamo, la nave salpa alle 10 **4** *(as hobby)* fare vela; ***to go ~ing*** andare in barca a vela *o* fare vela **5** *(move smoothly)* ***to ~ past sb.*** passare con grazia davanti a qcn.; ***to ~ into a room*** entrare con leggerezza in una stanza; ***the ball ~ed over the fence*** la palla è andata al di là della staccionata ◆ ***to ~ close to the wind*** trovarsi sul filo del rasoio.
■ **sail into** AE COLLOQ. ~ ***into [sb.]*** attaccare qcn. con forza.
■ **sail through:** ~ ***through [sth.]*** vincere facilmente [*match, election*]; ***to ~ through an exam*** passare un esame come *o* quasi per gioco; ***he ~ed through the interview*** ha affrontato benissimo il colloquio.
sailboard /'seɪlbɔːd/ n. tavola f. da windsurf, windsurf m.
sailboarder /'seɪlˌbɔːdə(r)/ n. windsurfista m. e f.
sailboarding /'seɪlˌbɔːdɪŋ/ n. windsurf m.
sailboat /'seɪlbəʊt/ n. AE barca f. a vela.
sailcloth /'seɪlklɒθ, AE -klɔːθ/ n. tela f. da vele.
sailer /'seɪlə(r)/ n. veliero m., nave f. a vela.
sailflying /ˌseɪl'flaɪɪŋ/ n. volo m. a vela, volovelismo m.
▷ **sailing** /'seɪlɪŋ/ ➧ **10 I** n. **1** *(sport)* vela f.; ***I love ~*** mi piace tantissimo fare vela; ***a week's ~*** una settimana di vela **2** *(departure)* ***the next ~*** la prossima partenza (della nave); ***three ~s a day*** tre uscite in barca al giorno **II** modif. [*instructor*] di vela; [*club*] nautico, velico; [*equipment*] per la vela; [*holiday*] in barca a vela; [*boat, vessel*] a vela; [*time, date*] della partenza.
sailing dinghy /'seɪlɪŋˌdɪŋgɪ/ n. **1** dinghy m. **2** *(inflatable)* canotto m. (gonfiabile), gommone m.
sailing ship /'seɪlɪŋʃɪp/ n. veliero m., nave f. a vela.
sail maker /'seɪlˌmeɪkə(r)/ ➧ **27** n. velaio m. (-a).
▷ **sailor** /'seɪlə(r)/ n. **1** ➧ **23** *(seaman)* marinaio m. **2** *(sea traveller)* ***to be a good, bad ~*** non soffrire, soffrire il mal di mare.
sailor suit /'seɪləsuːt, -sjuːt/ n. vestito m. alla marinara.
sailplane /'seɪlpleɪn/ n. aliante m.
sainfoin /'seɪnfɔɪn, 'sæn-/ n. lupinella f.; fieno m. santo.
▷ **saint** /seɪnt, snt/ n. santo m. (-a); ***Saint Mark*** san Marco ◆ ***to have the patience of a ~*** avere la pazienza di un santo.
Saint Bernard /snt'bɜːnəd, AE ˌseɪntbɜːr'nɑːrd/ n. (cane) sanbernardo m.
saintdom /'seɪntdəm/ n. *(saints collectively)* (i) santi m.pl.
sainted /'seɪntɪd/ agg. *(canonized)* canonizzato; *(of saintly character)* santo (anche SCHERZ.).
sainthood /'seɪnthʊd/ n. *(condition of a saint)* santità f.; *(saints collectively)* (i) santi m.pl.
saintliness /'seɪntlɪnɪs/ n. santità f.
saintly /'seɪntlɪ/ agg. [*person, manner*] pio; [*virtue, quality, expression*] da santo.
saint's day /'seɪntsdeɪ/ n. onomastico m.
saith /seθ/ ANT. 3a persona sing. pres. → **2.say**.
saithe /seɪθ/ n. BE ZOOL. GASTR. merlango m. nero.
▷ **1.sake** /seɪk/ n. **1** *(purpose)* ***for the ~ of*** per [*principle, prestige, nation*]; ***for the ~ of clarity, for clarity's ~*** per chiarezza; ***for the ~ of argument*** per il gusto di discutere; ***to kill for the ~ of killing*** uccidere per il gusto di uccidere; ***to do sth. for its own ~*** fare qcs. per il piacere di farlo; ***peace, production for its own ~*** la pace, la produzione in sé e per sé; ***for old times' ~*** in ricordo dei vecchi tempi **2** *(benefit)* ***for the ~ of sb.*** o ***for sb.'s ~*** per amore di qcn.; ***for my, her ~*** per amor mio, suo; ***for their ~*** per il loro bene; ***for all our ~s*** nell'interesse di noi tutti *o* per il nostro (stesso) interesse; ***I'm telling you this for your own ~*** te lo sto dicendo per il tuo bene **3** *(in anger, in plea)* ***for God's, heaven's ~!*** per l'amor di Dio, del cielo! per carità!
2.sake → **saki**.
saker /'seɪkə(r)/ n. ZOOL. (falco) sacro m.
sakeret /'seɪkərət/ n. (falco) sacro m. maschio.
saki /'sɑːkɪ/ n. sakè m.
sal /sɑːl/ n. CHIM. FARM. sale m.
Sal /sæl/ n.pr. **1** Sal (nome di uomo) **2** diminutivo di **Sarah**.
1.salaam /sə'lɑːm/ n. *(greeting)* = saluto musulmano; *(bow)* = inchino indiano nel quale ci si tocca la fronte con il palmo destro; ***to make a ~*** fare un inchino *o* salutare.
2.salaam /sə'lɑːm/ intr. fare un inchino.
salability AE → **saleability**.
salable AE → **saleable**.
salacious /sə'leɪʃəs/ agg. *(lustful)* lussurioso, lascivo; *(obscene)* osceno, volgare.
salaciousness /sə'leɪʃəsnɪs/ n. *(lustfulness)* lussuria f.; *(obscenity)* volgarità f.
▷ **salad** /'sæləd/ n. insalata f.; ***bean ~*** fagioli in insalata; ***ham ~*** insalata col prosciutto; ***green, mixed ~*** insalata verde, mista.
salad bar /'sælədbɑː(r)/ n. banco m. delle insalate.
salad bowl /'sælədbəʊl/ n. insalatiera f.
salad cream /'sælədkriːm/ n. BE = condimento per insalata simile alla maionese.
salad days /'sæləddeɪz/ n.pl. ANT. COLLOQ. *(youth)* = anni verdi, acerbi della giovinezza.
salad dressing /'sælədˌdresɪŋ/ n. condimento m. per insalata.
salad oil /'sælədɔɪl/ n. olio m. da tavola.
salad servers /'sælədˌsɜːvəz/ n.pl. posate f. da insalata.
salad shaker /'sælədˌʃeɪkə(r)/, **salad spinner** /'sælədˌspɪnə(r)/ n. centrifuga f. per insalata.
salamander /'sæləmændə(r)/ n. ZOOL. MITOL. salamandra f.
salamandrine /ˌsælə'mændrɪn/ **I** agg. **1** *(capable of enduring fire)* insensibile al fuoco **2** *(pertaining to salamander)* relativo alla salamandra **II** n. *(spirit)* = spirito che vive nel fuoco.
salami /sə'lɑːmɪ/ n. salame m.
sal ammoniac /ˌsælə'məʊnɪæk/ n. sale m. ammoniaco; cloruro m. di ammonio.
salangane /'sælʎgeIn/ n. salangana f.
salaried /'sælərɪd/ agg. [*person*] stipendiato; [*position, post*] retribuito.
▷ **salary** /'sælərɪ/ **I** n. stipendio m. **II** modif. [*cheque*] paga; [*increase*] di stipendio; [*bracket, scale*] retributivo.
▶ **sale** /seɪl/ **I** n. **1** *(selling)* vendita f. (**of** di; **to** a); ***for ~*** in vendita; ***to put sth. up*** o ***offer sth. for ~*** mettere qcs. in vendita; ***on ~*** BE in vendita; AE in saldo; ***to go on ~*** BE essere messo in vendita; AE essere messo in saldo; ***on ~ or return*** vendita in conto deposito; ***for general ~*** per la vendita al pubblico; ***at point of ~*** al punto (di) vendita **2** *(cut price)* saldo m., svendita f. (di fine stagione); ***the ~s*** i saldi; ***in the ~(s)*** BE, ***on ~*** AE in saldo; ***to put sth. in the ~*** BE o ***on ~***

AE mettere qcs. in saldo; ***to have a ~*** fare i saldi; ***the ~s are on*** ci sono i saldi; ***the summer, January ~s*** i saldi estivi, invernali **3** *(event)* asta f., vendita f. all'asta; ***book, furniture ~*** asta di libri, di mobili; ***to have*** o ***hold a ~*** organizzare un'asta **4** *(by salesman)* compravendita f.; ***to make a ~*** concludere una vendita **II sales** n.pl. **1** *(amount sold)* vendite f.; ***arms, wine ~s*** fatturato (della vendita) delle armi, del vino; ***~s are up, down*** le vendite sono aumentate, diminuite **2** *(career)* vendite f. **3** *(department)* ufficio m.sing. vendite, reparto m.sing. vendite **III sales** modif. [*department*] vendite; [*growth*] delle vendite.

saleability /ˌseɪlə'bɪlɪtɪ/ n. vendibilità f.

saleable /'seɪləbl/ agg. vendibile.

sale item /'seɪlˌaɪtəm/ n. articolo m. in saldo.

Salem /'seɪləm/ ♦ ***34*** n.pr. Salem f.

sale of work /ˌseɪləv'wɜ:k/ n. BE vendita f. di beneficenza.

sale price /'seɪlpraɪs/ n. *(retail price)* prezzo m. di vendita; *(reduced price)* prezzo m. scontato.

saleratus /ˌsælə'reɪtəs/ n. AE bicarbonato m. di sodio.

saleroom /'seɪlru:m, -rʊm/ n. BE sala f. esposizione.

sales assistant /'seɪlzəˌsɪstənt/ ♦ ***27*** n. BE commesso m. (-a).

sales book /'seɪlzbʊk/ n. COMM. giornale m. delle vendite.

sales chart /'seɪlztʃɑ:t/ n. grafico m. delle vendite.

salesclerk /'seɪlzklɑ:k, AE -klɜ:rk/ ♦ ***27*** n. AE commesso m. (-a).

sales director /'seɪlzdaɪˌrektə(r), AE -dɪ-/ ♦ ***27*** n. direttore m. dell'ufficio vendite.

sales drive /'seɪlzdraɪv/ n. campagna f. di vendita.

sales executive /'seɪlzɪgˌzekjʊtɪv/ ♦ ***27*** n. direttore m. (-trice) commerciale.

sales figures /'seɪlzˌfɪgəz, AE -ˌfɪgjəz/ n.pl. ammontare m.sing. delle vendite.

sales force /'seɪlzfɔ:s/ n. personale m. addetto alle vendite.

sales forecast /'seɪlzˌfɔ:kɑ:st, AE -kæst/ n. previsioni f.pl. delle vendite.

salesgirl /'seɪlzgɜ:l/ ♦ ***27*** n. *(representative)* venditrice f. (giovane); *(in shop)* commessa f. (giovane).

saleslady /'seɪlzleɪdɪ/ ♦ ***27*** n. AE *(representative)* venditrice f.; *(in shop)* commessa f.

salesman /'seɪlzmən/ ♦ ***27*** n. (pl. **-men**) **1** *(representative)* rappresentante m. di commercio; ***insurance ~*** agente di assicurazioni **2** *(in shop, showroom)* commesso m.; ***used car ~*** rivenditore di auto usate.

sales manager /'seɪlzˌmænɪdʒə(r)/ ♦ ***27*** n. → **sales director**.

salesmanship /'seɪlzmənʃɪp/ n. *(technique)* tecnica f. delle vendite; *(skill)* capacità f. di vendita.

salesmen /'seilzmen/ → **salesman**.

sales office /'seɪlzˌɒfɪs, AE -ˌɔ:f-/ n. ufficio m. vendite.

salesperson /'seɪlzˌpɜ:sn/ ♦ ***27*** n. **1** *(representative)* rappresentante m. e f. di commercio **2** *(in shop)* commesso m. (-a).

sales pitch /'seɪlzpɪtʃ/ n. → **sales talk**.

sales point /'seɪlzpɔɪnt/ n. punto m. vendita.

sales rep /'seɪlzrep/, **sales representative** /'seɪlzreprɪˌzentətɪv/ ♦ ***27*** n. rappresentante m. e f. commerciale.

sales resistance /'seɪlzrɪˌzɪstəns/ n. resistenza f. alle vendite.

sales slip /'seɪlzslɪp/ n. scontrino m., ricevuta f.

sales staff /'seɪlzstɑ:f, AE -stæf/ n. personale m. addetto alle vendite.

sales talk /'seɪlztɔ:k/ n. imbonimento m.

sales target /'seɪlzˌtɑ:gɪt/ n. target m. (delle vendite).

sales tax /'seɪlztæks/ n. AE imposta f. sulle vendite.

saleswoman /'seɪlzˌwʊmən/ ♦ ***27*** n. (pl. **-women**) **1** *(representative)* rappresentante f. di commercio **2** *(in shop)* commessa f.

sale value /'seɪlˌvælju:/ n. valore m. netto di vendita.

salicin /'sælɪsɪn/ n. CHIM. FARM. salicina f.

Salic law /'sælɪkˌlɔ:/ n. legge f. salica.

salicylate /sə'lɪsɪleɪt/ n. salicilato m.

salicylic /sælɪ'sɪlɪk/ agg. salicilico.

salience /'seɪlɪəns/, **saliency** /'seɪlɪənsɪ/ n. *(prominence)* importanza f., rilevanza f.; *(salient feature)* salienza f., prominenza f.

salient /'seɪlɪənt/ **I** agg. *(striking)* saliente; *(principal)* principale **II** n. MIL. saliente m.

saliferous /sə'lɪfərəs/ agg. salifero.

salifiable /'sælɪfaɪəbl/ agg. salificabile.

salification /ˌsælɪfɪ'keɪʃn/ n. salificazione f.

salify /'sælɪfaɪ/ tr. salificare.

salina /sə'laɪnə/ n. salina f.

saline /'seɪlaɪn/ **I** n. MED. (anche **~ solution**) soluzione f. salina; ***~ drip*** flebo di soluzione salina **II** agg. [*liquid, spring, deposit*] salino.

salinity /sə'lɪnətɪ/ n. salinità f.

salinometer /ˌsælɪ'nɒmɪtə(r)/ n. salinometro m.

Salisbury /'sɔ:lzbərɪ, AE -berɪ/ ♦ ***34*** n.pr. Salisbury f.

saliva /sə'laɪvə/ n. saliva f.

salivant /sə'laɪvənt/ **I** agg. scialagogo **II** n. scialagogo m.

salivary /sə'lɪvərɪ, sə'laɪvərɪ, AE 'sæləverɪ/ agg. salivare; ***~ gland*** ghiandola salivare.

salivate /'sælɪveɪt/ intr. salivare; FIG. sbavare.

salivation /ˌsælɪ'veɪʃn/ n. salivazione f.

sallet /'sælɪt/ n. STOR. celata f.

1.sallow /'sæləʊ/ n. BOT. salice m.; *(wood)* legno m. di salice.

2.sallow /'sæləʊ/ agg. *(pale)* [*complexion*] giallognolo, giallastro.

sallowness /'sæləʊnɪs/ n. colorito m. giallastro, colorito m. giallognolo.

Sallust /'sæləst/ n.pr. Sallustio.

1.sally /'sælɪ/ n. **1** MIL. sortita f. **2** *(witty remark)* uscita f., battuta f., trovata f.

2.sally /'sælɪ/ intr. MIL. fare una sortita; *(set out on a journey)* mettersi in moto, mettersi in viaggio.

■ **sally forth** SCHERZ. *(set off)* mettersi in viaggio; *(go out)* andarsene.

■ **sally out** andarsene, uscire.

Sally /'sælɪ/ n.pr. diminutivo di **Sarah**.

Sally Army /ˌsælɪ'ɑ:mɪ/ n. BE COLLOQ. esercito m. della salvezza.

salmagundi /ˌsælmə'gʌndɪ/ n. AE **1** INTRAD. m. (piatto a base di carne tritata, acciughe, cipolle, uova) **2** FIG. miscuglio m., guazzabuglio m.

salmi /'sælmɪ/ n. salmì m.

▷ **salmon** /'sæmən/ **I** n. (pl. ~) salmone m. **II** modif. [*fillet, pâté*] di salmone; [*fishing, sandwich*] al salmone.

salmonella /ˌsælmə'nelə/ n. (pl. **~s, -ae**) BIOL. salmonella f.

salmonella poisoning /ˌsælməˌnelə'pɔɪzənɪŋ/ ♦ ***11*** n. salmonellosi f.

salmonellosis /ˌsælməne'ləʊsɪs/ ♦ ***11*** n. (pl. **-es**) salmonellosi f.

salmonoid /'sælmənɔɪd/ **I** n. salmonide m. **II** agg. *(similar to salmon)* simile a salmone; *(pertaining to salmonoid)* dei salmonidi.

salmon pink /ˌsæmən'pɪŋk/ ♦ ***5*** **I** n. rosa m. salmone, salmone m. **II** agg. rosa salmone.

salmon steak /'sæmənsteɪk/ n. trancio m. di salmone.

salmon trout /'sæməntraʊt/ n. (pl. **salmon trout**) trota f. salmonata.

Salome /sə'ləʊmɪ/ n.pr. Salomé.

▷ **salon** /'sælɒn, AE sə'lɒn/ n. *(all contexts)* salone m.; ***hairdressing ~*** (salone di) parrucchiere; ***beauty ~*** salone di bellezza.

saloon /sə'lu:n/ n. **1** (anche **~ car**) BE AUT. berlina f. **2** (anche **~ bar**) BE = sala interna di un pub o hotel più costosa ed elegante delle altre; AE *(in Wild West)* saloon m. **3** *(on boat)* ponte m. di prima classe.

saloon car racing /sə'lu:nkɑ:ˌreɪsɪŋ/ ♦ ***10*** n. BE corse f.pl. di auto gran turismo.

saloon keeper /sə'lu:nˌki:pə(r)/ n. AE gestore m. (-trice) di un bar.

saloop /sə'lu:p/ n. *(preparation)* salep f.; *(hot drink)* infuso m. a base di salep.

Salop GB ⇒ Shropshire Shropshire.

Salopian /sə'ləʊpɪən/ **I** agg. dello Shropshire **II** n. *(person)* nativo m. (-a), abitante m. e f. dello Shropshire.

salpinges /'sæl'pɪndʒi:z/ → **salpinx**.

salpingitis /ˌsælpɪn'dʒaɪtɪs/ ♦ ***11*** n. MED. salpingite f.

salpinx /'sælpɪŋks/ n. (pl. **-inges**) salpinge f.

salsa /'sælsə/ n. **1** *(dance)* salsa f. **2** *(sauce)* salsa f. piccante.

salsify /'sælsɪfɪ/ n. *(plant)* barba f. di becco; *(root)* scorzonera f. dolce.

▷ **1.salt** /sɔ:lt/ **I** n. **1** CHIM. GASTR. sale m.; ***there's too much ~ in the rice*** il riso è troppo salato; ***I don't like a lot of ~ on my food*** non mi piace mangiare salato; ***~ and pepper*** sale e pepe; ***to put ~ on food*** salare il cibo; ***to put ~ on a road*** spargere il sale su una strada **2** COLLOQ. ANT. *(sailor)* ***an old ~*** un vecchio lupo di mare **II salts** n.pl. FARM. sali m. **III** modif. [*molecule, crystal, production, factory*] di sale; [*industry, refining*] del sale; [*solution*] salino; [*water, lake*] salato; [*beef, pork*] sotto sale ◆ ***to cry ~ tears*** LETT. versare lacrime amare; ***to be the ~ of the earth*** essere il sale della terra; ***you should take his remarks with a grain*** o ***a pinch of ~*** prendi i suoi commenti cum grano salis, non prendere i suoi commenti per oro colato; ***any teacher worth his ~ knows that*** ogni insegnante che si rispetti lo sa.

2.salt /sɔ:lt/ tr. salare [*meat, fish*]; spargere il sale su [*road, path*].

■ **salt away:** ~ away [sth.], ~ [sth.] away mettere via qcs. di nascosto.

SALT /sɔːlt/ n. (⇒ Strategic Arms Limitation Talks trattative per la limitazione delle armi strategiche) SALT m.pl.

saltation /sæl'teɪʃn/ n. **1** ANT. *(dancing)* (il) ballare; *(dance)* ballo m. **2** ANT. *(jumping)* (il) saltare; *(jump)* salto m. **3** BIOL. saltazione f.

saltatorial /sæltə'tɔːrɪəl/, **saltatory** /'sæltətrɪ, AE -tɔːrɪ/ agg. *(characterized by leaping)* saltatorio; ZOOL. saltatore.

saltbox /'sɔːltbɒks/ n. barattolo m. del sale; AE FIG. = casa a due piani sulla parte anteriore e a uno solo sulla parte posteriore.

saltbush /'sɔːltbʊʃ/ n. atreplice m.

salt cake /'sɔːltkeɪk/ n. solfato m. di sodio.

saltcellar /'sɔːltˌselə(r)/ n. saliera f., spargisale m.

salt desert /'sɔːltˌdezət/ n. deserto m. salato.

salted /'sɔːltɪd/ agg. [*butter, peanuts*] salato.

salter /'sɔːltə(r)/ ♦ **27** n. *(manufacturer)* produttore m. (-trice) di sale; *(workman)* salinaio m. (-a); *(person who preserves in salt)* salatore m. (-trice).

saltern /'sɔːltən/ n. *(building)* raffineria f. di sale; *(area of land)* salina f.

salt flat /'sɔːltˌflæt/ n. piana f. salina.

salt free diet /ˌsɔːltfriː'daɪət/ n. dieta f. aclorurata.

saltigrade /'ˌsæltɪgreɪd/ **I** n. salticide m. **II** agg. dei salticidi.

saltine /'sɔːltiːn/ n. AE cracker m.

saltiness /'sɔːltɪnɪs/ n. **1** *(taste) (of food)* sapore m. salato **2** *(salt content) (of solution, water)* salinità f.

salting /'sɔːltɪŋ/ n. salatura f., (il) salare.

saltings /'sɔːltɪŋz/ n.pl. BE salina f.sing.

saltire /'sɔːltaɪə(r)/ n. ARALD. croce f. di sant'Andrea.

salt lake /'sɔːltleɪk/ n. lago m. salato.

Salt Lake City /ˌsɔːltleɪk'sɪtɪ/ ♦ **34** n.pr. Salt Lake City f.

salt lick /'sɔːltlɪk/ n. *(naturally occurring)* = terreno ricco di salgemma dove gli animali leccano il sale; AGR. blocco m. di sale (per gli animali).

salt marsh /'sɔːltˌmɑːʃ/ n. palude f. salmastra.

saltmine /'sɔːltmaɪn/ n. MIN. miniera f. di salgemma, salina f.; ***it's back to the ~s for me*** FIG. mi tocca tornare ai lavori forzati.

saltness /'sɔːltnɪs/ n. → **saltiness**.

saltpan /'sɔːltpæn/ n. salina f.

saltpetre BE, **saltpeter** AE /ˌsɔːlt'piːtə(r)/ n. salnitro m., nitrato m. di potassio.

salt pit /'sɔːltpɪt/ n. salina f.

saltshaker /'sɔːltˌʃeɪkə(r)/ n. saliera f.

salt spoon /'sɔːltspuːn/ n. cucchiaino m. per il sale.

salt tax /'sɔːlttæks/ n. tassa f. sul sale.

saltwater /'sɔːltˌwɔːtə(r)/ agg. [*fish*] d'acqua salata; [*plant, mammal*] marino.

saltworks /'sɔːltˌwɜːks/ n.pl. + verbo sing. o pl. salina f.sing.

▷ **salty** /'sɔːltɪ/ agg. **1** [*water, food, flavour*] salato; ***to taste ~*** essere salato **2** MINER. [*deposit, soil*] salino **3** FIG. [*language*] tagliente; [*humour*] pungente; [*slang*] duro.

salubrious /sə'luːbrɪəs/ agg. salubre, sano; FIG. [*neighbourhood*] rispettabile, raccomandabile; ***it isn't a very ~ place*** non è un posto molto raccomandabile.

salubriousness /sə'luːbrɪəsnɪs/, **salubrity** /sə'luːbrətɪ/ n. FORM. salubrità f.

saluki /sə'luːkɪ/ n. levriero m. persiano.

salutarily /'sæljʊtrɪlɪ, AE -terɪ-/ avv. salutarmente.

salutariness /'sæljʊtrɪnɪs, AE -terɪ-/ n. (l')essere salutare.

salutary /'sæljʊtrɪ, AE -terɪ/ agg. salutare.

salutation /ˌsæljuː'teɪʃn/ n. **1** FORM. *(greeting)* saluto m.; ***in ~*** in segno di saluto **2** *(in letter writing)* formula f. introduttiva.

salutatorian /ˌsæljuːteɪ'tɔːrɪən/ n. US SCOL. UNIV. = studente che legge il discorso di benvenuto all'inizio dei corsi.

salutatory /sə'ljuːtətrɪ, AE -tɔːrɪ/ **I** agg. di benvenuto **II** n. US SCOL. UNIV. = discorso di benvenuto letto da uno studente all'inizio dei corsi.

▷ **1.salute** /sə'luːt/ n. **1** *(greeting)* saluto m. (anche MIL.); ***to give a ~*** fare il saluto militare; ***in ~*** in segno di saluto; ***to take the ~*** rispondere al saluto delle truppe che sfilano; ***victory ~*** segno della vittoria **2** MIL. *(firing of guns)* salva f.; ***a 21-gun ~*** una salva di 21 colpi di cannone **3** *(tribute)* tributo m., omaggio m. (**to** a).

▷ **2.salute** /sə'luːt/ **I** tr. **1** *(greet)* salutare (anche MIL.) **2** FIG. *(honour)* onorare, rendere onore a **II** intr. salutare, fare il saluto militare.

saluter /sə'luːtə(r)/ n. chi saluta.

salvable /'sælvəbl/ agg. salvabile.

Salvador(e)an /ˌsælvə'dɔːrɪən/ ♦ **18** **I** agg. salvadoregno **II** n. salvadoregno m. (-a).

1.salvage /'sælvɪdʒ/ **I** n. **1** *(rescue)* salvataggio m. (**of** di) **2** *(goods rescued)* materiale m. recuperato **3** *(reward)* premio m. per il recupero marittimo **II** modif. [*operation, team, equipment*] di salvataggio.

2.salvage /'sælvɪdʒ/ tr. **1** *(rescue)* salvare [*cargo, materials, belongings*] (**from** da); effettuare il salvataggio di, recuperare [*ship*] **2** FIG. salvare [*plan, marriage, reputation*]; salvare [*point, game*]; ottenere [*draw*]; conservare, mantenere [*pride, memories*] **3** *(save for recycling)* recuperare [*metal, paper etc.*].

▷ **salvation** /sæl'veɪʃn/ n. salvezza f. (anche RELIG.); ***national ~*** la salvezza nazionale.

Salvation Army /sælˌveɪʃn'ɑːmɪ/ **I** n. Esercito m. della Salvezza **II** modif. [*band, hostel, officer*] dell'Esercito della Salvezza.

salvationist /sæl'veɪʃənɪst/ n. RELIG. salutista m. e f., membro m. dell'Esercito della Salvezza.

1.salve /sælv, AE sæv/ n. **1** *(balm)* balsamo m. (anche FIG.) **2** *(comfort)* ***as a ~ to one's conscience*** per mettersi la coscienza a posto.

2.salve /sælv, AE sæv/ tr. ***to ~ one's conscience*** mettersi la coscienza a posto.

3.salve /'sælveɪ/ **I** n. RELIG. (anche **Salve Regina**) Salve Regina m. **II** inter. ANT. *(greeting)* salve.

4.salve /sælv/ tr. salvare, effettuare il salvataggio di [*ship*].

salver /'sælvə(r)/ n. vassoio m.

salvia /'sælvɪə/ n. salvia f.

salvo /'sælvəʊ/ n. (pl. **~s, ~es**) MIL. salva f.; FIG. salva f., scroscio m.

sal volatile /ˌsælvə'lætəlɪ/ n. salvolatile m.

salvor /'sælvə(r)/ n. recuperatore m.

Salzburg /'sæltsbɜːg/ ♦ **34** n.pr. Salisburgo f.

Sam /sæm/ n.pr. diminutivo di **Samuel**, **Samantha**.

SAM n. (⇒ surface-to-air missile missile terra-aria) SAM m.

Samantha /sə'mænθə/ n.pr. Samanta, Samantha.

samara /'sæmərə/ n. samara f.

Samaria /sə'meərɪə/ ♦ **24** n.pr. Samaria f.

Samaritan /sə'mærɪtən/ **I** agg. GEOGR. STOR. samaritano **II** n. **1** GEOGR. STOR. samaritano m. (-a); ***the Good ~*** il buon samaritano; ***to be a good ~*** essere un buon samaritano **2** *(organization)* ***the ~s*** = organizzazione di volontari che aiutano telefonicamente le persone in difficoltà.

samarium /sə'meərɪəm/ n. samario m.

samba /'sæmbə/ n. samba m. e f.

sambo /'sæmbəʊ/ n. (pl. **~s, ~es**) ANT. POP. SPREG. negro m. (-a).

Sam Browne belt /ˌsæmbraʊn'belt/ n. cinturone m. da ufficiale.

sambur /'sæmbə(r)/ n. sambar m.

▶ **same** /seɪm/ **I** agg. **1** *(identical)* stesso, medesimo; ***to be the ~*** essere lo stesso; ***the result was the ~*** il risultato era il medesimo; ***people are the ~ everywhere*** le persone sono ovunque le stesse; ***you're all the ~!*** siete tutti uguali! ***it's the ~ everywhere*** è lo stesso ovunque; ***it is the ~ for*** è lo stesso per; ***it is the ~ with*** è lo stesso per *o* lo stesso capita per; ***to look the ~*** essere *o* sembrare lo stesso; ***they all look the ~ to him*** per lui sembrano tutti uguali; ***to be the ~ as sth.*** essere come qcs.; ***a bag the ~ as the one I lost*** una borsa come quella che ho perso; ***it is the ~ as doing*** è come fare; ***one wine is the ~ as another to him*** per lui un vino vale l'altro; ***the ~ time last week*** la settimana scorsa alla stessa ora; ***the ~ time last year*** l'anno scorso nello stesso periodo; ***~ time ~ place*** stessa ora, stesso posto; ***in the ~ way*** *(in a similar manner)* nello stesso modo (**as** di); *(likewise)* come *o* nello stesso modo; ***to do sth. (in) the ~ way that sb. else does*** far qcs. come qcn. altro; ***we did it the ~ way as you*** l'abbiamo fatto come te; ***to feel the ~ way about*** provare le stesse sensazioni riguardo a; ***to think the ~ way on*** o ***about sth.*** pensarla allo stesso modo riguardo a qcs.; ***to go the ~ way as*** andare nella stessa direzione di; FIG. fare la stessa fine di; ***the ~ thing*** la stessa cosa *o* lo stesso; ***it's the ~ thing*** è lo stesso; ***it amounts*** o ***comes to the ~ thing*** non fa alcuna differenza; ***it's all the ~ to me*** per me è lo stesso; ***if it's all the ~ to you*** se per te è lo stesso *o* è uguale **2** *(for emphasis) (very)* stesso (**as** di); ***the ~ one*** lo stesso; ***"ready the ~ day"*** "pronto in giornata"; ***that ~ week*** quella stessa settimana; ***later that ~ day*** più tardi quello stesso giorno; ***later that ~ week*** qualche giorno dopo quella stessa settimana; ***in that ~ house*** in quella stessa casa; ***those ~ people*** quelle stesse persone; ***at the ~ time*** nello stesso tempo *o* nello stesso momento; ***they are one and the ~ (person)*** sono proprio la stessa persona *o* si tratta della stessa persona; ***the very ~*** proprio *o* esattamente lo stesso; ***the very ~ day that*** proprio lo stesso giorno in cui **3** *(unchanged)* stesso; ***it's still the ~ town*** è sempre la stessa città; ***she's not the ~ woman*** non è più la stessa donna; ***to be still the ~*** essere sempre lo stesso; ***things are just the ~ as before*** le cose non sono cambiate; ***it's, he's the ~ as ever*** è sempre lo stesso, è lo stesso di sempre; ***my views are the ~ as they always were*** le mie opinioni sono sempre le stesse *o* non sono cambiate; ***she's much***

the ~ non è molto cambiata; ***to remain*** o ***stay the ~*** rimanere lo stesso *o* non cambiare; ***things can't stay the ~ forever*** nulla è immutabile; ***things were never the ~ again*** nulla era più come prima; ***it's not the ~ without you*** non è lo stesso senza di te; ***life wouldn't be the ~ without*** la vita non sarebbe la stessa senza; ***the ~ old routine, excuse, clothes*** la stessa vecchia routine, scusa, gli stessi vecchi abiti; ***~ old John, always late!*** John è sempre lo stesso, sempre in ritardo! **II the same** avv. [*act, speak, dress*] allo, nello stesso modo; ***they're pronounced the ~*** si pronunciano allo stesso modo; ***to feel the ~ (as sb.)*** pensare come qcn.; ***to feel the ~ about*** pensarla allo stesso modo *o* avere gli stessi sentimenti riguardo a **III** pron. **1** *(the identical thing)* ***the ~*** lo stesso *o* la stessa cosa (**as** di); ***I'll have the ~*** prendo la stessa cosa; ***the ~ applies to*** o ***goes for...*** lo stesso dicasi di...; ***to say the ~ about*** dire altrettanto di; ***the ~ cannot be said of*** non si può dire altrettanto di; ***to do the ~ as sb.*** fare lo stesso di; ***and we're hoping to do the ~*** e speriamo di fare altrettanto; ***I would do the ~ for you*** farei lo stesso per te; ***I'll do the ~ for you one day*** farò lo stesso per te un giorno; ***I'd do the ~ again*** rifarei la stessa cosa di nuovo; ***the ~ to you!*** *(in greeting)* altrettanto! *(as insult)* a te e a tua sorella! ***(the) ~ again please!*** un altro, per favore! ***it'll be more of the ~!*** SPREG. sarà sempre la solita solfa! ***(the) ~ here!*** COLLOQ. anch'io! anche a *o* per me! **2** DIR. ***the ~*** il medesimo, la medesima; ***"are you Mr X?" - "the ~"*** "è lei il signor X?" - "in persona" **3** AMM. COMM. stesso m., stessa f.; ***to installing ~*** per l'installazione della stessa ◆ ***all the ~..., just the ~,...*** ciononostante..., comunque...; ***thanks all the ~*** grazie lo stesso; ***life goes on just the ~*** la vita va avanti lo stesso; ***I love you just the ~*** ti amo lo stesso.

same-day /ˌseɪm'deɪ/ agg. [*processing, dry-cleaning, service*] (fatto) in giornata.

sameness /'seɪmnɪs/ n. **1** SPREG. *(lack of variety)* monotonia f., ripetitività f. **2** *(similarity)* somiglianza f.

same-sex /'seɪmˌseks/ agg. [*couple, marriage, relationship*] omosessuale.

samey /'seɪmɪ/ agg. COLLOQ. monotono, ripetitivo.

samite /'sæmaɪt/ n. sciamito m.

samlet /'sæmlɪt/ n. salmone m. giovane.

Sammy /'sæmɪ/ n.pr. diminutivo di **Samuel**.

Samnite /'sæmnaɪt/ **I** agg. sannita **II** n. sannita m. e f.

Samoa /sə'məʊə/ ♦ ***12*** n.pr. Samoa f.pl.

Samoan /sə'məʊən/ **I** agg. samoano **II** n. **1** *(inhabitant)* samoano m. (-a) **2** ♦ ***14*** *(language)* samoano m.

samosa /sə'məʊsə/ n. samosa m.

Samothrace /'sæməθreɪs/ n.pr. Samotracia f.

samovar /'sæməvɑː(r)/ n. samovar m.

Samoyed(e) /ˌsæmɔɪ'ed/ **I** agg. samoiedo **II** n. **1** *(person)* samoiedo m. (-a) **2** *(language)* samoiedo m. **3** *(dog)* samoiedo m.

Samoyedic /ˌsæmɔɪ'edɪk/ **I** agg. samoiedo **II** n. *(language)* samoiedo m.

sampan /'sæmpæn/ n. sampan m.

samphire /'sæmfaɪə(r)/ n. **1** (anche **rock ~**) finocchio m. marino **2** (anche **marsh ~**) salicornia f.

► **1.sample** /'sɑːmpl, AE 'sæmpl/ **I** n. **1** *(of rock, water etc.)* campione m.; ***to take a soil ~*** prelevare un campione di terreno **2** COMM. campione m., campioncino m.; ***a tissue ~*** un campione di tessuto; ***a perfume ~*** un campioncino di profumo **3** MED. BIOL. *(of tissue, DNA) (of individual for analysis)* prelievo m., campione m.; *(one of many kept in lab)* campione m.; ***to take a blood ~*** fare un prelievo di sangue; ***you should bring a urine ~*** dovreste portare un campione di urina **4** STATIST. *(of public, population)* campione m.; ***representative, limited ~*** campione rappresentativo, ristretto **II** modif. **1** COMM. [*cassette, video etc.*] promozionale; ***~ bottle, packet etc.*** COMM. campione **2** *(representative)* [*exam question*] modello, saggio; ***~ prices*** prezzi a titolo d'esempio; ***he sent a ~ chapter of his thesis to the publishers*** ha mandato un capitolo esemplificativo della sua tesi agli editori.

2.sample /'sɑːmpl, AE 'sæmpl/ tr. **1** provare, assaggiare, gustare [*food, dish, wine etc.*]; ***to ~ the delights of Paris*** provare i piaceri di Parigi **2** COMM. campionare [*products*] **3** SOCIOL. STATIST. sondare [*opinion, market*] **4** ELETTRON. campionare.

1.sampler /'sɑːmplə(r), AE 'sæmplər/ n. **1** *(embroidery)* imparaticcio m. **2** AE *(box of chocolates)* scatola f. di cioccolatini assortiti.

2.sampler /'sɑːmplə(r), AE 'sæmplər/ ♦ ***27*** n. *(person)* campionatore m. (-trice).

sample section /'sɑːmplˌsekʃn/ n. specimen m.

sample survey /'sɑːmplˌsɜːveɪ, AE 'sæmpl-/ n. indagine f. campionaria.

▷ **sampling** /'sɑːmplɪŋ, AE 'sæmpl-/ **I** n. **1** *(taking of specimens)* prelievo m., campionamento m. **2** *(of population group)* campionamento m. **3** *(of wine, cheese)* degustazione f. **4** MUS. campionatura f. **II** modif. ***~ procedures*** SOCIOL. STATIST. metodi di campionamento; ***~ technique*** MED. GEOL. tecnica di prelievo; IND. *(in factory)* tecnica di campionamento.

Samson /'sæmsən/ n.pr. Sansone.

Samuel /'sæmjʊəl/ n.pr. Samuele.

samurai /'sæmuːraɪ/ n. (pl. **~**) samurai m.

San Andreas fault /ˌsænˌændreɪəs'fɔːlt/ n.pr. ***the ~*** la faglia di sant'Andrea.

sanative /'sænətɪv/ n. ANT. curativo.

sanatorium /ˌsænə'tɔːrɪəm/ n. (pl. **~s, -ia**) BE **1** *(clinic)* sanatorio m., casa f. di cura **2** *(in boarding school)* infermeria f.

sancta /'sæŋktə/ → **sanctum**.

sanctification /ˌsæŋktɪfɪ'keɪʃn/ n. santificazione f.

sanctified /'sæŋktɪfaɪd/ **I** p.pass. → **sanctify II** agg. santificato, consacrato.

sanctifier /'sæŋktɪfaɪə(r)/ n. santificatore m. (-trice).

sanctify /'sæŋktɪfaɪ/ tr. santificare, consacrare.

sanctimonious /ˌsæŋktɪ'məʊnɪəs/ agg. SPREG. ipocrita, bigotto.

sanctimoniously /ˌsæŋktɪ'məʊnɪəslɪ/ avv. SPREG. [*say*] con un tono di devozione ipocrita, ipocritamente.

sanctimoniousness /ˌsæŋktɪ'məʊnɪəsnɪs/, **sanctimony** /'sæŋktɪmənɪ/ n. SPREG. ipocrisia f., bigottismo m.

▷ **1.sanction** /'sæŋkʃn/ **I** n. **1** *(authorization)* autorizzazione f., permesso m.; *(approval)* sanzione f.; ***with the ~ of*** con l'autorizzazione di [*court, owner etc.*] **2** DIR. *(deterrent)* ***legal ~, criminal ~*** sanzione penale **3** POL. ECON. *(punishment, embargo etc.)* sanzione f.; ***powers of ~*** poteri di sanzione **II sanctions** n.pl. POL. ECON. sanzioni f. (**against** contro); ***economic, trade ~s*** sanzioni economiche, commerciali; ***to impose ~s*** imporre sanzioni (**on** contro); ***to break ~s against a country*** violare l'embargo contro un paese.

2.sanction /'sæŋkʃn/ tr. **1** *(give permission for)* autorizzare **2** *(give approval to)* sanzionare, approvare.

sanctionary /'sæŋkʃnərɪ, AE -nerɪ/ agg. sanzionatorio.

sanctions busting /'sæŋkʃnzˌbʌstɪŋ/ n. violazione f. dell'embargo.

sanctity /'sæŋktətɪ/ n. **1** *(of life, law)* inviolabilità f., carattere m. sacro **2** RELIG. santità f.

▷ **sanctuary** /'sæŋktʃʊərɪ, AE -tʃʊerɪ/ n. **1** *(safe place)* rifugio m., sede f. inviolabile, santuario m.; ***a place of ~*** un rifugio; ***to take ~*** trovare rifugio **2** *(holy place)* santuario m. **3** *(for wildlife)* riserva f.; *(for mistreated pets)* rifugio m.

sanctum /'sæŋktəm/ n. (pl. **~s, -a**) **1** *(private place)* rifugio m., ritiro m.; ***his inner ~*** il suo rifugio *o* il suo sancta sanctorum **2** RELIG. ***the (inner) ~*** il sancta sanctorum.

▷ **1.sand** /sænd/ **I** n. **1** *(fine grit)* sabbia f., rena f.; ***fine, coarse ~*** sabbia fine, grossa **2** AE COLLOQ. *(courage)* fegato m., coraggio m. **II sands** n.pl. **1** *(beach)* spiaggia f.sing. **2** *(desert)* sabbie f. del deserto; ***the shifting ~s of international politics*** FIG. il terreno instabile della politica internazionale ◆ ***to stick*** o ***bury one's head in the ~*** fare (come) lo struzzo; ***the ~s of time run slow*** il tempo scorre lentamente; ***the ~s of time are running out for the government*** il governo ha i giorni contati; ***to build on ~*** costruire sulla sabbia.

2.sand /sænd/ tr. **1** (anche **~ down**) *(smooth)* levigare con la sabbia [*floor*]; carteggiare [*car body, woodwork*] **2** *(put sand on)* cospargere di sabbia [*icy road, path*].

▪ **sand up** [*estuary, river*] insabbiarsi.

1.sandal /'sændl/ n. *(footwear)* sandalo m.

2.sandal /'sændl/ n. → **sandalwood**.

sandalwood /'sændlwʊd/ **I** n. *(tree)* sandalo m.; *(wood)* (legno di) sandalo m. **II** modif. [*oil, soap*] al sandalo; [*box*] di (legno di) sandalo.

sandarac /'sændəræk/ n. **1** MIN. realgar m. **2** *(resin)* (anche **gum ~**) sandracca f.

1.sandbag /'sændbæg/ n. sacchetto m. di sabbia.

2.sandbag /'sændbæg/ tr. (forma in -ing ecc. **-gg-**) **1** *(protect) (against gunfire)* proteggere [qcs.] con sacchetti di sabbia [*position*]; *(against flood)* creare uno sbarramento di sacchetti di sabbia contro [*doorway*] **2** *(hit)* colpire [qcn.] con un sacchetto di sabbia [*person*] **3** COLLOQ. FIG. *(bully)* costringere, forzare [*person*]; ***to ~ sb. into doing*** costringere qcn. a fare.

sandbank /'sændbæŋk/ n. banco m. di sabbia.

sand bar /'sændbɑː(r)/ n. barra f. di sabbia.

sandbath /'sændbɑːθ, AE -bæθ/ n. **1** CHIM. bagno m. a sabbia **2** MED. sabbiatura f.

1.sandblast /'sændblɑ:st, AE -blæst/ n. IND. sabbiatura f.
2.sandblast /'sændblɑ:st, AE -blæst/ tr. IND. sabbiare.
sandblaster /'sænd,blɑ:stə(r), AE -,blæstə(r)/ ♦ *27* n. **1** *(worker)* sabbiatore m. (-trice) **2** *(machine)* sabbiatrice f.
sandblasting /'sænd,blɑ:stɪŋ, AE -,blæstɪŋ/ n. sabbiatura f.
sandbox /'sændbɒks/ n. **1** FERR. sabbiera f. **2** *(for children)* = buca, recinto con la sabbia dove giocano i bambini.
sandboy /'sændbɔɪ/ n. ***as happy as a ~*** contento come una pasqua.
sand castle /'sændkɑ:sl, AE -kæsl/ n. castello m. di sabbia.
sand-crack /'sændkræk/ n. VETER. *(fissure)* setola f.
sand dollar /'sænd,dɒlə(r)/ n. piastra f. di riccio di mare.
sand dune /'sændju:n, AE -du:n/ n. duna f. (di sabbia).
sand eel /'sændi:l/ n. anguilla f. della sabbia.
sander /'sændə(r)/ n. smerigliatrice f., levigatrice f.
sanderling /'sændəlɪŋ/ n. piovanello m. tridattilo.
sand flea /'sændfli:/ n. pulce f. penetrante.
sand fly /'sændflaɪ/ n. flebotomo m.
sand-hill /'sændhɪl/ n. → **sand dune**.
sand hopper /'sænd,hɒpə(r)/ n. orchestia f.
Sandhurst /'sændhɜ:st/ n.pr. GB = l'Accademia Militare Reale.
Sandie /'sændɪ/ n.pr. diminutivo di **Alexandra**.
sanding /'sændɪŋ/ n. TECN. levigatura f.
sanding disc /'sændɪŋdɪsk/ n. disco m. abrasivo.
sandlot /'sændlɒt/ AE **I** n. = zona sabbiosa in cui giocano i bambini **II** modif. [*baseball, game*] giocato su terreno sabbioso.
sandman /'sændmən/ n. mago m. sabbiolino (uomo che porta il sonno ai bambini spargendo sabbia sui loro occhi).
sand martin /'sænd,mɑ:tɪn, AE -tn/ n. riparia f.
1.sandpaper /'sændpeɪpə(r)/ n. carta f. vetrata.
2.sandpaper /'sændpeɪpə(r)/ tr. cartavetrare [*plaster, wood*]; levigare [*glass, metal*].
sandpiper /'sændpaɪpə(r)/ n. = uccello dei caradriformi.
sandpit /'sændpɪt/ n. **1** *(for quarrying)* cava f. di sabbia **2** *(for children)* = buca, recinto con la sabbia dove giocano i bambini.
sandshoe /'sændʃu:/ n. BE ANT. scarpa f. di tela.
sandstone /'sændstəʊn/ **I** n. arenaria f.; ***white, red ~*** arenaria bianca, rossa **II** modif. [*building, façade*] di, in arenaria; [*cliff, quarry*] di arenaria.
sandstorm /'sændstɔ:m/ n. tempesta f. di sabbia.
sandtrap /'sændtræp/ n. AE SPORT *(in golf)* bunker m.
▷ **1.sandwich** /'sænwɪdʒ, AE -wɪtʃ/ n. **1** sandwich m., panino m., tramezzino m.; ***cucumber ~*** tramezzino ai cetrioli; ***I just had a ~ for lunch*** ho solo mangiato un tramezzino a pranzo **2** BE *(cake)* = torta di pan di Spagna farcita di crema, marmellata ecc.
▷ **2.sandwich** /'sænwɪdʒ, AE -wɪtʃ/ tr. ***to be ~ed between*** [*car, person*] essere stretto, schiacciato tra; [*building*] essere stretto tra; ***her talk was ~ed between two meetings*** il suo discorso era inserito tra due riunioni.
sandwich bar /'sænwɪdʒbɑ:(r), AE -wɪtʃ-/ n. = locale in cui si possono mangiare tramezzini.
sandwich board /'sænwɪdʒ,bɔ:d, AE -wɪtʃ-/ n. = cartellone pubblicitario portato da un uomo sandwich.
sandwich course /'sænwɪdʒ,kɔ:s, AE -wɪtʃ-/ n. BE = corso universitario che prevede un periodo di stage presso una ditta.
sandwich loaf /'sænwɪdʒləʊf, AE -wɪtʃ-/ n. (pl. **sandwich loaves**) pancarré m.
sandwich man /'sænwɪdʒ,mən, AE -wɪtʃ-/ ♦ *27* n. (pl. **sandwich men**) uomo m. sandwich.
sandworm /'sændwɜ:m/ n. arenicola f.
sandwort /'sændwɜ:t/ n. BOT. arenaria f.
▷ **sandy** /'sændɪ/ agg. **1** GEOL. [*beach*] sabbioso, di sabbia; [*path, soil, sediment, water*] sabbioso **2** *(yellowish)* [*hair*] biondo rossiccio; [*colour*] sabbia.
Sandy /'sændɪ/ n.pr. diminutivo di **Alexander**, **Alexandra**.
1.sand yacht /'sændjɒt/ n. = barca a vela su ruote.
2.sand yacht /'sændjɒt/ intr. = andare in barca a vela su ruote.
▷ **sane** /seɪn/ agg. **1** *(not mad)* [*person*] sano di mente; ***it's the only thing that keeps me ~*** è l'unica cosa che m'impedisce di impazzire **2** *(reasonable)* [*policy, judgment*] di buonsenso, sensato, equilibrato.
sanely /'seɪnlɪ/ avv. **1** *(not madly)* [*behave*] come una persona sana di mente **2** *(wisely)* [*judge, decide*] sensatamente, equilibratamente.
saneness /'seɪnnɪs/ n. **1** *(of person)* sanità f. mentale **2** *(of judgement, decision)* buonsenso m., equilibrio m.
Sanforized® /'sænfəraɪzd/ agg. sanforizzato.
San Francisco /,sænfrən'sɪskəʊ/ ♦ *34* n.pr. San Francisco f.
sang /sæŋ/ pass. → **2.sing**.
sangaree /,sæŋgə'ri:/ n. → **sangria**.
sangfroid /sɒŋ'frwɑ:/ n. sangue freddo m.
sangrail /sæŋ'greɪl/, **sangreal** /sæŋ'gri:əl/ n. ***the ~*** il Santo Graal.
sangria /sæn'gri:ə/ n. sangria f.
sanguification /,sæŋgwɪfɪ'keɪʃn/ n. sanguificazione f.
sanguinaria /,sæŋgwɪ'neərɪə/ n. sanguinaria f.
sanguinarily /'sæŋgwɪnərɪlɪ, AE -nerɪ-/ avv. FORM. sanguinariamente.
sanguinary /'sæŋgwɪnərɪ, AE -nerɪ/ agg. FORM. sanguinario.
sanguine /'sæŋgwɪn/ agg. FORM. *(hopeful)* [*person, remark*] ottimista, fiducioso (**about** riguardo a); ***to take a ~ view*** avere una visione ottimistica *o* vedere le cose con ottimismo.
sanguinely /'sæŋgwɪnlɪ/ avv. ottimisticamente.
sanguineness /'sæŋgwɪnnɪs/ n. ottimismo m., fiducia f.
sanguineous /sæŋ'gwɪnɪəs/ agg. **1** *(pertaining to blood)* del sangue, sanguigno **2** *(hopeful)* ottimista, fiducioso **3** BOT. ZOOL. sanguigno, rosso sangue.
sanguinolent /sæŋ'gwɪnələnt/ agg. sanguinolento.
Sanhedrim /'sænɪdrɪm/, **Sanhedrin** /'sænɪdrɪn/ n. STOR. *(Jewish council)* sinedrio m.
sanicle /'sænɪkl/ n. sanicola f.
sanitaria /,sænɪ'teərɪə/ → **sanitarium**.
sanitarian /,sænɪ'teərɪən/ **I** agg. sanitario, igienico **II** n. ANT. igienista m. e f.
sanitarium /,sænɪ'teərɪəm/ n. (pl. **~s**, **-ia**) AE sanatorio m., casa f. di cura.
sanitary /'sænɪtrɪ, AE -terɪ/ agg. **1** [*facilities, installations*] sanitario **2** *(hygienic)* igienico; *(clean)* pulito.
sanitary engineer /,sænɪtrɪendʒɪ'nɪə(r), AE -terɪ-/ ♦ *27* n. **1** installatore m. (-trice) di impianti, idraulico m. **2** AE operatore m. (-trice) ecologico (-a).
sanitary napkin /'sænɪtrɪ,næpkɪn, AE -terɪ-/ n. AE → **sanitary towel**.
sanitary protection /'sænɪtrɪprə,tekʃn, AE -terɪ-/ n. assorbente m. igienico.
sanitary towel /'sænɪtrɪ,taʊəl, AE -terɪ-/ n. BE assorbente m. igienico.
sanitaryware /'sænɪtrɪweə(r), AE -terɪ-/ n. (articoli) sanitari m.pl.
sanitation /,sænɪ'teɪʃn/ n. *(toilets)* **U** servizi m.pl. igienici.
sanitation worker /,sænɪ'teɪʃn,wɜ:kə(r)/ ♦ *27* n. AE operatore m. (-trice) ecologico (-a).
sanitize /'sænɪtaɪz/ tr. **1** SPREG. *(tone down)* rendere asettico, impersonale [*art, politics*]; epurare [*document*]; ***a film that tries to ~ violence*** un film che cerca di rendere la violenza più accettabile **2** *(sterilize)* disinfettare.
sanitized /'sænɪtaɪzd/ **I** p.pass. → **sanitize II** agg. SPREG. [*art, politics*] asettico, impersonale; [*document*] epurato.
sanity /'sænətɪ/ n. **1** *(mental health)* sanità f. mentale; ***to keep*** o ***preserve one's ~*** restare sano di mente; ***to prove one's ~*** dimostrare che si è sani di mente **2** *(good sense)* buonsenso m., ragionevolezza f.; ***~ prevailed*** è prevalso il buonsenso; ***can you do a ~ check on my report?*** puoi controllare se la mia relazione è sensata?
sank /sæŋk/ pass. → **2.sink**.
sans /sænz/ prep. LETT. senza.
sansevieria /,sænsɪ'vɪərɪə/ n. sansevieria f.
Sanskrit /'sænskrɪt/ ♦ *14* n. sanscrito m.
sans serif /,sæn'serɪf/ n. TIP. bastone m.
Santa (Claus) /'sæntə(klɔ:z)/ n.pr. = figura della tradizione popolare analoga a Babbo Natale.
Santa Fé /,sæntə'feɪ/ ♦ *34* n.pr. Santa Fé f.
Santiago /,sæntɪ'ɑ:gəʊ/ ♦ *34* n.pr. **1** (anche **~ de Compostela**) *(in Spain)* Santiago (de Compostela) f. **2** *(in Chile)* Santiago f.
santonica /sæn'tɒnɪkə/ n. santonica f.
santonin /'səntənɪn/ n. santonina f.
Sao Tomé and Principe /səʊ,təʊmesənprɪn'si:p/ ♦ *6* n.pr. Sao Tomé e Principe f.
1.sap /sæp/ n. **1** BOT. linfa f.; ***in spring the ~ rises*** in primavera la linfa torna a fluire; FIG. in primavera il vigore rinasce *o* si risveglia **2** AE COLLOQ. SPREG. imbecille m. e f., idiota m. e f.
2.sap /sæp/ tr. (forma in -ing ecc. **-pp-**) *(weaken)* indebolire, togliere linfa a [*strength, courage, confidence*].
3.sap /sæp/ n. MIL. trincea f. d'avvicinamento.
4.sap /sæp/ **I** tr. (forma in -ing ecc. **-pp-**) **1** *(dig)* minare (anche FIG.) **2** *(weaken)* logorare, indebolire [*health, strength*] **II** intr. (forma in -ing ecc. **-pp-**) scavare trincee di avvicinamento; avvicinarsi al nemico scavando trincee di avvicinamento.
5.sap /sæp/ n. *(swot)* secchione m. (-a).
saphead /'sæphed/ n. AE COLLOQ. imbecille m. e f., idiota m. e f.
saphena /sə'fi:nə/ n. safena f.

saphenous /sə'fi:nəs/ agg. safeno.
sapid /'sæpɪd/ agg. LETT. **1** [*food*] sapido, gustoso **2** [*talk, writing*] piacevole, stimolante.
sapidity /sə'pɪdətɪ/ n. LETT. sapidità f., gustosità f.
sapience /'seɪpɪəns/ n. RAR. **1** *(wisdom)* sapienza f., saggezza f. **2** IRON. SPREG. saccenza f., saccenteria f.
sapient /'seɪpɪənt/ agg. LETTER. IRON. sapiente, saggio.
sapiential /seɪpɪ'enʃl/ agg. LETT. RELIG. sapienziale.
sapless /'sæplɪs/ agg. **1** [*plant*] senza linfa, secco; [*soil*] secco, sterile **2** FIG. [*person*] senza vigore, fiacco; [*idea, story*] insulso, sciocco.
sapling /'sæplɪŋ/ n. giovane albero m.
sapodilla /ˌsæpəʊ'dɪlə/ n. sapodilla f.
saponaceous /ˌsæpəʊ'neɪʃəs/ agg. saponaceo.
saponaria /ˌsæpəʊ'neərɪə/ n. saponaria f.
saponifiable /sə'pɒnɪfaɪəbl/ agg. saponificabile.
saponification /səˌpɒnɪfɪ'keɪʃn/ n. saponificazione f.
saponify /sə'pɒnɪfaɪ/ **I** tr. saponificare **II** intr. saponificarsi.
saponin /'sæpənɪn/ n. saponina f.
sapper /'sæpə(r)/ ♦ ***23*** n. BE MIL. soldato m. del genio, geniere m.
Sapphic /'sæfɪk/ agg. *(all contexts)* saffico.
sapphire /'sæfaɪə(r)/ ♦ ***5*** **I** n. **1** *(stone)* zaffiro m. **2** *(colour)* blu zaffiro m. **II** agg. *(colour)* zaffiro.
sapphirine /'sæfɪraɪn/ agg. zaffirino; *(colour)* del colore dello zaffiro.
sapphism /'sæfɪzəm/ n. saffismo m.
Sappho /'sæfəʊ/ n.pr. Saffo.
sappiness /'sæpɪnɪs/ n. **1** *(in plant, twig etc.)* abbondanza f. di linfa **2** COLLOQ. *(silliness)* stupidità f.
sappy /'sæpɪ/ agg. **1** [*plant, twig etc.*] ricco di linfa; FIG. [*person*] vigoroso, energico **2** COLLOQ. *(silly)* stupido, sciocco.
sapropel /'sæprəpel/ n. sapropel m., sapropelite f.
sapropelic /ˌsæprə'pelɪk/ agg. sapropelico.
sapropelite /ˌsæprə'pelaɪt/ n. → **sapropel**.
saprophyte /'sæprəʊfaɪt/ n. saprofita f.
saprophytic /ˌsæprəʊ'fɪtɪk/ agg. saprofito, saprofita, saprofitico.
sapwood /'sæpwʊd/ n. BOT. alburno m.
sarabande /'særəbænd/ n. *(dance, music)* sarabanda f.
Saracen /'særəsn/ n. saraceno m. (-a).
Saracenic /ˌsærə'senɪk/ agg. saraceno.
Saragossa /ˌsærə'gɒsə/ ♦ ***34*** n.pr. Saragozza f.
Sara(h) /'seərə/ n.pr. Sara.
saranwrap® /sə'rænræp/ n. AE → **clingfilm**.
sarcasm /'sɑ:kæzəm/ n. sarcasmo m.
sarcastic /sɑ:'kæstɪk/ agg. sarcastico.
sarcastically /sɑ:'kæstɪklɪ/ avv. [*say, comment*] sarcasticamente.
sarcocele /'sɑ:kəʊsi:l/ n. sarcocele m.
sarcode /'sɑ:kəʊd/ n. BIOL. sarcode m.
sarcoid /'sɑ:kɔɪd/ n. MED. sarcoide m.
sarcoidosis /ˌsɑ:kɔɪ'dəʊsɪs/ ♦ ***11*** n. (pl. **-es**) sarcoidosi f.
sarcolemma /ˌsɑ:əʊ'lemə/ n. sarcolemma m.
sarcoma /sɑ:'kəʊmə/ n. (pl. **-ata, ~s**) sarcoma m.
sarcomatosis /sɑ:ˌkəʊmə'təʊsɪs/ ♦ ***11*** n. (pl. **-es**) sarcomatosi f.
sarcomatous /sɑ:'kəʊmətəs/ agg. sarcomatoso.
sarcophagus /sɑ:'kɒfəgəs/ n. (pl. **-i, ~es**) sarcofago m.
sard /sɑ:d/ n. MINER. sarda f.
Sardanapalus /ˌsɑ:də'næpələs/ n.pr. Sardanapalo.
sardelle /sɑ:'del/ n. sardina f.
sardine /sɑ:'di:n/ **I** n. ZOOL. GASTR. sardina f.; ***to be packed*** o ***squashed (in) like ~s*** essere pigiati come sardine (in scatola) **II** **sardines** n.pl. = gioco simile al nascondino in cui chi cerca si unisce a chi si è nascosto finché non rimane una sola persona che cerca.
Sardinia /sɑ:'dɪnɪə/ ♦ ***12, 24*** n.pr. Sardegna f.
Sardinian /sɑ:'dɪnɪən/ **I** agg. sardo **II** n. **1** *(person)* sardo m. (-a) **2** *(language)* sardo m.
sardonic /sɑ:'dɒnɪk/ agg. [*laugh, look*] sardonico; [*person, remark*] beffardo.
sardonically /sɑ:'dɒnɪklɪ/ avv. [*laugh*] sardonicamente; [*comment, say*] sardonicamente, in modo beffardo.
sardonyx /'sɑ:dənɪks/ n. sardonica f.
sargasso /sɑ:'gæsəʊ/ n. (pl. **~s**) (anche **~ weed**) sargasso m.
Sargasso Sea /sɑ:ˌgæsəʊ'si:/ ♦ ***20*** n.pr. Mar m. dei Sargassi.
sarge /sɑ:dʒ/ n. COLLOQ. (accorc. sergeant) sergente m.
sari /'sɑri:/ n. sari m.
sarin /sɑ:'ri:n/ n. gas m. nervino.
sarky /'sɑ:kɪ/ agg. BE COLLOQ. sarcastico.
Sarmatian /sɑ:'meɪʃn/ **I** agg. sarmatico **II** n. sarmata m. e f.
sarmentose /'sɑ:məntəʊs/, **sarmentous** /sɑ:'mentəs/ agg. sarmentoso.
sarnie /'sɑ:nɪ/ n. BE COLLOQ. sandwich m., tramezzino m.
sarong /sə'rɒŋ/ n. sarong m.
saros /'særɒs/ n. saros m.
SARS /sɑ:z/ n. (⇒ Severe Acute Respiratory Syndrome grave sindrome respiratoria acuta) SARS f.
sarsaparilla /ˌsɑ:səpə'rɪlə/ n. AE **1** *(plant)* salsapariglia f. **2** *(drink)* = bevanda gassata alla salsapariglia.
sarsenet /'sɑ:snɪt/ n. = tessuto leggero di seta usato soprattutto per fodere.
sartorial /sɑ:'tɔ:rɪəl/ agg. FORM. [*elegance, eccentricity*] nel vestire.
sartorius /sɑ:'tɔ:rɪəs/ n. (pl. **-ii**) muscolo m. sartorio.
SAS n. GB (⇒ Special Air Service = Forza Aerea Speciale) SAS f.
1.sash /sæʃ/ n. *(window frame)* telaio m. di finestra a ghigliottina.
2.sash /sæʃ/ n. **1** *(round waist)* fascia f. **2** *(ceremonial)* fusciacca f.
sashay /'sæʃeɪ/ intr. COLLOQ. *(walk casually)* camminare con aria disinvolta; *(walk seductively)* camminare in modo seducente.
sash cord /'sæʃkɔ:d/ n. corda f. del contrappeso (di finestra a ghigliottina).
sash pulley /'sæʃˌpʊlɪ/ n. puleggia f. del contrappeso.
sash weight /'sæʃweɪt/ n. contrappeso m. (di finestra a ghigliottina).
sash window /ˌsæʃ'wɪndəʊ/ n. finestra f. a ghigliottina.
sasin /'seɪsn/ n. antilope f. cervicapra.
Saskatchewan /sæs'kætʃɪwən/ ♦ ***25*** n.pr. Saskatchewan m.
1.sass /sæs/ n. AE COLLOQ. sfacciataggine f., impudenza f.
2.sass /sæs/ tr. AE COLLOQ. ***to ~ sb.*** essere impertinente con qcn. *o* rispondere male a qcn.
sassaby /'sæsəbɪ/ n. sassaby m.
sassafras /'sæsəfræs/ **I** n. sassafrasso m. **II** modif. [*oil, tea*] di sassafrasso.
Sassanian /sæ'seɪnɪən/, **Sassanid** /sə'sænɪd/ **I** agg. sasanide **II** n. sasanide m. e f.
Sassenach /'sæsənæk/ n. SCOZZ. SPREG. inglese m. e f.
sassolite /'sæsəlaɪt/ n. sassolite f.
sassy /'sæsɪ/ agg. AE COLLOQ. **1** *(cheeky)* impertinente, sfacciato **2** *(smart)* elegante, chic.
sat /sæt/ pass., p.pass. → **2.sit**.
Sat ⇒ Saturday sabato (sab.).
SAT /sæt/ n. **1** GB SCOL. (⇒ Standard Assessment Task) = esame di idoneità scolastica sostenuto all'età di 7, 11 e 14 anni **2** US SCOL. (⇒ Scholastic Aptitude Test) = esame sostenuto dagli studenti che vogliono andare all'università.
Satan /'seɪtn/ n.pr. Satana.
satanic /sə'tænɪk/ agg. [*rites*] satanico; [*pride, smile*] satanico, demoniaco.
satanic abuse /sə'tænɪkəˌbju:s/ n. = violenze sessuali su bambini durante riti satanici.
satanically /sə'tænɪklɪ/ avv. [*laugh, smile*] satanicamente, in modo demoniaco; ***he is ~ charming*** ha un fascino demoniaco.
satanism, Satanism /'seɪtənɪzəm/ n. satanismo m.
satanist, Satanist /'seɪtənɪst/ **I** agg. [*ritual, practice*] satanico **II** n. satanista m. e f.
satchel /'sætʃəl/ n. cartella f. (da scolaro).
Satcom /'sætkɒm/ n. (⇒ Satellite Communications System) = sistema di telecomunicazioni via satellite.
sate /seɪt/ tr. FORM. soddisfare, saziare [*appetite*].
sated /'seɪtɪd/ **I** p.pass. → **sate** **II** agg. mai attrib. FORM. [*desire*] soddisfatto, appagato; [*person*] sazio, satollo; [*appetite*] soddisfatto, saziato; ***to be ~ with*** essere sazio di.
sateen /sæ'ti:n/ n. rasatello m.
▷ **satellite** /'sætəlaɪt/ **I** n. *(all contexts)* satellite m.; ***weather, communications ~*** satellite meteorologico, per telecomunicazioni **II** modif. [*broadcasting, link, transmission*] via satellite; [*photograph*] dal satellite; [*town, country, computer, terminal*] satellite.
satellite dish /'sætəlaɪtˌdɪʃ/ n. antenna f. parabolica, parabola f.
satellite receiver /ˌsætəlaɪtrɪ'si:və(r)/ n. ricevitore m. satellitare.
satellite technology /ˌsætəlaɪttek'nɒlədʒɪ/ n. tecnologia f. satellitare.
satellite television /ˌsætəlaɪt'telɪvɪʒn, -'vɪʒn/, **satellite TV** /ˌsætəlaɪtˌti:'vi:/ n. televisione f. via satellite.
satellitic /ˌsætə'lɪtɪk/ agg. di satellite.
satiable /'seɪʃəbl/ agg. saziabile.
satiate /'seɪʃɪeɪt/ tr. saziare [*person*]; saziare, soddisfare [*appetite*]; soddisfare, appagare [*desire*].

satiated /ˈseɪʃɪeɪtɪd/ **I** p.pass. → **satiate II** agg. [*person*] sazio, pieno; [*appetite*] soddisfatto; [*desire*] soddisfatto, appagato; FIG. [*audience*] sazio, stanco (**with** di).

satiation /ˌseɪʃɪˈeɪʃn/ n. saziamento m., (il) saziarsi.

satiety /səˈtaɪətɪ/ n. sazietà f.

satin /ˈsætɪn, AE ˈsætn/ **I** n. satin m., raso m. **II** modif. [*garment, shoe*] di raso; **~ *stitch*** punto raso; ***to have a ~ finish*** [*paper, paint*] essere satinato.

satinet(te) /ˌsætɪˈnet/ n. rasatello m.

satinflower /ˈsætɪnˌflaʊə(r), AE ˈsætn-/ n. erba f. argentina.

satinwood /ˈsætɪnwʊd, AE ˈsætn-/ n. **1** *(tree)* = pianta delle Rutacee proveniente dall'Estremo Oriente **2** *(wood)* atlas m.

satiny /ˈsætɪnɪ, AE ˈsætnɪ/ agg. satinato.

▷ **satire** /ˈsætaɪə(r)/ n. satira f. (**on** su).

satiric(al) /səˈtɪrɪk(l)/ agg. satirico.

satirically /səˈtɪrɪklɪ/ avv. satiricamente, in modo satirico.

satirist /ˈsætərɪst/ n. scrittore m. (-trice) di satire; *(satirical writer)* scrittore m. (-trice) satirico (-a).

satirize /ˈsætəraɪz/ tr. satireggiare; **~*d by*** che è stato l'oggetto della satira di.

▷ **satisfaction** /ˌsætɪsˈfækʃn/ n. **U** **1** *(pleasure)* soddisfazione f.; ***to express ~ with sth.*** esprimere soddisfazione per qcs.; ***to get*** o ***derive ~ from sth.*** avere *o* ricavare soddisfazione da qcs.; ***to get*** o ***derive ~ from doing sth.*** provare soddisfazione nel fare qcs.; ***the decision was of great ~ to residents*** la decisione ha pienamente soddisfatto i residenti; ***with great, immense ~*** con grande, immensa soddisfazione; ***to be a source of ~*** essere motivo di soddisfazione (**to** per); ***if it gives you any ~, she has been fired*** se può farti piacere, è stata licenziata; ***he felt he had done the work to his own ~*** era rimasto soddisfatto del suo lavoro; ***the conclusions were to everybody's ~*** le conclusioni hanno soddisfatto tutti; ***"~ guaranteed"*** COMM. "soddisfatti o rimborsati" **2** *(fulfilment)* soddisfazione f., appagamento m. (**of sth.** di qcs.; **of doing** nel fare); ***the ~ of basic needs, of human desires*** il soddisfacimento dei bisogni essenziali, dei desideri umani; ***an acceptable level of ~*** una soddisfazione accettabile; ***a high level of ~*** una grande soddisfazione **3** *(compensation)* soddisfazione f., indennizzo m.; *(apology)* riparazione f.; ***to obtain ~ (for sth.)*** ottenere soddisfazione (per qcs.); ***he received no ~ from the company*** *(financial compensation, apology)* la ditta non gli ha dato soddisfazione.

satisfactorily /ˌsætɪsˈfæktərəlɪ/ avv. in modo soddisfacente, soddisfacentemente.

satisfactoriness /ˌsætɪsˈfæktərɪnɪs/ n. (l')essere soddisfacente.

▷ **satisfactory** /ˌsætɪsˈfæktərɪ/ agg. [*explanation, progress, arrangement*] soddisfacente; ***to be ~ to sb.*** essere soddisfacente per qcn.; ***the solution is less than ~*** la soluzione è lontana dall'essere soddisfacente; ***his work is far from ~*** il suo lavoro lascia molto a desiderare; ***her condition was said to be ~*** MED. la sua condizione fu definita soddisfacente; ***"if this product does not reach you in a ~ condition..."*** COMM. "se il prodotto non dovesse arrivarvi in perfette condizioni..."; ***to bring a matter to a ~ conclusion*** condurre una questione a buon fine.

satisfiable /ˈsætɪsfaɪəbl/ agg. che può essere soddisfatto.

▷ **satisfied** /ˈsætɪsfaɪd/ **I** p.pass. → **satisfy II** agg. **1** *(pleased)* soddisfatto (**with, about** di); ***a ~ customer*** un cliente soddisfatto; ***if you are not completely ~*** COMM. se non siete completamente soddisfatti; ***not ~ with winning a place in the team, she went on to become captain*** non contenta di aver ottenuto un posto in squadra, è riuscita a diventare capitano; ***now are you ~?*** *(said angrily)* sei contento ora? **2** *(convinced)* convinto (**by** da); ***to be ~ that*** essere convinto che.

▶ **satisfy** /ˈsætɪsfaɪ/ **I** tr. **1** *(fulfil)* soddisfare, appagare [*need, wants, desires, curiosity*]; soddisfare, accontentare [*person, customer*]; soddisfare, saziare [*hunger*] **2** *(persuade, convince)* convincere [*critics, police, public opinion*] (**that** che); ***I am not satisfied by your explanation*** la tua spiegazione non mi convince **3** *(meet)* soddisfare (a), essere conforme a [*criteria, demand, regulations, requirements*]; essere conforme a [*definition*]; soddisfare [*conditions*] **II** intr. ***to fail to ~*** [*book, film etc.*] essere poco convincente **III** rifl. ***to ~ oneself*** convincersi, persuadersi (**that** che).

▷ **satisfying** /ˈsætɪsfaɪɪŋ/ agg. **1** *(filling)* [*meal, diet*] sostanzioso; [*vegetable, fruit*] nutriente **2** *(rewarding)* [*job*] gratificante, che dà soddisfazioni; [*life*] appagante, pieno di soddisfazioni; [*relationship*] felice; [*afternoon, evening*] (molto) piacevole **3** *(pleasing)* [*result, sales, progress, solution*] soddisfacente; ***it is ~ to see, know that...*** dà soddisfazione vedere, sapere che...

satisfyingly /ˈsætɪsfaɪɪŋlɪ/ avv. in modo soddisfacente, soddisfacentemente.

satrap /ˈsætræp/ n. satrapo m. (anche FIG.).

satsuma /ˈsætsuːmə/ n. **1** *(pottery)* satsuma f. **2** *(fruit)* = tipo di mandarino senza semi originario del Giappone.

saturable /ˈsætʃərəbl/ agg. saturabile.

saturant /ˈsætʃərənt/ n. saturatore m.

saturate /ˈsætʃəreɪt/ tr. **1** *(soak)* impregnare, inzuppare [*clothes*]; impregnare [*ground*] (**with** di); FIG. saturare [*market*] (**with** con, di) **2** CHIM. saturare **3** *(bomb)* bombardare a tappeto (**with** con).

▷ **saturated** /ˈsætʃəreɪtɪd/ **I** p.pass. → **saturate II** agg. (anche **saturate**) **1** [*person, clothes*] fradicio, inzuppato; [*soil, ground*] impregnato; FIG. [*market*] saturato (**with** da) **2** CHIM. saturo; ***~ fats*** grassi saturi **3** ART. [*colour*] saturato.

saturation /ˌsætʃəˈreɪʃn/ **I** n. *(all contexts)* saturazione f. **II** modif. **1** [*campaign, coverage, marketing*] di saturazione **2** MIL. ***~ bombing*** bombardamento a tappeto, bombardamento di saturazione.

saturation point /ˌsætʃəˈreɪʃnpɔɪnt/ n. *(all contexts)* punto m. di saturazione; ***to reach ~*** FIG. arrivare al punto di saturazione.

saturator /ˈsætʃəreɪtə(r)/ n. saturatore m.

▶ **Saturday** /ˈsætədeɪ, -dɪ/ ♦ ***36*** n. sabato m.; ***he has a ~ job*** BE ha un lavoro il sabato.

Saturday night special /ˌsætədeɪnaɪtˈspeʃl, -dɪ-/ n. AE COLLOQ. = revolver economico di piccolo calibro.

Saturn /ˈsætən/ n.pr. **1** MITOL. Saturno **2** ASTR. Saturno m.

Saturnalia /ˌsætəˈneɪlɪə/ n. + verbo sing. o pl. saturnali m.pl.

Saturnalian /ˌsætəˈneɪlɪən/ agg. saturnale.

Saturnian /sæˈtɜːnɪən/ **I** agg. **1** MITOL. saturnio, di Saturno **2** ASTR. saturniano, di Saturno **3** LETTER. saturnio **II** n. LETTER. saturniano m.

saturnine /ˈsætənaɪn/ agg. triste, mesto, malinconico.

saturnism /ˈsætənɪzəm/ ♦ ***11*** n. ANT. saturnismo m.

satyr /ˈsætə(r)/ n. satiro m. (anche FIG.).

satyriasis /ˌsætɪˈraɪəsɪs/ n. satiriasi f.

satyric(al) /səˈtɪrɪk(l)/ agg. satiresco.

▷ **1.sauce** /sɔːs/ n. **1** GASTR. salsa f., sugo m.; AE *(stewed fruit)* composta f.; ***orange, pepper ~*** salsa all'arancio, al pepe; ***tomato ~*** salsa di pomodoro **2** COLLOQ. *(impudence)* impertinenza f., sfacciataggine f. **3** AE COLLOQ. *(alcohol)* ***the ~*** l'alcol; ***to be on the ~*** bere molto ◆ ***what's ~ for the goose is ~ for the gander*** = quello che vale per la moglie vale anche per il marito.

2.sauce /sɔːs/ tr. COLLOQ. fare l'impertinente con, dire impertinenze a.

sauceboat /ˈsɔːsbəʊt/ n. salsiera f.

saucebox /ˈsɔːsbɒks/ n. COLLOQ. impertinente m. e f.

saucepan /ˈsɔːspən/ n. casseruola f.

saucer /ˈsɔːsə(r)/ n. piattino m., sottocoppa m.; ***with eyes like*** o ***as big as ~s*** con occhi grandi e tondi.

saucily /ˈsɔːsɪlɪ/ avv. [*speak, behave*] con impertinenza; [*dress*] in modo provocante.

sauciness /ˈsɔːsɪnɪs/ n. *(cheek)* impertinenza f.; *(of dress)* grazia f., eleganza f.

saucy /ˈsɔːsɪ/ agg. **1** [*person*] *(impudent)* impertinente, sfacciato; *(sexually suggestive)* ammiccante, piccante **2** [*hat etc.*] audace; [*dress*] provocante.

Saudi /ˈsaʊdɪ/ ♦ ***18*** **I** agg. saudita **II** n. saudita m. e f.

Saudi Arabia /ˌsaʊdɪəˈreɪbɪə/ ♦ ***6*** n.pr. Arabia f. Saudita.

Saudi Arabian /ˌsaʊdɪəˈreɪbɪen/ ♦ ***18*** n. → **Saudi**.

sauerkraut /ˈsaʊəkraʊt/ n. **U** crauti m.pl.

Saul /sɔːl/ n.pr. BIBL. Saul.

sauna /ˈsɔːnə, ˈsaʊnə/ n. sauna f.; ***it's like a ~ in here!*** è una sauna qui!

1.saunter /ˈsɔːntə(r)/ n. **1** *(stroll)* giretto m., passeggiatina f.; ***to go for a ~*** andare a fare quattro passi **2** *(leisurely pace)* andatura f. comoda, lenta.

2.saunter /ˈsɔːntə(r)/ intr. (anche **~ along**) girovagare, gironzolare; ***to ~ off*** allontanarsi con passo noncurante.

saunterer /ˈsɔːntərə(r)/ n. bighellone m. (-a), ciondolone m. (-a).

saurian /ˈsɔːrɪən/ **I** agg. dei sauri **II** n. sauro m.

saury /ˈsɔːrɪ/ n. costardella f., luccio m. sauro.

▷ **sausage** /ˈsɒsɪdʒ, AE ˈsɔːs-/ n. *(for cooking)* salsiccia f.; *(ready to eat)* salame m. ◆ ***not a ~*** BE COLLOQ. un corno, niente affatto.

sausage dog /ˈsɒsɪdʒdɒg, AE ˈsɔːsɪdʒdɔːg/ n. COLLOQ. bassotto m., dachshund m.

sausage meat /ˈsɒsɪdʒmiːt, AE ˈsɔːs-/ n. carne f. tritata per salsicce.

sausage roll /ˌsɒsɪdʒˈrəʊl, AE ˌsɔːs-/ n. = piccolo rotolo di sfoglia ripieno di carne tritata.

1.sauté /ˈsəʊteɪ, AE səʊˈteɪ/ agg. (anche **sauté(e)d**) sauté, saltato.

2.sauté /ˈsəʊteɪ, AE səʊˈteɪ/ tr. (forma in -ing **-éing** o **-éeing**; pass., p.pass. **-éd** o **-éed**) GASTR. fare saltare.

savable /ˈseɪvəbl/ agg. salvabile.

▷ **1.savage** /ˈsævɪdʒ/ **I** agg. **1** [*kick, blow, beating*] violento; [*attacker, rapist*] feroce, selvaggio; [*attack*] violento, feroce; [*gunfire, riots*] violento **2** FIG. [*temper*] violento; [*mood, humour, satire, criticism*] feroce; [*review*] spietato; [*prison sentence*] spietato, pesante **3** ECON. GIORN. [*price increases*] selvaggio; **~ cuts** tagli netti (**in** in) **II** n. selvaggio m. (-a), barbaro m. (-a) (anche SPREG.).

▷ **2.savage** /ˈsævɪdʒ/ tr. **1** *(physically)* [*dog*] attaccare ferocemente [*person, animal*]; [*lion*] sbranare [*person, animal*] **2** FIG. attaccare violentemente [*book, film, opponents, critics*].

savagely /ˈsævɪdʒlɪ/ avv. **1** [*beat, attack*] selvaggiamente, ferocemente **2** FIG. [*criticize, satirize*] violentemente; [*hostile, critical*] ferocemente.

savageness /ˈsævɪdʒnɪs/, **savagery** /ˈsævɪdʒrɪ/ n. *(of war)* barbarie f.; *(of primitive people)* stato m. selvaggio; *(of attack) (physical)* ferocia f., violenza f.; *(verbal)* violenza f.; ***an act of ~ of the worst kind*** un atto di ferocia inenarrabile.

savanna(h) /səˈvænə/ n. savana f.

savant /ˈsævənt, AE sæˈvɑːnt/ n. FORM. erudito m. (-a).

1.save /seɪv/ n. **1** SPORT salvataggio m., parata f. **2** INFORM. salvataggio m.

▶ **2.save** /seɪv/ **I** tr. **1** *(rescue)* salvare [*person, environment, job, match, film, marriage, sanity*] (**from** da); ***to ~ sb.'s sight, leg*** salvare la vista, la gamba di qcn.; ***to ~ sb., sth. from doing*** impedire a qcn., qcs. di fare; ***to ~ sb. from himself*** salvare qcn. da se stesso; ***to ~ lives*** salvare vite umane; ***to ~ sb.'s life*** salvare la vita a qcn. (anche FIG.); ***he can't speak German to ~ his life!*** COLLOQ. è assolutamente negato per il tedesco; ***to ~ the day*** o ***the situation*** salvare la situazione (**by doing** facendo); ***to ~ face*** salvare la faccia **2** *(put by, keep)* risparmiare, mettere da parte [*money*]; conservare, tenere in serbo [*food*] (**to do** per fare); conservare [*goods, documents*] (**for** per); ***to have money ~d*** avere dei soldi da parte; ***to ~ sth. for sb.***, ***to ~ sb. sth.*** tenere qcs. per qcn. [*place, food*]; ***to ~ sth. for future generations*** preservare qcs. per le generazioni future; ***to ~ a dance, an evening for sb.*** riservare un ballo, tenersi libera una serata per qcn.; ***to ~ sth. until the end*** o ***till last*** conservare qcs. fino alla fine *o* tenersi qcs. per la fine **3** *(economize on)* risparmiare [*money, fuel, energy, water*] (**by doing** facendo); guadagnare [*time, space*] (**by doing** facendo); ***to ~ one's energy, voice*** risparmiare le proprie forze, la voce; ***you'll ~ money, £ 20*** risparmierete denaro, 20 sterline; ***to ~ sb. sth.*** fare risparmiare qcs. a qcn. [*money*]; risparmiare qcs. a qcn., evitare qcs. a qcn. [*trouble, expense, journey*]; fare risparmiare, fare guadagnare qcs. a qcn. [*time*]; ***it will ~ us time, money*** ci farà risparmiare tempo, denaro; ***to ~ sb., sth. (from) doing*** evitare a qcn., qcs. di fare; ***to ~ doing*** evitare di fare **4** SPORT parare [*penalty*]; ***to ~ a goal*** fare una parata **5** RELIG. salvare, redimere [*soul, mankind*] (**from** da) **6** INFORM. salvare [*file, data*] (**on, to** su) **7** *(collect)* collezionare, fare collezione di [*stamps, cards*] **II** intr. **1** *(put by funds)* risparmiare **2** *(economize)* economizzare, fare economie; ***to ~ on*** fare economia di, economizzare su [*energy, paper, heating*] **III** rifl. ***to ~ oneself*** **1** *(rescue oneself)* salvarsi (anche FIG.) (**by doing** facendo); ***to ~ oneself from doing*** risparmiarsi *o* evitarsi di fare; ***to ~ oneself from drowning*** salvarsi dall'annegamento **2** *(keep energy)* risparmiarsi (**for** per); *(keep virginity)* mantenersi casto (**for** per) **3** *(avoid waste)* ***to ~ oneself money*** risparmiare *o* fare economie; ***to ~ oneself time*** guadagnare tempo; ***to ~ oneself trouble, a journey*** risparmiarsi il disturbo, un viaggio ◆ ***~ it!*** COLLOQ. piantala!

■ **save up:** ***~ up*** risparmiare, fare economie (**to do** per fare); ***to ~ up for*** o ***towards*** risparmiare, mettere da parte dei soldi per [*car, house, holiday, trip*]; ***~ up [sth.], ~ [sth.] up*** **1** risparmiare, mettere da parte [*money*] (**to do** per fare) **2** collezionare, fare collezione di [*stamps, newspapers*].

3.save /seɪv/ prep. ANT. salvo, tranne, eccetto; ***~ for*** eccetto, tranne, all'infuori di; ***~ that he was a friend*** se non fosse stato un amico.

save-all /ˈseɪvɔːl/ n. **1** *(container)* raccoglitore m. **2** MAR. = vela messa sotto un'altra o tra due altre.

save-as-you-earn /ˌseɪvəsjuːˈɜːn/ n. GB = piano di risparmio individuale che prevede un accantonamento mensile prelevato dal reddito del risparmiatore.

saveloy /ˈsævəlɔɪ/ n. BE cervellata f.

saver /ˈseɪvə(r)/ n. risparmiatore m. (-trice).

Savile Row /ˌsævɪlˈrəʊ/ n.pr. = strada di Londra nota per le sue sartorie di alta qualità; ***a ~ suit*** un abito di sartoria.

savin(e) /ˈsævɪn/ n. **1** sabina f. **2** AE ginepro m. della Virginia.

▷ **1.saving** /ˈseɪvɪŋ/ **I** n. **1** *(reduction)* risparmio m. (**in** in; **on** su); ***a 25% ~*** un risparmio del 25%; ***to make ~s*** fare economie **2 U** ECON. *(activity)* risparmio m.; ***to learn about ~*** imparare a risparmiare **3** *(conservation)* risparmio m.; ***energy ~*** risparmio energetico **II savings** n.pl. risparmi m.; ***to live off one's ~s*** vivere dei propri risparmi; ***to lose one's life ~s*** perdere i risparmi di una vita **III -saving** agg. in composti ***energy-, fuel-~*** che fa risparmiare energia, carburante; ***face-~*** [*plan, solution*] che permette di salvare la faccia; ***labour-~*** [*equipment, feature, system*] che fa risparmiare lavoro e fatica.

2.saving /ˈseɪvɪŋ/ prep. ANT. FORM. salvo, tranne; ***~ your presence*** con rispetto parlando.

saving clause /ˈseɪvɪŋklɔːz/ n. riserva f. di legge.

saving grace /ˌseɪvɪŋˈgreɪs/ n. (unica) buona qualità f.; ***it's his ~*** è ciò che lo salva.

savings account /ˈseɪvɪŋzəˌkaʊnt/ n. **1** BE conto m. di risparmio **2** AE conto m. di deposito fruttifero.

savings and loan (association) /ˌseɪvɪŋzəndˈləʊn(əsəʊsɪeɪʃn)/ n. US = cassa cooperativa di risparmio e credito.

savings bank /ˈseɪvɪŋzbæŋk/ n. cassa f. di risparmio.

savings bond /ˈseɪvɪŋzbɒnd/ n. buono m. di risparmio.

savings book /ˈseɪvɪŋzbʊk/ n. libretto m. di risparmio.

savings certificate /ˈseɪvɪŋzsəˌtɪfɪkət/ n. certificato m. di risparmio.

savings plan /ˈseɪvɪŋzplæn/ n. piano m. di risparmio.

savings stamp /ˈseɪvɪŋzstæmp/ n. BE = bollino dato da un esercizio commerciale a fronte di un acquisto che dà diritto a uno sconto o a uno premio.

▷ **saviour** BE, **savior** AE /ˈseɪvɪə(r)/ n. **1** salvatore m. (-trice) **2 The Saviour**, **Our Saviour** il Salvatore.

savoir-faire /ˌsævwɑːˈfeə(r)/ n. **1** *(social)* savoir-faire m., tatto m. **2** *(practical)* (il) saperci fare, abilità f.

savor AE → **1.savour**, **2.savour**.

1.savory /ˈseɪvərɪ/ n. *(herb)* satureia f., santoreggia f.

2.savory AE → **savoury**.

1.savour BE, **savor** AE /ˈseɪvə(r)/ n. **1** sapore m., gusto m.; ***to have a (slight) ~ of*** avere un (leggero) sapore di **2** FIG. *(enjoyable quality)* gusto m.; ***life has lost its ~ for her*** ha perduto il gusto della vita **3** *(trace, hint)* vena f.; ***a ~ of cynicism*** una vena di cinismo.

2.savour BE, **savor** AE /ˈseɪvə(r)/ **I** tr. assaporare, gustare (anche FIG.) **II** intr. ***to ~ of*** sapere di, avere sapore di; ***to ~ of hypocrisy*** sapere d'ipocrisia.

savourless /ˈseɪvəlɪs/ agg. BE insipido.

savoury BE, **savory** AE /ˈseɪvərɪ/ agg. **1** GASTR. *(not sweet)* salato; *(appetizing)* appetitoso; *(tasty)* gustoso, saporito; ***~ biscuits*** biscotti salati **2** FIG. ***not a very ~ individual, area, club*** un individuo, quartiere, club poco raccomandabile; ***not a very ~ reputation*** una reputazione un po' equivoca; ***the less ~ aspects of the matter*** gli aspetti meno piacevoli della faccenda **II** n. *(pie, flan, stew)* pietanza f. salata; *(after dessert)* BE canapè m.

Savoy /səˈvɔɪ/ **I** n.pr. Savoia f. **II** modif. [*cuisine, wines*] della Savoia; ***the ~ Alps*** le Alpi della Savoia.

Savoyard /səˈvɔɪɑːd, ˌsævɔɪˈɑːd/ **I** agg. savoiardo **II** n. **1** *(person)* savoiardo m. (-a) **2** *(dialect)* savoiardo m.

savoy cabbage /səˌvɔɪˈkæbɪdʒ/ n. verza f.

1.savvy /ˈsævɪ/ **I** n. COLLOQ. **1** *(shrewdness)* buonsenso m., giudizio m. **2** *(know-how)* (il) saper fare, pratica f. **II** agg. AE COLLOQ. astuto, furbo.

2.savvy /ˈsævɪ/ intr. COLLOQ. *(know)* sapere; *(understand)* capire (al volo).

1.saw /sɔː/ p.pass. → **1.see**.

2.saw /sɔː/ n. *(tool)* sega f.; ***electric, power ~*** sega elettrica.

3.saw /sɔː/ tr. (pass. **sawed**; p.pass. **sawn** BE, **sawed** AE) segare; ***to ~ through*** segare da parte a parte; ***to ~ down*** abbattere segando, segare; ***to ~ off*** tagliare via con la sega, segare; ***to ~ sth. in half*** segare qcs. in due; ***he was ~ing away at the bread*** cercava di affettare il pane; ***to ~ the air*** gesticolare.

■ **saw up:** ***~ up [sth.], ~ [sth.] up*** segare, fare a pezzi con la sega.

4.saw /sɔː/ n. ANT. *(saying)* massima f., detto m.; ***an old ~*** un vecchio adagio.

sawbones /ˈsɔːbəʊnz/ n. ANT. COLLOQ. SCHERZ. segaossa m.

sawbuck /ˈsɔːbʌk/ n. AE **1** *(sawhorse)* cavalletto m. (per segare la legna) **2** *(ten-dollar note)* banconota f. da dieci dollari.

sawdust /ˈsɔːdʌst/ n. segatura f.

sawed /sɔːd/ p.pass. AE → **3.saw**.

saw-edged /ˌsɔːˈedʒd/ agg. con lama dentata.

sawed-off /ˈsɔːdɒf, -ɔːf/ agg. AE → **sawn-off**.

sawfish /ˈsɔːfɪʃ/ n. (pl. **~**, **~es**) pesce m. sega.

sawhorse /ˈsɔːhɔːs/ n. cavalletto m. (per segare la legna).

sawing /ˈsɔːɪŋ/ n. (il) segare, segatura f.

sawmill /ˈsɔːmɪl/ n. segheria f.
sawn /sɔːn/ p.pass. BE → **3.saw.**
sawney /ˈsɔːnɪ/ n. COLLOQ. **1** sempliciotto m. (-a), babbeo m. (-a) **2** (anche **Sawney**) SPREG. scozzese m. e f.
sawn-off /ˈsɔːnɒf, AE -ɔːf/ agg. BE [*gun, shotgun*] a canne mozze; ***a ~ barrel*** una canna mozza.
saw-pit /ˈsɔːpɪt/ n. = buca in cui sta uno dei due operai addetti alla sega per tronchi d'albero.
saw-set /ˈsɔːset/ n. licciaiola f.
saw-toothed /ˈsɔːtuːθt/ agg. seghettato, a denti di sega.
sawyer /ˈsɔːjə, ˈsɔɪə(r)/ ♦ *27* n. **1** *(worker)* segatore m. (-trice) **2** AE *(uprooted tree)* = tronco sradicato che galleggia su un fiume.
sax /sæks/ ♦ *17* **I** n. COLLOQ. (pl. **~es**) (accorc. di saxophone) sax m. **II** modif. ***~ player*** sassofonista.
saxhorn /ˈsækshɔːn/ ♦ *17* n. saxhorn m.
saxicoline /sækˈsɪkəlaɪn/, **saxicolous** /sækˈsɪkələs/ agg. sassicolo.
saxifrage /ˈsæksɪfreɪdʒ/ n. sassifraga f.
Saxon /ˈsæksn/ **I** agg. sassone **II** n. **1** *(person)* sassone m. e f. **2** *(language)* sassone m.
saxony /ˈsæksənɪ/ n. (stoffa di) lana f. di Sassonia.
Saxony /ˈsæksənɪ/ ♦ *24* n.pr. Sassonia f.
saxophone /ˈsæksəfəʊn/ ♦ *17* n. sassofono m.
saxophonist /sækˈsɒfənɪst/ ♦ *17, 27* n. sassofonista m. e f.
1.say /seɪ/ n. ***to have one's ~*** dire la propria *o* dare il proprio parere (**on** su); ***to have a ~, no ~ in sth.*** avere, non avere voce in capitolo in qcs.; ***to have no ~ in the matter*** non avere voce in capitolo nella faccenda; ***to have a ~ in appointing sb., allocating sth.*** avere voce in capitolo nella nomina di qcn., nell'assegnazione di qcs.; ***they want more*** o ***a bigger ~*** vogliono avere più peso; ***to have the most*** o ***biggest ~*** avere più voce in capitolo *o* avere più peso.
▶ **2.say** /seɪ/ **I** tr. (pass., p.pass. **said**) **1** [*person*] dire [*words, line, prayer, hello, goodbye, yes, no*] (**to** a); ***"hello," he said*** "ciao" disse; ***~ after me...*** ripetete dopo di me...; ***to ~ one's piece*** dire la propria *o* dire ciò che si deve dire; ***to ~ (that)*** dire che; ***she ~s he's ill*** dice che è malato; ***he said it was ready*** disse che era pronto; ***she said there would be an accident*** disse che ci sarebbe stato un incidente; ***I just wanted to ~ I'm sorry*** volevo solo dire che mi dispiace; ***she said we were to wait*** o ***we should wait*** disse che dovevamo aspettare *o* che avremmo dovuto aspettare; ***he said to wait here*** ha detto di aspettare qui; ***it's my way of ~ing thank you*** è il mio modo di ringraziarti; ***"residents ~ no to nuclear waste"*** "i residenti dicono no allo stoccaggio delle scorie nucleari"; ***I didn't ~ so, but I thought*** non l'ho detto, ma ho pensato che; ***if he was angry, he didn't ~ so*** se era arrabbiato, non l'ha detto; ***how nice of you to ~ so*** sei gentile a dire questo; ***didn't I ~ so?*** non l'avevo detto? ***if*** o ***though I do ~ so myself!*** non dovrei dirlo io! ***so they ~*** *(agreeing)* così dicono *o* così sembra; ***or so they ~*** *(doubtful)* così almeno dicono; ***or so he ~s*** è quello che dice lui; ***so to ~*** per così dire; ***as you ~...*** come dici tu...; ***as they ~*** come si dice *o* come dicono; ***what will people ~*** o ***they ~*** cosa dirà la gente; ***I don't care what anyone ~s*** non mi importa di quello che dicono; ***(you can) ~ what you like, I think that...*** tu puoi dire quello che vuoi *o* dì pure quello che vuoi, io penso che...; ***people*** o ***they ~ she's very rich, she is said to be very rich*** si dice che sia molto ricca; ***some (people) ~ the house is haunted, the house is said to be haunted*** si dice che la casa sia infestata dai fantasmi; ***to have something, to have nothing to ~*** avere qualcosa, non avere niente da dire; ***to ~ sth. about sth., sb.*** dire qcs. su qcs., qcn.; ***to ~ sth. on a subject*** dire qcs. su un argomento; ***something was said about that at the meeting*** alla riunione se ne è parlato; ***nothing much was said about that*** non se ne è parlato molto; ***she'll have something to ~ about that!*** avrà certamente qualcosa da dire riguardo a ciò! ***to ~ sth. to oneself*** dire qcs. fra sé (e sé); ***she said to herself (that) it couldn't be true*** disse tra sé e sé che non poteva essere vero; ***what do you ~ to that?*** e adesso? come rispondi? ***what do you ~ to the argument that...?*** cosa ne pensi dell'argomentazione secondo cui...? ***what would you ~ to people who think that...?*** che cosa diresti alle persone che pensano che...? ***what would you ~ to a little walk?*** che ne diresti di fare quattro passi? ***I wouldn't ~ no to another slice*** non direi no a un'altra fetta; ***what (do you) ~ we eat now?*** COLLOQ. che ne direste di mangiare adesso? *o* e se mangiassimo adesso? ***to ~ whether, who*** dire se, chi; ***that's for the committee to ~*** è il comitato che deve decidere; ***it's not for me to ~*** non sono io che devo dirlo *o* non tocca a me dirlo; ***you said it!*** COLLOQ. l'hai detto! ***you can ~ that again!*** COLLOQ. puoi ben dirlo! ***I should ~ it is, they were!*** eccome! ***well said!*** ben detto! ***and so ~ all of us!*** e noi siamo tutti d'accordo! ***~ no more*** COLLOQ. va bene *o* non dire altro *o* non aggiungere altro; ***let's ~ no more about it*** non ne parliamo più; ***enough said*** COLLOQ. va bene *o* d'accordo *o* non occorre aggiungere altro; ***there's no more to be said*** non c'è nient'altro da aggiungere; ***it goes without ~ing that*** va da sé che *o* è ovvio che; ***don't ~ I didn't warn you!*** non dire che non ti ho avvertito! ***don't ~ it's raining again!*** non mi dire che piove di nuovo! ***you might just as well ~ education is useless*** tanto vale dire che l'istruzione è inutile; ***that is to ~*** cioè *o* vale a dire; ***that's not to ~ that*** ciò non vuol dire che; ***he was displeased, not to ~ furious*** era scontento, per non dire furioso; ***I'll ~ this for her...*** lo dirò a sua difesa...; ***one thing you have to ~ about Liz is...*** una cosa che bisogna riconoscere di Liz è che...; ***I must ~ (that)*** devo dire che; ***it seems rather expensive, I must ~*** sembra piuttosto caro, devo dire; ***well, I must ~!*** (ma) insomma! ***to have a lot to ~ for oneself*** *(negative)* essere pieno di sé; *(positive)* avere molti pregi; ***what have you got to ~ for yourself?*** che cos'hai da dire in tua difesa? ***that isn't ~ing much*** COLLOQ. non dice granché; ***that's ~ing a lot*** COLLOQ. non è poco **2** [*writer, book, letter, report, map*] dire; [*painter, painting, music, gift*] esprimere; [*sign, poster, dial, gauge*] indicare; [*gesture, signal*] significare, voler dire; ***as Plato ~s*** come dice Platone; ***she wrote ~ing she couldn't come*** ha scritto per dire che non poteva venire; ***it ~s on the radio, in the rules that*** la radio, il regolamento dice che; ***it ~s here that*** qui dice che; ***the clock ~s three*** l'orologio fa le tre; ***the dial ~s 300*** il quadrante segna 300; ***a notice ~ing where to meet*** un avviso indicava il luogo dell'incontro; ***this music ~s something, doesn't ~ anything to me*** questa musica mi dice qualcosa, non mi dice nulla **3** *(guess)* dire (**that** che); ***to ~ how much, when, whether*** dire quanto, quando, se; ***that's impossible to ~*** è impossibile dirlo; ***how high would you ~ it is?*** secondo te quanto è alto? ***I'd ~ it was a bargain*** secondo me era un affare; ***I'd ~ she was about 25*** le avrei dato 25 anni; ***he's about six foot, wouldn't you ~?*** è sull'uno e novanta, non credi? **4** *(assume)* ***to ~ (that)*** supporre che; ***let's ~ there are 20*** supponiamo che ce ne siano 20; ***~ you have an accident*** poniamo che tu abbia un incidente; ***~ we win, we'll still have to beat Liverpool*** mettiamo che vinciamo, dobbiamo ancora battere il Livepool **II** intr. (pass., p.pass. **said**) **1** ***stop when I ~*** fermati quando te lo dico; ***he wouldn't ~*** non voleva dirlo *o* non ha voluto dirlo; ***I'd rather not ~*** preferirei non dirlo; ***you don't ~!*** IRON. ma va là *o* ma non mi dire! ***~s you!*** COLLOQ. *(taunting)* lo dici tu! ***~s who!, who ~s?*** COLLOQ. *(sceptical)* ah sì? *(on whose authority?)* e chi lo dice? **2** BE ANT. ***I ~!*** *(listen)* ascolta! *(shocked)* giuro, sulla mia parola! *(to hail sb.)* ehilà! ◆ ***it doesn't ~ much for their marriage, her commitment*** non depone molto a favore del loro matrimonio, del suo impegno; ***it ~s a lot*** o ***something about his education that he succeeded*** il fatto che ce l'abbia fatta la dice lunga sulla sua istruzione; ***it ~s a lot for sb., sth.*** la dice lunga su qcn., qcs.; ***that ~s it all*** è tutto dire; ***there's a lot to be said for that method*** molte cose si possono dire in favore di questo metodo; ***there's a lot to be said for keeping quiet*** ci sono molti motivi per stare zitti; ***when all is said and done*** tutto considerato *o* a conti fatti.
3.say /seɪ/ avv. diciamo, poniamo; ***you'll need, ~, £ 50 for petrol*** avrai bisogno di, diciamo, 50 sterline per la benzina.
4.say /seɪ/ inter. AE ehi, senti (un po'); ***~, who are you?*** ehi, chi siete?
SAYE n. GB (⇒ save-as-you-earn) = piano di risparmio individuale che prevede un accantonamento mensile prelevato dal reddito del risparmiatore.
saying /ˈseɪɪŋ/ n. detto m., massima f.; ***which proves the old ~ true*** che dimostra quanto sia vero il vecchio detto; ***as the ~ goes*** come si dice.
say-so /ˈseɪsəʊ/ n. COLLOQ. permesso m., autorizzazione f.
S&L GB (⇒ savings and loan association) = cassa cooperativa di risparmio e credito.
S-bend /ˈesbend/ n. *(in road)* curva f. a S; *(in pipe)* gomito m. a S.
s/c ⇒ self-contained = indipendente.
SC US ⇒ South Carolina Carolina del Sud.
1.scab /skæb/ n. **1** MED. crosta f. **2** BOT. VETER. scabbia f. **3** COLLOQ. SPREG. *(strikebreaker)* crumiro m. (-a).
2.scab /skæb/ intr. (forma in -ing ecc. **-bb-**) **1** [*wound*] fare la crosta, cicatrizzarsi **2** COLLOQ. SPREG. [*worker*] fare il crumiro.
1.scabbard /ˈskæbəd/ n. *(for sword, dagger)* fodero m., guaina f.
2.scabbard /ˈskæbəd/ tr. mettere nel fodero, rinfoderare, ringuainare [*sword, dagger*].
scabbed /skæbd/ **I** p.pass. → **2.scab II** agg. → **scabby.**
scabble /ˈskæbl/ tr. sbozzare [*block of stone*].
scabby /ˈskæbɪ/ agg. **1** [*skin*] coperto di croste **2** [*animal, plant*] scabbioso **3** COLLOQ. *(nasty)* schifoso, nauseante.
scabies /ˈskeɪbiːz/ ♦ *11* n. scabbia f.

1.scabious /'skeɪbɪəs, AE 'skæb-/ n. BOT. scabiosa f., scabbiosa f.
2.scabious /'skeɪbɪəs, AE 'skæb-/ agg. MED. scabbioso.
scab labour /'skæbleɪbə(r)/ n. COLLOQ. SPREG. = personale che sostituisce i lavoratori in sciopero.
scabrous /'skeɪbrəs, AE 'skæb-/ agg. **1** *(rough)* [*bark, skin*] scabro **2** FIG. *(smutty)* scabroso, indecente, sconcio.
scabrousness /'skeɪbrəsnɪs, AE 'skæb-/ n. **1** *(of surface)* scabrosità f. **2** FIG. scabrosità f., indecenza f.
scad /skæd/ n. sugherello m.
scads /skædz/ n.pl. AE COLLOQ. *~ of* un mucchio *o* casino di; ***he's got ~ of money*** ha un mucchio di soldi.
scaffold /'skæfəʊld/ n. **1** *(gallows)* forca f. **2** EDIL. ponteggio m., impalcatura f.
scaffolder /'skæfəʊldə(r)/ ♦ *27* n. ponteggiatore m. (-trice).
scaffolding /'skæfəldɪŋ/ n. *(structure)* ponteggio m., impalcatura f.; *(materials)* materiale m. da impalcature; ***a piece of ~*** un tubo dell'impalcatura.
scag /skæg/ n. AE POP. *(in drug addicts' slang)* roba f., eroina f.
scagliola /skælɪ'əʊlə/ n. ARCH. scagliola f.
scalable /'skeɪləbl/ agg. **1** *(able to be climbed)* scalabile **2** *(able to be measured)* graduabile.
scalar /'skeɪlə(r)/ **I** agg. scalare **II** n. scalare m., grandezza f. scalare.
scalawag /'skæləwæg/ n. AE COLLOQ. → **scallywag**.
1.scald /skɔ:ld/ n. STOR. scaldo m.
2.scald /skɔ:ld/ n. scottatura f., ustione f.
3.scald /skɔ:ld/ **I** tr. **1** *(burn)* scottare, ustionare [*person*]; ***to ~ one's arm*** scottarsi un braccio **2** *(heat)* sbollentare [*fruit, vegetable*] **3** *(sterilize)* sterilizzare [qcs.] con acqua bollente [*jar*] **4** *(nearly boil)* scaldare (senza fare bollire) [*milk*] **II** rifl. ***to ~ oneself*** scottarsi ♦ ***to run off like a ~ed cat*** scappare a gambe levate.
scalding /'skɔ:ldɪŋ/ **I** agg. **1** [*heat*] che scotta; [*water*] che scotta, bollente **2** FIG. [*shame*] umiliante; [*criticism, remark*] cocente, umiliante; [*tears*] cocente **II** avv. ***~ hot*** [*iron etc.*] rovente; [*water*] bollente; [*weather*] torrido.
1.scale /skeɪl/ **I** n. *(for weighing)* bilancia f. **II scales** n.pl. bilancia f.sing.
▶ **2.scale** /skeɪl/ n. **1** *(extent) (of crisis, disaster, success, defeat, violence, development, recession)* dimensioni f.pl., ampiezza f. (**of** di); *(of reform, task, activity, operation)* portata f. (**of** di); *(of support, change)* ampiezza f. (**of** di); ***on a large ~*** su vasta scala; ***on a small ~*** in piccole proporzioni; ***on an unexpected, a modest ~*** di dimensioni inaspettate, modeste **2** *(grading system)* scala f.; ***pay ~, salary ~*** scala retributiva, delle retribuzioni; ***social ~*** scala sociale; ***~ of values*** scala di valori; ***at the other end of the ~*** all'altra estremità della scala; ***on a ~ of 1 to 10*** in una scala da 1 a 10 **3** *(for maps, models)* scala f.; ***on a ~ of 2 km to 1 cm*** su scala di 1 cm per 2 km; ***the model is out of*** o ***not to ~*** il modello non è in scala **4** *(on thermometer, gauge etc.)* scala f., gradazione f. **5** MUS. scala f.; ***to play, sing a ~*** fare una scala; ***the ~ of G*** la scala di sol maggiore.
3.scale /skeɪl/ tr. *(climb)* scalare [*wall, peak, tower*].
■ **scale back** diminuire (progressivamente) [*expenditure, import etc.*].
■ **scale down:** ***~ [sth.] down, ~ down [sth.]*** **1** *(reduce according to scale)* ridurre la scala di [*drawing, map*] **2** FIG. *(reduce)* rallentare, diminuire (progressivamente) [*production*]; diminuire (progressivamente) [*expenditure, import, involvement, activity*].
■ **scale up:** ***~ [sth.] up, ~ up [sth.]*** **1** aumentare la scala di [*drawing, map*] **2** FIG. aumentare [*activity, work*].
4.scale /skeɪl/ n. **1** ZOOL. *(on fish, insect)* squama f. **2** *(deposit) (in kettle, pipes)* (deposito di) calcare m.; *(on teeth)* tartaro m. ♦ ***the ~s fell from my eyes*** d'un tratto capii la verità.
5.scale /skeɪl/ tr. **1** *(take scales off)* squamare [*fish*] **2** *(in kettle, pipes)* togliere il calcare a.
scale armour /'skeɪl,ɑ:mə(r)/ n. STOR. armatura f. a piastre.
scale board /'skeɪlbɔ:d/ n. piallaccio m.
scaled /skeɪld/ **I** p.pass. → **5.scale II** agg. [*fish, snake*] a squame.
scaled-down /'skeɪld,daʊn/ agg. ridotto (progressivamente).
scale drawing /'skeɪl,drɔ:ɪŋ/ n. disegno m. in scala.
scale insect /'skeɪl,ɪnsekt/ n. ZOOL. cocciniglia f.
scale model /'skeɪl,mɒdl/ n. modello m. in scala.
scalene /'skeɪli:n/ **I** agg. ANAT. MAT. scaleno **II** n. **1** MAT. triangolo m. scaleno **2** ANAT. (muscolo) scaleno m.
scale pan /'skeɪlpæn/ n. piatto m. della bilancia.
scaler /'skeɪlə(r)/ n. **1** *(person)* chi squama **2** *(instrument)* squamapesci m.
scalewing /'skeɪlwɪŋ/ n. lepidottero m.
scale-work /'skeɪlwɜ:k/ n. lavorazione f. a squame.
1.scaling /'skeɪlɪŋ/ n. **1** *(of fish)* desquamazione f. **2** *(in steam condenser)* incrostazione f. **3** MED. detartrasi f.
2.scaling /'skeɪlɪŋ/ n. **1** *(climbing)* (lo) scalare, scalata f. **2** *(of instrument)* graduazione f., taratura f.
scall /skɔ:l/ n. tigna f.
scallawag /'skæləwæg/ n. → **scallywag**.
scallion /'skælɪən/ n. AE **1** *(spring onion)* cipollina f. **2** *(shallot)* scalogno m. **3** *(leek)* porro m.
1.scallop /'skɒləp/ n. **1** ZOOL. pettine m. **2** GASTR. capasanta f. **3** SART. smerlo m., festone m.
2.scallop /'skɒləp/ tr. **1** SART. smerlare, tagliare a festone [*border*] **2** GASTR. = gratinare in un recipiente a forma di conchiglia [*seafood*].
scalloped /'skɒləpt/ **I** p.pass. → **2.scallop II** agg. ***~ fish*** = pesce gratinato in un piatto a forma di conchiglia; ***~ potatoes*** = patate gratinate.
scallop shell /'skɒləp,ʃel/ n. conchiglia f. di pettine.
scally /'skælɪ/ n. BE COLLOQ. bulletto m., teppistello m.
scallywag /'skælɪwæg/ n. **1** COLLOQ. *(rascal) (child)* birbante m. e f.; *(adult)* mascalzone m. (-a) **2** AE STOR. SPREG. = al termine della guerra di secessione, sudista favorevole alla riconciliazione con gli stati del nord.
1.scalp /skælp/ n. **1** ANAT. cuoio m. capelluto **2** FIG. *(trophy)* scalpo m., trofeo m.; ***he's after my ~*** COLLOQ. vuole la mia testa.
2.scalp /skælp/ tr. **1** *(remove scalp)* scalpare **2** AE COLLOQ. FIG. *(defeat)* sconfiggere, distruggere **3** AE COLLOQ. *(sell illegally)* fare il bagarino di [*tickets*] **4** AE ECON. COLLOQ. fare piccole speculazioni su [*stocks*].
scalpel /'skælpl/ n. MED. scalpello m.
scalper /'skælpə(r)/ n. AE COLLOQ. bagarino m.
scalp-hunter /'skælp,hʌntə(r)/ n. cacciatore m. di scalpi.
scalp-lock /'skælplɒk/ n. = ciuffo di capelli sulla testa rasata di un indiano lasciato come sfida ai nemici.
scaly /'skeɪlɪ/ agg. [*wing, fish, skin, bark*] squamoso, scaglioso; [*plaster, wall*] scaglioso.
scaly anteater /,skeɪlɪ'ænti:tə(r)/ n. pangolino m.
▷ **1.scam** /skæm/ n. imbroglio m., raggiro m.
2.scam /skæm/ intr. (forma in -ing ecc. **-mm-**) fare degli imbrogli, dei raggiri.
1.scamp /skæmp/ n. COLLOQ. *(child)* birbante m. e f., monello m. (-a); *(dog)* canaglia f.
2.scamp /skæmp/ tr. abborracciare, raffazzonare [*work*].
1.scamper /'skæmpə(r)/ n. *(of child, dog)* corsa f. rapida; *(of mouse)* zampettio m.
2.scamper /'skæmpə(r)/ intr. (anche **~ about, ~ around**) [*child, dog*] scorrazzare; [*mouse*] zampettare; ***to ~ across, along*** [*child*] correre attraverso, lungo; [*mouse*] zampettare attraverso, lungo; ***to ~ away*** o ***off*** tagliare la corda.
scampi /'skæmpɪ/ n.pl. + verbo sing. o pl. scampi m.
scampish /'skæmpɪʃ/ agg. birbantesco.
1.scan /skæn/ n. **1** MED. *(CAT)* esame m. diagnostico con mezzo di contrasto, TAC f.; *(ultrasound)* esame m. diagnostico con ultrasuoni, ecografia f.; ***to do a ~*** fare una TAC, un'ecografia; ***I had a ~*** mi hanno fatto una TAC, un'ecografia **2** *(radar, TV)* scansione f., esplorazione f.; *(picture resulting)* scansione f.
2.scan /skæn/ **I** tr. (forma in -ing ecc. **-nn-**) **1** *(cast eyes over)* scorrere (in fretta) [*list, small ads*] **2** *(examine)* esaminare, scrutare [*face, horizon*] **3** [*beam of light, radar etc.*] esplorare [*area*] **4** MED. esplorare con apparecchio a scansione [*organ*] **5** LETTER. scandire **6** INFORM. scannerizzare [*document, image*] **II** intr. (forma in -ing ecc. **-nn-**) LETTER. potersi scandire.
▷ **scandal** /'skændl/ n. **1** *(incident, outcry)* scandalo m.; ***a financial, political ~*** uno scandalo finanziario, politico; ***a drug, prostitution ~*** uno scandalo legato alla droga, alla prostituzione; ***the Profumo ~*** lo scandalo Profumo; ***the price of coffee is a ~*** il prezzo del caffè è scandaloso **2** *(gossip)* maldicenze f.pl., pettegolezzi m.pl.; *(shocking stories)* storie f.pl. scandalistiche.
scandalize /'skændəlaɪz/ tr. *(shock)* scandalizzare (**by doing** facendo).
scandalized /'skændəlaɪzd/ **I** p.pass. → **scandalize II** agg. scandalizzato (**by** o **at sth.** da qcs.).
1.scandalmonger /'skændlmʌŋgə(r)/ n. malalingua f., calunniatore m. (-trice).
2.scandalmonger /'skændlmʌŋgə(r)/ intr. dire maldicenze.
scandalmongering /'skændlmʌŋgərɪŋ/ n. maldicenze f.pl.
scandalous /'skændələs/ agg. *(all contexts)* scandaloso.
scandalously /'skændələslɪ/ avv. [*behave, live*] in modo scandaloso; [*expensive, underpaid*] scandalosamente, vergognosamente.

scandalousness /'skændələsnɪs/ n. (l')essere scandaloso, scandalo m.
scandal sheet /'skændlʃi:t/ n. giornale m. scandalistico.
Scandinavia /ˌskændɪ'neɪvɪə/ ♦ *24* n.pr. Scandinavia f.
Scandinavian /ˌskændɪ'neɪvɪən/ **I** agg. scandinavo **II** n. scandinavo m. (-a).
scandium /'skændɪəm/ n. scandio m.
▷ **scanner** /'skænə(r)/ n. **1** MED. *(CAT)* tomografo m. **2** *(for bar codes, electronic data etc.)* scanner m., decodificatore m. **3** *(radar)* esploratore m. **4** INFORM. scanner m.
scanning /'skænɪŋ/ **I** n. **1** MED. tomografia f. **2** *(radar)* esplorazione f., scansione f. **II** modif. [*equipment, device, system*] MED. stratigrafico; [*radar*] d'esplorazione.
scansion /'skænʃn/ n. scansione f.
scansorial /skæn'sɔ:rɪəl/ agg. ORNIT. scansorio, rampicante.
1.scant /skænt/ agg. [*concern, coverage*] scarso, insufficiente; ***a ~ five metres*** cinque metri scarsi; ***he has been given ~ credit for his work*** è stato dato scarso credito al suo lavoro; ***to pay ~ attention to sth.*** fare scarsa attenzione a qcs.; ***to show ~ regard for sth.*** dimostrare scarso interesse *o* poca considerazione per qcs.
2.scant /skænt/ tr. **1** ANT. risparmiare, lesinare su [*supply etc.*] **2** AE *(neglect)* trascurare, trattare sbrigativamente [*issue*].
3.scant /skænt/ avv. SCOZZ. → **scantly**.
scanties /'skænti:z/ n.pl. mutandine f.
scantily /'skæntɪlɪ/ avv. scarsamente, insufficientemente; ***~ clad, ~ dressed*** vestito succintamente; ***~ cut*** [*dress*] succinto; [*pants*] sgambato.
scantiness /'skæntɪnɪs/ n. **1** scarsezza f., insufficienza f. **2** *(of clothing)* (l')essere succinto.
scantling /'skæntlɪŋ/ n. **1** *(of aircraft, ship)* misure f.pl., dimensioni f.pl. **2** *(prescribed size)* (il) necessario **3** ANT. *(specimen)* esemplare m., campione m.
scantly /'skæntlɪ/ avv. scarsamente, insufficientemente.
scanty /'skæntɪ/ agg. [*meal, supply*] scarso, magro; [*report*] inadeguato, insufficiente; [*information*] scarso, sommario; [*knowledge*] rudimentale, scarso; [*swimsuit*] microscopico, ridottissimo.
1.scape /skeɪp/ n. ANT. fuga f.
2.scape /skeɪp/ n. **1** BOT. scapo m. **2** ARCH. *(of column)* scapo m.
3.scape /skeɪp/ n. panorama m., veduta f.
scapegoat /'skeɪpgəʊt/ n. capro m. espiatorio (**for** di); ***to make a ~ of sb.*** fare di qcn. il capro espiatorio.
scapegrace /'skeɪpgreɪs/ n. scapestrato m. (-a), scavezzacollo m. e f.
scaphoid /'skæfɔɪd/ **I** agg. scafoide **II** n. scafoide m.
scapula /'skæpjʊlə/ n. (pl. **-ae, ~s**) scapola f.
1.scapular /'skæpjʊlə(r)/, **scapulary** /'skæpjʊlərɪ, AE -erɪ/ n. RELIG. scapolare m.
2.scapular /'skæpjʊlə(r)/ agg. ANAT. scapolare.
▷ **1.scar** /skɑ:(r)/ n. cicatrice f. (anche FIG.); *(from knife on face)* sfregio m.; ***acne ~s*** cicatrici causate dall'acne; ***her years in prison left a permanent ~*** gli anni passati in prigione le hanno lasciato dei segni indelebili; ***the country still bears the ~s of its violent past*** il paese porta ancora i segni del suo passato violento.
▷ **2.scar** /skɑ:(r)/ **I** tr. (forma in -ing ecc. **-rr-**) *(physically)* deturpare, butterare; *(psychologically)* segnare; *(with knife on face)* sfregiare; FIG. deturpare [*landscape*]; ***to ~ sb. for life*** lasciare a qcn. una cicatrice permanente; FIG. segnare qcn. per tutta la vita **II** intr. (forma in -ing ecc. **-rr-**) cicatrizzare, cicatrizzarsi.
3.scar /skɑ:(r)/ n. *(crag)* dirupo m., rupe f. scoscesa.
scarab /'skærəb/ n. **1** scarabeo m. sacro **2** ARCHEOL. scarabeo m.
scarabaei /ˌskærə'bi:aɪ/ → **scarabaeus**.
scarabaeid /ˌskærə'bi:ɪd/ n. scarabeide m.
scarabaeoid /ˌskærə'bi:ɔɪd/ **I** agg. simile a scarabeo **II** n. scarabeide m.
scarabaeus /ˌskærə'bi:əs/ n. (pl. **~es, -i**) → **scarab**.
scaramouch /'skærəmu:tʃ, AE -mu:ʃ/ n. ANT. fanfarone m., cialtrone m.
Scaramouch /'skærəmu:tʃ, AE -mu:ʃ/ n.pr. Scaramuccia.
▷ **scarce** /skeəs/ **I** agg. **1** *(rare)* [*animal, antique, food, plant, water*] raro **2** *(insufficient)* [*funds, information, resources*] scarso, insufficiente; ***to become ~*** cominciare a scarseggiare **II** avv. ANT. *(hardly)* appena, a malapena ◆ ***to make oneself ~*** COLLOQ. andarsene, tagliare la corda, svignarsela.
▷ **scarcely** /'skeəslɪ/ avv. **1** *(only just)* [*credible, noticeable*] appena, a malapena, a stento; [*know, remember*] appena, sì e no, a malapena; ***it ~ matters*** non ha molta importanza; ***the bus was ~ moving*** l'autobus si muoveva appena; ***~ a week passes without someone telephoning me*** non passa quasi settimana senza che qualcuno mi telefoni; ***to speak ~ a word of French*** parlare a malapena un po' di francese; ***there were ~ 50 people in the room*** c'erano a malapena 50 persone nella stanza; ***~ anybody believes it*** quasi nessuno ci crede; ***there is ~ anything left to be done*** non è rimasto quasi *o* praticamente niente da fare; ***we have ~ any money*** praticamente non abbiamo una lira; ***~ ever*** quasi mai **2** IRON. *(not really)* difficilmente; ***I can ~ accuse him*** è difficile che possa accusarlo **3** *(not sooner)* appena; ***~ had she finished when the door opened*** aveva appena finito che *o* quando la porta si aprì.
scarcement /'skeəsmənt/ n. sporgenza f., aggetto m.
scarceness /'skeəsnɪs/ n. **1** *(dearth)* scarsezza f., scarsità f., penuria f. **2** *(rarity)* rarità f.
scarcity /'skeəsətɪ/ n. **1** *(dearth)* scarsezza f., scarsità f., penuria f. (**of** di) **2** *(rarity)* rarità f. (**of** di); ***~ value*** valore dovuto alla rarità.
▷ **1.scare** /skeə(r)/ n. **1** *(fright)* spavento m., sgomento m.; ***to give sb. a ~*** spaventare qcn., fare paura a qcn.; ***to get a ~*** prendersi uno spavento **2** *(alert)* allerta f.; ***security ~*** allerta **3** *(rumour)* voci f.pl. allarmistiche; ***food ~*** allarme alimentare; ***bomb, rabies ~*** allarme bomba, rabbia.
▷ **2.scare** /skeə(r)/ **I** tr. spaventare, fare paura a [*animal, person*]; ***to ~ sb. into doing sth.*** spaventare qcn. fino a fargli fare qcs.; far fare qcs. a qcn. con l'intimidazione; ***to ~ sb. out of doing*** impedire a qcn. di fare qcs. con l'intimidazione; ***to ~ sb. stiff*** COLLOQ. o ***stupid*** COLLOQ. spaventare qcn. a morte **II** intr. ***to ~ easily*** spaventarsi facilmente.
■ **scare away, scare off:** ~ **away [sth., sb.],** ~ **[sth., sb.] away** **1** *(put off)* scoraggiare, fare scappare (spaventando) [*burglars, investors, customers*] **2** *(drive away)* mettere in fuga (spaventando) [*animal, attacker*].
■ **scare up** AE COLLOQ. ~ **up [sth.],** ~ **[sth.] up** raggranellare [*money*]; mettere insieme [*people*]; improvvisare [*food*].
scarecrow /'skeəkrəʊ/ n. spaventapasseri m.; ***to look like a ~*** sembrare uno spaventapasseri.
▷ **scared** /skeəd/ **I** p.pass. → **2.scare II** agg. [*animal, person, look*] spaventato, impaurito; ***to be*** o ***feel ~*** avere paura *o* essere spaventato; ***to be ~ of*** avere paura di; ***to be ~ of doing*** avere paura di fare; ***to be ~ about sth.*** essere preoccupato di, avere timori riguardo a qcs.; ***to be ~ that*** temere che; ***to be ~ to do*** avere paura *o* timore di fare; ***to be ~ stiff*** COLLOQ. o ***stupid of, of doing*** avere una paura nera di, di fare; ***to be running ~*** avere paura; ***to be running ~ of sb.*** avere paura di qcn.
scaredy cat /'skeədɪkæt/ n. COLLOQ. INFANT. fifone m. (-a), coniglio m.
scare heading /'skeəˌhedɪŋ/, **scare headline** /'skeəˌhedlaɪn/ n. titolo m. allarmistico.
scaremonger /'skeəˌmʌŋgə(r)/ n. allarmista m. e f.
scaremongering /'skeəˌmʌŋgərɪŋ/ n. allarmismo m.
scare story /'skeəˌstɔ:rɪ/ n. notizia f., voce f. allarmistica.
scare tactic /'skeəˌtæktɪk/ n. tattica f. allarmistica.
▷ **1.scarf** /skɑ:f/ n. (pl. **scarves**) *(long)* sciarpa f.; *(square)* foulard m.
2.scarf /skɑ:f/ n. **1** TECN. ammorsatura f. **2** *(in whaling)* = incisione longitudinale fatta nel corpo di una balena.
3.scarf /skɑ:f/ tr. **1** TECN. ammorsare **2** *(in whaling)* fare un'incisione longitudinale in [*whale*].
scarf-pin /'skɑ:fpɪn/ n. spilla f. da cravatta.
scarf-skin /'skɑ:fskɪn/ n. ANT. epidermide f.
scarification /ˌskeərɪfɪ'keɪʃn/ n. **1** MED. scarificazione f. **2** AGR. scarificatura f.
scarificator /'skeərɪfɪˌkeɪtə(r)/ n. MED. scarificatore m.
scarifier /'skeərɪˌfaɪə(r)/ n. AUSTRAL. AGR. scarificatore m.
scarify /'skeərɪfaɪ/ tr. AGR. MED. scarificare.
scarious /'skeərɪəs/ agg. scarioso.
scarlatina /ˌskɑ:lə'ti:nə/ ♦ *11* n. → **scarlet fever**.
▷ **scarlet** /'skɑ:lət/ ♦ *5* **I** n. **1** *(colour)* (colore) scarlatto m.; ***to blush*** o ***go ~*** diventare rosso come un papavero **2** *(cloth)* RELIG. porpora f.; STOR. abito m. scarlatto **II** agg. scarlatto.
scarlet fever /ˌskɑ:lət'fi:və(r)/ ♦ *11* n. scarlattina f.
scarlet hat /ˌskɑ:lət'hæt/ n. cappello m. cardinalizio.
scarlet pimpernel /ˌskɑ:lət'pɪmpənel/ n. **1** anagallide f. **2 Scarlet Pimpernel** STOR. Primula f. Rossa (anche FIG.).
scarlet rash /ˌskɑ:lət'ræʃ/ n. eritema m. da scarlattina.
scarlet runner /ˌskɑ:lət'rʌnə(r)/ n. fagiolone m.
scarlet woman /ˌskɑ:lət'wʊmən/ n. (pl. **scarlet women**) LETT. prostituta f.
scaroid /'skærɔɪd/ **I** agg. simile a scaride **II** n. scaride m.
1.scarp /skɑ:p/ n. scarpa f., scarpata f.
2.scarp /skɑ:p/ tr. **1** tagliare a scarpata, rendere scosceso [*slope*] **2** rinforzare con un muro di scarpa [*ditch*].

scarper /'skɑːpə(r)/ intr. BE COLLOQ. svignarsela, tagliare la corda.

scarred /skɑːd/ **I** p.pass. → **2.scar II** agg. pieno di cicatrici, deturpato; **~ by acne** deturpato *o* rovinato dall'acne; **society ~ by crime** società segnata dal crimine.

Scart, SCART /skɑːt/ n. **~ (socket)** (presa) scart.

scar tissue /'skɑːˌtɪʃuː/ n. tessuto m. cicatriziale.

scarus /'skeərəs/ n. pesce m. pappagallo.

scarves /skɑːvz/ → **1.scarf.**

▷ **scary** /'skeərɪ/ agg. COLLOQ. **1** *(inspiring fear)* [*film, monster, noise*] che incute paura, pauroso; **to be ~** fare paura **2** *(causing distress)* [*experience, moment, situation*] terribile, terrificante.

1.scat /skæt/ n. MUS. scat m.

2.scat /skæt/ inter. fila, smamma.

3.scat /skæt/ intr. (forma in -ing ecc. **-tt-**) COLLOQ. smammare, svignarsela.

1.scathe /skeɪð/ n. ANT. *(damage)* danno m.; *(injury)* ferita f.; *(loss)* perdita f.

2.scathe /skeɪð/ tr. ANT. **1** *(damage)* danneggiare; *(injure)* ferire **2** *(scorch)* ustionare, bruciare **3** FIG. *(criticize)* stroncare.

scathing /'skeɪðɪŋ/ agg. [*remark, report, tone, wit*] pungente, caustico; [*criticism*] feroce, aspro; [*look*] fulminante; **to be ~ about sb., sth.** essere caustico riguardo a qcn., qcs.

scathingly /'skeɪðɪŋlɪ/ avv. [*speak, write*] in modo pungente, caustico; **to look ~ at sb.** fulminare qcn. con lo sguardo; **~ honest** di un'onestà disarmante; **~ witty** d'una arguzia caustica.

scatological /ˌskætə'lɒdʒɪkl/ agg. scatologico.

scatology /skæ'tɒlədʒɪ/ n. scatologia f.

1.scatter /'skætə(r)/ n. **1** *(of houses, stars, papers)* sparpagliamento m. (**of** di) **2** STATIST. dispersione f.

2.scatter /'skætə(r)/ **I** tr. **1** (anche **~ around**, **~ about**) *(throw around)* spargere, disseminare [*seeds, earth*]; sparpagliare, disseminare [*books, papers, clothes*]; disperdere [*debris*]; **to be ~ed around** o **about** [*people, islands, buildings*] essere disseminato qua e là; [*books*] essere disseminato, sparpagliato qua e là; **to be ~ed with sth.** essere disseminato di qcs. **2** *(cause to disperse)* disperdere [*crowd, animals*]; disperdere, mettere in fuga [*birds*] **3** FIS. diffondere [*electrons, light*] **II** intr. [*people, animals, birds*] disperdersi, sparpagliarsi.

scatterbrain /'skætəbreɪn/ n. sventato m. (-a), sbadato m. (-a).

scatter-brained /'skætəbreɪnd/ agg. [*person*] sventato, sbadato; [*idea*] bislacco, strampalato.

scatter cushion /'skætəkʊʃn/ n. cuscino m. (decorativo, da divano).

scatter diagram /'skætəˌdaɪəgræm/, **scatter graph** /'skætəgrɑːf, AE -græf/ n. STATIST. diagramma m. a dispersione.

▷ **scattered** /'skætəd/ **I** p.pass. → **2.scatter II** agg. **1** *(dispersed)* [*houses, villages, trees, population, clouds*] sparso (qua e là); [*books, litter*] sparso, sparpagliato; [*support, resistance*] sporadico, occasionale; **the village is ~** le case del paese sono sparse qua e là **2** METEOR. **~ showers** piogge sparse.

scattering /'skætərɪŋ/ n. *(of people)* manciata f., gruppetto m.; *(of shops, restaurants etc.)* costellazione f.; **a ~ of papers** fogli sparsi (qua e là).

scatter rug /'skætərʌg/ n. tappetino m. (decorativo).

scattershot /'skætəʃɒt/ agg. [*cartridge*] per fucile da caccia; FIG. [*criticism*] indiscriminato.

scattiness /'skætɪnɪs/ n. BE COLLOQ. sbadataggine f., sventatezza f.

scatty /'skætɪ/ agg. BE COLLOQ. sbadato, sventato.

scaup /skɔːp/ n. (anche **scaup-duck**) moretta f.; **greater ~** moretta grigia.

scavenge /'skævɪndʒ/ **I** tr. **1** cercare tra i rifiuti [*food, scrap metal*] (**from** in) **2** FIG. mendicare, elemosinare [*funds, subsidies*] **II** intr. **to ~ in** o **through the dustbins for sth.** [*person, dog*] frugare nei bidoni dell'immondizia alla ricerca di qcs.

1.scavenger /'skævɪndʒə(r)/ n. **1** *(for food)* chi rovista nei bidoni dell'immondizia **2** *(for objects)* chi cerca tra i rifiuti **3** *(animal)* animale m. saprofago.

2.scavenger /'skævɪndʒə(r)/ intr. fare lo spazzino.

scavenger beetle /'skævɪndʒəˌbiːtl/ n. ZOOL. idrofilo m.

scavenger hunt /'skævɪndʒəˌhʌnt/ n. caccia f. al tesoro.

scazon /'skeɪzən/ n. scazonte m., coliambo m.

scenario /sɪ'nɑːrɪəʊ, AE -'nær-/ n. (pl. **~s**) **1** CINEM. sceneggiatura f., scenario m. **2** FIG. scenario m.; **the worst-case ~** lo scenario peggiore *o* la peggiore delle ipotesi; **a nightmare ~** un scenario da incubo; **this is a ~ for war** è un insieme di circostanze che può portare alla guerra.

scenarist /sɪ'nɑːrɪst, AE -'nær-/ ➧ **27** n. sceneggiatore m. (-trice).

scend ANT. → **1.send.**

▶ **scene** /siːn/ n. **1** *(in play, film, novel)* scena f.; **act I, ~ 2** atto primo, scena seconda; **the balcony, seduction ~** la scena del balcone, della seduzione; **street, crowd ~** scena in strada, di massa; **the ~ is set in a Scottish town** la scena è ambientata in una città scozzese; **first, let's set the ~: a villa in Mexico** prima situiamo la scena: una villa in Messico; **this set the ~ for another war, argument** FIG. questo crea lo scenario per un'altra guerra, un'altra discussione; **the ~ was set for a major tragedy** FIG. si preparava lo scenario per una tragedia di enormi proporzioni **2** TEATR. *(stage scenery)* scena f., scenario m.; **behind the ~s** dietro le quinte (anche FIG.); **to work behind the ~s** FIG. lavorare dietro le quinte **3** *(location)* scena f., luogo m.; **the ~ of the crime, accident** il luogo del delitto, dell'incidente; **these streets have been the ~ of violent fighting** queste strade sono state teatro di violenti scontri; **to come on the ~** [*police, ambulance*] arrivare sul luogo; FIG. comparire; **you need a change of ~** hai bisogno di cambiare ambiente *o* aria **4** *(sphere, field)* mondo m., ambiente m.; **she is a new arrival on the political ~** è una nuova arrivata sulla scena politica; **the economic ~** il mondo economico; **the jazz, fashion ~** il mondo del jazz, della moda; **it's not my ~** non è il mio genere **5** *(emotional incident)* scena f., scenata f.; **there were chaotic, angry ~s in parliament** ci sono stati momenti di caos, di rabbia in parlamento; **there were ~s of violence after the match** ci sono state scene di violenza dopo la partita; **to make a ~** fare una scenata; **he will do anything to avoid a ~** farà qualsiasi cosa per evitare una scenata **6** *(image, sight)* immagine f., scena f.; **~s of death and destruction** scene di morte e distruzione; **it's a ~ that will remain with me forever** è un'immagine che mi rimarrà impressa per sempre **7** *(view)* vista f., veduta f.; ART. scena f.; **he admired the beauty of the ~** ha ammirato la bellezza del panorama; **rural, outdoor ~** una scena campestre, in esterni.

scene change /'siːntʃeɪndʒ/ n. TEATR. cambio m. di scena.

scene designer /'siːndɪˌzaɪnə(r)/ ➧ **27** n. → **scene painter.**

scene dock /'siːndɒk/ n. magazzino m. di scenari.

scene painter /'siːnˌpeɪntə(r)/ ➧ **27** n. TEATR. scenografo m. (-a).

▷ **scenery** /'siːnərɪ/ n. **U 1** *(landscape)* paesaggio m., panorama m.; **mountain ~** paesaggio montano; **a change of ~** FIG. un cambiamento d'ambiente *o* d'aria **2** TEATR. scenario m.; **a piece of ~** un elemento dello scenario.

scene shifter /'siːnˌʃɪftə(r)/ ➧ **27** n. macchinista m. e f.

scenic /'siːnɪk/ agg. [*drive, route, walk*] panoramico; [*location, countryside*] pittoresco; **the area is well-known for its ~ beauty** la regione è molto conosciuta per la bellezza del suo panorama.

scenically /'siːnɪklɪ/ avv. paesaggisticamente, panoramicamente.

scenic railway /ˌsiːnɪk'reɪlweɪ/ n. *(train)* trenino m. (in uno zoo ecc.); *(roller coaster)* BE montagne f.pl. russe.

scenographer /siː'nɒgrəfə(r)/ ➧ **27** n. → **scene designer.**

scenographic /siːnəʊ'græfɪk/ agg. scenografico.

scenographically /siːnəʊ'græfɪklɪ/ avv. scenograficamente.

scenography /siː'nɒgrəfɪ/ n. ART. ARCH. scenografia f.

▷ **1.scent** /sent/ n. **1** *(smell)* odore m.; *(more positive)* profumo m., fragranza f. **2** *(body smell) (of animal)* odore m. **3** VENAT. scia f., traccia f., pista f.; FIG. *(of scandal, crime, criminal)* pista f.; **to pick up the ~** fiutare la pista *o* sentire l'odore (anche FIG.); **to throw the dogs, the police off the ~** fare perdere le tracce ai cani, alla polizia; **to be (hot) on the ~ of sth., sb.** seguire le tracce di qcs., essere alle calcagna di qcn. **4** *(perfume)* profumo m.

2.scent /sent/ tr. **1** *(smell)* fiutare [*prey, animal*]; [*police dog*] fiutare [*drugs, explosives*]; FIG. avere sentore di, subodorare [*danger, trouble, scandal*] **2** *(perfume)* profumare [*air, room*].

■ **scent out: ~ [sth.] out, ~ out [sth.]** scoprire col fiuto; FIG. scoprire, scovare.

scented /'sentɪd/ **I** p.pass. → **2.scent II** agg. **1** [*soap, paper, flower, tree, breeze*] profumato, odoroso; **~ with** profumato di **2 -scented** in composti *(with scent added)* profumato a; **rose-~ soap** sapone al profumo di rosa; *(natural)* che ha il profumo di; **honey-~ flowers** i fiori che hanno il profumo del miele; **the pine-~ air** l'aria che profuma di pini; **sweet-~** dal dolce profumo.

scentless /'sentlɪs/ agg. inodoro.

scepsis /'skepsɪs/ n. scepsi f.

scepter AE → **sceptre.**

▷ **sceptic** BE, **skeptic** AE /'skeptɪk/ n. scettico m. (-a).

▷ **sceptical** BE, **skeptical** AE /'skeptɪkl/ agg. scettico (**about, of** riguardo a).

sceptically BE, **skeptically** AE /'skeptɪklɪ/ avv. scetticamente, con scetticismo.

▷ **scepticism** BE, **skepticism** AE /'skeptɪsɪzəm/ n. scetticismo m. (**about** riguardo a).

sceptre BE, **scepter** AE /'septə(r)/ n. scettro m.

▶ **1.schedule** /'ʃedju:l, AE 'skedʒʊl/ n. **1** AMM. COMM. ING. programma m.; *(projected plan)* piano m., prospetto m.; ***building ~*** piano di costruzione; ***production ~*** piano di produzione; ***to be ahead of, behind ~*** essere in anticipo, in ritardo rispetto ai piani *o* rispetto alla tabella di marcia; ***to work to a tight ~*** lavorare a ritmo serrato *o* seguire un programma molto intenso; ***to keep to a ~*** seguire una scaletta *o* un programma; ***to draw up*** o ***make out a ~*** stabilire una scaletta; ***to be on ~ (for July)*** procedere come previsto (per la fine di luglio); ***finished on ~*** finito in tempo *o* nei tempi stabiliti; ***according to ~*** come previsto *o* come da programma; ***a ~ of events*** un calendario *o* un elenco di eventi **2** *(of appointments)* programma m.; ***work ~*** programma di lavoro; ***a full, crowded ~*** un programma pieno, sovraccarico di impegni; ***to fit sb., sth. into one's ~*** inserire qcn., qcs. tra i propri impegni **3** TELEV. programmazione f.; ***autumn, winter ~*** programmazione autunnale, invernale **4** *(timetable)* orario m.; ***bus, train ~*** orario degli autobus, dei treni; ***to arrive on, ahead of, behind ~*** arrivare in orario, in anticipo, in ritardo **5** COMM. DIR. *(list) (of prices, charges)* prospetto m., distinta f.; *(of repayments)* piano m., tabella f.; *(of contents, listed buildings)* inventario m.; *(to a contract)* allegato m.; ***as per the attached ~*** come da lista allegata **6** BE ECON. categoria f. d'imposta.

▶ **2.schedule** /'ʃedju:l, AE 'skedʒʊl/ tr. **1** *(plan)* mettere in programma, fissare [*activity*]; *(arrange)* programmare [*holiday, appointment*]; ***to do sth. as ~d*** fare qcs. come programmato; ***I am ~d to speak at 2.00*** secondo il programma, devo parlare alle 2; ***the plane is ~d to arrive at 2.00*** l'aereo è atteso per le 2; ***the station is ~d for completion in 2006*** i programmi prevedono il completamento della stazione nel 2006 **2** BE ARCHEOL. *(list)* inventariare [*building, site*] **3** INFORM. schedulare.

scheduled building /'ʃedju:ld͵bɪldɪŋ, AE 'skedʒʊld-/ n. BE *(in insurance)* immobile m. elencabile.

scheduled flight /͵ʃedju:ld'flaɪt, AE ͵skedʒʊld-/ n. volo m. di linea.

scheduled maintenance /͵ʃedju:ld'meɪntənəns, AE ͵skedʒʊld-/ n. INFORM. manutenzione f. periodica.

scheduled territories /'ʃedju:ld͵terətrɪz, AE 'skedʒʊld͵terɪtɔ:rɪz/ n.pl. BE territori m. elencati, area f.sing. della sterlina.

scheduler /'ʃedju:lə(r), AE 'skedʒʊlə(r)/ n. INFORM. schedulatore m.

scheduling /'ʃedju:lɪŋ, AE 'skedʒʊlɪŋ/ n. **1** *(of project, work)* programmazione f. **2** BE *(of monument)* classificazione f.

Scheherazade /ʃɪ͵hɪərə'zɑ:də/ n.pr. Shahrazad.

schema /'ski:mə/ n. (pl. **-ata**) schema m.

schematic /skɪ'mætɪk/ agg. schematico.

schematically /skɪ'mætɪklɪ/ avv. schematicamente.

schematism /'ski:mətɪzəm/ n. schematismo m.

schematize /'ski:mətaɪz/ tr. schematizzare.

▶ **1.scheme** /ski:m/ n. **1** *(systematic plan)* piano m., progetto m. (**to do** per fare); ***a ~ for sth., for doing*** un piano per qcs., per fare **2** BE AMM. *(system)* sistema m., progetto m. (governativo); ***discount ~*** progetto di sconti; ***insurance ~*** piano assicurativo; ***road ~*** progetto per lo sviluppo e il miglioramento delle strade; ***employees under this ~ will earn more*** i dipendenti interessati da questo progetto guadagneranno di più; ***under the government's ~...*** secondo il progetto del governo... **3** SPREG. *(impractical idea)* progetto m. (impossibile), idea f. (balzana); ***to think*** o ***dream up a ~*** inventarsi un piano (impossibile); ***I think that's a bad ~*** credo che sia una cattiva idea **4** *(plot)* intrigo m., complotto m. (**to do** per fare) **5** *(design, plan) (for house, garden etc.)* progetto m., disegno m. ◆ ***in the ~ of things, this incident is not very important*** considerando la situazione nel suo insieme, l'incidente non è molto importante; ***she was unsure how she fitted into the ~ of things*** non sapeva quale era il suo posto nell'ordine delle cose; ***in the Marxist, Keynesian ~ of things*** secondo la concezione marxista, keynesiana; ***in my, his ~ of things*** nella mia, sua concezione delle cose.

2.scheme /ski:m/ intr. SPREG. complottare, tramare (**to do** per fare; **against sb.** contro qcn.).

schemer /'ski:mə(r)/ n. SPREG. chi ordisce trame *o* complotti, complottatore m. (-trice).

scheming /'ski:mɪŋ/ **I** n. **U** SPREG. intrighi m.pl., complotti m.pl. **II** agg. SPREG. [*person*] intrigante, che trama.

scherzando /skeə'tsændəʊ/ **I** n. (pl. **-i**, **~s**) MUS. scherzando **II** modif. ***~ passage*** scherzando **III** avv. [*play*] scherzando.

scherzo /'skeətsəʊ/ n. (pl. **~s**, **-i**) scherzo m.

schilling /'ʃɪlɪŋ/ ♦ **7** n. scellino m. austriaco.

schism /'sɪzəm/ n. scisma m. (**in** in seno a).

schismatic /sɪz'mætɪk/ **I** agg. scismatico **II** n. scismatico m. (-a).

schismatical /sɪz'mætɪkl/ agg. scismatico.

schist /ʃɪst/ n. scisto m.

schistose /'ʃɪstəʊs/ agg. scistoso.

schistosity /ʃɪs'tɒsɪtɪ/ n. scistosità f.

schistosoma /ʃɪstə'səʊmə/ n. schistosoma m.

schistosomiasis /͵ʃɪstəsəʊ'maɪəsɪs/ n. (pl. **-es**) schistosomiasi f.

schizo /'skɪtsəʊ/ **I** agg. COLLOQ. (accorc. schizophrenic) schizo, schizofrenico **II** n. COLLOQ. (accorc. schizophrenic) schizo m. e f., schizofrenico m. (-a).

schizoid /'skɪtsɔɪd/ **I** agg. **1** MED. [*person*] schizoide **2** FIG. [*attitudes, ideas*] schizofrenico, contraddittorio **II** n. schizoide m. e f.

schizomycete /͵skɪzəʊ'maɪsi:t/ n. schizomicete m.

schizophrenia /͵skɪtsəʊ'fri:nɪə/ ♦ ***11*** n. schizofrenia f.

schizophrenic /͵skɪtsəʊ'frenɪk/ **I** agg. schizofrenico **II** n. schizofrenico m. (-a).

schlemiel, **schlemihl** /ʃlə'mi:l/ n. AE POP. *(bungler)* imbranato m. (-a), salame m.; *(victim)* fesso m. (-a), babbeo m. (-a).

1.schlep(p) /ʃlep/ n. AE POP. **1** *(bungler)* imbranato m. (-a), salame m. **2** *(long journey)* tirata f.; *(tiring walk)* scarpinata f.

2.schlep(p) /ʃlep/ **I** tr. AE POP. trascinare, tirarsi dietro **II** intr. AE POP. (anche **~ around**) trascinarsi (a fatica), strascicarsi.

schlepper /'ʃlepə(r)/ n. AE POP. bighellone m. (-a), vagabondo m. (-a).

schlock /ʃlɒk/ **I** n. AE POP. cianfrusaglia f., roba f. da quattro soldi **II** agg. (anche **schlocky**) AE POP. da quattro soldi.

schlong /ʃlɒŋ/ n. AE POP. cazzo m.

schlump, **schloomp** /ʃlʊmp/ n. AE POP. *(person)* imbecille m. e f., stupido m. (-a).

schmal(t)z /ʃmɔ:lts/ n. COLLOQ. smanceria f., svenevolezza f.

schmal(t)zy /'ʃmɔ:ltsɪ/ agg. COLLOQ. [*lovesong, novel, film*] sentimentale, sdolcinato, lacrimevole; [*music*] sentimentale, struggente.

schmatte /'ʃmætə/ n. AE POP. abito m. logoro.

1.schmear /'ʃmɪə(r)/ n. AE POP. **1** *(bribe)* bustarella f. **2** ***the whole ~*** *(of details)* tutta la faccenda *o* tutta la situazione; *(of people)* tutta la truppa *o* tutta la combriccola.

2.schmear /'ʃmɪə(r)/ tr. **1** *(flatter)* adulare **2** *(bribe)* corrompere.

schmo(e) /ʃməʊ/ n. (pl. **~s**) AE POP. idiota m. e f., stupido m. (-a).

1.schmooze /ʃmu:z/ n. **U** AE POP. *(chat)* chiacchiere f.pl.; *(gossip)* pettegolezzi m.pl.

2.schmooze /ʃmu:z/ intr. AE POP. *(chat)* chiacchierare; *(gossip)* spettegolare.

schmuck /ʃmʌk/ n. AE POP. *(jerk)* fesso m. (-a), coglione m. (-a); *(bastard)* bastardo m. (-a), carogna f.

schmucky /ʃmʌkɪ/ agg. AE POP. bastardo, infame.

schnapper → **snapper**.

schnap(p)s /ʃnæps/ n. = superalcolico simile al gin olandese.

schnook /ʃnu:k/ n. AE POP. tonto m. (-a), babbeo m. (-a).

schnorkel /'ʃnɔ:kl/ n. AE → **1.snorkel.**

schnorrer /'ʃnɔ:rə(r)/ n. AE POP. scroccone m. (-a), parassita m. e f.

schnoz /ʃnɒz/, **schnozzle** /'ʃnɒzl/ n. COLLOQ. naso m.

scholar /'skɒlə(r)/ n. **1** *(learned person)* studioso m. (-a); *(erudite person)* erudito m. (-a); ***Shakespeare, Hebrew ~*** studioso di Shakespeare, di ebraico; ***classical ~*** umanista *o* classicista; ***he's not much of a ~*** non è un pozzo di scienza *o* non è un gran letterato **2** *(student with scholarship)* borsista m. e f., vincitore m. (-trice) di borsa di studio **3** ANT. *(school pupil)* scolaro m. (-a).

scholarly /'skɒləlɪ/ agg. **1** *(erudite)* [*essay, approach, perspective*] colto, erudito **2** [*journal, periodical, circles*] *(academic)* accademico; *(serious)* colto, intellettuale **3** *(like a scholar)* [*appearance*] da intellettuale.

▷ **scholarship** /'skɒləʃɪp/ **I** n. **1** *(award)* borsa f. di studio (**to** per); ***to win a ~ to Eton*** vincere una borsa di studio per Eton; ***to award a ~ to sb.*** assegnare una borsa di studio a qcn. **2** *(meticulous study)* erudizione f., competenza f. **3** *(body of learning)* cultura f., sapere m.; *(of individual)* cultura f., erudizione f.; ***Oxford is a centre of ~*** Oxford è un centro di cultura; ***the book is a fine piece of ~*** il libro è un bell'esempio di erudizione **II** modif. [*student*] che ha vinto una borsa di studio.

scholastic /skə'læstɪk/ **I** agg. **1** FILOS. scolastico, relativo alla scolastica **2** *(of school)* scolastico **II** n. FILOS. RELIG. scolastico m.

scholastically /skə'læstɪklɪ/ avv. scolasticamente.

Scholastic Aptitude Test /skə'læstɪk͵æptɪtju:dtest, AE -tu:d-/ n. US = esame sostenuto dagli studenti che vogliono andare all'università.

scholasticism /skə'læstɪsɪzəm/ n. FILOS. scolastica f.

scholia /'skəʊlɪə/ → **scholium**.

scholiast /'skəʊlɪæst/ n. scoliaste m.

scholium /'skəʊlɪəm/ n. (pl. **-ia**) scolio m.

▶ **1.school** /skuːl/ **I** n. **1** scuola f.; ***at ~*** a scuola; ***to go to ~*** andare a scuola; ***to start, leave ~*** cominciare, lasciare la scuola; ***to send sb. to ~*** mandare qcn. a scuola; ***the whole ~ was there*** c'era tutta la scuola; ***used in ~s*** usato nelle scuole; ***broadcasts for ~s*** programmi per le scuole; ***before, after ~*** prima, dopo le lezioni; ***~ starts, finishes, restarts*** la scuola comincia, finisce, ricomincia; ***no ~ today*** non c'è lezione oggi; ***a ~ for the blind, gifted*** una scuola per alunni ciechi, molto dotati **2** *(college) (of music, education etc.)* facoltà f.; ***to go to medical, law ~*** studiare medicina, legge **3** AE *(university)* università f. **4** *(of painting, literature, thought)* scuola f. **II** modif. [*holiday, outing, life, uniform, year*] scolastico; *(of particular school)* [*canteen, library, minibus, playground, register*] della scuola ◆ ***of the old ~*** di vecchio stampo *o* antico; ***to go to the ~ of hard knocks*** andare alla scuola della vita *o* fare esperienza sulla propria pelle; ***to grow up, learn sth. in a hard ~*** crescere, imparare qcs. alla dura scuola della vita.

2.school /skuːl/ **I** tr. **1** *(educate)* ***to ~ sb. in sth.*** insegnare qcs. a qcn. [*art, trick, ways*] **2** *(train)* addestrare [*horse*] **II** rifl. ***to ~ oneself in*** abituarsi all'esercizio di [*patience, prudence*].

3.school /skuːl/ n. **1** *(of whales, dolphins, porpoises)* branco m. **2** *(group of gamblers, drinkers etc.)* gruppo m., combriccola f.

4.school /skuːl/ intr. *(of whales, dolphins, porpoises)* formare branchi, muoversi in branchi.

school age /'skuːleɪdʒ/ **I** n. età f. scolare **II** modif. ***~ child*** bambino in età scolare.

schoolbag /'skuːlbæg/ n. zainetto m.; *(traditional)* cartella f.

school bell /'skuːlbel/ n. campanella f.

school board /ˌskuːl'bɔːd/ n. **1** BE STOR. = comitato per la gestione delle scuole elementari **2** AE *(of school)* comitato m. di gestione della scuola; *(of schools)* comitato m. di gestione delle scuole.

schoolbook /'skuːlbʊk/ n. libro m. scolastico, libro m. di testo.

schoolboy /'skuːlbɔɪ/ **I** n. alunno m., allievo m.; *(of primary age)* scolaro m.; *(secondary)* studente m. di scuola media; *(sixth former)* BE studente m. di scuola superiore **II** modif. **1** [*attitude, behaviour*] da studente; [*slang, word*] studentesco; [*joke, prank, humour*] da studente **2** [*champion, player*] a livello studentesco; [*championships*] studentesco.

school bus /'skuːlbʌs/ n. scuolabus m.

school captain /'skuːlˌkæptɪn/ n. BE SCOL. = studente responsabile della disciplina.

School Certificate /ˌskuːlsə'tɪfɪkət/ n. (anche **School Leaving Certificate**) BE STOR. = fino al 1951, esame sostenuto alla fine della scuola dell'obbligo.

schoolchild /'skuːltʃaɪld/ n. (pl. **-children**) alunno m. (-a), scolaro m. (-a).

school council /ˌskuːl'kaʊnsl/ n. consiglio m. d'istituto.

school crossing patrol /ˌskuːlˌkrɒsɪŋpə'trəʊl/ n. = gruppo di persone che vigila sulla sicurezza degli scolari che attraversano la strada.

schooldays /'skuːldeɪz/ n.pl. giorni m. di scuola; ***in my ~*** quando andavo a scuola.

school dinner /ˌskuːl'dɪnə(r)/ n. → **school lunch**.

school district /'skuːlˌdɪstrɪkt/ n. AE distretto m. scolastico.

school fees /'skuːlfiːz/ n.pl. tasse f. scolastiche.

schoolfellow /'skuːlˌfeləʊ/ n. ANT. compagno m. (-a) di scuola.

schoolfriend /'skuːlfrend/ n. compagno m. (-a) di scuola.

schoolgirl /'skuːlgɜːl/ **I** n. alunna f., allieva f.; *(of primary age)* scolara f.; *(secondary)* studentessa f. di scuola media; *(sixth former)* BE studentessa f. di scuola superiore **II** modif. [*complexion, figure*] di ragazza; ***~ crush*** cotta da adolescente (**on** per).

school graduation age /ˌskuːlgrædʒʊˌeɪʃn'eɪdʒ/ n. AE SCOL. → **school leaving age**.

school hours /'skuːlaʊəz/ n.pl. ore f. di scuola.

schoolhouse /'skuːlhaʊs/ n. scuola f., edificio m. scolastico.

schooling /'skuːlɪŋ/ n. **1** *(of child)* istruzione f., scolarità f. **2** EQUIT. *(of horse)* addestramento m.

school inspector /'skuːlɪnˌspektə(r)/ ♦ **27** n. ispettore m. (-trice) scolastico (-a).

schoolkid /'skuːlkɪd/ n. alunno m. (-a), scolaro m. (-a).

school-leaver /'skuːlˌliːvə(r)/ n. BE chi ha finito un corso di studi, chi ha assolto l'obbligo scolastico.

school leaving age /ˌskuːlˌliːvɪŋ'eɪdʒ/ n. età f. dell'adempimento dell'obbligo scolastico.

school lunch /ˌskuːl'lʌntʃ/ n. pranzo m. nella mensa scolastica.

schoolman, Schoolman /'skuːlmən/ n. (pl. **-men**) STOR. scolastico m.

schoolmarm, schoolma'am /'skuːlmɑːm/ n. SPREG. professoressa f., prof f.

schoolmarmish /'skuːlmɑːmɪʃ/ agg. ***she is ~*** si comporta come una vecchia insegnante.

schoolmaster /'skuːlˌmaːstə(r), AE -mæs-/ ♦ **27** n. insegnante m.

schoolmate /'skuːlmeɪt/ n. compagno m. (-a) di scuola.

school meal /ˌskuːl'miːl/ n. → **school lunch**.

schoolmen, Schoolmen /'skuːlmen/ → **schoolman, Schoolman**.

schoolmistress /'skuːlˌmɪstrɪs/ ♦ **27** n. insegnante f.

school of thought /ˌskuːləv'θɔːt/ n. scuola f. di pensiero.

School Performance Tables /'skuːlpəˌfɔːmənsˌteɪblz/ n. SCOL. = schede per l'orientamento nella scelta della scuola superiore.

school phobia /'skuːlˌfəʊbɪə/ n. fobia f. della scuola.

school phobic /'skuːlˌfəʊbɪk/ n. bambino m. (-a) che ha la fobia della scuola.

school prefect /'skuːlˌpriːfekt/ n. BE SCOL. = studente incaricato di mantenere la disciplina tra i suoi compagni.

school record /ˌskuːl'rekɔːd, AE -'rekərd/ n. curriculum m. scolastico.

school report /ˌskuːlrɪ'pɔːt/ BE, **school report card** /ˌskuːlrɪ'pɔːtˌkɑːd/ AE n. pagella f.

schoolroom /'skuːlrʊm, -ruːm/ n. classe f., aula f.

schoolteacher /'skuːltiːtʃə(r)/ ♦ **27** n. insegnante m. e f; *(secondary)* insegnante m. e f. di scuola superiore, professore m. (-essa); *(primary)* insegnante m. e f., maestro m. (-a).

schoolteaching /'skuːltiːtʃɪŋ/ n. insegnamento m.

school-term /'skuːltɜːm/ n. *(of three months)* trimestre m.; *(of four months)* quadrimestre m.

school time /'skuːltaɪm/ n. ore f.pl. di lezione.

schoolwork /'skuːlwɜːk/ n. lavoro m., compito m. in classe; ***to do well in one's ~*** fare *o* andare bene a scuola.

1.schooner /'skuːnə(r)/ n. *(boat)* goletta f., schooner m.; ***~-rigged*** armato *o* attrezzato a goletta.

2.schooner /'skuːnə(r)/ n. *(glass)* AE boccale m.; BE grande bicchiere m. per lo sherry.

schorl /ʃɔːl/ n. schorlite f., tormalina f. nera.

schuss /ʃʊs/ n. SPORT schuss m., muro m.

schwa /ʃwɑː/ n. schwa m.

sciagram /'saɪəgræm/, **sciagraph** /'saiəgraːf, AE -græf/ n. sciografia f.

sciagraphic /ˌsaɪə'græfɪk/ agg. sciografico.

sciagraphy /saɪ'ægrəfɪ/ n. sciografia f.

sciatic /saɪ'ætɪk/ agg. MED. sciatico.

sciatica /saɪ'ætɪkə/ ♦ **11** n. MED. sciatica f.; ***to have ~*** avere la sciatica.

▶ **science** /'saɪəns/ **I** n. **1** scienza f.; ***~ and technology*** scienza e tecnologia; ***~ and the arts*** la scienza e le arti; ***to teach, study ~*** insegnare, studiare scienze; ***the physical, natural ~s*** le scienze fisiche, naturali; ***sports, military ~*** scienza dello sport, militare **2** *(skill)* abilità f., tecnica f. **II** modif. [*correspondent, journal, subject*] scientifico; [*department, faculty*] di scienze; [*lecturer, teacher, textbook, exam*] di scienze ◆ ***to blind sb. with ~*** confondere qcn. facendo sfoggio di parole difficili.

▷ **science fiction** /ˌsaɪəns'fɪkʃn/ **I** n. science fiction f., fantascienza f. **II** modif. [*book, film, writer*] di science fiction, di fantascienza.

science park /'saɪənsˌpɑːk/ n. parco m. tecnologico.

scienter /saɪ'entə(r)/ avv. DIR. scientemente, intenzionalmente.

sciential /saɪ'enʃl/ agg. ANT. **1** *(pertaining to science)* relativo alla scienza **2** *(having knowledge)* che possiede conoscenza, che sa.

▶ **scientific** /ˌsaɪən'tɪfɪk/ agg. scientifico; ***to prove, test sth. using ~ method*** dimostrare, verificare qcs. scientificamente; ***it's a very ~ game*** è un gioco che richiede abilità intellettuali.

scientifically /ˌsaɪən'tɪfɪklɪ/ avv. **1** [*investigate, prove, show*] scientificamente **2** [*trained, knowledgeable*] nelle scienze.

scientism /'saɪəntɪzəm/ n. scientismo m.

▶ **scientist** /'saɪəntɪst/ ♦ **27** n. scienziato m. (-a); *(eminent)* sapiente m. e f., dotto m. (-a).

scientologist /ˌsaɪən'tɒlədʒɪst/ n. membro m., adepto m. (-a) di Scientology.

Scientology /ˌsaɪən'tɒlədʒɪ/ n. Scientology f., scientologia f.

sci-fi /'saɪfaɪ/ **I** n. COLLOQ. science fiction f., fantascienza f. **II** modif. [*book, film, writer*] di science fiction, di fantascienza.

scilicet /'saɪlɪset/ avv. FORM. vale a dire, cioè.

scilla /'sɪlə/ n. scilla f.

Scillies /'sɪlɪz/, **Scilly Isles** /'sɪlɪaɪlz/ ♦ **12** n.pr.pl. Isole f. Scilly.

scimitar /'sɪmɪtə(r)/ n. scimitarra f.

scintigraphy /sɪn'tɪgrəfɪ/ n. scintigrafia f.

scintilla /sɪn'tɪlə/ n. FORM. traccia f., barlume m.
scintillate /'sɪntɪleɪt, AE -təleɪt/ intr. scintillare; FIG. [*person, debate*] brillare.
scintillating /'sɪntɪleɪtɪŋ, AE -təleɪtɪŋ/ agg. scintillante; FIG. [*person, conversation*] brillante; [*wit*] brillante, vivace; [*success*] eclatante, strepitoso.
scintillation /ˌsɪntɪ'leɪʃn/ n. **1** *(flash)* scintillio m. **2** FIS. ASTR. scintillazione f.
scintillator /'sɪntɪleɪtə(r)/ n. TECN. scintillatore m.
sciolism /'saɪəlɪzəm/ n. conoscenza f. superficiale; saccenza f.
sciolist /'saɪəlɪst/ n. ANT. saccente m. e f., saputello m. (-a).
scion /'saɪən/ n. **1** FORM. *(person)* rampollo m. **2** BOT. pollone m., marza f.
Scipio /'skɪpɪəʊ/ n.pr. Scipione.
scirrhoid /'sɪrɔɪd/ agg. simile a scirro.
scirrhous /'sɪrəs/ agg. [*carcinoma*] duro, indurito.
scirrhus /'sɪrəs/ n. scirro m.
scissile /'sɪsaɪl/ agg. scissile.
scission /'sɪʒn/ n. scissione f.
scissor /'sɪzə(r)/ tr. **1** tagliare con le forbici **2** SPORT chiudere a forbice.
scissor bill /'sɪzəbɪl/ n. becco m. a forbice.
▷ **scissors** /'sɪzəz/ n.pl. forbici f.; ***a pair of ~*** un paio di forbici; ***kitchen, sewing ~*** forbici da cucina, da sarto; ***a ~-and-paste job*** un lavoro di taglia e incolla; FIG. SPREG. un lavoro fatto scopiazzando qua e là.
scissors jump /'sɪzəzdʒʌmp/ n. sforbiciata f.
scissors kick /'sɪzəzkɪk/ n. *(in football)* sforbiciata f.
scissure /'sɪʃə(r)/ n. ANT. scissura f., fessura f.
sciurine /'saɪjʊrɪn/ **I** agg. di scoiattolo, di sciuride **II** n. scoiattolo m.
sciuroid /'saɪjərɔɪd/ agg. simile allo scoiattolo.
sclera /'sklɪərə/ n. sclera f., sclerotica f.
scleral /'sklɪərəl/ agg. sclerale.
sclereid /'sklɪərɪɪd/ n. sclereide f.
sclerenchyma /sklɪə'reŋkɪmə/ n. BOT. sclerenchima m.
scleritis /sklə'raɪtɪs/ ♦ **11** n. sclerite f.
scleroderma /ˌsklɪərəʊ'dɜ:mə/ n. scleroderma m.
scleroma /sklɪə'rəʊmə/ n. (pl. **~s, -ata**) scleroma m.
scleroprotein /ˌsklɪərə'prəʊti:n/ n. scleroproteina f.
sclerosing /sklə'rəʊsɪŋ/ agg. sclerosante.
sclerosis /sklɪə'rəʊsɪs/ ♦ **11** n. MED. sclerosi f. (anche FIG.).
sclerotia /sklə'rəʊʃɪə/ → **sclerotium**.
sclerotic /sklɪə'rɒtɪk/ agg. sclerotico.
sclerotium /sklə'rəʊʃɪəm/ n. (pl. **-ia**) sclerozio m.
sclerotomy /sklɪə'rɒtəmɪ/ n. sclerotomia f.
sclerous /'sklɪərəs/ agg. ZOOL. duro, ispessito.
SCM GB ⇒ State Certified Midwife = ostetrica diplomata.
1.scoff /skɒf, AE skɔ:f/ n. BE COLLOQ. *(food)* cibo m., roba f. da mangiare.
2.scoff /skɒf, AE skɔ:f/ tr. BE COLLOQ. *(eat)* ingollare, trangugiare.
3.scoff /skɒf, AE skɔ:f/ **I** n. beffa f., scherno m., dileggio m. **II scoffs** n.pl. beffe f.
4.scoff /skɒf, AE skɔ:f/ **I** intr. farsi beffe (**at** di); ***the play was ~ed at by the critics*** il dramma è stato deriso dai critici **II** tr. *(mock)* ***"love!" she ~ed*** "l'amore!" disse in tono di scherno.
scoffer /'skɒfə(r), AE 'skɔ:fə(r)/ n. dileggiatore m. (-trice), schernitore m. (-trice).
scoffing /'skɒfɪŋ, AE 'skɔ:fɪŋ/ **I** n. derisione f., dileggio m. **II** agg. derisorio, beffardo.
scoffingly /'skɒfɪŋlɪ, AE 'skɔ:fɪŋlɪ/ agg. in tono beffardo, derisorio.
scofflaw /'skɒflɔ:, AE 'skɔ:f-/ n. AE COLLOQ. chi si fa beffe della legge.
1.scold /skəʊld/ n. *(woman)* bisbetica f., megera f.
2.scold /skəʊld/ **I** tr. sgridare, rimproverare (**for doing** per avere fatto) **II** intr. trovare (sempre) da ridire.
scolding /'skəʊldɪŋ/ n. **U** sgridata f., rimprovero m.; ***to give sb. a ~*** sgridare qcn.; ***to get a ~*** beccarsi una sgridata.
scoleces /skəʊ'li:si:z/ → **scolex**.
scolecite /'skɒləsaɪt/ n. scolecite f.
scolex /'skəʊleks/ n. (pl. **-eces, -ices**) scolice m.
scoliosis /ˌskɒlɪ'əʊsɪs/ ♦ **11** n. scoliosi f.
scoliotic /ˌskɒlɪ'ɒtɪk/ agg. scoliotico.
scollop → **1.scallop, 2.scallop**.
scolopendra /ˌskɒlə'pendrə/ n. scolopendra f.
scolopendrine /ˌskɒlə'pendrɪn/ agg. a forma di scolopendra, simile a scolopendra.
scolopendrium /ˌskɒlə'pendrɪəm/ n. scolopendrio m.
scolymus /'skɒlɪməs/ n. scolimo m.
scomber /'skɒmbə(r)/ n. sgombro m.
1.sconce /skɒns/ n. candelabro m. a muro, applique f.
2.sconce /skɒns/ n. ANT. **1** *(shelter)* rifugio m., riparo m. **2** MIL. *(small fort)* fortino m.; bastione m.
3.sconce /skɒns/ n. ANT. SCHERZ. testa f., zucca f.; FIG. *(brains)* cervello m.; *(sense)* buonsenso m.
4.sconce /skɒns/ n. GB UNIV. COLLOQ. = all'università di Oxford, boccale di birra che deve essere bevuto, per penitenza, in un solo sorso da chi ha infranto le regole di etichetta a tavola.
scone /skɒn, skəʊn, AE skəʊn/ n. BE INTRAD. m. (piccola focaccina tonda).
▷ **1.scoop** /sku:p/ n. **1** *(implement) (for shovelling, ladling)* mestolo m., paletta f.; *(for measuring coffee etc.)* misurino m., dosatore m.; *(for ice cream)* porzionatore m. (per gelato) **2** *(scoopful) (of coffee, flour)* palettata f., cucchiaiata f.; *(of earth)* palettata f.; *(of ice cream)* palla f., pallina f. **3** GIORN. scoop m., esclusiva f.; ***to get a ~*** avere un'esclusiva.
▷ **2.scoop** /sku:p/ tr. COLLOQ. *(win, obtain)* ottenere, assicurarsi [*prize, sum, medal*]; GIORN. COLLOQ. avere, assicurarsi in esclusiva, l'esclusiva di [*story, interview*].
▪ **scoop out:** ***~ out [sth.], ~ [sth.] out*** scavare [*earth*]; ***to ~ out a hole*** scavare un buco; ***to ~ the flesh out of a tomato*** togliere la polpa da *o* svuotare un pomodoro.
▪ **scoop up:** ***~ [sth.] up, ~ up [sth.]*** tirare su, raccogliere [*earth, snow*]; raccogliere [*water*]; sollevare, prendere in braccio [*child*].
scooper /'sku:pə(r)/ n. RAR. → **avocet**.
scoopful /'sku:pfʊl/ n. *(of coffee, flour, sugar)* cucchiaiata f.; *(of ice cream)* palla f., pallina f.
1.scoot /sku:t/ n. COLLOQ. (il) darsela a gambe.
2.scoot /sku:t/ intr. COLLOQ. filare via di corsa, darsela a gambe; ***to ~ in, out*** entrare, uscire di corsa.
scooter /'sku:tə(r)/ n. **1** *(child's)* monopattino m. **2** *(motorized)* scooter m. **3** AE *(boat)* scooter m.
scop /skɒp/ n. STOR. bardo m. (anglosassone).
▷ **1.scope** /skəʊp/ n. **1** *(opportunity)* possibilità f., opportunità f., sbocco m.; **~ *for sth.*** possibilità di qcs.; ***~ for sb. to do*** possibilità per qcn. di fare; ***to have ~ to do*** avere l'opportunità di fare; ***to give sb. ~ to do*** dare a qcn. l'opportunità di fare **2** *(range, extent) (of plan)* portata f.; *(of inquiry, report, study)* ambito m.; *(of changes, knowledge, power)* ampiezza f.; *(of disaster)* dimensioni f.pl.; *(of textbook)* campo m.; ***the research is broad, narrow in ~*** l'ambito della ricerca è ampio, ristretto; ***to be within, outside the ~ of the study*** rientrare, non rientrare nel proprio campo *o* ambito di studi; ***to fall within the ~ of the survey*** rientrare nel campo d'indagine; ***to extend the ~ of the investigation*** ampliare il campo di indagine **3** *(capacity)* competenze f.pl., attribuzioni f.pl.; ***to be within, beyond the ~ of sb.*** rientrare, non rientrare nelle proprie competenze **4** LING. dominio m. (sintattico).
2.scope /skəʊp/ tr. (anche **~ on, out**) AE POP. esaminare, osservare.
scopolamine /skə'pɒləmi:n/ n. scopolamina f.
scorbutic /skɔ:'bju:tɪk/ agg. scorbutico.
scorbutus /skɔ:'bju:təs/ ♦ **11** n. scorbuto m.
1.scorch /skɔ:tʃ/ n. (anche **~ mark**) bruciatura f., scottatura f. superficiale.
2.scorch /skɔ:tʃ/ **I** tr. [*fire*] bruciare, bruciacchiare; [*sun*] seccare, inaridire [*grass, trees, lawn*]; [*iron etc.*] bruciare, strinare [*fabric*] **II** intr. **1** [*grass, lawn*] seccarsi; ***this fabric ~es easily*** questo tessuto si strina facilmente **2** AE COLLOQ. (anche **~ along**) *(speed)* [*car, driver, athlete etc.*] filare, correre.
scorched /skɔ:tʃt/ **I** p.pass. → **2.scorch II** agg. ***~ earth policy*** MIL. tattica della terra bruciata.
scorcher /'skɔ:tʃə(r)/ n. COLLOQ. giornata f. torrida; ***yesterday was a real ~!*** ieri si moriva dal caldo!
scorching /'skɔ:tʃɪŋ/ agg. COLLOQ. (anche **~ hot**) [*heat, day*] torrido; [*sun*] cocente; [*weather, summer*] torrido, infuocato; [*sand, surface*] rovente; [*coffee*] bollente.
scorchingly /'skɔ:tʃɪŋlɪ/ avv. ***it's ~ hot*** fa un caldo torrido.
▶ **1.score** /skɔ:(r)/ n. **1** *(number of points gained)* SPORT punteggio m., punti m.pl., marcatura f.; *(in cards)* punti m.pl.; ***to get the maximum ~*** ottenere il punteggio massimo; ***there is still no ~*** il punteggio è ancora fermo sullo zero a zero; ***the final ~ was 3-1*** il punteggio finale è stato di 3 a 1; ***to keep (the) ~*** segnare *o* tenere i punti; *(in cards)* tenere i punti; ***what's the ~?*** *(in game, match)* a quanto siamo? qual è il punteggio? *(in cards)* a quanto siamo? FIG. com'è la situazione? come siamo messi? ***to know the ~*** FIG. conoscere la situazione *o* sapere come funziona **2** *(in exam, test)* risultato m., punteggio m.; ***his ~ in the test was poor*** o ***low*** ha preso un brutto

voto nella prova **3** MUS. *(written music)* spartito m., partitura f.; *(for ballet)* musica f.; *(for film)* colonna f. sonora; ***full, short ~*** partitura completa, a parti staccate; ***violin ~*** partitura per violino; ***orchestral ~*** partitura d'orchestra; ***who wrote the ~?*** CINEM. chi ha composto la colonna sonora del film? **4** *(twenty)* ***a ~*** una ventina; ***a ~ of sheep*** una ventina di pecore; ***three ~ years and ten*** settant'anni; ***by the ~*** a decine; ***~s of requests*** decine (e decine) di richieste; ***~s of times*** innumerevoli volte **5** *(scratch)* graffio m., sfregio m.; *(on rock)* striatura f., scanalatura f. **6** *(cut, incision)* incisione f., intaglio m. **7** *(account)* motivo m., ragione f.; ***on this ~*** a questo riguardo; ***you need have no worries on that ~*** non devi preoccuparti in quanto a questo ◆ ***to settle a ~*** regolare i conti; ***I have an old ~ to settle with her*** ho un vecchio conto da regolare con lei.

▶ **2.score** /skɔ:(r)/ **I** tr. **1** SPORT segnare, realizzare, fare [*goal*]; realizzare, fare [*point*]; ottenere, riportare [*victory, success*]; ***to ~ three goals*** segnare tre goal; ***to ~ 9 out of 10*** riportare un punteggio di 9 su 10; ***to ~ a hit*** *(in swordsmanship)* mettere a segno una stoccata; *(in shooting)* fare centro pieno; FIG. fare centro *o* andare a segno *o* riportare un grande successo; ***to ~ a point against*** o ***off*** o ***over*** *(in argument, debate)* segnare un punto a proprio favore contro [*opponent*] **2** MUS. *(arrange)* arrangiare; *(orchestrate)* orchestrare (**for** per); CINEM. comporre le musiche, la colonna sonora di [*film*]; ***~d for the piano*** scritto per il pianoforte **3** *(mark) (with chalk, ink)* segnare, marcare **4** *(cut)* incidere, intagliare [*wood, metal, leather*]; striare [*rock*]; incidere, praticare un'incisione su [*meat, fish*]; se-gnare, solcare [*face*] (**with** di); ***the water had ~d channels into the rock*** l'acqua aveva scavato dei solchi nella roccia **II** intr. **1** SPORT *(gain point)* realizzare, fare un punto; *(obtain goal)* segnare, rea-lizzare un goal; ***to ~ twice*** fare due goal *o* realizzare una doppietta; ***they failed to ~*** *(in match)* non sono riusciti a segnare; ***to ~ well*** o ***highly*** ottenere un buon risultato *o* un buon punteggio; ***to ~ over*** o ***against sb.*** *(in argument, debate)* avere la meglio su qcn. **2** *(keep score)* segnare i punti, il punteggio **3** COLLOQ. *(be successful)* fare centro, fare colpo, avere successo; *(sexually)* farsi una donna, rimorchiare; ***to ~ with a novel, with the critics*** avere successo con un romanzo, presso i critici; ***you ~d last night!*** hai rimorchiato *o* hai beccato ieri sera! **4** COLLOQ. *(in drug addict's slang)* (riuscire a) ottenere un dose di droga.

▪ **score off:** **~ off [sth.], ~ [sth.] off** cancellare, tirare una riga su [*name, figure*]; ***to ~ sb.'s name off a list*** cancellare il nome di qcn. da una lista **~ off [sb.]** *(in argument)* avere la meglio su, umiliare [*opponent*].

▪ **score out** → **score off**.

▪ **score through:** **~ through [sth.], ~ [sth.] through** cancellare, tirare una riga su [*name, figure*].

▪ **score up:** **~ up [sth.], ~ [sth.] up** **1** mettere in conto [*debt*] **2** fare, realizzare [*points*].

scoreboard /'skɔ:bɔ:d/ n. tabellone m. segnapunti, scoreboard m.; *(in billiards)* pallottoliere m.

scorebook /'skɔ:bʊk/ n. taccuino m. segnapunti, score m.

scorecard /'skɔ:kɑ:d/ n. scheda f. segnapunti (anche SPORT); *(in cards)* cartoncino m. segnapunti.

scoreline /'skɔ:laɪn/ n. punteggio m., risultato m. finale.

▷ **scorer** /'skɔ:rə(r)/ n. **1** *(of goal)* marcatore m. (-trice), realizzatore m. (-trice) **2** *(keeping score)* marcatore m. (-trice), chi segna i punti.

scoresheet /'skɔ:ʃi:t/ n. foglio m. segnapunti; ***to add one's name to the ~*** inserire il proprio nome nel tabellino dei marcatori.

scoria /'skɔ:rɪə/ n. (pl. **-ae**) **1** METALL. scoria f. **2** GEOL. scoria f. di lava.

scoriaceous /ˌskɔ:rɪ'eɪʃəs/ agg. di scoria; simile a scoria.

scoriae /'skɔ:rii:/ → **scoria**.

scorification /ˌskɔ:rɪfɪ'keɪʃn/ n. scorificazione f.

scorify /'skɔ:rɪfaɪ/ tr. scorificare.

▷ **scoring** /'skɔ:rɪŋ/ n. **1** SPORT ***to open the ~*** aprire le marcature **2** MUS. arrangiamento m., orchestrazione f. **3** *(cuts)* incisioni m.pl. (anche GASTR.).

1.scorn /skɔ:n/ n. disprezzo m., disdegno m. (**for** per); ***she has nothing but ~ for him*** non ha che disprezzo per lui; ***to be held up to ~ by sb.*** essere oggetto di scherno da parte di qcn.; ***to pour*** o ***heap ~ on*** trattare [qcn.] con disprezzo [*person*]; denigrare [*attempt, argument, organization*] ◆ ***to laugh sth. to ~*** deridere *o* schernire qcs.

2.scorn /skɔ:n/ tr. **1** *(despise)* disprezzare [*person, action*]; disdegnare, disprezzare [*fashion, make-up*] **2** *(reject)* rifiutare con sdegno [*advice, invitation, offer of help*]; accogliere sdegnosamente [*claim, suggestion*] **3** FORM. ***to ~ to do*** o ***to ~ doing*** sdegnare *o* disdegnare di fare ◆ ***hell hath no fury like a woman ~ed*** = non c'è nulla che una donna umiliata non sia capace di fare.

scorner /'skɔ:nə(r)/ n. chi disprezza; derisore m.

scornful /'skɔ:nfl/ agg. sprezzante, sdegnoso; ***to be ~ of*** provare disprezzo per.

scornfully /'skɔ:nfəlɪ/ avv. in modo sprezzante, sdegnosamente.

scornfulness /'skɔ:nfəlnɪʃ/ n. disprezzo m., sdegno m.

Scorpio /'skɔ:pɪəʊ/ ➧ ***38*** n. ASTROL. Scorpione m.; ***to be (a) ~*** essere dello Scorpione *o* essere uno Scorpione.

scorpioid /'skɔ:pɪɔɪd/ agg. **1** BOT. scorpioide **2** ZOOL. simile allo scorpione.

scorpion /'skɔ:pɪən/ n. **1** ZOOL. scorpione m. **2** ASTROL. ***the Scorpion*** lo scorpione.

scorpion fish /'skɔ:pɪənˌfɪʃ/ n. scorpena f., scorpenode m.

scorpion fly /'skɔ:pɪənˌflaɪ/ n. panorpa f.

scorpion grass /'skɔ:pɪənˌgrɑ:s, AE -ˌgræs/ n. → **forget-me-not**.

scot /skɒt/ n. STOR. **1** *(to lord, bailiff etc.)* tassa f. **2** *(for staying at a public house)* scotto m.

Scot /skɒt/ ➧ ***18*** n. **1** scozzese m. e f. **2** STOR. scoto m. (-a).

1.scotch /skɒtʃ/ n. RAR. *(cut)* taglio m., ferita f.

2.scotch /skɒtʃ/ tr. soffocare [*rumour, revolt*]; mandare a monte, rovinare [*plans*]; annientare [*hopes*].

3.scotch /skɒtʃ/ n. SCOZZ. *(wedge)* zeppa f., cuneo m.

4.scotch /skɒtʃ/ tr. SCOZZ. *(block)* bloccare [qcs.] con una zeppa [*wheel*].

Scotch /skɒtʃ/ **I** agg. scozzese **II** n. (anche **~ whisky**) whisky m. scozzese, scotch m.

Scotch broth /ˌskɒtʃ'brɒθ/ n. = zuppa di manzo o montone, orzo e verdura.

Scotch egg /ˌskɒtʃ'eg/ n. BE = uovo sodo avvolto in un impasto di carne tritata e fritto.

Scotch elm /ˌskɒtʃ'elm/ n. → **wych elm**.

Scotch fir /ˌskɒtʃ'fɜ:(r)/ n. → **Scots pine**.

Scotch-Irish /ˌskɒtʃ'aɪərɪʃ/ agg. irlandese di origine scozzese.

Scotch kale /ˌskɒtʃ'keɪl/ n. zuppa f. di cavoli.

Scotchman /'skɒtʃmən/ n. (pl. **-men**) scozzese m.

Scotch mist /ˌskɒtʃ'mɪst/ n. = nebbia fitta mista a pioggia.

Scotch pancake /ˌskɒtʃ'pæŋkeɪk/ n. BE → **drop scone**.

Scotch pine /ˌskɒtʃ'paɪn/ n. → **Scots pine**.

Scotch tape® /ˌskɒtʃ'teɪp/ n. AE nastro m. adesivo, scotch® m.

Scotch-tape /ˌskɒtʃ'teɪp/ tr. fissare con nastro adesivo, con scotch.

Scotch terrier /ˌskɒtʃ'terɪə(r)/ n. → **Scottish terrier**.

Scotch thistle /ˌskɒtʃ'θɪsl/ n. **1** BOT. acanzio m., cardo m. asinino **2** *(emblem of Scotland)* = emblema nazionale scozzese.

Scotchwoman /'skɒtʃˌwʊmən/ n. (pl. **-women**) scozzese f.

scoter /'skəʊtə(r)/ n. = ciascuno degli uccelli del genere melanitta.

scot-free /ˌskɒt'fri:/ agg. ***to get off*** o ***go ~*** *(unpunished)* farla franca; *(unharmed)* uscire incolume *o* illeso.

scotia /'skəʊʃə/ n. ARCH. scozia f.

Scoticism → **Scotticism**.

Scotism /'skəʊtɪʒəm/ n. scotismo m.

Scotland /'skɒtlənd/ ➧ ***6*** n.pr. Scozia f.

Scotland Office /'skɒtlənd,ɒfɪs, AE -ˌɔ:fɪs/ n. GB = ministero per la Scozia.

Scotland Yard /ˌskɒtlənd'jɑ:d/ n. Scotland Yard f. (polizia metropolitana di Londra).

scotoma /skəʊ'təʊmə/ n. (pl. **~s, -ata**) scotoma m.

scotopic /skə'təʊpɪk/ agg. scotopico.

Scots /skɒts/ ➧ ***14*** **I** agg. scozzese **II** n. LING. dialetto m. scozzese.

Scotsman /'skɒtsmən/ n. (pl. **-men**) scozzese m.

Scots pine /ˌskɒts'paɪn/ n. pino m. silvestre.

Scotswoman /'skɒtsˌwʊmən/ n. (pl. **-women**) scozzese f.

Scott /skɒt/ n.pr. Scott (nome di uomo).

Scotticism /'skɒtɪsɪzəm/ n. = parola, espressione o costruzione grammaticale scozzese.

Scottie /'skɒtɪ/ n. → **Scottish terrier**.

Scottish /'skɒtɪʃ/ ➧ ***18*** agg. scozzese; ***the ~ Highlands*** le Highlands (scozzesi).

> **i** **Scottish Parliament** Il parlamento scozzese, istituito nel 1999, si riunisce a Edimburgo, capitale della Scozia. Ha poteri legislativi ed esecutivi nelle questioni di politica interna e, a differenza di quello del Galles (*Welsh Assembly*), può, seppur con limitazioni, modificare le imposte sul reddito. Dei suoi 129 deputati (*Members of the Scottish Parliament* o *MSPs*), 73 sono eletti con il sistema maggioritario e i restanti 56 (*Additional Members*) con il proporzionale.

Scottish country dancing /ˌskɒtɪʃˌkʌntrɪˈdɑːnsɪŋ, AE -ˈdænsɪŋ/ n. danza f. folcloristica scozzese.
Scottish Nationalist /ˌskɒtɪʃˈnæʃnəlɪʃt/ n. membro m. del partito nazionalista scozzese.
Scottish National Party /ˌskɒtɪʃˈnæʃənlˌpɑːtɪ/ n. partito m. nazionalista scozzese.
Scottish Office /ˈskɒtɪʃˌɒfɪs, AE -ˌɔːfɪs/ n. POL. = fino al 1999, ministero per la Scozia.
Scottish terrier /ˌskɒtɪʃˈterɪə(r)/ n. scottish terrier m.
scoundrel /ˈskaʊndrəl/ n. SPREG. farabutto m. (-a), furfante m. e f.; SCHERZ. canaglia f.
scoundrelism /ˈskaʊndrəlɪzəm/ n. furfanteria f., bricconeria f.
scoundrelly /ˈskaʊndrəlɪ/ agg. furfantesco, spregevole, ignobile.
1.scour /ˈskaʊə(r)/ n. *(erosion)* erosione f., dilavamento m.
2.scour /ˈskaʊə(r)/ tr. **1** *(scrub)* strofinare, pulire sfregando **2** *(erode)* [*wind*] erodere; [*water*] dilavare **3** *(wash)* lavare, smacchiare [*wool, cloth*].
▪ **scour out:** ~ ***out [sth.]***, ~ ***[sth.] out*** pulire strofinando.
3.scour /ˈskaʊə(r)/ tr. *(search)* battere, perlustrare [*area*]; esaminare attentamente [*book, list*] (**for** alla ricerca di); leggere [qcs.] dall'inizio alla fine [*book, list*] (**for** alla ricerca di); ***to ~ the shops for sth.*** fare il giro dei negozi alla ricerca di qcs.
scourer /ˈskaʊərə(r)/ n. **1** *(pad)* paglietta f. per strofinare **2** *(powder)* detersivo m. in polvere.
1.scourge /skɜːdʒ/ n. sferza f., frusta f., flagello m. (anche FIG.).
2.scourge /skɜːdʒ/ **I** tr. **1** sferzare, frustare, flagellare **2** FIG. [*ruler*] opprimere; [*famine, disease, war*] affliggere, flagellare **II** rifl. ***to ~ oneself*** [*monk, nun*] autoflagellarsi.
scourger /ˈskɜːdʒə(r)/ n. fustigatore m. (-trice) (anche FIG.).
scouring pad /ˈskaʊərɪŋˌpæd/ n. paglietta f.
scouring powder /ˈskaʊərɪŋˌpaʊdə(r)/ n. detersivo m. in polvere.
scouse /skaʊs/ **I** agg. BE COLLOQ. di Liverpool **II** n. BE COLLOQ. **1** *(person)* nativo m. (-a), abitante m. e f. di Liverpool **2** *(dialect)* dialetto m. di Liverpool.
scouser /ˈskaʊsə(r)/ n. BE COLLOQ. nativo m. (-a), abitante m. e f. di Liverpool.
▷ **1.scout** /skaʊt/ **I** n. **1** (anche **Scout**) scout m. e f. **2** MIL. esploratore m.; ***to have a ~ around*** MIL. andare in perlustrazione *o* in ricognizione; FIG. dare un'occhiata in giro **3** (anche **talent ~**) talent scout m. e f. **II** modif. (anche **Scout**) [*camp, leader, movement*] scout; [*uniform*] da scout; [*troop*] di scout.
▷ **2.scout** /skaʊt/ intr. **1** MIL. andare in perlustrazione, in ricognizione **2** SPORT *(search)* ***to ~ for talent*** essere alla ricerca di talenti *o* fare l'osservatore alla ricerca di talenti.
▪ **scout around** MIL. andare in perlustrazione, in ricognizione (**to do** per fare); ***to ~ around for sth.*** andare alla ricerca di qcs. *o* cercare qcs.
3.scout /skaʊt/ n. GB UNIV. *(cleaner)* inserviente m. e f.
4.scout /skaʊt/ tr. **1** *(reject)* respingere sdegnosamente [*suggestion, proposal*] **2** ANT. *(mock)* deridere, schernire.
Scout Association /skaʊtəˌsəʊsɪˈeɪʃn/ n. associazione f. di scout.
scouter /ˈskaʊtə(r)/ n. esploratore m. (-trice).
scout hole /ˈskaʊtˌhəʊl/ n. MIN. sondaggio m. (esplorativo).
scout hut /ˈskaʊthʌt/ n. ritrovo m. di scout.
scouting /ˈskaʊtɪŋ/ n. scoutismo m.
scoutmaster /ˈskaʊtmɑːstə(r), AE -mæs-/ n. capo m. di un gruppo di scout, capo m. scout.
scow /skaʊ/ n. barcone m. a fondo piatto, chiatta f.
▷ **1.scowl** /skaʊl/ n. cipiglio m., sguardo m. severo, corrucciato; ***with a ~*** con sguardo severo.
▷ **2.scowl** /skaʊl/ intr. aggrottare le ciglia, accigliarsi; ***she ~ed at me*** mi guardò con sguardo severo.
scowling /ˈskaʊlɪŋ/ agg. accigliato, torvo.
scowlingly /ˈskaʊlɪŋlɪ/ avv. con aria accigliata, severa.
scrabble /ˈskræbl/ intr. **1** (anche **~ around**) *(search)* rovistare, frugare **2** *(scrape)* grattare; [*animal*] raspare; ***he ~d desperately for a hold*** cercava disperatamente un appiglio.
Scrabble® /ˈskræbl/ n. scarabeo® m.
1.scrag /skræg/ n. **1** (anche **~ end**) GASTR. collo m. di montone **2** *(thin person)* persona f. scheletrica.
2.scrag /skræg/ tr. (forma in -ing ecc. **-gg-**) AE POP. **1** *(hang)* impiccare; *(strangle)* strangolare **2** *(seize by the neck)* afferrare per il collo **3** *(kill)* fare fuori.
1.scragginess /ˈskrægɪnɪs/ n. magrezza f. (scheletrica).
2.scragginess /ˈskrægɪnɪs/ n. ruvidezza f., scabrosità f.
scraggly /ˈskræglɪ/ agg. AE [*beard*] incolto.
1.scraggy /ˈskrægɪ/ agg. [*person*] magro, ossuto; [*part of body*] ossuto, scarno; [*animal*] scheletrico.
2.scraggy /ˈskrægɪ/ agg. *(rough)* [*contour*] ruvido, scabro; [*branch*] nodoso; [*cliffs, mountains*] frastagliato.
scram /skræm/ intr. COLLOQ. (forma in -ing ecc. **-mm-**) filare via, smammare.
▷ **1.scramble** /ˈskræmbl/ n. **1** *(rush)* gara f., lotta f. (**for** per; **to do** per fare); ***the ~ for the best seats*** la corsa per i posti migliori **2** *(climb)* scalata f., arrampicata f. **3** SPORT gara f. di motocross **4** AER. MIL. decollo m. rapido.
▷ **2.scramble** /ˈskræmbl/ **I** tr. **1** (anche **~ up**) *(jumble)* mettere in disordine, confondere [*papers*]; ingarbugliare [*string, wool*] **2** GASTR. ***to ~ eggs*** fare le uova strapazzate **3** *(code)* RAD. TEL. codificare, rendere indecifrabile [*signal*]; TELEV. criptare [*signal*] **4** MIL. fare decollare [qcs.] in fretta [*aircraft, squadron*] **II** intr. **1** *(clamber)* arrampicarsi, inerpicarsi; ***to ~ up*** arrampicarsi su; ***~ down*** scendere (aiutandosi con braccia e gambe) [*slope, wall*]; ***to ~ over*** scalare [*rocks*]; scavalcare [*debris*]; ***to ~ through*** aprirsi un passaggio tra [*bushes*]; ***to ~ to one's feet*** alzarsi in modo goffo **2** *(compete)* ***to ~ for*** contendersi, lottare per [*contracts, jobs, prizes*]; ***to ~ to do*** darsi da fare per fare **3** *(rush)* ***to ~ for*** precipitarsi verso [*door, buffet*]; ***to ~ to do*** precipitarsi a fare.
scrambled egg /ˌskræmbldˈeg/ n. **1** (anche **scrambled eggs**) GASTR. uovo m. strapazzato **2** COLLOQ. MIL. grado m. da ufficiale, stelletta f.
scramble net /ˈskræmblnet/ n. = rete per arrampicarsi su una nave.
scrambler /ˈskræmblə(r)/ n. **1** RAD. TEL. dispositivo m. per codificare messaggi **2** BE *(motorcyclist)* crossista m. e f.
scrambling /ˈskræmblɪŋ/ ➧ ***10*** n. **1** SPORT motocross m. **2** RAD. TEL. codifica f. di messaggi **3** TELEV. (il) criptare.
▷ **1.scrap** /skræp/ **I** n. **1** *(fragment) (of paper, cloth)* pezzetto m., brandello m.; *(of verse, conversation)* frammento m.; *(cutting)* ritaglio m.; *(of land)* particella f., lotto m.; ***~s of news, information*** notizie, informazioni frammentarie; ***they devoured every ~ of food*** hanno divorato anche le briciole; ***there wasn't a ~ of evidence*** non c'era neanche uno straccio di prova; ***there isn't a ~ of truth in what they say*** non c'è un briciolo di verità in ciò che dicono; ***she never does a ~ of work*** non fa mai niente **2** *(discarded goods) (metal)* ferraglia f., rottame m.; ***to sell sth. for ~*** vendere qcs. come rottame **II scraps** n.pl. *(of food)* avanzi m.; *(in butcher's)* ritagli m., scarti m.; *(of bread)* pezzi m., pezzetti m. **III** modif. [*price, value*] di rottamazione; ***~ trade*** commercio dei rottami.
▷ **2.scrap** /skræp/ tr. (forma in -ing ecc. **-pp-**) **1** COLLOQ. *(do away with)* lasciare perdere [*system, policy, agreement, scheme*]; abolire, eliminare [*tax*]; abbandonare [*talks*] **2** *(dispose of)* smantellare, demolire [*aircraft, weaponry, equipment*].
▷ **3.scrap** /skræp/ n. COLLOQ. *(fight)* zuffa f., rissa f.; ***to get into a ~ with sb.*** azzuffarsi con qcn.
▷ **4.scrap** /skræp/ intr. COLLOQ. (forma in -ing ecc. **-pp-**) *(fight)* azzuffarsi (**with** con).
scrapbook /ˈskræpbʊk/ n. album m. (di ritagli di giornali ecc.).
scrap (metal) dealer /ˌskræp(metl)ˈdiːlə(r)/ ➧ ***27*** n. rottamaio m., ferrovecchio m.
▷ **1.scrape** /skreɪp/ n. **1** COLLOQ. *(awkward situation)* ***to get into a ~*** mettersi nei guai *o* nei pasticci; ***to get sb. into a ~*** fare finire qcn. nei pasticci; ***he's always getting into ~s*** si ficca sempre nei pasticci **2** *(in order to clean)* ***to give sth. a ~*** raschiare qcs. **3** *(sound) (of cutlery, shovels)* rumore m. stridulo; *(of boots)* raschio m. **4** *(small amount)* ***a ~ of*** un po' di [*butter, jam*].
▷ **2.scrape** /skreɪp/ **I** tr. **1** *(clean)* pelare [*vegetables*]; strofinare, sfregare [*shoes*]; ***to ~ sth. clean*** pulire qcs. raschiando **2** *(damage)* graffiare, scalfire [*paintwork, car part, furniture*] **3** *(injure)* scorticare, sbucciare [*elbow, knee etc.*]; ***to ~ one's knee*** sbucciarsi un ginocchio **4** *(making noise)* strisciare [*chair, feet*] **5** COLLOQ. *(get with difficulty)* ***to ~ a living*** sbarcare il lunario *o* tirare avanti (**doing** facendo); ***she ~d a c in biology*** è riuscita a strappare una sufficienza in biologia **II** intr. **1** ***to ~ against sth.*** [*car part, branch*] strisciare contro qcs. **2** *(economize)* fare economia ◆ ***to ~ the bottom of the barrel*** raschiare il fondo del barile; ***~ home*** vincere per un pelo.
▪ **scrape along** → **scrape by**.
▪ **scrape back:** ~ ***[sth.] back***, ~ ***back [sth.]*** tirare indietro [*hair*].
▪ **scrape by** sbarcare il lunario, tirare avanti; ***he manages to ~ by on £ 80 a week*** riesce a tirare avanti con 80 sterline alla settimana.
▪ **scrape in** *(to university)* essere ammesso per il rotto della cuffia, a stento; *(to class)* essere promosso per il rotto della cuffia.
▪ **scrape off:** ~ ***off [sth.]***, ~ ***[sth.] off*** scrostare, grattare via.
▪ **scrape out:** ~ ***out [sth.]***, ~ ***[sth.] out*** togliere grattando, grattare via [*contents of jar*]; pulire raschiando [*saucepan*].

▪ **scrape through:** ~ **through** farcela a stento, per il rotto della cuffia ~ **through [sth.]** passare, superare per il rotto della cuffia [*exam, test*].
▪ **scrape together:** ~ **[sth.] together,** ~ **together [sth.]** racimolare, raggranellare [*sum of money*]; riuscire a riunire [*people*].
▪ **scrape up** → **scrape together.**
scraper /ˈskreɪpə(r)/ n. *(for decorating)* raschietto m.; *(for shoes)* raschietto m.
scrap heap /ˈskræphiːp/ n. mucchio m. di rottami; ***to be thrown on*** o ***consigned to the*** ~ FIG. essere messo nel dimenticatoio.
scrapie /ˈskreɪpɪ/ n. scrapie m.
scraping /ˈskreɪpɪŋ/ **I** n. **1** *(noise) (of feet, chairs)* raschio m. (**on** su); *(of cutlery)* rumore m. stridulo **2** BE *(small amount)* ***a ~ of*** un po' di [*butter, jam*] **3** *(scratching)* raschiatura f., scrostatura f. **II scrapings** n.pl. BE *(of paint)* raschiatura f.sing.; *(of food etc.)* avanzi m. **III** agg. [*noise*] di raschio.
scrap iron /ˌskræpˈaɪən, AE -ˈaɪərn/ n. rottami m.pl. di ferro.
scrap merchant /ˌskræpˈmɜːtʃənt/ ♦ **27** n. rottamaio m.
scrap metal /ˈskræpˌmetl/ n. ferraglia f., rottame m.
scrap paper /ˈskræpˌpeɪpə(r)/ n. **U** carta f. straccia.
scrapper /ˈskræpə(r)/ n. **1** attaccabrighe m. e f. **2** *(boxer)* pugile m. (combattivo).
scrapping /ˈskreɪpɪŋ/ n. rottamazione f.
1.scrappy /ˈskræpɪ/ agg. *(disorganized)* [*play, programme, report, essay*] sconnesso, sconclusionato; [*game, playing*] sconclusionato; [*meal*] preparato alla meglio.
2.scrappy /ˈskræpɪ/ n. AE COLLOQ. SPREG. *(pugnacious)* [*person*] rissoso, litigioso.
scrap yard /ˈskræpjɑːd/ n. deposito m. di rottami; ***to take sth. to, buy sth. from the*** ~ portare qcs., comprare qcs. dal rottamaio.
▷ **1.scratch** /skrætʃ/ **I** n. **1** *(wound)* graffio m., graffiatura f.; *(from a claw, fingernail)* graffio m.; ***to escape without a*** ~ uscirne senza un graffio; ***I got a ~ from a cat*** un gatto mi ha graffiato **2** *(mark) (on metal, furniture, record, glass)* graffio m., riga f. **3** *(action to relieve an itch)* ***to have a*** ~ grattarsi *o* darsi una grattata; ***to give one's arm, foot a*** ~ grattarsi un braccio, un piede **4** *(sound)* stridio m., (il) grattare **5** COLLOQ. *(satisfaction, standard)* ***he, his work is not up to*** ~ lui, il suo lavoro non è all'altezza; ***to keep sth. up to*** ~ mantenere qcs. a un livello accettabile *o* al livello richiesto **6** *(zero)* ***to start from*** ~ cominciare da zero; ***to plan, study sth. from*** ~ progettare, studiare qcs. partendo da zero **7** SPORT scratch m., linea f. di partenza **II** agg. [*team*] raccogliticcio, improvvisato; [*meal*] improvvisato, fatto alla meglio; ***he's a ~ golfer*** è un golfista improvvisato.
▷ **2.scratch** /skrætʃ/ **I** tr. **1** *(cancel)* cancellare [*race, meeting*] **2** INFORM. *(delete)* cancellare [*file*] **3** *(trace)* ***to ~ one's initials on sth.*** incidere le proprie iniziali su qcs.; ***to ~ a line in the soil*** tracciare una linea nella terra **4** *(wound)* [*cat, person*] graffiare [*person*]; [*thorns, rosebush*] graffiare [*person*]; ***to get ~ed*** *(by cat)* farsi graffiare; *(by thorns)* graffiarsi **5** *(react to itch)* grattare [*spot*]; ***to ~ one's arm, chin*** grattarsi un braccio, il mento; ***to ~ an itch*** grattarsi; ***to ~ sb.'s back*** grattare la schiena a qcn.; ***to ~ one's head*** grattarsi la testa; FIG. essere perplesso *o* mostrare perplessità **6** *(damage)* [*person, branch*] rigare, graffiare [*car*]; [*cat*] farsi le unghie su [*furniture*]; [*person, toy*] graffiare, scalfire [*furniture, wood*]; graffiare, rigare [*record*]; ***the table is all ~ed*** il tavolo è tutto graffiato **7** SPORT *(withdraw)* ritirare da una gara [*horse, competitor*] **II** intr. **1** *(relieve itch)* [*person*] grattarsi **2** *(inflict injury)* [*person, cat*] graffiare **III** rifl. ***to ~ oneself*** [*dog, person*] grattarsi ♦ ***to ~ a living from the soil*** guadagnarsi a stento da vivere coltivando la terra; ***you ~ my back and I'll ~ yours*** una mano lava l'altra; ***~ a translator and you'll find a writer underneath!*** in ogni traduttore si nasconde uno scrittore!
▪ **scratch about** → **scratch around.**
▪ **scratch along** tirare avanti, sbarcare il lunario.
▪ **scratch around** [*hen*] razzolare (**in** in); ***to ~ around to find the money*** cercare dappertutto per trovare i soldi.
▪ **scratch at:** ~ **at [sth.]** grattare a [*door*].
▪ **scratch by** → **scratch along.**
▪ **scratch out:** ~ **out [sth.],** ~ **[sth.] out** raschiare via, cancellare; ***to ~ sb.'s eyes out*** cavare gli occhi a qcn.
▪ **scratch up:** ~ **up [sth.],** ~ **[sth.] up** COLLOQ. raggranellare [*money*].
Scratch /skrætʃ/ n. ***the Old*** ~ = il Diavolo.
scratchcard /ˈskrætʃkɑːd/ n. gratta e vinci m.
scratch file /ˈskrætʃfaɪl/ n. file m. temporaneo.
scratching /ˈskrætʃɪŋ/ n. raschiatura f., graffiatura f.
scratch mark /ˈskrætʃmɑːk/ n. frego m.
scratch pad /ˈskrætʃpæd/ n. blocchetto m. di fogli per appunti.
scratch tape /ˈskrætʃteɪp/ n. nastro m. di lavoro.
scratch test /ˈskrætʃtest/ n. MED. scratch test m., test m. di scarificazione.
scratch video /ˈskrætʃˌvɪdɪəʊ/ n. = tecnica di montaggio in cui una rapida successione di immagini è accompagnata da una colonna sonora.
scratch wig /ˈskrætʃwɪg/ n. parrucchino m.
scratch-work /ˈskrætʃwɜːk/ n. graffito m.
scratchy /ˈskrætʃɪ/ agg. [*fabric, wool*] ruvido.
1.scrawl /skrɔːl/ n. scarabocchio m., sgorbio m.
2.scrawl /skrɔːl/ **I** tr. scarabocchiare **II** intr. scarabocchiare, fare scarabocchi.
scrawler /ˈskrɔːlə(r)/ n. chi fa scarabocchi.
scrawly /ˈskrɔːlɪ/ agg. scarabocchiato.
scrawny /ˈskrɔːnɪ/ agg. [*person, animal*] magro, ossuto, scheletrico; [*vegetation*] rado.
▷ **1.scream** /skriːm/ n. **1** *(sound) (of person)* grido m., strillo m.; *(stronger)* urlo m.; *(of animal)* grido m., stridio m.; *(of brakes, tyres)* stridore m.; ***~s of laughter*** scoppio di risa *o* risate **2** COLLOQ. *(funny person)* ***to be a*** ~ essere uno spasso.
▷ **2.scream** /skriːm/ **I** tr. gridare, urlare, strillare [*words, insult, order*]; FIG. GIORN. [*headline*] mettere in risalto **II** intr. [*person*] gridare, strillare; *(stronger)* urlare; [*animal*] gridare; [*bird*] gridare, stridere; [*brakes, tyres*] stridere; FIG. [*colour*] saltare agli occhi, essere molto vistoso; ***to ~ at sb.*** urlare dietro a qcn.; ***to ~ at sb. to do sth.*** gridare a qcn. di fare qcs.; ***to ~ for sth., sb.*** richiedere (a gran voce) qcs., qcn.; ***to ~ with*** urlare di [*fear, pain, rage*]; gridare per [*excitement, pleasure*]; ***to ~ with laughter*** ridere a crepapelle ♦ ***to ~ the place down*** urlare a squarciagola; ***he was kicking and ~ing*** si dimenava gridando; ***to drag sb. kicking and ~ing to the dentist*** trascinare qcn. di forza dal dentista; ***the company was dragged kicking and ~ing into the twentieth century*** la società è stata costretta ad adattarsi alle esigenze del mondo contemporaneo.
screamer /ˈskriːmə(r)/ n. AE COLLOQ. **1** *(headline)* titolo m. sensazionale **2** *(newspaper boy)* strillone m.
▷ **screaming** /ˈskriːmɪŋ/ **I** n. *(of person)* grida f.pl., strilli m.pl.; *(stronger)* urla f.pl.; *(of animal)* grida f.pl.; *(of bird)* grida f.pl., stridio m.; *(of brakes, tyres)* stridio m., stridore m. **II** agg. FIG. [*headline*] sensazionale; [*colour*] chiassoso.
screamingly /ˈskriːmɪŋlɪ/ avv. ~ ***funny*** divertente da morire; ~ ***obvious*** del tutto *o* smaccatamente ovvio.
scree /skriː/ n. detrito m. di falda, falda f. detritica.
1.screech /skriːtʃ/ n. grido m., strillo m. acuto; *(of tyres)* stridio m., stridore m.
2.screech /skriːtʃ/ **I** tr. gridare, strillare, urlare **II** intr. [*person*] gridare, strillare, urlare; [*animal*] gridare, stridere; [*tyres*] stridere; ***to ~ to a halt*** arrestarsi con stridore di gomme.
screeching /skriːtʃɪŋ/ n. *(of person)* (il) gridare, (lo) strillare, (l')urlare; *(of animal)* (il) gridare; *(of bird)* stridio m.; *(of tyres)* stridore m., stridio m.
screech-owl /ˈskriːtʃˌaʊl/ n. BE barbagianni m.; AE gufo m.
screechy /ˈskriːtʃɪ/ agg. stridulo, stridente.
screed /skriːd/ n. **1** = scritto lungo e noioso; ***to write ~s*** scrivere un poema **2** ING. *(strip)* rasiera f.; *(surfacing)* guida f. per l'intonaco.
▶ **1.screen** /skriːn/ **I** n. **1** CINEM. INFORM. TELEV. schermo m.; ***computer, television*** ~ schermo del computer, della televisione; ***on*** ~ INFORM. a video; CINEM. TELEV. su schermo; ***the big*** ~ FIG. il grande schermo; ***the small*** ~ FIG. il piccolo schermo; ***the*** ~ FIG. il cinema; ***a star of stage and*** ~ una stella del teatro e del cinema; ***he writes for the*** ~ CINEM. scrive per il cinema; TELEV. scrive per la televisione **2** *(panel) (decorative or for getting changed)* paravento m.; *(partition)* muro m. divisorio, parete f. divisoria; *(to protect)* schermo m.; ***bulletproof*** ~ schermo blindato; ***the hedge formed a ~ which hid the house from the road*** la siepe faceva sì che la casa non si potesse vedere dalla strada; ***the properties were divided by a ~ of trees*** le proprietà erano separate da una fila di alberi **3** FIG. *(cover)* copertura f.; ***to act as a ~ for*** servire da copertura a [*illegal activity*] **4** MED. esame m. diagnostico **5** MIL. truppa f. di copertura **6** *(sieve)* crivello m., vaglio m. **7** AE *(in door)* grata f. **II** modif. CINEM. [*star*] del cinema; [*actor, appearance, debut, performance*] cinematografico.
2.screen /skriːn/ tr. **1** CINEM. *(show on screen)* proiettare [*film*]; TELEV. trasmettere [*programme, film, event*] **2** *(shield, conceal)* coprire [*person, house*]; *(protect)* proteggere, riparare (**from** da); ***she wore a hat to ~ her eyes from the sun*** portava un cappello per ripararsi gli occhi dal sole; ***to ~ sth. from sight*** o ***view*** nascondere qcs. **3** *(subject to test)* AMM. selezionare [*applicants, candidates*];

vagliare la richiesta di [*refugees*]; *(at airport)* controllare [*baggage*]; MED. sottoporre a esame diagnostico [*person, patient*]; ***to be ~ed*** [*staff*] essere sottoposto a dei controlli; ***to ~ sb. for cancer*** sottoporre qcn. a degli esami diagnostici per accertare la presenza di un tumore; ***to ~ sb. for Aids*** fare fare a qcn. il test dell'AIDS **4** *(sieve)* vagliare.

■ **screen off:** ***~ off [sth.], ~ [sth.] off*** separare (con un divisorio) [*part of room, garden*].

■ **screen out:** ***~ [sb.] out, ~ out [sb.]*** scartare [*candidate*]; rifiutare (la richiesta di) [*refugee*]; ***~ out [sth.], ~ [sth.] out*** escludere, ignorare [*unwanted data*]; filtrare [*nuisance calls*]; riparare da [*light, noise*].

screen door /ˈskri:n͵dɔ:(r)/ n. porta f. a zanzariera.

screen dump /ˈskri:n͵dʌmp/ n. INFORM. stampa f. della schermata.

▷ **screening** /ˈskri:nɪŋ/ n. **1** CINEM. TELEV. *(showing)* proiezione f.; ***the film has already had two ~s this year*** il film è già stato trasmesso due volte quest'anno **2** *(testing)* *(of candidates)* selezione f.; MED. *(of patients)* screening m.; ***blood ~*** MED. analisi del sangue; ***cancer ~*** esame diagnostico del cancro **3** *(vetting)* *(of calls, information)* selezione f. **4** *(sieving)* vaglio m.

screening room /ˈskri:nɪŋ͵ru:m, -͵rʊm/ n. cabina f. di proiezione.

screening service /ˈskri:nɪŋ͵sɜ:vɪs/ n. MED. screening m.

screenplay /ˈskri:npleɪ/ n. CINEM. sceneggiatura f.

screen printing /ˈskri:n͵prɪntɪŋ/ n. serigrafia f.

screen rights /ˈskri:n͵raɪts/ n.pl. diritti m. cinematografici.

screen saver /ˈskri:n͵seɪvə(r)/ n. salvaschermo m., screen saver m.

screen test /ˈskri:n͵test/ n. CINEM. provino m.

screen wash /ˈskri:n͵wɒʃ/ n. AUT. **1** *(device)* lavacristallo m. **2** *(liquid)* liquido m. lavavetri.

screenwiper /ˈskri:n͵waɪpə(r)/ n. AUT. tergicristallo m.

screenwriter /ˈskri:n͵raɪtə(r)/ ◆ ***27*** n. CINEM. TELEV. sceneggiatore m. (-trice).

▷ **1.screw** /skru:/ n. **1** TECN. vite f. **2** AER. MAR. elica f. **3** BE COLLOQ. *(prison guard)* guardia f. carceraria **4** VOLG. *(sex)* ***to have a ~*** chiavare *o* farsi una scopata; ***to be a good ~*** scopare bene **5** BE COLLOQ. *(wage)* ***to earn a fair ~*** guadagnare un pacco di soldi ◆ ***to have a ~ loose*** COLLOQ. essere svitato; ***to put the ~s on sb.*** COLLOQ. forzare la mano a qcn.

▷ **2.screw** /skru:/ **I** tr. **1** TECN. avvitare [*object*] (**into** in); ***to ~ sth. onto*** o ***to a door, to the floor*** avvitare qcs. alla porta, al pavimento; ***he ~ed the top on the bottle*** ha messo il tappo alla bottiglia *o* ha chiuso la bottiglia con il tappo **2** POP. *(extort)* ***to ~ sth. out of sb.*** estorcere qcs. a qcn. **3** POP. *(swindle)* fregare [*person*] **4** POP. *(have sex with)* chiavare, scopare [*person*] **II** intr. **1** TECN. ***to ~ onto, into sth.*** [*part, component*] avvitarsi su, in qcs. **2** POP. *(have sex)* chiavare, scopare ◆ ***~ you!*** POP. va' a farti fottere! ***to have one's head ~ed on*** avere la testa sulle spalle.

■ **screw around:** ***~ around*** **1** POP. *(sleep around)* andare a letto con tutti **2** AE COLLOQ. *(do nothing)* cazzeggiare **3** AE *(refuse to be serious)* fare il cretino; ***quit ~ing around*** smettila di fare il cretino.

■ **screw down:** ***~ down*** [*lid, hatch*] avvitarsi; ***~ [sth.] down, ~ down [sth.]*** avvitare [*lid, screw*].

■ **screw in:** ***~ in*** [*handle, attachment*] avvitarsi; ***~ [sth.] in, ~ in [sth.]*** avvitare [*bolt*].

■ **screw off:** ***~ off*** [*cap, lid*] svitarsi; ***~ [sth.] off, ~ off [sth.]*** svitare [*cap, lid*].

■ **screw on:** ***~ on*** [*lid, cap, handle*] avvitarsi; ***~ [sth.] on, ~ on [sth.]*** avvitare [*lid, cap, handle*].

■ **screw round** ***to ~ one's head round*** girare la testa.

■ **screw together:** ***~ together*** [*parts*] avvitarsi; ***~ [sth.] together, ~ together [sth.]*** fissare con viti [*table, model*]; ***she ~ed the two parts together*** ha fissato i due pezzi con delle viti *o* ha avvitato insieme i due pezzi.

■ **screw up:** ***~ up*** COLLOQ. *(mess up)* [*person*] piantare un casino; [*company*] andare in malora; ***~ [sth.] up, ~ up [sth.]*** **1** *(crumple)* accartocciare [*piece of paper*]; spiegazzare [*material*]; ***to ~ up one's eyes*** strizzare gli occhi; ***to ~ up one's face*** fare una smorfia **2** COLLOQ. *(make a mess of)* mandare all'aria [*plan, preparations, task*] **3** *(summon)* ***to ~ up one's courage*** farsi coraggio *o* prendere il coraggio a due mani; ***to ~ up the courage to do*** trovare il coraggio di fare; ***~ [sb.] up*** COLLOQ. scombussolare, innervosire [*person*].

screwball /ˈskru:bɔ:l/ **I** n. COLLOQ. svitato m. (-a) **II** modif. COLLOQ. [*person*] svitato; [*film, comedy*] demenziale.

screwbolt /ˈskru:͵bəʊlt/ n. bullone m.

screw-cap /͵skru:ˈkæp, AE ˈskru:͵kæp/ n. coperchio m., tappo m. a vite.

screwdriver /ˈskru:draɪvə(r)/ n. **1** *(tool)* cacciavite m., giravite m. **2** *(cocktail)* screwdriver m. (cocktail a base di vodka e spremuta d'arancia).

screwed /skru:d/ **I** p.pass. → **2.screw** **II** agg. **1** [*screw, bolt*] avvitato **2** *(contorted, twisted)* contorto, storto **3** POP. *(ruined)* fregato, fottuto **4** POP. *(tipsy)* brillo, ubriaco.

screwed-up /͵skru:dˈʌp/ agg. COLLOQ. *(confused)* incasinato, scombussolato; *(neurotic)* isterico, nevrotico; ***he's really ~ed up*** è davvero fuori di sé.

screw-in /ˈskru:͵ɪn/ agg. [*lightbulb*] a vite.

screw-off /ˈskru:͵ɒf/ n. AE COLLOQ. venditore m. (-trice) di fumo.

screw thread /ˈskru:θred/ n. TECN. filettatura f.

screw top /ˈskru:͵tɒp/ **I** n. coperchio m., tappo m. a vite **II screw-top** modif. [*jar*] con coperchio a vite; [*bottle*] con tappo a vite.

screw-up /ˈskru:ʌp/ n. AE COLLOQ. **1** *(blunder)* cavolata f.; *(mess)* casino m. **2** *(situation of confusion)* casino m. **3** *(person)* casinista m. e f.

screwy /ˈskru:ɪ/ agg. COLLOQ. svitato.

scribal /ˈskraɪbl/ agg. STOR. BIBL. *(of a scribe)* di scriba.

1.scribble /ˈskrɪbl/ n. scarabocchio m., sgorbio m.; ***I can't read his ~*** non riesco a decifrare i suoi scarabocchi; ***his signature was just a ~*** la sua firma era uno scarabocchio.

2.scribble /ˈskrɪbl/ **I** tr. scarabocchiare, scribacchiare; ***to ~ a note to sb.*** scribacchiare due righe a qcn. **II** intr. scarabocchiare, scribacchiare (anche FIG.).

■ **scribble down:** ***~ [sth.] down, ~ down [sth.]*** scribacchiare [*message, note*].

■ **scribble out:** ***~ [sth.] out, ~ out [sth.]*** scarabocchiare [*sentence, word*].

scribbler /ˈskrɪblə(r)/ n. persona f. che scarabocchia; *(author)* SPREG. scribacchino m. (-a), imbrattacarte m. e f.

scribbling /ˈskrɪblɪŋ/ n. scarabocchio m., sgorbio m. (anche FIG.).

scribe /skraɪb/ n. STOR. BIBL. scriba m.

scriber /skraɪbə(r)/ n. MECC. segnatoio m.

scrim /skrɪm/ n. **1** *(open-weave fabric)* tela f. rada; *(thin canvas)* canovaccio m. **2** TEATR. CINEM. trasparente m. **3** FIG. *(veil)* velo m.

scrimmage /ˈskrɪmɪdʒ/ n. **1** AE *(in football)* mischia f. **2** *(struggle)* rissa f., zuffa f. **3** *(practice game)* partitella f.

scrimp /skrɪmp/ intr. economizzare, fare economia; ***to ~ on sth.*** SPREG. lesinare su qcs.; ***to ~ and save*** fare economia su tutto.

scrimpy /ˈskrɪmpɪ/ agg. **1** *(small, meagre, scanty)* scarso, povero, misero **2** *(mean)* [*person*] tirchio, spilorcio.

scrimshank /ˈskrɪmʃæŋk/ intr. BE MIL. COLLOQ. fare il lavativo.

scrimshanker /ˈskrɪmʃæŋkə(r)/ n. BE MIL. COLLOQ. lavativo m. (-a), scansafatiche m. e f.

scrimshaw /ˈskrɪmʃɔ:/ n. = oggetti di avorio o di osso decorati, intagliati.

scrip /skrɪp/ n. **1** *(shares)* azioni f.pl. gratuite **2** *(certificate)* certificato m. provvisorio.

scrip issue /ˈskrɪp͵ɪʃu:, AE -͵ɪsju:/ n. emissione f. di azioni gratuite.

1.script /skrɪpt/ n. **1** CINEM. TEATR. RAD. TELEV. *(text)* testo m., sceneggiatura f., copione m. **2** *(handwriting)* calligrafia f.; *(print imitating handwriting)* corsivo m. inglese; ***Cyrillic ~*** caratteri cirillici; ***italic ~*** carattere corsivo *o* italico **3** BE SCOL. UNIV. compito m. scritto, elaborato m. **4** DIR. documento m. originale.

2.script /skrɪpt/ tr. scrivere la sceneggiatura di [*film etc.*].

scripted /ˈskrɪptɪd/ **I** p.pass. → **2.script** **II** agg. CINEM. RAD. TELEV. da, secondo copione.

scriptorium /skrɪpˈtɔ:rɪəm/ n. (pl. **~s**, **-ia**) scriptorium m.

scriptural /ˈskrɪptʃərəl/ agg. FORM. *(of the Bible)* scritturale, relativo alla Sacra Scrittura.

scripturalism /ˈskrɪptʃərəlɪzəm/ n. scritturalismo m.

scripturalist /ˈskrɪptʃərəlɪst/ n. **1** *(well versed in the Bible)* scritturista m. e f. **2** *(adherent of scripturalism)* scritturale m. e f.

scripture /ˈskrɪptʃə(r)/ n. **1** RELIG. (anche **Holy Scripture**, **Holy Scriptures**) *(Christian)* Sacre Scritture f.pl.; *(other)* testi m.pl. sacri **2** SCOL. RAR. religione f.

scriptwriter /ˈskrɪptraɪtə(r)/ ◆ ***27*** n. CINEM. RAD. TELEV. sceneggiatore m. (-trice), soggettista m. e f.

scrivener /ˈskrɪvnə(r)/ ◆ ***27*** n. **1** *(professional writer)* scrivano m. (-a); *(scribe)* scriba m. e f.; *(copyist)* copista m. e f.; *(clerk)* impiegato m. (-a) **2** STOR. *(notary)* notaio m. **3** STOR. (anche **money ~**) intermediario m. di credito.

scrofula /ˈskrɒfjʊlə/ ◆ ***11*** n. (pl. **~s**, **-ae**) scrofola f.

scrofulosis /skrɒfjʊˈləʊsɪs/ ◆ ***11*** n. (pl. **-es**) scrofolosi f.

scrofulous /ˈskrɒfjʊləs/ agg. scrofoloso; FIG. corrotto.

scrog /skrɒg, AE -ɔ:g/ tr. (forma in -ing ecc. **-gg-**) AE VOLG. chiavare, scopare.

▷ **1.scroll** /skrəʊl/ n. **1** *(manuscript)* *(painting, commemorative)* rotolo m.; ***the Dead Sea Scrolls*** i manoscritti del Mar

Morto 2 ARCH. ART. *(on column)* voluta f.; *(on violin)* riccio m., chiocciola f.

▷ **2.scroll** /skrəʊl/ **I** tr. INFORM. ***to ~ sth. up, down*** fare scorrere verso l'alto, il basso **II** intr. INFORM. scorrere.

scroll arrow /ˈskrəʊlˌærəʊ/ n. INFORM. freccia f. di scorrimento; ***up, down, left, right ~*** freccia di scorrimento verso l'alto, il basso, sinistra, destra.

scroll bar /ˈskrəʊlˌbɑ:(r)/ n. barra f. di scorrimento.

scrolled /skrəʊld/ **I** p.pass. → **2.scroll II** agg. *(decorated with scrolls)* a volute; *(curled)* arricciato; *(of signature)* a svolazzi.

scrolling /ˈskrəʊlɪŋ/ n. INFORM. scorrimento m.

scroll saw /ˌskrəʊlˈsɔ:/ n. sega f. a svolgere.

scrollwork /ˈskrəʊlwɜ:k/ n. ART. ornamento m. a volute, a ricci.

Scrooge /skru:dʒ/ n. COLLOQ. spilorcio m. (-a), taccagno m. (-a).

Scrooge McDuck /ˌskru:dʒməkˈdʌk/ n.pr. Paperon de' Paperoni.

scrota /ˈskrəʊtə/ → **scrotum**.

scrotal /ˈskrəʊtl/ agg. scrotale.

scrotum /ˈskrəʊtəm/ n. (pl. **~s**, **-ta**) scroto m.

1.scrounge /skraʊndʒ/ n. COLLOQ. ***to be on the ~*** scroccare.

2.scrounge /skraʊndʒ/ **I** tr. COLLOQ. scroccare; ***to ~ sth. off sb.*** scroccare qcs. a qcn. **II** intr. COLLOQ. **1** ***to ~ off sb.*** vivere sulle spalle di qcn. **2** ***to ~ (around) for sth.*** cercare qcs.

scrounger /ˈskraʊndʒə(r)/ n. COLLOQ. scroccone m. (-a).

scroungy /ˈskraʊndʒɪ/ agg. AE COLLOQ. **1** *(shabby)* malconcio, trasandato; *(dirty)* sporco; *(disreputable)* indecente **2** *(of poor quality, inferior)* mediocre, scadente.

▷ **1.scrub** /skrʌb/ n. **1** *(clean)* ***to give sth. a (good) ~*** dare una bella pulita *o* lavata a qcs. **2** BOT. sterpaglia f., macchia f. **3** COSMET. crema f. esfoliante.

▷ **2.scrub** /skrʌb/ **I** tr. (forma in -ing ecc. **-bb-**) **1** *(clean)* sfregare, pulire fregando [*floor, object, back, child*]; lavare bene [*mussel, vegetable*]; ***to ~ sth. with a brush*** spazzolare qcs.; ***to ~ one's nails*** pulirsi le unghie; ***to ~ one's hands*** lavarsi bene le mani; ***to ~ sth. clean*** pulire qcs. a fondo **2** COLLOQ. *(scrap)* mandare a monte, annullare [*meeting*]; scartare, lasciare perdere [*idea*] **II** intr. (forma in -ing ecc. **-bb-**) pulire fregando, sfregare **III** rifl. (forma in -ing ecc. **-bb-**) ***to ~ oneself*** sfregarsi.

■ **scrub down:** ***~ down [sth., sb.], ~ [sth., sb.] down*** lavare, sfregare bene, a fondo.

■ **scrub off:** ***~ off [sth.], ~ [sth.] off*** raschiare via [*stain, graffiti*].

■ **scrub out:** ***~ out [sth.], ~ [sth.] out*** **1** *(clean inside)* sfregare bene [*pan, oven, sink*] **2** *(rub out)* cancellare (con la gomma) [*mark, word, line*].

■ **scrub up** [*surgeon*] lavarsi bene le mani e gli avambracci (prima di un intervento).

scrubber /ˈskrʌbə(r)/ n. **1** IND. *(gas purifier)* scrubber m. **2** *(scourer)* paglietta f. **3** BE AUSTRAL. POP. SPREG. donnaccia f., baldracca f.

scrubbing /ˈskrʌbɪŋ/ n. lavaggio m. energico.

scrubbing board /ˈskrʌbɪŋbɔ:d/ n. asse f. da, per lavare.

scrubbing brush /ˈskrʌbɪŋbrʌʃ/, **scrub brush** AE /ˈskrʌbbrʌʃ/ n. spazzola f. dura, spazzolone m., brusca f.

scrubby /ˈskrʌbɪ/ agg. **1** [*land, hill*] sterposo, coperto di arbusti **2** [*tree, bush*] stentato, cresciuto male.

scrubland /ˈskrʌblænd/ n. steppa f.

scrubwoman /ˈskrʌbwʊmən/ ♦ ***27*** n. (pl. **-women**) AE donna f. delle pulizie.

scruff /skrʌf/ n. **1** *(nape)* ***by the ~ of the neck*** per la collottola **2** BE COLLOQ. *(untidy person)* ***he's a bit of a ~*** è piuttosto trasandato.

scruffily /ˈskrʌfɪlɪ/ avv. [*dress*] sciattamente.

scruffiness /ˈskrʌfɪnɪs/ n. **1** *(of person, clothes)* trasandatezza f., sciattezza f. **2** *(of building, district)* deterioramento m., fatiscenza f.

scruffy /ˈskrʌfɪ/ agg. [*clothes, person*] sciatto, trasandato; [*flat, town*] fatiscente.

1.scrum /skrʌm/ n. **1** *(in rugby)* mischia f.; ***loose, tight ~*** mischia aperta, serrata **2** BE COLLOQ. *(crowd)* calca f.

2.scrum /skrʌm/ intr. (forma in -ing ecc. **-mm-**) → **scrum down**.

■ **scrum down** fare una mischia.

scrum half /ˌskrʌmˈhɑ:f, AE -ˈhæf/ n. SPORT mediano m. di mischia.

1.scrummage /ˈskrʌmɪdʒ/ n. *(in rugby)* mischia f.

2.scrummage /ˈskrʌmɪdʒ/ intr. *(in rugby)* entrare in una mischia.

scrummy /ˈskrʌmɪ/ agg. COLLOQ. delizioso, squisito.

scrump /skrʌmp/ tr. BE COLLOQ. rubare (dall'albero) [*apples*].

scrumptious /ˈskrʌmpʃəs/ agg. COLLOQ. delizioso.

scrumpy /ˈskrʌmpɪ/ n. BE = sidro forte prodotto principalmente nel sud-ovest dell'Inghilterra.

1.scrunch /skrʌntʃ/ n. scricchiolio m.

2.scrunch /skrʌntʃ/ intr. [*footsteps*] scricchiolare; [*tyres*] stridere.

■ **scrunch up:** ***~ up*** AE accartocciarsi; ***~ [sth.] up, ~ up [sth.]*** accartocciare.

scrunge /skrʌndʒ/ n. AE POP. sporcizia f., porcheria f.

1.scruple /ˈskru:pl/ n. scrupolo m. (**about** di); ***without ~*** senza scrupoli; ***to have ~s about doing*** farsi scrupolo di fare; ***to have no ~s about doing*** non farsi scrupoli di fare.

2.scruple /ˈskru:pl/ intr. ***not to ~ to do*** non farsi scrupolo di fare.

scrupulosity /skru:pjʊˈlɒsətɪ/ n. scrupolosità f.

scrupulous /ˈskru:pjʊləs/ agg. [*attention, detail, person*] scrupoloso; ***to be ~ about punctuality, hygiene*** tenerci molto alla puntualità, all'igiene.

scrupulously /ˈskru:pjʊləslɪ/ avv. [*wash*] accuratamente; [*prepare, avoid*] scrupolosamente; ***~ honest, fair*** scrupolosamente onesto, imparziale; ***~ clean*** pulito, lavato accuratamente.

scrupulousness /ˈskru:pjʊləsnɪs/ n. scrupolosità f.

scrutator /skru:ˈteɪtə(r)/ n. **1** *(investigator)* investigatore m. (-trice) **2** *(in election)* scrutatore m. (-trice).

scrutineer /ˌskru:tɪˈnɪə(r), AE -tnˈɪər/ n. scrutatore m. (-trice), scrutinatore m. (-trice).

scrutinize /ˈskru:tɪnaɪz, AE -tənaɪz/ tr. scrutare [*face*]; esaminare minuziosamente [*document, plan*]; verificare [*accounts*]; analizzare a fondo [*motives*]; scrutinare [*votes*]; controllare [*activity, election*].

scrutinizer /ˈskru:tɪnaɪzə(r), AE -tənaɪz-/ n. scrutatore m. (-trice).

▷ **scrutiny** /ˈskru:tɪnɪ, AE ˈskru:tənɪ/ n. **1** *(investigation)* esame m. (minuzioso); ***close ~*** esame approfondito; ***the results are subject to ~*** i risultati devono ancora essere verificati; ***to come under ~*** essere esaminato approfonditamente; ***to avoid ~*** evitare il controllo **2** *(surveillance)* sorveglianza f. **3** *(look)* sguardo m. scrutatore.

SCSI n. INFORM. (⇒ small computer systems interface interfaccia per sistemi di piccoli elaboratori) SCSI f.

scuba /ˈsku:bə/ n. autorespiratore m.

scuba diver /ˈsku:bəˌdaɪvə(r)/ n. SPORT sub m. e f., subacqueo m. (-a).

scuba diving /ˈsku:bəˌdaɪvɪŋ/ ♦ ***10*** n. ***to go ~*** fare immersioni subacquee con autorespiratore.

scud /skʌd/ intr. (forma in -ing ecc. **-dd-**) **1** MAR. [*ship*] correre in poppa **2** [*cloud*] correre, inseguirsi; ***the clouds were ~ding across the sky*** le nubi si inseguivano velocemente nel cielo.

1.scuff /skʌf/ n. (anche **~ mark**) *(on leather, floor, furniture)* segnaccio m., frego m.

2.scuff /skʌf/ **I** tr. consumare [*shoes*]; rigare [*floor, furniture*]; ***to ~ one's feet*** strisciare i piedi **II** intr. [*shoes*] consumarsi; [*floor*] rigarsi.

■ **scuff up** sollevare [*dust*]; rovinare [*lawn*].

1.scuffle /ˈskʌfl/ n. baruffa f.

2.scuffle /ˈskʌfl/ intr. fare baruffa, azzuffarsi.

1.scull /skʌl/ n. **1** *(boat)* sandolino m.; ***single ~*** sandolino per un vogatore; ***double ~*** sandolino per due vogatori **2** *(single oar)* remo m. da bratto **3** *(one of a pair of oars)* remo m. di coppia, remo m. doppio.

2.scull /skʌl/ **I** tr. **1** *(with one oar)* spingere con remo da bratto **2** *(with two oars)* spingere con remi di coppia **II** intr. **1** *(with one oar at stern)* brattare **2** *(with two oars)* vogare, remare (con remi di coppia); ***to ~ up, down the river*** remare risalendo, scendendo il fiume.

sculler /ˈskʌlə(r)/ n. **1** *(person)* sandolista m. e f. **2** *(boat)* sandolino m.

scullery /ˈskʌlərɪ/ n. BE retrocucina m.

scullery maid /ˈskʌlərɪˌmeɪd/ ♦ ***27*** n. STOR. sguattera f.

scullion /ˈskʌljən/ ♦ ***27*** n. STOR. sguattero m.

sculpin /ˈskʌlpɪn/ n. **1** *(fish)* pesce m. dei cottidi **2** COLLOQ. *(worthless person)* buono m. (-a) a nulla.

sculpt /skʌlpt/ **I** tr. scolpire **II** intr. scolpire.

sculptor /ˈskʌlptə(r)/ ♦ ***27*** n. scultore m.

sculptress /ˈskʌlptrɪs/ ♦ ***27*** n. scultrice f.

sculptural /ˈskʌlptʃərəl/ agg. scultoreo.

sculpturally /ˈskʌlptʃərəlɪ/ avv. in modo scultoreo.

▷ **1.sculpture** /ˈskʌlptʃə(r)/ **I** n. scultura f. **II** modif. [*class*] di scultura; [*gallery*] di sculture.

2.sculpture /ˈskʌlptʃə(r)/ tr. scolpire.

sculpturesque /skʌlptʃəˈresk/ agg. FORM. scultoresco.

scum /skʌm/ n. **1** *(on pond, liquid)* schiuma f., strato m. di impurità (che si forma in superficie) **2** *(on bath)* patina f. di sporco **3** POP. SPREG. *(worthless person)* essere m. spregevole; *(worthless group)* feccia f., gentaglia f.; ***they're the ~ of the earth*** sono la feccia della società.

scumbag /ˈskʌmbæg/ n. 1 POP. SPREG. canaglia f. 2 COLLOQ. *(condom)* guanto m.
1.scumble /ˈskʌmbl/ n. sfumatura f.
2.scumble /ˈskʌmbl/ tr. sfumare.
scummy /ˈskʌmɪ/ agg. 1 *(dirty)* [*canal, pond, liquid*] coperto di schiuma, di uno strato di impurità; [*bath*] coperto di una patina di sporco 2 POP. SPREG. *(rotten)* ***you ~ bastard!*** VOLG. sei un bastardo schifoso!
scungy /ˈskʌndʒɪ/ agg. AUSTRAL. schifoso, ripugnante.
1.scupper /ˈskʌpə(r)/ n. MAR. ombrinale m.
2.scupper /ˈskʌpə(r)/ tr. 1 BE MAR. affondare deliberatamente, mandare a picco [*ship*] 2 BE COLLOQ. *(ruin)* mandare a picco, in fumo [*attempt, deal, plan*]; ***we're ~ed!*** siamo rovinati!
scuppernong /ˈskʌpənɒŋ, AE -nɔːŋ/ n. AE 1 BOT. vite f. americana del tipo moscato 2 *(grape)* (varietà di) uva f. moscata americana 3 *(wine)* vino m. moscato americano.
scurf /skɜːf/ n. U 1 *(dandruff)* forfora f. 2 *(dead skin)* squama f.
scurfy /ˈskɜːfɪ/ agg. [*hair*] forforoso; [*skin*] squamoso.
scurrility /skəˈrɪlətɪ/ n. FORM. 1 *(viciousness)* calunnia f. 2 *(vulgarity)* scurrilità f.
scurrilous /ˈskʌrɪləs/ agg. 1 *(defamatory)* calunnioso 2 *(vulgar)* scurrile.
scurrilously /ˈskʌrɪləslɪ/ avv. 1 *(insultingly)* [*abuse, attack*] calunniosamente 2 *(vulgarly)* [*describe, write*] scurrilmente, in modo scurrile.
1.scurry /ˈskʌrɪ/ n. U ***the ~ of feet*** il rumore di passi affrettati.
2.scurry /ˈskʌrɪ/ intr. affrettarsi, precipitarsi; ***to ~ across*** attraversare di fretta; ***to ~ along, into*** precipitarsi lungo, in; ***to ~ to and fro*** correre su e giù; ***to ~ to and fro between the kitchen and the living room*** correre in continuazione dalla cucina alla sala; ***to ~ away, to ~ off*** scappare, fuggire.
scurviness /ˈskɜːvɪnɪs/ n. grettezza f., meschinità f., bassezza f.
scurvy /ˈskɜːvɪ/ I agg. ANT. [*knave, fellow, trick*] perfido, spregevole, meschino II ◗ *11* n. MED. scorbuto m.
scut /skʌt/ n. ZOOL. coda f.
scuta /ˈskjuːtə, AE ˈskuː-/ → **scutum**.
scutage /ˈskjuːtɪdʒ/ n. STOR. = imposta pagata dal vassallo per ottenere l'esonero dal servizio militare.
scutch /skʌtʃ/ n. 1 TESS. gramola f., maciulla f. 2 *(in building)* martellina f.
scutcheon /ˈskʌtʃən/ n. scudo m.
scute /skjuːt, AE skuːt/ n. 1 STOR. *(coin)* scudo m. 2 ZOOL. *(of reptiles)* scudo m., scuto m.
scutellum /skjuːˈteləm, AE skuː-/ n. (pl. **-a**) 1 ZOOL. scutello m. 2 BOT. scutello m., scudetto m.
scutter /ˈskʌtə(r)/ n. → **1.scurry**.
1.scuttle /ˈskʌtl/ n. 1 *(hatch)* portellino m., oblò m. 2 *(basket)* cesto m., cesta f. 3 (anche **coal ~**) secchio m. per il carbone.
2.scuttle /ˈskʌtl/ I tr. affondare deliberatamente (aprendo i portelli) [*ship*]; FIG. mandare in fumo, all'aria [*talks, project, etc.*] II intr. correre velocemente; ***to ~ across sth.*** attraversare qcs. correndo velocemente; ***to ~ after sb., sth.*** correre dietro a qcs., qcn.; ***to ~ away, to ~ off*** correre via, filarsela.
scuttlebutt /ˈskʌtlbʌt/ n. 1 MAR. STOR. cerniere m. 2 AE COLLOQ. *(gossip)* pettegolezzo m., diceria f.
scutum /ˈskjuːtəm, AE ˈskuː-/ n. (pl. **~s, -a**) ZOOL. scudo m., scuto m.
scuz(z) /skʌz/ n. AE POP. 1 *(seediness)* sporcizia f., schifezza f., porcheria f. 2 *(person)* tipo m. laido, tipaccio m.
scuzzy /ˈskʌzɪ/ agg. AE POP. sozzo, schifoso, laido.
Scylla /ˈsɪlə/ n.pr. Scilla ◆ ***to be between ~ and Charybdis*** essere tra Scilla e Cariddi.
scyphus /ˈsaɪfəs/ n. (pl. **-i**) BOT. scifo m.
1.scythe /saɪð/ n. falce f. fienaia.
2.scythe /saɪð/ tr. falciare [*grass*]; [*sword*] fendere [*air*].
scytheman /ˈsaɪðmən/ n. (pl. **-men**) falciatore m.
Scythian /ˈsɪðɪən, AE ˈsɪθ-/ I agg. scita II n. 1 *(person)* scita m. e f. 2 *(language)* lingua f. scita.
SD US ⇒ South Dakota Sud Dakota.
SDI n. US MIL. STOR. (⇒ Strategic Defense Initiative) = iniziativa di difesa strategica.
SDLP n. POL. *(in Ireland)* (⇒ Social Democratic and Labour Party) = partito socialdemocratico e laburista.
SDP n. GB POL. STOR. (⇒ Social Democratic Party) = partito socialdemocratico.
SDR n. ECON. (⇒ special drawing rights diritti speciali di prelievo) DSP m.pl.
SE ◗ *21* ⇒ southeast sud-est (SE).

▶ **sea** /siː/ ◗ *20* I n. 1 mare m.; ***beside*** o ***by the ~*** vicino al mare; ***the open ~*** il mare aperto; ***to look out to ~*** guardare il mare; ***to be swept out to ~*** essere trascinato al largo; ***to be at ~*** essere in mare; ***once we get out to ~*** una volta che saremo in mare; ***once out to ~*** una volta (che saremo) in mare aperto; ***to put (out) to ~*** prendere il largo; ***to go to ~*** [*boat*] salpare; ***a long way out to ~*** molto lontano dalla costa; ***by ~*** [*travel, send*] per mare; ***to travel over land and ~*** LETT. viaggiare per mare e per terra; ***to bury sb. at ~*** seppellire qcn. in mare 2 *(surface of water)* ***the ~ is calm, rough, very rough, choppy*** il mare è calmo, agitato, molto agitato, increspato; ***the ~ was like glass*** il mare era liscio come l'olio 3 (anche **Sea**) ***the Mediterranean, North ~*** il Mare Mediterraneo, del Nord; ***the ~ of Galilee*** il Mare di Galilea; ***the ~ of Storms*** il Mare delle Tempeste 4 *(as career)* ***to go to ~*** *(join Navy)* arruolarsi in marina; *(join ship)* imbarcarsi; ***after six months at ~*** dopo sei mesi in mare; *(in Navy)* dopo sei mesi nella marina 5 *(sailor's life)* ***the ~*** la vita del marinaio; ***to give up the ~*** abbandonare la vita da marinaio 6 FIG. ***a ~ of*** un nugolo di [*banners*]; una marea di [*faces*]; ***a ~ of troubles*** LETT. un mare di guai II **seas** n.pl. ***the heavy ~s*** il mare grosso; ***to sink in heavy ~s*** affondare per il mare grosso III modif. [*breeze, mist*] marino; [*bird, air*] di mare; [*crossing*] del mare; [*voyage*] per mare; [*boot, chest*] da marinaio; [*battle*] navale; [*creature, nymph*] del mare, marino; [*power*] marittimo ◆ ***to be all at ~*** essere *o* sentirsi sperso; ***to get one's ~ legs*** abituarsi al mare; ***worse things happen at ~!*** capita di peggio! c'è ben di peggio!
sea anchor /ˈsiːˌæŋkə(r)/ n. ancora f. galleggiante.
sea anemone /ˈsiːəˌnemənɪ/ n. anemone m. di mare.
sea bag /ˈsiːˌbæg/ n. sacca f. da marinaio.
sea bass /ˈsiːbæs/ n. (pl. **~es, ~**) branzino m., spigola f.
seabed /ˈsiːbed/ n. ***the ~*** il fondo *o* fondale marino; ***on the ~*** sul fondo marino.
Seabee /ˈsiːbiː/ n. US MIL. MAR. = militare del genio navale.
seaboard /ˈsiːbɔːd/ n. costa f., litorale m.
seaborne /ˈsiːbɔːn/ agg. [*attack*] dal mare, navale; [*algae*] marino; [*trade*] marittimo.
sea bream /ˈsiːˌbriːm/ n. pagello m.
sea captain /ˈsiːˌkæptɪn/ ◗ *23* n. capitano m. di marina.
sea change /ˈsiːˌtʃeɪndʒ/ n. inversione f. di rotta, svolta f. radicale.
seacoast /ˈsiːkəʊst/ n. *(land bording on the sea)* litorale m. marino; *(coast)* costa f.
sea cow /ˈsiːˌkaʊ/ n. tricheco m.
sea defences BE, **sea defenses** AE /ˈsiːdɪˌfensɪs/ n.pl. dighe f.
sea dog /ˈsiːdɒg, AE -dɔːg/ n. lupo m. di mare.
seadrome /ˈsiːdrəʊm/ n. 1 *(offshore airport)* idroscalo m. 2 *(floating aerodrome)* aeroporto m. galleggiante.
sea dumping /ˈsiːˌdʌmpɪŋ/ n. scarico m. di rifiuti in mare.
sea eagle /ˈsiːˌiːgl/ n. aquila f. di mare.
sea eel /ˈsiːiːl/ n. anguilla f. marina.
sea elephant /ˈsiːˌelɪfənt/ n. elefante m. marino.
seafarer /ˈsiːˌfeərə(r)/ n. uomo m. di mare.
seafaring /ˈsiːˌfeərɪŋ/ agg. [*nation*] marinaro; ***my ~ days*** la mia vita da marinaio; ***a ~ man*** un uomo di mare.
sea fish farming /ˈsiːfɪʃˌfɑːmɪŋ/ n. acquicoltura f.
seafood /ˈsiːfuːd/ I n. frutti m.pl. di mare II modif. [*kebab, cocktail, platter*] di frutti di mare; [*sauce*] ai frutti di mare.
seafront /ˈsiːfrʌnt/ n. lungomare m.; ***a hotel on the ~*** un albergo sul lungomare; ***to stroll along the ~*** passeggiare sul lungomare.
seagoing /ˈsiːˌgəʊɪŋ/ agg. [*vessel, ship*] d'altura.
sea-green /ˌsiːˈgriːn/ ◗ *5* I agg. verde mare II n. verde m. mare.
seagull /ˈsiːˌgʌl/ n. gabbiano m.
sea horse /ˈsiːˌhɔːs/ n. cavalluccio m. marino, ippocampo m.
seakale /ˈsiːˌkeɪl/ n. cavolo m. marino.
▷ **1.seal** /siːl/ I n. ZOOL. foca f. II modif. ZOOL. [*hunting*] alla foca; [*meat*] di foca; [*population*] di foche.
2.seal /siːl/ intr. *(hunt)* cacciare foche; ***to go ~ing*** andare a caccia di foche.
▷ **3.seal** /siːl/ n. 1 *(insignia)* sigillo m. (anche DIR.); ***to set one's ~ on*** mettere il proprio sigillo su [*document*]; FIG. concludere [*championship, match*]; ***to set the ~ on*** suggellare [*friendship*]; confermare [*trend, regime*]; ***I need your ~ of approval*** ho bisogno della tua approvazione; ***to give sth. one's ~ of approval*** dare la propria approvazione a qcs.; ***look for our ~ of quality*** controllate che ci sia il nostro marchio di qualità 2 *(integrity mechanism)* *(on container, door)* guarnizione f.; *(on package, letter)* sigillo m. 3 *(closing mechanism)* chiusura f.; ***the cork provides a tight ~*** il tappo chiude ermeticamente; ***cheap envelopes have a poor ~*** le buste che costano poco si chiudono male; ***an airtight, watertight ~*** chiusura a

tenuta d'aria, d'acqua; ***the rubber strip forms a ~ around the door*** la striscia di gomma forma una guarnizione intorno alla porta.

▷ **4.seal** /si:l/ tr. **1** *(authenticate)* sigillare [*document, letter*]; ***the letter was ~ed with a kiss*** la lettera è stata sigillata con un bacio **2** *(close)* sigillare [*envelope, package*]; piombare [*container, lorry*]; chiudere [*oil well, pipe*]; riempire [*gap*] **3** *(make airtight, watertight)* chiudere ermeticamente [*jar, tin*]; applicare [*plaster*]; rendere impermeabile [*roof*]; isolare [*window frame*] **4** *(settle definitively)* suggellare [*alliance, friendship*] (**with** con); concludere [*deal*] (**with** con); ***to ~ sb.'s fate*** decidere della sorte di qcn.

■ **seal in:** ~ *[sth.]* **in**, ~ **in** *[sth.]* conservare [*flavour*].

■ **seal off:** ~ *[sth.]* **off**, ~ **off** *[sth.]* **1** *(isolate)* isolare [*corridor, wing*] **2** *(cordon off)* circondare [*area, building*]; bloccare (l'accesso a) [*street*].

■ **seal up:** ~ *[sth.]* **up**, ~ **up** *[sth.]* chiudere ermeticamente [*jar*]; riempire [*gap*].

sea lane /ˈsi:leɪn/ n. rotta f. marittima.

sealant /ˈsi:lənt/ n. **1** *(coating)* rivestimento m. a tenuta stagna **2** *(filler)* sigillante m.

sea-launched missile /ˌsi:ˌlɔ:ntʃtˈmɪsaɪl, AE -ˈmɪsl/ n. missile m. lanciato dal mare.

sea lavender /ˌsi:ˈlævəndə(r)/ n. lavanda f. (marina).

seal cull /ˈsi:lˌkʌl/ n. *(in hunting)* massacro m. delle foche.

seal culling /ˈsi:lˌkʌlɪŋ/ n. massacro m. delle foche.

sealed /si:ld/ **I** p.pass. → **4.seal II** agg. [*envelope, package*] sigillato; [*bid, instructions, orders*] in busta chiusa; [*jar*] chiuso ermeticamente; [*door, vault*] murato.

sealer /ˈsi:lə(r)/ n. **1** *(in hunting) (person)* cacciatore m. di foche; *(ship)* fochiera f. **2** ING. sigillante m.

sealery /ˈsi:lərɪ/ n. **1** *(place of seal hunting)* luogo m. di caccia alle foche **2** *(seal hunting)* caccia f. alle foche.

sea level /ˈsi:lˌlevl/ n. livello m. del mare; ***above, below ~*** sopra, sotto il livello del mare; ***1,000 m above ~*** 1.000 m sopra il livello del mare; ***rising ~s threaten the coastline*** l'innalzamento del livello del mare minaccia la costa.

sealing /ˈsi:lɪŋ/ n. **1** *(hunting)* caccia f. alle foche **2** *(closing) (of letter)* sigillatura f.; *(of container)* piombatura f.

sealing wax /ˈsi:lɪŋˌwæks/ n. ceralacca f.

sea lion /ˈsi:ˌlaɪən/ n. leone m. marino.

sea loch /ˈsi:lɒk, -lɒx/ n. braccio m. di mare.

Sea Lord /ˈsi:lɔ:d/ n. GB = ufficiale dell'Ammiragliato britannico.

seal ring /ˌsi:lˈrɪŋ/ n. anello m. con sigillo.

sealskin /ˈsi:lskɪn/ **I** n. pelle f. di foca **II** modif. [*coat, gloves*] in pelle di foca.

▷ **1.seam** /si:m/ n. **1** SART. cucitura f.; ***to be bursting at the ~s*** [*building, suitcase*] essere pieno zeppo *o* stracolmo; ***his coat is bursting at the ~s*** il suo cappotto si sta scucendo; ***to come apart at the ~*** [*marriage*] sfaldarsi; [*plan*] fallire; [*garment*] scucirsi **2** IND. TECN. giunzione f. **3** GEOL. filone m. **4** *(suture)* sutura f. **5** *(in cricket)* = cucitura della palla da cricket.

2.seam /si:m/ tr. SART. cucire.

seaman /ˈsi:mən/ ➧ *23* n. (pl. **-men**) MIL. MAR. marinaio m.

seaman apprentice /ˈsi:mənəˌprentɪs/ n. US MIL. MAR. marinaio m. comune di seconda classe.

seamanlike /ˈsi:mənlaɪk/ agg. ***to look ~*** avere le qualità di un vero marinaio; ***in a ~ manner*** come un vero marinaio, in modo marinaresco.

seaman recruit /ˈsi:mənrɪˌkru:t/ n. US MIL. MAR. marinaio m. comune di seconda classe (recluta).

seamanship /ˈsi:mənʃɪp/ n. arte f. della navigazione.

seamark /ˈsi:mɑ:k/ n. meda f., dromo m.

Seamas /ˈʃeɪməs/ n.pr. Seamas (nome di uomo).

seamed /si:md/ **I** p.pass. → **2.seam II** agg. [*stockings, tights*] con cucitura; ***a face ~ with wrinkles*** un volto solcato dalle rughe.

seamen /ˈsi:men/ → **seaman**.

sea mile /ˈsi:maɪl/ n. miglio m. marino.

seaming /ˈsi:mɪŋ/ n. **1** SART. cucitura f. **2** MECC. aggraffatura f.

sea mist /ˈsi:mɪst/ n. foschia f. del mare.

seamless /ˈsi:mlɪs/ agg. [*garment, cloth*] senza cuciture; [*transition*] ininterrotto; [*process, whole*] continuo.

seamount /ˈsi:maʊnt/ n. montagna f. sottomarina.

seamstress /ˈsemstrɪs/ ➧ *27* n. sarta f., cucitrice f.

Seamus /ˈʃeɪməs/ n.pr. Seamus (nome di uomo).

seamy /ˈsi:mɪ/ agg. [*intrigue*] squallido; [*scandal*] sordido; [*area*] malfamato; ***the ~ side of sth.*** il lato sgradevole di qcs.

Sean /ʃɔ:n/ n.pr. Sean (nome di uomo).

seance /ˈseɪɑ:ns/ n. seduta f. spiritica.

sea otter /ˈsi:ˌɒtə(r)/ n. lontra f. marina.

sea perch /ˈsi:ˌpɜ:tʃ/ n. perca f. di mare.

seaplane /ˈsi:pleɪn/ n. idrovolante m.

sea pollution /ˈsi:pəˌlu:ʃn/ n. inquinamento m. del mare.

seaport /ˈsi:pɔ:t/ n. porto m. marittimo.

seaquake /ˈsi:kweɪk/ n. maremoto m.

1.sear /sɪə(r)/ agg. LETT. [*plant*] appassito.

2.sear /sɪə(r)/ tr. **1** *(scorch, wither)* disseccare, inaridire, fare appassire **2** *(seal)* cauterizzare [*wound*] **3** *(brown)* scottare [*meat*] **4** *(brand)* marcare a fuoco [*flesh*]; FIG. inaridire.

▶ **1.search** /sɜ:tʃ/ n. **1** *(seeking)* ricerca f. (**for sb., sth.** di qcn., qcs.); ***in ~ of*** alla ricerca di *o* in cerca di; ***in the ~ for a solution, for peace*** alla ricerca di una soluzione, della pace **2** *(examination) (of house, area, bag, cupboard)* ispezione f. (**of** di); ***house ~*** DIR. perquisizione (domiciliare); ***right of ~*** DIR. MAR. diritto di perquisizione; ***to carry out a ~ of sth.*** perquisire qcs. **3** INFORM. ricerca f.; ***to do a ~*** fare una ricerca.

▶ **2.search** /sɜ:tʃ/ **I** tr. **1** *(examine)* perlustrare, ispezionare [*area, countryside, woods*]; DIR. perquisire [*house, office, premises*]; rovistare in [*cupboard, drawer*]; [*police, customs*] perquisire [*person, luggage*]; [*person*] frugare in [*memory*]; esaminare (attentamente) [*page, map, records*]; ***I ~ed his face for some sign of remorse*** lo scrutai bene in viso per vedere se aveva tracce di rimorso; ***~ me!*** COLLOQ. non ne ho la più pallida idea! chi lo sa! **2** INFORM. cercare in [*file*] **II** intr. **1** *(seek)* cercare; ***to ~ for*** o ***after sb., sth.*** cercare qcn., qcs. **2** *(examine)* ***to ~ through*** frugare in [*cupboard, bag, records, file*] **3** INFORM. ***to ~ for*** cercare [*data, item, file*].

■ **search about, search around** cercare qua e là (**in** per); ***to ~ around for sb., sth.*** cercare qcs., qcn. (dappertutto).

■ **search out:** ~ *[sb., sth.]* **out**, ~ **out** *[sb., sth.]* scoprire.

searchable /ˈsɜ:tʃəbl/ agg. **1** [*solution*] ricercabile **2** *(examinable)* indagabile.

search-and-replace /ˌsɜ:tʃənrɪˈpleɪs/ n. INFORM. trova e sostituisci m.

search engine /ˈsɜ:tʃˌendʒɪn/ n. motore m. di ricerca.

searcher /ˈsɜ:tʃə(r)/ n. cercatore m. (-trice).

▷ **searching** /ˈsɜ:tʃɪŋ/ agg. [*look, question*] inquisitorio.

searchingly /ˈsɜ:tʃɪŋlɪ/ avv. [*look at, gaze at*] in modo inquisitorio.

searchingness /ˈsɜ:tʃɪŋnɪs/ n. *(of a look)* (l')essere inquisitorio.

searchlight /ˈsɜ:tʃlaɪt/ n. proiettore m.

search party /ˈsɜ:tʃˌpɑ:tɪ/ n. squadra f. di soccorso.

search warrant /ˈsɜ:tʃˌwɒrənt, AE -ˌwɔ:r-/ n. DIR. mandato m. di perquisizione.

searing /ˈsɪərɪŋ/ agg. [*heat*] incandescente; [*pain*] lancinante; [*criticism, indictment*] virulento.

sea route /ˈsi:ˌru:t/ n. rotta f. navale.

sea salt /ˈsi:ˌsɔ:lt/ n. GASTR. IND. sale m. marino.

seascape /ˈsi:skeɪp/ n. ART. marina f.

Sea Scout /ˈsi:ˌskaʊt/ n. scout m. e f. che riceve un addestramento nautico.

sea shanty /ˈsi:ˌʃæntɪ/ n. = canzone cantata dai marinai mentre tiravano le corde.

seashell /ˈsi:ʃel/ n. conchiglia f.

seashore /ˈsi:ʃɔ:(r)/ n. **1** *(part of coast)* litorale m.; ***the Cornish ~*** il litorale della Cornovaglia **2** *(beach)* spiaggia f.; ***to go for a walk along the ~*** andare a fare una passeggiata lungo la spiaggia.

seasick /ˈsi:sɪk/ agg. ***to be*** o ***get*** o ***feel ~*** avere il mal di mare.

seasickness /ˈsi:sɪknɪs/ ➧ *11* n. mal m. di mare; ***to suffer from ~*** soffrire il mal di mare.

seaside /ˈsi:saɪd/ **I** n. ***the ~*** il mare, la spiaggia; ***to go to the ~*** andare al mare **II** modif. [*holiday*] al mare; [*hotel*] lungomare; [*town*] marittimo.

seaside resort /ˌsi:saɪdrɪˈzɔ:t/ n. stazione f. balneare.

▶ **1.season** /ˈsi:zn/ n. **1** *(time of year)* stagione f.; ***in the dry, rainy ~*** nella stagione secca, delle piogge; ***the growing, planting ~*** la stagione della coltivazione, della piantagione; ***the mating*** o ***breeding ~*** la stagione degli amori; ***it's the ~ for tulips*** è la stagione dei tulipani; ***strawberries are in, out of ~*** le fragole sono di stagione, fuori stagione; ***when do melons come into ~?*** qual è la stagione dei meloni? **2** *(in sport, fashion, tourism)* stagione f.; ***the football, hunting ~*** la stagione calcistica, di caccia; ***hotels are full during the ~*** gli alberghi sono completi durante l'alta stagione; ***the town is quiet out of ~*** la città è tranquilla durante la bassa stagione; ***early in the tourist ~*** all'inizio della stagione turistica; ***late in the ~*** alla fine della stagione; ***the holiday ~*** il periodo delle vacanze; *(in fashion)* ***the new ~'s fashions*** le nuove tendenze della stagione; ***the Season*** = il periodo dell'anno in cui si concentrano gli eventi mondani cui partecipa l'alta società inglese **3** *(feast, festive period)* ***the ~ of Advent, of Lent*** il periodo dell'Avvento, della quaresima; ***the***

Christmas ~ il periodo natalizio; ***Season's greetings!*** *(on Christmas cards)* Buone Feste! **4** CINEM. TEATR. TELEV. stagione f.; ***I played two ~s at Stratford*** ho recitato per due stagioni a Stratford; ***a ~ of Italian films*** una rassegna di film italiani; ***a Fellini ~*** una rassegna dei film di Fellini; ***a Mozart ~*** una rassegna mozartiana **5** VETER. ***to be in ~*** [*animal*] essere in calore **6** RAR. *(period of social activity)* ***her first ~*** il suo debutto in società **7** *(suitable moment)* ***there is a ~ for everything*** LETT. c'è un tempo per tutto; ***a word in ~*** RAR. una parola opportuna.

2.season /'si:zn/ tr. **1** GASTR. *(with spices)* insaporire, aromatizzare; *(with condiments)* condire; ***~ with salt and pepper*** salare e pepare *o* aggiungere sale e pepe **2** *(prepare)* stagionare [*timber, cask*].

seasonable /'si:znəbl/ agg. **1** [*clothes*] adatto alla stagione; [*weather*] tipico della stagione **2** [*timely*] tempestivo, opportuno.

seasonableness /'si:znəblnɪs/ n. *(of an advice)* tempestività f.; *(of an intervention)* opportunità f.

seasonably /'si:znəblɪ/ avv. [*advice*] tempestivamente; [*intervene*] opportunamente.

▷ **seasonal** /'si:zənl/ agg. **1** [*unemployment, work, rainfall*] stagionale; [*change, fruit, produce*] di stagione; ***the price, menu varies on a ~ basis*** il prezzo, il menu varia a seconda della stagione **2** *(befitting festive period)* ***he's full of ~ cheer*** sente molto l'atmosfera natalizia.

seasonal affective disorder /ˌsi:zənlə'fektɪvdɪsˌɔ:də(r)/ n. MED. = stato depressivo associato all'inverno.

seasonally /'si:zənəlɪ/ avv. **1** *(periodically)* [*change, vary*] stagionalmente, periodicamente, a seconda della stagione **2** ECON. ***~ adjusted figures*** cifre corrette a seconda dei cambiamenti stagionali.

seasoned /'si:znd/ **I** p.pass. → **2.season II** agg. **1** ING. [*timber*] stagionato **2** *(experienced)* [*soldier, veteran*] provetto, allenato, esperto; [*traveller*] esperto; [*politician, leader*] consumato, esperto; [*campaigner, performer*] esperto, provetto **3** GASTR. [*dish*] condito; ***highly ~*** molto condito **4** [*wine*] invecchiato.

seasoner /'si:znə(r)/ ♦ ***27*** n. **1** *(of timber)* stagionatore m. (-trice) **2** GASTR. condimento m.

seasoning /'si:znɪŋ/ n. **1** GASTR. condimento m. **2** *(preparation) (of timber)* stagionatura f. **3** *(of barrel, wine)* invecchiamento m.

season ticket /'si:znˌtɪkɪt/ n. *(in transport, sport, theatre)* abbonamento m.

season ticket holder /ˌsi:zn'tɪkɪtˌhəʊldə(r)/ n. *(in transport, sport, theatre)* abbonato m. (-a).

▶ **1.seat** /si:t/ **I** n. **1** *(allocated place)* posto m. (a sedere); ***I sat down on*** o ***in the first ~ I could find*** mi sono seduto nel primo posto che ho trovato; ***the nearest available ~*** il posto libero più vicino; ***to book*** o ***reserve a ~*** *(in theatre)* prenotare un posto; *(on train)* fare una prenotazione; ***to keep a ~ for sb.*** tenere un posto a qcn.; ***to give up one's ~ to sb.*** cedere il proprio posto a qcn.; ***to take sb.'s ~*** prendere il posto di qcn.; ***has everybody got a ~?*** siete riusciti a sedervi tutti? avete tutti un posto a sedere? ***keep your ~s please*** rimanete ai vostri posti per favore; ***take your ~s please*** TEATR. *(before performance)* prendete posto per favore; *(after interval)* riprendete i vostri posti per favore; ***the best ~s in the house*** i posti migliori; ***would you prefer a ~ next to the window or next to the aisle?*** *(on plane)* preferisce un posto vicino al finestrino o al corridoio? **2** *(type, object)* sedia f., sedile m. (anche AUT.); *(bench-type)* panchina f.; ***leather, fabric ~s*** sedili in pelle, in stoffa; ***the back ~*** sedile posteriore; ***how many ~s do we need to put out in the hall?*** quante sedie bisogna mettere nella sala? di quante sedie c'è bisogno in sala? ***"take a ~"*** *(indicating)* "siediti"; ***take*** o ***have a ~*** sedetevi; ***sit in the front ~*** siediti davanti **3** BE POL. *(in parliament, on committee)* seggio m.; ***safe ~*** seggio sicuro; ***marginal ~*** = seggio ottenuto con una maggioranza minima; ***to win a ~*** vincere un seggio; ***they won the ~ from the Democrats*** hanno conquistato il seggio dei democratici; ***the CDU lost seven ~s to the Greens*** il CDU ha perso sette seggi passati ai Verdi; ***to keep, lose one's ~*** mantenere, perdere un seggio; ***to have a ~ on the council*** avere un seggio in consiglio; ***to take up one's ~*** occupare un seggio *o* entrare in carica **4** *(part of chair)* sedile m. **5** *(location, centre)* sede f.; ***~ of government, learning*** sede del governo, del sapere **6** *(residence)* residenza f.; ***country ~*** residenza di campagna **7** EQUIT. ***to have a good ~*** avere un buon assetto; ***to keep, lose one's ~*** mantenere, perdere l'assetto **8** EUFEM. *(bottom)* sedere m. **9** *(of pants, trousers)* fondo m. **II -seat** agg. in composti ***a 150-~ plane, cinema*** un aereo, cinema da 150 posti; ***a single-~ constituency*** GB collegio elettorale a seggio unico ♦ ***to take, occupy a back ~*** tenersi in disparte.

2.seat /si:t/ **I** tr. **1** *(assign place to)* fare sedere [*person*]; ***to ~ sb. next to sb.*** fare sedere qcn. vicino a qcn. **2** *(have seats for)* ***the car ~s five*** l'automobile ha cinque posti; ***how many does it ~?*** *(of car)* quanti posti ha? ***the table ~s six*** è un tavolo da sei persone; ***the room ~s 30 people*** la stanza ha 30 posti a sedere **II** rifl. ***to ~ oneself*** sedersi; ***to ~ oneself at the piano, next to sb.*** sedersi al piano, vicino a qcn.

seatbelt /'si:tbelt/ n. cintura f. di sicurezza; ***please fasten your ~s*** per favore allacciate le cinture di sicurezza; ***to put on one's ~*** mettersi le cinture; ***he wasn't wearing a ~*** non aveva le cinture di sicurezza; ***adjustable ~*** cintura di sicurezza regolabile.

seatbelt tensioner /'si:tbeltˌtenʃnə(r)/ n. AUT. pretensionatore m.

seat cover /'si:tˌkʌvə(r)/ n. AUT. coprisedile m.

seated /'si:tɪd/ **I** p.pass. → **2.seat II** agg. seduto; ***to be ~ at*** essere seduto a [*table, desk*]; ***is everybody ~?*** siete tutti seduti? ***please remain ~*** per favore state seduti.

seater /'si:tə(r)/ n. **-seater** in composti ***a two-~*** AUT. un'automobile a due posti, una biposto; AER. un velivolo a due posti, un biposto; ***a three-, four-~*** AUT. una tre, quattro posti; AER. un (velivolo a) tre, quattro posti; ***a two-, three-~*** *(sofa)* un divano a due, tre posti; ***all ~ stadium*** BE stadio senza posti in piedi.

seating /'si:tɪŋ/ **I** n. **1** *(places)* posti m.pl. a sedere; ***a stadium with ~ for 50,000*** uno stadio da 50.000 posti; ***to introduce extra ~*** aggiungere delle sedie **2** *(arrangement)* ***I'll organize the ~*** mi occuperò della disposizione dei posti (a sedere) **II** modif. ***~ arrangements*** disposizione dei posti (a sedere); ***~ capacity*** numero di posti a sedere; ***what is the ~ capacity?*** quanti posti a sedere ci sono? ***~ plan*** assegnazione dei posti a sedere; ***~ requirements*** richieste di posti a sedere; ***the lounge has ~ accommodation for 250 passengers*** la sala d'aspetto ha 250 posti a sedere.

seatmate /'si:tmeɪt/ n. AE *(on bus, airplane)* vicino m. (-a).

sea trout /'si:ˌtraʊt/ n. (pl. **sea trout**) trota f. di mare.

Seattle /sɪ'ætl/ ♦ ***34*** n.pr. Seattle f.

sea urchin /'si:ˌɜ:tʃɪn/ n. riccio m. di mare.

sea view /'si:vju:/ n. vista f. sul mare.

seawall /ˌsi:'wɔ:l/ n. diga f. marittima, argine m.

seaward /'si:wəd/ **I** agg. [*side of building*] che dà sul mare; [*side of cape, isthmus*] che si affaccia sul mare **II** avv. (anche **~s**) [*fly*] verso il mare; [*move, gaze*] verso il mare, al largo.

seawater /ˌsi:'wɔ:tə(r)/ n. acqua f. di mare.

seaway /'si:ˌweɪ/ n. *(connecting two tracts of sea)* canale m.

seaweed /'si:wi:d/ n. alga f. marina.

seaworthiness /'si:ˌwɜ:ðɪnɪs/ n. capacità f. di tenere il mare.

seaworthy /'si:wɜ:ðɪ/ agg. [*ship, vessel*] atto alla navigazione, navigabile; ***to make a vessel ~*** mettere una nave in condizioni di navigare.

sebaceous /sɪ'beɪʃəs/ agg. sebaceo.

sebacic /sə'bæsɪk/ agg. ***~ acid*** acido sebacico.

Sebastian /sɪ'bæstɪən/ n.pr. Sebastiano.

Sebastopol /sɪ'bæstəpl/ ♦ ***34*** n.pr. Sebastopoli f.

seborrhoea /ˌsebə'rɪə/ ♦ ***11*** n. MED. seborrea f.

seborrhoeic /ˌsebə'ri:ɪk/ agg. MED. seborroico.

sebum /'si:bəm/ n. sebo m.

▷ **sec** /sek/ n. (accorc. second) **1** secondo m. **2** COLLOQ. *(short instant)* attimo m.; ***hang on a ~!*** aspetta un attimino!

SEC n. US (⇒ Securities and Exchange Commission) = commissione per il controllo della borsa e dei titoli.

SECAM I n. TELEV. (⇒ sequentiel couleur à mémoire sequenziale colore a memoria) SECAM m. **II** modif. ***~ standard*** sistema SECAM.

secant /'si:kənt/ n. MAT. secante f.

secateurs /ˌsekə'tɜ:z, 'sekətɜ:z/ n.pl. BE cesoie f.; ***a pair of ~*** un paio di cesoie.

secede /sɪ'si:d/ intr. separarsi (**from** da).

secern /sɪ'sɜ:n/ tr. **1** *(secrete)* secernere **2** *(distinguish, discriminate)* distinguere, discriminare **3** *(separate)* separare.

secernent /sɪ'sɜ:nənt/ **I** agg. secretivo, secretorio **II** n. organo m. secretivo.

secernment /sɪ'sɜ:nmənt/ n. BIOL. secrezione f.

secession /sɪ'seʃn/ n. secessione f. (**from** da).

secessionism /sɪ'seʃnɪzəm/ n. secessionismo m.

secessionist /sɪ'seʃənɪst/ **I** n. secessionista m. e f. **II** agg. secessionista, secessionistico.

seclude /sɪ'klu:d/ tr. isolare (**from** da).

secluded /sɪ'klu:dɪd/ **I** p.pass. → **seclude II** agg. isolato, ritirato.

secludedly /sɪ'klu:dɪdlɪ/ avv. isolatamente.

secludedness /sɪ'klu:dɪdnɪs/ n. (l')essere isolato.

seclusion /sɪ'klu:ʒn/ n. isolamento m. (**from** da); ***to live in ~*** fare una vita ritirata; ***in the ~ of one's own home*** nell'intimità della propria casa.

seclusive /sɪ'klu:sɪv/ agg. **1** *(tending to seclude)* che tende a isolare **2** *(inclined to seclusion)* che tende a isolarsi.

▶ **1.second** /'sekənd/ ◗ ***19, 8, 4, 33*** **I** determ. secondo; ***the ~ page*** la seconda pagina; ***the ~-richest man in the world*** il secondo uomo più ricco del mondo; ***for the ~ time*** per la seconda volta; ***the ~ teeth*** i denti permanenti; ***~ violin*** MUS. secondo violino; ***he thinks he's a ~ Churchill*** pensa di essere un secondo Churchill; ***every ~ day, Monday*** un giorno, un lunedì sì e uno no, ogni due giorni, lunedì; ***to have*** o ***take a ~ helping (of sth.)*** prendere un'altra porzione (di qcs.); ***to have a ~ chance to do sth.*** avere una seconda occasione per fare qcs.; ***you won't get a ~ chance!*** *(good opportunity)* non ci sarà un'altra occasione! *(to take exams)* non ci sarà un'altra possibilità! ***to ask for a ~ opinion*** *(from doctor)* chiedere il parere di un altro dottore; *(from lawyer)* consultare un altro avvocato; ***I like this one, but can you give me a ~ opinion?*** a me piace questo, e tu cosa ne pensi? **II** pron. **1** *(ordinal number)* secondo m. (-a); ***the ~ in line*** il secondo della fila; ***she came a good*** o ***close ~*** non è arrivata prima per un pelo; ***X was the most popular in the survey, but Y came a close ~*** nel sondaggio X è il più popolare e Y lo segue di poco; ***he came a poor ~*** è arrivato secondo, ma con un grande stacco dal primo; ***his family comes a poor ~ to his desire for success*** il suo desiderio di successo viene di gran lunga prima della sua famiglia; ***the problem of crime was seen as ~ only to unemployment*** il problema della criminalità viene subito dopo quello della disoccupazione **2** *(of month)* due m.; ***the ~ of May*** il due maggio **III** n. **1** *(unit of time)* secondo m. (anche MAT. FIS.); *(instant)* momento m.; ***the whole thing was over in ~s*** tutto è accaduto nel giro di pochi secondi; ***with (just) ~s to spare*** con qualche secondo d'anticipo; ***this won't take a ~*** non ci vorrà che un momento; ***now just a ~!*** un momento! ***(with)in ~s she was asleep*** si addormentò nel giro di pochi secondi; ***they should arrive any ~ now*** dovrebbero arrivare da un momento all'altro; ***we arrived at six o'clock to the ~*** siamo arrivati alle sei precise **2** GB UNIV. ***upper, lower ~*** = livello di valutazione più alto, più basso nel second class degree **3** (anche **~ gear**) AUT. seconda f.; ***in ~*** in seconda **4** *(defective article)* merce f. di seconda scelta; ***these plates are (slight) ~s*** questi piatti sono (leggermente) fallati **5** *(in boxing, wrestling)* secondo m.; *(in duel)* secondo m., padrino m.; ***~s out (of the ring)!*** *(in boxing, wrestling)* fuori i secondi! **6** MUS. seconda f. **IV** avv. **1** *(in second place)* secondo; [*come, finish*] secondo, in seconda posizione; ***I agreed to speak ~*** ho accettato di parlare per secondo; ***to travel ~*** viaggiare in seconda classe; ***his loyalty to the firm comes ~ to*** o ***after his personal ambition*** la sua fedeltà all'azienda viene dopo la sua ambizione personale *o* la sua ambizione personale viene prima della sua fedeltà all'azienda; ***the fact that he's my father comes ~*** il fatto che sia mio padre è secondario **2** (anche **secondly**) secondo, in secondo luogo; ***~, I have to say...*** in secondo luogo, devo dire... ◆ ***every ~ counts*** ogni se-condo è importante; ***to be ~ nature*** venire naturale; ***after a while, driving becomes ~ nature*** dopo un po', guidare mi viene naturale; ***it's ~ nature to him*** gli viene naturale; ***to be ~ to none*** non essere secondo a nessuno; ***to do sth. without (giving it) a ~ thought*** fare qcs. senza pensarci due volte; ***he didn't give it a ~ thought*** non ci ha pensato due volte; ***on ~ thoughts*** ripensandoci; ***to have ~ thoughts*** avere dei ripensamenti; ***to have ~ thoughts about doing*** pensarci due volte prima di fare *o* avere dei ripensamenti sul fare; ***to get one's ~ wind*** riprendersi *o* ritrovare la forza.

2.second /'sekənd/ tr. **1** *(help)* secondare, assecondare, agevolare, aiutare [*person*]; SPORT fare da secondo a [*boxer*]; fare da secondo, da padrino a [*duellist*] **2** *(support)* sostenere, appoggiare [*person, idea*]; *(in debate, election)* appoggiare [*motion, resolution, vote of thanks*].

3.second /sɪ'kɒnd/ tr. MIL. COMM. distaccare (**from** da; **to** a).

secondarily /'sekəndrəlɪ, AE ˌsekən'derəlɪ/ avv. secondariamente.

▶ **secondary** /'sekəndrɪ, AE -derɪ/ **I** agg. **1** [*consideration, importance*] secondario, marginale; [*process, effect, cause*] secondario; [*sense, meaning*] derivato **2** LING. [*accent, stress*] secondario **3** PSIC. [*process*] secondario **4** FILOS. [*cause, quality*] secondario; ***~ to sth.*** meno importante di qcs. **5** SCOL. [*education, level*] secondario; [*teacher*] della scuola secondaria **6** ECON. ***~ industry*** settore secondario **II** n. MED. metastasi f.

secondary colour BE, **secondary color** AE /ˌsekəndrɪ'kʌlə(r), AE -derɪ-/ n. colore m. secondario.

secondary evidence /ˌsekəndrɪ'evɪdəns, AE -derɪ-/ n. DIR. prova f. secondaria, indiretta.

secondary glazing /ˌsekəndrɪ'gleɪzɪŋ, AE -derɪ-/ n. doppio vetro m.

secondary health care /ˌsekəndrɪ'helθˌkeə(r), AE -derɪ-/ n. assistenza f. sanitaria postospedaliera.

secondary infection /ˌsekəndrɪɪn'fekʃn, AE -derɪ-/ n. superinfezione f.

secondary modern (school) /ˌsekəndrɪ'mɒdn(ˌsku:l), AE -derɪ-/ n. GB = scuola superiore che offre una preparazione generale ai ragazzi che non hanno intenzione di continuare gli studi.

secondary picket /ˌsekəndrɪ'pɪkɪt, AE -derɪ-/ n. picchetto m. di solidarietà.

secondary picketing /ˌsekəndrɪ'pɪkɪtɪŋ, AE -derɪ-/ n. picchettaggio m. di solidarietà.

secondary road /ˌsekəndrɪ'rəʊd, AE -derɪ-/ n. strada f. secondaria.

secondary school /'sekəndrɪˌsku:l, AE -derɪ-/ n. scuola f. secondaria.

> **Secondary schools** Nel Regno Unito esistono più tipi di istituti d'istruzione secondaria. *Comprehensive schools*: scuole pubbliche miste dove l'istruzione è gratuita. Rappresentano circa l'85% degli istituti secondari. *Grammar schools*: scuole pubbliche o private, raramente miste, rivolte a chi intende proseguire gli studi e andare all'università. Vi si accede dopo un esame d'ingresso. Attualmente rappresentano solo il 3% degli istituti di istruzione secondaria. *Secondary modern schools*: scuole pubbliche a indirizzo prevalentemente tecnico. *Public schools* (*private schools* in Scozia): scuole private, generalmente collegi (v. ***Public schools***).

secondary sexual characteristic /ˌsekəndrɪˌsekʃʊəlˌkærəktə'rɪstɪk, AE -derɪ-/ n. carattere m. sessuale secondario.

secondary stress /ˌsekəndrɪ'stres, AE -derɪ-/ n. accento m. secondario.

second ballot /ˌsekənd'bælət, AE -derɪ-/ n. ballottaggio m.

second best /ˌsekənd'best/ **I** n. ***I refuse to settle for*** o ***take ~*** mi rifiuto di accontentarmi di un ripiego; ***as a ~, I suppose it will do*** come soluzione di ripiego, immagino che vada bene **II** avv. ***he came off ~*** BE o ***out ~*** AE è arrivato secondo; ***in the choice between quality and price, quality often comes off ~*** nella scelta tra la qualità e il prezzo, spesso è la qualità che viene penalizzata.

second chamber /ˌsekənd'tʃeɪmbə(r)/ n. camera f. alta.

second class /ˌsekənd'klɑ:s, AE -'klæs/ **I** n. **1** GB = posta ordinaria **2** FERR. seconda classe f. **II second-class** agg. **1** GB ***second-class stamp*** = francobollo per posta ordinaria; ***a second-class letter*** = una lettera spedita con posta ordinaria; ***second-class mail*** = posta ordinaria **2** FERR. [*carriage, ticket*] di seconda classe **3** BE UNIV. ***second-class degree*** = diploma di laurea con votazione inferiore al first degree **4** *(second rate)* [*goods, product*] di seconda qualità; [*treatment*] di qualità inferiore; ***second-class citizen*** cittadino di serie B **III** avv. **1** FERR. [*travel*] in seconda classe **2** [*send*] con posta ordinaria.

Second Coming /ˌsekənd'kʌmɪŋ/ n. secondo avvento m.

second cousin /ˌsekənd'kʌzn/ n. cugino m. (-a) di secondo grado, cugino m. (-a) secondo (-a).

second degree /ˌsekənddɪ'gri:/ n. UNIV. = diploma di laurea di livello inferiore al first degree.

second-degree burn /ˌsekənddɪˌgri:'bɜ:n/ n. ustione f. di secondo grado.

second-degree murder /ˌsekənddɪˌgri:'mɜ:də(r)/ n. AE DIR. omicidio m. di secondo grado.

Second Empire /ˌsekənd'empaɪə(r)/ **I** n. Secondo Impero m. **II** modif. [*furniture, decor*] stile impero; [*style*] impero.

seconde /sɪ'kɒnd/ n. *(in fencing)* seconda f.

seconder /'sekəndə(r)/ n. = persona che appoggia una mozione.

second estate /ˌsekəndɪ'steɪt/ n. STOR. nobiltà f.

second generation /ˌsekəndˌdʒenə'reɪʃn/ **I** n. seconda generazione f. **II** modif. [*artist, computer*] della seconda generazione; [*immigrant*] di seconda generazione.

second-guess /ˌsekənd'ges/ tr. COLLOQ. indovinare [*thoughts*]; prevedere [*reaction*]; ***to ~ sb.*** anticipare le mosse di qcn.

second hand /'sekəndhænd/ **I** n. *(on watch, clock)* lancetta f. dei secondi **II second-hand** /ˌsekənd'hænd/ agg. [*clothes, car, goods, news, information, report*] di seconda mano; [*market*] dell'usato; [*opinion*] non originale; ***second-hand dealer*** rigattiere; ***second-hand car dealer*** o ***salesman*** rivenditore di automobili di seconda mano; ***second-hand value*** valore dell'usato **III** avv. [*buy*] di seconda mano; [*find out, hear*] indirettamente.

second in command /ˌsekəndɪnkə'mɑ:nd, AE -'mænd/ ➧ *23* n. **1** MIL. comandante m. in seconda, vicecomandante m. **2** *(to a person in charge)* secondo m.
second language /ˌsekənd'læŋgwɪdʒ/ n. seconda lingua f.
second lieutenant /ˌsekəndlef'tenənt, AE -lu:'t-/ ➧ *23* n. MIL. sottotenente m.
▷ **secondly** /'sekəndlɪ/ avv. secondariamente, in secondo luogo.
second mate /ˌsekənd'meɪt/ ➧ *23* n. MAR. secondo ufficiale m. di bordo.
secondment /sɪ'kɒndmənt/ n. distacco m. (**from** da; **to** a); ***on*** ~ in trasferta.
second mortgage /ˌsekənd'mɔ:gɪdʒ/ n. ipoteca f. di secondo grado.
second name /'sekəndˌneɪm/ n. **1** *(surname)* cognome m. **2** *(second forename)* secondo nome m.
second officer /ˌsekənd'ɒfɪsə(r), AE -'ɔ:f-/ ➧ *23* n. → **second mate**.
second person /ˌsekənd'pɜ:sn/ n. LING. seconda persona f.; ***in the ~ singular, plural*** alla seconda persona singolare, plurale.
second-rate /ˌsekənd'reɪt/ agg. [*actor, writer, novel*] di second'ordine, mediocre; [*institution, mind*] di second'ordine; [*product*] di scarsa qualità.
second-rater /ˌsekənd'reɪtə(r)/ n. mediocre m. e f.
second reading /ˌsekənd'ri:dɪŋ/ n. POL. seconda lettura f.
seconds /'sekəndz/ n.pl. COLLOQ. *(helping)* bis m.sing.; ***to ask for, have ~*** chiedere, fare il bis.
second sight /ˌsekənd'saɪt/ n. preveggenza f.; ***to have (the gift of) ~*** avere il dono della preveggenza.
second strike /ˌsekənd'straɪk/ **I** n. MIL. risposta f. **II** modif. MIL. [*capability, missile, strategy*] di risposta.
second string /ˌsekənd'strɪŋ/ n. SPORT riserva f.
second thought /ˌsekənd'θɔ:t/ n. ripensamento m.
▷ **secrecy** /'si:krəsɪ/ n. segretezza f.; ***in ~*** in segreto; ***why all the ~?*** perché tutti questi segreti? ***the ~ surrounding their finances*** la segretezza riguardo alle loro finanze; ***there's no need for ~*** non è un segreto *o* non c'è bisogno di tenerlo nascosto; ***she's been sworn to ~*** le è stato fatto giurare di mantenere il segreto; ***a veil, an air of ~*** un velo, un'aria di mistero.
▶ **secret** /'si:krɪt/ **I** agg. [*passage, meeting, ingredient, admirer, admiration*] segreto; [*contributor*] anonimo; ***to keep sth. ~ from sb.*** tenere qcs. nascosto a qcn.; ***to be a ~ drinker*** bere di nascosto **II** n. **1** *(unknown thing)* segreto m.; ***to tell sb. a ~*** rivelare un segreto a qcn.; ***to keep a ~*** mantenere un segreto; ***to let sb. in on a ~*** mettere qcn. a parte di un segreto; ***I make no ~ of my membership of the party*** la mia appartenenza al partito non è un segreto; ***it's an open ~ that...*** è un segreto di Pulcinella che...; ***there's no ~ about who, when, how etc.*** non è un segreto chi, quando, come ecc.; ***I have no ~s from my sister*** non ho segreti per mia sorella **2** *(key factor)* segreto m. (**of** di) **3 in secret** in segreto; DIR. a porte chiuse.
secret agent /ˌsi:krɪt'eɪdʒənt/ n. agente m. segreto.
secretaire /ˌsekrɪ'teə(r)/ n. secrétaire m.
secretarial /ˌsekrə'teərɪəl/ agg. [*course*] per segretario; [*skills*] di, da segretario; [*work*] di segretario; [*college*] per segretarie d'azienda; ~ ***staff*** personale addetto a mansioni segretariali.
secretariat /ˌsekrə'teərɪət/ n. segretariato m.
▶ **secretary** /'sekrətrɪ, AE -rəterɪ/ ➧ *27* n. **1** AMM. segretario m. (-a) (**to sb.** di qcn.); ***general, regional ~*** segretario generale, regionale; ***party ~*** STOR. *(in USSR)* segretario del partito (comunista); ***personal, private ~*** segretario personale, privato **2 Secretary** GB POL. ***Foreign, Home, Defence ~*** ministro degli esteri, dell'interno, della difesa; ***Environment, Northern Ireland ~*** o ***~ of State for the Environment, for Northern Ireland*** ministro dell'ambiente, per l'Irlanda del Nord **3 Secretary** US POL. ***Defense Secretary*** ministro della difesa; ***Secretary of State*** GB ministro; US ministro degli esteri **4** AE *(desk)* secrétaire m.
secretary bird /ˌsekrətrɪ'bɜ:d, AE -rəterɪ-/ n. serpentario m.
secretary-general /ˌsekrətrɪ'dʒenrəl, AE -rəterɪ-/ ➧ *27* n. segretario m. generale.
secretaryship /'sekrətrɪʃɪp, AE -terɪ-/ n. segretariato m.
secrete /sɪ'kri:t/ tr. **1** BIOL. MED. secernere [*fluid*] **2** *(hide)* celare.
secreted /sɪ'kri:tɪd/ **I** p.pass. → **secrete II** agg. BIOL. MED. [*fluid*] secreto.
secretin /sɪ'kri:tɪn, AE -tn/ n. secretina f.
secretion /sɪ'kri:ʃn/ n. **1** BIOL. MED. secrezione f. **2** *(hiding)* occultamento m.
secretive /'si:krətɪv/ agg. [*person, nature*] riservato; [*organization*] segreto; [*expression, conduct*] misterioso; [*smile*] enigmatico; ***to be ~ about sth.*** essere misterioso riguardo a qcs.
secretively /'si:krətɪvlɪ/ avv. [*behave, smile*] *(mysteriously)* in modo misterioso, misteriosamente; *(furtively)* furtivamente.
secretiveness /'si:krətɪvnɪs/ n. *(of person, nature)* (l')essere misterioso; *(of organization)* segretezza f.; *(of smile)* enigmaticità f.
▷ **secretly** /'si:krɪtlɪ/ avv. segretamente.
secretness /'si:krɪtnɪs/ n. segretezza f.
secretory /sɪ'kri:trɪ, AE -tɔ:rɪ/ **I** agg. BIOL. MED. secretorio **II** n. BIOL. MED. *(duct, vessel)* organo m. secretorio.
secret police /ˌsi:krɪtpə'li:s/ n. polizia f. segreta.
secret service /ˌsi:krɪt'sɜ:vɪs/ n. servizi m.pl. segreti.
Secret Service /ˌsi:krɪt'sɜ:vɪs/ n. US = servizi segreti incaricati di proteggere il presidente e gli alti funzionari di stato.
secret society /ˌsi:krɪtsə'saɪətɪ/ n. società f. segreta.
secret weapon /ˌsi:krɪt'wepən/ n. arma f. segreta (anche FIG.).
sect /sekt/ n. setta f.
sectarian /sek'teərɪən/ **I** agg. settario **II** n. settario m. (-a).
sectarianism /sek'teərɪənɪzəm/ n. settarismo m.
sectarianize /sek'teərɪənaɪz/ **I** tr. rendere settario **II** intr. comportarsi con settarismo.
sectary /'sektərɪ/ **I** agg. *(pertaininig to a sect)* settario **II** n. *(memeber of a sect)* settario m. (-a).
sectile /'sektaɪl, AE -tl/ agg. **1** BOT. ~ ***leek*** porro settile **2** MIN. settile.
▶ **1.section** /'sekʃn/ n. **1** *(part) (of train)* scompartimento m.; *(of aircraft, town, forest, area)* parte f., zona f.; *(of pipe, tunnel, road, river)* troncone m.; *(of object)* componente m.; *(of kit)* pezzo m.; *(of orange, grapefruit)* spicchio m.; *(of public, population)* fetta f.; *(of group)* parte f.; *(of orchestra)* sezione f. **2** *(department) (of company)* ufficio m.; *(of office, department, government)* settore m.; *(of library, shop)* reparto m.; ***computer ~*** reparto computer; ***consular ~*** ufficio consolare **3** *(subdivision) (of act, bill)* articolo m.; *(of report)* paragrafo m.; *(of newspaper)* rubrica f., pagina f.; ***under ~ 24*** ai sensi dell'articolo 24; ***sports, books ~*** rubrica sportiva, dei libri **4** *(passage) (of book)* passo m., brano m. (**on** su); *(larger)* parte f. (**on** su); ***there's a ~ on verbs at the end*** c'è una sezione dedicata ai verbi al fondo **5** MIL. plotone m. **6** BIOL. GEOL. lamina f. **7** MAT. sezione f. **8** MED. sezione f. **9** FERR. *(part of network)* tronco m. **10** AE FERR. *(of sleeping car)* scompartimento m. di vagone letto **11** AE FERR. *(relief train)* treno m. bis, treno m. straordinario.
2.section /'sekʃn/ tr. **1** *(divide)* sezionare [*document, text, computer screen*] **2** MED. *(in surgery)* sezionare **3** BE MED. *(confine to mental hospital)* internare [*person*].
■ **section off:** ***~ off [sth.], ~ [sth.] off*** separare [*part, area*].
sectional /'sekʃənl/ agg. **1** *(factional)* [*interest, hatred, discontent*] di gruppo **2** *(in section)* [*drawing, view*] in sezione **3** AE [*bookcase, sofa*] componibile.
sectionalism /'sekʃənəlɪzəm/ n. SPREG. campanilismo m.
section gang /'sekʃnˌgæŋ/ n. AE = squadra degli operai addetti ai lavori di manutenzione delle ferrovie.
section hand /'sekʃnˌhænd/ ➧ *27* n. AE = operaio che fa parte di una squadra addetta ai lavori di manutenzione delle ferrovie.
section mark /'sekʃnˌmɑ:k/ n. segno m. di paragrafo.
▶ **sector** /'sektə(r)/ n. *(all contexts)* settore m.; ***public, private ~*** settore pubblico, privato; ***voluntary*** o ***third ~*** terzo settore.
sectoral /'sektərəl/ agg. di settore, settoriale.
sectorial /sek'tɔ:rɪəl/ agg. [*analysis etc.*] settoriale.
▷ **secular** /'sekjʊlə(r)/ **I** agg. **1** *(lay)* [*politics, law, power*] secolare; [*education, priest*] secolare, laico; [*society*] laico; [*belief, music*] profano **2** ASTR. secolare **II** n. secolare m.
secularism /'sekjʊlərɪzəm/ n. *(doctrine)* laicismo m.; *(political system)* laicità f.
secularist /'sekjʊlərɪst/ n. laico m. (-a).
secularity /sekju'lærətɪ/ n. **1** *(secularism)* laicismo m. **2** *(of clergy)* secolarità f.
secularization /ˌsekjʊləraɪ'zeɪʃn, AE -rɪ'z-/ n. *(of society, education)* laicizzazione f.; *(of church property)* secolarizzazione f.
secularize /'sekjʊləraɪz/ tr. laicizzare [*society, education*]; secolarizzare [*church property*].
secularly /'sekjʊlərlɪ/ avv. secolarmente.
secund /sɪ'kʌnd/ agg. BOT. unilaterale.
secundines /'sekəndaɪnz, sɪ'kʌndɪnz/ n. = placenta e altri annessi fetali espulsi durante il secondamento.
secundogeniture /sɪkʌndəʊ'dʒenɪtʃə(r)/ n. secondogenitura f.
securable /sɪ'kjʊərəbl, -'kjɔ:-/ agg. **1** assicurabile **2** *(obtainable)* ottenibile.
▶ **1.secure** /sɪ'kjʊə(r)/ agg. **1** *(stable, not threatened)* [*job, income, financial position, investment*] sicuro; [*marriage*] saldo; [*basis, base, foundation*] solido; [*world record*] imbattibile **2** *(safe)*

[*hiding place, route*] sicuro; ~ ***hospital*** ospedale psichiatrico di massima sicurezza; ***to be ~ against sth.*** essere al sicuro da qcs. **3** *(reliable)* [*padlock, bolt, foothold, handhold*] sicuro; [*nail, knot*] saldo, stabile; [*rope*] assicurato; [*door, window*] a prova di scasso; ***to make a rope ~*** assicurare una corda; ***to make a door ~*** assicurare una porta **4** PSIC. [*feeling*] di sicurezza; [*family, background*] rassicurante; ***to feel ~*** sentirsi sicuro; ***to be ~ in the knowledge that*** avere la certezza che **5** *(fraud-proof)* [*line, transaction*] protetto.

▶ **2.secure** /sɪ'kjʊə(r)/ tr. **1** *(procure, obtain)* ottenere [*promise, job, majority, release, conviction, visa, right, victory*]; ottenere, procurarsi [*money*]; raggiungere [*agreement, objective*] **2** *(make firm, safe)* assicurare [*rope*]; assicurare, serrare [*door, window*]; fissare [*wheel, ladder*] **3** *(make safe)* proteggere [*house, camp, flank*]; assicurarsi [*future, job*]; farsi [*position*] **4** ECON. garantire [*loan, debt*] (**against** contro; **on** su).

secured bond /sɪˌkjʊəd'bɒnd/ n. obbligazione f. garantita.

secured loan /sɪˌkjʊəd'ləʊn/ n. prestito m. garantito.

securely /sɪ'kjʊəlɪ/ avv. **1** *(carefully)* [*fasten, fix, tie*] in modo ben saldo; [*wrap, tuck, pin*] con cura **2** *(safely)* [*lock up*] bene; [*hide, store*] al sicuro; ***to invest ~*** fare un investimento sicuro **3** FIG. [*founded*] solidamente; [*settled, rooted*] bene; ***it is not very ~ founded*** non è fondato molto solidamente.

secure unit /sɪˌkjʊər'ju:nɪt/ n. *(in children's home)* = reparto di casa di rieducazione sotto stretta sorveglianza; *(in psychiatric hospital)* reparto m. di massima sicurezza.

securities /sɪ'kjʊərətɪz/ **I** n.pl. ECON. titoli m. **II** modif. ECON. [*market, trading*] dei titoli; [*company*] finanziario, di intermediazione mobiliare.

Securities and Investments Board /sɪˌkjʊərətɪzənɪn'vestmənts,bɔ:d/ n. GB = commissione preposta al controllo delle transazioni di borsa nella City.

securitization /sɪˌkjʊərɪtaɪ'zeɪʃn, AE -tɪ'z-/ n. ECON. securitizzazione f.

securitize /sɪ'kjʊərɪtaɪz/ tr. ECON. convertire in titoli.

▶ **security** /sɪ'kjʊərətɪ/ **I** n. **1** *(safe state or feeling) (of person, child, financial position, investment)* sicurezza f.; ~ ***of employment*** o ***job ~*** sicurezza lavorativa **2** *(measures) (for site, prison, nation, VIP)* sicurezza f.; ***to tighten ~*** rafforzare la sicurezza; ***state*** o ***national ~*** sicurezza nazionale **3** *(department)* sicurezza f.; ***to call ~*** chiamare la sicurezza **4** *(guarantee)* garanzia f. (**on** su); ***to take, leave sth. as ~*** prendere, lasciare in garanzia qcs.; ***to stand ~ for sb.*** fungere da garante per qcn. *o* rendersi garante per qcn. **5** spesso pl. ECON. titolo m., valore m. mobiliare **II** modif. [*arrangements, badge, barrier, camera, check, code, device, door, lock, measures, standards*] di sicurezza; [*staff*] addetto alla sorveglianza; [*firm*] di sorveglianza.

security blanket /sɪ'kjʊərətɪˌblæŋkɪt/ n. PSIC. oggetto m. transizionale; COLLOQ. coperta f. di Linus.

security clearance /sɪ'kjʊərətɪˌklɪərəns/ n. abilitazione f. di sicurezza.

Security Council /sɪ'kjʊərətɪˌkaʊnsl/ n. Consiglio m. di Sicurezza.

security forces /sɪ'kjʊərətɪˌfɔ:sɪz/ n.pl. forze f. di sicurezza.

security guard /sɪ'kjʊərətɪˌgɑ:d/ ➧ **27** n. guardia f. giurata.

security leak /sɪ'kjʊərətɪˌli:k/ n. fuga f. di informazioni.

security officer /sɪ'kjʊərətɪˌɒfɪsə(r), AE -ˌɔ:f-/ ➧ **27** n. addetto m. (-a) alla sicurezza.

security risk /sɪ'kjʊərətɪˌrɪsk/ n. *(person)* pericolo m. per la società.

security van /sɪ'kjʊərətɪˌvæn/ n. BE furgone m. blindato.

sedan /sɪ'dæn/ n. AE berlina f.

sedan chair /sɪˌdæn'tʃeə(r)/ n. portantina f.

1.sedate /sɪ'deɪt/ agg. [*person*] posato, calmo, tranquillo, pacato; [*lifestyle, pace*] tranquillo; [*decor*] sobrio.

2.sedate /sɪ'deɪt/ tr. somministrare sedativi a [*patient*].

sedated /sɪ'deɪtɪd/ **I** p.pass. → **2.sedate II** agg. sotto (l'effetto di) sedativo.

sedately /sɪ'deɪtlɪ/ avv. tranquillamente.

sedateness /sɪ'deɪtnɪs/ n. *(of attitude)* ponderatezza f.; *(of manner)* compostezza f.

sedation /sɪ'deɪʃn/ n. MED. somministrazione f. di sedativi, sedazione f.; ***to be under ~*** essere sotto (l'effetto di) sedativo.

sedative /'sedətɪv/ **I** agg. [*effect, drug*] sedativo **II** n. sedativo m., calmante m.

sedentarily /ˌsedn'terɪlɪ/ avv. sedentariamente.

sedentariness /'sedntrɪnɪs, AE -terɪ-/ n. sedentarietà f.

sedentary /'sedntrɪ, AE -terɪ/ agg. [*job, lifestyle, population*] sedentario.

sedge /sedʒ/ n. carice f., falasco m.

sedge warbler /ˌsedʒ'wɔ:blə(r)/ n. ZOOL. forapaglie m.

sedgy /'sedʒɪ/ agg. **1** *(covered or bordered with sedges)* coperto, fiancheggiato di falaschi **2** *(having the properties of sedge)* che ha le caratteristiche del falasco.

sediment /'sedɪmənt/ n. deposito m.; GEOL. sedimento m.; *(of wine)* fondo m.

sedimentary /ˌsedɪ'mentrɪ, AE -terɪ/ agg. sedimentario.

sedimentation /ˌsedɪmen'teɪʃn/ n. GEOL. CHIM. sedimentazione f.

sedimentological /sedɪmentə'lɒdʒɪkl/ agg. GEOL. sedimentologico.

sedimentologist /sedɪmən'tɒlədʒɪst/ n. GEOL. esperto m. (-a) di sedimentologia.

sedimentology /sedɪmən'tɒlədʒɪ/ n. GEOL. sedimentologia f.

sedition /sɪ'dɪʃn/ n. sedizione f.

seditionary /sɪ'dɪʃənrɪ, AE -nerɪ/ **I** agg. sedizioso **II** n. sedizioso m. (-a).

seditious /sɪ'dɪʃəs/ agg. [*view, activity*] sedizioso.

seditiously /sɪ'dɪʃəslɪ/ avv. sediziosamente.

seditiousness /sɪ'dɪʃəsnɪs/ n. (l')essere sedizioso.

▷ **seduce** /sɪ'dju:s, AE -'du:s/ tr. **1** *(sexually)* [*person*] sedurre **2** FIG. [*idea, project etc.*] tentare, allettare; ***to ~ sb. into doing*** persuadere qcn. (con allettamenti) a fare; ***to be ~d into doing*** lasciarsi convincere a fare; ***to ~ sb. away from sth.*** distogliere qcn. da qcs.

seducement /sɪ'dju:smənt, AE -'du:s-/ n. **1** *(seduction)* seduzione f. **2** FIG. tentazione f., allettamento m.

seducer /sɪ'dju:sə(r), AE -'du:s-/ n. seduttore m.

seducible /sɪ'dju:səbl/ agg. seducibile.

seduction /sɪ'dʌkʃn/ n. **1** *(act of seducing)* seduzione f. **2** *(attractive quality)* attrattiva f. (**of** di).

seductive /sɪ'dʌktɪv/ agg. [*person, smile*] seducente, attraente; [*argument, proposal*] allettante.

seductively /sɪ'dʌktɪvlɪ/ avv. [*smile, murmur*] in modo seducente.

seductiveness /sɪ'dʌktɪvnɪs/ n. (l')essere seducente.

seductress /sɪ'dʌktrɪs/ n. seduttrice f.

sedulity /sɪ'dju:lətɪ, AE -'du:-/ n. assiduità f., costanza f.

sedulous /'sedjʊləs, AE 'sedʒʊləs/ agg. FORM. [*student*] solerte, diligente; [*devotion*] assiduo; [*attention*] premuroso.

sedulously /'sedjʊləslɪ, AE 'sedʒʊləslɪ/ avv. FORM. [*strive*] assiduamente; [*guard*] con solerzia.

sedulousness /'sedjʊləsnɪs, AE 'sedʒʊləsnɪs/ n. *(of student)* solerzia f.; *(of effort)* assiduità f.

▶ **1.see** /si:/ **I** tr. (pass. **saw**; p.pass. **seen**) **1** *(perceive)* vedere [*object, person*]; ***to ~ sb., sth. with one's own eyes*** vedere qcn., qcs. con i propri occhi; ***to ~ that*** vedere che; ***to ~ where, how etc.*** vedere dove, come ecc.; ***you'll ~ how it's done*** vedrai come si fa; ***to ~ sb. do sth.*** o ***doing sth.*** vedere qcn. fare qcs.; ***I saw him steal*** o ***stealing a car*** l'ho visto rubare un'automobile; ***we didn't ~ anything*** non abbiamo visto niente; ***I saw something in the dark*** ho visto qualcosa nell'oscurità; ***there's nothing to ~*** non c'è niente da vedere; ***there's nobody to be seen*** non si vede nessuno; ***I couldn't ~ her in the crowd*** non riuscivo a vederla tra la folla; ***can you ~ him?*** riesci a vederlo? lo vedi? ***I could ~ (that) she'd been crying*** si vedeva che aveva pianto; ***I can ~ her coming*** la vedo che sta arrivando *o* arrivare; ***there was going to be trouble: I could ~ it coming*** o ***I could ~ it a mile off*** ci sarebbero stati dei problemi: me lo sentivo; ***I don't like to ~ you so unhappy*** non mi piace vederti così triste; ***I hate to ~ an animal in pain*** detesto vedere soffrire gli animali; ***I don't know what you ~ in him*** COLLOQ. non capisco che cosa ci trovi in lui; ***he must ~ something attractive in her*** COLLOQ. deve trovarci qualcosa di attraente in lei; ***I must be ~ing things!*** devo soffrire di allucinazioni! ***to ~ one's way*** orientarsi; ***to ~ one's way (clear) to doing sth.*** capire come si deve fare qcs. **2** *(watch)* vedere [*film, programme*]; *(inspect)* vedere [*accounts, work*]; ***I've seen the play twice*** ho visto lo spettacolo due volte; ~ ***page 156*** vedi pagina 156; ~ ***over(leaf)*** vedi retro **3** *(go to see, visit)* andare a trovare [*person*]; visitare [*country*]; andare a vedere [*building*]; ***to ~ the Parthenon*** visitare il Partenone; ***to ~ a doctor about sth.*** andare dal dottore per qcs.; ***what did you want to ~ me about?*** perché volevi vedermi? ***I'm ~ing a psychiatrist*** sono in cura da uno psichiatra; ***to ~ the sights*** fare il giro turistico di una città **4** *(meet up with)* vedere [*person*]; ***I'll be ~ing him in June*** lo vedrò a giugno; ***I happened to ~ her in the post office*** mi è capitato di vederla alla posta; ***they ~ a lot of each other*** si vedono spesso; ~ ***you!*** COLLOQ. ci vediamo! ~ ***you next week, (on) Sunday!*** COLLOQ. ci vediamo la settimana prossima, domenica! ***he's ~ing a married woman*** si vede con *o* frequenta una donna sposata **5** *(receive)* ricevere [*person*]; ***the doctor, headmaster will ~ you now*** il dottore, il direttore può riceverla adesso **6** *(understand)* vedere [*relevance, advantage, problem*]; capire [*joke*]; ***to ~ sth. from sb.'s point of view*** vedere qcs. dal punto di vista di qcn.; ***can't you ~ that...?*** non vedi che...? ***to ~ how, where...*** vedere come, dove...; ***do you ~ what I mean?*** hai capito cosa intendo? **7** *(look upon, consider)* vedere; ***I ~ things differently now*** vedo le cose in modo diverso adesso; ***to ~ sb. as*** vedere qcn. come [*leader, hero*]; ***I ~ it as an opportunity*** penso che sia un'opportunità da non perdere; ***I ~ it as an insult*** lo considero un insulto; ***not to ~ sb., sth. as...*** non vedere qcn., qcs. come...; ***I don't ~ it as a problem of poverty*** non penso che sia un problema di povertà; ***I don't ~ him as honest*** non penso che sia onesto **8** *(note, observe)* vedere, notare (**that** che); ***as we have already seen,...*** come abbiamo già avuto modo di vedere,...; ***it can be seen from this example that...*** da questo esempio si può notare che... **9** *(envisage, visualize)* ***I can't ~ sb., sth. doing*** non riesco a immaginare qcn., qcs. fare; ***I can't ~ the situation changing*** non penso proprio che la situazione possa cambiare; ***I can ~ a time when this country will be independent*** credo che un giorno questo paese diventerà indipendente **10** *(make sure)* ***to ~ (to it) that...*** fare sì che...; ***~ (to it) that the children are in bed by nine*** fai in modo che i bambini siano a letto per le nove; ***~ that you do!*** *(angrily)* cerca di farlo! **11** *(find out)* vedere; ***to ~ how, if, when etc.*** vedere come, se, dove ecc.; ***I'm going to ~ what she's doing, how she's doing*** vado a vedere cosa sta facendo, come se la cava; ***I'll have to ~ if I can get permission*** devo vedere se riesco a ottenere il permesso; ***it remains to be seen whether*** o ***if...*** bisogna ancora vedere se... **12** *(witness)* vedere; *(experience)* conoscere; ***a period which saw enormous changes, the birth of computer science*** un periodo che ha visto enormi cambiamenti, la nascita dell'informatica; ***next year will ~ the completion of the road*** la strada sarà terminata il prossimo anno; ***I never thought I'd ~ the day that he'd admit to being wrong!*** non pensavo proprio che avrebbe ammesso di essersi sbagliato! ***we'll never ~ her like again*** non troveremo mai più una come lei **13** *(accompany)* ***to ~ sb. to the door*** accompagnare qcn. alla porta; ***to ~ sb. to the station*** accompagnare qcn. alla stazione; ***to ~ sb. home*** accompagnare qcn. a casa **14** *(in betting)* ***I'll ~ your £ 10*** o ***I'll ~ you for £ 10*** vedo le tue 10 sterline **II** intr. (pass. **saw**; p.pass. **seen**) **1** *(with eyes)* vedere; ***I can't ~*** non riesco a vedere *o* non vedo; ***~ for yourself*** vedi tu; ***as you can ~*** come potete vedere; ***to ~ beyond sth.*** vedere oltre qcs.; ***try to ~ beyond your own immediate concerns*** provate a guardare al di là dei vostri interessi; ***so I ~*** si vede; ***move over: I can't ~ through you*** spostati: non sei trasparente! ***some animals can ~ in the dark*** alcuni animali riescono a vedere al buio; ***you can ~ for miles*** si riesce a vedere a miglia di distanza **2** *(understand)* capire; ***do you ~?*** hai capito? ***yes, I ~*** sì, capisco; ***now I ~*** adesso capisco; ***can't you ~? the situation is different now*** non vedi che la situazione è cambiata adesso? ***as far as I can ~*** per quel che ne capisco **3** *(check, find out)* ***I'll go and ~*** vado a vedere; ***we'll just have to wait and ~*** non ci resta che aspettare **4** *(think, consider)* ***I'll have to ~*** devo pensarci *o* devo vedere; ***let's ~*** o ***let me ~*** vediamo un po' **III** rifl. (pass. **saw**; p.pass. **seen**) ***to ~ oneself*** vedersi; FIG. vedersi, immaginarsi; ***he saw himself already elected*** si vedeva già eletto; ***I can't ~ myself as*** o ***being...*** non riesco a vedermi come...; ***I can't ~ myself being chosen*** non penso che sarò scelto; ***I can't ~ myself as a famous ballerina*** non riesco a vedermi come una ballerina famosa ◆ ***I'll ~ you right*** COLLOQ. ci penso io; ***now I've seen it all!*** questo è il colmo!

■ **see about:** ***~ about [sth.]*** occuparsi di; ***we'll soon ~ about that!*** COLLOQ. IRON. ce ne occuperemo noi! ci penseremo noi! ***to ~ about doing*** pensare di fare.

■ **see off:** ***~ [sb.] off, ~ [off] [sb.]*** **1** *(say goodbye to)* salutare; ***we saw him off at the station*** lo salutammo alla stazione **2** *(throw out)* ***the drunk was seen off the premises*** l'ubriaco è stato messo alla porta; ***to ~ sb. off the premises*** cacciare via qcn. da un locale.

■ **see out:** ***~ [sth.] out, ~ out [sth.]*** ***we have enough coal to ~ the winter out*** il carbone che abbiamo basta per tutto l'inverno; ***~ [sb.] out*** accompagnare (alla porta); ***I'll ~ myself out*** *(in small building)* non c'è bisogno che mi accompagni alla porta; *(in big building)* la trovo da solo l'uscita, non preoccuparti.

■ **see through:** ***~ through [sth.]*** capire che si tratta di [*deception, lie*]; ***it was easy enough to ~ through the excuse*** è stato facile capire che si trattava di una scusa; ***I can ~ through your little game!*** COLLOQ. ho capito il tuo giochetto! ***I can ~ through him*** ho capito che tipo è; ***~ [sth.] through*** portare a termine; ***~ [sb.] through*** ***there's enough food to ~ us through the week*** il cibo ci basta per tutta la settimana; ***this money will ~ you through*** con questi soldi non avrai più problemi.

■ **see to:** ***~ to [sth.]*** occuparsi di [*person, task*]; ***there is no cake left, the children saw to that!*** non è avanzata neanche una fettina di torta, ci hanno pensato i bambini a finirla!

2.see /siː/ n. *(of bishop)* vescovado m.; *(of archbishop)* arcivescovado m.

▷ **1.seed** /siːd/ n. **1** BOT. AGR. *(of plant)* seme m.; *(fruit pip)* seme m., semino m. **2** U AGR. *(for sowing)* seme m., semente f.; GASTR. seme m.; ***to go*** o ***run to ~*** [*plant*] sementire *o* fare seme; FIG. [*person*] rovinarsi; [*organization, country*] andare in rovina **3** FIG. *(beginning)* germe m.; ***the ~(s) of discontent, hope*** le cause del malcontento, della speranza; ***the ~s of doubt were sown in her mind*** il dubbio si era insinuato nella sua mente *o* le era sorto un dubbio **4** SPORT testa f. di serie; ***the top ~*** la testa di serie numero uno; ***the fifth*** o ***number five ~*** la quinta testa di serie **5** ANT. *(semen)* sperma m. **6** ANT. *(descendants)* discendenza f.

2.seed /siːd/ **I** tr. **1** *(sow)* seminare [*field, lawn*] (**with** a) **2** (anche **deseed**) togliere i semi da [*grape, raisin*] **3** SPORT scegliere come testa di serie; ***to be ~ed sixth*** o ***(number) six*** essere scelto come sesta testa di serie; ***~ed player*** (giocatore scelto come) testa di serie **4** METEOR. inseminare [*clouds*] **II** intr. [*plant*] sementire, fare seme.

seedbed /ˈsiːdbed/ n. semenzaio m., vivaio m. (anche FIG.).

seed box /ˈsiːdbɒks/ n. → **seed tray**.

seedcake /ˈsiːdkeɪk/ n. = dolce aromatizzato con semi di cumino.

seed corn /ˈsiːdkɔːn/ n. grano m. da semina; FIG. germe m.

seeder /ˈsiːdə(r)/ ♦ *27* n. seminatore m. (-trice).

seedily /ˈsiːdɪlɪ/ avv. [*dress*] trasandatamente; ***to live ~*** condurre una vita disordinata.

seediness /ˈsiːdɪnɪs/ n. **1** *(shabbiness)* trasandatezza f. **2** *(sordidness)* meschinità f.

seeding /ˈsiːdɪŋ/ n. **1** AGR. semina f. **2** SPORT teste f.pl. di serie.

seeding machine /ˈsiːdɪŋməˌʃiːn/ n. seminatrice f.

seed leaf /ˈsiːdliːf/ n. (pl. **seed leaves**) cotiledone m.

seedless /ˈsiːdlɪs/ agg. senza semi.

seedling /ˈsiːdlɪŋ/ n. giovane pianta f., piantina f.

seed merchant /ˈsiːdˌmɜːtʃənt/ ♦ *27* n. *(person)* commerciante m. e f. di semi; ***~'s (shop)*** negozio di granaglie.

seed money /ˈsiːdˌmʌnɪ/ n. ECON. sovvenzione f., capitale m. d'avviamento di un'impresa.

seed oyster /ˈsiːdˌɔɪstə(r)/ n. larva f. di ostrica.

seed pearl /ˈsiːdˌpɜːl/ n. perlina f., piccola perla f.

seed pod /ˈsiːdˌpɒd/ n. pericarpo m.

seed potato /ˈsiːdpəˌteɪtəʊ/ n. patata f. da semina.

seedsman /ˈsiːdzmən/ n. (pl. **-men**) **1** *(sower)* seminatore m. **2** *(dealer)* commerciante m. di semi.

seed tray /ˈsiːdtreɪ/ n. germinatoio m.

seedy /ˈsiːdɪ/ agg. **1** *(shabby)* [*hotel, street*] squallido; [*person*] trasandato **2** *(disreputable)* [*activity, person*] losco; [*area, club*] malfamato **3** COLLOQ. *(ill)* giù di corda, indisposto; ***to feel ~*** sentirsi giù di corda *o* stare poco bene.

▷ **seeing** /ˈsiːɪŋ/ cong. ***~ that, ~ as*** visto che, dato che; ***~ that*** o ***as they can't swim, it's not a good idea*** dato che non sanno nuotare, non è una buona idea; ***~ as how she doesn't live here any more*** COLLOQ. visto che non abita più qui.

▶ **seek** /siːk/ **I** tr. (pass., p.pass. **sought**) **1** *(try to obtain, wish to have)* cercare [*advice, agreement, confrontation, help, means, promotion, refuge, solution*]; chiedere [*asylum, backing, permission, public inquiry, redress*]; ***to ~ revenge*** cercare vendetta; ***to ~ sb.'s approval, a second term of office*** chiedere l'approvazione di qcn., un secondo mandato; ***to ~ to do*** cercare di fare; ***I do not ~ to do*** non cerco di fare; ***to ~ one's fortune*** cercare fortuna **2** *(look for)* [*police, employer, person*] cercare [*person, object*]; ***"sporty 45-year-old divorcee ~s similar"*** GIORN. "quarantacinquenne sportiva, divorziata cerca anima gemella" **II** intr. (pass., p.pass. **sought**) ***to ~ for*** o ***after sth.*** cercare qcs.

■ **seek out:** ***~ out [sth., sb.], ~ [sth., sb.] out*** scovare, reperire; ***to ~ out and destroy*** MIL. scovare e distruggere.

▷ **seeker** /ˈsiːkə(r)/ n. ***~ after*** o ***for sth.*** chi cerca qcs., cercatore di qcs.

▷ **seeking** /ˈsiːkɪŋ/ agg. **-seeking** in composti ***pleasure-~*** che cerca il piacere, gaudente; ***publicity-~*** che cerca pubblicità, a caccia di pubblicità.

seek time /ˈsiːktaɪm/ n. tempo m. di posizionamento.

▶ **seem** /siːm/ intr. **1** *(give impression)* sembrare; ***he ~s happy, sad*** sembra felice, triste; ***he ~ed disappointed*** sembrava deluso; ***the statistics, experiments ~ to indicate that...*** le statistiche, gli esperimenti sembrano indicare che...; ***there ~s to be a fault in the generator*** sembra che ci sia un guasto al generatore; ***he ~s to be looking***

for, to have lost... sembra che stia cercando, che abbia perso...; ***it would ~ so, not*** sembrerebbe così, non sembrerebbe; ***the whole house ~ed to shake*** sembrava che l'intera casa stesse tremando; ***things ~ to be a lot better between them now*** le cose tra loro sembrano andare molto meglio adesso; ***things are not always what they ~*** le cose non sono sempre come sembrano; ***how does she ~ today?*** come ti sembra che stia oggi? **2** *(have impression)* ***it ~s to me that...*** mi sembra che...; ***there ~ to me to be two possibilities*** mi sembra che ci siano due possibilità; ***it ~s, it very much ~s as if*** o ***as though*** sembra, sembra proprio che; ***I ~ to have done*** ho l'impressione di aver fatto; ***I ~ to have offended him*** ho l'impressione di averlo offeso; ***I ~ to have forgotten my money*** mi sembra di avere dimenticato i soldi; ***I ~ to remember I left it on the table*** mi sembra (di ricordare) di averlo lasciato sul tavolo; ***it ~s hours since we left*** sembra che siano passate ore da quando siamo partiti; ***that would ~ to be the right thing to do*** sembrerebbe la cosa giusta da fare; ***there doesn't ~ to be any solution*** sembra che non ci siano soluzioni; ***there ~s to be some mistake*** sembra che ci sia qualche errore; ***it ~ed like a good idea at the time*** sembrava una buona idea allora **3** *(expressing criticism or sarcasm)* ***he, she ~s to think that...*** a quanto pare pensa che...; ***they don't ~ to realize that...*** non sembrano rendersi conto che...; ***you ~ to have forgotten this point*** sembra che tu ti sia dimenticato di questo particolare; *(from evidence)* ***they haven't, it ~s, reached a decision yet*** sembra che non abbiano ancora preso una decisione; ***it ~s that sugar is bad for you*** pare che lo zucchero ti faccia male; ***what ~s to be the problem?*** qual è il problema? **4** *(despite trying)* ***he can't ~ to do*** non sembra che riesca a fare; ***I just can't ~ to do*** proprio non ci riesco a fare.

seeming /'si:mɪŋ/ agg. [*ease, lack*] apparente.

▷ **seemingly** /'si:mɪŋlɪ/ avv. [*unaware, oblivious*] apparentemente.

seemliness /'si:mlɪnɪs/ n. FORM. *(of behaviour)* decoro m.; *(of dress)* decenza f.

seemly /'si:mlɪ/ agg. FORM. [*conduct*] decoroso; [*dress*] decente; ***it would be more ~ to...*** sarebbe più conveniente...

seen /si:n/ p.pass. → **1.see**.

seep /si:p/ intr. colare, gocciolare; ***to ~ out of sth.*** gocciolare da qcs.; ***to ~ into, under sth.*** filtrare in, sotto qcs.; ***to ~ away*** colare via; ***to ~ through sth.*** [*water, gas, light*] filtrare attraverso qcs.; ***the blood ~ed through the bandages*** il sangue filtrava attraverso la benda.

seepage /'si:pɪdʒ/ n. *(trickle)* gocciolamento m.; *(leak) (from container, tank)* fuga f.; *(drainage into structure, soil)* infiltrazione f. (**into** in).

seer /'si:ə(r), sɪə(r)/ n. veggente m. e f.

seersucker /'sɪəsʌkə(r)/ n. = tessuto di cotone o lino a strisce crespe e lisce.

1.seesaw /'si:sɔ:/ n. altalena f. (anche FIG.).

2.seesaw /'si:sɔ:/ intr. andare sull'altalena; FIG. [*price, rate*] oscillare; ***the fight, debate ~ed*** l'incontro, la discussione ha avuto fasi alterne.

seethe /si:ð/ intr. **1** [*water*] bollire; [*sea*] ribollire **2** ***to ~ with rage, impatience*** [*person*] bollire di rabbia, fremere per l'impazienza; ***he was seething*** era furibondo **3** *(teem)* pullulare, essere gremito; ***the streets were seething with tourists*** le strade pullulavano di turisti; ***to ~ with activity*** essere in piena attività; ***a country seething with unrest*** un paese in preda all'agitazione.

see-through /'si:θru:/ agg. trasparente.

1.segment /'segmənt/ n. **1** ANAT. INFORM. MAT. LING. ZOOL. segmento m. **2** *(of economy, market)* settore m.; *(of population, vote)* parte f. **3** *(of orange)* spicchio m.

2.segment /seg'ment/ **I** tr. segmentare [*market, surface*]; dividere in spicchi [*orange*] **II** intr. segmentarsi.

segmental /seg'mentl/ agg. ZOOL. LING. segmentale.

segmentation /ˌsegmen'teɪʃn/ n. segmentazione f.

segregable /'segrəgəbl/ agg. segregabile.

segregate /'segrɪgeɪt/ tr. **1** *(separate)* [*government, policy*] separare [*races, sexes, fans*] (**from** da); ***to ~ pupils by ability, sex*** dividere gli scolari in base alle loro capacità, al sesso **2** *(isolate)* segregare, isolare [*patient, prisoner*] (**from** da); ***to ~ sb. from society*** segregare qcn. dalla società.

segregated /'segrəgeɪtɪd/ **I** p.pass. → **segregate II** agg. [*education, parliament, society*] segregazionista; [*area, school*] che applica la segregazione razziale; [*facilities*] riservato a persone di un'unica razza.

▷ **segregation** /ˌsegrɪ'geɪʃn/ n. *(of races, religions, social groups, prisoners)* segregazione f. (**from** da); *(of rivals)* separazione f.

segregationist /ˌsegrɪ'geɪʃənɪst/ **I** agg. POL. segregazionista, segregazionistico **II** n. POL. segregazionista m. e f.

> **i** **Segregation** La pratica e la relativa politica di isolare alcuni gruppi dal resto della comunità, specialmente in relazione alla razza. Negli Stati Uniti la politica segregazionista, in particolar modo negli stati del Sud, privò gli afroamericani dei propri diritti, costringendoli a frequentare scuole, alberghi, ristoranti e cinema diversi da quelli dei bianchi, nonché a sedere in settori separati sui mezzi di trasporto. Dopo la lunga battaglia per il riconoscimento dei diritti civili dei neri degli anni '50 e '60, capeggiata da Martin Luther King, si arrivò all'approvazione del *Civil Rights Act of 1964*, che obbligò gli stati del Sud a porre fine a questa politica.

seigneur, seignior /sen'jɜ:, AE seɪn-/ n. STOR. feudatario m., signore m. feudale.

seigniorage /'seɪnjərɪdʒ/ n. STOR. signoraggio m.

seigniorial /'seɪnjərɪəl/ agg. STOR. signorile.

seigniory /'seɪnjərɪ/ n. STOR. signoria f.

seine /seɪn/ n. (anche **~ net**) PESC. senna f.

Seine /seɪn/ ➧ **25** n.pr. ***the (river) Seine*** la Senna.

seisin /'si:zɪn, AE -zn/ n. **1** *(freehold possession)* proprietà f. assoluta **2** *(activity of taking freehold possession)* presa f. di possesso.

seism /'saɪzəm/ n. sisma m.

seismal /'saɪzml/ agg. → **seismic**.

seismic /'saɪzmɪk/ agg. sismico.

seismogram /'saɪzməgræm/ n. sismogramma m.

seismograph /'saɪzməgrɑ:f, AE -græf/ n. sismografo m.

seismographic(al) /saɪzmə'græfɪk(l)/ agg. sismografico.

seismography /saɪz'mɒgrəfɪ/ n. sismografia f.

seismological /saɪzmə'lɒdʒɪk(l)/ agg. sismologico.

seismologist /ˌsaɪz'mɒlədʒɪst/ ➧ **27** n. sismologo m. (-a).

seismology /saɪz'mɒlədʒɪ/ n. sismologia f.

seismometer /saɪz'mɒmɪtə(r)/ n. → **seismograph**.

seismoscope /'saɪzməskəʊp/ n. sismoscopio m.

seizable /'si:zəbl/ agg. **1** afferrabile **2** DIR. sequestrabile, confiscabile, pignorabile.

▷ **seize** /si:z/ **I** tr. **1** *(take hold of)* afferrare [*person, object*]; ***to ~ sb. around the waist*** afferrare qcn. per la vita; ***to ~ hold of*** afferrare [*person*]; impossessarsi di [*object*]; farsi allettare da [*idea*] **2** FIG. *(grasp)* cogliere [*opportunity, moment*]; prendere [*initiative*]; ***to be ~d by*** essere preso da [*emotion*]; essere in preda a [*pain, fit*] **3** MIL. POL. *(capture)* impossessarsi di [*territory, hostage, prisoner, installation*]; prendere [*power, control*] **4** DIR. sequestrare [*arms, drugs, person*]; sequestrare, confiscare, pignorare [*property*] **II** intr. [*engine, mechanism*] grippare, ingripparsi.

■ **seize on:** ~ ***on [sth.]*** cogliere al volo [*suggestion, offer*]; non lasciarsi sfuggire [*error*]; farsi allettare da [*idea*].

■ **seize up** [*engine, mechanism*] grippare, ingripparsi; [*limb, back*] bloccarsi.

■ **seize upon** → **seize on**.

seizin → **seisin**.

seizing /'si:zɪŋ/ n. **1** MIL. *(of hostage, prisoner)* cattura f.; POL. *(of power)* presa f. **2** DIR. sequestro m., confisca f. **3** *(of engine, mechanism)* grippaggio m. **4** MAR. legatura f.

seizure /'si:ʒə(r)/ n. **1** *(taking) (of territory, installation)* presa f. di possesso; *(of power, control)* presa f.; *(of arms, drugs, goods, property)* sequestro m., confisca f.; *(of person) (legal)* arresto m., cattura f.; *(illegal) (of hostage)* sequestro m. **2** MED. FIG. attacco m., crisi f.; ***to have a ~*** avere una crisi.

sej(e)ant /'si:dʒənt/ agg. ARALD. [*animal*] sedente.

selachian /sə'leɪkɪən/ n. selace m.

▷ **seldom** /'seldəm/ avv. raramente, di rado; ***I ~ hear from him*** ricevo sue notizie di rado; ***~ have I seen such a good film*** mi è capitato raramente di vedere un film così bello; ***~ if ever*** quasi mai.

1.select /sɪ'lekt/ agg. [*group*] scelto; [*audience*] selezionato; [*hotel, restaurant, area*] esclusivo; ***a ~ few*** pochi privilegiati.

▶ **2.select** /sɪ'lekt/ tr. selezionare, scegliere [*team, candidate*] (**from, from among** tra); scegliere [*item, gift etc.*] (**from, from among** tra).

select committee /sɪˌlektkə'mɪtɪ/ n. commissione f. d'inchiesta.

▷ **selected** /sɪ'lektɪd/ **I** p.pass. → **2.select II** agg. [*poems, candidate*] scelto; [*question*] selezionato; [*country, materials*] scelto, selezionato; [*ingredients*] di prima scelta; ***in ~ stores*** nei migliori negozi; ***taxes on ~ imports*** tasse su determinati prodotti importati; ***to ~ customers*** a una clientela selezionata; ***pilot programmes in ~ areas*** programmi pilota in determinate zone.

selectee /ˌsɪlek'ti:/ n. AE MIL. coscritto m., recluta f.

▶ **selection** /sɪˈlekʃn/ **I** n. **1** *(act)* selezione f., scelta f.; SPORT selezione f.; ***to make a ~*** *(for display, sale, purchase)* fare una selezione *o* una scelta **2** *(assortment)* assortimento m.; ***~s from Mozart*** brani scelti di Mozart **II** modif. [*committee, panel, process*] di selezione.

▷ **selective** /sɪˈlektɪv/ agg. **1** *(positively biased)* [*memory, school*] selettivo; [*admission, education*] basato su criteri selettivi; ***~ recruitment*** selezione professionale; ***she should be more ~ about the friends she makes, about what she reads*** dovrebbe scegliere meglio i suoi amici, che cosa leggere **2** *(negatively biased)* [*account, perspective*] tendenzioso; ***the media were very ~ in their coverage of events*** il modo in cui i media hanno trattato gli avvenimenti è stato alquanto tendenzioso **3** [*weedkiller*] selettivo.

selective breeding /sɪˌlektɪvˈbriːdɪŋ/ n. allevamento m. selettivo.

selectively /sɪˈlektɪvlɪ/ avv. selettivamente.

selectiveness /sɪˈlektɪvnɪs/ n. selettività f.

selective service /sɪˈlektɪvˌsɜːvɪs/ n. AE STOR. servizio m. militare obbligatorio.

selectivity /ˌsɪlekˈtɪvətɪ/ n. selettività f. (anche EL. RAD.).

selectman /sɪˈlektmən/ ♦ **27** n. (pl. **-men**) US = nel New England, consigliere comunale con incarichi particolari.

selector /sɪˈlektə(r)/ n. **1** SPORT *(person)* selezionatore m. **2** TECN. *(device)* selettore m.

Selena /sɪˈliːnə/ n.pr. Selena (nome di donna).

1.selenic /sɪˈlenɪk/ agg. RAR. selenico, lunare.

2.selenic /səˈliːnɪk/ agg. CHIM. selenico; ***~ acid*** acido selenico.

selenite /ˈselənaɪt/ n. MINER. selenite f.

selenitic /siːləˈnɪtɪk, AE sel-/ agg. MINER. selenitico.

selenium /sɪˈliːnɪəm/ n. selenio m.

selenographer /siːləˈnɒgrəfə(r), AE sel-/ ♦ **27** n. selenografo m. (-a).

selenographic /səliːnəʊˈgrɑːfɪk, AE -ˈgræf-/ agg. selenografico.

selenography /siːləˈnɒgrəfɪ, AE sel-/ n. selenografia f.

selenological /səliːnəʊˈlɒdʒɪkl AE selən-/ agg. selenologico.

selenologist /siːləˈnɒlədʒɪst, AE sel-/ n. selenologo m. (-a).

selenology /siːləˈnɒlədʒɪ, AE sel-/ n. selenologia f.

▷ **self** /self/ n. (pl. **selves**) **1** sé m. (anche PSIC.); ***she's looking for her true ~*** sta cercando il suo vero io; ***the difference between our private and public selves*** la differenza tra il nostro io pubblico e privato; ***tickets for ~ and secretary*** *(on memo)* biglietti per me e se-gretaria; ***without thought of ~*** senza pensare a sé; ***the conscious ~*** il conscio; ***he's back to his old ~ again*** è tornato quello di una volta; ***he's back to his old, miserly ~*** è tornato a essere avaro come prima; ***your good ~*** mio caro; ***your good selves*** miei cari; ***one's better ~*** la parte migliore di sé **2** ECON. *(on cheque)* me medesimo (-a), me stesso (-a).

self-abasement /ˌselfəˈbeɪsmənt/ n. umiliazione f. (di se stesso), svilimento m. di se stesso.

self-absorbed /ˌselfəbˈzɔːbd/ agg. egocentrico.

self-absorption /ˌselfəbˈzɔːpʃn/ n. egocentrismo m.

self-abuse /ˌselfəˈbjuːs/ n. **1** denigrazione f. di se stesso **2** *(masturbation)* masturbazione f.

self-accusation /ˌselfækjuːˈzeɪʃn/ n. autoaccusa f.

self-acting /ˌselfˈæktɪŋ/ agg. automatico.

self-addressed envelope /ˌselfədrestˈenvələʊp, AE -ædrest-/ n. busta f. indirizzata a se stessi.

self-adhesive /ˌselfədˈhiːsɪv/ agg. autoadesivo.

self-adjusting /ˌselfəˈdʒʌstɪŋ/ agg. ad autoregolazione, a regolazione automatica.

self-advertisement /ˌselfədˈvɜːtɪsmənt, AE ˌædvərˈtaɪzment/ n. propaganda f. personale.

self-advocacy /ˌselfˈædvəkəsɪ/ n. = il responsabilizzare le persone con handicap mentali in modo che diventino più indipendenti.

self-aggrandizement /ˌselfəˈgrændɪzmənt/ n. celebrazione f., esaltazione f. di se stesso.

self-analysis /ˌselfəˈnæləsɪs/ n. autoanalisi f.

self-apparent /ˌselfəˈpærənt/ agg. lapalissiano.

self-appointed /ˌselfəˈpɔɪntɪd/ agg. [*leader, guardian*] che si è nominato da sé.

self-appraisal /ˌselfəˈpreɪzl/ n. autostima f.

self-assembly /ˌselfəˈsemblɪ/ agg. da montare, componibile.

self-assertion /ˌselfəˈsɜːʃn/ n. autoaffermazione f.

self-assertive /ˌselfəˈsɜːtɪv/ agg. che si fa valere, che si impone.

self-assessment /ˌselfəˈsesmənt/ n. autovalutazione f.

self-assurance /ˌselfəˈʃɔːrəns, AE -əˈʃʊərəns/ n. sicurezza f. di sé.

self-assured /ˌselfəˈʃɔːd, AE -ˈʃʊərd/ agg. [*person*] sicuro di sé; [*performance*] disinvolto; ***to be very ~*** essere molto sicuro di sé.

self-aware /ˌselfəˈweə(r)/ agg. autocosciente.

self-awareness /ˌselfəˈweənɪs/ n. autocoscienza f.

self-belief /ˌselfbɪˈliːf/ n. fiducia f. in sé.

self-betterment /ˌselfˈbetəmənt/ n. automiglioramento m.

self-catering /ˌselfˈkeɪtərɪŋ/ agg. BE [*flat, accommodation*] con uso cucina; ***~ holiday*** vacanza in locali con uso cucina.

self-censorship /ˌselfˈsensəʃɪp/ n. autocensura f.

self-centred BE, **self-centered** AE /ˌselfˈsentəd/ agg. egocentrico.

self-certification /ˌselfsɜːtɪfɪˈkeɪʃn/ n. BE autocertificazione f.

self-cleaning /ˌselfˈkliːnɪŋ/ agg. autopulente.

self-closing /ˌselfˈkləʊzɪŋ/ agg. a chiusura automatica.

self-coloured BE, **self-colored** AE /selfˈkʌləd/ agg. in tinta unita, monocromatico.

self-confessed /ˌselfkənˈfest/ agg. confesso.

self-confidence /ˌselfˈkɒnfɪdəns/ n. fiducia f. in sé.

self-confident /ˌselfˈkɒnfɪdənt/ agg. [*person*] sicuro di sé; [*attitude, performance*] sicuro, disinvolto.

self-congratulation /ˌselfkənˌgrætʃʊˈleɪʃn/ n. autocompiacimento m.

self-congratulatory /ˌselfkənˈgrætʃʊlətərɪ, AE -tɔːrɪ/ agg. autocompiaciuto, autocelebratorio.

self-conscious /ˌselfˈkɒnʃəs/ agg. **1** *(shy)* imbarazzato, timido, impacciato; ***to be ~ about sth.*** essere imbarazzato per qcs.; ***to be ~ about doing*** essere impacciato nel fare **2** *(deliberate)* [*style, artistry*] cosciente **3** → **self-aware**.

self-consciously /ˌselfˈkɒnʃəslɪ/ avv. **1** *(shyly)* [*behave, dance*] timidamente, in modo impacciato **2** *(deliberately)* [*imitate, refer*] coscientemente, consapevolmente.

self-consciousness /ˌselfˈkɒnʃəsnɪs/ n. **1** *(timidity)* timidezza f., imbarazzo m. **2** *(deliberateness)* coscienza f. (di sé), consapevolezza f. (di sé).

self-contained /ˌselfkənˈteɪnd/ agg. **1** [*flat*] indipendente; [*project, unit*] autonomo **2** [*person*] riservato.

self-contempt /ˌselfkənˈtempt/ n. disprezzo m. di sé.

self-contradiction /ˌselfˌkɒntrəˈdɪkʃn/ n. contraddizione f. in termini, incoerenza f.

self-contradictory /ˌselfˌkɒntrəˈdɪktərɪ, AE -tɔːrɪ/ agg. [*statement, argument*] contraddittorio; [*person*] che si contraddice da solo, incoerente.

self-control /ˌselfkənˈtrəʊl/ n. self-control m., autocontrollo m.; ***to exercise ~*** controllarsi.

self-controlled /ˌselfkənˈtrəʊld/ agg. [*person*] padrone di sé; [*behaviour, manner*] controllato.

self-correcting /ˌselfkəˈrektɪŋ/ agg. autocorrettivo.

self-critical /ˌselfˈkrɪtɪkl/ agg. autocritico.

self-criticism /ˌselfˈkrɪtɪsɪzəm/ n. autocritica f.

self-deception /ˌselfdɪˈsepʃn/ n. (l')ingannare se stesso, illusione f.

self-defeating /ˌselfdɪˈfiːtɪŋ/ agg. controproducente.

self-defence BE, **self-defense** AE /ˌselfdɪˈfens/ **I** n. autodifesa f.; DIR. legittima difesa f.; ***to learn ~*** imparare l'autodifesa; ***to shoot sb. in ~*** sparare a qcn. per legittima difesa; ***can I say in ~ that...*** posso dire in mia difesa che... **II** modif. [*class, course, instructor*] di autodifesa.

self-definition /ˌselfdefɪˈnɪʃn/ n. autodeterminazione f.

self-delusion /ˌselfdɪˈluːʒn/ n. (l')ingannare se stesso, illusione f.

self-denial /ˌselfdɪˈnaɪəl/ n. abnegazione f.

self-denying /ˌselfdɪˈnaɪŋ/ agg. pieno di abnegazione.

self-deprecating /ˌselfˈdeprɪkeɪtɪŋ/ agg. [*person*] che tende all'autodenigrazione; [*joke, manner, remark*] autodenigratorio.

self-deprecation /ˌselfdeprɪˈkeɪʃn/ n. autodenigrazione f.

1.self-destruct /ˌselfdɪˈstrʌkt/ agg. [*button, mechanism*] di autodistruzione.

2.self-destruct /ˌselfdɪˈstrʌkt/ intr. autodistruggersi.

self-destructive /ˌselfdɪˈstrʌktɪv/ agg. autodistruttivo.

self-determination /ˌselfdɪˌtɜːmɪˈneɪʃn/ n. autodeterminazione f. (anche POL.).

self-determining /ˌselfdɪˈtɜːmɪnɪŋ/ agg. [*country*] autonomo; [*action, move*] di autodeterminazione.

self-development /ˌselfdɪˈveləpmənt/ n. autosviluppo m.

self-diagnosis /ˌselfˌdaɪəgˈnəʊsɪs/ n. MED. autodiagnosi f.

self-discipline /ˌselfˈdɪsɪplɪn/ n. autodisciplina f.

self-disciplined /ˌselfˈdɪsɪplɪnd/ agg. disciplinato.

self-discovery /ˌselfdɪsˈkʌvərɪ/ n. scoperta f. di sé.

self-disgust /ˌselfdɪsˈgʌst/ n. disprezzo m. di sé.

self-doubt /ˌselfˈdaʊt/ n. mancanza f. di fiducia in sé, insicurezza f.

self-drive /ˌselfˈdraɪv/ agg. BE [*car, van*] da noleggio senza autista; [*holiday*] con auto noleggiata.

self-educated /ˌself'edʒʊkeɪtɪd/ agg. autodidatta.
self-effacement /ˌselfɪ'feɪsmənt/ n. modestia f., (il) tenersi nell'ombra.
self-effacing /ˌselfɪ'feɪsɪŋ/ agg. schivo, che si tiene nell'ombra.
self-elected /ˌselfɪ'lektɪd/ agg. [*committee, leader*] che si è eletto da solo; ***he's a ~ expert on...*** si crede un esperto di...
self-employed /ˌselfɪm'plɔɪd/ **I** agg. [*work, worker*] indipendente; ***to be ~*** lavorare in proprio **II** n. ***the ~*** + verbo pl. i lavoratori autonomi.
self-employment /ˌselfɪm'plɔɪmənt/ n. lavoro m. autonomo.
▷ **self-esteem** /ˌselfɪ'sti:m/ n. autostima f.
self-evident /ˌself'evɪdənt/ agg. lampante, lapalissiano.
self-evidently /ˌself'evɪdəntlɪ/ avv. lapalissianamente.
self-examination /ˌselfɪgˌzæmɪ'neɪʃn/ n. **1** *(of conscience, motives)* autoesame m., esame m. di coscienza **2** MED. autoesame m.
self-explanatory /ˌselfɪk'splænətrɪ, AE -tɔ:rɪ/ agg. che si spiega da sé, ovvio.
self-expression /ˌselfɪk'spreʃn/ n. espressione f. di sé, della propria personalità; ***a means of ~*** un mezzo per esprimere la propria personalità.
self-fertilization /ˌselffɜ:tɪlaɪ'zeɪʃn, AE -lɪ'z-/ n. autofecondazione f.
self-fertilizing /ˌself'fɜ:tɪlaɪzɪŋ/ agg. che si è fecondato da solo.
self-financing /ˌself'faɪnænsɪŋ/ **I** agg. che si autofinanzia **II** n. autofinanziamento m.
self-fulfilling /ˌselffʊl'fɪlɪŋ/ agg. [*prophecy, prediction*] che si realizza (da solo).
self-fulfilment /ˌselffʊl'fɪlmənt/ n. realizzazione f. del proprio io, autorealizzazione f.
self-funded /ˌself'fʌndɪd/ agg. autofinanziato.
self-glorification /ˌselfˌglɔ:rɪfɪ'keɪʃn/ n. SPREG. autoglorificazione f.
self-governing /ˌself'gʌvənɪŋ/ agg. autonomo, indipendente, che si autogoverna.
self-governing trust /ˌselfgʌvənɪŋ'trʌst/ n. BE = ospedale gestito indipendentemente.
self-government /ˌself'gʌvənmənt/ n. autogoverno m., autonomia f.
self-gratification /ˌselfgrætɪfɪ'keɪʃn/ n. gratificazione f. di se stesso.
self-hate /ˌself'heɪt/, **self-hatred** /ˌself'heɪtrɪd/ n. odio m. di sé.
self-help /ˌself'help/ **I** n. ***to learn ~*** imparare a contare sulle proprie forze; ***~ is a necessity for this country*** contare sulle proprie forze è una necessità per questo paese **II** modif. [*group, scheme, meeting, book*] di self-help.
selfhood /'selfhʊd/ n. individualità f.
self-hypnosis /ˌselfhɪp'nəʊsɪs/ n. autoipnosi f.
self-ignite /ˌselfɪg'naɪt/ intr. accendersi spontaneamente, da solo.
self-ignition /ˌselfɪg'nɪʃn/ n. autoaccensione f., autocombustione f.
self-image /ˌself'ɪmɪdʒ/ n. immagine f. di sé.
self-importance /ˌselfɪm'pɔ:təns/ n. SPREG. presunzione f.
self-important /ˌselfɪm'pɔ:tnt/ agg. SPREG. presuntuoso.
self-imposed /ˌselfɪm'pəʊzd/ agg. che si è autoimposto.
self-improvement /ˌselfɪm'pru:vmənt/ n. miglioramento m. personale.
self-incrimination /ˌselfɪnˌkrɪmɪ'neɪʃn/ n. autoincriminazione f.
self-induced /ˌselfɪn'dju:st, AE -ˌdu:-/ agg. autoindotto.
self-induced hypnosis /ˌselfɪnˌdju:sthɪp'nəʊsɪs, AE -ˌdu:-/ n. autoipnosi f.
self-indulgence /ˌselfˌɪn'dʌldʒəns/ n. indulgenza f. verso se stesso.
self-indulgent /ˌselfɪn'dʌldʒənt/ agg. indulgente con se stesso; ***a ~ novelist*** = un romanziere che si concede troppe libertà nella scrittura.
self-inflicted /ˌselfɪn'flɪktɪd/ agg. inflitto a se stesso.
self-installing /ˌselfɪn'stɔ:lɪŋ/ agg. INFORM. autoinstallante.
self-interest /ˌself'ɪntrəst/ n. interesse m. personale.
self-interested /ˌself'ɪntrəstɪd/ agg. [*person*] interessato; [*motive*] egoistico.
self-involved /ˌselfɪn'vɒlvd/ agg. egocentrico.
▷ **selfish** /'selfɪʃ/ agg. egoista (**to do** fare); ***it was ~ of him to do*** è stato egoistico da parte sua fare.
selfishly /'selfɪʃlɪ/ avv. egoisticamente.
selfishness /'selfɪʃnɪs/ n. egoismo m.; ***the ~ of her behaviour*** il suo comportamento egoista.
self-justification /ˌselfˌdʒʌstɪfɪ'keɪʃn/ n. autogiustificazione f.
self-justifying /ˌself'dʒʌstɪfaɪŋ/ agg. che si autogiustifica.
self-knowledge /ˌself'nɒlɪdʒ/ n. conoscenza f. di sé.
selfless /'selflɪs/ agg. [*person*] altruista; [*action, devotion*] disinteressato.
selflessly /'selflɪslɪ/ avv. [*give, donate*] disinteressatamente; ***to be ~ devoted to*** dedicarsi completamente a.
selflessness /'selflɪsnɪs/ n. *(of person)* altruismo m.; *(of action, devotion)* disinteresse m.
self-loader /ˌself'ləʊdə(r)/ n. arma f. automatica.
self-loading /ˌself'ləʊdɪŋ/ agg. [*gun, rifle*] automatico.
self-loathing /ˌself'ləʊðɪŋ/ n. odio m. verso se stesso.
self-locking /ˌself'lɒkɪŋ/ agg. autobloccante.
self-love /ˌself'lʌv/ n. amore m. di sé.
self-lubricating /ˌself'lu:brɪkeɪtɪŋ/ agg. autolubrificante.
self-made /ˌself'meɪd/ agg. [*star, millionaire*] che si è fatto da sé; ***~ man*** uomo che si è fatto da sé.
self-management /ˌself'mænɪdʒmənt/ n. COMM. autogestione f.
self-mastery /ˌself'mɑ:stərɪ, AE -'mæs-/ n. padronanza f. di sé.
self-mockery /ˌself'mɒkərɪ/ n. autoironia f.
self-mocking /ˌself'mɒkɪŋ/ agg. autoironico.
self-motivated /ˌself'məʊtɪveɪtɪd/ agg. motivato.
self-motivation /ˌselfˌməʊtɪ'veɪʃn/ n. motivazione f. personale.
self-mutilate /ˌself'mju:tɪleɪt/ intr. automutilarsi.
self-mutilation /ˌselfˌmju:tɪ'leɪʃn/ n. automutilazione f.
self-obsessed /ˌselfəb'sest/ agg. ossessionato da se stesso, narcisistico.
self-ordained /ˌselfɔ:'deɪnd/ agg. che si è consacrato da solo.
self-parody /ˌself'pærədɪ/ n. autoparodia f.
self-perpetuating /ˌselfpə'petjʊeɪtɪŋ/ agg. che si perpetua.
self-pity /ˌself'pɪtɪ/ n. autocommiserazione f.
self-pitying /ˌself'pɪtɪɪŋ/ agg. [*person*] che si autocommisera; [*look, account*] di autocommiserazione; ***he is in a ~ mood*** è in una fase di autocommiserazione.
self-portrait /ˌself'pɔ:treɪt/ n. autoritratto m.
self-possessed /ˌselfpə'zest/ agg. [*person*] padrone di sé; ***she gave a ~ performance*** ha dimostrato di avere padronanza di sé.
self-possession /ˌselfpə'zeʃn/ n. padronanza f. di sé.
self-praise /ˌself'preɪz/ n. autoincensamento m.
self-presentation /ˌselfˌprezən'teɪʃn/ n. autopresentazione f.
self-preservation /ˌselfprezə'veɪʃn/ n. autoconservazione f.; ***~ instinct*** istinto di conservazione.
self-proclaimed /ˌselfprə'kleɪmd/ agg. autoproclamato.
self-promotion /ˌselfprə'məʊʃn/ n. autopromozione f.
self-propelled /ˌselfprə'peld/ agg. autopropulso.
self-protection /ˌselfprə'tekʃn/ n. autodifesa f.; ***in ~*** per autodifesa.
self-protective /ˌselfprə'tektɪv/ agg. autodifensivo.
self-publicist /ˌself'pʌblɪsɪst/ n. SPREG. chi si fa pubblicità da solo.
self-punishment /ˌself'pʌnɪʃmənt/ n. autopunizione f.
self-raising flour /ˌselfreɪzɪŋ'flɔ:(r)/ n. BE farina f. con aggiunta di lievito.
self-realization /ˌselfrɪəlaɪ'zeɪʃn, AE -lɪ'z-/ n. *(discovery)* presa f. di coscienza di sé; *(fulfilment)* autorealizzazione f.
self-referential /ˌselfrefə'renʃl/ agg. autoreferenziale.
self-regard /ˌselfrɪ'gɑ:d/ n. *(concern for oneself)* considerazione f. di sé; *(self-respect)* rispetto m. di sé.
self-regarding /ˌselfrɪ'gɑ:dɪŋ/ agg. *(concerned for oneself)* egoista, interessato.
self-regulating /ˌself'regjʊleɪtɪŋ/ agg. autoregolante.
self-regulation /ˌselfˌregjʊ'leɪʃn/ n. autoregolamentazione f.
self-regulatory /ˌself'regjʊleɪtrɪ, AE -tɔ:rɪ/ agg. → **self-regulating**.
self-reliance /ˌselfrɪ'laɪəns/ n. fiducia f. in sé.
self-reliant /ˌselfrɪ'laɪənt/ agg. che ha fiducia in sé.
self-renewal /ˌselfrɪ'nju:əl, AE -'nu:əl/ n. *(of country, person)* rinnovamento m.
self-replicating /ˌself'replɪkeɪtɪŋ/ agg. BIOL. che si autoriproduce.
self-representation /ˌselfreprɪzen'teɪʃn/ n. **1** DIR. *(before tribunal)* = possibilità di rappresentarsi **2** *(self-portrait)* autoritratto m.
self-reproach /ˌselfrɪ'prəʊtʃ/ n. **U** rimorso m.
self-respect /ˌselfrɪ'spekt/ n. rispetto m. di sé.
self-respecting /ˌselfrɪ'spektɪŋ/ agg. [*teacher, journalist, comedian*] *(worthy of that name)* che si rispetti; [*person*] che ha rispetto di sé, che ha amor proprio.
self-restraint /ˌselfrɪ'streɪnt/ n. moderazione f.
self-righteous /ˌself'raɪtʃəs/ agg. SPREG. moralista, moraleggiante.
self-righteously /ˌself'raɪtʃəslɪ/ avv. SPREG. [*say, behave*] moralisticamente.
self-righteousness /ˌself'raɪtʃəsnɪs/ n. SPREG. moralismo m.
self-righting /ˌself'raɪtɪŋ/ agg. [*boat*] che si raddrizza da solo.
self-rising flour /ˌselfraɪzɪŋ'flaʊə(r)/ n. AE → **self-raising flour**.

self-rule /ˌself'ru:l/ n. autogoverno m.

self-ruling /ˌself'ru:lɪŋ/ agg. che si autogoverna.

self-sacrifice /ˌself'sækrɪfaɪs/ n. sacrificio m. di sé, abnegazione f.

self-sacrificing /ˌself'sækrɪfaɪsɪŋ/ agg. [*person*] che si sacrifica per gli altri; [*gesture, act*] altruista.

selfsame /'selfseɪm/ agg. identico; ***it is the ~ thing*** è esattamente la stessa cosa.

self-satisfaction /ˌselfsætɪs'fækʃn/ n. autocompiacimento m.

self-satisfied /ˌself'sætɪsfaɪd/ agg. SPREG. compiaciuto di sé.

self-sealing /ˌself'si:lɪŋ/ agg. [*envelope*] autoadesivo.

self-seeking /ˌself'si:kɪŋ/ **I** agg. egoistico, egoista **II** n. egoismo m.

self-service /ˌself'sɜ:vɪs/ **I** n. self-service m. **II** agg. [*cafeteria*] self-service.

self-serving /ˌself'sɜ:vɪŋ/ agg. SPREG. che fa i propri interessi.

self-starter /ˌself'stɑ:tə(r)/ n. **1** *(person)* = persona ambiziosa e piena di iniziativa **2** AUT. RAR. autostarter m.

self-study /ˌself'stʌdɪ/ **I** n. **U** autoapprendimento m. **II** modif. [*book, aid*] di autoapprendimento; [*method*] autodidattico, di autoapprendimento.

self-styled /'selfˌstaɪld/ agg. sedicente.

self-sufficiency /ˌselfsə'fɪʃnsɪ/ n. *(all contexts)* autosufficienza f.

self-sufficient /ˌselfsə'fɪʃnt/ agg. **1** *(independent, self-sustaining)* [*person, nation*] autosufficiente **2** *(arrogant)* presuntuoso (**in** in).

self-supporting /ˌselfsə'pɔ:tɪŋ/ agg. *(all contexts)* indipendente, che si mantiene da sé.

self-sustaining /ˌselfsə'steɪnɪŋ/ agg. autosufficiente.

self-tanning /ˌself'tænɪŋ/ agg. autoabbronzante.

self-taught /ˌself'tɔ:t/ agg. [*person, musician, typist*] autodidatta.

self-torture /ˌself'tɔ:tʃə(r)/ n. (il) torturarsi, tormentarsi.

self-treatment /ˌself'tri:tmənt/ n. autotrattamento m.; *(with medicines)* automedicazione f.

self-will /ˌself'wɪl/ n. caparbietà f., ostinazione f.

self-willed /ˌself'wɪld/ agg. caparbio, ostinato.

self-winding /ˌself'waɪndɪŋ/ agg. [*watch*] automatico.

self-worth /ˌself'wɜ:θ/ n. autostima f.

1.sell /sel/ n. COLLOQ. *(deception, disappointment)* fregatura f., bidone m.; ***it was a real ~!*** è stata proprio una fregatura!

▶ **2.sell** /sel/ **I** tr. (pass., p.pass. **sold**) **1** vendere [*goods, article, house, car, insurance*]; ***to ~ sth. at a loss, low price, profit*** vendere qcs. in perdita, a un prezzo basso, realizzando un profitto; ***shop that ~s clothes, groceries, stamps*** negozio che vende vestiti, generi di drogheria, francobolli; ***to ~ sth. to sb., to ~ sb. sth.*** vendere qcs. a qcn.; ***I sold her my car, I sold my car to her*** le ho venduto la mia automobile, ho venduto la mia automobile a lei; ***to ~ sth. for £ 3*** vendere qcs. per 3 sterline; ***to ~ sth. at*** o ***for £ 5 each, a dozen*** vendere qcs. a 5 sterline l'uno, la dozzina; ***"stamps, phonecards sold here"*** "qui si vendono francobolli, schede telefoniche"; ***"sold"*** *(on article, house)* "venduto"; ***sold to the lady in the corner*** *(at auction)* aggiudicato alla signora nell'angolo; ***the novel has sold millions (of copies)*** il romanzo ha venduto milioni di copie; ***to ~ sth. back*** rivendere qcs.; ***to be sold into slavery*** essere venduto come schiavo **2** *(promote sale of)* [*quality, reputation, scandal*] fare vendere [*product, book, newspaper*]; ***her name will help to ~ the film*** il suo nome farà pubblicità al film **3** *(put across)* [*person, campaign, government*] trasmettere, comunicare [*idea, image, policy*]; *(make attractive)* [*person, campaign, government*] fare accettare [*idea, image, policy, party*]; ***to ~ sth. to sb., to ~ sb. sth.*** fare accettare qcs. a qcn.; ***the party failed to ~ its policies to the electorate*** il partito non è riuscito a fare accettare la sua politica agli elettori **4** COLLOQ. *(cause to appear true)* ***to ~ sb. sth., to ~ sth. to sb.*** fare credere [qcs.] a qcn. [*lie, story, excuse*]; ***he tried to ~ me some line about losing his diary*** ha cercato di farmi credere che aveva perso il diario **5** *(surrender, betray)* tradire [*honour, country*]; vendere [*integrity, reputation*] **II** intr. (pass., p.pass. **sold**) **1** [*person, shop, dealer*] vendere; ***to ~ at a loss, profit, high price*** vendere in perdita, realizzando un profitto, a un prezzo alto; ***to ~ to sb.*** vendere a qcn.; ***I'll ~ to the highest bidder*** venderò al migliore offerente; ***to ~ for £ 50*** [*dealer, seller*] vendere a 50 sterline; ***I'll ~ for the best price*** venderò al prezzo migliore; ***to ~ as is*** COMM. vendere così com'è; ***"~ by June 27"*** "vendere entro il 27 giugno" **2** [*goods, product, house, book*] vendersi; ***the new model is, isn't ~ing (well)*** il nuovo modello si vende, non si vende (bene); ***to ~ in millions, in great quantities*** vendersi a milioni, in grandi quantità; ***it only ~s to a sophisticated market, to children*** si vende solo a un mercato sofisticato, ai bambini **III** rifl. (pass., p.pass. **sold**) **1** *(prostitute oneself)* ***to ~ oneself*** vendersi (anche FIG.) (**to** a; **for** per) **2** *(put oneself across)* ***to ~ oneself*** valorizzarsi; ***you've got to ~ yourself at the interview*** bisogna sapersi vendere al colloquio ◆ ***to be sold on*** essere entusiasta di [*idea, person*]; ***you've been sold!*** COLLOQ. ti hanno fregato!

■ **sell off:** ***~ [sth.] off, ~ off [sth.]*** liquidare [*goods, stock*]; *(in sale)* svendere [*item, old stock*].

■ **sell out:** ***~ out*** **1** [*merchandise, tickets, newspapers*] vendersi, andare esaurito; ***they're ~ing out fast!*** si vendono subito! ***the tickets, today's papers have sold out*** o ***we've sold out of tickets, today's papers*** i biglietti, i quotidiani sono esauriti; ***sorry, we've sold out*** mi spiace, è tutto esaurito **2** TEATR. CINEM. ***the play, show has sold out*** lo spettacolo ha fatto il tutto esaurito **3** ECON. *(of company, shares)* vendere, cedere la propria parte (**to** a); ***I've decided to ~ out*** ho deciso di vendere *o* di cedere la mia parte **4** COLLOQ. *(betray one's principles)* tradire; ***he's sold out to the opposition*** si è venduto all'opposizione; ***~ [sth.] out, ~ out [sth.]*** **1** ***the concert is sold out*** il concerto ha fatto il tutto esaurito; ***the book has sold out its initial print run*** la prima tiratura del libro è esaurita; ***"sold out"*** "tutto esaurito" **2** ECON. vendere, cedere [*shares, interest in company*].

■ **sell up:** ***~ up*** vendere (tutto); ***they've sold up*** hanno venduto tutto ***~ up [sth.]*** liquidare [*business, property*].

sell-by date /'selbaɪˌdeɪt/ n. *(on the packaging of perishable food)* data f. di scadenza.

▷ **seller** /'selə(r)/ n. **1** *(person)* venditore m. (-trice) **2** *(product, book etc.)* ***it's a good, poor ~*** si vende bene, male.

seller's market /ˌseləz'mɑ:kɪt/ n. ECON. mercato m. al rialzo; COMM. mercato m. favorevole alla vendita.

seller's option /ˌseləz'ɒpʃn/ n. ECON. = opzione di vendita che consente di consegnare la merce entro un certo periodo di tempo.

▷ **selling** /'selɪŋ/ n. **U** vendita f.; ***telephone ~*** vendita per telefono; ***panic ~*** ECON. vendita in previsione di svalutazione.

selling cost /'selɪŋˌkɒst, AE -ˌkɔ:st/ n. prezzo m. di vendita.

selling-off /'selɪŋɒf, AE -ɔ:f/ n. *(of company, assets)* liquidazione f.; *(of stock)* svendita f.

selling point /'selɪŋˌpɔɪnt/ n. *(all contexts)* = qualità che favorisce la vendita di un prodotto.

selling price /'selɪŋpraɪs/ n. prezzo m. di vendita.

selling rate /'selɪŋreɪt/ n. tasso m. di vendita.

sell-off /'selɒf, AE -ɔ:f/ n. AE ECON. crollo m. dei prezzi dei titoli.

sellotape /'seləʊteɪp/ tr. attaccare con lo scotch.

Sellotape® /'seləʊteɪp/ n. scotch® m.

sellout /'selaʊt/ **I** n. **1** ***the show was a ~*** lo spettacolo ha fatto il tutto esaurito; ***the product has been a ~*** il prodotto si è venduto davvero bene **2** COLLOQ. *(betrayal)* tradimento m., voltafaccia m.; ***what a ~!*** che voltafaccia! **II** modif. [*concert, performance, production*] che fa registrare il tutto esaurito; ***they played to a ~ crowd of 12,000*** hanno suonato davanti a una folla di 12.000 persone; ***the play was a ~ success*** la rappresentazione ha avuto un successo clamoroso.

seltzer /'seltsə(r)/ n. (anche **~ water**) selz m.

selvage, selvedge /'selvɪdʒ/ n. **1** TESS. cimosa f., vivagno m. **2** *(lock plate)* bocchetta f.

selves /selvz/ → **self**.

Selwyn /'selwɪn/ n.pr. Selwyn (nome di uomo).

semantic /sɪ'mæntɪk/ agg. semantico.

semantically /sɪ'mæntɪklɪ/ avv. semanticamente.

semanticist /sɪ'mæntɪsɪst/ n. semanticista m. e f.

semantics /sɪ'mæntɪks/ **I** n. + verbo sing. *(subject)* semantica f. **II** n.pl. *(meaning)* significato m.sing., semantica f.sing.

semaphore /'seməfɔ:(r)/ n. MAR. FERR. semaforo m.

semasiology /səmeɪzɪ'ɒlədʒɪ/ n. semasiologia f.

sematology /semə'tɒlədʒɪ/ n. sematologia f.

semblance /'sembləns/ n. sembianza f., apparenza f., parvenza f.; ***a*** o ***some ~ of*** una parvenza di [*order, normality, confidence*]; ***to give (sb., sth.) some ~ of doing*** dare (a qcn., qcs.) l'impressione di fare; ***to maintain a ~ of composure*** mantenere un'aria composta.

seme /'semeɪ/ n. sema m.

Semele /'semәlɪ/ n.pr. Semele.

▷ **semen** /'si:mən/ **I** n. **U** sperma m., seme m. **II** modif. [*donor, sample*] di sperma.

▷ **semester** /sɪ'mestə(r)/ n. semestre m.

▷ **semi** /'semɪ/ n. **1** BE COLLOQ. *(house)* casa f. bifamiliare **2** AE AUT. COLLOQ. semirimorchio m.

semiannual /ˌsemɪ'ænjʊəl/ agg. [*publication, event*] semestrale.

semiaquatic /ˌsemɪə'kwætɪk/ agg. semiacquatico.

semiarid /semɪ'ærɪd/ agg. semiarido.

semiautomatic /ˌsemɪɔ:tə'mætɪk/ **I** agg. semiautomatico **II** n. arma f. semiautomatica.

semiautonomous /ˌsemɪɔ:'tɒnəməs/ agg. semiautonomo.

semiaxis /semɪ'æksɪs/ n. MAT. semiasse m.
semibasement /ˌsemɪ'beɪsmənt/ n. BE seminterrato m.
semibold /ˌsemɪ'bəʊld/ n. = carattere tipografico che è una via di mezzo tra il carattere ordinario e il neretto.
semibreve /'semɪˌbriːv/ n. BE MUS. semibreve f.
semicentenary /'semɪsenˌtiːnərɪ/, **semi centennial** /'semɪsenˌtenɪəl/ **I** agg. cinquantenario **II** n. cinquantenario m.
semicircle /'semɪˌsɜːkl/ n. semicerchio m.
semicircular /ˌsemɪ'sɜːkjʊlə(r)/ agg. semicircolare.
semicircular canal /ˌsemɪsɜːkjʊləkə'næl/ n. canale m. semicircolare.
▷ **semicolon** /ˌsemɪ'kəʊlən/ n. punto e virgola m.
semiconductor /ˌsemɪkən'dʌktə(r)/ n. semiconduttore m.
semiconscious /ˌsemɪ'kɒnʃəs/ agg. semicosciente.
semiconsciousness /ˌsemɪ'kɒnʃəsnɪs/ n. semicoscienza f.
semiconsonant /ˌsemɪ'kɒnsənənt/ n. semiconsonante f.
semidarkness /ˌsemɪ'dɑːknɪs/ n. penombra f.
semidesert /ˌsemɪ'desət/ **I** agg. semidesertico **II** n. semideserto m.
semi-detached /ˌsemɪdɪ'tætʃt/, **semi-detached house** /ˌsemɪdɪˌtætʃt'haʊs/ n. casa f. bifamiliare.
▷ **semifinal** /ˌsemɪ'faɪnl/ n. semifinale f.
semifinalist /ˌsemɪ'faɪnəlɪst/ n. semifinalista m. e f.
semifinished /semɪ'fɪnɪʃt/ agg. semilavorato.
semifluid /ˌsemɪ'fluːɪd/ **I** agg. semifluido **II** n. sostanza f. semifluida.
semiliterate /ˌsemɪ'lɪtərət/ agg. semianalfabeta.
semilunar /ˌsemɪ'luːnə(r)/ agg. semilunare.
semimonthly /ˌsemɪ'mʌnθlɪ/ AE **I** agg. bimensile **II** n. pubblicazione f. bimensile.
seminal /'semɪnl/ agg. **1** [*work, thinker*] influente; [*influence*] determinante **2** FISIOL. [*fluid*] seminale.
▷ **seminar** /'semɪnɑː(r)/ n. seminario m. (**on** su).
seminarian /ˌsemɪ'neərɪən/, **seminarist** /'semɪnərɪst/ n. seminarista m.
seminar room /'semɪnɑːruːm, -rʊm/ n. aula f. di seminario.
seminary /'semɪnərɪ, AE -nerɪ/ n. RELIG. seminario m.
semination /semɪ'neɪʃn/ n. seminatura f.
seminivorous /semɪ'nɪvərəs/ agg. granivoro.
seminoma /semɪ'nəʊmə/ n. (pl. **~s**, **-ata**) seminoma m.
semiofficial /ˌsemɪə'fɪʃl/ agg. semiufficiale.
semiologist /semɪ'ɒlədʒɪst/ n. semiologo m. (-a).
semiology /ˌsemɪ'ɒlədʒɪ/ n. semiologia f.
semiopaque /ˌsemɪə'peɪk/ agg. semiopaco.
semiotic /ˌsemɪ'ɒtɪk/ agg. semiotico.
semiotics /ˌsemɪ'ɒtɪks/ n. + verbo sing. semiotica f.
semiparasite /semɪ'pærəsaɪt/ **I** agg. semiparassita **II** n. semiparassita m. e f.
semipermanent /semɪ'pɜːmənənt/ agg. semipermanente.
semipermeable /semɪ'pɜːmɪəbl/ agg. semipermeabile.
semiprecious /ˌsemɪ'preʃəs/ agg. [*metal*] semiprezioso; **~ *stone*** pietra dura.
semiprocessed /semɪ'prəʊsest/ agg. semilavorato.
semiprofessional /ˌsemɪprə'feʃənl/ **I** agg. semiprofessionista **II** n. semiprofessionista m. e f.
semiquaver /'semɪˌkweɪvə(r)/ n. BE MUS. semicroma f.
Semiramis /se'mɪrəmɪs/ n.pr. Semiramide.
semirigid /ˌsemɪ'rɪdʒɪd/ agg. semirigido.
semiskilled /ˌsemɪ'skɪld/ agg. [*work*] semispecializzato; **~ *worker*** manovale qualificato.
semi-skimmed /ˌsemɪ'skɪmd/ agg. [*milk*] parzialmente scremato.
semisolid /ˌsemɪ'sɒlɪd/ agg. semisolido.
semisparkling /semɪ'spɑːklɪŋ/ agg. [*wine*] frizzantino.
semisteel /'semɪstiːl/ n. ghisa f. acciaiosa.
Semite /'siːmaɪt/ n. semita m. e f.
Semitic /sɪ'mɪtɪk/ **I** agg. semitico **II** n. **1** *(person)* semita m. e f. **2** *(language)* semitico m.
Semitics /sə'mɪtɪks/ n. + verbo sing. semitistica f.
Semitism /'semɪtɪzəm/ n. semitismo m.
semitone /'semɪtəʊn/ n. MUS. semitono m.
semitonic /semɪ'tɒnɪk/ agg. di un semitono; **~ *scale*** scala cromatica.
semitrailer /ˌsemɪ'treɪlə(r)/ n. AE *(truck, trailer)* semirimorchio m.
semitropical /ˌsemɪ'trɒpɪkl/ agg. semitropicale.
semivowel /'semɪˌvaʊəl/ n. semivocale f.
semiweekly /ˌsemɪ'wiːklɪ/ **I** agg. bisettimanale **II** n. rivista f. bisettimanale.
semiyearly /ˌsemɪ'jɪəlɪ/ agg. → **semiannual**.
semolina /ˌsemə'liːnə/ n. semolino m.
sempiternal /ˌsempɪ'tɜːnl/ agg. LETT. sempiterno.
sempstress /'sempstrɪs/ n. → **seamstress**.
Sen **1** ⇒ senator senatore (sen.) **2** ⇒ senior senior.
SEN n. BE (⇒ State Enrolled Nurse) = infermiere professionale.
senarius /sɪ'neərɪəs/ n. (pl. **-i**) senario m.
senary /'siːnərɪ/ agg. senario.
▷ **senate** /'senɪt/ n. **1** POL. STOR. senato m. **2** UNIV. senato m. accademico.

> **Senate** Il Senato è la camera alta del Congresso (*Congress*) degli Stati Uniti. È formato da 100 senatori (*Senators*), due per ciascuno stato, in carica per un periodo di sei anni. Ogni nuova legge deve essere approvata sia dal Senato sia dalla Camera dei Rappresentanti (*House of Representatives*), mentre il Senato ha specifiche responsabilità in questioni di politica estera (v. ***Congress, House of Representatives***).

▷ **senator** /'senətə(r)/ ♦ *9* n. senatore m. (-trice) (**for** di).
senatorial /ˌsenə'tɔːrɪəl/ agg. senatoriale.
1.send /send/ n. MAR. **1** *(of wave, sea)* spinta f. **2** *(of boat)* beccheggio m.
▶ **2.send** /send/ tr. (pass., p.pass. **sent**) **1** *(dispatch)* mandare, spedire, inviare [*letter, parcel, goods, message*]; mandare, inviare [*person*]; RAD. inviare [*signal*]; ***to ~ help*** inviare dei soccorsi; ***to ~ sth. to sb., to ~ sb. sth.*** mandare qcs. a qcn.; ***to ~ sth. to the cleaner's*** mandare qcs. in lavanderia; ***to ~ sb. to do sth.*** mandare qcn. a fare qcs.; ***she sent him to the supermarket for some milk*** lo ha mandato al supermercato a prendere il latte; ***they'll ~ a car for you*** manderanno una macchina a prendervi; ***to ~ sb. home*** *(from school)* mandare qcn. a casa *o* sospendere qcn.; *(from work)* mandare qcn. a casa; ***to ~ sb. to bed*** mandare qcn. a letto *o* a dormire; ***to ~ sb. to prison*** mandare qcn. in prigione *o* condannare qcn. alla reclusione; ***~ her my love!*** mandale i miei saluti *o* salutala da parte mia! ***~ them my regards, best wishes*** porta loro i miei saluti, i miei migliori auguri; ***Wizzy ~s her regards*** ti saluta Wizzy *o* saluti da Wizzy; *(more formally)* Wizzy manda i propri saluti; ***to ~ word that*** mandare a dire che **2** *(cause to move)* mandare; ***the explosion sent debris in all directions*** l'esplosione scagliò rottami in tutte le direzioni; ***the blow sent him crashing to the ground*** il colpo lo fece cadere a terra; ***the noise sent people running in all directions*** il rumore fece scappare la gente in tutte le direzioni; ***to ~ share prices soaring, plummeting*** mandare i prezzi delle azioni alle stelle, fare crollare i prezzi delle azioni; ***the impact sent the car over the cliff*** l'impatto fece finire l'auto nel precipizio; ***the collision sent the car straight into a wall, into a hedge*** per l'urto l'auto finì diritta contro un muro, contro una siepe; ***the fire sent flickers of light across the room*** il fuoco irradiava guizzi di luce in tutta la stanza; ***to ~ shivers down sb.'s spine*** far correre un brivido lungo la schiena di qcn. *o* far venire i brividi a qcn. **3** *(cause to become)* rendere; ***to ~ sb. mad, berserk*** rendere qcn. folle (di rabbia); ***to ~ sb. into a rage*** mandare qcn. su tutte le furie; ***to ~ sb. to sleep*** fare addormentare qcn.; ***to ~ sb. into fits of laughter*** fare scoppiare a ridere qcn. **4** COLLOQ. *(excite)* ***she really ~s me!*** mi fa impazzire! ***this music really ~s me!*** questa musica mi fa impazzire *o* mi piace da matti! ◆ ***to ~ sb. packing*** o ***to send sb. about her, his business*** COLLOQ. cacciare via qcn. (senza troppi complimenti).
■ **send along:** ***~ [sb., sth.] along, ~ along [sb., sth.]*** mandare, spedire; ***~ him, the documents along to room three*** mandalo, manda i documenti alla stanza tre.
■ **send around** AE → **send round**.
■ **send away:** ***~ away for [sth.]*** ordinare, qcs. per posta *o* per corrispondenza; ***~ [sb., sth.] away*** mandare, spedire, inviare [*object*]; mandare via [*person*]; ***to ~ a child away to boarding school*** mandare un bambino in collegio; ***to ~ an appliance away to be mended*** mandare un elettrodomestico a far riparare.
■ **send down:** ***~ [sb., sth.] down, ~ down [sb., sth.]*** mandare; ***~ him down to the second floor*** mandatelo (giù) al secondo piano; ***can you ~ it down to me?*** puoi mandarmelo giù? ***~ [sb.] down*** **1** BE UNIV. espellere (**for** per; **for doing** per aver fatto) **2** BE COLLOQ. *(put in prison)* mandare in prigione; ***he was sent down for ten years for armed robbery*** fu condannato a dieci anni di reclusione per rapina a mano armata.
■ **send for:** ***~ for [sb., sth.]*** (mandare a) chiamare, fare venire [*doctor, taxi, plumber*]; chiedere [*reinforcements*]; ***the headmaster has sent for you*** il direttore ti manda a chiamare.
■ **send forth:** ***~ forth [sb., sth.]*** LETT. mandare, inviare [*messenger, army*]; emettere [*ray of light*].

▪ **send in:** ~ *[sb., sth.] in*, ~ *in [sb., sth.]* inviare, spedire, inoltrare [*letter, form*]; mandare, inviare [*police, troops*]; fare entrare [*visitor*]; ***to ~ in one's application*** inviare la domanda.
▪ **send off:** ~ *off for [sth.]* ordinare, richiedere qcs. per posta, per corrispondenza ~ *[sth.] off*, ~ *off [sth.]* *(post)* inviare, spedire [*letter, parcel, form*]; ~ *[sb.] off*, ~ *off [sb.]* SPORT espellere [*player*] (**for** per; **for doing** per aver fatto) ~ *[sb.] off to* mandare qcn. a [*shops, school*]; ***to ~ [sb.] off to do*** mandare qcn. a fare.
▪ **send on:** ~ *[sb.] on (ahead)* MIL. *(as scout)* mandare qcn. in avanscoperta; ***~ him on ahead to open up the shop*** mandalo avanti ad aprire il negozio; ~ *[sth.] on*, ~ *on [sth.]* **1** *(send in advance)* spedire [*luggage*] **2** *(forward)* inoltrare [*letter, mail*].
▪ **send out:** ~ *out for [sth.]* mandare qualcuno a prendere [*sandwich, newspaper*] ~ *[sth.] out*, ~ *out [sth.]* **1** *(post)* inviare, spedire [*letters, leaflets*] **2** *(emit)* emettere [*light, flames*]; emanare, diffondere [*heat*]; *(produce)* [*tree, plant*] fare germogliare [*leaf, bud, creeper*]; ~ *[sb.] out* mandare fuori [*pupil*] ~ *[sb.] out for* mandare qcn. a prendere [*pizza, sandwich*].
▪ **send round** BE ~ *[sb., sth.] round*, ~ *round [sb., sth.]* **1** *(circulate)* fare circolare [*letter, memo etc.*] **2** *(cause to go)* mandare [*person, object*]; ***I've sent him round to my neighbour's*** l'ho mandato dal mio vicino.
▪ **send up:** ~ *[sth.] up* *(post)* inviare; ***~ your ideas up to the BBC*** scrivete alla BBC le vostre idee; ~ *[sb.] up* AE COLLOQ. *(put in prison)* mettere, mandare qcn. in prigione; ~ *[sb., sth.] up*, ~ *up [sb., sth.]* **1** *(into sky, space)* inviare, mandare [*astronaut, probe*] **2** *(to upper floor)* ***you can ~ him up now*** puoi mandarlo (su) adesso; ***can you ~ it up to me?*** puoi mandarmelo su? **3** BE COLLOQ. *(parody)* fare la parodia di [*person*]; prendere in giro [*institution*].

sendal /ˈsendl/ n. zendado m.
sender /ˈsendə(r)/ n. mittente m. e f.
▷ **sending** /ˈsendɪŋ/ n. **1** spedizione f., invio m. **2** RAD. trasmissione f.
sending station /ˈsendɪŋˌsteɪʃn/ n. RAD. stazione f. trasmittente, emittente f.
send-off /ˈsendɒf, AE -ɔːf/ n. addio m., saluto m.; ***her family gave her a warm ~*** la sua famiglia le riservò un commiato caloroso; ***the president was given a big ~*** alla sua partenza, il presidente fu salutato da una grande folla.
send-up /ˈsendʌp/ n. BE COLLOQ. parodia f.
Seneca /ˈsenɪkə/ n.pr. Seneca.
senega /ˈsenɪgə/ n. senega f.
Senegal /ˌsenɪˈgɔːl/ ➧ ***6*** n.pr. Senegal m.
Senegalese /ˌsenɪgəˈliːz/ ➧ ***18*** **I** agg. senegalese **II** n. (pl. ~) senegalese m. e f.
senescence /sɪˈnesns/ n. senescenza f.
senescent /sɪˈnesnt/ agg. senescente.
seneschal /ˈsenɪʃl/ n. siniscalco m.
sengreen /ˈsengriːn/ n. BOT. semprevivo m.
senile /ˈsiːnaɪl/ agg. senile (anche SPREG.).
senile dementia /ˌsiːnaɪldɪˈmenʃə/ ➧ ***11*** n. demenza f. senile.
senility /sɪˈnɪlətɪ/ n. senilità f.
▶ **senior** /ˈsiːnɪə(r)/ **I** agg. **1** *(older)* [*person*] anziano; [*organization*] più antico, storico; ***to be ~ to sb.*** essere più vecchio *o* più anziano di qcn.; ***to be ~ to sb. by 12 years*** essere 12 anni più vecchio di qcn. *o* avere 12 anni più di qcn. **2** *(superior)* [*person*] superiore; [*civil servant, diplomat*] alto; [*employee, colleague, member, minister*] (più) anziano; [*aide, adviser*] senior; [*figure*] eminente, di rilievo; [*job, post*] di livello superiore; ***to be ~ to sb.*** essere il superiore di qcn. *o* occupare un posto di livello superiore rispetto a qcn. **3** (anche **Senior**) ***Mr Santis ~*** *(the older)* il signor Santis senior; *(father)* il signor Santis padre **II** n. **1** *(older person)* anziano m.; ***to be sb.'s ~ by ten years*** essere dieci anni più vecchio di qcn. *o* avere dieci anni più di qcn.; ***to be sb.'s ~*** essere più vecchio *o* più anziano di qcn. **2** *(superior)* superiore m. **3** BE SCOL. = allievo dai 12 ai 16 anni **4** AE SCOL. = allievo dell'ultimo anno **5** AE UNIV. = studente dell'ultimo anno **6** SPORT senior m. e f. **III** modif. **1** SPORT [*circuit, league, team, tournament, race, 100 metres*] seniores; [*player, high jumper*] seniores, senior; [*champion*] (dei) seniores **2** AE UNIV. [*year*] ultimo; [*prom*] di diploma.
senior aircraftman /ˌsiːnɪərˈeəkrɑːftmən, AE -kræft-/ ➧ ***23*** n. (pl. **senior aircraftmen**) BE MIL. AER. = caporale.
senior airman /ˌsiːnɪərˈeəmən/ ➧ ***23*** n. (pl. **senior airmen**) AE MIL. AER. = grado intermedio tra aviere e aviere scelto.
senior chief petty officer /ˌsiːnɪəˌtʃiːfpetɪˈɒfɪsə(r)/ ➧ ***23*** n. AE MIL. MAR. = grado di secondo capo immediatamente superiore a quello di chief petty officer.
senior citizen /ˌsiːnɪəˈsɪtɪzn/ n. anziano m. (-a).
Senior Common Room /ˌsiːnɪəˈkɒmənˌruːm, -ˌrʊm/ n. BE UNIV. **1** *(staff room)* sala f. professori **2** + verbo sing. o pl. *(college staff)* corpo m. insegnante.
senior editor /ˌsiːnɪərˈedɪtə(r)/ ➧ ***27*** n. redattore m. (-trice) capo.
senior executive /ˌsiːnɪərɪgˈzekjʊtɪv/ n. direttore m., alto dirigente m.
senior high school /ˌsiːnɪəˈhaɪskuːl/ n. AE SCOL. = scuola secondaria superiore.
seniority /ˌsiːnɪˈɒrətɪ, AE -ˈɔːr-/ n. **1** *(in years)* anzianità f.; ***in order of ~*** in ordine d'anzianità *o* d'età **2** *(in rank)* superiorità f. di grado; ***~ brings with it certain privileges*** il grado ha i suoi privilegi; ***in order of ~*** in ordine di precedenza gerarchica **3** *(in years of service)* anzianità f. (di servizio); ***in order of ~*** in ordine di anzianità.
seniority bonus /ˌsiːnɪɒrətɪˈbəʊnəs, AE -ɔːr-/ n. premio m. d'anzianità.
senior lecturer /ˌsiːnɪəˈlektʃərə(r)/ n. GB UNIV. = docente di grado immediatamente inferiore a quello di Professor.
senior management /ˌsiːnɪəˈmænɪdʒmənt/ n. AMM. direzione f.
senior manager /ˌsiːnɪəˈmænɪdʒə(r)/ n. alto dirigente m.
senior master /ˌsiːnɪəˈmɑːstə(r), AE -ˈmæs-/ n. GB SCOL. = consigliere responsabile della programmazione didattica.
senior master sergeant /ˌsiːnɪəˌmɑːstəˈsɑːdʒənt, AE -mæs-/ ➧ ***23*** n. AE MIL. maresciallo m.
senior medical officer /ˌsiːnɪəˈmedɪklˌɒfɪsə(r), AE -ˌɔːf-/ ➧ ***23*** n. MIL. = ufficiale medico con la funzione di dirigente dei servizi sanitari.
senior mistress /ˌsiːnɪəˈmɪstrɪs/ n. BE SCOL. = consigliere donna responsabile della programmazione didattica.
senior officer /ˌsiːnɪərˈɒfɪsə(r), AE -ˈɔːf-/ n. **1** *(in police)* funzionario m. superiore **2** *(official)* alto funzionario m.; ***inform your ~*** informa il tuo superiore.
senior official /ˌsiːnɪərəˈfɪʃl/ n. alto funzionario m.
senior partner /ˌsiːnɪəˈpɑːtnə(r)/ n. socio m. anziano, partner m. principale.
senior registrar /ˌsiːnɪəˌredʒɪsˈtrɑː(r), AE -ˈredʒɪstrɑːr/ ➧ ***27*** n. BE MED. dirigente m. ospedaliero, medico m. ospedaliero.
senior school /ˌsiːnɪəˈskuːl/ n. BE **1** *(secondary school)* scuola f. media **2** *(older pupils)* classi f.pl. degli ultimi anni.
Senior Service /ˌsiːnɪəˈsɜːvɪs/ n. BE MIL. MAR. marina f. militare.
senior staff /ˌsiːnɪəˈstɑːf, AE -"st&f/ n. **1** AMM. quadri m.pl. superiori **2** BE UNIV. docenti m.pl.
senior year /ˌsiːnɪəˈjɪə(r), jɜː(r)/ n. **1** BE SCOL. *(year)* ultimo anno m. (della scuola secondaria superiore) **2** *(pupils)* studenti m.pl. dell'ultimo anno **3** AE UNIV. ultimo anno m. (del corso di laurea).
senna /ˈsenə/ n. BOT. sena f., senna f.
sennit /ˈsenɪt/ n. MAR. corda f. intrecciata.
▷ **sensation** /senˈseɪʃn/ n. **1** *(physical feeling)* sensazione f. (**of** di); ***a burning, choking ~*** una sensazione di bruciore, un senso di soffocamento **2** *(impression)* sensazione f., impressione f.; ***a floating, drowning ~*** l'impressione di galleggiare, di annegare **3** *(stir)* sensazione f.; ***to cause*** o ***create a ~*** fare sensazione **4** COLLOQ. *(person)* ***to be a ~*** essere sensazionale.
sensational /senˈseɪʃənl/ agg. **1** *(dramatic)* [*discovery, event, development*] sensazionale **2** SPREG. *(sensationalist)* [*allegation, news*] sensazionalistico; ***~ story, article*** SPREG. storia, articolo sensazionalistico **3** COLLOQ. *(emphatic)* sensazionale, clamoroso.
sensationalism /senˈseɪʃənəlɪzəm/ n. **1** SPREG. *(of tabloids)* sensazionalismo m. **2** FILOS. sensazionismo m.
sensationalist /senˈseɪʃənəlɪst/ **I** agg. **1** GIORN. SPREG. [*headline, story*] sensazionalistico; [*writer*] sensazionalista; ***it's too ~*** SPREG. è esagerato *o* esasperato **2** FILOS. sensazionista **II** n. **1** SPREG. *(person)* ***to be a ~*** essere un sensazionalista *o* tendere a esagerare **2** FILOS. sensazionista m. e f.
sensationalize /senˈseɪʃənəlaɪz/ tr. SPREG. sensazionalizzare [*event, story*].
sensationally /senˈseɪʃənəlɪ/ avv. **1** *(luridly)* SPREG. [*write, describe*] in modo sensazionalistico **2** *(emphatic)* COLLOQ. straordinariamente, eccezionalmente [*good, beautiful, rich, stylish*]; incredibilmente, spaventosamente [*bad, incompetent*].
▶ **1.sense** /sens/ **I** n. **1** *(faculty)* senso m.; ***~ of hearing*** udito; ***~ of sight*** vista; ***~ of smell*** olfatto *o* odorato; ***~ of taste*** gusto; ***~ of touch*** tatto; ***to dull, sharpen the ~s*** offuscare, acuire i sensi **2** FIG. *(ability to appreciate)* ***a ~ of*** il senso di; ***a ~ of direction, of rhythm*** il senso dell'orientamento, del ritmo; ***a writer with a ~ of history, the absurd*** uno scrittore dotato di senso storico, con il gusto per l'assurdo; ***to have no ~ of style, decency*** essere privo di stile, di senso del pudore; ***to lose all ~ of time*** perdere completamente la co-

gnizione del tempo **3** *(feeling)* ***a ~ of*** un senso di [*guilt, identity*]; un senso di *o* una sensazione di [*security, failure*]; ***his ~ of having failed, being excluded*** la sua sensazione di aver fallito, di essere escluso; ***he had the ~ that something was wrong, that he had forgotten something*** aveva la sensazione che ci fosse qualcosa che non andava, di aver dimenticato qualcosa; ***a ~ of purpose*** la sensazione di avere uno scopo; ***the town has a great ~ of community*** la città ha un forte senso di solidarietà **4** *(practical quality)* buonsenso m.; ***to have the (good) ~ to do*** avere il buonsenso di fare; ***to have more ~ than to do*** avere abbastanza giudizio da non fare **5** *(reason)* ***there's no ~ in doing*** non ha senso fare; ***what's the ~ in getting angry, leaving now?*** a che cosa serve arrabbiarsi, andarsene adesso? ***to make ~ of sth.*** capire (il senso di) qcs.; ***I can't make ~ of this article, this sentence*** non riesco a capire (il senso di) questo articolo, questa frase; ***it makes ~ to do*** ha senso fare; ***it makes good business ~ to employ an accountant*** è una decisione opportuna per l'impresa assumere un contabile; ***to make ~*** [*sentence, film, theory*] avere un senso; ***not to make any ~*** [*sentence, film, theory*] non avere (alcun senso) *o* essere senza senso; ***what he said didn't make much ~ to me*** quello che disse non mi sembrò molto sensato **6** *(meaning)* senso m., significato m. (anche LING.); ***in the literal, strict ~ (of the word)*** nel senso letterale (della parola), nel senso stretto (del termine); ***in all ~s*** o ***in every ~ of the word*** in tutti i sensi della parola; ***in the ~ that*** nel senso che; ***he is in a*** o ***one*** o ***some ~ right to complain, but...*** in un certo senso ha ragione a lamentarsi, ma...; ***they are in no ~ democratic*** non sono affatto democratici **7** FORM. *(opinion)* opinione f. comune, orientamento m. **II senses** n.pl. *(sanity)* ragione f.sing.; ***to bring sb. to his ~s*** riportare *o* ridurre qcn. alla ragione *o* fare intendere ragione a qcn.; ***to come to one's ~s*** rinsavire *o* tornare in sé; ***to take leave of one's ~s*** perdere la ragione *o* uscire di senno ◆ ***to knock*** o ***hammer some ~ into sb., to pound some ~ into sb.*** AE riportare qcn. alla ragione *o* far rinsavire qcn.; ***to see ~*** intendere ragione; ***to talk ~*** parlare in modo sensato.

2.sense /sens/ tr. **1** *(be aware of)* sentire, percepire, avvertire (**that** che); ***he ~d her uneasiness, her anger, her sorrow*** si accorse del suo disagio, della sua rabbia, del suo dolore; ***to ~ where, how etc.*** indovinare dove, come ecc.; ***to ~ danger*** intuire un pericolo; ***to ~ hostility*** percepire l'ostilità; ***to ~ sb.*** o ***sb.'s presence*** avvertire la presenza di qcn. **2** *(detect)* [*machine*] rilevare [*heat, light*] **3** INFORM. *(detect)* rilevare [*location*]; *(read)* leggere [*data*].

sense byte /'sensbaɪt/ n. byte m. rilevatore, sensore m.

sense datum /'sens,daɪtəm/ n. (pl. **sense data**) FILOS. dato m. dei sensi.

senseless /'senslɪs/ agg. **1** *(pointless)* [*idea, discussion*] assurdo, privo di senso; [*act*] insensato, stupido; [*violence*] gratuito; [*killing, waste*] inutile, assurdo; ***it is ~ to do*** o ***doing*** non ha senso fare **2** *(unconscious)* privo di conoscenza, di sensi, incosciente; ***he lay ~ on the floor*** giaceva svenuto *o* privo di sensi sul pavimento; ***to knock sb. ~*** colpire qcn. facendogli perdere i sensi *o* tramortire qcn.

senselessly /'senslɪslɪ/ avv. [*waste, spend*] in modo assurdo.

senselessness /'senslɪsnɪs/ n. **1** *(pointlessness)* insensatezza f. (**of** di) **2** *(unconsciousness)* incoscienza f.

sense organ /'sens,ɔ:gən/ n. organo m. di senso, sensoriale; ***the ~s*** gli organi di senso.

▷ **sensibility** /,sensə'bɪlətɪ/ **I** n. **1** FORM. *(sensitivity)* sensibilità f., capacità f. di percezione (**to** per) **2** BOT. *(of plant)* sensibilità f. **II sensibilities** n.pl. FORM. **1** *(feelings)* suscettibilità f.sing. **2** *(capacity to respond)* sensibilità f.sing.

▷ **sensible** /'sensəbl/ agg. **1** *(showing common sense)* [*person*] assennato, ragionevole, sensato, di buonsenso; [*idea, attitude, remark*] ragionevole, sensato; [*policy, solution, reform, investment*] assennato, saggio, sensato; [*diet*] equilibrato, intelligente; ***it is ~ to do*** è ragionevole fare; ***it is ~ for sb. to do*** è ragionevole che qcn. faccia **2** *(practical)* [*shoes, coat, underwear*] pratico **3** *(perceptible)* sensibile, percepibile, avvertibile **4** LETT. *(aware)* ***~ of sth.*** conscio *o* consapevole di qcs.

sensibleness /'sensəblnɪs/ n. buonsenso m., giudizio m.

sensibly /'sensəblɪ/ avv. [*eat, dress, act, talk*] in modo avveduto, ragionevole; [*dressed, equipped*] in modo pratico; [*chosen, managed, organized*] in modo sensato; ***~ priced*** a un prezzo ragionevole.

sensing /'sensɪŋ/ n. INFORM. rilevamento m.

▷ **sensitive** /'sensətɪv/ agg. **1** *(easily affected)* [*skin, instrument, nerve, area*] sensibile (**to** a) **2** FIG. *(easily hurt)* [*person, character*] sensibile (**to** a); SPREG. suscettibile, permaloso **3** *(aware, intelligent)* [*person, treatment, approach*] sensibile; [*portrayal, work of art, artist*] sensibile, eccellente **4** *(delicate)* [*situation*] delicato, spinoso; [*discussions, issue, job*] difficile **5** *(confidential)* [*information, material*] delicato, riservato; ***~ data*** dati sensibili.

sensitively /'sensətɪvlɪ/ avv. **1** [*speak, act, treat, tackle*] con delicatezza **2** [*react*] con suscettibilità **3** [*chosen, portrayed*] con sensibilità.

sensitiveness /'sensətɪvnɪs/ n. → **sensitivity**.

sensitive plant /,sensətɪv'plɑ:nt, AE -'plænt/ n. **1** AGR. sensitiva f. **2** FIG. ***she's a ~*** è molto suscettibile *o* permalosa.

▷ **sensitivity** /,sensə'tɪvətɪ/ n. *(all contexts)* sensibilità f. (**to** a).

sensitization /,sensɪtaɪ'zeɪʃn, AE -tɪ'z-/ n. sensibilizzazione f.

sensitize /'sensɪtaɪz/ tr. *(all contexts)* sensibilizzare.

sensitizer /'sensɪtaɪzə(r)/ n. sensibilizzatore m.

sensitometer /,sensɪ'tɒmɪtə(r)/ n. sensitometro m.

sensor /'sensə(r)/ n. sensore m.

sensoria /sen'sɔ:rɪə/ → **sensorium**.

sensorial /sen'sɔ:rɪəl/ agg. sensoriale, sensorio.

sensorium /sen'sɔ:rɪəm/ n. (pl. **~s, -ia**) apparato m. sensorio.

▷ **sensory** /'sensərɪ/ agg. [*nerve, impression*] sensoriale; [*organ*] sensoriale, sensorio.

sensory deprivation /,sensərɪ,deprɪ'veɪʃn/ n. PSIC. deprivazione f. sensoriale.

sensual /'senʃʊəl/ agg. sensuale.

sensualism /'senʃʊəlɪzəm/ n. sensualismo m., sensualità f.; FILOS. sensualismo m.

sensualist /'senʃʊəlɪst/ n. FILOS. sensualista m. e f.

sensualistic /,senʃʊə'lɪstɪk/ agg. sensualistico.

sensuality /,senʃʊ'ælətɪ/ n. sensualità f.

sensualize /'senʃʊəlaɪz/ tr. rendere sensuale.

sensually /'senʃʊəlɪ/ avv. [*speak, laugh, move, dance*] in modo sensuale; ***~ evocative, exciting*** sensuale.

sensuous /'senʃʊəs/ agg. sensuale, voluttuoso.

sensuously /'senʃʊəslɪ/ avv. sensualmente, in modo sensuale.

sensuousness /'senʃʊəsnɪs/ n. sensualità f., voluttà f.

sent /sent/ pass., p.pass. → **2.send**.

▶ **1.sentence** /'sentəns/ n. **1** DIR. pena f., condanna f.; ***a jail*** o ***prison ~*** una pena detentiva; ***the death ~*** la pena di morte; ***a death ~*** una condanna a morte; ***to be under ~ of death*** essere condannato a morte; ***to serve a ~*** scontare una pena; ***to pass ~ on sb.*** emettere una condanna contro qcn.; ***she got a three year ~*** ha avuto una condanna a tre anni di reclusione **2** LING. frase f.

2.sentence /'sentəns/ tr. condannare (**to** a; **to do** a fare; **for** per); ***to ~ sb. to jail*** condannare qcn. alla reclusione.

sentence adverb /'sentəns,ædvɜ:b/ n. avverbio m. frasale.

sentencing /'sentənsɪŋ/ n. irrogazione f. della pena.

sententious /sen'tenʃəs/ agg. sentenzioso.

sententiously /sen'tenʃəslɪ/ avv. [*speak*] sentenziosamente, in tono sentenzioso; [*write*] sentenziosamente, in modo sentenzioso.

sententiousness /sen'tenʃəsnɪs/ n. sentenziosità f.

sentience /'senʃns/ n. sensibilità f., facoltà f. di sentire.

sentient /'senʃnt/ agg. senziente.

▷ **sentiment** /'sentɪmənt/ n. **1** *(feeling)* sentimento m. (**for** per; **towards** verso) **2** *(opinion)* opinione f., parere m.; ***public ~*** l'opinione pubblica; ***what are your ~s about this?*** che cose ne pensi? *o* qual è la tua opinione al riguardo? ***my ~s exactly!*** la penso proprio allo stesso modo! **3** *(sentimentality)* sentimentalismo m. (anche SPREG.).

sentimental /,sentɪ'mentl/ agg. sentimentale (anche SPREG.); ***of (purely) ~ value*** di valore (puramente) sentimentale; ***to be ~ about*** fare il sentimentale con *o* intenerirsi per [*children, animals*]; ricordare nostalgicamente [*childhood, past*]; ***we can't afford to be ~*** non possiamo permetterci di fare i sentimentali; ***it's too ~*** [*book, film*] è troppo melenso *o* sdolcinato.

sentimentalism /,sentɪ'mentəlɪzəm/ n. sentimentalismo m.

sentimentalist /,sentɪ'mentəlɪst/ n. sentimentalista m. e f., sentimentale m. e f.

sentimentality /,sentɪmen'tælətɪ/ n. sentimentalità f. (anche SPREG.).

sentimentalize /,sentɪ'mentəlaɪz/ **I** tr. *(treat sentimentally)* rendere sentimentale; *(be sentimental about)* fare del sentimentalismo su **II** intr. fare il sentimentale (**about, over** con).

sentimentally /,sentɪ'mentəlɪ/ avv. sentimentalmente.

1.sentinel /'sentɪnl/ n. **1** *(guard)* sentinella f.; ***to stand ~*** stare di sentinella *o* di guardia **2** INFORM. sentinella f., segnale m. indicatore.

2.sentinel /'sentɪnl/ tr. (forma in -ing ecc. **-ll-, -l-** AE) ANT. **1** mettere di sentinella [*person*] **2** stare di sentinella a, vigilare su [*place*].

sentry /'sentrɪ/ n. sentinella f.

sentry box /ˈsentrɪbɒks/ n. garitta f.
sentry duty /ˈsentrɪˌdjuːtɪ, AE -ˌduːtɪ/ n. guardia f.; ***to be on ~*** essere di guardia *o* di sentinella.
sentry post /ˈsentrɪpəʊst/ n. posto m. di guardia.
Seoul /səʊl/ ➧ ***34*** n.pr. Seul f.
Sep ⇒ September settembre (sett.).
sepal /ˈsepl/ n. sepalo m.
separability /ˌsepərəˈbɪlətɪ/ n. separabilità f.
separable /ˈsepərəbl/ agg. separabile (**from** da).
separableness /ˈsepərəblnɪs/ n. → **separability**.
separably /ˈsepərəblɪ/ avv. in modo separabile.
▶ **1.separate** /ˈsepərət/ **I** agg. **1** *(with singular noun)* [*piece, section, organization*] separato, a sé stante; [*discussion, issue, occasion*] altro, diverso; [*problem*] a parte; [*identity*] proprio, autonomo; ***she has a ~ room*** ha una camera separata *o* a parte; ***each room has a ~ bathroom*** ogni stanza ha il proprio bagno; ***the flat is ~ from the rest of the house*** l'appartamento è indipendente dal resto della casa; ***a ~ appointment for each child*** un incontro individuale per ogni bambino; ***I had a ~ appointment*** ho avuto un appuntamento a parte; ***under ~ cover*** in un plico a parte **2** *(with plural noun)* [*pieces, sections*] separato, differente; [*discussions, issues, problems*] diverso, differente; [*organizations, agreements, treaties*] separato, diverso, distinto; [*dates, appointments*] diverso, distinto; ***they have ~ rooms*** hanno stanze separate; ***they dined at ~ tables*** pranzarono a tavoli diversi; ***they asked for ~ bills*** *(in restaurant)* chiesero conti separati; ***these are two ~ problems*** questi sono due problemi distinti **II** avv. ***keep the knives ~*** tieni i coltelli a parte; ***keep the knives ~ from the forks*** tieni i coltelli separati dalle forchette.
▶ **2.separate** /ˈsepəreɪt/ **I** tr. **1** *(divide)* [*wall, river*] dividere, separare [*country, community*]; [*intolerance, belief*] dividere [*people*]; separare [*milk, egg*]; ***only five seconds ~d the two athletes*** solo cinque secondi separavano i due atleti; ***to be ~d by*** essere diviso *o* separato da [*river, wall*]; essere diviso da [*prejudice, intolerance*]; ***to ~ sth. from sth.*** [*wall, river*] separare qcs. da qcs.; ***to ~ the cream from the milk*** separare la panna dal latte; ***to ~ sb. from sb.*** [*belief, disapproval*] allontanare qcn. da qcn.; ***her beliefs ~d her from her sister*** le sue convinzioni la allontanarono da sua sorella; ***the child became ~d from his mother*** *(in crowd etc.)* il bambino rimase separato dalla madre; ***to ~ the issue of pay from that of working hours*** distinguere *o* tenere separata la questione dello stipendio da quella dell'orario di lavoro **2** (anche **~ out**) *(sort out)* suddividere, ripartire [*people*]; smistare, selezionare [*objects, produce*]; ***he ~d (out) the children according to age*** suddivise i bambini in base all'età **II** intr. *(all contexts)* [*person, couple, component*] separarsi (**from** da).
■ **separate out** [*liquid*] separarsi.
▷ **separated** /ˈsepəreɪtɪd/ **I** p.pass. → **2.separate II** agg. [*person, couple*] separato.
▷ **separately** /ˈsepərətlɪ/ avv. *(all contexts)* separatamente, a parte.
separates /ˈsepərəts/ n.pl. *(garment)* (abiti) coordinati m.
▷ **separation** /ˌsepəˈreɪʃn/ n. separazione f. (**from** da).
separationist /ˌsepəˈreɪʃənɪst/ n. → **separatist**.
separatism /ˈsepərətɪzəm/ n. separatismo m.
separatist /ˈsepərətɪst/ **I** agg. separatista **II** n. separatista m. e f.
separator /ˈsepəreɪtə(r)/ n. separatore m. (-trice).
Sephardi /sɪˈfɑːdɪ/ n. (pl. **~m**) sefardita m. e f.
Sephardic /sɪˈfɑːdɪk/ agg. sefardita.
Sephardim /sɪˈfɑːdɪm/ → **Sephardi**.
sepia /ˈsiːpɪə/ ➧ ***5*** **I** n. **1** *(colour)* seppia m. **2** *(cuttlefish)* seppia f. **II** modif. [*ink*] seppia; [*photograph*] seppiato; ***~ wash*** viraggio seppia; ***~ drawing*** disegno a nero di seppia.
sepiolite /ˈsiːpɪəlaɪt/ n. sepiolite f.
sepoy /ˈsiːpɔɪ/ n. INDIAN. sepoy m.
sepsis /ˈsepsɪs/ ➧ ***11*** n. (pl. **-es**) sepsi f.
sept /sept/ n. tribù f.; IRLAND. SCOZZ. clan m.
Sept ⇒ September settembre (sett.).
septa /ˈseptə/ → **septum**.
▶ **September** /sepˈtembə(r)/ ➧ ***16*** n. settembre m.
September Massacres /sepˌtembəˈmæsəkəz/ n.pl. STOR. massacri m. di settembre.
Septembrist /sepˈtembrɪst/ n. STOR. settembrizzatore m.
septemvir /sepˈtemvə(r)/ n. (pl. **~i**) settemviro m.
septemvirate /sepˈtemvɪrɪt/ n. settemvirato m.
septemviri /sepˈtemvəraɪ/ → **septemvir**.
septennate /ˈseptenɪt/ n. settennato m.
septennial /sepˈtenɪəl/ agg. settennale.
septentrional /sepˈtentrɪənl/ agg. RAR. settentrionale.
septet /sepˈtet/ n. MUS. settimino m.
septfoil /ˈsetfɔɪl/ n. tormentilla f.
septic /ˈseptɪk/ agg. settico; ***to go*** o ***turn ~*** diventare infetto *o* infettarsi.
septicaemia /ˌseptɪˈsiːmɪə/ ➧ ***11*** n. BE setticemia f.
septicaemic /ˌseptɪˈsiːmɪk/ agg. BE setticemico.
septicemia AE → **septicaemia**.
septicemic AE → **septicaemic**.
septicidal /ˌseptɪˈsaɪdl/ agg. setticida.
septicity /sepˈtɪsətɪ/ n. (l')essere settico.
septic tank /ˌseptɪkˈtæŋk/ n. fossa f. settica.
septillion /ˌsepˈtɪljən/ n. (pl. ~) **1** AE = ventiquattresima potenza di dieci **2** BE = quarantaduesima potenza di dieci.
septuagenarian /ˌseptjʊədʒɪˈneərɪən, AE -tʃʊdʒə-/ **I** agg. settuagenario **II** n. settuagenario m. (-a).
septuagesima /ˌseptjʊəˈdʒesɪmə, AE -tʃʊˈdʒe-/ n. settuagesima f.
septum /ˈseptəm/ n. (pl. **~s, -a**) setto m.
septuple /ˈseptjʊpl/ agg. settuplo.
septuplet /ˈseptjʊplɪt, sepˈtjuːplɪt/ n. = ciascuno dei sette gemelli nati dallo stesso parto.
sepulcher AE → **sepulchre**.
sepulchral /sɪˈpʌlkrəl/ agg. **1** LETT. FIG. [*atmosphere, tone*] sepolcrale **2** FORM. [*statue, tomb*] sepolcrale, funerario.
sepulchre BE, **sepulcher** AE /ˈseplkə(r)/ n. sepolcro m.
sepulture /ˈsepəltʃə(r)/ n. LETT. **1** *(burial)* sepoltura f. **2** *(sepulchre)* sepoltura f., sepolcro m.
sequacious /sɪˈkweɪʃəs/ agg. **1** ANT. [*person*] pedissequo **2** [*reasoning, thought*] logico, coerente.
sequaciously /sɪˈkweɪʃəslɪ/ avv. **1** ANT. pedissequamente **2** [*reason, think*] logicamente, coerentemente.
▷ **sequel** /ˈsiːkwəl/ n. *(all contexts)* seguito m., continuazione f. (**to** di).
sequela /sɪˈkwiːlə/ n. (pl. **-ae**) *(of illness)* ***the -ae of*** i postumi di.
sequence /ˈsiːkwəns/ n. **1** *(of problems)* serie f., sfilza f., sequela f.; *(of photos)* sequenza f.; ***the ~ of events*** la successione degli eventi **2** *(order)* ordine m.; ***in ascending, chronological ~*** in ordine ascendente, cronologico **3** CINEM. *(in film)* sequenza f.; ***the dream ~*** la scena del sogno **4** *(dance)* variazione f. **5** MUS. *(of notes, chords)* sequenza f. **6** INFORM. MAT. sequenza f. **7** GIOC. *(in card games)* scala f., sequenza f.
sequence of tenses /ˌsiːkwənsəvˈtensɪz/ n. LING. concordanza f. dei tempi, consecutio temporum f.
sequencer /ˈsiːkwənsə(r)/ n. sequenziatore m.
sequent /ˈsiːkwənt/ agg. RAR. **1** *(successive)* seguente, successivo **2** *(following)* conseguente.
sequential /sɪˈkwenʃl/ agg. *(all contexts)* sequenziale.
sequential access /sɪˌkwenʃlˈækses/ n. INFORM. accesso m. sequenziale.
sequential control /sɪˌkwenʃlkənˈtrəʊl/ n. INFORM. controllo m. sequenziale.
sequentially /sɪˈkwenʃəlɪ/ avv. sequenzialmente, in sequenza.
sequester /sɪˈkwestə(r)/ tr. sequestrare.
sequestered /sɪˈkwestəd/ **I** p.pass. → **sequester II** agg. FORM. [*life*] ritirato; [*place*] appartato.
sequestrable /sɪˈkwestrəbl/ agg. RAR. sequestrabile.
sequestrant /sɪˈkwestrənt/ n. CHIM. sequestrante m.
sequestrate /ˈsiːkwestreɪt/ tr. → **sequester**.
sequestration /ˌsiːkwɪˈstreɪʃn/ n. sequestro m.
sequestrator /ˈsiːkwɪstreɪtə(r)/ n. ECON. DIR. sequestrante m. e f.
sequin /ˈsiːkwɪn/ n. lustrino m.
sequin(n)ed /ˈsiːkwɪnd/ agg. [*garment*] ornato di lustrini.
sequoia /sɪˈkwɔɪə/ n. sequoia f.
sera /ˈsɪərə/ → **serum**.
seraglio /seˈrɑːlɪəʊ/ n. (pl. **~s, -i**) serraglio m., harem m.
serai /seˈraɪ/ n. RAR. caravanserraglio m.
serape /seˈrɑːpeɪ/ n. serapé m.
seraph /ˈserəf/ n. (pl. **~s, ~im**) serafino m.
seraphic(al) /səˈræfɪk(l)/ agg. LETT. serafico.
seraphically /səˈræfɪklɪ/ avv. LETT. seraficamente.
seraphim /ˈserəfɪm/ → **seraph**.
Serb /sɜːb/ ➧ ***18, 14*** **I** agg. serbo **II** n. **1** *(person)* serbo m. (-a) **2** *(language)* serbo m.
Serbia /ˈsɜːbɪə/ ➧ ***6*** n.pr. Serbia f.
Serbia and Montenegro /ˌsɜːbɪəəndmɒntɪˈniːgrəʊ/ n.pr. Serbia e Montenegro f.
Serbian /ˈsɜːbɪən/ → **Serb**.
Serbo-Croat /ˌsɜːbəʊˈkrəʊæt/, **Serbo-Croatian** /ˌsɜːbəʊkrəʊˈeɪʃn/ ➧ ***14*** **I** agg. serbocroato **II** n. serbocroato m.

SERC /sɜːk/ n. GB (⇒ Science and Engineering Research Council) = consiglio nazionale per la ricerca scientifica e tecnologica.
1.serenade /ˌserəˈneɪd/ n. serenata f.
2.serenade /ˌserəˈneɪd/ tr. cantare una serenata a.
serenader /ˌserəˈneɪdə(r)/ n. chi canta serenate, una serenata.
serendipitous /ˌserənˈdɪpɪtəs/ agg. FORM. [*find, meeting*] fortunato, felice.
serendipity /ˌserənˈdɪpətɪ/ n. FORM. serendipità f.; ***it was pure ~ that I found this house*** fu per puro caso che ebbi la fortuna di trovare questa casa.
serene /sɪˈriːn/ agg. sereno; ***His, Her Serene Highness*** Sua Altezza Serenissima.
serenely /sɪˈriːnlɪ/ avv. [*say, smile*] serenamente; ***~ indifferent*** con serena indifferenza.
serenity /sɪˈrenətɪ/ n. serenità f.
serf /sɜːf/ n. servo m. (-a).
serfdom /ˈsɜːfdəm/ n. *(state, condition)* servitù f.
serge /sɜːdʒ/ **I** n. serge f. **II** modif. [*garment*] di serge.
Serge /sɜːdʒ/ n.pr. Sergio.
sergeancy /ˈsɑːdʒənsɪ/ n. → **sergeantship**.
▷ **sergeant** /ˈsɑːdʒənt/ ➧ ***23*** n. **1** MIL. sergente m. **2** *(in police)* = soprintendente.
sergeant at arms /ˌsɑːdʒəntətˈɑːmz/ n. (pl. **sergeants at arms**) **1** = funzionario incaricato di fare rispettare l'ordine e la sicurezza durante le sessioni parlamentari e le udienze in tribunale **2** STOR. *(armed attendant)* uomo m. d'armi.
sergeant drummer /ˌsɑːdʒəntˈdrʌmə(r)/ n. MIL. tamburo m. maggiore.
sergeant first class /ˌsɑːdʒəntˌfɜːstˈklɑːs, AE -ˈklæs/ ➧ ***23*** n. AE MIL. sergente m. maggiore.
sergeant fish /ˈsɑːdʒəntfɪʃ/ n. (pl. **sergeant fish, sergeant fishes**) pesce m. sergente.
sergeant major /ˌsɑːdʒəntˈmeɪdjə(r)/ ➧ ***23*** n. **1** BE = il più alto grado militare di sottufficiale **2** AE = grado militare equivalente a maresciallo.
sergeantship /ˈsɑːdʒəntʃɪp/ n. grado m., ufficio m. di sergente.
Sergius /ˈsɜːdʒɪəs/ n.pr. Sergio.
▷ **serial** /ˈsɪərɪəl/ **I** n. **1** TELEV. RAD. *(story)* serial m., racconto m. a puntate, a episodi; ***radio, TV ~*** serial radiofonico, televisivo; ***a seven part ~*** un serial in sette puntate; ***to broadcast sth. as a ~*** trasmettere qcs. a puntate *o* sotto forma di serial; ***to adapt*** o ***make sth. into a ~*** adattare qcs. per farne un serial *o* fare un serial di qcs. **2** *(publication)* periodico m., pubblicazione f. a puntate **II** agg. **1** INFORM. [*access, computer, input, printer, programming*] seriale **2** MUS. seriale.
serialism /ˈsɪərɪəlɪzəm/ n. MUS. serialismo m.
serialist /ˈsɪərɪəlɪst/ n. MUS. serialista m. e f.
serialization /ˌsɪərɪəlaɪˈzeɪʃn, AE -lɪˈz-/ n. **1** *(arrangement)* trasformazione f. in serial **2** *(broadcasting)* trasmissione f. a puntate; *(publication)* pubblicazione f. a puntate.
serialize /ˈsɪərɪəlaɪz/ tr. **1** *(arrange in a serial)* trasformare in un serial **2** *(broadcast)* trasmettere a puntate; *(publish)* pubblicare a puntate.
serial killer /ˌsɪərɪəlˈkɪlə(r)/ n. serial killer m.
serially /ˈsɪərɪəlɪ/ avv. **1** TELEV. RAD. a puntate **2** *(in sequence)* in serie.
serial number /ˈsɪərɪəlˌnʌmbə(r)/ n. *(of machine, car etc.)* numero m. di serie; AE *(of soldier)* numero m. di matricola.
serial rights /ˈsɪərɪəlˌraɪts/ n.pl. diritti m. di pubblicazione a puntate.
1.seriate /ˈsɪərɪət/ agg. RAR. in serie.
2.seriate /ˈsɪərɪeɪt/ tr. disporre in serie.
seriatim /ˌsɪərɪˈeɪtɪm/ avv. FORM. uno dopo l'altro, uno per uno.
sericeous /sɪˈrɪʃəs/ agg. setoso, serico.
sericultural /ˌserɪˈkʌltʃərəl/ agg. sericolo.
sericulture /ˈserɪkʌltʃə(r)/ n. sericoltura f.
sericulturist /ˌserɪˈkʌltʃərɪst/ ➧ ***27*** n. sericoltore m. (-trice).
seriema /ˌserɪˈiːmə/ n. seriema m.
▶ **series** /ˈsɪəriːz/ **I** n. (pl. ~) **1** *(set)* serie f. (**of** di); ***a ~ of attacks, of measures*** una serie di attacchi, di misure; ***a ~ of stamps*** una serie di francobolli; ***a ~ of books*** una collana di libri **2** RAD. TELEV. LETTER. serie f. (**about** su); ***a drama, comedy ~*** una fiction, una commedia a puntate; ***this is the last in the present ~*** questa è l'ultima puntata di questo programma **3** SPORT = insieme di incontri disputati da due squadre nel corso di un evento sportivo **4** EL. ELETTRON. serie f.; ***in ~*** in serie **II** modif. EL. ELETTRON. [*circuit, connection*] in serie.
series winding /ˈsɪəriːzˌwaɪndɪŋ/ n. EL. avvolgimento m. in serie.
series-wound /ˌsɪəriːzˈwaʊnd/ agg. EL. avvolto in serie.
serif /ˈserɪf/ n. TIP. grazia f.
serin /ˈserɪn/ n. ZOOL. serino m., verzellino m.
seriocomic /ˌsɪərɪəʊˈkɒmɪk/ agg. che è tra il serio e il faceto.
▶ **serious** /ˈsɪərɪəs/ agg. **1** *(not frivolous or light)* [*person, expression, discussion, approach, issue, offer, work, literature, actor, scientist, survey, attempt, concern, intention*] serio; ***to be ~ about sth.*** fare sul serio in qcs. *o* prendere qcs. sul serio; ***to be ~ about doing*** avere davvero l'intenzione di fare; ***is he ~ about going to America?*** vuole sul serio *o* davvero andare in America? ***is he ~ about her?*** fa sul serio con lei? ***they're ~ about each other*** fanno sul serio; ***to give ~ thought to sth.*** pensare seriamente a qcs.; ***there's no ~ case for arguing that...*** non ci sono seri motivi per sostenere che...; ***this is deadly ~*** COLLOQ. è una cosa serissima; ***you can't be ~*** non puoi dire sul serio *o* non scherzare; ***they got down to the ~ business of eating*** SCHERZ. sono passati alle cose serie: si sono messi a mangiare; ***being a parent is a ~ business*** fare il genitore è un mestiere molto impegnativo; ***to make, spend ~ money*** COLLOQ. fare soldoni, spendere un sacco di soldi; ***if you want to do some ~ shopping, surfing...*** COLLOQ. se vuoi fare shopping, surf come si deve...; ***he's a ~ drinker*** COLLOQ. SCHERZ. è un bevitore professionista **2** *(grave)* [*accident, condition, allegation, crisis, problem*] serio, grave; [*crime, error*] grave; [*concern, doubt, misgiving*] serio; ***nothing ~, I hope*** niente di grave, spero; ***this is a very ~ matter*** è una questione molto seria.
Serious Fraud Office /ˌsɪərɪəsˈfrɔːdˌɒfɪs, AE -ˌɔːf-/ n. GB = ufficio che ha il compito di prevenire e combattere le frodi.
▶ **seriously** /ˈsɪərɪəslɪ/ avv. **1** *(not frivolously)* [*speak, write, think, listen*] seriamente; ***to ~ consider doing sth.*** pensare seriamente di fare qcs.; ***~, do you need help?*** davvero, hai bisogno di aiuto? ***are you ~ suggesting that...?*** vuoi davvero dire che...? ***but ~,...*** ma, davvero,...; ***to take sb., sth. ~*** prendere qcn., qcs. sul serio; ***he takes himself too ~*** si prende troppo sul serio; ***police are treating the threat very ~*** la polizia sta prendendo la minaccia molto seriamente **2** *(gravely)* [*ill, injured*] gravemente; [*damaged, flawed, at risk*] seriamente, gravemente; [*divided*] profondamente; [*mislead, underestimate*] seriamente; ***something is ~ wrong*** c'è veramente qualcosa che non va **3** COLLOQ. *(extremely)* [*boring, funny*] davvero, veramente.
seriousness /ˈsɪərɪəsnɪs/ n. **1** *(of person, film, treatment, study, approach, intention)* serietà f.; *(of tone, air, occasion, reply)* serietà f., gravità f.; ***in all ~*** in tutta serietà *o* (molto) seriamente **2** *(of illness, allegation)* gravità f.; *(of damage, problem, situation)* serietà f., gravità f.
serjeant ANT. → **sergeant**.
serjeant at arms ANT. → **sergeant at arms**.
▷ **sermon** /ˈsɜːmən/ n. sermone m.; ***to give, preach a ~*** RELIG. fare un sermone; ***to give, preach sb. a ~*** *(lecture)* fare un sermone *o* una predica a qcn.
sermonize /ˈsɜːmənaɪz/ intr. SPREG. sermoneggiare, predicare (**about** su).
sermonizer /ˈsɜːmənaɪzə(r)/ n. **1** RELIG. predicatore m. (-trice) **2** SPREG. sermoneggiatore m. (-trice).
sermonizing /ˈsɜːmənaɪzɪŋ/ n. SPREG. (il) sermoneggiare.
serologic(al) /ˌsɪərəˈlɒdʒɪk(l)/ agg. sierologico.
serology /sɪəˈrɒlədʒɪ/ n. sierologia f.
seronegative /ˌsɪərəʊˈnegətɪv/ agg. sieronegativo.
seropositive /ˌsɪərəʊˈpɒzətɪv/ agg. sieropositivo.
serosity /sɪˈrɒsətɪ/ n. sierosità f.
serotherapy /ˌsɪərəʊˈθerəpɪ/ n. sieroterapia f.
1.serotine /ˈserətaɪn/ agg. serotino, tardivo.
2.serotine /ˈserətaɪn/ n. (pipistrello) serotino m.
serotonin /ˌsɪərəˈtəʊnɪn/ n. serotonina f.
serotype /ˈsɪərəʊtaɪp/ n. sierotipo m.
serous /ˈsɪərəs/ agg. sieroso.
serpent /ˈsɜːpənt/ n. *(all contexts)* serpente m.
serpent-eater /ˈsɜːpəntˌiːtə(r)/ n. ORNIT. serpentario m.
serpentiform /səˈpentɪfɔːm/ agg. RAR. serpentiforme.
serpentine /ˈsɜːpəntaɪn, AE -tiːn/ **I** n. MINER. serpentino m. **II** agg. LETT. [*river, road*] serpeggiante.
serpentine rock /ˈsɜːpəntaɪnˌrɒk, AE -tiːn-/ n. MINER. serpentina f.
serpigines /sɜːˈpaɪdʒɪniːz/ → **serpigo**.
serpiginous /sɜːˈpɪdʒɪnəs/ agg. serpiginoso.
serpigo /sɜːˈpaɪgəʊ/ n. (pl. **~es, -ines**) serpigine f.
SERPS /sɜːps/ n. GB (⇒ state earnings-related pension scheme) = fondo pensionistico.
serpula /ˈsɜːpjʊlə/ n. (pl. **-ae**) ZOOL. serpula f.
serrate /ˈsereɪt/, **serrated** /sɪˈreɪtɪd, AE ˈsereɪtɪd/ agg. dentellato, seghettato; ***~ knife*** coltello seghettato.

serration /sɪ'reɪʃn/, **serrature** /'serətjʊə(r), AE -tʃʊər/ n. dentellatura f., seghettatura f.

serried /'serɪd/ agg. serrato.

serrulate(d) /'serʊleɪt(ɪd)/ agg. finemente dentellato, seghettato.

serum /'sɪərəm/ n. (pl. **~s, -a**) siero m.; ***snake-bite ~*** siero antiofidico *o* antiveleno.

serval /'sɜːvl/ n. servalo m., gattopardo m.

▶ **servant** /'sɜːvənt/ ➧ *27* n. **1** *(in household)* servo m. (-a), servitore m. (-trice) domestico m. (-a); ***to keep a ~*** avere un domestico **2** FIG. servo m. (-a), servitore m. (-trice); ***your ~, sir!*** ANT. servo vostro, signore! ***your obedient ~*** ANT. *(in letter)* il vostro devoto servitore.

servant girl /'sɜːvənt,gɜːl/ n. serva f., domestica f.

servant's hall /'sɜːvənts,hɔːl/ n. sala f. (da pranzo) per la servitù.

1.serve /sɜːv/ n. SPORT servizio m., battuta f.; ***it's my ~*** servo io *o* tocca a me servire; ***to have a big ~*** avere un ottimo servizio.

▶ **2.serve** /sɜːv/ **I** tr. **1** *(work for)* servire [*God, King, country, community, cause, ideal, public, company*]; essere al servizio di [*employer, family*]; ***to ~ sb., sth. well*** servire bene qcn., a qcs.; ***to ~ two masters*** FIG. servire due padroni **2** *(attend to customers)* servire; ***are you being ~d?*** La stanno servendo? **3** GASTR. servire [*client, guest, meal, dish*]; ***to ~ sb. with sth.*** servire qcs. a qcn.; ***let me ~ you some beef*** lasciate che vi serva del manzo; ***lunch is ~d*** il pranzo è servito; ***we can't ~ them chicken again!*** non possiamo servire loro di nuovo del pollo! ***~ it with a salad*** servire con insalata; ***~ hot*** servire caldo; ***~s four*** *(in recipe)* per quattro persone **4** *(provide facility)* [*public utility, power station, reservoir*] rifornire; [*public transport, library, hospital*] servire [*area, community*]; ***the area is well, poorly ~d with transport*** la zona è ben servita, mal servita dai trasporti; ***the area is well ~d with shops*** la zona è ben servita di negozi **5** *(satisfy)* soddisfare [*needs, interests*] **6** *(function)* essere utile a; ***this old pen, my sense of direction has ~d me well*** questa vecchia penna mi ha servito bene, il mio senso dell'orientamento mi è stato molto utile; ***he has been badly ~d by his advisers*** i suoi consulenti gli hanno reso un cattivo servizio; ***if my memory ~s me well*** se la memoria non mi tradisce; ***to ~ sb. as sth.*** servire a qcn. come *o* da qcs.; ***the table ~s me as a desk*** il tavolo mi serve *o* fa da scrivania; ***to ~ a purpose*** o ***function*** servire a uno scopo *o* avere una funzione; ***to ~ no useful purpose*** essere senza alcuna utilità *o* non servire a niente; ***what purpose is ~d by separating them?*** a che cosa serve separarli? ***having ~d its purpose, the committee was disbanded*** avendo raggiunto il proprio scopo, il comitato fu sciolto; ***to ~ the purpose*** servire allo scopo; ***this map will ~ the*** o ***my purpose*** questa cartina servirà allo scopo **7** *(spend time)* ***to ~ a term*** POL. restare in carica per un mandato; ***to ~ one's time*** *(in army)* prestare servizio militare; *(in prison)* scontare la pena; ***to ~ a sentence*** scontare una condanna; ***to ~ five years*** scontare *o* fare cinque anni di prigione **8** DIR. presentare [*injunction*] (**on sb.** a qcn.); ***to ~ a writ*** notificare un mandato; ***to ~ a writ on sb.*** o ***to ~ sb. with a writ*** notificare un mandato a qcn.; ***to ~ a summons*** notificare un mandato di comparizione; ***to ~ a summons on sb.*** o ***to ~ sb. with a summons*** intimare a qcn. un mandato di comparizione; ***to ~ notice of sth. on sb.*** DIR. notificare qcs. a qcn. (anche FIG.) **9** SPORT servire [*ball, ace*] **10** *(mate with)* coprire, montare [*cow, mare*] **II** intr. **1** *(in shop, church, at table)* servire **2** *(on committee, in government)* prestare servizio (**as** come, in qualità di); ***members ~ for two years*** i membri restano in carica per due anni; ***he's serving as general secretary*** riveste il ruolo di segretario generale; ***to ~ on*** fare parte di [*committee, board, jury*] **3** MIL. essere nell'esercito (**as** come; **under** sotto); ***to ~ in*** o ***with a regiment*** servire, essere in un reggimento; ***I ~d with him*** ho fatto il militare *o* ero nell'esercito insieme a lui **4** *(meet a need)* servire, andare bene; ***any excuse will ~*** qualsiasi scusa andrà bene; ***to ~ as sth.*** servire da *o* come qcs.; ***this room ~s as a spare bedroom*** questa stanza serve da camera degli ospiti; ***this should ~ as a warning*** questo dovrebbe servire di avvertimento; ***the photo ~d as a reminder to me of the holidays*** la foto mi ricordò le vacanze; ***to ~ to do*** servire a fare; ***it ~s to show that...*** serve a mostrare che... **5** SPORT battere; *(in tennis)* servire (**for** per); ***Conti to ~*** Conti al servizio, alla battuta ♦ ***it ~s you right!*** ben ti sta! ti sta (proprio) bene! ***it ~s him right for being so careless!*** così impara a essere così distratto!

▪ **serve out:** ***~ out [sth.], ~ [sth.] out*** **1** GASTR. servire [*meal, food*] (**to** a); distribuire [*rations, provisions*] **2** *(finish)* finire [*term of duty*]; espiare, scontare [*prison sentence*].

▪ **serve up** GASTR. servire ***~ up [sth.], ~ [sth.] up*** **1** GASTR. servire; ***to ~ sth. up again*** servire di nuovo qcs. **2** COLLOQ. FIG. ricucinare, propinare di nuovo [*fashion, idea, programme, policy*]; offrire [*excuse*].

serve-and-volley /,sɜːvən'vɒlɪ/ agg. SPORT [*game*] a rete, sotto rete, serve-and-volley; [*player*] che gioca sotto rete.

server /'sɜːvə(r)/ n. **1** SPORT battitore m. (-trice) **2** INFORM. server m. **3** GASTR. vassoio m. **4** RELIG. chierico m., chierichetto m. (-a).

server farm /'sɜːvə,fɑːm/ n. INFORM. server farm f. (batteria di server collocati in un unico ambiente).

server-managed /,sɜːvə'mænɪdʒd/ agg. INFORM. gestito da un server.

servery /'sɜːvərɪ/ n. BE *(hatch)* passavivande m.; *(counter)* bancone m.

▶ **1.service** /'sɜːvɪs/ **I** n. **1** *(department)* servizio m.; ***(accident and) emergency ~*** servizio urgente; ***information ~*** servizio informazioni **2** *(facility, work done)* servizio m.; ***advisory ~*** servizio di consulenza; ***professional ~s*** servizi professionistici; ***public ~*** servizio pubblico; ***for ~s rendered*** COMM. per servizi resi; ***to offer, provide a ~*** offrire, fornire un servizio; ***we need the ~s of an accountant*** abbiamo bisogno di un contabile; ***to dispense with sb.'s ~s*** fare a meno dei servizi di qcn.; ***she received an award for ~s to the arts, industry*** ricevette un premio per meriti culturali, per il suo apporto al mondo dell'industria; ***it's all part of the ~*** *(don't mention it)* non c'è di che; *(it's all included)* è tutto compreso; ***"normal ~ will be resumed as soon as possible"*** RAD. TELEV. "i programmi riprenderanno il più presto possibile"; ***my ~s don't come cheap!*** mi faccio pagare bene io! *o* i miei servizi costano! **3** *(work, period of work done)* servizio m. (anche AMM. MIL.) (**in** in; **to** per); ***30 years of ~*** 30 anni di servizio; ***a lifetime of ~ to the firm, community*** una vita al servizio dell'azienda, dalla comunità; ***at sb.'s ~*** al servizio di qcn.; ***I'm at your ~*** sono al tuo servizio; ***to put*** o ***place sth. at sb.'s ~*** mettere qcs. al servizio *o* a disposizione di qcn.; ***in sb.'s ~*** al servizio di qcn.; ***in the ~ of humanity*** al servizio dell'umanità; ***he travelled a lot in the ~ of his firm*** ha viaggiato molto per conto della sua azienda; ***he gave his life in the ~ of his country*** ha dato la vita per servire il suo paese; ***to be in ~*** STOR. essere a servizio; ***to go into ~ with sb.*** andare a servizio presso qcn.; ***to see ~ in the army, in Egypt*** essere nell'esercito, prestare servizio in Egitto **4** COMM. *(customer care)* servizio m. (**to** a); ***to get good, bad ~*** ricevere un buon, cattivo trattamento; ***we add on 15% for ~*** aggiungiamo il 15% per il servizio; ***"includes ~"*** *(on bill)* "servizio compreso"; ***is the ~ included?*** *(in restaurant)* il servizio è compreso? ***can we have some ~ here please?*** qualcuno ci può servire per favore? ***we must improve the quality of ~*** dobbiamo migliorare la qualità del servizio; ***we have a reputation for good ~*** siamo rinomati per la qualità del nostro servizio **5** *(from machine, vehicle, product)* servizio m.; ***to give good*** o ***long ~*** [*machine*] funzionare a lungo; [*vehicle, product, garment*] servire bene *o* fare un buon servizio; ***I've had years of ~ from that car, typewriter*** quest'auto, questa macchina da scrivere mi è durata degli anni; ***to be in ~*** essere in servizio *o* funzionante; ***the plane is still in ~ with many airlines*** l'aereo è ancora utilizzato da molte linee aeree; ***to come into, go out of ~*** entrare in servizio, entrare in disuso; ***it went out of ~ years ago*** non è più in servizio da anni; ***to take sth. out of ~*** ritirare dal servizio [*plane, machine*]; ***"out of ~"*** *(on bus)* "fuori servizio"; *(on machine)* "in panne" **6** *(transport facility)* servizio m. (**to** per); ***bus, coach, taxi, train ~*** servizio di autobus, di pullman, di taxi, ferroviario; ***to run a regular ~*** fornire un servizio regolare; ***an hourly bus, train ~*** un autobus, un treno ogni ora; ***the number 28 bus ~*** la linea del 28 **7** AUT. TECN. *(overhaul)* revisione f.; ***a 15,000 km ~*** una revisione ai 15.000 km; ***the photocopier, washing machine is due for a ~*** la fotocopiatrice, la lavatrice ha bisogno di una revisione **8** RELIG. ufficio m.; ***morning, Sunday ~*** ufficio del mattino, domenicale; ***marriage ~*** cerimonia nuziale; ***form of ~*** *(printed)* rito **9** *(crockery)* servizio m.; ***dinner ~*** servizio da tavola; ***tea ~*** servizio da tè **10** SPORT battuta f., servizio m.; ***your ~!*** tocca a te battere! ***return of ~*** risposta alla battuta **11** *(help, good turn)* servizio m.; ***to do sb. a ~*** rendere un servizio a qcn.; ***to be of ~ to sb.*** essere di aiuto a qcn. **12** DIR. notifica f. **13** *(of female animal)* monta f. **II services** n.pl. **1** ***the ~s*** MIL. MAR. le armi; ***a career in the ~s*** una carriera nell'esercito **2** *(on motorway)* area f.sing. di servizio; ***"~s 40 km"*** "area di servizio a 40 km" **III** modif. MIL. [*gun*] d'ordinanza; [*pay, pension*] militare; [*personnel*] militare, dell'esercito; [*life*] militare, nell'esercito; ***~ dress*** divisa d'ordinanza.

2.service /'sɜːvɪs/ tr. **1** AUT. TECN. *(maintain, overhaul)* fare la revisione a [*vehicle*]; fare la manutenzione di [*machine, boiler*]; ***to have one's car ~d*** far fare la revisione alla *o* fare revisionare la propria auto **2** ECON. pagare gli interessi di [*debt, loan*] **3** *(mate with)* coprire, montare [*cow, mare*].

3.service /'sɜːvɪs/ n. **1** *(tree)* (anche **~ tree**) sorbo m. **2** ***~ berry*** sorba.

serviceable /'sɜːvɪsəbl/ agg. **1** *(usable)* efficiente, utilizzabile; ***the vehicle is still ~*** il veicolo è ancora utilizzabile **2** *(practical)* pratico, comodo; ***a ~ grey coat*** un pratico cappotto grigio.
serviceably /'sɜːvɪsəblɪ/ avv. utilmente, praticamente.
service area /'sɜːvɪsˌeərɪə/ n. area f. di servizio.
service book /'sɜːvɪsbʊk/ n. rituale m.
service break /'sɜːvɪsˌbreɪk/ n. SPORT break m.; ***to have a ~*** perdere il servizio *o* subire un break.
service ceiling /'sɜːvɪsˌsiːlɪŋ/ n. quota f. massima operativa.
service centre BE, **service center** AE /'sɜːvɪsˌsentə(r)/ n. centro m. assistenza post-vendita.
service charge /'sɜːvɪsˌtʃɑːdʒ/ n. **1** *(in restaurant)* (prezzo del) servizio m.; ***there is a ~*** il servizio è a parte; ***what is the ~?*** a quanto ammonta il servizio? **2** *(in banking)* spese f.pl. (di gestione del conto) **3** *(for property maintenance)* spese f.pl.
service company /'sɜːvɪsˌkʌmpənɪ/ n. società f. di servizi.
service contract /'sɜːvɪsˌkɒntrækt/ n. COMM. contratto m. di assistenza.
service department /'sɜːvɪsdɪˌpɑːtmənt/ n. *(office)* ufficio m. assistenza; *(workshop)* officina f. di assistenza.
service elevator /'sɜːvɪsˌelɪveɪtə(r)/ AE → **service lift**.
service engineer /ˌsɜːvɪsendʒɪ'nɪə(r)/ ♦ **27** n. tecnico m. addetto all'assistenza.
service entrance /'sɜːvɪsˌentrəns/ n. ingresso m. di servizio.
service family /'sɜːvɪsˌfæməlɪ/ n. famiglia f. di un membro dell'esercito.
service flat /'sɜːvɪsflæt/ n. BE appartamento m. in affitto con servizio di pulizia.
service game /'sɜːvɪsˌgeɪm/ n. SPORT battuta f., servizio m.
service hatch /'sɜːvɪshætʃ/ n. passavivande m.
service industry /'sɜːvɪsˌɪndəstrɪ/ n. COMM. *(company)* industria f. di servizi; *(sector)* settore m. terziario.
service lift /'sɜːvɪsˌlɪft/ n. BE *(in hotel, building)* ascensore m. di servizio; *(for heavy goods)* montacarichi m.
service line /'sɜːvɪslaɪn/ n. SPORT linea f. del servizio.
serviceman /'sɜːvɪsmən/ n. (pl. **-men**) militare m.
service module /'sɜːvɪsˌmɒdjuːl, AE -dʒʊl-/ n. AER. modulo m. di servizio.
service operation /'sɜːvɪsɒpəˌreɪʃn/ n. servizio m. commerciale.
service provider /'sɜːvɪsprəˌvaɪdə(r)/ n. fornitore m. di servizi.
service road /'sɜːvɪsrəʊd/ n. BE via f. d'accesso; ING. strada f. di servizio.
service sector /'sɜːvɪsˌsektə(r)/ n. settore m. dei servizi, (settore) terziario m.
service speed /'sɜːvɪsspiːd/ n. velocità f. di crociera.
service station /'sɜːvɪsˌsteɪʃn/ n. stazione f. di servizio.
service till /'sɜːvɪsˌtɪl/ n. BE *(in shop)* cassa f.; *(cash dispenser)* (sportello) Bancomat® m.
servicewoman /'sɜːvɪswʊmən/ n. (pl. **-women**) militare m.
servicing /'sɜːvɪsɪŋ/ n. AUT. TECN. manutenzione f., riparazione f.; ***the machine has gone in for ~*** la macchina è in riparazione.
serviette /ˌsɜːvɪ'et/ n. BE tovagliolo m. (di carta).
servile /'sɜːvaɪl, AE -vl/ agg. servile.
servilely /'sɜːvaɪlɪ, AE -vlɪ/ avv. servilmente.
servility /sɜː'vɪlətɪ/ n. servilismo m.
▷ **serving** /'sɜːvɪŋ/ **I** n. *(helping)* porzione f.; ***enough for four ~s*** sufficiente per quattro porzioni *o* per quattro persone **II** agg. [*officer*] MIL. in servizio; [*official, chairman*] AMM. in carica.
serving dish /'sɜːvɪŋdɪʃ/ n. piatto m. di portata.
serving hatch /'sɜːvɪŋhætʃ/ n. passavivande m.
servingman /'sɜːvɪŋmən/ n. (pl. **-men**) RAR. domestico m.
serving spoon /'sɜːvɪŋspuːn/ n. cucchiaio m. di portata.
servingwoman /'sɜːvɪŋˌwʊmən/ n. (pl. **-women**) RAR. domestica f.
servitor /'sɜːvɪtə(r)/ n. ANT. servitore m. (-trice), servo m. (-a).
servitude /'sɜːvɪtjuːd, AE -tuːd/ n. *(condition)* servitù f. (anche DIR.).
servo /'sɜːvəʊ/ n. (pl. **~s**) **1** (accorc. servomechanism) servomeccanismo m. **2** (accorc. servomotor) servomotore m.
servo amplifier /'sɜːvəʊˌæmplɪfaɪə(r)/ n. servoamplificatore m.
servo-assisted brake /ˌsɜːvəʊəˌsɪstɪd'breɪk/, **servo brake** /'sɜːvəʊbreɪk/ n. servofreno m.
servo control /'sɜːvəʊkənˌtrəʊl/ n. servosterzo m.
servomechanism /'sɜːvəʊˌmekənɪzəm/ n. servomeccanismo m.
servomotor /'sɜːvəʊˌməʊtə(r)/ n. servomotore m.
servo system /'sɜːvəʊˌsɪstəm/ n. servosistema m.
sesame /'sesəmɪ/ **I** n. sesamo m. **II** modif. [*oil, seed*] di sesamo.
sesamoid /'sesəmɔɪd/ **I** agg. sesamoide **II** n. (osso) sesamoide m.
sesquipedal /ses'kwɪpɪdl/, **sesquipedalian** /ˌseskwɪpɪ'deɪlɪən/ agg. FORM. [*word, style*] sesquipedale.

sessile /'sesaɪl/ agg. sessile.
▶ **session** /'seʃn/ n. **1** POL. *(term)* sessione f.; ***parliamentary ~*** sessione *o* seduta parlamentare **2** AMM. DIR. POL. *(sitting)* seduta f., riunione f., assemblea f.; ***emergency ~*** seduta straordinaria; ***the court is in ~*** DIR. la corte si è riunita *o* è in seduta; ***to go into closed*** o ***private ~*** riunirsi a porte chiuse **3** *(meeting)* riunione f.; *(informal discussion)* discussione f.; ***drinking ~*** COLLOQ. bevuta **4** BE SCOL. *(year)* anno m. scolastico; AE *(term)* trimestre m.; *(period of lessons)* corsi m.pl., lezioni f.pl.; ***autumn ~*** primo trimestre; ***morning, afternoon ~*** lezioni del mattino, del pomeriggio **5** MED. seduta f. (**with** con) **6** MUS. sessione f., seduta f.; ***studio ~*** MUS. seduta di registrazione **7** SPORT sessione f.; ***training ~*** SPORT allenamento **8** ECON. *(on the Stock Exchange)* seduta f., riunione f.; ***trading ~*** seduta in Borsa.
session musician /'seʃnmjuːˌzɪʃn/ ♦ **27** n. turnista m. e f., session man m.
▶ **1.set** /set/ n. **1** *(collection) (of keys, spanners, screwdrivers)* set m., serie f.; *(of golf clubs, stamps, coins)* serie f.; *(of chairs)* set m.; *(of cutlery)* servizio m.; *(of encyclopedias)* raccolta f.; FIG. *(of data, rules, instructions, tests)* serie f., insieme m.; ***a ~ of china*** un servizio di porcellana; ***a new ~ of clothes*** un nuovo guardaroba; ***clean ~ of clothes*** un cambio completo di vestiti; ***they're sold in ~s of 10*** li vendono in confezioni da 10; ***a ~ of bills*** COMM. ECON. una serie di cambiali; ***a ~ of fingerprints*** = le impronte digitali di una persona schedate da un'autorità; ***a ~ of stairs*** una rampa di scale; ***a ~ of traffic lights*** un impianto semaforico **2** *(kit, game)* ***a backgammon, chess ~*** un set per il backgammon, un gioco di scacchi; ***a magic ~*** un set da prestigiatore **3** *(pair)* ***a ~ of sheets*** una parure di lenzuola; ***a ~ of footprints*** una serie di impronte (di scarpe, di piedi); ***a ~ of false teeth*** una dentiera; ***my top, bottom ~*** *(of false teeth)* la mia dentiera superiore, inferiore; ***one ~ of grandparents lives in Canada*** due dei miei nonni abitano in Canada; ***both ~s of parents agreed with us*** sia i suoi genitori che i miei erano d'accordo con noi **4** SPORT *(in tennis)* set m.; ***"~ to Wilson"*** "set per Wilson" **5** *(television)* apparecchio m.; ***TV ~, television ~*** televisione *o* televisore **6** *(group) (social, sporting)* ambiente m., mondo m.; ***aristocratic, literary ~*** mondo aristocratico, letterario; ***the racing, yachting ~*** l'ambiente delle corse, dello yachting; ***the smart*** o ***fashionable ~*** il bel mondo; ***he's not part of our ~*** non fa parte del nostro giro **7** *(scenery)* TEATR. scenario m.; CINEM. TELEV. set m.; ***on the ~*** CINEM. TELEV. sul set **8** MAT. insieme m. **9** BE SCOL. *(class, group)* gruppo m.; ***to be in the top ~ for maths*** essere nel gruppo dei migliori in matematica **10** *(hairdo)* messa f. in piega; ***to have a shampoo and ~*** farsi fare uno shampoo e piega **11** MUS. pièce f. **12** *(position)* posizione f., atteggiamento m.; *(of sails)* messa f. alla vela; ***you could tell by the ~ of his jaw that he was stubborn*** si vedeva dal suo modo di atteggiare la mascella che era testardo **13** *(direction)* senso m., direzione f.; ***the ~ of the tide, wind*** la direzione della corrente, del vento **14** *(of badger)* tana f. **15** AGR. pianticella f. da trapianto **16** VENAT. *(of hound)* punta f., ferma f. ◆ ***to make a (dead) ~ at sb.*** BE COLLOQ. fare di tutto per conquistare qcn.
▶ **2.set** /set/ **I** pass., p.pass. → **3.set II** agg. **1** *(fixed)* attrib. [*pattern, procedure, rule, task*] determinato; [*time, price*] fisso; [*menu*] a prezzo fisso; [*formula*] tutto compreso; [*idea*] radicato; ***I had no ~ purpose in arranging the meeting*** non avevo nessuno scopo preciso nell'organizzare l'incontro; ***~ phrase, ~ expression*** frase fatta *o* luogo comune; ***to be ~ in one's ideas*** o ***opinions*** avere delle idee *o* delle opinioni ben radicate; ***to be ~ in one's ways*** essere un abitudinario *o* avere le proprie abitudini; ***the weather is ~ fair*** il tempo è sul bello stabile *o* si è messo al bello **2** *(stiff)* [*expression, smile*] fisso **3** SCOL. UNIV. *(prescribed)* [*book, text*] previsto dal programma; ***there are five ~ topics on the history syllabus*** ci sono cinque argomenti previsti nel programma di storia **4** mai attrib. *(ready)* pronto (**for** a, per); ***to be (all) ~ to leave, start*** essere (tutto) pronto per partire, cominciare; ***they're ~ to win, lose*** è molto probabile che vincano, che perdano **5** *(determined)* ***to be (dead) ~ against sth., doing*** essere (del tutto, fermamente) contrario a qcs., al fare; ***he's really ~ against my resigning, marrying*** è davvero contrario alle mie dimissioni, al mio matrimonio; ***to be ~ on sth., on doing*** essere deciso a qcs., a fare **6** *(firm)* [*jam, honey, yoghurt*] denso; [*jelly, cement*] duro, rappreso ◆ ***to be well set-up*** COLLOQ. *(financially)* stare bene *o* disporre di mezzi; *(physically)* [*woman*] essere ben fatta *o* proporzionata.
▶ **3.set** /set/ **I** tr. (forma in -ing ecc. **-tt-**; pass., p.pass. **set**) **1** *(place, position)* mettere, porre [*chair, ornament*] (**on** su); porre, appostare [*guard, sentry*]; ***to ~ sth. against a wall*** mettere *o* appoggiare qcs. contro un muro [*bike, ladder*]; ***to ~ sth. before sb.*** mettere qcs.

davanti a qcn. [*food, plate*]; FIG. presentare qcs. a qcn. [*proposals, findings*]; ***to ~ sth. in the ground*** piantare qcs. nel terreno [*stake*]; ***to ~ sth. into sth.*** mettere *o* incastrare *o* infilare qcs. in qcs.; ***to ~ sth. straight*** *(align)* raddrizzare qcs. *o* mettere qcs. dritto [*painting*]; FIG. *(tidy)* mettere qcs. in ordine [*papers, room*]; ***to ~ sth. upright*** raddrizzare qcs.; ***a house set among the trees*** una casa situata fra gli alberi; ***to ~ matters*** o ***the record straight*** FIG. mettere le cose in chiaro; ***his eyes are set very close together*** ha gli occhi molto ravvicinati **2** *(place)* montare, incastonare [*gem*] (**in** in); ***a necklace set with rubies*** una collana con rubini incastonati **3** *(prepare)* mettere, preparare, apparecchiare [*table*]; tendere [*trap*]; ***~ three places*** metti tre coperti *o* apparecchia per tre; ***to ~ the stage*** o ***scene for sth.*** FIG. preparare la scena per qcs. [*encounter, match*]; ***the stage is set for the final*** tutto è pronto per la finale; ***to ~ one's mark*** o ***stamp on sth.*** lasciare il segno su qcs. **4** *(affix, establish)* fissare [*date, deadline, place, price, target*]; lanciare [*fashion, trend*]; dare [*tone*]; stabilire [*precedent, record*]; ***to ~ a good, bad example to sb.*** dare il buon, il cattivo esempio a qcn.; ***to ~ one's sights on*** mettere gli occhi su [*championship, job*] **5** *(adjust)* regolare [*clock, burglar alarm*]; mettere, puntare [*alarm clock*]; programmare [*timer, video*]; ***to ~ the oven to 180°*** mettere il forno a 180°; ***to ~ the controls to manual*** inserire i comandi manuali; ***to ~ the video to record the film*** programmare il videoregistratore per registrare il film; ***to ~ the alarm for 7 am*** mettere *o* puntare la sveglia alle sette; ***~ your watch by mine*** regola il tuo orologio sul mio; ***I set the heating to come on at 6 am*** ho programmato l'accensione del riscaldamento alle sei di mattina; ***to ~ the counter back to zero*** rimettere il contatore a zero *o* azzerare il contatore **6** *(start)* ***to ~ sth. going*** mettere in marcia *o* avviare [*machine, motor*]; ***to ~ sb. laughing, thinking*** fare ridere, riflettere qcn.; ***to ~ sb. to work doing*** incaricare qcn. di fare; ***the noise set the dogs barking*** il rumore fece abbaiare i cani **7** *(impose, prescribe)* [*teacher*] dare, assegnare [*homework, essay*]; porre [*problem*]; impostare [*crossword puzzle*]; ***to ~ an exam*** programmare un esame *o* stabilire il calendario di un esame; ***to ~ a book, subject for study*** inserire *o* mettere un libro, un argomento nel programma; ***to ~ sb. the task of doing*** incaricare qcn. di fare **8** CINEM. LETTER. TEATR. TELEV. ambientare; ***to ~ a book in 1960, New York*** ambientare un libro nel 1960, a New York; ***the film, novel is set in Munich, in the 1950's*** il film, il romanzo è ambientato *o* si svolge a Monaco, negli anni '50 **9** MUS. ***to ~ sth. to music*** mettere qcs. in musica [*libretto, lyrics*] **10** TIP. comporre [*text, type*] (**in** in) **11** MED. immobilizzare [*bone, broken leg*] **12** *(style)* ***to ~ sb.'s hair*** fare la (messa in) piega a qcn.; ***to have one' s hair set*** farsi fare la piega **13** *(cause to harden)* fare rapprendere [*jam*]; fare solidificare [*concrete*] **14** *(esteem)* ***to ~ sb. above, below sb.*** mettere qcn. al di sopra, al di sotto di qcn. **15** BE SCOL. raggruppare in base al livello [*pupils*] **II** intr. (forma in -ing ecc. **-tt-**; pass., p.pass. **set**) **1** [*sun*] tramontare **2** *(harden)* [*jam*] rapprendersi; [*concrete*] solidificarsi; [*glue*] asciugare, asciugarsi **3** MED. [*fracture, bone*] saldarsi **III** rifl. (forma in -ing ecc. **-tt-**; pass., p.pass. **set**) ***to ~ oneself sth.*** prefissarsi [*goal, target*].

■ **set about:** ***~ about [sth.]*** mettersi, accingersi a [*work, duties*]; ***to ~ about doing*** cominciare a fare; ***to ~ about the job*** o ***task*** o ***business of doing*** cominciare *o* mettersi a fare; ***I know what I want to do but I don't know how to ~ about it*** so quello che voglio fare ma non so come cominciare; ***~ about [sb.]*** COLLOQ. attaccare qcn. (**with** con); ***~ [sth.] about*** fare girare [*rumour, story*]; ***to ~ it about that...*** fare correre la voce che...

■ **set against** ***~ [sb.] against*** mettere qcn. contro [*person*]; ***to ~ oneself against sth.*** mettersi contro qcs. *o* opporsi a qcs.; ***~ sth. against sth.*** *(compare)* confrontare qcs. con qcs.; ***you have to ~ his evidence against what you already know*** devi confrontare la sua testimonianza con ciò che già sai; ***the benefits seem small, set against the risks*** i benefici sembrano miseri, se paragonati ai rischi.

■ **set apart:** ***~ [sb., sth.] apart*** distinguere [*person, book, film*] (**from** da).

■ **set aside:** ***~ [sth.] aside, ~ aside [sth.]*** **1** *(put down)* mettere [qcs.] da parte [*book, knitting*] **2** *(reserve)* riservare [*area, room, time*] (**for** per); mettere [qcs.] da parte [*money, stock*] **3** *(disregard)* mettere da parte, accantonare [*differences, prejudices*] **4** AMM. DIR. *(reject)* rifiutare, accantonare [*decision, request*]; annullare [*verdict*]; annullare, cassare [*judgment, ruling*].

■ **set back:** ***~ [sth.] back*** **1** *(position towards the rear)* spostare indietro [*chair, table*]; ***the house is set back from the road*** la casa è a una certa distanza dalla strada **2** *(adjust)* mettere, spostare indietro [*clock, watch*]; ***~ back [sth.], ~ [sth.] back*** *(delay)* ritardare, rallentare [*production, recovery, work*]; ***~ [sb.] back*** COLLOQ. costare un occhio della testa; ***that car must have set you back a bit*** quell'auto ti deve essere costata un occhio; ***it set me back 2,000 dollars*** mi è costato la bellezza di 2.000 dollari.

■ **set by:** ***~ [sth.] by, ~ by [sth.]*** mettere da parte.

■ **set down:** ***~ [sb., sth.] down*** fare scendere [*passenger*]; mettere giù, posare [*suitcases, vase*]; ***~ down [sth.], ~ [sth.] down*** **1** *(establish)* stabilire, fissare [*code of practice, conditions, criteria*] **2** *(record)* fermare, fissare [*event, fact*]; ***to ~ down one's thoughts (on paper)*** affidare i propri pensieri alla carta *o* mettere per iscritto i propri pensieri **3** *(land)* fare atterrare [*helicopter*].

■ **set forth:** ***~ forth*** *(leave)* avviarsi; ***~ forth [sth.]*** esporre [*findings, facts*]; presentare [*argument*].

■ **set in:** ***~ in*** [*infection, gangrene*] insorgere; [*complications, winter*] sopravvenire, sopraggiungere; [*depression*] instaurarsi; [*resentment*] prendere piede; ***the rain has set in for the afternoon*** la pioggia durerà tutto il pomeriggio; ***~ [sth.] in*** SART. applicare, riportare [*sleeve*].

■ **set off:** ***~ off*** partire, mettersi in cammino (**for** per); ***to ~ off on a journey, an expedition*** partire per un viaggio, per una spedizione; ***to ~ off to do*** partire per fare; ***he set off on a long description, story*** si lanciò in una lunga descrizione, a raccontare una lunga storia; ***~ off [sth.], ~ [sth.] off*** **1** *(trigger)* azionare, attivare [*alarm*]; fare partire [*fireworks*]; fare esplodere [*bomb*]; provocare, scatenare [*riot, row, panic*] **2** *(enhance)* mettere in risalto, fare risaltare [*colour, dress, tan*] **3** ECON. ***to ~ sth. off against profits, debts*** detrarre qcs. dai profitti, dai debiti; ***~ [sb.] off*** fare piangere [*baby*]; ***she laughed and that set me off*** rise e così mi misi a ridere anch'io; ***don't mention politics, you know it always ~s him off*** non nominare la politica, lo sai che quando comincia non la smette più.

■ **set on:** ***~ on [sb.]*** attaccare qcn.; ***~ [sth.] on sb.*** sguinzagliare [qcs.] contro qcn., lanciare [qcs.] all'inseguimento di qcn. [*dog*]; ***to ~ sb. onto sb.*** o ***sb.'s track*** mettere qcn. sulle orme *o* sulla pista di qcn.

■ **set out:** ***~ out*** *(leave)* avviarsi (**for** per; **to do** per fare); ***we set out from Paris, the house at 9 am*** lasciammo Parigi, la casa alle 9; ***to ~ out on a journey, an expedition*** partire per un viaggio, una spedizione; ***to ~ out to do*** *(intend)* [*book, report, speech*] avere il fine di fare; [*person*] proporsi di fare; *(start)* cominciare a fare; ***~ [sth.] out, ~ out [sth.]*** **1** *(spread out)* disporre, esporre [*goods*]; disporre [*food, chairs, chessman*]; collocare, disporre [*books, papers*]; preparare [*board game*]; organizzare [*information*] **2** *(state, explain)* presentare, illustrare [*conclusions, ideas, proposals*]; formulare [*objections*]; stabilire, dettare [*terms*].

■ **set to** mettersi sotto, mettersi di buona lena.

■ **set up:** ***~ up*** *(establish oneself)* [*business person, trader*] aprire un'attività *o* mettersi in affari; ***to ~ up on one's own*** mettersi in proprio; ***to ~ up (shop) as a decorator, caterer*** aprire un'attività come decoratore, servizio di catering; ***to ~ up in business*** mettersi in affari; ***~ [sth.] up, ~ up [sth.]*** **1** *(erect)* montare, tirare su [*stand, stall*]; montare [*equipment, easel*]; aprire [*deckchair*]; creare [*roadblock*]; erigere [*statue*]; ***to ~ up home*** o ***house*** mettere su casa *o* famiglia; ***to ~ up camp*** accamparsi *o* piantare un accampamento **2** *(prepare)* preparare, allestire [*experiment*]; ***to ~ up a goal*** SPORT creare un'occasione da goal **3** *(found, establish)* istituire, fondare [*business, company*]; impiantare [*factory*]; formare [*support group, charity*]; costituire [*committee, commission*]; aprire [*fund*]; lanciare [*initiative, scheme*] **4** *(start)* provocare, causare [*vibration*]; suscitare [*reaction*] **5** *(organize)* organizzare [*conference, meeting*]; mettere a punto [*procedures*] **6** TIP. comporre [*page*]; ***~ [sb.] up*** **1** *(establish in business)* ***she set her son up (in business) as a gardener*** ha fatto aprire a suo figlio un'attività di giardiniere **2** *(improve one's health, fortune)* rimettere in sesto; ***there's nothing like a good vacation to ~ you up*** non c'è niente come una bella vacanza per rimettersi in forma; ***that deal has set her up for life*** con quell'affare si è sistemata per tutta la vita **3** BE COLLOQ. *(trap)* [*police*] tendere una trappola a, incastrare [*criminal*]; [*colleague, friend*] montare un'accusa contro [*person*] **4** INFORM. settare, configurare; ***~ [oneself] up*** **1** COMM. ***she set herself up as a financial advisor*** si è messa in proprio come consulente finanziario; ***to ~ oneself up in business*** mettersi in (affari per conto) proprio **2** *(claim)* ***I don't ~ myself up to be an expert*** non pretendo di essere un esperto; ***she ~s herself up as an authority on Italian art*** si spaccia per un'esperta di arte italiana.

■ **set upon:** ***~ upon [sb.]*** attaccare qcn.

setaceous /siːˈteɪʃəs/ agg. setoloso.

set-aside /ˈsetəsaɪd/ n. AGR. congelamento m., blocco m. delle terre.

▷ **setback** /'setbæk/ n. 1 battuta f. d'arresto, blocco m. (**for** per); ***to suffer a ~*** subire una battuta d'arresto; ***this would be a ~ to our plans*** questo rappresenterebbe un ostacolo per i nostri piani; ***it was a ~ to his hopes of winning*** si ridussero le sue speranze di vittoria; ***a temporary ~*** un contrattempo 2 MIL. sconfitta f. 3 ECON. ribasso m.; ***after an early ~ prices rose steadily*** ECON. dopo un ribasso iniziale i prezzi hanno preso a salire in modo costante.

set designer /'setdɪˌzaɪnə(r)/ ♦ *27* n. TEATR. scenografo m. (-a).

set-down /'setdaʊn/ n. rimprovero m. aspro, lavata f. di capo.

Seth /seθ/ n.pr. BIBL. Set.

set-in sleeve /ˌsetɪn'sli:v/ n. SART. manica f. riportata.

setoff /'setɒf, AE -ɔ:f/ n. 1 *(ornament, decoration)* ornamento m. 2 EDIL. risega f.; ARCH. *(offset)* aggetto m. 3 *(start)* partenza f. 4 ECON. compenso m., contropartita f., compensazione f. 5 TIP. controstampa f.

set piece /ˌset'pi:s/ I n. 1 SPORT mossa f., azione f. studiata, preparata 2 MUS. brano m. famoso, pezzo m. forte 3 TEATR. *(piece of scenery)* arredo m. di scena 4 *(firework display)* spettacolo m. di fuochi d'artificio II **setpiece** modif. [*manoeuvre, offensive*] preparato a tavolino.

set play /ˌset'pleɪ/ n. colpo m. studiato, preparato, azione f. studiata (anche SPORT).

set point /'setpɔɪnt/ n. set point m.

set scrum /ˌset'skrʌm/ n. *(in rugby)* mischia f. comandata.

set square /ˌset'skweə(r)/ n. BE TECN. squadra f. (da disegno).

sett /set/ n. *(of badger)* tana f.

settee /se'ti:/ n. sofà m., divano m.

setter /'setə(r)/ n. 1 ZOOL. setter m. 2 ♦ *27* *(jeweller)* incastonatore m. (-trice).

setterwort /'setəwɜ:t/ n. elleboro m. puzzolente.

set theory /'setˌθɪərɪ/ n. MAT. teoria f. degli insiemi.

setting /'setɪŋ/ n. 1 *(location) (for a building, event, film, novel)* ambientazione f., sfondo m., scenario m.; ***a historic, rural, magnificent ~*** un quadro storico, rurale, magnifico; ***a house in a riverside ~*** una casa situata sulle rive di un fiume; ***it's the perfect ~ for a holiday, romance*** è lo scenario ideale per una vacanza, una storia d'amore; ***Milan will be the ~ for the gala, film*** il galà si svolgerà a Milano, il film sarà ambientato a Milano; ***Dublin is the ~ for her latest novel*** il suo ultimo romanzo è ambientato a Dublino; ***this street was the ~ for a riot, murder*** questa strada è stata teatro di una rissa, di un assassinio 2 *(in jewellery)* montatura f., incastonatura f. 3 *(position on dial)* posizione f.; ***speed ~*** velocità; ***put the iron, heater on the highest ~*** metti il ferro da stiro, il riscaldamento al massimo *o* alla massima temperatura 4 *(hardening) (of jam)* (il) rapprendersi; *(of cement)* solidificazione f., indurimento m.; *(of glue)* (l')asciugare, (il) seccarsi 5 MUS. *(of poem)* (il) musicare, (il) mettere in musica 6 ***the ~ of the sun*** il tramonto (del sole) 7 TIP. composizione f.

setting lotion /'setɪŋˌləʊʃn/ n. fissatore m..

setting ring /'setɪŋrɪŋ/ n. anello m. di regolazione.

setting-up /ˌsetɪŋ'ʌp/ n. *(of committee, programme, scheme, business)* creazione f.; *(of inquiry)* apertura f.; *(of factory)* installazione f.

1.settle /'setl/ n. = cassapanca dotata di schienale e braccioli.

▶ **2.settle** /'setl/ I tr. 1 *(position comfortably)* sistemare [*person, animal*]; ***to ~ a child on one's lap*** sistemarsi un bambino sulle ginocchia; ***to get one's guests ~d*** fare accomodare i propri invitati; ***to get the children ~d for the night*** sistemare i bambini per la notte 2 *(calm)* calmare [*stomach, nerves*]; placare, dissipare [*qualms*] 3 *(resolve)* sistemare [*matter, business*]; comporre [*dispute*]; risolvere, appianare [*conflict, strike*]; risolvere [*problem*]; SPORT decidere [*match*]; ***~ it among yourselves*** risolvete le cose tra di voi; ***that's ~d*** è deciso *o* fatto; ***that's one thing ~d*** questa è una faccenda chiusa; ***that ~s it! I'm leaving tomorrow!*** *(making decision)* ho deciso! parto domani! *(in exasperation)* e con questo ho chiuso! me ne vado domani! ***to ~ an argument*** *(acting as referee)* comporre una disputa 4 *(agree on)* stabilire, fissare [*arrangements, terms of payment*]; ***nothing is ~d yet*** non è ancora stato stabilito niente 5 *(put in order)* ***to ~ one's affairs*** *(before dying)* sistemare i propri affari 6 COMM. *(pay)* regolare, saldare [*bill, debt, claim*] 7 *(colonize)* colonizzare, insediarsi in [*country, island*] 8 COLLOQ. *(deal with)* ***we'll soon ~ her!*** adesso la sistemiamo noi! 9 *(bequeath)* ***to ~ money on sb.*** lasciare *o* intestare del denaro a qcn. 10 *(keep down)* ***spray the path to ~ the dust*** innaffia il viottolo per togliere *o* fare depositare la polvere 11 AE *(impregnate)* fecondare [*animal*] II intr. 1 *(come to rest)* [*bird, insect, wreck*] posarsi; [*dust, dregs, tea leaves*] depositarsi; ***the boat ~d on the bottom*** l'imbarcazione si posò sul fondo; ***let the wine ~*** lascia decantare il vino; ***to let the dust ~*** fare posare *o* depositare la polvere; FIG. lasciare passare il polverone *o* lasciare che le acque si calmino; ***to ~ over*** [*mist, clouds*] scendere su [*town, valley*]; FIG. [*silence, grief*] scendere su [*community*] 2 *(become resident)* fermarsi, stabilirsi; *(more permanently)* sistemarsi 3 *(become compacted)* [*contents, ground, wall*] assestarsi 4 *(calm down)* [*child, baby*] calmarsi; *(go to sleep)* addormentarsi 5 *(become stable)* [*weather*] mettersi sul sereno stabile 6 *(take hold)* ***to be settling*** [*snow*] tenere; [*mist*] persistere; ***his cold has ~d on his chest*** il raffreddore gli è diventato cronico 7 *(be digested)* ***let your lunch ~!*** aspetta di aver digerito il pranzo! 8 DIR. *(agree)* mettersi d'accordo; ***to ~ out of court*** raggiungere un accordo amichevole *o* accordarsi in via amichevole III rifl. ***to ~ oneself in*** sistemarsi su [*chair*]; sistemarsi in, a [*bed*] ◆ ***to ~ a score with sb.*** sistemare una faccenda *o* regolare i conti con qcn.; ***to ~ old scores*** saldare un vecchio conto (in sospeso).

■ **settle back:** ~ ***back*** appoggiarsi (all'indietro), mettersi comodo; ***to ~ back in a chair*** appoggiarsi allo schienale di una sedia (sedendosi).

■ **settle down:** ~ ***down*** 1 *(get comfortable)* mettersi comodo, accomodarsi (**on** su; **in** in) 2 *(calm down)* [*person*] calmarsi; [*situation*] accomodarsi, sistemarsi; ***~ down, children!*** calmatevi, bambini! 3 *(marry)* sistemarsi, sposarsi 4 ***to ~ down to work*** mettersi a lavorare *o* applicarsi al proprio lavoro; ***to ~ down to doing*** mettersi *o* decidersi a fare.

■ **settle for:** ~ ***for [sth.]*** accontentarsi di [*alternative, poorer option*]; ***why ~ for less?*** perché accontentarsi di meno? ***to ~ for second best*** accontentarsi del secondo posto.

■ **settle in** 1 *(move in)* stabilirsi, sistemarsi 2 *(become acclimatized)* ambientarsi, abituarsi.

■ **settle on:** ~ ***on [sth.]*** scegliere [*name, colour*].

■ **settle to:** ~ ***to [sth.]*** mettersi a, applicarsi a [*work*]; ***I can't ~ to anything*** non riesco a combinare niente.

■ **settle up:** ~ ***up*** 1 *(pay)* pagare, saldare 2 *(sort out who owes what)* fare, regolare i conti; ***shall we ~ up?*** vuoi che facciamo i conti? 3 ***to ~ up with*** pagare [*waiter, tradesman*].

▷ **settled** /setld/ I p.pass. → **2.settle** II agg. [*alliance*] stabile, solido; [*person, weather, future, relationship*] stabile; ***she's a lot more ~ now*** adesso ha messo la testa a posto; ***I feel ~ here*** *(in home)* mi sento bene qui.

settlement /'setlmənt/ n. 1 *(agreement)* accordo m., patto m., intesa f. 2 *(resolving)* accordo m., accomodamento m.; ***~ of industrial disputes*** conciliazione di conflitti industriali 3 DIR. accordo m., transazione f. 4 ECON. *(of money)* liquidazione f., saldo m. (**on** a favore di) 5 SOCIOL. *(social work centre)* centro m. sociale 6 *(dwellings)* paesino m., gruppo m. di case; ***to form a ~*** creare un insediamento 7 *(creation of new community)* insediamento m., colonizzazione f.; ***~ in the occupied territories*** insediamento nei territori occupati 8 ING. assestamento m.

settlement day /'setlməntdeɪ/ n. ECON. giorno m. di liquidazione.

▷ **settler** /'setlə(r)/ n. colono m. (-a).

settlor /'setlə(r)/ n. DIR. fiduciante m. e f.

set-to /'settu:/ n. COLLOQ. battibecco m., bisticcio m., discussione f.; ***to have a ~ with sb.*** avere un battibecco con qcn.

set-top box /setˌtɒp'bɒks/ n. TELEV. decoder m., decodificatore m.

▷ **set-up** /'setʌp/ I n. COLLOQ. 1 *(system, organization)* organizzazione f. 2 *(trick, trap)* montatura f., inganno m. II modif. [*costs*] iniziale; [*time*] per i preparativi.

setwall /'setwɔ:l/ n. valeriana f.

▶ **seven** /'sevn/ ♦ *19, 1, 4* I determ. sette; ***~ people, pages*** sette persone, pagine; ***the ~ deadly sins*** i sette peccati capitali; ***the ~ wonders of the world*** le sette meraviglie del mondo; ***the ~ seas*** i sette mari; ***a ~-hour wait*** un'attesa di sette ore; ***to work ~-hour shifts*** lavorare con turni di sette ore II pron. sette; ***there are ~ of them*** ce ne sono sette III n. sette m.; ***to multiply by ~*** moltiplicare per sette; ***the ~ of clubs*** il sette di fiori IV **sevens** n.pl. SPORT rugby m.sing. a sette.

sevenfold /'sevnfəʊld/ I agg. settuplo II avv. (per) sette volte.

seven league boots /ˌsevnli:g'bu:ts/ n.pl. stivali m. delle sette leghe.

Seven Sisters /ˌsevn'sɪstəs/ n. 1 *(in petroleum production)* ***the ~*** le Sette Sorelle 2 AE UNIV. ***the ~*** = le sette sorelle, gruppo di sette università femminili del nord-est degli Stati Uniti.

▶ **seventeen** /ˌsevn'ti:n/ ♦ *19, 1, 4* I determ. diciassette; ***~ people, pages*** diciassette persone, pagine; ***a ~-day course*** un corso (della durata) di diciassette giorni II pron. diciassette; ***there are ~ of them*** ce ne sono diciassette III n. diciassette m.; ***to multiply by ~*** moltiplicare per diciassette.

seventeenth /ˌsevn'ti:nθ/ ♦ *19, 8* I determ. diciassettesimo; ***the ~ page*** la diciassettesima pagina; ***the ~-richest woman in the world*** la diciassettesima donna più ricca del mondo II pron. 1 *(in order)* diciassettesimo m. (-a); ***the ~ in line*** il diciassettesimo della fila **2** *(of month)* diciassette m.; ***the ~ of May*** il diciassette maggio **III** n. diciassettesimo m. **IV** avv. [*come, finish*] diciassettesimo, in diciassettesima posizione.

▷ **seventh** /ˈsevnθ/ ➧ ***19, 8*** **I** determ. settimo; ***the ~ page*** la settima pagina; ***the ~-richest man in the world*** il settimo uomo più ricco del mondo **II** pron. **1** *(in order)* settimo m. (-a); ***the ~ in line*** il settimo della fila **2** *(of month)* sette m.; ***the ~ of May*** il sette maggio **III** n. **1** *(fraction)* settimo m. **2** MUS. settima f. **IV** avv. [*come, finish*] settimo, in settima posizione ◆ ***to be in ~ heaven*** essere al settimo cielo.

seventieth /ˈsevntɪəθ/ ➧ ***19*** **I** determ. settantesimo; ***the ~ page*** la settantesima pagina; ***the ~-richest man in the world*** il settantesimo uomo più ricco del mondo **II** pron. settantesimo m. (-a); ***the ~ in line*** il settantesimo della fila **III** n. *(fraction)* settantesimo m. **IV** avv. [*come, finish*] settantesimo, in settantesima posizione.

▶ **seventy** /ˈsevntɪ/ ➧ ***19, 1, 8*** **I** determ. settanta; ***~ people, pages*** settanta persone, pagine **II** pron. settanta; ***there are ~ of them*** ce ne sono settanta **III** n. settanta m.; ***to multiply by ~*** moltiplicare per settanta **IV seventies** n.pl. **1** *(decade)* ***the seventies*** gli anni '70 **2** *(age)* ***to be in one's seventies*** avere superato la settantina; ***a man in his seventies*** un settantenne.

seventy-eight /ˌsevəntɪˈeɪt/ ➧ ***19, 1*** **I** determ. settantotto **II** n. **1** settantotto m. **2** ***a ~ (record*** o ***disc)*** un (disco a) settantotto giri.

seven-year itch /ˌsevnjɪərˈɪtʃ, -jɜː(r)-/ n. = impulso o tendenza all'infedeltà che si verifica dopo il settimo anno di matrimonio.

sever /ˈsevə(r)/ tr. **1** recidere, tagliare [*limb, nerve, artery*]; tagliare [*wire, head*]; troncare, tagliare [*rope, branch*]; ***to ~ sth. from*** staccare qcs. da **2** FIG. *(break off)* troncare, interrompere [*link, contact, communications*]; troncare [*relations*].

severability /ˌsevrəˈbɪlətɪ/ n. DIR. separabilità f.

severable /ˈsevrəbl/ agg. DIR. separabile.

▶ **several** /ˈsevrəl/ **I** quantif. **1** *(a few)* alcuni, diversi, parecchi; ***~ books*** alcuni *o* diversi libri **2** FORM. *(respective)* rispettivo; ***their ~ briefcases*** le loro rispettive valigette; ***they went their ~ ways*** ciascuno andò per la propria strada **II** pron. ***~ of you, us*** alcuni *o* parecchi di voi, di noi; ***~ of our group*** alcuni del nostro gruppo.

severally /ˈsevrəlɪ/ avv. separatamente, distintamente.

severalty /ˈsevrəltɪ/ n. **1** ANT. individualità f., l'essere distinto, separato **2** DIR. possesso m. individuale.

severance /ˈsevərəns/ n. **1** *(separation)* rottura f., separazione f. **2** *(redundancy)* licenziamento m.

severance pay /ˈsevərənspeɪ/ n. indennità f. di fine rapporto.

▷ **severe** /sɪˈvɪə(r)/ agg. **1** *(extreme)* [*problem, damage, shortage, injury, depression, shock*] grave; [*weather*] brutto, cattivo; [*cold, winter*] rigido; [*headache*] (molto) forte; [*loss*] forte, grave **2** *(harsh)* [*person, punishment*] severo (**with sb.** con qcn.); [*criticism*] aspro, severo **3** *(austere)* [*haircut, clothes*] austero, severo.

▷ **severely** /sɪˈvɪəlɪ/ avv. **1** *(seriously)* [*restrict, damage*] severamente; [*affect, shock, disabled, injured*] gravemente **2** *(harshly)* [*treat, speak, punish*] severamente; [*beat*] violentemente, duramente **3** *(austerely)* [*dress*] in modo austero.

severeness /sɪˈvɪənɪs/ n. severità f., gravità f.

▷ **severity** /sɪˈverətɪ/ n. **1** *(seriousness)* *(of problem, situation, illness)* gravità f.; *(of shock, pain)* violenza f. **2** *(harshness)* *(of punishment, sentence, treatment)* severità f.; *(of climate)* rigore m.

Seville /səˈvɪl/ ➧ ***34*** n.pr. Siviglia f.

Seville orange /səˌvɪlˈɒrɪndʒ, AE -ˈɔːr-/ n. arancia f. amara.

Seville orange marmalade /səˌvɪlɒrɪndʒˈmaːməleɪd, AE -ɔːr-/ n. marmellata f. di arance amare.

Sèvres /ˈseɪvrə/ **I** n. porcellana f. di Sèvres **II** modif. [*porcelain, china*] di Sèvres.

▷ **sew** /səʊ/ **I** tr. (pass. **sewed**; p.pass. **sewn, sewed**) cucire; ***to ~ sth. on to sth.*** cucire qcs. su qcs. *o* attaccare qcs. a qcs.; ***he ~ed the button back on*** riattaccò il bottone; ***she ~s all her children's clothes*** cuce lei stessa tutti i vestiti per i suoi bambini **II** intr. (pass. **sewed**; p.pass. **sewn, sewed**) cucire, fare lavori di cucito.

▪ **sew up: ~ [sth.] up, ~ up [sth.]** **1** ricucire [*hole, tear*]; fare, cucire [*seam*]; (ri)cucire, suturare [*wound*] **2** COLLOQ. *(settle)* concludere [*deal*]; accaparrarsi [*game*]; *(control)* monopolizzare [*market*]; ***they've got the match, election sewn up*** si sono accaparrati l'incontro, si sono assicurati le elezioni; ***the deal is all sewn up!*** l'affare è fatto!

sewage /ˈsuːɪdʒ, ˈsjuː-/ n. acque f.pl. nere, di scarico.

sewage disposal /ˈsuːɪdʒdɪˌspəʊzl, ˈsjuː-/ n. smaltimento m. delle acque nere.

sewage farm /ˈsuːɪdʒfaːm, ˈsjuː-/ n. → **sewage works**.

sewage outfall /ˈsuːɪdʒˌaʊtfɔːl, ˈsjuː-/, **sewage outlet** /ˈsuːɪdʒˌaʊtlet, ˈsjuː-/ n. sbocco m. di una fogna.

sewage sludge /ˈsuːɪdʒslʌdʒ, ˈsjuː-/ n. fango m., detriti m.pl. di fogna.

sewage system /ˈsuːɪdʒˌsɪstəm, ˈsjuː-/ n. rete f. fognaria, fognature f.pl.

sewage treatment /ˈsuːɪdʒˌtriːtmənt, ˈsjuː-/ n. trattamento m. delle acque di scolo.

sewage works /ˈsuːɪdʒˌwɜːks, ˈsjuː-/ n. = azienda agricola che usa il liquame come fertilizzante e per l'irrigazione.

sewer /ˈsuːə(r), ˈsjuː-/ n. fogna f.

sewerage /ˈsuːərɪdʒ, ˈsjuː-/ n. ANT. → **sewage**.

sewer gas /ˈsuːəˌgæs, ˈsjuː-/ n. gas m. mefitico.

sewer rat /ˈsuːəræt, ˈsjuː-/ n. ratto m. di fogna.

▷ **sewing** /ˈsəʊɪŋ/ **I** n. *(activity)* cucito m.; *(piece of work)* lavoro m. (di cucito); ***I hate ~*** odio cucire **II** modif. [*scissors*] da sarto; [*thread*] da cucito.

sewing basket /ˈsəʊɪŋˌbaːskɪt, AE -ˈbæskɪt/ n. cestino m. da cucito.

sewing bee /ˈsəʊɪŋbiː/ n. = riunione di sartoria.

sewing cotton /ˈsəʊɪŋˌkɒtn/ n. filo m. (da cucito) di cotone.

sewing machine /ˈsəʊɪŋməˌʃiːn/ n. macchina f. da cucire.

sewing silk /ˈsəʊɪŋsɪlk/ n. filo m. (da cucito) di seta.

sewn /səʊn/ p.pass. → **sew**.

▶ **1.sex** /seks/ **I** n. **1** *(gender)* sesso m.; ***people of both ~es*** persone di entrambi i sessi **2** *(intercourse)* *(one act)* rapporto m. sessuale; *(repeated)* sesso m., rapporti m.pl. sessuali; ***to have ~ with sb.*** fare (del) sesso con qcn. *o* avere dei rapporti sessuali con qcn.; ***he thinks about nothing but ~*** non pensa altro che al sesso **II** modif. BIOL. [*chromosome, hormone, organ, education, hygiene*] sessuale.

2.sex /seks/ tr. sessare [*animal*].

▪ **sex up** **1** AE COLLOQ. **~ [sb.] up** eccitare, attizzare **2 ~ up [sth.], ~ [sth.] up** rendere più interessante [*facts, news*].

sex abuse /ˈseksəˌbjuːs/ n. abuso m. sessuale.

sex act /ˈseksækt/ n. atto m. sessuale.

sexagenarian /ˌseksədʒɪˈneərɪən/ **I** agg. sessagenario **II** n. sessagenario m. (-a).

sexagenary /ˌsekˈsædʒɪnerɪ/ agg. **1** sessagenario **2** MAT. sessagesimale.

Sexagesima /ˌseksəˈdʒesɪmə/ n. sessagesima f.

sexagesimal /ˌseksəˈdʒesɪml/ agg. sessagesimale.

sex aid /ˈsekseɪd/ n. coadiuvante m. erotico, sex aid m.

sex appeal /ˈseksəˌpiːl/ n. sex appeal m.

sex attack /ˈseksəˌtæk/ n. aggressione f. sessuale.

sex attacker /ˈseksəˌtækə(r)/ n. reo m. (-a) di aggressione sessuale, violentatore m. (-trice).

sex cell /ˈseksˌsel/ n. cellula f. sessuata, gamete m.

sex change /ˈseksˌtʃeɪndʒ/ n. cambiamento m. di sesso; ***to have a ~*** cambiare sesso.

sex crime /ˈseksˌkraɪm/ n. crimini m.pl. a sfondo sessuale; *(one incident)* crimine m. a sfondo sessuale.

sex discrimination /ˌseksdɪskrɪmɪˈneɪʃn/ n. discriminazione f. sessuale.

sex drive /ˈseksdraɪv/ n. impulso m. sessuale.

sexed /sekst/ **I** p.pass. → **2.sex** **II** agg. **1** BOT. ZOOL. sessuato **2** ***highly ~*** [*person*] libidinoso, lascivo.

sex education /ˈseksedʒʊˌkeɪʃn/ n. educazione f. sessuale.

sex fiend /ˈseksfiːnd/ n. COLLOQ. SCHERZ. maniaco m. sessuale.

sex goddess /ˈseksˌgɒdɪs/ n. COLLOQ. dea f. del sesso.

sexily /ˈseksəlɪ/ avv. in modo sexy.

sexiness /ˈseksɪnɪs/ n. *(of person)* sex appeal m.

sexism /ˈseksɪzəm/ n. sessismo m.

sexist /ˈseksɪst/ **I** agg. sessista **II** n. sessista m. e f.

sex job /ˈseksdʒɒb/ n. attività f. sessuale, sesso m.

sex kitten /ˈseksˌkɪtn/ n. COLLOQ. FIG. gatta f. in calore.

sexless /ˈsekslɪs/ agg. asessuato.

sex life /ˈsekslaɪf/ n. vita f. sessuale.

sex-linked /ˈsekslɪŋkt/ agg. collegato al sesso; [*crime*] a sfondo sessuale.

sex mad /ˈseksˌmæd/ agg. COLLOQ. affamato di sesso.

sex maniac /ˈseksˌmeɪnɪæk/ n. COLLOQ. maniaco m. sessuale.

sex object /ˈseksˌɒbdʒɪkt/ n. oggetto m. sessuale.

sex offence /ˈseksəˌfens/ n. BE reato m. sessuale.

sex offender /ˈseksəˌfendə(r)/ n. criminale m. sessuale.

sexologist /sekˈsɒlədʒɪst/ ➧ ***27*** n. sessuologo m. (-a).

sexology /sekˈsɒlədʒɪ/ n. sessuologia f.

sexpert /ˈsekspɜːt/ n. sessuologo m. (-a), terapeuta m. e f. del sesso.

sexploitation /ˌseksplɔɪˈteɪʃn/ n. sfruttamento m. sessuale.

sexpot /'sekspɒt/ n. COLLOQ. bomba sexy f.
sex scandal /'seks,skændl/ n. scandalo m. sessuale.
sex scene /'seks,si:n/ n. CINEM. TEATR. scena f. di sesso, erotica.
sex shop /'seks,ʃɒp/ n. sex shop m.
sex show /'seks,ʃəʊ/ n. spettacolo m. erotico, sexy-show m.
sex-starved /'seks,stɑ:vd/ agg. COLLOQ. affamato di sesso.
sex symbol /'seks,sɪmbl/ n. sex symbol m.
sext /sekst/ n. RELIG. sesta f.
sextant /'sekstənt/ n. sestante m.
sextet(te) /sek'stet/ n. sestetto m.
sex therapist /'seks,θerəpɪst/ ♦ **27** n. terapista m. e f. del sesso.
sex therapy /'seks,θerəpɪ/ n. terapia f. del sesso.
sextile /'sekstɪl/ agg. sestile.
sextillion /seks'tɪljən/ n. (pl. **~s**, **~**) **1** AE = ventunesima potenza di dieci **2** BE = trentaseiesima potenza di dieci.
sexto /'sekstəʊ/ **I** n. (pl. **~s**) (volume) in sesto m.; ***bound in ~*** rilegato in sesto **II** modif. [*size, book*] in sesto.
sextodecimo /,sekstəʊ'desɪməʊ/ **I** n. (pl. **~s**) (volume) in sedicesimo m.; ***bound in ~*** rilegato in sedicesimo **II** modif. [*size, book*] in sedicesimo.
sexton /'sekstən/ n. sagrestano m.
sex tourism /'seks,tʊərɪzəm, -,tɔ:r-/ n. turismo m. sessuale.
1.sextuple /seks'tju:pl/ **I** agg. sestuplo **II** n. sestuplo m. (-a).
2.sextuple /seks'tju:pl/ **I** tr. sestuplicare **II** intr. sestuplicarsi.
sextuplet /'sekstjʊplɪt, ,seks'tju:plɪt/ n. = ciascuno dei sei gemelli nati da uno stesso parto.
▶ **sexual** /'sekʃʊəl/ agg. sessuale.
sexual abuse /,sekʃʊələ'bju:s/ n. abuso m. sessuale.
sexual conversion /,sekʃʊəlkən'vɜ:ʃn, AE kən'vɜ:rʒn/ n. cambiamento m. di sesso.
sexual harassment /,sekʃʊəl'hærəsmənt, AE hə'ræsmənt/ n. molestie f.pl. sessuali.
sexual intercourse /,sekʃʊəl'ɪntəkɔ:s/ n. rapporti m.pl. sessuali.
sexualism /'sekʃjʊəlɪzəm/ n. erotismo m.
▷ **sexuality** /,sekʃʊ'ælətɪ/ n. **1** *(sexual orientation)* sessualità f.; ***female, male ~*** sessualità femminile, maschile **2** *(eroticism)* sessualità f., erotismo m.
▷ **sexually** /'sekʃʊəlɪ/ avv. [*dominant, explicit, mature, normal, violent, attract, repel*] sessualmente; [*discriminate, distinguish*] in base al sesso; [*transmit, infect*] per via sessuale; ***~ abused*** vittima di violenza sessuale.
sexually transmitted disease /,sekʃʊəlɪtrænz,mɪtəddɪ'zi:z/ n. malattia f. sessualmente trasmissibile.
sexual organs /,sekʃʊəl'ɔ:gənz/ n.pl. organi m. sessuali.
sexual partner /,sekʃʊəl'pɑ:tnə(r)/ n. partner m. e f. sessuale.
sex urge /'seksɜ:dʒ/ n. pulsione f. sessuale.
▷ **sexy** /'seksɪ/ agg. COLLOQ. **1** *(erotic)* [*book, film, show*] erotico, sexy; [*person, clothing*] sexy **2** *(appealing)* [*image, product, slogan etc.*] di richiamo.
Seychelles /seɪ'ʃelz/ ♦ ***6, 12*** n.pr.pl. ***the ~*** le Seychelles; ***in the ~*** alle Seychelles.
Seymour /'si:mɔ:(r)/ n.pr. Seymour (nome di uomo).
sez /sez/ COLLOQ. 3ª persona sing. pres. → **2.say**.
SF n. (⇒ science fiction) = science fiction, fantascienza.
SFO n. GB (⇒ Serious Fraud Office) = ufficio che ha il compito di prevenire e combattere le frodi.
S Glam n. GB ⇒ South Glamorgan Glamorgan meridionale.
SGML n. (⇒ standard generalized mark-up language linguaggio di marcatura generalizzato standard) SGML m.
Sgt. ⇒ sergeant sergente (sg.)
sh /ʃ/ inter. ssh.
shabbily /'ʃæbɪlɪ/ avv. **1** [*dressed*] miseramente, in modo trasandato **2** [*behave, treat*] in modo meschino.
shabbiness /'ʃæbɪnɪs/ n. **1** *(of clothes, place)* aspetto m. trasandato, misero **2** *(of behaviour)* meschinità f.
shabby /'ʃæbɪ/ agg. **1** [*person*] vestito miseramente, in modo trasandato; [*room, furnishings*] misero, squallido; [*clothing*] logoro, trasandato **2** [*treatment*] meschino ◆ ***what a ~ trick!*** che brutto tiro!
shabby-genteel /,ʃæbɪdʒen'ti:l/ agg. [*person*] povero ma dignitoso, che cerca di salvare le apparenze.
shabby-looking /'ʃæbɪ,lʊkɪŋ/ agg. [*house*] misero, squallido; [*car*] malridotto, malandato; [*person*] di aspetto misero, trasandato.
1.shack /ʃæk/ n. baracca f., capanna f., tugurio m.
2.shack /ʃæk/ intr. → **shack up**.
■ **shack up** COLLOQ. ***~ up with sb.*** vivere insieme a qcn., convivere con qcn.
1.shackle /'ʃækl/ n. *(chain)* ferro m., ceppo m., manetta f.; FIG. *(constraint)* catena f.; ***to throw off the ~s of sth.*** spezzare le catene di qcs.
2.shackle /'ʃækl/ tr. mettere ai ferri, ai ceppi, ammanettare.
shackled /'ʃækld/ **I** p.pass. → **2.shackle II** agg. incatenato (**to** a).
shad /ʃæd/ n. (pl. **~**, **~s**) alosa f.
shaddock /'ʃædək/ n. sciadocco m., pompelmo m.
▷ **1.shade** /ʃeɪd/ **I** n. **1** *(shadow)* ombra f.; ***40° in the ~*** 40° all'ombra; ***in the ~ of*** all'ombra di; ***to provide ~*** fare ombra **2** *(tint) (of colour)* sfumatura f. (anche FIG.); ***pastel ~s*** toni pastello; ***an attractive ~ of blue*** una bella sfumatura di blu; ***to turn a deep ~ of red*** [*person*] diventare paonazzo; [*dye, paint, etc.*] diventare rosso scuro; ***this word has several ~s of meaning*** questa parola ha diverse sfumature di significato; ***a solution that should appeal to all ~s of opinion*** una soluzione che dovrebbe piacere a tutti gli orientamenti **3** *(small amount, degree)* ***a ~ too loud*** un tantino *o* un po' *o* un pochino troppo forte; ***a ~ of envy, resentment*** un'ombra d'invidia, di risentimento **4** (anche **lamp ~**) paralume m. **5** *(eyeshade)* visiera f. **6** AE (anche **window ~**) tenda f., tendone m. **7** LETT. ANT. *(ghost)* ombra f., fantasma m. **II shades** n.pl. **1** COLLOQ. *(sunglasses)* occhiali m. da sole **2** *(undertones)* ***~s of Mozart, of the sixties*** echi di Mozart, degli anni Sessanta ◆ ***to put sb. in the ~*** mettere qcn. in ombra, relegare qcn. nell'ombra, eclissare qcn.; ***to put sth. in the ~*** mettere in ombra qcs.
2.shade /ʃeɪd/ **I** tr. **1** *(screen)* [*tree, canopy, sunshade*] fare ombra a, proteggere dal sole; ***the hat ~d her face*** il cappello le teneva il viso in ombra *o* le proteggeva il viso dal sole; ***the garden was ~d by trees*** il giardino era ombreggiato dagli alberi; ***to ~ one's eyes (with one's hand)*** ripararsi gli occhi dal sole (con la mano) **2** → **shade in II** intr. *(blend)* [*colour, tone*] sfumare (**into** in); ***the blue ~s off into green*** il blu sfuma nel verde; ***right ~s into wrong*** il bene e il male si confondono.
■ **shade in:** ***~ in [sth.], ~ [sth.] in*** [*artist*] ombreggiare [*drawing*]; *(by hatching)* tratteggiare, ombreggiare [*area, map*]; [*child*] colorare [*picture*].
shaded /'ʃeɪdɪd/ **I** p.pass. → **2.shade II** agg. **1** *(shady)* [*place*] ombreggiato **2** *(covered)* [*light*] velato, oscurato; [*lamp*] coperto con un paralume **3** ART. (anche **~-in**) [*area, background*] ombreggiato; *(produced by hatching)* tratteggiato, ombreggiato.
shade deck /'ʃeɪd,dek/ n. ponte m. tenda.
shadeless /'ʃeɪdlɪs/ agg. privo di ombra.
shadily /'ʃeɪdɪlɪ/ avv. *(questionably)* in modo losco.
shadiness /'ʃeɪdɪnɪs/ n. **1** *(shadow)* ombra f. **2** *(dishonesty)* (l')essere losco.
shading /'ʃeɪdɪŋ/ n. *(in drawing, painting)* ombreggiatura f.; *(hatching)* tratteggio m.
▶ **1.shadow** /'ʃædəʊ/ **I** n. **1** *(shade)* ombra f. (anche FIG.); ***in (the) ~*** nell'ombra; ***in the ~ of*** all'ombra di [*tree, wall*]; nel vano di [*doorway*]; ***to live in the ~ of*** *(near)* vivere nelle vicinanze di [*mine, power station*]; *(in fear of)* vivere nella paura di [*Aids, unemployment, war*]; ***to stand in the ~s*** stare nell'ombra; ***to be afraid of one's own ~*** FIG. avere paura della propria ombra; ***to live in sb.'s ~*** FIG. vivere nell'ombra di qcn.; ***to cast a ~ over sth.*** fare ombra a qcs.; FIG. gettare un'ombra su qcs.; ***she's a ~ of her former self*** è l'ombra di se stessa; ***she casts a long ~*** FIG. ha un'ampia influenza *o* ha grande peso; ***the war casts a long ~*** le conseguenze della guerra si fanno ancora sentire; ***the remake is only a pale ~ of the original*** il remake è solo una pallida imitazione dell'originale; ***to have ~s under one's eyes*** avere gli occhi cerchiati *o* le occhiaie **2** *(person who follows another)* ombra f.; *(detective)* detective m., investigatore m. (-trice); ***to put a ~ on sb.*** fare seguire qcn. (da un investigatore); ***to be sb.'s ~*** essere l'ombra di qcn. *o* seguire qcn. dappertutto **3** *(on X ray)* ombra f. **4** *(hint)* ***there is not a ~ of truth*** non c'è il minimo fondo di verità; ***there is not a ~ of suspicion*** non c'è neppure un'ombra di sospetto; ***without*** o ***beyond the ~ of a doubt*** senza ombra di dubbio, oltre ogni possibile dubbio **II shadows** n.pl. LETT. *(darkness)* tenebre f.
2.shadow /'ʃædəʊ/ tr. **1** *(cast shadow on)* [*wall, tree*] proiettare un'ombra, delle ombre su; ***this tragedy ~ed him all his life*** FIG. questa tragedia lo ossessionò per tutta la vita **2** *(follow)* pedinare, seguire.
shadow box /'ʃædəʊbɒks/ intr. boxare con l'ombra.
shadow boxing /'ʃædəʊ,bɒksɪŋ/ n. allenamento m. con l'ombra; FIG. attacco m. puramente accademico.
shadow cabinet /,ʃædəʊ'kæbɪnɪt/ n. GB POL. gabinetto m. ombra, governo m. ombra.
shadow minister /,ʃædəʊ'mɪnɪstə(r)/ n. GB POL. → **shadow secretary**.

shadow play /ˈʃædəʊpleɪ/ n. teatro m. d'ombre.
shadow puppet /ˈʃædəʊˌpʌpɪt/ n. = sagoma usata nel teatro d'ombre.
shadow secretary /ˌʃædəʊˈsekrətrɪ, AE -rəterɪ/ n. GB POL. ***the ~ for employment, foreign affairs*** = portavoce dell'opposizione in materia di lavoro, per gli affari esteri.
shadowy /ˈʃædəʊɪ/ agg. **1** *(dark)* [*path, woods*] ombroso; [*corridor*] in ombra **2** *(indistinct)* [*image, outline*] confuso, indistinto; [*form*] vago, indistinto **3** *(mysterious)* [*group, world*] losco, misterioso; ***he has always been a ~ figure*** è sempre stato un personaggio enigmatico.
shady /ˈʃeɪdɪ/ agg. **1** [*place*] ombreggiato, ombroso **2** *(dubious)* [*deal, business*] losco, sospetto; [*businessman, financier*] equivoco, disonesto.
1.shaft /ʃɑːft, AE ʃæft/ n. **1** *(rod) (of tool)* manico m.; *(of arrow, spear)* asta f.; *(of sword)* impugnatura f.; *(in machine)* asse m., albero m.; *(on a cart)* stanga f.; *(of feather)* rachide m. e f.; *(of hair)* scapo m., stelo m.; *(of bone)* diafisi f. **2** *(passage, vent)* condotto m. **3** FIG. *(of wit)* lampo m. di genio; *(intended to hurt)* stoccata f. **4** ~ ***of light*** raggio di luce; ~ ***of lightning*** lampo **5** VOLG. *(penis)* mazza f., manico m.
2.shaft /ʃɑːft, AE ʃæft/ tr. **1** VOLG. *(have sex with)* [*man*] fottere, scopare **2** AE POP. *(cheat)* fottere, fregare; *(treat unfairly)* strapazzare, tartassare.
1.shag /ʃæg/ **I** n. *(tobacco)* trinciato m. **II** agg. [*rug*] a pelo lungo e ispido.
2.shag /ʃæg/ n. ORNIT. marangone m. dal ciuffo.
3.shag /ʃæg/ tr. (forma in -ing ecc. **-gg-**) **1** BE VOLG. *(have sex with)* scopare, fottere **2** AE COLLOQ. *(in baseball practice)* = rincorrere e raccogliere le palle.
shagged /ʃægd/ **I** p.pass. → **3.shag II** agg. BE POP. distrutto, sfinito.
shagged off /ˌʃægdˈɒf, AE -ˈɔːf/ agg. VOLG. incazzato.
shagged out /ˌʃægdˈaʊt/ agg. POP. distrutto, sfinito, cotto.
shagginess /ˈʃægɪnɪs/ n. **1** *(of rug)* pelosità f., ispidezza f. **2** FIG. scabrosità f.
shaggy /ˈʃægɪ/ agg. [*hair, beard, eyebrows*] lungo e ispido; [*animal*] a pelo lungo; [*carpet*] a pelo lungo e ispido.
shaggy dog story /ˌʃægɪˈdɒgˌstɔːrɪ/ n. = barzelletta molto lunga con un finale paradossale.
1.shagreen /ʃæˈgriːn/ n. *(skin of shark, ray)* zigrino m.
2.shagreen /ʃæˈgriːn/ tr. zigrinare [*leather*].
Shah /ʃɑː/ n. scià m.
▶ **1.shake** /ʃeɪk/ n. **1** scossa f., scrollata f., scrollone m.; ***to give [sb., sth.] a ~*** dare una scossa a *o* scuotere [*person, pillow, dice, cloth, branch*]; scuotere *o* agitare [*bottle, mixture*]; ***with a ~ of the*** o ***one's head*** scuotendo la testa **2** (anche **milk~**) frappè m. ♦ ***in a ~*** o ***a couple of ~s*** COLLOQ. in un attimo *o* in un batter d'occhio *o* in quattro e quattr'otto; ***in two ~s (of a lamb's tail)*** COLLOQ. in un istante *o* un attimo; ***to be no great ~s*** COLLOQ. non valere (un) granché *o* non essere niente di speciale; ***I'm no great ~s at singing, as a singer*** non so cantare granché *o* non sono (un) granché come cantante; ***to get a fair ~*** COLLOQ. ricevere un giusto trattamento; ***to have the ~s*** COLLOQ. *(from fear)* avere la tremarella; *(from cold, fever, infirmity)* avere i brividi; *(from alcohol)* tremare.
▶ **2.shake** /ʃeɪk/ **I** tr. (pass. **shook**; p.pass. **shaken**) **1** [*person*] scuotere [*person, pillow, dice, cloth, branch*]; scuotere, agitare [*bottle, mixture*]; [*blow, earthquake, explosion*] fare tremare [*building, town, area*]; ***the dog seized the rat and shook it*** il cane prese il topo e lo scosse; ***"~ before use"*** "agitare prima dell'uso"; ***he shook the seeds out of the packet, into my hand*** scosse il pacchetto per fare uscire i semi, diede una scrollata e mi fece cadere i semi nella mano; ***to ~ the snow from*** o ***off one's coat*** scuotere *o* scrollare via la neve dal cappotto; ***to ~ powder over the carpet*** scrollare della polvere sul tappeto; ***to ~ salt over the dish*** spargere sale sul piatto *o* cospargere il piatto di sale; ***to ~ one's fist, a stick at sb.*** mostrare i pugni, far vedere il bastone a qcn.; ***I shook him by the shoulders*** lo presi per le spalle e lo scrollai; ***to ~ one's hands dry*** scrollare le mani per farle asciugare; ***to ~ one's head*** scuotere la testa; ***to ~ hands with sb., to ~ sb.'s hand*** stringere la mano a qcn., dare una stretta di mano a qcn.; ***to ~ hands*** stringersi la mano *o* scambiarsi una stretta di mano; ***she took my hand and shook it vigorously*** mi prese la mano e la strinse vigorosamente; ***to ~ hands on the deal*** suggellare l'affare con una stretta di mano *o* stringersi la mano a suggello del patto; ***to ~ hands on it*** *(after argument)* fare pace dandosi la mano **2** FIG. *(shock) (by undermining)* fare vacillare [*belief, confidence, faith, resolve, argument*]; scuotere, sconvolgere [*person*]; *(by surprise occurrence)* [*event, disaster*] scuotere [*person*]; ***an event that shook the world*** un avvenimento che ha fatto tremare il mondo; ***it really shook me to find out that...*** mi ha davvero scioccato scoprire che...; ***now this will really ~ you!*** *(telling story)* questa ti farà venire un colpo! **3** AE *(get rid of)* liberarsi di **II** intr. (pass. **shook**; p.pass. **shaken**) **1** *(tremble)* [*person, hand, voice*] tremare; [*leaf, grass*] oscillare, tremare; [*building, windows, ground*] tremare, vibrare; ***to ~ with*** [*person, voice*] tremare per [*cold, emotion*]; trasalire *o* tremare per [*fear*]; torcersi *o* sbellicarsi da [*laughter*] **2** *(shake hands)* ***they shook on it*** *(on deal, agreement)* conclusero l'affare, l'accordo con una stretta di mano; *(after argument)* fecero la pace dandosi la mano; ***"~!"*** "qua la mano!" **III** rifl. (pass. **shook**; p.pass. **shaken**) ***to ~ oneself*** [*person, animal*] scuotersi; ***to ~ oneself awake*** scuotersi per svegliarsi; ***to ~ oneself free*** dibattersi per liberarsi ♦ ***we've got more of these than you can ~ a stick at!*** COLLOQ. ne abbiamo più di quanti tu ne possa contare!
▪ **shake about, shake around:** ~ ***about*** o ***around*** oscillare; ~ ***[sth.] about*** o ***around*** scuotere [qcs.] in tutte le direzioni.
▪ **shake down:** ~ ***down*** **1** *(settle down)* [*contents*] assestarsi **2** COLLOQ. *(to sleep)* andare a cuccia, andarsi a coricare; ~ ***[sb., sth.] down***, ~ ***down [sb., sth.]*** **1** ***to ~ apples down (off a tree)*** scrollare un albero per fare cadere le mele; ***to ~ down the contents of a packet, jar*** scuotere un pacchetto, un barattolo per farne uscire il contenuto **2** AE COLLOQ. *(search)* perquisire [*person*]; ispezionare, setacciare [*building, apartment*] **3** AE COLLOQ. *(for information)* fare cantare [*person*]; *(for money)* mungere [*person*].
▪ **shake off:** ~ ***[sb., sth.] off***, ~ ***off [sb., sth.]*** *(get rid of, escape from)* liberarsi da [*depression, habit, unwanted person*]; liberarsi di [*feeling*]; seminare [*pursuer*]; guarire da [*cough, cold*]; ***I can't seem to ~ off this flu*** non riesco a guarire da questa influenza.
▪ **shake out:** ~ ***[sth.] out***, ~ ***out [sth.]*** scuotere [*tablecloth, sheet, rug*]; ***to ~ some tablets out of a bottle*** scuotere un flacone per farne uscire delle compresse; ~ ***[sb.] out of*** scuotere [qcn.] (per farlo uscire) da [*depression, bad mood, complacency*]; ***in an effort to ~ them out of their lethargy, he...*** nello sforzo di scuoterli dal loro letargo,...
▪ **shake up:** ~ ***up [sth.]***, ~ ***[sth.] up*** sprimacciare [*cushion, pillow*]; agitare, scuotere [*bottle, mixture*]; ~ ***[sb., sth.] up***, ~ ***up [sb., sth.]*** **1** [*car ride, bumpy road*] sballottare [*person*] **2** FIG. *(rouse, stir, shock)* scuotere [*person*]; ***they're too complacent - they need shaking up!*** sono troppo compiaciuti - bisogna scuoterli! ***they were very shaken up by the experience*** sono stati molto scossi dall'esperienza **3** *(reorganize)* COMM. ristrutturare [*company, department, management*]; POL. rimpastare [*cabinet*].
shakedown /ˈʃeɪkdaʊn/ **I** n. **1** *(makeshift bed)* letto m. di fortuna **2** AE COLLOQ. *(extorsion) (by verbal intimidation)* ricatto m.; *(by physical intimidation)* estorsione f. **3** AE COLLOQ. *(search)* perquisizione f., ispezione f. **4** AER. MAR. collaudo m. finale **II** modif. AER. MAR. [*voyage, flight, run*] di collaudo (conclusivo).
shaken /ˈʃeɪkən/ **I** p.pass. → **2.shake II** agg. *(shocked)* scioccato; *(upset)* sconvolto.
shake-out /ˈʃeɪkaʊt/ n. **1** ECON. *(in securities market)* eliminazione f. dei piccoli investitori; *(recession)* ristagno m. del mercato **2** COMM. IND. *(reorganization)* ristrutturazione f. **3** POL. rimpasto m.
shaker /ˈʃeɪkə(r)/ **I** n. *(for cocktails)* shaker m.; *(for dice)* bussolotto m.; *(for salt)* saliera f., spargisale m.; *(for pepper)* spargipepe m., pepaiola f.; *(for salad)* scolainsalata m. **II Shaker** n.pr. shaker m. e f., trematore m. (-trice).
Shakerism /ˈʃeɪkərɪzəm/ n. = movimento religioso degli Shaker.
Shakespearean /ʃeɪkˈspɪərɪən/ agg. LETTER. [*drama, role*] shakespeariano; [*production*] di un'opera di Shakespeare; [*quotation*] da, di Shakespeare.
shake-up /ˈʃeɪkʌp/ n. COMM. ristrutturazione f.; POL. rimpasto m.
shakily /ˈʃeɪkɪlɪ/ avv. [*say, speak*] con voce tremante; [*walk*] con passo vacillante, incerto; ***he writes ~*** ha una grafia tremolante; ***they started rather ~*** partirono in modo piuttosto traballante.
▷ **shaking** /ˈʃeɪkɪŋ/ **I** agg. tremante, vacillante **II** n. scossa f., scossone m., scrollata f.
shaking palsy /ˌʃeɪkɪŋˈpɔːlzɪ/ ♦ **11** n. paralisi f. agitante, morbo m. di Parkinson.
shako /ˈʃeɪkəʊ/ n. (pl. **~s** o **~es**) shako m.
▷ **shaky** /ˈʃeɪkɪ/ agg. **1** *(liable to shake)* [*chair, ladder, structure*] traballante, barcollante; ***my hands are rather ~*** mi tremano le mani; ***I feel a bit ~*** mi tremano le gambe **2** FIG. *(liable to founder)* [*marriage, relationship*] poco solido; [*position*] insicuro, privo di certezza; [*evidence, argument, grounds*] poco solido, inaffidabile; [*knowledge, memory, prospects*] incerto; [*regime, democracy*] debole, vacillante **3** FIG. *(uncertain)* [*start*] incerto, malsicuro; ***we***

got off to a rather ~ start *(in relationship, business)* l'inizio è stato un po' incerto; *(in performance)* all'inizio eravamo un po' insicuri; ***my French is a bit ~*** il mio francese è un po' incerto *o* traballante; ***to be on ~ ground*** essere su terreno infido.

shale /ʃeɪl/ **I** n. scisto m. **II** modif. [*beach, quarry*] di scisto.

shale oil /ˈʃeɪlˌɔɪl/ n. olio m. di scisto.

▶ **shall** /*forma debole* ʃəl, *forma forte* ʃæl/ When *shall* is used to form the future tense in English, the same rules apply as for *will*. You will find a note on this and on question tags and short answers in the grammar note **1.will**. Note, however, that while *shall* can be used in question tags like other auxiliaries (*we shan't be late, shall we?* = non faremo mica tardi, vero?), it is also used in the question tag for the imperative construction introduced by *let's* with no precise and fixed equivalent in Italian: *let's go shopping, shall we?* = andiamo a fare spese, eh? *let's start working, shall we?* = mettiamoci a lavorare, dai! mod. **1** *(in future tense)* ***I ~*** o ***I'll see you tomorrow*** ti vedrò domani; ***we ~ not*** o ***shan't have a reply before Friday*** non avremo una risposta prima di venerdì **2** *(in suggestions)* ***~ I set the table?*** apparecchio la tavola? vuoi che apparecchi la tavola? ***~ we go to the cinema tonight?*** andiamo al cinema stasera? ***let's buy some peaches, ~ we?*** compriamo delle pesche, va bene? **3** FORM. *(in commands, contracts etc.)* ***you ~ do as I say*** farai come ti dico io; ***the sum ~ be paid on signature of the contract*** la somma sarà versata alla firma del contratto; ***thou shalt not steal*** BIBL. non rubare.

shallop /ˈʃæləp/ n. scialuppa f.

shallot /ʃəˈlɒt/ n. **1** BE scalogno m. **2** AE erba f. cipollina.

▷ **1.shallow** /ˈʃæləʊ/ **I** agg. **1** [*container, water*] poco profondo, basso; [*hollow, grave*] poco profondo; [*stairs*] dai, con i gradini bassi; [*breathing*] leggero, superficiale; ***the ~ end of the pool*** la parte più bassa della piscina **2** [*character, response*] superficiale; [*writing*] piatto, privo di profondità; [*conversation*] futile; [*wit*] vacuo, inconsistente **II shallows** n.pl. bassifondi m.

2.shallow /ˈʃæləʊ/ **I** tr. **1** rendere meno profondo [*water, hole*] **2** rendere superficiale [*writing, conversation*] **II** intr. **1** [*water*] diventare meno profondo **2** [*conversation*] diventare superficiale.

shallowly /ˈʃæləʊlɪ/ avv. in modo superficiale.

shallowness /ˈʃæləʊnɪs/ n. *(of water)* scarsa profondità f., bassezza f.; *(of person)* mancanza f. di profondità; *(of conversation)* natura f., carattere m. superficiale.

shalt /ʃælt/ ANT. 2ª persona sing. pres. → **shall**.

1.sham /ʃæm/ **I** n. *(person)* impostore m. (-a); *(organization)* impostura f.; *(democracy, election)* burla f.; *(ideas, views)* mistificazione f.; *(activity)* frode f., finzione f.; ***his love was a ~*** il suo amore era una finzione **II** agg. attrib. [*election, democracy*] fasullo; [*object, building, idea, view*] falso; [*activity, emotion*] finto, fittizio; [*organization*] fantoccio.

2.sham /ʃæm/ **I** tr. (forma in -ing ecc. **-mm-**) ***to ~ sleep, illness, death*** simulare il sonno, la malattia, la morte *o* fare finta di dormire, di essere malato, di essere morto **II** intr. (forma in -ing ecc. **-mm-**) fare finta.

shaman /ˈʃeɪmən/ n. sciamano m.

shamanism /ˈʃeɪmənɪzəm/ n. sciamanesimo m.

shamanistic /ˌʃeɪməˈnɪstɪk/ agg. sciamanico.

shamateur /ˈʃæmətɜː(r)/ n. BE SPORT falso (-a) dilettante m. e f.

1.shamble /ˈʃæmbl/ n. andatura f. dinoccolata.

2.shamble /ˈʃæmbl/ intr. camminare con andatura dinoccolata.

shambles /ˈʃæmblz/ n. COLLOQ. *(of administration, organization, room)* sfascio m., baraonda f.; *(of meeting etc.)* disastro m.

shambling /ˈʃæmblɪŋ/ agg. dinoccolato.

shambolic /ʃæmˈbɒlɪk/ agg. BE COLLOQ. SCHERZ. [*place, situation, person*] incasinato.

▷ **1.shame** /ʃeɪm/ n. **1** *(embarrassment)* vergogna f.; ***to feel ~*** provare vergogna; ***he has no (sense of) ~*** non ha nessuna vergogna *o* è uno svergognato; ***to feel ~ at*** provare vergogna per *o* vergognarsi di **2** *(disgrace)* vergogna f., disonore m.; ***to her, our ~*** per suo, nostro disonore; ***to my eternal ~*** con mio grande disonore; ***the ~ of doing*** il disonore di fare; ***the ~ of it!*** che vergogna! che disonore! ***there's no ~ in doing*** non c'è niente da vergognarsi nel fare; ***to bring ~ on*** disonorare, essere la vergogna di; ***~ on you!*** vergognati! ma non ti vergogni? ***~ on him for doing*** dovrebbe vergognarsi di fare; ***~!*** vergogna! ***there were cries of "~!"*** si udiva gridare "vergogna!" **3** *(pity)* ***it is a ~ that*** è un peccato che; ***it seems a ~*** sembra un peccato; ***it was a great*** o ***such a ~ (that) she lost*** fu un gran *o* un tale peccato che avesse perduto; ***it would be a ~ if he couldn't come*** sarebbe un peccato se non potesse venire; ***it's a ~ to do*** è un peccato fare; ***it seemed a ~ to do*** sembrava un peccato fare; ***it's a ~ about the factory closing*** è un peccato che la fabbrica abbia chiuso, chiuda; ***it's a ~ about your father*** *(if not very serious matter)* è un peccato per tuo padre; *(if serious)* mi dispiace molto per tuo padre; ***nice costumes - ~ about the play!*** COLLOQ. i costumi erano belli - peccato la recita! ***what a ~!*** che peccato! ***isn't it a ~?*** non è un peccato? ◆ ***to put sb. to ~*** disonorare qcn. *o* portare disonore a qcn.; ***your garden puts the others to ~*** il tuo giardino fa sembrare miseri tutti gli altri.

2.shame /ʃeɪm/ tr. **1** *(embarrass)* imbarazzare, fare vergognare [*person*]; ***I was ~d by her words*** le sue parole mi imbarazzarono; ***to ~ sb. into doing*** imbarazzare qcn. per fargli fare; ***he was ~d into a confession*** fu costretto a confessare per la vergogna; ***to ~ sb. out of*** fare passare [qcs.] a qcn. facendolo vergognare [*habit*] **2** *(disgrace)* disonorare [*family, country*] (**by doing** facendo); ***they ~d the nation*** sono stati il disonore della nazione.

shamefaced /ˌʃeɪmˈfeɪst/ agg. [*person, look*] imbarazzato, vergognoso.

shamefacedly /ˌʃeɪmˈfeɪsɪdlɪ/ avv. [*return*] con imbarazzo; [*say*] con aria imbarazzata.

shamefacedness /ˌʃeɪmˈfeɪsɪdnɪs/ n. imbarazzo m.

shameful /ˈʃeɪmfl/ agg. [*conduct*] vergognoso, disonorevole, ignominioso; [*ignorance*] crasso, vergognoso; [*neglect, waste*] vergognoso, deplorevole; ***it was ~ of her to do*** fu deplorevole da parte sua fare; ***it was ~ of me to do*** sono stato ignobile a fare; ***it is ~ that*** è vergognoso *o* è una vergogna che.

shamefully /ˈʃeɪmfəlɪ/ avv. [*behave, act*] in modo disonorevole, ignobile; [*mistreated, neglected*] vergognosamente; ***~ ignorant*** di un'ignoranza crassa.

shamefulness /ˈʃeɪmflnɪs/ n. vergognosità f., disonore m.

shameless /ˈʃeɪmlɪs/ agg. [*person*] svergognato, sfacciato; [*attitude, negligence, request*] spudorato, sfacciato; ***a ~ display of*** una spudorata esibizione di [*emotion*]; uno sfoggio spudorato *o* un'ostentazione sfacciata di [*wealth*]; ***to be quite ~ about*** non avere nessuna vergogna di; ***she's a ~ hussy!*** ANT. SPREG. è una svergognata!

shamelessly /ˈʃeɪmlɪslɪ/ avv. [*behave, exploit*] in modo svergognato, senza vergogna; [*boast*] spudoratamente, sfacciatamente; [*lie*] in modo spudorato.

shamelessness /ˈʃeɪmlɪsnɪs/ n. impudenza f.

shaming /ˈʃeɪmɪŋ/ agg. [*defeat, behaviour*] umiliante, imbarazzante; ***it is ~ that*** è umiliante che.

shammer /ˈʃæmə(r)/ n. simulatore m. (-trice), impostore m. (-a).

shammy /ˈʃæmɪ/, **shamoy** /ˈsæmɔɪ/ n. COLLOQ. (anche **~ leather**) → **chamois leather**.

1.shampoo /ʃæmˈpuː/ n. shampoo m.

2.shampoo /ʃæmˈpuː/ tr. (3ª persona sing. pres. **~s**; pass., p.pass. **~ed**) **1** fare uno shampoo a [*customer*]; lavare con lo shampoo [*pet*]; ***to ~ one's hair*** farsi uno shampoo *o* lavarsi i capelli (con lo shampoo); ***to have one's hair ~ed*** farsi fare uno shampoo **2** pulire con schiuma detergente [*carpet*].

shampooer /ʃæmˈpuːə(r)/ ❖ *27* n. **1** *(person)* shampista m. e f. **2** *(carpet cleaner)* lavamoquette f.

shamrock /ˈʃæmrɒk/ n. trifoglio m. (simbolo nazionale dell'Irlanda).

shamus /ˈʃeɪməs/ n. AE COLLOQ. *(policeman)* sbirro m.; *(private detective)* detective m. privato.

shandrydan /ˈʃændrɪdæn/ n. **1** *(carriage)* calesse m. **2** RAR. *(old car)* carretta f.

shandy /ˈʃændɪ/, **shandygaff** /ˈʃændɪgæf/ AE n. = bibita a base di birra e ginger beer o birra e gazzosa.

shanghai /ʃæŋˈhaɪ/ tr. **1** MAR. *(pressgang)* ***to ~ sb.*** = imbarcare qcn. con la forza (come membro dell'equipaggio) **2** COLLOQ. FIG. ***to ~ sb. into doing sth.*** obbligare qcn. a fare qcs.

Shanghai /ʃæŋˈhaɪ/ ❖ *34* n.pr. Shanghai f.

Shangri-La /ˌʃæŋgrɪˈlɑː/ n. paradiso m. terrestre.

1.shank /ʃæŋk/ **I** n. **1** ZOOL. zampa f. **2** GASTR. stinco m. **3** *(of knife)* codolo m. **4** *(of golf club)* canna f.; *(of drill-bit, screw)* gambo m.; *(door handle)* asta f., barra f. **5** *(of shoe)* fiosso m. **II -shanked** agg. in composti ***short-~ed*** [*person*] con le, dalle gambe corte; [*key*] a canna corta, a cannello corto ◆ ***by ~'s pony*** o ***mare*** col cavallo di san Francesco *o* a piedi.

2.shank /ʃæŋk/ tr. SPORT *(golfing)* colpire col tacco della mazza [*ball*].

■ **shank off** BOT. [*plant, fruit*] cadere per malattia dello stelo.

Shannon /ˈʃænən/ ❖ *25* n.pr. **1** *(river)* Shannon m. **2** *(first name)* Shannon (nome di donna).

shan't /ʃɑːnt/ contr. shall not.

shantung /ʃænˈtʌŋ/ n. shantung m.

1.shanty /ˈʃæntɪ/ n. *(hut)* baracca f.

2.shanty /ˈʃæntɪ/ n. *(song)* canzone f. di marinai.

shantytown /ˈʃæntɪtaʊn/ n. baraccopoli f., bidonville f.

▶ **1.shape** /ʃeɪp/ n. **1** *(form, outline) (of object, building etc.)* forma f.; *(of person)* sagoma f.; ***a square, triangular, star ~*** una forma quadrata, triangolare, a stella; ***what ~ is it?*** che forma ha? ***to change ~*** [*substance*] cambiare forma; ***to be an odd ~*** avere una forma strana; ***to be the right, wrong ~*** [*object*] avere, non avere la forma giusta; [*person*] essere, non essere della taglia giusta; ***to be round, square in ~*** avere forma rotonda, quadrata; ***it's like a leaf in ~*** ha una forma simile a una foglia; ***in the ~ of a star, a cat*** a forma di stella, di gatto; ***to carve, cut, mould sth. into ~*** dare forma a qcs. scolpendolo, tagliandolo, modellandolo; ***to keep its ~*** [*garment*] mantenere la forma; ***to keep one's ~*** [*person*] mantenere la linea; ***to take ~*** [*sculpture, building*] prendere forma; ***to be out of ~*** [*garment*] essere sformato; ***to go out of ~, to lose its ~*** [*garment*] perdere la forma, sformarsi; ***to bend, knock sth. out of ~*** fare perdere la forma a qcs. piegandolo, sfondandolo; ***in all ~s and sizes*** di tutte le forme e le misure; ***cookers come in all ~s and sizes*** ci sono cucine a gas di tutte le forme e di tutte le misure; ***the prince took on the ~ of a frog*** il principe si trasformò in rana **2** *(optimum condition)* forma f.; ***to be in, out of ~*** essere in forma, fuori forma; ***to get in, keep in ~*** rimettersi, tenersi in forma; ***to get, knock, lick sb. in(to) ~*** COLLOQ. portare qcn. alla forma ottimale; ***to get, knock, lick, whip [sth.] into ~*** mettere a punto [*project, idea, proposal, report, essay*] **3** FIG. *(character, structure)* forma f.; *(of organization)* struttura f.; ***technology that influences the ~ of the labour market*** tecnologia che influisce sulla struttura del mercato del lavoro; ***he determined the whole ~ of 20th century poetry*** ha influenzato tutta la forma della poesia del XX secolo; ***to take ~*** [*plan, project, idea*] prendere forma; [*events*] prendere una (certa) piega; ***the likely ~ of currency union*** il probabile assetto dell'unione monetaria; ***this will determine the ~ of political developments over the next decade*** questo determinerà gli sviluppi politici del prossimo decennio; ***my contribution took the ~ of helping, advising...*** i miei contributi furono sotto forma di aiuto, consulenza...; ***whatever the ~ of the new government*** *(in composition)* qualunque sia la composizione del nuovo governo; *(in style)* qualsiasi orientamento prenda il nuovo governo; ***to spell out the ~ of a proposal*** delineare il profilo di una proposta; ***to decide what ~ one's apology should take*** decidere sotto quale forma fare le proprie scuse; ***developments which have changed the ~ of our lives*** sviluppi che hanno cambiato il nostro modo di vivere; ***the ~ of things to come*** come si metteranno le cose; ***fortune comes in many ~s and forms*** la sorte si presenta sotto molte forme; ***tips in any ~ or form are forbidden*** qualsiasi forma di mancia è proibita; ***I don't condone violence in any ~ or form*** non ammetto nessuna forma di violenza; ***I wasn't involved in the matter in any way, ~ or form*** non ero coinvolto nella faccenda in nessun modo **4** *(guise)* ***in the ~ of*** sotto forma di, in forma di; ***help arrived in the ~ of a policeman, a large sum of money*** l'aiuto giunse nella persona di un poliziotto, sotto forma di una grossa somma di denaro; ***he eats a lot of fat in the ~ of chips and burgers*** mangia molti grassi sotto forma di patatine e hamburger **5** *(vague, indistinguishable form)* forma f., sagoma f. (indistinta); ***the ~ under the bedclothes groaned*** la sagoma sotto le coperte grugnì **6** GASTR. *(mould for jelly, pastry)* formina f., stampino m. **7** GASTR. *(moulded food) (of jelly)* forma f.; *(of pudding, rice)* sformato m.; *(of meat)* pasticcio m.

▶ **2.shape** /ʃeɪp/ tr. **1** *(fashion, mould)* [*person*] modellare [*clay, dough*]; scolpire [*wood, stone*]; [*wind, rain*] scolpire, modellare [*rock, region*]; [*hairdresser*] fare la piega a [*hair*]; ***he ~d my hair into a bob, into layers*** mi ha tagliato i capelli a caschetto, scalati; ***we ~d the sand into a mound*** facemmo una montagnetta con la sabbia; ***the statue had been ~d out of a single block of stone*** la statua era stata scolpita da un unico blocco di pietra; ***caves ~d out of the rock by the action of the water*** grotte scavate nella roccia per effetto dell'acqua; ***~ the dough into balls*** fate delle palle con la pasta; ***to ~ the material, cardboard into a triangle*** ricavare un triangolo dalla stoffa, dal cartone **2** FIG. [*person, event*] influenzare; *(stronger)* determinare [*future, idea*]; formare [*character*]; [*person*] plasmare [*policy, project*]; ***you could play a part in shaping this country's future*** potreste giocare un ruolo nel determinare il futuro di questo paese **3** SART. *(fit closely)* dare la linea a [*garment*]; ***a jacket ~d at the waist*** una giacca sciancrata.

■ **shape up 1** *(develop)* [*person*] riuscire; ***she's shaping up really well as a manager*** sta facendo un'ottima riuscita come manager; ***how are things shaping up at (the) head office?*** come vanno le cose nella sede centrale? ***to be shaping up to be*** stare per diventare; ***this game is shaping up to be an enthralling contest*** questa partita si prospetta come un incontro molto emozionante **2** *(meet expectations)* essere all'altezza; ***if he doesn't ~ up, fire him*** se non è all'altezza, licenzialo; ***~ up or ship out!*** COLLOQ. o ti metti al passo o te ne vai! **3** *(improve one's figure)* mettersi in forma.

SHAPE /ʃeɪp/ n. (⇒ Supreme Headquarters Allied Powers Europe comando supremo delle forze alleate in Europa) SHAPE m.

▷ **shaped** /ʃeɪpt/ **I** p.pass. → **2.shape II** agg. ***to be ~ like sth.*** avere la forma di qcs.; ***a teapot ~ like a house*** una teiera a forma di casa **III -shaped** in composti ***star-, V-~*** a forma di stella, di V; ***oddly-, delicately-~*** di forma strana, dalle fattezze delicate; ***egg-~*** a forma di uovo.

shapeless /ˈʃeɪplɪs/ agg. senza forma, informe.

shapelessly /ˈʃeɪplɪslɪ/ avv. ***the pullover lay ~ on the sofa*** il maglione giaceva informe sul divano.

shapelessness /ˈʃeɪplɪsnɪs/ n. assenza f. di forma.

shapeliness /ˈʃeɪplɪnɪs/ n. *(of object, leg)* linea f.; ***the ~ of her figure*** l'armoniosità della sua figura.

shapely /ˈʃeɪplɪ/ agg. [*object*] proporzionato; [*limb, ankle*] ben tornito; [*figure*] (ben) proporzionato, armonioso; [*woman*] benfatto.

shaper /ˈʃeɪpə(r)/ ♦ ***27*** n. **1** *(person)* sagomatore m. (-trice), modellatore m. (-trice) **2** *(machine)* sagomatrice f., modellatrice f.

shard /ʃɑːd/ n. frammento m.

▶ **1.share** /ʃeə(r)/ **I** n. **1** *(of money, profits, blame)* parte f. (**of** di); *(of food)* parte f., porzione f. (**of** di); ***to have a ~ in*** avere una parte in *o* contribuire a [*success, result*]; ***to have a ~ in doing*** avere una parte nel fare, contribuire a fare; ***she's had more than her (fair) ~ of bad luck*** ha avuto molta sfortuna, più sfortuna di quanta ne meritasse; ***to do one's ~ of sth.*** fare la propria parte di qcs.; ***you're not doing your ~*** non stai facendo la tua parte; ***to pay one's (fair) ~*** pagare la propria (giusta) parte; ***to take*** o ***accept one's ~ of the responsibility*** prendersi la propria parte di responsabilità; ***a ~ of the market*** una parte del mercato; ***to own a half-~*** possedere la metà *o* essere proprietario a metà **2** ECON. azione f.; ***to have ~s in an oil company, in oil, in Fiat*** avere delle azioni di una compagnia petrolifera, nel petrolio, della Fiat; ***to have a ~ in a company*** avere una partecipazione in una società **II** modif. ECON. [*allocation, issue, transfer, offer*] di azioni; [*capital, certificate, portfolio*] azionario; [*flotation*] delle azioni, azionistico; [*price, value*] delle azioni ♦ ***~ and ~ alike*** in parti uguali.

▶ **2.share** /ʃeə(r)/ **I** tr. condividere [*money, food, house, room, prize, responsibility, opinion, taxi, enthusiasm, news*] (**with** con); [*two or more people*] dividersi [*task, chore*]; [*one person*] partecipare a [*task, chore*]; ***we ~ a birthday*** compiamo gli anni lo stesso giorno; ***we ~ an interest in animals*** abbiamo in comune un interesse per gli animali; ***they ~ an interest in history*** si interessano tutti e due di storia **II** intr. ***to ~ in*** prendere parte a [*happiness*]; condividere, avere la propria parte di [*success, benefits*] ♦ ***a trouble ~d is a trouble halved*** mal comune mezzo gaudio; ***~ and ~ alike*** fate a metà *o* dividete in parti uguali.

■ **share out ~ [sth.] out, ~ out [sth.]** [*people, group*] dividersi, condividere [*food, profits, presents*]; [*person, organization*] ripartire, suddividere [*food, profits, supplies*] (**among, between** fra); ***we ~d the money, the cakes out between us*** ci dividemmo il denaro, i dolci.

3.share /ʃeə(r)/ n. ANT. AGR. vomere m.

sharebroker /ˈʃeəˌbrəʊkə(r)/ ♦ ***27*** n. ECON. agente m. di cambio.

sharecrop /ˈʃeəkrɒp/ **I** tr. (forma in -ing ecc. **-pp-**) AE coltivare come mezzadro [*land*] **II** intr. (forma in -ing ecc. **-pp-**) AE fare il mezzadro.

sharecropper /ˈʃeəˌkrɒpə(r)/ n. AE mezzadro m. (-a).

sharecropping /ˈʃeəˌkrɒpɪŋ/ n. AE mezzadria f.

▷ **shared** /ʃeəd/ **I** p.pass. → **2.share II** agg. [*office, room, facilities*] comune; [*belief, experience, interest, grief*] comune, condiviso; [*house, flat*] in comune.

shared ownership /ˌʃeədˈəʊnəʃɪp/ n. comproprietà f.

▷ **shareholder** /ˈʃeəˌhəʊldə(r)/ n. azionista m. e f.; ***the ~s*** gli azionisti.

shareholders' equity /ˌʃeəhəʊldəzˈekwətɪ/ n. capitale m. netto.

shareholders' meeting /ˈʃeəhəʊldəzˌmiːtɪŋ/ n. assemblea f. degli azionisti.

shareholding /ˈʃeəˌhəʊldɪŋ/ n. possesso m. di azioni, azionariato m.; ***a majority ~*** una partecipazione maggioritaria.

share-out /ˈʃeəraʊt/ n. suddivisione f., ripartizione f.

share pusher /ˈʃeəˌpʊʃə(r)/ n. = venditore di azioni porta a porta.

share pushing /ˈʃeəˌpʊʃɪŋ/ n. BE = vendita di azioni porta a porta.

sharer /ˈʃeərə(r)/ n. chi condivide, partecipante m. e f.

shareware /ˈʃeəweə(r)/ n. INFORM. shareware m.

▷ **sharing** /ˈʃeərɪŋ/ n. condivisione f., ripartizione f.

▷ **shark** /ʃɑ:k/ n. squalo m. (anche FIG.).
sharker /'ʃɑ:kə(r)/ n. imbroglione m. (-a), truffatore m. (-trice).
shark-infested /ˌʃɑ:kɪn'festɪd/ agg. infestato dagli squali.
shark's fin soup /ˌʃɑ:ksfɪn'su:p/ n. zuppa f. di pinne di squalo.
sharkskin /'ʃɑ:kˌskɪn/ n. ZOOL. TESS. zigrino m.
shark's tooth /'ʃɑ:ksˌtu:θ/ agg. [*pattern*] a denti di sega.
▶ **1.sharp** /ʃɑ:p/ **I** agg. **1** *(good for cutting)* [*knife, razor, blade, scissors*] tagliente, affilato; [*edge, saw*] affilato **2** *(pointed)* [*tooth, fingernail*] affilato; [*end, pencil*] appuntito; [*rock, peak*] aguzzo; [*needle*] acuminato, appuntito; [*point*] sottile, fine; [*features*] angoloso; [*nose, chin*] appuntito **3** *(abrupt)* [*angle*] acuto; [*bend, turning*] stretto; [*movement, reflex*] brusco; [*drop*] forte, netto; [*incline*] aspro; ECON. [*fall, rise, change*] brusco, improvviso **4** *(acidic)* [*taste*] forte, aspro; [*smell*] acre; [*fruit*] aspro, acido **5** *(piercing)* [*pain*] acuto, pungente; [*cry*] acuto; [*blow*] forte, duro; [*frost*] forte, intenso; [*cold*] pungente; [*wind*] forte **6** FIG. *(aggressive)* [*tongue*] tagliente; [*tone, reply, rebuke*] aspro; [*disagreement*] forte **7** *(alert)* [*person*] intelligente, perspicace; [*mind*] acuto; [*intelligence*] vivo; [*eyesight, eye*] acuto; [*hearing, ear*] fine; ***to have a ~ wit*** avere la mente acuta *o* un'intelligenza viva; ***to keep a ~ look-out*** restare sul chi vive (**for** per); ***to have a ~ eye for sth.*** FIG. avere occhio per qcs. **8** *(clever)* SPREG. [*businessman, person*] astuto; ***~ operator*** furbo **9** *(clearly defined)* [*image, outline, picture, sound*] netto, nitido; [*contrast*] netto; [*difference, distinction*] netto, notevole; ***to bring sth. into ~ focus*** mettere bene *o* nitidamente a fuoco qcs.; FIG. mettere qcs. in primo piano **10** BE COLLOQ. [*suit*] sgargiante, vistoso; ***to be a ~ dresser*** essere un elegantone **11** AE COLLOQ. *(stylish)* sciccoso **12** MUS. diesis; *(too high)* (troppo) alto, acuto **II** avv. **1** *(abruptly)* [*stop, pull up*] bruscamente, improvvisamente; ***to turn ~ left, right*** girare bruscamente a sinistra, a destra **2** *(promptly)* ***at 9 o'clock ~*** alle nove in punto, precise **3** MUS. [*sing, play*] in una tonalità troppo alta, troppo alto ◆ ***to be at the ~ end*** essere in prima linea; ***to look ~*** BE COLLOQ. sbrigarsi, spicciarsi; ***you're so ~ you'll cut yourself*** ti credi troppo furbo.
2.sharp /ʃɑ:p/ n. *(note)* nota f. alterata (con diesis); *(sing)* diesis m.
3.sharp /ʃɑ:p/ tr. diesizzare.
sharp-cut /ˌʃɑ:p'kʌt/ agg. netto, nitido, ben delineato.
sharp-eared /ˌʃɑ:p'ɪəd/ agg. dall'udito fine.
sharp-edged /ˌʃɑ:p'edʒd/ agg. affilato, tagliente.
sharpen /'ʃɑ:pən/ **I** tr. **1** affilare, arrotare [*blade, knife, razor, scissors, shears*]; appuntire, fare la punta a, temperare [*pencil*]; ***to ~ sth. to a point*** appuntire qcs. *o* fare la punta a qcs.; ***to ~ its claws*** [*cat etc.*] affilarsi, farsi le unghie **2** *(accentuate)* rendere più netto [*line, contrast*]; aumentare [*focus*]; mettere più a fuoco, più in evidenza [*image, picture*] **3** *(make stronger)* acuire [*anger, desire, interest*]; accrescere [*feeling, loneliness, fear*]; ***to ~ sb.'s appetite*** stimolare l'appetito di qcn. (**for** per); FIG. stimolare *o* acuire il desiderio di qcn. (**for** per); ***to ~ one's wits*** affinare la mente; ***to ~ sb.'s wits*** affinare la mente di qcn.; ***to ~ sb.'s reflexes*** rendere pronti i riflessi di qcn. **II** intr. [*tone, voice, look*] indurirsi; [*pain*] acutizzarsi.
■ **sharpen up:** ***~ up [sth.]*** rendere pronto [*reflexes*]; ***to ~ oneself up for*** prepararsi per [*race, competition*]; ***to ~ up one's wits*** aguzzare l'ingegno; ***to ~ up one's image*** migliorare la propria immagine.
sharpener /'ʃɑ:pənə(r)/ n. *(for pencil)* temperino m.; *(for knife)* affilatoio m.
sharper /'ʃɑ:pə(r)/ n. imbroglione m. (-a), truffatore m. (-trice); (anche **card~**) baro m.
sharp-eyed /ˌʃɑ:p'aɪd/ agg. **1** *(observant)* attento, vigile **2** *(with good eyesight)* dalla vista acuta.
sharp-featured /ˌʃɑ:p'fi:tʃəd/ agg. [*person*] dai tratti angolosi.
sharpie /'ʃɑ:pɪ/ n. AE **1** *(vessel)* = tipo di imbarcazione a prua appuntita e chiglia piatta, impiegata nella pesca **2** *(sharper)* imbroglione m. (-a), truffatore m. (-trice); *(in card games)* baro m.
sharpish /'ʃɑ:pɪʃ/ avv. BE COLLOQ. [*do, move, leave*] presto, in fretta.
▷ **sharply** /'ʃɑ:plɪ/ avv. **1** *(abruptly)* [*turn, change, rise, fall*] bruscamente, improvvisamente; [*stop*] bruscamente, di colpo **2** *(harshly)* [*say, speak, reply*] bruscamente, seccamente; [*criticize*] severamente, aspramente; [*accuse, look, glare*] duramente; ***the article was ~ critical of the government*** l'articolo era un'aspra critica del governo **3** *(distinctly)* [*differ, contrast, stand out*] nettamente; [*defined*] nettamente, nitidamente; ***to bring sth. ~ into focus*** mettere qcs. nitidamente a fuoco; FIG. mettere qcs. in primissimo piano **4** *(perceptively)* [*say*] intelligentemente; [*observe*] acutamente, con acutezza; [*characterized, drawn*] finemente; [*aware*] acutamente, fortemente; ***to be ~ intelligent*** avere un'intelligenza viva *o* pronta.
sharpness /'ʃɑ:pnɪs/ n. **1** *(of blade, scissors)* filo m. (**of** di) **2** *(pointedness) (of pencil, needle, nail)* finezza f. della punta (**of** di); *(of peak, rock)* (l')essere aguzzo (**of** di) **3** *(of turn, bend)* strettezza f. (**of** di) **4** *(of image, outline, contrast, sound)* nettezza f., nitidezza f. (**of** di) **5** *(harshness) (of voice, tone)* bruschezza f., asprezza f. (**of** di); *(of reproach, criticism)* severità f., asprezza f. (**of** di) **6** *(of pain, guilt)* acutezza f. (**of** di) **7** *(acidity) (of taste)* asprezza f.; *(of smell)* acredine f.; *(of fruit, drink)* acidità f.
sharp practice /ˌʃɑ:p'præktɪs/ n. = operazioni, traffici loschi al limite della legalità.
sharp sand /'ʃɑ:pˌsænd/ n. ING. sabbia f. a spigoli vivi.
sharpshooter /'ʃɑ:pˌʃu:tə(r)/ n. tiratore m. scelto.
sharp-sighted /ˌʃɑ:p'saɪtɪd/ agg. [*person*] dalla vista acuta.
sharp-tempered /ˌʃɑ:p'tempəd/ agg. (dal temperamento) collerico.
sharp-tongued /ˌʃɑ:p'tʌŋd/ agg. [*person*] dalla lingua tagliente.
sharp-witted /ˌʃɑ:p'wɪtɪd/ agg. [*person*] intelligente; [*mind*] acuto.
shat /ʃæt/ pass., p.pass. → **2.shit**.
shatter /'ʃætə(r)/ **I** tr. **1** fracassare, mandare in frantumi [*window*]; frantumare, mandare in frantumi [*glass*] **2** FIG. rompere [*silence*]; distruggere, rovinare [*life*]; distruggere [*peace, confidence, hope*]; infrangere [*dream*]; fare a pezzi [*nerves*]; ***to be ~ed by sth.*** essere distrutto *o* sconvolto da qcs. **II** intr. [*window*] fracassarsi, andare in pezzi; [*glass*] frantumarsi, andare in pezzi.
shattered /'ʃætəd/ **I** p.pass. → **shatter II** agg. **1** [*dream, ideal, confidence*] distrutto; [*life*] distrutto, rovinato **2** [*person*] *(devastated)* distrutto, sconvolto; *(tired)* COLLOQ. distrutto, sfinito, a pezzi.
shattering /'ʃætərɪŋ/ agg. [*disappointment, blow, effect*] sconvolgente; [*experience, news*] devastante.
shatterproof /'ʃætəpru:f/ agg. [*windscreen*] in vetro di sicurezza, infrangibile.
shatterproof glass /ˌʃætəpru:f'glɑ:s, AE -'glæs/ n. vetro m. di sicurezza, infrangibile.
1.shave /ʃeɪv/ n. ***to have a ~*** radersi; ***to give sb. a ~*** radere qcn. ◆ ***to have a close ~*** scamparla bella; ***that was a close ~!*** c'è mancato poco!
▷ **2.shave** /ʃeɪv/ **I** tr. (p.pass. **~d** o **shaven**) **1** [*barber*] fare la barba a, radere [*person*]; ***to ~ sb.'s beard off*** rasare, tagliare la barba a qcn.; ***to ~ one's beard off*** tagliarsi la barba; ***to ~ sb.'s head*** rasare la testa di qcn., rasare qcn. a zero; ***to ~ one's head*** rasarsi (i capelli) a zero; ***to ~ one's legs*** radersi, depilarsi le gambe **2** *(plane)* piallare [*wood*] **3** FIG. spennare [*customer*] **II** intr. (p.pass. **~d** o **shaven**) [*person*] radersi, farsi la barba.
shaved /ʃeɪvd/ **I** p.pass. → **2.shave II** agg. [*head*] rasato.
shaveling /'ʃeɪvlɪŋ/ n. ANT. **1** *(priest)* tonsurato m. **2** ANT. SPREG. sbarbatello m.
shaven /ʃeɪvn/ → **shaved**.
shaver /'ʃeɪvə(r)/ n. **1** (anche **electric ~**) rasoio m. elettrico **2** ANT. COLLOQ. *(boy)* ragazzo m., sbarbatello m.
shaver outlet /'ʃeɪvəraʊtlet/ AE, **shaver point** /'ʃeɪvəpɔɪnt/ BE n. presa f. per rasoio elettrico.
Shavian /'ʃeɪvɪən/ agg. [*wit*] alla Bernard Shaw; [*corpus, scholar*] di Bernard Shaw.
shaving /'ʃeɪvɪŋ/ n. **1** *(process)* rasatura f. **2** *(sliver) (of wood, metal)* truciolo m.
shaving brush /'ʃeɪvɪŋˌbrʌʃ/ n. pennello m. da barba.
shaving cream /'ʃeɪvɪŋˌkri:m/ n. crema f. da barba.
shaving foam /'ʃeɪvɪŋˌfəʊm/ n. schiuma f. da barba.
shaving gel /'ʃeɪvɪŋˌdʒel/ n. gel m. da barba.
shaving kit /'ʃeɪvɪŋˌkɪt/ n. kit m. da barba.
shaving mirror /'ʃeɪvɪŋˌmɪrə(r)/ n. specchietto m.
shaving soap /'ʃeɪvɪŋˌsəʊp/ n. sapone m. da barba.
shaving stick /'ʃeɪvɪŋˌstɪk/ n. saponetta f. da barba in stick.
shaw /ʃɔ:/ n. ANT. boschetto m.
1.shawl /ʃɔ:l/ n. scialle m.
2.shawl /ʃɔ:l/ tr. avvolgere in uno scialle.
shawl collar /'ʃɔ:lˌkɒlə(r)/ n. collo m. sciallato.
shawm /ʃɔ:m/ ♦ ***17*** n. MUS. bombarda f.
shay /ʃeɪ/ n. calessino m.
shazam /ʃə'zæm/ inter. (e) voilà.
▶ **she** /ʃi:, ʃɪ/ *She* is almost always translated by *lei* (which is in itself the feminine object, not subject pronoun); the feminine subject pronoun *ella* is no longer used but in very formal writing: *she closed the door* = lei ha chiuso la porta. - Remember that in Italian the subject pronoun is very often understood: *she came alone* = è venuta da sola. When used in emphasis, however, the pronoun is stressed, and is placed either at the begin-

ning or at the end of the sentence: *she killed him!* = lei l'ha ucciso! l'ha ucciso lei! - For particular usages, see the entry below. **I** pron. ella, lei; ***~'s not at home*** (lei) non è a casa; ***here ~ is*** eccola; ***there ~ is*** eccola là; ***~ didn't take it*** lei non l'ha preso *o* non l'ha preso lei; ***~'s a genius*** (lei) è un genio; ***~ who..., ~ whom, ~ that...*** colei che...; ***~ who sees*** colei che vede; ***~'s a lovely boat*** è una bella barca **II** agg. **she-** in composti ***~-bear*** orsa; ***~-hyena*** iena femmina **III** n. ***it's a ~*** COLLOQ. *(of baby)* è femmina, è una bambina; *(of animal)* è una femmina.

shea /ʃiː/ n. karité m., albero m. del burro.

shea butter /ʃiː'bʌtə(r)/ n. burro m. di karité.

1.sheaf /ʃiːf/ n. (pl. **sheaves**) *(of corn)* covone m.; *(of flowers, papers)* fascio m.

2.sheaf /ʃiːf/ tr. legare in covoni, accovonare [*corn*]; legare in fasci [*flowers, papers*].

shear /ʃɪə(r)/ tr. (pass. **sheared**; p.pass. **shorn**) tosare [*grass, sheep*]; tagliare [*hair*].

▪ **shear off:** *~ off* [*metal component*] spezzarsi, cedere; *~ off [sth.], ~ [sth.] off* tosare [*hair, fleece*]; [*accident, storm*] spezzare [*branch*]; [*accident, storm*] distruggere [*part of building*].

▪ **shear through:** *~ through [sth.]* cesellare [*metal, screw*]; FIG. fendere [*water*].

shearer /'ʃɪərə(r)/ ➧ **27** n. (anche **sheep-~**) tosatore m. (-trice) (di pecore).

shear-grass /'ʃɪəgrɑːs, AE -græs/ n. gramigna f. dei medici.

shearing /'ʃɪərɪŋ/ n. (anche **sheep-~**) tosatura f.

shearing shed /'ʃɪərɪŋ,ʃed/ n. capanno m. per la tosatura delle pecore.

shearling /'ʃɪəlɪŋ/ n. AE *(material)* shearling m.

shear pin /'ʃɪəpɪn/ n. spina f. di sicurezza.

shears /ʃɪəz/ n.pl. **1** cesoie f., (grosse) forbici f. **2** *(for sheep)* forbici f. per la tosatura.

sheartail /'ʃɪəteɪl/ n. *(humming bird)* colibrì m.

shearwater /'ʃɪə,wɔːtə(r)/ n. puffino m., berta f.

sheat-fish /'ʃiːtfɪʃ/ n. (pl. ~, **~es**) siluro m. europeo.

sheath /ʃiːθ/ n. **1** *(condom)* preservativo m. **2** BOT. guaina f. **3** *(case) (of sword, knife)* fodero m.; *(of cable)* guaina f.

sheath dress /'ʃiːθdres/ n. tubino m.

sheathe /ʃiːð/ tr. ringuainare, rinfoderare [*sword, dagger*]; rinfoderare, ritrarre [*claws*]; ripiegare [*wings*]; rivestire [*cable*]; ***~d in*** inguainata in [*silk etc.*].

sheathing /'ʃiːðɪŋ/ n. **1** *(protective covering)* inguainamento m., rivestimento m. **2** MAR. *(of ship)* fodera f.

sheath knife /'ʃiːθnaɪf/ n. (pl. **sheath knives**) coltello m. con fodero.

sheath-winged /,ʃiːθ'wɪŋd/ agg. [*insect*] munito di elitre.

sheave /ʃiːv/ n. puleggia f. a gola.

sheaves /ʃiːvz/ → **1.sheaf**.

Sheba /'ʃiːbə/ n.pr. ***the Queen of ~*** la regina di Saba.

shebang /ʃɪ'bæŋ/ n. AE COLLOQ. ***the whole ~*** tutta la baracca *o* baracca e burattini.

shebeen /ʃɪ'biːn/ n. IRLAND. **1** *(whiskey)* whiskey m. (distillato clandestinamente) **2** *(unlicensed shop)* spaccio m. clandestino di alcolici.

▷ **1.shed** /ʃed/ n. rimessa f., capanno m.; *(lean-to)* annesso m.; *(bigger) (at factory site, port etc.)* capannone m.

▷ **2.shed** /ʃed/ **I** tr. (pass., p.pass. **shed**) **1** versare [*tears*]; perdere [*leaves, petals, blossoms, weight, antlers*]; togliersi, spogliarsi di [*clothes*]; liberarsi da [*inhibitions*]; sbarazzarsi di [*reputation, image*]; ING. [*roof*] non lasciare passare [*rainwater*]; [*waterproof*] essere impermeabile a [*rain*]; ***to ~ hair*** [*animal*] perdere il pelo; ***to ~ skin*** [*snake*] mutare la pelle; ***to ~ blood*** *(one's own)* versare (il proprio) sangue; ***too much blood has been ~ in the name of patriotism*** troppo sangue è stato versato in nome del patriottismo; ***to ~ staff*** EUFEM. sfoltire l'organico; ***a truck has shed its load on the road*** un camion ha rovesciato il suo carico sulla strada **2** *(transmit)* diffondere [*light, warmth*]; emanare [*happiness*] **II** intr. (pass., p.pass. **shed**) [*dog, cat*] perdere il pelo.

she'd /ʃiːd, ʃɪd/ contr. she had, she would.

shedder /'ʃedə(r)/ n. **1** *(person)* chi versa, sparge **2** *(salmon)* = salmone che ha deposto le uova **3** *(crab)* = crostaceo che si sta liberando del guscio.

shedding /'ʃedɪŋ/ n. **1** *(of blood, tears etc.)* spargimento m. **2** *(of leaves, petals)* caduta f. **3** *(of animals)* muta f.

she-devil /'ʃiː,devl/ n. FIG. diavolessa f., megera f.

sheen /ʃiːn/ n. *(of hair, silk)* lucentezza f.; ***to take the ~ off sth.*** FIG. togliere il gusto a qcs.

sheeny /'ʃiːnɪ/ agg. [*hair, silk*] lucente, splendente.

▷ **sheep** /ʃiːp/ n. (pl. ~) ovino m.; *(ewe)* pecora f.; ***black ~*** FIG. pecora nera; ***lost ~*** FIG. pecorella smarrita ◆ ***to count ~*** FIG. contare le pecore; ***to follow sb., sth. like ~*** seguire qcn., qcs. come una pecora; ***to make ~'s eyes at sb.*** fare gli occhi dolci a qcn.; ***may as well be hung for a ~ as for a lamb*** = se le conseguenze sono ugualmente negative, tanto vale commettere la mancanza più grave; ***to separate the ~ from the goats*** = separare il grano dal loglio.

sheepcote /'ʃiːpkəʊt/ n. → **sheepfold**.

sheep dip /'ʃiːpdɪp/ n. bagno m. antiparassitario (per pecore).

sheep dog /'ʃiːpdɒg/ n. cane m. da pastore.

sheep dog trials /'ʃiːpdɒg,traɪəlz/ n.pl. prove f. di abilità per cani da pastore.

sheep farm /'ʃiːpfɑːm/ n. allevamento m. di pecore.

sheep farmer /'ʃiːpfɑːmə(r)/ ➧ **27** n. allevatore m. (-trice) di pecore.

sheep farming /'ʃiːpfɑːmɪŋ/ n. allevamento m. delle pecore.

sheepfold /'ʃiːpfəʊld/ n. ovile m.

sheepherder /'ʃiːp,hɜːdə(r)/ ➧ **27** n. AE pastore m., pecoraio m.

sheephook /'ʃiːphʊk/ n. bastone m. da pastore; LETT. vincastro m.

sheepish /'ʃiːpɪʃ/ agg. timido, imbarazzato.

sheepishly /ʃiːpɪʃlɪ/ avv. [*answer, admit*] con aria imbarazzata.

sheepishness /'ʃiːpɪʃnɪs/ n. imbarazzo m.

sheepman /'ʃiːpmən/ ➧ **27** n. AE (pl. **-men**) allevatore m. di pecore.

sheep pasture /'ʃiːp,pɑːstʃə(r), AE -,pæs-/ n. pastura f., pascolo m. per pecore.

sheeprun /'ʃiːprʌn/ n. AUSTRAL. → **sheep station**.

sheepshank /'ʃiːpʃæŋk/ n. MAR. nodo m. margherita.

sheepshearer /'ʃiːp,ʃɪərə(r)/ ➧ **27** n. **1** *(person)* tosatore m. (-trice) (di pecore) **2** *(machine)* tosatrice f.

sheepshearing /ʃiːp,ʃɪərɪŋ/ n. tosatura f.

sheepskin /'ʃiːpskɪn/ **I** n. **1** pelle f. di pecora, di montone **2** AE COLLOQ. UNIV. laurea f. **II** modif. [*gloves, jacket*] di montone.

sheep's milk /'ʃiːpsmɪlk/ n. latte m. di pecora.

sheep's milk cheese /,ʃiːpsmɪlk'tʃiːz/ n. formaggio m. di pecora.

sheep station /'ʃiːp,steɪʃn/ n. AUSTRAL. allevamento m. di pecore.

sheep stealing /'ʃiːp,stiːlɪŋ/ n. furto m. di pecore, abigeato m.

sheep track /'ʃiːptræk/ n. tratturo m.

▷ **1.sheer** /ʃɪə(r)/ **I** agg. **1** *(pure, unadulterated)* [*boredom, desperation, hypocrisy, immorality, panic, stupidity*] puro; ***it was ~ coincidence, luck*** è stato per pura coincidenza, per pura fortuna; ***out of ~ malice, stupidity*** per pura cattiveria, stupidità; ***it is ~ lunacy to do, on his part*** è pura follia fare, da parte sua; ***to cry out in ~ amazement, happiness*** lanciare un grido di stupore, felicità; ***to succeed by ~ bravery, determination, hard work*** avere successo unicamente grazie al proprio coraggio, alla propria determinazione, al duro lavoro; ***by ~ accident*** per puro caso **2** *(utter)* ***the ~ immensity, volume of it is incredible*** la sua immensità è incredibile, le sue sole dimensioni sono incredibili **3** *(steep)* [*cliff, rockface*] ripido, a picco **4** *(fine)* [*fabric*] sottile, fine; [*stockings*] velato **II** avv. [*rise, fall*] a picco.

2.sheer /ʃɪə(r)/ n. MAR. **1** *(deviation)* virata f., inversione f. di rotta **2** *(curve)* insellatura f.

3.sheer /ʃɪə(r)/ intr. virare, invertire la rotta (anche FIG.).

▪ **sheer away, sheer off** scostarsi, allargarsi (con una virata); ***to ~ away*** o ***off to the right, left*** virare a destra, sinistra.

▶ **1.sheet** /ʃiːt/ n. **1** *(of paper)* foglio m. (anche TIP.); ***blank, loose ~*** foglio bianco, volante; ***~ of stamps*** foglio di francobolli **2** *(for bed)* lenzuolo m.; *(shroud)* sudario m.; ***waterproof ~*** (tela) cerata; ***dust ~*** telo, fodera (per proteggere dalla polvere) **3** GIORN. *(periodical)* periodico m.; *(newspaper)* giornale m.; ***fact*** o ***information ~*** bollettino d'informazione; ***scandal ~*** giornale scandalistico **4** *(of plastic, rubber)* foglio m.; *(of canvas, tarpaulin)* telo m.; *(of metal, glass)* lastra f.; *(thinner)* foglio m., lamina f.; ***~ of iron*** foglio di lamiera; ***baking ~*** teglia da forno; ***cookie ~*** AE teglia per biscotti **5** *(expanse) (of water)* specchio m.; *(of snow)* coltre f.; *(of mist, fog)* cortina f.; ***a ~ of ice*** *(thick)* un lastrone di ghiaccio; *(thin)* una patina di ghiaccio; *(on road)* una lastra di ghiaccio; ***a ~ of flame*** un muro di fiamme; ***the rain was coming down in ~s*** la pioggia cadeva a dirotto **6** MAR. scotta f. **7** AE COLLOQ. DIR. sentenza f. di carcerazione ◆ ***to be as white as a ~*** essere bianco come un lenzuolo; ***to be three ~s to the wind*** ANT. essere ubriaco fradicio; ***to get in between the ~s with sb.*** andare a letto con qcn.; ***to have a clean ~*** SPORT non avere subito (nessun) goal.

2.sheet /ʃiːt/ tr. coprire con un lenzuolo [*furniture*]; coprire con un telo [*cargo*].

sheet anchor /'ʃiːt,æŋkə(r)/ n. MAR. ancora f. di speranza; FIG. ancora f. di salvezza.

sheeted /ˈʃiːtɪd/ **I** p.pass. → **2.sheet II** agg. **1** coperto (con un telo) **2** [*steel*] laminato.
sheeting /ˈʃiːtɪŋ/ n. *(fabric)* tela f. per lenzuola; ING. *(iron)* lamiera f.; ***plastic, vinyl*** **~** rivestimento in plastica, in vinile.
sheet iron /ˌʃiːtˈaɪən, AE -ˈaɪərn/ n. lamiera f.
sheet lightning /ˈʃiːtˌlaɪtnɪŋ/ n. bagliore m. di fulmini (tra le nubi).
sheet metal /ˌʃiːtˈmetl/ n. AUT. MIN. lamiera f.
sheet music /ˈʃiːtˌmjuːzɪk/ n. spartiti m.pl.
sheet piling /ˈʃiːtˌpaɪlɪŋ/ n. palancolata f.
Sheffield /ˈʃefrəld/ ◗ ***34*** n.pr. Sheffield f.
sheik /ʃeɪk, AE ʃiːk/ n. sceicco m.
sheikdom /ˈʃeɪkdəm, AE ˈʃiːk-/ n. sceiccato m.
sheila /ˈʃiːlə/ n. AUSTRAL. COLLOQ. ragazza f.
Sheila /ˈʃiːlə/ n.pr. Sheila (nome di donna).
shekel /ˈʃekl/ ◗ ***7*** **I** n. **1** BIBL. STOR. siclo m. **2** *(currency of Israel)* siclo m. **II shekels** n.pl. COLLOQ. *(money)* soldi m., denaro m.sing.
Shelagh /ˈʃiːlə/ n.pr. Shelagh (nome di donna).
sheldrake /ˈʃeldreɪk/ n. volpoca m. maschio.
shelduck /ˈʃeldʌk/ n. volpoca f. femmina.
▷ **shelf** /ʃelf/ n. (pl. **shelves**) **1** *(at home)* mensola f., ripiano m.; *(in oven, fridge)* ripiano m.; *(in shop, library)* scaffale m.; ***top, bottom*** **~** ripiano più alto, più basso; ***a set of shelves*** uno scaffale, una scaffalatura; *(for books)* una libreria; ***a whole ~ of books*** un intero scaffale di libri; ***you won't find it on the supermarket ~*** non si trova nei supermercati **2** GEOL. *(of rock, ice)* ripiano m., terrazzo m. ◆ ***to be left on the ~*** *(remain single)* restare zitella; *(be abandoned)* essere messo in disparte.
shelfful /ˈʃelffʊl/ n. *(at home)* mensola f. piena (**of** di); *(in shop)* scaffalata f. (**of** di).
shelf-life /ˈʃelflaɪf/ n. **1** *(of product)* = tempo per il quale un prodotto può essere commerciato **2** FIG. *(of technology, pop music, bestseller)* vita f.; *(of politician, star)* periodo m. di successo.
shelf mark /ˈʃelfmɑːk/ n. BIBLIOT. *(of books)* segnatura f.
▷ **1.shell** /ʃel/ n. **1** BOT. ZOOL. *(of egg, nut, sea creature, snail)* guscio m.; *(of crab, tortoise, shrimp)* corazza f.; ***sea ~*** conchiglia; ***to develop a hard ~*** FIG. [*person*] costruirsi una corazza **2** MIL. *(bomb)* granata f.; *(cartridge)* cartuccia f., proiettile m.; ***to fire ~s at sb.*** tirare granate, sparare proiettili a qcn. **3** IND. TECN. *(of vehicle)* scocca f.; *(of building)* armatura f.; *(of machine)* carcassa f., intelaiatura f.; *(of nuclear plant)* guscio m. protettivo del core; ***body ~*** AUT. carrozzeria **4** *(remains) (of building)* scheletro m. **5** MAR. *(boat)* piccola imbarcazione f. da competizione ◆ ***to come out of, go back into one's ~*** uscire dal, richiudersi nel proprio guscio.
2.shell /ʃel/ tr. **1** MIL. bombardare [*town, installation*] **2** GASTR. sgranare, sbaccellare [*peas*]; sgusciare [*prawn, nut*]; aprire [*oyster*] ◆ ***it's as easy as ~ing peas*** è facile come bere un bicchier d'acqua.
▪ **shell out** COLLOQ. **~ *out*** sbancarsi (**for** per); **~ *out [sth.]*** sganciare, sborsare [*sum*] (**for** per).
she'll /ʃiːl/ contr. she will.
1.shellac /ʃəˈlæk, ˈʃelæk/ n. AE (anche **~ varnish**) gommalacca f., shellac m.
2.shellac /ʃəˈlæk, ˈʃelæk/ tr. (forma in -ing **-ack-**; pass., p.pass. **-acked**) **1** *(varnish)* laccare **2** AE COLLOQ. *(beat)* battere, dare una batosta a.
shellacking /ʃəˈlækɪŋ, ˈʃelækɪŋ/ n. AE COLLOQ. batosta f., dura sconfitta f.; ***to get a ~*** prendersi una bella batosta.
shell company /ˈʃelˌkʌmpənɪ/ n. FIG. scatola f. vuota.
shelled /ʃeld/ **I** p.pass. → **2.shell II** agg. **1** *(having a shell)* [*animal, fruit*] con guscio **2** *(without a shell)* [*peas*] sgranato; [*prawns, nuts*] sgusciato; [*oyster*] aperto **3** *(covered with shells)* [*beach*] pieno di conchiglie.
shellfire /ˈʃelfaɪə(r)/ n. bombardamento m.; ***to come under ~*** finire sotto il fuoco, il bombardamento.
shellfish /ˈʃelfɪʃ/ n. (pl. **~**, **~es**) **1** ZOOL. *(crustacean)* crostaceo m.; *(mollusc)* mollusco m. **2** GASTR. frutto m. di mare.
shell game /ˈʃelgeɪm/ n. gioco m. dei bussolotti (anche FIG.).
shellhole /ˈʃelhəʊl/ n. cratere m. di granata.
shelling /ˈʃelɪŋ/ n. bombardamento m.
shell-like /ˈʃellaɪk/ **I** n. BE COLLOQ. SCHERZ. orecchio m.; ***I'd like a word in your ~*** vorrei scambiare due paroline con te **II** agg. a forma di conchiglia.
shell-limestone /ˈʃelˌlaɪmstəʊn/ n. calcare m. conchilifero.
shell pink /ˈʃelpɪŋk/ ◗ ***5*** **I** n. rosa m. pallido **II** agg. rosa pallido.
shell-proof /ˈʃelpruːf/ agg. [*shelter*] a prova di bomba.
shell shock /ˈʃelʃɒk/ n. trauma m. da bombardamento.
shell-shocked /ˈʃelʃɒkt/ agg. **1** [*soldier*] che ha subito un trauma da bombardamento **2** FIG. [*person*] sotto choc.
shell suit /ˈʃelsuːt, -sjuːt/ n. tuta f. da ginnastica impermeabile.
▷ **1.shelter** /ˈʃeltə(r)/ **I** n. **1 U** *(protection, refuge)* rifugio m., riparo m.; ***in the ~ of*** al riparo di; ***to take ~ from*** mettersi al riparo da [*people, danger*]; ripararsi da [*weather*]; ***to give sb. ~*** [*person*] dare rifugio *o* riparo a, proteggere qcn.; [*hut, tree*] offrire un riparo a qcn.; [*country*] dare asilo a qcn. **2 U** *(covered place against bomb, rain etc.)* tettoia f., riparo m. (**from** contro); ***underground ~*** rifugio sotterraneo; ***nuclear ~*** rifugio antiatomico **3** *(for victims, homeless)* ricovero m. (**for** per); *(for fugitive, refugee)* asilo m. **II Shelter** n.pr. BE = ente assistenziale per i senzatetto.
▷ **2.shelter** /ˈʃeltə(r)/ **I** tr. **1** *(protect against weather)* riparare, proteggere (**from, against** da); ***the garden is ~ed by walls*** il giardino è riparato da mura **2** *(protect from competition, reality, truth)* proteggere (**from** da) **3** *(give refuge, succour to)* accogliere [*neighbour*]; accogliere, dare asilo a [*refugee, criminal*]; ***to ~ sb. from sb., sth.*** proteggere qcn. da qcn., qcs.; accogliere qcn. in fuga da qcn., qcs. **II** intr. **1** *(from weather, bomb)* mettersi al riparo, ripararsi; ***to ~ from the storm*** ripararsi dal temporale; ***to ~ under a tree*** ripararsi sotto un albero **2** [*refugee, fugitive*] rifugiarsi.
sheltered /ˈʃeltəd/ **I** p.pass. → **2.shelter II** agg. **1** [*place*] riparato, protetto **2** [*life*] protetto; [*child, upbringing*] superprotetto, nella bambagia **3** [*workshop, work*] protetto.
sheltered accommodation /ˈʃeltədəkɒməˌdeɪʃn/, **sheltered housing** /ˈʃeltədˌhaʊzɪŋ/ n. BE = residenza per persone anziane, disabili, handicappati, senzatetto.
shelterer /ˈʃeltərə(r)/ n. **1** *(taking shelter)* chi cerca rifugio, riparo **2** *(giving shelter)* chi offre rifugio, riparo; protettore m. (-trice).
shelterless /ˈʃeltəlɪs/ agg. privo di riparo, protezione.
sheltie, shelty /ˈʃeltɪ/ n. → **Shetland pony**.
1.shelve /ʃelv/ tr. **1** *(postpone)* accantonare, rinviare [*plan, project*] **2** *(store on shelf)* riporre [qcs.] in scaffali [*library, book, product*] **3** *(provide with shelves)* munire di scaffali, scaffalare.
2.shelve /ʃelv/ intr. [*ground, beach, sea bottom etc.*] digradare; ***to ~ quickly*** scendere a picco; ***to ~ gently*** digradare dolcemente.
shelves /ʃelvz/ → **shelf**.
shelving /ˈʃelvɪŋ/ n. **U** *(at home)* scaffalatura f., mensole f.pl., ripiani m.pl.; *(in library, shop)* ripiani m.pl., scaffali m.pl.
Shem /ʃem/ n.pr. Sem.
shemozzle /ʃɪˈmɒzl/ n. COLLOQ. pasticcio m., confusione f.
shenanigans /ʃɪˈnænɪgənz/ n.pl. COLLOQ. **1** *(rumpus)* putiferio m.sing. **2** *(trickery)* imbroglio m.sing., trucco m.sing.
▷ **1.shepherd** /ˈʃepəd/ ◗ ***27*** n. pastore m.; ***the Good Shepherd*** il Buon Pastore.
2.shepherd /ˈʃepəd/ tr. **1** [*host, guide, teacher*] condurre, guidare [*group, guests, children*]; ***to ~ sb. out of, into*** guidare, accompagnare qcn. fuori da, dentro [*room*] **2** [*herdsman*] custodire, guardare [*animals*]; ***to ~ animals into a pen*** fare entrare gli animali nel recinto.
shepherd boy /ˈʃepədˌbɔɪ/ n. pastorello m.
shepherd dog /ˈʃepədˌdɒg, AE -ˌdɔːg/ n. cane m. da pastore.
shepherdess /ˌʃepəˈdes, AE ˈʃepərdɪs/ ◗ ***27*** n. pastora f.
shepherd's club /ˈʃepədzˌklʌb/ n. tassobarbasso m.
shepherd's crook /ˈʃepədzˌkrʊk/ n. bastone m. da pastore; LETT. vincastro m.
shepherd's pie /ˌʃepədzˈpaɪ/ n. BE = pasticcio di carne tritata ricoperta di purè di patate.
shepherd's purse /ˈʃepədzˌpɜːs/ n. BOT. borsa f. di pastore.
sherbet /ˈʃɜːbət/ n. **1** BE *(powder)* magnesia f. effervescente aromatizzata **2** AE *(sorbet)* sorbetto m.
▷ **sheriff** /ˈʃerɪf/ ◗ ***27*** n. **1** BE DIR. *(in England)* sceriffo m.; *(in Scotland)* giudice m. di contea **2** AE sceriffo m.
sheriff-clerk /ˈʃerɪfˌklɑːk, AE -ˌklɜːk/ ◗ ***27*** n. BE DIR. *(Scotland)* cancelliere m. di tribunale.
sheriff court /ˈʃerɪfˌkɔːt/ n. BE DIR. *(in Scotland)* tribunale m. di contea.
sheriff-officer /ˈʃerɪfˌɒfɪsə(r), AE -ˌɔːf-/ ◗ ***27*** n. BE DIR. ufficiale m. giudiziario.
Sherlock /ˈʃɜːlɒk/ n.pr. Sherlock (nome di uomo).
sherpa /ˈʃɜːpə/ n. sherpa m.
sherry /ˈʃerɪ/ n. sherry m.
Sherwood /ˈʃɜːwʊd/ n.pr. Sherwood (nome di uomo).
she's /ʃiːz/ contr. she is, she has.
Shetland /ˈʃetlənd/ ◗ ***12*** **I** n.pr. (anche **~ Islands**) isole f.pl. Shetland; ***in ~, in the ~s*** nelle (isole) Shetland **II** modif. (anche **~ wool**) [*scarf, sweater, gloves*] di shetland **III** agg. [*crofter, family*] shetlandese.
Shetlander /ˈʃetləndə(r)/ n. shetlandese m. e f.
Shetland pony /ˌʃetləndˈpəʊnɪ/ n. pony m. delle Shetland.

Shetland wool /ˌʃetlənd'wʊl/ n. lana f. shetland, shetland m.
shew ANT. → **show.**
shhh /ʃ/ inter. sst.
Shia(h) /'ʃi:ə/ **I** n. (pl. ~, ~**s**) **1** *(religious group)* sciiti m.pl. **2** *(member)* sciita m. e f. **II** agg. sciita.
shiatsu /ˌʃi:'ætsu:/ n. shiatsu m.
shibboleth /'ʃɪbəleθ/ n. shibboleth m.
1.shield /ʃi:ld/ n. **1** MIL. *(of warrior, soldier etc.)* scudo m.; ARALD. scudo m. araldico; FIG. scudo m., protezione f., riparo m. (**against** contro) **2** SPORT scudetto m. **3** TECN. *(screen) (on machine, against radiation)* schermo m. protettivo; *(around gun)* scudo m. antiproiettile; *(of tunnel)* scudo m. **4** AE *(policeman's badge)* distintivo m. **5** ZOOL. *(shell of animal)* carapace f.
2.shield /ʃi:ld/ tr. *(from weather)* proteggere, riparare (**from** da); *(from danger, discovery, truth)* proteggere (**from** da); *(from authorities) (by lying)* coprire; *(by harbouring)* dare asilo a [*suspect, criminal*]; ***to ~ one's eyes from the sun*** proteggersi gli occhi dal sole; ***to ~ sb. with one's body*** fare scudo a qcn. con il proprio corpo.
shielding /'ʃi:ldɪŋ/ n. schermatura f.
shieling /'ʃi:lɪŋ/ n. SCOZZ. capanna f. di pastori.
▶ **1.shift** /ʃɪft/ n. **1** *(alteration)* cambiamento m. (**in** di), spostamento m. (**in** di); ***there has been a ~ in public opinion*** c'è stato un mutamento dell'opinione pubblica; ***a sudden ~ in public opinion*** un cambiamento improvviso dell'opinione pubblica; ***a ~ of policy*** un cambiamento di politica; ***a ~ to the left, right*** POL. uno spostamento verso sinistra, destra; ***the ~ from agriculture to industry*** il passaggio dall'agricoltura all'industria **2** IND. *(period of time)* turno m.; *(group of workers)* squadra f. di turno, turno m.; ***to work ~s*** o ***be on ~s*** fare i turni; ***to be on day ~s*** fare il turno di giorno; ***to be on night ~s*** fare il turno di notte *o* fare la notte; ***to work an eight-hour ~*** fare un turno di otto ore; ***the next ~ comes on at 10*** il prossimo turno attacca alle 10 **3** *(woman's dress)* chemisier m.; *(undergarment)* ANT. sottoveste f. **4** LING. mutamento m. linguistico; ***a ~ in meaning*** un mutamento di significato **5** GEOL. *(fault)* faglia f.; *(movement of rocks)* rigetto m. **6** INFORM. shift m. **7** AE AUT. → **gearshift 8** *(on keyboard)* → **shift key** ◆ ***to make ~ with*** ANT. accontentarsi di.
▶ **2.shift** /ʃɪft/ **I** tr. **1** *(move)* spostare, cambiare di posto a [*furniture*]; spostare [*vehicle*]; muovere, spostare [*arm, leg, head*]; TEATR. cambiare [*scenery*]; ***will somebody help me ~ this piano?*** qualcuno mi può aiutare a spostare questo piano? ***I can't ~ this lid*** non riesco a togliere il coperchio; ***to ~ sth. from*** togliere qcs. da; ***to ~ sth. away from*** allontanare qcs. da [*wall, window*]; ***to ~ sth. into*** spostare qcs. in [*room, garden*]; ***~ your arse!*** BE POP. muovi il culo! ***to ~ one's ground*** o ***position*** FIG. cambiare posizione, idea **2** *(get rid of)* fare scomparire, eliminare [*stain, dirt*]; ***I can't ~ this cold!*** BE COLLOQ. non riesco a liberarmi di questo raffreddore **3** *(transfer) (to another department)* avvicendare; *(to another town, country)* trasferire [*employee*]; FIG. scaricare [*blame, responsibility*] (**onto** su); ***to ~ attention away from a problem*** distogliere l'attenzione da un problema; ***to ~ one's weight from one foot to another*** spostare il peso da un piede all'altro; ***the company is ~ing production to Asia*** la società sta spostando la produzione in Asia **4** AE AUT. ***to ~ gear*** cambiare marcia **II** intr. **1** (anche **~ about**) *(move around)* [*load, contents*] spostarsi, muoversi; [*cargo*] muoversi; ***to ~ uneasily in one's chair*** muoversi nervosamente sulla sedia; ***to ~ from one foot to the other*** spostare il peso da un piede all'altro **2** *(move)* ***the scene ~s to Ireland*** CINEM. TEATR. la scena si sposta in Irlanda; ***this stain won't ~!*** questa macchia non se ne vuole andare! ***can you ~ along*** o ***over a little?*** puoi spostarti, farti un po' più in là? ***~!*** BE COLLOQ. spostati! fatti più in là! **3** *(change)* [*opinion, attitude*] cambiare, modificarsi; [*wind*] girare, cambiare (direzione); ***opinion has ~ed to the right*** l'opinione pubblica ha virato a destra; ***she won't ~*** non si muoverà dalle sue posizioni, non cambierà idea **4** BE COLLOQ. *(go quickly)* [*person*] andare a tutta birra; [*vehicle*] filare **5** AE AUT. ***to ~ into second gear*** mettere la seconda; ***to ~ from first into second*** passare dalla prima alla seconda **III** rifl. ***to ~ oneself*** spostarsi; ***~ yourselves!*** COLLOQ. spostatevi! ***you'll have to ~ yourself into another room*** dovrai spostarti in un'altra stanza ◆ ***to ~ for oneself*** cavarsela da solo.
shiftily /'ʃɪftɪlɪ/ avv. [*look*] furtivamente; [*behave*] ambiguamente.
shiftiness /'ʃɪftɪnɪs/ n. *(of person)* ambiguità f., doppiezza f.
▷ **shifting** /'ʃɪftɪŋ/ agg. [*light*] vacillante; [*alliance*] instabile; [*belief*] mutevole, instabile; [*population*] in movimento.
shifting cultivation /'ʃɪftɪŋkʌltɪˌveɪʃn/ n. = metodo di coltivazione in cui su un terreno si alternano periodi di coltivazione e periodi di riposo.
shifting sands /'ʃɪftɪŋˌsændz/ n.pl. sabbie f. mobili (anche FIG.).
shift key /'ʃɪftˌki:/ n. (tasto) shift m.
shiftless /'ʃɪftlɪs/ agg. **1** *(lazy)* inconcludente, apatico **2** *(lacking initiative)* indolente.
shiftlessly /'ʃɪftlɪslɪ/ avv. **1** *(lazily)* in modo inconcludente, apatico **2** *(with lack of initiative)* indolentemente.
shiftlessness /'ʃɪftlɪsnɪs/ n. **1** *(laziness)* inconcludenza f., apatia f. **2** *(lack of initiative)* indolenza f.
shift lock /'ʃɪftˌlɒk/ n. (tasto) fissamaiuscole m.
shift register /'ʃɪftˌredʒɪstə(r)/ n. INFORM. registro m. a scorrimento.
shift stick /'ʃɪftˌstɪk/ n. AE COLLOQ. → **gearshift.**
shift system /'ʃɪftˌsɪstəm/ n. IND. sistema m. di lavoro a turni.
shift work /'ʃɪftwɜ:k/ n. lavoro m. a turni; ***to be on ~*** fare i turni.
shift worker /'ʃɪftwɜ:kə(r)/ n. turnista m. e f.
shifty /'ʃɪftɪ/ agg. [*person, manner*] losco, ambiguo; ***to have ~ eyes*** avere lo sguardo sfuggente.
Shiite /'ʃi:aɪt/ **I** n. sciita m. e f. **II** agg. sciita.
shiksa /'ʃɪksə/ n. AE SPREG. RELIG. ragazza f. non ebrea, goia f.
1.shill /ʃɪl/ n. AE = complice che nel gioco d'azzardo fa alzare le puntate.
2.shill /ʃɪl/ intr. AE = fare alzare le puntate.
shillelagh /ʃɪ'leɪlə, -lɪ/ n. IRLAND. bastone m., randello m.
shilling /'ʃɪlɪŋ/ ◗ **7** n. BE STOR. scellino m. ◆ ***to be down to one's last ~*** essere a corto di soldi; ***to take the King's*** o ***Queen's ~*** BE arruolarsi; ***to watch the pounds, ~s and pence*** essere avaro, non sprecare soldi.
shillyshally /'ʃɪlɪʃælɪ/ intr. COLLOQ. tergiversare, tentennare.
shillyshallying /'ʃɪlɪʃælɪɪŋ/ n. COLLOQ. tergiversazione f., tentennamento m.
1.shim /ʃɪm/ n. MECC. spessore m.
2.shim /ʃɪm/ tr. (forma in -ing ecc. **-mm-**) inserire uno spessore in.
1.shimmer /'ʃɪmə(r)/ n. *(of jewels, water, silk)* luccichio m.; *(of heat)* scintillazione f.
2.shimmer /'ʃɪmə(r)/ intr. **1** [*jewels, water, silk*] luccicare **2** *(in heat)* [*landscape*] scintillare.
shimmering /'ʃɪmərɪŋ/ **I** n. → **1.shimmer II** agg. [*water, jewels, silk*] luccicante; [*heat*] scintillante.
1.shimmy /'ʃɪmɪ/ n. **1** *(dance)* shimmy m. **2** AUT. shimmy m., farfallamento m.
2.shimmy /'ʃɪmɪ/ intr. **1** ballare lo shimmy **2** AUT. farfallare.
1.shin /ʃɪn/ n. stinco m.; ***to kick sb. in the ~s*** dare a qcn. un calcio negli stinchi.
2.shin /ʃɪn/ intr. (forma in -ing ecc. **-nn-**) arrampicarsi.
▪ **shin down:** ~ ***down [sth.]*** scendere da, calarsi da [*tree, drainpipe*].
▪ **shin up:** ~ ***up [sth.]*** arrampicarsi su [*tree*].
shinbone /'ʃɪnbəʊn/ n. tibia f.
shindig /'ʃɪndɪg/, **shindy** /'ʃɪndɪ/ n. COLLOQ. **1** *(disturbance)* trambusto m., confusione f., casino m.; ***to kick up a ~*** fare un gran casino **2** *(party)* baldoria f., festa f. rumorosa.
1.shine /ʃaɪn/ n. *(of floor, hair)* lucentezza f.; *(of marble, metal)* splendore m.; *(of parquet, wood)* brillantezza f.; ***to give sth. a ~*** dare una lucidata a *o* lucidare [*floor, silver, shoes*]; rendere [qcs.] splendente [*hair*] ◆ ***to take a ~ to sb.*** COLLOQ. prendersi una cotta per qcn.; ***to take the ~ off sth.*** FIG. togliere il gusto a qcs.
▷ **2.shine** /ʃaɪn/ **I** tr. **1** (pass., p.pass. **shone**) fare luce con [*headlights, spotlight, torch*] **2** (pass., p.pass. **shined**) lucidare, fare brillare [*brass, silver*]; lucidare [*shoes*] **II** intr. (pass., p.pass. **shone**) **1** [*hair, light, sun*] brillare, splendere; [*brass, floor*] brillare, rilucere; ***to ~ through*** trasparire attraverso [*mist, gloom*]; ***the light is shining in my eyes*** ho la luce negli occhi; ***his face shone with exertion*** aveva il volto accaldato per lo sforzo **2** FIG. *(be radiant)* [*eyes, face*] brillare, risplendere (**with** di, per); ***her courage shone forth*** LETT. brillò per il suo coraggio **3** *(excel)* brillare; ***to ~ at*** essere bravo in [*science, languages etc.*]; ***he never shone at school*** non ha mai brillato a scuola **4** *(be very clean)* risplendere, rilucere; ***the kitchen shone*** la cucina era tirata a lucido ◆ ***to get*** o ***have a chance to ~*** avere l'occasione di mettersi in luce; ***to ~ up to sb.*** AE COLLOQ. insaponare *o* cercare di ingraziarsi qcn.; ***where the sun doesn't ~*** POP. dove non batte il sole.
▪ **shine in** [*light*] penetrare; ***to ~ in through*** penetrare attraverso [*window, chink*].
▪ **shine out** [*light*] brillare; ***the light shone out through the doorway*** la luce brillava attraverso il vano della porta.
▪ **shine through** [*talent*] trasparire, vedersi chiaramente.
shiner /'ʃaɪnə(r)/ n. COLLOQ. **1** *(black eye)* occhio m. nero **2** AE *(fish)* pesciolino m. argentato.

1.shingle /ˈʃɪŋgl/ **I** n. **1** U *(pebbles)* ghiaia f., ciottoli m.pl. **2** ING. *(tile)* scandola f. **3** AE COLLOQ. *(nameplate)* targa f. **4** *(hairstyle)* pettinatura f. alla garçonne, alla maschietta **II** modif. **1** [*beach*] di ghiaia, di ciottoli **2** ING. [*roof*] di scandole ◆ ***to hang up*** o ***out one's*** ~ AE COLLOQ. iniziare un'attività professionale.

2.shingle /ˈʃɪŋgl/ tr. **1** ING. coprire [qcs.] di scandole [*roof*] **2** *(style hair)* pettinare [qcn.] alla garçonne, alla maschietta.

shingled /ˈʃɪŋgld/ **I** p.pass. → **2.shingle II** agg. [*hair*] alla garçonne, alla maschietta.

shingles /ˈʃɪŋglz/ ➧ **11** n.pl. MED. fuoco m.sing. di sant'Antonio, herpes m.sing. zoster; ***to have*** ~ avere il fuoco di sant'Antonio.

shingly /ˈʃɪŋglɪ/ agg. [*beach*] di ghiaia, di ciottoli.

shinguard /ˈʃɪngɑːd/ n. → **shinpad**.

shininess /ˈʃaɪnɪnɪs/ n. splendore m., lustro m.

▷ **shining** /ˈʃaɪnɪŋ/ agg. **1** *(shiny)* [*car, floor*] splendente, lucido; [*hair, bald spot*] splendente, lucente; [*brass, silver*] brillante, rilucente **2** *(glowing)* [*eyes*] brillante, splendente; [*face*] radioso, splendente; ***with*** ~ ***eyes she tore the ribbon off the present*** con gli occhi che le brillavano strappò il fiocco dal regalo **3** FIG. [*achievement*] splendido, brillante ◆ ***to be a*** ~ ***example of sth.*** essere un fulgido esempio di qcs.; ***to be a*** ~ ***light*** RELIG. brillare di luce propria.

1.shinny /ˈʃɪnɪ/ n. AE SPORT → **shinty**.

2.shinny /ˈʃɪnɪ/ intr. AE arrampicarsi.

shinpad /ˈʃɪnpæd/ n. parastinchi m.

shinplaster /ˈʃɪnplɑːstə(r), AE -plæs-/ n. AE COLLOQ. = banconota svalutata o di piccolo taglio.

Shinto(ism) /ˈʃɪntəʊ(ɪzəm)/ n. scintoismo m.

Shintoist /ˈʃɪntəʊɪst/ n. scintoista m. e f.

shinty /ˈʃɪntɪ/ n. BE SPORT = gioco scozzese simile all'hockey.

▷ **shiny** /ˈʃaɪnɪ/ agg. **1** [*photo finish, hair*] brillante, splendente; [*metal, coin, surface*] scintillante **2** [*shoes, parquet, wood*] lucido, brillante **3** [*seat of trousers*] lucido, liso; ***a*** ~ ***mac*** BE una cerata.

▶ **1.ship** /ʃɪp/ n. nave f.; *(smaller)* battello m.; ***passenger*** ~ nave passeggeri; ***Her Majesty's*** ~ ***(HMS) Victory*** la Victory; ***to travel by*** ~ viaggiare in nave; ***to send sth. by*** ~ mandare qcs. per nave; ***to take*** ~ ***for India*** ANT. imbarcarsi per l'India; ***a*** ~ ***of the line*** STOR. una nave da guerra; ***the good*** ~ ***Ivanhoe*** ANT. LETT. il prode Ivanoe ◆ ***we are like*** ~***s that pass in the night*** ci incrociamo solo ogni tanto; ***the*** ~ ***of state*** la macchina dello stato; ***the*** ~ ***of the desert*** *(camel)* la nave del deserto; ***to run a tight*** ~ fare andare avanti alla perfezione; ***when my*** ~ ***comes in*** quando farò fortuna.

2.ship /ʃɪp/ tr. (forma in -ing ecc. **-pp-**) **1** *(send) (by sea)* spedire [qcs.] via mare; *(by air)* spedire [qcs.] per via aerea; *(overland)* spedire [qcs.] per via terra **2** *(take on board)* caricare [*cargo, supplies*]; levare [*oars*]; ***to*** ~ ***water*** imbarcare acqua.

■ **ship off:** ~ ***[sth., sb.] off,*** ~ ***off [sth., sb.]*** spedire via (anche IRON.).

■ **ship out:** ~ ***out*** AE *(go to sea)* imbarcarsi; ~ ***[sth.] out,*** ~ ***out [sth.]*** → **ship off**.

■ **ship over** AE arruolarsi in marina.

shipboard /ˈʃɪpbɔːd/ agg. [*ceremony*] a bordo; [*duty*] di bordo.

shipboy /ˈʃɪpbɔɪ/ n. mozzo m.

shipbreaker /ˈʃɪpˌbreɪkə(r)/ ➧ **27** n. demolitore m. (-trice) di navi.

shipbroker /ˈʃɪpˌbrəʊkə(r)/ ➧ **27** n. broker m. marittimo.

shipbuilder /ˈʃɪpbɪldə(r)/ ➧ **27** n. costruttore m. (-trice) navale; ***a firm of*** ~***s*** un'impresa di costruzioni navali.

shipbuilding /ˈʃɪpbɪldɪŋ/ n. costruzione f. navale.

ship canal /ˈʃɪpkəˌnæl/ n. canale m. navigabile.

ship-fever /ˈʃɪpˌfiːvə(r)/ n. tifo m.

shipload /ˈʃɪpləʊd/ n. carico m. totale (di una nave).

ship master /ˈʃɪpˌmɑːstə(r)/ n. capitano m. (di una nave).

shipmate /ˈʃɪpmeɪt/ n. compagno m. (-a) di bordo.

▷ **shipment** /ˈʃɪpmənt/ n. **1** *(cargo) (by sea, air, land)* carico m.; ***arms*** ~ carico di armi **2** *(sending)* spedizione f.

ship owner /ˈʃɪpˌəʊnə(r)/ n. armatore m. (-trice).

shipper /ˈʃɪpə(r)/ n. spedizioniere m. (marittimo).

▷ **shipping** /ˈʃɪpɪŋ/ **I** n. **1** *(boats)* navigazione f., traffico m. marittimo; ***a danger to*** ~ un pericolo per la navigazione; ***open, closed to*** ~ aperto, chiuso alla navigazione; ***British*** ~ marina britannica; ***attention all*** ~***!*** avviso a tutte le imbarcazioni! **2** *(sending)* spedizione f. marittima; AE *(nonmaritime)* spedizione f.; *(as profession, industry)* marina f. mercantile **II** modif. [*agent, office*] marittimo; [*industry*] cantieristico; ~ ***exchange*** borsa noli.

shipping charges /ˈʃɪpɪŋˌtʃɑːdʒɪz/ n.pl. spese f. di spedizione.

shipping clerk /ˈʃɪpɪŋˌklɑːk, AE -ˌklɜːrk/ ➧ **27** n. spedizioniere m.

shipping company /ˈʃɪpɪŋˌkʌmpənɪ/ n. *(sea)* compagnia f. di navigazione; *(road)* impresa f. di trasporti.

shipping forecast /ˈʃɪpɪŋˌfɔːkɑːst, AE -kæst/ n. avvisi m.pl. ai naviganti, meteo m. marina.

shipping lane /ˈʃɪpɪŋleɪn/ n. corridoio m. di navigazione.

shipping line /ˈʃɪpɪŋlaɪn/ n. compagnia f., linea f. di navigazione.

ship's articles /ˌʃɪpsˈɑːtɪklz/ n.pl. contratto m.sing. d'ingaggio.

ship's biscuit /ˌʃɪpsˈbɪskɪt/ n. galletta f.

ship's boat /ˌʃɪpsˈbəʊt/ n. *(lifeboat)* scialuppa f. (di salvataggio).

ship's carpenter /ˌʃɪpsˈkɑːpəntə(r)/ ➧ **27** n. carpentiere m. navale.

ship's chandler /ˌʃɪpsˈtʃɑːndlə(r), AE -ˈtʃæn-/ ➧ **27** n. fornitore m. navale.

ship's company /ˌʃɪpsˈkʌmpənɪ/ n. equipaggio m.

ship's doctor /ˌʃɪpsˈdɒktə(r)/ ➧ **27** n. medico m. di bordo.

shipshape /ˈʃɪpʃeɪp/ agg. BE ordinato; ~ ***and Bristol fashion*** in perfetto ordine.

ship's husband /ˈʃɪpsˌhʌzbənd/ n. capitano m. di armamento.

ship's mate /ˈʃɪpsˌmeɪt/ ➧ **23** n. capitano m. in seconda.

ship's papers /ˈʃɪpsˌpeɪpəz/ n.pl. documenti m. di bordo.

ship-to-shore radio /ˌʃɪptəˈʃɔː(r)ˌreɪdɪəʊ/ n. contatto m. radio con la costa, da bordo a terra.

shipway /ˈʃɪpweɪ/ n. **1** *(building track)* scalo m. di costruzione **2** *(ship canal)* canale m. navigabile.

shipworm /ˈʃɪpwɜːm/ n. teredine f., bruma f.

1.shipwreck /ˈʃɪprek/ n. *(event)* naufragio m.; *(ship)* relitto m.

2.shipwreck /ˈʃɪprek/ tr. ***to be*** ~***ed*** fare naufragio, naufragare.

shipwrecked /ˈʃɪprekt/ **I** p.pass. → **2.shipwreck II** agg. ***a*** ~ ***sailor*** un naufrago.

shipwright /ˈʃɪpraɪt/ ➧ **27** n. maestro m. d'ascia.

shipyard /ˈʃɪpjɑːd/ **I** n. cantiere m. navale **II** modif. [*worker*] di cantiere navale.

shire /ˈʃaɪə(r)/ **I** n. BE **1** ANT. contea f. (inglese) **2** POL. ***the*** ~***s*** le contee dell'Inghilterra centrale **II** modif. POL. [*county, politician*] di provincia.

shire horse /ˈʃaɪəˌhɔːs/ n. grosso cavallo m. da tiro.

shirk /ʃɜːk/ **I** tr. sottrarsi a [*task, duty, responsibility*]; schivare [*problem*]; ***to*** ~ ***doing sth.*** evitare di fare qcs. **II** intr. defilarsi.

shirker /ˈʃɜːkə(r)/ n. scansafatiche m. e f., lazzarone m. (-a).

Shirley /ˈʃɜːlɪ/ n.pr. Shirley (nome di donna).

shirr /ʃɜː(r)/ tr. SART. arricciare [*bodice etc.*].

shirred /ʃɜːd/ **I** p.pass. → **shirr II** agg. **1** GASTR. [*eggs*] in cocotte **2** SART. [*bodice etc.*] arricciato.

shirring /ˈʃɜːrɪŋ/ n. SART. *(process)* arricciatura f.; *(result)* filo m. elastico arricciato.

▷ **shirt** /ʃɜːt/ ➧ **28 I** n. *(man's)* camicia f. da uomo; *(woman's)* camicetta f. di foggia maschile; *(for sport)* maglia f.; ***long-, short-sleeved*** ~ camicia a maniche lunghe, corte; ***open-necked*** ~ camicia a collo aperto **II** modif. [*button, collar, cuff*] di camicia ◆ ***keep your*** ~ ***on!*** COLLOQ. stai calmo! ***to lose one's*** ~ COLLOQ. perdere la camicia; ***to put one's*** ~ ***on sth.*** COLLOQ. giocarsi la camicia su qcs.; ***to sell the*** ~ ***off one's back*** vendersi (anche) la camicia.

shirt collar /ˈʃɜːtˌkɒlə(r)/ n. colletto m. di camicia.

shirtdress /ˈʃɜːtdres/ n. AE → **shirtwaist(er)**.

shirtfront /ˈʃɜːtfrʌnt/ n. sparato m. (di camicia).

shirting /ˈʃɜːtɪŋ/ n. shirting m.

shirt-sleeve /ˈʃɜːtsliːv/ **I** n. manica f. di camicia; ***in one's*** ~***s*** in maniche di camicia; ***to roll up one's*** ~***s*** rimboccarsi le maniche (della camicia) (anche FIG.) **II** agg. AE *(plain)* [*approach*] informale.

shirttail /ˈʃɜːtteɪl/ n. **1** *(of shirt)* lembo m. di camicia **2** AE COLLOQ. GIORN. = informazioni aggiunte in fondo a un articolo.

shirttail cousin /ˌʃɜːtteɪlˈkʌzn/ n. AE cugino m. (-a) alla lontana.

shirtwaist /ˈʃɜːtweɪst/, **shirtwaister** /ˈʃɜːtweɪstə(r)/ n. BE chemisier m.

shirty /ˈʃɜːtɪ/ agg. BE COLLOQ. [*person*] irritato, incollerito; ***to get*** ~ incavolarsi.

shish-kebab /ˈʃiːʃkəbæb/ n. kebab m.

1.shit /ʃɪt/ **I** n. POP. **1** *(excrement)* merda f., cacca f.; ***dog*** ~ merda di cane; ***horse*** ~ sterco di cavallo **2** *(act of excreting)* ***to have*** o ***take*** AE, ***need a*** ~ cacare *o* fare una cacata, avere voglia di cacare; ***to have the*** ~***s*** avere la cacarella **3** (anche **bull**~) cazzate f.pl., stronzate f.pl.; ***to talk*** ~ dire cazzate *o* stronzate; ***I've taken all the*** ~ ***I'm going to*** non ho intenzione di continuare a mangiare merda **4** *(nasty person)* merda f. **5** AE *(things)* cacate f.pl., merda f. **6** AE POP. *(heroin)* eroina f. **7** POP. *(marijuana)* marijuana f., roba f. **II** avv. (anche ~-**all**) ***he knows*** ~ ***about it*** non ne sa un cazzo **III** inter. merda; ***tough*** ~***!*** che sfiga di merda! che cazzo di sfiga! ◆ ***I don't give a*** ~ ***for*** o ***about sb., sth.*** non me ne frega un cazzo di qcn., qcs.; ***no*** ~***?*** stai scherzando? ma va'? ***to be in the*** ~ o ***in deep*** ~ essere nella merda fino al collo; ***to beat*** o ***kick*** o ***knock the*** ~ ***out of***

sb. massacrare qcn. di botte; ***to eat ~*** mangiare merda; ***to scare the ~ out of sb.*** fare cacare sotto qcn. dalla paura; ***when the ~ hits the fan*** quando verrà fuori tutto il casino.

2.shit /ʃɪt/ **I** tr. (forma in -ing ecc. **-tt-**; pass., p.pass. **shat**) **1** *(excrete)* cacare in; ***to ~ one's pants*** cacarsi nei pantaloni *o* addosso **2** AE *(fool)* prendere [qcn.] per il culo **II** intr. (pass., p.pass. **shat**) cacare **III** rifl. (pass., p.pass. **shat**) ***to ~ oneself*** cacarsi addosso ◆ ***are you ~ting?*** AE mi stai prendendo per il culo? ***to ~ on sb.*** trattare qcn. come una merda.

shit ass /ˈʃɪtæs/ n. AE POP. → **shitface**.

shitbag /ˈʃɪtbæg/ n. POP. sacco m. di merda, stronzo m. (-a).

shite /ʃaɪt/ n. POP. → **1.shit**.

shit-eating /ˈʃɪtiːtɪŋ/ agg. AE POP. *(gloating)* [*grin*] da stronzo.

shitface /ˈʃɪtfeɪs/ n. faccia f. di merda.

shitfaced /ˈʃɪtfeɪst/ agg. POP. ubriaco fradicio.

shithead /ˈʃɪthed/ n. POP. → **shitbag**.

shit-hole /ˈʃɪthəʊl/ n. **1** POP. *(lavatory)* cesso m. (anche FIG.) **2** *(anus)* buco m. del culo.

shit-hot /ˈʃɪthɒt/ agg. POP. super, eccezionale.

shithouse /ˈʃɪthaʊs/ n. POP. cacatoio m.

shitless /ˈʃɪtlɪs/ agg. POP. ***to scare sb. ~*** fare cacare sotto qcn. dalla paura *o* spaventare qcn. a morte; ***to be scared ~*** farsela sotto *o* cacarsi addosso dalla paura.

shit-list /ˈʃɪtlɪst/ n. POP. lista f. nera.

shit scared /ˈʃɪtskeəd/ agg. POP. ***to be ~*** farsela sotto *o* cacarsi addosso dalla paura.

shit-stirrer /ˈʃɪtstɪrə(r)/ n. POP. linguaccia f., malalingua f.

shitter /ˈʃɪtə(r)/ n. AE POP. **1** *(toilets)* cesso m. **2** (anche **bull~**) contaballe m. e f.

shitty /ˈʃɪtɪ/ agg. POP. **1** merdoso, di merda **2** FIG. [*person*] merdoso; [*situation, object*] di merda **3** AE *(ill)* ***to feel ~*** sentirsi di merda.

shitwork /ˈʃɪtwɜːk/ n. AE POP. lavori m.pl. di routine, faccende f.pl. domestiche; ***to have to do the ~*** dover fare i lavori più schifosi.

1.shiv /ʃɪv/ n. AE COLLOQ. coltello m., pugnale m.

2.shiv /ʃɪv/ tr. COLLOQ. (forma in -ing ecc. **-vv-**) accoltellare, pugnalare.

shivaree /ˌʃɪvəˈriː/ n. AE charivari m.

▷ **1.shiver** /ˈʃɪvə(r)/ **I** n. brivido m. (anche FIG.); ***to give a ~*** avere un brivido; ***to send a ~ down sb.'s spine*** fare venire i brividi a *o* fare rabbrividire qcn. **II shivers** n.pl. brividi m.; ***an attack of the ~s*** un attacco di brividi; ***to give sb. the ~s*** fare venire i brividi a *o* fare rabbrividire qcn. (anche FIG.).

▷ **2.shiver** /ˈʃɪvə(r)/ **I** tr. ridurre in frammenti **II** intr. **1** *(with cold, fever)* tremare, rabbrividire (**with** di, da, per); *(with excitement)* fremere (**with** per); *(with fear, emotion, disgust)* rabbrividire (**with** per) **2** *(shatter)* frantumarsi, andare in pezzi **3** LETT. [*leaves etc.*] fremere ◆ ***~ my timbers!*** ANT. perbacco!

shivering /ˈʃɪvərɪŋ/ agg. tremolante.

shivery /ˈʃɪvərɪ/ agg. *(feverish)* febbrile.

1.shoal /ʃəʊl/ n. **1** *(of fish)* banco m. **2** FIG. *(of visitors)* frotta f., folla f.; *(of letters, complaints)* (grande) quantità f. **3** GEOGR. *(of sand)* banco m. di sabbia; *(shallows)* bassofondo m., secca f.

2.shoal /ʃəʊl/ intr. **1** [*fish*] riunirsi in banchi **2** FIG. [*visitors*] affollarsi **3** [*water*] diminuire di profondità.

▶ **1.shock** /ʃɒk/ **I** n. **1** *(psychological)* shock m., choc m.; ***to get*** o ***have a ~*** avere uno shock; ***to give sb. a ~*** provocare uno shock a *o* scioccare qcn.; ***the ~ of seeing, hearing*** lo shock di vedere, di sentire; ***it came as a bit of a ~*** è stato uno shock; ***her death came as a ~ to us*** la sua morte è stata uno shock per noi *o* ci ha scioccato; ***it's a ~ to the system when...*** è un vero shock quando...; ***to recover from*** o ***get over the ~*** riprendersi da *o* superare uno shock; ***a sense of ~*** uno shock; ***he's in for a nasty ~ when he gets the bill*** COLLOQ. gli prenderà un colpo quando vedrà il conto; ***to express one's ~*** *(indignation)* esprimere la propria indignazione; *(amazement)* esprimere il proprio stupore; ***his ~ at their mistreatment*** la sua indignazione per i maltrattamenti che hanno subito; ***her ~ at her surprisingly good results*** il suo stupore di fronte a risultati sorprendentemente buoni; ***~! horror!*** GIORN. SCHERZ. scandalo! orrore! ***minister's resignation ~!*** GIORN. colpo di scena: il ministro si dimette! **2** MED. shock m.; ***to be in (a state of) ~*** essere in stato di shock, sotto shock; ***to go into ~*** cadere sotto shock; ***to treat sb. for ~*** curare qcn. in stato di shock; ***in deep ~*** in grave stato di shock; ***to be suffering from ~*** essere in stato di shock; ***severe, mild ~*** shock grave, leggero **3** EL. scossa f.; ***electric ~*** scossa elettrica; ***to get, receive a ~*** prendere, ricevere una scossa; ***to give sb. a ~*** dare la scossa a qcn. **4** *(physical impact) (of collision)* colpo m.; *(of earthquake)* scossa f.; *(of explosion)* urto m. **5** *(of corn)* bica f.; FIG. *(of hair)* zazzera f. **6** COLLOQ. (anche **~ absorber**) ammortizzatore m. **II** modif. COLLOQ. [*approach, effect*] shock; [*announcement, decision, result*] scioccante.

▶ **2.shock** /ʃɒk/ tr. *(distress)* sconvolgere; *(scandalize)* scioccare.

shock absorber /ˈʃɒkəbˌzɔːbə(r)/ n. ammortizzatore m.

▷ **shocked** /ʃɒkt/ **I** p.pass. → **2.shock** **II** agg. *(distressed)* sconvolto; *(scandalized)* scioccato; ***to be ~ at*** o ***by sth.*** essere scioccato da *o* sconvolto per qcs.; ***to be ~ to hear*** o ***learn that...*** essere scioccato *o* sconvolto di apprendere che...; ***she's not easily ~*** non si sciocca facilmente.

shocker /ˈʃɒkə(r)/ n. COLLOQ. *(person)* provocatore m. (-trice); *(book, film, programme)* provocazione f.

shock-headed /ˈʃɒkhedɪd/ agg. zazzeruto.

▷ **shocking** /ˈʃɒkɪŋ/ agg. **1** *(upsetting)* [*sight*] scioccante; *(scandalous)* [*news*] scioccante, sconvolgente **2** COLLOQ. *(appalling)* disastroso, terribile.

shockingly /ˈʃɒkɪŋlɪ/ avv. [*behave*] scandalosamente; [*expensive*] incredibilmente; ***it was ~ unfair*** è stato scandalosamente ingiusto; ***his work is ~ bad*** il suo lavoro è un vero disastro.

shocking pink /ˌʃɒkɪŋˈpɪŋk/ ♦ **5** **I** n. rosa m. shocking **II** agg. rosa shocking.

shockproof /ˈʃɒkpruːf/, **shock resistant** /ˈʃɒkrɪˌzɪstənt/ agg. [*sole*] antishock; [*watch*] antiurto.

shock tactics /ˈʃɒkˌtæktɪks/ n.pl. MIL. tattica f.sing. d'urto; FIG. terapia f. d'urto.

shock therapy /ˈʃɒkˌθerəpɪ/ n. shockterapia f.

shock treatment /ˈʃɒkˌtriːtmənt/ n. PSIC. cura f. mediante elettroshock; FIG. terapia f. d'urto.

shock troops /ˈʃɒktruːps/ n.pl. truppe f. d'assalto.

shock value /ˈʃɒkˌvæljuː/ n. ***the ~ of the book is the attraction*** l'interesse del libro sta solo nel suo essere provocatorio; ***it's just for ~*** è solo una provocazione, per scandalizzare.

shock wave /ˈʃɒkˌweɪv/ n. **1** onda f. d'urto **2** FIG. ripercussione f.; ***the news has sent ~s through the stock market*** la notizia ha avuto molte ripercussioni in Borsa.

shod /ʃɒd/ **I** pass., p.pass. → **2.shoe** **II** agg. calzato; ***well, poorly ~*** con delle belle, brutte scarpe.

shoddily /ˈʃɒdɪlɪ/ avv. **1** ***to be ~ made, built*** essere di fabbricazione, di costruzione scadente **2** [*behave*] scorrettamente.

shoddiness /ˈʃɒdɪnɪs/ n. *(of work, product etc.)* qualità f. scadente.

shoddy /ˈʃɒdɪ/ **I** n. lana f. rigenerata **II** agg. **1** [*product*] scadente, di qualità inferiore; [*work*] malfatto **2** [*behaviour*] meschino; ***a ~ trick*** un tiro mancino.

▶ **1.shoe** /ʃuː/ ♦ **28** **I** n. **1** *(footwear)* scarpa f.; ***a pair of ~s*** un paio di scarpe; ***to take off, put on one's ~s*** togliersi, mettersi le scarpe **2** *(for horse)* ferro m. **3** FOT. *(for flash)* innesto m. del flash **4** AUT. (anche **brake ~**) ganascia f. del freno **5** ING. (anche **pile ~**) puntazza f. **II** modif. [*box*] da scarpe; [*shop*] di calzature; [*factory, manufacturer, retailer*] di calzature, calzaturiero ◆ ***it's a question of dead men's ~s*** = bisogna aspettare che qualcuno muoia per poter prendere il suo posto; ***to be in sb.'s ~s*** essere nei panni di qcn.; ***what would you have done in my ~s?*** che cosa avresti fatto al mio posto? ***to shake*** o ***shiver in one's ~s*** tremare di paura; ***to step into*** o ***fill sb.'s ~s*** prendere il posto di qcn.; ***I saved ~ leather and took a bus*** per non farmela a piedi ho preso l'autobus; ***I wore out ~ leather to find the right present*** ho consumato le scarpe per trovare il regalo giusto.

2.shoe /ʃuː/ tr. (forma in -ing **shoeing**; pass., p.pass. **shod**) ferrare [*horse*]; mettere le scarpe a, calzare [*person*].

shoebill /ˈʃuːbɪl/ n. ORNIT. becco m. a scarpa.

shoeblack /ˈʃuːblæk/ n. → **shoeshine (boy)**.

shoebrush /ˈʃuːbrʌʃ/ n. spazzola f. da scarpe.

shoe-buckle /ˈʃuːbʌkl/ n. fibbia f. (di scarpa).

shoe cream /ˈʃuːˌkriːm/ n. lucido m. da scarpe.

shoehorn /ˈʃuːhɔːn/ n. calzascarpe m.

shoelace /ˈʃuːleɪs/ n. laccio m., stringa f. da scarpe; ***to do*** o ***tie up one's ~s*** legarsi le scarpe.

shoe-leather /ˈʃuːˌleðə(r)/ n. cuoio m. per calzature.

shoeless /ˈʃuːlɪs/ agg. **1** [*person*] scalzo, senza scarpe **2** [*horse*] non ferrato.

shoemaker /ˈʃuːmeɪkə(r)/ ♦ **27** n. calzolaio m. (-a).

shoemaking /ˈʃuːmeɪkɪŋ/ n. calzoleria f.

shoe polish /ˈʃuːpɒlɪʃ/ n. lucido m. da scarpe.

shoer /ˈʃuːə(r)/ ♦ **27** n. maniscalco m.

shoe rack /ˈʃuːræk/ n. scarpiera f.

shoe repairer /ˈʃuːrɪˌpeərə(r)/ ♦ **27** n. calzolaio m. (-a).

shoe repairs /ˈʃuːrɪˌpeəz/ n.pl. calzoleria f.sing.

shoe repair shop /ˈʃuːrɪpeəˌʃɒp/ ♦ **27** n. calzoleria f.

shoeshine (boy) /ˈʃuːʃaɪn(ˌbɔɪ)/ ♦ **27** n. lustrascarpe m.

shoe shop /ˈʃuːʃɒp/ ➧ *27* n. negozio m. di calzature, di scarpe.
shoe size /ˈʃuːsaɪz/ ➧ *28* n. numero m. di scarpe; ***what's your ~?*** che numero porti di scarpe?
shoestring /ˈʃuːstrɪŋ/ n. AE laccio m., stringa f. da scarpe ◆ ***on a ~*** COLLOQ. con pochissimi soldi.
shoestring budget /ˈʃuːstrɪŋˌbʌdʒɪt/ n. COLLOQ. budget m. ridotto.
shoe tree /ˈʃuːtriː/ n. forma f. per scarpe.
shogun /ˈʃəʊɡʊn/ n. STOR. shogun m.; FIG. magnate m.
shogunate /ˈʃəʊɡʊnət/ n. STOR. shogunato m.
shone /ʃɒn/ pass., p.pass. → **2.shine.**
1.shoo /ʃuː/ inter. sciò, via.
2.shoo /ʃuː/ tr. (anche **~ away**) cacciare via, scacciare.
shoo-in /ˈʃuːɪn/ n. AE favorito m. (-a); ***Bates is a ~ to win the election*** Bates è dato per favorito alle elezioni.
1.shook /ʃʊk/ n. **1** *(of cask)* = fascio di doghe e fondi **2** *(corn shock)* bica f.
2.shook /ʃʊk/ pass. → **2.shake.**
1.shoot /ʃuːt/ **I** n. **1** BOT. *(young growth)* getto m.; *(offshoot)* germoglio m. **2** BE *(in hunting) (meeting)* partita f. di caccia; *(area of land)* riserva f. di caccia **3** CINEM. ripresa f. **4** *(of river)* rapida f. **5** GEOL. MIN. filone m. **II** inter. AE COLLOQ. **1** *(expressing disbelief)* mannaggia **2** *(telling sb. to speak)* spara.
▶ **2.shoot** /ʃuːt/ **I** tr. (pass., p.pass. **shot**) **1** *(fire)* sparare [*bullet*]; lanciare [*missile*]; tirare, scoccare [*arrow*]; ***to ~ sth. at sb., sth.*** *(with gun)* sparare qcs. a qcn., qcs.; *(with missiles)* lanciare qcs. a qcn., qcs.; ***to ~ one's way out of somewhere*** scappare da qualche posto sparando **2** *(hit with gun)* sparare a [*person, animal*]; *(kill)* uccidere [*person, animal*]; ***she shot him in the leg, back*** gli ha sparato alla gamba, nella schiena; ***to be shot in the leg, back*** essere colpito *o* ferito alla gamba, alla schiena; ***he was shot in the head*** gli hanno sparato in testa; ***to ~ sb. for desertion, spying*** fucilare qcn. per diserzione, spionaggio; ***to ~ sb. dead*** colpire qcn. a morte; ***you'll get shot if someone catches you!*** FIG. se qualcuno ti becca sei morto! ***I could ~ him!*** potrei ucciderlo! ***to be shot to pieces*** COLLOQ. essere crivellato di pallottole; FIG. essere fatto a pezzi **3** *(direct)* lanciare, scoccare [*look*] (**at** a); fare [*smile*] (**at** a); ***to ~ questions at sb.*** bombardare qcn. di domande **4** CINEM. FOT. *(film)* girare [*film, scene*]; riprendere [*subject*] **5** *(push)* tirare, spingere [*bolt*] **6** *(in canoeing)* ***to ~ the rapids*** scendere le rapide **7** *(in golf)* ***to ~ 75*** fare 75 punti **8** AE GIOC. SPORT giocare a [*pool, craps*]; ***to ~ dice*** tirare i dadi **9** *(in hunting)* andare a caccia di [*pheasant, game*]; andare a caccia su [*moor*] **10** COLLOQ. *(inject)* → **shoot up** **II** intr. (pass., p.pass. **shot**) **1** *(fire a gun)* sparare (**at** a, contro); ***to ~ to kill, wound*** sparare per uccidere, ferire **2** *(move suddenly)* ***to ~ out of, into, down sth.*** balzare *o* sfrecciare fuori da qcs., dentro *o* in qcs., giù da qcs.; ***to ~ forward, backwards*** scagliarsi in avanti, indietro; ***the car shot past*** la macchina sfrecciò a tutta velocità; ***the pain shot down*** o ***along his arm*** un dolore lancinante gli trafisse il braccio; ***to ~ to fame*** FIG. sfondare, diventare famoso in pochissimo tempo **3** BOT. *(grow)* [*plant*] spuntare, germogliare **4** CINEM. girare **5** SPORT *(in football, hockey etc.)* [*player*] tirare **6** *(in hunting)* [*person*] andare a caccia **III** rifl. (pass., p.pass. **shot**) ***to ~ oneself*** spararsi; ***to ~ oneself in the head, leg*** spararsi alla testa, alla gamba, un colpo in testa, nella gamba ◆ ***to ~ a line*** COLLOQ. spararla grossa; ***to ~ oneself in the foot*** COLLOQ. darsi la zappa sui piedi; ***to ~ the works*** AE COLLOQ. fare tutto il possibile; ***the whole (bang) ~*** COLLOQ. tutto quanto; ***to ~ one's mouth off*** spiattellare tutto in giro.
▪ **shoot down:** ***~ down [sb., sth.], ~ [sb., sth.] down*** AER. MIL. abbattere [*plane, pilot*]; ***he was shot down over France*** è stato abbattuto mentre sorvolava la Francia; ***to ~ [sb., sth.] down in flames*** abbattere [qcn., qcs.] [*plane*]; FIG. distruggere [*argument, person*]; ***~ [sb.] down, ~ down [sb.]*** [*gunman*] colpire [*person*].
▪ **shoot off** ***his leg was shot off by a cannonball*** un colpo di cannone gli staccò la gamba.
▪ **shoot out:** ***~ out*** [*water*] scaturire; [*flame*] sprigionarsi; ***the car shot out of a side street*** la macchina è saltata fuori da una viuzza laterale; ***to ~ one's foot, arm out*** tendere il braccio, la gamba; ***the snake shot its tongue out*** il serpente fece guizzare la lingua; ***to ~ it out*** COLLOQ. [*gunmen*] regolare i conti a colpi di arma da fuoco.
▪ **shoot up:** ***~ up*** **1** [*flames, spray*] divampare; FIG. [*prices, profits*] salire alle stelle **2** *(grow rapidly)* [*plant*] crescere rapidamente; ***that boy has really shot up!*** FIG. quel ragazzo è cresciuto tutto d'un colpo **3** *(inject oneself) (in drug addicts' slang)* bucarsi, farsi; ***~ up [sth.], ~ [sth.] up*** **1** COLLOQ. *(inject) (in drug addicts' slang)* farsi di [*heroin*] **2** *(with bullets)* sparare su [*person*]; ***he was badly shot up*** gli hanno sparato ferendolo gravemente.

shoot'em-up /ˌʃuːtmˈʌp/ n. AE COLLOQ. film m. violento.
shooter /ˈʃuːtə(r)/ n. tiratore m.
▷ **shooting** /ˈʃuːtɪŋ/ ➧ *10* **I** n. **1** *(act) (killing)* uccisione f. (con arma da fuoco); ***the ~ of the prisoner took place at dawn*** il prigioniero è stato fucilato all'alba **2** U *(firing)* spari m.pl., sparatoria f. **3** *(in hunting)* caccia f.; ***to go ~*** andare a caccia **4** SPORT *(at target etc.)* tiro m. **5** CINEM. riprese f.pl. **II** agg. [*pain*] lancinante.
shooting box /ˈʃuːtɪŋˌbɒks/ n. *(in hunting)* capanno m. di caccia.
shooting brake /ˈʃuːtɪŋˌbreɪk/ n. BE AUT. ANT. station wagon f., familiare f.
shooting gallery /ˈʃuːtɪŋˌɡælərɪ/ n. SPORT *(place)* tiro m. a segno.
shooting incident /ˈʃuːtɪŋˌɪnsɪdənt/ n. = incidente in cui una persona rimane uccisa, ferita per un colpo di arma da fuoco.
shooting iron /ˈʃuːtɪŋˌaɪən, AE -ˌaɪərn/ n. AE COLLOQ. arma f. da fuoco.
shooting jacket /ˈʃuːtɪŋˌdʒækɪt/ n. (giacca alla) cacciatora f.
shooting lodge /ˈʃuːtɪŋˌlɒdʒ/ n. → **shooting box**.
shooting match /ˈʃuːtɪŋˌmætʃ/ n. gara f. di tiro.
shooting party /ˈʃuːtɪŋˌpɑːtɪ/ n. *(in hunting)* partita f. di caccia.
shooting pocket /ˈʃuːtɪŋˌpɒkɪt/ n. carniere m.
shooting range /ˈʃuːtɪŋˌreɪndʒ/ n. *(ground)* tiro m. a segno.
shooting script /ˈʃuːtɪŋˌskrɪpt/ n. CINEM. sceneggiatura f.
shooting star /ˌʃuːtɪŋˈstɑː(r)/ n. ASTR. stella f. cadente.
shooting stick /ˈʃuːtɪŋˌstɪk/ n. = bastone con impugnatura che si trasforma in sgabello, utilizzato durante la caccia.
shoot-out /ˈʃuːtaʊt/ n. COLLOQ. sparatoria f.
▶ **1.shop** /ʃɒp/ n. **1** *(where goods are sold)* negozio m.; *(fashionable)* boutique f.; ***to work in, open a ~*** lavorare in, aprire un negozio; ***to go to the ~s*** andare a fare la spesa; ***he's out at the ~s*** è in giro per negozi *o* è uscito a fare compere; ***to set up ~*** aprire bottega *o* mettere su un'attività (anche FIG.); ***he set up ~ as a photographer*** FIG. ha iniziato come fotografo; ***to shut up ~*** COLLOQ. chiudere bottega (anche FIG.) **2** AE *(in department store)* reparto m.; ***gourmet ~*** gastronomia; ***beauty ~*** salone *o* istituto di bellezza **3** *(workshop)* officina f.; ***repair ~*** officina di riparazioni; ***print ~*** tipografia **4** AE SCOL. laboratorio m. **5** BE COLLOQ. *(shopping)* ***to do the weekly ~*** fare la spesa per la settimana; ***to do a big ~*** fare una grossa spesa ◆ ***all over the ~*** BE COLLOQ. FIG. dappertutto; ***to talk ~*** parlare (solo) di lavoro; ***you've come to the wrong ~*** BE stai parlando con la persona sbagliata, caschi male.
▶ **2.shop** /ʃɒp/ **I** tr. (forma in -ing ecc. **-pp-**) BE COLLOQ. *(inform on)* denunciare, vendere [*person*] **II** intr. (forma in -ing ecc. **-pp-**) fare shopping, compere; ***to be ~ping for sth.*** volere comprare qcs.; ***to go ~ping*** andare a fare compere *o* shopping; *(browsing)* andare (in giro) per negozi; ***to go ~ping for sth.*** andare in giro per negozi a cercare qcs.
▪ **shop around** *(compare prices)* fare il giro dei negozi (**for** per trovare); FIG. *(compare courses, services etc.)* cercare bene; ***if you ~ around, you'll find the best Italian course*** se cerchi bene in giro, troverai il corso di italiano migliore.
shopaholic /ʃɒpəˈhɒlɪk/ n. COLLOQ. maniaco m. (-a) dello shopping.
shop assistant /ˈʃɒpəˌsɪstənt/ ➧ *27* n. BE commesso m. (-a).
shop boy /ˈʃɒpbɔɪ/ ➧ *27* n. commesso m.
shop committee /ˈʃɒpkəˌmɪtɪ/ n. AE commissione f. interna.
shop fitter /ˈʃɒpˌfɪtə(r)/ ➧ *27* n. BE arredatore m. (-trice) di negozi.
shop fitting /ˈʃɒpˌfɪtɪŋ/ n. BE arredamento f. di negozi.
shopfloor /ˌʃɒpˈflɔː(r)/ **I** n. ***problems on the ~*** problemi con gli operai; ***conditions on the ~*** le condizioni degli operai **II** modif. ***~ opinion*** l'opinione degli operai.
shop front /ˌʃɒpˈfrʌnt/ n. vetrina f. di un negozio.
shop girl /ˈʃɒpɡɜːl/ ➧ *27* n. commessa f.
shopkeeper /ˈʃɒpˌkiːpə(r)/ ➧ *27* n. negoziante m. e f.
shopkeeping /ˈʃɒpˌkiːpɪŋ/ n. commercio m. al minuto.
shoplift /ˈʃɒpˌlɪft/ intr. taccheggiare.
shoplifter /ˈʃɒpˌlɪftə(r)/ n. taccheggiatore m. (-trice).
shoplifting /ˈʃɒpˌlɪftɪŋ/ n. taccheggio m.
shopman /ˈʃɒpmən/ ➧ *27* n. (pl. **-men**) commesso m.
▷ **shopper** /ˈʃɒpə(r)/ n. **1** *(person)* ***the streets were crowded with ~s*** le strade erano invase da gente in giro a fare shopping **2** *(shopping bag)* borsa f. della spesa.
▷ **shopping** /ˈʃɒpɪŋ/ n. U **1** *(activity)* spesa f., shopping m., compere f.pl., acquisti m.pl.; ***to do some, the ~*** fare la spesa; ***we are open for lunchtime ~*** il negozio resta aperto nell'ora di pranzo **2** *(purchases)* compere f.pl., acquisti m.pl.
shopping bag /ˈʃɒpɪŋˌbæɡ/ n. borsa f. della spesa, shopping bag f., sporta f.
shopping basket /ˈʃɒpɪŋˌbɑːskɪt, AE -ˌbæskɪt/ n. paniere m. (della spesa); *(in supermarket)* cestino m.

shopping cart /ˈʃɒpɪŋkɑːt/ **1** AE carrello m. della spesa **2** *(on the Internet)* carrello m.; ***add to (your)*** ~ aggiungi al carrello.
shopping centre BE, **shopping center** AE /ˈʃɒpɪŋˌsentə(r)/ n. centro m. commerciale, shopping centre m.
shopping complex /ˈʃɒpɪŋˌkɒmpleks/ n. shopville f., centro m. commerciale.
shopping list /ˈʃɒpɪŋˌlɪst/ n. lista f. della spesa.
shopping mall /ˈʃɒpɪŋˌmæl, -ˌmɔːl/ n. AE centro m. commerciale.
shopping precinct /ˈʃɒpɪŋˌpriːsɪŋkt/ n. zona f. commerciale.
shopping trip /ˈʃɒpɪŋˌtrɪp/ n. ***to go on a*** ~ andare a fare un giro per negozi.
shopping trolley /ˈʃɒpɪŋˌtrɒlɪ/ n. carrello m. della spesa.
shop-soiled /ˈʃɒpsɔɪld/ agg. ***to be*** ~ [*garment*] essere sciupato, stinto (perché in negozio da troppo tempo).
shop steward /ˌʃɒpˈstjʊəd, AE -ˈstuːərd/ n. rappresentante m. e f. sindacale.
shoptalk /ˈʃɒptɔːk/ n. COLLOQ. conversazione f. di lavoro.
shopwalker /ˈʃɒpˌwɔːkə(r)/ n. caporeparto m. e f.
shop window /ˌʃɒpˈwɪndəʊ/ n. vetrina f. (anche FIG.).
shopworn /ˈʃɒpwɔːn/ agg. AE → **shop-soiled**.
▷ **1.shore** /ʃɔː(r)/ **I** n. **1** *(coast, edge) (of sea)* costa f., riva f.; *(of lake)* riva f.; *(of island)* costa f.; ***on the*** ~ sulla riva; ***off the*** ~ ***of*** MAR. al largo di **2** MAR. *(dry land)* terra f.; ***on*** ~ a terra; ***from ship to*** ~ da bordo a terra **3** *(beach)* spiaggia f.; ***down to, on the*** ~ verso, sulla spiaggia **II shores** n.pl. LETT. rive f., lidi m.
2.shore /ʃɔː(r)/ tr. puntellare.
■ **shore up:** ~ ***up [sth.]***, ~ ***[sth.] up*** puntellare [*building, river bank*]; FIG. sostenere [*economy, system*].
shore-based /ˈʃɔːbeɪst/ agg. *(in tourism)* ~ ***vacation*** = vacanza sul mare con pernottamenti e pasti a terra.
shore bird /ˈʃɔːbɜːd/ n. uccello m. di ripa.
shore-crab /ˈʃɔːkræb/ n. carcino m., granchio m. ripario.
shore fast /ˈʃɔːfɑːst, AE -fæst/ n. cavo m. d'ormeggio.
shore leave /ˈʃɔːˌliːv/ n. MAR. MIL. permesso m. di scendere a terra.
shoreless /ˈʃɔːlɪs/ agg. sconfinato, immenso.
shoreline /ˈʃɔːlaɪn/ n. linea f. di costa.
shore patrol /ˈʃɔːpəˌtrəʊl/ n. guardia f. costiera.
shoreward /ˈʃɔːwəd/ **I** agg. [*wind, direction*] verso la costa **II** avv. (anche **shorewards**) verso la costa.
shoring /ˈʃɔːrɪŋ/ n. *(of building, river bank)* puntellamento m.; FIG. *(of economy, system)* sostegno m.
shorn /ʃɔːn/ **I** p.pass. → **shear II** agg. FIG. spogliato (**of** di).
▶ **1.short** /ʃɔːt/ ➧ **15** agg. **1** *(not long-lasting)* [*time, stay, conversation, speech, period*] breve; [*course*] di breve durata; [*memory, chapter*] corto; ***a*** ~ ***time ago*** poco tempo fa; ***that was a*** ~ ***hour, month*** quest'ora è volata, questo mese è volato; ***in four*** ~ ***years*** nel breve spazio di quattro anni; ***to work*** ~***er hours*** lavorare meno ore; ***the days are getting*** ~***er*** le giornate si stanno accorciando; ***to go for a*** ~ ***walk*** andare a fare una breve passeggiata *o* due passi; ***the meeting was*** ~ ***and sweet*** la riunione è stata rapida e indolore; ***let's keep it*** ~ ***(and sweet)*** facciamo una cosa rapida (e indolore)! ***the*** ~ ***answer is that*** per farla breve **2** *(not of great length)* [*animal's coat, fur, hair, dress, stick*] corto; *(very short)* [*animal's coat, fur, hair*] raso; [*distance*] breve; ***the suit is too*** ~ ***in the sleeves*** le maniche del vestito sono troppo corte; ***to have one's hair cut*** ~ farsi tagliare i capelli corti; ***to win by a*** ~ ***head*** *(riding)* vincere di mezza testa **3** *(not tall)* [*person*] basso **4** *(scarce)* [*water, food*] scarso; ***to be in*** ~ ***supply*** essere a corto di riserve; ***food, coal is getting*** ~ il cibo, il carbone comincia a scarseggiare; ***time is getting*** ~ il tempo sta per finire **5** *(inadequate)* [*rations*] insufficiente; ***we're*** ~ ***by three*** ce ne mancano tre; ***he gave me a*** ~ ***measure*** *(in shop)* mi ha fregato sul peso **6** *(lacking)* ***I am, he is*** ~ ***of sth.*** mi, gli manca qcs.; ***to be*** ~ ***on*** [*person*] mancare di [*talent, tact*]; ***to go*** ~ ***of*** essere a corto di [*clothes, money, food*]; ***my wages are £ 30*** ~ ho preso 30 sterline in meno sullo stipendio; ***I don't want you to go*** ~ non voglio che ti manchi qualcosa; ***I'm running*** ~ ***of sth.*** sto esaurendo qcs. **7** *(in abbreviation)* ***Tom is*** ~ ***for Thomas*** Tom è il diminutivo di Thomas; ***this is Nicholas, Nick for*** ~***!*** ti presento Nicholas, per gli amici Nick **8** mai attrib. *(abrupt)* [*person, personality*] brusco, burbero; [*laugh*] breve; ***to be*** ~ ***with sb.*** essere brusco con qcn. **9** LING. [*vowel*] breve **10** ECON. [*bill*] a breve scadenza; [*loan, credit*] a breve termine; [*seller*] allo scoperto **11** GASTR. [*pastry*] frolla ◆ ***to have a*** ~ ***temper***, ***to be*** ~***-tempered*** essere irascibile; ***to have sb. by the*** ~ ***hairs*** AE POP. o ~ ***and curlies*** BE COLLOQ. tenere qcn. in pugno; ***to make*** ~ ***work of sth., sb.*** liquidare qcs., qcn. in fretta.
2.short /ʃɔːt/ avv. **1** *(abruptly)* [*stop*] improvvisamente; ***to stop*** ~ ***of doing*** fermarsi un attimo prima di fare, stare quasi per fare; ***cut*** ~ ***sth., cut sth.*** ~ accorciare, abbreviare [*holiday, visit, discussion*]; ***to cut the conversation*** ~ tagliare corto; ***cut sb.*** ~ interrompere qcn. **2** **in short** in breve, brevemente **3** **short of** *(just before)* un po' prima di; ***the ball landed (just)*** ~ ***of the green*** la palla è caduta (appena) un po' prima del green; *(just less than)* poco meno di; ***a little*** ~ ***of £ 1,000*** un po' meno di 1.000 sterline; ***that's nothing*** ~ ***of blackmail!*** non è altro che un ricatto! *(except)* a meno di; ~ ***of locking him in, I can't stop him leaving*** a meno di non chiuderlo in casa, non posso impedirgli di andarsene ◆ ***to bring*** o ***pull sb. up*** ~ cogliere qcn. di sorpresa; ***to sell oneself*** ~ sottovalutarsi; ***to fall*** ~ essere insufficiente *o* non bastare; ***to be taken*** o ***caught*** ~ essere colto di sorpresa *o* preso alla sprovvista.
3.short /ʃɔːt/ **I** n. **1** *(drink)* cicchetto m. **2** EL. (anche **short circuit**) corto m. (circuito) **3** CINEM. cortometraggio m. **4** ECON. *(deficit)* ammanco m., deficit m. **5** ECON. *(on stock exchange)* titolo m. di stato a breve termine **II shorts** n.pl. shorts m., pantaloncini m.; *(underwear)* mutande f. da uomo; ***a pair of (tennis)*** ~***s*** un paio di pantaloncini (da tennis) ◆ ***the long and*** ~ ***of it is that they...*** il succo del discorso è che loro...
4.short /ʃɔːt/ **I** tr. EL. (anche **short-circuit**) cortocircuitare **II** intr. EL. (anche **short-circuit**) fare cortocircuito.
short account /ˈʃɔːtəˌkaʊnt/ n. ECON. conto m. di scoperto.
▷ **shortage** /ˈʃɔːtɪdʒ/ n. carenza f., mancanza f., scarsità f. (**of** di); ***a*** ~ ***of teachers, food*** una carenza di insegnanti, di cibo; ~***s of sth.*** una carenza *o* mancanza di qcs.; ***at a time of*** ~ in periodo di ristrettezze; ***housing*** ~ crisi degli alloggi; ***there is no*** ~ ***of applicants, opportunity*** i candidati, le occasioni non mancano.
short-arse /ˈʃɔːtɑːs/ n. BE POP. culo m. basso.
short back and sides /ˌʃɔːtbækənˈsaɪdz/ n. = taglio di capelli maschile corto.
shortbread /ˈʃɔːtbred/ n. biscotto m. di pasta frolla.
shortcake /ˈʃɔːtkeɪk/ n. *(shortbread)* biscotto m. di pasta frolla; *(dessert)* torta f. di pasta frolla.
short-change /ˌʃɔːtˈtʃeɪndʒ/ tr. [*shop assistant*] dare il resto sbagliato a [*shopper*]; FIG. truffare, imbrogliare [*associate, investor*].
short circuit /ˌʃɔːtˈsɜːkɪt/ n. cortocircuito m.
short-circuit /ˌʃɔːtˈsɜːkɪt/ **I** tr. cortocircuitare; FIG. aggirare **II** intr. fare cortocircuito.
▷ **shortcomings** /ˈʃɔːtˌkʌmɪŋz/ n.pl. difetti m., punti m. deboli.
short covering /ˌʃɔːtˈkʌvərɪŋ/ n. ECON. copertura f. di vendita allo scoperto.
shortcrust pastry /ˌʃɔːtkrʌstˈpeɪstrɪ/ n. pasta f. brisée.
short cut /ˈʃɔːtkʌt/ n. **1** scorciatoia f.; ***to take a*** ~ ***through the park*** prendere una scorciatoia attraverso il parco *o* tagliare per il parco **2** FIG. ***to take*** ~***s*** prendere una scorciatoia; ***there are no*** ~***s to becoming a musician*** non esistono scorciatoie per diventare musicista.
short-dated /ˌʃɔːtˈdeɪtɪd/ agg. a breve scadenza.
short division /ˈʃɔːtdɪˌvɪʒn/ n. MAT. divisione f. in riga.
shorten /ˈʃɔːtn/ **I** tr. abbreviare [*visit*]; accorciare [*life, garment*]; ridurre [*journey time, list*]; accorciare, abbreviare [*draft, talk, book*]; alleggerire [*syllabus*]; ***to*** ~ ***sail*** MAR. ridurre le vele **II** intr. [*days, nights*] accorciarsi, abbreviarsi; [*wait, odds, period of time*] diminuire.
shortening /ˈʃɔːtnɪŋ/ n. **1** GASTR. grasso m. per pasticceria **2** *(reduction)* riduzione f. (**of** di) **3** *(abridging)* abbreviazione f.
short exchange /ˌʃɔːtɪksˈtʃeɪndʒ/ n. ECON. divisa f. a breve.
shortfall /ˈʃɔːtfɔːl/ n. *(in budget, accounts)* deficit m.; *(in earnings, exports etc.)* diminuzione f.; ***there is a*** ~ ***of £ 10,000 in our budget*** c'è un deficit *o* un buco di 10.000 sterline nel nostro budget; ***there is a*** ~ ***of several hundred in the expected number of applications*** ci sono centinaia di domande in meno rispetto al previsto; ***to meet*** o ***make up the*** ~ ***between cost and subsidy*** colmare la differenza, il deficit tra costo e sovvenzioni.
short-haired /ˌʃɔːtˈheəd/ agg. [*person*] dai capelli corti; [*animal*] a pelo corto, raso.
shorthand /ˈʃɔːthænd/ **I** n. **1** COMM. stenografia f., steno f.; ***to take sth. down in*** ~ stenografare qcs. **2** FIG. *(euphemism, verbal short cut)* eufemismo m. **II** modif. [*note*] in stenografia; [*notebook, qualification*] di stenografia.
short-handed /ˌʃɔːtˈhændɪd/ agg. *(in company)* a corto di personale; *(on farm, building site)* a corto di manovalanza.
shorthand-typing /ˌʃɔːthændˈtaɪpɪŋ/ n. stenodattilografia f.
shorthand-typist /ˌʃɔːthændˈtaɪpɪst/ ➧ **27** n. stenodattilografo m. (-a).
short-haul /ˈʃɔːthɔːl/ agg. AER. a breve raggio.
shorthorn /ˈʃɔːthɔːn/ n. razza f. di bovini brevicorni, dalle corna corte.

shortie COLLOQ. → **shorty.**

1.shortlist /ˈʃɔːtlɪst/ n. lista f. ristretta, rosa f. di candidati.

2.shortlist /ˈʃɔːtlɪst/ tr. selezionare [*applicant*] (**for** per).

short-lived /ˌʃɔːtˈlɪvd, AE -ˈlaɪvd/ agg. [*triumph, success*] breve, di breve durata; [*effect, phenomenon, happiness*] passeggero; ***to be ~*** avere vita breve.

▷ **shortly** /ˈʃɔːtlɪ/ avv. **1** *(very soon)* tra breve, tra poco; ***she'll be back ~*** tornerà tra poco; ***volume four will be published ~*** il quarto volume uscirà tra breve **2** *(a short time)* ***~ after(wards), before*** poco (tempo) dopo, prima; ***~ before, after lunch*** poco prima di pranzo, subito dopo pranzo **3** *(crossly)* [*reply*] seccamente, bruscamente.

shortness /ˈʃɔːtnɪs/ n. *(in time)* brevità f.; ***~ of breath*** mancanza di fiato.

short odds /ˌʃɔːtˈɒdz/ n.pl. scommessa f.sing. alla pari.

short-order cook /ˈʃɔːtɔːdəˌkʊk/ ♦ ***27*** n. AE = cuoco che prepara piatti veloci.

short-range /ˌʃɔːtˈreɪndʒ/ agg. [*weather forecast*] a breve termine; [*missile*] a corta gittata; [*aircraft*] a corto raggio.

short sharp shock (treatment) /ˈʃɔːtʃɑːpʃɒk(ˌtriːtmənt)/ n. BE = regime penale basato su un periodo di carcerazione breve ma estremamente severo e destinato alla rieducazione dei minori.

short sight /ˌʃɔːtˈsaɪt/ n. miopia f.

shortsighted /ˌʃɔːtˈsaɪtɪd/ agg. **1** miope; ***~ people*** i miopi **2** FIG. *(lacking foresight)* [*person, policy, decision*] miope, poco lungimirante; ***it would be very ~ to do*** sarebbe davvero poco lungimirante fare; ***to have a ~ attitude*** essere di *o* avere vedute ristrette.

shortsightedness /ˌʃɔːtˈsaɪtɪdnɪs/ n. **1** miopia f. **2** FIG. miopia f., mancanza f. di perspicacia (**about** riguardo a).

short-sleeved /ˌʃɔːtˈsliːvd/ agg. con le, a maniche corte.

short-spoken /ˌʃɔːtˈspəʊkən/ agg. laconico.

short-staffed /ˌʃɔːtˈstɑːft, AE -ˈstæft/ agg. ***to be ~*** essere a corto di personale.

short-stay /ˈʃɔːtsteɪ/ agg. [*car park*] per sosta breve; [*housing*] a breve termine.

shortstop /ˈʃɔːtstɒp/ n. *(in baseball) (player)* interbase m.; *(position)* interbase f.

▷ **short story** /ˌʃɔːtˈstɔːrɪ/ n. LETTER. racconto m., short story f.

short-tailed /ˌʃɔːtˈteɪld/ agg. ZOOL. con la, dalla, a coda corta.

short-tempered /ˌʃɔːtˈtempəd/ agg. *(by nature)* collerico, irascibile; *(temporarily)* irritabile.

▷ **short term** /ˌʃɔːtˈtɜːm/ **I** n. ***in the ~*** *(looking to future)* a breve termine; *(looking to past)* per un breve periodo **II short-term** agg. a breve termine, a breve scadenza (anche ECON.).

short time /ˌʃɔːtˈtaɪm/ n. *(in industry)* orario m. ridotto; ***to be on ~*** lavorare a *o* fare orario ridotto.

short ton /ˌʃɔːtˈtʌn/ ♦ ***37, 3*** n. US → **ton.**

short wave /ˈʃɔːtweɪv/ **I** n. onda f. corta **II** modif. [*radio*] a onde corte; [*broadcast*] su onde corte.

short-winded /ˌʃɔːtˈwɪndɪd/ agg. ***to be ~*** avere il fiato corto.

shorty /ˈʃɔːtɪ/ n. COLLOQ. SPREG. *(person)* tappo m.

▷ **1.shot** /ʃɒt/ n. **1** *(from gun etc.)* sparo m.; ***to fire*** o ***take a ~ at sb., sth.*** sparare un colpo su *o* contro qcn., qcs.; ***it took several ~s to kill him*** ci sono voluti molti colpi per ucciderlo; ***the government fired the opening ~ by saying...*** FIG. il governo ha aperto il fuoco dicendo... **2** SPORT *(in tennis, golf, cricket)* colpo m.; *(in football)* tiro m.; ***to have*** o ***take a ~ at goal*** *(in football)* tirare in porta; ***"good ~!"*** "bel tiro!"; ***two ~s up on, behind sb.*** *(in golf)* due colpi di vantaggio, di ritardo su qcn. **3** FOT. foto f. (**of** di) **4** CINEM. ripresa f. (**of** di); ***action ~*** scena d'azione; ***to be in, out of ~*** CINEM. essere in, fuori campo **5** *(injection)* puntura f., iniezione f. (**of** di); ***to give sb. a ~*** fare una puntura a qcn. **6** *(attempt)* ***to have*** o ***take a ~ at doing*** tentare di *o* provare a fare qcs.; ***to give it one's best ~*** fare del proprio meglio **7** *(in shotputting)* peso m.; ***to put the ~*** lanciare il peso **8** *(pellet)* **C** pallino m., piombino m.; *(pellets collectively)* **U** pallini m.pl.; *(smaller)* migliarini m.pl. **9** *(person who shoots)* ***to be a good, poor ~*** essere un buon, cattivo tiratore **10** COLLOQ. *(dose)* ***a ~ of whisky, gin*** un bicchierino di whisky, di gin **11** AER. *(of rocket etc.)* lancio m.; ***a moon ~*** un lancio lunare ♦ ***to call the ~s*** dettare legge, comandare; ***to give sth. a ~ in the arm*** dare una spinta *o* impulso a qcs.; ***the dog was after the cat like a ~*** il cane è partito sparato dietro al gatto; ***he'd go like a ~, if he had the chance*** partirebbe al volo, se ne avesse la possibilità; ***"I don't care what you think," was his parting ~*** "non mi interessa che cosa ne pensi" fu la sua sparata finale; ***it was a ~ in the dark*** ha tirato a indovinare.

2.shot /ʃɒt/ **I** pass., p.pass. → **2.shoot II** agg. **1** (anche **~ through**) *(streaked)* [*silk*] cangiante; ***~ (through) with gold, red etc.*** [*material*] striato d'oro, di rosso ecc.; ***his hair was ~ (through) with grey*** aveva i capelli brizzolati **2** COLLOQ. (anche **~ away**) *(destroyed)* ***he is ~ (away)*** è distrutto, esausto; ***his nerves were ~*** aveva i nervi a pezzi; ***his confidence is ~*** la sua sicurezza è distrutta ♦ ***to be ~ of sb., sth.*** essersi sbarazzato di qcn., qcs.; ***to get ~ of sb., sth.*** sbarazzarsi di qcn., qcs.

shot-blasting /ˌʃɒtˈblɑːstɪŋ, AE -ˈblæs-/ n. IND. sabbiatura f. metallica, pallinatura f.

▷ **shotgun** /ˈʃɒtgʌn/ n. doppietta f., fucile m. (da caccia) ♦ ***to ride ~*** COLLOQ. = viaggiare come scorta nel posto di fianco all'autista.

shotgun wedding /ˌʃɒtgʌnˈwedɪŋ/ n. matrimonio m. riparatore.

shot hole /ˈʃɒthəʊl/ n. IND. foro m. per mina.

shot put /ˈʃɒtpʊt/ ♦ ***10*** n. SPORT lancio m. del peso.

shot-putter /ˈʃɒtˌpʊtə(r)/ n. SPORT lanciatore m. (-trice) del peso.

shotten /ˈʃɒtn/ agg. [*fish*] che ha deposto le uova.

▶ **should** /*forma debole* ʃəd, *forma forte* ʃʊd/ mod. (negat. **should not, shouldn't**) **1** *(ought to)* ***you shouldn't smoke so much*** non dovresti fumare così tanto; ***you ~ have told me before*** avresti dovuto dirmelo prima; ***we ~ try and understand him better*** dovremmo cercare di capirlo di più; ***why shouldn't I do it?*** perché non dovrei farlo? ***I ~ explain that*** (forse) dovrei spiegare che; ***we ~ be there by six o'clock*** dovremmo arrivare per le sei; ***dinner ~ be ready by now*** ormai la cena dovrebbe essere pronta; ***it shouldn't be difficult to convince them*** non dovrebbe essere difficile convincerli; ***that ~ be them arriving now!*** dovrebbero essere loro quelli che stanno arrivando! ***how ~ I know?*** come faccio a saperlo? ***everything is as it ~ be*** tutto va come dovrebbe; ***...which is only as it ~ be***...che è perfettamente normale; ***his hearing is not as good as it ~ be*** il suo udito non è buono come dovrebbe essere; ***flowers! you shouldn't have!*** dei fiori! non era il caso! **2** *(in conditional sentences)* ***had he asked me, I ~ have accepted*** se me l'avesse chiesto, avrei accettato; ***if they didn't invite me, I ~ be offended*** se non mi invitassero, mi offenderei; ***I don't think it will happen, but if it ~...*** non penso che si arriverà a tanto, ma se dovesse accadere...; ***~ you be interested, I can give you some more information*** se ti interessa, posso darti altre informazioni; ***if you ~ change your mind, don't hesitate to contact me*** se dovesse cambiare idea, non esiti a contattarmi; ***~ anybody phone, tell them I'm out*** se telefona qualcuno, digli che sono uscita; ***~ the opportunity arise*** se si presentasse l'occasione **3** *(expressing purpose)* ***she simplified it in order that they ~ understand*** lo ha reso più semplice affinché riuscissero a capirlo; ***he kept it a secret from them so that they ~ not be worried*** glielo ha tenuto nascosto perché non si preoccupassero; ***we are anxious that he ~ succeed*** vorremmo tanto che lui ci riuscisse **4** *(in polite formulas)* ***I ~ like a drink*** prenderei volentieri qualcosa da bere; ***I ~ like to go there*** mi piacerebbe andarci **5** *(expressing opinion, surprise)* ***I ~ think so!*** spero proprio di sì! ***I ~ think not!*** spero (proprio) di no! ***"how long will it take?" - "an hour, I ~ think"*** "quanto ci vorrà?" - "un'ora, suppongo"; ***I ~ think she must be about 40*** secondo me, deve avere sui 40 anni; ***"I'll pay you for it" - "I ~ hope so!"*** "ti pagherò" - "lo spero bene!"; ***I ~ say so!*** direi proprio di sì! eccome! ***I shouldn't be surprised if she did that!*** non sarei affatto sorpreso se lo facesse! ***I shouldn't worry about it if I were you*** se fossi in te non mi preoccuperei; ***I ~ have thought he'd be glad of a holiday*** avrei detto che sarebbe stato felice di andare in vacanza; ***who ~ walk in but John!*** e chi doveva entrare se non John! ***and then what ~ happen, but it began to rain!*** e indovina un po' - si è messo a piovere!

▶ **1.shoulder** /ˈʃəʊldə(r)/ **I** n. ♦ ***2*** **1** spalla f.; ***on*** o ***over one's ~*** sulla spalla, in spalla; ***on*** o ***over one's ~s*** sulle spalle; ***this jacket is too tight across the ~s*** questa giacca è troppo stretta di spalle; ***to put one's ~s back*** tirare indietro le spalle; ***to straighten one's ~s*** raddrizzare *o* tirare su le spalle; ***to look over sb.'s ~*** guardare da dietro le spalle di qcn.; ***to cry on sb.'s ~*** piangere sulla spalla di qcn.; ***I am always there if you need a ~ to cry on*** se hai bisogno di una spalla su cui piangere, sai che io sono qui; ***his ~s shook with laughter, sobs*** era scosso dalle risate, dai singhiozzi; ***to have round ~s*** avere le spalle curve; ***to look (back) over one's ~*** guardarsi alle spalle (anche FIG.); ***the burden, responsibility is*** o ***falls on my ~s*** il peso, la responsabilità cade sulle mie spalle; ***to stand ~ to ~*** [*two people*] stare fianco a fianco; ***to work ~ to ~*** lavorare spalla a spalla **2** *(on mountain)* spalla f. **3** SART. spalla f. **4** *(on road)* bordo m. **5** GASTR. spalla f. **II -shouldered** agg. in composti ***to be round~ed*** avere le spalle curve; ***to be narrow, square~ed*** avere le spalle strette, quadrate ♦ ***to be*** o ***stand head and ~s above sb.*** sorpassare qcn. di una buona testa; FIG. lasciare indietro qcn.; ***to have a good head on one's ~s*** avere la testa sulle spalle; ***to have an old head on young ~s*** essere più maturo

should

- When *should* is used to mean *ought to*, it is translated by the conditional tense of *dovere*:
  we should leave at seven = dovremmo partire alle sette.

  The past *should have* meaning *ought to have* is translated by the past conditional of *dovere*:
  she should have told him the truth = avrebbe dovuto dirgli la verità.

  The same verb is used in negative sentences:
  you shouldn't do that = Lei non dovrebbe farlo / non dovresti farlo
  he shouldn't have resigned = non avrebbe dovuto dimettersi.

  For the conjugation of *dovere*, see the Italian verb tables.
- *Should have* + past participle can often imply two different meanings (depending on the context) and should therefore be translated into Italian accordingly:
  a) *she should have told him yesterday* (but she didn't) = avrebbe dovuto dirglielo ieri
  b) *she should have told him yesterday* (and we do not know whether she did it or not) = dovrebbe averglielo detto ieri.
- When *should* is used as an auxiliary verb to form the conditional, *should* + verb is translated by the conditional of the appropriate verb in Italian:
  I should like to go to Paris = mi piacerebbe andare a Parigi
  I should have liked to go to Paris = mi sarebbe piaciuto andare a Parigi.

  Note, however, that since the use of *should* after *I* and *we* in conditional sentences is avoided as too formal by many speakers, *should* is mainly used to mean *ought to* while *would* is the only auxiliary verb in conditional sentences. Compare the following examples:
  I know we shouldn't do it, but... = so che non dovremmo farlo, ma...
  We wouldn't do it if you did it for us = non lo faremmo se voi lo faceste al posto nostro.
- In formal English, *should* can be used after *if* to stress that something might (or might not) happen; alternatively, *should* can replace *if* at the beginning of the sentence; in both cases, Italian uses the subjunctive of *dovere*, either preceded or (more formally) not preceded by *se*:
  if it should rain / should it rain, we can go to the cinema = se dovesse piovere / dovesse piovere, possiamo al cinema.
- When *should* is used as an auxiliary verb in *that* clauses after such verbs as *suggest, think, order, expect, suppose, insist* or *agree*, *should* + verb is translated by the subjunctive of the appropriate verb in Italian:
  he suggested that they should leave at 10 = suggerì che partissero alle 10
  Mary insisted that we should go and see them = Mary insistette perché andassimo a trovarli.
- For particular usages see the entry **should**.

della propria età; ***to put one's ~ to the wheel*** mettersi all'opera; ***to rub ~s with sb.*** frequentare qcn.; ***straight from the ~*** COLLOQ. [*comment, criticism*] sincero; ***to give it to sb. straight from the ~*** COLLOQ. dirla a qcn. senza peli sulla lingua.

2.shoulder /ˈʃəʊldə(r)/ tr. **1** mettere [qcs.] in spalla [*bag, implement*]; ***to ~ one's gun*** mettersi il fucile in spalla; ***to ~ arms*** MIL. eseguire lo spallarm; ***~ arms!*** MIL. spallarm! **2** FIG. caricarsi di [*burden, task*]; addossarsi, sobbarcarsi [*responsibility, expense*] **3** *(push)* ***to ~ one's way through*** farsi largo a spallate tra [*crowd*]; ***to ~ sb. aside*** spostare qcn. con una spallata.

shoulder bag /ˈʃəʊldəˌbæg/ n. borsa f. a tracolla.

shoulder belt /ˈʃəʊldəˌbelt/ n. AE AUT. cinghia f. trasversale (di cintura di sicurezza).

shoulder blade /ˈʃəʊldəˌbleɪd/ n. scapola f.

shoulder-high /ˌʃəʊldəˈhaɪ/ agg. [*crop*] che arriva alle spalle; ***to carry sb. ~*** portare qcn. in trionfo.

shoulder holster /ˈʃəʊldəˌhəʊlstə(r)/ n. fondina f. ascellare.

shoulder joint /ˈʃəʊldəˌdʒɔɪnt/ n. articolazione f. della spalla.

shoulder knot /ˈʃəʊldəˌnɒt/ n. = nodo di cordoncino sulla spallina di un'uniforme.

shoulder-length /ˌʃəʊldəˈlenθ/ agg. [*veil*] che arriva fino alle spalle; [*hair*] sulle spalle.

shoulder loop /ˈʃəʊldəˌluːp/ n. AE MIL. spallina f.

shoulder mark /ˈʃəʊldəˌmɑːk/ n. AE MIL. *(navy)* spallina f.

shoulder pad /ˈʃəʊldəˌpæd/ n. SART. spallina f.

shoulder patch /ˈʃəʊldəˌpætʃ/ n. AE MIL. mostrina f.

shoulder strap /ˈʃəʊldəˌstræp/ n. *(of garment)* bretellina f.; *(of bag)* tracolla f.

shouldn't /ˈʃʊdnt/ contr. should not.

shouldst /ʃʊdst/ ANT. 2ª persona sing. pres. → **should**.

▶ **1.shout** /ʃaʊt/ n. **1** *(cry)* grido m., urlo m. (**of** di); ***to give a ~ of warning, joy*** mandare un grido di avvertimento, di gioia; ***there were ~s of "bravo!"*** si sentiva gridare "bravo!" **2** BE COLLOQ. *(round of drinks)* giro m. ◆ ***I'll give you a ~*** ti chiamo io.

▶ **2.shout** /ʃaʊt/ **I** tr. **1** *(cry out)* gridare; *(stronger)* urlare; ***"stop!" she ~ed*** "fermati!" gridò lei **2** BE COLLOQ. *(buy)* ***to ~ a round (of drinks)*** pagare da bere (a tutti) **II** intr. gridare, urlare; ***to ~ at sb.*** gridare contro qcn.; ***to ~ at*** o ***to sb. to do*** gridare a qcn. di fare; ***to ~ with excitement, anger*** gridare per l'emozione, per la rabbia; ***to ~ for help*** gridare (per chiedere) aiuto; ***what are they ~ing about?*** perché gridano? ◆ ***it's nothing to ~ about*** non è niente di speciale, di straordinario.

▪ **shout down:** ***~ down [sb.], ~ [sb.] down*** fare tacere [qcn.] (a forza di gridare).

▪ **shout out:** ***~ out*** mandare un grido; ***~ out [sth.]*** gridare [*names, answers*].

shouting /ˈʃaʊtɪŋ/ n. grida f.pl. ◆ ***it's all over bar the ~*** è tutto finito, ma se ne parla ancora.

shouting match /ˈʃaʊtɪŋˌmætʃ/ n. COLLOQ. litigio m. furioso.

▷ **1.shove** /ʃʌv/ n. COLLOQ. ***to give sb., sth. a ~*** dare una spinta a qcn., qcs.; ***she gave me a ~ in the back*** mi ha dato uno spintone (nella schiena); ***the door needs a good ~*** bisogna dare una bella spinta alla porta ◆ ***if push comes to ~*** nella peggiore delle ipotesi.

▷ **2.shove** /ʃʌv/ **I** tr. COLLOQ. **1** *(push)* spingere (**against** contro; **towards** verso); ***to ~ sth. through*** spingere qcs. in [*letterbox*]; spingere qcs. attraverso [*gap*]; ***to ~ sth. about*** o ***around*** spingere qcs. in qua e in là; ***to ~ sb., sth. back*** spingere indietro *o* respingere qcn., qcs.; ***to ~ sb., sth. aside*** spingere qcn., qcs. da parte; ***to ~ sb., sth. out of the way*** spingere via *o* scostare qcn., qcs.; ***they ~d him down the stairs, out of the window*** lo hanno spinto giù dalle scale, fuori dalla finestra; ***to be ~d into*** COLLOQ. essere sbattuto in [*room, institution*]; essere buttato in mezzo a [*street*]; ***to be ~d out of*** essere buttato fuori da [*building*]; ***to ~ sth. in sb.'s face*** sbattere qcs. in faccia a qcn. [*camera, microphone*]; ***to ~ sth. down sb.'s throat*** FIG. far ingoiare qcs. a qcn. **2** *(stuff hurriedly, carelessly)* ficcare, cacciare; ***to ~ sth. into*** ficcare qcs. in [*container, pocket, room, gap*]; ***she ~d the clothes back in the drawer*** ha ributtato i vestiti nel cassetto **3** *(jostle, elbow)* spintonare, sgomitare [*person*]; ***to ~ one's way past sb.*** passare davanti a qcn. spintonando; ***he ~d his way to the front of the crowd*** si è fatto largo tra la folla a spintonate **II** intr. spingere; ***to ~ past sb.*** passare davanti a qcn. spintonando; ***people were pushing and shoving*** la gente spingeva e sgomitava ◆ ***tell him to ~ it*** POP. o ***he can ~ it!*** POP. digli di mettersela dove dico io!

▪ **shove off 1** BE COLLOQ. *(leave)* sparire, filare; ***(why don't you) just ~ off!*** sparisci! smamma! **2** *(in boat)* prendere il largo.

▪ **shove over** COLLOQ. ***~ over*** farsi più in là; ***~ [sth.] over, ~ over [sth.]*** passare [*object, foodstuff*]; ***~ it over here!*** passamelo!

▪ **shove up** COLLOQ. farsi avanti.

shove halfpenny /ˌʃʌvˈheɪpnɪ/ ♦ **10** n. BE = gioco da tavola che consiste nello spingere monete o dischetti con un colpo secco della mano.

1.shovel /ˈʃʌvl/ n. **1** *(spade)* pala f. **2** *(mechanical digger)* escavatore m. a cucchiaio.

2.shovel /ˈʃʌvl/ tr. (forma in -ing ecc. **-ll-** BE, **-l-** AE) spalare [*dirt, snow*] (**off** da); ***to ~ sth. into sth.*** spalare qcs. in qcs.; ***to ~ food into one's mouth*** COLLOQ. mangiare a quattro palmenti *o* ingozzarsi.

▪ **shovel up:** ***~ up [sth.], ~ [sth.] up*** spalare [*dirt, leaves, snow*].

shovel-board /ˈʃʌvlbɔːd/ n. → **shuffleboard**.

shoveler /ˈʃʌvlə(r)/ n. ZOOL. mestolone m.

shovelful /ˈʃʌvlfʊl/ n. palata f. (**of** di).

▶ **1.show** /ʃəʊ/ n. **1** *(as entertainment)* spettacolo m. (anche TEATR. CINEM.); *(particular performance)* rappresentazione f.; RAD. TELEV. trasmissione f.; *(of slides)* proiezione f.; ***live ~*** RAD. TELEV. trasmissione in diretta; AE *(sex show)* spettacolo erotico; ***to put on*** o ***stage a ~*** allestire uno spettacolo; ***family ~*** spettacolo per tutta la famiglia; ***on with the ~!*** *(as introduction)* lo spettacolo abbia inizio! *(during performance)* che lo spettacolo continui! ***the ~ must go on*** lo spettacolo deve continuare; FIG. bisogna andare avanti qualunque cosa succeda; ***to do*** o ***take in a ~*** COLLOQ. andare a uno spettacolo **2** COMM. *(as promotion, display) (of cars, boats etc.)* salone m.; *(of fashion)* sfilata f.; *(of flowers, crafts)* mostra f.; ***motor, boat ~*** salone dell'automobile, della nautica; ***flower ~*** mostra floreale; ***to be on ~*** essere esposto *o* in mostra **3** *(outward display) (of feelings)* prova f., dimostrazione f. (**of** di); *(of strength)* dimostrazione f. (**of** di); *(of wealth)* ostentazione f. (**of** di); ***a ~ of affection, unity*** una dimostrazione di affetto, di unità; ***a ~ of defiance*** un gesto di sfida; ***to make*** o ***put on a (great) ~ of doing*** ostentare *o* fare sfoggio di (sapere) fare; ***to put on a ~*** mettersi in mostra; ***he made a ~ of gratitude, concern*** ostentava la sua gratitudine, preoccupazione; ***to be all ~*** essere solo apparenza *o* essere molto fumo e poco arrosto; ***the meal was all for*** o ***just for ~*** il pranzo era una scusa per mettersi in mostra; ***the glitter and ~ of the circus*** lo splendore e il fascino del circo; ***the roses make a splendid ~*** le rose fanno una bellissima figura **4** *(performance)* ***he put up a good, poor ~*** ha fatto una bella, brutta figura; ***it was a poor ~ not to thank them*** che brutta figura non ringraziarli; ***good ~ old chap*** ANT. ben fatto amico mio **5** COLLOQ. *(business, undertaking)* affare m.; ***she runs the whole ~*** comanda solo lei; ***to run one's own ~*** gestire i propri affari; ***it's not his ~*** non è lui il capo **6** MED. *(at onset of labour)* perdita f. del tappo mucoso; *(at onset of menstruation)* perdite f.pl. premestruali ◆ ***to steal the ~*** TEATR. rubare la scena; FIG. monopolizzare l'attenzione; ***to stop the ~*** TEATR. ottenere un applauso a scena aperta; FIG. attirare l'attenzione.

▶ **2.show** /ʃəʊ/ **I** tr. (pass. **showed**; p.pass. **shown**) **1** *(present for viewing)* mostrare [*person, object, photo*] (**to** a); presentare [*fashion collection*] (**to** a); mostrare, fare vedere [*ticket*] (**to** a); [*TV channel, cinema*] dare [*film*]; ***the explosion was shown on the evening news*** hanno fatto vedere l'esplosione al telegiornale della sera; ***to ~ sb. sth.*** mostrare qcs. a qcn.; ***~ him your book*** fagli vedere il tuo libro; ***to ~ sb. reclining, being arrested*** mostrare qcn. disteso, durante l'arresto; ***to be shown on TV, at the cinema*** passare in televisione, al cinema **2** *(display competitively)* fare sfilare [*animal*]; esporre, mettere in mostra [*flower, vegetables*] **3** *(reveal)* mostrare [*feeling*]; esporre [*principle, fact*]; [*garment*] lasciare vedere [*underclothes*]; [*patient*] presentare [*symptoms*]; ***her new white floor ~ed all the dirt*** sul suo nuovo pavimento bianco lo sporco si vedeva subito; ***to ~ interest in*** mostrare interesse per; ***to ~ that*** mostrare che; ***to ~ how, why, when etc.*** fare vedere, mostrare come, perché, quando ecc. **4** *(indicate)* mostrare [*object, trend, loss, profit, difficulty*]; indicare [*time, direction, area*]; ***to ~ sb. where to go*** indicare a qcn. dove andare; ***the lights are ~ing red*** il semaforo è rosso **5** *(demonstrate, express)* [*person, action*] dimostrare [*skill, principle*]; [*writing*] mostrare [*originality*]; [*reply*] dimostrare, testimoniare [*wit, intelligence*]; [*gesture, gift*] dimostrare [*respect, gratitude*]; ***~ them what you can do*** fa vedere loro che cosa sai fare; ***to ~ consideration, favouritism towards sb.***, ***to ~ sb. consideration, favouritism*** mostrare riguardo, preferenza per qcn.; ***to ~ sb. that...*** mostrare a qcn. che...; ***just to ~ there's no ill feeling*** solo per dimostrare che non c'è risentimento; ***to ~ one's age*** dimostrare la propria età; ***as shown in diagram 12, scene two*** come si vede nella figura 12, nella seconda scena **6** *(prove)* dimostrare [*truth, validity, guilt*]; ***to ~ that*** [*document*] provare che; [*findings*] dimostrare che; [*facial expression*] mostrare che; ***this ~s him to be a liar*** questo dimostra che è un bugiardo; ***it all goes to ~ that...*** tutto concorre a dimostrare che... **7** *(conduct)* ***to ~ sb. to their seat*** [*host, usher*] fare sedere qcn.; ***to ~ sb. to their room*** accompagnare qcn. alla propria, in camera; ***to ~ sb. up, down the stairs*** accompagnare qcn. di sopra, di sotto; ***to ~ sb. to the door*** accompagnare qcn. alla porta **8** COLLOQ. *(teach a lesson to)* ***I'll ~ you, him!*** *(as revenge)* ti, gli faccio vedere io! *(when challenged)* ti, gli farò vedere **II** intr. (pass. **showed**; p.pass. **shown**) **1** *(be noticeable)* [*stain, label*] vedersi; [*fear, anger, distress*] *(by actions, appearance)* vedersi; *(in eyes)* emergere, vedersi **2** *(be exhibited)* [*artist*] esporre; [*film*] passare; ***to ~ to advantage*** [*colour, object*] fare un bell'effetto **3** COLLOQ. *(turn up)* farsi vedere; ***he didn't ~ after all*** alla fine non si è fatto vedere **4** AE *(in horseracing) (be placed)* essere piazzato; ***to ~ ahead*** essere in testa **III** rifl. (pass. **showed**; p.pass. **shown**) ***to ~ oneself*** [*person, animal*] mostrarsi; ***to ~ oneself to be*** dimostrare di essere ◆ ***it just goes to ~*** come volevasi dimostrare; ***~ a leg!*** COLLOQ. giù dal letto! ***to have nothing to ~ for sth.*** restare con un pugno di mosche; ***to ~ one's face*** COLLOQ. farsi vedere; ***to ~ one's hand*** scoprire le proprie carte; ***to ~ the way*** indicare la strada; ***to ~ the way forward*** aprire la strada; ***to ~ sb. the door*** mettere qcn. alla porta.

■ **show in:** ~ ***[sb.] in*** fare entrare, accompagnare dentro.

■ **show off:** ~ ***off*** COLLOQ. farsi vedere, mettersi in mostra; ***to ~ off to*** o ***in front of sb.*** mettersi in mostra davanti a qcn.; ~ ***[sb., sth.] off***, ~ ***off [sb., sth.]*** fare risaltare [*figure, special feature, skill*]; mettere in risalto [*talent*]; fare vedere [*baby*]; sfoggiare [*car, boyfriend*].

■ **show out:** ~ ***[sb.] out*** fare uscire, accompagnare fuori, alla porta.

■ **show round:** ~ ***[sb.] round*** fare visitare, fare vedere.

■ **show through:** ~ ***through*** [*courage, determination*] trasparire; ~ ***through [sth.]*** vedersi attraverso.

■ **show up:** ~ ***up*** **1** *(be visible)* [*dust, mark*] vedersi; [*pollution, signs, symptoms*] manifestarsi; [*details, colour*] notarsi, risaltare **2** COLLOQ. *(arrive)* farsi vedere, presentarsi; ~ ***up [sth.]*** rivelare [*fault, mark*]; ~ ***[sb.] up*** **1** *(let down)* fare fare una brutta figura a, fare vergognare [*person*] **2** *(reveal truth about)* ***research has shown him up for what he is*** l'indagine ha messo in luce la sua vera natura.

show bill /ˈʃəʊbɪl/ n. → **showcard**.

show biz /ˈʃəʊbɪz/ n. COLLOQ. → **show business**.

1.showboat /ˈʃəʊbəʊt/ n. AE showboat m.

2.showboat /ˈʃəʊbəʊt/ intr. AE mettersi in mostra, dare spettacolo.

show business /ˈʃəʊbɪznɪs/ n. industria f. dello spettacolo, show business m.

showcard /ˈʃəʊkɑːd/ n. AE cartellone m. (pubblicitario), manifesto m.

▷ **1.showcase** /ˈʃəʊkeɪs/ **I** n. vetrina f., bacheca f.; FIG. *(for products, paintings, inventions, ideas etc.)* vetrina f. (**for** di); *(for new artists, actors etc.)* trampolino m. (di lancio) (**for** per) **II** modif. [*village, prison*] modello.

▷ **2.showcase** /ˈʃəʊkeɪs/ tr. **1** servire come trampolino di lancio per [*actor, musician, band*] **2** *(display)* mostrare, mettere in mostra.

showdown /ˈʃəʊdaʊn/ n. *(between people)* confronto m., resa f. dei conti; *(between factions)* scontro m., resa f. dei conti.

▷ **1.shower** /ˈʃaʊə(r)/ **I** n. **1** *(for washing)* doccia f.; ***to have*** o ***take a ~*** fare una doccia; ***to be in the ~*** essere sotto la doccia **2** METEOR. acquazzone m., rovescio m., temporale m.; ***light, heavy ~*** leggero, violento temporale **3** *(of confetti, sparks, fragments)* pioggia f. (**of** di); *(of praise, blessings, gifts)* valanga f. (**of** di) **4** AE ***bridal, baby ~*** = festa in cui ogni invitato porta un regalo alla futura sposa, al bebè **5** BE COLLOQ. SPREG. *(gang)* banda f., branco m. **II** modif. [*cubicle, curtain, head, rail, spray*] di doccia.

2.shower /ˈʃaʊə(r)/ **I** tr. **1** *(wash)* lavare [*dog*]; fare la doccia a [*child*] **2** ***to ~ sth. on*** o ***over sb., sth.***, ***to ~ sb., sth. with sth.*** [*fire, explosion, volcano*] fare piovere qcs. su qcn., qcs.; [*person*] spruzzare qcn., qcs. di qcs. [*water, champagne etc.*]; ***sparks ~ed me*** mi cadde addosso una pioggia di scintille **3** FIG. ***to ~ sb. with [sth.]***, ***to ~ [sth.] on sb.*** coprire qcn. di [*gifts, blessings, compliments*]; ***I was ~ed with praise*** mi hanno coperto di lodi **II** intr. **1** [*person*] fare la doccia **2** ***petals, sparks ~ed on me*** mi cadde addosso una pioggia di petali, scintille; ***ash ~ed down*** cadeva una pioggia di cenere.

shower attachment /ˈʃaʊəˌtætʃmənt/ n. doccetta f. estraibile.

shower cap /ˈʃaʊəˌkæp/ n. cuffia f. da bagno, da doccia.

showerproof /ˈʃaʊəˌpruːf/ agg. impermeabile.

shower room /ˈʃaʊəˌruːm, -ˌrʊm/ n. *(private)* bagno m. (con doccia); *(public)* docce f.pl.

shower unit /ˈʃaʊərˌjuːnɪt/ n. *(apparatus)* doccia f.

showery /ˈʃaʊərɪ/ agg. [*day, weather*] piovoso, temporalesco; ***it will be ~ tomorrow*** domani il tempo sarà piovoso.

show flat /ˈʃəʊflæt/ n. BE = appartamento arredato per l'esposizione al pubblico.

showgirl /ˈʃəʊɡɜːl/ n. showgirl f.

showground /ˈʃəʊɡraʊnd/ n. terreno m. utilizzato per fiere, esposizioni ecc.; EQUIT. terreno m. di gara.

show house /ˈʃəʊhaʊs/ n. = casa arredata per l'esposizione al pubblico.

showily /ˈʃəʊɪlɪ/ avv. SPREG. [*dressed, decorated*] in modo appariscente.

showiness /ˈʃəʊɪnɪs/ n. appariscenza f., vistosità f., ostentazione f.

▷ **showing** /ˈʃəʊɪŋ/ n. **1** CINEM. *(individual screening)* spettacolo m., proiezione f.; ***there are two ~s daily*** ci sono due spettacoli al giorno **2 U** CINEM. *(putting on)* presentazione f. (**of** di) **3** *(performance)* prestazione f., performance f. (anche SPORT); ***if his last ~ is anything to go by*** a giudicare dalla sua ultima performance.

showing-off /ˌʃəʊɪŋˈɒf, AE -ˈɔːf/ n. COLLOQ. esibizionismo m.

showjumper /ˈʃəʊdʒʌmpə(r)/ n. **1** *(person)* cavallerizzo m. (-a) di salto ostacoli **2** *(horse)* ostacolista m., cavallo m. da salto ostacoli.

showjumping /ˈʃəʊdʒʌmpɪŋ/ ♦ ***10*** n. salto m. ostacoli.

showman /ˈʃəʊmən/ n. (pl. **-men**) showman m.; ***to be a ~*** FIG. essere un esibizionista.

showmanship /ˈʃəʊmənʃɪp/ n. arte f. dello showman.

showmen /ˈʃəʊmen/ → **showman**.

shown /ʃəʊn/ p.pass. → **2.show**.

show-off /ˈʃəʊɒf, AE -ɔːf/ n. COLLOQ. spaccone m. (-a), gradasso m. (-a).

show of hands /ˌʃəʊəvˈhændz/ n. alzata f. di mano.

showpiece /ˈʃəʊpiːs/ n. **1** *(exhibit)* pezzo m. in esposizione; *(in trade fair)* oggetto m. in esposizione; ***that picture is a real ~*** FIG. quel quadro è davvero un pezzo da collezione; ***this hospital is a ~*** FIG. questo è un ospedale modello **2** *(popular piece of music)* pezzo m. forte.

showplace /ˈʃəʊpleɪs/ n. AE *(for tourists)* attrazione f. turistica.

showroom /ˈʃəʊruːm, -rʊm/ n. showroom m., salone m. d'esposizione; ***to look at cars, kitchens in a ~*** guardare le automobili, le cucine esposte; ***in ~ condition*** [*furniture, car*] in condizioni impeccabili.

showstopper /ˈʃəʊstɒpə(r)/ n. COLLOQ. *(in theatre)* = pezzo, numero che suscita applausi a scena aperta.

show trial /ˈʃəʊˌtraɪəl/ n. STOR. processo m. esemplare.

show up /ˈʃəʊʌp/ n. DIR. confronto m. all'americana.

show window /ˈʃəʊˌwɪndəʊ/ agg. AE vetrina f.

showy /ˈʃəʊɪ/ agg. SPREG. [*clothing, style*] vistoso, appariscente.

shrank /ʃræŋk/ pass. → **2.shrink**.

shrapnel /ˈʃræpnl/ n. shrapnel m.; ***a piece of ~*** una scheggia (di shrapnel).

▷ **1.shred** /ʃred/ n. **1** FIG. *(of evidence)* straccio m.; *(of emotion, sense, truth)* briciolo m. **2** *(of paper, fabric)* brandello m.; ***to be*** o ***hang in ~s*** essere a brandelli.

▷ **2.shred** /ʃred/ tr. (forma in -ing ecc. **-dd-**) stracciare, sbrindellare [*documents, paper*]; sminuzzare [*vegetables*]; ***~ded newspaper*** striscioline di giornale; ***~ding attachment*** GASTR. accessorio per sminuzzare.

shredder /ˈʃredə(r)/ n. **1** *(for paper)* distruggidocumenti m.; ***to put papers through the ~*** mettere i documenti nel distruggidocumenti **2** GASTR. sminuzzatoio m.

shrew /ʃruː/ n. **1** ZOOL. toporagno m. **2** ANT. SPREG. *(woman)* bisbetica f.; ***"The Taming of the Shrew"*** "La bisbetica domata".

shrewd /ʃruːd/ agg. [*person*] astuto, scaltro; [*face*] furbo; [*move, assessment, investment*] astuto; ***I have a ~ idea that*** mi sa che *o* ho il sospetto che; ***to make a ~ guess*** avere un'intuizione (felice).

shrewdly /ˈʃruːdlɪ/ avv. [*act, decide*] astutamente; [*say*] sagacemente; [*assess*] con astuzia.

shrewdness /ˈʃruːdnɪs/ n. *(of person, decision)* perspicacia f., astuzia f.; *(of move, suggestion)* astuzia f.

shrewish /ˈʃruːɪʃ/ agg. bisbetico.

▷ **1.shriek** /ʃriːk/ n. **1** *(of pain, fear)* grido m., urlo m.; *(of delight)* gridolino m.; ***~s of laughter*** risate stridule **2** *(of bird)* grido m.

▷ **2.shriek** /ʃriːk/ **I** tr. strillare, urlare; ***"no!" he ~ed*** "no!" strillò **II** intr. *(with pain, fear)* gridare, urlare (**in**, **with** di); *(with pleasure)* gridare (**with** di); ***to ~ with laughter*** ridere in modo stridulo.

shrieking /ˈʃriːkɪŋ/ agg. stridulo.

shrievalty /ˈʃriːvəltɪ/ n. **1** ANT. *(office)* carica f. di sceriffo **2** *(jurisdiction)* giurisdizione f. di sceriffo.

shrift /ʃrɪft/ n. ***to give sb., sth. short ~*** liquidare qcn., qcs. senza tanti complimenti; ***to get*** o ***receive short ~ from*** essere liquidato senza tanti complimenti da.

shrike /ʃraɪk/ n. averla f. maggiore.

1.shrill /ʃrɪl/ agg. **1** [*voice, cry, laugh, whistle, tone*] stridulo, stridente **2** SPREG. [*criticism, protest*] insistente, petulante.

2.shrill /ʃrɪl/ intr. [*bird*] emettere un grido stridulo; [*telephone*] trillare.

shrillness /ˈʃrɪlnɪs/ n. **1** *(of voice, cry, whistle, tone)* stridore m. **2** SPREG. *(of criticism, protest)* insistenza f., petulanza f.

shrilly /ˈʃrɪlɪ/ avv. **1** [*laugh, scream, shout*] stridulamente **2** SPREG. [*demand, protest*] insistentemente, in modo petulante.

▷ **1.shrimp** /ʃrɪmp/ n. (pl. **~**, **~es**) **1** ZOOL. GASTR. gamberetto m. **2** COLLOQ. *(small person)* nanerottolo m. (-a), tappo m.

2.shrimp /ʃrɪmp/ intr. pescare gamberetti.

shrimping /ˈʃrɪmpɪŋ/ n. pesca f. dei gamberetti; ***to go ~*** andare a pesca di gamberetti.

shrimping net /ˈʃrɪmpɪŋˌnet/ n. gamberana f.

▷ **1.shrine** /ʃraɪn/ n. **1** *(place of worship)* santuario m. (**to** dedicato a) **2** *(in catholicism) (alcove)* teca f.; *(building)* cappella f. **3** *(tomb)* tomba f.

2.shrine /ʃraɪn/ tr. → **enshrine**.

▷ **1.shrink** /ʃrɪŋk/ n. COLLOQ. *(psychoanalyst, psychiatrist)* strizzacervelli m. e f.

▷ **2.shrink** /ʃrɪŋk/ **I** tr. (pass. **shrank**; p.pass. **shrunk** o **shrunken**) fare restringere [*fabric*]; fare stagionare [*wood*]; ANTROP. rimpicciolire [*head*] **II** intr. (pass. **shrank**; p.pass. **shrunk** o **shrunken**) **1** [*fabric*] restringersi, ritirarsi; [*timber*] ritirarsi, seccare; [*piece of dough, meat*] ridursi; [*forest, area of land*] ritirarsi; [*boundaries*] avvicinarsi, restringersi; [*economy, sales*] essere in calo; [*resources, funds*] restringersi, diminuire; [*old person, body*] rattrappirsi; ***the staff has shrunk from 200 to 50*** il personale è sceso da 200 a 50; ***to have shrunk to nothing*** [*team, household*] essere ridotto a poche persone *o* a quattro gatti COLLOQ.; [*person*] essere solo pelle e ossa **2** *(recoil) (physically)* indietreggiare; ***to ~ from*** rifuggire da [*conflict, responsibility*]; ***to ~ from doing*** essere riluttante a fare; ***he didn't ~ from the task*** non si è sottratto all'impegno.

■ **shrink back** tirarsi indietro, indietreggiare; ***to ~ back in horror*** indietreggiare per la paura.

shrinkage /ˈʃrɪŋkɪdʒ/ n. *(of fabric)* restringimento m.; *(of timber)* contrazione f.; *(of economy, trade)* calo m.; *(of resources, profits, forest, area)* diminuzione f.

shrinking /ˈʃrɪŋkɪŋ/ agg. [*amount, numbers, resource, asset, audience*] in diminuzione; [*population, market, revenue*] in calo.

shrinkingly /ˈʃrɪŋkɪŋlɪ/ avv. con esitazione, con riluttanza.

shrinking violet /ˌʃrɪŋkɪŋˈvaɪələt/ n. COLLOQ. SCHERZ. mammola f., persona f. timida; ***she's no ~!*** non è proprio una mammoletta!

shrinkproof /ˈʃrɪŋkpruːf/ agg. [*fabric*] irrestringibile.

shrink ring /ˈʃrɪŋkrɪŋ/ n. anello m. di forzamento.

1.shrink-wrap /ˈʃrɪŋkræp/ n. film m. termoretraibile, pellicola f. termoretraibile.

2.shrink-wrap /ˈʃrɪŋkræp/ tr. (forma in -ing ecc. **-pp-**) imballare [qcs.] con pellicola termoretraibile [*food, books*].

shrink-wrapping /ˈʃrɪŋkræpɪŋ/ n. confezionamento m., cellofanatura f. con pellicola termoretraibile.

shrive /ʃraɪv/ tr. (pass. **shrived** o **shrove**; p.pass. **shrived** o **shriven**) RELIG. ANT. confessare e assolvere.

shrivel /ˈʃrɪvl/ **I** tr. (forma in -ing ecc. **-ll-**, **-l-** AE) [*sun, heat*] raggrinzire [*skin*]; seccare [*plant, leaf*] **II** intr. (forma in -ing ecc. **-ll-**, **-l-** AE) (anche **~ up**) [*fruit, vegetable*] disidratarsi; [*skin*] raggrinzirsi; [*plant, leaf, meat*] seccarsi.

shrivelled, **shriveled** AE /ˈʃrɪvld/ agg. [*fruit, vegetable, body*] rinsecchito; [*skin, face*] raggrinzito; [*plant, leaf, meat*] seccato.

shriven /ˈʃrɪvn/ p.pass. → **shrive**.

shriver /ˈʃraɪvə(r)/ n. RELIG. ANT. confessore m.

shriving /ˈʃraɪvɪŋ/ n. RELIG. ANT. confessione f.

shroff /ʃrɒf/ n. **1** *(in India) (banker)* banchiere m.; *(moneychanger)* cambiavalute m. **2** ANT. *(in the Far East)* = esperto nel riconoscere monete false.

Shropshire /ˈʃrɒpʃə(r)/ ♦ ***24*** n.pr. Shropshire m.

1.shroud /ʃraʊd/ n. **1** *(cloth)* sudario m., lenzuolo m. funebre **2** FIG. *(of fog, secrecy)* velo m. (**of** di) **3** MAR. *(rope)* sartia f. **4** (anche **~ line**) *(on parachute)* fascio m. funicolare.

2.shroud /ʃraʊd/ tr. avvolgere [*body, person*] (**in** in); ***to be ~ed in*** essere avvolto in [*mist, mystery, secrecy*].

shrove /ʃrəʊv/ pass. → **shrive.**

Shrovetide /ˈʃrəʊvtaɪd/ n. RELIG. = ultimi tre giorni di carnevale.

Shrove Tuesday /ˌʃrəʊvˈtjuːzdeɪ, -dɪ, AE -ˈtuː-/ n. RELIG. martedì m. grasso.

▷ **1.shrub** /ʃrʌb/ n. arbusto m., cespuglio m.

2.shrub /ʃrʌb/ n. **1** = bibita a base di succo di frutta, zucchero e rum o brandy **2** AE = liquore a base di succo di lampone, zucchero e aceto.

shrubbery /ˈʃrʌbərɪ/ n. **1** BE **C** *(in garden)* cespuglio m. di arbusti **2 U** *(shrubs collectively)* arbusti m.pl.

shrubby /ˈʃrʌbɪ/ agg. **1** *(covered with shrubs)* coperto di arbusti, cespuglioso **2** *(like a shrub)* arbustivo.

shrub rose /ʃrʌb/ n. rosa f. a cespuglio.

1.shrug /ʃrʌg/ n. (anche **~ of the shoulders**) scrollata f. di spalle; ***to give a ~*** scrollare le spalle.

2.shrug /ʃrʌg/ tr. (forma in -ing ecc. **-gg-**) (anche **~ one's shoulders**) scrollare le spalle.

■ **shrug off:** ~ ***off [sth.]***, ~ ***[sth.] off*** prendere alla leggera, minimizzare [*problem, rumour*].

shrunk /ʃrʌŋk/ p.pass. → **2.shrink**.

shrunken /ˈʃrʌŋkən/ **I** p.pass. → **2.shrink** **II** agg. [*person, body*] rattrappito; [*apple*] raggrinzito; [*budget*] ridotto; ***~ head*** ANTROP. = testa mozzata e rimpicciolita, utilizzata come trofeo di guerra.

shtick /ʃtɪk/ n. AE COLLOQ. TEATR. numero m.

1.shuck /ʃʌk/ n. AE *(of nut)* guscio m.; *(of bean, pea)* baccello m.; *(of corn)* cartoccio m.; *(of oyster)* conchiglia f. ◆ ***it's not worth ~s*** AE COLLOQ. non vale un fico secco.

2.shuck /ʃʌk/ tr. AE sgusciare [*nut*]; sgranare, sbaccellare [*pea*]; scartocciare [*corn*]; aprire [*oyster*]; [*person*] togliersi [*clothes*].

shucks /ʃʌks/ inter. AE COLLOQ. **1** *(in irritation)* accidenti **2** *(in embarrassment)* smettila.

▷ **1.shudder** /ˈʃʌdə(r)/ n. **1** *(of person)* brivido m. (**of** di); ***the news sent a ~ of terror through them*** alla notizia, un brivido di terrore li percorse; ***to give a ~*** rabbrividire; ***with a ~*** rabbrividendo **2** *(of vehicle)* scossa f.; ***to give a ~*** dare una scossa.

▷ **2.shudder** /ˈʃʌdə(r)/ intr. **1** [*person*] rabbrividire; ***to ~ with fear, pleasure, cold*** rabbrividire di paura, piacere, freddo; ***to ~ at the sight, thought of sth.*** rabbrividire alla vista, al pensiero di qcs.; ***I ~ to think!*** il solo pensiero mi fa rabbrividire! **2** [*vehicle*] *(once)* dare una scossa; ***to ~ to a halt*** dare qualche scossa e poi fermarsi.

shuddering /ˈʃʌdərɪŋ/ agg. ***to come to a ~ halt*** dare qualche scossa e poi fermarsi.

shudderingly /ˈʃʌdərɪŋlɪ/ avv. rabbrividendo.

▷ **1.shuffle** /ˈʃʌfl/ n. **1** *(way of walking)* andatura f. strascicata **2** *(sound of walk)* strascichio m., rumore m. di passi strascicati **3** GIOC. ***to give the cards a ~*** mischiare le carte **4** *(in dancing)* shuffle m. **5** AE *(confusion)* confusione f.

▷ **2.shuffle** /ˈʃʌfl/ **I** tr. **1** (anche **~ about**) *(change position of)* spostare [*furniture, objects, people*] **2** ***to ~ one's feet (in embarrassment)*** stropicciare i piedi (con imbarazzo) **3** *(mix together)* mischiare, mescolare [*papers*]; mischiare [*data*] **4** GIOC. mischiare [*cards*] **II** intr. strascicare i piedi; ***to ~ along, in*** camminare, entrare strascicando i piedi.

■ **shuffle off:** ~ ***off*** andarsene strascicando i piedi; ~ ***off [sth.]*** scaricare [*responsibility, blame, guilt*] (**on(to) sb.** su qcn., sulle spalle di qcn.).

shuffleboard /ˈʃʌflbɔ:d/ ◆ **10** n. GIOC. **1** *(game)* = gioco che si svolge generalmente sul ponte di una nave e che consiste nel tirare dei dischi con un'asta su una griglia tracciata per terra **2** *(court)* = l'area su cui si gioca a shuffleboard.

shuffler /ˈʃʌflə(r)/ n. GIOC. mazziere m. (-a).

shuffling /ˈʃʌflɪŋ/ agg. **1** [*gait*] strascicato **2** [*person, action*] evasivo.

shufti, shufty /ˈʃʊftɪ/ n. BE COLLOQ. occhiata f.; ***to take*** o ***have a ~ at sth.*** dare un'occhiata a qcs.

1.shun /ʃʌn/ inter. MIL. (accorc. attention) attenti.

2.shun /ʃʌn/ tr. (forma in -ing ecc. **-nn-**) **1** *(avoid)* evitare [*contact, people, publicity*]; sfuggire a [*responsibility, temptation*]; scansare [*work*] **2** *(reject)* respingere [*job, person, offer, suggestion*].

shunpike /ˈʃʌnpaɪk/ intr. AE = percorrere strade secondarie per non pagare il pedaggio autostradale.

1.shunt /ʃʌnt/ n. MED. ELETTRON. shunt m.

2.shunt /ʃʌnt/ **I** tr. **1** COLLOQ. *(send)* spedire, sballottare; ***to be ~ed from place to place*** essere sballottato da una parte all'altra; ***to ~ sb. back and forth*** sballottare qcn. avanti e indietro; ***we were ~ed from one official to the next*** ci hanno sballottato da un funzionario all'altro **2** COLLOQ. *(marginalize)* trasferire, spedire; ***to ~ sb. into another department*** spedire qcn. in un altro reparto; ***to ~ sb. into a siding*** FIG. mettere qcn. in disparte **3** FERR. *(move)* smistare [*wagon, engine*] (**into** su) **4** ELETTRON. shuntare **II** intr. [*train*] essere smistato, cambiare binario; ***to ~ back and forth*** manovrare *o* fare manovra.

shunter /ˈʃʌntə(r)/ n. locomotiva f. da manovra.

shunting /ˈʃʌntɪŋ/ n. **1** FERR. manovra f., smistamento m. **2** ELETTRON. shuntaggio m.

shunting engine /ˌʃʌntɪŋˈendʒɪn/ n. locomotiva f. da manovra.

shunting yard /ˌʃʌntɪŋˈjɑ:d/ n. scalo m. di manovra.

1.shush /ʃʊʃ/ inter. sst.

2.shush /ʃʊʃ/ tr. COLLOQ. fare tacere, zittire [*person*].

▶ **1.shut** /ʃʌt/ agg. **1** *(closed)* [*door, book, box, mouth*] chiuso; ***my eyes were ~*** avevo gli occhi chiusi; ***to slam the door ~*** chiudere la porta facendola sbattere; ***to slam ~*** chiudere sbattendo; ***to keep one's mouth ~*** COLLOQ. tenere la bocca chiusa **2** *(of business)* chiuso; ***it's ~ on Fridays*** è chiuso di venerdì.

▶ **2.shut** /ʃʌt/ **I** tr. (forma in -ing **-tt-**; pass., p.pass. **shut**) **1** *(close)* chiudere [*door, book, box, mouth*]; ***she shut her eyes*** chiuse gli occhi; ***~ your mouth*** o ***trap*** o ***face!*** COLLOQ. tappati la bocca! **2** *(of business)* chiudere [*office, school, factory*]; ***to ~ the shop for a week*** chiudere il negozio per una settimana **3** *(confine)* → **shut up II** intr. (forma in -ing **-tt-**; pass., p.pass. **shut**) **1** [*door, book, box, mouth*] chiudersi; ***to ~ with a bang*** chiudersi con un colpo **2** [*office, factory*] chiudere; ***the shop ~s at five*** il negozio chiude alle cinque ◆ ***put up or ~ up!*** COLLOQ. = difenditi oppure stai zitto.

■ **shut away:** ~ ***[sb., sth.] away***, ~ ***away [sb., sth.]*** **1** *(lock up)* rinchiudere, mettere sotto chiave [*person*]; mettere [qcs.] sotto chiave [*valuables, medicine*] **2** *(keep at bay)* tenere [qcn.] a distanza [*person*]; evitare [*difficulties*]; ~ ***[oneself] away*** ritirarsi, nascondersi (**from** da).

■ **shut down:** ~ ***down*** [*business*] chiudere; [*plant, machinery*] fermarsi; ~ ***[sth.] down***, ~ ***down [sth.]*** chiudere [*business, amenity, factory*]; interrompere [*service*]; fermare, arrestare [*reactor, machinery*]; togliere [*power*].

■ **shut in:** ~ ***[sb., sth.] in*** rinchiudere [*person, animal*]; ***to feel shut in*** FIG. sentirsi soffocare; ***to ~ oneself in*** chiudersi dentro.

■ **shut off:** ~ ***[sth.] off***, ~ ***off [sth.]*** tagliare [*supply*]; spegnere [*oven, heater, fan, motor*]; chiudere [*access, valve*]; ~ ***[sb., sth.] off*** isolare (**from** da); ***to ~ oneself off*** isolarsi (**from** da).

■ **shut out:** ~ ***out [sth., sb.]***, ~ ***[sth., sb.] out*** **1** *(keep out)* chiudere [qcs.] fuori [*animal, person*]; eliminare [*noise, draught*]; ***to be shut out*** essere chiuso fuori **2** *(keep at bay)* tenere lontano [*thought, memory, image*] **3** *(reject)* escludere, respingere [*person, world*]; ***to feel shut out*** sentirsi escluso **4** *(block)* impedire a [qcs.] di entrare, non far passare [*light, sun*]; bloccare, impedire [*view*] **5** AE SPORT non lasciare segnare un punto a, dare cappotto a.

■ **shut up:** ~ ***up*** COLLOQ. stare zitto, tacere (**about** riguardo a); ***I wish she'd ~ up!*** vorrei che stesse zitta! ***~ up!*** *(brisk)* zitto! *(aggressive)* taci! silenzio! *(brutal)* tappati la bocca! ~ ***[sb.] up***, ~ ***up [sb.]*** **1** COLLOQ. *(silence)* fare tacere [*person, animal*]; ***that soon shut her up!*** quello le ha subito chiuso la bocca! **2** *(confine)* rinchiudere [*person, animal*] (**in** in); ***to ~ oneself up*** chiudersi (**in** in) **3** *(close)* chiudere [*house, business*]; ***to ~ up shop*** COLLOQ. chiudere bottega (anche FIG.).

shutdown /ˈʃʌtdaʊn/ n. chiusura f.; NUCL. arresto m. (di reattore).

shut-eye /ˈʃʌtaɪ/ n. COLLOQ. ***to get some ~*** *(short sleep)* schiacciare un pisolino *o* un sonnellino; *(go to bed)* andare a coricarsi.

shutoff valve /ˈʃʌtɒfˌvælv/ n. valvola f. di arresto automatico.

shutout /ˈʃʌtaʊt/ n. AE SPORT cappotto m.

1.shutter /ˈʃʌtə(r)/ n. **1** *(on window) (wooden, metal)* persiana f.; *(on shop front)* saracinesca f.; ***to put up the ~s*** chiudere il negozio; FIG. chiudere bottega **2** FOT. *(camera)* otturatore m.

2.shutter /ˈʃʌtə(r)/ tr. **1** *(provide with shutters)* mettere le persiane a [*window*] **2** *(close)* chiudere le persiane di [*window*]; chiudere la saracinesca di [*shop*].

shutterbug /ˈʃʌtəbʌg/ n. AE POP. appassionato m. (-a) di fotografia.

shuttered /ˈʃʌtəd/ **I** p.pass. → **2.shutter II** agg. [*houses, windows*] con le persiane chiuse; ***the house was ~ (up)*** la casa aveva le persiane chiuse.

shutter release /ˈʃʌtərɪˌli:s/ n. FOT. bottone m. di scatto.

shutter speed /ˈʃʌtəˌspi:d/ n. tempo m. di esposizione.

▷ **1.shuttle** /ˈʃʌtl/ n. **1** *(in transport)* navetta f. **2** AER. (anche **space ~**) navetta f. spaziale, shuttle m. **3** *(in sewing machine, loom)* navetta f. **4** *(in badminton)* volano m.

▷ **2.shuttle** /ˈʃʌtl/ **I** tr. trasportare [*passengers*] **II** intr. ***to ~ between*** fare la navetta *o* la spola tra [*terminals*].

shuttle bus /ˈʃʌtlbʌs/ n. autobus m. navetta.

shuttlecock /ˈʃʌtlkɒk/ n. *(in badminton)* volano m.

shuttle diplomacy /ˌʃʌtldɪpˈləʊməsɪ/ n. POL. = negoziati diplomatici condotti da un mediatore che si reca dalle parti in causa separatamente.

shuttle mission /ˈʃʌtlˌmɪʃn/ n. AER. missione f. shuttle.

shuttle programme /ˈʃʌtlˌprəʊgræm/ BE, **shuttle program** /ˈʃʌtlˌprəʊgrəm/ AE n. AER. programma m. dello shuttle.

shuttle service /ˈʃʌtlˌsɜ:vɪs/ n. *(in transport)* servizio m. navetta.

▷ **1.shy** /ʃaɪ/ agg. **1** *(timid)* [*person*] timido (**with, of** con); [*animal*] pauroso (**with, of** con) **2** *(afraid)* ***to be ~ of sb., of doing*** essere timoroso di qcn., di fare; ***to make sb. feel ~*** intimidire qcn. **3** *(avoid)* ***to fight ~ of*** stare alla larga da; ***to fight ~ of doing*** evitare a tutti i costi di fare **4** AE *(short)* ***I'm 10 cents ~ of a dollar*** mi mancano 10 cents per fare un dollaro; ***he's two years ~ of 40*** gli mancano due anni ai 40.

2.shy /ʃaɪ/ n. *(of horse)* scarto m.

3.shy /ʃaɪ/ n. SPORT lancio m., tiro m.
4.shy /ʃaɪ/ **I** tr. *(throw)* ***to ~ sth. at*** lanciare qcs. a **II** intr. [*horse*] adombrarsi (**at** davanti a).
▪ **shy away** indietreggiare, arretrare intimorito (**from** da); ***to ~ away from doing*** rifuggire dal *o* evitare di fare.
Shylock /ˈʃaɪlɒk/ n.pr. Shylock.
shyly /ˈʃaɪlɪ/ avv. timidamente.
shyness /ˈʃaɪnɪs/ n. timidezza f.
shyster /ˈʃaɪstə(r)/ n. AE COLLOQ. imbroglione m. (-a), persona f. senza scrupoli.
si /siː/ n. MUS. **1** *(in fixed-doh system)* si m. **2** *(in solmization system)* sensibile f.
SI n. (⇒ Système International Sistema Internazionale) SI m.
sial /ˈsaɪəl/ n. GEOL. sial m.
Siam /ˌsaɪˈæm/ ♦ *6* n.pr. STOR. Siam m.
Siamese /ˌsaɪəˈmiːz/ ♦ *18, 14* **I** agg. siamese **II** n. (pl. ~) **1** *(person)* siamese m. e f. **2** *(language)* siamese m. **3** *(cat)* siamese m.
Siamese cat /ˌsaɪəmiːzˈkæt/ n. gatto m. siamese.
Siamese twins /ˌsaɪəmiːzˈtwɪnz/ n.pl. MED. gemelli m. (-e) siamesi.
SIB n. BE ECON. (⇒ Securities and Investments Board) = nella City, commissione preposta al controllo delle transazioni di Borsa.
Siberia /saɪˈbɪərɪə/ ♦ *24* n.pr. Siberia f.
Siberian /saɪˈbɪərɪən/ **I** agg. siberiano **II** n. siberiano m. (-a).
sibilance /ˈsɪbɪləns/, **sibilancy** /ˈsɪbɪlənsɪ/ n. sibilanza f.
sibilant /ˈsɪbɪlənt/ **I** n. LING. sibilante f. **II** agg. **1** LING. [*consonant, sound*] sibilante **2** FIG. ***a ~ sound*** un sibilo.
sibilate /ˈsɪbɪˌleɪt/ **I** tr. pronunciare sibilando, sibilare **II** intr. sibilare.
sibilation /ˌsɪbɪˈleɪʃn/ n. sibilo m.
▷ **sibling** /ˈsɪblɪŋ/ n. *(brother)* fratello m.; *(sister)* sorella f.
sibling rivalry /ˌsɪblɪŋˈraɪvlrɪ/ n. rivalità f. tra fratelli e sorelle.
Sibyl /ˈsɪbl/ **I** n. STOR. sibilla f. (anche FIG.) **II** n.pr. Sibilla.
sibylline /ˈsɪbəlaɪn, sɪˈbɪlaɪn, AE ˈsɪbəliːn/ agg. sibillino.
1.sic /sɪk/ avv. sic.
2.sic /sɪk/ inter. AE *(to dog)* attacca.
3.sic /sɪk/ tr. (forma in -ing ecc. **-ck-**) AE ***to ~ a dog on sb.*** lanciare un cane all'attacco di qcn.
siccative /ˈsɪkətɪv/ **I** n. essiccativo m. **II** agg. essiccativo.
sice /saɪs/ n. *(at dice)* sei m.
Sicilian /sɪˈsɪlɪən/ **I** agg. siciliano **II** n. **1** *(person)* siciliano m. (-a) **2** *(dialect)* siciliano m.
Sicily /ˈsɪsɪlɪ/ ♦ *24* n.pr. Sicilia f.
▶ **1.sick** /sɪk/ **I** agg. **1** *(ill)* malato; ***to feel ~*** sentirsi male; ***to fall*** o ***take ~*** BE ammalarsi *o* cadere malato; ***to be off ~*** BE essere in malattia; ***to go ~*** COLLOQ. darsi malato **2** *(nauseous)* ***to be ~*** vomitare *o* rigettare; ***to feel ~*** avere la nausea *o* avere voglia di vomitare; ***rhubarb makes him ~*** il rabarbaro lo fa vomitare; ***you'll make yourself ~ if you eat all that chocolate*** se mangerai tutto quel cioccolato ti verrà la nausea; ***to have a ~ feeling in one's stomach*** *(from nerves)* avere un nodo allo stomaco; *(from food)* avere lo stomaco in subbuglio **3** *(tasteless)* [*joke, story*] di cattivo gusto, disgustoso; ***he has a really ~ sense of humour*** il suo senso dell'umorismo è veramente disgustoso **4** *(disturbed)* [*mind, imagination*] malato; ***what a ~ thing to do!*** bisogna essere malati per fare una cosa del genere! **5** *(disgusted)* disgustato, schifato; ***you make me ~!*** mi fai schifo! ***it's enough to make you ~!*** c'è di che essere disgustati! ***it makes me ~ to think of how they treated him*** mi fa star male pensare a come lo hanno trattato **6** COLLOQ. *(fed-up)* ***to be ~ of sth., sb.*** COLLOQ. essere stufo di qcs., qcn.; ***to be ~ and tired of sth., sb.*** COLLOQ. essere stufo marcio di qcs., qcn.; ***to be ~ to death of sth., sb.*** COLLOQ. averne fin sopra i capelli di qcs., qcn.; ***to be ~ of the sight of sth., sb.*** COLLOQ. non sopportare (neanche più) la vista di qcs., qcn. **II** n. **1** ***the ~*** + verbo pl. i malati **2** BE COLLOQ. *(vomit)* vomito m. ◆ ***to be ~ at heart*** avere la morte nel cuore; ***to be worried ~ about sth.*** COLLOQ. essere molto in ansia *o* preoccupato da morire per qcs.
2.sick /sɪk/ intr. vomitare.
▪ **sick up** BE COLLOQ. ***~ up [sth.], ~ [sth.] up*** vomitare [*food*].
sick bag /ˈsɪkbæg/ n. *(on plane, bus etc.)* sacchetto m. di carta per il vomito.
sickbay /ˈsɪkbeɪ/ n. **1** *(in ship)* infermeria f. di bordo **2** *(in school, factory)* infermeria f.
sickbed /ˈsɪkbed/ n. capezzale m., letto m. di malato; ***to rise from*** o ***leave one's ~*** guarire.
sick building /ˌsɪkˈbɪldɪŋ/ n. edificio m. malsano.
sick building syndrome /ˌsɪkˈbɪldɪŋˌsɪndrəʊm/ n. = insieme di disturbi che colpiscono chi lavora in un ufficio e che sono attribuibili a fattori quali aria viziata, illuminazione inadatta ecc.
sick call /ˈsɪkkɔːl/ n. **1** → **sick parade 2** *(by doctor)* visita f. a domicilio.
sicken /ˈsɪkən/ **I** tr. fare ammalare; FIG. nauseare, disgustare **II** intr. **1** LETT. [*person, animal*] ammalarsi, cadere malato ***to be ~ing for sth.*** avere i sintomi di *o* covare qcs. **2** FIG. *(grow weary)* ***to ~ of*** stancarsi di *o* essere stufo di.
sickener /ˈsɪkənə(r)/ n. cosa f. nauseante, disgustosa.
sickening /ˈsɪkənɪŋ/ agg. **1** *(nauseating)* nauseante; [*sight*] disgustoso; [*smell*] nauseabondo, nauseante; FIG. [*cruelty, violence*] ripugnante **2** COLLOQ. *(annoying)* [*person, behaviour*] insopportabile, stucchevole.
sickeningly /ˈsɪkənɪŋlɪ/ avv. ***~ sweet*** stucchevole *o* nauseante; ***he is ~ smug*** è disgustosamente pieno di sé.
sickie /ˈsɪkɪ/ n. **1** BE COLLOQ. ***to throw a ~*** darsi malato **2** AE POP. → **sicko.**
sickle /ˈsɪkl/ n. falce f., falcetto m.
sick leave /ˈsɪkˌliːv/ n. malattia f.; ***to be on ~*** essere in malattia *o* in mutua.
sickle cell anaemia /ˌsɪklseləˈniːmɪə/ ♦ *11* n. MED. anemia f. falcemica, drepanocitosi f.
sickliness /ˈsɪklɪnɪs/ n. **1** *(of person)* salute f. cagionevole; *(of plant)* (l')essere malato; *(of complexion)* pallore m. **2** *(nauseatingness) (of taste, colour)* stucchevolezza f.; ***the ~ of the smell*** l'odore nauseabondo.
sick list /ˈsɪklɪst/ n. ***to be on the ~*** essere in malattia.
sickly /ˈsɪklɪ/ agg. **1** *(unhealthy)* [*baby, person*] cagionevole, malaticcio; [*pallor*] da malato; [*plant*] malaticcio; [*complexion*] pallido, diafano **2** *(nauseating)* [*smell, taste*] nauseante; [*colour*] pallido; ***~ sentimental*** melenso *o* sdolcinato; ***~ sweet*** dolciastro; ***she gave a ~ smile*** sorrise debolmente.
sick-making /ˈsɪkˌmeɪkɪŋ/ agg. COLLOQ. → **sickening.**
▷ **sickness** /ˈsɪknɪs/ n. **1** *(illness)* malattia f.; ***to be absent because of ~*** essere assente per motivi di salute *o* per malattia; ***there has been a lot of ~ in the school lately*** ci sono stati molti assenti per malattia a scuola ultimamente; ***the ~ of the economy*** la debolezza dell'economia; ***in ~ and in health*** nella salute e nella malattia **2 U** *(nausea)* nausea f.; ***to suffer bouts of ~*** *(temporary)* avere conati di vomito; *(over a period)* essere malato periodicamente **3** *(distasteful nature) (of joke, story)* cattivo gusto m.
sickness benefit /ˈsɪknɪsˌbenɪfɪt/ n. **U** BE indennità f. di malattia (concessa dallo stato).
sickness insurance /ˈsɪknɪsɪnˌʃɔːrəns, AE -ˌʃʊər-/ n. assicurazione f. contro le malattie.
sick note /ˈsɪknəʊt/ n. COLLOQ. *(for school)* giustificazione f. per motivi di salute; *(for work)* certificato m. medico.
sicknurse /ˈsɪknɜːs/ n. infermiera f.
sicko /ˈsɪkəʊ/ n. BE POP. psicopatico m. (-a).
sick parade /ˈsɪkpəˌreɪd/ n. MIL. **1** *(inspection)* visita f. ai malati **2** *(the sick)* malati m.pl. da visitare.
sickpay /ˈsɪkpeɪ/ n. indennità f. di malattia (concessa dal datore di lavoro).
sickroom /ˈsɪkruːm, -rʊm/ n. *(in school, institution)* infermeria f.; *(at home)* camera f. dell'ammalato.
Sid /sɪd/ n.pr. diminutivo di **Sidney**.
▶ **1.side** /saɪd/ **I** n. **1** *(part) (of person's body, animal's body, of hill)* fianco m., lato m.; *(of boat)* fiancata f.; *(of object, table, building)* lato m.; *(of ravine, cave)* parete f.; *(of box) (outer)* lato m.; *(inner)* parete f.; ***the right, left ~ of the road*** il lato destro, sinistro della strada; ***on my left, right ~*** alla mia sinistra, destra; ***by my, her ~*** al mio, suo fianco; ***on one's*** o ***its ~*** di lato; ***~ by ~*** fianco a fianco; ***he never leaves her ~*** non si allontana mai da lei *o* dal suo fianco, le sta sempre a fianco; ***don't leave my ~*** resta al mio fianco; ***from every ~*** da ogni lato *o* sotto ogni aspetto; ***on the mountain, hill ~*** sul fianco della montagna, della collina; ***go round the ~ of the building*** gira l'angolo dell'edificio; ***the south ~ of the mountain*** il versante sud della montagna; ***the north, south ~ of town*** la parte settentrionale, meridionale della città; ***"this ~ up"*** *(on package, box)* "alto" **2** *(surface of flat object) (of paper, cloth)* lato m.; *(of record)* lato m., facciata f.; ***the right ~*** *(of cloth)* il dritto; *(of coin, paper)* il recto; ***the wrong ~*** *(of cloth, coin, paper)* il rovescio **3** *(edge) (of lake, road)* bordo m., margine m.; *(of building)* lato m.; ***at*** o ***by the ~ of*** sul bordo, margine di [*road*]; sulla sponda di [*lake*]; a lato di [*building*] **4** *(aspect) (of person, argument)* lato m., faccia f.; *(of problem, question)* faccia f., aspetto m.; *(of story, case)* versione f.; ***there are two ~s to every question*** ogni medaglia ha il suo rovescio; ***whose ~ are we to believe?*** a quale versione bisogna

credere? ***try to see it from my*** ~ cerca di vederla dal mio punto di vista; ***she's on the science, arts*** ~ *(academically)* ha optato per le discipline scientifiche, artistiche; ***he's on the marketing, personnel*** ~ *(in company)* lavora per l'ufficio marketing, del personale **5** *(opposing group)* parte f., fazione f.; ***to change ~s*** cambiare partito; ***to take ~s*** prendere posizione **6** SPORT *(team)* squadra f.; ***which ~ does he play for?*** con chi gioca? ***you've really let the ~ down*** FIG. ci hai veramente delusi **7** *(page)* facciata f. **8** *(line of descent)* discendenza f., parte f.; ***on his mother's ~*** per parte di madre **9** COLLOQ. *(TV channel)* canale m. **10** SPORT *(spin) (in snooker)* ***to put ~ on the ball*** dare un effetto alla palla **11 on the side** ***a steak with salad on the ~*** una bistecca con contorno di insalata; ***to do sth. on the ~*** *(in addition)* fare qcs. come attività secondaria; *(illegally)* fare qcs. in nero **II** modif. [*door, window, entrance*] laterale **III -sided** agg. in composti ***four, six-~d figure*** figura a quattro, sei lati; ***glass-~d container*** recipiente (con pareti) di vetro; ***many-~d problem*** problema complesso *o* sfaccettato ◆ ***he's, she's like the ~ of a house*** è grosso, grossa come una casa; ***to have a bit on the ~*** COLLOQ. avere un altro *o* un'altra; ***time is on our ~*** il tempo è dalla nostra parte *o* ci è favorevole; ***to be on the safe ~*** *(allowing enough time)* per non correre rischi; *(to be certain)* per stare sul sicuro; ***to be (a bit) on the big, small ~*** essere (un po') grosso, piccolo; ***to be on the wrong, right ~ of 40*** avere più, meno di quarant'anni; ***to get on the wrong ~ of sb.*** prendere qcn. per il verso sbagliato; ***to have no ~*** essere imparziale; ***to have right on one's ~*** essere nel giusto; ***to get*** o ***keep on the right ~ of sb.*** prendere qcn. per il verso giusto; ***to put, leave sth. to one ~*** mettere, lasciare [qcs.] da parte [*object, task*]; ***to take sb. to one ~*** prendere qcn. da parte.

2.side /saɪd/ intr. [*car, skier, plane*] derapare.

▪ **side with** prendere le parti di [*person*].

side arm /ˈsaɪdɑːm/ n. *(weapon)* arma f. da fianco.

sidebar /ˈsaɪdbɑː(r)/ n. **1** *(in saddle, carriage)* barra f. laterale **2** AE *(in newspaper)* palchetto m., finestra f. (con notizie esplicative o aggiuntive).

sideboard /ˈsaɪdbɔːd/ n. credenza f., buffet m.

sideboards /ˈsaɪdbɔːdz/ BE, **sideburns** /ˈsaɪdbɜːnz/ n.pl. *(on face)* basette f.

sidecar /ˈsaɪdkɑː(r)/ n. sidecar m.

side dish /ˈsaɪddɪʃ/ n. GASTR. contorno m.

side drum /ˈsaɪddrʌm/ ♦ ***17*** n. MUS. rullante m.

side effect /ˈsaɪdɪˌfekt/ n. *(of drug)* effetto m. collaterale; FIG. *(of action)* ripercussione f.

side elevation /ˈsaɪdelɪˌveɪʃn/ n. ARCH. elevazione f. laterale.

side-face /ˈsaɪdfeɪs/ n. profilo m.

side-impact bars /ˈsaɪdɪmpæktˌbɑːz/ n.pl. barre f. (laterali) antintrusione.

side issue /ˈsaɪdˌɪʃuː, -ˌɪsjuː/ n. questione f. secondaria.

sidekick /ˈsaɪdˌkɪk/ n. COLLOQ. *(friend)* amico m. (-a) intimo (-a); *(accomplice)* complice m. e f.; *(assistent)* assistente m. e f.

sidelight /ˈsaɪdlaɪt/ n. **1** AUT. luce f. di posizione **2** MAR. *(to port)* fanale m. di via rosso; *(to starboard)* fanale m. di via verde **3** *(window) (in house)* lucernario m.; *(in car)* deflettore m.

▷ **1.sideline** /ˈsaɪdlaɪn/ n. **1** *(extra)* attività f. secondaria; ***he sells clothes as a ~*** vende vestiti come seconda attività *o* secondo lavoro **2** SPORT linea f. laterale; ***to kick the ball over the ~*** mandare la palla oltre la linea laterale; ***to be on the ~s*** essere in panchina; FIG. essere ai margini.

▷ **2.sideline** /ˈsaɪdlaɪn/ tr. AE SPORT sostituire [*player*]; ***to be ~d*** FIG. essere messo ai margini *o* in disparte.

sidelock /ˈsaɪdlɒk/ n. ricciolo m. rituale.

sidelong /ˈsaɪdlɒŋ, AE -lɔːŋ/ agg. [*glance, look*] furtivo.

sideman /ˈsaɪdmən/ n. (pl. **-men**) MUS. accompagnatore m.

side meat /ˈsaɪdmiːt/ n. AE = carne salata ricavata dal fianco del maiale.

sidemen /ˈsaɪdmen/ → **sideman**.

side mirror /ˌsaɪdˈmɪrə(r)/ n. AE specchietto m. laterale.

side-on /ˌsaɪdˈɒn/ **I** agg. laterale **II** avv. lateralmente, di lato.

side order /ˈsaɪdˌɔːdə(r)/ n. GASTR. contorno m.

side plate /ˈsaɪdpleɪt/ n. piattino m. (per burro, pane ecc.).

side post /ˈsaɪdpəʊst/ n. stipite m.

sidereal /saɪˈdɪərɪəl/ agg. sidereo, siderale.

siderite /ˈsaɪdəraɪt/ n. siderite f.

sideritic /ˌsaɪdəˈrɪtɪk/ agg. della siderite.

side road /ˈsaɪdrəʊd/ n. strada f. laterale.

siderography /ˌsaɪdəˈrɒgrəfɪ/ n. siderografia f.

siderolite /ˈsɪdərəlaɪt, ˈsaɪ-/ n. siderolite f.

side saddle /ˈsaɪdˌsædl/ **I** n. sella f. all'amazzone **II** avv. ***to ride ~*** cavalcare all'amazzone.

side salad /ˈsaɪdˌsæləd/ n. contorno m. di insalata.

side shoot /ˈsaɪdˌʃɒt/ n. BOT. pollone m.

side show /ˈsaɪdʃəʊ/ n. *(at fair)* attrazione f.

1.sideslip /ˈsaɪdslɪp/ n. *(of car)* sbandata f.; *(of skier)* derapata f.; *(of plane)* scivolata f. d'ala.

2.sideslip /ˈsaɪdslɪp/ intr. (forma in -ing ecc. **-pp-**) [*car*] sbandare; [*skier*] derapare; [*plane*] scivolare d'ala.

sidesman /ˈsaɪdzmən/ n. (pl. **-men**) *(in church)* = sagrestano.

sidesplitting /ˈsaɪdˌsplɪtɪŋ/ agg. COLLOQ. divertentissimo, che fa sbellicare dalle risate.

1.sidestep /ˈsaɪdstep/ n. SPORT schivata f. laterale, passo m. laterale; FIG. schivata f.

2.sidestep /ˈsaɪdstep/ tr. (forma in -ing ecc. **-pp-**) schivare [*opponent, tackle*]; FIG. evitare, eludere [*question, issue*].

side street /ˈsaɪdstriːt/ n. strada f. laterale.

side stroke /ˈsaɪdstrəʊk/ n. *(in swimming)* bracciata f. alla marinara.

1.sideswipe /ˈsaɪdswaɪp/ n. strisciata f.

2.sideswipe /ˈsaɪdswaɪp/ tr. colpire di striscio.

side table /ˈsaɪdteɪbl/ n. tavolino m. di servizio.

1.sidetrack /ˈsaɪdtræk/ n. FERR. binario m. di raccordo.

2.sidetrack /ˈsaɪdtræk/ tr. FIG. distogliere [qcn.] dal suo proposito [*person*]; ***to get ~ed*** essere distratto (**by** da).

side view /ˈsaɪdvjuː/ n. *(of object)* veduta f. di fianco.

▷ **sidewalk** /ˈsaɪdwɔːk/ n. AE marciapiede m.

sidewalk superintendent /ˈsaɪdwɔːksuːpərɪnˌtendənt, -sjuː-/ n. AE *(at a construction or demolition site)* = spettatore curioso.

sidewall /ˈsaɪdˌwɔːl/ n. **1** *(of tyre)* fianco m. di pneumatico **2** *(of room)* parete f.

sideways /ˈsaɪdweɪz/ **I** agg. [*look, glance*] di traverso; ***a ~ move in his career*** un cambiamento di direzione nella sua carriera **II** avv. [*move*] lateralmente; [*carry*] su un lato; [*park*] di traverso; [*look at*] di traverso, in tralice; ***to be turned ~*** [*person*] essere di profilo; ***~ on*** di profilo ◆ ***to knock sb. ~*** FIG. strabiliare qcn.

side-wheel /ˈsaɪdˌwiːl, AE -ˌhwiːl/ agg. [*boat*] a ruote.

side-wheeler /ˈsaɪdˌwiːlə(r), AE -ˌhwiːlə(r)/ n. MAR. battello m. a ruote.

side-whiskers /ˈsaɪdˌwɪskəz, AE -ˌhwɪskəz/ n.pl. favoriti m.

side-wind /ˈsaɪdwɪnd/ n. vento m. di traverso.

sidewinder /ˈsaɪdwaɪndə(r)/ n. **1** ZOOL. crotalo m. ceraste **2** MIL. = missile aria-aria a raggi infrarossi **3** AE *(in boxing)* forte sventola f.; ***left ~*** sventola di sinistro.

sidewise /ˈsaɪdwaɪz/ → **sideways**.

siding /ˈsaɪdɪŋ/ n. **1** FERR. binario m. di stazionamento **2** AE *(weatherproof coating)* rivestimento m. esterno.

sidle /ˈsaɪdl/ intr. ***to ~ into*** intrufolarsi in *o* sgattaiolare in; ***to ~ out of*** sgattaiolare fuori da; ***to ~ along*** camminare furtivamente lungo; ***to ~ up to sb., sth.*** avanzare furtivamente verso qcn., qcs.

Sidney /ˈsɪdnɪ/ n.pr. Sidney (nome di uomo e di donna).

SIDS /sɪdz/ n. MED. (⇒ sudden infant death syndrome morte improvvisa del lattante) SIDS f.

▷ **siege** /siːdʒ/ n. assedio m.; ***to lay ~ to sth.*** porre l'assedio a qcs. *o* cingere d'assedio qcs. (anche FIG.); ***to come under ~*** essere assediato ◆ ***to suffer from*** o ***have a ~ mentality*** essere sempre sulla difensiva.

siege warfare /ˌsiːdʒˈwɔːfeə(r)/ n. guerra f. d'assedio.

Sienese /sɪəˈniːz/ **I** agg. senese **II** n. (pl. **~**) senese m. e f.

sienna /sɪˈenə/ n. *(earth, colour)* terra f. di Siena.

sierra /sɪˈerə/ n. GEOGR. sierra f.

Sierra Leone /sɪˌerəlɪˈəʊn/ ♦ ***6*** n.pr. Sierra Leone f.

Sierra Leonean /sɪˈerə lɪˈəʊnɪən/ ♦ ***18*** **I** agg. [*art, custom*] della Sierra Leone **II** n. nativo m. (-a), abitante m. e f. della Sierra Leone.

siesta /sɪˈestə/ n. siesta f.; ***to have a ~*** fare la siesta.

1.sieve /sɪv/ n. *(for draining)* colino m.; *(for sifting)* setaccio m.; *(for coal, stones, wheat)* vaglio m.; ***to put sth. through a ~*** passare qcs. al setaccio ◆ ***to have a head like a ~*** essere smemorato *o* non avere memoria; ***to have a memory like a ~*** essere smemorato *o* non avere memoria; ***to leak like a ~*** essere un colabrodo.

2.sieve /sɪv/ tr. setacciare [*earth*]; passare al setaccio, setacciare [*flour, sugar*]; vagliare, passare al vaglio [*coal, wheat*].

sift /sɪft/ tr. **1** *(sieve)* setacciare, passare al setaccio [*flour*]; setacciare [*soil*]; vagliare, passare al vaglio [*coal, wheat*] **2** FIG. *(sort)* vagliare [*data, evidence, information*].

▪ **sift out:** ***~ [sb.] out, ~ out [sb.]*** *(dispose of)* sbarazzarsi di [*troublemakers*]; ***~ [sth.] out, ~ out [sth.]*** cercare [qcs.] con il vaglio [*gold etc.*].

▪ **sift through:** ***~ through [sth.]*** rovistare in [*ashes, rubble*]; scartabellare, spulciare [*applications, documents*].

sifter /ˈsɪftə(r)/ n. spolverino m. (per dolci).
sifting /ˈsɪftɪŋ/ n. **1** *(of earth, fluor, sugar)* setacciatura f.; *(of coal, wheat)* vagliatura f. **2** FIG. *(of data, evidence, information)* vagliatura f. **3** *(material removed)* vagliatura f.
1.sigh /saɪ/ n. sospiro m.; ***to breathe*** o ***give*** o ***heave a ~*** fare un sospiro.
2.sigh /saɪ/ **I** tr. ***"how beautiful!" she ~ed*** "che bello!" disse sospirando **II** intr. **1** *(exhale)* [*person*] sospirare; ***to ~ with relief*** fare un sospiro di sollievo **2** *(pine)* ***to ~ for sth.*** rimpiangere qcs. **3** *(complain)* ***to ~ over sth.*** lamentarsi di qcs. **4** *(whisper)* [*wind*] spirare; [*trees*] frusciare.
sighing /ˈsaɪɪŋ/ **I** agg. sospiroso **II** n. sospiri m.pl.
sighingly /ˈsaɪɪŋlɪ/ avv. sospirosamente, sospirando.
▶ **1.sight** /saɪt/ **I** n. **1** *(faculty)* vista f.; ***to have good, poor ~*** avere, non avere la vista buona; ***her ~ is failing*** sta perdendo la vista **2** *(act of seeing)* vista f.; ***at first ~*** a prima vista; ***at the ~ of*** alla vista di [*blood, uniform, luxury, injustice*]; ***at the ~ of her*** vedendola; ***she felt misgivings at the ~*** vedendolo le venne un dubbio; ***this was my first ~ of*** era la prima volta che vedevo; ***to have ~ of*** DIR. prendere visione di [*correspondence, will, document*]; ***to catch ~ of sb., sth.*** scorgere qcn., qcs.; ***to lose ~ of sb., sth.*** perdere di vista qcn., qcs. (anche FIG.); ***we mustn't lose ~ of the fact that*** FIG. non dobbiamo dimenticare che; ***to know sb. by ~*** conoscere qcn. di vista; ***to shoot sb. on ~*** sparare a qcn. a vista; ***I took a dislike to him on ~*** mi è stato antipatico non appena l'ho visto; ***I can't stand the ~ of him!*** non posso proprio vederlo! **3** *(range of vision)* ***to be in ~*** [*town, land, border, peace, victory, freedom, new era*] essere in vista; ***the end, our goal is in ~!*** la fine, la nostra meta è vicina! ***there's no solution in ~*** non si è ancora vicini a una soluzione; ***the war goes on with no end in ~*** la guerra continua senza vederne la fine; ***there wasn't a soldier, boat in ~*** non c'era un soldato, un'imbarcazione in vista; ***in the ~ of God*** FORM. al cospetto di Dio; ***to come into ~*** presentarsi alla vista *o* apparire; ***to be out of ~*** *(hidden)* essere nascosto; *(having moved)* non essere più in vista; ***to do sth. out of ~ of*** fare qcs. di nascosto da [*observer, guard*]; ***to keep*** o ***stay out of ~*** rimanere nascosto; ***to keep sb., sth. out of ~*** tenere nascosto qcn., qcs.; ***don't let her out of your ~!*** non perdetela di vista! **4** *(thing seen)* spettacolo m.; ***a familiar, sorry ~*** uno spettacolo familiare, triste; ***a ~ to behold*** uno spettacolo per gli occhi; ***it was not a pretty ~!*** IRON. non era un bello spettacolo! **5** *(a shock to see) (place)* casino m.; *(person)* ***you're a ~!*** guarda come ti sei ridotto! ***I look such a ~*** ho un aspetto terribile; ***she looked a ~ in that hat*** con quel cappello è proprio ridicola **II sights** n.pl. **1** *(places worth seeing)* luoghi m. di interesse turistico (**of** di); ***to see the ~s*** visitare; ***to show sb. the ~s*** fare fare un giro turistico a qcn.; ***the ~s and sounds of a place*** l'atmosfera di un luogo **2** *(on rifle, telescope)* mirino m.sing. **3** FIG. ***to have sb., sth. in one's ~s*** tenere qcn., qcs. nel mirino; ***to set one's ~s on sth.*** mirare a *o* su qcs.; ***to set one's ~s too high*** puntare troppo in alto; ***to raise, lower one's ~s*** puntare più in alto, più in basso; ***to have one's ~s firmly fixed on sth.*** puntare tutto su qcs. ◆ ***a damned*** o ***jolly*** BE ***~ better, harder*** molto meglio, molto più difficile; ***out of ~, out of mind*** PROV. lontano dagli occhi, lontano dal cuore; ***out of ~!*** COLLOQ. favoloso, fantastico!
2.sight /saɪt/ tr. avvistare, scorgere [*land, plane, ship, rare bird*]; ***to ~ a gun*** *(aiming)* prendere la mira col fucile; *(adjusting)* aggiustare la mira del fucile.
sight bill /ˈsaɪtbɪl/ n. effetto m. a vista, cambiale f. a vista.
sighted /ˈsaɪtɪd/ **I** agg. [*person*] vedente **II** n. ***the ~*** + verbo pl. i vedenti.
▷ **sighting** /ˈsaɪtɪŋ/ n. ***there have been a number of reported ~s of the animal, the escaped prisoner*** molte persone hanno dichiarato di avere visto l'animale, il fuggiasco.
sighting lap /ˈsaɪtɪŋˌlæp/ n. SPORT giro m. di ricognizione.
sightless /ˈsaɪtlɪs/ agg. **1** *(blind)* non vedente **2** LETT. *(invisible)* invisibile.
sightlessly /ˈsaɪtlɪslɪ/ avv. ciecamente.
sightlessness /ˈsaɪtlɪsnɪs/ n. cecità f.
sightliness /ˈsaɪtlɪnɪs/ n. avvenenza f.
sightly /ˈsaɪtlɪ/ agg. **1** *(handsome)* avvenente, attraente **2** [*place*] che offre una bella vista.
sight-read /ˈsaɪtriːd/ **I** tr. (pass., p.pass. **sight-read**) *(play)* suonare [qcs.] a prima vista; *(sing)* cantare [qcs.] a prima vista **II** intr. (pass., p.pass. **sight-read**) *(play)* suonare a prima vista; *(sing)* cantare a prima vista.
sight-reading /ˈsaɪtriːdɪŋ/ n. *(playing)* (il) suonare a prima vista; *(singing)* (il) cantare a prima vista.
sight-screen /ˈsaɪtskriːn/ n. BE SPORT *(in cricket)* = paravento bianco posto dietro al lanciatore per potere vedere meglio la palla.
sightseeing /ˈsaɪtsiːɪŋ/ n. giro m. turistico; ***to go ~*** fare un giro turistico.
sightseer /ˈsaɪtsiːə(r)/ n. **1** *(visitor)* turista m. e f. **2** *(drawn to scene of disaster)* curioso m. (-a).
sight unseen /ˈsaɪtʌnˌsiːn/ avv. COMM. [*buy*] senza prendere visione.
sightworthy /ˈsaɪtwɜːðɪ/ agg. degno di essere visto.
sigil /ˈsɪdʒɪl/ n. **1** ANT. *(seal)* sigillo m. **2** ASTROL. simbolo m. occulto.
sigillaria /ˌsɪdʒɪˈlerɪə/ n. sigillaria f.
sigillate /ˈsɪdʒɪlət/ agg. [*pottery*] decorato con disegni sovraimpressi.
sigma /ˈsɪgmə/ n. sigma m. e f.
sigmate /ˈsɪgmət/ agg. a forma di sigma.
sigmoid /ˈsɪgmɔɪd/ agg. sigmoide.
sigmoiditis /ˌsɪgmɔɪˈdaɪtɪs/ ♦ ***11*** n. (pl. **-es**) sigmoidite f.
▶ **1.sign** /saɪn/ n. **1** *(symbolic mark)* segno m., simbolo m.; ***the pound, dollar ~*** il simbolo della sterlina, del dollaro **2** *(object) (roadsign, billboard etc.)* cartello m. (**for** per); *(outside inn, shop)* insegna f. **3** *(gesture)* gesto m.; ***to make a rude ~*** fare un gestaccio; ***to give sb. a V ~*** mandare qcn. a prendersela in quel posto (con un gesto della mano); ***to make the ~ of the cross*** fare il segno della croce **4** *(signal)* segnale m.; ***that will be the ~ for us to leave*** sarà il nostro segnale di partenza **5** *(visible evidence)* segno m. (**of** di); ***the first ~s of global warming*** i primi segni del riscaldamento della temperatura terrestre; ***there was no ~ of any troops*** non c'era neanche l'ombra delle truppe; ***there was no ~ of life at the Smiths'*** non c'erano segni di vita dagli Smith; ***there was still no ~ of them at midday*** a mezzogiorno non c'era ancora traccia di loro **6** *(indication, pointer)* segno m. (**of** di); ***it's a ~ of age*** è un segno dell'età; ***it's a good, bad ~*** è un buon, brutto segno; ***this is a ~ that*** è segno che; ***it's a sure ~ that*** è la prova che; ***the ~s are that*** tutto indica che; ***there is no ~*** o ***there are no ~s of*** non c'è segno di [*improvement, change, recovery*]; non c'è ombra di [*solution*]; ***there is little ~ of an improvement*** non c'è quasi segno di miglioramento; ***to show ~s of*** mostrare segni di [*stress, weakness, growth, talent*]; ***to show no ~s of sth.*** non mostrare segni di qcs.; ***to show ~s of doing*** dare segni di fare; ***she shows no ~s of changing her mind*** non sembra proprio volere cambiare idea; ***a ~ of the times*** un segno dei tempi **7** ♦ ***38*** ASTROL. *(of zodiac)* segno m.; ***what ~ are you?*** di che segno sei?
▶ **2.sign** /saɪn/ **I** tr. **1** *(put signature to)* firmare [*agreement, letter, document*]; ***to ~ one's own death warrant*** firmare la propria condanna a morte; ***it's ~ed, sealed and delivered*** FIG. = è completamente finito, concluso **2** *(on contract)* ingaggiare [*footballer, musician, band*] **II** intr. **1** [*person*] firmare; ***~ for*** firmare per la consegna di [*key, parcel*] **2** SPORT [*player*] firmare il contratto (**with** con; **for** per) **3** *(signal)* ***to ~ to sb. to do*** fare cenno a qcn. di fare **4** *(communicate in sign language)* comunicare con la lingua, il linguaggio dei segni.
■ **sign away:** ***~ away [sth.], ~ [sth.] away*** rinunciare per iscritto a [*rights, inheritance*].
■ **sign in:** ***~ in*** firmare il registro (all'arrivo); ***~ in [sb.], ~ [sb.] in*** registrare il nome di [*guest*].
■ **sign off:** ***~ off*** **1** *(on radio or TV show)* chiudere; ***this is X ~ing off and wishing you...*** X vi saluta e vi augura... **2** *(end letter)* chiudere una lettera (con la firma).
■ **sign on:** ***~ on*** **1** BE *(register to obtain unemplyment benefit)* iscriversi nelle liste di collocamento **2** *(commit oneself) (to training period, time in forces)* arruolarsi; *(for course of study)* iscriversi (**for** a); ***~ on [sb.]*** ingaggiare [*player*]; assumere [*employee*].
■ **sign out** firmare il registro (alla partenza); ***to ~ out a library book*** BE firmare per il prestito di un libro della biblioteca.
■ **sign over:** ***~ over [sth.], ~ [sth.] over*** cedere per iscritto [*estate, property*].
■ **sign up:** ***~ up*** **1** *(in forces)* arruolarsi; *(by contract)* firmare (il contratto) **2** *(for course)* iscriversi (**for** a); ***~ up [sb.]*** ingaggiare [*player, filmstar*].
▶ **1.signal** /ˈsɪgnl/ **I** n. **1** *(cue)* segnale m. (**for** di); ***to be the ~ for violent protest*** essere il segnale di violente proteste; ***to give the ~ to leave, to attack*** dare il segnale di partenza, di attacco; ***this is a ~ to do*** questo indica che bisogna fare **2** *(sign, indication)* segnale m. (**of** di); ***danger ~*** segnale di pericolo; ***to be a ~ that*** essere segno che; ***to send a ~ to sb. that*** segnalare a qcn. che **3** FERR. segnale m. **4** RAD. TELEV. ELETTRON. segnale m.; ***to pick up a radar ~*** captare un segnale radar **5** FIG. *(message)* ***to send out conflicting ~s*** mandare segnali contraddittori; ***to read the ~s*** capire **II** agg. attrib. FORM.

[*triumph, achievement, success*] eclatante; [*failure*] clamoroso; ***a ~ honour*** un grande onore.

▶ **2.signal** /'sɪgnl/ **I** tr. (forma in -ing ecc. **-ll-** BE, **-l-** AE) **1** *(gesture to)* segnalare; ***to ~ (to sb.) that*** fare segno (a qcn.) che; ***to ~ sb. to do*** fare segno a qcn. di fare; ***I ~led John to get the car*** ho fatto segno a John di andare a prendere la macchina **2** FIG. *(indicate)* indicare [*shift, determination, reluctance, disapproval, support*]; annunciare [*release*]; ***to ~ one's intention to do*** annunciare la propria intenzione di fare; ***to ~ one's readiness to do*** annunciare di essere pronto a fare; ***to ~ that*** indicare che **3** *(mark)* segnare [*end, beginning, decline*] **II** intr. (forma in -ing ecc. **-ll-** BE, **-l-** AE) fare segnali; ***he was ~ling frantically*** faceva dei cenni frenetici; ***to ~ with one's arm, head*** fare segno con il braccio, con la testa.

signal box /'sɪgnlbɒks/ n. FERR. cabina f. di blocco, cabina f. di manovra.

signal generator /'sɪgnl,dʒenəreɪtə(r)/ n. EL. generatore m. di segnali.

signalize /'sɪgnəlaɪz/ tr. **1** *(distinguish)* distinguere, rendere illustre **2** *(make known, display)* ANT. segnalare.

signaller /'sɪgnələ(r)/ n. **1** *(person)* segnalatore m. (-trice) **2** *(device)* segnalatore m.

signal light /'sɪgnl,laɪt/ n. segnalazione f. luminosa.

signally /'sɪgnəlɪ/ avv. [*fail*] clamorosamente.

signalman /'sɪgnlmən/ ♦ **27** n. (pl. **-men**) **1** FERR. deviatore m., scambista m. **2** MAR. segnalatore m.

signalment /'sɪgnəlmənt/ n. *(of person)* descrizione f. con dati segnaletici.

signal strength /'sɪgnl,streŋθ/ n. intensità f. del segnale.

signal tower /'sɪgnl,taʊə(r)/ n. AE → **signal box**.

signatory /'sɪgnətrɪ, AE -tɔ:rɪ/ **I** agg. firmatario **II** n. firmatario m. (-a).

▷ **signature** /'sɪgnətʃə(r)/ n. firma f.; ***to put*** o ***set one's ~ to*** firmare [*letter, document*]; ***please return the document to us for ~*** vogliate restituirci il documento per apporvi la nostra firma.

signature dish /'sɪgnətʃə,dɪʃ/ n. GASTR. specialità f.

signature file /'sɪgnətʃə,faɪl/ n. *(in e-mail)* signature file m., file m. di firma.

signature tune /'sɪgnətʃətju:n, AE -tu:n/ n. sigla f. musicale (di apertura).

signboard /'saɪnbɔ:d/ n. cartello m. pubblicitario.

signer /'saɪnə(r)/ n. **1** *(for contract)* firmatario m. (-a) **2** = chi comunica con la lingua, il linguaggio dei segni.

signet /'sɪgnət/ n. sigillo m.

signet ring /'sɪgnɪtrɪŋ/ n. anello m. con sigillo.

significance /sɪg'nɪfɪkəns/, **significancy** /sɪg'nɪfɪkənsɪ/ n. **1** *(importance)* importanza f.; ***not of any ~*** o ***of no ~*** senza importanza **2** *(meaning)* significato m., senso m.

▶ **significant** /sɪg'nɪfɪkənt/ agg. **1** *(substantial)* [*amount, influence, impact, increase, saving*] significativo **2** *(important)* [*event, aspect, role, victory*] significativo, importante; ***statistically ~*** statisticamente significativo **3** *(meaningful)* [*gesture*] eloquente; [*name, figure, phrase*] significativo; ***it is ~ that*** è significativo che.

▷ **significantly** /sɪg'nɪfɪkəntlɪ/ avv. **1** *(considerably)* sensibilmente; ***not ~ bigger, faster*** non molto più grande, più veloce **2** *(meaningfully)* [*entitle, name*] significativamente; [*smile, look, nod*] in modo espressivo; ***~, he arrived late*** è un fatto significativo che sia arrivato in ritardo.

signification /,sɪgnɪfɪ'keɪʃn/ n. significato m., senso m.; LING. significazione f.

significative /sɪg'nɪfɪkətɪv, AE -keɪtɪv/ agg. significativo.

significatively /sɪg'nɪfɪkətɪvlɪ, AE -keɪtɪvlɪ/ avv. significativamente.

signified /'sɪgnɪfaɪd/ n. LING. significato m.

signifier /'sɪgnɪfaɪə(r)/ n. LING. significante m.

▷ **signify** /'sɪgnɪfaɪ/ **I** tr. **1** *(denote)* [*symbol*] indicare; [*dream*] significare; [*clouds*] annunciare [*rain*] **2** *(imply)* [*fact, gesture, statement*] indicare **3** *(display)* esprimere [*affection, disapproval, joy, willingness*]; ***to ~ that*** indicare che **II** intr. FORM. *(matter)* importare, avere importanza; ***it doesn't ~*** non importa.

sign-in /'saɪnɪn/ n. **1** *(in hotel)* registrazione f. **2** *(petition)* raccolta f. firme.

▷ **signing** /'saɪnɪŋ/ n. **1** *(of treaty, agreement)* firma f. **2** *(of footballer etc.)* ingaggio m.; ***Liverpool's latest ~, James Addyman*** il nuovo acquisto del Liverpool, James Addyman.

sign language /'saɪn,læŋgwɪdʒ/ n. lingua f. dei segni, linguaggio m. dei segni; ***to talk in ~*** comunicare con la lingua *o* il linguaggio dei segni.

sign-manual /'saɪn,mænjʊəl/ n. *(of sovereign)* firma f. autografa.

sign painter /'saɪn,peɪntə(r)/ ♦ **27** n. → **sign writer**.

1.signpost /'saɪnpəʊst/ n. **1** *(old free-standing type)* cartello m. indicatore **2** *(any direction sign)* segnale m., cartello m. stradale **3** FIG. *(indication, pointer)* indicazione f.

2.signpost /'saɪnpəʊst/ tr. indicare [*place, direction*]; ***to be ~ed*** essere indicato.

signposting /'saɪnpəʊstɪŋ/ n. segnaletica f.

sign test /'saɪn,test/ n. = test di riconoscimento dei segnali stradali per l'esame di guida.

sign writer /'saɪn,raɪtə(r)/ ♦ **27** n. = chi realizza insegne e cartelli.

sign writing /'saɪn,raɪtɪŋ/ n. = realizzazione di insegne e cartelli.

Sikh /si:k/ **I** agg. sikh **II** n. sikh m. e f.

1.silage /'saɪlɪdʒ/ n. insilato m.

2.silage /'saɪlɪdʒ/ tr. insilare.

silage making /'saɪlɪdʒ,meɪkɪŋ/ n. insilamento m.

Silas /'saɪləs/ n.pr. Silas (nome di uomo).

▶ **1.silence** /'saɪləns/ n. **1** *(quietness)* silenzio m.; ***in ~*** in silenzio; ***~ please!*** silenzio, per favore! ***~ fell*** cadde il silenzio; ***~ reigns*** regna il silenzio; ***to call for ~*** chiedere di fare silenzio; ***to break the ~*** rompere il silenzio; ***to reduce sb. to ~*** ridurre qcn. al silenzio **2** *(pause)* silenzio m.; ***a two-minute ~*** due minuti di silenzio **3** *(absence of communication)* silenzio m. (**about, on, over** su); ***to break one's ~*** rompere il silenzio; ***right of ~*** DIR. facoltà di non rispondere **4** *(discretion)* silenzio m.; ***to buy sb.'s ~*** comprare il silenzio di qcn.

2.silence /'saɪləns/ tr. **1** *(quieten)* fare tacere, ridurre al silenzio [*crowd, child*]; ***to ~ the enemy's guns*** fare cessare il fuoco nemico *o* ridurre al silenzio **2** *(gag)* fare tacere [*critic, press*].

silencer /'saɪlənsə(r)/ n. **1** ARM. silenziatore m. **2** BE AUT. marmitta f., silenziatore m.

▷ **silent** /'saɪlənt/ agg. **1** *(quiet)* [*engine, person, room*] silenzioso; ***to be ~*** essere silenzioso; ***to keep*** o ***remain*** o ***stay ~*** rimanere silenzioso; ***to fall ~*** [*room, person*] farsi silenzioso **2** *(taciturn)* taciturno **3** *(uncommunicative)* [*person, official*] muto; ***the minister remains ~ about*** o ***on the matter of*** il ministro non si esprime riguardo a; ***the law is ~ on this point*** la legge non si esprime a riguardo **4** *(unexpressed)* [*accusation, disapproval, oath, prayer*] muto **5** CINEM. muto; ***the ~ screen*** il cinema muto **6** LING. muto ♦ ***as ~ as the grave*** muto come una tomba.

▷ **silently** /'saɪləntlɪ/ avv. [*appear, leave, move*] silenziosamente; [*listen, pray, stare, work*] in silenzio.

silent majority /,saɪləntmə'dʒɒrətɪ, AE -'dʒɔ:r-/ n. maggioranza f. silenziosa.

silentness /'saɪləntnɪs/ n. silenziosità f.

silent partner /,saɪlənt'pɑ:tnə(r)/ n. AE → **sleeping partner**.

silesia /saɪ'li:zɪə/ n. silesia f.

Silesia /saɪ'li:zɪə/ ♦ **24** n.pr. Slesia f.

Silesian /saɪ'li:zɪən/ **I** agg. slesiano **II** n. slesiano m. (-a).

silex /'saɪleks/ n. (vetro) flint m.

1.silhouette /,sɪlu:'et/ n. **1** sagoma f.; ***in ~*** di profilo; ***the ~ of a tree against the sky*** la sagoma di un albero che si staglia contro il cielo **2** ART. silhouette f.

2.silhouette /,sɪlu:'et/ tr. ***to be ~d against sth.*** stagliarsi contro qcs.

silica /'sɪlɪkə/ n. silice f.

silica gel /'sɪlɪkə,dʒel/ n. gel m. di silice.

silicate /'sɪlɪkeɪt/ **I** n. silicato m. **II** modif. ***~ rock*** o ***~ mineral*** silicato.

silication /sɪlɪ'keɪʃn/ n. GEOL. silicizzazione f.

siliceous /sɪ'lɪʃəs/ agg. siliceo.

silicic /sɪ'lɪsɪk/ agg. silicico.

siliciferous /sɪlɪ'sɪfərəs/ agg. che produce silice.

silicification /sɪ,lɪsɪfɪ'keɪʃn/ n. silicizzazione f.

silicify /sɪ'lɪsɪfaɪ/ **I** tr. silicizzare **II** intr. silicizzarsi.

silicious /sɪ'lɪʃəs/ agg. siliceo.

silicle /'sɪlɪkl/ n. siliquetta f.

silicon /'sɪlɪkən/ n. silicio m.

silicon chip /,sɪlɪkən'tʃɪp/ n. INFORM. chip m.

silicone /'sɪlɪkəʊn/ n. silicone m.

silicone rubber /,sɪlɪkəʊn'rʌbə(r)/ n. gomma f. al silicone.

Silicon Valley /,sɪlɪkən'vælɪ/ n.pr. = area della California nota per la concentrazione di industrie informatiche.

silicosis /,sɪlɪ'kəʊsɪs/ ♦ **11** n. (pl. **-es**) silicosi f.

siliqua /'sɪlɪkwə/ n. (pl. **~s, -ae**) → **silique**.

silique /sɪ'li:k/ n. siliqua f.

siliquose /'sɪlɪkwəʊs/, **siliquous** /'sɪlɪkwəs/ agg. siliquiforme.

▷ **silk** /sɪlk/ **I** n. **1** *(fabric, thread)* seta f. **2** gener. pl. *(clothing)* seteria f. **3** *(of spider)* seta f. **4** BE DIR. = patrocinante per la corona; ***to***

take the ~ essere nominato patrocinante per la corona **II** modif. [*garment, flower, sheet*] di seta; [*industry, production*] della seta ◆ ***as soft*** o ***smooth as*** ~ liscio come la seta.

silken /'sɪlkən/ agg. **1** *(shiny)* [*hair*] setoso, serico; [*sheen*] sericeo; [*skin*] come la seta **2** *(made of silk)* serico, di seta **3** *(soft)* [*voice*] *(pleasant)* dolce; SPREG. sdolcinato.

silk factory /'sɪlk,fæktərɪ/ n. setificio m.

silk farming /'sɪlk,fɑ:mɪŋ/ n. sericoltura f.

silk finish /,sɪlk'fɪnɪʃ/ **I** n. ***a fabric with a*** ~ una stoffa dall'aspetto setoso; ***a paint with a*** ~ una vernice satinata **II** modif. [*fabric*] setoso; [*paint*] satinato.

silk grower /'sɪlk,grəʊər/ ➧ **27** n. sericoltore m. (-trice).

silk hat /,sɪlk'hæt/ n. (cappello a) cilindro m.

silkiness /'sɪlkɪnɪs/ n. **1** *(of hair, fabric, skin)* setosità f. **2** *(of voice) (pleasant)* dolcezza f.; SPREG. sdolcinatezza f.

silk route /'sɪlk,ru:t/ n. via f. della seta.

1.silk screen /'sɪlk,skri:n/ n. **1** *(screen)* matrice f. per serigrafia **2** *(print)* serigrafia f.

2.silk screen /'sɪlk,skri:n/ tr. serigrafare.

silk-screen printing /,sɪlkskri:n'prɪntɪŋ/ n. *(technique)* serigrafia f.

silk square /'sɪlkskweə(r)/ n. quadretto m. di seta.

silk stocking /,sɪlk'stɒkɪŋ/ **I** n. **1** ABBIGL. calza f. di seta **2** AE FIG. *(rich person)* riccone m. (-a) **II** modif. AE *(rich)* [*district*] chic; [*party*] mondano.

silk thrower /'sɪlk,θrəʊə(r)/ ➧ **27** n. torcitore m. (-trice) di seta.

silk weaving /'sɪlk,wi:vɪŋ/ n. IND. setificio m.

silkworm /'sɪlkwɜ:m/ n. baco m. da seta.

silky /'sɪlkɪ/ agg. **1** *(like silk)* [*fabric, hair*] setoso; [*skin*] come la seta **2** *(soft)* [*tone, voice*] *(pleasant)* dolce; SPREG. sdolcinato.

silky smooth /'sɪlkɪ,smu:ð/ agg. [*hair*] setoso; [*skin*] come la seta.

sill /sɪl/ n. *(of door)* soglia f.; *(of window)* davanzale m.; *(of car)* châssis m.

sillabub ANT. → **syllabub**.

sillily /'sɪlɪlɪ/ avv. scioccamente, stupidamente.

silliness /'sɪlɪnɪs/ n. sciocchezza f., stupidaggine f.; ***I've had enough of this*** ~***!*** ne ho abbastanza di queste stupidaggini!

▷ **silly** /'sɪlɪ/ **I** agg. [*person, question*] sciocco, stupido; [*mistake, story, game*] stupido; [*behaviour, clothes*] ridicolo; [*price*] folle; ***don't be*** ~ *(act silly)* non fare lo scemo; *(talk silly)* non dire sciocchezze; ***you are a*** ~ ***boy!*** sei proprio uno sciocco! ***you*** ~ ***fool!*** stupido! scemo! ***what a*** ~ ***thing to do!*** che cosa stupida! ***he made me feel really*** ~***!*** mi ha fatto sentire un vero scemo! ***to do something*** ~ fare una stupidaggine; ***to make sb. look*** ~ fare sembrare qcn. ridicolo **II** avv. *(senseless)* ***he knocked him*** ~ l'ha steso; ***to drink oneself*** ~ stordirsi con l'alcol; ***to bore sb.*** ~ stufare qcn. a morte **III** n. COLLOQ. INFANT. sciocco m. (-a), scemo m. (-a).

silly billy /,sɪlɪ'bɪlɪ/ n. COLLOQ. sciocchino m. (-a).

Silly Putty® /'sɪlɪ,pʌtɪ/ n. AE = pasta modellabile.

silly season /'sɪlɪ,si:zn/ n. BE GIORN. = stagione morta durante la quale i giornali pubblicano solo notizie frivole di scarsa importanza.

silo /'saɪləʊ/ n. (pl. **~s**) AGR. MIL. silo m.; ***missile*** ~ silo missilistico.

1.silt /sɪlt/ n. silt m., limo m.

2.silt /sɪlt/ intr. (anche ~ **up**) [*mud, sand*] depositarsi; [*river*] *(with mud)* riempirsi di fango; *(with sand)* insabbiarsi.

▪ **silt up:** ~ **up** → **2.silt**; ~ **[sth.] up,** ~ **up [sth.]** [*mud*] riempire [*estuary*]; [*sand*] depositarsi in [*river*].

siltstone /'sɪltstəʊn/ n. siltite f.

silty /'sɪltɪ/ agg. siltoso.

Silurian /saɪ'lʊərɪən/ agg. siluriano.

silurus /sɪ'ljʊərəs/ n. ITTIOL. siluro m.

silvan /'sɪlvən/ agg. silvano.

▶ **1.silver** /'sɪlvə(r)/ ➧ **5** **I** n. **1** *(metal, colour)* argento m. **2** *(items) (silverware)* argenteria f.; *(cutlery)* posate f.pl. d'argento; *(coins)* monete f.pl. d'argento; ***£ 10 in*** ~ 10 sterline in moneta **3** (anche ~ **medal**) argento m., medaglia f. d'argento **II** modif. **1** [*ring, cutlery, coin*] d'argento **2** *(colour)* [*hair, decoration, moon, lake*] d'argento; [*paint*] grigio metallizzato.

2.silver /'sɪlvə(r)/ tr. argentare [*cutlery, dish*]; stagnare [*mirror*].

silver bath /,sɪlvə'bɑ:θ, AE -'bæθ/ n. bagno m. nel nitrato d'argento.

silver birch /,sɪlvə'bɜ:tʃ/ n. betulla f. bianca.

silvered /'sɪlvəd/ **I** p.pass. → **2.silver** **II** agg. argentato.

silver fir /,sɪlvə'fɜ:(r)/ n. abete m. bianco.

silverfish /'sɪlvəfɪʃ/ n. (pl. ~, **~es**) *(insect)* pesciolino m. d'argento, lepisma f.

silver foil /,sɪlvə'fɔɪl/ n. BE carta f. stagnola, foglio m. d'alluminio (da cucina).

silver fox /,sɪlvə'fɒks/ n. **1** ZOOL. volpe f. argentata **2** *(fur)* pelliccia f. di volpe argentata.

silver-gilt /,sɪlvə'gɪlt/ n. vermeil m.

silver glance /,sɪlvə'glɑ:ns, AE -'glæns/ n. argentite f.

silver-grey BE, **silver-gray** AE /,sɪlvə'greɪ/ ➧ **5** **I** n. grigio m. argento **II** agg. [*hair, silk*] grigio argento; [*paint*] grigio metallizzato.

silver-haired /'sɪlvə,heəd/ agg. dai capelli d'argento.

silvering /'sɪlvərɪŋ/ n. argentatura f.

silver jubilee /,sɪlvə'dʒu:bɪli:/ n. *(date)* venticinquesimo anniversario m.

silver lining /,sɪlvə'laɪnɪŋ/ n. lato m. positivo, buono ◆ ***every cloud has a*** ~ non tutto il male viene per nuocere.

silver medal /,sɪlvə'medl/ n. medaglia f. d'argento.

silver mine /'sɪlvəmaɪn/ n. miniera f. d'argento.

silver paper /,sɪlvə'peɪpə(r)/ n. carta f. argentata.

silver plate /,sɪlvə'pleɪt/ n. silver (plate) m.

silver plated /,sɪlvə'pleɪtɪd/ agg. placcato d'argento.

silver plating /,sɪlvə'pleɪtɪŋ/ n. argentatura f., placcatura f. d'argento.

silver polish /,sɪlvə'pɒlɪʃ/ n. lucidante m. per argento.

silver screen /,sɪlvə'skri:n/ n. *(industry)* cinema m.

silverside /'sɪlvəsaɪd/ n. GASTR. girello m. di bue.

silversmith /'sɪlvə,smɪθ/ ➧ **27** n. argentiere m. (-a).

Silver Stick /,sɪlvə'stɪk/ n. = ufficiale delle Life Guards.

silver surfer /,sɪlvə'sɜ:fə(r)/ n. COLLOQ. internauta m. e f. della terza età.

silver-tongued /,sɪlvə'tʌŋd/ agg. eloquente; ***to be a*** ~ avere la parlantina facile.

silverware /'sɪlvəweə(r)/ n. *(solid)* argenteria f.; *(plate)* oggetti m.pl. in silver.

silver wedding /,sɪlvə'wedɪŋ/ n. nozze f.pl. d'argento.

silverweed /'sɪlvəwi:d/ n. BOT. argentina f.

silvery /'sɪlvərɪ/ agg. **1** [*hair*] d'argento; [*water*] argenteo **2** [*voice, sound*] argentino.

silvicultural /,sɪlvɪ'kʌltʃərəl/ agg. della silvicoltura.

silviculture /'sɪlvɪkʌltʃə(r)/ n. silvicoltura f.

silviculturist /,sɪlvɪ'kʌltʃərɪst/ ➧ **27** n. silvicoltore m. (-trice).

Silvius /'sɪlvɪəs/ n.pr. Silvio.

SIM /sɪm/ n. (⇒ Subscriber Identity Module modulo identificativo dell'abbonato) SIM f.; ~ ***card*** SIM card, carta SIM.

sima /'saɪmə/ n. sima f.

Simeon /'sɪmɪən/ n.pr. Simeone.

simian /'sɪmɪən/ **I** agg. **1** ZOOL. [*family*] di scimmie; [*characteristic*] scimmiesco **2** FIG. [*expression, grin*] scimmiesco **II** n. scimmia f.

▶ **similar** /'sɪmɪlə(r)/ agg. **1** [*object, number, taste, problem, situation*] simile, analogo; ***something*** ~ qualcosa di simile; ***10*** ~ ***offences*** 10 reati analoghi; ~ ***to*** simile a *o* analogo a; ***it's*** ~ ***to riding a bike*** è come andare in bici; ~ ***in size*** di dimensioni analoghe; ~ ***in price*** di prezzo analogo; ***it is*** ~ ***in appearance to...*** assomiglia a...; ~ ***in colour*** di colore simile **2** MAT. [*triangle*] simile.

▷ **similarity** /,sɪmɪ'lærətɪ/ n. **1** *(fact of resembling)* somiglianza f., rassomiglianza f., similarità f. (**to, with** con; **in** in); ***there the*** ~ ***ends*** la somiglianza finisce lì **2** *(aspect of resemblance)* somiglianza f., similarità f., analogia f. (**to, with** con; **in** in); ***there are certain similarities*** ci sono alcune analogie.

▶ **similarly** /'sɪmɪləlɪ/ avv. [*behave, react, dressed, arranged*] in modo simile, in modo analogo; ~ ***elaborate, hostile, distasteful*** altrettanto elaborato, ostile, disgustoso; ***and*** ~***,...*** e allo stesso modo,...

simile /'sɪmɪlɪ/ n. similitudine f.

similitude /sɪ'mɪlɪtju:d, AE -tu:d/ n. FORM. **1** *(likeness)* somiglianza f. rassomiglianza f., similarità f. **2** *(simile)* similitudine f.

1.simmer /'sɪmə(r)/ n. lenta ebollizione f., sobbollitura f.

2.simmer /'sɪmə(r)/ **I** tr. fare cuocere a fuoco lento [*vegetables etc.*]; lasciare bollire [*soup, water*] **II** intr. **1** [*soup, vegetables etc.*] cuocere a fuoco lento; [*water*] bollire lentamente **2** FIG. [*person*] fremere, ribollire (**with** di); [*quarrel, revolt, violence*] covare; ***to*** ~ ***with discontent*** covare malcontento **3** COLLOQ. *(in sunshine, heat)* [*person*] cuocere; ***the car, city is*** ~***ing*** in macchina, in città si cuoce.

▪ **simmer down** COLLOQ. [*person*] calmarsi; [*quarrel, riots, violence*] placarsi.

simmering /'sɪmərɪŋ/ agg. [*conflict, tension, revolt, etc.*] latente.

simnel cake /'sɪmnl,keɪk/ n. = torta con canditi e uvetta, ricoperta di marzapane.

Simon /'saɪmən/ n.pr. Simone.

simoniac /saɪ'məʊnɪæk/ **I** agg. simoniaco **II** n. simoniaco m. (-a).

simoniacal /saɪ'məʊnɪəkl/ agg. simoniaco.
simoniacally /saɪ'məʊnɪəklɪ/ avv. simoniacamente.
Simon says /ˌsaɪmən'sez/ ➧ *10* n. = gioco infantile in cui i giocatori devono eseguire solo i comandi preceduti da "Simon says".
simony /'saɪmənɪ/ n. RELIG. simonia f.
simoom /sɪ'mu:m/ n. simun m.
simp /sɪmp/ n. AE COLLOQ. (accorc. simpleton) sempliciotto m. (-a), tonto m. (-a).
1.simper /'sɪmpə(r)/ n. SPREG. sorriso m. affettato.
2.simper /'sɪmpə(r)/ intr. SPREG. sorridere in modo affettato.
simperer /'sɪmpərə(r)/ n. chi sorride in modo affettato.
simpering /'sɪmpərɪŋ/ **I** n. SPREG. affettazione f. **II** agg. SPREG. [*person*] lezioso; [*smile*] affettato.
simperingly /'sɪmpərɪŋlɪ/ avv. SPREG. [*smile*] affettatamente; [*speak*] con affettazione.
▶ **simple** /'sɪmpl/ agg. **1** *(not complicated)* [*task, method, instructions, solution, answer*] semplice; ***it's quite ~*** è abbastanza semplice; ***it's a ~ matter to change a wheel*** è facile cambiare una ruota; ***the ~ truth*** la pura verità; ***for the ~ reason that*** per la semplice ragione che; ***I can't make it any ~r*** non posso semplificarlo ulteriormente *o* più semplice di così non si può; ***the ~st thing would be to...*** la cosa più semplice sarebbe...; ***what could be ~r?*** niente di più semplice! ***computing made ~*** l'informatica semplificata **2** *(not elaborate)* [*lifestyle, dress, furniture, design, style*] sobrio, semplice; [*food, tastes*] semplice **3** *(unsophisticated)* [*pleasures, people*] semplice; ***her parents were ~ shopkeepers*** i suoi genitori erano semplici negozianti; ***I 'm a ~ soul*** IRON. sono una persona alla buona **4** *(dim-witted)* ottuso, ignorante **5** *(basic)* [*structure*] elementare; [*life form*] primitivo; [*sentence, tense*] semplice.
simple equation /ˌsɪmplɪ'kweɪʒn/ n. equazione f. lineare, equazione f. di primo grado.
simple fraction /ˌsɪmpl'frækʃn/ n. frazione f. semplice.
simple fracture /ˌsɪmpl'fræktʃə(r)/ n. frattura f. semplice.
simple-hearted /'sɪmplˌhɑ:tɪd/ agg. schietto, sincero.
simple interest /ˌsɪmpl'ɪntrəst/ n. interesse m. semplice.
simple-minded /ˌsɪmpl'maɪndɪd/ agg. SPREG. [*person*] credulone, ingenuo; [*view, attitude, solution*] ingenuo.
simple-mindedness /ˌsɪmpl'maɪndɪdnɪs/ n. SPREG. *(of person)* credulità f., ingenuità f.; *(of view, solution)* ingenuità f.
simple-natured /ˌsɪmpl'neɪtʃəd/ agg. di carattere semplice.
Simple Simon /ˌsɪmpl'saɪmən/ n. sempliciotto m. (-a), babbeo m. (-a).
simple time /ˌsɪmpl'taɪm/ n. MUS. tempo m. semplice.
simpleton /'sɪmpltən/ n. semplicione m. (-a), sempliciotto m. (-a).
simplex /'sɪmpleks/ **I** agg. [*system*] simplex **II** n. **1** MAT. simplesso m. **2** LING. radice f.
▷ **simplicity** /sɪm'plɪsətɪ/ n. **1** *(of task, method, instructions, solution, answer)* semplicità f.; ***it's ~ itself*** è la semplicità fatta persona **2** *(of dress, furniture, design)* sobrietà f., semplicità f. **3** *(of food, lifestyle, tastes)* semplicità f.
simplification /ˌsɪmplɪfɪ'keɪʃn/ n. semplificazione f. (**of** di).
▷ **simplify** /'sɪmplɪfaɪ/ tr. semplificare; ***this should ~ matters*** questo dovrebbe semplificare le cose.
simplistic /sɪm'plɪstɪk/ agg. semplicistico.
simplistically /sɪm'plɪstɪklɪ/ avv. semplicisticamente.
Simplon Pass /'sɪmplənpɑ:s, AE -pæs/ n.pr. passo m. del Sempione.
▶ **simply** /'sɪmplɪ/ avv. **1** [*explain, write, dress, live, eat*] in modo semplice, semplicemente; ***to put it ~...*** semplificando... **2** *(just, merely)* semplicemente; ***it's ~ a question of concentrating*** è semplicemente una questione di concentrazione; ***it's ~ a question of explaining*** basta semplicemente spiegare **3** *(absolutely)* semplicemente; ***the concert was ~ wonderful*** il concerto è stato semplicemente meraviglioso; ***I ~ must dash!*** devo proprio scappare! ***her latest novel is, quite ~, magnificent*** il suo ultimo romanzo è semplicemente magnifico.
simulacrum /ˌsɪmjʊ'leɪkrəm/ n. (pl. **-a**) FORM. simulacro m.
▷ **simulate** /'sɪmjʊleɪt/ tr. **1** *(feign)* simulare [*anger, death, illness, grief, indifference, interest*] **2** *(reproduce)* simulare [*behaviour, conditions, effect, flight, blood*]; imitare [*sound, hair*].
simulated /'sɪmjʊleɪtɪd/ **I** p.pass. → **simulate II** agg. **1** *(fake)* [*fur*] sintetico; [*pearls, snakeskin*] finto **2** *(feigned)* [*anger, grief*] simulato **3** *(reproduced)* ***computer-~*** simulato a computer.
▷ **simulation** /ˌsɪmjʊ'leɪʃn/ n. **1** INFORM. MED. PSIC. FIS. simulazione f. **2** ZOOL. mimetismo m.
simulator /'sɪmjʊleɪtə(r)/ n. simulatore m.; ***flight ~*** simulatore di volo; ***driving*** o ***road ~*** simulatore di guida.

1.simulcast /'sɪməlkɑ:st, AE -kæst/ n. = trasmissione simultanea alla radio e alla televisione.
2.simulcast /'sɪməlkɑ:st, AE -kæst/ tr. (pass., p.pass. **simulcast, simulcasted**) = trasmettere simultaneamente alla radio e alla televisione.
simultaneity /ˌsɪmltə'ni:ətɪ, AE ˌsaɪm-/ n. simultaneità f.
▷ **simultaneous** /ˌsɪml'teɪnɪəs, AE ˌsaɪm-/ agg. simultaneo; ***to be ~*** essere simultaneo (**with** a).
simultaneous equations /sɪmlˌteɪnɪəsɪ'kweɪʒnz, AE saɪm-/ n.pl. sistema m.sing. di equazioni.
▷ **simultaneously** /ˌsɪml'teɪnɪəslɪ, AE ˌsaɪm-/ avv. simultaneamente; ***~ with*** allo stesso tempo di.
simultaneousness /ˌsɪml'teɪnɪəsnɪs, AE ˌsaɪm-/ n. → **simultaneity**.
1.sin /sɪn/ n. RELIG. peccato m.; FIG. offesa f., errore m.; ***to live in ~*** vivere nel peccato; ***it's a ~ to steal*** rubare è peccato; ***it's a ~ to waste food*** è un peccato sprecare il cibo ◆ ***for my, his ~s*** SCHERZ. disgraziatamente per me, per lui.
2.sin /sɪn/ intr. (forma in -ing ecc. **-nn-**) peccare (**against** contro) ◆ ***to be more ~ned against than ~ning*** essere più vittima che colpevole.
Sinai /'saɪnaɪ/ n.pr. Sinai m.; ***Mount ~*** il monte Sinai.
Sinai desert /ˌsaɪnaɪ'dezət/ n.pr. deserto m. del Sinai.
Sinanthropus /sɪ'nænθrəpəs/ n. sinantropo m.
sinapism /'sɪnəpɪzəm/ n. *(plaster)* senapismo m.
sin-bin /'sɪnbɪn/ n. *(in ice hockey)* sin bin m. (panchina per giocatori temporaneamente sospesi); FIG. SCHERZ. posacenere m.
▶ **since** /sɪns/ **I** prep. da; ***he's been in Ireland ~ March*** è in Irlanda dal mese di marzo; ***she'd been a teacher ~ 1965*** faceva l'insegnante dal 1965; ***she's been waiting ~ 10 am*** aspetta dalle 10; ***I haven't spoken to her ~ yesterday*** non le parlo da ieri; ***I haven't seen him ~ then*** da allora non l'ho più visto; ***~ arriving*** o ***~ his arrival he...*** da quando è arrivato,...; ***~ when do you open other people's mail?*** da quando apri la posta degli altri? **II** cong. **1** *(from the time when)* da quando; ***~ he's been away*** da quando è via; ***ever ~ I married him*** da quando l'ho sposato; ***I've known him ~ I was 12*** lo conosco da quando avevo 12 anni; ***it's 10 years ~ we last met*** sono 10 anni che non ci vediamo **2** *(because)* poiché, giacché, siccome; ***~ it was raining I stayed at home*** poiché pioveva sono rimasto a casa; ***~ you ask, I'm fine*** dato che me lo chiedi, sto bene; ***~ you're so clever, why don't you do it yourself?*** visto che sei così intelligente, perché non lo fai tu? **III** avv. *(subsequently)* ***she has ~ graduated*** da allora si è laureata; ***we've kept in touch ever ~*** da allora siamo sempre rimasti in contatto; ***I haven't phoned her ~*** da allora non le ho più telefonato; ***they've long ~ left*** sono andati via da molto (tempo); ***not long ~*** da poco (tempo).
▷ **sincere** /sɪn'sɪə(r)/ agg. [*person, apology, belief*] sincero; [*attempt*] reale; ***~ thanks*** sentiti ringraziamenti; ***to be ~ in one's wish*** avere un sincero desiderio; ***to be ~ in one's plan*** credere nel proprio progetto; ***it is my ~ belief that*** credo sinceramente che.
▷ **sincerely** /sɪn'sɪəlɪ/ avv. sinceramente; ***Yours ~, Sincerely yours*** AE *(end of letter)* cordiali saluti.
sincerity /sɪn'serətɪ/ n. sincerità f.; ***in all ~*** con tutta sincerità; ***with ~*** sinceramente.
sinciput /'sɪnsɪpʌt/ n. sincipite m.
Sinclair /'sɪŋkleə(r), AE sɪŋ'k-/ n.pr. Sinclair (nome di uomo).
sine /saɪn/ n. MAT. seno m.
Sinead /ʃɪ'neɪd/ n.pr. Sinead (nome di donna).
sinecure /'saɪnɪkjʊə(r), 'sɪn-/ n. sinecura f.
sinecurist /'saɪnɪkju:rɪst/ n. chi gode di una sinecura.
sine die /ˌsaɪnɪ'daɪɪ, ˌsɪneɪ'di:eɪ/ agg., avv. sine die.
sine qua non /ˌsɪneɪkwɑ:'nəʊn/ n. condicio f. sine qua non.
1.sinew /'sɪnju:/ n. **1** ANAT. tendine m. **2** FIG. nerbo m., forza f., vigore m.
2.sinew /'sɪnju:/ tr. LETT. rafforzare, rinvigorire.
sine wave /'saɪnˌweɪv/ n. onda f. sinusoidale.
sinewiness /'sɪnju:nɪs/ n. **1** *(of person, animal)* muscolosità f. **2** *(of meat)* fibrosità f.
sinewless /'sɪnju:lɪs/ n. **1** [*meat*] senza tendini **2** FIG. snerbato.
sinewy /'sɪnju:ɪ/ agg. **1** [*person, animal*] muscoloso **2** [*meat*] tendinoso, fibroso.
sinfonietta /ˌsɪnfən'jetə/ n. MUS. sinfonietta f.
sinful /'sɪnfl/ agg. [*behaviour*] deplorevole, immorale; [*pleasure, thought*] peccaminoso; [*waste*] deplorevole; [*place*] di perdizione; [*world*] empio; ***a ~ man, woman*** un peccatore, una peccatrice.
sinfully /'sɪnfəlɪ/ avv. [*act, think*] peccaminosamente; [*waste*] deplorevolmente.
sinfulness /'sɪnflnɪs/ n. *(of person)* peccati m.pl.; *(of action)* peccaminosità f.; *(of behaviour)* immoralità f.

since

As a preposition

In time expressions

- *Since* is used in English after a verb in the present perfect or progressive present perfect tense to indicate when something that is still going on started. To express this Italian uses a verb in the present tense + *da*:

I've been waiting since Saturday	= aspetto da sabato
I've lived in Rome since 1988	= vivo a Roma dal 1988.

- When *since* is used after a verb in the past perfect tense, Italian uses the imperfect + *da*:

I had been waiting since nine o'clock	= aspettavo dalle nove.

As a conjunction

In time expressions

- When *since* is used as a conjunction, it is translated by *da quando* and the tenses used in Italian parallel exactly those used with the preposition *da* (see above):

since she's been living in Oxford	= da quando abita a Oxford
since he'd been in Oxford	= da quando era a Oxford

Note that in time expressions with *since*, Italian native speakers may prefer to use a noun where possible when English uses a verb:

I haven't seen him since he left	= non lo vedo dalla sua partenza (*or* da quando è partito)
she's been living in York since she got married	= abita a York dal suo matrimonio (*or* da quando si è sposata).

- Please note the Italian translation of *since* when the following variant construction is used in English:

it's a long time since I saw him	= è molto tempo che non lo vedo
it was a week since she had sent me an e-mail	= era una settimana che non mi mandava un'e-mail.

- For particular usages, see the entry **since.**

***Meaning* because**

- When *since* is used to mean *because*, it is translated by *siccome* or *poiché*:

since she was ill, she couldn't go	= siccome era ammalata, non poté andare
since it was raining, I stayed at home	= poiché pioveva sono rimasto a casa.

As an adverb

- When *since* is used as an adverb, it is translated by *da allora*:

he hasn't been seen since	= non lo si vede da allora.

- For particular usages see **III** in the entry **since.**

1.sing /sɪŋ/ n. AE → **sing-along.**

▶ **2.sing** /sɪŋ/ **I** tr. (pass. **sang**; p.pass. **sung**) [*person*] cantare [*song*]; ***to ~ a note*** fare una nota; ***to ~ a role*** cantare in un ruolo; ***to ~ the part of...*** cantare nel ruolo di...; ***to ~ sth. to, for sb.*** cantare qcs. a, per qcn.; ***~ him something*** cantagli qualcosa; ***to ~ sth. in front of*** o ***for an audience*** cantare qcs. in pubblico; ***to ~ sb. to sleep*** cantare per fare addormentare qcn.; ***"Happy birthday!" they sang*** "Tanti auguri!" cantarono; ***to ~ sb.'s praises*** cantare le lodi di qcn. **II** intr. (pass. **sang**; p.pass. **sung**) **1** [*person*] cantare (**in** in; **to sb.** a qcn.; **for sb.** per qcn.); ***you can't ~*** non sai cantare; ***to ~ well*** cantare bene; ***I can't ~ in tune*** non sono intonato; ***you are ~ing out of tune*** stai stonando; ***to ~ in front of*** o ***for an audience*** cantare in pubblico; ***to ~ to an accompaniment*** cantare con un accompagnamento; ***he ~s about love*** le sue canzoni parlano d'amore; ***she sang of her country*** LETT. la sua canzone parlava del suo paese **2** [*bird, cricket*] cantare; [*instrument*] suonare; [*kettle, wind*] fischiare; [*ears*] fischiare, ronzare; ***to make sb.'s ears ~*** fare fischiare le orecchie a qcn. **3** COLLOQ. *(confess)* cantare ◆ ***to ~ a different*** o ***another song*** cambiare idea.

▪ **sing along** cantare insieme (**with** a).

▪ **sing out:** **~ out** *(sing loud)* cantare ad alta voce; *(call out)* chiamare; **~ out [sth.]** *(shout)* gridare.

▪ **sing up** cantare più forte.

singable /ˈsɪŋəbl/ agg. cantabile, facile da cantare.

sing-along /ˈsɪŋəlɒŋ/ n. AE ***to have a ~*** trovarsi a cantare insieme.

Singapore /ˌsɪŋəˈpɔː(r)/ ♦ ***34, 12, 6*** n.pr. Singapore f.; ***in, to ~*** a Singapore.

Singaporean /ˌsɪŋəˈpɔːrɪən/ ♦ ***18*** **I** agg. singaporiano **II** n. singaporiano m. (-a).

1.singe /sɪndʒ/ n. (anche **~ mark**) bruciacchiatura f.; *(from iron)* strinatura f.

2.singe /sɪndʒ/ tr. (forma in -ing **singeing**) **1** bruciacchiare [*hair, clothing*]; *(when ironing)* strinare [*clothes*] **2** GASTR. strinare [*feathers, poultry*].

▷ **singer** /ˈsɪŋə(r)/ ♦ ***27*** n. cantante m. e f.; *(in a church choir)* cantore m. (-a); ***he's a ~ in a band*** canta in un gruppo; ***she's a good ~*** canta bene.

Singhalese → **Sinhalese.**

▷ **singing** /ˈsɪŋɪŋ/ **I** n. **1** MUS. canto m.; ***to teach ~*** insegnare canto; ***opera ~*** opera; ***I love ~*** mi piace il canto; ***there was ~ in the bar*** nel bar si cantava **2** *(sound) (of kettle, wind)* fischio m.; *(in ears)* fischio m., ronzio m. (**in** in) **II** modif. [*lesson, teacher*] di canto; [*role, part*] cantato; [*group*] di cantanti; [*career*] di cantante.

singing voice /ˌsɪŋɪŋˈvɔɪs/ n. voce f.

▶ **1.single** /ˈsɪŋgl/ **I** agg. **1** *(sole)* solo; ***a ~ rose*** una sola rosa; ***a ~ vote*** un solo voto; ***in a ~ day*** in un solo giorno **2** *(not double)* [*sink*] a una vasca; [*unit*] unico; [*door*] a un battente; [*wardrobe*] a un'anta; [*sheet, duvet*] a una piazza; ***inflation is in ~ figures*** ECON. l'inflazione è inferiore al 10% **3** *(for one)* [*bed*] a una piazza; [*tariff*] singolo, per una persona; [*portion*] individuale, per una persona **4** *(unmarried)* [*man*] celibe, scapolo; [*woman*] nubile; ***the ~ homeless*** le persone sole e senza casa **5** *(used emphatically)* ***every ~ day*** tutti i santi giorni; ***every ~ one of those people*** ciascuna di quelle persone; ***there isn't a ~ word of truth in it*** non c'è una sola parola vera in questo; ***there wasn't a ~ person there*** non c'era assolutamente nessuno in quel posto; ***not a ~ thing was left*** non è rimasto proprio nulla **6** *(describing main cause, aspect)* ***the ~ most important event, factor*** l'evento, il fattore più importante; ***the ~ most important reason for the decline is...*** la causa principale del declino è...; ***heart disease is the ~ biggest killer in Britain*** le malattie di cuore sono la principale causa di decessi in Gran Bretagna **II** n. **1** *(person)* single m. e f.; ***for ~s*** [*club, vacation*] per single **2** (anche **~ ticket**) biglietto m. di sola andata, (sola) andata f. **3** (anche **~ room**) (camera) singola f. **4** MUS. singolo m. **5** TEATR. ***we only have ~s left*** non abbiamo più posti vicini.

2.single /ˈsɪŋgl/ tr. → **single out.**

▪ **single out:** **~ [sb., sth.] out, ~ out [sb., sth.]** [*person*] scegliere, selezionare; ***to be ~d out for*** essere scelto per [*special treatment*]; essere oggetto di [*attention, praise, criticism*]; ***to ~ sb. out for criticism*** prendere di mira qcn. con le critiche.

single-action /ˌsɪŋglˈækʃn/ agg. [*gun*] a singola azione.

single-barrelled /ˌsɪŋglˈbærəld/ agg. [*gun*] a una canna.

single-breasted /ˌsɪŋglˈbrestɪd/ agg. [*jacket*] a un petto solo.

single-celled /ˌsɪŋglˈseld/ agg. unicellulare.

single combat /ˌsɪŋglˈkɒmbæt/ n. singolar tenzone f., duello m.

single cream /ˌsɪŋglˈkriːm/ n. = panna liquida (a basso contenuto di grassi).

single currency /ˌsɪŋglˈkʌrənsɪ/ n. moneta f. unica.

single decker /ˌsɪŋglˈdekə(r)/ n. autobus m. a un solo piano.

single entry /ˌsɪŋglˈentrɪ/ **I** n. partita f. semplice **II** **single-entry** modif. [*bookkeeping, account*] in partita semplice.

single-eyed /ˌsɪŋglˈaɪd/ agg. **1** *(one-eyed)* monocolo **2** FIG. onesto, leale.

single file /ˌsɪŋglˈfaɪl/ avv. (anche **in ~**) [*walk, move*] in fila indiana.

single-handed /ˌsɪŋglˈhændɪd/ **I** agg. ***it was a ~ effort on her part*** ha fatto tutto da sola **II** avv. [*do, cope*] da solo; [*sail, fly*] in solitaria.

single-handedly /ˌsɪŋglˈhændɪdlɪ/ avv. [*manage, cope*] da solo; ***he ruined the company ~*** da solo ha mandato in rovina la società.

single-hearted /ˌsɪŋglˈhɑːtɪd/ agg. onesto, leale.

single-lens reflex /ˌsɪŋglˌlenzˈriːfleks/ n. reflex m. e f. monoculare.

single market /ˌsɪŋgl'mɑːkɪt/ n. mercato m. unico.
single-minded /ˌsɪŋgl'maɪndɪd/ agg. [*determination, pursuit*] accanito; [*person*] determinato, risoluto; ***to be ~ about doing*** essere determinato a fare.
single-mindedness /ˌsɪŋgl'maɪndɪdnɪs/ n. determinazione f., tenacia f.
single mother /ˌsɪŋgl'mʌðə(r)/ n. madre f. single.
singleness /'sɪŋglnɪs/ n. ***~ of purpose*** determinazione *o* tenacia.
single parent /ˌsɪŋgl'peərənt/ **I** n. genitore m. single **II single-parent** modif. [*family*] monoparentale.
single-party /ˌsɪŋgl'pɑːtɪ/ agg. [*government, rule*] monopartitico.
singles /'sɪŋglz/ **I** n. SPORT *(event)* ***the women's, men's ~*** il singolo femminile, maschile; ***to play (a) ~*** giocare un singolo **II** modif. SPORT [*final*] di singolo.
singles bar /'sɪŋglzˌbɑː(r)/ n. bar m. frequentato da single, single bar m.
singles charts /'sɪŋglzˌtʃɑːts/ n.pl. hit-parade f.sing. dei singoli.
single seater /ˌsɪŋgl'siːtə(r)/ n. *(airplane)* monoposto m.; *(car)* monoposto f.
single-sex /ˌsɪŋgl'seks/ agg. [*school, hostel*] non misto.
single-sided disk /ˌsɪŋglˌsaɪdɪd'dɪsk/ n. dischetto m. a singola faccia.
single spacing /ˌsɪŋgl'speɪsɪŋ/ n. interlinea f. singola; ***typed in ~*** scritto con interlinea singola.
single-stick /'sɪŋglstɪk/ n. = sorta di scherma combattuta con bastoni dotati di un'elsa di vimini intrecciato.
single-storey /ˌsɪŋgl'stɔːrɪ/ agg. [*house*] a un solo piano.
singlet /'sɪŋglɪt/ n. BE canottiera f.
singleton /'sɪŋgltən/ n. **1** singolo individuo m. **2** *(in bridge)* singleton m.
single-track /ˌsɪŋgl'træk/ agg. **1** [*road*] a corsia unica; [*line*] a un solo binario **2** FIG. [*commitment*] totale.
single transferable vote /ˌsɪŋgltrænsˌfɜːrəbl'vəʊt/ n. = voto che può essere trasferito ad altri candidati in lista se il primo candidato è stato eliminato o ha già raggiunto il numero necessario di voti.
single varietal /'sɪŋglvəˌraɪtl/ n. monovitigno m.
single yellow line /ˌsɪŋglˌjeləʊ'laɪn/ n. GB = linea gialla sul lato della strada indicante la possibilità di fermarsi ma non di sostare.
singly /'sɪŋglɪ/ avv. **1** *(one by one)* singolarmente, a uno a uno **2** *(alone)* da solo.
1.singsong /'sɪŋsɒŋ/ BE **I** agg. [*voice, language, dialect*] cantilenante **II** n. **1** ***to have a ~*** trovarsi a cantare insieme; ***how about a ~?*** e se cantassimo qualcosa? **2** *(monotonous verse)* cantilena f.
2.singsong /'sɪŋsɒŋ/ **I** tr. cantilenare **II** intr. *(sing)* cantare in modo monotono; *(speak)* parlare in modo monotono.
singular /'sɪŋgjʊlə(r)/ **I** agg. **1** LING. [*noun, verb*] al singolare; [*form*] singolare; [*ending*] del singolare **2** *(strange, exceptional)* singolare **II** n. LING. singolare m.; ***in the ~*** al singolare.
singularity /ˌsɪŋgjʊ'lærətɪ/ n. singolarità f.
singularize /'sɪŋgjʊləraɪz/ tr. rendere singolare.
singularly /'sɪŋgjʊləlɪ/ avv. singolarmente.
Sinhalese /ˌsɪŋhə'liːz/ ➧ ***18, 14*** **I** agg. singalese **II** n. **1** (pl. ~) *(person)* singalese m. e f. **2** *(language)* singalese m.
▷ **sinister** /'sɪnɪstə(r)/ agg. **1** [*person, place, plot, look, sign, silence*] sinistro **2** ARALD. sinistro.
sinisterly /'sɪnɪstəlɪ/ avv. sinistramente.
sinistral /'sɪnɪstrəl/ **I** agg. **1** *(left)* sinistro **2** ZOOL. GEOL. sinistrorso **3** [*person*] mancino **II** n. mancino m. (-a).
sinistrorse /'sɪnɪstrɔːs/ agg. sinistrorso.
1.sink /sɪŋk/ n. **1** *(basin) (in kitchen)* lavello m., acquaio m., lavandino m.; *(in bathroom)* lavabo m., lavandino m.; ***double ~*** lavello con due vasche **2** *(cesspit)* pozzo m. nero; FIG. cloaca f. **3** (anche **sinkhole**) GEOL. dolina f. a inghiottitoio.
▶ **2.sink** /sɪŋk/ **I** tr. (pass. **sank**; p.pass. **sunk**) **1** MAR. affondare [*ship*] **2** *(bore)* perforare [*oilwell, shaft*]; scavare [*foundations*] **3** *(embed)* conficcare [*post*] (**into** in); gettare la fondazione di [*pillar*] (**into** in); ***to ~ one's teeth into*** affondare i denti in [*sandwich etc.*]; ***the dog sank its teeth into my arm*** il cane mi ha piantato i denti nel braccio; ***to ~ a knife into*** conficcare un coltello in [*cake*] **4** BE COLLOQ. *(drink)* buttare giù [*drink*] **5** SPORT mandare in buca, mettere in buca [*billiard ball*]; fare [*putt*] **6** *(destroy)* [*scandal*] fare crollare [*party*]; ***without capital, a leader we're sunk*** senza capitale, capo siamo perduti **7** ECON. ammortare [*debt*] **8** *(invest heavily)* ***to ~ money into sth.*** investire denaro in qcs. [*project, company*] **II** intr. (pass. **sank**; p.pass. **sunk**) **1** *(fail to float)* [*ship, object, person*] affondare; ***to ~ without a trace*** FIG. [*idea, project etc.*] cadere nell'oblio **2** *(drop to lower level)* [*sun*] calare, tramontare; [*cake*] abbassarsi; [*pressure, temperature, water level*] abbassarsi, calare; ***the sun ~s in the West*** il sole tramonta a occidente; ***to ~ to the floor*** crollare a terra; ***to ~ to one's knees*** cadere in ginocchio; ***to ~ into a chair*** lasciarsi cadere sulla sedia; ***to ~ into a deep sleep, coma*** cadere in un sonno profondo, in coma **3** FIG. *(fall)* [*profits, production*] abbassarsi, calare; ***he has sunk in my estimation*** la mia stima per lui è crollata; ***my heart*** o ***spirits sank*** mi sentii mancare; ***I wouldn't ~ so low as to beg from him*** non mi abbasserò mai a chiedergli del denaro **4** *(subside)* [*building, wall*] crollare; ***to ~ into*** [*person, feet*] affondare in [*mud*]; [*country, person*] cadere in [*anarchy, apathy*]; [*celebrity*] cadere in [*obscurity*]; ***to ~ under the weight of*** [*shelf*] piegarsi sotto il peso di [*boxes etc.*]; [*person, company*] crollare sotto il peso di [*debt*] ◆ ***to ~ one's differences*** passare sopra alle *o* mettere da parte le differenze.
■ **sink in 1** [*lotion, water*] penetrare; ***let the lotion ~ in*** fare penetrare la lozione **2** FIG. [*news, announcement*] fare presa; ***it took several minutes for the good news, truth to ~ in*** ci volle un po' di tempo perché la buona notizia, la verità venisse recepita; ***the result hasn't sunk in yet*** il risultato non ha ancora avuto conseguenze.
sinker /'sɪŋkə(r)/ n. **1** PESC. piombo m. **2** AE GASTR. ciambella f. (fritta) ◆ ***he fell for the story hook, line and ~*** si è bevuto la mia storia interamente.
sink estate /'sɪŋkɪˌsteɪt/ n. BE = quartiere di case popolari particolarmente degradato.
sinkhole /'sɪŋkhəʊl/ n. GEOL. dolina f. a inghiottitoio.
sinking /'sɪŋkɪŋ/ **I** n. **1** MAR. affondamento m.; *(accidentally)* naufragio m. **2** ING. MIN. scavo m. **3** ECON. *(of debt)* ammortamento m. **II** agg. [*feeling*] angosciante.
sinking fund /'sɪŋkɪŋfʌnd/ n. ECON. fondo m. di ammortamento.
sink tidy /'sɪŋkˌtaɪdɪ/ n. sgocciolatoio m.
sink unit /'sɪŋkˌjuːnɪt/ n. lavello m. a incasso.
sinless /'sɪnlɪs/ agg. senza peccato, innocente.
sinlessly /'sɪnlɪslɪ/ avv. innocentemente.
sinlessness /'sɪnlɪsnɪs/ n. innocenza f.
sinner /'sɪnə(r)/ n. peccatore m. (-trice).
Sinn Féin /ʃɪn 'feɪn/ n. Sinn Féin m. (partito indipendentista dell'Irlanda del Nord).
Sinologist /saɪ'nɒlədʒɪst/, **Sinologue** /'saɪnəlɒg/ n. sinologo m. (-a).
Sinology /saɪ'nɒlədʒɪ/ n. sinologia f.
sin tax /'sɪnˌtæks/ n. COLLOQ. imposta f. sugli alcolici e sul tabacco.
1.sinter /'sɪntə(r)/ n. **1** MINER. geyserite f. **2** METALL. agglomerato m. per sinterizzazione.
2.sinter /'sɪntə(r)/ **I** tr. sinterizzare **II** intr. sinterizzare.
sintering /'sɪntərɪŋ/ n. sinterizzazione f.
sinuate /'sɪnjʊət/ agg. sinuato.
sinuosity /ˌsɪnjʊ'ɒsətɪ/ n. sinuosità f.
sinuous /'sɪnjʊəs/ agg. sinuoso.
sinuously /'sɪnjʊəslɪ/ avv. sinuosamente.
sinus /'saɪnəs/ n. (pl. **~es**) *(cavity)* seno m.; ***to have ~ trouble*** avere la sinusite.
sinusitis /ˌsaɪnə'saɪtɪs/ ➧ ***11*** n. sinusite f.
sinusoid /'saɪnəsɔɪd/ n. sinusoide f.
sinusoidal /ˌsaɪnə'sɔɪdl/ agg. sinusoidale.
Siobhan /ʃɪ'vɔːn/ n.pr. Siobhan (nome di donna).
Sioux /suː/ **I** agg. sioux **II** n. **1** (pl. ~) *(person)* sioux m. e f. **2** *(language)* sioux m.
▷ **1.sip** /sɪp/ n. (piccolo) sorso m.
▷ **2.sip** /sɪp/ tr. (forma in -ing ecc. **-pp-**) bere a piccoli sorsi; *(with pleasure)* sorseggiare.
1.siphon /'saɪfn/ n. sifone m.
2.siphon /'saɪfn/ tr. **1** travasare [qcs.] per mezzo di un sifone [*petrol, water*]; ***to ~ petrol out of a car*** prendere la benzina da una macchina per mezzo di un sifone **2** ECON. dirottare [*money*] (**out of, from** da; **into** in).
■ **siphon off: ~ [sth.] off, ~ off [sth.] 1** travasare [qcs.] per mezzo di un sifone [*petrol, water*] **2** FIG. SPREG. dirottare [*money*]; recuperare [*resources, workforce*].
siphuncle /'saɪfʌŋkl/ n. ZOOL. sifone m.
▶ **sir** /sɜː(r)/ ➧ ***9*** n. **1** *(form of address)* signore m.; ***yes ~*** sì, signore; *(to president)* sì, signor presidente; *(to headmaster)* sì, signor direttore; MIL. signorsì; ***my dear ~*** IRON. mio caro signore; ***Dear Sir*** *(in letter)* Egregio Signore **2** BE *(in titles)* ***Sir James*** Sir James **3** AE COLLOQ. *(emphatic)* ***yes, no ~*** sissignore, nossignore!
1.sire /'saɪə(r)/ n. **1** *(of animal)* padre m. **2** ➧ ***9*** ANT. *(form of address) (to king)* sire m.; *(to lord)* signore m.
2.sire /'saɪə(r)/ tr. generare.
siree /ˌsɜː'riː/ n. AE COLLOQ. ***yes, no ~!*** sissignore, nossignore!

▷ **siren** /ˈsaɪərən/ **I** n. **1** *(alarm)* sirena f. **2** MITOL. sirena f. (anche FIG.) **3** ZOOL. sirena f. **II** modif. FIG. [*song, call, charms*] irresistibile.
sirenian /saɪˈriːnɪən/ **I** agg. dei Sirenidi **II** n. sirenide m.
siriasis /sɪˈraɪəsɪs/ n. (pl. **-es**) colpo m. di sole, insolazione f.
sirloin /ˈsɜːlɔɪn/ n. controfiletto m.
sirloin steak /ˌsɜːlɔɪnˈsteɪk/ n. bistecca f. di controfiletto.
sirocco /sɪˈrɒkəʊ/ n. (pl. **~s**) scirocco m.
sirrah /ˈsɪrə/ n. ANT. SPREG. messere m.
sirree /sɪˈriː/ n. signore; ***yes, no ~!*** sissignore, nossignore!
sirup → **syrup**.
sis /sɪs/ n. COLLOQ. (accorc. sister) sorella f.
sisal /ˈsaɪsl/ **I** n. sisal f. **II** modif. [*leaf, fibre, rope*] di sisal.
siskin /ˈsɪskɪn/ n. lucherino m.
sissy /ˈsɪsɪ/ **I** n. COLLOQ. SPREG. *(coward)* donnicciola f., femminuccia f., pappamolla m. e f.; ***he's a real ~!*** *(effeminate)* sembra proprio una checca! **II** agg. ***that's a ~ game!*** è un gioco da femminucce! ***that's a ~ sweater*** quel maglione fa un po' checca.
▶ **sister** /ˈsɪstə(r)/ **I** n. **1** *(sibling)* sorella f.; ***older*** o ***elder, younger ~*** sorella maggiore, minore; ***big, little ~*** sorella grande, piccola; ***she's like a ~ to me*** è come una sorella per me **2** BE MED. (infermiera) caposala f.; ***yes, ~*** sì, signora **3** (anche **Sister**) RELIG. sorella f.; ***yes, ~*** sì, sorella **4** *(fellow woman)* sorella f. **5** AE COLLOQ. *(form of address) (young woman)* fanciulla f.; *(woman)* signora f. **II** modif. [*institution, organization*] consorella; [*newspaper, publication*] dello stesso gruppo editoriale; ***~ company*** consorella; ***~ nation*** nazione consorella.
sisterhood /ˈsɪstəhʊd/ n. **1** RELIG. *(foundation)* congregazione f. religiosa femminile **2** *(being sisters)* sorellanza f. **3** *(in feminism)* sorellanza f.; ***the ~*** il movimento femminista.
sister-in-law /ˈsɪstərɪnˌlɔː/ n. (pl. **sisters-in-law**) cognata f.
sisterliness /ˈsɪstəlɪnɪs/ n. atteggiamento m. di sorella.
sisterly /ˈsɪstəlɪ/ agg. **1** [*feeling, affection, kiss*] da sorella; ***~ rivalry*** rivalità tra sorelle **2** [*solidarity*] femminile.
sister ship /ˈsɪstəˌʃɪp/ n. nave f. gemella.
Sistine /ˈsɪstiːn, ˈsɪstaɪn/ agg. ***the ~ Chapel*** la Cappella Sistina.
sistrum /ˈsɪstrəm/ ➧ **17** n. (pl. **~s, -a**) sistro m.
Sisyphean /sɪsɪˈfiːən/ agg. di Sisifo; FIG. interminabile.
Sisyphus /ˈsɪsɪfəs/ n.pr. Sisifo.
1.sit /sɪt/ n. **1** *(period of sitting)* seduta f., attesa f. **2** *(of clothing)* modo m. di cadere.
▶ **2.sit** /sɪt/ **I** tr. (forma in -ing **-tt-**; pass., p.pass. **sat**) **1** *(put)* ***to ~ sb. in, on, near sth.*** sedere o mettere a sedere qcn. in, su, vicino a qcs.; ***to ~ sth. in, on, near sth.*** mettere qcs. in, su, vicino a qcs. **2** BE SCOL. UNIV. [*candidate*] sostenere, dare [*exam*] **II** intr. (forma in -ing **-tt-**; pass., p.pass. **sat**) **1** *(take a seat)* sedersi (**at** a; **in** in; **on** su); ***to ~ on the floor*** sedersi per terra **2** *(be seated)* [*person, animal*] essere seduto (**around** attorno a; **at** a; **in** in; **on** su); [*bird*] essere appollaiato (**on** su); ***to be ~ting reading, knitting*** essere seduto a leggere, a lavorare a maglia; ***I like to ~ and read, watch TV*** mi piace stare seduto a leggere, guardare la tivù; ***to ~ over sth.*** essere chino su [*accounts, books*]; ***to ~ for two hours*** rimanere seduto per due ore; ***to ~ quietly, comfortably*** stare tranquillamente, comodamente seduto; ***to ~ still*** stare fermo e composto; ***to ~ at home*** rimanere a casa; ***don't just ~ there!*** non rimanere lì con le mani in mano! **3** *(meet)* [*committee, court*] riunirsi **4** *(hold office)* ***to ~ for*** [*MP*] rappresentare [*constituency*]; ***to ~ as*** essere [*judge, magistrate*]; ***to ~ on*** fare parte di [*committee, jury*] **5** *(fit)* ***to ~ well, badly (on sb.)*** [*suit, jacket*] cadere bene, male (addosso a qcn.); ***the jacket ~s well across the shoulders*** la giacca cade bene sulle spalle; ***success, power ~s lightly on her*** FIG. il successo, il potere non le pesa **6** *(remain untouched)* ***the books were still ~ting on the desk*** i libri erano ancora posati sul banco; ***the keys were still ~ing on the table*** le chiavi erano ancora posate sul tavolo; ***the car is ~ting rusting in the garage*** la macchina rimane ad arrugginire nel garage **7** BE DIR. ***to ~ for the Bar*** dare un esame per esercitare l'avvocatura **8** ZOOL. ***to ~ on*** [*bird*] covare [*eggs*].
▪ **sit about, sit around** stare seduto con le mani in mano; ***to ~ around waiting*** stare ad aspettare senza fare niente.
▪ **sit back:** ***~ back*** **1** *(lean back)* appoggiarsi (all'indietro) **2** *(relax)* distendersi; ***to ~ back in*** lasciarsi cadere su [*chair*]; ***to ~ back on one's heels*** accosciarsi.
▪ **sit by** non fare nulla, non prendere provvedimenti, restare a guardare.
▪ **sit down:** ***~ down*** sedersi (**at** a; **in** in; **on** su); ***it's time we sat down and discussed your ideas*** è ora di trovarci per discutere le vostre idee; ***to ~ down to dinner*** o ***a meal*** mettersi a tavola; ***~ [sb.] down*** fare sedere; FIG. ***he sat me down and told me what he thought of me*** mi ha preso in disparte e mi ha detto quello che pensava di me; ***to ~ oneself down*** sedersi.
▪ **sit in:** ***to ~ in*** [*observer*] assistere; ***to ~ in on sth.*** assistere a [*meeting*].
▪ **sit on** COLLOQ. ***~ on [sth., sb.]*** **1** *(not deal with)* mettere nel cassetto [*application form, letter*] **2** *(bring to heel)* rimettere a posto.
▪ **sit out:** ***~ out*** sedere all'aperto; ***~ [sth.] out*** **1** *(stay to the end)* restare fino alla fine di [*lecture*] **2** *(not take part in)* non partecipare a [*game*]; FIG. aspettare la fine di [*crisis, war*]; ***I'll ~ the next one out*** *(dance)* non farò il prossimo ballo.
▪ **sit through:** ***~ through [sth.]*** stare fino alla fine di [*lecture, concert*].
▪ **sit up:** ***~ up*** **1** *(raise oneself upright)* mettersi a sedere (da sdraiato); ***to be ~ing up*** essere seduto; ***he was ~ting up in bed reading*** era seduto a letto a leggere; ***~ up straight!*** stai su con la schiena! stai composto! ***to make sb. ~ up and take notice*** fare svegliare qcn. o imporsi all'attenzione di qcn. **2** *(stay up late)* stare alzato, rimanere in piedi (**doing** per fare); ***to ~ up with sb.*** vegliare qcn.; ***~ [sb., sth.] up*** mettere a sedere (da sdraiato).
sitar /ˈsɪtɑː(r), sɪˈtɑː(r)/ ➧ **17** n. sitar m.
sitcom /ˈsɪtkɒm/ n. COLLOQ. (accorc. situation comedy) sit-com f.
sit-down /ˈsɪtdaʊn/ **I** n. BE ***to have a ~*** sedersi; ***I could do with a ~*** avrei proprio bisogno di sedermi **II** modif. [*lunch, meal*] da seduti.
sit-down strike /ˌsɪtdaʊnˈstraɪk/ n. = sciopero con occupazione del posto di lavoro.
▶ **1.site** /saɪt/ n. **1** ING. (anche **building ~**, **construction ~**) *(before building)* terreno m.; *(during building)* cantiere m.; ***on ~*** nel cantiere **2** *(land for specific activity)* terreno m. **3** *(of building, town)* sito m.; ARCHEOL. sito m. (archeologico) **4** *(of recent event, accident)* luogo m. **5** *(on the Web)* sito m.
2.site /saɪt/ tr. situare [*building*]; ***to be ~d*** essere situato.
site measuring /ˈsaɪtˌmeʒərɪŋ/ n. misurazione f. del terreno.
site office /ˈsaɪtˌɒfɪs, AE -ˌɔːf-/ n. ufficio m. del cantiere.
sith /sɪθ/ ANT. → **since.**
sit-in /ˈsɪtɪn/ n. sit-in m.
siting /ˈsaɪtɪŋ/ n. *(of building)* ubicazione m.; *(of weaponry)* installazione f.
sitology /saɪˈtɒlədʒɪ/ n. sitologia f.
sitter /ˈsɪtə(r)/ n. **1** ART. FOT. modello m. (-a) **2** *(babysitter)* baby-sitter m. e f.
sitting /ˈsɪtɪŋ/ **I** n. **1** AMM. ART. FOT. *(session)* seduta f.; ***an all-night ~*** AMM. una seduta di un'intera notte; ***I read it at one ~*** l'ho letto tutto d'un colpo **2** *(period in which food is served)* servizio m. (del pasto) **3** *(incubation period)* cova f. **II sittings** n.pl. BE DIR. = le quattro sessioni dell'anno giudiziario **III** agg. **1** *(seated)* ***to be in a ~ position*** essere seduto **2** AGR. ***~ hen*** chioccia.
Sitting Bull /ˌsɪtɪŋˈbʊl/ n.pr. Toro Seduto.
sitting duck /ˌsɪtɪŋˈdʌk/ COLLOQ. n. bersaglio m. facile, facile preda f.
sitting member /ˌsɪtɪŋˈmembə(r)/ n. BE POL. deputato m. in carica.
sitting room /ˈsɪtɪŋruːm, -rʊm/ n. salotto m.
sitting target /ˌsɪtɪŋˈtɑːgɪt/ n. bersaglio m. facile (anche FIG.).
sitting tenant /ˌsɪtɪŋˈtenənt/ n. DIR. affittuario m. attuale, inquilino m.
sitting trot /ˌsɪtɪŋˈtrɒt/ n. EQUIT. trotto m. seduto.
1.situate /ˈsɪtjʊeɪt, AE ˈsɪtʃʊeɪt/ agg. → **situated.**
2.situate /ˈsɪtjʊeɪt, AE ˈsɪtʃʊeɪt/ tr. **1** situare, collocare [*building, town, factory etc.*] **2** *(put into context)* situare, collocare [*idea, problem, event*].
▷ **situated** /ˈsɪtjʊeɪtɪd, AE ˈsɪtʃʊeɪtɪd/ **I** p.pass. → **2.situate II** agg. **1** *(placed)* ***to be ~*** essere situato o trovarsi; ***conveniently ~*** in posizione comoda; ***well, badly ~*** situato bene, male **2** FIG. ***to be well ~ to do*** [*person*] essere in una buona situazione per fare; ***she is rather badly ~ at the moment*** FIG. *(in difficulties)* è messa piuttosto male al momento; *(financially)* al momento è in difficoltà economiche; ***how are you ~ for money?*** come sei messo a soldi?
▶ **situation** /ˌsɪtjʊˈeɪʃn, AE ˌsɪtʃʊ-/ n. **1** *(set of circumstances)* situazione f.; ***to save the ~*** salvare la situazione; ***in the present economic ~*** nella situazione economica attuale; ***the human rights ~*** la condizione dei diritti dell'uomo; ***in an interview, exam ~*** durante un colloquio di lavoro, un esame; ***the housing, food ~ is worsening*** il problema degli alloggi, alimentare sta peggiorando; ***he doesn't know how to behave in social ~s*** non sa come comportarsi in pubblico **2** *(location) (of house, town etc.)* posizione f.; ***to be in a beautiful ~*** essere in una bella posizione **3** FORM. o ANT. *(job)* occupazione f., impiego m.; ***"~s vacant"*** "offerte di lavoro"; ***"~s wanted"*** "domande di lavoro".
situational /ˌsɪtjʊˈeɪʃənl, AE ˌsɪtʃʊ-/ agg. situazionale.

situation comedy /ˌsɪtjʊeɪʃn'kɒmədɪ, AE ˌsɪtʃʊ-/ n. situation-comedy f.
situation room /ˌsɪtjʊeɪʃn'ru:m, -'rʊm, AE ˌsɪtʃʊ-/ n. sala f. operativa.
sit-ups /'sɪtʌps/ n.pl. addominali m.
SI units /'esˌaɪˌju:nɪts/ n.pl. unità f. del Sistema Internazionale.
Siva /'ʃi:və/ n.pr. Siva.
▶ **six** /sɪks/ ◗ *19, 1, 4* **I** determ. sei; *~ people, pages* sei persone, pagine **II** pron. sei; *there are ~ of them* ce ne sono sei **III** n. sei m.; *to multiply by ~* moltiplicare per sei; *the ~ of clubs* il sei di fiori ◆ *to be (all) at ~es and sevens* [*person*] essere confuso; [*thing, affairs*] essere sottosopra; *it's ~ of one and half a dozen of the other* è la stessa cosa *o* se non è zuppa è pan bagnato; *to be ~ foot* o *feet under* essere morto e sepolto; *to get ~ of the best* BE ricevere una punizione corporale; *to hit* o *knock sb. for ~* BE COLLOQ. sbalordire qcn. *o* lasciare qcn. di stucco.
sixain /'sɪkseɪn/ n. LETTER. sestina f.
Six Counties /'sɪksˌkaʊntɪz/ n.pr.pl. = le sei contee dell'Irlanda del Nord.
Six Day War /ˌsɪksdeɪ'wɔ:(r)/ n.pr. guerra f. dei Sei giorni.
six-eight time /'sɪkseɪtˌtaɪm/ n. MUS. *in ~* in sei ottavi.
sixfold /'sɪksfəʊld/ **I** agg. **1** *(six times as great)* sestuplo **2** *(having six parts)* sestuplice **II** avv. (per) sei volte.
six-footer /ˌsɪks'fʊtə(r)/ n. COLLOQ. persona f. alta sei piedi; *they were both ~s* erano entrambi alti sei piedi.
six-gun /'sɪksgʌn/ n. AE COLLOQ. → **six-shooter**.
Six Nations Championship /ˌsɪksˌneɪʃnz'tʃæmpɪənʃɪp/ n. *(in rugby)* Torneo m. delle Sei Nazioni.
six-pack /'sɪkspæk/ n. **1** pacco m. da sei **2** COLLOQ. *(toned abs)* addominali m.pl. (molto sviluppati).
sixpence /'sɪkspens/ n. GB STOR. = moneta da sei penny.
sixpenny /'sɪkspenɪ/ agg. attrib. BE da sei penny.
six-shooter /'sɪksˌʃu:tə(r)/ n. revolver m. a sei colpi.
sixte /sɪkst/ n. *(in fencing)* sesta f.
▶ **sixteen** /ˌsɪk'sti:n/ ◗ *19, 1, 4* **I** determ. sedici; *~ people, pages* sedici persone, pagine **II** pron. sedici; *there are ~ of them* ce ne sono sedici **III** n. sedici m.; *to multiply by ~* moltiplicare per sedici ◆ *she's sweet ~ (and never been kissed)* = ha la freschezza dei sedici anni.
sixteenth /sɪk'sti:nθ/ ◗ *19, 8* **I** determ. sedicesimo; *the ~ page* la sedicesima pagina; *the ~-richest man in the world* il sedicesimo uomo più ricco del mondo **II** pron. **1** *(in order)* sedicesimo m. (-a); *the ~ in line* il sedicesimo della fila **2** *(of month)* sedici m.; *the ~ of May* il sedici maggio **III** n. *(fraction)* sedicesimo m. **IV** avv. [*come, finish*] sedicesimo, in sedicesima posizione.
▷ **sixth** /sɪksθ/ ◗ *19, 8* **I** determ. sesto; *the ~ page* la sesta pagina; *the ~-richest man in the world* il sesto uomo più ricco del mondo **II** pron. **1** *(in order)* sesto m. (-a); *the ~ in line* il sesto della fila **2** *(of month)* sei m.; *the ~ of May* il sei maggio **III** n. **1** *(fraction)* sesto m. **2** MUS. sesta f. **3** GB SCOL. *(lower)* = il penultimo anno di scuola superiore; *(upper)* = l'ultimo anno di scuola superiore **IV** avv. [*come, finish*] sesto, in sesta posizione.
sixth chord /'sɪksθkɔ:d/ n. accordo m. di sesta.
sixth form /'sɪksθfɔ:m/ GB SCOL. **I** n. = gli ultimi due anni di scuola superiore **II** modif. [*pupil, lesson*] = degli ultimi due anni di scuola superiore.
sixth form college /ˌsɪksθfɔ:m'kɒlɪdʒ/ n. BE SCOL. = istituto che ha solo studenti degli ultimi due anni di scuola superiore.
sixth former /'sɪksθfɔ:mə(r)/ n. = studente degli ultimi due anni di scuola superiore.
sixthly /'sɪksθlɪ/ avv. in sesto luogo.
sixth sense /ˌsɪksθ'sens/ n. sesto senso m.
sixth year /ˌsɪksθ'jɪə(r), -'jɜ:(r)/ n. SCOZZ. SCOL. = ultimo anno di scuola superiore, di preparazione per l'università.
sixtieth /'sɪkstɪəθ/ ◗ *19* **I** determ. sessantesimo; *the ~ page* la sessantesima pagina; *the ~-richest man in the world* il sessantesimo uomo più ricco del mondo **II** pron. *(in order)* sessantesimo m. (-a); *the ~ in line* il sessantesimo della fila **III** n. *(fraction)* sessantesimo m. **IV** avv. [*come, finish*] sessantesimo, in sessantesima posizione.
▶ **sixty** /'sɪkstɪ/ ◗ *19, 1, 8* **I** determ. sessanta; *~ people, pages* sessanta persone, pagine **II** pron. sessanta; *there are ~ of them* ce ne sono sessanta **III** n. sessanta m.; *to multiply by ~* moltiplicare per sessanta **IV sixties** n.pl. **1** *(decade)* *the sixties* gli anni '60 **2** *(age)* *to be in one's sixties* aver passato i sessanta; *a man in his sixties* un sessantenne, un sessagenario.
sixty-fourth note /ˌsɪkstɪfɔ:θ'nəʊt/ n. AE semibiscroma f.
sixty-fourth rest /ˌsɪkstɪfɔ:θ'rest/ n. AE pausa f. di semibiscroma.
sixty nine /ˌsɪkstɪ'naɪn/ n. *(in sex)* COLLOQ. sessantanove m.
six yard area /ˌsɪksjɑ:d'eərɪə/, **six yard box** /ˌsɪksjɑ:d'bɒks/ n. *(in soccer)* area f. piccola.
six yard line /ˌsɪks'jɑ:dˌlaɪn/ n. *(in soccer)* limite m. dell'area piccola.
sizable → **sizeable**.
sizar /'saɪzə(r)/ n. = studente universitario di Cambridge e del Trinity College di Dublino che usufruisce di una borsa di studio.
sizarship /'saɪzəʃɪp/ n. = borsa di studio per studenti universitari di Cambridge e del Trinity College di Dublino.
▶ **1.size** /saɪz/ ◗ *28* n. **1** *(dimensions)* *(of person)* taglia f.; *(of head, hand, nose, box, glass, plate, stamp, tree)* grandezza f.; *(of book, envelope, picture, paper)* formato m.; *(of parcel, building, room, garden)* grandezza f., dimensioni f.pl.; *(of apple, egg, bead)* grandezza f., calibro m.; *(of carpet, chair, bed, machine)* dimensioni f.pl.; *(of country, island, estate)* grandezza f., estensione f.; *a town of some ~* una città abbastanza grande; *chairs of all ~s* sedie di tutte le misure; *it's about the ~ of an egg, of this room* è all'incirca delle dimensioni di un uovo, di questa stanza; *he's about your ~* è all'incirca della tua taglia; *to increase in ~* [*plant, tree*] crescere; [*company, town*] ingrandirsi; *to cut sth. to ~* tagliare qcs. della grandezza giusta; *to be of a ~* [*people*] essere della stessa taglia; [*boxes*] essere della stessa grandezza **2** *(number)* *(of population, audience)* ampiezza f.; *(of class, school, company)* grandezza f.; *to increase in ~* [*population*] aumentare **3** ABBIGL. *(of jacket, dress, trousers)* taglia f.; *(of bra, gloves)* misura f.; *(of shirt collar)* collo m.; *(of shoes)* numero m.; *what ~ are you?* o *what ~ do you take?* *(in jacket, trousers, dress)* che taglia porti? *(in shoes)* che numero porti? *what ~ waist are you?* qual è il tuo girovita? *what ~ shoes do you take?* che numero di scarpe porti? *to take ~ X* *(in clothes)* avere la (taglia) X *o* portare la (taglia) X; *to take ~ X shoes* portare il numero X (di scarpe); *I think you need a ~ bigger* penso che tu abbia bisogno della taglia più grande; *that jacket is two ~s too big* quella giacca è due taglie più grande; *"one ~"* "taglia unica"; *try this for ~* prova se ti va bene questo *o* prova se è della taglia giusta; FIG. prova se questo va bene ◆ *that's about the ~ of it!* le cose stanno all'incirca così! *to cut sb. down to ~* ridimensionare qcn. *o* fare scendere qcn. dal piedistallo.
2.size /saɪz/ tr. **1** classificare [qcs.] secondo la grandezza, il calibro, calibrare [*eggs, fruit*] **2** [*jeweller*] *(make bigger)* allargare [*ring*]; *(make smaller)* restringere [*ring*] **3** INFORM. ridimensionare [*window*].
■ **size up:** *~ up [sb., sth.], ~ [sb., sth.] up* farsi un'idea di [*person*]; valutare le dimensioni di [*room, surroundings*]; valutare [*situation, problem*]; misurare [*difficulty*]; *they seemed to be sizing each other up* sembrava si stessero soppesando.
3.size /saɪz/ n. TECN. *(substance)* *(for paper)* patina f.; *(for textiles)* appretto m.; *(for plaster)* colla f.
4.size /saɪz/ tr. TECN. patinare [*paper*]; apprettare [*textile*]; incollare [*plaster*].
▷ **sizeable** /'saɪzəbl/ agg. [*proportion, section, chunk, house, field, town*] piuttosto grande; [*amount, sum, salary, fortune*] ragguardevole; *to have a ~ majority* avere una maggioranza abbastanza ampia.
sized /saɪzd/ **I** p.pass. → **2.size II** agg. **1** [*eggs, fruit*] calibrato **2 -sized** in composti *large-~* grande.
sizeism /'saɪzɪzəm/ n. = discriminazione basata sulla taglia di una persona.
sizer /'saɪzə(r)/ ◗ *27* n. TECN. **1** *(person)* *(of paper)* patinatore m. (-trice); *(of textile)* apprettatore m. (-trice); *(of plaster)* incollatore m. (-trice) **2** *(machine)* *(for paper)* patinatrice f.; *(for textile)* apprettatrice f.; *(for plaster)* incollatrice f.
1.sizing /'saɪzɪŋ/ n. *(of fruit)* calibratura f.
2.sizing /'saɪzɪŋ/ n. TECN. *(of paper)* patinatura f.; *(of textile)* appretto m., apprettatura f.; *(of plaster)* incollatura f.
1.sizzle /'sɪzl/ n. sfrigolio m., friggio m.
2.sizzle /'sɪzl/ intr. sfrigolare, sfriggere.
sizzler /'sɪzlə(r)/ n. COLLOQ. giornata f. caldissima.
sizzling /'sɪzlɪŋ/ agg. **1** [*fat, sausage*] sfrigolante; *a ~ sound* uno sfrigolio **2** COLLOQ. (anche **~ hot**) [*day, weather*] caldissimo **3** COLLOQ. *(erotic)* [*love scene*] spinto; [*film*] con delle scene spinte; [*look*] provocante.
SJ n. (⇒ Society of Jesus) = Compagnia di Gesù.
1.sjambok /'ʃæmbɒk/ n. frusta f. in cuoio.
2.sjambok /'ʃæmbɒk/ tr. frustare.
ska /skɑ:/ n. ska m.
skald → **1.scald**.
skank /skæŋk/ n. AE COLLOQ. scorfano m., cesso m.

skat /skɑ:t/ ➧ *10* n. = gioco a carte in tre mani.

▷ **1.skate** /skeɪt/ n. SPORT *(ice)* pattino m. da ghiaccio; *(roller)* pattino m. a rotelle ◆ ***get your ~s on!*** COLLOQ. pedala! sbrigati! ***we'd better get our ~s on!*** COLLOQ. faremmo meglio a sbrigarci!

▷ **2.skate** /skeɪt/ **I** tr. eseguire (pattinando) [*figure*] **II** intr. pattinare (**on, along** su); ***to ~ across*** o ***over*** attraversare pattinando [*pond, lake*] ◆ ***to be skating on thin ice*** avanzare su un campo minato.

■ **skate over:** ~ ***over [sth.]*** FIG. glissare su [*problem, issue, fact*].

■ **skate round, skate around:** ~ ***round [sth.]*** FIG. aggirare [*requirement, issue*].

3.skate /skeɪt/ n. (pl. **~, -s**) *(fish)* razza f.

1.skateboard /ˈskeɪtbɔ:d/ n. skateboard m.

2.skateboard /ˈskeɪtbɔ:d/ intr. andare sullo skateboard.

skateboarder /ˈskeɪtbɔ:də(r)/ n. skater m. e f.

skateboarding /ˈskeɪtbɔ:dɪŋ/ ➧ *10* n. skateboard m., skating m.; ***to go ~*** fare skateboard.

▷ **skater** /ˈskeɪtə(r)/ n. pattinatore m. (-trice), skater m. e f.

▷ **skating** /ˈskeɪtɪŋ/ ➧ *10* **I** n. SPORT pattinaggio m.; ***to go ice, roller ~*** fare pattinaggio su ghiaccio, a rotelle **II** modif. [*championship, club, competition*] di pattinaggio.

skating boots /ˈskeɪtɪŋbu:ts/ n.pl. BE pattini m. (a stivaletto).

skating rink /ˈskeɪtɪŋrɪŋk/ n. pista f. di pattinaggio.

skatole /ˈskætəʊl/ n. CHIM. scatolo m.

skean /ski:n/ n. = pugnale irlandese o scozzese.

1.skedaddle /skɪˈdædl/ n. fuga f. precipitosa.

2.skedaddle /skɪˈdædl/ intr. COLLOQ. scappare, svignarsela.

skeet /ski:t/ ➧ *10* n. SPORT (anche **skeet-shooting**) skeet m.

skeg /skeg/ n. MAR. tallone m., calcagnolo m.

skein /skeɪn/ n. **1** *(of wool)* matassa f. **2** *(of birds)* stormo m.

skeletal /ˈskelɪtl/ agg. **1** ANAT. scheletrico; ***the ~ structure*** lo scheletro; ***~ remains*** ossa **2** FIG. scheletrico.

skeletal code /ˈskelɪtlkəʊd/ n. INFORM. codice m. strutturale.

▷ **skeleton** /ˈskelɪtn/ **I** n. **1** ANAT. scheletro m.; ***a living*** o ***walking ~*** uno scheletro (ambulante); ***to be reduced to a ~*** essere uno scheletro *o* essere pelle e ossa **2** ING. ossatura f., scheletro m. **3** FIG. *(of plan, novel)* scheletro m. **4** SPORT skeleton m. **II** modif. FIG. [*army*] con effettivi ridotti; [*staff*] ridotto al minimo, all'osso; [*service*] minimo ◆ ***to have a ~ in the cupboard*** BE o ***closet*** AE avere uno scheletro nell'armadio.

skeletonize /ˈskelɪtənaɪz/ tr. **1** *(reduce to a skeleton)* scheletrire **2** FIG. scheletrizzare.

skeleton key /ˈskelɪtnki:/ n. passe-partout m., comunella f.

skelter /ˈskeltə(r)/ intr. correre via, sfrecciare.

skene → **skean**.

skep /skep/ n. *(basket)* canestro m., paniere m.; *(beehive)* alveare m. (di paglia o di vimini).

skepsis AE → **scepsis**.

skeptic AE → **sceptic**.

skeptical AE → **sceptical**.

skeptically AE → **sceptically**.

skepticism AE → **scepticism**.

▷ **1.sketch** /sketʃ/ n. **1** *(drawing, draft)* schizzo m.; *(hasty outline)* abbozzo m.; ***rough ~*** abbozzo **2** *(comic scene)* sketch m.; ***to write ~es*** scrivere sketch **3** *(brief account)* profilo m., descrizione f. sommaria; ***to give a ~ of sth.*** dare un profilo di qcs.; ***character ~ of sb.*** = ritratto o descrizione sintetica di una persona.

▷ **2.sketch** /sketʃ/ **I** tr. **1** *(make drawing of)* schizzare; *(hastily)* abbozzare; ***to ~ the outline of sth.*** fare uno schizzo della sagoma di qcs. **2** *(describe briefly)* descrivere sommariamente, delineare [*plans, story*] **II** intr. *(as art, hobby)* fare schizzi.

■ **sketch in:** ~ ***in [sth.]***, ~ ***[sth.] in*** *(by drawing)* aggiungere lo schizzo di [*detail, background, trees*]; FIG. *(by describing)* inserire nel profilo [*detail, background, reasons*]; ***to be hastily, superficially ~ed in*** FIG. essere descritto rapidamente, superficialmente.

■ **sketch out:** ~ ***out [sth.]***, ~ ***[sth.] out*** fare lo schizzo di [*layout, plan*]; FIG. delineare [*policy, plan, agenda*].

sketchbook /ˈsketʃbʊk/ n. *(for sketching)* album m. per schizzi; *(book of sketches)* album m. di schizzi.

sketcher /ˈsketʃə(r)/ n. disegnatore m. (-trice) di schizzi.

sketchily /ˈsketʃɪlɪ/ avv. [*treat, analyze, describe*] sommariamente; [*remember*] vagamente.

sketchiness /ˈsketʃɪnɪs/ n. *(of information, details, evidence)* insufficienza f.; *(of report)* incompletezza f.; *(of memory)* vaghezza f.; *(of work)* incompiutezza f.

sketch map /ˈsketʃmæp/ n. carta f. disegnata a mano libera.

sketchpad /ˈsketʃpæd/ n. album m. per schizzi.

sketchy /ˈsketʃɪ/ agg. [*information, details, evidence*] insufficiente; [*report*] incompleto; [*memory*] vago; [*work*] incompiuto.

1.skew /skju:/ **I** agg. obliquo, sbieco **II** n. ***on the ~*** di *o* per traverso.

2.skew /skju:/ **I** tr. **1** *(distort)* [*false data, bias*] alterare [*result, survey*]; *(deliberately)* distorcere [*result, report*] **2** *(angle)* inclinare [*object*] **3** *(divert)* fare deviare [*vehicle, vessel*] **II** intr. (anche **~ round**) [*vehicle, ship*] deviare.

skew arch /ˈskju:ˌɑ:tʃ/ n. ARCH. *(vault)* volta f. obliqua; *(arch)* arco m. obliquo.

skewback /ˈskju:bæk/ n. ARCH. *(of arch)* imposta f.

skewbald /ˈskju:bɔ:ld/ n. pomellato m.

skewed /skju:d/ **I** p.pass. → **2.skew II** agg. **1** *(distorted)* [*result, research*] alterato (**by** da); *(deliberately)* distorto (**by** da) **2** [*object*] obliquo, sbieco.

1.skewer /ˈskju:ə(r)/ n. *(for kebab)* spiedino m.; *(for joint)* spiedo m., schidione m.

2.skewer /ˈskju:ə(r)/ tr. infilzare in uno spiedo [*joint, carcass*]; infilzare in uno spiedino [*kebab*].

skew-nail /ˈskju:ˌneɪl/ tr. fissare [qcs.] di traverso.

skew symmetry /ˌskju:ˈsɪmətrɪ/ n. antisimmetria f.

skew-whiff /ˌskju:ˈwɪf/ agg. BE COLLOQ. storto.

▷ **1.ski** /ski:/ n. **1** SPORT *(for snow)* sci m.; *(for water)* sci m. (d'acqua); ***cross-country ~s*** sci da fondo; ***downhill ~s*** sci da discesa; ***on ~s*** su sci, sugli sci; ***to put on one's ~s*** mettersi gli sci **2** AER. pattino m.

▷ **2.ski** /ski:/ intr. (pass., p.pass. **ski'd** o **skied**) sciare; ***he ~ed over to the instructor*** sciò verso il maestro; ***to ~ across, down a slope*** attraversare, scendere lungo un pendio con gli sci; ***I ~ a lot*** scio molto.

skiagram /ˈskaɪəgræm/, **skiagraph** /ˈskaɪəgrɑ:f, AE -græf/ n. radiografia f.

skiascope /ˈskaɪəskəʊp/ n. apparecchio m. per la schiascopia.

skiascopy /skaɪˈæskəpɪ/ n. schiascopia f.

ski binding /ˈski:ˌbaɪndɪŋ/ n. attacco m. (degli sci).

1.skibob /ˈski:bɒb/ ➧ *10* n. ski-bob m.

2.skibob /ˈski:bɒb/ intr. andare sullo ski-bob.

skibobbing /ˈski:bɒbɪŋ/ ➧ *10* n. ski-bob m.

ski boot /ˈski:bu:t/ n. scarpone m. da sci.

ski club /ˈski:klʌb/ n. sciclub m.

1.skid /skɪd/ n. **1** *(of car etc.)* slittata f., sbandata f.; ***to go*** o ***get into a ~*** slittare; ***to correct a ~*** controllare una sbandata; ***front-wheel ~*** slittamento delle ruote anteriori **2** FIG. *(of prices)* crollo m. **3** *(plank to help move sth.)* scivolo m. **4** *(on wheel)* freno m. a scarpa ◆ ***to be on*** o ***hit*** AE ***the ~s*** essere in declino; ***to put the ~s under sb., sth.*** *(pressurize)* mettere fretta a qcn., qcs.; *(wreck, undermine)* fare fallire qcn., qcs.

2.skid /skɪd/ intr. (forma in -ing ecc. **-dd-**) **1** [*car*] sbandare, slittare (**on** su); [*person, animal*] scivolare (**on** su); ***to ~ all over the road*** [*car*] sbandare per strada; ***to ~ into a wall, off the road*** sbandare e finire contro un muro, fuori strada; ***to ~ across the floor*** [*person, object*] scivolare sul pavimento; ***to ~ to a halt*** [*vehicle*] arrestarsi sbandando **2** FIG. [*prices*] crollare.

skid chain /ˈskɪdtʃeɪn/ n. catena f. (da neve).

skidlid /ˈskɪdlɪd/ n. COLLOQ. casco m. da motociclista.

skidoo /skɪˈdu:/ intr. AE COLLOQ. andarsene.

skid mark /ˈskɪdmɑ:k/ n. traccia f. dello slittamento di una ruota.

skidpan /ˈskɪdpæn/ n. BE = pista per l'esercitazione del controllo dello sbandamento.

skidproof /ˈskɪdpru:f/ agg. antisdrucciolevole.

skid road /ˌskɪdˈrəʊd/ n. AE **1** *(in lumbering)* = scivolo per il trasporto della legna **2** → **skid row**.

skid row /ˌskɪdˈrəʊ/ n. AE COLLOQ. quartiere m. malfamato; FIG. ***to be, end up on ~*** essere, diventare un barbone.

skier /ˈski:ə(r)/ n. sciatore m. (-trice).

skiff /skɪf/ n. MAR. barchetta f.; *(working boat)* schifo m.; *(for racing)* skiff m., singolo m.

skiffle /ˈskɪfl/ n. skiffle m.

ski hat /ˈski:hæt/ n. berretto m. da sci.

skiing /ˈski:ɪŋ/ ➧ *10* **I** n. sci m.; ***to go ~*** andare a sciare; ***cross country ~*** sci di fondo; ***downhill ~*** sci alpino **II** modif. [*lesson*] di sci; [*equipment*] da sci.

skiing holiday /ˌski:ɪŋˈhɒlədeɪ/ n. vacanze f.pl. sulla neve.

ski(ing) instructor /ˈski:(ɪŋ)ɪnˌstrʌktə(r)/ ➧ *27* n. maestro m. (-a) di sci.

1.ski jump /ˈski:dʒʌmp/ n. **1** *(jump)* salto m. dal trampolino **2** *(ramp)* trampolino m. **3** *(event)* gara f. di salto dal trampolino.

2.ski jump /ˈski:dʒʌmp/ intr. *(once)* fare un salto dal trampolino; *(as activity)* saltare dal trampolino.

ski jumper /ˈskiːˌdʒʌmpə(r)/ n. SPORT saltatore m. (-trice).
ski jumping /ˈskiːˌdʒʌmpɪŋ/ ❥ *10* n. salto m. dal trampolino.
▷ **skilful** BE, **skillful** AE /ˈskɪlfl/ agg. **1** *(clever)* [*person, team*] abile, esperto; [*performance, portrayal, speech*] eccellente; **~ at sth.** abile *o* bravo in qcs.; **~ at doing** abile *o* bravo a fare; **~ with his hands, feet** abile con le mani, con i piedi; **his ~ leadership** le sue capacità di comando **2** *(requiring talent)* [*operation, manoeuvre*] delicato.
▷ **skilfully** BE, **skillfully** AE /ˈskɪlfəlɪ/ avv. **1** *(with ability)* [*play, rule, write*] abilmente, con abilità; [*written, painted*] con maestria **2** *(with agility)* con destrezza, con agilità.
skilfulness BE, **skillfulness** AE /ˈskɪlflnɪs/ n. *(mental)* abilità f.; *(physical)* destrezza f., agilità f.; **her ~ at negotiating** la sua abilità nel negoziare; **his ~ at riding** la sua destrezza nel cavalcare; **my ~ as a negotiator, writer** le mie capacità di negoziatore, scrittore.
ski lift /ˈskiːlɪft/ n. skilift m.
▶ **skill** /skɪl/ **I** n. **1 U** *(flair) (intellectual)* abilità f., capacità f.; *(physical)* destrezza f.; **~ at** abilità in; **~ in** o **at doing** abilità nel fare; **to have ~** essere abile; **with ~** con abilità; **a writer of great ~** uno scrittore di grande talento **2 C** *(special ability) (acquired)* abilità f., competenza f.; *(innate)* attitudine f.; *(practical)* tecnica f.; *(gift)* talento m.; **typing is a useful ~** è utile sapere battere a macchina; **your ~(s) as** la tua abilità come [*linguist, politician, mechanic*]; **~ at** o **in doing** capacità di fare; **~ at** o **in sth.** competenza in qcs. **II skills** n.pl. *(training)* capacità f.; **computer, management ~s** conoscenza dell'informatica, della gestione.
Skillcentre /ˈskɪlsentə(r)/ n. GB centro m. di riqualificazione professionale.
▷ **skilled** /skɪld/ agg. **1** *(trained)* [*labour*] qualificato; [*job, work*] specializzato; **semi-~ worker** manovale qualificato **2** *(talented)* [*angler, actress, cook, negotiator*] abile, bravo; **to be ~ as** essere bravo come [*writer, diplomat*]; **to be ~ at doing** essere bravo a fare; **to be ~ in the use of** sapere usare bene [*technique, computers*]; **to be ~ at translation** essere bravo a tradurre.
skillet /ˈskɪlɪt/ n. padella f.
skillful AE → **skilful**.
skillfully AE → **skilfully**.
skillfulness AE → **skilfulness**.
skill level /ˈskɪlˌlevl/ n. livello m. di competenza.
skill sharing /ˈskɪlˌʃeərɪŋ/ n. AMM. scambio m. di esperienze.
skills shortage /ˈskɪlzˌʃɔːtɪdʒ/ n. carenza f. di manodopera specializzata.
skilly /ˈskɪlɪ/ n. COLLOQ. brodaglia f.
1.skim /skɪm/ n. **1** *(scum)* schiuma f. **2** AE *(thin layer of ice)* sottile lastra f. di ghiaccio **3** *(of plough)* coltello m. superiore **4** *(skimmed milk)* latte m. scremato.
2.skim /skɪm/ **I** tr. (forma in -ing ecc. **-mm-**) **1** *(remove cream)* scremare [*milk*]; *(remove scum)* schiumare [*liquid*]; *(remove fat)* sgrassare [*sauce, soup*]; **to ~ the fat from the surface of the soup, to ~ the soup to remove the fat** schiumare il grasso dalla minestra; **to ~ oil from the sea** ripulire il mare dal petrolio **2** *(touch lightly)* [*plane, bird*] rasentare [*surface, treetops*]; **the article only ~s the surface of the problem** l'articolo sfiora soltanto il problema **3** *(read quickly)* scorrere [*letter, page*] **4** *(throw on water)* fare saltellare [qcs.] sull'acqua [*piece of glass, object*]; **to ~ stones** fare saltellare delle pietre sull'acqua **5** AE COLLOQ. non dichiarare [*part of income*] **II** intr. (forma in -ing ecc. **-mm-**) **1** [*plane, bird*] **to ~ over** o **across** o **along sth.** passare rasente qcs. *o* rasentare qcs. **2** [*reader*] **to ~ through** o **over sth.** scorrere qcs.; **in his speech he ~med over the unpalatable facts** nel suo discorso ha sfiorato appena i fatti spiacevoli.
■ **skim off: ~ off [sth.], ~ [sth.] off** togliere [*cream, fat, scum, dross*]; **to ~ off the fat from the sauce** sgrassare il sugo; **~ off the cream from the milk** scremare il latte.
ski mask /ˈskiːmɑːsk, AE -mæsk/ n. passamontagna m.
skim-coulter /ˈskɪmˌkəʊltə(r)/ n. avanvomere m.
skimmer /ˈskɪmə(r)/ n. **1** GASTR. schiumarola f. **2** *(bird)* becco m. a forbice.
skim milk /ˌskɪmˈmɪlk/, **skimmed milk** /ˌskɪmdˈmɪlk/ n. latte m. scremato.
skimming /ˈskɪmɪŋ/ n. scrematura f.
ski mountaineering /ˈskiːmaʊntɪˌnɪərɪŋ/ ❥ *10* n. scialpinismo m.
skimp /skɪmp/ intr. lesinare, risparmiare; **to ~ on** lesinare su [*expense, food, materials*]; risparmiare [*effort, money*]; essere avaro di [*praise*].
skimpily /ˈskɪmpɪlɪ/ avv. [*eat*] poco; [*work, make*] in modo approssimativo; **~ dressed** vestito in modo succinto; **a ~ stocked larder** una dispensa poco fornita.
skimpiness /ˈskɪmpɪnɪs/ n. *(of portion, allowance, income)* scarsezza f.; *(of piece of work)* insufficienza f.; **the ~ of her dress** il suo vestito succinto.
skimping /ˈskɪmpɪŋ/ agg. parsimonioso, economo.
skimpingly /ˈskɪmpɪŋlɪ/ avv. parsimoniosamente.
skimpy /ˈskɪmpɪ/ agg. [*garment*] succinto, striminzito; [*portion, allowance, income*] scarso; [*work*] insufficiente.
▶ **1.skin** /skɪn/ ❥ *2* n. **1** *(of person)* pelle f.; **to have dry, greasy, sensitive ~** avere la pelle secca, grassa, delicata; **to wear cotton next to the ~** indossare del cotone sulla pelle **2** *(of animal)* pelle f.; **leopard, rabbit ~** pelle di leopardo, di coniglio **3** GASTR. *(of fruit, vegetable)* buccia f., pelle f.; *(of sausage)* pelle f., buccia f.; **remove the ~ before cooking** *(of fruit, vegetable)* sbucciate prima di metterle a cuocere **4** *(on hot milk, cocoa)* pellicina f. **5** *(of ship)* fasciame m.; *(of plane)* rivestimento m. **6** AE COLLOQ. *(in handshake)* mano m.; **give** o **slip me some ~!** qua la mano! **7** POP. *(cigarette paper)* carta f. delle sigarette ◆ **to be nothing but ~ and bones** essere (tutto) pelle e ossa; **to get under sb.'s ~** *(annoy)* dare sui nervi a qcn.; *(attract)* colpire profondamente qcn.; **after a while this novel gets under your ~** dopo un po' questo romanzo ti prende completamente; **I've got you under my ~** sono completamente preso di te; **to have a thick ~** avere la pelle dura; **to have a thin ~** = essere sensibile, delicato; **to jump out of one's ~** fare un salto per lo spavento; **to save one's (own) ~** salvare la pelle; **to be, to get soaked to the ~** essere bagnato, bagnarsi fino alle ossa; **it's no ~ off my nose** o **back** COLLOQ. non sono affari miei; **by the ~ of one's teeth** [*manage, pass*] per un pelo *o* per il rotto della cuffia; [*survive*] per miracolo; **to escape** o **avoid disaster by the ~ of one's teeth** scamparla bella.
2.skin /skɪn/ tr. (forma in -ing ecc. **-nn-**) **1** spellare [*animal*] **2** *(graze)* **to ~ one's knee, elbow** sbucciarsi il ginocchio, il gomito **3** AE COLLOQ. *(swindle)* fregare **4** AE COLLOQ. *(cut hair)* rapare ◆ **to ~ sb. alive** scorticare qcn. vivo; **to keep one's eyes ~ned** tenere gli occhi ben aperti *o* stare molto attento.
skin-beater /ˈskɪnbiːtə(r)/ n. *(in jazz)* batterista m. e f.
skin cancer /ˈskɪnˌkænsə(r)/ ❥ *11* n. cancro m. della pelle.
skin care /ˈskɪnkeə(r)/ **I** n. cura f. della pelle **II** modif. [*product*] per la cura della pelle; [*range*] di cure della pelle.
skin cream /ˈskɪnkriːm/ n. crema f. per la pelle.
skin-deep /ˌskɪnˈdiːp/ agg. superficiale ◆ **beauty is only ~** PROV. la bellezza non è tutto.
skin disease /ˈskɪndɪˌziːz/ n. malattia f. della pelle.
skin diver /ˈskɪndaɪvə(r)/ n. = chi si immerge a piccole profondità senza tuta né bombole.
skin diving /ˈskɪndaɪvɪŋ/ ❥ *10* n. = immersione a piccole profondità senza tuta né bombole.
skin effect /ˈskɪnɪˌfekt/ n. effetto m. pelle.
skin flick /ˈskɪnflɪk/ n. COLLOQ. film m. porno.
skinflint /ˈskɪnˌflɪnt/ n. avaro m. (-a), spilorcio m. (-a), taccagno m. (-a).
skin food /ˈskɪnˌfuːd/ n. crema f. nutritiva per la pelle.
skinful /ˈskɪnfʊl/ n. **he's had a ~** COLLOQ. ha fatto il pieno.
skin game /ˈskɪnˌgeɪm/ n. AE COLLOQ. gioco m. di destrezza.
skin graft /ˈskɪngrɑːft, AE -græft/ n. **1 U** (anche **~ grafting**) innesto m. cutaneo **2** *(grafted area)* cute f. innestata.
skinhead /ˈskɪnhed/ n. **1** BE *(youth)* skinhead m. e f. **2** AE *(bald person)* calvo m. (-a); *(with close cropped hair)* persona f. rasata.
skin lotion /ˈskɪnˌləʊʃn/ n. lozione f. per la pelle.
skin magazine /ˈskɪnmægəˌziːn/ n. rivista f. porno.
skinned /skɪnd/ **I** p.pass. → **2.skin II** agg. **1** [*animal*] spellato **2 -skinned** in composti **dark-~** con la, dalla pelle scura.
skinner /ˈskɪnə(r)/ ❥ *27* n. **1** *(dealer)* pellaio m. (-a) **2** *(processor)* conciatore m. (-trice) di pelli.
skinniness /ˈskɪnɪnɪs/ n. magrezza f.
▷ **skinny** /ˈskɪnɪ/ **I** agg. COLLOQ. smilzo **II** n. AE **to get the ~ on sb.** = carpire informazioni piccanti su qcn.
skinny-dip /ˈskɪnɪˌdɪp/, **skinny-dipping** /ˈskɪnɪˌdɪpɪŋ/ n. COLLOQ. bagno m. nudo.
skinny-ribbed sweater /ˌskɪnɪribdˈswetə(r)/ n. maglione m. aderente.
skin-popping /ˈskɪnpɒpɪŋ/ n. COLLOQ. *(in drug addicts' slang)* buco m.
skint /skɪnt/ agg. BE COLLOQ. senza una lira, al verde.
skin test /ˈskɪntest/ n. test m. dermatologico.
skintight /ˌskɪnˈtaɪt/ agg. molto aderente.
▷ **1.skip** /skɪp/ n. *(jump)* salto m.; **he gave a little ~** ha fatto un saltello.
▷ **2.skip** /skɪp/ **I** tr. (forma in -ing ecc. **-pp-**) **1** *(not attend)* saltare [*meeting, lunch, class, school*]; non fare [*bath*] **2** *(leave out)* saltare

[*pages, chapter*]; ***you can ~ the formalities*** puoi evitare le formalità; ***~ it!*** COLLOQ. lascia perdere! **3** COLLOQ. *(leave)* ***to ~ town, the country*** scappare dalla città, dal paese **II** intr. (forma in -ing ecc. **-pp-**) **1** *(jump) (once)* saltare; *(several times)* saltellare; ***to ~ out of the way of sth.*** o ***out of sth.'s way*** scansare qcs. con un salto **2** *(with rope)* saltare la corda **3** *(travel, move)* ***to ~ from town to town*** spostarsi da una città all'altra; ***she ~ped from Rome to Milan*** da Roma ha fatto un salto a Milano; ***to ~ from one idea, chapter to another*** saltare da un'idea all'altra, da un capitolo all'altro.

■ **skip over** saltare [*passage, paragraph*].

3.skip /skɪp/ n. BE *(rubbish container)* cassone m. per macerie.

ski pants /'ski:pænts/ n.pl. pantaloni m. da sci.

ski pass /'ski:pɑ:s, AE -pæs/ n. skipass m.

skipjack /'skɪpdʒæk/ n. (anche **~ tuna**) tonno m. bonita.

ski plane /'ski:pleɪn/ n. aereo m. con pattini.

ski pole /'ski:pəʊl/ n. → **ski stick**.

1.skipper /'skɪpə(r)/ n. **1** ZOOL. esperia f. **2** ITTIOL. costardella f.

2.skipper /'skɪpə(r)/ n. **1** MAR. *(of merchant ship)* capitano m. (-a); *(of fishing boat)* padrone m. (-a); *(of yacht)* skipper m. e f. **2** *(leader)* capo m. (-a).

3.skipper /'skɪpə(r)/ tr. comandare.

skipping /'skɪpɪŋ/ n. (il) saltare (la corda).

skippingly /'skɪpɪŋlɪ/ avv. saltellando.

skipping rhyme /'skɪpɪŋraɪm/ n. = filastrocca recitata mentre si salta la corda.

skipping rope /'skɪpɪŋrəʊp/ n. corda f. (per saltare).

ski racer /'ski:ˌreɪsə(r)/ ♦ *27* n. sciatore m. (-trice) (a livello agonistico).

ski racing /'ski:ˌreɪsɪŋ/ ♦ *10* n. gara f. di sci.

ski rack /'ski:ræk/ n. portascì m.

ski resort /'ski:rɪˌzɔ:t/ n. stazione f. sciistica.

1.skirl /skɜ:l/ n. suono m. acuto (di cornamusa).

2.skirl /skɜ:l/ intr. mandare un suono acuto.

1.skirmish /'skɜ:mɪʃ/ n. **1** *(fight)* scaramuccia f. (anche MIL.) **2** *(argument)* schermaglia f., scaramuccia f.

2.skirmish /'skɜ:mɪʃ/ intr. **1** *(fight)* avere una scaramuccia (**with** con) (anche MIL.) **2** *(argue)* avere una schermaglia (**with** con).

skirmisher /'skɜ:mɪʃə(r)/ n. = chi prende parte a una scaramuccia.

skirmishing /'skɜ:mɪʃɪŋ/ n. **1** *(fighting)* scaramuccia f. (anche MIL.) **2** *(arguing)* schermaglia f.

skirret /'skɪrɪt/ n. sisaro m.

▷ **1.skirt** /skɜ:t/ ♦ *28* **I** n. **1** ABBIGL. *(garment, of dress)* gonna f.; *(of frock coat)* falda f.; ***full, long, straight ~*** gonna ampia, lunga, dritta **2** *(of vehicle, machine)* gonna f.; *(of sofa)* volant m. **3** COLLOQ. *(woman)* donna f., ragazza f.; ***a bit of ~*** una bella ragazza; ***to chase ~s*** correre dietro alle sottane **4** BE *(of beef)* piccione m. **5** EQUIT. quartiere m. **II skirts** n.pl. → **outskirts** ♦ ***to cling to one's mother's ~s*** stare sempre attaccato alla sottana della mamma.

2.skirt /skɜ:t/ tr. **1** circondare [*wood, village, city*] **2** girare attorno a [*problem*].

■ **skirt round, skirt around: *~ round [sth.]*** *(all contexts)* scansare.

skirt chaser /'skɜ:tˌtʃeɪsə(r)/ n. COLLOQ. donnaiolo m.

skirting /'skɜ:tɪŋ/ n. **1** *(in room)* zoccolatura f. **2** *(fabric)* tessuto m. per gonne.

skirting board /'skɜ:tɪŋbɔ:d/ n. zoccolo m., battiscopa m.

skirt length /'skɜ:tleŋθ/ n. *(piece of fabric)* lunghezza f. per una gonna; *(measurement)* lunghezza f. di una gonna; ***~s vary*** la lunghezza delle gonne varia.

ski run /'ski:rʌn/ n. pista f. da sci (da competizione).

ski slope /'ski:sləʊp/ n. pista f. da sci.

ski stick /'ski:stɪk/ n. racchetta f. da sci, bastoncino m.

ski suit /'ski:su:t, -sju:t/ n. tuta f. da sci.

skit /skɪt/ n. *(parody)* parodia f. (**on** di); *(sketch)* sketch m., scenetta f. (**on, about** su).

ski touring /'ski:ˌtʊərɪŋ, -tɔ:r-/ ♦ *10* n. scialpinismo m.

ski tow /'ski:təʊ/ n. impianto m. di risalita.

ski trousers /'ski:ˌtraʊzəz/ n.pl. pantaloni m. da sci.

skitter /'skɪtə(r)/ intr. **1** (anche **~ around**, **~ about**) *(scamper)* [*mouse*] correre velocemente; [*person, horse*] muoversi in modo agitato **2** *(skim)* ***to ~ across the water*** [*bird, leaf*] svolazzare rasente all'acqua; ***to ~ across the ground*** [*bird, leaf*] svolazzare rasoterra.

skittish /'skɪtɪʃ/ agg. **1** *(difficult to handle)* capriccioso **2** *(playful)* giocherellone.

skittishly /'skɪtɪʃlɪ/ avv. **1** *(unpredictably)* capricciosamente **2** *(playfully)* scherzosamente.

skittishness /'skɪtɪʃnɪs/ n. **1** *(difficulty to handle)* capricciosità f. **2** *(playfulness)* scherzosità f.

skittle /'skɪtl/ ♦ *10* **I** n. birillo m. **II skittles** n.pl. gioco m.sing. dei birilli.

skittle alley /'skɪtlˌælɪ/ n. pista f. per il gioco dei birilli.

1.skive /skaɪv/ n. *(for diamonds)* mola f. (per diamanti).

2.skive /skaɪv/ tr. **1** *(cut into strips)* tagliare [qcs.] in strisce sottili [*leather, rubber*] **2** *(shave)* radere **3** *(pare)* pareggiare.

3.skive /skaɪv/ n. BE COLLOQ. *(easy job)* lavoretto m.

4.skive /skaɪv/ intr. BE COLLOQ. (anche **~ off**) **1** *(shirk)* fare lo scansafatiche **2** *(be absent) (from school)* marinare la scuola; *(from work)* non andare a lavorare **3** *(leave early)* squagliarsela.

1.skiver /'skaɪvə(r)/ n. **1** *(leather)* fiore m. **2** *(cutter)* trincetto m.

2.skiver /'skaɪvə(r)/ n. BE COLLOQ. *(lazy person)* scansafatiche m. e f.; ***I was a real ~ (when I was at school)*** (quando ero studente) ero un vero e proprio scansafatiche.

1.skivvy /'skɪvɪ/ **I** n. BE COLLOQ. serva f., sguattera f. (anche FIG.) **II skivvies** n.pl. AE ABBIGL. = biancheria intima da uomo.

2.skivvy /'skɪvɪ/ intr. BE COLLOQ. fare la sguattera (**for** per).

ski wax /'ski:wæks/ n. sciolina f.

ski wear /'ski:weə(r)/ n. abbigliamento m. per lo sci.

skua /'skju:ə/ n. ORNIT. stercorario m.; ***arctic ~*** labbo; ***great ~*** stercorario maggiore.

skulduggery /skʌl'dʌgərɪ/ n. COLLOQ. **U** loschi traffici m.pl.; ***a piece of (political) ~*** un imbroglio politico.

1.skulk /skʌlk/ n. imboscato m. (-a), scansafatiche m. e f.

2.skulk /skʌlk/ intr. muoversi furtivamente; ***he's ~ing around (the kitchen)*** si aggira furtivamente (per la cucina); ***to ~ in, out, off*** entrare, uscire, allontanarsi furtivamente.

▷ **skull** /skʌl/ n. **1** ANAT. cranio m., teschio m. **2** COLLOQ. *(brain)* cranio m.; ***get that into your (thick) ~!*** mettitelo bene in testa!

skull and crossbones /ˌskʌlənd'krɒsbəʊnz/ n. *(emblem)* teschio m.; *(flag)* bandiera f. con il teschio.

skull-buster /'skʌlˌbʌstə(r)/ n. AE COLLOQ. grattacapo m.

skull cap /'skʌlkæp/ n. *(Catholic)* zucchetto m.; *(Jewish)* kippah f.

skull session /'skʌlˌseʃn/ n. discussione f. di gruppo.

1.skunk /skʌŋk/ n. **1** *(animal, fur)* moffetta f. **2** POP. FIG. SPREG. *(person)* farabutto m. (-a), mascalzone m. (-a) **3** COLLOQ. *(cannabis)* = tipo di hascisc ricco di resina.

2.skunk /skʌŋk/ tr. AE *(defeat)* fare cappotto a [*team, opponent*].

▶ **1.sky** /skaɪ/ **I** n. cielo m.; ***clear ~*** cielo sereno; ***morning ~*** cielo al mattino; ***night ~*** il cielo di notte; ***open ~*** cielo sereno; ***to scud across the ~*** spostarsi velocemente in cielo; ***in(to) the ~*** in cielo; ***the ~ over London*** il cielo sopra Londra; ***a patch of blue ~*** uno squarcio di blu; ***there are blue skies ahead*** FIG. all'orizzonte il cielo è sereno; ***to sleep under the open ~*** dormire all'aperto *o* sotto le stelle **II skies** n.pl. METEOR. cielo m.sing.; FIG. ART. LETT. cieli m.; ***summer skies*** cieli d'estate; ***a day of rain and cloudy skies*** un giorno nuvoloso con pioggia; ***the sunny skies of Italy*** i cieli assolati d'Italia; ***Turner's dramatic skies*** gli spettacolari cieli di Turner; ***to take to the skies*** [*plane*] decollare ♦ ***out of a clear blue ~*** all'improvviso, inaspettatamente; ***the ~'s the limit*** tutto è possibile; ***reach for the ~!*** mani in alto!

2.sky /skaɪ/ tr. SPORT ***to ~ a ball*** lanciare in alto una palla.

sky-blue /ˌskaɪ'blu:/ ♦ *5* **I** agg. celeste, azzurro cielo **II** n. celeste m., azzurro m. chiaro, azzurro m. cielo.

sky-blue pink /ˌskaɪblu:'pɪŋk/ **I** agg. COLLOQ. SCHERZ. colore di can che fugge **II** n. COLLOQ. SCHERZ. colore m. di can che fugge.

skycap /'skaɪkæp/ n. AE facchino m. (dell'aeroporto).

skydive /'skaɪˌdaɪv/ intr. fare skydiving.

skydiver /'skaɪˌdaɪvə(r)/ n. skydiver m. e f.

skydiving /'skaɪˌdaɪvɪŋ/ ♦ *10* n. skydiving m.

Skye /skaɪ/ ♦ *12* n.pr. Skye f.

Skye terrier /'skaɪˌterɪə(r)/ n. terrier m. dell'isola di Skye.

sky-high /ˌskaɪ'haɪ/ **I** agg. [*prices, rates*] altissimo **II** avv. ***to rise ~*** alzarsi fino al cielo; ***to blow sth. ~*** fare esplodere qcs.; FIG. mandare all'aria qcs.

1.skyjack /'skaɪdʒæk/ n. COLLOQ. (anche **~ing**) pirateria f. aerea, dirottamento m. aereo.

2.skyjack /'skaɪdʒæk/ tr. COLLOQ. dirottare.

skyjacker /'skaɪdʒækə(r)/ n. pirata m. dell'aria, dirottatore m. (-trice).

1.skylark /'skaɪlɑ:k/ n. allodola f.

2.skylark /'skaɪlɑ:k/ intr. COLLOQ. fare cagnara, fare chiasso.

skylarking /'skaɪlɑ:kɪŋ/ n. COLLOQ. cagnara f., chiasso m.

skylight /'skaɪlaɪt/ n. lucernario m.

skylight filter /'skaɪlaɪtˌfɪltə(r)/ n. filtro m. skylight.

skyline /'skaɪlaɪn/ n. *(in countryside)* linea f. dell'orizzonte, orizzonte m.; *(in city)* skyline m.

sky marshal /'skaɪˌmɑ:ʃl/ n. US AER. = agente in borghese in servizio sugli aerei per prevenire dirottamenti.

sky pilot /ˈskaɪˌpaɪlət/ n. COLLOQ. prete m.
1.skyrocket /ˈskaɪrɒkɪt/ n. razzo m. (di fuoco artificiale).
2.skyrocket /ˈskaɪrɒkɪt/ intr. [*price, inflation*] salire alle stelle.
skysail /ˈskaɪseɪl/ n. controvelaccio m.
skyscape /ˈskaɪˌskeɪp/ n. veduta f. del cielo.
skyscraper /ˈskaɪˌskreɪpə(r)/ n. grattacielo m.
Sky Television /ˌskaɪˈtelɪvɪʒn, -ˈvɪʒn/ n. = canali televisivi britannici trasmessi via satellite.
sky train /ˈskaɪtreɪn/ n. AER. aerotreno m.
skywalk /ˈskaɪwɔːk/ n. ARCH. passerella f. aerea.
skyward(s) /ˈskaɪwəd(z)/ **I** agg. volto verso il cielo **II** avv. verso il cielo.
skyways /ˈskaɪweɪz/ n.pl. AE AER. vie f. aeree.
skywriting /ˈskaɪraɪtɪŋ/ n. = pubblicità mediante scritte tracciate in cielo dal fumo di un aereo.
S & L n. AE (⇒ savings and loan association) = cassa cooperativa di risparmio e credito.
▷ **slab** /slæb/ n. **1** *(piece) (of stone, ice)* lastra f.; *(of wood)* tavola f.; *(of concrete)* piastra f.; *(of meat, cheese, cake)* fetta f.; *(of chocolate)* tavoletta f., barra f.; ***butcher's, fishmonger's ~*** tagliere del macellaio, del pescivendolo **2** COLLOQ. *(operating table)* tavolo m. operatorio; *(mortuary table)* tavolo m. per l'autopsia.
slab cake /ˈslæbkeɪk/ n. = torta dalla forma rettangolare.
slabber /ˈslæbə(r)/ → **1.slobber, 2.slobber**.
slabberer /ˈslæbərə(r)/ → **slobberer**.
slabberiness /ˈslæbərɪnɪs/ → **slobberiness**.
slabbery /ˈslæbərɪ/ → **slobbery**.
slab-sided /ˌslæbˈsaɪdɪd/ agg. alto e magro, allampanato.
▷ **1.slack** /slæk/ agg. **1** *(careless)* [*worker, student*] indolente, svogliato; [*management*] trascurato; [*work*] poco curato; ***to be ~ about sth., about doing*** essere svogliato nei confronti di qcs., nel fare; ***to get*** o ***grow ~*** [*worker*] impigrirsi; [*discipline, surveillance*] allentarsi **2** *(not busy)* [*period, season*] morto; [*demand, sales*] debole; ***business is ~*** gli affari ristagnano; ***the trading*** o ***market is ~*** il mercato è fiacco **3** *(loose, limp)* [*cable, rope*] lento, allentato; [*body, mouth*] rilassato, disteso; ***to go ~*** rilassarsi, distendersi.
▷ **2.slack** /slæk/ **I** n. **1** *(in rope, cable)* allentamento m.; ***to take up the ~ in a rope*** tendere una corda; ***to take up the ~*** *(in take over etc.)* tagliare le spese inutili; FIG. riprendere il controllo della situazione **2** FIG. *(in schedule etc.)* margine m. **3** *(drop in trade)* stagnazione f. **II slacks** n.pl. pantaloni m. ampi.
3.slack /slæk/ intr. [*worker*] impigrirsi.
■ **slack off:** ~ **off** [*business, trade*] diminuire, ristagnare; [*rain*] diminuire; ~ **[sth.] off,** ~ **off [sth.]** allentare [*rope, nut*].
■ **slack up** [*person*] ridurre il ritmo, infiacchirsi.
4.slack /slæk/ n. *(coal)* polverino m.
slacken /ˈslækən/ **I** tr. **1** *(release)* allentare [*rope, cable, nut, reins, grip, hold*]; diminuire, ridurre [*pressure*]; ***he ~ed his grip on the rope*** allentò la presa sulla corda **2** *(reduce)* ridurre [*pace, speed*] **3** *(loosen)* allentare [*control, rule*] **II** intr. **1** *(loosen)* [*rope, nut, bolt, grip, hold*] allentarsi; [*pressure*] diminuire; ***his grip on the rope ~ed*** allentò la presa sulla corda **2** *(ease off)* [*activity, momentum, pace, speed, pressure*] diminuire, calare; [*business, sales, trade, interest*] ristagnare; [*rain, gale*] diminuire.
■ **slacken down** [*driver*] rallentare.
■ **slacken off:** ~ **off** [*business, trade, demand*] ristagnare; [*gale, rain*] diminuire; ~ **off [sth.],** ~ **[sth.] off** allentare [*rope, cable, nut, bolt*].
■ **slacken up** [*person*] ridurre il ritmo, infiacchirsi.
slackening /ˈslækənɪŋ/ n. *(of grip, discipline, rope, reins, tension)* allentamento m.; *(of skin)* (l')inflaccidire; *(of pace, speed)* rallentamento m.; *(of business, trade, demand, economy)* stagnazione f., ristagno m.
slacker /ˈslækə(r)/ n. fannullone m. (-a), scansafatiche m. e f.
slackness /ˈslæknɪs/ n. *(of worker, student)* indolenza f., svogliatezza f.; *(in trade, business, economy)* stagnazione f.; *(in discipline)* allentamento m.; *(in security)* diminuzione f.
slack side /ˈslækˌsaɪd/ n. ***these trousers are on the ~*** questi pantaloni sono sul largo *o* piuttosto larghi.
slack water /ˌslækˈwɔːtə(r)/ n. *(in lake, river)* acqua f. stagnante; *(at sea)* (acqua) stanca f.
1.slag /slæg/ n. **1** *(from coal)* BE minerali m.pl. sterili; *(from metal)* scorie f.pl. **2** BE POP. SPREG. *(promiscuous woman)* donnaccia f.
2.slag /slæg/ **I** tr. (forma in -ing ecc. **-gg-**) scorificare **II** intr. (forma in -ing ecc. **-gg-**) formare scorie.
■ **slag off** POP. ~ **off [sb., sth.],** ~ **[sb., sth.] off** BE parlare male di, sparlare di [*person, government*]; demolire [*book, place*].
slag heap /ˈslæghiːp/ n. cumulo m. di scorie; ***it's ready for the ~*** FIG. ormai è da buttare.

slain /sleɪn/ **I** p.pass. → **slay II** n. ***the ~*** + verbo pl. le vittime; *(soldiers)* i caduti.
slake /sleɪk/ tr. **1** *(quench)* estinguere, placare [*thirst*]; FIG. appagare [*desire*] **2** CHIM. spegnere [*lime*].
slaked lime /ˌsleɪktˈlaɪm/ n. calce f. spenta.
slakeless /ˈsleɪklɪs/ agg. inestinguibile.
slalom /ˈslɑːləm/ ♦ **10** n. slalom m.; ***~ course*** tracciato dello slalom; ***giant, special ~*** slalom gigante, speciale; ***~ event*** gara di slalom.
1.slam /slæm/ n. **1** *(of door)* sbattimento m.; ***to shut sth. with a ~*** sbattere qcs. **2** GIOC. slam m.; ***grand, little*** o ***small ~*** grande, piccolo slam **3** AE POP. *(jail)* gattabuia f.
▷ **2.slam** /slæm/ **I** tr. (forma in -ing ecc. **-mm-**) **1** *(shut loudly)* [*person*] sbattere [*door*]; [*wind*] fare sbattere [*door*]; ***to ~ sth. shut*** sbattere qcs.; ***to ~ the door behind one*** sbattere la porta uscendo; ***to ~ the door in sb.'s face*** sbattere la porta in faccia a qcn. (anche FIG.) **2** *(with violence)* ***to ~ one's fist, a cup onto the table*** battere il pugno, sbattere una tazza sul tavolo; ***to ~ the ball into the net*** scagliare la palla in rete; ***to ~ sb. into a wall*** scaraventare qcn. contro il muro; ***to ~ the brakes on*** o ***to ~ on the brakes*** COLLOQ. inchiodare **3** COLLOQ. *(criticize)* criticare duramente, stroncare (**for** per; **for doing** per avere fatto); ***to ~ a policy as useless*** criticare l'inutilità di una politica; ***to ~ sb. as a dictator*** accusare qcn. di essere un dittatore; ***to be ~med by sb.*** farsi criticare duramente da qcn. **4** COLLOQ. *(defeat)* stracciare **II** intr. (forma in -ing ecc. **-mm-**) **1** [*door, window*] sbattere (**against** contro); ***to hear the door ~*** sentire sbattere la porta; ***to ~ shut*** sbattere **2** ***to ~ into sth.*** [*vehicle, boxer, body*] sbattere contro qcs.
■ **slam down:** ~ **down** [*heavy object, lid*] sbattere (**onto** su); ~ **down [sth.],** ~ **[sth.] down** sbattere [*receiver, phone, lid, car bonnet*]; sbattere, scagliare [*object, book*] (**on, onto** su).
slam-bang /ˌslæmˈbæŋ/ **I** agg. AE COLLOQ. **1** *(loud)* fragoroso **2** *(all-out)* [*effort*] massimo **II** avv. ***to walk*** o ***go ~ into sth.*** sbattere violentemente contro qcs.
slam-dunk /ˈslæmdʌŋk/ n. AE SPORT COLLOQ. *(in basketball)* schiacciata f. (a canestro).
slammer /ˈslæmə(r)/ n. COLLOQ. **1** ***the ~*** la gattabuia **2** → **tequila slammer**.
1.slander /ˈslɑːndə(r), AE ˈslæn-/ n. **1 C** *(slanderous statement)* calunnia f., maldicenza f. (**on** su) **2 U** DIR. calunnia f.; ***to sue sb. for ~*** intentare causa a qcn. per calunnia.
2.slander /ˈslɑːndə(r), AE ˈslæn-/ tr. calunniare (anche DIR.).
slanderer /ˈslɑːndərə(r), AE ˈslæn-/ n. calunniatore m. (-trice), maldicente m. e f.; DIR. calunniatore m. (-trice).
slanderous /ˈslɑːndərəs, AE ˈslæn-/ agg. calunnioso (anche DIR.).
slanderously /ˈslɑːndərəslɪ, AE ˈslæn-/ avv. calunniosamente (anche DIR.).
slanderousness /ˈslɑːndərəsnɪs/ n. carattere m. calunnioso (anche DIR.).
1.slang /slæŋ/ **I** n. gergo m., slang m.; ***army, school ~*** gergo militare, scolastico **II** modif. ***~ phrase, ~ expression*** espressione gergale.
2.slang /slæŋ/ tr. COLLOQ. ingiuriare, insultare.
slangily /ˈslæŋɪlɪ/ avv. gergalmente.
slanginess /ˈslæŋɪnɪs/ n. carattere m. gergale, gergalità f.
slanging match /ˈslæŋɪŋˌmætʃ/ n. BE scambio m. di insulti.
slangy /ˈslæŋɪ/ agg. COLLOQ. [*style*] gergale.
1.slant /slɑːnt, AE slænt/ **I** agg. inclinato, obliquo **II** n. **1** *(perspective)* punto m. di vista (**on** su); ***with a European ~*** da un punto di vista europeo; ***to give a new ~ on sth.*** offrire una nuova angolazione su qcs. **2** SPREG. *(bias)* tendenza f.; ***with a definite, right-wing ~*** con una tendenza ben definita, verso destra **3** *(slope)* inclinazione f., pendenza f.; ***the floor has a ~*** il pavimento pende; ***to hang at*** o ***on a ~*** [*painting*] pendere **4** TIP. barra f.
2.slant /slɑːnt, AE slænt/ **I** tr. **1** *(twist)* alterare, distorcere [*story, facts*] **2** *(lean)* inclinare [*object*] **II** intr. [*floor, ground*] pendere, essere in pendenza; [*handwriting*] pendere (**to** verso); [*painting*] pendere; ***rays of sun ~ed through the trees, the window*** raggi di sole passavano obliqui attraverso gli alberi, la finestra.
slanted /ˈslɑːntɪd, AE ˈslæn-/ **I** p.pass. → **2.slant II** agg. **1** *(biased)* propenso, incline (**to, towards** verso) **2** *(sloping)* inclinato, obliquo.
slant-eyed /ˌslɑːntˈaɪd, AE ˌslæn-/ agg. COLLOQ. SPREG. dagli occhi a mandorla.
slanting /ˈslɑːntɪŋ, AE ˈslæn-/ agg. [*roof, floor*] in pendenza, obliquo; ***~ rain*** pioggia che cade di traverso; ***~ eyes*** occhi a mandorla.
slantingly /ˈslɑːntɪŋlɪ, AE ˈslæn-/ avv. obliquamente, di traverso.
slantwise /ˈslɑːntwaɪz, AE ˈslæn-/ **I** agg. ***in a ~ direction*** obliquamente, di traverso **II** avv. (anche **slantways**) obliquamente, di traverso.

▷ **1.slap** /slæp/ n. **1** *(blow)* pacca f. (**on** su); *(on face)* schiaffo m., sberla f., ceffone m.; *(on hand)* schiaffo m.; *(on backside)* sculacciata f.; ***the ~ of the waves against sth.*** lo schiaffo delle onde contro qcs.; ***it was a real ~ in the face for him*** FIG. è stato un vero schiaffo (morale) per lui; ***to give sb. a ~ on the back*** *(friendly gesture)* dare una pacca sulle spalle a qcn.; FIG. *(in congratulation)* congratularsi con qcn. **2** *(sound of blow)* (rumore di uno) schiaffo m.

2.slap /slæp/ avv. → **slap bang**.

▷ **3.slap** /slæp/ tr. (forma in -ing ecc. **-pp-**) **1** *(hit)* dare una pacca a [*person, animal*]; ***to ~ sb. for, for doing*** colpire qcn. per, per avere fatto; ***to ~ sb. on the arm, leg*** o ***to ~ sb.'s arm, leg*** colpire qcn. sul braccio, sulla gamba; ***to ~ sb. across the face*** dare uno schiaffo *o* mollare un ceffone a qcn.; ***to ~ a child's bottom*** dare una sculacciata a un bambino; ***to ~ sb. on the back*** *(in friendly way)* dare una pacca sulle spalle a qcn.; FIG. *(congratulate)* congratularsi con qcn.; ***to ~ one's thighs*** darsi una pacca sulle cosce; ***to ~ sb. in the face*** dare uno schiaffo *o* una sberla a qcn.; FIG. dare uno schiaffo (morale) a qcn.; ***to ~ sb. on the wrist*** FIG. tirare gli orecchi a qcn. **2** *(put)* ***he ~ped the money (down) on the table*** ha sbattuto i soldi sul tavolo; ***he ~ped some paint on the wall*** diede qualche pennellata sul muro; ***she ~ped some make-up on her face*** si è data un po' di trucco sul viso; ***they ~ped 50p on the price*** COLLOQ. hanno aumentato il prezzo di 50 penny.

▪ **slap around** COLLOQ. ***~ [sb.] around*** picchiare [*person*].

▪ **slap down:** ***~ [sth.] down, ~ down [sth.]*** *(put)* posare con violenza [*book, money*]; ***to ~ sth. down on*** sbattere qcs. su [*table, counter*]; ***~ [sb.] down*** zittire.

▪ **slap on** COLLOQ. ***~ [sth.] on, ~ on [sth.]*** **1** *(apply)* dare (una mano di) [*paint*]; mettere [*make-up*] **2** *(add to price)* ***they ~ped on 50p*** hanno aumentato il prezzo di 50 penny.

slap bang /ˌslæp'bæŋ/ avv. COLLOQ. ***he ran ~ into the wall*** correndo ha sbattuto contro il muro; ***~ in the middle (of)*** nel bel mezzo (di).

slapdash /'slæpdæʃ/ agg. COLLOQ. [*person*] precipitoso, avventato, sventato; [*work*] fatto in fretta; ***in a ~ way*** frettolosamente.

slaphappy /ˌslæp'hæpɪ/ agg. COLLOQ. **1** *(careless)* irresponsabile, incurante **2** *(punch-drunk)* stordito.

slaphead /'slæphed/ n. COLLOQ. SPREG. SCHERZ. pelato m.

slapjack /'slæpdʒæk/ n. AE frittella f.

slapper /'slæpə(r)/ n. BE COLLOQ. SPREG. *(vulgar woman)* vacca f.

slapstick /'slæpstɪk/ **I** n. slapstick m. **II** modif. [*routine*] grossolano; ***~ comedy*** slapstick (comedy).

slap-up /'slæpʌp/ agg. BE COLLOQ. [*meal*] coi fiocchi; ***to go out for a ~ meal*** andare a farsi una bella mangiata.

▷ **1.slash** /slæʃ/ n. **1** *(wound)* taglio f. (**on** su); *(on face)* sfregio m. **2** *(cut)* *(in fabric, seat, tyre)* squarcio m.; *(in painting, wood)* sfregio m. **3** TIP. barra f. **4** COMM. ECON. taglio m.; ***a 10% ~ in prices*** un taglio del 10% ai prezzi **5** ABBIGL. spacco m. **6** BE COLLOQ. ***to have, go for a ~*** *(urinate)* pisciare **7** *(sword stroke)* colpo m. di spada.

▷ **2.slash** /slæʃ/ **I** tr. **1** *(wound)* sfregiare [*cheek*]; fare uno sfregio a, sfregiare [*person*]; tagliare [*throat*]; [*knife*] fare un taglio su [*face*]; ***he ~ed me across the face*** mi sfregiò il viso; ***to ~ one's wrists*** tagliarsi le vene **2** *(cut)* sfregiare [*painting*]; squarciare [*fabric, tyres*]; tranciare [*cord*]; ***to ~ one's way through*** aprirsi un varco attraverso [*undergrowth*] **3** *(reduce)* diminuire, ridurre [*price*]; tagliare [*cost, spending*]; ridurre [*amount, bill, size*]; ***to ~ 40% off the price*** abbattere, ridurre il prezzo del 40% **4** ABBIGL. fare uno spacco in [*sleeve, skirt*]; ***a ~ed sleeve*** una manica con lo spacco **5** COLLOQ. *(criticize)* stroncare [*book*]; demolire [*plan*] **II** intr. ***to ~ at*** tagliare [*grass*]; dare un gran colpo a [*ball*]; ***to ~ at sb. with a sword*** colpire violentemente qcn. con una spada; ***to ~ through*** tranciare [*cord*]; squarciare [*fabric*].

▪ **slash down:** ***~ [sth.] down, ~ down [sth.]*** falciare, tagliare [*grass*]; distruggere [*opponent*].

▪ **slash open:** ***~ [sth.] open, ~ open [sth.]*** sfregiare [*face*]; squarciare [*packet, sack*].

slash-and-burn cultivation /ˌslæʃənˌbɜːnkʌltɪ'veɪʃn/ n. coltivazione f. su debbiato.

slash-and-burn method /ˌslæʃənˌbɜːn'meθəd/ n. debbiatura f.

slasher /'slæʃə(r)/ n. **1** *(bill hook)* roncola f. **2** *(saw)* sega f. circolare (per tagliare legna da ardere).

slasher film /'slæʃəˌfɪlm/, **slasher movie** /'slæʃəˌmuːvɪ/ AE n. COLLOQ. = film con scene molto violente.

slash pocket /ˌslæʃ'pɒkɪt/ n. tasca f. tagliata.

slashing /'slæʃɪŋ/ agg. **1** *(cutting)* tagliente **2** FIG. sferzante **3** *(spirited)* [*horse*] animoso **4** COLLOQ. *(remarkable)* strepitoso.

1.slat /slæt/ n. **1** *(of shutter, blind, table, bench)* stecca f.; *(of bed)* doga f. **2** AER. alula f.

2.slat /slæt/ tr. (forma in -ing ecc. **-tt-**) fornire di stecche [*shutter, blind, table, bench*]; fornire di doghe [*bed*].

▷ **1.slate** /sleɪt/ **I** n. **1** *(rock)* ardesia f.; ***made of ~*** di ardesia **2** *(piece)* lastra f. di ardesia; ***a roof ~*** una tegola di ardesia **3** *(tablet)* lavagna f. **4** AE POL. lista f. di candidati **II** modif. [*roof, floor, quarry, mining*] di ardesia ◆ ***to put sth. on the ~*** COLLOQ. mettere qcs. sul conto; ***to start again with a clean ~*** ripartire da zero; ***to wipe the ~ clean*** *(forget)* metterci una pietra sopra; *(make a fresh start)* ripartire da zero.

▷ **2.slate** /sleɪt/ tr. **1** coprire [qcs.] di tegole d'ardesia [*roof*] **2** AE POL. mettere in lista [*candidate*] **3** AE *(be expected)* ***to be ~d to go far*** [*person*] avere buone possibilità di andare lontano.

▷ **3.slate** /sleɪt/ tr. BE COLLOQ. *(criticize)* [*press, critic*] stroncare [*play, film, politician, policy*] (**for** per); [*boss, teacher*] lavare il capo a [*worker, pupil*] (**for** per).

slate blue /ˌsleɪt'bluː/ ♦ **5 I** agg. grigiazzurro **II** n. grigiazzurro m.

slate-coloured BE, **slate-colored** AE /ˌsleɪt'kʌləd/ ♦ **5** agg. ardesia.

slate grey BE, **slate gray** AE /ˌsleɪt'greɪ/ ♦ **5 I** agg. ardesia **II** n. ardesia f.

slater /'sleɪtə(r)/ ♦ **27** n. **1** *(roofer)* = chi ricopre tetti con tegole di ardesia **2** *(quarrier)* cavatore m. di ardesia **3** ZOOL. ligia f.

slathers /'slæðəz/ n. AE COLLOQ. ***~ of*** un mucchio di, un sacco di.

1.slating /'sleɪtɪŋ/ n. **1** *(laying slates)* posa f. di tegole di ardesia **2** *(material)* tegola f. di ardesia.

2.slating /'sleɪtɪŋ/ n. BE COLLOQ. *(criticism)* ***to give sb. a ~*** [*critic*] stroncare qcn.; [*boss*] lavare il capo a qcn.; ***to get a ~ from sb.*** *(from critic)* essere stroncato da qcn.; *(from boss)* ricevere una lavata di capo da qcn.

slatted /'slætɪd/ **I** p.pass. → **2.slat II** agg. [*shelving, table, blind, shutter*] a stecche.

slattern /'slætən/ n. ANT. SPREG. *(slovenly woman)* sudiciona f., sciattona f.

slatternliness /'slætənlɪnɪs/ n. ANT. SPREG. sudiceria f., sciatteria f.

slatternly /'slætənlɪ/ agg. ANT. SPREG. [*woman, appearance*] trasandato; [*behaviour, clothes*] da sciattone.

slaty /'sleɪtɪ/ agg. **1** [*colour*] ardesia; ***~ blue*** grigiazzurro; ***~ grey*** ardesia **2** *(containing slate)* ardesiaco.

▷ **1.slaughter** /'slɔːtə(r)/ n. **1** *(in butchery)* macellazione f., macello m.; ***to send sth. for ~*** mandare qcs. al macello; ***to go to ~*** andare al macello **2** *(massacre)* macello m.; ***~ on the roads*** strage sulle strade **3** SPORT FIG. massacro m. ◆ ***like a lamb to the ~*** come una bestia condotta al macello.

▷ **2.slaughter** /'slɔːtə(r)/ tr. **1** *(in butchery)* macellare **2** *(massacre)* massacrare **3** SPORT COLLOQ. massacrare, stracciare.

slaughterer /'slɔːtərə(r)/ ♦ **27** n. *(in butchery)* macellatore m. (-trice).

slaughterhouse /'slɔːtəhaʊs/ n. *(place)* macello m.

slaughterous /'slɔːtərəs/ agg. sanguinoso, micidiale.

Slav /slɑːv, AE slæv/ **I** agg. slavo **II** n. slavo m. (-a).

▷ **1.slave** /sleɪv/ **I** n. **1** *(servant)* schiavo m. (-a) **2** FIG. *(victim)* ***to be a ~ to*** o ***of*** essere schiavo di [*fashion, habit*]; ***a ~ to convention*** schiavo delle convenzioni **II** modif. **1** [*colony, owner*] di schiavi; [*revolt, market*] degli schiavi **2** INFORM. [*computer, station*] secondario ◆ ***to work like a ~*** lavorare come uno schiavo.

2.slave /sleɪv/ intr. (anche **~ away**) lavorare come uno schiavo; ***to ~ away from morning to night*** sgobbare dal mattino alla sera; ***to ~ (away) at housework, at one's job*** non fermarsi un momento con i lavori di casa, con il proprio lavoro; ***to ~ over*** non alzare la testa da [*accounts, homework*]; ***to ~ over the stoves*** stare tutto il giorno ai fornelli.

slave ant /ˌsleɪv'ænt/ n. formica f. operaia.

slave-born /'sleɪvbɔːn/ agg. nato in schiavitù.

Slave Coast /'sleɪvˌkəʊst/ n.pr. STOR. Costa f. degli Schiavi.

slave cylinder /ˌsleɪv'sɪlɪndə(r)/ n. cilindro m. ausiliario, servocilindro m.

slave driver /'sleɪvˌdraɪvə(r)/ n. STOR. sorvegliante m. e f. di schiavi; FIG. negriero m. (-a), schiavista m. e f.

slaveholder /'sleɪvˌhəʊldə(r)/ n. proprietario m. (-a) di schiavi.

slave labour /ˌsleɪv'leɪbə(r)/ n. *(activity)* lavoro m. degli schiavi; *(manpower)* manodopera f. degli schiavi.

1.slaver /'sleɪvə(r)/ n. STOR. **1** *(dealer)* mercante m. e f. di schiavi **2** *(ship)* nave f. negriera.

2.slaver /'slævə(r)/ n. saliva f., bava f.

3.slaver /'slævə(r)/ intr. *(drool)* sbavare; ***to ~ over*** [*animal*] sbavare per [*meat, bone*]; SPREG. o SCHERZ. [*person*] sbavare per, perdere le bave per [*dish*]; ***to ~ over the prospect of doing*** sbavare all'idea di fare; ***he was ~ing over her*** le sbavava dietro.

slaverer /ˈslævərə(r)/ n. persona f. bavosa.
▷ **slavery** /ˈsleɪvərɪ/ n. **1** *(practice, condition)* schiavitù f.; ***to be sold into ~*** essere venduto come schiavo **2** FIG. *(devotion)* **~ *to*** schiavitù di [*fashion, convention, passion*].
slave ship /ˈsleɪvʃɪp/ n. nave f. negriera.
Slave State /ˈsleɪvsteɪt/ n. US STOR. Stato m. schiavista.
slave trade /ˈsleɪvtreɪd/ n. tratta f. degli schiavi; ***the African ~*** la tratta dei neri.
slave-trader /ˈsleɪvtreɪdə(r)/ n. mercante m. e f. di schiavi.
slave-trading /ˈsleɪvtreɪdɪŋ/ n. tratta f. degli schiavi; *(in Africa)* tratta f. dei neri.
slavey /ˈsleɪvɪ/ n. BE COLLOQ. serva f.
Slavic /ˈslɑːvɪk, AE ˈslæv-/ → **Slavonic**.
slavish /ˈsleɪvɪʃ/ agg. **1** *(servile)* [*devotion, adherence, person*] servile **2** *(unoriginal)* [*imitation, translation, reworking*] pedissequo.
slavishly /ˈsleɪvɪʃlɪ/ avv. servilmente.
slavishness /ˈsleɪvɪʃnɪs/ n. **1** *(servility)* servilità f. **2** *(lack of originality)* carattere m. pedissequo.
Slavism /ˈslɑːvizəm/ n. slavismo m.
Slavonian /sləˈvəʊnɪən/ **I** agg. slavone **II** n. nativo m. (-a), abitante m. e f. della Slavonia.
Slavonic /sləˈvɒnɪk/ ◗ ***14*** **I** agg. slavo **II** n. LING. slavo m.
Slavophil /ˈslɑːvəʊfɪl/, **Slavophile** /ˈslɑːvəʊfaɪl/ **I** agg. slavofilo **II** n. slavofilo m. (-a).
slaw /slɔː/ n. AE → **coleslaw**.
slay /sleɪ/ tr. (pass. **slew**, **slayed**; p.pass. **slain**) **1** (pass. **slew**; p.pass. **slain**) LETT. *(kill)* uccidere [*enemy, dragon*] **2** (pass., p.pass. **slayed**) COLLOQ. FIG. *(impress)* fare colpo su [*audience*]; *(amuse)* divertire [*audience, crowd*].
slayer /ˈsleɪə(r)/ n. uccisore m.; ***dragon ~*** uccisore del drago.
SLD I n. GB POL. STOR. (⇒ Social and Liberal Democrat) = partito social liberale democratico **II** modif. [*MP*] del partito social liberale democratico; [*voter*] per il partito social liberale democratico.
sleaze /sliːz/ n. COLLOQ. SPREG. **1** *(pornography)* pornografia f. **2** *(corruption)* corruzione f. **3** *(sordid nature) (of newspaper, novel)* scabrosità f.; *(of place)* squallore m. **4** *(person)* ***he's such a ~!*** è un vero porco!
sleazebag /ˈsliːzbæg/, **sleazeball** /ˈsliːzbɔːl/ n. AE POP. SPREG. porco m. (-a).
sleaziness /ˈsliːzɪnɪs/ n. COLLOQ. SPREG. *(of club, area, café, hotel)* squallore m.; *(of character)* sordidezza f.; *(of story, aspect)* scabrosità f.
sleazy /ˈsliːzɪ/ agg. COLLOQ. SPREG. [*club, area, café, hotel*] squallido; [*character*] sordido; [*story, aspect*] scabroso; ***a ~ joint*** una bettola.
1.sled /sled/ n. slittino m., slitta f.; *(pulled)* slitta f.
2.sled /sled/ intr. (forma in -ing ecc. **-dd-**) andare in slitta, in slittino; ***to go ~ding*** andare in slitta, in slittino.
sledding /ˈsledɪŋ/ n. (l')andare in slitta, in slittino; *(sport)* corsa f. su slittino; *(conveyance)* trasporto m. su slitta ◆ ***it was hard ~*** AE è stata un'impresa dura.
sled dog /ˈsledˌdɒg, AE -ˌdɔːg/ n. AE cane m. da slitta.
1.sledge /sledʒ/ n. **1** BE slittino m., slitta f. **2** *(pulled)* slitta f.
2.sledge /sledʒ/ **I** tr. **1** trasportare su slitta **2** AUSTRAL. COLLOQ. FIG. *(rubbish)* criticare duramente, insultare **II** intr. BE andare in slitta, in slittino; ***to go sledging*** andare in slitta, in slittino.
1.sledgehammer /ˈsledʒhæmə(r)/ n. *(for iron, rocks)* mazza f. ◆ ***to take a ~ to crack a nut*** = usare metodi drastici e sproporzionati all'entità del problema da risolvere.
2.sledgehammer /ˈsledʒhæmə(r)/ **I** tr. colpire, battere con la mazza **II** intr. usare la mazza.
1.sleek /sliːk/ agg. **1** *(glossy)* [*hair*] morbido e lucente; [*animal*] liscio e lucente **2** *(smooth)* [*elegance*] raffinato; [*shape, lines*] elegante; [*figure, body*] slanciato **3** *(prosperous-looking)* [*person*] benestante.
2.sleek /sliːk/ tr. lisciare, stirare [*hair*]; lisciare [*fur*].
▪ **sleek back:** ***~ back [sth.], ~ [sth.] back*** lisciarsi [qcs.] all'indietro [*hair*].
sleekness /ˈskiːknɪs/ n. *(of hair)* lucentezza f.; *(of line)* eleganza f.
▶ **1.sleep** /sliːp/ n. **1** sonno m.; ***to go*** o ***get to ~*** addormentarsi; ***to go back to ~*** riaddormentarsi; ***to send*** o ***put sb. to ~*** [*heat, speech, tablet*] fare addormentare qcn.; ***to get some ~*** o ***to have a ~*** dormire; *(have a nap)* fare un pisolino; ***my leg has gone to ~*** COLLOQ. mi si è addormentata la gamba; ***to be in a deep ~*** dormire profondamente; ***I didn't get any ~*** o ***a wink of ~ last night*** non ho chiuso occhio la scorsa notte *o* ho passato la notte in bianco; ***I need my ~*** ho bisogno delle mie ore di sonno; ***how much ~ did you get last night?*** quante ore *o* quanto hai dormito la scorsa notte? ***to have a good night's ~*** dormire bene *o* passare bene la notte; ***you'll feel much better after a ~*** ti sentirai molto meglio dopo una dormita; ***to sing, rock a baby to ~*** ninnare, cullare un bambino fino a farlo addormentare; ***to cry oneself to ~*** singhiozzare fino a addormentarsi; ***to talk, walk in one's ~*** parlare, camminare nel sonno; ***I could do it in my ~!*** potrei farlo a occhi chiusi! ***she's losing ~ over it*** ci sta perdendo il sonno; ***I'm not going to lose any ~ over that!*** non perderò sicuramente il sonno per quello! ***don't lose any ~ over it!*** non perdere il sonno per quello! ***he rubbed the ~ from his eyes*** si sfregò gli occhi (per svegliarsi) **2** VETER. ***to put an animal to ~*** EUFEM. fare sopprimere un animale ◆ ***the big ~*** il sonno eterno.
▶ **2.sleep** /sliːp/ **I** tr. (pass., p.pass. **slept**) ***the house ~s six (people)*** la casa può ospitare sei persone a dormire; ***the caravan ~s four (people)*** la roulotte ha quattro posti letto; ***"apartment, ~s 6"*** *(in ad)* "appartamento 6 posti letto" **II** intr. (pass., p.pass. **slept**) **1** dormire; ***to ~ deeply*** o ***soundly*** dormire profondamente; ***to ~ soundly*** *(without worry)* dormire sonni tranquilli; ***to ~ around the clock*** dormire 12 ore di fila *o* fare il giro dell'orologio; ***to ~ on one's feet*** dormire in piedi; ***~ tight!*** dormi bene! **2** *(stay night)* passare la notte, dormire; ***to ~ at a friend's house*** dormire a casa di *o* da un amico; ***you'll have to ~ on the sofa*** dovrai dormire sul divano; ***to ~ with sb.*** EUFEM. *(have sex)* andare a letto con qcn.; ***to ~ together*** EUFEM. *(have sex)* andare a letto insieme ◆ ***to ~ like a log*** o ***top*** dormire come un ghiro *o* un sasso.
▪ **sleep around** COLLOQ. andare a letto con tutti.
▪ **sleep in 1** *(stay in bed late)* dormire fino a tardi; *(oversleep)* dormire oltre l'ora prevista **2** AE *(live in)* [*maid, servant*] = risiedere nella casa in cui si lavora.
▪ **sleep off:** ***~ off [sth.], ~ [sth.] off*** dormire per farsi passare [*headache, hangover*]; ***to ~ it off*** COLLOQ. smaltire la sbornia con una dormita.
▪ **sleep on:** ***~ on*** continuare a dormire, dormire fino a tardi; ***she slept on until midday*** ha dormito fino a mezzogiorno; ***Louis slept on for two more hours*** Louis dormì per altre due ore; ***~ on [sth.]*** dormire su [*decision, problem*]; ***it's a tricky decision to make and I'd like to ~ on it*** è una decisione difficile da prendere e preferirei dormirci sopra; ***don't decide now, ~ on it first*** non decidere adesso, dormici sopra.
▪ **sleep out 1** *(in the open)* dormire all'aperto **2** AE *(live out)* [*servant*] = non risiedere nella casa in cui si lavora.
▪ **sleep over** passare la notte, dormire; ***to ~ over at sb.'s house*** passare la notte, dormire a casa di qcn.
▪ **sleep through:** ***I slept through until midday*** ho dormito fino a mezzogiorno; ***she slept (right) through the storm*** ha dormito nonostante il temporale.
sleeper /ˈsliːpə(r)/ **I** n. **1** chi dorme, dormiente m. e f.; ***to be a sound ~*** avere il sonno pesante; ***the baby is not a good ~*** il bambino non dorme bene **2** FERR. *(berth)* cuccetta f.; *(sleeping car)* vagone m. letto; *(train)* treno m. con cuccette, con vagoni letto **3** BE *(on railway track)* traversina f. **4** BE *(earring)* = orecchino portato per non fare chiudere il buco nel lobo dell'orecchio **5** AE COLLOQ. *(successful book, film etc.)* successo m. inaspettato **6** *(spy)* spia f. (che viene lasciata inattiva per un lungo periodo) **II** **sleepers** n.pl. AE tutina f.sing., pigiamino m.sing. (per bambini).
sleepily /ˈsliːpɪlɪ/ avv. [*say*] con voce assonnata; [*look, move*] con aria assonnata.
sleep-inducing /ˈsliːpɪnˌdjuːsɪŋ, AE -ˌduːs-/ agg. soporifero, soporifico.
sleepiness /ˈsliːpɪnɪs/ n. *(of person)* sonnolenza f., sonno m.; *(of village, town)* torpore m.
▷ **sleeping** /ˈsliːpɪŋ/ agg. [*person, animal*] che dorme, addormentato; ***what are the ~ arrangements for our visitors?*** dove saranno sistemati per la notte i nostri ospiti? ◆ ***let ~ dogs lie*** PROV. non svegliare il can che dorme.
sleeping bag /ˈsliːpɪŋˌbæg/ n. sacco m. a pelo.
Sleeping Beauty /ˌsliːpɪŋˈbjuːtɪ/ n.pr. ***the ~*** la Bella Addormentata.
sleeping berth /ˈsliːpɪŋˌbɜːθ/ n. cuccetta f., posto m. letto.
sleeping car /ˈsliːpɪŋˌkɑː(r)/ n. vagone m. letto.
sleeping draught /ˈsliːpɪŋˌdrɑːft, AE -ˌdræft/ n. sonnifero m., bevanda f. soporifera.
sleeping partner /ˈsliːpɪŋˌpɑːtnə(r)/ n. BE COMM. socio m. (-a) accomandante, non operante.
sleeping pill /ˈsliːpɪŋˌpɪl/ n. pastiglia f. di sonnifero, sonnifero m.
sleeping policeman /ˌsliːpɪŋpəˈliːsmən/ n. (pl. **sleeping policemen**) BE COLLOQ. dosso m. artificiale, dissuasore m. di velocità.
sleeping quarters /ˈsliːpɪŋˌkwɔːtəz/ n.pl. *(in house)* camere f. (da letto); *(in barracks)* camerata f.sing.; *(dormitory)* dormitorio m.sing.

sleeping sickness /ˈsliːpɪŋˌsɪknɪs/ ➧ 11 n. malattia f. del sonno.
sleeping tablet /ˈsliːpɪŋˌtæblɪt/ n. pastiglia f. di sonnifero, sonnifero m.
sleep learning /ˈsliːpˌlɜːnɪŋ/ n. ipnopedia f.
sleepless /ˈsliːplɪs/ agg. [*person*] insonne; *(insomniac)* che soffre di insonnia; [*vigil, hours*] insonne; ***to pass a ~ night*** trascorrere una notte insonne *o* in bianco; ***she had spent many ~ nights worrying about it*** aveva passato diverse notti in bianco pensandoci.
sleeplessly /ˈsliːplɪslɪ/ avv. senza dormire, senza riuscire ad addormentarsi.
sleeplessness /ˈsliːplɪsnɪs/ n. insonnia f.
sleepover /ˈsliːpəʊvə(r)/ n. nottata f. trascorsa fuori casa (da un amico *o* un'amica); ***she's having a ~*** ha invitato un gruppo di amiche a passare la notte da lei.
sleepwalk /ˈsliːpwɔːk/ intr. camminare nel sonno, essere sonnambulo.
sleepwalker /ˈsliːpˌwɔːkə(r)/ n. sonnambulo m. (-a).
sleepwalking /ˈsliːpˌwɔːkɪŋ/ ➧ 11 n. sonnambulismo m.
sleepwear /ˈsliːpˌweə(r)/ n. **U** = pigiami, camicie da notte ecc.
▷ **sleepy** /ˈsliːpɪ/ agg. [*person, voice*] assonnato; [*town, village*] quieto, tranquillo; ***to feel*** o ***be ~*** avere sonno *o* essere assonnato; ***to make sb. ~*** fare venire a qcn. voglia di dormire; [*wine*] mettere sonno *o* indurre sonnolenza a qcn.
Sleepy /ˈsliːpɪ/ n.pr. Pisolo.
sleepyhead /ˈsliːpɪhed/ n. COLLOQ. dormiglione m. (-a), pigrone m. (-a); ***"get up, ~!"*** "alzati, dormiglione!".
sleepyheaded /ˌsliːpɪˈhedɪd/ agg. COLLOQ. dormiglione.
1.sleet /sliːt/ n. nevischio m., pioggia f. mista a neve.
2.sleet /sliːt/ impers. ***it's ~ing*** sta nevischiando, nevischia.
sleety /ˈsliːtɪ/ agg. [*showers, rain*] misto a neve.
▷ **sleeve** /sliːv/ **I** n. **1** *(of garment)* manica f.; ***to pull*** o ***tug at sb.'s ~*** tirare qcn. per la manica; ***to roll up one's ~s*** rimboccarsi le maniche (anche FIG.) **2** *(of record)* copertina f.; *(of CD)* custodia f. **3** TECN. *(inner)* camicia f.; *(outer)* ghiera f.; *(short outer)* manicotto m. **II -sleeved** agg. in composti ***long-, short--d*** a maniche lunghe, corte. ◆ ***to laugh up one's ~*** ridere sotto i baffi; ***to wear one's heart on one's ~*** parlare col cuore in mano; ***to have an ace up one's ~*** avere un asso nella manica; ***to have something up one's ~*** tenere qualcosa di riserva; ***to have a proposal up one's ~*** avere una proposta di riserva; ***to have a few tricks up one's ~*** avere ancora delle carte da giocare; ***what's he got up his ~?*** che cosa ci riserva?
sleeve board /ˈsliːvbɔːd/ n. stiramaniche m.
sleeve coupling /ˈsliːvˌkʌplɪŋ/ n. TECN. giunto m. a manicotto.
sleeve design /ˈsliːvdɪˌzaɪn/ n. disegno m., grafica f. della copertina di un disco.
sleeve designer /ˈsliːvdɪˌzaɪnə(r)/ ➧ 27 n. grafico m. (-a) di copertine di dischi.
sleeve joint /ˈsliːvdʒɔɪnt/ n. TECN. giunzione f. a bicchiere.
sleeveless /ˈsliːvlɪs/ agg. senza maniche.
sleeve link /ˈsliːvlɪŋk/ n. *(cuff link)* gemello m.
sleeve notes /ˈsliːvˌnəʊts/ n.pl. = serie di informazioni stampate sulla copertina di un disco.
sleeve valve /ˈsliːvˌvælv/ n. valvola f. a fodero.
1.sleigh /sleɪ/ n. slitta f.
2.sleigh /sleɪ/ intr. andare in slitta.
sleigh bell /ˈsleɪˌbel/ n. campanello m. di slitta.
sleigh ride /ˈsleɪraɪd/ n. corsa f. in slitta, giro m. sulla slitta.
sleight of hand /ˌslaɪtəvˈhænd/ n. **1** *(dexterity)* destrezza f. (di mano) **2** *(cunning)* scaltrezza f. **3** *(trick)* gioco m. di destrezza, trucco m.
▷ **slender** /ˈslendə(r)/ agg. **1** *(thin)* [*person*] magro, snello; [*waist*] sottile; [*finger*] affusolato, sottile; [*neck*] sottile; [*stem, arch*] slanciato **2** *(slight)* [*majority, margin*] esiguo; ***to win by a ~ margin*** vincere di (stretta) misura **3** *(meagre)* [*income, means*] modesto, insufficiente.
slenderize /ˈslendəraɪz/ **I** tr. AE *(make slender)* fare dimagrire; *(cause to appear slender)* fare sembrare magro, smagrire **II** intr. AE dimagrire.
slenderly /ˈslendəlɪ/ avv. ~ ***built*** (di costituzione) esile.
slenderness /ˈslendənɪs/ n. **1** *(of person)* snellezza f., magrezza f.; *(of part of body)* esilità f., magrezza f. **2** *(of majority, margin)* esiguità f.
slept /slept/ pass., p.pass. → **2.sleep**.
sleuth /sluːθ/ n. *(detective)* segugio m., detective m.
S-level /ˈeslevl/ n. GB SCOL. (accorc. Special Level) = esame opzionale che si sostiene generalmente all'età di 18 anni e che rappresenta il massimo livello del GCE.
1.slew /sluː/ pass. → **slay**.
2.slew /sluː/ n. AE COLLOQ. *(pile)* ***a ~ of*** un mucchio *o* sacco di.
3.slew /sluː/ n. *(bog)* palude f.
4.slew /sluː/ **I** tr. **1** fare sbandare, far fare un testa-coda a [*vehicle*] **2** fare ruotare [*stern*]; inclinare [*mast*] **II** intr. **1** [*vehicle*] sbandare, fare un testa-coda **2** MAR. ruotare su se stesso.
slewed /sluːd/ agg. COLLOQ. sbronzo.
▷ **1.slice** /slaɪs/ n. **1** *(portion) (of bread, meat, cheese, fish, pie, tart)* fetta f.; *(of lemon, cucumber)* fettina f.; ***to cut sth. into ~s*** tagliare a fette, affettare [*loaf, meat*]; tagliare a fettine [*cucumber*] **2** *(proportion) (of income, profits, market, aid)* fetta f., parte f.; *(of territory, population)* fetta f. **3** GASTR. *(utensil)* spatola f., paletta f. **4** SPORT *(stroke, shot)* tiro m. tagliato, slice m.; ***forehand ~*** diritto tagliato *o* slice di dritto; ***back-hand ~*** rovescio tagliato *o* slice di rovescio.
▷ **2.slice** /slaɪs/ **I** tr. **1** *(section)* affettare, tagliare a fette [*loaf, roast*]; tagliare a fettine [*lemon, cucumber, onion*] **2** *(cleave)* fendere [*water, air*]; ***to ~ sb.'s throat*** tagliare la gola a qcn.; ***to ~ sb.'s cheek*** sfregiare qcn. **3** SPORT *(as tactic)* tagliare [*ball*] **II** intr. ***to ~ through*** [*fin, shape*] fendere [*water, air*]; [*knife, blade*] tagliare [*timber, rope, meat*]; ***the metal ~d into her ankle*** il metallo le ha tagliato la caviglia ◆ ***no matter how*** o ***any way you ~ it*** AE COLLOQ. comunque la metti *o* girala come vuoi.
■ **slice off:** ~ **off [sth.]**, ~ **[sth.] off** tagliare via [*bodypart, section*]; ***the propeller ~d his arm, head off*** l'elica gli ha tranciato un braccio, la testa.
■ **slice up:** ~ **[sth.] up**, ~ **up [sth.]** affettare, tagliare a fette [*meat, cheese, vegetable*]; tagliare a fettine [*salami, lemon*].
slice bar /ˈslaɪsbɑː(r)/ n. attizzatoio m.
sliced /slaɪst/ **I** p.pass → **2.slice II** agg. [*meat*] affettato, (tagliato) a fette; [*peaches, cucumber, salami*] (tagliato) a fettine; ***thinly, thickly ~*** [*meat, bread*] (tagliato) a fette sottili, spesse; ***50 g mushrooms, thinly ~*** 50 g di funghi, tagliati finemente.
sliced bread /ˌslaɪstˈbred/ n. pane m. affettato, a fette ◆ ***it's the best*** o ***greatest thing since ~!*** COLLOQ. SCHERZ. è la cosa migliore del mondo!
sliced loaf /ˌslaɪstˈləʊf/ n. (pl. **sliced loaves**) pagnotta f. a fette.
slice of life /ˌslaɪsəvˈlaɪf/ **I** n. CINEM. TEATR. tranche f. de vie **II slice-of-life** modif. CINEM. TEATR. [*play, naturalism*] realistico.
slicer /ˈslaɪsə(r)/ n. affettatrice f.
▷ **1.slick** /slɪk/ agg. **1** *(adeptly executed)* [*production, performance, campaign, handling*] ottimo, eccellente; [*operation, deal, takeover*] ottimo, benfatto; ***it's a ~ piece of work*** è un ottimo lavoro **2** SPREG. *(superficial)* [*programme, publication, production*] superficiale **3** SPREG. *(insincere)* [*person*] falso; [*answer, chat*] ingegnoso; [*excuse*] ben congegnato; ~ ***salesman*** venditore scaltro; ***a ~ operator*** COLLOQ. un furbo, un volpone **4** AE *(slippery)* [*road*] sdrucciolevole; [*surface*] sdrucciolevole, scivoloso; [*hair*] liscio.
▷ **2.slick** /slɪk/ n. **1** *(oil) (on water, shore)* chiazza f. di petrolio **2** (anche **~ tyre** BE, **~ tire** AE) slick m. **3** AE *(magazine)* rivista f. patinata.
▷ **3.slick** /slɪk/ tr. lisciare, lucidare.
■ **slick back:** ~ **[sth.] back**, ~ **back [sth.]** lisciarsi [qcs.] all'indietro [*hair*]; ***~ed-back hair*** capelli tirati indietro.
■ **slick down:** ~ **[sth.] down**, ~ **down [sth.]** *(with hand, comb, cream)* lisciarsi [*hair*].
slickenside /ˈslɪkənsaɪd/ n. liscione m., specchio m. di faglia.
1.slicker /ˈslɪkə(r)/ n. **1** CONC. liscia f. **2** AE *(raincoat)* impermeabile m.
2.slicker /ˈslɪkə(r)/ tr. AE imbrogliare, fregare.
slickly /ˈslɪklɪ/ avv. **1** *(cleverly)* [*produced, worded, formulated*] abilmente; ~ ***presented*** ben presentato **2** *(smoothly)* [*carried out, performed*] con facilità **3** *(stylishly)* [*dressed*] elegantemente.
slickness /ˈslɪknɪs/ n. **1** *(cleverness) (of style)* brillantezza f.; *(of answer, person)* prontezza f.; *(of film)* (l')essere ben costruito; *(of salesman)* astuzia f. **2** *(smoothness) (of magician)* destrezza f.; *(of operation)* facilità f.
slid /slɪd/ pass., p.pass. → **2.slide**.
1.slide /slaɪd/ n. **1** *(chute) (in playground, factory)* scivolo m.; *(for logs)* scivolo m.; *(on ice)* lastra f., lastrone m.; ***escape ~*** scivolo di emergenza; ***water ~*** acquascivolo **2** FOT. diapositiva f.; ***holiday ~s*** diapositive delle vacanze; ***lecture with ~s*** conferenza con diapositive **3** *(microscope plate)* vetrino m. **4** BE *(hair clip)* fermacapelli m., fermaglio m. **5** MUS. *(slur)* portamento m. **6** MUS. *(of trombone)* coulisse f. **7** FIG. *(decline)* diminuzione f., ribasso m. (**in** di).
▶ **2.slide** /slaɪd/ **I** tr. (pass., p.pass. **slid**) *(move)* fare entrare, infilare [*bolt, component*]; ***to ~ sth. forward*** fare scivolare *o* scorrere qualcosa in avanti; ***they slid the boat into the water*** hanno spinto *o* fatto scivolare la barca in acqua; ***to ~ a letter into an envelope,***

under the door infilare una lettera in una busta, sotto la porta; ***to ~ a key into one's pocket*** infilare una chiave in tasca; ***to ~ a sword out of its scabbard*** estrarre una spada dal fodero **II** intr. (pass., p.pass. **slid**) **1** (anche **~ about**, BE **~ around**) *(slip)* [*car*] sdrucciolare; [*person*] scivolare (**into** in; **on** su); ***to ~ off*** scivolare, cadere da [*roof, table, deck*]; uscire di, andare fuori [*road*] **2** *(move)* ***to ~ down*** [*person, car*] scivolare giù per [*slope*]; [*person*] scivolare su [*bannister*]; [*earth, rocks*] franare; ***to ~ in and out*** [*drawer, component*] scorrere; ***to ~ up and down*** [*window*] scorrere su e giù; ***to ~ out of, into*** [*person*] uscire, entrare furtivamente in [*room*]; infilarsi in, uscire da [*sports car seat*] **3** *(decline)* [*prices, shares*] essere in ribasso; ***the economy is sliding into recession*** l'economia è in ribasso *o* sta scivolando in una fase di recessione; ***to let sth. ~*** FIG. lasciare andare alla deriva qcs.; ***after his wife's death he let things ~*** dopo la morte di sua moglie ha lasciato andare tutto.

■ **slide away** [*person*] sparire, eclissarsi.

■ **slide back:** **~ [sth.] back, ~ back [sth.]** andare indietro con, tirare indietro [*car seat*]; tirare [*bolt*]; chiudere [*hatch, sunroof*].

■ **slide out** [*drawer*] aprirsi; [*component*] essere estraibile.

slide-action /ˈslaɪdˌækʃn/ agg. [*gun*] a culatta mobile.

slide fastener /ˈslaɪdˌfɑːsnə(r)/ n. AE (cerniera) lampo f., zip® m. e f.

slide-in /ˈslaɪdˌɪn/ agg. TECN. scorrevole.

slide projector /ˈslaɪdprəˌdʒektə(r)/ n. proiettore m. (per diapositive), diaproiettore m.

slider /ˈslaɪdə(r)/ n. **1** ANT. pattinatore m. (-trice) **2** EL. cursore m., corsoio m. **3** *(ice cream)* biscotto m. gelato.

slide rule /ˈslaɪdˌruːl/ BE, **slide ruler** /ˈslaɪdˌruːlə(r)/ AE n. regolo m. calcolatore.

slide show /ˈslaɪdˌʃəʊ/ n. *(at exhibition, lecture, home)* proiezione f. di diapositive.

slide trombone /ˈslaɪdtrɒmˌbəʊn/ ➧ **17** n. trombone m. a tiro.

slide valve /ˈslaɪdˌvælv/ n. IDR. (valvola a) saracinesca f.; *(in steam engine)* cassetto m. di distribuzione.

slide way /ˌslaɪdˈweɪ/ n. MAR. vaso m. (mobile).

sliding /ˈslaɪdɪŋ/ agg. [*door*] scorrevole; [*roof*] apribile.

sliding friction /ˌslaɪdɪŋˈfrɪkʃn/ n. MECC. attrito m. radente.

sliding scale /ˌslaɪdɪŋˈskeɪl/ n. ECON. scala f. mobile.

sliding seat /ˌslaɪdɪŋˈsiːt/ n. *(in car)* sedile m. che scorre; *(in boat)* sedile m. regolabile.

▶ **1.slight** /slaɪt/ **I** agg. **1** [*delay, improvement, rise, shock, stroke*] leggero, lieve; [*change, exaggeration, injury, movement, pause, hesitation*] piccolo; [*risk, danger*] minimo; ***her interest is ~*** il suo interesse è minimo; ***the chances of it happening are ~*** le possibilità che questo accada sono minime; ***not to have the ~est idea*** non avere la benché minima idea; ***not to have the ~est difficulty*** non avere alcuna difficoltà; ***at the ~est provocation*** alla (benché) minima provocazione; ***not in the ~est*** per niente *o* per nulla **2** [*figure, person*] esile, sottile; [*physique*] minuto; ***to be ~ of build*** essere esile **3** *(lightweight)* [*book, article, film*] insignificante, di poco peso **II** n. affronto m. (**on** a; **from** da parte di); ***to suffer a ~*** subire un affronto.

2.slight /slaɪt/ tr. **1** *(offend)* offendere [*person*] **2** AE *(underestimate)* trascurare, non tenere in conto.

slighted /ˈslaɪtɪd/ **I** p.pass. → **2.slight II** agg. [*person*] offeso, insultato.

slighting /ˈslaɪtɪŋ/ agg. [*remark, reference*] offensivo.

slightingly /ˈslaɪtɪŋlɪ/ avv. [*describe, speak*] in modo offensivo, irriguardoso.

▶ **slightly** /ˈslaɪtlɪ/ avv. [*change, fall, rise*] leggermente, di poco; [*more, less, different, dear, damaged*] leggermente; [*embarrassed, uneasy, unfair*] un po'; ***~ built*** esile.

slightness /ˈslaɪtnɪs/ n. **1** *(of build)* esilità f. **2** *(of argument, film, work)* scarso peso m. **3** *(of change)* irrilevanza f.; *(of chance, risk)* (l')essere minimo.

Sligo /ˈslaɪgəʊ/ ➧ **34** n.pr. Sligo f.

▷ **1.slim** /slɪm/ agg. **1** *(shapely)* [*person, figure*] magro, snello; [*waist*] snello, sottile; [*ankle, wrist*] sottile, fine; [*leg, finger*] magro, sottile; ***of ~ build*** snello; ***to get ~*** dimagrire *o* diventare magro **2** *(thin)* [*book, volume*] sottile; [*watch, calculator*] piatto **3** *(slight)* [*chance, hope*] minimo; [*margin, majority*] esiguo.

▷ **2.slim** /slɪm/ **I** tr. (forma in -ing ecc. **-mm-**) ridimensionare [*business*]; ridurre [*budget, workforce*] **II** intr. (forma in -ing ecc. **-mm-**) BE *(lose weight)* dimagrire; ***I'm ~ming*** sono a dieta.

■ **slim down:** **~ down** **1** [*person*] dimagrire, perdere peso **2** [*company, organization*] ridimensionarsi; **~ [sth.] down, ~ down [sth.]** ridurre [*industry, company, portfolio, workforce*].

slime /slaɪm/ n. melma f.; *(on riverbed)* limo m.; *(in tank)* deposito m.; *(on beach)* alghe f.pl.; *(of slug, snail)* bava f.

slimebag /ˈslaɪmbæg/, **slimeball**/ˈslaɪmbɔːl/ n. AE POP. SPREG. (essere) viscido m., verme m.

sliminess /ˈslaɪmɪnɪs/ n. **1** melmosità f., viscosità f. **2** BE *(of person)* viscidità f.

slimline /ˈslɪmlaɪn/ agg. **1** [*garment*] che snellisce **2** [*drink*] dietetico **3** [*organization*] a organico ridotto **4** [*object, gadget*] piccolo.

slimmer /ˈslɪmə(r)/ n. persona f. che segue una cura dimagrante; ***~s' magazine*** rivista di salute e bellezza; ***~s' disease*** COLLOQ. anoressia.

slimming /ˈslɪmɪŋ/ **I** n. (lo) stare a dieta, (il) seguire una cura dimagrante **II** modif. [*club*] di dimagrimento; [*group*] di persone che vogliono dimagrire; [*pill, product*] dimagrante **III** agg. [*garment*] che snellisce.

slimness /ˈslɪmnɪs/ n. **1** *(of person)* snellezza f. **2** *(of book)* (l')essere sottile **3** *(of chance)* (l')essere minimo.

slimy /ˈslaɪmɪ/ agg. **1** [*weed, mould, monster*] viscido; [*plate*] unto; [*fingers*] sudaticcio; [*wall*] umido **2** BE SPREG. *(obsequious)* untuoso, viscido **3** AE SPREG. *(sleazy)* viscido.

1.sling /slɪŋ/ n. **1** *(weapon)* catapulta f.; *(smaller)* fionda f. **2** *(for support)* MED. fascia f., benda f.; *(for carrying baby)* marsupio m.; *(for carrying a load)* imbraca f.; ***to have one's harm in a ~*** avere il braccio al collo **3** SPORT *(in climbing)* imbracatura f.

2.sling /slɪŋ/ tr. (pass., p.pass. **slung**) **1** COLLOQ. *(throw)* lanciare, scaraventare [*object*]; lanciare [*insult*] (**at** a); ***to ~ a shawl around one's shoulders*** buttarsi uno scialle sulle spalle; ***to ~ a bag over one's shoulder*** mettersi una borsa su una spalla **2** *(carry or hang loosely)* sospendere [*hammock, rope*]; ***to ~ sth. over one's shoulder*** o ***across one's body*** mettersi qcs. a tracolla [*bag, rifle*]; ***to ~ sth. from*** appendere qcs. a [*beam, branch, hook*]; ***to be slung over, across, round sth.*** essere buttato sopra, attraverso, attorno a qcs. ◆ ***to ~ one's hook*** BE COLLOQ. squagliarsela *o* darsela a gambe.

■ **sling away** COLLOQ. **~ [sth.] away, ~ away [sth.]** sbarazzarsi di, buttare [*object*].

■ **sling out** COLLOQ. **~ [sth.] out, ~ out [sth.]** sbarazzarsi di, buttare; **~ [sb.] out** mettere alla porta.

slingback /ˈslɪŋbæk/ **I** n. = scarpa da donna allacciata sul calcagno con un cinturino **II** modif. [*shoe, sandal*] allacciato dietro con un cinturino.

slinger /ˈslɪŋə(r)/ n. MIL. STOR. fromboliere m.

slingshot /ˈslɪŋʃɒt/ n. catapulta f.

1.slink /slɪŋk/ **I** agg. [*animal*] nato prematuramente **II** n. animale m. nato prematuramente.

2.slink /slɪŋk/ intr. (pass., p.pass. **slunk**) ***to ~ in, out*** entrare, uscire furtivamente; ***to ~ off*** [*person*] svignarsela; [*dog*] filarsela.

slinkily /ˈslɪŋkɪlɪ/ avv. COLLOQ. ***to walk ~*** camminare ancheggiando, sculettando; ***~ dressed*** vestita in modo provocante *o* sexy.

slinkiness /ˈslɪŋkɪnɪs/ n. **1** *(of people)* (il) muoversi in modo provocante, seducente **2** *(of clothes)* (l')essere attillato, aderente.

slinky /ˈslɪŋkɪ/ agg. COLLOQ. [*dress*] attillato; [*music, vocals*] di atmosfera.

1.slip /slɪp/ n. **1** *(piece of paper)* biglietto m., foglietto m.; *(receipt)* ricevuta f.; *(for salary)* cedolino m. (dello stipendio); ***credit card ~*** ricevuta della carta di credito; ***a ~ of paper*** un pezzo di carta **2** COLLOQ. *(slender person)* ***a ~ of a girl, child*** una ragazza, una bambina minuta **3** BOT. innesto m.

2.slip /slɪp/ **I** n. **1** *(error)* errore m., svista f.; *(by schoolchild)* errore m. di distrazione; *(faux pas)* passo m. falso; ***to make a ~*** fare uno sbaglio; ***to make a ~ in one's calculations*** fare un errore di calcolo; ***a ~ of the tongue*** un lapsus (linguae); ***a ~ of the pen*** un lapsus calami **2** *(act of slipping)* scivolone m., scivolata f.; *(stumble)* passo m. falso **3** ABBIGL. *(petticoat)* *(full)* sottoveste f.; *(half)* sottogonna f. **4** *(landslide)* frana f., smottamento m. **5** AER. (anche **side ~**) scivolata f. **6** GEOL. dislocazione f. **II slips** n.pl. MAR. ***the ~s*** lo scalo di costruzione ◆ ***to give sb. the ~*** sfuggire a qcn. *o* seminare qcn.; ***there's many a ~ 'twixt cup and lip*** PROV. tra il dire e il fare c'è di mezzo il mare.

▶ **3.slip** /slɪp/ **I** tr. (forma in -ing ecc. **-pp-**) **1** *(slide)* ***to ~ sth. into sth.*** fare scivolare qcs. in qcs. [*note, coin*]; infilare qcs. in qcs. [*joke, remark, hand, foot, arm*]; ***to ~ one's feet into one's shoes*** infilarsi le scarpe; ***to ~ sth. out of sth.*** togliere qcs. da qcs. [*object, foot, hand*]; ***she ~ped the shirt over her head*** *(put on)* si infilò la camicia; *(take off)* si sfilò la camicia; ***to ~ a shawl around one's shoulders*** avvolgersi in uno scialle; ***to ~ sth. onto sb.'s finger*** infilare qcs. al dito di qcn.; ***to ~ sth. into place*** mettere qcs. al suo posto; ***to ~ a car into gear*** ingranare la marcia **2** COLLOQ. *(give surreptitiously)* ***to ~ sb. sth., to ~ sth. to sb.*** allungare *o* mollare qcs. a qcn. **3** *(escape from)* [*dog*] sfilarsi [*collar*]; liberarsi di [*leash*]; MAR. [*boat*] mollare [*moorings*]; ***it ~ped my notice*** o ***attention that*** non mi sono accorto *o* mi è sfuggito che; ***it ~ped his, my notice*** o ***attention*** FIG. gli, mi è sfuggito; ***it had ~ped my mind*** o ***memory (that)*** FIG. mi era sfuggito di mente il fatto che; ***to let ~ an opportunity*** o ***a chance (to do)*** lasciarsi sfuggire l'occasione (di fare); ***to let ~ a remark*** lasciarsi scappare un commento; ***to let (it) ~ that*** lasciarsi scappare che **4** *(release)* ***to ~ the dog's leash*** slegare *o* lasciare libero il cane; *(in knitting)* ***to ~ a stitch*** passare un punto senza lavorarlo **5** MED. ***to ~ a disc*** procurarsi un'ernia del disco **6** AUT. ***to ~ the clutch*** fare slittare la frizione **II** intr. (forma in -ing ecc. **-pp-**) **1** *(slide quickly)* **~ *into*** infilarsi [*dress, costume*]; adattarsi a [*role*]; andare, entrare in [*coma*]; cadere in [*confusion, madness*]; ***to ~ into sleep*** LETT. assopirsi; ***to ~ into bad habits*** FIG. prendere brutte abitudini; ***to ~ out of*** togliersi, sfilarsi [*dress, coat, costume*] **2** *(slide quietly)* ***to ~ into, out of*** [*person*] entrare furtivamente in, uscire furtivamente da [*room, building*]; ***he ~ped through the fence*** passò non visto attraverso la recinzione; ***the boat ~ped through the water*** il battello scivolava sull'acqua; ***to ~ over*** o ***across the border*** riuscire a passare la frontiera **3** *(slide accidentally)* [*person, animal, object*] scivolare; [*vehicle*] sdrucciolare (**on** su; **off** da); [*knife, razor, pen*] scivolare, scappare; [*load*] cadere, scivolare; ***the glass ~ped out of his hand, through his fingers*** il bicchiere gli scappò di mano, scivolò tra le dita; ***to ~ through sb.'s fingers*** FIG. sfuggire di mano **4** COLLOQ. *(lose one's grip)* ***I must be ~ping!*** sto perdendo colpi! ***it's not like you to miss something like that, you're ~ping!*** non è da te dimenticare una cosa del genere, stai perdendo colpi! **5** AUT. [*clutch*] slittare.

■ **slip away** **1** *(leave unnoticed)* andarsene di soppiatto; ***to ~ away to Paris*** svignarsela a Parigi **2** *(die)* EUFEM. spegnersi.

■ **slip back:** **~ *back*** [*person*] ritornare furtivamente (**to** a); [*boat*] ritornare lentamente (**into** in; **to** a); ***I'll just ~ back and ask her*** torno subito indietro a chiederglielo; **~ *[sth.] back*** rimettere.

■ **slip by** [*life, time, weeks, months*] scorrere, passare.

■ **slip down** **1** *(fall over)* [*person*] scivolare e cadere **2** *(taste good)* ***this wine ~s down well*** questo vino va giù bene *o* che è un piacere.

■ **slip in:** **~ *in*** *(enter quietly)* [*person, animal*] entrare furtivamente, intrufolarsi; ***I'll just ~ in and get it*** mi intrufolo e lo prendo; ***a few errors have ~ped in*** sono scappati alcuni errori; **~ *[sth.] in,*** **~ *in [sth.]*** infilare [*remark*]; ***to ~ in the clutch*** innestare la frizione.

■ **slip off:** **~ *off*** [*person*] squagliarsela; **~ *[sth.] off,*** **~ *off [sth.]*** togliersi [*coat, gloves, ring*].

■ **slip on:** **~ *[sth.] on,*** **~ *on [sth.]*** infilarsi [*coat, gloves, ring*].

■ **slip out** **1** *(leave quietly)* [*person*] uscire di nascosto; ***I have to ~ out for a moment*** devo uscire un attimo; ***he's just ~ped out to the supermarket*** è andato un attimo al supermercato **2** *(come out accidentally)* ***the words just ~ped out before he could think*** le parole gli scapparono di bocca prima ancora che avesse il tempo di riflettere; ***it just ~ped out!*** mi è scappata!

■ **slip over** [*person*] scivolare (e cadere).

■ **slip past** → **slip by**.

■ **slip through:** ***a few errors have ~ped through*** sono sfuggiti alcuni errori.

■ **slip up** COLLOQ. *(make mistake)* fare una gaffe (**on, about** a proposito di).

4.slip /slɪp/ n. **U** *(clay)* argilla f. semiliquida.

slipcase /ˈslɪpkeɪs/ n. cofanetto m. (per libri).

slipcover /ˈslɪpkʌvə(r)/ n. **1** *(for books)* fodera f.; *(in bookbinding)* sopraccoperta f. **2** AE → **loose cover**.

slip gauge /ˈslɪpˌgeɪdʒ/ n. TECN. asta f. di livello.

slip-in /ˈslɪpɪn/ n. rampa f. di accesso.

slipknot /ˈslɪpnɒt/ n. nodo m. scorsoio, cappio m.

slipnoose /ˈslɪpnuːs/ n. laccio m.

slip-on (shoe) /ˈslɪpɒn(ˌʃuː)/ n. mocassino m.

slipover /ˈslɪpˌəʊvə(r)/ n. ABBIGL. pullover m. senza maniche.

slippage /ˈslɪpɪdʒ/ n. **1** *(delay) (in production etc.)* ritardo m. **2** *(discrepancy)* discrepanza f. **3** TECN. *(power loss)* perdita f. di energia.

slipped disc /ˌslɪptˈdɪsk/ n. MED. ernia f. del disco.

1.slipper /ˈslɪpə(r)/ n. **1** *(houseshoe)* pantofola f., ciabatta f. **2** *(evening shoe)* scarpetta f.

2.slipper /ˈslɪpə(r)/ tr. prendere a ciabattate, picchiare con una ciabatta.

slippered /ˈslɪpəd/ agg. in ciabatte, in pantofole.

slipperiness /ˈslɪpərɪnɪs/ n. (l')essere scivoloso (anche FIG.).

slipperwort /ˈslɪpəwɜːt/ n. calceolaria f.

▷ **slippery** /ˈslɪpərɪ/ agg. **1** *(difficult to grip)* [*road, path*] scivoloso, sdrucciolevole; [*material*] scivoloso; [*fish*] viscido **2** *(difficult to deal with)* [*subject*] scabroso; [*situation*] incerto, precario **3** COLLOQ. *(untrustworthy)* [*person*] sfuggente, ambiguo; ***a ~ customer*** COLLOQ. un tipo subdolo ◆ ***to be on the ~ slope*** essere su una brutta china.

slippy /ˈslɪpɪ/ agg. COLLOQ. **1** *(slippery)* [*path, surface*] scivoloso, sdrucciolevole **2** *(quick)* ***look ~ about it!*** sbrigati!

slip road /ˈslɪpˌrəʊd/ n. bretella f., raccordo m. autostradale.

slipshod /ˈslɪpʃɒd/ agg. [*person, worker*] negligente (**about, in** in); [*appearance*] trasandato; [*workmanship, work*] trascurato, sciatto.

1.slip stitch /ˈslɪpˌstɪtʃ/ n. soppunto m., sottopunto m.

2.slip stitch /ˈslɪpˌstɪtʃ/ tr. cucire a sottopunto.

1.slipstream /ˈslɪpstriːm/ n. AER. MAR. SPORT scia f.

2.slipstream /ˈslɪpstriːm/ tr. SPORT *(in motor racing)* sfruttare la scia di [*car*].

slipstream smoking /ˈslɪpstriːmˌsməʊkɪŋ/ n. fumo m. passivo.

slip-up /ˈslɪpʌp/ n. COLLOQ. errore m., cantonata f.

slipware /ˈslɪpˌweə(r)/ n. = ceramica decorata con argilla semiliquida.

slipway /ˈslɪpweɪ/ n. MAR. scalo m. di costruzione, scalo m. di alaggio.

▷ **1.slit** /slɪt/ **I** n. **1** fessura f., fenditura f. (**in** in); ***to make a ~ in sth.*** aprire una fessura in qcs.; ***his eyes narrowed to ~s*** i suoi occhi divennero due fessure **2** VOLG. *(vagina)* fica f. **II** modif. [*eyes*] socchiuso; [*skirt*] con lo spacco.

▷ **2.slit** /slɪt/ tr. (forma in -ing **-tt-**; pass., p.pass. **slit**) *(on purpose)* fare un taglio in, aprire una fessura in; *(by accident)* strappare; ***to ~ a letter open*** aprire una lettera; ***to ~ sb.'s throat*** tagliare la gola a qcn. *o* sgozzare qcn.; ***to ~ one's (own) throat*** tagliarsi la gola; ***to ~ one's wrists*** tagliarsi le vene.

slither /ˈslɪðə(r)/ intr. [*person*] scivolare; [*snake*] strisciare; ***to ~ about on*** scivolare su [*ice, surface*]; ***to ~ down the bank*** scivolare giù per la scarpata; ***to ~ into one's seat*** scivolare al proprio posto.

slithery /ˈslɪðərɪ/ agg. scivoloso, sdrucciolevole.

slit pocket /ˈslɪtˌpɒkɪt/ n. tasca f. tagliata.

slit trench /ˈslɪtˌtrentʃ/ n. = stretta trincea che serve a proteggere un soldato o un'arma.

1.sliver /ˈslɪvə(r)/ n. *(of glass)* scheggia f.; *(of soap)* scaglia f.; *(of food)* fettina f.; ***just a ~!*** solo una fettina!

2.sliver /ˈslɪvə(r)/ **I** tr. scheggiare, spezzare **II** intr. [*glass*] scheggiarsi; [*soap*] scagliarsi, sfaldarsi.

Sloane /sləʊn/ n. BE SPREG. (anche **~ Ranger**) = giovane donna, generalmente londinese, che appartiene a un'alta classe sociale e indossa abiti costosi e classici.

slob /slɒb/ n. COLLOQ. *(lazy)* fannullone m. (-a); *(with messy habits)* sciattone m. (-a); ***get up, fat ~!*** alzati, grassone!

1.slobber /ˈslɒbə(r)/ n. COLLOQ. bava f.

2.slobber /ˈslɒbə(r)/ intr. COLLOQ. sbavare.

■ **slobber over** COLLOQ. **~ *over [sb., sth.]*** sbavare per.

slobberer /ˈslɒbərə(r)/ n. sbavone m. (-a) (anche FIG.).

slobberiness /ˈslɒbərɪnɪs/ n. (l')essere bavoso.

slobbery /ˈslɒbərɪ/ agg. COLLOQ. SPREG. [*kiss*] bavoso.

sloe /sləʊ/ n. **1** *(fruit)* prugnola f. **2** *(bush)* pruno m. selvatico.

sloe-eyed /ˈsləʊˌaɪd/ agg. **1** *(dark-eyed)* dagli occhi scuri **2** *(slant-eyed)* dagli occhi a mandorla.

sloe gin /ˌsləʊˈdʒɪn/ n. = gin aromatizzato alle prugnole.

1.slog /slɒg/ n. COLLOQ. **1** *(hard work)* ***a hard ~*** una sgobbata *o* un lavoraccio; ***it was a real ~*** è stata proprio una sfacchinata; ***it's a long, hard ~ to the village*** bisogna fare una bella scarpinata per raggiungere il paese; ***setting the economy right will be a long hard ~*** ristabilire l'economia sarà una faticaccia **2** COLLOQ. *(hard stroke)* colpo m. violento; ***to have*** o ***take a ~ at the ball*** tirare una gran botta alla palla.

2.slog /slɒg/ **I** tr. (forma in -ing ecc. **-gg-**) **1** *(hit hard)* colpire violentemente [*opponent*]; tirare una botta a [*ball*]; ***to ~ it out*** prendersi a pugni *o* scazzottarsi; FIG. discutere animatamente **2** *(progress with difficulty)* ***to ~ one's way through*** farsi strada a fatica attraverso; ***to ~ one's way towards*** aprirsi a fatica una strada verso **II** intr. (forma in -ing ecc. **-gg-**) **1** *(work hard)* sgobbare **2** *(progress with difficulty)* ***we ~ged up, down the hill*** ci siamo inerpicati su, trascinati giù per la collina **3** *(hit hard)* ***to ~ at*** colpire violentemente [*person*]; tirare una botta a [*ball*].

■ **slog away** lavorare sodo (**at** a, su).

▷ **slogan** /ˈsləʊgən/ n. *(in advertising)* slogan m.; *(in politics)* motto m., slogan m.

sloganeer /ˌsləʊgəˈnɪə(r)/ n. = persona che inventa o usa slogan.

slogger /ˈslɒgə(r)/ n. **1** *(person who hits hard) (in baseball, cricket)* = giocatore che colpisce forte la palla; *(in boxing)* picchiatore m. **2** *(hard worker)* sgobbone m. (-a).

sloop /sluːp/ n. sloop m.
sloop-rigged /ˈsluːprɪɡd/ agg. attrezzato a sloop.
1.slop /slɒp/ **I** n. **1** AGR. *(pigswill)* broda f. **2** COLLOQ. SPREG. *(food)* brodaglia f. **3** COLLOQ. SPREG. *(sentimentality)* sdolcinatezze f.pl. **II** **slops** n.pl. **1** *(liquid food)* broda f.sing. **2** *(dirty water)* acqua f.sing. sporca, risciacquatura f. di piatti.
2.slop /slɒp/ **I** tr. (forma in -ing ecc. **-pp-**) versare, rovesciare [*liquid*] (**onto** su; **into** in) **II** intr. (forma in -ing etc. **-pp-**) (anche **~ over**) traboccare, versarsi (**into** in).
▪ **slop around, slop about** [*person*] bighellonare.
▪ **slop out** = in prigione, svuotare il bugliolo.
slop-basin /ˈslɒpˌbeɪsn/ n. = recipiente per i fondi del tè o del caffè.
slop bucket /ˈslɒpˌbʌkɪt/ n. *(in prison)* vaso m. da notte, bugliolo m.
slop chest /ˈslɒpˌtʃest/ n. = su una nave, piccola scorta di articoli che possono essere venduti all'equipaggio.
▷ **1.slope** /sləʊp/ n. **1** *(incline)* pendio m., pendenza f.; *(of writing)* inclinazione f.; ***to be on a ~*** essere in pendenza; ***the ~ on the road is considerable*** la pendenza della strada è notevole; ***a 40° ~*** o ***a ~ of 40°*** un'inclinazione di 40°; ***a steep, gentle ~*** un pendio ripido, dolce **2** *(hillside)* pendio m., versante m.; ***north, south ~*** versante nord, sud; ***uphill ~*** salita; ***downhill ~*** discesa; ***upper ~s*** cima *o* sommità; ***halfway up*** o ***down the ~*** *(road, mountain)* a metà della salita, della discesa ◆ ***to be on the slippery ~*** essere su una brutta china.
▷ **2.slope** /sləʊp/ **I** tr. MIL. ***~ arms!*** spallarm! **II** intr. [*road, path, garden, mountains*] digradare; [*roof, floor*] pendere, essere in pendenza (**towards** verso); [*writing*] essere inclinato (**to** verso); ***to ~ down*** o ***away*** digradare (**to** verso); ***to ~ to the left, right*** pendere a sinistra, destra.
▪ **slope off** COLLOQ. svignarsela, squagliarsela.
sloping /ˈsləʊpɪŋ/ agg. [*ground, road*] digradante; [*roof, floor*] in pendenza; [*ceiling, writing*] inclinato; [*shoulders*] cadente.
slopingly /ˈsləʊpɪŋlɪ/ avv. in posizione inclinata.
slop-pail /ˈslɒpeɪl/ n. → **slop bucket**.
sloppily /ˈslɒpɪlɪ/ avv. [*made*] con negligenza; [*dressed*] in modo trasandato; ***~ run*** male amministrato.
sloppiness /ˈslɒpɪnɪs/ n. *(of thinking, discipline)* mancanza f. di rigore; *(of work)* negligenza f.; *(of dress)* trasandatezza f., sciatteria f.
slopping out /ˈslɒpɪŋaʊt/ n. BE (lo) svuotare il bugliolo.
sloppy /ˈslɒpɪ/ agg. **1** COLLOQ. *(careless)* [*personal appearance*] trasandato, sciatto; [*language, workmanship*] poco curato; [*management, administration*] negligente; [*discipline, procedure*] rilassato; [*method, thinking*] privo di rigore; SPORT [*defence*] debole; ***to be a ~ dresser*** essere trasandato nel vestire; ***he is a ~ worker*** lavora in modo approssimativo; ***to be a ~ eater*** essere uno sbrodolone **2** COLLOQ. *(sentimental)* [*person, film*] sdolcinato **3** BE *(baggy)* [*sweater*] molto largo, a sacco.
sloppy joe /ˌslɒpɪˈdʒəʊ/ n. **1** BE COLLOQ. maglione m. a sacco **2** AE COLLOQ. = carne tritata con salsa piccante e salsa di pomodoro servita in un panino.
slops /slɒps/ n.pl. **1** *(ready-made clothing)* abiti m. confezionati **2** MAR. corredo m.sing. di marinaio.
slopwork /ˈslɒpwɜːk/ n. manifattura f. (di indumenti di bassa qualità).
1.slosh /slɒʃ/ n. **1** *(slush)* fanghiglia f., neve f. sciolta **2** COLLOQ. *(watery food)* brodaglia f. **3** *(of waves)* sciabordio m.; *(of water)* sciacquio m. **4** *(drop)* goccio m., sorso m.
2.slosh /slɒʃ/ **I** tr. **1** COLLOQ. *(spill)* versare, rovesciare [*liquid*] **2** BE POP. *(hit)* tirare una botta a [*person*] **II** intr. COLLOQ. (anche **~ about**) sciabordare.
sloshed /slɒʃt/ **I** p.pass. → **2.slosh II** agg. COLLOQ. sbronzo; ***to get ~*** prendersi una sbronza.
sloshy /ˈslɒʃɪ/ agg. **1** *(slushy)* fangoso, pantanoso **2** *(sentimental)* sdolcinato.
1.slot /slɒt/ n. VENAT. *(of deer)* traccia f., pesta f.
▷ **2.slot** /slɒt/ n. **1** *(slit)* *(for coin, ticket)* fessura f.; *(for letters)* buca f. **2** *(groove)* scanalatura f. **3** *(in TV, radio)* spazio m.; *(in airline schedule, school timetable)* buco m.; ***a prime-time ~*** uno spazio in prima serata **4** *(position, job)* posto m.
▷ **3.slot** /slɒt/ **I** tr. (forma in -ing ecc. **-tt-**) ***to ~ sth. into a machine*** inserire qcs. in una macchina; ***to ~ a film into the timetable*** inserire un film nella programmazione; ***I've decided to ~ her into the newly created position*** ho deciso di dare a lei il posto che si è appena creato **II** intr. (forma in -ing ecc. **-tt-**) ***to ~ into*** [*coin, piece, component*] infilarsi, inserirsi in [*groove, machine*]; ***she has ~ted into her new position very well*** si è adattata molto bene alla sua nuova posizione; ***to ~ into place*** o ***position*** infilarsi; ***the two parts ~ into each other*** i due pezzi si incastrano l'uno nell'altro.
▪ **slot in:** ***~ in*** [*coin, piece, component*] infilarsi, inserirsi; ***~ [sth.] in, ~ in [sth.]*** infilare, inserire [*coin, piece, component*]; trovare uno spazio per [*film, programme*]; piazzare [*person*].
▪ **slot together:** ***~ together*** incastrarsi; ***~ [sth.] together*** incastrare [*parts*].
slot aerial /ˈslɒtˌeərɪəl/, **slot antenna** /ˈslɒtænˌtenə/ n. antenna f. a fessura.
slot car /ˈslɒtˌkɑː(r)/ n. AE automobilina f. per pista elettrica.
sloth /sləʊθ/ n. **1** ZOOL. bradipo m. **2** FORM. *(idleness)* accidia f., ignavia f.
sloth bear /ˈsləʊθˌbeə(r)/ n. orso m. labiato.
slothful /ˈsləʊθfl/ agg. FORM. accidioso, ignavo.
slothfully /ˈsləʊθflɪ/ avv. FORM. accidiosamente.
sloth monkey /ˈsləʊθˌmʌŋkɪ/ n. lori m. gracile.
slot machine /ˈslɒtməˌʃiːn/ n. GIOC. slot-machine f.; *(for vending)* distributore m. automatico.
slot meter /ˈslɒtˌmiːtə(r)/ n. *(for gas, electricity)* contatore m. a moneta; *(parking meter)* parchimetro m.
slotted spoon /ˌslɒtɪdˈspuːn/ n. schiumarola f.
1.slouch /slaʊtʃ/ n. **1** ***to walk with a ~*** avere un'andatura ciondolante; [*fashion model*] AE avere un'andatura dinoccolata; ***she's got a terrible ~*** è *o* sembra un sacco di patate **2** COLLOQ. *(lazy person)* fannullone m. (-a) **3** COLLOQ. *(inefficient person)* ***he's no ~*** è in gamba; ***he's no ~ at sth.*** se la cava bene a *o* in qcs.
2.slouch /slaʊtʃ/ intr. **1** *(sit badly)* stare scomposto, stravaccarsi COLLOQ.; *(stand badly)* stare scomposto **2** (anche **~ around**) bighellonare.
▪ **slouch forward** stare curvo in avanti.
slouch hat /ˌslaʊtʃˈhæt/ n. cappello m. floscio.
1.slough /slaʊ, AE *anche* sluː/ n. **1** FIG. *(of despair)* abisso m. **2** *(bog)* palude f., pantano m.
2.slough /slʌf/ n. *(of snake, worm)* scoglia f.
3.slough /slʌf/ intr. fare la muta, cambiare pelle.
▪ **slough off:** ***~ off [sth.], ~ [sth.] off*** **1** ZOOL. mutare [*skin*] **2** FIG. disfarsi di.
1.sloughy /ˈslaʊɪ/ agg. fangoso, melmoso.
2.sloughy /ˈslʌfɪ/ agg. **1** *(consisting of slough)* squamoso **2** *(scabby)* pieno di squame, croste.
Slovak /ˈsləʊvæk/ ♦ ***18, 14*** **I** agg. slovacco **II** n. **1** *(person)* slovacco m. (-a) **2** *(language)* slovacco m.
Slovakia /sləˈvækɪə/ ♦ ***6*** n.pr. Slovacchia f.
Slovakian /sləˈvækɪən/ → **Slovak**.
sloven /ˈslʌvn/ n. sudicione m. (-a), sciattone m. (-a).
Slovene /ˈsləʊviːn/, **Slovenian** /sləˈviːnɪən/ ♦ ***18, 14*** **I** agg. sloveno **II** n. **1** *(person)* sloveno m. (-a) **2** *(language)* sloveno m.
Slovenia /sləˈviːnɪə/ ♦ ***6*** n.pr. Slovenia f.
slovenliness /ˈslʌvnlɪnɪs/ n. sciatteria f., trascuratezza f.
slovenly /ˈslʌvnlɪ/ agg. **1** *(unkempt)* [*person*] sciatto, trasandato; [*dress, appearance*] trasandato; [*habits*] sciatto **2** *(sloppy)* [*work*] sciatto; [*speech, style*] inadeguato, inappropriato.
▶ **1.slow** /sləʊ/ **I** agg. **1** *(not quick)* [*runner, vehicle, gesture, movement, progress, process, development*] lento; ***the pace of life is ~ here*** qui il ritmo della vita è lento; ***to fall into a ~ decline*** entrare lentamente in una fase di declino; ***to make ~ progress, a ~ recovery*** progredire, riprendersi lentamente; ***to be ~ to do*** o ***to be ~ in doing*** essere lento nel fare; ***attitudes are ~ to change*** gli atteggiamenti cambiano lentamente; ***he is ~ to anger*** non si arrabbia facilmente **2** *(dull)* [*film, novel, play, plot*] lento **3** *(slack)* [*business, demand, trade, market*] fiacco; [*economic growth*] lento **4** *(intellectually unresponsive)* [*child, pupil, learner*] lento, tardo; ***~ at sth.*** scarso in qcs.; ***to be ~ on the uptake*** essere duro di comprendonio **5** *(showing incorrect time)* [*clock, watch*] ***to be ~*** ritardare *o* essere indietro; ***to be 10 minutes ~*** essere indietro di 10 minuti **6** *(not too hot)* [*oven*] a bassa temperatura; [*flame*] lento **7** SPORT [*pitch, court*] pesante **II** avv. [*go, drive, travel*] piano, lentamente; ***to go ~*** [*workers*] frenare la produzione; ***~-acting*** ad azione lenta; ***~-cooked dish*** piatto cotto a fuoco lento.
2.slow /sləʊ/ **I** tr. rallentare **II** intr. rallentare.
▪ **slow down:** ***~ down*** [*train, runner, pulse, output, economy*] rallentare; ***to ~ (down) to a crawl*** rallentare fino a procedere a passo d'uomo; ***to ~ (down) to 20 km/h*** rallentare *o* frenare fino a raggiungere i 20 km/h; ***to ~ (down) to 2%*** scendere al 2%; ***at your age you should ~ down*** alla tua età dovresti prendertela più calma; ***~ down [sth., sb.], ~ [sth., sb.] down*** rallentare, frenare [*car, traffic, runner, progress, production*]; ***the illness has ~ed her down*** la malattia ha frenato la sua attività.
▪ **slow up** → **slow down**.
slow-burning /ˌsləʊˈbɜːnɪŋ/ agg. **1** [*fuse, wire, fuel*] a combustione lenta **2** FIG. [*anger, rage*] a fuoco lento.

slowcoach /ˈsləʊkəʊtʃ/ n. BE COLLOQ. pigrone m. (-a), lumacone m. (-a).

slow cooker /ˌsləʊˈkʊkə(r)/ n. stufaiola f. elettrica.

▷ **slowdown** /ˈsləʊdaʊn/ n. rallentamento m.; **~ *in demand*** calo della domanda; **~ *in the housing market*** fase di rallentamento del mercato immobiliare.

slow handclapping /ˌsləʊˈhændklæpɪŋ/ n. = applauso ritmato che esprime disapprovazione o impazienza.

slow lane /ˈsləʊˌleɪn/ n. *(in UK, Australia)* corsia f. di sinistra (per veicoli lenti); *(elsewhere)* corsia f. di destra (per veicoli lenti).

▶ **slowly** /ˈsləʊlɪ/ avv. lentamente, piano, adagio; **~ *but surely*** pian pianino.

slow march /ˌsləʊˈmɑːtʃ/ n. MIL. marcia f. lenta, a passo lento; ***"slow... march!"*** "passo... marsc!".

slow match /ˌsləʊˈmætʃ/ n. miccia f. a ritardo.

slow motion /ˌsləʊˈməʊʃn/ **I** n. rallentatore m.; ***in* ~** al rallentatore **II slow-motion** agg. ***a slow-motion shot*** una ripresa al rallentatore.

slow-moving /ˌsləʊˈmuːvɪŋ/ agg. lento.

slowness /ˈsləʊnɪs/ n. **1** *(of motion, vehicle, progress, pace, plot)* lentezza f. **2** SPORT *(of pitch, court)* pesantezza f. **3** *(of mind, intelligence)* ottusità f.

slowpoke /ˈsləʊpəʊk/ n. AE COLLOQ. → **slowcoach**.

slow puncture /ˌsləʊˈpʌŋktʃə(r)/ n. = piccolo foro che fa sgonfiare lentamente una gomma.

slow train /ˈsləʊtreɪn/ n. treno m. merci locale.

slow-witted /ˌsləʊˈwɪtɪd/ agg. duro di comprendonio, ottuso.

slow-wittedness /ˌsləʊˈwɪtɪdnɪs/ n. ottusità f.

slowworm /ˈsləʊwɜːm/ n. orbettino m.

SLR n. FOT. (⇒ single-lens reflex reflex monoculare) SLR m. e f.

1.slub /slʌb/ n. TESS. ringrosso m.

2.slub /slʌb/ tr. (forma in -ing ecc. **-bb-**) TESS. torcere.

slubber /ˈslʌbə(r)/ n. torcitrice f.

slubbing /ˈslʌbɪŋ/ n. TESS. torcitura f.

sludge /slʌdʒ/ n. **1** (anche **sewage ~**) acque f.pl. di scolo, di rifiuto **2** *(mud)* melma f., fango m.; *(in drain)* deposito m. **3** AUT. TECN. morchia f.

sludgeball /ˈslʌdʒbɔːl/ n. AE COLLOQ. sciattone m. (-a).

sludgeworks /ˈslʌdʒwɜːks/ n. + verbo sing. o pl. = centro di trattamento delle acque di scolo.

sludgy /ˈslʌdʒɪ/ agg. fangoso, melmoso.

slue AE → **4.slew**.

1.slug /slʌg/ n. ZOOL. lumaca f. (anche FIG.).

2.slug /slʌg/ n. **1** COLLOQ. *(bullet)* pallottola f., proiettile m. **2** *(of alcohol)* sorso m., goccio m. **3** AE COLLOQ. gettone m. contraffatto.

3.slug /slʌg/ tr.(forma in -ing ecc. **-gg-**) COLLOQ. *(drink)* tracannare [*whisky etc.*].

4.slug /slʌg/ n. COLLOQ. *(blow)* botta f.

5.slug /slʌg/ tr. (forma in -ing ecc. **-gg-**) COLLOQ. **1** *(hit)* tirare una botta a [*person*]; ***to ~ sb. one*** COLLOQ. tirarne uno a qcn. **2** AE SPORT COLLOQ. tirare una botta a [*ball*] ◆ ***to ~ it out*** POP. lottare fino all'ultimo.

slug bait /ˈslʌgbeɪt/ n. lumachicida m.

slugfest /ˈslʌgfest/ n. AE COLLOQ. ***the match was a ~*** hanno menato botte da orbi.

sluggard /ˈslʌgəd/ n. pelandrone m. (-a).

slugger /ˈslʌgə(r)/ n. POP. ***to be a ~*** essere uno che picchia duro.

sluggish /ˈslʌgɪʃ/ agg. **1** [*person*] indolente, pigro; [*animal*] pigro; [*circulation, reaction, traffic*] lento; [*river*] che scorre lento **2** ECON. [*demand, economy, market, trade*] fiacco; ***after a ~ start*** dopo una partenza difficile.

sluggishly /ˈslʌgɪʃlɪ/ avv. lentamente.

sluggishness /ˈslʌgɪʃnɪs/ n. lentezza f.

slug pellets /ˈslʌgˌpelɪts/ n.pl. lumachicida m.sing. in grani.

1.sluice /sluːs/ n. (anche **~way**) canale m. artificiale (con chiusa).

2.sluice /sluːs/ tr. AE *(float)* flottare [*logs*].

■ **sluice down: ~ *down*** defluire; **~ *down [sth.]*, ~ *[sth.] down*** lavare, risciacquare in acqua corrente.

■ **sluice out: ~ *out*** defluire; **~ *out [sth.]*, ~ *[sth.] out*** lavare, risciacquare in acqua corrente.

sluice gate /ˈsluːsˌgeɪt/ n. chiusa f.

1.slum /slʌm/ **I** n. **1** *(poor area)* quartiere m. povero, slum m.; ***the ~s*** i quartieri poveri *o* degradati (**of** di) **2** COLLOQ. *(messy house, room)* topaia f. **II** modif. [*area, housing, house*] povero, degradato; [*child*] dei quartieri poveri; [*conditions*] nei quartieri poveri.

2.slum /slʌm/ intr. (forma in -ing ecc. **-mm-**) COLLOQ. (anche **~ it**) *(visit slums)* fare un giro per gli slum; *(accept lower standards)* ridursi male.

1.slumber /ˈslʌmbə(r)/ n. sonno m.

2.slumber /ˈslʌmbə(r)/ intr. *(sleep)* dormire (anche FIG.); sonnecchiare.

slumber party /ˈslʌmbəˌpɑːtɪ/ n. AE = riunione di teenager, specialmente ragazzine, che trascorrono la notte insieme in casa di una di loro chiacchierando, mangiando ecc.

slumbering /ˈslʌmbərɪŋ/ agg. *(sleeping)* addormentato; *(dozing)* sonnecchiante.

slumberous /ˈslʌmbərəs/ agg. **1** [*person, town*] sonnolento **2** [*film, conference*] che fa dormire, soporifero.

slum clearance /ˌslʌmˈklɪərəns/ n. = risanamento dei quartieri degradati.

slum dwelling /ˈslʌmˌdwelɪŋ/ n. topaia f., catapecchia f.

slumgullion /ˌslʌmˈgʌlɪən/ n. AE COLLOQ. stufato m.

slumlord /ˈslʌmlɔːd/ n. AE COLLOQ. SPREG. = padrone senza scrupoli di edifici degli slum.

slummer /ˈslʌmə(r)/ n. = persona che bazzica o vive nei bassifondi.

slummy /ˈslʌmɪ/ agg. COLLOQ. [*area, house, background*] povero, degradato, miserabile; ***what a ~ kitchen!*** COLLOQ. che cucina squallida!

1.slump /slʌmp/ n. **1** *(fall in trade, price, profit etc.)* crollo m., caduta f. (**in** di); ***retail, shares ~*** crollo della vendita al dettaglio, dei titoli di borsa; **~ *in the property market*** crollo del mercato immobiliare; ***to experience a ~*** [*economy, market*] subire un crollo **2** *(in popularity)* calo m. (**in** di); *(in support)* perdita f. (**in** di); ***the team, party is experiencing a ~*** la squadra, il partito è in crisi.

2.slump /slʌmp/ intr. **1** [*demand, trade, value, price*] subire una forte flessione, un crollo (**from** da; **to** a; **by** di) **2** [*economy, market*] subire un crollo **3** [*support, popularity*] essere in forte calo **4** [*person, body*] lasciarsi cadere; ***to ~ into an armchair, to the ground*** lasciarsi cadere in poltrona, per terra **5** [*player, team*] precipitare (**to** in, a).

▷ **slumped** /slʌmpt/ **I** p.pass. → **2.slump II** agg. [*person, body*] accasciato; **~ *over the steering wheel, across the table*** accasciato sul volante, sul tavolo; **~ *in a chair*** buttato su una sedia.

slung /slʌŋ/ pass., p.pass. → **2.sling**.

slunk /slʌŋk/ pass., p.pass. → **2.slink**.

1.slur /slɜː(r)/ n. **1** *(aspersion)* calunnia f.; ***to cast a ~ on sb., sth.*** denigrare qcn., qcs.; ***to be a ~ on sb., sth.*** essere un disonore, un'onta per qcn., qcs.; ***an outrageous ~*** un terribile insulto; ***a racial ~*** una diffamazione razziale **2** MUS. legatura f. **3** *(indistinct utterance)* farfugliamento m.

2.slur /slɜː(r)/ **I** tr. (forma in -ing ecc. **-rr-**) **1** farfugliare, bofonchiare [*remark*]; ***"goodnight," he ~red*** "buonanotte," farfugliò; ***to ~ one's speech*** o ***words*** mangiarsi le parole; [*drunkard*] farfugliare **2** MUS. legare [*notes*] **II** intr. (forma in -ing ecc. **-rr-**) [*speech, words, voice*] essere indistinto.

■ **slur over: ~ *over [sth.]*** trascurare [*problem, question, fact*]; sorvolare su [*incident, error, discrepancy*].

slurb /slɜːb/ n. = quartiere periferico povero a sviluppo edilizio caotico.

1.slurp /slɜːp/ n. ***to take a ~ of tea*** sorbire rumorosamente il tè.

2.slurp /slɜːp/ tr. *(eat)* mangiare rumorosamente; *(drink)* bere rumorosamente.

slurred /slɜːd/ **I** p.pass. → **2.slur II** agg. [*words, speech, voice*] indistinto.

slurring /ˈslɜːrɪŋ/ n. → **1.slur**.

slurry /ˈslʌrɪ/ n. **1** *(of cement)* impasto m. **2** *(waste products) (from animals)* liquame m.; *(from factory)* scarti m.pl.

1.slush /slʌʃ/ n. **1** *(melted snow)* neve f. sciolta, fanghiglia f. (mista a neve) **2** COLLOQ. SPREG. *(sentimentality)* sdolcinatezza f., svenevolezza f. **3** AE GASTR. granita f.

2.slush /slʌʃ/ **I** tr. **1** *(splash with mud)* schizzare di fanghiglia **2** *(lubricate)* lubrificare, ingrassare **3** *(wash)* lavare con molta acqua **II** intr. *(walk, move with difficulty)* avanzare faticosamente (nella neve, nella fanghiglia); *(splash)* schizzare neve, fanghiglia.

slush fund /ˈslʌʃfʌnd/ n. fondi m.pl. neri.

slushy /ˈslʌʃɪ/ agg. **1** [*snow*] sciolto, ridotto in poltiglia; [*street*] coperto di neve ridotta in poltiglia **2** COLLOQ. FIG. [*novel, film*] sentimentale.

slut /slʌt/ n. **1** POP. SPREG. *(promiscuous woman)* zoccola f., sgualdrina f. **2** COLLOQ. *(dirty woman)* sudiciona f., sciattona f.

sluttish /ˈslʌtɪʃ/ agg. **1** POP. SPREG. *(promiscuous)* ***a ~ woman*** una zoccola *o* una sgualdrina; [*behaviour*] da sgualdrina **2** COLLOQ. *(dirty)* sudicio.

sluttishly /ˈslʌtɪʃlɪ/ avv. **1** POP. SPREG. *(promiscuously)* come una zoccola, una sgualdrina **2** COLLOQ. *(dirtily)* in modo sudicio.

sluttishness /ˈslʌtɪʃnɪs/ n. **1** POP. SPREG. *(promiscuity)* (l')essere zoccola, sgualdrina **2** COLLOQ. *(dirtiness)* sudiceria f., sciattezza f.

sly /slaɪ/ agg. **1** SPREG. *(cunning)* [*person, animal, trick, look*] furbo, scaltro; ***a ~ (old) dog*** COLLOQ. una vecchia volpe **2** *(secretive)* [*smile, wink, look*] d'intesa ◆ ***on the ~*** COLLOQ. alla chetichella *o* di nascosto.

slyboots /ˈslaɪbuːts/ n. AE COLLOQ. furbacchione m. (-a).

slyly /ˈslaɪlɪ/ avv. **1** *(with cunning)* [*behave, say, ask, hide, conceal*] astutamente, scaltramente; [*persuade*] con astuzia **2** *(secretively)* [*say, smile, look*] con aria d'intesa.

slyness /ˈslaɪnɪs/ n. *(of person, act)* furbizia f., scaltrezza f.; *(of smile, look)* aria f. d'intesa.

S & M ⇒ sadomasochism sadomasochismo.

▷ **1.smack** /smæk/ **I** n. **1** *(blow) (with hand) (on face)* schiaffo m., ceffone m; *(with bat)* colpo m. **2** *(sound) (of blow)* colpo m.; *(of lips, whip)* schiocco m.; *(of waves)* sciabordio m. **3** *(loud kiss)* bacio m. con lo schiocco, bacione m. **II** inter. paf ◆ ***a ~ in the eye*** uno smacco *o* una delusione (**for** per).

▷ **2.smack** /smæk/ **I** tr. **1** *(on face)* schiaffeggiare, prendere a schiaffi [*person*]; ***she ~ed him (on the bottom)*** o ***~ed his bottom*** lo sculacciò **2** battere, sbattere [*object*] (**on** su; **against** contro); sfasciare [*car, aeroplane*] (**on** su; **against** contro) **3** (fare) schioccare [*lips, whip*] **II** intr. *(hit)* ***to ~ into*** o ***against sth.*** sbattere contro qcs. ◆ ***to ~ one's lips*** avere l'acquolina in bocca (**at sth.** all'idea di qcs.).

▷ **3.smack** /smæk/ avv. COLLOQ. (anche **~ bang, ~ dab** AE) violentemente, in pieno; ***~ in the middle of*** proprio in mezzo a; ***~ in front of*** proprio davanti a.

4.smack /smæk/ n. **1** *(flavour)* sapore m., gusto m.; ***a ~ of garlic*** un gusto d'aglio **2** *(suggestion, hint)* sentore m.

5.smack /smæk/ intr. *(have suggestion of)* ***to ~ of*** sapere di; ***it ~s of incompetence*** sa *o* puzza di incompetenza.

6.smack /smæk/ n. MAR. peschereccio m.

7.smack /smæk/ n. POP. *(heroin)* ero f.

smacked out /ˌsmæktˈaʊt/ agg. POP. [*drug addict*] (che si è appena) fatto.

smacker /ˈsmækə(r)/ n. COLLOQ. **1** *(kiss)* bacio m. con lo schiocco, bacione m. **2** *(money)* BE sterlina f.; AE dollaro m.

smacking /ˈsmækɪŋ/ n. sculacciata f.; ***to get a ~*** prendersi una bella sculacciata.

▶ **1.small** /smɔːl/ ♦ ***28*** **I** agg. **1** *(not big)* [*house, car, coin, dog, bag, mistake, proportion, quantity, stake, sum*] piccolo; [*change, increase*] piccolo, lieve; [*majority, number*] esiguo, ridotto; ***a ~ book*** un libricino *o* un libretto; ***a ~ job*** un lavoretto; ***a ~ matter*** una faccenda insignificante *o* una cosa da poco; ***the dress is too ~ for her*** il vestito è troppo piccolo per lei; ***a ~ sweatshirt*** una felpa piccola, (di taglia) small; ***the change was ~*** il cambiamento fu lieve; ***his influence was ~*** la sua influenza fu trascurabile; ***it would cost a ~ fortune*** COLLOQ. mi verrebbe a costare una piccola fortuna; ***the ~ matter of the £1,000 you owe me*** IRON. quella miseria delle 1.000 sterline che mi devi; ***it is written with a ~ letter*** si scrive con la lettera minuscola; ***in his*** o ***her own ~ way*** nel suo piccolo; ***to cut sth. up ~*** tagliare qcs. a pezzettini; ***to fold sth. up ~*** piegare ripetutamente qcs.; ***everybody, great and ~, will be affected*** tutti, senza distinzioni, saranno colpiti; ***the ~est room*** COLLOQ. EUFEM. il gabinetto; ***it's a ~ world!*** com'è piccolo il mondo! **2** *(petty)* [*person, act*] meschino, piccolo **3** *(not much)* ***to have ~ cause*** o ***reason for worrying*** o ***to worry*** avere scarsi motivi di preoccupazione; ***it is ~ comfort*** o ***consolation to sb.*** è una misera consolazione per qcn.; ***it is of ~ consequence*** è irrilevante *o* di poca importanza; ***it is of no ~ consequence*** non è affatto irrilevante; ***~ wonder he left!*** non c'è da stupirsi che sia partito! **4** *(quiet)* [*sound*] debole; ***a ~ voice*** una vocina; ***a ~ noise*** un rumorino **5** *(humiliated)* ***to feel*** o ***look ~*** sentirsi *o* farsi piccolo piccolo (per la vergogna); ***to make sb. feel*** o ***look ~*** umiliare qcn.; ***"I did it," she said in a ~ voice*** "sono stata io", disse con voce fioca **II** avv. [*write*] piccolo ◆ ***he's ~ beer*** o ***potatoes*** AE COLLOQ. non conta niente; ***it's ~ beer*** o ***potatoes*** AE COLLOQ. è roba da poco.

2.small /smɔːl/ **I** n. ***the ~ of the back*** la parte bassa della schiena *o* le reni; ***to feel a pain in the ~ of one's back*** avere male alle reni **II smalls** n.pl. BE COLLOQ. EUFEM. indumenti m. intimi.

small ad /ˈsmɔːlæd/ n. BE piccolo annuncio m., annuncio m. economico.

smallage /ˈsmɔːlɪdʒ/ n. sedano m. selvatico.

small arms /ˌsmɔːlˈɑːmz/ n.pl. armi f. leggere.

small arms fire /ˌsmɔːlˈɑːmzˌfaɪə(r)/ n. fuoco m. d'arma leggera.

small-bore /ˈsmɔːlbɔː(r)/ agg. di piccolo calibro (anche FIG.).

small business /ˌsmɔːlˈbɪznɪs/ n. piccola impresa f.

small businessman /ˌsmɔːlˈbɪznɪsmən/ ♦ ***27*** n. (pl. **small businessmen**) piccolo imprenditore m.

small change /ˌsmɔːlˈtʃeɪndʒ/ n. spiccioli m.pl.

small claims court /ˌsmɔːlˈkleɪmzˌkɔːt/ n. BE DIR. tribunale m. delle liti minori, ufficio m. di conciliazione.

small fry /ˈsmɔːlˌfraɪ/ n.pl. pesciolini m. da frittura; FIG. *(children)* bambini m.; *(unimportant people)* pesci m. piccoli.

smallholder /ˈsmɔːlˌhəʊldə(r)/ ♦ ***27*** n. BE AGR. DIR. piccolo proprietario m. terriero.

smallholding /ˈsmɔːlˌhəʊldɪŋ/ n. BE AGR. DIR. piccola proprietà f. terriera, piccola azienda f. agricola.

small hours /ˈsmɔːlˌaʊəz/ n.pl. ore f. piccole; ***in the (wee) ~*** nelle prime ore del mattino.

small intestine /ˌsmɔːlɪnˈtestɪn/ n. intestino m. tenue.

smallish /ˈsmɔːlɪʃ/ agg. piccoletto.

small-minded /ˌsmɔːlˈmaɪndɪd/ agg. gretto, meschino.

small-mindedness /ˌsmɔːlˈmaɪndɪdnɪs/ n. grettezza f., meschinità f., ristrettezza f. mentale.

smallness /ˈsmɔːlnɪs/ n. *(of object, person, group)* piccolezza f.; *(of sum)* esiguità f.

smallpox /ˈsmɔːlpɒks/ ♦ ***11*** n. vaiolo m.

small print /ˈsmɔːlˌprɪnt/ n. **1** TIP. caratteri m.pl. minuscoli, minuscolo m. **2** FIG. ***to read the ~*** leggere nei minimi dettagli; ***to read the ~ of a contract*** leggere tutte le clausole di un contratto.

small print condition /ˈsmɔːlˌprɪntkənˌdɪʃn/ n. clausola f. restrittiva (stampata a caratteri più piccoli).

small-scale /ˌsmɔːlˈskeɪl/ agg. [*map, plan, model*] in scala (ridotta); [*industry*] piccolo.

small screen /ˌsmɔːlˈskriːn/ n. *(TV)* piccolo schermo m.

small shopkeeper /ˌsmɔːlˈʃɒpˌkiːpə(r)/ ♦ ***27*** n. piccolo commerciante m.

small shot /ˈsmɔːlʃɒt/ n. ARM. pallini m.pl. piccoli.

small talk /ˈsmɔːlˌtɔːk/ n. chiacchiere f.pl.; ***to make ~*** fare conversazione.

small-time /ˌsmɔːlˈtaɪm/ agg. [*actor, performer*] mediocre, modesto; ***~ crook*** delinquente da strapazzo.

small-timer /ˌsmɔːlˈtaɪmə(r)/ n. mezzacalzetta f., mezzatacca f.

▷ **small-town** /ˌsmɔːlˈtaʊn/ agg. SPREG. provinciale.

smalt /smɔːlt/ n. **1** *(glass)* vetro m. colorato al cobalto **2** *(colour)* blu m. cobalto.

smalti /ˈsmɑːltɪ/ → **smalto**.

smaltite /ˈsmɔːltaɪt/ n. smaltite f.

smalto /ˈsmɑːltəʊ/ n. (pl. **-i**) smalto m.

smarm /smɑːm/ intr. BE COLLOQ. ***to ~ over sb.*** leccare i piedi a qcn.

smarmy /ˈsmɑːmɪ/ agg. BE COLLOQ. [*manner*] untuoso; [*person*] viscido; [*tone, voice*] mielato; ***to be ~*** essere un leccapiedi; ***he's a ~ git*** POP. è un leccaculo.

▷ **1.smart** /smɑːt/ **I** agg. **1** *(elegant)* elegante, alla moda; ***to look ~*** avere un aspetto elegante; ***you're looking very ~ today*** sei molto elegante oggi **2** COLLOQ. *(intelligent)* [*child*] sveglio; [*decision*] intelligente; *(shrewd)* [*politician, journalist*] dritto; ***to be ~ at doing*** essere bravo a fare; ***it was definitely the ~ choice*** è stata sicuramente la scelta migliore; ***he's a ~ kid*** COLLOQ. è un ragazzino sveglio; ***would he be ~ enough to spot the error?*** sarebbe così bravo da trovare l'errore? ***if you're ~ you'll book in advance*** se sei furbo, prenoti in anticipo; ***are you trying to be ~?*** stai cercando di fare il furbo? ***you think it's ~ to smoke*** credi che fumare sia furbo *o* intelligente? ***he thinks he's so ~*** si crede tanto furbo **3** [*restaurant, hotel, street*] chic, alla moda; ***the ~ set*** il bel mondo **4** *(stinging)* [*rebuke, retort*] pungente, secco, tagliente; ***a ~ blow*** un gran *o* bel colpo **5** *(brisk)* ***to set off, walk at a ~ pace*** partire, camminare di buon passo; ***that was ~ work!*** è stato presto fatto! **6** INFORM. [*system, terminal*] intelligente **II** n. *(pain)* dolore m. acuto, bruciore m. (anche FIG.).

2.smart /smɑːt/ intr. **1** [*graze, cut, cheeks*] bruciare, fare male; ***his eyes were ~ing from the smoke*** gli bruciavano gli occhi per il fumo; ***her cheek ~ed from the slap*** la guancia le bruciava per lo schiaffo **2** FIG. *(emotionally)* soffrire, essere punto sul vivo; ***he ~ed under*** o ***at the insult*** soffrì per l'insulto; ***they are ~ing over*** o ***from their defeat*** la sconfitta gli brucia ancora.

smart alec(k) /ˈsmɑːtˌælɪk/ n. COLLOQ. saccente m. e f., sputasentenze m. e f.

smartarse BE, **smartass** AE /ˈsmɑːtɑːs/ **I** n. POP. *(person)* sapientone m. (-a), sputasentenze m. e f., cacacazzo m. e f. VOLG. **II** POP. modif. [*comments, attitude*] da cacacazzo VOLG.

smart bomb /ˈsmɑːtbɒm/ n. bomba f. intelligente.

smart card /ˈsmɑːtˌkɑːd/ n. INFORM. ECON. carta f. di credito, tessera f. a memoria magnetica.

smarten /ˈsmɑːtn/ tr. abbellire, adornare.

■ **smarten up: ~ [sth., sb.] up, ~ up [sth., sb.]** riordinare [*premises, room*]; ***we'll have to ~ you up*** dovremo agghindarti *o* farti bello; ***he's really ~ed himself up*** si è proprio messo in ghingheri.

smartie /'smɑ:tɪ/ n. COLLOQ. saccente m. e f., sputasentenze m. e f.

smarting /'smɑ:tɪŋ/ agg. acuto, doloroso, pungente (anche FIG.).

smartish /'smɑ:tɪʃ/ agg. **1** *(elegant)* alquanto elegante, alla moda **2** *(considerable)* notevole, considerevole.

smartly /'smɑ:tlɪ/ avv. **1** [*dressed*] *(neatly)* bene, con cura; *(elegantly)* elegantemente **2** *(quickly)* [*retort, rebuke*] seccamente; ***she slapped him ~ on the cheek*** gli diede un secco schiaffo; ***she tapped him ~ on the head*** gli diede un colpo secco sulla testa **3** *(briskly)* [*step, turn, walk*] rapidamente **4** *(cleverly)* [*answer*] brillantemente.

smart money /'smɑ:t,mʌnɪ/ n. COLLOQ. ***the ~ was on Desert Orchid*** i bene informati puntavano su Desert Orchid; ***the ~ is on our shares*** le nostre azioni sono un investimento sicuro.

smartness /'smɑ:tnɪs/ n. **1** *(of clothes)* eleganza f.; ***the ~ of his appearance*** il suo aspetto curato **2** *(cleverness)* SPREG. malizia f. **3** *(of pace)* velocità f.

smartweed /'smɑ:twi:d/ n. pepe m. d'acqua.

smarty → **smartie**.

smarty-pants /'smɑ:tɪpænts/ n. COLLOQ. → **smart alec(k)**.

▷ **1.smash** /smæʃ/ **I** n. **1** *(crash) (of glass, china)* fracasso m.; *(of vehicles)* schianto m.; ***I heard the ~ of breaking glass*** ho sentito un fragore di vetri rotti; ***~! there goes another plate!*** crash! un altro piatto è andato! **2** COLLOQ. (anche **~-up**) *(accident)* collisione f., scontro m.; ***"rail ~"*** "scontro ferroviario" **3** COLLOQ. (anche **~ hit**) MUS. grande successo m., successone m.; CINEM. film m. di grande successo; ***to be a ~*** essere un grande successo **4** ECON. *(collapse)* crollo m., tracollo m.; *(on the stock exchange)* crac m. **5** SPORT *(tennis)* smash m., schiacciata f. **II** avv. ***the motorbike ran ~ into a wall*** la motocicletta si è schiantata contro un muro; ***to go ~*** ECON. fare fallimento.

▷ **2.smash** /smæʃ/ **I** tr. **1** spaccare, rompere [*glass*]; sfondare [*door*]; sfasciare [*car*] (**with** con); *(more violently)* fracassare; ***to ~ sb.'s skull*** sfondare il cranio a qcn.; ***to ~ sb.'s leg*** spaccare *o* spezzare una gamba a qcn.; ***to ~ sth. to bits*** o ***pieces*** fare a pezzi qcs. *o* mandare in pezzi qcs.; ***the boat was ~ed against the rocks*** la barca si schiantò sugli scogli; ***thieves ~ed their way into the shop*** i ladri hanno fatto irruzione nel negozio; ***he ~ed my arm against the door*** mi ha sbattuto il braccio contro la porta; ***she ~ed the car into a tree*** distrusse l'automobile contro un albero; ***~ing his fist into his attacker's face*** dando un pugno in faccia al suo aggressore; ***he ~ed the hammer down on the vase*** ha fracassato il vaso a colpi di martello **2** *(destroy)* soffocare [*demonstration, protest*]; schiacciare [*opponent*]; sgominare [*drugs ring, gang*]; sconfiggere [*inflation*] **3** SPORT *(break)* polverizzare [*record*] **4** SPORT ***to ~ the ball*** fare una schiacciata **II** intr. **1** *(disintegrate)* sfasciarsi, schiantarsi (**on** su; **against** contro) **2** *(crash)* ***to ~ into*** [*vehicle, aircraft*] andare a schiantarsi, a sbattere contro [*wall, vehicle*]; ***the raiders ~ed through the door*** i rapinatori hanno sfondato la porta; ***the waves ~ed through the dyke*** le onde hanno rotto la diga **3** ECON. fare fallimento.

■ **smash down:** ***~ [sth.] down, ~ down [sth.]*** buttare giù [*door, fence, wall*].

■ **smash in:** ***~ [sth.] in*** sfondare [*door, skull*]; ***I'll ~ your face in*** COLLOQ. ti spacco la faccia! ***I'll ~ your head in!*** COLLOQ. ti rompo la testa!

■ **smash open:** ***~ [sth.] open, ~ open [sth.]*** sfondare [*door, safe, container*].

■ **smash up:** ***~ [sth.] up, ~ up [sth.]*** demolire [*vehicle, building, furniture*]; ***they'll ~ the place up!*** spaccheranno tutto! ***he got ~ed up in a car crash*** COLLOQ. si è tutto fracassato in un incidente d'auto.

smash-and-grab /,smæʃən'græb/ n. BE COLLOQ. (anche **~ raid**) = furto commesso sfondando una vetrina e prelevando tutto ciò che vi è esposto.

▷ **smashed** /smæʃt/ **I** p.pass. → **2.smash II** agg. **1** COLLOQ. *(intoxicated) (on alcohol)* ubriaco fradicio; *(on drugs)* completamente fatto (**on** di); ***to get ~*** prendersi una sbronza **2** *(shattered)* [*limb, vehicle*] fracassato; [*window*] sfondato.

smasher /'smæʃə(r)/ n. BE COLLOQ. **1** *(attractive person)* schianto m. **2** *(term of approval)* ***you're a ~!*** sei un fico! ***her car's a real ~*** la sua macchina è una ficata.

smashing /'smæʃɪŋ/ agg. BE COLLOQ. favoloso, fantastico.

smattering /'smætərɪŋ/ n. rudimenti m.pl., infarinatura f. (**of** di); ***to have a ~ of Russian*** avere un'infarinatura di russo; ***to have a ~ of culture*** avere un po' di cultura.

SME n. (⇒ small and medium enterprise piccola e media impresa) PMI f.

▷ **1.smear** /smɪə(r)/ n. **1** *(mark) (spot)* macchia f.; *(streak)* striscia f.; ***a ~ of grease*** una macchia di grasso **2** *(defamation)* calunnia f., diffamazione f.; ***a ~ on sb.'s character*** una macchia sulla reputazione di qcn.; ***he dismissed the rumour as a ~*** smentì la diceria definendola diffamatoria.

▷ **2.smear** /smɪə(r)/ **I** tr. **1** *(dirty)* imbrattare, macchiare [*glass, window*]; ***to ~ the walls with paint*** o ***to ~ paint on the walls*** imbrattare i muri di vernice; ***the baby ~ed his food over his face*** il bambino si sporcò il viso con il cibo; ***her face was ~ed with jam*** aveva il viso imbrattato di marmellata **2** *(slander)* diffamare [*person*]; rovinare [*reputation*] **3** *(spread)* spalmare [*butter*]; rovesciare [*ink*]; stendere [*paint*]; spalmare, applicare [*sunoil, lotion*] (**on** su); ***she ~ed eyeshadow on her eyelids*** si mise l'ombretto sulle palpebre **4** *(defeat)* AE COLLOQ. schiacciare [*opposition, rival*] **II** intr. [*ink, paint*] macchiare; [*lipstick, make-up*] sbavare.

smear campaign /'smɪəkæm,peɪn/ n. campagna f. diffamatoria (**against** contro).

smear tactics /'smɪə,tæktɪks/ n.pl. tattica f.sing. diffamatoria.

smear test /'smɪə,test/ n. MED. striscio m. (vaginale), pap-test m.

smear word /'smɪə,wɜ:d/ n. insulto m., parola f. offensiva.

smeary /'smɪərɪ/ agg. [*glass, window*] imbrattato; [*face*] sporco.

▶ **1.smell** /smel/ n. **1** *(odour)* odore m.; *(pleasant)* profumo m., olezzo m.; *(unpleasant)* puzzo m., puzza f., fetore m., cattivo odore m.; ***a ~ of cooking, burning*** un odore di cucina, di bruciato; ***there's a bit of a ~ in here*** c'è un po' di odore qui; ***what a ~!*** che puzza! **2** *(sense)* olfatto m., odorato m.; ***sense of ~*** olfatto *o* odorato **3** *(action)* ***to have a ~ of*** o ***at sth.*** odorare *o* annusare qcs. **4** FIG. *(of absence, fraud, dishonesty)* puzzo m., sentore m.

▶ **2.smell** /smel/ **I** tr. (pass., p.pass. **smelled, smelt** BE) **1** *(notice, detect)* sentire odore, profumo di; *(sniff deliberately)* [*person*] annusare; [*animal*] fiutare, annusare; ***I could ~ alcohol on his breath*** sentivo che puzzava d'alcol; ***I can ~ burning*** sento odore di bruciato; ***I can ~ lemons*** sento profumo di limoni **2** FIG. *(detect)* fiutare [*danger, problem, success, change, good worker*]; scoprire [*liar, cheat*]; ***a good reporter can always ~ a good story*** un buon giornalista fiuta sempre una buona storia **II** intr. (pass., p.pass. **smelled, smelt** BE) **1** *(have odour)* avere odore; *(pleasantly)* profumare; *(unpleasantly)* puzzare; ***that ~s nice, horrible*** ha un odore gradevole, terribile; ***this gas doesn't ~*** questo gas non ha odore; ***this flower doesn't ~*** questo fiore non profuma; ***to ~ of roses*** profumare di rose; ***to ~ of garlic*** puzzare d'aglio; ***that ~s like curry*** ha odore di curry **2** FIG. ***to ~ of racism, corruption*** puzzare di razzismo, corruzione; ***to ~ of complacency*** sapere di compiacimento **3** *(have sense of smell)* avere l'olfatto, sentire gli odori.

■ **smell out:** ***~ [sth.] out, ~ out [sth.]*** **1** *(sniff out, discover)* [*dog*] fiutare [*drugs, explosives*] **2** FIG. [*person*] fiutare [*plot, treachery, corruption*]; smascherare [*spy, traitor*] **3** *(cause to stink)* appestare [*room, house*].

smelliness /'smelɪnɪs/ n. fetore m., puzzo m.

smelling /'smelɪŋ/ n. **1** *(sense)* olfatto m., odorato m. **2** *(having odour)* (l')emanare odore; *(sniffing)* (l')annusare, (il) sentire.

smelling bottle /'smelɪŋ,bɒtl/ n. boccetta f. dei sali.

smelling salts /'smelɪŋ,sɔ:lts/ n.pl. MED. sali m. (ammoniacali).

smelly /'smelɪ/ agg. **1** [*animal, person, clothing, breath*] che puzza, puzzolente **2** COLLOQ. FIG. [*idea, place, person*] che puzza.

1.smelt /smelt/ pass., p.pass. BE → **2.smell**.

2.smelt /smelt/ n. ZOOL. (pl. **~**, **~s**) sperlano m.

3.smelt /smelt/ tr. estrarre, ottenere [qcs.] mediante fusione [*metal*]; fondere [*ore*].

smelter /'smeltə(r)/ n. (anche **smeltery**) fonderia f.

smelting /'smeltɪŋ/ n. fusione f.

smelting-furnace /'smeltɪŋ,fɜ:nɪs/ n. forno m. fusorio.

smew /smju:/ n. ZOOL. pesciaiola f.

smidgen /'smɪdʒən/, **smidgin** /'smɪdʒɪn/ n. COLLOQ. *(of flavouring)* pizzico m.; *(of alcohol)* goccia f., dito m.; *(of emotion)* briciolo m.; ***just a ~*** solo un pochino.

smilax /'smaɪlæks/ n. salsapariglia f.

▶ **1.smile** /smaɪl/ n. sorriso m.; ***a ~ of approval*** un sorriso di approvazione; ***to give a ~ of welcome*** dare il benvenuto con un sorriso; ***to give a ~*** fare un sorriso *o* sorridere; ***to give sb. a ~*** fare un sorriso *o* sorridere a qcn.; ***with a ~*** con un sorriso; ***to have a ~ on one's face*** avere il volto sorridente; ***take that ~ off your face*** togliti quel sorriso dalla faccia; ***to wipe the ~ off sb.'s face*** fare passare la voglia di sorridere a qcn.; ***to be all ~s*** essere tutto contento *o* sprizzare gioia da tutti i pori; ***to crack a ~*** AE COLLOQ. accennare un sorriso.

▶ **2.smile** /smaɪl/ **I** tr. **1** ***to ~ one's consent, thanks*** acconsentire, ringraziare con un sorriso; ***to ~ a greeting*** salutare con un sorriso;

"Of course," he ~d "Certamente," disse sorridendo **2** ***to ~ a grateful, sad smile*** fare un sorriso riconoscente, triste **II** intr. sorridere (**at sb.** a qcn.; **with** di); ***we ~d at the idea, his confusion*** l'idea, la sua confusione ci fece sorridere; ***to ~ to think of sth., that*** sorridere al pensiero di qcs., che; ***to ~ to oneself*** sorridere tra sé e sé; ***keep smiling!*** sorridi!

▪ **smile on:** ***~ on [sb., sth.]*** [*luck, fortune, weather*] arridere a, essere favorevole a; [*person, police, authority*] essere favorevole a.

smiler /'smaɪlə(r)/ n. chi sorride.

▷ **smiling** /'smaɪlɪŋ/ agg. sorridente.

smilingly /'smaɪlɪŋlɪ/ avv. sorridendo, con un sorriso.

smiley /'smaɪlɪ/ n. **1** *(happy symbol)* faccina f. sorridente **2** *(emoticon)* smiley m.

1.smirch /smɜːtʃ/ n. macchia f., chiazza f.; FIG. macchia f., difetto m.

2.smirch /smɜːtʃ/ tr. macchiare, sporcare, imbrattare; FIG. macchiare, screditare [*honour, good name*].

1.smirk /smɜːk/ n. *(self-satisfied)* sorriso m. compiaciuto; *(knowing)* sorrisetto m., mezzo sorriso m.

2.smirk /smɜːk/ intr. *(in a self-satisfied way)* fare un sorriso compiaciuto; *(knowingly)* fare un sorrisetto.

1.smite /smaɪt/ n. ANT. forte colpo m., percossa f.

2.smite /smaɪt/ tr. ANT. (pass. **smote**; p.pass. **smitten**) **1** *(strike)* colpire **2** LETT. *(punish)* castigare.

smith /smɪθ/ ➧ **27** n. fabbro m. ferraio.

smithereens /ˌsmɪðə'riːnz/ n.pl. ***in ~*** in mille pezzi; ***to smash to ~*** andare in frantumi; ***to smash sth. to ~*** mandare qcs. in frantumi.

smithery /'smɪθərɪ/ n. **1** *(activity)* lavoro m. del fabbro **2** *(shop)* fucina f., officina f. del fabbro.

> **Smithsonian Institution** /smɪθˌsəʊnɪənɪnstɪ'tjuːʃn, AE smɪθˌsoʊnɪənɪnstɪ'tuːʃn/ Istituzione nazionale statunitense che comprende vari musei e centri di ricerca a Washington DC. Fondata nel 1846, grazie al denaro lasciato dallo scienziato inglese James Smithson, è nota comunemente con il nome di *the nation's attic* (la soffitta della nazione).

smithsonite /'smɪθsənaɪt/ n. smithsonite f.

smithy /'smɪðɪ/ n. fucina f., officina f. del fabbro.

smitten /'smɪtn/ **I** p.pass. → **2.smite** **II** agg. **1** *(afflicted)* ***~ by*** divorato da [*guilt, regret*]; afflitto da [*illness*] **2** *(in love)* follemente innamorato, cotto; ***to be ~ by*** o ***with sb.*** essere follemente innamorato di qcn.

1.smock /smɒk/ n. grembiule m., camice m.

2.smock /smɒk/ tr. ornare [qcs.] a punto smock.

smocking /'smɒkɪŋ/ n. punto m. smock.

smog /smɒg/ n. smog m.

smog mask /'smɒgˌmɑːsk, AE -ˌmæsk/ n. mascherina f. antismog.

▶ **1.smoke** /sməʊk/ n. **1** *(fumes)* fumo m.; ***full of tobacco ~*** pieno di fumo (di sigaretta); ***a cloud, a wisp of ~*** una nuvola, un filo di fumo; ***to go up in ~*** COLLOQ. bruciare completamente; FIG. andare in fumo; ***to vanish in a puff of ~*** sparire in una nuvola di fumo **2** COLLOQ. *(cigarette)* sigaretta f., sigaro m.; ***to have a ~*** farsi una fumata; ***she went out for a quick ~*** uscì a farsi una fumatina **3** ***the ~*** COLLOQ. la grande città; ***the big Smoke*** BE = Londra ◆ ***there's no ~ without fire*** o ***where there's ~ there's fire*** = non c'è effetto senza causa.

▶ **2.smoke** /sməʊk/ **I** tr. **1** *(use)* fumare [*cigarette, pipe, marijuana*] **2** GASTR. affumicare [*fish, meat*] **II** intr. **1** *(use tobacco, substances)* fumare; ***when did you start smoking?*** quando hai incominciato a fumare? **2** *(be smoky)* [*fire, lamp, fuel*] fumare ◆ ***stick that in your pipe and ~ it!*** prendi su e porta a casa! ***to ~ like a chimney*** COLLOQ. fumare come un turco.

▪ **smoke out:** ***~ [sth.] out, ~ out [sth.]*** stanare (con il fumo) [*animal*]; ***~ [sb.] out, ~ out [sb.]*** stanare, scoprire [*fugitive, sniper*]; FIG. mettere allo scoperto [*traitor, culprit*]; ***~ [sth.] out*** affumicare [*room, house*]; ***you'll ~ the place out!*** affumicherai tutta la stanza!

smoke alarm /'sməʊkəˌlɑːm/ n. rivelatore m. di fumo.

smoke-black /ˌsməʊk'blæk/ n. nerofumo m.

smoke bomb /'sməʊkbɒm/ n. bomba f. fumogena.

smoked /sməʊkt/ **I** p.pass. → **2.smoke** **II** agg. [*food, glass*] affumicato.

smoke detector /'sməʊkdɪˌtektə(r)/ n. rivelatore m. di fumo.

smoke-dried /'sməʊkdraɪd/ agg. affumicato.

smoke-dry /'sməʊkdraɪ/ tr. affumicare.

smoke-filled /'sməʊkfɪld/ agg. fumoso, pieno di fumo.

smoke-hole /'sməʊkhəʊl/ n. esalatoio m.

smoke-house /'sməʊkhaʊs/ n. AE affumicatoio m.

smokeless /'sməʊklɪs/ agg. [*fuel*] che non emette fumi; [*zone*] in cui è vietata l'emissione di fumi.

▷ **smoker** /'sməʊkə(r)/ n. **1** *(person)* fumatore m. (-trice); ***a heavy ~*** un fumatore accanito; ***a light ~*** una persona che fuma poco; ***a ~'s cough*** una tosse da fumatore **2** *(on train)* scompartimento m. (per) fumatori.

smoke screen /'sməʊkskriːn/ n. cortina f. fumogena (anche FIG.); ***to create*** o ***throw up a ~*** creare una cortina fumogena.

smoke signal /'sməʊkˌsɪgnl/ n. segnale m. di fumo.

smokestack /'sməʊkstæk/ n. *(chimney)* ciminiera f.; *(funnel)* fumaiolo m.

smokestack industries /'sməʊkstækˌɪndəstrɪz/ n.pl. industria f.sing. pesante.

smoke-stone /'sməʊkstəʊn/ n. quarzo m. affumicato.

smokey → **smoky**.

smokiness /'sməʊkɪnɪs/ n. fumosità f.

▷ **smoking** /'sməʊkɪŋ/ **I** n. *(from cigarettes, etc.)* fumo m.; ***~ and drinking*** il fumo e l'alcol; ***"~ damages your health"*** "il fumo nuoce alla salute"; ***to give up ~*** smettere di fumare; ***to cut down on one's ~*** fumare di meno; ***a ban on ~*** un divieto di fumare; ***"no ~"*** "vietato fumare"; ***they want to reduce ~ among pupils*** vogliono ridurre il consumo di tabacco tra gli allievi **II** agg. attrib. **1** *(emitting smoke)* [*chimney, volcano*] fumante; [*cigarette*] acceso **2** *(for smokers)* [*compartment, section*] (per) fumatori.

smoking ban /'sməʊkɪŋbæn/ n. divieto m. di fumare.

smoking compartment /'sməʊkɪŋkəmˌpɑːtmənt/ BE, **smoking car** /'sməʊkɪŋˌkɑː(r)/ AE n. scompartimento m., carrozza f. (per) fumatori.

smoking-concert /'sməʊkɪŋˌkɒnsət/ n. = concerto durante il quale è consentito fumare.

smoking gun /ˌsməʊkɪŋ'gʌn/ n. AE FIG. prova f. evidente, inconfutabile.

smoking jacket /'sməʊkɪŋˌdʒækɪt/ n. giacca f. da camera.

smoking mixture /'sməʊkɪŋˌmɪkstʃə(r)/ n. miscela f. di tabacco (da pipa).

smoking-related /'sməʊkɪŋrɪˌleɪtɪd/ agg. [*disease*] legato al, portato dal fumo.

smoking room /'sməʊkɪŋˌruːm, -ˌrʊm/ n. sala f. (per) fumatori.

smoky /'sməʊkɪ/ **I** agg. **1** [*atmosphere, room*] fumoso, pieno di fumo; ***it's a bit ~ here*** è un po' fumoso qui **2** [*fire*] che fa fumo **3** GASTR. [*cheese, ham, bacon*] affumicato **4** [*glass*] affumicato, fumé **II** n. AE COLLOQ. *(cop)* = poliziotto; *(police)* = polizia.

smolder AE → **smoulder**.

smoldering AE → **smouldering**.

smolt /sməʊlt/ n. = giovane salmone che scende dal fiume verso il mare.

1.smooch /smuːtʃ/ n. COLLOQ. **1** *(kiss and cuddle)* sbaciucchiamento m.; ***to have a ~*** [*couple*] sbaciucchiarsi, pomiciare **2** BE *(slow dance)* lento m.

2.smooch /smuːtʃ/ intr. COLLOQ. **1** *(kiss and cuddle)* sbaciucchiarsi **2** BE *(dance)* ballare un lento.

smoochy /'smuːtʃɪ/ agg. BE COLLOQ. [*kiss*] languido; ***a ~ record*** un lento; ***~ music*** lenti.

▶ **1.smooth** /smuːð/ **I** agg. **1** *(even, without bumps)* [*stone, sea, surface, skin, hair, fabric*] liscio; [*road*] piano; [*curve, line, breathing*] regolare; [*sauce, gravy, paste*] omogeneo; [*crossing, flight*] tranquillo; [*movement*] agevole, sciolto; [*music, rhythm, playing*] regolare; ***the tyres are worn ~*** le gomme sono diventate lisce; ***to have a ~ landing*** atterrare bene *o* dolcemente; ***bring the car to a ~ stop*** fermati dolcemente; ***the engine is very ~*** il motore gira bene **2** FIG. *(problem-free)* [*journey, flight, life*] tranquillo, senza intoppi; ***such a change is rarely ~*** è raro che un cambiamento di questo genere non crei problemi; ***the bill had a ~ passage through Parliament*** la legge è passata senza difficoltà in Parlamento **3** *(pleasant, mellow)* [*taste, wine, whisky*] amabile, rotondo **4** *(suave)* SPREG. [*person*] mellifluo; [*manners, appearance*] untuoso; ***to be a ~ talker*** essere un politicone; ***a ~ operator*** un ammaliatore **II** n. ***to give sth. a ~*** dare una lisciata a qcs. ◆ ***~ as a baby's bottom*** liscio come il culetto di un bambino; ***as ~ as silk*** liscio come la seta; ***the course of true love never did run ~*** = l'amore vero non è mai privo di difficoltà; ***to take the rough with the ~*** prendere le cose come vengono.

2.smooth /smuːð/ tr. **1** *(flatten out)* lisciare [*clothes, paper, hair, surface*]; *(get creases out)* togliere le pieghe a, stirare [*fabric, paper*]; ***to ~ the creases from sth.*** togliere le pieghe a *o* stirare qcs.; ***she ~ed her skirt over her hips*** si sistemò la gonna sui fianchi; ***to ~ one's hair back*** ravviarsi i capelli; ***~ the cream into your skin, over your face*** applicate la crema sulla pelle, sul viso;

this cream ~s rough skin questa crema ammorbidisce le pelli secche **2** FIG. *(make easier)* facilitare, appianare, spianare [*process, transition, path*]; ***talks to ~ the path towards peace*** dei colloqui per favorire il processo di pace ◆ ***to ~ ruffled feathers*** calmare le acque.

■ **smooth away:** ~ *away [sth.]*, ~ *[sth.] away* eliminare [*wrinkles*]; togliere [*creases*]; appianare [*problems*].

■ **smooth down:** ~ *[sth.] down*, ~ *down [sth.]* **1** lisciare [*clothes, hair, fabric*]; levigare [*wood, rough surface*] **2** *(to get creases out)* stirare [*clothes, fabric*].

■ **smooth out:** ~ *[sth.] out*, ~ *out [sth.]* **1** *(lay out)* spiegare [*map, paper, cloth*]; *(remove creases)* togliere le pieghe a, stirare [*paper, cloth*] **2** FIG. appianare [*difficulties*]; eliminare, fare scomparire [*imperfections*]; ***to ~ out the impact of sth.*** smorzare l'impatto di qcs.

■ **smooth over:** ~ *[sth.] over*, ~ *over [sth.]* FIG. minimizzare [*differences*]; superare [*awkwardness*]; appianare [*difficulties, problems*]; mitigare [*bad feelings*]; migliorare [*relationship*]; ***to ~ things over*** risolvere la faccenda.

smooth-bore /ˈsmuːðbɔː(r)/ agg. [*gun*] a canna liscia.

smooth-cheeked /ˈsmuːðtʃiːkt/, **smooth-faced** /ˈsmuːðfeɪst/ agg. imberbe.

smoothie, **smoothy** /ˈsmuːðɪ/ n. COLLOQ. **1** SPREG. *(person)* persona f. viscida **2** AE *(milk shake)* frullato m.

smoothing /ˈsmuːðɪŋ/ n. **1** *(flattening)* spianatura f., lisciatura f. **2** STATIST. perequazione f.

smoothing plane /ˈsmuːðɪŋˌpleɪn/ n. pialletto m.

▷ **smoothly** /ˈsmuːðlɪ/ avv. **1** *(easily)* [*move, flow, glide*] facilmente, dolcemente; [*start, stop, brake, land*] dolcemente; [*write, spread*] in modo regolare; FIG. *(without difficulties)* senza difficoltà; ***the key turned ~ in the lock*** la chiave girò senza difficoltà nella serratura; ***to run ~*** [*engine, machinery*] girare bene; FIG. [*business, department*] girare bene; [*holiday*] andare bene; ***things are going very ~ for me*** mi sta andando tutto bene *o* tutto sta filando liscio **2** *(suavely)* [*speak, say, persuade, lie*] in modo mellifluo; SPREG. mielosamente.

smoothness /ˈsmuːðnɪs/ n. **1** *(of surface, skin)* levigatezza f.; *(of hair)* morbidezza f.; *(of crossing, flight)* tranquillità f.; *(of car, machine, engine)* buon funzionamento m., regolarità f.; *(of music, rhythm, playing)* regolarità f.; *(of movement)* scioltezza f. **2** FIG. *(absence of problems) (of operation, process, transition, journey)* assenza f. di problemi **3** *(mellowness) (of wine, whisky, taste)* amabilità f., rotondità f. **4** *(suaveness) (of person, manner, speech)* untuosità f., mellifluità f.

smooth running /ˌsmuːðˈrʌnɪŋ/ **I** n. *(of machinery, engine)* buon funzionamento m.; *(of organization, department)* buon funzionamento m., buona organizzazione f.; *(of event)* buona organizzazione f. **II** **smooth-running** agg. [*machinery, engine*] che gira bene; [*organization, department*] che funziona bene; [*event*] ben organizzato.

smooth-tempered /ˌsmuːðˈtempəd/ agg. di carattere dolce.

smooth-tongued /ˌsmuːðˈtʌŋd/ agg. SPREG. suadente, mellifluo.

smoothy → **smoothie**.

smorgasbord /ˈsmɔːgəsbɔːd/ n. **1** GASTR. = buffet con ampia varietà di cibi **2** FIG. assortimento m. (**of** di).

smote /sməʊt/ pass. → **2.smite**.

smother /ˈsmʌðə(r)/ **I** tr. **1** *(stifle)* soffocare [*person, fire, flames, laugh, yawn, doubts, opposition, scandal, emotion*] **2** *(cover)* coprire (**with** di); ***to ~ sb. with kisses*** coprire qcn. di baci; ***a cake ~ed in cream*** una torta tutta coperta di panna; ***her face was ~ed in powder*** aveva uno spesso strato di cipria sul viso; ***to be ~ed in blankets, furs*** essere tutto avvolto nelle coperte, nelle pellicce **3** *(overwhelm) (with love, kindness etc.)* soffocare, opprimere **II** intr. [*person*] essere soffocante, opprimente.

smothering /ˈsmʌðərɪŋ/, **smothery** /ˈsmʌðərɪ/ agg. soffocante, opprimente (anche FIG.).

smoulder BE, **smolder** AE /ˈsməʊldə(r)/ intr. **1** [*fire*] covare sotto la cenere; [*cigarette*] consumarsi; [*ruins*] bruciare (senza fiamma) **2** FIG. [*hatred, resentment, jealousy*] covare; ***to ~ with*** covare [*resentment*]; essere divorato, roso da [*jealousy*].

smouldering BE, **smoldering** AE /ˈsməʊldərɪŋ/ agg. **1** [*fire*] che cova sotto la cenere; [*cigarette*] che si consuma; [*ashes, ruins*] fumante **2** FIG. *(intense)* [*hatred, resentment*] forte, che consuma; [*jealousy*] divorante, cieco **3** *(sexy)* [*eyes, look*] ardente.

SMS n. **1** *(system)* (⇒ Short Message System sistema messaggi brevi) SMS m. **2** *(message)* SMS m., messaggino m.; ***to send an ~*** mandare un SMS.

1.smudge /smʌdʒ/ n. *(mark)* macchia f., sbavatura f.

2.smudge /smʌdʒ/ **I** tr. sbavare [*make-up, ink, print*]; fare delle sbavature su [*paper, paintwork*] **II** intr. [*paint, ink, print, make-up*] macchiare, sbavare.

3.smudge /smʌdʒ/ n. AE AGR. fumigazione f.

smudged /smʌdʒd/ **I** p.pass. → **2.smudge** **II** agg. [*paint, make-up*] colato, sbavato; [*writing, letter*] con sbavature; [*paper, cloth*] macchiato; ***your make-up is ~*** ti è colato il trucco; ***the paint is ~*** la vernice è colata.

smudgy /ˈsmʌdʒɪ/ agg. **1** *(marked)* [*paper, face*] sporco, imbrattato; [*writing, letter*] con sbavature **2** *(indistinct)* [*photograph, image*] sfocato; [*outline*] sfumato.

smug /smʌg/ agg. molto compiaciuto; ***don't be so ~!*** non compiacerti troppo! ***to be ~ about winning*** essere molto fiero di avere vinto; ***I can't afford to be ~*** non posso dormire sugli allori.

smuggle /ˈsmʌgl/ **I** tr. mandare clandestinamente [*message, food*] (**into** in); trafficare in [*arms, drugs*]; *(to evade customs)* contrabbandare [*watches, cigarettes, alcohol*]; ***to ~ sth. in*** fare entrare qcs. di contrabbando; ***to ~ sb. into a country*** fare entrare clandestinamente qcn. in uno stato; ***to ~ sb. into Britain, into the club*** fare entrare clandestinamente qcn. in Gran Bretagna, nel club; ***to ~ sth., sb. out (of)*** fare uscire clandestinamente qcs., qcn. (da); ***to ~ sth. through*** o ***past customs*** contrabbandare qcs. **II** intr. esercitare il contrabbando.

smuggled /ˈsmʌgld/ **I** p.pass. → **smuggle** **II** agg. [*cigarettes, diamonds*] di contrabbando; ***~ goods*** merci di contrabbando.

smuggler /ˈsmʌglə(r)/ n. **1** *(person)* contrabbandiere m. (-a); ***arms ~*** trafficante di armi; ***drug ~*** narcotrafficante **2** *(ship)* nave f. contrabbandiera.

smuggling /ˈsmʌglɪŋ/ n. contrabbando m.; ***drug, arms ~*** traffico di droga, di armi.

smuggling ring /ˈsmʌglɪŋrɪŋ/ n. organizzazione f. di contrabbandieri; *(of drugs, arms)* organizzazione f. di trafficanti.

smugly /ˈsmʌglɪ/ avv. [*smile, act, say*] con aria di sufficienza.

smugness /ˈsmʌgnɪs/ n. sufficienza f., compiacimento m.

1.smut /smʌt/ n. **1** **U** *(vulgarity)* oscenità f. **2** *(stain)* macchia f. **3** BOT. carbone m.

2.smut /smʌt/ tr. (forma in -ing ecc. **-tt-**) **1** *(stain)* imbrattare, insozzare **2** AGR. infettare col carbone.

smuttiness /ˈsmʌtɪnɪs/ n. oscenità f., sconcezza f.

smutty /ˈsmʌtɪ/ agg. **1** *(crude)* osceno **2** *(dirty)* [*face, object*] nero, sporco, macchiato; [*mark*] nerastro.

Smyrna /ˈsmɜːnə, AE ˈsmɜːrnə/ n.pr. Smirne f.

▷ **1.snack** /snæk/ n. **1** *(small meal) (in café, pub)* pasto m. leggero; *(between meals, instead of meal)* snack m., spuntino m.; ***to have*** o ***eat a ~*** mangiare qualcosa, fare uno spuntino; *(in the afternoon)* fare merenda **2** *(crisps, peanuts etc.)* snack m., stuzzichino m.

▷ **2.snack** /snæk/ intr. mangiare qcs., fare uno spuntino; *(in the afternoon)* fare merenda; ***to ~ on sth.*** fare uno spuntino a base di.

snack bar /ˈsnækbɑː(r)/ n. snack-bar m., tavola f. calda.

1.snaffle /ˈsnæfl/ n. (anche **~ bit**) EQUIT. filetto m.

2.snaffle /ˈsnæfl/ tr. BE COLLOQ. *(steal)* fregare, sgraffignare.

1.snafu /snæˈfuː/ n. **1** AE POP. *(mistake)* cavolata f. **2** *(mess)* casino m.

2.snafu /snæˈfuː/ **I** tr. (pres. **~es**; pass., p.pass. **~ed**) incasinare **II** intr. (pres. **~es**; pass., p.pass. **~ed**) **1** AE *(make a mistake)* fare una cavolata **2** *(cause havoc)* fare un casino.

1.snag /snæg/ n. **1** *(hitch)* intoppo m., difficoltà f. (**in** in); ***there's just one ~*** c'è solo un problema; ***that's the ~*** questo è il problema; ***the ~ is that...*** il problema è che...; ***to hit*** o ***run into a ~*** [*person*] avere un intoppo *o* un imprevisto; [*plan*] andare incontro a degli imprevisti **2** *(tear)* piccolo strappo m. (**in** in) **3** *(projection)* sporgenza f. (**in** in).

2.snag /snæg/ **I** tr. (forma in -ing ecc. **-gg-**) **1** *(tear)* smagliare, strappare [*tights, stocking*] (**on** contro, con); impigliare [*sleeve, garment, fabric*] (**on** in); rompersi [*fingernail*] (**on** contro); graffiarsi [*hand, finger*] (**on** contro) **2** AE COLLOQ. *(take)* fregare **II** intr. (forma in -ing ecc. **-gg-**) *(catch)* ***to ~ on*** [*rope, fabric*] rimanere impigliato a; [*propeller, part*] urtare contro.

snaggle-toothed /ˈsnæglˌtuːθt/ agg. che ha i denti sporgenti, irregolari.

snail /sneɪl/ n. chiocciola f., lumaca f. (con il guscio); ***at a ~'s pace*** a passo di lumaca.

snail farm /ˈsneɪlˌfɑːm/ n. vivaio m. di lumache.

snail farming /ˈsneɪlˌfɑːmɪŋ/ n. elicicoltura f.

snail mail /ˈsneɪlmeɪl/ n. COLLOQ. = la posta convenzionale (in contrapposizione alla posta elettronica).

snail shell /ˈsneɪlˌʃel/ n. guscio m. di lumaca.

▷ **1.snake** /sneɪk/ n. 1 ZOOL. serpente m., serpe f. 2 SPREG. *(person)* serpe f. ◆ ***a ~ in the grass*** SPREG. = un pericolo in agguato.

2.snake /sneɪk/ intr. [*road*] serpeggiare, procedere tortuosamente (**through** attraverso); ***the road ~d down the mountain*** la strada serpeggiava giù per la montagna.

snakebird /'sneɪkbɜ:d/ n. uccello m. serpente.

snakebite /'sneɪkbaɪt/ n. 1 morso m. di serpente 2 *(drink)* = bevanda a base di sidro e birra.

snake-bitten /'sneɪkbɪtn/ agg. 1 morsicato da un serpente 2 AE COLLOQ. sfigato.

snake charmer /'sneɪk,tʃɑ:mə(r)/ n. incantatore m. (-trice) di serpenti.

snake eyes /'sneɪk,aɪz/ n. AE GIOC. COLLOQ. = punteggio di due ottenuto con due dadi; FIG. sfortuna f.

snake-fence /'sneɪk,fens/ n. = staccionata fatta disponendo a zigzag le stecche o i pali.

snakelike /'sneɪklaɪk/ agg. [*movement*] sinuoso; [*expression, eyes*] impenetrabile; [*skin*] simile al serpente.

snake oil /'sneɪkɔɪl/ n. AE = rimedio da ciarlatano.

snake pit /'sneɪk,pɪt/ n. fossa f. dei serpenti (anche FIG.).

snakeroot /'sneɪkru:t/ n. 1 FARM. radice f. di serpentaria 2 BOT. poligala f.

snakes and ladders /,sneɪksən'lædəz/ ➧ ***10*** n. + verbo sing. BE GIOC. = gioco simile al gioco dell'oca.

snake's-head /'sneɪkshed/ n. meleagride f.

snakeskin /'sneɪkskɪn/ I n. pelle f. di serpente II modif. [*bag, shoes*] (in, di pelle) di serpente.

snakestone /'sneɪkstəʊn/ n. ammonite f.

snakeweed /'sneɪkwi:d/ n. bistorta f.

snakyily /'sneɪkɪlɪ/ avv. sinuosamente, in modo sinuoso.

snaky /'sneɪkɪ/ agg. 1 *(infested with snakes)* pieno di serpenti 2 *(sinuous)* [*movement*] sinuoso; [*road*] tortuoso.

1.snap /snæp/ ➧ ***10*** I n. 1 *(cracking sound) (of branch)* schianto m., colpo m. secco; *(of fingers, elastic)* schiocco m.; *(of lid)* scatto m. 2 *(bite)* morso m., colpo m. secco (con i denti); ***with a sudden ~ of his jaws, the fox...*** chiudendo di scatto la bocca, la volpe... 3 FOT. COLLOQ. foto f.; ***holiday*** BE o ***vacation ~*** foto delle vacanze 4 GIOC. = gioco di carte simile al rubamazzo 5 AE COLLOQ. *(easy thing)* ***it's a ~!*** è un gioco da ragazzi! 6 COLLOQ. *(vigour)* brio m., energia f.; ***put a bit of ~ into it!*** mettici un po' di brio! II agg. [*decision, judgment*] improvviso, veloce; [*vote, election*] veloce III inter. ***~! we're wearing the same tie!*** COLLOQ. toh (guarda), abbiamo la cravatta uguale!

2.snap /snæp/ I tr. (forma in -ing ecc. **-pp-**) 1 *(click)* fare schioccare [*fingers, elastic*]; fare scattare, chiudere di scatto [*jaws*]; ***to ~ sth. shut*** chiudere di colpo qcs. 2 *(break)* spezzare, rompere 3 *(say crossly)* dire con tono seccato; ***"stop it!" she ~ped*** "smettila!" disse con tono seccato 4 FOT. COLLOQ. fare una foto a [*person, building etc.*] II intr. (forma in -ing ecc. **-pp-**) 1 *(break)* [*branch, bone, pole*] spezzarsi di schianto; [*elastic*] rompersi; [*rope, wire*] spezzarsi; ***the mast ~ped in two*** l'albero si spezzò in due 2 FIG. *(lose control)* [*person*] perdere il controllo, la pazienza; ***suddenly something just ~ped in me*** improvvisamente, sono scoppiata; ***my patience finally ~ped*** alla fine la mia pazienza si esaurì 3 *(click)* ***to ~ open, shut*** aprirsi, chiudersi di scatto; ***the attachment ~ped into place*** l'accessorio si incastrò con uno scatto 4 *(speak sharply)* parlare duramente ◆ ***~ out of it!*** COLLOQ. reagisci! ***~ to it!*** COLLOQ. sbrigati! ***to ~ to attention*** MIL. scattare sull'attenti.

■ **snap at:** ***~ at [sth., sb.]*** 1 *(speak sharply)* parlare duramente a [*person*] 2 *(bite)* [*dog, fish*] cercare di acchiappare, afferrare (con la bocca).

■ **snap off:** ***~ off*** [*branch*] spezzarsi (con un colpo secco); [*knob, protrusion*] staccarsi di netto; ***~ off [sth.], ~ [sth.] off*** spezzare, rompere.

■ **snap out:** ***~ out [sth.]*** lanciare [*order*]; gridare [*reply*].

■ **snap up:** ***~ up [sth.]*** portare via, soffiare [*bargain, opportunity*].

snapdragon /'snæp,drægən/ n. BOT. bocca f. di leone.

snap fastener /'snæp,fɑ:snə(r)/ n. (bottone) automatico m.

snap-hook /'snæphʊk/ n. gancio m. a molla, moschettone m.

snap-on /'snæpɒn, AE -ɔ:n/ agg. [*lid, attachment*] a scatto.

snapper /'snæpə(r)/ n. ZOOL. luzianide m.

snappily /'snæpɪlɪ/ avv. 1 *(crossly)* duramente, seccamente 2 *(smartly)* [*dress*] alla moda.

snapping turtle /,snæpɪŋ'tɜ:tl/ n. tartaruga f. azzannatrice.

snappish /'snæpɪʃ/ agg. aggressivo, stizzoso.

snappishness /'snæpɪʃnɪs/ n. aggressività f., durezza f.

snappy /'snæpɪ/ agg. 1 *(bad-tempered)* [*person, animal*] aggressivo 2 *(lively)* [*rhythm*] vivace; [*reply*] pronto; [*item*] veloce; *(punchy)* [*advertisement, feature*] accattivante 3 COLLOQ. *(smart)* [*clothing*] alla moda; ***he's a ~ dresser*** si veste alla moda ◆ ***make it ~!*** COLLOQ. sbrigati! muoviti!

snapshot /'snæpʃɒt/ n. foto f.

snap-switch /'snæpswɪtʃ/ n. interruttore m. a scatto rapido.

1.snare /sneə(r)/ n. laccio m., trappola f. (anche FIG.) ◆ ***a ~ and a delusion*** uno specchietto per le allodole.

2.snare /sneə(r)/ tr. prendere al laccio, intrappolare [*animal, person*].

snare drum /'sneə,drʌm/ ➧ ***17*** n. tamburo m. militare.

snarer /'sneərə(r)/ n. tenditore m. (-trice) di trappole (anche FIG.).

snarky /'snɑ:kɪ/ agg. COLLOQ. [*person*] irritabile.

1.snarl /snɑ:l/ n. 1 *(growl) (of animal)* ringhio m.; ***"you'd better watch out!" he said with a ~*** "faresti meglio a fare attenzione!" disse con tono rabbioso 2 *(grimace)* espressione f. truce.

2.snarl /snɑ:l/ I tr. urlare, ringhiare [*order, insult, threat*]; ***"don't be so stupid," he ~ed*** "non fare lo stupido," urlò rabbioso II intr. *(growl)* [*animal*] ringhiare (ferocemente); [*person*] urlare, ringhiare; ***the dog ~ed at me*** il cane mi ha ringhiato; ***he ~s at the new recruits*** urla alle nuove reclute.

3.snarl /snɑ:l/ n. *(tangle) (of traffic)* ingorgo m.; *(in single rope, flex)* nodo m.; *(of several ropes, flexes)* groviglio m., intrico m.

4.snarl /snɑ:l/ I tr. *(twist together)* aggrovigliare, ingarbugliare (anche FIG.) II intr. aggrovigliarsi, ingarbugliarsi (anche FIG.).

■ **snarl up:** ***~ up*** [*rope, wool*] aggrovigliarsi, ingarbugliarsi; ***~ up [sth.]*** bloccare [*traffic, road*]; ***to be ~ed up*** [*road, network, traffic*] essere bloccato, intasato; [*economy, system*] essere paralizzato; [*plans, negotiations*] essere bloccato; ***I got ~ed up in the traffic*** sono rimasto bloccato nel traffico; ***the hook got ~ed up in the net*** l'amo è rimasto impigliato nella rete.

snarling /'snɑ:lɪŋ/ agg. [*animal*] ringhioso; [*person*] stizzoso.

snarl-up /'snɑ:lʌp/ n. *(in traffic)* imbottigliamento m., ingorgo m.; *(in distribution network)* blocco m.

snarly /'snɑ:lɪ/ agg. → **snarling**.

▷ **1.snatch** /snætʃ/ n. 1 *(fragment) (of conversation)* frammento m., stralcio m.; *(of poem, poet)* alcuni versi m.pl.; *(of concerto, composer)* brano m.; *(of tune)* pezzetto m., pezzo m.; ***I only caught a ~ of the conversation*** sono riuscito a sentire solo parte della conversazione; ***he remembers odd ~es of the song*** ricorda solo alcuni pezzi della canzone 2 *(grab)* ***to make a ~ at sth.*** cercare di afferrare qcs. 3 *(theft)* scippo m.; ***bag ~*** borseggio; ***£100,000 was stolen in a wages ~*** a seguito di una rapina sono stati rubati stipendi per un valore di 100.000 sterline 4 SPORT *(in weight-lifting)* strappo m. 5 AE VOLG. *(vulva)* fica f.

▷ **2.snatch** /snætʃ/ I tr. 1 *(grab)* afferrare [*book, key*]; cogliere [*opportunity*]; strappare [*victory*]; prendere [*lead*]; ***to ~ sth. from sb.*** strappare qcs. a qcn.; ***she ~ed the letter out of my hands*** mi strappò di mano la lettera; ***to be ~ed from the jaws of death*** essere strappato alla morte 2 COLLOQ. *(steal)* rubare, scippare [*handbag, jewellery*] (**from** a); rapire [*baby*]; rubare [*kiss*] (**from** a) 3 *(take hurriedly)* ***try to ~ a few hours' sleep*** cerca di dormire qualche ora; ***have we got time to ~ a meal?*** possiamo mangiare qualcosa al volo? ***we managed to ~ a week's holiday*** siamo riusciti a prenderci una settimana di vacanza II intr. ***to ~ at sth.*** cercare di afferrare [*rope, letter*].

■ **snatch away:** ***~ [sth.] away*** portare via, strappare (**from sb.** a qcn.).

■ **snatch up:** ***~ up [sth.]*** raccogliere velocemente [*clothes, papers*]; afferrare [*child*]; ***to ~ up a bargain*** fare un affare.

snatcher /'snætʃə(r)/ n. *(thief)* scippatore m. (-trice); *(kidnapper)* rapitore m. (-trice).

snatch squad /'snætʃ,skwɒd/ n. BE reparto m. antisommossa.

snatchy /'snætʃɪ/ agg. [*activity*] irregolare, discontinuo.

snazzy /'snæzɪ/ agg. COLLOQ. [*clothing, colour*] sgargiante; [*car*] vistoso.

▷ **1.sneak** /sni:k/ I n. BE COLLOQ. SPREG. 1 *(telltale)* spione m. (-a) 2 *(devious person)* sornione m. (-a) II modif. [*attack, raid*] a tradimento; [*visit*] inaspettato.

▷ **2.sneak** /sni:k/ I tr. (pass., p.pass. **~ed**, COLLOQ. **snuck**) 1 COLLOQ. *(have secretly)* mangiare di nascosto [*chocolate etc.*]; fumare di nascosto [*cigarette*] 2 COLLOQ. *(steal)* prendere furtivamente, sgraffignare (**out of, from** da); ***I ~ed some brandy from the cupboard*** ho preso di nascosto del brandy dall'armadio; ***they ~ed him out by the back door*** l'hanno fatto uscire di nascosto dalla porta di servizio; ***to ~ a look at sth.*** dare un'occhiata furtiva a qcs. II intr. (pass., p.pass. **sneaked**, COLLOQ. **snuck**) 1 *(move furtively)* ***to ~ away*** andarsene furtivamente *o* quatto quatto; ***to ~ around*** aggirarsi furtivamente; ***to ~ in, out*** entrare, uscire furtivamente; ***to ~***

into infilarsi furtivamente in [*room, bed*]; ***to ~ past sth., sb.*** passare furtivamente davanti a qcs., qcn.; ***to ~ up on sb., sth.*** avvicinarsi furtivamente a qcn., qcs.; ***he ~ed up behind me*** mi è arrivato alle spalle di soppiatto; ***she ~ed out of the room*** uscì dalla stanza quatta quatta **2** BE COLLOQ. *(tell tales)* fare la spia; ***to ~ on sb.*** fare la spia a qcn. *o* denunciare qcn.

sneaker /'sni:kə(r)/ n. AE scarpa f. da ginnastica.

sneaking /'sni:kɪŋ/ agg. [*suspicion*] vago; ***I have a ~ suspicion that I've made a mistake*** ho la vaga sensazione di avere fatto un errore; ***she has a ~ suspicion that he's lying*** ha il vago sospetto che stia mentendo; ***I have a ~ admiration for her*** sotto sotto la ammiro; ***I have a ~ respect for her*** provo rispetto per lei.

sneak preview /ˌsni:k'pri:vju:/ n. CINEM. anteprima f. (anche FIG.); ***to give sb. a ~ of sth.*** dare qcs. a qcn. in anteprima *o* dare a qcn. un'anticipazione su qcs.

sneak thief /'sni:kθi:f/ n. (pl. **sneak thieves**) ladruncolo m. (-a).

sneaky /'sni:kɪ/ agg. **1** SPREG. *(cunning)* [*act, behaviour, move, person*] meschino, subdolo, spregevole; [*method, plan*] astuto **2** *(furtive)* ***to have a ~ look at sth.*** dare un'occhiata furtiva a qcs.

▷ **1.sneer** /snɪə(r)/ n. **1** *(expression)* ghigno m., sogghigno m.; ***to say sth. with a ~*** dire qcs. con un sogghigno **2** *(remark)* sarcasmo m., osservazione f. beffarda.

▷ **2.sneer** /snɪə(r)/ intr. **1** *(smile)* sogghignare, sorridere con disprezzo **2** *(speak)* deridere; ***to ~ at sb.*** deridere qcn.

sneerer /'snɪərə(r)/ n. schernitore m. (-trice), beffatore m. (-trice).

sneering /'snɪərɪŋ/ **I** n. derisione f., scherno m., sarcasmi m.pl. **II** agg. [*remark*] canzonatorio, sarcastico; [*smile*] beffardo, di scherno.

sneeringly /'snɪərɪŋlɪ/ avv. [*say, watch*] beffardamente.

1.sneeze /sni:z/ n. starnuto m.

2.sneeze /sni:z/ intr. starnutire ◆ ***it is not to be ~d at*** non è una cosa da buttare via; ***an offer of £500 is not to be sneezed at*** un'offerta di 500 sterline... sputaci sopra!

Sneezy /'sni:zɪ/ n.pr. Eolo.

snell /snel/ n. PESC. setale m., bava f.

1.snick /snɪk/ n. COLLOQ. **1** *(small cut)* taglietto m. **2** SPORT *(in cricket)* = leggera deviazione della palla ottenuta colpendola di taglio.

2.snick /snɪk/ tr. COLLOQ. **1** *(cut)* fare un taglietto a, incidere **2** SPORT *(in cricket)* colpire [qcs.] di taglio [*ball*].

1.snicker /'snɪkə(r)/ n. **1** *(whinny)* nitrito m. **2** AE risolino m., risatina f. maliziosa.

2.snicker /'snɪkə(r)/ intr. **1** *(neigh)* [*horse*] nitrire **2** AE ridacchiare.

snide /snaɪd/ agg. [*person, remark*] maligno.

▷ **1.sniff** /snɪf/ n. **1** *(of person with cold, person crying)* (il) tirare su col naso; *(of disgust, disdain)* smorfia f. **2** *(inhalation)* fiutata f.; *(of drug)* sniffata f.; ***a single ~ of this substance can be fatal*** una sola fiutata di questa sostanza può essere fatale; ***to take a ~ of*** annusare [*perfume, cheese*]; ***let me have a ~*** fammi annusare *o* fammi sentire **3** FIG. *(slight scent)* ***there was a ~ of corruption in the air*** la cosa puzzava un po' di corruzione; ***there has never been a ~ of scandal*** non c'è mai stata ombra di scandalo; ***I didn't get a ~ of the profits*** non ho neanche visto l'ombra dei guadagni; ***I didn't get a ~ of the ball*** non ho neanche toccato palla.

▷ **2.sniff** /snɪf/ **I** tr. [*dog*] annusare, fiutare [*trail, lamppost*]; [*person*] fiutare [*air*]; annusare [*perfume, food, flower, smelling salts*]; sniffare [*glue, cocaine*] **II** intr. [*person*] tirare su col naso; [*dog*] annusare, fiutare; FIG. [*person*] arricciare, storcere il naso; ***to ~ at sth.*** annusare [*food, liquid*]; FIG. arricciare, storcere il naso di fronte a [*suggestion, idea*]; arricciare il naso, fare smorfie davanti a [*dish, food*]; ***a free car, a 10% pay rise is not to be ~ed at*** un'automobile gratis, un aumento di stipendio del 10% non è da buttar via.

▪ **sniff out:** ~ **out [sth.]** [*dog*] fiutare, scoprire [*explosives, drugs*]; FIG. [*journalist*] fiutare [*scandal*]; [*police*] scoprire, smascherare [*culprit*]; [*shopper*] fiutare [*bargain*].

sniffer dog /'snɪfəˌdɒg, AE -ˌdɔ:g/ n. cane m. antidroga.

1.sniffle /'snɪfl/ n. **1** COLLOQ. *(sniff)* (il) tirare su col naso **2** *(slight cold)* (leggero) raffreddore m.; ***to have the ~s*** COLLOQ. essere un po' raffreddato.

2.sniffle /'snɪfl/ intr. tirare su col naso.

sniffler /'snɪflə(r)/ n. persona f. che tira su col naso.

sniffy /'snɪfɪ/ agg. COLLOQ. sdegnoso, sprezzante; ***to be ~ about sth.*** fare lo sdegnoso davanti a qcs.

snifter /'snɪftə(r)/ n. **1** COLLOQ. *(drink)* cicchetto m., bicchierino m. **2** AE *(glass)* napoleone m., bicchiere m. da cognac.

snifting valve /'snɪftɪŋˌvælv/ n. valvola f. di sfogo.

1.snigger /'snɪgə(r)/ n. risolino m., risatina f.; ***with a ~*** con un risolino.

2.snigger /'snɪgə(r)/ intr. ridacchiare; ***to ~ at [sb., sth.]*** ridacchiare di [*person*]; ridacchiare per [*remark, action*]; ridacchiare alla vista di [*appearance*].

sniggering /'snɪgərɪŋ/ **I** n. **U** ridacchiata f., risolini m.pl., risatine f.pl.; ***stop your ~*** smettetela di ridacchiare **II** agg. [*person*] che ridacchia.

sniggle /'snɪgl/ intr. = pescare le anguille introducendo l'amo nelle loro tane.

1.snip /snɪp/ n. **1** *(action)* forbiciata f., colpo m. di forbici **2** *(sound) (of scissors)* zac zac m. **3** *(piece) (of fabric)* scampolo m., ritaglio m. **4** COLLOQ. *(bargain)* buon affare m., affarone m. **5** *(in horse races)* vincitore m. sicuro.

2.snip /snɪp/ tr. (forma in -ing ecc. **-pp-**) tagliuzzare [*fabric, paper*]; rifilare [*hedge*].

▪ **snip off:** ~ **[sth.] off,** ~ **off [sth.]** tagliare [*nail, twig, corner*].

1.snipe /snaɪp/ n. ZOOL. beccaccino m.

2.snipe /snaɪp/ **I** tr. ***"rubbish," he ~d*** "sciocchezze," sentenziò **II** intr. ***to ~ at*** *(shoot)* sparare da un luogo nascosto a [*person, vehicle*]; *(criticize)* criticare, sparare a zero su [*person*].

snipe fish /'snaɪpfɪʃ/ n. (pl. **snipe fish, snipe fishes**) pesce m. trombetta.

sniper /'snaɪpə(r)/ n. MIL. cecchino m., sniper m.

sniper fire /'snaɪpəfaɪə(r)/ n. MIL. fuoco m. di cecchini.

sniping /'snaɪpɪŋ/ n. **U** cecchinaggio m.

snippet /'snɪpɪt/ n. gener. pl. frammento m., pezzetto m.; ***~s of conversation*** frammenti di conversazione; ***~s of information*** spigolature; ***~s of fabric*** scampoli di stoffa.

snippety /'snɪpətɪ/ agg. frammentario.

snip-snap /'snɪpˌsnæp/ n. **1** *(action)* forbiciata f., colpo m. di forbici **2** *(sound) (of scissors)* zac zac m. **3** *(smart repartee)* dialogo m. vivace, botta e risposta m.

snit /snɪt/ n. AE COLLOQ. attacco m. di nervi; ***to get in*** o ***into a ~*** perdere le staffe.

1.snitch /snɪtʃ/ n. COLLOQ. **1** *(nose)* naso m. **2** *(telltale) (adult)* pettegolo m. (-a); *(child)* spione m. (-a).

2.snitch /snɪtʃ/ **I** tr. COLLOQ. *(steal)* fregare, sgraffignare **II** intr. COLLOQ. *(reveal secret)* fare la spia; ***to ~ on sb.*** fare la spia a *o* denunciare qcn.

1.snivel /'snɪvl/ n. piagnucolio m., piagnisteo m.

2.snivel /'snɪvl/ intr. (forma in -ing ecc. **-ll-**) piagnucolare, frignare.

sniveller /'snɪvlə(r)/ n. COLLOQ. SPREG. piagnucolone m. (-a), frignone m. (a).

snivelling /'snɪvlɪŋ/ **I** n. **U** piagnucolio m. **II** agg. [*child, coward*] piagnucolone.

snob /snɒb/ **I** n. snob m. e f. **II** modif. [*value, appeal*] snobistico.

snobbery /'snɒbərɪ/ n. snobismo m.

snobbish /'snɒbɪʃ/ agg. [*person*] snob; [*behaviour*] snobistico, da snob.

snobbishness /'snɒbɪʃnɪs/ n. snobismo m.

snobby /'snɒbɪ/ agg. COLLOQ. [*person*] snob; [*behaviour*] snobistico, da snob.

snockered /'snɒkəd/ agg. AE COLLOQ. ubriaco, sbronzo.

1.snog /snɒg/ n. COLLOQ. sbaciucchiamento m.

2.snog /snɒg/ intr. (forma in -ing ecc. **-gg-**) COLLOQ. sbaciucchiarsi, pomiciare.

snogging /'snɒgɪŋ/ n. COLLOQ. sbaciucchiamento m.

snood /snu:d/ n. STOR. retina f. (per i capelli); *(modern)* passamontagna m.

1.snook /snu:k/ n. *(fish)* centropomide m.

2.snook /snu:k/ n. marameo m. ◆ ***to cock a ~ at sb.*** fare marameo a qcn.

1.snooker /'snu:kə(r)/ ♦ ***10*** **I** n. **1** *(game)* snooker m. **2** *(shot)* colpo m. formidabile **II** modif. [*ball, cue*] da snooker; [*tournament, player*] di snooker.

2.snooker /'snu:kə(r)/ tr. **1** SPORT = costringere l'avversario in una posizione tale per cui non può con la propria palla colpire direttamente alcuna delle palle che è consentito colpire; FIG. ostacolare [*player, person*]; ***I'm ~ed*** FIG. sono bloccato **2** AE *(deceive)* ingannare [*person*]; ***we've been ~ed*** siamo stati ingannati.

1.snoop /snu:p/ n. → **snooper**.

2.snoop /snu:p/ intr. COLLOQ. farsi gli affari altrui; ***to ~ into sth.*** ficcare il naso in qcs.; ***to ~ on sb.*** spiare qcn.

▪ **snoop around** COLLOQ. ficcanasare.

snoop around /'snu:pəˌraʊnd/ n. COLLOQ. ***to have a ~*** dare un'occhiata in giro.

snooper /'snu:pə(r)/ n. COLLOQ. SPREG. ficcanaso m. e f., impiccione m. (-a).

snooping /'snu:pɪŋ/ **I** n. COLLOQ. *(by state, police, journalist)* spionaggio m. **II** agg. COLLOQ. impiccione, ficcanaso.

snoot /snu:t/ n. **1** FOT. occhio m. di bue **2** COLLOQ. *(of person)* naso m.; *(of aircraft)* muso m.
snootily /'snu:tɪlɪ/ avv. COLLOQ. sdegnosamente, altezzosamente.
snootiness /'snu:tɪnɪs/ n. COLLOQ. boria f., altezzosità f.
snooty /'snu:tɪ/ agg. COLLOQ. [*restaurant, club, college*] esclusivo; [*tone*] sdegnoso; [*person*] altezzoso, con la puzza sotto il naso.
1.snooze /snu:z/ n. COLLOQ. pisolino m., sonnellino m.; ***to have a ~*** fare un pisolino.
2.snooze /snu:z/ intr. COLLOQ. fare un pisolino, sonnellino.
snooze button /'snu:z,bʌtn/ n. = pulsante di una sveglia che si schiaccia dopo che essa ha suonato affinché la soneria si fermi e poi riparta dopo alcuni minuti.
1.snore /snɔ:(r)/ n. (il) russare.
2.snore /snɔ:(r)/ intr. russare.
snorer /'snɔ:rə(r)/ n. COLLOQ. persona f. che russa.
snoring /'snɔ:rɪŋ/ n. (il) russare.
1.snorkel /'snɔ:kl/ n. **1** *(for swimmer)* respiratore m., boccaglio m., snorkel m. **2** *(on submarine)* presa f. d'aria, snorkel m.
2.snorkel /'snɔ:kl/ intr. (forma in -ing ecc. **-ll-**) fare snorkelling.
snorkelling /'snɔ:klɪŋ/ ➧ **10** n. SPORT snorkelling m.
▷ **1.snort** /snɔ:t/ n. **1** *(of horse, bull)* sbuffo m.; *(of person, pig)* grugnito m.; ***to give a ~*** [*horse, bull*] sbuffare; [*person, pig*] grugnire **2** COLLOQ. *(of cocaine)* sniffata f. **3** COLLOQ. *(drink)* cicchetto m., bicchierino m.
▷ **2.snort** /snɔ:t/ **I** tr. **1** ***"hooligans!" he ~ed*** "vandali!" grugnì **2** COLLOQ. sniffare [*drug*] **II** intr. [*person, pig*] grugnire; [*horse, bull*] sbuffare; ***to ~ with laughter*** fare una risata cavallina.
snorter /'snɔ:tə(r)/ n. COLLOQ. **1** *(drink)* ***to have a quick ~*** farsi un bicchierino *o* un cicchetto **2** *(horror)* ***the exam, speech was a real ~*** l'esame, il discorso era molto incasinato; ***a ~ of a letter, question*** una lettera, domanda molto incasinata.
snot /snɒt/ n. COLLOQ. **1** *(mucus)* moccio m. **2** SPREG. *(child)* moccioso m. (-a); *(adult)* verme m.
snotty /'snɒtɪ/ **I** n. COLLOQ. *(in Navy)* = allievo dell'Accademia Navale **II** agg. **1** [*nose*] moccioso, pieno di moccio; ***~-nosed child*** bambino col moccio al naso **2** [*person*] altezzoso.
1.snout /snaʊt/ n. **1** *(of most animals)* muso m.; *(of pig)* grugno m. **2** FIG. SCHERZ. *(of person)* muso m.; ***keep your ~ out of this*** non ficcare il naso in questa faccenda **3** COLLOQ. *(informer)* informatore m. (-trice) ◆ ***to have one's ~ in the trough*** avere la propria fetta di torta.
2.snout /snaʊt/ n. COLLOQ. *(tobacco)* tabacco m.; *(cigarette)* cicca f.
snout beetle /'snaʊt,bi:tl/ n. curculione m.
▷ **1.snow** /snəʊ/ **I** n. **1** METEOR. neve f.; ***a fall of ~*** una nevicata **2** RAD. TELEV. effetto m. neve, neve f. **3** COLLOQ. *(cocaine)* neve f. **II snows** n.pl. nevi f.; ***the ~s of Siberia*** le nevi della Siberia.
▷ **2.snow** /snəʊ/ **I** impers. nevicare; ***it's ~ing*** sta nevicando *o* nevica **II** tr. AE COLLOQ. abbindolare [*person*].
■ **snow in:** ***to be ~ed in*** rimanere bloccati a causa della neve; ***we were ~ed in for three days*** siamo rimasti bloccati in casa dalla neve per tre giorni.
■ **snow under:** ***to be ~ed under*** [*car, house*] essere coperto di neve; FIG. *(with work, letters)* essere sommerso (**with** da).
■ **snow up** → **snow in**.
1.snowball /'snəʊbɔ:l/ n. **1** palla f. di neve **2** *(drink)* = cocktail a base di advocaat e limonata **3** COLLOQ. *(drug cocktail)* = cocktail di eroina e cocaina ◆ ***it hasn't got a ~'s chance in hell*** COLLOQ. è perso a priori; ***he hasn't got a ~'s chance in hell*** COLLOQ. non ha la benché minima probabilità.
2.snowball /'snəʊbɔ:l/ **I** tr. tirare palle di neve a **II** intr. FIG. [*profits, problem, plan, support*] crescere a valanga.
snowball fight /'snəʊbɔ:l,faɪt/ n. battaglia f. a palle di neve.
snowbank /'snəʊbæŋk/ AE n. cumulo m. di neve.
Snow Belt /'snəʊbelt/ n. AE = gli stati nord-orientali degli USA, soggetti a pesanti nevicate.
snow-berry /'snəʊberɪ/ n. sinforicarpo m. bianco.
snow-blind /'snəʊblɪnd/ agg. accecato dal riverbero della neve.
snow blindness /'snəʊ,blaɪndnɪs/ n. accecamento m. dovuto al riverbero della neve.
1.snowboard /'snəʊbɔ:d/ n. SPORT snowboard m.
2.snowboard /'snəʊbɔ:d/ intr. fare snowboard, praticare lo snowboard.
snowboarder /'snəʊbɔ:də(r)/ n. snowboardista m. e f.
snowboarding /'snəʊbɔ:dɪŋ/ ➧ **10** n. snowboard m.
snowboot /'snəʊbu:t/ n. ABBIGL. SPORT doposcì m.
snowbound /'snəʊbaʊnd/ agg. [*house, person, vehicle*] bloccato dalla neve; [*region, village*] isolato a causa della neve.
snow bunting /'snəʊ,bʌntɪŋ/ n. ZOOL. zigolo m. delle nevi.
snow-capped /'snəʊkæpt/ agg. [*mountain*] innevato, coperto di neve, incappucciato di neve.
snow chains /'snəʊ,tʃeɪnz/ n.pl. AUT. catene f. (da neve).
Snowdon /'snəʊdən/ n.pr. (monte) Snowdon m.
Snowdonia /snəʊ'dəʊnɪə/ n.pr. massiccio m. dello Snowdon.
snowdrift /'snəʊ,drɪft/ n. cumulo m. di neve.
snowdrop /'snəʊdrɒp/ n. bucaneve m.
snowfall /'snəʊfɔ:l/ n. **1** nevicata f.; ***there was a heavy ~ last week*** c'è stata una grossa nevicata la settimana scorsa **2** METEOR. nevosità f.; ***the average ~ here is 10 cm a year*** qui la nevosità media è di 10 cm l'anno.
snowfield /'snəʊfi:ld/ n. nevaio m.
snowflake /'snəʊfleɪk/ n. fiocco m. di neve.
snow gauge /'snəʊgeɪdʒ/ n. nivometro m.
snow geese /'snəʊ,gi:s/ → **snow goose**.
snow goggles /'snəʊ,gɒglz/ n.pl. occhiali m. da neve.
snow goose /'snəʊ,gu:s/ n. (pl. **snow geese**) oca f. delle nevi.
snow grouse /'snəʊ,graʊs/ n. pernice f. bianca.
snowiness /'snəʊɪnɪs/ n. **1** *(snowfall)* nevosità f. **2** *(whiteness)* candore m.
snow job /'snəʊdʒɒb/ n. AE COLLOQ. (tentativo di) inganno m., abbindolamento m.
snow leopard /'snəʊ,lepəd/ n. leopardo m. delle nevi, irbis m.
snow line /'snəʊlaɪn/ n. limite m. delle nevi perenni.
snowman /'snəʊmən/ n. (pl. **-men**) pupazzo m. di neve.
snow mobile /'snəʊməʊbi:l/ n. motoslitta f.
snow pea /'snəʊ,pi:/ n. taccola f.
snow-plant /'snəʊplɑ:nt, AE -plænt/ n. sarcode f.
snow plough BE, **snow plow** AE /'snəʊplaʊ/ n. AUT. SPORT spazzaneve m.
snow report /'snəʊrɪ,pɔ:t/ n. METEOR. bollettino m. della neve.
snow shoe /'snəʊʃu:/ n. racchetta f. da neve.
snowslide /'snəʊslaɪd/, **snow slip** /'snəʊslɪp/ n. slavina f.
snowstorm /'snəʊstɔ:m/ n. tormenta f., bufera f. di neve.
snow suit /'snəʊsu:t, -sju:t/ n. tuta f. da sci.
snow tyre BE, **snow tire** AE /'snəʊtaɪə(r)/ n. gomma f. da neve, (pneumatico) antineve m.
snow-white /,snəʊ'waɪt, AE -'hwaɪt/ agg. bianco (come la neve), niveo, candido.
Snow White /,snəʊ'waɪt, AE -'hwaɪt/ n.pr. Biancaneve.
snowy /'snəʊɪ/ agg. **1** *(after a snowfall)* [*landscape, peak, slope*] innevato, coperto di neve; *(usually under snow)* [*region, range*] nevoso; ***it will be ~ tomorrow*** domani nevicherà **2** ➧ **5** FIG. *(white)* [*beard, cloth*] bianco (come la neve); ***a ~-haired old man*** un vecchio signore dai capelli candidi.
snowy owl /,snəʊɪ'aʊl/ n. gufo m. delle nevi.
SNP n. BE POL. (⇒ Scottish National Party) = partito nazionalista scozzese.
Snr. ⇒ Senior senior.
1.snub /snʌb/ n. affronto m., mortificazione f.; ***hurt by the ~s of the other children*** ferito dall'indifferenza degli altri bambini.
2.snub /snʌb/ tr. (forma in -ing ecc. **-bb-**) snobbare, trattare male; ***to be ~bed*** essere snobbato (**by** da).
snubby /'snʌbɪ/ agg. [*nose*] all'insù; [*person*] col naso all'insù; FIG. altezzoso, sprezzante.
snub nose /'snʌb,nəʊz/ n. naso m. all'insù.
snub-nosed /,snʌb'nəʊzd/ agg. col naso all'insù.
snuck /snʌk/ pass., p.pass. COLLOQ. → **2.sneak**.
1.snuff /snʌf/ n. smoccolatura f., moccolaia f.
2.snuff /snʌf/ tr. *(put out)* spegnere [*candle*] ◆ ***to ~ it*** COLLOQ. tirare le cuoia.
■ **snuff out:** ***~ [sth.] out, ~ out [sth.]*** **1** spegnere [*candle*] **2** FIG. smorzare [*enthusiasm, hope, interest*]; soffocare [*rebellion*] **3** COLLOQ. *(kill)* fare fuori [*person*].
3.snuff /snʌf/ n. tabacco m. da fiuto.
4.snuff /snʌf/ tr. *(sniff)* fiutare [*air, tobacco*].
snuffbox /'snʌf,bɒks/ n. tabacchiera f.
snuff-coloured BE, **snuff-colored** AE /'snʌf,kʌləd/ agg. color tabacco.
snuffer /'snʌfə(r)/ **I** n. (anche **candle ~**) spegnitoio m. **II snuffers** n.pl. smoccolatoio m.sing.
1.snuffle /'snʌfl/ n. *(of person)* (il) tirare su col naso; ***to have the ~s*** avere il naso chiuso.
2.snuffle /'snʌfl/ intr. [*person*] tirare su col naso.
■ **snuffle around** annusare, fiutare.
snuff movie /'snʌf,mu:vɪ/ n. snuff movie m.
1.snug /snʌg/ **I** agg. [*bed, room*] confortevole, accogliente; [*coat*] caldo e comodo; ***we were ~ in our new coats*** stavamo belli caldi

nei nostri cappotti nuovi; ***we were ~ in our kitchen*** eravamo al calduccio nella nostra cucina **II** n. BE séparé m. ◆ ***to be as ~ as a bug in a rug*** stare al calduccio.

2.snug /snʌg/ **I** intr. (forma in -ing ecc. **-gg-**) *(in bed)* stare al calduccio; *(snuggle)* rannicchiarsi **II** tr. (forma in -ing ecc. **-gg-**) *(tidy)* mettere in ordine; *(make comfortable)* mettere comodo; *(make cosy)* mettere al riparo, al calduccio.

snuggery /ˈsnʌgərɪ/ n. BE séparé m.

snuggle /ˈsnʌgl/ intr. rannicchiarsi, aggomitolarsi (**into** in; **against** contro); ***to ~ together*** aggomitolarsi l'uno contro l'altro; ***to ~ down in one's bed*** aggomitolarsi nel letto.

▪ **snuggle up** rannicchiarsi (**against, beside** contro); ***to ~ up to sth., sb.*** rannicchiarsi vicino a qcs., qcn.

snugly /ˈsnʌglɪ/ avv. ***the coat fits ~*** il cappotto ti sta un po' giusto; ***the lid of the box should fit ~*** il coperchio della scatola dovrebbe infilarsi perfettamente; ***the pieces of the jigsaw fit ~ together*** i pezzi del puzzle si incastrano perfettamente; ***the card fits ~ into the envelope*** il biglietto entra giusto giusto nella busta; ***the baby was ~ wrapped up in a blanket*** il bimbo era tutto avvolto al calduccio nella coperta; ***he's ~ tucked up in bed*** è a letto tutto coperto.

▶ **so** /səʊ/ avv. **1** *(so very)* così, talmente; ***~ stupid*** talmente stupido; ***~ quickly*** così velocemente; ***he's ~ fat he can't get in*** è talmente grasso che non riesce a entrare; ***~ thin, tall that*** così magro, alto che; ***what's ~ funny?*** che cosa c'è di tanto divertente? ***not ~ thin, tall as*** COLLOQ. non magro, alto come *o* quanto [*person*]; ***he's not ~ stern a father as yours*** non è un padre severo quanto il tuo; ***not ~ good a plumber*** un idraulico non troppo bravo; ***not nearly ~ expensive as your pen*** non una stilografica cara quanto la tua; ***I'm not feeling ~ good*** COLLOQ. non mi sento troppo bene **2** LETT. (anche **~ much**) talmente, così tanto; ***she loved him ~*** lo amava talmente; ***she worries ~*** si preoccupa talmente **3** *(to limited extent)* ***we can only work ~ fast and no faster*** non possiamo lavorare più velocemente di così; ***you can only do ~ much (and no more)*** non puoi fare più di così **4** *(in such a way)* ***~ arranged, worded that*** disposto, formulato in modo tale che; ***walk ~*** camminate così; ***and ~ on and ~ forth*** e così via *o* e avanti di questo passo; ***just as X is equal to Y, ~ A is equal to B*** come X è uguale a Y, così A è uguale a B; ***just as you need him, ~ he needs you*** così come tu hai bisogno di lui, lui ha bisogno di te; ***just as in the 19th century, ~ today*** come nel XIX secolo, così oggi; ***~ be it!*** così sia! ***she likes everything to be just ~*** le piace che tutto sia perfetto **5** *(for that reason)* ***~ it was that*** e fu così che; ***she was young and ~ lacked experience*** era giovane e quindi inesperta; ***she was tired and ~ went to bed*** era stanca, così andò a dormire **6** *(true)* ***is that ~?*** davvero? ***if (that's) ~*** se è così **7** *(also)* anche; ***~ is she, do I etc.*** anche lei, anch'io ecc.; ***if they accept ~ do I*** se accettano loro, accetto anch'io **8** COLLOQ. *(thereabouts)* circa; ***20 or ~*** circa 20; ***a year or ~ ago*** circa un anno fa **9** *(as introductory remark)* ***~ there you are*** e così, eccoti qua; ***~ that's the reason*** e così, questa è la ragione; ***~ you're going are you?*** e così te ne vai? **10** *(avoiding repetition)* ***he's conscientious, perhaps too much ~*** è coscienzioso, forse perfino troppo; ***he's the owner or ~ he claims*** è il proprietario, almeno, così dice; ***he dived and as he did ~...*** si tuffò e nel farlo *o* facendolo...; ***he opened the drawer and while he was ~ occupied...*** aprì il cassetto e mentre era così intento...; ***perhaps ~*** è possibile *o* forse è così; ***I believe ~*** credo di sì; ***~ I believe*** è quel che penso; ***I'm afraid ~*** temo di sì; ***~ it would appear*** così sembrerebbe; ***~ to speak*** per così dire; ***I told you ~*** te l'avevo detto; ***~ I see*** lo vedo; ***I think ~*** penso di sì; ***I don't think ~*** penso di no; ***who says ~?*** chi lo dice? ***he said ~*** ha detto così; ***we hope ~*** speriamo; ***only more ~*** ancora di più; ***the question is unsettled and will remain ~*** la questione è irrisolta e tale rimarrà **11** FORM. *(referring forward or back)* ***yes if you ~ wish*** sì, se così desiderate; ***if you ~ wish you may...*** se lo desiderate, potete... **12** *(reinforcing a statement)* ***"I thought you liked it?" - "~ I do"*** "credevo che ti piacesse" - "sì che mi piace"; ***"it's broken" - "~ it is"*** "è rotto" - "lo vedo (bene)!"; ***"I'd like to go to the ball" - "~ you shall"*** "mi piacerebbe andare al ballo" - "ci andrai"; ***"I'm sorry" - "~ you should be"*** "sono dispiaciuto" - "lo credo bene"; ***it just ~ happens that*** guarda caso **13** COLLOQ. *(refuting a statement)* ***"he didn't hit you" - "he did ~!"*** "non ti ha picchiato" - "sì che l'ha fatto"; ***I can ~ make muffins*** sì che so fare i muffin **14** COLLOQ. *(as casual response)* e allora; ***"I'm leaving" - "~?"*** "me ne vado" - "e allora?"; ***~ why worry!*** e allora perché preoccuparsi! ***~ what?*** embè? **15 so (that)** *(in such a way that)* in modo che; *(in order that)* affinché; ***she wrote the instructions ~ that they'd be easily understood*** scrisse le istruzioni in modo che potessero essere facilmente comprensibili; ***she fixed the party for 8 ~ that Ian could come*** fissò la festa per le 8 affinché Ian potesse venire; ***be quiet ~ I can work*** stai buono, così posso lavorare **16 so as** per; ***~ as to attract attention, not to disturb people*** per attirare l'attenzione, per non disturbare **17 so many** *(such large numbers)* così tanti [*friends, people*]; ***~ many of her friends*** così tanti suoi amici; *(in comparisons)* ***to behave like ~ many schoolgirls*** comportarsi come tante ragazzine; *(limited amount)* ***I can only make ~ many loaves*** posso fare solo tante pagnotte così **18 so much** *(such large quantity)* così tanto [*sugar, money, homework*]; ***~ much of her life*** così tanta parte della sua vita; ***~ much of the information*** così tante informazioni; *(in comparisons)* ***tossed like ~ much flotsam*** sballottati come tanti relitti; *(limited amount)* ***I can only make ~ much bread*** posso fare solo tanto pane così; ***I can pay ~ much*** ce la faccio a pagare questa cifra; ***there's only ~ much you can take*** non puoi sopportare oltre; *(to such an extent)* ***~ much worse*** talmente peggio; ***to like, hate sth. ~ much that*** amare, detestare qcs. talmente tanto che; ***she worries ~ much*** si preoccupa talmente tanto; ***he was ~ much like his sister*** assomigliava talmente tanto a sua sorella; ***~ much ~ that*** a tal punto che; ***thank you ~ much*** grazie mille; *(in contrasts)* ***not ~ much X as Y*** non tanto X quanto Y; ***it wasn't ~ much shocking as depressing*** non era tanto scioccante quanto deprimente; ***it doesn't annoy me ~ much as surprise me*** non mi irrita tanto quanto mi sorprende **19 so much as** *(even)* neanche; ***he never ~ much as apologized*** non si è neanche scusato **20 so much for** *(having finished with)* ***~ much for that problem, now for...*** e questo è tutto per quanto riguarda questo problema, passiamo ora a...; *(used disparagingly)* ***~ much for equality, liberalism*** COLLOQ. alla faccia dell'uguaglianza, del liberalismo; ***~ much for saying you'd help*** COLLOQ. meno male che avevi detto che avresti dato una mano **21 so long as** COLLOQ. purché, a patto che ◆ ***~ long!*** COLLOQ. *(goodbye)* arrivederci! ciao! ***~ much the better, the worse*** tanto meglio, peggio; ***~ ~*** così così; ***~ there!*** ecco! ***I did it first, ~ there!*** tanto l'ho fatto prima io!

1.soak /səʊk/ n. **1** ***to give sth. a ~*** BE mettere a bagno qcs. *o* mettere qcs. in ammollo; ***to have a ~*** [*person*] fare un lungo bagno **2** COLLOQ. *(drunk)* ubriacone m. (-a), spugna f.

2.soak /səʊk/ **I** tr. **1** *(wet)* infradiciare, inzuppare [*person*]; mettere in ammollo [*clothes*]; ***to get ~ed*** infradiciarsi **2** *(immerse)* lasciare in ammollo [*clothes*]; mettere a bagno [*dried foodstuff*] **3** COLLOQ. FIG. *(drain)* spennare, impiccare, pelare [*customer, taxpayer*] **II** intr. **1** *(be immersed)* inzupparsi; ***to leave sth. to ~*** mettere qcs. a bagno, in ammollo [*clothes*] **2** *(be absorbed)* ***to ~ into*** [*water*] essere assorbito da [*earth, paper, fabric*]; ***to ~ through*** [*blood*] intridere [*bandages*]; [*rain*] inzuppare [*coat*] **III** rifl. ***to ~ oneself*** *(get wet)* bagnarsi, infradiciarsi; *(in bath)* fare un lungo bagno.

▪ **soak away** [*water*] essere assorbito.

▪ **soak in** [*water, ink*] penetrare; ***let the stain remover ~ in*** lasciate penetrare lo smacchiatore.

▪ **soak off:** ***~ off*** [*label, stamp*] staccarsi (perché bagnato); ***the label on the bottle ~s off*** l'etichetta si stacca se si mette la bottiglia a mollo; ***~ [sth.] off, ~ off [sth.]*** staccare [qcs.] (mettendo a bagno) [*label*].

▪ **soak out:** ***~ out*** [*dirt, stain*] andare via (con l'ammollo); ***~ [sth.] out, ~ out [sth.]*** fare andare via [qcs.] (con l'ammollo) [*stain*].

▪ **soak up:** ***~ [sth.] up, ~ up [sth.]*** [*earth, sponge*] assorbire [*water*]; ***~ up [sth.]*** [*person*] imbeversi di [*atmosphere*]; ***to ~ up the sun*** fare un bagno di sole.

soakage /ˈsəʊkɪdʒ/ n. inzuppamento m., infiltrazione f.

soakaway /ˈsəʊkəweɪ/ n. ING. pozzo m. di scarico.

▷ **soaked** /səʊkt/ **I** p.pass. → **2.soak II** agg. **1** [*person, clothes, shoes*] bagnato, fradicio, zuppo; ***to be ~ through*** o ***~ to the skin*** essere bagnato fino alle ossa **2 -soaked** in composti ***blood-~ bandages*** bende intrise di sangue; ***sweat-~*** fradicio di sudore; ***rain-~*** [*pitch, track*] zuppo; ***sun-~*** assolato.

soaker /ˈsəʊkə(r)/ n. COLLOQ. **1** *(drunkard)* ubriacone m. (-a), spugna f. **2** *(rain)* diluvio m.

soaking /ˈsəʊkɪŋ/ **I** n. BE *(soak)* ***give sth. a ~*** mettere a bagno qcs. *o* mettere qcs. in ammollo; COLLOQ. *(drenching)* bagnata f.; ***to get a ~*** fare una doccia; ***to give sb. a ~*** bagnare qcn. *o* fare la doccia a qcn. **II** agg. bagnato fradicio, zuppo; ***a ~ wet towel, sock*** un asciugamano, un calzino bagnato fradicio; ***I'm ~ wet*** sono bagnato fradicio.

so-and-so /ˈsəʊənsəʊ/ n. (pl. **~s**) **1** *(unspecified person)* tizio m. (-a); ***Mr So-and-so*** il signor Tal dei Tali **2** COLLOQ. *(annoying or unpleasant person)* pezzo m. di...

▷ **1.soap** /səʊp/ n. **1 U** *(for washing)* sapone m.; ***a bar of ~*** una saponetta *o* un pezzo di sapone; ***with ~ and water*** con acqua e sapone **2** COLLOQ. *(flattery)* (anche **soft ~**) insaponata f. **3** COLLOQ. ***a ~*** una soap opera.

2.soap /səʊp/ **I** tr. insaponare; ***to ~ sb.'s back*** insaponare la schiena a qcn. **II** rifl. ***to ~ oneself*** insaponarsi.
soapbox /ˈsəʊpbɒks/ n. *(for speeches)* palco m. improvvisato; ***to get on one's ~*** partire col proprio cavallo di battaglia.
soapbox orator /ˈsəʊpbɒks,ɒrətə(r), AE -,ɔ:r-/ n. oratore m. (-trice) improvvisato (-a).
soapbox oratory /ˈsəʊpbɒks,ɒrətrɪ, AE -,ɔ:rətɔ:rɪ/ n. oratoria f. improvvisata.
soapdish /ˈsəʊpdɪʃ/ n. portasapone m.
soapflakes /ˈsəʊpfleɪks/ n.pl. sapone m.sing. in scaglie.
soapiness /ˈsəʊpɪnɪs/ n. (l')essere saponoso; FIG. mellifluità f., adulazione f.
soap opera /ˈsəʊp,ɒprə/ n. RAD. TELEV. SPREG. soap opera f.
soap powder /ˈsəʊp,paʊdə(r)/ n. detersivo m. in polvere.
soap star /ˈsəʊp,stɑ:(r)/ n. star f. di una soap opera.
soapstone /ˈsəʊpstəʊn/ n. steatite f.
soapsuds /ˈsəʊpsʌdz/ n.pl. *(foam, water)* saponata f.sing.
soap works /ˈsəʊp,wɜ:ks/ n.pl. saponificio m.sing.
soapy /ˈsəʊpɪ/ agg. **1** [*water*] saponoso; [*hands, face*] insaponato; [*taste*] di sapone **2** *(cajoling)* [*compliment, voice*] mellifluo; [*manner*] untuoso; [*tone*] adulatorio.
▷ **soar** /sɔ:(r)/ intr. **1** *(rise sharply)* [*price, costs*] andare, salire alle stelle; [*popularity, temperature*] salire vertiginosamente; [*hopes*] crescere rapidamente; [*spirits, morale*] salire rapidamente **2** ECON. *(rise)* ***to ~ beyond, above, through*** superare; ***the index ~ed through 2,000*** l'indice ha superato quota 2.000; ***to ~ to*** [*figures, shares, popularity*] raggiungere velocemente; ***inflation has ~ed to a new level*** l'inflazione ha raggiunto velocemente un nuovo record; ***to ~ from X to Y*** salire da X a Y **3** *(rise up)* alzarsi in volo **4** *(glide)* [*bird, plane*] planare **5** LETT. [*flames*] alzarsi; [*sound*] aumentare di volume; [*tower, cliffs*] ergersi.
▪ **soar up** [*bird*] alzarsi, levarsi in volo; [*plane*] alzarsi in volo; [*ball*] volare in alto.
soaring /ˈsɔ:rɪŋ/ agg. [*inflation, demand, profits, hopes, popularity*] in forte crescita; [*prices, temperatures*] in forte aumento; [*spire, skyscraper*] torreggiante.
▷ **1.sob** /sɒb/ n. singhiozzo m.; ***"forgive me," he said with a ~*** "perdonami," disse con voce rotta (dai singhiozzi).
▷ **2.sob** /sɒb/ **I** tr. (forma in -ing ecc. **-bb-**) ***"it hurts," he ~bed*** "fa male," disse singhiozzando; ***to ~ oneself to sleep*** piangere fino ad addormentarsi **II** intr. (forma in -ing ecc. **-bb-**) singhiozzare ◆ ***to ~ one's heart out*** piangere tutte le proprie lacrime.
▪ **sob out:** ~ ***out*** [***sth.***] raccontare [qcs.] tra i singhiozzi [*story*].
sob, SOB /esəʊˈbi:/ n. COLLOQ. SPREG. (⇒ son of a bitch) figlio m. di puttana; ***you ~!*** figlio di puttana!
sobbing /ˈsɒbɪŋ/ **I** n. **U** singhiozzi m.pl.; ***the sound of ~*** il singhiozzare **II** agg. [*child*] singhiozzante.
▷ **1.sober** /ˈsəʊbə(r)/ agg. **1** *(not drunk)* ***I'm ~*** sono sobrio; *(in protest)* non sono mica ubriaco! **2** *(no longer drunk)* non più ubriaco; ***don't drive until you're ~*** non metterti al volante fino a quando non ti è passata la sbornia **3** *(serious)* [*person, mood*] serio, compassato **4** *(realistic)* [*estimate*] ragionevole; [*statement*] sensato; [*judgement*] assennato; [*reminder*] lucido **5** *(discreet)* [*colour, decor, style*] sobrio; [*tie, suit, pattern*] sobrio, discreto ◆ ***as ~ as a judge*** = che ha la mente lucida.
▷ **2.sober** /ˈsəʊbə(r)/ tr. **1** *(after alcohol)* fare smaltire la sbornia a [*person*] **2** *(make serious)* [*news, reprimand*] fare riflettere [*person*].
▪ **sober up:** ~ ***up*** smaltire la sbornia; ~ [***sb.***] ***up*** [*fresh air, coffee*] fare passare la sbornia a [*person*].
sobering /ˈsəʊbərɪŋ/ agg. ***it is a ~ thought, reminder*** è un pensiero, un ricordo che fa riflettere; ***it is ~ to think that we will all be out of work soon*** c'è da riflettere sul fatto che presto saremo tutti disoccupati.
soberly /ˈsəʊbəlɪ/ avv. **1** *(seriously)* [*speak*] seriamente; [*describe*] in modo preciso; [*estimate*] con serietà **2** *(discreetly)* [*dress, dressed, decorate, decorated*] in modo sobrio, sobriamente.
soberness /ˈsəʊbənɪs/ n. **1** *(seriousness)* serietà f. **2** *(plainness of decor etc.)* sobrietà f.
sober sides /ˈsəʊbəsaɪdz/ n. ANT. SCHERZ. musone m. (-a), guastafeste m. e f.
sobriety /səˈbraɪətɪ/ n. **1** *(moderation)* moderazione f., sobrietà f. **2** *(seriousness)* serietà f. **3** *(simplicity of dress, decor)* sobrietà f.
sobriquet /ˈsəʊbrɪkeɪ/ n. FORM. soprannome m.
sob sister /ˈsɒbsɪstə(r)/ n. AE GIORN. COLLOQ. = giornalista che scrive articoli di carattere sentimentale o risponde alla posta del cuore.
sob story /ˈsɒb,stɔ:rɪ/ n. COLLOQ. storia f. strappalacrime.
sob stuff /ˈsɒbstʌf/ n. COLLOQ. SPREG. = scritto, racconto pieno di sentimentalismo.
soca /ˈsəʊkə/ n. MUS. soca f.
socage /ˈsɒkɪdʒ/ n. STOR. = nel sistema feudale, appezzamento di terreno per il quale era richiesto il pagamento di un affitto o la prestazione di servizi al feudatario.
so-called /ˈsəʊkɔ:ld/ agg. attrib. cosiddetto (anche IRON.).
soccage → **socage.**
soccer /ˈsɒkə(r)/ ♦ ***10*** **I** n. calcio m., football m. **II** modif. [*player*] di calcio; [*team, club*] calcistico, di calcio; [*star*] del calcio; ***~ violence*** violenza negli stadi.
sociability /,səʊʃəˈbɪlətɪ/ n. cordialità f., socievolezza f.
sociable /ˈsəʊʃəbl/ agg. [*person*] socievole; [*village*] accogliente; ***a ~ way to shop, relax*** un modo per fare shopping, per rilassarsi insieme agli altri.
sociableness /ˈsəʊʃəblnɪs/ n. socievolezza f.
sociably /ˈsəʊʃəblɪ/ avv. [*behave*] in modo socievole; [*chat*] cordialmente.
▶ **social** /ˈsəʊʃl/ **I** agg. **1** *(relating to human society)* [*background, class, ladder, mobility, structure, system*] sociale; ***~ contract*** contratto sociale **2** *(in the community)* [*custom, function, group, problem, status, unrest, unit*] sociale **3** *(recreational)* [*activity*] di gruppo; ***a ~ call*** o ***a ~ visit*** una visita; ***he's a ~ drinker*** ama bere in compagnia; ***he's a ~ smoker*** è uno che fuma solo in compagnia; ***he's got no ~ skills*** non sa come muoversi in società **4** *(gregarious)* [*animal*] gregario **II** n. *(party)* serata f. mondana; *(gathering)* incontro m.
social accounting /,səʊʃləˈkaʊntɪŋ/ n. ECON. contabilità f. sociale.
social anthropology /,səʊʃl,ænθrəˈpɒlədʒɪ/ n. antropologia f. sociale.
social charter /,səʊʃlˈtʃɑ:tə(r)/ n. carta f. dei diritti sociali.
social climber /,səʊʃlˈklaɪmə(r)/ n. *(still rising)* arrampicatore m. (-trice) sociale, arrivista m. e f.; *(at one's peak)* parvenu m.
social club /ˈsəʊʃlklʌb/ n. circolo m. sociale.
social column /,səʊʃlˈkɒləm/ n. rubrica f. di cronaca mondana.
social conscience /,səʊʃlˈkɒnʃəns/ n. ***to have a ~*** avere una coscienza sociale.
social contact /,səʊʃlˈkɒntækt/ n. vita f. sociale; ***do you have much ~ with him?*** lo vedi spesso nel tempo libero?
social democracy /,səʊʃldɪˈmɒkrəsɪ/ n. socialdemocrazia f.
social democrat /,səʊʃlˈdeməkræt/ n. socialdemocratico m. (-a).
social democratic /,səʊʃldeməˈkrætɪk/ agg. socialdemocratico.
social disease /ˈsəʊʃldɪ,zi:z/ n. **1** *(social evil)* piaga f. sociale, male m. sociale **2** EUFEM. *(venereal disease)* malattia f. venerea.
social duty /,səʊʃlˈdju:tɪ, AE -ˈdu:tɪ/ n. dovere m. sociale.
social engagement /,səʊʃlɪnˈgeɪdʒmənt/ n. impegno m., appuntamento m. (mondano).
social engineering /,səʊʃl,endʒɪˈnɪərɪŋ/ n. = applicazione dei principi della sociologia a specifici problemi sociali.
social evening /,səʊʃlˈi:vnɪŋ/ n. serata f. mondana.
social event /,səʊʃlɪˈvent/ n. evento m. mondano.
social exclusion /,səʊslɪkˈsklu:ʒn/ n. *(from a social system)* emarginazione f.
Social Fund /ˈsəʊʃl,fʌnd/ n. BE = sussidio finanziario, prestito di solidarietà concesso dallo stato ai bisognosi.
social gathering /,səʊʃlˈgæðərɪŋ/ n. incontro m. fra amici.
social historian /,səʊʃlhɪˈstɔ:rɪən/ ♦ ***27*** n. studioso m. (-a) di storia sociale.
social history /,səʊʃlˈhɪstrɪ/ n. storia f. sociale.
social housing /,səʊʃlˈhaʊsɪŋ/ n. case f.pl. popolari.
social insurance /,səʊʃlɪnˈʃɔ:rəns, AE -ˈʃʊər-/ n. AE assicurazione f. sociale.
▷ **socialism** /ˈsəʊʃəlɪzəm/ n. socialismo m.
▷ **socialist, Socialist** /ˈsəʊʃəlɪst/ **I** agg. socialista **II** n. socialista m. e f.
socialistic /,səʊʃəˈlɪstɪk/ agg. socialistico.
socialite /ˈsəʊʃəlaɪt/ n. persona f. che fa vita mondana.
socialization /,səʊʃəlaɪˈzeɪʃn, AE -lɪˈz-/ n. socializzazione f.
socialize /ˈsəʊʃəlaɪz/ **I** tr. *(adapt to society)* fare socializzare, inserire [*child*] **II** intr. *(mix socially)* socializzare; ***to ~ with sb.*** fare amicizia con qcn.
socializing /ˈsəʊʃəlaɪzɪŋ/ n. ***we don't do much ~*** non facciamo molta vita sociale.
social life /ˈsəʊʃl,laɪf/ n. *(of person)* vita f. sociale; *(of town)* vita f. culturale.
▷ **socially** /ˈsəʊʃəlɪ/ avv. [*meet, mix*] in società; [*acceptable*] in società; [*inferior, superior*] socialmente; [*oriented*] verso il sociale; ***I know him ~, not professionally*** lo conosco sul piano personale, ma non so niente del suo lavoro.

socially excluded /ˈsəʊʃəlɪkˈskluːdɪd/ **I** agg. emarginato **II** n. + verbo pl. ***the* ~** gli emarginati.
social marketing /ˌsəʊʃlˈmɑːkɪtɪŋ/ n. pubblicità f. progresso.
social misfit /ˌsəʊʃlˈmɪsfɪt/ n. disadattato m. (-a).
social outcast /ˌsəʊʃlˈaʊtkɑːst, AE -kæst/ n. emarginato m. (-a), paria m. e f.
social rank /ˈsəʊʃlræŋk/ n. rango m., estrazione f. sociale.
social realism /ˌsəʊʃlˈriːəlɪzəm/ n. ART. CINEM. LETTER. realismo m. (sociale).
social register /ˌsəʊʃlˈredʒɪstə(r)/ n. AE = registro in cui sono elencate le persone che contano.
social scene /ˈsəʊʃlsiːn/ n. ***she's well known on the London ~*** è molto conosciuta sulla scena londinese; ***what's the Oxford ~ like?*** che vita c'è a Oxford?
social science /ˌsəʊʃlˈsaɪəns/ **I** n. scienze f.pl. sociali **II** modif. [*faculty, exam*] di scienze sociali; [*degree*] in scienze sociali.
social scientist /ˌsəʊʃlˈsaɪəntɪst/ ➧ *27* n. studioso m. (-a) di scienze sociali.
social secretary /ˌsəʊʃlˈsekrətrɪ, AE -rəterɪ/ n. *(of celebrity)* segretario m. (-a) particolare; *(of club)* segretario m. (-a) (di un circolo).
social security /ˌsəʊʃlsɪˈkjʊərətɪ/ **I** n. *(benefit)* previdenza f. sociale; ***to live off ~*** vivere con il sussidio di previdenza; ***to be on ~*** ricevere il sussidio di previdenza **II** modif. [*budget, claimant, minister*] della previdenza sociale; [*payment*] del sussidio di previdenza.
Social Security Administration /ˌsəʊʃlsɪˈkjʊərətɪədmɪnɪˌstreɪʃn/ n. AE = ente che si occupa della gestione della previdenza sociale.
social service /ˌsəʊʃlˈsɜːvɪs/ n. AE → **social work**.
Social Services /ˌsəʊʃlˈsɜːvɪsɪz/ **I** n.pl. BE servizi m. sociali **II** modif. BE [*secretary, director, department, office*] dei servizi sociali.
social studies /ˈsəʊʃlˌstʌdɪz/ n. + verbo sing. scienze f.pl. sociali.
social welfare /ˌsəʊʃlˈwelfeə(r)/ **I** n. assistenza f. sociale **II** modif. [*system*] di assistenza sociale; [*organization, group*] di assistenza sociale.
social work /ˈsəʊʃlwɜːk/ **I** n. servizio m. sociale **II** modif. [*specialist*] dell'assistenza sociale; [*qualifications, skills*] di assistente sociale.
social worker /ˈsəʊʃlˌwɜːkə(r)/ ➧ *27* n. assistente m. e f. sociale.
societal /səˈsaɪətl/ agg. societario.
▶ **society** /səˈsaɪətɪ/ **I** n. **1 U** *(the human race)* società f., collettività f. **2 C** *(individual social system)* società f.; ***a civilized, closed, multi-cultural ~*** una società civilizzata, chiusa, multiculturale **3** *(group) (for social contact)* compagnia f.; *(for mutual hobbies)* club m., circolo m.; *(for intellectual, business, religious contact)* associazione f.; ***drama ~*** compagnia teatrale; ***music ~*** associazione musicale **4** *(upper classes)* (anche **high ~**) alta società f.; ***London ~*** l'alta società londinese; ***fashionable ~*** il bel mondo **5** *(company)* FORM. compagnia f.; ***I like the ~ of young people*** mi piace stare insieme ai giovani **II** modif. [*artist, columnist, photographer, wedding*] mondano; [*hostess*] dei salotti; ***~ gossip*** pettegolezzi mondani.
society column /səˈsaɪətɪˌkɒləm/ n. rubrica f. di cronaca mondana.
Society of Friends /səˌsaɪətɪəvˈfrendz/ n.pr. Quaccheri m.pl.
Society of Jesus /səˌsaɪətɪəvˈdʒiːzəs/ n.pr. Compagnia f. di Gesù.
Socinian /səˈsɪnɪən/ **I** agg. sociniano **II** n. sociniano m. (-a).
Socinianism /səˈsɪnɪənɪzəm/ n. socinianesimo m.
sociobiology /ˌsəʊsɪəʊbaɪˈɒlədʒɪ/ n. sociobiologia f.
socioeconomic /ˌsəʊsɪəʊiːkəˈnɒmɪk/ agg. socioeconomico.
sociolinguistic /ˌsəʊsɪəʊlɪŋˈgwɪstɪk/ agg. sociolinguistico.
sociolinguistics /ˌsəʊsɪəʊlɪŋˈgwɪstɪks/ n. + verbo sing. sociolinguistica f.
sociological /ˌsəʊsɪəˈlɒdʒɪkl/ agg. [*study, research, issue*] sociologico; [*studies*] di sociologia.
sociologically /ˌsəʊsɪəˈlɒdʒɪklɪ/ avv. sociologicamente; *(sentence adverb)* ***~ (speaking),...*** dal punto di vista sociologico,...
sociologist /ˌsəʊsɪˈɒlədʒɪst/ ➧ *27* n. sociologo m. (-a).
sociology /ˌsəʊsɪˈɒlədʒɪ/ **I** n. sociologia f. **II** modif. [*studies*] sociologico, di sociologia; [*teacher*] di sociologia.
sociometry /ˌsəʊsɪˈɒmətrɪ/ n. sociometria f.
sociopath /ˈsəʊsɪəpæθ/ n. sociopatico m. (-a).
sociopathic /ˌsəʊsɪəˈpæθɪk/ agg. [*report, study*] di sociopatia; [*patient*] sociopatico.
sociopathy /səʊsɪˈɒpəθɪ/ n. sociopatia f.
sociopolitical /ˌsəʊsɪəʊpəˈlɪtɪkl/ agg. sociopolitico.

▷ **1.sock** /sɒk/ ➧ *28* n. (AE pl. **~s, sox**) **1** *(footwear)* calzino m., calza f. **2** AER. (anche **wind ~**) manica f. a vento ◆ ***to put a ~ in it*** COLLOQ. tapparsi la bocca; ***I wish he'd put a ~ in it*** COLLOQ. vorrei che la piantasse; ***to pull one's ~s up*** COLLOQ. = combinare qualcosa di meglio.
2.sock /sɒk/ n. COLLOQ. *(punch)* cazzotto m.
3.sock /sɒk/ tr. COLLOQ. tirare un cazzotto a [*person*]; ***~ him one!*** tiragli un cazzotto! ◆ ***to ~ it to sb.*** COLLOQ. fare vedere i sorci verdi a qcn.
sockdolager, sockdologer /sɒkˈdɒlədʒə(r)/ n. AE COLLOQ. **1** *(decisive blow)* colpo m. di grazia; *(decisive answer)* argomento m. decisivo, che taglia la testa al toro **2** *(exceptional person or thing)* cannonata f.
▷ **socket** /ˈsɒkɪt/ n. **1** EL. *(for plug)* presa f. (di corrente); *(for bulb)* portalampada m. **2** ANAT. *(of joint)* cavità f. (articolare); *(of eye)* orbita f.; *(of tooth)* alveolo m.; ***he nearly pulled my arm out of its ~*** mi ha quasi lussato la spalla **3** TECN. *(carpentry joint)* caletta f., mortasa f.; *(of spanner)* boccola f.
sockeye /ˈsɒkaɪ/ n. salmone m. rosso.
socko /ˈsɒkəʊ/ agg. AE COLLOQ. formidabile, sbalorditivo.
socle /ˈsɒkl/ n. *(of column)* base f.; *(of vase)* piedistallo m.; *(of statue)* plinto m., piedistallo m.
Socrates /ˈsɒkrətiːz/ n.pr. Socrate.
Socratic /səˈkrætɪk/ agg. socratico.
1.sod /sɒd/ **I** n. POP. *(person)* stronzo m. (-a); *(annoying task)* rottura f.; ***you stupid ~*** pezzo di coglione; ***you lucky ~!*** che rottinculo! *(in commiseration)* ***poor ~*** povero Cristo; ***poor little ~s*** *(of children)* poveri piccoli **II** inter. POP. ***~ it!*** cazzo! ***~ him*** che vada a farsi fottere; ***~ this typewriter*** al diavolo la macchina da scrivere.
2.sod /sɒd/ tr. (pass., p.pass. **-dd-**) mandare affanculo.
■ **sod off** POP. levarsi dalle palle; ***why don't you just ~ off!*** togliti dai coglioni!
3.sod /sɒd/ n. **1** *(turf)* zolla f. erbosa, piota f. **2** LETT. tappeto m. erboso.
4.sod /sɒd/ tr. (pass., p.pass. **-dd-**) coprire di zolle erbose, impiotare.
▷ **soda** /ˈsəʊdə/ **I** n. **1** CHIM. soda f., carbonato m. di sodio **2** (anche **washing ~**) soda f. (da bucato) **3** (anche **~ water**) acqua f. di soda, selz m.; ***whisky and ~*** whisky e soda **4** (anche **~ pop**) AE = bevanda gassata aromatizzata **II** modif. [*bottle*] di bevanda gassata; [*crystals*] di carbonato di sodio.
soda ash /ˈsəʊdəˌæʃ/ n. CHIM. soda f.
soda biscuit /ˈsəʊdəˌbɪskɪt/ n. = biscotto fatto lievitare con il bicarbonato.
soda bread /ˈsəʊdəˌbred/ n. = pane fatto lievitare con il bicarbonato.
soda cracker /ˈsəʊdəˌkrækə(r)/ n. AE → **soda biscuit**.
soda fountain /ˈsəʊdəˌfaʊntɪn, AE -tn/ n. AE *(device)* = distributore di bibite alla spina; *(bar featuring soda drinks)* = locale in cui si vendono bibite gassate.
sodalite /ˈsəʊdəlaɪt/ n. sodalite f.
sodality /səʊˈdælətɪ/ n. FORM. RELIG. confraternita f.
sod all /ˌsɒdˈɔːl/ pron. POP. ***what did I get out of it? ~!*** e cosa ci ho guadagnato? un cavolo di niente! ***he knows ~ about it*** non sa una mazza della faccenda; ***to do ~*** cazzeggiare.
soda siphon /ˈsəʊdəˌsaɪfn/ n. sifone m. (per il selz).
1.sodden /ˈsɒdn/ agg. **1** *(wet through)* [*towel, clothing*] fradicio; [*ground*] zuppo **2** FIG. ***~ with drink*** ubriaco fradicio.
2.sodden /ˈsɒdn/ **I** tr. inzuppare, impregnare d'acqua **II** intr. inzupparsi, impregnarsi d'acqua.
sodding /ˈsɒdɪŋ/ agg. POP. schifoso, di merda.
soddy /ˈsɒdɪ/ **I** agg. ricoperto di zolle erbose **II** n. = capanna fatta di terriccio.
sodium /ˈsəʊdɪəm/ n. sodio m.
sodium bicarbonate /ˌsəʊdɪəmbaɪˈkɑːbənət/ n. bicarbonato m. di sodio.
sodium carbonate /ˌsəʊdɪəmˈkɑːbənət/ n. carbonato m. di sodio.
sodium chloride /ˌsəʊdɪəmˈklɔːraɪd/ n. cloruro m. di sodio.
sodium hydroxide /ˌsəʊdɪəmhaɪˈdrɒksaɪd/ n. idrossido m. di sodio.
sodium hypochlorite /ˌsəʊdɪəmhaɪpəʊˈklɔːraɪt/ n. ipoclorito m. di sodio.
sodium lamp /ˈsəʊdɪəmˌlæmp/, **sodium light** /ˈsəʊdɪəmˌlaɪt/ n. lampada f. ai vapori di sodio.
sodium nitrate /ˌsəʊdɪəmˈnaɪtreɪt/ n. nitrato m. di sodio.
sodium sulphate /ˌsəʊdɪəmˈsʌlfeɪt/ n. solfato m. di sodio.
Sodom /ˈsɒdəm/ n.pr. Sodoma f.
sodomite /ˈsɒdəmaɪt/ n. sodomita m.

sodomitic(al) /sɒdəˈmɪtɪk(l)/ agg. sodomitico.
sodomize /ˈsɒdəmaɪz/ tr. sodomizzare.
sodomy /ˈsɒdəmɪ/ n. sodomia f.
Sod's Law /ˌsɒdzˈlɔː/ n. COLLOQ. SCHERZ. → **Murphy's Law.**
▷ **sofa** /ˈsəʊfə/ n. sofà m., divano m.; ***convertible ~*** divano letto.
sofa bed /ˈsəʊfəbed/ n. divano m. letto.
soffit /ˈsɒfɪt/ n. intradosso m.
Sofia /ˈsəʊfɪə/ ◗ ***34*** n.pr. Sofia f.
▶ **soft** /sɒft, AE sɔːft/ **I** agg. **1** *(yielding, not rigid or firm)* [*ground, soil, clay*] molle; [*rock*] tenero; [*iron, steel*] dolce; [*snow*] soffice; [*bed, cushion, pillow, fur, hair, mixture, dough, butter*] morbido, soffice; [*fabric, skin, hand, cheek, brush, leather*] morbido; [*muscle*] molle, flaccido; [*pencil*] morbido, a punta morbida; ***to get ~*** [*butter, mixture*] ammorbidirsi; [*mattress, soil, ground*] diventare molle; [*muscle*] diventare flaccido; ***to make sth. ~*** fare diventare molle [*ground*]; fare ammorbidire [*butter, mixture*]; rendere morbido [*fabric*]; addolcire, rendere meno calcareo [*hard water*]; ammorbidire [*skin*]; ***~ to the touch*** morbido al tatto; ***~ ice cream*** = gelato industriale prodotto al momento da una apposita macchina e generalmente servito in cono **2** *(muted)* [*colour, glow, light*] tenue; [*tone, sound, laugh, music, note, voice, accent*] sommesso; [*step, knock*] leggero; ***~ lighting*** luce smorzata **3** *(gentle, mild)* [*air, breeze, rain*] leggero; [*climate*] mite; [*look, word, reply, heart*] tenero; [*impact*] morbido; [*pressure, touch*] leggero; [*eyes*] dolce; [*approach*] diplomatico; POL. moderato; ***the ~ left*** la sinistra moderata; ***to take a ~ line with sb.*** adottare la linea morbida con qcn. **4** *(not sharp)* [*outline, shape, fold*] morbido **5** ECON. [*market, prices*] debole; [*loan*] agevolato **6** *(lenient)* [*parent, teacher*] (troppo) permissivo; ***to be ~ on sb., sth.*** essere troppo indulgente con qcn., qcs. **7** COLLOQ. *(in love)* ***to be ~ on sb.*** avere un debole per qcn. **8** CHIM. [*water*] dolce **9** *(idle, agreeable)* [*life*] comodo; [*job*] di tutto riposo **10** COLLOQ. *(cowardly)* rammollito **11** COLLOQ. *(stupid)* sciocco, stupido; ***to be ~ in the head*** essere stupido *o* rimbecillito **12** LING. [*consonant*] dolce **II** avv. → **softly.**
softback /ˈsɒftbæk, AE ˈsɔːft-/ **I** n. libro m. tascabile, edizione f. economica; ***in ~*** in edizione economica **II** modif. [*edition, version*] economico; [*copy, rights*] sulle edizioni economiche; ***~ book*** libro tascabile *o* in edizione economica.
softball /ˈsɒftbɔːl, AE ˈsɔːft-/ ◗ ***10*** n. AE softball m.
soft-boiled /ˌsɒftˈbɔɪld, AE ˌsɔːft-/ agg. [*egg*] alla coque.
soft centre /ˌsɒftˈsentə(r), AE ˌsɔːft-/ n. cioccolato m. ripieno.
soft-centred /ˌsɒftˈsentərd, AE ˌsɔːft-/ agg. [*chocolate*] ripieno.
soft cheese /ˌsɒftˈtʃiːz, AE ˌsɔːft-/ n. formaggio m. molle.
soft-clothes /ˈsɒftkləʊðz, AE ˈsɔːftkləʊz/ agg. AE [*cop*] in borghese.
soft copy /ˈsɒftˌkɒpɪ, AE ˈsɔːft-/ n. INFORM. *(not printed)* copia f. in memoria.
soft-core /ˈsɒftkɔː(r), AE ˈsɔːft-/ agg. soft-core.
soft currency /ˌsɒftˈkʌrənsɪ, AE ˌsɔːft-/ n. ECON. moneta f. debole.
soft drink /ˈsɒftdrɪŋk, AE ˈsɔːft-/ n. bevanda f. analcolica, analcolico m.
soft drug /ˈsɒftdrʌg, AE ˈsɔːft-/ n. droga f. leggera.
▷ **soften** /ˈsɒfn, AE ˈsɔːfn/ **I** tr. **1** *(make less firm or rough)* rendere molle [*ground*]; rendere malleabile [*metal*]; ammorbidire [*skin*]; addolcire [*hard water*]; fare ammorbidire [*butter*]; rendere morbido [*fabric*] **2** FIG. attenuare [*blow, impact, image, impression, shock, pain, resistance*]; addolcire [*personality, refusal*]; ammorbidire [*approach, attitude, position, rule, view*]; minimizzare [*fact*] **3** *(make quieter)* attutire [*sound, voice*]; abbassare [*music*] **4** *(make less sharp)* ammorbidire [*contour, form, outline*]; abbassare [*light*] **II** intr. **1** [*light, outline, music, colour*] attenuarsi, ammorbidirsi; [*skin*] diventare morbido; [*substance, ground*] diventare molle; [*consonant*] raddolcirsi **2** FIG. [*person, character, approach, attitude, position, view*] ammorbidirsi (**towards sb.** nei riguardi di qcn.) **3** ECON. [*currency, economy, market*] essere in flessione.
■ **soften up:** ***~ up*** [*butter, malleable substance*] ammorbidirsi; ***~ up [sb.], ~ [sb.] up*** FIG. indebolire [*enemy, opponent*]; ammorbidire, blandire [*customer*].
softener /ˈsɒfnə(r), AE ˈsɔːf-/ n. **1** (anche **fabric ~**) ammorbidente m. **2** (anche **water ~**) addolcitore m. (dell'acqua).
softening /ˈsɒfnɪŋ, AE ˈsɔːf-/ n. **1** *(becoming soft)* *(of substance, surface)* ammorbidimento m.; FIG. *(of light, colour)* smorzamento m.; *(of outline, water)* addolcimento m.; *(of consonant)* raddolcimento m.; *(of character, attitude, view)* addolcimento m. (**towards sb., sth.** verso qcn., qcs.); *(of sound)* attenuazione f. **2** ECON. *(of economy)* flessione f. **3** MED. ***~ of the brain*** rammollimento cerebrale.
soft focus /ˌsɒftˈfəʊkəs, AE ˌsɔːft-/ n. effetto m. flou; ***in ~*** con effetto flou.
soft focus lens /ˌsɒftfəʊkəsˈlens, AE ˌsɔːft-/ n. filtro m. diffusore, filtro m. flou.
soft-footed /ˌsɒftˈfʊtɪd, AE ˌsɔːft-/ agg. ***to be ~*** camminare con passo felpato; FIG. ***a ~ approach*** un approccio diplomatico.
soft fruit /ˌsɒftˈfruːt, AE ˌsɔːft-/ n. **U** frutti m.pl. di bosco.
soft furnishings /ˌsɒftˈfɜːnɪʃɪŋz, AE ˌsɔːft-/ n.pl. tessuti m. da arredamento.
soft goods /ˌsɒftˈgʊdz, AE ˌsɔːft-/ n.pl. COMM. **1** *(textiles)* articoli m. tessili **2** *(perishable goods)* merce f.sing. deperibile.
soft-head /ˌsɒftˈhed, AE ˌsɔːft-/ n. sciocco m. (-a).
soft-headed /ˌsɒftˈhedɪd, AE ˌsɔːft-/ agg. **1** COLLOQ. *(silly)* sciocco **2** MIL. [*bullet*] a punta morbida.
soft-hearted /ˌsɒftˈhɑːtɪd, AE ˌsɔːft-/ agg. [*person*] dal cuore tenero.
soft-heartedness /ˌsɒftˈhɑːtɪdnɪs, AE ˌsɔːft-/ n. (l')avere il cuore tenero.
softie → **softy.**
softish /ˈsɒftɪʃ, AE ˈsɔːft-/ agg. COLLOQ. **1** [*consistency*] molliccio; [*bed*] abbastanza molle **2** SPORT [*ground*] un po' pesante.
soft landing /ˌsɒftˈlændɪŋ, AE ˌsɔːft-/ n. AER. ECON. atterraggio m. morbido.
▷ **softly** /ˈsɒftlɪ, AE ˈsɔːft-/ avv. [*speak, laugh*] in modo sommesso; [*touch*] delicatamente; [*play, tread, blow, shine, shut*] con delicatezza; [*fall*] morbidamente ◆ ***~ ~ catchee monkey*** SCHERZ. ANT. = con cautela, con discrezione.
softly-softly /ˌsɒftlɪˈsɒftlɪ, AE ˌsɔːftlɪˈsɔːftlɪ/ agg. [*approach*] molto cauto, molto prudente; ***to take a ~ approach*** avere un approccio molto cauto.
softness /ˈsɒftnɪs, AE ˈsɔːft-/ n. *(of texture, surface, skin)* morbidezza f.; *(of colour, light, outline, character, sound)* delicatezza f.; *(of substance)* mollezza f.; FIG. *(of attitude, approach, view)* moderazione f.; *(in economy)* flessione f.
soft option /ˌsɒftˈɒpʃn, AE ˌsɔːft-/ n. ***to take the ~*** scegliere la soluzione più semplice.
soft palate /ˌsɒftˈpælət, AE ˌsɔːft-/ n. palato m. molle.
soft pedal /ˈsɒftˌpedl, AE ˈsɔːft-/ n. MUS. pedale m. di sordina.
soft-pedal /ˌsɒftˈpedl, AE ˌsɔːft-/ intr. (forma in -ing ecc. **-ll-** BE **-l-** AE) **1** MUS. suonare il piano con la sordina **2** FIG. ***to ~ on sth.*** attenuare *o* smorzare qcs.
soft porn /ˌsɒftˈpɔːn, AE ˌsɔːft-/ n. COLLOQ. porno m. soft-core.
soft sell /ˌsɒftˈsel, AE ˌsɔːft-/ n. = tecnica di vendita che fa leva sulla persuasione.
soft-shell crab /ˌsɒftʃelˈkræb, AE ˌsɔːft-/ n. = granchio durante la muta della corazza.
soft shoulder /ˌsɒftˈʃəʊldə(r), AE ˌsɔːft-/ n. banchina f. non transitabile.
soft skills /ˈsɒftskɪlz, AE ˈsɔːft-/ n.pl. = le capacità relazionali quali la capacità di comunicare, di persuadere, di identificarsi con gli altri, ecc.
soft soap /ˌsɒftˈsəʊp, AE ˌsɔːft-/ n. **1** sapone m. molle **2** COLLOQ. FIG. insaponata f., lisciata f.
soft-soap /ˈsɒftsəʊp, AE ˈsɔːft-/ **I** tr. insaponare, lisciare [*person*] **II** intr. ungere le ruote.
soft-spoken /ˌsɒftˈspəʊkn, AE ˌsɔːft-/ agg. **1** dalla voce suadente; ***to be ~*** avere una voce suadente **2** FIG. *(glib)* dalla parlantina sciolta.
soft spot /ˈsɒftspɒt, AE ˈsɔːft-/ n. COLLOQ. ***to have a ~ for sb.*** avere un debole per qcn.
soft target /ˌsɒftˈtɑːgɪt, AE ˌsɔːft-/ n. MIL. facile bersaglio m. (anche FIG.).
soft tissue /ˌsɒftˈtɪʃuː, AE ˌsɔːft-/ n. MED. tessuti m.pl. molli.
soft-top /ˈsɒfttɒp, AE ˈsɔːft-/ n. AUT. decappottabile f.
soft touch /ˌsɒftˈtʌtʃ, AE ˌsɔːft-/ n. COLLOQ. tatto m.
soft toy /ˈsɒftˌtɔɪ, AE ˈsɔːft-/ n. peluche m., pupazzo m. di pezza.
soft verge /ˌsɒftˈvɜːdʒ, AE ˌsɔːft-/ n. banchina f. non transitabile.
soft-voiced /ˌsɒftˈvɔɪst, AE ˌsɔːft-/ agg. dalla voce dolce.
▶ **software** /ˈsɒftweə(r), AE ˈsɔːft-/ **I** n. software m.; ***computer ~*** software **II** modif. [*engineering, protection*] del software; [*company, designer, manufacturer, project, publishing*] di software; [*industry, market*] del software; ***~ product*** software, prodotto informatico; ***~ development*** sviluppo software.
software house /ˈsɒftweəˌhaʊs, AE ˈsɔːft-/ n. software house f.
software package /ˈsɒftweəˌpækɪdʒ, AE ˈsɔːft-/ n. INFORM. software m. applicativo.
softwood /ˈsɒftwʊd, AE ˈsɔːft-/ n. **1** *(timber)* legno m. dolce, di conifera **2** *(tree)* conifera f.

softy /'sɒftɪ, AE 'sɔːftɪ/ n. COLLOQ. **1** SPREG. *(weak person)* rammollito m. (-a) **2** *(indulgent person) (man)* pasta f. d'uomo; *(woman)* donna f. dal cuore tenero.
SOGAT, Sogat /'səʊgæt/ n. GB (⇒ Society of Graphical and Allied Trades) = sindacato dei poligrafici.
soggy /'sɒgɪ/ agg. [*ground*] zuppo, fradicio; [*clothes*] fradicio, inzuppato; [*food*] molliccio, umido.
soh /səʊ/ n. MUS. sol m.
soho /səʊ'həʊ/ inter. *(in hunting)* occhio, attenzione.
▶ **1.soil** /sɔɪl/ n. suolo m., terreno m.; ***on British ~*** in territorio britannico; ***on foreign ~*** in terra straniera.
2.soil /sɔɪl/ n. **1** *(dirt)* sporco m., sporcizia f.; *(stain)* macchia f. (anche FIG.) **2** *(manure)* letame m.; *(sewage)* liquami m.pl.
3.soil /sɔɪl/ tr. sporcare (anche FIG.) ◆ ***to ~ one's hands with sth., by doing*** IRON. sporcarsi le mani con qcs., facendo qcs.
4.soil /sɔɪl/ tr. nutrire [qcn.] con foraggio fresco [*cattle*].
soilage /'sɔɪlɪdʒ/ n. foraggio m.
soiled /sɔɪld/ **I** p.pass. → **3.soil II** agg. **1** *(dirty)* sporco (anche FIG.) **2** (anche **shop-~**) COMM. [*clothing, stock, items*] deteriorato, sciupato (dalla prolungata esposizione in un negozio).
soilless culture /'sɔɪllɪs,kʌltʃə(r)/ n. AGR. = coltivazione di piante effettuata in acqua, sabbia, ghiaia, basalto o altro materiale anziché nella terra.
soil pipe /'sɔɪl,paɪp/ n. tubo m. di scarico.
soiree /'swɑːreɪ, AE swɑː'reɪ/ n. soirée f., serata f. mondana.
1.sojourn /'sɒdʒən, AE səʊ'dʒɜːrn/ n. FORM. soggiorno m.
2.sojourn /'sɒdʒən, AE səʊ'dʒɜːrn/ intr. FORM. soggiornare.
sojourner /'sɒdʒənə(r), AE səʊ'dʒɜːrnə(r)/ n. FORM. ospite m. e f., visitatore m. (-trice).
1.sol /sɒl, AE sɔːl/ n. MUS. sol m.
2.sol /sɒl, AE sɔːl/ n. CHIM. sol m.
1.solace /'sɒləs/ n. **1** *(feeling of comfort)* conforto m.; ***to seek*** o ***find ~ in sth.*** cercare conforto in qcs.; ***to draw ~ from sth.*** trovare conforto in qcs. **2** *(source of comfort)* consolazione f.; ***to be a ~ to sb.*** essere di grande conforto a qcn.
2.solace /'sɒləs/ tr. confortare (**for** per).
solan /'səʊlən/ n. sula f. bassana.
solanaceous /səʊlə'neɪʃəs/ agg. solanaceo.
solanine /'səʊləniːn/ agg. solanina f.
solanum /sə'leɪnəm/ n. solano m.
▷ **solar** /'səʊlə(r)/ agg. [*battery, energy, furnace, ray, system, year*] solare; [*warmth*] del sole.
solar cell /,səʊlə'sel/ n. cella f. solare.
solar collector /,səʊləkə'lektə(r)/ n. collettore m. solare.
solar eclipse /,səʊlərɪ'klɪps/ n. eclissi f. di sole.
solar flare /'səʊlə,fleə(r)/ n. ASTR. brillamento m. solare, flare m.
solar heated /,səʊlə'hiːtɪd/ agg. riscaldato a energia solare.
solar heating /,səʊlə'hiːtɪŋ/ n. riscaldamento m. a energia solare.
solarium /sə'leərɪəm/ n. (pl. **~s, -ia**) solarium m.
solarization /,səʊləraɪ'zeɪʃn, AE -rɪ'z- / n. solarizzazione f.
solarize /'səʊləraɪz/ **I** tr. solarizzare **II** intr. solarizzarsi.
solar panel /,səʊlə'pænl/ n. pannello m. solare.
solar plexus /,səʊlə'pleksəs/ n. (pl. **solar plexuses**) plesso m. solare.
solar power /,səʊlə'paʊə(r)/ n. energia f. solare.
solar powered /,səʊlə'paʊəd/ agg. che va a energia solare.
solar wind /,səʊlə'wɪnd/ n. METEOR. vento m. solare.
solatium /səʊ'leɪʃɪəm/ n. (pl. **-ia**) AE DIR. risarcimento m. per danni morali.
sold /səʊld/ pass., p.pass. → **2.sell**.
soldanella /sɒldə'nelə/ n. soldanella f.
1.solder /'səʊldə(r), 'sɒ-, AE 'sɒdər/ n. **1** *(alloy)* lega f. (per saldatura); ***soft ~*** lega per brasatura dolce; ***brazing*** o ***hard ~*** lega per brasatura forte **2** *(join)* saldatura f., brasatura f.
2.solder /'səʊldə(r), 'sɒ-, AE 'sɒdər/ **I** tr. saldare (**onto, to** a) **II** intr. saldarsi, brasarsi.
■ **solder on:** ~ *[sth.]* on, ~ on *[sth.]* saldare, brasare.
soldering /'səʊldərɪŋ, 'sɒ-, AE 'sɒdər-/ n. saldatura f., brasatura f.
soldering iron /'səʊldərɪŋ,aɪən, 'sɒ-, AE 'sɒdərɪŋ,aɪərn/ n. saldatore m., saldatoio m.
▶ **1.soldier** /'səʊldʒə(r)/ ♦ *27* n. soldato m., militare m.; ***to be a ~*** essere un soldato; ***to play at ~s*** giocare ai soldati; ***old ~*** veterano; ***~ of fortune*** soldato di ventura; ***regular ~*** militare di carriera; ***woman ~*** donna soldato ◆ ***to come the old ~ with sb.*** BE = darsi arie da esperto con qcn.
2.soldier /'səʊldʒə(r)/ intr. fare il soldato.
■ **soldier on** tenere duro, non mollare; ***to ~ on with doing*** perseverare a fare.
soldier ant /'səʊldʒər,ænt/ n. formica f. soldato.
soldier boy /'səʊldʒə,bɔɪ/ n. STOR. MIL. bambino m. soldato.
soldier-crab /'səʊldʒə,kræb/ n. bernardo m. l'eremita.
soldiering /'səʊldʒərɪŋ/ n. **1** *(army)* esercito m. **2** *(army life)* vita f. militare.
soldierly /'səʊldʒəlɪ/ agg. [*person*] dall'atteggiamento marziale; [*appearance, bearing*] marziale, militaresco.
soldiery /'səʊldʒərɪ/ n. ANT. (pl. **~**) truppa f. (anche SPREG.).
▷ **1.sole** /səʊl/ agg. **1** *(single)* [*aim, concern, duty, reason, source, supporter, survivor*] solo, unico; ***for the ~ purpose of doing*** unicamente per fare **2** *(exclusive)* [*agent, distributor, importer, right*] esclusivo; [*trader*] in proprio; ***for the ~ use of*** a uso esclusivo di; ***to have the ~ agency for*** COMM. avere l'esclusiva di; ***to be in ~ charge of sth.*** essere il responsabile unico di qcs.
2.sole /səʊl/ n. (pl. **~, ~s**) sogliola f.
3.sole /səʊl/ **I** n. **1** *(of shoe)* suola f.; *(of sock)* piede m.; *(of iron)* piastra f. **2** ANAT. pianta f.; ***the ~ of the foot*** la pianta del piede **II -soled** agg. in composti ***rubber, leather ~d shoes*** scarpe con la suola di gomma, di cuoio.
4.sole /səʊl/ tr. risuolare [*shoe*].
sole beneficiary /,səʊlbenɪ'fɪʃərɪ, AE -'fɪʃɪerɪ/ n. DIR. beneficiario m. unico.
solecism /'sɒlɪsɪzəm/ n. **1** LING. solecismo m. **2** *(social)* scorrettezza f., atto m. di maleducazione.
solei /'səʊlɪaɪ/ → **soleus**.
▷ **solely** /'səʊlɪ/ avv. **1** *(wholly)* totalmente, completamente; ***you are ~ responsible*** siete interamente responsabili **2** *(exclusively)* unicamente; ***I'm saying this ~ for your benefit*** lo dico a tuo esclusivo beneficio.
solemn /'sɒləm/ agg. **1** *(serious)* [*face, voice*] grave; [*occasion, statement*] solenne; [*person*] serio; [*duty, warning*] formale **2** *(reverent)* [*celebration, procession, tribute*] solenne.
solemness /'sɒləmnɪs/ n. solennità f.
solemnity /sə'lemnətɪ/ **I** n. solennità f.; ***with all due ~*** in pompa magna **II solemnities** n.pl. cerimonie f. solenni.
solemnization /,sɒləmnaɪ'zeɪʃn, AE -nɪ'z-/ n. FORM. celebrazione f. solenne.
solemnize /'sɒləmnaɪz/ tr. solennizzare, celebrare [*marriage*]; solennizzare [*treaty*].
solemnly /'sɒləmlɪ/ avv. **1** [*bless, move, speak*] solennemente; [*look*] con aria solenne **2** *(sincerely)* [*promise*] solennemente; ***I do ~ swear to tell the truth*** DIR. giuro solennemente di dire la verità.
solen /'səʊlən/ n. cannolicchio m.
solenoid /'səʊlənɔɪd/ n. solenoide m.
solenoidal /'səʊlənɔɪdl/ agg. solenoidale.
soleus /'səʊlɪəs/ n. (pl. **-i**) muscolo m. soleo.
1.sol-fa /,sɒl'fɑː, AE ,səʊl-/ n. solfeggio m.
2.sol-fa /,sɒl'fɑː, AE ,səʊl-/ intr. solfeggiare.
solfatara /sɒlfə'tɑːrə, AE səʊl-/ n. solfatara f.
solfeggio /,sɒl'fedʒɪəʊ/ n. (pl. **~s, -i**) solfeggio m.
solicit /sə'lɪsɪt/ **I** tr. **1** *(request)* sollecitare [*attention, help, opinion, vote*]; chiedere con insistenza [*information, money*]; andare in cerca di, cercare di procurare [*business, investment, orders*] **2** DIR. [*prostitute*] adescare [*client*] **II** intr. **1** DIR. [*prostitute*] adescare clienti **2** *(request)* ***to ~ for*** sollecitare [*votes, support*]; COMM. sollecitare [*orders*].
solicitant /sə'lɪsɪtənt/ n. postulante m. e f.
solicitation /,səlɪsɪ'teɪʃn/ n. **1** DIR. istigazione f. (a delinquere) **2** LETT. *(request)* sollecitazione f., richiesta f.
soliciting /sə'lɪsɪtɪŋ/ n. DIR. adescamento m.
▷ **solicitor** /sə'lɪsɪtə(r)/ ♦ *27* n. **1** BE DIR. *(for documents, oaths)* notaio m.; *(for court and police work)* avvocato m.; ***the family ~*** il legale di fiducia; ***the company ~*** l'avvocato della società; ***a firm of ~s*** uno studio legale; ***you'll be hearing from my ~*** *(menacingly)* avrete notizie dal mio avvocato **2** AE DIR. *(chief law officer)* legale m. **3** AE COMM. piazzista m. e f.; ***telephone ~*** = chi fa telemarketing.
Solicitor General /sə,lɪsɪtə'dʒenrəl/ n. BE vice Procuratore m. Generale; AE Procuratore m. Generale.
solicitor's fees /sə,lɪsɪtəz'fiːz/ n.pl. BE DIR. spese f. notarili.
solicitorship /sə'lɪsɪtəʃɪp/ n. carica f. di avvocato.
solicitous /sə'lɪsɪtəs/ agg. FORM. [*expression, person*] sollecito, premuroso; [*enquiry, letter, response*] sollecito (**about** su); ***~ about*** che si preoccupa di; ***to be ~ for*** o ***of sth.*** preoccuparsi per, di qcs.
solicitously /sə'lɪsɪtəslɪ/ avv. sollecitamente.
solicitousness /sə'lɪsɪtəsnɪs/ n. sollecitudine f.
solicitude /sə'lɪsɪtjuːd, AE -tuːd/ n. **1** *(concern)* sollecitudine f.; ***to show ~ for sb., sth.*** dar prova di sollecitudine verso qcn., qcs. **2** FORM. *(worry)* preoccupazione f.

▶ **solid** /ˈsɒlɪd/ **I** agg. **1** *(not liquid or gaseous)* solido; ***to go*** o ***become*** ~ solidificarsi **2** *(of one substance)* [*teak, gold, marble, granite*] massiccio; [*tyre*] pieno; ***the gate was made of ~ steel*** il cancello era fatto di acciaio massiccio; ***a tunnel cut through ~ rock*** un tunnel scavato nella roccia viva **3** *(dense, compact)* [*crowd*] compatto, denso; [*earth*] compatto; ***a ~ bank of cloud*** una densa massa di nubi **4** *(unbroken)* [*line, expanse*] continuo; ***a ~ area of red*** una superficie tutta rossa **5** *(uninterrupted)* ***five ~ days, five days ~*** cinque interi giorni; ***I worked for three ~ hours*** ho lavorato per tre ore filate; ***a ~ day's work*** un'intera giornata di lavoro **6** *(strong)* [*structure, foundation, basis*] solido; [*building*] massiccio; [*relationship, argument*] solido; ***a ~ grounding in grammar*** una so-lida base grammaticale; ***to be on ~ ground*** FIG. avere argomenti concreti **7** *(reliable)* [*evidence, information*] fondato; [*advice*] valido; [*investment*] sicuro; [*worker*] affidabile, serio; ***I have ~ grounds for*** ho delle valide ragioni per; ***she's a very ~ person*** è una persona molto affidabile; ***a ~ piece of work*** un lavoro serio **8** *(firm)* [*grip*] fermo; [*punch*] forte; ***to have the ~ support of*** avere il fermo sostegno di; ***the strike has remained ~*** gli scioperanti sono rimasti uniti; ***a ~ Republican area*** *(uniformly)* una zona che vota compattamente repubblicano; *(staunchly)* un feudo repubblicano **9** *(respectable)* [*citizen, family, tax payer*] modello **II** n. CHIM. MAT. solido m. **III solids** n.pl. *(food)* cibi m. solidi; ***to be on ~s*** [*baby*] mangiare cibi solidi **IV** avv. [*freeze*] completamente; FIG. [*vote*] in massa; ***the lake was frozen ~*** il lago era completamente ghiacciato; ***the play is booked ~*** lo spettacolo è esaurito.

solid angle /ˌsɒlɪdˈæŋgl/ n. angolo m. solido.

▷ **solidarity** /ˌsɒlɪˈdærətɪ/ n. solidarietà f.; ***to feel ~ with sb.*** sentirsi solidale con qcn.; ***to do sth. out of ~ with sb.*** fare qcs. per solidarietà verso qcn.; ***to show ~ with*** o ***towards sb.*** dimostrare solidarietà verso qcn.

solidarity fund /ˌsɒlɪˈdærətɪˌfʌnd/ n. fondo m. di solidarietà.

solid compound /ˌsɒlɪdˈkɒmpaʊnd/ n. LING. = parola composta scritta senza trattino.

solid fuel /ˌsɒlɪdˈfju:əl/ **I** n. combustibile m. solido **II solid-fuel** modif. [*central heating*] a combustibile solido.

solid geometry /ˌsɒlɪddʒɪˈɒmətrɪ/ n. geometria f. solida.

solidi /ˈsɒlɪdaɪ/ → **solidus**.

solidifiable /səlɪdɪˈfaɪəbl/ agg. solidificabile.

solidification /ˌsəlɪdɪfɪˈkeɪʃn/ n. solidificazione f. (**of** di).

solidify /səˈlɪdɪfaɪ/ **I** tr. solidificare **II** intr. [*liquid*] diventare solido, solidificarsi; [*honey*] cristallizzarsi; [*oil*] solidificarsi; ***to ~ into a jelly*** diventare gelatinoso.

solidity /səˈlɪdətɪ/ n. *(of construction, relationship, currency)* solidità f., stabilità f. (**of** di); *(of research, arguments)* solidità f., fondatezza f. (**of** di).

solidly /ˈsɒlɪdlɪ/ avv. **1** *(strongly)* [*built*] solidamente, in modo solido **2** *(densely)* ***~ packed*** [*crowd*] compatto; [*earth*] molto compatto **3** *(continuously)* [*work, rain*] continuamente, ininterrottamente **4** *(staunchly)* [*conservative, socialist*] al cento per cento; [*respectable*] perfettamente; ***they are ~ behind him*** gli danno tutto il loro sostegno; ***it's a ~ working-class area*** è una zona interamente operaia.

solid-state /ˌsɒlɪdˈsteɪt/ agg. [*stereo, microelectronics*] a transistor; ***~ physics*** fisica dei solidi.

solidus /ˈsɒlɪdəs/ n. (pl. **-i**) barretta f. obliqua, segno m. di frazione.

solid word /ˌsɒlɪdˈwɜ:d/ n. LING. = parola non composta.

solifluction, **solifluxion** /ˈsɒlɪflʌkʃn, AE ˈsəʊ-/ n. soliflussione f., soliflusso m.

soliloquist /səˈlɪləkwɪst/ n. LETT. = chi fa soliloqui.

soliloquize /səˈlɪləkwaɪz/ intr. LETT. fare soliloqui.

soliloquy /səˈlɪləkwɪ/ n. soliloquio m.

solipsism /ˈsɒlɪpsɪzəm/ n. solipsismo m.

solipsist /ˈsɒlɪpsɪst/ n. solipsista m. e f.

solipsistic /sɒlɪpˈsɪstɪk/ agg. solipsistico.

solitaire /ˌsɒlɪˈteə(r), AE ˈsɒlɪteər/ ➧ ***10*** n. **1** *(ring)* solitario m. **2** AE *(with cards)* solitario m.; ***to play ~*** fare un solitario **3** *(board game)* dama f. cinese.

solitarily /ˈsɒlətrəlɪ, AE -terəlɪ/ avv. da solo, in modo solitario.

solitariness /ˈsɒlətrɪnɪs, AE -terɪ-/ n. solitudine f.

▷ **solitary** /ˈsɒlɪtrɪ, AE -terɪ/ **I** agg. **1** *(unaccompanied)* [*drinking, occupation, walk, walker*] solitario **2** *(lonely)* [*person*] solo **3** *(isolated)* [*farm, village*] isolato **4** *(single)* [*example, incident, person, question*] solo, unico; ***with the ~ exception of*** con la sola eccezione di; ***the ~ case of*** il caso unico di **II** n. **1** *(loner)* solitario m. (-a) **2** COLLOQ. *(isolation)(prisoner's slang)* isolamento m.; ***to be in ~*** essere in (cella di) isolamento.

solitary confinement /ˌsɒlɪtrɪkənˈfaɪnmənt, AE -terɪ-/ n. DIR. MIL. isolamento m.; ***to put*** o ***place sb. in ~*** mettere qcn. in isolamento.

solitude /ˈsɒlɪtju:d, AE -tu:d/ n. solitudine f.; ***to eat, work in ~*** mangiare, lavorare da solo.

solmization /ˌsɒlmɪˈzeɪʃn/ n. solmizzazione f.

solo /ˈsəʊləʊ/ **I** n. MUS. assolo m.; ***to play a ~*** fare un assolo; ***trumpet ~*** assolo di tromba **II** agg. **1** MUS. *(unaccompanied)* ***for ~ piano*** per pianoforte solo; ***for ~ voice*** per voce sola; ***for ~ violin*** *(with accompaniment)* per violino; ***a ~ piece*** un brano per strumento solo **2** *(single-handed)* [*album, appearance*] da solista; [*flight, pilot*] in solitaria **III** avv. [*dance, perform, play*] da solo; [*fly*] in solitaria; ***to go ~*** fare qcs. per conto proprio *o* da solo.

soloist /ˈsəʊləʊɪst/ n. solista m. e f.; ***a soprano, trumpet ~*** un soprano, una tromba solista.

Solomon /ˈsɒləmən/ n.pr. Salomone; ***as wise as ~*** saggio come Salomone.

Solomonian /ˈsɒləmənɪən/, **Solomonic** /ˈsɒləmənɪk/ agg. salomonico.

Solomon Islands /ˈsɒləmənˌaɪləndz/ ➧ ***12*** n.pr.pl. isole f. Salomone.

solon /ˈsəʊlɒn/ n. AE solone m.

Solon /ˈsəʊlɒn/ n.pr. Solone.

solstice /ˈsɒlstɪs/ n. solstizio m.; ***the summer, winter ~*** solstizio d'estate, d'inverno.

solstitial /ˈsɒlstɪʃl/ agg. solstiziale.

solubility /ˌsɒljʊˈbɪlətɪ/ n. CHIM. solubilità f.

▷ **soluble** /ˈsɒljʊbl/ agg. **1** *(dissolving)* solubile; ***water-~*** idrosolubile **2** *(having an answer)* solubile.

solute /ˈsɒlju:t/ n. soluto m.

▶ **solution** /səˈlu:ʃn/ n. **1** *(answer)* soluzione f. (**to** di) **2** CHIM. FARM. *(act of dissolving)* dissoluzione f.; *(mixture)* soluzione f. (**of** di); ***in ~*** in soluzione.

solutive /ˈsɒlju:tɪv/ agg. solutivo, lassativo.

solvability /sɒlvəˈbɪlətɪ/ n. **1** CHIM. solubilità f. **2** *(of problem)* risolvibilità f. **3** ECON. solvibilità f.

solvable /ˈsɒlvəbl/ agg. risolvibile; ***the problem is ~*** il problema può essere risolto.

1.solvate /ˈsɒlveɪt/ n. solvato m.

2.solvate /sɒlˈveɪt/ tr. solvatare.

solvation /sɒlˈveɪʃn/ n. solvatazione f.

▶ **solve** /sɒlv/ tr. *(resolve)* risolvere [*equation, problem*]; fare luce su, risolvere [*crime, mystery*]; risolvere [*clue, crossword*]; trovare una soluzione per combattere [*crisis, poverty, unemployment*].

solvency /ˈsɒlvənsɪ/ n. ECON. solvibilità f.

▷ **solvent** /ˈsɒlvənt/ **I** agg. **1** CHIM. [*cleaner, liquid*] solvente **2** ECON. solvente **II** n. CHIM. solvente m.; ***water is a ~ for*** o ***of salt*** l'acqua fa sciogliere il sale.

solvent abuse /ˈsɒlvəntəˌbju:s/ n. abuso m. di solventi chimici.

solver /ˈsɒlvə(r)/ n. (ri)solutore m. (-trice).

solvolysis /sɒlˈvɒləsɪs/ n. (pl. **-es**) solvolisi f.

soma /ˈsəʊmə/ n. (pl. **~s, -ata**) *(body of organism)* soma m.

soma cell /ˈsəʊməˌsel/ n. cellula f. somatica.

Somali /səˈmɑ:lɪ/ ➧ ***18, 14*** **I** agg. [*person, word*] somalo; [*currency, custom, politics*] somalo, della Somalia **II** n. **1** *(person)* somalo m. (-a) **2** *(language)* somalo m.

Somalia /səˈmɑ:lɪə/ ➧ ***6*** n.pr. Somalia f.

somata /ˈsəʊmətə/ → **soma**.

somatic /səˈmætɪk/ agg. somatico.

somatological /səʊmætəˈlɒdʒɪkl/ agg. somatologico.

somatology /səʊməˈtɒlədʒɪ/ n. somatologia f.

somatostatin /səʊmətəˈstætɪn/ n. somatostatina f.

somatotropin /səʊmətəˈtrəʊpɪn/ n. somatotropina f.

sombre BE, **somber** AE /ˈsɒmbə(r)/ agg. *(gloomy)* [*sky*] scuro, fosco; [*character*] tetro, cupo; ***to be in ~ mood*** essere di malumore.

sombrely BE, **somberly** AE /ˈsɒmbəlɪ/ avv. [*stare*] in modo cupo; [*dress, paint*] con tinte scure; [*speak*] con voce cupa.

sombreness BE, **somberness** AE /ˈsɒmbənɪs/ n. **1** *(of clothes, room)* aspetto m. lugubre **2** FIG. *(of events, news, prediction)* oscurità f.

sombrero /sɒmˈbreərəʊ/ n. (pl. **~s**) sombrero m.

▶ **1.some** /*forma debole* səm, *forma forte* sʌm/ When *some* is used as a quantifier to mean an unspecified amount of something, it precedes either uncountable nouns or countable nouns in the plural: *give me some milk and some chocolate biscuits* = dammi del latte e dei biscotti al cioccolato. - *Some* is translated by *del, della, dei* or *delle* according to the gender and number of the noun that follows: *I'd like some bread* = vorrei del pane;

have some tea = prenda del tè; *we've bought some books* = abbiamo comprato dei libri; *they've bought some peaches* = hanno comprato delle pesche. - *Some* as a quantifier can also be rendered by *qualche*, *alcuni* or *alcune*, and *un po'(di)*; *qualche* is invariable and it is always followed by the singular: *he showed me some pictures* = mi mostrò qualche fotografia; *alcuni* and *alcune* are always used in the plural and agree in gender with the nouns they qualify: *I bought some books / some pencils* = ho comprato alcuni libri / alcune matite; *give me some money!* = dammi un po' di soldi! - *Some* is generally used in affirmative sentences; when used in interrogative sentences, *some* implies an answer in the affirmative (typically, when you offer something to somebody) or a feeling of surprise: *will you have some coffee?* = vuole del caffè?; *but didn't I give you some money this morning?* = ma non ti ho già dato dei soldi stamattina? - For particular usages see below. determ., quantif. **1** *(an unspecified amount or number)* **~ cheese** del formaggio *o* un po' di formaggio; **~ money** un po' di soldi; **~ apples** delle mele *o* un po' di mele; **~ old, new socks** delle calze vecchie, nuove; **~ red, expensive socks** delle calze rosse, costose; **we need ~ help, support, money** abbiamo bisogno di aiuto, di sostegno, di soldi **2** *(certain: in contrast to others)* un certo; **~ shops won't sell this product** certi negozi non venderanno questo prodotto; **~ children like it** a certi bambini piace; **~ tulips are black** certi tulipani sono neri; **~ people work, others don't** certe persone lavorano, altre no; **in ~ ways, I agree** per certi aspetti, sono d'accordo; **in ~ cases, people have to wait 10 years** in certi casi, la gente deve aspettare 10 anni; **~ people say that** qualcuno dice che; **in ~ parts of Europe** in certe parti dell'Europa **3** *(a considerable amount or number)* **he has ~ cause for complaint, disappointment** ha le sue ragioni per lamentarsi, per essere deluso; **she managed it with ~ ease, difficulty** c'è riuscita con grande facilità, con qualche difficoltà; **his suggestion was greeted with ~ indifference, hostility** il suo suggerimento è stato accolto con una certa indifferenza, ostilità; **it will take ~ doing** richiederà un certo impegno; **we stayed there for ~ time** siamo rimasti là per parecchio tempo; **we waited for ~ years, months, hours** abbiamo aspettato un bel po' di anni, di mesi, di ore; **he hadn't seen her for ~ years** non l'aveva più vista da parecchi anni **4** *(a little, a slight)* **the meeting did have ~ effect, ~ value** la riunione ha avuto un certo effetto, una certa importanza; **the candidate needs to have ~ knowledge of computers** il candidato deve avere una conoscenza di base dell'uso dei computer; **there must be ~ reason for it** ci deve essere una qualche ragione per questo; **you must have ~ idea where the house is** devi avere una qualche idea di dove sia la casa; **this money will go ~ way towards compensating her for her injuries** questi soldi la compenseranno in parte delle ferite subite; **the agreement will go ~ way towards solving the difficulties between the two countries** l'accordo porterà verso la soluzione delle difficoltà tra i due paesi; **to ~ extent** abbastanza; **well that's ~ consolation anyway!** beh, è comunque una consolazione! **5** SPREG. *(an unspecified, unknown)* **~ man came to your house** un tipo è venuto a casa tua; **he' s doing ~ course** sta seguendo un qualche corso; **she's bought ~ cottage in Spain** ha comprato un cottage in Spagna; **a car, computer of ~ sort, ~ sort of car, computer** una specie di macchina, computer **6** COLLOQ. *(a remarkable)* **that was ~ film!** che film! **that was ~ car!** quella sì che era una macchina! **that's ~ woman, man!** che donna, che uomo! **7** COLLOQ. *(not much)* **~ help you are, he is!** IRON. sei, è di grande aiuto! **~ mechanic, doctor he is!** che razza di meccanico, di dottore! **~ dictionary, pen that is!** che cavolo di dizionario, di penna! **"I'd like the work to be finished by Monday" - "~ hope!"** "vorrei che il lavoro fosse finito entro lunedì" - "ti piacerebbe!"; **~ people!** SPREG. che gente!

▶ **2.some** /*forma debole* səm, *forma forte* sʌm/ *Some* can be translated by *ne* which is placed before the verb in Italian: *would you like some?* = ne vuole?; *I've got some* = ne ho. pron. **1** *(an unspecified amount or number)* **I'd like ~ of those** vorrei un po' di quelli; **(do) have ~!** prendetene *o* servitevi! **(do) have ~ more!** prendetene ancora un po'! **2** *(certain ones: in contrast to others)* **~ (of them) are blue** certi sono blu; **~ (of them) are French, others Spanish** *(people)* alcuni di loro sono francesi, altri spagnoli; **~ say that** qualcuno dice che; **I agree with ~ of what you say** sono d'accordo con alcune delle cose che dici; **~ (of them) arrived early** qualcuno di loro è arrivato presto ◆ **and then ~!** COLLOQ. e poi (altro) ancora!

3.some /*forma debole* səm, *forma forte* sʌm/ avv. **1** *(approximately)* circa; **~ 20 people, buses** una ventina di persone, di autobus; **~ 20 years ago** circa 20 anni fa; **~ £ 50** più o meno 50 sterline; **~ 70% of the population** circa il 70% della popolazione **2** AE COLLOQ. *(somewhat, a lot)* un bel po'; **to wait ~** aspettare un bel po'; **to work ~** lavorare sodo *o* darci dentro; **from here to the town center in 5 minutes, that's going ~** COLLOQ. andare da qui in centro in cinque minuti vuol dire correre un bel po'.

▶ **somebody** /ˈsʌmbədɪ/ pron. **1** *(unspecified person)* qualcuno; **~ famous, important** una persona famosa, importante; **~ came to see me** qualcuno è venuto a trovarmi; **we need ~ who speaks Japanese, who can repair cars** abbiamo bisogno di qualcuno che parli giapponese, che sappia riparare le macchine; **Mr Somebody (-or-other)** il tal dei tali; **ask John or Henry or ~** chiedi a John, a Henry o a qualcun altro **2** *(important person)* **he (really) thinks he's ~** pensa proprio di essere qualcuno; **they think they're ~** si credono chissà chi; **she's really ~ in the film industry** è veramente una che conta nell'industria cinematografica ◆ **~ up there likes me** lassù qualcuno mi ama; **~ up there doesn't like me** non me ne va mai bene una.

▶ **somehow** /ˈsʌmhaʊ/ avv. **1** *(by some means)* (anche **~ or other**) in un modo o nell'altro *o* in qualche modo; **we'll get there ~** ci arriveremo in un modo o nell'altro; **we managed it ~** ci siamo riusciti, in qualche modo; **he ~ broke his leg** si è rotto una gamba non si sa come; **it has ~ disappeared** è come svanito nel nulla **2** *(for some reason)* **~ it doesn't seem very important** per qualche ragione, non sembra molto importante; **~ he never seems to get it right** per qualche motivo niente sembra riuscirgli mai bene; **it was ~ shocking, amusing to see...** è stato piuttosto scioccante, divertente vedere...

▶ **someone** /ˈsʌmwʌn/ pron. → **somebody**.

someplace /ˈsʌmpleɪs/ avv. → **somewhere**.

1.somersault /ˈsʌməsɒlt/ n. **1** *(of gymnast)* salto m. mortale; *(of child)* capriola f.; *(of diver)* tuffo m. con salto mortale; *(accidental)* capitombolo m.; **to turn ~s** [*gymnast*] fare salti mortali; [*child*] fare le capriole **2** *(of vehicle)* capottamento m.; **to do** o **turn a ~** capottare.

2.somersault /ˈsʌməsɒlt/ intr. [*gymnast*] fare un salto mortale; [*diver*] fare un tuffo con salto mortale; [*vehicle*] cappottare; **the car ~ed into the ravine** la macchina è cappottata giù per la scarpata.

Somerset /ˈsʌməsət/ ♦ **24** n.pr. **1** *(county)* Somerset m. **2** *(first name)* Somerset (nome di uomo).

▶ **something** /ˈsʌmθɪŋ/ **I** pron. **1** *(unspecified thing)* qualcosa, qualche cosa; **~ to do, eat** qualcosa da fare, da mangiare; **to say ~** dire qualcosa; **~ made him laugh** qualcosa lo fece ridere; **~ new, interesting** qualcosa di nuovo, di interessante; **~ else** qualcos'altro; **he's always trying to get ~ for nothing** cerca sempre di scroccare qualcosa; **there's ~ wrong** c'è qualcosa che non va; **there's ~ odd about her** c'è qualcosa di strano in lei; **there's ~ funny going on** sta succedendo qualcosa di insolito; **~ or other** una cosa o l'altra; **she's ~ (or other) in the army, motor trade** ha un qualche lavoro nell'esercito, nel commercio delle auto **2** *(thing of importance, value etc.)* **it proves ~** questo prova qualche cosa; **to make ~ of oneself** o **one's life** fare strada (nella vita); **he got ~ out of it** ne ha ricavato qualcosa; **he is quite** o **really ~!** è un gran bel tipo! **that house, car is quite** o **really ~!** quella casa, macchina è veramente notevole! **there's ~ in what he says** c'è del vero in quello che dice; **you've got ~ there!** hai proprio colpito nel segno! hai ragione! **he has a certain ~** ha un certo non so che; **"I've found the key" - "well that's ~ anyway"** "ho trovato la chiave" - "beh, è già qualcosa"; **we gave him ~ for his trouble** *(a tip)* gli abbiamo dato qualcosa per il disturbo **3** *(forgotten, unknown name, amount etc.)* **his name's Andy ~** si chiama Andy qualcosa; **in nineteen-sixty-~** nel millenovecentosessanta e qualcosa; **he's six foot ~** è alto sei piedi e qualcosa; **she's gone shopping, swimming or ~** è andata a fare compere, a nuotare o qualcosa di simile; **are you deaf, stupid or ~?** sei sordo, stupido o cosa? **II** avv. **1** *(a bit)* un po'; **~ over, under £ 20, 50 people** un po' più, meno di 20 sterline, 50 persone; **~ around £ 50, 100 kilos** all'incirca 50 sterline, 100 chili **2** COLLOQ. *(a lot)* **he was howling ~ awful** o **terrible** stava urlando a squarciagola; **he was howling ~ shocking** stava lanciando una sfilza di improperi **3** **something of** *(rather, quite)* **he is (also) ~ of an actor, writer** è (anche) un buon attore, un buon scrittore; **she is ~ of an expert on...** è una vera esperta di...; **it was ~ of a surprise, mystery** è stata una vera sorpresa, è stato un vero mistero; **it was ~ of a disaster, disappointment** è stato un vero disastro, è stata una vera delusione.

▷ **sometime** /ˈsʌmtaɪm/ **I** avv. *(at unspecified time)* **we'll have to do it ~** presto o tardi dovremo farlo; **I'll pay you ~** prima o poi ti pagherò; **all holidays have to end ~** tutte le vacanze finiscono, prima o poi; **I'll tell you about it ~** te ne parlerò, un giorno o l'altro; **I'll phone you ~ tomorrow, next week, next month** ti telefonerò domani in giornata, la settimana prossima, il mese prossimo **II** agg. **1** *(former)* [*president, chairman, captain etc.*] ex **2** AE *(occasional)* [*employee*] temporaneo; [*event*] occasionale.

▷ **sometimes** /'sʌmtaɪmz/ avv. talvolta, qualche volta; *(in contrast)* **~ *angry*, ~ *depressed*** ora arrabbiato, ora depresso.

▶ **somewhat** /'sʌmwɒt/ avv. un po'; **~ *disturbed, discouraging*** abbastanza disturbato, scoraggiante; **~ *faster, happier*** un po' più veloce, più felice; ***things have changed* ~** le cose sono un po' cambiate; **~ *differently, defensively*** un po' diversamente, sulla difensiva; **~ *reluctantly*** con un po' di riluttanza; **~ *ironically*** in modo piuttosto ironico; **~ *improbably*** in modo alquanto improbabile; **~ *surprisingly*** abbastanza sorprendentemente; **~ *to her disappointment, surprise*** con suo grande disappunto, con sua grande sorpresa; ***they were more than* ~ *surprised, disappointed to hear that*** erano più che sorpresi, delusi dal sentire che.

▶ **somewhere** /'sʌmweə(r)/ avv. **1** *(some place)* da qualche parte; ***she's* ~ *about*** o ***around*** è da qualche parte qui intorno; ***it's* ~ *in this chapter*** è a un certo punto del capitolo; ***I read* ~ *that*** ho letto da qualche parte che; **~ *hot, special*** un posto caldo, speciale; ***he needs* ~ *to sleep, stay*** ha bisogno di un posto dove dormire, stare; **~ *or other*** da una parte o dall'altra; **~ *(or other) in Asia*** da qualche parte in Asia; ***he's often in the pub or* ~** COLLOQ. è spesso al pub o in posti simili; ***they live in Manchester or* ~** COLLOQ. abitano a Manchester o lì vicino **2** *(at an unspecified point in range)* **~ *between 50 and 100 people*** tra le 50 e le 100 persone; **~ *around 10 o'clock, £ 50*** intorno alle 10, alle 50 sterline; ***they paid* ~ *around £ 20,000*** hanno pagato all'incirca 20.000 sterline ◆ ***now we're getting* ~!** *(in questioning)* questo sì che è interessante! *(making progress)* ora sì che stiamo facendo progressi!

somnambulism /sɒm'næmbjʊlɪzəm/ n. FORM. sonnambulismo m.

somnambulist /sɒm'næmbjʊlɪst/ n. FORM. sonnambulo m. (-a).

somnambulistic /sɒmnæmbjʊ'lɪstɪk/ agg. sonnambulico.

somniferous /sɒm'nɪfərəs/ agg. FORM. soporifero.

somnolence /'sɒmnələns/ n. FORM. sonnolenza f.

somnolent /'sɒmnələnt/ agg. FORM. sonnolento, assonnato; ***to feel* ~** essere assonnato.

▶ **son** /sʌn/ n. **1** *(male child)* figlio m. (**of** di); ***an only* ~** un figlio unico; ***he's like a* ~ *to me*** è come un figlio per me; ***my* ~ *and heir*** mio figlio e unico erede; ***he's his father's* ~** è proprio figlio di suo padre **2** LETT. *(descendant)* figlio m.; ***the* ~*s of the revolution*** i figli della rivoluzione; ***Scotland's favourite* ~** lo scozzese più amato **3** COLLOQ. *(as form of address)* *(kindly)* figliolo m.; *(patronizingly)* ragazzo m. ◆ ***every mother's* ~ *(of them)*** = tutti loro.

sonant /'səʊnənt/ agg. FON. sonante.

sonar /'səʊnɑ:(r)/ n. sonar m.

sonata /sə'nɑ:tə/ n. sonata f.; ***violin* ~** sonata per violino.

sonata form /sə'nɑ:tə͵fɔ:m/ n. forma f. sonata.

sonatina /͵sɒnə'ti:nə/ n. MUS. sonatina f.

sonde /sɒnd/ n. METEOR. sonda f.

sone /səʊn/ n. son m.

son et lumière /͵sɒneɪlu:'mjeə(r)/ n. son et lumière m.

▶ **song** /sɒŋ/ n. **1** MUS. canzone f.; ***to sing, write a* ~** cantare, scrivere una canzone; ***give us a* ~** cantaci qualcosa; ***to burst into* ~** mettersi a cantare **2** *(of bird)* canto m. (**of** di) **3** LETTER. canzone f. ◆ ***for a* ~** COLLOQ. per quattro soldi; ***they're going for a* ~** si danno via per quattro soldi; ***on* ~** BE COLLOQ. in forma *o* in palla.

song and dance /͵sɒŋən'dɑ:ns, AE -'dæns/ n. TEATR. spettacolo m. di canto e ballo; **~ *routine*, ~ *act*** numero di canto e ballo ◆ ***to give sb. the same old* ~** AE COLLOQ. ripetere la solita solfa a qcn.; ***to make a* ~ *about sth.*** BE COLLOQ. scatenare un putiferio su qcs.

songbird /'sɒŋbɜ:d/ n. uccello m. canterino.

songbook /'sɒŋbʊk/ n. canzoniere m.

song cycle /'sɒŋ͵saɪkl/ n. = serie di canzoni incentrate su un unico tema.

songfest /'sɒŋfest/ n. AE cantata f. in compagnia.

songless /'sɒŋlɪs/ agg. [*bird*] che non canta, muto.

Song of Songs /͵sɒŋəv'sɒŋz/, **Song of Solomon** /͵sɒŋəv'sɒləmən/ n. Cantico m. dei Cantici.

songsmith /'sɒŋsmɪθ/ n. ANT. autore m. di canzoni.

songster /'sɒŋstə(r)/ n. ANT. cantante m.

songstress /'sɒŋstrɪs/ n. ANT. cantante f.

song thrush /'sɒŋθrʌʃ/ n. tordo m. bottaccio.

▷ **songwriter** /'sɒŋraɪtə(r)/ ♦ **27** n. *(of words)* paroliere m. (-a); *(of music)* compositore m. (-trice) (di canzoni); *(of both)* autore m. (-trice) di canzoni.

songwriting /'sɒŋraɪtɪŋ/ n. (lo) scrivere canzoni.

▷ **sonic** /'sɒnɪk/ agg. [*vibration*] sonoro; **~ *interference*** interferenza sonora.

sonic bang /͵sɒnɪk'bæŋ/ n. BE bang m. sonico.

sonic barrier /͵sɒnɪk'bærɪə(r)/ n. muro m. del suono.

sonic boom /͵sɒnɪk'bu:m/ n. AE bang m. sonico.

sonic depth finder /͵sɒnɪk'depθ͵faɪndə(r)/ n. scandaglio m. acustico, ecoscandaglio m.

sonic mine /͵sɒnɪk'maɪn/ n. MIL. mina f. acustica.

sonics /'sɒnɪks/ n. + verbo sing. acustica f.

son-in-law /'sʌnɪnlɔ:/ n. (pl. **sons-in-law**) genero m.

sonnet /'sɒnɪt/ n. sonetto m.

sonneteer /sɒnɪ'ti:ə(r)/ n. sonettista m. e f.

sonny /'sʌnɪ/ n. COLLOQ. *(kindly)* figliolo m.; *(patronizing)* ragazzo m.

sonny boy /'sʌnɪ͵bɔɪ/, **sonny Jim** /'sʌnɪ͵dʒɪm/ n. ***look here,* ~** guarda, ragazzo.

son-of-a-bitch /͵sʌnəvə'bɪtʃ/ **I** n. AE POP. **1** SPREG. figlio m. di puttana **2** *(jocular)* vecchio mio m.; ***how are you, you old* ~?** POP. come stai, vecchio mio? **3** *(difficult task)* lavoro m. rognoso, grana f. **II** inter. POP. porca puttana.

son-of-a-gun /͵sʌnəvə'gʌn/ n. AE COLLOQ. ANT. ***you old* ~!** vecchia canaglia!

sonometer /səʊ'nɒmɪtə(r)/ n. sonometro m.

sonority /sə'nɒrətɪ, AE -'nɔ:r-/ n. sonorità f.

sonorous /'sɒnərəs, sə'nɔ:rəs/ agg. [*language, note, tone, voice*] sonoro; [*name*] altisonante; [*chime*] sonoro.

sonorously /'sɒnərəslɪ, sə'nɔ:rəslɪ/ avv. [*speak, sing*] con voce sonora; [*chime, toll*] in modo sonoro.

sonorousness /'sɒnərəsnɪs, sə'nɔ:rəsnɪs/ n. sonorità f.

▶ **soon** /su:n/ avv. **1** *(in a short time)* presto; ***the book will be published* ~** il libro sarà presto pubblicato; **~ *there will be no snow left*** di qui a poco non ci sarà più neve; ***I'll see you very* ~** ci vediamo prestissimo; ***it will* ~ *be three years since we met*** tra poco faranno tre anni che ci conosciamo; ***see you* ~!** a presto! **2** *(quickly)* presto, in fretta; ***write* ~** scrivimi presto; ***the plan was* ~ *abandoned*** il progetto fu presto abbandonato; ***it* ~ *became clear that*** fu subito chiaro che **3** *(early)* presto; ***we arrived too* ~** siamo arrivati troppo presto; **~ *enough*** abbastanza presto; ***the* ~*er the better*** prima è meglio è; ***the* ~*er we leave, the* ~*er we'll get there*** prima partiamo, prima arriveremo; ***as* ~ *as possible*** il più presto possibile; ***I spoke too* ~!** ho parlato troppo presto! ***as* ~ *as you can*** appena puoi; ***as* ~ *as he arrives*** non appena arriverà; ***she didn't arrive as* ~ *as we had hoped*** non arrivò così presto come avevamo sperato; **~*er or later*** prima o poi *o* presto o tardi; ***all too* ~ *the summer was over*** l'estate passò in un baleno; ***tomorrow at the* ~*est*** domani al più presto; ***and not a moment too* ~!** appena in tempo! **4** *(not long)* ***they left* ~ *after us*** se ne sono andati poco dopo di noi; **~ *after breakfast*** poco dopo colazione; **~ *afterwards*** poco (tempo) dopo; ***no* ~*er had I done sth. than...*** avevo appena fatto qcs. che... **5** *(rather)* ***he would just as* ~ *do*** preferirebbe fare; ***I would just as* ~ *do X as do Y*** farei volentieri sia X che Y; ***I would* ~*er not do*** preferirei non fare; **~*er him than me!*** meglio a lui che a me! ***he would* ~*er die than do*** preferirebbe morire piuttosto che fare ◆ ***least said* ~*est mended*** PROV. = meno se ne parla, meglio è; ***no* ~*er said than done*** detto fatto.

1.soot /sʊt/ n. fuliggine f.

2.soot /sʊt/ tr. coprire di fuliggine.

■ **soot up** **~ *[sth.]* up, ~ *up [sth.]*** [*coal*] coprire di fuliggine [*chimney, hearth*].

sooth /su:θ/ n. ANT. ***in* ~** in verità.

soothe /su:ð/ **I** tr. **1** calmare [*person*]; placare [*nerves, anger*]; sedare [*crowd*]; lenire [*pain, sunburn*]; distendere [*muscles*]; fare passare [*fear*] **2** ***"don't worry," she* ~*d*** "non ti preoccupare," disse lei con tono rassicurante **II** intr. [*voice*] rassicurare; [*lotion, massage*] calmare, lenire il dolore.

■ **soothe away:** **~ *away [sth.]*, ~ *[sth.] away*** placare [*anger, anxiety*]; fare passare [*fear*]; lenire [*pain*].

soother /'su:ðə(r)/ n. chi calma, chi rassicura.

▷ **soothing** /'su:ðɪŋ/ agg. [*music*] distensivo; [*cream, effect*] calmante; [*person, voice, presence*] rassicurante; [*word*] di conforto.

soothingly /'su:ðɪŋlɪ/ avv. [*stroke*] cercando di calmare; [*speak*] con tono rassicurante.

soothsayer /'su:θseɪə(r)/ n. ANT. divinatore m. (-trice).

soothsaying /'su:θseɪɪŋ/ n. divinazione f.

sooty /'sʊtɪ/ agg. **1** *(covered in soot)* [*face, hands, room*] sporco di fuliggine, fuligginoso; [*air*] fuligginoso, caliginoso **2** *(black)* [*cat, fur*] fuligginoso; **~ *black*** nero come il carbone.

1.sop /sɒp/ n. **1** *(piece of food)* = pezzo di pane, di biscotto ecc. inzuppato; ***he lives off* ~*s*** mangia solo pappette **2** *(concession)* contentino m.; ***as a* ~ *to public opinion*** come contentino per l'opinione pubblica; ***as a* ~ *to her pride*** per placare il suo orgoglio; ***to***

offer sth. as a ~ to sb. offrire qcs. come contentino a qcn.; ***to throw a ~ to sb.*** dare un contentino a qcn. **3** COLLOQ. *(sissy)* pappamolla m. e f.

2.sop /sɒp/ tr. (forma in -ing ecc. **-pp-**) inzuppare [*bread, cake*] (**in** in).

▪ **sop up:** ~ ***up [sth.]***, ~ ***[sth.] up*** asciugare, assorbire [*spillage, water*]; ***he ~ped up his soup with some bread*** ha inzuppato del pane nella minestra.

soph /sɒf/ n. AE SCOL. UNIV. (accorc. sophomore) = studente del secondo anno di università o di scuola secondaria superiore.

Sophia /sə'faɪə/, **Sophie** /'səʊfɪ/, **Sophy** /'səʊfɪ/ n.pr. Sofia.

sophism /'sɒfɪzəm/ n. sofisma m.

sophist /'sɒfɪst/ n. sofista m. e f. (anche FIG.).

sophistic(al) /sə'fɪstɪk(l)/ agg. **1** FILOS. sofistico **2** FIG. *(specious)* [*argument, reasoning*] capzioso.

1.sophisticate /sə'fɪstɪkət/ n. persona f. sofisticata, raffinato m. (-a).

2.sophisticate /sə'fɪstɪkeɪt/ **I** tr. **1** *(make artificial)* rendere sofisticato [*person*]; *(bring to more refined form)* raffinare [*technique*] **2** falsificare, alterare [*text*]; sofisticare, adulterare [*wine*] **II** intr. *(use sophistry)* sofisticare, cavillare.

▷ **sophisticated** /sə'fɪstɪkeɪtɪd/ **I** p.pass. → **2.sophisticate II** agg. **1** *(smart)* [*person*] *(worldly, cultured)* sofisticato; *(elegant)* raffinato, distinto; [*clothes, fashion*] elegante, raffinato; [*restaurant, resort*] chic; [*magazine*] alla moda; ***she thinks it's ~ to smoke*** pensa che faccia fine fumare; ***she was looking very ~ in black*** era elegantissima vestita di nero **2** *(discriminating)* [*mind, taste, audience, public*] raffinato; ***a book for the more ~ students*** un libro per gli studenti più preparati **3** *(advanced)* [*civilization*] evoluto **4** *(elaborate, complex)* [*equipment, machinery, technology*] sofisticato; [*argument, discussion, joke*] sottile; [*style*] ricercato.

sophistication /səˌfɪstɪ'keɪʃn/ n. **1** *(smartness) (of person) (in lifestyle, habits)* raffinatezza f.; *(in judgment, intellect)* finezza f.; *(in appearance)* distinzione f.; *(of clothes, fashion)* ricercatezza f.; *(of restaurant, resort, magazine)* raffinatezza f.; *(finesse) (of mind, tastes)* raffinatezza f.; ***lack of ~*** grossolanità **2** *(of audience, public)* gusto m. raffinato **3** *(of civilization)* evoluzione f. **4** *(complexity) (of equipment, machinery, technology)* sofisticazione f.; *(of argument, discussion, joke)* sottigliezza f.

sophistry /'sɒfɪstrɪ/ n. **1** *(sophism)* sofisma m., cavillo m. **2** FILOS. sofistica f.

Sophocles /'sɒfəkli:z/ n.pr. Sofocle.

sophomore /'sɒfəmɔ:(r)/ n. AE SCOL. UNIV. = studente del secondo anno di università o di scuola secondaria superiore.

soporiferous /ˌsɒpə'rɪfərəs/ agg. soporifero.

soporific /ˌsɒpə'rɪfɪk/ **I** agg. **1** *(sleep-inducing)* soporifico, soporifero **2** *(sleepy)* assonnato, sonnolento **II** n. sonnifero m.

soppiness /'sɒpɪnəs/ n. sdolcinatezza f.

sopping /'sɒpɪŋ/ agg. (anche ~ **wet**) (bagnato) fradicio.

soppy /'sɒpɪ/ agg. COLLOQ. SPREG. sdolcinato, lacrimevole.

sopranino /ˌsɒprə'ni:nəʊ/ **I** n. (pl. **~s**) sopranino m. **II** agg. sopranino.

soprano /sə'prɑ:nəʊ, AE -'præn-/ **I** n. (pl. **~s**) **1** *(voice, singer)* soprano m. **2** *(part)* ***to sing ~*** cantare da soprano **II** modif. [*voice, register*] di soprano; [*part, solo*] del soprano; [*saxophone*] soprano; ***~ singer*** soprano.

sora /'sɔ:rə/ n. voltolino m. americano.

sorb /sɔ:b/ n. **1** *(fruit)* sorba f. **2** *(tree)* sorbo m.

Sorb /sɔ:b/ → **Sorbian**.

sorbent /'sɔ:bənt/ n. CHIM. assorbente m.

sorbet /'sɔ:beɪ, 'sɔ:bet/ n. sorbetto m.; ***lemon ~*** sorbetto al limone.

Sorbian /'sɔ:brɪən/ ♦ ***18, 14*** **I** agg. sorabo **II** n. **1** *(person)* sorabo m. (-a) **2** *(language)* sorabo m.

sorbic acid /ˌsɔ:bɪk'æsɪd/ n. acido m. sorbico.

sorbite /'sɔ:baɪt/ n. sorbite f.

sorbitol /'sɔ:bɪtɒl/ n. sorbitolo m.

sorbose /'sɔ:bəʊs/ n. sorbosio m.

sorcerer /'sɔ:sərə(r)/ n. stregone m.

sorceress /'sɔ:sərɪs/ n. strega f.

sorcery /'sɔ:sərɪ/ n. **1** *(witchcraft)* stregoneria f. **2** FIG. magia f.

sordid /'sɔ:dɪd/ agg. [*affair, conditions, life, motive, subject*] sordido; ***to go into all the ~ details of sth.*** SCHERZ. raccontare tutto nei minimi dettagli.

sordidly /'sɔ:dɪdlɪ/ avv. [*live, behave*] in modo sordido.

sordidness /'sɔ:dɪdnɪs/ n. **1** *(of room, film)* squallore m. **2** *(of motive, behaviour)* bassezza f., meschinità f.

sordine /'sɔ:di:n/ n. sordina f.

▷ **sore** /sɔ:(r)/ **I** n. piaga f. **II** agg. **1** *(sensitive)* [*eyes, throat, nose, gums*] infiammato, irritato; [*muscle, tendon*] dolorante, infiammato; [*arm, foot*] dolorante; ***to have a ~ throat, head*** avere mal di gola, di testa; ***to be*** o ***feel ~ (all over)*** sentire male (dappertutto); ***my leg is still a bit ~*** la gamba mi fa ancora un po' male; ***to be ~ from exercise, running*** essere indolenzito dalla ginnastica, dopo una corsa; ***you'll only make it ~ by scratching*** se gratti ti farà ancora più male **2** AE COLLOQ. *(peeved)* irritato; ***to be ~ about*** o ***over sth.*** essere arrabbiato per qcs.; ***to be ~ at sb.*** seccarsi con qcn.; ***to get ~*** aversela a male **3** LETT. *(extreme)* ***to be in ~ need of sth.*** avere un disperato bisogno di qcs. **4** *(delicate)* attrib. [*subject*] delicato; [*point*] dolente; ***to touch on a ~ point*** FIG. mettere il dito nella piaga ♦ ***to be like a bear with a ~ head*** essere di umore nero; ***she, it is a sight for ~ eyes*** ci si rifà gli occhi a guardarla, a guardare quella cosa.

sorehead /'sɔ:hed/ n. AE COLLOQ. = persona irritabile e permalosa.

sorely /'sɔ:lɪ/ avv. [*tempted*] fortemente; ***~ tried, ~ tested*** [*patience, friendship, person*] messo a dura prova; ***volunteers are, medical aid is ~ needed*** c'è un disperato bisogno di volontari, di aiuti medici; ***~ needed funds*** fondi di cui si ha estremamente bisogno.

soreness /'sɔ:nɪs/ n. dolore m.

sorg(h)o /'sɔ:gəʊ/, **sorghum** /'sɔ:gəm/ n. **1** *(plant, foodstuff)* sorgo m., saggina f. **2** *(syrup)* = melassa fatta con zucchero tratto dal midollo del sorgo zuccherino.

sori /'səʊraɪ/ → **sorus**.

sorites /sə'raɪti:z/ n. (pl. ~) sorite m., polisillogismo m.

sorority /sə'rɒrətɪ, AE -'rɔ:r-/ n. **1** AE UNIV. *(club)* associazione f. universitaria femminile **2** *(sisterhood)* congregazione f. religiosa femminile.

> **Sorority** Associazione femminile presente in molti *colleges* e università degli Stati Uniti, è il corrispettivo femminile della *fraternity*. Le sue affiliate vivono insieme in una *sorority house*. Ogni *sorority* ha come nome due o più lettere greche, ad esempio "Kappa Kappa Gamma". Le *sororities* si dedicano a iniziative benefiche e attività socio-culturali (v. ***Fraternity***).

sorption /'sɔ:pʃn/ n. CHIM. FIS. assorbimento m.

1.sorrel /'sɒrəl, AE 'sɔ:rəl/ n. **1** acetosa f. **2** (anche **wood ~**) acetosella f.

2.sorrel /'sɒrəl, AE 'sɔ:rəl/ ♦ **5 I** n. **1** EQUIT. *(horse, colour of horse)* sauro m. **2** *(colour)* sauro m., rosso m. cupo **II** agg. [*horse*] sauro.

▷ **1.sorrow** /'sɒrəʊ/ n. **1** *(grief)* dolore m., afflizione f., pena f.; ***to feel ~*** provare dolore; ***to my ~*** con mio grande dolore; ***it was said more in ~ than in anger*** è stato detto più con dolore che con rabbia; ***I am writing to express my ~ at your sad loss*** ti scrivo per esprimerti il mio cordoglio per la dolorosa perdita **2** *(misfortune)* dolore m., dispiacere m.; ***we share each other's joys and ~s*** condividiamo gioie e dolori.

2.sorrow /'sɒrəʊ/ intr. LETT. dolersi, soffrire.

sorrowful /'sɒrəʊfl/ agg. [*occasion*] triste; [*voice, look*] afflitto, triste; ***to be in ~ mood*** SCHERZ. essere giù di morale.

sorrowfully /'sɒrəʊfəlɪ/ avv. [*say*] tristemente.

sorrowing /'sɒrəʊwɪŋ/ agg. [*widow, mourner*] afflitto, addolorato.

▶ **sorry** /'sɒrɪ/ **I** agg. **1** *(apologetic)* spiacente; *(for emphasis)* desolato; ***I'm terribly ~*** sono desolato *o* molto dispiaciuto *o* terribilmente spiacente FORM.; ***(I'm) ~, I haven't a clue*** COLLOQ. o ***I've no idea*** mi spiace, non ne ho idea; ***to be ~ that*** essere dispiaciuto che; ***to be ~ if*** dispiacersi se; ***I'm ~ that things didn't work out, if I was rude*** mi rincresce che le cose non abbiano funzionato, di essere stato scortese; ***I'm ~ I'm late*** mi scuso per il ritardo; ***I'm ~ for the delay*** mi spiace per il ritardo; ***to be ~ for doing, to do*** scusarsi di avere fatto, di fare; ***I'm ~ for keeping you waiting*** mi spiace avervi fatto *o* farvi aspettare; ***I'm ~ to be a nuisance but...*** scusate il disturbo, ma...; ***to be ~ about*** scusarsi di [*behaviour, mistake, change*]; ***I'm ~ about this!*** scusa! mi spiace (di questo)! ***~ about that!*** scusa! ***to say ~*** chiedere scusa *o* scusarsi; ***he didn't look the slightest bit ~!*** non sembrava minimamente dispiaciuto! **2** *(sympathetic)* ***I'm ~ to hear of*** o ***to hear that*** mi dispiace sentire che; ***I'm very ~ about your uncle*** sono addolorato per tuo zio **3** *(regretful)* ***to be ~ to do*** essere spiacente di fare; ***we are ~ to inform you that*** siamo spiacenti di informarla che; ***will you be ~ to go back?*** ti dispiacerà ritornare? ***no-one will be ~ to see him go!*** nessuno sentirà la sua mancanza! ***and, I'm ~ to say*** e, mi spiace dirlo; ***I'm ~ that I didn't come, that you didn't come*** mi spiace di non essere venuto, che tu non sia venuto; ***she was ~ (that) she'd raised the subject*** si pentì di avere affrontato l'argomento; ***I felt ~ about it afterwards*** dopo me ne sono pentito; ***do it now or you'll be ~!*** fallo adesso o te ne pentirai! **4** *(pitying)* ***to be*** o ***feel ~ for sb.*** dispiacersi per qcn. (anche

IRON.) **5** SPREG. *(self-pitying)* ***to feel ~ for oneself*** compiangersi, autocommiserarsi **6** *(pathetic, deplorable)* [*state*] pietoso; [*sight, business*] penoso; [*person*] misero; ***they're a ~ lot!*** sono dei poveretti! ***to be in a ~ state*** essere in uno stato pietoso; ***this is a ~ state of affairs!*** è una situazione penosa! **II** inter. **1** *(apologizing)* scusa **2** *(failing to hear)* ***~?*** scusa? prego? **3** *(contradicting)* ***~, Sarah, that isn't true!*** scusa, Sarah, ma non è vero! **4** *(interrupting others)* ***~, time is running out*** scusate *o* spiacente, ma il tempo sta per scadere **5** *(adding a comment)* ***~, may I just say that*** scusate, volevo soltanto dire che **6** *(requesting clarification)* ***~, I'm not with you*** scusa, non ti seguo più **7** *(correcting self)* ***so we have two, ~, three options*** quindi abbiamo due, cosa dico, tre scelte **8** *(being adamant)* ***~, but that's the way it is!*** mi spiace, ma così è la vita!

▶ **1.sort** /sɔːt/ n. **1** *(kind, type)* tipo m., sorta f.; ***that ~ of novel*** quel genere di romanzo; ***this ~ of fabric*** questo tipo di stoffa; ***this ~ of rabbit*** questa razza di conigli; ***this ~ of person*** questo genere di persone; ***all ~s of reasons, colours*** tante ragioni, tanti colori diversi; ***all ~s of people*** tutti i tipi di persone; ***machines of all ~s*** macchine di tutti i tipi; ***different ~s of cakes*** diversi tipi di dolci; ***I like board games, backgammon, that ~ of thing*** mi piacciono i giochi di società, backgammon e cose del genere; ***books, records - that ~ of thing*** libri, dischi, quel genere di roba; ***that's my ~ of holiday*** BE o ***vacation*** AE è la vacanza che fa per me; ***I'm not that ~ of person*** non sono il tipo; ***it's some ~ of computer*** è una sorta di computer; ***there must be some ~ of mistake*** dev'esserci un errore; ***this must be some ~ of joke*** dev'essere uno scherzo; ***he must be some ~ of madman*** dev'essere un pazzo; ***I need a bag of some ~*** ho bisogno di una borsa qualsiasi; ***you must have some ~ of idea*** devi avere una qualche idea; ***an odd*** o ***strange ~ of chap*** un tipo strano; ***radiation of any ~ is harmful*** tutti i tipi di radiazioni sono dannosi; ***any ~ of knife will do*** va bene un coltello qualsiasi; ***what ~ of person would do such a thing?*** chi mai farebbe una cosa del genere? ***what ~ of person does she think I am?*** per chi mi prende? ***what ~ of thing does she like, read?*** che cosa le piace, legge? ***what ~ of a reply, an excuse is that?*** che risposta, scusa è questa? ***you know the ~ of thing (I mean)*** sai cosa voglio dire; ***the same ~ of thing*** la stessa cosa; ***a liar of the worst ~*** un bugiardo della peggior specie; ***in an embarrassed ~ of way*** in modo imbarazzato; ***something of that*** o ***the ~*** una cosa così; ***I didn't say anything of the ~!*** non ho mai detto una cosa del genere! ***nothing of the ~*** *(not in the least)* niente del genere; ***"this milk is off" - "it's nothing of the ~!"*** "questo latte è scaduto" - "ma va!" ***"I'll pay" - "you'll do nothing of the ~!"*** "pago io" - "neanche per sogno!"; ***"you're being awkward" - "I'm being nothing of the ~"*** "stai facendo troppo il difficile" - "non è affatto vero!" **2** *(in vague description)* specie f., sorta f.; ***some ~ of bird*** una specie di uccello; ***a ~ of blue uniform*** una specie di uniforme blu; ***a ~ of elephant without a trunk*** una specie di elefante senza proboscide **3** *(type of person)* ***I know your, his ~*** conosco il tipo; ***people of her ~*** gente del suo stampo; ***he's not the ~ to betray his friends*** non è il tipo che tradisce gli amici; ***she's the ~ who would cheat*** è tipo da imbrogliare; ***we see all ~s here*** ne vediamo di tutti i colori qui; ***he's a good ~*** è un buon uomo; ***she's a good ~*** è una brava ragazza **4** INFORM. programma m. di ordinamento, ordinamento m. **5 of sorts, of a sort** ***a duck of ~s*** o ***of a ~*** una specie di anatra; ***a hero of ~s*** una sorta di eroe; ***progress of ~s*** un qualche progresso; ***an answer of ~s*** una specie di risposta **6 sort of** *(a bit)* ***~ of cute, eccentric, embarrassed*** piuttosto carino, eccentrico, imbarazzato; ***to ~ of understand, sympathize*** capire, comprendere abbastanza; ***"is it hard? - "~ of"*** "è difficile?" - "abbastanza"; ***"did you enjoy the film?" - "~ of"*** "ti è piaciuto il film?" - "più o meno"; *(approximately)* ***~ of blue-green*** che dà sul blu-verde; ***it just ~ of happened*** è semplicemente successo; ***he was just ~ of lying there*** stava lì steso a terra ◆ ***to be*** o ***feel out of ~s*** *(ill)* essere fuori fase; *(grumpy)* avere la luna storta; ***it takes all ~s (to make a world)*** PROV. il mondo è bello perché è vario.

▶ **2.sort** /sɔːt/ tr. **1** *(classify, arrange)* classificare, ordinare [*data, files, stamps*]; smistare [*letters*]; selezionare [*apples, potatoes*]; ***to ~ books into piles*** dividere i libri in pile; ***to ~ buttons by colour*** dividere i bottoni per colore; ***to ~ the apples according to size*** selezionare le mele secondo la grandezza **2** *(separate)* separare, dividere; ***to ~ the good potatoes from the bad*** separare le patate buone da quelle cattive; ***to ~ the old stock from the new*** dividere le vecchie scorte da quelle nuove.

■ **sort out:** **~ [sth.] out, ~ out [sth.]** **1** *(resolve)* risolvere [*problem*]; regolare [*matter*]; ***to ~ out the confusion*** chiarire un malinteso; ***it will take me hours to ~ this mess out*** mi ci vorranno delle ore per risolvere questo pasticcio; ***I'll ~ it out*** lo sistemo io; ***they have ~ed out their differences*** hanno appianato le loro differenze; ***go and ~ it out elsewhere*** vai a spiegarlo da un'altra parte; ***it's time to ~ this thing out*** è ora di risolvere la faccenda **2** *(organize)* occuparsi di [*details, arrangements*]; organizzare [*ideas*]; ***I'll ~ something out with Tim*** organizzerò qualcosa con Tim; ***Rex will ~ something out for you*** Rex ti organizzerà qualcosa; ***I'll ~ out with him what I have to do*** vedrò con lui quello che bisogna fare **3** *(tidy up, put in order)* mettere in ordine, riordinare [*cupboard, desk*]; ordinare [*files, documents*]; mettere a posto [*finances, affairs*]; ***to ~ out one's life*** fare ordine nella propria vita **4** *(select)* selezionare [*photos, clothes*] **5** *(find)* trovare [*replacement, stand-in*] **6** *(mend)* mettere a posto [*clutch, fault*]; **~ out [sth.]** **1** *(separate)* ***to ~ out the clean socks from the dirty*** separare le calze pulite da quelle sporche; ***to ~ out the truth from the lies*** distinguere le bugie dalla verità **2** *(establish)* ***to ~ out who is responsible*** stabilire chi è il responsabile; ***we're still trying to ~ out what happened*** stiamo ancora cercando di capire cosa sia successo; **~ [sb.] out** COLLOQ. **1** *(punish)* ***I'll ~ him out!*** lo aggiusto *o* arrangio io! **2** *(help)* [*representative, receptionist, organizer*] aiutare [*person*]; ***the doctor will soon ~ you out*** il dottore ti rimetterà presto in sesto; **~ [oneself] out** *(get organized)* organizzarsi *o* mettersi a posto; *(in one's personal life)* rimettersi in sesto; ***to get oneself ~ed out*** mettere la testa a posto; ***things will ~ themselves out*** le cose andranno a posto da sole; ***the problem ~ed itself out*** il problema si risolse da solo.

■ **sort through:** **~ through [sth.]** passare in rassegna, scorrere [*files, invoices*]; ***~ through the cards until you find the ace of clubs*** scorri le carte finché non trovi l'asso di fiori.

sortable /ˈsɔːtəbl/ agg. classificabile, selezionabile.

sort code /ˈsɔːtˌkəʊd/ n. codice m. bancario.

sorted /ˈsɔːtɪd/ COLLOQ. **I** agg. **1** *(supplied with drugs)* rifornito (**for** di) **2** *(well-balanced)* equilibrato **3** *(arranged, organized)* organizzato **II** inter. *(yes, OK)* sì, (tutto) a posto.

sorter /ˈsɔːtə(r)/ ➧ ***27*** n. **1** *(person)* selezionatore m. (-trice) **2** *(machine)* AGR. selezionatrice f.; *(in post office)* smistatrice f.

sortie /ˈsɔːtɪ/ n. **1** MIL. sortita f. **2** FIG. SCHERZ. ***to make a ~ to*** fare un salto in [*shops, beach*].

sortilege /ˈsɔːtɪlɪdʒ/ n. sortilegio m.

sorting /ˈsɔːtɪŋ/ n. **1** selezione f., classificazione f. **2** *(in post office)* smistamento m.

sorting machine /ˈsɔːtɪŋməˌʃiːn/ n. AGR. selezionatrice f.; *(in post office)* smistatrice f.

sorting office /ˈsɔːtɪŋˌɒfɪs, AE -ˌɔːf-/ n. *(in post office)* centro m. di smistamento (postale).

sort-out /ˈsɔːtaʊt/ n. BE COLLOQ. ***to have a ~*** dare una riordinata; ***to give sth. a ~*** mettere in ordine *o* riordinare [*bedroom, cupboard*].

sorus /ˈsəʊrəs/ n. (pl. **-i**) soro m.

SOS /esəʊˈes/ n. MAR. AER. SOS m. (anche FIG.).

so-so /ˌsəʊˈsəʊ/ **I** agg. COLLOQ. mediocre, così così **II** avv. COLLOQ. così così.

1.sot /sɒt/ n. BE SPREG. ubriacone m. (-a).

2.sot /sɒt/ intr. (forma in -ing ecc. **-tt-**) BE ANT. SPREG. ubriacarsi.

sottish /ˈsɒtɪʃ/ agg. inebetito (dall'alcol).

sotto voce /ˌsɒtəʊˈvəʊtʃɪ/ avv. [*say, add*] sottovoce.

sou' /suː/ agg. MAR. → **south**.

soubriquet /ˈsuːbrɪkeɪ/ n. FORM. soprannome m.

souchong /ˌsuːˈtʃɒŋ/ n. = varietà cinese di tè.

Soudanese → **Sudanese**.

souffle /ˈsuːfl/ n. MED. soffio m.

soufflé /ˈsuːfleɪ, AE suːˈfleɪ/ n. soufflé m.

1.sough /saʊ/ n. LETT. fruscio m., sussurro m.

2.sough /saʊ/ intr. LETT. [*wind*] frusciare, sussurrare.

soughing /ˈsʌfɪŋ, AE ˈsaʊɪŋ/ n. LETT. *(of wind in trees)* fruscio m.; *(of sea)* mormorio m.

sought /sɔːt/ pass., p.pass. → **seek**.

sought-after /ˈsɔːtˌɑːftə(r), AE -ˌæf-/ agg. [*expert, type of employee, guest, skill, brand, garment, village, area*] richiesto, ricercato; [*job, role*] ambito; ***thatched cottages are much ~*** i cottage con il tetto di paglia sono molto ricercati; ***the most ~ item was the portrait of Napoleon*** l'articolo più richiesto era il ritratto di Napoleone.

▶ **soul** /səʊl/ n. **1** RELIG. *(immortal)* anima f.; ***to sell one's ~ (to the devil)*** vendere l'anima (al diavolo); ***to sell one's ~*** FIG. dare l'anima (**for** per; **to do** per fare); ***bless my ~!*** ANT. perdinci! ***upon my ~!*** ANT. affé mia! **2** *(innermost nature)* anima f., animo m.; ***a ~ in torment*** LETT. un'anima in pena; ***to have the ~ of a poet*** avere un animo poetico **3** *(essence)* anima f.; ***the ~ of the British middle classes*** l'anima della borghesia britannica; ***to be the ~ of kindness, discretion*** essere la gentilezza, la discrezione fatta persona **4 U** *(emotional appeal or depth)* ***to lack ~*** [*performance, rendition*] non avere anima; [*building, city*] essere anonimo; ***he has no ~!*** SCHERZ. è senz'anima! **5** *(character type)* ***a sensitive ~*** un animo sensibile; ***she's a motherly ~*** è molto materna **6** *(person)* ***you mustn't tell a ~!*** non devi dirlo a anima viva! ***you can drive miles without seeing a ~*** si può viaggiare per chilometri e chilometri senza vedere anima viva; ***"many people there?" - "not a ~"*** "c'era gente?" - "neanche un'anima"; ***she's too old, poor ~!*** è troppo vecchia, poveretta! ***some poor ~ will have to pay*** SCHERZ. qualche anima pia dovrà pagare **7** FORM. o SCHERZ. *(inhabitant)* ***a village of 200 ~s*** un paesino di 200 anime **8** U AE *(black solidarity)* negritudine f. **9** MUS. (anche **~ music**) soul m., musica f. soul, soul music f. ◆ ***it's good for the ~*** SCHERZ. fa bene al cuore; ***to be the life and ~ of the party*** essere l'anima della festa; ***to throw oneself into sth. heart and ~*** lanciarsi anima e corpo in qcs.; ***you can't call your ~ your own here*** = non si è liberi di fare niente qui.

soul bell /'səʊlbel/ n. campana f. a morto.

soul brother /'səʊlˌbrʌðə(r)/ n. AE *(in black slang)* fratello m.

soul-destroying /'səʊldɪˌstrɔɪɪŋ/ agg. [*occupation, role*] spossante.

soul food /'səʊlˌfu:d/ n. **1** AE = cucina tradizionale degli afroamericani **2** FIG. nutrimento m. spirituale.

soulful /'səʊlfl/ agg. *(full of feeling)* profondo.

soulfully /'səʊlfəlɪ/ avv. [*look*] in modo profondo, espressivo; [*speak*] con sentimento, appassionatamente.

soulfulness /'səʊlfəlnɪs/ n. profondità f. (di sentimento), passione f.

soulless /'səʊllɪs/ agg. [*building, office block*] anonimo; [*job*] meccanico, monotono; [*interpretation*] piatto, senz'anima.

soul mate /'səʊlˌmeɪt/ n. anima f. gemella.

soul-searching /'səʊlˌsɜ:tʃɪŋ/ n. U esame m. di coscienza; ***to do some ~*** fare un esame di coscienza.

soul sister /'səʊlˌsɪstə(r)/ n. AE *(in black slang)* sorella f.

soul-stirring /'səʊlˌstɜ:rɪŋ/ agg. [*music*] toccante, commovente.

▶ **1.sound** /saʊnd/ **I** n. **1** FIS. suono m.; ***to fly at the speed of ~*** volare alla velocità del suono **2** TELEV. RAD. suono m.; ***he works in ~*** è ingegnere del suono **3** *(noise)* *(of storm, sea, wind, car, machinery, footsteps)* rumore m. (**of** di); *(of bell, instrument, voice)* suono m. (**of** di); ***a grating*** o ***rasping ~*** uno stridio; ***the ~ of voices*** un brusio; ***the ~ of footsteps*** un rumore di passi; ***without a ~*** senza fare rumore **4** *(volume)* audio m., volume m.; ***to turn the ~ up, down*** alzare, abbassare il volume *o* l'audio; ***her television has very good ~*** la televisione ha un audio molto buono **5** MUS. *(distinctive style)* ***the Motown ~*** il sound Motown **6** FIG. *(impression from hearsay)* ***a 24 hour flight? I don't like the ~ of that!*** un volo di 24 ore? non mi ispira per niente! *(when situation is threatening)* ***a reorganization? I don't like the ~ of that*** una riorganizzazione? la cosa non mi piace per niente; ***by the ~ of it, we're in for a rough crossing*** a quanto pare, la traversata sarà difficoltosa; ***he was in a bad temper that day, by the ~ of it*** sembra che quel giorno fosse di cattivo umore **II** modif. TELEV. RAD. [*engineer, technician*] del suono **III** agg. **1** *(in good condition)* [*roof, foundations, building, constitution*] solido; [*heart*] forte; [*lungs, physique*] sano; [*health*] buono; ***to be of ~ mind*** essere sano di mente **2** *(solid, well-founded)* [*argument, basis, education, knowledge*] solido; [*judgment*] sensato; ***let me give you some ~ advice*** permettetemi di darvi qualche valido consiglio; ***he has a ~ grasp of the basic grammar*** ha delle solide basi grammaticali; ***a ~ move*** una mossa accorta **3** *(trustworthy)* ***he's very ~*** è molto fidato **4** ECON. COMM. [*investment*] sicuro; [*management*] oculato **5** *(thorough)* ***to give sb. a ~ thrashing*** dare a qcn. una bella batosta *o* sconfiggere sonoramente qcn. **6** *(deep)* [*sleep*] profondo **7** *(correct, acceptable)* ***that is ~ economics*** o ***that makes ~ economic sense*** è molto sensato dal punto di vista economico; ***our products are ecologically ~*** i nostri prodotti sono ecologicamente compatibili; ***she's politically ~*** o ***her ideas are politically ~*** ha sane idee politiche **IV** avv. ***to be ~ asleep*** essere profondamente addormentato *o* dormire della grossa.

▶ **2.sound** /saʊnd/ **I** tr. **1** *(use)* [*person, ship*] fare suonare [*siren, foghorn*]; ***to ~ one's horn*** suonare il clacson; ***to ~ the alarm*** dare l'allarme (anche FIG.) **2** MUS. MIL. suonare [*trumpet, bugle, reveille, gong, the retreat*] **3** LING. pronunciare [*letter*] (**in** in) **4** MED. auscultare [*chest*]; sondare [*body cavity*] **5** FERR. ANT. verificare, ispezionare [*wheels*] **6** MAR. sondare [*depth*] **7** *(give, express)* dare [*warning*] (**about** su); ***to ~ a note of caution*** fare un appello alla prudenza **8** *(inquire)* sondare [*opinions*] **II** intr. **1** *(seem)* sembrare; ***the salary certainly ~s good*** lo stipendio sembra proprio interessante; ***it ~s as if he's really in trouble*** sembra che sia proprio nei pasticci; ***it ~s to me as though the best plan would be to cancel*** mi pare che la cosa migliore da fare sia annullare; ***it ~s like she's had enough of him*** sembra che ne abbia avuto abbastanza di lui; ***it ~s like it might be dangerous*** sembra possa essere pericoloso; ***it ~s like it should be fun!*** pare sia divertente! ***it doesn't ~ to me as if she's interested*** non mi pare proprio che lei sia interessata; ***that ~s like a good idea!*** sembra una buona idea; ***a stream in the garden - that ~s nice!*** un ruscelletto nel giardino - buona idea! **2** *(give impression by voice or tone)* ***to ~ banal, boring*** [*comment, idea*] sembrare banale, noioso; ***Anne phoned - she ~ed in good form*** Anne ha telefonato - sembrava in forma; ***you make it ~ interesting*** lo rendi interessante; ***you ~ fed up, as if you've got a cold*** sembri scocciato, raffreddato; ***it ~s as if he's choking, crying*** sembra stia soffocando, piangendo; ***he ~s like an American*** da come parla sembra americano; ***that ~s like a flute*** si direbbe un flauto; ***you ~ like my mother!*** mi sembra di sentire mia madre! ***I don't want to ~ pessimistic*** non voglio sembrare pessimista; ***spell it as it ~s*** scrivilo come si pronuncia; ***the dawn chorus ~ed wonderful*** il canto mattutino degli uccelli era meraviglioso; ***the singer did not ~ in top form*** il cantante non sembrava al massimo della forma; ***in foggy weather, everything ~s closer*** quando c'è la nebbia, tutto sembra più vicino **3** *(convey impression)* fare, suonare; ***she calls herself Geraldine - it ~s more sophisticated*** si fa chiamare Geraldine - fa più sofisticato; ***it may ~ silly, but...*** può sembrare stupido, ma... **4** *(make a noise)* [*trumpet, bugle, horn, alarm, buzzer*] suonare; [*siren, foghorn*] suonare **5** ZOOL. [*whale*] inabissarsi **6** *(test the depths)* affondare lo scandaglio, fare degli scandagli.

■ **sound off** COLLOQ. ~ ***off*** avere da ridire (**about** su).

■ **sound out:** ~ ***out [sb.]***, ~ ***[sb.] out*** sondare, interrogare [*colleague, partner, investor*].

3.sound /saʊnd/ n. MED. sonda f.

4.sound /saʊnd/ n. GEOGR. stretto m.; ***Plymouth Sound*** lo stretto di Plymouth.

soundable /'saʊndəbl/ agg. sondabile.

sound-absorbent /'saʊndəbˌzɔ:bənt/ agg. fonoassorbente.

sound archives /'saʊndˌɑ:kaɪvz/ n.pl. fonoteca f.sing.

sound barrier /'saʊndˌbærɪə(r)/ n. muro m. del suono, barriera f. del suono; ***to break the ~*** infrangere il muro del suono.

sound bite /'saʊndˌbaɪt/ n. = breve estratto di un'intervista registrata.

sound box /'saʊndˌbɒks/ n. cassa f. di risonanza.

sound card /'saʊndkɑ:d/ n. scheda f. audio.

sound change /'saʊndˌtʃeɪndʒ/ n. modificazione f. del suono.

sound effect /'saʊndɪˌfekt/ n. effetto m. sonoro.

sounder /'saʊndə(r)/ n. **1** ricevitore m. acustico **2** MAR. scandaglio m.

sound head /'saʊndhed/ n. **1** CINEM. testina f. sonora **2** *(on tape recorder)* testina f.

sound hole /'saʊndhəʊl/ n. *(of violin)* foro m. di risonanza, effe f.; *(of zither, lute, guitar)* foro m. di risonanza, rosa f.

sounding /'saʊndɪŋ/ **I** n. **1** MAR. *(measurement of depth)* sondaggio m., scandagliamento m.; ***to take ~s*** scandagliare **2** FIG. *(questioning, probing)* sondaggio m. **3** MUS. MIL. ***the ~ of the retreat*** il segnale di ritirata; ***the ~ of the trumpets announced the Queen's arrival*** lo squillo di trombe annunciò l'arrivo della regina **II -sounding** agg. in composti ***a grand-~ name*** un nome altisonante; ***English-~ name*** un nome che suona inglese; ***unlikely-~*** che suona strano *o* bizzarro.

sounding-board /'saʊndɪŋbɔ:d/ n. **1** *(above stage)* cassa f. di risonanza (anche FIG.); *(on instrument)* tavola f. armonica **2** FIG. ***can I use you as a ~?*** hai voglia di ascoltarmi?

sounding lead /'saʊndɪŋled/ n. piombino m. dello scandaglio.

sounding line /'saʊndɪŋlaɪn/ n. scandaglio m. a sagola.

sound insulation /'saʊndɪnsɪʊˌleɪʃn, AE -səˌl-/ n. isolamento m. acustico.

1.soundless /'saʊndlɪs/ agg. silenzioso.

2.soundless /'saʊndlɪs/ agg. MAR. insondabile, non scandagliabile.

soundlessly /'saʊndlɪslɪ/ avv. [*move, signal, open, shut*] senza fare rumore.

sound level /'saʊndˌlevl/ n. livello m. sonoro.

sound library /'saʊndˌlaɪbrərɪ, AE -brerɪ/ n. fonoteca f.

soundly /'saʊndlɪ/ avv. **1** *(deeply)* [*sleep*] profondamente; ***we can sleep ~ in our beds, now that...*** possiamo dormire sonni tranquilli ora che... **2** *(thoroughly)* [*beat, defeat*] sonoramente **3** *(firmly)* [*built, based*] solidamente.

soundness /'saʊndnɪs/ n. **1** *(correctness)* bontà f., validità f.; ***I would question the ~ of his judgment*** avrei dei dubbi sulla validità del suo giudizio **2** *(of person, animal)* buone condizioni f.pl. (di salute).

sound post /'saʊndpəʊst/ n. *(of violin, cello)* anima f.

1.sound-proof /'saʊndpru:f/ agg. [*wall, room*] insonorizzato; [*material*] insonorizzante.

2.sound-proof /'saʊndpru:f/ tr. insonorizzare [*room*].

sound-proofing /ˈsaʊndˌpruːfɪŋ/ n. insonorizzazione f.
sound recording /ˈsaʊndrɪˌkɔːdɪŋ/ n. **1** registrazione f. del suono **2** CINEM. presa f. sonora.
sound shift /ˈsaʊndʃɪft/ n. mutazione f. fonetica.
sound system /ˈsaʊndˌsɪstəm/ n. *(hi-fi)* stereo m.; *(bigger: for disco etc.)* sound system m.
▷ **soundtrack** /ˈsaʊndtræk/ n. MUS. TELEV. CINEM. **1** *(of film)* colonna f. sonora; *(on record etc.)* solco m. **2** *(on spool of film)* audio m., banda f. sonora.
sound truck /ˈsaʊndtrʌk/ n. **1** AE = camioncino dotato di altoparlanti **2** unità f. mobile di registrazione.
sound wave /ˈsaʊndweɪv/ n. onda f. acustica.
▷ **soup** /suːp/ n. **1** GASTR. minestra f., zuppa f.; ***fish* ~** zuppa di pesce; ***mushroom* ~** crema di funghi; ***creamy tomato* ~** vellutata di pomodoro **2** *(messy mixture)* minestrone m. (**of** di) ◆ ***to land sb., be in the* ~** mettere qcn., essere nei pasticci.
soupçon /ˈsuːpsɒn, AE suːpˈsɒn/ n. FORM. ***a* ~ *of*** un pochino *o* un pizzico di.
souped-up /ˌsuːptˈʌp/ agg. [*car, engine*] truccato; [*version*] rimaneggiato.
soup job /ˈsuːpdʒɒb/ n. automobile f. truccata.
soup kitchen /ˈsuːpˌkɪtʃɪn/ n. mensa f. per i poveri.
soup plate /ˈsuːppleɪt/ n. piatto m. fondo.
soupspoon /ˈsuːpspuːn/ n. cucchiaio m. (da minestra).
soup tureen /ˈsuːptəˌriːn/ n. zuppiera f.
soup up /ˌsuːpˈʌp/ tr. truccare [*car, engine*].
soupy /ˈsuːpɪ/ agg. **1** *(dense)* [*fog*] denso, fitto **2** AE COLLOQ. SPREG. *(sentimental)* mieloso, svenevole.
▷ **1.sour** /ˈsaʊə(r)/ **I** agg. **1** *(acidic)* [*wine, taste*] acido, aspro; [*unripe fruit*] aspro; **~ *cherry*** amarena; ***to taste* ~** avere un gusto aspro **2** *(off)* [*milk*] acido; [*smell*] acre, pungente; ***to go* ~** diventare acido *o* inacidire; ***to go*** o ***turn* ~** FIG. andare a rotoli **3** *(bad-tempered)* [*person*] acido; [*look*] pungente; ***to have a* ~ *look on one's face*** avere uno sguardo corrucciato **II** n. *(cocktail)* = cocktail alcolico con succo di limone.
2.sour /ˈsaʊə(r)/ **I** tr. guastare [*relations, atmosphere*] **II** intr. [*attitude, outlook*] inacidirsi; [*friendship, relationship*] guastarsi.
▶ **1.source** /sɔːs/ **I** n. **1** *(origin)* fonte f. (**of** di); **~ *of income*** o **~ *of revenue*** fonte di reddito; ***~s of supply*** fonti di approvvigionamento; ***energy, food ~s*** risorse energetiche, alimentari; ***at* ~** [*affect, cut off, deduct*] alla fonte **2** *(cause)* **~ *of*** fonte di [*anxiety, resentment, satisfaction*]; causa di [*problem, error, infection, pollution*]; origine di [*rumour*] **3** GIORN. *(informant)* fonte f. (**close to** vicina a); ***to hear sth. from a reliable* ~** avere notizie da fonti attendibili; ***one* ~ *said the king had always known that*** qualcuno dice che il re l'aveva sempre saputo **4** GEOGR. *(of river)* sorgente f. **5** LETTER. *(of writer, work)* fonte f. **II sources** n.pl. UNIV. *(reference materials)* fonti f.
2.source /sɔːs/ tr. IND. procurarsi [*products, energy*]; ***to be ~d from*** provenire da [*region, country*].
source book /ˈsɔːsˌbʊk/ n. raccolta f. di documenti (per lo studio di un argomento).
source code /ˈsɔːsˌkəʊd/ n. INFORM. codice m. sorgente.
source language /ˈsɔːsˌlæŋgwɪdʒ/ n. **1** lingua f. di partenza **2** INFORM. linguaggio m. sorgente.
source material /ˈsɔːsməˌtɪərɪəl/ n. **U** fonti f.pl., materiale m. di partenza.
source program /ˈsɔːsˌprəʊgræm, AE -grəm/ n. programma m. sorgente.
sour cream /ˌsaʊəˈkriːm/ n. panna f. acida.
sourdine /ˌsʊəˈdiːn/ n. sordina f.
sourdough /ˈsaʊədəʊ/ n. AE lievito m. naturale.
sourdough bread /ˈsaʊədəʊˌbred/ n. AE = pane lievitato con lievito naturale.
sour-faced /ˈsaʊəfeɪst/ agg. [*person*] corrucciato.
sour grapes /ˌsaʊəˈgreɪps/ n.pl. ***it's (a touch of) ~!*** è come la volpe con l'uva!
sourish /ˈsaʊərɪʃ/ agg. acidulo.
sourly /ˈsaʊəlɪ/ avv. [*say, answer*] acidamente.
sourness /ˈsaʊənɪs/ n. acidità f. (anche FIG.).
sourpuss /ˈsaʊəpʊs/ n. COLLOQ. SCHERZ. musone m. (-a), brontolone m. (-a).
sousaphone /ˈsuːzəfəʊn/ ♦ **17** n. elicone m.
souse /saʊs/ tr. **1** *(soak)* bagnare [*person, object*] **2** GASTR. marinare [*herring*].
soused /ˈsaʊst/ **I** p.pass. → **souse II** agg. **1** GASTR. marinato **2** COLLOQ. *(drunk)* sbronzo.
soutane /suːˈtɑːn/ n. *(of priest)* sottana f., tonaca f.
▶ **south** /saʊθ/ ♦ **21 I** n. sud m., meridione m.; ***the* ~ *of Italy*** il Sud Italia *o* il meridione **II South** n.pr. **1** GEOGR. ***the South*** il Sud; AE STOR. ***the South*** il Sud *o* gli stati del Sud **2** *(in cards)* sud m. **III** agg. attrib. [*side, face, wall*] sud; [*coast*] meridionale; [*wind*] del sud, meridionale **IV** avv. [*lie, live*] a sud (**of** di); [*move*] verso sud; ***to go* ~ *of sth.*** passare a sud di qcs.
South Africa /ˌsaʊθˈæfrɪkə/ ♦ **6** n.pr. *(country)* Sudafrica m.; *(region)* Africa f. del Sud.
South African /ˌsaʊθˈæfrɪkən/ ♦ **18 I** agg. [*town, custom, climate*] sudafricano **II** n. sudafricano m. (-a).
South America /ˌsaʊθəˈmerɪkə/ n.pr. America f. del Sud, Sudamerica m., America f. meridionale.
South American /ˌsaʊθəˈmerɪkən/ **I** agg. sudamericano **II** n. sudamericano m. (-a).
Southampton /saʊˈθæmptən/ ♦ **34** n.pr. Southampton f.
South Australia /ˌsaʊθɒˈstreɪlɪə/ n.pr. Australia f. meridionale.
southbound /ˈsaʊθbaʊnd/ agg. [*carriageway, traffic*] in direzione sud; ***the* ~ *platform, train*** BE *(in underground)* il binario, il treno in direzione sud.
South Carolina /ˌsaʊθkærəˈlaɪnə/ ♦ **24** n.pr. Carolina f. del Sud, South Carolina m.
South China Sea /ˌsaʊθˌtʃaɪnəˈsiː/ ♦ **20** n.pr. Mare m. della Cina meridionale.
South Dakota /ˌsaʊθdəˈkəʊtə/ ♦ **24** n.pr. Sud Dakota m.
southeast /ˌsaʊθˈiːst/ ♦ **21 I** n. sud-est m. **II** agg. [*side*] sud-est; [*coast*] sud-orientale; [*wind*] di sud-est **III** avv. [*lie, live*] a sud-est (**of** di); [*move*] verso sud-est.
South-East Asia /ˌsaʊθiːstˈeɪʃə, AE -ˈeɪʒə/ n.pr. Sud-Est m. asiatico.
southeaster /ˌsaʊθˈiːstə(r)/ n. vento m. di sud-est.
southeasterly /ˌsaʊθˈiːstəlɪ/ **I** agg. [*wind*] di sud-est; [*point*] a sud-est; ***in a* ~ *direction*** in direzione sud-est **II** n. vento m. di sud-est.
southeastern /ˌsaʊθˈiːstən/ ♦ **21** agg. attrib. [*coast, boundary*] sud-orientale; [*town, accent, custom*] del sud-est; **~ *England*** il sud-est dell'Inghilterra.
southeastward /saʊθˈiːstwəd/ ♦ **21 I** agg. [*side*] sud-orientale; [*wall, slope*] rivolto a sud-est; [*journey, route, movement*] verso sud-est; ***in a* ~ *direction*** in direzione sud-est **II** avv. (anche **~s**) verso sud-est.
souther /ˈsaʊðə(r)/ n. vento m. del sud.
southerly /ˈsʌðəlɪ/ **I** agg. [*wind, area*] del sud; [*point*] a sud; [*breeze*] da sud; ***in a* ~ *direction*** in direzione sud **II** n. vento m. del sud.
▶ **southern** /ˈsʌðən/ ♦ **21** agg. **1** [*coast, boundary*] meridionale; [*state, region, town, accent*] del sud; [*hemisphere*] australe; **~ *England*** il sud dell'Inghilterra; **~ *English*** [*landscape etc.*] del sud dell'Inghilterra **2** US STOR. (anche **Southern**) sudista.
Southern Alps /ˌsʌðənˈælps/ n.pr.pl. Alpi f. australiane.
Southern Belle /ˌsʌðənˈbel/ n. = bella donna del Sud degli Stati Uniti.
Southern Comfort® /ˌsʌðənˈkʌmft/ n. = liquore dolce ad alta gradazione.
Southern Cross /ˌsʌðənˈkrɒs, AE -ˈkrɔːs/ n. ASTR. Croce f. del Sud.
southerner /ˈsʌðənə(r)/ n. **1 ~*s*** la gente del sud; ***to be a* ~** venire dal sud **2** BE nativo m. (-a), abitante m. e f. del sud dell'Inghilterra **3** US STOR. (anche **Southerner**) sudista m. e f.
southern-fried chicken /ˌsʌðənfraɪdˈtʃɪkɪn/ n. AE GASTR. = pollo passato in padella e poi fritto.
Southern Lights /ˌsʌðənˈlaɪts/ n.pl. aurora f.sing. australe.
southernmost /ˈsʌðənməʊst/ agg. (il) più a sud, (il) più meridionale.
southernwood /ˈsʌðənwʊd/ n. abrotano m.
south-facing /ˌsaʊθˈfeɪsɪŋ/ agg. rivolto, esposto a sud.
South Georgia /ˌsaʊθˈdʒɔːdʒjə/ ♦ **24** n.pr. Georgia f. del Sud.
South Glamorgan /ˌsaʊθgləˈmɔːgən/ ♦ **24** n.pr. South Glamorgan m.
southing /ˈsaʊðɪn/ n. MAR. = distanza percorsa in direzione sud.
South Island /ˌsaʊθˈaɪlənd/ ♦ **12** n.pr. Isola f. del Sud (della Nuova Zelanda).
South Korea /ˌsaʊθkəˈrɪə/ ♦ **6** n.pr. Corea f. del Sud.
South Korean /ˌsaʊθkəˈrɪən/ ♦ **18 I** agg. sudcoreano **II** n. sudcoreano m. (-a).
Southland /ˈsaʊθlənd/ n. LETT. ***the* ~** il Sud.
southpaw /ˈsaʊθpɔː/ n. COLLOQ. *(left-handed person)* mancino m. (-a); *(in boxing)* guardia f. sinistra.
South Pole /ˌsaʊθˈpəʊl/ n.pr. Polo m. Sud.

South Sea Islands /ˌsaʊθsiːˈaɪləndz/ ➧ *12* n.pr.pl. Isole f. dei mari del Sud.

South Seas /ˌsaʊθˈsiːz/ ➧ *20* n.pr.pl. mari m. del Sud.

South Vietnam /ˌsaʊθvjetˈnæm/ ➧ *6* n.pr. STOR. Vietnam m. del Sud.

southward /ˈsaʊθwəd/ ➧ *21* **I** agg. [*side*] meridionale; [*wall, slope*] rivolto a sud; [*journey, route, movement*] verso sud; ***in a ~ direction*** in direzione sud **II** avv. (anche **~s**) verso sud.

southwest /ˌsaʊθˈwest/ ➧ *21* **I** n. sud-ovest m. **II** agg. [*side*] sud-ovest; [*coast*] sud-occidentale; [*wind*] di sud-ovest **III** avv. [*live, lie*] a sud-ovest (**of** di); [*move*] verso sud-ovest.

South West Africa /ˌsaʊθwestˈæfrɪkə/ n.pr. Africa f. sud-occidentale.

southwester /ˌsaʊθˈwestə(r)/ n. vento m. di sud-ovest.

southwesterly /ˌsaʊθˈwestəlɪ/ **I** agg. [*wind*] di sud-ovest; [*point*] a sud-ovest; ***in a ~ direction*** in direzione sud-ovest **II** n. vento m. di sud-ovest.

southwestern /ˌsaʊθˈwestən/ ➧ *21* agg. [*coast, boundary*] sud-occidentale; [*town, accent, custom*] del sud-ovest; ***~ England*** il sud-ovest dell'Inghilterra.

South Yorkshire /ˌsaʊθˈjɔːkʃə(r)/ ➧ *24* n.pr. South Yorkshire m.

souvenir /ˌsuːvəˈnɪə(r), AE ˈsuːvənɪər/ n. souvenir m., ricordino m. (**of, from** di).

souvenir hunter /suːvəˈnɪəˌhʌntə(r), AE ˈsuːvənɪər-/ n. collezionista m. e f. di souvenir.

souvenir shop /suːvəˈnɪəˌʃɒp, AE ˈsuːvənɪər-/ n. negozio m. di souvenir.

sou'wester /ˌsaʊˈwestə(r)/ n. *(hat)* sud-ovest m.

▷ **sovereign** /ˈsɒvrɪn/ **I** n. **1** *(monarch)* sovrano m. (-a) **2** STOR. *(coin)* sovrana f. **II** agg. **1** *(absolute)* [*power, authority, state*] sovrano; [*rights*] di sovranità **2** *(utmost)* [*contempt, indifference*] sovrano, regale.

▷ **sovereignty** /ˈsɒvrəntɪ/ n. sovranità f.; ***to claim ~ over*** rivendicare la sovranità su [*region, country*].

soviet /ˈsəʊvɪət, ˈsɒ-/ n. POL. soviet m.

Soviet /ˈsəʊvɪət, ˈsɒ-/ ➧ *18* **I** agg. STOR. [*Russia, system, history, bloc*] sovietico **II Soviets** n.pl. STOR. *(people)* sovietici m.

sovietize /ˈsəʊvɪətaɪz/ tr. sovietizzare.

Soviet Union /ˌsəʊvɪətˈjuːnɪən, ˌsɒ-/ ➧ *6* n.pr. STOR. Unione f. Sovietica.

1.sow /saʊ/ n. scrofa f. ◆ ***you can't make a silk purse out of a ~'s ear*** PROV. non si cava sangue da una rapa *o* la botte dà il vino che ha.

▷ **2.sow** /səʊ/ tr. (pass. **sowed**, p.pass. **sowed**, **sown**) **1** seminare [*seeds, corn*] **2** seminare [*field, garden*] (**with** a) **3** FIG. *(stir up)* seminare [*discontent, discord*]; ***to ~ the seeds of doubt*** gettare il seme del dubbio (**in sb.** in qcn.).

sowbread /ˈsəʊbred/ n. ciclamino m., panporcino m.

sower /ˈsəʊə(r)/ n. seminatore m. (-trice) (**of** di).

sowing /ˈsəʊɪŋ/ n. **U** semina f.

sowing machine /ˈsəʊɪŋməˌʃiːn/ n. seminatrice f.

sown /səʊn/ p.pass. → **2.sow**.

sox /sɒks/ n.pl. AE COLLOQ. calzini m.

soy /sɔɪ/ n. **1** *(soya bean)* soia f. **2** *(soya sauce)* salsa f. di soia.

soya /ˈsɔɪə/ **I** n. soia f. **II** modif. [*bean, burger, flour, milk*] di soia.

▷ **soya bean** /ˈsɔɪəˌbiːn/ n. soia f.

soya sauce /ˈsɔɪəˌsɔːs/, **soy sauce** /ˈsɔɪˌsɔːs/ n. salsa f. di soia.

sozzled /ˈsɒzld/ agg. COLLOQ. sbronzo.

spa /spɑː/ n. **1** terme f.pl.; *(town)* località f. termale **2** AE *(health club)* centro m. benessere, spa f. **3** (anche **~ bath**, **~ pool**) vasca f. con idromassaggio.

▶ **1.space** /speɪs/ **I** n. **1 U** *(room)* spazio m., posto m.; ***to take up a lot of ~*** prendere *o* occupare molto spazio; ***to make ~ for sb., sth.*** fare posto per qcn., per qcs.; ***a car with plenty of luggage ~*** un'auto con un bagagliaio molto capiente; ***there is ample ~ for parking*** c'è un'ampia area di parcheggio; ***to buy, sell (advertising) ~ in a newspaper*** comprare, vendere spazi pubblicitari in un giornale; ***to give sb. ~*** FIG. dare spazio a qcn.; ***to need (one's own) ~*** avere bisogno del proprio spazio; ***to invade sb.'s (personal) ~*** invadere lo spazio vitale di qcn. **2 C** *(gap, blank area)* spazio m. (**between** tra); MUS. interlinea f.; TIP. *(between letters, words)* spazio m.; *(between lines)* interlinea f., spaziatura f.; ***there is a ~ of ten centimetres between...*** c'è uno spazio di dieci centimetri tra...; ***enclosed ~s*** gli spazi chiusi; ***in the ~ provided*** *(on application form etc.)* nell'apposito spazio; ***"watch this ~!"*** = nelle pubblicità, scritta che richiama l'attenzione dei consumatori su notizie che verranno date in seguito **3 C** *(area of land)* spazio m.; ***open ~s*** spazi aperti; ***the freedom of the wide open ~s*** la libertà dei grandi spazi **4** *(interval of time)* intervallo m.; ***after a ~ of fifteen minutes, two weeks*** dopo un intervallo di quindici minuti, di due settimane; ***in*** o ***within the ~ of five minutes, a week*** nello spazio di cinque minuti, una settimana; ***in a short ~ of time*** in un breve lasso di tempo **5** FIS. spazio m.; ***the exploration of ~*** o ***~ exploration*** l'esplorazione dello spazio **II** modif. [*research, programme, vehicle, rocket*] spaziale; [*exploration*] dello spazio ◆ ***to stare into ~*** guardare nel vuoto.

2.space /speɪs/ tr. spaziare; ***the pylons were ~d 100 metres apart*** i piloni sono stati messi a 100 metri uno dall'altro.

■ **space out:** ***to ~ out*** essere stravolto; ***to ~ out [sth.], ~ [sth.] out*** spaziare, distanziare [*objects, rows, words*]; diradare [*visits, events*]; scaglionare [*payments*]; ***to ~ out one's days off throughout the year*** prendersi le ferie scaglionate durante l'anno.

space age /ˈspeɪsˌeɪdʒ/ **I** n. era f. spaziale **II space-age** modif. [*design*] avveniristico, futuristico.

Space Agency /ˈspeɪsˌeɪdʒənsɪ/ n. ente m. spaziale, agenzia f. spaziale.

space-bar /ˈspeɪsbɑː(r)/ n. (barra) spaziatrice f.

space blanket /ˈspeɪsˌblæŋkɪt/ n. = coperta d'emergenza rivestita al suo interno da un sottile strato di alluminio e usata per conservare il calore corporeo.

space cadet /ˈspeɪskəˌdet/ n. AE COLLOQ. SCHERZ. picchiatello m. (-a).

space capsule /ˈspeɪsˌkæpsjuːl, AE -ˌkæpsl/ n. capsula f. spaziale.

spacecraft /ˈspeɪskrɑːft, AE -kræft/ n. (pl. ~) astronave f., veicolo m. spaziale.

spaced out /ˌspeɪstˈaʊt/ agg. COLLOQ. ***he's completely ~*** *(on drugs)* è completamente fatto *o* sballato; *(tired)* è stravolto.

space flight /ˈspeɪsflaɪt/ n. **1** *(activity)* viaggi m.pl. spaziali **2** *(single journey)* volo m. spaziale.

space heater /ˈspeɪsˌhiːtə(r)/ n. stufetta f. elettrica.

space heating /ˈspeɪsˌhiːtɪŋ/ n. (il) riscaldare con una stufetta.

space helmet /ˈspeɪsˌhelmɪt/ n. casco m. (della tuta) spaziale.

space lab /ˈspeɪslæb/ n. laboratorio m. spaziale.

spaceman /ˈspeɪsmən/ n. (pl. **-men**) astronauta m., cosmonauta m.

space opera /ˈspeɪsˌɒprə/ n. CINEM. = film che tratta di viaggi interplanetari e della vita su altri pianeti.

spaceplane /ˈspeɪspleɪn/ n. navetta f. spaziale.

space platform /ˌspeɪsˈplætfɔːm/ n. stazione f. spaziale.

spaceport /ˈspeɪspɔːt/ n. base f. di lancio, spazioporto m.

space probe /ˈspeɪsprəʊb/ n. sonda f. spaziale.

spacer /ˈspeɪsə(r)/ n. **1** *(space-bar)* (barra) spaziatrice f. **2** MECC. distanziatore m.

space race /ˈspeɪsˌreɪs/ n. POL. = corsa (delle nazioni) al primato nell'esplorazione spaziale.

space-saving /ˈspeɪsˌseɪvɪŋ/ agg. salvaspazio.

space science /ˈspeɪsˌsaɪəns/ n. astronautica f.

space scientist /ˌspeɪsˈsaɪəntɪst/ ➧ *27* n. studioso m. (-a) di astronautica.

spaceship /ˈspeɪsʃɪp/ n. astronave f., navicella f. spaziale.

space shuttle /ˈspeɪsˌʃʌtl/ n. space shuttle m., astronave f. traghetto.

space sickness /ˈspeɪsˌsɪknɪs/ ➧ *11* n. MED. mal m. dello spazio.

space station /ˈspeɪsˌsteɪʃn/ n. stazione f. spaziale.

spacesuit /ˈspeɪsˌsuːt, -ˌsjuːt/ n. tuta f. spaziale.

space-time /ˌspeɪsˈtaɪm/, **space-time continuum** /ˌspeɪstaɪmkənˈtɪnjʊəm/ n. FIS. spaziotempo m., continuo m. spaziotemporale.

space travel /ˈspeɪsˌtrævl/ n. viaggi m.pl. spaziali.

1.spacewalk /ˈspeɪswɔːk/ n. passeggiata f. spaziale.

2.spacewalk /ˈspeɪswɔːk/ intr. [*astronauts*] fare una passeggiata spaziale.

spacewoman /ˈspeɪswʊmən/ n. (pl. **-women**) astronauta f., cosmonauta f.

spacey /ˈspeɪsɪ/ agg. AE COLLOQ. **1** *(bewildered or on drugs)* ***he's ~*** è fatto **2** *(odd)* suonato.

spacing /ˈspeɪsɪŋ/ n. **1** TIP. spaziatura f.; ***in single, double ~*** con interlinea singola, doppia **2** (anche **~ out**) *(of objects, buildings, rows, visits, events)* distanziamento m.; *(of payments)* scaglionamento m.

spacious /ˈspeɪʃəs/ agg. spazioso.

spaciousness /ˈspeɪʃəsnɪs/ n. **U** spaziosità f., (l')essere spazioso.

1.spade /speɪd/ ➧ *10* **I** n. **1** *(tool)* vanga f., badile m.; *(toy)* paletta f. **2** *(in cards)* carta f. di picche **3** POP. *(black person)* SPREG. negro m. (-a) **II spades** n.pl. + verbo sing. o pl. *(suit)* picche f. ◆ ***to call a ~ a ~*** dire pane al pane (e vino al vino); ***to have energy, charm in ~s*** avere energia, fascino da vendere.

2.spade /speɪd/ tr. vangare.

spadeful /ˈspeɪdfʊl/ n. vangata f., palata f.; ***by the ~*** a palate.
spadework /ˈspeɪdwɜːk/ n. FIG. lavoro m. preparatorio, sgrossatura f.
spadiceous /speɪˈdɪʃəs/ agg. di spadice.
spadix /ˈspeɪdɪks/ n. (pl. **-ces**) spadice m.
spaghetti /spəˈgetɪ/ n. **U** spaghetti m.pl.
spaghetti junction /spəˌgetɪˈdʒʌŋkʃn/ n. BE COLLOQ. raccordo m. autostradale multiplo.
spaghetti western /spəˌgetɪˈwestən/ n. COLLOQ. spaghetti western m., western m. all'italiana.
Spain /speɪn/ ➧ ***6*** n.pr. Spagna f.
spake /speɪk/ pass. ANT. → **1.speak**.
1.spall /spɔːl/ n. *(of wood, stone)* frammento m., scheggia f.
2.spall /spɔːl/ **I** tr. frantumare [*ore, stone*] **II** intr. frantumarsi.
spallation /spɔːˈleɪʃn/ n. FIS. spallazione f.
1.spam /spæm/ n. **U** COLLOQ. spam m. (fastidiosi messaggi di posta elettronica contenenti pubblicità inviati a un gran numero di persone).
2.spam /spæm/ tr. (forma in -ing ecc. **-mm-**) *(on the Internet)* inondare di posta elettronica inutile [*e-mail users*].
Spam® /spæm/ n. carne f. di maiale in scatola.
spammer /ˈspæmə(r)/ n. chi invia spam, spammer m.
spamming /ˈspæmɪŋ/ n. l'inviare spam, spamming m.
1.span /spæn/ n. **1** *(period of time)* periodo m., arco m. di tempo; ***the ~ of sb.'s life, career*** la durata della vita, della carriera di qcn.; ***a short ~ of time*** un breve periodo; ***time ~*** periodo di tempo; ***over a ~ of several years*** nell'arco di diversi anni; ***to have a short concentration ~*** avere una concentrazione di breve durata *o* non riuscire a stare concentrato a lungo **2** *(width) (across hand)* spanna f.; *(across arms)* apertura f.; *(of bridge)* campata f.; *(of arch)* luce f.; ***the wing-~*** *(of bird, aircraft)* l'apertura alare; ***the bridge crosses the river in a single ~*** il fiume è attraversato da un ponte a una sola arcata **3** FIG. *(extent)* ***the whole ~ of human history*** l'intero corso della storia dell'umanità **4** METROL. ANT. spanna f.
2.span /spæn/ tr. (forma in -ing ecc. **-nn-**) **1** [*bridge, arch*] attraversare; ING. [*person*] costruire un ponte su [*river*] **2** FIG. *(encompass)* estendersi, comprendere; ***her life ~ned most of the nineteenth century*** la sua vita ha abbracciato buona parte del diciannovesimo secolo; ***his career ~ned several decades*** la sua carriera è durata molti decenni; ***a group ~ning the age range 10 to 14*** un gruppo che comprende ragazzi fra i 10 e i 14 anni.
3.span /spæn/ n. **1** MAR. penzolo m. **2** *(of horses)* pariglia f.; *(of oxen)* giogo m.
4.span /spæn/ tr. (forma in -ing ecc. **-nn-**) **1** MAR. legare, fissare con un penzolo **2** appariglia [*horses*]; aggiogare [*oxen*].
5.span /spæn/ p.pass. ANT. → **2.spin**.
Spandex® /ˈspændeks/ n. = tessuto sintetico elasticizzato.
spandrel /ˈspændrəl/ n. ARCH. timpano m.; *(of window)* parapetto m.
1.spangle /ˈspæŋgl/ n. lustrino m., paillette f.
2.spangle /ˈspæŋgl/ **I** tr. ornare di lustrini [*dress*] **II** intr. luccicare, brillare.
spangled /ˈspæŋgld/ **I** p.pass. → **2.spangle II** agg. luccicante (**with** di).
spangly /ˈspæŋglɪ/ agg. coperto di lustrini.
Spaniard /ˈspænjəd/ ➧ ***18*** n. spagnolo m. (-a).
spaniel /ˈspænjəl/ n. spaniel m., cocker m. (spaniel).
Spanish /ˈspænɪʃ/ ➧ ***18, 14*** **I** agg. [*custom, people, landscape, literature*] spagnolo; [*king*] di Spagna; [*embassy, army*] spagnolo, della Spagna **II** n. **1** *(people)* ***the ~*** + verbo pl. gli spagnoli **2** *(language)* spagnolo m. **III** modif. *(of Spanish)* [*teacher, exam, course*] di spagnolo; *(into Spanish)* [*translation*] in spagnolo.
Spanish America /ˌspænɪʃəˈmerɪkə/ n.pr. America f. latina.
Spanish American /ˌspænɪʃəˈmerɪkən/ **I** agg. latino-americano **II** n. latino-americano m. (-a).
Spanish Armada /ˌspænɪʃɑːˈmɑːdə/ n. ***the ~*** l'Invincibile Armata.
Spanish chestnut /ˌspænɪʃˈtʃesnʌt/ n. **1** *(nut)* castagna f. **2** *(tree)* castagno m.
Spanish Civil War /ˌspænɪʃˌsɪvlˈwɔː(r)/ n. STOR. guerra f. civile spagnola.
Spanish fly /ˌspænɪʃˈflaɪ/ n. cantaride f.
Spanish guitar /ˌspænɪʃgɪˈtɑː(r)/ ➧ ***17*** n. chitarra f. classica.
Spanish Main /ˌspænɪʃˈmeɪn/ n.pr. ANT. = costa del Sudamerica che sia affaccia sul Mar dei Caraibi.
Spanish moss /ˌspænɪʃˈmɒs, AE -ˈmɔːs/ n. BOT. tillandsia f.
Spanish omelette /ˌspænɪʃˈɒmlɪt/ n. = frittata di verdure (con cipolle, patate e peperoni).
Spanish onion /ˌspænɪʃˈʌnɪən/ n. cipolla f. dolce.
Spanish potato /ˌspænɪʃpəˈteɪtəʊ/ n. patata f. americana.
Spanish rice /ˌspænɪʃˈraɪs/ n. riso m. alla spagnola.
Spanish-speaking /ˈspænɪʃˌspiːkɪŋ/ agg. che parla spagnolo, ispanofono.
1.spank /spæŋk/ n. sculacciata f.; ***to give sb. a ~*** dare una sculacciata a qcn.
2.spank /spæŋk/ tr. sculacciare, dare una sculacciata a [*person*].
spanking /ˈspæŋkɪŋ/ **I** n. sculacciata f.; ***to give sb. a ~*** dare una sculacciata a qcn. **II** agg. COLLOQ. ***at a ~ pace*** a passo sostenuto **III** avv. COLLOQ. ***a ~ new car, kitchen*** una macchina, cucina nuova di zecca.
spanner /ˈspænə(r)/ n. BE MECC. chiave f.; ***adjustable ~*** chiave registrabile ◆ ***to put*** o ***throw a ~ in the works*** mettere i bastoni fra le ruote.
spanworm /ˈspænwɜːm/ n. bruco m. di geometride.
1.spar /spɑː(r)/ n. MAR. asta f.
2.spar /spɑː(r)/ n. GEOL. MINER. spato m.
3.spar /spɑː(r)/ n. **1** *(in boxe)* incontro m. di allenamento **2** *(cockfight)* combattimento m. di galli **3** *(dispute)* battibecco m.
4.spar /spɑː(r)/ intr. (forma in -ing ecc. **-rr-**) [*boxers*] allenarsi; FIG. [*debaters*] discutere; ***to ~ with*** battibeccare con [*partner*]; FIG. beccarsi con [*child, boyfriend etc.*]; [*politician*] affrontare [*opponent*].
sparable /ˈspeərəbl/ agg. = chiodino senza testa usato dai calzolai.
▷ **1.spare** /speə(r)/ **I** n. *(part)* (pezzo di) ricambio m. (anche TECN.); *(wheel)* ruota f. di scorta; *(of fuse, bulb)* ***a set of ~s*** un set di ricambi; ***use my pen, I've got a ~*** prendi la mia penna, io ne ho una di riserva **II** agg. **1** *(surplus)* [*cash, capacity*] di riserva; [*capital, land, chair, seat*] restante, ancora disponibile; [*copy*] d'avanzo; ***I've got a ~ ticket*** ho un biglietto in più; ***a ~ moment*** un momento libero **2** *(in reserve)* [*component, fuse, bulb*] di ricambio; [*wheel*] di scorta **3** *(lean)* [*person, build*] esile; [*design, building, style*] semplice **4** *(meagre)* [*diet*] povera; [*meal*] frugale **5** BE COLLOQ. *(mad)* furioso; ***to go ~*** andare fuori di testa.
2.spare /speə(r)/ **I** tr. **1** ***to have sth. to ~*** avere qcs. di riserva; ***have my pen, I've got one to ~*** prendi la mia penna, io ne ho una di riserva; ***to catch the train with five minutes to ~*** prendere il treno con cinque minuti di anticipo; ***to have time to ~ at the airport*** avere del tempo da passare in aeroporto; ***I have no time to ~ for doing*** non ho tempo da perdere per fare; ***the project was finished with only days to ~*** il progetto fu terminato pochi giorni prima della data stabilita; ***I have no energy to ~ for the housework*** non ho più energie per fare i lavori di casa; ***enough and to ~*** in abbondanza **2** *(treat leniently)* risparmiare [*person, animal*]; ***to ~ sb. sth.*** risparmiare qcs. a qcn.; ***to ~ sb.'s life*** risparmiare la vita di qcn.; ***~ my life!*** risparmiami! ***I will ~ you the details*** ti risparmierò i dettagli; ***we were ~d the full story*** SCHERZ. ci hanno risparmiato la storia completa; ***see you next year if I'm ~d*** SCHERZ. ci vediamo l'anno prossimo, se Dio vuole **3** *(be able to afford)* avere (da offrire) [*money*]; dedicare [*time*]; ***can you ~ a minute, a pound, a cigarette?*** hai un minuto, una sterlina, una sigaretta? ***to ~ a thought for*** avere un pensiero per **4** *(manage without)* fare a meno di [*person*]; ***I can't ~ him today*** non posso fare a meno di lui oggi; ***to ~ sb. for*** fare a meno di qcn. per [*job, task*] **II** rifl. ***to ~ oneself sth.*** risparmiarsi qcs.; ***to ~ oneself the trouble of doing*** risparmiarsi la fatica di fare; ***to ~ oneself the expense of*** risparmiarsi la spesa di ◆ ***to ~ no effort*** fare tutto il possibile; ***to ~ no pains*** fare ogni sforzo.
spare part /ˌspeəˈpɑːt/ n. AUT. TECN. (pezzo di) ricambio m. ◆ ***to feel like a ~*** sentirsi di troppo.
spare part surgery /ˌspeəpɑːtˈsɜːdʒərɪ/ n. chirurgia f. sostitutiva.
spare rib /ˌspeəˈrɪb/ n. costoletta f. di maiale.
spare room /ˌspeəˈruːm/ n. camera f. per gli ospiti.
spare time /ˌspeəˈtaɪm/ n. **U** tempo m. libero; ***to do sth. in one's ~*** fare qcs. nel tempo libero.
spare tyre BE, **spare tire** AE /ˌspeəˈtaɪə(r)/ n. **1** AUT. ruota f. di scorta **2** COLLOQ. *(fat)* salsicciotto m., salvagente m.
spare wheel /ˌspeəˈwiːl, AE -ˈhwiːl/ n. AUT. ruota f. di scorta.
sparing /ˈspeərɪŋ/ agg. [*person, use*] parsimonioso; ***to be ~ with*** *(economical)* economizzare *o* fare economia di [*food, rations, medicine*]; *(mean)* essere avaro di [*advice*]; dare poco [*help*]; *(careful)* usare con moderazione [*flavouring, colour*].
sparingly /ˈspeərɪŋlɪ/ avv. [*use, add*] con moderazione.
sparingness /ˈspeərɪŋnɪs/ n. parsimonia f., moderazione f.
▷ **1.spark** /spɑːk/ n. **1** scintilla f. (anche EL.) **2** FIG. *(hint) (of originality)* sprazzo m.; *(of enthusiasm)* scintilla f.; *(of intelligence)* barlume m.; ***the ~ of interest, mischief in her eyes*** il lampo di interesse, di malizia negli occhi; ***the ~ has gone out of their relationship*** ormai la loro relazione ha perso intensità *o* non fanno più faville ◆ ***~s will fly!*** voleranno parole grosse!
2.spark /spɑːk/ **I** tr. → **spark off II** intr. [*fire*] fare, sprigionare scintille; [*wire, switch*] emettere scintille.

■ **spark off:** ~ *off [sth.]* suscitare [*interest, anger, fear*]; accendere [*controversy*]; provocare [*speculation, reaction, panic*]; dare origine a [*friendship, affair*]; fare scoppiare [*war*]; scatenare [*riot*]; avviare [*growth, change*]; lanciare [*movement*].

spark gap /ˈspɑːkˌgæp/ n. EL. AUT. spinterometro m.

1.sparkle /ˈspɑːkl/ n. *(of light, star, tinsel)* scintillio m.; *(of jewel)* brillantezza f.; *(in eyes)* brillio m.; FIG. *(of performance)* brillantezza f.; ***she's lost her*** ~ ha perso il suo brio; ***there was a ~ in his eye*** gli brillavano gli occhi; ***to add ~ to sth.*** [*product*] dare brillantezza a [*glasses etc.*].

2.sparkle /ˈspɑːkl/ intr. **1** *(flash)* [*flame, light*] scintillare, brillare; [*jewel, eyes*] brillare; [*frost, metal, water*] luccicare; ***to ~ with*** [*eyes*] sfavillare di [*excitement, fun*]; FIG. [*conversation*] essere costellata di [*wit, anecdotes*]; [*person*] risplendere di [*happiness*] **2** *(fizz)* [*drink*] frizzare.

sparkler /ˈspɑːklə(r)/ n. **1** *(firework)* = fuoco d'artificio che emette piccole scintille **2** COLLOQ. *(jewel)* brillante m.

sparklet /ˈspɑːklət/ n. piccola scintilla f.

▷ **sparkling** /ˈspɑːklɪŋ/ **I** agg. **1** *(twinkling)* [*light, flame*] scintillante; [*jewel*] brillante; [*metal, water*] luccicante; [*eyes*] che brilla (**with** di) **2** *(witty)* [*conversation*] frizzante; [*wit*] brillante; ~ ***with wit, humour*** che sprizza arguzia, umorismo **3** [*drink*] frizzante, gassato **II** avv. *(for emphasis)* ~ ***clean*** pulito e splendente; ~ ***white*** bianco splendente.

spark plug /ˈspɑːkˌplʌg/ n. EL. AUT. candela f. (d'accensione).

sparks /spɑːks/ n. **1** BE COLLOQ. *(electrician)* elettricista m. e f. **2** MAR. *(radio operator)* radiotelegrafista m. e f.

sparky /ˈspɑːkɪ/ **I** n. BE COLLOQ. *(electrician)* elettricista m. e f. **II** agg. [*person*] brillante, brioso: [*performance, humour*] brillante.

sparling /ˈspɑːlɪŋ/ n. → **2.smelt**.

sparring match /ˈspɑːrɪŋˌmætʃ/ n. *(in boxing)* combattimento m. d'allenamento; FIG. battibecco m.

sparring partner /ˈspɑːrɪŋˌpɑːtnə(r)/ n. *(in boxing)* sparring partner m.; FIG. = persona con la quale si è soliti discutere.

sparrow /ˈspærəʊ/ n. passero m.

sparrow-grass /ˈspærəʊgrɑːs, AE -græs/ n. asparago m.

sparrowhawk /ˈspærəʊhɔːk/ n. sparviero m.

sparse /spɑːs/ agg. [*population*] sparso; [*vegetation, hair*] rado; [*resources, supplies, information*] scarso; [*use*] sporadico; ~ ***furnishings*** pochi mobili; ***trading was ~ last week*** la passata settimana borsistica è stata caratterizzata da pochi scambi.

sparsely /ˈspɑːslɪ/ avv. poco; ~ ***wooded, attended*** poco boscoso, frequentato; ~ ***populated*** *(permanently)* scarsamente popolato; *(temporarily)* poco frequentato.

sparseness /ˈspɑːsnɪs/ n. scarsità f.

Sparta /ˈspɑːtə/ ♦ ***34*** n.pr. Sparta f.

Spartan /ˈspɑːtən/ **I** agg. **1** *(from Sparta)* [*tradition, soldier*] spartano **2** FIG. (anche **spartan**) [*life, regime*] spartano **II** n. spartano m. (-a).

sparteine /ˈspɑːtɪaɪn/ n. sparteina f.

spasm /ˈspæzəm/ n. **1** MED. spasmo m.; ***muscular*** ~ spasmo muscolare *o* crampo **2** *(of pain)* fitta f. (**of** di); *(of anxiety, panic)* attacco m. (**of** di); *(of rage, coughing)* accesso m. (**of** di); ~ ***of activity*** momento di febbrile attività.

spasmodic /spæzˈmɒdɪk/ agg. **1** [*activity*] *(intermittent)* sporadico, intermittente; *(convulsive)* convulso **2** *(occurring in spasms)* [*coughing, cramp*] spasmodico.

spasmodically /spæzˈmɒdɪklɪ/ avv. [*work, operate*] *(intermittently)* sporadicamente, a intervalli; *(convulsively)* convulsamente.

spasmolytic /spæzmɒˈlɪtɪk/ n. spasmolitico m.

spastic /ˈspæstɪk/ **I** agg. MED. spastico (anche COLLOQ. SPREG.) **II** n. MED. spastico (-a) (anche COLLOQ. SPREG.).

spastic colon /ˌspæstɪkˈkəʊlən/ n. colon m. irritabile.

spasticity /ˌspæsˈtɪsətɪ/ n. spasticità f., paralisi f. spastica.

Spastics Society /ˈspæstɪkzsəˌsaɪətɪ/ n. GB = associazione di sostegno agli handicappati motori.

1.spat /spæt/ n. COLLOQ. *(quarrel)* battibecco m. (**with** con).

2.spat /spæt/ intr. (forma in -ing ecc. **-tt-**) COLLOQ. battibeccare.

3.spat /spæt/ n. *(of shellfish)* uova f.pl.

4.spat /spæt/ intr. (forma in -ing ecc. **-tt-**) [*shellfish*] deporre le uova.

5.spat /spæt/ n. *(on shoe)* ghetta f.

6.spat /spæt/ pass., p.pass. → **4.spit**.

1.spatchcock /ˈspætʃkɒk/ n. pollo m. alla diavola.

2.spatchcock /ˈspætʃkɒk/ tr. **1** GASTR. cuocere alla diavola [*fowl*] **2** *(interpolate)* interpolare.

spate /speɪt/ n. **1** ***in full*** ~ BE [*river*] in piena; [*person*] che parla a ruota libera **2** ***a ~ of*** una serie di [*incidents*].

spathe /speɪð/ n. spata f.

spathic /ˈspæθɪk/ agg. spatico.

▷ **spatial** /ˈspeɪʃl/ agg. spaziale.

spatial awareness /ˌspeɪʃləˈweənɪs/, **spatial intelligence** /ˌspeɪʃlɪnˈtelɪdʒəns/ n. capacità f. di orientamento spaziale.

spatiotemporal /ˌspeɪʃəʊˈtempərəl/ agg. spaziotemporale.

1.spatter /ˈspætə(r)/ n. **1** *(of liquid)* spruzzo m., schizzo m.; ***a ~ of rain*** due gocce (di pioggia) **2** *(sound)* picchiettio m., crepitio m. **3** AE *(small amount)* ***a ~ of*** un po' di.

2.spatter /ˈspætə(r)/ **I** tr. ***to ~ sb., sth. with sth., to ~ sth. over sb., sth.*** *(splash)* schizzare qcn., qcs. con qcs.; *(deliberately sprinkle)* spruzzare qcs. addosso a qcn., qcs. **II** intr. picchiettare, crepitare (**on** su; **against** contro).

spatter dash /ˈspætəˌdæʃ/ n. intonaco m. grezzo.

spattered /ˈspætəd/ **I** p.pass. → **2.spatter II** agg. macchiato; ***blood-, paint-~*** macchiato di sangue, di vernice.

spatula /ˈspætʃʊlə/ n. **1** spatola f. **2** *(doctor's) (for medical operations)* spatola f.; *(to hold down the tongue)* abbassalingua m.

spatular /ˈspætʃʊlə(r)/, **spatulate** /ˈspætʃʊlət/ agg. a forma di spatola, spatolato.

spavin /ˈspævɪn/ n. sparaguagno m., spavenio m.

1.spawn /spɔːn/ n. **1** *(of frog, fish)* uova f.pl. **2** *(of fungi)* micelio m.

2.spawn /spɔːn/ **I** tr. SPREG. produrre, sfornare [*product, imitation etc.*]; generare, mettere al mondo [*person*] **II** intr. **1** ZOOL. [*frog, fish*] deporre le uova **2** *(multiply)* moltiplicarsi.

spawning /ˈspɔːnɪŋ/ n. **1** ZOOL. deposizione f. delle uova **2** SPREG. proliferazione f. (**of** di).

spawning ground /ˈspɔːnɪŋˌgraʊnd/ n. fregolatoio m.

spay /speɪ/ tr. asportare le ovaie a [*female animal*]; ***to have one's cat ~ed*** fare sterilizzare la gatta.

SPCA n. AE (⇒ Society for the Prevention of Cruelty to Animals Società Protezione Animali) SPA f.

SPCC n. AE (⇒ Society for the Prevention of Cruelty to Children) = società per la protezione dell'infanzia.

▶ **1.speak** /spiːk/ **I** tr. (pass. **spoke**, ANT. **spake**; p.pass. **spoken**) **1** parlare [*language*]; ***can you ~ English?*** parla inglese? ***"French spoken"*** *(sign)* "si parla francese"; ***English as it is spoken*** l'inglese parlato; ***people who ~ the same language*** (anche FIG.) persone che parlano la stessa lingua **2** *(tell, utter)* dire [*truth*]; recitare [*poetry*]; pronunciare, dire [*word, name*]; ***to ~ one's mind*** esprimere la propria opinione *o* dire quel che si pensa **II** intr. (pass. **spoke**, ANT. **spake**; p.pass. **spoken**) **1** *(talk)* parlare (**to** a; **about, of** di); ***to ~ in a soft, deep voice*** parlare con voce suadente, profonda; ***to ~ in German, Russian*** parlare in tedesco, russo; ***to ~ in a whisper*** parlare sottovoce *o* sussurrare; ***to ~ ill, well of sb.*** parlare male, bene di qcn.; ***to ~ through*** parlare *o* comunicare per mezzo di [*medium, interpreter*]; ***to ~ with one's mouth full*** parlare con la bocca piena; ~ ***when you're spoken to!*** parla quando vieni interpellato! ***I've spoken to them severely and they've apologized*** gli ho parlato severamente e si sono scusati; ***who's ~ing please?*** *(on phone)* chi parla? ***(this is) Camilla ~ing*** sono Camilla *o* parla Camilla; ***"is that Miss Durham?" - "~ing!"*** "la signorina Durham?" - "sono io!"; ***I'm ~ing from a phone box*** sto chiamando da una cabina telefonica; ***this is your captain ~ing*** AER. è il capitano che vi parla; ***~ing of which, have you booked a table?*** a proposito, hai prenotato un tavolo? ***~ing of lunch, Nancy...*** a proposito del pranzo, Nancy...; ***she is well spoken of in academic circles*** hanno una buona opinione di lei nel mondo accademico; ***he spoke very highly of her, her talents*** ha parlato molto bene di lei, delle sue capacità; ***he spoke of selling the house, leaving the country*** parlava di vendere la casa, lasciare il paese; ***to ~ as sth.*** parlare come qcs.; ***~ing as a layman...*** parlando da profano...; ***~ing personally, I hate him*** personalmente, lo odio; ***~ing personally and not for the company*** parlando a nome mio e non della ditta; ***generally ~ing*** in generale *o* in genere; ***roughly ~ing*** all'incirca, approssimativamente; ***strictly ~ing*** in senso stretto *o* a rigore; ***relatively ~ing*** relativamente parlando; ***ecologically, politically ~ing*** ecologicamente, politicamente parlando; ***metaphorically ~ing*** parlando metaforicamente; ***we've had no trouble to ~ of*** non abbiamo avuto problemi degni di nota; ***they've got no money to ~ of*** sono praticamente senza soldi; ***"what did you see?" - "nothing to ~ of"*** "che cosa hai visto?" - "niente di particolare"; ***not to ~ of his poor mother, the expense*** per non parlare della sua povera madre, della spesa; ***so to ~*** per così dire **2** *(converse)* parlare (**about, of** di; **to, with** a, con); conversare, discorrere (**about, of** di; **to, with** con); ***they're not ~ing (to each other)*** non si parlano (più); ***I can't remember when we last spoke*** non ricordo l'ultima volta che ci siamo parlati; ***I know her by sight but not to ~ to*** la conosco di vista ma non le ho mai rivolto la parola **3** *(make a speech)* parlare;

(more formal) prendere la parola; ***to ~ from the floor*** POL. prendere la parola; ***to ~ about*** o ***on*** parlare, discorrere di [*topic*]; ***to ~ for*** parlare in favore di [*view, opinion, party*] **4** *(express)* LETT. ***to ~ of*** manifestare, rivelare [*suffering, effort, emotion*]; ***all creation spoke to me of love*** tutta la creazione mi trasmetteva amore; ***that look spoke louder than words*** quello sguardo esprimeva più delle parole; ***the poem, music ~s to me in a special way*** quella poesia, quella musica mi trasmette qualcosa di speciale **5** FIG. *(make noise)* [*gun*] rimbombare; ***this clarinet ~s, does not ~ easily*** è facile, difficile fare emettere una nota a questo clarinetto.

▪ **speak against:** *~ against [sth., sb.]* parlare, esprimersi contro.

▪ **speak for:** *~ for [sth., sb.]* **1** *(on behalf of)* parlare per, parlare a nome di, per conto di; ***it ~s well for their efficiency that they answered so promptly*** è un'ottima prova della loro efficienza che abbiano risposto così prontamente; ***to ~ for oneself*** esprimere la propria opinione; ***let him ~ for himself*** lascia che esprima la sua opinione; ***~ing for myself...*** a mio parere..., secondo me...; ***~ for yourself!*** parla per te! ***the facts ~ for themselves*** i fatti si commentano da soli **2** *(reserve)* ***to be spoken for*** [*object*] essere prenotato; [*person*] essere impegnato, non essere libero; ***that picture's already spoken for*** quel quadro è già prenotato.

▪ **speak out** esprimere la propria opinione, pronunciarsi (**against** contro; **in favour of** a favore di); ***don't be afraid! ~ out!*** non aver paura! parla francamente!

▪ **speak to:** *~ to [sth.]* AMM. discutere, commentare [*item, motion*]; ***please ~ to the point*** siete pregati di restare in argomento.

▪ **speak up 1** *(louder)* alzare la voce, parlare a voce più alta **2** *(dare to speak)* parlare francamente, senza reticenze; ***to ~ up for sb., sth.*** dichiararsi, pronunciarsi a favore di qcn., qcs.

2.speak /spi:k/ n. **-speak** in composti linguaggio m., gergo m.; ***computer-, management-~*** linguaggio informatico, dell'amministrazione.

speakeasy /'spi:kˌi:zɪ/ n. AE STOR. = spaccio clandestino di bevande alcoliche.

▶ **speaker** /'spi:kə(r)/ n. **1** *(person talking)* = persona che parla; *(orator, public speaker)* oratore m. (-trice); *(invited lecturer)* conferenziere m. (-a); *(one of several conference lecturers)* relatore m. (-trice); ***a ~ from the floor*** un intervento dall'aula; ***the crowd was too big to identify the ~*** la folla era troppo grande per individuare chi stava parlando **2** *(mother tongue)* ***an Italian, an English, a French ~*** una persona di lingua italiana, inglese, francese; *(of foreign language)* ***a Japanese, Russian ~*** un parlante di giapponese, russo **3** (anche **Speaker**) GB POL. presidente m. (della Camera dei Comuni); ***Mr Speaker*** signor presidente **4** US POL. ***Speaker of the House*** presidente della Camera dei Rappresentanti **5** EL. MUS. altoparlante m.

speakership /'spi:kəʃɪp/ n. presidenza f. (della Camera dei Comuni).

speaking /'spi:kɪŋ/ **I** n. *(elocution)* oratoria f., eloquenza f.; *(pronunciation)* pronuncia f. **II -speaking** agg. in composti ***English-~*** [*person*] di lingua inglese, anglofono; [*area, country*] anglofono.

speaking clock /ˌspi:kɪŋ'klɒk/ n. *(telephone service)* ora f. esatta.

speaking engagement /'spi:kɪŋɪnˌgeɪdʒmənt/ n. ***to have a ~*** dover pronunciare un discorso; ***I must cancel all my ~s*** devo annullare tutti i discorsi che dovevo pronunciare.

speaking part /'spi:kɪŋˌpɑ:t/, **speaking role** /'spi:kɪŋˌrəʊl/ n. = ruolo drammatico con battute.

speaking terms /'spi:kɪŋˌtɜ:mz/ n.pl. ***we're not on ~*** non ci parliamo *o* non ci rivolgiamo (più) la parola; ***he's on ~ with Anne again*** rivolge nuovamente la parola ad Anne *o* parla di nuovo con Anne.

speaking tour /'spi:kɪŋˌtʊə(r), -ˌtɔ:(r)/ n. ciclo m. di conferenze; ***to be on a ~ of the USA*** tenere un ciclo di conferenze negli Stati Uniti.

speaking tube /'spi:kɪŋtju:b, AE -tu:b/ n. *(to carry the voice)* portavoce m.

speak-your-weight machine /ˌspi:kjɔ:weɪtmə'ʃi:n/ n. = bilancia pesapersone parlante.

▷ **1.spear** /'spɪə(r)/ n. *(weapon)* lancia f.

2.spear /'spɪə(r)/ tr. **1** fiocinare, arpionare [*fish*]; trafiggere, trapassare (con la lancia) [*person, part of body*] **2** *(with fork etc.)* infilzare, infilare [*food*] (**with** con).

3.spear /'spɪə(r)/ n. *(of plant)* stelo m.; *(of asparagus, broccoli)* gambo m.

spear carrier /'spɪəˌkærɪə(r)/ n. **1** portatore m. di lancia, lanciere m. **2** *(actor)* figurante m. e f.

1.spearfish /'spɪəfɪʃ/ n. (pl. **~**, **~es**) aguglia f. imperiale, macaira f.

2.spearfish /'spɪəfɪʃ/ intr. pescare con l'arpione.

speargun /'spɪəgʌn/ n. fucile m. subacqueo.

1.spearhead /'spɪəhed/ n. punta f. della lancia; FIG. *(leading element)* avanguardia f., uomo m. di punta.

2.spearhead /'spɪəhed/ tr. lanciare [*campaign, offensive*]; guidare, capeggiare [*revolt*]; essere promotore di [*reform*].

Spearhead Battalion /ˌspɪəhedbə'tælɪən/ n. GB MIL. = battaglione di punta.

spearman /'spɪəmən/ n. (pl. **-men**) lanciere m.

spearmint /'spɪəmɪnt/ n. menta f. verde.

spear side /'spɪəsaɪd/ n. linea f. di discendenza maschile.

spearwood /'spɪəwʊd/ n. eucalipto m. australiano.

1.spec /spek/ n. COLLOQ. (accorc. specification) specificazione f., descrizione f. particolareggiata; ***to ~*** secondo le specifiche.

2.spec /spek/ n. COLLOQ. (accorc. speculation) ***on ~*** per speculare; rischiando.

▶ **special** /'speʃl/ **I** agg. **1** *(for a specific purpose)* [*equipment, procedure, paint, clothing*] specifico, apposito; [*correspondent*] speciale **2** *(marked)* [*criticism, affection, interest*] particolare **3** *(official)* [*commission, edition, envoy, meeting, power*] speciale **4** *(particular)* [*reason, motive, significance, treatment*] particolare, speciale; ***"why?" - "no ~ reason"*** "perché?" - "per nessun motivo in particolare"; ***I've nothing ~ to report*** non ho nulla di speciale da riferire; ***to make a ~ effort*** fare uno sforzo particolare; ***to pay ~ attention to*** prestare speciale *o* particolare attenzione a **5** *(unique)* [*offer, deal, package, skill*] speciale; [*case, quality*] unico, eccezionale; ***to be ~ to a region*** essere caratteristico *o* peculiare di una regione; ***what is so ~ about this computer?*** cosa ha di così speciale questo computer? ***she has a ~ way with animals*** sa come trattare gli animali; ***I want to make this Christmas really ~*** voglio rendere questo Natale davvero speciale **6** *(out of the ordinary)* [*announcement, guest, occasion*] speciale, straordinario; ***as a ~ treat you can do*** come trattamento di favore si può fare; ***going anywhere ~?*** vai da qualche parte di particolare? ***you're ~ to me*** per me sei una persona speciale; ***the wine is something ~*** il vino è qualcosa di speciale *o* eccezionale; ***the wine is nothing ~*** il vino non è niente di speciale; ***what's so ~ about him, that?*** cosa c'è di eccezionale in lui, in questo? che cosa ha di particolare? ***by ~ request, Julie will sing*** a gran richiesta, Julie canterà **7** *(personal)* [*chair, recipe*] personale; [*friend*] intimo, caro **II** n. **1** *(in restaurant)* piatto m. del giorno; ***the chef's ~*** la specialità dello chef **2** COLLOQ. *(discount offer)* offerta f. speciale; ***to be on ~*** essere in offerta speciale **3** *(extra broadcast)* special m., speciale m.; ***an election ~*** uno speciale elezioni **4** *(additional transport)* *(bus)* autobus m. speciale; *(train)* treno m. speciale; ***holiday ~*** treno straordinario per vacanze; ***football ~*** treno speciale per tifosi **5** GB → **special constable**.

special agent /ˌspeʃl'eɪdʒənt/ n. agente m. speciale.

Special Branch /'speʃlˌbrɑ:ntʃ, AE -ˌbræntʃ/ n. GB = reparto di polizia che garantisce la sicurezza nazionale.

special constable /ˌspeʃl'kʌnstəbl, AE -'kɒn-/ n. GB = persona incaricata di svolgere funzioni di agente di polizia in particolari occasioni.

special delivery /ˌspeʃldɪ'lɪvərɪ/ n. consegna f. per espresso; ***to send sth. (by) ~*** inviare qcs. per espresso.

special drawing rights /ˌspeʃl'drɔ:ɪŋˌraɪts/ n.pl. ECON. diritti m. speciali di prelievo.

special education /ˌspeʃledʒʊ'keɪʃn/ n. = insegnamento per allievi con difficoltà d'apprendimento.

special effect /ˌspeʃlɪ'fekt/ **I** n. CINEM. TELEV. effetto m. speciale **II special effects** modif. [*specialist, team, department*] degli effetti speciali.

special hospital /'speʃlˌhɒspɪtl/ n. BE ospedale m. psichiatrico.

special interest group /ˌspeʃl'ɪntrəstˌgru:p/ n. **1** POL. gruppo m. di interesse, gruppo m. di pressione (con un obiettivo speciale) **2** gruppo m. di interesse (con obiettivi più estesi).

special interest holiday /ˌspeʃl'ɪntrəstˌhɒlədeɪ/ n. vacanze f.pl. a tema.

specialism /'speʃəlɪzəm/ n. specialismo m.

▶ **specialist** /'speʃəlɪst/ **I** n. **1** ➧ ***27*** MED. (medico) specialista m.; ***heart ~*** cardiologo; ***cancer ~*** oncologo **2** *(expert)* specialista m. e f. (**in** di, in); ***she's our Nietzsche ~*** è la nostra esperta di Nietzsche **II** agg. [*area, shop, equipment, staff*] specializzato; [*knowledge, care, service*] specialistico; [*advice, advisor, help*] di uno specialista, di un medico specialista; [*work*] da specialista, da esperto.

specialistic /speʃə'lɪstɪk/ agg. specialistico.

▷ **speciality** /ˌspeʃɪ'ælətɪ/ BE, **specialty** /'speʃəltɪ/ AE **I** n. **1** *(special service, product, food)* specialità f.; ***a local ~*** una specialità del luogo; ***pizza's his ~*** la pizza è la sua specialità **2** *(special skill, interest)* specialità f., campo m. specialistico; ***his ~ is telling bad jokes*** il suo forte è raccontare barzellette di cattivo gusto **3**

DIR. contratto m. in atto pubblico **II** modif. [*product*] speciale, particolare; [*chemical*] speciale; ***a ~ recipe*** o ***dish*** una specialità.

speciality act /ˈspeʃɪæləti̩ækt/ n. BE TEATR. pezzo m. forte, cavallo m. di battaglia.

speciality holiday /ˈspeʃɪæləti̩hɒlədeɪ/ n. BE vacanze f.pl. a tema.

specialization /ˌspeʃəlaɪˈzeɪʃn, AE -lɪˈz-/ n. specializzazione f.

specialize /ˈspeʃəlaɪz/ intr. specializzarsi; ***to ~ in*** specializzarsi in [*subject, field*]; ***to ~ in maintenance, construction*** specializzarsi nella manutenzione, costruzione; ***we ~ in repairing computers, training staff*** siamo specializzati nella riparazione di computer, nella formazione del personale; ***a company specializing in machinery, chemicals*** una ditta specializzata in macchinari, prodotti chimici.

▷ **specialized** /ˈspeʃəlaɪzd/ **I** p.pass. → **specialize II** agg. specializzato.

special licence /ˌspeʃlˈlaɪsns/ n. GB DIR. = permesso di matrimonio con dispensa dalle pubblicazioni.

▷ **specially** /ˈspeʃəlɪ/ avv. **1** *(specifically)* [*come, make*] appositamente; [*wait*] proprio; [*designed, trained, chosen, created*] appositamente, espressamente; ***I made it ~ for you*** l'ho fatto apposta per te **2** *(particularly)* [*interesting, kind, useful*] particolarmente; [*like, enjoy*] specialmente; ***I like animals, ~ dogs*** mi piacciono gli animali, specialmente i cani; ***why do you want that one ~?*** perché vuoi proprio quello?

special measures /ˌspeʃlˈmeʒəz/ n.pl. GB SCOL. = insieme di provvedimenti migliorativi di natura didattica, organizzativa, finanziaria o strutturale che una scuola deve adottare qualora non raggiunga gli standard educativi stabiliti dall'Ofsted.

special needs /ˌspeʃlˈniːdz/ n.pl. **1** SOCIOL. svantaggi m. **2** SCOL. difficoltà f. d'apprendimento; ***children with ~*** bambini con problemi d'apprendimento.

special needs group /ˌspeʃlˈniːdz̩ɡruːp/ n. gruppo m. sociale svantaggiato.

special relationship /ˌspeʃlrɪˈleɪʃnʃɪp/ n. POL. legami m.pl. privilegiati.

special school /ˈspeʃl̩skuːl/ n. BE scuola f. speciale (per bambini con difficoltà d'apprendimento).

specialty /ˈspeʃəltɪ/ n. AE → **speciality**.

specialty number /ˈspeʃəltɪ̩nʌmbə(r)/ n. AE → **speciality act**.

specialty vacation /ˈspeʃəltɪvə̩keɪʃn, AE -veɪ̩keɪʃn/ n. AE → **speciality holiday**.

speciation /spiːʃɪˈeɪʃn, spiːs-/ n. speciazione f.

specie /ˈspiːʃiː/ n. ECON. moneta f. metallica; ***in ~*** in moneta metallica.

species /ˈspiːʃiːz/ n. (pl. ~) *(all contexts)* specie f.

specifiable /spesɪˈfaɪəbl/ agg. specificabile.

▶ **specific** /spəˈsɪfɪk/ **I** agg. **1** *(particular)* [*instruction, information*] preciso, esatto; [*charge, case, example*] specifico **2** *(unique)* ***~ to sb., sth.*** specifico *o* caratteristico *o* peculiare di qcn., qcs. **II** n. MED. farmaco m. specifico, rimedio m. specifico (**for** per, contro) **III specifics** n.pl. dettagli m., particolari m.; ***to get down to (the)~s*** scendere nei particolari.

specifical /spəˈsɪfɪkl/ agg. RAR. → **specific**.

▷ **specifically** /spəˈsɪfɪklɪ/ avv. **1** *(specially)* [*designed, written*] appositamente, espressamente (**for** per) **2** *(explicitly)* [*ask, demand, forbid, tell, state*] esplicitamente, espressamente **3** *(in particular)* [*mention, criticize, address*] specificamente, in modo particolare; ***more ~*** più specificamente.

▷ **specification** /ˌspesɪfɪˈkeɪʃn/ **I** n. **1** (anche **specifications**) *(of design, building)* capitolato m. d'appalto, descrizione f. particolareggiata (**for**, **of** di); ***standard ~*** specificazione standard; ***built to sb.'s ~s*** costruito seguendo le direttive di qcn.; ***to comply with ~s*** essere conforme alle specificazioni **2** DIR. *(stipulation)* capitolato m., specificazione f.; ***~ of the invention*** *(for patent)* descrizione dell'invenzione **II specifications** n.pl. *(features of job, car)* caratteristiche f.; *(of computer)* specifiche f.

specification sheet /spesɪfɪˈkeɪʃn̩ʃiːt/ n. caratteristiche f.pl. tecniche, specifiche f.pl.

specific code /spə̩sɪfɪkˈkəʊd/ n. INFORM. linguaggio m. macchina.

specific duty /spə̩sɪfɪkˈdjuːtɪ, AE -ˈduːtɪ/ n. compito m. specifico.

specific gravity /spə̩sɪfɪkˈɡrævətɪ/ n. ANT. densità f. relativa.

specific heat capacity /spə̩sɪfɪkˈhiːtkə̩pæsətɪ/ n. calore m. specifico.

specificity /spəˈfɪsətɪ/, **specificness** /spəˈsɪfɪknɪs/ n. **1** *(of symptom, disease, phenomenon)* specificità f. (**to** a) **2** *(of detail, allegation, report)* specificità f., precisione f.

specific performance /spə̩sɪfɪkpəˈfɔːməns/ n. DIR. = esecuzione forzata del contratto in forma specifica.

specific volume /spə̩sɪfɪkˈvɒljuːm, AE -jəm/ n. volume m. specifico.

▷ **specified** /ˈspesɪfaɪd/ **I** p.pass. → **specify II** agg. [*amount, date, day, value, way*] specificato, precisato; ***as ~ above*** come specificato sopra; ***unless otherwise ~*** salvo indicazione contraria; ***not elsewhere ~*** non specificato altrove.

specify /ˈspesɪfaɪ/ tr. **1** [*law, contract, rule, will*] stabilire (**that** che; **where** dove; **who** chi) **2** [*person*] specificare, precisare (**that** che).

▷ **specimen** /ˈspesɪmən/ **I** n. *(of rock)* campione m. (**of** di); *(of blood, tissue, urine)* campione m. (**of** di); *(of species, plant)* esemplare m. (**of** di); *(of handwriting)* esemplare m.; ***a fine ~ of manhood*** SCHERZ. un bell'esemplare maschile **II** modif. [*page*] di specimen; ***~ copy*** specimen; ***~ signature*** specimen di firma, deposito della firma.

specimen jar /ˈspesɪmən̩dʒɑː(r)/ n. **1** *(for urine)* recipiente m., provetta f. **2** *(on field trip)* contenitore m. per campioni.

speciosity /spiːʃɪˈɒsətɪ/ n. → **speciousness**.

specious /ˈspiːʃəs/ agg. FORM. **1** [*argument, reasoning*] specioso, fallace, ingannevole **2** [*glamour, appearance*] specioso, appariscente.

speciously /ˈspiːʃəslɪ/ avv. FORM. **1** [*argue, reason*] speciosamente, fallacemente **2** [*convincing, attractive*] speciosamente.

speciousness /ˈspiːʃəsnɪs/ n. FORM. **1** *(of argument, logic)* speciosità f., fallacia f. **2** *(of attractiveness)* speciosità f., (l')essere appariscente.

1.speck /spek/ n. **1** *(small piece) (of dust, soot)* granello m. (**of** di); *(of metal)* pagliuzza f. (**of** di) **2** *(small shape, mark) (of dirt, mud, blood, ink)* macchiolina f. (**of** di); *(of light)* puntino m.; ***a ~ on the horizon*** un puntino all'orizzonte.

2.speck /spek/ tr. macchiettare, chiazzare [*cloth, surface*] (**with** di).

3.speck /spek/ n. AE **1** *(fat meat)* carne f. grassa; lardello m. **2** *(blubber) (of whale)* grasso m.

1.speckle /ˈspekl/ n. *(on person's skin, egg)* macchiolina f., chiazza f.; *(on bird, on animal)* pezza f.; *(on fabric)* macchietta f., chiazza f.

2.speckle /ˈspekl/ tr. **1** [*rain*] picchiettare, punteggiare [*surface*] **2** [*sun*] chiazzare [*skin*] **3** [*spots, flecks*] macchiare, chiazzare [*fabric, feathers*].

speckled /ˈspekld/ **I** p.pass. → **2.speckle II** agg. [*animal*] maculato, pezzato, macchiettato (**with** di); [*feather*] chiazzato, screziato (**with** di); [*skin*] chiazzato (**with** di); [*egg*] chiazzato.

speckless /ˈspeklɪs/ agg. senza macchie, immacolato.

specs /speks/ n.pl. COLLOQ. (accorc. spectacles) occhiali m.

spec sheet /ˈspekʃiːt/ n. caratteristiche f.pl. tecniche, specifiche f.pl.

▷ **spectacle** /ˈspektəkl/ **I** n. spettacolo m.; ***to make a ~ of oneself*** rendersi ridicolo **II** modif. [*case*] per occhiali; [*frame, lens*] degli occhiali **III spectacles** n.pl. ANT. occhiali m.; ***a pair of ~s*** un paio di occhiali.

spectacled /ˈspektəkld/ agg. **1** [*person*] che porta gli occhiali, occhialuto **2** ZOOL. [*cayman, cobra*] dagli occhiali.

▷ **spectacular** /spekˈtækjʊlə(r)/ **I** agg. spettacolare, spettacoloso, straordinario **II** n. spettacolo m. eccezionale, favoloso.

spectacularly /spekˈtækjʊləlɪ/ avv. [*win, collapse, rise, fail*] spettacolarmente; ***it was ~ successful*** ha avuto un successo spettacolare.

spectate /spekˈteɪt/ intr. assistere a [*sporting event*].

▷ **spectator** /spekˈteɪtə(r)/ n. spettatore m. (-trice); ***to be present as a ~*** assistere come spettatore.

spectator sport /spekˈteɪtə̩spɔːt/ n. = sport di grande richiamo per il pubblico.

specter AE → **spectre**.

spectra /ˈspektrə/ → **spectrum**.

spectral /ˈspektrəl/ agg. **1** *(ghostly)* spettrale, fantomatico **2** FIS. spettrale; ***~ analysis*** analisi spettrale.

spectre BE, **specter** AE /ˈspektə(r)/ n. spettro m., fantasma m.

spectre-bat /ˈspektə̩bæt/ n. ZOOL. vampiro m.

spectre-lemur /ˈspektə̩liːmə(r)/ n. tarsio m. spettro.

spectrobolometer /ˌspektrəbəʊˈlɒmɪtə(r)/ n. spettrobolometro m.

spectrogram /ˈspektrəɡræm/ n. spettrogramma m.

spectrograph /ˈspektrəɡrɑːf, AE -ɡræf/ n. spettrografo m.

spectrographic /spektrəˈɡræfɪk/ agg. spettrografico.

spectrography /spekˈtrɒɡrəfɪ/ n. spettrografia f.

spectroheliograph /ˌspektrəˈhiːlɪəɡrɑːf, AE -ɡræf/ n. spettroeliografo m.

spectrohelioscope /ˌspektrəˈhiːlɪəskəʊp/ n. spettroelioscopio m.

spectrometer /spekˈtrɒmɪtə(r)/ n. spettrometro m.

spectrometric /ˌspektrəˈmetrɪk/ agg. spettrometrico.

spectrometry /spekˈtrɒmɪtrɪ/ n. spettrometria f.

spectrophotometer /ˌspektrəfəʊˈtɒmɪtə(r)/ n. spettrofotometro m.

spectroscope /'spektrəskəʊp/ n. spettroscopio m.
spectroscopic(al) /ˌspektrə'skɒpɪk(l)/ agg. spettroscopico.
spectroscopy /spek'trɒskəpɪ/ n. spettroscopia f.
▷ **spectrum** /'spektrəm/ n. (pl. **~s, -a**) **1** FIS. spettro m. **2** *(range)* gamma f.; ***at the other end of the ~*** all'estremo opposto; ***a broad ~ of views*** una grande varietà *o* un ventaglio di opinioni; ***people across the political ~*** persone di ogni tendenza politica.
specula /'spekjʊlə/ → **speculum.**
specular /'spekjʊlə(r)/ agg. speculare.
▷ **speculate** /'spekjʊleɪt/ **I** tr. ***to ~ that*** supporre *o* congetturare che; ***it has been widely ~d that*** si sono fatte molte ipotesi sul fatto che **II** intr. **1** speculare, meditare (**on, about** su); ***to ~ as to why*** me-ditare sulle ragioni per cui **2** ECON. speculare (**in, on** su); ***to ~ on the Stock Exchange*** fare speculazioni in borsa; ***to ~ for*** o ***on a rise, fall*** speculare al rialzo, al ribasso ◆ ***one must ~ to accumulate*** chi non risica non rosica.
▷ **speculation** /ˌspekjʊ'leɪʃn/ **I** n. **1 U** speculazione f., congettura f., ipotesi f.; ***~ about*** o ***over who will win*** ipotesi su chi vincerà; ***~ about his future*** congetture sul suo futuro; ***~ that sth. will happen*** supposizioni che qcs. accada; ***~ as to why*** congetture sulle ragioni per cui; ***to give rise to*** o ***be the subject of ~*** dare adito a congetture **2** ECON. speculazione f. (**in** su) **II speculations** n.pl. speculazioni f. (**about** su).
speculative /'spekjʊlətɪv, AE *anche* 'spekjəleɪtɪv/ agg. **1** speculativo, congetturale, meditativo **2** ECON. speculativo, speculatorio.
speculatively /'spekjʊlətɪvlɪ, AE *anche* 'spekjəleɪtɪvlɪ/ avv. **1** [*ask, think*] speculativamente **2** ECON. [*build, invest*] in modo speculativo, speculatorio.
speculativeness /'spekjʊlətɪvnɪs, AE *anche* 'spekjəleɪtɪvnɪs/ n. speculatività f.
speculator /'spekjʊleɪtə(r)/ n. ECON. speculatore m. (-trice) (**in** in).
speculum /'spekjʊləm/ n. (pl. **~s, -a**) **1** MED. speculum m. **2** OTT. specchio m. di telescopi **3** ZOOL. ocello m.
sped /sped/ pass., p.pass. → **2.speed.**
▶ **speech** /spiːtʃ/ n. **1** *(oration)* discorso m., orazione f. (**on, about** su); TEATR. tirata f.; ***farewell, opening ~*** discorso d'addio, di apertura; ***in a ~*** all'interno di un discorso; ***to give, make, deliver a ~*** fare, tenere, pronunciare un discorso; ***the Speech from the Throne*** GB POL. il discorso della Corona **2** *(faculty)* parola f., linguaggio m.; *(spoken form)* lingua f. parlata; ***direct, indirect ~*** LING. discorso diretto, indiretto; ***in ~*** nella lingua parlata; ***to express oneself in ~ rather than writing*** esprimersi verbalmente piuttosto che per iscritto; ***the power of ~*** l'uso della parola **3** *(language)* linguaggio m., lingua f.; ***everyday ~*** il linguaggio corrente, la lingua comune **4** AE SCOL. UNIV. *(subject)* oratoria f.; ***to teach ~*** insegnare oratoria.
speech act /'spiːtʃˌækt/ n. FILOS. atto m. linguistico.
speech and drama /'spiːtʃənˌdrɑːmə/ n. SCOL. UNIV. arte f. drammatica.
speech clinic /'spiːtʃˌklɪnɪk/ n. = clinica per la cura dei disturbi del linguaggio.
speech community /'spiːtʃkəˌmjuːnətɪ/ n. LING. comunità f. linguistica.
speech day /'spiːtʃˌdeɪ/ n. BE SCOL. = alla fine dell'anno scolastico, giorno in cui si tengono discorsi e in cui avviene la premiazione annuale degli studenti.
speech defect /'spiːtʃˌdiːfekt/ n. → **speech impediment.**
speech difficulty /'spiːtʃˌdɪfɪkəltɪ/ n. difficoltà f. di pronuncia.
speech disorder /'spiːtʃdɪsˌɔːdə(r)/ n. disturbo m. del linguaggio.
speechifier /'spiːtʃɪfaɪə(r)/ n. SPREG. oratore m. (-trice) da strapazzo, comiziante m. e f.
speechify /'spiːtʃɪfaɪ/ intr. SPREG. sproloquiare, fare gran discorsi.
speechifying /'spiːtʃɪfaɪɪŋ/ n. SPREG. sproloquio m.
speech impaired /'spiːtʃɪmˌpeəd/ agg. *(not having speech)* muto; *(having a speech impediment)* con un difetto di pronuncia.
speech impediment /'spiːtʃɪmˌpedɪmənt/ n. difetto m. di pronuncia.
speechless /'spiːtʃlɪs/ agg. [*person, emotion*] muto; ***to be ~ with*** ammutolire per [*joy, horror, rage*]; ***I was ~ at the sight, the news*** la vista, la notizia mi fece ammutolire; ***I'm ~!*** COLLOQ. sono senza parole!
speechlessly /'spiːtʃlɪslɪ/ avv. mutamente.
speechlessness /'spiːtʃlɪsnɪs/ n. (l')ammutolire, (il) restare senza parole.
speech maker /'spiːtʃˌmeɪkə(r)/ n. oratore m. (-trice).
speech organ /'spiːtʃˌɔːgən/ n. organo m. fonatorio.
speech-reading /'spiːtʃˌriːdɪŋ/ n. → **lipreading.**
speech recognition /'spiːtʃrekəgˌnɪʃn/ n. INFORM. riconoscimento m. vocale.
speech sound /'spiːtʃˌsaʊnd/ n. LING. suono m., fono m.
speech synthesis /'spiːtʃˌsɪnθəsɪs/ n. INFORM. sintesi f. della voce.
speech synthesizer /'spiːtʃˌsɪnθəsaɪzə(r)/ n. INFORM. sintetizzatore m. della voce.
speech therapist /ˌspiːtʃ'θerəpɪst/ ♦ ***27*** n. logopedista m. e f., fon(o)iatra m. e f., ortofonista m. e f.
speech therapy /ˌspiːtʃ'θerəpɪ/ n. logopedia f., foniatria f., ortofonia f.
speech training /'spiːtʃˌtreɪnɪŋ/ n. corso m. di dizione.
speechwriter /'spiːtʃˌraɪtə(r)/ ♦ ***27*** n. speechwriter m. e f.
▶ **1.speed** /spiːd/ n. **1** *(velocity of vehicle, wind, record)* velocità f.; *(rapidity of response, reaction)* velocità f., prontezza f., rapidità f.; ***at (a) great ~*** a tutta velocità *o* a forte andatura; ***at a ~ of 100 km per hour*** a una velocità di 100 km all'ora; ***winds reaching ~s of*** venti che raggiungevano la velocità di; ***car with a maximum ~ of*** auto con una velocità massima di; ***at ~*** [*go, run*] a tutta velocità; [*work, read*] di buona lena, speditamente; ***to pick up, lose ~*** prendere, perdere velocità; ***at the ~ of light*** alla velocità della luce; ***"full ~ ahead!"*** MAR. "avanti a tutta forza!"; ***what ~ were you doing?*** a che velocità andavi? ***reading, typing ~*** velocità di lettura, di battitura; ***to make all ~*** LETT. agire con sollecitudine **2** *(gear)* marcia f.; ***three-~ bicycle*** bicicletta a tre marce **3** FOT. *(of film)* (foto)sensibilità f.; *(of shutter)* velocità f. **4** COLLOQ. *(drug)* anfetamina f., droga f. stimolante ◆ ***that's about my ~*** AE è quasi alla mia portata; ***to be up to ~*** essere aggiornato *o* essere al corrente.
2.speed /spiːd/ **I** tr. (pass., p.pass. **sped** o **speeded**) accelerare [*process, recovery*]; sveltire, snellire [*traffic*]; ***to ~ sb. on his, her way*** accomiatarsi da qcn., augurare buon viaggio a qcn. **II** intr. **1** (pass., p.pass. **sped**) *(move swiftly)* ***to ~ along*** sfrecciare *o* andare a tutta velocità; ***to ~ away*** partire in quarta; ***the train sped past*** il treno passò sfrecciando **2** (pass., p.pass. **speeded**) *(drive too fast)* superare i limiti di velocità, guidare a velocità eccessiva; ***he was caught ~ing*** fu fermato per eccesso di velocità **3** COLLOQ. *(on drugs)* ***to be ~ing*** essere sotto l'effetto di anfetamine *o* essere anfetaminico.
■ **speed up:** ***~ up*** [*car, train*] accelerare; [*athlete, walker*] accelerare, aumentare l'andatura; [*worker*] aumentare il ritmo, accelerare; ***~ up [sth.], ~ [sth.] up*** accelerare [*work, process, production*]; sveltire, snellire [*traffic*].
speedball /'spiːdbɔːl/ n. COLLOQ. speedball m., cavallo m. pazzo.
speedboat /'spiːdbəʊt/ n. motoscafo m. da competizione.
speed bump /'spiːdˌbʌmp/ n. → **speed hump.**
speed camera /'spiːdˌkæmərə/ n. autovelox® m.
speedcop /'spiːdkɒp/ n. COLLOQ. agente m. della polizia stradale.
speed dating /'spiːdˌdeɪtɪŋ/ n. speed dating m. (attività organizzata per far incontrare persone single, consistente nell'avere nel corso di una sola serata una serie di brevi conversazioni con potenziali partner).
speeder /'spiːdə(r)/ n. AUT. = automobilista che guida a velocità eccessiva.
speed freak /'spiːdˌfriːk/ n. COLLOQ. = persona che fa uso di anfetamine.
speed hump /'spiːdˌhʌmp/ n. dosso m. artificiale.
speedily /'spiːdɪlɪ/ avv. velocemente, rapidamente.
speediness /'spiːdɪnɪs/ n. velocità f., rapidità f., celerità f.
speeding /'spiːdɪŋ/ n. AUT. eccesso m. di velocità.
speeding offence /'spiːdɪŋəˌfens/ n. infrazione f. del limite di velocità.
speed limit /'spiːdˌlɪmɪt/ n. limite m. di velocità; ***to drive within the ~*** guidare rispettando i limiti di velocità; ***to exceed*** o ***break the ~*** superare i limiti di velocità; ***the ~ is 80 km/h*** il limite di velocità è di 80 km/h.
speed merchant /'spiːdˌmɜːtʃənt/ n. COLLOQ. SPREG. = automobilista che guida a velocità eccessiva.
speedo /'spiːdəʊ/ n. (pl. **~s**) COLLOQ. → **speedometer.**
speedometer /spɪ'dɒmɪtə(r)/ n. tachimetro m.
speed reading /'spiːdˌriːdɪŋ/ n. lettura f. rapida.
speed restriction /'spiːdrɪˌstrɪkʃn/ n. limitazione f., riduzione f. di velocità.
speed skating /'spiːdˌskeɪtɪŋ/ ♦ ***10*** n. pattinaggio m. di velocità.
speedster /'spiːdstə(r)/ n. COLLOQ. *(fast driver)* = automobilista che guida a velocità eccessiva.
speed trap /'spiːdˌtræp/ n. AUT. = tratto (della strada) a velocità controllata.
speed-up /'spiːdʌp/ n. accelerazione f.
speedway /'spiːdweɪ/ n. *(course)* pista f. da speedway.
speedway racing /'spiːdweɪˌreɪsɪŋ/ ♦ ***10*** n. speedway m.
speedwell /'spiːdwel/ n. BOT. veronica f.

Speedwriting® /'spi:draɪtɪŋ/ n. = forma di stenografia che utilizza lettere alfabetiche.

▷ **speedy** /'spi:dɪ/ agg. veloce; ***to wish sb. a ~ recovery*** augurare a qcn. una pronta guarigione.

speed zone /'spi:d,zəʊn/ n. AE zona f. a velocità limitata.

spelaean /spɪ'li:ən/ agg. speleo.

speleological /,spi:lɪ'ɒlədʒɪkl/ agg. speleologico.

speleologist /,spi:lɪ'ɒlədʒɪst/ ➧ ***27*** n. speleologo m. (-a).

speleology /,spi:lɪ'ɒlədʒɪ/ n. speleologia f.

▶ **1.spell** /spel/ n. *(magic words)* formula f. magica, incantesimo m.; ***evil ~*** maleficio; ***to be under a ~*** essere vittima di un incantesimo; ***to cast*** o ***put a ~ on sb.*** fare un incantesimo a qcn. *o* stregare qcn. (anche FIG.); ***to break a ~*** rompere un incantesimo; ***to break the ~*** FIG. rompere l'incanto *o* l'incantesimo; ***to be, fall under sb.'s ~*** FIG. essere stregato *o* ammaliato da qcn.

▶ **2.spell** /spel/ n. *(period)* periodo m. (di tempo), lasso m. di tempo; ***a ~ of sth.*** un periodo di qcs.; ***for a ~*** per un periodo di tempo; ***for a long, short ~*** per un lungo, breve periodo; ***a ~ as director, as minister*** un breve periodo come direttore, come ministro; ***she had a ~ at the wheel, on the computer*** ha guidato per un po', ha passato un po' di tempo al computer; ***a ~ in hospital, in prison*** un ricovero in ospedale, un periodo di detenzione; ***a warm, cold ~*** un'ondata di caldo, freddo; ***rainy ~*** periodo piovoso *o* di piogge; ***sunny ~*** schiarita; ***to go through a bad ~*** passare un brutto periodo.

3.spell /spel/ **I** tr. AE dare il cambio a, sostituire [*person*] **II** intr. **1** [*workers*] darsi il turno **2** AUSTRAL. *(take a brief rest)* riposarsi un po'.

▶ **4.spell** /spel/ **I** tr. (pass., p.pass. **spelled** o **spelt**) **1** compitare, sillabare; ***the word is spelt like this*** la parola si scrive così; ***she ~s her name with, without an e*** il suo nome si scrive con, senza la e; ***to ~ sth. correctly*** o ***properly*** scrivere correttamente qcs.; ***the word is correctly, wrongly spelt*** la parola è scritta, non è scritta correttamente; ***C-A-T ~s cat*** le lettere C-A-T formano la parola cat; ***will you ~ that please?*** *(on phone)* può fare lo spelling per favore? **2** *(imply)* comportare [*danger*]; significare [*disaster, ruin, end*]; annunciare [*fame*]; ***her letter spelt happiness*** la sua lettera esprimeva felicità; ***the defeat spelt the end of a civilization, for our team*** la sconfitta significò la fine di una civiltà, per la nostra squadra **II** intr. (pass., p.pass. **spelled** o **spelt**) [*person*] scrivere correttamente; ***he can't ~*** non conosce l'ortografia; ***he ~s badly, well*** fa, non fa errori di ortografia; ***to learn (how) to ~*** imparare l'ortografia.

■ **spell out:** ***~ out [sth.], ~ [sth.] out*** **1** compitare, sillabare [*word*] **2** FIG. spiegare chiaramente, nei dettagli [*consequences, demands, details, implications, policy*]; ***I had to ~ it out to him*** ho dovuto spiegarglielo per filo e per segno; ***do I have to ~ it out (to you)?*** come devo fare a spiegartelo?

spellbind /'spelbaɪnd/ tr. (pass., p.pass. **-bound**) incantare, ammaliare, affascinare.

spellbinder /'spelbaɪndə(r)/ n. *(person)* = oratore in grado di affascinare l'uditorio; *(book, film)* opera f. affascinante.

spellbinding /'spelbaɪndɪŋ/ agg. incantevole, affascinante.

spellbound /'spelbaʊnd/ **I** pass., p.pass. → **spellbind II** agg. incantato, ammaliato, affascinato (**by** da); ***to hold sb. ~*** stregare *o* ammaliare qcn.

spellcheck /'speltʃek/ tr. INFORM. eseguire il controllo ortografico di [*text*].

spellchecker /'speltʃekə(r)/ n. INFORM. correttore m. ortografico.

speller /'spelə(r)/ n. **1** *(person)* ***a good, bad ~*** una persona che conosce, non conosce l'ortografia **2** *(book)* sillabario m., abbecedario m.

▷ **spelling** /'spelɪŋ/ **I** n. ortografia f. **II** modif. [*lesson, mistake, test*] di ortografia.

spelling bee /'spelɪŋ,bi:/ n. gara f. di ortografia.

spelling-book /'spelɪŋ,bʊk/ n. sillabario m., abbecedario m.

spelling out /'spelɪŋaʊt/ n. FIG. spiegazione f. dettagliata.

spelling pronunciation /,spelɪŋprənʌnsɪ'eɪʃn/ n. LING. = pronuncia di una parola influenzata dalla sua forma scritta e che spesso sostituisce una pronuncia originaria.

1.spelt /spelt/ n. BOT. spelta f., grano m. vestito.

2.spelt /spelt/ pass., p.pass. → **4.spell**.

spelter /'speltə(r)/ n. zinco m.

spelunker /spɪ'lʌŋkə(r)/ n. speleologo m. (-a) (dilettante).

spelunking /spɪ'lʌŋkɪŋ/ ➧ ***10*** n. speleologia f.

spencer /'spensə(r)/ n. **1** *(short jacket)* spencer m. **2** BE ANT. *(vest)* canottiera f. di lana.

Spencer /'spensə(r)/ n.pr. Spencer (nome di uomo).

1.spend /spend/ n. AMM. spese f.pl.

▶ **2.spend** /spend/ **I** tr. (pass., p.pass. **spent**) **1** *(pay out)* spendere [*salary*]; sborsare [*money*]; ***to ~ money on clothes, food, rent*** spendere denaro in vestiti, in cibo, per pagare l'affitto; ***how much do you ~ on food?*** quanto spendi per mangiare? ***to ~ money on one's house, children, hobbies*** spendere soldi per la propria casa, per i bambini, per gli hobby; ***to ~ a fortune on books*** spendere una fortuna in libri; ***he didn't ~ a penny on his son's education*** non ha sborsato un soldo per l'istruzione di suo figlio **2** passare, trascorrere [*time*]; ***I spent three weeks in China*** ho trascorso tre settimane in Cina; ***they will ~ a day in Rome*** passeranno una giornata a Roma; ***he spent the night with me*** ha passato la notte con me; ***I spent two hours on my essay*** ho passato due ore a lavorare al mio tema; ***to ~ hours, one's life doing*** passare delle ore, la propria vita facendo *o* a fare; ***I want to ~ some time with my family*** voglio trascorrere un po' di tempo con la mia famiglia **3** *(exhaust)* esaurire, finire [*ammunition*]; consumare, esaurire [*energy, resources*] **II** intr. (pass., p.pass. **spent**) spendere **III** rifl. (pass., p.pass. **spent**) ***to ~ itself*** [*storm*] placarsi, esaurirsi.

spendable /'spendəbl/ agg. spendibile, che può essere speso.

spender /'spendə(r)/ n. ***to be a big ~*** essere un gran spendaccione; ***he's the last of the big ~s*** IRON. è un vero taccagno.

▷ **spending** /'spendɪŋ/ n. **U** spesa f., spese f.pl.; ***~ on education, defence*** spese per l'istruzione, la difesa; ***credit card ~*** acquisti effettuati con carta di credito; ***defence ~*** spese per la difesa; ***government ~, public ~*** spesa pubblica.

spending cut /'spendɪŋ,kʌt/ n. riduzione f. delle spese; POL. taglio m. alla spesa.

spending money /'spendɪŋ,mʌnɪ/ n. denaro m. (per spese personali); *(of a child)* paghetta f.

spending power /'spendɪŋ,paʊə(r)/ n. ECON. potere m. d'acquisto.

spending spree /'spendɪŋ,spri:/ n. spese f.pl. folli; ***to go on a ~*** fare spese folli.

spendthrift /'spendθrɪft/ **I** n. ***to be a ~*** essere uno spendaccione *o* uno scialacquatore **II** agg. [*person*] spendaccione, scialacquatore; [*habit, policy*] dispendioso.

▷ **spent** /spent/ **I** pass., p.pass. → **2.spend II** agg. **1** *(used up)* [*bullet*] esploso; [*battery*] esaurito, consumato; [*match*] consumato, usato; [*fuel rod*] esaurito **2** *(exhausted)* [*person, athlete*] sfinito, esausto, stremato; [*passion, emotion*] consumato, spento; ***their passions, emotions were ~*** le loro passioni, emozioni erano spente; ***to be a ~ force*** FIG. aver perso lo smalto *o* aver esaurito le forze **3** DIR. [*conviction*] cancellato.

▷ **sperm** /spɜ:m/ n. **1** *(cell)* spermatozoo m. **2** *(semen)* sperma m.

spermaceti /,spɜ:mə'setɪ/ n. olio m. di spermaceti, spermaceti m.

spermary /'spɜ:mərɪ/ n. gonade f. maschile.

spermatic /spɜ:'mætɪk/ agg. spermatico.

spermatocele /'spɜ:mətəʊsi:l/ n. spermatocele m.

spermatocyte /'spɜ:mətəʊsaɪt/ n. spermatocito m.

spermatogenesis /,spɜ:mətəʊ'dʒenəsɪs/ n. spermatogenesi f.

spermatophyte /'spɜ:mətəfaɪt/ n. spermatofita f.

spermatorrhoea /,spɜ:mətəʊ'rɪə/ n. spermatorrea f.

spermatozoon /,spɜ:mətə'zəʊɒn/ n. (pl. **spermatozoa**) spermatozoo m.

sperm bank /'spɜ:m,bæŋk/ n. banca f. del seme.

sperm count /'spɜ:m,kaʊnt/ n. numero m. di spermatozoi.

sperm donation /'spɜ:mdəʊ,neɪʃn/ n. donazione f. di sperma.

sperm donor /'spɜ:m,dəʊnə(r)/ n. donatore m. di sperma.

spermicidal /,spɜ:mɪ'saɪdl/ agg. spermicida.

spermicide /'spɜ:mɪsaɪd/ n. spermicida m.

sperm oil /'spɜ:m,ɔɪl/ n. olio m. di spermaceti.

sperm whale /'spɜ:m,weɪl, AE -,hweɪl/ n. capodoglio m.

1.spew /spju:/ n. vomito m.

2.spew /spju:/ **I** tr. **1** (anche **~ out**) eruttare, vomitare, sputare [*smoke, lava*]; divulgare, diffondere [*propaganda*]; vomitare, sputare [*insults*]; buttare fuori [*coins, paper*] **2** COLLOQ. (anche **~ up**) vomitare [*food, drink*] **II** intr. **1** (anche **~ out**, **~ forth**) [*lava*] sgorgare; [*smoke*] fuoriuscire; [*insults*] piovere **2** COLLOQ. (anche **~ up**) vomitare.

SPF n. (⇒ sun protection factor) = fattore di protezione solare.

sphacelate /'sfæsɪleɪt/ **I** tr. fare incancrenire, necrotizzare **II** intr. incancrenire, incancrenirsi.

sphacelation /,sfæsɪ'leɪʃn/ n. cancrena f., necrosi f.

sphagnum /'sfægnəm/ n. (pl. **~s, -a**) (anche **~ moss**) sfagno m.

sphalerite /'sfælərаɪt/ n. sfalerite f., blenda f.

sphenoid /'sfi:nɔɪd/ **I** agg. ANAT. sfenoide **II** n. ANAT. sfenoide m.

sphenoidal /sfɪ'nɔɪdl/ agg. ANAT. sfenoidale.

▷ **1.sphere** /ˈsfɪə(r)/ n. **1** *(shape)* sfera f., globo m. **2** ASTR. sfera f. celeste; ***the music of the ~s*** la musica delle sfere celesti **3** *(field)* sfera f., campo m., settore m. (**of** di); **~ *of influence*** sfera d'influenza **4** *(social circle)* ambiente m.

2.sphere /sfɪə(r)/ tr. **1** *(enclose)* racchiudere (in una sfera), inglobare **2** *(shape)* agglobare, rendere sferico **3** *(place among the planets)* portare al cielo, portare alle stelle.

spherical /ˈsferɪkl/ agg. sferico.

spherical aberration /ˌsferɪklæbəˈreɪʃn/ n. aberrazione f. sferica.

spherical angle /ˈsferɪklˌæŋgl/ n. angolo m. sferico.

spherical coordinate /ˈsferɪklkəʊˌɔːdɪnət/ n. coordinata f. sferica.

spherical geometry /ˈsferɪkldʒɪˌɒmətrɪ/ n. geometria f. sferica.

spherical triangle /ˈsferɪklˌtraɪæŋgl/ n. triangolo m. sferico.

sphericity /sfeˈrɪsɪtɪ/ n. *(roundness)* sfericità f.

spheroid /ˈsfɪərɔɪd/ **I** agg. sferoidale **II** n. sferoide m.

spheroidal /sfɪəˈrɔɪdl/ agg. sferoidale.

spheroidical /sfɪəˈrɔɪdɪkl/ agg. RAR. → **spheroidal**.

spheroidicity /ˌsfɪərɔɪˈdɪsətɪ/ n. RAR. forma f. sferoidale.

spherometer /sfɪəˈrɒmɪtə(r)/ n. sferometro m.

spherule /ˈsferjuːl/ n. piccola sfera f., sferetta f.

sphincter /ˈsfɪŋktə(r)/ n. sfintere m.

sphincterial /sfɪŋkˈtɪərɪəl/, **sphincteric** /sfɪŋkˈterɪk/ agg. sfinterico.

sphinges /sfɪndʒiːz/ → **sphinx**.

sphingosine /sfɪŋgəʊsiːn/ n. sfingosina f.

sphinx /sfɪŋks/ n. (pl. **~es, sphinges**) **1** *(statue)* sfinge f. **2** MITOL. ***the Sphinx*** la sfinge **3** *(enigma)* sfinge f., persona f. enigmatica.

sphinxlike /ˈsfɪŋkslaɪk/ agg. di sfinge, da sfinge, enigmatico.

sphinx moth /ˈsfɪŋksmɒθ, AE -mɔːθ/ n. ZOOL. sfinge f.

sphragistics /sfrəˈdʒɪstɪks/ n. + verbo sing. sfragistica f., sillografia f.

sphygmograph /ˈsfɪgməʊgrɑːf, AE -græf/ n. sfigmometro m.

sphygmomanometer /ˌsfɪgməʊməˈnɒmɪtə(r)/ n. MED. sfigmomanometro m.

spic, **spick** /spɪk/ n. AE POP. SPREG. latino-americano m. (-a).

spicate /ˈspaɪkeɪt/ agg. a spiga, a forma di spiga.

▷ **1.spice** /spaɪs/ **I** n. **1** GASTR. spezia f.; ***herbs and ~s*** erbe e spezie; ***mixed ~*** spezie miste **2** FIG. mordente m., gusto m., pimento m.; ***to add, lack ~*** insaporire, essere privo di mordente **II** modif. [*jar, rack*] per le spezie; [*trade, route*] delle spezie ◆ ***variety is the ~ of life*** la diversità è il sale della vita.

2.spice /spaɪs/ tr. **1** GASTR. speziare, condire con spezie, aromatizzare [*food*] **2** (anche **~ up**) dare sapore a, dare gusto a [*life*]; insaporire, speziare [*story*] (**with** con); ***to ~ up one's sex life*** rendere piccante la propria vita sessuale.

spicebush /ˈspaɪsbʊʃ/ n. lindera f.

spiced /spaɪst/ **I** p.pass. → **2.spice II** agg. **1** GASTR. speziato, aromatizzato (**with** con) **2** FIG. speziato, insaporito (**with** con).

Spice Islands /ˈspaɪsˌaɪləndz/ ♦ *12* n.pr.pl. STOR. ***the ~*** le Molucche.

spicewood /ˈspaɪswʊd/ n. → **spicebush**.

spiciness /ˈspaɪsɪnɪs/ n. **1** *(of food)* aroma m., sapore m. piccante **2** *(of story)* vivacità f., mordacità f., salacità f.

spick → **spic**.

spick-and-span /ˌspɪkənˈspæn/ agg. lustro, lindo, lucente.

spicular /ˈspɪkjʊlə(r)/ agg. **1** *(sharp-pointed)* acuminato, a punta **2** ZOOL. ricoperto di spicole.

spiculate /ˈspɪkjʊlət/ agg. BOT. *(divided into spikelets)* diviso in spighette.

spicule /ˈspɪkjuːl/ n. **1** ZOOL. spicola f. **2** ASTR. spicula f.

▷ **spicy** /ˈspaɪsɪ/ agg. **1** [*food*] speziato, aromatizzato **2** [*story*] piccante, salace.

▷ **spider** /ˈspaɪdə(r)/ n. **1** ZOOL. ragno m. **2** BE *(elastic straps)* ragno m. **3** AE padella f. (con piedi) per friggere **4** *(snooker rest)* = appoggio per stecche da biliardo.

spider catcher /ˈspaɪdəˌkætʃə(r)/ n. rampichino m.

spider crab /ˈspaɪdəˌkræb/ n. = granchio appartenente alla famiglia dei Maidi.

spider monkey /ˈspaɪdəˌmʌŋkɪ/ n. atele m., scimmia f. ragno.

spider plant /ˈspaɪdəˌplɑːnt, AE -ˌplænt/ n. clorofito m.

spider's web /ˈspaɪdəzˌweb/ n. ragnatela f.

spider wasp /ˈspaɪdəˌwɒsp/ n. = insetto appartenente alla famiglia dei Pompilidi.

spider web /ˈspaɪdəˌweb/ n. AE → **spider's web**.

spiderwort /ˈspaɪdəwɜːt/ n. BOT. tradescanzia f., miseria f.

spidery /ˈspaɪdərɪ/ agg. [*shape, form*] di ragno; [*writing*] sottile, filiforme.

spiegeleisen /ˈspiːgəlaɪzən/ n. ghisa f. speculare.

1.spiel /ʃpiːl, AE spiːl/ n. COLLOQ. SPREG. imbonimento m.; ***to give sb. a ~*** imbonire qcn. (**about** su).

2.spiel /ʃpiːl, AE spiːl/ intr. COLLOQ. imbonire.

■ **spiel off** AE **~ *off* [*sth.*]** declamare, snocciolare [*facts etc.*].

spieler /ˈʃpiːlə(r), AE spiːl - / n. AE COLLOQ. imbonitore m. (-trice).

spiff /spɪf/ tr. ANT. COLLOQ. agghindare, tirare a lucido.

■ **spiff up** ANT. COLLOQ. **~ [*sth., sb.*] *up*, ~ *up* [*sth., sb.*]** agghindare, tirare a lucido.

spiffing /ˈspɪfɪŋ/ BE, **spiffy** /ˈspɪfɪ/ AE agg. ANT. COLLOQ. splendido, meraviglioso, stupendo.

spigot /ˈspɪgət/ n. **1** *(of barrel)* zipolo m. **2** AE *(faucet)* rubinetto m.

spigot-and-socket joint /ˌspɪgətənˈsɒkɪtdʒɔɪnt/ n. giunto m. a manicotto.

▷ **1.spike** /spaɪk/ **I** n. **1** *(pointed object)* punta f., spuntone m. **2** SPORT *(on shoe)* chiodo m., tacchetto m.; ***a set of ~s*** ramponi **3** FIS. *(variation)* spike m.; *(on graph)* spike m., picco m. **4** SPORT *(in volleyball)* schiacciata f. **5** ZOOL. *(antler)* corno m. **II spikes** n.pl. SPORT scarpette f. chiodate (da corsa) ◆ ***to hang up one's ~s*** COLLOQ. [*sportsman*] appendere le scarpette al chiodo.

▷ **2.spike** /spaɪk/ **I** tr. **1** *(pierce)* trafiggere [*person*]; infilzare, infilare [*meat*] **2** COLLOQ. *(add alcohol to)* correggere [*drink*] (**with** con) **3** GIORN. *(reject)* rifiutare, bocciare [*story*] **4** SPORT *(in volleyball)* ***to ~ the ball*** schiacciare la palla **5** *(thwart)* contrastare, bloccare [*scheme*]; mettere a tacere, soffocare [*rumour*] **II** intr. SPORT *(in volleyball)* schiacciare ◆ ***to ~ sb.'s guns*** mandare all'aria i piani di qcn.

3.spike /spaɪk/ n. BOT. *(of flower)* stelo m.; *(of corn)* spiga f.

spike heel /ˈspaɪkˌhiːl/ n. tacco m. a spillo.

spike lavender /ˈspaɪkˌlævəndə(r)/ n. nardo m. italiano.

spikelet /ˈspaɪklɪt/ n. BOT. spighetta f.

spikenard /ˈspaɪknɑːd/ n. nardo m. italiano.

spiky /ˈspaɪkɪ/ agg. **1** *(having spikes)* [*hair*] irto, da istrice, sparato COLLOQ.; [*branch*] irto, appuntito, pungente; [*object*] appuntito, aguzzo **2** BE COLLOQ. *(short tempered)* [*person, temperament*] irritabile, scontroso, permaloso.

▷ **1.spill** /spɪl/ n. **1** *(accidental) (of oil, etc.)* fuoriuscita f., rovesciamento m. **2** *(fall) (from bike, motorcycle, horse)* caduta f., capitombolo m., ruzzolone m.; ***to have*** o ***take a ~*** [*cyclist*] fare un capitombolo dalla bicicletta; [*horse rider*] cadere da cavallo.

▷ **2.spill** /spɪl/ **I** tr. (pass., p.pass. **spilt** o **~ed**) **1** *(pour) (overturn)* rovesciare, versare, spandere [*liquid*]; *(drip)* fare gocciolare [*liquid*]; ***to ~ sth. from*** o ***out of a bottle, cup*** rovesciare, versare qcs. da una bottiglia, tazza; ***to ~ sth. on(to)*** o ***over*** versare qcs. su [*surface, object, person*] **2** *(disgorge)* scaricare [*oil, rubbish, chemical*] (**into** in; **on(to)** su); ***to ~ wind from a sail*** MAR. sventare una vela **II** intr. (pass., p.pass. **spilt** o **~ed**) *(empty out)* [*contents, liquid, chemicals*] rovesciarsi, versarsi, spandersi; [*light*] riversarsi, spandersi (**onto** su; **into** in); ***to ~ from*** o ***out of*** fuoriuscire da [*container*]; ***tears ~ed down her cheeks*** le lacrime le rigavano le guance; ***to ~ (out) into*** o ***onto the street*** FIG. [*crowds, people*] defluire, riversarsi in strada; ***the wind ~ed from the sail*** MAR. la vela era stata sventata ◆ ***(it's) no use crying over spilt milk*** è inutile piangere sul latte versato; ***to ~ the beans*** COLLOQ. spifferare tutto, vuotare il sacco; ***to ~ blood*** versare, spargere sangue; ***the thrills and ~s of sth.*** le forti emozioni di qcs.

■ **spill down** [*rain*] cadere a goccioloni.

■ **spill out: ~ *out*** [*liquid, lava, contents*] rovesciarsi, versarsi, spandersi; ***all their secrets came ~ing out*** FIG. tutti i loro segreti cominciavano a venire a galla; **~ *out* [*sth.*], ~ [*sth.*] *out*** rovesciare, versare [*contents*]; FIG. rivelare, svelare [*secrets*]; raccontare [*story*].

■ **spill over** traboccare, fuoriuscire (**onto** su); ***to ~ over into*** FIG. estendersi, propagarsi a [*area of activity, relationship, street, region*]; trasformarsi in [*looting, hostility*].

3.spill /spɪl/ n. *(for lighting candles)* = piccolo pezzo di legno o di carta usato per accendere candele.

spillage /ˈspɪlɪdʒ/ n. **1** *(spill) (of oil, chemical, effluent)* fuoriuscita f.; ***oil ~*** fuoriuscita di petrolio **2** *(spilling)* **U** rovesciamento m.

spiller /ˈspɪlə(r)/ n. **1** *(long fishing line)* palamito m. **2** *(net)* rete f. a imbuto.

spillikins /ˈspɪlɪkɪnz/ ♦ *10* n.pl. + verbo sing. sciangai m.

spillover /ˈspɪləʊvə(r)/ n. **1** AE *(overflow) (of traffic)* intasamento m., congestionamento m.; *(of liquid)* traboccamento m., straripamento m. **2** ECON. *(consequence)* spillover m.

spillway /ˈspɪlweɪ/ n. sfioratore m.

spilt /spɪlt/ pass., p.pass. → **2.spill**.

1.spin /spɪn/ n. **1** *(turn) (of wheel)* giro m.; *(of dancer, skate)* piroetta f., volteggio m.; ***to give sth. a ~*** fare ruotare qcs.; ***to do a ~***

on the ice eseguire una piroetta sul ghiaccio **2** SPORT effetto m.; ***to put ~ on a ball*** dare l'effetto a una palla **3** *(in spin-drier)* ***to give the washing a ~*** azionare la centrifuga alla lavatrice **4** AER. avvitamento m.; ***to go into a ~*** compiere un avvitamento **5** *(pleasure trip)* giretto m., gitarella f.; ***to go for a ~*** andare a fare un giretto **6** AE *(interpretation)* ***to put a new ~ on sth.*** dare una nuova interpretazione a qcs. *o* guardare qcs. da una nuova angolazione ◆ ***to be in a ~*** essere agitato, eccitato.

▷ **2.spin** /spɪn/ **I** tr. (forma in -ing **-nn-**; pass., p.pass. **spun**) **1** *(rotate)* fare girare [*top, wheel*]; fare girare, fare ruotare [*globe*]; [*bowler*] dare l'effetto a [*ball*] **2** *(flip)* ***to ~ a coin*** lanciare in aria una mo-neta; ***to ~ a coin for sth.*** fare a testa o croce (per decidere qcs.) **3** TESS. filare [*wool, thread*]; ***to ~ cotton into thread*** filare il cotone **4** ZOOL. [*spider*] filare [*web*] **5** *(wring out)* centrifugare [*clothes*] **6** *(tell)* raccontare, inventare [*tale*]; ***to ~ sb. a yarn*** raccontare una storia a qcn.; ***he spun me some tale about missing his train*** mi ha raccontato una storia dicendo che aveva perso il treno **II** intr. (forma in -ing ecc. **-nn-**; pass., p.pass. **spun**) **1** *(rotate)* [*wheel*] girare; [*weathercock, top*] girare, ruotare; [*dancer*] piroettare, volteggiare; ***to go ~ning through the air*** [*ball, plate*] volteggiare in aria; ***the car spun off the road*** l'auto fece testacoda e uscì di strada **2** FIG. girare; ***my head is ~ning*** mi gira la testa; ***the room was ~ning*** i muri della stanza sembravano girare **3** *(turn wildly)* [*wheels*] ruotare, slittare; [*compass*] impazzire **4** *(nose-dive)* [*plane*] scendere in picchiata (a vite) **5** TESS. filare **6** PESC. pescare con il cucchiaino ◆ ***to ~ one's wheels*** AE perdere tempo.

■ **spin along** [*car*] sfrecciare, filare.

■ **spin around** → **spin round**.

■ **spin off** AE ECON. **~ off [sth.]** **1** creare [*new company*] **2** scorporare [*company, business*].

■ **spin out: ~ [sth.] out, ~ out [sth.]** prolungare [*visit*]; tirare per le lunghe, sbrodolare [*speech*]; fare durare [*money*]; ***he spun the whole business out*** ha tirato per le lunghe tutto l'affare.

■ **spin round: ~ round** [*person*] girare in tondo; [*dancer, skater*] piroettare, volteggiare; [*car*] fare un testacoda; ***she spun round in her chair*** si girò di colpo sulla sedia; **~ [sb., sth.] round** fare girare [*wheel*]; fare volteggiare [*dancer*]; fare girare vorticosamente [*weathercock, top*].

spina bifida /ˌspaɪnəˈbɪfɪdə/ ➧ ***11*** **I** n. spina bifida f., rachischisi f. **II** modif. [*baby, sufferer*] affetto da spina bifida.

spinach /ˈspɪnɪdʒ, AE -ɪtʃ/ n. **1** *(plant)* spinacio m. **2 U** *(vegetable)* spinaci m.pl.

▷ **spinal** /ˈspaɪnl/ agg. [*injury, damage*] alla colonna vertebrale; [*nerve, muscle*] spinale; [*disc*] intervertebrale; [*ligament*] delle vertebre.

spinal an(a)esthesia /ˌspaɪnlænɪsˈθiːzɪə, AE -ˈθɪʒə/ n. anestesia f. spinale.

spinal canal /ˌspaɪnlkəˈnæl/ n. canale m. vertebrale.

spinal column /ˌspaɪnlˈkɒləm/ n. colonna f. vertebrale.

spinal cord /ˌspaɪnlˈkɔːd/ n. midollo m. spinale.

spinal fluid /ˌspaɪnlˈfluːɪd/ n. liquido m. cefalorachidiano.

spinal meningitis /ˌspaɪnlmenɪnˈdʒaɪtɪs/ ➧ ***11*** n. meningite f. cerebrospinale.

spinal tap /ˌspaɪnlˈtæp/ n. rachicentesi f., puntura f. lombare.

spin bowler /ˈspɪnˌbəʊlə(r)/ n. SPORT *(in cricket)* = lanciatore che dà effetto alla palla.

1.spindle /ˈspɪndl/ n. **1** *(on spinning wheel, spinning machine)* fuso m. **2** *(on machine tool)* mandrino m.

2.spindle /ˈspɪndl/ **I** tr. **1** *(equip with spindles)* munire di fusi **2** *(form into a spindle)* affusolare, assottigliare **II** intr. **1** *(shoot up)* [*plant, stem*] crescere in altezza **2** *(grow in a slender form)* affusolarsi, assottigliarsi.

spindle-legged /ˌspɪndlˈlegd/, **spindle-shanked** /ˌspɪndlˈʃæŋkt/ agg. allampanato.

spindle-shanks /ˈspɪndlˌʃæŋks/ n. spilungone m. (-a).

spindle-shaped /ˈspɪndlˌʃeɪpt/ agg. fusiforme, affusolato.

spindle side /ˈspɪndlsaɪd/ n. linea f. di discendenza femminile.

spindle tree /ˈspɪndlˌtriː/ n. fusaggine f., berretta f. da prete.

spindly /ˈspɪndlɪ/ agg. [*tree, plant*] alto, brullo; [*legs*] magro, gracile, sottile.

spin doctor /ˈspɪnˌdɒktə(r)/ n. POL. = portavoce incaricato di fornire interpretazioni di fatti o informazioni che favoriscano un partito o una personalità politica.

spin-drier, **spin-dryer** /ˌspɪnˈdraɪə(r)/ n. centrifuga f. (per il bucato).

spindrift /ˈspɪndrɪft/ n. **1 U** *(sea spray)* spruzzi m.pl. **2** *(snow)* = neve spazzata dal vento.

spindrift clouds /ˈspɪndrɪftˌklaʊdz/ n. nuvolaglia f.

spin-dry /ˌspɪnˈdraɪ/ tr. centrifugare [*washing*].

▷ **spine** /spaɪn/ n. **1** *(spinal column)* spina f. dorsale, colonna f. vertebrale; ***it sent shivers up and down my ~*** *(of fear)* un brivido mi corse lungo la schiena; *(of pleasure)* fui percorso da un brivido di piacere **2** FIG. *(backbone)* spina f. dorsale, carattere m. **3** *(prickle) (of plant)* spina f., aculeo m.; *(of animal)* aculeo m., pungiglione m. **4** *(of book)* dorso m. **5** *(of hill)* crinale m.

spine-chiller /ˈspaɪnˌtʃɪlə(r)/ n. *(film)* film m. del brivido, film m. dell'orrore; *(book)* racconto m. del brivido.

spine-chilling /ˈspaɪnˌtʃɪlɪŋ/ agg. [*film, book*] che fa rabbrividire, impressionante.

spinel /ˈspɪnl/ n. MINER. spinello m.

spineless /ˈspaɪnlɪs/ agg. **1** ZOOL. invertebrato **2** SPREG. *(weak)* smidollato, rammollito.

spinelessly /ˈspaɪnlɪslɪ/ avv. SPREG. mollemente, fiaccamente.

spinelessness /ˈspaɪnlɪsnɪs/ n. SPREG. mollezza f., fiacchezza f.

spinet /spɪˈnet, AE ˈspɪnɪt/ ➧ ***17*** n. spinetta f.

spine-tingling /ˈspaɪnˌtɪŋglɪŋ/ agg. [*song, voice, atmosphere*] emozionante, impressionante.

spininess /ˈspaɪnɪnɪs/ n. spinosità f.

spinnaker /ˈspɪnəkə(r)/ n. spinnaker m., fiocco m. pallone.

spinner /ˈspɪnə(r)/ n. **1** ➧ ***27*** TESS. filatore m. (-trice) **2** *(in cricket) (bowler)* = lanciatore che dà effetto alla palla; *(ball)* palla f. effettata **3** COLLOQ. → **spin-drier** **4** PESC. cucchiaino m.

spinneret /ˈspɪnəret/ n. **1** IND. filiera f. **2** ZOOL. filiera f.

spinnery /ˈspɪnərɪ/ n. filanda f.

spinney /ˈspɪnɪ/ n. BE boschetto m.

▷ **spinning** /ˈspɪnɪŋ/ **I** n. **1** TESS. filatura f. **2** PESC. spinning m. **3** SPORT. spinning m.**II** modif. TESS. [*thread, wool*] da filare.

spinning jenny /ˈspɪnɪŋˌdʒenɪ/ n. STOR. TESS. jenny f., giannetta f.

spinning machine /ˈspɪnɪŋməˌʃiːn/ n. filatoio m., filatrice f.

spinning mill /ˈspɪnɪŋˌmɪl/ n. filanda f.

spinning top /ˈspɪnɪŋˌtɒp/ n. trottola f.

spinning wheel /ˈspɪnɪŋˌwiːl, AE -ˌhwiːl/ n. filatoio m. a mano.

spin-off /ˈspɪnɒf, AE -ɔːf/ **I** n. **1** *(incidental benefit)* ricaduta f., conseguenza f. positiva; ***the new plant will have ~s for the area*** il nuovo stabilimento avrà ripercussioni positive sulla regione **2** *(by-product)* prodotto m. secondario, sottoprodotto m. (**of**, **from** di, da); ***a ~ from space research*** un prodotto secondario della ricerca spaziale **3** TELEV. CINEM. spin-off m.; ***TV ~ from the film*** adattamento televisivo del film **II** modif. [*effect, profit*] secondario; [*technology, product*] derivato; ***~ series*** TELEV. = serie televisiva tratta da un film.

spinose /spaɪˈnəʊs/ agg. → **spinous**.

spinosity /spaɪˈnɒsɪtɪ/ n. FIG. spinosità f.

spinous /ˈspaɪnəs/ agg. [*plant*] spinoso; [*animal*] provvisto di aculei.

Spinozism /spɪˈnəʊzɪzəm/ n. spinozismo m.

Spinozist /spɪˈnəʊzɪst/ n. spinozista m. e f.

spin setting /ˈspɪnˌsetɪŋ/ n. tasto m. centrifuga.

spinster /ˈspɪnstə(r)/ n. DIR. nubile f.; SPREG. zitella f.

spinsterhood /ˈspɪnstəhʊd/ n. DIR. nubilato m.; SPREG. *(status)* zitellaggio m.; *(spinsters collectively)* zitelle f.pl.

spinsterish /ˈspɪnstərɪʃ/ agg. SPREG. [*habit, life*] da zitella, zitellesco.

spinule /ˈspɪnjuːl/ n. BOT. ZOOL. spinula f., piccola spina f.

spiny /ˈspaɪnɪ/ agg. [*plant*] spinoso; [*animal*] provvisto di aculei.

spiny anteater /ˈspaɪnɪˌæntiːtə(r)/ n. echidna f. istrice.

spiny-finned /ˈspaɪnɪˌfɪnd/ agg. [*fish*] dotato di pinne spiniformi.

spiny lobster /ˌspaɪnɪˈlɒbstə(r)/ n. aragosta f.

spiracle /ˈspaɪərəkl/ n. **1** *(vent, blowhole)* sfiatatoio m. **2** *(of insect)* stigma m., spiracolo m.

spiracular /spaɪˈrakjʊlə(r)/ agg. spiracolare.

spiraea /ˌspaɪəˈriːə/ n. spirea f.

▷ **1.spiral** /ˈspaɪərəl/ **I** n. **1** *(shape)* spirale f. (anche MAT. AER.); ***in a ~*** [*object, spring, curl*] a spirale **2** *(trend)* spirale f.; ***inflationary ~*** spirale inflazionistica; ***the wage-price ~*** la spirale dei prezzi e dei salari; ***a ~ of violence*** una spirale di violenze; ***a downward, upward ~*** una discesa, salita a spirale **II** modif. [*motif, structure*] a spirale, a forma di spirale; ***~ spring*** molla a spirale.

▷ **2.spiral** /ˈspaɪərəl/ intr. (forma in -ing ecc. **-ll-** BE, **-l-** AE) **1** ECON. [*costs, interest rates etc.*] crescere, aumentare vertiginosamente; ***to ~ downwards*** scendere vertiginosamente **2** *(of movement)* ***to ~ up(wards), down(wards)*** *(gently)* salire, scendere a spirale; *(rapidly)* salire a spirale, precipitare a vite.

spiral binding /ˌspaɪərəlˈbaɪndɪŋ/ n. rilegatura f. a spirale.

spiral galaxy /ˌspaɪərəlˈgæləksɪ/ n. galassia f. a spirale.

spiralling BE, **spiraling** AE /ˈspaɪərəlɪŋ/ agg. [*costs, interest rates, rents*] in crescita vertiginosa.

spirally /ˈspaɪərəlɪ/ avv. a spirale.
spiral notebook /ˌspaɪərəlˈnəʊtbʊk/ n. bloc-notes m. a spirale.
spiral staircase /ˌspaɪərəlˈsteəkeɪs/ n. scala f. a chiocciola.
spirant /ˈspaɪrənt/ **I** agg. [*consonant*] spirante, fricativo **II** n. spirante f., fricativa f.
1.spire /ˈspaɪə(r)/ n. **1** ARCH. guglia f., cuspide f.; ***a church ~*** la guglia di una chiesa; ***the church ~*** la guglia della chiesa **2** *(of plant)* vetta f., cima f.
2.spire /ˈspaɪə(r)/ **I** tr. RAR. *(cause to rise)* innalzare a guglia **II** intr. **1** *(rise)* innalzarsi a guglia **2** RAR. *(sprout)* [*seed*] germogliare, spuntare.
3.spire /ˈspaɪə(r)/ n. spira f., avvolgimento m. di spirale.
spirillum /spaɪˈrɪləm/ n. (pl. **-a**) spirillo m.
▶ **1.spirit** /ˈspɪrɪt/ **I** n. **1** *(essential nature) (of law, game, era)* spirito m., essenza f.; ***the ~ of the original*** lo spirito di una persona, una cosa originale; ***it's not in the ~ of the agreement*** non è nello spirito dell'accordo **2** *(mood, attitude)* spirito m. (**of** di); ***community, team ~*** spirito comunitario, di squadra; ***in a ~ of friendship*** in uno spirito di amicizia; ***a ~ of forgiveness, of reconciliation*** una disposizione al perdono, uno spirito di conciliazione; ***a ~ of optimism*** un atteggiamento ottimistico; ***I am in a party ~*** sono dell'umore giusto *o* sono nello spirito adatto per festeggiare; ***there is a party ~ about*** c'è in giro un'atmosfera di festa; ***to do sth. in the right, wrong ~*** fare qcs. quando si è, non si è in vena *o* con l'atteggiamento giusto, sbagliato; ***to take a remark in the right, wrong ~*** prendere bene, male un'osservazione; ***to enter into the ~ of sth.*** entrare nello spirito di qcs.; ***there was a great*** o ***good ~ among the men*** l'umore fra gli uomini era alto; ***that's the ~!*** COLLOQ. questo è lo spirito giusto! **3** *(courage, determination)* coraggio m., animo m., vigore m.; ***to show ~*** dimostrare coraggio; ***to break sb.'s ~*** abbattere il morale di qcn.; ***a performance full of ~*** una rappresentazione piena di vivacità, brio; ***with ~*** [*play*] energicamente; [*defend*] tenacemente **4** *(soul)* spirito m. (anche RELIG.); ***the life of the ~*** la vita spirituale; ***the Holy Spirit*** lo Spirito Santo **5** *(supernatural being)* spirito m., folletto m.; ***evil ~*** spirito maligno **6** *(person)* spirito m., animo m.; ***he was a courageous ~*** aveva un animo coraggioso; ***a leading ~ in the movement*** l'anima del movimento **7** *(drink)* superalcolico m.; ***wines and ~s*** COMM. vini e liquori **8** CHIM. FARM. spirito m., alcol m. etilico **II spirits** n.pl. ***to be in good, poor ~s*** essere di buon umore, di cattivo umore; ***to be in high ~s*** essere di ottimo umore *o* essere su di morale; ***to keep one's ~s up*** tenere alto il morale; ***to raise sb.'s ~s*** sollevare il morale a qcn.; ***my ~s rose, sank*** mi incoraggiai, mi scoraggiai **III** modif. [*lamp, stove*] a spirito.
2.spirit /ˈspɪrɪt/ tr. ***to ~ sth., sb. away*** fare scomparire qcs., qcn.; ***to ~ sth. in, out*** introdurre, portare via qcs. in gran segreto.
spirited /ˈspɪrɪtɪd/ agg. **1** [*horse*] animoso, focoso; [*debate*] animato, infuocato; [*reply*] vivace; [*music, performance*] vivace, brioso; [*attack, defence*] coraggioso, vigoroso **2 -spirited** in composti ***free-~*** [*person*] che ha uno spirito libero; [*character, outlook*] libero; ***high-~*** pieno di entusiasmo *o* di ottimo umore.
spiritedly /ˈspɪrɪtɪdlɪ/ avv. vivacemente, animatamente, briosamente.
spiritedness /ˈspɪrɪtɪdnɪs/ n. vivacità f., brio m.
spirit guide /ˈspɪrɪtˌgaɪd/ n. guida f. spirituale.
spirit gum /ˈspɪrɪtˌgʌm/ n. = colla utilizzata per applicare capelli posticci.
spiritism /ˈspɪrɪtɪzəm/ n. spiritismo m.
spiritist /ˈspɪrɪtɪst/ n. spiritista m. e f.
spiritistic /spɪrɪˈtɪstɪk/ agg. spiritico.
spiritless /ˈspɪrɪtləs/ agg. [*person*] abbattuto, avvilito, depresso, sfiduciato.
spiritlessly /ˈspɪrɪtləslɪ/ avv. in modo abbattuto, avvilito, depresso; sfiduciatamente.
spiritlessness /ˈspɪrɪtləsnɪs/ n. abbattimento m., avvilimento m., sfiducia f.
spirit level /ˈspɪrɪtˌlevl/ n. livella f. a bolla d'aria.
spirit-rapper /ˈspɪrɪtˌræpə(r)/ n. COLLOQ. medium m. e f.
▷ **spiritual** /ˈspɪrɪtʃʊəl/ **I** agg. *(all contexts)* spirituale; ***~ adviser*** o ***director*** guida spirituale **II** n. MUS. spiritual m.
spiritualism /ˈspɪrɪtʃʊəlɪzəm/ n. **1** *(occult)* spiritismo m. **2** FILOS. spiritualismo m.
spiritualist /ˈspɪrɪtʃʊəlɪst/ **I** agg. **1** *(occult)* spiritico, spiritistico **2** FILOS. spiritualista **II** n. **1** *(occult)* spiritista m. e f. **2** FILOS. spiritualista m. e f.
spiritualistic /ˌspɪrɪtʃʊəˈlɪstɪk/ agg. **1** *(occult)* spiritico, spiritistico **2** FILOS. spiritualistico.
▷ **spirituality** /ˌspɪrɪtʃʊˈælətɪ/ n. spiritualità f.
spiritualization /ˌspɪrɪtʃʊəlaɪˈzeɪʃn, AE -lɪˈz-/ n. spiritualizzazione f.
spiritualize /ˈspɪrɪtʃʊəlaɪz/ tr. spiritualizzare.
spiritually /ˈspɪrɪtʃʊəlɪ/ avv. [*impoverished, uplifting*] spiritualmente; ***to be ~ inclined*** essere incline alla vita spirituale.
spirituel(le) /ˌspɪrɪtjʊˈel/ agg. raffinato, distinto.
spirituous /ˈspɪrɪtʃʊəs/ agg. alcolico, spiritoso; ***~ liquors*** bevande alcoliche, liquori spiritosi.
spiritus /ˈspɪrɪtʊs/ n. LING. spirito m.
spirit world /ˈspɪrɪtˌwɜːld/ n. mondo m. degli spiriti.
spirograph /ˈspaɪərəgrɑːf, AE -græf/ n. MED. spirografo m.
spiroid /ˈspaɪərɔɪd/ agg. spiroidale, spiroide.
spirometer /spaɪˈrɒmɪtə(r)/ n. MED. spirometro m.
spiry /ˈspaɪrɪ/ agg. **1** *(tapering to a point)* [*tree, plant*] appuntito **2** [*town*] ricco di guglie.
1.spit /spɪt/ n. **1** GASTR. spiedo m.; ***cooked on a ~*** cotto allo spiedo; ***rotating ~*** girarrosto **2** GEOL. promontorio m.
2.spit /spɪt/ tr. (forma in -ing ecc. **-tt-**) **1** *(put on a spit)* mettere allo spiedo **2** *(pierce)* trafiggere, infilzare.
3.spit /spɪt/ n. **1** *(saliva) (in mouth)* saliva f.; *(on ground)* sputo m. **2** *(expectoration)* ***to give a ~*** sputare; ***"I hate you" he said with a ~*** "ti odio" ha sputato fuori ◆ ***~ and polish*** = pulizia accurata; ***to be the (dead) ~ of sb.*** essere l'immagine sputata di qcn.
4.spit /spɪt/ **I** tr. (forma in -ing **-tt-**; pass., p.pass. **spat**) **1** [*person*] sputare [*blood, food*] (**into** in; **onto** su, addosso a) **2** FIG. [*volcano*] sputare, vomitare [*lava*]; [*pan*] schizzare [*oil*] **3** *(utter)* sputare [*oath, venom*] (**at** contro) **II** intr. (forma in -ing ecc. **-tt-**; pass., p.pass. **spat**) **1** [*cat*] soffiare; [*person*] sputare (**at, on** su, addosso a; **into** in; **out of** da); ***to ~ in sb.'s face*** sputare addosso *o* in faccia a qcn. (anche FIG.) **2** *(be angry)* ***to ~ with*** schiumare di [*rage, anger*] **3** *(crackle)* [*oil, sausage*] sfrigolare; [*logs, fire*] crepitare, scoppiettare **III** impers. (forma in -ing ecc. **-tt-**; pass., p.pass. **spat**) ***it's ~ting (with rain)*** pioviggina.
■ **spit out:** ~ **[sth.] out,** ~ **out [sth.]** sputare [*blood, drink*] (**into** in; **onto** su, addosso a); FIG. sputare [*phrase, word*]; ***~ it out!*** COLLOQ. sputa il rospo!
■ **spit up:** ~ **[sth.] up,** ~ **up [sth.]** [*patient*] sputare [*blood*]; AE [*baby*] vomitare [*milk, food*].
5.spit /spɪt/ n. BE *(spade depth)* ***two ~s deep*** a due fitte di profondità.
spitchcock /ˈspɪtʃkɒk/ tr. arrostire sulla graticola [*eel*].
▷ **1.spite** /spaɪt/ n. **1** *(malice)* malignità f., perfidia f.; *(vindictiveness)* ripicca f., rancore m.; ***out of (pure) ~*** *(malice)* per pura cattiveria *o* malvagità; *(vindictiveness)* per pura ripicca **2 in spite of** malgrado [*circumstances, event*]; nonostante, a dispetto di [*advice, warning*]; ***in ~ of the fact that*** nonostante il fatto che.
2.spite /spaɪt/ tr. vessare, contrariare; *(less strong)* indispettire ◆ ***to cut off one's nose to ~ one's face*** darsi la zappa sui piedi.
spiteful /ˈspaɪtfl/ agg. [*person*] *(malicious)* maligno, perfido; *(vindictive)* rancoroso, vendicativo; [*remark*] malevolo, acido; [*article*] velenoso, pieno di rancore; ***~ gossip*** pettegolezzi maligni.
spitefully /ˈspaɪtfəlɪ/ avv. malignamente, perfidamente; rancorosamente.
spitefulness /ˈspaɪtflnɪs/ n. *(malice)* malignità f., perfidia f.; *(vindictiveness)* rancore m.
spitfire /ˈspɪtfaɪə(r)/ n. COLLOQ. = persona dal carattere impetuoso e irascibile.
spitroast /ˈspɪtrəʊst/ tr. arrostire allo spiedo.
spitting /ˈspɪtɪŋ/ n. ***~ is a dirty habit*** sputare è una cattiva abitudine; ***"~ prohibited"*** "vietato sputare" ◆ ***to be the ~ image of sb.*** essere l'immagine sputata di qcn. *o* essere tale e quale a qcn.; ***to be within ~ distance of*** essere a uno sputo da.
spitting snake /ˈspɪtɪŋˌsneɪk/ n. cobra m. sputatore, cobra m. collonero.
spittle /ˈspɪtl/ n. **1** *(of person) (in mouth)* saliva f.; *(on surface)* sputo m. **2** *(of insect)* schiuma f.
spittoon /spɪˈtuːn/ n. sputacchiera f.
spitz /spɪts/ n. volpino m. di Pomerania.
spiv /spɪv/ n. BE COLLOQ. SPREG. trafficone m., maneggione m.
spivvy /ˈspɪvɪ/ agg. BE COLLOQ. SPREG. [*appearance, clothes*] sgargiante, pacchiano; ***to be*** o ***look ~*** [*person*] avere un aspetto pacchiano.
splanchnic /ˈsplaŋknɪk/ agg. splancnico.
splanchnology /splaŋkˈnɒlədʒɪ/ n. splancnologia f.
▷ **1.splash** /splæʃ/ n. **1** *(sound)* tonfo m., sciabordio m.; ***with a ~*** con un tonfo; ***to make a big ~*** fare un gran tonfo; FIG. fare splash *o* fare sensazione **2** *(drop, patch) (of mud, oil)* schizzo m.; *(of water)* spruzzo m., schizzo m.; *(of colour)* macchia f.; *(of tonic, soda: in drink)* spruzzata f., spruzzatina f.

▷ **2.splash** /splæʃ/ **I** tr. **1** *(spatter, spray)* schizzare, spruzzare [*person, surface*]; ***to ~ sth. over sb., sth.*** schizzare qcs. su qcn., qcs.; ***to ~ one's way through sth.*** attraversare qcs. facendo degli schizzi **2** *(sprinkle)* ***to ~ water on to one's face*** spruzzarsi il viso con acqua; ***to ~ one's face with water*** bagnarsi il viso con dell'acqua **3** *(maliciously)* ***to ~ water, acid onto*** buttare dell'acqua, dell'acido su **4** GIORN. mettere in evidenza, dare grande risalto a [*story, picture*]; ***the news was ~ed across the front page*** la notizia fu sbattuta in prima pagina **II** intr. **1** *(spatter)* [*coffee, paint, wine*] schizzare (**onto**, **over** su); ***water was ~ing from the tap*** l'acqua scrosciava dal rubinetto **2** *(move)* ***to ~ through sth.*** [*person*] attraversare qcs. inzaccherandosi; [*car*] attraversare qcs. schizzando acqua e fango **3** *(in sea, pool)* sguazzare (**in** in).

▪ **splash around:** *~ around* sguazzare (**in** in); *~ [sth.] around* schizzare tutt'intorno [*water, paint*]; ***to ~ money around*** COLLOQ. spendere e spandere i soldi.

▪ **splash down** [*spacecraft*] ammarare.

▪ **splash out** COLLOQ. *(spend money)* fare una pazzia; ***~ out on*** fare una pazzia e comprare [*dress, hat, book*].

splashback /ˈsplæʃbæk/ n. paraspruzzi m. (per lavandino).

splashboard /ˈsplæʃbɔːd/ n. AUT. parafango m.

splashdown /ˈsplæʃdaʊn/ n. *(of a spacecraft)* ammaraggio m.

splasher /ˈsplæʃə(r)/, **splashguard** /ˈsplæʃɡɑːd/ n. → **splashboard**.

splashing /ˈsplæʃɪŋ/ n. *(of sea, waves)* sciacquio m., sciabordio m.; ***a sound of ~*** uno sciabordio; ***the ~ of the shower*** lo scrosciare dell'acqua nella doccia.

splashy /ˈsplæʃɪ/ agg. **1** [*rain*] scrosciante **2** *(muddy)* fangoso, melmoso **3** FIG. *(showy, spectacular)* sensazionale, vistoso, sgargiante.

1.splat /splæt/ **I** n. ***there was a ~*** ci fu un tonfo; ***he landed with a ~*** si spiaccicò al suolo **II** inter. ciac, paf.

2.splat /splæt/ intr. (forma in -ing ecc. **-tt-**) spiaccicarsi, spappolarsi.

1.splatter /ˈsplætə(r)/ n. *(of rain)* scroscio m.; *(of bullets)* raffica f., scarica f.

2.splatter /ˈsplætə(r)/ **I** tr. ***to ~ sb., sth. with sth.***, ***to ~ sth. over sb., sth.*** schizzare qcn., qcs. con qcs. *o* spruzzare qcs. addosso a qcn., su qcs.; ***the car ~ed mud everywhere*** l'auto schizzava fango ovunque **II** intr. **1** [*ink, paint, mud*] ***to ~ onto*** o ***over sth.*** schizzare su qcs. *o* insozzare qcs. **2** [*body*] schiantarsi, spiaccicarsi (**on**, **against** su, contro); [*fruit*] spiaccicarsi, spappolarsi (**on**, **against** su, contro).

splattered /ˈsplætəd/ **I** p.pass. → **2.splatter II** agg. **1** ***~ with*** schizzato di; ***blood~*** schizzato *o* sporco di sangue; ***mud~*** insozzato di fango **2** *(squashed)* spiaccicato, spappolato.

1.splay /spleɪ/ n. ARCH. strombatura f., strombo m.

2.splay /spleɪ/ **I** tr. allargare [*end of pipe etc.*]; strombare, sguanciare [*side of window, door*]; allargare, divaricare [*legs, feet, fingers*] **II** intr. (anche ***~ out***) [*end of pipe*] essere allargato; [*window*] essere strombato, essere sguanciato.

splayed /spleɪd/ **I** p.pass. → **2.splay II** agg. [*feet, fingers, legs*] allargato, divaricato.

splayfoot /ˈspleɪfʊt/ n. (pl. **-feet**) = piede piatto volto all'infuori.

splayfooted /ˈspleɪfʊtɪd/ agg. [*person*] dai piedi piatti; [*horse*] mancino.

spleen /spliːn/ n. **1** ANAT. milza f. **2** FIG. *(bad temper)* irritabilità f., malumore m.; ***to vent one's ~ on sb.*** sfogare il proprio malumore su qcn. **3** ANT. *(melancholy)* spleen m., ipocondria f., malinconia f.

spleenful /ˈspliːnfʊl/ agg. *(irritable)* irritabile, bilioso.

spleenfully /ˈspliːnfʊlɪ/ avv. irritabilmente, collericamente.

spleenwort /ˈspliːnwɜːt/ n. asplenio m.

splenalgia /splɪˈnældʒə/ ➧ **11** n. splenalgia f.

▷ **splendid** /ˈsplendɪd/ agg. [*scenery, view, collection*] splendido, stupendo, magnifico; [*building, ceremony*] splendido, sontuoso, lussuoso; [*idea*] splendido, ottimo, eccellente; [*achievement, holiday, performance, victory, opportunity*] splendido, magnifico, eccezionale; ***we had a ~ time!*** ci siamo divertiti un mondo! ***she did a ~ job*** ha fatto un lavoro eccellente; ***~!*** splendido! fantastico!

splendidly /ˈsplendɪdlɪ/ avv. splendidamente, stupendamente, magnificamente; ***everything is going ~*** tutto va splendidamente.

splendidness /ˈsplendɪdnɪs/ n. splendore m., magnificenza f.

splendiferous /splenˈdɪfərəs/ agg. SCHERZ. splendido, magnifico.

splendour BE, **splendor** AE /ˈsplendə(r)/ n. splendore m., magnificenza f., sontuosità f.; ***to live, dine in ~*** vivere nello sfarzo, pranzare sontuosamente; ***the ~s of*** gli splendori di.

splenectomy /splɪˈnektəmɪ/ n. splenectomia f.

splenetic /splɪˈnetɪk/ agg. [*person, temperament*] irritabile, collerico, bilioso; [*letter*] pieno di fiele, velenoso.

splenial /ˈspliːnɪəl/ agg. ANAT. dello splenio.

splenic /ˈsplenɪk/ agg. splenico.

splenii /ˈspliːnɪaɪ/ → **splenius**.

splenitis /splɪˈnaɪtɪs/ ➧ **11** n. splenite f.

splenius /ˈspliːnɪəs/ n. (pl. **-ii**) splenio m.

splenomegaly /spliːnəʊˈmeɡəlɪ/ n. splenomegalia f.

splenotomy /splɪˈnɒtəmɪ/ n. splenotomia f.

splib /splɪb/ n. AE COLLOQ. *(black person)* nero m. (-a).

1.splice /splaɪs/ n. *(in rope)* impiombatura f.; *(in tape, film)* montaggio m., giuntura f.; *(in carpentry)* intestatura f.

2.splice /splaɪs/ tr. montare, giuntare [*tape, film*]; MAR. impiombare, incordonare [*ends of rope*]; FIG. mescolare, amalgamare [*styles, images*] ◆ ***to get ~d*** COLLOQ. SCHERZ. sposarsi; ***to ~ the mainbrace*** MAR. SCHERZ. *(have a drink)* bere un bicchiere.

splicer /ˈsplaɪsə(r)/ n. giuntatrice f.

spliff /splɪf/ n. COLLOQ. canna f., spinello m.

1.spline /splaɪn/ n. chiavetta f., linguetta f.

2.spline /splaɪn/ tr. *(provide with splines)* fornire di chiavetta, linguetta.

1.splint /splɪnt/ n. **1** MED. stecca f.; ***to put sb.'s leg in a ~*** applicare una stecca alla gamba di qcn. **2** *(sliver of wood)* assicella f., listello m.

2.splint /splɪnt/ tr. steccare [*arm, leg*].

1.splinter /ˈsplɪntə(r)/ n. *(of glass, wood)* scheggia f.; *(of metal)* frammento m.; *(of bone)* scheggia f., frammento m.; ***to get a ~ in one's finger*** infilarsi una scheggia nel dito.

2.splinter /ˈsplɪntə(r)/ **I** tr. scheggiare, frantumare [*glass, windscreen etc.*]; scheggiare [*wood*]; FIG. spaccare, dividere [*party, group*] **II** intr. [*glass, windscreen*] scheggiarsi, frantumarsi; [*wood*] scheggiarsi; FIG. [*party, alliance etc.*] spaccarsi, dividersi.

splinter-bar /ˈsplɪntə,bɑː(r)/ n. *(in a carriage)* bilancino m.

splinter group /ˈsplɪntə,ɡruːp/ n. POL. gruppo m. dei dissidenti.

splinterproof glass /ˈsplɪntəpruːf,ɡlɑːs, AE -,ɡlæs/ n. vetro m. infrangibile.

splintery /ˈsplɪntərɪ/ agg. **1** *(easily splintered)* [*stone, mineral*] scheggioso **2** *(like a splinter)* simile a scheggia **3** *(jagged)* [*rock*] scheggiato.

▶ **1.split** /splɪt/ **I** n. **1** *(in fabric, garment)* strappo m.; *(in rock, wood)* spaccatura f., fenditura f.; *(in skin)* screpolatura f. **2** *(in party, movement, alliance)* scissione f., scollamento m. (**in** in, all'interno di); *(stronger)* rottura f., frattura f., spaccatura f. (**between** tra; **in** in; **into** in); ***a three-way ~ in the party executive*** una scissione in tre gruppi all'interno dell'esecutivo del partito **3** *(share-out) (of money, profits, jobs)* spartizione f., divisione f.; ***a (four-way) ~ of the profits*** un frazionamento (in quattro parti) dei profitti **4** AE *(small bottle) (of soft drink)* mezzo bicchiere m., bicchierino m.; *(of wine)* mezza bottiglia f. **5** GASTR. *(dessert)* banana split f. **6** AE ECON. differenziale m., divario m.; ***income, wage ~*** differenziale salariale **II splits** n.pl. spaccata f.sing.; ***to do the ~s*** fare la spaccata **III** agg. [*fabric, garment*] strappato, lacerato; [*seam*] disfatto, scucito; [*log, pole*] spaccato; [*hide, lip*] screpolato.

▶ **2.split** /splɪt/ **I** tr. (forma in -ing **-tt-**; pass., p.pass. **split**) **1** *(cut, slit)* spaccare, fendere, fare a pezzi [*wood, log*]; fendere, spaccare [*rock, slate*] (**in**, **into** in); disfare, scucire [*seam*]; strappare, lacerare [*fabric, garment*]; [*lightning, thunder, noise*] squarciare [*sky, silence*]; ***to ~ one's lip*** spaccarsi un labbro; ***to ~ the atom*** scindere l'atomo **2** *(cause dissent)* dividere, spaccare [*party, movement, alliance*]; ***to ~ the vote*** spartirsi l'elettorato; ***the dispute has split the alliance in two, into two factions*** il conflitto ha spaccato in due l'alleanza *o* ha diviso l'alleanza in due fazioni; ***the committee was (deeply) split on, over this issue*** la commissione era (profondamente) divisa su questa questione **3** *(divide)* → **split up 4** *(share)* dividere [*cost, payment*] (**between** tra); ***shall we ~ a bottle of wine (between us)?*** dividiamo una bottiglia di vino? prendiamo una bottiglia di vino in due? ***to ~ sth. three, four ways*** dividere qcs. in tre, quattro parti [*profits, cost*] **5** LING. ***to ~ an infinitive*** = inserire un avverbio fra to e l'infinito del verbo **6** INFORM. suddividere [*window*] **II** intr. (forma in -ing ecc. **-tt-**; pass., p.pass. **split**) **1** [*wood, log, rock, slate*] fendersi, spaccarsi (**in**, **into** in); [*fabric, garment*] strapparsi, lace-rarsi; [*seam*] disfarsi, scucirsi; ***to ~ in(to) two*** [*stream, road*] biforcarsi; ***my head's ~ting*** FIG. mi scoppia la testa **2** POL. [*party, movement, alliance*] dividersi, scindersi; *(stronger)* spaccarsi; ***the leadership split on*** o ***over (the question of) the voting system*** la dirigenza del partito si spaccò sulla questione del sistema elettorale; ***to ~ along party lines*** schierarsi a seconda delle diverse linee del partito **3** *(divide)* → **split up 4** BE COLLOQ. *(tell tales)* fare la spia, svelare segreti; ***to ~ on sb.*** fare la spia a qcn. (**to** a) **5** COLLOQ. *(leave)* scappare, andare ◆ ***to ~ the difference*** venire a *o* raggiungere un compromesso; ***to ~ one's sides (laughing)*** COLLOQ. piegarsi in due dalle risate.

▪ **split off:** **~ off** [*branch, piece, end*] staccarsi (**from** da); [*path*] biforcarsi; [*political group*] scindersi, dividersi; [*company*] dividersi, separarsi (**from** da); **~ [sth.] off** staccare [*branch, piece*]; ***to ~ sth. off from*** staccare qcs. da [*branch, piece*]; separare qcs. da [*company, section, department*].
▪ **split open:** **~ open** [*bag, fabric*] strapparsi, lacerarsi; [*seam*] disfarsi, scucirsi; **~ [sth.] open** aprire [*box*]; aprire, spaccare [*coconut*]; ***to ~ one's head open*** spaccarsi la testa.
▪ **split up:** **~ up** [*band*] sciogliersi, dividersi; [*members*] separarsi, dividersi; [*couple, parents*] separarsi, dividersi, lasciarsi; [*crowd, demonstrators*] disperdersi; [*alliance, consortium*] rompersi; [*federation*] dividersi, scindersi (**into** in); ***to ~ up with*** rompere *o* lasciarsi con [*partner, girlfriend*]; separarsi da, dividersi da [*husband*]; ***to ~ up into groups of five*** dividersi in gruppi di cinque; **~ [sb.] up** separare, dividere [*friends, partners, group members*] (**from** da); ***everyone tried to ~ the couple up*** tutti cercarono di fare dividere la coppia; ***to ~ the children up into groups*** dividere i bambini in gruppi; **~ [sth.] up**, **~ up [sth.]** ripartire, spartire [*money, profits, work*] (**into** in); dividere, smembrare [*area, group*] (**into** in); ***to ~ a novel up into chapters*** suddividere un romanzo in capitoli; ***to ~ sth. up into its component parts*** smembrare qcs. nei propri componenti.
split cane /ˌsplɪtˈkeɪn/ **I** n. vimini m. **II** modif. [*basket, furniture*] di vimini.
split decision /ˌsplɪtdɪˈsɪʒn/ n. SPORT verdetto m. ai punti.
split ends /ˌsplɪtˈendz/ n.pl. doppie f. punte.
split infinitive /ˌsplɪtɪnˈfɪnətɪv/ n. LING. = forma di infinito in cui si inserisce un avverbio fra to e la forma verbale.
split level /ˌsplɪtˈlevl/ **I** n. ***the flat is on ~s*** l'appartamento è su due livelli, a piani sfalsati **II split-level** agg. [*cooker*] con piani di cottura e forno indipendenti; [*room, apartment*] su due livelli.
split peas /ˌsplɪtˈpiːz/ n.pl. piselli m. secchi spezzati.
split personality /ˌsplɪtpɜːsəˈnælətɪ/ n. personalità f. dissociata.
split pin /ˌsplɪtˈpɪn/ n. copiglia f.
split ring /ˌsplɪtˈrɪŋ/ n. anello m. a spirale (usato come portachiavi).
split screen /ˌsplɪtˈskriːn/ **I** n. schermo m. (sud)diviso **II split-screen** agg. [*technique*] dello schermo (sud)diviso; [*sequence, film*] proiettato su uno schermo (sud)diviso; [*facility*] dello schermo (sud)diviso.
split second /ˌsplɪtˈsekənd/ **I** n. frazione f. di secondo; ***in, for a ~*** in, per una frazione di secondo **II split-second** modif. [*decision, reflex*] fulmineo, repentino; ***the success of the mission depends on ~ timing*** per riuscire nella missione occorre un tempismo perfetto.
split shift /ˌsplɪtˈʃɪft/ n. orario m. spezzato; ***to work ~s*** lavorare con orario spezzato.
split-site /ˈsplɪtˌsaɪt/ agg. [*factory, school*] con sedi distaccate.
splitter /ˈsplɪtə(r)/ n. **1** *(person)* = persona che spacca o fende **2** *(instrument)* = arnese per spaccare o fendere **3** *(splitting headache)* forte mal m. di testa.
split ticket /ˌsplɪtˈtɪkɪt/ n. US POL. = voto dato contemporaneamente a candidati di liste diverse.
split tin (loaf) /ˌsplɪtˈtɪn(ˌləʊf)/ n. BE = filone di pane con un taglio longitudinale.
splitting /ˈsplɪtɪŋ/ **I** n. *(division) (of wood, stone)* spaccatura f., fenditura f.; *(of profits, proceeds)* frazionamento m., ripartizione f.; *(of group)* divisione f., scissione f. **II** agg. ***to have a ~ headache*** avere un fortissimo mal di testa, un mal di testa lancinante.
1.splodge /splɒdʒ/ n. BE COLLOQ. *(of ink, paint, grease, mud etc.)* macchia f., chiazza f.
2.splodge /splɒdʒ/ tr. BE COLLOQ. ***to ~ sth. with paint, to ~ paint on sth.*** macchiare qcs. di vernice.
1.splosh /splɒʃ/ n. **1** *(splash)* tonfo m., sciabordio m. **2** COLLOQ. soldi m.pl., grana f.
2.splosh /splɒʃ/ intr. *(splash)* sguazzare.
splotch /splɒtʃ/ AE → **1.splodge, 2.splodge**.
1.splurge /splɜːdʒ/ n. COLLOQ. spesa f. pazza; ***I went on*** o ***had a ~ and bought a stereo*** ho fatto una follia e ho comprato uno stereo.
2.splurge /splɜːdʒ/ **I** tr. COLLOQ. sperperare [*money*] (**on** per) **II** intr. COLLOQ. (anche **~ out**) scialacquare, spendere un sacco di soldi (**on** per).
1.splutter /ˈsplʌtə(r)/ n. *(of person) (spitting)* sputacchiamento m.; *(stutter)* balbettamento m., farfugliamento m.; *(of engine)* scoppiettio m.; *(of fire, sparks)* crepitio m., scoppiettio m.
2.splutter /ˈsplʌtə(r)/ **I** tr. (anche **~ out**) balbettare, farfugliare [*excuse, apology, words*] **II** intr. [*person*] *(stutter)* balbettare, farfugliare; *(spit)* sputacchiare; [*fire, match, sparks*] crepitare, scoppiettare; [*fat*] sfrigolare; ***the engine ~ed to a stop*** il motore si fermò scoppiettando.
splutterer /ˈsplʌtərə(r)/ n. farfuglione m. (-a).
spode /spəʊd/ n. porcellana f. fine.
1.spoil /spɔɪl/ **I** n. **U** *(from excavation)* detriti m.pl. **II spoils** n.pl. **1** *(of war, victory)* spoglia f.sing., bottino m.sing. (**of** di); ***to get a share of the ~s*** MIL. spartirsi il bottino; FIG. spartirsi la torta **2** *(political)* vantaggi m., benefici m., agevolazioni f.; *(commercial)* guadagni m., profitti m. (**of** di); *(sporting)* vittorie f.
▷ **2.spoil** /spɔɪl/ **I** tr. (pass., p.pass. **~ed** o **~t** BE) **1** *(mar)* rovinare, guastare [*event, evening, game*]; deturpare [*view*] (**by doing** facendo); rovinare [*place, taste, effect*]; ***it will ~ your appetite*** ti rovinerà l'appetito; ***to ~ sth. for sb.*** rovinare qcs. a qcn.; ***it'll ~ the film for us*** ci toglierà il piacere di vedere il film; ***they ~ it*** o ***things for other people*** sono dei guastafeste; ***to ~ sb.'s enjoyment of sth.*** rovinare il divertimento a qcn.; ***why did you go and ~ everything?*** perché hai rovinato tutto? ***to ~ sb.'s fun*** *(thwart)* guastare la festa a qcn. **2** *(ruin)* sciupare [*garment*]; guastare [*toy*]; danneggiare [*crop, food*] (**by doing** facendo); ***his lack of English ~ed his chances of getting the job*** non sapendo l'inglese, si giocò la possibilità di ottenere il lavoro; ***to ~ sb.'s plans*** mandare a rotoli i piani di qcn. **3** *(pamper, indulge)* viziare [*person, pet*] (**by doing** facendo); ***to ~ sb. rotten*** COLLOQ. viziare troppo qcn.; ***to ~ sb. with*** viziare qcn. con [*gift, trip*]; ***we've been ~ed living so close to the sea*** siamo stati abituati troppo bene a vivere così vicino al mare **4** POL. annullare, rendere nullo [*vote, ballot paper*] **II** intr. (pass., p.pass. **~ed** o **~t** BE) [*product, foodstuff, meat*] guastarsi, andare a male, deteriorarsi; ***your dinner will ~!*** si fredda la cena! **III** rifl. (pass., p.pass. **~ed** o **~t** BE) ***to ~ oneself*** trattarsi bene, coccolarsi; ***let's ~ ourselves and eat out!*** trattiamoci bene a andiamo a mangiare fuori! ◆ ***to be ~ing for a fight*** avere voglia di menare le mani.
spoilage /ˈspɔɪlɪdʒ/ n. **1** *(decay)* deterioramento m. **2 U** *(wastage)* sciupo m., spreco m.
spoiled /spɔɪld/ **I** p.pass. → **2.spoil II** agg. **1** SPREG. [*child, dog*] viziato; ***he's terribly ~*** è terribilmente viziato; ***to be ~ rotten*** COLLOQ. essere viziatissimo; ***a ~ brat*** COLLOQ. un ragazzino viziato **2** POL. [*ballot paper, vote*] nullo ◆ ***to be ~ for choice*** avere l'imbarazzo della scelta.
spoiler /ˈspɔɪlə(r)/ n. **1** AUT. spoiler m.; ***rear ~*** spoiler posteriore **2** AER. spoiler m., diruttore m.
spoil heap /ˈspɔɪlˌhiːp/ n. cumulo m. di macerie.
spoiling /ˈspɔɪlɪŋ/ n. ANT. *(plundering)* ruberia f., saccheggio m.
spoilsport /ˈspɔɪlspɔːt/ n. COLLOQ. SPREG. guastafeste m. e f.; ***to be a ~*** essere un guastafeste.
spoils system /ˈspɔɪlzˌsɪstəm/ n. AE POL. spoils system m.

> **Spoils system** È un metodo di appropriazione delle cariche in uso negli Stati Uniti. Quando un partito vince le elezioni, circa 4000 dei suoi rappresentanti vengono nominati in tutte le cariche amministrative e i posti di potere della nazione.

spoilt /spɔɪlt/ **I** pass., p.pass. BE → **2.spoil II** agg. → **spoiled**.
1.spoke /spəʊk/ n. *(in wheel)* raggio m.; *(on ladder)* piolo m. ◆ ***to put a ~ in sb.'s wheel*** mettere i bastoni fra le ruote a qcn.
2.spoke /spəʊk/ tr. **1** *(provide with spokes)* dotare di raggi [*wheel*] **2** *(block)* bloccare [*wheels*].
3.spoke /spəʊk/ pass. → **1.speak**.
▷ **spoken** /ˈspəʊkən/ **I** p.pass. → **1.speak II** agg. [*dialogue, language*] parlato; ***~ words*** parole (dette a voce).
spokeshave /ˈspəʊkʃeɪv/ n. coltello m. americano, raschietto m.
spokesman /ˈspəʊksmən/ n. (pl. **-men**) portavoce m.
spokesperson /ˈspəʊkspɜːsn/ n. portavoce m. e f.
spokeswoman /ˈspəʊkswʊmən/ n. (pl. **-women**) portavoce f.
spoliation /ˌspəʊlɪˈeɪʃn/ n. ruberia f., saccheggio m.
spondaic /spɒnˈdeɪɪk/ agg. spondaico.
spondee /ˈspɒndiː/ n. spondeo m.
spondulix, spondulicks /spɒnˈdjuːlɪks/ n. COLLOQ. SCHERZ. grana f., soldi m.
spondyle /ˈspɒndɪl/ n. spondilo m., vertebra f.
spondylitis /spɒndɪˈlaɪtɪs/ ♦ **11** n. spondilite f.
spondylosis /ˌspɒndɪˈləʊsɪs/ ♦ **11** n. (pl. **-es**) spondilosi f.
1.sponge /spʌndʒ/ n. **1** *(for cleaning)* spugna f.; ***bath ~*** spugna da bagno; ***to soak up water like a ~*** assorbire l'acqua come una spugna; ***at that age, a child's mind is like a ~*** a quell'età, il cervello di un bambino assimila moltissimo **2 U** *(material)* spugna f. **3** ZOOL. spugna f.; ***to dive for ~s*** pescare le spugne **4** *(wipe)* spugnata f.; ***to give sth. a ~*** lavare qcs. con una spugna **5** (anche **~ cake**) pan m. di Spagna; ***jam, cream ~*** pan di Spagna farcito con marmellata, crema **6** MED. *(pad)* tampone m. di garza.

2.sponge /spʌndʒ/ **I** tr. **1** *(wipe)* pulire con la spugna [*material, garment, stain*]; detergere, tamponare [*wound*]; assorbire [*excess liquid*]; lavare con la spugna [*surface*]; ***to ~ one's face*** lavarsi il viso con una spugna **2** COLLOQ. SPREG. *(scrounge)* ***to ~ sth. off*** o ***from sb.*** scroccare qcs. da qcn. **II** intr. COLLOQ. SPREG. ***to ~ off*** o ***on*** scroccare da [*friend*]; vivere alle spalle di [*family, State*].
■ **sponge down:** ~ [sth.] down, ~ down [sth.] lavare con la spugna [*car, surface*]; ***to ~ oneself down*** lavarsi con la spugna.
■ **sponge off:** ~ [sth.] off, ~ off [sth.] pulire con la spugna [*mark, stain*].

sponge bag /ˈspʌndʒ,bæg/ n. BE pochette f., trousse f. (per la toilette).

sponge bath /ˈspʌndʒ,bɑːθ, AE -,bæθ/ n. spugnatura f.

sponge cloth /ˈspʌndʒ,klɒθ, AE -,klɔːθ/ n. TESS. spugna f.

sponge diver /ˈspʌndʒ,daɪvə(r)/ ♦ **27** n. pescatore m. (-trice) di spugne.

sponge diving /ˈspʌndʒ,daɪvɪŋ/ n. pesca f. delle spugne.

sponge-down /ˈspʌndʒdaʊn/ n. ***to have a ~*** lavarsi con la spugna; ***to give sth., sb. a ~*** lavare qcs., qcn. con la spugna.

sponge finger /ˈspʌndʒ,fɪŋgə(r)/ n. BE savoiardo m.

sponge iron /ˈspʌndʒ,aɪən, AE -,aɪərn/ n. spugna f. di ferro.

sponge mop /ˈspʌndʒ,mɒp/ n. = scopa con la spazzola in spugna.

sponge pudding /,spʌndʒˈpʊdɪŋ/ n. BE = dolce a base di farina, grasso e uova cotto al vapore o al forno.

sponger /ˈspʌndʒə(r)/ n. COLLOQ. SPREG. scroccone m. (-a), parassita m. e f.

sponge roll /ˈspʌndʒ,rəʊl/ n. BE = rotolo di pan di Spagna farcito con marmellata o cioccolato.

sponge rubber /ˈspʌndʒ,rʌbə(r)/ n. gomma f. spugnosa.

sponginess /ˈspʌndʒɪnɪs/ n. *(of terrain, ground)* porosità f.; *(texture, material)* spugnosità f.

sponging /ˈspʌndʒɪŋ/ n. **1** lavaggio m., pulizia f. con la spugna **2** COLLOQ. (lo) scroccare.

spongy /ˈspʌndʒɪ/ agg. [*terrain, ground, moss, rotten wood*] poroso; [*material, texture, mixture*] spugnoso; [*flesh*] molle.

sponsion /ˈspɒnʃn/ n. DIR. malleveria f., garanzia f.

sponson /ˈspɒnsən/ n. **1** MAR. *(for gun)* piattaforma f. sporgente **2** AER. *(on fuselage)* galleggiante m.

1.sponsor /ˈspɒnsə(r)/ n. **1** ECON. *(advertiser, backer)* sponsor m., finanziatore m. **2** *(patron)* mecenate m. e f., patrocinatore m. (-trice) **3** *(guarantor)* mallevadore m., garante m. e f.; ***to act as ~ for sb.*** rendersi garante per qcn. **4** RELIG. *(godparent)* padrino m., madrina f. **5** *(for charity)* patrono m. (-essa), benefattore m. (-trice), madrina f. **6** POL. *(of bill, motion, law)* promotore m.

2.sponsor /ˈspɒnsə(r)/ tr. **1** ECON. *(fund)* sponsorizzare [*sporting event, team, TV programme*]; finanziare [*student, study, course, conference, enterprise*] **2** *(support)* promuovere, essere favorevole a [*violence*]; favorire [*invasion*] **3** POL. *(advocate)* presentare [*bill, motion*] **4** *(for charity)* patrocinare [*person*].

sponsored /ˈspɒnsəd/ **I** p.pass. → **2.sponsor II** agg. **1** *(for charity)* ~ ***swim*** gara di nuoto patrocinata **2** RAD. TELEV. [*programme*] sponsorizzato **3 -sponsored** in composti ***government-~*** finanziato dal governo; ***UN-~*** patrocinato dall'ONU.

sponsorial /spɒnˈsɔːrɪəl/ agg. **1** DIR. di malleveria, fideiussorio, da garante **2** di, da padrino; di, da madrina.

▷ **sponsorship** /ˈspɒnsəʃɪp/ n. **1** ECON. *(corporate funding)* sponsorizzazione f., finanziamento m. (**from** di); ***to seek, raise ~ for sth.*** cercare, trovare dei finanziatori per qcs. **2** *(backing) (financial)* finanziamento m., sponsorizzazione f.; *(cultural)* patronato m., patrocinio m.; *(moral, political)* sostegno m. **3 C** (anche **~ deal**) contratto m. di sponsorizzazione **4** POL. *(of bill, motion)* sostegno m. **5** *(by guarantor)* malleveria f., garanzia f.

spontaneity /,spɒntəˈneɪətɪ/ n. spontaneità f.

▷ **spontaneous** /spɒnˈteɪnɪəs/ agg. spontaneo.

spontaneous combustion /spɒn,teɪnɪəskəmˈbʌstʃn/ n. combustione f. spontanea.

spontaneous generation /spɒn,teɪnɪəsdʒenəˈreɪʃn/ n. generazione f. spontanea, abiogenesi f.

spontaneously /spɒnˈteɪnɪəslɪ/ avv. spontaneamente.

spontaneous recovery /spɒn,teɪnɪəsrɪˈkʌvərɪ/ n. PSIC. autoguarigione f.

spontoon /spɒnˈtuːn/ n. STOR. spuntone m.

1.spoof /spuːf/ **I** n. COLLOQ. **1** *(parody)* parodia f., caricatura f. (**on** di) **2** *(hoax, trick)* imbroglio m., raggiro m. **II** modif. COLLOQ. *(parody)* ***a ~ horror film, crime novel*** una parodia di un film dell'orrore, di un romanzo poliziesco.

2.spoof /spuːf/ tr. COLLOQ. **1** *(parody)* parodiare [*book, film*] **2** *(trick)* imbrogliare, raggirare [*person*].

1.spook /spuːk/ n. COLLOQ. **1** *(ghost)* fantasma m., spettro m. **2** AE *(spy)* spia f. **3** AE POP. SPREG. *(black person)* negro m. (-a).

2.spook /spuːk/ tr. AE COLLOQ. **1** *(frighten)* spaventare, impaurire [*person*] **2** *(haunt)* [*ghost*] infestare, popolare [*place*]; [*ghost*] possedere [*person*].

spookiness /ˈspuːkɪnɪs/ n. COLLOQ. spettralità f.

spookish /ˈspuːkɪʃ/ agg. RAR. → **spooky**.

spooky /ˈspuːkɪ/ agg. COLLOQ. [*house, atmosphere*] tetro, spettrale; [*story*] pauroso, spaventoso.

1.spool /spuːl/ n. *(reel) (of thread)* rocchetto m.; *(of tape, film)* bobina f.; *(for fishing line)* bobina f., rocchetto m. del mulinello.

2.spool /spuːl/ tr. **1** avvolgere [*thread*] **2** INFORM. ***to ~ data*** = memorizzare temporaneamente dei dati mentre il sistema esegue altre operazioni.

▷ **1.spoon** /spuːn/ n. **1** *(utensil)* cucchiaio m.; *(for tea, coffee)* cucchiaino m.; ***soup-~*** cucchiaio da minestra **2** *(measure)* cucchiaio m., cucchiaino m.; ***two ~s of sugar*** due cucchiaini di zucchero **3** *(golf club)* spoon m. **4** MUS. *(as instrument)* ***to play the ~s*** suonare *o* battere i cucchiai ♦ ***to be born with a silver ~ in one's mouth*** nascere con la camicia.

2.spoon /spuːn/ **I** tr. **1** *(in cooking, serving)* ***to ~ sth. into a dish, bowl*** mettere qcs. in un piatto, in una scodella con il cucchiaio; ***to ~ sauce over sth.*** versare della salsa su qcs. (con il cucchiaio); ***to ~ sth. up*** tirare su qcs. con il cucchiaio; ***to ~ sth. out*** servire qcs. con il cucchiaio **2** SPORT *(in golf)* colpire debolmente [*ball*] **II** intr. ANT. COLLOQ. *(cuddle)* amoreggiare, flirtare.

spoonbill /ˈspuːnbɪl/ n. ZOOL. spatola f.; ***common, roseate ~*** spatola bianca, rosa.

spoonerism /ˈspuːnərɪzəm/ n. = gioco di parole consistente nello scambio delle iniziali di due o più parole.

spoon-feed /ˈspuːnfiːd/ tr. (pass., p.pass. **-fed**) **1** imboccare, nutrire col cucchiaio [*baby, invalid*] **2** FIG. SPREG. [*teacher*] fare trovare la pappa pronta a [*students*]; ***to ~ the public with sth.*** fare ingurgitare qcs. al pubblico *o* imbottire il pubblico di qcs.

spoonful /ˈspuːnfʊl/ n. (pl. ~, **~s**) cucchiaiata f., cucchiaio m.

spoony /ˈspuːnɪ/ ANT. **I** agg. **1** *(foolish)* sciocco **2** *(sentimental)* sentimentale, sdolcinato **II** n. **1** *(simpleton)* sempliciotto m. (-a) **2** *(sentimental person)* sentimentale m. e f.

1.spoor /spɔː(r), AE spʊər/ n. VENAT. pista f., traccia f., orma f.

2.spoor /spɔː(r), AE spʊər/ **I** tr. seguire la traccia di [*animal*] **II** intr. seguire una pista, seguire una traccia.

sporadic /spəˈrædɪk/ agg. sporadico.

sporadically /spəˈrædɪklɪ/ avv. sporadicamente.

sporadicalness /spəˈrædɪklnɪs/ n. sporadicità f.

sporangium /spəˈrændʒɪəm/ n. (pl. **-ia**) sporangio m.

spore /spɔː(r)/ n. spora f.

spore-case /ˈspɔːkeɪs/ n. → **sporangium**.

sporogonium /spɒrəʊˈgəʊnɪəm/ n. (pl. **-ia**) sporogonio m.

sporozoan /spɒrəʊˈzəʊən/ n. sporozoo m.

sporran /ˈspɒrən/ n. = borsa di pelo indossata sopra al kilt.

▶ **1.sport** /spɔːt/ n. **1** *(physical activity)* sport m., attività f. sportiva; ***to be good, bad at ~*** essere bravo, non essere bravo negli sport; ***to do a lot of ~*** fare molto sport; ***to play a lot of ~s*** praticare molti sport; ***team ~s*** sport di squadra; ***indoor, outdoor ~s*** sport che si praticano al coperto, all'aperto **2** SCOL. *(subject)* educazione f. fisica **3** FORM. *(fun)* ***to have great ~*** divertirsi moltissimo; ***to do sth. for ~*** fare qcs. per sport; ***to make ~ of sb.*** farsi gioco di qcn. **4** COLLOQ. *(person)* ***to be a good, bad ~*** *(in games)* essere, non essere sportivo; *(when teased)* sapere, non sapere stare allo scherzo *o* al gioco; ***be a ~!*** non prendertela! non fare il guastafeste! **5** AUSTRAL. COLLOQ. *(term of address)* ***how's it going, ~?*** come va amico? **6** BIOL. mutante m.

2.sport /spɔːt/ **I** tr. sfoggiare, ostentare [*hat, rose, moustache*] **II** intr. LETT. *(frolic)* dilettarsi.

sport coat /ˈspɔːtkəʊt/ n. AE → **sports jacket**.

sportful /ˈspɔːtfʊl/ agg. RAR. **1** *(enjoyable)* divertente **2** *(playful)* giocoso, scherzoso.

sportfully /ˈspɔːtfʊlɪ/ avv. RAR. **1** *(enjoyably)* in modo divertente **2** *(playfully)* giocosamente, scherzosamente.

sportfulness /ˈspɔːtfʊlnɪs/ n. RAR. **1** *(enjoyment)* divertimento m. **2** *(playfulness)* giocosità f., scherzosità f.

sportiness /ˈspɔːtɪnɪs/ n. sportività f.

▷ **sporting** /ˈspɔːtɪŋ/ agg. **1** [*fixture, event*] sportivo; ***~ contacts*** contatti nell'ambiente sportivo; ***the ~ year*** la stagione sportiva **2** *(fair, generous)* [*offer*] generoso; ***it's very ~ of you, him to do*** è molto generoso da parte tua, sua fare; ***a ~ gesture*** un gesto di lealtà; ***to give sb., have a ~ chance of winning*** dare a qcn., avere buone probabilità di vittoria; ***there is a ~ chance that they'll win*** ci sono buone probabilità che vincano.

sporting house /ˈspɔːtɪŋˌhaʊs/ n. AE ANT. **1** *(brothel)* casa f. di piacere, casa f. d'appuntamenti **2** *(for gambling)* casa f. da gioco.
sportingly /ˈspɔːtɪŋlɪ/ avv. sportivamente, lealmente, generosamente.
sportive /ˈspɔːtɪv/ agg. ANT. LETT. giocoso, scherzoso.
sportively /ˈspɔːtɪvlɪ/ avv. ANT. LETT. giocosamente, scherzosamente.
sportiveness /ˈspɔːtɪvnɪs/ n. ANT. LETT. giocosità f., scherzosità f.
sports car /ˈspɔːtskɑː(r)/ n. auto f. sportiva.
sportscast /ˈspɔːtskɑːst, AE -kæst/ n. AE cronaca f. sportiva, trasmissione f. sportiva.
sportscaster /spɔːtsˌkɑːstə(r), AE -ˌkæstər/ ➧ *27* n. AE giornalista m. e f. sportivo (-a).
sports centre BE, **sports center** AE /ˈspɔːtsˌsentə(r)/ n. centro m. sportivo.
sports channel /ˈspɔːtsˌtʃænl/ n. canale m. sportivo.
sports club /ˈspɔːtsklʌb/ n. club m. sportivo, circolo m. sportivo, società f. sportiva.
sports day /ˈspɔːtsdeɪ/ n. BE SCOL. = giornata di competizioni sportive all'aperto, riunione di atletica all'aperto.
sports desk /ˈspɔːtsdesk/ n. redazione f. sportiva.
sports ground /ˈspɔːtsgraʊnd/ n. *(large)* stadio m.; *(in school, club etc.)* campo m. sportivo.
sports hall /ˈspɔːtshɔːl/ n. palestra f.
sports jacket /ˈspɔːtsˌdʒækɪt/ n. BE giacca f. sportiva da uomo.
sportsman /ˈspɔːtsmən/ n. (pl. **-men**) sportivo m.
sportsmanlike /ˈspɔːtsmənlaɪk/ agg. **1** sportivo **2** *(fair)* leale, corretto.
sportsmanship /ˈspɔːtsmænʃɪp/ n. *(skill in sports)* sportività f.; *(generous behaviour)* FORM. lealtà f., correttezza f.
sportsmen /ˈspɔːtsmen/ → **sportsman**.
sports page /ˈspɔːtspeɪdʒ/ n. pagina f. sportiva.
sportsperson /ˈspɔːtspɜːsn/ n. *(sportsman)* sportivo m.; *(sportswoman)* sportiva f.
sports shirt /ˈspɔːtsʃɜːt/ n. maglia f.
sportswear /ˈspɔːtsweə(r)/ n. sportswear m., abbigliamento m. sportivo.
sportswoman /ˈspɔːtsˌwʊmən/ n. (pl. **-women**) sportiva f.
sports writer /ˈspɔːtsˌraɪtə(r)/ ➧ *27* n. redattore m. (-trice) sportivo (-a).
sport utility vehicle /ˌspɔːtjuːˈtɪlətɪˌvɪəkl, AE -ˌviːhɪkl/ n. sport utility f., SUV m.
sporty /ˈspɔːtɪ/ agg. COLLOQ. **1** *(fond of sport)* sportivo, appassionato di sport; ***I'm not the ~ type*** non sono un tipo sportivo **2** [*trousers, shirt*] elegante, chic.
sporule /ˈspɒrjuːl/ n. sporula f.
▶ **1.spot** /spɒt/ n. **1** *(dot) (on animal)* macchia f., chiazza f.; *(on fabric, wallpaper)* pois m.; *(on dice, domino, card)* punto m.; ***a red dress with white ~s*** un abito rosso a pois bianchi; ***to see ~s before one's eyes*** vedere delle macchioline **2** *(stain)* macchia f., chiazza f.; ***a grease, rust ~*** una macchia di grasso, di ruggine **3** *(pimple)* pustola f., brufolo m.; ***to have ~s*** avere i brufoli; ***to come out in ~s*** riempirsi di brufoli; ***chocolate brings me out in ~s*** la cioccolata mi fa venire i brufoli **4** *(place)* luogo m., posto m., punto m.; ***to be on the ~*** essere sul posto; *(of police)* essere sul posto *o* essere sul luogo; ***our correspondent on the ~, Paula Cox*** la nostra corrispondente sul posto, Paula Cox; ***to decide, agree on the ~*** decidere, mettersi d'accordo seduta stante *o* su due piedi; ***that whisky hit the ~ nicely*** COLLOQ. quel whisky era proprio quello che ci voleva **5** COLLOQ. *(small amount)* ***a ~ of cream*** un po' di crema; ***a ~ of whisky*** un goccio di whisky; ***a ~ of exercise*** un po' di esercizio; ***a ~ of sightseeing*** un breve giro turistico; ***would you like a ~ of lunch?*** ti va qualcosa per pranzo? ***to have*** o ***be in a ~ of bother (with)*** avere un bel grattacapo (con) **6** *(drop)* goccia f. **7** COLLOQ. *(difficulty)* pasticcio m., guaio m.; ***to be in a (tight) ~*** essere nei pasticci; ***to put sb. on the ~*** *(in an awkward situation)* mettere qcn. in imbarazzo; *(by asking a difficult question)* mettere qcn. alle strette **8** comunicato m. pubblicitario **9** TELEV. RAD. *(regular slot)* spazio m. fisso, passaggio m. fisso **10** *(position)* ***this record has been on the top ~ for two weeks*** questo disco è in cima alle classifiche da due settimane; ***this book has the number one ~ on the bestseller list*** questo libro è al numero uno dei libri più venduti **11** *(moral blemish)* macchia f., onta f.; ***the scandal is a ~ on his reputation*** lo scandalo è una macchia per la sua reputazione **12** *(light)* CINEM. TEATR. riflettore m., spot m.; *(in home, display)* faretto m. **13** SPORT *(for penalty kick)* dischetto m. (del rigore); *(for snooker ball)* acchito m. **14** AE COLLOQ. *(nightclub)* locale m. notturno, night m. **15 -spot** in composti AE *(banknote)* ***a ten-, five-~*** una banconota da dieci, cinque dollari; *(billiard ball)* ***the three-, five-~*** la palla numero tre, cinque ◆ ***to change one's ~s*** cambiare vita *o* cambiare abitudini; ***to knock ~s off sth., sb.*** superare di gran lunga qcs., qcn.; ***this car knocks ~s off other models*** COLLOQ. questa macchina batte tutti gli altri modelli; ***she knocked ~s off the champion*** COLLOQ. ha stracciato il campione; ***to hit the high ~s*** AE raggiungere il culmine.
2.spot /spɒt/ **I** tr. (forma in -ing ecc. **-tt-**) **1** *(see)* vedere, avvistare, individuare [*person*]; vedere, scorgere [*car, roadsign*]; vedere, individuare [*book*]; ***to ~ sb. doing*** vedere qcn. mentre sta facendo; ***to ~ that...*** vedere *o* scorgere che...; ***he was ~ted boarding a plane to Japan*** è stato visto mentre prendeva un aereo per il Giappone; ***well ~ted!*** che vista! **2** *(recognize)* riconoscere, distinguere [*car, person, symptoms*]; riconoscere [*opportunity*]; scoprire, individuare [*defect, difference*]; fiutare, scorgere [*bargain*]; scoprire, riconoscere [*talent*]; osservare [*birds, trains*]; ***you'll ~ him by his black beard*** lo riconoscerai dalla barba nera **3** AE COLLOQ. *(concede an advantage)* ***to ~ sb. sth.*** concedere qcs. a qcn. [*points*]; ***he ~ted me 20 metres*** mi ha concesso un vantaggio di 20 metri **4** *(stain)* macchiare [*carpet, shirt*]; ***the cloth is ~ted with grease*** lo straccio è sporco di grasso **II** impers. (forma in -ing ecc. **-tt-**) *(rain)* ***it's ~ting*** pioviggina.
spot cash /ˈspɒtkæʃ/ n. ECON. denaro m. contante, contanti m.pl.
spot check /ˌspɒtˈtʃek/ n. *(unannounced)* controllo m. improvviso (**on** su); *(random)* controllo m. casuale (**on** su); ***to carry out a ~*** eseguire un controllo a campione.
spot-check /ˌspɒtˈtʃek/ tr. *(randomly)* eseguire un controllo (qualità) a campione su [*goods*]; *(without warning)* eseguire un controllo a sorpresa su [*passengers*].
spot delivery /ˌspɒtdɪˈlɪvərɪ/ n. ECON. consegna f. immediata.
spot fine /ˈspɒtˌfaɪn/ n. multa f. conciliata (sul luogo dell'infrazione).
spot goods /ˈspɒtˌgʊdz/ n.pl. ECON. merci f. pronte.
spot height /ˈspɒtˌhaɪt/ n. GEOGR. altitudine f.
spotless /ˈspɒtlɪs/ agg. **1** *(clean)* immacolato **2** *(beyond reproach)* [*name, reputation*] senza macchia, irreprensibile.
spotlessly /ˈspɒtlɪslɪ/ avv. ***~ clean*** candido, immacolato, perfettamente pulito.
spotlessness /ˈspɒtlɪsnɪs/ n. candore m.
▷ **1.spotlight** /ˈspɒtlaɪt/ n. **1** *(light)* CINEM. TEATR. riflettore m., spot m.; *(in home)* faretto m. **2** FIG. *(focus of attention)* ***to be in*** o ***under the ~*** [*person*] essere sotto i riflettori; [*topic, issue*] essere al centro dell'interesse; ***the ~ is on Aids*** l'attenzione è puntata sull'AIDS; ***to turn*** o ***put the ~ on sb., sth.*** puntare i riflettori su qcn., qcs.; ***the media ~ has fallen on her*** ha attratto l'attenzione dei media.
2.spotlight /ˈspɒtlaɪt/ tr. (pass., p.pass. **-lit** o **-lighted**) **1** CINEM. TEATR. illuminare con i riflettori [*actor, area*] **2** FIG. *(highlight)* puntare i riflettori su [*problem, corruption*].
spot market /ˌspɒtˈmɑːkɪt/ n. ECON. spot market m., mercato m. a pronti.
spot-on /ˌspɒtˈɒn/ **I** agg. BE esatto, corretto, preciso; ***he was absolutely ~*** è stato precisissimo **II** avv. BE [*guess*] esattamente, con precisione; ***he hit the target ~*** centrò il bersaglio.
spot price /ˈspɒtˌpraɪs/ n. ECON. prezzo m. a pronti, corso m. a contanti.
spot rate /ˈspɒtˌreɪt/ n. ECON. tasso m. di cambio a pronti, tasso m. di cambio a vista.
spot remover /ˌspɒtrɪˈmuːvə(r)/ n. smacchiatore m.
spot sale /ˈspɒtˌseɪl/ n. ECON. vendita f. per consegna immediata.
spotted /ˈspɒtɪd/ **I** p.pass. → **2.spot II** agg. [*tie, fabric*] a pois; [*plumage*] macchiato, chiazzato; ***~ dog*** = cane dal mantello chiaro con chiazze scure, simile al dalmata.
spotted dick /ˌspɒtɪdˈdɪk/ n. BE GASTR. pudding m. con uva passa.
spotted fever /ˈspɒtɪdˌfiːvə(r)/ ➧ *11* n. meningite f. cerebrospinale.
spotted flycatcher /ˈspɒtɪdˌflaɪkætʃə(r)/ n. ZOOL. pigliamosche m.
spotter /ˈspɒtə(r)/ n. MIL. *(for artillery fire)* osservatore m.
spotter plane /ˈspɒtəˌpleɪn/ n. MIL. AER. aereo m. da ricognizione.
spot test /ˈspɒttest/ n. CHIM. spot test m., saggio m. alla tocca.
spottiness /ˈspɒtɪnɪs/ n. (l')essere macchiato, (l')essere chiazzato.
spotting /ˈspɒtɪŋ/ n. **U** MED. perdite f.pl. di sangue.
spot trader /ˈspɒtˌtreɪdə(r)/ n. ECON. operatore m. commerciale a pronti.
spot transaction /ˈspɒttrænˌzækʃn/ n. ECON. operazione f. a pronti, operazione f. a contanti.
spotty /ˈspɒtɪ/ agg. **1** *(pimply)* [*adolescent, skin*] brufoloso, foruncoloso; ***he's very ~*** è pieno di brufoli **2** *(patterned)* [*dress, fabric*] a pois; [*dog*] chiazzato, macchiato.
1.spot-weld /ˈspɒtweld/ n. saldatura f. a punti.
2.spot-weld /ˈspɒtweld/ tr. saldare a punti.
spot-welding /ˈspɒtweldɪŋ/ n. saldatura f. a punti.

▷ **spouse** /spaʊz, AE spaʊs/ n. coniuge m. e f., consorte m. e f.

1.spout /spaʊt/ n. **1** *(of kettle, teapot)* beccuccio m., becco m.; *(of tap)* bocca f. di uscita; *(of hose)* apertura f.; *(of fountain)* cannella f.; *(of gutter)* bocca f. di scarico **2** *(spurt) (of liquid)* getto m., zampillo m. ◆ ***to be up the ~*** BE COLLOQ. [*plan, scheme, life*] essere rovinato, distrutto; [*woman*] rimanere incinta, rimanerci.

2.spout /spaʊt/ **I** tr. **1** *(spurt)* [*pipe, fountain, geyser*] fare zampillare, fare sgorgare, sprizzare [*water*] **2** SPREG. *(recite)* declamare [*poetry, statistics, theories, advice*] (**at** a); ***he's always ~ing rubbish about the economy*** dice sempre un mucchio di sciocchezze sull'economia **II** intr. **1** *(spurt)* [*liquid*] scaturire, zampillare, sgorgare (**from, out of** da) **2** BE COLLOQ. SPREG. (anche **~ forth**) *(talk)* parlare a getto continuo (**about** di); ***stop ~ing at me!*** smettila di parlare a macchinetta! **3** [*whale*] soffiare.

▪ **spout out** scaturire, zampillare, sgorgare (**of, from** da).

spouter /ˈspaʊtə(r)/ n. oratore m. (-trice) da strapazzo, comiziante m. e f.

spouthole /ˈspaʊthəʊl/ n. ZOOL. sfiatatoio m.

sprag /spræg/ n. **1** MIN. *(roof prop)* puntello m. **2** *(stick)* = bastone inserito fra i raggi delle ruote per bloccarle.

1.sprain /spreɪn/ n. distorsione f., storta f.

2.sprain /spreɪn/ tr. ***to ~ one's ankle, wrist*** distorcersi la caviglia, il polso; ***to have a ~ed ankle*** avere una distorsione alla caviglia.

sprang /spræŋ/ pass. → **2.spring**.

sprat /spræt/ n. spratto m. ◆ ***to use a ~ to catch a mackerel*** = rischiare poco per ottenere molto.

▷ **1.sprawl** /sprɔːl/ n. *(of suburbs, buildings etc.)* espansione f. incontrollata; ***the ~ of Paris*** l'agglomerato urbano di Parigi; ***suburban ~*** sviluppo tentacolare delle periferie.

▷ **2.sprawl** /sprɔːl/ intr. [*person*] *(casually)* stravaccarsi, spaparanzarsi; *(exhaustedly)* crollare, accasciarsi; [*town, suburb*] espandersi in modo incontrollato; [*forest*] estendersi; [*handwriting*] essere grande e disordinato; ***she lay ~ed across the sofa*** era stravaccata sul divano; ***they sent him ~ing into the mud*** lo fecero cadere goffamente nel fango.

sprawling /ˈsprɔːlɪŋ/ agg. [*suburb, city*] tentacolare; [*handwriting*] grande e disordinato; [*sentence*] prolisso; [*position*] stravaccato.

1.spray /spreɪ/ n. *(of flowers) (bunch)* fascio m.; *(single branch)* frasca f., ramoscello m.; *(single flowering stem)* stelo m.

▷ **2.spray** /spreɪ/ **I** n. **1** U *(seawater)* spruzzi m.pl.; ***clouds of ~*** nuvole di spruzzi; *(other liquid)* nubi di goccioline **2** *(container) (for perfume)* vaporizzatore m.; *(for antifreeze, deodorant, paint etc.)* bomboletta f.; *(for inhalant, throat, nose)* nebulizzatore m.; ***garden ~*** polverizzatore da giardino **3** *(shower) (of sparks)* fascio m.; *(of bullets)* scarica f. **II** modif. [*deodorant, paint, polish, starch*] spray.

▷ **3.spray** /spreɪ/ **I** tr. **1** spruzzare, vaporizzare, nebulizzare [*water, liquid*]; aspergere [*person*] (**with** con); gettare acqua su [*demonstrator, oil slick*] (**with** con); ***to ~ foam, water onto fire*** gettare schiuma, acqua sul fuoco; ***to ~ water onto flowers*** irrorare *o* vaporizzare i fiori con l'acqua; ***to ~ paint onto a surface*** spruzzare vernice su una superficie; ***to ~ insecticide onto flowers*** nebulizzare i fiori con l'insetticida; ***to ~ sth. over sb., sth.*** annaffiare *o* spruzzare qcn., qcs. con qcs. [*champagne, water*]; ***to ~ on perfume*** profumarsi *o* mettersi del profumo **2** FIG. ***to ~ sb., sth. with*** crivellare qcn., qcs. di [*bullets*] **II** intr. schizzare, zampillare, sprizzare; *(more violently)* sgorgare; ***to ~ over, out of sth.*** zampillare su, fuori da qcs.

spray attachment /ˈspreɪəˌtætʃmənt/ n. ugello m.

spray can /ˈspreɪkæn/ n. bomboletta f. spray.

spray compressor /ˈspreɪkəmˌpresə(r)/ n. compressore m. a spruzzo.

sprayer /ˈspreɪə(r)/ n. spruzzatore m., vaporizzatore m.

spray gun /ˈspreɪˌgʌn/ n. pistola f. a spruzzo.

spray-on /ˈspreɪɒn/ agg. [*conditioner, glitter*] spray, a spruzzo.

spray paint /ˈspreɪˌpeɪnt/ n. vernice f. a spruzzo.

spray-paint /ˈspreɪˌpeɪnt/ tr. verniciare a spruzzo [*car*]; [*graffiti artist*] tracciare con (una) bomboletta spray [*slogan*].

1.spread /spred/ n. **1** *(dissemination) (of disease, infection)* diffusione f., propagazione f., trasmissione f.; *(of drugs, weapons)* diffusione f.; *(of news, information)* diffusione f., divulgazione f.; *(of democracy)* progresso m.; *(of education)* estensione f., allargamento m., diffusione f.; ***the ~ of sth. to*** l'estensione di qcs. a [*group, area, place*] **2** *(extent, range) (of wings, branches)* apertura f.; *(of arch)* campata f., passata f.; *(of products, services)* gamma f., ventaglio m.; ***the ~ in terms of age in the class is quite wide*** nella classe ci sono persone di età molto diverse; ***the ~ of the festival is enormous*** il programma del festival è molto ricco; ***~ of sail*** o ***canvas*** MAR. l'ampiezza della vela **3** GIORN. ***a three-column ~*** un articolo a tre colonne; ***double-page ~*** articolo *o* pubblicità su pagina doppia **4** GASTR. pasta f. spalmabile; ***chocolate ~*** crema di cioccolato da spalmare; ***salmon, shrimp ~*** crema al salmone, ai gamberetti; ***low-fat ~*** *(margarine)* margarina dietetica; ***fruit ~*** marmellata (da spalmare sui dolci) **5** *(assortment of dishes)* banchetto m., lauto pranzo m.; ***they laid on a magnificent ~*** imbandirono riccamente la tavola **6** AE grande fattoria f.

▶ **2.spread** /spred/ **I** tr. (pass., p.pass. **spread**) **1** *(open out, unfold)* aprire, spiegare, (di)stendere [*cloth, map, newspaper*] (**on, over** su); *(lay out)* stendere [*rug*] (**on, over** su); *(put)* mettere, (di)stendere [*cloth, sheet, newspaper*]; ***we spread dust sheets over the furniture*** abbiamo messo dei teli sui mobili per ripararli dalla polvere; ***to ~ a cloth on the table*** stendere una tovaglia sul tavolo; ***she spread her arms wide in greeting*** spalancò le braccia in segno di saluto; ***the peacock spread its tail, its wings*** il pavone sventagliò la sua coda, spiegò le ali; ***~ 'em!*** COLLOQ. *(police command)* allarghi le braccia e le gambe! **2** *(apply in layer)* spalmare, stendere [*butter, jam, paste, glue*] (**on, over** su); ***~ the butter thinly on the bread*** spalmare un sottile strato di burro sul pane **3** *(cover with layer)* ***to ~ some bread with jam*** spalmare la marmellata sul pane; ***to ~ a surface with glue*** ricoprire una superficie di colla; ***a biscuit spread with honey*** un biscotto spalmato con del miele; ***the table was spread for lunch*** la tavola era apparecchiata per il pranzo; ***the path had been spread with gravel*** il sentiero era stato cosparso di ghiaia **4** *(distribute over area)* distribuire, dislocare [*forces, troops*]; stendere, spiegare [*cards, documents*]; spandere [*fertilizer*]; dividere, ripartire [*workload, responsibility*]; ***to ~ grit*** o ***sand*** spargere sabbia; ***to ~ mud everywhere*** sporcare tutto di fango; ***the resources must be evenly spread between the two projects*** le risorse devono essere equamente distribuite fra i due progetti; ***we have to ~ our resources very thin(ly)*** dobbiamo gestire molto oculatamente le nostre risorse; ***my interests are spread over several historical periods*** mi occupo di diversi periodi storici **5** (anche **~ out**) *(distribute in time, space out)* distribuire, scaglionare [*payments, cost*]; distanziare [*meetings, visits*]; ***I'd like to ~ the course (out) over two years*** vorrei suddividere il corso in due anni **6** *(diffuse, cause to proliferate)* diffondere, propagare, trasmettere [*disease, infection, germs*]; propagare [*fire*]; diffondere [*religion*]; seminare, disseminare [*fear, confusion, panic*]; diffondere, divulgare [*rumour, story, lie, scandal*]; ***a strong wind helped to ~ the blaze*** un forte vento contribuì a propagare l'incendio; ***to ~ sth. to sb.*** trasmettere qcs. a qcn. [*infection*]; comunicare qcs. a qcn. [*news*]; ***wind spread the fire to neighbouring buildings*** il vento propagò il fuoco agli edifici vicini; ***can you ~ the word?*** puoi passare parola? ***to ~ the word that*** fare circolare la voce che; ***word had been spread among the staff that*** fra il personale si era diffusa la voce che; ***to ~ the Word*** RELIG. predicare la Buona Novella *o* il Vangelo **II** intr. (pass., p.pass. **spread**) **1** [*butter, margarine, jam, glue*] spalmarsi, stendersi; ***"~s straight from the fridge"*** "si spalma facilmente subito dopo averlo tolto dal frigo" **2** *(cover area or time, extend)* [*forest, desert, network*] estendersi (**over** su); [*drought*] prolungarsi (**over** per); [*experience*] durare (**over** per); ***training can ~ over several months*** la formazione può durare per molti mesi **3** *(proliferate, become more widespread)* [*disease, infection, germs*] diffondersi, propagarsi, trasmettersi; [*fire*] propagarsi; [*fear, confusion, panic*] disseminarsi, diffondersi; [*rumour, story, scandal*] diffondersi, divulgarsi; [*stain*] spandersi; [*pain*] propagarsi, irradiarsi; ***the rumour was ~ing that*** si andava diffondendo la voce che; ***to ~ over sth.*** [*epidemic, disease*] propagarsi a qcs., diffondersi in qcs. [*area*]; ***the news spread rapidly over the whole town*** la notizia si diffuse rapidamente in tutta la città; ***the stain, the damp has spread over the whole wall*** la macchia, l'umidità si è estesa su tutto il muro; ***to ~ to*** [*fire*] propagarsi a [*building*]; [*disease, rioting, strike*] estendersi a [*region*]; ***the panic spread to the people in the street*** il panico si disseminò fra la gente in strada; ***the fire spread from one room to another*** l'incendio si propagò da una stanza all'altra; ***the disease spread from the liver to the kidney*** la malattia si irradiò dal fegato al rene; ***the weeds spread from the garden to the path*** le erbacce del giardino coprivano il vialetto; ***rain will ~ to the north, to most regions during the night*** la pioggia raggiungerà il nord, si estenderà a quasi tutte le regioni durante la notte **III** rifl. (pass., p.pass. **spread**) ***to ~ oneself*** *(take up space)* distendersi, allungarsi; *(talk, write at length)* dilungarsi, diffondersi; ***he spread himself over the sofa*** si sdraiò sul divano ◆ ***to ~ oneself too thin*** mettere troppa carne al fuoco; ***to ~ one's wings*** spiccare il volo.

▪ **spread around, spread about:** ***~ [sth.] around*** diffondere, divulgare [*rumour*]; ***he's been ~ing it around that*** ha messo in giro la voce che.

▪ **spread out:** **~ out** [*group*] disperdersi (**over** su); [*wings, tail*] spiegarsi; [*landscape, town, woods*] estendersi; **~ out!** sparpagliatevi! **~ [sth.] out, ~ out [sth.]** 1 *(open out, unfold)* aprire, spiegare, (di)stendere [*cloth, map, newspaper*] (**on, over** su); *(lay, flatten out)* stendere [*rug*] (**on, over** su); ***she lay spread out on the carpet*** era sdraiata sulla moquette; ***the whole town was spread out below them*** tutta la città si stendeva sotto di loro 2 *(distribute over area)* stendere, spiegare [*cards, maps*]; sparpagliare [*trinkets*]; distribuire, dislocare [*forces, troops*]; ***the houses were spread out all over the valley*** le case erano sparse in tutta la valle; ***you're too spread out, I can't get you all in the photo*** siete troppo distanti fra voi, non riesco a farvi entrare tutti nella foto.

3.spread /spred/ I pass., p.pass. → **2.spread** II agg. LING. [*lips*] teso.

spread eagle /ˌspred'i:gl/ n. ARALD. aquila f. spiegata.

spread-eagled /ˌspred'i:gld/ agg. a braccia e gambe larghe, divaricate.

spreader /'spredə(r)/ n. AGR. spandiconcime m., spandiletame m.

spreadsheet /'spredʃi:t/ n. INFORM. spreadsheet m., foglio m. elettronico.

spree /spri:/ n. ***to go on a ~*** *(drinking)* fare bisboccia; ***to go on a shopping ~*** fare delle spese pazze; ***to go on a spending ~*** fare delle spese folli; ***a drinking ~*** una grande bevuta; ***crime ~*** una serie di crimini; ***to go on a killing ~*** fare una carneficina.

spree killer /'spri:ˌkɪlə(r)/ n. pazzo m. (-a) omicida (che spara nel mucchio).

1.sprig /sprɪg/ n. 1 *(small branch)* rametto m., ramoscello m.; ***a ~ of thyme, mistletoe*** un rametto di timo, vischio 2 *(design)* disegno m. a fiorami.

2.sprig /sprɪg/ tr. *(ornament)* ornare a fiorami [*fabric*].

sprigged /sprɪgd/ I p.pass. → **2.sprig** II agg. [*fabric, curtains*] a fiorami.

sprightliness /'spraɪtlɪnɪs/ n. vivacità f., allegria f.. brio m.

sprightly /'spraɪtlɪ/ agg. vivace, allegro, brioso.

▶ **1.spring** /sprɪŋ/ I n. ♦ *26* 1 *(season)* primavera f.; ***in the ~*** in primavera; ***~ is in the air*** c'è aria di primavera; ***~ has sprung*** è arrivata la primavera 2 TECN. *(coil)* molla f. (a spirale); ***to be like a coiled ~*** FIG. *(ready to pounce)* essere pronto a scattare; *(tense)* essere teso come una corda di violino 3 *(leap)* balzo m., salto m., scatto m.; ***with a ~*** di scatto *o* d'un balzo 4 *(elasticity)* elasticità f.; ***there's not much ~ in this mattress*** questo materasso è un po' duro; ***to have a ~ in one's step*** camminare a passo sciolto; ***the good news put a ~ in his step*** la buona notizia gli conferì un'andatura scattante 5 *(water source)* sorgente f., fonte f. II modif. [*weather, flowers, shower, sunshine*] primaverile; [*day*] primaverile, di primavera; [*equinox, election*] di primavera.

2.spring /sprɪŋ/ I tr. (pass. **sprang**; p.pass. **sprung**) 1 *(set off)* fare scattare [*trap, lock*]; fare brillare [*mine*] 2 *(develop)* ***to ~ a leak*** [*tank, barrel*] cominciare a perdere (dopo l'apertura di una falla); ***the boat has sprung a leak*** si è aperta una falla nella barca 3 *(cause to happen unexpectedly)* ***to ~ sth. on sb.*** comunicare di punto in bianco qcs. a qcn. [*news, plan*]; ***to ~ a surprise*** fare una sorpresa (**on** a); ***I hope they don't ~ anything on us at the meeting*** spero che non ci facciano delle sorprese alla riunione 4 COLLOQ. *(liberate)* fare evadere, liberare [*prisoner*] 5 VENAT. alzare, levare [*bird, game*] II intr. (pass. **sprang**; p.pass. **sprung**) 1 *(jump)* saltare, balzare; ***to ~ across sth.*** attraversare qcs. con un salto; ***to ~ at sb.*** [*dog, tiger*] avventarsi contro qcn.; [*person*] balzare contro qcn. *o* scagliarsi contro qcn.; ***to ~ from, over sth.*** saltare da, su qcs.; ***she sprang onto the stage, up the steps*** balzò sul palcoscenico, salì di corsa le scale; ***to ~ to one's feet*** balzare in piedi; ***to ~ to fame*** diventare improvvisamente famoso 2 *(move suddenly)* ***to ~ open, shut*** [*door, panel*] aprirsi, chiudersi di scatto; ***to ~ into action*** [*team, troops*] passare all'azione; ***to ~ to attention*** [*guards*] scattare sull'attenti; ***to ~ to sb.'s defence, aid*** accorrere in difesa, in aiuto di qcn.; ***to ~ to sb.'s rescue*** precipitarsi in soccorso di qcn.; ***tears sprang to his eyes*** gli vennero le lacrime agli occhi; ***the first name that sprang to mind was Rosie*** il primo nome che venne in mente fu quello di Rosie; ***to ~ into*** o ***to life*** [*machine, motor*] accendersi 3 *(originate)* ***to ~ from*** nascere da *o* essere dettato da *o* scaturire da [*jealousy, fear, idea, suggestion, prejudice*]; ***where did these people ~ from?*** da dove sono spuntate quelle persone? ***where do these files, boxes ~ from?*** da dove saltano fuori queste pratiche, scatole?

▪ **spring back** 1 *(step back)* [*person*] balzare all'indietro; ***he sprang back in surprise*** sobbalzò per la sorpresa 2 *(return to its position)* [*lever, panel*] tornare a posto, chiudersi di scatto.

▪ **spring for** AE **~ for [sth.]** sborsare per.

▪ **spring up** 1 *(get up)* [*person*] alzarsi di scatto, balzare in piedi 2 *(appear)* [*problem*] sorgere, presentarsi; [*weeds, flowers*] spuntare, nascere; [*building*] spuntare, apparire; [*wind, storm*] alzarsi; [*craze, trend*] nascere, propagarsi; ***to ~ up out of nowhere*** [*celebrity, building*] spuntare fuori dal nulla.

spring balance /ˌsprɪŋ'bæləns/ n. bilancia f. a molla.

spring binder /ˌsprɪŋ'baɪndə(r)/ n. raccoglitore m. a molla.

springboard /'sprɪŋbɔ:d/ n. SPORT trampolino m. (di lancio) (**to, for** per) (anche FIG.).

springbok /'sprɪŋbɒk/ n. ZOOL. antilope f. saltante.

spring chicken /ˌsprɪŋ'tʃɪkɪn/ n. GASTR. pollo m. novello ◆ ***he's no ~*** ha parecchie primavere.

spring-clean /ˌsprɪŋ'kli:n/ tr. fare le pulizie pasquali, di primavera in [*house*].

spring-cleaning /ˌsprɪŋ'kli:nɪŋ/ n. pulizie f.pl. pasquali, pulizie f.pl. di primavera.

spring-clip /'sprɪŋˌklɪp/ n. molletta f. di fissaggio.

springe /sprɪndʒ/ n. VENAT. laccio m.

springer /'sprɪŋə(r)/ n. 1 *(person)* saltatore m. (-trice); *(thing)* = cosa che salta 2 ARCH. imposta f. (di un arco) 3 ZOOL. → **springbok** 4 ZOOL. = cane di razza spaniel 5 *(cow near to calving)* = mucca che sta per figliare.

spring fever /ˌsprɪŋ'fi:və(r)/ n. *(restless feeling)* smania f.; *(lethargic feeling)* astenia f. primaverile.

spring frame /'sprɪŋˌfreɪm/ n. telaio m. molleggiato.

spring greens /ˌsprɪŋ'gri:nz/ n.pl. BE GASTR. = foglie di cavolo novello.

spring gun /'sprɪŋˌgʌn/ n. fucile m. a molla.

spring-halt /'sprɪŋˌhɔ:lt/ n. VETER. sparaguagno m.

spring hammer /'sprɪŋˌ'hæmə(r)/ n. maglio m. elastico.

springiness /'sprɪŋɪnɪs/ n. elasticità f., agilità f.

springlet /'sprɪŋlɪt/ n. piccola sorgente f.

spring-like /'sprɪŋlaɪk/ agg. primaverile.

spring-loaded /ˌsprɪŋ'ləʊdɪd/ agg. (caricato) a molla.

spring lock /'sprɪŋˌlɒk/ n. serratura f. a scrocco.

spring mattress /'sprɪŋˌmætrɪs/ n. materasso m. a molle.

spring onion /ˌsprɪŋ'ʌnɪən/ n. BE GASTR. cipollina f.

spring roll /ˌsprɪŋ'rəʊl/ n. GASTR. involtino m. primavera.

spring-scale /'sprɪŋˌskeɪl/ n. AE → **spring balance**.

springtide /'sprɪŋtaɪd/ n. ANT. LETT. primavera f.

spring tide /ˌsprɪŋ'taɪd/ n. MAR. METEOR. marea f. sizigiale.

springtime /'sprɪŋtaɪm/ n. primavera f. (anche FIG.); ***in the ~*** in primavera *o* nella stagione primaverile.

spring vegetable /'sprɪŋˌvedʒtəbl/ n. = verdura che matura in primavera.

spring water /'sprɪŋˌwɔ:tə(r)/ n. acqua f. di sorgente, acqua f. sorgiva.

springy /'sprɪŋɪ/ agg. [*mattress, seat*] a molle; [*floorboards, ground, curls*] elastico.

1.sprinkle /'sprɪŋkl/ I n. *(of salt, flour)* pizzico m. (**of** di); *(of herb)* spruzzo m., spolverata f.; ***a ~ of rain*** uno spruzzo di pioggia II **sprinkles** n.pl. GASTR. *(decoration)* piccoli confetti m.

2.sprinkle /'sprɪŋkl/ tr. 1 ***to ~ sth. with sth., to ~ sth. on*** o ***over sth.*** spargere [qcs.] su qcs., cospargere qcs. di [qcs.] [*salt*]; spolverare qcs. di [qcs.] [*sugar*]; cospargere qcs. con [qcs.] [*herbs*]; ***to ~ sth. with water*** spruzzare acqua su qcs.; ***to ~ a cake with brandy*** bagnare una torta con il brandy; ***to ~ oneself with talc*** mettersi il borotalco; ***to ~ a speech with quotations*** infarcire un discorso di citazioni 2 *(water)* irrigare [*lawn*].

▷ **sprinkled** /'sprɪŋkld/ I p.pass. → **2.sprinkle** II agg. **~ *with*** con un pizzico di, cosparso di [*salt*]; con una spolverata di [*sugar*]; cosparso di [*herbs, flowers*]; infarcito di [*quotations, mistakes*].

sprinkler /'sprɪŋklə(r)/ n. 1 *(for lawn)* macchina f. irroratrice 2 *(for field) (large, rotating)* irrigatore m. a pioggia; *(smaller)* annaffiatoio m. 3 *(to extinguish fires)* sprinkler m.

sprinkler ban /'sprɪŋkləˌbæn/ n. = divieto di irrorare campi e giardini.

sprinkler system /'sprɪŋkləˌsɪstəm/ n. *(of building)* impianto m. a sprinkler.

sprinkling /'sprɪŋklɪŋ/ n. 1 *(of salt, powder)* pizzico m.; *(of sugar)* spolverata f. (**of** di); *(of snow)* spruzzata f.; *(of rain)* spruzzata f., annaffiata f.; ***a ~ of an audience*** FIG. un po' d'attenzione 2 *(of lawn)* irrigazione f.; ***to need a ~*** avere bisogno di essere bagnato.

▷ **1.sprint** /sprɪnt/ n. 1 *(act of sprinting)* sprint m. 2 *(race)* corsa f. veloce; ***the final ~*** lo sprint finale (anche FIG.).

▷ **2.sprint** /sprɪnt/ intr. effettuare uno sprint; SPORT sprintare; ***he ~ed past them*** li superò con uno sprint.

sprinter /'sprɪntə(r)/ n. sprinter m. e f.

sprit /sprɪt/ n. livarda f., balestrone m.
sprite /spraɪt/ n. folletto m., spiritello m.
spritsail /ˈsprɪtseɪl/ n. vela f. a tarchia.
spritzer /ˈsprɪtsə(r)/ n. = bevanda a base di vino bianco con una spruzzata di acqua di soda.
sprocket /ˈsprɒkɪt/ n. **1** (anche **~ wheel**) ruota f. dentata; *(of cinema projector)* rocchetto m. **2** *(cog)* dente m. (di ingranaggio).
sprog /sprɒg/ n. BE COLLOQ. **1** *(child)* bambino m. (-a), marmocchio m. (-a) **2** MIL. COLLOQ. *(new recruit)* spina f.
▷ **1.sprout** /spraʊt/ n. **1** BOT. *(on plant, tree, potato)* germoglio m., getto m. **2** (anche **Brussels ~**) cavoletto m. di Bruxelles, cavolino m. di Bruxelles.
▷ **2.sprout** /spraʊt/ **I** tr. fare crescere [*beard, moustache*]; ***to ~ shoots*** germogliare; ***the trees are ~ing new growth*** gli alberi germogliano nuovamente; ***the city has ~ed several small cinemas*** nella città sono spuntati molti piccoli cinema **II** intr. **1** BOT. [*bulb, tuber, onion, seed, shoot*] germogliare; [*grass, weeds*] spuntare; ***buds are ~ing on the trees*** gli alberi stanno germogliando; ***grass was ~ing out of cracks in the path*** l'erba spuntava fra le crepe del vialetto **2** *(develop)* [*antlers, horns*] spuntare; FIG. [*child*] crescere velocemente; ***he has hair ~ing from his ears*** ha i peli che gli escono dalle orecchie **3** FIG. *(appear)* → **sprout up**.
■ **sprout up** [*plants*] spuntare; FIG. [*buildings, suburbs*] spuntare come funghi.
1.spruce /spru:s/ n. **1** (anche **~ tree**) picea f., abete m.; ***white ~*** abete bianco **2** *(wood)* bosco m. di abeti, abetaia f.
2.spruce /spru:s/ agg. [*person*] ordinato, azzimato, agghindato; [*clothes*] impeccabile, elegante; [*house*] lindo, tirato a lucido; [*garden*] ordinato, curato.
3.spruce /spru:s/ **I** tr. agghindare, adornare, azzimare **II** intr. agghindarsi, adornarsi, azzimarsi.
■ **spruce up:** ~ **up** ***[sth., sb.]***, ~ ***[sth., sb.]*** **up** agghindare, adornare, azzimare [*person*]; tirare a lucido [*house*]; curare, tenere in ordine [*garden*]; ***to ~ oneself up*** agghindarsi *o* farsi bello; ***you need to ~ yourself up a bit!*** hai bisogno di darti una sistemata! ***all ~d up*** [*person*] tutto azzimato *o* tutto tirato; [*house*] pulitissimo *o* tirato a lucido; [*garden*] ordinatissimo *o* curatissimo.
spruce beer /ˈspru:sˌbɪə(r)/ n. = bevanda fermentata fatta con un estratto di foglie e ramoscelli d'abete rosso.
sprucely /ˈspru:slɪ/ avv. ~ ***dressed*** raffinatamente, elegantemente vestito.
spruceness /ˈspru:snɪs/ n. *(of person, clothes)* eleganza f., ricercatezza f.; *(of house)* pulizia f., nettezza f.; *(of garden)* ordine m.
spruce pine /ˈspru:sˌpaɪn/ n. picea f., abete m.
1.sprue /spru:/ n. TECN. *(part of mould)* canale m. di colata; *(metal or plastic residue)* materozza f.
2.sprue /spru:/ n. MED. sprue f.
sprung /sprʌŋ/ **I** p.pass. → **2.spring II** agg. [*chair, mattress*] a molle; ***a well-~ chair, bed*** una poltrona ben molleggiata, un letto ben molleggiato.
sprung rhythm /ˈsprʌŋˌrɪðəm/ n. LETTER. = verso irregolare in cui ogni piede è costituito da una sola sillaba accentata e da un numero imprecisato di sillabe non accentate.
spry /spraɪ/ agg. arzillo, vispo, vivace.
spryly /spraɪlɪ/ avv. vispamente, vivacemente.
spryness /spraɪnɪs/ n. vispezza f., vivacità f.
SPUC n. GB (⇒ Society for the Protection of the Unborn Child) = associazione antiabortista.
1.spud /spʌd/ n. **1** AGR. sarchio m. **2** COLLOQ. patata f.
2.spud /spʌd/ tr. (forma in -ing ecc. **-dd-**) AGR. sarchiare.
spud bashing /ˈspʌdˌbæʃɪŋ/ n. BE MIL. COLLOQ. = corvée che consiste nel pelare le patate.
spume /spju:m/ n. spuma f., schiuma f.
spun /spʌn/ **I** pass., p.pass. → **2.spin II** agg. [*glass, gold, sugar*] filato; ***hair like ~ gold*** LETT. chioma d'oro.
spunk /spʌŋk/ n. **1** COLLOQ. *(courage, spirit)* coraggio m., fegato m. **2** BE VOLG. *(semen)* sborra f.
spunky /ˈspʌŋkɪ/ agg. COLLOQ. coraggioso, che ha fegato.
spun silk /ˈspʌnsɪlk/ n. schappe f.
spun yarn /ˈspʌnjɑ:n/ n. MAR. commando m.
1.spur /spɜ:(r)/ n. **1** FIG. *(stimulus)* sprone m., stimolo m.; ***to be the ~ for*** o ***of sth.*** essere da sprone per qcs.; ***to act as a ~ to*** essere un incitamento a [*crime, action*] **2** *(for horse, on dog's or cock's leg)* sperone m.; ***to wear ~s*** avere gli speroni agli stivali; ***to dig in one's ~s*** dar di sprone **3** GEOL. contrafforte m. **4** FERR. (anche **~ track**) binario m. di raccordo ◆ ***on the ~ of the moment*** lì per lì *o* sul momento *o* d'impulso; ***a ~-of-the-moment decision*** una decisione impulsiva *o* presa su due piedi; ***to win one's ~s*** = affermarsi, distinguersi.
2.spur /spɜ:(r)/ **I** tr. (forma in -ing ecc. **-rr-**) FIG. **1** *(stimulate)* stimolare, incoraggiare [*economic growth, increase, advance*]; esortare a, incitare a [*action*]; sollecitare [*reaction, response*]; ***to ~ sb. to sth., to do*** incitare qcn. a qcs., a fare; ***to ~ sb. into action*** spronare qcn. all'azione; ***~red by this event,...*** incoraggiato da questo avvenimento,... **2** [*rider*] spronare, incitare [*horse*]; ***to ~ one's horse into a gallop*** lanciare il cavallo al galoppo **II** intr. (forma in -ing ecc. **-rr-**) LETT. *(ride hard)* ***to ~ towards sth.*** cavalcare a spron battuto verso qcs.
■ **spur forward** → **spur on**.
■ **spur on:** ~ ***on*** ANT. [*rider*] dar di sprone; ~ ***[sth.] on***, ~ ***on [sth.]*** [*rider*] incitare [*horse*] (**towards** verso); ~ ***on [sb.]***, ~ ***[sb.] on*** [*success, good sign*] spronare, stimolare; [*legislation, government*] incoraggiare; [*fear, threat*] spingere, indurre; [*example, hero*] esortare; ***to ~ sb. on to greater efforts*** spronare qcn. a compiere sforzi maggiori; ***~red on by their success*** incoraggiati dal loro successo.
spurge /spɜ:dʒ/ n. euforbia f.
spur gear /ˈspɜ:ˌgɪə(r)/ n. ingranaggio m. cilindrico (a denti diritti).
spurge laurel /ˈspɜ:dʒˌlɒrəl, AE -ˌlɔ:rəl/ n. laureola f.
spurious /ˈspjʊərɪəs/ agg. SPREG. [*argument, notion, allegation, claim, evidence, credentials*] falso; [*excuse*] falso, pretestuoso; [*documents*] apocrifo, spurio; [*sentiment*] fittizio, superficiale; [*glamour, appeal*] falso, fatuo.
spuriously /ˈspjʊərɪəslɪ/ avv. SPREG. falsamente, fittiziamente.
spuriousness /ˈspjʊərɪəsnɪs/ n. SPREG. falsità f., pretestuosità f., superficialità f.
1.spurn /spɜ:n/ n. ANT. sdegnoso rifiuto m., disprezzo m.
2.spurn /spɜ:n/ tr. rifiutare con sdegno, disprezzare [*advice, offer, help, gift*]; respingere [*suitor*].
spurner /ˈspɜ:nə(r)/ n. (di)sprezzatore m. (-trice).
spurred /spɜ:d/ **I** p.pass. → **2.spur II** agg. **1** *(wearing spurs)* speronato **2** ZOOL. speronato.
spur road /ˈspɜ:rəʊd/ n. BE strada f. di raccordo.
spur-rowel /ˈspɜ:ˌraʊl/ n. *(rowel)* speronella f.
spurry /ˈspɜ:rɪ/ n. renaiola f., spergula f.
1.spurt /spɜ:t/ n. **1** *(gush) (of water, blood)* zampillo m., fiotto m.; *(of oil)* schizzo m.; *(of flame)* guizzo m.; *(of steam)* getto m.; ***to come out in ~s*** [*liquid*] uscire a fiotti **2** *(burst) (of energy)* guizzo m.; *(of activity)* scoppio m., impeto m.; *(of enthusiasm)* ondata f., ventata f.; ***a ~ of growth*** una crescita improvvisa; ***to put on a ~*** [*runner, cyclist*] scattare *o* fare uno sprint; [*worker*] lavorare di gran lena; ***to do sth. in ~s*** fare qcs. a scatti.
2.spurt /spɜ:t/ **I** tr. ***to ~ flames*** [*pot*] sputare fiamme; ***the wound was ~ing blood*** il sangue usciva a fiotti dalla ferita; ***the pipes are ~ing water*** l'acqua sgorga dai tubi **II** intr. **1** *(gush)* [*liquid*] zampillare, schizzare, sgorgare (**from**, **out of** da, fuori da); [*flames*] propagarsi (**from**, **out of** da, fuori da) **2** *(speed up)* [*runner, cyclist*] scattare, sprintare.
■ **spurt out:** ~ ***out*** [*flames*] propagarsi; [*liquid*] zampillare, schizzare, sgorgare; ~ ***out [sth.]***, ~ ***[sth.] out*** fare zampillare, fare sgorgare [*blood, water*].
spur track /ˈspɜ:træk/ n. FERR. binario m. di raccordo.
spur wheel /ˈspɜ:wi:l, AE -hwi:l/ n. ruota f. dentata cilindrica (a denti diritti).
sputnik /ˈspʊtnɪk/ n. sputnik m.
sputter /ˈspʌtə(r)/ → **1.splutter**, **2.splutter**.
sputum /ˈspju:təm/ n. **U** espettorato m., escreato m.
▷ **1.spy** /spaɪ/ **I** n. *(political, industrial)* spia f.; *(for police)* informatore m. (-trice); ***to work as a ~ for sb.*** essere una spia di qcn. **II** modif. [*film, novel, network, scandal*] di spionaggio; [*trial*] per spionaggio.
▷ **2.spy** /spaɪ/ **I** tr. individuare, distinguere [*figure, object*]; ***she spied them approaching the window*** li vide avvicinarsi alla finestra **II** intr. **1** POL. ***to ~ on*** spiare [*army, military, manoeuvres*]; ***to ~ for sb.*** essere la spia di qcn. **2** FIG. *(observe)* ***to ~ on*** spiare [*person, movements*] ◆ ***I ~ with my little eye*** *(game)* è arrivato un bastimento carico di.
■ **spy out:** ~ ***out [sth.]***, ~ ***[sth.] out*** indagare su [*plan, activity*]; ***to ~ out the land*** tastare il terreno.
spy glass /ˈspaɪglɑ:s, AE -glæs/ n. cannocchiale m.
spyhole /ˈspaɪhəʊl/ n. spia f., spioncino m.
spying /ˈspaɪɪŋ/ n. spionaggio m.
spy-in-the-cab /ˌspaɪˌɪnðəˈkæb/ n. COLLOQ. tachigrafo m.
spy-in-the-sky /ˌspaɪˌɪnðəˈskaɪ/ n. COLLOQ. *(satellite)* satellite m. spia; *(aircraft)* aereo m. spia.

spymaster /ˈspaɪˌmɑːstə(r), AE -ˌmæstə(r)/ n. = capo di un'organizzazione spionistica.
spy ring /ˈspaɪrɪŋ/ n. organizzazione f. spionistica.
spy satellite /ˈspaɪˌsætəlaɪt/ n. satellite m. spia.
spy story /ˈspaɪˌstɔːrɪ/ n. spy story f., storia f. di spionaggio.
spyware /ˈspaɪweə(r)/ n. INFORM. spyware m.
sq. ⇒ square quadrato (q); ***10 ~ m*** 10 mq.
Sq ⇒ Square piazza (p.za).
Sqn Ldr n. BE (⇒ squadron leader) = maggiore di aeronautica.
squab /skwɒb/ n. **1** ZOOL. piccione m. (implume) **2** COLLOQ. SCHERZ. o SPREG. *(fat person)* ciccione m. (-a), grassone m. (-a) **3** BE *(cushion)* cuscino m.
1.squabble /ˈskwɒbl/ n. battibecco m., bisticcio m.
2.squabble /ˈskwɒbl/ intr. bisticciare, beccarsi (**over**, **about** su, per).
squabbler /ˈskwɒblə(r)/ n. attaccabrighe m. e f.
squabbling /ˈskwɒblɪŋ/ **I** n. **U** battibecchi m.pl., bisticci m.pl. **II** agg. attaccabrighe, litigioso.
squad /skwɒd/ n. squadra f., gruppo m.; MIL. squadra f., drappello m., pattuglia f.; SPORT *(from which team is selected)* selezione f., rosa f.; ***the Olympics ~*** la squadra olimpica; ***the England, Germany ~*** *(in football etc.)* la selezione inglese, tedesca.
squad car /ˈskwɒdˌkɑː(r)/ n. auto f. della polizia, volante f.
squaddie /ˈskwɒdɪ/ n. BE COLLOQ. soldato m. semplice.
▷ **squadron** /ˈskwɒdrən/ n. BE MIL. *(of armoured regiment)* squadrone m.; AER. MAR. squadriglia f.
squadron leader /ˈskwɒdrənˌliːdə(r)/ ◆ ***23*** n. BE AER. MIL. maggiore m. dell'aeronautica.
squadroom /ˈskwɒdruːm, -rʊm/ n. AE = sala riunioni in un posto di polizia.
squalene /ˈskweɪliːn/ n. squalene m.
squalid /ˈskwɒlɪd/ agg. [*house, furnishings, clothes*] squallido, misero; [*street, surroundings*] squallido, desolato; [*business, affair, story*] squallido, sordido.
squalidity /skwɒˈlɪdətɪ/, **squalidness** /ˈskwɒlɪdnəs/ n. squallidezza f.
1.squall /skwɔːl/ n. **1** METEOR. turbine m., raffica f. (**of** di); *(at sea)* groppo m. (di vento), burrasca f. **2** FIG. *(quarrel)* burrasca f., baruffa f.
2.squall /skwɔːl/ n. *(cry)* grido m., urlo m.
3.squall /skwɔːl/ intr. [*baby*] urlare, gridare.
squall line /ˈskwɔːlˌlaɪn/ n. METEOR. linea f. dei groppi.
squally /ˈskwɔːlɪ/ agg. [*wind*] a raffiche; [*day*] ventoso.
squalor /ˈskwɒlə(r)/ n. *(of house, street, conditions, surroundings, life)* squallore m.; ***to live in ~*** *(great poverty)* vivere nella miseria.
squama /ˈskweɪmə/ n. (pl. **-ae**) squama f.
squamate /ˈskweɪmeɪt/ agg. squamato.
squamose /ˈskweɪməʊs/, **squamous** /ˈskweɪməs/ agg. squamoso.
squander /ˈskwɒndə(r)/ tr. dilapidare, sperperare [*money, fortune, inheritance*]; sprecare [*opportunities, talents, resources, time*]; sciupare [*youth, health*]; ***to ~ one's money on gambling*** sperperare i propri soldi al gioco; ***to ~ one's money on a holiday, on drink*** dilapidare i propri soldi in una vacanza, nell'alcol.
squanderer /ˈskwɒndərə(r)/ n. scialacquatore m. (-trice), sperperatore m. (-trice).
squandering /ˈskwɒndərɪŋ/ n. sperpero m., dissipazione f.
▶ **1.square** /skweə(r)/ n. **1** *(in town)* piazza f.; *(in barracks)* piazzale m.; ***main ~*** piazza principale **2** *(four-sided shape)* quadrato m.; *(in board game, crossword)* casella f.; *(of glass, linoleum)* piastrella f., mattonella f.; ***to arrange, fold sth. into a ~*** disporre, piegare a forma di quadrato; ***to divide a page up into ~s*** quadrettare un foglio; ***a pattern of blue and white ~s*** una fantasia a quadratini blu e bianchi **3** MAT. *(second power)* quadrato m.; ***9 is the ~ of 3*** 9 è il quadrato di tre **4** TECN. *(for right angles)* squadra f. **5** COLLOQ. *(conventional person)* inquadrato m. (-a) **6 on the square** *(at 90°)* ad angolo retto; COLLOQ. *(honest)* retto, onesto; ***is the business on the ~?*** COLLOQ. l'affare è in regola? ***to do things on the ~*** fare le cose onestamente; ***to be on the ~*** BE COLLOQ. = essere un massone ◆ ***to go back to ~ one*** tornare al punto di partenza; ***to be back at ~ one*** essere di nuovo al punto di partenza; ***to be out of ~*** essere fuori squadra, fuori posto.
▶ **2.square** /skweə(r)/ ◆ ***31*** agg. **1** *(right-angled)* [*shape, hole, building, box, jaw, face, shoulders*] quadrato; *(correctly aligned)* allineato, dritto; ***the photo should be ~ with the frame*** la foto dovrebbe stare allineata con la cornice; ***the shelf isn't ~ with the sideboard*** lo scaffale non è parallelo alla credenza; ***a man of ~ build*** un uomo tozzo **2** MAT. METROL. [*metre, mile, kilometre, centimetre*] quadrato; ***four ~ metres*** quattro metri quadrati; ***an area four metres, kilometres ~*** un'area di quattro metri, chilometri quadrati; ***the Square Mile*** BE ECON. la City (di Londra) **3** FIG. *(balanced, level, quits)* ***to be (all) ~*** [*books, accounts*] essere in regola; [*people*] essere a posto, essere pari; [*teams, players*] essere pari; ***I'll give you £ 5 and we'll be ~*** ti do cinque sterline e siamo a posto; ***they're all ~ at two all, it's all ~ at two all*** sono tutti in parità, sono tutti a due punti; ***to get the accounts ~*** fare quadrare i conti **4** *(honest)* [*person, transaction*] onesto (**with** con); ***a ~ deal*** un affare onesto; ***to give sb. a ~ deal*** riservare a qcn. un trattamento onesto **5** COLLOQ. *(boring)* palloso, inquadrato.
3.square /skweə(r)/ avv. *(directly)* [*fall*] esattamente, ad angolo retto; [*hit, strike*] in pieno, proprio, dritto; ***he hit me ~ on the jaw*** mi ha dato un pugno dritto sulla mascella; ***she looked me ~ in the eye*** mi ha guardato dritto negli occhi.
4.square /skweə(r)/ tr. **1** *(make right-angled)* squadrare [*stone, timber, corner, end, section*]; ***to ~ one's shoulders*** raddrizzare le spalle **2** MAT. elevare al quadrato, alla seconda [*number*] **3** *(settle)* regolare [*account*]; saldare [*debt*]; pagare [*creditor*]; ***to ~ one's account(s) with sb.*** regolare i conti con qcn. (anche FIG.) **4** SPORT *(equalize)* ***~ the score, the series*** pareggiare **5** *(win over) (by persuasion)* occuparsi di, sistemare [*person*]; *(by bribery)* corrompere, comprare [*person*]; ***I'll ~ him*** a lui ci penso io; ***go home early, I'll ~ it with the boss*** vai a casa presto, sistemo io le cose col capo; ***I have problems ~ing this with my conscience, my beliefs*** non riesco a conciliare tutto questo con la mia coscienza, con i miei principi.
■ **square away** MAR. = navigare con i pennoni bracciati in croce; AE FIG. *(get moving)* darsi una mossa, muoversi; AE COLLOQ. *(tidy up)* riassettare, ordinare.
■ **square off: ~ off [sth.], ~ [sth.] off** squadrare [*end, edge, section*].
■ **square up: ~ up 1** *(prepare to fight)* mettersi in guardia, prepararsi a combattere; FIG. fare fronte (**to** a); ***to ~ up for*** prepararsi per [*fight, row*] **2** *(settle accounts)* saldare i conti; ***I'll ~ up with you tomorrow*** domani saldiamo i conti; **~ up [sth.], ~ [sth.] up 1** *(cut straight)* squadrare [*paper, wood, corner*] **2** *(align correctly)* allineare, mettere dritto; ***~ the picture up with the mirror*** allineare il quadro con lo specchio.
■ **square with: ~ with [sth.]** *(be consistent with)* quadrare con [*evidence, fact, statement, theory*].
square-bashing /ˈskweəˌbæʃɪŋ/ n. BE MIL. COLLOQ. esercitazioni f.pl. di marcia.
square bracket /ˌskweəˈbrækɪt/ n. parentesi f. quadra; ***in ~s*** in parentesi quadre.
square built /ˌskweəˈbɪlt/ agg. tozzo, tarchiato.
squared /ˈskweəd/ **I** p.pass. → **4.square II** agg. **1** [*paper*] quadrettato **2** MAT. [*number*] (elevato) al quadrato; ***6 ~ is 36*** 6 al quadrato fa 36.
square dance /ˈskweəˌdɑːns, AE -ˌdæns/ n. quadriglia f.
square dancing /ˈskweəˌdɑːnsɪŋ, AE -ˌdænsɪŋ/ n. **U** ballo m. della quadriglia.
square-faced /ˌskweəˈfeɪst/ agg. col volto quadrato, con la faccia quadrata.
square-jawed /ˌskweəˈdʒɔːd/ agg. con la mascella quadrata.
square knot /ˈskweənɒt/ n. AE nodo m. piano.
squarely /ˈskweəlɪ/ avv. **1** *(directly)* [*strike, hit*] in pieno; [*land*] esattamente; ***to look ~ at*** affrontare apertamente [*problem, situation*]; ***to look at sb. ~*** squadrare qcn.; ***to position oneself ~ behind sth.*** mettersi esattamente dietro qcs. **2** *(honestly)* onestamente, lealmente **3** *(fully)* ***the blame rests ~ on his shoulders*** la colpa è tutta sua; ***to knock sth. ~ on the head*** sconfiggere definitivamente [*racism, prejudice*]; ***to fit ~ into the liberal mould*** o ***tradition*** inserirsi perfettamente nella tradizione liberale.
square meal /ˌskweəˈmiːl/ n. pasto m. completo; ***three ~s a day*** tre pasti completi al giorno; ***she hasn't had a ~ for weeks*** è da settimane che non fa un pasto completo.
square measure /ˌskweəˈmeʒə(r)/ n. unità f. di misura di superficie.
squareness /ˈskweənɪs/ n. **1** *(shape)* (l')essere quadrato **2** *(honesty)* onestà f., lealtà f. **3** *(of accounts)* quadratura f. **4** *(narrow outlook)* quadratura f. mentale.
squarer /skweərə(r)/ n. *(for wood, stone etc.)* squadratore m. (-trice).
square-rigged /ˌskweəˈrɪgd/ agg. [*vessel*] a vele quadre.
square root /ˌskweəˈruːt/ n. radice f. quadrata.
square sail /ˌskweəˈseɪl/ n. vela f. quadra.
square-shouldered /ˌskweəˈʃəʊldəd/ agg. con le spalle quadrate.
square-toed /ˌskweəˈtəʊd/ agg. [*shoes*] a punta quadrata.

squarrose /skwæ'rəʊs/ agg. BOT. squamoso.

1.squash /skwɒʃ/ n. *(vegetable)* zucca f.

▷ **2.squash** /skwɒʃ/ ♦ *10* **I** n. **1** SPORT (anche ~ **rackets**) squash m. **2** *(drink) (concentrated)* succo m. concentrato; *(diluted)* succo m. **3** *(crush)* calca f., ressa f.; ***it will be a bit of a*** ~ si starà un po' stretti **II** modif. SPORT [*club, player*] di squash; [*court, racket*] da squash.

▷ **3.squash** /skwɒʃ/ **I** tr. **1** *(crush)* schiacciare [*fruit, insect, person*] (**against** contro; **between** tra); schiacciare, appiattire [*hat*]; ***to be ~ed out of shape*** [*car*] essere completamente schiacciato; [*toy, box*] essere completamente deformato **2** *(force)* ***to ~ sth. into*** pigiare qcs. in [*box, car*]; ***to ~ sb. into*** fare entrare a forza qcn. in [*room, car*] **3** *(put down)* zittire, mettere a tacere [*person*]; soffocare, domare [*revolt, rebellion*]; porre fine a [*rumour*]; ***to feel ~ed*** sentirsi schiacciato **4** *(reject)* stroncare [*idea, proposal*] **II** intr. **1** *(become crushed)* schiacciarsi, spiaccicarsi; ***to ~ easily*** schiacciarsi facilmente **2** *(pack tightly)* [*people*] stiparsi, accalcarsi (**into** in); ***to ~ through a gap*** riuscire a infilarsi in un'apertura.

■ **squash in** COLLOQ. ~ ***in*** infilarsi, riuscire a entrare; ~ ***in [sth., sb.]***, ~ ***[sth., sb.] in*** fare entrare, spingere dentro.

■ **squash up** COLLOQ. ~ ***up*** [*person*] stringersi (**against** contro); [*crowd*] ammassarsi (**against** contro); ***if I ~ up you can fit in*** se mi stringo un po' puoi starci anche tu; ***to ~ sb. up against*** schiacciare qcn. contro; ***to ~ oneself up against*** schiacciarsi contro.

squashiness /'skwɒʃɪnɪs/ n. mollezza f.

squashy /'skwɒʃɪ/ agg. COLLOQ. [*fruit, vegetable*] molle; [*pillow*] soffice; [*ground*] molle, pantanoso.

1.squat /skwɒt/ **I** n. **1** *(position)* posizione f. accovacciata **2** COLLOQ. *(home)* = locale abitato abusivamente **II** agg. [*person*] tozzo, tarchiato; [*object*] tozzo; [*structure*] tozzo, massiccio.

2.squat /skwɒt/ **I** tr. (forma in -ing ecc. **-tt-**) COLLOQ. abitare abusivamente [*house, building*] **II** intr. (forma in -ing ecc. **-tt-**) COLLOQ. **1** *(crouch)* accovacciarsi **2** (anche ~ **down**) chinarsi, piegarsi **3** *(inhabit)* ***to ~ in*** abitare abusivamente in [*building*].

squatter /'skwɒtə(r)/ n. **1** squatter m. e f., occupante m. e f. abusivo (-a) **2** AUSTRAL. *(settler)* squatter m. e f.; *(farmer)* grande allevatore m. (-trice).

squatter's rights /ˌskwɒtəz'raɪts/ n.pl. usucapione f.sing.

squatting /'skwɒtɪŋ/ **I** n. squatting m., occupazione f. abusiva **II** agg. **1** [*position, person*] accovacciato **2** COLLOQ. [*homeless person, teenager*] abusivo.

squaw /skwɔ:/ n. **1** SPREG. *(North American Indian woman)* squaw f. **2** COLLOQ. SPREG. *(woman)* femmina f. **3** *(effeminate man)* femminuccia f., donnicciola f.

1.squawk /skwɔ:k/ n. *(of hen)* (il) chiocciare; *(of duck)* starnazzamento m.; *(of parrot)* verso m.; *(of crow)* gracchio m.; FIG. SPREG. *(of person)* vivace rimostranza f., protesta f.

2.squawk /skwɔ:k/ **I** tr. SPREG. [*person*] sbraitare; ***"what?" he ~ed*** "cosa?" sbraitò **II** intr. *(make noise)* [*hen*] chiocciare; [*duck*] starnazzare; [*parrot*] emettere strida rauche; [*crow*] gracchiare; [*baby*] strillare; [*person*] strillare, starnazzare, berciare; *(protest)* lamentarsi sbraitando.

squawk box /'skwɔ:kbɒks/ n. COLLOQ. *(loudspeaker)* altoparlante m.

squawker /skwɔ:kə(r)/ n. **1** *(person)* chi protesta vivacemente **2** *(toy)* trombetta f. **3** *(loudspeaker)* altoparlante m.

squaw man /skwɔ:mæn/ n. (pl. **squaw men**) AE SPREG. = uomo bianco o di colore sposato con un'indiana d'America.

1.squeak /skwi:k/ n. **1** *(noise) (of door, wheel, mechanism)* cigolio m.; *(of chalk)* stridio m.; *(of mouse, soft toy)* squittio m.; *(of furniture, shoes)* scricchiolio m.; *(of infant)* vagito m.; ***to let out*** o ***give a ~ (of surprise)*** lanciare un gridolino (di sorpresa); ***without a ~*** COLLOQ. [*accept, give in*] senza fiatare; ***there wasn't a ~ from her*** COLLOQ. non ha fiatato **2** COLLOQ. *(escape)* ***to have a narrow ~*** salvarsi per il rotto della cuffia.

2.squeak /skwi:k/ **I** tr. ***to ~ (out)*** stridere, squittire; ***"No!," she ~ed*** "No!" squittì **II** intr. **1** *(make noise)* [*child*] strillare, urlare; [*door, wheel, mechanism*] cigolare; [*chalk*] stridere; [*mouse, bat, soft toy*] squittire; [*shoes, furniture*] scricchiolare (**on** su) **2** COLLOQ. *(with minimal success)* ***to ~ through*** superare [qcs.] per un pelo [*selection*]; arrivare a stento alla fine di [*process, trial*] **3** COLLOQ. *(inform)* fare la spia, cantare.

squeaker /'skwi:kə(r)/ n. **1** *(person)* chi emette suoni striduli **2** *(bird)* uccello m. che pigola **3** *(toy)* = giocattolo che fa un rumore stridulo **4** *(informer)* informatore m. (-trice), spia m. e f.

squeakily /'skwi:kɪlɪ/ avv. stridendo, scricchiolando.

squeaky /'skwi:kɪ/ agg. [*voice*] stridulo; [*gate, hinge, wheel*] cigolante; ~ ***shoes*** scarpe che scricchiolano.

squeaky-clean /ˌskwi:kɪ'kli:n/ agg. **1** COLLOQ. [*hair, dishes*] pulitissimo; [*house*] immacolato **2** FIG. SCHERZ. [*person, company*] irreprensibile, senza macchia; ***a ~ (public) image*** un'immagine (pubblica) irreprensibile.

▷ **1.squeal** /skwi:l/ n. *(of animal)* stridio m.; *(of person)* grido m. acuto, strillo m.; *(of brakes)* stridio m.; *(of tyres)* stridore m.; ***a ~ of pain, excitement*** un grido di dolore, di entusiasmo; ***~s of laughter*** uno scoppio di risate; ***to give*** o ***let out a ~*** lanciare un urlo.

▷ **2.squeal** /skwi:l/ **I** tr. ***"let me go!" she ~ed*** "lasciami andare!" urlò **II** intr. **1** [*person*] gridare, urlare (**in**, **with** di); [*animal*] stridere, emettere versi striduli (**in**, **with** di); ***to ~ with delight*** lanciare un grido di gioia; ***to ~ with laughter*** ridere in modo sguaiato **2** COLLOQ. *(inform)* cantare, spifferare; ***to ~ on sb.*** fare la spia su qcn.; ***someone ~ed to the police!*** qualcuno ha spifferato tutto alla polizia!

squealer /'skwi:lə(r)/ n. *(person)* persona f. con la voce stridula; *(animal)* animale m. che stride; FIG. COLLOQ. SPREG. *(informer)* canarino m.

squeamish /'skwi:mɪʃ/ agg. **1** *(easily sickened)* delicato di stomaco; *(by screen violence etc.)* impressionabile; ***don't be so ~!*** non fare lo schizzinoso! ***he's too ~ to be a surgeon*** non può fare il chirurgo, si impressiona troppo facilmente; ***he's ~ about snakes*** gli fanno schifo i serpenti; ***this film is not for the ~*** questo film non va bene per chi si impressiona facilmente **2** *(prudish)* prude, che si scandalizza facilmente.

squeamishness /'skwi:mɪʃnɪs/ n. **1** *(quality of being easily sickened) (about unpleasant sights, topics etc.)* sensibilità f.; *(about violence, bloodshed)* impressionabilità f., ipersensibilità f. **2** *(prudishness)* pruderie f.

1.squeegee /'skwi:dʒi:/ n. **1** FOT. prosciugatoio m. **2** *(cleaning device) (for windows)* lavavetri m.; *(for floor)* = raschiatoio con estremità di spugna usato per pulire i pavimenti.

2.squeegee /'skwi:dʒi:/ tr. lavare [*window, windscreen*]; FOT. asciugare [*print*].

▷ **1.squeeze** /skwi:z/ n. **1** *(application of pressure)* ***to give sth. a ~*** stringere [*hand*]; spremere [*tube*]; ***to give sb. a ~*** dare una stretta a qcn. (in segno di affetto), abbracciare qcn. **2** *(small amount)* ***a ~ of lemon*** una spruzzatina di limone; ***a ~ of glue, toothpaste*** un po' di colla, di dentifricio **3** ECON. stretta f., restrizione f. (**on** su); ***wage ~*** stretta salariale; ***to feel the ~*** [*person, company, family*] essere in ristrettezze economiche; ***to put the ~ on*** COLLOQ. [*lenders*] fare pressione su [*debtors*] **4** COLLOQ. *(crush)* ***we can all get in the car but it will be a (tight) ~*** in macchina ci stiamo tutti, ma staremo un po' schiacciati; ***I can get past, but it will be a tight ~*** posso superarlo, ma ci passo per un pelo **5** GIOC. *(bridge)* squeeze m.

▷ **2.squeeze** /skwi:z/ tr. **1** *(press)* spremere [*lemon, tube*]; comprimere, schiacciare [*bottle, bag, parcel*]; stringere [*arm, hand*]; premere [*trigger*]; schiacciare [*spot*]; ***to ~ glue, toothpaste onto sth.*** mettere della colla, del dentifricio su qcs.; ***to ~ juice out of a lemon*** spremere un limone **2** FIG. *(manage to get)* ***he ~d three meals out of one chicken*** = è riuscito ad andare avanti per molto con il poco che aveva; ***I ~d £ 10 out of dad*** sono riuscito a spillare 10 sterline a papà; ***I ~d a loan out of my dad*** sono riuscito a farmi fare un prestito da mio padre; ***to ~ the truth, a confession out of sb.*** strappare la verità, una confessione a qcn. **3** *(fit)* ***we can ~ a few more people into the room, van*** possiamo farci stare ancora qualcuno nella stanza, nel furgone; ***I ~d a couple more lines onto the page*** sono riuscita a fare stare ancora un paio di righe sulla pagina; ***I managed to ~ the car through the gap*** sono riuscita a fare passare la macchina attraverso l'apertura; ***I can just ~ into that dress*** in quel vestito ci entro appena; ***to ~ behind, between, under sth.*** infilarsi dietro, tra, sotto qcs. **4** ECON. restringere [*profit, margins*]; ***small businesses were ~d by high interest rates*** le piccole società sono state schiacciate dagli alti tassi d'interesse.

■ **squeeze in:** ~ ***in*** [*person*] entrare, infilarsi; ***if you make room I can ~ in*** se mi fate un po' di spazio ci sto anch'io; ***she ~d in between her brothers*** si è infilata tra i suoi fratelli; ~ ***[sb.] in*** *(give appointment to)* [*doctor etc.*] fare passare qcn., inserire qcn. (tra un appuntamento e l'altro).

■ **squeeze out:** ~ ***out*** [*person*] riuscire a uscire; ~ ***[sth.] out*** spremere [*juice, water*]; ***to ~ water out of*** strizzare [*cloth, sponge*]; ~ ***[sb.] out (of the market)*** COMM. fare fuori qcn. (dal mercato).

■ **squeeze past:** ~ ***past*** [*car, person*] riuscire a passare, infilarsi; ~ ***past [sth., sb.]*** riuscire a passare [*obstacle, person*].

■ **squeeze up** [*people*] stringersi.

squeeze bottle /'skwi:zˌbɒtl/ n. AE = bottiglietta o flacone di plastica che si può schiacciare per fare uscire il prodotto.

squeeze box /'skwi:zbɒks/ n. MUS. COLLOQ. fisarmonica f.

squeezer /'skwi:zə(r)/ n. **1** *(for juice)* spremiagrumi m. **2** *(pressure)* spremitura f. **3** *(mechanical device)* torchio m., strettoio m. **4**

STOR. *(playing card)* = carta da gioco il cui valore è segnato in un angolo.
squeeze roller /ˌskwi:z'rəʊlə(r)/ n. cilindro m. pressatore.
squeezing /'skwi:zɪŋ/ n. compressione f.; pressione f. (anche FIG.).
1.squelch /skweltʃ/ n. *(noise) (crushing)* tonfo m.; *(made by water, mud etc.)* cic ciac m.; ***to fall to the ground with a ~*** cadere per terra con un tonfo; ***the ~ of water in their boots*** il cic ciac dell'acqua nei loro stivali.
2.squelch /skweltʃ/ **I** tr. *(squash)* schiacciare, spiaccicare; *(suppress)* sopprimere, porre fine a; *(silence)* zittire, mettere a tacere **II** intr. [*water, mud*] fare cic ciac; ***to ~ along, in, out*** avanzare, entrare, uscire facendo cic ciac con le scarpe; ***they ~ed through the swamp*** sguazzavano nello stagno.
squelchy /'skweltʃɪ/ agg. [*ground*] fangoso; [*mud*] bagnato; [*fruit, tomato*] molle; ***a ~ noise*** un (cic) ciac nel fango.
1.squib /skwɪb/ n. **1** razzo m., petardo m. **2** *(satire) (remark)* osservazione f. sarcastica; *(composition)* satira f. ◆ ***to be a damp ~*** BE COLLOQ. [*event, venture, revelation*] essere un fiasco.
2.squib /skwɪb/ **I** tr. (forma in -ing ecc. **-bb-**) **1** *(satirize)* satireggiare, mettere in satira **II** intr. (forma in -ing ecc. **-bb-**) **1** *(use sarcastic language)* usare un linguaggio sarcastico **2** *(write squib)* scrivere satire **3** *(fire a gun)* sparare **4** *(dart about)* schizzare come un razzo.
1.squid /skwɪd/ n. **1** ZOOL. GASTR. calamaro m.; *(for fishing)* esca f. artificiale (simile a calamaro) **2** AER. = configurazione di paracadute parzialmente aperto.
2.squid /skwɪd/ intr. (forma in -ing ecc. **-dd-**) **1** *(fish)* pescare usando calamari come esca **2** AER. [*parachute*] assumere una configurazione di apertura parziale.
squidgy /'skwɪdʒɪ/ agg. BE COLLOQ. *(podgy)* grassottello, tozzo; *(moist)* molle e umidiccio.
squiffy /'skwɪfɪ/ agg. BE COLLOQ. alticcio, brillo.
1.squiggle /'skwɪgl/ n. *(wavy line)* linea f. ondulata; *(written)* ghirigoro m.
2.squiggle /'skwɪgl/ intr. fare dei ghirigori, fare degli svolazzi.
squiggly /'skwɪglɪ/ agg. pieno di svolazzi e ghirigori.
squilgee /'skwɪldʒi:/ n. MAR. seccatoio m.
▷ **1.squint** /skwɪnt/ n. **1** MED. *(strabismus)* strabismo m.; ***to have a ~*** essere strabico **2** COLLOQ. *(look)* ***to have*** o ***take a ~ at sth.*** dare una sbirciata a qcs.
▷ **2.squint** /skwɪnt/ intr. **1** *(look narrowly)* ***to ~*** strizzare gli occhi; ***to ~ at sb., sth.*** guardare qcn., qcs. di traverso; ***to ~ through*** sbirciare da [*window, peephole*]; guardare in [*viewfinder*] **2** MED. essere strabico.
squinter /'skwɪntə(r)/ n. strabico m. (-a).
squintingly /'skwɪntɪŋlɪ/ avv. di traverso, obliquamente.
squirarchy → **squirearchy**.
1.squire /'skwaɪə(r)/ n. **1** *(country gentleman)* signorotto m. **2** STOR. *(knight's retainer)* scudiero m. **3** BE COLLOQ. *(form of address)* ***cheerio ~*** salve capo **4** AE *(judge)* giudice m. (di pace), magistrato m.; *(lawyer)* avvocato m. **5** *(escort)* accompagnatore m., cavaliere m.
2.squire /'skwaɪə(r)/ tr. ANT. accompagnare, fare da cavaliere a [*woman*].
squirearchy /'skwaɪərɑ:kɪ/ n. *(collective body)* signorotti m.pl. di campagna; *(class)* classe f. dei signorotti.
1.squirm /skwɜ:m/ n. contorcimento m., attorcigliamento m.
2.squirm /skwɜ:m/ intr. *(wriggle)* [*snake, worm etc.*] attorcigliarsi; [*fish*] guizzare; [*kitten, puppy*] agitarsi; [*person*] *(in pain, agony)* contorcersi; FIG. *(with embarrassment)* sentirsi a disagio; *(with revulsion)* sentirsi nauseato; ***to make sb. ~*** *(with embarrassment)* fare sentire qcn. a disagio; *(with revulsion)* fare venire la nausea a qcn.; ***he ~ed on his chair*** si contorceva sulla sedia.
▷ **1.squirrel** /'skwɪrəl, AE 'skwɜ:rəl/ **I** n. scoiattolo m. **II** modif. [*garment*] di scoiattolo.
2.squirrel /'skwɪrəl, AE 'skwɜ:rəl/ tr. (forma in -ing ecc. **-ll-**, **-l-** AE) accumulare, mettere da parte.
■ **squirrel away** COLLOQ. ***~ [sth.] away, ~ away [sth.]*** mettere via, accumulare [*money*].
squirrel-cage /'skwɪrəlˌkeɪdʒ, AE 'skwɜ:rəl-/ agg. [*motor, rotor*] a gabbia di scoiattolo.
squirrel hawk /'skwɪrəlˌhɔ:k, AE 'skwɜ:rəl-/ n. falco m. predatore.
squirrel monkey /'skwɪrəlˌmʌŋkɪ, AE 'skwɜ:rəl-/ n. scimmia f. scoiattolo.
squirrel(l)y /'skwɪrəlɪ, AE 'skwɜ:rəlɪ/ agg. AE COLLOQ. strano, stravagante.
1.squirt /skwɜ:t/ n. **1** *(jet) (of water, oil)* spruzzo m.; *(of paint)* schizzo m. **2** *(small amount)* spruzzatina f. **3** COLLOQ. SPREG. *(person)* ***a little ~*** una mezzatacca, una mezzacalzetta.
2.squirt /skwɜ:t/ **I** tr. spruzzare [*liquid*] (**from**, **out of** da); ***he ~ed some soda water into the glass*** ha spruzzato un po' di selz nel bicchiere; ***she ~ed some oil into the lock*** ha lubrificato leggermente la serratura; ***to ~ water, ink at sb.*** spruzzare acqua, inchiostro a qcn.; ***to ~ sb. with water, ink*** spruzzare qcn. con acqua, inchiostro; ***she ~ed some perfume onto her wrist*** si è spruzzata un po' di profumo sul polso **II** intr. [*liquid*] sprizzare, zampillare (**from**, **out of** da).
■ **squirt out:** ***~ out*** [*water, oil*] schizzare (**of**, **from** da); ***~ [sth.] out, ~ out [sth.]*** fare fuoriuscire [*liquid, paste, paint*] (**of** da).
■ **squirt up** [*liquid*] sgorgare.
squirt gun /'skwɜ:tgʌn/ n. AE pistola f. ad acqua.
squirting cucumber /ˌskwɜ:tɪŋ'kju:kʌmbə(r)/ n. cocomero m. asinino.
squish /skwɪʃ/ intr. *(make splashing sound)* fare cic ciac.
Sr **1** ⇒ Senior senior **2** ⇒ Sister sorella.
Sri Lanka /ˌsri:'læŋkə/ ♦ *6* n.pr. Sri Lanka m.
Sri Lankan /ˌsri:'læŋkən/ ♦ *18* **I** agg. dello Sri Lanka **II** n. *(native)* nativo m. (-a), abitante m. e f. dello Sri Lanka.
SRN n. BE ⇒ (State Registered Nurse) = infermiere professionale.
1.SS **1** MAR. ⇒ steamship piroscafo; ***the ~ Titanic*** il Titanic **2** RELIG. ⇒ Saints santi (SS.).
2.SS /es'es/ n. MIL. STOR. ***the ~*** le SS.
SSA n. AE (⇒ Social Security Administration) = ente che si occupa della gestione della previdenza sociale.
SSSI n. BE (⇒ Site of Special Scientific Interest) = luogo di particolare interesse scientifico.
st BE ⇒ stone = misura di peso.
St **1** ⇒ Saint santo (S.) **2** ⇒ Street via (v.).
▷ **1.stab** /stæb/ n. **1** *(act) (with knife)* coltellata f.; *(with dagger)* pugnalata f.; ***a ~ in the back*** una pugnalata alle spalle (anche FIG.) **2** FIG. *(of pain)* fitta f. (**of** di); *(of anger, jealousy, guilt)* accesso m. (**of** di); ***a ~ of fear*** una paura improvvisa **3** COLLOQ. *(attempt)* tentativo m., prova f.; ***to make*** o ***take a ~ at sth.*** cimentarsi in qcs.; ***to make*** o ***take a ~ at doing*** provare a fare; ***go on, have a ~ at it!*** dai, fai un tentativo!
▷ **2.stab** /stæb/ **I** tr. (forma in -ing ecc. **-bb-**) **1** *(pierce)* accoltellare, pugnalare [*person*]; conficcare in [*meat, piece of food*]; ***to ~ sb. to death*** uccidere qcn. a pugnalate; ***to ~ sb. in the heart*** pugnalare qcn. al cuore; ***to ~ sb. in the back*** pugnalare qcn. alle spalle (anche FIG.) **2** *(poke hard)* toccare [*person, object*]; ***to ~ at sth. with one's finger*** dare dei colpetti a qcs. col dito **II** rifl. (forma in -ing ecc. **-bb-**) ***to ~ oneself*** *(accidentally)* tagliarsi; *(deliberately)* accoltellarsi; ***to ~ oneself in the arm*** piantarsi un coltello nel braccio.
stabber /'stæbə(r)/ n. *(person)* accoltellatore m. (-trice); *(weapon)* arma f. bianca.
stabbing /'stæbɪŋ/ **I** n. aggressione f. con arma da taglio, accoltellamento m. **II** agg. [*pain*] lancinante.
stabile /'steɪbaɪl, -bɪl/ agg. stabile (anche CHIM.).
stability /stə'bɪlətɪ/ n. **1** *(steadiness)* stabilità f.; *(of character)* fermezza f.; ***to give*** o ***lend ~ to*** dare stabilità a; ***Stability and Growth Pact*** *(in EU)* patto di stabilità (e di crescita) **2** CHIM. stabilità f.
stabilization /ˌsteɪbəlaɪ'zeɪʃn, AE -lɪ'z-/ **I** n. stabilizzazione f. **II** modif. [*measure, policy, programme*] di stabilizzazione.
▷ **stabilize** /'steɪbəlaɪz/ **I** tr. stabilizzare, rendere stabile; MED. stabilizzare [*medical condition*] **II** intr. *(all contexts)* stabilizzarsi.
stabilized /'steɪbəlaɪzd/ **I** p.pass. → **stabilize** **II** agg. stabilizzato.
stabilizer /'steɪbəlaɪzə(r)/ n. **1** AER. MAR. TECN. *(device)* stabilizzatore m.; ***horizontal ~*** AE AER. stabilizzatore; ***vertical ~*** AE AER. piano di deriva **2** *(substance)* stabilizzatore m., stabilizzante m.
stabilizer bar /'steɪbəlaɪzərˌbɑ:(r)/ n. AE AUT. stabilizzatore m.
stabilizing /'steɪbəlaɪzɪŋ/ agg. [*effect, influence*] stabilizzatore; CHIM. stabilizzante.
▷ **1.stable** /'steɪbl/ **I** n. **1** *(building)* stalla f. **2** EQUIT. scuderia f. **3** FIG. *(of companies, publications)* gruppo m.; *(of people)* gruppo m., équipe f.; *(of racing cars)* scuderia f. **II stables** n.pl. (anche **riding ~s**) scuderia f.sing. **III** agg. **1** *(steady)* [*economy, situation*] stabile; [*relationship*] stabile, solido; [*construction, background*] solido; [*job*] stabile, fisso; [*medical condition*] stabile, stazionario; ***his condition is said to be ~*** dicono che sia in condizioni stazionarie **2** *(psychologically)* [*person, temperament, character*] equilibrato **3** CHIM. FIS. [*substance, compound*] stabile.
2.stable /'steɪbl/ tr. *(put in stable)* mettere [qcs.] in una stalla [*horse*]; *(keep in stable)* tenere [qcs.] in una stalla [*horses*].
stable block /'steɪblˌblɒk/ n. stalle f.pl.
stable boy /'steɪblbɔɪ/ ♦ *27* n. garzone m. di stalla, ragazzo m. di stalla, stalliere m.
stable companion /'steɪblkəmˌpænɪən/ n. → **stablemate**.

stable door /ˌsteɪbl'dɔ:(r)/ n. porta f. della stalla ◆ ***to close*** o ***lock the ~ after the horse has bolted*** chiudere la stalla quando i buoi sono scappati.
stable fly /'steɪblˌflaɪ/ n. mosca f. delle stalle.
stable girl /'steɪblgɜ:l/ ◗ *27* n. garzona f. di stalla.
stable lad /'steɪbllæd/ n. → **stable boy.**
stableman /'steɪblmæn/ ◗ *27* n. (pl. **-men**) stalliere m.
stablemate /'steɪblmeɪt/ n. cavallo m. della stessa scuderia; FIG. = persona che appartiene allo stesso gruppo o scuola.
stablemen /'steɪblmen/ → **stableman.**
stable yard /ˌsteɪbl'jɑ:d/ n. cortile m. di stalla.
stabling /'steɪblɪŋ/ n. **U** *(buildings)* stalle f.pl.; *(act)* (lo) stallare.
stab wound /'stæbˌwu:nd/ n. ferita f. da taglio.
staccato /stə'kɑ:təʊ/ **I** n. (pl. **~s**) MUS. staccato m. **II** agg. **1** MUS. ~ ***passage*** staccato **2** [*gasps*] concitato; [*shots*] intermittente **III** avv. [*play*] staccato.
▷ **1.stack** /stæk/ **I** n. **1** *(pile) (of straw)* pagliaio m.; *(of hay)* cumulo m.; *(of books, papers, chairs)* pila f.; *(of plates, wood)* catasta f.; *(of rifles)* fascio m. **2** *(chimney)* ciminiera f.; *(group of chimneys)* gruppo m. di comignoli **3** GEOL. *(in sea)* faraglione m. **4** INFORM. stack m. **II stacks** n.pl. **1** *(in library)* scaffali m. **2** COLLOQ. ***~s of*** un mucchio di; ***~s of food*** un sacco di cose da mangiare; ***I've got ~s of work to do*** ho un sacco di lavoro da fare; ***we've got ~s of time*** abbiamo un mucchio di tempo; ***he has ~s of money*** ha un mucchio di soldi ◆ ***to blow one's ~*** COLLOQ. perdere le staffe.
▷ **2.stack** /stæk/ tr. **1** AGR. ammucchiare, ammassare [*hay, straw*] **2** (anche ~ **up**) *(pile)* impilare [*boxes, books, chairs*]; accatastare [*plates*]; ***~ing chairs*** sedie impilabili **3** *(fill)* riempire [*shelves*] **4** AER. mettere [qcs.] in circuito d'attesa [*planes*]; *(in telecommunications)* mettere [qcs.] in attesa [*calls*] **5** *(in cards)* truccare [*cards*] **6** AE COLLOQ. SPREG. scegliere [qcs.] in modo parziale [*jury, committee*] (**against** a svantaggio di; **for** per favorire).
■ **stack up:** ~ **up** AE COLLOQ. *(compare)* reggere il confronto, reggere il paragone (**against**, **with** con); ~ **up [sth.]**, ~ **[sth.] up** impilare [*objects*].
stacked /stækt/ **I** p.pass. → **2.stack II** agg. **1** *(piled into a stack)* impilato, ammucchiato; *(piled with goods)* colmo **2** *(prearranged)* [*cards*] truccato ◆ ***to be well-~*** AE COLLOQ. [*woman*] essere ben messa; ***to have the odds*** o ***cards ~ against one*** partire in svantaggio *o* essere sfavorito.
stacker /'stækə(r)/ n. **1** *(person)* chi accatasta **2** *(device)* elevatore m.
stacking /'stækɪŋ/ n. AER. circuito m. d'attesa.
stadholder /'stædhəʊldə(r)/ → **stadtholder.**
▷ **stadium** /'steɪdɪəm/ n. (pl. **~s**, **-ia**) stadio m.
stadtholder /'stæthəʊldə(r)/ n. statolder m.
1.staff /stɑ:f, AE stæf/ n. = materiale per costruzioni provvisorie (costituito da elementi di gesso e fibre di canapa).
▶ **2.staff** /stɑ:f, AE stæf/ n. **1** (pl. **~s**, **staves**) *(stick) (for walking)* bastone m.; *(crozier)* (bastone) pastorale m.; *(as weapon)* bastone m.; ***to lean on one's ~*** appoggiarsi al (proprio) bastone **2** (pl. **~s**) *(employees)* personale m., dipendenti m.pl.; ***clerical ~*** personale impiegatizio; ***kitchen ~*** personale addetto alla cucina; ***to be on the ~ of a company*** fare parte del personale di un'azienda; ***a small business with a ~ of ten*** una piccola impresa con dieci dipendenti; ***to join, leave the ~ (of a company)*** entrare a fare parte di, lasciare un'azienda **3 U** (anche **teaching ~**) SCOL. UNIV. corpo m. docente; ***member of ~*** membro del corpo insegnante; ***to join the ~*** entrare a fare parte del corpo insegnante; ***to be on the ~*** fare parte del corpo docente; ***a ~ of 50*** un effettivo di 50 insegnanti **4 U** MIL. stato m. maggiore **5** MUS. pentagramma m.
3.staff /stɑ:f, AE stæf/ tr. [*owner*] dotare [qcs.] di personale [*company, business*]; ***to ~ a company*** [*recruitment agency*] fornire del personale a un'azienda; ***how are we going to ~ our school?*** dove troveremo insegnanti per la nostra scuola? ***the restaurant is entirely ~ed by Italians*** il personale del ristorante è tutto italiano.
staff angle /'stɑ:fˌæŋgl, AE 'stæf-/ n. paraspigolo m.
staff association /'stɑ:fəˌsəʊsɪˌeɪʃn, AE 'stæf-/ n. sindacato m. aziendale.
staff college /'stɑ:fˌkɒlɪdʒ, AE 'stæf-/ n. MIL. accademia f. militare.
staff discount /ˌstɑ:f'dɪskaʊnt, AE ˌstæf-/ n. agevolazioni f.pl., sconto m. per il personale.
staffing /'stɑ:fɪŋ, AE 'stæf-/ n. ***the company is having ~ problems*** la compagnia ha difficoltà con il reclutamento del personale.
staffing levels /'stɑ:fɪŋˌlevlz, AE 'stæf-/ n.pl. numero m.sing. di dipendenti.
staff meeting /'stɑ:fˌmi:tɪŋ, AE 'stæf-/ n. SCOL. riunione f. del corpo docente.
staff nurse /'stɑ:fˌnɜ:s, AE 'stæf-/ n. vice caposala f.
staff officer /'stɑ:fˌɒfɪsə(r), AE 'stæfˌɔ:f-/ ◗ *23* n. ufficiale m. di stato maggiore.
staff of life /ˌstɑ:fəv'laɪf, AE ˌstæf-/ n. LETT. pane m. (anche FIG.).
staff of office /ˌstɑ:fəv'ɒfɪs, AE ˌstæfəv'ɔ:f-/ n. FIG. bastone m. del comando.
Staffordshire /'stæfədʃə(r)/ ◗ *24* n.pr. Staffordshire m.
staff-pupil ratio /ˌstɑ:fpju:pɪl'reɪʃɪəʊ, AE ˌstæf-/ n. numero m. di allievi per insegnante.
staff room /'stɑ:fˌru:m, -ˌrʊm, AE 'stæf-/ n. SCOL. sala f. professori.
Staffs n. GB (⇒ Staffordshire Staffordshire).
staff sergeant /'stɑ:fˌsɑ:dʒənt, AE 'stæf-/ ◗ *23* n. MIL. sergente m. maggiore; AE AER. sergente m.
staff-student ratio /ˌstɑ:fstju:dnt'reɪʃɪəʊ, AE ˌstæfstu:dnt-/ n. = numero di studenti per insegnante.
staff training /'stɑ:fˌtreɪnɪŋ, AE 'stæf-/ n. training m., addestramento m. del personale.
stag /stæg/ **I** n. **1** ZOOL. cervo m. **2** BE ECON. aumentista m. e f., rialzista m. e f. **II** agg. *(all male)* per soli uomini.
stag beetle /'stægˌbi:tl/ n. lucanide m.; *(male beetle)* cervo m. volante.
▶ **1.stage** /steɪdʒ/ **I** n. **1** *(phase) (of illness)* stadio m. (**of**, **in** di); *(of development, project, plan, process)* stadio m., fase f. (**of** di; **in** in); *(of career, life, match, negotiations)* fase f. (**of** di; **in** in); *(of journey)* fase f., tappa f.; ***the first ~ of our journey*** la prima tappa del nostro viaggio; ***the first ~ in the process*** la prima fase del processo; ***the next ~ in the project, his research*** la prossima fase del progetto, della sua ricerca; ***a difficult ~ in the negotiations*** una fase difficile nei negoziati; ***the next ~ of a baby's development*** la fase seguente nello sviluppo di un neonato; ***the baby has reached the talking, walking ~*** il bambino ha raggiunto la fase in cui parla, cammina; ***what ~ has he reached in his education?*** a che punto è dei suoi studi? ***a, the ~ where*** uno, lo stadio in cui; ***I've reached the ~ where I have to decide*** sono arrivato al punto in cui devo decidere; ***we're at a ~ where anything could happen*** siamo arrivati a un punto in cui potrebbe succedere di tutto; ***at this ~*** *(at this point)* a questo punto; *(yet, for the time being)* per il momento; ***I can't say at this ~*** per il momento non si può ancora dire; ***that's all I can say at this ~*** è tutto ciò che posso dire per il momento; ***at this ~ in*** o ***of your career*** in questa fase della tua carriera; ***at a late ~*** a uno stadio avanzato; ***at an earlier, later ~*** in una fase precedente, seguente; ***at an early ~ in our history*** all'inizio della nostra storia; ***at every ~*** in ogni fase; ***she ought to know that by this ~*** arrivati a questo punto dovrebbe saperlo; ***by ~s*** per gradi; ***~ by ~*** passo dopo passo; ***in ~s*** poco per volta; ***in easy ~s*** a piccole tappe; ***the project is still in its early ~s*** il progetto è ancora allo stadio iniziale; ***we're in the late ~s of our research*** siamo nella fase finale della nostra ricerca; ***the project is at the halfway ~*** il progetto è pressapoco a metà; ***the project is entering its final ~*** il progetto sta entrando nella fase finale; ***she's going through a difficult ~*** sta attraversando una fase difficile; ***it's just a ~!*** *(in babyhood, adolescence)* è solo una fase passeggera! **2** *(raised platform)* palco m., piattaforma f.; TEATR. palcoscenico m.; ***he was on ~ for three hours*** è stato in scena per tre ore; ***to go on ~*** entrare in scena; ***I've seen her on the ~*** l'ho vista recitare; ***live from the ~ of La Scala*** in diretta dalla Scala; ***a long career on ~ and screen*** una lunga carriera nel teatro e nel cinema; ***to hold the ~*** FIG. tenere banco; ***to set the ~*** TEATR. allestire la scenografia; ***to set the ~ for sth.*** FIG. fare i preparativi per qcs.; ***the ~ is set for the contest*** è tutto pronto per la gara **3** TEATR. ***the ~*** il teatro; ***to go on the ~*** darsi al teatro; ***to write for the ~*** scrivere per il teatro; ***after 40 years on the ~*** dopo 40 anni di teatro; ***the decline of the English ~*** il declino del teatro inglese; ***the play never reached the ~*** l'opera non è mai stata messa in scena **4** FIG. *(setting) (actual place)* teatro m.; *(backdrop)* scenario m., scena f.; ***Geneva has become the ~ for many international conferences*** Ginevra è diventata teatro di molte conferenze internazionali; ***her appearance on the ~ of world politics*** la sua comparsa sulla scena della politica mondiale **5** *(in rocket)* stadio m. **6** BE *(on bus route)* tratta f. **7** *(on scaffolding)* impalcatura f., ponteggio m. **8** *(on microscope)* (vetrino) portaoggetti m. **9** STOR. → **stagecoach II** modif. TEATR. [*equipment, furniture*] scenico; [*lighting*] di scena; [*play, performance, production, career*] teatrale; [*appearance*] in teatro.
2.stage /steɪdʒ/ tr. **1** *(organize)* organizzare [*ceremony, competition, demonstration, event, festival, strike, reconstruction, coup, rebellion*] **2** *(fake)* inscenare [*quarrel*]; mettere su [*scene*]; ***the whole thing was ~d*** è stata tutta una messa in scena **3** TEATR. mettere in scena, rappresentare [*play, performance*].

stagecoach /'steɪdʒkəʊtʃ/ n. STOR. diligenza f.
stagecraft /'steɪdʒkrɑ:ft, AE -kræft/ n. scenotecnica f., tecnica f. teatrale.
stage designer /ˌsteɪdʒdɪ'zaɪnə(r)/ ♦ *27* n. scenografo m. (-a).
stage direction /'steɪdʒˌdaɪrektʃn, -ˌdɪ-/ n. *(instruction)* didascalia f.; *(stage management)* direzione f. di scena.
stage door /ˌsteɪdʒ'dɔ:(r)/ n. ingresso m. degli artisti.
stage fright /'steɪdʒfraɪt/ n. trac f., panico m. da palcoscenico.
stagehand /'steɪdʒhænd/ ♦ *27* n. macchinista m. e f.
stage left /ˌsteɪdʒ'left/ avv. ***to exit ~*** uscire dal lato destro del palcoscenico.
stage-manage /'steɪdʒˌmænɪdʒ/ tr. *(be stage manager)* fare il direttore di scena di; FIG. organizzare, orchestrare.
stage-management /'steɪdʒˌmænɪdʒmənt/ n. TEATR. direzione f. di scena.
stage-manager /'steɪdʒˌmænɪdʒə(r)/ ♦ *27* n. direttore m. (-trice) di scena.
stage name /'steɪdʒˌneɪm/ n. nome m. d'arte.
stage production /'steɪdʒˌprədʌkʃn/ n. produzione f. teatrale.
stager /'steɪdʒə(r)/ n. ***old ~*** vecchia volpe.
stage right /ˌsteɪdʒ'rait/ avv. ***to exit ~*** uscire dal lato sinistro del palcoscenico.
stage show /'steɪdʒˌʃəʊ/ n. → **stage production.**
stage-struck /'steɪdʒstrʌk/ agg. appassionato di teatro.
stage whisper /'steɪdʒˌwɪspə(r), AE -ˌhwɪs-/ n. TEATR. a parte m.; FIG. sussurro m. volutamente udibile.
stagey → **stagy.**
stagflation /ˌstæg'fleɪʃn/ n. stagflazione f.
1.stagger /'stægə(r)/ **I** n. *(movement)* ***with a ~*** *(weakly)* vacillando; *(drunkenly)* barcollando **II staggers** n.pl. VETER. *(disease) (in horses, sheep)* vermocane m.sing., capostorno m.sing.
2.stagger /'stægə(r)/ **I** tr. **1** *(astonish)* sconcertare, meravigliare **2** *(spread out)* scaglionare [*holidays, journeys, payments, strikes, timetable*]; ***the closure will be ~ed over five years*** la chiusura verrà effettuata a scaglioni nell'arco di cinque anni **3** TECN. sfalsare [*bolts, rivets, spokes*] **4** AER. scalare [*wings*] **II** intr. [*person*] *(from weakness, illness, under load)* vacillare; *(drunkenly)* barcollare; [*animal*] vacillare; ***to ~ in, out, off*** entrare, uscire, andarsene barcollando; ***to ~ to the door, car*** trascinarsi barcollando verso la porta, la macchina; ***she ~ed back and fell*** barcollò indietro e cadde; ***to ~ to one's feet*** rimettersi in piedi barcollando.
▷ **staggered** /'stægəd/ **I** p.pass. → **2.stagger II** agg. **1** *(astonished)* sconcertato, meravigliato; ***to be ~ to hear that*** restare sbalordito a *o* nel sentire che; ***we were ~ by the news*** la notizia ci ha sconcertato **2** *(carefully timed)* ***~ holidays*** ferie scaglionate; ***~ hours*** orario scaglionato; ***~ start*** SPORT partenza a scaglioni **3** ***~ junction*** raccordo sfalsato.
staggering /'stægərɪŋ/ agg. **1** *(that staggers)* vacillante, traballante **2** *(enormous)* [*amount, increase, loss*] incredibile, sbalorditivo; *(bewildering)* [*news, revelation*] sconcertante; [*event*] sconvolgente; [*achievement, contrast, transformation*] stupefacente, sbalorditivo; [*success*] strabiliante, sbalorditivo; ***it was a ~ blow to his self-esteem*** è stato un bruttissimo colpo per il suo ego.
staggeringly /'stægərɪŋlɪ/ avv. incredibilmente, straordinariamente; ***~ high interest rate*** interessi incredibilmente alti.
staghorn /'stæghɔ:n/ n. **1** *(antlers)* corna f.pl. del cervo **2** BOT. licopodio m.
stag hunt /'stægˌhʌnt/ n. *(battue)* caccia f. al cervo.
stag hunting /'stægˌhʌntɪŋ/ n. *(activity)* caccia f. al cervo.
staging /'steɪdʒɪŋ/ n. **1** TEATR. allestimento m. **2** ING. impalcatura f., ponteggio m.; *(for spectators)* palco m.
staging area /'steɪdʒɪŋeərɪə/ n. MIL. zona f. di attestamento, di raccolta.
staging post /'steɪdʒɪŋpəʊst/ n. **1** AER. scalo m. aereo, aeroscalo m. **2** MIL. linea f. di attestamento; FIG. passaggio m. obbligato.
Stagirite /'stædʒɪraɪt/ **I** agg. stagirita **II** n. stagirita m. e f.; ***the ~*** lo Stagirita.
stagnancy /'stægnənsɪ/ n. stagnamento m.; stasi f.
stagnant /'stægnənt/ agg. *(all contexts)* stagnante.
stagnate /stæg'neɪt, AE 'stægneɪt/ intr. **1** FIG. [*economy, sales*] stagnare, ristagnare; [*party*] essere morto; [*person, mind, society*] fossilizzarsi **2** [*water, pond*] stagnare, ristagnare.
stagnation /stæg'neɪʃn/ n. ECON. ristagno m., stagnazione f.; MED. ristagno m.
stag night /'stægˌnait/, **stag party** /'stægˌpɑ:tɪ/ n. (festa di) addio m. al celibato.
stag show /'stægˌʃəʊ/ n. AE COLLOQ. spettacolo m. per soli uomini.
stagy /'steɪdʒɪ/ agg. SPREG. [*person*] che si atteggia; [*behaviour, manner*] affettato.
staid /steɪd/ agg. [*person*] posato, compassato; [*character*] posato, serioso; [*place*] solenne; [*appearance, image*] serioso; [*society, attitude*] contegnoso.
staidly /steɪdlɪ/ avv. posatamente, contegnosamente.
staidness /'steɪdnɪs/ n. *(of character, person)* posatezza f.; *(of society, attitudes)* contegno m.
1.stain /steɪn/ n. **1** *(mark)* macchia f., chiazza f. (anche FIG.); ***blood, coffee ~*** macchia di sangue, caffè; ***stubborn ~*** macchia ostinata; ***to remove a ~ from sth.*** togliere una macchia da qcs. *o* smacchiare qcs.; ***it will leave a ~*** lascerà una macchia *o* macchierà; ***without a ~ on one's character*** senza macchia *o* macchie **2** *(dye) (for wood, fabric etc.)* mordente m.
2.stain /steɪn/ **I** tr. **1** *(soil)* macchiare [*clothes, carpet, table etc.*]; ***the cherries had ~ed his hands red*** le ciliegie gli avevano macchiato le mani di rosso **2** BIOL. TECN. trattare [qcs.] con un mordente [*wood, fabric, specimen*] **II** intr. [*fabric*] macchiarsi.
stained /steɪnd/ **I** p.pass. → **2.stain II** agg. in composti ***oil, ink-~*** macchiato d'olio, d'inchiostro; ***tear-~*** rigato di lacrime.
stained glass /ˌsteɪnd'glɑ:s, AE -'glæs/ n. *(glass)* vetro m. colorato; *(windows collectively)* vetrata f. colorata.
stained glass window /ˌsteɪndglɑ:s'wɪndəʊ, AE -glæs-/ n. vetrata f. colorata.
stainer /'steɪnə(r)/ n. *(person)* tintore m. (-a); *(dye)* colorante m., tinta f.
staining /'steɪnɪŋ/ n. tintura f., colorazione f.
stainless /'steɪnlɪs/ agg. [*reputation, past etc.*] senza macchia.
stainless steel /ˌsteɪnlɪs'sti:l/ **I** n. acciaio m. inossidabile **II** modif. [*cutlery, sink*] in acciaio inossidabile.
stain remover /'steɪnrɪˌmu:və(r)/ n. smacchiatore m.
stain-resistant /ˌsteɪn'rɪzɪstənt/ agg. antimacchia.
▷ **stair** /steə(r)/ **I** n. **1** *(step)* gradino m., scalino m.; ***the top ~*** l'ultimo scalino; ***the bottom ~*** il primo scalino **2** FORM. *(staircase)* scalinata f., gradinata f. **II stairs** n.pl. *(staircase)* ***the ~s*** la scala *o* le scale; ***a flight of ~s*** una rampa di scale; ***to climb*** o ***go up the ~s*** salire le scale; ***to come*** o ***go down the ~s*** scendere le scale; ***to run up the ~s*** correre su per le scale; ***to fall down the ~s*** cadere (giù) per le scale.
stair carpet /'steəˌkɑ:pɪt/ n. passatoia f., guida f.
▷ **staircase** /'steəkeɪs/ n. *(flight of stairs)* scala f., scale f.pl.; *(shaft)* tromba f. delle scale.
stairgate /'steəgeɪt/ n. cancelletto m. (di sicurezza) per le scale.
stairhead /'steəhed/ n. caposcala m., pianerottolo m. in cima alle scale.
stair rod /'steərɒd/ n. = bacchetta per fissare la passatoia agli scalini.
stairway /'steəweɪ/ n. scala f., scale f.pl.
stairwell /'steəwel/ n. tromba f. delle scale.
1.stake /steɪk/ n. **1** *(pole) (for support, marking)* paletto m., picchetto m.; *(thicker)* palo m. **2** STOR. *(for execution)* rogo m.; ***to go to the ~*** essere condannato al rogo; ***to be burnt at the ~*** essere bruciato sul rogo ◆ ***to (pull) up ~s*** fare fagotto.
2.stake /steɪk/ tr. AGR. sostenere [qcs.] con dei pali [*plant, tree*] ◆ ***to ~ one's claim to*** accampare i propri diritti su.
■ **stake out:** ~ out [sth.], ~ [sth.] out **1** *(place under surveillance)* [*police*] piantonare, sorvegliare [*hideout*] **2** *(mark with stakes)* delimitare [qcs.] con dei paletti [*land*] **3** FIG. *(claim)* avanzare delle pretese su [*interest, area of study*].
3.stake /steɪk/ **I** n. **1** GIOC. *(amount risked)* posta f. (anche FIG.); ***to put a ~ on*** puntare su [*horse*]; ***high ~s*** una posta molto alta; ***low ~s*** una posta bassa; ***to play for high ~s*** avere una grossa posta in gioco; ***to raise the ~s*** alzare la posta; ***to be at ~*** essere in gioco; ***there is a lot at ~*** c'è una posta molto alta in gioco; ***he has a lot at ~*** sta rischiando grosso; ***to put sth. at ~*** mettere qcs. in gioco **2** *(investment)* partecipazione f., quota f. (**in** in); ***a large, small ~*** una grossa, piccola quota; ***to have a 30% ~ in*** detenere il 30% delle azioni di [*company*] **II stakes** n.pl. *(in horse races, dog races) (money)* premio m.sing.; *(race)* corsa f.sing. a premi; ***the Diamond Stakes*** le Diamond Stakes; ***"France top in pay ~s"*** GIORN. FIG. "in Francia gli stipendi più alti".
4.stake /steɪk/ tr. **1** *(gamble)* scommettere, puntare [*money*]; scommettere [*property*]; rischiare [*reputation*]; ***to ~ one's all on*** puntare tutto su qcs.; ***I would ~ my life on it*** ci scommetterei la testa **2** AE *(back)* finanziare, sostenere [qcn.] finanziariamente [*person*].
stakeholder /'steɪkˌhəʊldər/ n. **1** *(in betting)* chi tiene le poste **2** ECON. partecipante m. e f., stakeholder m.
stakeout /'steɪkaʊt/ n. piantonamento m.

Stakhanovite /stəˈkɑːnəvaɪt/ **I** agg. stacanovista **II** n. stacanovista m. e f.

stalactite /ˈstæləktaɪt, AE stəˈlæk-/ n. stalattite f.

stalactitic(al) /stælәkˈtɪtɪk(l)/ agg. stalattitico.

stalagmite /ˈstæləgmaɪt, AE stəˈlæg-/ n. stalagmite f.

1.stale /steɪl/ agg. **1** *(old)* [*bread*] vecchio, raffermo, stantio; [*beer, cake, biscuit*] vecchio; [*cheese*] stantio; [*air*] viziato; [*odour*] di vecchio; ***the smell of ~ cigarette smoke*** l'odore stantio di sigarette; ***the food is ~*** il cibo non è fresco; ***to go ~*** [*bread, loaf*] diventare raffermo; ***to taste ~*** [*beer*] sapere di vecchio; [*cheese*] sapere di stantio; ***to smell ~*** [*room, house*] puzzare di chiuso **2** *(hackneyed)* [*jokes*] detto e stradetto; [*ideas, ideals*] superato, sorpassato; [*vocabulary, style*] antiquato, sorpassato; [*convention*] disusato; ***~ news*** notizie vecchie **3** *(tired)* [*player, performer*] spossato; ***to feel ~*** sentirsi sfinito; ***to get ~ in a job*** ammuffirsi nel lavoro; ***their marriage had gone ~*** il loro matrimonio era ormai logoro **4** ECON. [*cheque*] scaduto; [*market*] fermo.

2.stale /steɪl/ **I** tr. rendere stantio **II** intr. [*pleasure, delight*] esaurirsi; [*pastime*] diventare noioso.

3.stale /steɪl/ n. *(of horse, cattle)* urina f.

4.stale /steɪl/ intr. *(urinate)* [*horse, cattle*] urinare.

1.stalemate /ˈsteɪlmeɪt/ n. **1** *(in chess)* stallo m. **2** *(deadlock)* stallo m., punto m. morto (**in** in); ***military, political, industrial ~*** uno stallo nelle operazioni militari, nella situazione politica, nell'industria; ***to break a ~*** uscire da una situazione di stallo; ***to reach (a) ~*** raggiungere un punto morto.

2.stalemate /ˈsteɪlmeɪt/ tr. **1** *(in chess)* mettere [qcn.] in stallo [*opponent*] **2** *(block)* bloccare, portare a una situazione di stallo [*negotiations, progress*]; bloccare [*person*].

staleness /ˈsteɪlnɪs/ n. **1** *(of food)* (l')essere stantio; *(of air)* (l')essere viziato; FIG. *(of ideas)* l'essere superato **2** *(of performer, athlete)* sfinimento m.; ***feeling of ~*** sensazione di stanchezza.

Stalinism /ˈstɑːlɪnɪzəm/ n. stalinismo m.

Stalinist /ˈstɑːlɪnɪst/ **I** agg. stalinista **II** n. stalinista m. e f.

▷ **1.stalk** /stɔːk/ n. **1** BOT. GASTR. *(of grass)* stelo m.; *(of rose)* stelo m., gambo m.; *(of cabbage, broccoli, mushroom)* gambo m.; *(of leaf, apple, pepper)* picciolo m.; *(of grape)* raspo m. **2** ZOOL. *(organ)* peduncolo m. ◆ ***my eyes were out on ~s*** COLLOQ. avevo gli occhi fuori dalle orbite.

2.stalk /stɔːk/ n. **1** *(stalking gait)* andatura f. altezzosa **2** *(act of stalking)* caccia f. in appostamento.

▷ **3.stalk** /stɔːk/ **I** tr. **1** *(hunt)* [*hunter, animal*] avvicinarsi furtivamente a; [*murderer, rapist*] seguire **2** *(affect, haunt)* [*fear, danger*] dilagare in; [*disease, famine*] diffondersi in, propagarsi in; [*killer*] aggirarsi in [*place*] **3** COMM. ECON. *(in takeover bid)* tentare di prendere il controllo di [*company*] **4** *(harass)* molestare (ossessivamente), perseguitare **II** intr. **1** *(walk)* ***to ~ up, down the corridor*** *(stiffly)* camminare impettito per il corridoio; ***to ~ out of the room*** *(angrily)* andarsene dalla stanza infuriato **2** *(prowl)* ***to ~ through*** aggirarsi per [*countryside, streets*].

stalker /ˈstɔːkə(r)/ n. *(hunter)* cacciatore m. (-trice); *(killer, rapist etc.)* malintenzionato m. (-a); *(with stalking gait)* chi ha un'andatura solenne.

stalking horse /ˈstɔːkɪŋˌhɔːs/ n. **1** *(horse)* = cavallo dietro cui si apposta il cacciatore **2** *(expedient)* pretesto m.; FIG. specchietto m. per le allodole **3** POL. candidato m. (-a) civetta.

stalklet /ˈstɔːklət/ n. piccolo gambo m.

stalky /stɔːkɪ/ agg. *(slender)* sottile, esile; *(resembling stalks)* simile a gambo; *(having stalks)* provvisto di gambo, di picciolo.

▷ **1.stall** /stɔːl/ **I** n. **1** *(at market, fair)* banco m., bancarella f.; *(newspaper stand)* chiosco m. dei giornali; ***cake ~*** banco dei dolci; ***to run a ~*** avere una bancarella; ***to set up, take down a ~*** montare, smontare una bancarella; ***to buy sth. from a ~*** prendere qcs. a un banco **2** *(in stable)* posta f. **3** EQUIT. gabbia f. di partenza **4** AER. stallo m. **5** ARCH. *(in church)* stallo m., scanno m. **6** *(cubicle) (for shower)* box m. doccia; AE *(for toilet)* WC m. **7** AE *(parking space)* posto m. auto **II stalls** n.pl. BE TEATR. poltrona f.sing. (in platea); ***in the ~s*** nelle prime file.

▷ **2.stall** /stɔːl/ **I** tr. **1** AUT. (fare) spegnere [*engine*]; (fare) fermare [*car*] **2** *(hold up)* sospendere, portare [qcs.] a un punto morto [*talks, negotiations*]; bloccare [*action, process*] **II** intr. **1** [*car, driver*] fermarsi; [*engine*] arrestarsi **2** [*plane*] andare in stallo; [*pilot*] incorrere in uno stallo **3** *(stop, stagnate)* [*market, industry*] fermarsi; [*talks, diplomacy*] arrivare a un punto morto.

3.stall /stɔːl/ n. **1** *(accomplice)* complice m. e f., compare m. **2** *(pretence)* diversivo m., trucco m. **3** *(for time)* temporeggiamento m., (il) tergiversare.

4.stall /stɔːl/ **I** tr. *(play for time)* temporeggiare con, guadagnare tempo con [*person*]; ***I managed to ~ him*** sono riuscito a tenerlo a bada **II** intr. *(play for time)* temporeggiare; ***to ~ for time*** cercare di guadagnare tempo; ***stop*** o ***quit ~ing!*** AE smettila di temporeggiare!

■ **stall off:** ***~ off [sb.]*** tenere a bada [*creditors*].

stalled /stɔːld/ **I** p.pass. → **2.stall II** agg. [*negotiations*] bloccato; [*market, industry*] fermo.

stall-fed /ˈstɔːlfed/ agg. AGR. [*animal*] ingrassato in stalla.

stall feed /ˈstɔːlfiːd/ tr. (pass., p.pass. **stall fed**) AGR. ingrassare [qcs.] in stalla [*animal*].

stallholder /ˈstɔːlˌhəʊldə(r)/ ♦ *27* n. *(vendor)* bancarellaio m. (-a), bancarellista m. e f.

stalling angle /ˈstɔːlɪŋˌæŋgl/ n. incidenza f. di stallo.

stalling tactic /ˈstɔːlɪŋˌtæktɪk/ n. tattica f. dilatoria.

stallion /ˈstælɪən/ n. stallone m. (anche FIG.).

stalwart /ˈstɔːlwət/ **I** n. sostenitore m. (-trice); ***a party ~*** un vecchio sostenitore del partito **II** agg. **1** *(loyal)* [*defender, member, supporter*] leale, fedele; [*support*] incondizionato **2** *(unyielding)* [*defence, resistance*] imbattibile; *(sturdy)* robusto, aitante; ***to do ~ work*** fare un lavoro pesante.

stamen /ˈsteɪmən/ n. (pl. **~s, -ina**) stame m. (anche FIG.).

1.stamina /ˈstæmɪnə/ n. *(resistance to physical strain)* resistenza f.; *(resistance to hardship)* (capacità di) sopportazione f., vigore m.; ***to have ~*** avere resistenza; ***to lack ~*** mancare di *o* non avere resistenza; ***to have the ~ for, to do*** avere la forza di, per fare.

2.stamina /ˈsteɪmɪnə/ → **stamen.**

staminal /ˈstæmɪnl/, **staminate** /ˈstæmɪnət/ agg. BOT. staminale, stamineo.

1.stammer /ˈstæmə(r)/ n. balbuzie f.; ***to have a ~*** essere balbuziente; ***to speak with a ~*** balbettare.

2.stammer /ˈstæmə(r)/ **I** tr. balbettare [*apology, excuse*]; ***to ~ that*** farfugliare che; ***"n-no," he ~ed*** "n-no," ha balbettato **II** intr. balbettare.

stammerer /ˈstæmərə(r)/ n. balbuziente m. e f.

stammering /ˈstæmərɪŋ/ **I** n. balbettio m. **II** agg. che balbetta, balbettante.

▷ **1.stamp** /stæmp/ **I** n. **1** *(on letters, postcards)* francobollo m.; ***a 30 pence ~*** un francobollo da 30 penny; ***first-class ~*** francobollo per posta prioritaria; ***second-class ~*** francobollo normale; ***postage ~*** affrancatura; ***"no ~ needed"*** "non affrancare" **2** *(token) (for free gift)* bollino m., buono m.; *(towards bill, TV licence)* bollo m. **3** *(marking device) (made of rubber, metal)* timbro m., stampiglia f.; *(for marking metals)* stampo m., punzone m.; ***date ~*** timbro a data; ***to give sth. one's ~ of approval*** FIG. approvare qcs. **4** FIG. *(hallmark)* impronta f., marchio m.; ***to bear the ~ of*** portare l'impronta di [*person, artist*]; ***to set one's ~ on*** lasciare il segno in [*play, company, era*] **5** *(calibre)* stampo m., stoffa f.; ***men of his ~*** uomini del suo stampo **6** *(sound of feet)* scalpiccio m.; ***the ~ of the horse's hooves*** lo scalpitio dei cavalli; ***with a ~ of her foot*** battendo il piede per terra **7** BE ANT. *(contribution)* = contributo versato per la previdenza sociale **II** modif. [*album, collection*] di francobolli.

▷ **2.stamp** /stæmp/ **I** tr. **1** *(mark)* apporre [qcs.] con un timbro [*date, name, number*] (**on** su); timbrare [*card, ticket, library book*]; apporre un marchio su [*goods, boxes*]; timbrare, mettere un timbro su [*document, ledger, passport*]; punzonare [*metal*]; ***to be ~ed with the official seal*** recare il timbro ufficale; ***to be ~ed "confidential"*** recare la scritta "confidenziale"; ***to ~ a book with the date*** stampare la data su un libro; ***to ~ one's authority, personality on*** affermare la propria autorità su, imprimere la propria personalità su [*project, enterprise, match*] **2** *(with foot)* ***to ~ one's foot*** *(in anger)* pestare *o* battere i piedi per terra; ***to ~ one's feet*** *(rhythmically, for warmth)* battere i piedi; ***to ~ sth. flat*** schiacciare qcs. con i piedi; ***to ~ sth. into the ground*** schiacciare qcs. per terra **3** *(for posting)* affrancare [*envelope*] **II** intr. **1** *(thump foot)* [*person*] pestare i piedi; [*horse*] scalpitare; ***to ~ on*** pestare [*foot*]; calpestare [*toy*]; schiacciare [*brakes*]; ***to ~ the mud off one's boots*** battere i piedi per togliere il fango dagli stivali **2** *(walk heavily)* camminare con passo pesante; ***to ~ into, out of sth.*** entrare in, uscire da qcs. con passo pesante **3** *(crush)* ***to ~ on*** sgretolare, frantumare [*soil, ground*]; FIG. scartare [*idea, suggestion*].

■ **stamp out:** ***~ out [sth.], ~ [sth.] out*** **1** *(put out)* estinguere [*fire, flames*] **2** *(crush)* sconfiggere [*cholera, disease*]; sradicare [*terrorism, fraud, crime*]; soffocare [*uprising*] **3** *(cut out)* forgiare [*component*].

stamp-collecting /ˈstæmpkəˌlektɪŋ/ n. filatelia f., (il) collezionare francobolli.

stamp-collector /ˈstæmpkəˌlektə(r)/ n. collezionista m. e f. di francobolli.

stamp-dealer /ˈstæmpˌdiːlə(r)/ ♦ 27 n. commerciante m. e f. di francobolli.

stamp duty /ˈstæmpˌdjuːtɪ, AE -ˌduːtɪ/ n. DIR. tassa f. di bollo, imposta f. di bollo.

stamped addressed envelope /ˌstæmptəˌdrestˈenvələʊp, -ˈɒn- / n. busta f. preaffrancata e preindirizzata.

1.stampede /stæmˈpiːd/ n. **1** *(rush) (of animals)* fuga f. disordinata; *(of humans)* fuga f. disordinata, fuggi fuggi m.; ***there was a ~ for the exit*** c'è stato un fuggi fuggi generale verso l'uscita **2** *(rodeo)* rodeo m.

2.stampede /stæmˈpiːd/ **I** tr. **1** fare fuggire, mettere in fuga [*animals, spectators*]; seminare il panico tra [*crowd*] **2** FIG. *(force sb.'s hand)* costringere, forzare [*person*]; ***to ~ sb. into doing*** costringere (con la forza) qcn. a fare **II** intr. [*animals*] scappare disordinatamente; [*people, crowd*] darsi a una fuga precipitosa; ***to ~ towards*** precipitarsi in massa verso [*doors, exit*]; ***a stampeding elephant*** un elefante infuriato.

stamper /ˈstæmpə(r)/ n. **1** *(for crushing)* frantumatore m.; *(in mill)* pestello m. **2** *(in post office)* timbratrice f.

stamping ground /ˈstæmpɪŋˌgraʊnd/ n. BE COLLOQ. FIG. rifugio m., luogo m. di ritrovo.

stamping mill /ˈstæmpɪŋˌmɪl/ n. MIN. impianto m. di frantumazione.

stamping press /ˈstæmpɪŋˌpres/ n. IND. imbutitrice f., pressa f. per l'imbutitura.

stamp machine /ˈstæmpməˌʃiːn/ n. distributore m. automatico di francobolli.

▷ **stance** /stɑːns, stæns/ n. **1** *(attitude)* atteggiamento m., (presa di) posizione f.; ***to take*** o ***adopt a ~*** prendere una posizione; ***her ~ on*** la sua posizione su [*defence, inflation, issue*] **2** *(way of standing)* posa f., posizione f.; ***to adopt a ~*** assumere una posizione **3** ALP. appiglio m.

stanch AE → **2.staunch**.

1.stanchion /ˈstænʃən, AE ˈstæntʃən/ n. **1** *(pillar)* palo m., pilone m.; *(vertical strut)* montante m.; *(support)* sostegno m.; *(for cattle)* sbarra f. **2** MAR. candeliere m.

2.stanchion /ˈstænʃən, AE ˈstæntʃən/ tr. *(provide with stanchion)* sostenere, provvedere di montanti; *(fasten to stanchion)* legare [qcs.] a un palo [*animal*].

▶ **1.stand** /stænd/ n. **1** *(piece of furniture) (for coats, hats)* appendiabiti m., attaccapanni m.; *(for plant)* portavasi m.; *(for trophy)* piedistallo m.; *(for sheet music)* leggio m. **2** COMM. *(stall) (on market)* bancarella f.; *(kiosk)* chiosco m.; *(at exhibition, trade fair)* stand m., padiglione m.; ***news(paper) ~*** chiosco dei giornali **3** SPORT *(in stadium)* tribuna f., stand m. **4** DIR. *(witness box)* banco m. dei testimoni; ***to take the ~*** salire sul banco dei testimoni **5** *(stance)* posizione f., atteggiamento m.; ***to take*** o ***make a ~ on sth.*** prendere posizione su qcs. **6** *(resistance to attack)* opposizione f.; ***(to make) a last ~*** (opporre) un'ultima resistenza **7** *(in cricket)* ***a ~ of 120 runs*** una serie ininterrotta di 120 punti **8** *(standstill)* ***to come to a ~*** arrestarsi; ***the traffic was brought to a ~*** il traffico si era paralizzato **9** *(area) (of corn)* campo m.; *(of trees)* boschetto m.

▶ **2.stand** /stænd/ **I** tr. (pass., p.pass. **stood**) **1** *(place)* mettere [qcn.] in piedi, fare stare [qcn.] in piedi [*person*]; mettere [qcs.] dritto [*object*]; ***~ it over there*** mettilo lì; ***to ~ sb. on, in etc.*** mettere qcn. in piedi su, in; ***to ~ sth. on, in, against etc.*** mettere qcs. (dritto) su, in, contro **2** *(bear)* sopportare [*person, insects, certain foods*]; ***I can't ~ liars*** non posso soffrire *o* non sopporto i bugiardi; ***he can't ~ to do*** o ***doing*** non sopporta di fare; ***I can't ~ him doing*** non riesco a sopportare che faccia; ***she won't ~ any nonsense, bad behaviour*** non ammetterà sciocchezze, maleducazione; ***it won't ~ close scrutiny*** non reggerà a un esame attento **3** COLLOQ. *(pay for)* ***to ~ sb. sth.*** pagare qcs. a qcn.; ***to ~ sb. a meal*** offrire un pasto a qcn.; ***to ~ sb. a drink*** pagare da bere a qcn. **4** DIR. ***to ~ trial*** subire un processo; ***to ~ security for sb., to ~ bail for sb.*** pagare la cauzione per qcn. **5** *(be liable)* ***to ~ to lose sth.*** rischiare di perdere qcs.; ***she ~s to gain a million pounds if the deal goes through*** se l'affare va in porto c'è la possibiltà che guadagni un milione di sterline **II** intr. (pass., p.pass. **stood**) **1** (anche **~ up**) alzarsi; ***let's ~, we'll see better*** alziamoci in piedi così vediamo meglio **2** *(be upright)* [*person*] stare in piedi; [*object*] essere in piedi, essere dritto; ***they were ~ing at the bar, in the doorway*** se ne stavano in piedi vicino al bar, all'entrata; ***they were ~ing talking near the car*** erano vicino alla macchina che parlavano; ***to remain ~ing*** restare in piedi; ***only a few houses were left ~ing*** sono rimaste in piedi solo poche case; ***there's not much of the cathedral still ~ing*** non è rimasto molto della cattedrale; ***don't just ~ there, do something!*** non stare lì impalato, fai qualcosa! **3** *(be positioned)* [*building, village etc.*] essere situato, trovarsi; *(clearly delineated)* stagliarsi; ***the house, tree stood on top of the hill*** la casa, l'albero si stagliava in cima alla collina; ***"the train now ~ing at platform one"*** "il treno fermo al primo binario" **4** *(step)* ***to ~ on*** calpestare [*insect*]; pestare [*foot*] **5** *(be)* ***to ~ empty*** [*house*] restare vuoto; ***to ~ accused of sth.*** essere accusato di qcs.; ***to ~ ready*** essere pronto; ***as things ~*** così come stanno le cose; ***I want to know where I ~*** FIG. vorrei sapere come sono messe le cose per me; ***where do you ~ on abortion, capital punishment?*** qual è la tua posizione riguardo all'aborto, alla pena di morte? ***nothing ~s between me and getting the job*** non c'è niente che mi impedisca di ottenere il posto; ***my savings are all that ~ between us and poverty*** l'unica cosa che ci separa dalla povertà sono i miei risparmi; ***to ~ in sb.'s way*** bloccare il passaggio a qcn.; FIG. ostacolare qcn.; ***to ~ in the way of progress*** FIG. ostacolare il progresso **6** *(remain valid)* [*offer*] rimanere valida; [*agreement, statement*] valere; ***the record still ~s*** il record rimane imbattuto **7** *(measure in height)* ***he ~s six feet*** è alto un metro e ottanta; ***the tower, hill ~s 500 metres high*** la torre, la collina è alta 500 metri **8** *(be at certain level)* ***the record, total ~s at 300*** il record, il totale è di 300; ***the score ~s at 3-0*** il punteggio è di 3 a zero **9** *(be a candidate)* candidarsi; ***to ~ as*** presentarsi come [*candidate*]; ***to ~ for parliament*** candidarsi al parlamento; ***to ~ for president*** candidarsi alla presidenza **10** *(act as)* ***to ~ as godfather for sb.*** fare da padrino a qcn.; ***to ~ as guarantor for sb.*** farsi garante di qcn. **11** *(not move)* [*water*] stagnare; [*mixture*] riposare; ***to let sth. ~*** lasciare riposare qcs.; ***let the tea ~*** lascia il tè in infusione **12** MAR. ***to ~ for*** fare rotta per [*port, Dover etc.*] ◆ ***to leave sb. ~ing*** [*athlete*] infliggere un notevole distacco a; [*student, company*] superare; ***as a cook, she leaves me ~ing*** in cucina è molto più brava di me; ***to ~ up and be counted*** fare sentire la propria voce.

■ **stand about, around** starsene, restarsene (**doing** a fare).

■ **stand aside** farsi da parte, scansarsi (**to do** per fare).

■ **stand back 1** *(move back)* [*person, crowd*] indietreggiare, farsi indietro (**from** da); FIG. prendere le distanze (**from** da) **2** *(be situated)* [*house*] essere arretrato (**from** rispetto a).

■ **stand by: ~ by 1** *(be prepared)* essere pronto; [*doctor, army, emergency services*] essere pronto a intervenire; ***to be ~ing by to do*** [*services*] essere pronto a fare; ***"~ by for take-off!"*** AER. "prepararsi al decollo" **2** *(refuse to act)* stare a guardare; ***he stood by and did nothing*** è rimasto lì senza intervenire; ***how can you ~ by and let that happen?*** come puoi startene lì con le mani in mano? **~ by [sb., sth.]** *(be loyal to)* sostenere, appoggiare [*person*]; attenersi a [*actions, decision*]; tenere fede a [*principles, offer*].

■ **stand down 1** *(resign)* [*president, chairman*] dimettersi (**in favour of** per lasciare il posto a); [*candidate*] ritirarsi (**in favour of** per favorire) **2** DIR. lasciare il banco dei testimoni.

■ **stand for: ~ for [sth.] 1** *(represent)* [*party, person*] rappresentare, incarnare [*ideal*] **2** *(denote)* [*initials*] stare per, significare; [*company, name*] significare [*quality etc.*] **3** *(tolerate)* [*person*] consentire, permettere [*cut, reduction*]; tollerare [*insubordination*]; ***I wouldn't ~ for that*** io non sarei disposto a tollerare tutto ciò; ***don't ~ for him being so rude to you!*** non permettergli di essere così maleducato con te!

■ **stand in *to ~ in for sb.*** sostituire qcn.; CINEM. fare da controfigura a qcn.

■ **stand off: ~ off 1** *(reach a stalemate)* arrivare a un punto morto **2** *(remain at distance)* stare alla larga da; MAR. restare al largo di; **~ [sb.] off, ~ off [sb.]** COLLOQ. *(lay off)* lasciare a casa [*workers*].

■ **stand out 1** *(be noticeable)* [*person*] distinguersi, spiccare (**against** tra); [*building*] stagliarsi (**against** contro); [*design*] risaltare (**against** su); [*work, ability, achievement*] distinguersi; ***to ~ out from*** [*person*] distinguersi da [*group*] **2** *(protrude)* sporgere **3** *(take a stance)* resistere; [*person*] ***to ~ out for*** rivendicare [*right, principle*]; ***to ~ out against*** opporsi a [*change, decision*].

■ **stand over: ~ over** *(be postponed)* essere rimandato, essere rinviato; **~ over [sb.] 1** *(supervise)* supervisionare [*employee etc.*] **2** *(watch)* ***don't ~ over me!*** smettila di soffiarmi sul collo!

■ **stand to** MIL. **~ to** essere in stato di allerta; ***to ~ to to do*** tenersi pronto a fare; **~ [sb.] to** mettere [qcn.] in stato di allerta.

■ **stand up: ~ up 1** *(rise)* alzarsi (in piedi) (**to do** per fare) **2** *(stay upright)* stare in piedi **3** *(withstand investigation)* [*argument, theory*] reggere; [*story*] stare in piedi; ***to ~ up to*** resistere a [*scrutiny, investigation*] **4** *(resist)* ***to ~ up to*** tenere testa a [*person*] **5** *(defend)* ***to ~ up for*** prendere le parti di, difendere [*person*]; sostenere, difendere [*rights*]; ***to ~ up for oneself*** difendersi; **~ [sb., sth.] up 1** *(place upright)* mettere [qcn.] in piedi [*person*]; mettere [qcs.]

dritto [*object*]; ***to ~ sth. up against, on*** mettere qcs. (dritto) contro, su **2** COLLOQ. *(fail to meet)* dare buca a, tirare un bidone a, bidonare [*girlfriend, boyfriend*].

stand-alone /ˈstændələʊn/ agg. INFORM. indipendente.

▶ **standard** /ˈstændəd/ **I** n. **1** *(level of quality)* standard m., livello m. qualitativo; ***the ~ of education is good*** il livello del sistema scolastico è buono; ***the ~ of hygiene is good*** le condizioni igieniche sono buone; ***the ~ of candidates is good*** i candidati sono di buon livello; ***~s of service have declined*** la qualità dei servizi è peggiorata; ***our drinking water is of a very high ~*** la nostra acqua potabile è di ottima qualità; ***this wine is excellent by any ~s*** questo vino è eccellente da tutti i punti di vista; ***to have high ~s*** [*person*] avere grandi pretese; [*school, institution*] avere standard molto alti; ***to have low ~s*** [*person*] essere di poche pretese; [*school, institution*] non avere standard molto alti; ***to have double ~s*** usare due pesi e due misure **2** *(official specification)* norma f. (**for** di); ***products must comply with EU ~s*** i prodotti devono essere conformi alle norme europee **3** *(requirement) (of student, work)* requisito m. (**for** di); *(of hygiene, safety)* norme f.pl.; ***this work, student is not up to ~*** questo lavoro, studente è al di sotto della media; ***above, below ~*** al di sopra, al di sotto della media; ***to set the ~ for others to follow*** stabilire un modello da seguire; ***by today's ~s*** secondo i criteri attuali **4** *(banner)* stendardo m. **5** *(classic song)* classico m.; ***a rock, blues ~*** un classico del rock, del blues **II** agg. **1** *(normal)* [*equipment, pay*] di base; [*rate, plan, style, measurement, size*] standard; [*image*] tradizionale; [*procedure*] normale, standard; ***it's ~ practice to do*** è normale procedura fare; ***~ English, Italian*** l'inglese, l'italiano standard; ***this model includes a car radio as ~*** in questo modello è inclusa l'autoradio **2** *(authoritative)* [*work*] fondamentale; [*manual*] autorevole **3** (anche **~ class**) BE FERR. [*ticket*] di seconda classe; [*single, return*] in seconda classe **4** BOT. [*cherry, rose*] ad alberello.

standard amenities /ˈstændədə,miːnətɪz, -,menətɪz/ n.pl. comfort m. di base.

Standard Assessment Task /,stændədəˈsesmənt,tɑːsk, AE -,tæsk/ n. GB SCOL. = esame di idoneità scolastica sostenuto all'età di 7, 11 e 14 anni.

standard-bearer /ˈstændəd,beərə(r)/ n. MIL. portabandiera m. e f. (anche FIG.)

standard-bred /ˈstændəd,bred/ n. AE EQUIT. ambiatore m.

standard cost /ˈstændəd,kɒst, AE -,kɔːst/ n. AMM. costo m. standard.

standard deviation /,stændəd,diːvɪˈeɪʃn/ n. STATIST. deviazione f. standard.

standard gauge /ˈstændəd,geɪdʒ/ n. FERR. scartamento m. normale.

standard gauge railway /,stændədgeɪdʒˈreɪlweɪ/ n. FERR. ferrovia f. a scartamento normale.

standard-issue /ˈstændəd,ɪʃuː, -,ɪsjuː/ agg. regolamentare.

standardization /,stændədaɪˈzeɪʃn, AE -dɪˈz-/ n. standardizzazione f., normalizzazione f.

standardize /ˈstændədaɪz/ tr. standardizzare [*component, spelling*]; conformare [*laws, procedures*]; uniformare [*size, tests*].

standardized /ˈstændədaɪzd/ **I** p.pass. → **standardize II** agg. standardizzato.

standard lamp /ˈstændədlæmp/ n. BE lampada f. a stelo.

standard normal distribution /,stændəd,nɔːmldɪstrɪˈbjuːʃn/ n. STATIST. distribuzione f. normale standardizzata.

standard of living /,stændədəvˈlɪvɪŋ/ n. tenore m. di vita.

standard time /ˈstændəd,taɪm/ n. ora f. solare vera.

standby /ˈstændbaɪ/ **I** n. **1** *(for use in emergencies) (person)* riserva f., rimpiazzo m.; *(food, ingredient)* scorta f., riserva f.; ***to be on ~*** [*army, emergency services*] essere pronti a intervenire; *(for airline ticket)* essere in lista d'attesa; ***to be put on ~*** [*army, emergency services*] essere messo in stato di allerta **2** *(in telecommunications)* stand-by m. **II** modif. **1** *(emergency)* [*system, circuit*] d'emergenza; [*battery*] di riserva **2** [*ticket*] stand-by; [*passenger*] in stand-by.

standee /stænˈdiː/ n. *(spectator)* spettatore m. (-trice) in piedi; *(passenger)* passeggero m. (-a) in piedi.

stand-in /ˈstændɪn/ **I** n. sostituto m. (-a); CINEM. controfigura f.; TEATR. *(double)* controfigura f.; *(replacement)* rimpiazzo m. **II** agg. [*teacher*] supplente; [*actor*] di rimpiazzo.

standing /ˈstændɪŋ/ **I** n. **1** *(reputation)* reputazione f., posizione f. (**among, with** tra); ***academic, professional ~*** reputazione accademica, professionale; ***social ~*** posizione sociale; ***financial ~*** situazione finanziaria; ***of high*** o ***considerable ~*** di ottima reputazione **2** *(length of time)* ***of long ~*** di lunga data; ***of ten years' ~*** che dura da dieci anni **II** agg. **1** *(permanent)* [*army, committee, force*] permanente **2** *(continuing)* [*rule*] in vigore; [*invitation*] sempre valido; ***his absent-mindedness is a ~ joke among his friends*** la sua distrazione è diventata una barzelletta per i suoi amici; ***it's a ~ joke that she always forgets her key*** ormai è risaputo che si dimentica sempre le chiavi **3** SPORT *(from standing position)* [*jump*] da fermo, senza rincorsa; ***to make a jump from a ~ start*** saltare da fermo.

standing charge /,stændɪŋˈtʃɑːdʒ/ n. spese f.pl. fisse.

standing order /,stændɪŋˈɔːdə(r)/ n. ECON. ordine m. permanente.

standing ovation /,stændɪŋəʊˈveɪʃn/ n. standing ovation f.

standing room /ˈstændɪŋ,ruːm, -,rʊm/ n. **U** posti m.pl. in piedi.

standing stone /,stændɪŋˈstəʊn/ n. *(monolith)* monolito m.; *(menhir)* menhir m.

stand-off /ˈstændɒf, AE -ɔːf/ n. **1** *(stalemate)* stallo m., punto m. morto **2** *(counterbalancing of forces)* compensazione f., contropartita f. **3** SPORT → **stand-off half.**

stand-off half /ˈstændɒf,hɑːf, AE ɔːf,hæf/ n. SPORT mediano m. d'apertura.

stand-offish /stændˈɒfɪʃ, AE -ˈɔːf-/ agg. COLLOQ. [*person, manner, attitude*] altezzoso, spocchioso.

stand-offishly /stændˈɒfɪʃlɪ, AE -ˈɔːf-/ avv. COLLOQ. [*act, behave*] in modo altezzoso; [*say, reply*] in tono altezzoso.

stand-offishness /stændˈɒfɪʃnɪs, AE -ˈɔːf-/ n. COLLOQ. altezzosità f., spocchia f.

stand-off missile /ˈstændɒf,mɪsaɪl, AE -ɔːf,mɪsl/ n. MIL. TECN. missile m. lanciabile fuori tiro nemico.

stand-out /ˈstændaʊt/ n. *(person)* fenomeno m., persona f. fuori dal comune; *(thing)* fenomeno m., cosa f. straordinaria.

standover /ˈstændəʊvə(r)/ agg. aggressivo, minaccioso.

standpatter /ˈstændpætə(r)/ n. *(in politics)* intransigente m. e f., tradizionalista m. e f.

standpipe /ˈstændpaɪp/ n. tubo m., tubazione f. verticale.

standpoint /ˈstændpɔɪnt/ n. *(physical)* punto m. di osservazione; *(mental)* punto m. di vista.

standstill /ˈstændstɪl/ n. **1** *(stop) (of traffic, production)* arresto m.; *(of economy, growth)* punto m. morto; ***to be at a ~*** [*traffic*] essere bloccato; [*factory, port, rail services*] essere fermo; ***to come to a ~*** [*person, car*] fermarsi; [*work, production*] fermarsi, essere fermo; [*negotiations, talks*] bloccarsi, arrivare a un punto morto; ***to bring sth. to a ~*** paralizzare [*traffic, city*]; portare [qcs.] ad un arresto [*factory*]; fermare [*service*] **2** *(on wages, taxes etc.)* congelamento m.

standstill agreement /ˈstændstɪlə,griːmənt/ n. standstill m.

stand-to /ˈstændtuː/ n. MIL. stato m. d'allerta, allarme m.

stand-up /ˈstændʌp/ **I** n. (anche **~ comedy**) spettacolo m. di cabaret **II** agg. **1** TEATR. TELEV. ***~ comedian*** cabarettista **2** *(eaten standing)* [*buffet, meal*] in piedi **3** *(aggressive)* [*fight*] combattuto, duro; [*argument*] violento.

Stanislas /ˈstænɪsləs/ n.pr. Stanislao.

stank /stæŋk/ pass. → **2.stink.**

Stanley /ˈstænlɪ/ n.pr. Stanley (nome di uomo).

Stanley knife® /ˈstænlɪnaɪf/ n. cutter m.

stannary /ˈstænərɪ/ n. *(mine)* miniera f. di stagno; *(in Cornwall, Devon)* regione f. stannifera.

stannic /ˈstænɪk/ agg. stannico.

stannite /ˈstænaɪt/ n. **1** CHIM. stannito m. **2** MIN. stannite f.

stannous /ˈstænəs/ agg. stannoso.

stanza /ˈstænzə/ n. LETTER. strofa f., stanza f.

stapes /ˈsteɪpiːz/ n. (pl. **~, -pedes**) ANAT. staffa f.

staphylococcus /,stæfɪləˈkɒkəs/ n. (pl. **-i**) stafilococco m.

▷ **1.staple** /ˈsteɪpl/ n. **1** *(for paper)* graffetta f., punto m. metallico **2** ING. *(U-shaped nail)* cambretta f.; *(U-shaped rod)* cavallotto m.

▷ **2.staple** /ˈsteɪpl/ **I** n. **1** *(basic food)* alimento m. base, alimento m. principale **2** ECON. *(crop, product)* prodotto m. principale; *(industry)* industria f. principale **3** FIG. *(topic, theme)* argomento m. principale **4** TESS. *(fibre)* fibra f. **II** agg. attrib. [*food, product, industry*] principale; [*crop, meal, diet*] base.

▷ **3.staple** /ˈsteɪpl/ tr. **1** *(attach)* pinzare (**to** a; **onto** su); ***to ~ sheets together*** pinzare insieme (dei) fogli **2** MED. ***to have one's stomach ~d*** farsi ridurre lo stomaco.

staple gun /ˈsteɪpl,gʌn/, **stapler** /ˈsteɪplə(r)/ n. pinzatrice f., cucitrice f.

staple remover /ˈsteɪplrɪ,muːvə(r)/ n. levapunti m.

stapling /ˈsteɪplɪŋ/ agg. ***~ machine*** cucitrice.

▶ **1.star** /stɑː(r)/ **I** n. **1** ASTR. ASTROL. stella f.; ***the ~s are out*** sono spuntate le stelle; ***to navigate by the ~s*** navigare seguendo le stelle; ***born under a lucky ~*** nato sotto una buona stella **2** *(person)* star f., stella f.; ***a ~ of stage and screen*** una stella del teatro e del cinema; ***a tennis, soccer ~*** una stella *o* star del tennis, del calcio; ***to***

make sb. a ~ fare di qcn. una stella **3** *(asterisk)* asterisco m. **4** *(award) (to hotel, restaurant)* stella f.; *(to pupil)* punto m. di merito **5** MIL. *(mark of rank)* stelletta f. **6 -star** in composti ***three-~ hotel, restaurant*** albergo, ristorante a tre stelle; ***four-~ general*** MIL. generale a quattro stelle **II stars** n.pl. ASTROL. stelle f., oroscopo m.sing.; ***what do the ~s foretell?*** cosa dice l'oroscopo? ***it's written in the ~s*** lo dicono le stelle **III** modif. [*billing, quality*] di star ◆ ***to reach for the ~s*** puntare molto in alto; ***to see ~s*** vedere le stelle.

▶ **2.star** /stɑː(r)/ **I** tr. (forma in -ing ecc. **-rr-**) **1** [*film, play*] avere [qcn.] come protagonista [*actor*]; ***the film ~s Alan Bates and Maggie Smith as the uncle and aunt*** il film ha come protagonisti Alan Bates nel ruolo dello zio e Maggie Smith in quello della zia; ***a comedy ~ring Lenny Henry*** una commedia con Lenny Henry protagonista **2** gener. passivo *(mark with star)* segnare [qcs.] con un asterisco; ***the ~red items, dishes are...*** gli articoli, i piatti segnati con l'asterisco sono... **3** *(decorate)* tempestare, decorare; ***~red with*** tempestato di [*flowers, dots*] **II** intr. (forma in -ing ecc. **-rr-**) [*actor*] avere il ruolo di protagonista (**in** in); ***Bela Lugosi ~s as*** o ***in the role of Dracula*** il protagonista è Bela Lugosi nel ruolo di Dracula; ***Meryl Streep also ~s*** tra gli interpreti principali c'è anche Meryl Streep.

star anise /ˌstɑːr'ænɪs/ n. anice m. stellato.

starboard /'stɑːbəd/ **I** n. **1** MAR. dritta f., destra f.; ***to turn to ~*** virare a dritta; ***hard a-~!*** tutta a dritta! **2** AER. destra f.; ***to bank to ~*** inclinarsi a destra **II** modif. [*engine, gun, wing*] di destra; ***on the ~ side*** a destra.

▷ **1.starch** /stɑːtʃ/ n. **U 1** *(carbohydrate)* amido m.; ***wheat ~*** amido di grano; ***potato ~*** fecola di patate; ***corn ~*** AE amido di mais **2** *(for clothes)* amido m., appretto m.; ***to put ~ on sth.*** inamidare qcs.

2.starch /stɑːtʃ/ tr. inamidare, apprettare [*sheet, collar*].

Star Chamber /ˌstɑː'tʃeɪmbə(r)/ n. **1** GB STOR. DIR. Camera f. stellata **2** SPREG. (anche **star chamber**) = tribunale arbitrario e tirannico **3** GB POL. = consiglio dei ministri che regola le controversie in materia di spese pubbliche.

star chart /'stɑːˌtʃɑːt/ n. carta f. celeste.

starched /stɑːtʃt/ **I** p.pass. → **2.starch II** agg. [*sheet, collar*] inamidato.

starcher /'stɑːtʃə(r)/ n. *(machine)* apprettatrice f.

starchiness /'stɑːtʃɪnɪs/ n. (l')essere inamidato; FIG. sostenutezza f., formalismo m.

starching /'stɑːtʃɪŋ/ n. inamidatura f., apprettatura f.

starch-reduced /ˌstɑːtʃrɪ'djuːst, AE -'duːst/ agg. [*product, food*] povero di amido.

starchy /'stɑːtʃɪ/ agg. **1** [*food, diet*] ricco di amido **2** [*substance*] amidaceo **3** COLLOQ. SPREG. [*person, tone*] sostenuto, affettato.

star connection /ˌstɑːkə'nekʃn/ n. EL. connessione f. a stella.

star-crossed /'stɑːkrɒst, AE -krɔːst/ agg. LETT. nato sotto una cattiva stella.

stardom /'stɑːdəm/ n. celebrità f., notorietà f.; ***to rise to ~*** diventare una stella.

stardust /'stɑːdʌst/ n. polvere f. di stelle.

▶ **1.stare** /steə(r)/ n. sguardo m. fisso; ***an insolent, a hard ~*** uno sguardo insolente, severo; ***she gave me a ~*** mi ha fissato (in modo inquisitorio).

▶ **2.stare** /steə(r)/ **I** tr. ***to ~ sb. into silence, submission*** fare tacere, fare obbedire qcn. con lo sguardo; ***the truth, solution was staring us in the face*** FIG. avevamo la verità, la soluzione sotto gli occhi; ***the book I'd been looking for was there all the time, staring me in the face*** il libro che avevo cercato tanto era sempre stato lì, sotto i miei occhi; ***disaster was staring me in the face*** ero sull'orlo del disastro **II** intr. guardare fisso; ***to ~ at sb.*** fissare qcn.; ***to ~ at sth.*** fissare qcs.; ***to ~ at sb. in surprise, disbelief*** fissare qcn. per la sorpresa, per la meraviglia; ***to ~ into space*** guardare fisso nel vuoto; ***to ~ straight ahead*** guardare fisso davanti; ***to ~ up at sb., sth.*** fissare qcn., qcs. dal basso; ***to ~ down at sb., sth.*** fissare qcn., qcs. dall'alto; ***to ~ back at sb.*** ricambiare lo sguardo di qcn. fissandolo; ***to stop and ~*** fermarsi a fissare *o* guardare; ***what are you staring at?*** cos'hai da guardare? ***to ~ out of the window*** guardare fisso fuori dalla finestra.

▪ **stare down** → **stare out.**

▪ **stare out:** **~ *[sb.]* out, ~ out *[sb.]*** fare abbassare lo sguardo a [*enemy, rival*].

starer /'steərə(r)/ **I** n. chi guarda fisso **II starers** n.pl. lorgnette f.sing.

starfish /'stɑːˌfɪʃ/ n. (pl. ~, **~es**) stella f. di mare.

starflower /'stɑːˌflaʊə(r)/ n. latte m. di gallina, cipollone m. bianco.

star fruit /'stɑːˌfruːt/ n. BOT. carambola f.

stargaze /'stɑːgeɪz/ intr. **1** *(study stars)* osservare le stelle **2** FIG. *(daydream)* sognare a occhi aperti.

stargazer /'stɑːgeɪzə(r)/ n. **1** *(astrologer)* astrologo m. (-a) **2** *(astronomer)* astronomo m. (-a) **3** *(daydreamer)* sognatore m. (-trice).

stargazing /'stɑːgeɪzɪŋ/ n. **1** SCHERZ. osservazione f. degli astri **2** FIG. *(daydreaming)* (il) sognare ad occhi aperti.

▷ **staring** /'steərɪŋ/ agg. [*eyes*] fisso; [*people, crowd*] curioso; ***to look at sb. with ~ eyes*** fissare qcn. con insistenza.

stark /stɑːk/ agg. **1** *(bare)* [*landscape, building*] desolato; [*appearance, beauty*] semplice; [*room*] spoglio; [*decor*] essenziale; [*lighting*] crudo **2** *(unadorned)* [*fact*] nudo e crudo; [*statement, warning, reminder*] duro; ***a ~ choice*** un dilemma; ***the ~ reality*** la realtà nuda e cruda **3** *(total)* [*contrast*] forte; ***~ terror*** puro terrore; ***in ~ contrast to*** in forte contrasto con ◆ ***to be ~ naked*** essere nudo come un verme; ***~ raving mad, ~ staring mad*** BE COLLOQ. matto da legare.

starkers /'stɑːkəz/ agg. BE COLLOQ. SCHERZ. completamente nudo, nudo come un verme.

starkly /'stɑːklɪ/ avv. **1** *(bluntly)* [*simple*] decisamente, del tutto; [*clear*] assolutamente, perfettamente; [*demonstrated*] chiaramente; ***to contrast ~ with*** contrastare fortemente con **2** *(barely)* [*decorated*] in modo essenziale; [*lit*] con luce cruda.

starkness /'stɑːknɪs/ n. *(of landscape)* desolazione f.; *(of decor, room)* sobrietà f., semplicità f.

starless /'stɑːlɪs/ agg. senza stelle.

starlet /'stɑːlɪt/ n. starlet f., stellina f.

starlight /'stɑːlaɪt/ **I** n. luce f. delle stelle **II** agg. illuminato dalle stelle.

1.starling /'stɑːlɪŋ/ n. *(for protection)* barriera f., palizzata f. di protezione.

2.starling /'stɑːlɪŋ/ n. ORNIT. storno m.

starlike /stɑːlaɪk/ agg. *(similar to star)* simile a stella, come una stella; *(star shaped)* a forma di stella.

starlit /stɑːlɪt/ agg. [*night*] illuminato dalle stelle.

star-of-Bethlehem /ˌstɑːəv'beθlɪhem/ n. BOT. latte m. di gallina, cipollone m. bianco.

Star of Bethlehem /ˌstɑːəv'beθlɪhem/ n. RELIG. stella f. di Betlemme.

Star of David /ˌstɑːəv'deɪvɪd/ n. stella f. di Davide.

starred /stɑːd/ **I** p.pass. → **2.star II** agg. **1** *(adorned with stars)* stellato, ornato di stelle; ***~ flag*** bandiera a stelle **2** *(marked with asterisk)* segnato con un asterisco.

starry /'stɑːrɪ/ agg. **1** *(with stars)* [*night, sky*] stellato **2** *(shining)* [*eyes*] lucente, che brilla **3** *(in shape of star)* [*flower, leaf, design*] a forma di stella **4** [*cast*] di star; [*occasion*] con tante celebrità.

starry-eyed /ˌstɑːrɪ'aɪd/ agg. [*person*] sognante, ingenuo; ***to be ~ about sb., sth.*** avere una visione idealistica di qcn., qcs.; ***with ~ affection*** pieno di affetto e ammirazione.

Stars and Bars /ˌstɑːzən'bɑːz/ n. US STOR. + verbo sing. = bandiera degli stati confederati durante la guerra di secessione.

Stars and Stripes /ˌstɑːzən'straɪps/ n. + verbo sing. = bandiera degli Stati Uniti d'America.

> **Stars and Stripes** Viene così chiamata la bandiera degli Stati Uniti d'America per le stelle su fondo blu che rappresentano gli Stati (oggi 50) e le 13 strisce bianche e rosse (che rappresentano altrettante colonie originarie) che la compongono. È stata adottata per la prima volta il 14 giugno 1777 (*Flag Day*). Viene anche soprannominata *Old Glory* e *Star-spangled Banner* (v. ***Star-spangled Banner, Thirteen Colonies***).

star shell /'stɑːʃel/ n. razzo m., bengala m.

star sign /'stɑːsaɪn/ n. segno m. zodiacale.

Star-spangled Banner /ˌstɑːˌspæŋgld'bænə(r)/ n. **1** *(flag)* = bandiera degli Stati Uniti d'America **2** *(anthem)* = inno nazionale degli Stati Uniti.

> **Star-spangled Banner** Sono così chiamati la bandiera e l'inno nazionale degli Stati Uniti. Quest'ultimo fu composto nel 1814 dall'avvocato Francis Scott Key, sulla musica di un'antica canzone britannica. Divenne ufficialmente inno nazionale nel 1931. Esprime la volontà d'indipendenza e di libertà degli Stati Uniti, come recitano i versi finali: *And the star-spangled banner in triumph shall wave / O'er the land of the free and the home of the brave.*

starstruck /ˈstɑːstrʌk/ agg. abbagliato dalla celebrità.

star-studded /ˈstɑːˌstʌdɪd/ agg. [*cast, line-up*] pieno di star del cinema.

star system /ˈstɑːˌsɪstəm/ n. 1 ASTR. galassia f. 2 *(in films)* star system m.

▶ **1.start** /stɑːt/ n. 1 *(beginning)* inizio m., principio m.; ***at the ~ of the war, season*** all'inizio della guerra, della stagione; ***(right) from the start*** fin dall'inizio; ***it would be a ~*** sarebbe già un inizio; ***to make a ~ on doing*** mettersi a fare; ***to make a ~ on the gardening, one's homework*** iniziare a fare i lavori in giardino, i compiti; ***to make a ~ on the dinner*** cominciare a preparare la cena; ***to make an early ~*** *(on journey)* partire di buonora; *(on work)* cominciare presto; ***that's a good ~*** è un buon inizio; IRON. cominciamo bene; ***it was a bad ~ to the day*** la giornata è cominciata male; ***to make a fresh*** o ***new ~*** ricominciare da capo; ***from ~ to finish*** dall'inizio alla fine; ***for a ~*** tanto per cominciare; ***the ~ of a new school year*** l'inizio di un nuovo anno scolastico; ***the "Start" button*** il tasto di avvio 2 *(advantage)* vantaggio m. (anche SPORT); *(in time, distance)* vantaggio m., distacco m.; ***you have a 20 metre, five minute ~*** hai un vantaggio di 20 metri, cinque minuti; ***to give sb. a ~ in business*** aiutare qcn. ad avviare un'attività 3 SPORT *(departure line)* linea f. di partenza; ***lined up at the ~*** sulla linea di partenza 4 *(movement) (of surprise, fear)* ***to give a ~ of surprise*** sobbalzare per la sorpresa; ***to give sb. a ~*** fare sobbalzare qcn.; ***with a ~*** con un sobbalzo ◆ ***the ~ of something big*** l'inizio di qcs. di grosso.

▶ **2.start** /stɑːt/ **I** tr. 1 *(begin)* cominciare, iniziare [*day, exercise, activity*]; aprire [*bottle*]; cominciare [*packet*]; ***to ~ doing*** o ***to do*** cominciare a fare; ***he's just ~ed a new job*** ha appena iniziato un nuovo lavoro; ***to ~ a new page*** cominciare una pagina nuova; ***don't ~ that again!*** non iniziare di nuovo! 2 *(put to work)* mettere [qcn.] al lavoro [*person*]; ***to ~ sb. on, to get sb. ~ed on*** fare cominciare qcn. a [*typing, cleaning etc.*] 3 *(cause, initiate)* cominciare, dare inizio a [*quarrel, war*]; stabilire [*custom*]; accendere, appiccare [*fire*]; creare [*trouble*]; mettere in giro [*rumour*]; lanciare [*fashion*]; fondare [*enterprise*]; ***to ~ a family*** metter su famiglia 4 MECC. *(activate)* fare partire [*car*]; mettere [qcs.] in moto [*machine*] 5 TECN. *(cause to loosen)* allentare [*rivet, screw*] 6 VENAT. scovare, stanare [*game*]; ***to ~ a hare*** FIG. sollevare una questione **II** intr. 1 *(begin)* cominciare, iniziare; *(in job)* iniziare (**as** come); ***to ~ at 8 o'clock, with the living room*** cominciare alle 8, con il salotto; ***to ~ again*** o ***afresh*** ricominciare, cominciare da capo; ***to ~ with smoked salmon*** iniziare con del salmone affumicato; ***it all ~ed when*** tutto è iniziato quando; ***prices ~ at around 50 dollars*** i prezzi partono da 50 dollari; ***she ~ed up the stairs, down the corridor*** cominciò a salire (su per) le scale, a percorrere il corridoio; ***to ~ by doing*** cominciare col fare; ***to ~ on*** cominciare a lavorare a [*memoirs*]; intraprendere [*journey*]; ***to ~ on a high salary*** iniziare con uno stipendio alto; ***let's get ~ed*** *(on work)* cominciamo; *(on journey)* partiamo; ***let's get ~ed on the washing-up*** forza, cominciamo a lavare i piatti; ***he got ~ed in the clothes trade*** ha iniziato nel campo dell'abbigliamento; ***don't ~ on me*** *(in argument)* non cominciare; ***the day will ~ cloudy*** la giornata inizierà con qualche annuvolamento; ***~ing Wednesday*** a partire da mercoledì 2 *(depart)* partire; ***to ~ in good time*** partire di buonora 3 *(jump nervously)* sobbalzare (**in** per); ***she ~ed at the sudden noise*** è sobbalzata per il rumore improvviso 4 *(bulge)* ***her eyes almost ~ed out of her head*** gli occhi per poco non le uscivano dalle orbite 5 AUT. MECC. *(be activated)* [*car, engine, machine*] partire 6 TECN. *(work loose)* allentarsi, staccarsi 7 **to start with** *(firstly)* per cominciare, per dirne una; *(at first)* all'inizio; ***I didn't understand to ~ with*** all'inizio non ho capito; *(at all)* ***I should never have told her to ~ with*** tanto per cominciare non avrei dovuto dirle niente ◆ ***~ as you mean to go on*** parti bene sin dall'inizio; ***to ~ something*** COLLOQ. seminare zizzania.

■ **start back** 1 *(begin to return)* mettersi sulla via del ritorno, cominciare il viaggio di ritorno 2 *(step back)* fare un salto all'indietro.

■ **start off:** ~ ***off*** 1 *(set off)* [*train, bus*] mettersi in moto, partire; [*person*] partire 2 *(begin)* [*person*] cominciare, esordire (**by doing** col fare; **with** con); [*matter*] cominciare (**as** come; **in** in); [*business*] essere avviato (**as** come; **in** in); [*employee*] iniziare, esordire (**as** come; **in** in); ***he ~ed off thinking he could convince them*** all'inizio pensava di riuscire a convincerli; ~ ***off for*** avviarsi verso [*place*]; ~ ***[sb., sth.] off***, ~ ***off [sb., sth.]*** 1 *(begin)* cominciare [*visit, talk*] (**with** con); dare il via a, avviare [*programme*] 2 BE COLLOQ. *(cause to do)* ***don't ~ her off laughing, crying*** non farla (iniziare a) ridere, piangere; ***don't let anybody ~ you (off) smoking*** non lasciare che nessuno ti faccia iniziare a fumare; ***don't ~ him off*** non provocarlo 3 *(put to work)* mettere [qcn.] al lavoro [*worker*]; mettere in moto [*machine*]; ***~ them off in the factory*** all'inizio mettili a lavorare in fabbrica; ***we'll ~ you off on simple equations*** vi faremo iniziare con delle semplici equazioni 4 SPORT dare il via a [*competitors*].

■ **start out** 1 *(set off) (on journey)* partire; ***he ~ed out with the aim of*** FIG. è partito con l'intenzione di 2 *(begin)* [*matter*] cominciare (**as** come; **in** in); [*business*] essere avviato (**as** come; **in** in); [*employee*] iniziare, esordire (**as** come; **in** in).

■ **start over** ricominciare, cominciare da capo.

■ **start up:** ~ ***up*** [*engine*] mettersi in moto, avviarsi; [*noise*] rimbombare; [*person*] iniziare, esordire; ***he's ~ed up on his own*** ha iniziato (tutto) da solo; ~ ***[sth.] up***, ~ ***up [sth.]*** fare partire [*car*]; aprire [*shop*]; avviare [*business*].

▷ **starter** /ˈstɑːtə(r)/ n. 1 SPORT *(participant)* concorrente m. e f., partecipante m. e f.; ***to be a fast ~*** essere molto veloce alla partenza 2 SPORT *(official)* starter m.; ***to be under ~'s orders*** [*horse*] essere sulla linea di partenza; [*competitor*] essere pronti per la partenza 3 AUT. TECN. starter m., motorino m. d'avviamento 4 GASTR. antipasto m. 5 *(in quiz)* prima domanda f. ◆ ***for ~s*** COLLOQ. tanto per cominciare.

starter home /ˈstɑːtəˌhəʊm/ n. = casetta o appartamentino per giovani acquirenti.

starter kit /ˈstɑːtəkɪt/ n. starter kit m., kit m. iniziale.

starting block /ˈstɑːtɪŋblɒk/ n. SPORT blocco m. di partenza.

starting gate /ˈstɑːtɪŋgeɪt/ n. SPORT cancelletto m. di partenza.

starting grid /ˈstɑːtɪŋgrɪd/ n. *(in motor racing)* griglia f. di partenza.

starting handle /ˈstɑːtɪŋˌhændl/ n. AUT. manovella f. di avviamento.

starting line /ˈstɑːtɪŋlaɪn/ n. SPORT linea f. di partenza.

starting pistol /ˈstɑːtɪŋˌpɪstl/ n. SPORT pistola f. dello starter.

starting point /ˈstɑːtɪŋpɔɪnt/ n. punto m. di partenza.

starting price /ˈstɑːtɪŋˌpraɪs/ n. *(in horseracing)* quotazioni f.pl. dei cavalli alla partenza.

starting salary /ˈstɑːtɪŋˌsælərɪ/ n. stipendio m. iniziale.

startle /ˈstɑːtl/ tr. 1 *(take aback)* [*reaction, tone, event, discovery*] sorprendere, sbigottire 2 *(alarm)* [*sight, sound, person*] allarmare, spaventare; ***you ~d me!*** mi hai spaventato!

▷ **startled** /ˈstɑːtld/ **I** p.pass. → **startle II** agg. 1 *(taken aback)* sorpreso, sbigottito (**at** per; **to do** di fare) 2 *(alarmed)* [*person*] spaventato, allarmato; [*animal*] spaventato, impaurito; [*voice, expression*] spaventato; ***a ~ cry*** un grido di terrore.

startling /ˈstɑːtlɪŋ/ agg. [*resemblance*] sorprendente; [*contrast*] forte; ***a ~ white*** un bianco splendente.

startlingly /ˈstɑːtlɪŋlɪ/ avv. [*different*] sorprendentemente; ***to be ~ beautiful*** essere bello straordinariamente; ***to be ~ similar*** assomigliarsi in modo impressionante.

start page /ˈstɑːtˌpeɪdʒ/ n. INFORM. pagina f. iniziale.

▷ **start-up** /ˈstɑːtʌp/ n. nuova impresa f.

start-up costs /ˈstɑːtʌpˌkɒsts/ n.pl. COMM. costi m. di avviamento.

Start-Up scheme /ˈstɑːtʌpˌskiːm/ n. GB = programma di aiuti statali per l'avviamento di piccole imprese.

star turn /ˈstɑːtɜːn/ n. 1 *(act)* attrazione f. principale, numero m. principale 2 *(person)* protagonista m. e f.

starvation /ˌstɑːˈveɪʃn/ **I** n. fame f.; ***to face ~*** rischiare (di patire) la fame; ***to die of ~*** morire di fame **II** modif. [*rations, wages*] da fame.

starvation diet /stɑːˈveɪʃnˌdaɪət/ n. ***to go on a ~*** fare una dieta rigidissima; ***the soldiers were on a ~*** i soldati erano costretti a un regime da fame.

starve /stɑːv/ **I** tr. 1 *(deliberately)* fare morire [qcn.] di fame [*population, prisoners*]; ***it's pointless starving yourself*** non mangiare non ti serve a niente; ***to ~ oneself to death*** lasciarsi morire di fame; ***to ~ sb. to death*** fare morire qcn. di fame; ***to ~ sb. into doing sth.*** obbligare qcn. a fare qcs. per fame; ***to ~ a city into submission*** prendere una città per fame 2 *(deprive)* ***to ~ sb., sth. of*** privare qcn., qcs. di [*investment, cash, oxygen, light, affection*]; ***to be ~d for*** non avere assolutamente [*choice*]; avere una gran voglia di [*company, conversation*] **II** intr. MED. *(be malnourished)* essere denutrito; ***to ~ (to death)*** morire di fame; ***to let sb. ~*** lasciare morire qcn. di fame.

■ **starve out:** ~ ***[sb.] out***, ~ ***out [sb.]*** prendere [qcn.] per fame [*enemy, inhabitants*].

starveling /ˈstɑːvlɪŋ/ n. LETT. *(person)* affamato m. (-a); *(animal)* animale m. affamato.

▷ **starving** /ˈstɑːvɪŋ/ agg. 1 COLLOQ. *(hungry)* ***to be ~*** FIG. morire di fame 2 *(hunger-stricken)* [*person, animal*] affamato; ***the ~ people of the Third World*** gli affamati del terzo mondo.

Star Wars, star wars /'stɑː,wɔːz/ n.pl. AE MIL. COLLOQ. + verbo sing. guerre f. stellari.

stases /'steɪsiːs, 'stæsiːs/ → **stasis**.

1.stash /stæʃ/ n. COLLOQ. **1** *(hiding place)* nascondiglio m. **2** *(hidden supply)* scorta f. segreta.

2.stash /stæʃ/ tr. COLLOQ. nascondere [*money, drugs*] (**in** in; **under** sotto).

■ **stash away** COLLOQ. *~ [sth.] away, ~ away [sth.]* mettere [qcs.] via, nascondere [*money, drugs*]; ***to have money ~ed away*** avere del denaro nascosto.

stasis /'steɪsɪs, 'stæsɪs/ n. (pl. **-es**) *(stagnation)* stasi f. (anche MED.).

▶ **1.state** /steɪt/ **I** n. **1** *(condition)* stato m.; ***~ of health*** stato di salute; ***~ of mind*** stato d'animo; ***look at the ~ of the kitchen!*** guarda in che stato è la cucina! ***what ~ is the car in?*** in che stato è la macchina? ***she left the house in a terrible ~*** *(untidy, dirty)* ha lasciato la casa in uno stato pietoso; ***the present ~ of affairs*** lo stato attuale delle cose; ***my financial ~*** la mia situazione finanziaria; ***a shocking, odd ~ of affairs*** una situazione scandalosa, strana; ***to be in a good, bad ~*** essere in buono, cattivo stato; ***in a good, bad ~ of repair*** in buone, cattive condizioni; ***in a poor ~ of health*** in cattive condizioni di salute; ***he's in a confused ~ of mind*** è in stato confusionale; ***to be in no ~ to do*** non essere in condizioni di fare; ***he's not in a fit ~ to drive*** non è in condizioni di guidare; ***in a liquid, solid ~*** allo stato liquido, solido; ***a ~ of alert, emergency, siege, war*** uno stato di allerta, emergenza, assedio, guerra; ***a ~ of chaos*** una situazione caotica; ***a ~ of crisis*** una situazione di crisi; ***a ~ of shock*** uno stato di shock; ***to be in a ~ of despair*** essere disperato; ***what's the ~ of play?*** a che punto siamo? *(in match)* a che punto è la partita? *(in negotiations)* come procedono i negoziati? **2** POL. *(nation)* (anche **State**) stato m.; ***the State of Israel*** lo stato d'Israele; ***the Baltic States*** i paesi baltici; ***to be a ~ within a ~*** formare uno stato nello stato **3** AMM. GEOGR. *(region, area)* stato m.; ***the ~ of Kansas*** lo stato del Kansas **4** POL. *(government)* stato m.; ***the State*** lo stato; ***matters*** o ***affairs of ~*** affari di stato; ***Church and State*** la Chiesa e lo Stato **5** *(ceremonial)* pompa f., cerimonia f.; ***in ~*** in pompa magna; ***to live in ~*** vivere da signore; ***she will lie in ~*** il suo corpo verrà esposto nella camera ardente; ***robes of ~*** uniforme di gala **6** ANT. *(social class)* rango m., classe f. **II States** n.pl. ***the States*** gli Stati Uniti; ***to go to the States*** andare negli Stati Uniti; ***to live in the States*** vivere negli Stati Uniti **III** modif. **1** *(government)* [*school, sector, enterprise*] pubblico; [*pension, university, spending, tax*] statale; [*radio, TV, railways, secret, subsidy*] di stato; [*budget, army*] nazionale; ***~ aid*** sussidio statale; ***~ election*** *(at a national level)* elezioni politiche (a livello nazionale); AE elezioni statali **2** *(ceremonial)* [*coach*] di gala; [*occasion, visit, banquet, opening*] ufficiale; [*funeral*] di stato; ***to go on a ~ visit to Tokyo*** andare in visita ufficiale a Tokyo.

▶ **2.state** /steɪt/ tr. **1** *(express, say)* esporre [*fact, truth, view*] esprimere [*opinion*]; dichiarare [*position*]; *(provide information)* indicare [*age, income*]; ***to ~ that*** [*person*] dichiarare che; ***"I have no intention of resigning" he ~d*** "non ho nessuna intenzione di dimettermi" ha dichiarato; ***applicants must ~ where they live*** i candidati devono indicare il (proprio) domicilio; ***the document ~s clearly the conditions necessary*** il documento indica chiaramente i requisiti necessari; ***to ~ the obvious*** affermare l'ovvio; ***to ~ one's case*** esporre le proprie ragioni; DIR. esporre i fatti; ***as ~d above, below*** come indicato sopra, sotto **2** *(specify)* specificare [*amount, conditions, place, time, terms, preference*]; ***the ~d time, amount*** o ***the time, amount ~d*** l'ora, la somma specificata ♦ ***to be in, get oneself into a ~*** essere, entrare in agitazione.

state aided /,steɪt'eɪdɪd/ agg. sovvenzionato dallo stato.

state bank /'steɪt,bæŋk/ n. GB banca f. di diritto pubblico; US = banca di uno stato.

State capital /,steɪt'kæpɪtl/ n. US capitale f. di stato.

state capitalism /,steɪt'kæpɪtəlɪzəm/ n. capitalismo m. di stato.

State Capitol /,steɪt'kæpɪtl/ n. US POL. assemblea f. legislativa di stato.

State Certified Midwife /,steɪt,sɜːtɪfaɪd'mɪdwaɪf/ ➧ **27** n. ostetrica f. diplomata.

state control /,steɪtkən'trəʊl/ n. statalizzazione f. (**of** di); ***to bring sth. under ~*** statalizzare qcs.

state-controlled /,steɪtkən'trəʊld/ agg. statale; ***~ television*** televisione di stato; ***~ enterprise*** impresa a partecipazione statale.

statecraft /'steɪtkrɑːft, AE -kræft/ n. arte f. di governare.

▷ **stated** /'steɪtɪd/ **I** p.pass. → **2.state II** agg. **1** *(settled)* stabilito; *(regular)* regolare, fisso; ***at ~ times*** a ore stabilite; ***on ~ days*** in giorni prestabiliti; ***at ~ intervals*** a intervalli regolari **2** [*functionary, employment*] riconosciuto, ufficiale **3** [*law, penalty*] formulato **4** [*fact*] dichiarato, asserito.

State Department /'steɪt,dɪpɑːtmənt/ n. US POL. dipartimento m. di stato.

State Enrolled Nurse /,steɪt,ɪnrəʊld'nɜːs/ ➧ **27** n. BE MED. infermiere m. (-a) professionale.

state-funded /,steɪt'fʌndɪd/ agg. sovvenzionato dallo stato.

statehood /'steɪthʊd/ n. ***our aim is ~*** il nostro obiettivo è divenire uno stato; ***to achieve ~*** diventare uno stato a tutti gli effetti.

State house /'steɪthaʊs/ n. US *(for legislature)* = edificio dove si riunisce il corpo legislativo di ciascuno degli Stati Uniti.

stateless /'steɪtlɪs/ agg. apolide, senza patria; ***~ persons*** gli apolidi.

statelessness /'steɪtlɪsnɪs/ n. apolidia f.

Stateline /'steɪtlaɪn/ n. AE confine m. (tra stati).

stateliness /'steɪtlɪnɪs/ n. imponenza f., maestosità f.

stately /'steɪtlɪ/ agg. imponente, maestoso, sontuoso.

stately home /,steɪtlɪ'həʊm/ n. BE = villa o palazzo monumentale (aperto al pubblico).

▶ **statement** /'steɪtmənt/ n. **1** *(expression of view)* dichiarazione f., asserzione f. (**by** di; **on, about** riguardo a, circa; **to** a; **of** di); ***official ~*** comunicato ufficiale; ***~ of belief*** professione di fede; ***~ of intent, principle*** dichiarazione d'intenti, di principi; ***~ of fact*** enunciazione dei fatti; ***to make a ~*** fare una dichiarazione; ***to issue*** o ***release a ~*** rilasciare una dichiarazione; ***the Minister's ~ said*** secondo le dichiarazioni del ministro; ***in a ~ the Minister said*** in un comunicato il ministro ha dichiarato **2** ECON. *(of bank account)* estratto m. conto; ***a financial ~*** un rendiconto **3** DIR. dichiarazione f.; ***to make a false ~*** dichiarare il falso; ***to take a ~*** [*police officer*] raccogliere una dichiarazione.

state of the art /,steɪtəvðɪ'ɑːt/ agg. [*equipment, tool, device, laboratory*] modernissimo; [*technology*] d'avanguardia, avanzata.

State of the Union Address /,steɪtəvðɪ'juːnɪənə,dres, AE -,ædres/ n. US POL. discorso m. sullo stato dell'Unione.

> **State of the Union Address** La Costituzione stabilisce che il Presidente degli Stati Uniti pronunci davanti al Congresso un discorso sullo stato dell'Unione, ogni anno a gennaio. Il Presidente fa un bilancio della politica dell'anno passato e annuncia i piani di governo per l'anno a venire.

state-owned /,steɪt'əʊnd/ agg. di proprietà dello stato, pubblico; [*company*] statale.

State police /'steɪtpə'liːs/ n. US polizia f. dello stato.

state prison /,steɪt'prɪzn/ n. US prigione f. dello stato.

stater /'steɪtə(r)/ n. STOR. NUMISM. statere m.

State Registered Nurse /,steɪt,redʒɪstəd'nɜːs/ ➧ **27** n. BE MED. infermiere m. (-a) professionale.

State representative /,steɪt,reprɪ'zentətɪv/ n. deputato m. e f. di uno stato.

stateroom /'steɪtruːm, -rʊm/ n. MAR. = cabina del capitano o ufficiale superiore; *(on passenger ship)* cabina f.

state room /,steɪt'ruːm, -'rʊm/ n. sala f. di rappresentanza.

state-run /,steɪt'rʌn/ agg. [*newspaper, radio, television*] di stato; [*company, factory*] gestito dallo stato.

State's attorney /,steɪtsə'tɜːnɪ/ n. US DIR. avvocato m. e f. che rappresenta uno stato.

State senator /,steɪt'senətə(r)/ n. US POL. senatore m. (-trice) di uno stato.

State's evidence /,steɪts'evɪdəns/ n. US DIR. ***to turn ~*** testimoniare a carico dell'accusa.

States General /,steɪts'dʒenrəl/ n.pl. **1** POL. parlamento m.sing. dei Paesi Bassi **2** STOR. stati m. generali.

stateside /'steɪtsaɪd/ **I** agg. degli Stati Uniti **II** avv. verso gli Stati Uniti.

statesman /'steɪtsmən/ n. (pl. **-men**) uomo m. di stato, statista m.

statesmanlike /'steɪtsmənlaɪk/ agg. [*person*] che possiede le qualità di un uomo di stato; [*behaviour*] degno di un uomo di stato.

statesmanship /'steɪtsmənʃɪp/ n. **U 1** *(statecraft)* arte f. di governare **2** *(skill of a statesman)* abilità f. di statista.

statesmen /'steɪtsmen/ → **statesman**.

state socialism /,steɪt'səʊʃəlɪzəm/ n. socialismo m. di stato.

state-sponsored terrorism /,steɪtspɒnsərd'terərɪzəm/ n. terrorismo m. di stato.

state trooper /,steɪt'truːpə(r)/ n. AE agente m. e f. della polizia dello stato.

State university /,steɪt,juːnɪ'vɜːsətɪ/ n. AE università f. statale.

statewide /ˈsteɪtwaɪd/ **I** agg. AE relativo a tutto il territorio di uno stato **II** avv. AE in tutto il territorio di uno stato.

▷ **static** /ˈstætɪk/ **I** agg. **1** *(stationary)* [*scene, actor, display*] statico; [*image*] fisso; [*traffic*] bloccato, fermo **2** *(unchanging)* [*society, way of life, ideas, values*] immutabile; [*style*] inalterato **3** *(stable)* [*population*] stabile; [*prices, demand*] stabile, stazionario **4** FIS. [*force, pressure*] statico **5** INFORM. [*memory, data*] fisso, stabile **II** n. **1** (anche **~ electricity**) elettricità f. statica **2** RAD. TELEV. *(interference)* interferenze f.pl., disturbi m.pl. **3** AE COLLOQ. **U** *(trouble)* casini m.pl.

statical /ˈstætɪkl/ agg. *(pertaining to statics)* statico.

statice /ˈstætɪsɪ/ n. BOT. statice f.

statics /ˈstætɪks/ n. + verbo sing. statica f.

statin /ˈstætɪn/ n. statina f.

▶ **1.station** /ˈsteɪʃn/ **I** n. **1** FERR. stazione f. (ferroviaria); ***in*** o ***at the ~*** alla stazione; ***the train came into the ~*** il treno entrò in stazione **2** *(service)* RAD. emittente f. radiofonica; TELEV. emittente f. televisiva; *(frequency)* stazione f.; ***jazz ~*** stazione di musica jazz; ***local, national radio ~*** emittente *o* stazione radiofonica locale, nazionale; ***television ~*** o ***TV ~*** emittente *o* stazione televisiva **3** *(base)* base f. (anche MIL. MAR.); ***air, naval, RAF ~*** base aerea, navale, della RAF **4** MIL. MAR. *(post)* posto m., postazione f.; ***at one's ~*** al proprio posto **5** (anche **police ~**) commissariato m.; *(small)* stazione f. di polizia **6** AGR. allevamento m.; ***cattle, sheep ~*** allevamento di bovini, di ovini **7** ANT. *(rank)* ceto m., classe f. sociale; ***one's ~ in life*** la propria condizione sociale; ***to get ideas above one's ~*** avere delle pretese impossibili **8** RELIG. ***the Stations of the Cross*** le stazioni della Via Crucis; ***to do the Stations of the Cross*** fare la Via Crucis **II** modif. [*facilities, hotel, platform, staff*] della stazione.

2.station /ˈsteɪʃn/ **I** tr. posizionare [*person*]; MIL. appostare [*officer, guard, steward*]; disporre [*troops, ships*]; piazzare [*tank*]; ***to be ~ed in Germany, at Essen*** essere di stanza in Germania, a Essen **II** rifl. ***to ~ oneself*** posizionarsi, piazzarsi.

station agent /ˈsteɪʃnˌeɪdʒənt/ ♦ **27** n. AE capostazione m. e f.

stationary /ˈsteɪʃənrɪ, AE -nerɪ/ agg. **1** [*queue, vehicle*] fermo; [*traffic*] bloccato, fermo; [*prices*] stabile **2** METEOR. [*front*] stazionario.

station break /ˈsteɪʃnbreɪk/ n. AE RAD. TELEV. stacco m.; ***"we're going to take a ~"*** "e ora un breve stacco pubblicitario".

stationer /ˈsteɪʃnə(r)/ ♦ **27** n. **1** *(person)* cartolaio m. (-a) **2** (anche **~'s**) *(shop)* cartoleria f.

stationery /ˈsteɪʃnərɪ, AE -nerɪ/ **I** n. **1** *(writing materials)* cancelleria f.; *(for office)* forniture f.pl. per uffici **2** *(writing paper)* carta f. da lettere **II** modif. [*cupboard*] della cancelleria; [*department*] cancelleria.

stationery shop BE /ˈsteɪʃnərɪˌʃɒp, AE -nerɪ-/, **stationery store** AE /ˈsteɪʃnərɪˌstɔː(r), AE -nerɪ-/ n. cartoleria f.

station house /ˈsteɪʃnˌhaʊs/ n. **1** AE *(police station)* stazione f. di polizia **2** *(railway station)* stazione f. secondaria.

stationmaster /ˈsteɪʃnˌmɑːstə(r), AE -ˌmæstə(r)/ ♦ **27** n. capostazione m. e f.

station rod /ˈsteɪʃnˌrɒd/ n. stadia f.

station wagon /ˈsteɪʃnˌwægən/ n. AE station wagon f.

statism /ˈsteɪtɪzəm/ n. statalismo m.

▷ **statistic** /stəˈtɪstɪk/ n. statistica f., statistiche f.pl.; ***official*** o ***government ~s*** statistiche ufficiali; ***unemployment ~s*** statistiche sulla disoccupazione; ***the ~s on*** le statistiche su [*prices, crime*]; ***~s show that*** le statistiche dimostrano che.

statistical /stəˈtɪstɪkl/ agg. statistico.

▷ **statistically** /stəˈtɪstɪklɪ/ avv. [*reliable, representative, random*] statisticamente.

statistician /ˌstætɪˈstɪʃn/ ♦ **27** n. statistico m. (-a), studioso m. (-a) di statistica.

statistics /stəˈtɪstɪks/ n. **1** *(subject)* + verbo sing. statistica f. **2** *(facts)* + verbo pl. statistiche f.pl.

stative /ˈsteɪtɪv/ agg. LING. [*verb*] di stato, stativo.

stator /ˈsteɪtə(r)/ n. statore m.

statoscope /ˈstætəʊskəʊp/ n. statoscopio m.

stats /stæts/ n.pl. COLLOQ. → **statistics.**

statuary /ˈstætʃʊərɪ/ n. **1 U** *(collection)* statue f.pl. **2** *(art)* statuaria f.

▷ **statue** /ˈstætʃuː/ n. statua f.

statued /ˈstætʃuːd/ agg. *(represented in statue)* scolpito, raffigurato in una statua; *(ornamented with statues)* ornato di statue.

statuesque /ˌstætʃʊˈesk/ agg. statuario, scultoreo.

statuette /ˌstætʃʊˈet/ n. statuetta f.

stature /ˈstætʃə(r)/ n. **1** *(height)* statura f., altezza f.; ***small, tall of*** o ***in ~*** basso, alto di statura **2** *(status)* statura f., levatura f.; ***his, her ~ as sth.*** la sua reputazione di; ***to give sb. ~*** conferire prestigio a qcn.; ***intellectual ~*** statura intellettuale.

▶ **status** /ˈsteɪtəs/ n. (pl. **~es**) **1** *(position)* posizione f., stato m.; ***he has achieved cult ~*** è diventato un personaggio di culto; ***social ~*** status sociale; ***her (official) ~ as manager*** la sua posizione (ufficiale) di manager **2 U** *(prestige)* prestigio m.; ***to have ~*** avere prestigio **3** AMM. DIR. statuto m., stato m. (**as** di); ***to be given equal ~*** beneficiare del medesimo statuto; ***charitable ~*** statuto di opera caritatevole; ***employment ~*** situazione lavorativa; ***financial ~*** situazione finanziaria; ***legal ~*** stato *o* status giuridico; ***marital ~*** stato coniugale; ***professional ~*** situazione professionale; ***refugee ~*** condizione di rifugiato.

status bar /ˌsteɪtəsˈbɑː(r)/ n. INFORM. barra f. di stato.

status inquiry /ˈsteɪtəsɪnˌkwaɪərɪ, AE -ˌɪŋkwəərɪ/ n. ECON. richiesta f. di informazioni commerciali.

status meeting /ˈsteɪtəsˌmiːtɪŋ/ n. riunione f. del bilancio.

status quo /ˌsteɪtəsˈkwəʊ/ n. status quo m.

status seeker /ˈsteɪtəsˌsiːkə(r)/ n. arrivista m. e f., arrampicatore m. (-trice) sociale.

status seeking /ˈsteɪtəsˌsiːkɪŋ/ **I** n. arrivismo m. **II** agg. arrivista.

status symbol /ˈsteɪtəsˌsɪmbl/ n. status symbol m.

statutable /ˈstætʃuːtəbl/ → **statutory**.

▷ **statute** /ˈstætʃuːt/ n. **1** DIR. POL. legge f.; ***by ~*** secondo la legge **2** AMM. statuto m., regolamento m.; ***the University ~s*** gli statuti universitari.

statute-barred /ˈstætʃuːtˌbɑːrd/ agg. prescritto, caduto in prescrizione.

statute book /ˈstætʃuːtˌbʊk/ n. raccolta f. delle leggi; ***to be on the ~*** essere in vigore; ***to reach the ~*** entrare in vigore.

statute law /ˈstætʃuːtˌlɔː/ n. legge f. scritta.

statute of limitations /ˌstætʃuːtəvˌlɪmɪˈteɪʃn/ n. DIR. legge f. sulla prescrizione.

▷ **statutory** /ˈstatʃʊtərɪ, AE -tɔːrɪ/ agg. [*duty, powers, requirements*] legale; [*sick pay*] previsto dalla legge; [*authority, agency, body*] ufficiale; **~ *offence*** BE, **~ *offense*** AE infrazione della legge.

statutory allowance /ˌstatʃʊtərɪəˈlaʊəns, AE -tɔːrɪ-/ n. detrazione f. ammessa.

statutory books /ˌstatʃʊtərɪˈbʊkz, AE -tɔːrɪ-/ n. libri m.pl. contabili obbligatori.

statutory instrument /ˌstatʃʊtərɪˈɪnstrʊmənt, AE -tɔːrɪ-/ n. legge f. delega.

statutory meeting /ˌstatʃʊtərɪˈmiːtɪŋ, AE -tɔːrɪ-/ n. = prima assemblea generale degli azionisti.

statutory rape /ˌstatʃʊtərɪˈreɪp, AE -tɔːrɪ-/ n. AE corruzione f. di minorenne.

statutory report /ˌstatʃʊtərɪrɪˈpɔːt, AE -tɔːrɪ-/ n. rapporto m. finanziario.

1.staunch /stɔːntʃ/ agg. *(loyal)* [*supporter*] leale; [*ally*] fedele; *(strong)* [*defence*] impenetrabile; [*defender*] forte.

2.staunch, stanch AE /stɑːntʃ, stɔːntʃ/ tr. **1** tamponare [*wound*]; fermare [*flow, bleeding*] **2** FIG. arrestare [*decline*].

staunchly /ˈstɔːntʃlɪ/ avv. [*defend, oppose*] fermamente, risolutamente; [*Catholic, Communist*] fermamente.

staunchness /ˈstɔːntʃnɪs/ n. *(loyalty)* fedeltà f., lealtà f.; *(strength)* solidità f., robustezza f.

1.stave /steɪv/ n. **1** MUS. *(staff)* pentagramma m. **2** *(of barrel)* doga f. **3** *(stick)* bastone m. **4** *(stanza)* strofa f.

2.stave /steɪv/ **I** tr. (pass., p.pass. **staved, stove**) sfondare, schiacciare **II** intr. (pass., p.pass. **staved, stove**) [*boat*] sfondarsi.

■ **stave in: ~ *in [sth.]*, ~ *[sth.] in*** sfondare.

■ **stave off: ~ *off [sth.]*** placare [*hunger, thirst*]; alleviare [*fatigue*]; evitare [*bankruptcy, defeat, crisis, attack*]; allontanare [*threat*].

staves /steɪvz/ → **2.staff.**

1.stay /steɪ/ n. MAR. strallo m.

2.stay /steɪ/ **I** n. *(support)* sostegno m., supporto m. **II stays** n.pl. STOR. busto m.sing., corsetto m.sing.

▶ **3.stay** /steɪ/ n. **1** *(visit, period)* soggiorno m., permanenza f.; ***a short ~ in hospital*** una breve degenza in ospedale; ***a two-week ~*** una permanenza di due settimane; ***to have an overnight ~ in Athens*** passare la notte ad Atene; ***the bad weather ruined our ~*** il cattivo tempo ci ha rovinato il soggiorno; ***"enjoy your ~!"*** "buona permanenza!" **2** DIR. sospensione f.; ***~ of execution*** *(of death penalty)* sospensione di esecuzione; *(of other sentence)* sospensione della condanna; FIG. *(delay, reprieve)* rinvio.

▶ **4.stay** /steɪ/ **I** tr. **1** DIR. rinviare [*proceedings*] **2** EQUIT. [*horse*] ***to ~ the distance*** resistere fino alla fine della gara **II** intr. **1** *(remain)* stare, restare, rimanere; ***~ a few days*** restare per qualche giorno; ***to ~ for lunch*** fermarsi a pranzo; ***to ~ in bed, at home*** restare a letto, a casa; ***to ~ calm, faithful*** restare calmo, fedele; ***I'm not ~ing another minute*** non resterò un minuto di più; ***to ~ in Britain*** restare in Gran

Bretagna; ***to ~ in teaching*** rimanere nell'insegnamento; ***to ~ in nursing*** continuare a lavorare come infermiere; ***to ~ in farming*** restare nel settore agricolo; ***to ~ in business*** FIG. *(not go under)* restare a galla; ***"~ put!"*** "resta qui e non muoverti!"; ***"~ tuned!"*** *(on radio)* "restate sintonizzati!"; ***computers are here to ~*** ormai i computer fanno parte della nostra vita **2** *(have accommodation)* alloggiare; ***where are you ~ing?*** dove alloggi *o* stai? ***to ~ in a hotel, at a friend's house, with Gill*** stare in albergo, a casa di un amico, da Gill **3** *(spend the night)* passare la notte; ***it's very late, why don't you ~?*** è tardi, perché non rimani? ***I had to ~ in a hotel*** mi sono dovuto fermare in un albergo; ***to ~ overnight in Philadelphia*** passare la notte a Filadelfia **4** *(visit for unspecified time)* ***to come to ~*** *(for a few days)* venire a stare per qualche giorno (**with** con); *(for a few weeks)* venire a stare per qualche settimana (**with** con); ***do you like having people to ~?*** ti piace avere gente a dormire? **5** SCOZZ. *(live)* abitare.

■ **stay away 1** *(not come)* stare lontano, restare lontano; ***when hotels are too dear, tourists ~ away*** quando gli alberghi sono troppo cari, i turisti (ne) stanno alla larga; ***go away and ~ away!*** vattene via e non tornare più! ***to ~ away from*** evitare [*town centre, house*]; non avvicinarsi a [*cliff edge, window, strangers*]; ***~ away from my sister, husband!*** stai lontano da mia sorella, mio marito! **2** *(not attend)* ***to ~ away from school, work*** assentarsi da scuola, dal lavoro.

■ **stay behind** trattenersi, restare; ***she ~ed behind after the concert*** si è fermata dopo il concerto.

■ **stay in 1** *(not go out)* restare a casa, non uscire **2** *(remain in cavity)* [*hook, nail*] starci, stare dentro.

■ **stay on 1** BE SCOL. continuare gli studi **2** *(not leave)* restare, trattenersi **3** *(continue in post)* restare; ***to ~ on as*** restare come [*chief accountant, head chef*] **4** *(not fall off)* [*handle, label*] rimanere attaccato.

■ **stay out 1** *(remain away)* ***to ~ out late, all night*** restare fuori fino a tardi, tutta la notte; ***to ~ out of*** non entrare in [*room, house*]; ***to ~ out of sight*** non farsi vedere; ***to ~ out of trouble*** restare fuori dai guai; ***to ~ out of sb.'s way*** evitare qcn.; ***~ out of this!*** resta fuori da questa storia! **2** *(continue strike)* continuare lo sciopero.

■ **stay over** fermarsi a dormire, restare.

■ **stay up 1** *(as treat, waiting for sb.)* restare alzato, in piedi (**to do** per fare; **until** fino a) **2** *(as habit)* andare a letto tardi; ***he likes to ~ up late*** gli piace andare a letto tardi **3** *(not fall down)* restare su.

stay-at-home /ˈsteɪət͵həʊm/ **I** n. BE pantofolaio m. (-a) **II** agg. BE sedentario.

stayer /ˈsteɪə(r)/ n. **1** SPORT *(horse)* stayer m.; *(athlete)* fondista m. e f. **2** FIG. *(worker)* ***to be a ~*** non arrendersi facilmente *o* avere molta resistenza.

staying /steɪŋ/ n. DIR. *(of execution)* sospensione m.; *(of proceedings)* rinvio m.

staying-power /ˈsteɪŋ͵paʊə(r)/ n. resistenza f.; ***to have ~*** SPORT avere resistenza *o* essere dotato di fondo.

stay rod /ˈsteɪrɒd/ n. tirante m.

stay sail /ˈsteɪseɪl/ n. vela f. di strallo.

stay stitching /ˈsteɪ͵stɪtʃɪŋ/ n. imbastitura f.

stay tackle /ˈsteɪ͵tækl/ n. paranco m. di strallo.

stay-up /ˈsteɪʌp/ **I** agg. ***~ stockings*** calze autoreggenti **II stay-ups** n.pl. autoreggenti f.pl.

St Bernard /sənt'bɜːnəd/ n. (cane) sanbernardo m.

STD n. **1** MED. (⇒ sexually transmitted disease malattia sessualmente trasmissibile) MST f. **2** BE TEL. (⇒ subscriber trunk dialling) = teleselezione.

STD area code /͵estiː͵diːˈeərɪə͵kəʊd/ → **STD code**.

St David's Day /snt'deɪvɪdz͵deɪ/ n. = festa nazionale gallese, che cade il primo giorno di marzo.

STD code /͵estiːˈdiː͵kəʊd/ n. BE prefisso m. teleselettivo.

stead /sted/ n. ***in sb.'s ~*** al posto di qcn.; ***she went in my ~*** è andata al posto mio ◆ ***to stand sb. in good ~*** tornare utile a qcn.

steadfast /ˈstedfɑːst, AE -fæst/ agg. [*friend*] fedele; [*supporter*] devoto; [*determination*] forte; [*belief*] immutabile; [*refusal*] deciso; [*gaze*] fisso; ***to be ~ in adversity*** essere incrollabile di fronte alle avversità; ***to be ~ in one's belief*** rimanere fermo nelle proprie convinzioni.

steadfastly /ˈstedfɑːstlɪ, AE -fæstlɪ/ avv. [*oppose*] fermamente; [*continue*] ostinatamente.

steadfastness /ˈstedfɑːstnɪs, AE -fæst-/ n. fermezza f., determinazione f., risolutezza f.

▷ **steadily** /ˈstedɪlɪ/ avv. **1** *(gradually)* [*deteriorate, increase, rise*] progressivamente **2** *(regularly)* [*bang, pump*] regolarmente **3** *(without interruption)* [*work*] assiduamente; [*rain*] incessantemente **4** [*look, gaze*] fisso; ***to look ~ at sb.*** guardare fisso qcn.

steadiness /ˈstedɪnɪs/ n. **1** *(of table, chair)* stabilità f.; *(of hand, voice)* fermezza f. **2** *(of gaze)* fissità f. **3** *(in temperament)* fermezza f.; ***I admire his ~*** ammiro molto la sua fermezza.

steading /ˈstedɪŋ/ n. SCOZZ. *(farmhouse)* casa f. colonica; *(site for building)* lotto m. edificabile.

▷ **1.steady** /ˈstedɪ/ **I** agg. **1** *(gradual)* [*increase, accumulation, decline*] progressivo **2** *(even, continual)* [*pace, breathing, drip, thud*] regolare; [*progress*] costante; [*stream*] regolare, costante; [*rain*] persistente; ***a ~ stream of cars*** un continuo flusso di macchine; ***a ~ stream of callers*** un continuo viavai di visitatori; ***to drive at a ~ 80 kmh*** viaggiare a una velocità costante di 80 km orari; ***progress has been ~*** c'è stato un costante miglioramento **3** *(firm, unwavering)* [*hand*] fermo; FIG. [*trust, faith*] incrollabile; ***is the ladder, the chair ~?*** è stabile la scala, la sedia? ***to keep*** o ***hold sth. ~*** tenere fermo qcs.; ***he isn't very ~ on his feet*** *(from age)* non è molto saldo sulle gambe; *(from drunkenness)* barcolla un po'; ***to hold ~*** ECON. [*share prices, interest rates*] rimanere stabile; ***to hold ~ at 3 pounds*** ECON. mantenersi stabile a 3 sterline **4** *(calm)* [*voice*] fermo; [*look, gaze*] calmo; ***to have ~ nerves*** avere nervi saldi **5** *(reliable)* [*job*] fisso, stabile; [*income*] sicuro; [*boyfriend*] fisso; [*relationship*] stabile; [*company, worker*] affidabile **II** n. COLLOQ. *(boyfriend, girlfriend)* ragazzo m. (-a) fisso **III** avv. stabilmente, regolarmente; ***to go ~ with sb.*** fare coppia fissa con qcn. **IV** inter. BE COLLOQ. ***~!*** con calma *o* piano! ***~ on!*** *(reprovingly)* fai attenzione! ◆ ***~ as she goes*** MAR. avanti tutta.

2.steady /ˈstedɪ/ **I** tr. **1** *(keep still)* tenere fermo [*ladder, camera*]; ***she tried to ~ her hand*** tentò di tenere ferma la mano che tremava **2** *(control)* ***to ~ one's nerves*** controllare i propri nervi; ***to ~ one's voice*** non fare tremare la voce **II** intr. **1** [*hand, voice*] smettere di tremare; [*boat*] smettere di ballare; [*nerves*] calmarsi **2** [*prices, interest rates*] stabilizzarsi **III** rifl. ***to ~ oneself*** *(physically)* riprendere l'equilibrio; *(mentally)* mettere la testa a posto *o* mettere giudizio.

steady state theory /͵stedɪˈsteɪt͵θɪərɪ/ n. teoria f. dello stato stazionario.

▷ **steak** /steɪk/ n. GASTR. *(of beef)* bistecca f.; ***~ and chips*** bistecca e patatine (fritte); ***cod ~*** filetto di merluzzo; ***salmon, tuna ~*** trancio di salmone, di tonno.

steak and kidney pie /͵steɪkən͵kɪdnɪˈpaɪ/ n. GB = pasticcio di manzo e rognone cotto in crosta.

steak and kidney pudding /͵steɪkən͵kɪdnɪˈpʊdɪŋ/ n. GB = piatto a base di manzo e rognone cotto al vapore.

steakhouse /ˈsteɪkhaʊs/ n. = ristorante in cui si servono prevalentemente bistecche.

steak knife /ˈsteɪk͵naɪf/ n. coltello m. da bistecca.

steak sandwich /͵steɪkˈsænwɪdʒ, AE -wɪtʃ/ n. panino m. con bistecca.

1.steal /stiːl/ n. COLLOQ. **1** *(bargain)* ***the watch was a ~!*** l'orologio è stato un vero affare! ***5 dollars, that's a ~!*** 5 dollari, è un'occasione da non perdere! **2** *(theft)* furto m.

▶ **2.steal** /stiːl/ **I** tr. (pass. **stole**; p.pass. **stolen**) **1** *(thieve)* rubare (**from sb.** a qcn.) **2** FIG. *(take surreptitiously)* ***to ~ a few minutes' sleep*** rubare qualche minuto di sonno; ***to ~ a few minutes' peace*** concedersi qualche minuto di riposo *o* di pace; ***to ~ the credit for sth.*** prendersi il merito di qcs.; ***to ~ a glance at sth.*** guardare furtivamente qcs.; ***to ~ a kiss*** rubare un bacio **II** intr. (pass. **stole**; p.pass. **stolen**) **1** *(thieve)* rubare, commettere un furto; ***to ~ from sb.*** rubare a qcn.; ***to ~ from a car, house*** rubare da una macchina, da una casa; ***our luggage was stolen from the car*** ci hanno rubato i bagagli dalla macchina **2** *(creep)* ***to ~ into a room*** entrare di soppiatto in una stanza; ***to ~ out of a room*** uscire furtivamente da una stanza; ***to ~ up on sb.*** avvicinarsi furtivamente a qcn.; ***a sad expression stole across her face*** FIG. un velo di tristezza le scese sul volto; ***the light stole through the curtains*** la luce filtrava dalle tende ◆ ***to ~ a march on sb.*** battere qcn. sul tempo; ***to ~ the show*** TEATR. rubare la scena; ***she stole the show*** FIG. ha monopolizzato l'attenzione; ***to ~ a scene from sb.*** TEATR. CINEM. rubare la scena a qcn.

■ **steal away** [*person*] sgattaiolare (via) (**from** fuori da).

stealer /ˈstiːlə(r)/ n. ladro m. (-a).

stealing /ˈstiːlɪŋ/ **I** n. *(theft)* furto m. **II** agg. *(that steals)* che ruba; *(stealthy)* RAR. furtivo.

stealth /stelθ/ n. *(of cat, prowler)* furtività f.; ***by ~*** furtivamente *o* di nascosto.

Stealth bomber /ˈstelθ͵bɒmə(r)/ n. bombardiere m. invisibile ai radar, aereo m. invisibile.

stealthily /ˈstelθɪlɪ/ avv. furtivamente, di soppiatto.

stealthiness /stelθɪnɪs/ n. segretezza f., furtività f.

stealthy /ˈstelθɪ/ agg. [*step, glance*] furtivo; [*cat*] che si muove furtivamente.

▷ **1.steam** /sti:m/ **I** n. **1** *(vapour)* vapore m.; *(on window)* vapore m., appannamento m.; ***vegetables cooked in ~*** verdure cotte al vapore; ***machines, trains powered by ~*** macchine, treni a vapore; ***~ rose from the ground*** il vapore si alzava dal terreno; ***my breath turned to ~ in the cold*** mi si condensava il fiato per il freddo **2** MECC. *(from pressure)* vapore m.; ***to get up*** o ***raise ~*** aumentare la pressione; FIG. raccogliere le proprie forze; ***the locomotive is under ~*** la locomotiva va a vapore; ***full ~ ahead!*** MAR. a tutto vapore! (anche FIG.) **II** modif. [*bath, cloud*] di vapore; [*cooking*] al vapore; [*boiler, iron, railway*] a vapore ◆ ***to get up*** o ***pick up ~*** [*machine, vehicle*] acquistare velocità; [*campaign*] decollare; ***to run out of ~*** [*athlete*] spomparsi; [*orator*] fiaccarsi; [*economy*] arrivare a un punto morto; [*worker*] sfinirsi; ***to let*** o ***blow off ~*** *(use excess energy)* sfogarsi; ***to get somewhere under one's own ~*** ottenere qcs. con i propri mezzi.

2.steam /sti:m/ **I** tr. *(cook)* GASTR. cucinare [qcs.] al vapore [*vegetables*]; *(treat with steam)* vaporizzare, trattare con vapore **II** intr. **1** *(give off vapour)* [*kettle, pan, soup*] fumare; [*engine, machine*] fumare, emettere fumo; [*water*] bollire; [*horse*] sbuffare; [*ground, volcano*] esalare fumo **2** FERR. ***trains used to ~ across*** o ***through the countryside*** i treni attraversavano le campagne sbuffando **3** COLLOQ. *(move fast)* precipitarsi.

▪ **steam ahead** FIG. ***to ~ ahead in the polls*** andare a gonfie vele nei sondaggi; ***she's ~ing ahead with her thesis*** la sua tesi procede bene.

▪ **steam off:** ***~ off*** [*train*] avanzare sbuffando; [*person*] *(in anger)* andarsene via sbruffando; ***~ [sth.] off, ~ off [sth.]*** staccare [qcs.] col vapore [*stamp, wallpaper*].

▪ **steam open:** ***~ [sth.] open, ~ open [sth.]*** aprire [qcs.] col vapore [*envelope, letter*].

▪ **steam up:** [*window, glasses*] appannarsi; ***~ [sth.] up*** appannare [*window*]; ***to get ~ed up*** FIG. [*person*] andare su tutte le furie (**over** per).

steamboat /ˈsti:mbəʊt/ n. battello m. a vapore.

steam cleaner /ˈsti:mˌkli:nə(r)/ n. TECN. macchina f. per il lavaggio a vapore.

steamed /sti:md/ **I** p.pass. → **2.steam II** agg. **1** *(cooked)* ***~ carrots*** carote (cotte) al vapore; ***~ pudding*** BE pudding cotto al vapore **2** FIG. ***to be all ~ about*** o ***over sth.*** scaldarsi per qcs.

steam engine /ˈsti:mˌendʒɪn/ n. *(engine)* motore m. a vapore; *(locomotive)* locomotiva f. a vapore.

steamer /ˈsti:mə(r)/ n. **1** *(boat)* vaporetto m. **2** GASTR. = pentola per la cottura a vapore.

steam gauge /ˈsti:mˌgeɪdʒ/ n. manometro m.

steaming /ˈsti:mɪŋ/ agg. **1** *(hot)* [*bath, spring*] caldissimo; [*soup, tea*] bollente **2** COLLOQ. *(furious)* furioso, su di giri **3** COLLOQ. *(drunk)* sbronzo.

steam locomotive /ˈsti:mləʊkəˌməʊtɪv/ n. locomotiva f. a vapore.

steam museum /ˈsti:mmju:ˌzɪəm/ n. STOR. FERR. museo m. dei treni a vapore.

steam power /ˈsti:mˌpaʊə(r)/ n. energia f. (termica) del vapore.

1.steamroller /ˈsti:mrəʊlə(r)/ n. ING. rullo m. compressore (anche FIG.).

2.steamroller /ˈsti:mrəʊlə(r)/ tr. sopraffare [*opposition*]; travolgere [*rival*]; ***to ~ a bill, a plan through*** fare approvare a tutti i costi un progetto di legge, un piano da [*Parliament, committee*].

steam room /ˈsti:mru:m, -rʊm/ n. (stanza per) sauna f.

steamship /ˈsti:mʃɪp/ n. nave f. a vapore; *(for passengers)* piroscafo m.

steamship company /ˈsti:mʃɪpˌkʌmpənɪ/ n. compagnia f. marittima.

steam shovel /ˈsti:mˌʃʌvl/ n. escavatore m. a vapore.

steam stripper /ˈsti:mˌstrɪpə(r)/ n. = apparecchio a vapore utilizzato per scollare la carta da parati.

steamtight /ˈsti:mtaɪt/ agg. a tenuta di vapore.

steamy /ˈsti:mɪ/ agg. **1** *(full of vapour)* [*bathroom*] pieno di vapore; [*window*] appannato **2** *(humid)* [*jungle, day, climate, heat*] umido **3** COLLOQ. *(erotic)* [*affair*] infuocato; [*film, scene*] spinto.

stearate /ˈsti:əreɪt/ n. stearato m.

stearic /sti:ˈærɪk/ agg. stearico.

stearin /ˈstɪərɪn/ n. stearina f.

Stearns /stɜ:nz/ n.pr. Stearns (nome di uomo).

steatite /ˈsti:ətaɪt/ n. steatite f.

steatitic /sti:əˈtɪtɪk/ agg. steatitico.

steatolysis /sti:əˈtɒləsɪs/ n. steatolisi f.

steed /sti:d/ n. ANT. destriero m.

▶ **1.steel** /sti:l/ **I** n. **1** *(metal)* acciaio m.; ***made of ~*** (fatto) di acciaio **2** *(knife sharpener)* acciaino m. **3** FIG. *(in character)* acciaio m.; ***nerves of ~*** nervi d'acciaio **II** modif. **1** [*bodywork, girder, sheet, plate, pipe*] d'acciaio; [*cutlery, pan*] in acciaio, di acciaio **2** [*city*] dell'industria siderurgica; [*strike, manufacturer*] del settore siderurgico; [*production*] dell'acciaio.

2.steel /sti:l/ **I** tr. TECN. acciaiare **II** rifl. ***to ~ oneself*** armarsi di coraggio *o* farsi forza (**to do** per fare; **for** contro).

steel band /ˈsti:lbænd/ n. steel band f.

steel blue /ˌsti:lˈblu:/ ♦ **5 I** n. azzurro m. metallizzato **II** agg. (di colore) azzurro metallizzato.

steel clad /ˌsti:lˈklæd/ agg. rivestito d'acciaio.

steel engraving /ˌsti:lɪnˈgreɪvɪŋ/ n. *(process)* incisione f. su lastra d'acciaio; *(impression)* stampa f. fatta da un'incisione su lastra d'acciaio.

steel grey BE, **steel gray** AE /ˌsti:lˈgreɪ/ ♦ **5 I** n. (grigio) acciaio m. **II** agg. (di colore) grigio acciaio.

steel guitar /ˈsti:lgɪˌtɑ:(r)/ ♦ ***17*** n. chitarra f. hawaiana, ukulele m.

steel-hearted /ˌsti:lˈhɑ:tɪd/ agg. dal cuore di pietra.

steel industry /ˈsti:lˌɪndəstrɪ/ n. industria f. siderurgica.

steeliness /ˈsti:lɪnəs/ n. (l')essere d'acciaio; FIG. durezza f., insensibilità f.

steel mill /ˌsti:lˈmɪl/ n. stabilimento m. per la laminazione dell'acciaio.

steel-plated /ˌsti:lˈpleɪtɪd/ agg. corazzato, ricoperto d'acciaio.

steel-stringed guitar /ˌsti:lˌstrɪŋdgɪˈtɑ:(r)/ ♦ ***17*** n. chitarra f. con corde d'acciaio.

steel tape /ˌsti:lˈteɪp/ n. STOR. nastro m. magnetico d'acciaio.

steel wool /ˌsti:lˈwʊl/ n. lana f. di acciaio.

steelwork /ˈsti:lˌwɜ:k/ n. oggetti m.pl. di acciaio.

steelworker /ˈsti:lˌwɜ:kə(r)/ ♦ ***27*** n. operaio m. (-a) metallurgico.

steelworks /ˈsti:lwɜ:ks/ n. + verbo sing. o pl. acciaieria f.

steelyard /ˈsti:ljɑ:d/ n. stadera f.

steely /ˈsti:lɪ/ ♦ ***5*** agg. **1** [*determination, willpower, nerves*] d'acciaio; ***with ~ eyes*** o ***~-eyed*** con uno sguardo d'acciaio **2** [*sky, clouds*] grigio piombo; [*blue*] metallizzato; [*grey*] acciaio.

steenbok /ˈsti:nbɒk, -bʌk/ n. raficero m. campestre.

▷ **1.steep** /sti:p/ agg. **1** *(sloping)* [*path, street, stairs, ascent, climb*] ripido; [*slope, cliff*] scosceso, dirupato; [*hill*] erto; [*roof*] spiovente; ***a ~ drop*** una caduta a picco **2** *(sharp)* [*increase, rise*] considerevole, forte; [*fall*] notevole; [*recession, decline*] forte **3** COLLOQ. *(excessive)* [*price, fees*] esorbitante; [*bill*] salato ◆ ***that's a bit ~!*** BE COLLOQ. è un po' troppo!

2.steep /sti:p/ n. *(act of soaking)* bagno m., immersione f., macerazione f.; *(vessel)* bagno m. di macerazione.

3.steep /sti:p/ **I** tr. *(soak in liquid)* mettere a bagno, mettere in ammollo; *(imbue, immerse)* impregnare, immergere, imbevere (anche FIG.); ***to ~ sth. in*** immergere qcs. in; GASTR. macerare qcs. in **II** intr. immergersi (**in** in) (anche FIG.).

steeped /sti:pt/ **I** p.pass. → **3.steep II** agg. ***to be ~ in*** essere impregnato di [*history, tradition, lore*]; essere pieno di [*prejudice*]; essere pervaso da [*nostalgia*]; ***a history ~ in violence*** una storia segnata dalla violenza.

steepen /ˈsti:pn/ **I** tr. **1** rendere ripido [*steps, path*] **2** *(increase)* aumentare [*costs*] **II** intr. **1** [*hill*] diventare ripido **2** [*costs*] aumentare.

steeper /ˈsti:pə(r)/ ♦ ***27*** n. *(person)* maceratore m. (-trice); *(vessel)* maceratore m., maceratoio m.

steeping /ˈsti:pɪŋ/ n. *(act)* macerazione f.; *(liquid)* liquido m. di macerazione.

steeple /ˈsti:pl/ n. *(tower)* torre f., campanile m.; *(spire)* guglia f.

1.steeplechase /ˈsti:pltʃeɪs/ n. EQUIT. steeple-chase m., corsa f. a ostacoli, corsa f. a siepi; SPORT *(in athletics)* corsa f. a ostacoli.

2.steeplechase /ˈsti:pltʃeɪs/ intr. [*horse*] partecipare a uno steeple-chase; [*athlete*] correre in una corsa a ostacoli.

steeplechasing /ˈsti:pltʃeɪsɪŋ/ ♦ ***10*** n. EQUIT. steeple-chase m.; SPORT *(in athletics)* corsa f. a ostacoli.

steepled /ˈsti:pld/ agg. [*building*] ornato di guglie; [*town*] con tanti campanili.

steeplejack /ˈsti:pldʒæk/ n. = chi esegue lavori e riparazioni su campanili, camini ecc.

▷ **steeply** /ˈsti:plɪ/ avv. **1** [*rise, slope, climb*] ripidamente; [*descend, drop*] a picco **2** ECON. [*rise*] vertiginosamente; [*fall*] a picco.

steepness /ˈsti:pnɪs/ n. *(of slope, climb)* ripidezza f., ripidità f.

1.steer /stɪə(r)/ n. AGR. ZOOL. giovenco m., manzo m.

2.steer /stɪə(r)/ n. AE COLLOQ. *(tip)* dritta f., suggerimento m.; ***a bum ~*** un suggerimento strampalato.

▷ **3.steer** /stɪə(r)/ **I** tr. **1** *(control direction of)* guidare, condurre, pilotare [*car*]; governare, pilotare [*boat, ship*] **2** *(guide)* dirigere, guidare [*person*]; FIG. dirigere, pilotare [*person, conversation*];

guidare [*team, country*]; ***to ~ one's way through, towards*** aprirsi un varco attraverso, verso (anche FIG.); ***to ~ a course through, between*** FIG. farsi largo attraverso, tra; ***to ~ a company out of its difficulties*** fare uscire una società da una situazione difficile *o* guidare una società fuori da una situazione difficile; ***to ~ a bill through parliament*** fare passare *o* riuscire a fare approvare un progetto di legge in parlamento **II** intr. **1** ***to ~ towards sth.*** dirigersi *o* incamminarsi verso qcs.; ***to ~ away from sth.*** tenersi *o* girare alla larga da qcs. **2** AUT. ***the car ~s well, badly*** la macchina si manovra bene, male *o* risponde bene, male ai comandi **3** MAR. manovrarsi, governarsi; ***to ~ towards*** o ***for*** fare rotta verso; ***to ~ by the stars*** navigare basandosi sulla posizione delle stelle ◆ ***to ~ clear of sth., sb.*** tenersi *o* girare alla larga da qcs., qcn.; ***to ~ a middle course*** seguire una via di mezzo.

steerage /ˈstɪərɪdʒ/ n. MAR. **1** *(accommodation)* ponte m. di terza classe; ***to travel ~*** viaggiare in terza classe, sul ponte **2** *(steering)* governo m. del timone.

steerageway /ˈstɪərɪdʒweɪ/ n. MAR. abbrivio m.

steerer /ˈstɪərə(r)/ n. timoniere m. (-a), pilota m. e f.

▷ **steering** /ˈstɪərɪŋ/ n. **1** *(mechanism)* (meccanismo di) sterzo m. **2** *(action)* governo m.

steering column /ˈstɪərɪŋkɒləm/ n. piantone m. dello sterzo.

steering committee /ˈstɪərɪŋkəˌmɪtɪ/ n. comitato m. direttivo.

steering gear /ˈstɪərɪŋgɪə(r)/ n. **1** AUT. sterzo m. **2** MAR. agghiaccio m., dispositivo m. di comando del timone.

steering lock /ˈstɪərɪŋlɒk/ n. AUT. **1** *(turning of front wheels)* raggio m. di sterzata **2** *(for immobilizing the steering)* bloccasterzo m.

steering system /ˈstɪərɪŋˌsɪstəm/ n. (meccanismo di) sterzo m.

steering wheel /ˈstɪərɪŋwiːl, AE -hwiːl/ n. AUT. volante m.

steersman /ˈstɪəzmən/ n. (pl. **-men**) MAR. timoniere m., nocchiere m.

1.steeve /stiːv/ n. *(of bowsprit)* angolo m. con l'orizzonte.

2.steeve /stiːv/ **I** tr. inclinare [qcs.] ad angolo con l'orizzonte [*bowsprit*] **II** intr. [*bowsprit*] fare angolo con l'orizzonte.

3.steeve /stiːv/ n. barra f. di stivaggio.

4.steeve /stiːv/ tr. stivare [*cargo*].

stegosaur /ˈstegəsɔː(r)/ n. stegosauro m.

stein /staɪn/ n. boccale m. di ceramica (per birra).

steinbock /ˈstaɪnbɒk/ n. stambecco m.

stele /ˈstiːlɪ/ n. **1** (pl. **-ae**) ARCHEOL. stele f. **2** (pl. **~s**) BOT. stele f.

Stella /ˈstelə/ n.pr. Stella.

stellage /ˈstelɪdʒ/ n. stellage m., stellaggio m.

stellar /ˈstelə(r)/ agg. **1** ASTR. stellare **2** FIG. [*talent*] favoloso, eccellente; [*cast*] magnifico, splendido.

stellate /ˈstelət/, **stellated** /steˈleɪtɪd/ agg. a forma di stella, a raggiera.

stelliform /ˈstelɪfɔːm/ agg. a forma di stella.

stellionate /ˈstelɪənət/ n. DIR. stellionato m.

St Elmo's Fire /səntˌelməʊzˈfaɪə(r)/ n. fuoco m. di sant'Elmo.

1.stem /stem/ n. **1** *(of flower, leaf)* stelo m., gambo m.; *(of leaf)* peduncolo m., picciolo m.; *(of fruit)* picciolo m. **2** *(of glass)* gambo m., stelo m.; *(of vase)* base f.; *(of feather)* rachide m. e f.; *(of pipe)* cannuccia f., cannello m.; *(of letter, note)* gamba f., asta f. **3** LING. tema m. **4** *(of ship)* prua f., prora f.; ***from ~ to stern*** da poppa a prua.

2.stem /stem/ **I** tr. (forma in -ing ecc. **-mm-**) **1** MAR. [*ship*] procedere contro [*tide*] **2** GASTR. staccare il gambo, il picciolo a [*fruit*] **II** intr. (forma in -ing ecc. **-mm-**) *(originate)* ***to ~ from*** derivare *o* provenire da.

3.stem /stem/ **I** tr. (forma in -ing ecc. **-mm-**) *(restrain)* arrestare, arginare [*flow*]; arrestare, tamponare [*bleeding*]; FIG. arrestare, contenere, arginare [*advance, tide, increase, inflation*]; arginare, contenere [*protest*] **II** intr. (forma in -ing ecc. **-mm-**) *(in skiing)* curvare, frenare a spazzaneve.

stem cell /ˈstemsel/ **I** n. cellula f. staminale **II** modif. [*research*] sulle cellule staminali.

stemlet /ˈstemlɪt/ n. piccolo stelo m., piccolo gambo m.

stemma /ˈstemə/ n. (pl. **-ata**) **1** *(family tree)* albero m. genealogico; *(pedigree)* pedigree m. **2** ZOOL. ocello m.

stemmed /stemd/ **I** p.pass. → **2.stem** **II** agg. [*plant, glass*] fornito di stelo, di gambo; ***long-, short-~*** dal gambo lungo, corto.

stem stitch /ˈstemstɪtʃ/ n. punto m. erba.

stem turn /ˈstemtɜːn/ n. *(in skiing)* curva f. a spazzaneve, stemm m.

stemware /ˈstemweə(r)/ n. **U** AE bicchieri m.pl. a stelo, calici m.pl.

stem winder /ˈstemwaɪndə(r)/ n. orologio m. che si carica a mano.

stench /stentʃ/ n. puzza f., puzzo m., tanfo m.

stench-trap /ˈstentʃtræp/ n. pozzetto m. intercettatore.

1.stencil /ˈstensɪl/ n. **1** *(card)* stampino m., stencil m. **2** *(pattern)* disegno m. stampinato, stencil m. **3** *(in typing)* matrice f. per ciclostile.

2.stencil /ˈstensɪl/ tr. (forma in -ing ecc. **-ll-**, **-l-** AE) stampinare, riprodurre con uno stampino [*motif, flowers*]; decorare con uno stampino *o* uno stencil [*fabric, surface*].

stencilling, **stenciling** AE /ˈstensɪlɪŋ/ n. *(technique)* stencil m., (tecnica di) decorazione f. con stampini; ***to do (some) ~*** fare degli stencil.

Sten gun /ˈstengʌn/ n. sten m.

steno /ˈstenəʊ/ n. (pl. **~s**) **1** AE COLLOQ. (accorc. di stenographer) stenografo m. (-a) **2** AE COLLOQ. (accorc. stenography) steno f.

1.stenograph /ˈstenəʊgrɑːf, AE -græf/ n. **1** *(machine)* macchina f. per stenografare **2** RAR. *(shorthand report)* stenoscritto m., relazione f. stenografata.

2.stenograph /ˈstenəʊgrɑːf, AE -græf/ tr. AE stenografare.

stenographer /stenˈɒgrəfə(r)/ ♦ **27** n. AE stenografo m. (-a).

stenographic(al) /ˌstenəˈgræfɪk(l)/ agg. AE stenografico.

stenographically /ˌstenəˈgræfɪklɪ/ avv. AE stenograficamente.

stenography /steˈnɒgrəfɪ/ n. AE stenografia f.

stenosed /stɪˈnəʊst/ agg. stenotico, affetto da stenosi.

stenosis /stɪˈnəʊsɪs/ n. (pl. **-es**) stenosi f.

stentorian /stenˈtɔːrɪən/ agg. FORM. [*voice*] stentoreo.

▶ **1.step** /step/ **I** n. **1** *(pace)* passo m.; ***to take a ~*** fare un passo; ***to walk*** o ***keep in ~*** andare *o* marciare al passo; ***to change ~*** cambiare il passo; ***I was a few ~s behind her*** ero alcuni passi dietro di lei; ***to fall into ~ with sb.*** mettersi al passo con qcn.; ***to break ~*** rompere il passo; ***one ~ out of line and you're finished!*** COLLOQ. FIG. se sgarri sei rovinato! ***to be out of ~ with the times, the rest of the world*** FIG. non essere al passo coi tempi, con il resto del mondo; ***to be in ~ with sth.*** FIG. essere al passo con *o* stare dietro a qcs.; ***to watch one's ~*** guardare dove si mettono i piedi; ***you'd better watch your ~!*** COLLOQ. FIG. faresti meglio a fare attenzione! ***to be two ~s away from victory*** FIG. essere a un passo dalla vittoria; ***to be one ~ ahead of the competition*** FIG. essere un passo avanti rispetto ai propri concorrenti; ***I'm with you every ~ of the way*** FIG. sarò sempre al tuo fianco **2** *(sound of footsteps)* passo m.; ***I can hear the sound of his ~ on the stair*** sento il rumore dei suoi passi per le scale; ***to hear the sound of ~s*** sentire dei passi **3** FIG. *(move)* passo m. (**towards** verso); ***a ~ forwards, backwards*** un passo avanti, indietro; ***it's a ~ in the right direction*** è un passo nella giusta direzione; ***to be a ~ towards doing*** essere un primo passo verso il fare; ***the first ~ is the hardest*** il primo passo è il più difficile; ***to be one ~ closer to winning, finishing*** essere più vicino alla vittoria, a finire; ***the first ~ is to...*** la prima cosa da fare è...; ***promotion to head teacher would be a ~ up for him*** la nomina a preside sarebbe un avanzamento per lui **4** FIG. *(measure)* misura f., provvedimento m.; *(course of action)* linea f. di azione, di condotta; ***to take ~s*** prendere dei provvedimenti; ***a positive ~*** una misura positiva; ***a serious ~*** un serio provvedimento; ***to take the ~ of doing*** decidersi a fare; ***to take ~s to do*** prendere dei provvedimenti per fare; ***it's an unusual ~ to take*** è un provvedimento insolito; ***to take legal ~s*** adire le vie legali **5** FIG. *(stage)* passo m., tappa f. (**in** in); ***to go one ~ further*** fare un ulteriore passo avanti **6** *(way of walking)* passo m., andatura f.; ***to have a jaunty ~*** avere un'andatura disinvolta **7** *(in dance)* passo m.; ***to know the ~s to the tango*** sapere ballare il tango *o* conoscere i passi del tango **8** *(stair)* scalino m., gradino m.; ***a flight of ~s*** *(to upper floor)* delle scale, una scalinata; *(outside building)* degli scalini **9** (anche **~ aerobics**) *(exercise)* step m.; ***~ machine*** step, stepper **II** **steps** n.pl. **1** *(small ladder)* scaletta f.sing., scaleo m.sing. **2** *(stairs)* *(to upper floor)* scale f.; *(in front of building)* scalinata f.sing. ◆ ***one ~ at a time*** un passo alla *o* per volta.

▶ **2.step** /step/ **I** tr. (forma in -ing ecc. **-pp-**) graduare **II** intr. (forma in -ing ecc. **-pp-**) fare un passo, camminare (**in** in; **on** su); ***to ~ into*** entrare in [*house, lift, room*]; salire, montare in [*car*]; salire, montare su [*dinghy*]; ***to ~ into sb.'s office*** entrare nell'ufficio di qcn.; ***if you would just like to ~ this way*** se vuole seguirmi; ***it's like ~ping into another world, century*** è come ritrovarsi in un altro mondo, secolo; ***to ~ off*** scendere da [*bus, plane, pavement*]; ***to ~ onto*** salire su [*scales, log, pavement*]; ***to ~ over*** scavalcare [*fence, log, hole*]; ***to ~ through*** passare sotto [*arch*]; passare attraverso [*curtains*]; ***to ~ through the door*** passare dalla porta; ***to ~ out of*** uscire da [*house, room*]; ***to ~ out of line*** [*soldier*] uscire dai ranghi (anche FIG.); ***to ~ up to*** avvicinarsi a [*microphone, lectern*] ◆ ***to ~ on it*** COLLOQ. sbrigarsi *o* spicciarsi; ***to ~ on the gas*** COLLOQ. pigiare sull'acceleratore *o* sbrigarsi.

■ **step aside** **1** *(physically)* farsi da parte (**in order to** per) **2** *(in job transfer)* farsi da parte; ***to ~ aside in favour of sb.*** o ***for sb.*** farsi da parte per qcn.

■ **step back** **1** fare un passo indietro; ***to ~ back from*** allontanarsi da [*microphone*] **2** FIG. prendere le distanze (**from** da).

▪ **step down:** ~ **down** dimettersi, ritirarsi; *(as electoral candidate)* ritirarsi, rinunciare; ~ **down [sth.]** 1 ridurre, diminuire [*production, imports*] 2 EL. ridurre il voltaggio di, devoltare.
▪ **step forward** fare un passo avanti, avanzare.
▪ **step in** intervenire; ***to ~ in to do*** o ***to ~ in and do*** intervenire per fare.
▪ **step inside:** ~ **inside** entrare; ~ **inside [sth.]** entrare in [*house, room*].
▪ **step out** 1 *(show talent)* mostrare il proprio talento, venire fuori 2 AE ANT. ***to ~ out with sb.*** uscire con qcn.
▪ **step outside:** ~ **outside** uscire; ***would you like to ~ outside*** *(as threat)* vieni fuori (se hai il coraggio)! ~ **outside [sth.]** uscire da [*house, room*].
▪ **step round** ***to ~ round sb.'s house*** fare un salto da qcn.
▪ **step up:** ~ **up [sth.]** aumentare [*production*]; intensificare [*fighting, campaign, action*]; intensificare, accrescere [*efforts*]; aumentare [*spending, voltage*]; aumentare, rafforzare [*surveillance*].

step aerobics /ˌstepeəˈrəʊbɪks/ ♦ *10* n. + verbo sing. step m.
stepbrother /ˈstepˌbrʌðə(r)/ n. fratellastro m.
step by step /ˌstepbaɪˈstep/ avv. [*analyse, explain*] gradualmente; ***to take sb. through sth.*** ~ spiegare qcs. a qcn. passo passo; ***to take things*** ~ procedere gradualmente *o* metodicamente.
step-by-step /ˌstepbaɪˈstep/ agg. [*description*] dettagliato; [*guide*] completo; [*policy, programme, reduction*] graduale.
stepchild /ˈsteptʃaɪld/ n. (pl. **stepchildren**) figliastro m. (-a).
stepdaughter /ˈstepˌdɔːtə(r)/ n. figliastra f.
step-down transformer /ˈstepdaʊntrænˌsfɔːmə(r)/ n. TECN. trasformatore m. in discesa.
step-family /ˈstepˌfæməlɪ/ n. = famiglia allargata che comprende i figliastri, i genitori acquisiti ecc.
stepfather /ˈstepˌfɑːðə(r)/ n. patrigno m.
Stephanie /ˈstefənɪ/ n.pr. Stefania.
Stephen /ˈstiːvn/ n.pr. Stefano.
step-in /ˈstepɪn/ **I step-ins** n.pl. mutandine f. da donna **II** agg. [*garment*] che si infila (e non si chiude con lacci o bottoni).
stepladder /ˈstepˌlædə(r)/ n. scala f. a libretto.
stepmother /ˈstepmʌðə(r)/ n. matrigna f.
stepparent /ˈstepˌpeərənt/ n. *(stepfather)* patrigno m.; *(stepmother)* matrigna f.
steppe /step/ n. steppa f.
stepped /stept/ **I** p.pass. → **2.step II** agg. a gradini, a scalini.
stepped-up /ˌsteptˈʌp/ agg. [*production*] accresciuto, aumentato; [*pace*] accelerato.
stepping /ˈstepɪŋ/ n. andatura f.
stepping-out agency /ˌstepɪŋˈaʊtˌeɪdʒənsɪ/ n. AE = agenzia che trova compagnia a persone sole.
stepping stone /ˈstepɪŋstəʊn/ n. passatoio m., pietra f. per guadare; FIG. trampolino m.; ***a ~ to the Presidency*** un trampolino di lancio verso la presidenza.
stepsister /ˈstepˌsɪstə(r)/ n. sorellastra f.
stepson /ˈstepsʌn/ n. figliastro m.
step stool /ˈstepstuːl/ n. scaleo m.
step-up transformer /ˈstepʌptrænˌsfɔːmə(r)/ n. TECN. trasformatore m. in salita.
steradian /stəˈreɪdɪən/ n. steradiante m.
▷ **stereo** /ˈsterɪəʊ/ **I** n. (pl. **~s**) **1** *(technique)* stereo f., stereofonia f.; ***broadcast in ~*** trasmesso in stereo **2** *(set)* (impianto) stereo m.; ***car ~*** car stereo; ***personal ~*** walkman® **II** modif. [*disc, cassette, effect*] stereo; [*recording, broadcast*] in stereo.
stereochemistry /ˌsterɪəʊˈkemɪstrɪ/ n. stereochimica f.
stereogram /ˈsterɪəgræm/, **stereograph** /ˈsterɪəgrɑːf, AE -græf/ n. stereogramma m.
stereographic /ˌsterɪəʊˈgræfɪk/ agg. stereografico.
stereography /ˌsterɪˈɒgrəfɪ/ n. MAT. stereografia f.
stereoisomer /ˌsterɪəʊˈaɪsəmə(r)/ n. stereoisomero m.
stereometry /ˌsterɪˈɒmɪtrɪ/ n. stereometria f.
stereophonic /ˌsterɪəˈfɒnɪk/ agg. stereofonico.
stereophony /ˌsterɪˈɒfənɪ/ n. stereofonia f.
stereo radio-cassette player /sterɪəʊˌreɪdɪəʊkəˈsetpleɪə(r)/ n. radioregistratore m. (a cassette) stereo.
stereoscope /ˈsterɪəskəʊp/ n. stereoscopio m.
stereoscopic /ˌsterɪəˈskɒpɪk/ agg. *(all contexts)* stereoscopico.
stereoscopy /ˌsterɪˈɒskəpɪ/ n. *(all contexts)* stereoscopia f.
stereospecific /ˌsterɪəʊˌspeˈsɪfɪk/ agg. stereospecifico.
stereo system /ˈsterɪəʊˌsɪstəm/ n. impianto m. stereo.
▷ **1.stereotype** /ˈsterɪətaɪp/ n. **1** *(person, idea)* stereotipo m. **2** TIP. *(plate)* stereotipia f., cliché m.; *(process)* stereotipia f.
▷ **2.stereotype** /ˈsterɪətaɪp/ tr. **1** rendere stereotipato [*image, person*] **2** TIP. stereotipare [*document*].
stereotyped /ˈsterɪətaɪpt/ **I** p.pass. → **2.stereotype II** agg. [*ideas, image*] stereotipato.
stereotyper /ˈsterɪətaɪpə(r)/ ♦ *27* n. stereotipista m. e f.
stereotyping /ˈsterɪətaɪpɪŋ/ n. **U** stereotipi m.pl.
stereotypist /ˈsterɪətaɪpɪst/ ♦ *27* n. → **stereotyper**.
stereotypy /ˈsterɪətaɪpɪ/ n. stereotipia f.
stereovision /ˈsterɪəvɪʒn/ n. stereoscopia f.
steric /ˈsterɪk/ agg. sterico.
▷ **sterile** /ˈsteraɪl, AE ˈsterəl/ agg. *(all contexts)* sterile.
sterility /stəˈrɪlətɪ/ n. *(all contexts)* sterilità f.
sterilization /ˌsterəlaɪˈzeɪʃn, AE -lɪˈz-/ n. *(all contexts)* sterilizzazione f.
sterilize /ˈsterəlaɪz/ tr. **1** sterilizzare [*instrument, utensil, container*] **2** rendere sterile, sterilizzare [*person, animal*]; isterilire, rendere sterile [*land*].
sterilizer /ˈsterəlaɪzə(r)/ n. sterilizzatore m. (-trice).
sterlet /ˈstɜːlət/ n. sterletto m.
▷ **sterling** /ˈstɜːlɪŋ/ ♦ *7* **I** n. ECON. (lira) sterlina f.; ***~ rose, fell*** la sterlina è salita, è scesa; ***~ was up, down*** la sterlina era in rialzo, in ribasso; ***to quote ~ prices*** quotare in sterline; ***payable in ~*** pagabile in sterline; ***£ 100 ~*** 100 sterline **II** modif. ECON. [*payment, cheque*] in sterline; ***~ crisis*** crisi della sterlina **III** agg. attrib. *(excellent)* [*effort, quality*] notevole; ***to do ~ service*** rendere un servizio di qualità (anche FIG.).
sterling area /ˈstɜːlɪŋˌeərɪə/ n. area f. della sterlina.
sterling silver /ˌstɜːlɪŋˈsɪlvə(r)/ n. argento m. sterling.
1.stern /stɜːn/ n. MAR. poppa f.
▷ **2.stern** /stɜːn/ agg. [*face, look, parent, warning*] severo; [*measure*] duro, rigido; [*message*] grave; [*challenge*] duro, serio; [*opposition*] duro, intransigente; [*choice*] duro, difficile ♦ ***to be made of ~er stuff*** avere la pelle più dura di quanto non sembri.
sterna /ˈstɜːnə/ → **sternum**.
sternal /ˈstɜːnəl/ agg. sternale.
sternly /ˈstɜːnlɪ/ avv. [*say, speak*] severamente, duramente; [*gaze, look*] in modo severo, arcigno; [*opposed*] duramente, in modo intransigente.
sternness /ˈstɜːnnɪs/ n. severità f., durezza f.
sternpost /ˈstɜːnpəʊst/ n. dritto m. di poppa.
stern sheets /ˈstɜːnʃiːts/ n.pl. poppetta f.sing.
sternum /ˈstɜːnəm/ n. (pl. **~s, -a**) sterno m.
sternway /ˈstɜːnweɪ/ n. abbrivio m. indietro.
steroid /ˈstɪərɔɪd, ˈste-/ n. gener. pl. FARM. MED. steroide m.; ***to be on ~s*** prendere degli steroidi; ***anabolic ~*** steroide anabolizzante.
sterol /ˈsterɒl/ n. sterolo m.
stertor /ˈstɜːtə(r)/ n. stertore m.
stertorous /ˈstɜːtərəs/ agg. FORM. [*breathing*] stertoroso; [*snoring*] rumoroso.
stertorousness /ˈstɜːtərəsnɪs/ n. (l')essere stertoroso.
stet /stet/ n. TIP. vive.
1.stethoscope /ˈsteθəskəʊp/ n. stetoscopio m.
2.stethoscope /ˈsteθəskəʊp/ tr. auscultare con lo stetoscopio.
stethoscopy /steˈθɒskəpɪ/ n. stetoscopia f.
stetson /ˈstetsn/ n. = cappello da cowboy.
Steve /stiːv/ n.pr. diminutivo di **Stephen**.
stevedore /ˈstiːvədɔː(r)/ ♦ *27* n. stivatore m. (-trice).
Steven /ˈstiːvn/ n.pr. Stefano.
Stevie /ˈstiːvɪ/ n.pr. diminutivo di **Stephen**.
1.stew /stjuː, AE stuː/ n. **1** *(pond)* vivaio m. di pesci **2** *(oyster bed)* vivaio m. artificiale di ostriche.
2.stew /stjuː, AE stuː/ n. GASTR. stufato m., spezzatino m.; *(with game)* salmì m.; *(with veal, chicken)* blanquette f. ♦ ***to be, get in a ~*** COLLOQ. *(worry)* stare in ansia; *(trouble)* essere, cacciarsi nei pasticci.
3.stew /stjuː, AE stuː/ **I** tr. fare cuocere in umido, stufare; cuocere in salmì [*game*]; fare cuocere [*fruit, vegetables*] **II** intr. **1** GASTR. [*meat*] cuocere in umido; [*fruit*] cuocere; [*tea*] stare in infusione troppo a lungo **2** COLLOQ. [*person*] *(in heat)* crepare dal caldo ♦ ***to ~ in one's own juice*** COLLOQ. cuocere nel proprio brodo.
steward /stjʊəd, AE ˈstuːərd/ ♦ *27* n. *(on plane, ship)* steward m., assistente m. di volo; *(of estate, club)* amministratore m. (-trice), sovrintendente m. e f.; *(at races)* organizzatore m. (-trice).
stewardess /ˈstjʊədes, AE ˈstuːərdəs/ ♦ *27* n. *(on plane)* hostess f., assistente f. di volo; *(on ship)* hostess f., cameriera f. di bordo.
stewardship /ˈstjʊədʃɪp, AE ˈstuːərdʃɪp/ n. *(management)* amministrazione f., gestione f.; *(leadership)* direzione f.
Stewart /ˈstjʊət/ n.pr. Stewart (nome di uomo).
stewbum /ˈstjuːbʌm, AE ˈstuːbʌm/ n. AE POP. ubriacone m. (-a), avvinazzato m. (-a).

stewed /stju:d, AE stu:d/ **I** p.pass. → **3.stew II** agg. [*meat*] in umido, stufato; [*fruit*] cotto; ~ ***lamb*** stufato d'agnello; ~ ***apples*** composta di mele.

stewing /ˈstju:ɪŋ, AE ˈstu:ɪŋ/ **I** n. (lo) stufare, (il) cuocere in umido **II** agg. [*meat*] per stufato, da fare in umido; [*fruit*] da cuocere.

stewpan /ˈstju:pæn, AE ˈstu:-/ n. tegame m., casseruola f. (per cuocere in umido).

stg ⇒ sterling sterlina.

St Helena /ˌsəntˈhelənə/ ➧ **12** n.pr. Sant'Elena f.

sthenic /ˈsθenɪk/ agg. stenico.

stibine /ˈstɪbaɪn/ n. CHIM. stibina f.

stibium /ˈstɪbɪəm/ n. antimonio m.

stich /stɪk/ n. LETTER. stico m.

stichomythia /ˌstɪkəˈmɪθɪə/ n. LETTER. sticomitia f.

▶ **1.stick** /stɪk/ **I** n. **1** *(piece of wood)* bastone m.; *(for kindling)* bastoncino m., pezzo m. di legno; *(for ice cream, lollipop)* stecchino m., bastoncino m. **2** (anche **walking** ~) bastone m. (da passeggio) **3** *(rod-shaped piece)* ***a ~ of rock*** o ***candy*** un bastoncino di zucchero candito; ***a ~ of chalk*** un pezzetto di gesso; ***a ~ of dynamite*** un candelotto di dinamite; ***a ~ of celery*** un gambo di sedano; ***a ~ of rhubarb*** un gambo di rabarbaro; ***a ~ of (French) bread*** un bastone *o* una baguette **4** SPORT *(in hockey, polo)* mazza f. **5** *(conductor's baton)* bacchetta f. **6** MIL. ***a ~ of bombs*** un grappolo di bombe **7** COLLOQ. *(piece of furniture)* mobile m.; ***a few ~s (of furniture)*** qualche mobile; ***we haven't got a ~ of furniture*** non abbiamo neanche un mobile **8** AE COLLOQ. *(person)* ***a funny old ~*** un tipo strano; ***he's a dry old ~*** è un vecchio barboso **9** COLLOQ. *(criticism)* (aspra) critica f., (violento) rimprovero m.; ***to get*** o ***take (some) ~*** beccarsi dure critiche; ***to give sb. (some) ~*** criticare qcn. violentemente **10** AER. cloche f., barra f. di comando **11** AUT. leva f. del cambio **II sticks** n.pl. COLLOQ. ***in the ~s*** in (piena) campagna *o* a casa del diavolo; ***to be from the ~s*** venire dalla campagna ◆ ***to be on the ~*** AE COLLOQ. essere sveglio *o* pimpante; ***to get on the ~*** AE COLLOQ. mettersi al lavoro; ***to have*** o ***get hold of the wrong end of the ~*** prendere un abbaglio *o* capire fischi per fiaschi; ***to up ~s and leave*** COLLOQ. prendere armi e bagagli e partire.

▶ **2.stick** /stɪk/ **I** tr. (pass., p.pass. **stuck**) **1** *(stab)* conficcare, piantare [*pin, spade, knife*] (**into** in); sgozzare [*animal*]; ***he stuck a knife into the man's back*** piantò *o* conficcò un coltello nella schiena dell'uomo; ***she stuck her fork into the meat*** conficcò la forchetta nella carne; ***to ~ a pin, knife through sth.*** fare passare uno spillo, un coltello in *o* attraverso qcs.; ***a board stuck with pins*** una tavola piena di spilli **2** *(put)* ***he stuck his head round the door, out of the window*** cacciò la testa fuori dalla porta, dal finestrino; ***she stuck her hands in her pockets*** si ficcò le mani in tasca; ***~ your coat on the chair, the money in the drawer*** COLLOQ. molla il cappotto sulla sedia, ficca i soldi nel cassetto; ***to ~ an advert in the paper*** COLLOQ. mettere un annuncio sul giornale; ***to ~ sb. in a home*** COLLOQ. mettere *o* ficcare qcn. in un ospizio; ***you know where you can ~ it*** o ***that!*** POP. sai dove puoi ficcartelo! ***~ it up your ass!*** VOLG. ficcatelo su per il culo! **3** *(fix in place)* incollare, attaccare [*label, stamp*] (**in** in; **on** su; **to** a); attaccare, affiggere [*poster, notice*] (**in** in; **on** a); ***"~ no bills"*** "divieto di affissione" **4** BE COLLOQ. *(bear)* sopportare, reggere [*person, situation*]; ***I can't ~ him*** non lo sopporto; ***I don't know how he ~s it*** non so come faccia a resistere; ***I can't ~ it any longer*** non ce la faccio più **5** COLLOQ. *(impose)* ***he stuck me with the bill*** mi ha rifilato il conto; ***to ~ an extra £ 10 on the price*** fare pagare 10 sterline in più sul prezzo; ***I was stuck with Paul*** mi hanno appioppato Paul **6** COLLOQ. *(accuse falsely of)* ***to ~ a murder, a robbery on sb.*** accusare ingiustamente qcn. di omicidio, di rapina **II** intr. (pass., p.pass. **stuck**) **1** *(be pushed)* ***the nail stuck in my finger, foot*** mi si è piantato *o* conficcato un chiodo nel dito, nel piede; ***there was a dagger ~ing in his back*** aveva un pugnale piantato nella schiena **2** *(be fixed)* [*stamp, glue*] tenere, attaccare; ***this glue, stamp doesn't ~*** la colla, il francobollo non tiene; ***to ~ to*** incollarsi *o* attaccarsi a [*page, wall, skin, surface*]; ***to ~ to the pan*** [*sauce, rice*] attaccarsi alla pentola **3** *(jam)* [*drawer, door, lift*] bloccarsi; [*key, valve, catch*] bloccarsi, incepparsi; FIG. [*price*] essere bloccato **4** *(remain)* [*name, habit*] restare, rimanere; ***to ~ in sb.'s memory*** o ***mind*** restare impresso nella memoria di qcn.; ***we've caught the murderer, but now we have to make the charges ~*** abbiamo preso l'assassino, ora dobbiamo provare la sua colpevolezza; ***to ~ in the house, one's room*** COLLOQ. non schiodarsi di casa, dalla propria stanza **5** *(in cards)* stare.

■ **stick around, stick about** COLLOQ. **1** *(stay)* restare, rimanere; ***~ around!*** resta lì! non allontanarti! **2** *(wait)* aspettare, attendere.

■ **stick at:** ~ ***at [sth.]*** perseverare in [*task*]; ***~ at it!*** insisti!

■ **stick by:** ~ ***by [sb.]*** essere fedele a, restare al fianco di.

■ **stick down:** ~ ***[sth.] down,*** ~ ***down [sth.]*** **1** *(fasten)* incollare, attaccare [*stamp*] **2** COLLOQ. *(write down)* annotare, scrivere [*answer, name, item*].

■ **stick on:** ~ ***[sth.] on,*** ~ ***on [sth.]*** incollare, attaccare [*label, stamp*].

■ **stick out:** ~ ***out*** [*nail, sharp object*] sporgere, essere sporgente; ***his ears ~ out*** ha le orecchie sporgenti; ***his stomach ~s out*** ha la pancia sporgente *o* in fuori; ***her teeth ~ out*** ha i denti in fuori; ***to ~ out of sth.*** [*screw, nail, feet*] sporgere da qcs.; ***Michael ~s out because of his fair hair*** Michael si distingue per i suoi capelli biondi; ***to ~ out for*** tenere duro per [*pay rise, shorter hours*]; ~ ***[sth.] out,*** ~ ***out [sth.]*** **1** *(cause to protrude)* ***to ~ out one's hand, foot*** allungare una mano, un piede; ***to ~ out one's chest*** gonfiare il petto; ***to ~ one's tongue out*** tirare fuori la lingua **2** *(cope with)* ***to ~ it out*** COLLOQ. tener duro.

■ **stick to:** ~ ***to [sth., sb.]*** **1** *(keep to)* attenersi a [*facts, point, plan*]; stare a [*diet*]; ***he stuck to his version of events*** ha mantenuto la propria versione dei fatti; ***~ to what you know*** attieniti a ciò che sai; ***"no whisky for me, I'll ~ to orange juice"*** "niente whisky, per me va bene il succo d'arancia" **2** *(stay close to)* stare vicino, attaccato a [*person*] **3** *(stay faithful to)* restare fedele a [*brand, shop, principles*].

■ **stick together:** ~ ***together*** **1** *(become fixed to each other)* [*pages*] attaccarsi, incollarsi **2** COLLOQ. *(remain loyal)* aiutarsi, sostenersi a vicenda **3** COLLOQ. *(not separate)* rimanere uniti, restare insieme; ~ ***[sth.] together,*** ~ ***together [sth.]*** attaccare, incollare [*objects, pieces*].

■ **stick up:** ~ ***up*** *(project)* [*pole, mast*] levarsi, elevarsi; ***his hair ~s up*** i capelli gli stanno dritti (sulla testa); ***to ~ up from sth.*** spuntare da qcs.; ***to ~ up for sb.*** *(defend)* difendere *o* sostenere qcn.; *(side with)* prendere le parti di; ***to ~ up for oneself*** difendere i propri interessi; ~ ***[sth.] up,*** ~ ***up [sth.]*** *(put up)* attaccare, affiggere [*poster, notice*]; ***to ~ up one's hand*** alzare la mano; ***to ~ one's legs up in the air*** sollevare le gambe in aria; ***~ 'em up!*** COLLOQ. mani in alto!

■ **stick with** COLLOQ. ~ ***with [sb.]*** restare con [*person*]; ~ ***with [sth.]*** mantenere, conservare [*job*]; attenersi a [*plan*]; rimanere fedele a [*brand*]; ***I'm ~ing with my current car for now*** per il momento tengo la macchina che ho.

stickball /ˈstɪkbɔ:l/ n. AE = gioco simile al baseball fatto dai bambini nelle strade con attrezzature improvvisate come manici di scopa e palle di gomma.

sticker /ˈstɪkə(r)/ n. adesivo m., etichetta f. adesiva.

sticker price /ˈstɪkəpraɪs/ n. COMM. AUT. prezzo m. ufficiale (stabilito dal produttore).

stick float /ˈstɪkfləʊt/ n. PESC. galleggiante m. (attaccato in cima e in fondo alla lenza).

stickily /ˈstɪkɪlɪ/ avv. appiccicosamente.

stickiness /ˈstɪkɪnɪs/ n. **1** *(state of being adhesive) (of tape, plaster)* adesività f., (l')essere appiccicoso; *(of substance)* viscosità f. **2** *(of weather)* afosità f., umidità f. **3** *(awkwardness) (of situation)* difficoltà f., sgradevolezza f.

sticking /ˈstɪkɪŋ/ **I** n. adesività f., (l')essere appiccicoso **II** agg. appiccicoso, adesivo.

sticking plaster /ˈstɪkɪŋˌplɑ:stə(r), AE -ˌplæs-/ n. cerotto m.

sticking point /ˈstɪkɪŋˌpɔɪnt/ n. TECN. punto m. d'arresto; FIG. punto m. morto, blocco m.

stick insect /ˈstɪkˌɪnsekt/ n. insetto m. stecco.

stick-in-the-mud /ˈstɪkɪnðəˌmʌd/ n. COLLOQ. conservatore m. (-trice), retrogrado m. (-a).

stickjaw /ˈstɪkjɔ:/ n. COLLOQ. *(toffee)* caramella f. gommosa; *(pudding)* dolce m. gommoso, difficile da masticare.

stickleback /ˈstɪklbæk/ n. spinarello m.

stickler /ˈstɪklə(r)/ n. **1** *(person)* ***to be a ~ for sth.*** tenere molto a *o* essere un accanito sostenitore di qcs. **2** *(problem, puzzle)* rompicapo m., enigma m.

stick-on /ˈstɪkɒn/ agg. [*label*] adesivo.

stick pin /ˈstɪkpɪn/ n. **1** AE *(tie pin)* spilla f. da cravatta **2** *(brooch)* spilla f.

stickseed /ˈstɪksi:d/ n. lappola f.

stick shift /ˈstɪkʃɪft/ n. AE AUT. leva f. del cambio.

stick sulphur /ˈstɪkˌsʌlfə(r)/ n. zolfo m. in pani.

sticktight /ˈstɪktaɪt/ n. BOT. lappola f.

stick-up /ˈstɪkʌp/ n. COLLOQ. rapina f. a mano armata.

stickweed /ˈstɪkwi:d/ n. BOT. ambrosia f.

▷ **sticky** /ˈstɪkɪ/ agg. **1** *(tending to adhere)* [*hand, floor*] appiccicoso; [*substance*] appiccicoso, appiccicaticcio; [*label*] adesivo **2** *(hot and humid)* [*weather, day*] afoso, caldo e umido **3** *(sweaty)* [*hand, palm*] sudato, appiccicaticcio; ***to feel*** o ***be hot and*** ~ essere in un bagno di sudore **4** *(difficult)* [*situation, problem*] sgradevole, difficile; [*period*] difficile; ***to be ~ about sth., doing*** essere restio *o* riluttante riguardo a qcs., a fare ◆ ***to have ~ fingers*** avere le mani lunghe *o* avere la tendenza a rubare; ***to come to a ~ end*** fare una brutta fine; ***to be on a ~ wicket*** COLLOQ. essere nei pasticci *o* nei casini.

stickybeak /ˈstɪkɪbiːk/ n. AUSTRAL. COLLOQ. ficcanaso m. e f., impiccione m. (-a).

sticky bun /ˈstɪkɪbʌn/ n. BE COLLOQ. = piccola ciambella ricoperta di zucchero.

sticky tape /ˌstɪkɪˈteɪp/ n. BE COLLOQ. nastro m. adesivo, Scotch® m.

1.stiff /stɪf/ n. COLLOQ. **1** *(corpse)* cadavere m. **2** AE *(humourless person)* musone m. (-a), persona f. scontrosa **3** AE *(man)* ***a working ~*** un lavoratore **4** AE *(drunk)* ubriacone m. (-a) **5** AE *(hobo)* barbone m. (-a).

▷ **2.stiff** /stɪf/ **I** agg. **1** *(restricted in movement)* rigido, duro; *(after sport, sleeping badly)* irrigidito, indolenzito; ***to feel ~ after riding, sleeping on the floor*** sentirsi indolenzito dopo essere andato a cavallo, aver dormito sul pavimento; ***to have a ~ neck*** avere il torcicollo; ***to have ~ legs*** *(after sport)* avere le gambe irrigidite *o* indolenzite; *(from old age etc.)* avere le gambe anchilosate **2** *(hard to move)* [*drawer, door*] duro da aprire, che non scorre bene sui cardini; [*lever*] duro da muovere; [*gear*] duro **3** *(rigid)* [*cardboard, collar*] rigido; [*fabric*] inamidato **4** GASTR. [*mixture*] consistente; ***beat the egg whites until ~*** montare i bianchi d'uovo a neve ferma **5** *(not relaxed)* [*manner, person, style*] rigido, compassato, contenuto **6** *(harsh)* [*letter, warning, penalty, sentence*] severo, duro **7** *(difficult)* [*exam*] difficile; [*climb*] erto, scosceso; [*competition*] duro, accanito; [*opposition*] duro, tenace **8** *(high)* [*charge, fine*] salato, elevato **9** *(strong)* [*breeze*] forte; ***I need a ~ drink*** ho bisogno di bere qualcosa di forte **10** AE COLLOQ. *(drunk)* sbronzo **II** avv. COLLOQ. ***to be bored ~*** annoiarsi da morire; ***to bore sb. ~*** annoiare a morte qcn.; ***to be frozen ~*** essere gelato dal freddo; ***to be scared ~*** avere una paura nera *o* essere spaventato a morte; ***to scare sb. ~*** fare una paura nera a qcn. *o* spaventare qcn. a morte ◆ ***to keep a ~ upper lip*** non mettere in mostra le proprie emozioni *o* non fare una piega.

3.stiff /stɪf/ tr. AE COLLOQ. **1** *(cheat)* fregare, imbrogliare [*person*] **2** *(fail to tip)* non lasciare la mancia a [*person*]

stiff-arm /ˈstɪfɑːm/ tr. AE respingere con il braccio (teso).

stiffen /ˈstɪfn/ **I** tr. **1** indurire [*card*]; irrigidire [*structure*]; inamidare, apprettare [*fabric*]; rassodare [*mixture*] **2** FIG. rafforzare [*resolve, determination*] **II** intr. **1** *(grow tense)* [*person*] irrigidirsi **2** GASTR. [*egg whites*] diventare fermo; [*mixture*] rassodarsi **3** [*joint*] anchilosarsi, irrigidirsi; [*limbs*] intorpidirsi.

stiffener /ˈstɪfnə(r)/ n. *(in collar)* telina f.; *(in waistband)* gros-grain m.

stiffening /ˈstɪfnɪŋ/ n. **1** *(of person)* irrigidimento m.; *(of limbs)* intorpidimento m. **2** *(of fabric)* inamidatura f., apprettatura f. **3** FIG. *(of resolve)* rafforzamento m.

▷ **stiffly** /ˈstɪflɪ/ avv. **1** [*say*] freddamente **2** [*walk, move*] rigidamente **3** ***~ conventional, polite*** d'un conformismo rigido *o* affettato, d'una cortesia rigida *o* affettata.

stiff neck /ˈstɪfnek/ n. torcicollo m.

stiff-necked /ˈstɪfnekt/ agg. SPREG. **1** *(obstinate)* ostinato, testardo **2** *(haughty)* arrogante, altezzoso.

stiffness /ˈstɪfnɪs/ n. **1** *(physical)* rigidezza f., rigidità f., intorpidimento m. **2** *(of manner)* affettazione f. **3** *(of fabric, substance)* rigidezza f. **4** GASTR. consistenza f., compattezza f.

1.stifle /ˈstaɪfl/ n. ANAT. grascella f.

▷ **2.stifle** /ˈstaɪfl/ tr. **1** soffocare [*person*] **2** FIG. soffocare [*debate, yawn, opposition, revolt, impulse*]; interrompere, bloccare [*business*].

stifle-bone /ˈstaɪflbəʊn/ n. *(of horse)* rotula f.

stifled /ˈstaɪfld/ **I** p.pass. → **2.stifle** **II** agg. [*laughter, sigh*] soffocato; ***to feel ~*** FIG. sentirsi soffocato (**by** da).

stifling /ˈstaɪflɪŋ/ agg. soffocante (anche FIG.); ***it's ~!*** si soffoca!

stigma /ˈstɪgmə/ n. (pl. **~s, -ata**) **1** BOT. stigma m. **2** *(disgrace)* marchio m. (d'infamia) (**of** di).

stigmata /stɪgˈmɑːtə, ˈstɪgmətə/ n.pl. stigmate f. (anche FIG.).

stigmatic /stɪgˈmætɪk/ **I** agg. RELIG. segnato da stigmate **II** n. persona f. che porta le stigmate.

stigmatization /ˌstɪgmətaɪˈzeɪʃn, AE -tɪˈzeɪʃn/ n. **1** RELIG. il segnare con stigmate, stigmatizzazione f. **2** *(disgrace)* il marchiare d'infamia, stigmatizzazione f.

stigmatize /ˈstɪgmətaɪz/ tr. stigmatizzare, bollare; ***to be ~d as sth.*** essere bollato come qcs.

stilbite /ˈstɪlbaɪt/ n. stilbite f.

1.stile /staɪl/ n. *(in wall, hedge)* scaletta f.

2.stile /staɪl/ n. ING. *(of door, window)* montante m. verticale.

stiletto /stɪˈletəʊ/ n. (pl. **~s**) **1** *(shoe)* scarpa f. con tacco a spillo; *(heel)* tacco m. a spillo **2** *(dagger)* stiletto m.

stiletto heel /stɪˈletəʊˌhiːl/ n. *(shoe)* scarpa f. con tacco a spillo; *(heel)* tacco m. a spillo.

▶ **1.still** /stɪl/ avv. **1** *(up to and including a point in time)* ancora; ***she ~ doesn't like eggs*** continuano a non piacerle le uova; ***he's ~ as crazy as ever!*** è più pazzo che mai! ***that's ~ not good enough for you!*** non ti va ancora bene! ***we're ~ waiting for a reply*** stiamo ancora aspettando una risposta; ***they're ~ in town*** sono ancora in città; ***you have to eat this bread while it's ~ fresh*** bisogna mangiare questo pane finché è ancora fresco; ***you're ~ too young*** sei ancora troppo giovane; ***the ruins are ~ to be seen*** ci restano ancora da vedere le rovine; ***I ~ have some money left*** mi restano ancora dei soldi **2** *(expressing surprise)* ancora; ***he ~ hasn't come back*** non è ancora tornato; ***I ~ can't believe it!*** stento ancora a crederci! ***are you ~ here?*** sei ancora qui? **3** *(referring to something yet to happen)* ancora; ***it has ~ to be decided*** deve ancora essere deciso; ***I have four exams ~ to go*** mi mancano ancora quattro esami alla fine; ***~ to come, a report on...*** RAD. TELEV. tra pochi istanti, un servizio su... **4** *(expressing probability)* ancora; ***you could ~ be a winner*** potresti ancora vincere; ***there is ~ a chance that*** c'è ancora una possibilità che; ***prices are ~ expected to rise*** ci si aspetta un ulteriore aumento dei prezzi; ***if I'm ~ alive*** se sarò ancora vivo **5** *(nevertheless)* ancora, tuttavia; ***he's unarmed but he's ~ dangerous*** è disarmato ma è ancora pericoloso; ***it ~ doesn't explain why*** ciò non spiega ancora perché; ***it was very dear, ~ it was worth it*** era molto caro, tuttavia ne valeva la pena; ***~, it's the thought that counts*** in fondo, è il pensiero che conta; ***~ and all*** COLLOQ. tutto sommato **6** *(with comparatives: even)* ancora; ***faster ~, ~ faster*** ancora più veloce; ***stranger ~ was the fact that*** ancora più strano era il fatto che; ***~ more surprising*** ancora più sorprendente; ***~ more money was spent*** fu speso ancora più denaro; ***~ less*** ancora meno; ***there is little sense of an objective, ~ less how to achieve it*** non si ha un'idea molto precisa dell'obiettivo, ancora meno di come raggiungerlo; ***better, worse ~*** ancora meglio, peggio **7** *(emphasizing quantity, numbers: yet)* ancora; ***~ another way to do*** ancora un altro modo di fare; ***many died, ~ more, ~ others emigrated*** molti morirono, ancor di più, molti altri emigrarono.

▶ **2.still** /stɪl/ **I** agg. **1** *(motionless)* [*air, day, water*] calmo; [*hand, person*] immobile, fermo; ***absolutely*** o ***totally ~*** completamente immobile **2** *(peaceful)* [*countryside, house, streets*] tranquillo, silenzioso **3** GASTR. [*drink, fruit juice*] non gassato; [*water*] non gassato, liscio; [*wine*] fermo **II** avv. **1** *(immobile)* [*lie, stay*] immobile; ***to hold [sth.] ~*** tenere [qcs.] (ben) fermo [*camera, mirror, plate*] **2** *(calmly)* ***to sit ~*** sedere tranquillo; ***to keep*** o ***stand ~*** non muoversi *o* stare fermo ◆ ***~ waters run deep*** l'acqua cheta rompe i ponti.

3.still /stɪl/ n. **1** *(calmness) (lack of motion)* calma f.; *(lack of noise)* quiete f., silenzio m.; ***the ~ of the night, forest*** il silenzio della notte, della foresta **2** CINEM. fotogramma m.; FOT. posa f.; ***a ~ from a film*** un fotogramma di un film.

4.still /stɪl/ tr. **1** *(silence)* fare tacere [*critic, voice*] **2** *(calm)* calmare [*crowd, doubt, fear*].

5.still /stɪl/ n. *(for making alcohol) (apparatus)* distillatore m., alambicco m.; *(distillery)* distilleria f.

6.still /stɪl/ tr. RAR. stillare.

stillbirth /ˈstɪlbɜːθ/ n. MED. **1** *(event)* nascita f. di un bambino morto **2** *(foetus)* bambino m. nato morto.

stillborn /ˈstɪlbɔːn/ agg. **1** [*foetus*] nato morto **2** FIG. [*plan*] abortito, fallito sul nascere.

still-house /ˈstɪlhaʊs/ n. distilleria f.

still life /ˌstɪlˈlaɪf/ n. (pl. **still lifes**) natura f. morta; ***a ~ painting*** o ***drawing*** una natura morta.

stillness /ˈstɪlnɪs/ n. *(of lake)* calma f.; *(of evening)* calma f., quiete f., tranquillità f.

still(s) man /ˌstɪl(z)ˈmæn/ ♦ ***27*** n. (pl. **still(s) men**) → **still(s) photographer**.

still(s) photographer /ˌstɪl(z)fəˈtɒgrəfə(r)/ ♦ ***27*** n. CINEM. fotografo m. (-a) di scena.

still(s) photography /ˌstɪl(z)fəˈtɒgrəfɪ/ n. CINEM. fotografia f. di scena.

still-room /ˈstɪlruːm, -rʊm/ n. **1** *(for preserves, liqueurs etc.)* cantina f., dispensa f. **2** *(for distillation)* sala f., laboratorio m. di distillazione.

stilly /ˈstɪlɪ/ agg. LETT. calmo, quieto.

1.stilt /stɪlt/ n. **1** *(pole)* trampolo m.; ***on ~s*** sui trampoli **2** ING. palafitta f., palo m.

2.stilt /stɪlt/ tr. costruire [qcs.] su pali.
stilt-bird /ˈstɪltbɜːd/ n. trampoliere m., cavaliere m. d'Italia.
stilted /ˈstɪltɪd/ **I** p.pass. → **2.stilt II** agg. **1** ING. costruito su pali **2** FIG. affettato, ampolloso, innaturale.
stiltedly /ˈstɪltɪdlɪ/ avv. affettatamente, ampollosamente.
stiltedness /ˈstɪltɪdnɪs/ n. ampollosità f., pomposità f.
Stilton /ˈstɪltən/ n. stilton m.
stilt-plover /ˈstɪltˌplʌvə(r)/, **stilt-walker** /ˈstɪlˌwɔːkə(r)/ n. → **stilt-bird**.
stimulant /ˈstɪmjʊlənt/ n. *(all contexts)* stimolante m. (**to** per).
▷ **stimulate** /ˈstɪmjʊleɪt/ tr. **1** stimolare [*appetite, creativity, person*]; stimolare, incentivare [*demand*] **2** MED. stimolare.
stimulating /ˈstɪmjʊleɪtɪŋ/ agg. *(all contexts)* stimolante.
▷ **stimulation** /ˌstɪmjʊˈleɪʃn/ n. *(all contexts)* stimolazione f. (**of** di); ***to need intellectual ~*** avere bisogno di stimoli intellettuali.
stimulative /ˈstɪmjʊlətɪv/ agg. → **stimulating**.
stimulator /ˈstɪmjʊleɪtə(r)/ n. *(machine)* stimolatore m. (anche MED.); *(substance)* stimolante m.
stimulus /ˈstɪmjʊləs/ (pl. **-i**) n. **1** FISIOL. stimolo m. **2** FIG. *(boost)* stimolo m., impulso m., sprone m.; ***the ~ given to the economy*** l'impulso dato all'economia **3** FIG. *(incentive)* stimolo m., incentivo m.; ***the ~ of competition*** lo stimolo della concorrenza.
stimy → **stymie**.
▷ **1.sting** /stɪŋ/ n. **1** ZOOL. *(organ) (of insect)* pungiglione m., aculeo m.; *(of scorpion)* pungiglione m. **2** *(wound) (of insect, plant)* puntura f.; ***bee, wasp, nettle ~*** puntura d'ape, di vespa, di ortica **3** *(pain)* fitta f., dolore m. acuto **4** AE *(in law enforcement)* trappola f. **5** AE COLLOQ. *(rip-off)* truffa f., fregatura f. ◆ ***a ~ in the tail*** una brutta sorpresa alla fine *o* in cauda venenum; ***to take the ~ out of*** svelenire *o* rendere meno velenoso [*remark, criticism*]; mitigare *o* attenuare l'effetto di [*measure, action*].
▷ **2.sting** /stɪŋ/ **I** tr. (pass., p.pass. **stung**) **1** [*insect, plant*] pungere; [*antiseptic*] bruciare **2** [*wind, hail*] colpire, sferzare **3** FIG. [*criticism, rebuke*] pungere sul vivo **4** COLLOQ. *(rip off)* truffare, fregare; ***they really ~ you in that place*** là ti fregano **5** COLLOQ. *(get money from)* ***to ~ sb. for £ 10*** fregare 10 sterline a qcn. **II** intr. (pass., p.pass. **stung**) [*eyes, antiseptic*] bruciare; [*cut*] bruciare, fare male; ***it ~s!*** brucia! ***my knee ~s*** sento delle fitte al ginocchio ◆ ***to ~ sb. into action*** pungolare *o* spronare qcn.
stingaree /ˈstɪŋəriː/ n. → **stingray**.
stinger /ˈstɪŋə(r)/ n. AE COLLOQ. **1** *(stinging organ)* pungiglione m. **2** *(remark)* frecciata f., risposta f.
stingily /ˈstɪndʒɪlɪ/ avv. con avarizia, da spilorcio.
stinginess /ˈstɪndʒɪnɪs/ n. avarizia f., spilorceria f.
stinging /ˈstɪŋɪŋ/ agg. **1** [*criticism, attack, remark*] pungente **2** [*sensation*] di dolore pungente; [*pain*] pungente.
stinging nettle /ˈstɪŋɪŋˌnetl/ n. ortica f.
stingless /ˈstɪŋlɪs/ agg. senza pungiglione, senza aculeo.
stingo /ˈstɪŋgəʊ/ n. (pl. **~s**) ANT. **1** *(strong beer)* birra f. forte **2** FIG. *(vigour)* vigore m., energia f.
stingray /ˈstɪŋreɪ/ n. pastinaca f.
stingy /ˈstɪndʒɪ/ agg. SPREG. [*person*] avaro, taccagno, tirchio; [*firm*] attento alle spese; [*amount, allowance*] scarso, insufficiente; ***to be ~ with*** lesinare (su) [*grant, allowance, food*]; risparmiare su [*paint*].
▷ **1.stink** /stɪŋk/ n. **1** *(stench)* puzzo m., puzza f., fetore m.; ***the ~ of death*** il fetore della morte; ***the ~ of rotten fish*** il puzzo di pesce andato a male; ***there's an awful ~ in here!*** c'è una puzza terribile qui! **2** COLLOQ. *(row)* chiasso m., scalpore m.; ***there'll be a (hell of a) ~ over this!*** pianteranno *o* ci sarà un gran casino per questo! ***to kick up*** o ***cause a ~ about sth.*** fare un gran casino per qcs. *o* piantare una grana per qcs.
▷ **2.stink** /stɪŋk/ intr. (pass. **stank**; p.pass. **stunk**) **1** *(smell)* puzzare; ***to ~ of petrol, garlic*** puzzare di benzina, d'aglio; ***the room is filthy - it ~s*** la stanza è sudicia, puzza **2** COLLOQ. FIG. *(reek)* ***to ~ of corruption, injustice*** puzzare di corruzione, di ingiustizia; ***the city stank of war, death*** in città si sentiva l'odore di guerra, di morte; ***the contract ~s!*** il contratto fa schifo! ***we don't want your justice - it ~s!*** non vogliamo la vostra giustizia, fa schifo!
▪ **stink out:** ***~ [sth.] out, ~ out [sth.]*** appestare, impuzzolentire, ammorbare [*room, house*].
▪ **stink up** AE ***~ [sth.] up, ~ up [sth.]*** appestare, impuzzolentire, ammorbare.
stinkard /ˈstɪŋkəd/ n. **1** ANT. *(person)* puzzone m. (-a) **2** *(animal)* teledù m.
stink-bomb /ˈstɪŋkˌbɒm/ n. fialetta f. puzzolente.
stink bug /ˈstɪŋkbʌg/ n. AE cimice f. (puzzolente).
stinker /ˈstɪŋkə(r)/ n. COLLOQ. **1** *(difficult problem)* rompicapo m., problema m. difficile; ***the test was a real ~*** la prova era incasinata *o* era davvero difficile **2** SPREG. *(person)* fetente m. e f.; ***he's been a real little ~ today*** *(child)* oggi è stato davvero un rompiscatole! **3** BE *(bad cold)* brutto raffreddore m.
stink horn /ˈstɪŋkhɔːn/ n. BOT. satirione m.
stinking /ˈstɪŋkɪŋ/ agg. **1** *(foul-smelling)* [*place, person, clothes, water, sewage*] puzzolente, fetido **2** COLLOQ. SPREG. *(emphatic)* attrib. [*town, place, car, house*] che fa schifo, schifoso; ***a ~ cold*** un terribile raffreddore ◆ ***to be ~ rich*** essere ricco da fare schifo.
stinkpot /ˈstɪŋkpɒt/ n. ANT. COLLOQ. fetente m. e f., carogna f.
stink-trap /ˈstɪŋktræp/ n. → **stench-trap**.
stinkweed /ˈstɪŋkwiːd/ n. BOT. **1** diplotassi f. **2** AE stramonio m.
▷ **1.stint** /stɪnt/ n. **1** *(period of work)* ***to do a three-year ~ in Africa, with a company*** lavorare per un periodo di tre anni in Africa, per una ditta; ***to do a six-month ~ as president, as a teacher*** fare il presidente, l'insegnante per un periodo di sei mesi; ***to do one's ~ at the wheel*** fare il proprio turno di guida; ***during my three-day ~ as a secretary*** durante i miei tre giorni da segretaria; ***I've done my ~ for today*** ho fatto la mia parte per oggi **2** *(limitation)* ***without ~*** senza limite *o* senza restrizioni.
2.stint /stɪnt/ **I** tr. tenere a stecchetto, imporre delle limitazioni a [*person*] (**of** in) **II** intr. imporsi delle restrizioni; ***to ~ on*** lesinare su [*drink, presents*] **III** rifl. ***to ~ oneself*** privarsi (**of** di).
3.stint /stɪnt/ n. piovanello m. pancia nera.
stintless /ˈstɪntlɪs/ agg. illimitato, senza restrizioni.
stipe /staɪp/ n. BOT. stipite m., gambo m.
stipel /ˈstaɪpl/ n. → **stipule**.
stipellate /ˈstaɪpelɪt/ agg. stipolato.
stipend /ˈstaɪpend/ n. stipendio m.; RELIG. congrua f.
stipendiary /staɪˈpendɪərɪ, AE -dɪerɪ/ **I** n. stipendiato m. (-a) **II** agg. stipendiato, retribuito.
stipendiary magistrate /staɪˌpendɪərɪˈmædʒɪstreɪt, AE -ˌdɪerɪ-/ n. GB DIR. magistrato m. di carriera, stipendiato.
stipes /ˈstaɪpiːz/ n. (pl. **-ites**) ZOOL. peduncolo m.
1.stipple /stɪpl/ n. *(work)* disegno m. a puntini; *(tecnique)* puntinismo m.
2.stipple /ˈstɪpl/ tr. TECN. disegnare a puntini, punteggiare.
stippled /ˈstɪpld/ **I** p.pass. → **2.stipple II** agg. [*effect*] ombreggiato.
stipular /ˈstɪpjʊlə(r)/ agg. stipolare.
stipulate /ˈstɪpjʊleɪt/ tr. stipulare, pattuire (**that** che).
stipulated /ˈstɪpjʊleɪtɪd/ **I** p.pass. → **stipulate II** agg. convenuto, pattuito.
stipulation /ˌstɪpjʊˈleɪʃn/ n. condizione f., clausola f.; DIR. stipulazione f., stipula f.; ***X's ~ that*** la condizione posta da X che.
stipulator /ˈstɪpjʊleɪtə(r)/ n. stipulante m. e f.
stipule /ˈstɪpjuːl/ n. stipola f.
1.stir /stɜː(r)/ n. **1** *(act of mixing)* ***to give the tea, sauce a ~*** dare una rimescolata al tè, alla salsa **2** *(commotion)* movimento m., agitazione f.; ***to cause*** o ***make a ~*** fare rumore *o* fare sensazione; ***to cause quite a ~*** fare sensazione *o* provocare un gran subbuglio.
▷ **2.stir** /stɜː(r)/ **I** tr. (forma in -ing ecc. **-rr-**) **1** *(mix)* mescolare, girare [*liquid, sauce*]; mescolare, mischiare [*paint, powder*]; ***have you ~red it?*** l'hai girato? ***to ~ sth. into sth.*** incorporare qcs. in qcs. *o* aggiungere qcs. in qcs. mescolando **2** *(move slightly)* [*breeze*] muovere, agitare [*leaves, papers*] **3** *(move, arouse)* [*music, sight, story*] commuovere [*person*]; eccitare [*curiosity, passions*]; stimolare, eccitare [*imagination*]; suscitare [*emotions*]; ***to ~ sb. to pity, compassion*** ispirare pietà, compassione a qcn.; ***I was ~red by her story*** fui commosso dalla sua storia; ***a speech which ~s the blood*** un discorso che infiamma gli animi **4** *(incite)* ***to ~ sb. into doing*** incitare qcn. a fare; ***to ~ sb. to action, revolt*** incitare qcn. all'azione, alla rivolta **II** intr. (forma in -ing ecc. **-rr-**) **1** *(move gently)* [*leaves, papers*] tremare, muoversi; [*curtains*] muoversi; [*person*] muoversi, spostarsi; ***to ~ in one's sleep*** muoversi *o* agitarsi nel sonno; ***the audience were ~ring in their seats*** il pubblico si agitava nei propri posti **2** *(awaken)* svegliarsi **3** *(budge)* muoversi; ***do not ~ from that spot*** non muoverti da dove sei **4** LETT. *(awake)* [*love, hope*] nascere; [*memories*] risvegliarsi **5** COLLOQ. *(cause trouble)* [*person*] seminare zizzania **III** rifl. (forma in -ing ecc. **-rr-**) ***to ~ oneself*** agitarsi ◆ ***he's always ~ring it*** COLLOQ. crea sempre problemi *o* sta sempre a seminare zizzania.
▪ **stir in:** ***~ [sth.] in, ~ in [sth.]*** incorporare [*flour, powder*]; aggiungere mescolando [*eggs, milk*].
▪ **stir up:** ***~ [sth.] up, ~ up [sth.]*** **1** *(whip up)* [*wind*] smuovere, sollevare [*dust, leaves*]; [*propeller*] aspirare [*mud*] **2** FIG. causare [*trouble*]; fomentare [*hatred, unrest*]; risvegliare [*feelings*]; suscitare [*emotions*]; rinvangare [*past, memories*]; creare [*support*]; ***to ~ things up*** COLLOQ. invelenire la situazione *o* seminare zizza-

nia; ~ ***[sb.] up***, ~ ***up [sb.]*** scuotere, incitare [*workers*]; eccitare, incitare [*person, crowd*].

3.stir /stɜː(r)/ n. COLLOQ. *(prisoners' slang) (prison)* ***in*** ~ in gattabuia *o* al fresco.

stirabout /ˈstɜːrəbaʊt/ n. **1** persona f. indaffarata **2** GASTR. porridge m.

stir crazy /ˈstɜːˌkreɪzɪ/ agg. AE COLLOQ. ***when I broke my leg, I went ~ because I had to stay in bed for three weeks*** quando mi sono rotto la gamba mi sentivo come un animale in gabbia, perché sono dovuto restare a letto per tre settimane.

1.stir-fry /ˈstɜːfraɪ/ **I** n. GASTR. sauté m.; ***a beef, vegetable ~*** un sauté di manzo, di verdure **II** modif. [*beef, chicken*] sauté.

2.stir-fry /ˈstɜːfraɪ/ tr. saltare in olio bollente [*beef, vegetable*].

stir-frying /ˈstɜːfraɪɪŋ/ n. frittura f. al salto.

Stirling /ˈstɜːlɪŋ/ ♦ ***24*** n.pr. Stirling f.

stirps /stɜːps/ n. (pl. **stirpes**) **1** DIR. *(of family)* capostipite m. e f., progenitore m. (-trice) **2** BOT. ZOOL. famiglia f.

stirrer /ˈstɪrə(r)/ n. COLLOQ. provocatore m. (-trice), agitatore m. (-trice), seminatore m. (-trice) di zizzania.

stirring /ˈstɜːrɪŋ/ **I** n. **1** *(feeling)* ***to feel a ~ of hope, desire*** vedere un barlume di speranza, sentire un'ondata di desiderio **2** *(sign)* ***the first ~s of revolt, of nationalism*** le prime avvisaglie della rivolta, di nazionalismo **II** agg. [*era*] appassionante, pieno di fermento; [*story*] emozionante, appassionante; [*music*] commovente; [*performance, speech*] entusiasmante; [*victory*] esaltante; ***the opera was ~ stuff*** COLLOQ. l'opera era davvero appassionante.

stirrup /ˈstɪrəp/ n. *(all contexts)* staffa f.; ***to lose one's ~s*** perdere le staffe; ***to stand up in the ~s*** alzarsi sulle staffe.

stirrup bone /ˈstɪrəpbəʊn/ n. ANAT. staffa f.

stirrup cup /ˈstɪrəpkʌp/ n. bicchiere m. della staffa.

stirrup leather /ˈstɪrəpˌleðə(r)/ n. staffile m.

stirrup pump /ˈstɪrəpˌpʌmp/ n. = piccolo estintore portatile, munito di una staffa per tenerlo fermo con un piede.

▷ **1.stitch** /stɪtʃ/ n. **1** *(in sewing, embroidery)* punto m.; *(single loop in knitting, crochet)* maglia f., punto m.; *(style of knitting, crochet)* punto m.; ***to drop a ~*** lasciare cadere una maglia; ***embroidery, knitting ~*** punto di ricamo, maglia; ***30 different ~es*** 30 punti diversi **2** MED. punto m.; ***to have ~es*** farsi mettere dei punti; ***I had ~es*** mi hanno dato dei punti (di sutura); ***she had 10 ~es*** le hanno dato 10 punti (di sutura) (**in**, **to** a); ***he needs ~es (in his head)*** bisogna mettergli dei punti (alla testa); ***to have one's ~es out*** farsi togliere i punti **3** *(pain)* fitta f. al fianco; ***to have a ~*** avere una fitta al fianco; ***I got a ~*** mi è venuta una fitta al fianco **4** AE COLLOQ. ***to be a ~*** [*person, film etc.*] essere uno spasso ♦ ***a ~ in time saves nine*** un punto in tempo ne salva cento; ***to be in ~es*** COLLOQ. ridere a crepapelle *o* sbellicarsi dalle risa; ***to have sb. in ~es*** COLLOQ. fare ridere qcn. a crepapelle *o* fare piegare qcn. in due dal ridere; ***to not have a ~ on*** essere completamente nudo; ***I haven't got a ~ to wear*** non ho uno straccio *o* niente da mettere.

▷ **2.stitch** /stɪtʃ/ tr. **1** cucire (**to**, **onto** a) **2** MED. suturare, dare i punti a [*wound, face*]; ***to have a cut ~ed*** farsi suturare una ferita.

■ **stitch down:** ~ ***[sth.] down***, ~ ***down [sth.]*** fissare, attaccare cucendo, con l'ago.

■ **stitch on, stitch onto:** ~ ***[sth.] on*** attaccare cucendo, con l'ago [*button, sleeve etc.*].

■ **stitch together:** ~ ***[sth.] together*** cucire, mettere insieme [*garment*]; FIG. mettere insieme rapidamente, alla bell'e meglio [*coalition, package*]; trovare velocemente [*compromise, proposal*].

■ **stitch up:** ~ ***up [sth.]***, ~ ***[sth.] up*** dare dei punti a [*hem, seam, wound, hand*]; ~ ***up [sb.]***, ~ ***[sb.] up*** BE COLLOQ. FIG. fregare, bidonare.

stitched /stɪtʃt/ **I** p.pass. → **2.stitch II -stitched** agg. in composti ***hand~*** cucito a mano; ***machine~*** cucito a macchina.

stitcher /ˈstɪtʃə(r)/ ♦ ***27*** n. *(person)* cucitore f. (-trice); *(machine)* cucitrice f.

stitching /ˈstɪtʃɪŋ/ n. cucitura f.

stitch-work /ˈstɪtʃwɜːk/ n. ricamo m.

stitchwort /ˈstɪtʃwɜːt/ n. BOT. stellaria f.

stithy /ˈstɪðɪ/ n. ANT. **1** *(anvil)* incudine f. **2** *(forge)* fucina f.

stiver /ˈstaɪvə(r)/ n. ANT. soldo m., spicciolo m.; ***I don't care a ~*** FIG. non me ne importa un fico secco.

St John Ambulance /səntˌdʒɒnˈæmbjʊləns/ n. GB = organizzazione di volontari che assicura il pronto soccorso durante le manifestazioni pubbliche.

St John's wort /səntˌdʒɒnzˈwɜːt/ n. erba f. di san Giovanni.

St Lawrence /səntˈlɒrəns, -ˈlɔːr-/ ♦ ***25*** n.pr. San Lorenzo m.

St Lawrence Seaway /səntˌlɒrənsˈsiːweɪ, -ˈlɔːr-/ n.pr. = sistema di canali che mette in comunicazione i cinque grandi laghi americani con l'oceano Atlantico.

St Louis /səntˈluːɪs/ ♦ ***34*** n.pr. St Louis f.

St Lucia /səntˈluːʃə, -sɪə/ ♦ ***6, 12*** n.pr. Santa Lucia f.

stoa /ˈstəʊə/ n. (pl. **~s**, **-ai**) stoa f.

stoat /stəʊt/ n. ZOOL. ermellino m.

stochastic /stɒˈkæstɪk/ agg. stocastico.

▶ **1.stock** /stɒk/ **I** n. **1 U** *(in shop, warehouse)* stock m., scorta f., provvista f.; ***to have sth. in ~*** *(in shop)* avere qcs. in magazzino; *(in warehouse)* essere provvisto di qcs.; ***to be out of ~*** [*product, model*] essere esaurito; [*shop, warehouse*] avere esaurito le scorte; ***the smaller size is out of ~*** abbiamo esaurito la taglia più piccola **2** *(supply, store, accumulation) (on large scale)* stock m. (**of** di); *(on domestic scale)* provviste f.pl.; ***a massive ~ of unsold homes*** un'impressionante quantità di case invendute; ***~s of coal, fish*** provviste di carbone, di pesce; ***~s are running low*** le scorte sono quasi finite; ***we need to replenish our ~s*** dobbiamo rifornire le nostre scorte; ***to get in*** o ***lay in a ~ of provisions*** fare provviste; ***while ~s last*** fino a esaurimento scorte; ***a ~ of knowledge*** un bagaglio di conoscenze **3** ECON. *(capital)* capitale m. azionario, capitale m. sociale **4** *(descent)* famiglia f., etnia f., stirpe f.; ***to be of*** o ***from peasant, immigrant ~*** venire da una famiglia contadina, di immigrati; ***to come from farming ~*** venire da una famiglia di agricoltori; ***only the paternal ~ concerns us*** a noi interessa solo la discendenza da parte di padre **5** *(personal standing)* credito m., stima f., grado m. di considerazione; ***his ~ has risen since...*** la considerazione per lui è aumentata da quando... **6** GASTR. brodo m. ristretto; ***beef ~*** brodo di manzo **7** *(of gun)* calcio m. **8** BOT. violacciocca f. **9** GIOC. *(in cards)* mazzo m. **10** SART. *(huntsman's cravat)* lavallière f.; *(part of clerical robes)* stola f. **11** AGR. ZOOL. BOT. + verbo pl. *(cattle)* bestiame m.; *(bloodstock)* cavalli m.pl. di razza; *(young plants)* portainnesto m.; ~ ***rearing*** allevamento di bestiame **II stocks** n.pl. **1** STOR. DIR. ***the ~s*** la gogna *o* la berlina **2** ECON. azioni f., titoli m., obbligazioni f.; ***short, medium, long-dated ~s*** titoli a breve, medio, lungo termine; ***government ~s*** titoli di stato; ***~s closed higher, lower*** la borsa ha chiuso in rialzo, in ribasso; ***~s and shares*** valori mobiliari *o* titoli **3** MAR. ***to be on the ~s*** [*boat*] essere sulle taccate; FIG. [*project, product, book*] essere in preparazione **III** agg. [*size*] standard; [*answer*] scontata, banale; [*character, figure*] stereotipato ♦ ***to take ~*** FIG. fare il punto (**of** di).

2.stock /stɒk/ tr. **1** COMM. *(sell)* avere, vendere; ***I'm sorry, we don't ~ it*** mi dispiace, non lo abbiamo **2** *(fill with supplies)* fornire, riempire [*larder, fridge*]; rifornire, riempire [*shelves*]; rifornire, approvvigionare [*shop*]; ***to ~ a lake with fish*** popolare un lago di pesci.

■ **stock up** fare scorta (**with**, **on** di).

1.stockade /stɒˈkeɪd/ n. **1** *(fence, enclosure)* palizzata f. **2** AE MIL. prigione f. militare.

2.stockade /stɒˈkeɪd/ tr. cingere con una palizzata.

stock-breeder /ˈstɒkˌbriːdə(r)/ ♦ ***27*** n. allevatore m. (-trice) di bestiame.

stock-breeding /ˈstɒkˌbriːdɪŋ/ n. allevamento m. del bestiame.

stockbroker /ˈstɒkˌbrəʊkə(r)/ ♦ ***27*** n. agente m. e f. di cambio, operatore m. di borsa, stockbroker m. e f.

stockbroker belt /ˈstɒkbrəʊkəˌbelt/ n. BE = periferia residenziale in cui vive gente benestante.

stockbroker Tudor /ˈstɒkbrəʊkəˌtjuːdə(r), AE -ˌtuː-/ agg. BE ~ ***style*** = finto stile tudor delle periferie residenziali.

stockbroking /ˈstɒkbrəʊkɪŋ/ **I** n. attività f. dell'operatore di borsa **II** modif. [*firm, group*] specializzato negli investimenti in titoli.

stock car /ˈstɒkkɑː(r)/ n. **1** AUT. stock car f. **2** AE FERR. carro m. bestiame.

stock-car racing /ˈstɒkkɑːˌreɪsɪŋ/ ♦ ***10*** n. corsa f. di stock car.

stock clearance /ˈstɒkˌklɪərəns/ n. COMM. liquidazione f. delle scorte di magazzino.

stock company /ˈstɒkˌkʌmpənɪ/ n. ECON. società f. per azioni.

stock control /ˈstɒkkənˌtrəʊl/ n. COMM. controllo m. del livello delle scorte.

stock-cube /ˈstɒkkjuːb/ n. dado m. da brodo.

stock dividend /ˈstɒkˌdɪvɪdend/ n. dividendo m. in azioni.

stock-dove /ˈstɒkdʌv/ n. colombella f.

stocked /stɒkt/ **I** p.pass. → **2.stock II** agg. ***well~*** [*garden, library*] ben fornito.

▷ **stock exchange** /ˈstɒkɪksˌtʃeɪndʒ/ n. (anche **Stock Exchange**) ***the ~*** la borsa valori; ***on the Hong Kong Stock Exchange*** alla

Borsa di Hong Kong; ***to work on the*** ~ lavorare in borsa; ***to be listed on the*** ~ essere quotato in borsa.
stock exchange listing /'stɒkɪkstʃeɪndʒˌlɪstɪŋ/ n. quotazione f. in borsa.
stockfish /'stɒkfɪʃ/ n. (pl. ~, **~es**) stoccafisso m.
stockholder /'stɒkhəʊldə(r)/ n. azionista m. e f.
stockholders' equity /'stɒkhəʊldəzˌekwətɪ/ n. AE capitale m. netto.
stockholders' report /'stɒkhəʊldəzrɪˌpɔːt/ n. rapporto m. agli azionisti.
Stockholm /'ʃtɒkhəʊm/ ➧ ***34*** n.pr. Stoccolma f.
stockily built /ˌstɒkɪlɪ'bɪlt/ agg. [*person*] tozzo, tracagnotto.
stockiness /'stɒkɪnɪs/ n. *(of person)* (l')essere tozzo, tracagnotto; *(of animal)* (l')essere robusto.
stockinet(te) /ˌstɒkɪ'net/ n. TESS. tessuto m. elastico a maglia.
stocking /'stɒkɪŋ/ ➧ ***28*** n. **1** SART. calza f. (da donna); ***a pair of ~s*** un paio di calze; ***silk, woollen*** ~ calza di seta, di lana; ***in one's ~(ed) feet*** scalzo *o* senza scarpe **2** (anche **Christmas ~**) = calza che viene appesa e riempita di doni la notte di Natale, analogamente a quanto avviene in Italia la notte dell'Epifania; ***what do you want in your ~?*** che cosa vuoi per Natale?
stocking cap /'stɒkɪŋˌkæp/ n. berretto m. di lana.
stocking filler /'stɒkɪŋˌfɪlə(r)/ n. = regalo di Natale da mettere nella calza.
stocking mask /'stɒkɪŋˌmɑːsk, AE -mæsk/ n. ***terrorists wearing ~s*** terroristi con il volto coperto da una calza.
stocking stitch /'stɒkɪŋˌstɪtʃ/ n. punto m. rasato, punto m. calza.
stocking stuffer /'stɒkɪŋˌstʌfə(r)/ n. → **stocking filler**.
stock-in-trade /ˌstɒkɪn'treɪd/ n. ferri m.pl. del mestiere, attrezzatura f.; ***irony is part of the ~ of any teacher*** l'ironia è una dote essenziale dell'insegnante.
stock issue /'stɒkɪʃuː, -ɪsjuː/ n. ECON. emissione f. di azioni.
stockist /'stɒkɪst/ n. COMM. fornitore m. (-trice), grossista m. e f.; ***"sole ~s"*** "fornitore unico".
stock jobber /'stɒkˌdʒɒbə(r)/ ➧ ***27*** n. operatore m. (-trice) di borsa.
stockjobbing /'stɒkˌdʒɒbɪŋ/ n. speculazione f., (il) giocare in borsa.
stock list /'stɒklɪʃt/ n. COMM. elenco m. delle scorte.
stockman /'stɒkmən/ ➧ ***27*** n. (pl. **-men**) **1** AGR. *(for cattle)* guardiano m. di bestiame; *(for sheep and cattle)* mandriano m. **2** AE *(warehouseman)* magazziniere m.
stock market /'stɒkˌmɑːkɪt/ **I** n. **1** *(stock exchange)* borsa f. valori, mercato m. azionario; ***to be quoted*** o ***listed on the ~*** essere quotato in borsa **2** *(prices, trading activity)* mercato m. azionario **II** modif. [*analyst*] di borsa; [*trading, raid, quotation*] in borsa; [*crash, slump, flotation*] della borsa; ***~ rumors*** rumori di borsa; ***in ~ circles*** negli ambienti di borsa; ***~ price*** o ***value*** quotazione.
stockmen /'stɒkmen/ → **stockman**.
stock option /'stɒkˌɒpʃn/ n. diritto m. di opzione.
1.stockpile /'stɒkpaɪl/ n. riserve f.pl., scorte f.pl.
2.stockpile /'stɒkpaɪl/ tr. accumulare, fare delle scorte di [*weapons*]; fare delle scorte di [*food, goods*].
stockpiling /'stɒkpaɪlɪŋ/ n. stoccaggio m., immagazzinamento m.
stockpot /'stɒkpɒt/ n. pentola f. per il brodo.
stock room /'stɒkruːm, -rʊm/ n. COMM. magazzino m.
stock sheet /'stɒkʃiːt/ n. foglio m. per l'inventario.
stock shortage /'stɒkˌʃɔːtɪdʒ/ n. insufficienza f. di provviste.
stock split /'stɒksplɪt/ n. frazionamento m. azionario.
stock-still /ˌstɒk'stɪl/ avv. ***to stand ~*** rimanere fermo *o* immobile.
stocktake /'stɒkteɪk/ n. inventario m.; ***to do a ~*** fare l'inventario.
stocktaking /'stɒkˌteɪkɪŋ/ n. **1** COMM. inventario m.; ***"closed for ~"*** "chiuso per inventario"; ***to do ~*** fare l'inventario **2** FIG. inventario m., valutazione f.
stock warrant /'stɒkˌwɒrənt, AE -ˌwɔːr-/ n. ECON. buono m. di diritto d'opzione.
stockwhip /'stɒkwɪp, AE -hwɪp/ n. frusta f., staffile m. per il bestiame.
stocky /'stɒkɪ/ agg. [*person*] tracagnotto, tozzo, tarchiato; [*animal*] robusto, grosso; ***of ~ build*** di corporatura tozza.
stockyard /'stɒkjɑːd/ n. recinto m. per il bestiame.
1.stodge /stɒdʒ/ n. **U** BE COLLOQ. *(food, writing, speech)* mattone m.
2.stodge /stɒdʒ/ intr. COLLOQ. rimpinzarsi, ingozzarsi (**with** di).
stodginess /'stɒdʒɪnɪs/ n. *(of food, book, style)* pesantezza f.; *(of speech)* pesantezza f., barbosità f.
stodgy /'stɒdʒɪ/ agg. [*food*] pesante; [*person, speech, book*] pesante, barboso; [*style*] pesante, noioso, tedioso.
stogie, stogy /'stəʊgɪ/ n. AE sigaro m.

stoic /'stəʊɪk/ **I** agg. stoico **II** n. stoico m. (-a).
Stoic /'stəʊɪk/ **I** agg. STOR. FILOS. stoico **II** n. STOR. FILOS. stoico m. (-a).
stoical /'stəʊɪkl/ agg. stoico.
stoically /'stəʊɪklɪ/ avv. stoicamente.
stoicalness /'stəʊɪklnɪs/ n. stoicismo m.
stoichiometric(al) /ˌstɔɪkɪəʊ'metrɪk(l)/ agg. stechiometrico.
stoichiometry /ˌstɔɪkɪ'ɒmətrɪ/ n. stechiometria f.
stoicism /'stəʊɪsɪzəm/ n. **1 Stoicism** FILOS. stoicismo m. **2** FIG. stoicismo m.
stoke /stəʊk/ tr. (anche **~ up**) alimentare, attizzare [*fire*]; tenere acceso, alimentare [*furnace, engine*]; FIG. alimentare, accendere [*enthusiasm, interest*]; accendere, aizzare [*anger*].
stoked /stəʊkt/ **I** p.pass. → **stoke II** agg. COLLOQ. entusiasta, euforico.
stokehole /'stəʊkhəʊl/ n. **1** (anche **stokehold**) MAR. locale m. caldaia **2** IND. bocca f. del forno.
stoker /'stəʊkə(r)/ ➧ ***27*** n. MAR. IND. FERR. fuochista m. e f.
STOL /stəʊl/ n. (⇒ short take off and landing) = decollo e atterraggio corto.
1.stole /stəʊl/ n. stola f.
2.stole /stəʊl/ pass. → **2.steal**.
stolen /'stəʊlən/ p.pass. → **2.steal**.
stolid /'stɒlɪd/ agg. [*person, character*] flemmatico, impassibile; [*book, style*] noioso, tedioso.
stolidity /ˌstɒ'lɪdətɪ/ n. → **stolidness**.
stolidly /'stɒlɪdlɪ/ avv. flemmaticamente, impassibilmente.
stolidness /'stɒlɪdnɪs/ n. flemma f., imperturbabilità f.
stollen /'stɒlən/ n. AE INTRAD. m. (dolce con frutta secca o candita).
stolon /'stəʊlən/ n. BOT. stolone m.
stoloniferous /ˌstəʊlɒ'nɪfərəs/ agg. stolonifero.
stoma /'stəʊmə/ n. BOT. (pl. **-ata**) stoma m.
▷ **1.stomach** /'stʌmək/ ➧ ***2*** **I** n. stomaco m.; *(belly)* pancia f., ventre m.; ***to have a pain in one's ~*** avere mal di stomaco; ***to lie on one's ~*** stare a pancia in giù; ***to do sth. on a full ~*** fare qcs. a stomaco pieno; ***on an empty ~*** a stomaco vuoto *o* a digiuno; ***the pit of one's ~*** la bocca dello stomaco; ***to be sick to one's ~*** avere la nausea *o* essere disgustato; ***I'm sick to my ~ of politics*** sono disgustato dalla politica; ***to have a strong ~*** avere uno stomaco forte *o* di ferro; FIG. avere un bello stomaco *o* uno stomaco di ferro; ***to turn sb.'s ~*** ri-voltare lo stomaco a qcn. *o* stomacare qcn. **II** modif. [*ulcer, cancer, operation*] allo stomaco; [*disease*] dello stomaco; ***to have (a) ~ ache*** avere mal di stomaco; ***to have ~ trouble*** avere problemi di stomaco ◆ ***an army marches on its ~*** = bisogna nutrire adeguatamente qualcuno perché lavori in modo produttivo; ***to have no ~ for a fight*** non avere alcuna voglia di battersi; ***your eyes are bigger than your ~*** = vuoi mangiare più di quello che è possibile.
2.stomach /'stʌmək/ tr. digerire [*food*]; FIG. digerire, sopportare [*person, attitude, behaviour, violence*]; ***I can't ~ oysters*** non digerisco le ostriche; ***I can't ~ that guy!*** quel tipo non lo digerisco!
stomachache /'stʌməkeɪk/ ➧ ***11*** n. mal m. di stomaco.
stomachal /'stʌməkl/ agg. gastrico.
stomacher /'stʌməkə(r)/ n. *(of woman's dress)* pettorina f.
stomachful /'stʌməkfʊl/ n. quanto può stare nello stomaco, scorpacciata f.
stomachic /ˌstəʊ'mækɪk/ **I** agg. gastrico **II** n. stomachico m.
stomach powder /'stʌməkˌpaʊdə(r)/ n. = polvere usata come antiacido o digestivo.
stomach pump /'stʌməkpʌmp/ n. sonda f. (per lavanda) gastrica.
stomach worm /'stʌməkˌwɜːm/ n. verme m. parassita (di mammiferi).
stomata /'stəʊmətə/ → **stoma**.
stomatic /stəʊ'mætɪk/ agg. BOT. stomatico.
stomatitis /ˌstəʊmə'taɪtɪs/ ➧ ***11*** n. stomatite f.
stomatologist /ˌstəʊmə'tɒlədʒɪst/ ➧ ***27*** n. stomatologo m. (-a).
stomatology /ˌstəʊmə'tɒlədʒɪ/ n. stomatologia f.
stomatoscope /stəʊ'mætəskəʊp/ n. stomatoscopio m.
▷ **1.stomp** /stɒmp/ n. **1** *(of feet)* rumore m. di passi pesanti **2** AE *(dance)* ballo m. molto ritmato.
▷ **2.stomp** /stɒmp/ intr. *(walk heavily)* ***to ~ in, out*** entrare, uscire con passo pesante; ***he ~ed off in a rage*** è corso via furiosamente.
stomper /'stɒmpə(r)/ n. AE COLLOQ. = stivale, scarpa pesante.
stomping ground /'stɒmpɪŋgraʊnd/ n. posto m. preferito; *(bar)* bar m. preferito; *(neighbourhood)* zona f. preferita.
▶ **1.stone** /stəʊn/ ➧ ***37*** **I** n. **1 U** *(material)* pietra f.; ***(made) of ~*** (fatto) di pietra; ***to turn into ~*** trasformare in pietra *o* impietrire; ***to have a heart of ~*** FIG. avere un cuore di pietra; ***to be as hard as ~***

essere duro come la pietra; FIG. avere un cuore di pietra **2** *(small rock)* pietra f., sasso m. **3** *(for particular purpose)* pietra f.; *(standing vertically)* cippo m.; *(engraved)* stele f.; ***to lay a ~*** posare una pietra; ***to erect a ~*** erigere una stele; ***they totally destroyed the town, not a ~ was left standing*** distrussero completamente la città, nulla rimase in piedi **4** (anche **precious ~**) *(gem)* pietra f. preziosa, gemma f. **5** BOT. *(in fruit)* nocciolo m.; ***to take the ~ out of a peach*** togliere il nocciolo a una pesca *o* snocciolare una pesca **6** MED. calcolo m.; ***kidney ~*** calcolo renale **7** BE METROL. = unità di misura di peso pari a 6,35 kg **II** modif. [*wall, statue, floor, building, step*] di pietra; [*jar, pot, pottery*] di porcellana dura, in grès; ~ ***cladding*** rivestimento in pietra ◆ ***to leave no ~ unturned*** non lasciare nulla d'intentato *o* fare ogni tentativo possibile; ***it's a ~'s throw from here*** è a un tiro di schioppo da qui; ***to be set in (tablets of) ~*** essere inciso nella pietra *o* nel marmo; ***to cast the first ~*** lanciare la prima pietra (**at** contro); ***to sink like a ~*** colare a picco; ***people in glass houses shouldn't throw ~s*** chi è senza peccato scagli la prima pietra.

2.stone /stəʊn/ tr. **1** *(throw stones at)* prendere a sassate, lapidare [*person*]; ***to ~ sb. to death*** lapidare qcn. **2** *(remove stone from)* snocciolare, togliere il nocciolo a [*peach, cherry*] ◆ ***~ me!*** BE ANT. accidenti! caspita!

Stone Age /ˈstəʊneɪdʒ/ **I** n. età f. della pietra **II** modif. (anche **stone age**) [*tool, village, society, man*] dell'età della pietra.

stone-borer /ˈstəʊnbɔːrə(r)/ n. litofaga f.

stone-breaker /ˈstəʊnˌbreɪkə(r)/ n. spaccapietre m.

stone-buck /ˈstəʊnbʌk/ n. → **steinbock**.

stonechat /ˈstəʊntʃæt/ n. saltimpalo m.

stone circle /ˈstəʊnsɜːkl/ n. cromlech m.

stone-coal /ˈstəʊnˌkəʊl/ n. antracite f.

stone-cold /ˌstəʊnˈkəʊld/ **I** agg. gelido, freddo come il marmo **II** avv. ~ ***sober*** perfettamente sobrio.

stonecrop /ˈstəʊnkrɒp/ n. BOT. erba f. pignola.

stone curlew /ˈstəʊnˌkɜːljuː/ n. ZOOL. occhione m.

stonecutter /ˈstəʊnˌkʌtə(r)/ ♦ **27** n. scalpellino m. (-a), marmista m. e f.

stone-cutting /ˈstəʊnˌkʌtɪŋ/ n. taglio m. della pietra.

stoned /stəʊnd/ agg. COLLOQ. *(drunk)* bevuto; *(drugged)* fatto; ***to get ~*** farsi (**on** di).

stone-dead /ˌstəʊnˈded/ agg. morto stecchito.

stone-deaf /ˌstəʊnˈdef/ agg. sordo come una campana.

stoned-out /stəʊndˈaʊt/ agg. AE POP. → **stoned**.

stone-dresser /ˈstəʊnˌdresə(r)/ n. → **stonecutter**.

stone-falcon /ˈstəʊnˌfɔːlkən, AE -ˈfælkən/ n. smeriglio m.

stone fruit /ˈstəʊnfruːt/ n. frutto m. con nocciolo.

stoneground /ˈstəʊngraʊnd/ agg. macinato con mole di pietra.

stone hammer /ˈstəʊnˌhæmə(r)/ n. EDIL. martellina f.

stoneless /ˈstəʊnlɪs/ n. [*fruit*] senza nocciolo.

stone mason /ˈstəʊnˌmeɪsn/ ♦ **27** n. scalpellino m. (-a), marmista m. e f.

stone-pine /ˈstəʊnpaɪn/ n. **1** *(with edible seeds)* pino m. domestico **2** (anche **Swiss ~**) cembro m.

stone-plover /ˈstəʊnˌplʌvə(r)/ n. → **stone curlew**.

stoner /ˈstəʊnə(r)/ n. **1** *(person who stones)* lapidatore m. (-trice) **2** *(for removing stones from fruit)* levanoccioli m.

stone saw /ˈstəʊnsɔː/ n. sega f. per pietre.

stonewall /ˌstəʊnˈwɔːl/ **I** tr. eludere le domande di [*person*] **II** intr. **1** SPORT *(in cricket)* fare un gioco difensivo, giocare in difesa **2** *(filibuster)* fare ostruzionismo.

stonewaller /ˌstəʊnˈwɔːlə(r)/ n. **1** SPORT giocatore m. che fa un gioco difensivo **2** POL. ostruzionista m. e f.

stonewalling /ˌstəʊnˈwɔːlɪŋ/ n. ostruzionismo m.

stoneware /ˈstəʊnweə(r)/ **I** n. articoli m.pl. di grès **II** modif. [*jar, pot*] di grès.

stonewashed /ˌstəʊnˈwɒʃt/ agg. *(in fashion)* délavé, stonewashed.

stonework /ˈstəʊnwɜːk/ n. **1** *(work)* lavorazione f. della pietra **2** *(part of building)* muratura f. (in pietra).

stonily /ˈstəʊnɪlɪ/ avv. [*look at, stare*] impassibilmente, con sguardo gelido; [*say, answer*] freddamente, con tono glaciale.

stoniness /ˈstəʊnɪnɪs/ n. insensibilità f., durezza f.

stonking /ˈstɒŋkɪŋ/ agg. COLLOQ. (anche ~ **great**) incredibile, eccezionale.

stony /ˈstəʊnɪ/ agg. **1** *(rocky)* [*ground, path, riverbed, beach*] pietroso, sassoso **2** *(of or resembling stone)* [*colour*] pietra; [*texture, appearance*] di pietra **3** FIG. *(cold)* [*look, silence*] glaciale ◆ ***to fall on ~ ground*** cadere nel vuoto.

stony-broke /ˌstəʊnɪˈbrəʊk/ agg. BE COLLOQ. in bolletta, al verde.

stony-faced /ˈstəʊnɪfeɪst/ agg. impassibile, imperturbabile.

stony-hearted /ˈstəʊnɪˌhɑːtɪd/ agg. dal cuore di pietra, insensibile.

stood /stʊd/ pass., p.pass. → **2.stand**.

1.stooge /stuːdʒ/ n. **1** COLLOQ. SPREG. *(subordinate)* tirapiedi m., lacchè m. **2** TEATR. spalla f.

2.stooge /stuːdʒ/ intr. **1** COLLOQ. SPREG. essere, fare il tirapiedi; ***to ~ for sb.*** essere il tirapiedi di qcn. **2** TEATR. fare da, la spalla.

■ **stooge about, stooge around** muoversi, vagare senza meta.

1.stook /stuːk, stʊk/ n. BE covone m., mucchio m. di fieno.

2.stook /stuːk, stʊk/ tr. BE accovonare, raccogliere in covoni; ***to ~ the sheaves*** fare dei covoni.

▷ **1.stool** /stuːl/ n. **1** *(furniture)* sgabello m., seggiolino m.; ***high, bar, piano ~*** sgabello alto, da bar, da pianoforte **2** *(faeces)* feci f.pl. **3** BOT. ceppo m. **4** AE *(toilet)* gabinetto m., water m. ◆ ***to fall between two ~s*** *(not to belong to either of two categories)* non essere né carne né pesce; *(in choice)* fare come l'asino di Buridano.

2.stool /stuːl/ intr. fare la spia.

stoolie /ˈstuːlɪ/ n. COLLOQ. → **stool pigeon**.

stool pigeon /ˈstuːlˌpɪdʒɪn/ n. COLLOQ. confidente m., informatore m., spia f.

1.stoop /stuːp/ n. **1** *(curvature)* ***to have a ~*** essere curvo (in avanti) *o* avere una inclinazione del corpo in avanti; ***to walk with a ~*** camminare curvo **2** *(of hawk)* (discesa in) picchiata f.

2.stoop /stuːp/ intr. **1** *(be bent over)* essere, camminare curvo **2** *(lean forward)* piegarsi, chinarsi; ***to ~ down*** piegarsi *o* abbassarsi; ***to ~ over sth.*** piegarsi su qcs. **3** *(debase oneself)* ***to ~ to*** abbassarsi a [*blackmail, lies*]; ***to ~ so low as to do sth.*** abbassarsi a fare qcs. **4** *(plunge)* [*bird*] piombare giù, scendere in picchiata.

3.stoop /stuːp/ n. AE *(veranda)* = terrazza sopraelevata, portico sopraelevato sul davanti di una casa.

stooping /ˈstuːpɪŋ/ agg. [*person*] curvo, ricurvo; ~ ***shoulders*** spalle incurvate.

stoop labour /ˈstuːpˌleɪbə(r)/ n. AE = lavoro nei campi fatto piegandosi.

▶ **1.stop** /stɒp/ **I** n. **1** *(halt, pause)* arresto m., interruzione f., pausa f.; *(short stay)* breve pausa f., fermata f.; AER. MAR. scalo m.; ***to have*** o ***make a ten-minute ~ for coffee*** fare una pausa di dieci minuti per prendere un caffè; ***to make an overnight ~*** fermarsi una notte; AER. MAR. fare uno scalo di una notte; ***the train makes three ~s before London*** il treno fa tre fermate prima di Londra; ***our next ~ will be (in) Paris*** *(on tour, trip)* la nostra prossima fermata *o* tappa sarà Parigi; ***there are ~s in Turin and Genoa*** ci fermeremo *o* faremo tappa a Torino e a Genova; ***next ~ Dover*** prossima fermata Dover; ***next ~ home!*** adesso andiamo a casa! ***we've had too many ~s and starts on this project*** abbiamo dovuto interrompere e ricominciare questo progetto troppe volte; ***to be at a ~*** [*traffic, production*] essere fermo; ***to bring sth. to a ~*** arrestare *o* fermare qcs.; ***to come to a ~*** [*vehicle, work, progress*] arrestarsi *o* fermarsi; ***to put a ~ to*** mettere fine a *o* porre termine a; ***I'll soon put a ~ to that!*** presto metterò fine a questo! **2** *(stopping place) (for bus)* fermata f.; *(for train)* stazione f.; *(for tube, subway)* stazione f.; ***from X to Y is three ~s on the bus*** ci sono tre fermate d'autobus tra X e Y; ***I've missed my ~*** *(on bus)* ho perso la mia fermata *o* non sono sceso alla mia fermata; *(on train)* non sono sceso alla mia stazione **3** *(punctuation mark) (in telegram)* stop m.; *(in dictation)* punto m. **4** *(device) (for door)* fermaporta m.; *(on window)* nottolino m. d'arresto; *(on typewriter)* marginatore m.; *(for drawer)* blocco m. **5** MUS. *(on organ) (pipes)* registro m.; *(knob)* tasto m. di registro **6** FOT. *(aperture)* diaframma m. **7** FON. occlusiva f. **II** modif. [*button, lever, signal*] d'arresto ◆ ***to pull out all the ~s*** fare l'impossibile (**to do** per fare).

▶ **2.stop** /stɒp/ **I** tr. (forma in -ing ecc. **-pp-**) **1** *(cease)* [*person*] arrestare, cessare, smettere, interrompere [*work, activity*]; ~ ***what you're doing, that noise*** smetti di fare quello che stai facendo, di fare quel rumore; ~ ***it!*** fermati! interrompi! *(that's enough)* basta! smettila! ***to ~ doing*** smettere di fare; ***to ~ smoking*** smettere di fumare; ***he never ~s talking*** non smette mai di parlare; ***I can't ~ thinking about her*** non riesco a smettere di pensare a lei; ***he couldn't ~ laughing*** non riusciva a smettere di ridere; ***it's ~ped raining*** ha smesso di piovere; ~ ***writing please*** *(in exam)* il tempo è finito, posate le penne **2** *(bring to a halt) (completely)* [*person, mechanism*] fermare [*person, vehicle, process, match, trial*]; [*strike, power cut*] fermare, arrestare, bloccare [*activity, production*]; *(temporarily)* [*person, rain*] interrompere, sospendere [*process, match, trial*]; [*strike, power cut*] interrompere, bloccare [*activity, production*]; ***rain ~ped play*** il gioco è stato interrotto a causa della pioggia; ~ ***the clock!*** fermate il cronometro! ***something to ~ the bleeding*** qualcosa per arrestare l'emorragia; ***to ~ a bullet, to ~ one*** COLLOQ.

essere colpito da una pallottola; ***the pistol will ~ a man at 30 metres*** la pistola può colpire un uomo a 30 metri **3** *(prevent)* impedire [*war, publication*]; impedire, ostacolare [*event, ceremony*]; ostacolare, trattenere [*person*]; ***I'm leaving and you can't ~ me!*** me ne vado e non puoi impedirmelo *o* non puoi fermarmi! ***what's to ~ you?, what's ~ping you?*** che cos'è che ti trattiene, ti blocca? ***to ~ sb. (from) doing*** impedire a qcn. di fare; ***she ~ped me (from) making a fool of myself*** mi ha fermato prima che mi rendessi ridicolo; ***you won't be able to ~ the marriage (from taking place)*** non potrai impedire il matrimonio *o* che il matrimonio abbia luogo; ***there's nothing to ~ you (from) doing*** non c'è nulla che ti impedisca di fare **4** *(refuse to provide) (definitively)* abolire [*grant, allowance*]; bloccare [*payments, deliveries, subscription*]; tagliare [*gas, electricity, water*]; *(suspend)* sospendere, bloccare [*grant, payment, subscription, gas*]; ***to ~ a cheque*** fermare *o* bloccare un assegno; ***to ~ £ 50 out of sb.'s pay*** BE trattenere 50 sterline dallo stipendio di qcn.; ***all leave has been ~ped*** tutti i permessi sono stati bloccati **5** *(plug)* chiudere, otturare, ostruire [*gap, hole*]; chiudere, tappare [*bottle*]; ***to ~ a leak*** chiudere, tamponare una falla; ***to ~ one's ears*** turarsi *o* tapparsi le orecchie **6** MUS. bloccare, premere [*string*]; tappare [*hole*] **II** intr. (forma in -ing ecc. **-pp-**) **1** *(come to a standstill, halt)* [*person, vehicle, clock, machine, heart*] fermarsi; ***to ~ somewhere for lunch*** fermarsi da qualche parte per pranzare; ***everything ~ped*** tutto si è fermato **2** *(cease)* [*person, discussion, bleeding, breathing*] fermarsi, smettere, cessare; [*pain, worry, enjoyment, battle*] finire, cessare; [*noise, music, rain*] smettere; ***to ~ for questions*** fermarsi per rispondere alle domande; ***not to know when to ~*** non sapere (quando) fermarsi; ***this is going to have to ~*** dovrà finire; ***without ~ping*** senza fermarsi; ***to ~ to do*** fermarsi per fare; ***you didn't ~ to think*** non ti sei fermato a pensare **3** BE COLLOQ. *(stay)* fermarsi, rimanere; ***to ~ for dinner*** fermarsi a cena; ***to ~ the night with sb.*** trascorrere la notte presso qcn. **III** rifl. (forma in -ing ecc. **-pp-**) ***to ~ oneself*** *(restrain oneself)* trattenersi; ***I nearly fell but I ~ped myself*** stavo per cadere ma mi sono fermato in tempo; ***to ~ oneself (from) doing*** trattenersi da fare *o* impedirsi di fare; ***he tried to ~ himself (from) telling her*** ha cercato di trattenersi dal dirglielo.

- **stop away** BE COLLOQ. ***~ away*** *(not go)* non andare (**from** a); *(not come)* non venire (**from** a).
- **stop behind** BE COLLOQ. trattenersi, rimanere.
- **stop by** COLLOQ. ***~ by*** fare un salto *o* passare; ***to ~ by at Eric's place*** fare un salto da Eric ***~ by [sth.]*** fare un salto a *o* passare a [*bookshop, café*].
- **stop down** FOT. ridurre l'apertura dell'obiettivo.
- **stop in** BE COLLOQ. *(stay in)* restare in casa; ***I'm ~ping in*** resterò a casa.
- **stop off** fare una sosta, fare una tappa; ***to ~ off in Bristol*** fare una sosta a Bristol; ***to ~ off at Paul's house*** fermarsi a casa di Paul.
- **stop on** BE COLLOQ. restare, rimanere; ***to ~ on at school*** rimanere a scuola (dopo il diploma, la laurea).
- **stop out** BE COLLOQ. ***to ~ out late*** restare fuori fino a tardi; ***to ~ out all night*** stare fuori tutta la notte.
- **stop over** *(at sb.'s house)* fermarsi, fare tappa; ***to ~ over in Athens*** fare tappa ad Atene; AER. MAR. fare scalo ad Atene.
- **stop round** AE COLLOQ. → **stop by**.
- **stop up: *~ up*** BE COLLOQ. restare alzato, non andare a letto; ***~ [sth.] up, ~ up [sth.]*** tappare, otturare [*hole, gap*]; ***to be ~ped up with*** essere tappato *o* otturato da.

stop bath /ˈstɒpbɑːθ/ n. FOT. bagno m. di arresto.
stopcock /ˈstɒpkɒk/ n. rubinetto m. d'arresto.
stop consonant /ˈstɒpˌkɒnsənənt/ n. occlusiva f.
stope /stəʊp/ n. cantiere m. di abbattaggio.
stopgap /ˈstɒpgæp/ **I** n. tappabuchi m. e f. **II** modif. [*leader*] provvisorio; [*measure*] provvisorio, d'emergenza, tampone.
stop-go /ˌstɒpˈgəʊ/ agg. ECON. [*policy*] stop and go, di incentivi e disincentivi.
stop lamp /ˈstɒplæmp/ n. AE → **stop light**.
stop light /ˈstɒplaɪt/ n. *(on vehicle)* stop m., luce f. d'arresto; *(traffic light)* semaforo m. rosso, rosso m.
stop-off /ˈstɒpɒf, AE -ɔːf/ n. *(quick break)* (breve) pausa f.; *(longer)* intervallo m., sosta f.
stop order /ˈstɒpˌɔːdə(r)/ n. ECON. ordine m. con limite di prezzo, ordine m. débordant.
stopover /ˈstɒpəʊvə(r)/ n. sosta f., fermata f.; AER. MAR. scalo m.
stoppage /ˈstɒpɪdʒ/ n. **1** IND. *(strike)* interruzione f. del lavoro, sciopero m.; ***a 24-hour ~*** un'interruzione del lavoro di 24 ore **2** BE *(deduction from wages)* trattenuta f., ritenuta f.
stop payment /ˈstɒpˌpeɪmənt/ n. ECON. (ordine di) fermo m.
stop payment order /ˈstɒppeɪməntˌɔːdə(r)/ n. ordine m. di fermo.
1.stopper /ˈstɒpə(r)/ n. **1** *(for bottle, jar)* tappo m., turacciolo m.; *(for bath, basin)* tappo m. **2** SPORT *(in football)* stopper m.
2.stopper /ˈstɒpə(r)/ tr. tappare [*bottle*].
▷ **stopping** /ˈstɒpɪŋ/ **I** n. ***"no ~"*** "divieto di fermata"; ***all this ~ and starting is stupid*** tutto questo fermarsi e ripartire è stupido **II** modif. AUT. [*distance, time*] d'arresto.
stopping place /ˈstɒpɪŋpleɪs/ n. fermata f., area f. di sosta.
stopping train /ˈstɒpɪŋtreɪn/ n. treno m. locale, treno m. che fa molte fermate.
1.stopple /ˈstɒpl/ n. tappo m., turacciolo m.
2.stopple /ˈstɒpl/ tr. tappare, turare.
stop-press /ˌstɒpˈpres/ **I** n. ultimissime f.pl. **II** modif. [*news, item*] dell'ultima ora.
stop sign /ˈstɒpsaɪn/ n. (segnale di) stop m.
stopwatch /ˈstɒpwɒtʃ/ n. cronometro m., cronografo m.
storage /ˈstɔːrɪdʒ/ **I** n. **1** *(keeping) (of food, fuel, goods, furniture)* immagazzinamento m. (**of** di); *(of document, file)* archiviazione f. (**of** di); *(of heat, energy, electricity)* accumulazione f. (**of** di); ***to be in ~*** [*food, fuel, goods, furniture*] essere immagazzinato; ***to put sth. in(to) ~*** immagazzinare *o* mettere in magazzino [*goods*] **2** *(space)* COMM. magazzino m., deposito m. **3** INFORM. *(facility)* memoria f.; *(process)* memorizzazione f. **II** modif. [*container*] COMM. per l'immagazzinamento; [*compartment, space*] di immagazzinamento; ***~ area*** COMM. magazzino *o* deposito; ***~ costs*** (spese di) magazzinaggio.
storage battery /ˈstɔːrɪdʒˌbætərɪ/ n. batteria f. di accumulatori.
storage capacity /ˈstɔːrɪdʒkəˌpæsətɪ/ n. INFORM. capacità f. di memoria.
storage device /ˈstɔːrɪdʒdɪˌvaɪs/ n. INFORM. dispositivo m. di memorizzazione.
storage heater /ˈstɔːrɪdʒˌhiːtə(r)/ n. calorifero m. ad accumulazione di calore.
storage jar /ˈstɔːrɪdʒˌdʒɑː(r)/ n. *(glass)* vaso m.; *(ceramic)* giara f., orcio m.
storage tank /ˈstɔːrɪdʒtæŋk/ n. *(for oil, chemicals)* serbatoio m.; *(for rainwater)* cisterna f.
storage unit /ˈstɔːrɪdʒˌjuːnɪt/ n. **1** *(cupboard)* mobile m. contenitore **2** COMM. *(area of storage space)* area f. di stoccaggio.
storax /ˈstɔːræks/ n. BOT. storace m.
▶ **1.store** /stɔː(r)/ **I** n. **1** ♦ ***27*** *(shop)* grande magazzino m., emporio m.; *(smaller)* negozio m.; ***the big ~s*** i grandi magazzini **2** *(supply) (of food, fuel, paper)* provvista f., riserva f. (**of** di); *(of knowledge, information)* bagaglio m. (**of** di); ***to keep a ~ of sth.*** avere una provvista *o* una scorta di; ***to lay in a ~ of sth.*** fare provvista *o* scorta di qcs. **3** *(place of storage) (for food, fuel, forniture)* deposito m., magazzino m. (anche COMM.); MIL. magazzino m.; *(for nuclear waste)* deposito m. (di scorie nucleari) **4** *(storage)* ***to put sth. in(to) ~*** mettere qcs. in magazzino [*goods, furniture*]; ***there's a surprise, a nasty shock in ~ for him*** FIG. lo aspetta una sorpresa, un brutto shock; ***I wonder what the future has in ~ (for us)*** mi chiedo cosa ci riservi il futuro **II stores** n.pl. **1** *(supplies)* provviste f., scorte f.; ***to take on ~s*** MAR. approvvigionare *o* vettovagliare **2** *(storage area)* magazzino m., deposito m. ♦ ***to set great ~ by sth.*** dare molta importanza a qcs. *o* tenere qcs. in gran conto; ***not to set great ~ by sth., to set little ~ by sth.*** non dare molta importanza, dare poca importanza a qcs.
▶ **2.store** /stɔː(r)/ tr. **1** *(put away)* conservare, mettere da parte [*food*]; immagazzinare [*objects, furniture*]; stoccare [*nuclear waste, chemicals*]; fare tesoro di [*information*]; AGR. riporre in magazzino, nel granaio [*crops, grain*] **2** *(accumulate)* fare provvista, scorta di [*food, supplies, fuel*]; accumulare [*energy, heat, water*] **3** *(hold)* [*cupboard, fridge, freezer*] contenere [*food, objects*] **4** INFORM. memorizzare, immagazzinare [*data, records*] (**on** su).

- **store away: *~ [sth.] away, ~ away [sth.]*** mettere via [*clothes, furniture, objects*].
- **store up: *~ up [sth.]*** fare provvista, scorta di [*food, supplies*]; accumulare [*energy, heat*]; FIG. accumulare [*hatred, resentment, unhappiness*]; ***you're storing up trouble, problems for yourself*** non fai che accumulare guai, problemi.

storecard /ˈstɔːkɑːd/ n. carta f. di credito di un grande magazzino.
store-cattle /ˈstɔːkætl/ n. bestiame m. da ingrasso.
store cupboard /ˈstɔːˌkʌbəd/ n. dispensa f.
stored /stɔːd/ **I** p.pass. → **2.store II** agg. [*food, wine, supplies*] messo da parte; COMM. immagazzinato; FIG. [*troubles, unhappiness*] accumulato.
store detective /ˈstɔːdɪˌtektɪv/ ♦ ***27*** n. sorvegliante m. e f. (in un grande magazzino).

storefront /'stɔ:frʌnt/ n. AE COMM. vetrina f. (di un negozio).
storehouse /'stɔ:haʊs/ n. magazzino m., deposito m.
storekeeper /'stɔ:ˌki:pə(r)/ ♦ *27* n. AE negoziante m. e f., esercente m. e f.
storeman /'stɔ:mən/ ♦ *27* n. (pl. **-men**) magazziniere m.
store manager /'stɔ:ˌmænɪdʒə(r)/ ♦ *27* n. direttore m. (-trice) di negozio.
storemen /'stɔ:men/ → **storeman.**
storeroom /'stɔ:ru:m, AE -rʊm/ n. *(in house, school, office)* dispensa f.; *(in factory, shop)* magazzino m.
storey BE, **story** AE /'stɔ:rɪ/ **I** n. (pl. **-reys** BE, **-ries** AE) piano m.; ***on the top ~*** all'ultimo piano; ***on the third ~*** BE al terzo piano; AE al quarto piano; ***single-~ building*** edificio di un piano **II -storeyed** BE, **-storied** AE agg. in composti ***a three-~ed building*** BE, ***a three storied building*** AE un edificio di tre piani ♦ ***to be a bit weak in the top ~*** COLLOQ. essere scemo *o* deficiente.
storied /'stɔ:rɪd/ agg. **1** [*window*] istoriato **2** LETT. *(celebrated) (in legend)* celebrato nella leggenda; *(in history)* celebrato nella storia.
stork /stɔ:k/ n. cicogna f.
storksbill /'stɔ:ksbɪl/ n. **1** pelargonio m. **2** (anche **common ~**) erba f. cicutaria.
▷ **1.storm** /stɔ:m/ n. **1** *(violent weather)* tempesta f.; *(thunderstorm)* temporale m.; ***to get caught in a ~*** essere colto *o* sorpreso da un temporale; ***the ~ broke*** scoppiò la tempesta; ***to weather a ~*** superare una tempesta; FIG. superare una situazione difficile *o* uscire indenne **2** METEOR. *(gale)* burrasca f. **3** *(irresistible attack)* ***to take a town by ~*** MIL. prendere una città d'assalto; ***she took Broadway by ~*** FIG. ebbe un successo travolgente a Broadway **4** *(outburst)* esplosione f., tempesta f.; ***a ~ of criticism*** una pioggia *o* una tempesta di critiche; ***a ~ of protest*** un uragano di proteste; ***a ~ of applause, laughter*** uno scroscio di applausi, di risa; ***a ~ of violence*** un'esplosione di violenza; ***to bring a ~ down about one's ears*** attirarsi una pioggia di critiche.
2.storm /stɔ:m/ **I** tr. **1** *(invade)* prendere d'assalto [*citadel, prison*]; ***looters ~ed the shops*** i predatori presero d'assalto i negozi **2** *(roar)* ***"get out!" he ~ed*** "esci!" disse in un accesso d'ira **II** intr. **1** [*wind, rain*] infuriare, scatenarsi **2** *(move angrily)* ***to ~ into a room*** precipitarsi in una stanza; ***to ~ off*** andarsene in malo modo; ***he ~ed off in a temper*** è andato via furibondo **3** *(get angry)* fare una scenata; ***to ~ at sb.*** fare una scenata a qcn.
storm belt /'stɔ:mbelt/ n. zona f. dei cicloni.
storm-bird /'stɔ:mbɜ:d/ n. → **storm petrel.**
stormbound /'stɔ:mbaʊnd/ agg. bloccato, trattenuto dalla tempesta.
storm cellar /'stɔ:mˌselə(r)/ n. rifugio m. contro i cicloni.
storm centre BE, **storm center** AE /'stɔ:mˌsentə(r)/ n. METEOR. centro m. della perturbazione, occhio m. del ciclone; FIG. focolaio m. dei disordini.
stormcloud /'stɔ:mklaʊd/ n. nuvola f. temporalesca; FIG. nube f. minacciosa.
storm cock /'stɔ:mkɒk/ n. tordela f.
storm damage /'stɔ:mˌdæmɪdʒ/ n. danni m.pl. provocati dalla tempesta.
storm door /'stɔ:mdɔ:(r)/ n. controporta f., porta f. doppia.
storm drain /'stɔ:mdreɪn/ n. collettore m. di acque pluviali.
stormer /'stɔ:mə(r)/ n. assaltatore m.
storm force wind /'stɔ:mfɔ:sˌwɪnd/ n. burrasca f., vento m. di tempesta.
stormily /'stɔ:mɪlɪ/ avv. burrascosamente.
storming /'stɔ:mɪŋ/ **I** n. assalto m.; ***the ~ of the palace*** assalto al palazzo *o* la presa del palazzo **II** agg. COLLOQ. fantastico, straordinario, da sballo.
storm lantern /'stɔ:mˌlæntən/ n. lampada f. antivento.
storm-lashed /'stɔ:mlæʃt/ agg. sferzato dalle tempeste.
storm petrel /'stɔ:mˌpetrəl/ n. uccello m. delle tempeste, procellaria f.
stormproof /'stɔ:mpru:f/ agg. resistente alle tempeste, agli uragani.
storm sail /'stɔ:mseɪl/ n. vela f. di fortuna.
storm-tossed /'stɔ:mtɒst/ agg. [*waters*] agitato dalla tempesta; [*ship*] sballottato dal vento.
storm trooper /'stɔ:mtru:pə(r)/ n. assaltatore m., soldato m. dei reparti d'assalto.
storm warning /'stɔ:mˌwɔ:nɪŋ/ n. avviso m. di burrasca.
storm window /'stɔ:mˌwɪndəʊ/ n. controfinestra f.
stormy /'stɔ:mɪ/ agg. **1** [*weather, sky*] tempestoso, burrascoso; [*waves*] alto; [*sea*] tempestoso, grosso; [*night*] tempestoso, di tempesta **2** *(turbulent)* [*meeting, debate, period*] burrascoso; [*relationship*] burrascoso, tormentato; ***~ scenes*** scenate; ***there was a ~ scene when he came back late*** c'è stata una scenata quando è rientrato tardi.
stormy petrel /ˌstɔ:mɪ'petrəl/ → **storm petrel.**
▶ **1.story** /'stɔ:rɪ/ n. **1** *(account)* storia f. (**of** di); ***to tell a ~*** raccontare una storia; ***the ~ of Elvis Presley*** la storia di Elvis Presley; ***it's a true ~*** è una storia vera; ***based on a true ~*** basato su una storia vera; ***to stick to, change one's ~*** attenersi alla, cambiare la propria versione dei fatti; ***what is the real ~?*** qual è la verità? ***they all have similar stories*** o ***they all tell the same ~*** hanno storie simili **2** *(tale)* storia f. (**about, of** di); LETTER. racconto m., favola f. (**of** di); ***to tell an entertaining ~*** raccontare una storia divertente; ***a detective, ghost ~*** un racconto poliziesco, una storia di fantasmi; ***tell us a ~ about when you lived in London during the war*** raccontaci di quando vivevi a Londra durante la guerra; ***read us a (bedtime) ~!*** leggici una favola! **3** GIORN. articolo m., servizio m. (**on, about** su); ***exclusive ~*** servizio in esclusiva; ***to carry*** o ***run a ~*** pubblicare una storia, un articolo; ***to kill a ~*** non (fare) pubblicare un articolo; ***a front-page ~*** un articolo di prima pagina; ***the inside ~*** la storia segreta, i retroscena **4** *(lie)* storia f., bugia f., frottola f.; ***to make up a ~*** inventare una storia (**about** su); ***she made up some ~ about her train being late*** ha tirato fuori la storia che il treno era in ritardo **5** *(rumour)* diceria f., voce f. (**about** su); ***all sorts of stories are going round the office*** ogni sorta di pettegolezzo gira in ufficio **6** (anche **~ line**) *(of novel, play)* trama f., intreccio m.; *(of film)* trama f.; ***the ~ was taken from a Russian novel*** la storia è tratta da un romanzo russo; ***there was no ~!*** la trama era inesistente! **7** *(unfolding of plot)* storia f., azione f.; ***the ~ is set in Normandy*** la storia è ambientata in Normandia ♦ ***but that's another ~*** ma questa è un'altra storia *o* un altro paio di maniche; ***to cut a long ~ short*** per farla breve; ***that's not the whole ~*** o ***that's only half the ~*** e non è tutto; ***that's the ~ of my life!*** capitano tutte a me! ***it's always the same ~*** o ***it's the same old ~*** è sempre la stessa storia; ***a likely ~!*** ma va là, bella scusa! ***the ~ goes, has it that*** corre voce che... *o* si dice che...; ***or so the ~ goes*** o è almeno ciò che si dice; ***what's the ~?*** COLLOQ. che succede? ***there are two sides to every ~*** = ci sono sempre due versioni dei fatti.
2.story /'stɔ:rɪ/ n. AE → **storey.**
storyboard /'stɔ:rɪbɔ:d/ n. storyboard m.
storybook /'stɔ:rɪbʊk/ n. libro m. di fiabe, di racconti ♦ ***it's a ~ ending*** è un finale da fiaba.
story line /'stɔ:rɪlaɪn/ n. *(of novel, film)* trama f.
storyteller /'stɔ:rɪtelə(r)/ n. **1** *(writer)* narratore m. (-trice), novelliere m. (-a), cantastorie m. e f. **2** *(liar)* bugiardo m. (-a).
stoup /stu:p/ n. **1** RELIG. acquasantiera f. **2** ANT. *(drinking vessel)* boccale m., brocca f.
1.stout /staʊt/ n. *(drink)* stout f. (birra forte e scura).
2.stout /staʊt/ agg. **1** *(fat)* [*person*] robusto, corpulento; [*animal*] grosso, pingue; ***to grow ~*** ingrassare **2** *(strong)* [*fence, wall*] solido, resistente; [*branch, stick*] spesso, resistente; [*shoe*] resistente **3** *(valiant)* [*defence, resistance, supporter*] fermo, accanito, tenace; [*support*] deciso, energico.
stout-hearted /ˌstaʊt'hɑ:tɪd/ agg. LETT. coraggioso, intrepido.
stoutly /'staʊtlɪ/ avv. **1** *(strongly)* ***~ made*** solido *o* resistente; ***~ constructed*** o ***~ built*** costruito in modo solido **2** *(valiantly)* [*defend, fight, resist*] accanitamente, energicamente, tenacemente; [*deny*] fermamente; ***~ held beliefs*** credenze incrollabili.
stoutness /'staʊtnɪs/ n. **1** *(of person, animal)* robustezza f., pinguedine f. **2** *(of shoe, stick)* solidità f., resistenza f. **3** *(of defence, resistance)* accanimento m., tenacia f. **4** *(of intention, purpose)* fermezza f., risolutezza f.
▷ **1.stove** /stəʊv/ n. **1** *(cooker)* fornello f. (da cucina); ***electric, gas ~*** fornello elettrico, a gas **2** *(heater)* stufa f. **3** IND. *(kiln)* essiccatoio m. ♦ ***to slave over a hot ~*** SCHERZ. essere schiavo dei fornelli.
2.stove /stəʊv/ tr. IND. essiccare.
3.stove /stəʊv/ pass., p.pass. → **2.stave.**
stoved moulding BE, **stove molding** AE /'stəʊvˌməʊldɪŋ/ n. modellatura f. a forno.
stove enamel /ˌstəʊvɪ'næml/ n. vernice f. a fuoco.
stove-enamelled /ˌstəʊvɪ'næmld/ agg. verniciato a fuoco.
stovepipe /'stəʊvpaɪp/ **I** n. **1** *(flue)* tubo m. da stufa **2** (anche **~ hat**) (cappello a) cilindro m. **II stovepipes** n.pl. BE COLLOQ. pantaloni m. attillati; AE pantaloni m. a tubo.
stoving /'stəʊvɪŋ/ n. IND. essiccazione f.
stow /stəʊ/ tr. **1** *(pack)* riporre [*baggage*]; stivare, mettere nella stiva [*ropes, tarpaulin*]; ammainare [*sail*]; ***to ~ cargo in the hold*** MAR. stivare il carico **2** BE COLLOQ. *(shut)* ***~ it!*** COLLOQ. chiudi il becco!

■ **stow away:** ~ **away** [*passenger, escapee*] viaggiare da clandestino; ~ **[sth.] away**, ~ **away [sth.]** riporre [*baggage*]; stivare [*provisions, ropes*]; ammainare [*sail*].

stowage /'stəʊɪdʒ/ n. **1** *(of baggage, load)* sistemazione f.; MAR. *(of cargo, equipment)* stivaggio m. **2** *(space)* stiva f. **3** COMM. *(cost)* spese f.pl. di stivaggio.

stowaway /'stəʊəweɪ/ n. passeggero m. (-a) clandestino (-a).

St Patrick's Day /snt'pætrɪksdeɪ/ n. = il 17 marzo, giorno in cui si festeggia san Patrizio, patrono degli irlandesi.

str BE ⇒ street strada (str.).

Str ⇒ Strait stretto (str.).

strabismal /strə'bɪzml/, **strabismic** /strə'bɪzmɪk/ agg. strabico.

strabismus /strə'bɪzməs/ ♦ **11** n. strabismo m.

1.straddle /'strædl/ n. (anche ~ **jump**) SPORT salto m. ventrale.

2.straddle /'strædl/ tr. **1** *(in position)* [*person*] inforcare [*bike*], montare, cavalcare [*horse*]; mettersi a cavalcioni di [*chair, person*]; tenere i piedi ai due lati di [*ditch, stream*]; ***he was straddling his bike*** stava inforcando la sua bicicletta; ***he was straddling the ditch*** teneva i piedi ai due lati del fosso **2** *(in location)* [*bridge*] scavalcare [*road, river*]; [*town, country*] estendersi tra due [*counties, continents*]; [*village, town*] essere attraversato da, essere ai due lati di [*road, border*] **3** FIG. *(in debate)* ***to ~ the line between two things*** tenere il piede in due staffe; ***to ~ (both sides of) an issue*** SPREG. non schierarsi *o* non avere una propria idea.

Stradivarius /strædɪ'veərɪəs/ n. stradivario m.

1.strafe /strɑ:f, streɪf/ n. MIL. AER. attacco a bassa quota, a volo radente.

2.strafe /strɑ:f, streɪf/ tr. **1** MIL. AER. attaccare, mitragliare a bassa quota, a volo radente **2** COLLOQ. FIG. rimproverare, fare una lavata di capo a.

strafing /'strɑ:fɪŋ, streɪf-/ n. **1** MIL. AER. attacco m. a bassa quota, a volo radente **2** COLLOQ. FIG. lavata f. di capo; ***I got a real ~!*** mi sono preso una bella lavata di capo!

1.straggle /'strægl/ n. *(loose group) (of buildings)* insieme m. sparso; *(of people)* gruppo m. sparso.

2.straggle /'strægl/ intr. **1** *(spread untidily)* ***to ~ along*** sparpagliarsi lungo [*road, beach, rail track*]; ***huts ~d down the mountainside*** c'erano rifugi disseminati *o* sparpagliati sul fianco della montagna; ***his hair was ~d over his eyes*** delle ciocche di capelli gli coprivano gli occhi **2** *(dawdle)* attardarsi, essere indietro, bighellonare; ***they were straggling behind the other walkers*** si trascinavano dietro gli altri marciatori.

■ **straggle in** [*latecomers, runners*] arrivare alla spicciolata.

■ **straggle off** [*crowd, group*] disperdersi (poco alla volta).

straggler /'stræglə(r)/ n. ritardatario m. (-a), chi rimane indietro.

straggling /'stræglɪŋ/ agg. **1** [*hedge*] cespuglioso; [*hair, moustache*] in disordine, arruffato; [*plant*] che si sviluppa in modo disordinato, imprevedibile **2** ***a ~ village, suburb*** un villaggio, un sobborgo di case sparse.

straggly /'stræglɪ/ agg. [*hair*] in disordine, arruffato; [*beard*] incolto; [*bush*] frondoso; [*hedge*] cespuglioso; [*plant*] che si sviluppa in modo disordinato, imprevedibile.

1.straight /streɪt/ n. **1** SPORT rettilineo m.; ***back ~*** = rettilineo parallelo al rettilineo d'arrivo; ***home ~*** dirittura *o* rettilineo d'arrivo; ***into the ~*** nel rettilineo (d'arrivo) **2** GIOC. scala f., sequenza f. **3** COLLOQ. *(heterosexual)* eterosessuale m. e f.

▶ **2.straight** /streɪt/ **I** agg. **1** *(not bent or curved)* [*line, cut, edge, road, stretch*] dritto, diritto; [*chair*] con lo schienale dritto; [*hair*] liscio; ***dead ~*** perfettamente dritto; [*hair*] (perfettamente) liscio, dritto; ***in a ~ line*** in linea retta **2** *(level, upright)* [*fixture, post, shelf, hem, edge, wall*] dritto; [*garment, bedclothes, rug, tablecloth*] dritto, messo bene; ***is the picture ~ now?*** è dritto il quadro ora? ***the picture isn't ~*** il quadro è storto; ***your tie isn't ~*** hai la cravatta storta; ***to put*** o ***set sth. ~*** raddrizzare qcs., mettere qcs. dritto [*furniture, picture, mirror*]; raddrizzare qcs. [*tie, hat*]; ***to have a ~ back*** avere la schiena dritta; ***a ~(-sided) glass*** un bicchiere senza manico **3** *(tidy, in order)* ordinato, in ordine, a posto; ***to get*** o ***put sth. ~*** mettere qcs. a posto (anche FIG.); ***I must get the house ~ before Sunday*** devo mettere in ordine la casa prima di domenica; ***the lawyer will put things ~*** l'avvocato aggiusterà le cose *o* metterà le cose a posto **4** *(clear)* ***to get sth. ~*** capire (bene) qcs.; ***have you got that ~?*** hai capito bene *o* ti è chiaro? ***let's get this ~, you're paying half*** intendiamoci bene, tu paghi metà; ***now let's get one thing ~*** chiariamo bene una cosa; ***to put*** o ***set sb. ~ about sth.*** chiarire qcs. a qcn.; ***to set matters ~*** mettere le cose in chiaro; ***to put*** o ***set the record ~*** mettere le cose in chiaro **5** *(honest, direct)* [*person*] retto, onesto; [*answer, question*] schietto; [*advice, tip*] sicuro; ***to be ~ with sb.*** essere franco con qcn. *o* comportarsi lealmente con qcn.; ***I want a ~ answer to a ~ question*** voglio una risposta chiara a una domanda chiara; ***it's time for ~ talking*** è ora di parlare chiaro **6** *(unconditional)* [*contradiction*] palese; [*majority, profit, choice*] netto; [*denial, refusal, rejection*] netto, categorico; ***to do a ~ swap*** fare un cambio; ***a ~ fight*** BE POL. una contesa tra due candidati; ***that's ~ dishonesty*** è disonestà bell'e buona **7** *(undiluted)* [*spirits, drink*] puro, liscio **8** *(consecutive)* [*wins, defeats*] consecutivo, di fila; ***she got ~ "A"s*** SCOL. ha preso "A" in tutto; ***to win, lose in ~ sets*** SPORT vincere, perdere in più set di seguito; ***to vote a ~ ticket*** AE POL. = votare per i candidati di una sola lista **9** TEATR. [*actor, play, role*] classico **10** *(quits)* ***to be ~*** essere pari; ***to get oneself ~*** mettersi in riga *o* sulla retta via **11** COLLOQ. [*person*] *(conventional)* normale, convenzionale; *(not on drugs)* che non fa uso di droghe; *(heterosexual)* eterosessuale **II** avv. **1** *(not obliquely or crookedly)* [*walk, stand up, grow, fly, steer, hang, cut, throw, hit*] dritto, diritto; [*shoot*] diritto, bene; ***stand up ~!*** stai dritto! ***sit up ~!*** siedi con la schiena dritta! ***she held her arm out ~*** teneva il braccio dritto *o* steso; ***she was stretched ~ out on the floor*** era stesa dritta sul pavimento; ***to go ~ ahead*** andare (sempre) dritto; ***to look ~ ahead*** guardare dritto davanti a sé; ***to look sb. ~ in the eye*** o ***face*** guardare qcn. dritto negli occhi; ***can you see ~?*** vedi (bene)? ***he headed ~ for the bar*** si è diretto verso il bar *o* è andato direttamente verso il bar; ***he went ~ for me*** è venuto dritto verso di me; ***he walked ~ across the road*** ha attraversato la strada senza fermarsi; ***the car was coming ~ at*** o ***towards me*** la macchina veniva dritto verso di me; ***she was looking ~ at me*** guardava dritto verso di me; ***~ above our heads*** proprio sopra le nostre teste; ***~ down into the ground*** dritto nel terreno; ***~ up in the air*** dritto in aria; ***the bullet went ~ through his body*** il proiettile gli attraversò il corpo (da parte a parte); ***we went ~ through the book*** abbiamo letto il libro dall'inizio alla fine; ***he fired ~ into*** o ***through the crowd*** ha sparato in pieno nella folla; ***they drove ~ through the red light*** sono passati con il rosso; ***they drove ~ past me*** sono passati in macchina senza fermarsi; ***she drove ~ into a tree*** è finita dritta contro un albero; ***keep ~ on, it's on the left*** vai sempre dritto, è sulla sinistra; ***his poems speak ~ to our hearts*** le sue poesie parlano direttamente ai nostri cuori **2** *(without delay)* direttamente, difilato, dritto; ***to go ~ home*** andare direttamente a casa; ***to go ~ to bed*** andare direttamente a letto; ***she went ~ back to Paris*** è ritornata direttamente a Parigi; ***shall we go ~ there?*** ci andiamo subito? ***she wrote ~ back*** ha risposto subito; ***to come ~ to the point*** venire dritto al punto; ***he went ~ to the heart of the matter*** è arrivato direttamente al cuore del problema; ***~ after*** subito dopo; ***I went out ~ after phoning you*** sono uscito subito dopo averti telefonato; ***~ away***, ***~ off*** subito, immediatamente; ***I saw ~ away*** o ***off that it was impossible*** ho immediatamente capito che era impossibile; ***he sat down and read, played it ~ off*** si è seduto e l'ha letto, suonato subito; ***I can tell you the dates, prices ~ off*** posso dirvi le date, i prezzi subito *o* su due piedi; ***it seemed like something ~ out of a horror film, the Middle Ages*** sembrava venire direttamente da un film dell'orrore, dal Medioevo **3** *(frankly)* chiaramente; ***I'll tell you ~*** o ***I'll give it to you ~*** COLLOQ. te lo dirò chiaramente; ***give it to me ~*** COLLOQ. dimmelo chiaro e tondo; ***~ out*** chiaro e tondo; ***she told him ~ out that...*** gli ha detto chiaro e tondo che...; ***I told him ~ out that he was wrong*** gli ho detto chiaro e tondo che si sbagliava; ***to play ~ with sb.*** FIG. comportarsi in modo leale con qcn. **4** TEATR. *(conventionally)* [*act, produce*] in modo classico **5** *(neat)* ***to drink one's whisky ~*** bere il whisky liscio ♦ ***to keep a ~ face*** rimanere serio; ***to keep to the ~ and narrow*** seguire la retta via *o* condurre una vita onesta; ***to stray from the ~ and narrow*** allontanarsi dalla retta via; ***to go ~*** COLLOQ. [*criminal*] rigare dritto *o* mettere la testa a posto; ***~ up?*** BE COLLOQ. sul serio? davvero?

straight arch /'streɪt,ɑ:tʃ/ n. ARCH. piattabanda f.

straight arrow /'streɪt,ærəʊ/ n. AE persona f. perbene, che si attiene alle convenzioni.

straightaway /'streɪtəweɪ/ **I** n. AE *(part of racetrack, highway)* rettilineo m. **II** avv. subito, immediatamente.

straight-cut /'streɪtkʌt/ agg. ***~ tobacco*** trinciato.

straightedge /'streɪtedʒ/ n. riga f., righello m.

▷ **straighten** /'streɪtn/ **I** tr. **1** tendere [*arm, leg*]; raddrizzare [*picture, teeth*]; raddrizzare, aggiustare [*tie, hat*]; rendere dritto, rifare dritto [*road*]; stirare [*hair*]; pareggiare [*hem*]; ***to ~ one's back*** o ***shoulders*** raddrizzarsi; ***to have one's nose ~ed*** farsi rifare il naso; ***to have one's teeth ~ed*** farsi raddrizzare i denti **2** (anche ~ **up**) *(tidy)* rimettere in ordine [*room*]; mettere ordine su, mettere a posto su [*desk*] **II** intr. **1** [*road*] diventare dritto **2** [*person*] raddrizzarsi.

■ **straighten out:** ~ **out** [*road*] diventare dritto; ~ **out [sth.]**, ~ **[sth.] out 1** raddrizzare [*sth. crooked*]; rendere dritto, rifare dritto [*road*] 2 FIG. *(clarify)* chiarire [*misunderstanding*]; chiarire, risolvere [*problem*]; organizzare [*life*]; ***to ~ things out*** sistemare *o* organizzare le cose.

■ **straighten up:** **~ up** 1 [*person*] raddrizzarsi; ***to ~ up and fly right*** AE FIG. rigare dritto 2 FIG. *(tidy up)* mettere a posto; **~ up [sb., sth.], ~ [sb., sth.] up** 1 raddrizzare [*leaning, crooked object*] 2 *(tidy)* rimettere a posto, riordinare [*objects, room*]; ***to ~ oneself up*** mettersi in ordine *o* aggiustarsi; ***go and ~ yourself up!*** COLLOQ. vai a darti una sistemata!

straight-faced /ˌstreɪt'feɪst/ agg. serio, impassibile.

straight flush /ˌstreɪt'flʌʃ/ n. GIOC. scala f. reale.

▷ **straightforward** /ˌstreɪt'fɔːwəd/ agg. 1 *(honest)* [*person*] franco, schietto; [*answer*] franco; [*business*] chiaro, onesto 2 *(simple)* [*account, explanation, case, question*] chiaro, semplice; [*rudeness, abuse*] bell'e buono; [*performance, production*] chiaro, semplice e diretto; [*version*] fedele.

straightforwardly /ˌstreɪt'fɔːwədlɪ/ avv. 1 *(honestly)* [*reply, speak*] francamente; [*deal*] onestamente 2 *(simply)* [*describe, explain*] chiaramente, semplicemente; MUS. TEATR. [*play, perform, produce*] in modo semplice e diretto.

straightforwardness /ˌstreɪt'fɔːwədnɪs/ n. 1 *(frankness) (of reply)* franchezza f.; *(of character)* onestà f. 2 *(simplicity)* semplicità f., chiarezza f.

straight-laced /ˌstreɪt'leɪst/ agg. *(rigid)* rigido, severo; *(prudish)* puritano, perbenista.

straight left /ˌstreɪt'left/ n. SPORT diretto m. sinistro.

straight-line /'streɪtlaɪn/ agg. 1 *(undeviating)* rettilineo; FIG. lineare, diretto 2 AMM. a quote costanti.

straight-line depreciation /ˌstreɪtlaɪndɪˌpriːʃɪ'eɪʃn/ n. ammortamento m. a quote costanti.

straight man /'streɪtmən/ n. (pl. **straight men**) TEATR. spalla f.

straightness /'streɪtnɪs/ n. 1 *(honesty) (of reply)* franchezza f.; *(of character)* onestà f. 2 *(of hair)* (l')essere liscio; *(of shoulders)* (l')essere dritto.

straight-out /ˌstreɪt'aʊt/ agg. *(frank)* franco, diretto.

straight right /ˌstreɪt'rait/ n. SPORT diretto m. destro.

straight ticket /ˌstreɪt'tɪkɪt/ n. US POL. = voto dato ai candidati di una sola lista; ***to vote the straight democratic, republic ticket*** votare per i soli candidati democratici, repubblicani.

straight-up /ˌstreɪt'ʌp/ agg. COLLOQ. 1 *(trustworthy)* affidabile, onesto 2 AE [*drink*] liscio.

straightway /'streɪweɪ/ avv. ANT. LETT. subito, immediatamente.

▶ **1.strain** /streɪn/ n. 1 FIS. *(weight)* sforzo m. (**on** su); *(from pulling)* tensione f. (**on** di); ***to put a ~ on*** sottoporre a sforzo, a sollecitazione [*beam, bridge, rope*]; affaticare, sottoporre a sforzo [*heart, lungs, muscles*]; ***to be under ~*** [*bridge, structure*] essere sottoposto a sollecitazione; ***to grimace, sweat under the ~*** fare smorfie, sudare per lo sforzo; ***to take the ~*** [*beam, bracket, rope*] reggere alle sollecitazioni; ***the rope, shelf can't take the ~*** la corda, lo scaffale non può reggere 2 *(pressure) (on person)* tensione f., stress m.; *(in relations)* tensione f.; ***mental*** o ***nervous ~*** tensione nervosa; ***to put a ~ on*** mettere a dura prova [*relationship*]; creare tensioni in [*group, alliance*]; sovraccaricare [*system, network*]; creare tensioni in, provocare una crisi in [*sector, prison system*]; mettere a dura prova, gravare su [*economy, finances*]; mettere a dura prova [*patience, goodwill*]; ***to be under ~*** [*person*] essere sotto pressione; [*relations*] essere teso; [*network, system*] essere sovraccarico; ***to take the ~*** [*person*] sopportare la pressione *o* reggere alla tensione; ***he can't take the ~*** non regge alla tensione *o* allo stress; ***to crack under the ~*** [*person*] crollare sotto la pressione *o* per lo stress; ***to take the ~ out of*** facilitare [*climb, management, organization*]; ***to show signs of ~*** [*person*] mostrare segni di stress; ***the ~ (on him) was beginning to tell*** erano visibili in lui i primi segni della fatica; ***the ~s within the coalition*** la tensione in seno alla coalizione; ***it's a ~ talking to him*** è una fatica parlargli; ***it's getting to be a ~*** comincia a essere stressante 3 *(injury)* strappo m. muscolare; distorsione f.; ***a calf, thigh ~*** strappo al polpaccio, alla coscia.

2.strain /streɪn/ I tr. 1 *(stretch)* tendere, tirare, sottoporre a tensione [*rope, cable*]; ***to ~ one's eyes*** *(to see)* strizzare gli occhi; ***to ~ one's ears*** tendere le orecchie; ***to ~ one's muscles, every muscle*** tendere i muscoli, ogni muscolo (**to do** per fare) 2 FIG. mettere a dura prova, gravare [*resources, finances, economy*]; creare tensioni in seno a [*relationship, alliance*]; sovraccaricare [*network, system*]; mettere a dura prova [*patience, credulity, understanding*]; ***it would be ~ing the truth to say...*** sarebbe distorcere la verità dire che...; ***the writer has ~ed the possibilities of conventional language*** l'autore è andato al di là delle possibilità della lingua convenzionale 3 *(injure)* ***to ~ a muscle*** strappare un muscolo; ***to ~ one's thigh, groin, shoulder*** farsi uno strappo alla coscia, all'inguine, alla spalla; ***to ~ one's eyes, heart*** affaticare gli occhi, il cuore; ***to ~ one's voice*** sforzare la voce; ***to ~ one's back*** procurarsi uno stiramento alla schiena 4 *(sieve)* filtrare [*tea, sauce*]; scolare [*vegetables, pasta, rice*] II intr. ***to ~ against sth.*** fare forza contro qcs.; ***to ~ at*** tirare con forza [*leash, rope*]; ***to ~ to see, hear*** sforzarsi di vedere, di sentire; ***to ~ forward*** sporgersi in avanti III rifl. ***to ~ oneself*** *(injure)* farsi uno strappo, strapparsi; *(tire)* affaticarsi, fare sforzi; ***don't ~ yourself!*** IRON. non ti sforzare!

■ **strain after** cercare di raggiungere (a tutti i costi); ***to ~ after effect*** [*writer*] cercare l'effetto.

■ **strain off:** **~ [sth.] off, ~ off [sth.]** filtrare, colare [*water, liquid, fat*].

3.strain /streɪn/ I n. 1 *(breed) (of animal)* razza f.; *(of plant, seed)* varietà f.; *(of virus, bacteria)* specie f. 2 *(recurring theme) (of melancholy, etc.)* vena f. (**of** di) 3 *(tendency) (in family, nation, group)* tendenza f., inclinazione f. (**of** a) 4 *(style)* tono m., stile f.; ***the rest of the speech was in the same ~*** il resto del discorso era sullo stesso tono II **strains** n.pl. *(tune)* LETT. *(of piece of music, song)* canto m., motivo m. musicale; ***to the ~s of...*** sul motivo *o* sulla melodia di...

strained /streɪnd/ I p.pass. → **2.strain** II agg. 1 *(tense)* [*atmosphere, expression, relations, voice*] teso; [*silence*] pieno di tensione; [*smile*] forzato; ***to look ~*** avere l'aria tesa 2 *(injured)* [*muscle*] che ha subito uno strappo; ***to have a ~ thigh, shoulder*** essersi strappato una coscia, una spalla 3 *(sieved)* [*baby food, soup, sauce*] passato.

strainer /'streɪnə(r)/ n. colino m., filtro m.

strain gauge /'streinˌgeɪdʒ/ n. estensimetro m.

straining /'streɪnɪŋ/ n. 1 *(weight)* sforzo m., tensione f. 2 *(tense atmosphere)* tensione f., atmosfera f. tesa 3 *(of food, soup)* (il) passare.

strait /streɪt/ I n. GEOGR. stretto m.; ***the Straits of Gibraltar*** lo stretto di Gibilterra II **straits** n.pl. difficoltà f., ristrettezze f.; ***to be in difficult ~s*** essere in difficoltà; ***to be in dire ~s*** essere in gravi *o* serie difficoltà III ANT. agg. stretto, angusto.

straiten /'streɪtn/ tr. 1 restringere, limitare [*scope, amount*] 2 *(reduce to straits)* mettere in difficoltà finanziarie.

straitened /'streɪtnd/ I p.pass. → **straiten** II agg. ***in ~ circumstances*** in ristrettezze *o* in gravi difficoltà.

1.straitjacket /'streɪtdʒækɪt/ n. 1 camicia f. di forza 2 FIG. camicia f. di forza, catene f.pl., costrizioni f.pl.

2.straitjacket /'streɪtdʒækɪt/ tr. 1 mettere la camicia di forza a 2 FIG. mettere la camicia di forza a, ostacolare, bloccare.

strait-laced → **straight-laced**.

straitness /'streɪtnɪs/ n. *(hardship)* ristrettezza f., privazione f.

strake /streɪk/ n. 1 *(of wheel)* sezione f. di cerchione 2 MAR. corso m. di fasciame.

stramonium /strə'məʊnɪəm/ n. BOT. stramonio m.

1.strand /strænd/ n. 1 *(of hair)* ciocca f.; *(of fibre, web, wire)* filo m.; *(of beads)* filo m., giro m. 2 FIG. *(of argument, thought, plot)* filo m.; *(of activity, life)* aspetto m.

2.strand /strænd/ tr. 1 *(break)* sfilacciare [*rope*] 2 *(form)* intrecciare [*rope, wire*].

3.strand /strænd/ n. LETT. *(beach)* spiaggia f., lido m.

4.strand /strænd/ tr. ***to be ~ed*** essere bloccato.

stranded /strændɪd/ I p.pass. → **4.strand** II agg. [*climber, traveller*] bloccato; ***to leave sb. ~*** lasciare qcn. a piedi *o* piantare qcn. in asso.

▶ **strange** /streɪndʒ/ agg. 1 *(unfamiliar)* sconosciuto, ignoto, estraneo; ***you shouldn't talk to ~ men*** non dovresti parlare con gli sconosciuti; ***he can't sleep in a ~ bed*** non riesce a dormire in un letto che non è il suo 2 *(odd)* strano, bizzarro, curioso; ***it's ~ to do*** o ***be doing*** è strano fare; ***it is ~ (that)...*** è strano che...; ***it feels ~ to be back again*** fa una strana impressione essere di nuovo a casa; ***there's something ~ about her, this place*** lei, questo posto ha qualcosa di strano *o* curioso; ***in a ~ way...*** stranamente...; ***~ as that might seem*** per quanto possa sembrare strano; ***~ but true*** strano ma vero; ***~ to say, we never met again*** strano a dirsi, non ci siamo più incontrati 3 *(unwell)* ***to look, feel ~*** non avere un bell'aspetto, non sentirsi bene 4 FORM. *(new)* ***to be ~ to*** essere nuovo di [*place*]; ***I'm ~ to Italian culture*** sono digiuno di cultura italiana.

▷ **strangely** /'streɪndʒlɪ/ agg. [*behave, act, react, smile*] in modo strano; [*quiet, calm, empty, beautiful*] stranamente; ***~ shaped*** d'una forma strana; ***she looks ~ familiar*** ha un'aria stranamente familiare; ***~ enough,...*** stranamente *o* cosa strana *o* sorprendentemente,...

strangeness /'streɪndʒnɪs/ n. *(of place, routine, thought, feeling)* stranezza f.; ***I like both its familiar aspects and its ~*** ne apprezzo sia gli aspetti familiari sia quelli strani.

▷ **stranger** /'streɪndʒə(r)/ n. **1** *(unknown person)* estraneo m. (-a), sconosciuto m. (-a); ***a complete*** o ***total ~*** un perfetto sconosciuto; ***he's a complete ~ to us*** per noi è un perfetto sconosciuto; ***I'm a ~ in my own home*** sono un estraneo in casa mia; ***don't take lifts from ~s*** non accettare passaggi dagli sconosciuti; ***"hello, ~!"*** COLLOQ. "toh, chi si rivede!" **2** *(newcomer)* chi non conosce, non è abituato; ***she's a ~ to the town*** non conosce la città; ***to be no ~ to*** essere abituato a *o* avvezzo a [*success, controversy, adversity*]; ***they're no ~s to Thailand*** conoscono bene la Tailandia.

strangers' gallery /'streɪndʒəz,gælərɪ/ n. GB = galleria dei visitatori alla Camera dei Comuni.

strangle /'stræŋgl/ tr. **1** *(throttle)* [*person*] strangolare, strozzare; ***to ~ sb. to death*** strangolare qcn. *o* ammazzare qcn. strozzandolo; ***to ~ an idea at birth*** soffocare un'idea sul nascere; ***I could cheerfully have ~d him*** SCHERZ. l'avrei strozzato **2** *(choke)* [*collar*] soffocare [*person*]; [*weed*] soffocare [*plant*]; ***in a ~d voice*** con voce soffocata **3** *(curb)* soffocare [*creativity*]; ostacolare, impedire [*project*]; soffocare, impedire [*development, growth*]; soffocare, strangolare [*economy*] **4** *(repress)* soffocare [*cry, protest, sob*].

stranglehold /'stræŋglhəʊld/ n. **1** *(in combat)* stretta f. alla gola, cravatta; ***to have sb. in a ~*** tenere qcn. per la gola **2** FIG. *(control)* controllo m. asfissiante; ***to have a ~ on*** avere il dominio *o* un controllo asfissiante su **3** FIG. *(curb)* ***to put a ~ on*** soffocare *o* impedire [*growth*]; impedire *o* ostacolare [*inflation*].

strangler /'stræŋglə(r)/ n. strangolatore m. (-trice).

strangles /'stræŋglz/ n. + verbo sing. adenite f. equina, stranguglione m.

strangling /'stræŋglɪŋ/ n. strangolamento m.

strangulate /'stræŋgjʊleɪt/ tr. strozzare (anche MED.).

strangulation /,stræŋgjʊ'leɪʃn/ n. **1** *(of person)* strangolamento m. **2** MED. strozzamento m. **3** FIG. *(of activity, economy)* soffocamento m.

strangury /'strænɡjʊrɪ/ n. stranguria f.

▷ **1.strap** /stræp/ n. **1** *(band of cloth, leather) (on bag, case, container, harness)* cinghia f.; *(on watch)* cinturino m.; *(on handbag)* tracolla f.; *(on cap)* sottogola; *(on bus, train)* maniglia f. a pendaglio **2** SART. *(on dress, bra, overalls, lifejacket)* bretella f., spallina f.; ***the ~ has broken*** si è rotta la bretella **3** TECN. cinghia f., moietta f., fascetta f. (metallica); ***to tighten a ~*** stringere una fascetta **4** MED. *(on ankle, wrinkle)* bendaggio m. con strisce di cerotto, cerotto m. **5** *(punishment)* ***the ~*** la cinghia; ***to get the ~*** assaggiare la cinghia.

▷ **2.strap** /stræp/ tr. (forma in -ing ecc. **-pp-**) **1** *(secure)* ***to ~ sth. to*** assicurare *o* legare con cinghie qcs. a [*surface, roof, seat, wing*]; ***to have a pistol ~ped to one's waist*** portare una pistola alla cintola; ***to ~ sb. into*** bloccare qcn. con una cintura in [*seat, cockpit, pram*] **2** MED. SPORT *(bandage)* coprire con un cerotto; ***to ~ sb.'s ankle (up)*** medicare la caviglia di qcn. con un cerotto *o* con strisce di cerotto; ***to have one's thigh ~ped (up)*** avere la coscia bendata con strisce di cerotto **3** ANT. *(punish)* prendere a cinghiate.

■ **strap down:** **~ [sth., sb.] down, ~ down [sth., sb.]** legare (con cinghie) [*prisoner, patient, equipment*].

■ **strap in:** **~ [sb.] in, ~ in [sb.]** mettere la cintura di sicurezza [*passenger, child*]; ***to ~ oneself in*** mettersi la cintura di sicurezza.

■ **strap on:** **~ [sth.] on, ~ on [sth.]** mettersi al polso [*watch*]; mettersi [*goggles, skis*].

strap-bolt /'stræpbəʊlt/ n. bullone m. a staffa.

strap fastening /'stræp,fɑ:snɪŋ, AE -,fæsnɪŋ/ n. chiusura f. a fascetta.

straphang /'stræphæŋ/ intr. (pass., p.pass. **-hung**) COLLOQ. fare il pendolare.

straphanger /'stræphæŋə(r)/ n. COLLOQ. pendolare m. e f.

strap hinge /'stræphɪndʒ/ n. cardine m. con lunghe bandelle.

straphung /stræphʌŋ/ pass., p.pass. → **straphang**.

strapless /'stræplɪs/ agg. [*bra*] senza bretelle, spalline; [*dress*] senza spalline.

1.strappado /strə'peɪdəʊ/ n. (pl. **~s**) STOR. corda f., supplizio m. della corda.

2.strappado /strə'peɪdəʊ/ tr. STOR. sottoporre al supplizio della corda.

strapped /stræpt/ **I** p.pass. → **2.strap II** agg. COLLOQ. ***to be ~ for*** essere a corto di [*cash, staff*].

1.strapping /'stræpɪŋ/ n. **1** U spalline f.pl., bretelle f.pl. **2** IND. moietta f., piattina f.

2.strapping /'stræpɪŋ/ agg. ***a ~ fellow*** un tipo robusto *o* grande e grosso; ***a big ~ girl*** una ragazzona *o* una ragazza ben piantata.

strapwork /'stræpwɜ:k/ n. intreccio m., arabesco m.

Strasbourg /'stræzbɜ:g/ ➧ ***34*** n.pr. Strasburgo f.

strata /'strɑ:tə, AE 'streɪtə/ → **stratum**.

stratagem /'strætədʒəm/ n. stratagemma m.

strategic(al) /strə'ti:dʒɪk(l)/ agg. *(all contexts)* strategico.

Strategic Air Command /strə,ti:dʒɪk'eəkə,mɑ:nd, -kə,mænd/ n. US MIL. Comando m. delle Force Aeree Strategiche.

strategically /strə'ti:dʒɪklɪ/ avv. [*plan, develop*] in modo strategico; [*important, placed, relevant*] strategicamente.

strategics /strə'ti:dʒɪks/ n. + verbo sing. strategia f.

strategist /'strætədʒɪst/ n. stratega m. e f. (anche MIL. POL.); ***armchair ~*** SPREG. stratega da tavolino *o* da quattro soldi.

▶ **strategy** /'strætədʒɪ/ n. strategia f.; ***business, company ~*** strategia aziendale, d'impresa; ***financial, marketing ~*** strategia finanziaria, di mercato.

strath /stræθ/ n. SCOZZ. = ampia valle circondata da alture.

Strathclyde /stræθ'klaɪd/ ➧ ***24*** n.pr. (anche **~ Region**) Strathclyde m.

strathspey /stræθ'speɪ/ n. **1** *(dance)* = vivace danza scozzese **2** *(music)* = vivace musica scozzese.

stratification /,strætɪfɪ'keɪʃn/ n. stratificazione f. (anche GEOL.).

stratified /'strætɪfaɪd/ **I** p.pass. → **stratify II** agg. stratificato; ***a ~ society*** una società stratificata.

stratiform /'strætɪfɔ:m/ agg. stratiforme.

stratify /'strætɪfaɪ/ **I** tr. stratificare **II** intr. [*rock*] stratificarsi; [*society*] stratificarsi.

stratigraphic(al) /,strætɪ'græfɪk(l)/ agg. stratigrafico.

stratigraphically /,strætɪ'græfɪklɪ/ avv. stratigraficamente.

stratigraphy /strə'tɪgrəfɪ/ n. stratigrafia f.

stratocumulus /,strætəʊ'kju:mjʊləs/ n. (pl. **-i**) stratocumulo m.

stratopause /'strætəʊpɔ:z/ n. stratopausa f.

stratosphere /'strætəsfɪə(r)/ n. stratosfera f.

stratospheric /,strætə'sferɪk/ agg. stratosferico.

stratum /'strɑ:təm, AE 'streɪtəm/ n. (pl. **-a**) **1** GEOL. BIOL. strato m.; ***rock ~*** strato roccioso **2** *(social)* strato m. sociale.

▷ **straw** /strɔ:/ **I** n. **1** *(substance)* paglia f.; *(single stem)* filo m. di paglia, fuscello m., pagliuzza f.; ***bedding ~*** strame **2** *(for thatching)* paglia f. **3** *(for drinking)* cannuccia f.; ***to drink sth. with a ~*** bere qcs. con la cannuccia **II** modif. [*bag, hat*] di paglia ◆ ***to draw ~s*** tirare a sorte (usando le pagliuzze); ***to draw the short ~*** non essere fortunato *o* perdere nel tirare a sorte; ***to grasp*** o ***clutch at ~s*** attaccarsi *o* aggrapparsi a qualsiasi cosa; ***it's not worth a ~*** non vale un fico secco; ***I don't care a ~*** COLLOQ. non me ne importa un fico secco; ***the last*** o ***final ~*** la goccia che fa traboccare il vaso; ***a man of ~*** un uomo di paglia; ***a ~ in the wind*** un indizio *o* un segno premonitore; ***to make bricks without ~*** = fare qcs. senza i mezzi necessari.

▷ **strawberry** /'strɔ:brɪ, AE -berɪ/ **I** ➧ ***5*** n. **1** BOT. GASTR. fragola f.; ***wild ~*** fragola di bosco; ***strawberries and cream*** fragole con panna **2** *(colour)* (color) fragola m. **II** modif. [*flan, tart*] di fragole, alle fragole; [*ice cream*] alla fragola; [*liqueur*] di fragola, alla fragola; [*jam*] di fragole; [*crop, field*] di fragole.

strawberry bed /'strɔ:brɪbed, AE -berɪ/ n. fragoleto m.

strawberry blonde /,strɔ:brɪ'blɒnd, AE -berɪ-/ **I** n. donna f. dai capelli biondo ramato **II** ➧ ***5*** agg. [*hair*] biondo ramato.

strawberry bush /'strɔ:brɪbʊʃ, AE -berɪ-/ n. evonimo m.

strawberry mark /'strɔ:brɪmɑ:k, AE -berɪ-/ n. voglia f. di fragola.

strawberry roan /'strɔ:brɪrəʊn, AE -berɪ-/ **I** agg. EQUIT. roano **II** n. EQUIT. roano m.

strawberry tomato /,strɔ:brɪtə'mɑ:təʊ, AE ,strɔ:berɪtə'meɪtəʊ/ n. alchechengi m.

strawberry tree /'strɔ:brɪtri:, AE -berɪ-/ n. BOT. corbezzolo m.

strawboard /'strɔ:bɔ:d/ n. cartone m. di pasta di paglia.

straw-coloured BE, **straw-colored** AE /'strɔ:,kʌləd/ ➧ ***5*** agg. (color) paglia.

straw-cutter /'strɔ:kʌtə(r)/ n. trinciapaglia m.

straw man /,strɔ:'mən/ n. (pl. **straw men**) AE uomo m. di paglia.

straw mat /,strɔ:'mæt/ n. stuoia f.

straw men /,strɔ:'men/ → **straw man**.

straw poll /,strɔ:'pəʊl/, **straw vote** /,strɔ:'vəʊt/ n. POL. sondaggio m. d'opinione pre-elettorale.

straw wine /,strɔ:'waɪn/ n. vino m. d'uva passita.

strawy /strɔ:ɪ/ agg. *(made with straw)* di paglia, fatto di paglia; *(filled with straw)* riempito di, contenente paglia; *(resembling straw)* simile a paglia.

straw yard /'strɔ:jɑ:d/ n. ricovero m., cortile m. ricoperto di paglia.

▷ **1.stray** /streɪ/ **I** agg. **1** *(lost)* [*dog, cat*] randagio; [*child, sheep, goat*] smarrito **2** *(isolated)* [*bullet*] vagante; [*car, tourist*] isolato, sporadico; [*coin, pencil*] (lasciato) in giro **II** n. **1** *(animal)* animale m. randagio; *(dog)* cane m. randagio; *(cat)* gatto m. randagio **2** *(bullet)* pallottola f. vagante **III strays** n.pl. ELETTRON. interferenza f.sing. atmosferica.

▷ **2.stray** /streɪ/ intr. **1** *(wander)* [*animal, person*] vagare, vagabondare; ***to ~ from the road*** allontanarsi dalla strada; ***to ~ from sb., from the house*** allontanarsi da qcn., dalla casa; ***to ~ onto the road*** [*animal*] finire sulla strada; ***to ~ into a shop*** finire per caso in un negozio **2** FIG. [*eyes, mind, thoughts*] vagare; ***to ~ from the point*** [*person*] divagare; ***to ~ onto sth.*** *(in telling)* divagare su qcs.; ***to let one's thoughts ~*** lasciare vagare i propri pensieri; ***to let one's thoughts ~ to sth.*** vagare col pensiero fino a qcs. *o* lasciarsi portare dai propri pensieri a qcs. **3** RELIG. smarrirsi, peccare; ***to ~ from the path of righteousness*** smarrirsi dalla retta via **4** EUFEM. *(commit adultery)* fare una scappatella.

straying hand /ˌstreɪɪŋ'hænd/ n. mano f. morta.

▷ **1.streak** /stri:k/ n. **1** *(in character)* traccia f., tocco m., vena f.; ***a cruel, mean ~*** o ***a ~ of cruelty, meanness*** una punta di crudeltà, di meschinità **2** *(period)* breve periodo m., momento m.; ***to be on a winning, losing ~*** essere in un buon, cattivo momento, periodo *o* attraversare un periodo fortunato, sfortunato **3** *(mark) (of paint, substance, water)* riga f., striscia f.; *(of light)* raggio m.; ***~ of lightning*** un lampo *o* un fulmine (anche FIG.) **4** COSMET. mèche f.; ***to have ~s done*** farsi le mèche.

▷ **2.streak** /stri:k/ **I** tr. **1** [*light, red*] striare, screziare [*sea, sky*] **2** COSMET. ***to ~ sb.'s hair*** fare le mèche a qcn.; ***to get one's hair ~ed*** farsi le mèche **II** intr. **1** *(move fast)* ***to ~ past*** passare come un lampo; ***to ~ across*** o ***through sth.*** attraversare qcs. velocissimamente **2** COLLOQ. *(run naked)* fare lo streaking, correre nudi in pubblico per protesta.

streaked /stri:kt/ **I** p.pass. → **2.streak II** agg. *(with tears)* rigato (**with** di); *(with dirt)* segnato, chiazzato (**with** di); *(with colour, light)* striato, screziato (**with** di); ***tear-~*** rigato di lacrime; ***sweat-~*** rigato di sudore.

streaker /'stri:kə(r)/ n. COLLOQ. chi fa lo streaking.

streakiness /'stri:kɪnɪs/ n. striatura f., (l')essere striato.

streaking /'stri:kɪŋ/ n. streaking m.

streak lightning /ˌstri:k'laɪtnɪŋ/ n. fulmine m. dritto.

streaky /'stri:kɪ/ agg. [*surface*] striato, screziato; [*paint*] non uniforme; [*pattern*] disuguale, irregolare; ***~ mark*** striscia *o* striatura.

streaky bacon /ˌstri:kɪ'beɪkən/ n. BE bacon m. venato.

▷ **1.stream** /stri:m/ n. **1** *(small river)* corso m. d'acqua, torrente m., ruscello m.; ***underground, trout ~*** torrente sotterraneo, per la pesca delle trote **2** *(flow)* ***a ~ of*** un flusso continuo di [*traffic, customers*]; una serie continua di [*questions, jokes*]; un torrente, un profluvio di [*insults, invective*]; un fascio di [*light*]; un getto di [*flames*]; una colata di [*lava*]; un flusso di [*water*]; ***a ~ of abuse*** un torrente d'insulti **3** *(current)* corrente f.; ***to drift with the ~*** [*leaves, particles*] essere trasportato dalla corrente **4** BE SCOL. = gruppo di studenti dello stesso livello; ***the top, middle, bottom ~*** = il gruppo di allievi del livello avanzato, intermedio, di base; ***the A ~*** = il gruppo di studenti di livello avanzato; ***to divide a class into ~s*** dividere una classe in gruppi di diverso livello ◆ ***to come on ~*** [*factory, oil field*] entrare in funzione *o* cominciare la produzione.

2.stream /stri:m/ **I** tr. BE SCOL. dividere in gruppi secondo il livello [*class, children*] **II** intr. **1** *(flow)* [*tears, blood, water*] scorrere, fluire; ***blood was ~ing from the wound*** il sangue grondava dalla ferita; ***water was ~ing down the walls*** l'acqua colava giù dai muri; ***light was ~ing into the room*** un fascio di luce entrava nella stanza; ***tears were ~ing down his face*** le lacrime gli scendevano copiose sul volto **2** *(move)* [*traffic, cars, people*] *(into a place)* affluire; *(out of a place)* [*traffic, cars, people*] defluire; ***they ~ed through the gates*** passarono a frotte attraverso i cancelli **3** *(flutter, blow)* [*banners, hair*] ondeggiare, fluttuare; ***to ~ in the wind*** ondeggiare al vento **4** [*eyes*] lacrimare (molto); [*nose*] colare; ***my eyes were ~ing*** mi lacrimavano gli occhi; ***pollen makes his nose ~*** il polline gli fa colare il naso.

▪ **stream in** [*people*] riversarsi dentro; ***light was ~ing in*** un fascio di luce entrava.

▪ **stream out** uscire a fiotti, riversarsi fuori; ***the crowd ~ed out of the theatre*** la folla si riversò fuori dal teatro.

stream-anchor /'stri:mˌæŋkə(r)/ n. ancora f. di corrente.

steam cable /'stri:mkeɪbl/ n. MAR. cavo m. di rimorchio.

streamer /'stri:mə(r)/ **I** n. **1** *(flag)* fiamma f.; *(ribbon of paper)* stella f. filante; *(decoration)* festone m. di carta **2** GIORN. *(headline)* titolo m. a tutta pagina **3** ASTR. *(corona)* corona f. solare **4** INFORM. streamer m. **II streamers** n.pl. ASTR. aurora f.sing. boreale.

streaming /'stri:mɪŋ/ **I** n. **1** BE SCOL. = divisione degli studenti in gruppi a seconda del loro livello **2** INFORM. streaming m. **II** agg. COLLOQ. ***a ~ cold*** raffreddore con naso che cola.

streamlet /'stri:mlɪt/ n. ruscelletto m.

1.streamline /'stri:mlaɪn/ n. **1** AUT. AER. MAR. linea f. aerodinamica **2** FIS. linea f. di flusso, linea f. di corrente.

2.streamline /'stri:mlaɪn/ tr. **1** AUT. AER. MAR. dare forma aerodinamica a **2** *(make more efficient)* rendere più efficiente, ottimizzare [*distribution, production, procedures*]; EUFEM. *(cut back)* ridurre, sfoltire il personale di [*company*].

streamlined /'stri:mlaɪnd/ agg. **1** AUT. AER. MAR. [*hull, body*] aerodinamico; [*cooker, bathroom, furniture*] = dalla linea moderna **2** FIG. [*procedures, production, system*] semplificato, efficiente.

streamlining /'stri:mlaɪnɪŋ/ n. **1** *(of cars, boats)* linea f. aerodinamica **2** *(of procedures, production, work methods)* ottimizzazione f.; *(of company)* EUFEM. sfoltimento m. del personale.

stream of consciousness /stri:məv'kɒnʃəsnɪs/ n. flusso m. di coscienza.

▶ **street** /stri:t/ **I** n. strada f., via f.; ***in*** o ***on the ~*** in *o* nella strada; ***across*** o ***over*** BE ***the ~*** dall'altro lato della strada; ***to go down, go across the ~*** andare lungo *o* giù per, attraversare la strada; ***to put*** o ***turn sb. out on the ~*** buttare qcn. sul lastrico; ***to be on the*** o ***walk the ~s*** [*homeless person*] vivere in strada; [*prostitute*] battere il marciapiede; ***to keep people off the ~s*** tenere le persone lontano dalla strada; ***to keep trouble off the ~s*** mantenere l'ordine nelle strade; ***to take to the ~s*** [*population, rioters*] scendere in strada *o* in piazza; [*prostitute*] battere il marciapiede; ***the man in the ~*** l'uomo della strada **II** modif. **1** [*accident*] stradale; [*directory, plan*] delle strade; [*musician*] di strada **2** [*style, culture*] della strada, di strada; [*drug*] che si vende in strada ◆ ***it's right up my, your ~*** COLLOQ. è proprio il mio, tuo campo; ***they are ~s apart*** BE c'è un abisso che li separa; ***to be in Queer Street*** BE ANT. COLLOQ. essere pieno di debiti *o* essere in difficoltà finanziarie; ***to be ~s ahead of*** BE COLLOQ. essere di gran lunga superiore a.

street arab /'stri:tˌærəb/ n. ANT. COLLOQ. ragazzo m. (-a) di strada, monello m. (-a).

streetcar /'stri:tkɑ:(r)/ n. AE tram m.

street cleaner /'stri:tˌkli:nə(r)/ ♦ ***27*** n. *(person)* spazzino m. (-a), operatore m. ecologico; *(machine)* spazzatrice f.

street cleaning /'stri:tˌkli:nɪŋ/, **street cleansing** /'stri:tˌklenzɪŋ/ BE n. nettezza f. urbana, pulizia f. delle strade.

street clothes /'stri:tkləʊðz/ n.pl. AE abbigliamento m. casual.

street cred /ˌstri:t'kred/ n. COLLOQ. ***to do sth. to gain ~*** fare qcs. per diventare popolare (specialmente tra i giovani); ***it gives him ~*** lo rende molto popolare (specialmente tra i giovani).

street credibility /ˌstri:tˌkredə'bɪlətɪ/ n. → **street cred**.

street door /'stri:tdɔ:(r)/ n. portone m., porta f. sulla strada.

street fighting /'stri:tˌfaɪtɪŋ/ n. **U** scontri m.pl. in strada.

street furniture /ˌstri:t'fɜ:nɪtʃə(r)/ n. arredo m. urbano.

street guide /'stri:tgaɪd/ n. stradario m.

streetlamp /'stri:tlæmp/ n. lampione m.; *(old gas lamp)* lampione m. a gas.

street level /'stri:tlevl/ n. pianterreno m.; ***at ~*** a pianterreno.

street-level /'stri:tlevl/ agg. [*exit*] al pianterreno; [*parking*] al livello della strada.

streetlight /'stri:tlaɪt/ n. → **streetlamp**.

street lighting /'stri:tlaɪtɪŋ/ n. illuminazione f. stradale.

street market /'stri:tˌmɑ:kɪt/ n. mercato m. (all'aperto).

street newspaper /'stri:tˌnju:zpeɪpə(r)/ n. giornale m. di strada.

street plan /'stri:tplæn/ n. → **street guide**.

street sweeper /'stri:tswi:pə(r)/ ♦ ***27*** n. → **street cleaner.**

street theatre /ˌstri:t'θɪətə(r)/ BE, **street theater** AE /'stri:tˌθɪətə(r)/ n. teatro m. di strada.

street value /'stri:tvæljʊ/ n. valore m. sul mercato, al dettaglio.

streetwalker /'stri:tˌwɔ:kə(r)/ n. passeggiatrice f., prostituta f.

streetwise /'stri:twaɪz/ agg. [*person*] sveglio, che ha imparato ad arrangiarsi; [*image*] di persona sveglia, che ha imparato ad arrangiarsi.

streetworker /'stri:twɜ:kə(r)/ n. operatore m. (-trice) di strada, educatore m. (-trice) di strada.

▶ **strength** /streŋθ/ n. **1** *(power) (of person, wind)* forza f., energia f.; *(of lens, magnet, voice)* potenza f.; ***to summon up, save one's ~*** raccogliere, risparmiare le forze; ***his ~ failed him*** gli mancarono le forze; ***with all one's ~*** con tutte le proprie forze; ***to find, have the ~ to do*** trovare, avere la forza di fare; ***to have great ~*** avere molta forza *o* essere molto forte; ***to build up one's ~*** potenziare i propri muscoli; *(after illness)* riprendere le proprie forze **2** *(toughness) (of structure, equipment)* solidità f.; *(of material, substance)* resistenza f. **3** *(concentration) (of solution)* titolo m.; *(of dose, medicine)* concentrazione f.; ***taste the ~ of the mixture, coffee*** assaggia la mistura, il caffè per vedere se è forte; ***the alcoholic ~ of a drink*** la gradazione alcolica di una bevanda **4** *(capability)* forza f., capacità f.; ***to test the ~ of the government, team*** mettere alla prova la forza del governo, della squadra; ***to be in a position of ~*** essere in una posizione di forza; ***economic, military ~*** forza *o* potenza economica, militare **5** *(intensity) (of bond)* forza f., solidità f.; *(of feeling)* forza f., intensità f.; *(of reaction)* forza f., vigore m. **6** EL. *(of bulb)* potenza f.; *(of current)* intensità f. **7** ECON. forza f.; ***the ~ of the dollar against the pound*** la forza del dollaro rispetto alla sterlina; ***to gain ~*** rafforzarsi **8** *(resolution)* forza f.; ***~ of character*** forza di carattere; ***inner, moral ~*** forza interiore, morale; ***~ of will*** forza di volontà; ***~ of purpose*** determinazione **9** *(credibility) (of argument)* forza f., incisività f.; *(of case, claim)* forza f.; ***to give*** o ***lend ~ to*** [*evidence*] dare forza a *o* rafforzare [*argument, theory*]; ***he was convicted on the ~ of the evidence*** fu condannato sulla base di prove; ***I got the job on the ~ of my research, his recommendation*** ho ottenuto il lavoro grazie alle mie ricerche, alla sua raccomandazione **10** *(asset) (of person, team)* forza f., punto m. di forza; *(of novel, play)* punto m. di forza, qualità f.; ***his patience is his greatest ~*** la pazienza è il suo più grande punto di forza **11** *(total size)* ***the team is below ~*** la squadra è a ranghi incompleti *o* non è al completo; ***the workforce is at full ~*** la manodopera è al completo; ***to bring the team up to ~*** completare la squadra; ***his fans were present in ~*** i suoi fan erano presenti in forze ◆ ***to go from ~ to ~*** acquistare forza *o* andare di bene in meglio; ***give me ~!*** COLLOQ. *(impatient)* che pazienza ci vuole! *(self-encouragement)* coraggio!

▷ **strengthen** /ˈstreŋθn/ **I** tr. **1** *(reinforce)* rinforzare, consolidare [*building, material, wall*]; potenziare [*equipment, machine*] **2** *(increase the power of)* rafforzare [*government, party, team*]; rafforzare, dare forza a [*argument, claim, position*]; rafforzare, rendere più solido [*bond, links*] **3** *(increase)* rafforzare [*belief, determination, love*]; rafforzare, consolidare [*power, role*]; ***to ~ sb.'s hand*** FIG. rafforzare *o* dare più forza all'azione *o* alla posizione di qcn.; ***to ~ one's lead*** rafforzare la propria posizione di leader **4** *(build up)* potenziare [*muscles*]; rafforzare [*dollar, economy*] **II** intr. [*muscles*] potenziarsi, rafforzarsi; [*current, wind*] aumentare (di forza); [*economy, yen*] rafforzarsi (**against** rispetto a).

strengthening /ˈstreŋθnɪŋ/ **I** n. **1** *(of building)* consolidamento m.; *(of equipment)* potenziamento m. **2** *(of numbers of people)* (il) rafforzarsi, aumento m.; ***the rioting called for a ~ of the police presence*** la sommossa ha reso necessario una maggiore presenza delle forze di polizia **3** *(of solution)* concentrazione f. **II** agg. [*current, wind*] che aumenta (di forza); [*currency, pound*] che si rafforza; ***the dollar fell today against a ~ pound*** il dollaro oggi è sceso rispetto a una sterlina che si è rafforzata; ***the news had a ~ effect on the market*** la notizia ha dato una spinta al rialzo del mercato.

strengthless /ˈstreŋθlɪs/ agg. privo di forza, debole.

strenuous /ˈstrenjʊəs/ agg. **1** *(demanding)* [*exercise, walk*] faticoso, difficile; [*schedule*] carico; [*day, work, activity, job*] duro, faticoso **2** *(determined)* [*protest, disagreement*] strenuo, vigoroso; ***to put up ~ opposition to sth.*** opporsi strenuamente a qcs.; ***to make ~ efforts to do*** impegnarsi strenuamente a fare.

strenuously /ˈstrenjʊəslɪ/ avv. [*deny, protest, oppose*] strenuamente, vigorosamente; [*try*] accanitamente; [*work*] duramente.

strenuousness /ˈstrenjʊəsnɪs/ n. *(of work, activity)* difficoltà f., durezza f.; *(of protest, resistance)* vigore m.

streptococcal /ˌstreptəˈkɒkl/, **streptococcic** /ˌstreptəˈkɒkɪk/ agg. MED. streptococcico.

streptococcus /ˌstreptəˈkɒkəs/ n. (pl. **-i**) streptococco m.

streptolysin /ˌstreptəʊˈlaɪsɪn/ n. streptolisina f.

streptomyces /ˌstreptəʊˈmaɪsiːz/ n. (pl. **-tes**) streptomicete m.

streptomycin /ˌstreptəʊˈmaɪsɪn/ n. streptomicina f.

▶ **1.stress** /stres/ n. **1** *(nervous)* stress m., tensione f.; ***emotional, mental ~*** tensione emotiva, mentale; ***signs of ~*** segni di stress; ***to suffer from ~*** essere stressato; ***to be under ~*** essere stressato *o* sotto stress; ***to put sb. under ~, to put ~ on sb.*** sottoporre qcn. a stress, stressare qcn.; ***in times of ~*** nei momenti difficili; ***the ~es and strains of modern life*** lo stress e la tensione della vita moderna **2** *(emphasis)* ***~ on*** enfasi su [*aspect, point*]; ***to lay*** o ***put ~ on*** mettere l'accento *o* insistere su [*fact, problem, feature*]; ***there is not enough ~ (laid) on vocational skills*** non si dà abbastanza importanza alle attitudini pratiche **3** ING. FIS. sollecitazione f., tensione f.; ***subject to high ~es*** sottoposto a forti sollecitazioni; ***a ~ of 500 kg*** un carico di 500 kg; ***to put*** o ***impose ~ on sth.*** sottoporre qcs. a uno sforzo; ***the ~ on the fuselage*** lo sforzo subito dalla fusoliera; ***to be in ~*** essere sottoposto a sollecitazione; ***the ~ produced in a structure*** la tensione prodotta in una struttura **4** LING. FON. *(phenomenon)* accentazione f.; *(instance)* accento m.; ***the ~ falls on...*** l'accento cade su...; ***to put*** o ***place the ~ on sth.*** mettere *o* porre l'accento su qcs. **5** MUS. accento m.

▶ **2.stress** /stres/ tr. **1** *(emphasize)* mettere l'accento su, insistere su, sottolineare [*commitment, issue, difficulty, advantage*]; ***to ~ the importance of sth.*** sottolineare l'importanza di qcs.; ***to ~ the need for sth., to do*** sottolineare la necessità di qcs., di fare; ***to ~ the point that*** insistere sul fatto che; ***to ~ (that)*** sottolineare che **2** LING. MUS. accentare [*note, syllable*] **3** ING. TECN. *(experimentally)* sottoporre [qcs.] a sollecitazione [*structure, component*]; *(in practice)* sollecitare [*structure, metal*].

■ **stress out** COLLOQ. **~ *[sb.] out*** stressare [qcn.].

▷ **stressed** /strest/ **I** p.pass. → **2.stress II** agg. **1** (anche **~ out**) *(emotionally)* stressato; ***to feel ~*** sentirsi stressato **2** MECC. FIS. TECN. attrib. [*components, covering, structure*] sotto sforzo **3** LING. FON. accentato.

stress factor /ˈstresˌfæktə(r)/ n. MED. fattore m. di stress.

stress fracture /stresˈfræktʃə(r)/ n. MED. frattura f. da stress; ING. rottura f. da stress, causata da sollecitazioni.

stress-free /stresˈfriː/ agg. antistress.

stressful /ˈstresfl/ agg. [*lifestyle, situation, circumstances, work*] stressante, logorante; ***it's very ~ living with them*** è molto stressante vivere con loro.

stressless /ˈstreslɪs/ agg. [*word*] atono, non accentato.

stress limit /ˈstresˌlɪmɪt/ n. limite m. di rottura.

stress mark /ˈstresmɑːk/ n. accento m.

stress-related /stresrɪˈleɪtɪd/ agg. [*illness*] causato da stress.

stress relief /stresrɪˈliːf/ n. METALL. distensione f.

stress unit /stresˈjuːnɪt/ n. unità f. di carico.

1.stretch /stretʃ/ **I** n. **1** *(extending movement) (in gymnastics)* allungamento m., stiramento m.; ***to have a ~*** stiracchiarsi; ***to give sth. a ~*** stirare, allungare [*arm, leg*]; tirare [*elastic*]; ***to be at full ~*** *(taut)* [*rope, elastic*] essere teso al massimo; FIG. *(flat out)* [*factory, office*] essere a pieno regime; ***to work at full ~*** [*factory, machine*] lavorare a pieno regime; [*person*] lavorare al massimo delle proprie possibilità; ***I can lend you £ 50 at a ~*** ti posso prestare al massimo 50 sterline **2** *(elasticity)* elasticità f. **3** *(section) (of road, track, coastline, river)* tratto m.; ***a clear, dangerous ~ of road*** un tratto di strada sgombro, pericoloso; ***the ~ of track, road between Oxford and Banbury*** il tratto di ferrovia, strada tra Oxford e Banbury; ***to be on the home*** o ***finishing ~*** [*athlete, racehorse*] essere in dirittura d'arrivo **4** *(expanse) (of water, countryside)* distesa f.; ***a ~ of land*** una distesa di terra **5** *(period)* periodo m.; ***a short, long ~*** un breve, lungo periodo; ***he was often left alone for long ~es*** spesso lo lasciavano da solo per lunghi periodi (di tempo); ***a three-hour ~*** un lasso di tempo di tre ore; ***I did an 18-month ~ in Tokyo*** ho passato 18 mesi a Tokyo; ***to work for 12 hours at a ~*** lavorare 12 ore di fila *o* di seguito **6** COLLOQ. *(prison sentence)* ***a five-year ~*** cinque anni dentro; ***to do a long ~*** stare dentro un bel po' **II** agg. attrib. [*cover, fabric, waist*] elasticizzato; [*limousine*] a carrozzeria allungata.

▶ **2.stretch** /stretʃ/ **I** tr. **1** *(extend)* tendere [*rope, net*] (**between** tra); ***to ~ one's neck, arms, legs*** distendere *o* allungare il collo, le braccia, le gambe; ***to ~ one's legs*** FIG. sgranchirsi le gambe, fare una passeggiata; ***to ~ one's wings*** spiegare le ali; FIG. spiegare il volo; ***the fabric was ~ed tight across his shoulders, buttocks*** l'abito gli fasciava le spalle, il sedere **2** *(increase the size)* tendere [*spring, elastic*]; tirare [*fabric*]; *(deliberately)* allargare [*shoe*]; *(distort)* sformare [*garment, shoe*]; ***they ~ed their lead to 5-0*** FIG. hanno allungato portandosi sul 5-0 **3** *(bend)* distorcere [*truth*]; fare uno strappo a [*rules, regulations*]; ***to ~ a point*** *(make concession)* fare un'eccezione; *(exaggerate)* tirare troppo la corda **4** *(push to the limit)* abusare di [*patience, tolerance*]; sfruttare [qcs.] al massimo [*budget, resources*]; sfruttare [qcn.] al massimo delle sue possibilità [*pupil, employee, competitor*]; ***to be fully ~ed*** [*person, company*] essere al massimo delle proprie possibilità; ***the system is ~ed to the limit*** il sistema è sfruttato al massimo; ***you're ~ing my credulity to the limit*** stai abusando della mia credulità; ***I need a job that ~es me*** ho bisogno di un lavoro che mi metta alla prova; ***she isn't ~ed at school*** la scuola non la stimola granché; ***isn't that ~ing it a bit?*** COLLOQ. non state esagerando un po'? **5** *(eke out)* fare bastare [*supplies, budget*] **II** intr. **1** *(extend one's limbs)* stirarsi, distendersi **2** *(spread)* [*road, track*] snodarsi, stendersi (**for** per); [*forest, water, beach, moor*] stendersi (**for** per); ***the road ~es for 200 km*** la strada si snoda per 200 km; ***to ~ over*** [*empire*] estendersi su [*Europe*]; [*festivities, course*] protrarsi per, durare [*fortnight, month*]; ***to ~ to*** o ***as far as sth.*** [*flex, string*] arrivare fino a qcs.; ***how***

far does the queue, traffic jam ~? fino a dove arriva la coda, l'ingorgo? ***the weeks ~ed into months*** le settimane diventarono mesi **3** *(become larger)* [*elastic*] allungarsi; [*shoe*] allargarsi; [*fabric, garment*] sformarsi, cedere; ***this fabric ~es*** questa stoffa cede **4** COLLOQ. *(afford)* ***I think I can ~ to a bottle of wine*** penso di potermi permettere una bottiglia di vino; ***the budget won't ~ to a new computer*** nel nostro budget non ci sta un computer nuovo **III** rifl. ***to ~ oneself*** stirarsi; FIG. fare uno sforzo.

■ **stretch back:** ***the queue ~es back for 100 metres*** dietro ci sono 100 metri di coda; ***to ~ back for centuries*** [*tradition*] risalire a secoli addietro; ***to ~ back to*** [*problem, tradition*] risalire a [*1970, last year*]; [*traffic jam, queue*] arrivare fino a [*place, corner*].

■ **stretch out:** *~ out* **1** *(lie down)* distendersi, allungarsi **2** *(extend)* [*plain, countryside, road*] stendersi; *~ out [sth.], ~ [sth.] out* *(extend)* tendere [*hand, foot*] (**towards** verso); stendere, allungare [*arm, leg*]; tirare [*nets, sheet*]; ***I ~ed my speech out to an hour*** ho fatto in modo che il mio discorso durasse un'ora.

1.stretcher /'stretʃə(r)/ n. **1** MED. barella f., lettiga f. **2** *(for hat, shoes)* forma f.; *(for canvas)* telaio m. **3** *(strut) (on chair)* traversa f.; *(on umbrella)* stecca f. **4** ING. *(wooden)* traversa f.

2.stretcher /'stretʃə(r)/ tr. trasportare con la barella, barellare.

■ **stretcher off:** *~ [sb.] off* SPORT portare via [qcn.] in barella [*injured player*].

stretcher-bearer /'stretʃə,beərə(r)/ ♦ *27* n. barelliere m. (-a).

stretcher case /'stretʃə,keɪs/ n. = persona ferita o malata che deve essere trasportata in barella.

stretcher party /'stretʃə,pɑ:tɪ/ n. gruppo m. di barellieri.

stretching /'stretʃɪŋ/ n. allungamento m., stiramento m., distensione f.

stretch mark /'stretʃmɑ:k/ n. smagliatura f. cutanea.

stretch-out /'stretʃaʊt/ n. = il richiedere ai propri dipendenti di fare straordinari non retribuiti.

stretchy /'stretʃɪ/ agg. elastico, flessibile.

strew /stru:/ tr. (pass. **strewed**; p.pass. **strewed**, **strewn**) sparpagliare [*clothes, litter, paper*] (**on, over** su); spargere [*sand, straw, flowers*] (**on, over** su); disseminare [*wreckage*] (**on, over** su); ***to ~ the floor with clothes*** sparpagliare i vestiti sul pavimento *o* per terra; ***strewn with*** cosparso di; ***leaf-strewn*** coperto di foglie; ***rock-strewn*** pietroso.

strewth /stru:θ/ inter. BE POP. perdio, perdinci.

stria /'straɪə/ n. (pl. **-ae**) *(all contexts)* stria f.

1.striate /'straɪɪt/ agg. striato.

2.striate /straɪ'eɪt, AE 'straɪeɪt/ tr. striare.

striated /straɪ'eɪtɪd, AE 'straɪeɪtɪd/ **I** p.pass. → **2.striate II** agg. striato; ***~ muscle*** muscolo striato.

striation /straɪ'eɪʃn/ n. striatura f.

stricken /'strɪkən/ **I** p.pass. → **2.strike II** agg. **1** *(afflicted)* [*face, look, voice*] afflitto **2** *(affected)* [*area*] disastrato; ***~ with, ~ by*** preso da, in preda a [*fear, guilt*]; colpito da [*illness, poverty*]; attanagliato da [*doubt*]; affetto da [*chronic illness*]; ***guilt-~*** divorato dal senso di colpa; ***drought-, famine-~*** colpito dalla siccità, dalla carestia **3** *(incapacitated)* [*plane, ship*] in avaria.

strickle /'strɪkl/ n. **1** METROL. rasiera f. **2** METALL. sagoma f. **3** *(grinder)* mola f.

▷ **strict** /strɪkt/ agg. **1** *(not lenient)* [*person, upbringing, discipline, school*] severo, rigido; [*rule*] ferreo; [*view, principle*] rigido; [*Methodist, Catholic*] rigidamente osservante; ***to be ~ with sb.*** essere severo con qcn.; ***he is very ~ about discipline*** è molto severo per quanto riguarda la disciplina **2** *(stringent)* [*law, order*] rigido, preciso; [*instructions, criterion, meaning, limit*] preciso; [*observance*] stretto; [*interpretation*] rigido; *(absolute)* [*truth*] puro; [*silence, privacy, accuracy*] assoluto; ***in the ~ sense of the word*** nel senso stretto del termine; ***they have to work to ~ deadlines*** devono rispettare scadenze molto precise; ***in ~ confidence*** in via strettamente confidenziale; ***in ~ secrecy*** in gran segreto; ***on the ~ understanding that*** soltanto a condizione che.

strict liability /,strɪkt,laɪə'bɪlətɪ/ n. DIR. responsabilità f. oggettiva.

▷ **strictly** /'strɪktlɪ/ avv. **1** *(not leniently)* [*deal with, treat*] severamente **2** *(absolutely)* [*confidential, private, functional*] strettamente; ***"camping is ~ prohibited"*** "il campeggio è severamente vietato"; ***~ speaking*** in senso stretto *o* a rigor di termini; ***~ between ourselves...*** che resti tra noi...; ***that is not ~ true*** non è del tutto vero.

strictness /'strɪktnɪs/ n. *(of person, upbringing, regime)* severità f.; *(of rule, law)* severità f., rigidità f.; *(of views, principles)* rigore m., rigidità f.

stricture /'strɪktʃə(r)/ n. **1** *(censure)* critica f., censura f. (**against, on** di); ***to pass ~s on sb., sth.*** criticare duramente qcn., qcs., trovare da ridire a qcn., qcs. **2** *(restriction)* restrizione f. **3** MED. restringimento m., stenosi f.

stridden /'strɪdn/ p.pass. RAR. → **2.stride**.

1.stride /straɪd/ **I** n. **1** *(long step)* passo m. lungo, falcata f.; ***to cross a room in two ~s*** attraversare una stanza in due falcate *o* passi; ***a few ~s from sth.*** a due passi da qcs. **2** *(gait)* andatura f.; ***to have a confident, elegant ~*** avere un'andatura sicura, elegante; ***to have a long ~*** camminare a grandi falcate; ***to lengthen one's ~*** allungare il passo **II strides** n.pl. AUSTRAL. COLLOQ. pantaloni m. ♦ ***to get into one's ~*** trovare il ritmo giusto; ***to make great ~s*** fare passi da gigante; ***to put sb. off his, her ~*** distrarre qcn., fare perdere il ritmo *o* il passo a qcn.; ***to take sth. in one's ~*** continuare (a fare qcs.) senza fare una piega.

2.stride /straɪd/ **I** tr. (pass. **strode**; p.pass. RAR. **stridden**) *(cover)* percorrere [qcs.] a grandi passi [*distance*] **II** intr. (pass. **strode**; p.pass. RAR. **stridden**) **1** ***to ~ across, out, in*** attraversare, uscire, entrare a grandi passi; ***to ~ off*** o ***away*** allontanarsi *o* andarsene a grandi passi; ***to ~ up and down sth.*** andare su e giù per qcs. a grandi passi **2** *(cross in a stride)* ***to ~ over*** o ***across sth.*** scavalcare qcs.

stridency /'straɪdnsɪ/ n. **1** *(of sound, voice)* stridore m. **2** *(of claim, protest)* veemenza f.

strident /'straɪdnt/ agg. **1** *(harsh)* [*sound, voice*] stridente, stridulo; ***~ with anger*** vibrante di collera **2** *(vociferous)* [*group*] chiassoso; [*statement*] vibrato.

stridently /'straɪdntlɪ/ avv. **1** *(harshly)* [*speak, play*] in modo stridente **2** *(vociferously)* [*protest, shout*] con veemenza.

stridor /'straɪdə(r)/ n. stridore m.

stridulate /'strɪdjʊleɪt, AE 'strɪdʒʊleɪt/ intr. ZOOL. stridulare.

stridulation /,strɪdjʊ'leɪʃn, AE ,strɪdʒʊ'leɪʃn/ n. ZOOL. stridulazione f.

stridulous /'strɪdjʊləs, AE 'strɪdʒʊləs/ agg. stridulo.

strife /straɪf/ n. **1** *(conflict)* conflitto m. (**among** tra; **in** in); ***ethnic, industrial ~*** conflitto etnico, industriale; ***in a state of ~*** in conflitto **2** *(dissent)* lite f., litigio m.; ***domestic ~*** lite domestica ♦ ***my trouble and ~*** BE COLLOQ. mia moglie.

strife-ridden /,straɪf'rɪdn/, **strife-torn** /,straɪf'tɔ:n/ agg. dilaniato dalla guerra.

strigil /'strɪdʒɪl/ n. strigile m.

strigose /'straɪgəʊs/ agg. ispido.

▶ **1.strike** /straɪk/ **I** n. **1** IND. COMM. sciopero m.; ***to be on ~*** essere in *o* fare sciopero; ***to come out on ~*** entrare *o* mettersi in sciopero **2** *(attack)* attacco m. (**on, against** contro) (anche MIL.); ***air, pre-emptive ~*** attacco aereo, preventivo **3** MIN. *(discovery)* scoperta f. (di un giacimento); ***to make a ~*** trovare *o* scoprire un giacimento; ***diamond ~*** scoperta di un giacimento di diamanti; ***lucky ~*** FIG. colpo di fortuna **4** *(clock mechanism)* suoneria f. **5** SPORT *(in baseball)* palla f. buona, strike m.; *(in tenpin bowling)* strike m. **6** PESC. ferrata f. **II** modif. IND. COMM. [*committee, notice*] di sciopero; [*leader*] degli scioperanti ♦ ***to have two ~s against one*** AE essere in svantaggio.

▶ **2.strike** /straɪk/ **I** tr. (pass. **struck**; p.pass. **struck, stricken**) **1** *(hit)* [*person, stick, bat*] colpire [*person, object, ball*]; [*torpedo, missile*] colpire, centrare [*target, vessel*]; [*ship, car, person*] colpire, urtare [*rock, tree, pedestrian*]; ***to ~ sb. on the head, in the face*** [*person*] colpire qcn. sulla testa, in faccia; [*object*] urtare qcn. sulla testa, in faccia; ***to ~ sth. with*** battere qcs. con [*stick, hammer*]; ***she struck the table with her fist*** *(deliberately)* ha picchiato il pugno sul tavolo; ***he struck his head on the table*** ha dato una testata sul tavolo; ***his head struck the table*** picchiò la testa contro il tavolo; ***lightning struck the house, struck him*** un fulmine si è abbattuto sulla casa, su di lui; ***to be struck by lightning*** [*tree, house, person*] essere colpito da un fulmine; ***to ~ sb. to the ground*** *(with fist)* abbattere qcn. con un pugno; *(with stick)* abbattere qcn. con una bastonata; ***to ~ sb. a blow*** dare un colpo a qcn.; ***to ~ the first blow*** dare il primo colpo; FIG. fare la prima mossa; ***to ~ sb. dead*** [*lightning, God*] fulminare qcn.; [*person*] colpire qcn. a morte; ***to be struck blind, dumb*** diventare improvvisamente cieco, muto; ***to be struck dumb with amazement*** ammutolire per lo stupore **2** *(afflict)* [*quake, famine, disease, storm, disaster*] abbattersi su, colpire [*area, people*]; ***"earthquake ~s San Francisco"*** GIORN. "San Francisco colpita dal terremoto"; ***the pain ~s when I bend down*** mi viene una fitta di dolore ogni volta che mi piego; ***to ~ terror into sb.*** o ***sb.'s heart*** terrorizzare qcn. **3** *(make impression on)* [*idea, thought*] venire in mente a [*person*]; [*resemblance*] colpire [*person*]; ***to be struck by*** essere colpito da; ***an awful thought struck me*** mi venne in mente un pensiero orribile; ***a terrible sight struck my eyes*** mi si presentò davanti agli occhi un quadro terribile; ***it ~s me as funny, stupid that*** mi sembra divertente, stupido che; ***it ~s me as mean of them to do*** penso che sia meschino da parte loro fare; ***to ~ sb. as odd, absurd*** sembrare *o* parere strano, assurdo a qcn.; ***he ~s me as an intelligent man*** mi sembra una persona intelligente; ***it ~s me as a good idea to do*** mi pare *o* sembra una buona idea fare; ***did anything ~ you as odd?*** hai notato qualcosa di strano? ***how does the idea ~ you?*** che cosa ne pensi *o* te ne pare di questa idea? ***how did he ~ you?*** che impressione ti ha fatto? ***it ~s me (that)*** mi colpisce (il fatto che); ***it struck him that here was the opportunity*** all'improvviso capì che questa era la sua occasione; ***I was struck with him, it*** COLLOQ. mi ha colpito; ***she wasn't very struck with it*** COLLOQ. non (ne) è rimasta particolarmente colpita; ***to be struck on*** BE COLLOQ. essere innamorato di **4** *(discover, come upon)* scoprire, trovare [*oil, gold*]; finire su, trovare [*road*]; scontrarsi, sbattere contro [*rock, concrete, obstacle*]; ***to ~ a rich vein of humour*** scoprire una gran vena umoristica **5** *(achieve)* concludere [*accord, bargain*]; ***to ~ a balance*** trovare il giusto equilibrio (**between** tra) **6** *(ignite)* accendere [*match*]; ***to ~ a spark from a flint*** produrre una scintilla sfregando una pietra focaia **7** [*clock*] battere [*time*]; ***the clock struck six*** l'orologio ha battuto le sei; ***it had just struck two*** erano appena suonate le due **8** *(delete)* cancellare [*word, sentence, comment*]; ***to order sth. to be struck from the record*** ordinare che qcs. venga cancellato dal verbale **9** *(dismantle)* smontare [*tent, scaffolding*]; ***to ~ camp*** levare il campo *o* togliere le tende; ***to ~ one's colours*** MIL. ammainare la bandiera; ***to ~ the set*** TEATR. smontare il palco **10** ECON. *(mint)* battere [*coin*] **11** AGR. fare attecchire [*cutting*]; ***to ~ root*** mettere radici **12** PESC. [*fisherman*] ferrare [*fish*]; [*fish*] abboccare a [*bait*] **II** intr. (pass. **struck**; p.pass. **struck, stricken**) **1** *(deliver blow)* [*person*] colpire; *(collide)* [*bomb, shell*] colpire, cadere; ***to ~ short of the target*** mancare di poco il bersaglio; ***my head struck against a beam*** ho sbattuto la testa contro una trave; ***to ~ at*** attaccare **2** *(attack)* [*army, animal, snake*] attaccare; [*killer, rapist*] aggredire; [*disease, storm*] colpire; ***the terrorists have struck again*** i terroristi hanno colpito ancora *o* di nuovo; ***disaster struck*** è successo un disastro; ***"when pain ~s, take Calmaways"*** "quando il dolore vi assale, prendete Calmaways"; ***to ~ at*** attaccare [*target*]; ***this ~s at the heart of the democratic system*** questo mira al cuore del sistema democratico; ***to ~ at the root of the problem*** andare alla radice del problema; ***Henry ~s again!*** COLLOQ. SCHERZ. Henry colpisce *o* ha colpito ancora! **3** IND. COMM. scioperare, fare sciopero; ***to ~ for, against*** scioperare per, contro **4** [*match*] accendersi **5** [*clock, time*] battere, suonare; ***six o'clock struck*** sono suonate le sei **6** *(proceed)* ***to ~ north, inland*** dirigersi a nord, verso l'interno; ***to ~ across*** prendere per [*field*]; attraversare [*country*] **7** AGR. [*cutting, plant*] attecchire, mettere radici **8** PESC. [*fish*] abboccare.

■ **strike back** *(retaliate)* rispondere (**at** a).

■ **strike down:** ***~ [sb.] down, ~ down [sb.]*** [*person*] abbattere, mettere a terra; ***to be struck down by*** *(affected)* essere colpito da [*illness*]; *(incapacitated)* essere abbattuto da [*illness, bullet*].

■ **strike off:** ***~ off*** *(go off)* tagliare (**across** per; **towards** verso); ***~ [sth.] off, ~ off [sth.]*** **1** *(delete)* depennare [*item on list, name*] **2** TIP. tirare, stampare [*copy*] **3** FORM. *(cut off)* tagliare, recidere [*branch, flower head*]; ***~ [sb.] off*** radiare [*doctor*]; ***he's been struck off*** è stato radiato; ***~ [sb., sth.] off*** depennare, radiare [qcn., qcs.] da [*list*]; ***to be struck off the roll*** [*doctor*] essere radiato dall'ordine dei medici; [*barrister*] essere radiato dall'ordine degli avvocati.

■ **strike out:** ***~ out*** **1** *(hit out)* colpire; ***he struck out blindly*** menava colpi *o* colpiva alla cieca; ***to ~ out at*** attaccare [*adversary*]; FIG. prendersela con [*critics, rival*] **2** *(proceed)* ***to ~ out towards*** dirigersi verso; ***to ~ out in new directions*** FIG. intraprendere nuove strade; ***to ~ out on one's own*** intraprendere qcs. da solo; *(in business)* mettersi in proprio **3** AE *(in baseball)* essere eliminato **4** AE COLLOQ. *(fail)* fare fiasco, fallire; ***~ [sth.] out, ~ out [sth.]*** *(delete)* cancellare, depennare [*name, mention, paragraph*].

■ **strike up:** ***~ up*** [*band, orchestra*] cominciare a suonare; [*singer, choir*] cominciare a cantare; ***the band struck up with a waltz*** l'orchestra ha attaccato con un valzer; ***~ up [sth.]*** *(start)* [*band, orchestra*] attaccare [*tune, piece*]; [*singer, choir*] intonare [*song, tune*]; ***to ~ up an acquaintance with*** fare la conoscenza di qcn. in modo casuale; ***to ~ up a conversation with*** cominciare una conversazione con; ***to ~ up a friendship with*** stringere un'amicizia con; ***they struck up a friendship*** diventarono amici; ***to ~ up a relationship with*** stabilire un rapporto con.

strike ballot /ˈstraɪkˌbæləl/ n. = voto per decidere uno sciopero.

strikebound /ˈstraɪkbaʊnd/ agg. [*factory, area*] paralizzato dallo sciopero, per lo sciopero.

strikebreaker /ˈstraɪkˌbreɪkə(r)/ n. crumiro m. (-a).

strikebreaking /ˈstraɪkˌbreɪkɪŋ/ n. crumiraggio m.

strike force /ˈstraɪkˌfɔːs/ n. MIL. forza f. d'urto.

strike fund /ˈstraɪkˌfʌnd/ n. stanziamento m. a favore degli scioperanti.

strike pay /ˈstraɪkˌpeɪ/ n. = indennità di sciopero distribuita agli scioperanti dai sindacati.

▷ **striker** /ˈstraɪkə(r)/ n. **1** IND. COMM. scioperante m. e f. **2** SPORT *(in football)* attaccante m. e f. **3** MECC. *(in clock)* martelletto m.; *(in gun)* percussore m.

▷ **striking** /ˈstraɪkɪŋ/ **I** agg. **1** [*person*] che colpisce, che fa colpo; [*clothes, pictures*] che colpiscono, mozzafiato; [*pattern, design*] originale, che si nota, straordinario; [*similarity, contrast*] impressionante **2** [*clock*] a suoneria **3** IND. COMM. [*worker*] scioperante, in sciopero **II** n. **1** *(of clock)* suoneria f. **2** *(of coin)* conio m.

striking distance /ˈstraɪkɪŋˌdɪstəns/ n. ***to be within ~*** [*army, troops*] essere a tiro (**of** di); ***to be within ~ for sb.*** [*agreement, success*] essere alla portata di qcn.; ***we are within ~ of winning*** siamo molto vicini alla vittoria.

strikingly /ˈstraɪkɪŋlɪ/ avv. [*beautiful, different, similar*] incredibilmente; [*stand out, differ*] in modo sorprendente.

strikingness /ˈstraɪkɪŋnɪs/ n. straordinarietà f., eccezionalità f.

▶ **1.string** /strɪŋ/ **I** n. **1 U** *(twine)* corda f.; ***a ball, a piece of ~*** un gomitolo, un pezzo di corda; ***to tie sth. up with ~*** legare qcs. con della corda; ***tied up with ~*** legato con della corda **2** *(length of cord)* *(for packaging)* spago m.; *(on garment, medal)* cordino m.; *(on bow, racket)* corda f.; *(on puppet)* filo m.; ***hanging on a ~*** appeso a un filo; ***to tie a ~ round sth.*** legare un filo, una corda attorno a qcs.; ***to pull the ~s*** tirare i fili; FIG. muovere i fili *o* tenere le fila **3** *(series)* ***a ~ of*** una sfilza di [*visitors, ministers, boyfriends, successes, awards, complaints*]; una serie di [*crimes, convictions, scandals, takeovers, novels, victories, insults*]; una catena di [*shops, businesses*] **4** *(set)* ***~ of garlic, onions*** treccia d'aglio, di cipolle; ***~ of pearls*** filo di perle; ***~ of beads*** collana di perline; ***~ of islands*** fila di isole; ***~ of light bulbs*** filo di lampadine **5** EQUIT. ***a ~ of racehorses*** una scuderia di cavalli da corsa **6** MUS. *(on instrument)* corda f.; ***C-~*** la corda di do; ***to tighten, break a ~*** tendere, rompere una corda **7** INFORM. stringa f., sequenza f.; ***numeric, character ~*** stringa numerica, di caratteri **8** BOT. GASTR. *(in bean)* filo m.; ***to remove the ~s from the beans*** togliere i fili dai fagiolini **9** LING. sequenza f. **10** (anche **~board**) ING. montante m. della scala **II strings** n.pl. MUS. ***the ~s*** gli strumenti ad arco *o* gli archi ◆ ***to have sb. on a ~*** manovrare, fare ballare qcn.; ***to pull ~s*** COLLOQ. manovrare nell'ombra; ***to pull ~s for sb.*** COLLOQ. raccomandare qcn.; ***without ~s*** o ***with no ~s attached*** senza condizioni *o* incondizionatamente; ***to have more than one ~*** o ***several ~s to one's bow*** avere molte frecce al proprio arco.

2.string /strɪŋ/ **I** tr. (pass., p.pass. **strung**) **1** MUS. SPORT incordare [*racket, guitar, violin*]; montare la corde su [*bow*]; ***to ~ [sth.] tightly*** tendere le corde di [*racket*] **2** *(thread)* infilare [*beads, pearls*] (**on** su) **3** *(hang)* ***to ~ sth. (up) above, across*** appendere qcs. sopra, attraverso [*street*]; ***to ~ sth. up on*** appendere qcs. su [*lamppost, pole*]; ***to ~ sth. between*** appendere qcs. tra [*trees, supports*] **II** intr. (pass., p.pass. **strung**) GIORN. ***to ~ for a newspaper*** lavorare come corrispondente free lance per un giornale.

■ **string along** BE COLLOQ. ***~ along*** aggregarsi; ***to ~ along with sb.*** aggregarsi a qcn.; ***~ [sb.] along*** SPREG. menare qcn. per il naso.

■ **string out:** ***~ out*** mettersi in fila; ***~ [sth.] out, ~ out [sth.]*** mettere in fila; ***to be strung out along*** [*vehicles, groups*] essere in fila *o* coda lungo [*road*]; ***to be strung out across*** [*people*] disporsi in [*field, zone*].

■ **string together:** ***~ [sth.] together, ~ together [sth.]*** mettere in fila [*sentences, words*]; legare [*songs, rhymes*]; ***unable to ~ two sentences together*** SPREG. incapace di mettere due frasi di fila.

■ **string up** COLLOQ. ***~ [sb.] up*** appendere [qcn.] in alto; ***he was strung up by the heels*** era appeso per i piedi.

string bag /ˈstrɪŋbæg/ n. rete f. (per la spesa).

string band /ˈstrɪŋbænd/ n. orchestrina f. d'archi.

string bass /ˈstrɪŋbeɪs/ ♦ **17** n. contrabbasso m.

string bean /ˌstrɪŋˈbiːn/ n. fagiolino m. verde.

stringboard /ˈstrɪŋbɔːd/ n. montante m. della scala.

stringcourse /ˈstrɪŋkɔːs/ n. corso m. orizzontale, marcapiano m.

stringed /strɪŋd/ **I** p.pass. → **2.string II** agg. in composti ***a six-~ instrument*** uno strumento a sei corde.

stringency /ˈstrɪndʒənsɪ/ n. **1** *(of criticism, law, measure)* severità f. **2** *(of control, regulation, test)* rigore m.; ***economic ~, financial ~*** austerità.

stringent /ˈstrɪndʒənt/ agg. [*measure, standard*] rigoroso; [*ban, order*] formale.

stringently /ˈstrɪndʒəntlɪ/ avv. [*observe, respect, apply, treat*] rigorosamente; [*examine, test*] scrupolosamente; [*critical*] severamente.

stringer /ˈstrɪŋə(r)/ ♦ *27* n. **1** GIORN. corrispondente m. e f. freelance **2** ARCH. longherina f.

string(ed) instrument /ˌstrɪŋ(d)ˈɪnstrʊmənt/ ♦ *17* n. MUS. strumento m. a corda, ad arco.

string orchestra /strɪŋˈɔːkɪstrə/ n. orchestra m. d'archi.

string player /strɪŋˈpleɪə(r)/ n. = musicista che suona uno strumento a corda.

string-pulling /ˈstrɪŋˌpʊlɪŋ/ n. COLLOQ. maneggi m.pl., intrallazzi m.pl.

string puppet /strɪŋˈpʌpɪt/ n. marionetta f.

string quartet /ˌstrɪŋkwɔːˈtet/ n. quartetto m. d'archi.

string variable /strɪŋˈveərɪəbl/ n. variabile f. di stringa alfanumerica.

string vest /strɪŋˈvest/ n. canottiera f. di rete a maglie larghe.

stringy /ˈstrɪŋɪ/ agg. **1** SPREG. GASTR. [*meat, beans, celery*] fibroso **2** SPREG. *(thin)* [*hair*] lungo e secco **3** *(wiry)* LETT. [*person, build*] filiforme.

▶ **1.strip** /strɪp/ n. **1** *(narrow piece) (of material, paper, carpet)* striscia f. (**of** di); *(of land, sand)* striscia f., lingua f. (**of** di); *(of bacon)* trancio m. (**of** di); ***a ~ of garden, beach*** una striscia di giardino, di spiaggia; ***metal, paper ~*** striscia di metallo, di carta; ***centre ~*** BE o ***median ~*** AE *(on motorway)* banchina, aiuola spartitraffico **2** *(striptease)* spogliarello m., strip m., strip-tease m. **3** SPORT *(clothes)* tenuta f. sportiva; ***the Germany ~*** la tenuta della squadra tedesca *o* della Germania ♦ ***to tear sb. off a ~, to tear a ~ off sb.*** COLLOQ. dare una lavata di capo a qcn.

▶ **2.strip** /strɪp/ **I** tr. (forma in -ing ecc. **-pp-**) **1** (anche **~ off**) *(remove)* togliere [*clothes, paint*]; ***to ~ sth. from*** o ***off sth.*** togliere *o* staccare qcs. da qcs.; ***the storm had ~ped all the leaves from*** o ***off the tree*** il temporale aveva spogliato gli alberi delle foglie **2** *(remove everything from)* svestire [*person*]; [*person*] svuotare [*house, room*]; [*thief*] svuotare, svaligiare [*house*]; [*wind, animal*] spogliare [*tree, plant*]; [*person*] disfare [*bed*]; *(remove paint or varnish from)* sverniciare [*window, door, table*]; *(dismantle)* smontare [*gun, engine*]; ***to ~ a room of furniture*** togliere tutti i mobili da una stanza; ***to ~ sb. of*** spogliare qcn. di [*belongings, rights*]; ***to ~ sb. of his*** o ***her rank*** degradare [*soldier, civil servant*]; ***he was ~ped of his medal, his title*** gli hanno tolto la medaglia, il titolo **3** *(damage)* spanare [*nut, screw*]; ***to ~ the gears*** AUT. sgranare *o* grattare le marce **II** intr. (forma in -ing ecc. **-pp-**) *(take off one's clothes)* spogliarsi, svestirsi (**for** per); ***to ~ to the waist*** spogliarsi fino alla vita; ***to ~ naked*** mettersi nudo *o* spogliarsi completamente.

▪ **strip down:** ***~ down*** spogliarsi, svestirsi; ***to ~ down to one's underwear*** spogliarsi fino alle mutande; ***~ [sth.] down, ~ down [sth.]*** *(dismantle)* smontare [*gun, engine*]; *(remove linen from)* disfare [*bed*]; *(remove paint or varnish from)* sverniciare [*door, window, woodwork*].

▪ **strip off:** ***~ off*** [*person*] spogliarsi, svestirsi; ***~ [sth.] off, ~ off [sth.]*** *(remove)* togliere [*paint, wallpaper, clothes*]; spogliare di [*leaves*].

▪ **strip out:** ***~ [sth.] out, ~ out [sth.]*** **1** ECON. STATIST. *(disregard)* scorporare **2** *(remove everything from)* estirpare [*plants, vegetation*]; togliere [*fixtures, fittings etc.*] **3** INFORM. rimuovere [*tags, data*].

strip cartoon /ˌstrɪpkɑːˈtuːn/ n. fumetto m.

strip club /ˈstrɪpˌklʌb/ n. locale m. di strip-tease.

▷ **1.stripe** /straɪp/ n. **1** *(on fabric, wallpaper)* riga f., striscia f.; ***with blue and white ~s*** a righe blu e bianche **2** *(on crockery)* filetto m. **3** *(on animal) (isolated)* striscia f.; *(one of many)* zebratura f., striatura f. **4** MIL. gallone m.; ***to win one's ~s*** essere promosso di grado; ***to lose one's ~s*** essere degradato.

2.stripe /straɪp/ tr. rigare, striare.

▷ **striped** /straɪpt/ **I** p.pass. → **2.stripe II** agg. a righe, rigato; ***blue ~*** a righe blu.

striper /ˈstraɪpə(r)/ n. MIL. graduato m.; ***one-~*** caporale; ***two-~*** caporalmaggiore.

striping /ˈstraɪpɪŋ/ n. rigatura f., strisciata f.

strip joint /ˈstrɪpˌdʒɔɪnt/ n. COLLOQ. → **strip club**.

strip light /ˈstrɪpˌlaɪt/ n. neon m., luce f. al neon.

strip lighting /ˈstrɪpˌlaɪtɪŋ/ n. illuminazione f. al neon.

stripling /ˈstrɪplɪŋ/ n. LETT. SPREG. sbarbatello m., giovincello m.

strip mining /ˈstrɪpˌmaɪnɪŋ/ n. *(of mine)* coltivazione f. (a cielo aperto).

stripped /strɪpt/ **I** p.pass. → **2.strip II** agg. [*pine, wood*] scortecciato.

stripped-down /strɪptˈdaʊn/ agg. [*decor, style*] spoglio, sobrio.

stripper /ˈstrɪpə(r)/ ♦ *27* n. spogliarellista m. e f., stripper m. e f.; ***a male ~*** uno spogliarellista.

stripping /ˈstrɪpɪŋ/ n. **1** *(striptease)* striptease m. **2** MED. *(of veins)* stripping m.

strip poker /ˌstrɪpˈpəʊkə(r)/ ♦ *10* n. GIOC. strip poker m.

1.strip-search /ˈstrɪpsɜːtʃ/ n. perquisizione f. personale (in cui il soggetto viene fatto spogliare).

2.strip-search /ˈstrɪpsɜːtʃ/ tr. ***to ~ sb.*** perquisire qcn. (facendolo spogliare).

strip show /ˈstrɪpʃəʊ/ n. (spettacolo di) strip-tease m.

striptease /ˈstrɪptiːz/ n. strip-tease m., spogliarello m.

striptease artist /ˌstrɪptiːzˈɑːtɪst/ ♦ *27* n. strip-teaser m. e f., spogliarellista m. e f.

1.strip-wash /ˈstrɪpwɒʃ/ n. = abluzioni personali fatte togliendosi un indumento per volta.

2.strip-wash /ˈstrɪpwɒʃ/ **I** tr. = lavare un degente nel proprio letto **II** intr. lavarsi a pezzi.

stripy /ˈstraɪpɪ/ agg. rigato, a righe.

▷ **strive** /straɪv/ intr. (pass. **strove**; p.pass. **striven**) **1** *(try)* cercare, sforzarsi; ***to ~ to do*** sforzarsi di fare; ***to ~ for*** o ***after sth.*** aspirare *o* ambire a qcs. **2** *(fight)* lottare, battersi (**against** contro) (anche FIG.).

strobe /strəʊb/ n. (anche **~ light**) luce f. stroboscopica, luce f. intermittente.

strobe lighting /ˈstrəʊbˌlaɪtɪŋ/ n. illuminazione f. stroboscopica.

strobile /ˈstrəʊbaɪl/ n. strobilo m.

stroboscope /ˈstrəʊbəskəʊp/ n. stroboscopio m.

stroboscopic /ˌstrəʊbəˈskɒpɪk/ agg. stroboscopico.

strode /strəʊd/ pass. → **2.stride**.

▷ **1.stroke** /strəʊk/ **I** n. **1** *(blow)* colpo m.; *(in tennis, golf)* tiro m., colpo m.; ***to have a 3-~ lead*** essere in vantaggio di 3 colpi; ***to win by 2 ~s*** vincere con 2 colpi di vantaggio; ***to be 4 ~s behind*** avere 4 colpi di svantaggio; ***20 ~s of the cane*** 20 bacchettate **2** FIG. *(touch)* colpo m.; ***it was a brilliant, master ~*** è stato un colpo brillante, da maestro; ***at one*** o ***at a single ~*** in un solo colpo; ***a ~ of luck*** un colpo di fortuna *o* una botta di culo POP.; ***a ~ of bad luck*** una sfortuna, una botta di sfiga POP.; ***a ~ of genius*** un colpo di genio **3** SPORT *(swimming, movement)* bracciata f.; *(style)* nuoto m.; ***breast ~*** (nuoto a) rana; ***butterfly ~*** (nuoto a) farfalla; ***overarm ~*** bracciata alla marinara; ***Tim can swim a few ~s*** Tim riesce a fare qualche bracciata **4** SPORT *(in rowing) (movement)* colpo m. di remi, remata f.; *(person)* capovoga m. e f. **5** ART. *(mark of pen)* tratto m.; *(mark of brush)* tocco m., pennellata f.; *(stroking action)* colpo m. di pennello, matita ecc. **6** *(in punctuation)* barra f. obliqua **7** *(of clock)* colpo m., rintocco m.; ***on the ~ of four*** alle quattro in punto; ***at the ~ of midnight*** allo scoccare della mezzanotte; ***at the third ~ the time will be...*** al terzo rintocco saranno le... **8** MED. colpo m. apoplettico **9** TECN. *(in engine, pump)* ciclo m.; ***a 2 ~ engine*** un motore a 2 tempi **10** *(caress)* carezza f.; ***to give sb., sth. a ~*** accarezzare qcn., qcs. **II** modif. MED. ***~ victim, ~ patient*** (paziente) apoplettico ♦ ***not to do a ~ of work*** non fare niente *o* battere la fiacca; ***to put sb. off their ~*** *(upset timing)* fare perdere il ritmo a qcn.; FIG. *(disconcert)* disturbare qcn., fare perdere la concentrazione a qcn.

▷ **2.stroke** /strəʊk/ **I** tr. **1** *(caress)* accarezzare [*person, animal*]; ***to ~ sb.'s back*** accarezzare la schiena a qcn.; ***to ~ one's beard*** accarezzarsi la barba **2** SPORT *(in rowing)* ***to ~ an eight*** essere il capovoga di un otto **II** intr. SPORT *(in rowing)* essere il capovoga.

strokeplay /ˈstrəʊkpleɪ/ **I** n. SPORT = partita di golf in cui il punteggio si calcola in base al numero di colpi effettuati **II** modif. [*title*] di gara a colpi; [*championship*] a colpi.

▷ **1.stroll** /strəʊl/ n. passeggiata f.; ***to go for*** o ***take a ~*** andare a fare due passi *o* una passeggiata; ***to take sb. for a ~*** portare qcn. a fare un giro *o* due passi.

▷ **2.stroll** /strəʊl/ intr. **1** (anche **~ about**, **~ around**) *(walk)* passeggiare; *(more aimlessly)* andare a spasso; ***to ~ along the beach*** fare due passi sulla spiaggia; ***to ~ in, out*** entrare, uscire senza fretta **2** COLLOQ. (anche **~ home**) *(win easily)* vincere facilmente.

stroller /ˈstrəʊlə(r)/ n. **1** *(walker)* chi passeggia; *(more aimless)* chi va a spasso **2** AE *(pushchair)* passeggino m.

strolling /ˈstrəʊlɪŋ/ agg. [*shopper, tourist*] che passeggia.

strolling minstrel /ˌstrəʊlɪŋˈmɪnstrəl/ n. menestrello m. girovago.

strolling player /ˌstrəʊlɪŋˈpleɪə(r)/ ♦ *27* n. attore m. (-trice) ambulante.

stroma /ˈstrəʊmə/ n. (pl. **-ata**) ANAT. BOT. BIOL. stroma m.

▶ **strong** /strɒŋ, AE strɔːŋ/ agg. **1** *(powerful)* [*arm, person*] forte, robusto; [*army, country, state, lens, magnet, runner, swimmer*] forte, potente; [*current, wind*] forte **2** *(sturdy)* [*fabric, rope*] resistente, forte; [*table, shoe*] solido, robusto; [*heart*] forte; [*constitution*] robusto; [*nerves*] saldo; FIG. [*bond*] solido, forte; [*relationship*] solido, stabile; [*alibi, argument*] solido, forte; [*evidence*] solido, incontestabile; [*cast*] d'eccezione; [*candidate*] forte, favorito; [*team*] forte, buono; [*industry*] solido; [*currency*] forte, stabile; [*market*] sostenuto; ***the pound remained ~ against the dollar*** ECON. la sterlina è rimaste stabile rispetto al dollaro; ***to have a ~ stomach*** COLLOQ. FIG. avere stomaco *o* avere uno stomaco di ferro **3** *(concentrated)* [*bleach, glue*] forte, efficace; [*medicine, painkiller*] forte; [*coffee*] ristretto, forte; [*tea*] forte **4** *(alcoholic)* [*drink*] forte, molto alcolico; ***would you like tea or something ~er?*** vuoi un tè oppure qualcosa di più forte? **5** *(noticeable)* [*smell, taste, light*] forte; [*colour*] forte, acceso **6** *(heartfelt)* [*conviction*] forte; [*desire, feeling*] forte, profondo; [*believer, supporter*] accanito, convinto; [*opinion*] forte, fermo; [*criticism, opposition, reaction*] forte, deciso; ***to have a ~ belief in sth.*** credere fermamente in qcs.; ***the article aroused ~ feelings*** l'articolo ha provocato vive reazioni; ***I have a ~ feeling that she won't come*** ho la netta sensazione che lei non verrà; ***I told him so in the ~est possible terms*** gliel'ho detto senza mezzi termini **7** *(resolute)* [*ruler, leadership*] forte, deciso; [*action, measure, sanction*] deciso, severo **8** *(pronounced)* [*resemblance, accent*] forte, marcato; [*rhythm*] forte **9** *(brave)* [*person*] forte; ***try to be ~*** cerca di essere forte **10** *(definite)* [*chance, possibility*] forte, buono; ***there's a ~ possibility that it's true*** ci sono buone possibilità che sia vero **11** *(good)* ***to be ~ in military history, physics*** essere forte *o* ferrato in storia militare, in fisica; ***he finished the race a ~ second*** nella corsa si è piazzato secondo e con un distacco minimo (dal primo); ***tact, spelling is not my ~ point*** o ***suit*** il tatto, l'ortografia non è il mio forte; ***what are your ~ points?*** quali sono i vostri punti di forza? ***maths is my ~ subject*** la matematica è la materia in cui vado meglio **12** *(immoderate)* ***~ language*** parole forti, linguaggio volgare **13** LING. [*verb*] forte; [*syllable*] forte, accentato **14** *(in number)* ***the workforce is 500 ~*** la manodopera è forte di 500 persone; ***a 2,000-~ crowd*** una folla (forte) di 2.000 persone ◆ ***to be still going ~*** [*person, company*] difendersi ancora bene; ***to come on ~*** COLLOQ. *(make sexual advances)* fare proposte pesanti; *(be severe)* essere severo *o* andarci pesante.

1.strong-arm /ˈstrɒŋɑːm, AE ˈstrɔːŋ-/ agg. [*measure, method*] forte; ***~ tactics*** maniere forti.

2.strong-arm /ˈstrɒŋɑːm, AE ˈstrɔːŋ-/ tr. ***to ~ sb. into doing*** convincere qcn. con le maniere forti a fare.

strongbox /ˈstrɒŋbɒks, AE ˈstrɔːŋ-/ n. cassaforte f.

strongheaded /ˌstrɒŋˈhedɪd, AE ˌstrɔːŋ-/ agg. cocciuto, testardo; ***to be ~*** avere la testa dura.

stronghold /ˈstrɒŋhəʊld, AE ˈstrɔːŋ-/ n. *(bastion)* fortezza f., roccaforte f.; FIG. roccaforte f.; ***a nationalist, socialist ~*** una roccaforte del nazionalismo, socialismo.

strong-limbed /ˌstrɒŋˈlɪmd, AE ˌstrɔːŋ-/ agg. nerboruto.

▶ **strongly** /ˈstrɒŋlɪ, AE ˈstrɔːŋlɪ/ avv. **1** *(with force)* [*blow*] forte; [*defend oneself*] vigorosamente; FIG. [*object, oppose, advise, protest, suggest*] vivamente; [*criticize, attack*] ferocemente; [*deny, suspect*] fortemente; [*believe*] fermamente; ***to feel ~ about sth.*** accalorarsi per qcs.; ***I feel ~ that...*** credo fermamente che...; ***~ held beliefs*** forti convinzioni; ***to be ~ in favour of, against sth.*** essere decisamente a favore, contro qcs. **2** *(solidly)* [*fixed, made, reinforced*] solidamente **3** *(in large numbers)* [*supported, represented, defended*] fortemente **4** *(powerfully)* ***to smell ~*** avere un forte odore; ***~ flavoured*** dal gusto forte.

strongly-worded /ˌstrɒŋlɪˈwɜːdɪd, AE ˌstrɔːŋlɪ-/ agg. virulento.

strongman /ˈstrɒŋmæn, AE ˈstrɔːŋ-/ ♦ **27** n. (pl. **-men**) *(in circus)* uomo m. più forte del mondo; FIG. *(leader)* uomo m. forte.

strong-minded /ˌstrɒŋˈmaɪndɪd, AE ˌstrɔːŋ-/ agg. determinato, deciso.

strong-mindedness /ˌstrɒŋˈmaɪndɪdnɪs, AE ˌstrɔːŋ-/ n. determinazione f., decisione f.

strong point /ˈstrɒŋpɔɪnt, AE ˈstrɔːŋ-/ n. **1** *(forte)* ***to be sb.'s ~*** essere il forte di qcn. **2** *(stronghold)* caposaldo m.

strongroom /ˈstrɒŋruːm, -rʊm, AE ˈstrɔːŋ-/ n. camera f. blindata.

strong-willed /ˌstrɒŋˈwɪld, AE ˌstrɔːŋ-/ agg. tenace, con grande forza di volontà.

strontia /ˈstrɒnʃə/ n. ossido m. di stronzio.

strontianite /ˈstrɒnʃənaɪt/ n. stronzianite f.

strontium /ˈstrɒntɪəm/ n. stronzio m.; ***~ 90*** stronzio 90.

1.strop /strɒp/ n. affilarasoio m.

2.strop /strɒp/ tr. (forma in -ing ecc. **-pp-**) affilare [qcs.] su una striscia di cuoio [*razor*].

3.strop /strɒp/ n. COLLOQ. ***to be in a ~*** essere di cattivo umore *o* avere il broncio.

strophanthin /strəˈfænθɪn/ n. strofantina f.

strophanthus /strəˈfænθəs/ n. strofanto m.

strophe /ˈstrəʊfɪ/ n. strofa f.

strophic /ˈstrəʊfɪk/ agg. strofico.

stroppy /ˈstrɒpɪ/ agg. BE COLLOQ. irascibile, indisponente, rompiscatole; ***to be, get ~*** essere, diventare antipatico (**about** riguardo a; **with** con).

strove /strəʊv/ pass., p.pass. → **strive**.

struck /strʌk/ pass., p.pass. → **2.strike**.

structural /ˈstrʌktʃərəl/ agg. *(all contexts)* strutturale.

structural analysis /ˌstrʌktʃərələˈnælɪsɪs/ n. LING. analisi f. strutturale.

structural engineer /ˌstrʌktʃərəlˌendʒɪˈnɪə(r)/ ♦ **27** n. strutturista m. e f.

structural engineering /ˌstrʌktʃərəlˌendʒɪˈnɪərɪŋ/ n. ingegneria f. strutturale.

structural formula /ˌstrʌktʃərəlˈfɔːmjʊlə/ n. formula f. di struttura.

Structural Funds /ˌstrʌktʃərəlˈfʌndz/ n.pl. *(in EU)* fondi m.pl. strutturali.

structuralism /ˈstrʌktʃərəlɪzəm/ n. strutturalismo m.

structuralist /ˈstrʌktʃərəlɪst/ **I** agg. strutturalista **II** n. strutturalista m. e f.

structural linguistics /ˌstrʌktʃərəlˌlɪŋˈgwɪstɪks/ n. + verbo sing. linguistica f. strutturale.

structurally /ˈstrʌktʃərəlɪ/ avv. strutturalmente, dal punto di vista strutturale (anche ANAT. BOT. GEOL. FIS.); ING. dal punto di vista strutturale; ***~ sound*** di costruzione solida.

structural psychology /ˌstrʌktʃərəlsaɪˈkɒlədʒɪ/ n. psicologia f. strutturale.

structural steel /ˌstrʌktʃərəlˈstiːl/ n. profilato m. di acciaio.

structural survey /ˌstrʌktʃərəlˈsɜːveɪ/ n. BE sopralluogo m. (per verificare la solidità di un edificio nel corso di una vendita).

structural unemployment /ˌstrʌktʃərəlˌʌnɪmˈplɔɪmənt/ n. disoccupazione f. strutturale.

▶ **1.structure** /ˈstrʌktʃə(r)/ n. **1** *(overall shape, organization)* struttura f.; ***political, social ~*** struttura politica, sociale; ***power ~*** struttura del potere; ***wage ~*** quadro retributivo; ***price ~*** ECON. livello generale dei prezzi; ***career ~*** = l'insieme dei livelli e delle mansioni cui si può giungere intraprendendo una determinata carriera **2** ING. *(building)* struttura f., costruzione f., edificio m.; *(manner of construction)* costruzione f.

2.structure /ˈstrʌktʃə(r)/ tr. **1** *(organize)* strutturare [*argument, essay, novel*]; organizzare [*day, life, timetable*] **2** ING. strutturare, costruire.

structured /ˈstrʌktʃəd/ **I** p.pass. → **2.structure** **II** agg. strutturato.

structureless /ˈstrʌktʃəlɪs/ agg. privo di struttura, amorfo.

structuring /ˈstrʌktʃərɪŋ/ n. strutturazione f.

▶ **1.struggle** /ˈstrʌgl/ n. **1** *(battle, fight)* lotta f. (**against** contro; **between** tra; **for, over** per; **to do** per fare) (anche FIG.); ***the ~ for democracy, for survival*** la lotta per la democrazia, per la sopravvivenza; ***armed, non-violent ~*** lotta armata, non violenta; ***class ~*** lotta di classe; ***power ~*** lotta per il potere; ***to give up*** o ***abandon the ~*** abbandonare la lotta; ***to put up a (fierce) ~*** lottare *o* difendersi (con accanimento); ***they gave up without a ~*** MIL. si sono arresi senza opporre resistenza; FIG. si sono arresi senza lottare **2** *(scuffle)* rissa f., scontro m.; ***two people were injured in*** o ***during the ~*** due persone sono rimaste ferite durante lo scontro **3** *(difficult task, effort)* ***it was a ~ but it was worth it*** è stata dura, ma ne valeva la pena; ***learning to read was a great ~ for him*** imparare a leggere è stato molto difficile *o* una dura battaglia per lui; ***he finds everything a real ~*** qualunque cosa per lui è una vera e propria battaglia; ***I find it a real ~ to do*** o ***doing*** trovo davvero difficile fare; ***they had a ~ to do*** o ***doing*** hanno fatto fatica a fare; ***to succeed after years of ~*** riuscire dopo anni di sforzi; ***after a long ~ he managed to contact her*** dopo diversi tentativi è riuscito a contattarla; ***she managed it but not without a ~*** ce l'ha fatta ma ha dovuto lottare.

▶ **2.struggle** /ˈstrʌgl/ intr. **1** *(put up a fight)* [*person, animal*] battersi (**to do** per fare); *(tussle, scuffle)* [*people, animals, armies, forces*] lottare, battersi; ***he ~d with his attacker*** ha lottato con il suo assalitore; ***they ~d with each other*** si sono battuti (**for** per); ***they ~d for the gun*** si sono battuti per impossessarsi della pistola; ***to ~ free*** lottare per liberarsi **2** FIG. *(try hard)* battersi, lottare; ***a young artist struggling for recognition*** un giovane artista che si batte per fare riconoscere il suo talento; ***to ~ to do sth.*** lottare *o* battersi per fare qcs.; ***the firm has had to ~ to survive*** *(try hard)* la ditta ha dovuto lottare *o* combattere per sopravvivere; ***to ~ with a problem, one's conscience*** essere alle prese con un problema, con la propria

coscienza **3** *(have difficulty) (at school, with job, in market)* [*person, company*] avere delle difficoltà, fare fatica; ***to ~ to keep up, to survive, with one's homework*** fare fatica ad andare avanti, a sopravvivere, a fare il compito **4** *(move with difficulty)* ***he ~d into his jeans*** si è infilato nei jeans a fatica; ***he ~d out of his jeans*** si è tolto i jeans con molta fatica; ***to ~ to one's feet*** alzarsi con fatica; ***we ~d up the steep path*** arrancammo su per il sentiero ripido.
▪ **struggle along** procedere a fatica, arrancare (anche FIG.).
▪ **struggle back** ritornare a fatica.
▪ **struggle on** continuare a stento (anche FIG.).
▪ **struggle through:** ***~ through*** superare a stento, a fatica; ***~ through [sth.]*** farsi strada a fatica in [*snow, jungle, crowd*]; faticare a leggere [*book*]; faticare a eseguire [*task*]; ***the bill ~d through Parliament*** l'iter del disegno di legge in Parlamento è stato molto travagliato.

struggler /ˈstrʌɡlə(r)/ n. chi lotta, chi si batte (anche FIG.).

▷ **struggling** /ˈstrʌɡlɪŋ/ agg. [*writer, artist*] che fatica ad affermarsi.

strugglingly /ˈstrʌɡlɪŋlɪ/ avv. a fatica, con grande sforzo.

1.strum /strʌm/ n. strimpellamento m.

2.strum /strʌm/ (forma in -ing ecc. **-mm-**) **I** tr. **1** *(carelessly)* strimpellare [*guitar, tune*] **2** *(gently)* suonare dolcemente [*guitar*]; ***to ~ a tune*** suonare dolcemente una canzone **II** intr. ***to ~ on*** *(carelessly)* strimpellare [*piano, guitar*]; *(gently)* suonare dolcemente [*guitar*].

struma /ˈstruːmə/ n. (pl. **-ae**) struma f.

strumming /ˈstrʌmɪŋ/ n. strimpellamento m.

strumose, **strumous** /ˈstruːməs, -məʊs/ agg. ANT. scrofoloso, strumoso.

strumpet /ˈstrʌmpɪt/ n. ANT. SPREG. prostituta f., sgualdrina f.

strung /strʌŋ/ pass., p.pass. → **2.string**.

strung out /ˌstrʌŋˈaʊt/ agg. COLLOQ. **1** *(addicted)* ***to be ~ on*** avere dipendenza da [*drug*] **2** *(physically wasted)* ***to be ~*** essere fuso *o* distrutto.

strung up /ˌstrʌŋˈʌp/ agg. COLLOQ. nervoso, teso; ***to get (all) ~ about sth.*** essere (tutto) teso per qcs.

1.strut /strʌt/ n. **1** *(support)* montante m., puntone m. **2** *(swagger)* andatura f. impettita.

2.strut /strʌt/ intr. (anche **~ about**, **~ around**) (forma in -ing ecc. **-tt-**) pavoneggiarsi; ***to ~ along*** camminare (tutto) impettito ◆ ***to ~ one's stuff*** COLLOQ. mettersi in mostra, farsi vedere.

struttingly /ˈstrʌtɪŋlɪ/ avv. in modo impettito.

strychnine /ˈstrɪkniːn/ n. stricnina f.

strychninism /ˈstrɪknɪnɪzəm/ n. stricninismo m.

1.stub /stʌb/ n. **1** *(end, stump) (of pencil, stick, lipstick)* mozzicone m.; *(of cigarette)* cicca f., mozzicone m.; *(of tail)* moncone m. **2** *(counterfoil) (of cheque, ticket)* matrice f.

2.stub /stʌb/ tr. (forma in -ing ecc. **-bb-**) ***to ~ one's toe*** battere il piede (**on** contro).
▪ **stub out:** ***~ [sth.] out, ~ out [sth.]*** spegnere [*cigarette*].

stub-axle /ˈstʌbl/ n. fuso m. a snodo.

stubble /ˈstʌbl/ n. **1** *(straw)* stoppia f. **2** *(beard)* barba f. corta e ispida.

stubbly /ˈstʌblɪ/ agg. [*chin*] ispido, non rasato.

▷ **stubborn** /ˈstʌbən/ agg. [*person, animal, government*] testardo, cocciuto; [*attitude, behaviour*] ostinato, testardo; [*affection, independence*] tenace; [*resistance, refusal, stain, lock, illness*] ostinato; ***to be ~ about*** o ***over sth., doing sth.*** intestardirsi su qcs., a fare qcs.

stubbornly /ˈstʌbənlɪ/ avv. [*refuse, deny, resist*] ostinatamente; [*behave, act*] di testa propria.

stubbornness /ˈstʌbənnɪs/ n. testardaggine f.

stubby /ˈstʌbɪ/ agg. [*finger, pencil, tail*] corto, mozzato; [*person*] tozzo.

stub-end /ˈstʌbend/ n. testa f. di biella.

1.stucco /ˈstʌkəʊ/ n. (pl. **~s, ~es**) *(outside plasterwork)* stucco m.; *(decorative work)* stucco m.

2.stucco /ˈstʌkəʊ/ tr. stuccare.

stuck /stʌk/ **I** pass., p.pass. → **2.stick II** agg. **1** *(unable to move)* bloccato; ***to get ~ in*** impantanarsi in [*mud, sand*]; ***to be ~ at home*** essere bloccato a casa; ***to be ~ with*** COLLOQ. non riuscire a liberarsi di *o* essere obbligato a fare [*task*]; non riuscire a sbarazzarsi di [*possession, person*] **2** COLLOQ. *(stumped)* ***to be ~*** essere imbarazzato *o* in difficoltà **3** *(in a fix)* ***to be ~*** essere nei guai; ***to be ~ for a babysitter, cash*** non riuscire a trovare una babysitter, i contanti; ***to be ~ for something to say, do*** non sapere che cosa dire, fare *o* non avere niente da dire, fare; ***to squeal like a ~ pig*** gridare come un maiale sgozzato; ***to get ~ into sb.*** COLLOQ. attaccare (briga con) qcn.

stuck-up /ˌstʌkˈʌp/ agg. COLLOQ. pieno di sé, montato.

▷ **1.stud** /stʌd/ n. **1** (anche **~ farm**) stazione f. di monta **2** *(for breeding)* ***he's now at ~*** adesso è un riproduttore; ***to put a horse out to ~*** passare un cavallo in razza **3** COLLOQ. *(man)* stallone m.; ***he's a real ~*** è un vero stallone **4** → **stud poker**.

▷ **2.stud** /stʌd/ n. **1** *(metal) (on jacket)* borchia f.; *(on door)* chiodo m. a testa grossa **2** *(earring)* piccolo orecchino m. (non pendente) **3** *(for grip) (on shoe)* chiodo m.; *(on football boot)* tacchetto m. **4** *(fastener)* ***collar ~*** bottoncino da colletto; ***press-~*** BE (bottone) automatico **5** *(in road transport)* catarifrangente m. **6** AUT. *(wheel bolt)* mozzo m. della ruota; *(in tyre)* chiodo m. **7** ING. *(for wall)* montante m. **8** TECN. *(bolt)* bullone m. prigioniero, vite f. prigioniera.

3.stud /stʌd/ tr. (forma in -ing ecc. **-dd-**) *(provide with studs)* guarnire di borchie [*jacket*]; chiodare [*shoe, tyre*].

studbook /ˈstʌdbʊk/ n. stud-book m., registro m. dei purosangue.

studded /ˈstʌdɪd/ **I** p.pass. → **3.stud II** agg. **1** [*jacket*] borchiato; [*door, beam*] chiodato; ***~ boots, ~ shoes*** SPORT scarpe coi tacchetti; ***~ tyres*** AUT. pneumatici chiodati **2** *(sprinkled)* ***~ with*** costellato di [*stars, flowers, islands, diamonds, jewels*].

studding-sail /ˈstʌdɪŋseɪl, ˈstʌnsəl/ n. MAR. coltellaccio m., vela f. di coltellaccio.

▶ **student** /ˈstjuːdnt, AE ˈstuː-/ **I** n. **1** alunno m. (-a), scolaro m. (-a), studente m. (-essa); UNIV. studente m. (-essa); ***medical, art ~*** studente di medicina, di belle arti; ***he's a very good ~*** è un ottimo allievo **2** *(person interested in a subject)* ***a ~ of*** una persona che studia *o* si interessa di [*literature, history*] **II** modif. UNIV. [*life*] da studente; [*unrest, population*] studentesco.

student driver /ˌstjuːdntˈdraɪvə(r), AE ˌstuː-/ n. AE allievo m. (-a) di scuola guida.

student grant /ˌstjuːdntˈɡrɑːnt, AE ˌstuːdntˈɡrænt/ n. UNIV. borsa f. di studio.

student ID card /ˌstjuːdntaɪdɪˈkɑːd, AE ˌstuː-/ n. AE UNIV. carta f. dello studente.

student loan /ˌstjuːdntˈləʊn, AE ˌstuː-/ n. UNIV. prestito m. bancario per studenti universitari.

student nurse /ˌstjuːdntˈnɜːs, AE ˌstuː-/ n. allievo m. (-a) infermiere (-a).

studentship /ˈstjuːdntʃɪp, AE ˈstuː-/ n. UNIV. borsa f. di studio.

student teacher /ˌstjuːdntˈtiːtʃə(r), AE ˌstuː-/ n. = studente che fa tirocinio come insegnante.

student union /ˌstjuːdntˈjuːnɪən, AE ˌstuː-/ n. **1** *(union)* unione f. studentesca **2** (anche **~ building**) casa f. dello studente.

stud-farm /ˈstʌdfɑːm/ n. stazione f. di monta.

stud fee /ˈstʌdfiː/ n. prezzo m. della monta.

studhorse /ˈstʌdhɔːs/ n. stallone m. da monta.

studied /ˈstʌdɪd/ **I** p.pass. → **2.study II** agg. [*negligence*] calcolato, falso; [*elegance, simplicity*] studiato, affettato.

studiedly /ˈstʌdɪdlɪ/ avv. studiatamente.

studiedness /ˈstʌdɪdnɪs/ n. l'essere studiato, ricercatezza f.

▶ **studio** /ˈstjuːdɪəʊ, AE ˈstuː-/ n. (pl. **~s**) **1** *(of dancer, film or record company)* studio m.; *(of photographer, painter)* atelier m., studio m. **2** (anche **~ apartment** AE, **~ flat** BE) monolocale m. **3** *(film company)* casa f. di produzione cinematografica.

studio audience /ˌstjuːdɪəʊˈɔːdɪəns, AE ˌstuː-/ n. pubblico m. in studio; ***recorded in front of a ~*** registrato con il pubblico in studio.

studio couch /ˈstjuːdɪəʊkaʊtʃ, AE ˈstuː-/ n. divano m. letto.

studio portrait /ˌstjuːdɪəʊˈpɔːtreɪt, -trɪt, AE ˌstuː-/ n. FOT. fotografia f. d'artista.

studio recording /ˌstjuːdɪəʊrɪˈkɔːdɪŋ, AE ˌstuː-/ n. registrazione f. in studio.

studio set /ˈstjuːdɪəʊset, AE ˈstuː-/ n. set m. dello studio (televisivo).

studio theatre BE, **studio theater** AE /ˌstjuːdɪəʊˈθɪətə(r), AE ˌstuː-/ n. teatro m. sperimentale.

studious /ˈstjuːdɪəs, AE ˈstuː-/ agg. **1** *(hardworking)* [*person*] studioso, diligente **2** *(deliberate)* [*calm, indifference*] studiato, calcolato.

studiously /ˈstjuːdɪəslɪ, AE ˈstuː-/ avv. *(deliberately)* [*avoid, ignore*] deliberatamente; ***~ calm, ~ indifferent*** con una calma, un'indifferenza studiata.

studiousness /ˈstjuːdɪəsnɪs, AE ˈstuː-/ n. diligenza f. (nello studio).

stud mare /ˈstʌdmeə(r)/ n. cavalla f. da riproduzione, (cavalla) fattrice f.

stud poker /ˌstʌdˈpəʊkə(r)/ ♦ ***10*** n. telesina f.

▶ **1.study** /ˈstʌdɪ/ **I** n. **1** *(gaining of knowledge)* studio m. **2** *(piece of research)* studio m., ricerca f. (**of**, **on** su); ***to make a ~ of sth.*** fare uno studio su qcs., studiare *o* analizzare qcs. **3** *(room)* studio m., ufficio m. **4** ART. MUS. studio m. **5** *(model)* ***a ~ in incompetence, in bigotry*** un modello di incompetenza, di bigotteria **II studies** n.pl. studi m.; ***computer studies*** informatica; ***social studies*** scienze sociali **III** modif. [*group, visit*] di studio; ***~ leave*** congedo di studio; ***~ period*** ore di studio; ***~ tour*** o ***trip*** viaggio studio ◆ ***his face was a ~!*** il suo viso era degno di attenzione!

▶ **2.study** /ˈstʌdɪ/ **I** tr. *(all contexts)* studiare; UNIV. studiare, seguire un corso di studi in [*French, Law, Physics*]; ***to ~ to be a teacher, lawyer, nurse*** studiare per diventare *o* studiare da COLLOQ. insegnante, avvocato, infermiera; ***she's ~ing to be a doctor*** sta studiando medicina **II** intr. **1** *(revise)* studiare; ***to ~ for an exam*** studiare per un esame **2** *(get one's education)* seguire un corso di studi, studiare (**under sb.** con qcn.).

study aid /ˈstʌdɪeɪd/ n. supporto m. didattico.

study hall /ˈstʌdɪˌhɔːl/ n. AE **1** *(room)* sala f. di studio **2** *(period)* ore f.pl. di studio assistito.

study hall teacher /ˌstʌdɪhɔːlˈtiːtʃə(r)/ n. AE = insegnante che coordina le ore di studio assistito.

▶ **1.stuff** /stʌf/ n. U **1** *(unnamed substance)* roba f., cose f.pl.; ***what's that ~ in the box, on the table?*** che cos'è quella roba nella scatola, sul tavolo? ***what's that ~ in the bottle?*** che cos'è quella roba *o* che cosa c'è nella bottiglia? ***there's some black ~ stuck to my shoe*** ho qualcosa di nero appiccicato alla scarpa; ***I don't eat prepackaged ~ if I can help it*** se posso farne a meno evito di mangiare roba preconfezionata; ***this ~ stinks!*** questa roba puzza! ***have we got any more of that cement ~?*** ne abbiamo ancora di quella specie di cemento? ***she loves the ~*** adora quella roba; ***acid is dangerous ~*** l'acido è una cosa pericolosa; ***gin? never touch the ~*** COLLOQ. il gin? non tocco mai quella roba; ***expensive ~, caviar*** roba cara, il caviale; ***we've sold lots of the ~*** abbiamo venduto molta di quella roba; ***it's strong ~*** *(of drink, drug, detergent)* è roba forte **2** COLLOQ. *(unnamed objects)* roba f., robe f.pl.; *(implying disorder)* pasticcio m.; *(personal belongings)* roba f., cose f.pl.; ***what's all this ~ in the hall?*** che cos'è tutta questa roba nell'entrata? ***she brought down a load of ~ from the attic*** ha portato giù un sacco di cose dalla soffitta; ***don't leave your ~ all over the floor*** non lasciare tutta la tua roba sparsa per terra **3** COLLOQ. *(content of speech, book, film, etc.)* ***the sort of ~ you read in the newspapers*** il genere di cose che si leggono sui giornali; ***who wrote this ~?*** chi ha scritto questo? SPREG. chi ha scritto questa roba(ccia)? ***there's some good ~ in this article*** c'è qualcosa di buono in questo articolo; ***this poem is good ~*** questa è una bella poesia; ***have you read much of her ~?*** hai letto qualcosa di suo *o* qualche sua opera? ***this ~ is excellent, absolute rubbish*** questa roba è favolosa, una vera schifezza; ***it's not my kind of ~*** non è roba per me; ***it's romantic, terrifying ~*** è romantico, terrificante; ***I sent him a tape of my ~*** gli ho mandato una cassetta delle cose che faccio; ***do you believe all that ~ about his private life?*** ma tu ci credi a tutte quelle cose sulla sua vita privata? ***there was a lot of ~ about the new legislation in his speech*** ha parlato molto della nuova legislazione nel suo discorso; ***he likes painting and drawing and ~ like that*** COLLOQ. gli piace dipingere e disegnare e fare cose del genere; ***the book's all about music and ~*** il libro parla solo di musica e cose simili **4** *(fabric)* stoffa f.; FIG. materia f.; ***such conflicts are the very ~ of drama*** questi conflitti sono la materia stessa del teatro; ***this is the ~ that heroes, traitors are made of*** questa è la stoffa di cui sono fatti gli eroi, i traditori; ***the ~ that dreams are made of*** la materia di cui sono fatti i sogni; ***her husband was made of somewhat coarser, finer ~*** suo marito era di natura più rozza, più raffinata **5** COLLOQ. *(drugs)* roba f., droga f. **6** COLLOQ. *(stolen goods)* refurtiva f., roba f. ◆ ***a bit of ~*** COLLOQ. SPREG. un pezzo di fica; ***to do one's ~*** COLLOQ. fare quello che si deve fare; ***go on - do your ~!*** COLLOQ. va a fare quello che devi fare! ***to know one's ~*** COLLOQ. sapere il fatto proprio; ***that's the ~!*** COLLOQ. è quello che ci vuole! ben fatto! ben detto! ***that's the ~ to give them*** o ***to give the troops!*** COLLOQ. questo è quello che ci vuole per loro! ***I don't give a ~!*** COLLOQ. non me ne frega niente!

2.stuff /stʌf/ **I** tr. **1** *(fill, pack)* riempire, imbottire [*cushion, pillow, furniture*] (**with** di); *(implying haste, carelessness)* riempire [*pocket, cupboard, suitcase*] (**with** di); *(block up)* tappare [*hole, crack*] (**with** con); ***a book ~ed with useful information*** un libro zeppo di informazioni utili; ***they ~ed his head with useless information*** gli hanno riempito la testa di informazioni inutili; ***to ~ one's face*** COLLOQ. abbuffarsi, riempirsi; ***get ~ed!*** POP. va a farti fottere! ***~ the system!*** POP. al diavolo il sistema! ***~ you!*** POP. va a farti fottere! **2** *(pack in)* ficcare, infilare [*objects, clothes, paper*] (**in, into** in); ***we ~ed paper into the cracks*** abbiamo infilato della carta nelle fessure; ***she ~ed the papers, some clothes into a bag*** ha ficcato i documenti, alcuni vestiti in una borsa; ***to ~ one's hands in one's pockets*** infilarsi *o* ficcarsi le mani in tasca; ***to ~ sth. up one's jumper*** infilarsi qcs. sotto la maglia; ***to ~ sth. under the bed*** infilare *o* ficcare qcs. sotto il letto; ***to ~ food into one's mouth*** riempirsi la bocca di cibo; ***you know where you can ~ it!*** POP. sai dove puoi mettertelo; ***tell him he can take his precious plan and ~ it!*** POP. digli che può prendere il suo prezioso progetto e ficcarselo dove dico io! **3** GASTR. farcire [*turkey, tomato, olive*] **4** [*taxidermist*] impagliare [*animal, bird*] **II** rifl. COLLOQ. ***to ~ oneself*** rimpinzarsi, riempirsi.

▪ **stuff up:** ***~ [sth.] up, ~ up [sth.]*** tappare [*crack, hole*] (**with** con); ***I'm all ~ed up, my nose is ~ed up*** ho il naso tappato *o* chiuso.

stuffed /stʌft/ **I** p.pass. → **2.stuff II** agg. [*tomato, vine leaf*] ripieno; [*olive*] farcito; [*toy animal*] di pezza, di peluche; [*bird, fox*] impagliato ◆ ***to be a ~ shirt*** COLLOQ. SPREG. essere un pallone gonfiato.

stuffily /ˈstʌfɪlɪ/ avv. SPREG. [*say, speak*] in tono compassato; [*behave, refuse*] compassatamente.

stuffiness /ˈstʌfɪnɪs/ n. **1** *(lack of air)* mancanza f. d'aria fresca **2** *(staidness) (of person, institution, attitude)* compassatezza f.; *(of institution)* l'essere obsoleto, antiquato.

stuffing /ˈstʌfɪŋ/ n. **1** GASTR. ripieno m., farcitura f.; ***chestnut ~*** ripieno di marroni **2** *(of furniture, pillow)* imbottitura f.; *(of stuffed animal)* paglia f., impagliatura f. ◆ ***to knock the ~ out of sb.*** COLLOQ. [*punch*] atterrare *o* mettere a terra qcn.; [*illness*] buttare a terra, buttare giù, indebolire qcn.; [*defeat, loss, event*] demoralizzare, buttare a terra, smontare qcn.

stuffing-box /ˈstʌfɪŋˌbɒks/ n. premistoppa f.

stuffy /ˈstʌfɪ/ agg. **1** [*room, atmosphere*] soffocante; ***it's very ~ in here*** si soffoca qui **2** *(staid)* [*person, remark*] compassato; [*institution*] antiquato, obsoleto **3** *(blocked)* [*nose*] chiuso, tappato.

stultification /ˌstʌltɪfɪˈkeɪʃn/ n. stordimento m.

stultify /ˈstʌltɪfaɪ/ tr. stordire [*person*]; appannare [*mind, senses*].

stultifying /ˈstʌltɪfaɪɪŋ/ agg. che stordisce.

1.stum /stʌm/ n. ENOL. mosto m.

2.stum /stʌm/ tr. (forma in -ing ecc. **-mm-**) ENOL. rifermentare [qcs.] con mosto [*wine*]; arrestare la fermentazione di [*must*].

▷ **1.stumble** /ˈstʌmbl/ n. passo m. incerto, malfermo; FIG. passo m. falso, errore m.; ***without a ~*** senza esitazioni.

▷ **2.stumble** /ˈstʌmbl/ intr. **1** *(trip)* inciampare, incespicare (**against** contro; **on, over** in) **2** *(stagger)* ***to ~ in, out, off*** entrare, uscire, andarsene con passo malfermo; ***he ~d around the room*** barcollava per la stanza **3** *(in speech)* esitare, impaperarsi; ***to ~ over*** incespicare in [*phrase, word*]; ***he ~d through his farewell speech*** recitò il suo discorso d'addio incespicando a ogni parola.

▪ **stumble across:** ***~ across [sth.]*** imbattersi in [*person, information, fact*].

▪ **stumble on:** ***~ on*** [*walkers, travellers*] avanzare barcollando, incespicando; FIG. [*undertaking, leadership*] andare avanti per inerzia; ***~ on [sth.], ~ upon [sth.]*** imbattersi in [*person, event*]; scovare, trovare per caso [*item*]; trovare per caso [*place, date*].

stumblebum /ˈstʌmblbʌm/ n. AE COLLOQ. **1** *(drunkard)* ubriacone m. (-a), vagabondo m. (-a) **2** FIG. *(bungler)* buono m. a nulla.

stumbler /ˈstʌmblə(r)/ n. persona f. maldestra.

stumbling /ˈstʌmblɪŋ/ n. (l')inciampare; FIG. passo m. falso, errore m.

stumbling block /ˈstʌmblɪŋˌblɒk/ n. ostacolo m.; ***the main ~ is...*** l'intoppo principale è...; ***that's the main ~*** questo è l'ostacolo più grosso; ***to be a ~ to*** essere di ostacolo a; ***to prove a ~ to*** dimostrarsi un ostacolo per.

stumblingly /ˈstʌmblɪŋlɪ/ avv. con passo malfermo, inciampando, barcollando.

stumer /ˈstjuːmə(r)/ n. **1** *(bad cheque)* assegno m. a vuoto; *(dud)* moneta f. falsa **2** SPORT *(loser)* cavallo m. perdente **3** ECON. *(crash)* fallimento m., crollo m.

▷ **1.stump** /stʌmp/ n. **1** *(of tree)* ceppo m.; ***the ~ of a tree*** un ceppo **2** *(of candle, pencil, cigar, tail)* mozzicone m. **3** *(of limb)* moncone m.; *(of tooth)* radice f. **4** *(in cricket)* paletto m. **5** AE POL. *(rostrum)* podio m. ◆ ***to be on the ~*** AE tenere un comizio; ***to be up a ~*** AE COLLOQ. essere in difficoltà, essere di fronte a un dilemma; ***to stir one's ~s*** COLLOQ. muoversi, darsi da fare.

▷ **2.stump** /stʌmp/ **I** tr. **1** COLLOQ. *(perplex)* sconcertare, sbalordire [*person, expert*]; ***to be ~ed by sth.*** essere sconcertato da qcs.; ***to be ~ed for an answer, a solution*** non riuscire a trovare una risposta, una soluzione; ***the question had me ~ed*** la domanda mi ha messo in difficoltà; ***I'm ~ed*** *(in quiz)* non ne ho idea; *(non-*

plussed) non so che pesci pigliare **2** SPORT *(in cricket)* eliminare, mettere [qcn.] fuori gara [*batsman*] **3** AE POL. tenere comizi elettorali, fare una campagna elettorale in [*state, region*] **II** intr. **1** *(stamp)* ***to ~ in, out*** entrare, uscire con passo pesante; ***to ~ up the stairs*** salire le scale con passo pesante; ***to ~ off*** andarsene con passo pesante **2** AE POL. fare una campagna elettorale, tenere comizi elettorali; ***to ~ for sb., sth.*** fare una campagna elettorale *o* tenere comizi elettorali per qcn., qcs.

▪ **stump up** BE COLLOQ. **~ up** sborsare (**for** per); **~ up [sth.], ~ [sth.] up** sborsare, sganciare [*money, amount*].

stumpage /ˈstʌmpɪdʒ/ n. = tassa imposta per l'abbattimento di alberi su terreno pubblico.

stumper /ˈstʌmpə(r)/ n. domanda f. difficile, rompicapo m.

stumpy /ˈstʌmpɪ/ agg. [*person*] tarchiato, tozzo; [*legs*] tozzo.

stun /stʌn/ tr. (forma in -ing ecc. **-nn-**) **1** *(physically)* stordire, intontire **2** *(shock, amaze)* sbalordire.

stung /stʌŋ/ pass., p.pass. → **2.sting**.

stun grenade /ˈstʌngrəˌneɪd/ n. flashbang m.

stun gun /ˈstʌnˌgʌn/ n. arma f. che stordisce mediante una scossa elettrica.

stunk /stʌŋk/ p.pass. → **2.stink**.

▷ **stunned** /stʌnd/ **I** p.pass. → **stun II** agg. **1** *(dazed)* stordito, intontito **2** *(amazed, shocked)* [*person*] scioccato, ammutolito; [*silence*] ammutolito.

stunner /ˈstʌnə(r)/ n. COLLOQ. *(person)* ***to be a ~*** essere uno schianto, lasciare a bocca aperta.

▷ **stunning** /ˈstʌnɪŋ/ agg. **1** *(beautiful)* favoloso, stupendo **2** *(amazing)* scioccante, sbalorditivo **3** [*blow*] che stordisce.

stunningly /ˈstʌnɪŋlɪ/ avv. straordinariamente; ***~ attractive*** incredibilmente attraente.

stunsail, stuns'l /ˈstʌnsəl/ → **studding-sail**.

▷ **1.stunt** /stʌnt/ n. **1** SPREG. *(for attention)* trovata f., trucco m.; ***publicity ~*** trovata pubblicitaria **2** CINEM. TELEV. *(with risk)* caduta f. pericolosa, acrobazia f.; ***to do a ~*** eseguire un numero pericoloso; ***aerial ~s*** acrobazie aeree **3** AE COLLOQ. bravata f. ◆ ***to pull a ~*** COLLOQ. fare una stupidaggine *o* una bravata; ***if you pull a ~ like that again*** COLLOQ. se fai di nuovo una bravata simile.

2.stunt /stʌnt/ intr. fare acrobazie.

3.stunt /stʌnt/ n. arresto m. dello sviluppo.

▷ **4.stunt** /stʌnt/ tr. arrestare, bloccare [*economic growth, progress, development, plant growth, crops*]; impedire, inibire [*personal growth, development*].

stunted /ˈstʌntɪd/ **I** p.pass. → **4.stunt II** agg. **1** *(deformed)* [*tree, plant*] striminzito; [*body*] striminzito, rachitico **2** *(blighted)* [*mentality, personality*] ritardato; [*growth*] inibito; [*life*] di stenti.

stuntman /ˈstʌntmæn/ ♦ ***27*** n. (pl. **-men**) stuntman m., cascatore m.

stunt pilot /ˈstʌntˌpaɪlət/ ♦ ***27*** n. pilota m. acrobatico.

stunt rider /ˈstʌntˌraɪdə(r)/ ♦ ***27*** n. motociclista m. acrobatico.

stuntwoman /ˈstʌntˌwʊmən/ ♦ ***27*** n. (pl. **-women**) stuntwoman f., cascatrice f.

1.stupe /stjuːp/ n. COLLOQ. stupido m. (-a).

2.stupe /stjuːp/ n. MED. ANT. fomento m., fomentazione f.

3.stupe /stjuːp/ tr. MED. ANT. curare con fomenti.

stupefacient /ˌstjuːpɪˈfeɪʃnt/ **I** agg. MED. stuporoso **II** n. MED. stupefacente m., narcotico m.

stupefaction /ˌstjuːpɪˈfækʃn/ n. **1** *(astonishment)* stupore m. (anche MED.) **2** *(torpor)* torpore m.

stupefy /ˈstjuːpɪfaɪ, AE ˈstuː-/ tr. **1** *(astonish)* stupefare **2** *(make torpid)* intorpidire, ottundere.

stupefying /ˈstjuːpɪfaɪɪŋ, AE ˈstuː-/ agg. *(all contexts)* stupefacente.

stupendous /stjuːˈpendəs, AE stuː-/ agg. [*achievement, idea, film, building, view*] stupendo, meraviglioso; [*size, amount*] enorme; [*loss, stupidity, folly*] incredibile, immenso.

stupendously /stjuːˈpendəslɪ, AE stuː-/ avv. [*rich*] enormemente; ***to be ~ successful, powerful*** avere un successo, potere incredibile.

stupendousness /stjuːˈpendəsnɪs, AE stuː-/ n. meraviglia f.

▷ **stupid** /ˈstjuːpɪd, AE ˈstuː-/ **I** agg. **1** *(unintelligent)* [*person, animal*] stupido **2** *(foolish)* [*person*] stupido, idiota; [*idea, remark, behaviour, clothes, mistake*] stupido; ***it is ~ of sb. to do*** è stupido da parte di qcn. fare; ***I've done something ~*** ho fatto una stupidaggine; ***don't be ~!*** non fare lo *o* essere stupido! ***the ~ car won't start!*** questa stu-pida macchina non vuole partire! ***you ~ idiot!*** razza di stupido! **3** *(in a stupor)* stordito (**with** da); ***to drink oneself ~*** bere fino a stordirsi; ***to be knocked ~ by sth.*** essere stordito da qcs. **II** n. COLLOQ. stupido m. (-a), imbecille m. e f.; ***don't do that, ~!*** non farlo, stupido!

▷ **stupidity** /stjuːˈpɪdətɪ, AE stuː-/ n. **1** *(foolishness) (of person, idea, remark, action)* stupidità f., stupidaggine f. **2** *(lack of intelligence)* stupidità f.

stupidly /ˈstjuːpɪdlɪ, AE ˈstuː-/ avv. stupidamente.

stupidness /ˈstjuːpɪdnɪs, AE ˈstuː-/ → **stupidity.**

stupor /ˈstjuːpə(r), AE ˈstuː-/ n. stupore m., torpore m.; ***to be in a ~*** essere in stato stuporoso; ***in a drunken ~*** in stato stuporoso da ubriachezza *o* intorpidito dall'alcol.

stuporous /ˈstjuːpərəs, AE ˈstuː-/ agg. stuporoso.

sturdily /ˈstɜːdɪlɪ/ avv. solidamente.

sturdiness /ˈstɜːdɪnɪs/ n. *(of object, plant, animal)* robustezza f., forza f.; *(of character)* forza f., fermezza f.

sturdy /ˈstɜːdɪ/ agg. [*person, animal*] forte, robusto; [*plant, object*] resistente, robusto; [*independence*] pieno; [*intelligence*] poderoso; [*loyalty*] incrollabile.

sturgeon /ˈstɜːdʒən/ n. storione m.

1.stutter /ˈstʌtə(r)/ n. balbuzie f.; ***to have a ~*** balbettare.

2.stutter /ˈstʌtə(r)/ **I** tr. balbettare **II** intr. balbettare.

stutterer /ˈstʌtərə(r)/ n. balbuziente m. e f.

stuttering /ˈstʌtərɪŋ/ **I** n. balbuziente m. e f. **II** agg. balbuziente.

STV n. (⇒ single transferable vote) = voto che può essere trasferito ad altri candidati in lista se il primo candidato è stato eliminato o ha già raggiunto il numero necessario di voti.

St Valentine's Day /səntˈvæləntaɪnzˌdeɪ/ n. san Valentino m.

St Vitus's dance /səntˈvaɪtəsɪzˌdɑːns, AE -ˌdæns/ ♦ ***11*** n. ballo m. di san Vito.

1.sty /staɪ/ n. (anche **stye**) MED. orzaiolo m.

2.sty /staɪ/ n. *(for pigs)* porcile m.

3.sty /staɪ/ **I** tr. chiudere in un porcile [*pigs*] **II** intr. FIG. vivere in un porcile.

Stygian /ˈstɪdʒɪən/ agg. **1** MITOL. stigio **2** [*gloom, darkness*] tetro, lugubre.

▶ **1.style** /staɪl/ n. **1** *(manner)* stile m.; ***a building in the neoclassical ~*** un edificio in stile neoclassico; ***built, decorated in the neoclassical ~*** costruito, decorato in stile neoclassico; ***in the ~ of Van Gogh*** nello stile di Van Gogh; ***an opera in the Italian ~*** un'opera in stile italiano; ***his paintings are very individual in ~*** i suoi quadri hanno uno stile molto personale; ***a ~ of teaching, living*** un stile d'insegnamento, di vita; ***my writing, driving ~*** il mio modo di scrivere, di guidare; ***that's the ~!*** ecco, così va bene! **2** LETTER. stile m.; ***he has a very good ~*** ha un bellissimo stile **3** *(elegance)* classe f., stile m.; ***to have ~*** avere stile *o* classe; ***to bring a touch of ~ to*** dare un tocco di classe a; ***the performance had great ~*** è stata una rappresentazione di gran classe; ***to marry in ~*** sposarsi in grande stile; ***to live in ~*** vivere in grande stile; ***to travel in ~*** viaggiare in grande stile; ***to win in ~*** vincere alla grande; ***she likes to do things in ~*** le piace fare le cose in grande stile **4** *(design) (of car, clothing)* modello m.; *(of house)* tipo m.; ***to come in several ~s*** essere disponibile in diversi modelli **5** *(fashion)* moda f.; ***minis are the latest ~ in skirts*** le mini sono l'ultima moda in fatto di gonne; ***to wear the newest ~s*** indossare (sempre) abiti all'ultima moda; ***to have no sense of ~*** non avere stile **6** *(approach)* stile m., modo m. di fare; ***I don't like your ~*** non mi piace il tuo stile *o* il tuo modo di fare; ***that's not my ~*** non è nel mio stile **7** *(hairstyle)* taglio m. **8** GIORN. *(in publishing)* stile m. **9** BOT. stilo m. **10 -style** in composti ***alpine-, Californian-~*** in stile alpino, californiano; ***Chinese-, Italian-~*** alla cinese, all'italiana; ***leather-~ case*** valigia in similpelle.

2.style /staɪl/ **I** tr. **1** *(design)* disegnare, progettare [*car, kitchen, building*]; disegnare, creare [*collection, dress*]; ***a superbly ~d car*** un'automobile dalla linea stupenda **2** *(cut)* acconciare, tagliare [*hair*]; ***her hair is ~d by Pierre*** si fa pettinare da Pierre **II** rifl. ***to ~ oneself doctor*** farsi chiamare *o* attribuirsi il titolo di dottore.

style book /ˈstaɪlbʊk/, **style guide** /ˈstaɪlˌgaɪd/, **style manual** /ˈstaɪlˌmænjʊəl/ n. *(in publishing)* manuale m. di stile.

style sheet /ˈstaɪlʃiːt/ n. INFORM. foglio m. stile.

stylet /ˈstaɪlɪt/ n. stiletto m.

styli /ˈstaɪlaɪ/ → **stylus**.

styliform /ˈstaɪlɪfɔːm/ agg. stiliforme.

styling /ˈstaɪlɪŋ/ **I** n. **1** *(design)* styling m., progettazione f. **2** *(contours)* linea f. **3** *(in hairdressing)* acconciatura f., taglio m. **II** modif. [*gel, mousse, product*] fissante; [*equipment*] per parrucchiere, parrucchiera.

styling brush /ˈstaɪlɪŋˌbrʌʃ/ n. spazzola f. arricciacapelli elettrica.

styling tongs /ˈstaɪlɪŋˌtɒŋz/ n.pl. AE arricciacapelli m.sing.

▷ **stylish** /ˈstaɪlɪʃ/ agg. **1** *(smart)* [*person, coat, car, flat*] elegante, alla moda; [*resort, restaurant*] chic, alla moda, di moda **2** *(accomplished)* [*director, performance, player*] di gran classe; [*thriller*] ricco di stile; [*writer*] di grande stile.

stylishly /ˈstaɪlɪʃlɪ/ avv. **1** *(fashionably)* [*designed*] con stile; [*dressed*] con stile, elegantemente, alla moda **2** *(with panache)* [*perform, write*] con stile, elegantemente.

stylishness /ˈstaɪlɪʃnɪs/ n. *(of dress, person)* eleganza f., stile m.; *(of performance)* stile m.

stylist /ˈstaɪlɪst/ ➧ **27** n. **1** *(hairdresser)* parrucchiere m. (-a), stylist m. e f. **2** *(writer)* maestro m. (-a) di stile, stilista m. e f. **3** *(in fashion)* stilista m. e f. **4** IND. designer m. e f. (industriale), stilista m. e f.

stylistic /staɪˈlɪstɪk/ agg. **1** LETTER. [*detail, variety*] stilistico; [*question*] stilistico, di stile **2** ARCH. ART. [*quality, similarity*] dello stile; [*detail, development*] stilistico.

stylistically /ˌstaɪˈlɪstɪklɪ/ avv. stilisticamente; *(sentence adverb)* *~ (speaking),...* da un punto di vista stilistico,...

stylistic device /staɪˌlɪstɪkdɪˈvaɪs/ n. LETTER. artificio m. stilistico, stilismo m.

stylistic marker /staɪˌlɪstɪkˈmɑːkə(r)/ n. LING. marcatore m. stilistico.

stylistics /staɪˈlɪstɪks/ n. + verbo sing. LETTER. stilistica f.

stylite /ˈstaɪlaɪt/ n. stilita m.

stylization /ˌstaɪlaɪˈzeɪʃn/ n. stilizzazione f.

stylize /ˈstaɪlaɪz/ tr. stilizzare.

stylized /ˈstaɪlaɪzd/ **I** p.pass. → **stylize II** agg. **1** *(non-realist)* stilizzato **2** *(sober)* semplice, stilizzato.

stylobate /ˈstaɪləbeɪt/ n. stilobate m.

stylus /ˈstaɪləs/ n. (pl. **~es, -i**) **1** *(of record player)* puntina f. **2** *(for writing)* stilo m.

1.stymie /ˈstaɪmɪ/ n. *(in golf)* = situazione in cui la palla di un giocatore è posta in linea retta tra la palla dell'avversario e la buca.

2.stymie /ˈstaɪmɪ/ tr. **1** COLLOQ. ostacolare, fare fallire [*plan, attempt*]; ostacolare, frustrare [*person*] **2** *(in golf)* ostacolare la buca a [*opponent*].

stymied /ˈstaɪmɪd/ **I** p.pass. → **2.stymie II** agg. COLLOQ. *(thwarted)* ostacolato, frustrato.

styptic /ˈstɪptɪk/ **I** n. **1** astringente m. **2** MED. emostatico m. **II** agg. **1** astringente **2** MED. emostatico.

stypticity /ˈstɪptɪsətɪ/ n. **1** proprietà f.pl. astringenti **2** MED. proprietà f.pl. emostatiche.

styptic pencil /ˌstɪptɪkˈpensl/ n. matita f. emostatica.

styrax /ˈstaɪəræks/ n. BOT. storace m.

styrene /ˈstaɪriːn/ n. stirene m., stirolo m.

Styrian /ˈstɪrɪən/ **I** agg. stiriano **II** n. stiriano m. (-a).

Styrofoam® /ˈstaɪrəfəʊm/ n. polistirolo m. espanso.

Styx /stɪks/ n.pr. MITOL. Stige m.

suability /ˌsuːəˈbɪlətɪ, ˌsjuː-/ n. DIR. perseguibilità f.

suable /ˈsuːəbl, ˈsjuː-/ agg. DIR. perseguibile.

suasion /ˈsweɪʒn/ n. LETT. suasione f., persuasione f.

suasive /ˈsweɪsɪv/ agg. LETT. suasivo, persuasivo.

suave /swɑːv/ agg. [*person, manner*] mellifluo, untuoso; [*words, smile*] mellifluo, smanceroso.

suavely /ˈswɑːvlɪ/ avv. [*talk, smile*] mellifluamente, affettatamente; [*dress*] affettatamente.

suaveness /ˈswɑːvnɪs/, **suavity** /ˈswɑːvɪtɪ/ n. *(of manner)* untuosità f.

1.sub /sʌb/ n. **1** SPORT (accorc. substitute) riserva f. **2** MAR. (accorc. submarine) sottomarino m. **3** (accorc. subscription) *(to association, scheme)* quota f. associativa; *(to magazine, TV)* abbonamento m. **4** AE (accorc. substitute teacher) supplente m. e f.

2.sub /sʌb/ intr. COLLOQ. (forma in -ing ecc. **-bb-**) *(as teacher)* fare da supplente; ***to ~ for sb.*** sostituire *o* supplire qcn., fare le veci di qcn.

subacid /sʌbˈæsɪd/ agg. subacido.

subacidity /ˌsʌbəˈsɪdətɪ/ n. ipoacidità f.

subacute /ˌsʌbəˈkjuːt/ agg. subacuto.

subaerial /sʌbˈeərɪəl/ agg. subaereo.

subagency /sʌbˈeɪdʒənsɪ/ n. subagenzia f.

subagent /sʌbˈeɪdʒənt/ n. subagente m. e f.

subalpine /ˌsʌbˈælpaɪn/ agg. subalpino.

subaltern /ˈsʌbltən, AE səˈbɔːltərn/ ➧ **23 I** agg. *(all contexts)* subalterno **II** n. **1** BE MIL. ufficiale m. subalterno **2** *(subordinate)* subalterno m.

subalternation /ˌsʌbɔːltəˈneɪʃn, AE ˌsʌbɒl-/ n. subalternazione f.

subantarctic /ˌsʌbænˈtɑːktɪk/ agg. subantartico.

subaqua /ˌsʌbˈækwə/ agg. [*club*] di immersioni.

subaquatic /ˌsʌbəˈkætɪk/, **subaqueous** /ˌsʌbˈeɪkwɪəs/ agg. subacqueo.

subarctic /ˌsʌbˈɑːktɪk/ agg. subartico.

subassembly /ˌsʌbəˈsemblɪ/ n. MECC. sottogruppo m., unità f.

subatomic /ˌsʌbəˈtɒmɪk/ agg. subatomico.

subcaudal /ˌsʌbˈkɔːdl/ agg. sottocaudale.

subchaser /ˌsʌbˈtʃeɪsə(r)/ n. cacciasommergibili m.

subclass /ˈsʌbklɑːs, AE -klæs/ n. sottoclasse f.

subclassification /ˌsʌbklæsɪfɪˈkeɪʃn/ n. sottoclassificazione f.

subclassify /ˌsʌbˈklæsɪfaɪ/ tr. sottoclassificare.

subclavian /ˌsʌbˈkleɪvɪən/ agg. succlavio.

subcommission /ˈsʌbkəˌmɪʃn/ n. sottocommissione f.

subcommissioner /ˈsʌbkəˌmɪʃənə(r)/ n. sottocommissario m. (-a), membro m. di una sottocommissione.

subcommittee /ˈsʌbkəmɪtɪ/ n. sottocomitato m.

subcompact /ˌsʌbˈkɒmpækt/ n. AE utilitaria f. a tre porte.

subconscious /ˌsʌbˈkɒnʃəs/ **I** agg. inconscio; PSIC. subconscio **II** n. ***the ~*** il subcosciente.

subconsciously /ˌsʌbˈkɒnʃəslɪ/ avv. inconsciamente; PSIC. in modo subconscio.

subconsciousness /ˌsʌbˈkɒnʃəsnɪs/ n. inconscio m.; PSIC. subcoscienza f., subcosciente m.

subcontinent /ˌsʌbˈkɒntɪnənt/ n. subcontinente m.

1.subcontract /sʌbˈkɒntrækt/ n. subappalto m., subcontratto m.

2.subcontract /ˌsʌbkənˈtrækt/ tr. subappaltare (**to, out to** a).

subcontracting /ˌsʌbkənˈtræktɪŋ/ n. (il) subappaltare.

subcontractor /ˌsʌbkənˈtræktə(r)/ ➧ **27** n. subappaltatore m. (-trice), subcontraente m. e f.

subcritical /ˌsʌbˈkrɪtɪkl/ agg. sottocritico.

subculture /ˈsʌbkʌltʃə(r)/ n. **1** SOCIOL. sottocultura f. **2** BIOL. subcoltura m.

subcutaneous /ˌsʌbkjuːˈteɪnɪəs/ agg. sottocutaneo.

subdeacon /ˌsʌbˈdiːkən/ n. suddiacono m.

subdivide /ˌsʌbdɪˈvaɪd/ **I** tr. suddividere [*house, site*] **II** intr. suddividersi.

subdivisible /ˌsʌbdɪˈvaɪzəbl/ agg. suddivisibile.

subdivision /ˌsʌbdɪˈvɪʒn/ n. **1** *(process, part)* suddivisione f. **2** AE *(housing development)* lottizzazione f.

subdominant /ˌsʌbˈdɒmɪnənt/ n. **1** MUS. sottodominante f. **2** BIOL. (specie) subdominante f.

subdual /səbˈdjuːəl, AE -ˈduː-/ n. **1** *(conquer)* sottomissione f., assoggettamento m. **2** *(check)* controllo m.

subdue /səbˈdjuː, AE -ˈduː/ tr. **1** *(conquer)* sottomettere, assoggettare [*people, nation*]; domare [*rebellion*] **2** *(hold in check)* contenere, controllare [*anger, fear, delight*].

subdued /səbˈdjuːd, AE -ˈduːd/ **I** p.pass. → **subdue II** agg. **1** *(downcast)* [*person*] sottomesso, assoggettato; [*mood*] depresso; [*voice*] pacato, sommesso **2** *(muted)* [*excitement, enthusiasm, reaction*] contenuto; [*voices*] basso, pacato; [*conversation*] pacato, a voce bassa; [*lighting*] soffuso; [*colour*] attenuato.

subdural /ˌsʌbˈdjʊərl/ agg. subdurale.

subedit /ˌsʌbˈedɪt/ tr. BE curare la revisione di, rivedere [*text*].

subediting /ˌsʌbˈedɪtɪŋ/ n. BE *(of text)* revisione f.

subeditor /ˌsʌbˈedɪtə(r)/ ➧ **27** n. BE *(in publishing)* revisore m.

subentry /ˈsʌbentrɪ/ n. **1** *(in account)* rubrica f. **2** INFORM. sottorubrica f.

subequatorial /ˌsʌbekwəˈtɔːrɪəl/ agg. subequatoriale.

suberic /sjuːˈberɪk/ agg. suberico.

suberin /ˈsjuːbrɪn/ n. suberina f.

suberose /ˈsjuːbrəʊs/, **suberous** /ˈsjuːbrəs/ agg. suberoso.

subfamily /ˈsʌbfæmɪlɪ/ n. *(all contexts)* sottofamiglia f.

subfield /ˈsʌbfiːld/ n. sottocampo m.

subfusc /ˈsʌbfʌsk/ agg. *(dusky)* fosco, tetro (anche FIG.).

subgenus /ˌsʌbˈdʒiːnəs/ n. (pl. **~es, -era**) sottogenere m.

subglacial /ˌsʌbˈgleɪsɪəl, AE -ˈgleɪʃl/ agg. sottoglaciale.

subgroup /ˈsʌbgruːp/ n. sottogruppo m.

subheading /ˈsʌbhedɪŋ/ n. *(in text)* sottotitolo m.

subhuman /ˌsʌbˈhjuːmən/ agg. [*behaviour*] inumano, mostruoso.

subjacent /ˌsʌbˈdʒeɪsnt/ agg. soggiacente.

▶ **1.subject** /ˈsʌbdʒɪkt/ n. **1** *(topic)* soggetto m., argomento m.; *(in email)* oggetto m.; ***let's get back to the ~*** torniamo all'argomento; ***to change*** o ***drop the ~*** cambiare argomento, lasciare cadere l'argomento; ***to raise a ~*** sollevare una questione; ***while we're on the ~ of bonuses...*** visto che siamo in tema di gratifiche... **2** *(branch of knowledge)* *(at school, college)* materia f.; *(for research, study)* soggetto m.; ***my favourite ~ is English*** la mia materia preferita è l'inglese; ***her ~ is genetics*** è specializzata in genetica **3** ART. FOT. soggetto m. **4** *(in experiment)* soggetto m. **5** *(focus)* oggetto m.; ***to be the ~ of an inquiry*** essere l'oggetto di un'inchiesta; ***it has become a ~ for complaints*** è diventato l'oggetto di molte lamentele **6** LING. soggetto m. **7** *(citizen)* suddito m. (-a); ***British ~s*** i sudditi britannici.

2.subject /ˈsʌbdʒɪkt/ agg. **1** *(subservient)* [*people, race*] asservito, sottomesso **2** *(obliged to obey)* ***to be ~ to*** essere soggetto a [*law,* *rule*] 3 *(liable)* ***to be ~ to*** essere soggetto a [*flooding, fits*]; essere assoggettabile a [*tax*]; ***prices are ~ to increases*** i prezzi possono subire aumenti; ***flights are ~ to delay*** i voli possono subire ritardi 4 *(dependent)* ***to be ~ to*** dipendere da [*approval*]; ***you will be admitted ~ to producing a visa*** sarete ammessi soltanto su presentazione di un visto; ***"~ to alteration"*** "soggetto a variazioni"; ***"~ to availability"*** *(of flights, tickets)* "in base alla disponibilità"; *(of goods)* "salvo venduto".

3.subject /səbˈdʒekt/ tr. 1 *(expose)* ***to ~ sb. to*** esporre qcn. a [*insults*]; sottoporre qcn. a [*stress, torture*]; ***to be ~ed to*** dover sopportare [*noise*]; essere oggetto di [*attacks*]; essere sottoposto a [*torture*]; ***to ~ sth. to heat, light*** esporre qcs. al calore, alla luce 2 *(subjugate)* LETT. sottomettere [*race, country*].

subject heading /ˈsʌbdʒɪktˌhedɪŋ/ n. voce f. (di indice, catalogo ecc.).

subject index /ˈsʌbdʒɪktˌɪndeks/ n. *(in book)* indice m. analitico; *(in library)* indice m. per soggetti.

subjection /səbˈdʒekʃn/ n. soggezione f., sottomissione f. (**to** a); ***to keep sb. in a state of ~*** tenere qcn. in soggezione.

▷ **subjective** /səbˈdʒektɪv/ **I** agg. 1 *(personal or biased)* soggettivo 2 LING. [*case*] nominativo; [*pronoun*] soggetto; [*genitive*] soggettivo **II** n. LING. (caso) nominativo m.

subjectively /səbˈdʒektɪvlɪ/ avv. [*perceive, exist*] soggettivamente; [*assess, talk, view*] in modo soggettivo.

subjectiveness /səbˈdʒektɪvnɪs/ n. soggettività f.

subjectivism /səbˈdʒektɪvɪzəm/ n. soggettivismo m.

subjectivity /ˌsʌbdʒekˈtɪvətɪ/ n. soggettività f.

subjectless /ˈsəbdʒektlɪs/ agg. 1 senza argomento 2 LING. senza soggetto.

subject matter /ˈsʌbdʒɪktˌmætə(r)/ n. soggetto m., argomento m., tema m.

subject pronoun /ˈsʌbdʒɪktˌprəʊnaʊn/ n. LING. pronome m. soggetto.

subjoin /səbˈdʒɔɪn/ tr. soggiungere, aggiungere.

sub judice /ˌsʌbˈdʒuːdɪsɪ, sʊbˈjuːdɪkeɪ/ agg. [*case*] sub judice, da discutere in tribunale.

subjugable /ˈsʌbdʒʊgəbl/ agg. RAR. soggiogabile.

subjugate /ˈsʌbdʒʊgeɪt/ tr. 1 *(oppress)* soggiogare, assoggettare [*country, people*] 2 *(suppress)* domare [*desire*]; soggiogare, sottomettere [*will*].

subjugation /ˌsʌbdʒʊˈgeɪʃn/ n. soggiogamento m., assoggettamento m.

subjugator /ˌsʌbdʒʊˈgeɪtə(r)/ n. assoggettatore m. (-trice), soggiogatore m. (-trice).

subjunctive /səbˈdʒʌŋktɪv/ **I** agg. LING. [*form, tense*] del congiuntivo; [*mood*] congiuntivo **II** n. LING. congiuntivo m.; ***in the ~*** al congiuntivo.

subkingdom /ˌsʌbˈkɪŋdəm/ n. BIOL. sottoregno m.

sublease /ˈsʌbliːs/ n. → **1.sublet**.

sublessee /ˌsʌbleˈsiː/ n. subaffittuario m. (-a), sublocatario m. (-a).

sublessor /ˌsʌbleˈsɔː(r)/ n. sublocatore m. (-trice).

1.sublet /ˈsʌblet/ n. subaffitto m., sublocazione f.

2.sublet /ˌsʌbˈlet/ **I** tr. (forma in -ing **-tt-**; pass., p.pass. **-let**) [*owner, tenant*] subaffittare, sublocare [*flat*] **II** intr. (forma in -ing **-tt-**; pass., p.pass. **-let**) [*owner, tenant*] subaffittare, sublocare.

sublevel /ˈsʌblevl/ n. sottolivello m. energetico.

sublibrarian /ˌsʌblaɪˈbreərɪən/ ➧ ***27*** n. sottobibliotecario m. (-a).

sublieutenancy /ˌsʌblefˈtenənsɪ, AE -luːˈt-/ ➧ ***23*** n. GB grado m. di sottotenente di vascello.

sublieutenant /ˌsʌblefˈtenənt, AE -luːˈt-/ ➧ ***23*** n. GB sottotenente m. di vascello.

sublimable /səˈblaɪməbl/ agg. sublimabile.

1.sublimate /ˈsʌblɪmeɪt/ n. CHIM. sublimato m.

2.sublimate /ˈsʌblɪmeɪt/ tr. CHIM. PSIC. sublimare.

sublimation /ˌsʌblɪˈmeɪʃn/ n. CHIM. PSIC. sublimazione f.

1.sublime /səˈblaɪm/ **I** agg. 1 [*genius, beauty, heroism, art*] sublime 2 COLLOQ. [*food, clothes, person*] fantastico 3 [*indifference, contempt, egoism*] supremo, notevole **II** n. ***the ~*** il sublime ◆ ***to go from the ~ to the ridiculous*** passare dal sublime al grottesco.

2.sublime /səˈblaɪm/ tr. CHIM. sublimare.

sublimely /səˈblaɪmlɪ/ avv. 1 [*play, perform, sing*] in modo sublime, sublimemente; ***~ beautiful, heroic*** di una bellezza, di un eroismo sublime 2 [*indifferent, contemptuous, confident*] notevolmente.

subliminal /səbˈlɪmɪnl/ agg. [*advertising, message, level*] subliminale.

subliminally /səbˈlɪmɪnəlɪ/ avv. a livello subliminale.

sublimity /səbˈlɪmətɪ/ n. sublimità f.

sublingual /ˌsʌbˈlɪŋgwəl/ agg. sottolinguale, sublinguale.

sublittoral /ˌsʌbˈlɪtərəl/ agg. sublitorale.

sublunar /ˌsʌbˈluːnə(r)/, **sublunary** /ˌsʌbˈluːnrɪ/ agg. sublunare.

submachine gun /ˌsʌbməˈʃiːngʌn/ n. mitra m.

▷ **submarine** /ˌsʌbməˈriːn, AE ˈsʌb-/ **I** n. 1 MAR. sottomarino m. 2 (anche **~ sandwich**) AE = panino preparato con uno sfilatino molto lungo **II** modif. MIL. [*base, warfare, detection, accident*] subacqueo, sottomarino; [*captain, commander*] di sottomarino **III** agg. [*plant, life, cable*] subacqueo, sottomarino.

submarine chaser /ˌsʌbməriːnˈtʃeɪsə(r)/ n. cacciasommergibili m.

submarine pen /ˌsʌbməˈriːnˌpen/ n. riparo m. per sottomarini.

submariner /ˌsʌbˈmærɪnə(r), AE ˈsʌb-/ ➧ ***23*** n. sommergibilista m.

submaxillary /ˌsʌbmækˈsɪlərɪ/ agg. sottomascellare.

submediant /ˌsʌbˈmiːdɪənt/ n. MUS. sopradominante f.

submenu /ˈsʌbmenjuː/ n. INFORM. sottomenu m.

submerge /səbˈmɜːdʒ/ **I** tr. [*sea, flood, tide*] sommergere; [*person*] immergere (**in** in); ***to remain ~d for several days*** [*submarine*] restare in immersione per diversi giorni **II** rifl. ***to ~ oneself in*** immergersi in [*work*].

submerged /səbˈmɜːdʒd/ **I** p.pass. → **submerge II** agg. [*wreck*] sommerso; [*person*] sommerso, immerso (anche FIG.).

submergence /səbˈmɜːdʒəns/ n. sommersione f.

submerse /səbˈmɜːs/ → **submerge**.

submersible /səbˈmɜːsəbl/ **I** agg. sommergibile **II** n. (mini)sommergibile m.

submersion /səbˈmɜːʃn, AE -mɜːrʒn/ n. *(action)* immersione f.; *(fact of being submerged)* sommersione f.

subminiature /səbˈmɪnətʃə(r), AE -ˈmɪnɪətʃʊər/ agg. subminiatura.

▷ **submission** /səbˈmɪʃn/ n. 1 *(obedience, subjection)* sottomissione f. (**to** a); SPORT resa f.; ***to beat, frighten, starve sb. into ~*** sottomettere qcn. con la forza, la paura, la fame 2 *(of application, document, proposal, report)* presentazione f. (**to** a) 3 *(report)* rapporto m. 4 DIR. *(closing argument)* proposta f. di compromesso; ***the ~ that*** la proposta di compromesso in base alla quale; ***to make a ~ that*** avanzare una proposta di compromesso in base alla quale 5 FORM. *(opinion)* tesi f.

submissive /səbˈmɪsɪv/ agg. [*person, attitude*] sottomesso, remissivo; [*behaviour*] docile.

submissively /səbˈmɪsɪvlɪ/ avv. [*behave*] docilmente; [*react, accept*] con sottomissione; [*say*] umilmente.

submissiveness /səbˈmɪsɪvnɪs/ n. docilità f.

submit /səbˈmɪt/ **I** tr. (forma in -ing ecc. **-tt-**) 1 *(send, present)* presentare [*report, proposal, budget, accounts, plan*] (**to** a); presentare, proporre [*bill, application, resignation, nomination*] (**to** a); depositare, presentare [*claim, estimate*] (**to** a); sottomettere [*entry, script, sample*] (**to** a) 2 FORM. *(propose)* proporre (anche DIR.); ***to ~ that*** proporre che; ***I would ~ that*** proporrei di *o* che **II** intr. (forma in -ing ecc. **-tt-**) sottomettersi, cedere; ***to ~ to*** subire [*humiliation, injustice, pain*]; sottoporsi a [*will, demand, discipline*]; sottoporsi a [*medical examination, treatment*]; DIR. sottostare a [*jurisdiction, decision*] **III** rifl. (forma in -ing ecc. **-tt-**) ***to ~ oneself to*** DIR. sottomettersi a [*jurisdiction, decision*]; sottoporsi a [*medical examination*].

submontane /ˌsʌbˈmɒnteɪn/ agg. submontano.

submultiple /ˌsʌbˈmʌltɪpl/ **I** n. sottomultiplo m. (**of** di) **II** agg. sottomultiplo.

subnormal /sʌbˈnɔːml/ agg. 1 SPREG. [*person*] subnormale 2 [*temperature*] al di sotto del normale.

suboccipital /ˌsʌbɒkˈsɪpɪtl/ agg. sottooccipitale, sottoccipitale.

suboceanic /ˌsʌbəʊʃɪˈænɪk/ agg. suboceanico.

suborbital /ˌsʌbˈɔːbɪtl/ agg. suborbitale.

suborder /ˈsʌbɔːdə(r)/ n. BIOL. sottordine m.

subordinacy /səˈbɔːdɪnəsɪ, AE -dənə-/ n. → **subordination**.

1.subordinate /səˈbɔːdɪnət, AE -dənət/ **I** agg. [*position*] subordinato; [*officer, rank*] subalterno; [*issue, matter, question*] secondario (**to** a); ***to be ~ to sb.*** essere subordinato a qcn. **II** n. subordinato m. (-a), subalterno m. (-a).

2.subordinate /səˈbɔːdɪneɪt/ tr. subordinare (**to** a) (anche LING.).

subordinate clause /səˌbɔːdɪnətˈklɔːz, AE -dənət-/ n. LING. proposizione f. subordinata.

subordinately /səˈbɔːdɪnətlɪ, AE -dənətlɪ/ avv. subordinatamente.

subordinating conjunction /səˌbɔːdɪneɪtɪŋkənˈdʒʌŋkʃn/ n. LING. congiunzione f. subordinante.

subordination /səˌbɔːdɪˈneɪʃn/ n. subordinazione f.

suborn /səˈbɔːn/ tr. subornare.

suborner /səˈbɔːnə(r)/ n. subornatore m. (-trice).

subparagraph /ˈsʌbpærəgrɑːf, AE -græf/ n. sottoparagrafo m.

subplot /ˈsʌbplɒt/ n. trama f. secondaria, intreccio m. secondario.

1.subpoena /səˈpiːnə/ n. mandato m. di comparizione; ***to serve a ~ on sb.*** emanare un mandato di comparizione nei confronti di qcn.

2.subpoena /sə'pi:nə/ tr. (3ª persona sing. pres. **~s**; pass., p.pass. **~ed**) emanare un mandato di comparizione nei confronti di.
subpolar /ˌsʌb'pəʊlə(r)/ agg. subpolare.
subpopulation /ˌsʌbpɒpjʊ'leɪʃn/ n. STATIST. strato m.
sub-post office /ˌsʌb'pəʊstˌɒfɪs, AE -ˌɔ:f-/ n. BE succursale f. (di ufficio postale).
subregion /'sʌbri:dʒən/ n. subregione f.
subreption /səb'repʃn/ n. DIR. surrezione f.
subreptitious /sʌbrep'tɪʃəs/ agg. DIR. surrettizio.
subreptitiously /sʌbrep'tɪʃəslɪ/ avv. DIR. surrettiziamente.
subrogation /ˌsʌbrə'geɪʃn/ n. BUROCR. surrogazione f.
sub rosa /ˌsʌb'rəʊzə/ avv. sub rosa, in segreto, con riservatezza.
subroutine /'sʌbru:ti:n/ n. INFORM. subroutine f., sottoprogramma m.
▷ **subscribe** /səb'skraɪb/ **I** tr. **1** *(pay)* sottoscrivere [*sum, amount*] (**to** a) **2** FORM. *(sign)* sottoscrivere, firmare; ***to ~ one's name to sth.*** sottoscrivere *o* apporre il proprio nome in calce a qcs. **II** intr. **1** *(agree with)* ***to ~ to*** aderire a [*view, values, opinion, principle, theory, doctrine, belief*] **2** *(buy)* abbonarsi; ***to ~ to*** abbonarsi a [*magazine, TV, channel*] **3** ECON. *(apply)* ***to ~ for*** sottoscrivere [*shares*] **4** *(contribute)* ***to ~ to*** contribuire a [*charity, fund*].
▷ **subscriber** /səb'skraɪbə(r)/ n. **1** COMM. GIORN. *(to periodical etc.)* abbonato m. (-a) (**to** a) **2** TEL. abbonato m. (-a) (telefonico) **3** *(to fund)* sottoscrittore m. (-trice) (**to** per) **4** ECON. *(to shares)* sottoscrittore m. (-trice) **5** *(to doctrine)* seguace m. e f. (**to** di).
subscriber trunk dialling /səb'skraɪbəˌtrʌŋkˌdaɪəlɪŋ/ n. teleselezione f.
subscript /'sʌbskrɪpt/ **I** agg. sottoscritto **II** pedice m.
subscription /səb'skrɪpʃn/ n. **1** *(magazine)* abbonamento m. (**to** a); ***to take out, cancel, renew a ~*** fare, annullare, rinnovare un abbonamento **2** BE *(fee) (to association, scheme)* quota f. associativa (**to** a); *(TV)* abbonamento m. (**to** a); ***annual ~*** abbonamento annuale **3** *(to fund)* sottoscrizione f. (**to** a) **4** *(system)* sottoscrizione f.; ***by ~*** per sottoscrizione; ***available on ~*** disponibile su sottoscrizione **5** ECON. *(to share issue)* sottoscrizione f. (**to** a).
subscription concert /səb'skrɪpʃnˌkɒnsət/ n. concerto m. in abbonamento.
subscription fee /səb'skrɪpʃnˌfi:/ n. quota f. d'abbonamento.
subscription magazine /səb'skrɪpʃnmægəˌzi:n/ n. rivista f. venduta in abbonamento.
subscription rate /səb'skrɪpʃnˌreɪt/ n. → **subscription fee**.
subscription service /səb'skrɪpʃnˌsɜ:vɪs/ n. servizio m. abbonamenti.
subsection /'sʌbsekʃn/ n. sottosezione f. (anche DIR.).
subsequence /'sʌbsɪkwəns/ n. susseguenza f.
subsequent /'sʌbsɪkwənt/ agg. [*event, problem, success, work*] *(in past)* successivo, ulteriore; *(in future)* successivo, susseguente.
▷ **subsequently** /'sʌbsɪkwəntlɪ/ avv. successivamente, susseguentemente.
subserve /səb'sɜ:v/ tr. FORM. favorire, servire a.
subservience /səb'sɜ:vɪəns/, **subserviency** /səb'sɜ:vɪənsɪ/ n. subordinazione f., servilismo m. (**to** verso).
subservient /səb'sɜ:vɪənt/ agg. **1** SPREG. servile (**to** verso) **2** *(subordinate)* subordinato (**to** a) **3** FORM. *(useful)* utile (**to** per, a).
subset /'sʌbset/ n. MAT. sottoinsieme m.
subside /səb'saɪd/ intr. **1** *(die down)* [*storm, wind*] cessare, calmarsi; [*applause, noise*] diminuire, attenuarsi; [*anger, fear*] placarsi, passare; [*pain*] calmarsi, passare; [*laughter, excitement*] smorzarsi; [*fever*] scendere; [*threat*] diminuire; [*flames*] estinguersi **2** *(sink)* [*water, river*] ritirarsi; [*flood*] abbassarsi, calare; [*road, land*] abbassarsi, avvallarsi, sprofondare; [*building*] sprofondare **3** *(sink down)* [*person*] sprofondarsi, lasciarsi cadere (**into** in; **onto** su).
subsidence /səb'saɪdəns, 'sʌbsɪdəns/ n. subsidenza f.
subsident /səb'saɪdənt, 'sʌbsɪdənt/ agg. subsidente.
subsidiarily /səb'sɪdɪərɪlɪ, AE -dɪerɪlɪ/ avv. sussidiariamente.
subsidiarity /səbˌsɪdɪ'ærətɪ/ n. *(in EU)* sussidiarietà f.
▷ **subsidiary** /səb'sɪdɪərɪ, AE -dɪerɪ/ **I** n. (anche **~ company**) consociata f. (**of** di); ***banking, insurance ~*** consociata di una banca, di una compagnia d'assicurazioni **II** agg. [*reason, character, question*] secondario (**to** in rapporto a).
subsidize /'sʌbsɪdaɪz/ tr. sovvenzionare, sussidiare.
▷ **subsidy** /'sʌbsɪdɪ/ n. sovvenzione f., sussidio m. (**to, for** a).
subsist /səb'sɪst/ intr. sussistere.
subsistence /səb'sɪstəns/ n. sussistenza f.
subsistence allowance /səb'sɪstənsəˌlaʊəns/ n. BE AMM. = anticipo sullo stipendio.
subsistence farming /səb'sɪstənsˌfɑ:mɪŋ/ n. agricoltura f. di sussistenza.
subsistence level /səb'sɪstənsˌlevl/ n. livello m. di sussistenza.
subsistence wage /səb'sɪstənsˌweɪdʒ/ n. salario m. di sussistenza.
subsoil /'sʌbsɔɪl/ n. sottosuolo m.
subsoiling /'sʌbsɔɪlɪŋ/ n. AGR. ripuntatura f.
subsonic /ˌsʌb'sɒnɪk/ agg. subsonico.
subspace /'sʌbspeɪs/ n. sottospazio m.
subspecies /'sʌbspi:ʃi:z/ n. sottospecie f.
▷ **substance** /'sʌbstəns/ n. **1** CHIM. *(matter)* sostanza f.; ***illegal ~s*** sostanze illecite **2** *(essence) (of argument, talks, protest)* essenza f., sostanza f. (**of** di); *(of book, plot)* sostanza f. (**of** di); ***the ~ of what he says*** il succo di ciò che dice; ***in ~*** in sostanza **3** *(solidity, reality) (of argument, point)* solidità f., consistenza f.; *(of claim, accusation)* fondatezza f.; *(of play, book)* solidità f.; ***to lack ~*** [*argument*] essere privo di fondamento; [*book*] essere privo di sostanza; ***there is no ~ to the allegations*** queste asserzioni sono prive di fondamento; ***is there any ~ to these claims?*** questi reclami sono fondati? ***to lend ~ to*** dare peso a [*claim, allegation*] **4** FORM. *(significance)* ***something of ~*** qualcosa d'importante; ***talks, matters of ~*** trattative importanti, questioni importanti; ***the meeting yielded little of ~*** alla riunione non è venuto fuori nulla di importante **5** *(tangible quality)* sostanza f. **6** ANT. FORM. *(wealth)* ***a person of ~*** una persona agiata.
substance abuse /'sʌbstənsəˌbju:s/ n. abuso m. di sostanze stupefacenti.
substandard /ˌsʌb'stændəd/ agg. **1** [*goods, housing*] di qualità inferiore, scadente; [*essay*] insufficiente; [*performance, workmanship*] inadeguato **2** LING. [*language, usage*] non standard.
▶ **substantial** /səb'stænʃl/ agg. **1** *(in amount)* [*sum, payment, fee, income, quantity, majority, number*] considerevole; [*imports, loss, proportion*] sostanziale; [*meal*] sostanzioso; ***~ damages*** DIR. danni sostanziali **2** *(in degree)* [*change, improvement, difference, increase, fall, impact, risk, damage*] considerevole; [*role*] importante, considerevole; ***to be in ~ agreement (over sth.)*** essere sostanzialmente d'accordo (su qcs.) **3** *(solid)* [*chair, lock*] resistente; [*wall*] solido; [*evidence, proof*] solido, fondato **4** *(wealthy)* [*business, company*] (finanziariamente) solido; [*businessman, landowner*] ricco, agiato **5** FORM. *(tangible)* [*being*] reale, tangibile.
substantialism /səb'stænʃəlɪzəm/ n. sostanzialismo m.
substantialist /səb'stænʃəlɪst/ n. sostanzialista m. e f.
substantiality /səb'stænʃəlɪtɪ/ n. sostanzialità f.
▷ **substantially** /səb'stænʃəlɪ/ avv. **1** *(considerably)* [*increase, change, fall, reduce*] considerevolmente; [*higher, lower, better, less*] nettamente, decisamente **2** *(mainly)* [*true, correct, unchanged*] sostanzialmente, in gran parte; ***the team will not be ~ different from last week's*** la squadra non sarà sostanzialmente diversa rispetto alla settimana scorsa.
substantialness /səb'stænʃəlnɪs/ n. → **substantiality**.
substantiate /səb'stænʃɪeɪt/ tr. FORM. provare, sostanziare [*allegation, complaint*]; provare [*charge*]; sostanziare, suffragare [*statement, view*].
substantiation /səbˌstænʃɪ'eɪʃn/ n. FORM. (il) sostanziare.
substantival /ˌsəbstæn'taɪvl/ agg. LING. sostantivale.
substantive /'sʌbstəntɪv/ **I** agg. **1** FORM. *(significant)* [*discussion*] sostanziale; [*change*] sostanziale, importante; [*progress*] considerevole, sostanziale; [*issues, decision*] importante **2** LING. sostantivo **II** n. LING. sostantivo m.
substantive law /'sʌbstəntɪvˌlɔ:/ n. DIR. diritto m. sostanziale.
substantively /'sʌbstəntɪvlɪ/ avv. essenzialmente, sostanzialmente.
substation /'sʌbsteɪʃn/ n. EL. sottostazione f.
substituent /ˌsʌb'stɪtjʊənt, AE -tʃʊ-/ n. CHIM. sostituente m.
▷ **1.substitute** /'sʌbstɪtju:t, AE -tu:t/ **I** n. **1** *(person)* sostituto m. (-a), rimpiazzo m.; SPORT riserva f.; ***to come on as a ~*** SPORT giocare come riserva; ***their dog is a child ~*** il loro cane sostituisce il figlio che non hanno **2** *(product, substance)* (prodotto) succedaneo m.; ***chocolate, coffee ~*** succedaneo del cioccolato, del caffè; ***sugar ~*** dolcificante; ***there is no ~ for analysis, a good education*** non c'è nulla che possa sostituire l'analisi, una buona istruzione; ***there is no ~ for real leather*** non c'è niente come la vera pelle; ***it's a poor ~ for a glass of wine!*** un bicchiere di vino sarebbe tutta un'altra cosa! **3** LING. sostituto m. **II** modif. [*machine, device*] sostitutivo; [*family, parent*] putativo; SPORT ***~ player*** riserva; ***~ teacher*** AE supplente; ***to work as a ~ teacher*** AE fare delle supplenze.
▷ **2.substitute** /'sʌbstɪtju:t, AE -tu:t/ **I** tr. sostituire (**for** a); ***to ~ X for Y*** sostituire X a Y; ***honey can be ~d for sugar in this recipe*** in questa ricetta è possibile usare il miele al posto dello zucchero *o*

sostituire il miele allo zucchero **II** intr. ***to ~ for sb., sth.*** sostituire *o* rimpiazzare qcn., qcs.

substitute's bench /ˈsʌbstɪtjuːtsˌbentʃ, AE -tuːt-/ n. SPORT panchina f. (delle riserve).

▷ **substitution** /ˌsʌbstɪˈtjuːʃn, AE -ˈtuː-/ n. sostituzione f.; CHIM. MAT. LING. PSIC. sostituzione f.; ***the ~ of X for Y*** la sostituzione di X a Y.

substitutional /ˌsʌbstɪˈtjuːʃənl, AE -ˈtuː-/, **substitutionary** /ˌsʌbstɪˈtjuːʃənərɪ, AE -ˈtuːʃənerɪ/ agg. sostitutivo.

substratum /ˌsʌbˈstrɑːtəm, AE ˈsʌbstreɪtəm/ n. (pl. **-a**) **1** *(basis)* fondo m. **2** GEOL. *(subsoil)* sottosuolo m.; *(bedrock)* substrato m. **3** SOCIOL. base f. **4** LING. sostrato m. **5** FILOS. sostanza f., substrato m.

substructure /ˈsʌbstrʌktʃə(r)/ n. sottostruttura f.

subsume /səbˈsjuːm, AE -ˈsuːm/ tr. sussumere (**into**, **under** a).

subsumption /səbˈsʌmpʃn/ n. sussunzione f.

subsurface /ˈsʌbsɜːfɪs/ n. sottosuolo m.

subsystem /ˈsʌbsɪstəm/ n. INFORM. sottosistema m.

subtangent /ˌsʌbˈtændʒənt/ n. sottotangente f.

subteen /ˈsʌbtiːn/ n. AE preadolescente m. e f.

subtemperate /ˌsʌbˈtempərət/ agg. temperato continentale.

subtenancy /ˈsʌbtenənsɪ/ n. subaffitto m., sublocazione f.

subtenant /ˈsʌbtenənt/ n. subaffittuario m. (-a), sublocatario m. (-a).

subtend /səbˈtend/ tr. *(all contexts)* sottendere.

subterfuge /ˈsʌbtəfjuːdʒ/ n. sotterfugio m.; pretesto m. (**of doing** di fare).

subterranean /ˌsʌbtəˈreɪnɪən/ agg. sotterraneo.

subtext /ˈsʌbtekst/ n. LETTER. significato m. sottinteso; FIG. allusione f.

subtile → **subtle**.

subtilin /ˈsʌbtɪlɪn/ n. subtilina f.

subtilization /sʌtɪlaɪˈzeɪʃn/ n. FORM. sottigliezza f.

subtilize /ˈsʌtɪlaɪz/ **I** tr. FORM. affinare **II** intr. FORM. LETTER. sottilizzare.

1.subtitle /ˈsʌbtaɪtl/ n. sottotitolo m.

2.subtitle /ˈsʌbtaɪtl/ tr. sottotitolare.

subtitling /ˈsʌbtaɪtlɪŋ/ n. sottotitolazione f.

▷ **subtle** /ˈsʌtl/ agg. **1** *(barely perceptible)* [*distinction, form*] sottile; [*change, pressure*] leggero; [*shift*] impercettibile **2** *(finely tuned)* [*argument, analysis, allusion, hint*] sottile; [*strategy, tactic, idea, decision*] astuto, ingegnoso; [*humour, irony*] sottile, pungente; [*performance, plot, characterization*] complesso, ricco di sfumature; ***in a ~ way*** sottilmente; ***you weren't very ~ about it!*** non sei andato molto per il sottile! **3** *(perceptive)* [*observer, analyst*] perspicace; [*person, mind*] sottile, acuto **4** *(delicate)* [*fragrance*] sottile; [*blend, colour*] delicato; [*lighting*] soffuso.

subtleness /ˈsʌtlnɪs/, **subtlety** /ˈsʌtltɪ/ n. **1** *(of film, book, music, style)* complessità f.; *(of expression, feeling, tone, idea)* finezza f., delicatezza f. **2** *(fine point)* sottigliezza f. **3** *(of actions, reaction, approach, manner)* sottigliezza f., astuzia f. **4** *(of flavour)* delicatezza f.; *(of lighting)* carattere m. soffuso.

subtly /ˈsʌtlɪ/ avv. **1** *(imperceptibly)* [*change, alter, shift, influence*] impercettibilmente; [*different, humorous*] leggermente, vagamente **2** *(in a complex way)* [*argue*] sottilmente; [*mock*] argutamente; [*analyse, act*] con sottigliezza **3** *(delicately)* [*flavoured, coloured*] delicatamente; [*lit*] in modo soffuso.

subtonic /ˌsʌbˈtɒnɪk/ n. MUS. sensibile f.

subtopia /ˌsʌbˈtəʊpɪə/ n. IRON. = quartiere periferico tetro e degradato.

subtopic /ˈsʌbtɒpɪk/ n. argomento m. secondario.

subtotal /ˈsʌbtəʊtl/ n. subtotale m.

subtract /səbˈtrækt/ **I** tr. MAT. sottrarre (**from** da) **II** intr. fare una sottrazione, delle sottrazioni.

subtraction /səbˈtrækʃn/ n. sottrazione f.

subtractive /səbˈtræktɪv/ agg. sottrattivo.

subtrahend /ˈsʌbtrəˌhend/ n. sottraendo m.

subtropical /ˌsʌbˈtrɒpɪkl/ agg. subtropicale.

subtropics /ˌsʌbˈtrɒpɪks/ n.pl. zone f. subtropicali.

▷ **suburb** /ˈsʌbɜːb/ **I** n. sobborgo m.; ***inner ~*** periferia; ***an expensive ~*** un sobborgo caro **II suburbs** n.pl. ***the ~s*** la periferia (residenziale); ***the outer ~s*** l'estrema periferia; ***the ~s of London*** la periferia (residenziale) di Londra.

▷ **suburban** /səˈbɜːbən/ agg. **1** [*street, shop, train*] di periferia; [*development*] suburbano; AE [*shopping mall*] in periferia; ***~ sprawl*** *(phenomenon)* sviluppo disordinato delle periferie; *(one suburb)* sobborgo di enormi dimensioni **2** SPREG. [*outlook*] ristretto; [*values*] piccolo-borghese.

suburbanite /səˈbɜːbənaɪt/ n. SPREG. chi abita in periferia.

suburbanize /səˈbɜːbənaɪz/ tr. trasformare [qcs.] in sobborgo, in quartiere suburbano.

suburbia /səˈbɜːbɪə/ n. **U** periferia f.; ***to live in ~*** abitare in periferia; ***life in ~*** la vita della piccola borghesia.

subvariety /ˌsʌbvəˈraɪətɪ/ n. sottovarietà f.

subvention /səbˈvenʃn/ n. **1 C** *(subsidy)* sovvenzione f., sussidio m. **2 U** *(financing)* sovvenzioni f.pl., finanziamento m.

subversion /səˈbvɜːʃn, AE -ˈvɜːrʒn/ n. sovversione f.

subversive /səbˈvɜːsɪv/ **I** agg. *(all contexts)* sovversivo **II** n. *(person)* sovversivo m. (-a).

subvert /səbˈvɜːt/ tr. sovvertire, rovesciare [*government, establishment*]; minare, fare vacillare [*belief, idea, ideology*]; corrompere [*diplomat, agent*]; mandare a monte [*negotiations, talks*].

subverter /səbˈvɜːtə(r)/ n. sovvertitore m. (-trice).

▷ **subway** /ˈsʌbweɪ/ **I** n. **1** BE *(for pedestrians)* sottopassaggio m. **2** AE *(underground railway)* metropolitana f. **II** modif. AE [*station*] della metropolitana; [*train*] sotterraneo.

sub-zero /ˌsʌbˈzɪərəʊ/ agg. [*temperature*] sottozero.

succedanea /sʌksɪˈdeɪnɪə/ → **succedaneum**.

succedaneous /sʌksɪˈdeɪnɪəs/ agg. succedaneo.

succedaneum /sʌksɪˈdeɪnɪəm/ n. (pl. **~s**, **-a**) succedaneo m.

▶ **succeed** /səkˈsiːd/ **I** tr. succedere, subentrare a [*person*]; succedere a, seguire [*event*]; ***to ~ sb. as king*** succedere a qcn. sul trono; ***she ~ed him as president*** è successa a lui come presidente **II** intr. **1** *(achieve success)* [*person, plan, technique*] riuscire, avere successo; ***to ~ in doing*** riuscire a fare; ***to ~ in business*** riuscire *o* avere successo negli affari; ***to ~ in life, in one's exams*** avere successo nella vita, riuscire negli esami **2** *(accede)* succedere; ***to ~ to*** salire a [*throne*]; succedere a [*presidency*] ◆ ***nothing ~s like success*** niente ha successo quanto il successo.

succeeding /səkˈsiːdɪŋ/ agg. *(in past)* seguente, successivo; *(in future)* prossimo, a venire; ***~ generations have done*** le generazioni successive hanno fatto; ***~ generations will do*** le prossime generazioni faranno; ***with each ~ year*** di anno in anno.

▶ **success** /səkˈses/ n. **1** successo m., riuscita f.; ***without ~*** senza successo, infruttuoso; ***to meet with ~*** avere successo; ***to stand the best chance of ~*** [*candidate, applicant*] avere le migliori probabilità di successo; ***she always makes a ~ of the roast*** l'arrosto le viene sempre alla perfezione; ***he made a ~ of his life, career*** è riuscito ad avere successo nella vita, nella carriera; ***they made a ~ of the business*** l'affare è stato un successo per loro; ***sb.'s ~ in*** il successo di qcn. a [*exam, election*]; ***despite her ~ in doing*** nonostante sia riu-scita a fare; ***he never had much ~ with women*** non ha mai avuto molto successo con le donne; ***wishing you every ~*** augurandoti di avere successo **2** *(person, thing that succeeds)* successo m., riuscita f.; ***to be a huge ~*** [*party, film*] essere *o* avere un grande successo; ***to be a ~ with*** avere successo con [*critics, children*]; ***to be a ~ as*** avere successo come [*teacher, actor*] ◆ ***to enjoy the sweet smell of ~*** assaporare il successo; ***to scent the sweet smell of ~*** sentire odore di successo.

▶ **successful** /səkˈsesfl/ agg. **1** *(that achieves its aim)* [*attempt, operation*] riuscito; [*plan, campaign, summit*] coronato da successo; [*treatment, policy*] efficace; ***the operation was not entirely ~*** l'operazione non è del tutto riuscita; ***to be ~ in*** o ***at doing*** riuscire a fare **2** *(that does well)* [*film, book, writer*] *(profitable)* di successo; *(well regarded)* apprezzato; [*businessman, company*] di successo; [*career*] brillante, di successo; ***to be ~*** riuscire, avere successo; ***to be ~ in business, in a profession*** riuscire negli affari, in una professione; ***the film was less ~*** il film non ha avuto lo stesso successo **3** *(that wins, passes)* [*candidate, contestant*] vincente; [*applicant*] scelto; [*team*] vittorioso, vincente; ***to be ~ in an exam*** passare un esame con successo; ***her application was not ~*** la sua domanda non è stata accettata **4** *(happy)* [*marriage, partnership*] riuscito; [*outcome*] positivo.

▷ **successfully** /səkˈsesfəlɪ/ avv. [*try, campaign, argue*] con successo.

▷ **succession** /səkˈseʃn/ n. **1** *(sequence) (of attempts, events, people)* serie f., successione f. (**of** di); ***in ~*** di seguito; ***for five years in ~*** per cinque anni consecutivi; ***in close*** o ***quick*** o ***swift ~*** in rapida successione; ***three explosions in rapid ~*** tre esplosioni in rapida successione; ***the days followed each other in quick ~*** i giorni passavano in rapida successione **2** *(act, right of inheriting)* successione f. (**to** a); *(line of descent)* eredi m.pl.; ***to be fifth in ~ to the throne*** essere il quinto nella successione al trono.

successional /səkˈseʃənl/ agg. **1** *(successive)* successivo, consecutivo **2** *(pertaining to succession)* relativo a successione.

▷ **successive** /səkˈsesɪv/ agg. [*attempt, victory, generation, government*] successivo; [*day, week, year*] consecutivo; ***for five ~***

years per cinque anni consecutivi; ***with each ~ season, disaster...*** a ogni nuova stagione, nuovo disastro...

successively /sək'sesɪvlɪ/ avv. consecutivamente, nell'ordine.

▷ **successor** /sək'sesə(r)/ n. **1** *(person)* successore m. (**of sb., to sb.** di qcn.; **to sth.** a qcs.); ***to be sb.'s ~*** essere il successore di qcn.; ***to be sb.'s ~ as*** succedere a qcn. come [*monarch, minister*]; ***a worthy ~ to sb.*** un successore degno di qcn. **2** *(invention, concept)* sostituto m. (-a); ***it is a possible ~ to silicon*** è un possibile sostituto del silicio.

success rate /sək'ses,reɪt/ n. percentuale f. di studenti promossi.

success story /sək'ses,stɔ:rɪ/ n. storia f. di un successo, realizzazione f.

succinate /'sʌksɪneɪt/ n. succinato m.

succinct /sək'sɪŋkt/ agg. [*statement, phrase, person*] succinto, breve, conciso.

succinctly /sək'sɪŋktlɪ/ avv. succintamente, in succinto, in breve.

succinctness /sək'sɪŋktnɪs/ n. concisione f., stringatezza f.

succinic /sək'sɪnɪk/ agg. succinico.

succor AE → **succour**.

succory /'sʌkərɪ/ n. → **chicory**.

succotash /'sʌkətæʃ/ n. AE INTRAD. m. (piatto di fagioli americani e mais fatti bollire insieme).

1.succour BE, **succor** AE /'sʌkə(r)/ n. FORM. soccorso m.

2.succour BE, **succor** AE /'sʌkə(r)/ tr. FORM. soccorrere.

succubus /'sʌkjʊbəs/ n. (pl. **-i**) MITOL. succubo m.

succulence /'sʌkjʊləns/ n. succulenza f. (anche BOT.).

succulent /'sʌkjʊlənt/ **I** n. pianta f. grassa, succulenta **II** agg. succulento (anche BOT.).

▷ **succumb** /sə'kʌm/ intr. *(all contexts)* soccombere (**to** a).

succuss /sə'kʌs/ tr. ANT. scuotere.

succussion /sə'kʌʃən/ n. succussione f.

▶ **such** /sʌtʃ/ **I** pron. **1** *(this)* ***~ is life*** così è la vita; ***she's a good singer and recognized as ~*** è una brava cantante ed è riconosciuta come tale; ***she's talented and recognized as ~*** ha talento e ciò le viene riconosciuto; ***he doesn't believe in religion as ~*** non crede nella religione in quanto tale **2** *(suchlike)* ***and ~*** e simili **II** determ. **1** *(of kind previously mentioned) (replicated)* tale; *(similar)* così, simile; *(of similar sort)* di questo tipo; ***~ a situation*** una situazione tale; ***~ individuals*** tipi così; ***in ~ a situation*** in una situazione come questa, quella; ***at ~ a time*** in un momento simile; ***many ~ proposals*** molte proposte di questo tipo; ***and other ~ arguments*** e altri argomenti così *o* di questo tipo; ***all ~ basic foods*** tutti gli alimenti base di questo tipo; ***potatoes, bread and all ~ basic foods*** le patate, il pane e gli altri generi di prima necessità; ***doctors, dentists and all ~ people*** dottori, dentisti e gente del genere; ***a mouse or some ~ animal*** un topo o un animale simile *o* così; ***he said "so what!" or some ~ remark*** ha detto "e allora!" o qualcosa così *o* di simile; ***there was some ~ case last year*** c'è stato un caso simile l'anno scorso; ***there's no ~ person*** non esiste una persona così; ***there was ~ a man I believe*** credo che ci fosse uno così; ***there's no ~ thing*** una cosa così non esiste; ***I've never heard of ~ a thing*** non ho mai sentito parlare di niente di simile; ***I didn't say any ~ thing*** non ho mai detto una cosa così, niente di simile; ***you'll do no ~ thing!*** non sognarti di fare una cosa simile! ***I've been waiting for just ~ an opportunity*** aspettavo proprio un'occasione come questa **2** *(of specific kind)* ***to be ~ that*** essere tale che; ***my hours are ~ that I usually miss the last train*** i miei orari sono tali che di solito perdo l'ultimo treno; ***his movements were ~ as to arouse suspicion*** i suoi spostamenti erano tali da fare sorgere dei *o* destare sospetti; ***in ~ a way that*** in modo tale da **3** *(any possible)* ***~ money as I have*** quei pochi soldi che ho; ***until ~ time as*** fino a quando *o* al momento in cui **4** *(so great)* tale; ***there was ~ carnage!*** è stata una tale strage! ***to be having ~ problems*** avere problemi tali *o* così; ***~ was his admiration, anger that*** la sua ammirazione, la sua rabbia era tale che; ***his fear was ~ that*** aveva talmente paura che; ***to be in ~ despair, in ~ a rage*** essere talmente disperato, arrabbiato **5** IRON. *(of such small worth, quantity)* ***you can borrow my boots ~ as they are*** puoi prendere in prestito i miei stivali, anche se non sono un granché; ***we picked up the apples ~ as there were*** abbiamo raccolto le poche mele che abbiamo trovato per terra **III** avv. **1** *(to a great degree) (with adjectives)* così, talmente; *(with nouns)* tale; ***in ~ a persuasive way*** in modo così convincente; ***~ a nice boy!*** un ragazzo così simpatico! ***~ excellent meals*** dei piatti così buoni; ***~ good quality as this*** di qualità (buona) come questa; ***I hadn't seen ~ a good film for years*** erano anni che non vedevo un film così bello; ***don't be ~ an idiot*** non essere così stupido; ***she's not ~ an idiot as she seems*** non è stupida come sembra; ***only ~ an idiot (as him) would do*** solo un idiota (come lui) farebbe; ***it was ~ (a lot of) fun*** è stato così divertente; ***~ a lot of problems*** (così) tanti pro-blemi; ***(ever) ~ a lot of people*** (così) tanta gente; ***thanks ever ~ a lot*** COLLOQ. grazie mille **2** **such as** come, tale che; ***~ a house as this, a house ~ as this*** una casa come questa; ***it was on just ~ a night as this that*** è stato proprio in una notte come questa; ***~ cities as, cities ~ as Manchester and Birmingham*** città come Manchester e Birmingham; ***a person ~ as her*** una persona come lei; ***~ as?*** *(as response)* (cosa) per esempio? *(referring to person)* (chi) per esempio? ***there are no ~ things as giants*** i giganti non esistono; ***have you ~ a thing as a screwdriver?*** hai per caso un cacciavite? ***inflation ~ as occurred last year*** un'inflazione come quella che si è verificata l'anno scorso.

such and such /'sʌtʃənsʌtʃ/ determ. tale; ***on ~ a topic*** su quell'argomento; ***at ~ a time*** in un momento come questo, in un tale momento.

suchlike /'sʌtʃlaɪk/ **I** pron. COLLOQ. ***and ~*** *(of people)* e simili, e così via; ***lions, tigers and ~*** leoni, tigri e simili **II** agg. COLLOQ. così, di questo tipo; ***caviar, smoked salmon and ~ delicacies*** caviale, salmone affumicato e altre prelibatezze di questo tipo.

1.suck /sʌk/ n. ***to give sth. a ~*** succhiare qcs.; ***to have a ~ of*** dare un'assaggiatina a [*drink*]; ***to give ~*** allattare.

▷ **2.suck** /sʌk/ **I** tr. **1** *(drink in)* [*animal, machine*] aspirare [*liquid, air*] (**from** da; **through** con); *(extract)* succhiare (**from** da); ***he was ~ing milk through a straw*** beveva il latte con una cannuccia; ***to ~ poison from a wound*** succhiare il veleno da una ferita; ***to ~ blood*** succhiare il sangue; ***to ~ sb. dry*** FIG. *(of affection)* vampirizzare qcn.; *(of money)* succhiare il sangue a qcn. *o* spremere tutti i soldi a qcn. **2** *(lick)* succhiare [*feeding bottle, fruit, pencil, pipe, thumb, cut*]; [*baby*] succhiare [*breast*]; ***to ~ one's teeth*** = inspirare aria tra i denti a labbra serrate producendo un rumore che esprime disapprovazione **3** *(pull)* [*current, wind, mud*] risucchiare [*person*]; ***to be ~ed down*** o ***under*** essere risucchiato; ***to get ~ed into*** FIG. essere risucchiato in **II** intr. **1** [*baby*] poppare; ***to ~ at*** succhiare da [*bottle*]; ***to ~ at*** succhiare [*ice*]; ***to ~ on*** aspirare da [*pipe, cigar, tube*] **2** AE POP. ***it ~s!*** fa schifo! ◆ ***~s to you!*** BE COLLOQ. vaffanbagno! ***~ it up*** AE COLLOQ. un po' di spina dorsale.

■ **suck in: ~ in [sth.], ~ [sth.] in** [*sea, wind*] inghiottire; [*person*] inspirare [*air*]; [*machine*] aspirare [*air, dirt, liquid*]; ***to ~ in one's cheeks*** risucchiarsi le guance; ***to ~ in one's stomach*** tirare in dentro lo stomaco.

■ **suck off** POP. **~ [sb.] off, ~ off [sb.]** succhiarlo a, fare un pompino a [*man*]; leccarla a [*woman*].

■ **suck out: ~ [sth.] out, ~ out [sth.]** aspirare [*air, liquid, dirt*] (**from** da); succhiare [*poison, blood*] (**from** da); ***to be ~ed out of a plane*** essere risucchiato fuori da un aereo.

■ **suck up: ~ up** COLLOQ. leccare i piedi; ***to ~ up to sb.*** leccare i piedi a qcn.; **~ [sth.] up, ~ up [sth.]** pompare [*liquid*]; aspirare [*dirt*].

1.sucker /'sʌkə(r)/ n. **1** COLLOQ. *(dupe)* babbeo f. (-a), cretino m. (-a); ***he's a ~ for compliments*** si piscia addosso per un complimento **2** BOT. AGR. pollone m. **3** *(animal's pad, rubber pad)* ventosa f.

2.sucker /'sʌkə(r)/ **I** tr. COLLOQ. *(dupe)* fregare, raggirare **II** intr. BOT. AGR. pollonare, mettere polloni.

sucking /'sʌkɪŋ/ agg. [*noise*] di suzione.

sucking pig /'sʌkɪŋ,pɪg/ n. lattonzolo m., maiale m. da latte.

suckle /'sʌkl/ **I** tr. dare il latte a, allattare [*baby*] **II** intr. allattare.

suckling /'sʌklɪŋ/ **I** n. **1** ANT. *(child)* poppante m. e f., lattante m. e f. **2** *(act)* allattamento m. **II** agg. [*animal*] da latte ◆ ***out of the mouths of babes and ~s*** i bambini sono la bocca della verità.

suckling pig /'sʌklɪŋ,pɪg/ n. lattonzolo m., maiale m. da latte.

sucrase /'su:kreɪz/ n. saccarasi f.

sucrose /'su:krəʊz, -rəʊs/ n. saccarosio m.

suction /'sʌkʃn/ n. aspirazione f., suzione f.; ***by ~*** per aspirazione.

suction pad /'sʌkʃn,pæd/ n. tampone m.

suction pump /'sʌkʃn,pʌmp/ n. pompa f. aspirante.

suction valve /'sʌkʃn,vælv/ n. valvola f. di aspirazione.

suctorial /sʌk'tɔ:rɪəl/ agg. ZOOL. succhiatore.

Sudan /su:'dɑ:n/ ➧ ***6*** n.pr. (anche **the ~**) Sudan m.

Sudanese /,su:də'ni:z/ ➧ ***18*** **I** agg. sudanese **II** n. (pl. **~**) sudanese m. e f.

Sudanic /su:'dænɪk/ ➧ ***14*** **I** agg. sudanese **II** n. LING. sudanese m.

sudarium /su:'deːrɪəm, sju:-/ n. (pl. **-ia**) STOR. sudario m.

sudatorium /su:də'tɔ:rɪəm, 'sju:-/ n. (pl. **-ia**) STOR. sudatorio m.

▶ **sudden** /'sʌdn/ agg. [*impulse, death*] improvviso; [*movement*] brusco; ***all of a ~*** all'improvviso *o* a un tratto *o* di colpo; ***it's all a bit ~*** è tutto un po' improvviso; ***it was all very ~*** è successo tutto troppo in fretta.

sudden death /,sʌdn'deθ/ n. SPORT (anche **~ overtime** AE, **~ play-off** BE) sudden death f.

sudden infant death syndrome /ˌsʌdnˌɪnfənt'deθˌsɪndrəʊm/ n. MED. morte f. improvvisa del lattante.

▶ **suddenly** /'sʌdnlɪ/ avv. improvvisamente; *(all of a sudden)* all'improvviso, a un tratto, di colpo.

suddenness /'sʌdnnɪs/ n. subitaneità f.; *(of death, illness)* fulmineità f.

sudoriferous /su:də'rɪfərəs, sju:-/, **sudorific** /su:də'rɪfɪk, sju:-/ agg. MED. sudorifero.

suds /sʌdz/ n.pl. **1** (anche **soap** ~) *(foam)* schiuma f. (di sapone); *(soapy water)* acqua f. saponata **2** AE COLLOQ. *(beer)* birra f.; *(foam)* spuma f.

sudsy /'sʌdzɪ/ agg. [*water*] saponata.

▷ **sue** /su:, sju:/ **I** tr. DIR. intentare causa a, citare; ***to ~ sb. for divorce*** presentare istanza di divorzio a qcn.; ***to ~ sb. for libel*** citare qcn. per diffamazione **II** intr. **1** DIR. intentare causa; ***to ~ for divorce*** presentare istanza di divorzio; ***to ~ for damages*** intentare causa per danni **2** LETT. ***to ~ for pardon, peace*** sollecitare il perdono, la pace.

Sue /su:/ n.pr. diminutivo di **Susan**.

suede /sweɪd/ **I** n. pelle f. scamosciata; ***imitation*** ~ similpelle scamosciata **II** modif. [*shoe, glove*] scamosciato.

suet /'su:ɪt, 'sju:ɪt/ n. grasso m. (di rognone), sego m.; ~ ***pudding*** BE = pasticcio a base di farina e grasso di rognone.

Suevian /'swi:vɪən/ **I** agg. STOR. svevo **II** n. STOR. svevo m. (-a).

Suez /'sʊɪz/ ❥ ***34*** n. **1** GEOGR. Suez m.; ***the ~ Canal*** il canale di Suez **2** POL. STOR. (anche **the ~ crisis**) crisi f. di Suez.

▶ **suffer** /'sʌfə(r)/ **I** tr. **1** *(undergo)* subire [*punishment, defeat, loss, delay, consequences*]; soffrire [*hunger*]; ***she ~ed a great deal of pain*** ha sofferto moltissimo; ***he ~ed a severe neck injury*** è stato gravemente ferito al collo; ***to ~ a heart attack, a stroke*** avere un attacco cardiaco, un colpo apoplettico; ***the roof ~ed storm damage*** il tetto è stato danneggiato dalla tempesta; ***ports have ~ed a drop in trade*** i porti hanno subito un calo nell'attività commerciale; ***the region has ~ed severe job losses*** la regione ha subito un grave calo dell'occupazione **2** FORM. *(tolerate)* sopportare; ***I won't ~ this a moment more*** non tollererò tutto questo un minuto di più **II** intr. **1** *(with illness)* ***to ~ from*** soffrire di [*malnutrition, rheumatism*]; patire [*heat, cold*]; avere [*headache, blood pressure*]; ***she was ~ing from a cold*** era raffreddata; ***to ~ from agoraphobia, depression*** soffrire di agorafobia, di depressione **2** *(experience pain)* soffrire; ***I hate to see him ~ like that*** odio vederlo soffrire così; ***they ~ed a lot in the war*** hanno sofferto molto durante la guerra; ***to ~ for one's beliefs*** soffrire per le proprie convinzioni; ***to ~ for one's sins*** espiare i propri peccati; ***you'll ~ for it later*** più avanti ne porterai le conseguenze; ***you'll ~ for this!*** te ne pentirai! **3** *(do badly)* [*company, profits, popularity*] soffrire, risentire; [*health, quality, work*] risentire; ***the country ~s from its isolation*** il paese risente del suo isolamento; ***she keeps late hours and her work is beginning to ~*** fa sempre le ore piccole e il suo lavoro sta cominciando a risentirne; ***the project ~s from a lack of funds*** il problema del progetto è la mancanza di fondi.

sufferable /'sʌfərəbl/ agg. sopportabile, tollerabile.

sufferance /'sʌfərəns/ n. ***I'm only here on ~*** io qui sono solo tollerato.

sufferer /'sʌfərə(r)/ n. chi soffre, vittima f.; ***the families are the worst ~s*** le famiglie sono quelle che hanno sofferto di più; ***leukemia ~s, ~s from leukemia*** i leucemici, chi è affetto da leucemia.

▷ **suffering** /'sʌfərɪŋ/ **I** agg. sofferente **II** n. **U** sofferenza f., patimento m. (**of** di).

▷ **suffice** /sə'faɪs/ **I** tr. FORM. bastare, essere sufficiente a **II** intr. FORM. bastare, essere sufficiente (**to do** per fare); ***~ it to say (that)*** basti *o* basta dire (che).

sufficiency /sə'fɪʃnsɪ/ n. *(adequate quantity)* quantità f. sufficiente.

▶ **sufficient** /sə'fɪʃnt/ agg. sufficiente, abbastanza; ***~ time, money, books*** tempo sufficiente, soldi, libri sufficienti *o* abbastanza tempo, soldi, libri; ***a ~ amount*** una quantità sufficiente; ***a ~ number*** un numero sufficiente; ***to be ~*** essere sufficiente *o* bastare; ***this food, an hour will be ~*** questo cibo, un'ora basterà *o* sarà sufficiente; ***to be more than ~*** essere più che sufficiente; ***to be quite ~*** bastare largamente; ***to be ~ to do*** bastare *o* essere sufficiente per fare; ***one match was ~ to show her talent*** è bastata una partita per dimostrare il suo talento; ***to have ~ to drink, to live on*** avere abbastanza da bere, da vivere; ***to be ~ for sb. to do*** bastare a qcn. per fare; ***this salary is ~ for me to live on*** questo salario mi basta per vivere; ***to be ~ unto oneself*** FORM. bastare a se stesso ◆ ***~ unto the day (is the evil thereof)*** PROV. a ciascun giorno basta la sua pena.

▷ **sufficiently** /sə'fɪʃntlɪ/ avv. sufficientemente, abbastanza (**to do** per fare); ***~ for sb. to do*** abbastanza perché qcn. faccia.

1.suffix /'sʌfɪks/ n. suffisso m.

2.suffix /sə'fɪks/ tr. suffissare.

suffocate /'sʌfəkeɪt/ **I** tr. **1** [*smoke, fumes*] asfissiare, soffocare; [*person, pillow*] soffocare **2** FIG. [*rage, anger*] soffocare; [*fright*] paralizzare; ***she felt ~d by her family*** si sentiva soffocata dalla sua famiglia **II** intr. **1** *(by smoke, fumes) (in enclosed space, crowd)* essere asfissiato, soffocato; *(by pillow)* essere soffocato **2** FIG. soffocare, asfissiare (**with** per, da).

suffocating /'sʌfəkeɪtɪŋ/ agg. [*smoke, fumes*] asfissiante; [*atmosphere, heat*] soffocante; ***a ~ rage*** una rabbia opprimente; ***it's ~*** si soffoca.

suffocation /ˌsʌfə'keɪʃn/ n. *(by smoke, fumes, enclosed space, crowd)* soffocamento m., asfissia f.; *(by pillow)* soffocamento m.

Suffolk /'sʌfək/ ❥ ***24*** n.pr. Suffolk m.

suffragan /'sʌfrəgən/ **I** agg. suffraganeo **II** n. (anche **~ bishop**) vescovo m. suffraganeo.

suffraganship /'sʌfrəgənʃɪp/ n. suffraganeità f.

suffrage /'sʌfrɪdʒ/ n. **1** *(right)* diritto m. di voto; ***women's ~*** diritto di voto per le donne **2** *(system)* suffragio m.; ***universal ~*** suffragio universale.

suffragette /ˌsʌfrə'dʒet/ **I** n. suffragetta f. **II** modif. [*movement*] delle suffragette, suffragista.

suffragist /'sʌfrədʒɪst/ n. suffragista m. e f.

suffrutex /'sʌfrʊteks, sə'fru:t-/ n. BIOL. suffrutice m.

suffumigation /səfju:mɪ'geɪʃn/ n. **1** *(action)* suffumicazione f. **2** *(substance, rite)* suffumigio m.

suffuse /sə'fju:z/ tr. FORM. soffondersi su, in.

suffused /sə'fju:zd/ **I** p.pass. → **suffuse II** agg. FORM. ~ ***with*** [*style, writing*] soffuso di; [*person*] pervaso da [*joy, melancholy*]; inondato di [*light*]; soffuso di [*colour*].

suffusion /sə'fju:ʒn/ n. soffusione f. (anche MED.).

Sufi /'su:fɪ/ n. sufi m. e f.

Sufism /'su:fɪzəm/ n. sufismo m.

▶ **1.sugar** /'ʃʊgə(r)/ **I** n. **1** GASTR. zucchero m.; ***do you take ~ in your coffee?*** metti *o* vuoi dello zucchero nel caffè? ***I don't take ~ in my coffee*** non metto zucchero nel caffè; ***"how many ~s?"*** "quanto zucchero?"; ***brown, white ~*** zucchero di canna, zucchero bianco; ***no ~, thanks*** niente zucchero, grazie **2** AE COLLOQ. *(as endearment)* dolcezza f., tesoro m. **II** modif. [*industry, prices*] dello zucchero; [*production, refinery*] di zucchero; [*spoon, canister*] dello zucchero **III** inter. POP. accidenti.

2.sugar /'ʃʊgə(r)/ tr. zuccherare [*tea, coffee*] ◆ ***to ~ the pill (for sb.)*** indorare la pillola (a qcn.).

sugar basin /'ʃʊgəˌbeɪsn/ n. → **sugar bowl**.

sugar beet /'ʃʊgəbi:t/ n. barbabietola f. da zucchero.

sugar bowl /'ʃʊgəbəʊl/ n. zuccheriera f.

sugar candy /ˌʃʊgə'kændɪ/ n. **1** zucchero m. candito **2** *(sweet)* caramella f.

sugar cane /'ʃʊgəkeɪn/ n. canna f. da zucchero.

sugarcoat /'ʃʊgəkəʊt/ tr. **1** *(cover with sugar)* rivestire di zucchero **2** FIG. *(make agreeable)* addolcire, inzuccherare.

sugar-coated /ˌʃʊgə'kəʊtɪd/ **I** p.pass. → **sugarcoat II** agg. rivestito di zucchero; FIG. addolcito, inzuccherato.

sugar content /'ʃʊgəˌkɒntent/ n. contenuto m. di zucchero.

sugar cube /'ʃʊgəkju:b/ n. zuccherino m., zolletta f. di zucchero.

sugar daddy /'ʃʊgəˌdædɪ/ n. COLLOQ. = vecchio danaroso che mantiene una giovane donna.

sugar diabetes /ˌʃʊgədaɪə'bi:ti:z/ ❥ ***11*** n. MED. diabete m. mellito.

sugared almond /ˌʃʊgəd'ɑ:mənd/ n. confetto m. alla mandorla.

sugar-free /ˌʃʊgə'fri:/ agg. senza zucchero.

sugariness /'ʃʊgərɪnɪs/ n. FIG. sdolcinatezza f., mellifluità f.

sugarless /'ʃʊgəlɪs/ agg. senza zucchero.

sugar loaf /'ʃʊgələʊf/ n. pan m. di zucchero.

sugar lump /'ʃʊgəˌlʌmp/ n. zuccherino m., zolletta f. di zucchero.

sugar maple /'ʃʊgəˌmeɪpl/ n. BOT. acero m. da zucchero.

sugar mouse /'ʃʊgəmaʊs/ n. = topolino di zucchero usato per decorare torte e dolci.

sugar pea /'ʃʊgəpi:/ n. pisello m. mangiatutto, taccola f.

sugar plantation /'ʃʊgəplænˌteɪʃn/ n. piantagione f. di canna da zucchero.

sugarplum /'ʃʊgəplʌm/ n. **1** *(piece of candy)* caramella f. **2** *(as endearment)* dolcezza f., tesoro m.

sugarplum fairy /ˌʃʊgəplʌm'feərɪ/ n. = fatina buona.

sugar sifter /'ʃʊgəˌsɪftə(r)/ n. spolverino m.

sugar soap /'ʃʊgəsəʊp/ n. = composto alcalino usato per pulire o togliere vernici.

sugar sprinkler /ˈʃʊɡəˌsprɪŋklə(r)/ n. → **sugar sifter**.
sugar tongs /ˈʃʊɡətɒŋz/ n.pl. mollette f. per lo zucchero.
sugary /ˈʃʊɡərɪ/ agg. **1** [*food, taste*] zuccherino **2** FIG. [*person, image, smile*] sdolcinato; [*sentimentality*] stucchevole.
▶ **suggest** /səˈdʒest, AE səɡˈdʒ-/ tr. **1** *(put forward for consideration)* suggerire [*solution, possibility*]; ***to ~ that*** suggerire che, di; ***I ~ to you that*** ti suggerisco che, di; ***can you ~ how, why, where...?*** secondo lei come, perché, dove...? ***why, do you ~, did he do it?*** perché, secondo lei, l'ha fatto? ***he did it, I ~, because...*** secondo me l'ha fatto perché...; ***it would be wrong to ~ that*** sarebbe sbagliato dire che; ***to ~ otherwise is ludicrous*** sostenere una cosa diversa è ridicolo; ***what are you ~ing?*** che cosa stai insinuando? ***I venture to ~ that*** mi permetto di suggerire che **2** *(recommend, advise)* suggerire, consigliare, proporre; ***can you ~ a place to meet, to eat?*** sai indicare un posto dove incontrarci, mangiare? ***where do you ~ we go?*** dove ci suggerisci di andare? ***to ~ sb., sth. for sth.*** suggerire qcn., qcs. per qcs.; ***they ~ed that I (should) leave*** mi hanno consigliato di partire; ***I ~ that you leave at once*** ti consiglio di partire immediatamente; ***the committee ~s that steps be taken*** il comitato propone di prendere delle misure; ***I ~ waiting*** suggerisco di aspettare; ***an idea ~ed itself (to me)*** mi è venuta un'idea **3** *(indicate)* [*evidence, test, result, poll, calculation*] indicare (**that** che); ***there is nothing to ~ that*** non c'è niente che possa fare pensare che; ***it was more difficult than the result might*** o ***would ~*** era più difficile di quanto sembrasse *o* era più difficile di quanto si potesse pensare dal risultato **4** *(evoke)* [*painting, image, sound*] evocare; ***what does it ~ to you?*** cosa ti ricorda?
suggestibility /səˌdʒestəˈbɪlətɪ, AE səɡˌdʒ-/ n. suggestionabilità f.
suggestible /səˈdʒestəbl, AE səɡˈdʒ-/ agg. suggestionabile.
▶ **suggestion** /səˈdʒestʃn, AE səɡˈdʒ-/ n. **1** *(proposal)* suggerimento m., consiglio m. (**about** su; **as to** riguardo a; **that** che); ***to make*** o ***put forward a ~*** dare un suggerimento; ***if I may make a ~*** se posso darle un consiglio; ***any ~s?*** qualche suggerimento? ***my ~ is that...*** il mio consiglio è che...; ***there is no ~ that*** non è mai stato detto che; ***there is no ~ of fraud*** non c'è niente che faccia pensare a una truffa; ***at*** o ***on sb.'s ~*** su consiglio di qcn.; ***there was some ~ that*** è stato suggerito che **2** *(hint) (of cruelty, racism, pathos)* traccia f. (**of** di); *(of smile)* accenno m. (**of** di) **3** PSIC. suggestione f.; ***the power of ~*** la forza della suggestione.
suggestions box /səˈdʒestʃnzˌbɒks, AE səɡˈdʒ-/ n. cassetta f. dei suggerimenti.
suggestive /səˈdʒestɪv, AE səɡˈdʒ-/ agg. **1** *(evocative)* suggestivo; ***to be ~ of sth.*** evocare qcs. **2** *(provocative)* provocante, insinuante; ***a ~ look*** uno sguardo provocante.
suggestively /səˈdʒestɪvlɪ, AE səɡˈdʒ-/ avv. suggestivamente.
suggestiveness /səˈdʒestɪvnɪs, AE səɡˈdʒ-/ n. suggestività f.
suicidal /ˌsuːɪˈsaɪdl, ˌsjuː-/ agg. suicida (anche FIG.); ***to feel ~*** avere voglia di suicidarsi; ***that would be ~!*** FIG. sarebbe un suicidio!
suicidally /ˌsuːɪˈsaɪdəlɪ, ˌsjuː-/ avv. [*behave, drive*] come un pazzo suicida; [*decide*] follemente; ***he's ~ depressed*** è talmente depresso che potrebbe suicidarsi.
suicide /ˈsuːɪsaɪd, ˈsjuː-/ **I** n. *(action)* suicidio m. (anche FIG.); *(person)* suicida m. e f.; ***it would be political ~ to do that*** sarebbe un suicidio politico farlo; ***to attempt ~*** tentare il suicidio; ***to commit ~*** suicidarsi **II** modif. [*attempt, bid*] di suicidio; [*rate*] di suicidi.
suicide bomber /ˌsuːɪsaɪdˈbɒmə(r), ˌsjuː-/ n. *(person)* kamikaze m., attentatore m. suicida.
suicide car bomber /ˌsuːɪsaɪdˌkɑːˈbɒmə(r), ˈsjuː-/ n. attentatore m. suicida (a bordo di un'auto).
suicide mission /ˈsuːɪsaɪdˌmɪʃn, ˈsjuː-/ n. missione f. suicida.
suicide note /ˈsuːɪsaɪdnəʊt, ˈsjuː-/ n. biglietto m. scritto prima di suicidarsi.
suicide pact /ˈsuːɪsaɪdpækt, ˈsjuː-/ n. patto m. suicida.
suicide sale /ˈsuːɪsaɪdseɪl, ˈsjuː-/ n. BE COMM. svendita f. totale, saldi m.pl. da capogiro.
suing /ˈsuːɪŋ, ˈsjuː-/ n. DIR. citazione f.
▶ **1.suit** /suːt, sjuːt/ n. **1** *(clothes) (man's)* completo m., abito m. da uomo; *(woman's)* tailleur m.; ***two-piece ~*** *(woman's)* tailleur, due pezzi; *(man's)* abito; ***three-piece ~*** abito con gilè; ***to be wearing a ~ and tie*** essere in *o* indossare giacca e cravatta; ***a ~ of clothes*** un completo; ***a ~ of armour*** un'armatura **2** DIR. *(lawsuit)* azione f. legale; ***civil, libel ~*** causa civile, per diffamazione; ***to file a ~ against*** intentare causa a, contro; ***to file a ~ for damages*** intentare causa per danni **3** *(in cards)* seme m., colore m.; ***short ~*** sequenza di tre carte dello stesso seme; ***long*** o ***strong ~*** sequenza di quattro o più carte dello stesso seme; ***to be sb.'s strong ~*** FIG. essere il punto forte di qcn.; ***to follow ~*** rispondere con lo stesso seme; FIG. seguire l'esempio.
▶ **2.suit** /suːt, sjuːt/ **I** tr. **1** *(flatter)* [*colour*] stare bene a, addirsi a [*person*]; [*outfit*] andare bene a [*person*]; ***does it ~ me?*** mi sta bene? ***red doesn't ~ your complexion*** il rosso non si addice alla tua carnagione; ***short hair really ~ed her*** stava proprio bene con i capelli corti; ***to ~ sb. down to the ground*** COLLOQ. [*garment*] stare benissimo a qcn.; [*arrangement*] andare benissimo a qcn.; [*job*] fare proprio al caso di qcn. **2** *(be convenient)* [*date, arrangement*] andare bene a, convenire a [*person*]; ***does Sunday ~ you?*** domenica ti va bene? ***it ~s me fine*** mi sta bene *o* mi va bene; ***~s me!*** COLLOQ. va benissimo! ***she's liberal when it ~s her*** è tollerante quando le fa comodo; ***we'll go when it ~s us!*** andremo quando ci farà comodo! ***we stay here because it ~s us*** stiamo qui perché ci va; ***it ~s us to do*** ci va di fare; ***it ~s him to live alone*** a lui piace vivere da solo; ***it ~s me that*** mi va bene che **3** *(be appropriate)* [*part, job*] addirsi, essere adatto a [*person*]; ***the role didn't ~ me*** il ruolo non era adatto a me; ***a loan that ~s your needs*** un prestito che soddisfa i vostri bisogni *o* che risponde perfettamente alle vostre esigenze; ***you should find something to ~ you*** dovresti trovare qualcosa che sia adatto a te; ***the house ~ed me fine*** la casa faceva proprio al caso mio **4** *(be beneficial)* [*sea air, change*] fare bene a [*person*] **5** *(adapt)* ***to ~ sth. to*** adattare qcs. a [*need, occasion*]; ***to ~ the action to the word*** adattare i gesti alle parole **II** intr. convenire, andare bene; ***does that ~?*** va bene? **III** rifl. ***to ~ oneself*** fare come si vuole; ***~ yourself!*** fai come vuoi! ***they twist the facts to ~ themselves*** manipolano i fatti come fa comodo a loro *o* a loro piacimento.
suitability /ˌsuːtəˈbɪlətɪ, ˌsjuːt-/ n. *(of person) (professional)* idoneità f. (**for** per); *(personal)* capacità f. (**for** per); *(of place, route)* comodità f.; ***the ~ of a plant to*** o ***for a climate*** l'adattabilità di una pianta a un clima.
▶ **suitable** /ˈsuːtəbl, ˈsjuː-/ agg. [*accommodation, qualification, employment, venue*] adeguato; [*clothing*] adatto; [*candidate*] idoneo; [*treatment, gift, gesture*] appropriato; ***did you see anything ~?*** hai visto qualcosa che possa andare bene? ***to be ~ for*** essere appropriato per [*person*]; essere adatto per [*activity, occasion, role, job, position*]; adattarsi bene a [*climate*]; ***not ~ for human consumption*** non adatto all'alimentazione umana; ***to be a ~ model for sb.*** essere un modello da imitare per qcn.; ***is it a ~ setting for the film?*** è un'ambientazione adatta al film? ***to be ~ to*** essere appropriato per [*person, age group, culture*]; ***the book isn't ~ to use with beginners*** il libro non va bene per, non è adatto a dei principianti; ***now seems a ~ time to discuss it*** adesso sembra il momento giusto per parlarne.
suitably /ˈsuːtəblɪ, ˈsjuː-/ avv. **1** *(appropriately)* [*dressed, qualified*] adeguatamente; [*equipped*] opportunamente **2** *(to the right degree)* [*austere, futuristic*] sufficientemente; [*chastened, impressed*] dovutamente.
▷ **suitcase** /ˈsuːtkeɪs, ˈsjuː-/ n. valigia f. ◆ ***to be living out of a ~*** vivere con la valigia sempre pronta.
▷ **suite** /swiːt/ n. **1** *(furniture)* mobilia f., mobilio m., arredo m.; ***dining room, bathroom ~*** mobili per la sala da pranzo, da bagno **2** *(rooms)* suite f.; ***a ~ of rooms*** una suite **3** MUS. suite f. **4** LETT. *(retinue)* seguito m.
suited /ˈsuːtɪd, ˈsjuː-/ **I** p.pass. → **2.suit II** agg. ***to be ~ to*** [*place, vehicle, clothes, class, game, format, style, personality*] essere adatto per; [*person*] essere fatto per; ***they are ideally ~ (to each other)*** sono fatti l'uno per l'altro; ***to be ideally ~ for a post*** essere perfetto per un lavoro.
suiting /ˈsuːtɪŋ, ˈsjuː-/ n. stoffa f. per abiti.
suitor /ˈsuːtə(r), ˈsjuː-/ n. **1** RAR. *(admirer)* pretendente m., corteggiatore m. **2** ECON. *(company)* probabile acquirente m. **3** DIR. attore m.
suitress /ˈsuːtrɪs, ˈsjuː-/ n. DIR. attrice f.
sulcate /ˈsʌlkeɪt/ agg. BOT. ZOOL. scanalato.
sulcus /ˈsʌlkəs/ n. (pl. **-i**) ANAT. solco m.
sulfa drug AE → **sulpha drug**.
sulfanilamide AE → **sulphanilamide**.
sulfanilic AE → **sulphanilic**.
sulfate AE → **sulphate**.
sulfide AE → **sulphide**.
sulfite AE → **sulphite**.
sulfonamide AE → **sulphonamide**.
sulfonyl AE → **sulphonyl**.
sulfur AE → **sulphur**.
sulfuration AE → **sulphuration**.
sulfurator AE → **sulphurator**.
sulfur dioxide AE → **sulphur dioxide**.
sulfureous AE → **sulphureous**.

sulfuric AE → **sulphuric**.
sulfuric acid AE → **sulphuric acid**.
sulfurization AE → **sulphurization**.
sulfurous AE → **sulphurous**.
sulfur spring AE → **sulphur spring**.
sulfury AE → **sulphury**.
sulfuryl AE → **sulphuryl**.
1.sulk /sʌlk/ **I** n. ***to be in a ~*** essere di malumore; ***to go into a ~*** tenere il broncio **II sulks** n.pl. ***to have (a fit of) the ~s*** essere di cattivo umore.
2.sulk /sʌlk/ intr. tenere il broncio (**about**, **over** per).
sulker /ˈsʌlkə(r)/ n. musone m. (-a).
sulkily /ˈsʌlkɪlɪ/ avv. [*say, reply*] con aria imbronciata.
sulkiness /ˈsʌlkɪnɪs/ n. **1** *(characteristic)* tetraggine f. **2** *(behaviour)* broncio m., musoneria f.
sulky /ˈsʌlkɪ/ agg. *(all contexts)* imbronciato; ***to look ~*** avere l'aria imbronciata.
sullage /ˈsʌlɪdʒ/ n. **1** *(refuse)* rifiuti m.pl.; *(filth)* sudiciume m. **2** *(silt)* melma f., fanghiglia f.
sullen /ˈsʌlən/ agg. [*person*] accigliato; [*expression*] imbronciato; [*resentment*] astioso; [*day, sky*] cupo; [*indifference*] oscuro; [*mood, silence*] tetro.
sullenly /ˈsʌlənlɪ/ avv. [*watch, stare*] in modo accigliato; [*reply*] astiosamente.
sullenness /ˈsʌlənnɪs/ n. *(of look)* (l')essere accigliato; *(of mood)* tetraggine f.
sully /ˈsʌlɪ/ tr. LETT. macchiare, insudiciare.
sulpha drug BE, **sulfa drug** AE /ˈsʌlfədrʌg/ n. sulfamidico m.
sulphanilamide BE, **sulfanilamide** AE /ˌsʌlfəˈnɪləmaɪd/ n. sulfanilammide f.
sulphanilic BE, **sulfanilic** AE /ˌsʌlfəˈnɪlɪk/ agg. sulfanilico; ~ ***acid*** acido sulfanilico.
sulphate BE, **sulfate** AE /ˈsʌlfeɪt/ n. solfato m. (**of** di); ***copper ~*** solfato di rame.
sulphide BE, **sulfide** AE /ˈsʌlfaɪd/ n. solfuro m.; ***hydrogen, silver ~*** solfuro d'idrogeno, d'argento.
sulphite BE, **sulfite** AE /ˈsʌlfaɪt/ n. solfito m.
sulphonamide BE, **sulfonamide** AE /sʌlˈfɒnəmaɪd/ n. sulfamidico m.
sulphonyl BE, **sulfonyl** AE /ˈsʌlfənɪl/ n. solfonile m.
sulphur BE, **sulfur** AE /ˈsʌlfə(r)/ n. zolfo m.
sulphuration BE, **sulfuration** AE /ˌsʌlfəˈreɪʃn/ n. solforazione f.
sulphurator BE, **sulfurator** AE /ˈsʌlfjʊəreɪtə(r)/ n. solforatrice f.
sulphur dioxide BE, **sulfur dioxide** AE /ˌsʌlfədaɪˈɒksaɪd/ n. anidride f. solforosa.
sulphureous BE, **sulfureous** AE /sʌlˈfjʊərɪəs/ agg. sulfureo.
sulphuric BE, **sulfuric** AE /sʌlˈfjʊərɪk/ agg. solforico.
sulphuric acid BE, **sulfuric acid** AE /sʌlˌfjʊərɪkˈæsɪd/ n. acido m. solforico.
sulphurization BE, **sulfurization** AE /sʌlˌfjʊəraɪˈzeɪʃn, AE -rɪˈz-/ n. solforazione f.
sulphurous BE, **sulfurous** AE /ˈsʌlfərəs/ agg. solforoso.
sulphur spring BE, **sulfur spring** AE /ˌsʌlfəˈsprɪŋ/ n. sorgente f. sulfurea.
sulphury BE, **sulfury** AE /ˈsʌlfərɪ/ agg. sulfureo.
sulphuryl BE, **sulfuryl** AE /ˈsʌlfərɪl, -fjʊər-/ n. solforile m.
sultan /ˈsʌltən/ n. sultano m.
sultana /sʌlˈtɑːnə, AE -ˈtænə/ n. **1** GASTR. uva f. sultanina **2** *(wife of sultan)* sultana f.
sultanate /ˈsʌltəneɪt/ n. sultanato m.
sultriness /ˈsʌltrɪnɪs/ n. *(of atmosphere)* afosità f.; *(of woman)* sensualità f.
sultanic /sʌlˈtænɪk/ agg. sultanale.
sultry /ˈsʌltrɪ/ agg. **1** [*day*] caldo; [*place*] soffocante; [*weather*] afoso **2** [*voice, woman, look*] voluttuoso, sensuale.
▶ **1.sum** /sʌm/ n. **1** *(amount of money)* somma f., ammontare m., importo m.; ***a considerable, paltry ~*** una somma considerevole, irrisoria; ***a large, small ~ of money*** una grossa, piccola somma di denaro **2** *(calculation)* aritmetica f., calcolo m.; ***to be good at ~s*** essere bravo in aritmetica; ***to do one's ~s*** FIG. fare bene i propri conti **3** *(total)* totale m.; ***the ~ of*** FIG. l'insieme di [*experience*]; il complesso di [*achievements*]; ***the ~ of happiness*** tutta la felicità; ***the whole is greater than the ~ of its parts*** l'intero è più grande della somma delle parti **4** *(summary)* ***in ~*** in breve ◆ ***the ~ and substance of sth.*** il succo di qcs.
2.sum /sʌm/ tr. (forma in -ing ecc. **-mm-**) → **sum up.**
■ **sum up:** ***~ up*** **1** [*person*] ricapitolare; ***to ~ up, I'd like to say...*** ricapitolando, direi... **2** DIR. [*judge*] ricapitolare; ***~ up [sth.]*** **1** *(summarize)* riassumere [*argument, point of view*]; ***that ~s it up exactly*** lo riassume esattamente **2** *(judge accurately)* valutare [*situation*]; farsi un'idea di [*person*].
sumac(h) /ˈʃuːmæk, ˈsuː-, ˈsjuː-/ n. sommacco m.
Sumatra /sʊˈmɑːtrə/ ♦ ***12*** n.pr. Sumatra f.
Sumerian /suːˈmɪərɪən/ **I** agg. sumero **II** n. **1** *(person)* sumero m. (-a) **2** *(language)* sumero m.
summa cum laude /ˌsʊməkʊmˈlaʊdeɪ/ n. AE UNIV. = laurea con lode.
summarily /ˈsʌmərəlɪ, AE səˈmerəlɪ/ agg. sommariamente.
▷ **summarize** /ˈsʌməraɪz/ tr. riassumere [*book, problem*]; riassumere, ricapitolare [*argument, speech*].
▷ **summary** /ˈsʌmərɪ/ **I** n. riassunto m., sommario m.; ***news ~*** sommario delle notizie; ***in ~*** riassumendo **II** agg. DIR. [*statement, judgment, justice*] sommario.
summary jurisdiction /ˌsʌmərɪdʒʊərɪsˈdɪkʃn/ n. DIR. giurisdizione f. sommaria.
summary offence BE, **summary offense** AE /ˌsʌmərɪəˈfens/ n. DIR. reato m. minore.
summat /ˈsʌmət/ pron. BE COLLOQ. → **something.**
summation /səˈmeɪʃn/ n. FORM. **1** *(summary) (of facts, work, ideas)* riassunto m.; ricapitolazione f. **2** *(addition)* somma f., totale m. **3** AE DIR. arringa f. finale.
▶ **1.summer** /ˈsʌmə(r)/ ♦ ***26*** **I** n. estate f.; ***in ~*** in estate *o* d'estate; ***in the ~ of 1991*** nell'estate del 1991; ***a lovely ~ ('s) day*** una bella giornata estiva; ***St Martin's ~*** estate di san Martino; ***a youth of sixteen ~s*** LETT. un giovane di sedici anni *o* con sedici primavere alle spalle **II** modif. [*weather, evening*] d'estate; [*resort, clothes, vacation*] estivo; ***~ tourist*** o ***visitor*** turista estivo ◆ ***the ~ of discontent*** = crisi socioeconomica che ha avuto luogo in Gran Bretagna nell'estate del 1989.
2.summer /ˈsʌmə(r)/ **I** tr. AE AGR. estivare [*cattle*] **II** intr. passare l'estate.
summer camp /ˈsʌməkæmp/ n. AE campo m. estivo.

> **Summer camp** Negli Stati Uniti, colonia estiva dove i ragazzi possono dedicarsi ad attività ricreative o sportive all'aperto come nuoto, trekking, tecniche di sopravvivenza. Generalmente i campi estivi sono privati e piuttosto costosi.

summer holiday /ˌsʌməˈhɒlədeɪ/ n. BE vacanze f.pl. estive (anche SCOL. UNIV.).
summerhouse /ˈsʌməhaʊs/ n. padiglione m., chiosco m.
summer lightning /ˌsʌməˈlaɪtnɪŋ/ n. **U** lampi m.pl. di calore.
summer pudding /ˌsʌməˈpʊdɪŋ/ n. BE = dolce a base di pan di Spagna e frutti di bosco.
summer resort /ˌsʌmərɪˈzɔːt/ n. stazione f. estiva.
summersault ANT. → **somersault.**
summer sausage /ˌsʌməˈsɒsɪdʒ, AE -ˈsɔːs-/ n. AE = varietà di salsiccia affumicata.
summer school /ˈsʌməskuːl/ n. SCOL. UNIV. corso m. estivo.
summer solstice /ˌsʌməˈsɒlstɪs/ n. solstizio m. d'estate.
summer squash /ˈsʌməskwɒʃ/ n. AE zucchino m.
summer term /ˌsʌməˈtɜːm/ n. BE UNIV. = terzo trimestre dell'anno accademico.
summertime /ˈsʌmətaɪm/ **I** n. **1** *(period)* estate f. **2** BE **summer time** *(by clock)* ora f. estiva, legale **II** modif. d'estate, estivo.
summer vacation /ˌsʌməvəˈkeɪʃn, AE -veɪ-/ n. vacanze f.pl. estive (anche SCOL. UNIV.).
summery /ˈsʌmərɪ/ agg. estivo; ***it's quite ~*** è piuttosto estivo.
summing-up /ˌsʌmɪŋˈʌp/ n. riassunto m., riepilogo m.; DIR. ricapitolazione f.
▷ **summit** /ˈsʌmɪt/ **I** n. **1** POL. summit m., vertice m. (**on** su); ***Rome, Nato ~*** vertice di Roma, della Nato; ***economic, peace ~*** vertice economico, per la pace **2** *(of mountain)* sommità f., cima f., vetta f. **3** FIG. *(of career, influence)* apice m., culmine m. **II** modif. POL. [*meeting, talks, conference, nation*] al vertice.
summiteer /ˌsʌmɪˈtɪə(r)/ n. POL. partecipante m. e f. a un vertice.
summitry /ˈsʌmɪtrɪ/ n. AE = pratica di tenere incontri al vertice.
summon /ˈsʌmən/ tr. **1** *(call for)* chiamare [*doctor, employee, servant, police, waiter*]; convocare [*ambassador*]; ***to ~ sb. to sb.'s office*** chiamare qcn. nell'ufficio di qcn.; ***to ~ sb. to a meeting*** convocare qcn. a una riunione; ***to ~ sb. in*** fare entrare qcn.; ***to ~ sb. to do sth.*** intimare a qcn. di fare qcs.; ***to ~ help*** chiedere aiuto; ***to ~ reinforcements, a taxi*** chiamare i rinforzi, un taxi **2** *(summons)* citare (in giudizio); ***to be ~ed (to appear) before the court*** essere chiamato a comparire dinanzi alla corte (**for** per; **for doing** per

avere fatto) **3** *(convene)* convocare [*parliament, meeting, conference*] (**to do** per fare) **4** MIL. radunare [*troops*] (**to do** per fare).

■ **summon up:** ~ **up** **[sth.]** *(gather)* fare appello a [*energy, courage, support, resources*] (**to do** per fare); *(evoke)* evocare [*memory, thought, image, scenario*]; ***to ~ up spirits*** evocare gli spiriti.

summoner /ˈsʌmənə(r)/ n. **1** DIR. STOR. *(officer)* usciere m. **2** convocatore m. (-trice).

1.summons /ˈsʌmənz/ n. **1** DIR. citazione f. (**to do** per fare; **for** per); ***a ~ to appear*** un mandato di comparizione; ***to serve a ~*** notificare un mandato di comparizione; ***to serve sb. with a ~*** notificare un mandato di comparizione a qcn. **2** *(order)* ingiunzione f. (**from** da; **to** a); ***to answer sb.'s ~*** rispondere all'ingiunzione di qcn.

2.summons /ˈsʌmənz/ tr. DIR. citare; ***to be ~ed to appear in court*** essere citato in giudizio (**for** per).

sumo /ˈsuːməʊ/ ♦ *10* n. (pl. ~, **~s**) (anche **~ wrestling**) sumo m.; **~ *wrestler*** lottatore di sumo.

sump /sʌmp/ n. **1** *(for draining water)* pozzo m. di drenaggio **2** BE AUT. coppa f. dell'olio.

sump oil /ˈsʌmp͵ɔɪl/ n. olio m. contenuto nella coppa.

sumpter /ˈsʌmptə(r)/ n. ANT. **1** *(packhorse)* cavallo m. da soma; *(beast of burden)* bestia f. da soma **2** *(driver of packhorse)* mulattiere m.

sumptuary /ˈsʌmptʃʊərɪ, AE -erɪ/ agg. FORM. suntuario.

sumptuous /ˈsʌmptʃʊəs/ agg. *(all contexts)* sontuoso.

sumptuously /ˈsʌmptʃʊəslɪ/ avv. [*decorate, design, attired, arrayed*] sontuosamente.

sumptuousness /ˈsʌmptʃʊəsnɪs/ n. sontuosità f.

sum total /͵sʌmˈtəʊtl/ n. *(of money)* somma f., totale m.; *(of achievements)* insieme m., totalità f.; ***is that the ~ of your achievements?*** IRON. è tutto lì quello che sei riuscito a fare?

▶ **1.sun** /sʌn/ n. sole m.; ***the midday, August ~*** il sole di mezzogiorno, di agosto; ***the ~ is shining*** il sole splende; ***to have the ~ in one's eyes*** avere il sole negli occhi; ***in the ~*** al sole; ***don't lie right in the ~*** non sdraiarti al sole; ***you should come out of the ~*** non dovresti più stare al sole *o* dovresti metterti all'ombra; ***a place in the ~*** *(position)* un posto soleggiato; *(house)* una casa esposta al sole; FIG. un posto al sole; ***it's the most beautiful place under the ~*** è il posto più bello del mondo; ***they sell everything under the ~*** vendono di tutto; ***to be up before the ~*** alzarsi prima dell'alba ◆ ***there's nothing new under the ~*** non c'è niente di nuovo sotto il sole.

2.sun /sʌn/ **I** intr. AE (forma in -ing ecc. **-nn-**) [*person*] prendere il sole; [*animal*] stare al sole **II** rifl. AE (forma in -ing ecc. **-nn-**) ***to ~ oneself*** [*person*] prendere il sole; [*animal*] scaldarsi al sole.

Sun ⇒ Sunday domenica (dom.).

sunbaked /ˈsʌnbeɪkt/ agg. riarso dal sole.

sunbath /ˈsʌnbɑːθ, AE -bæθ/ n. bagno m. di sole, esposizione f. al sole.

1.sunbathe /ˈsʌnbeɪð/ n. BE → **sunbath**.

2.sunbathe /ˈsʌnbeɪð/ intr. prendere il sole.

sunbather /ˈsʌn͵beɪðə(r)/ n. persona f. che prende il sole.

sunbathing /ˈsʌn͵beɪðɪŋ/ n. (il) prendere il sole, (l') esporsi al sole.

sunbeam /ˈsʌnbiːm/ n. raggio m. di sole (anche FIG.).

sunbed /ˈsʌnbed/ n. *(lounger)* sdraio f.; *(with sunlamp)* lettino m. abbronzante, solare.

Sunbelt /ˈsʌnbelt/ n. AE = zona che comprende gli stati meridionali degli Stati Uniti (dalla California alla Florida).

sun blind /ˈsʌnblaɪnd/ n. BE tendone m., tenda f. parasole.

sun block /ˈsʌnblɒk/ n. crema f. solare (ad alto fattore di protezione).

sunbonnet /ˈsʌn͵bɒnɪt/ n. cappello m. da sole.

sunbow /ˈsʌnbəʊ/ n. LETT. arcobaleno m. (formato dalla rifrazione della luce del sole negli spruzzi d'acqua).

sunburn /ˈsʌnbɜːn/ n. scottatura f., eritema m. solare.

sunburned /ˈsʌnbɜːnd/, **sunburnt** /ˈsʌnbɜːnt/ agg. *(burnt)* bruciato, ustionato dal sole; *(tanned)* BE abbronzato; ***to get ~*** *(burn)* prendersi una scottatura, scottarsi; *(tan)* BE abbronzarsi.

sunburst /ˈsʌnbɜːst/ n. sprazzo m. di sole.

sunburst clock /͵sʌnbɜːstˈklɒk/ n. = orologio con quadrante a forma di sole.

sun cream /ˈsʌnkriːm/ n. → **suntan cream**.

sundae /ˈsʌndeɪ, AE -diː/ n. INTRAD. m. (coppa di gelato guarnita con pezzi di frutta, granella di nocciole, panna montata ecc.).

sun dance /ˈsʌndɑːns, AE -dæns/ n. danza f. del sole.

▶ **Sunday** /ˈsʌndeɪ, -dɪ/ ♦ *36* **I** n. domenica f. **II Sundays** n.pr.pl. ***the ~s*** i giornali della domenica **III** modif. [*service, Mass, walk, lunch*] domenicale; [*newspaper*] della domenica; ***a ~ painter*** un pittore a tempo perso *o* dilettante ◆ ***he'll never do it, not in a month of ~s*** non lo farà mai.

Sunday best /͵sʌndeɪˈbest/ n. ***(dressed) in one's ~*** con il vestito della domenica *o* della festa.

Sunday driver /͵sʌndeɪˈdraɪvə(r)/ n. automobilista m. e f. della domenica.

Sunday-go-to-meeting /͵sʌndeɪgəʊtəˈmiːtɪŋ/ agg. AE COLLOQ. SCHERZ. [*dress, suit*] della domenica, della festa.

Sunday observance /ˈsʌndeɪəb͵zɜːvəns/ n. precetto m. domenicale.

Sunday opening /͵sʌndeɪˈəʊpnɪŋ/ n. AE apertura f. domenicale.

Sunday school /ˈsʌndeɪskuːl/ n. scuola f. domenicale.

Sunday school teacher /͵sʌndeɪskuːlˈtiːtʃə(r)/ n. insegnante m. e f. di una scuola domenicale.

Sunday trading /͵sʌndeɪˈtreɪdɪŋ/ n. BE apertura f. domenicale.

Sunday trading laws /͵sʌndeɪˈtreɪdɪŋlɔːz/ n.pl. regolamentazione f.sing. dell'apertura domenicale.

sundeck /ˈsʌndek/ n. *(on ship)* ponte m. scoperto; *(in house)* terrazzo m.

1.sunder /ˈsʌndə(r)/ n. ANT. LETT. ***in ~*** a pezzi.

2.sunder /ˈsʌndə(r)/ tr. LETT. separare, dividere.

sundew /ˈsʌndjuː, AE -duː/ n. drosera f.; (anche **round leaved ~**) rosolida f.

sundial /ˈsʌndaɪl/ n. meridiana f.

sundog /ˈsʌndɒg/ n. parelio m.

sundown /ˈsʌndaʊn/ n. → **sunset**.

sundowner /ˈsʌn͵daʊnə(r)/ n. **1** BE *(drink)* aperitivo m. serale **2** AUSTRAL. *(tramp)* = vagabondo che arriva al calare del sole ad una fattoria (facendo finta di cercare lavoro) per scroccare cibo e riparo per la notte.

sundrenched /ˈsʌndrentʃt/ agg. inondato di sole, assolato, soleggiato.

sundress /ˈsʌndres/ n. prendisole m.

sun-dried /ˈsʌndraɪd/ agg. seccato al sole.

sundries /ˈsʌndrɪz/ n.pl. articoli m. vari.

sundry /ˈsʌndrɪ/ agg. [*items, objects, occasions*] vari, diversi; ***(to) all and ~*** (a) tutti quanti; *(critical)* (a) cani e porci.

sun-filled /ˈsʌnfɪld/ agg. soleggiato, assolato.

sunfish /ˈsʌnfɪʃ/ n. (pl. ~, **~es**) *(saltwater)* pesce m. luna; *(freshwater)* persico m. sole.

sunflower /ˈsʌnflaʊə(r)/ **I** n. girasole m. **II** modif. [*oil, margarine*] (di semi) di girasole; [*seed*] di girasole.

sung /sʌŋ/ p.pass. → **2.sing**.

▷ **sunglasses** /ˈsʌn͵glɑːsɪz, AE -͵glæs-/ n.pl. occhiali m. da sole.

sun-god /ˈsʌngɒd/ n. dio m. (del) sole.

sun-goddess /ˈsʌngɒdɪs/ n. dea f. del sole.

sun hat /ˈsʌnhæt/ n. cappello m. da sole.

sunk /sʌŋk/ p.pass. → **2.sink**.

sunken /ˈsʌŋkən/ agg. **1** *(under water)* [*treasure, wreck*] sommerso; [*vessel*] affondato, inabissato **2** *(recessed)* [*eye*] infossato; [*cheek*] incavato, scavato **3** *(low)* [*bath, garden, living area*] incassato.

Sun King /ˈsʌnkɪŋ/ n. ***the ~*** il Re Sole.

sun-kissed /ˈsʌnkɪst/ agg. LETT. [*beach*] assolato; [*water*] in cui si specchia il sole; [*mountain*] soleggiato; [*face*] baciato dal sole; [*hair*] schiarito dal sole; [*limbs*] esposto al sole.

sunlamp /ˈsʌnlæmp/ n. *(for tanning)* lampada f. abbronzante; MED. lampada f. a raggi ultravioletti.

sunless /ˈsʌnlɪs/ agg. senza sole, ombroso.

▷ **sunlight** /ˈsʌnlaɪt/ n. luce f. del sole; ***in the ~*** alla luce del sole; ***in direct ~*** in pieno sole.

sunlit /ˈsʌnlɪt/ agg. soleggiato.

sun lotion /ˈsʌn͵ləʊʃn/ n. → **suntan lotion**.

sun lounge /ˈsʌnlaʊndʒ/ n. BE veranda f.; *(in hospital, rest home)* solarium m.

sunlounger /ˈsʌn͵laʊndʒə(r)/ n. sdraio f.

sunn /sʌn/ n. **1** BOT. crotalaria f. **2** TESS. canapa f. di Calcutta.

Sunni /ˈsʌnɪ/ n. (pl. ~, **~s**) RELIG. **1** *(branch of Islam)* sunnismo m. **2** *(adherent)* (anche **~ Muslim**) sunnita m. e f.

▷ **sunny** /ˈsʌnɪ/ agg. **1** [*morning*] assolato; [*place, side, garden, room*] *(facing the sun)* esposto al sole; *(sunlit)* soleggiato; ~ ***weather*** bel tempo; ~ ***interval*** o ***period*** periodo di bel tempo; ***it's going to be ~*** sta uscendo il sole; ***the outlook is ~*** le previsioni dicono che ci sarà il sole **2** FIG. [*person, disposition*] allegro, gioioso; [*temperament*] solare; ***to look on the ~ side (of things)*** guardare le cose dal lato positivo; ~ ***side up*** [*egg*] all'occhio di bue.

sun oil /ˈsʌnɔɪl/ n. → **suntan oil**.

sun parlor /ˈsʌnˌpɑːlə(r)/ n. AE → **sun lounge**.
sun porch /ˈsʌnˌpɔːtʃ/ n. veranda f.
sunproof /ˈsʌnpruːf/ agg. resistente, inalterabile alla luce del sole.
sun protection factor /ˈsʌnprəˌtekʃnˌfæktə(r)/ n. fattore m. di protezione solare.
sunray /ˈsʌnreɪ/ n. **1** LETT. *(ray of sunlight)* raggio m. di sole **2** *(ultraviolet ray)* raggio m. ultravioletto.
sunray lamp /ˌsʌnreɪˈlæmp/ n. → **sunlamp**.
sunray treatment /ˌsʌnreɪˈtriːtmənt/ n. elioterapia f.
▷ **sunrise** /ˈsʌnraɪz/ n. alba f., (il) sorgere del sole.
sunrise industry /ˈsʌnraɪzˌɪndəstrɪ/ n. AE industria f. in espansione.
sunroof /ˈsʌnruːf/ n. tettuccio m. apribile.
sun room /ˈsʌnruːm, -rʊm/ n. AE → **sun lounge**.
sunscreen /ˈsʌnskriːn/ n. **1** *(screen)* schermo m. solare **2** *(cream, lotion)* filtro m. solare.
sunseeker /ˈsʌnˌsiːkə(r)/ n. = persona che cerca luoghi assolati per trascorrere le vacanze o per viverci.
▷ **sunset** /ˈsʌnset/ **I** n. tramonto m. (anche FIG.) **II** agg. **1** AE AMM. DIR. [*law, bill, clause*] = che prevede la sospensione di programmi governativi non rinnovati **2** FIG. ***in her ~ years*** al tramonto della sua vita.
sunset industry /ˈsʌnsetˌɪndəstrɪ/ n. AE industria f. in declino.
sunshade /ˈsʌnʃeɪd/ n. *(parasol)* parasole m.; *(awning)* tenda f. parasole; *(in car)* aletta f. parasole; *(eyeshade)* visiera f. (parasole).
sunshield /ˈsʌnʃiːld/ n. parasole m.
▷ **1.sunshine** /ˈsʌnʃaɪn/ n. **1** luce f. del sole, sole m.; METEOR. bel tempo m.; ***in the morning, summer ~*** al sole del mattino, d'estate; ***12 hours of ~*** 12 ore di luce; ***you're a real ray of ~!*** sprizzi gioia da tutti i pori! (anche IRON.) **2** COLLOQ. *(addressing someone)* tesoro m.; ***hi, ~!*** ciao, caro! ◆ ***life's not all ~ and roses*** la vita non è tutta rose e fiori.
2.sunshine /ˈsʌnʃaɪn/ agg. AE AMM. DIR. [*law, bill, clause*] sulla trasparenza.
sunshine roof /ˈsʌnʃaɪnˌruːf/ n. → **sunroof**.
sunspecs /ˈsʌnspeks/ n.pl. COLLOQ. → **sunglasses**.
sunspot /ˈsʌnspɒt/ n. ASTR. macchia f. solare.
sunstroke /ˈsʌnstrəʊk/ n. insolazione f., colpo m. di sole; ***to get ~*** prendersi un'insolazione.
sunstruck /ˈsʌnstrʌk/ agg. colpito da insolazione.
sunsuit /ˈsʌnsuːt, -sjuːt/ n. prendisole m.; *(of children)* pagliaccetto m.
suntan /ˈsʌntæn/ n. abbronzatura f.; ***to get a ~*** abbronzarsi; ***to have a good*** o ***nice ~*** avere una bella abbronzatura.
suntan cream /ˈsʌntænˌkriːm/ n. crema f. solare.
suntan lotion /ˈsʌntænˌləʊʃn/ n. lozione f. solare.
suntanned /ˈsʌntænd/ agg. abbronzato.
suntan oil /ˈsʌntænˌɔɪl/ n. olio m. solare.
suntrap /ˈsʌntræp/ n. = luogo soleggiato e riparato dal vento.
sun umbrella /ˈsʌnʌmˌbrelə/ n. parasole m.
sunup /ˈsʌnʌp/ n. AE COLLOQ. → **sunrise**.
sun visor /ˈsʌnˌvaɪzə(r)/ n. *(in car)* aletta f. parasole; *(for eyes)* visiera f.
sunward /ˈsʌnwəd/ **I** agg. esposto al sole, rivolto verso il sole **II** avv. verso il sole.
sunwards /ˈsʌnwədz/ avv. verso il sole.
sunwise /ˈsʌnwaɪz/ avv. seguendo il sole; *(clockwise)* in senso orario.
sun worship /ˈsʌnˌwɜːʃɪp/ n. adorazione f. del (dio) sole.
sun worshipper /ˈsʌnˌwɜːʃɪpə(r)/ n. amante m. e f. del sole; RELIG. adoratore m. (-trice) del (dio) sole.
1.sup /sʌp/ n. sorso m.
2.sup /sʌp/ tr. (forma in -ing ecc. **-pp-**) **1** *(drink slowly)* sorseggiare **2** BE SCOZZ. COLLOQ. *(drink)* bersi [*drink*].
▪ **sup up:** ***~ up [sth.]*** BE SCOZZ. COLLOQ. bersi; ***~ up!*** bevitelo tutto!
3.sup /sʌp/ intr. (forma in -ing ecc. **-pp-**) AE *(have supper)* cenare.
super /ˈsuːpə(r), ˈsjuː-/ **I** n. **1** AE *(petrol)* super f. **2** (accorc. superintendent) soprintendente m. e f. **II** agg. COLLOQ. stupendo; ***it's ~ to do*** è stupendo fare **III** inter. COLLOQ. formidabile.
superable /ˈsuːpərəbl, ˈsjuː-/ agg. superabile.
superabound /ˌsupərəˈbaʊnd, ˌsjuː-/ intr. ANT. sovrabbondare.
superabundance /ˌsuːpərəˈbʌndəns, ˌsjuː-/ n. sovrabbondanza f.
superabundant /ˌsuːpərəˈbʌndənt, ˌsjuː-/ agg. sovrabbondante.
superadd /ˌsuːpərˈæd, ˌsjuː-/ tr. aggiungere in più.
superaddition /ˌsuːpərəˈdɪʃn, ˌsjuː-/ n. **1** *(act of superadding)* (l')aggiungere in più **2** *(further addition)* sopraggiunta f., ulteriore aggiunta f.
superalimentation /ˌsuːpərælɪmenˈteɪʃn, ˌsjuː-/ n. superalimentazione f.
superaltar /ˈsuːpərˌɔːltə(r), ˈsjuː-/ n. **1** *(stone)* pietra f. consacrata **2** *(reredos)* dossale m.
superannuate /ˌsuːpərˈænjʊeɪt, ˌsjuː-/ tr. mandare in pensione.
superannuated /ˌsuːpərˈænjʊeɪtɪd, ˌsjuː-/ **I** p.pass. → **superannuate II** agg. in pensione; FIG. sorpassato, antiquato.
superannuation /ˌsuːpərˌænjʊˈeɪʃn, ˌsjuː-/ **I** n. *(pension)* pensione f. **II** modif. ***~ fund*** fondo pensioni; ***~ plan*** o ***~ scheme*** piano di giubilazione.
▷ **superb** /suːˈpɜːb, sjuː-/ agg. superbo, splendido, magnifico.
superbly /suːˈpɜːblɪ, sjuː-/ avv. superbamente, splendidamente, magnificamente.
Super Bowl /ˈsuːpəbəʊl, ˈsjuː-/ n. AE SPORT superbowl m., finale f. del campionato di football americano.
superbug /ˈsuːpəbʌg, ˈsjuː-/ n. MED. = batterio resistente agli antibiotici.
supercalender /ˌsuːpəˈkælɪndə(r), ˌsjuː-/ n. calandra f. a più rulli.
supercalendering /ˌsuːpəˈkælɪndərɪŋ, ˌsjuː-/ n. calandratura f. a più rulli.
supercargo /ˈsuːpəˌkɑːgəʊ, ˈsjuː-/ n. (pl. **~es, ~s**) commissario m. di bordo.
1.supercharge /ˈsuːpətʃɑːdʒ, ˈsjuː-/ n. TECN. AUT. sovralimentazione f.
2.supercharge /ˈsuːpətʃɑːdʒ, ˈsjuː-/ tr. TECN. AUT. sovralimentare.
supercharged /ˈsuːpətʃɑːdʒd, ˈsjuː-/ **I** p.pass. → **2.supercharge II** agg. TECN. AUT. sovralimentato.
supercharger /ˈsuːpəˌtʃɑːdʒə(r), ˈsjuː-/ n. sovralimentatore m.
supercharging /ˈsuːpəˌtʃɑːdʒɪŋ, ˈsjuː-/ n. TECN. AUT. sovralimentazione f.
superciliary /ˌsuːpəˈsɪlɪərɪ, ˌsjuː-/ agg. sopracciliare.
supercilious /ˌsuːpəˈsɪlɪəs, ˌsjuː-/ agg. sdegnoso, altezzoso, arrogante.
superciliously /ˌsuːpəˈsɪlɪəslɪ, ˌsjuː-/ avv. sdegnosamente, altezzosamente, arrogantemente.
superciliousness /ˌsuːpəˈsɪlɪəsnɪs, ˌsjuː-/ n. sdegnosità f., altezzosità f., arroganza f.
superclass /ˈsuːpəklɑːs, ˈsjuː-, AE -klæs/ n. superclasse f.
supercolumnar /ˌsuːpəkəˈlʌmnə(r), ˌsjuː-/ agg. a doppio ordine di colonne.
supercolumniation /ˌsuːpəkəlʌmnɪˈeɪʃn, ˌsjuː-/ n. sovrapposizione f. di due ordini di colonne.
supercomputer /ˈsuːpəkəmpjuːtə(r), ˈsjuː-/ n. supercomputer m.
superconducting /ˌsuːpəkənˈdʌktɪŋ, ˌsjuː-/, **superconductive** /ˌsuːpəkənˈdʌktɪv, ˌsjuː-/ agg. superconduttivo, superconduttore.
superconductivity /ˌsuːpəˌkɒndʌkˈtɪvətɪ, ˌsjuː-/ n. superconduttività f.
superconductor /ˌsuːpəkənˈdʌktə(r), ˌsjuː-/ n. superconduttore m.
supercool /suːpəˈkuːl, sjuː-/ tr. sottoraffreddare.
supercooling /suːpəˈkuːlɪŋ, sjuː-/ n. sottoraffreddamento m.
supercritical /ˌsuːpəˈkrɪtɪkl, ˌsjuː-/ agg. supercritico.
superdominant /ˌsuːpəˈdɒmɪnənt, ˌsjuː-/ n. sopraddominante f.
super-duper /ˌsuːpəˈduːpə(r), ˌsjuː-/ **I** agg. COLLOQ. favoloso **II** inter. COLLOQ. favoloso.
superego /ˌsuːpərˈegəʊ, ˌsjuː-, AE -ˈiːgəʊ/ n. (pl. **~s**) Super-Ego m., Super-Io m.
supereminence /ˌsuːperˈemɪnəns, ˌsjuː-/ n. sovreminenza f.
supereminent /ˌsuːpərˈemɪnənt, ˌsjuː-/ agg. sovreminente.
supererogation /ˌsuːpərˌerəˈgeɪʃn, ˌsjuː-/ n. FORM. supererogazione f.
supererogatory /ˌsuːpəreˈrɒgətərɪ, ˌsjuː-, AE -tɔːrɪ/ agg. FORM. supererogatorio.
superfamily /ˈsuːpəˌfæmlɪ, ˈsjuː-/ n. superfamiglia f.
superfetation /ˌsuːpəfiːˈteɪʃn, ˌsjuː-/ n. superfetazione f.
▷ **superficial** /ˌsuːpəˈfɪʃl, ˌsjuː-/ agg. *(all contexts)* superficiale.
superficiality /ˌsuːpəˌfɪʃɪˈælətɪ, ˌsjuː-/ n. superficialità f. (anche SPREG.).
superficially /ˌsuːpəˈfɪʃəlɪ, ˌsjuː-/ avv. superficialmente.
superficies /ˌsuːpəˈfɪʃiːz, ˌsjuː-/ n. (pl. ~) superficie f.
superfine /ˈsuːpəfaɪn, ˈsjuː-/ agg. **1** [*chocolate*] finissimo; [*needle*] sottilissimo; [*quality*] sopraffino; ***~ flour*** farina 00; ***~ sugar*** AE zucchero raffinato **2** [*distinction*] sottilissimo.
superfines /ˈsuːpəfaɪnz, ˈsjuː-/ n.pl. prodotti m. di qualità superiore.
superfluid /ˌsuːpəˈfluːɪd, ˌsjuː-/ **I** agg. superfluido **II** n. superfluido m.
superfluidity /ˌsuːpəfluːˈɪdətɪ, ˌsjuː-/ n. superfluidità f.
superfluity /ˌsuːpəˈfluːətɪ, ˌsjuː-/ n. *(overabundance)* superfluità f.

superfluous /suː'pɜːflʊəs, sjuː-/ agg. superfluo (**to** per; **to do** per fare); *~ **hair(s)*** peli superflui; ***to feel (rather) ~*** sentirsi di troppo.
superfluously /suː'pɜːflʊəslɪ, sjuː-/ avv. superfluamente.
superfluousness / suː'pɜːflʊəsnɪs, sjuː-/ n. superfluità f.
superfuse /ˌsuːpə'fjuːz, ˌsjuː-/ n. → **supercool.**
super-G /ˌsuːpə'dʒiː, ˌsjuː-/ n. SPORT supergigante m.
supergiant /'suːpəˌdʒaɪənt, 'sjuː-/ n. ASTR. supergigante f.
1.superglue® /'suːpəgluː, 'sjuː-/ n. attaccatutto m.
2.superglue® /'suːpəgluː, 'sjuː-/ tr. incollare con l'attaccatutto.
supergrass /'suːpəgrɑːs, 'sjuː-, AE -græs/ n. BE COLLOQ. = grosso informatore della polizia.
1.superheat /ˌsuːpə'hiːt, ˌsjuː-/ n. surriscaldamento m.
2.superheat /ˌsuːpə'hiːt, ˌsjuː-/ tr. surriscaldare.
superheater /ˌsuːpə'hiːtə(r), ˌsjuː-/ n. surriscaldatore m.
superheterodyne /ˌsuːpə'hetərəʊdaɪn, ˌsjuː-/ n. supereterodina f.
superhighway /'suːpəˌhaɪweɪ, 'sjuː-/ n. AE superstrada f.
superhuman /ˌsuːpə'hjuːmən, ˌsjuː-/ agg. sovrumano.
superimpose /ˌsuːpərɪm'pəʊz, ˌsjuː-/ tr. sovrapporre [*picture, soundtrack*] (**on** a); ***~d images*** immagini in sovrimpressione.
superincumbent /ˌsuːpərɪn'kʌmbənt, ˌsjuː-/ agg. **1** *(overlying)* sovrastante, incombente **2** *(exerted from above)* ~ ***pressure*** pressione esercitata dal di sopra.
superinduce /ˌsuːpərɪn'djuːs, ˌsjuː-, AE -'duːs/ tr. **1** *(introduce in addition)* introdurre in aggiunta **2** *(produce, bring about)* indurre, apportare, portare; ***a disease ~d by poverty*** una malattia indotta dalla povertà.
superinfection /ˌsuːpərɪn'fekʃn, ˌsjuː-/ n. superinfezione f.
superintend /ˌsuːpərɪn'tend, ˌsjuː-/ tr. sorvegliare, controllare; [*person*] sovrintendere a [*work, organization, research*].
superintendence /ˌsuːpərɪn'tendəns, ˌsjuː-/, **superintendency** /ˌsuːpərɪn'tendənsɪ, ˌsjuː-/ n. sovrintendenza f.
▷ **superintendent** /ˌsuːpərɪn'tendənt, ˌsjuː-/ n. **1** *(supervisor)* soprintendente m. e f., supervisore m. **2** (anche **police** ~) soprintendente m. e f. **3** AE *(in apartment house)* custode m. e f. **4** AE (anche **school** ~) ispettore m. (-trice) scolastico (-a).
▷ **superior** /suː'pɪərɪə(r), sjuː-, sʊ-/ **I** n. superiore m. (anche RELIG.); ***as an actor he has few ~s*** ci sono pochi attori che lo superano **II** agg. **1** *(better than average)* [*intelligence, power, knowledge*] superiore (**to** a; **in** in); [*product*] di qualità superiore; *(better than another)* [*person, team*] migliore; ***their forces attacked in ~ numbers*** le loro forze attaccarono in numero superiore **2** *(higher in rank)* [*officer*] superiore **3** *(condescending)* [*person, look*] sussiegoso, condiscendente; [*smile, air*] di sufficienza **4** BIOL. BOT. TIP. superiore.
superior court /suː'pɪərɪəˌkɔːt, sjuː-, sʊ-/ n. AE tribunale m. di grado superiore.
▷ **superiority** /suːˌpɪərɪ'ɒrətɪ, sjuː-, AE -'ɔːr-/ n. *(all contexts)* superiorità f. (**over, to** su; **in** in).
superiority complex /suːˌpɪərɪ'ɒrətɪˌkɒmpleks, sjuː-/ n. complesso m. di superiorità.
superiorly /suː'pɪərɪəlɪ, sjuː-/ avv. **1** *(in a superior place)* superiormente **2** *(in a superior degree)* a un grado superiore **3** *(in a superior manner)* meglio.
superjacent /ˌsuːpə'dʒeɪsnt, ˌsjuː-/ agg. sovrastante, incombente.
superlative /suː'pɜːlətɪv, sjuː-/ **I** agg. [*performance, service, physical condition*] eccellente, superlativo; [*match, player*] eccezionale **II** n. LING. superlativo m.; ***in the ~*** al superlativo; ***a review full of ~s*** una recensione piena di superlativi.
superlatively /suː'pɜːlətɪvlɪ, sjuː-/ avv. superlativamente; ***a ~ polished performance*** un'esecuzione assolutamente impeccabile; ***a ~ fit athlete*** un atleta al massimo della forma.
superlativeness /suː'pɜːlətɪvnɪs, sjuː-/ n. (l')essere superlativo, eccellenza f.
superlunar /ˌsuːpə'luːnə(r), ˌsjuː-/, **superlunary** /ˌsuːpə'luːnə(r), ˌsjuː-/ agg. **1** *(beyond the moon)* translunare **2** *(celestial)* celestiale **3** FIG. stravagante, fantastico.
superman /'suːpəmən, 'sjuː-/ n. (pl. **-men**) superuomo m.; SCHERZ. superman m.
▷ **supermarket** /'suːpəmɑːkɪt, 'sjuː-/ n. supermarket m., supermercato m.
supermen /'suːpəmen, 'sjuː-/ → **superman.**
supermodel /'suːpəˌmɒdl, 'sjuː-/ n. top model f.
supernal /suː'pɜːnl, sjuː-/ agg. LETT. superno, celeste, divino.
supernatant /ˌsuːpə'neɪtnt, ˌsjuː-/ **I** agg. **1** *(above a solid residue)* [*fluid*] sopranatante **2** *(above the surface of the water)* [*part of a ship*] galleggiante **II** n. sopranatante m.
supernational /ˌsuːpə'næʃənl, ˌsjuː-/ agg. supernazionale, sopranazionale.
▷ **supernatural** /ˌsuːpə'nætʃrəl, ˌsjuː-/ **I** agg. soprannaturale **II** n. soprannaturale m.
supernaturalism /ˌsuːpə'nætʃrəlɪzəm, ˌsjuː-/ n. soprannaturalismo m.
supernaturalist /ˌsuːpə'nætʃrəlɪst, ˌsjuː-/ n. soprannaturalista m. e f.
supernaturally /ˌsuːpə'nætʃrəlɪ, ˌsjuː-/ avv. soprannaturalmente.
supernormal /ˌsuːpə'nɔːml, ˌsjuː-/ agg. superiore alla norma.
supernova /ˌsuːpə'nəʊvə, ˌsjuː-/ n. (pl. **~s, -ae**) supernova f.
supernumerary /ˌsuːpə'njuːmərərɪ, ˌsjuː-, AE -'nuːmərerɪ/ **I** agg. *(all contexts)* soprannumerario **II** n. **1** AMM. impiegato m. soprannumerario **2** CINEM. TEATR. *(extra)* comparsa f.
supernutrition /ˌsuːpənjuː'trɪʃn, ˌsjuː-, AE -nuː-/ n. supernutrizione f., iperalimentazione f.
superorder /'suːpərˌɔːdə(r), 'sjuː-/ n. superordine m.
superordinate /ˌsuːpər'ɔːdɪnət, ˌsjuː-/ **I** agg. **1** FORM. [*person*] sovraordinato (**to** a) **2** LING. sovraordinato (**to** rispetto a) **II** n. **1** FORM. *(in rank)* superiore m. **2** LING. iperonimo m.
superphosphate /ˌsuːpə'fɒsfeɪt, ˌsjuː-/ n. superfosfato m.
superpose /ˌsuːpə'pəʊz, ˌsjuː-/ tr. sovrapporre (**on** a).
superposition /ˌsuːpəpə'zɪʃn, ˌsjuː-/ n. **1** sovrapposizione f. **2** FIS. GEOL. principio m. di sovrapposizione.
▷ **superpower** /'suːpəpaʊə(r), 'sjuː-/ **I** n. superpotenza f. **II** modif. [*talks, summit*] delle superpotenze.
superprofit /'suːpəˌprɒfɪt, 'sjuː-/ n. superprofitto m.
supersaturate /ˌsuːpə'sætʃəreɪt, ˌsjuː-/ tr. soprassaturare.
supersaturated /ˌsuːpə'sætʃəreɪtɪd, ˌsjuː-/ **I** p.pass. → **supersaturate II** agg. soprassaturato.
supersaturation /ˌsuːpəˌsætʃə'reɪʃn, ˌsjuː-/ n. soprassaturazione f.
superscribe /'suːpəˌskraɪb, 'sjuː-/ tr. **1** scrivere [qcs.] in cima a un documento [*name*]; mettere una dicitura su; ***a packet ~d "fragile"*** un pacco con la scritta "fragile" **2** intestare, scrivere l'indirizzo su [*letter etc.*].
superscript /'suːpəskrɪpt, 'sjuː-/ agg. [*number, letter*] soprascritto, in apice.
superscription /ˌsuːpə'skrɪpʃn, ˌsjuː-/ n. **1** soprascritta f. **2** *(the heading of a document)* intestazione f. **3** *(the address on a letter)* indirizzo m.
supersede /ˌsuːpə'siːd, ˌsjuː-/ tr. rimpiazzare, sostituire [*model, service*]; sostituire [*arrangement, agreement*]; soppiantare [*belief, theory*].
supersensitive /ˌsuːpə'sensətɪv, ˌsjuː-/ agg. ipersensibile.
supersensual /ˌsuːpə'senʃʊəl, ˌsjuː-/ agg. **1** *(above the perception of the senses)* soprasensibile **2** *(spiritual)* spirituale **3** *(extremely sensual)* molto sensuale.
supersession /ˌsuːpə'seʃn, ˌsjuː-/ n. sostituzione f., rimpiazzo m.
supersonic /ˌsuːpə'sɒnɪk, ˌsjuː-/ agg. supersonico.
supersonically /ˌsuːpə'sɒnɪklɪ, ˌsjuː-/ avv. [*fly, travel*] a una velocità supersonica.
▷ **superstar** /'suːpəstɑː(r), 'sjuː-/ **I** n. superstar f., divo m. (-a); ***a pop, football ~*** una star della musica pop, del calcio **II** modif. ***a ~ designer, footballer*** BE un famosissimo stilista, calciatore; ***to achieve ~ status*** diventare una star.
superstition /ˌsuːpə'stɪʃn, ˌsjuː-/ n. superstizione f.
superstitious /ˌsuːpə'stɪʃəs, ˌsjuː-/ agg. superstizioso.
superstitiously /ˌsuːpə'stɪʃəslɪ, ˌsjuː-/ avv. [*believe, repeat*] superstiziosamente.
superstore /'suːpəstɔː(r), 'sjuː-/ n. **1** *(large supermarket)* ipermercato m. **2** *(specialist shop)* grande negozio m.; ***a furniture, electrical ~*** un grande negozio di mobili, di elettrodomestici.
superstratum /'suːpəˌstrɑːtəm, 'sjuː-/ n. (pl. **-a**) **1** GEOL. strato m. superiore **2** LING. superstrato m.
superstructure /'suːpəˌstrʌktʃə(r), 'sjuː-/ n. EDIL. MAR. sovrastruttura f.
supertanker /'suːpəˌtæŋkə(r), 'sjuː-/ n. superpetroliera f.
supertax /'suːpətæks, 'sjuː-/ n. ECON. sovrimposta f.
superterrestrial /ˌsuːpətə'restrɪəl, ˌsjuː-/ agg. ultraterreno.
supervene /ˌsuːpə'viːn, ˌsjuː-/ intr. FORM. [*change, election, decision*] sopravvenire; [*illness*] comparire; [*cut, reduction*] intervenire.
supervention /ˌsuːpə'venʃn, ˌsjuː-/ n. *(of illness)* comparsa f.; *(of disaster, of event)* sopravvenienza f.
supervise /'suːpəvaɪz, 'sjuː-/ **I** tr. **1** *(watch over)* supervisionare [*activity, area, staff, work*]; sorvegliare [*child, patient*]; essere il relatore di [*thesis, student*] **2** *(control)* sovrintendere a, dirigere [*department, investigation, project*] **II** intr. [*supervisor*] sovrintendere; [*doctor, parent*] sorvegliare; [*manager*] dirigere.
▷ **supervised** /'suːpəvaɪzd, 'sjuː-/ **I** p.pass. → **supervise II** agg. [*facility, playground*] sorvegliato.

▷ **supervision** /ˌsu:pə'vɪʒn, ˌsju:-/ n. **1** *(of work)* supervisione f., sovrintendenza f.; *(of staff)* direzione f.; ***to work under sb.'s ~*** lavorare sotto la supervisione di qcn.; ***with, without the ~ of*** con, senza la supervisione di; ***she is responsible for the ~ of two students*** UNIV. è relatrice di due studenti **2** *(of child, patient, prisoner)* sorveglianza f.; ***to be under 24 hour ~*** essere sorvegliato 24 ore su 24.

▷ **supervisor** /'su:pəvaɪzə(r), 'sju:-/ ➧ **27** n. **1** AMM. COMM. supervisore m.; sovrintendente m. e f.; ***canteen ~*** gestore di una mensa; ***factory ~*** caporeparto; ***shop ~*** capocommesso **2** EDIL. capomastro m.; ***site ~*** capomastro di cantiere edile **3** BE UNIV. *(for thesis)* relatore m. (-trice) **4** AE SCOL. = responsabile di tutti i corsi che riguardano una certa materia e di tutti gli insegnanti di quella materia.

supervisory /'su:pəvaɪzərɪ, 'sju:-, AE ˌsu:pə'vaɪzərɪ/ agg. [*body, board, duty*] di sorveglianza; [*role, work*] di supervisione; ***she's a ~ officer*** è un dirigente; ***the work is mainly ~*** è soprattutto un lavoro di supervisione; ***in a ~ capacity*** in qualità di supervisore.

superwoman /'su:pəwʊmən, 'sju:-/ n. (pl. **-women**) = donna che riesce a conciliare felicemente impegni lavorativi e familiari.

supinate /'su:pɪneɪt, 'sju:-/ **I** tr. **1** volgere verso l'alto [*palm, hand*] **2** girare verso l'esterno [*leg*] **II** intr. [*person*] girare il piede verso l'esterno.

supination /ˌsu:pɪ'neɪʃn, ˌsju:-/ n. supinazione f.

1.supine /'su:paɪn, 'sju:-/ **I** agg. **1** [*person*] supino; ***to be ~*** essere in posizione supina **2** [*complacency, submission*] supino, passivo **II** avv. [*lie*] supino.

2.supine /'su:paɪn, 'sju:-/ n. LING. supino m.

supineness /'su:paɪnnɪs, 'sju:-/ n. **1** *(of behaviour)* passività f.; *(inertness)* inerzia f. **2** *(of position, posture)* posizione f. supina.

▷ **supper** /'sʌpə(r)/ n. **1** *(evening meal)* cena f.; ***we had beef for ~*** abbiamo mangiato carne di manzo a cena; ***what's for ~?*** cosa c'è per cena? ***to have*** o ***eat ~*** cenare **2** *(late snack)* spuntino m. serale; ***do you fancy a bite of ~*** vuoi mangiare qualcosa per cena? **3** RELIG. ***the Last Supper*** l'Ultima Cena ◆ ***to sing for one's ~*** = darsi da fare per ottenere qcs. in cambio; ***you'll have to sing for your ~*** = bisogna darsi da fare per ottenere qcs.

supper club /'sʌpəˌklʌb/ n. AE = locale notturno o ristorante in cui la cena è accompagnata da uno spettacolo.

supperless /'sʌpəlɪs/ agg. senza cena.

supper licence /'sʌpəˌlaɪsns/ n. BE DIR. = autorizzazione a vendere alcolici dopo l'ora stabilita per legge se accompagnati a un pasto.

supper time /'sʌpətaɪm/ n. ora f. di cena.

supplant /sə'plɑ:nt, AE -'plænt/ tr. soppiantare [*lover, rival, doctrine, method, system, trend*]; rimpiazzare [*person, product*].

supplantation /ˌsʌplæn'teɪʃn/ n. soppiantamento m.

supplanter /sə'plɑ:ntə(r), AE -'plæn-/ n. soppiantatore m. (-trice).

supple /'sʌpl/ agg. [*body, person*] agile, flessuoso; [*leather*] pieghevole; [*mind*] duttile; ***the ~ grace of the dancer*** l'agile grazia della ballerina.

supplejack /'sʌpldʒæk/ n. **1** BOT. pianta f. palustre, pianta f. rampicante **2** *(walking stick)* bastone m. da passeggio; *(cane)* canna f.

1.supplement /'sʌplɪmənt/ n. **1** *(to diet)* integratore m.; *(to income)* integrazione f. (**to** a); ***vitamin ~*** integratore vitaminico **2** *(in tourism)* supplemento m. (**of** di); ***a first class, single room ~*** un supplemento per la prima classe, per la camera singola; ***balcony available for*** o ***at a ~*** balcone disponibile con supplemento **3** GIORN. supplemento m.; ***business, job ~*** supplemento affari, lavoro.

2.supplement /'sʌplɪmənt/ tr. integrare [*staff, diet*] (**with** con); arrotondare [*income*] (**with** con); completare [*knowledge, resources, training*] (**with** con); potenziare [*service*] (**with** con).

supplemental /ˌsʌplɪ'mentl/ agg. supplementare, integrativo.

1.supplementary /ˌsʌplɪ'mentrɪ/ agg. [*heating, income, angle, comment, evidence, question, staff*] supplementare; [*charge, payment*] addizionale; [*pension*] integrativo; ***~ vitamins*** integratore vitaminico.

2.supplementary /ˌsʌplɪ'mentrɪ/ n. BE POL. questione f. supplementare.

supplementary benefit /ˌsʌplɪmentrɪ'benɪfɪt/ n. BE AMM. *(formerly)* assegno m. integrativo.

supplementation /sʌplɪmen'teɪʃn/ n. integrazione f.; ***vitamin ~*** integrazione vitaminica.

suppleness /'sʌplnɪs/ n. *(of body, person)* agilità f., flessuosità f.; *(of leather)* pieghevolezza f.; *(of mind)* duttilità f.; ***to improve the ~ of*** ammorbidire [*joint, leather*].

suppletion /sə'pli:ʃn/ n. LING. suppletivismo m.

suppletive /sə'pli:tɪv/ agg. LING. suppletivo.

suppletory /'sʌplɪtərɪ, AE -tɔ:rɪ/ agg. suppletorio.

suppliant /'sʌplɪənt/, **supplicant** /'sʌplɪkənt/ **I** agg. FORM. [*attitude, person*] supplichevole **II** n. FORM. supplicante m. e f.

supplicate /'sʌplɪkeɪt/ **I** tr. FORM. supplicare; ***to ~ sb. for sth.*** supplicare qcn. per qcs. **II** intr. FORM. supplicare, implorare; ***to ~ for pardon*** implorare perdono.

supplication /ˌsʌplɪ'keɪʃn/ n. supplica f., implorazione f.; ***in ~*** supplicando.

supplicatory /'sʌplɪkətrɪ, AE -tɔ:rɪ/ agg. supplicatorio.

▷ **supplier** /sə'plaɪə(r)/ n. *(all contexts)* fornitore m. (-trice) (**of, to** di).

▶ **1.supply** /sə'plaɪ/ **I** n. **1** *(stock)* provvista f., scorta f.; ***a plentiful ~ of bullets, money*** un'abbondante scorta di proiettili, denaro; ***in short, plentiful ~*** scarso, in grande quantità; ***a plentiful ~ of workers*** una grande disponibilità di lavoratori; ***to get in a ~ of sth.*** rifornirsi di qcs.; ***win a year's ~ of wine!*** vincete un rifornimento di vino per un anno! **2** *(of fuel, gas)* erogazione f.; *(of water, oxygen, food)* apporto m. (**of** di); *(of blood)* flusso m.; ***the ~ has been cut off*** l'erogazione è stata sospesa; ***the ~ of oxygen to the tissues*** l'apporto di ossigeno ai tessuti; ***the blood ~ to the legs, the heart*** il flusso di sangue alle gambe, al cuore; ***the blood ~ to the baby*** l'apporto di sangue al nascituro **3** *(action of providing)* fornitura f., rifornimento m. (**to** a) **4** BE SCOZZ. SCOL. supplente m. e f. **II supplies** n.pl. **1** *(food)* viveri m., approvvigionamenti m., provviste f., scorte f.; *(equipment)* attrezzature f.; ***food supplies*** viveri; ***to cut off sb.'s supplies*** tagliare i viveri a qcn. **2** *(for office, household) (machines, electrical goods, stationery, small items)* forniture f., materiali m. **3** BE POL. AMM. stanziamenti m. **III** modif. [*ship, truck*] cisterna; [*train*] merci; [*problem, route*] *(for industry, population)* di approvvigionamento, di rifornimento; ***~ company*** società fornitrice.

▶ **2.supply** /sə'plaɪ/ tr. **1** *(provide)* fornire [*goods, arms, information, fuel, water*] (**to, for** a); apportare [*oxygen, calories*] (**to** a); spacciare [*drugs*] (**to, for** a); suggerire [*word, phrase*] (**to** a); dare [*love, affection, recipe*] (**to** a); ***to ~ arms, details to sb.*** o ***to ~ sb. with arms, details*** fornire armi, dettagli a qcn.; ***to ~ a name to the police*** o ***to ~ the police with a name*** fornire un nome alla polizia; ***to keep sb. supplied with*** assicurare a qcn. regolare rifornimento di [*parts, equipment*]; ***to keep a machine supplied with fuel*** assicurare l'alimentazione di carburante di una macchina; ***he keeps me supplied with information, gossip*** è la mia fonte regolare di informazioni, pettegolezzi **2** *(provide food, fuel for)* approvvigionare [*town*]; rifornire [*area*] (**with** di) **3** *(provide raw materials for)* rifornire [*factory, company*] (**with** di) **4** *(satisfy, fulfil)* sopperire a [*needs, wants*]; rispondere a [*demand, requirements, need*].

supply and demand /səˌplaɪəndɪ'mɑ:nd, AE -dɪ'mænd/ n. domanda f. e offerta f.

supply chain /sə'plaɪˌtʃeɪn/ n. *(of products)* filiera f.; ***food ~*** filiera alimentare.

supply line /sə'plaɪˌlaɪn/ n. linea f. di approvvigionamento.

supply-side economics /səˌplaɪsaɪdˌi:kə'nɒmɪks, AE -ˌek-/ n. + verbo sing. economia f. dell'offerta.

supply teacher /sə'plaɪˌti:tʃə(r)/ n. BE supplente m. e f.

▶ **1.support** /sə'pɔ:t/ n. **1** *(moral, financial, political)* supporto m., sostegno m., appoggio m., aiuto m. (**for sth.** a, per qcs.; **for sb.** a, per qcn.); ***financial, state ~*** supporto finanziario, statale; ***there is considerable public ~ for the strikers*** gli scioperanti godono di una grande solidarietà pubblica; ***there is little public ~ for this measure*** questo provvedimento trova scarso consenso di pubblico; ***socialist, Green party ~*** il seguito (elettorale) dei socialisti, dei verdi; ***~ for the party is increasing*** il partito ha sempre più sostenitori; ***air, land, sea ~*** MIL. appoggio aereo, terrestre, marittimo; ***to give sb., sth. (one's) ~*** dare a qcn., qcs. il proprio sostegno; ***to get ~ from sb., sth.*** ricevere sostegno da qcn., qcs.; ***to have the ~ of sb., sth.*** avere l'appoggio di qcn., qcs.; ***in ~ of sb., sth.*** [*campaign, intervene*] a sostegno di qcn., qcs.; ***he spoke in ~ of the motion*** si pronunciò a favore della mozione; ***the workers went on strike in ~ of their demands*** gli operai scioperarono per rivendicare le loro richieste; ***the students demonstrated in ~ of the strikers*** gli studenti hanno manifestato per dimostrare la loro solidarietà con gli scioperanti; ***in ~ of this point of view, theory*** a sostegno di questo punto di vista, di questa teoria; ***a collection in ~ of war victims*** una colletta per le vittime della guerra; ***with ~ from sb.*** con l'appoggio di qcn.; ***to win*** o ***gain ~ from sb.*** ottenere l'appoggio di qcn.; ***they need ~ to raise enough money*** hanno bisogno di aiuto per raccogliere fondi a sufficienza; ***the theatre closed for lack of ~*** il teatro ha chiuso per mancanza di sovvenzioni; ***strong ~*** FIG. forte sostegno; ***means of ~*** *(financial)* mezzi di sostentamento *o* di sussistenza **2** *(physical, for weight)* supporto m. (anche ING.); MED.

(for limb) stecca f.; ***athletic ~*** sospensorio; ***neck ~*** MED. minerva; ***he used his stick as a ~*** usava il bastone come sostegno *o* per sostenersi; ***he had to lean on a chair for ~*** ha dovuto appoggiarsi a una sedia per sostenersi **3** *(person)* sostegno m., aiuto m. (**to** di, per); ***Paul was a great ~ when she died*** Paul è stato un grande sostegno quando è mancata **4** *(singer etc. not topping the bill) (individual)* supporter m.; *(band)* gruppo m. di supporto, supporter m.

▶ **2.support** /sə'pɔ:t/ **I** tr. **1** *(provide moral, financial backing)* sostenere [*cause, campaign, party, reform, venture, price, currency*]; tifare per [*team*]; appoggiare [*person*]; fare [*charity*]; ***to ~ sb., sth. by doing*** sostenere qcn., qcs. facendo; ***the museum is ~ed by public funds*** il museo è sovvenzionato dai fondi pubblici **2** *(physically)* sostenere, reggere [*weight, person*] **3** *(validate)* confermare, corroborare [*argument, case, claim, story, theory*] **4** *(maintain)* [*breadwinner*] mantenere, sostentare [*family*]; [*land, farm*] nutrire, sostentare [*inhabitants*]; [*charity*] aiutare [*underprivileged*]; ***he has a wife and children to ~*** ha moglie e figli da mantenere; ***she ~ed her son through college*** ha mantenuto suo figlio agli studi **5** *(put up with)* FORM. sopportare [*adverse conditions*]; sopportare, tollerare [*bad behaviour*] **6** INFORM. [*computer*] supportare [*programme, device, language*] **II** rifl. ***to ~ oneself*** mantenersi.

supportable /sə'pɔ:təbl/ agg. **1** *(tolerable)* sopportabile **2** *(defensible)* sostenibile.

support act /sə'pɔ:tækt/ n. *(singer etc. not topping the bill) (individual)* supporter m.; *(band)* gruppo m. di supporto, supporter m.

support area /sə'pɔ:tˌeərɪə/ n. MIL. area f. di supporto logistico.

support band /sə'pɔ:tbænd/ n. MUS. gruppo m. di supporto, supporter m.

▷ **supporter** /sə'pɔ:tə(r)/ n. sostenitore m. (-trice); POL. simpatizzante m. e f.; SPORT supporter m. e f., tifoso m. (-a); ***football ~*** tifoso di calcio.

support group /sə'pɔ:tgru:p/ n. SOCIOL. gruppo m. di sostegno.

support hose /sə'pɔ:tˌhəʊz/ n. → **support stockings**.

▷ **supporting** /sə'pɔ:tɪŋ/ agg. **1** CINEM. TEATR. [*actor, role*] secondario (anche FIG.); ***"best ~ actor, actress"*** "migliore attore, attrice non protagonista"; ***~ cast*** personaggi secondari; ***"with full ~ cast"*** CINEM. *(in publicity)* "con un cast di attori eccezionali"; ***~ programme*** CINEM. = programma proiettato prima del film **2** ING. [*wall, beam*] portante **3** ***~ evidence*** DIR. prova corroborante; ***~ document*** documento probante.

▷ **supportive** /sə'pɔ:tɪv/ agg. [*person, organization*] che aiuta, sostiene; [*role, network*] di sostegno; ***she was very ~ when I had health problems*** mi fu di grande sostegno quando ebbi problemi di salute.

support personnel /sə'pɔ:tpɜ:səˌnel/ n. MIL. personale m. ausiliario.

support scheme /sə'pɔ:tski:m/ n. BE piano m. di assistenza.

support services /sə'pɔ:tˌsɜ:vɪsɪz/ n.pl. servizi m. di assistenza tecnica.

support slot /sə'pɔ:tslɒt/ n. MUS. fuori programma m.

support staff /sə'pɔ:tˌstɑ:f, AE -ˌstæf/ n. personale m. d'assistenza tecnica.

support stockings /səˌpɔ:t'stɒkɪŋz/ n.pl. calze f. elastiche, contenitive.

support system /sə'pɔ:tˌsɪstəm/ n. sistema m. di sostegno; INFORM. programma m. di sostegno.

support team /sə'pɔ:tti:m/ n. MIL. truppe f.pl. di rincalzo.

support tights /sə'pɔ:ttaɪts/ n.pl. calze f. elastiche, contenitive.

support troops /sə'pɔ:ttru:ps/ n.pl. MIL. truppe f. di rincalzo.

support vessel /sə'pɔ:tˌvesl/ n. nave f. d'appoggio.

supposable /sə'pəʊzəbl/ agg. supponibile.

supposal /sə'pəʊzl/ n. supposizione f., congettura f., ipotesi f.

▶ **suppose** /sə'pəʊz/ tr. **1** *(think)* ***to ~ (that)*** supporre che; ***I ~ (that) she knows*** suppongo *o* presumo che (lo) sappia; ***I don't ~ (that) she knows*** non penso che (lo) sappia; ***do you ~ (that) he's guilty?*** pensi che sia colpevole? ***to ~ sb. to be sth.*** presumere che qcn. sia qcs.; ***I ~d him to be a friend*** lo credevo un amico *o* credevo fosse un amico **2** *(assume)* supporre [*existence*]; ipotizzare [*possibility*]; ***to ~ (that)*** supporre che; ***I ~ (that) you've checked*** immagino *o* suppongo che tu abbia controllato; ***let us ~ that it's true*** supponiamo che sia vero; ***I ~ it's too late now?*** immagino che sia troppo tardi adesso; ***it is generally ~d that*** si pensa *o* tutti credono che; ***I ~ so, not*** immagino di sì, di no; ***even supposing he's there*** anche supponendo che sia lì **3** *(admit)* ***to ~ (that)*** ammettere *o* supporre che; ***I ~ you're right*** suppongo che tu abbia ragione; ***I ~ that if I'm honest...*** a essere sincero devo ammettere che... **4** *(imagine)* ***when do you ~ (that) he'll arrive?*** quando pensi che arriverà? ***who do you ~ I saw yesterday?*** indovina chi ho visto ieri? ***~ (that) it's true, what will you do?*** supponiamo che sia vero, che cosa farai? ***~ (that) he doesn't come?*** e se non viene? ***I don't ~ you can do it?*** suppongo che tu non possa farlo **5** *(making a suggestion)* ***~ we go to a restaurant?*** e se andassimo al ristorante? ***~ we take the car?*** e se prendessimo la macchina?

▷ **supposed** /sə'pəʊzd/ **I** p.pass. → **suppose II** agg. **1** *(putative)* [*father*] putativo; [*owner, witness*] presunto; [*advantage, benefit*] ipotetico, presunto **2** *(expected, required)* ***I'm ~ to do*** dovrei fare *o* si presume che io faccia; ***I'm ~ to be at work*** dovrei essere al lavoro; ***there was ~ to be a room for us*** avrebbe dovuto esserci una stanza per noi; ***you're not ~ to do*** non sei autorizzato a fare **3** *(alleged)* ***this machine is ~ to do*** questa macchina dovrebbe fare; ***it's ~ to be a good hotel*** pare che sia un buon hotel.

▷ **supposedly** /sə'pəʊzɪdlɪ/ avv. ***to be ~ rich, intelligent*** essere apparentemente ricco, intelligente; ***the ~ developed nations*** i paesi che vengono considerati sviluppati; ***a ~ wealthy widow*** una vedova presumibilmente ricca; ***~ she's very shy*** apparentemente è molto timida.

supposing /sə'pəʊzɪŋ/ cong. ***~ (that) he says no?*** e se dicesse no? ***~ your income is X, you pay Y*** supponendo che il tuo reddito sia X, dovresti pagare Y.

supposition /ˌsʌpə'zɪʃn/ n. **1** *(guess, guesswork)* supposizione f. **2** *(assumption)* supposizione f., ipotesi f.; ***to be based on the ~ that sth. is available*** essere basato sull'ipotesi che qcs. sia disponibile.

suppositional /ˌsʌpə'zɪʃənl/ agg. ipotetico, presunto.

suppositious /ˌsʌpə'zɪʃəs/ agg. *(hypothetical)* ipotetico; *(false)* falso.

suppository /sə'pɒzɪtrɪ, AE -tɔ:rɪ/ n. supposta f.; ***vaginal ~*** ovulo.

▷ **suppress** /sə'pres/ tr. **1** *(prevent)* trattenere [*smile, urge, tears*]; contenere [*anger, excitement*]; reprimere [*doubt, sexuality*]; nascondere, celare [*report, information, fact*]; dissimulare [*truth*]; occultare [*evidence*]; sopprimere [*party, group*]; reprimere [*opposition, riot, rebellion*]; mettere a tacere [*criticism, scandal*]; sopprimere, abolire [*activity*]; soffocare [*yawn*]; ***to ~ a cough, sneeze*** trattenere la tosse, uno starnuto **2** *(reduce, weaken)* impedire, inibire [*growth*]; indebolire [*immune system*]; eliminare [*weeds*] **3** MED. inibire [*symptom, reaction*] **4** RAD. ELETTRON. munire di filtro antidisturbo.

suppressant /sə'presənt/ n. *(drug etc.)* inibitore m.

suppressible /sə'presəbl/ agg. [*party, group*] sopprimibile; [*anger, excitement*] reprimibile.

▷ **suppression** /sə'preʃn/ n. **1** *(of party)* soppressione f.; *(of truth)* dissimulazione f.; *(of activity)* soppressione f., abolizione f.; *(of evidence, information, report, facts)* occultamento m.; *(of revolt)* repressione f.; *(of scandal)* (il) mettere a tacere; PSIC. *(of feeling) (deliberate)* repressione f.; *(involuntary)* rimozione f. **2** *(retardation) (of growth, development)* inibizione f. **3** RAD. ELETTRON. (il) munire di filtro antidisturbo.

suppressive /sə'presɪv/ agg. soppressivo, repressivo.

suppressor /sə'presə(r)/ n. RAD. ELETTRON. filtro m. antidisturbo.

suppurate /'sʌpjʊreɪt/ intr. suppurare.

suppuration /ˌsʌpjʊ'reɪʃn/ n. suppurazione f.

suppurative /'sʌpjʊərətɪv, AE -eɪtɪv/ agg. suppurativo.

supramaxillary /ˌsu:prəmæk'sɪlərɪ/ agg. mascellare superiore.

supranational /ˌsu:prə'næʃənl/ agg. soprannazionale, sovrannazionale.

supraorbital /ˌsu:prə'ɔ:bɪtl/ agg. sopraorbitario.

supraprotest /ˌsu:prə'prəʊtest/ n. DIR. accettazione f. per intervento.

suprarenal /ˌsu:prə'ri:nl/ agg. surrenale.

suprasegmental /ˌsu:prəseg'mentl/ agg. soprasegmentale.

supremacist /su:'preməsɪst, sju:-/ n. POL. = sostenitore della supremazia di un gruppo o di una razza.

supremacy /su:'preməsɪ, sju:-/ n. **1** *(power)* supremazia f. **2** *(greater ability)* primato m., superiorità f.

supreme /su:'pri:m, sju:-/ agg. [*ruler, power, achievement, courage*] supremo; [*importance*] sommo, supremo; [*stupidity, arrogance*] estremo; ***to reign ~*** [*person*] avere il potere supremo; FIG. [*chaos*] regnare sovrano; ***to make the ~ sacrifice*** compiere il sacrificio supremo *o* immolarsi.

Supreme Being /su:ˌpri:m'bi:ɪŋ, sju:-/ n. RELIG. ente m. supremo.

Supreme Commander /su:ˌpri:mkə'mɑ:ndə(r), sju:-, AE -mæn-/ n. MIL. comandante m. supremo.

Supreme Court /su:ˌpri:m'kɔ:t, sju:-/ n. DIR. Corte f. Suprema.

supremely /su:'pri:mlɪ, sju:-/ avv. [*difficult*] estremamente; [*happy, important*] supremamente, estremamente; [*confident*] assolutamente.

Supreme Soviet /su:ˌpri:m'səʊvɪət, sju:ˌpri:m'sɒvɪət/ n. POL. STOR. Soviet m. supremo.

Supreme Court La Corte Suprema degli Stati Uniti, con sede a Washington, è formata da 9 giudici inamovibili (*justices*), nominati dal Presidente con l'approvazione del Senato. È la Corte Suprema che verifica la legittimità costituzionale delle leggi, che regola i rapporti tra gli stati, tra gli stati e il governo federale e tra i cittadini e gli organismi dello stato. Ha anche il ruolo di corte d'appello di ultima istanza e le sue decisioni costituiscono un precedente in casi analoghi.

supremo /su:'pri:məʊ, sju:-/ n. (pl. **~s**) capo m. supremo.

Supt ⇒ Superintendent soprintendente.

sura /'sʊərə/ n. RELIG. sura f.

surah /'sʊərə, AE 'sju:-/ n. surah m. e f.

1.surcharge /'sɜ:tʃɑ:dʒ/ n. **1** supplemento m. **2** EL. sovraccarico m. **3** *(on a stamp)* sovrastampa f.

2.surcharge /'sɜ:tʃɑ:dʒ/ tr. fare pagare un supplemento a [*person*].

surcingle /'sɜ:ˌsɪŋgl/ n. **1** *(of a horse)* sottopancia m. **2** *(of a cassock)* cintura f.

surcoat /'sɜ:kəʊt/ n. STOR. sopravveste f.

surd /sɜ:d/ **I** agg. **1** MAT. irrazionale **2** LING. sordo **II** n. **1** MAT. numero m. irrazionale **2** LING. sorda f.

▶ **sure** /ʃɔ:(r), AE ʃʊər/ **I** agg. **1** *(certain)* sicuro, certo (**about, of** di); ***I feel ~ that...*** sono sicuro che...; ***I'm quite ~ (that) I'm right*** sono abbastanza sicuro di avere ragione; ***"are you ~?" - "yes, I'm ~"*** "sei sicuro?" - "sì, sono sicuro"; ***I'm not ~ when he's coming, how old he is*** non so esattamente quando verrà, quanti anni ha; ***I'm not ~ if*** o ***whether he's coming or not*** non sono sicuro che venga; ***I'm not ~ that he'll be able to do it*** non so se sarà in grado di farlo; ***(are you) ~ you're all right?*** sei sicuro di stare bene? ***to be ~ of one's facts*** sapere il fatto proprio; ***you can be ~ of a warm welcome*** potrete contare su un caloroso benvenuto; ***she'll be on time, of that you can be ~*** sarà puntuale, puoi starne certo; ***one thing you can be ~ of...*** di una cosa puoi stare sicuro...; ***I couldn't be ~ I had locked the door*** non ero sicuro di avere chiuso la porta a chiave; ***"did you lock it?" - "I'm not ~ I did"*** "(l')hai chiuso?" - "non (ne) sono sicuro"; ***I'm ~ I don't know*** o ***I don't know I'm ~*** non lo so proprio; ***we can never be ~*** non si può mai essere sicuri; ***I wouldn't be so ~ about that!*** non ne sarei così sicuro! ***I won't invite them again, and that's for ~!*** COLLOQ. una cosa è sicura, non li inviterò più! ***we'll be there next week for ~!*** ci saremo di sicuro la settimana prossima! ***we can't say for ~*** non ne siamo certi; ***nobody knows for ~*** nessuno lo sa per certo; ***there' s only one way of finding out for ~*** c'è un solo modo per esserne sicuro; ***he is, to be ~, a very charming man*** è sicuramente un uomo molto affascinante; ***to make ~ that*** *(ascertain)* accertarsi *o* sincerarsi *o* assicurarsi che; *(ensure)* fare in modo che; ***make ~ all goes well*** fai in modo che tutto vada bene; ***make ~ you phone me*** fa' in modo di telefonarmi *o* non dimenticarti di telefonarmi; ***be*** o ***make ~ to tell him that...*** fa' in modo di dirgli che...; non dimenticarti di dirgli che...; ***she made ~ to lock the door behind her*** si assicurò di avere chiuso la porta a chiave; ***in the ~ and certain knowledge of, that*** con la profonda convinzione di, che; ***he's a ~ favourite (to win)*** SPORT è il grande favorito **2** *(bound)* ***he's ~ to fail*** è destinato a fallire *o* fallirà sicuramente; ***she' s ~ to be there*** ci sarà sicuramente *o* puoi star sicuro che ci sarà; ***if I am in the shower, the phone is ~ to ring*** se sono sotto la doccia immancabilmente squilla il telefono **3** *(confident)* sicuro; ***to be, feel ~ of oneself*** essere, sentirsi sicuro di sé; ***I never feel quite ~ of her*** non mi fido molto di lei **4** *(reliable)* [*friend*] affidabile; [*method, remedy*] sicuro; ***the ~st route to success*** la strada più sicura per arrivare al successo; ***the ~st way to do*** il modo più sicuro per fare; ***she was chain-smoking, a ~ sign of agitation*** fumava una sigaretta dopo l'altra, (un) segno evidente della sua agitazione; ***to have a ~ eye for detail, colour*** avere occhio per i dettagli, i colori **5** *(steady)* [*hand, footing*] fermo; ***with a ~ hand*** con mano ferma; ***to have a ~ aim*** avere una buona mira **II** avv. **1** COLLOQ. *(yes)* certo; ***"you're coming?" - "~!"*** "vieni?" - "sicuro!" **2** COLLOQ. *(certainly)* ***it ~ is cold*** fa proprio freddo; ***"is it cold?" - "it ~ is!"*** "fa freddo?" - "altro che!"; ***that ~ smells good!*** AE COLLOQ. che buon profumo che ha! **3** ***~ enough*** effettivamente, infatti; ***I said he'd be late and ~ enough he was!*** dissi che sarebbe arrivato in ritardo e infatti fu proprio così! ◆ ***as ~ as eggs is eggs*** COLLOQ. o ***as ~ as fate*** o ***as ~ as I'm standing here*** sicuro come due più due fa quattro *o* sicuro come la morte; ***~ thing!*** AE COLLOQ. certamente! sicuro! ***to be ~!*** RAR. certo!

sure-fire /'ʃɔ:ˌfaɪə(r), AE 'ʃʊər-/ agg. COLLOQ. [*success*] garantito; [*method*] infallibile.

sure-footed /ˌʃɔ:'fʊtɪd, AE ˌʃʊər-/ agg. che non fa passi falsi (anche FIG.).

sure-footedness /ˌʃɔ:'fʊtɪdnɪs, AE ˌʃʊər-/ n. (il) non fare passi falsi (anche FIG.).

sure-handed /ˌʃɔ:'hændɪd, AE ˌʃʊər-/ agg. dalla mano ferma.

▶ **surely** /'ʃɔ:lɪ, AE 'ʃʊərlɪ/ avv. **1** *(expressing certainty)* sicuramente, certamente; ***I am ~ correct*** sicuramente ho ragione; ***~ we've met before?*** non ci siamo già conosciuti? ***you noted his phone number, ~?*** ovviamente ti sei segnato il suo numero di telefono, vero? ***~ you can understand that?*** lo capisci, vero? **2** *(expressing surprise)* ***you're ~ not going to eat that!*** non lo mangerai mica! ***that ~ can't be right!*** non può essere giusto! ***~ you don't think that's true!*** non penserai mica che sia vero! ***~ not!*** certo che no! ***~ to God*** o ***goodness you've written that letter by now!*** sicuramente avrai già scritto quella lettera, vero? *o* non dirmi che non hai ancora scritto quella lettera! **3** *(expressing disagreement)* ***"it was in 1991" - "1992, ~"*** "era il 1991" - "1992 vorrai dire" **4** *(yes)* certo; ***"will you meet me?" - "~"*** "mi verrai incontro?" - "sicuramente".

sureness /'ʃɔ:nɪs, AE 'ʃʊərnɪs/ n. *(of technique)* infallibilità f.; *(of intent)* sicurezza f.; ***~ of touch*** piglio sicuro.

surety /'ʃɔ:rətɪ, AE 'ʃʊərtɪ/ n. ECON. DIR. **1** *(money)* garanzia f., cauzione f. **2** *(guarantor)* garante m. e f., fideiussore m.; ***to stand ~ for sb.*** farsi garante di qcn.

suretyship /'ʃɔ:rətɪʃɪp, AE 'ʃʊə-/ n. fideiussione f.

1.surf /sɜ:f/ n. **1** *(waves)* frangente m. **2** *(foam)* schiuma f.

▷ **2.surf** /sɜ:f/ **I** tr. INFORM. ***to ~ the Internet*** navigare in *o* su Internet; ***to ~ the Web, Net*** navigare sul web, in rete **II** intr. **1** SPORT fare surf **2** INFORM. navigare in, su Internet.

▶ **1.surface** /'sɜ:fɪs/ **I** n. **1** *(of water, land, object)* superficie f.; ***on*** o ***at the ~*** *(of liquid)* in superficie; ***on the ~*** *(of solid)* sulla superficie; ***to work at the ~*** MIN. lavorare in superficie **2** FIG. ***to skim the ~ of an issue*** sfiorare appena un argomento; ***on the ~ it was a simple problem*** in apparenza sembrava un problema semplice; ***beneath the ~ he's very shy*** in fondo è molto timido; ***violence is never far below the ~*** la violenza è sempre in agguato; ***to come*** o ***rise to the ~*** [*tensions, feelings, emotions*] venire a galla *o* manifestarsi *o* affiorare **3** MAT. *(of solid, cube) (area)* superficie f.; *(face)* faccia f. **4** *(worktop)* piano m. di lavoro **II** modif. **1** [*vessel, fleet*] di superficie; [*transport*] via terra; [*work, worker*] in superficie; [*wound*] superficiale; ***~ measurements*** misure di superficie **2** FIG. [*resemblance, problem*] superficiale **3** LING. [*structure, grammar*] superficiale; [*analysis*] della struttura superficiale.

2.surface /'sɜ:fɪs/ **I** tr. pavimentare [*road, ground*]; ***to ~ sth. with*** rivestire qcs. con **II** intr. **1** [*object*] venire a galla; [*animal, person*] salire in superficie; [*submarine*] emergere **2** FIG. *(come to surface)* [*tension, anxiety, racism, problem*] manifestarsi; [*evidence, scandal*] emergere **3** *(reappear)* [*person*] *(after absence)* ricomparire, rifarsi vivo; *(from bed)* alzarsi; [*object*] ricomparire.

surface air missile /ˌsɜ:fɪs'eəˌmɪsaɪl, AE -ˌmɪsl/ n. missile m. terra-aria.

surface area /'sɜ:fɪsˌeərɪə/ n. superficie f.

surface mail /'sɜ:fɪsmeɪl/ n. = posta via terra o mare.

surface noise /'sɜ:fɪsnɔɪz/ n. *(of a gramophone record)* fruscio m. di fondo.

surface tension /'sɜ:fɪsˌtenʃn/ n. FIS. tensione f. superficiale.

surface-to-air /ˌsɜ:fɪstə'eə(r)/ agg. terra-aria, superficie-aria.

surface-to-surface /ˌsɜ:fɪstə'sɜ:fɪs/ agg. terra-terra, superficie-superficie.

surfactant /sɜ:'fæktənt/ n. surfactante m., tensioattivo m.

surfboard /'sɜ:fbɔ:d/ n. surf m., tavola f. da surf.

surfboarder /'sɜ:fˌbɔ:də(r)/ n. surfista m. e f.

surfboarding /'sɜ:fˌbɔ:dɪŋ/ ♦ **10** n. surfing m., surf m.

surfboat /'sɜ:fbəʊt/ n. surfboat m.

surfcasting /'sɜ:fˌkɑ:stɪŋ, AE -ˌkæst-/ ♦ **10** n. surf casting m.

1.surfeit /'sɜ:fɪt/ n. eccesso m. (**of** di).

2.surfeit /'sɜ:fɪt/ **I** tr. ***to be ~ed with food*** essere satollo; ***to be ~ed with pleasure*** essere inebriato di piacere **II** rifl. ***to ~ oneself with food*** satollarsi, rimpinzarsi; ***to ~ oneself with wine*** riempirsi di vino; ***to ~ oneself with pleasure*** inebriarsi di piacere.

▷ **surfer** /'sɜ:fə(r)/ n. **1** SPORT surfista m. e f. **2** INFORM. navigatore m. (-trice) in rete.

surfing /'sɜ:fɪŋ/ ♦ **10** n. **1** surfing m., surf m.; ***to go ~*** andare a fare surf **2** INFORM. navigazione f. in Internet.

surf'n'turf /ˌsɜ:fən'tɜ:f/ n. GASTR. = piatto a base di carne e pesce.

surfride /'sɜ:fraɪd/ intr. (pass. **-rode**; p.pass. **-ridden**) fare surf.

surfrider /'sɜ:fˌraɪdə(r)/ n. surfista m. e f.

surfriding /'sɜ:fˌraɪdɪŋ/ ♦ **10** n. surfing m., surf m.

surfrode /'sɜ:frəʊd/ pass. → **surfride**.

surfy /'sɜ:fɪ/ agg. pieno di frangenti.

▷ **1.surge** /sɜːdʒ/ n. **1** *(rush) (of water)* ondata f.; *(of blood)* flusso m.; *(of energy, adrenalin)* scarica f. (**of** di); FIG. *(of anger)* accesso m.; *(of desire, pity, relief, happiness, resentment)* ondata f. (**of** di); *(of optimism, enthusiasm)* slancio m. (**of** di) **2** ECON. POL. *(increase) (in prices, inflation)* impennata f., picco m. (**in** di); *(in unemployment, immigration)* brusco aumento m.; *(in borrowing, demand, imports)* aumento m., incremento m. (**in** di) **3** EL. (anche **power ~**) sovratensione f. **4** *(increase in speed)* SPORT rimonta f.

▷ **2.surge** /sɜːdʒ/ intr. **1** *(rise)* [*water, waves*] sollevarsi, gonfiarsi; [*blood*] affluire; [*energy*] aumentare d'intensità; FIG. [*emotion*] crescere, salire, montare (**in sb.** in qcn.); ***the crowd ~d into the stadium, theatre*** la folla si è riversata nello stadio, nel teatro; ***the crowd ~d (out) onto the streets, the square*** la folla si è riversata nelle strade, in piazza; ***to ~ forward*** [*crowd*] riversarsi, fluire in massa; [*car*] partire come un razzo **2** ECON. *(increase)* [*prices, profits, shares, demand*] avere un picco, salire alle stelle **3** SPORT *(increase speed)* [*runner, swimmer, team*] slanciarsi; ***to ~ through (to win)*** rimontare (per vincere).

▷ **surgeon** /ˈsɜːdʒən/ ♦ *27* n. chirurgo m. (-a).

surgeon-fish /ˈsɜːdʒənfɪʃ/ n. (pl. **~, ~es**) pesce m. chirurgo.

surgeon general /ˌsɜːdʒənˈdʒenrəl/ ♦ *23* n. (pl. **surgeons general**) **1** MED. MIL. ispettore m. del servizio sanitario militare **2** ministro m. della Sanità.

surgery /ˈsɜːdʒərɪ/ n. **1** MED. *(operation)* intervento m. chirurgico, operazione f.; ***to have ~***, ***to undergo ~*** farsi operare, sottoporsi a un intervento chirurgico; ***to need ~*** dovere essere operato **2** MED. *(branch of medical practice)* chirurgia f. **3** BE MED. *(building)* studio m.; ***doctor's, dentist's ~*** studio medico, dentistico **4** BE *(consulting hours) (of doctor, MP)* (orario di) ricevimento m.; ***to take ~*** ricevere **5** AE *(operating room)* sala f. operatoria.

▷ **surgical** /ˈsɜːdʒɪkl/ agg. [*mask, instrument, treatment*] chirurgico; [*boot*] ortopedico; [*stocking*] contenitivo; ***with ~ precision*** FIG. con precisione chirurgica.

surgical appliance /ˌsɜːdʒɪkləˈplaɪəns/ n. apparecchio m. ortopedico.

surgical clamp /ˈsɜːdʒɪklklæmp/ n. pinza f.

surgical dressing /ˌsɜːdʒɪklˈdresɪŋ/ n. fasciatura f.

surgically /ˈsɜːdʒɪklɪ/ avv. [*treat*] chirurgicamente; ***to remove sth. ~*** asportare qcs. (chirurgicamente).

surgical shock /ˌsɜːdʒɪklˈʃɒk/ n. MED. shock m. operatorio.

surgical spirit /ˌsɜːdʒɪklˈspɪrɪt/ n. alcol m. denaturato.

surgical strike /ˌsɜːdʒɪklˈstraɪk/ n. MIL. incursione f. (mirata), blitz m.

surgical ward /ˈsɜːdʒɪklwɔːd/ n. reparto m. (di) chirurgia, chirurgia f.

surging /ˈsɜːdʒɪŋ/ agg. ECON. [*market, rates, prices*] in rialzo.

suricate /ˈsʊərɪkeɪt/ n. suricata f.

Surinam /ˌsʊərɪˈnæm/ ♦ *6* n.pr. Suriname m.

Surinamese /ˌsʊərɪnəˈmiːz/ ♦ *18* **I** agg. del Suriname **II** n. (pl. **~**) nativo m. (-a), abitante m. e f. del Suriname.

surjection /sɜːˈdʒekʃn/ n. suriezione f.

surjective /sɜːˈdʒektɪv/ agg. suriettivo.

surlily /ˈsɜːlɪlɪ/ avv. intrattabilmente, scontrosamente.

surliness /ˈsɜːlɪnɪs/ n. intrattabilità f., scontrosità f.

surly /ˈsɜːlɪ/ agg. intrattabile, scontroso, musone.

1.surmise /səˈmaɪz/ n. FORM. congettura f., supposizione f.

2.surmise /səˈmaɪz/ tr. FORM. congetturare, supporre (**that** che).

surmount /səˈmaʊnt/ tr. **1** *(be on top of)* sormontare; ***to be ~ed by*** essere sormontato da [*statue, tower*] **2** FIG. *(overcome)* superare [*difficulty, challenge*]; risolvere [*problem*].

surmountable /səˈmaʊntəbl/ agg. sormontabile.

surmullet /sɜːˈmʌlɪt/ n. (pl. **~, ~s**) triglia f. di scoglio.

▷ **surname** /ˈsɜːneɪm/ n. cognome m.

▷ **surpass** /səˈpɑːs, AE -ˈpæs/ **I** tr. *(be better or greater than)* sorpassare, superare; *(go beyond)* superare [*expectations*]; ***to ~ sb., sth. in sth.*** sorpassare *o* superare qcn., qcs. in qcs.; ***to ~ sth. in size, height*** superare qcs. in grandezza, in altezza; ***to ~ sth., sb. in numbers*** essere più numeroso di qcs., qcn. **II** rifl. ***to ~ oneself*** superare se stesso.

surpassable /səˈpɑːsəbl, AE -ˈpæs-/ agg. sorpassabile, superabile.

surpassing /səˈpɑːsɪŋ, AE -ˈpæs-/ agg. FORM. eccellente, superiore.

surplice /ˈsɜːplɪs/ n. RELIG. cotta f.

surpliced /ˈsɜːplɪst/ agg. RELIG. in cotta.

▷ **surplus** /ˈsɜːpləs/ **I** n. (pl. **~es**) surplus m., sovrappiù m., eccedenza f. (anche ECON. COMM.); ***to be in ~*** essere in sovrappiù *o* in esubero *o* in eccedenza; ***oil, food ~*** eccedenza di petrolio, di generi alimentari; ***trade ~*** eccedenza (della bilancia) commerciale; ***budget ~*** avanzo di bilancio **II** agg. [*milk, bread, clothes*] in eccedenza, in più; ***~ to requirements*** più del necessario; ECON. COMM. [*money, food, labour*] eccedentario, in eccedenza.

surplusage /ˈsɜːpləsɪdʒ/ n. sovrappiù m., eccedenza f.

surplus value /ˌsɜːpləsˈvæljuː/ n. **1** COMM. valore m. aggiunto **2** *(in Marxism)* plusvalore m.

surprisal /səˈpraɪzl/ n. RAR. → **1.surprise**.

▶ **1.surprise** /səˈpraɪz/ **I** n. **1** *(unexpected event)* sorpresa f.; ***there are more ~s in store*** o ***to come*** ci sono altre sorprese in serbo, in arrivo; ***the result came as*** o ***was no ~*** il risultato non è stato una sorpresa (per nessuno); ***that's a bit of a ~*** è un po' una sorpresa; ***it comes as*** o ***is no ~ that*** non è sorprendente che; ***it came as something of a ~ that people were so pleased*** è stata una sorpresa vedere la gente così contenta; ***it would come as no ~ if*** non sarebbe una sorpresa se; ***it comes as*** o ***is a ~ to hear, to see that*** è una sorpresa sapere, vedere che; ***it came as no ~ to us to hear that*** non ci ha affatto sorpreso venire a sapere che; ***it came as*** o ***was a complete ~ to me*** è stata una vera sorpresa per me; ***to spring a ~ on sb.*** fare una sorpresa a qcn.; ***~, ~!*** sorpresa! ***is he in for a ~!*** vedrai che sorpresa per lui! ***and, ~, ~, they agreed*** IRON. e, sorpresa! erano d'accordo **2** *(experience, gift)* sorpresa f.; ***what a nice ~!*** che bella sorpresa! ***she wants it to be a ~*** vuole che sia una sorpresa **3** *(astonishment)* sorpresa f., stupore m.; ***there was some ~ at the news*** la notizia ha provocato un certo stupore; ***to express ~ at sth.*** manifestare (la propria) sorpresa per qcs.; ***to express ~ that*** dichiararsi sorpreso che; ***to my (great) ~*** con mia (grande) sorpresa; ***much to my ~*** con mia grande sorpresa; ***with ~*** con stupore; ***"are you sure?" she said in ~*** "ne sei sicuro?", disse sorpresa **4** MIL. POL. *(as tactic)* sorpresa f.; ***the element of ~*** l'elemento *o* il fattore sorpresa; ***to take sb. by ~*** cogliere *o* prendere qcn. di sorpresa **II** modif. **1** *(unexpected)* [*announcement, closure, result, visit, guest*] inaspettato; [*holiday*] improvviso; [*party, attack, invasion*] a sorpresa; ***~ tactics*** tattica basata sulla sorpresa; ***to pay sb. a ~ visit*** fare una sorpresa *o* un'improvvisata a qcn.

▶ **2.surprise** /səˈpraɪz/ tr. **1** *(astonish)* sorprendere, meravigliare, stupire; ***he ~d everyone by winning*** la sua vittoria ha colto tutti di sorpresa *o* ha sorpreso tutti; ***to be ~d by sth.*** essere sorpreso da qcs.; ***what ~s me most is...*** ciò che mi sorprende di più è...; ***it ~d them that*** li sorprese il fatto che; ***it wouldn't ~ me if*** non mi sorprenderei *o* non sarei sorpreso se; ***it might ~ you to know that*** potrebbe sorprenderti sapere che; ***would it ~ you to learn that he's 60?*** ti sorprenderebbe sapere che ha 60 anni? ***nothing ~s me any more!*** non mi stupisco più di nulla! ***you (do) ~ me!*** IRON. tu mi stupisci! ***go on, ~ me*** forza, stupiscimi! **2** *(come upon)* sorprendere [*intruder, thief*]; attaccare [qcs.] di sorpresa [*garrison*].

▷ **surprised** /səˈpraɪzd/ **I** p.pass. → **2.surprise** **II** agg. [*person, expression, look*] sorpreso, stupito; ***I was really ~*** sono rimasto davvero sorpreso; ***I'm not ~*** non mi sorprende *o* stupisce; ***don't look so ~*** non fare quella faccia così sorpresa; ***to be ~ to hear, to see*** essere sorpreso di sapere, di vedere; ***to be ~ at sth.*** essere sorpreso *o* stupito da qcs. *o* stupirsi di qcs.; ***I would, wouldn't be ~ if*** sarei sorpreso, non mi sorprenderei se; ***don't be ~ if he's late*** non stupirti se arriva in ritardo; ***you'd be ~ (at) how many cars there are, how expensive they are*** rimarresti sorpreso da quante macchine ci sono, da quanto costano; ***"there'll be no-one" - "oh, you'd be ~"*** "non ci sarà nessuno" - "vedrai"; ***I'm ~ at him!*** mi sorprende! da lui non me lo sarei aspettato!

▷ **surprising** /səˈpraɪzɪŋ/ agg. sorprendente, stupefacente; ***it would be ~ if*** sarebbe sorprendente se; ***it is ~ (that)*** è sorprendente (che); ***I find it ~ that*** trovo sorprendente che; ***it's hardly ~ they didn't come*** non è affatto sorprendente *o* non sorprende affatto che non siano venuti; ***it is ~ to see, find*** è sorprendente vedere, trovare; ***what is even more ~ is that Ann...*** ciò che sorprende ancora di più è che Ann...

▷ **surprisingly** /səˈpraɪzɪŋlɪ/ avv. [*accurate, bad, calm, cheap, dense, high, realistic, strong*] incredibilmente; [*well, quickly*] sorprendentemente, incredibilmente; ***~ beautiful, frank*** di una bellezza, franchezza sorprendente; ***~ few people know about it*** è sorprendente che siano così pochi a saperlo; ***~,...*** sorprendentemente,...; ***they didn't know her, ~ enough*** sorprendentemente *o* cosa sorprendente, non la conoscevano; ***not ~,...*** non c'è da meravigliarsi che...; ***more ~,...*** cosa ancora più sorprendente,...

surreal /səˈrɪəl/ agg. surreale; ART. LETTER. surrealistico.

surrealism /səˈrɪəlɪzəm/ n. (anche **Surrealism**) surrealismo m.

surrealist /səˈrɪəlɪst/ **I** agg. surrealista **II** n. surrealista m. e f.

surrealistic /ˌsərɪəˈlɪstɪk/ agg. surrealistico.

surrebutter /sʌrɪˈbʌtə(r)/ n. DIR. ANT. = risposta del querelante alla difesa del convenuto.

1.surrender /sə'rendə(r)/ n. **1** MIL. resa f., capitolazione f. (**to** a); ***no ~!*** non ci arrenderemo! **2** *(renouncing, giving up) (of territory)* abbandono m., cessione f. (**to** a); *(of liberties, rights, power)* rinuncia f. (**to** a); *(of insurance policy)* riscatto m. **3** *(handing over) (of weapons, ticket, document)* consegna f. (**to** a) **4** FIG. *(of self) (to joy, despair)* abbandono m. (**to** a).

▷ **2.surrender** /sə'rendə(r)/ **I** tr. **1** MIL. consegnare [*town, garrison*] (**to** a) **2** *(give up)* rinunciare a, cedere [*liberty, rights, power*] (**to** a); riscattare [*insurance policy, lease*] **3** *(hand over)* consegnare [*ticket, passport, firearm*] (**to** a) **II** intr. **1** *(give up)* [*army, soldier, country*] arrendersi, capitolare (**to** a); ***I ~*** MIL. mi arrendo; FIG. mi arrendo *o* cedo **2** *(give way)* ***to ~ to*** abbandonarsi a, cedere a [*passion, despair*] **III** rifl. ***to ~ oneself to*** abbandonarsi a, lasciarsi andare a [*emotion*]; *(sexually)* darsi a [*person*].

surrender value /sə'rendə,vælju:/ n. valore m. di riscatto.

surreptitious /,sʌrəp'tɪʃəs/ agg. [*glance, gesture*] furtivo; [*search, exit*] discreto.

surreptitiously /,sʌrəp'tɪʃəslɪ/ avv. [*look, examine*] furtivamente; [*take, put*] con discrezione.

surrey /'sʌrɪ/ n. AE = carrozza a quattro ruote a due posti.

Surrey /'sʌrɪ/ ➧ **24** n.pr. Surrey m.

surrogacy /'sʌrəgəsɪ/ n. maternità f. sostitutiva.

surrogate /'sʌrəgeɪt/ n. **1** *(substitute)* sostituto m. (-a) (**for** di) **2** BE RELIG. = sostituto del giudice ecclesiastico **3** AE DIR. = giudice incaricato di omologare testamenti **4** (anche **~ mother**) madre f. surrogata, madre f. sostituta.

surrogate motherhood /,sʌrəgeɪt'mʌðəhʊd/ n. maternità f. sostitutiva.

1.surround /sə'raʊnd/ n. BE **1** *(for fireplace)* incorniciatura f. **2** *(border)* bordo m., bordura f.; *(between carpet and wall)* = parte di pavimento non coperta da un tappeto.

▶ **2.surround** /sə'raʊnd/ **I** tr. [*fence, trees*] circondare [*village, garden*]; [*police*] accerchiare, circondare [*building*]; circondare, attorniare [*person*]; FIG. [*secrecy, confusion*] circondare [*plan, event*]; ***~ed by*** o ***with*** circondato da (anche FIG.) **II** rifl. ***to ~ oneself with*** circondarsi di.

▷ **surrounding** /sə'raʊndɪŋ/ agg. [*countryside, hills, villages*] circostante; ***the ~ area*** o ***region*** i dintorni *o* l'area circostante.

▷ **surroundings** /sə'raʊndɪŋz/ n.pl. dintorni m., vicinanze f.; *(of town)* periferia f.sing.; ***in their natural ~*** nel loro ambiente naturale.

surround sound /'səraʊnd,saʊnd / n. CINEM. suono m. surround.

1.surtax /'sɜ:tæks/ n. *(on income)* (imposta) complementare f.; *(additional tax)* (imposta) addizionale f.; soprattassa f.

2.surtax /'sɜ:tæks/ tr. *(on income)* imporre la complementare a; *(tax additionally)* imporre l'addizionale a.

▷ **surveillance** /sɜ:'veɪləns/ **I** n. sorveglianza f.; ***to keep sb. under ~*** tenere qcn. sotto sorveglianza **II** modif. [*officer, team, equipment, device*] di sorveglianza; [*camera, photograph, film*] di videosorveglianza.

▶ **1.survey** /'sɜ:veɪ/ n. **1** *(of trends, prices, reasons)* indagine f. (**of** su); *(by questioning people)* sondaggio m., indagine f.; *(study, overview of work)* studio m., ricerca f. (**of** di, su); ***to carry out*** o ***conduct*** o ***do a ~*** effettuare *o* condurre un'indagine; *(by questioning people)* effettuare *o* condurre un sondaggio; ***a ~ of five products*** un'indagine su cinque prodotti; ***a ~ of intentions, of 500 young people*** un sondaggio sulle intenzioni, condotto tra 500 giovani **2** BE *(in housebuying) (inspection)* perizia f. (**on** di); *(report)* perizia f., stima f.; ***to do*** o ***carry out a ~*** effettuare una perizia; ***to get a ~ done*** fare fare una perizia **3** GEOGR. GEOL. *(action) (of land)* rilevamento m. topografico; *(of sea)* rilevamento m. oceanografico **4** GEOGR. GEOL. *(map) (of land)* carta f. topografica; *(of sea)* carta f. oceanografica **5** *(rapid examination) (of crowd, faces, town, room)* (rapido) esame m.

▶ **2.survey** /sə'veɪ/ tr. **1** *(investigate)* fare un'indagine su [*prices, trends*]; fare un'indagine di [*market*]; *(by questioning people)* fare un sondaggio tra [*people*]; fare un'indagine, un sondaggio su [*opinions, intentions*] **2** BE *(in housebuying)* fare una perizia di, stimare [*property, house*] **3** GEOGR. GEOL. *(inspect)* fare il rilevamento topografico di, rilevare [*area*]; fare il rilevamento oceanografico di [*sea*] **4** *(look at)* contemplare [*scene, picture, audience*].

survey course /'sɜ:veɪkɔ:s/ n. AE UNIV. corso m. istituzionale.

surveying /sə'veɪɪŋ/ **I** n. **1** BE *(in housebuying)* perizia f. (immobiliare) **2** GEOGR. GEOL. *(science) (for land)* rilevamento m. topografico; *(for sea)* rilevamento m. oceanografico **II** modif. [*instrument*] *(for land)* topografico; *(for sea)* oceanografico.

surveyor /sə'veɪə(r)/ ➧ **27** n. **1** BE *(in housebuying)* perito m. (edile) **2** GEOGR. GEOL. *(for map-making)* topografo m. (-a); *(for industry, oil)* perito m.

survey ship /'sɜ:veɪʃɪp/ n. MAR. nave f. di ricerca oceanografica.

survival /sə'vaɪvl/ **I** n. **1** *(act, condition) (of person, animal, plant, custom, belief)* sopravvivenza f. (**of** di); ***the ~ of the fittest*** la sopravvivenza degli individui più adatti **2** *(remaining person, belief etc.)* reliquia f., vestigio m. **II** modif. [*kit, equipment, course*] di sopravvivenza.

survivalism /sə'vaɪvəlɪzəm/ n. survivalismo m., survival m.

survivalist /sə'vaɪvəlɪst/ n. survivalista m. e f.

▶ **survive** /sə'vaɪv/ **I** tr. **1** *(live through)* sopravvivere a [*winter, operation, heart attack*]; scampare, sopravvivere a [*accident, fire, explosion*]; FIG. sopravvivere a, superare [*recession, crisis, divorce*]; [*government, politician*] sopravvivere a [*vote*] **2** *(live longer than)* sopravvivere a [*person*]; ***he is ~d by a son and a daughter*** gli sono sopravvissuti un figlio e una figlia; ***to ~ sb. by 10 years*** sopravvivere a qcn. di 10 anni **II** intr. sopravvivere (anche FIG.); ***to ~ on sth.*** vivere di qcs. *o* sopravvivere grazie a qcs.; ***to ~ on £ 20 a week*** sopravvivere *o* vivere con 20 sterline alla settimana; ***I'll ~*** sopravviverò.

▷ **surviving** /sə'vaɪvɪŋ/ agg. sopravvissuto; ***the longest ~ patient*** il paziente che è sopravvissuto più a lungo *o* di più.

▷ **survivor** /sə'vaɪvə(r)/ n. **1** *(of accident, attack etc.)* sopravvissuto m. (-a), superstite m. e f. **2** DIR. sopravvivente m. e f. **3** *(resilient person)* ***to be a ~*** essere un osso duro.

survivorship /sə'vaɪvəʃɪp/ n. DIR. = diritto del comproprietario sopravvissuto alla quota del defunto.

Susan /'su:zn/ n.pr. Susanna.

susceptance /sə'septəns/ n. suscettanza f.

▷ **susceptibility** /sə,septə'bɪlətɪ/ **I** n. **1** *(vulnerability) (to flattery, pressure)* sensibilità f. (**to** a); *(to disease)* predisposizione f. (**to** a) **2** *(impressionability)* impressionabilità f. **II susceptibilities** n.pl. suscettibilità f.sing.

▷ **susceptible** /sə'septəbl/ agg. **1** *(vulnerable) (to cold, heat, flattery, pressure, persuasion)* sensibile (**to** a); *(to disease)* predisposto (**to** a) **2** *(impressionable)* impressionabile **3** FORM. ***~ of*** *(amenable to)* suscettibile di.

susceptive /sə'septɪv/ agg. suscettivo.

susceptiveness /sə'septɪvnɪs/ n. suscettività f.

sushi /'su:ʃɪ/ n. GASTR. + verbo sing. sushi m.

Susie /'su:zɪ/ n.pr. diminutivo di **Susan**.

▶ **1.suspect** /'sʌspekt/ **I** n. persona f. sospetta, sospetto m. (-a) **II** agg. [*claim, person, notion, vehicle*] sospetto; [*practice*] dubbio; [*item, valuable*] di provenienza sospetta, di dubbia provenienza; [*foodstuff, ingredient, water, smell*] sospetto, strano.

▶ **2.suspect** /sə'spekt/ tr. **1** *(believe)* sospettare [*murder, plot, sabotage, fraud*]; ***to ~ that*** sospettare che; ***there is reason to ~ that...*** c'è motivo di sospettare che...; ***we strongly ~ that...*** abbiamo *o* nutriamo il forte sospetto che...; ***I ~ she didn't want to leave*** ho il sospetto che non volesse partire; ***it isn't, I ~, a very difficult task*** a mio avviso, non è un compito molto difficile **2** *(doubt)* dubitare di [*truth, validity, sincerity, motives*]; ***she ~s nothing*** non ha il minimo sospetto *o* non sospetta nulla **3** *(have under suspicion)* sospettare [*person, organization*] (**of** di); ***she was ~ed of stealing money*** era sospettata di aver rubato soldi.

suspectable /sə'spektəbl/ agg. sospettabile.

▷ **suspected** /sə'spektɪd/ **I** p.pass. → **2.suspect II** agg. attrib. [*sabotage, food poisoning, pneumonia*] sospetto, presunto; ***a ~ war criminal, terrorist*** un sospetto criminale di guerra, terrorista.

▷ **suspend** /sə'spend/ tr. **1** *(hang)* appendere (**from** a); ***to be ~ed in midair, time*** essere sospeso a mezz'aria, nel tempo **2** *(float)* ***to be ~ed in*** [*balloon, feather*] essere sospeso in [*air*]; [*particles*] essere in sospensione in [*gel*] **3** *(call off)* sospendere [*talks, hostilities, aid, trade, trial, transport services, meeting*]; ***to ~ play*** SPORT sospendere la partita **4** *(reserve)* riservare [*comment, judgment*]; ***to ~ disbelief*** trattenersi dall'essere scettico; ***to ~ (one's) judgment*** riservarsi il giudizio **5** *(remove from activities)* sospendere [*employee, official*] (**from** da); squalificare, sospendere [*footballer, athlete*] (**from** da); sospendere [*pupil*] (**from** da); ***to be ~ed from duty*** essere sospeso dalle proprie funzioni **6** ECON. ***to ~ shares*** sospendere la quotazione di un titolo **7** DIR. ***her sentence was ~ed*** l'esecuzione della sua sentenza è stata sospesa; ***he was given an 18 month sentence ~ed for 12 months*** è stato condannato a 18 mesi con un anno di condizionale.

suspended animation /sə,spendɪdænɪ'meɪʃn/ n. morte f. apparente; ***to be in a state of ~*** FIG. [*service, business*] essere in stato comatoso *o* in coma.

suspended sentence /sə,spendɪd'sentəns/ n. condanna f. con sospensione della pena; ***to give sb. a two-year ~*** condannare qcn. a due anni con la condizionale.

suspender belt /sə'spendə,belt/ n. BE reggicalze m.

suspenders /sə'spendəz/ n.pl. **1** BE *(for socks, stockings)* giarrettiera f.sing. **2** AE *(for trousers)* bretelle f.

suspense /sə'spens/ n. **1** *(tension)* suspense f., tensione f.; ***to wait in ~ for sth.*** aspettare qcs. con impazienza; ***to break the ~*** allentare la tensione; ***to keep*** o ***leave sb. in ~*** tenere qcn. (con l'animo) in sospeso *o* sulle spine; ***I'd prefer to keep them in ~*** preferirei tenerli in sospeso; ***the ~ is killing me!*** la tensione mi sta uccidendo! **2** COMM. ECON. ***to be, remain in ~*** essere, restare in sospeso.

suspense account /sə'spensə,kaʊnt/ n. conto m. d'ordine.

suspense drama /sə'spens,drɑːmə/, **suspense thriller** /sə'spens,θrɪlə(r)/ n. thriller m. carico di suspense.

suspenseful /sə'spensfl/ agg. carico di suspense.

▷ **suspension** /sə'spenʃn/ n. **1** *(postponement) (of meeting, talks, hostilities, trial, services, payments, quotas)* sospensione f., interruzione f.; ***~ of play*** SPORT sospensione **2** *(temporary dismissal) (of employee)* sospensione f. (**from** da); *(of footballer, athlete)* squalifica f., sospensione f. (**from** da); *(of pupil)* sospensione f. (**from** da); ***~ from duty*** sospensione dalle (proprie) funzioni; ***after her ~ from duty, Leah...*** dopo essere stata sospesa dalle sue funzioni, Leah...; ***she wants to appeal against her ~*** vuole fare ricorso contro la sospensione adottata nei suoi confronti **3** AUT. sospensione f. (elastica), sospensioni f.pl. **4** CHIM. sospensione f.; ***in ~*** in sospensione.

suspension bridge /sə'spenʃnbrɪdʒ/ n. ponte m. sospeso.

suspension cable /sə'spenʃn,keɪbl/ n. cavo m. sospeso.

suspension points /sə'spenʃn,pɔɪnts/ n.pl. puntini m. di sospensione.

suspensive /sə'spensɪv/ agg. sospensivo.

suspensively /sə'spensɪvlɪ/ avv. in modo sospensivo, sospensivamente.

suspensorial /səspen'sɔːrɪəl/, **suspensory** /sə'spensərɪ/ agg. [*muscle, ligament*] sospensorio; ***~ bandage*** sospensorio.

▷ **suspicion** /sə'spɪʃn/ n. **1** *(mistrust)* sospetto m. (**of** di); ***to view sb., sth. with ~*** vedere qcn., qcs. con sospetto *o* diffidare di qcn., qcs.; ***to arouse ~*** destare sospetti **2** *(of guilt)* ***to be arrested on ~ of murder, theft*** essere arrestato perché sospettato di omicidio, di furto; ***he is under ~*** è sospettato; ***to fall under ~*** cadere, venire in sospetto; ***to be above ~*** essere al di sopra di ogni sospetto **3** *(idea, feeling)* ***to have a ~ that*** avere il sospetto che; ***I have a strong ~ that she is lying*** ho il forte sospetto che stia mentendo; ***to have ~s about sb., sth.*** avere sospetti su qcn., qcs.; ***to share sb.'s ~s*** condividere i sospetti di qcn.; ***nobody knows who did it, although I have my ~s*** nessuno sa chi è stato *o* chi l'ha fatto, anche se io ho i miei sospetti; ***his ~s that all was not well were confirmed*** i suoi sospetti che non fosse tutto a posto furono confermati **4** FIG. *(hint)* sospetto m., pizzico m., punta f.; ***a ~ of garlic*** una punta d'aglio.

▷ **suspicious** /sə'spɪʃəs/ agg. **1** *(wary)* sospettoso, diffidente; ***to be ~ of*** sospettare di [*person, motive, scheme*]; ***to be ~ that...*** sospettare che...; ***we became ~ when...*** abbiamo cominciato a insospettirci *o* ad avere qualche sospetto *o* dei sospetti quando... **2** *(suspect)* [*person, character, object, vehicle, incident, death, circumstances*] sospetto; [*behaviour, activity*] losco, sospetto; ***it is, I find it ~ that...*** è, trovo sospetto che; ***a ~-looking individual*** un individuo dall'aria sospetta; ***you should report anything ~*** dovresti segnalare qualunque cosa sospetta.

▷ **suspiciously** /sə'spɪʃəslɪ/ avv. **1** *(warily)* [*say, ask, watch, stare, approach*] sospettosamente, con aria sospettosa **2** *(oddly)* [*behave, act*] in modo sospetto; [*quiet, heavy, keen*] stranamente; [*clean, tidy*] IRON. sospettosamente; ***it looks ~ like a plot*** ha tutta l'aria di essere un complotto; ***it sounded ~ like a heart attack to me*** secondo me, aveva tutta l'aria di essere un attacco cardiaco.

suspiciousness /sə'spɪʃəsnɪs/ n. sospettosità f. (**of** nei confronti di).

suspiration /sʌspə'reɪʃən/ n. LETT. sospiro m.

suspire /sə'spaɪə(r)/ intr. LETT. sospirare.

suss /sʌs/ tr. BE COLLOQ. intuire, capire; ***to have it ~ed*** avere capito tutto; ***to have sb. ~ed*** avere capito come è fatto qcn.

■ **suss out** COLLOQ. ***~ [sth., sb.] out, ~ out [sth., sb.]*** scoprire, sgamare.

sussed /sʌst/ **I** p.pass. → **suss II** agg. informato.

Sussex /'sʌsɪks/ ♦ ***24*** n.pr. Sussex m.

suss law /'sʌslɔː/ n. BE COLLOQ. fermo m. di polizia.

▷ **sustain** /sə'steɪn/ tr. **1** *(maintain)* mantenere [*interest, mood, growth, success, quality*]; perseguire [*campaign, war, policy*] **2** MUS. tenere [*note*] **3** *(provide strength) (physically)* sostenere, dare forza a; *(morally)* sostenere **4** *(support)* sostenere [*regime, economy, market, system*]; ***to ~ life*** mantenere in vita *o* sostentare **5** *(suffer)* ricevere [*injury, blow, burn*]; subire [*loss, defeat*]; ***to ~ severe damage*** subire gravi danni **6** *(bear)* sostenere, sopportare [*weight*] **7** DIR. *(uphold)* accogliere [*claim, objection*]; ***objection ~ed!*** obiezione accolta!

sustainable /sə'steɪnəbl/ agg. **1** *(in ecology)* [*development, forestry*] sostenibile; [*resource*] rinnovabile **2** ECON. [*growth*] sostenibile.

▷ **sustained** /sə'steɪnd/ **I** p.pass. → **sustain II** agg. [*attack, criticism, development*] sostenuto; [*applause, period, effort*] prolungato; [*note*] tenuto.

sustained-release /sə'steɪndrɪ,liːs/ agg. [*drug, vitamin*] a rilascio prolungato.

sustaining /sə'steɪnɪŋ/ agg. [*drink, meal*] nutriente.

sustaining pedal /sə'steɪnɪŋ,pedl/ n. MUS. pedale m. di risonanza.

sustenance /'sʌstɪnəns/ n. **1** *(nourishment)* sostanza f., nutrimento m.; ***there isn't much ~ in those meals*** quei piatti non hanno molta sostanza **2** *(food)* sostentamento m., nutrimento m.; ***to provide ~ for sb.*** [*foodstuff*] fornire nutrimento a qcn.; ***the slaughter of animals for ~*** la macellazione degli animali per alimentazione; ***I need some ~!*** SCHERZ. ho bisogno di sostentamento! ***spiritual ~*** FIG. sostentamento spirituale.

sustentation /,sʌstən'teɪʃn/ n. FORM. sostentamento m.

sutler /'sʌtlə(r)/ n. STOR. vivandiere m. (-a).

sutlery /'sʌtlərɪ/ n. STOR. **1** *(occupation)* mestiere m. di vivandiere **2** *(shop)* spaccio m., bettolino m.

suttee /sʌ'tiː, 'sʌtɪ/ n. RELIG. STOR. **1** *(custom)* sati m. **2** *(widow)* sati f., vedova f. sati.

sutural /'suːtʃərəl/ agg. suturale.

1.suture /'suːtʃə(r)/ n. sutura f.

2.suture /'suːtʃə(r)/ tr. suturare.

SUV n. (⇒ Sport Utility Vehicle veicolo di utilizzo sportivo) SUV m.

suzerain /'suːzərən/ n. suzerain m.

suzerainty /'suːzərəntɪ/ n. suzeraineté f.

Suzy /'suːzɪ/ n.pr. diminutivo di **Susan**.

svelte /svelt/ agg. svelto, snello, slanciato.

SW ♦ ***21*** **1** GEOGR. ⇒ southwest sud-ovest (SO) **2** RAD. ⇒ short wave onde corte (OC).

1.swab /swɒb/ n. **1** MED. *(for cleaning)* tampone m. **2** MED. *(specimen)* tampone m. diagnostico; ***to take a ~*** fare un prelievo con tampone diagnostico **3** *(mop)* strofinaccio m.; MAR. redazza f.

2.swab /swɒb/ tr. (forma in -ing ecc. **-bb-**) **1** MED. lavare [qcs.] con un tampone [*wound*] **2** MAR. (anche **~ down**) redazzare [*deck, floor*].

swabber /'swɒbə(r)/ n. MAR. mozzo m.

Swabia /'sweɪbɪə/ n.pr. STOR. Svevia f.

Swabian /'sweɪbɪən/ **I** agg. STOR. svevo **II** n. STOR. svevo m. (-a).

swaddle /'swɒdl/ tr. **1** *(in swaddling bands)* fasciare, avvolgere in fasce [*baby*] **2** *(wrap up)* avvolgere [*person, baby*] (**in** in).

swaddling bands /'swɒdlɪŋbændz/, **swaddling clothes** /'swɒdlɪŋkləʊðz, AE -kləʊz/ n.pl. fasce f.

1.swag /swæg/ n. **1** ANT. COLLOQ. *(stolen property)* bottino m., malloppo m. **2** AUSTRAL. COLLOQ. fagotto m. **3** *(on curtains)* festone m.

2.swag /swæg/ tr. (forma in -ing ecc. **-gg-**) ornare con festoni [*curtain*].

1.swage /sweɪdʒ/ n. METALL. stampo m., forma f.

2.swage /sweɪdʒ/ tr. METALL. stampare.

swagged /swægd/ **I** p.pass. → **2.swag II** agg. [*curtain*] a festoni.

1.swagger /'swægə(r)/ n. andatura f. spavalda, impettita; ***with a ~*** pavoneggiandosi.

2.swagger /'swægə(r)/ intr. **1** *(walk)* camminare tutto impettito, tronfio, pavoneggiarsi; ***to ~ in, out*** entrare, uscire impettito **2** *(boast)* vantarsi, pavoneggiarsi (**about** di).

swagger cane /'swægəkeɪn/ n. BE MIL. bastone m.

swagger coat /'swægəkəʊt/ n. = cappotto trequarti con una mantellina sulle spalle.

swaggerer /'swægərə(r)/ n. sbruffone m. (-a), spavaldo m. (-a).

swaggering /'swægərɪŋ/ agg. arrogante, spavaldo.

swagger stick /'swægəstɪk/ n. AE MIL. → **swagger cane**.

swag lamp /'swæglæmp/ n. AE lampada f. a sospensione.

swagman /'swægmən/ n. (pl. **-men**) AUSTRAL. COLLOQ. vagabondo m.

Swahili /swə'hiːlɪ/ ♦ ***14*** n. **1** LING. swahili m. **2** *(people)* ***the ~s*** gli Swahili.

swain /sweɪn/ n. ANT. SCHERZ. *(admirer)* corteggiatore m.

swale /sweɪl/ n. depressione f. paludosa.

1.swallow /'swɒləʊ/ n. ZOOL. rondine f. ◆ ***one ~ doesn't make a summer*** PROV. una rondine non fa primavera.

2.swallow /'swɒləʊ/ n. *(gulp) (of liquid)* sorso m.; *(of food)* boccone m.; ***in one ~*** [*drink*] in un sorso *o* tutto d'un fiato; [*eat*] in un (solo) boccone.

▷ **3.swallow** /'swɒləʊ/ **I** tr. **1** *(eat)* inghiottire, ingoiare, buttare giù [*food, drink, pill*]; risucchiare [*oyster*] **2** COLLOQ. *(believe)* bere [*story, explanation*]; ***I find that hard to ~*** lo trovo difficile da buttare giù **3** *(suffer)* inghiottire, ingoiare, sopportare [*insult, sarcasm*]; reprimere [*anger, disappointment*]; rinunciare a [*pride*] **4** FIG. *(consume)* inghiottire, trangugiare **II** intr. inghiottire; *(nervously)* inghiottire amaro; ***to ~ hard*** ingoiare un boccone amaro.

▪ **swallow back:** **~ back [sth.], ~ [sth.] back** ringhiottire [*bile, anger, vomit*].

▪ **swallow down:** **~ down [sth.], ~ [sth.] down** tracannare [*drink*]; ingollare, ingurgitare [*medicine, meal*].

▪ **swallow up:** **~ up [sth.], ~ [sth.] up** inghiottire [qcs.] (anche FIG.); ***to be ~ed up in the crowd*** essere inghiottito dalla folla; ***I wanted the ground to ~ me up*** sarei voluto sprofondare.

swallow dive /ˈswɒləʊdaɪv/ n. BE SPORT tuffo m. ad angelo.

swallow fish /ˈswɒləʊfɪʃ/ n. pesce m. rondine, pesce m. volante.

swallowtail /ˈswɒləʊteɪl/, **swallowtail butterfly** /ˌswɒləʊteɪlˈbʌtəflaɪ/ n. ZOOL. macaone m.

swallowtailed coat /ˌswɒləʊteɪldˈkəʊt/ n. (giacca a) coda f. di rondine.

swallow wort /ˈswɒləʊwɜːt/ n. BOT. vincetossico m.

swam /swæm/ pass. → **2.swim**.

▷ **1.swamp** /swɒmp/ n. palude f., acquitrino m.

▷ **2.swamp** /swɒmp/ tr. sommergere, inondare; ***to be ~ed with*** o ***by*** essere inondato da [*applications, mail*]; essere sommerso da [*work*]; essere invaso da [*tourists*].

swamp buggy /ˈswɒmpˌbʌgɪ/ n. idroscivolante m.

swampy /ˈswɒmpɪ/ agg. paludoso, acquitrinoso.

1.swan /swɒn/ n. cigno m.

2.swan /swɒn/ intr. BE COLLOQ. (forma in -ing ecc. **-nn-**) ***to ~ around*** o ***about*** svolazzare qua e là *o* gironzolare; ***to ~ in*** entrare maestosamente; ***she's ~ned off to a conference*** è filata *o* se l'è svignata a una conferenza.

swan dive /ˈswɒndaɪv/ n. tuffo m. ad angelo.

1.swank /swæŋk/ **I** n. COLLOQ. **1** *(boastful behaviour)* vanto m., vanteria f. **2** BE *(boastful person)* sbruffone m. (-a), fanfarone m. (-a) **3** AE *(style)* eleganza f. vistosa **II** agg. AE → **swanky**.

2.swank /swæŋk/ intr. vantarsi, pavoneggiarsi.

swanky /ˈswæŋkɪ/ agg. COLLOQ. **1** *(posh)* [*car, hotel*] alla moda, sciccoso **2** *(boastful)* [*person*] borioso, sbruffone.

Swan Lake /ˌswɒnˈleɪk/ n. Lago m. dei cigni.

swan neck /ˈswɒnnek/ n. TECN. ***with a ~*** [*pipe*] a collo di cigno.

swan-necked /ˈswɒnnekt/ agg. [*person*] con un collo di cigno.

swannery /ˈswɒnərɪ/ n. colonia f. di cigni.

swansdown /ˈswɒnzdaʊn/ n. *(feathers)* piumino m. (di cigno); *(fabric)* mollettone m.

swansong /ˈswɒnsɒŋ/ n. FIG. canto m. del cigno.

swan-upping /ˌswɒnˈʌpɪŋ/ n. BE = censimento annuale dei cigni del Tamigi per contrassegnarne il becco.

▷ **1.swap** /swɒp/ n. COLLOQ. scambio m., cambio m.

▷ **2.swap** /swɒp/ tr. COLLOQ. (forma in -ing ecc. **-pp-**) scambiare [*object, stories, news*]; ***to ~ sth. for sth., with sb.*** scambiare, barattare qcs. con qcs., con qcn.; ***to ~ places (with sb.)*** scambiarsi il posto *o* scambiarsi di posto (con qcn.); ***they have ~ped jobs, cars*** si sono scambiati il lavoro, l'auto; ***I'll ~ you A for B*** scambio il tuo A con il mio B.

▪ **swap around:** **~ [sth.] around, ~ around [sth.]** scambiarsi.

▪ **swap over** BE **~ over** scambiarsi; **~ [sth.] over, ~ over [sth.]** scambiarsi [*players, objects, jobs*].

SWAPO /ˈswɒpəʊ/ n. POL. (⇒ South-West Africa People's Organization Organizzazione del popolo dell'Africa del Sud-Ovest) SWAPO f.

swapping /ˈswɒpɪŋ/ n. **1** COLLOQ. scambio m., baratto m. **2** INFORM. swapping m.

sward /swɔːd/ n. AGR. LETT. tappeto m. verde, distesa f. erbosa.

▷ **1.swarm** /swɔːm/ n. *(of bees)* sciame m.; *(of flies, locusts)* sciame m., nugolo m.; ***a ~ of people, ~s of people*** uno sciame *o* una frotta di persone.

▷ **2.swarm** /swɔːm/ intr. **1** *(move in swarm)* [*bees*] sciamare **2** [*people*] ***to ~ into, out of*** entrare, uscire in massa *o* sciamare dentro, fuori; ***to ~ around sb., sth.*** accalcarsi *o* affollarsi attorno a qcn., qcs.; ***to be ~ing with*** brulicare di *o* essere pieno di [*ants*]; pullulare, brulicare, formicolare di [*tourists*] **3** *(climb)* ***to ~ up*** arrampicarsi su [*cliff, hill*].

swarm cell /ˈswɔːmsel/, **swarm spore** /ˈswɔːmspɔː(r)/ n. zoospora f.

swart /swɔːt/, **swarth** /swɔːθ/, **swarthy** /ˈswɔːðɪ/ agg. scuro di carnagione.

swashbuckler /ˈswɒʃˌbʌklə(r)/ n. fanfarone m. (-a), spaccone m. (-a), gradasso m. (-a).

swashbuckling /ˈswɒʃˌbʌklɪŋ/ agg. [*adventure, tale*] di cappa e spada; [*hero*] spaccone, prepotente; [*appearance*] da spaccone.

swastika /ˈswɒstɪkə/ n. svastica f.

1.swat /swɒt/ n. **1** *(object)* acchiappamosche m. **2** *(action)* colpo m. secco, schiaffo m.

2.swat /swɒt/ tr. (forma in -ing ecc. **-tt-**) schiacciare [*fly, wasp*] (**with** con).

SWAT /swɒt/ n. (anche **~ team**) (⇒ Special Weapons and Tactics) forze f.pl. speciali della polizia.

swatch /swɒtʃ/ n. *(sample)* campione m.

swath /swɔːθ/, **swathe** /sweɪð/ n. *(band) (of grass, corn)* andana f., falciata f.; *(of land)* striscia f. ◆ ***to cut a ~ through*** aprirsi un varco tra [*obstacles, difficulties*].

1.swathe /sweɪð/ n. *(cloth)* benda f., fascia f.

2.swathe /sweɪð/ tr. avvolgere (**in** in); ***~d in*** fasciato da [*bandages*]; avvolto in [*blankets, clothes*].

▷ **1.sway** /sweɪ/ n. **1** *(of tower, bridge, train)* oscillazione f.; *(of boat)* oscillazione f., beccheggio m. **2** *(power)* ***under the ~ of*** sotto il dominio di; ***to hold ~*** avere una grande influenza; ***to hold ~ over*** dominare [*person, country*].

▷ **2.sway** /sweɪ/ **I** tr. **1** *(influence)* influenzare [*person, jury, voters*]; ***to ~ sb. in favour of doing*** persuadere qcn. a fare; ***to ~ the outcome in sb.'s favour*** volgere la situazione in favore di qcn.; ***she would not be ~ed*** non si lasciò influenzare; ***I was almost ~ed by*** mi sono quasi lasciato influenzare da **2** *(rock)* fare ondeggiare [*trees*]; fare oscillare [*building*]; ***to ~ one's hips*** ancheggiare; ***to ~ one's body*** dondolarsi **II** intr. [*tree, robes*] ondeggiare; [*building, bridge*] oscillare; [*vessel, carriage*] dondolare, oscillare; [*person, body*] *(from weakness, inebriation)* barcollare; *(to music)* dondolarsi; ***to ~ from side to side*** [*person*] dondolarsi da una parte all'altra; ***to ~ along the path*** avanzare lungo il sentiero barcollando.

swayback /ˈsweɪbæk/ n. EQUIT. dorso m. insellato, insellatura f.

swaybacked /ˈsweɪbækt/ agg. EQUIT. insellato.

swaying /ˈsweɪɪŋ/ agg. [*building, train*] oscillante; ***the ~ palms, dancers*** le palme, le ballerine che ondeggiano.

Swazi /ˈswɑːzɪ/ ♦ ***14, 18*** n. **1** LING. swazi m. **2** *(people)* ***the ~s*** gli Swazi.

Swaziland /ˈswɑːzɪlænd/ ♦ ***6*** n.pr. Swaziland m.

▷ **swear** /sweə(r)/ **I** tr. (pass. **swore**; p.pass. **sworn**) **1** *(promise)* giurare [*loyalty, allegiance, revenge*] (anche DIR.); ***to ~ (an oath of) allegiance to*** giurare fedeltà a *o* fare giuramento di fedeltà a; ***I ~!, I ~ it!*** FORM. (lo) giuro! ***I ~ to God, I didn't know*** giuro (davanti a Dio) che non lo sapevo; ***to ~ to do*** giurare di fare; ***to ~ (that)*** giurare che; ***he swore he'd never write again, never to write again*** ha giurato che non avrebbe mai più scritto *o* di non scrivere mai più; ***I could have sworn she was there*** avrei giurato che ci fosse (anche lei); ***to ~ to sb. that*** giurare a qcn. che; ***I ~ by all that I hold dear that*** giuro su tutto ciò che mi è più caro che; ***to ~ blind (that)*** COLLOQ. giurare sulla propria testa (che) **2** *(by solemn oath)* ***to ~ sb. to secrecy*** fare giurare a qcn. di mantenere il segreto; ***she had been sworn to secrecy*** le era stato fatto giurare di mantenere il segreto; ***to be sworn to do*** avere giurato di fare; ***to be sworn into office*** entrare in carica prestando giuramento **3** *(curse)* ***"damn!" he swore*** "dannazione!" imprecò; ***to ~ at*** imprecare contro; ***to be*** o ***get sworn at*** farsi insultare **II** intr. (pass. **swore**; p.pass. **sworn**) **1** *(curse)* bestemmiare, imprecare; ***she swore loudly*** ha imprecato ad alta voce; ***he never ~s*** non bestemmia mai *o* non dice mai parolacce; ***to ~ in front of*** imprecare davanti a; ***stop ~ing!*** smettila di bestemmiare! **2** *(attest)* ***to ~ to having done*** giurare di avere fatto; ***would he ~ to having seen them?*** sarebbe pronto a giurare di averli visti? ***I wouldn't*** o ***couldn't ~ to it*** non ci giurerei, non potrei giurarlo; ***to ~ on*** giurare su [*Bible, honour*].

▪ **swear by** COLLOQ. **~ by [sth., sb.]** avere piena fiducia in [*remedy, electrician*].

▪ **swear in:** **~ in [sb.], ~ [sb.] in** fare giurare [*jury, witness*]; ***to be sworn in*** entrare in carica prestando giuramento.

▪ **swear off:** **~ off [sth.]** giurare di rinunciare a [*alcohol, smoking*].

▪ **swear out** AE DIR. ***to ~ out a warrant for sb.'s arrest*** ottenere un mandato d'arresto per qcn. giurando sulla sua colpevolezza.

swearer /ˈsweərə(r)/ n. **1** chi giura, chi presta giuramento **2** *(blasphemer)* bestemmiatore m. (-trice).

▷ **swearing** /ˈsweərɪŋ/ n. *(words, curses)* bestemmie f.pl., imprecazioni f.pl.; ***I'm sick of his ~*** sono stufa di sentirlo bestemmiare.

swearing-in ceremony /ˌsweərɪŋˈɪnˌserɪmənɪ, AE -məʊnɪ/ n. cerimonia f. d'investitura.

swearword /ˈsweəwɜːd/ n. bestemmia f., parolaccia f., imprecazione f.

▷ **1.sweat** /swet/ **I** n. **1** *(perspiration)* sudore m.; ***to be in a ~*** essere (tutto) sudato; ***to be covered in ~*** essere coperto di sudore; ***to be dripping*** o ***pouring with ~*** essere madido, grondante di sudore, in un bagno di sudore; ***to break out into a ~*** cominciare a sudare; ***to work up a (good) ~*** farsi una (bella) sudata; ***to be in a cold ~ about sth.*** FIG. avere i sudori freddi *o* sudare freddo per qcs.; ***beads*** o ***drops of ~*** gocce di sudore; ***night ~s*** MED. sudori notturni **2** LETT. *(hard work)* sfacchinata f.; ***by the ~ of his brow*** col sudore della fronte **3** COLLOQ. *(old soldier)* veterano m., vecchio m. del mestiere **II sweats** n.pl. AE tuta f.sing. ◆ ***no ~!*** COLLOQ. nessun problema! ***to be, get in a ~*** COLLOQ. scaldarsi, agitarsi.

▷ **2.sweat** /swet/ **I** tr. **1** BE GASTR. fare trasudare [*vegetables*] **2** COLLOQ. *(interrogate)* torchiare, fare il terzo grado a [*suspect*] **II** intr. **1** [*person, animal*] sudare; [*hands, feet*] sudare, traspirare; [*cheese*] trasudare; ***the ~ing horses, runners*** i cavalli, i corridori sudati **2** COLLOQ. FIG. *(wait anxiously)* ***to let*** o ***make sb. ~*** fare stare qcn. sulle spine ◆ ***to ~ blood over sth.*** sudare, sputare sangue per qcs.

■ **sweat off:** ***~ [sth.] off, ~ off [sth.]*** perdere [qcs.] sudando [*calories, weight*].

■ **sweat out** ***to ~ it out*** **1** MED. curare con una sudata **2** COLLOQ. FIG. non mollare, tenere duro.

■ **sweat over** COLLOQ. ***~ over [sth.]*** sudare su [*homework, task*]; sudare per scrivere [*letter, essay*].

sweatband /ˈswetbænd/ n. SPORT fascia f. tergisudore; *(on hat)* inceratino m.

sweat bath /ˈswetbɑːθ, AE -bæθ/ n. bagno m. di sudore.

sweat duct /ˈswetdʌkt/ n. dotto m. sudoriparo.

sweated goods /ˌswetɪdˈgʊdz/ n.pl. = prodotti fabbricati da manodopera sfruttata.

sweated labour /ˌswetɪdˈleɪbə(r)/ n. manodopera f. sfruttata.

▷ **sweater** /ˈswetə(r)/ ➧ **28** n. *(pullover)* pullover m., golf m.; *(any knitted top)* maglione m.

sweat gland /ˈswetglænd/ n. ghiandola f. sudoripara.

sweatily /ˈswetɪlɪ/ avv. sudando.

sweatiness /ˈswetɪnɪs/ n. (l')essere sudato.

sweating /ˈswetɪŋ/ n. sudorazione f., traspirazione f.; *(of cheese)* trasudamento m.

sweating sickness /ˈswetɪŋˌsɪknɪs/ n. febbre f. miliare.

sweat pants /ˈswetpænts/ n.pl. AE pantaloni m. di felpa, della tuta.

sweatshirt /ˈswetʃɜːt/ ➧ **28** n. felpa f.

sweatshop /ˈswetʃɒp/ n. = azienda che sfrutta la manodopera.

sweat-soaked /ˈswetsəʊkt/ agg. fradicio di sudore.

sweatstained /ˈswetsteɪnd/ agg. macchiato di sudore.

sweatsuit /ˈswetsuːt, -sjuːt/ n. tuta f. (da ginnastica).

sweaty /ˈswetɪ/ agg. **1** *(sweatstained)* [*person, hand, palm*] sudato; [*clothing*] bagnato di sudore; [*cheese, food*] che traspira **2** *(hot)* [*atmosphere*] soffocante; [*place, climate*] afoso; [*clothing*] che fa sudare; [*climb, work*] faticoso, che fa sudare.

swede /swiːd/ n. BE BOT. navone m.

Swede /swiːd/ ➧ **18** n. svedese m. e f.

Sweden /ˈswiːdn/ ➧ **6** n.pr. Svezia f.

Swedish /ˈswiːdɪʃ/ ➧ **18, 14 I** agg. svedese **II** n. **1** *(people)* ***the ~*** gli svedesi **2** LING. svedese m.

sweeny /ˈswiːnɪ/ n. *(of horse)* atrofia f. muscolare della spalla.

1.sweep /swiːp/ n. **1** (anche **~ out**) scopata f., spazzata f.; ***to give sth. a (good, quick) ~*** dare una (bella, veloce) scopata a qcs. **2** *(movement)* ***with a ~ of the scythe, the paintbrush*** con un colpo di falce, di pennello; ***with a ~ of his arm*** con un ampio movimento del braccio; ***to make a wide ~ south to avoid the mountains*** fare un ampio giro a sud per evitare le montagne **3** *(tract, stretch) (of land, lawn, woods, hills, cliffs)* distesa f.; *(of fabric)* pezza f. **4** *(scope, range) (of events, history, novel, country)* estensione f.; *(of opinion)* ventaglio m., gamma f.; *(of telescope, gun)* portata f.; ***the broad ~ of left-wing opinion*** l'ampio ventaglio di opinioni della sinistra **5** *(search) (on land)* perlustrazione f., ricerca f.; *(by air)* sorvolo m.; *(attack)* bombardamento m. a tappeto; *(to capture)* rastrellamento m.; ***to make a ~ of*** *(search) (on land)* esplorare, perlustrare; *(by air)* sorvolare; *(to capture)* rastrellare; ***a ~ for bugs*** una perquisizione alla ricerca di microspie; ***a ~ for mines*** un dragaggio (di mine) **6** (anche **chimney ~**) spazzacamino m. **7** *(of electron beam)* deflessione f. **8** *(sweepstake)* lotteria f. abbinata a corse di cavalli.

▶ **2.sweep** /swiːp/ **I** tr. (pass., p.pass. **swept**) **1** *(clean)* scopare, spazzare [*floor, room, path*]; pulire [*chimney*]; ***to ~ the carpet*** *(with vacuum cleaner)* passare l'aspirapolvere (sulla moquette); ***to ~ a channel clear*** dragare un canale; ***to ~ sth. free of mines*** sminare qcs. **2** *(clear away, remove with brush)* ***to ~ sth. up*** o ***away*** scopare *o* raccogliere con la scopa [*dust, leaves, glass*]; ***to ~ leaves into a corner, a heap*** scopare le foglie in un angolo, in un mucchio; ***to ~ the crumbs onto the floor*** fare cadere le briciole sul pavimento; ***to ~ the crumbs off the table*** spazzare *o* fare cadere le briciole giù dal tavolo **3** *(move, push)* ***to ~ sth. off the table*** fare cadere qcs. dal tavolo (con un ampio gesto della mano); ***to ~ sb. into one's arms*** prendere qcn. tra le braccia; ***to ~ sb. off his, her feet*** [*sea, wave*] fare cadere qcn. *o* fare perdere l'equilibrio a qcn.; FIG. *(romantically)* fare perdere la testa a qcn.; ***to ~ sb. overboard, out to sea*** fare cadere qcn. in acqua, in mare; ***to be swept over a waterfall*** essere trascinato giù da una cascata; ***a wave of nationalism which ~s all before it*** un'ondata di nazionalismo che travolge tutto ciò che incontra; ***a wave of public euphoria swept him into office*** un'ondata di euforia generale ha accompagnato la sua ascesa al potere; ***to be swept into power*** essere portato al potere (con una maggioranza schiacciante) **4** *(spread through)* [*disease, crime, panic, fashion, craze*] dilagare, diffondersi in; [*storm*] estendersi in; [*fire*] propagarsi in; [*rumour*] diffondersi, divulgarsi in; ***cold winds are ~ing the country*** venti freddi stanno spazzando il paese; ***the party swept the country*** POL. il partito ha riportato un immenso successo nel paese **5** *(search, survey)* [*beam, searchlight*] proiettarsi su; [*person*] percorrere [qcs.] con lo sguardo, scrutare; MIL. [*vessel, submarine*] scandagliare; [*police*] rastrellare (**for** alla ricerca di); ***to ~ sth. for mines*** dragare qcs. alla ricerca di mine; ***to ~ sth. for bugs*** perquisire qcs. alla ricerca di microspie **II** intr. (pass., p.pass. **swept**) **1** *(clean)* spazzare, scopare **2** *(move with sweeping motion)* ***to ~ in*** (anche FIG.) *(quickly)* entrare impetuosamente, irrompere; *(majestically)* entrare maestosamente; ***to ~ out*** (anche FIG.) *(quickly)* uscire impetuosamente, erompere; *(majestically)* uscire maestosamente; ***the plane swept (down) low over the fields*** l'aereo sorvolò i campi a bassa quota; ***the wind swept in from the east*** il vento soffiava da est; ***to ~ into*** [*person*] entrare maestosamente in [*room*]; [*invaders, enemy*] irrompere in, invadere [*region*]; ***to ~ (in)to power*** POL. essere portato al potere (con una maggioranza schiacciante); ***to ~ to victory*** riportare una vittoria schiacciante; ***to ~ through*** [*disease, crime, panic, fashion, craze, change, democracy*] dilagare, diffondersi in; [*storm*] estendersi in; [*fire*] propagarsi in; [*rumour*] diffondersi, divulgarsi in; ***to ~ over*** [*beam, searchlight*] proiettarsi su; [*gaze*] percorrere; ***fear, pain swept over him*** fu sopraffatto dalla paura, dal dolore; ***the feeling swept over me that*** ebbi la netta sensazione che **3** *(extend)* ***the road ~s north, around the lake*** la strada descrive un'ampia curva verso nord, attorno al lago; ***the river ~s north, around the town*** il fiume si estende a nord, descrive un'ampia curva intorno alla città; ***the mountains ~ down to the sea*** le montagne scendono maestosamente fino al mare; ***a flight of steps ~s up to the entrance*** una scala sale maestosamente fino all'entrata ◆ ***to ~ sth. under the carpet*** BE o ***rug*** AE nascondere qcs., insabbiare qcs.

■ **sweep along:** ***~ [sb., sth.] along*** [*current, water*] trascinare; ***to be swept along by*** essere trascinato da [*crowd*]; essere spinto da [*public opinion*].

■ **sweep aside:** ***~ [sb., sth.] aside, ~ aside [sb., sth.]*** (anche FIG.) ignorare, mettere da parte [*person*]; ignorare [*objection, protest*]; respingere [*offer*]; liberarsi di [*inhibition*].

■ **sweep away:** ***~ [sb., sth.] away, ~ away [sb., sth.]*** **1** [*river, flood*] trascinare via, travolgere [*person*]; spazzare via, distruggere [*bridge*] **2** FIG. abolire [*restrictions, limits*]; eliminare, spazzare via [*obstacle, difficulty*]; ***to be swept away by*** lasciarsi trascinare da [*enthusiasm, optimism*]; essere travolto da [*passion*].

■ **sweep out:** ***~ [sth.] out, ~ out [sth.]*** spazzare bene, scopare bene [*room, garage*].

■ **sweep up:** ***~ up*** spazzare, scopare; ***~ up [sth.], ~ [sth.] up*** **1** *(with broom)* spazzare, scopare, raccogliere con la scopa [*leaves, litter*] **2** *(with arms)* tirare su, raccogliere [qcs.] **3** FIG. ***to be swept up in*** essere travolto da [*revolution*]; essere trascinato da [*wave of nationalism, of enthusiasm*].

sweepback /ˈswiːpbæk/ n. AER. (angolo di) freccia f.

sweeper /ˈswiːpə(r)/ n. **1** *(cleaner) (person)* chi spazza; *(machine)* spazzatrice f. **2** SPORT libero m.

sweeper system /ˈswiːpəˌsɪstəm/ n. SPORT = schieramento difensivo che prevede il libero dietro la linea dei difensori.

sweep hand /ˈswiːphænd/ n. *(on clock)* lancetta f. dei secondi.

sweeping /ˈswiːpɪŋ/ **I** agg. **1** *(wide, far-reaching)* [*change, reform, review*] radicale, di vasta portata; [*legislation*] onnicomprensivo; [*power*] assoluto; [*cut, reduction*] considerevole; [*victory*] schiacciante, assoluto; ***~ gains, losses*** POL. considerevole aumento, perdita di voti **2** *(over-general)* [*assertion,statement*] generico, di carattere generale; ***~ generalization*** generalizzazione onnicomprensiva **3** [*movement, gesture, curve*] ampio; [*bow, curtsy*] profondo; [*glance*] panoramico; [*skirt*] che tocca per terra **II sweepings** n.pl. briciole f., spazzatura f.sing.

sweepingly /ˈswiːpɪŋlɪ/ avv. radicalmente, completamente.

sweepingness /ˈswiːpɪŋnɪs/ n. completezza f., assolutezza f.

sweepstake /ˈswiːpsteɪk/ n. lotteria f. abbinata a corse di cavalli.

▶ **sweet** /swiːt/ **I** agg. **1** [*food, tea, taste*] dolce; [*fruit*] *(not bitter)* dolce; *(sugary)* zuccherino; [*wine, cider*] *(not dry)* dolce; *(sugary)* zuccherino; [*scent, perfume*] *(pleasant)* dolce, buono; *(sickly)* stucchevole, nauseante; ***to like ~ things*** amare le cose dolci; ***to have a ~ tooth*** essere goloso di dolci **2** *(kind, agreeable)* [*person*] dolce, gentile; [*nature*] dolce, tenero; [*face, smile, voice*] dolce; ***to be ~ to*** essere gentile *o* dolce con; ***it was ~ of him, you to do*** è stato gentile da parte sua, tua fare **3** *(pure, fresh)* [*water*] dolce; [*breath*] fresco; [*smell*] buono, dolce; [*sound, song, note*] dolce, soave, melodioso **4** *(pretty, cute)* [*baby, animal, old person*] dolce, adorabile; [*cottage*] grazioso, adorabile **5** *(pleasurable)* [*certainty, hope, solace*] dolce **6** IRON. *(for emphasis)* ***to go one's own ~ way*** seguire la propria strada; ***he'll do it in his own ~ time*** lo farà quando gli tornerà comodo; ***all he cares about is his own ~ self*** pensa solo a se stesso **II** avv. ***to taste ~*** avere un gusto dolce *o* essere dolce; ***to smell ~*** avere un buon profumo *o* un profumo dolce **III** n. **1** BE *(candy)* caramella f.; *(dessert)* dolce m., dessert m. **2** COLLOQ. *(term of endearment)* caro m. (-a), tesoro m. ◆ ***~ f. a.***, ***~ Fanny Adams*** POP. un tubo, un fico; VOLG. un cazzo; ***to be ~ on sb.*** ANT. avere una cotta per qcn.; ***to keep sb. ~*** tenersi buono qcn.; ***to whisper ~ nothings into sb.'s ear*** sussurrare paroline dolci all'orecchio di qcn.

sweet-and-sour /ˌswiːtənˈsaʊə(r)/ agg. agrodolce.

sweet basil /ˌswiːtˈbæzl/ n. basilico m.

sweet bay /ˌswiːtˈbeɪ/ n. alloro m., lauro m.

sweetbread /ˈswiːtbred/ n. *(of veal, lamb)* animella f.

sweetbriar, **sweetbrier** /ˈswiːtbraɪə(r)/ n. eglantina f., rosa f. canina.

sweet chestnut /ˌswiːtˈtʃesnʌt/ n. **1** *(nut)* castagna f., marrone m. **2** *(tree)* castagno m.

sweet cicely /ˌswiːtˈsɪsɪlɪ/ n. finocchiella f.

sweet clover /ˌswiːtˈkləʊvə(r)/ n. meliloto m.

sweetcorn /ˈswiːtkɔːn/ n. mais m. dolce, granoturco m. dolce.

sweet course /ˈswiːtkɔːs/ n. BE dessert m.

sweeten /ˈswiːtn/ tr. **1** addolcire, dolcificare [*food, drink*] (**with** con); ***~ed with*** dolcificato con **2** profumare [*air, room*] **3** COMM. rendere [qcs.] più allettante [*offer, deal*].

▪ **sweeten up:** ~ [sb.] up, ~ up [sb.] ungere, tenersi buono [*person*].

sweetener /ˈswiːtnə(r)/ n. **1** dolcificante m. **2** COLLOQ. *(bribe)* bustarella f.; *(concession)* contentino m.

sweetening /ˈswiːtnɪŋ/ **I** n. dolcificazione f., addolcimento m. **II** modif. dolcificante.

sweet factory /ˈswiːtˌfæktərɪ/ n. BE confetteria f.

▷ **sweetheart** /ˈswiːthɑːt/ n. **1** tesoro m., caro m. (-a); ***to be a real ~*** essere un vero tesoro; ***hello ~*** ciao amore **2** *(boyfriend)* fidanzatino m., innamorato m.; *(girlfriend)* fidanzatina f., innamorata f.; ***childhood ~*** amore d'infanzia.

sweetie /ˈswiːtɪ/ n. **1** BE COLLOQ. *(to eat)* caramella f. **2** *(person)* tesoro m.; ***hello ~*** ciao amore.

sweetie-pie /ˈswiːtɪpaɪ/ n. AE COLLOQ. tesoro m., caro m. (-a).

sweeting /ˈswiːtɪŋ/ n. = varietà di mela dolce.

sweetish /ˈswiːtɪʃ/ agg. dolciastro.

▷ **sweetly** /ˈswiːtlɪ/ avv. [*say, smile*] dolcemente; [*sing*] melodiosamente; [*dressed, decorated*] in modo adorabile; ***the engine's running ~*** il motore gira che è una bellezza.

sweet marjoram /ˌswiːtˈmɑːdʒərəm/ n. maggiorana f.

sweetmeal /ˈswiːtmiːl/ agg. BE [*biscuit*] integrale.

sweetmeat /ˈswiːtmiːt/ n. ANT. dolcetto m.

sweet-natured /ˌswiːtˈneɪtʃəd/ agg. → **sweet-tempered**.

sweetness /ˈswiːtnɪs/ n. **1** *(sugary taste) (of food, drink)* dolcezza f. **2** *(pleasantness, charm) (of air, perfume)* fragranza f., dolcezza f.; *(of smile)* dolcezza f., tenerezza f.; *(of sound, music, voice)* dolcezza f., melodiosità f.; *(of person, character)* dolcezza f., gentilezza f. ◆ ***to be all ~ and light*** [*person*] essere tutto zucchero e miele; ***it hasn't been all ~ and light recently*** non sono state tutte rose e fiori ultimamente.

sweet pea /ˌswiːtˈpiː/ n. pisello m. odoroso.

sweet pepper /ˌswiːtˈpepə(r)/ n. peperone m.

sweet potato /ˌswiːtpəˈteɪtəʊ, ˈswiːtpəˌteɪtəʊ/ n. (pl. **sweet potatoes**) patata f. dolce, patata f. americana, batata f.

sweet shop /ˈswiːtʃɒp/ ➧ **27** n. BE negozio m. di dolci, di caramelle.

sweet-scented /ˌswiːtˈsentɪd/, **sweet-smelling** /ˌswiːtˈsmelɪŋ/ agg. profumato.

1.sweet-talk /ˈswiːttɔːk/ n. COLLOQ. lusinga f., sviolinata f.

2.sweet-talk /ˈswiːttɔːk/ tr. COLLOQ. lusingare, sviolinare; ***to ~ sb. into doing*** convincere qcn. a fare con lusinghe.

sweet-tempered /ˌswiːtˈtempəd/ agg. [*person*] dolce, affettuoso.

sweet-toothed /ˌswiːtˈtuːθt/ agg. [*person*] goloso di dolci.

sweet trolley /ˈswiːtˌtrɒlɪ/ n. BE carrello m. dei desserts, dei dolci.

sweet water /ˈswiːtˌwɔːtə(r)/ n. = varietà di uva bianca molto dolce.

sweet william /ˌswiːtˈwɪlɪəm/ n. garofano m. dei poeti.

sweety → **sweetie**.

▷ **1.swell** /swel/ **I** n. **1** *(of waves)* onda f. morta, houle f.; ***a heavy ~*** un'onda morta molto lunga **2** MUS. crescendo m. seguito da diminuendo **3** *(of organ)* mantice m. **4** ANT. COLLOQ. *(fashionable person)* elegantone m. (-a), damerino m.; ***the ~s*** + verbo pl. il bel mondo **5** *(bulge) (of belly)* rotondità f.; *(of chest, muscles)* circonferenza f. **II** agg. AE ANT. COLLOQ. **1** *(smart)* [*car, outfit*] di classe, alla moda; [*restaurant*] alla moda, chic; ***to look ~*** essere elegantissimo **2** *(great)* formidabile, meraviglioso; ***he's a ~ guy*** è un tipo formidabile; ***we had a ~ time*** ci siamo divertiti da pazzi *o* ci siamo dati alla pazza gioia.

▷ **2.swell** /swel/ **I** tr. (pass. **swelled**; p.pass. **swollen**, **swelled**) **1** *(increase)* ingrossare, accrescere [*population, crowd*]; aumentare, ingrossare [*membership, number*]; gonfiare [*bank balance, figures, funds, total*]; ***students ~ed the ranks of the demonstrators*** gli studenti hanno ingrossato le file dei dimostranti **2** *(fill)* [*wind*] gonfiare [*sail*]; [*floodwater*] ingrossare, gonfiare [*river*] **II** intr. (pass. **swelled**; p.pass. **swollen**, **swelled**) **1** *(expand)* [*balloon, bud, fruit, tyre, sail, stomach*] gonfiarsi; [*dried fruit, wood*] dilatarsi, gonfiarsi; [*ankle, gland*] gonfiare; [*river*] ingrossarsi; ***her heart ~ed with pride*** aveva il cuore gonfio di orgoglio **2** *(increase)* [*crowd, population, membership*] crescere, aumentare; [*demand, prices*] gonfiarsi, aumentare, salire (**to** fino a); ***to ~ to 20,000*** [*total*] salire a, raggiungere 20.000; [*crowd, number of people*] salire, arrivare a 20.000 persone **3** *(grow louder)* [*music, note, sound*] salire, diventare più forte; ***the cheers ~ed to a roar*** gli applausi aumentarono fino a scrosciare **4** *(ooze)* [*blood, liquid*] colare (**from**, **out of** da) ◆ ***to have a swollen head*** COLLOQ. essere montato *o* esaltato; ***you'll make his head ~*** gli monterai la testa.

▪ **swell out:** ~ [sth.] out, ~ out [sth.] [*wind*] gonfiare [*sails*].

▪ **swell up** [*ankle, finger*] gonfiare, gonfiarsi.

swell box /ˈswelbɒks/ n. MUS. cassa f. d'organo.

swelled head /ˈsweldhed/ n. AE COLLOQ. ***to get a ~*** montarsi la testa.

swellfish /ˈswelfɪʃ/ n. (pl. ~, **~es**) pesce m. palla.

swellhead /ˈswelhed/ n. AE COLLOQ. montato m. (-a), esaltato m. (-a), pallone m. gonfiato.

swell headed /ˈswelˌhedɪd/ agg. AE COLLOQ. montato, esaltato.

▷ **swelling** /ˈswelɪŋ/ **I** n. **1 U** *(bump)* gonfiore m., protuberanza f., tumefazione f.; *(on head)* bernoccolo m., bozzo m.; ***I have a ~ on my ankle*** ho la caviglia gonfia **2 U** *(enlarging) (of limb, skin)* gonfiore m.; *(of fruit)* ingrossamento m.; *(of sails)* (il) gonfiarsi; *(of crowd, population)* aumento m., crescita f. **II** agg. [*river*] gonfio, in piena; [*crowd, minority, number*] crescente; ***a ~ tide*** FIG. un'ondata; ***the ~ sound*** o ***note of the horns*** il crescendo dei corni.

1.swelter /ˈsweltə(r)/ n. COLLOQ. caldo m. soffocante, afa f.

2.swelter /ˈsweltə(r)/ intr. COLLOQ. soffocare di caldo.

sweltering /ˈsweltərɪŋ/ agg. COLLOQ. [*conditions*] opprimente; [*day*] torrido, afoso; [*heat, climate*] soffocante, torrido; ***it's ~ in here*** qui dentro si soffoca.

sweltry /ˈsweltrɪ/ agg. **1** *(sweltering)* soffocante, torrido **2** *(oppressed with heat)* oppresso dal caldo.

swept /swept/ pass., p.pass. → **2.sweep**.

swept-back /ˌsweptˈbæk/ agg. [*hair*] raccolto sulla nuca; AER. [*wing*] a freccia (positiva).

swept-wing /ˌsweptˈwɪŋ/ agg. [*aircraft*] con ala a freccia positiva.

1.swerve /swɜːv/ n. scarto m., deviazione f.

2.swerve /swɜːv/ **I** tr. [*driver*] fare deviare [*vehicle*] **II** intr. **1** [*person*] scartare, deviare; [*vehicle*] scartare, sbandare; ***to ~ around sb., sth.*** fare uno scarto per evitare qcn., qcs.; ***to ~ into sth.*** (scartare e) andare a sbattere contro qcs.; ***to ~ off the road*** (sbandare *o* sterzare e) andare fuori strada **2** FIG. ***to ~ from*** scostarsi da *o* abbandonare [*plan, course of action*].

▷ **1.swift** /swɪft/ **I** agg. **1** rapido, pronto, celere; ***to be ~ to do, in doing*** essere rapido a fare; ***to have a ~ half*** BE COLLOQ. farsi un bicchierino veloce **2** AE COLLOQ. *(shrewd)* scaltro **II** avv. → **swiftly**.

2.swift /swɪft/ n. ZOOL. rondone m.

swiftie /ˈswɪftɪ/ n. AUSTRAL. COLLOQ. fregatura f., imbroglio m.

▷ **swiftly** /ˈswɪftlɪ/ avv. rapidamente, in fretta.

swiftness /ˈswɪftnɪs/ n. *(of change, movement)* rapidità f., celerità f.; *(of answer, response)* prontezza f.

1.swig /swɪɡ/ n. COLLOQ. sorsata f. (**of** di).

2.swig /swɪɡ/ tr. (forma in -ing ecc. **-gg-**) tracannare, bere a grandi sorsi.

▪ **swig down, swig back: ~ [sth.] down, ~ down [sth.]** bere [qcs.] tutto d'un fiato, ingurgitare.

1.swill /swɪl/ n. **1** *(food)* pastone m. (per maiali) **2** *(act of swilling)* bevuta f.

2.swill /swɪl/ tr. COLLOQ. *(drink)* trincare, sbevazzare.

▪ **swill around, swill about** [*liquid*] spandersi.

▪ **swill down: ~ [sth.] down, ~ down [sth.]** **1** COLLOQ. *(drink)* tracannare, buttare giù **2** *(wash)* sciacquare [qcs.].

swiller /ˈswɪlə(r)/ n. beone m. (-a).

1.swim /swɪm/ n. nuotata f., bagno m.; ***to go for a ~*** andare a fare il bagno, una nuotata; ***we had a lovely ~*** abbiamo fatto un bel bagno; ***to have another ~*** fare un altro bagno; ***a good ~ by Evans*** SPORT una buona prestazione di Evans (in una gara di nuoto) ◆ ***to be in the ~*** essere al corrente.

▶ **2.swim** /swɪm/ **I** tr. (forma in -ing **-mm-**; pass. **swam**; p.pass. **swum**) nuotare [*mile, length, stroke*]; attraversare [qcs.] a nuoto [*Channel, river*]; ***to ~ a race*** fare una gara di nuoto; ***the race is swum over 10 lengths*** la gara si disputa su 10 vasche **II** intr. (forma in -ing **-mm-**; pass. **swam**; p.pass. **swum**) **1** [*person, fish, animal*] nuotare (**in** in; **out to** verso, fino a); ***she can ~*** lei sa nuotare; ***to ~ on one's back*** nuotare a dorso; ***to ~ across sth.*** attraversare qcs. a nuoto; ***to ~ away*** allontanarsi a nuoto; ***to ~ in the team*** fare parte di una squadra di nuoto **2** *(be floating, bathed)* ***to be ~ming in*** nuotare *o* essere affogato in [*cream, syrup, sauce*]; ***the kitchen was ~ming in water*** la cucina era allagata; ***her eyes were ~ming in*** o ***with tears*** aveva gli occhi pieni di lacrime **3** *(wobble)* [*scene, room, head*] girare; [*mirage*] ondeggiare, fluttuare; ***my head is ~ming*** mi gira la testa ◆ ***sink or ~*** o la va o la spacca; ***to leave sb. to sink or ~*** lasciare che qcn. se la cavi da solo.

swim bladder /ˌswɪmˈblædə(r)/ n. vescica f. natatoria.

▷ **swimmer** /ˈswɪmə(r)/ n. nuotatore m. (-trice); ***a strong ~*** un buon nuotatore; ***a poor ~*** uno che non nuota bene.

▷ **swimming** /ˈswɪmɪŋ/ ♦ **10** **I** n. nuoto m.; ***I love ~*** mi piace nuotare; ***to go ~*** *(in sea, river)* andare a fare il bagno; *(in pool)* andare a nuotare **II** modif. [*contest, gala, lessons, course*] di nuoto.

swimming baths /ˈswɪmɪŋˌbɑːθz, AE -ˌbæθz/ n.pl. piscina f.sing.

swimming cap /ˈswɪmɪŋˌkæp/ n. BE cuffia f. da bagno.

swimming costume /ˈswɪmɪŋˌkɒstjuːm, AE -tuːm/ n. BE costume m. da bagno.

swimming instructor /ˈswɪmɪŋɪnˌstrʌktə(r)/ ♦ **27** n. istruttore m. (-trice) di nuoto.

swimmingly /ˈswɪmɪŋlɪ/ avv. ANT. a meraviglia.

▷ **swimming pool** /ˈswɪmɪŋˌpuːl/ n. piscina f.

swimming trunks /ˈswɪmɪŋˌtrʌŋks/ n.pl. costume m.sing., calzoncini m. da bagno; ***a pair of ~*** un paio di calzoncini da bagno.

swimsuit /ˈswɪmsuːt, -sjuːt/ n. costume m. da bagno (intero).

swimwear /ˈswɪmweə(r)/ n. indumenti m.pl. da mare e piscina.

1.swindle /ˈswɪndl/ n. truffa f.; ***a tax ~*** una frode fiscale.

2.swindle /ˈswɪndl/ tr. truffare; ***to ~ sb. out of sth.*** fregare qcs. a qcn.

swindler /ˈswɪndlə(r)/ n. truffatore m. (-trice), imbroglione m. (-a).

swine /swaɪn/ n. **1** *(pig)* (pl. **~**) maiale m., porco m. **2** POP. SPREG. (pl. **~s**) porco m. ◆ ***to cast pearls before ~*** dare le perle ai porci.

swine fever /ˌswaɪnˈfiːvə(r)/ n. peste f. suina.

swineherd /ˈswaɪnhɜːd/ n. porcaro m. (-a).

▶ **1.swing** /swɪŋ/ **I** n. **1** *(action, movement) (of pendulum, pointer, needle)* oscillazione f.; *(of hips)* ancheggiamento m.; *(of body)* dondolamento m.; *(in golf)* swing m.; *(in boxing)* sventola f., swing m.; ***to aim*** o ***take a ~ at*** *(with fist)* cercare di colpire con un pugno [*person, head, stomach*]; ***to take a ~ at sb. with an iron bar*** cercare di colpire qcn. con una barra di ferro; ***to take a wild ~ at the ball*** cercare disperatamente di colpire la palla **2** *(fluctuation, change) (in voting, public opinion)* mutamento m., cambiamento m. (**in** di); *(in prices, values, economy)* fluttuazione f. (**in** di); *(in business activity)* variazione f. (**in** di); *(in mood)* sbalzo m. (**in** di); ***a ~ to the left, right*** POL. un'oscillazione verso sinistra, verso destra; ***a 10% ~*** POL. uno spostamento del 10% (**to** a favore di); ***market ~s*** le fluttuazioni del mercato; ***a ~ away from*** *(in opinions)* un allontanamento da; *(in behaviour, buying habits)* un rifiuto di [*method, product*]; ***a ~ towards*** *(in opinions)* un avvicinamento a *o* verso; *(in behaviour, buying habits)* un ritorno a [*method, product*]; ***there has been a ~ to the left in the party*** nel partito c'è stata una svolta a sinistra; ***a ~ away from, towards religion*** un allontanamento dalla, un riavvicinamento alla religione; ***to get a far bigger ~ than the polls predicted*** avere un numero di voti nettamente superiore a quello previsto dai sondaggi **3** *(in playground, garden)* altalena f.; ***to give sb. a ~*** spingere qcn. sull'altalena **4** MUS. swing m. **5** *(drive, rhythm) (of music, dance)* ritmo m. **II** modif. MUS. [*band*] di swing; [*era*] dello swing ◆ ***to go with a ~*** COLLOQ. [*party*] andare a gonfie vele; ***to get into the ~ of things*** COLLOQ. entrare nell'ordine di idee; ***they soon got into the ~ of the competition*** COLLOQ. sono entrati in fretta nel vivo della gara; ***to be in full ~*** [*party, meeting, strike, inquiry*] essere in pieno svolgimento.

▶ **2.swing** /swɪŋ/ **I** tr. (pass., p.pass. **swung**) **1** *(move to and fro)* dondolare [*object*]; ***to ~ one's arms, legs*** dondolare le braccia, le gambe; ***to ~ a bucket from the end of a rope*** fare dondolare un secchio all'estremità di una corda **2** *(move around, up, away)* ***to ~ sb. onto the ground*** buttare qcn. a terra; ***to ~ a bag onto one's back*** mettersi una borsa a tracolla; ***he swung the child into the saddle*** piazzò il bambino in sella; ***she swung the telescope through 180°*** ha fatto ruotare il telescopio di 180°; ***to ~ one's bat at the ball*** muovere la mazza per colpire la palla **3** *(cause to change)* ***to ~ a match, a trial sb.'s way*** o ***in sb.'s favour*** fare girare una gara, un processo in favore di qcn.; ***to ~ the voters*** [*speech, incident*] fare cambiare opinione agli elettori (**towards** a favore di; **away from** contro) **4** COLLOQ. *(cause to succeed)* organizzare [*election, match*]; ***to ~ the balance*** essere l'ago della bilancia; ***to ~ a deal*** concludere un affare; ***can you ~ it for me?*** puoi combinarmi qualcosa? ***to ~ it for sb. to do*** fare in modo che qcn. possa fare qcs. **II** intr. (pass., p.pass. **swung**) **1** *(move to and fro)* [*object, rope*] dondolare; [*pendulum*] oscillare; ***she sat on the branch with her legs ~ing*** si sedette sul ramo con le gambe penzoloni; ***to ~ on the gate*** dondolarsi sul cancelletto; ***to ~ by one's hands from*** penzolare aggrappato a; ***to leave sth. ~ing from*** lasciare qualcosa sospeso a; MAR. ***to ~ at anchor*** essere all'ancora **2** *(move along, around)* ***to ~ from branch to branch*** passare di ramo in ramo; ***to ~ onto the ground*** *(with rope)* lanciarsi a terra; ***to ~ along a rope (hand over hand)*** procedere sospeso a una corda (mettendo una mano dopo l'altra); ***to ~ up into the saddle*** balzare in sella; ***to ~ back to zero*** [*needle*] tornare a zero; ***to ~ open, shut*** aprirsi, chiudersi di scatto; ***the car swung into the drive*** la macchina si immise sul viale sterzando bruscamente; ***the camera swung to the actor's face*** la telecamera carrellò sul volto dell'attore; ***the road ~s around the mountain, towards the east*** la strada aggira la montagna, gira verso est; ***the army swung towards the east*** l'esercito deviò verso est; ***the regiment swung along the street*** il reggimento avanzava lungo la strada **3** ***to ~ at*** *(with fist)* (fare il gesto di) colpire con un pugno; ***to ~ at the ball*** fare un movimento per *o* fare il gesto di colpire la palla **4** FIG. *(change)* ***to ~ from optimism to despair*** passare dall'ottimismo alla disperazione; ***the party swung towards the left*** il partito ha avuto una svolta a sinistra; ***the mood of the voters has swung towards*** l'umore dell'elettorato è virato verso; ***opinion swung between indifference and condemnation*** l'opinione della gente oscillava tra l'indifferenza e la condanna **5** [*music, musician*] avere ritmo **6** COLLOQ. *(be lively)* ***a club which really ~s*** un locale molto di tendenza; ***the party was ~ing*** la festa era molto animata **7** COLLOQ. o ANT. ***to ~ for*** *(be hanged)* essere impiccato per; ***the boss will make sure I ~ for that!*** FIG. per una roba del genere il capo mi farà impiccare!

▪ **swing around, swing round: ~ around** [*person*] girarsi (bruscamente); ***to ~ around in one's chair*** girare sulla sedia; **~ [sb., sth.] around** ***he swung the car around*** ha girato la macchina; ***to ~ a car around a corner*** svoltare velocemente l'angolo con la macchina; ***she swung him around to face her*** lo fece girare perché la guardasse in faccia; ***he swung his chair around*** girò la sedia; ***to ~ a child around and around*** fare girare un bambino (per gioco, tenendolo per le mani).

swingbin /ˈswɪŋˌbɪn/ n. pattumiera f. a pedale.

swingboat /ˈswɪŋbəʊt/ n. = nei luna park, giostra costituita da una navetta a forma di barca collegata con un braccio altalenante.

swingbridge /ˌswɪŋˈbrɪdʒ/ n. ponte m. girevole.

swing door /ˈswɪŋˌdɔː(r)/ BE n. porta f. a vento.

swinge /ˈswɪndʒ/ tr. ANT. percuotere, battere.

swingeing /ˈswɪndʒɪŋ/ agg. [*cuts, increases, sanctions*] drastico; [*attack*] violento.

swinger /ˈswɪŋə(r)/ n. COLLOQ. ***to be a ~*** *(trendy)* essere alla moda; ***an ageing ~*** SPREG. = un vecchio che vuole essere alla moda.

swinging /'swɪŋɪŋ/ agg. [*music*] ritmato; [*step*] che segue il ritmo; [*band, musician*] che fa musica ritmata; [*rhythm*] trascinante; [*place, nightlife*] vivace; ***the ~ sixties*** i favolosi anni sessanta.

swinging door /'swɪŋɪŋ,dɔː(r)/ n. AE → **swing door.**

1.swingle /'swɪŋgl/ n. scotola f.

2.swingle /'swɪŋgl/ tr. scotolare [*flax, hemp*].

swingling /'swɪŋglɪŋ/ n. scotolatura f.

swingometer /ˌswɪŋ'ɒmɪtə(r)/ n. = strumento che permette di visualizzare le conseguenze dello spostamento di voti in un'elezione.

swing shift /'swɪŋˌʃɪft/ n. AE *(work shift)* secondo turno m.

swing wing /ˌswɪŋ'wɪŋ/ n. AER. ala f. a geometria variabile.

swinish /'swɪnɪʃ/ agg. porcino, da maiale.

1.swipe /swaɪp/ n. ***to take a ~ at*** *(try to hit)* cercare di colpire [*ball, person*]; *(criticize)* attaccare [*person, government*].

2.swipe /swaɪp/ **I** tr. **1** COLLOQ. *(steal)* fregare, grattare **2** *(validate)* passare (in un lettore di carta magnetica), strisciare [*credit card, ID card*] **II** intr. **1** *(try to hit)* ***to ~ at*** cercare di colpire [*person, object*] **2** *(criticize)* ***to ~ at*** attaccare [*person, government*].

swiper /'swaɪpə(r)/ n. chi colpisce con forza.

swipes /'swaɪpz/ n.pl. = birra di bassa qualità.

1.swirl /swɜːl/ n. **1** *(shape)* turbine m. (**of** di) **2** *(action)* turbinio m.

2.swirl /swɜːl/ intr. [*water*] fare un vortice, un mulinello; [*skirt*] svolazzare; [*snow*] turbinare; [*clouds, fog*] fluttuare.

▷ **swirling** /'swɜːlɪŋ/ agg. [*skirt*] svolazzante; [*snow*] che turbina; [*clouds, fog*] fluttuante; [*water*] vorticoso; [*pattern*] a ghirigori.

1.swish /swɪʃ/ **I** n. *(of water, skirt, grass)* fruscio m.; *(of whip, golf club, racket)* sibilo m. **II** agg. COLLOQ. alla moda.

2.swish /swɪʃ/ **I** tr. **1** [*person*] fare sibilare [*whip, cane, golf club*] **2** [*person, wind*] fare frusciare [*skirt, branch, long grass*] **II** intr. **1** [*skirt, curtain, fabric*] frusciare **2** [*sword, whip, racket*] sibilare; ***to ~ through the air*** sibilare nell'aria.

swishy /'swɪʃɪ/ agg. COLLOQ. alla moda.

Swiss /swɪs/ ♦ *18* **I** agg. svizzero **II** n. svizzero m. (-a).

Swiss Alps /ˌswɪs'ɑːpz/ n.pr.pl. Alpi f. svizzere.

Swiss Army knife /swɪsˌɑːmɪ'naɪf/ n. (pl. **Swiss Army knives**) coltellino m. svizzero.

Swiss bank account /swɪsˌbæŋkə'kaʊnt/ n. conto m. (in banca) in Svizzera.

Swiss chard /'swɪsˌtʃɑːd/ n. bietola f.

Swiss cheese /ˌswɪs'tʃiːz/ n. formaggio m. svizzero.

Swiss French /ˌswɪs'frentʃ/ ♦ *18* agg. franco-svizzero.

Swiss German /ˌswɪs'dʒɜːmən/ ♦ *18, 14* **I** agg. svizzero tedesco **II** n. **1** *(person)* svizzero m. (-a) del cantone tedesco **2** *(language)* schwyzertütsch m.

Swiss Guard /'swɪsˌgɑːd/ n. *(corps)* guardie f.pl. svizzere; *(person)* guardia f. svizzera, svizzero m.

Swiss Italian /ˌswɪsɪ'tælɪən/ ♦ *18* agg. italo-svizzero.

Swiss roll /ˌswɪs'rəʊl/ n. BE = rotolo di pan di Spagna farcito di marmellata o cioccolato.

Swiss steak /ˌswɪs'steɪk/ n. AE = bistecca impanata cotta con verdure.

▶ **1.switch** /swɪtʃ/ n. **1** *(change) (in weather, policy, behaviour, method, practice, allegiance)* cambiamento m. (**in** di); ***the ~ (away) from gas to electricity*** il passaggio dal gas all'elettricità; ***a ~ to the Conservatives*** uno spostamento verso il partito conservatore **2** EL. *(for light)* interruttore m.; *(on radio, appliance)* pulsante m., bottone m.; ***on, off ~*** interruttore di accensione, di spegnimento; ***ignition ~*** AUT. blocchetto d'accensione; ***the ~ is on, off*** l'interruttore è acceso, è spento **3** AE FERR. *(points)* scambio m., deviatoio m.; *(siding)* binario m. morto **4** *(stick, whip)* frusta f.; ***(riding) ~*** frustino **5** *(hairpiece)* posticcio m.

▶ **2.switch** /swɪtʃ/ **I** tr. **1** *(change)* spostare, trasferire [*support, attention*] (**to** a); trasferire [*bank account*] (**to** in); ***to ~ brands, parties, flights*** cambiare marca, partito, volo; ***to ~ lanes*** AUT. cambiare corsia; ***to ~ the conversation to another topic*** passare a un altro argomento di conversazione; ***the organization has ~ed its support from amateurs to professionals*** l'organizzazione ha spostato il suo sostegno dai dilettanti ai professionisti; ***she ~ed her support to the other party*** è passata ad appoggiare l'altro partito; ***to ~ the emphasis to*** spostare l'accento su; ***he ~ed his allegiance back to Labour*** è tornato a sostenere i laburisti; ***could you ~ the TV over?*** potresti cambiare canale? **2** (anche **~ round**) *(change position or order of)* spostare [*objects, roles, jobs*]; ***I've ~ed the furniture round*** ho cambiato la disposizione dei mobili; ***~ the players round at half-time*** cambiare di posizione ai giocatori a metà partita **3** *(whip)* frustare [*horse*] **4** FERR. (fare) deviare, smistare [*train*] **II** intr. **1** *(change)* cambiare (anche FIG.); ***to ~ between two languages, brands*** passare da una lingua all'altra, da una marca all'altra; ***I can't ~ from German to French*** non riesco a passare dal tedesco al francese; ***she ~ed from the violin to the viola*** è passata dal violino alla viola; ***we have ~ed (over) from oil to gas*** siamo passati dal gasolio al gas; ***he has ~ed (over) from Labour to the Green party*** è passato dal partito laburista ai quello dei verdi; ***in the end she ~ed back to teaching, to her original brand*** alla fine è tornata a insegnare, alla marca di prima; ***can we ~ back to BBC 2?*** possiamo tornare su BBC 2? ***I ~ed from shopping on Saturdays to shopping on Mondays*** a fare la spesa non vado più il sabato ma il lunedì **2** (anche **~ over** o **round**) [*people*] *(change positions)* cambiare, alternare; *(change scheduling) (in work rota)* fare cambio (**with** con); ***I'm tired, can we ~ (over*** o ***round)?*** sono stanco, facciamo cambio? **3** INFORM. ***to ~ to sth.*** commutare in qcs.

■ **switch off:** *~ off* **1** EL. [*appliance, light, supply*] spegnersi, essere spento **2** COLLOQ. *(stop listening)* smettere di ascoltare; *~ off [sth.], ~ [sth.] off* **1** AUT. EL. spegnere [*appliance, light, car engine*]; staccare [*supply*]; ***the kettle ~es itself off*** il bollitore si spegne da solo **2** FIG. ***to ~ off the charm*** smettere di fare il simpatico.

■ **switch on:** *~ on* EL. [*appliance, light, supply*] accendersi, essere acceso; [*person*] svegliarsi; *~ on [sth.], ~ [sth.] on* **1** AUT. EL. accendere [*appliance, light, supply*]; accendere, mettere in moto [*car engine*] **2** FIG. ***to ~ on the charm*** fare il simpatico **3** COLLOQ. ***to be ~ed on*** *(excited)* essere su di giri; *(on drugs)* essere sballato.

■ **switch over** TELEV. RAD. cambiare canale.

switchback /'swɪtʃbæk/ **I** n. **1** BE *(roller coaster)* montagne f.pl. russe; FIG. *(in road)* saliscendi m. **2** *(twisty) (road)* strada f. a tornanti; *(railway track)* percorso m., linea f. a saliscendi; *(bend)* tornante m. **II** modif. [*road, track*] a saliscendi.

switchblade /'swɪtʃbleɪd/ n. AE coltello m. a scatto.

switchboard /'swɪtʃbɔːd/ n. *(installation)* centralino m.; *(staff)* centralinisti m.pl; ***you have to go through the ~*** dovete chiamare il centralino.

switchboard operator /ˌswɪtʃbɔːd'ɒpəreɪtə(r)/ ♦ *27* n. centralinista m. e f.

switched-off /swɪtʃt'ɒf, AE -'ɔːf/ agg. **1** [*television, electric device*] spento, staccato **2** AE COLLOQ. [*person*] fuori moda.

switched-on /swɪtʃt'ɒn/ agg. AE COLLOQ. [*television, electric device*] acceso, in funzione; [*person*] *(up to date)* aggiornato, alla moda; *(excited)* su di giri; *(on drugs)* sballato.

switcheroo /'swɪtʃəruː/ n. AE COLLOQ. mossa f. inaspettata.

switch-hitter /'swɪtʃhɪtə(r)/ n. AE COLLOQ. *(in baseball)* battitore m. ambidestro; FIG. *(bisexual)* bisessuale m. e f.

switching /'swɪtʃɪŋ/ n. ECON. *(of stock)* trasferimento m., spostamento m.

switchman /'swɪtʃmən/ ♦ *27* n. (pl. **-men**) deviatore m., scambista m.

switchover /'swɪtʃəʊvə(r)/ n. cambiamento m., passaggio m. (**from** da; **to** a); ***the ~ to computers*** il passaggio all'informatica.

switch-yard /'swɪtʃjɑːd/ n. AE FERR. stazione f. di smistamento.

Switzer /'swɪtzə(r)/ n. ANT. svizzero m. (-a).

Switzerland /'swɪtzələnd/ ♦ *6* n.pr. Svizzera f.; ***Italian, German, French speaking ~*** Svizzera italiana, tedesca, francese.

1.swivel /'swɪvl/ **I** n. **1** perno m.; PESC. mulinello m. **2** *(movement)* (il) ruotare (su un perno) **II** modif. [*arm, lamp, tap*] orientabile; [*bridge*] girevole.

2.swivel /'swɪvl/ **I** tr. (forma in -ing ecc. **-ll-** BE, **-l-** AE) fare girare, fare ruotare [*chair, camera, telescope*]; girare, ruotare [*eyes, head, body*]; ***to ~ one's hips*** ruotare le anche **II** intr. (forma in -ing ecc. **-ll-** BE, **-l-** AE) [*person, head, chair, gun*] girare (**on** su); [*eyes*] girare.

■ **swivel round:** *~ round* girarsi; *~ [sth.] round, ~ round [sth.]* fare girare [qcs.].

swivel chair /ˌswɪvl'tʃeə(r)/, **swivel seat** /ˌswɪvl'siːt/ n. sedia f. girevole.

swiz(z) /swɪz/ n. BE COLLOQ. delusione f., fregatura f.

swizzle /'swɪzl/ n. **1** → **swiz(z) 2** *(drink)* = cocktail alcolico non shakerato.

swizzle stick /'swɪzlˌstɪk/ n. bastoncino m. per mescolare i cocktail.

swob → **2.swab**.

▷ **swollen** /'swəʊlən/ **I** p.pass. → **2.swell II** agg. [*ankle, gland, eyes*] gonfio; [*river*] gonfio di pioggia, in piena; ***his eyes are ~ with crying*** i suoi occhi sono gonfi di pianto ◆ ***to have a ~ head, to be ~headed*** COLLOQ. essere pieno di sé *o* essere un montato.

1.swoon /swuːn/ n. LETT. deliquio m.; ***in a ~*** in deliquio, svenuto.

2.swoon /swuːn/ intr. svenire (**with** dal; **at** davanti a); FIG. andare in estasi (**with** da; **at** davanti a); ***to ~ over sb.*** andare in estasi per qcn.

1.swoop /swuːp/ n. **1** *(of bird)* discesa f. rapida; *(of plane)* picchiata f. **2** *(police raid)* retata f., blitz m.; ***arrested in a ~*** arrestato nel corso di un blitz.

2.swoop /swu:p/ intr. **1** [*bird, bat*] piombare; [*plane*] andare in picchiata; ***to ~ above the crowd*** piombare sulla folla; ***to ~ down*** scendere in picchiata; ***to ~ down on*** abbattersi su **2** [*police, raider*] fare una retata, un blitz; ***to ~ on*** fare irruzione in.
1.swoosh /swʊʃ/ n. *(sound)* fruscio m.
2.swoosh /swʊʃ/ intr. [*tall grass, leaves*] frusciare.
swop → **1.swap, 2.swap.**
sword /sɔ:d/ **I** n. spada f.; ***to put sb. to the ~*** passare qcn. a fil di spada; ***to put up one's ~*** rimettere la spada nel fodero **II** modif. [*blade, hilt*] della spada ◆ ***to be a double-edged*** o ***two-edged ~*** essere un'arma a doppio taglio; ***he who lives by the ~ will die by the ~*** chi di spada ferisce di spada perisce; ***to cross ~s with sb.*** incrociare le armi con qcn.
sword belt /'sɔ:dbelt/ n. cinturone m. (per appendere la spada).
swordbill /'sɔ:dbɪl/ n. colibrì m. becco a spada.
sword-cane /'sɔ:dkeɪn/ n. → **swordstick.**
sword dance /'sɔ:dˌdɑ:ns, AE -ˌdæns/ n. danza f. della spada.
swordfish /'sɔ:dfɪʃ/ n. (pl. **~, ~es**) pesce m. spada.
sword grass /'sɔ:dgrɑ:s, AE -græs/ n. falaride f. a foglie maculate.
sword knot /'sɔ:dnɒt/ n. dragona f.
sword lily /'sɔ:dlɪlɪ/ n. gladiolo m.
swordplay /'sɔ:dpleɪ/ n. (arte della) scherma f.
swordsman /'sɔ:dzmən/ n. (pl. **-men**) spadaccino m.
swordsmanship /'sɔ:dzmənʃɪp/ n. arte f. di maneggiare la spada.
swordsmen /'sɔ:dzmen/ → **swordsman.**
swordstick /'sɔ:dstɪk/ n. bastone m. da stocco.
sword swallower /'sɔ:dˌswɒləʊə(r)/ n. mangiatore m. (-trice) di spade.
swore /swɔ:(r)/ pass. → **swear.**
sworn /swɔ:n/ **I** p.pass. → **swear II** agg. **1** DIR. *(under oath)* [*statement*] giurato, fatto sotto giuramento; ***he said in ~ evidence*** o ***testimony that*** ha testimoniato sotto giuramento che **2** *(avowed)* [*enemy*] giurato; [*ally*] fedele; ***we are ~ enemies*** siamo nemici giurati.
1.swot /swɒt/ n. COLLOQ. secchione m. (-a).
2.swot /swɒt/ intr. (forma in -ing ecc. **-tt-**) COLLOQ. studiare sodo; ***to ~ for an exam*** sgobbare per un esame.
■ **swot up:** ~ ***[sth.] up***, ~ ***up [sth.]*** sgobbare su qcs.; ~ ***up on [sth.]*** fare una sgobbata su qcs.
swum /swʌm/ p.pass. → **2.swim.**
swung /swʌŋ/ pass., p.pass. → **2.swing.**
swung dash /'swʌŋˌdæʃ/ n. tilde f.
sybarite /'sɪbəraɪt/ n. FORM. sibarita m. e f.
sybaritic /ˌsɪbə'rɪtɪk/ agg. FORM. sibaritico.
sybaritism /'sɪbərɪtɪzəm/ n. sibaritismo m.
Sybil, Sybyl /'sɪbɪl/ n.pr. Sibilla.
sycamine /'sɪkəmaɪn/ n. gelso m. nero.
sycamore /'sɪkəmɔ:(r)/ n. *(in Africa)* sicomoro m.; *(in America)* platano m. americano.
syconium /saɪ'kəʊnɪəm/ n. (pl. **-ia**) siconio m.
sycophancy /'sɪkəfənsɪ/ n. servilismo m., ruffianeria f.
sycophant /'sɪkəfænt/ n. leccapiedi m. e f., ruffiano m. (-a).
sycophantic /ˌsɪkə'fæntɪk/ agg. servile, ruffiano.
sycosis /saɪ'kəʊsɪs/ ▸ ***11*** n. (pl. **-es**) sicosi f.
Syd /sɪd/ n.pr. diminutivo di **Sydney.**
Sydney /'sɪdnɪ/ ▸ ***34*** n.pr. **1** *(city)* Sydney f. **2** *(first name)* Sydney (nome di uomo).
syenite /'saɪənaɪt/ n. sienite f.
syenitic /saɪə'nɪtɪk/ agg. sienitico.
syllabary /'sɪləbərɪ, AE -berɪ/ n. sillabario m.
syllabi /'sɪləbaɪ/ → **syllabus.**
syllabic /sɪ'læbɪk/ agg. sillabico.
syllabically /sɪ'læbɪklɪ/ avv. sillabicamente.
syllabicate /sɪ'læbɪkeɪt/ tr. → **syllabify.**
syllabification /sɪˌlæbɪfɪ'keɪʃn/ n. sillabazione f.
syllabify /sɪ'læbɪfaɪ/ tr. dividere in sillabe, sillabare.
1.syllable /'sɪləbl/ **I** n. sillaba f.; ***in words of one ~*** con parole semplici; ***not one ~*** non una sillaba *o* parola **II -syllabled** agg. in composti ***two-~ed, three-~ed*** bisillabo, trisillabo.
2.syllable /'sɪləbl/ tr. sillabare.
syllabub /'sɪləbʌb/ n. = dessert semifreddo fatto con latte o panna aromatizzata con vino bianco e altri aromi.
syllabus /'sɪləbəs/ n. (pl. **~es, -i**) SCOL. programma m.; *(of language course)* sillabo m.; ***on the ~*** in programma.
syllepsis /sɪ'lepsɪs/ n. (pl. **-es**) sillessi f.
sylleptic /sɪ'leptɪk/ agg. di sillessi.
syllogism /'sɪlədʒɪzəm/ n. sillogismo m.
syllogistic /ˌsɪlə'dʒɪstɪk/ agg. sillogistico.
syllogize /'sɪlədʒaɪz/ intr. ragionare per sillogismi.
sylph /sɪlf/ n. **1** MITOL. silfide f. **2** FIG. silfide f., libellula f.
sylphid /'sɪlfɪd/ n. giovane silfide f.
sylphlike /'sɪlflaɪk/ agg. [*woman*] snello, slanciato; [*movements*] aggraziato; ***to have a ~ figure*** SCHERZ. essere una silfide.
sylvan /'sɪlvən/ agg. LETT. silvano, silvestre.
Sylvester /sɪl'vestə(r)/ n.pr. Silvestro.
Sylvia /'sɪlvɪə/ n.pr. Silvia.
Sylvie /'sɪlvɪ/ n.pr. diminutivo di **Sylvia.**
sylviculture → **silviculture.**
sylviculturist → **silviculturist.**
sylvite /'sɪlvaɪt/ n. silvite f.
symbiont /'sɪmbɪɒnt/ n. simbionte m.
symbiosis /ˌsɪmbaɪ'əʊsɪs, ˌsɪmbɪ-/ n. (pl. **-es**) simbiosi f.; ***in ~*** in simbiosi.
symbiotic /ˌsɪmbaɪ'ɒtɪk, ˌsɪmbɪ-/ agg. simbiotico.
▷ **symbol** /'sɪmbl/ n. *(all contexts)* simbolo m. (**of, for** di); ***chemical, phallic ~*** simbolo chimico, simbolo fallico.
▷ **symbolic(al)** /sɪm'bɒlɪk(l)/ agg. simbolico; ***~ of sth.*** simbolo di qcs.
symbolically /sɪm'bɒlɪklɪ/ avv. simbolicamente.
symbolics /sɪm'bɒlɪks/ n. + verbo sing. simbolica f.
symbolism /'sɪmbəlɪzəm/ n. *(all contexts)* simbolismo m.
symbolist /'sɪmbəlɪst/ **I** n. simbolista m. e f. **II** agg. simbolista.
symbolization /ˌsɪmbəlaɪ'zeɪʃn/ n. simbolizzazione f. (**of** di; **by** attraverso).
▷ **symbolize** /'sɪmbəlaɪz/ tr. simbolizzare; ***to be ~d by*** essere simboleggiato da.
symbology /sɪm'bɒlədʒɪ/ n. **1** *(symbols collectively)* simbologia f. **2** *(symbolism)* simbolismo m.
symmetric(al) /sɪ'metrɪk(l)/ agg. simmetrico.
symmetrically /sɪ'metrɪklɪ/ avv. simmetricamente.
symmetrization /ˌsɪmətraɪ'zeɪʃn, AE -rɪ'z-/ n. simmetrizzazione f.
symmetrize /'sɪmətraɪz/ tr. simmetrizzare.
symmetry /'sɪmətrɪ/ n. simmetria f.
▷ **sympathetic** /ˌsɪmpə'θetɪk/ agg. **1** *(compassionate)* [*person*] compassionevole (**to, towards** verso); [*smile, remark*] compassionevole; [*words, gesture*] di compassione; *(understanding)* [*person*] comprensivo; *(kindly)* cordiale; *(well-disposed)* [*person, government, organization*] bendisposto (**to, towards** verso), favorevole (**to, towards** a); ***he is ~ to their cause*** simpatizza con la loro causa **2** *(pleasant, friendly)* [*person, manner*] amichevole **3** *(environmentally)* [*building, development*] che rispetta l'ambiente **4** MED. simpatico; ***~ nervous system*** sistema nervoso simpatico; ***~ pregnancy*** gravidanza isterica.
sympathetically /ˌsɪmpə'θetɪklɪ/ avv. **1** *(compassionately)* compassionevolmente **2** *(kindly)* benevolmente **3** *(favourably)* favorevolmente.
sympathize /'sɪmpəθaɪz/ intr. **1** *(feel compassion)* commiserare, compiangere; ***they called to ~ with the widow*** sono passati per fare le condoglianze alla vedova; ***I ~ with you in your grief*** partecipo al tuo dolore; ***we ~ with your feelings, but...*** comprendiamo i tuoi sentimenti, ma...; ***I ~, I used to be a teacher*** posso capire, sono stato anch'io un insegnante **2** *(support)* ***to ~ with*** sostenere, simpatizzare per [*cause, organization*]; approvare, essere d'accordo su [*aims, views*].
sympathizer /'sɪmpəθaɪzə(r)/ n. **1** *(supporter)* simpatizzante (**of** di) (anche POL.); ***they are Communist ~s*** simpatizzano per i comunisti *o* sono filocomunisti **2** *(at funeral etc.)* = persona che fa le condoglianze.
▷ **sympathy** /'sɪmpəθɪ/ **I** n. **1** *(compassion)* compassione f., comprensione f.; ***to feel ~ for sb.*** provare compassione per qcn.; ***to do sth. out of ~ for sb.*** fare qcs. per compassione di qcn.; ***he pressed my hand in ~*** mi ha stretto la mano in segno di comprensione; ***she could show a bit more ~!*** potrebbe avere un po' più di comprensione! ***"with deepest ~"*** "sentite condoglianze" **2** *(solidarity)* solidarietà f.; ***to be in ~ with sb.*** essere d'accordo con qcn. *o* simpatizzare per qcn.; ***I am in ~ with their aims*** condivido i loro obiettivi; ***I have little ~ for their cause*** non ho molta simpatia per la loro causa; ***the workers have come out on strike in ~ with the students*** gli operai sono entrati in sciopero per solidarietà con gli studenti; ***the programme aroused public ~ for victims of the famine*** il programma ha destato nel pubblico viva compassione per le vittime della carestia **3** *(affinity, empathy)* affinità f.; ***there is a deep ~ between them*** sono in grande sintonia **II sympathies** n.pl. ***what are her political sympathies?*** quali sono le sue simpatie politiche? ***to have left-wing, right-wing sympathies*** avere simpatie per la sinistra, per la destra; ***my sym-***

pathies lie entirely with the workers sono interamente dalla parte dei lavoratori.

sympathy strike /ˌsɪmpəθɪˈstraɪk/ n. sciopero m. di solidarietà.

symphonic /sɪmˈfɒnɪk/ agg. sinfonico.

symphonic poem /ˌsɪmfɒnɪkˈpəʊɪm/ n. poema m. sinfonico.

symphonist /ˈsɪmfənɪst/ n. sinfonista m. e f.

▷ **symphony** /ˈsɪmfənɪ/ n. sinfonia f. (anche FIG.).

symphony orchestra /ˈsɪmfɒnɪˌɔːkɪstrə/ n. orchestra f. sinfonica.

symphysis /ˈsɪmfɪsɪs/ n. (pl. **-es**) sinfisi f.

symposiac /sɪmˈpəʊzjæk/ agg. RAR. conviviale.

symposiarch /sɪmˈpəʊzɪɑːk/ n. simposiarca m.

symposium /sɪmˈpəʊzɪəm/ n. (pl. **~s, -ia**) **1** *(conference)* simposio m. **2** *(collection of essays)* raccolta f. di saggi.

symptom /ˈsɪmptəm/ n. *(all contexts)* sintomo m.; ***to show ~s of sth.*** presentare i sintomi di qcs.

symptomatic /ˌsɪmptəˈmætɪk/ agg. sintomatico (**of** di).

symptomatology /ˌsɪmptəməˈtɒlədʒɪ/ n. sintomatologia f.

synaeresis /sɪˈnɪərəsɪs/ n. (pl. **-es**) sineresi f.

syn(a)esthesia /sɪnɪsˈθiːzjə/ n. sinestesia f.

synagogical /sɪnəˈgɒdʒɪkl/ agg. sinagogale.

synagogue /ˈsɪnəgɒg/ n. sinagoga f.

synapse /ˈsaɪnæps/ n. sinapsi f., giunzione f. sinaptica.

synapsis /sɪˈnæpsɪs/ n. (pl. **-es**) **1** sinapsi f. **2** BIOL. appaiamento m. di cromosomi omologhi.

synaptic /sɪˈnæptɪk/ agg. sinaptico.

1.sync(h) /sɪŋk/ n. (accorc. synchronization) sincronizzazione f.; ***in, out of ~*** [*watch, system, machine*] sincronizzato, non sincronizzato; ***to be in, out of ~ with*** [*person, government*] essere in sintonia, non essere in sintonia con [*public opinion*]; ***the soundtrack is out of ~ with the picture*** l'audio non è sincronizzato con le immagini.

2.sync(h) /sɪŋk/ tr. (accorc. synchronize) sincronizzare.

syncarp /ˈsɪŋkɑːp/ n. sincarpio m.

synchrocyclotron /ˌsɪŋkrəˈsaɪklətrɒn/ n. sincrociclotrone m.

synchromesh /ˌsɪŋkrəʊˈmeʃ/ agg. ***a ~ gearbox*** un cambio sincronizzato.

synchronal /ˈsɪŋkrənəl/ agg. sincrono.

synchronic /sɪŋˈkrɒnɪk/ agg. **1** LING. sincronico **2** → **synchronous**.

synchronicity /sɪŋˌkrɒnˈɪsətɪ/ n. sincronicità f.

synchronism /ˈsɪŋkrənɪzəm/ n. sincronismo m.

synchronization /ˌsɪŋkrənaɪˈzeɪʃn/ n. sincronizzazione f.; ***in, out of ~*** sincronizzato, non sincronizzato.

synchronize /ˈsɪŋkrənaɪz/ **I** tr. sincronizzare **II** intr. sincronizzarsi.

synchronized /ˈsɪŋkrənaɪzd/ **I** p.pass. → **synchronize II** agg. sincronizzato.

synchronized swimming /ˌsɪŋkrənaɪzdˈswɪmɪŋ/ ♦ ***10*** n. nuoto m. sincronizzato.

synchronizer /ˈsɪŋkrənaɪzə(r)/ n. sincronizzatore m.

synchronous /ˈsɪŋkrənəs/ agg. sincrono.

synchronous converter /ˌsɪŋkrənəskənˈvɜːtə(r)/ n. convertitore m. sincronico.

synchronous motor /ˌsɪŋkrənəsˈməʊtə(r)/ n. motore m. sincrono.

synchronous orbit /ˌsɪŋkrənəsˈɔːbɪt/ n. orbita f. geostazionaria.

synchrony /ˈsɪŋkrənɪ/ n. sincronia f.

synchrotron /ˈsɪŋkrətrɒn/ n. sincrotrone m.

synclinal /sɪŋˈklaɪnl/ agg. sinclinale.

syncline /ˈsɪŋklaɪn/ n. sinclinale f.

syncopal /ˈsɪŋkəpəl/ agg. sincopale.

syncopate /ˈsɪŋkəpeɪt/ tr. sincopare.

syncopation /ˌsɪŋkəˈpeɪʃn/ n. MUS. sincope f.

syncope /ˈsɪŋkəpɪ/ n. MED. LING. sincope f.

syncretism /ˈsɪŋkrətɪzəm/ n. sincretismo m.

syncretize /ˈsɪŋkrətaɪz/ tr. sincretizzare.

syndeton /sɪnˈdiːtən/ n. sindesi f.

syndic /ˈsɪndɪk/ n. BE UNIV. = membro di uno speciale comitato del senato accademico che si occupa della gestione dei fondi.

syndicalism /ˈsɪndɪkəlɪzəm/ n. POL. STOR. sindacalismo m. rivoluzionario.

syndicalist /ˈsɪndɪkəlɪst/ n. POL. STOR. = sostenitore del sindacalismo rivoluzionario.

1.syndicate /ˈsɪndɪkət/ n. **1** COMM. ECON. *(of people)* associazione f. (di imprenditori); *(of companies)* consorzio m. (industriale); ***to form a ~*** [*investors*] costituirsi in sindacato; ***financial ~*** sindacato finanziario; ***banking ~*** consorzio bancario; ***to be a member of a ~*** [*industrialist*] fare parte di un consorzio industriale; [*banker*] fare parte di un consorzio bancario **2** GIORN. *(agency)* associazione f. di agenzie di stampa; *(for cartoons)* associazione f. di studi di produzione **3** AE *(association) (of criminals)* associazione f. a delinquere; *(for lottery)* = gruppo di persone che si uniscono in consorzio per giocare a una lotteria; ***crime ~*** sindacato del crimine; ***drug(s) ~*** cartello della droga.

2.syndicate /ˈsɪndɪkeɪt/ tr. **1** GIORN. [*agency, person*] vendere a una catena di giornali [*column, photograph, comic strip*]; ***~d in over 50 newspapers*** pubblicato contemporaneamente su più di 50 giornali **2** AE RAD. TELEV. *(sell)* distribuire su licenza [*programme*] **3** *(assemble)* unire in sindacato [*workers*]; raggruppare in consorzio [*bankers*].

syndicated /sɪndɪˈkeɪtɪd/ **I** p.pass. → **2.syndicate II** agg. **1** GIORN. [*columnist*] d'agenzia **2** ECON. [*loan, shares*] consorziale.

syndication /ˈsɪndɪkeɪʃn/ n. costituzione f. in sindacato.

▷ **syndrome** /ˈsɪndrəʊm/ n. *(all contexts)* sindrome f.

syne /saɪn/ avv. SCOZZ. → **since**.

synecdoche /sɪˈnekdəkɪ/ n. sineddoche f.

synecology /sɪnɪˈkɒlədʒɪ/ n. BIOL. sinecologia f.

syneresis → **synaeresis**.

synergetic /sɪnəˈdʒetɪk/ agg. sinergico.

synergism /ˈsɪnədʒɪzəm/ n. sinergismo m.

synergist /ˈsɪnədʒɪst/ n. muscolo m. sinergico.

synergistic /sɪnəˈdʒɪstɪk/ agg. sinergico.

synergy /ˈsɪnədʒɪ/ n. sinergia f.

synizesis /sɪnɪˈziːsɪs/ n. (pl. **-es**) **1** MED. ANT. sinizesi f. **2** LING. sineresi f. **3** BIOL. sinizesi f.

synod /ˈsɪnəd/ n. sinodo m.; ***the General Synod*** il Sinodo Generale.

synodal /ˈsɪnədəl/ agg. sinodale.

synonym /ˈsɪnənɪm/ n. sinonimo m. (**of, for** di).

synonymity /sɪnəˈnɪmətɪ/ n. sinonimia f.

synonymous /sɪˈnɒnɪməs/ agg. sinonimo (**with** di).

synonymy /sɪˈnɒnəmɪ/ n. sinonimia f.

synopsis /sɪˈnɒpsɪs/ n. (pl. **-es**) *(of play, film, book)* sinossi f., sinopsi f.

synoptic /sɪˈnɒptɪk/ agg. sinottico.

synovia /saɪˈnəʊvɪə/ n. sinovia f.

synovial /saɪˈnəʊvɪəl/ agg. sinoviale.

synovitis /sɪnəˈvaɪtɪs/ ♦ ***11*** n. sinovite f.

syntactic(al) /sɪnˈtæktɪk(l)/ agg. [*accuracy, analysis, link*] sintattico; ***~ errors*** errori di sintassi.

syntactically /sɪnˈtæktɪklɪ/ avv. sintatticamente.

syntactics /sɪnˈtæktɪks/ n. + verbo sing. sintattica f.

syntagm /ˈsɪntæm/ → **syntagma**.

syntagma /sɪnˈtægmə/ n. (pl. **~s, -ata**) sintagma m.

syntagmatic /ˌsɪntægˈmætɪk/ agg. sintagmatico.

▷ **syntax** /ˈsɪntæks/ n. sintassi f.

synth /sɪnθ/ n. MUS. (accorc. synthesizer) sintetizzatore m.

▷ **synthesis** /ˈsɪnθəsɪs/ n. (pl. **-es**) *(all contexts)* sintesi f.

synthesize /ˈsɪnθəsaɪz/ tr. **1** CHIM. IND. produrre per sintesi, sintetizzare **2** LETTER. FILOS. *(fuse)* sintetizzare **3** ELETTRON. MUS. sintetizzare.

synthesizer /ˈsɪnθəsaɪzə(r)/ n. sintetizzatore m.

▷ **synthetic** /sɪnˈθetɪk/ **I** agg. **1** *(man-made)* sintetico **2** SPREG. *(false)* [*smile, emotion*] artificiale; [*smell, taste*] artificiale, di plastica **II** n. *(textile)* fibra f. sintetica; *(substance)* materiale m. sintetico.

synthetically /sɪnˈθetɪklɪ/ avv. sinteticamente.

synthetize /ˈsɪnθətaɪz/ → **synthesize**.

syntonize /ˈsɪntənaɪz/ tr. RAD. sintonizzare.

syntony /ˈsɪntənɪ/ n. sintonia f.

syphilis /ˈsɪfɪlɪs/ ♦ ***11*** n. sifilide f.

syphilitic /ˌsɪfɪˈlɪtɪk/ **I** agg. sifilitico **II** n. sifilitico m. (-a).

syphon → **siphon**.

Syracuse ♦ ***34*** n.pr. **1** /ˈsaɪərəkjuːz/ *(Sicilian town)* Siracusa f. **2** /ˈsɪrəkjuːz/ *(American town)* Syracuse f.

syren → **siren**.

Syria /ˈsɪrɪə/ ♦ ***6*** n.pr. Siria f.

Syriac /ˈsɪrɪək/ **I** agg. siriaco **II** n. *(language)* siriaco m.

Syrian /ˈsɪrɪən/ ♦ ***18, 14*** **I** agg. siriano **II** n. **1** *(person)* siriano m. (-a) **2** *(language)* siriano m.

syringa /sɪˈrɪŋgə/ n. BOT. siringa f.

1.syringe /sɪˈrɪndʒ/ n. siringa f.

2.syringe /sɪˈrɪndʒ/ tr. **1** MED. siringare [*wound*]; ***to have one's ears ~d*** farsi siringare il cerume dalle orecchie **2** siringare [*fruit, vegetables*] (**with** con).

syringes /sɪˈrɪndʒiːz/ → **syrinx**.

syringotomy /sɪrɪŋ'gɒtəmɪ/ n. siringotomia f.

syrinx /'sɪrɪŋks/ n. (pl. **~es**, **-inges**) **1** *(musical instrument)* siringa f. **2** ZOOL. siringe f. **3** ARCHEOL. = cunicolo scavato nella roccia.

syrtic /'sɜːtɪk/ agg. sirtico.

syrup /'sɪrəp/ n. *(all contexts)* sciroppo m.; ***cough*** **~** sciroppo per la tosse.

syrup of figs /ˌsɪrəpəv'fɪgz/ n. = lassativo a base di fichi.

syrupy /'sɪrəpɪ/ agg. sciropposo (anche FIG.).

▶ **system** /'sɪstəm/ n. **1** AMM. *(way of organizing)* sistema m., metodo m. (**for doing**, **to do** per fare); ***filing*** **~** metodo di classificazione; ***we need a*** **~** dobbiamo trovare un sistema; ***to lack*** **~** non avere metodo **2** INFORM. sistema m. **3** ECON. DIR. LING. FILOS. POL. *(set of principles)* sistema m.; ***banking, educational*** **~** sistema bancario, educativo **4** *(electrical, mechanical)* impianto m.; ***public address*** **~** sistema di altoparlanti; ***stereo*** **~** impianto stereo; ***braking*** **~** sistema frenante **5** POL. *(established structures)* ***the*** **~** il sistema; ***to work within the*** **~** muoversi all'interno del sistema; ***to beat the*** **~** sconfiggere il sistema **6** *(network)* rete f.; ***telephone, road*** **~** rete telefonica, stradale; ***traffic*** **~** rete di circolazione **7** ANAT. MED. *(digestive, respiratory)* apparato m.; *(nervous)* sistema m.; ***reproductive*** **~** apparato riproduttivo **8** FISIOL. *(human, animal)* organismo m.; ***to damage the*** **~** nuocere all'organismo; ***to get into the*** **~** penetrare nell'organismo; ***to get sth. out of one's*** **~** scrollarsi qcs. di dosso *o* eliminare qcs.; FIG. sfogarsi, togliersi un peso dallo stomaco **9** GEOGR. GEOL. METEOR. *(of features)* sistema m.; ***high-pressure*** **~** sistema di alta pressione; ***river*** **~** rete fluviale **10** CHIM. MAT. METROL. *(for classification, measurement)* sistema m.

▷ **systematic** /ˌsɪstə'mætɪk/ agg. **1** *(efficient)* [*person*] metodico; [*approach, training, planning*] regolare, che segue un metodo; [*method, way*] sistematico; ***to be*** **~** ***in*** essere metodico in **2** *(deliberate)* [*attempt, abuse, torture, destruction*] sistematico **3** BIOL. BOT. ZOOL. sistematico.

▷ **systematically** /ˌsɪstə'mætɪklɪ/ avv. **1** *(in ordered way)* [*list, work, process, study*] con metodo, metodicamente; [*arrange, construct*] in modo sistematico **2** *(deliberately)* [*destroy, undermine, spoil, cut*] sistematicamente.

systematics /sɪstə'mætɪks/ n. + verbo pl. sistematica f.

systematization /ˌsɪstəmətaɪ'zeɪʃn/ n. sistematizzazione f.

systematize /'sɪstəmətaɪz/ tr. sistematizzare.

systemic /sɪ'stemɪk/ **I** agg. **1** [*change*] strutturale, di sistema; [*collapse*] del sistema **2** FISIOL. [*poison, disease*] sistemico **3** AGR. [*pesticide, insecticide*] sistemico **4** LING. sistemico **II** n. insetticida m. sistemico.

systemic circulation /sɪˌstemɪkˌsɜːkjuː'leɪʃn/ n. circolazione f. sistemica.

systemic grammar /sɪˌstemɪk'græmə(r)/ n. grammatica f. sistemica.

systemic infection /sɪˌstemɪkɪn'fekʃn/ n. infezione f. sistemica.

systemless /'sɪstemlɪs/ agg. senza sistema, disordinato.

systems analysis /ˌsɪstemzə'nælɪsɪs/ n. analisi f. dei sistemi.

systems analyst /ˌsɪstemz'ænəlɪst/ ♦ *27* n. analista m. e f. dei sistemi.

systems design /ˌsɪstemzdɪ'zaɪn/ n. progettazione f. di sistemi.

systems disk /ˌsɪstemz'dɪsk/ n. disco m. di sistema.

systems diskette /ˌsɪstemzdɪ'sket/ n. dischetto m. di sistema.

systems engineer /ˌsɪstemzˌendʒɪ'nɪər/ ♦ *27* n. ingegnere m. dei sistemi.

systems engineering /ˌsɪstemzˌendʒɪ'nɪərɪŋ/ n. ingegneria f. dei sistemi.

system(s) software /ˌsɪstem(z)'sɒftweə(r), AE -'sɔː-/ n. software m. di sistema, software m. di base.

systems programmer /ˌsɪstemz'prəʊgræmə(r), AE -grəm-/ ♦ *27* n. programmatore m. (-trice) dei sistemi.

systems theory /ˌsɪstemz'θɪərɪ/ n. teoria f. dei sistemi.

systole /'sɪstəlɪ/ n. sistole f.

systolic /sɪ'stɒlɪk/ agg. sistolico.

systyle /'sɪstaɪl/ **I** agg. sistilo **II** n. sistilo m.

syzygy /'sɪzədʒɪ/ n. sizigia f.

t

t, T /tiː/ n. *(letter)* t, T m. e f. ◆ ***it suits me to a T*** [*job, situation*] è fatto su misura per me; [*garment, role*] mi va a pennello; ***that's Robert to a T*** è tale e quale a Robert; *(physically)* è Robert sputato.
t. ⇒ tempo tempo (t).
ta /tɑː/ inter. BE COLLOQ. grazie.
TA n. **1** BE (⇒ Territorial Army) = comando militare territoriale **2** (⇒ transactional analysis) = analisi transazionale **3** AE UNIV. (⇒ teaching assistant) = assistente universitario.
▷ **1.tab** /tæb/ n. **1** *(on garment) (decorative)* patta f.; *(loop)* passante m.; BE *(on military uniform)* mostrina f.; BE *(on shoelace)* puntale m. **2** *(on can)* linguetta f. **3** *(on files)* cavalierino m. **4** *(for identification)* etichetta f. **5** AER. *(on wing etc.)* aletta f. (di compensazione) **6** AE *(bill)* conto m.; ***to pick up the ~*** pagare (il conto) **7** COLLOQ. *(tablet)* compressa f. **8** COLLOQ. *(cigarette)* cicca f. ◆ ***to keep ~s on sb., sth.*** COLLOQ. tenere d'occhio qcn., qcs.
2.tab /tæb/ tr. (forma in -ing ecc. **-bb-**) **1** *(label)* etichettare [*garment, file*] **2** AE *(single out)* selezionare.
3.tab /tæb/ **I** n. (accorc. tabulator) **1** INFORM. *(machine)* tabulatrice f. **2** *(of word processor, typewriter) (device)* tabulatore m.; *(setting)* ***to set ~s*** impostare i tabulatori **II** modif. (accorc. tabulator) [*character, stop*] del tabulatore; ***~ key*** tabulatore, tab.
4.tab /tæb/ tr. (forma in -ing ecc. **-bb-**) (accorc. tabulate) tabulare, incolonnare.
5.tab /tæb/ n. TEATR. (accorc. tableau curtain) = sipario a scorrimento laterale.
TAB n. (⇒ typhoid-paratyphoid A and B (vaccine)) = vaccino tifoparatifo A e B.
tabagism /ˈtæbədʒɪzəm/ ♦ ***11*** n. tabagismo m.
tabard /ˈtæbəd/ n. cotta f. d'arme.
tabaret /ˈtæbərɪt/ n. = stoffa a strisce di raso e seta marezzata per tappezzerie.
Tabasco® /təˈbæskəʊ/ n. tabasco m.
tabby (cat) /ˈtæbɪ(kæt)/ n. gatto m. tigrato, gatto m. soriano.
1.tabernacle /ˈtæbənækl/ n. **1** BIBL. RELIG. tabernacolo m. **2** AE *(church)* chiesa f.
2.tabernacle /ˈtæbənækl/ **I** tr. *(place in a tabernacle)* mettere in un tabernacolo **II** intr. RAR. *(dwell temporarily)* dimorare temporaneamente.
tabernacular /tæbəˈnækjuːlə(r)/ agg. di tabernacolo.
tabes /ˈteɪbiːz/ n. (pl. ~) tabe f.
tabescent /təˈbesnt/ n. tabetico m. (-a).
Tabitha /ˈtæbɪθə/ n.pr. Tabitha (nome di donna).
tablature /ˈtæblətʃə(r)/ n. intavolatura f.
▶ **1.table** /ˈteɪbl/ n. **1** *(piece of furniture)* tavolo m., tavola f.; ***garden, kitchen ~*** tavolo da giardino, tavolo da cucina; ***at ~*** a tavola; ***to lay*** o ***set the ~*** preparare la tavola; ***to put sth. on the ~*** FIG. BE *(propose)* avanzare [*proposal, offer*]; AE *(postpone)* rinviare, aggiornare [*proposal, offer*]; ***the proposal is now on the ~*** BE si sta vagliando la proposta; ***the offer is still on the ~*** l'offerta è ancora valida; ***the UN is trying to get the warring parties round the ~*** l'ONU sta cercando di fare sedere i partiti in conflitto attorno al tavolo dei negoziati; ***he keeps a good ~*** FIG. da lui si mangia bene **2** *(list)* tavola f., tabella f.; ***to present sth. in ~ form*** presentare qcs. in forma di tabella **3** MAT. tabellina f.; ***the six-times ~*** la tabellina del sei; ***to learn one's ~s*** imparare le tabelline; ***conversion ~*** tavola di conversione; ***multiplication ~*** tavola pitagorica **4** SPORT (anche **league ~**) classifica f.; ***to be at the top, bottom of the ~*** essere in cima, in fondo alla classifica **5** GEOGR. tavoliere m., tavolato m. **6** STOR. *(tablet)* tavola f.; ***the Tables of the Law*** le Tavole della Legge ◆ ***I can drink you under the ~*** reggo l'alcol meglio di te; ***she drank everyone under the ~*** ha bevuto tantissimo, ma alla fine era l'unica che si reggeva ancora in piedi; ***to do sth. under the ~*** fare qcs. sottobanco; ***to turn the ~s on sb.*** cambiare le carte in tavola a danno di qcn.; ***to lay*** o ***put one's cards on the ~*** mettere le carte in tavola.
2.table /ˈteɪbl/ tr. **1** BE *(present)* presentare [*bill, amendment, proposal*]; ***to ~ sth. for discussion*** mettere qcs. in discussione **2** AE *(postpone)* rinviare, aggiornare [*motion, bill, amendment*].
tableau /ˈtæbləʊ/ n. (pl. **~x**, **~s**) **1** TEATR. (anche **~ vivant**) tableau m. vivant **2** *(scene)* quadro m.
tablecloth /ˈteɪblklɒθ, AE -klɔːθ/ n. tovaglia f.
table d'hôte /ˌtɑːblˈdəʊt/ agg. [*meal*] a prezzo fisso; ***a ~ dinner*** un table d'hôte.
table football /ˈteɪblˌfʊtbɔːl/ ♦ ***10*** n. calcetto m., calcio-balilla m.
tableful /ˈteɪblfʊl/ n. tavolata f.
table-hop /ˈteɪblhɒp/ intr. AE = girare fra i tavoli (per chiacchierare).
table lamp /ˈteɪblˌlæmp/ n. lampada f. da tavolo.
tableland /ˈteɪblˌlænd/ n. GEOGR. tavolato m., altopiano m.
table leg /ˈteɪblˌleg/ n. gamba f. del tavolo.
table linen /ˈteɪblˌlɪnən/ n. biancheria f. da tavola.
table manners /ˈteɪblˌmænəz/ n.pl. ***to have good, bad ~*** comportarsi bene, male a tavola.
table mat /ˈteɪblmæt/ n. *(under plate)* tovaglietta f.; *(under serving dish)* sottopiatto m.
table money /ˈteɪblˌmʌnɪ/ n. MIL. = indennità data agli alti ufficiali per spese di rappresentanza.
Table Mountain /ˌteɪblˈmaʊntɪn, AE -ntn/ n.pr. **1** *(mountain)* Montagna f. della Tavola **2** *(constellation)* Mensa f., Montagna f. della Tavola.
table napkin /ˈteɪblˌnæpkɪn/ n. tovagliolo m.
table salt /ˈteɪblsɔːlt/ n. sale m. fino, sale m. da tavola.
tablespoon /ˈteɪblspuːn/ n. **1** *(object)* cucchiaio m. da tavola **2** METROL. GASTR. (anche **~ful**) cucchiaio m., cucchiaiata f. (GB = 18 ml, US = 15 ml).
▷ **tablet** /ˈtæblɪt/ n. **1** *(medicine)* compressa f., pastiglia f. (**for** per); ***sleeping ~s*** sonniferi **2** *(commemorative)* targa f. (commemorativa), lapide f. **3** ARCHEOL. *(for writing)* tavoletta f. **4** *(bar) (of chocolate)* tavoletta f.; ***a ~ of soap*** una saponetta **5** INFORM. *(pad)* mouse pad m., tappetino m. (per il mouse) **6** AE *(writing pad)* blocchetto m., bloc-notes m. **7** *(detergent block)* pastiglia f.; ***dishwasher ~s*** pastiglie per lavastoviglie ◆ ***engraved in ~s of stone*** = che non può essere cambiato né dimenticato.
table talk /ˈteɪbltɔːk/ n. = discorsi che si fanno a tavola.

table tennis /ˈteɪbl̩ˌtenɪs/ ❥ *10* **I** n. tennis m. (da) tavolo, ping-pong m. **II table-tennis** modif. [*player*] di ping-pong; [*bat, table*] da ping-pong.
table top /ˈteɪbltɒp/ n. piano m. del tavolo.
tablet PC /ˌtæblətpiːˈsiː/ n. tablet (PC) m.
table-turning /ˈteɪblˌtɜːnɪŋ/ n. = (il) muoversi del tavolino durante una seduta spiritica.
tableware /ˈteɪblweə(r)/ n. vasellame m., stoviglie f.pl.
table wine /ˈteɪblˌwaɪn/ n. vino m. da tavola.
tabling /ˈteɪblɪŋ/ n. **1** ARCH. = (costruzione di un) cornicione o altra struttura orizzontale **2** MAR. guaina f., orlo m. rinforzato (di vela).
▷ **tabloid** /ˈtæblɔɪd/ **I** n. **1** (anche ~ **newspaper**) SPREG. giornale m. popolare, giornale m. scandalistico, tabloid m.; ***the ~s*** la stampa scandalistica **2** *(format)* tabloid m. **II** modif. **1** SPREG. [*journalism, press journalist*] scandalistico **2** [*format, size*] tabloid.
1.taboo /təˈbuː/ **I** n. **1** tabù m.; ***there's a ~ on discussing sex*** parlare di sesso è tabù **2** ANTROP. tabù m. (**on** di) **II** agg. [*word, subject, function*] tabù.
2.taboo /təˈbuː/ tr. interdire, vietare.
1.tabour /ˈteɪbɔː(r)/ ❥ *17* n. tamburello m.
2.tabour /ˈteɪbɔː(r)/ intr. suonare il tamburello.
tabouret /ˈtæbərɪt/ n. sgabello m.
tabu → **1.taboo, 2.taboo**.
tabular /ˈtæbjʊlə(r)/ agg. tabulare.
tabulate /ˈtæbjʊleɪt/ tr. **1** *(present)* presentare in forma di tabella [*figures, data, results*] **2** *(in typing)* tabulare.
tabulation /ˌtæbjʊˈleɪʃn/ n. **1** *(of data, results)* disposizione f. in tabelle **2** *(in typing)* tabulazione f.
tabulator /ˈtæbjʊleɪtə(r)/ n. **1** *(device) (on typewriter, computer)* tabulatore m. **2** *(person)* = chi fa tabulazioni.
tache /tæʃ, tɑːʃ/ n. BE COLLOQ. baffi m.pl.
tacheometer /ˌtækeɪˈɒmɪtə(r)/ n. tacheometro m.
tacheometry /təˈkɒmɪtrɪ/ n. tacheometria f.
tachograph /ˈtækəgrɑːf, AE -græf/ n. AUT. tachigrafo m.
tachygrapher /tæˈkɪgrəfə(r)/ n. STOR. tachigrafo m.
tachygraphical /tækɪˈgrɑːfɪkl, AE -ˈgræf-/ agg. tachigrafico.
tachygraphy /təˈkɪgrəfɪ/ n. STOR. tachigrafia f.
tachometer /təˈkɒmɪtə(r)/ n. *(to measure the speed)* tachimetro m.; *(to measure revolutions per minute)* contagiri m.
tachycardia /ˌtækɪˈkɑːdɪə/ n. tachicardia f.
tachycardiac /ˌtækɪˈkɑːdɪæk/ agg. tachicardico.
tachymeter /təˈkɪmɪtə(r)/ n. tacheometro m.
tachymetry /təˈkɪmɪtrɪ/ n. tacheometria f.
tachyon /ˈtækɪɒn/ n. tachione m.
tacit /ˈtæsɪt/ agg. **1** tacito; ***by ~ agreement*** per tacito accordo **2** LING. ***~ knowledge*** conoscenza implicita della lingua.
tacitly /ˈtæsɪtlɪ/ avv. tacitamente.
taciturn /ˈtæsɪtɜːn/ agg. taciturno.
taciturnity /ˌtæsɪˈtɜːnətɪ/ n. taciturnità f.
taciturnly /ˈtæsɪtɜːnlɪ/ avv. in modo taciturno, taciturnamente.
Tacitus /ˈtæsɪtəs/ n.pr. Tacito.
1.tack /tæk/ n. **1** *(nail)* chiodo m., bulletta f. **2** AE *(drawing pin)* puntina f. (da disegno) **3** *(approach)* approccio m., tattica f.; ***to take*** o ***try another ~*** tentare un approccio diverso; ***to change ~*** cambiare tattica **4** MAR. bordata f.; ***a ~ to port, starboard*** una bordata a babordo, tribordo; ***on the port, starboard ~*** con le mure a babordo, a tribordo **5** EQUIT. bardatura f., finimenti m.pl. **6** SART. *(stitch)* punto m. di imbastitura.
2.tack /tæk/ **I** tr. **1** *(nail)* ***to ~ sth. to*** inchiodare *o* attaccare qcs. a [*wall, door*]; ***to ~ sth. down*** fissare qcs. con dei chiodi *o* delle bullette **2** SART. imbastire **II** intr. [*sailor*] fare una virata di bordo; [*yacht*] virare di bordo; ***to ~ to port, starboard*** [*sailor*] fare una virata di babordo, di tribordo; [*yacht*] virare a babordo, a tribordo; ***they ~ed towards the mainland*** hanno virato verso la terraferma.
■ **tack on:** ***~ [sth.] on, ~ on [sth.]*** SART. imbastire [qcs.]; FIG. aggiungere [*clause, ending, building*] (**to** a).
■ **tack up:** ***~ [sth.] up, ~ up [sth.]*** appendere [*poster*].
tack hammer /ˈtækˌhæmə(r)/ n. martello m. da tappezziere.
tackiness /ˈtækɪnɪs/ n. **1** *(quality of being slightly adhesive)* viscosità f. **2** *(cheapness)* grossolanità f., cattivo gusto m.
tacking /ˈtækɪŋ/ n. SART. imbastitura f.
tacking stitch /ˈtækɪŋˌstɪtʃ/ n. punto m. di imbastitura.
tacking thread /ˈtækɪŋˌθred/ n. filo m. per imbastire.
1.tackle /ˈtækl/ n. **1** SPORT *(in soccer, hockey)* tackle m. (**on** su); *(in rugby, American football)* placcaggio m. (**on** su) **2** *(equipment)* equipaggiamento m., attrezzatura f.; *(for fishing)* attrezzatura f. da pesca **3 U** MAR. TECN. *(on ship)* attrezzatura f.; *(for lifting)* paranco m.
▷ **2.tackle** /ˈtækl/ **I** tr. **1** *(handle)* affrontare [*task, problem, subject, challenge*]; cercare di dominare [*fire*]; buttarsi su [*food*]; ***to ~ sth. head-on*** prendere qcs. di petto **2** *(confront)* ***to ~ sb.*** confrontarsi con qcn.; ***to ~ sb. about*** affrontare con qcn. [*subject, grievance, problem*] **3** SPORT *(intercept) (in soccer, hockey)* contrastare, fare un tackle su, entrare in tackle su [*player*]; *(in rugby, American football)* placcare **4** *(take on)* [*person*] afferrare, acciuffare [*intruder, criminal*] **II** intr. *(in soccer, hockey)* fare un tackle; *(in rugby, American football)* fare un placcaggio.
tackle block /ˈtæklblɒk/ n. bozzello m.
tackler /ˈtæklə(r)/ n. *(in rugby)* placcatore m.; *(in soccer)* incontrista m.
tackling /ˈtæklɪŋ/ n. *(in rugby)* placcaggio m.; *(in soccer)* tackle m.
tack room /ˈtækruːm/ n. selleria f.
1.tack weld /ˈtækweld/ n. punto m. di saldatura.
2.tack weld /ˈtækweld/ tr. saldare a punti.
tack welding /ˌtækˈweldɪŋ/ n. saldatura f. a punti.
▷ **tacky** /ˈtækɪ/ agg. **1** *(sticky)* [*surface, putty*] appiccicoso; ***the paint is still ~*** la vernice è ancora fresca **2** COLLOQ. SPREG. [*place*] squallido; [*garment, object*] pacchiano; [*remark*] di cattivo gusto; [*person*] sciatto, trasandato.
taco /ˈtɑːkəʊ/ n. (pl. **~s**) taco m.
tact /tækt/ n. tatto m.; ***to have ~*** avere tatto; ***to have the ~ to do*** avere l'accortezza di fare.
tactful /ˈtæktfl/ agg. [*person*] pieno di tatto; [*reply, words, letter, intervention, suggestion*] garbato; [*enquiry*] discreto; [*attitude, approach*] diplomatico; ***be a bit more ~*** cerca di avere un po' più di tatto; ***to be ~ with sb.*** trattare qcn. con tatto; ***it wasn't very ~ to laugh*** non è stato molto educato mettersi a ridere.
tactfully /ˈtæktfəlɪ/ avv. [*say, behave, reply, refuse*] con tatto; [*ask, enquire*] con diplomazia; [*decide, refuse, refrain*] diplomaticamente; [*worded, phrased, called*] con tatto.
tactfulness /ˈtæktfəlnɪs/ n. tatto m.
tactic /ˈtæktɪk/ **I** n. (anche **~s**) *(stratagem)* tattica f., stratagemma m.; ***a delaying, scare ~*** una tattica dilatoria, allarmistica; ***bullying, questionable ~s*** metodi brutali, discutibili; ***to change ~s*** cambiare tattica; ***his ~ of doing, his ~s of doing*** la sua tattica di fare; ***strong-arm ~s*** SPREG. le maniere forti **II tactics** n.pl. + verbo sing. MIL. tattica f.sing.
tactical /ˈtæktɪkl/ agg. *(all contexts)* tattico.
tactically /ˈtæktɪklɪ/ avv. [*astute, sound, unwise, successful*] tatticamente; [*vote, proceed*] secondo una tattica; ***~ the plan was perfect*** dal punto di vista tattico il piano era perfetto.
tactical voting /ˌtæktɪklˈvəʊtɪŋ/ n. votazione f. tattica.
tactician /tækˈtɪʃn/ n. tattico m.
tactile /ˈtæktaɪl, AE -tl/ agg. tattile.
tactile feedback /ˌtæktaɪlˈfiːdbæk, AE -tl-/ n. feedback m., retroazione f. tattile.
tactile keyboard /ˌtæktaɪlˈkiːbɔːd, AE -tl-/ n. tastiera f. braille.
tactility /ˈtæktɪlətɪ/ n. tattilità f.
tactless /ˈtæktlɪs/ agg. [*person*] importuno, privo di tatto; [*suggestion, attitude, behaviour*] indelicato; [*question, enquiry*] indiscreto; [*reply, words*] poco diplomatico; ***it was ~ of him, her to do*** è stato indelicato da parte sua fare.
tactlessly /ˈtæktlɪslɪ/ avv. [*say, behave, ask*] senza tatto; [*worded, phrased, expressed*] in modo indelicato.
tactlessness /ˈtæktlɪsnɪs/ n. mancanza f. di tatto.
tactual /ˈtæktjʊəl/ agg. tattile.
tad /tæd/ n. AE COLLOQ. **1** *(quantity)* ***a ~*** un pochino **2** *(child)* bimbetto m., bambinetto m.
tadpole /ˈtædpəʊl/ n. girino m.
Tadzhik /ˈtɑːdʒɪk/ ❥ *18* **I** agg. tagiko **II** n. tagiko m. (-a).
Tadzhiki /tɑːˈdʒɪkiː/ ❥ *14* n. tagiko m.
Tadzhikistan /tɑːˌdʒɪkɪˈstɑːn/ ❥ *6* n.pr. Tagikistan m.
ta'en /ˈteɪn/ p.pass. → **taken**.
taenia /ˈtiːnɪə/ n. (pl. **~s, -ae**) tenia f.
taffeta /ˈtæfɪtə/ **I** n. taffettà m. **II** modif. [*dress, gown, curtains*] di taffettà.
taffrail /ˈtæfreɪl/ n. MAR. coronamento m., ringhiera f. di coronamento.
taffy /ˈtæfɪ/ n. AE → **toffee**.
Taffy /ˈtæfɪ/ n. BE COLLOQ. SPREG. gallese m.
tafia /ˈtæfɪə/ n. ratafià m.
▷ **1.tag** /tæg/ n. **1** *(label) (on goods)* etichetta f., cartellino m.; *(on luggage)* targhetta f.; *(on cat, dog)* medaglietta f.; *(on file)* cavalierino m., targhetta f. segnaletica; ***luggage ~*** targhetta per valige; ***name ~*** etichetta con il nome; ***price ~*** cartellino del prezzo; ***to put a ~ on sth.*** applicare una targhetta a [*suitcase*]; mettere un'etichetta

di riconoscimento su [*coat*] **2** *(for hanging)* laccetto m.; ***hang the coat up by the ~*** appendi il cappotto per il laccetto **3** LING. → **tag question** **4** *(quotation)* citazione f.; *(hackneyed)* frase f. fatta, luogo m. comune; ***a Latin ~*** una citazione latina **5** *(signature)* *(graffitists' slang)* tag f. **6** DIR. ***electronic ~*** bracciale elettronico **7** AE COLLOQ. *(registration plate)* targa f. (automobilistica) **8** *(name)* etichetta f.; ***his work earned him the ~ "subversive"*** la sua opera gli ha valso l'etichetta di sovversivo **9** *(on shoelace)* puntale m., aghetto m. **10** INFORM. nome m. convenzionale, etichetta f.

2.tag /tæg/ **I** tr. (forma in -ing ecc. **-gg-**) **1** *(label)* etichettare, mettere un cartellino a [*goods*]; cifrare, mettere un'etichetta su [*clothing*]; mettere un cavalierino su [*file*] **2** DIR. applicare un bracciale elettronico a [*criminal*] **3** *(name)* etichettare, bollare; ***the film, novel was ~ged "surreal"*** il film, il romanzo è stato etichettato come surreale **4** AE COLLOQ. AUT. mettere una multa su [*car*]; ***he was ~ged for speeding*** è stato multato per eccesso di velocità **5** INFORM. etichettare [*data item*] **6** *(follow)* [*spy*] pedinare [*secret agent*] **7** AE *(in baseball)* → **tag out** **II** intr. (forma in -ing ecc. **-gg-**) **1** *(follow)* ***to ~ after*** seguire [*person*]; [*detective*] stare alle calcagna di [*suspect*].

▪ **tag along** seguire passo passo; ***to ~ along behind*** o ***after sb.*** andare dietro a qcn. *o* aggregarsi (senza invito).

▪ **tag on:** ***~ on*** [*person*] aggregarsi, accodarsi; ***whenever I go out, he ~s on*** tutte le volte che esco, lui si aggrega; ***~ [sth.] on*** aggiungere [*paragraph, phrase*]; ***to ~ sth. onto sth.*** attaccare qcs. a qcs. [*label, note*].

▪ **tag out** AE ***~ [sb.] out*** *(in baseball)* mettere fuori campo qcn., eliminare qcn.

3.tag /tæg/ n. pecora f. di due anni.

4.tag /tæg/ n. GIOC. chiapparello m.; ***to play ~*** giocare a chiapparello.

5.tag /tæg/ tr. (forma in -ing ecc. **-gg-**) GIOC. toccare [qcn.] giocando a chiapparello [*player*].

Tagalog /tə'gɑ:lɒg/ ➧ ***14*** **I** agg. tagalog **II** n. **1** *(person)* tagalog m. e f. **2** *(language)* tagalog m.

tag board /'tægbɔ:d/ n. = cartoncino rigido usato per fare etichette.

tag day /'tægdeɪ/ n. US = giorno in cui si vendono stemmi, bandierine ecc. per beneficenza.

tag end /'tægend/ n. AE resto m., rimanente m.

tagging /'tægɪŋ/ n. **1** DIR. ***electronic ~ (of criminals)*** applicazione di un braccialetto elettronico (ai criminali) **2** INFORM. etichettatura f. **3** *(graffitist's slang)* = decorazione di un edificio, di un muro ecc. con graffiti.

tagliatelle /ˌtæljə'telɪ, ˌtæglɪə'telɪ/ n. **U** tagliatelle f.pl.

tag line /'tæglaɪn/ n. *(of entertainer)* battuta f. finale; *(in play)* ultima battuta f.; *(of poem)* ultimo verso m.

tagmeme /'tægmi:m/ n. tagmema m.

tagmemics /tæg'mi:mɪks/ n. + verbo sing. tagmemica f.

tag question /'tægˌkwestʃn/ n. LING. = breve domanda retorica in coda alla frase principale.

Tagus /'teɪgəs/ ➧ ***25*** n.pr. ***the ~*** il Tago.

tag wrestler /'tægˌreslə(r)/ n. = lottatore di wrestling a coppie.

tag wrestling /'tægˌreslɪŋ/ ➧ ***10*** n. SPORT wrestling m. a coppie.

tahini /tə'hi:ni:/, **tahina** /tə'hi:nə/ n. tahina f.

Tahiti /tɑ:'hi:tɪ/ ➧ ***12*** n.pr. Tahiti m.; ***in, to ~*** a Tahiti.

Tahitian /tə'hi:ʃn/ **I** agg. tahitiano **II** n. tahitiano m. (-a).

t'ai chi (ch'uan) /'taɪdʒi:('tʃwɑ:n)/ n. tai chi (chuan) m.

taiga /'taɪgə/ n. taiga f.

▷ **1.tail** /teɪl/ **I** n. **1** ZOOL. *(of mammal, bird, fish)* coda f. **2** *(end piece)* *(of aircraft, comet, kite)* coda f.; ***at the ~ of the procession*** in coda al corteo **3** COLLOQ. *(police observer)* ***to put a ~ on sb.*** fare pedinare qcn. **4** COLLOQ. *(buttocks)* didietro m., sedere m. **II tails** n.pl. **1** *(tailcoat)* frac m.sing., marsina f.sing.; ***wearing ~s*** in frac; ***white tie and ~s*** *(on invitations)* cravatta bianca **2** *(of coin)* rovescio m.sing., croce f.sing.; ***heads or ~s?*** testa o croce? ***~s you win*** se esce croce vinci tu **III -tailed** agg. in composti fornito di coda, caudato; ***long-~ed*** dalla coda lunga; ***bob~ed*** dalla coda mozza ◆ ***I can't make head (n)or ~ of this*** non riesco a venire a capo di tutto questo; ***we couldn't make head or ~ of his reply*** a noi la sua risposta è sembrata senza capo né coda; ***to be on sb.'s ~*** essere alle calcagna di qcn. *o* essere sulle tracce di qcn.; ***to go off with one's ~ between one's legs*** andarsene con la coda fra le gambe; ***to turn ~*** SPREG. darsela a gambe.

2.tail /teɪl/ tr. COLLOQ. pedinare, seguire [*suspect, car*] (**to** fino a); ***we're being ~ed*** ci stanno seguendo.

▪ **tail away** *(fade)* [*voice, noise*] affievolirsi, smorzarsi; ***her voice ~ed away to a whisper*** la sua voce si abbassò fino a diventare un sussurro.

▪ **tail back** BE ***to ~ back from*** [*traffic jam*] partire da; ***to ~ back to*** [*traffic jam*] arrivare fino a; ***the traffic ~s back for miles*** c'è una coda (di auto) lunga diverse miglia.

▪ **tail off** **1** *(reduce)* [*percentage, figures, demand*] calare, diminuire; [*acceleration*] diminuire **2** *(fade)* [*remarks*] cessare; [*voice*] affievolirsi; ***he ~ed off into silence*** smise poco a poco di parlare.

tail assembly /ˌteɪlə'semblɪ/ n. impennaggio m.

tailback /'teɪlbæk/ n. BE coda f. di auto, incolonnamento m.

tailboard /'teɪlbɔ:d/ n. *(of cart, lorry)* sponda f. posteriore ribaltabile.

tailbone /'teɪlbəʊn/ n. coccige m.

tailcoat /ˌteɪl'kəʊt/ n. frac m., marsina f.

tail end /ˌteɪl'end/ n. **1** *(last piece)* *(of joint, roast)* ultimo pezzo m.; *(of film, conversation)* parte f. finale, finale m.; ***to catch the ~ of the film*** vedere gli ultimi minuti del film **2** COLLOQ. *(buttocks)* didietro m., sedere m.

tail feather /'teɪlˌfeðə(r)/ n. penna f. timoniera.

tail fin /'teɪlfɪn/ n. pinna f. caudale.

1.tailgate /'teɪlgeɪt/ n. *(of cart, lorry)* sponda f. posteriore ribaltabile; *(of car)* portellone m. posteriore.

2.tailgate /'teɪlgeɪt/ **I** tr. COLLOQ. [*car*] stare incollato a, stare sotto a [*car*] **II** intr. AE COLLOQ. ***do not ~*** non starmi troppo attaccato *o* non stare troppo sotto (con la macchina).

tailgate party /ˌteɪlgeɪt'pɑ:tɪ/ n. AE = picnic improvvisato accanto a una macchina posteggiata, usando come tavolo il portellone posteriore.

tail-heavy /ˌteɪl'hevɪ/ agg. [*aircraft*] appoppato.

tailing /'teɪlɪŋ/ **I** n. **1** EDIL. = parte incassata nel muro di un mattone in aggetto **2** COLLOQ. *(act of following closely)* pedinamento m. **II tailings** n.pl. **1** *(grain of inferior quality)* = grano di qualità scadente **2** *(leavings)* scarti m., residui m.

tailless /'teɪllɪs/ agg. senza coda.

taillight /'teɪllaɪt/ n. *(of train)* fanalino m. di coda; *(of car)* luce f. posteriore; *(of ship)* fanale m. di coronamento.

tail-off /'teɪlɒf, AE -'ɔ:f/ n. diminuzione f., calo m. (**in** di).

1.tailor /'teɪlə(r)/ ➧ ***27*** n. sarto m. (-a).

2.tailor /'teɪlə(r)/ tr. spesso passivo **1** *(adapt)* ***to ~ sth. to*** adattare qcs. a [*needs, requirements, circumstances, person*]; ***to ~ sth. for*** fare qcs. su misura per [*user, market*]; ***a programme ~ed to meet specific needs*** un programma creato appositamente per rispondere a bisogni specifici **2** *(make)* confezionare.

tailorbird /'teɪləbɜ:d/ n. uccello m. sarto.

tailored /'teɪləd/ **I** p.pass. → **2.tailor** **II** agg. [*garment*] di sartoria.

tailoring /'teɪlərɪŋ/ n. **1** *(workmanship)* sartoria f. **2** *(occupation)* lavoro m. di sarto **3** *(sewing)* confezione f. **4** *(cut, style)* taglio m.

tailor-made /ˌteɪlə'meɪd/ agg. **1** *(perfectly suited)* [*scheme, solution, system, mortgage, training*] (fatto) su misura; ***to be ~ for sth., sb.*** [*machine, system, building, course*] essere fatto su misura per qcs., qcn.; ***the part is ~ for her*** la parte sembra scritta apposta per lei **2** *(made to measure)* [*suit, jacket*] (fatto) su misura.

tailor's chalk /'teɪləzˌtʃɔ:k/ n. pietra f. da sarto.

tailor's dummy /'teɪləzˌdʌmɪ/ n. manichino m.

tailor's tack /'teɪləzˌtæk/ n. imbastitura f.

tailpiece /'teɪlpi:s/ n. **1** *(decoration in book)* finale m., finalino m. **2** MUS. *(on viola, violin)* cordiera f. **3** *(extension)* estremità f.

tailpipe /'teɪlpaɪp/ n. AE tubo m. di scappamento.

tailplane /'teɪlpleɪn/ n. stabilizzatore m.

tailrace /'teɪlreɪs/ n. canale m. di scarico.

tail rotor /'teɪlrəʊtə(r)/ n. = rotore ausiliario che serve a controbilanciare il rotore principale.

tail section /'teɪlsekʃən/ n. AER. parte f. posteriore.

tail shaft /'teɪlʃɑ:ft, AE -ʃæft/ n. = in un motore a elica, la sezione di albero motore più prossima all'elica stessa.

tailskid /'teɪlskɪd/ n. pattino m. di coda.

tailspin /'teɪlspɪn/ n. **1** AER. avvitamento m.; ***to go into a ~*** avvitarsi **2** FIG. *(recession)* crollo m.; ***to be in a ~*** essere in tilt.

tailstock /'teɪlstɒk/ n. contropunta f.

tail wheel /'teɪlwi:l, AE -hwi:l/ n. rotino m. di coda.

tail wind /'teɪlwɪnd/ n. vento m. a favore.

tain /teɪn/ n. amalgama m. per specchi.

1.taint /teɪnt/ n. **1** *(defect)* *(of crime, corruption, cowardice, heresy)* macchia f.; *(of insanity)* tara f. **2** *(trace)* *(of contamination, infection, bias)* traccia f.

2.taint /teɪnt/ tr. **1** *(sully)* macchiare [*reputation*]; infangare [*public figure, organization*]; intaccare [*lineage*]; alterare [*motive*]; falsare [*opinion*] **2** *(poison)* contaminare [*air, water*]; guastare [*meat, food*].

tainted /ˈteɪntɪd/ I p.pass. → **2.taint** II agg. 1 *(poisoned)* [*meat, foodstuffs*] avariato, guasto; [*water, air*] contaminato (**with** da) 2 *(sullied)* [*reputation*] macchiato; [*organization*] infangato; [*opinion*] falsato (**with** da); [*motives*] losco; [*money*] sporco.
taintless /ˈteɪntlɪs/ agg. puro, senza macchia.
taipan /ˈtaɪpæn/ n. taipan m.
Taiwan /taɪˈwɑːn/ ♦ *12* n.pr. Taiwan m.
Taiwanese /ˌtaɪwəˈniːz/ I agg. taiwanese II n. (pl. ~) taiwanese m. e f.
Tajik → **Tadzhik**.
Tajiki → **Tadzhiki**.
Tajikistan → **Tadzhikistan**.
1.take /teɪk/ n. 1 CINEM. ripresa f.; ***"it's a ~!"*** "buona!" 2 PESC. VENAT. *(of fish)* pesca f.; *(of game)* carniere m. 3 COLLOQ. COMM. *(amount received)* incasso m. ♦ ***to be on the ~*** COLLOQ. prendere bustarelle.
▶ **2.take** /teɪk/ I tr. (pass. **took**; p.pass. **taken**) 1 *(take hold of)* prendere [*object, money*]; ***to ~ sb. by the arm, hand*** prendere qcn. per il braccio, per (la) mano; ***to ~ sb. by the throat*** afferrare qcn. alla gola *o* prendere qcn. per il collo; ***to ~ sb.'s arm*** prendere qcn. sottobraccio; ***to ~ sb.'s hand*** prendere la mano a qcn.; ***to ~ sth. from*** prendere qcs. da [*shelf, table*]; prendere qcs. in [*drawer, box*]; ***to ~ sth. out of sth.*** tirare fuori qcs. da qcs.; ***the passage is taken from his latest book*** il brano è tratto dal suo ultimo libro 2 *(use violently)* ***to ~ a knife, an axe to sb.*** vibrare coltellate, menare colpi d'ascia contro qcn. 3 *(have by choice)* fare [*bath, shower*]; fare, prendersi [*holiday*]; ***to ~ lessons*** prendere lezioni (**in** di); ***we ~ a newspaper, three pints of milk every day*** prendiamo il giornale, tre pinte di latte ogni giorno; ***we ~ the Gazette*** compriamo *o* prendiamo la Gazette; ***I'll ~ some apples, please*** vorrei delle mele, per favore; ***~ a seat!*** accomodatevi! ***to ~ a wife, a husband*** ANT. prendere moglie, prendere marito 4 *(carry along)* portare, accompagnare [*person*]; portare [*object*]; ***to ~ sb. to school, to work, to the hospital*** accompagnare qcn. a scuola, al lavoro, all'ospedale; ***to ~ a letter, a cheque to the post office*** portare una lettera, un assegno all'ufficio postale; ***to ~ chairs into the garden*** portare delle sedie in giardino; ***to ~ the car to the garage*** portare la macchina dal meccanico; ***the book? he's taken it with him*** il libro? se l'è portato dietro; ***to ~ sb. sth., to ~ sth. to sb.*** portare qcs. a qcn.; ***to ~ sb. dancing, swimming*** portare qcn. a ballare, a nuotare; ***to ~ sth. upstairs, downstairs*** portare qcs. di sopra, di sotto; ***you can't ~ him anywhere!*** SCHERZ. non puoi portarlo da nessuna parte! non si può andare in giro con uno così! 5 *(lead, guide)* ***I'll ~ you through the procedure*** vi illustrerò la procedura; ***to ~ the actors through the scene*** calare gli attori nella scena; ***I'll ~ you up to the second floor, to your room*** ti accompagno al secondo piano, alla tua camera 6 *(transport)* ***to ~ sb. to*** [*bus*] portare qcn. in [*place*]; [*road, path*] portare *o* condurre qcn. a [*place*]; ***his work ~s him to many different countries*** il suo lavoro lo porta a viaggiare in molti paesi; ***what took you to Rome?*** cosa ti ha portato a Roma? 7 *(use to get somewhere)* prendere [*bus, taxi, plane etc.*]; prendere, imboccare [*road, path*]; ***~ the first turn on the right, left*** prendi la prima (svolta) a destra, a sinistra 8 *(negotiate)* [*driver, car*] prendere [*bend*]; girare [*corner*]; [*horse*] saltare [*fence*] 9 *(accept)* accettare, prendere [*bribe, money*]; prendere [*patients, pupils*]; accettare [*job*]; prendere [*phone call*]; [*machine*] prendere [*coin*]; [*shop, restaurant etc.*] accettare [*credit card, cheque*]; [*union, employee*] accettare [*reduction, cut*]; ***will you ~ £10 for the radio?*** vi vanno bene 10 sterline per la radio? ***that's my last offer, ~ it or leave it!*** questa è la mia ultima offerta, prendere o lasciare! ***whisky? I can ~ it or leave it!*** il whisky? mi è indifferente 10 *(require)* [*activity, course of action*] richiedere [*patience, skill, courage*]; ***it ~s patience, courage to do*** ci vuole pazienza, coraggio per fare; ***it ~s three hours, years etc. to do*** ci vogliono tre ore, anni ecc. per fare; ***it won't ~ long*** non ci vorrà molto; ***it took her 10 minutes to repair it*** ci ha impiegato 10 minuti a ripararlo; ***the wall won't ~ long to build*** costruire il muro non prenderà tanto tempo; ***it won't ~ long to do the washing-up*** non ci vorrà tanto a lavare i piatti; ***it would ~ a genius, a strong person to do that*** ci vorrebbe un genio, una persona robusta per fare quello; ***to have what it ~s*** avere tutto quello che ci vuole (**to do** per fare); ***typing all those letters in two hours will ~ some doing!*** sarà dura battere a macchina tutte quelle lettere in due ore! ***she'll ~ some persuading*** ci vorrà del bello e del buono per convincerla 11 LING. [*verb*] reggere, prendere [*object*]; [*preposition*] essere seguito da [*case*] 12 *(endure)* sopportare [*pain, criticism*]; accettare [*punishment, opinions*]; ***I find their attitude hard to ~*** trovo il loro modo di fare duro da reggere; ***he can't ~ being criticized*** non sopporta le critiche; ***she just sat there and took it!*** è stata lì e ha incassato senza battere ciglio! ***he can't ~ a joke*** non accetta le battute *o* non sta allo scherzo; ***go on, tell me, I can ~ it!*** dai, dimmi, sono pronto! ***I can't ~ any more!*** non ce la faccio più! 13 *(react to)* prendere [*news, matter, criticism, comments*]; ***to ~ sth. well, badly*** prendere qcs. bene, male; ***to ~ sth. seriously, lightly*** prendere qcs. sul serio, con leggerezza; ***to ~ things one*** o ***a step at a time*** prendere le cose una alla volta 14 *(assume)* ***I ~ it that*** suppongo che; ***to ~ sb. for*** o ***to be sth.*** prendere qcn. per; ***what do you ~ me for?*** per chi mi prendi? ***what do you ~ this poem to mean?*** che significato dai a questa poesia? 15 *(consider as example)* fare [*example*]; prendere (in esempio) [*person, case*]; ***~ John (for example), he has brought up a family by himself*** prendi John (per esempio), ha allevato i figli tutto da solo; ***let us*** o ***if we ~ the situation in Italy*** prendiamo la situazione in Italia; ***~ Stella, she never complains!*** guarda Stella, non si lamenta mai! 16 *(adopt)* adottare [*view, attitude, measures, steps*]; ***to ~ a soft, tough line on sb., sth.*** adottare la linea dura, morbida con qcn., qcs.; ***to ~ the view*** o ***attitude that*** essere dell'avviso che 17 *(record)* prendere [*notes*]; prendere nota di [*statement*]; [*doctor, nurse*] misurare [*temperature, blood pressure*]; prendere, sentire [*pulse*]; [*secretary*] battere (sotto dettatura) [*letter*]; ***to ~ sb.'s measurements*** *(for clothes)* prendere le misure a qcn. 18 *(hold)* [*hall, bus*] (potere) contenere [*50 people, passengers etc.*]; [*tank, container*] (potere) contenere [*quantity*]; ***the tank, bus will ~...*** il serbatoio, l'autobus può contenere...; ***the cupboard, the suitcase won't ~ any more clothes*** nell'armadio, nella valigia non ci stanno più vestiti 19 *(consume)* prendere [*sugar, milk, pills, remedy*]; ***to ~ tea, lunch with sb.*** BE FORM. prendere un tè, fare pranzo con qcn.; ***to ~ drugs*** fare uso di droga 20 ♦ *28* *(wear)* *(in clothes)* portare, avere [*size*]; ***to ~ a size 4*** *(in shoes)* portare il 37 21 FOT. prendere, fare [*photograph*] 22 MAT. *(subtract)* sottrarre [*number, quantity*] (**from** da) 23 *(study)* studiare, prendere [*subject*]; seguire [*course*] 24 SCOL. UNIV. *(sit)* dare [*exam*]; fare [*test*] 25 *(teach)* [*teacher, lecturer*] fare lezione a [*students, pupils*]; ***to ~ sb. for Geography, French*** fare lezione di geografia, di francese a qcn. 26 *(officiate at)* [*priest*] celebrare [*service, wedding*]; dire [*mass, prayer*] 27 *(capture)* [*army, enemy*] prendere, espugnare [*fortress, city*]; *(in chess)* [*player*] mangiare [*piece*]; [*person*] prendere, vincere [*prize*]; ***to ~ sb. hostage*** prendere qcn. in ostaggio; ***to ~ sb. prisoner*** fare qcn. prigioniero; ***to ~ a trick*** *(in cards)* fare un punto 28 COLLOQ. *(have sex with)* prendere, possedere [*woman*] II intr. (pass. **took**; p.pass. **taken**) 1 *(have desired effect)* [*drug*] fare effetto; [*dye*] prendere; *(grow successfully)* [*plant*] attecchire 2 PESC. [*fish*] abboccare ♦ ***I'll ~ it from here*** FIG. ricomincio da qui; ***to ~ it*** o ***a lot out of sb.*** chiedere tanto a qcn.; ***to ~ it upon oneself to do*** farsi carico di fare; ***to ~ sb. out of himself*** fare distrarre *o* fare divertire qcn.; ***you can ~ it from me,...*** credimi,...

▪ **take aback:** *~ [sb.] aback* cogliere alla sprovvista [*person*].
▪ **take after:** *~ after [sb.]* (as)somigliare a, prendere da [*father, mother etc.*].
▪ **take against:** *~ against [sb.]* prendere [qcn.] in antipatia.
▪ **take along:** *~ [sb., sth.] along, ~ along [sb., sth.]* portare, prendere [*object*]; portare [*person*].
▪ **take apart:** *~ apart* smontarsi; ***does it ~ apart?*** si smonta? *~ [sb., sth.] apart* 1 *(separate into parts)* smontare [*car, machine*] 2 COLLOQ. FIG. *(defeat)* [*player, team*] massacrare [*opponent, team*] 3 COLLOQ. *(criticize)* [*person, critic, teacher*] fare a pezzi, criticare [*essay, film, book*].
▪ **take aside:** *~ [sb.] aside* prendere [qcn.] in disparte.
▪ **take away:** *~ [sb., sth.] away, ~ away [sb., sth.]* 1 *(remove)* togliere, levare [*object*] (**from** da); portare via [*person*] (**from** da); fare passare [*pain, fear, grief*] (**from** da); ***"two hamburgers to ~ away, please"*** BE "due hamburger da portar via, per favore"; ***to ~ away sb.'s appetite*** fare passare l'appetito a qcn. 2 FIG. *(diminish)* ***that doesn't ~ anything away from his achievement*** questo non toglie niente al suo successo 3 *(subtract)* sottrarre [*number*] (**from** da); ***ten ~ away seven is three*** dieci meno sette fa tre.
▪ **take back:** *~ [sth.] back, ~ back [sth.]* 1 *(return to shop)* [*person, customer*] riportare, portare indietro [*goods*] (**to** a) 2 *(retract)* ritirare [*statement, words*]; ***I ~ it back*** ritiro quello che ho detto; *~ [sb.] back* *(cause to remember)* fare ricordare il passato a [*person*]; ***this song ~s me back to my childhood*** questa canzone mi fa tornare bambino; *~ [sb., sth.] back, ~ back [sb., sth.]* *(accept again)* ritornare con [*partner*]; riprendere [*employee*]; riprendere [*gift, ring*]; [*shop*] prendere indietro [*goods*].
▪ **take down:** *~ [sth.] down, ~ down [sth.]* 1 *(remove)* tirare giù [*book, vase, box, curtains*]; togliere, staccare [*picture*] 2 *(lower)* tirare giù [*skirt*]; tirare giù, calare [*trousers*] 3 *(dismantle)* smontare [*tent, scaffolding*] 4 *(write down)* annotare [*name, statement, details*].

▪ **take hold:** ~ **hold** [*disease, epidemic*] propagarsi; [*idea, ideology*] diffondersi; [*influence*] accrescersi; ***to ~ hold of*** *(grasp)* prendere, afferrare [*object, hand*]; FIG. *(overwhelm)* [*feeling, anger*] sopraffare [*person*]; [*idea*] ossessionare [*person*].

▪ **take in:** ~ **[sb.] in**, ~ **in [sb.]** **1** *(deceive)* ingannare [*person*]; ***he was taken in*** è stato imbrogliato; ***don't be taken in by appearances!*** non lasciarti ingannare dalle apparenze! ***I wasn't taken in by him*** non mi sono fatta fregare da lui **2** *(allow to stay)* accogliere [*person, refugee*]; prendere, ospitare [*lodger*]; ~ **in [sth.]** **1** *(understand)* capire, comprendere [*situation*]; ***I can't ~ it in!*** non ci posso credere! **2** *(observe)* esaminare [*detail*]; osservare [*scene*] **3** *(encompass)* includere, comprendere [*place, developments*] **4** *(absorb)* [*root*] assimilare [*nutrients*]; [*person, animal*] assorbire [*oxygen*]; FIG. immergersi in [*atmosphere*] **5** MAR. [*boat*] prendere [*water*] **6** SART. stringere [*dress, skirt etc.*] **7** *(accept for payment)* fare [qcs.] a domicilio [*washing, mending*] **8** COLLOQ. *(visit)* andare a [*play, exhibition*].

▪ **take off:** ~ **off** **1** *(leave the ground)* [*plane*] decollare **2** FIG. [*idea, fashion*] prendere piede; [*product*] decollare; [*sales*] impennarsi **3** COLLOQ. *(leave hurriedly)* filare (via), tagliare la corda; ~ **[sth.] off** **1** *(deduct)* ***to ~ £ 10 off (the price)*** ridurre il prezzo di 10 sterline **2** *(have as holiday)* ***to ~ two days off*** prendere due giorni di vacanza; ***I'm taking next week off*** la prossima settimana me la prendo di vacanza **3** *(make look younger)* ***that hairstyle ~s 15 years off you!*** con quella pettinatura dimostri 15 anni di meno! ~ **[sth.] off**, ~ **off [sth.]** **1** *(remove)* togliersi, sfilarsi [*clothing, shoes*]; togliere [*lid, feet, hands*] (**from** da); togliere dal menu [*dish*]; sopprimere [*train*]; ***to ~ sth. off the market*** ritirare qcs. dal mercato **2** *(amputate)* amputare, tagliare [*limb*] **3** *(withdraw)* annullare [*show, play*]; ~ **[sb.] off**, ~ **off [sb.]** **1** COLLOQ. *(imitate)* fare il verso a [*person*] **2** *(remove)* ***to ~ sb. off the case*** [*police*] togliere il caso a qcn.; ***to ~ oneself off*** partire (**to** per), andarsene (**to** a).

▪ **take on:** ~ **on** *(get upset)* ***don't ~ on so*** *(stay calm)* non te la prendere; *(don't worry)* non ti preoccupare; ~ **[sb., sth.] on**, ~ **on [sb., sth.]** **1** *(employ)* assumere, prendere [*staff, worker*] **2** *(compete against)* [*team, player*] giocare contro [*team, player*]; *(fight)* combattere contro, affrontare [*person, opponent*]; ***to ~ sb. on at chess, at tennis*** sfidare qcn. a scacchi, a tennis **3** *(accept)* accettare, prendere [*work, task*]; assumersi, prendersi [*responsibilities*] **4** *(acquire)* prendere [*look, significance, colour, meaning*].

▪ **take out:** ~ **out** togliersi; ***does this ~ out?*** questa cosa si può togliere? si toglie? ~ **[sb., sth.] out**, ~ **out [sb., sth.]** **1** *(remove)* togliere [*object*] (**from, of** da); [*dentist*] estrarre [*tooth*]; [*doctor*] togliere, asportare [*appendix*]; *(from bank)* ritirare [*money*] (**of** da); ***~ your hands out of your pockets!*** togli le mani dalle tasche! **2** *(go out with)* uscire con [*person*]; ***to ~ sb. out to dinner, for a walk*** portare qcn. fuori a cena, a fare una passeggiata **3** *(eat elsewhere)* portare via [*fast food*]; ***"two hamburgers to ~ out, please!"*** "due hamburger da portare via, per favore!" **4** *(deduct)* detrarre [*contributions, tax*] (**of** da) **5** COLLOQ. *(kill, destroy)* fare fuori, eliminare [*person*]; distruggere [*installation, target*] **6** ***to ~ sth. out on sb.*** sfogare qcs. su qcn. [*anger, frustration*]; ***to ~ it out on sb.*** prendersela con qcn.

▪ **take over:** ~ **over** **1** *(take control) (of town, country, party)* [*army, faction*] prendere il potere; ***he's always trying to ~ over*** vuole sempre comandare lui **2** *(be successor)* [*person*] subentrare (**as** come); ***to ~ over from*** succedere a [*predecessor*]; ~ **over [sth.]** **1** *(take control of)* prendere il controllo di [*town, country*]; dirigere [*business*]; ***shall I ~ over the driving for a while?*** vuoi che guidi un po' io? **2** ECON. rilevare [*company*].

▪ **take part** prendere parte; ***to ~ part in*** prendere parte *o* partecipare a [*production, activity*].

▪ **take place** avere luogo.

▪ **take round:** ~ **[sb., sth.] round** portare in giro [*person, visitor*]; portarsi dietro [*dog, object*].

▪ **take to:** ~ **to [sb., sth.]** **1** *(develop liking for)* ***he has really taken to her, to his new job*** è veramente preso da lei, dal suo nuovo lavoro **2** *(begin)* ***to ~ to doing*** COLLOQ. mettersi a fare; ***he's taken to smoking*** si è messo a fumare; ***she's taken to wearing a hat*** ha cominciato a portare il cappello **3** *(go)* ritirarsi su [*hills*]; rifugiarsi in [*forest*]; ***to ~ to one's bed*** [*sick person*] mettersi a letto; ***to ~ to the streets*** = diventare un barbone.

▪ **take up:** ~ **up** *(continue story etc.)* riprendere; ***to ~ up where sb., sth. left off*** riprendere da dove qcn., qcs. si era interrotto; ***to ~ up with*** aggregarsi a [*person, group*]; ~ **up [sth.]** **1** *(lift up)* alzare, sollevare [*carpet*]; rialzare [*pavement, track*]; raccogliere [*pen*] **2** *(start)* darsi a [*golf, guitar*]; cominciare [*job*]; ***to ~ up a career as an actor*** intraprendere la carriera di attore; ***to ~ up one's duties*** o ***responsibilities*** assumersi le proprie responsabilità **3** *(continue)* riprendere [*story, discussion*]; ricominciare [*cry, refrain*] **4** *(accept)* accettare [*offer, invitation*]; raccogliere [*challenge*]; ***to ~ up sb.'s case*** DIR. accettare il caso **5** ***to ~ sth. up with sb.*** sollevare qcs. con qcn. [*matter*] **6** *(occupy)* prendere, occupare [*space*]; richiedere [*time, energy*] **7** *(adopt)* prendere [*position, stance*] **8** SART. *(shorten)* accorciare [*skirt, curtains etc.*] **9** *(absorb)* [*sponge, material, paper*] assorbire [*liquid*]; ~ **[sb.] up** **1** *(adopt)* FIG. ***this technique was taken up by the surrealists*** questa tecnica è stata adottata dai surrealisti **2** ***to ~ sb. up on*** *(challenge)* contestare a qcn. [*point, assertion*]; *(accept)* ***to ~ sb. up on an invitation, an offer*** accettare l'invito, la proposta di qcn.

takeable /'teɪkəbl/ agg. che si può prendere, prendibile.

take-away /'teɪkəweɪ/ **I** n. BE **1** *(meal)* cibo m. da asporto **2** *(restaurant)* takeaway m. **II** modif. [*food*] da asporto.

takedown /'teɪkdaʊn/ agg. AE smontabile.

take-home pay /'teɪkhəʊm,peɪ/ n. stipendio m. netto.

take-in /'teɪkɪn/ n. COLLOQ. imbroglio m., fregatura f.

taken /'teɪkən/ **I** p.pass. → **2.take** **II** agg. **1** *(occupied)* ***to be ~*** [*seat, room*] essere occupato **2** *(impressed)* ***to be ~ with*** essere preso da [*idea, person*]; ***she's quite, very ~ with him*** è abbastanza, molto presa da lui.

take-off /'teɪkɒf, AE -ɔ:f/ n. **1** AER. decollo m. **2** COLLOQ. *(imitation)* imitazione f.

take-out /'teɪkaʊt/ **I** agg. **1** AE [*food, meal, pizza*] da asporto **2** *(in bridge)* ***~ bid*** dichiarazione di abbandono (del gioco) **II** n. BE COLLOQ. *(from pub)* = bevanda da asporto.

▷ **takeover** /'teɪkəʊvə(r)/ n. **1** ECON. rilevamento m., acquisizione f. di controllo **2** POL. *(of country)* presa f. di potere.

takeover bid /'teɪkəʊvə,bɪd/ n. ECON. offerta f. pubblica di acquisto.

taker /'teɪkə(r)/ n. acquirente m. e f.; ***any ~s?*** ci sono degli acquirenti?

take-up /'teɪkʌp/ n. **1** *(claiming) (of benefit, rebate, shares)* domanda f. (**of** di) **2** *(number of claimants)* (anche **~ rate**) ***an increase in ~ of shares, unemployment benefit*** un aumento della percentuale delle sottoscrizioni, dei sussidi di disoccupazione.

take-up spool /'teɪkʌp,spu:l/ n. BE bobina f. ricevitrice.

taking /'teɪkɪŋ/ **I** n. *(act)* presa f.; ***it was his for the ~*** non doveva fare altro che prenderlo; ***the money was there for the ~*** il denaro era lì a disposizione **II takings** n.pl. incasso m.sing.

takingly /'teɪkɪŋlɪ/ avv. in modo attraente.

takingness /'teɪkɪŋnɪs/ n. RAR. fascino m.

talapoin /'tæləpɔɪn/ n. **1** ZOOL. miopiteco m. **2** *(buddist monk)* talapoino m.

Talbot /'tɔ:lbət/ n.pr. Talbot (nome di uomo).

talc /tælk/ n. **1** MINER. talco m. **2** (anche **~ powder**) talco m. (in polvere), borotalco® m.

talcum powder /'tælkəm,paʊdə(r)/ n. talco m. (in polvere), borotalco® m.

tale /teɪl/ n. **1** *(story)* storia f. (**about** su); *(fantasy story)* favola f. (**about** su); *(narrative, account)* racconto m. (**about** su); *(legend)* leggenda f. (**about** su); ***to tell a ~*** raccontare una storia; ***to tell a ~ of woe*** *(about oneself)* raccontare le proprie disgrazie; *(about others)* raccontare una storia triste; ***the figures tell the same, another ~*** le cifre confermano la cosa, dicono tutt'altra cosa; ***the recent events tell their own ~*** i recenti avvenimenti si commentano da soli **2** *(hearsay)* storia f.; *(gossip)* diceria f., chiacchiere f.pl.; ***to spread*** o ***tell ~s*** sparlare (**about sb.** di qcn.) ◆ ***a likely ~!*** non raccontare storie! ***dead men tell no ~s*** i morti non parlano; ***to live to tell the ~*** sopravvivere (per potere raccontare la propria esperienza); ***to tell ~s out of school*** fare la spia.

talebearer /'teɪl,beərə(r)/ n. malalingua f.

talebearing /'teɪl,beərɪŋ/ n. (lo) spettegolare malignamente, (il) diffondere maldicenze.

talent /'tælənt/ n. **1** *(gift)* dono m., dote f., talento m.; ***her ~(s) as a speaker, teacher*** la sua (innata) capacità oratoria, di insegnare; ***she has a remarkable ~ for music*** è molto dotata *o* ha grande talento per la musica; ***a man of many ~s*** un uomo con molte doti **2** *(ability)* talento m. (**for doing** per fare); ***to have ~*** avere talento; ***a musician, painter of ~*** un musicista, un pittore di talento; ***there's a lot of ~ in that team*** ci sono molti talenti *o* campioni in quella squadra; ***employers on the look-out for new ~*** imprenditori alla ricerca di nuovi talenti; ***a scheme to encourage young ~*** un progetto per incoraggiare i giovani di talento **3** BE COLLOQ. *(sexually attractive people)* fauna f. SCHERZ.; ***to eye up the (local) ~*** COLLOQ. dare un'occhiata alla fauna locale **4** STOR. *(unit of money)* talento m.

talent contest /'tæləntˌkɒntest/ n. concorso m. per giovani talenti.
▷ **talented** /'tæləntɪd/ agg. [*person*] dotato, talent(u)oso.
talentless /'tæləntlɪs/ agg. senza talento.
talent scout /'tæləntˌskaʊt/ ◗ *27* n. talent scout m. e f.
talent show /'tæləntˌʃəʊ/ n. → **talent contest**.
talent spotter /'tæləntˌspɒtə(r)/ ◗ *27* n. → **talent scout**.
talent-spotting /'tæləntˌspɒtɪŋ/ n. ricerca f. di nuovi talenti.
tales /'teɪli:z/ n. DIR. *(substitute jurors)* giurati m.pl. supplenti; *(writ for summoning substitute jurors)* atto m. di convocazione dei giurati supplenti.
talesman /'teɪli:zmən/ n. (pl. **-men**) giurato m. supplente.
taleteller /'teɪlˌtelə(r)/ n. → **talebearer**.
taletelling /'teɪlˌtelɪŋ/ n. → **talebearing**.
tali /'teɪlaɪ/ → **1.talus**.
Taliban /'tælɪbæn/ n. (pl. ~) *(movement)* talebani m.pl.; *(person)* talebano m.
talion /'tælɪən/ n. STOR. taglione m., legge f. del taglione.
talipes /'tælɪpi:z/ n. piede m. talo.
talipot /'tælɪpɒt/ n. corifa f.
talisman /'tælɪzmən, 'tælɪs-/ n. talismano m.
talismanic /ˌtælɪz'mænɪk, ˌtælɪs-/ agg. talismanico.
▶ **1.talk** /tɔ:k/ **I** n. **1** *(talking, gossip)* **U** chiacchiere f.pl., voci f.pl.; ***there is ~ of sth., of doing*** si parla di qcs., di fare; ***there is ~ of me doing*** si dice (in giro) che io faccia; ***there is ~ that*** corre voce che; ***there is (a lot of) ~ about sth.*** si fa un gran parlare di qcs.; ***he's all ~*** è uno che sa solo parlare (ma non fa i fatti); ***it's nothing but*** o ***a lot of ~*** non sono che belle parole; ***it's just ~*** sono solo chiacchiere; ***such ~ is dangerous, ridiculous*** è pericoloso, è ridicolo dire queste cose; ***he dismissed ~ of problems, defeat*** ha respinto le voci riguardo a problemi, ad una sconfitta; ***they are the ~ of the town*** sono sulla bocca di tutti **2** *(conversation)* conversazione f., colloquio m.; ***to have a ~ with sb.*** parlare con qcn.; ***to have a ~ about sth., sb.*** parlare di qcs., qcn. (**with** con), avere un colloquio su qcn., qcs. (**with** con) **3** *(speech)* discorso m., conferenza f. (**about, on** su); *(more informal)* conversazione f.; ***to give a ~*** tenere una conferenza; ***radio ~*** conversazione *o* tavola rotonda radiofonica **II talks** n.pl. *(formal discussions) (between governments)* negoziati m., trattative f. (**between** fra); *(between several groups, countries)* trattative f.; *(between management and unions)* trattative f. (**beween** tra); ***to hold ~s*** tenere una conferenza; ***arms ~s*** negoziati sul disarmo; ***pay ~s*** trattative salariali; ***trade ~s*** trattative commerciali; ***~s about ~s*** colloqui per intavolare un negoziato.
▶ **2.talk** /tɔ:k/ **I** tr. **1** *(discuss)* ***to ~ business, sport*** parlare di affari, di sport; ***to ~ politics*** discutere di politica **2** *(speak)* parlare [*Italian, Spanish etc.*]; ***to ~ nonsense*** dire cose senza senso *o* sciocchezze; ***she's ~ing sense*** dice cose sensate; ***we're ~ing £ 2 million, three years*** COLLOQ. si parla *o* si tratta di 2 milioni di sterline, tre anni; ***we're ~ing a huge investment, a major project*** COLLOQ. stiamo parlando di un grande investimento, un importante progetto **3** *(persuade)* ***to ~ sb. into doing*** persuadere qcn. a fare; ***to ~ sb. out of doing*** dissuadere qcn. dal fare; ***you've ~ed me into it!*** mi hai convinto! ***to ~ one's way out of doing*** riuscire (parlando) a evitare di fare **II** intr. **1** *(converse)* parlare, discutere; ***to ~ to*** o ***with sb.*** parlare a *o* con qcn.; ***to ~ to oneself*** parlare da solo *o* tra sé e sé; ***to ~ about sth., about doing*** parlare di qcs., di fare; ***to ~ at sb.*** parlare a qcn. con supponenza *o* senza ascoltare le sue risposte; ***to keep sb. ~ing*** fare parlare qcn. (il più a lungo possibile); ***I'm not ~ing to him*** *(out of pique)* non gli parlo più; ***~ing of films, tennis...*** a proposito di film, tennis...; ***he knows, he doesn't know what he's ~ing about*** sa, non sa di cosa sta parlando; ***it's easy*** o ***all right for you to ~, but you don't have to do it!*** è facile per te parlare, ma non sei tu a doverlo fare! ***who am I to ~?*** chi sono io per (potere) parlare? ***look*** o ***listen who's ~ing!*** o ***you're a fine one to ~!*** o ***you can ~!*** senti chi parla! ***now you're ~ing!*** questo sì che è parlare! ***~ about stupid!*** COLLOQ. (pensa) che scemo! ***~ about expensive!*** alla faccia dei prezzi! ***~ about laugh, work!*** COLLOQ. altro che risate, lavoro! **2** *(gossip)* chiacchierare; SPREG. sparlare; ***to give people sth. to ~ about*** dare alla gente qualcosa di cui parlare; ***to be much ~ed about*** [*person*] essere molto chiacchierato; [*matter*] essere molto dibattuto **3** *(give information)* [*person, prisoner, suspect*] parlare.
▪ **talk back** rispondere, ribattere (**to** a).
▪ **talk down:** ***~ down to sb.*** parlare a qcn. con arroganza; ***~ [sb., sth.] down*** **1** AER. assistere [qcn., qcs.] nell'atterraggio dando istruzioni via radio **2** *(denigrate)* denigrare.
▪ **talk out:** ***~ [sth.] out, ~ out [sth.]*** **1** *(discuss)* discutere a fondo di, sviscerare **2** BE POL. *(prevent passing of)* ***to ~ out a bill*** prolungare la discussione di un progetto di legge (in modo da impedirne l'approvazione).
▪ **talk over:** ***~ [sth.] over*** *(discuss)* discutere di, parlare di [*matter, issue*]; ***~ [sb.] over*** *(persuade)* fare cambiare idea a, convincere [qcn.] della propria idea.
▪ **talk round:** ***~ round [sth.]*** girare attorno a [*subject*]; ***~ [sb.] round*** fare cambiare idea a, convincere [qcn.] della propria idea.
▪ **talk through:** ***~ [sth.] through*** discutere a fondo; ***to ~ sb. through sth.*** dare istruzioni a qcn. per aiutarlo a fare qcs.
▪ **talk up:** ***~ [sb., sth.] up, ~ up [sb., sth.]*** magnificare (le virtù di) [*candidate, product*].
talkathon /'tɔ:kəθɒn/ n. AE discussione f., dibattito m. fiume.
talkative /'tɔ:kətɪv/ agg. [*person*] loquace.
talkatively /'tɔ:kətɪvlɪ/ avv. loquacemente.
talkativeness /'tɔ:kətɪvnɪs/ n. loquacità f.
talkback /'tɔ:kbæk/ n. TELEV. RAD. interfono m.
talkbox /'tɔ:kbɒks/ n. laringe f.
talked-about /'tɔ:ktəbaʊt/ agg. ***the much ~ love affair, resignation*** *(recently)* la relazione, le dimissioni di cui si è molto discusso ultimamente; *(in the past)* la relazione, le dimissioni di cui all'epoca si fece un gran parlare.
talkdown /'tɔ:kdaʊn/ n. atterraggio m. strumentale, guidato.
talker /'tɔ:kə(r)/ n. ***to be a good ~*** essere un buon conversatore; ***he's not a great ~*** non è un gran conversatore; ***to be a slow, fluent ~*** parlare lentamente, con scioltezza.
talkie /'tɔ:kɪ/ n. CINEM. COLLOQ. ANT. film m. sonoro.
talking /'tɔ:kɪŋ/ **I** n. ***there's been enough ~*** basta discussioni! ***I'll do the ~*** parlerò io; ***"no ~!"*** "silenzio!" **II** agg. [*bird, doll*] parlante.
talking book /'tɔ:kɪŋbʊk/ n. audiolibro m.
talking heads /ˌtɔ:kɪŋ'hedz/ n.pl. *(television presenters)* mezzibusti m.
talking point /'tɔ:kɪŋˌpɔɪnt/ n. argomento m. di conversazione.
talking shop /'tɔ:kɪŋʃɒp/ n. SPREG. = luogo (in special modo istituzione) in cui ci si perde in chiacchiere senza combinare nulla.
talking-to /'tɔ:kɪŋˌtu:/ n. ramanzina f., rimprovero m.; ***to give sb. a ~*** fare la ramanzina a qcn.
talk show /'tɔ:kˌʃəʊ/ n. TELEV. talk show m.
talky /'tɔ:kɪ/ agg. [*person*] chiacchierone; [*play, book*] che ha troppi dialoghi.
▶ **tall** /tɔ:l/ agg. [*person*] alto, di alta statura; [*building, tree, grass, chimney, mast*] alto; ***how ~ are you?*** quanto sei alto? ***he's six feet ~*** è alto sei piedi; ***she's four inches ~er than me*** è quattro pollici più alta di me; ***to get*** o ***grow ~(er)*** crescere; ***he was ~ dark and handsome*** era un bel tenebroso ◆ ***it's a ~ order*** è una richiesta impossibile; ***that's a bit of a ~ order!*** questo è chiedere troppo! ***a ~ story*** o ***tale*** una storia incredibile; ***to stand*** o ***walk ~*** camminare a testa alta; ***to feel (about) ten feet ~*** essere gonfio di orgoglio.
tallage /'tælɪdʒ/ n. STOR. tassa f., gabella f.
tallboy /'tɔ:lbɔɪ/ n. = cassettone con le gambe alte.
tall drink /'tɔ:ldrɪŋk/ n. long drink m.
tallness /'tɔ:lnɪs/ n. *(of person)* alta statura f.; *(of building, tree, chimney, mast)* (l')essere alto.
1.tallow /'tæləʊ/ n. sego m.
2.tallow /'tæləʊ/ tr. **1** ingrassare, coprire di sego [*bottom of ship*] **2** ingrassare [*cattle*].
tallow candle /ˌtæləʊ'kændl/ n. candela f. di sego.
tall ship /'tɔ:lʃɪp/ n. veliero m. con alberatura alta.
▷ **1.tally** /'tælɪ/ n. **1** *(record)* conto m., conteggio m.; ***to keep a ~*** tenere il conto (**of** di); ***to make a ~*** fare il conto **2** *(amount accumulated)* totale m.; SPORT *(score)* punteggio m. **3** *(identification ticket)* contrassegno m. **4** *(counterfoil)* matrice f. **5** STOR. *(stick)* taglia f.
2.tally /'tælɪ/ **I** tr. (anche ~ **up**) tenere il conto di [*expenses*]; contare [*points*] **II** intr. **1** *(correspond)* corrispondere (**with** a) **2** *(be the same)* concordare (**with** con); ***his view tallies with mine*** lui è della mia stessa opinione.
tally clerk /'tælɪˌklɑ:k, AE -ˌklɜ:rk/, **tally keeper** /'tælɪˌki:pə(r)/ n. spuntatore m. (-trice).
1.tally-ho /ˌtælɪ'həʊ/ inter. = grido per incitare i cani (durante la caccia alla volpe).
2.tally-ho /ˌtælɪ'həʊ/ tr. = incitare i cani (durante la caccia alla volpe).
tallyman /'tælɪmən/ ◗ *27* n. (pl. **-men**) **1** *(person who sells goods door to door)* venditore m. (-trice) porta a porta **2** *(tally clerk)* spuntatore m. (-trice).
Talmud /'tælmʊd, AE 'tɑ:l-/ n.pr. talmud m.
talmudic /tæl'mʊdɪk, AE tɑ:l-/ agg. talmudico.
talmudist /'tælmʊdɪst, AE 'tɑ:l-/ n. talmudista m.
talmudistic /tælmʊ'dɪstɪk, AE tɑ:l-/ agg. talmudistico.
talon /'tælən/ n. **1** ZOOL. artiglio m. **2** GIOC. tallone m. **3** ARCH. modanatura f. a S.

taloned /'tælənd/ agg. artigliato, dotato di artigli.
1.talus /'teɪləs/ n. (pl. **-i**) ANAT. astragalo m.
2.talus /'teɪləs/ n. **1** *(slope)* scarpata f., pendio m. **2** GEOL. falda f. detritica.
tamability → **tameability**.
tamable → **tameable**.
tamarack /'tæməræk/ n. larice m. americano.
tamarin /'tæmərɪn/ n. tamarino m.
tamarind /'tæmərɪnd/ n. tamarindo m.
tamarisk /'tæmərɪsk/ n. tamerice f., tamarisco m.
1.tambour /'tæmbʊə(r)/ n. MUS. ARCH. tamburo m.; *(of desk)* tamburo m.; *(frame for embroidering)* tamburello m., telaio m. da ricamo.
2.tambour /'tæmbʊə(r)/ tr. ricamare al telaio.
tambourine /ˌtæmbə'ri:n/ ➧ **17** n. tamburello m.
▷ **1.tame** /teɪm/ agg. **1** [*animal*] addomesticato; [*person*] SCHERZ. sottomesso; ***to become*** o ***grow*** ~ [*animal*] addomesticarsi **2** *(unadventurous)* [*story, party, contest*] noioso; [*reform, decision*] debole; [*reply, remark, ending of book, film*] banale; [*ending of match*] deludente; [*cooperation, acquiescence*] servile.
▷ **2.tame** /teɪm/ tr. **1** *(domesticate)* addomesticare [*animal*] **2** *(train)* domare [*lion, tiger*]; ammaestrare [*horse, dog*] **3** FIG. *(curb)* contenere [*river*]; domare, controllare [*land, nature*]; soggiogare [*person, country, opposition*]; contenere [*interest rates*]; frenare [*inflation*]; domare [*hair*].
tameability /'teɪməbɪlətɪ/ n. addomesticabilità f., domabilità f.
tameable /'teɪməbl/ agg. addomesticabile, domabile.
tameless /'teɪmlɪs/ agg. [*animal*] indomabile; [*person*] indomito.
tamely /'teɪmlɪ/ avv. [*abandon, accept, submit, decide*] docilmente; [*reply, end, worded, phrased*] in modo banale.
tameness /'teɪmnɪs/ n. **1** *(domestication) (of animal)* docilità f. **2** *(lack of initiative) (of story, party, contest)* noiosità f.; *(of reform, decision)* debolezza f.; *(of reply, remark, ending)* banalità f.; *(of cooperation, acquiescence)* servilismo m.
tamer /'teɪmə(r)/ n. *(of lions, tigers)* domatore m. (-trice).
Tamil /'tæmɪl/ **I** agg. tamilico, tamil **II** n. **1** *(person)* tamil m. e f. **2** ➧ **14** *(language)* tamil m.
taming /'teɪmɪŋ/ n. **1** *(making less wild) (of animal)* addomesticamento m.; *(of person)* sottomissione f. **2** *(training) (of lion, tiger)* addomesticamento m., domatura f.; *(of horse, dog)* ammaestramento m. **3** FIG. *(of river)* contenimento m.; *(of land, nature)* controllo m.; *(of people, country, opposition)* soggiogamento m.; *(of inflation, interest rates)* controllo m.
Tammany /'tæmənɪ/ agg. AE POL. corrotto.
1.tammy /'tæmɪ/ n. stamigna f.
2.tammy /'tæmɪ/ n. → **tam-o'-shanter**.
tam-o'-shanter /ˌtæmə'ʃæntə(r)/ n. = berretto scozzese di lana con pompon.
tamp /tæmp/ tr. intasare (**with** con).
▪ **tamp down:** ~ **[sth.] down**, ~ **down [sth.]** *(over explosive)* costipare [*earth*] (**in, into** in); pigiare [*tobacco*] (**in, into** in).
tamper /'tæmpə(r)/ intr. ***to ~ with*** manomettere [*car, safe, machinery, lock*]; alterare [*text*]; falsificare [*accounts, records*]; inquinare [*evidence*]; adulterare [*food*]; corrompere, deturpare [*nature*].
tampering /'tæmpərɪŋ/ n. ***food, product*** ~ adulterazione di un alimento, di un prodotto.
tamper-proof /'tæmpəpru:f/ agg. [*lock, machine, jar, ballot box*] a prova di scasso.
tamping /'tæmpɪŋ/ n. pigiatura f., pestatura f.; *(of earth)* costipazione f.
tampion /'tæmpɪən/ n. tappo m.; *(of gun)* tappo m. di volata.
1.tampon /'tæmpɒn/ n. tampone m.; *(sanitary towel)* tampone m., assorbente m. interno.
2.tampon /'tæmpɒn/ tr. tamponare [*wound*].
tamponade /tæmpə'neɪd/ n. MED. tamponamento m.
tamtam /'tæmtæm/ n. *(gong)* tam(-)tam m.
▷ **1.tan** /tæn/ **I** n. **1** (anche **sun~**) abbronzatura f., tintarella f.; ***to get a*** ~ abbronzarsi **2** *(colour) (of leather, fabric, paper)* marroncino m. chiaro, terra f. di Siena **II** agg. [*leather, fabric, paper*] marroncino chiaro, terra di Siena.
▷ **2.tan** /tæn/ **I** tr. (forma in -ing ecc. **-nn-**) **1** [*sun*] abbronzare; ***to ~ one's back, face*** abbronzarsi la schiena, il viso **2** conciare [*animal hide*] **3** COLLOQ. *(beat)* pestare, legnare [*person*]; ***I'll ~ your hide (for you)!*** COLLOQ. te la faccio vedere io! **II** intr. (forma in -ing ecc. **-nn-**) abbronzarsi.
3.tan ⇒ tangent tangente (tan).
tanbark /'tænbɑ:k/ n. concino m.
Tancred /'tæŋkred/ n.pr. Tancredi.
tandem /'tændəm/ n. tandem m.; ***in*** ~ in tandem.
tandoori /tæn'dʊərɪ/ **I** n. tandoori m. **II** modif. [*chicken*] tandoori.
1.tang /tæŋ/ n. **1** *(taste)* gusto m. intenso; *(smell)* odore m. pungente; ***the salty ~ of the sea*** l'odore di salsedine; ***with a ~ of lemon*** con un retrogusto di limone **2** *(of knife, chisel)* codolo m.
2.tang /tæŋ/ tr. **1** dare un sapore intenso a [*food*] **2** munire di codolo [*knife, chisel*].
3.tang /tæŋ/ n. suono m. acuto.
4.tang /tæŋ/ **I** tr. *(to cause to ring)* fare risuonare [*bell*] **II** intr. *(to ring)* [*bell*] risuonare.
5.tang /tæŋ/ n. *(seaweed)* fuco m.
tanga /'tæŋgə/ n. ANTROP. ABBIGL. tanga m.
Tanganyika /ˌtæŋgə'ni:kə/ ➧ ***6, 13*** n.pr. STOR. Tanganica m.; ***Lake*** ~ il lago Tanganica.
tangency /'tændʒənsɪ/ n. MAT. tangenza f.
tangent /'tændʒənt/ **I** n. *(all contexts)* tangente f.; ***to fly off at a*** ~ [*object, ball*] deviare; ***to go off at*** o ***on a*** ~ *(in speech)* partire per la tangente **II** agg. tangente (**to** a).
tangential /tæn'dʒenʃl/ agg. **1** MAT. tangenziale **2** FIG. marginale (**to** rispetto a).
tangerine /'tændʒəri:n/ **I** n. *(fruit)* tangerino m.; *(colour)* mandarino m. **II** agg. mandarino.
Tangerine /'tændʒəri:n/ **I** agg. tangerino **II** n. tangerino m. e f.
tangibility /ˌtændʒə'bɪlətɪ/ n. tangibilità f.
tangible /'tændʒəbl/ agg. tangibile.
tangible assets /ˌtændʒəbl'æsəts/ n.pl. attività f. materiali.
tangibly /'tændʒəblɪ/ avv. *(clearly)* evidentemente.
Tangier /tæn'dʒɪə(r)/ ➧ ***34*** n.pr. Tangeri f.
1.tangle /'tæŋgl/ n. **1** *(of hair, string, wires, weeds)* groviglio m.; *(of clothes, sheets)* ammasso m.; ***in a*** ~ aggrovigliato; ***to get in*** o ***into a*** ~ ingarbugliarsi **2** FIG. *(political, legal, emotional)* intreccio m., groviglio m.; ***a ~ of problems, motives*** un intreccio di problemi, di motivi; ***in a*** ~ ingarbugliato; ***to get in*** o ***into a*** ~ [*person*] mettersi nei pasticci (**with** con) **3** *(quarrel)* litigio m.
2.tangle /'tæŋgl/ **I** tr. → **tangle up II** intr. **1** [*hair, string, cable*] attorcigliarsi (**around** attorno a) **2** → **tangle up**.
▪ **tangle up:** ~ **up** aggrovigliarsi; ~ **up [sth.]**, ~ **[sth.] up** ingarbugliare qcs.; ***to get ~d up*** [*hair, string, wires*] ingarbugliarsi (**in** in); [*clothes*] attorcigliarsi (**in** in); [*person*] FIG. impelagarsi (**in** in).
▪ **tangle with:** ~ **with [sb., sth.]** litigare, attaccarsi con qcn.
tangled /'tæŋgld/ **I** p.pass. → **2.tangle II** agg. **1** [*hair, wool, wire*] ingarbugliato; [*brambles, wires, wreckage*] aggrovigliato **2** [*situation*] contorto ◆ ***what a ~ web we weave (when first we practise to deceive)*** = la matassa diventa difficile da sbrogliare (quando si comincia ad ingannare).
tanglefoot /'tæŋglfʊt/ n. AE COLLOQ. = whisky di qualità scadente.
tangly /'tæŋglɪ/ agg. ingarbugliato.
1.tango /'tæŋgəʊ/ n. tango m.
2.tango /'tæŋgəʊ/ intr. ballare il tango ◆ ***it takes two to*** ~ = la ragione non è mai da una parte sola.
tangy /'tæŋɪ/ agg. [*taste*] intenso; [*smell*] penetrante.
▶ **1.tank** /tæŋk/ **I** n. **1** *(container) (for storage etc.)* serbatoio m., cisterna f.; *(for water)* cisterna f.; *(for processing)* vasca f.; *(small)* tanica f.; *(for fish)* vasca f., acquario m.; *(in fish farming)* vivaio m.; AUT. serbatoio m.; ***gas, oxygen*** ~ serbatoio di gas, di ossigeno; ***fuel ~, petrol*** ~ BE, ***gas*** ~ AE serbatoio della benzina; ***fill the ~!*** (fatemi) il pieno! **2** *(contents) (of water)* cisterna f. (**of** di); *(of petrol)* (serbatoio) pieno m. **3** MIL. carro m. armato **II** modif. MIL. [*battle, column, tracks*] di carri armati; [*warfare*] con carri armati; ~ ***regiment*** reggimento carri.
2.tank /tæŋk/ tr. → **tank up**.
▪ **tank up 1** AE AUT. fare il pieno **2** COLLOQ. ***to get ~ed up*** fare il pieno, sbronzarsi.
tankage /'tæŋkɪdʒ/ n. **1** *(tanks collectively)* serbatoi m.pl., sistema f. di serbatoi **2** *(process of storing liquids in tanks)* stoccaggio m. di liquidi; *(charge for storage of liquids)* tassa f. sullo stoccaggio dei liquidi **3** *(fertilizer)* = concime ricavato da carcasse di animali.
tankard /'tæŋkəd/ n. = boccale da birra spesso dotato di coperchio.
tank car /'tæŋkˌkɑ:(r)/ n. vagone m. cisterna.
tanked-up /ˌtæŋkt'ʌp/ agg. COLLOQ. sbronzo.
tank engine /'tæŋkˌendʒɪn/ n. → **tank locomotive**.
tanker /'tæŋkə(r)/ n. **1** MAR. nave f. cisterna; ***oil ~, petrol*** ~ petroliera **2** autocisterna f.; ***water*** ~ autobotte.
tanker aircraft /'tæŋkərˌeəkrɑ:ft, AE -kræft/ n. aereo m. cisterna.
tanker lorry /'tæŋkəˌlɒrɪ, AE -ˌlɔ:rɪ/ n. BE autocisterna f.
tank farming /'tæŋkˌfɑ:mɪŋ/ n. idrocoltura f.
tankful /'tæŋkfʊl/ n. **1** *(of petrol)* (serbatoio) pieno m. (**of** di); ***this car does 100 km on a ~ of petrol*** questa macchina fa 100 km con un pieno **2** *(of water)* cisterna f. (piena) (**of** di).

tank locomotive /ˈtæŋkləʊkə,məʊtɪv/ n. locomotiva f. tender.
tank top /ˈtæŋk,tɒp/ n. = canotta molto sbracciata con scollo tondo.
tank trap /ˈtæŋk,træp/ n. MIL. ostacolo m. anticarro.
tank truck /ˈtæŋk,trʌk/ n. AE autocisterna f.
tannage /ˈtænɪdʒ/ n. **1** *(process of tanning)* concia f. **2** *(tanned hide)* pelle f. conciata.
tannate /ˈtæneɪt/ n. tannato m.
tanned /tænd/ **I** p.pass. → **2.tan II** agg. (anche **sun~**) abbronzato.
tanner /ˈtænə(r)/ n. **1** *(person)* conciatore m. (-trice) **2** BE COLLOQ. STOR. *(sixpence)* = antica moneta da sei penny.
tannery /ˈtænərɪ/ n. **1** *(place)* conceria f. **2** *(process of tanning)* concia f.
tannic /ˈtænɪk/ agg. tannico.
tannic acid /,tænɪkˈæsɪd/ n. acido m. tannico.
tannin /ˈtænɪn/ n. tannino m.
tanning /ˈtænɪŋ/ **I** n. **1** *(by sun)* abbronzatura f. **2** *(of hides)* concia f. **3** COLLOQ. *(beating)* botte f.pl.; ***to give sb. a (good) ~*** conciare per le feste qcn. **II** modif. [*lotion, product*] abbronzante; ***~ center*** AE ***~ salon*** BE solarium.
Tannoy® /ˈtænɔɪ/ n. BE ***the ~*** il sistema di altoparlanti, gli altoparlanti; ***over the ~*** all'altoparlante.
tanrec /ˈtænrek/ n. tenrec m.
tansy /ˈtænzɪ/ n. tanaceto m.
tantalic /tænˈtælɪk/ agg. tantalico.
tantalite /ˈtæntəlaɪt/ n. tantalite f.
tantalization /,tæntəlaɪˈzeɪʃn/ n. supplizio m. di Tantalo.
tantalize /ˈtæntəlaɪz/ tr. allettare, stuzzicare (tormentando).
tantalizing /ˈtæntəlaɪzɪŋ/ agg. [*suggestion, possibility*] allettante; [*glimpse, smile*] provocante; [*smell*] allettante, stuzzicante.
tantalizingly /ˈtæntəlaɪzɪŋlɪ/ avv. ***to be ~ close to victory*** avere la vittoria quasi a portata di mano; ***the truth was ~ elusive*** la verità sembrava vicina, ma continuava a sfuggire.
tantalum /ˈtæntələm/ n. tantalio m.
tantalus /ˈtæntələs/ n. **1** ORNIT. tantalo m. **2** BE = mobile-bar con vetrinetta.
Tantalus /ˈtæntələs/ n.pr. MITOL. Tantalo.
tantamount /ˈtæntəmaʊnt/ agg. ***to be ~ to*** essere equivalente a *o* equivalere a.
Tantra /ˈtæntrə/ n. tantra m.
Tantrism /ˈtæntrɪzəm/ n. tantrismo m.
tantrum /ˈtæntrəm/ n. stizza f.; ***to throw*** o ***have a ~*** [*child*] fare i capricci, le bizze; [*adult*] andare in collera.
Tanzania /,tænzəˈnɪə/ ➧ ***6*** n.pr. Tanzania f.
Tanzanian /,tænzəˈnɪən/ ➧ ***18*** **I** agg. tanzaniano **II** n. tanzaniano m. (-a).
Tao /taʊ, tɑːəʊ/ n.pr. tao m.
Taoiseach /ˈtiːʃəx/ n.pr. = primo ministro della Repubblica d'Irlanda.
Taoism /ˈtaʊɪzəm, ˈtɑːəʊ-/ n. taoismo m.
Taoist /ˈtaʊɪst/ **I** n. taoista m. e f. **II** agg. taoista, taoistico.
▷ **1.tap** /tæp/ n. **1** *(device to control flow) (for water, gas)* rubinetto m.; *(on barrel)* spina f., zipolo m.; ***the cold, hot ~*** il rubinetto dell'acqua fredda, dell'acqua calda; ***to run one's hands under the ~*** sciacquarsi le mani; ***to turn the ~ on, off*** aprire, chiudere il rubinetto; ***on ~*** [*beer*] alla spina; [*wine*] sfuso; FIG. disponibile, a disposizione **2** AE EL. presa f. **3** TECN. (anche **screw ~**) maschio m. **4** *(listening device)* ***to put a ~ on a phone*** mettere una cimice in un telefono.
▷ **2.tap** /tæp/ **I** n. **1** *(blow)* colpetto m.; ***he felt a ~ on his shoulder*** sentì un colpetto sulla spalla; ***she heard a ~ at the door*** sentì bussare alla porta; ***a soft ~*** un colpetto leggero; ***a sharp ~*** un colpo secco; ***to give sth. a ~*** dare un colpetto a qcs. **2** (anche **~ dancing**) tip tap m. **II taps** n.pl. + verbo sing. *(bugle call)* silenzio m.sing.
▷ **3.tap** /tæp/ **I** tr. (forma in -ing ecc. **-pp-**) *(knock)* [*person*] picchiettare, dare colpetti (**on** su; **against** contro); ***to ~ sth. with sth.*** colpire qcs. con qcs.; ***to ~ sb. on the shoulder, the arm*** battere leggermente sulla spalla, sul braccio di qcn.; ***to ~ one's feet (to the music)*** battere i piedi (a tempo di musica); ***to ~ a rhythm*** battere il ritmo (**with sth.** di qcs.); ***to ~ one's fingers on the table*** tamburellare le dita sul tavolo; ***to ~ data into the computer*** immettere i dati nel computer **II** intr. (forma in -ing ecc. **- pp-**) [*person, finger, foot*] battere, picchiettare; ***to ~ on*** o ***at the window, door*** bussare alla finestra, alla porta; ***to ~ against sth.*** battere contro qcs.
■ **tap in:** ***~ [sth.] in, ~ in [sth.]*** conficcare [*nail, peg*]; INFORM. immettere [*information, number*].
■ **tap out:** ***~ [sth.] out, ~ out [sth.]*** trasmettere (in alfabeto Morse) [*message*].
4.tap /tæp/ tr. (forma in -ing ecc. **- pp-**) **1** *(extract)* sfruttare [*talent, resources, market, energy*]; ***to ~ sb. for money*** COLLOQ. spillare denaro a qcn. **2** *(install listening device)* mettere sotto controllo [*telephone*]; mettere sotto controllo i telefoni di [*house, embassy*] **3** *(breach)* mettere una spina a [*barrel*]; drenare [*furnace*] **4** *(for sap)* incidere [*tree*] (**for** per) **5** *(collect resin)* raccogliere (facendo un'incisione) [*rubber*] **6** TECN. *(cut thread of)* maschiare **7** AE *(designate)* designare (**as** come; **for** per; **to do** per fare).
1.tap dance /ˈtæp,dɑːns, AE -,dæns/ n. tip tap m., tap dance f.
2.tap dance /ˈtæp,dɑːns, AE -,dæns/ intr. ballare il tip tap.
tap dancer /ˈtæp,dɑːnsə(r), AE -,dæns-/ n. ballerino m. (-a) di tip tap.
tap dancing /ˈtæp,dɑːnsɪŋ, AE -,dæns-/ n. (il) ballare il tip tap.
▶ **1.tape** /teɪp/ n. **1** *(substance) (for recording)* nastro m. magnetico; ***to put sth. on ~*** registrare qcs. su nastro **2** *(item) (cassette)* (audio)cassetta f.; *(reel)* bobina f. (di nastro magnetico); *(for computer)* nastro m.; *(for video)* videocassetta f.; ***to play a ~*** mettere una cassetta; ***on ~*** in cassetta **3** *(recording)* registrazione f.; ***to make a ~ of*** fare una registrazione di; ***to edit a ~*** montare una registrazione **4** *(strip of material)* nastro m.; ***tied with ~*** legato con un nastro **5** *(for sticking)* (anche **adhesive ~**, **sticky ~**) scotch® m., nastro m. adesivo; ***a roll of ~*** un rotolo di scotch **6** *(marking off something) (in race)* nastro m. d'arrivo; *(in ceremony)* nastro m.; *(put by police)* cordone m.; ***to cut the ~*** tagliare il traguardo **7** *(for teleprinter)* nastro m. **8** *(for measuring)* metro m. a nastro; SART. metro m. da sarto; *(retractable)* rotella f. metrica.
2.tape /teɪp/ tr. **1** *(on cassette, video)* registrare; ***to ~ sth. from*** registrare qcs. da [*radio, TV*] **2** *(stick)* sigillare (con il nastro adesivo) [*parcel, article*]; ***to ~ sb.'s hands together*** legare le mani di qcn. con del nastro adesivo; ***to ~ sb.'s mouth shut*** imbavagliare qcn. con il nastro adesivo; ***to ~ sth. to*** attaccare qcs. a [*surface, door*] ◆ ***to have sb. ~d*** COLLOQ. inquadrare qcn.; ***to have sth. ~d*** COLLOQ. avere le idee chiare su qcs.
■ **tape up:** ***~ [sth.] up, ~ up [sth.]*** impacchettare [qcs.] con il nastro adesivo [*parcel, box*]; ***to ~ sth. up with*** aggiustare qcs. con del nastro adesivo.
tape cassette /,teɪpkəˈset/ n. (audio)cassetta f.
taped /ˈteɪpt/ **I** p.pass. → **2.tape II** agg. [*message, conversation*] registrato.
tape deck /ˈteɪp,dek/ n. piastra f. di registrazione, deck m.
tape drive /ˈteɪp,draɪv/ n. drive m. (per nastro magnetico).
tape-edit /ˈteɪp,edɪt/ n. montaggio m. (di una registrazione).
tape-editing /ˈteɪp,edɪtɪŋ/ n. (il) montare una registrazione.
tape grass /ˈteɪpgrɑːs, AE -græs/ n. vallisneria f.
tape head /ˈteɪp,hed/ n. testina f. di registrazione.
tape library /ˈteɪp,laɪbrərɪ, AE -brerɪ/ n. nastroteca f.
tape machine /ˈteɪpmə,ʃiːn/ n. registratore m. a nastro.
tape measure /ˈteɪp,meʒə(r)/ n. metro m. a nastro; SART. metro m. da sarto; *(retractable)* rotella f. metrica.
1.taper /ˈteɪpə(r)/ n. **1** *(spill)* accenditoio m. **2** *(candle)* cero m. **3** *(narrow part)* ***to have a ~*** [*trousers*] essere stretti al fondo; [*column, spire*] essere rastremato; [*blade*] essere appuntito.
2.taper /ˈteɪpə(r)/ **I** tr. restringere [qcs.] verso il fondo [*stick, fabric*] **II** intr. [*sleeve, trouser leg*] stringersi verso il fondo; [*column, spire*] rastremarsi; ***to ~ to a point*** finire con una punta; ***a loan of £ 400 ~ing to £ 200 in the final year*** un prestito di 400 sterline che è diminuito fino a diventare di 200 sterline l'ultimo anno.
■ **taper off:** ***~ off*** andare diminuendo; ***~ off [sth.], ~ [sth.] off*** diminuire, ridurre progressivamente qcs.
tape-record /ˈteɪprɪ,kɔːd/ tr. registrare.
tape recorder /ˈteɪprɪ,kɔːdə(r)/ n. registratore m.
tape recording /ˈteɪprɪ,kɔːdɪŋ/ n. registrazione f.
tapered /ˈteɪpəd/ **I** p.pass. → **2.taper II** agg. → **tapering**.
tapering /ˈteɪpərɪŋ/ agg. [*trousers, sleeves*] stretto in fondo; [*column, wing*] rastremato; [*leg, finger*] affusolato; [*flame*] sottile.
taper pin /ˈteɪpə,pɪn/ n. spina f. conica.
1.tapestry /ˈtæpəstrɪ/ n. arazzo m. ◆ ***it's all part of life's rich ~*** = ogni cosa rientra nella varietà della vita.
2.tapestry /ˈtæpəstrɪ/ tr. ornare di arazzi.
tapeworm /ˈteɪpwɜːm/ n. verme m. solitario, tenia f.
taphole /ˈtæphəʊl/ n. foro m. di colata.
tapioca /,tæpɪˈəʊkə/ n. **1** *(cereal)* tapioca f. **2** (anche **~ pudding**) = dolce fatto con la tapioca.
tapir /ˈteɪpə(r)/ n. tapiro m.
tappet /ˈtæpɪt/ n. punteria f.
1.tapping /ˈtæpɪŋ/ n. **1** (anche **telephone ~**) intercettazione f. (telefonica) **2** BE EL. presa f.
2.tapping /ˈtæpɪŋ/ n. *(knocking)* ***he heard a ~ on the door*** sentì bussare alla porta.
taproom /ˈtæpruːm, -rʊm/ n. ANT. bar m.

taproot /'tæpru:t/ n. BOT. radice f. a fittone.
tapster /'tæpstə(r)/ n. ANT. garzone m. di osteria.
tap water /'tæp,wɔ:tə(r)/ n. acqua f. del rubinetto.
1.tar /tɑ:(r)/ **I** n. **1** catrame m.; *(on roads)* asfalto m. **2** COLLOQ. ANT. *(sailor)* marinaio m. **II** modif. [*road*] asfaltato; ~ ***paper*** carta catramata; ~ ***content*** *(of cigarette)* contenuto di catrame; ***low-, high-~ cigarette*** sigaretta a basso, ad alto contenuto di catrame ◆ ***to spoil the ship for a ha'p'orth of ~*** = rovinare una cosa importante per voler lesinare troppo su delle piccolezze.
2.tar /tɑ:(r)/ tr. (forma in -ing ecc. **-rr-**) (in)catramare [*roof, fence, timber*]; asfaltare [*road*] ◆ ***to ~ and feather sb.*** mettere qcn. alla gogna; ***I don't believe they'll ~ and feather you for that*** non credo che ti impiccheranno per quello; ***to ~ everyone with the same brush*** fare di ogni erba un fascio; ***they're ~red with the same brush*** sono della stessa razza.
taradiddle /'tærədɪdl/ n. COLLOQ. ANT. **1** *(fib)* frottola f. **2** *(nonsense)* sciocchezze f.pl.
tarantella /,tærən'telə/ n. tarantella f.
tarantism /'tærəntɪzəm/ n. tarantismo m.
tarantula /tə'ræntjʊlə, AE -tʃələ/ n. tarantola f.
taratantara /tɑ:rə'tæntərə/ n. taratantara m.
taraxacum /tə'ræksəkəm/ n. tarassaco m.
tarboosh /tɑ:'bu:ʃ/ n. tarbush m.
tar-brush /tɑ:'brʌʃ/ n. spazzolone m. per (in)catramare.
tarbush → **tarboosh**.
tardigrade /'tɑ:dɪgreɪd/ **I** n. tardigrado m. **II** agg. tardigrado.
tardily /'tɑ:dɪlɪ/ avv. LETT. tardivamente.
tardiness /'tɑ:dɪnɪs/ n. **1** *(slowness)* lentezza f., tardezza f. (**in doing** nel fare) **2** *(lateness)* indugio m., ritardo m.
tardy /'tɑ:dɪ/ agg. LETT. **1** *(slow)* tardo (**in doing** a fare) **2** *(late)* tardivo.
tardy slip /'tɑ:dɪ,slɪp/ n. AE SCOL. nota f. (per ingresso in ritardo).
1.tare /teə(r)/ n. veccia f.
2.tare /teə(r)/ n. METROL. tara f.
3.tare /teə(r)/ tr. METROL. fare la tara a, tarare.
▶ **1.target** /'tɑ:gɪt/ **I** n. **1** *(in archery, shooting practice)* bersaglio m. **2** MIL. *(of bomb, missile)* obiettivo m.; ***to be a soft ~*** essere un bersaglio facile; ***to be right on ~*** centrare il bersaglio **3** *(goal, objective)* obiettivo m., scopo m.; ***production ~*** obiettivo di produzione; ***to meet one's ~*** avere il risultato sperato; ***to be on ~*** raggiungere il proprio scopo; ***the figures are way off*** o ***below ~*** le cifre sono al di sotto delle aspettative **4** *(butt)* bersaglio m.; ***to be the ~ of*** essere bersaglio di [*abuse, ridicule*]; ***an easy*** o ***soft ~*** un facile bersaglio; ***to be right on ~*** [*jibe, criticism*] colpire nel segno **II** modif. [*date, figure*] previsto; [*audience, group*] di riferimento.
2.target /'tɑ:gɪt/ tr. **1** MIL. *(aim)* puntare [*weapon, missile*] (**at, on** verso, su); *(choose as objective)* prendere come bersaglio, mirare a [*city, site, factory*] **2** FIG. *(in marketing)* individuare [*group, sector*]; ***to be ~ed at*** [*product, publication*] essere diretto, mirato a [*group*].
target group /'tɑ:gɪt,gru:p/ n. target m., gruppo m. di riferimento.
targeting /'tɑ:gɪtɪŋ/ n. **1** COMM. individuazione f. del target (**of** di) **2** MIL. ***the ~ of enemy bases*** l'individuazione delle basi nemiche.
target language /'tɑ:gɪt,læŋgwɪdʒ/ n. lingua f. d'arrivo.
target man /'tɑ:gɪt,mæn/ n. (pl. **target men**) BE SPORT *(in soccer)* cannoniere m.; *(in football, rugby)* realizzatore m.
target practice /'tɑ:gɪt,præktɪs/ n. **U** esercitazioni f.pl. di tiro al bersaglio.
target price /'tɑ:gɪt,praɪs/ n. prezzo m. di riferimento, prezzo m. base.
▷ **1.tariff** /'tærɪf/ **I** n. **1** *(price list)* tariffa f. **2** *(customs duty)* tariffa f. doganale **3** DIR. tariffa f. (delle pene) **II** modif. [*agreement, barrier, exemption, heading, reform*] tariffario; [*cut*] delle tariffe doganali; [*union*] doganale.
2.tariff /'tærɪf/ tr. tariffare, sottoporre a tariffa [*goods*].
tarlatan /'tɑ:lətn/ n. tarlatana f.
1.tarmac /'tɑ:mæk/ **I** n. **1** (anche **Tarmac**®) macadam m. all'asfalto **2** BE *(of airfield)* pista f. **II** modif. [*road, footpath*] = pavimentato con macadam all'asfalto.
2.tarmac /'tɑ:mæk/ tr. (forma in -ing ecc. **-ck-**) = pavimentare con macadam all'asfalto.
tarmacadam /tɑ:mə'kædəm/ n. → **1.tarmac**.
tarn /tɑ:n/ n. laghetto m. di montagna.
tarnation /tɑ:'neɪʃn/ n. AE COLLOQ. dannazione f.; ***what in ~ is that?*** che cosa diavolo è? ***what in ~ are you doing?*** cosa diavolo stai facendo?
1.tarnish /'tɑ:nɪʃ/ n. *(on metal)* ossidazione f.; FIG. *(on honour)* macchia f.
2.tarnish /'tɑ:nɪʃ/ **I** tr. ossidare [*metal*]; FIG. macchiare [*honour*] **II** intr. [*metal*] ossidarsi; FIG. [*honour*] macchiarsi.
tarnishable /'tɑ:nɪʃəbl/ agg. [*metal*] ossidabile; [*honour*] che può essere macchiato.
taro /'tɑ:rəʊ/ n. (pl. **~s**) taro m.
tar oil /'tɑ:r,ɔɪl/ n. olio m. minerale di asfalto.
tarot /'tærəʊ/ ♦ ***10*** n. gioco m. dei tarocchi, tarocchi m.pl.
tarpaulin /tɑ:'pɔ:lɪn/ n. **1** *(material)* tela f. cerata **2** *(sheet)* telone m. (impermeabile).
Tarpeian /tɑ:'pi:ən/ agg. tarpeo; ***the ~ rock*** la rupe tarpea.
tarpon /'tɑ:pɒn/ n. tarpone m. (atlantico).
tarradiddle → **taradiddle**.
tarragon /'tærəgən/ **I** n. dragoncello m. **II** modif. [*vinegar, sauce*] (aromatizzato) al dragoncello; [*leaf*] di dragoncello.
tarred /tɑ:d/ **I** p.pass. → **2.tar II** agg. (in)catramato; [*road*] asfaltato.
tarring /'tɑ:rɪŋ/ n. (in)catramatura f.; *(of road)* asfaltatura f.
1.tarry /'tɑ:rɪ/ agg. [*substance*] catramoso; [*beach, feet, rock*] coperto di catrame.
2.tarry /'tærɪ/ intr. ANT. o LETT. **1** *(delay)* indugiare, attardarsi **2** *(stay)* trattenersi, sostare.
tarsal /'tɑ:sl/ **I** n. osso m. tarsale **II** agg. tarsale.
tarsus /'tɑ:səs/ n. (pl. **-i**) tarso m.
Tarsus /'tɑ:səs/ ♦ ***34*** n.pr. Tarso f.
1.tart /tɑ:t/ n. **1** *(individual pie)* tortina f. **2** BE *(large pie)* torta f.
2.tart /tɑ:t/ n. POP. SPREG. sgualdrina f., puttanella f.
3.tart /tɑ:t/ tr. → **tart up**.
■ **tart up** BE COLLOQ. ~ ***[sth.] up***, ~ ***up [sth.]*** riarredare, ridecorare (in modo pacchiano) [*house, room*]; risistemare in modo più vistoso [*garden*]; dare una nuova immagine (più pacchiana) a [*brochure*]; ***to be ~ed up*** [*person*] essere conciato (in modo vistoso); ~ ***oneself up*** agghindarsi (in modo vistoso).
4.tart /tɑ:t/ agg. [*flavour*] aspro, acido; FIG. [*remark*] aspro, acido, sarcastico.
tartan /'tɑ:tn/ **I** n. *(cloth)* tartan m.; *(pattern)* disegno m. scozzese; ***to wear the ~*** portare il kilt **II** agg. [*fabric, jacket*] scozzese.
tartar /'tɑ:tə(r)/ n. MED. ENOL. tartaro m.
Tartar /'tɑ:tə(r)/ **I** agg. ta(r)taro **II** n. **1** *(person)* ta(r)taro m. (-a) **2** *(language)* ta(r)taro m. **3** *(formidable person) (man)* energumeno m.; *(woman)* virago f.
Tartarean /tɑ:'teərɪən/ agg. tartareo, del Tartaro.
Tartarian /tɑ:'teərɪən/ agg. tartaro, della Tartaria.
tartaric /tɑ:'tærɪk/ agg. tartarico.
tartaric acid /tɑ:,tærɪk'æsɪd/ n. acido m. tartarico.
tartarous /'tɑ:tərəs/ agg. tartarico, di tartaro.
tartar sauce /,tɑ:tə'sɔ:s/ n. salsa f. tartara.
tartly /'tɑ:tlɪ/ avv. [*say*] acidamente, aspramente.
tartness /'tɑ:tnɪs/ n. acidità f., asprezza f. (anche FIG.).
tartrate /'tɑ:treɪt/ n. tartrato m.
▶ **1.task** /tɑ:sk, AE tæsk/ n. compito m., incombenza f., dovere m. (**of doing** di fare); ***a hard ~*** un duro compito; ***to have the ~ of doing*** avere il compito di fare; ***he finds writing reports a hard ~*** trova che scrivere rapporti sia un lavoraccio; ***painting the ceiling will be no easy ~*** dipingere il soffitto non sarà un lavoro tanto facile ◆ ***to take sb. to ~*** rimproverare qcn. (**about, for, over** per).
2.task /tɑ:sk, AE tæsk/ tr. **1** *(assign a task)* assegnare un compito **2** *(strain)* mettere a dura prova, affaticare **3** *(test)* collaudare la solidità di [*vehicle*].
taskbar /'tɑ:skbɑ:(r), AE 'tæsk-/ n. barra f. delle applicazioni.
task-based learning /'tɑ:skbeɪsd,lɜ:nɪŋ, AE 'tæsk-/ n. = apprendimento basato sulla pratica.
task force /'tɑ:sk,fɔ:s, AE 'tæsk-/ n. **1** MIL. task force f. **2** *(of police)* squadra f. speciale **3** *(committee)* task force f.
taskmaster /'tɑ:skmɑ:stə(r), AE 'tæskmæstə(r)/ n. negriero m., tiranno m.; ***to be a hard ~*** essere un aguzzino.
Tasmania /tæz'meɪnɪə/ ♦ ***12, 6*** n.pr. Tasmania f.
Tasmanian /tæz'meɪnɪən/ ♦ ***18*** **I** agg. tasmaniano **II** n. tasmaniano m. (-a).
Tasmanian devil /tæz,meɪnɪən'devl/ n. ZOOL. diavolo m. della Tasmania.
Tasman Sea /,tæzmən'si:/ ♦ ***20*** n.pr. mar m. di Tasmania.
Tass /tæs/ n.pr. Tass f.; ***the ~ news agency*** l'agenzia Tass.
1.tassel /'tæsl/ n. *(ornamental)* fiocco m.; *(on corn etc.)* barba f.
2.tassel /'tæsl/ tr. (forma in -ing ecc. **-ll-**, **-l-** AE) infiocchettare.
tasselled, tasseled AE /'tæsld/ **I** p.pass. → **2.tassel II** agg. infiocchettato.
▶ **1.taste** /teɪst/ n. **1** *(flavour)* gusto m., sapore m.; ***a strong ~ of garlic*** un forte sapore di aglio; ***a delicate ~*** un gusto delicato; ***to***

leave a bad o ***nasty ~ in the mouth*** lasciare un gusto cattivo in bocca; FIG. lasciare l'amaro in bocca; ***it leaves a nasty ~ in the mouth*** FIG. la-scia l'amaro in bocca; ***I was left with a nasty ~ in the mouth*** FIG. sono rimasto con l'amaro in bocca **2** *(sense)* gusto m.; ***the sense of ~*** il senso del gusto; ***to be bitter, sweet to the ~*** essere amaro, dolce (al palato); ***this cold has taken my (sense of) ~ away*** da quando sono raffreddato non sento più i gusti **3** *(small quantity)* pizzico m., pezzettino m.; ***have a ~ of this*** assaggia un po' di questo *o* prendi un assaggi(n)o di questo; ***add just a ~ of brandy*** aggiungete una goccia di brandy **4** FIG. *(brief experience, foretaste)* assaggio m.; ***a ~ of life in a big city*** un assaggio della vita in una grande città; ***they were experiencing their first ~ of sth.*** stavano facendo la loro prima esperienza di qcs.; ***this was just a ~ of the violence to come*** questo era solo il primo assaggio della violenza che sarebbe venuta in seguito; ***a ~ of things to come*** un'idea di ciò che verrà; ***the ~ of freedom*** il sapore della libertà; ***she's not used to the ~ of defeat, success*** non è abituata al sapore della sconfitta, del successo **5** *(liking, preference)* gusto m.; ***to acquire*** o ***develop a ~ for sth.*** prendere gusto a qcs.; ***he has strange ~s*** o ***a strange ~ in music, clothes etc.*** ha strani gusti musicali, nel vestire ecc.; ***it wasn't to her ~*** non era di suo gusto; ***is this to your ~?*** è di tuo gusto? ***it was too violent for my ~(s)*** era troppo violento per i miei gusti; ***the resort has something to suit all ~s*** il posto ha le caratteristiche per soddisfare tutti i gusti; ***sweeten, add salt to ~*** zuccherare, salare quanto basta **6** *(sense of beauty, appropriateness, etc.)* (buon)gusto m.; ***she has exquisite, awful ~ in clothes*** ha un ottimo, pessimo gusto nel vestire; ***to have good ~ in sth.*** avere buongusto in qcs.; ***the room had been furnished in*** o ***with excellent ~*** la stanza era stata arredata con gusto squisito; ***the joke was in poor ~*** la barzelletta era di cattivo gusto; ***that's a matter of ~*** è un questione di gusti; ***it would be in bad*** o ***poor ~ to do*** sarebbe di cattivo gusto fare ◆ ***there's no accounting for ~s!*** tutti i gusti sono gusti! ***to give sb. a ~ of their own medicine*** ripagare qcn. con la stessa moneta.

▶ **2.taste** /teɪst/ **I** tr. **1** *(perceive flavour)* sentire il gusto di; ***I can ~ the brandy in this coffee*** sento il gusto del brandy nel caffè; ***I can't ~ a thing with this cold*** non sento più il gusto di niente con questo raffreddore **2** *(eat or drink) (to test flavour)* assaggiare; ***would you like to ~ the wine?*** volete assaggiare il vino? ***that's the best stew, coffee I've ever ~d*** è lo stufato, il caffè più buono che abbia mai assaggiato; ***he's never ~d meat*** non ha mai assaggiato la carne **3** FIG. *(experience)* assaporare [*freedom, success, power*]; conoscere [*failure, defeat, hardship*] **II** intr. **1** *(have flavour)* ***to ~ sweet, salty*** avere un sapore dolce, salato; ***to ~ good, horrible*** avere un gusto buono, terribile; ***the milk ~s off to me*** secondo me il latte è diventato acido; ***to ~ like sth.*** avere lo stesso gusto di qcs.; ***what does it ~ like?*** che gusto ha? ***to ~ of sth.*** sapere di qcs.; ***it ~s of pineapple*** sa di ananas **2** *(perceive flavour)* sentire i gusti; ***I can't ~*** non sento i gusti.

taste bud /ˈteɪstbʌd/ n. papilla f. gustativa; ***a menu, meal to tempt the ~s*** un menu, un pasto da fare venire l'acquolina in bocca.

tasteful /ˈteɪstfl/ agg. [*clothes, choice, design*] di buongusto, raffinato; ***a ~ room*** una stanza arredata con buongusto.

tastefully /ˈteɪstfəlɪ/ avv. [*furnish, dress, decorated*] con buongusto.

tastefulness /ˈteɪstflnɪs/ n. buongusto m., raffinatezza f. (**of** di).

tasteless /ˈteɪstlɪs/ agg. **1** [*remark, joke, garment, furnishings*] di cattivo gusto; ***a delightfully ~ black comedy*** una black comedy di un cattivo gusto eccezionale **2** *(without flavour)* [*food*] insipido; [*drink*] senza gusto; [*medicine, powder*] privo di gusto.

tastelessly /ˈteɪstlɪslɪ/ avv. con cattivo gusto.

tastelessness /ˈteɪstlɪsnɪs/ n. **1** *(of joke, remark, behaviour)* cattivo gusto m. **2** *(of food)* insipidezza f.; *(of drink)* mancanza f. di gusto.

taster /ˈteɪstə(r)/ n. **1** *(person) (to check quality)* degustatore m. (-trice); *(to check for poison)* assaggiatore m. (-trice) **2** *(foretaste)* assaggio m. (**of, for** di).

tastiness /ˈteɪstɪnɪs/ n. gustosità f., prelibatezza f.

tasting /ˈteɪstɪŋ/ **I** n. degustazione f.; ***cheese, wine ~*** degustazione di formaggi, di vini **II -tasting** agg. in composti ***sweet-~*** dolce (di gusto); ***pleasant-~*** dal sapore gradevole.

▷ **tasty** /ˈteɪstɪ/ agg. **1** *(full of flavour)* [*food*] saporito, succulento, gustoso; ***a ~ morsel, dish*** un boccone, un piatto succulento **2** COLLOQ. *(attractive)* [*price, discount*] interessante; [*garment*] provocante; ***he's ~*** è un fico.

1.tat /tæt/ n. BE COLLOQ. **1** *(junk)* robaccia f., ciarpame m. **2** *(clothing)* cenci m.pl.

2.tat /tæt/ **I** tr. (forma in -ing ecc. **-tt-**) ***to ~ lace*** fare il merletto **II** intr. (forma in -ing ecc. **-tt-**) fare il merletto.

3.tat /tæt/ n. ***tit for ~*** occhio per occhio; ***to give tit for ~*** rendere pan per focaccia; ***tit for ~ killings*** uccisioni per rappresaglia.

ta-ta /təˈtɑː/ inter. INFANT. ciao, ciao.

Tatar → **Tartar**.

tatter /ˈtætə(r)/ **I** tr. stracciare, fare a brandelli **II** intr. sbrindellarsi, stracciarsi.

tatterdemalion /ˌtætədəˈmeɪlɪən/ n. straccione m. (-a).

tattered /ˈtætəd/ **I** p.pass. → **tatter II** agg. [*coat, clothing*] a brandelli, sbrindellato; [*book, document*] stracciato; [*person*] cencioso; [*reputation*] rovinato; ***my hopes are ~*** le mie speranze sono andate in fumo; ***~ and torn*** a brandelli, sbrindellato.

tatters /ˈtætəz/ n.pl. brandelli m.; ***to be in ~*** [*clothing*] essere sbrindellato, a brandelli; [*career, life, reputation*] essere rovinato; ***my hopes are in ~*** le mie speranze sono andate in fumo.

tattersall /ˈtætəsɔːl/ n. = tessuto dal disegno quadrettato simile al tartan.

tattiness /ˈtætɪnɪs/ n. cenciosità f., cattivo stato m.

tatting /ˈtætɪŋ/ n. ARTIG. chiacchierino m., merletto m.

1.tattle /ˈtætl/ n. (anche **tittle-tattle**) **U** chiacchiere f.pl., pettegolezzi m.pl.

2.tattle /ˈtætl/ intr. (anche **tittle-tattle**) chiacchierare (**about** di), spettegolare (**about** di, su); ***to ~ on sb.*** spettegolare di *o* su qcn.

tattler /ˈtætlə(r)/ n. chiacchierone m. (-a), pettegolo m. (-a).

tattletale /ˈtætlteɪl/ n. spione m. (-a).

1.tattoo /təˈtuː, AE tæˈtuː/ n. **1** MIL. *(on drum, bugle)* segnale m. della ritirata, ritirata f.; ***to beat*** o ***sound the ~*** MIL. suonare la ritirata **2** *(parade)* parata f. militare **3** FIG. *(drumming noise)* rullo m., tambureggiamento m., tamburellamento m.; ***the rain beat a ~ on the roof*** la pioggia tamburellava sul tetto; ***he was beating a ~ on the table with his fingers*** tamburellava sul tavolo con le dita.

2.tattoo /təˈtuː, AE tæˈtuː/ **I** tr. rullare su [*drum*]; tamburellare su [*window, roof, table*] **II** intr. [*drum*] rullare; [*rain*] tamburellare.

▷ **3.tattoo** /təˈtuː, AE tæˈtuː/ n. *(on skin)* tatuaggio m.

▷ **4.tattoo** /təˈtuː, AE tæˈtuː/ tr. tatuare (**on** su).

tattoo artist /təˈtuːɑːtɪst, AE tæˈtuː-/ ♦ ***27*** n. tatuatore m. (-trice).

tattooing /təˈtuːɪŋ, AE tæˈtuː-/ n. *(mark)* tatuaggio m.; *(practice)* tatuaggio m., (il) fare tatuaggi.

tattooist /təˈtuːɪst, AE tæˈtuːɪst/ ♦ ***27*** n. tatuatore m. (-trice).

tatty /ˈtætɪ/ **I** agg. BE [*appearance*] trasandato; [*carpet, curtain, garment, shoes, furniture*] malandato; [*book*] malridotto; [*building*] scalcinato; [*area*] degradato; ***a ~ piece of paper*** un pezzo di carta sgualcito **II** n. SCOZZ. GASTR. COLLOQ. patata f.

tau /taʊ/ n. tau m. e f.; ***~ cross*** croce a tau.

taught /tɔːt/ pass., p.pass. → **teach**.

1.taunt /tɔːnt/ agg. MAR. [*mast*] molto alto.

2.taunt /tɔːnt/ n. scherno m., derisione f.

3.taunt /tɔːnt/ tr. deridere, schernire [*person*] (**about, over** per); ***to ~ sb. into doing sth.*** provocare qcn. per fargli fare qcs.

taunter /ˈtɔːntə(r)/ n. schernitore m. (-trice), provocatore m. (-trice).

taunting /ˈtɔːntɪŋ/ **I** n. **U** scherno m., derisione f. **II** agg. derisorio, sarcastico.

tauntingly /ˈtɔːntɪŋlɪ/ avv. [*speak, criticize, stare, smile*] sarcasticamente.

Taurean /ˈtɔːrɪən/ ♦ ***38*** **I** n. ASTROL. ***to be a ~*** essere del Toro, essere un Toro **II** agg. ASTROL. [*trait, character*] del Toro.

taurine /ˈtɔːraɪn/ agg. FORM. taurino.

tauromachy /tɔːˈrɒməkɪ/ n. FORM. tauromachia f.

Taurus /ˈtɔːrəs/ ♦ ***38*** n. ASTROL. Toro m.; ***to be (a) ~*** essere del Toro, essere un Toro.

taut /tɔːt/ agg. *(all contexts)* teso, tirato.

tauten /ˈtɔːtn/ **I** tr. tendere, tirare **II** intr. tendersi, irrigidirsi.

tautly /ˈtɔːtlɪ/ avv. **1** ***a ~-strung racket*** una racchetta ben accordata **2** [*say, reply*] con aria preoccupata, con inquietudine.

tautness /ˈtɔːtnɪs/ n. tensione f.

tautological /ˌtɔːtəˈlɒdʒɪkl/ agg. tautologico.

tautologically /ˌtɔːtəˈlɒdʒɪklɪ/ avv. tautologicamente, in modo tautologico.

tautologize /tɔːˈtɒlədʒaɪz/ intr. fare uso di tautologie, tautologizzare.

tautology /tɔːˈtɒlədʒɪ/ n. tautologia f.

tautomer /ˈtɔːtəmə(r)/ n. CHIM. tautomero m.

tautomerism /tɔːˈtɒmərɪzəm/ n. CHIM. tautomeria f.

tavern /ˈtævən/ n. osteria f., taverna f.

taverna /təˈvɜːnə/ n. trattoria f. greca.

TAVR n. GB (⇒ Territorial and Army Volunteer Reserve) = riserva di volontari per la difesa territoriale.

1.taw /tɔː/ n. **1** *(marble)* bilia f., pallina f. **2** *(game)* gioco m. delle bilie **3** *(line)* = linea da cui si tira nel gioco delle bilie.

2.taw /tɔ:/ tr. allumare, conciare con l'allume.
tawdriness /'tɔ:drɪnɪs/ n. *(of clothes, furnishings, house, pub)* pacchianeria f., cattivo gusto m.; *(of jewellery)* vistosità f.; FIG. *(of motives, method, affair)* mediocrità f.
tawdry /'tɔ:drɪ/ agg. [*furnishings, house*] pacchiano; [*clothes, jewellery*] vistoso, pacchiano; FIG. [*motives, methods*] basso; [*affair*] misero.
tawer /'tɔ:ə(r)/ n. persona f. che allume, che concia con l'allume.
tawing /'tɔ:ɪŋ/ n. allumatura f., concia f. con l'allume.
tawniness /'tɔ:nɪnɪs/ n. (l')essere fulvo.
tawny /'tɔ:nɪ/ agg. fulvo.
tawny owl /'tɔ:nɪˌaʊl/ n. **1** ZOOL. allocco m. **2** *(Brownie leader)* = capo delle coccinelle.
tawse /tɔ:z/ n. SCOZZ. correggia f.
▶ **1.tax** /tæks/ n. tassa f. (**on** su); *(on individual)* imposta f.; ***sales ~*** imposta sulle vendite; ***to collect*** o ***levy a ~*** prelevare un'imposta; ***to increase*** o ***raise ~es*** aumentare le imposte; ***to cut ~es*** ridurre le imposte; ***before ~*** al lordo; ***after ~*** al netto; ***~ is deducted at source*** le imposte sono ritenute alla fonte; ***to pay ~*** o ***be liable for ~*** essere soggetto alle imposte; ***to pay £1,000 in ~*** pagare 1.000 sterline di imposte; ***to pay a substantial sum in ~*** versare una grossa somma al fisco; ***to pay ~ on one's earnings*** pagare le ritenute sul proprio reddito *o* pagare le tasse in base al proprio reddito.
▶ **2.tax** /tæks/ tr. **1** tassare [*profits, earnings, person*]; ***to be ~ed at a rate of 18%*** [*person*] essere tassato all'aliquota del 18%; [*sum, income, profit*] essere tassato al 18%; ***luxury goods are heavily ~ed*** i beni di lusso sono pesantemente tassati; ***to be ~ed at a higher, lower rate*** essere soggetti a un tasso d'imposta più alto, più basso **2** AUT. ***to ~ a vehicle*** pagare il bollo dell'auto; ***the car is ~ed till November*** il bollo dell'auto scade a novembre **3** FIG. *(strain, stretch)* mettere a dura prova [*patience, goodwill, wits*]; ***this will ~ your wits!*** questo ti farà spremere le meningi!
▪ **tax with:** ***~ [sb.] with*** accusare, tacciare qcn. di [*misdeed*].
taxability /tæksə'bɪlətɪ/ n. tassabilità f., imponibilità f.
taxable /'tæksəbl/ agg. [*earnings, profit*] imponibile, tassabile.
tax accountant /'tæksəˌkaʊntənt/ ♦ **27** n. fiscalista m. e f.
tax adjustment /'tæksəˌdʒʌstmənt/ n. rettifica f. fiscale.
tax advantage /'tæksədˌvɑ:ntɪdʒ, AE -'vænt-/ n. vantaggio m. fiscale, tributario.
tax allowance /'tæksəˌlaʊəns/ n. detrazione f. fiscale, sgravio m. d'imposta.
tax arrears /'tæksəˌrɪəz/ n.pl. arretrati m. fiscali.
▷ **taxation** /tæk'seɪʃn/ n. **1** *(imposition of taxes)* tassazione f., imposizione f. **2** *(revenue from taxes)* imposte f.pl., contributi m.pl.
tax avoidance /'tæksəˌvɔɪdəns/ n. elusione f. fiscale.
tax band /'tæksbænd/ n. → **tax bracket**.
tax base /'tæksbeɪs/ n. base f. imponibile, imponibile m.
tax bite /'tæksbaɪt/ n. salasso m. fiscale.
tax bracket /'tæksˌbrækɪt/ n. scaglione m. d'imposta.
tax break /'tæksbreɪk/ n. agevolazione f. fiscale.
tax burden /'tæksˌbɜ:dn/ n. onere m. fiscale, carico m. fiscale.
tax code /'tækskəʊd/ n. codice m. tributario.
tax collection /'tækskəˌlekʃn/ n. riscossione f. fiscale, esazione f. delle tasse.
tax collector /'tækskəˌlektə(r)/ ♦ **27** n. esattore m. (-trice).
tax credit /'tæksˌkredɪt/ n. credito m. d'imposta.
tax cut /'tækskʌt/ n. riduzione f., diminuzione f. delle imposte.
tax-deductible /ˌtæksdɪ'dʌktəbl/ agg. detraibile.
tax demand /'tæksdɪˌmɑ:nd, -dɪˌmænd/ n. avviso m. d'accertamento, accertamento m. d'imposta.
tax disc /'tæksdɪsk/ n. bollo m. (di circolazione).
tax dodge /'tæksdɒdʒ/ n. COLLOQ. frode f. fiscale.
tax dodger /'tæksˌdɒdʒə(r)/ n. COLLOQ. evasore m. fiscale.
taxeme /'tæksi:m/ n. tassema m.
taxes /'tæksi:z/ → **taxis**.
tax evader /'tæksɪˌveɪdə(r)/ n. evasore m. fiscale.
tax evasion /'tæksɪˌveɪʒn/ n. evasione f. fiscale.
tax-exempt /ˌtæksɪg'zempt/ agg. esentasse, esente da imposte.
tax exemption /ˌtæksɪg'zempʃn/ n. esenzione f. fiscale.
tax exile /'tæksˌeksaɪl/ n. esule m. e f. per motivi fiscali.
tax fraud /'tæksfrɔ:d/ n. frode f. fiscale.
tax-free /ˌtæks'fri:/ agg. [*income*] esentasse, esente da imposte.
tax haven /'tæksˌheɪvn/ n. paradiso m. fiscale.
▷ **1.taxi** /'tæksɪ/ n. taxi m., tassì m.; ***by ~*** in taxi; ***we took a ~ to the station*** abbiamo preso un taxi per andare alla stazione.
2.taxi /'tæksɪ/ intr. [*airplane*] rullare; ***the plane was ~ing along the runway*** l'aereo stava rullando sulla pista.
taxicab /'tæksɪkæb/ n. → **1.taxi**.
taxi dancer /'tæksɪˌdɑ:nsə(r), AE -ˌdænsə(r)/ n. taxi-girl f.
taxidermal /tæksɪ'dɜ:ml/, **taxidermic** /tæksɪ'dɜ:mɪk/ agg. tassidermico.
taxidermist /'tæksɪdɜ:mɪst/ ♦ **27** n. tassidermista m. e f.
taxidermy /'tæksɪdɜ:mɪ/ n. tassidermia f., imbalsamazione f.
taxi driver /'tæksɪˌdraɪvə(r)/ ♦ **27** n. taxista m. e f., tassista m. e f.
taxi fare /'tæksɪfeə(r)/ n. prezzo m. di una corsa in taxi.
taxi man /'tæksɪˌmən/ n. (pl. **taxi men**) COLLOQ. taxista m., tassista m.
taximeter /'tæksɪmi:tə(r)/ n. tassametro m.
tax immunity /ˌtæksɪ'mju:nətɪ/ n. esenzione f. fiscale.
tax incentive /ˌtæksɪn'sentɪv/ n. incentivo m. fiscale.
taxing /'tæksɪŋ/ **I** n. (il) tassare **II** agg. [*job, role*] gravoso, faticoso.
tax inspector /'tæksɪnˌspektə(r)/ ♦ **27** n. agente m. e f. del fisco.
taxiplane /'tæksɪpleɪn/ n. AE aero-taxi m.
taxi rank /'tæksɪræŋk/ BE, **taxi stand** /'tæksɪstænd/ AE n. posteggio m. dei taxi.
taxis /'tæksɪs/ n. (pl. **-es**) **1** BIOL. tassi m. **2** MED. taxis f.
taxi track /'tæksɪtræk/, **taxiway** /'tæksɪweɪ/ n. pista f. di rullaggio.
tax levy /'tæksˌlevɪ/ n. gettito m. d'imposta, cartella f. d'imposta.
tax liability /'tækslaɪəˌbɪlətɪ/ n. *(personal position)* soggettività f. tributaria; *(amount payable)* debito m. d'imposta.
tax loophole /'tæksˌlu:phəʊl/ n. scappatoia f. fiscale.
taxman /'tæksmæn/ n. COLLOQ. ***the ~*** il fisco; ***to owe the ~ £500*** dovere 500 sterline al fisco.
tax office /'tæksˌɒfɪs, AE -ˌɔ:f-/ n. ufficio m. tributi, delle imposte.
taxonomic(al) /tæksə'nɒmɪk(l)/ agg. tassonomico.
taxonomist /tæk'sɒnəmɪst/ n. tassonomista m. e f.
taxonomy /tæk'sɒnəmɪ/ n. tassonomia f.
▷ **taxpayer** /'tækspeɪə(r)/ n. contribuente m. e f.
tax purposes /'tæksˌpɜ:pəsɪz/ n.pl. ***to declare a sum for ~*** dichiarare una somma al fisco; ***his income for ~ is £20,000*** il suo reddito imponibile è di 20.000 sterline.
tax rate /'tæksreɪt/ n. aliquota f. di un'imposta.
tax rebate /'tæksˌri:beɪt/ n. rimborso m. delle tasse.
tax relief /'tæksrɪˌli:f/ n. sgravio m. fiscale, detrazione f. fiscale.
tax return /'tæksrɪˌtɜ:n/ n. **1** *(form)* modulo m. della dichiarazione dei redditi **2** *(declaration)* denuncia f., dichiarazione f. dei redditi; ***to file a ~*** compilare la denuncia dei redditi.
tax shelter /'tæksˌʃeltə(r)/ n. *(place)* paradiso m. fiscale; *(stratagem)* scappatoia f. fiscale.
tax year /'tæksˌjɪə(r), -ˌjɜ:(r)/ n. anno m. fiscale.
Taylorism /'teɪlərɪzəm/ n. taylorismo m.
Tayside /'teɪsaɪd/ ♦ **24** n.pr. (anche **~ Region**) Tayside m.
TB n. (⇒ tuberculosis tubercolosi) tbc f.
T-bar /'ti:bɑ:(r)/ n. *(for skiers)* ancora f.
T-bone steak /ˌtɪ:bəʊn'steɪk/ n. bistecca f. con l'osso.
tbsp n. (⇒ tablespoon) = cucchiaio.
TCE n. (⇒ ton coal equivalent tonnellata equivalente di carbone) tec f.
TCP® n. (⇒ tricresyl phosphate) = tricresilfosfato.
TCP/IP n. (⇒ Transmission Control Protocol/Internet Protocol protocollo controllo trasmissione/protocollo internet) TCP/IP m.
TD n. **1** US (⇒ touchdown) = touch-down **2** (⇒ technical drawing) = disegno tecnico.
te /ti:/ n. MUS. (anche **ti**) si m.
▶ **tea** /ti:/ n. **1** *(drink, substance, shrub)* tè m.; ***jasmine ~*** tè al gelsomino; ***I'll make a pot of ~*** vado a fare il tè **2** *(cup of tea)* tè m.; ***two ~s please*** due tè, per favore **3** BE *(in the afternoon)* tè m.; *(evening meal)* = pasto consumato nel tardo pomeriggio e che funge da cena; ***they had ~ in the garden*** hanno bevuto il tè in giardino **4** AE COLLOQ. *(marijuana)* marijuana f. ♦ ***it's not my cup of ~*** non fa per me; ***he's not my cup of ~*** non è il mio tipo; ***that's just his cup of ~*** è proprio quello che fa per lui; ***to give sb. ~ and sympathy*** SCHERZ. = confortare qcn.
tea bag /'ti:bæg/ n. bustina f. di tè.
tea ball /'ti:bɔ:l/ n. uovo m. da tè.
tea break /'ti:ˌbreɪk/ n. BE pausa f. caffè.
tea caddy /'ti:ˌkædɪ/ n. barattolo m. per il tè.
tea cake /'ti:keɪk/ n. BE pasticcino m. da tè.
tea cart /'ti:kɑ:t/ n. AE → **tea-trolley**.
▶ **teach** /ti:tʃ/ **I** tr. (pass., p.pass. **taught**) **1** *(instruct)* insegnare a, istruire [*children, adults*]; ***to ~ sb. about sth.*** insegnare qcs. a qcn.; ***to ~ a dog obedience*** insegnare a un cane a ubbidire; ***to ~ sb. (how) to do*** insegnare a qcn. a fare; ***he taught me (how) to drive*** mi ha insegnato a guidare; ***to ~ sb. what to do*** insegnare a qcn. che cosa fare **2** *(impart)* insegnare [*subject, skill*]; ***to ~ Russian, biology*** insegnare russo, biologia; ***to ~ sth. to sb.*** o ***to ~ sb. sth.*** insegnare qcs. a qcn.; ***to ~ adults French*** insegnare il francese agli adulti; ***to ~ sb. the basics of*** insegnare a qcn. i rudimenti di; ***she could ~ us a***

thing or two about ci potrebbe insegnare alcune cosette su **3** *(as career)* insegnare [*subject, skill*]; ***she ~es swimming*** è un'insegnante di nuoto; ***to ~ school*** AE fare l'insegnante **4** COLLOQ. *(as correction)* ***to ~ sb. a lesson*** [*person*] dare una (bella) lezione a qcn.; [*experience*] servire da lezione a qcn.; ***he needs to be taught a lesson*** ha bisogno di una (bella) lezione; ***to ~ sb. to do*** insegnare a qcn. a fare; ***I'll ~ you to lie!*** ti insegno io a dire le bugie! ***that will ~ you to lie!*** così impari a dire le bugie! **5** *(advocate)* insegnare [*doctrine, creed, virtue*]; ***to ~ that*** insegnare che; ***to ~ sb. to do*** insegnare a qcn. a fare **II** intr. (pass., p.pass. **taught**) insegnare **III** rifl. (pass., p.pass. **taught**) ***to ~ oneself to do*** imparare a fare; ***to ~ oneself Spanish*** imparare da solo lo spagnolo *o* imparare lo spagnolo da autodidatta ◆ ***you can't ~ an old dog new tricks*** = è impossibile fare cambiare idee o abitudini a persone che le hanno ormai da tempo.

teachable /'ti:tʃəbl/ agg. **1** [*person*] che apprende facilmente, portato per lo studio **2** [*subject*] che si insegna facilmente.

teachableness /'ti:tʃəblnɪs/ n. insegnabilità f.

▶ **teacher** /'ti:tʃə(r)/ ♦ *27* **I** n. *(in general)* insegnante m. e f., docente m. e f.; *(secondary)* professore m. (-essa); *(primary)* maestro m. (-a); *(special needs)* educatore m. (-trice); ***women ~s*** le insegnanti; ***French, music ~*** professore di francese, di musica; ***qualified*** o ***certified ~*** AE professore abilitato; ***to be a ~ of English*** essere un insegnante di inglese **II** modif. [*morale, recruitment*] degli insegnanti; [*numbers, shortage*] di docenti.

teacher certification /ˌti:tʃəˌsɜ:tɪfɪ'keɪʃn/ n. AE = abilitazione all'insegnamento.

teacher education /ˌti:tʃərˌedʒʊ'keɪʃn/ n. AE formazione f. degli insegnanti.

teacher evaluation /ˌti:tʃərɪˌvæljʊ'eɪʃn/ n. valutazione f. degli insegnanti.

teacher-pupil ratio /ˌti:tʃəˌpju:pɪl'reɪʃɪəʊ/ n. numero m. di allievi per insegnante.

teacher's aide /ˌti:tʃəz'eɪd/ n. US SCOL. = membro del personale non docente con funzione di collaboratore e assistente dei professori.

teachers' centre BE, **teachers' center** AE /ˌti:tʃəz'sentə(r)/ n. = centro di documentazione per insegnanti.

teacher's pet /ˌti:tʃəz'pet/ n. COLLOQ. SPREG. cocco m. (-a) del professore.

teacher training /ˌti:tʃə'treɪnɪŋ/ n. formazione f. degli insegnanti.

teacher-training college /ˌti:tʃə'treɪnɪŋˌkɒlɪdʒ/ n. = centro di formazione per insegnanti.

tea chest /'ti:ˌtʃest/ n. cassa f. da tè.

teach-in /'ti:tʃɪn/ n. teach-in m., discussione f.

▷ **teaching** /'ti:tʃɪŋ/ **I** n. **1** *(instruction)* insegnamento m.; ***the ~ of history*** o ***history ~*** l'insegnamento della storia; ***to go into*** o ***enter ~*** dedicarsi all'insegnamento; ***to have 22 hours ~ per week*** fare 22 ore di insegnamento alla settimana; ***to do some ~ in the evenings*** tenere dei corsi serali *o* dare delle lezioni serali **2** *(doctrine)* dottrina f., insegnamenti m.pl.; ***the ~s of Gandhi*** gli insegnamenti di Gandhi **II** modif. [*career, post*] di insegnante; [*union*] degli inse-gnanti; [*ability, materials, method, strategy, skill*] didattico; [*qualification*] di insegnante; ***~ staff*** corpo docente.

teaching aid /'ti:tʃɪŋˌeɪd/ n. sussidio m. didattico.

teaching assistant /'ti:tʃɪŋəˌsɪstənt/ ♦ *27* n. **1** SCOL. = persona non abilitata all'insegnamento che affianca l'insegnante **2** UNIV. = assistente.

teaching fellow /'ti:tʃɪŋˌfeləʊ/ n. US UNIV. = chi usufruisce di una teaching fellowship.

teaching fellowship /'ti:tʃɪŋˌfeləʊʃɪp/ n. US UNIV. = borsa di studio post-laurea che prevede alcune ore di docenza.

teaching hospital /'ti:tʃɪŋˌhɒspɪtl/ n. clinica f. universitaria.

teaching practice /'ti:tʃɪŋˌpræktɪs/ n. BE tirocinio m. didattico; ***to be on*** o ***be doing ~*** fare tirocinio.

teaching profession /'ti:tʃɪŋprəˌfeʃn/ n. **1** *(teaching body)* ***the ~*** il corpo docente **2** *(career)* ***the ~*** la professione di insegnante.

teachware /'ti:tʃweə(r)/ n. INFORM. software m. didattico.

tea cloth /'ti:klɒθ, AE -klɔ:θ/ n. BE *(for drying)* strofinaccio m. (da cucina); *(for table)* tovaglia f.; *(for tray)* tovaglietta f.

tea cosy BE, **tea cozy** AE /'ti:ˌkəʊzɪ/ n. copriteiera m.

teacup /'ti:kʌp/ n. tazza f. da tè ◆ ***a storm in a ~*** una tempesta in un bicchier d'acqua.

teacupful /'ti:kʌpfʊl/ n. tazza f. di tè.

tea dance /'ti:dɑ:ns, AE -ˌdæns/ n. tè m. danzante.

tea garden /'ti:ˌgɑ:dn/ n. **1** *(café)* = locale pubblico all'aperto in cui viene servito il tè **2** *(plantation)* piantagione f. di tè.

tea gown /'ti:gaʊn/ n. = tra la fine del XIX e l'inizio del XX secolo, vestito indossato dalle signore per l'ora del tè.

teahouse /'ti:haʊs/ n. casa f. da tè.

tea infuser /'ti:ɪnˌfju:zə(r)/ n. = uovo da tè.

teak /ti:k/ **I** n. **1** *(wood)* (legno di) tek m. **2** *(tree)* tek m. **II** modif. [*furniture, construction*] in (legno di) tek.

tea kettle /'ti:ˌketl/ n. bollitore m. per il tè.

teal /ti:l/ n. (pl. **~**, **~s**) alzavola f.

tea lady /'ti:ˌleɪdɪ/ ♦ *27* n. BE = donna incaricata di preparare e servire il tè negli uffici e nelle fabbriche.

tea leaf /'ti:li:f/ n. (pl. **tea leaves**) foglia f. di tè; ***to read the tea-leaves*** leggere il destino nelle foglie del tè; ***to read sb.'s tea-leaves*** leggere il de-stino di qcn. nelle foglie del tè.

▶ **1.team** /ti:m/ **I** n. **1** AMM. SPORT *(of people)* squadra f., équipe f., gruppo m., team m.; ***rugby ~*** squadra di rugby; ***management ~*** un team di dirigenti; ***a ~ of advisers, of doctors*** un'équipe di consulenti, di medici; ***to work well as a ~*** fare un bel lavoro di squadra **2** *(of horses, oxen)* tiro m.; *(of huskies)* muta f. **II** modif. [*captain, competition, effort, event, games, leader, sport*] di squadra; [*colours, performance*] di una squadra.

2.team /ti:m/ tr. **1** *(coordinate)* abbinare [*garment*] (**with** con) **2** *(bring together)* unire, raggruppare.

■ **team up:** ~ **up** [*people*] collaborare (**against** contro; **with** con); [*organizations*] unirsi (**with** con); ~ **[sb.] up** mettere insieme; ***to ~ sb. up with sb.*** mettere qcn. insieme a qcn.

team building /'ti:mˌbɪldɪŋ/ n. team building m. (nell'organizzazione delle risorse umane, creazione di un gruppo di lavoro, rafforzamento dello spirito di gruppo).

team manager /ˌti:m'mænɪdʒə(r)/ n. manager m. della squadra.

▷ **team-mate** /'ti:mmeɪt/ n. compagno m. (-a) di squadra.

team member /'ti:mˌmembə(r)/ n. membro m. di una squadra.

team spirit /ˌti:m'spɪrɪt/ n. spirito m. di gruppo.

teamster /'ti:mstə(r)/ n. AE camionista m. e f.

team teaching /ˌti:m'ti:tʃɪn/ n. team-teaching m.

teamwork /'ti:mwɜ:k/ n. lavoro m. di équipe, di squadra.

tea party /'ti:ˌpɑ:tɪ/ n. tè m.; *(for children)* festicciola f.

tea plant /'ti:plɑ:nt, AE -plænt/ n. albero m. del tè, pianta f. del tè.

tea plantation /'ti:plænˌteɪʃn/ n. piantagione f. di tè.

tea planter /'ti:ˌplɑ:ntə(r)/ n. *(proprietor)* proprietario m. (-a) di una piantagione di tè; *(cultivator)* piantatore m. (-trice) di tè.

tea plate /'ti:pleɪt/ n. piattino m.

teapot /'ti:pɒt/ n. teiera f. ◆ ***a tempest in a ~*** AE una tempesta in un bicchier d'acqua.

▶ **1.tear** /tɪə(r)/ n. gener. pl. lacrima f.; ***close to ~s*** sul punto di piangere; ***in ~s*** in lacrime; ***to burst*** o ***dissolve into ~s*** scoppiare in lacrime; ***to reduce sb. to ~s*** fare piangere qcn.; ***to shed ~s of rage*** versare lacrime di rabbia; ***to shed ~s of laughter*** ridere fino alle lacrime; ***it brings ~s to the eyes*** fa venire le lacrime agli occhi; ***it brought ~s to her eyes*** o ***it moved her to ~s*** le fece venire le lacrime agli occhi; ***there were ~s in his eyes*** aveva le lacrime agli occhi; ***French, gardening without ~s*** il francese, il giardinaggio per tutti ◆ ***to end in ~s*** [*game, party*] finire in lacrime; [*campaign, experiment*] finire male.

▶ **2.tear** /teə(r)/ n. **1** *(from strain)* strappo m. (**in** in); *(done on nail, hook etc.)* rottura f. (**in** di) **2** MED. ***(perineal) ~*** lacerazione (del perineo).

▶ **3.tear** /teə(r)/ **I** tr. (pass. **tore**; p.pass. **torn**) **1** *(rip)* strappare [*garment, paper*] (**on** contro); dilaniare, lacerare [*flesh, prey*]; ***to ~ sth. from*** o ***out of*** strappare qcs. da [*book, notepad*]; ***to ~ a hole in sth.*** fare uno strappo *o* un buco in qcs.; ***I've torn a hole in my coat*** ho fatto uno strappo *o* un buco nel cappotto; ***to ~ sth. in half*** o ***in two*** strappare qcs. in due; ***to ~ sth. in(to) pieces*** o ***strips*** fare a pezzi qcs.; ***to ~ [sth.] to pieces*** o ***bits*** o ***shreds*** FIG. demolire [*proposal, argument, book, film*]; strappare [*fabric*]; demolire [*object*]; ***to ~ sb. to pieces*** FIG. fare a pezzi *o* distruggere qcn.; ***to ~ one's hair (out)*** strapparsi i capelli (anche FIG.); ***to ~ a muscle, ligament*** strapparsi un muscolo, un legamento; ***"~ along the dotted line"*** "strappare lungo la linea tratteggiata" **2** *(remove by force)* ***to ~ sth. from*** o ***off*** scoperchiare [*roof*]; strappare qcs. da [*surface, object*]; ***to ~ sth. from sb.'s hands*** o ***grasp*** strappare di mano qcs. a qcn.; ***he was torn from his mother's arms*** fu strappato dalle braccia della madre; ***to ~ sth. out of*** strappare qcs. da [*ground*]; ***you nearly tore my arm out of its socket!*** mi hai quasi lussato la spalla! **3** sempre passivo *(emotionally)* ***to be torn between*** essere combattuto tra [*options, persons*]; ***she's torn between keeping on her job and going to college*** non sa se continuare a lavorare o iscriversi all'università **4** *(divided)* ***to be torn by war, racism*** essere dilaniato dalla guerra, dal razzismo **II** intr. (pass. **tore**; p.pass. **torn**) **1** *(rip)* strapparsi; ***to ~ into*** fare un buco in [*flesh, cloth*] **2** *(rush)* ***to ~ out, off, past*** uscire, andarsene, passare di corsa; ***to ~ up, down the stairs*** salire, scendere le scale di corsa; ***she came ~ing into the yard, house*** entrò di corsa nel cortile, in casa; ***she went ~ing (off) down the road*** corse velocemente giù per la strada; ***they were ~ing along at 150 km/h*** filavano a 150 km/h; ***the car came ~ing around the corner*** l'auto prese la curva a tutta birra; ***they're ~ing around the streets*** stanno scorrazzando per le vie a tutta birra; ***I tore through the book in two days*** ho divorato il libro in due giorni **3** *(pull forcefully)* ***to ~ at*** [*animal*] dilaniare [*flesh, prey*]; [*person*] trascinare [*rubble*] **4** COLLOQ. *(criticize)* ***to ~ into*** criticare duramente, distruggere [*person, play, film, book*] (**about** per) ◆ ***that's torn it!*** BE COLLOQ. ci mancava solo questa!

▪ **tear apart:** ***~ [sth.] apart, ~ apart [sth.]*** **1** *(destroy)* dilaniare [*prey*]; demolire [*game, building*]; distruggere [*organization, country*]; FIG. distruggere [*relationship*]; criticare duramente, demolire [*film, novel, essay*] **2** *(separate)* separare [*connected items*]; ***~ [sb.] apart*** **1** FIG. *(torment)* straziare **2** COLLOQ. *(criticize)* fare a pezzi **3** *(dismember)* smembrare; *(separate)* separare [*two people*].

▪ **tear away:** ***~ away*** [*paper, tape*] strapparsi; ***~ away [sth.]*** strappare [*wrapping, bandage*]; ***~ [sb.] away*** strappare [*person*] (**from** da); ***to ~ one's gaze away*** distogliere lo sguardo; ***to ~ oneself away from sth., sb.*** staccarsi da qcs., qcn. (**to do** per fare) (anche IRON.).

▪ **tear down:** ***~ [sth.] down, ~ down [sth.]*** demolire, abbattere [*building, wall, statue*]; ***to ~ sth. down from*** tirare giù da [*wall, lamppost*].

▪ **tear off:** ***~ [sth.] off, ~ off [sth.]*** **1** *(remove) (carefully)* staccare (strappando) [*coupon, strip, petal*]; *(violently)* tirare giù [*aerial, wiper*]; strappare [*wrapping paper*]; ***to ~ sb.'s clothes off*** strappare i vestiti di dosso a qcn. **2** COLLOQ. *(write)* buttare giù [*letter, memo*].

▪ **tear open:** ***~ open [sth.], ~ [sth.] open*** aprire strappando.

▪ **tear out:** ***~ [sth.] out, ~ out [sth.]*** staccare [*coupon, cheque*]; strappare [*page, picture*].

▪ **tear up:** ***~ [sth.] up, ~ up [sth.]*** **1** *(destroy)* strappare [*page, letter, document*] (**into, in** in) **2** *(remove)* sradicare [*tree*]; spiantare [*tracks, tramlines*]; dissestare [*street, pavement*] **3** FIG. *(reject)* rifiutare [*treaty, legislation, contract*].

tearaway /ˈteərəˌweɪ/ n. scavezzacollo m. e f.

tear-bottle /ˈtɪəˌbɒtl/ n. lacrimatoio m.

teardrop /ˈtɪədrɒp/ n. lacrima f.

tear duct /ˈtɪədʌkt/ n. condotto m. lacrimale.

tearer /ˈteərə(r)/ n. persona f. che strappa, che lacera.

tearful /ˈtɪəfl/ agg. **1** *(weepy)* [*person, face*] in lacrime; [*voice*] lacrimoso; ***to feel ~*** avere voglia di piangere **2** SPREG. *(marked by tears)* [*speech, conversation*] lacrimevole, lacrimoso; ***a ~ reunion*** un ricongiungimento lacrimevole; ***a ~ farewell*** un addio lacrimevole.

tearfully /ˈtɪəfəlɪ/ avv. [*say, tell*] con le lacrime agli occhi.

tear gas /ˈtɪəgæs/ n. gas m. lacrimogeno.

tearing /ˈteərɪŋ/ agg. **1** ***a ~ sound*** un rumore assordante **2** ***to be in a ~ hurry*** BE COLLOQ. avere una fretta indiavolata (**to do** di fare); ***she was in a ~ hurry*** aveva una fretta del diavolo.

tear-jerker /ˈtɪədʒɜːkə(r)/ n. SCHERZ. SPREG. ***this film is a real ~*** questo film è proprio strappalacrime.

tearjerking /ˈtɪədʒɜːkɪŋ/ agg. SCHERZ. SPREG. strappalacrime.

tear-off /ˈteərɒf, AE -ɔːf/ agg. [*coupon, slip*] staccabile; ***~ perforations*** INFORM. perforazione.

tear-off calendar /ˌteərɒfˈkælɪndə(r), AE -ɔːf-/ n. (calendario a) blocco m.

tearoom /ˈtiːruːm, -rʊm/ n. sala f. da tè.

tea rose /ˈtiːrəʊz/ n. rosa f. tea.

tear-stained /ˈtɪəsteɪnd/ agg. [*face*] rigato di lacrime; [*pillow, letter*] bagnato di lacrime.

teary /ˈtɪərɪ/ agg. AE → **tearful**.

1.tease /tiːz/ n. **1** *(joker)* canzonatore m. (-trice), provocatore m. (-trice) **2** SPREG. *(woman)* = donna che ama provocare gli uomini senza però concedersi.

▷ **2.tease** /tiːz/ **I** tr. **1** *(provoke)* prendere in giro, canzonare [*person*] (**about** per); infastidire [*animal*] **2** TESS. *(separate)* cardare; *(brush)* pettinare **3** *(backcomb)* cotonare [*hair*] **II** intr. scherzare.

▪ **tease out:** ***~ out [sth.], ~ [sth.] out*** **1** districare [*knots, strands*] **2** FIG. chiarire [*information*]; chiarire, disambiguare [*significance*].

1.teasel /ˈtiːzl/ n. **1** BOT. cardo m. dei lanaioli **2** TESS. scardasso m.

2.teasel /ˈtiːzl/ tr. ANT. garzare, cardare.

teaser /ˈtiːzə(r)/ n. **1** COLLOQ. *(puzzle)* rompicapo m. **2** *(person)* dispettoso m. (-a), provocatore m. (-trice) **3** COMM. TELEV. *(ad)* teaser m.

tea service /ˈtiːˌsɜːvɪs/, **tea set** /ˈtiːset/ n. servizio m. da tè.

tea shop /ˈtiːˌʃɒp/ n. BE *(shop)* = negozio che vende tè; *(tearoom)* sala f. da tè.

teasing /ˈtiːzɪŋ/ **I** n. **1** presa f. in giro, canzonatura f. **2** *(in advertising)* = annuncio pubblicitario accattivante **II** agg. canzonatore, provocatore, dispettoso.

teasingly /ˈtiːzɪŋlɪ/ avv. [*say*] in tono di scherno; [*name*] per prendere in giro, per dispetto.

teasing machine /ˈtiːzɪŋˌməʃiːn/ n. cardatrice f.

Teasmade®, **Teasmaid**® /ˈtiːzmeɪd/ n. = macchina per fare il tè.

teaspoon /ˈtiːspuːn/ n. cucchiaino m.

teaspoonful /ˈtiːspuːnfʊl/ n. cucchiaino m.

tea strainer /ˈtiːˌstreɪnə(r)/ n. colino m. da tè.

teat /tiːt/ n. **1** *(of cow, goat, ewe)* capezzolo m. **2** BE *(on baby's bottle)* tettarella f.

tea table /ˈtiːˌteɪbl/ n. tavolino m. (da tè); *(for evening meal)* = tavolino apparecchiato per la cena; ***they were sitting around the ~*** erano seduti intorno al tavolino.

teatime /ˈtiːtaɪm/ n. *(in the afternoon)* ora f. del tè; *(in the evening)* ora f. di cena.

tea towel /ˈtiːˌtaʊəl/ n. BE strofinaccio m., straccio m. da cucina.

tea tray /ˈtiːˌtreɪ/ n. vassoio m. da tè.

tea tree /ˈtiːtriː/ n. melaleuca f.

tea-trolley /ˈtiːˌtrɒlɪ/ n. BE carrello m. da tè, carrello m. portavivande.

tea urn /ˈtiːɜːn/ n. = grande bollitore per fare il tè.

tea wagon /ˈtiːˌwægən/ n. AE → **tea-trolley**.

teazle → **teasel**.

tec /tek/ n. (accorc. detective) detective m. e f.

TEC n. GB (⇒ Training and Enterprise Council) = organizzazione che offre una formazione professionale e aiuta i disoccupati a trovare un lavoro o ad avviare una nuova azienda.

tech /tek/ n. BE COLLOQ. (accorc. technical college) = scuola superiore nella quale si studiano materie tecniche e scienze applicate.

techie /ˈtekɪ/ n. **1** AE COLLOQ. *(student)* = studente di un technical college **2** COLLOQ. *(expert in technology)* patito m. (-a) di tecnologia, di informatica.

techiness → **tetchiness**.

technetium /tekˈniːʃm/ n. tecnezio m.

technic /ˈteknɪk/ **I** n. **1** *(technique)* tecnica f. **2** *(technology)* tecnologia f. **II** agg. RAR. tecnico.

▶ **technical** /ˈteknɪkl/ agg. **1** *(mechanical, technological)* tecnico; ***a ~ hitch*** un problema tecnico; ***the ~ staff*** il personale tecnico **2** *(specialist)* tecnico, specialistico; ***~ terms*** termini tecnici **3** DIR. *(in law)* [*point, detail, defect*] di procedura; ***~ offence*** contravvenzione **4** MUS. SPORT tecnico.

technical college /ˈteknɪklˌkɒlɪdʒ/ n. = scuola superiore nella quale si studiano materie tecniche e scienze applicate.

technical drawing /ˈteknɪklˌdrɔːɪŋ/ n. disegno m. tecnico.

technicality /ˌteknɪˈkælətɪ/ n. **1** *(technical detail)* particolare m. tecnico (**of** di) **2** AMM. dettaglio m., cavillo m.; DIR. formalità f.; ***a mere ~*** un particolare insignificante; ***the case was dismissed on a ~*** il caso è stato archiviato per vizio di forma **3** *(technical nature)* tecnicità f.

technical knock-out /ˌteknɪklˈnɒkaʊt/ n. SPORT knock-out m. tecnico.

▷ **technically** /ˈteknɪklɪ/ avv. **1** *(strictly)* ***~ speaking*** tecnicamente parlando **2** *(technologically)* [*advanced, backward, difficult, possible*] tecnologicamente **3** *(in technique)* [*good, bad*] sul piano tecnico.

technical sergeant /ˈteknɪklˌsɑːdʒənt/ n. AE = nell'aviazione, grado compreso tra il sergente e il sergente capo.

▷ **technician** /tekˈnɪʃn/ ➧ **27** n. **1** IND. TECN. *(worker)* tecnico m. (-a); ***laboratory ~*** tecnico di laboratorio **2** *(performer)* ***he's a superb ~*** ha una tecnica straordinaria.

Technicolor® /ˈteknɪkʌlə(r)/ n. technicolor® m.

technicolour BE, **technicolor** AE /ˈteknɪkʌlə(r)/ agg. SCHERZ. in technicolor.

▶ **technique** /tekˈniːk/ n. **1** *(method)* tecnica f., metodo m. (**for doing** per fare); ***marketing, printing ~s*** tecniche di marketing, di stampa **2** *(skill)* tecnica f.

techno /ˈteknəʊ/ **I** n. MUS. (musica) techno f., techno-music f. **II** agg. MUS. techno.

technobabble /ˈteknəʊˌbæbl/ n. gergo m. tecnologico.

technocracy /tekˈnɒkrəsɪ/ n. tecnocrazia f.

technocrat /ˈteknəkræt/ n. tecnocrate m. e f.

technocratic /ˌteknəˈkrætɪk/ agg. tecnocratico.

technofear /ˈteknəʊfɪə(r)/ n. tecnofobia f.

▷ **technological** /ˌteknəˈlɒdʒɪkl/ agg. tecnologico.
technologically /ˌteknəˈlɒdʒɪklɪ/ avv. [*advanced, backward, refined*] tecnologicamente.
technologist /tekˈnɒlədʒɪst/ ♦ *27* n. tecnologo m. (-a).
▶ **technology** /tekˈnɒlədʒɪ/ n. **1** *(applied science)* tecnologia f.; ***information ~*** informatica **2** *(method)* tecnologia f.; ***new technologies*** le nuove tecnologie.
technology park /tekˈnɒlədʒɪˌpɑːk/ n. parco m. tecnologico.
techy → **tetchy**.
tectogenesis /tektəʊˈdʒenəsɪs/ n. tettogenesi f.
tectonic /tekˈtɒnɪk/ agg. tettonico.
tectonics /tekˈtɒnɪks/ n. + verbo sing. tettonica f.
tectorial /tekˈtɔːrɪəl/ agg. ANAT. tettorio.
tectrix /ˈtektrɪks/ n. (pl. **-ices**) penna f. copritrice.
1.ted /ted/ n. BE COLLOQ. → **teddy boy**.
2.ted /ted/ tr. (forma in -ing ecc. **-dd-**) AGR. rivoltare.
Ted /ted/ n.pr. diminutivo di **Edward** e **Theodore**.
tedder /ˈtedə(r)/ n. AGR. voltafieno m., spandifieno m.
teddy /ˈtedɪ/ n. **1** INFANT. (anche **~ bear**) orsacchiotto m. (di peluche, di pezza), teddy m. **2** *(garment)* pagliaccetto m.
Teddy /ˈtedɪ/ n.pr. diminutivo di **Edward** e **Theodore**.
teddy boy /ˈtedɪbɔɪ/ n. BE teddy boy m.
tedious /ˈtiːdɪəs/ agg. [*lecture, conversation, person*] noioso, tedioso; [*job, task*] noioso, fastidioso, antipatico.
tediously /ˈtiːdɪəslɪ/ avv. [*say, play, repeat*] noiosamente; ***a ~ repetitive task*** un compito noioso e ripetitivo; ***~ familiar*** di una banalità insopportabile.
tediousness /ˈtiːdɪəsnɪs/ → **tedium**.
tedium /ˈtiːdɪəm/ n. noia f., tedio m.
1.tee /tiː/ n. *(peg)* bersaglio m.
2.tee /tiː/ n. *(on golf course)* tee m.; ***on the sixth ~*** sul tee della sei.
3.tee /tiː/ tr. porre, mettere sul tee [*ball*].
■ **tee off:** ***~ off*** SPORT giocare la pallina dal tee, cominciare la partita; FIG. cominciare; ***~ [sb.] off*** AE COLLOQ. fare incavolare; ***to look ~d off*** sembrare molto scocciato.
■ **tee up** mettere, sistemare la pallina sul tee.
1.tee-hee /tiːˈhiː/ inter. hi, hi.
2.tee-hee /tiːˈhiː/ intr. ridacchiare.
1.teem /tiːm/ intr. ***to ~ with, to be ~ing with*** brulicare di [*people*]; pullulare di [*wildlife, ideas*].
2.teem /tiːm/ impers. ***it was ~ing (with rain)*** stava diluviando.
■ **teem down** ***the rain was ~ing down*** stava piovendo a dirotto.
1.teeming /ˈtiːmɪŋ/ agg. LETT. *(swarming)* [*city, continent, ocean*] brulicante, formicolante (**with** di); SPREG. [*masses, crowds*] brulicante.
2.teeming /ˈtiːmɪŋ/ agg. *(pouring)* [*rain*] battente, scrosciante.
▷ **teen** /tiːn/ agg. COLLOQ. [*fashion*] giovane, per i giovani; [*magazine*] per adolescenti, per teen-ager; [*idol*] dei teen-ager; [*problem*] dell'adolescenza, degli adolescenti; ***pre-~*** preadolescente; ***the ~ years*** l'adolescenza.
▷ **teenage** /ˈtiːneɪdʒ/ agg. [*daughter, son, sister*] adolescente; [*actor, singer, player*] giovane; [*illiteracy, life problem*] degli adolescenti; [*drug-taking*] in età adolescenziale; [*pregnancy*] precoce; [*fashion*] giovane; ***~ boy, girl*** adolescente *o* teen-ager; ***~ child*** figlio adolescente; ***the ~ years*** l'adolescenza.
teenager /ˈtiːneɪdʒə(r)/ n. adolescente m. e f., teen-ager m. e f.
teens /tiːnz/ n.pl. adolescenza f.sing.; ***to be in one's ~*** essere un adolescente; ***to be in one's early, late ~*** essere nella prima, tarda adolescenza; ***a girl barely out of her ~*** una ragazza appena uscita dall'adolescenza; ***children in their mid-~*** ragazzi(ni) di quindici, sedici anni.
teensy /ˈtiːnzɪ/, **teensy weensy** /ˌtiːnzɪˈwiːnzɪ/ agg. COLLOQ. → **teeny (weeny)**.
teeny /ˈtiːnɪ/, **teeny weeny** /ˌtiːnɪˈwiːnɪ/ agg. COLLOQ. minuscolo, piccolissimo; ***a ~ bit*** un pezzettino.
teeny-bopper /ˈtiːnɪbɒpə(r)/ n. COLLOQ. = adolescente, soprattutto ragazzina, che segue con attenzione le tendenze della moda giovane e della musica pop.
teepee /ˈtiːpiː/ n. tepee m.
tee-shirt /ˈtiːʃɜːt/ n. maglietta f., T-shirt f., tee-shirt f.
teeter /ˈtiːtə(r)/ intr. barcollare, traballare; ***to ~ on the edge*** o ***brink of sth.*** FIG. essere sull'orlo di qcs.
teeter-totter /ˈtiːtətɒtə(r)/ n. AE altalena f.
teeth /tiːθ/ → **1.tooth**.
teethe /tiːð/ intr. mettere i denti.
teether /ˈtiːðə(r)/ n. dentaruolo m., massaggiagengive m.
teething /ˈtiːðɪŋ/ n. dentizione f.
teething ring /ˈtiːðɪŋˌrɪŋ/ n. dentaruolo m., massaggiagengive m.
teething troubles /ˈtiːðɪŋˌtrʌblz/ n.pl. FIG. problemi m., difficoltà f. iniziali.
teetotal /tiːˈtəʊtl, AE ˈtiːtəʊtl/ agg. [*person*] astemio; ***I'm ~*** sono astemio.
teetotaler AE → **teetotaller**.
teetotalism /tiːˈtəʊtəlɪzəm/ n. astinenza f. completa dall'alcol.
teetotaller BE, **teetotaler** AE /tiːˈtəʊtələ(r)/ n. astemio m. (-a).
teetotum /tiːˈtəʊtəm, -ˈtəʊtʌm/ n. trottola f.
TEFL /ˈtefl/ n. (⇒ Teaching of English as a Foreign Language) insegnamento dell'inglese come lingua straniera.
Teflon® /ˈteflɒn/ n. teflon® m.
teg /teg/ n. pecora f. di due anni.
tegular /ˈtegjʊlə(r)/ agg. *(resembling a tile)* simile a una tegola; *(arranged like tiles)* disposto come le tegole.
tegument /ˈtegjʊmənt/ n. tegumento m.
tegumental /tegjʊˈmæntl/, **tegumentary** /tegjuˈmentrɪ/ agg. tegumentale.
tehee → **teehee**.
Teheran /ˌtɪəˈrɑːn/ ♦ *34* n.pr. Teheran f.
tel ⇒ telephone telefono (tel.).
telaesthesia → **telesthesia**.
telamon /ˈteləmən/ n. (pl. **~es**) ARCH. telamone m., atlante m.
telangiectasia /tɪlændʒɪəkˈteɪzɪə/ n. (pl. **-ae**) teleangectasia f.
telautograph /teˈlɔːtəgrɑːf, AE -græf/ n. telautografo m.
Tel Aviv /ˌteləˈviːv/ ♦ *34* n.pr. Tel Aviv f.
tele-ad /ˈtelɪæd/ n. = annuncio pubblicitario fatto inserire sui giornali per mezzo di una telefonata.
telebanking /ˈtelɪˌbæŋkɪŋ/ n. → **telephone banking.**
telecamera /ˈtelɪˌkæmrə, -mərə/ n. telecamera f.
1.telecast /ˈtelɪkɑːst, AE -kæst/ n. trasmissione f. televisiva.
2.telecast /ˈtelɪkɑːst, AE -kæst/ tr. (pass., p.pass. **~**, **~ed**) trasmettere per televisione.
▷ **telecommunications** /ˌtelɪkəˌmjuːnɪˈkeɪʃnz/ **I** n.pl. + verbo sing. o pl. telecomunicazioni f. **II** modif. [*expert*] di telecomunicazioni; [*satellite*] per telecomunicazioni; [*firm, industry*] delle telecomunicazioni.
telecommute /ˌtelɪkəˈmjuːt/ intr. telelavorare.
telecommuter /ˌtelɪkəˈmjuːtə(r)/ n. telelavoratore m. (-trice).
telecommuting /ˌtelɪkəˈmjuːtɪŋ/ n. telelavoro m.
telecoms /ˈtelɪkɒmz/ n.pl. → **telecommunications**.
teleconference /ˈtelɪˌkɒnfərəns/ n. teleconferenza f.
teleconferencing /ˈtelɪˌkɒnfərənsɪŋ/ n. (il) fare teleconferenze.
telecontrol /telɪkənˈtrəʊl/ n. telecomando m.
teledu /ˈtelɪduː/ n. tasso m. malese.
telefax /ˈtelɪfæks/ n. (tele)fax m.; ***by ~*** per fax.
telefilm /ˈtelɪfɪlm/ n. film m. per la TV.
telegenic /ˌtelɪˈdʒenɪk/ agg. telegenico.
telegram /ˈtelɪgræm/ n. telegramma m.
1.telegraph /ˈtelɪgrɑːf, AE -græf/ **I** n. **1** *(in telecommunications)* telegrafo m. **2** MAR. trasmettitore m. telegrafico, telegrafo m. di macchina **II** modif. [*pole, post, wire*] telegrafico; ***~ office*** (ufficio del) telegrafo.
2.telegraph /ˈtelɪgrɑːf, AE -græf/ tr. telegrafare.
telegrapher /tɪˈlegrəfə(r)/ ♦ *27* n. telegrafista m. e f.
telegraphese /ˌtelɪgrəˈfiːz/ n. stile m. telegrafico.
telegraphic /ˌtelɪˈgræfɪk/ agg. telegrafico.
telegraphically /ˌtelɪˈgræfɪklɪ/ avv. telegraficamente.
telegraphist /tɪˈlegrəfɪst/ ♦ *27* n. telegrafista m. e f.
telegraph pole /ˈtelɪgrɑːfpəʊl, AE -græf-/, **telegraph post** /ˈtelɪgrɑːfpəʊst, AE -græf-/ n. palo m. del telegrafo.
telegraphy /tɪˈlegrəfɪ/ n. telegrafia f.
telekinesis /ˌtelɪkaɪˈniːsɪs, -kɪˈniːsɪs/ n. telecinesi f., psicocinesi f.
telekinetic /ˌtelɪkaɪˈnetɪk, -kɪˈnetɪk/ agg. telecinetico.
telemarketer /telɪˈmɑːkɪtə(r)/ ♦ *27* n. operatore m. (-trice) di telemarketing.
telemarketing /ˈtelɪˌmɑːkɪtɪŋ/ n. telemarketing m.
telematics /ˌtelɪˈmætɪks/ n. + verbo sing. telematica f.
telemechanics /ˌtelɪmɪˈkænɪks/ n. + verbo sing. telemeccanica f.
telemessage® /ˈtelɪmesɪdʒ/ n. BE = telegramma.
telemeter /ˈtelɪmiːtə(r), tɪˈlemɪtə(r)/ n. telemetro m.
telemetric /ˌtelɪˈmetrɪk/ agg. telemetrico.
telemetry /tɪˈlemətrɪ/ n. telemetria f.
telencephalon /ˌtelenˈsefəlɒn/ n. (pl. **-a**) telencefalo m.
teleobjective /ˌtelɪəbˈdʒektɪv/ n. teleobiettivo m.
teleological /ˌtelɪəˈlɒdʒɪkl, ˌtiː-/ agg. teleologico.
teleologically /ˌtelɪəˈlɒdʒɪklɪ, ˌtiː-/ avv. teleologicamente.
teleology /ˌtelɪˈɒlədʒɪ, ˌtiː-/ n. teleologia f.
teleost /ˈtelɪɒst/ n. teleosteo m.

telepath /ˈtelɪpæθ/ n. soggetto m. telepatico, telepatico m. (-a).
telepathic /ˌtelɪˈpæθɪk/ agg. [*communication, person*] telepatico.
telepathically /ˌtelɪˈpæθɪklɪ/ avv. telepaticamente.
telepathist /tɪˈlepəθɪst/ n. **1** *(believer in telepathy)* = persona che crede nella telepatia **2** *(telepath)* telepatico m. (-a).
telepathize /ˌteˈlepəθaɪz/ intr. comunicare telepaticamente.
telepathy /tɪˈlepəθɪ/ n. telepatia f.
▶ **1.telephone** /ˈtelɪfəʊn/ **I** n. telefono m.; ***on*** o ***over the*** ~ al telefono; ***to be on the*** ~ *(connected)* avere il telefono; *(talking)* essere al telefono; ***to book by*** ~ prenotare per telefono; ***an interview conducted by*** ~ un'intervista fatta per telefono; ***to answer the*** ~ rispondere al telefono; ***to reach sb. on the*** ~ contattare qcn. telefonicamente; ***"Get Mr Smith on the ~ for me, would you"*** "Mi chiami il signor Smith al telefono, per favore" **II** modif. [*conversation, equipment, message, survey*] telefonico; [*engineer*] delle telecomunicazioni.
▶ **2.telephone** /ˈtelɪfəʊn/ **I** tr. telefonare a, contattare, chiamare [*person, organization*]; trasmettere per telefono [*instructions, message*]; ***to ~ France*** telefonare in Francia; ***to ~ sb. to do*** AE telefonare a qcn. *o* chiamare qcn. per dirgli di fare; ***to ~ sb. that*** chiamare qcn. per dirgli che **II** intr. telefonare.
telephone answering machine /ˌtelɪfəʊnˈɑːnsərɪŋməˌʃiːn/ n. segreteria f. telefonica.
telephone banking /ˈtelɪfəʊnˌbæŋkɪŋ/ n. ECON. servizi m.pl. bancari via telefono.
telephone book /ˈtelɪfəʊnˌbʊk/ n. → **telephone directory**.
telephone booth /ˈtelɪfəʊnˌbuːð, AE -ˌbuːθ/, **telephone box** /ˈtelɪfəʊnˌbɒks/ BE n. cabina f. telefonica.
telephone call /ˈtelɪfəʊnkɔːl/ n. telefonata f., chiamata f. telefonica.
telephone directory /ˈtelɪfəʊndaɪˌrektərɪ, -dɪ-/ n. elenco m. telefonico, guida f. telefonica.
telephone exchange /ˈtelɪfəʊnɪksˌtʃeɪndʒ/ n. ufficio m. servizi telefonici, servizi m.pl. telefonici.
telephone kiosk /ˈtelɪfəʊnˌkiːɒsk/ n. BE → **telephone booth**.
telephone line /ˈtelɪfəʊnˌlaɪn/ n. linea f. telefonica.
telephone number /ˈtelɪfəʊnˌnʌmbə(r)/ n. numero m. telefonico, di telefono.
telephone operator /ˈtelɪfəʊnˌɒpəreɪtə(r)/ ♦ ***27*** n. telefonista m. e f.
telephone service /ˈtelɪfəʊnˌsɜːvɪs/ n. servizio m. telefonico.
telephone subscriber /ˈtelɪfəʊnsəbˌskraɪbə(r)/ n. abbonato m. (-a) al telefono.
telephone-tapping /ˈtelɪfəʊnˌtæpɪŋ/ n. intercettazione f. telefonica, delle telefonate.
telephonic /ˌtelɪˈfɒnɪk/ agg. telefonico.
telephonist /tɪˈlefənɪst/ ♦ ***27*** n. BE telefonista m. e f., centralinista m. e f.
telephony /tɪˈlefənɪ/ n. telefonia f.
telephotograph /ˌtelɪˈfəʊtəgrɑːf, AE -græf/ n. telefotografia f.
telephotographic /ˌtelɪˌfəʊtəˈgræfɪk/ agg. telefotografico.
telephotography /ˌtelɪfəˈtɒgrəfɪ/ n. telefotografia f.
telephoto lens /ˈtelɪfəʊtəʊlenz/ n. teleobiettivo m.
teleplay /ˈtelɪpleɪ/ n. teledramma m.
teleprint /ˈtelɪprɪnt/ tr. inviare, stampare mediante telescrivente.
teleprinter /ˈtelɪprɪntə(r)/ n. telescrivente f.
teleprocessing /ˌtelɪˈprəʊsesɪŋ/ n. teleelaborazione f.
teleprompter /ˈtelɪprɒmptə(r)/ n. teleprompter m.
telerecording /ˈtelɪrɪkɔːdɪŋ/ n. registrazione f. televisiva.
telesales /ˈtelɪseɪlz/ n. + verbo sing. telemarketing m.
telesales operator /ˈtelɪseɪlzˌɒpəreɪtə(r)/ ♦ ***27*** n. operatore m. (-trice) di telemarketing.
▷ **1.telescope** /ˈtelɪskəʊp/ n. *(for astronomy)* telescopio m.; *(hand-held)* cannocchiale m.; ***visible through a*** ~ visibile per mezzo di un telescopio.
2.telescope /ˈtelɪskəʊp/ **I** tr. piegare [*stand, umbrella*]; FIG. condensare, riassumere [*content, series*] (**into** in) **II** intr. [*stand, umbrella*] essere pieghevole; [*car, train*] incastrarsi.
telescopic /ˌtelɪˈskɒpɪk/ agg. [*aerial*] telescopico; [*stand, umbrella*] pieghevole; ~ ***lens*** FOT. teleobiettivo; ~ ***sight*** *(on gun)* telescopio da mira.
telescopically /ˌtelɪˈskɒpɪklɪ/ avv. telescopicamente.
telescopy /ˌtɪˈleskəpɪ/ n. telescopia f.
telescreen /ˈtelɪskriːn/ n. teleschermo m., schermo m. televisivo.
teleselling /ˈtelɪselɪŋ/ n. telemarketing m.
teleshopping /ˈtelɪʃɒpɪŋ/ n. = l'ordinare un prodotto telefonicamente o tramite Internet.
telesthesia /telɪsˈθiːziə/ n. telestesia f.
telesurgery /telɪˈsɜːdʒərɪ/ n. telechirurgia f.
Teletex® /ˈtelɪteks/ n. teletex m.
teletext /ˈtelɪtekst/ **I** n. teletext m., televideo m. **II** modif. [*service, equipment*] di televideo.
telethon /ˈtelɪθɒn/ n. telethon m.
teletype /ˈtelɪtaɪp/ tr. trasmettere mediante telescrivente.
Teletype® /ˈtelɪtaɪp/ n. telescrivente f.
teletypesetter /telɪˈtaɪpsetə(r)/ n. telecompositrice f.
teletypewriter /ˌtelɪˈtaɪpraɪtə(r)/ n. telescrivente f.
televangelism /ˌtelɪˈvændʒəlɪzəm/ n. predicazione f. mediante televisione, telepredicazione f.
televangelist /ˌtelɪˈvændʒəlɪst/ ♦ ***27*** n. telepredicatore m. (-trice).
teleview /ˈtelɪvjuː/ intr. guardare la televisione.
televiewer /ˈtelɪvjuːə(r)/ n. telespettatore m. (-trice).
televise /ˈtelɪvaɪz/ tr. trasmettere per televisione.
televised /ˈtelɪvaɪzd/ **I** p.pass. → **televise II** agg. televisivo.
▶ **television** /ˈtelɪvɪʒn, -ˈvɪʒn/ **I** n. **1** *(medium)* televisione f.; ***on*** ~ in, alla televisione; ***for*** ~ per la televisione; ***a job in*** ~ un lavoro alla televisione; ***to watch*** ~ guardare la televisione; ***live on*** ~ in diretta televisiva; ***it makes good*** ~ fa audience **2** *(set)* televisore m., apparecchio m. televisivo **II** modif. [*actor, broadcast, channel, documentary, equipment, producer, studio*] televisivo; [*play*] in, alla televisione; [*film, script*] per la televisione; [*interview*] alla televisione; ~ ***news*** telegiornale; ~ ***camera*** telecamera.
television cabinet /ˈtelɪvɪʒnˌkæbɪnɪt/ n. portatelevisore m.
television dinner /ˈtelɪvɪʒnˌdɪnə(r)/ n. = pasto che viene consumato davanti al televisore.
television licence /ˈtelɪvɪʒnˌlaɪsns/ n. abbonamento m. alla televisione.
television listings /ˈtelɪvɪʒnˌlɪstɪŋz/ n.pl. elenco m.sing. dei programmi TV.
television lounge /ˈtelɪvɪʒnˌlaʊndʒ/ n. sala f. TV.
television picture /ˈtelɪvɪʒnˌpɪktʃə(r)/ n. immagine f. (televisiva).
television programme /ˈtelɪvɪʒnˌprəʊgræm, -grəm/ n. programma m. televisivo.
television room /ˈtelɪvɪʒnˌrʊm, -ˌruːm/ n. → **television lounge**.
television schedule /ˈtelɪvɪʒnˌʃedjuːl, AE -ˌskedʒʊl/ n. *(in newspaper)* programmi m.pl. TV.
television screen /ˈtelɪvɪʒnˌskriːn/ n. schermo m. televisivo.
television set /ˈtelɪvɪʒnˌset/ n. televisore m., apparecchio m. televisivo.
televisual /ˌtelɪˈvɪʒʊəl/ agg. televisivo, per la televisione.
teleworker /ˈtelɪwɜːkə(r)/ n. telelavoratore m. (-trice).
1.telex /ˈteleks/ **I** n. telex m., telescrivente f.; ***by*** ~ via telex **II** modif. [*number*] di telex; ~ ***machine*** telescrivente; ~ ***operator*** operatore del servizio telex.
2.telex /ˈteleks/ tr. trasmettere via telex.
telfer → **1.telpher, 2.telpher**.
▶ **tell** /tel/ **I** tr. (pass., p.pass. **told**) **1** *(give information)* [*person*] dire, riferire; [*manual, instruction*] dire, spiegare; [*gauge*] indicare; ***to ~ sb. sth., to ~ sth. to sb.*** [*person*] dire qcs. a qcn., informare qcn. di qcs.; [*map, instructions*] dire, indicare qcs. a qcn.; ***to ~ sb. how to do, what to do*** spiegare a qcn. come fare, che cosa fare; ***she told him what had happened*** gli raccontò che cosa era successo; ***she told him where to go*** gli spiegò dove andare; ***he told me how unhappy he was*** mi disse *o* mi confidò quanto era infelice; ***to ~ the time*** [*clock*] segnare l'ora; [*person*] leggere l'ora, dire l'ora; ***can you ~ me the time please?*** potresti, puoi dirmi l'ora per favore? ***something ~s me he won't come*** qualcosa mi dice che non verrà; ***his behaviour ~s us a lot about his character*** il suo comportamento la dice lunga sul suo carattere; ***I can't ~ you how happy I am to...*** non sai quanto sia felice di...; ***I am pleased to ~ you that*** sono lieto di annunciarvi che; ***(I'll) ~ you what, let's get a video out!*** COLLOQ. ho un'idea! E se affittassimo una videocassetta? ***I told you so!*** te l'avevo detto, io! ***what did I ~ you!*** che cosa ti avevo detto? ***you're ~ing me!*** a chi lo dici! ***don't ~ me you've changed your mind!*** non dirmi che hai cambiato idea! ***you'll regret this, I can ~ you!*** te ne pentirai, te lo dico io! ***it's true, I ~ you!*** ti dico che è vero! ***I won't stand for it, I ~ you!*** sappi che non lo permetterò! **2** *(narrate, recount)* raccontare [*joke, story*]; ***to ~ sb. sth., to ~ sth. to sb.*** dire, raccontare qcs. a qcn.; ***to ~ sb. about*** o ***of sth.*** raccontare a qcn. di qcs., raccontare qcs. a qcn.; ***from what the newspapers ~ us, they're likely to lose the election*** stando a quel che dicono i giornali, rischiano di perdere le elezioni; ~ ***me all about it!*** raccontami tutto! ~ ***me about it!*** IRON. non me ne parlare! ~ ***me more about yourself*** parlami ancora un po' di te; ***I told her the news*** le ho raccontato le novità; ***their victims ~ a different story*** le loro vittime hanno una versione diversa della storia; ***he's very handsome - or so I've been told*** è un gran bell'uomo - almeno, così mi hanno

detto; ***"my life as a slave girl," as told to Celia Irving*** GIORN. "la mia vita di schiava," com'è stato raccontato a Celia Irving; ***I could ~ you a thing or two about her!*** potrei raccontarvi alcune cosette su di lei! **3** *(ascertain, deduce)* ***you can, could ~ (that)*** si vede, si vedeva che; ***I, he can ~ (that)*** si vede (che); ***who can ~ what will happen next?*** chi può dire, chissà che cosa succederà adesso? ***you can ~ a lot from the clothes people wear*** si possono capire molte cose dal modo di vestire di una persona; ***I could ~ that he was in love from the look in his eyes*** gli si leggeva negli occhi che era innamorato **4** *(distinguish)* distinguere; ***to ~ sb. from sb.*** distinguere qcn. da qcn.; ***to ~ sth. from sth.*** distinguere qcs. da qcs., vedere la differenza tra qcs. e qcs.; ***he can't ~ right from wrong*** non sa distinguere il bene dal male; ***can you ~ the difference?*** riuscite a vedere *o* sentire la differenza? ***how can you ~ which is which?*** o ***how can you ~ them apart?*** come si possono distinguere l'uno dall'altro? ***the dog can ~ him from his footsteps*** il cane lo riconosce dal passo **5** *(order)* ordinare, dire; ***to ~ sb. to do*** dire, ordinare a qcn. di fare; ***to ~ sb. not to do*** ordinare a qcn. di non fare; ***do as you are told!*** fai quello che ti dicono! ***she just won't be told!*** si rifiuta di obbedire! ***you can't ~ me what to do!*** non sta a te dirmi cosa devo fare! ***he didn't need ~ing twice!*** BE o ***he didn't need to be told twice!*** non se l'è fatto dire due volte! **6** ANT. *(count, enumerate)* contare, enumerare; ***to ~ one's beads*** RELIG. dire *o* recitare il rosario **II** intr. (pass., p.pass. **told**) **1** *(reveal secret)* ***promise me you won't ~!*** promettimi di non dirlo; ***that would be ~ing!*** non ti voglio rovinare la sorpresa! **2** *(be evidence)* ***to ~ of*** rivelare, essere la prova di; ***the lines on his face told of years of hardship*** i suoi lineamenti marcati erano la prova di anni di miseria **3** *(know for certain)* sapere; ***as*** o ***so far as I can ~*** per quel che ne so; ***how can you ~?*** come fai a dirlo *o* saperlo? ***it's very hard to ~*** è molto difficile a dirsi *o* a sapersi; ***you never can ~*** non si sa mai *o* non si può mai dire **4** *(produce an effect)* ***her age is beginning to ~*** gli anni cominciano a farsi sentire; ***her inexperience told against her at the interview*** al colloquio l'inesperienza giocò a suo sfavore **III** rifl. (pass., p.pass. **told**) ***to ~ oneself*** dirsi, ripetere a se stesso (**that** che) ◆ ***~ me another!*** COLLOQ. trovane un'altra! ma valla a raccontare a qualcun altro! ***to ~ sb. where to get off*** o ***where he gets off*** COLLOQ. mandare qcn. a quel paese; ***you ~ me!*** a chi lo dici! ***to ~ it like it is*** parlare chiaro; ***to ~ the world about sth.*** dire qcs. ai quattro venti; ***don't ~ the world about it!*** non gridarlo ai quattro venti! ***more than words can ~*** più di quanto le parole possano dire; ***time (alone) will ~*** PROV. chi vivrà vedrà; ***time will ~ which of us is right*** col tempo vedremo chi di noi due aveva ragione; ***to ~ one's love*** ANT. LETT. dichiararsi, dichiarare il proprio amore.

■ **tell off:** ~ ***[sb.]*** off *(scold)* sgridare, riprendere [*person*]; ***she got told off for leaving early, arriving late*** è stata sgridata perché è andata via troppo presto, è arrivata in ritardo.

■ **tell on:** ~ ***on [sb.]*** **1** *(reveal information about)* denunciare [*person*] (**to** a); ***he's always ~ing on people!*** fa sempre la spia! **2** *(have visible effect on)* ***the strain is beginning to ~ on him*** iniziano a farsi vedere su di lui i primi segni di fatica; ***her age is beginning to ~ on her*** sta incominciando a sentire il peso degli anni.

teller /ˈtelə(r)/ ➧ ***27*** n. **1** *(in bank)* cassiere m. (-a), sportellista m. e f. **2** *(in election)* scrutatore m. (-trice) **3** (anche **story-teller**) narratore m. (-trice).

▷ **telling** /ˈtelɪŋ/ **I** n. racconto m., narrazione f.; ***a funny story that lost nothing in the ~*** un aneddoto che non perdeva la sua comicità a essere raccontato; ***her adventures grew more and more fantastic in the ~*** le sue avventure diventavano sempre più fantastiche a mano a mano che le raccontava **II** agg. **1** *(effective)* [*blow*] ben dato, efficace; [*argument, speech, statement*] efficace **2** *(revealing)* [*remark, detail*] significativo; [*omission*] rivelatore ◆ ***there's no ~ what will happen next*** nessuno può dire che cosa succederà adesso.

tellingly /ˈtelɪŋlɪ/ avv. **1** *(effectively)* [*argue, speak etc.*] efficacemente **2** *(revealingly)* ***~, he did not allude to this*** non a caso non vi ha fatto alcuna allusione; ***most ~ of all, no money had been taken*** la cosa più significativa era che non era stato rubato denaro.

telling-off /ˌtelɪŋˈɒf/ n. sgridata f., ramanzina f.; ***to give sb. a (good) ~*** fare una bella ramanzina a qcn.

telltale /ˈtelteɪl/ **I** n. SPREG. pettegolo m. (-a), spione m. (-a) **II** agg. [*sign, stain, blush*] eloquente.

tellurian /teˈljʊərɪən/ **I** agg. tellurico, terrestre **II** n. terrestre m. e f.

1.telluric /teˈl(j)ʊərɪk/ agg. GEOL. tellurico, terrestre.

2.telluric /teˈl(j)ʊərɪk/ agg. CHIM. ***~ acid*** acido tellurico; ***~ ochre*** tellurite.

tellurium /teˈl(j)ʊərɪəm/ n. tellurio m.

tellurize /ˈteljʊəraɪz/ tr. trattare, combinare con il tellurio.

tellurous /ˈteljʊrəs/ agg. telluroso; ***~ acid*** acido telluroso.

telly /ˈtelɪ/ n. BE COLLOQ. tele f., tivù f.

telnet, Telnet /ˈtelnet/ n. telnet m.

1.telpher /ˈtelfə(r)/ **I** agg. teleferico **II** n. cabina f. di teleferica.

2.telpher /ˈtelfə(r)/ tr. trasportare per mezzo di teleferica.

telpherage /ˈtelf(ə)rɪdʒ/ n. trasporto m. per mezzo di teleferica.

telson /ˈtelsn/ n. telson m.

temerarious /teməˈreərɪəs/ agg. temerario, imprudente.

temerariously /teməˈreərɪəslɪ/ avv. temerariamente, imprudentemente.

temerity /tɪˈmerətɪ/ n. temerarietà f., audacia f.; ***to have the ~ to do*** avere la temerarietà *o* l'audacia di fare.

1.temp /temp/ **I** n. BE COLLOQ. (accorc. temporary employee) lavoratore m. (-trice) interinale **II** modif. BE COLLOQ. (accorc. temporary) [*agency*] di lavoro interinale.

2.temp /temp/ intr. avere un lavoro interinale.

▷ **1.temper** /ˈtempə(r)/ n. **1** *(mood)* umore m.; ***to be in a good, bad ~*** essere di buon, cattivo umore; ***to be in a ~*** essere in collera; ***to have a ~*** andare in collera facilmente; ***to keep*** o ***control one's ~*** mantenere la calma; ***to lose one's ~*** perdere le staffe (**with** con); ***to fly into a ~*** infuriarsi *o* andare su tutte le furie; ***~s flared*** o ***frayed*** gli animi si sono surriscaldati (**over** su); ***in a fit of ~*** in un impeto di collera; ***you'll only put him into a worse ~*** lo irriterai solo ulteriormente; ***~! ~!*** calma! **2** *(nature)* carattere m.; ***to have an even, sweet ~*** avere un carattere mite, dolce; ***to have a hot*** o ***quick ~*** avere un carattere irascibile; ***to have a nasty ~*** avere un brutto carattere **3** IND. tempra f.

2.temper /ˈtempə(r)/ tr. **1** *(moderate)* attenuare, moderare, temperare **2** IND. temprare [*steel*].

tempera /ˈtempərə/ n. tempera f.

temperament /ˈtemprəmənt/ n. **1** *(nature)* temperamento m., indole f.; ***calm by ~*** dal temperamento calmo; ***the artistic ~*** il temperamento artistico **2** *(excitability)* eccessiva emotività f.; ***an outburst*** o ***display of ~*** un improvviso cambiamento *o* sbalzo di umore **3** MUS. temperamento m.; ***equal ~*** temperamento equabile.

temperamental /ˌtemprəˈmentl/ agg. **1** *(volatile)* [*person*] lunatico, instabile, capriccioso; [*horse*] bizzoso; [*machine*] inaffidabile **2** *(natural)* [*aversion*] viscerale; [*affinity, inclination*] naturale; [*differences*] caratteriale; [*inability*] fisico.

temperamentally /ˌtemprəˈmentəlɪ/ avv. **1** *(by nature)* per natura; ***they were ~ unsuited*** c'era un'incompatibilità di carattere tra di loro; ***he was ~ unsuited to teaching*** non era portato per l'insegnamento **2** *(in volatile manner)* [*behave*] capricciosamente.

temperance /ˈtempərəns/ **I** n. **1** *(moderation)* moderazione f., sobrietà f., temperanza f. **2** *(teetotalism)* astinenza f. dall'alcol **II** modif. [*league, society*] contro l'alcolismo, antialcolico; [*restaurant*] dove non si servono alcolici.

temperate /ˈtempərət/ agg. [*climate, zone*] temperato; [*person*] morigerato, sobrio, temperante; [*habit*] spartano.

▶ **temperature** /ˈtemprətʃə(r), AE ˈtempərtʃʊər/ ➧ ***32*** **I** n. **1** METEOR. FIS. temperatura f.; ***high, low ~*** temperatura alta, bassa; ***storage ~*** temperatura di conservazione; ***at a ~ of 100°C*** a una temperatura di 100°C; ***at room ~*** a temperatura ambiente **2** MED. febbre f., temperatura f. corporea; ***to be running*** o ***have a ~*** avere la febbre, essere febbricitante; ***to have a ~ of 39°*** avere la febbre a 39; ***to take sb.'s ~*** misurare la febbre a qcn.; ***to have a high ~*** avere la febbre alta; ***to have a slight ~*** avere qualche linea di febbre **3** FIG. temperatura f.; ***to raise, lower the political ~*** fare aumentare, scendere la temperatura del dibattito politico **II** modif. [*change, graph, gauge*] della temperatura; ***~ chart*** MED. grafico della temperatura corporea; ***~ level*** livello della temperatura.

temperature-controlled /ˈtemprətʃəkənˌtrəʊld, AE ˈtempərtʃʊər-/ agg. a temperatura costante.

tempered /ˈtempəd/ **I** p.pass. → **2.temper II** agg. **1** METALL. [*steel, metal*] temprato **2** *(moderate)* moderato, mitigato **3** **-tempered** in composti ***a bad-~ man*** un uomo dal carattere irascibile, che ha un brutto carattere.

tempering /ˈtempərɪŋ/ n. METALL. rinvenimento m.

temper tantrum /ˈtempəˌtæntrəm/ n. capriccio m.; ***to throw*** o ***have a ~*** fare i capricci.

tempest /ˈtempɪst/ n. tempesta f. (anche FIG.).

tempestuous /temˈpestʃʊəs/ agg. [*quarrel, relationship*] tempestoso, burrascoso; [*music, person*] impetuoso; [*sea*] in tempesta; [*wind*] impetuoso.

tempestuously /temˈpestʃʊəslɪ/ avv. **1** *(of wind)* impetuosamente; *(of sea)* tempestosamente **2** FIG. *(of person)* impetuosamente.

tempestuousness /temˈpestʃʊəsnɪs/ n. tempestosità f.

tempi /ˈtempiː/ → **tempo**.

temping /'tempɪŋ/, **temping job** /'tempɪŋ,dʒɒb/ n. lavoro m. temporaneo, interinale.
templar /'templə(r)/ agg. templare, di un tempio.
Templar /'templə(r)/ n. (anche **Knight ~**) STOR. templare m.
▷ **template** /'templeɪt/ n. **1** SART. sagoma f.; TECN. dima f. **2** INFORM. modello m. **3** ING. sagoma f.
1.temple /'templ/ **I** n. ARCH. tempio m. **II Temple** n.pr. BE DIR. = a Londra, sede di due delle quattro scuole di giurisprudenza, l'Inner Temple e il Middle Temple.
2.temple /'templ/ n. ANAT. tempia f.
templet /'templət/ → **template**.
▷ **tempo** /'tempəʊ/ n. (pl. **~s, -i**) **1** MUS. tempo m., movimento m.; ***at a fast*** ~ a ritmo sostenuto **2** FIG. ritmo m.
tempo marking /'tempəʊ,mɑ:kɪŋ/ n. indicazione f. di tempo.
1.temporal /'tempərəl/ agg. temporale.
2.temporal /'tempərəl/ agg. ANAT. temporale.
temporality /tempə'rælətɪ/ n. temporalità f.
temporalty /'tempərəltɪ/ n. laicato m.
▷ **temporarily** /'tempərəlɪ, AE -pərerɪlɪ/ avv. *(for a limited time)* temporaneamente; *(provisionally)* provvisoriamente.
temporariness /'tempərərɪnɪs, AE -pərerɪ-/ n. temporaneità f.
▷ **temporary** /'temprərɪ, AE -pərerɪ/ agg. [*contract*] a termine; [*job, manager, secretary, visa, improvement*] temporaneo; [*arrangement, solution, accommodation, respite*] provvisorio; [*worker*] temporaneo, interinale; ~ ***teacher*** supplente; ***on a ~ basis*** temporaneamente, a titolo provvisorio.
temporization /tempəraɪ'zeɪʃn, AE -rɪ'z-/ n. temporeggiamento m.
temporize /'tempəraɪz/ intr. temporeggiare, prendere tempo.
temporizer /'tempəraɪzə(r)/ n. temporeggiatore m. (-trice).
temporizingly /'tempəraɪzɪŋlɪ/ avv. temporeggiando.
▷ **tempt** /tempt/ tr. tentare, istigare (**to do** a fare); ***to be ~ed*** essere tentato (**to do** di fare; **by sth.** da qcs.); ***to ~ sb. with sth.*** tentare qcn. con qcs.; ***to ~ sb. into doing sth.*** istigare qcn. a fare qcs.; ***to ~ sb. back to work*** incitare qcn. a ritornare a lavorare; ***can I ~ you to a whisky?*** posso offrirti un whisky? ***don't ~ me!*** non mi tentare! ***half, sorely ~ed*** abbastanza, fortemente tentato ◆ ***to ~ fate*** o ***providence*** sfidare il destino, la sorte.
temptable /'temptəbl/ agg. che si lascia tentare, corrompere.
▷ **temptation** /temp'teɪʃn/ n. tentazione f. (**to do** di fare); ***to give in to, to resist ~*** cedere, resistere alla tentazione; ***to feel a ~ to do*** essere tentato di fare; ***to put ~ in sb.'s way*** indurre qcn. in tentazione, tentare qcn.
tempter /'temptə(r)/ n. tentatore m.
tempting /'temptɪŋ/ agg. [*offer, discount, suggestion, idea*] allettante; [*food, smell*] appetitoso; ***it is ~ to conclude, think that*** è allettante concludere, pensare che.
temptingly /'temptɪŋlɪ/ avv. [*describe, speak*] in modo allettante; ~ ***cheap*** a un prezzo allettante; ~ ***cool*** di una freschezza invitante.
temptress /'temptrɪs/ n. tentatrice f.
▶ **ten** /ten/ ♦ ***19, 1, 4*** **I** determ. dieci; ~ ***people, pages*** dieci persone, pagine **II** pron. dieci; ***there are ~ of them*** ce ne sono dieci **III** n. **1** *(number)* dieci m.; ***to multiply by ~*** moltiplicare per dieci; ***the ~ of clubs*** il dieci di fiori; ***in ~s*** [*sell*] a decine; [*count*] per dieci, di dieci in dieci; ***~s of thousands*** decine di migliaia **2** AE COLLOQ. (anche **~-dollar bill**) banconota f. da dieci dollari ◆ ***~ to one (it'll rain, he'll forget)*** dieci a uno (che pioverà, che si dimenticherà).
tenability /tenə'bɪlətɪ/ n. difendibilità f.
tenable /'tenəbl/ agg. **1** *(valid)* [*theory, suggestion*] sostenibile, difendibile **2** *(available)* ***the job, the scholarship is ~ for a year*** il lavoro, la borsa di studio ha la durata di un anno.
tenacious /tɪ'neɪʃəs/ agg. [*person*] tenace, ostinato; [*memory*] tenace, di ferro.
tenaciously /tɪ'neɪʃəslɪ/ avv. tenacemente.
tenaciousness /tɪ'neɪʃəsnɪs/ → **tenacity**.
tenacity /tɪ'næsətɪ/ n. tenacia f., fermezza f.
tenancy /'tenənsɪ/ n. locazione f., affitto m.; ***six-month, life ~*** locazione per sei mesi, a vita; ***to take on*** o ***over a ~*** prendere in affitto; ***to give up a ~*** dare in affitto; ***terms of ~*** termini del contratto di affitto.
tenancy agreement /,tenənsɪə'gri:mənt/ n. contratto m. di locazione.
▷ **1.tenant** /'tenənt/ n. inquilino m., affittuario m.
2.tenant /'tenənt/ tr. occupare (come affittuario) [*house, land*].
tenantable /'tenəntəbl/ agg. affittabile.
tenant farmer /,tenənt'fɑ:mə(r)/ ♦ ***27*** n. fittavolo m. (-a).
tenant farming /,tenənt'fɑ:mɪŋ/ n. (l')affittare un terreno coltivabile.
tenantry /'tenəntrɪ/ n. **U** fittavoli m.pl. (di una proprietà terriera).
ten-cent store /,tensent'stɔ:(r)/ n. AE = negozio che vende articoli vari a prezzi bassi.
tench /tentʃ/ n. tinca f.
1.tend /tend/ **I** tr. curare, prendersi cura di [*patient*]; badare a [*animals*]; coltivare, lavorare [*garden*]; sorvegliare [*fire*]; badare a [*stall, store*] **II** intr. ***to ~ to*** curare, prendersi cura di [*patient*]; occuparsi di [*guests*]; ***to ~ to sb.'s needs*** provvedere alle esigenze di qcn.
▶ **2.tend** /tend/ intr. *(incline)* ***to ~ to do*** [*person*] essere incline, propenso a fare; [*event*] tendere a fare; ***to ~ upwards, downwards*** tendere a salire, a scendere; ***to ~ towards sth.*** [*tastes, views*] propendere verso qcs.; ***I ~ to think that*** sono propenso a credere che; ***it ~s to be the case*** di solito è così; ***things are ~ing in that direction*** le cose vanno verso quella direzione; ***to ~ the other way*** [*ideas*] andare nella direzione opposta; *(sexually)* [*person*] essere *o* pendere dall'altra parte.
tended /'tendɪd/ **I** p.pass. → **1.tend II -tended** agg. in composti ***well-~*** ben curato; ***carefully-~*** seguito con cura.
▷ **tendency** /'tendənsɪ/ n. tendenza f. (**to, towards** a; **to do** a fare); ***to have*** o ***show a ~ to do*** tendere a *o* avere la tendenza a fare; ***there is a ~ for people to arrive late*** le persone tendono *o* hanno la tendenza a arrivare in ritardo; ***upward, downward ~*** tendenza al rialzo, al ribasso.
tendentious /ten'denʃəs/ agg. tendenzioso.
tendentiously /ten'denʃəslɪ/ avv. tendenziosamente.
tendentiousness /ten'denʃəsnɪs/ n. tendenziosità f.
▷ **1.tender** /'tendə(r)/ agg. **1** *(soft)* [*food, bud, shoot*] tenero **2** *(loving)* [*kiss, love, smile*] tenero, affettuoso; ~ ***care*** cure amorevoli; ***she needs ~ loving care*** ha bisogno di essere coccolata; ***to leave sb. to the ~ mercies of sb.*** IRON. lasciare qcn. in balia di qcn. **3** *(sensitive)* [*bruise*] dolorante; [*skin*] sensibile, delicato **4** LETT. *(young)* ***at the ~ age of two*** alla tenera età di due anni; ***a child of ~ years*** un bambino in tenera età.
2.tender /'tendə(r)/ n. **1** FERR. tender m., carro m. scorta **2** MAR. *(for people)* tender m., imbarcazione f. di servizio; *(for supplies)* nave f. appoggio **3** *(fire engine)* autopompa f.
▷ **3.tender** /'tendə(r)/ n. ECON. offerta f., offerta f. di appalto (**for** per); ***to put work*** o ***a contract out to tender*** dare un lavoro in appalto; ***to put in*** o ***make a ~ for a contract*** presentare un'offerta per un appalto, partecipare a una gara d'appalto; ***to invite ~s*** sollecitare offerte d'appalto; ***by ~*** per appalto.
▷ **4.tender** /'tendə(r)/ **I** tr. offrire in pagamento [*money*]; porgere [*apology, fare, thanks*]; rassegnare [*resignation*] **II** intr. concorrere a un appalto; ***to ~ for a contract*** partecipare a una gara d'appalto; ***an invitation to ~*** un invito a fare un'offerta per un appalto, a concorrere a un appalto; ***to offer a contract for ~*** mettere in appalto.
tenderer /'tendərə(r)/ n. ECON. offerente m. e f.; ***successful ~*** vincitore di una gara d'appalto.
tenderfoot /'tendəfʊt/ n. (pl. **~s, -feet**) AE **1** *(beginner)* novellino m. (-a) **2** *(newcomer)* nuovo (-a) arrivato m. (-a).
tenderhearted /,tendə'hɑ:tɪd/ agg. sensibile, dal cuore tenero.
tenderheartedness /,tendə'hɑ:tɪdnɪs/ n. sensibilità f.
tendering /'tendərɪŋ/ n. ECON. licitazione f.; ***the contract was awarded by ~ procedure*** il lavoro è stato assegnato tramite gara d'appalto.
tenderize /'tendəraɪz/ tr. ammorbidire, rendere tenero.
tenderizer /'tendəraɪzə(r)/ n. *(device)* tenerizzatore m.
tenderloin /'tendəlɔɪn/ n. GASTR. filetto m.
tenderloin district /'tendəlɔɪn,dɪstrɪkt/ n. AE quartiere m. malfamato.
tenderly /'tendəlɪ/ avv. teneramente.
tenderness /'tendənɪs/ n. **1** *(gentleness)* tenerezza f., dolcezza f. **2** *(soreness)* sensibilità f. **3** *(texture) (of shoot)* fragilità f.; *(of meat)* tenerezza f.
tender offer /'tendə,ɒfə(r), AE -,ɔ:f-/ n. AE ECON. offerta f. pubblica d'acquisto.
tending /'tendɪŋ/ n. ***the ~ of*** (il) prendersi cura di [*person, animal*]; (il) badare a [*house*].
tendinitis /tendɪ'naɪtɪs/ ♦ ***11*** n. tendinite f.
tendinous /'tendɪnəs/ agg. tendinoso.
▷ **tendon** /'tendən/ **I** n. tendine m. **II** modif. [*injury, problem, operation*] al tendine.
tendonitis /tendə'naɪtɪs/ ♦ ***11*** → **tendinitis**.
tendril /'tendrəl/ n. **1** *(of plant)* viticcio m. **2** *(of hair)* ciuffetto m.
tenebrous /'tenɪbrəs/ agg. LETT. tenebroso, oscuro.
tenement /'tenəmənt/ n. (anche **~ block** o **~ building** BE, **~ house** AE) casa f. popolare.
tenement flat /'tenəmənt,flæt/ n. BE appartamento m. in una casa popolare.

tenesmus /tɪ'nezməs/ n. tenesmo m.
tenet /'tenɪt/ n. **1** FILOS. POL. RELIG. dogma m. **2** *(principle)* principio m.
tenfold /'tenfəʊld/ **I** agg. decuplo; ***a ~ increase*** un aumento di dieci volte tanto **II** avv. ***to increase*** o ***multiply ~*** decuplicare.
ten four /ˌten'fɔ:(r)/ **I** n. AE ***that's a ~*** affermativo **II** inter. ricevuto.
ten-gallon hat /ˌtenˌgælən'hæt/ n. cappello m. da cowboy.
tenia → **taenia**.
ten-metre line BE, **ten-meter line** AE /ˌtenˌmi:tə'laɪn/ n. linea f. dei dieci metri.
tenner /'tenə(r)/ n. BE COLLOQ. *(note)* banconota f. da dieci sterline; ***I got it for a ~*** l'ho pagato dieci sterline.
Tennessee /tenə'si:/ ♦ ***24*** n.pr. Tennessee m.
▷ **tennis** /'tenɪs/ ♦ ***10*** **I** n. tennis m.; ***a game of ~*** una partita di tennis; ***men's ~*** tennis maschile **II** modif. [*ball, racket, skirt*] da tennis; [*match*] di tennis; ***~ player*** tennista.
tennis court /'tenɪsˌkɔ:t/ n. campo m. da tennis, court m.
tennis elbow /ˌtenɪs'elbəʊ/ n. gomito m. del tennista, epicondilite f.
tennis shoe /'tenɪsˌʃu:/ n. scarpa f. da tennis; ***a pair of ~s*** un paio di scarpe da tennis.
tennis whites /'tenɪsˌwaɪts, -ˌhwaɪts/ n.pl. completo m.sing. da tennis.
1.tenon /'tenən/ n. TECN. tenone m.
2.tenon /'tenən/ tr. **1** *(secure)* congiungere, incastrare mediante tenone **2** *(cut)* tagliare a tenone.
tenon saw /'tenənˌsɔ:/ n. sega f. per tenoni.
▷ **tenor** /'tenə(r)/ **I** n. **1** MUS. *(singer, voice)* tenore m. **2** MUS. *(part)* ***to sing ~*** cantare da tenore **3** *(tone)* tenore m., tono m. **4** *(course)* corso m. **5** DIR. *(exact wording)* copia f. esatta; *(copy)* copia f. conforme **6** ECON. scadenza f. **II** modif. MUS. [*voice, register*] di tenore; [*part, solo*] del tenore; [*horn, recorder, saxophone*] tenore.
tenotomy /tə'nɒtəmɪ/ n. tenotomia f.
tenpin bowling /ˌtenpɪn'bəʊlɪŋ/ BE, **tenpins** AE /'tenpɪnz/ ♦ ***10*** n. bowling m. (con dieci birilli).
▷ **1.tense** /tens/ n. LING. tempo m. (verbale); ***the present ~*** il presente (**of** di); ***in the past ~*** al passato.
▷ **2.tense** /tens/ agg. **1** *(strained)* [*atmosphere, conversation, person, relationship*] teso; [*silence*] carico di tensione; [*moment, hours*] difficile, carico di tensione; ***I get ~ easily*** divento nervoso facilmente; ***it makes me ~*** mi rende nervoso; ***~ with fear*** raggelato per la paura **2** *(exciting)* emozionante **3** *(taut)* tirato, teso.
▷ **3.tense** /tens/ **I** tr. tendere [*muscle*]; irrigidire [*body*]; ***to ~ oneself*** irrigidirsi **II** intr. irrigidirsi.
■ **tense up:** **1** *(stiffen)* [*muscle*] tendersi; [*body*] irrigidirsi **2** *(become nervous)* [*person*] innervosirsi; ***you're all ~d up!*** sei tutto teso!
tensed up /ˌtenst'ʌp/ agg. teso, nervoso, in ansia.
tensely /'tenslɪ/ avv. [*listen, sit, wait, watch*] in stato di ansia, ansiosamente; ***to smile ~*** fare un sorriso tirato.
tenseness /'tensnɪs/ n. tensione f., apprensione f.
tensibility /tensə'bɪlətɪ/ n. elasticità f.
tensile /'tensaɪl, AE 'tensl/ agg. [*material, plastic, rubber*] tensile; [*metal*] duttile.
tensile strength /'tensaɪlˌstreŋθ, AE 'tensl-/ n. FIS. resistenza f. alla trazione.
tensiometer /tensɪ'ɒmɪtə(r)/ n. tensiometro m.
▶ **tension** /'tenʃn/ n. **1** *(unease)* tensione f. (**within** in seno a; **over** per, dovuto a) **2** ING. MECC. tensione f. **3** ELETTRON. tensione f., potenziale m.; ***high ~ wires*** fili ad alta tensione **4** *(suspense)* tensione f.
tension headache /ˌtenʃn'hedeɪk/ n. cefalea f. tensiva.
tensity /'tensətɪ/ n. tensione f., rigidità f.
tensor /'tensə(r)/ n. ANAT. MAT. tensore m.
▷ **1.tent** /tent/ n. tenda f.; ***a four-man ~*** una tenda da quattro *o* a quattro posti.
2.tent /tent/ intr. attendarsi, accamparsi.
3.tent /tent/ n. stuello m., tampone m.
tentacle /'tentəkl/ n. **1** ZOOL. tentacolo m. (anche FIG.) **2** BOT. viticcio m.
tentacled /'tentəkld/ agg. dotato di tentacoli.
tentacular /ten'tækjʊlə(r)/ agg. tentacolare.
tentage /'tentɪdʒ/ n. *(accommodation)* attendamento m.; *(collectively)* tende f.pl.
tentative /'tentətɪv/ agg. **1** *(hesitant)* [*inquiry, smile, start, suggestion*] timido; [*movement, stroke, person*] esitante **2** *(provisional)* [*booking, conclusion, offer*] provvisorio; [*plan, scheme*] provvisorio, sperimentale.
tentatively /'tentətɪvlɪ/ avv. **1** *(provisionally)* [*agree, conclude, plan*] provvisoriamente **2** *(cautiously)* [*smile, speak, step*] timidamente; [*decide, suggest, taste*] prudentemente.
tentativeness /'tentətɪvnɪs/ n. **1** *(hesitancy)* esitazione f. **2** *(provisional nature)* carattere m. provvisorio.
tenter /'tentə(r)/ n. stenditoio m.
tenterhooks /'tentəhʊks/ n.pl. carboni m. ardenti ◆ ***to be on ~*** essere sui carboni ardenti *o* sulle spine; ***to keep sb. on ~*** tenere sulle spine qcn.
▷ **tenth** /tenθ/ ♦ ***19, 8*** **I** determ. decimo; ***the ~ page*** la decima pagina; ***the ~-richest man in the world*** il decimo uomo più ricco del mondo **II** pron. **1** *(in order)* decimo m. (-a); ***the ~ in line*** il decimo della fila **2** *(of month)* dieci m.; ***the ~ of May*** il dieci maggio **III** n. **1** *(fraction)* decimo m.; ***a ~ of a second*** un decimo di secondo; ***nine-~s of*** i nove decimi di; FIG. la maggior parte di [*work, information*]; ***it's nine-~s finished*** è praticamente finito **2** MUS. decima f. **IV** avv. [*come, finish*] decimo, in decima posizione.
tenthly /'tenθlɪ/ avv. in decimo luogo.
tenth-rate /ˌtenθ'reɪt/ agg. COLLOQ. di qualità molto bassa, scadente.
tent peg /'tentpeg/ n. picchetto m. da tenda.
tent pole /'tentpəʊl/ BE, **tent stake** AE /'tentsteɪk/ n. paletto m. da tenda.
tenuis /'tenjʊɪs/ n. (pl. **-es**) FON. (consonante) tenue f.
tenuity /tɪ'nju:ɪtɪ, AE -'nu:-/ → **tenuousness**.
tenuous /'tenjʊəs/ agg. **1** FIG. *(thin)* [*bond, thread*] sottile **2** *(unconvincing)* [*argument, logic, theory*] debole; [*distinction*] sottile; [*evidence, plot*] inconsistente; [*connection*] fragile **3** *(precarious)* [*position, situation*] precario.
tenuously /'tenjʊəslɪ/ avv. [*connect*] precariamente.
tenuousness /'tenjʊəsnɪs/ n. *(of thread, connection)* fragilità f.; *(of plot)* inconsistenza f.; *(of position, situation)* precarietà f.; *(of argument, evidence)* debolezza f.
tenure /'tenjʊə(r), AE 'tenjər/ n. **1** *(right of occupancy)* ***~ of land, property*** godimento di un terreno, di una proprietà; ***to grant security of ~*** garantire il diritto di proprietà; ***tenants do not have security of ~*** gli affittuari non hanno il diritto di proprietà **2** UNIV. *(job security)* (l')essere di ruolo; ***to have ~*** essere titolare di una cattedra; ***to get ~*** diventare titolare di una cattedra, passare di ruolo **3** *(period of office)* durata f. di un incarico, mandato m.; ***a four-year ~*** un mandato di quattro anni.
tenured /'tenjʊəd, AE 'tenjərd/ agg. [*professor*] di ruolo; [*job*] stabile.
tenure-track position /ˌtenjʊəˌtrækpə'zɪʃn, AE ˌtenjər-/ n. AE UNIV. = posto che garantisce la possibilità di passare di ruolo.
tepee → **teepee**.
tephrite /'tefraɪt/ n. tefrite f.
tepid /'tepɪd/ agg. tiepido (anche FIG.).
tepidarium /tepɪ'deərɪəm/ n. (pl. **-ia**) tepidario m.
tepidity /tɪ'pɪdətɪ/, **tepidness** /'tepɪdnɪs/ n. tiepidezza f. (anche FIG.).
tepidly /'tepɪdlɪ/ avv. tiepidamente.
tequila /tə'ki:lə/ n. tequila f.
tequila slammer /ˌtəki:lə'slæmə(r)/ n. tequila f. bum bum.
Ter n. ⇒ Terrace strada (str.).
teratism /'terətɪzəm/ n. teratosi f.
teratogen /'terətədʒən/ n. agente m. teratogeno.
teratogenesis /terətə'dʒenəsɪs/ n. teratogenesi f.
teratogenic /terətə'dʒenɪk/ agg. teratogeno.
teratology /terə'tɒlədʒɪ/ n. teratologia f.
teratoma /terə'təʊmə/ n. (pl. **~s**, **-ata**) teratoma m.
teratosis /terə'təʊsɪs/ → **teratism**.
terbium /'tɜ:bɪəm/ n. terbio m.
terce /tɜ:s/ → **tierce**.
tercel /'tɜ:sl/ n. terzuolo m.
tercentenary /ˌtɜ:sen'ti:nərɪ, tɜ:'sentənerɪ/, **tercentennial** /tɜ:sen'tenɪəl/ n. tricentenario m., terzo centenario m.
tercet /'tɜ:sɪt/ n. terzina f.
terebene /'terəbi:n/ n. terebene m.
terebinth /'terəbɪnθ/ n. terebinto m.
terebinthine /terə'bɪnθaɪn/ agg. di terebinto.
teredo /tə'ri:dəʊ/ n. (pl. **~s**, **-ines**) teredine f.
Terence /'terəns/ n.pr. Terenzio.
Teresa /tə'ri:zə/ n.pr. Teresa.
tergiversate /'tɜ:dʒɪvɜ:seɪt/ intr. **1** *(betray)* fare un voltafaccia **2** *(be evasive)* tergiversare.
tergiversation /tɜ:dʒɪvɜ:'seɪʃn/ n. **1** *(betrayal)* voltafaccia m. **2** *(evasion)* tergiversazione f.

tergiversator /ˈtɜːdʒɪvɜːseɪtə(r)/ n. **1** *(betrayer)* traditore m. (-trice) **2** *(evasive person)* tergiversatore m. (-trice).

▶ **1.term** /tɜːm/ **I** n. **1** *(period of time)* periodo m.; SCOL. UNIV. trimestre m., semestre m.; DIR. *(period when courts are in session)* sessione f.; *(duration of lease)* durata f.; ***he was elected for a four-year ~*** è stato eletto per (un periodo di) quattro anni; ***during the president's first ~ of office*** durante il primo mandato del presidente; ***~ of imprisonment*** periodo di detenzione; ***to have reached (full) ~*** *(of pregnancy)* essere al termine della gravidanza; ***a ~ baby*** o ***a baby born at ~*** un bambino (nato) a termine; ***in*** o ***during ~ (-time)*** SCOL. UNIV. durante il trimestre, semestre; ***autumn, spring, summer ~*** SCOL. UNIV. primo, secondo, terzo trimestre **2** *(word, phrase)* termine m., vocabolo m.; ***legal, technical ~*** termine giuridico, tecnico; ***~ of abuse*** insulto; ***she condemned their action in the strongest possible ~s*** ha condannato molto duramente la loro azione **3** MAT. termine m. **4** *(limit)* termine m., limite m.; ***to set*** o ***put a ~ to sth.*** fissare *o* stabilire un limite a qcs. **II terms** n.pl. **1** *(conditions) (of agreement, treaty, contract)* termini m., condizioni f., clausole f.; *(of will)* disposizioni f.; COMM. condizioni m. di pagamento; ***under*** o ***by the ~s of the agreement, of the contract*** ai termini dell'accordo, del contratto; ***under the ~s of the will*** DIR. secondo le disposizioni del defunto; ***name your own ~s*** dettate le vostre condizioni; ***~s and conditions*** DIR. modalità; ***~s of sale, payment*** modalità di vendita, pagamento; ***~s of trade*** COMM. ECON. ragioni di scambio; ***credit ~s*** condizioni di credito; ***on easy ~s*** COMM. con agevolazioni di pagamento; ***peace ~s*** POL. condizioni di pace; ***~s of surrender*** POL. condizioni di resa; ***~s of reference*** sfera di competenza; ***that question is not within our ~s of reference*** quel problema esula dalla nostra sfera di competenza **2** ***to come to ~s with*** *(accept)* ammettere, riconoscere [*identity, past, condition, disability*]; accettare, ammettere [*death, defeat, failure*]; *(confront)* affrontare [*issue*]; ***to come to ~s with the idea that*** accettare l'idea che; ***she is still trying to come to ~s with what happened*** sta ancora cercando di accettare quanto è successo **3** *(relations)* rapporti m., relazioni f.; ***to be on good, bad ~s with sb.*** essere in buoni, cattivi rapporti con qcn.; ***they are on friendly ~s*** sono in buoni rapporti; ***they are on first name ~s*** si danno del tu **4** *(point of view)* ***in his, their ~s*** secondo il suo, il loro punto di vista **5 in terms of** *(as expressed by)* espresso in, in funzione di (anche MAT.); ***to express sth. in ~s of cost, of colour*** esprimere qcs. in base al prezzo, al colore; *(from the point of view of)* dal punto di vista di; ***they are equals in ~s of age and experience*** sono uguali per quanto concerne l'età e l'esperienza; ***the novel is weak in ~s of plot, of style*** il romanzo è debole dal punto di vista della trama, dello stile; ***they own very little in ~s of real property*** possiedono ben pochi beni immobili; ***I was thinking in ~s of how much it would cost, how long it would take*** stavo cercando di calcolare quanto costerebbe, quanto tempo ci vorrebbe.

2.term /tɜːm/ tr. chiamare, definire; ***to ~ sth. sth.*** chiamare, definire qcs. qcs.

termagant /ˈtɜːməgənt/ n. LETT. megera f.

term deposit /ˌtɜːmdɪˈpɒzɪt/ n. deposito m. a termine.

terminable /ˈtɜːmɪnəbl/ agg. terminabile, a termine; ***~ contract*** contratto a termine.

▷ **terminal** /ˈtɜːmɪnl/ **I** n. **1** *(at bus or railway station)* terminal m.; AER. air terminal m., terminal m.; ***rail ~*** terminal, stazione di testa; ***oil ~*** terminal petrolifero; ***ferry ~*** terminal traghetti; ***container ~*** terminal dei container; ***freight ~*** terminal merci **2** INFORM. terminale m. **3** EL. terminale m. **II** agg. **1** *(last)* [*stage, point*] terminale; BOT. [*bud*] apicale; MED. *(incurable)* [*illness, patient*] terminale, incurabile; *(at final stage)* allo stadio terminale; FIG. [*boredom*] mortale; ***she is suffering from ~ cancer*** è una malata terminale di cancro; ***to be in ~ decline*** essere in una fase di declino irreversibile; ***the ~ crisis of capitalism, communism*** gli ultimi stadi della crisi del capitalismo, comunismo **2** COMM. SCOL. *(occurring each term)* trimestrale **3** LING. ***~ element*** o ***symbol*** simbolo terminale.

terminally /ˈtɜːmɪnəlɪ/ avv. ***the ~ ill*** i malati terminali.

terminal point /ˈtɜːmɪnlˌpɔɪnt/, **terminal station** /ˈtɜːmɪnlˌsteɪʃn/ n. FERR. terminal m., stazione f. di testa.

terminal ward /ˈtɜːmɪnlˌwɔːd/ n. MED. = reparto nel quale vengono messi i malati terminali.

▷ **terminate** /ˈtɜːmɪneɪt/ **I** tr. **1** *(put an end to)* terminare, porre fine a [*arrangement, discussion, meeting, phase*]; troncare [*relationship*]; rescindere [*contract*]; interrompere [*pregnancy*]; sciogliere, annullare [*agreement*]; sospendere [*treatment*] **2** AE *(make redundant)* licenziare [*employee*] **3** AE COLLOQ. fare fuori **II** intr. **1** *(end)* [*agreement, meeting, commercial contract*] terminare; [*employment, offer, work contract*] finire, terminare; [*speaker, programme*] terminare; [*path, road*] terminare, finire **2** *(end route)* terminare la corsa; ***"this train ~s in Oxford"*** "ultima stazione, Oxford".

▷ **termination** /ˌtɜːmɪˈneɪʃn/ n. **1** *(ending) (of contract)* revoca f., rescissione f.; *(of service)* interruzione f.; *(of discussion, relations, scheme)* fine f. **2** MED. interruzione f. di gravidanza **3** LING. terminazione f., desinenza f.

terminational /ˌtɜːmɪˈneɪʃənl/ agg. di terminazione, di desinenza.

terminator /ˌtɜːmɪˈneɪtə(r)/ n. **1** terminatore m. (-trice) **2** ASTR. terminatore m.

termini /ˈtɜːmɪnaɪ/ → **terminus**.

terminism /ˈtɜːmɪnɪzəm/ n. **1** TEOL. terminismo m. **2** FILOS. nominalismo m.

terminological /ˌtɜːmɪnəˈlɒdʒɪkl/ agg. terminologico, di terminologia.

terminologically /ˌtɜːmɪnəˈlɒdʒɪklɪ/ avv. terminologicamente.

terminologist /ˌtɜːmɪˈnɒlədʒɪst/ n. terminologista m. e f.

terminology /ˌtɜːmɪˈnɒlədʒɪ/ n. terminologia f.

term insurance /ˈtɜːmɪnˌʃɔːrəns, AE -ˈʃʊər-/ n. assicurazione f. a termine.

terminus /ˈtɜːmɪnəs/ n. (pl. **~es**, **-i**) BE *(in transports) (of trains)* terminal m., stazione f.; *(of buses)* capolinea m., terminal m.

termitarium /tɜːmɪˈteərɪəm/ n. (pl. **-ia**) termitaio m.

termite /ˈtɜːmaɪt/ n. termite f.

termless /ˈtɜːmlɪs/ agg. interminabile, infinito.

term loan /ˈtɜːmləʊn/ n. prestito m. a termine.

termly /ˈtɜːmlɪ/ avv. SCOL. UNIV. trimestralmente, semestralmente.

termor /ˈtɜːmə(r)/ agg. STOR. DIR. usufruttuario.

term paper /ˈtɜːmˌpeɪpə(r)/ n. US SCOL. UNIV. = relazione scritta dagli studenti al termine di un trimestre, semestre.

termtime /ˈtɜːmtaɪm/ n. ***during*** o ***in ~*** durante il trimestre, semestre.

1.tern /tɜːn/ n. ORNIT. sterna f.

2.tern /tɜːn/ n. *(group of three)* terna f.; *(in lotteries, dice playing)* terno m.

ternary /ˈtɜːnərɪ/ agg. CHIM. MAT. MUS. ternario.

ternate /ˈtɜːnət/ agg. **1** *(consisting of three)* triplice **2** BOT. ternato.

terne /tɜːn/ n. (anche ***~ plate***) lamiera f. piombata.

terpene /ˈtɜːpiːn/ n. terpene m.

terpin /ˈtɜːpɪn/ n. terpina f.

terpineol /tɜːˈpɪnɪɒl/ n. terpineolo m.

Terpsichore /tɜːpˈsɪkərɪ/ n.pr. Tersicore.

Terpsichorean /tɜːpsɪkəˈriːən/ agg. tersicoreo.

terra /ˈterə/ n. (pl. **-ae**) RAR. **1** *(territory)* terra f., territorio m. **2** *(in science fiction)* pianeta m. terra.

▷ **1.terrace** /ˈterəs/ **I** n. **1** *(of café, house)* terrazza f. **2** *(on hillside)* terrazza f. **3** ARCH. = fila di case a schiera **4** *(in address)* = strada **II terraces** n.pl. *(in stadium)* gradinate f.

2.terrace /ˈterəs/ tr. terrazzare [*garden, hillside*].

terrace cultivation /ˌterəskʌltɪˈveɪʃn/ n. coltivazione f. a terrazze.

terraced /ˈterəst/ **I** p.pass. → **2.terrace II** agg. [*garden, hillside*] a terrazze.

terrace garden /ˌterəsˈgɑːdn/ n. giardino m. terrazzato, a terrazze.

terrace(d) house /ˌterəs(t)ˈhaʊs/ n. ARCH. casa f. a schiera.

terracotta /ˌterəˈkɒtə/ **I** n. **1** *(earthenware)* terracotta f. **2** *(colour)* terracotta m. **II** modif. [*pot, tile*] di terracotta; [*hue, paint*] terracotta.

terra firma /ˌterəˈfɜːmə/ n. terraferma f.

▷ **terrain** /ˈtereɪn/ n. terreno m. (anche MIL.); ***all-~ vehicle*** fuoristrada; ***all-~ tyre*** pneumatico per vetture fuoristrada.

Terramycin® /terəˈmaɪsɪn/ n. terramicina® f.

terrane /teˈreɪn/ n. terreno m. roccioso.

terrapin /ˈterəpɪn/ n. **1** ZOOL. emidide m. **2** *(building)* casa f. prefabbricata.

terraqueous /teˈreɪkwɪəs/ agg. terracqueo.

terrarium /təˈreərɪəm/ n. (pl. **~s**, **-ia**) **1** *(for plants)* = contenitore di vetro nel quale vengono fatte crescere piante di piccole dimensioni **2** *(for animals)* terrario m.

terrazzo /təˈrætsəʊ/ n. pavimento m. alla palladiana.

terrene /teˈriːn/ agg. ANT. **1** *(earthy)* terrestre **2** *(worldly)* terreno, mondano.

terreplein /ˈterəpleɪn/ n. terrapieno m.

terrestrial /təˈrestrɪəl/ agg. **1** *(earthly)* terreno **2** *(pertaining to the globe)* terrestre.

▶ **terrible** /ˈterəbl/ agg. **1** *(awful)* terribile, orribile; ***to be ~ at*** essere un disastro a [*rugby*]; essere un disastro in [*maths*]; ***to be ~ at writing, driving*** scrivere, guidare molto male; ***to have a ~ time doing*** avere molta difficoltà a fare **2** *(guilty)* ***I feel ~*** mi sento molto in colpa *o* malissimo; ***to feel ~ about*** mi sento molto in colpa per [*accident, mistake*] **3** *(ill)* ***I feel ~*** mi sento malissimo **4** *(ugly)* ***you look ~ in that hat*** stai malissimo con quel cappello **5** *(for emphasis)* ***~ liar, optimist*** un bugiardo, un ottimista nato; ***to be a ~ fool*** essere terribilmente stupido; ***it was, it would be a ~ shame*** era, sarebbe davvero un peccato.

terribleness /'terəblnɪs/ n. (l')essere terribile.

▷ **terribly** /'terəblɪ/ avv. **1** *(very)* [*flattered, pleased, obvious*] molto; [*clever, easy, hot, polite*] estremamente; ***~ well, badly*** molto bene, male; ***I'm ~ sorry*** sono molto dispiaciuto *o* desolato *o* terribilmente spiacente FORM. **2** *(badly)* [*limp, suffer, worry*] terribilmente; [*sing, drive, write*] terribilmente male; [*deformed, injured*] spaventosamente.

terricolous /te'rɪkələs/ agg. terricolo.

1.terrier /'terɪə(r)/ n. ZOOL. terrier m.

2.terrier /'terɪə(r)/ n. STOR. DIR. catasto m. fondiario.

▷ **terrific** /tə'rɪfɪk/ agg. **1** *(huge)* [*amount, incentive, pleasure, size*] enorme; [*pain, heat*] tremendo, terribile; [*noise*] spaventoso; [*argument*] acceso; [*speed*] folle; [*accident, problem, shock, worry*] terribile; [*struggle*] accanito **2** COLLOQ. *(wonderful)* formidabile, fantastico; ***to feel ~*** sentirsi in gran forma; ***to look ~*** *(healthy)* sembrare in ottima forma; *(attractive)* essere bellissimo, stupendo; ***we had a ~ time*** ci siamo divertiti un mondo.

terrifically /tə'rɪfɪklɪ/ avv. **1** *(extremely)* [*difficult, gifted, kind, large*] estremamente; [*expensive, hot, noisy*] tremendamente **2** COLLOQ. [*sing, write*] fantasticamente bene.

▷ **terrified** /'terɪfaɪd/ **I** p.pass. → **terrify II** agg. [*animal, face, person*] terrorizzato; [*scream*] di terrore; ***to be ~ of*** avere una paura folle *o* tremenda di [*heights, spiders*]; ***he's ~ of what might happen*** ha il terrore di quello che potrebbe succedere; ***to be ~ that, to do*** essere terrorizzato all'idea che, di fare; ***to be too ~ to do*** essere troppo terrorizzato per fare.

terrify /'terɪfaɪ/ tr. terrorizzare, spaventare; ***guns, threats do not ~ me*** le armi, le minacce non mi spaventano ◆ ***to ~ the life out of sb.*** COLLOQ. spaventare a morte qcn.

terrifying /'terɪfaɪɪŋ/ agg. **1** *(frightening)* terrificante, spaventoso **2** *(alarming)* allarmante.

terrifyingly /'terɪfaɪɪŋlɪ/ avv. [*fast, normal, real*] spaventosamente; [*addictive, dangerous, large, pragmatic*] terribilmente; [*shake, tilt*] in modo terrificante; [*drop, plunge*] in modo spaventoso; ***to come ~ close to death*** vedere la morte in faccia.

terrigenous /te'rɪdʒɪnəs/ agg. GEOL. terrigeno.

▷ **territorial** /ˌterə'tɔːrɪəl/ agg. **1** GEOGR. POL. territoriale **2** ZOOL. ***~ behaviour, instinct*** territorialismo; ***to be very ~*** avere un istinto del territorio molto sviluppato.

Territorial /ˌterə'tɔːrɪəl/ n.pr. GB MIL. = membro della Territorial Army.

Territorial Army /ˌterətɔːrɪəl'ɑːmɪ/ n.pr. GB = riserva di volontari per la difesa territoriale.

territorialism /ˌterə'tɔːrɪəlɪzəm/ n. **1** *(latifundism)* = sistema in cui predomina il ceto dei proprietari terrieri. **2** ZOOL. territorialismo m.

territoriality /ˌterətɔːrɪ'ælətɪ/ n. territorialità f.

territorialize /ˌterə'tɔːrɪəlaɪz/ tr. **1** *(add territory)* aggiungere un territorio a [*territory, district*] **2** *(make territorial)* territorializzare.

territorial waters /terəˌtɔːrɪəl'wɔːtəz/ n.pl. DIR. MAR. acque f. territoriali.

territory /'terətrɪ, AE 'terɪtɔːrɪ/ n. **1** *(land owned)* territorio m. **2** POL. *(dependency)* territorio m. dipendente **3** *(of animal, inhabitant, team)* territorio m.; ***her home ~*** il suo territorio **4** *(of salesperson)* zona f., territorio m. **5** *(area of influence, knowledge)* zona f. di competenza, sfera f. di conoscenza; ***I'm on familiar ~*** sono sul mio terreno **6** AE SPORT *(of pitch)* campo m. ◆ ***to go with the ~*** fare parte del gioco.

terror /'terə(r)/ **I** n. **1** *(fear)* terrore m.; ***to scream with ~*** gridare per lo spavento; ***to flee in ~*** fuggire terrorizzato; ***frozen by*** o ***with ~*** raggelato per la paura; ***to live*** o ***go in ~ of*** vivere con il terrore di [*muggers, blackmail*]; ***to have a ~ of*** avere il terrore di *o* essere terrorizzato da; ***to strike ~ into (the heart of) sb.*** incutere terrore a qcn. **2** *(unruly person)* peste f.; ***a little, holy ~*** COLLOQ. una piccola peste **3** STOR. ***the Terror*** il Terrore **II** modif. [*bombing*] terroristico; [*gang*] di terroristi; [*tactic*] intimidatorio; ***a ~ campaign*** una campagna terroristica.

terrorism /'terərɪzəm/ n. terrorismo m.; ***an act of ~*** un'azione terroristica.

▷ **terrorist** /'terərɪst/ **I** n. terrorista m. e f. **II** modif. [*attack, bombing, plot*] terroristico; [*group*] di terroristi.

terroristic /terə'rɪstɪk/ agg. terroristico.

terrorize /'terəraɪz/ tr. terrorizzare [*person, rival, town*]; ***to ~ sb. into doing sth.*** costringere qcn. a fare qcs. terrorizzandolo.

terror-stricken /'terəˌstrɪkən/ agg. terrorizzato, spaventato a morte.

terry /'terɪ/ **I** n. (anche **~ towelling** BE, **~ cloth** AE) tessuto m. di spugna **II** modif. [*nappy, bathrobe*] di spugna.

Terry /'terɪ/ n.pr. diminutivo di **Teresa, Theresa** e **Terence**.

terse /tɜːs/ agg. [*novel, statement*] conciso; [*style*] laconico, terso; [*person*] laconico; [*report*] stringato, succinto.

tersely /'tɜːslɪ/ avv. laconicamente.

terseness /'tɜːsnɪs/ n. stringatezza f.

tertial /'tɜːʃl/ n. penna f. terziaria.

tertian /'tɜːʃn/ n. febbre f. terzana.

tertiary /'tɜːʃərɪ, AE -ʃɪerɪ/ agg. [*era, sector*] terziario; [*education, college*] superiore; [*burn*] di terzo grado; [*syphilis*] terziario.

Tertiary /'tɜːʃərɪ, AE -ʃɪerɪ/ n. GEOL. ***the ~*** l'era cenozoica, il cenozoico.

tertius /'tɜːʃɪəs/ agg. SCOL. = appellativo dato al più giovane di tre alunni con lo stesso cognome.

tervalent /tɜː'veɪlənt/ agg. CHIM. trivalente.

Terylene® /'terəliːn/ **I** n. terilene® m., terital® m. **II** modif. [*dress, sheet*] di, in terital.

TESL /'tesl/ n. (⇒ Teaching English as a Second Language) = insegnamento dell'inglese come seconda lingua.

Tess /tes/ n.pr. diminutivo di **Teresa** e **Theresa**.

Tessa n. GB ECON. (⇒ Tax Exempt Special Savings Account) = conto di risparmio sul quale è possibile versare denaro per realizzare un guadagno senza però che quest'ultimo venga assoggettato a imposte.

tessella /tə'selə/ n. **1** *(in marble, glass)* piccola tessera f. musiva **2** *(in wood)* tassello m. (di intarsio).

tessellate /'tesəleɪt/ tr. decorare a mosaico.

tessellated /'tesəleɪtɪd/ **I** p.pass. → **tessellate II** agg. ING. [*floor, pavement*] tessellato, (decorato) a mosaico.

tessellation /ˌtesə'leɪʃn/ n. ING. decorazione f. a mosaico.

tessera /'tesərə/ n. (pl. **-ae**) tessera f. (musiva).

tesseral /'tesərəl/ agg. *(resembling a tessera)* simile a tessera musiva; *(made of tesserae)* fatto di tessere musive.

▶ **1.test** /test/ n. **1** *(of person, ability, resources)* prova f., test m.; PSIC. test m.; SCOL. *(written)* test m., interrogazione f. scritta; *(oral)* interrogazione f. (orale); UNIV. *(written)* (esame) scritto m.; *(oral)* (esame) orale m.; ***to put sb., sth. to the ~*** mettere qcn., qcs. alla prova; ***a ~ of strength*** una prova di forza; ***to stand the ~ (of time)*** superare la prova (del tempo); ***a method that has stood the ~ of time*** un metodo sperimentato; ***intelligence, personality ~*** test di intelligenza, di personalità; ***it was a severe ~ of his patience, physical strength*** ha messo a dura prova la sua pazienza, la sua forza fisica; ***the crisis was a real ~ of their relationship*** la crisi mise a dura prova il loro rapporto; ***tomorrow's match should be a good ~ of the team's capabilities*** la partita di domani dovrebbe darci un'idea delle abilità della squadra; ***Tuesday's poll should be a good ~ of popular opinion*** il sondaggio di martedì dovrebbe darci un'idea dell'opinione pubblica; ***the best ~ of a good novel, car is...*** il modo migliore per verificare le qualità di un romanzo, di una macchina è... **2** COMM. IND. TECN. *(of equipment, machine, new model)* collaudo m.; *(of new product)* controllo m. **3** MED. *(of blood, urine)* analisi f.pl., esame m.; *(of organ)* esame m.; *(to detect virus, cancer)* esame m.; CHIM. FARM. analisi f.; ***eye, hearing ~*** esame della vista, dell'udito; ***blood ~*** analisi *o* esame del sangue; ***Aids ~*** test dell'AIDS; ***to have a blood ~*** farsi fare le analisi del sangue; ***the iodine ~ for starch*** test dello iodio per identificare la presenza di amido **4** AUT. (anche **driving ~**) esame m. di guida; ***to pass one's ~*** passare l'esame di guida; ***to fail one's ~*** essere bocciato all'esame di guida.

▶ **2.test** /test/ **I** tr. **1** *(assess, examine)* mettere alla prova, valutare [*intelligence, efficiency*]; SCOL. *(in classroom)* interrogare [*student*] (**on** in, di); *(at exam time)* esaminare [*student*]; PSIC. fare un test a [*person*]; ***during the interview they ~ed him on his knowledge of English, current affairs*** durante il colloquio gli hanno posto delle domande per verificare la sua conoscenza dell'inglese, dell'attualità; ***to ~ sb.'s intelligence*** valutare l'intelligenza di qcn.; *(formally)* sottoporre qcn. a un test di intelligenza **2** COMM. TECN. collaudare [*vehicle*]; testare [*product*]; MED. FARM. analizzare, fare un'analisi di [*blood, urine, sample*]; sperimentare [*new drug, vaccine*]; CHIM. analizzare; ***to have one's eyes ~ed*** fare un esame della vista; ***to ~ sb. for steroids*** sottoporre qcn. a un esame per verificare se vi siano steroidi nel suo sangue; ***he was ~ed for Aids, leukemia*** gli hanno fatto il test dell'AIDS, della leucemia; ***the water was ~ed for pollution*** venne fatta un'analisi dell'acqua per vedere se era inquinata; ***to ~ drugs on animals*** sperimentare dei farmaci sugli animali; ***all the new equipment has been ~ed for faults*** la nuova apparecchiatura è stata interamente sottoposta a collaudo; ***to ~ the***

water [*swimmer*] sentire la temperatura dell'acqua; CHIM. analizzare l'acqua; FIG. sondare il terreno; ***well~ed*** [*method, formula, model*] testato, provato, sperimentato **3** *(tax, strain)* mettere alla prova [*endurance, strength, patience, courage, effectiveness*]; ***her patience was severely ~ed*** la sua pazienza fu messa a dura prova **II** intr. ***to ~ for starch, for alcohol*** *(in laboratory)* fare un test per verificare la presenza di amido, di alcol; ***to ~ for an infection, allergy*** fare delle analisi per scoprire la causa di un'infezione, di un'allergia; ***his blood ~ed negative*** il suo esame del sangue è risultato negativo; ***"one, two, three, ~ing"*** *(when trying out microphone)* "uno, due, tre, prova".

3.test /test/ n. ZOOL. guscio m., conchiglia f. (di molluschi).

testable /'testəbl/ agg. verificabile.

testacean /te'steɪʃn/ **I** agg. ZOOL. testaceo **II** n. testaceo m.

testaceous /te'steɪʃəs/ agg. **1** ZOOL. testaceo **2** *(reddish-brown)* (color) terracotta.

testacy /'testəsɪ/ n. successione f. testamentaria.

▷ **testament** /'testəmənt/ n. **1** DIR. testamento m.; ***last will and ~*** ultime volontà *o* disposizioni testamentarie **2** *(proof)* testimonianza f., prova f. (**to sth.** di qcs.) **3** *(tribute)* omaggio m. **4** LETT. *(legacy)* retaggio m., eredità f. **5 Testament** Testamento m.; ***the Old, the New Testament*** il Vecchio, il Nuovo Testamento.

testamentary /ˌtestə'mentrɪ, AE -terɪ/ agg. DIR. [*bequest, disposition*] testamentario.

testamentary capacity /ˌtestə'mentrɪkəˌpæsətɪ, AE -terɪ-/ n. capacità f. di fare testamento.

testate /'testeɪt/ **I** agg. DIR. che ha fatto testamento **II** n. DIR. testatore m. (-trice).

testator /te'steɪtə(r), AE 'testeɪtər/ n. DIR. testatore m.

testatrix /te'steɪtrɪks/ n. (pl. **~es**) DIR. testatrice f.

test ban /'testbæn/ n. = accordo internazionale di messa al bando di esperimenti nucleari.

test bay /'testbeɪ/ n. zona f. di esercitazione, di prova.

test-bed /'testbed/, **test-bench** /'testbentʃ/ n. banco m. di prova.

test bore /'testbɔ:(r)/ n. prospezione f.

test card /'testˌkɑ:d/ n. BE TELEV. monoscopio m.

test case /'testˌkeɪs/ n. DIR. processo m. cavia.

test data /'testdeɪtə/ n. dati m.pl. di prova.

test drill /'testˌdrɪl/ intr. fare prospezioni (per trovare il petrolio).

test drive /'testdraɪv/ n. giro m. di prova, prova f. su strada.

test-drive /'testdraɪv/ tr. (pass. **test-drove**; p.pass. **test-driven**) fare un giro di prova su [*car*].

test driver /'testdraɪvə(r)/ ➧ **27** n. collaudatore m. (-trice).

test-drove /'testdrəʊv/ pass. → **test-drive.**

1.tester /'testə(r)/ ➧ **27** n. **1** *(person)* collaudatore m. (-trice); *(device)* tester m. **2** COSMET. *(sample)* campione m., tester m.

2.tester /'testə(r)/ n. *(bed canopy)* baldacchino m.

3.tester /'testə(r)/ n. NUMISM. scellino m. di Enrico VIII.

testes /'testi:z/ → **testis.**

test-flew /'testflu:/ pass. → **test-fly.**

test flight /'testflaɪt/ n. volo m. di prova, collaudo m.

test-fly /'testflaɪ/ tr. (pass. **test-flew**; p.pass. **test-flown**) fare un volo di prova su [*plane*].

testicle /'testɪkl/ n. testicolo m.

testicular /te'stɪkjʊlə(r)/ agg. testicolare.

testification /testɪfɪ'keɪʃn/ n. testimonianza f.

testifier /'testɪfaɪə(r)/ n. testimone m. e f.

▷ **testify** /'testɪfaɪ/ **I** intr. **1** *(state solemnly)* testimoniare; ***to ~ in court*** testimoniare in tribunale; ***to ~ under oath*** testimoniare sotto giuramento; ***to ~ for, against*** deporre a favore di, contro; ***to ~ to*** essere la prova di [*fact, hostility, presence*] **2** *(prove)* ***to ~ to sth.*** testimoniare di qcs. *o* dimostrare qcs. **II** tr. ***to ~ that*** testimoniare *o* attestare che.

testily /'testɪlɪ/ avv. [*say, reply*] con tono seccato.

testimonial /ˌtestɪ'məʊnɪəl/ n. **1** *(reference)* referenza f. **2** *(tribute)* tributo m., omaggio m.; ***as a ~ to*** come tributo per [*courage, loyalty*] **3** BE SPORT (anche **~ match**, **~ game**) = incontro organizzato per onorare un giocatore famoso che riceverà parte degli incassi.

testimonialize /ˌtestɪ'məʊnɪəlaɪz/ tr. fare un dono, un omaggio a [*person*].

▷ **testimony** /'testɪmənɪ, AE -məʊnɪ/ n. **1** *(true statement)* testimonianza f.; DIR. deposizione f.; ***to give ~*** fare una deposizione *o* deporre **2** *(evidence)* prova f., dimostrazione f.; ***to be a ~ to sb.'s talent, courage*** essere una dimostrazione del talento, del coraggio di qcn.; ***to bear ~ to sth.*** essere la prova di qcs.

▷ **testing** /'testɪŋ/ **I** n. **U** *(of equipment, vehicle, machine, system)* collaudo m.; *(of drug, cosmetic)* sperimentazione f.; CHIM. MED. FARM. *(of blood, water etc.)* analisi f.; *(of person)* (il) mettere alla prova; MED. esame m.; PSIC. test m.pl.; SCOL. verifica f., test m.; ***nuclear (bomb) ~*** test nucleare **II** agg. [*question, situation, work, period*] difficile, impegnativo; ***a ~ time*** un periodo difficile.

testing-bench /'testɪŋˌbentʃ/ n. banco m. di prova.

testing ground /'testɪŋˌgraʊnd/ n. MIL. = zona in cui vengono fatti esperimenti (nucleari); IND. TECN. banco m. di prova (anche FIG.).

testis /'testɪs/ n. (pl. **-es**) testicolo m.

1.test market /'testˌmɑ:kɪt/ n. mercato m. di prova.

2.test market /test'mɑ:kɪt/ tr. = mettere un prodotto sul mercato per vedere qual è la reazione del pubblico.

test marketing /ˌtest'mɑ:kɪtɪŋ/ n. marketing m. di prova.

test match /'testˌmætʃ/ n. incontro m. internazionale (di cricket).

teston /'testən/, **testoon** /te'stu:n/ n. NUMISM. testone m.

testosterone /te'stɒstərəʊn/ n. testosterone m.

test paper /'testˌpeɪpə(r)/ n. **1** CHIM. carta f. reattiva **2** BE SCOL. UNIV. prova f. scritta.

test pattern /'testˌpætn/ n. AE TELEV. monoscopio m.

test piece /'testˌpi:s/ n. MUS. = brano eseguito dai concorrenti in un concorso musicale.

test pilot /'testˌpaɪlət/ n. pilota m. collaudatore.

test run /'testrʌn/ n. giro m. di prova.

test strip /'teststrɪp/ n. FOT. provino m.

test tube /'testˌtju:b, AE -ˌtu:b/ n. provetta f.

test-tube baby /'testtju:bˌbeɪbɪ, AE -tu:b-/ n. bambino m. in provetta.

testudinal /te'stju:dɪnl, AE -'stu:-/, **testudinarious** /testju:dɪ'neərɪəs, AE -stu:/ agg. a forma di testuggine.

testudinate /te'stju:dɪnɪt, AE -'stu:-/ agg. **1** *(arched)* arcuato, a forma di testuggine **2** *(pertaining to tortoises)* di testuggine.

testudo /te'stju:dəʊ, AE -'stu:-/ n. (pl. **~s, -ines**) **1** ZOOL. testuggine f., tartaruga f. **2** STOR. MIL. testuggine f.

testy /'testɪ/ agg. [*person*] irascibile, suscettibile; [*comment, reply*] seccato, stizzoso.

tetanic /tɪ'tænɪk/ agg. tetanico.

tetanize /'tetənaɪz/ tr. provocare contrazioni tetaniche a [*person*].

tetanus /'tetənəs/ ➧ **11 I** n. tetano m. **II** modif. [*injection, vaccine*] antitetanico; [*symptoms*] del tetano; [*spasm*] tetanico.

tetany /'tetənɪ/ n. tetania f.

tetchily /'tetʃɪlɪ/ avv. [*insist, refuse, speak*] irascibilmente, con tono stizzoso.

tetchiness /'tetʃɪnɪs/ n. irritabilità f., irascibilità f.

tetchy /'tetʃɪ/ agg. [*mood, person*] irascibile; [*comment, behaviour, voice*] stizzoso.

tête-à-tête /ˌteɪtɑ:'teɪt/ **I** n. (pl. **~**, **~s**) tête-à-tête m. **II** avv. [*dine, meet*] a tu per tu, faccia a faccia; [*talk*] a quattr'occhi.

1.tether /'teðə(r)/ n. pastoia f. ◆ ***to be at the end of one's ~*** non poterne più, essere allo stremo delle proprie forze.

2.tether /'teðə(r)/ tr. legare (**to** a).

tetherball /'teðəbɔ:l/ n. AE SPORT = gioco che consiste nel colpire con delle racchette una palla fissata a un palo tramite una corda.

Tethys /'teθɪs/ n.pr. Teti.

tetrabasic /tetrə'beɪsɪk/ agg. tetrabasico.

tetrachord /'tetrəkɔ:d/ n. tetracordo m.

tetracycline /tetrə'saɪkli:n/ n. tetraciclina f.

tetrad /'tetræd/ n. tetrade f.

tetraethyl /tetrə'eθɪl/ agg. tetraetilico.

tetragon /'tetrəgən, AE -gɒn/ n. tetragono m.

tetragonal /tɪ'trægənl/ agg. tetragonale.

tetragram /'tetrəgræm/ n. tetragramma m.

tetrahedral /tetrə'hi:drəl, -'hed-/ agg. tetraedrico.

tetrahedrite /tetrə'hi:draɪt, -'hed-/ n. tetraedrite f.

tetrahedron /ˌtetrə'hi:drən, -'hedrən, AE -drɒn/ n. tetraedro m.

tetralogy /tɪ'trælədʒɪ/ n. tetralogia f.

tetrameter /tə'træmɪtə(r)/ n. tetrametro m.

tetrapod /'tetrəpɒd/ **I** n. tetrapode m. **II** agg. tetrapode.

tetrapody /tɪ'træpədɪ/ n. tetrapodia f.

tetrarch /'tetrɑ:k/ n. tetrarca m.

tetrarchate /'tetrɑ:kɪt/ n. tetrarcato m.

tetrarchy /'tetrɑ:kɪ/ n. tetrarchia f.

tetrastich /'tetrəstɪk/ n. METR. quartina f., strofa f. tetrastica.

tetrastyle /'tetrəstaɪl/ **I** n. edificio m. tetrastilo **II** agg. tetrastilo.

tetrasyllabic /tetrəsɪ'læbɪk/ agg. tetrasillabo, quadrisillabo.

tetrasyllable /'tetrəsɪləbl/ n. quadrisillabo m.

tetratomic /tetrə'tɒmɪk/ agg. tetratomico.

tetravalent /tetrə'veɪlənt/ agg. tetravalente.

tetroxide /te'trɒksaɪd/ n. tetrossido m.

tetter /'tetə(r)/ n. ANT. eczema m.

Teuton /'tju:tn, AE 'tu:tn/ n. teutone m. e f.
Teutonic /tju:'tɒnɪk, AE tu:-/ agg. teutonico.
Teutonicism /tju:'tɒnɪsɪzəm, AE tu:-/ n. teutonicità f.
Teutonize /'tju:tɒnaɪz, AE 'tu:tn-/ **I** tr. germanizzare **II** intr. germanizzarsi.
Texan /'teksn/ **I** agg. texano **II** n. texano m. (-a).
Texas /'teksəs/ ♦ *24* n.pr. Texas m.
Tex Mex /ˌteks'meks/ **I** agg. tex-mex **II** n. *(language)* tex-mex m.
▶ **1.text** /tekst/ n. **1** testo (**by** di) **2** *(text message)* messaggio m., messaggino m.
2.text /tekst/ tr. TEL. mandare un messaggio a [*person*]; ***I'll ~ you the score*** ti mando un messaggio con il risultato.
▷ **textbook** /'tekstbʊk/ **I** n. manuale m., libro m. di testo (**about, on** di); ***a History ~*** un manuale di storia **II** agg. [*case, landing*] esemplare; [*pregnancy*] ideale; [*example*] perfetto.
text editor /'tekstˌedɪtə(r)/ n. INFORM. text-editor m.
▷ **textile** /'tekstaɪl/ **I** n. stoffa f., tessuto m. **II textiles** n.pl. prodotti m. tessili, tessili m.; ***to work in ~s*** lavorare nel tessile **III** modif. [*prices*] dei tessili; [*sector, technician, worker*] del tessile; [*exporter, manufacturer*] di tessili; [*fibre, group, industry*] tessile.
text message /'tekstˌmesɪdʒ/ n. TEL. messaggio m., messaggino m.
text messaging /'tekstˌmesɪdʒɪŋ/ n. TEL. messaggi m.pl., messaggini m.pl.; ***if you're a teenager, you can't have a social life without ~*** se sei un teen-ager non puoi avere una vita sociale senza i messaggini.
text processing /'tekstˌprəʊsesɪŋ, AE -ˌprɒ-/ n. INFORM. elaborazione f. automatica dei testi.
textual /'tekstʃʊəl/ agg. [*analysis, criticism*] testuale, del testo; [*study*] del testo.
textualism /'tekstʃʊəlɪzəm/ n. stretta aderenza f. al testo.
textually /'tekstʃʊəlɪ/ avv. [*alter, analyse*] a livello del testo.
▷ **texture** /'tekstʃə(r)/ n. **1** *(of cream, paint)* consistenza f.; *(of soil)* conformazione f.; *(of surface)* struttura f.; *(of cloth)* trama f., consistenza f. **2** FIG. *(of life, writing, music)* carattere m.
textured /'tekstʃəd/ agg. [*fabric, paint, wall paper*] operato; ***rough-~*** a trama grossa.
textured vegetable protein /ˌtekstʃədˌvedʒtəbl'prəʊti:n/ n. GASTR. proteina f. vegetale testurizzata.
TGWU n. BE (⇒ Transport and General Workers' Union) = sindacato dei trasportatori e dei lavoratori generici.
Thad(d)eus /'θædrəs/ n.pr. Taddeo.
Thai /taɪ/ ♦ *18* **I** agg. t(h)ailandese **II** n. (pl. ~, **~s**) **1** *(person)* t(h)ailandese m. e f. **2** *(language)* t(h)ailandese m.
Thailand /'taɪlænd/ ♦ *6* n.pr. T(h)ailandia f.
thalamus /'θæləməs/ n. (pl. **-i**) ANAT. BOT. talamo m.
thalassemia /θælə'si:mɪə/ ♦ *11* n. talassemia f., anemia f. mediterranea.
thalassic /θə'læsɪk/ agg. talassico.
thalassocracy /θælə'sɒkrəsɪ/ n. talassocrazia f.
thalassographic /θəlæsəʊ'græfɪk/ agg. talassografico.
thalassography /θælə'sɒgrəfɪ/ n. talassografia f.
thalassotherapy /θəlæsəʊ'θerəpɪ/ n. talassoterapia f.
thaler /'tɑ:lə(r)/ n. NUMISM. tallero m.
Thales /'θeɪli:z/ n.pr. Talete.
Thalia /θə'laɪə/ n.pr. Talia.
thalidomide /θə'lɪdəmaɪd/ **I** n. talidomide m. **II** modif. [*scandal, victim*] del talidomide; [*baby*] vittima dell'effetto del talidomide.
thalli /'θælaɪ/→ **thallus**.
thallic /'θælɪk/ agg. tallico.
thallium /'θælɪəm/ n. tallio m.
thallophyte /'θæləʊfaɪt/ n. tallofita f.
thallous /'θæləs/ agg. talloso.
thallus /'θæləs/ n. (pl. **-i**) tallo m.
Thames /temz/ ♦ *25* **I** n.pr. ***the (river) ~*** il (fiume) Tamigi **II** modif. [*estuary, docks*] del Tamigi ♦ ***he'll never set the ~ on fire*** BE non farà mai faville.
▶ **than** /*forma debole* ðən, *forma forte* ðæn/ When *than* is used as a preposition in expressions of comparison, it is translated by *di* or *che (non)*: *he's taller than me* = è più alto di me; *Glasgow is bigger than Oxford* = Glasgow è più grande di Oxford; *your car is less expensive than mine* = la tua auto è meno cara della mia; *I was more surprised than annoyed* = ero più sorpreso che irritato. - For expressions with numbers, temperatures etc., see the entry below. See also the entries **hardly**, **less**, **more**, **other**, **rather**, **soon**. - When *than* is used as a conjunction, it is translated by *di quanto* and the verb following it is preceded by *non*: *it was farther than I thought* = era più lontano di quanto non pensassi. However, Italian speakers often try to phrase the comparison differently: *it was more difficult than we expected* = è stato più difficile del previsto. For more uses and their translations, see the entry below. - See also the entries **hardly**, **rather**, **soon**. **I** prep. **1** *(in comparisons)* di, che, che non; ***thinner ~ him*** più magro di lui; ***he has more ~ me*** ha più di me; ***faster by plane ~ by boat*** più veloce in aereo che (non) in barca; ***I was more surprised ~ annoyed*** ero più sorpreso che irritato; ***it's more difficult for us ~ for them*** è più difficile per noi che per loro **2** *(expressing quantity, degree, value)* di; ***more, less ~ 100*** più, meno di 100; ***more ~ half*** più di metà; ***temperatures lower ~ 30 degrees*** temperature inferiori ai 30 gradi **II** cong. **1** *(in comparisons)* di, di quanto, che, piuttosto che; ***he's older ~ I am*** è più vecchio di me; ***it took us longer ~ we thought it would*** ci abbiamo messo più del previsto; ***it was further away ~ I remembered*** era più lontano di quanto non mi ricordassi; ***there's nothing better, worse ~ doing*** non c'è nulla di meglio, di peggio che fare **2** *(expressing preferences)* ***I'd sooner, rather do X ~ do Y*** preferirei fare X piuttosto che fare Y **3** *(when)* ***hardly, no sooner had he left ~ the phone rang*** non appena uscì il telefono squillò **4** AE *(from)* ***to be different ~ sth.*** essere diverso da qcs.
thanage /'θeɪnɪdʒ/ n. **1** *(tenure)* = territorio appartenente a un thane **2** *(rank, position)* = rango, posizione di un thane.
thanatoid /'θænətɔɪd/ agg. MED. tanatoide.
thane /'θeɪn/ n. **1** STOR. = nella società anglosassone, persona di rango intermedio tra quello di nobile con diritto ereditario e quello di uomo libero, che deteneva le terre del sovrano o di suoi superiori in cambio di prestazioni militari **2** *(term of address)* ***my ~*** mio signore.
▶ **thank** /θæŋk/ tr. ringraziare [*person*] (**for** di, per; **for doing** per avere fatto); ***we've got Cath to ~ for that*** dobbiamo dire grazie a Cath per questo (anche IRON.); ***you've only got yourself to ~ for that!*** devi solo ringraziare te stesso! ***I'll ~ you to do*** ti sarei grato se facessi, per favore puoi fare; ***he won't ~ you for doing*** non gli farai certo un favore a fare; ***~ God!*** grazie a Dio! ***~ goodness, heavens!*** grazie al cielo! ***~ God you're here!*** grazie a Dio sei qui! ***there's the bus, ~ goodness*** grazie al cielo, ecco il pullman.
▷ **thankful** /'θæŋkfl/ agg. *(grateful)* riconoscente, grato (**to** a; **for** per); *(relieved)* contento, sollevato (**to do** di fare; **for** di); ***to be ~ (that)*** essere felice (del fatto che); ***that's something to be ~ for!*** è già un sollievo!
▷ **thankfully** /'θæŋkfəlɪ/ avv. **1** *(luckily)* fortunatamente, per fortuna **2** *(with relief)* [*sit down, eat*] sollevato; *(with gratitude)* [*smile*] con gratitudine.
thankfulness /'θæŋkflnɪs/ n. riconoscenza f.
thankless /'θæŋklɪs/ agg. [*task*] ingrato, faticoso; [*person*] ingrato, irriconoscente.
▶ **thanks** /θæŋks/ **I** n.pl. **1** ringraziamento m.sing. (**for** per; **to** a); ***with ~*** ringraziando, con gratitudine; ***"received with ~"*** COMM. "per quietanza"; ***~ be to God*** sia ringraziato il Signore; ***this is the ~ I get!*** ecco come mi ringraziano! ***a letter of ~*** una lettera di ringraziamenti **2 thanks to** grazie a; ***we did it, no ~ to you!*** COLLOQ. ce l'abbiamo fatta, non certo per merito tuo! **II** inter. COLLOQ. grazie; ***~ for that, for doing*** grazie di questo, per avere fatto; ***~ a lot*** grazie molte; ***~ a lot, a bunch, a bundle!*** IRON. grazie tante! ***no ~*** no, grazie.
thanksgiving /θæŋks'gɪvɪŋ/ n. RELIG. ringraziamento m.
▷ **Thanksgiving (Day)** /'θæŋksgɪvɪŋ(ˌdeɪ)/ n. US giorno m. del Ringraziamento.

> **i Thanksgiving** La colonia dei Padri Pellegrini fu decimata dalle malattie e dalla fame nel corso del primo inverno trascorso nel Nuovo Mondo. Ma nell'autunno 1621 il raccolto fu buono e permise loro di sopravvivere; decisero così di rendere grazie e festeggiare, organizzando un banchetto al quale invitarono anche gli Indiani, che avevano insegnato loro a cacciare e a coltivare il mais. Oggi il giorno del Ringraziamento si celebra in tutti gli Stati Uniti il quarto giovedì di novembre. È, insieme al Natale, la festa più importante dell'anno, un'occasione per riunire tutta la famiglia. Momento centrale è il tradizionale pranzo a base di tacchino ripieno con patate dolci e salsa di mirtilli rossi (*cranberry sauce*), e torta di zucca come dessert. Questa stessa festa viene celebrata in Canada il secondo lunedì d'ottobre (v. anche ***Pilgrim Fathers***).

thanks offering /'θæŋksˌɒfərɪŋ, AE -ˌɔ:f-/ n. offerta f. per grazia ricevuta.
▶ **thank you** /'θæŋkju:/ **I** n. (anche **thank-you**, **thankyou**) grazie m., ringraziamento m.; ***to say ~ to sb., to say one's ~s to sb.*** dire

that

As a determiner

- The Italian equivalents of *that* and *those* vary in form according to the gender and the initial sound of the noun or adjective they precede; therefore, *that* is translated
  - a) by *quel* + masculine singular noun
    (*that policeman, that dog* = quel poliziotto, quel cane)
  - b) by *quello* + masculine singular noun beginning with *s* + consonant, *z, gn, ps, x*
    (*that uncle, that gnome* = quello zio, quello gnomo)
  - c) by *quella* + feminine singular noun
    (*that secretary, that chair* = quella segretaria, quella sedia)
  - d) by *quell'* + masculine or feminine singular noun beginning with a vowel or mute *h*
    (*that author, that man, that nurse, that absence, that hotel* = quell'autore, quell'uomo, quell'infermiera, quell'assenza, quell'hotel)
    and *those* is translated
  - e) by *quelli* + masculine plural nouns
    (*those policemen, those dogs* = quei poliziotti, quei cani)
  - f) by *quegli* + masculine plural nouns beginning with a vowel, mute *h*, or with *s* + consonant, *z, gn, ps, x*
    (*those authors, those men, those hotels, those uncles, those gnomes* = quegli autori, quegli uomini, quegli hotel, quegli zii, quegli gnomi)
  - g) by *quelle* + feminine plural nouns
    (*those nurses, those absences* = quelle infermiere, quelle assenze).
- For particular usages, see the entry **1.that**.

As a pronoun meaning *that one, those ones*

- In Italian, pronouns reflect the gender and number of the noun they are referring to. So *that* is translated by *quello* for a masculine noun, *quella* for a feminine noun, and *those* is translated by *quelli* for a masculine noun and *quelle* for a feminine noun:
  I think I like that one (dress) best = penso che quello mi piaccia più di tutti.
- For other uses of *that* and *those* as pronouns (e.g. *who's that?*) there is no straightforward translation, so see the entry **1.that** for examples of usage.

As a relative pronoun

- When used as a relative pronoun in a relative clause, *that* is never preceded by a comma and restricts the meaning of the sentence. In this usage *that* often replaces *who* (for persons) and *which* (for things) as subjects or objects of a restrictive relative clause. Although *that* is only compulsory when it is the subject of the verb and can be understood when it is its object, the Italian equivalent *che* must always be used:
  I recognized the man that had stolen the car = riconobbi l'uomo che aveva rubato la macchina
  the film (that) I saw yesterday was shot in Wales = il film che ho visto ieri venne girato in Galles
- Remember that in such tenses as the present perfect and past perfect, the past participle will agree with the noun to which *che* as object refers (although this is no longer common in everyday Italian, and the invariable masculine form is often used):
  the book that I bought = il libro che ho comprato
  the books that I bought = i libri che ho comprati
  the apple that I bought = la mela che ho comprata
  the apples that I bought = le mele che ho comprate
- When *that* is used as a relative pronoun with a preposition it is translated by *il quale* when standing for a masculine singular noun, by *la quale* when standing for a feminine singular noun, by *i quali* when standing for a masculine plural noun, and by *le quali* when standing for a feminine plural noun:
  the man that I was speaking to = l'uomo al quale stavo parlando
  the chair that I was sitting on = la sedia sulla quale ero seduto
  the children that I bought the books for = i bambini per i quali comprai i libri
  the girls that she was playing with = le ragazze con cui stava giocando

  Note that, although *that* can be understood in these cases, the Italian equivalent can not. In Italian, however, when the relative pronoun *il quale, la quale, i quali, le quali* is preceded by a preposition, it can be substituted with the invariable form *cui*: l'uomo a cui stavo parlando, la sedia su cui ero seduto, etc.

As a conjunction

- When used as a conjunction, *that* can almost always be translated by *che*:
  she said that she would do it = disse che l'avrebbe fatto lei.
- In spoken English, *that* is very often left out in a *that* clause after such common verbs as *know, think, say* or *see*, and after such common adjectives as *afraid, glad, sorry, sure* etc.; *that* is not left out, however, if the main verb is passive or the *that* clause does not immediately follow the verb; anyway, the Italian equivalent *che* must always be used:
  I think (that) we'll be late for dinner = penso che arriveremo in ritardo per la cena
  I am sure she did not pay for it = sono sicura che non l'ha pagato
  she was told that Jane was waiting for her = le dissero che Jane la stava aspettando
  they told him twice that nobody would come = gli dissero due volte che non sarebbe venuto nessuno.
- In certain verbal constructions, *che* is followed by a subjunctive in Italian. If you are in doubt about the construction to use, consult the appropriate verb entry. For particular usages see the entry **2.that**.

As an adverb

- For the adverbial use of *that* and *those* (e.g. *that much, that many*) there is no straightforward translation, so see the entry **3.that** for examples of usage.

grazie a *o* ringraziare qcn. **II** modif. (anche **thank-you** o **thankyou**) [*letter, gift*] di ringraziamento **III** avv. grazie; ***~ for that, for doing*** grazie di questo, per avere fatto; ***~ very much*** (anche IRON.) tante grazie; ***no ~*** no, grazie.

▶ **1.that I** /*forma debole* ðət, *forma forte* ðæt/ determ. (pl. **those**) quello; ***~ chair, ~ man over there*** quella sedia, quell'uomo là; ***I said that dress!*** ho detto quel vestito! ***I prefer ~ colour to this one*** preferisco quel colore a questo; ***not ~ one!*** non quello! ***~ same day*** quello stesso giorno; ***you can't do it ~ way*** non puoi farlo in quel modo! ***he went ~ way*** è andato da quella parte; ***those patients (who are) able to walk*** i pazienti che sono in grado di camminare; ***~ train crash last year*** quello scontro ferroviario dello scorso anno; ***~ lazy son of yours*** quel pigro di tuo figlio; ***~ car of his is always breaking down*** quel rottame della sua macchina è sempre ferma; ***it's ~ Mr Jones from down the road*** è il signor Jones, quello che abita in fondo alla strada; ***at ~ moment*** in quel momento; ***at ~ time*** in quel periodo **II** /ðæt/ pron. dimostr. (pl. **those**) **1** *(that one)* quello m. (-a); ***we prefer this to ~*** preferiamo questo a quello; ***"which boys?" - "those over there"*** "che ragazzi?" - "quelli (che vedi) laggiù"; ***it's a more expensive wine than ~ produced by X*** è un vino più costoso di quello prodotto da X **2** *(the thing or person observed or mentioned)* quello m. (-a), questo m. (-a), ciò; ***what's ~?*** che cos'è quello? ***who's ~?*** chi è quello? *(on phone)* chi è? ***is ~ John?*** quello è John? ***is ~ you John?*** sei tu, John? ***who told you ~?*** chi te l'ha detto? ***~'s not true, fair*** (questo) non è vero, giusto; ***~'s what he said*** questo è quello che ha detto; ***~'s how, why he did it*** ecco come, perché l'ha fatto; ***what did he mean by ~?*** che cosa intendeva dire con quello? ***~'s bureaucrats for you!*** sempre così questi impiegati statali! ***~'s the man I was talking about, to*** quello è l'uomo di cui, a cui stavo parlando; ***~'s the house we used to live in*** questa è la casa in cui vivevamo; ***those are the books I wanted*** quelli sono i libri che volevo; ***before ~, he had always lived in Lon-***

don prima di allora, era sempre vissuto a Londra; ***he never went there again after ~*** da allora, non vi è mai più ritornato; ***after ~ we had lunch*** dopo di che pranzammo; ***I might just do ~!*** quasi quasi! ***he's not as greedy as (all) ~!*** non è poi così avaro! **3** *(before relative pronoun)* ***those who...*** quelli che... **III** /ðət/ pron. rel. *(as subject, object)* che, il quale, la quale, i quali, le quali; *(with preposition)* il quale, la quale, i quali, le quali, cui; ***the woman ~ won*** la donna che ha vinto; ***the book ~ I bought*** il libro che ho comprato; ***the house ~ they live in*** la casa in cui vivono; ***the reason ~ I phoned*** la ragione per cui ho telefonato; ***the man ~ I received the letter from*** l'uomo che mi ha scritto la lettera; ***the way ~ she works*** il modo in cui lavora; ***the day ~ she arrived*** il giorno in cui arrivò; ***and fool ~ I am, I believed him*** e scemo come sono, gli ho creduto ◆ ***...and (all) ~*** ...e così via, ...e così di seguito; ***...and he's very nice at ~!*** ...e per di più è molto gentile! ***I might well go at ~!*** in effetti, potrei proprio andarci! ***at ~, he got up and left*** sentendo quello, si alzò e se ne andò; ***with ~ he got up and left*** al che, si alzò e se ne andò; ***~ is (to say)...*** cioè..., vale a dire...; ***~'s it!*** *(that's right)* proprio così! esattamente! *(that's enough)* basta! ***I'll give you £10 but ~'s it!*** ti darò 10 sterline, non di più! ***I don't want to see you again and ~'s ~!*** non ti voglio più vedere, punto e basta! ***well, ~'s it then!*** e questo è quanto!

▶ **2.that** /ðət/ cong. **1** che; ***he said ~ he had finished*** disse che aveva finito; ***it's likely ~ they are out*** è probabile che non ci siano; ***it's important ~ they should realize*** è importante che si rendano conto; ***it's just ~ I'm a bit scared*** è solo che ho un po' paura **2** *(expressing wish)* ***oh ~ I could fly!*** potessi volare! ***oh ~ he would come*** se solo venisse; *(expressing surprise)* ***~ she should treat me so badly!*** come ha potuto trattarmi così male! ***~ it should come to this!*** come si è potuto arrivare a questo punto!

3.that /ðæt/ avv. **1** *(to the extent shown)* ***it's about ~ thick*** grosso modo è spesso così; ***he's ~ tall*** è alto così; ***she's ~ much smaller than me*** è più bassa di me di tanto così; ***I can't do ~ much work in one day*** non posso fare così tanto lavoro in un solo giorno; ***he can't swim ~ far*** non può andare così lontano a nuoto; ***you're not ~ stupid*** non sei così stupido **2** BE COLLOQ. *(so very)* talmente, così; ***he was ~ ill that he had to go into hospital*** stava così male che dovette andare all'ospedale.

1.thatch /θætʃ/ n. **1** paglia f. per tetti **2** FIG. *(of hair)* massa f. di capelli.

2.thatch /θætʃ/ **I** tr. coprire con la paglia [*cottage, roof*]; ***a roof ~ed with reeds*** un tetto coperto con le cannucce **II** intr. fare tetti in paglia.

thatched /θætʃt/ **I** p.pass. → **2.thatch II** agg. ricoperto di paglia.

thatched cottage /ˌθætʃt'kɒtɪdʒ/ n. = cottage con il tetto di paglia.

thatched roof /ˌθætʃt'ru:f/ n. tetto m. di paglia.

thatcher /'θætʃə(r)/ n. = artigiano specializzato nella costruzione di tetti di paglia.

Thatcherism /'θætʃərɪzəm/ n. POL. thatcherismo m.

thatching /'θætʃɪŋ/ n. **1** *(act)* (il) coprire i tetti con la paglia **2** *(material)* paglia f. per tetti.

thaumaturge /'θɔ:mətɜ:dʒ/ n. taumaturgo m. (-a).

thaumaturgic(al) /θɔ:mə'tɜ:dʒɪkl/ agg. taumaturgico.

thaumaturgist /'θɔ:mətɜ:dʒɪst/ → **thaumaturge**.

thaumaturgy /'θɔ:mətɜ:dʒɪ/ n. taumaturgia f.

1.thaw /θɔ:/ n. **1** METEOR. disgelo m., sgelo m.; ***the ~ had set in*** era iniziato il disgelo **2** FIG. *(detente) (political)* disgelo m., distensione f.; ***a ~ in her attitude towards me*** *(social)* un miglioramento del suo atteggiamento nei miei confronti.

2.thaw /θɔ:/ **I** tr. **1** [*heat, sun*] sciogliere, fare fondere [*ice, snow*] **2** [*person*] scongelare [*frozen food*] **II** intr. **1** [*snow*] sciogliersi, fondere; [*ground*] (di)sgelare; [*frozen food*] scongelarsi **2** FIG. [*person*] sciogliersi, diventare più cordiale; [*relations*] distendersi **III** impers. sgelare; ***it's ~ing today*** oggi sgela.

▪ **thaw out:** ~ out [*frozen food*] scongelarsi; [*ground*] sgelare; [*fingers, person*] scaldarsi; ~ [sth.] out, ~ out [sth.] [*person*] scongelare [*frozen food*]; [*sun*] sgelare [*ground*].

▶ **the** /*forma debole davanti a vocale* ðɪ, *davanti a consonante* ðə, *forma forte* ði:/ determ. **1** *(specifying, identifying etc.)* il, lo, la, i, gli, le; ***two chapters of ~ book*** due capitoli del libro; ***I met them at ~ supermarket*** li ho incontrati al supermercato **2** *(best etc.)* ***she's ~ violinist of the century*** è la violinista del secolo; ***~ book of the year*** il libro dell'anno; ***~ French restaurant*** il ristorante francese per eccellenza; ***~ way of losing weight*** il modo più efficace per perdere peso; ***do you mean ~ William Blake?*** intendi dire proprio William Blake? **3** *(with family names)* ***~ Hapsburgs*** gli Asburgo; ***~ Buntings*** i Bunting, la famiglia Bunting **4** *(with genre)* ***~ opera*** l'opera; ***~ ballet*** il balletto **5** *(enough)* ***he hadn't ~ courage to refuse*** non ebbe il coraggio di rifiutare; ***we don't have ~ money for a holiday*** non abbiamo i soldi per fare una vacanza; ***can you spare ~ time to help me?*** hai un attimo di tempo per aiutarmi? **6** *(with era)* ***~ fifties*** gli anni cinquanta **7** *(with adj)* ***~ impossible*** l'impossibile; ***she buys only ~ best*** compra solo il meglio **8** *(with adj forming group)* ***~ French*** i francesi; ***~ wounded*** i feriti; ***~ handicapped*** gli handicappati **9** *(with comparative adjectives)* ***the news made her all ~ sadder*** la notizia la rese ancora più triste **10** *(in double comparatives)* ***~ more I learn ~ less I understand*** più studio meno capisco; ***~ longer I do it ~ more difficult it becomes*** più lo faccio e più diventa difficile; ***~ sooner ~ better*** prima è meglio è; ***~ longer he waits ~ harder it will be*** più aspetta e peggio sarà **11** *(with superlatives)* ***~ fastest train*** il treno più veloce; ***~ prettiest house in the village*** la casa più carina del paese.

theandric /θi:'ændrɪk/ agg. teandrico.

theantropic(al) /θi:ən'θrɒpɪk(l)/ agg. teandrico.

▶ **theatre, theater** AE /'θɪətə(r)/ **I** n. **1** *(place)* teatro m.; ***to go to the ~*** andare a teatro **2** *(art form)* teatro m.; ***the ~ of cruelty, the absurd*** il teatro della crudeltà, dell'assurdo; ***he works in ~*** lavora nel teatro **3** AE *(cinema)* cinema m. **4** (anche **lecture ~**) anfiteatro m. **5** BE MED. (anche **operating ~**) sala f. operatoria; ***the patient is in ~*** il paziente è in sala operatoria **6** MIL. teatro m.; ***a ~ of war*** un teatro di guerra; ***~ of operations*** teatro di operazioni **II** modif. **1** TEATR. [*lover, owner, manager, staff, seat, stage, audience*] del teatro; [*ticket*] per il teatro; [*company, production, programme, workshop*] teatrale; [*visit*] di un teatro **2** BE MED. [*nurse*] di sala operatoria; [*equipment*] della sala operatoria **3** AE *(cinema)* [*manager, owner, seat*] del cinema.

theatregoer /'θɪətəˌgəʊə(r)/ n. frequentatore m. (-trice) di teatro.

theatre group /'θɪətəˌgru:p/ n. compagnia f. teatrale.

theatre-in-the-round /ˌθɪətərɪnðə'raʊnd/ n. = teatro con palcoscenico centrale.

theatreland /'θɪətəlænd/ n. = quartiere di una città nel quale si trovano la maggior parte dei teatri.

theatre weapon /'θɪətəˌwepən/ n. MIL. arma f. nucleare.

▷ **theatrical** /θɪ'ætrɪkl/ agg. [*figure, star*] del teatro, teatrale; [*group, photographer, agency, production, technique, family, gesture*] teatrale.

theatrically /θɪ'ætrɪklɪ/ avv. **1** TEATR. [*gifted*] per il teatro, per la recitazione; [*effective, striking*] dal punto di vista teatrale **2** *(dramatically)* [*cry, enter, laugh, wave*] teatralmente.

theatricalism /θɪ'ætrɪkəlɪzəm/ n. teatralità f.

theatricals /θɪ'ætrɪklz/ n.pl. rappresentazioni f. teatrali; ***amateur ~*** spettacoli filodrammatici.

thebaine /'θi:bəi:n/ n. tebaina f.

Theban /'θi:bən/ **I** agg. tebano **II** n. tebano m. (-a).

Thebes /θi:bz/ ♦ ***34*** n.pr. Tebe f.

theca /'θi:kə/ n. (pl. **-ae**) BIOL. teca f.

Thecla /'θeklə/ n.pr. Tecla.

thee /ði:/ pron. ANT. → **you**.

▷ **theft** /θeft/ n. furto m. (**of** di); ***art, car ~*** furto di un'opera d'arte, di una macchina; ***~s from tourists*** furti a danno dei turisti; ***~s from cars, shops*** furti nelle macchine, nei negozi.

thegn → **thane**.

theine /'θi:i:n/ n. teina f.

▶ **their** /ðeə(r)/ Although in Italian possessives, like most other adjectives, agree in gender and number with the noun they qualify, not as in English with the possessor they refer to, *their* is always translated by *loro*; however, since Italian possessives, unlike English ones, are normally preceded by an article, the article - if not the possessive *loro* - will have to agree with the noun: *loro* + masculine singular noun (*their neighbour, their dog* = il loro vicino, il loro cane), *loro* + feminine singular noun (*their teacher, their house* = la loro maestra, la loro casa), *loro* + masculine plural noun (*their children, their books* = i loro figli, i loro libri), and *loro* + feminine plural noun (*their friends, their shoes* = le loro amiche, le loro scarpe). - When *own* is used after *their* to intensify the meaning of the possessive, it is not usually translated in Italian: *they are getting to London in their own car* = stanno andando a Londra con la loro macchina. - When *their* (or *their own*) is used to avoid saying *his* or *her* after words like *everyone, no-one, anyone* etc., it is usually translated by the adjective *proprio* in Italian: *everyone is responsible for their own actions* = ognuno è responsabile delle proprie azioni. - When *their* is used before nouns indicating parts of the body (for which ♦ ***2***), garments, relatives, food and drink etc., Italian has an article instead: *they had their hair cut* = si sono fatti tagliare i

the

- *The* is pronounced [ðə] in front of words beginning with a consonant, [j] and [ju] (*the book, the house, the year, the use*); it is pronounced [ðɪ] in the other cases (*the ants, the hour, the umbrella*); when it is stressed, the pronunciation of *the* is [ði:].
- Italian frequently employs the definite article where it is not used in English and conversely it is omitted in Italian in certain cases where it is used in English. While referring to the relevant note in the Italian-English section of the dictionary for the use of the Italian definite article (at the entry **il**), the usage of *the* can be summarized as follows:
  - a) *the* is used in front of names that define unique objects: *the sky* = il cielo, *the moon* = la luna;
  - b) *the* is used if you are mentioning specific things or people that have already been referred to and are already known to the reader or listener: *and the student answered...* = e la studentessa rispose...;
  - c) *the* is used whenever an *of*-phrase, a relative clause, a superlative etc. specifies what is meant: *the life of an artist is interesting* = la vita di un artista è interessante; *the food that you cooked yesterday was delicious* = il cibo che hai cucinato ieri era delizioso; *the most important person I've ever met* = la persona più importante che io abbia mai incontrato;
  - d) *the* is used in front of the names of musical instruments, rivers, seas and oceans, isles, group of mountains, countries that are plural or contain the word *state*: *she played the piano* = suonava il pianoforte, *the Thames* = il Tamigi, *the North Sea* = il Mare del Nord, *the Atlantic Ocean* = l'Oceano Atlantico, *the Isle of Wight* = l'isola di Wight, *the Rocky Mountains* = le Montagne Rocciose, *the United States* = gli Stati Uniti;
  - e) *the* is not used with uncountable or plural nouns when you mean something in general or when the subject has not yet been spoken about: *life is often hard* = la vita è spesso dura; *I like cheese / pears* = mi piace il formaggio / mi piacciono le pere, *she started listening to pop music* = si mise a sentire musica pop;
  - f) *the* is not usually used at all with expressions of time (*at sunset* = al tramonto, *by night* = di notte, *on Tuesday* = martedì, *last year* = l'anno scorso, *before lunch* = prima di pranzo), names of languages (*I speak German* = io parlo il tedesco), names of diseases (*she's got cancer* = ha il cancro), names of streets, places, countries, mountains and lakes (*Regent Street* = Regent Street, *London* = Londra, *England* = l'Inghilterra, *Mount Everest* = l'Everest, *Lake Ontario* = il lago Ontario), and in many fixed expressions (*by bus* = in autobus, *in prison* = in prigione, *day by day* = giorno per giorno, *from beginning to end* = dall'inizio alla fine); there are, however, exceptions.
- In Italian, the definite article varies according to the gender, the number and also the initial sound of the noun or adjective it precedes; therefore, *the* is translated
  - a) by *il* + masculine singular noun (*the policeman, the dog* = il poliziotto, il cane);
  - b) by *lo* + masculine singular noun beginning with *s* + consonant, *z, gn, ps, x* (*the uncle, the gnome* = lo zio, lo gnomo);
  - c) by *la* + feminine singular noun (*the secretary, the chair* = la segretaria, la sedia);
  - d) by *l'* + masculine or feminine singular noun beginning with a vowel or mute *h (the author, the man, the nurse, the absence, the hotel* = l'autore, l'uomo, l'infermiera, l'assenza, l'hotel);
  - e) by *i* + masculine plural nouns (*the policemen, the dogs* = i poliziotti, i cani);
  - f) by *gli* + masculine plural nouns beginning with a vowel, mute *h*, or with *s* + consonant, *z, gn, ps, x* (*the authors, the men, the hotels, the uncles, the gnomes* = gli autori, gli uomini, gli hotel, gli zii, gli gnomi);
  - g) by *le* + feminine plural nouns (*the nurses, the absences* = le infermiere, le assenze).
- When *the* is used after a preposition in English, the two words (prep + *the)* are translated by one word in Italian if the prepositions involved are *di, a, da, in* or *su*. For example, when the preposition *to + the* is to be translated into Italian, the following cases may occur:

to the cinema	= (a + il) al cinema
to the stadium	= (a + lo) allo stadio
to the church	= (a + la) alla chiesa
to the ospital, to the abbey, to the hotel	= (a + l') all'ospedale, all'abbazia, all'hotel
to the mountains	= (a + i) ai monti
to the open spaces	= (a + gli) agli spazi aperti
to the houses	= (a + le) alle case.

- Other than this, there are only a few problems in translating *the* into Italian. The following cases are, however, worth remembering as not following exactly the pattern of the English:
  - a) in both English and Italian the definite article is used before an adjective to make it into a noun when you are referring to a category of people; unlike English, however, the Italian adjective is in the plural form: *the good, the poor* etc. = i buoni, i poveri etc.;
  - b) when a dynasty or a family is referred to, both English and Italian use the definite article, but the proper noun is not made plural in Italian: *the Tudors, the Batemans, the Joneses* etc. = i Tudor, i Bateman, i Jones etc.;
  - c) unlike English, Italian has no definite article in such titles as *Charles the First, Elizabeth the Second* etc. = Carlo I (read 'primo'), Elisabetta II (read 'seconda') etc.;
  - d) note also such examples as *she's the violinist of the century* = è la violinista del secolo / è la più grande violinista del secolo, or *Mr. Bloom is busy at the moment* = in questo momento il signor Bloom è occupato.
- For expressions such as *the more, the better* and for other particular usages, see the entry **the.**
- This dictionary contains lexical notes on such topics as **WEIGHT MEASURES, DAYS OF THE WEEK, RIVERS, ILLNESSES, HUMAN BODY** and **MUSICAL INSTRUMENTS**, many of which use *the*; for these notes see the end of the English-Italian section.

capelli; *they kept their hat on* = hanno tenuto il cappello; *they came with their sister* = sono venuti con la sorella, con la loro sorella; *they have eaten up their soup* = hanno finito la minestra; *they are in their forties* = hanno passato i quaranta. determ. loro.

▶ **theirs** /ðeəz/ Although in Italian possessives, like most other adjectives, agree in gender and number with the noun they qualify, not as in English with the possessor they refer to, *theirs* is always translated by *loro*; however, since Italian possessives, unlike English ones, are normally preceded by an article, the article - if not the possessive *loro* - will have to agree with the noun. So *theirs* is translated by *il loro, la loro, i loro, le loro*, according to what is being referred to: *our boss and theirs* = il nostro capo e il loro; *this room is theirs* = questa stanza è la loro; *our children are younger than theirs* = i nostri bambini sono più giovani dei loro; *your shoes are brown, while theirs are black* = le vostre scarpe sono marroni, mentre le loro sono nere. - Since Italian possessive adjectives, unlike English ones, may be preceded by an article, a demonstrative adjective or a numeral, an English possessive pronoun is often translated by an Italian possessive adjective: *a cousin of theirs* = un loro cugino; *that school-friend of theirs* = quel loro compagno di scuola; *four books of theirs* = quattro loro libri. - For examples and particular usages, see the entry below. pron. ***my car is red but ~ is blue*** la mia macchina è rossa, ma la loro è blu; ***the green hats are ~*** i cappelli verdi sono loro; ***which house is ~?*** qual è la loro casa? ***I'm a friend of ~*** sono un loro amico; ***it's not ~*** non è loro; ***the money wasn't ~ to give away*** non spettava a loro dare via quei soldi; ***~ was not an easy task*** il loro non fu un compito facile; ***I saw them with that dog of ~*** SPREG. li ho visti con il loro cagnaccio.

theism /ˈθi:ɪzəm/ n. FILOS. teismo m.

theist /ˈθi:ɪst/ n. teista m. e f.

theistic /θi:ˈɪstɪk/ agg. teistico.

Thelma /ˈθelmə/ n.pr. Telma.

▶ **them** /*forma debole* ðəm, *forma forte* ðem/ pron. **1** *(direct object)* li, le, loro; ***the Brown sisters? yes, I know ~*** le sorelle Brown? sì, le conosco; ***I know ~, not their wives*** conosco loro, non le loro mogli; ***let ~ go*** lasciali andare; ***take ~ all*** prendili tutti **2** *(indirect object)* gli, (a) loro; ***I gave ~ the book*** ho dato loro il libro, gli ho dato il libro; *(emphatic)* ho dato il libro a loro **3** *(after preposition)* loro; ***I did it for ~*** l'ho fatto per loro; ***I came with ~*** sono venuto con loro; ***both of ~*** entrambi, tutti e due; ***some of ~***

them

- *Them* can be translated in Italian by *li, le, gli, loro, essi, esse.*
- When used as a direct object pronoun, referring to people, animals, or things, *them* is translated by *li* (for masculine nouns) or *le* (for feminine nouns):

I know them (the policemen)	= li conosco (i poliziotti)
I broke them (the dishes)	= li ho rotti (i piatti)
I know them (the nurses)	= le conosco (le infermiere)
I broke them (the cups)	= le ho rotte (le tazze)

- Note that the object pronoun normally comes before the verb in Italian and that in compound tenses like the present perfect and the past perfect, the past participle agrees in gender and number with the direct object pronoun:
  he's seen them (*them* being masculine or of mixed gender) = li ha visti, (*them* being all feminine gender) = le ha viste.
- In imperatives (and other non-finite forms), however, *li* and *le* come after the verb and are joined to it to form a single word: *catch them!* = prendili! (masculine or mixed gender), prendile! (feminine gender). When the direct object pronoun is used in emphasis, *them* is translated by *loro* which comes after the verb: s*he praised them, not you* = ha lodato loro, non voi.
- When used as an indirect object pronoun, *them* is translated by *gli* or *loro*; *gli* is used in colloquial language and comes before the verb, while *loro* – still widely used in formal Italian – follows the verb:

I've given them the book	= gli ho dato il libro / ho dato loro il libro
I told them to come at once	= gli ho detto di venire subito / ho detto loro di venire subito.

- In imperatives (and other non-finite forms), *them* is translated by *gli* or *loro*; *gli* is used in colloquial language and joined to the verb to form a single word, while *loro* – still widely used in formal Italian – follows the verb as a separate word:

phone them!	= telefonagli! / telefona loro!

- Note that the indirect object pronoun *gli* becomes *glie* when another pronoun is used as well: *we've given it to them* = glielo abbiamo dato; *send it to them at once!* = mandaglielo subito! If the more formal *loro* variant is used, there is no change: lo abbiamo dato loro, mandalo loro.
- When *them* is used to avoid saying *him* or *her* after words like *everyone, no one, anyone* etc., it is regularly translated by *gli* or *loro* in Italian: *if any customer calls, tell them I'll be back soon* = se passano dei clienti, digli / dì loro che torno presto.
- After prepositions, the translation is *loro* if people are referred to, while *essi* (masculine nouns) or *esse* (feminine nouns) are used for animals and things:

I did it for them	= l'ho fatto per loro
I told them, not John	= l'ho detto a loro, non a John
who's taking care of them (my dogs) while I'm away?	= chi si occuperà di essi mentre io sono via?
what can be done for them (my plants)?	= che cosa si può fare per esse (le mie piante)?

- Remember that a verb followed by a particle or a preposition in English may correspond to a verb followed by a direct object in Italian, and vice versa, e.g. *to look at somebody* vs guardare qualcuno and *to distrust somebody* vs dubitare di qualcuno: *don't look at them!* = non guardarli! / non guardarle! *I distrust them* = io non mi fido di loro.
- When *them* is used after *as* or *than* in comparative clauses, it is translated by *loro*:

she's as intelligent as them	= è intelligente come loro
she's younger than them	= è più giovane di loro.

- For particular usages see the entry **them.**

alcuni di loro; ***none of*** ~ nessuno di loro; ***every single one of*** ~ ciascuno di loro **4** COLLOQ. ***it's*** ~ sono loro; ***she's younger than*** ~ è più giovane di loro; ***I don't like*** ~ ***going out every night*** non mi piace che escano tutte le sere.

thematic /θɪˈmætɪk/ agg. tematico.

▶ **theme** /θiːm/ n. **1** *(topic, motif)* tema m.; ***on the*** ~ ***of*** sul tema di **2** MUS. *(melodic unit)* tema m. **3** RAD. TELEV. (anche ~ **song**, ~ **tune**) *(in a film)* tema m. (musicale); *(signature tune)* sigla f. musicale **4** LING. tema m. **5** AE *(essay)* tema m., saggio m.

theme park /ˈθiːmˌpɑːk/ n. parco m. dei divertimenti (a tema).

theme restaurant /ˈθiːmˌrestrɒnt/ n. ristorante m. a tema.

theme song /ˈθiːmˌsɒŋ/, **theme tune** /ˈθiːmˌtjuːn, AE -ˌtuːn/ n. CINEM. tema m. (musicale); RAD. TELEV. sigla f. musicale; FIG. solfa f.

Themis /ˈθemɪs/ n.pr. Temi.

▶ **themselves** /ðəmˈselvz/ When used as a reflexive pronoun, direct and indirect, *themselves* is translated by *si*, which is always placed before the verb: *they are enjoying themselves* = si stanno divertendo; *they have hurt themselves* = si sono fatti male. - When used as an emphatic to stress the corresponding personal pronoun, the translation is *loro stessi* (masculine or mixed gender) / *loro stesse* (feminine gender) or *anche loro*: *they did it themselves* = l'hanno fatto loro stessi; *they are strangers here themselves* = anche loro sono forestieri da queste parti. - When used after a preposition, *themselves* is translated by *sé* or *se stessi* / *se stesse*: *they can be proud of themselves* = possono essere fieri di sé / se stessi. - *(All) by themselves* is translated by *da soli* / *da sole*, which means alone and/or without help. - For particular usages see below. pron. **1** *(reflexive)* si; *(after preposition)* sé, se stessi, se stesse; ***they hurt*** ~ si sono feriti; ***they were pleased with*** ~ erano soddisfatti di sé *o* di se stessi **2** *(emphatic)* essi stessi, esse stesse; ***they*** ~ ***thought that*** essi stessi pensavano che; ***for*** ~ per sé *o* per se stessi **3** *(expressions)* **(all) by** ~ (tutto) da soli; ***they are not*** ~ ***today*** oggi non sono quelli di sempre.

▶ **then** /ðen/ When *then* is used to mean *at that time*, it is translated by *allora*, *a quel tempo* or *in quei tempi*: *I was working in Oxford then* = allora / a quel tempo lavoravo a Oxford. For particular usages, see **I.1** in the entry below. - For translations of *by then, since then, from then, until then,* see the entries **by**, **since**, **from**, **until** and **I.1** in the entry below. - When *then* is used to mean *next*, it can be translated by either *poi* or *dopo*: *a man, a horse and then a dog* = un uomo, un cavallo e poi / dopo un cane. For particular usages, see **I.2** in the entry below. - When *then* is used to mean *in that case*, it is translated by *allora*: *then why worry?* = allora perché preoccuparsi? - Note the Italian translation of the following expressions: *every now and then* = ogni tanto / di tanto in tanto; *from then on* = da allora in poi; *now then* = dai / suvvia / via. - For all other uses, see the entry below. **I** avv. **1** *(at that point in time)* allora, in quel periodo; *(implying more distant past)* a quel tempo, a quell'epoca; ***we were living in Dublin*** ~ abitavamo a Dublino allora; ***her books were*** ~ ***enjoying a lot of success*** a quel tempo i suoi libri avevano molto successo; ***X,*** ~ ***leader of the party*** X, allora capo del partito; ***I thought so*** ~ ***and I still think so*** lo pensavo allora e continuo a pensarlo; ***the company will*** ~ ***receive funding*** a quel punto la società riceverà dei finanziamenti; ***what*** ~***?*** e allora? allora che succederà? ***just*** ~ ***she heard a noise*** in quel momento sentì un rumore; ***a large sum of money even*** ~ una grossa somma di denaro persino per quei tempi; ***people were idealistic*** ~ la gente era idealista a quell'epoca; ***from*** ~ ***on, life became easier*** a partire da allora, la vita diventò più facile; ***since*** ~ ***there has been little news*** da allora non ci sono state molte novità; ***by*** ~ ***the damage had been done*** il danno era già stato fatto; ***he was by*** ~ ***running his own company*** in quel periodo dirigeva già la sua compagnia; ***they will let us know by*** ~ per allora ci faranno sapere; ***if things haven't changed by*** ~ se per allora le cose non saranno cambiate; ***we won't be in contact until*** ~ non saremo in contatto prima di allora **2** *(in sequences: afterwards, next)* poi, dopo, in seguito; ~ ***came the big news*** poi arrivò la grande notizia; ***she was an editor*** ~ ***a teacher*** è stata redattrice e poi insegnante; ***wash*** ~ ***slice finely*** lavare e tagliare finemente; ***we will*** ~ ***start the next project*** poi inizieremo il nuovo progetto; ~ ***after that...*** dopo di che...; ***and*** ~ ***what?*** *(with bated breath)* e poi? **3** *(in that case)* allora; ***I saw them if not yesterday*** ~ ***the day before*** li ho visti ieri o l'altro ieri; ***if it's a problem for you*** ~ ***say so*** se per te è un problema, allora dillo; ***if they're so nice*** ~ ***why not stay with them?*** se sono persone così piacevoli, perché non restare con loro? ***if x = 3,*** ~ ***6x = 18*** se x = 3, allora 6x = 18; ***when we know what the problem is*** ~ ***we can find a solution*** solo quando sapremo qual è il problema potremo trovare una soluzione; ~ ***why did you tell her?*** e allora perché glielo hai detto? ***how about tomorrow*** ~***?*** e allora per domani? ***well try this ~*** e allora prova questo; ***well ~ we'll have to start again*** e allora dovremo ricominciare; ***~ what do they want?*** e allora che cosa vogliono? **4** *(summarizing statement: therefore)* dunque; ***these ~ are the results of the policy*** ecco dunque i risultati di questa politica; ***overall ~ it would seem that*** facendo il punto della situazione, sembrerebbe che **5** *(in addition, besides)* inoltre, e poi; ***and ~ there's the fare to consider*** e poi bisogna anche tenere conto del costo del biglietto **6** *(modifying previous statement: on the other hand)* d'altra parte; ***she's good but ~ so is he*** lei è brava, d'altronde anche lui (lo è); ***they said it would rain but ~ they're often wrong*** hanno detto che pioverà, ma in fondo sbagliano spesso; ***but ~ again if you're too quiet, no-one will notice you*** ma d'altra parte, se sei troppo discreto nessuno farà caso a te; ***he looks anxious but ~ he always does*** ha un'aria preoccupata, del resto ce l'ha sempre **7** *(rounding off a topic: so)* allora; ***it's all arranged ~?*** allora è tutto pronto? ***that's all right ~*** allora va bene; ***till Tuesday ~*** allora a martedì; ***do you think they'll stay here ~?*** allora pensi che resteranno qui? ***someone told him already ~*** allora qualcuno glielo ha già detto **8** *(focusing on topic)* allora; ***now ~ what's all this?*** allora, che succede? ***all right ~ who'd like some coffee?*** allora, chi vuole del caffè? ***what's the problem ~?*** allora qual è il problema? **II** agg. attrib. ***the ~ prime minister*** l'allora primo ministro; ***the ~ mayor of New York, Mr X*** il signor X, che allora era sindaco di New York *o* il signor X, l'allora sindaco di New York; ***they took over the ~ state-owned sugar factory*** hanno rilevato lo zuccherificio che era di proprietà dello stato.

thenar /'θi:nə(r)/ n. tenar m.

thence /ðens/ avv. LETT. **1** *(from there)* di là, da quel luogo **2** *(therefore)* quindi, pertanto.

thenceforth /ðens'fɔ:θ/, **thenceforward** /ðens'fɔ:wəd/ avv. da allora (in poi).

Theo /'θɪəʊ/ n.pr. diminutivo di **Theodore** e **Theodora**.

Theobald /'θɪəbɔ:ld/ n.pr. Teobaldo.

theobromine /ˌθɪə'brəʊmi:n/ n. teobromina f.

theocracy /θɪ'ɒkrəsɪ/ n. teocrazia f.

theocratic(al) /θɪə'krætɪk(l)/ agg. teocratico.

theocratically /θɪə'krætɪklɪ/ avv. teocraticamente.

Theocritean /ˌθɪəkrɪ'ti:ən/ agg. teocriteo.

theodicy /θɪ'ɒdɪsɪ/ n. teodicea f.

theodolite /θɪ'ɒdəlaɪt/ n. teodolite m.

Theodora /θɪə'dɔ:rə/ n.pr. Teodora.

Theodore /'θɪədɔ:(r)/ n.pr. Teodoro.

Theodosia /θɪə'dəʊsɪə/ n.pr. Teodosia.

Theodosius /θɪə'dəʊsɪəs/ n.pr. Teodosio.

theogony /θɪ'ɒgənɪ/ n. teogonia f.

theologian /ˌθɪə'ləʊdʒən/ n. teologo m. (-a).

theological /ˌθɪə'lɒdʒɪkl/ agg. [*debate, issue, thought, writing*] teologico; [*book, college, faculty, student*] di teologia; [*study*] della teologia.

theologically /ˌθɪə'lɒdʒɪklɪ/ avv. teologicamente.

theologize /θɪ'ɒlədʒaɪz/ **I** tr. rendere conforme alla teologia **II** intr. teologizzare.

▷ **theology** /θɪ'ɒlədʒɪ/ **I** n. teologia f. **II** modif. [*faculty, lecture, lecturer*] di teologia.

theophylline /ˌθɪə'fɪli:n/ n. teofillina f.

theorbo /θɪ'ɔ:bəʊ/ n. (pl. **~s**) *(instrument)* tiorba f.

theorem /'θɪərəm/ n. teorema m.

theorematic /ˌθɪərə'mætɪk/ agg. teorematico.

▷ **theoretic(al)** /ˌθɪə'retɪk(l)/ agg. **1** *(pertaining to theory, ideal)* teorico **2** FILOS. teoretico **3** *(speculative)* speculativo.

theoretically /ˌθɪə'retɪklɪ/ avv. [*propound, prove, speak*] teoricamente, in modo teorico; [*new, possible, sound*] teoricamente, in teoria; ***you are, ~, responsible*** teoricamente, sei responsabile; ***~ speaking*** teoricamente parlando *o* in teoria.

theoretician /ˌθɪərɪ'tɪʃn/, **theorist** /'θɪərɪst/ n. teorico m. (-a).

theorize /'θɪəraɪz/ intr. formulare delle teorie (**about** su).

▶ **theory** /'θɪərɪ/ n. **1** *(general principles)* teoria f.; ***political, music ~*** teoria politica, musicale; ***in ~*** in teoria **2** *(hypothesis)* teoria f.; ***I have a ~ that*** la mia teoria è che.

theosoph /'θi:əsɒf/, **theosopher** /θi:'ɒsəfə(r)/ n. teosofo m. (-a).

theosophic(al) /ˌθi:ə'sɒfɪk(l)/ agg. teosofico.

theosophism /θi:'ɒsəfɪzəm/ n. teosofia f.

theosophist /θi:'ɒsəfɪst/ n. teosofo m. (-a).

theosophy /θi:'ɒsəfɪ/ n. teosofia f.

▷ **therapeutic(al)** /ˌθerə'pju:tɪk(l)/ agg. terapeutico.

therapeutics /ˌθerə'pju:tɪks/ n. + verbo sing. terapeutica f.

▷ **therapist** /'θerəpɪst/ n. terapeuta m. e f.; ***dance, music ~*** specialista di terapia del ballo, di musicoterapia.

therapy /'θerəpɪ/ **I** n. MED. PSIC. terapia f.; ***to have*** o ***be in ~*** essere in terapia; ***to write as a form of ~*** scrivere come forma di terapia; ***music ~*** musicoterapia; ***relaxation ~*** terapia di rilassamento **II** modif. [*group*] di terapia; [*session*] terapeutico.

▶ **there** /*forma debole* ðə(r), *forma forte* ðeə(r)/ *There* is generally translated by *là* after prepositions (*up to there* = fino a là) and when emphasizing the location of an object / point etc. visible to the speaker: *put them there* = metteteli là. - Remember that *ecco* is used in Italian to draw attention to a visible place / object / person (*there's our village!* = ecco il nostro villaggio! *there's my watch!* = ecco il mio orologio! *there comes Mary!* = ecco che arriva Mary!), whereas *c'è / ci sono* is used for generalizations: *there's a village nearby* = c'è vicino un villaggio. - *There* when unstressed with verbs such as *go* and *be* is translated by *ci* (*we went there last year* = ci siamo andati l'anno scorso; *we'll be there in a few minutes* = ci arriveremo tra pochi minuti), but not where emphasis is made: *it was there that we went last year* = è là che siamo andati l'anno scorso. - For examples of the above and further uses of *there*, see the entry below. **I** pron. *(as impersonal subject)* ***~ is, are*** c'è, ci sono; ***~ are many reasons*** ci sono molte ragioni; ***~ is some left*** ce n'è ancora un po'; ***once upon a time ~ was*** c'era una volta; ***~'ll be a singsong later*** più tardi si canterà insieme; ***~'s no denying that*** non si può negare che; ***~ seems*** o ***appears to be*** sembra esserci *o* che ci sia; ***suddenly ~ appeared a fairy*** LETT. all'improvviso apparve una fata; ***~ arose cries from the audience*** LETT. dal pubblico si levarono delle grida **II** avv. **1** *(that place or point)* là, lì; ***far from, near ~*** lontano (da lì), lì vicino; ***two kilometres from ~*** a due chilometri (da lì); ***up to ~, down to ~*** fin là; ***put it in ~*** mettilo là (dentro); ***in ~ please*** *(ushering sb.)* di là, prego; ***we left ~ on Thursday*** partimmo (di là) giovedì **2** *(at or to that place)* là, lì; ***stop ~*** fermo là; ***sign ~ please*** firmi lì, per favore; ***stand ~*** mettiti là; ***go over ~*** vai là, vai laggiù; ***are you still ~?*** *(on phone)* ci sei ancora? ***since we were last ~*** dall'ultima volta che siamo stati là; ***it's ~ that*** è là che; *(when indicating)* è laggiù che; ***to go ~ and back in an hour*** andare e tornare in un'ora; ***take the offer while it's ~*** FIG. approfitta dell'occasione mentre è possibile **3** *(to draw attention) (to person, activity etc.)* ecco (là); *(to place)* là, lì; ***what have you got ~?*** cos'hai lì? ***~ they go*** ecco che se ne vanno; ***~ goes the coach*** ecco il pullman che se ne va; ***~ you go again*** FIG. (ecco che) ci risiamo; ***~ you are*** *(seeing sb. arrive)* eccoti; *(giving object)* ecco a te; *(that's done)* ecco fatto, eccoti servito; ***~ is a hammer, are some nails*** ecco un martello, dei chiodi; ***~'s a bus coming*** ecco (che arriva) l'autobus; ***listen, ~'s my sister calling*** oh, ecco mia sorella che mi chiama; ***that paragraph, sales assistant ~*** quel paragrafo lì, quel commesso (lì); ***my colleague ~ will show you*** il mio collega le mostrerà; ***which one? this one or that one ~?*** quale? questo qui o quello là? ***what does it say ~?*** cosa dice lì? ***~'s why!*** ecco il perché! ora si spiega tutto! **4** *(indicating arrival)* ***will she be ~ now?*** ci sarà adesso? ***when do they get ~?*** quando arrivano là? ***~ I was at last*** finalmente ci arrivai *o* arrivai là; ***the train won't be ~ yet*** il treno non sarà ancora arrivato; ***we get off ~*** scendiamo là **5** *(indicating juncture)* ***~ we must finish*** ci dobbiamo fermare lì; ***I'd like to interrupt you ~*** mi permetto di interromperla; ***~ was our chance*** era la nostra occasione; ***I think you're wrong ~*** penso che ti stia sbagliando su quello; ***so ~ we were in the same cell*** e così siamo finiti nella stessa cella **6** COLLOQ. *(emphatic)* ***that ~ contraption*** quell'aggeggio là; ***hello ~!*** ciao! ***hey you ~!*** ehi tu! **7** **there and then** lì per lì, subito, sul momento **8** **there again** *(on the other hand)* d'altra parte **III** inter. ***~ ~!*** *(soothingly)* su dai! ***~!*** *(triumphantly)* oh là! ***~, I told you!*** ecco, visto, te lo avevo detto! ***~, you've woken the baby!*** ecco, hai svegliato il bimbo! ◆ ***so ~!*** ecco! ***I did it first, so ~!*** tanto l'ho fatto prima io!

thereabouts /ˌðeərə'baʊts/ BE, **thereabout** /'ðeərəbaʊt/ AE avv. **1** *(in the vicinity)* lì vicino, nei dintorni **2** *(roughly)* ***100 dollars or ~*** 100 dollari o giù di lì.

thereafter /ðeər'ɑ:ftə(r), AE -'æftər/ avv. in seguito, successivamente.

thereat /ðeər'æt/ avv. ANT. colà.

thereby /ðeə'baɪ, 'ðeə-/ cong. così; ***~ compromising further negotiations*** compromettendo in tal modo i futuri negoziati; ***the patient is ignored ~ adding to his distress*** il paziente viene ignorato aumentando così la sua pena ◆ ***~ hangs a tale*** c'è tutta una storia a questo proposito.

there'd /ðeəd/ contr. there had, there would.

▶ **therefore** /'ðeəfɔ:(r)/ avv. quindi, dunque, perciò.

therein /ðeər'ɪn/ avv. **1** *(in that)* ***~ lies...*** è in questo che sta...; ***the aircraft and the persons ~*** l'aereo e le persone a bordo **2** DIR. *(in contract)* ***contained ~*** ivi contenuto.

thereinafter /ˌðeərɪn'ɑːftə(r), AE -'æftər/ avv. DIR. più oltre.
there'll / ðəl, ðeəl/ contr. there will.
thereof /ðeər'ɒv/ avv. **1** DIR. di ciò **2** ANT. ***he partook ~*** ne mangiò.
thereon /ðeər'ɒn/ avv. ANT. → **thereupon.**
there's /*forma debole* ðəz, *forma forte* ðeəz/ contr. there is, there has.
Theresa /tɪ'riːzə/ n.pr. Teresa.
thereto /ðeə'tuː/ avv. DIR. ***the matters pertaining ~*** le questioni a esso pertinenti.
theretofore /ˌðeətʊ'fɔː(r)/ avv. fino a quel momento.
thereunder /ðeər'ʌndə(r)/ avv. FORM. sotto ciò.
thereunto /ðeər'ʌntʊ/ avv. ANT. → **thereto.**
thereupon /ˌðeərə'pɒn/ avv. FORM. al riguardo.
therewith /ðeə'wɪð/ avv. **1** FORM. *(attached)* con questo **2** LETT. *(at once)* al che.
therewithal /ˌðeəwɪ'ðɔːl/ avv. ANT. **1** → **therewith 2** → **thereupon.**
theriac /'θɪərɪæk/ n. triaca f.
therm /θɜːm/ n. termia f.
thermae /'θɜːmɪ/ n.pl. STOR. terme f.
▷ **thermal** /'θɜːml/ **I** agg. [*spring, treatment*] termale; [*garment, analysis, barrier, energy, insulation, printing, reactor*] termico; ***~ unit*** unità di misura calorimetrica **II** n. corrente f. ascensionale.
thermal baths /ˌθɜːml'bɑːðz, AE -'bæðz/ n.pl. terme f.
thermal efficiency /ˌθɜːmlɪ'fɪʃnsɪ/ n. rendimento m. termico.
thermal imaging /ˌθɜːml'ɪmɪdʒɪŋ/ n. termografia f.
thermic /'θɜːmɪk/ agg. FIS. TECN. termico.
thermion /'θɜːmɪən/ n. termoione m.
thermionic /ˌθɜːmɪ'ɒnɪk/ agg. termoionico.
thermionics /ˌθɜːmɪ'ɒnɪks/ n. + verbo sing. termoionica f.
thermionic valve /ˌθɜːmɪɒnɪk'vælv/ BE, **thermionic tube** /ˌθɜːmɪɒnɪk'tjuː, AE -'tuːb/ AE n. tubo m. termoionico.
thermistor /θɜː'mɪstə(r)/ n. termistore m.
thermite /'θɜːmaɪt/ n. termite® f.
thermobalance /ˌθɜːməʊ'bæləns/ n. termobilancia f.
thermobarometer /ˌθɜːməʊbə'rɒmɪtə(r)/ n. termobarometro m.
thermocautery /ˌθɜːməʊ'kɔːtərɪ/ n. termocauterio m.
thermochemistry /ˌθɜːməʊ'kemɪstrɪ/ n. termochimica f.
thermocouple /'θɜːməʊkʌpl/ n. termocoppia f.
thermodynamic /ˌθɜːməʊdaɪ'næmɪk/ agg. termodinamico.
thermodynamics /ˌθɜːməʊdaɪ'næmɪks/ n. + verbo sing. termodinamica f.
thermoelectric(al) /ˌθɜːməʊɪ'lektrɪk(l)/ agg. termoelettrico.
thermoelectricity /ˌθɜːməʊɪlek'trɪsətɪ/ n. termoelettricità f.
thermogenesis /ˌθɜːməʊ'dʒenəsɪs/ n. termogenesi f.
thermogenic /ˌθɜːməʊ'dʒenɪk/ agg. termogeno.
thermograph /'θɜːməgrɑːf, AE -græf/ n. termografo m.
thermography /θɜː'mɒgrəfɪ/ n. termografia f.
thermology /θɜː'mɒlədʒɪ/ n. termologia f.
thermoluminescence /ˌθɜːməʊˌluːmɪ'nesns/ n. termoluminescenza f.
thermoluminescence dating /ˌθɜːməʊˌluːmɪnesns'deɪtɪŋ/ n. datazione f. alla termoluminescenza.
thermolysis /θɜː'mɒləsɪs/ n. termolisi f.
thermometer /θə'mɒmɪtə(r)/ n. termometro m.
thermometric(al) /ˌθɜːmə'metrɪk(l)/ agg. termometrico.
thermonuclear /ˌθɜːməʊ'njuːklɪə(r), AE -'nuː-/ agg. termonucleare.
thermophile /'θɜːməʊfaɪl/ n. organismo m. termofilo.
thermopile /'θɜːməʊpaɪl/ n. pila f. termoelettrica.
thermoplastic /ˌθɜːməʊ'plæstɪk/ **I** agg. termoplastico **II** n. termoplastica f.
Thermopylae /θɜː'mɒpɪliː/ n.pr. Termopili f.pl.
thermoregulation /ˌθɜːməʊregjʊ'leɪʃn/ n. termoregolazione f.
thermoregulator /ˌθɜːməʊ'regjʊleɪtə(r)/ n. termoregolatore m.
thermoregulatory /ˌθɜːməʊ'regjʊlətrɪ, AE -tɔːrɪ/ agg. termoregolatore.
thermoresistant /ˌθɜːməʊrɪ'zɪstənt/ agg. termoresistente.
Thermos® /'θɜːməs/ n. t(h)ermos® m.
thermoscope /'θɜːməʊskəʊp/ n. termoscopio m.
thermosetting /ˌθɜːməʊ'setɪŋ/ agg. termoindurente.
thermos flask /'θɜːməsflɑːsk, AE -flæsk/ n. t(h)ermos® m.
thermosiphon /ˌθɜːməʊ'saɪfən/ n. termosifone m.
thermosphere /'θɜːməʊsfɪə(r)/ n. termosfera f.
thermostat /'θɜːməstæt/ n. termostato m.
thermostatic /ˌθɜːmə'stætɪk/ agg. termostatico.
thesaurus /θɪ'sɔːrəs/ n. (pl. **~es**, **-i**) thesaurus m.
these /ðiːz/ → **1.this.**
theses /'θiːsiːz/ → **thesis.**
Theseus /'θiːsjuːs, 'θiːsjəs/ n.pr. Teseo.
▷ **thesis** /'θiːsɪs/ n. (pl. **-es**) **1** UNIV. tesi f. (**on** su) **2** *(theory)* tesi f.
Thespian /'θespɪən/ **I** agg. ANT. o SCHERZ. drammatico **II** n. ANT. o SCHERZ. attore m. (-trice) drammatico (-a).
Thessalian /θe'seɪlɪən/ **I** agg. tessalico, tessalo **II** n. tessalo m. (-a).
Thessalonians /ˌθesə'ləʊnɪənz/ n.pl. + verbo sing. BIBL. Lettere f.pl. ai Tessalonicesi.
theta /'θiːtə/ n. *(in Greek alphabet)* teta m. e f.
Thetis /'θiːtɪs/ n.pr. Teti, Tetide.
theurgic(al) /θiː'ɜːdʒɪk(l)/ agg. teurgico.
theurgist /'θiːədʒɪst/ n. teurgo m.
theurgy /'θiːədʒɪ/ n. teurgia f.
thewed /θjuːd, AE θuːd/ agg. → **thewy.**
thewless /'θjuːlɪs/ agg. SCOZZ. senza muscoli, senza vigore (anche FIG.).
thews /θjuːz/ n.pl. ANT. **1** *(muscles)* muscoli m. **2** FIG. vigore m.sing. mentale, forza f.sing. morale.
thewy /'θjuːɪ/ agg. muscoloso, vigoroso (anche FIG.).
▶ **they** /ðeɪ/ *They* is usually translated by *loro* (which is in itself the object, not the subject pronoun); the subject pronouns *essi* (masculine) and *esse* (feminine) are rarely used in colloquial language: *they can certainly do it* = loro sanno farlo di sicuro. - Remember that in Italian the subject pronoun is very often understood: *they came by train* = sono venuti in treno. When used in emphasis, however, the pronoun is stressed, and is placed either at the beginning or at the end of the sentence: *they killed her!* = loro l'hanno uccisa! l'hanno uccisa loro! - When *they* is used impersonally, it is translated by *si* (+ verb in the third person singular): *they drink a lot of beer in Britain, don't they?* = si beve molta birra in Gran Bretagna, vero? *they say he has left* = si dice che sia partito. - When *they* is used to avoid saying *he* or *she* after words like *everyone, no-one, anyone* etc., it is usually understood in Italian: *everyone should do what they like* = ognuno dovrebbe fare quello che vuole / tutti dovrebbero fare quello che vogliono. - For more examples and exceptions, see below. pron. ***~ have already gone*** *(masculine or mixed)* sono già partiti; *(feminine)* sono già partite; ***here ~ are!*** *(masculine or mixed)* eccoli! *(feminine)* eccole! ***there ~ are!*** *(masculine or mixed)* eccoli là! *(feminine)* eccole là! ***~ won't be there*** loro non ci saranno; ***she bought one but ~ didn't*** lei ne comprò uno ma loro no.
they'd /ðeɪd/ contr. they had, they would.
they'll /ðeɪl/ contr. they will.
they're /ðeə(r)/ contr. they are.
they've /ðeɪv/ contr. they have.
thiamine /'θaɪəmɪn, -ˌmiːn/ n. tiammina f.
▶ **thick** /θɪk/ **I** agg. **1** [*piece, layer*] spesso; [*material, garment*] spesso, pesante; [*liquid, paste*] denso; [*snow, forest, vegetation*] spesso, pesante; [*hair, eyebrows, beard*] folto; [*lips*] grosso; fitto; [*fog*] fitto, spesso; [*make-up*] pesante; [*accent*] forte; [*voice*] *(from sore throat, cold)* roco, rauco; *(from alcohol)* impastato; ***to be 6 cm ~*** essere spesso 6 cm; ***how ~ is the wall, this piece of steel?*** quanto è spesso il muro, questo pezzo di acciaio? ***a 6 cm-~ piece of wood*** un pezzo di legno dello spessore di 6 cm; ***to make [sth.] ~er*** addensare [*soup, sauce*]; ***to be ~ with smoke*** essere fumoso, pieno di fumo; ***to be ~ with noise*** essere rumoroso; ***to be ~ with emotion*** essere carico di emozioni; ***a river ~ with rubbish*** un fiume pieno di immondizia; ***fields ~ with poppies*** campi coperti di papaveri; ***the air was ~ with insults*** volavano molti insulti; ***the table was ~ with dust*** il tavolo era coperto di polvere; ***the ground was ~ with ants*** il terreno brulicava di formiche; ***to have a ~ head*** BE avere un cerchio alla testa; ***a fog so ~ you could cut it with a knife*** una nebbia che si tagliava con il coltello **2** COLLOQ. *(stupid)* tonto; ***I can't get it into his ~ head*** o ***skull that*** non riesco a ficcargli in testa che **3** COLLOQ. *(friendly)* ***they're very ~ (with each other)*** sono molto amici; ***Tom is very ~ with Anne*** Tom e Anne sono molto amici **4** BE COLLOQ. *(unreasonable)* ***it's a bit ~ expecting me to do that!*** è un po' troppo aspettarsi che lo faccia! **II** avv. ***don't spread the butter on too ~*** non spalmarci troppo burro; ***the bread was sliced ~*** il pane era tagliato a fette grosse; ***her hair fell ~ and straight to her shoulders*** i capelli le cadevano spessi e lisci sulle spalle; ***the snow lay ~ on the ground*** c'era una spessa coltre di neve sul terreno **III** n. *(of forest)* folto m. ◆ ***blood is ~er than water*** il sangue non è acqua; ***to be ~ as a brick*** COLLOQ. essere davvero tonto, non capire niente; ***to be ~ on the ground*** BE essercene a bizzeffe; ***to be as ~ as two (short) planks*** BE COLLOQ. essere una testa di legno; ***to be as ~ as thieves*** essere amici per la pelle; ***to lay it on ~*** AE COLLOQ. rincarare la dose, esagerare (con i complimenti, le lodi ecc.); ***offers of help are com-***

ing in ~ and fast stanno arrivando offerte di aiuto da tutte le parti; ***his tears fell ~ and fast*** grosse lacrime scendevano sul suo viso; ***through ~ and thin*** nella buona e nella cattiva sorte *o* nel bene e nel male; ***to be in the ~ of*** essere nel folto di [*battle, fighting*]; essere nel bel mezzo di [*crowd*]; ***when the riots broke out I found myself in the ~ of things*** quando si sono scatenate le rivolte mi ci sono trovato nel mezzo.

thicken /ˈθɪkən/ **I** tr. ispessire [*piece, layer, material*]; addensare [*liquid, paste*]; infittire [*forest, vegetation*]; infoltire [*hair, eyebrows, beard*]; appesantire [*make-up*]; rendere rauco [*voice*] **II** intr. [*sauce, soup*] addensarsi, rapprendersi; [*fog, snow, cloud*] infittirsi; [*waistline*] aumentare; [*accent*] diventare più forte; [*voice*] arrochirsi; [*traffic*] intensificarsi ◆ ***the plot ~s!*** la faccenda si ingarbuglia!

thickener /ˈθɪkənə(r)/ n. **1** *(substance)* addensante m. **2** *(machine)* addensatore m.

thickening /ˈθɪkənɪŋ/ n. ispessimento m.; GASTR. legante m.

thicket /ˈθɪkɪt/ n. boschetto m., folto m. d'alberi.

thickhead /ˈθɪkhed/ n. COLLOQ. testa f. di legno.

thick-headed /ˌθɪkˈhedɪd/ agg. COLLOQ. tonto.

thickie, thicky /ˈθɪkɪ/ n. COLLOQ. tonto m. (-a).

▷ **thickly** /ˈθɪklɪ/ avv. [*spread*] abbondantemente; [*cut*] a pezzi grandi; [*say, speak*] con la voce rauca; ***the snow was falling ~*** la neve cadeva fitta; ***the grass grew ~*** l'erba cresceva folta; ***the books were ~ covered in*** o ***with dust*** i libri erano coperti da uno spesso strato di polvere; ***bread ~ spread with jam*** pane con un abbondante strato di marmellata; ***a ~-wooded landscape*** un paesaggio molto boscoso.

▷ **thickness** /ˈθɪknɪs/ n. **1** *(of piece)* spessore m.; *(of material)* spessore m., pesantezza f.; *(of liquid)* densità f.; *(of snow, features)* fittezza f.; *(of fog)* fittezza f., spessore m.; *(of hair, vegetation)* foltezza f.; *(of make-up)* pesantezza f.; ***6 cm in ~*** 6 cm di spessore; ***the ~ of his accent makes him hard to understand*** ha un accento così forte che è difficile capirlo **2** *(layer)* spessore m.

thicko /ˈθɪkəʊ/ n. (pl. **~s**) COLLOQ. tonto m. (-a).

thickset /ˌθɪkˈset/ agg. [*person*] tozzo, tarchiato; [*hedge*] fitto.

thick-skinned /ˌθɪkˈskɪnd/ agg. dalla pelle dura.

thick-witted /ˌθɪkˈwɪtɪd/, **thick-skulled** /ˌθɪkˈskʌld/ agg. COLLOQ. tonto.

▷ **thief** /θiːf/ n. (pl. **-ves**) ladro m. (-a); ***car, jewel ~*** ladro d'auto, di gioielli; ***stop ~!*** al ladro! ◆ ***set a ~ to catch a ~*** ci vuole un ladro per prendere un ladro; ***to be as thick as thieves*** essere amici per la pelle *o* essere pane e cacio; ***like a ~ in the night*** come un ladro; ***a den of thieves, a thieves' kitchen*** un covo di ladri.

thieve /θiːv/ **I** tr. rubare **II** intr. fare il ladro, rubare.

thievery /ˈθiːvərɪ/ n. furto m.

thieves /θiːvz/ → **thief**.

thieving /ˈθiːvɪŋ/ **I** n. furto m. **II** agg. ***~ children*** bambini che rubano; ***get your ~ hands out!*** giù le mani di lì, ladro!

thievish /ˈθiːvɪʃ/ agg. ladresco.

thievishly /ˈθiːvɪʃlɪ/ avv. ladrescamente.

thievishness /ˈθiːvɪʃnɪs/ n. (l')essere ladresco.

▷ **thigh** /θaɪ/ ♦ **2 I** n. coscia f. **II** modif. [*injury*] alla coscia; [*muscle*] della coscia.

thighbone /ˈθaɪbəʊn/ n. femore m.

thighboot /ˈθaɪbuːt/ n. stivalone m.

thigh-piece /ˈθaɪpiːs/ n. STOR. cosciale m. (dell'armatura).

thill /θɪl/ n. *(of cart)* stanga f.

thimble /ˈθɪmbl/ n. ditale m.

thimbleful /ˈθɪmblfʊl/ n. *(of liquor)* goccio m.

1.thimblerig /ˈθɪmblrɪg/ n. gioco m. dei bussolotti.

2.thimblerig /ˈθɪmblrɪg/ intr. (forma in -ing ecc. **-gg-**) giocare a bussolotti.

▶ **1.thin** /θɪn/ **I** agg. **1** *(in width)* [*nose, lips, stick, wall, line, stripe*] sottile; [*string, wire*] fine; [*strip*] stretto **2** *(in depth)* [*slice, layer*] sottile; ***the ice is ~*** il ghiaccio è sottile **3** *(in consistency)* [*mud*] acquoso; [*mixture, oil*] fluido; [*soup*] lungo, leggero; [*sauce*] brodoso; [*liquid*] diluito, acquoso **4** *(lean)* [*person, face, arm, leg*] magro; ***he looks ~ and haggard*** sembra magro e smunto; ***to get ~*** dimagrire **5** *(fine)* [*card, paper*] sottile; [*fabric, garment*] sottile, leggero; [*mist, smoke*] leggero; ***the mist is getting ~ner*** la foschia si sta diradando **6** *(in tone) (high-pitched)* acuto; *(weak)* debole **7** ECON. ***~ trading*** scambi ridotti **8** *(sparse)* [*population*] scarso; [*crowd*] rado, esiguo; [*hair, beard*] rado **9** FIG. *(unconvincing)* [*excuse*] magro; [*evidence*] poco convincente; [*plot*] debole, inconsistente; ***to wear ~*** [*joke, excuse*] essere trito; ***my patience is wearing ~*** sto perdendo la pazienza **10** [*air*] *(at altitude)* rarefatto **II** avv. COLLOQ. [*slice*] sottilmente; [*spread*] leggermente ◆ ***as ~ as a rake*** o ***lath*** magro come un chiodo; ***to be ~ on the ground*** essercene pochissimi, essere più unico che raro; ***to get ~ on top*** *(bald)* diventare pelato; ***to have a ~ time of it*** passare un brutto momento.

2.thin /θɪn/ **I** tr. (forma in -ing ecc. **-nn-**) **1** (anche **~ down**) *(dilute)* diluire, allungare [*paint, sauce, soup*] **2** *(disperse)* → **thin out II** intr. (forma in -ing ecc. **-nn-**) (anche **~ out**) [*fog, mist, hair*] diradarsi; [*crowd*] disperdersi.

■ **thin down** AE dimagrire.

■ **thin out: ~ *[sth.]* out, ~ out *[sth.]*** sfoltire [*seedlings, hedge*]; ridurre [*population*].

thine /ðaɪn/ **I** pron. ANT. → **yours II** determ. ANT. → **your.**

▶ **thing** /θɪŋ/ **I** n. **1** *(object)* cosa f., oggetto m.; ***she likes beautiful ~s*** ama le cose belle; ***he was wearing an old yellow ~*** aveva addosso un vecchio coso giallo; ***it's a ~ you use for opening envelopes*** è un oggetto che si usa per aprire le buste; ***any old ~ will do*** qualsiasi cosa vecchia andrà bene; ***what's that ~?*** che cos'è quella roba? ***what's that ~ on the table?*** cos'è quella cosa sul tavolo? ***what's this ~ for?*** a cosa serve questa cosa? ***there isn't a ~ to eat in the house!*** non c'è niente da mangiare in questa casa! ***I haven't got a ~ to wear!*** non ho niente da mettermi! ***the one ~ he wants for his birthday is a bike*** l'unica cosa che vuole per il suo compleanno è una bici; ***it was a big box ~*** era una specie di grossa scatola **2** *(action, task, event)* cosa f.; ***I've got ~s to do*** ho delle cose da fare; ***she'll do great ~s in life*** farà grandi cose nella vita; ***I wouldn't dream of such a ~*** non mi sarei mai sognato una cosa del genere; ***who would do such a ~?*** chi farebbe una cosa del genere? ***how could you do such a ~?*** come hai potuto fare una cosa simile? ***an awful ~ happened to me*** mi è successa una cosa terribile; ***that's the worst ~ you could have said, done*** è la cosa peggiore che avresti potuto dire, fare; ***the best ~ (to do) would be to go and see her*** la cosa migliore sarebbe andarla a trovare; ***that was a silly, dangerous ~ to do*** è stato stupido, pericoloso farlo; ***that was a lovely, horrible ~ to do*** è stata una cosa carina, orribile; ***it was a difficult ~ to do*** è stato difficile; ***there wasn't a ~ I could do*** non c'era niente che potessi fare; ***it's a good ~ you came*** è un bene che tu sia venuto; ***the ~ to do is to listen carefully to him*** la cosa da fare è ascoltarlo attentamente; ***I'm sorry, but I haven't done a ~ about it yet*** mi dispiace ma non ho ancora fatto nulla a riguardo; ***the heat does funny ~s to people*** il calore ha strani effetti sulla gente **3** *(matter, fact)* cosa f.; ***we talked about lots of ~s*** abbiamo parlato di molte cose; ***we talked about politics and ~s (like that)*** abbiamo parlato di politica e di cose così; ***the ~ to remember is...*** quello che bisogna ricordare è...; ***I couldn't hear a ~ (that) he said*** non riuscivo a sentire una parola di quello che diceva; ***I said, did no such ~!*** non ho mai detto, fatto una cosa del genere! ***I couldn't think of a ~ to say*** non riuscivo a trovare qualcosa da dire; ***one ~ is obvious, certain*** una cosa è ovvia, certa; ***the first ~ we must consider is...*** la prima cosa da prendere in considerazione è...; ***if there's one ~ I hate it's...*** se c'è una cosa che odio è...; ***I found the whole ~ a bore*** trovai tutto questo noioso; ***the whole ~ is crazy!*** tutto questo è folle! ***the ~ is (that)...*** il fatto è che...; ***the only ~ is,...*** l'unica cosa è...; ***the funny, amazing, dreadful ~ is...*** la cosa divertente, sorprendente, spaventosa è...; ***the good ~ (about it) is...*** di buono c'è...; ***the best, worst ~ (about it) is...*** la cosa migliore, peggiore è...; ***the ~ about him is that he's very honest*** bisogna riconoscere che è una persona molto onesta; ***the ~ about him is that he can't be trusted*** il problema è che non ci si può fidare di lui; ***the good, best, worst ~ about her is (that)*** la cosa buona, migliore, peggiore di lei è (che) **4** *(person, animal)* ***she's a pretty little ~*** è carina; ***he's a funny little ~*** è un ragazzino simpatico; ***how are you, old ~?*** COLLOQ. come va, vecchio mio? ***you lucky ~!*** COLLOQ. fortunello! ***you stupid ~!*** COLLOQ. scemo! ***(the) stupid ~*** COLLOQ. *(of object)* stupido coso! ***there wasn't a living ~ to be seen*** non c'era un'anima viva in giro **II things** n.pl. **1** *(personal belongings, equipment)* cose f., robe f.; ***have you tidied your ~s?*** hai messo a posto le tue cose? ***~s to be washed, ironed*** roba da lavare, da stirare; ***to wash up the breakfast ~s*** lavare i piatti della colazione **2** *(situation, circumstances, matters)* cose f.; ***to take ~s too seriously, too lightly*** prendere le cose troppo seriamente, troppo alla leggera; ***to see ~s as they really are*** vedere le cose come stanno; ***to take ~s as they come*** prendere le cose come vengono; ***~s don't look too good*** le cose non si presentano troppo bene; ***~s are getting better, worse*** le cose si mettono in meglio, in peggio; ***how are ~s with you? how are ~s going?*** come va? come ti vanno le cose? ***why do you want to change ~s?*** perché vuoi cambiare le cose? ***to spoil ~s*** rovinare tutto; ***to worry about ~s*** farsi dei problemi; ***as ~s are*** o ***stand*** nello stato attuale delle cose; ***as ~s turned out*** in fin dei conti; ***all ~s considered*** tutto sommato;

in all ~s in ogni caso; ***she's fascinated by ~s Chinese*** è affascinata da tutto quello che è cinese; ***~s eternal and ~s temporal*** l'eterno e il temporaneo **3** DIR. beni m. ◆ ***it's not the done ~ (to do)*** non è cosa da farsi (fare); ***it's the in ~*** COLLOQ. è alla moda; ***she was wearing the latest ~ in hats*** portava un cappello all'ultima moda; ***she's got the latest ~ in stereos*** ha uno stereo dell'ultimissimo modello; ***it's all right if you like that sort of ~*** non è male se ti piace quel genere; ***that's just the ~*** o ***the very ~!*** è proprio quello che ci vuole! ***it's become quite the ~ (to do)*** è diventato alla moda (fare); ***it was a close*** o ***near ~*** per un pelo; ***he's on to a good ~*** ha trovato l'America; ***he likes to do his own ~*** COLLOQ. fa quello che gli pare e piace; ***for one ~... (and) for another ~...*** primo... (e) secondo... *o* in primo luogo... (e) in secondo luogo...; ***to have a ~ about*** COLLOQ. *(like)* andare matto per [*blondes, bearded men*]; essere fissato con [*emeralds, old cars*]; *(hate)* non potere vedere [*dogs*]; ***he's got a ~ about flying*** COLLOQ. ha paura di volare; ***to make a big ~ (out) of it*** COLLOQ. farne una questione di stato; ***to know a ~ or two about sth.*** COLLOQ. saperla lunga in fatto di qcs.; ***we certainly showed them a ~ or two*** COLLOQ. gliene abbiamo proprio dette quattro! ***she can tell you a ~ or two about car engines!*** COLLOQ. la sa molto lunga in fatto di motori! ***I could tell you a ~ or two about him!*** COLLOQ. potrei raccontarti un paio di cosette sul suo conto! ***he gave her a snake of all ~s!*** con tutte le cose belle che ci sono è andato a darle un serpente! ***and then, of all ~s, she...*** e allora, chissà perché, lei...; ***I must be seeing ~s!*** devo avere le allucinazioni! ***I must be hearing ~s!*** credo di sentire le voci! ***it's*** o ***it was (just) one of those ~s*** sono cose che capitano; ***it's one (damned) ~ after another!*** COLLOQ. è una seccatura dopo l'altra! ***one ~ led to another and...*** una cosa tira l'altra e...; ***taking one ~ with another*** tutto sommato; ***what with one ~ and another, I haven't had time to read it*** tra una cosa e l'altra, non ho avuto tempo di leggerlo; ***~s aren't what they used to be*** non è più come una volta, le cose sono cambiate; ***(to try) to be all ~s to all men*** (cercare di) fare contenti tutti.

thingamabob, **thingumabob** /ˈθɪŋəməbɒb/ n. COLLOQ. coso m., aggeggio m.; ***Mr ~*** il signor vattelapesca.

thingumajig /ˈθɪŋəmədʒɪɡ/ n. → **thingamabob**.

thingummy /ˈθɪŋəmɪ/, **thingy** /ˈθɪŋɪ/ n. → **thingamabob**.

1.think /θɪŋk/ n. ***to have a ~ about sth.*** BE riflettere su qcs.; ***I'll have another ~ and let you know*** ci penso ancora e ti farò sapere ◆ ***to have another ~ coming*** BE COLLOQ. sbagliarsi di grosso.

▶ **2.think** /θɪŋk/ **I** tr. (pass., p.pass. **thought**) **1** *(hold view, believe)* pensare, credere (**that** che); ***I ~ this is their house*** penso che questa sia la loro casa; ***when do you ~ he will come?*** quando credi che verrà? ***we'd better be going, don't you ~?*** faremmo bene ad andare, non pensi? ***I ~ so*** penso di sì; ***I don't ~ so, I ~ not*** FORM. non penso, penso di no; ***"the wine is free, isn't it?" - "I don't ~ so!"*** "il vino è gratis, vero?" - "credo proprio di no!"; ***"can I stay out till midnight?" - "no, I ~ not!"*** "posso stare fuori fino a mezzanotte?" - "no, di certo!"; ***"is he reliable?" - "I'd like to ~ so but..."*** "ci si può fidare di lui?" - "mi piacerebbe poterlo credere ma..."; ***to ~ it best to do, that*** credere che la cosa migliore sia fare, che; ***to ~ it better to do, that...*** credere che sia meglio fare, che; ***I ~ it better to wait, what do you ~?*** io penso che sia meglio aspettare, e tu? ***I ~ it's going to rain*** penso stia per piovere; ***what do you ~ it will cost?*** quanto credi possa costare? ***him, a millionnaire? I don't ~!*** IRON. lui, un miliardario? non penso proprio! **2** *(imagine)* pensare, credere; ***just ~! yesterday we were slaving away in the office and today...*** COLLOQ. pensa! ieri stavamo sgobbando nell'ufficio e oggi...; ***just ~ what might happen!*** pensa cosa potrebbe succedere! ***who'd have thought it!*** chi lo avrebbe mai detto! ***I'd never have thought it!*** non lo avrei mai immaginato! ***I never thought you meant it!*** non ho mai pensato che dicessi sul serio! ***I can't ~ how, why etc.*** non riesco a immaginare come, perché ecc.; ***I can't ~ who did it, what it's about*** non so chi l'abbia fatto, di cosa si tratti; ***I can't ~ where I've put my keys*** non so dove ho messo le chiavi; ***I really don't know what to ~*** non so proprio che cosa pensare; ***who do you ~ you are?*** SPREG. ma chi ti credi di essere? ***what on earth do you ~ you're doing?*** che diamine stai facendo? ***I thought as much!*** lo immaginavo! ***six weeks' holiday! that's what you ~!*** sei settimane di vacanze! tu sogni! ***and to ~ that I believed him, that I once thought him charming!*** e pensare che gli ho creduto, che una volta lo trovavo affascinante! **3** *(have thought, idea)* pensare (**that** che; **to do** di fare); ***I didn't ~ to phone, check*** non ho pensato di telefonare, di controllare; ***did you ~ to bring a corkscrew, to ring him to confirm?*** hai pensato di portare un cavatappi, di telefonargli per confermare? ***I ~ I'll take the car, go for a swim*** penso che prenderò la macchina, andrò a nuotare; ***to ~ beautiful thoughts*** pensare a delle cose belle; ***to ~ deep thoughts*** avere dei pensieri profondi; ***I was just ~ing: suppose we sold the car?*** stavo pensando: e se vendessimo la macchina? ***we're ~ing money, sex here*** COLLOQ. qui stiamo parlando di soldi, di sesso; ***let's ~ Green!*** COLLOQ. pensiamo verde! ***"what a horrible man," she thought*** "che uomo orribile," pensò; ***"oh do come in!" (~s) "oh God not him again!"*** COLLOQ. "oh entri pure!" (e intanto pensava) "oh Dio di nuovo lui!" **4** *(rate, assess)* ***to ~ a lot, not much of*** avere una buona opinione di, stimare poco [*person, work*]; ***what do you ~ of him, his work?*** cosa ne pensi di lui, del suo lavoro? **5** *(remember)* ricordarsi (**to do** di fare); ***to ~ where, how*** ricordarsi dove, come; ***I'm trying to ~ just where the house was, what her husband's called*** sto cercando di ricordarmi dove era la casa, come si chiama suo marito **II** intr. (pass., p.pass. **thought**) **1** *(engage in thought)* pensare (**about**, **of** a); *(before acting or speaking)* pensare (**about** a), riflettere (**about** su); ***animals cannot ~*** gli animali non pensano; ***I'll have to ~ about it*** ci devo pensare; ***to ~ constructively*** pensare in modo positivo; ***~ before you act*** pensa prima di agire; ***what are you ~ing about?*** a che cosa stai pensando? ***I was ~ing of you*** pensavo a te; ***let me ~ a moment*** fammici pensare un momento; ***his remarks made us all ~*** le sue osservazioni ci hanno fatto riflettere; ***to ~ hard*** pensarci bene; ***to ~ clearly*** o ***straight*** avere delle idee chiare; ***to ~ for oneself*** ragionare con la propria testa; ***I'm sorry, I wasn't ~ing*** mi scusi, non ci pensavo; ***we are ~ing in terms of economics*** vediamo le cose dal punto di vista economico; ***let's ~: three people at £ 170 each, plus the plane fare*** allora: tre persone a 170 sterline a testa, più il biglietto aereo; ***come to ~ of it...*** adesso che ci penso... *o* a pensarci bene... **2** *(take into account)* ***to ~ about*** o ***of sb., sth.*** pensare a qcn., qcs.; ***I can't ~ of everything!*** non posso pensare a tutto! ***~ of your family, about the future*** pensa alla tua famiglia, al futuro; ***she only ~s of herself*** pensa solo a se stessa **3** *(consider)* ***to ~ of sb. as*** considerare qcn. come [*brother, friend, ally*]; ***he ~s of himself as an expert*** si considera uno specialista **4** *(have in mind)* ***to ~ of doing*** pensare *o* avere intenzione di fare; ***he's ~ing of resigning*** pensa di dare le dimissioni; ***she's ~ing of computing as a career*** pensa a una carriera nell'informatica; ***to ~ about doing*** pensare a fare; ***he's ~ing about a career in the Navy*** pensa di fare carriera nella marina; ***whatever were you ~ing of?*** che cosa mai ti era saltato in mente? **5** *(imagine)* ***to ~ of*** pensare a; ***just ~ of the expense!*** pensa solo al costo! ***a million pounds, ~ of that!*** un milione di sterline, ci pensi! ***and to ~ of her dying just like that!*** e se si pensa che è morta così, all'improvviso! **6** *(tolerate idea)* ***not to ~ of doing*** non parlarsene di fare; ***I couldn't ~ of letting you pay, of making an exception for her*** non potrei proprio farti pagare, fare un'eccezione per lei **7** *(remember)* ***to ~ of*** ricordarsi; ***I just can't ~ of his name*** non riesco proprio a ricordare il suo nome; ***if you ~ of anything else*** se ti viene in mente qualcos'altro ◆ ***he thought better of it*** ci ha ripensato; ***to ~ on one's feet*** reagire con prontezza; ***to ~ outside*** o ***out of the box*** COLLOQ. pensare fuori dal coro; ***to ~ well of sb.*** pensare bene di qcn.

■ **think again** *(reflect more)* pensarci su; *(change mind)* ripensarci; ***if that's what you ~, you can ~ again*** se è quello che pensi, ti sbagli.

■ **think ahead** pensarci in anticipo; ***you need to ~ ahead and plan what you're going to do*** devi pensarci prima e pianificare cosa vuoi fare; ***~ing ahead to our retirement,...*** guardando al nostro pensionamento,...; ***in tennis it is essential to ~ ahead*** nel tennis è indispensabile anticipare.

■ **think back** ripensare, ritornare con la memoria (**to** a).

■ **think out:** *~ out [sth.], ~ [sth.] out* pensare bene a; ***you must ~ out what you're going to do*** devi pensare bene a quello che fai; ***well, badly thought out*** ben, mal pensato.

■ **think over:** *~ over [sth.], ~ [sth.] over* riflettere su [*proposal*]; ***I'd like time to ~ it over*** vorrei del tempo per pensarci su.

■ **think through:** *~ through [sth.], ~ [sth.] through* riflettere a fondo su, ponderare [*proposal, action*]; analizzare [*problem, question*].

■ **think up:** *~ up [sth.]* escogitare [*plan*]; ***what can we ~ up for her 21st birthday?*** cosa potremmo inventarci per il suo ventunesimo compleanno?

thinkable /ˈθɪŋkəbl/ agg. pensabile, immaginabile; ***it is hardly, not ~ that*** è difficile, non si può pensare che.

▷ **thinker** /ˈθɪŋkə(r)/ n. pensatore m. (-trice); ***a great ~*** un grande pensatore.

▷ **thinking** /ˈθɪŋkɪŋ/ **I** n. **1** *(thought, reflection)* riflessione f.; ***this is going to need some ~*** questo richiederà un minimo di riflessione; ***to do some (hard) ~*** riflettere (molto) **2** *(way one thinks)* opinione f.; ***to influence sb.'s ~*** BE influenzare l'opinione di qcn.; ***what's your ~ on immigration?*** BE che cosa ne pensi dell'immigrazione? ***current ~ is that*** BE l'opinione attuale è che; ***to my way of ~*** a parer mio **II** agg. [*person*] ragionevole; ***the ~ person's pin-***

this

As a determiner

- The Italian equivalents of *this* and *these* agree in gender and number with the noun they precede; therefore, *this* is translated;
  - a) by *questo* + masculine singular noun (*this policeman, this dog, this uncle* = questo poliziotto, questo cane, questo zio);
  - b) by *questa* + feminine singular noun (*this secretary, this chair* = questa segretaria, questa sedia);
  - c) by *quest'* + masculine or feminine singular noun beginning with a vowel or mute *h (this author, this man, this nurse, this absence, this hotel* = quest'autore, quest'uomo, quest'infermiera, quest'assenza, quest'hotel);

    and *these* is translated
  - d) by *questi* + masculine plural nouns (*these policemen, these dogs, these authors, these men, these hotels, these uncles* = questi poliziotti, questi cani, questi autori, questi uomini, questi hotel, questi zii);
  - e) by *queste* + feminine plural nouns (*these nurses, these absences* = queste infermiere, queste assenze).
- For particular usages see the entry **1.this**.
- This dictionary contains usage notes on such topics as TIME UNITS and DAYS OF THE WEEK, all of which use *this* in many expressions. For these notes see the end of the English-Italian section.

As a pronoun meaning *this one, these ones*

- In Italian, pronouns reflect the gender and number of the noun they are referring to. So *this* is translated by *questo* for a masculine noun, *questa* for a feminine noun, and *these* is translated by *questi* for a masculine noun and *queste* for a feminine noun:

  of all the dresses this is the prettiest one = di tutti i vestiti, questo è il più bello.
- For other uses of *this* used as a pronoun *(who's this? this is my brother, this is wrong* etc.) and for *this* used as an adverb *(it was this big* etc.), see the entries **1.this**, **2.this**.

up, sports car il sex symbol, la macchina sportiva degli intellettuali ◆ ***to put on one's ~ cap*** SCHERZ. meditare, elucubrare.

think-tank /ˈθɪŋktæŋk/ n. + verbo sing. o pl. gruppo m. di esperti.

think time /ˈθɪŋktaɪm/ n. INFORM. tempi m.pl. di risposta.

thin-lipped /ˌθɪnˈlɪpt/ agg. [*person*] dalle labbra sottili; [*smile*] tirato; ***she watched in ~ disapproval*** guardava storcendo le labbra.

thinly /ˈθɪnlɪ/ avv. **1** *(sparingly)* [*slice*] finemente, sottilmente; [*spread, butter*] leggermente; ***"apply paint ~"*** "applicare un sottile strato di vernice" **2** *(weakly)* ***to smile ~*** avere un sorriso tirato **3** *(sparsely)* ***a ~ inhabited, wooded area*** un'area poco popolata, con pochi boschi **4** FIG. *(scarcely)* ***~ disguised, veiled*** appena camuffato, velato.

thinner /ˈθɪnə(r)/ n. (anche **thinners** + verbo sing.) diluente m.

thinness /ˈθɪnnɪs/ n. *(of nose, lips, wall, line, slice, layer)* sottigliezza f.; *(of string, wire)* finezza f.; *(of mixture, oil)* fluidità f.; *(of person, face, arm)* magrezza f.; *(of garment)* leggerezza f.

thinning /ˈθɪnɪŋ/ agg. [*hair*] rado; [*crowd*] che si dirada.

thinnish /ˈθɪnɪʃ/ agg. [*nose, lips, wall, line, slice, layer*] piuttosto sottile; [*string, wire*] piuttosto fine; [*mixture, oil*] piuttosto fluido; [*person, face, arm*] magrolino; [*garment*] leggerino.

thin-skinned /ˌθɪnˈskɪnd/ agg. suscettibile.

thio-acid /ˈθaɪəʊˌæsɪd/ n. tioacido m.

thiocyanate /ˌθaɪəʊˈsaɪəneɪt/ n. tiocianato m.

thiocyanic /ˌθaɪəʊsaɪˈænɪk/ agg. tiocianico.

thiol /ˈθaɪəʊl/ n. tiolo m., mercaptano m.

thionic /θaɪˈɒnɪk/ agg. tionico.

thiophene /ˈθaɪəfiːn/ n. tiofene m.

thiosulphate /ˌθaɪəʊˈsʌlfeɪt/ n. tiosolfato m.

▷ **third** /θɜːd/ ➧ **19, 8 I** determ. terzo; ***the ~ page*** la terza pagina; ***the ~-richest man in the world*** il terzo uomo più ricco del mondo **II** pron. **1** *(in order)* terzo m. (-a); ***the ~ in line*** il terzo della fila **2** *(of month)* tre m.; ***the ~ of May*** il tre maggio **III** n. **1** *(fraction)* terzo m. **2** (anche **~-class degree**) GB UNIV. = laurea ottenuta con il minimo dei voti **3** MUS. terza f. **4** (anche **~ gear**) AUT. terza f. **IV** avv. [*come, finish*] terzo, in terza posizione ◆ ***never mind - ~ time lucky!*** non ti preoccupare, la terza volta sarai più fortunato!

third-class /ˌθɜːdˈklɑːs, AE -ˈklæs/ **I** agg. **1** [*carriage, ticket*] di terza classe; ***~ mail*** = posta non urgente **2** GB UNIV. ***~ degree*** = laurea ottenuta con il minimo dei voti **II third class** avv. [*travel*] in terza classe; ***to send sth. ~*** = spedire qcs. con la posta non urgente.

third degree /ˌθɜːdəˈgriː/ n. COLLOQ. terzo grado m.; ***to give sb. the ~*** fare il terzo grado a qcn. (anche FIG.).

third-degree burns /ˌθɜːdəgriːˈbɜːnz/ n.pl. MED. ustioni f. di terzo grado.

Third Estate /ˌθɜːdɪˈsteɪt/ n. terzo stato m.

third-generation /ˈθɜːdˌdʒenəˌreɪʃn/ agg. [*technology, mobile phone*] di terza generazione.

thirdhand /ˌθɜːdˈhænd/ **I** agg. **1** *(not new)* [*vehicle, garment*] di terza mano **2** *(indirect)* [*report, evidence*] indiretto **II** avv. [*hear, learn*] in modo indiretto.

thirdly /ˈθɜːdlɪ/ avv. in terzo luogo.

third party /ˌθɜːdˈpɑːtɪ/ **I** n. DIR. terzo m. **II third-party** modif. *(in insurance)* ***~ insurance*** assicurazione sulla responsabilità civile; ***~ liability*** responsabilità civile; ***cover for ~, fire and theft*** assicurazione sulla responsabilità civile, contro l'incendio e il furto.

third person /ˌθɜːdˈpɜːsən/ n. terza persona f.; ***in the ~ singular, plural*** alla terza persona singolare, plurale.

third-rate /ˌθɜːdˈreɪt/ agg. SPREG. [*actor, book, work*] di terz'ordine, scadente; [*hotel*] di terza categoria.

Third Way /ˈθɜːdweɪ/ n. POL. terza via f.

Third World /ˌθɜːd ˈwɜːld/ **I** n. terzo mondo m. **II** modif. [*country, debt, economy*] del terzo mondo.

Third Worldism /ˌθɜːdˈwɜːldɪzəm/ n. terzomondismo m.

1.thirst /θɜːst/ n. sete f. (**for** di) (anche FIG.); ***it's given me a ~*** mi ha fatto venire sete; ***to quench one's ~*** togliersi *o* levarsi la sete.

2.thirst /θɜːst/ intr. ANT. O LETT. avere sete (**after, for** di).

thirstily /ˈθɜːstɪlɪ/ avv. [*drink*] a grandi sorsi.

thirstiness /ˈtɜːstɪnɪs/ n. (l')essere assetato.

thirst quencher /ˈθɜːstˌkwentʃə(r)/ n. bevanda f. dissetante.

▷ **thirsty** /ˈθɜːstɪ/ agg. assetato (anche FIG.); ***to be ~*** avere sete (**for** di) (anche FIG.); ***to make sb. ~*** fare venire sete a qcn.; ***oh, I'm so ~!*** oh, ho così tanta sete! ***it's ~ work!*** è un lavoro che fa venire sete!

▶ **thirteen** /ˌθɜːˈtiːn/ ➧ **19, 1, 4 I** determ. tredici; ***~ people, pages*** tredici persone, pagine **II** pron. tredici; ***there are ~ of them*** ce ne sono tredici **III** n. tredici m.; ***to multiply by ~*** moltiplicare per tredici.

ⓘ **Thirteen Colonies** Le 13 colonie inglesi della costa nord-orientale dell'America, che si unirono rivendicando la propria indipendenza dalla madrepatria (Guerra d'Indipendenza americana, 1775-1782), divenendo così i primi 13 stati degli Stati Uniti d'America: *New Hampshire, Massachusetts, Rhode Island, Connecticut, New York, New Jersey, Pennsylvania, Delaware, Maryland, Virginia, North Carolina, South Carolina, Georgia* (v. ***Declaration of Independence, Stars and Stripes***).

thirteenth /ˌθɜːˈtiːnθ/ ➧ **19, 8 I** determ. tredicesimo; ***the ~ page*** la tredicesima pagina; ***the ~-richest man in the world*** il tredicesimo uomo più ricco del mondo **II** pron. **1** *(in order)* tredicesimo m. (-a); ***the ~ in line*** il tredicesimo della fila **2** *(of month)* tredici m.; ***the ~ of May*** il tredici maggio **III** n. *(fraction)* tredicesimo m. **IV** avv. [*come, finish*] tredicesimo, in tredicesima posizione.

thirtieth /ˈθɜːtɪəθ/ ➧ **19, 8 I** determ. trentesimo; ***the ~ page*** la trentesima pagina; ***the ~-richest man in the world*** il trentesimo uomo più ricco del mondo **II** pron. **1** *(in order)* trentesimo m. (-a); ***the ~ in line*** il trentesimo della fila **2** *(of month)* trenta m.; ***the ~ of May*** il trenta maggio **III** n. *(fraction)* trentesimo m. **IV** avv. [*come, finish*] trentesimo, in trentesima posizione.

▶ **thirty** /ˈθɜːtɪ/ ➧ **19, 1, 4, 8 I** determ. trenta; ***~ people, pages*** trenta persone, pagine; ***the Thirty Years' War*** STOR. la guerra dei Trent'Anni **II** pron. trenta; ***there are ~ of them*** ce ne sono trenta; ***at seven-~*** alle sette e trenta **III** n. trenta m.; ***to multiply by ~*** moltiplicare per trenta **IV thirties** n.pl. **1** *(decade)* ***the thirties*** gli anni '30 **2** *(age)* ***to be in one's thirties*** avere passato i trenta; ***a man in his thirties*** un trentenne.

thirty-second note /ˌθɜːtɪˈsekəndˌnəʊt/ n. AE biscroma f.

thirty something /ˈθɜːtɪˌsʌmθɪŋ/ n. COLLOQ. trentenne m. e f. (di successo).

▶ **1.this** /ðɪs/ **I** determ. (pl. **these**) ***~ paper is too thin*** questa carta è troppo sottile; ***~ man is dangerous*** questo uomo è pericoloso; ***~ lamp doesn't work*** questa lampada non funziona; ***all these books belong to Sarah*** tutti questi libri sono di Sarah; ***do it ~ way not that way*** fallo in questo modo non in quello; ***~ woman came up to me*** COLLOQ. una donna mi è venuta incontro **II** pron. (pl. **these**) ***what's ~?*** che cos'è questo? ***who's ~?*** chi è? *(on telephone)* chi parla? ***whose is ~?*** di chi è questo? ***~ is the dining room*** questa è la sala da pranzo; ***where's ~?*** *(on photo)* qui dov'è? ***after ~ we'll have***

lunch dopo andiamo a mangiare; ***perhaps he'll be more careful after~*** forse dopo farà più attenzione; ***before~ he'd never been out of Italy*** prima non era mai uscito dall'Italia; ***you should have told me before~*** avresti dovuto dirmelo prima; ***~ is my sister Sylvia*** ti presento mia sorella Sylvia; ***~ is the book I was talking about*** questo è il libro di cui parlavo; ***~ is not the right one*** non è quello giusto; ***what did you mean by~?*** cosa volevi dire con questo? ***~ was not what she had intended*** non era quello che aveva in mente; ***who did~?*** chi ha fatto questo? ***we'll need more than~*** ce ne vorrà di più; ***it happened like~*** è successo così; ***what's all~ about?*** che cos'è questa storia? ***what's all~ about Louise resigning?*** che cos'è questa storia che Louise si dimette? ***at~ he got up and left*** sentendo questo si alzò e se ne andò; ***hold it like~*** tienilo così; ***I never thought it would come to~*** non pensavo che si sarebbe arrivati a questo punto; ***~ is what happens when you press the red button*** ecco cosa succede quando si schiaccia il pulsante rosso; ***~ is what happens when you disobey your parents!*** ecco cosa succede quando disubbidisci ai genitori! ◆ ***we talked about~, that and the other*** abbiamo parlato del più e del meno; ***we sat around talking about~ and that*** eravamo seduti a parlare del più e del meno; ***"what have you been up to?" - "oh, ~ and that"*** "che cosa hai fatto?" - "niente di eccezionale"; ***to run~ way and that*** correre di qua e di là.

2.this /ðɪs/ avv. ***it's~ big*** è grande così; ***when she was only~ high*** quando era alta così; ***having got~ far it would be a pity to stop now*** adesso che siamo arrivati a questo punto sarebbe un peccato fermarci; ***I can't eat~ much*** non posso mangiare tutto questo; ***I didn't realize it was~ serious, difficult*** non mi ero reso conto che fosse una cosa così seria, difficile; ***he's read~ much*** ha già letto tutto questo, fin qui; ***~ much is certain, we'll have no choice*** una cosa è certa, non avremo scelta.

thistle /ˈθɪsl/ n. BOT. cardo m.

thistledown /ˈθɪsldaʊn/ n. lanugine f. del cardo.

thistle-finch /ˈθɪslfɪntʃ/ n. cardellino m.

thistly /ˈθɪslɪ/ agg. [*ground*] coperto di cardi.

thither /ˈðɪðə(r), AE ˈθɪðər/ avv. ANT. colà.

tho' → **though**.

tholepin /ˈθəʊlpɪn/ n. scalmiera f.

Thomas /ˈtɒməs/ n.pr. Tommaso.

Thomism /ˈtəʊmɪzəm/ n. tomismo m.

Thomist /ˈtəʊmɪst/ n. tomista m. e f.

Thomistic(al) /ˌtəʊˈmɪstɪk(l)/ agg. tomistico.

1.thong /θɒŋ/ **I** n. **1** *(on whip)* striscia f. (di cuoio) **2** *(on shoe, garment)* stringa f. (di cuoio) **3** *(underwear)* tanga m., perizoma m. **II thongs** n.pl. AE AUSTRAL. *(sandals)* infradito m. e f.

2.thong /θɒŋ/ tr. = provvedere di striscia o stringa di cuoio.

Thor /θɔ:(r)/ n.pr. Thor.

thoracentesis /ˌθɔ:rəsenˈti:sɪs/ n. (pl. **-es**) toracentesi f.

thoraces /ˈθɔ:rəsi:z/ → **thorax**.

thoracic /θɔ:ˈræsɪk/ agg. toracico.

thoracocentesis /ˌθɔ:rəkəʊsenˈti:sɪs/ n. (pl. **-es**) toracocentesi f.

thoracotomy /ˌθɔ:rəˈkɒtəmɪ/ n. toracotomia f.

thorax /ˈθɔ:ræks/ n. (pl. **~es** o **-aces**) torace m.

thoria /ˈθɔ:rɪə/ n. ossido m. di torio.

thoric /ˈθɔ:rɪk/ agg. del torio.

thorite /ˈθɔ:raɪt/ n. torite f.

thorium /ˈθɔ:rɪəm/ n. torio m.

thorn /θɔ:n/ n. **1** *(on flower, shrub)* spina f.; ***crown of ~s*** RELIG. corona di spine **2** *(bush)* cespuglio m. spinoso, rovo m.; *(hawthorn)* biancospino m. ◆ ***to be a~ in sb.'s flesh*** o ***side*** essere una spina nel fianco di qcn.

thorn apple /ˈθɔ:nˌæpl/ n. pomo m. spinoso, stramonio m.

thornback /ˈθɔ:nbæk/ n. **1** (anche **~ ray**) *(ray)* razza f. chiodata **2** *(crab)* grancevola f.

thornbill /ˈθɔ:nbɪl/ n. calcostigma m.

thornbush /ˈθɔ:nbʊʃ/ n. *(hawthorn)* biancospino m.; *(other)* cespuglio m. spinoso, spino m., pruno m.

thorn hedge /ˈθɔ:nhedʒ/ n. siepe f. di biancospino.

thornless /ˈθɔ:nlɪs/ agg. senza spine.

thornproof /ˈθɔ:npru:f/ agg. = che non può essere strappato o perforato dalle spine.

Thornton /ˈθɔ:ntən/ n.pr. Thornton (nome di uomo).

thorn-tree /ˈθɔ:ntri:/ n. *(hawthorn)* biancospino m.

thorny /ˈθɔ:nɪ/ agg. spinoso (anche FIG.).

thoron /ˈθɔ:rɒn/ n. toron m.

▷ **thorough** /ˈθʌrə, AE ˈθʌrəʊ/ agg. **1** *(detailed)* [*analysis, examination, investigation, knowledge, research*] approfondito; [*preparation, search, work*] minuzioso; ***to give sth. a~ cleaning*** pulire qcs. a fondo; ***he did a~ job on the repair work*** fece un lavoro di riparazione molto accurato; ***to have a~ grasp of sth.*** avere una padronanza totale di qcs. **2** *(meticulous)* [*person*] meticoloso, scrupoloso **3** *(utter)* ***to make a~ nuisance of oneself*** rendersi assolutamente insopportabile.

thorough-bass /ˌθʌrəˈbeɪs, AE ˌθʌrəʊ-/ n. basso m. continuo.

thoroughbred /ˈθʌrəbred, AE ˈθʌrəʊ-/ **I** agg. purosangue, di razza **II** n. purosangue m.

thoroughfare /ˈθʌrəfeə(r), AE ˈθʌrəʊ-/ n. strada f.; ***main~*** via principale; ***public~*** strada pubblica; ***"no~"*** "divieto di transito".

thoroughgoing /ˈθʌrəgəʊɪŋ/ agg. [*analysis*] approfondito; [*conviction*] profondo.

▷ **thoroughly** /ˈθʌrəlɪ, AE ˈθʌrəʊlɪ/ avv. **1** *(meticulously)* [*clean, discuss, examine, read*] a fondo; [*cook, prepare*] con cura; [*check, search, test*] minuziosamente **2** *(completely)* [*clean, reliable*] completamente; [*convincing, dangerous*] veramente; [*depressing, confusing, unpleasant*] profondamente; [*beaten*] duramente; [*deserved*] del tutto; ***to~ enjoy sth., doing*** amare veramente qcs., fare **3** *(without reservation)* [*agree, approve, understand*] perfettamente; [*recommend*] caldamente; ***to be~ in favour of*** essere completamente favorevole a.

thoroughness /ˈθʌrənɪs, AE ˈθʌrəʊnɪs/ n. *(all contexts)* minuziosità f.

thorough-paced /ˌθʌrəˈpeɪst, AE ˌθʌrəʊ-/ agg. ANT. **1** [*horse*] allenato a tutte le andature **2** FIG. completo, perfetto, totale.

thorough-pin /ˈθʌrəpɪn, AE ˈθʌrəʊ-/ n. vescicone m.

those /ðəʊs/ → **1.that**.

1.thou /ðaʊ/ pron. ANT. tu.

2.thou /θaʊ/ n. (pl. **~, ~s**) AE COLLOQ. (accorc. **thousand**) mille m.

▶ **though** /ðəʊ/ **I** cong. **1** *(emphasizing contrast: although)* sebbene, benché; ***we enjoyed the trip (even)~ it was very hot*** la gita ci è piaciuta benché facesse molto caldo; ***~ she's clever*** o ***clever~ she is, she's not what we're looking for*** anche se molto intelligente, non è la persona che cerchiamo; ***strange~ it may seem*** per quanto strano possa sembrare; ***talented~ he is, I don't like him*** non mi piace sebbene abbia talento **2** *(modifying information: but)* anche se, ma; ***I think she knows~ I can't be sure*** penso che lo sappia anche se non ne sono sicuro; ***you can still cancel~ you'll be charged £ 10*** può sempre annullarlo ma dovrà pagare 10 sterline; ***the house was small~ well-designed*** la casa era piccola ma ben progettata; ***a foolish~ courageous act*** un'azione folle anche se coraggiosa; ***that was delicious~ I say so myself!*** non dovrei essere io a dirlo ma era delizioso! **3 even though** anche se; ***he rents his house even~ he's so rich*** nonostante sia così ricco, affitta lo stesso la sua casa **II** avv. comunque, tuttavia; ***fortunately, ~, they survived*** fortunatamente, però, sono sopravvissuti; ***in all, ~, we had a good time*** in fin dei conti, comunque, ci siamo divertiti; ***she's probably not home, I'll keep trying~*** probabilmente non è in casa, comunque continuerò a provare; ***"travelling abroad's expensive" - "it's worth it, ~"*** "viaggiare all'estero è costoso" - "ne vale comunque la pena".

1.thought /θɔ:t/ pass., p.pass. → **2.think**.

▶ **2.thought** /θɔ:t/ **I** n. **1** *(idea)* idea f., pensiero m.; ***the~ of doing*** l'idea di fare; ***at the~ of doing*** al pensiero di fare; ***the mere~ of doing*** la sola idea *o* il solo pensiero di fare; ***the~ has just occurred to me*** mi è appena venuto in mente; ***the~ that*** l'idea che; ***what a~!*** che idea! ***that's a~!*** questa sì che è un'idea! buona idea! ***it was just a~*** era solo un'idea; ***what a kind~!*** che pensiero gentile! **2 U** *(reflection)* pensieri m.pl.; ***deep in~*** immerso, assorto nei propri pensieri; ***after much~*** dopo (una) lunga riflessione **3** *(consideration)* considerazione f.; ***with little~*** in modo sconsiderato; ***without~ of the consequences*** senza considerare le conseguenze; ***with no~ for her own life*** senza alcuna considerazione per la propria vita; ***to give~ to sth.*** considerare *o* prendere in considerazione qcs.; ***little~ has been given to how, why*** non si è preso abbastanza in considerazione come, il perché; ***more~ should have been given to it*** si sarebbe dovuta prestare maggiore attenzione a questo; ***we never gave it much~*** non ci abbiamo mai fatto molto caso; ***don't give it another~*** non ci pensare più; ***to put a lot of~ into a gift*** scegliere un regalo con molta cura **4** *(intention)* ***to have no~ of doing*** non avere alcuna intenzione di fare; ***I've given up all~s of moving*** ho rinunciato del tutto all'idea di spostarmi; ***it's the~ that counts*** è il pensiero che conta **5** FILOS. *(thinking)* pensiero m.; ***freedom of~*** libertà di pensiero **II thoughts** n.pl. **1** *(mind)* pensieri m. (**about** su); ***I can read your~s*** posso leggervi nel pensiero; ***to collect*** o ***gather one's~s*** raccogliere *o* riordinare le idee; ***alone with one's~s*** solo con i propri pensieri; ***our~s turn to the future*** i nostri pensieri sono rivolti al futuro; ***my~s were elsewhere, still on the film*** pensavo ad altro, ancora al film **2** *(opinions)* opinione f.sing. (**about**, **on** su); ***I'd like to hear your ~s*** mi piacerebbe sentire la tua opinione; ***to have some ~s on how sth. could be improved*** avere alcune idee di come si possa migliorare qcs.

▷ **thoughtful** /ˈθɔːtfl/ agg. **1** *(reflective)* [*expression, mood, smile*] pensieroso, pensoso; [*silence*] profondo; ***to look ~*** avere l'aria pensierosa **2** *(considerate)* [*person, gesture*] premuroso; [*letter, gift*] gentile; ***it was ~ of her to do*** è stato gentile da parte sua fare **3** *(well thought-out)* [*analysis, study*] ponderato, vagliato attentamente.

▷ **thoughtfully** /ˈθɔːtfəlɪ/ avv. **1** *(considerately)* [*behave, treat*] con premura; [*chosen, worded*] con attenzione; ***tea was ~ provided*** si è avuta la premura di servire del tè **2** *(pensively)* [*stare, smile*] con aria pensierosa **3** *(reflectively)* [*write, describe*] in modo meditato, con ponderatezza.

thoughtfulness /ˈθɔːtflnɪs/ n. **1** *(kindness)* premurosità f. (**towards** nei riguardi di) **2** *(of expression, character)* pensierosità f.

thoughtless /ˈθɔːtlɪs/ agg. [*person*] distratto, sbadato, disattento; [*remark, act*] irriflessivo, sconsiderato; ***it was ~ of him to do*** è stato avventato da parte sua fare; ***to be ~ towards*** non avere riguardo per; ***how can you be so ~?*** come puoi essere così incurante?

thoughtlessly /ˈθɔːtlɪslɪ/ avv. *(insensitively)* irriguardosamente; *(unthinkingly)* irriflessivamente.

thoughtlessness /ˈθɔːtlɪsnɪs/ n. irriflessività f., mancanza f. di riguardo.

thought-out /ˌθɔːtˈaʊt/ agg. ***well, badly ~*** ben, mal congegnato.

thought process /ˈθɔːtˌprəʊses, AE -ˌprɒses/ n. meccanismi m.pl. mentali.

thought-provoking /ˌθɔːtprəˈvəʊkɪŋ/ agg. [*essay, film*] che fa pensare; ***it was very ~*** mi ha fatto molto pensare.

thought reader /ˈθɔːtˌriːdə(r)/ n. chi legge nel pensiero.

thought transference /ˈθɔːtˌtrænsfərəns/ n. trasmissione f. del pensiero, telepatia f.

▶ **thousand** /ˈθaʊznd/ ♦ **19** **I** determ. mille; ***four ~ pounds*** quattromila sterline; ***about a ~ people*** un migliaio di persone; ***a ~ times*** mille volte; ***a ~ times better*** mille volte meglio **II** pron. mille; ***there are two ~ of them*** ce ne sono duemila **III** n. mille m.; ***a ~ and two*** milledue; ***three ~*** tremila; ***about a ~*** un migliaio; ***by the ~*** *(exactly)* per mille; *(roughly)* a migliaia *o* in gran quantità **IV thousands** n.pl. *(large numbers, amounts)* migliaia f. (**of** di); ***in their ~s*** a migliaia; ***to earn, lose ~s*** guadagnare, perdere una fortuna; ***a cast of ~s*** un cast di migliaia di persone ♦ ***to die a ~ deaths*** morire di vergogna.

thousandfold /ˈθaʊzndfəʊld/ n. ***a ~*** mille volte tanto.

Thousand Island dressing /ˌθaʊzndaɪləndˈdresɪŋ/ n. = condimento per insalata a base di maionese e ketchup.

thousand-leaf /ˈθaʊzndliːf/ n. BOT. millefoglio m.

thousand-legs /ˈθaʊzndlegz/ n. millepiedi m.

▷ **thousandth** /ˈθaʊznθ/ ♦ **19** **I** determ. millesimo; ***the ~ page*** la millesima pagina **II** pron. millesimo m. (-a); ***the ~ in line*** il millesimo della fila **III** n. *(fraction)* millesimo m.

Thrace /θreɪs/ ♦ **24** n.pr. Tracia f.

Thracian /ˈθreɪʃn/ ♦ **14** **I** agg. tracio, trace **II** n. **1** *(person)* tracio m. (-a), trace m. e f. **2** *(language)* tracio m., trace m.

thraldom BE, **thralldom** AE /ˈθrɔːldəm/ n. LETT. servitù f., schiavitù f.

thrall /θrɔːl/ n. LETT. ***to hold sb. in ~*** incantare qcn.; ***to be in ~ to sth.*** essere alla mercè di qcs.

thralldom AE → **thraldom**.

1.thrash /θræʃ/ n. **1** BE COLLOQ. *(party)* grande festa f. **2** MUS. thrash (metal) m.

2.thrash /θræʃ/ tr. **1** *(whip)* sferzare **2** MIL. SPORT COLLOQ. battere, sconfiggere [*enemy, opposition*] ♦ ***to ~ the living daylights out of sb.*** suonarle a qcn. *o* darle di santa ragione a qcn.

▪ **thrash about, thrash around:** ~ ***about***, ~ ***around*** agitarsi, dibattersi; ~ ***[sth.] around*** agitare; ***to ~ one's arms, legs around*** dimenare le braccia, le gambe.

▪ **thrash out:** ~ ***out [sth.]*** venire a capo di [*difficulties, problem*]; riuscire a elaborare [*plan*]; giungere a [*compromise*].

thrasher /ˈθræʃə(r)/ n. pesce m. volpe.

thrashing /ˈθræʃɪŋ/ n. botte f.pl., percosse f.pl.; FIG. sconfitta f.; ***to give sb. a good ~*** darle di santa ragione *o* dare un fracco di botte a qcn.

thrasonical /θrəˈsɒnɪkl/ agg. borioso, vanaglorioso.

▷ **1.thread** /θred/ **I** n. **1** SART. filo m.; ***gold, silver ~*** filo d'oro, d'argento; ***cotton, silk ~*** filo di cotone, di seta; ***to be hanging by a ~*** essere appeso a un filo (anche FIG.) **2** FIG. *(of argument, story)* filo m.; ***to follow, lose the ~*** seguire, perdere il filo; ***central ~*** filo conduttore; ***common ~*** punto comune; ***to pull all the ~s together*** annodare le fila; ***to pick up the ~ of*** riprendere il filo di [*conversation, story*]; ***to pick up the ~s of*** ricominciare [*career, life*]; ***to pick up the ~ of a relationship with sb.*** riallacciare i contatti con qcn. **3** TECN. *(of screw)* filetto m. **II threads** n.pl. AE COLLOQ. *(clothes)* vestiti m.

2.thread /θred/ **I** tr. **1** infilare [*bead, needle*]; mettere, introdurre [*film, tape*] (**into** in) **2** TECN. filettare [*screw*] **3** FIG. *(move)* ***to ~ one's way through*** infilarsi tra [*tables, obstacles*] **II** intr. [*film, tape*] passare, scorrere.

▪ **thread up:** ~ ***up [sth.]*** infilare l'ago di [*sewing machine*].

threadbare /ˈθredbeə(r)/ agg. consumato, logoro; FIG. trito, vieto.

threadbareness /ˈθredbeənɪs/ n. (l')essere consumato; FIG. (l')essere trito.

threaded /ˈθredɪd/ **I** p.pass. → **2.thread II** agg. **1** SART. infilato, fornito di filo **2** TECN. [*screw*] filettato.

threader /ˈθredə(r)/ n. **1** SART. infilaago m. **2** TECN. *(person)* filettatore m. (-trice) **3** TECN. *(machine)* filettatrice f.

threading /ˈθredɪŋ/ n. **1** infilatura f. **2** TECN. filettatura f.

thread-lace /ˈθredleɪs/ n. = pizzo di lino o di cotone.

threadlike /ˈθredlaɪk/ agg. filiforme.

thread-mark /ˈθredmɑːk/ n. *(of banknote)* filigrana f.

threadworm /ˈθredwɜːm/ n. filaria f.

thready /ˈθredɪ/ agg. **1** filamentoso, fibroso **2** *(feeble)* [*pulse*] debole; [*voice*] flebile.

▶ **threat** /θret/ n. **1** *(verbal abuse)* minaccia f.; ***to make ~s against sb.*** fare delle minacce a qcn.; ***to give in to ~s*** cedere alle minacce **2** *(danger)* minaccia f. (**to** per); ***to pose a ~ to*** costituire una minaccia per; ***to be under ~*** essere minacciato (**from** da); ***under ~ of*** con la minaccia di [*death, injury, punishment*] **3** *(risk, possibility)* rischio m. (**of** di); ***because of the ~ of more rain*** per il rischio che piova ancora di più.

▶ **threaten** /ˈθretn/ **I** tr. **1** *(warn)* minacciare (**to do** di fare); ***to be ~ed with death*** essere minacciato di morte; ***to be ~ed with prison*** essere minacciato di essere imprigionato **2** *(endanger)* minacciare [*planet, wildlife, peace, stability*]; ***to be ~ed with starvation, extinction*** rischiare di morire di fame, essere in via di estinzione **II** intr. [*danger, bad weather*] minacciare; ***to ~ to do*** rischiare di fare.

threatened /ˈθretnd/ **I** p.pass. → **threaten II** agg. minacciato; ***to feel ~*** sentirsi minacciato.

threatener /ˈθretnə(r)/ n. chi minaccia.

▷ **threatening** /ˈθretnɪŋ/ agg. [*gesture, expression, atmosphere*] minaccioso; [*letter, phone call*] minatorio.

threateningly /ˈθretnɪŋlɪ/ avv. [*gesture, look, speak, approach*] minacciosamente.

▶ **three** /θriː/ ♦ **19, 1, 4** **I** determ. tre; ***~ people, pages*** tre persone, pagine **II** pron. tre; ***there are ~ of them*** ce ne sono tre **III** n. tre m.; ***to multiply by ~*** moltiplicare per tre; ***to play the best of ~*** SPORT giocare al meglio dei tre.

three-card monte /ˌθriːkɑːdˈmɒntɪ/, **three card trick** /ˌθriːkɑːdˈtrɪk/ n. = gioco delle tre carte.

three-colour BE, **three-color** AE /ˌθriːˈkʌlə(r)/ agg. tricromatico, tricromo; ***~ process*** tricromia.

three-cornered /ˌθriːˈkɔːnəd/ agg. [*object*] triangolare; [*discussion*] a tre; ***~ hat*** tricorno.

three-D /ˌθriːˈdiː/ **I** agg. in 3D **II** n. ***in ~*** in 3D.

three-day event /ˌθriːdeɪˈvent/ n. = concorso ippico che comprende tre gare disputate in tre giorni consecutivi.

three-day eventing /ˌθriːdeɪˈventɪŋ/ n. → **three-day event.**

three-decker /ˌθriːˈdekə(r)/ n. nave f. a tre ponti.

three-dimensional /ˌθriːdɪˈmenʃənl/ agg. tridimensionale.

threefold /ˈθriːfəʊld/ **I** agg. **1** *(three times as great)* triplo; ***a ~ increase*** una triplicazione **2** *(having three parts)* triplice **II** avv. (per) tre volte; ***to increase ~*** triplicare.

three-four time /ˌθriːfɔːˈtaɪm/ n. MUS. ***in ~*** in tre quarti.

three-legged /ˌθriːˈlegɪd/ agg. [*object*] a tre piedi; [*animal*] a tre zampe; [*race*] a tre gambe.

three-master /ˌθriːˈmɑːstə(r), AE -ˈmæs-/ n. trealberi m.

threepence /ˈθrepəns, ˈθrʌpəns/ n. GB STOR. = moneta da tre penny.

threepenny /ˈθrəpənɪ, ˈθrʌpənɪ, AE ˈθriːˌpenɪ/ agg. GB attrib. da tre penny; ***the Threepenny Opera*** l'Opera da tre soldi.

threepenny bit /ˌθrəpənɪˈbɪt, ˌθrʌpənɪ-/ n. GB STOR. = moneta da tre penny.

three-phase /ˈθriːfeɪz/ agg. trifase.

three-piece suit /ˌθriːpiːsˈsuːt, -ˈsjuːt/ n. abito m. con gilè.

three-piece suite /ˌθriːpiːsˈswiːt/ n. = divano con due poltrone coordinate.

three-ply /ˈθriːplaɪ/, **three-ply wool** /ˌθriːplaɪˈwʊl/ n. lana f. a tre capi.

three-point landing /ˌθriːpɔɪnt'lændɪŋ/ n. atterraggio m. a tre punti.
three-point turn /ˌθriːpɔɪnt'tɜːn/ n. inversione f. di marcia (eseguita in tre manovre).
three-quarter /ˌθriː'kwɔːtə(r)/ **I** agg. [*portrait*] di tre quarti; [*sleeve*] tre quarti **II** n. SPORT trequarti m.
three-quarter-length /ˌθriː'kwɔːtəleŋθ/ agg. *~ **coat*** trequarti.
three-quarter line /ˌθriː'kwɔːtəlaɪn/ n. SPORT linea f. dei trequarti.
three-quarters /ˌθriː'kwɔːtəz/ ➧ *33* **I** n.pl. tre quarti m.; ***~ of an hour*** tre quarti d'ora; ***~ of all those who...*** tre quarti di quelli che... **II** avv. [*empty, full, done*] per tre quarti.
three-ring circus /ˌθriːrɪŋ'sɜːkəs/ n. circo m. a tre piste; AE FIG. SPREG. circo m.
three R's /ˌθriː'ɑːz/ n.pl. SCOL. = leggere, scrivere, far di conto.

> **The Three R's** Si tratta delle abilità fondamentali che gli allievi devono aver acquisito alla fine della scuola primaria, vale a dire: *Reading, Writing, Arithmetic.* L'espressione deriva dall'assonanza di "r" che si ha pronunciando le parole una di seguito all'altra.

threescore /'θriːskɔː(r)/ **I** n. ANT. sessanta m. **II** agg. sessanta.
three-sided /ˌθriː'saɪdɪd/ agg. [*object*] a tre lati; [*discussion*] a tre.
threesome /'θriːsəm/ n. gruppo m. di tre; *(for sex)* triangolo m., terzetto m.
three-star /'θriːstɑː(r)/ agg. a tre stelle.
three-way /'θriːweɪ/ agg. [*junction*] di tre vie; [*split*] in tre; [*discussion, battle*] a tre.
three-wheeler /ˌθriː'wiːlə(r), AE -'hwiːlər/ n. *(car)* vettura f. a tre ruote; *(bicycle)* triciclo m.; *(motorcycle)* motocarrozzetta f.
three-year-old /'θriːjɪərəʊld, -jɜːr-/ n. bambino m. (-a) di tre anni.
threnode /'θrenəʊd/ n. → **threnody**.
threnodial /θre'nəʊdɪəl/ agg. trenico.
threnodist /'θrenədɪst/ n. autore m. (-trice) di treni.
threnody /'θrenədɪ/ n. treno m., trenodia f.
thresh /θreʃ/ **I** tr. trebbiare **II** intr. trebbiare il grano.
thresher /'θreʃə(r)/ n. **1** *(machine)* trebbiatrice f. **2** *(person)* trebbiatore m. (-trice).
threshing /'θreʃɪŋ/ n. trebbiatura f.
threshing floor /'θreʃɪŋflɔː(r)/ n. = superficie su cui viene eseguita la trebbiatura.
threshing machine /'θreʃɪŋməˌʃiːn/ n. trebbiatrice f.
▷ **threshold** /'θreʃəʊld, -həʊld/ n. **1** soglia f.; ***to cross the ~*** varcare la soglia **2** FIG. soglia f.; ***pain ~*** soglia del dolore; ***on the ~ of*** alle soglie di [*discovery, career, new era*] **3** ECON. soglia f.; ***tax ~*** minimo imponibile; ***wage ~*** BE soglia salariale.
threshold price /'θreʃəʊldpraɪs, -həʊld-/ n. AGR. *(in EU)* prezzo m. di soglia.
threw /θruː/ pass. → **2.throw**.
thrice /θraɪs/ avv. ANT. tre volte.
thrift /θrɪft/ **I** n. **1** *(frugality)* economia f., parsimonia f. **2** BOT. armeria f. **II thrifts** n.pl. AE ECON. (anche **~ institutions**) istituzioni f. di risparmio.
thriftily /'θrɪftɪlɪ/ avv. parsimoniosamente.
thriftiness /'θrɪftɪnɪs/ n. economia f., parsimonia f.
thriftless /'θrɪftlɪs/ agg. prodigo.
thriftlessly /'θrɪftlɪslɪ/ avv. prodigamente.
thrift shop /'θrɪftʃɒp/ n. AE = negozio che vende abiti o oggetti per la casa usati e che ha fini caritativi.
thrifty /'θrɪftɪ/ agg. [*person*] economo, parsimonioso (**in** in); [*life, meal*] economico.
1.thrill /θrɪl/ n. **1** *(sensation)* fremito m., brivido m.; ***a ~ of pleasure*** un brivido di piacere; ***to feel*** o ***experience a ~ (of joy)*** fremere (di gioia) **2** *(pleasure)* emozione f. (**of doing** di fare); ***it was a ~ to meet her*** è stata un'emozione incontrarla; ***to get a ~*** o ***one's ~s*** avere delle forti emozioni *o* eccitarsi (**from, out of doing** facendo); ***his victory gave me a ~*** la sua vittoria mi ha elettrizzato; ***what a ~!*** che emozione! ◆ ***the ~s and spills of sth.*** = le sensazioni forti provocate da qcs.
2.thrill /θrɪl/ **I** tr. *(with joy)* fare fremere di gioia; *(with admiration)* entusiasmare [*person, audience*]; appassionare [*readers, viewers*] **II** intr. fremere (**at, to** a).
▷ **thrilled** /θrɪld/ **I** p.pass. → **2.thrill II** agg. emozionato (**with** da; **to do** dal fatto di fare; **that** dal fatto che); ***~ to do*** entusiasta di fare; ***~ with*** entusiasta di ◆ ***to be ~ to bits (with sth.)*** COLLOQ. essere al settimo cielo *o* toccare il cielo con un dito (per qcs.).
▷ **thriller** /'θrɪlə(r)/ n. **1** CINEM. LETTER. TELEV. thriller m., thrilling m.; ***political ~*** thriller (a sfondo) politico; ***spy ~*** *(book)* romanzo di spionaggio; *(film)* film di spionaggio; ***crime ~*** giallo *o* thriller poliziesco **2** *(exciting event)* ***the match was a ~*** è stata una partita da cardiopalmo.
thrilling /'θrɪlɪŋ/ agg. [*adventure, sensation*] eccitante; [*match, victory*] elettrizzante, appassionante; [*story*] avvincente; [*concert, moment*] emozionante.
thrillingly /'θrɪlɪŋlɪ/ avv. in modo eccitante, in modo emozionante.
thrips /θrɪps/ n. (pl. ~) tripide m.
▷ **thrive** /θraɪv/ intr. (pass. **throve** o **thrived**; p.pass. **thriven** o **thrived**) **1** [*person, animal*] crescere vigoroso; [*virus*] svilupparsi; [*plant*] crescere rigoglioso; ***failure to ~*** mancanza di sviluppo **2** FIG. [*market, business, community*] prosperare; ***to ~ on sth., on doing*** [*person*] trarre profitto da qcs., dal fare; ***to ~ on*** [*idea, thing*] nutrirsi di.
thriving /'θraɪvɪŋ/ agg. [*business, industry, town, community*] prospero, fiorente; [*person, animal*] vigoroso; [*plant*] rigoglioso.
thrivingly /'θraɪvɪŋlɪ/ avv. prosperosamente, vigorosamente.
thro' → **1.through**, **2.through**, **3.through**.
▷ **throat** /θrəʊt/ ➧ *2* **I** n. **1** ANAT. gola f.; ***sore ~*** mal di gola; ***to clear one's ~*** raschiarsi la gola *o* schiarirsi la voce; ***to cut, slit sb.'s ~*** tagliare la gola a qcn. *o* sgozzare qcn.; ***to have a lump in one's ~*** avere un nodo *o* un groppo in gola; ***to stick in sb.'s ~*** restare in gola a qcn.; ***it sticks in my ~ that...*** FIG. non mi va giù che... **2** TECN. strozzatura f. **II** modif. [*infection, disease*] della gola; [*injury*] alla gola; [*medicine*] per la gola **III -throat** agg. in composti ***red-~*** [*bird*] dalla gola rossa ◆ ***my belly*** o ***stomach thinks my ~'s cut*** COLLOQ. ho una fame da lupo; ***to be at each other's*** o ***one another's ~s*** COLLOQ. essere come cane e gatto; ***to cut one's own ~*** tirarsi *o* darsi la zappa sui piedi; ***to jump down sb.'s ~*** COLLOQ. saltare al collo a qcn.; ***to ram*** COLLOQ. o ***thrust sth. down sb.'s ~*** propinare qcs. a qcn.
throat-band /'θrəʊtbænd/ n. EQUIT. sottogola m.
throatily /'θrəʊtɪlɪ/ avv. gutturalmente.
throatiness /'θrəʊtɪnɪs/ n. carattere m. gutturale.
throat-strap /'θrəʊtstræp/ n. → **throat-band**.
throat-wash /'θrəʊtwɒʃ/ n. gargarismo m.
throaty /'θrəʊtɪ/ agg. **1** *(husky)* gutturale **2** COLLOQ. *(with sore throat)* rauco, roco.
1.throb /θrɒb/ n. **1** *(of engine, machine)* vibrazione f.; ***we could hear the ~ of the loudspeakers a long way off*** potevamo sentire il tum tum delle casse in lontananza **2** *(of heart, pulse)* battito m.; *(of pain)* (il) pulsare.
2.throb /θrɒb/ intr. (forma in -ing ecc. **-bb-**) **1** [*heart, pulse*] battere; ***my head is ~bing*** mi martellano le tempie *o* sembra che la testa mi si spacchi **2** [*motor*] vibrare; [*music, drum, building*] risuonare; ***~bing with life*** brulicante di vita.
throbbing /'θrɒbɪŋ/ **I** n. **1** *(of heart, pulse)* battito m.; *(of blood, pain)* (il) pulsare **2** *(of motor)* vibrazione f.; ***the ~ of the drum*** il tum tum del tamburo **II** agg. **1** [*pain, ache, sound, music*] pulsante; [*head, finger*] che pulsa **2** [*engine, motor*] vibrante.
throes /θrəʊz/ n.pl. **1** ***death ~*** agonia (anche FIG.); ***to be in one's, its death ~*** essere in agonia **2** ***to be in the ~ of sth.*** essere alle prese con qcs.; ***to be in the ~ of war*** essere nel bel mezzo della guerra.
thrombi /'θrɒmbaɪ/ → **thrombus**.
thrombin /'θrɒmbɪn/ n. trombina f.
thrombocyte /'θrɒmbəsaɪt/ n. trombocito m., trombocita m.
thromboembolism /ˌθrɒmbəʊ'embəlɪzəm/ n. tromboembolia f.
thrombophlebitis /ˌθrɒmbəʊflɪ'baɪtɪs/ ➧ *11* n. tromboflebite f.
thromboplastin /ˌθrɒmbəʊ'plæstɪn/ n. tromboplastina f.
thrombosis /θrɒm'bəʊsɪs/ ➧ *11* n. (pl. **-es**) trombosi f.
thrombotic /θrɒm'bɒtɪk/ agg. trombotico.
thrombus /'θrɒmbəs/ n. (pl. **-i**) trombo m.
▷ **throne** /θrəʊn/ n. trono m.; ***on the ~*** sul trono ◆ ***the power behind the ~*** l'eminenza grigia.
throne room /'θrəʊnruːm, -rʊm/ n. sala f. del trono.
1.throng /θrɒŋ, AE θrɔːŋ/ n. folla f., schiera f. (**of** di).
2.throng /θrɒŋ, AE θrɔːŋ/ **I** tr. affollare [*street, square, town*] **II** intr. ***to ~ to*** o ***towards*** convergere in massa verso; ***to ~ around*** ammassarsi attorno a; ***to ~ to do*** accalcarsi per fare.
thronged /θrɒŋd, AE θrɔːŋd/ **I** p.pass. → **2.throng II** agg. affollato; ***~ with*** invaso da.
thronging /'θrɒŋɪŋ, AE 'θrɔː-/ agg. [*people, crowd*] che si accalca; [*street, town*] affollato; ***~ with*** invaso da.
throstle /'θrɒsl/ n. **1** ORNIT. tordo m. bottaccio **2** (anche **~-frame**) TESS. filatoio m.
1.throttle /'θrɒtl/ n. **1** (anche **~ valve**) valvola f. a farfalla **2** *(accelerator)* acceleratore m.; ***at full ~*** a tutta velocità *o* a tutto gas.

2.throttle /ˈθrɒtl/ tr. strangolare (**with** con); FIG. soffocare [*growth, project*].

▶ **1.through** /θruː/ prep. **1** *(from one side to the other)* attraverso; ***to see ~ the curtain, mist*** vedere attraverso la tenda, la nebbia; ***to feel the stones ~ one's shoes*** sentire i sassi attraverso le suole; ***to cut ~ the fields*** tagliare per i campi; ***the nail went right ~ the wall*** il chiodo attraversò il muro; ***to drive ~ the forest, desert*** attraversare la foresta, il deserto (in macchina); ***to stick one's finger ~ the slit*** infilare il dito nella fessura; ***to poke sth. ~ a hole*** fare passare qcs. attraverso un buco; ***to drill ~ a cable*** bucare un cavo (da parte a parte) con il trapano; ***he was shot ~ the head*** il proiettile gli trapassò il cranio; ***it has a crack running ~ it*** è attraversato da una crepa **2** *(via, by way of)* ***to go ~ a tunnel*** passare per un tunnel; ***to go ~ London, the town centre*** passare per Londra, per il centro della città; ***to travel ~ Germany to Poland*** andare in Polonia passando per la Germania; ***the path goes ~ the woods*** il sentiero passa per il bosco; ***to come in ~ the hole, door*** entrare dal buco, dalla porta; ***go straight ~ that door*** passate da quella porta; ***to jump ~ the window*** saltare dalla finestra; ***to look ~*** guardare in [*binoculars, telescope*]; guardare da [*hole, window, keyhole*]; ***to hear sth. ~ the wall*** sentire qcs. attraverso il muro; ***you have to go ~ her secretary*** devi passare dalla sua segretaria **3** *(past)* ***to go ~*** passare con [*red light*]; ***to get*** o ***go ~*** passare attraverso [*barricade*]; passare [*customs*]; ***to push one's way ~*** aprirsi un varco attraverso [*crowd, undergrowth*]; ***the water poured ~ the roof*** entrava tanta acqua dal tetto **4** *(among)* ***to fly ~ the clouds*** volare tra le nuvole; ***to leap ~ the trees*** saltare di ramo in ramo; ***to fly ~ the air*** [*acrobat*] volare nell'aria; [*arrow, bullet*] fendere l'aria; ***to search ~*** frugare in [*cupboard, bag*] **5** *(expressing source or agency)* ***I heard ~ a friend*** ho saputo da un amico; ***I met my husband ~ her*** ho conosciuto mio marito tramite lei; ***it was ~ her that I got this job*** è stato grazie a lei che ho avuto questo lavoro; ***to speak ~ an interpreter*** comunicare per mezzo di un interprete; ***to send sth. ~ the post*** spedire qcs. per posta; ***to book sth. ~ a travel agent*** prenotare qcs. tramite un'agenzia di viaggi; ***to order sth. ~ a mail order firm*** ordinare qcs. da una società di vendita per corrispondenza; ***I only know her ~ her writings*** la conosco solo attraverso i suoi scritti **6** *(because of)* ***~ carelessness, inexperience*** per negligenza, inesperienza; ***~ illness*** per malattia; ***~ no fault of mine, we were late*** eravamo in ritardo ma non per colpa mia **7** *(until the end of)* ***to work ~ the night*** lavorare per tutta la notte; ***all*** o ***right ~ the day*** per tutta la giornata; ***he talked right ~ the film*** ha parlato per tutta la durata del film; ***to stay ~ until Sunday*** rimanere fino a domenica; ***to work ~ the lunch hour*** lavorare durante la pausa pranzo; ***she will not live ~ the night*** non supererà la notte **8** *(up to and including)* ***from Friday ~ to Sunday*** da venerdì a domenica; ***1939 ~ 1945*** AE dal 1939 al 1945 compreso; ***open April ~ September*** AE aperto da aprile a settembre compreso ◆ ***to have been ~ a lot*** averne passate di cotte e di crude; ***you really put her ~ it*** gliene hai fatte vedere di tutti i colori.

▶ **2.through** /θruː/ avv. **1** *(from one side to the other)* ***the water went right ~*** l'acqua è passata da parte a parte; ***to let sb. ~*** lasciare passare qcn.; ***can you fit*** o ***squeeze*** o ***get ~?*** riesci a passare? **2** *(completely)* ***wet*** o ***soaked ~*** [*coat, cloth*] fradicio; [*person*] bagnato fino alle ossa; ***mouldy right ~*** completamente ammuffito; ***cooked right ~*** ben cotto **3** *(from beginning to end)* ***to read, play sth. right ~*** leggere, suonare qcs. fino in fondo *o* fino alla fine; ***I'm halfway ~ the article*** ho letto metà dell'articolo **4** TEL. ***you're ~*** è in linea; ***you're ~ to Ms Wilkins*** le passo la signora Wilkins **5** **through and through** ***to know sth. ~ and ~*** conoscere come le proprie tasche [*area, city*]; ***I know him ~ and ~*** lo conosco molto bene; ***rotten ~ and ~*** completamente marcio; ***English ~ and ~*** inglese fino al midollo; ***selfish ~ and ~*** estremamente egoista.

3.through /θruː/ agg. **1** COLLOQ. *(finished)* finito; ***I'm ~*** ho finito; ***I'm not ~ with you yet!*** non ho ancora finito con te! ***are you ~ with the paper?*** hai finito col giornale? ***I'm ~ with men!*** con gli uomini ho chiuso! ***we're ~*** *(of a couple)* tra noi è finita; ***Luke and I are ~*** tra me e Luke è finita **2** *(direct)* [*train*] diretto; [*ticket*] cumulativo; [*freight*] a corpo; ***a ~ route to the station*** una strada che va direttamente alla stazione; ***"no ~ road"*** "strada senza uscita"; ***"~ traffic"*** *(on roadsign)* "circonvallazione"; ***~ traffic uses the bypass*** i veicoli in transito possono usare la tangenziale **3** *(successful)* ***to be ~ to the next round*** passare al turno successivo **4** BE *(worn)* ***your trousers are ~ at the knee*** i tuoi pantaloni sono bucati al ginocchio.

▶ **throughout** /θruːˈaʊt/ **I** prep. **1** *(all over)* ***~ Europe, Italy*** in tutta l'Europa, l'Italia; ***~ the country*** in *o* per tutto il paese; ***~ the world*** in tutto il mondo; ***scattered ~ the house*** sparso per tutta la casa **2** *(for the duration of)* per tutta la durata di; ***~ the interview*** per tutto il tempo del colloquio; ***~ her career*** durante tutta la sua carriera; ***~ his life*** per tutta la vita; ***~ the year*** per tutto l'anno; ***~ the winter, April*** durante tutto l'inverno, il mese d'aprile; ***~ history*** in tutta la storia **II** avv. ***printed in italics ~*** stampato interamente in corsivo; ***lined, repainted ~*** interamente foderato, ridipinto; ***the offices are carpeted ~*** tutti gli uffici hanno la moquette.

throughput /ˈθruːpʊt/ n. **1** INFORM. capacità f. di trattamento, prestazione f. **2** IND. *(of machinery)* produzione f., rendimento m.; ***the plant has a ~ of 10 tonnes per day*** l'impianto può produrre 10 tonnellate al giorno.

through-ticketing /ˈθruːˌtɪkɪtɪŋ/ n. FERR. = sistema che permette, con un solo biglietto, di utilizzare per un viaggio più reti ferroviarie.

throughway /ˈθruːweɪ/ n. AE superstrada f.

throve /θrəʊv/ pass. → **thrive**.

1.throw /θrəʊ/ n. **1** SPORT GIOC. *(in football)* lancio m., tiro m.; *(of javelin, discus etc.)* lancio m.; *(in judo, wrestling etc.)* atterramento m.; *(of dice)* lancio m.; ***a ~ of 70 m*** un lancio da 70 m; ***he won with a ~ of six*** ha vinto con un sei; ***whose ~ is it?*** *(in ball game)* a chi tocca tirare? *(with dice)* a chi tocca lanciare? **2** COLLOQ. *(each)* ***CDs £ 5 a ~!*** i CD a 5 sterline l'uno! **3** AE *(blanket)* telo m. **4** AE *(rug)* tappetino m.

▶ **2.throw** /θrəʊ/ **I** tr. (pass. **threw**; p.pass. **thrown**) **1** *(project) (with careful aim)* lanciare (**at** a); *(downwards)* gettare; *(with violence)* [*explosion, impact*] scagliare; ***she threw the ball in(to) the air, across the pitch, over the wall*** lanciò la palla in aria, dall'altra parte del campo, oltre il muro; ***he threw the javelin 80m*** lanciò il giavellotto a 80m; ***~ the ball up high*** lancia la palla in alto; ***~ the ball back to me!*** rilanciami la palla! ***he was thrown across the street, to the floor by the explosion*** l'esplosione lo scaraventò dall'altra parte della strada, a terra; ***he threw a log on the fire, his coat on a chair*** gettò un ciocco nel fuoco, il cappotto su una sedia; ***she threw her apron over her head*** si gettò il grembiule in testa; ***she threw her arms around my neck*** mi gettò le braccia al collo; ***the police threw a cordon around the house*** FIG. la polizia formò un cordone attorno alla casa; ***he was thrown clear and survived*** è stato scaraventato fuori ed è sopravvissuto; ***two jockeys were thrown*** due fantini sono stati disarcionati; ***he threw his opponent in the third round*** al terzo round ha mandato l'avversario al tappeto; ***to ~ a six*** *(in dice)* fare sei **2** FIG. *(direct)* dare [*punch, glance, look*] (**at** a); fare [*question*] (**at** a); mandare [*kiss*]; proiettare [*image, light, shadow*] (**on** su); fare [*shadow*] (**on** su); ***we are ready for all the challenges, problems that Europe can ~ at us*** FIG. siamo pronti ad affrontare tutte le sfide, tutti i problemi che l'Europa ci può riservare; ***to ~ money at a project, problem*** destinare denaro per un progetto, un problema; ***there's no point in just ~ing money at it*** i soldi da soli non bastano a risolvere il problema; ***to ~ suspicion on sb., sth.*** fare nascere dei sospetti su qcn., qcs.; ***to ~ doubt on sb., sth.*** sollevare dubbi su qcn., qcs.; ***the company has thrown the full weight of its publicity machine behind the case*** la società ha riversato tutto il peso dell'apparato pubblicitario sull'affare **3** FIG. *(disconcert)* sconcertare; ***the question completely threw me*** la domanda mi ha confuso completamente *o* mi ha davvero messo in imbarazzo; ***I was thrown by the news*** la notizia mi ha sconcertato; ***to ~ [sth., sb.] into confusion*** o ***disarray*** mettere confusione in [*meeting, group*]; confondere [*people*] **4** TECN. *(activate)* azionare [*switch, lever*]; ***the operator threw the machine into gear*** l'operatore mise in moto la macchina **5** COLLOQ. *(indulge in, succumb to)* ***to ~ a fit, tantrum*** FIG. uscire dai gangheri *o* andare in collera **6** COLLOQ. *(organize)* ***to ~ a party*** dare una festa **7** *(in pottery)* ***to ~ a pot*** modellare un vaso **8** ARCH. ING. costruire [*bridge*] (**over** su) **9** VETER. *(give birth to)* partorire [*calf*] **II** intr. (pass. **threw**; p.pass. **thrown**) fare un lancio **III** rifl. (pass. **threw**; p.pass. **thrown**) ***to ~ oneself*** *(onto floor, bed, chair)* gettarsi (**onto** su); ***to ~ oneself to the ground*** gettarsi a terra; ***to ~ oneself off a building, in front of a train*** buttarsi giù da un palazzo, sotto un treno; ***to ~ oneself at sb.'s feet*** gettarsi ai piedi di qcn.; ***to ~ oneself at sb.*** buttarsi nelle braccia di qcn. (anche FIG.); ***to ~ oneself into*** buttarsi in [*river, sea*]; FIG. tuffarsi in [*work, project*] ◆ ***it's ~ing it down!*** BE COLLOQ. sta piovendo a dirotto! ***to ~ in one's lot with sb.*** condividere la sorte di qcn.; ***to ~ in the sponge*** o ***towel*** gettare la spugna.

- **throw around, throw about:** ***~ [sth.] around*** **1** ***to ~ a ball around*** passarsi la palla **2** FIG. lanciare [*ideas*]; fare [*names, references*]; ***to ~ money around*** sperperare denaro; ***~ oneself around*** dimenarsi.
- **throw aside:** ***~ aside [sth.]***, ***~ [sth.] aside*** **1** lanciare da una parte [*books, documents*] **2** FIG. non rispettare [*moral standards, principles*]; ***~ [sb.] aside*** abbandonare.
- **throw away:** ***~ away*** GIOC. scartare una carta; ***~ [sth.] away***, ***~ away [sth.]*** **1** buttare (via) [*rubbish, unwanted article*] **2** FIG.

(waste) buttare via [*chance, opportunity, life*]; sprecare [*money*]; ***he threw away any advantage he might have had*** non ha saputo approfittare dei vantaggi che poteva averne; ***she's really thrown herself away on him*** è veramente sprecata con lui **3** FIG. *(utter casually)* buttare là [*remark, information*].

■ **throw back:** ***~ back [sth.], ~ [sth.] back*** ributtare in acqua [*fish*]; rilanciare [*ball*]; ***we have been thrown back on our own resources*** FIG. abbiamo dovuto ricorrere a mezzi propri; ***~ your shoulders back*** stai con le spalle indietro.

■ **throw down:** ***~ down [sth.], ~ [sth.] down*** **1** *(cause to fall)* buttare giù [*building*] **2** *(put down)* buttare con forza; ***to ~ down the gauntlet*** FIG. lanciare il guanto di sfida.

■ **throw in:** ***~ in [sth.], ~ [sth.] in*** **1** COMM. *(give free)* omaggiare di [*extra product*]; ***a vacuum cleaner with the attachments thrown in*** un aspirapolvere con accessori inclusi **2** *(add)* aggiungere; ***~ in a few herbs*** GASTR. aggiungete qualche sapore; ***thrown in for good measure*** aggiunto per fare buon peso *o* per soprammercato **3** *(contribute)* fare [*remark*]; dare [*suggestion*].

■ **throw off:** ***~ off [sth.], ~ [sth.] off*** **1** *(take off)* togliere in fretta [*clothes, bedclothes*] **2** FIG. *(cast aside)* liberarsi di [*cold, handicap, pursuers*]; sbarazzarsi di [*burden*]; abbandonare [*tradition*]; uscire da [*depression*] **3** FIG. *(compose quickly)* buttare giù [*poem, music*]; ***~ off [sb.], ~ [sb.] off*** *(eject from train, bus, plane)* scaricare [*person*].

■ **throw on:** ***~ on [sth.], ~ [sth.] on*** *(put on)* infilare in fretta [*clothing*].

■ **throw open:** ***~ open [sth.], ~ [sth.] open*** **1** spalancare [*door, window*] **2** FIG. *(to public)* aprire al pubblico [*facility, tourist attraction*]; ***to ~ a discussion open*** dichiarare aperta una discussione.

■ **throw out:** ***~ out [sb., sth.], ~ [sb., sth.] out*** *(eject)* gettare, buttare via [*rubbish*]; *(from bar etc.)* buttare fuori [*person*] (**of** da); *(from membership)* espellere, mandare via [*person*] (**of** da); ***to be thrown out of work*** essere licenziato; ***~ out [sth.], ~ [sth.] out*** **1** *(extend)* ***~ your arms out in front of you*** stendete le braccia in avanti; ***~ your chest out*** petto in fuori **2** *(reject)* respingere, cestinare [*application, case, plan*]; opporsi a [*decision*]; POL. respingere [*bill*] **3** *(utter peremptorily)* uscirsene con, buttare là, lì [*comment*]; *(casually)* ***he just threw out some comment about wanting...*** se ne è appena uscito dicendo che voleva...; ***~ [sb.] out*** *(mislead)* sconcertare; ***that's what threw me out*** è quello che mi ha lasciato sconcertato.

■ **throw over** BE COLLOQ. ***~ over [sb.], ~ [sb.] over*** lasciare, piantare; ***she's thrown him over for another man*** l'ha mollato per un altro uomo.

■ **throw together:** ***~ [sb.] together*** [*fate, circumstances*] fare incontrare [*people*]; ***~ [sth.] together*** raffazzonare [*artefact, meal, entertainment*]; mettere insieme [*ingredients*].

■ **throw up:** ***~ up*** COLLOQ. vomitare, rigettare; ***~ up [sth.], ~ [sth.] up*** **1** COLLOQ. *(abandon)* lasciare [*job, post*] **2** *(reveal)* fare conoscere [*fact*]; esporre [*idea, problem, findings*]; creare, erigere [*obstacle*]; tirare fuori [*question, statistic*] **3** *(emit)* mandare fuori [*smoke*]; erogare [*spray*]; eruttare [*lava*] **4** *(toss into air)* [*car*] fare schizzare [*stone*]; [*person*] alzare [*arms*]; lanciare [*ball*]; ***to ~ up one's hands in horror*** alzare le braccia con orrore **5** *(open)* spalancare [*window*] **6** *(vomit)* vomitare [*meal*].

throwaway /ˈθrəʊəweɪ/ agg. **1** *(discardable)* [*goods, object*] usa e getta; [*packaging*] a perdere **2** *(wasteful)* [*society*] dei consumi **3** *(casual)* [*remark*] buttato là, lasciato cadere; [*entertainment, style*] improvvisato.

throw-back /ˈθrəʊbæk/ n. **1** ANTROP. ZOOL. organismo m. regredito **2** FIG. ritorno m. (**to** di).

thrower /ˈθrəʊə(r)/ n. lanciatore m. (-trice) (anche SPORT); ***javelin ~*** lanciatore di giavellotto; ***stone ~*** chi lancia pietre.

throw-in /ˈθrəʊɪn/ n. SPORT rimessa f. laterale.

▷ **throwing** /ˈθrəʊɪŋ/ n. **1** *(of javelin, knives, stones)* lancio m. **2** ***the ~ of litter is forbidden*** è vietato lo scarico di rifiuti.

thrown /θrəʊn/ p.pass. → **2.throw**.

thrown silk /ˌθrəʊnˈsɪlk/ n. organzino m.

throw-off /ˈθrəʊɒf, AE -ɔ:f/ n. *(of hunt)* inizio m. della battuta; *(of race)* partenza f.

throw-out /ˈθrəʊaʊt/ n. *(action, object)* scarto m.

throwster /ˈθrəʊstə(r)/ ➧ **27** n. torcitore m. (-trice) di seta.

thru AE → **through**.

1.thrum /θrʌm/ n. **1** TESS. penero m., filaccia f. **2** MAR. filaccia f.

2.thrum /θrʌm/ tr. (forma in -ing ecc. **-mm-**) **1** TESS. munire di penero **2** MAR. stoppare con filacce.

3.thrum /θrʌm/ n. *(sound)* strimpellio m.; *(louder)* (il) tamburellare.

4.thrum /θrʌm/ → **2.strum**.

thrummer /ˈθrʌmə(r)/ n. strimpellatore m. (-trice).

thrummy /ˈθrʌmɪ/ agg. filaccioso.

1.thrush /θrʌʃ/ n. ORNIT. tordo m. bottaccio.

2.thrush /θrʌʃ/ ➧ **11** n. MED. *(oral)* mughetto m.; *(vaginal)* candida f.

▷ **1.thrust** /θrʌst/ n. **1** spinta f. (anche TECN. ARCH.) **2** *(with pointed arm)* puntata f.; ***sword, dagger ~*** colpo di spada, pugnalata **3** *(main aim) (of argument, essay, narrative)* senso m., significato m. **4** *(attack)* frecciata f., stoccata f. (**at** rivolta a).

▷ **2.thrust** /θrʌst/ **I** tr. (pass., p.pass. **thrust**) ***to ~ sth. towards*** o ***at sb.*** mettere bruscamente qcs. davanti a qcn.; ***to ~ sth. into sth.*** (con)ficcare qcs. in qcs.; ***he thrust the letter, a glass into my hands*** mi ficcò la lettera, il bicchiere in mano; ***to ~ one's head through the window, round the door*** fare sbucare la testa dalla finestra, da dietro la porta; ***to ~ sb., sth. away*** o ***out of the way*** spingere *o* cacciare via qcn., qcs.; ***to ~ sb. out of the room, towards the door*** spingere qcn. con forza via dalla stanza, verso la porta; ***to ~ one's way to the front of the queue*** farsi largo a spintoni fino all'inizio della coda **II** rifl. (pass., p.pass. **thrust**) ***he thrust himself to the front of the crowd*** si spinse in prima fila; ***to ~ oneself forward*** spingersi in avanti; FIG. mettersi in mostra; ***to ~ oneself on*** o ***onto sb.*** *(impose oneself)* imporsi a qcn.; *(pounce on)* buttarsi su qcn.

■ **thrust aside:** ***~ [sth., sb.] aside, ~ aside [sth., sb.]*** spingere via [*object, person*]; FIG. respingere [*protest, argument*].

■ **thrust back:** ***~ [sth., sb.] back, ~ back [sth., sb.]*** respingere [*object, person, enemy*].

■ **thrust forward:** ***~ forward*** [*crowd*] spingersi in avanti; ***~ [sth., sb.] forward, ~ forward [sth., sb.]*** spingere in avanti [*person, object*].

■ **thrust on, thrust onto** → **thrust upon**.

■ **thrust out:** ***~ [sth.] out, ~ out [sth.]*** allungare improvvisamente [*hand, leg*]; spingere in fuori [*jaw, chin*]; tirare fuori [*implement*]; ***to ~ sb. out*** spingere fuori qcn.; ***she opened the door and thrust her head out*** aprì la porta e sbucò con la testa; ***to ~ sb., sth. out of the way*** spingere via qcn., qcs. con violenza.

■ **thrust up** [*seedlings, plant*] crescere rigoglioso.

■ **thrust upon:** ***~ [sth.] upon sb.*** imporre a qcn. [*idea, job, responsibility*]; ***the job was thrust upon him*** il lavoro gli è stato imposto.

thrust bearing /ˈθrʌstˌbeərɪŋ/, **thrust block** /ˈθrʌstblɒk/ n. (cuscinetto) reggispinta m.

thruster /ˈθrʌstə(r)/ n. **1** *(rocket)* razzo m. propulsore **2** SPREG. arrivista m. e f.

thrust fault /ˈθrʌstfɔ:lt/ n. faglia f. inversa.

thrusting /ˈθrʌstɪŋ/ agg. SPREG. [*person, campaign*] aggressivo; [*ambition*] potente, forte.

thrust stage /ˈθrʌstˌsteɪdʒ/ n. = palcoscenico circondato sui tre lati dal pubblico.

thruway → **throughway**.

Thucydides /θju:ˈsɪdɪdi:z, AE θu:-/ n.pr. Tucidide.

1.thud /θʌd/ n. rumore m. sordo, tonfo m.

2.thud /θʌd/ intr. (forma in -ing ecc. **-dd-**) emettere un rumore sordo; ***the body ~ded to the floor*** il corpo cadde a terra con un tonfo; ***she ~ded on the door*** picchiava alla porta; ***they ~ded up the stairs*** salirono le scale con passo pesante; ***her heart was ~ding*** le batteva forte il cuore.

▷ **thug** /θʌg/ n. *(ruffian)* teppista m. e f.

Thug /θʌg/ n. STOR. Thug m.

thuggee /ˈθʌgi:/ n. = sistema di furti e assassini operato dai Thug.

thuggery /ˈθʌgərɪ/ n. SPREG. criminalità f.

thuggish /ˈθʌgɪʃ/ agg. da teppista.

thuggism /ˈθʌgɪzəm/ n. → **thuggee**.

thuja /ˈθu:jə/ n. tuia f.

Thule /ˈθju:li:/ n.pr. Tule f.

thulium /ˈθju:lɪəm/ n. tulio m.

▷ **1.thumb** /θʌm/ ➧ **2** n. pollice m. ◆ ***to be all ~s*** essere molto maldestro (con le mani); ***to be under sb.'s ~*** essere sotto il controllo di qcn.; ***she's got him under her ~*** lo comanda a bacchetta; ***to stick out like a sore ~*** essere un pugno in un occhio.

2.thumb /θʌm/ **I** tr. **1** sfogliare [*book, magazine*] **2** COLLOQ. *(hitch-hiking)* ***to ~ a lift*** o ***a ride*** fare l'autostop; ***I ~ed a lift from a truck driver*** mi sono fatto dare un passaggio da un camionista; ***they ~ed a lift home*** sono tornati a casa in autostop **II** intr. ***to ~ at*** o ***towards sth.*** indicare qcs. con il pollice ◆ ***to ~ one's nose at sb.*** fare marameo a qcn.; ***to ~ one's nose at sb., sth.*** COLLOQ. FIG. sbattersene *o* fregarsene di qcn., qcs.

■ **thumb through:** ***~ through [sth.]*** sfogliare [*book, magazine*].

thumbed /θʌmd/ **I** p.pass. → **2.thumb** **II** agg. ***a well-~ book*** un libro molto usato.

thumb index /ˈθʌmˌɪndeks/ n. indice m. a tacche a semicerchio, a unghiatura.
thumb-indexed /ˈθʌmˌɪndekst/ agg. dotato di indice a tacche a semicerchio, a unghiatura.
thumbnail /ˈθʌmneɪl/ n. unghia f. del pollice.
thumbnail sketch /ˈθʌmneɪlsketʃ/ n. *(drawing)* schizzo m. in miniatura; FIG. *(description) (of person)* profilo m.; *(of scene, event)* schizzo m. (**of** di).
thumb-nut /ˈθvmnʌt/ n. galletto m.
thumbscrew /ˈθʌmskruː/ n. **1** STOR. *(for torture)* = strumento di tortura con cui venivano schiacciati i pollici del condannato **2** TECN. vite f. a galletto.
thumbs down /ˌθʌmzˈdaʊn/ n. COLLOQ. *(signal)* pollice m. verso; ***to give [sb., sth.] the ~*** FIG. bocciare [*candidate, proposal, idea*]; ***to get the ~*** [*candidate, proposal, idea*] essere bocciato; [*new product, experiment*] essere accolto freddamente; ***his pizza got the ~ from his guests*** la sua pizza non fece impazzire gli ospiti; ***as soon as I give you the ~, stop the machine*** ferma la macchina non appena ti faccio segno.
thumbstall /ˈθʌmstɔːl/ n. ditale m. per il pollice.
thumbs up /ˌθʌmzˈʌp/ n. COLLOQ. ***to give [sb., sth.] the ~*** *(approve)* approvare [*candidate, plan, suggestion*]; ***to get the ~*** [*plan, person, idea*] essere approvato; ***start the car when I give you the ~*** metti in moto l'auto quando ti do il via; ***she gave me the ~ as she came out of the interview*** uscendo mi ha fatto segno che il colloquio era andato bene.
1.thumbtack /ˈθʌmtæk/ n. AE puntina f. da disegno.
2.thumbtack /ˈθʌmtæk/ tr. fissare con puntine da disegno.
▷ **1.thump** /θʌmp/ n. **1** *(blow)* botta f., colpo m.; ***to give sb. a ~*** mollare un pugno a qcn. (**in** in) **2** *(sound)* rumore m. sordo; ***~! - the body hit the floor*** tum! il corpo cadde a terra.
▷ **2.thump** /θʌmp/ **I** tr. dare un pugno a [*person*]; battere il pugno su [*table*]; ***he ~ed the ball into the net*** lanciò la palla contro la rete con tutta la sua forza; ***to ~ sb. in the jaw, stomach*** colpire qcn. alla mascella, allo stomaco; ***do that again and I'll ~ you!*** fallo di nuovo e ti meno! **II** intr. **1** *(pound)* [*heart*] martellare; [*music, rhythm*] risuonare; ***my head is ~ing*** ho delle fitte lancinanti alla testa; ***to ~ on*** picchiare a [*door*]; pestare su [*piano*]; picchiare su [*floor*] **2** *(clump)* ***to ~ upstairs, along the landing*** salire le scale, camminare sul pianerottolo con passo pesante.
■ **thump out:** ~ out [sth.] strimpellare [*tune, rhythm*].
thumper /ˈθʌmpə(r)/ n. **1** *(blow)* forte colpo m. **2** COLLOQ. *(lie)* grossa bugia f.
thumping /ˈθʌmpɪŋ/ **I** n. **1** *(of drums, percussion)* (il) battere **2** COLLOQ. *(beating)* botte f.pl.; ***to get a ~*** prendersele **II** agg. **1** BE COLLOQ. *(emphatic)* ~ **big** o ~ **great** enorme **2** *(loud)* [*noise*] sordo; [*rhythm, sound*] martellante; [*headache*] lancinante, martellante.
▷ **1.thunder** /ˈθʌndə(r)/ n. **1** METEOR. tuono m.; ***a clap*** o ***peal of ~*** un tuono; ***there's ~ in the air*** c'è un temporale in arrivo **2** *(noise) (of hooves)* fragore m. (**of** di); *(of traffic, cannons)* rombo m. (**of** di); *(of applause)* scroscio m. (**of** di) ◆ ***to steal sb.'s ~*** battere qcn. sul tempo; ***with a face like ~*** o ***with a face as black as ~*** scuro in volto.
▷ **2.thunder** /ˈθʌndə(r)/ **I** tr. *(shout)* (anche ~ **out**) tuonare [*command, order*]; ***"silence!," he ~ed*** "silenzio!" tuonò; ***the crowd ~ed their applause*** la folla proruppe in un applauso scrosciante **II** intr. **1** *(roar)* [*person*] tuonare; [*cannon*] rombare; [*hooves*] fare un rumore fragoroso (**on** su); ***to ~ at*** o ***against sb., sth.*** tuonare contro qcn., qcs. **2** *(rush)* ***to ~ along*** o ***past*** sfrecciare rombando; ***he came ~ing down the stairs*** si precipitò giù per le scale in modo molto rumoroso **III** impers. tuonare.
thunderbolt /ˈθʌndəbəʊlt/ n. METEOR. fulmine m.; FIG. fulmine m. (a ciel sereno).
thunderbox /ˈθʌndəbɒks/ n. BE COLLOQ. gabinetto m. portatile.
thunderclap /ˈθʌndəklæp/ n. tuono m.
thundercloud /ˈθʌndəklaʊd/ n. nube f. temporalesca, nuvolone m.
thunderer /ˈθʌndərə(r)/ n. chi tuona; ***the Thunderer*** ANT. COLLOQ. = nome del quotidiano The Times.
thundering /ˈθʌndərɪŋ/ **I** agg. **1** *(angry)* [*rage, temper*] nero **2** *(huge)* [*success*] straordinario; [*nuisance*] terribile; [*noise, shout*] assordante **II** avv. BE COLLOQ. *(intensifier)* ***a ~ great skyscraper*** un enorme grattacielo; ***a ~ good book, film*** un libro, un film eccezionale.
thunderingly /ˈθʌndərɪŋlɪ/ avv. in modo tonante.
thunderous /ˈθʌndərəs/ agg. **1** *(loud)* [*welcome*] fragoroso; [*crash*] fortissimo; [*music, noise*] assordante; ***~ applause*** applausi scroscianti **2** *(angry)* [*face, expression, look, tone*] minaccioso **3** *(powerful)* ***a ~ kick, punch*** un gran calcio, pugno.
thunderously /ˈθʌndərəslɪ/ avv. **1** *(loudly)* [*welcome*] con fragore; [*play*] a un volume assordante **2** *(angrily)* [*look*] minacciosamente; [*speak*] con un tono minaccioso **3** *(powerfully)* ***to kick, punch ~*** tirare dei gran calci, pugni.
thunderstorm /ˈθʌndəstɔːm/ n. temporale m.
thunderstruck /ˈθʌndəstrʌk/ agg. sbalordito.
thundery /ˈθʌndərɪ/ agg. [*weather*] da temporale; ***~ shower*** acquazzone; ***it's ~*** c'è aria di temporale.
Thur ⇒ Thursday giovedì (giov.).
thurible /ˈθjʊərəbl/ n. turibolo m.
thurifer /ˈθjʊərɪfə(r), AE ˈθʊ-/ n. turiferario m.
Thurs ⇒ Thursday giovedì (giov.).
▶ **Thursday** /ˈθɜːzdeɪ, -dɪ/ ❥ ***36*** n. giovedì m.
▶ **thus** /ðʌs/ avv. *(in this way)* così, in questo modo; *(consequently)* così, di conseguenza; ***she summed it up ~*** l'ha riassunto così; ***it was ever ~*** LETT. è sempre stato così; ***~ far*** finora *o* sinora.
1.thwack /θwæk/ n. *(blow)* colpo m., botta f.; *(with hand)* schiaffo m.; *(sound)* colpo m. secco; ***~!*** ciaf!
2.thwack /θwæk/ tr. battere [*ball*]; picchiare [*person, animal*].
1.thwart /θwɔːt/ n. MAR. banco m. dei rematori.
2.thwart /θwɔːt/ tr. opporsi a, ostacolare, contrastare [*plan, bid*]; contrariare, contrastare [*person*]; essere contrario, opporsi a [*candidature, nomination*]; ***to ~ sb. in sth.*** contrariare qcn. riguardo a qcs.
thwarted /ˈθwɔːtɪd/ **I** p.pass. → **2.thwart II** agg. [*ambition, love, plan*] contrastato (**in** in); [*person*] contrariato (**in** riguardo a).
thy /ðaɪ/ determ. ANT. → **your**.
thylacine /ˈθaɪləsiːn/ n. tilacino m.
thyme /taɪm/ **I** n. BOT. GASTR. timo m.; ***sprig of ~*** rametto di timo; ***wild ~*** timo selvatico **II** modif. [*dressing, sauce*] al timo; [*stuffing*] di timo; [*leaf, flower*] del timo.
thymi /ˈθaɪmaɪ/ → **thymus**.
1.thymic /ˈtaɪmɪk/ agg. BOT. GASTR. del timo.
2.thymic /ˈθaɪmɪk/ agg. ANAT. timico.
thymidine /ˈθaɪmɪdiːn/ n. timidina f.
thymine /ˈθaɪmiːn/ n. timina f.
thymol /ˈθaɪmɒl/ n. timolo m.
thymus /ˈθaɪməs/ n. (pl. **~es**, **-i**) ANAT. (anche ~ **gland**) timo m.
thymy /ˈtaɪmɪ/ agg. [*ground*] coperto di timo; [*roasted meat*] che sa di timo.
thyroid /ˈθaɪrɔɪd/ **I** n. (anche ~ **gland**) tiroide f. **II** modif. [*artery*] tiroideo; [*cartilage*] tiroide; [*disorder, cancer*] alla tiroide.
thyroidectomy /ˌθaɪrɔɪˈdektəmɪ/ n. tiroidectomia f.
thyroidism /ˈθaɪrɔɪdɪzəm/ n. tiroidismo m.
thyroiditis /ˌθaɪrɔɪˈdaɪtɪs/ ❥ ***11*** n. tiroidite f.
thyrotropin /θaɪˈrɒtrəpɪn/ n. tirotropina f.
thyroxine /ˌθaɪˈrɒksɪn/ n. tiroxina f.
thyrsus /ˈθɜːsəs/ n. (pl. **-i**) tirso m.
thyself /ðaɪˈself/ pron. ANT. → **yourself**.
ti /tiː/ n. MUS. si m.
tiara /tɪˈɑːrə/ n. *(woman's)* diadema m.; *(Pope's)* tiara f.
Tiber /ˈtaɪbə(r)/ ❥ ***25*** n.pr. Tevere m.
Tiberias /taɪˈbɪərɪəs/ ❥ ***13*** n.pr. ***Lake ~*** il Lago di Tiberiade.
Tiberius /taɪˈbɪərɪəs/ n.pr. Tiberio.
Tibet /tɪˈbet/ ❥ ***6*** n.pr. Tibet m.
Tibetan /tɪˈbetn/ ❥ ***18, 14*** **I** agg. tibetano **II** n. **1** *(person)* tibetano m. (-a) **2** *(language)* tibetano m.
tibia /ˈtɪbɪə/ ❥ ***2*** n. (pl. **~s**, **-ae**) tibia f.
tibial /ˈtɪbɪəl/ agg. tibiale.
tic /tɪk/ n. tic m.
tichy BE → **titchy**.
▷ **1.tick** /tɪk/ n. **1** *(of clock)* tic tac m., ticchettio m. **2** BE *(mark on paper)* segno m. di spunta, spunta f.; ***to put a ~ against sth.*** mettere un segno di spunta a qcs. **3** BE COLLOQ. *(short time)* minuto m., istante m.; attimo m., momento m.; ***I'll be with you in a ~, two ~s*** sono da te in un momento, in un paio di minuti; ***I won't be a ~*** faccio in un attimo; ***it won't take a ~, two ~s*** ci vorrà solo un minuto, ci vorranno solo un paio di minuti.
▷ **2.tick** /tɪk/ **I** tr. BE *(make mark)* fare un segno di spunta a [*box, answer*]; spuntare [*name*] **II** intr. [*bomb, clock, watch*] fare tic tac, ticchettare; ***I know what makes him ~*** so cosa lo spinge a comportarsi così.
■ **tick away** [*hours, minutes, time*] passare; [*clock*] andare avanti; [*meter*] girare.
■ **tick by** [*hours, minutes*] passare.
■ **tick off:** ~ [sth., sb.] off, ~ off [sth., sb.] **1** BE *(mark)* spuntare [*name, item*] **2** BE COLLOQ. *(reprimand)* sgridare [*person*] **3** AE COLLOQ. *(annoy)* mandare in bestia [*person*].

▪ **tick over** BE **1** AUT. [*car*] essere in moto; [*engine, meter*] girare **2** FIG. [*company, business*] tirare avanti; *(not doing really well)* andare a rilento; [*mind, brain*] essere in funzione.

3.tick /tɪk/ n. VETER. ZOOL. zecca f.

4.tick /tɪk/ n. fodera f. (per materassi e cuscini).

5.tick /tɪk/ n. BE COLLOQ. *(credit)* ***on*** ~ a credito.

ticker /ˈtɪkə(r)/ n. **1** AE *(on the stock exchange)* teleborsa f. **2** COLLOQ. *(heart)* cuore m. **3** COLLOQ. *(watch)* orologio m.

ticker tape /ˈtɪkəteɪp/ n. nastro m. di telescrivente; ***to give sb. a ~ welcome*** o ***reception*** accogliere qcn. con una pioggia di coriandoli.

ticker tape parade /ˈtɪkəteɪppəˌreɪd/ n. sfilata f. sotto una pioggia di coriandoli.

▶ **1.ticket** /ˈtɪkɪt/ **I** n. **1** *(as proof of entitlement) (for means of transport, cinema, theatre, exhibition etc.)* biglietto m. (**for** per); *(for cloakroom, laundry, left-luggage)* scontrino m.; *(for library)* tessera f.; *(for pawnshop)* scontrino m. (del monte dei pegni); ***a bus ~*** un biglietto dell'autobus; ***a left-luggage ~*** uno scontrino del deposito bagagli; ***admission by ~ only*** ingresso consentito solo ai possessori di biglietto; ***for him, football was a ~ to a better life*** FIG. nel suo caso il calcio è stato il biglietto da visita per una vita migliore **2** *(tag, label)* etichetta f., cartellino m. **3** AUT. COLLOQ. *(for fine)* multa f.; ***a speeding ~*** una multa per eccesso di velocità **4** AE POL. *(of political party)* lista f. (di candidati); *(platform)* piattaforma f.; ***to run on the Republican ~*** presentarsi nella lista dei repubblicani; ***to be elected on an environmental ~*** essere eletto grazie a un programma ecologista **5** AER. MAR. *(licence)* brevetto m.; ***to get one's ~*** qualificarsi come capitano di lungo corso **II** modif. [*prices, sales*] dei biglietti ◆ ***that's (just) the ~!*** COLLOQ. è (proprio) quello che ci vuole!

2.ticket /ˈtɪkɪt/ tr. **1** *(label)* etichettare [*goods, baggage*] **2** AE *(fine)* ***to be ~ed*** prendersi una multa; ***he was ~ed for illegal parking*** gli hanno fatto una multa per divieto di sosta.

ticket agency /ˈtɪkɪtˌeɪdʒənsɪ/ n. = agenzia che vende biglietti aerei, dell'autobus, del cinema, del teatro ecc.

ticket agent /ˈtɪkɪtˌeɪdʒənt/ ♦ **27** n. = chi lavora in una ticket agency.

ticket booth /ˈtɪkɪtbuːð, AE -buːθ/ n. biglietteria f.

ticket clerk /ˈtɪkɪtklɑːk, AE -klɜːrk/ ♦ **27** n. BE addetto m. (-a) alla biglietteria, bigliettaio m. (-a).

ticket collector /ˈtɪkɪtkəˌlektə(r)/ n. BE = addetto alla raccolta dei biglietti.

ticket-day /ˈtɪkɪtdeɪ/ n. *(on the stock exchange)* giorno m. della consegna fogli.

ticket holder /ˈtɪkɪtˌhəʊldə(r)/ n. *(customer)* possessore m. di biglietto; ***"~s only"*** "riservato ai possessori di biglietto".

ticket inspector /ˈtɪkɪtɪnˌspektə(r)/ ♦ **27** n. controllore m.

ticket machine /ˈtɪkɪtməˌʃiːn/ n. biglietteria f. automatica.

ticket office /ˈtɪkɪtˌɒfɪs, AE -ˌɔːf-/ n. biglietteria f.

ticket of leave /ˌtɪkɪtəvˈliːv/ n. (pl. **tickets of leave**) BE ANT. autorizzazione f. alla libertà vigilata.

ticket-of-leave man /ˌtɪkɪtəvˈliːvˌmæn/ n. (pl. **tickets-of-leave men**) BE ANT. prigioniero m. (-a) in libertà vigilata.

ticket punch /ˈtɪkɪtpʌntʃ/ n. obliteratrice f.

ticket tout /ˈtɪkɪttaʊt/ n. BE bagarino m.

tickety-boo /ˌtɪkətɪˈbuː/ agg. BE COLLOQ. ANT. o SCHERZ. ***everything is ~*** va tutto bene.

tick fever /ˌtɪkˈfiːvə(r)/ n. VETER. febbre f. purpurica delle Montagne Rocciose.

ticking /ˈtɪkɪŋ/ **I** n. **1** *(of clock)* tic tac m., ticchettio m. **2** TESS. *(material)* tela f. da materassi; *(cover)* fodera f.; ***mattress ~*** fodera del materasso; ***pillow ~*** federa del guanciale **II** agg. [*clock, meter*] che fa tic tac; ***a ~ sound*** o ***noise*** un ticchettio.

ticking-off /ˌtɪkɪŋˈɒf/ n. ***to give sb. a ~*** BE COLLOQ. sgridare qcn.

▷ **1.tickle** /ˈtɪkl/ n. solletico m.; ***to give sb. a ~*** fare il solletico a qcn.; ***I've got a ~ in my throat*** ho un pizzicore alla gola ◆ ***to have a (bit of) slap and ~*** BE COLLOQ. ANT. pomiciare.

▷ **2.tickle** /ˈtɪkl/ **I** tr. **1** [*person, feather*] fare il solletico a, solleticare; ***to ~ sb. in the ribs, on the tummy*** fare il solletico a qcn. sui fianchi, sulla pancia; ***to ~ sb. under the chin*** fare il solletico a qcn. sotto il mento **2** [*wool, garment*] pungere **3** COLLOQ. FIG. *(gratify)* stuzzicare [*palate, vanity*]; stimolare [*senses*]; *(amuse)* divertire [*person*]; ***to ~ sb.'s fancy*** *(amuse sb.)* piacere a qcn.; *(appeal to sb.)* allettare qcn. **II** intr. [*blanket, garment*] pungere; [*feather*] fare il solletico ◆ ***to be ~d pink*** o ***to death*** essere contento come una pasqua.

tickler /ˈtɪklə(r)/ n. AE *(memorandum)* memorandum m.

tickling /ˈtɪklɪŋ/ **I** n. solletico m. **II** agg. [*feeling*] di solletico.

ticklish /ˈtɪklɪʃ/ agg. **1** [*person*] che soffre il solletico; ***to have ~ feet*** soffrire *o* patire il solletico ai piedi **2** *(tricky)* [*situation, problem*] spinoso, delicato.

ticklishness /ˈtɪklɪʃnɪs/ n. **1** *(of person)* (il) soffrire il solletico **2** *(of situation, problem)* spinosità f., delicatezza f.

tickly /ˈtɪklɪ/ agg. **1** [*cough*] che irrita la gola **2** [*garment, cloth*] che punge.

tick-over /ˈtɪkˌəʊvə(r)/ n. BE AUT. minimo m.

1.ticktack /ˈtɪktæk/ n. BE = linguaggio di segni usato dagli allibratori.

2.ticktack /ˈtɪktæk/ intr. = comunicare con il linguaggio di segni degli allibratori.

ticktack man /ˈtɪktækmæn/ n. (pl. **ticktack men**) assistente m. e f. di un allibratore.

tick-tack-toe /ˌtɪktækˈtəʊ/ n. AE (gioco del) tris m.

ticktock /ˈtɪktɒk/ n. tic tac m.

ticky-tacky /ˈtɪkɪtækɪ/ AE COLLOQ. SPREG. **I** agg. di paccottiglia **II** n. paccottiglia f.

tidal /ˈtaɪdl/ agg. [*river*] soggetto a maree; [*current*] di marea; [*flow*] della marea; [*energy, power*] delle maree; ***the Thames is ~*** il Tamigi è soggetto a maree.

tidal basin /ˌtaɪdlˈbeɪsn/ n. bacino m. di marea.

tidal power station /ˌtaɪdlˈpaʊəˌsteɪʃn/ n. centrale f. di marea.

tidal waters /ˌtaɪdlˈwɔːtəz/ n.pl. acque f. di marea.

tidal wave /ˈtaɪdlweɪv/ n. raz m. di marea; FIG. ondata f., impeto m.

tidbit /ˈtɪdbɪt/ n. AE → **titbit**.

tiddler /ˈtɪdlə(r)/ n. BE **1** *(stickleback)* spinarello m.; *(any small fish)* pesciolino m., pescetto m. **2** COLLOQ. SCHERZ. *(man)* omino m.; *(woman)* donnina f.

tiddly /ˈtɪdlɪ/ agg. BE COLLOQ. **1** *(drunk)* alticcio, brillo **2** *(tiny)* piccolissimo.

tiddlywinks /ˈtɪdlɪwɪŋks/ ♦ **10** n. + verbo sing. gioco m. delle pulci.

▷ **1.tide** /taɪd/ n. **1** MAR. marea f.; ***the ~ is in, out*** c'è alta, bassa marea; ***the ~ is turning*** sta cambiando la marea; ***the ~ is going out, coming in*** la marea sta scendendo, salendo; ***at high, low ~*** con l'alta, la bassa marea **2** FIG. *(trend) (of emotion)* ondata f.; *(of events)* corso m.; ***a rising ~ of sympathy, nationalism*** una crescente ondata di solidarietà, di nazionalismo; ***the ~ of history, events*** il corso della storia, degli eventi; ***to go, swim with the ~*** FIG. seguire la corrente, nuotare secondo corrente; ***to go, swim against the ~*** FIG. andare, nuotare contro corrente; ***the ~ has turned*** c'è stata una svolta; ***to turn the ~ of history*** capovolgere il corso della storia; ***the ~ has turned against him, in his favour*** la sorte gli ha voltato le spalle, si è voltata in suo favore; ***to stem the ~ of pessimism, anarchy*** contrastare l'ondata di pessimismo, anarchica **3** FIG. *(of complaints, letters, refugees)* ondata f., flusso m. ◆ ***time and ~ wait for no man*** non si può fermare il tempo.

2.tide /taɪd/ **I** tr. percorrere sfruttando la marea **II** intr. **1** *(flow to and fro)* salire e scendere **2** MAR. navigare sfruttando le maree.

▪ **tide over:** ~ ***[sb.] over*** aiutare [qcn.] a farcela.

tide gate /ˈtaɪdgeɪt/ n. saracinesca f. per la marea.

tide gauge /ˈtaɪdgeɪdʒ/ n. mareografo m.

tideland /ˈtaɪdlænd/ n. AE zona f. eulitorale.

tideless /ˈtaɪdlɪs/ agg. senza marea.

tide line /ˈtaɪdlaɪn/ n. linea f. di marea.

tide lock /ˈtaɪdˌlɒk/ n. conca f. di entrata.

tidemark /ˈtaɪdmɑːk/ n. linea f. di marea; BE FIG. *(line of dirt)* = riga di sporco nella vasca da bagno che indica fin dove è stata riempita di acqua.

tide race /ˈtaɪdreɪs/ n. forte corrente f. di marea.

tide-rip /ˈtaɪdrɪp/ n. = movimento di masse d'acqua dovuto alla marea.

tide table /ˈtaɪdˌteɪbl/ n. tavola f. delle maree.

tide waiter /ˈtaɪdˌweɪtə(r)/ n. STOR. doganiere m. del porto.

tidewater /ˈtaɪdˌwɔːtə(r)/ n. acque f.pl. di marea.

tideway /ˈtaɪdweɪ/ n. GEOGR. MAR. canale m. di marea.

tidily /ˈtaɪdɪlɪ/ avv. [*arrange, fold, write*] in modo ordinato; [*dress*] con cura; [*fit*] in modo impeccabile.

tidiness /ˈtaɪdɪnɪs/ n. *(of house, room, desk)* ordine m.; *(of person, appearance)* aspetto m. accurato; ***his ~ of habits*** la sua tendenza all'ordine.

tidings /ˈtaɪdɪŋz/ n.pl. LETT. nuove f.; ***good, bad ~*** buone, cattive nuove.

▷ **1.tidy** /ˈtaɪdɪ/ **I** agg. **1** [*house, room, desk, writing, person, nature*] ordinato; [*garden, work, appearance*] curato; [*hair*] in ordine; [*division*] netto; [*category*] definito; ***to have ~ habits*** essere normalmente ordinato; ***to get a room ~*** mettere in ordine una stanza; ***to make oneself ~*** darsi una sistemata; ***to have a ~ mind*** avere una mente metodica **2** COLLOQ. [*amount, salary, portion*] bello, discreto **II** n. BE → **tidy-up**.

▷ **2.tidy** /ˈtaɪdɪ/ **I** tr. → **tidy up II** intr. → **tidy up**.

▪ **tidy away:** ~ *[sth.] away*, ~ *away [sth.]* mettere via, riporre [*toys, plates*].

▪ **tidy out:** ~ *[sth.] out*, ~ *out [sth.]* sgombrare [*cupboard, drawer*].

▪ **tidy up:** ~ *up* rimettere in ordine, riordinare; ***to ~ up after*** rimettere in ordine dopo il passaggio di [*person*]; ~ *up [sth.]*, ~ *[sth.] up* **1** rimettere in ordine, riordinare [*house, room*]; rimettere a posto [*objects*]; risistemare [*garden, area, town, appearance*]; dare una sistemata a [*hair*]; curare [*handwriting*] **2** FIG. sistemare [*problem*]; mettere a posto [*finances*]; ~ ***oneself up*** darsi una sistemata.

tidy-minded /ˌtaɪdɪˈmaɪndɪd/ agg. dalla mente metodica.

tidy-out /ˈtaɪdɪaʊt/, **tidy-up** /ˈtaɪdɪʌp/ n. BE (il) mettere in ordine, ordinata f.; ***to have a ~*** mettere in ordine.

▶ **1.tie** /taɪ/ n. **1** *(piece of clothing)* (anche **neck ~**) cravatta f.; ***regimental, school ~*** BE cravatta del reggimento, della scuola **2** *(fastener) (for bags)* laccetto m.; ING. travicello m.; FERR. traversina f. **3** gener. pl. *(bond)* ***family ~s*** legami familiari; ***to strengthen, sever ~s with*** rafforzare, rompere i legami con **4** *(constraint)* vincolo m.; ***pets can be a ~*** gli animali possono essere un vincolo **5** *(draw)* SPORT pareggio m.; ***to end in a ~*** [*game*] concludersi con un pareggio *o* finire in parità; ***there was a ~ for second place*** finirono secondi ex aequo *o* a pari merito; ***there was a ~ between the candidates*** i candidati ottennero lo stesso numero di voti **6** BE SPORT *(arranged match)* incontro m. (a eliminazione diretta); ***cup, first round ~*** incontro di coppa, primo turno **7** MUS. legatura f.

▶ **2.tie** /taɪ/ **I** tr. (forma in -ing **tying**) **1** *(attach, fasten closely)* legare [*label, animal, prisoner*] (**to** a); legare [*hands, ankles*] (**with** con); legare (con spago) [*parcel, roast beef*] (**with** con); ***to ~ the apron round your waist*** allacciare il grembiule a vita **2** *(join in knot)* fare il nodo, annodare [*scarf, cravat*]; fare il nodo a [*laces*]; ***to ~ a bow in the ribbon*** fare un fiocco con il nastro; ***to ~ a knot in the string*** fare un nodo allo spago **3** FIG. *(link)* collegare; ***to ~ sb., sth. to sth.*** collegare qcn., qcs. a qcs.; ***to be ~d to*** *(linked to)* essere legato a [*belief*]; essere collegato a [*growth, activity*]; ECON. essere indicizzato a [*inflation, interest rate*]; *(constrained by)* [*person*] essere legato a [*party, group*]; [*person*] essere vincolato a [*company*]; essere inchiodato a [*job*]; essere costretto a [*house*]; [*person, business*] essere sottoposto a [*limitations, market forces*] **4** MUS. legare [*notes*] **II** intr. (forma in -ing **tying**) **1** *(fasten)* legarsi; ***the ribbons ~ at the back*** i nastri si legano dietro; ***the laces, rope won't ~*** non c'è modo di legare i lacci, la corda **2** *(draw) (in match)* pareggiare (**with** con); *(in race)* arrivare ex aequo (**with** con); *(in vote)* [*candidates*] ottenere lo stesso numero di voti; ***to ~ for second, third place*** essere secondo, terzo ex aequo; ***to ~ on 20 points*** essere 20 a 20 **III** rifl. (forma in -ing **tying**) ***to ~ oneself to*** attaccarsi a [*railings, etc.*]; FIG. inchiodarsi a [*job*]; vincolarsi a [*commitment*] ◆ ***my hands are ~d*** ho le mani legate.

▪ **tie back:** ~ *[sth.] back*, ~ *back [sth.]* legare [qcs.] dietro la nuca [*hair*]; legare, raccogliere [*curtain*].

▪ **tie down:** ~ *[sb., sth.] down*, ~ *down [sb., sth.]* *(hold fast)* ancorare [*hot air balloon*]; immobilizzare [*hostage*]; ***she feels ~d down*** FIG. si sente costretta *o* soffocata; ***to ~ sb. down to sth.*** *(limit)* imporre qcs. a qcn.; ***to ~ sb. down to an exact date, price*** vincolare qcn. a una data precisa, a un determinato prezzo; ***to ~ oneself down*** vincolarsi (**to** a).

▪ **tie in with:** ~ *in with [sth.]* **1** *(tally)* concordare con [*fact, event*]; ***it all ~s in with what we've been saying*** combacia con quello che abbiamo detto **2** *(have link)* essere collegato a; ***does this fact ~ in with the murder?*** questo ha a che fare con l'omicidio? ~ *[sth.] in with sth.*, ~ *in [sth.] with sth.* **1** *(combine)* combinare [qcs.] con qcs. **2** *(connect)* collegare [qcs.] con qcs. [*fact, information*].

▪ **tie on:** ~ *[sth.] on*, ~ *on [sth.]* attaccare (con un laccio) [*label, ribbon, bauble*].

▪ **tie together:** ~ *together* [*facts, information*] collegarsi; ~ *[sth.] together*, ~ *together [sth.]* legare insieme [*bundles, objects*]; ***we ~d his hands together*** gli legammo le mani.

▪ **tie up:** ~ *[sb., sth.] up*, ~ *up [sb., sth.]* **1** *(secure)* legare [*prisoner, animal*]; legare (con uno spago) [*parcel*]; chiudere (con uno spago) [*sack*]; ormeggiare [*boat*] **2** ECON. *(freeze)* immobilizzare, impegnare, vincolare [*capital*] (**in** in); bloccare [*shares*] **3** *(finalize)* definire [*details, matters*]; concludere [*deal*]; ***to ~ up the loose ends*** fare gli ultimi ritocchi *o* aggiustare gli ultimi dettagli **4** *(hinder)* bloccare [*procedure*]; AE bloccare [*traffic, route*]; AE sospendere, bloccare [*production*]; ***to get ~d up*** [*traffic, route*] essere bloccato; [*production*] essere sospeso; [*person*] essere impegnato *o* occupato; ***to be ~d up*** *(be busy)* essere impegnato *o* occupato; ***he's ~d up in a meeting, with a client*** è impegnato in una riunione, con un cliente; ***I'm a bit ~d up right now*** sono abbastanza occupato adesso.

tieback /ˈtaɪbæk/ n. *(for curtain)* = nastrino per legare le tende.

tie-beam /ˈtaɪbiːm/ n. ING. catena f., tirante m.

tie break /ˈtaɪbreɪk/, **tie breaker** /ˈtaɪˌbreɪkə(r)/ n. *(in tennis)* tie-break m.; *(in quiz)* domanda f. di spareggio.

tie clasp /ˈtaɪklɑːsp, AE -klæsp/, **tie clip** /ˈtaɪklɪp/ n. fermacravatta m.

tied /taɪd/ **I** p.pass. → **2.tie II** agg. [*accommodation*] fornito dall'azienda.

tied agent /ˌtaɪdˈeɪdʒənt/ n. ECON. consulente m. finanziario monomandatario; AUT. concessionario m.

tied house /ˌtaɪdˈhaʊs/ n. BE *(pub)* = locale che vende solo una marca di alcolici.

1.tie-dye /ˈtaɪdaɪ/ n. tintura f. chiné.

2.tie-dye /ˈtaɪdaɪ/ tr. rendere chiné.

tie in /ˈtaɪɪn/ n. **1** *(link)* legame m. **2** AE COMM. *(sale)* = vendita di un prodotto abbinato a un altro; *(item)* = prodotto venduto abbinato a un altro.

tie line /ˈtaɪlaɪn/ n. TEL. linea f. diretta.

tie-on /ˈtaɪɒn/ agg. [*label, ribbon, bauble*] che si attacca con un laccio.

tie pin /ˈtaɪpɪn/ n. spilla f. da cravatta.

1.tier /tɪə(r)/ n. *(of wedding cake)* piano m.; *(of sandwich)* strato m.; *(of organization, system)* livello m.; *(of seating)* gradinata f.; ***to rise in ~s*** stratificarsi.

2.tier /tɪə(r)/ tr. disporre in strati [*cake*]; disporre in livelli [*organization, system*]; disporre su gradinate [*seating*].

3.tier /ˈtaɪə(r)/ n. AE ANT. grembiulino m. per bambini.

tie rack /ˈtaɪræk/ n. portacravatte m.

tierce /tɪəs/ n. **1** STOR. = unità di misura di capacità pari a 35 galloni, equivalente a circa 159 litri **2** *(in cards)* = sequenza di tre carte dello stesso seme **3** *(in fencing)* terza f. **4** MUS. terza f.

tiercet → **tercet**.

tiered /tɪəd/ **I** p.pass. → **2.tier II** agg. [*seating*] disposto su gradinate; [*system*] a più livelli.

tie rod /ˈtaɪrɒd/ n. AUT. barra f. di accoppiamento (dello sterzo); ARCH. tirante m.

Tierra del Fuego /tɪˌerədelˈfweɪgəʊ/ n.pr. Terra f. del Fuoco.

tie tack /ˈtaɪtæk/ n. AE → **tie pin**.

tie-up /ˈtaɪʌp/ n. **1** *(link)* legame m. **2** AE *(stoppage) (of work)* sospensione f.; *(of traffic)* blocco m. **3** AE COLLOQ. *(mooring)* punto m. d'ormeggio.

1.tiff /tɪf/ n. battibecco m.; ***a lovers' ~*** un battibecco tra innamorati; ***to have a ~*** avere un battibecco.

2.tiff /tɪf/ intr. avere un battibecco, bisticciare.

tiffany /ˈtɪfənɪ/ n. mussola f. di seta.

tiffin /ˈtɪfɪn/ n. INDIAN. = pranzo leggero.

tig /tɪg/ ♦ ***10*** n. GIOC. chiapparello m.

▷ **tiger** /ˈtaɪgə(r)/ n. tigre f. ◆ ***to fight like a ~*** battersi come un leone.

tiger beetle /ˈtaɪgəˌbiːtl/ n. cicindela f.

tiger-cat /ˈtaɪgəkæt/ n. gatto m. tigre.

tiger cub /ˈtaɪgəkʌb/ n. tigrotto m.

tiger economy /ˈtaɪgərɪˌkɒnəmɪ/ n. ECON. economia f. delle tigri asiatiche.

tigerish /ˈtaɪgərɪʃ/ agg. tigresco; FIG. feroce.

tiger lily /ˈtaɪgəˌlɪlɪ/ n. giglio m. tigrato.

tiger moth /ˈtaɪgəmɒθ, AE -mɔːθ/ n. caia f.

tiger's eye /ˈtaɪgəzaɪ/ n. MINER. occhio m. di tigre.

tiger shark /ˈtaɪgəʃɑːk/ n. squalo m. tigre.

tiger-wolf /ˈtaɪgəwʊlf/ n. iena f. macchiata.

tiger-wood /ˈtaɪgəwʊd/ n. legno m. tigre.

▷ **tight** /taɪt/ **I** agg. **1** *(firm)* [*lid, screw*] stretto bene; [*grip, knot*] stretto; ***to hold sb. in a ~ embrace*** tenere qcn. stretto tra le braccia **2** *(taut)* [*rope, string, strap*] teso; ***a ~ voice*** una voce tesa **3** *(constrictive)* [*space*] stretto, angusto; [*clothing*] stretto, aderente; *(closefitting)* [*jacket*] sciancrato; [*shirt*] attillato; ***my shoes are too ~*** le mie scarpe sono troppo strette; ***a pair of ~ jeans*** un paio di jeans attillati; ***there were six of us in the car - it was a ~ squeeze*** eravamo in sei in macchina, eravamo schiacciati come sardine **4** *(strict)* [*security*] assoluto; [*deadline*] rigido; [*discipline*] rigido, rigoroso; [*budget*] limitato; [*credit*] difficile; ***to exercise ~ control over sth., sb.*** tenere qcs., qcn. sotto stretto *o* severo controllo; ***to be ~ (with one's money)*** tenere la borsa stretta *o* essere taccagno; ***money is a bit ~ these days*** *(one's own)* in questo periodo sono un po' a corto di soldi; ECON. in questo periodo c'è una certa stretta monetaria; ~ ***money*** ECON. denaro scarso **5** *(packed)* [*schedule*] fitto; [*timetable*] serrato **6** SPORT *(close)* [*finish, match*] serrato, combattuto **7** *(compact)* [*group*] serrato; [*bunch*] folto; ***they were sitting in a ~ circle around her*** sedevano ammassati in cerchio attorno a lei **8** BE COLLOQ. *(drunk)* ubriaco, sbronzo; ***to get ~*** ubriacarsi **9** *(sharp, oblique)* [*angle*] acuto; [*turn*] stretto **II** avv. **1** *(firmly)* [*hold, grip*] stretto; ***to fasten, close sth. ~*** stringere, chiudere bene qcs.; ***you've screwed the lid too ~*** hai stretto troppo il coperchio; ***to hold sth. ~ against one's chest*** tenere qcs. stretto al petto; ***he shut his eyes ~*** strinse le palpebre **2** *(closely)* ***she pulled the collar ~ about her throat*** si strinse il colletto attorno al collo; ***stand ~ against the wall*** state bene stretti contro il muro **3** *(fast)* ***hold ~!*** tieniti forte! ***sit ~!*** stai fermo! ***I just sat ~ and waited for the scandal to pass*** FIG. ho tenuto duro **III tights** n.pl. BE collant m. ◆ ***to be in a ~ spot*** o ***situation*** o ***corner*** essere in una situazione difficile; ***to run a ~ ship*** = avere una gestione molto efficiente e molto rigida.

tight-arsed BE, **tight-assed** AE /'taɪtɑːst, 'taɪtæst/ agg. POP. SPREG. [*person*] puritano, rigido; [*behaviour*] da bacchettone.

▷ **tighten** /'taɪtn/ **I** tr. stringere, serrare [*grip, lid, screw, strap*]; tendere [*spring, bicycle chain*]; FIG. rafforzare [*security, restrictions*]; inasprire [*legislation, policy*]; ***they ~ed their grip on the land*** strinsero il controllo sul territorio; ***to ~ the tension*** *(in sewing, knitting)* tendere di più il filo **II** intr. **1** *(contract)* [*lips*] serrarsi; [*muscle*] contrarsi; ***her mouth ~ed*** strinse le labbra; ***she felt her throat ~*** si sentì stringere in gola **2** [*screw, nut*] stringersi **3** *(become strict)* [*laws*] inasprirsi; [*credit controls*] aumentare ◆ ***to ~ one's belt*** FIG. tirare la cinghia.

■ **tighten up:** ~ ***up*** ***[sth.]***, ~ ***[sth.]*** ***up*** stringere [*screw*]; fissare [*hinge*]; rafforzare [*security*]; inasprire [*legislation*]; ***to ~ up on*** inasprire la regolamentazione in materia di [*immigration, fiscal policy etc.*].

tight end /ˌtaɪt'end/ n. AE SPORT ala f.

tightener /'taɪtnə(r)/ n. TECN. tenditore m.

tightening /'taɪtnɪŋ/ n. *(of screw, lid)* stringimento m.; FIG. (anche ~ **up**) *(of legislation)* inasprimento m.; *(of security)* rafforzamento m.; ***to feel a ~ of one's jaw, stomach muscles*** sentirsi contrarre la mascella, i muscoli dello stomaco.

tight-fisted /ˌtaɪt'fɪstɪd/ agg. COLLOQ. SPREG. taccagno, spilorcio.

tight-fitting /ˌtaɪt'fɪtɪŋ/ agg. SART. attillato.

tight-knit /ˌtaɪt'nɪt/ agg. FIG. unito.

tight-lipped /ˌtaɪt'lɪpt/ agg. ***they are remaining ~ about the events*** mantengono le bocche cucite sui fatti; ***he watched, ~*** guardava senza fare commenti.

▷ **tightly** /'taɪtlɪ/ avv. **1** *(firmly)* [*grasp*] saldamente; [*grip, hold, embrace*] stretto; [*tied, fastened, bound*] strettamente; ***her hair was drawn back ~ in a bun*** i suoi capelli erano stretti in uno chignon **2** *(closely)* ***the ~ packed crowd*** la folla assiepata; ***the sweets are packed ~ in the box*** le caramelle sono racchiuse nella scatola **3** *(taut)* ***a ~ stretched rope*** una corda molto tesa **4** *(precisely)* [*scheduled, coordinated*] con precisione; [*controlled*] strettamente.

tightness /'taɪtnɪs/ n. **1** *(contraction) (of muscles, jaw)* contrazione f.; ***there was a sudden ~ in her chest*** improvvisamente sentì una stretta al petto **2** *(strictness) (of restrictions, security)* rafforzamento m. (**of** di) **3** *(smallness) (of space, garment)* strettezza f.; ***because of the ~ of his shoes*** a causa delle scarpe troppo strette.

tightrope /'taɪtrəʊp/ n. *(for acrobats)* fune f.; ***to walk the ~*** camminare sulla fune; ***to be on a ~*** FIG. stare sul filo del rasoio; ***I'm walking the ~ between my family and my job*** sono combattuto tra la famiglia e il lavoro.

tightrope walker /'taɪtrəʊpˌwɔːkə(r)/ ➧ ***27*** n. funambolo m. (-a).

tightrope walking /'taɪtrəʊpˌwɔːkɪŋ/ n. funambolismo m.

tightwad /'taɪtwɒd/ n. AE COLLOQ. SPREG. taccagno m. (-a), spilorcio m. (-a).

tigon /'taɪgən/ n. tigone m.

tigress /'taɪgrɪs/ n. tigre f. femmina.

Tigris /'taɪgrɪs/ ➧ ***25*** n.pr. Tigri m.

tike → **tyke**.

til /tɪl/ **I** n. sesamo m. **II** modif. [*oil*] di sesamo.

tilbury /'tɪlbərɪ/ n. tilbury m.

Tilda /'tɪldə/ n.pr. diminutivo di **Mat(h)ilda**.

tilde /'tɪldə/ n. tilde f.

▷ **1.tile** /taɪl/ n. *(for roof)* tegola f.; *(for floor, wall)* piastrella f. ◆ ***to go out*** o ***have a night on the ~s*** BE COLLOQ. fare bisboccia *o* fare baldoria.

2.tile /taɪl/ tr. coprire con tegole [*roof*]; piastrellare [*floor, wall*].

tiled /taɪld/ **I** p.pass. → **2.tile II** agg. [*roof*] coperto di tegole; [*floor, wall*] piastrellato.

tilemaking /'taɪlˌmeɪkɪŋ/ n. = fabbricazione di tegole e piastrelle.

tiler /'taɪlə(r)/ ➧ ***27*** n. *(of roofs)* copritetto m.; *(of floors, walls)* piastrellista m.

tilery /'taɪlərɪ/ n. = fabbrica di tegole e piastrelle.

tiling /'taɪlɪŋ/ n. **1 U** *(covering of tiles) (of roof)* tegole f.pl.; *(of floor, wall)* piastrelle f.pl. **2** *(process) (for roof)* copertura f. con tegole; *(for floor, wall)* piastrellamento m.

▶ **1.till** /tɪl/ → **until**.

2.till /tɪl/ n. cassa f. ◆ ***to have one's hand in the ~*** avere le mani lunghe.

3.till /tɪl/ n. deposito m. glaciale.

4.till /tɪl/ tr. coltivare, lavorare.

tillable /'tɪləbl/ agg. coltivabile.

tillage /'tɪlɪdʒ/ n. ANT. *(process)* coltura f., coltivazione f.; *(land)* terreno m. coltivato.

1.tiller /'tɪlə(r)/ n. AGR. *(machine)* fresatrice f. agricola.

2.tiller /'tɪlə(r)/ n. MAR. barra f. (del timone).

3.tiller /'tɪlə(r)/ n. BOT. pollone m.

tillerman /'tɪləmən/ n. (pl. **-men**) timoniere m.

tilling /'tɪlɪŋ/ n. coltura f., coltivazione f.

till receipt /'tɪlrɪˌsiːt/ n. scontrino m. fiscale.

Tilly /'tɪlɪ/ n.pr. diminutivo di **Mat(h)ilda**.

1.tilt /tɪlt/ n. **1** *(incline)* inclinazione f., pendenza f.; ***to have a (slight) ~*** essere (leggermente) inclinato **2** FIG. *(attack)* attacco m. (**at** a); ***to have*** o ***take a ~ at*** criticare [*person, trend, organization*]; cimentarsi in [*championship, event*]; misurarsi con [*champion*] **3** STOR. *(in jousting) (contest)* giostra f., torneo m.; *(thrust)* colpo m. di lancia; ***to take a ~ at*** colpire con la lancia [*opponent, competitor*].

2.tilt /tɪlt/ **I** tr. **1** *(slant)* inclinare, fare pendere [*table, chair, sunshade*]; inclinare [*head, face, container*]; mettere a sghimbescio [*hat, cap*]; ***to ~ one's head to the left, back, forward*** inclinare la testa verso sinistra, indietro, in avanti; ***he ~ed his cap over his eyes*** si calò il berretto sugli occhi **2** FIG. *(influence)* ***to ~ the balance in favour of, away from*** fare pendere la bilancia in favore di, contro [*politician, party, measure*] **II** intr. **1** *(slant)* [*building, floor, ground, spire, tree, table*] pendere; ***to ~ to the left, forward, to one side*** pendere verso sinistra, in avanti, da un lato **2** STOR. *(joust)* giostrare; ***to ~ at*** STOR. giostrare contro [*opponent*]; FIG. attaccare [*person, organization*].

3.tilt /tɪlt/ n. AUT. MAR. *(cover)* tendone m.

4.tilt /tɪlt/ tr. coprire con un tendone [*boat, cart*].

tilt-and-turn window /ˌtɪltəntɜːn'wɪndəʊ/ n. finestra f. ad anta-ribalta.

tilt angle /'tɪltˌæŋgl/ n. angolo m. di inclinazione.

tilted /'tɪltɪd/ **I** p.pass. → **2.tilt II** agg. [*spire, head*] inclinato; ***~ to the right, to one side*** inclinato verso destra, da un lato; ***his head was ~ back, forward*** aveva la testa inclinata indietro, in avanti.

tilter /'tɪltə(r)/ n. **1** TECN. dispositivo m. di ribaltamento **2** STOR. giostrante m., giostratore m.

tilth /tɪlθ/ n. *(process)* coltura f., coltivazione f.; *(land)* terreno m. coltivato.

tilt hammer /'tɪltˌhæmə(r)/ n. MECC. maglio m.

tilthead /'tɪlthed/ n. FOT. giunto m. a sfera.

tilting /'tɪltɪŋ/ agg. inclinabile, ribaltabile.

tilt-top table /'tɪlttɒpˌteɪbl/ n. tavolo m. con piano ribaltabile.

tilt-yard /'tɪltjɑːd/ n. STOR. lizza f.

Tim /tɪm/ n.pr. diminutivo di **Timothy**.

timbal, tymbal /'tɪmbl/ n. MUS. timballo m.

timbale /tæ'bɑːl/ n. GASTR. timballo m.

▷ **1.timber** /'tɪmbə(r)/ **I** n. **1** *(for building)* legname m. (da costruzione); *(for furniture)* legname m. (per mobili); ***seasoned, green ~*** legno stagionato, verde; ***roof ~s*** legname da costruzione (per tetti) **2** *(lumber)* tronchi m.pl. d'albero; ***to fell ~*** abbattere degli alberi; ***"Timber!"*** "attenzione all'albero che cade!" **3** *(forest)* bosco m., foresta f.; ***land under ~*** fustaia **4** *(beam)* trave f. **II** modif. [*importer, exporter, trade*] di legname; [*treatment*] del legno; [*preservative*] per il legno; [*building, frame*] in legno; ***~ plantation*** fustaia.

2.timber /'tɪmbə(r)/ tr. rafforzare con legname.

timber-clad /'tɪmbəˌklæd/ agg. rivestito in legno.

timber cladding /'tɪmbəˌklædɪŋ/ n. rivestimento m. in legno.

timbered /'tɪmbəd/ **I** p.pass. → **2.timber II** agg. [*house*] in legno; ***~ ceiling*** soffitto in legno; ***half-~ house*** = casa con ossatura in legno e tramezzi in muratura.

timber-framed /'tɪmbəˌfreɪmd/ agg. [*building*] con struttura in legno.

timber-head /'tɪmbəhed/ n. bitta f.

timbering /'tɪmbərɪŋ/ n. costruzione f. in legno.

timberland /'tɪmbəlænd/ n. AE terreno m. coltivato a foresta.
timber line /'tɪmbəlaɪn/ n. limite m. della vegetazione arborea.
timberman /'tɪmbəmən/ ♦ *27* n. (pl. **-men**) boscaiolo m., tagliaboschi m.
timber merchant /'tɪmbə,mɜːtʃənt/ ♦ *27* n. BE commerciante m. di legname.
timber mill /'tɪmbəmɪl/ n. segheria f.
timber tree /'tɪmbətriː/ n. albero m. d'alto fusto.
timber wolf /'tɪmbəwʊlf/ n. lupo m. (grigio).
timber-work /'tɪmbəwɜːk/ n. costruzione f. in legno.
timber yard /'tɪmbəjɑːd/ n. deposito m. di legname.
timbre /'tɪmbə(r), 'tæmbrə/ n. *(of sound, voice)* timbro m.
timbrel /'tɪmbrəl/ n. tamburello m.
▶ **1.time** /taɪm/ ♦ *33, 4* n. **1** *(continuum)* tempo m.; ***~ and space*** spazio e tempo; ***in*** o ***with ~*** col tempo; ***in the course of ~*** nel corso del tempo; ***as ~ goes, went by*** con il passare del tempo; ***at this point in ~*** a questo punto; ***for all ~*** per tutto il tempo *o* per sempre; ***the biggest drugs haul of all ~*** la più grossa partita di droga mai vista **2** *(specific duration)* tempo m.; ***most of the ~*** la maggiore parte del tempo; ***he was ill for some of the ~*** fu malato per un certo periodo; ***she talked (for) some of the ~, but most of the ~ she was silent*** parlò (per) un po', ma per la maggiore parte del tempo rimase in silenzio; ***all the ~*** tutto il tempo; ***I was waiting for you here all the ~*** ti ho aspettato qui per tutto il tempo; ***she was lying all the ~*** aveva sempre mentito; ***you've got all the ~ in the world*** hai tutto il tempo del mondo; ***you've got plenty of ~*** hai molto tempo; ***to find, have, take the ~ to do*** trovare, avere, prendersi il tempo di fare; ***to spend one's ~ doing*** passare *o* trascorrere il tempo a fare; ***to take one's ~*** prendersela comoda; ***take your ~ over it!*** fallo con comodo! prenditela comoda per farlo! ***writing a novel takes ~, it takes ~ to write a novel*** scrivere un romanzo richiede tempo, ci vuole tempo per scrivere un romanzo; ***do I have (enough) ~ to go to the shops?*** ho abbastanza tempo per fare la spesa? ***half the ~ he isn't even listening*** la metà delle volte non ascolta nemmeno; ***some ~ before, after*** qualche tempo *o* un po' di tempo prima, dopo; ***that's the best film I've seen for a long ~*** era molto tempo che non vedevo un film così bello; ***he has been gone for a long ~*** se n'è andato *o* è via da molto tempo; ***it'll be a long ~ before I go back there!*** passerà molto tempo prima che io ci torni! ***what a (long) ~ you've been!*** ci hai messo molto tempo! ***you took a long ~!*** ce ne hai messo di tempo! ***we had to wait for a long ~*** abbiamo dovuto aspettare a lungo; ***I've been living in this country for a long ~*** abito in questo paese da molto tempo; ***it takes a long ~ for the car to start*** ci vuole un bel po' prima che la macchina riesca a partire; ***she would regret this for a long ~ to come*** lo rimpiangerà a lungo *o* per molto tempo; ***a long ~ ago*** molto tempo fa; ***a short ~ ago*** poco tempo fa; ***some ~ ago*** un po' di tempo fa *o* qualche tempo fa; ***we haven't heard from her for some ~*** non abbiamo sue notizie da un po' di tempo; ***it continued for some (considerable) ~*** continuò *o* durò per un bel po'; ***it won't happen for some ~ yet*** ci vorrà un po' di tempo prima che succeda; ***she did it in half the ~ it had taken her colleagues*** lo fece nella metà del tempo impiegato dai suoi colleghi; ***in no ~ at all*** o ***in next to no ~*** in un niente; ***in five days', weeks' ~*** nel giro di *o* in cinque giorni, settimane; ***within the agreed ~*** entro i termini convenuti; ***in your own ~*** *(at your own pace)* al tuo ritmo; *(outside working hours)* al di fuori dell'orario di lavoro; ***on company ~*** durante l'orario di ufficio; ***my ~ isn't my own*** non sono padrone del mio tempo; ***my ~ is my own*** posso gestire il mio tempo come voglio **3** *(hour of the day, night)* ora f.; ***what ~ is it? what's the ~?*** che ora è? che ore sono? ***she looked at the ~*** guardò l'ora; ***the ~ is 11 o'clock*** sono le 11 (in punto); ***10 am Italian ~*** le dieci antimeridiane, ora italiana; ***tomorrow, at the same ~*** domani, alla stessa ora; ***this ~ next week*** la prossima settimana a quest'ora; ***this ~ next year*** l'anno prossimo in questo periodo; ***this ~ last week, year*** la scorsa settimana a questa stessa ora, l'anno scorso in questo stesso periodo; ***by this ~ next week, year*** a quest'ora fra una settimana, in questo periodo fra un anno; ***on ~*** a tempo *o* puntualmente; ***the trains are running on*** o ***to ~*** i treni sono puntuali *o* in orario; ***the bus, train ~s*** gli orari degli autobus, dei treni; ***the ~s of trains to Florence*** gli orari dei treni per Firenze; ***it's ~ to go!*** è ora di andare! ***it's ~ for school, bed*** è ora di andare a scuola, a letto; ***it's ~ for breakfast*** è ora di (fare) colazione; ***it's ~*** è ora; ***your ~ is up*** il tuo tempo è scaduto; ***it's ~ we started, left*** è ora di cominciare, di partire; ***to lose ~*** [*clock*] restare indietro; ***that clock keeps good ~*** quell'orologio è sempre preciso; ***about ~ too!*** alla buonora! ***not before ~!*** era proprio ora! ***you're just in ~ for lunch, a drink*** arrivi *o* sei in tempo per il pranzo, per bere qualche cosa; ***to arrive in good ~*** arrivare in anticipo; ***to be in plenty of ~*** o ***in good ~ for the train*** essere in (largo) anticipo per prendere il treno; ***I want to have everything ready in ~ for Christmas*** voglio avere tutto pronto (in tempo) per Natale; ***to be behind ~*** essere in ritardo *o* indietro; ***twenty minutes ahead of ~*** venti minuti in anticipo; ***six months ahead of ~*** sei mesi in anticipo **4** *(era, epoch)* tempo m., epoca f.; ***in Victorian, Roman ~s*** nell'epoca vittoriana, al tempo degli antichi romani; ***in Dickens' ~s*** ai tempi di Dickens; ***at the ~*** al tempo *o* all'epoca; ***at that ~*** in quel tempo *o* in quel periodo; ***~ was*** o ***there was a ~ when one could...*** ci fu un tempo in cui *o* un tempo si poteva...; ***to be ahead of*** o ***in advance of the ~s*** [*person, invention*] precorrere i tempi; ***to be behind the ~s*** non essere al passo con i tempi; ***to keep up*** o ***move with the ~s*** tenersi *o* essere al passo con i tempi; ***~s are hard*** sono tempi duri; ***those were difficult ~s*** erano tempi difficili; ***in ~s past, in former ~s*** nei tempi passati, nel passato; ***in happier ~s*** in tempi più felici *o* in un periodo migliore; ***it's just like old ~s*** è proprio come ai vecchi tempi; ***in ~s of war, peace*** in tempo di guerra, di pace; ***give peace in our ~*** RELIG. concedi la pace ai nostri giorni; ***at my ~ of life*** alla mia età; ***I've seen a few tragedies in my ~*** ne ho viste di tragedie nella mia vita *o* ai miei tempi; ***she was a beautiful woman in her ~*** era una bella donna ai suoi tempi; ***it was before my ~*** *(before my birth)* non ero ancora nato; *(before I came here)* non ero ancora venuto qua; ***if I had my ~ over again*** se potessi ricominciare *o* se potessi ritornare indietro *o* se ridiventassi giovane; ***to die before one's ~*** morire prima del tempo *o* prematuramente; ***to be nearing one's ~*** *(pregnant woman)* avvicinarsi al momento del parto **5** *(moment)* momento m.; ***at ~s*** a volte; ***it's a good, bad ~ to do*** è il momento giusto di fare, non è il momento (adatto) di fare; ***the house was empty at the ~*** la casa era vuota in quel momento; ***at the ~ I didn't notice*** al momento non l'avevo notato; ***at the right ~*** al momento giusto; ***this is no ~ for jokes*** non è il momento di scherzare; ***at all ~s*** tutti i momenti *o* sempre; ***at any ~*** in qualsiasi momento; ***at any ~ of the day or night*** a qualsiasi ora del giorno e della notte; ***we're expecting him any ~ now*** lo aspettiamo da un momento all'altro; ***at no ~ did I agree*** non ho mai accettato; ***come any ~ you want*** vieni quando vuoi; ***the ~ has come for change, action*** è giunto il momento di cambiare, di agire; ***at ~s like these you need your friends*** in momenti come questi si ha bisogno dei propri amici; ***by the ~ I finished the letter the post had gone*** quando finii la lettera la posta era già partita; ***by the ~ she had got downstairs he had gone*** quando scese di sotto era già partito; ***by this ~ most of them were dead*** a quel punto la maggior parte di loro erano morti; ***some ~ this week*** un giorno di questa settimana; ***some ~ next month*** il mese prossimo; ***for the ~ being*** per il momento; ***from that*** o ***this ~ on*** a partire da quel, da questo momento; ***from the ~ (that) I was 15*** da quando avevo 15 anni *o* dall'età di 15 anni; ***there are ~s when*** ci sono momenti in cui; ***when the ~ comes*** quando viene il momento; ***in ~s of danger*** nei momenti di pericolo; ***in ~s of crisis, high inflation*** nei momenti di crisi, di forte inflazione; ***no more than 12 people at any one ~*** non più di dodici persone per volta; ***until such ~ as he does the work*** fino al momento in cui non abbia fatto il lavoro; ***at the same ~*** allo stesso tempo; ***I can't be in two places at the same ~*** non posso essere in due posti allo stesso tempo; ***now's our ~ to act!*** adesso tocca a noi agire! **6** *(occasion)* volta f.; ***nine ~s out of ten*** nove volte su dieci; ***three ~s a month*** tre volte al mese; ***hundreds of ~s*** centinaia di volte; ***the first, last, next ~*** la prima, l'ultima, la prossima volta; ***~ after*** o ***~ and ~ again*** continuamente *o* in continuazione; ***each*** o ***every ~ that*** ogni volta che; ***some other ~ perhaps*** magari un'altra volta; ***three at a ~*** tre per volta *o* alla volta; ***there were ~s when*** c'erano volte *o* momenti in cui; ***many's the ~ when I refused*** molte furono le volte in cui rifiutai; ***she passed her driving test first ~ round, third ~ round*** ha passato l'esame di guida al primo colpo, al terzo tentativo; ***do you remember the ~ when...?*** ti ricordi la volta che...? ***from ~ to ~*** di tanto in tanto; ***10 dollars a ~*** 10 dollari per volta *o* alla volta; ***for months at a ~*** per mesi interi; ***(in) between ~s*** nel frattempo *o* intanto **7** *(experience)* ***to have a tough*** o ***hard ~ doing*** incontrare delle difficoltà a fare; ***they gave him a rough*** o ***hard*** o ***tough ~ of it*** gliene hanno fatte passare di tutti i colori; ***he's having a rough*** o ***hard*** o ***tough ~*** sta attraversando un periodo difficile; ***I'm having a bad ~ at work*** sto passando un brutto periodo al lavoro; ***we had a good ~*** ci siamo divertiti; ***have a good ~!*** divertitevi! ***to have an easy ~ (of it)*** cavarsela facilmente; ***the good, bad ~s*** i momenti felici, difficili; ***she enjoyed her ~ in Canada*** è stata molto bene durante il suo soggiorno in Canada; ***during her ~ as ambassador*** durante il suo incarico di ambasciatrice **8** AMM. IND. *(hourly rate)* ***to work, be paid ~*** lavorare, essere pagato a ore; ***to be paid ~ and a half*** essere pagato una volta e mezza la tariffa normale; ***on Sundays we get***

paid double ~ la domenica siamo pagati il doppio **9** *(length of period)* ***cooking*** ~ tempo di cottura; ***flight, journey*** ~ durata del volo, del viaggio **10** MUS. tempo m.; ***to beat*** o ***mark*** ~ battere, segnare il tempo; ***to stay in*** o ***keep*** ~ tenere il tempo; ***to be in, out of*** ~ essere, non essere a tempo; ***in waltz, march*** ~ a tempo di valzer, di marcia **11** SPORT tempo m.; ***a fast*** ~ un buon tempo; ***in record*** ~ in un tempo da record; ***to keep*** ~ cronometrare **12** MAT. FIG. ***one ~s two is two*** uno per due fa due; ***three ~s four*** tre per quattro; ***ten ~s longer, stronger*** dieci volte più lungo, più forte; ***eight ~s as much*** otto volte tanto ◆ ***from ~ out of mind*** dalla notte dei tempi; ***there is a ~ and place for everything*** c'è un tempo e un luogo per ogni cosa; ***there's always a first*** ~ o ***there's a first ~ for everything*** c'è sempre una prima volta; ***he'll tell you in his own good*** ~ te lo dirà a suo tempo *o* quando lo vorrà lui; ***all in good*** ~ tutto *o* ogni cosa a suo tempo; ***only ~ will tell*** chi vivrà vedrà; ***to pass the ~ of day with sb.*** fare due chiacchiere con qcn.; ***I wouldn't give him the ~ of day*** non gli rivolgerei nemmeno la parola; ***to have ~ on one's hands*** avere del tempo libero; ***~ hung heavy on his hands*** gli sembrava che il tempo non passasse mai; ***to have a lot of ~ for sb.*** ammirare *o* apprezzare molto qcn.; ***I've got a lot of ~ for people who work with the sick*** ammiro molto le persone che si dedicano agli ammalati; ***I've got no ~ for pessimists, that sort of attitude*** non sopporto i pessimisti, quel tipo di atteggiamento; ***to do*** ~ COLLOQ. *(prison)* stare al fresco; ***to make ~ with sb.*** AE COLLOQ. rimorchiare qcn.; ***give me Italy, Lauren Bacall every ~!*** non c'è niente come l'Italia! non c'è nessuno come Lauren Bacall! ***long ~ no see!*** COLLOQ. è un bel po' che non ci si vede! ***~ please!*** BE *(in pub)* si chiude!

2.time /taɪm/ **I** tr. **1** *(schedule)* programmare [*attack*] (**for** per); fissare, programmare [*holiday, visit*] (**for** per); fissare [*appointment, meeting*]; ***the demonstration is ~d to coincide with the ceremony*** l'ora della manifestazione è stata calcolata in modo da coincidere con la cerimonia; ***we ~ our trips to fit in with school holidays*** programmiamo i nostri viaggi in modo che coincidano con le vacanze scolastiche; ***the bomb is ~d to go off at midday*** la bomba è regolata per esplodere a mezzogiorno; ***to be well-, badly-timed*** avvenire al momento giusto, sbagliato; ***the announcement was perfectly ~d*** l'annuncio fu dato al momento giusto **2** *(judge)* calibrare [*blow, stroke, shot*]; ***to ~ a remark, joke*** scegliere il momento adatto per fare un'osservazione, una battuta **3** *(measure speed, duration)* cronometrare [*athlete, cyclist*]; calcolare la durata di [*journey, speech*]; calcolare la cottura di [*egg*]; ***to ~ sb. over 100 metres*** cronometrare qcn. sui 100 metri **II** rifl. ***to ~ oneself*** cronometrarsi.

time-and-motion expert /ˌtaɪmən'məʊʃnˌekspɜ:t/ ➧ *27* n. analista m. e f. tempi e metodi.

time-and-motion study /ˌtaɪmən'məʊʃnˌstʌdɪ/ n. analisi f. tempi e metodi.

time bargain /'taɪmˌbɑ:gɪn/ n. *(on the Stock Exchange)* operazione f. a termine.

time bill /'taɪmˌbɪl/ n. COMM. cambiale f. a tempo.

time bomb /'taɪmˌbɒm/ n. bomba f. a orologeria; FIG. bomba f. a scoppio ritardato.

time capsule /'taɪmˌkæpsju:l, AE -ˌkæpsl/ n. = scatola contenente una serie di oggetti rappresentativi di un periodo che viene sepolta per i posteri.

time-card /'taɪmkɑ:d/ n. AE → **time-sheet**.

time charter /'taɪmˌtʃɑ:tə(r)/ n. MAR. noleggio m. a tempo.

time check /'taɪmtʃek/ n. RAD. segnale m. orario.

time clause /'taɪmˌklɔ:z/ n. LING. proposizione f. temporale.

time clock /'taɪmklɒk/ n. **1** *(on workplace)* orologio m. marcatempo **2** *(on appliance)* timer m., temporizzatore m.

time code /'taɪmˌkəʊd/ n. RAD. TELEV. MUS. timecode m.

time constant /'taɪmˌkɒnstənt/ n. ELETTRON. costante f. di tempo.

time-consuming /ˌtaɪmkən'sju:mɪŋ, AE -'su:-/ agg. che prende (molto) tempo; ***to be*** ~ prendere (molto) tempo.

time delay /'taɪmdɪˌleɪ/ n. ritardo m.

time deposit /'taɪmdɪˌpɒzɪt/ n. AE ECON. deposito m. a tempo, a termine.

time difference /'taɪmˌdɪfrəns/ n. **1** scarto m., sfasamento m. temporale **2** *(in an area)* differenza f. di fuso orario.

time dilatation /'taɪmdaɪleɪˌteɪʃn/, **time dilation** /'taɪmdaɪˌleɪʃn/ n. FIS. dilatazione f. relativistica del tempo.

time draft /'taɪmdrɑ:ft, AE -dræft/ n. AE ECON. tratta f. a tempo.

time exposure /'taɪmɪkˌspəʊʒə(r)/ n. FOT. (tempo di) posa f.

time-frame /'taɪmˌfreɪm/ n. *(period envisaged)* calendario m.; *(period allocated)* tempo m. previsto.

time fuse /'taɪmˌfju:z/ n. spoletta f. a tempo.

time-honoured /'taɪmˌɒnəd/ agg. ***a ~ tradition*** un'usanza di antica tradizione.

timekeeper /'taɪmki:pə(r)/ ➧ *27* n. **1** SPORT cronometrista m. e f. **2** *(punctual person)* ***he's a good*** ~ è sempre puntuale **3** *(watch, clock)* ***this watch is a good*** ~ questo orologio funziona bene *o* è preciso.

time-keeping /'taɪmki:pɪŋ/ n. **1** *(punctuality)* puntualità f. **2** SPORT cronometraggio m.

time-lag /'taɪmlæg/ n. scarto m., sfasamento m. temporale.

time lapse photography /ˌtaɪmˌlæpsfə'tɒgrəfɪ/ n. passo m. uno.

timeless /'taɪmlɪs/ agg. senza tempo, eterno, atemporale.

timelessness /'taɪmlɪsnɪs/ n. eternità f.

time-limit /'taɪmlɪmɪt/ n. **1** *(deadline)* limite m. di tempo; *(date)* data f. limite; ***to put a ~ on*** imporre un limite di tempo per [*work, delivery, improvements*]; ***to set a ~ for*** stabilire una data limite per [*work, completion*]; ***within the*** ~ entro i limiti fissati **2** *(maximum duration)* tempo m. massimo, durata f. massima; ***there's a 20 minute ~ on speeches*** c'è un tempo massimo di 20 minuti per intervento.

timeliness /'taɪmlɪnɪs/ n. tempismo m., tempestività f., opportunità f.

time loan /'taɪmˌləʊn/ n. ECON. prestito m. a tempo, a termine.

time lock /'taɪmˌlɒk/ n. serratura f. a tempo.

▷ **timely** /'taɪmlɪ/ agg. tempestivo, opportuno.

time machine /'taɪmməˌʃi:n/ n. macchina f. del tempo.

time management /'taɪmˌmænɪdʒmənt/ n. gestione f. del proprio tempo.

time off /ˌtaɪm'ɒf, AE -'ɔ:f/ n. **1** *(leave)* ***ask your boss for*** ~ chiedi un permesso al tuo capo; ***to take*** ~ prendere un permesso; ***to take ~ from work to go to the dentist's*** prendere un permesso dal lavoro per andare dal dentista; ***to take ~ from teaching*** mettersi in congedo dall'attività didattica **2** *(free time)* tempo m. libero; ***how much ~ do you get a week?*** quanto tempo libero hai alla settimana? ***what do you do in your ~?*** che cosa fai nel tuo tempo libero? **3** DIR. ***to get ~ for good behaviour*** ottenere una riduzione della pena per buona condotta.

1.time-out /ˌtaɪm'aʊt/ n. INFORM. timeout m., impostazione f. di attesa.

2.time-out /ˌtaɪm'aʊt/ n. SPORT time out m.

time payment /'taɪmˌpeɪmənt/ n. retribuzione f. a tempo.

timepiece /'taɪmpi:s/ n. orologio m.

time policy /'taɪmˌpɒləsɪ/ n. polizza f. a tempo, a termine.

timer /'taɪmə(r)/ n. *(for cooking)* contaminuti m., timer m.; *(on bomb)* timer m.; *(for controlling equipment)* timer m., temporizzatore m.

time release /'taɪmrɪ'li:s/ agg. [*drug, medicine*] a effetto ritardato.

timesaver /'taɪmseɪvə(r)/ n. ***a dishwasher is a real*** ~ la lavastoviglie è un bel risparmio di tempo.

time-saving /'taɪmseɪvɪŋ/ agg. che fa risparmiare tempo.

time-scale /'taɪmskeɪl/ n. periodo m. (di tempo), lasso m. di tempo; ***within a 6 month*** ~ entro un lasso di tempo di sei mesi; ***over a 2 year*** ~ per un periodo di due anni.

time series /'taɪmˌsɪəri:z/ n. STATIST. serie f. temporale, serie cronologica.

time-served /'taɪmˌsɜ:vəd/ agg. [*worker*] rifinito, esperto.

time-server /'taɪmˌsɜ:və(r)/ n. SPREG. opportunista m. e f.

time-serving /'taɪmˌsɜ:vɪŋ/ n. SPREG. opportunismo m.

timeshare /'taɪmʃeə(r)/ **I** n. *(house)* casa f. in multiproprietà; *(apartment)* appartamento m. in multiproprietà **II** modif. [*apartment, complex, studio*] in multiproprietà.

time-sharing /'taɪmʃeərɪŋ/ n. **1** INFORM. time-sharing m. **2** *(of house, apartment)* multiproprietà f.

time-sheet /'taɪmʃi:t/ n. cartellino m. (orario).

time-signal /'taɪmˌsɪgnl/ n. segnale m. orario.

time signature /'taɪmˌsɪgnətʃə(r)/ n. MUS. indicazione f. del tempo.

time-slice /'taɪmˌslaɪs/ n. INFORM. intervallo m. di tempo.

time slot /'taɪmslɒt/ n. RAD. TELEV. spazio m., fascia f. oraria.

timespan /'taɪmspæn/ n. periodo m.; ***over a 600 year*** ~ per un periodo di 600 anni.

time-switch /'taɪmswɪtʃ/ n. interruttore m. a tempo

▷ **1.timetable** /'taɪmteɪbl/ n. **1** *(agenda, schedule)* programma m.; *(for plans, negotiations)* calendario m.; ***to set up a ~ of meetings, negotiations*** stabilire il calendario degli incontri, dei negoziati; ***a ~ for monetary union, reform*** il calendario dell'unione monetaria, delle riforme; ***to work to a strict*** ~ seguire un programma di lavoro molto rigido **2** AUT. FERR. SCOL. UNIV. orario m.; ***bus, train*** ~ orario degli autobus, dei treni.

2.timetable /'taɪmteɪbl/ tr. stabilire l'orario di [*class, lecture*]; stabilire la data di [*meeting*]; stabilire il calendario di [*negotiations*]; ***to ~ the meeting for 9 am*** fissare la riunione per le nove; ***the meeting is ~d for Friday*** la riunione è fissata a venerdì; ***the bus is ~d to***

leave at 11.30 am l'orario prevede che l'autobus parta alle undici e mezza.

time travel /'taɪm,trævl/ n. viaggio m. nel tempo.

time trial /'taɪm,traɪəl/ n. SPORT *(in cycling)* prova f. a cronometro; *(in athletics)* gara f. a cronometro.

time value /'taɪm,vælju:/ n. MUS. *(of note)* valore m.

time warp /'taɪmwɔ:p/ n. *(in science fiction)* buco m., salto m. spaziotemporale; ***the village seems to be caught in a 1950s ~*** nel villaggio sembra che il tempo si sia fermato agli anni '50.

time-waster /'taɪmweɪstə(r)/ n. **1** *(idle person)* perditempo m. e f., perdigiorno m. e f. **2** *(casual inquirer)* ***"no ~s"*** *(in advert)* "no perditempo".

time-wasting /'taɪmweɪstɪŋ/ **I** n. perdita f. di tempo **II** modif. [*practice, tactic*] che fa perdere del tempo.

time work /'taɪm,wɜ:k/ n. lavoro m. pagato a ore.

time-worn /'taɪm,wɔ:n/ agg. logoro, usurato.

time zone /'taɪm,zəʊn/ n. fuso m. orario.

timid /'tɪmɪd/ agg. [*person, smile, decision, reform*] timido (anche FIG.); [*animal*] timoroso.

timidity /tɪ'mɪdətɪ/ n. timidezza f.

timidly /'tɪmɪdlɪ/ avv. timidamente.

▷ **timing** /'taɪmɪŋ/ n. **1** *(scheduling)* ***the ~ of the announcement was unfortunate*** l'annuncio venne fatto in un momento infelice *o* non adatto; ***there is speculation about the ~ of the election*** si fanno congetture circa la data delle elezioni; ***to get one's ~ right, wrong*** scegliere il momento giusto, sbagliato **2** TEATR. = sincronismo di gesti e recitazione; ***to have a good sense of ~*** avere un buon sincronismo **3** AUT. fasatura f. **4** MUS. senso m. del ritmo.

timocracy /taɪ'mɒkrəsɪ/ n. timocrazia f.

timocratic(al) /taɪ'mɒkrætɪk(l)/ agg. timocratico.

timon /'taɪmən/ n. misantropo m. (-a).

Timon /'taɪmən/ n.pr. Timone.

timorous /'tɪmərəs/ agg. timoroso.

timorously /'tɪmərəslɪ/ avv. timorosamente.

timorousness /'tɪmərəsnɪs/ n. timorosità f.

Timothy /'tɪməθɪ/ n.pr. Timoteo.

timothy grass /'tɪməθɪ,grɑ:s, AE -,græs/ n. fleo m.

timpani /'tɪmpənɪ/ ➧ ***17*** n.pl. timpani m.

timpanist /'tɪmpənɪst/ ➧ ***27, 17*** n. timpanista m. e f.

▷ **1.tin** /tɪn/ **I** n. **1** MINER. *(metal)* stagno m. **2** BE *(can)* lattina f., scatoletta f., barattolo m.; ***a ~ of soup*** un barattolo di minestra; ***to eat out of ~s*** mangiare cibo in scatola; ***to come out of a ~*** essere in lattina *o* in scatola **3** *(container)* *(for biscuits, cake)* scatola f.; *(for paint)* barattolo m.; ***a biscuit ~*** una biscottiera; ***a ~ of biscuits*** una scatola di biscotti **4** GASTR. *(for baking)* teglia f.; *(for roasting)* placca f., rostiera f. **5** BE *(for donations)* cassetta f. (per le offerte) **II** modif. [*mug, bath*] di stagno ◆ ***to have a ~ ear*** non avere orecchio.

2.tin /tɪn/ tr. (forma in -ing ecc. **-nn-**) BE inscatolare.

Tina /'ti:nə/ n.pr. diminutivo di **Christina, Christine**.

tincal /'tɪŋkæl/ n. borace m. greggio.

tin can /tɪn'kæn/ n. lattina f., scatoletta f.

tinctorial /tɪŋk'tɔ:rɪəl/ agg. *(in dyeing)* tintorio; *(colouring)* colorante.

1.tincture /'tɪŋktʃə(r)/ n. **1** FARM. tintura f.; ***~ of iodine*** tintura di iodio **2** *(tinge)* tocco m., traccia m. **3** ARALD. smalto m.

2.tincture /'tɪŋktʃə(r)/ tr. tingere (**with** di).

tinder /'tɪndə(r)/ n. esca f. (per il fuoco); ***to be the ~ for*** FIG. essere la scintilla che dà *o* ha dato inizio a ◆ ***as dry as ~*** [*bush, wood*] secco come un fiammifero; [*throat*] secchissimo.

tinderbox /'tɪndəbɒks/ n. **1** = contenitore per l'esca, l'acciarino e la pietra focaia; ***the barn was a (real) ~*** FIG. il granaio avrebbe potuto *o* poteva prendere fuoco da un momento all'altro **2** FIG. *(tense situation, area)* polveriera f.

tine /taɪn/ n. **1** *(of rake, fork)* rebbio m. **2** *(of antler)* ramificazione f.

tinea /'tɪnɪə/ n. **1** MED. tigna f. **2** ZOOL. tinea f.

tin fish /'tɪn,fɪʃ/ n. COLLOQ. *(torpedo)* siluro m.

1.tin foil /'tɪnfɔɪl/ n. foglio m. d'alluminio.

2.tin foil /'tɪnfɔɪl/ tr. avvolgere nel foglio d'alluminio.

1.ting /tɪŋ/ n. tintinnio m.

2.ting /tɪŋ/ **I** tr. fare tintinnare [*bell*] **II** intr. tintinnare.

ting-a-ling /,tɪŋə'lɪŋ/ n. din din m.

1.tinge /tɪndʒ/ n. *(all contexts)* tocco m., sfumatura f.

2.tinge /tɪndʒ/ tr. tingere (**with** di); *(more lightly)* sfumare (**with** di).

1.tingle /'tɪŋgl/ n. *(physical)* pizzicore m., formicolio m.; *(psychological)* fremito m., brivido m.

2.tingle /'tɪŋgl/ intr. **1** *(physically)* [*fingers, toes, body, neck*] pizzicare, formicolare; ***a cold shower leaves you tingling all over*** la doccia fredda ti lascia un formicolio per tutto il corpo **2** *(psychologically)* fremere; ***to ~ with*** fremere per *o* provare un brivido di [*excitement*].

tingling /'tɪŋglɪŋ/ n. formicolio m., pizzicore m.

tingly /'tɪŋglɪ/ agg. ***my fingers, legs have gone all ~*** mi formicolano tutte le dita, le gambe.

tin god /,tɪn'gɒd/ n. SPREG. **1** *(false god)* falso idolo m. **2** *(person)* pallone gonfiato m.

tin hat /,tɪn'hæt/ n. elmetto m.

tinhorn /'tɪnhɔ:n/ n. AE GERG. borioso m. (-a), spaccone m. (-a).

1.tinker /'tɪŋkə(r)/ n. **1** RAR. *(odd-jobman)* stagnino m. (ambulante); SCOZZ. IRLAND. *(traveller)* zingaro m. **2** BE COLLOQ. FIG. *(child)* monello m. (-a) **3** ***to have a ~ with sth.*** *(attempt to mend)* rabberciare, pasticciare qcs. ◆ ***I don't give a ~'s curse*** o ***damn!*** COLLOQ. non me ne frega niente *o* un fico secco! ***it's not worth a ~'s curse*** o ***damn!*** COLLOQ. non vale un fico secco *o* un accidente!

2.tinker /'tɪŋkə(r)/ intr. **1** (anche **to ~ about** o **around**) trafficare, armeggiare; ***to ~ with*** *(try and repair)* cercare di riparare [*car, machine*]; *(fiddle with)* armeggiare con [*watch, pen, keys*]; ***who's been ~ing with the computer?*** chi ha pasticciato sul computer? **2** FIG. *(tamper)* ***to ~ with*** ritoccare [*wording, document*]; *(illegally)* falsificare.

1.tinkle /'tɪŋkl/ n. **1** *(of glass, bell, ice)* tintinnio m.; *(of water)* ciangottio m.; *(of telephone)* squillo m.; ***give us a ~ (on the piano)*** SCHERZ. strimpellaci qualcosa (al pianoforte); ***to give sb. a ~*** BE COLLOQ. dare uno squillo *o* un colpo di telefono a qcn. **2** COLLOQ. INFANT. pipì f.

2.tinkle /'tɪŋkl/ **I** tr. fare tintinnare [*glass, bell, ice*] **II** intr. [*glass, bell, ice*] tintinnare; [*water*] mormorare; [*telephone*] squillare ◆ ***to ~ the ivories*** ANT. SCHERZ. strimpellare il piano.

tinkling /'tɪŋklɪŋ/ n. *(of glass, bell, ice)* tintinnio m.; *(of water)* sciacquio m., mormorio m.; *(of telephone, piano)* trillo m..

tin lizzie /,tɪn'lɪzɪ/ n. *(old banger)* vecchia carretta f., macinino m.

tinman /'tɪnmən/ ➧ ***27*** n. (pl. **-men**) lattoniere m., stagnino m.

tin mine /'tɪn,maɪn/ n. miniera f. di stagno.

tinned /tɪnd/ **I** p.pass. → **2.tin II** agg. BE [*meat*] in scatola; [*fruit*] in conserva, in scatola.

tinned food /'tɪnd,fu:d/ n. BE cibo m. in scatola, scatolame m.

tinner /'tɪnə(r)/ ➧ ***27*** n. **1** *(in tin mines)* minatore m. (-trice) **2** *(tinman)* lattoniere m. (-a), stagnino m. (-a) **3** *(canner)* inscatolatore m. (-trice).

tinnery /'tɪnərɪ/ n. **1** *(tin mine)* miniera f. di stagno **2** *(factory)* stabilimento m. per la lavorazione dello stagno **3** stabilimento m. per l'inscatolamento dei cibi.

tinning /'tɪnɪŋ/ n. **1** *(tin mining)* estrazione f. dello stagno **2** METALL. stagnatura f. **3** *(cover)* rivestimento m. di latta, stagnatura f. **4** *(canning)* inscatolamento m.

tinnitus /tɪ'naɪtəs/ ➧ ***11*** n. acufene m.

tinny /'tɪnɪ/ agg. **1** [*sound, music*] metallico; [*piano*] che ha un suono metallico **2** *(badly made)* [*radio*] gracchiante; [*car*] di latta.

tin opener /'tɪn,əʊpənə(r)/ n. BE apriscatole m.

Tin Pan Alley /'tɪn,pæn,ælɪ/ n. COLLOQ. = il mondo della musica leggera.

tin plate /'tɪnpleɪt/ n. MINER. latta f., banda f. stagnata.

tin plated /'tɪn,pleɪtɪd/ agg. stagnato, rivestito di uno strato di stagno.

tinpot /'tɪnpɒt/ agg. BE COLLOQ. SPREG. [*dictatorship, organization*] da operetta.

1.tinsel /'tɪnsl/ **I** n. **1** U *(decoration)* decorazioni f.pl. luccicanti **2** *(sham brilliance)* luccichio m., sfavillio m. **II** modif. [*material, costume*] luccicante.

2.tinsel /'tɪnsl/ tr. (forma in -ing ecc. **-ll-** BE, **-l-** AE) **1** addobbare con decorazioni luccicanti [*Christmas tree*] **2** *(give glitter to)* indorare.

tinselly /'tɪnsəlɪ/ agg. luccicante, sfavillante.

Tinseltown /'tɪnsltaʊn/ n. COLLOQ. = Hollywood.

tinsmith /'tɪnsmɪθ/ n. stagnaio m. (-a).

tin soldier /'tɪn,səʊldʒə(r)/ n. soldatino m. di piombo.

tinstone /'tɪnstəʊn/ n. MIN. cassiterite f.

1.tint /tɪnt/ n. **1** *(trace)* sfumatura f.; *(pale colour)* tinta f.; ***blue with a purple ~*** blu con una sfumatura di viola **2** *(hair colour)* tinta f.

2.tint /tɪnt/ tr. **1** tingere [*paint, colour, glass*]; ***to ~ sth. blue, pink*** tingere qcs. di blu, di rosa **2** COSMET. tingere [*hair*]; ***to ~ one's hair brown, blonde*** tingersi i capelli di castano, di biondo; ***to get one's hair ~ed*** fare il colore ai capelli.

tinted /'tɪntɪd/ **I** p.pass. → **2.tint II** agg. **1** [*paint, colour*] sfumato; [*glass, window, spectacles*] fumé, affumicato; ***blue-~ glass, glass ~ with blue*** vetro azzurrato **2** [*hair*] tinto.

tintinnabula /,tɪntɪ'næbjʊlə/ → **tintinnabulum**.

tintinnabulation /ˌtɪntɪˌnæbjʊˈleɪʃn/ n. tintinnio m., scampanellio m.
tintinnabulum /ˌtɪntɪˈnæbjʊləm/ n. (pl. **-a**) tintinnabolo m., campanellino m.
tintometer /tɪnˈtɒmɪtə(r)/ n. tintometro m.
tinware /ˈtɪnweə(r)/ n. oggetti m.pl., utensili m.pl. di stagno, di latta.
tin whistle /ˈtɪnˌwɪsl, AE ˈhwɪ-/ n. MUS. piffero m. (di metallo).
▶ **tiny** /ˈtaɪnɪ/ agg. [*person, object, house*] piccino, minuscolo; [*budget, improvement*] molto piccolo, molto ridotto.
▶ **1.tip** /tɪp/ **I** n. **1** *(end) (of stick, branch, leaf, sword, wing, tail, feather, ski, island, landmass)* punta f., estremità f.; *(of pen, shoe, nose, tongue, finger)* punta f.; ***to stand on the ~s of one's toes*** essere in punta di piedi; ***the southernmost ~ of Italy*** l'estrema punta sud dell'Italia **2** *(protective cover on end) (of cane, umbrella)* puntale m.; *(of shoe heel)* rinforzo m. **II -tipped** agg. in composti ***silver-, pink-~ped*** con, dalla punta argentata, rosa; ***spiky-~ped*** appuntito.
2.tip /tɪp/ tr. (forma in -ing ecc. **-pp-**) *(put something on the end of)* ricoprire la punta di [*sword, cane, heel*] (**with** con); ***to ~ sth. with red paint*** pitturare di rosso la punta di qcs.; ***to be ~ped with red paint*** avere la punta pitturata di rosso; ***to ~ an arrow with poison*** mettere del veleno sulla punta di una freccia.
3.tip /tɪp/ n. **1** BE *(waste dump)* discarica f. **2** BE COLLOQ. *(mess)* immondezzaio m., pattumiera f.; ***his office is a ~*** il suo ufficio è un vero immondezzaio.
▶ **4.tip** /tɪp/ **I** tr. (forma in -ing ecc. **-pp-**) **1** *(tilt, incline)* inclinare [*object, bowl*]; inclinare, reclinare [*seat*]; ***to ~ sth. forward, back, to one side*** inclinare qcs. in avanti, (all')indietro, da un lato; ***to ~ sth. onto its side*** mettere qcs. sul fianco; ***to ~ one's chair back*** inclinare la sedia all'indietro; ***to ~ sb. off his*** o ***her chair*** fare cadere qcn. dalla sedia; ***to ~ one's hat*** sollevare il cappello (**to sb.** per salutare qcn.); ***to ~ the scales at 60 kg*** toccare i, pesare 60 chili **2** *(pour, empty)* ***to ~ sth. into, onto, out of sth.*** versare qcs. in, su, da qcs.; ***to ~ sth. upside down*** rovesciare, ribaltare qcs.; ***to ~ sth. down the sink*** versare qcs. nello scarico del lavandino; ***to ~ sth. away*** buttare qcs. **3** *(throw away, dump)* [*person, lorry*] scaricare [*waste*]; ***to ~ sth. by the roadside, in the countryside*** scaricare qcs. lungo la strada, in campagna; ***to ~ sth. into a pit*** scaricare *o* buttare qcs. in un pozzo **4** FIG. *(push, overbalance)* ***to ~ sth. over 50%*** fare arrivare qcs. oltre il 50%; ***to ~ the economy into recession*** fare precipitare l'economia nella recessione; ***to ~ sb. over the edge*** *(mentally)* fare uscire qcn. di testa; ***to ~ the balance*** o ***scales*** fare pendere l'ago della bilancia (**in favour of** dalla parte di, a favore di); ***to ~ the result the other way*** rovesciare il risultato **II** intr. (forma in -ing ecc. **-pp-**) **1** *(tilt)* [*seat, object*] inclinarsi; ***to ~ forward, back, onto one side*** inclinarsi in avanti, (all')indietro, di lato **2** FIG. [*balance, scales*] pendere (**in favour of sb., in sb.'s favour** dalla parte di qcn., a favore di qcn.).
▪ **tip down** BE COLLOQ. ***it*** o ***the rain is ~ping (it) down*** piove a catinelle, a dirotto.
▪ **tip out:** ***~ out [sth.], ~ [sth.] out*** rovesciare [*drawer, contents*].
▪ **tip over:** ***~ over*** [*chair, cupboard*] rovesciarsi, ribaltarsi; [*cup, bucket, stack, pile*] rovesciarsi; ***~ over [sth.], ~ [sth.] over*** fare rovesciare, ribaltare [*chair, cupboard*]; fare rovesciare [*bucket, cup, stack, pile*].
▪ **tip up:** ***~ up*** inclinarsi; ***~ up [sth.], ~ [sth.] up*** inclinare [*cup, bottle, chair, wardrobe*].
▶ **5.tip** /tɪp/ n. **1** *(gratuity)* mancia f.; ***to give, leave a ~*** dare, lasciare una mancia; ***a £ 5 ~*** una mancia di cinque sterline **2** *(hint)* suggerimento m., consiglio m.; ***sewing, safety ~s*** consigli di cucito, per la sicurezza; ***a ~ for doing*** o ***on how to do*** un suggerimento per fare, su come fare; ***I'll give you a ~, let me give you a ~*** ti do un consiglio, lascia che ti dia un consiglio; ***take a ~ from me,*** ***take my ~*** ascolta il mio consiglio; ***take a ~ from your sister*** ascolta un consiglio da tua sorella **3** *(in betting)* soffiata f.; ***to have a hot ~ for sth.*** avere una buona soffiata per qcn.
▶ **6.tip** /tɪp/ tr. (forma in -ing ecc. **-pp-**) **1** *(forecast, predict)* ***to ~ sb., sth. to win*** dare qcn., qcs. come vincente; ***to ~ sb. as the next president*** pronosticare qcn. come prossimo presidente; ***to ~ sb. for a job*** raccomandare qcn. per un posto di lavoro; ***to be ~ped as a future champion, for promotion*** essere dato come un futuro campione, essere il favorito per una promozione; ***to be ~ped for the top*** avere un avvenire brillante **2** *(give money to)* dare la mancia a [*waiter, driver*]; ***to ~ sb. £ 5*** dare cinque sterline di mancia a qcn.; ***how much should I ~ (the porter)?*** quanto devo lasciare di mancia (al portiere)?
▪ **tip off:** ***~ off [sb.], ~ [sb.] off*** dare un'informazione riservata a [*person*]; fare una soffiata a [*police*]; ***to ~ sb. off about sth.*** fare una soffiata a qcn. su qcs.; ***to be ~ped off*** avere una soffiata.
7.tip /tɪp/ n. SPORT tocco m. lieve, colpetto m.
8.tip /tɪp/ tr. (forma in -ing ecc. **-pp-**) SPORT *(touch, gently push)* ***to ~ the ball over the net, past the goalkeeper*** dare un colpetto alla palla per farla passare al di là della rete, del portiere.
tip cart /ˈtɪpˌkɑːt/ n. carro m. a bilico.
tip-off /ˈtɪpɒf/ n. soffiata f.; ***to act on a ~*** muoversi in seguito a una dritta; ***to receive a ~*** avere una soffiata.
tippee /tɪˈpiː/ n. DIR. chi ottiene un'informazione riservata, una soffiata.
1.tipper /ˈtɪpə(r)/ n. AUT. → **tipper lorry, tipper truck**.
2.tipper /ˈtɪpə(r)/ n. *(person leaving a tip)* ***to be a generous ~*** essere generoso nel dare le mance *o* lasciare mance generose; ***mean ~*** essere tirchio nel dare le mance.
tipper lorry /ˈtɪpəˌlɒrɪ, AE -lɔːrɪ/ BE, **tipper truck** /ˈtɪpəˌtrʌk/ n. autocarro m. a cassone ribaltabile.
tippet /ˈtɪpɪt/ n. *(of garment, clergyman)* stola f.; *(of judge)* toga f.
1.Tipp-Ex® /ˈtɪpeks/ n. BE bianchetto m.
2.Tipp-Ex® /ˈtɪpeks/ tr. (anche **~ out**, **~ over**) bianchettare.
1.tipple /ˈtɪpl/ n. COLLOQ. *(drink)* cicchetto m.; ***to have a quiet ~*** farsi un bicchierino in tutta tranquillità; ***sb.'s favourite ~*** il liquore preferito di qcn.
2.tipple /ˈtɪpl/ intr. COLLOQ. *(drink alcohol)* bere.
3.tipple /ˈtɪpl/ n. AE MINER. vagone m. ribaltabile.
1.tippler /ˈtɪplə(r)/ n. COLLOQ. RAR. ***to be a bit of a ~*** alzare un po' il gomito.
2.tippler /ˈtɪplə(r)/ ♦ ***27*** n. **1** *(person)* scaricatore m. (-trice) di vagoni ribaltabili **2** *(system)* impianto m. di scarico.
tipsily /ˈtɪpsɪlɪ/ avv. [*walk*] barcollando; [*speak, laugh*] da ubriaco.
tipstaff /ˈtɪpstɑːf, AE -stæf/ n. ufficiale m. giudiziario.
tipster /ˈtɪpstə(r)/ n. **1** pronosticatore m. (-trice) **2** informatore m. (-trice).
tipsy /ˈtɪpsɪ/ agg. brillo, alticcio.
tipsy cake /ˈtɪpsɪˌkeɪk/ n. BE = dolce imbevuto di liquore.
1.tiptoe /ˈtɪptəʊ/ n. ***on ~*** in punta di piedi.
2.tiptoe /ˈtɪptəʊ/ intr. camminare in punta di piedi; ***to ~ in, out*** entrare, uscire in punta di piedi.
tip-top /ˌtɪpˈtɒp/ agg. COLLOQ. eccellente; ***to be in ~ condition*** [*horse*] essere in condizioni eccellenti; [*athlete*] essere al massimo della forma.
tip-up seat /ˌtɪpˈʌpˌsiːt/ n. *(at cinema, theatre)* strapuntino m., sedile m. ribaltabile; *(in taxi, on bus, train)* strapuntino m.
tip-up truck /ˌtɪpˈʌpˌtrʌk/ n. → **tipper lorry, tipper truck**.
tirade /taɪˈreɪd, AE ˈtaɪreɪd/ n. *(long vehement speech)* tirata f. (anche MUS.).
▷ **1.tire** AE → **1.tyre, 2.tyre**.
▷ **2.tire** /ˈtaɪə(r)/ **I** tr. *(make tired)* stancare **II** intr. **1** *(get tired)* stancarsi **2** *(get bored)* ***to ~ of*** stancarsi di [*person, place, activity*]; ***as they never ~ of telling us*** come non si stancano mai *o* come non dimenticano mai di ripeterci.
▪ **tire out:** ***~ [sb.] out*** sfinire; ***to be ~d out*** essere sfinito; ***I'm ~d out!*** sono sfinito! non ne posso più! ***to ~ oneself out*** stancarsi (**doing** a fare).
3.tire /ˈtaɪə(r)/ n. → **1.attire**.
▶ **tired** /ˈtaɪəd/ **I** p.pass. → **2.tire II** agg. **1** *(weary)* [*person, animal, face, eyes, legs*] stanco, affaticato; [*voice*] stanco; ***it makes me ~*** mi stanca; ***~ of protesting, she agreed*** stanca di protestare, acconsentì; ***~ and emotional*** COLLOQ. SCHERZ. EUFEM. ubriaco di stanchezza **2** *(bored)* ***to be ~ of sth., of doing*** essere stanco di qcs., di fare; ***to grow*** o ***get ~*** stancarsi (**of** di; **of doing** di fare) **3** *(hackneyed)* [*cliché, formula, idea, image*] trito **4** *(worn-out)* [*machine*] usurato; [*clothes, curtains, sofa*] frusto **5** *(wilted)* [*lettuce, flower*] appassito.
tiredly /ˈtaɪədlɪ/ avv. [*say, reply, gaze*] stancamente, con aria stanca.
tiredness /ˈtaɪədnɪs/ n. stanchezza f.
tireless /ˈtaɪəlɪs/ agg. [*advocate, campaigner, worker*] instancabile, infaticabile; [*dedication, efforts, quest*] costante.
tirelessly /ˈtaɪəlɪslɪ/ avv. [*campaign, work*] instancabilmente.
tirelessness /ˈtaɪəlɪsnɪs/ n. assiduità f., tenacia f.
Tiresias /taɪˈriːsɪæs/ n.pr. Tiresia.
tiresome /ˈtaɪəsəm/ agg. [*person, habit*] fastidioso, irritante; [*problem, task, duty*] fastidioso, noioso; ***it's a ~ business!*** è una faccenda irritante!
tiresomely /ˈtaɪəsəmlɪ/ avv. [*behave*] in modo irritante.
tiresomeness /ˈtaɪəsəmnɪs/ n. fastidiosità f., noiosità f.
▷ **tiring** /ˈtaɪərɪŋ/ agg. affaticante; ***it is ~ to do sth.*** è stancante fare qcs.
tiro → **tyro**.
tirocinium /ˌtaɪrəˈsɪnɪəm/ n. (pl. **-ia**) RAR. tirocinio m.
Tirol → **Tyrol**.

Tironian /taɪˈrəʊnjən/ agg. tironiano.
'tis /tɪz/ contr. it is.
tisane /tɪˈzæn/ n. tisana f.
tissue /ˈtɪʃuː/ n. **1** ANAT. BOT. tessuto m. **2** *(handkerchief)* fazzolettino m. di carta **3** (anche **~ paper**) carta f. velina **4** FIG. trama f.; ***a ~ of lies*** un ordito di menzogne.
tissue culture /ˈtɪʃuːˌkʌltʃə(r)/ n. BIOL. MED. coltura f. di tessuti.
tissue sample /ˈtɪʃuːˌsɑːmpl, AE -ˌsæmpl/ n. campione m. di tessuto.
1.tit /tɪt/ n. → **titmouse**.
2.tit /tɪt/ n. **1** POP. *(breast)* tetta f., poppa f. **2** POP. *(idiot)* babbeo m. (-a), imbecille m. e f.
3.tit /tɪt/ n. ***~ for tat*** occhio per occhio; ***to give ~ for tat*** rendere pan per focaccia; ***~ for tat killings*** uccisioni per rappresaglia.
Titan /ˈtaɪtn/ n. MITOL. ASTR. Titano m. (anche FIG.).
titanate /ˈtaɪtəneɪt/ n. titanato m.
titania /taɪˈteɪnɪə/ n. biossido m. di titanio.
Titania /tɪˈtɑːnɪə/ n.pr. Titania.
1.titanic /taɪˈtænɪk/ agg. titanico.
2.titanic /taɪˈtænɪk/ agg. CHIM. di titanio.
titaniferous /ˌtaɪtəˈnɪfərəs/ agg. titanifero.
Titanism /ˈtaɪtənɪzəm/ n. titanismo m.
titanium /tɪˈteɪnɪəm/ n. titanio m.
titanous /ˈtaɪtənəs/ agg. titanoso.
titbit /ˈtɪtbɪt/ n. BE *(of food)* prelibatezza f., leccornia f.; *(of gossip)* notizia f. ghiotta, primizia f.
titch /tɪtʃ/ n. COLLOQ. *(man)* omino m.; *(woman)* donnina f.
titchy /ˈtɪtʃɪ/ agg. BE COLLOQ. minuscolo.
titer AE → **titre**.
titfer /ˈtɪtfə(r)/ n. BE COLLOQ. RAR. cappello m.
tithable /ˈtaɪðəbl/ agg. STOR. RELIG. soggetto al pagamento della decima.
tithe /taɪð/ n. decima f.
tithe barn /ˈtaɪðˌbɑːn/ n. granaio f. delle decime.
tithe collector /ˈtaɪðkəˌlektə(r)/ n. esattore m. delle decime.
tithe-free /ˈtaɪðˌfriː/ agg. esente dal pagamento della decima.
tithing /ˈtaɪðɪŋ/ n. **1** *(payment)* pagamento m. della decima **2** *(collection)* esazione f. della decima.
titian /ˈtɪʃn/ agg. LETT. [*hair*] rosso tiziano.
Titian /ˈtɪʃn/ n.pr. Tiziano.
Titianesque /tɪʃəˈnesk/ agg. tizianesco.
titillate /ˈtɪtɪleɪt/ tr. titillare.
titillating /ˈtɪtɪleɪtɪŋ/ agg. titillante, titillatorio.
titillation /ˌtɪtɪˈleɪʃn/ n. titillamento m.
titivate /ˈtɪtɪveɪt/ tr. abbellire; ***to ~ oneself*** agghindarsi.
titlark /ˈtɪtlɑːk/ n. pispola f.
▶ **1.title** /ˈtaɪtl/ **I** n. **1** *(of book, film, play)* titolo m.; ***a book, film with the ~ "Rebecca"*** un libro, un film dal titolo *o* intitolato "Rebecca"; ***the film appeared under the ~ of "Rebecca"*** il film è uscito con il titolo di "Rebecca" **2** SPORT titolo m.; ***to win, hold the ~*** vincere, detenere il titolo; ***women's, men's ~*** SPORT titolo femminile, maschile; ***world ~*** titolo mondiale; ***1500m ~*** titolo dei 1500 metri **3** *(rank)* titolo m.; ***a man with a ~*** un uomo titolato; ***to have a ~*** essere titolato; ***to be given a ~*** ricevere un titolo; ***to take a ~*** prendere un titolo **4** *(name)* titolo m. (anche DIR.); ***it earned him the ~ "King of Rock"*** questo gli è valso il titolo di "re del rock" **II titles** n.pl. CINEM. titoli m.
2.title /ˈtaɪtl/ tr. intitolare [*book, play*].
titled /ˈtaɪtld/ **I** p.pass. → **2.title II** agg. titolato.
title deed /ˈtaɪtlˌdiːd/ n. titolo m. di proprietà.
title fight /ˈtaɪtlˌfaɪt/ n. *(in boxing)* = combattimento per il conseguimento del titolo.
titleholder /ˈtaɪtlˌhəʊldə(r)/ n. detentore m. (-trice) del titolo.
title page /ˈtaɪtlˌpeɪdʒ/ n. frontespizio m.
title role /ˈtaɪtlˌrəʊl/ n. ruolo m. principale.
title song /ˈtaɪtlˌsɒŋ/ n. → **title track**.
title track /ˈtaɪtlˌtræk/ n. title track m.
titmouse /ˈtɪtmaʊs/ n. (pl. **-mice**) cincia f.
titrate /ˈtaɪtreɪt, ˈtɪ-/ tr. CHIM. titolare [*compound*].
titre /ˈtaɪtə(r), ˈtiːtə(r)/ n. CHIM. titolo m.
1.titter /ˈtɪtə(r)/ n. risolino m.; ***a nervous ~*** una risatina nervosa.
2.titter /ˈtɪtə(r)/ **I** tr. ***"oh!" she ~ed*** "oh!" disse con un risolino **II** intr. ridacchiare.
tittle /ˈtɪtl/ n. **1** TIP. *(sign)* segnetto m.; *(dot)* puntino m.; *(diacritic mark)* segno m. diacritico; *(punctuation mark)* segno m. d'interpunzione **2** *(small amount)* iota m. ◆ ***to change sth. not one jot or ~*** non cambiare qcs. di una virgola.
tittlebat /ˈtɪtlbæt/ n. → **stickleback**.
1.tittle-tattle /ˈtɪtltætl/ n. pettegolezzi m.pl., chiacchiere f.pl. (**about** su).
2.tittle-tattle /ˈtɪtltætl/ intr. fare pettegolezzi (**about** su).
1.tittup /ˈtɪtəp/ n. RAR. balzo m., saltello m.
2.tittup /ˈtɪtəp/ intr. RAR. balzare, saltellare.
tittuppy /ˈtɪtəpɪ/ agg. RAR. saltellante.
titty /ˈtɪtɪ/ n. tetta f., poppa f.
titubation /ˌtɪtjʊˈbeɪʃən/ n. **1** vacillamento m. **2** MED. titubazione f.
titular /ˈtɪtjʊlə(r), AE -tʃʊ-/ agg. [*president, head, fellow*] onorario; [*archbishop*] titolare.
titularly /ˈtɪtjʊləlɪ, AE -tʃʊ-/ avv. **1** titolarmente **2** DIR. in virtù di un titolo.
Titus /ˈtaɪtəs/ n.pr. Tito.
tizzy /ˈtɪzɪ/ n. COLLOQ. ***to be in, get into a ~*** mettersi in agitazione; ***don't get into a ~*** non agitarti.
T-junction /ˈtiːdʒʌŋkʃn/ n. incrocio m. a T.
TM n. **1** (⇒ trademark) = marchio di fabbrica **2** (⇒ transcendental meditation) = meditazione trascendentale.
tmesis /ˈtmiːsɪs/ n. (pl. **-es**) tmesi f.
TN US ⇒ Tennessee Tennessee.
TNT n. (⇒ trinitrotoluene trinitrotoluene) TNT m.
▶ **1.to** /forma debole davanti a consonante tə, davanti a vocale tʊ, forma forte tuː/ part.inf. **1** *(expressing purpose)* per; ***to do sth. ~ impress one's friends*** fare qcs. per impressionare i propri amici **2** *(expressing wish)* ***oh ~ be in England!*** LETT. oh se fossi in Inghilterra! ***oh ~ be able to stay in bed!*** SCHERZ. che bello se potessi restare a letto! **3** *(linking consecutive acts)* ***he looked up ~ see...*** guardò in su e vide...; ***he woke up (only) ~ find*** svegliandosi scoprì **4** *(after superlatives)* a; ***the youngest ~ do*** il più giovane a fare **5** *(avoiding repetition of verb)* ***"did you go?" - "no I promised not ~"*** "sei andato?" - "no, ho promesso di no *o* di non farlo"; ***"are you staying?" - "I'd like ~ but..."*** "resti?" - "vorrei ma..." **6** *(following impersonal verb)* ***it is interesting, difficult ~ do sth.*** è interessante, difficile fare qcs.; ***it's hard ~ understand why he did it*** è difficile capire perché l'ha fatto.
▶ **2.to** /forma debole davanti a consonante tə, davanti a vocale tʊ, forma forte tuː/ ♦ **4** prep. **1** *(in direction of)* a [*shops, school etc.*]; *(with purpose of visiting)* da [*doctor's, dentist's etc.*]; ***she's gone ~ Mary's*** è andata da Mary; ***to Paris*** a Parigi; ***to Spain*** in Spagna; ***~ the country*** in campagna; ***~ town*** in città; ***the road ~ the village*** la strada per il paese; ***trains ~ and from*** i treni per e da [*place*]; ***~ your positions!*** ai vostri posti! ***children ~ the front, adults ~ the back*** i bambini davanti, gli adulti dietro **2** *(facing towards)* verso; ***turned ~ the wall*** girato verso il muro; ***with his back ~ them*** con le spalle rivolte verso di loro *o* volgendo loro le spalle **3** *(against)* contro; ***holding the letter ~ his chest*** stringendosi la lettera al petto; ***back ~ back*** schiena contro schiena **4** *(up to)* fino a; ***to count ~ 100*** contare fino a 100; ***~ the end, this day*** fino alla fine, fino a oggi; ***from this post ~ that tree it's 100 metres*** da questo palo a quell'albero ci sono 100 metri; ***50 ~ 60 people*** dalle 50 alle 60 persone *o* fra le 50 e le 60 persone; ***in five ~ ten minutes*** fra cinque-dieci minuti *o* fra i cinque e i dieci minuti; ***~ Manchester, it takes 20 minutes*** per arrivare a Manchester, ci vogliono 20 minuti; ***cheque ~ the value of*** assegno del valore di **5** *(used as dative)* [*give, offer, hand*] a; ***give the book ~ Sophie*** dai il libro a Sophie; ***she's given the meat ~ the dog, dogs*** ha dato la carne al cane, ai cani; ***"give the letter ~ her" - "~ who?" - "~ her over there!"*** "dalle la lettera, dai la lettera a lei" - "a chi?" - "a quella laggiù!" **6** *(with respect to)* ***personal assistant ~ the director*** assistente personale del direttore; ***ambassador ~ Japan*** ambasciatore in Giappone **7** *(in attitude to)* ***be nice ~ your brother*** sii gentile *o* fai il bravo con tuo fratello **8** *(in the opinion of)* ***~ me it's just a minor problem*** per me, non è che un problema secondario; ***it looks ~ me like rain*** mi sembra che voglia piovere **9** *(in toasts, dedications)* a; ***~ Andrew*** a Andrew; ***~ prosperity*** alla prosperità; *(on tombstone)* ***~ our dear mother*** alla nostra cara mamma **10** *(in accordance with)* ***is it ~ your taste?*** è di tuo gusto? ***to dance ~ the music*** ballare a ritmo di musica *o* a tempo di musica **11** *(in relationships, comparisons)* ***to win by three goals ~ two*** vincere per tre gol a due; ***five ~ the square metre, ~ the dollar*** cinque per metro quadrato, per un dollaro; ***perpendicular ~ the ground*** perpendicolare al terreno; ***next door ~ the school*** di fianco alla scuola; ***X is ~ Y as A is ~ B*** MAT. X sta a Y come A sta a B **12** *(showing accuracy)* ***three weeks ~ the day*** tre settimane giuste; ***~ scale*** in scala; ***~ time*** tempestivamente *o* a tempo (debito) **13** *(showing reason)* ***to invite sb. ~ dinner*** invitare qcn. a cena; ***~ this end*** con *o* per questo fine **14** *(belonging to)* di; ***the key ~ the safe*** la chiave della cassaforte; ***a room ~ myself*** una stanza tutta per me; ***there's no sense ~ it*** non ha alcun senso **15** *(on to)* [*tied*] a; [*pinned*]

to

- When *to* is used as a preposition with movement verbs (*go*, *travel* etc.), it is often translated by *a*: *to fly to Rome*: andare in aereo a Roma. Remember that the preposition *to* + *the* is translated by one word, *a* + article, in Italian; the following cases may occur:

to the cinema	= (a + il) al cinema
to the stadium	= (a + lo) allo stadio
to the gate 5	= (a + la) all'uscita 5
to the hospital, to the abbey, to the hotel	= (a + l') all'ospedale, all'abbazia, all'hotel
to the boundaries of the old city	= (a + i) ai confini della città vecchia
to the farthest limits of the country	= (a + gli) agli estremi limiti del paese
to the abbeys	= (a + le) alle abbazie

  Please note that, when used as a preposition with movement verbs, *to* can also be translated by *in* or *da* in Italian:

to fly to Spain	= andare in aereo in Spagna
she's gone to Mary's	= è andata da Mary / a casa di Mary.

- When *to* forms the infinitive of a verb taken alone (by a teacher, for example), it needs no translation:

to go	= andare
to find	= trovare

  However, when *to* is used as part of an infinitive giving the meaning *in order to*, it is translated by *per* or *a*:

he's gone into town to buy a shirt	= è andato in città per / a comprare una camicia.

- When *to* is used as part of an infinitive after certain adjectives, it is usually translated by *da*:

it's difficult to understand	= è difficile da capire
it's easy to read	= è facile da leggere

  However, when the infinitive has an object, *to* is usually not translated at all:

it's easy to lose one's way	= è facile perdere la strada

  To check translations, consult the appropriate adjective entry: **difficult**, **easy** etc.
- When *to* is used as part of an infinitive after certain verbs, the translation is usually either *di* or *a*, depending on the verb used in Italian:

she told me to wash my hands	= mi disse di lavarmi le mani
I'll help him to tidy the room	= l'aiuterò a mettere in ordine la stanza

  To find the correct translation, consult the appropriate verb entry: **tell**, **2.help** etc.
- For all other uses, see the entry **2.to**.
- This dictionary contains lexical notes on such topics as CLOCK, WEIGHT MEASURES, GAMES AND SPORTS, COUNTRIES AND CONTINENTS etc. Many of these use the preposition *to*. For these notes see the end of the English-Italian section.

a [*noticeboard etc.*]; su [*lapel, dress etc.*] **16** *(showing reaction)* con; ***~ his (great) surprise, dismay*** con sua (grande) sorpresa, costernazione; ***~ the sound of the drums*** al suono dei tamburi **17** COMM. ***~ repairing, delivering*** da riparare, consegnare ◆ ***that's all there is ~ it*** *(it's easy)* è tutto qua; *(not for further discussion)* è tutto quello che c'è da dire; ***there's nothing ~ it*** non c'è niente di difficile; ***what's it ~ you?*** COLLOQ. che cosa te ne importa?

3.to /tu:/ avv. COLLOQ. *(closed)* ***to push the door ~*** chiudere la porta; ***when the curtains are ~*** quando le tende sono chiuse.

toad /təʊd/ n. **1** *(animal)* rospo m. **2** COLLOQ. *(term of insult)* rospo m.

toadfish /'təʊdfɪʃ/ n. (pl. ~, ~es) pesce m. rospo.

toadflax /'təʊdflæks/ n. linaiola f.

toad-in-the-hole /ˌtəʊdɪnðə'həʊl/ n. BE = pietanza a base di salsiccia cotta in pastella.

toadstool /'təʊdstu:l/ n. = fungo a cappella piatta e gambo lungo; POP. fungo m. velenoso.

1.toady /'təʊdɪ/ n. SPREG. leccapiedi m. e f., adulatore m. (-trice).

2.toady /'təʊdɪ/ intr. SPREG. ***to ~ to*** leccare i piedi a [*minister, patron, boss*].

toadying /'təʊdɪɪŋ/ n. adulazione f.

toadyism /'təʊdɪɪzəm/ n. servilismo m., adulazione f.

to and fro /ˌtu:ən'frəʊ/ avv. [*swing*] avanti e indietro; ***to go ~*** [*person*] andare avanti e indietro.

▷ **1.toast** /təʊst/ n. *(grilled bread)* pane m. tostato; ***a piece*** o ***slice of ~*** una fetta di pane tostato; ***cheese, mushrooms on ~*** pane tostato e formaggio, e funghi; ***to make (some) ~*** tostare del pane ◆ ***to be as warm as ~*** [*person*] essere *o* stare bello caldo; [*bed, room*] essere ben caldo.

▷ **2.toast** /təʊst/ **I** tr. GASTR. tostare, abbrustolire [*bread, roll*]; fare tostare [*sandwich*]; fare dorare, gratinare [*cheese, topping*]; tostare [*sesame seeds, nuts*]; ***to ~ one's toes in front of the fire*** FIG. scaldarsi i piedi davanti al fuoco, al camino **II** rifl. ***to ~ oneself in front of the fire*** riscaldarsi davanti al fuoco, al camino.

▷ **3.toast** /təʊst/ n. **1** *(tribute)* brindisi m.; ***to drink a ~*** fare un brindisi (**to sth.** per qcs.); ***to drink a ~ to sb.*** fare un brindisi a qcn. *o* per qcn.; ***to propose a ~*** proporre un brindisi (**to sb.** per qcn., in onore di qcn.; **to sth.** per qcs.); ***"join me in a ~ to the bride and groom"*** "facciamo un brindisi per gli sposi" **2** *(popular person)* ***the ~ of*** l'idolo di [*group*]; ***she's the ~ of the town*** è la più bella *o* la reginetta di bellezza della città.

▷ **4.toast** /təʊst/ tr. *(propose a toast to)* fare un brindisi per [*person, success, victory*]; *(drink a toast to)* [*guests*] bere alla salute di [*person*]; brindare a [*success, freedom*].

toasted /'təʊstɪd/ **I** p.pass. → **2.toast II** agg. [*sandwich, chestnuts, sesame seeds*] tostato; [*marshmallows*] dorato, caramellato.

toaster /'təʊstə(r)/ n. tostapane m.

toastie /'təʊstɪ/ n. BE toast m.

toasting fork /'təʊstɪŋˌfɔ:k/ n. forchetta f., forchettone m. per abbrustolire il pane.

toastmaster /'təʊstmɑ:stə(r), AE -'mæs-/ n. = persona incaricata di proporre i brindisi durante occasioni ufficiali.

toast rack /'təʊstˌræk/ n. portatoast m.

▷ **tobacco** /tə'bækəʊ/ **I** n. (pl. **~s**) *(product, plant)* tabacco m. **II** modif. [*leaf, plantation, smoke*] di tabacco; [*company, industry*] del tabacco; ***~ advertising*** campagna pubblicitaria a favore del tabacco; ***~ tin*** BE, ***~ can*** AE scatola per il tabacco, tabacchiera; ***~ plant*** (pianta del) tabacco.

tobacco heart /tə'bækəʊˌhɑ:t/ n. cuore m. da tabacco.

tobacco brown /tə'bækəʊˌbraʊn/ ➧ **5 I** agg. (color) tabacco **II** n. (color) tabacco m.

tobacconist /tə'bækənɪst/ ➧ ***27*** n. BE *(person)* tabaccaio m. (-a); ***~'s (shop)*** tabaccheria.

tobacco stopper /tə'bækəʊˌstɒpə(r)/ n. pigino m.

Tobago /tə'beɪgəʊ/ ➧ ***12*** n.pr. Tobago f.

to-be /tə'bi:/ **I** agg. ***the bride-~*** la futura sposa **II** n. COLLOQ. avvenire m., futuro m.

Tobiah /tə'baɪə/, **Tobias** /tə'baɪəs/ n.pr. Tobia.

1.toboggan /tə'bɒgən/ n. toboga m.

2.toboggan /tə'bɒgən/ intr. ***to ~ down a hill*** fare una discesa in toboga.

tobogganer /tə'bɒgənə(r)/ n. chi va in toboga.

tobogganing /tə'bɒgənɪŋ/ ➧ ***10*** n. toboga m.

toboggan race /tə'bɒgənreɪs/ n. gara f. di toboga.

toboggan run /tə'bɒgənrʌn/ n. pista f. di toboga.

Toby /'təʊbɪ/ n.pr. diminutivo di **Tobiah**, **Tobias**.

toby jug /'təʊbɪ dʒʌg/ n. = caraffa a forma di omino che indossa un lungo cappotto e un tricorno.

toccata /tə'kɑ:tə/ n. toccata f.

tocology /tə'kɒlədʒɪ/ n. tocologia f.

tocopherol /tə'kɒfərɒl/ n. tocoferolo m.

tocsin /'tɒksɪn/ n. campana f. (che suona) a martello; FIG. allarme m.

tod /tɒd/ n. BE COLLOQ. ***(all) on one's ~*** tutto (da) solo.

▶ **today** /tə'deɪ/ ➧ ***8, 36*** **I** n. **1** oggi m.; ***what's ~'s date?*** che giorno è oggi? quanti ne abbiamo oggi? ***~ is Thursday*** oggi è giovedì; ***~ is my birthday*** oggi è il mio compleanno; ***~'s newspaper*** il giornale di oggi **2** FIG. oggi m., il giorno d'oggi; ***the computers, teenagers of ~*** i computer, i ragazzi del giorno d'oggi **II** avv. **1** oggi; ***he's arriving ~*** arriva oggi; ***~ week, a week from ~*** fra una settimana a partire da oggi; ***a month ago ~*** un mese oggi; ***30 years ago ~*** trenta anni fa oggi; ***it's the fifth of April ~*** oggi è il cinque di aprile; ***all day ~*** oggi per tutto il giorno *o* tutta la giornata di oggi; ***earlier, later ~*** prima nella giornata, più tardi nel corso della giornata **2** FIG. *(nowadays)* al giorno d'oggi ◆ ***he's here ~, gone tomorrow*** oggi è qui, domani non si sa; ***these fash-***

ions are here ~ gone tomorrow queste mode sono passeggere *o* vanno e vengono.

1.toddle /'tɒdl/ n. andatura f. incerta.

2.toddle /'tɒdl/ intr. **1** *(walk)* [*child*] fare i primi passi; ***to ~ to the door*** andare verso la porta con passo incerto; ***to ~ off*** avviarsi con passo incerto **2** COLLOQ. *(go)* ***to ~ into town*** fare un giro in città; ***to ~ over to Alex's house*** fare un giro *o* passare da Alex; ***to ~ down to the shop*** andare al negozio.

▪ **toddle about, toddle around** [*child*] trotterellare.

▪ **toddle off** COLLOQ. andare, andarsene; ***I've got to ~ off now*** devo andare adesso.

▷ **toddler** /'tɒdlə(r)/ n. bambino m. (-a) piccolo (-a) (che muove i primi passi).

toddy /'tɒdɪ/ n. punch m.; ***hot ~*** punch.

to-do /tə'du:/ n. (pl. **~s**) COLLOQ. trambusto m., confusione f.; ***what a ~!*** che trambusto! ***they made such a ~*** ne hanno fatto una questione di stato.

tody /'tɒdɪ/ n. todo m.

▷ **1.toe** /təʊ/ ♦ **2** n. **1** ANAT. *(human)* dito m. (del piede); *(animal)* dito m. (della zampa); ***big ~*** alluce; ***little ~*** mignolo (del piede); ***to stand*** o ***tread*** o ***step on sb.'s ~s*** pestare i piedi a qcn. (anche FIG.); ***the ~ of Italy*** GEOGR. la punta dell'Italia **2** *(of sock, shoe)* punta f. ♦ ***to keep sb. on their ~s*** tenere qcn. sempre attivo; ***from top to ~*** dalla testa ai piedi; ***from the top of one's head to the tip of one's ~s*** dalla radice dei capelli alla punta dei piedi.

2.toe /təʊ/ tr. rammendare la punta di [*sock*] ♦ ***to ~ the line*** SPORT [*athletes*] disporsi sulla linea di partenza; FIG. rigare dritto; ***to ~ the party, management line*** attenersi alla, seguire la linea del partito, della direzione.

TOE n. (⇒ ton oil equivalent) = energia erogata da una centrale nucleare misurata in rapporto alle tonnellate di petrolio necessarie a produrre un'energia equivalente.

toe cap /'təʊ‚kæp/ n. *(of shoe)* rinforzo m. della punta; ***shoes with a ~*** scarpe con la punta rinforzata.

toe clip /'təʊ‚klɪp/ n. fermapiedi m.

TOEFL n. (⇒ test of English as a foreign language) = test d'inglese come lingua straniera.

toehold /'təʊhəʊld/ n. **1** *(in climbing)* appoggio m. **2** FIG. *(access)* ***to get*** o ***gain a ~ in*** fare breccia in [*market, organization*].

toe-in /'təʊɪn/ n. AUT. convergenza f.

toenail /'təʊneɪl/ n. unghia f. dei piedi.

toe piece /'təʊ‚pi:s/ n. → **toe cap**.

toerag /'təʊræg/ n. BE COLLOQ. SPREG. miserabile m. e f.

toff /tɒf/ n. BE RAR. COLLOQ. aristocratico m.; ***they're ~s*** sono degli aristocratici.

toffee /'tɒfɪ, AE 'tɔ:fɪ/ n. *(mixture, sweet)* caramella f. mou ♦ ***he can't sing, write for ~*** BE COLLOQ. non sa cantare, scrivere per niente *o* neanche un po'.

toffee apple /'tɒfɪ‚æpl, AE 'tɔ:fɪ-/ n. = mela ricoperta di caramello e infilata su un bastoncino.

toffee-nosed /'tɒfɪ‚nəʊzd, AE 'tɔ:fɪ-/ agg. BE COLLOQ. SPREG. che ha la puzza sotto il naso.

tofu /'təʊfu:/ n. tofu m.

1.tog /tɒg/ **I** n. (anche **~ rating**) BE TESS. = indice del potere termoisolante di indumenti e tessuti imbottiti **II togs** n.pl. BE COLLOQ. vestiti m.; ***swimming ~s*** costume da bagno.

2.tog /tɒg/ tr. (forma in -ing ecc. **-gg-**) vestire.

▪ **tog out** BE COLLOQ. **~ [sb.] out** vestire; ***they were (all) ~ged out in tennis gear*** erano tutti in tenuta da tennis; ***to ~ oneself out*** mettersi in ghingheri.

toga /'təʊgə/ n. (pl. **~s**, **-ae**) toga f.

toga'd, togaed /'təʊgəd/ agg. togato.

▶ **1.together** /tə'geðə(r)/ *Together* in its main adverbial senses is almost always translated by *insieme*. - *Together* frequently occurs as the second element in certain verb combinations (*get together, pull together, put together, tie together* etc.): for translations for these, see the appropriate verb entry (**get**, **pull**, **put**, **tie** etc.). - For examples and further uses, see the entry below.
avv. **1** *(as a pair or group)* insieme; ***they're always ~*** sono sempre insieme; ***we were in school ~*** siamo stati a scuola insieme; ***let's go there ~*** andiamoci insieme; ***they're not married but they're living ~*** non sono sposati ma vivono insieme; ***to get back ~ again*** rimettersi insieme; ***to be close ~*** [*objects, trees, plants etc.*] essere molto vicini; ***his eyes are too close ~*** i suoi occhi sono troppo ravvicinati; ***she's cleverer than all the rest of them put ~*** è più intelligente di tutti gli altri messi insieme; ***acting ~, they could have prevented the invasion*** agendo insieme *o* congiuntamente, avrebbero potuto impedire l'invasione; ***she kept the family ~ during the war*** ha tenuto insieme la famiglia durante la guerra; ***we're all in this ~*** ci siamo dentro tutti quanti; ***they belong ~*** *(objects)* vanno insieme; *(people)* sono fatti l'uno per l'altro; ***these two documents, taken ~, provide crucial evidence*** questi due documenti, messi insieme, forniscono una prova determinante; ***these findings, taken ~, indicate that*** queste scoperte, considerate congiuntamente, indicano che **2** *(so as to be joined)* insieme; ***he nailed the two planks ~*** inchiodò le due assi insieme; ***his argument doesn't hold ~ very well*** la sua argomentazione non regge granché **3** *(in harmony)* ***those colours don't go ~*** quei colori non vanno bene insieme *o* non si abbinano bene; ***the talks brought the two sides closer ~*** i colloqui riavvicinarono le due parti; ***the soprano and the orchestra weren't quite ~*** il soprano e l'orchestra non andavano all'unisono **4** *(at the same time)* insieme, contemporaneamente; ***they were all talking ~*** parlavano tutti insieme; ***all my troubles seem to come ~*** sembra che i miei problemi arrivino tutti insieme; ***all ~ now!*** tutti insieme adesso! **5** *(without interruption)* di fila; ***for four days, three weeks ~*** per quattro giorni, tre settimane di fila **6 together with** *(as well as)* insieme a, con; ***he put his wallet, ~ with his passport, in his pocket*** mise il portafoglio, insieme con il passaporto, nella tasca; ***I went there ~ with Sara*** ci sono andato insieme a Sara; ***taken ~ with the rest of the evidence, this proves that he is guilty*** messo insieme al resto delle prove, questo prova che è colpevole ♦ ***to get one's act ~***, ***to get it ~*** COLLOQ. organizzarsi.

2.together /tə'geðə(r)/ agg. COLLOQ. posato; ***he's a very ~ guy*** è un tipo molto posato, equilibrato.

togetherness /tə'geðənɪs/ n. *(in team, friendship)* cameratismo m.; *(in family, couple)* unione f.

1.toggle /'tɒgl/ n. **1** *(fastening)* olivetta f. **2** MAR. *(pin)* coccinello m.

2.toggle /'tɒgl/ tr. chiudere con un'olivetta.

toggle joint /'tɒgl‚dʒɔɪnt/ n. giunto m. a ginocchiera.

toggle switch /'tɒgl‚swɪtʃ/ n. INFORM. EL. interruttore m. a levetta.

Togo /'təʊgəʊ/ ♦ **6** n.pr. Togo m.

1.toil /tɔɪl/ n. fatica f., lavoro m. duro; ***years of ~*** anni di duro lavoro.

2.toil /tɔɪl/ intr. **1** (anche **toil away**) *(work)* faticare, lavorare duramente (**at** su; **to do** per fare) **2** *(struggle)* [*person, horse*] ***to ~ up the hill*** faticare su per la collina.

3.toil /tɔɪl/ **I** n. laccio m. **II toils** n.pl. FIG. LETT. reti f.; ***to be caught in the ~ of the law*** essere preso nelle pastoie della legge.

toile /twɑ:l/ n. tela f.

▷ **toilet** /'tɔɪlɪt/ **I** n. **1** *(room)* toilette f., gabinetto m.; ***in the ~*** alla toilette *o* al gabinetto; ***public ~(s)*** gabinetto pubblico *o* gabinetti pubblici; ***men's, women's ~(s)*** gabinetto degli uomini, delle donne; ***to go to the ~*** andare alla toilette *o* al gabinetto **2** *(lavatory)* gabinetto m.; ***to sit on the ~*** sedersi sul gabinetto *o* sul water **3** ANT. *(washing and dressing)* toilette f. **II** modif. [*bowl, cistern*] del gabinetto.

toilet bag /'tɔɪlɪt‚bæg/ n. pochette f., trousse f. (per la toilette).

toilet case /'tɔɪlɪt‚keɪs/ n. nécessaire m. (da toeletta).

toilet paper /'tɔɪlɪt‚peɪpə(r)/, **toilet tissue** /'tɔɪlɪt‚tɪʃu:/ n. carta f. igienica.

toiletries /'tɔɪlɪtrɪz/ n.pl. prodotti m., articoli m. da toeletta.

toilet roll /'tɔɪlɪt‚rəʊl/ n. **1** *(roll)* rotolo m. di carta igienica **2** *(tissue)* carta f. igienica.

toilet seat /'tɔɪlɪt‚si:t/ n. sedile m. del water, del gabinetto.

toilet set /'tɔɪlɪt‚set/ n. servizio m. da toeletta.

toilet soap /'tɔɪlɪt‚səʊp/ n. sapone m. da toeletta.

toilette /twɑ:'let/ n. ANT. → **toilet**.

toilet-train /'tɔɪlɪttreɪn/ tr. ***to ~ a child*** insegnare a un bambino ad andare al gabinetto.

toilet-trained /'tɔɪlɪttreɪnd/ **I** p.pass. → **toilet-train II** agg. ***he's not yet ~*** non sa ancora andare al gabinetto.

toilet training /'tɔɪlɪt‚treɪnɪŋ/ n. *(of child)* (l')insegnare a un bambino ad andare al gabinetto.

toilet water /'tɔɪlɪt‚wɔ:tə(r)/ n. acqua f. di, del gabinetto.

toilsome /'tɔɪlsəm/ agg. ANT. laborioso, faticoso.

toilsomely /'tɔɪlsəmlɪ/ avv. laboriosamente, faticosamente.

toilsomeness /'tɔɪlsəmnɪs/ n. laboriosità f.

toing and froing /‚tu:ɪŋən'frəʊɪŋ/ n. andirivieni m.; ***all this ~*** tutto questo andirivieni *o* tutto questo andare e venire.

1.toke /təʊk/ n. COLLOQ. tiro m., tirata f. (di uno spinello).

2.toke /təʊk/ intr. COLLOQ. ***to ~ on*** dare un tiro a [*joint*].

▷ **token** /'təʊkən/ **I** n. **1** *(for machine, phone)* gettone m. **2** *(product)* punto m.; ***"collect 12 Luxa ~s"*** "raccogliete 12 punti Luxa"; ***book, record ~*** buono (per acquisto di) libri, buono per acquisto di dischi **3** *(symbol)* segno m., dimostrazione f.; ***a ~ of*** un segno di [*esteem, gratitude, affection*]; ***as a ~ of our esteem*** come dimostrazione della nostra stima; ***but by the same ~...*** ma per la stessa ragione...; ***and by the same ~...*** e similmente... **4** LING. replica f. **II** agg. SPREG. [*army, payment, punishment*] simbolico; [*strike*] dimostrativo; ***to make a ~ effort, gesture*** fare uno sforzo formale, un gesto simbolico; ***she's the ~ woman, Left-winger*** è la donna simbolo, è la portabandiera della sinistra.

tokenism /ˈtəʊkənɪzəm/ n. SPREG. ***policy of ~*** politica di facciata; ***he has been accused of ~*** *(performer)* è stato accusato di assumere posizioni di facciata.

token money /ˈtəʊkənmʌnɪ/ n. ECON. moneta f. debole.

tokus /ˈtəʊkəs/ n. COLLOQ. culo m.

Tokyo /ˈtəʊkjəʊ/ ♦ ***34*** n.pr. Tokyo f.

tolbooth /ˈtɒlbuːθ/ → **tollbooth**.

told /təʊld/ pass., p.pass. → **tell**.

Toledan /təˈleɪdən/ **I** agg. toledano **II** n. toledano m. (-a).

Toledo /təˈleɪdəʊ, təˈliːdəʊ/ ♦ ***34*** n.pr. Toledo f.

tolerability /ˌtɒlərəˈbɪlətɪ/ n. tollerabilità f.

tolerable /ˈtɒlərəbl/ agg. **1** *(bearable)* tollerabile, sopportabile **2** *(adequate)* tollerabile, accettabile.

tolerableness /ˈtɒlərəblnɪs/ n. tollerabilità f.

tolerably /ˈtɒlərəblɪ/ avv. abbastanza, discretamente [*well*]; abbastanza [*certain, confident, content*]; abbastanza, passabilmente [*comfortable*].

▷ **tolerance** /ˈtɒlərəns/ n. **1** *(broad-mindedness)* tolleranza f. (**of, for** di, per; **towards** verso) **2** *(understanding, patience)* tolleranza f., comprensione f. (**towards** per, verso); ***to show ~*** mostrare *o* dare prova di tolleranza **3** *(resistance)* tolleranza f. (**of** a); ***~ to*** tolleranza a [*alcohol, cold*] **4** MED. *(of body)* tolleranza f. (**to** a); ***drug ~*** tolleranza ai farmaci **5** FIS. TECN. *(endurance)* resistenza f. **6** MAT. STATIST. *(variation)* margine m. di tolleranza, tolleranza f.

▷ **tolerant** /ˈtɒlərənt/ agg. **1** *(in attitude)* tollerante (**of** nei confronti di, nei riguardi di; **towards** verso); ***a racially ~ society*** una società in cui vige la tolleranza razziale **2** *(resilient)* [*plant, substance*] resistente (**of** a).

tolerantly /ˈtɒlərəntlɪ/ avv. [*accept, treat*] con tolleranza; [*smile*] con aria indulgente.

▷ **tolerate** /ˈtɒləreɪt/ tr. **1** *(permit)* tollerare [*attitude, difference, person, action*] **2** *(put up with)* tollerare [*temperature, isolation, trait, treatment*]; ***to ~ doing*** sopportare di fare **3** MED. tollerare [*drug, treatment*] **4** AGR. *(withstand)* resistere a [*frost etc.*].

toleration /ˌtɒləˈreɪʃn/ n. tolleranza f.

▷ **1.toll** /təʊl/ n. **1** *(number)* ***the ~ of*** il numero di [*victims, incidents, cases*]; ***death ~*** numero dei morti *o* vittime (**from** di, per); ***accident ~*** il bilancio di un incidente **2** *(levy)* *(on road, bridge)* pedaggio m., dazio m.; ***to pay a ~*** pagare un pedaggio; ***to collect ~s*** riscuotere i pedaggi *o* i dazi **3** AE TEL. addebito m. (per chiamata in teleselezione) ♦ ***to take a heavy ~*** *(on lives)* fare molte vittime; *(on industry, environment)* esigere un pesante tributo; ***to take its*** o ***their ~*** [*earthquake, disease, economic factors*] fare strage; ***the trip, the experience took its ~ on them*** il viaggio, l'accaduto li ha segnati profondamente.

2.toll /təʊl/ **I** tr. fare pagare il pedaggio a [*person*] **II** intr. fare pagare il pedaggio.

3.toll /təʊl/ n. *(of bell)* rintocco m.; *(for funeral)* rintocco m. funebre.

4.toll /təʊl/ **I** tr. suonare a morto [*bell*] **II** intr. [*bell*] suonare a morto; ***the bell ~ed for the dead*** la campana suonava (a morto) per i defunti.

tollable /ˈtəʊləbl/ agg. soggetto a pedaggio, a dazio.

tollage /ˈtəʊlɪdʒ/ n. pedaggio m., dazio m.

toll-bar /ˈtəʊlbɑː(r)/ n. barriera f. daziaria.

tollbooth /ˈtəʊlbuːθ/ n. *(on toll road)* casello m.

toll bridge /ˈtəʊlbrɪdʒ/ n. ponte m. a pedaggio.

toll call /ˈtəʊlkɔːl/ n. AE chiamata f. in teleselezione.

toll-free /ˌtəʊlˈfriː/ AE **I** agg. [*call*] gratuito; [*number*] verde; [*journey*] che non richiede il pagamento di pedaggi; [*crossing*] esente da pedaggio **II toll free** avv. [*phone*] gratis, senza addebito.

toll gate /ˈtəʊlˌgeɪt/ n. **1** *(on motorway)* casello m. **2** *(on border)* barriera f. daziaria.

tollhouse /ˈtəʊlhaʊs/ n. *(office)* dazio m.

toll keeper /ˈtəʊlˌkiːpə(r)/ n. STOR. daziere m.

tollman /ˈtəʊlmən/ ♦ ***27*** n. (pl. **-men**) **1** STOR. daziere m. **2** *(at tollbooth)* casellante m. e f.

toll road /ˈtəʊlˌrəʊd/ BE, **toll way** /ˈtəʊlˌweɪ/ AE n. strada f. a pedaggio.

Toltec /ˈtɒltek/ n. tolteco m. (-a).

Toltecan /ˈtɒltekən/ agg. tolteco.

tolu /təʊˈluː/ n. tolù m.

toluene /ˈtɒljuːn/ n. toluene m.

toluic /tɒˈljuːk/ agg. toluico.

toluidine /tɒˈljuːədiːn, AE təˈluːə-/ n. toluidina f.

toluol /ˈtɒljuɒl/ → **toluene**.

tom /tɒm/ n. **1** ZOOL. gatto m. maschio **2** AE COLLOQ. SPREG. *(black person)* = persona di colore dal comportamento sottomesso e servile.

Tom /tɒm/ n.pr. diminutivo di **Thomas** ♦ ***every ~, Dick and Harry*** COLLOQ. Tizio, Caio e Sempronio *o* chiunque; ***to go out with every ~, Dick and Harry*** COLLOQ. uscire con Tizio, Caio e Sempronio *o* con tutti.

1.tomahawk /ˈtɒməhɔːk/ n. tomahawk m., ascia f. di guerra.

2.tomahawk /ˈtɒməhɔːk/ tr. **1** *(hit)* colpire con il tomahawk; *(kill)* uccidere con il tomahawk **2** FIG. fare a pezzi [*literary work*].

▷ **tomato** /təˈmɑːtəʊ, AE təˈmeɪtəʊ/ **I** n. (pl. **~es**) pomodoro m.; ***~ (plant)*** (pianta di) pomodoro **II** modif. [*juice, puree, sauce, skins*] di pomodoro; [*salad*] di pomodori; [*sandwich, soup*] al pomodoro; ***~ ketchup*** ketchup.

▷ **tomb** /tuːm/ n. tomba f.

tombac /ˈtɒmbæk/ n. tombacco m.

tombola /tɒmˈbəʊlə/ ♦ ***10*** n. tombola f.

tomboy /ˈtɒmbɔɪ/ n. *(girl)* maschiaccio m.; ***Mary is a ~*** Mary è un maschiaccio.

tomboyish /ˈtɒmbɔɪɪʃ/ agg. [*behaviour*] da maschiaccio; [*clothes*] da maschio; [*haircut*] alla maschietta; ***to be ~*** [*girl*] essere un maschiaccio.

tombstone /ˈtuːmstəʊn/ n. pietra f. tombale.

1.tomcat /ˈtɒmkæt/ n. **1** ZOOL. gatto m. (maschio) **2** AE COLLOQ. *(promiscuous man)* donnaiolo m.

2.tomcat /ˈtɒmkæt/ intr. (forma in -ing ecc. **-tt-**) AE COLLOQ. andare a caccia di donne.

tome /təʊm/ n. tomo m.

tomenta /təˈmentə/ → **tomentum**.

tomentose /təˈmentəʊs/, **tomentous** /təˈmentəs/ agg. tomentoso.

tomentum /təˈmentəm/ n. (pl. **-a**) tomento.

tomfool /tɒmˈfuːl/ agg. [*idea, plan*] cretino.

tomfoolery /tɒmˈfuːlərɪ/ n. stupidaggini f.pl., cretinate f.pl.

Tommy /ˈtɒmɪ/ **I** n.pr. diminutivo di **Thomas II** n. BE RAR. COLLOQ. soldatino m., soldato m. semplice (dell'esercito britannico).

Tommy gun /ˈtɒmɪˌgʌn/ n. RAR. COLLOQ. mitra m.

tommyrot /ˈtɒmɪrɒt/ n. RAR. COLLOQ. idiozie f.pl.

tomography /təˈmɒgrəfɪ/ n. tomografia f.

▶ **tomorrow** /təˈmɒrəʊ/ ♦ ***8, 36*** **I** n. **1** domani m.; ***~'s Monday*** domani è lunedì; ***~'s newspaper*** il giornale di domani; ***what's ~'s date?*** che data è domani? quanti ne avremo domani? ***~ will be a difficult day*** domani sarà una giornata difficile; ***who knows what ~ may bring?*** chi sa che cosa ci porterà il domani? ***I'll do it by ~*** lo farò per domani **2** FIG. ***~'s world, citizens*** il mondo di domani, i cittadini di domani **II** avv. **1** domani; ***see you ~!*** ci vediamo domani! a domani! ***~ week*** fra otto giorni; ***a week ~*** sei giorni fa; ***twelve years ago ~ they got married*** domani sono dodici anni che sono sposati; ***he came a month ago ~*** sarà un mese domani che è arrivato; ***all day ~*** domani tutto il giorno *o* tutto il giorno di domani; ***early ~*** domani (sul) presto; ***late ~*** domani sul tardi *o* in tarda giornata; ***as from ~*** a partire da domani; ***first thing ~*** domani per prima cosa **2** FIG. domani, nel domani ♦ ***~ is another day*** domani è un altro giorno; ***never put off till ~ what can be done today*** PROV. non rimandare a domani quello che puoi fare oggi; ***to live like there was no ~*** vivere alla giornata, come se si dovesse morire il giorno dopo.

tomorrow afternoon /təˌmɒrəʊˌɑːftəˈnuːn, AE ˌæftə-/ **I** n. (il) pomeriggio m. di domani; ***~'s meeting*** la riunione di domani pomeriggio **II** avv. domani pomeriggio.

tomorrow evening /təˌmɒrəʊˈiːvnɪŋ/ **I** n. (la) sera f. di domani; ***~'s party*** la festa di domani sera **II** avv. domani sera.

tomorrow morning /təˌmɒrəʊˈmɔːnɪŋ/ **I** n. (la) mattina f. di domani; ***~'s lecture*** la lezione di domani mattina **II** avv. domani mattina.

tompion /ˈtɒmpɪən/ → **tampion**.

Tom Thumb /ˌtɒmˈθʌm/ n.pr. Pollicino.

tomtit /ˈtɒmtɪt/ n. BE cincia f.; *(blue tit)* cinciarella f.

1.tom-tom /ˈtɒmtɒm/ n. tam tam m.

2.tom-tom /ˈtɒmtɒm/ intr. suonare il tam tam.

▷ **ton** /tʌn/ ♦ ***37, 3*** n. **1** *(in weight)* GB (anche **gross** o **long ~**) long ton m. (unità di misura equivalente a 1.016 kg); US (anche **net ~** o **short ~**) short ton m. (unità di misura equivalente a 907,2 kg); ***metric ~*** tonnellata; ***a three-~ truck*** un camion di tre tonnellate; ***to***

weigh a ~ o ***be a ~ weight*** BE FIG. pesare una tonnellata **2** MAR. *(in volume)* tonnellata f. di stazza; ***freight ~*** tonnellata di nolo; ***register ~*** tonnellata di registro; ***displacement ~*** tonnellata di peso **3** COLLOQ. *(a lot)* ***a ~ of*** una tonnellata di *o* una montagna di [*books, papers etc.*]; ***~s of*** tonnellate di *o* montagne di [*food, paper, bands*]; ***we've ~s left*** ce ne sono rimasti a tonnellate *o* a montagne; ***Danny's new car is ~s better than the other one*** la nuova macchina di Danny è mille volte meglio dell'altra ◆ ***they'll come down on us like a ~ of bricks*** ci piomberanno addosso come una valanga; ***to do a ~*** BE COLLOQ. andare ai, fare i mille all'ora.

tonal /ˈtəʊnl/ agg. tonale.

tonality /təˈnælətɪ/ n. tonalità f.

tonally /ˈtəʊnəlɪ/ avv. tonalmente.

tondo /ˈtɒndəʊ/ n. (pl. **-i**) tondo m.

▶ **1.tone** /təʊn/ n. **1** *(quality of sound)* tono m., timbro m.; *(of radio, TV)* suono m. **2** *(character of voice)* tono m., timbro m.; ***his ~ of voice*** il suo timbro di voce; ***in a defiant ~*** in tono di sfida; ***don't speak to me in that ~ (of voice)*** non parlarmi con quel tono (di voce); ***in angry, serious ~s*** con tono irato, serio **3** *(character) (of letter, speech, meeting)* tono m.; ***to set the ~*** dare tono a (**for** a); ***to lower the ~ of*** abbassare il livello di [*conversation*]; compromettere l'immagine di [*area*] **4** *(colour)* tono m., colore m. **5** RAD. TEL. segnale m. **6** FISIOL. tono m. **7** MUS. *(interval)* tono m. **8** LING. tono m.

2.tone /təʊn/ **I** tr. **1** FISIOL. (anche **~ up**) dare tono a, tonificare [*body, muscle, thigh*] **2** COSMET. tonificare [*skin*] **II** intr. (anche **~ in**) *(blend)* [*colours*] intonarsi (**with** a, con).

▪ **tone down:** **~ [sth.] down, ~ down [sth.]** attenuare, sfumare [*colours*]; FIG. attenuare [*criticism, remark*]; attenuare il tono di [*letter, statement*]; moderare [*policy, attitude*].

tone arm /ˈtəʊnɑːm/ n. *(of record player)* braccio m. (del giradischi).

tone colour BE, **tone color** AE /ˈtəʊn͵kʌlə(r)/ n. MUS. timbro m.

tone control /͵təʊnkənˈtrəʊl/, **tone control button** /͵təʊnkənˈtrəʊl͵bʌtn/ n. *(on stereo)* regolatore m. dei toni.

toned-down /͵təʊndˈdaʊn/ agg. attenuato, moderato (anche FIG.).

tone-deaf /͵təʊnˈdef/ agg. MUS. ***to be ~*** non avere orecchio.

tone language /ˈtəʊn͵læŋgwɪdʒ/ n. lingua f. tonale.

toneless /ˈtəʊnlɪs/ agg. atono.

tonelessly /ˈtəʊnlɪslɪ/ avv. [*say*] con voce atona.

tonelessness /ˈtəʊnlɪsnɪs/ n. assenza f. di tono, di tonicità.

tone poem /ˈtəʊn͵pəʊɪm/ n. MUS. poema m. sinfonico.

toner /ˈtəʊnə(r)/ n. **1** *(for photocopier)* toner m. **2** COSMET. tonico m.

tong /tɒŋ/ n. STOR. = società segreta cinese esistente negli Stati Uniti.

Tonga /ˈtɒŋgə/ ♦ *6, 12* n.pr. ***the ~ islands*** le isole Tonga.

Tongan /ˈtɒŋgən/ ♦ *18, 14* **I** agg. delle isole Tonga **II** n. **1** *(person)* nativo m. (-a), abitante m. e f. delle isole Tonga **2** *(language)* = lingua delle isole Tonga.

tongs /tɒŋz/ n.pl. *(for coal)* molle f.; *(in laboratory)* pinza f.sing.; *(for hair)* arricciacapelli m.sing.; *(for salad)* pinze f.pl. (da, per insalata); *(for sugar)* mollette (per lo zucchero); ***a pair of (coal) ~*** delle molle ◆ ***to go at it hammer and ~*** battersi con impeto, violentemente.

▶ **1.tongue** /tʌŋ/ ♦ *2* n. **1** ANAT. lingua f. (anche FIG.); ***to poke*** o ***stick out one's ~ at sb.*** fare la lingua *o* la linguaccia a qcn.; ***his ~ was hanging out*** aveva la lingua a penzoloni; ***to click one's ~*** fare schioccare la lingua; ***to lose, find one's ~*** perdere, ritrovare la lingua; ***the tip of the ~*** la punta della lingua **2** *(language)* lingua f.; ***mother ~*** lingua madre *o* lingua materna; ***native ~*** madrelingua; ***to speak in ~s*** RELIG. = avere il dono della glossolalia; ***to speak in a foreign ~*** parlare in una lingua straniera **3** GASTR. lingua f.; ***ox ~*** lingua di bue **4** *(flap) (on shoe)* linguetta f. **5** *(of buckle)* ardiglione m. **6** *(of flame, land)* lingua f. ◆ ***to bite one's ~*** mordersi la lingua; ***has the cat got your ~?*** COLLOQ. il gatto ti ha mangiato la lingua? ti sei mangiato la lingua? ***to get the rough side*** o ***edge of sb.'s ~*** essere insultato da qcn.; ***I have his name on the tip of my ~*** ho il suo nome sulla punta della lingua; ***to trip off the ~*** [*name, lie*] venire alle labbra; ***to loosen sb.'s ~*** sciogliere la lingua a qcn.; ***I can't get my ~ round it*** non riesco a pronunciarlo; ***a slip of the ~*** un lapsus; ***hold your ~!*** COLLOQ. frena la lingua! ***watch your ~!*** bada a come parli! ***keep a civil ~ in your head*** sii educato.

2.tongue /tʌŋ/ tr. MUS. staccare [*note, passage*].

tongue-and-groove /͵tʌŋənˈgruːv/ agg. [*joint*] a maschio e femmina.

tongue bone /ˈtʌŋbəʊn/ n. osso m. ioide.

tongue fish /ˈtʌŋfɪʃ/ n. (pl. **tongue fish, tongue fishes**) linguattola f.

tongue-in-cheek /͵tʌŋɪnˈtʃiːk/ **I** agg. ironico, scherzoso **II** avv. ironicamente, scherzosamente.

tongue-lashing /ˈtʌŋ͵læʃɪŋ/ n. strigliata f.; ***to give sb. a ~*** strigliare qcn., sferzare qcn.

tongueless /ˈtʌŋlɪs/ agg. **1** senza lingua **2** FIG. muto, ammutolito.

tonguelet /ˈtʌŋlɪt/ n. linguetta f., linguettina f.

tongue-shaped /ˈtʌŋ͵ʃeɪpt/ agg. a forma di lingua, linguiforme.

tongue-tie /ˈtʌŋ͵taɪ/ n. anchiloglossia f.

tongue-tied /ˈtʌŋ͵taɪd/ agg. ammutolito.

tongue-twister /ˈtʌŋ͵twɪstə(r)/ n. scioglilingua m.

tongue-twisting /ˈtʌŋ͵twɪstɪŋ/ agg. difficile da pronunciare.

tongue-worm /ˈtʌŋwɜːm/ n. linguatula f.

tonic /ˈtɒnɪk/ **I** agg. tonico; ***~ wine*** vino tonico **II** n. **1** *(drink)* (acqua) tonica f.; ***a gin and ~*** un gin tonic **2** MED. FIG. tonico m., ricostituente m.; ***he's a real ~*** è davvero una persona stimolante; ***to be a ~ for sb.*** [*news, praise*] tirare su di morale qcn. **3** MUS. tonica f. **4** LING. (sillaba) tonica f.

tonicity /təˈnɪsətɪ/ n. tonicità f.

tonic sol-fa /͵tənɪk͵sɒlˈfɑː, AE -͵səʊl-/ n. MUS. tonic sol-fa f.

tonic water /͵tɒnɪkˈwɔːtə(r)/ n. acqua f. tonica.

▶ **tonight** /təˈnaɪt/ **I** n. ***~'s concert, events, programme*** il concerto, gli avvenimenti, il programma di questa sera **II** avv. *(this evening)* questa sera; *(after bedtime)* questa notte; ***you'll sleep well ~!*** questa notte dormirai bene!

toning /ˈtəʊnɪŋ/ **I** agg. [*colours, furniture, clothes*] intonato **II** modif. [*gel, cream*] tonificante.

toning-down /͵təʊnɪŋˈdaʊn/ n. attenuazione f., moderazione f.

tonka bean /ˈtɒŋkə͵biːn/ n. fava f. tonca.

tonnage /ˈtʌnɪdʒ/ n. **1** *(ship's capacity)* stazza f. (**of** di); ***gross (register) ~*** stazza (di registro) lorda; ***register ~*** tonnellaggio di stazza **2** *(amount of shipping)* tonnellaggio m. di portata **3** *(total weight)* tonnellaggio m.

tonnage dues /ˈtʌnɪdʒ͵djuːz, AE -͵duː/ n.pl. diritti m. di tonnellaggio.

▷ **tonne** /tʌn/ ♦ *37* n. tonnellata f.

tonneau /ˈtɒnəʊ/ n. (pl. **~s, ~x**) (anche **~ cover**) AUT. tonneau m., capote f.

tonner /ˈtʌnə(r)/ n. in composti **1** MAR. ***a one-~*** un'imbarcazione da una tonnellata; ***a 1,000-~*** una nave da 1.000 tonnellate **2** AUT. ***a 40-~*** un mezzo da 40 tonnellate.

tonometer /təˈnɒmɪtə(r)/ n. **1** MUS. tonimetro m. **2** MED. tonometro m.

tonsil /ˈtɒnsl/ n. tonsilla f.; ***to have one's ~s out*** farsi togliere le tonsille.

tonsillar /ˈtɒnsɪlə(r)/, **tonsillary** /ˈtɒnsɪlərɪ/ agg. tonsillare.

tonsillectomy /͵tɒnsɪˈlektəmɪ/ n. tonsillectomia f.

tonsillitic /͵tɒnsɪˈlɪtɪk/ agg. tonsillare.

tonsillitis /͵tɒnsɪˈlaɪtɪs/ ♦ *11* n. tonsillite f.; ***to have ~*** avere la tonsillite.

tonsillotomy /͵tɒnsɪˈlɒtəmɪ/ n. tonsillectomia f.

tonsorial /tɒnˈsɔːrɪəl/ agg. di, da barbiere.

1.tonsure /ˈtɒnʃə(r)/ n. tonsura f.

2.tonsure /ˈtɒnʃə(r)/ tr. tonsurare.

tonsured /ˈtɒnʃəd/ **I** p.pass. → **2.tonsure II** agg. tonsurato.

tontine /tɒnˈtiːn/ n. tontina f.

tonus /ˈtəʊnəs/ n. **1** tono m. muscolare **2** *(spasm)* spasmo m. tonico.

tony /ˈtəʊnɪ/ agg. AE elegante, distinto.

Tony /ˈtəʊnɪ/ **I** n.pr. diminutivo di **Anthony, Antony II** (anche **~ Award**) n. AE = ciascuno dei premi teatrali conferiti ogni anno dall'American Theatre Wing di New York.

▶ **too** /*forma forte* tuː, *forma debole davanti a vocale* tʊ, *davanti a consonante* tə/ avv. When *too* means *also*, it is generally translated by *anche*, which is usually placed before the word it refers to: *you too* = anche tu; *can I have some too?* = posso averne un po' anch'io? - When *too* means to an excessive degree (*too high, too dangerous, too fast*), it is translated by *troppo*: *troppo alto, troppo pericoloso, troppo in fretta*. - For examples of the above and further usages, see the entry below. **1** *(also, as well)* anche; ***you ~ could be a winner!*** potresti vincere anche tu! ***"I love you" - "I love you ~"*** "ti amo" - "ti amo anch'io"; ***have you been to India ~?*** *(like me)* sei stato anche tu in India? *(as well as other countries)* sei stato anche in India? ***he speaks French, German ~*** parla anche francese, tedesco; ***the town has changed, so ~ have the inhabitants*** la città è cambiata, e così i suoi abitanti; ***"have a nice evening" - "you ~!"*** "buona serata" - "anche a te!" ***she's kind but she's strict ~*** è gentile ma è anche esigente **2** *(reinforcing an opinion)* ***you should talk to someone - and soon ~*** dovresti parlarne con qualcuno, e presto; ***Christine cooked the meal - and very tasty it is ~!*** Christine ha preparato il pranzo - e che pranzo! ***she was***

very annoyed and quite right ~! era molto arrabbiata e ne aveva tutte le ragioni! ***they sacked him and quite right ~!*** lo licenziarono e per delle ottime ragioni! **3** *(expressing indignation, annoyance)* ***"they're here" - "about time ~!"*** "sono qui" - "alla buon'ora!" ***"I'm sorry" - "I should think so ~!"*** "mi dispiace" - "lo spero bene!" ***it was such a smart jacket, expensive ~*** era una giacca davvero elegante, e anche costosa; ***...and in front of your mother ~!*** ...e per di più di fronte a tua madre! **4** *(excessively)* troppo; ***the coat is ~ big for him*** il cappotto è troppo grosso per lui; ***just ~ big, nosy*** solo troppo grosso, ficcanaso; ***it's ~ early to leave*** è troppo presto per partire; ***it's ~ early for them to leave*** è troppo presto perché possano partire; ***the tray was ~ heavy for me to carry*** il vassoio era troppo pesante da portare per me; ***it's ~ easy (for them) to criticize*** è troppo facile da parte loro criticare; ***I was ~ shocked to speak*** ero troppo scioccato per parlare; ***it's ~ hot a day for walking*** fa troppo caldo per camminare; ***it's ~ fast a game for me*** è un gioco troppo veloce per me; ***~ many, ~ few people*** troppe, troppo poche persone; ***~ much traffic*** troppo traffico; ***I ate ~ much*** mangiai troppo; ***it's ~ much of a strain*** è uno sforzo troppo grande; ***she's ~ much of a feminist, a diplomat to do*** è troppo femminista, diplomatica per fare; ***he was in ~ much of a hurry to talk*** aveva troppa fretta per parlare; ***~ silly for words*** troppo stupido per parlarne; ***it was ~ little ~ late*** era troppo poco e troppo tardi; ***the measures were ~ little ~ late*** le misure furono insufficienti e tardive **5** *(emphatic: very)* troppo; ***you're ~ kind!*** sei troppo gentile! (anche IRON.); ***they'll be only ~ pleased to help*** saranno ben felici di aiutare; ***he's only ~ ready to criticize*** è sempre prontissimo a fare critiche; ***she hasn't been ~ well recently*** non è stata troppo bene di recente; ***that's ~ bad!*** *(a pity)* è un gran peccato! *(tough)* tanto peggio! ***"so you're annoyed" - "~ right (I am)!"*** "e allora sei arrabbiato" - "eccome (se lo sono)!" **6** *(in negatives)* troppo; ***he's not ~ mad about jazz*** non va granché matto per il jazz; ***he didn't do ~ bad a job*** non ha lavorato tanto male; ***it wasn't ~ bad*** [*film, trip*] non era tanto male; ***you weren't ~ bad at all!*** non eri niente male! ***he wasn't ~ bad*** *(in health)* non stava troppo male; *(in appearance)* non stava tanto male; *(in his reactions)* non era tanto arrabbiato *o* non se l'è presa tanto; ***we're not ~ thrilled*** non siamo tanto entusiasti; ***I'm not ~ sure about that*** non ne sono troppo *o* tanto sicuro; ***it's not ~ far removed from blackmail*** rasenta il ricatto; ***"they've arrived" - "none ~ soon!"*** "sono arrivati" - "mai troppo presto!" **7** COLLOQ. *(contradicting: so)* ***"you don't know how to swim" - "I do ~!"*** "tu non sai nuotare" - "sì che so nuotare!" ***"he didn't pinch you" - "he did ~!"*** "non ti ha pizzicato" - "e invece sì!" **8** ***all ~*** [*accurate, easy, widespread*] fin troppo; ***it is all ~ obvious that*** è fin troppo evidente che; ***she saw all ~ clearly that*** ha visto fin troppo bene che; ***all ~ often*** fin troppo spesso **9** ***only too*** fin troppo; ***it's only ~ obvious that*** è fin troppo ovvio, evidente che; ***I remember it only ~ well*** lo ricordo fin troppo bene; ***they were only ~ pleased to help*** erano felicissimi di poter aiutare.

took /tʊk/ pass. → **2.take**.

▶ **1.tool** /tu:l/ n. **1** attrezzo m., utensile m.; ***a set of ~s*** una cassetta per gli attrezzi; ***garden ~s*** attrezzi per il giardinaggio **2** *(aid)* strumento m.; ***an essential ~ in the classroom*** uno strumento indispensabile in classe; ***management ~s*** strumenti di gestione *o* gestionali **3** INFORM. strumento m. **4** SPREG. *(puppet)* strumento m.; ***to be a mere ~ in the hands of*** essere un semplice strumento nelle mani di *o* essere solo una marionetta al servizio di **5** POP. *(penis)* arnese m. ◆ ***the ~s of the trade*** i ferri, gli attrezzi del mestiere; ***to down ~s*** BE *(go on strike)* incrociare le braccia, mettersi in sciopero; *(take break from work)* interrompere il lavoro.

2.tool /tu:l/ **I** tr. *(work, shape)* lavorare [*leather, metal*]; *(impress a design on)* fregiare [*leather*] **II** intr. COLLOQ. RAR. (anche **~ along**) [*person*] guidare tranquillo; [*car*] procedere lentamente.

▪ **tool up:** ~ up [*factory, plant*] attrezzarsi (**to do** per fare); ~ up [sth.], ~ [sth.] up attrezzare [*plant, factory*].

tool bag /ˈtu:lˌbæg/ n. borsa f. degli attrezzi.

toolbox /ˈtu:lˌbɒks/ n. cassetta f. degli attrezzi.

tool case /ˈtu:lˌkeɪs/ n. cassettina f. degli attrezzi.

tool chest /ˈtu:lˌtʃest/ n. cassa f. degli attrezzi.

tooled /ˈtu:ld/ **I** pass., p.pass → **2.tool II** agg. [*leather, metal*] lavorato, decorato.

tooler /ˈtu:lə(r)/ ♦ **27** n. **1** *(chisel)* martellina f. **2** TIP. *(person)* fregiatore m. (-trice).

toolhead /ˈtu:lˌhed/ n. portautensili m.

tool house /ˈtu:lˌhaʊs/ n. AE → **tool shed**.

tooling /ˈtu:lɪŋ/ n. **U** fregio m.

tool kit /ˈtu:lkɪt/ n. kit m. degli attrezzi.

toolmaker /ˈtu:lˌmeɪkə(r)/ ♦ **27** n. utensilista m. e f., attrezzista m. e f.

tool making /ˈtu:lˌmeɪkɪŋ/ n. = fabbricazione e manutenzione degli utensili.

tool post /ˈtu:lˌpəʊst/ n. portautensili m.

tool roll /ˈtu:lˌrəʊl/ n. rotolo m. portautensili.

toolroom /ˈtu:lrʊm/ n. TECN. utensileria f.

tool shed /ˈtu:lˌʃed/ n. capanno m. degli attrezzi.

toon /tu:n/ n. COLLOQ. (accorc. cartoon) cartone m. (animato).

1.toot /tu:t/ n. **1** *(car-horn)* (suono del) clacson m., colpo m. di clacson; *(train whistle)* fischio m. **2** *(sound)* ~*!* ~*!* tuu! tuu! **3** AE COLLOQ. *(snort of cocaine)* sniffata f. **4** AE COLLOQ. *(drinking spree)* bevuta f., sbronza f.; ***to go on a ~*** COLLOQ. prendersi una sbronza.

2.toot /tu:t/ **I** tr. ***to ~ one's horn*** suonare il clacson; ***to ~ one's horn at*** dare un colpo di clacson a **II** intr. [*car horn*] suonare; [*train*] emettere un fischio.

▶ **1.tooth** /tu:θ/ ♦ **2 I** n. (pl. **teeth**) *(of person, animal, comb, zip, saw)* dente m.; ***set of teeth*** *(one's own)* dentatura; *(false)* dentiera; ***to bare*** o ***show one's teeth*** scoprire i denti, mostrare i denti (anche FIG.); ***to mutter between one's teeth*** borbottare fra i denti; ***to flash one's teeth at sb.*** fare un sorriso smagliante a qcn.; ***to cut one's teeth*** [*baby*] mettere i denti; ***to cut one's teeth on*** FIG. farsi le ossa con **II -toothed** agg. in composti ***fine-, wide-~ed comb*** pettine a denti fitti, larghi ◆ ***to be a bit long in the ~*** COLLOQ. non essere più giovane; ***to be fed up to the back teeth*** non poterne più *o* averne le scatole piene (**of, with** di); ***to do sth. in the teeth of*** fare qcs. alla faccia di, in barba a; ***to have teeth*** avere potere; ***to give sth. teeth*** dare forza a qcs.; ***to get one's teeth into sth.*** applicarsi a fondo a qcs.; ***it's a job she can get her teeth into*** questo lavoro è pane per i suoi denti; ***to lie through one's teeth*** mentire spudoratamente; ***to set sb.'s teeth on edge*** dare sui nervi a qcn., urtare *o* fare innervosire qcn.; ***to throw sth. in sb.'s teeth*** rinfacciare qcs. a qcn., buttare qcs. in faccia a qcn.

2.tooth /tu:θ/ **I** tr. **1** *(supply with teeth)* fornire di denti **2** *(cut teeth in)* dentellare, seghettare [*stick*] **II** intr. [*cogwheel*] ingranare.

toothache /ˈtu:θeɪk/ ♦ **11** n. mal di denti m.; ***to have (a) ~*** avere mal di denti.

tooth-billed /ˈtu:θˌbɪld/ agg. [*bird*] dal becco a sega.

toothbrush /ˈtu:θbrʌʃ/ n. spazzolino m. da denti.

toothcomb /ˈtu:θkəʊm/ n. pettine m. a denti fitti.

tooth decay /ˈtu:θdɪˌkeɪ/ n. carie f. dentaria.

toothed /tu:θt/ **I** pass., p.pass. → **2.tooth II** agg. **1** [*wheel*] dentato **2** BOT. dentellato, seghettato.

tooth fairy /ˈtu:θˌfeərɪ/ n. = fata che, in cambio dei denti da latte caduti, porta ai bambini una piccola quantità di denaro.

toothful /ˈtu:θfʊl/ n. *(of food)* bocconcino m.; *(of alcoholic drink)* sorsino m.

tooth glass /ˈtu:θˌglɑ:s, AE -ˌglæs/ n. bicchiere m. per la dentiera.

toothing /ˈtu:θɪŋ/ n. **1** MECC. dentatura f., dentellatura f. **2** EDIL. addentellato m.

toothless /ˈtu:θlɪs/ agg. **1** [*grin, person*] sdentato, senza denti **2** FIG. *(ineffectual)* [*law, organization*] inefficace.

tooth mug /ˈtu:θˌmʌg/ n. → **tooth glass**.

toothpaste /ˈtu:θˌpeɪst/ n. dentifricio m.

toothpick /ˈtu:θˌpɪk/ n. stuzzicadenti m.

toothpowder /ˈtu:θˌpaʊdə(r)/ n. polvere f. dentifricia.

toothshell /ˈtu:θʃel/ n. dentalio m.

toothsome /ˈtu:θsəm/ agg. SCHERZ. [*dish, food*] saporito; ***she's ~*** è un bel bocconcino.

toothsomeness /ˈtu:θsəmnɪs/ n. gustosità f., buon sapore m.

toothy /ˈtu:θɪ/ agg. ***to give a ~ grin*** fare un sorriso dentoso *o* tutto denti.

1.tootle /ˈtu:tl/ n. **1** AUT. colpo m., colpetto m. di clacson **2** MUS. = serie di note emesse da uno strumento a fiato.

2.tootle /ˈtu:tl/ intr. **1** BE COLLOQ. *(go)* fare un giretto; ***I'll just ~ into town, down to the shops*** farò un giretto in città, fino ai negozi **2** *(on wind instrument)* emettere una serie di note (**on** con).

too-too /ˈtu:tu:, tu:ˈtu:/ **I** agg. *(exquisite)* squisito; *(affected)* affettato **II** avv. davvero troppo, veramente troppo.

toots /tʊts/ n. COLLOQ. tesoruccio m.

tootsie, tootsy /ˈtʊtsɪ/ n. COLLOQ. **1** INFANT. *(toe)* dito m. del piede; *(foot)* piede m. **2** → **toots**.

▶ **1.top** /tɒp/ **I** n. **1** *(highest or furthest part)* *(of page, ladder, stairs, wall)* cima f.; *(of list)* testa f.; *(of mountain, hill)* cima f., punta f.; *(of garden, field)* fondo m., capo m.; ***eight lines from the ~*** l'ottava riga a partire dall'inizio della pagina; ***at the ~ of*** in cima a [*page, stairs, street, scale*]; sulla cima di [*hill*]; in testa a [*list*]; ***at the ~ of the building*** in cima all'edificio; ***at the ~ of the table*** a capotavola; ***to be at the ~ of one's list*** FIG. essere in cima alla lista; ***to be at the ~ of the agenda*** FIG. avere la priorità **2** FIG. *(highest *echelon, position)* **to aim for the ~** mirare alle vette; **to be at the ~ of one's profession** essere all'apice della carriera; **life can be tough at the ~** la vita ai vertici può essere dura; **to get to** o **make it to the ~** farcela *o* arrivare in cima; **to be ~ of the class** essere il primo della classe; **to be ~ of the bill** TEATR. essere in testa al cartellone **3** *(surface) (of table)* piano m.; *(of water)* superficie f.; *(of box)* lato m. alto; **to float to the ~** venire a galla **4** *(upper part)* parte f. superiore; **the ~ of the façade, of the building** la parte superiore della facciata, dell'edificio; **the ~ of the milk** la schiuma del latte **5** *(cap, lid) (of pen)* cappuccio m.; *(of bottle)* tappo m.; *(of paint-tin, saucepan)* coperchio m. **6** *(garment)* top m.; **a sleeveless summer ~** un top estivo senza maniche **7** AUT. (anche **~ gear**) marcia f. più alta; *(fourth)* quarta f.; *(fifth)* quinta f.; **to be in ~** essere in quinta, in quarta *o* avere ingranato la marcia più alta **8** BOT. *(of vegetable)* **turnip ~s** cime di rapa; **carrot ~s** piantine di carota **II** agg. **1** *(highest)* [*step, storey*] ultimo, più alto; [*bunk*] di sopra; [*button, shelf*] più alto; [*division*] SPORT primo; [*layer*] superiore; [*concern, priority*] FIG. maggiore, principale; **in the ~ left-hand corner** nell'angolo in alto a sinistra; **the ~ corridor** il corridoio dell'ultimo piano; **the ~ notes** MUS. le note più alte; **the ~ tax band** l'aliquota imponibile più alta; **to pay the ~ price for sth.** [*buyer*] pagare qcs. al prezzo più alto; **"we pay the ~ prices"** "massima valutazione"; **to be in the ~ class at primary school** essere all'ultimo anno della scuola elementare; **to get ~ marks** SCOL. avere *o* ottenere il massimo dei voti; FIG. **~ marks to the company for its initiative** dieci e lode alla compagnia per l'iniziativa **2** *(furthest away)* [*field, house*] ultimo **3** *(leading)* [*adviser*] di prim'ordine; [*agency*] di punta; massimo [*authority*]; [*job*] d'alto livello; **one of their ~ chefs, soloists** uno dei loro più grandi chef, solisti; **it's one of the ~ jobs** è una delle posizioni più elevate; **~ people** persone importanti; *(bureaucrats)* alti funzionari; **to be in the ~ three** essere fra i primi tre **4** *(best)* [*wine, choice, buy, restaurant*] eccellente, di prima qualità; [*restaurant*] eccellente, di prim'ordine **5** *(upper)* [*lip*] superiore; **the ~ half of the body** la parte superiore del corpo; **on her ~ half, she wore...** di sopra indossava... **6** *(maximum)* [*speed*] massimo; **we'll have to work at ~ speed** dovremo lavorare il più rapidamente possibile **7 on ~ of** su [*cupboard, fridge, layer*]; *(in addition to)* oltre a [*salary, workload*]; **the car was suddenly right on ~ of me** COLLOQ. FIG. all'improvviso l'automobile mi piombò addosso; **to live on ~ of each other** vivere uno sopra all'altro; **on ~ of everything else I have to do** oltre a tutto il resto devo fare; **to be on ~ of a situation** FIG. *(in control of)* avere il controllo della situazione *o* avere la situazione in pugno; **to get on ~ of inflation** dominare l'inflazione; **you can never really feel on ~ of this job** non ci si sente mai completamente padroni di questo lavoro; **things are getting on ~ of her** *(she's depressed)* si sta lasciando sopraffare; *(she can't cope)* non ce la fa ◆ **on ~ of all this, to ~ it all** *(after misfortune)* oltre a tutto questo, come se non bastasse; **from ~ to bottom** da cima a fondo; **not to have very much up ~** COLLOQ. avere la zucca vuota; **to be over the ~** COLLOQ. *(in behaviour, reaction)* essere esagerato; **he's really over the ~!** COLLOQ. è veramente esagerato! **to be the ~s** COLLOQ. ANT. essere il massimo; **to be, stay on ~** essere sulla vetta; **to be ~ dog** essere il capo; **to come out on ~** *(win)* venirne fuori vincitore; *(survive, triumph)* uscirne vivo; **to feel on ~ of the world** sentirsi in cima al mondo; **to go over the ~** MIL. partire all'assalto; **to say things off the ~ of one's head** *(without thinking)* dire quello che passa per la mente; **I'd say £ 5,000, but that's just off the ~ of my head** *(without checking)* direi 5.000 sterline, ma ho fatto un calcolo approssimativo, su due piedi; **to shout at the ~ of one's voice** gridare a squarciagola.

2.top /tɒp/ **I** tr. (forma in -ing ecc. **-pp-**) **1** *(head)* essere in testa a [*charts, polls*] **2** *(exceed)* oltrepassare [*sum, figure, contribution*] **3** *(cap)* concludere [*story, anecdote*] **4** *(finish off)* completare, rifinire [*building, creation*] (**with** con); GASTR. ricoprire [*cake, dish, layer*] (**with** di); **cake ~ped with frosting** torta ricoperta di glassa; **each cake was ~ped with a cherry** ogni dolce aveva sopra una ciliegina; **a mosque ~ped with three domes** una moschea sormontata da tre cupole **5** COLLOQ. *(kill)* fare fuori, uccidere [*person*] **II** rifl. (forma in -ing ecc. **-pp-**) COLLOQ. **to ~ oneself** uccidersi, suicidarsi.

- **top off** **~ off [sth.], ~ [sth.] off** concludere [*meal, weekend, outing, creation*] (**with** con); **shall we ~ off our evening with a glass of champagne?** che ne dite di concludere la serata con un bicchiere di champagne?
- **top out** **~ out [sth.]** celebrare il completamento di [*building*].
- **top up** **to ~ up with petrol** rabboccare, fare il pieno; **~ up [sth.], ~ [sth.] up** riempire (di nuovo) [*tank, glass*]; rabboccare [*battery*]; ricaricare [*mobile phone*]; **may I ~ you up?** COLLOQ. posso versartene ancora?

3.top /tɒp/ n. *(toy)* trottola f. ◆ **to sleep like a ~** dormire come un ghiro.

top-and-tail /ˌtɒpən'teɪl/ tr. pulire [*currants, gooseberries*]; spuntare [*beans*].

topaz /'təʊpæz/ **I** n. topazio m. **II** modif. di topazio **III** agg. (color) topazio.

topazolite /'təpæzəlaɪt/ n. MIN. topazolite f.

top banana /ˌtɒpbə'nɑ:nə/ n. AE COLLOQ. grande capo m.

top-boot /'tɒpbu:t/ n. stivalone m. alla scudiera.

top-box /'tɒpbɒks/ n. *(on motorbike)* bauletto m.

top brass /ˌtɒp'brɑ:s, AE -'bræs/ n. + verbo pl. **the ~** MIL. COLLOQ. gli alti ufficiali; FIG. i pezzi grossi.

top class /ˌtɒp'klɑ:s, AE -'klæs/ agg. [*race, athletics, professional*] ai massimi livelli.

topcoat /ˌtɒp'kəʊt/ n. soprabito m.

top copy /ˌtɒp'kɒpɪ/ n. *(of typescript)* prima copia f., originale m.

top-down /'tɒpdaʊn/ agg. **1** INFORM. [*design*] top down **2** FIG. [*management*] dirigenziale.

top drawer /tɒp'drɔ:(r)/ agg. BE *(highest class)* di altissima qualità, di gran classe; *(most important)* più importante.

top-drawer /ˌtɒp'drɔ:(r)/ agg. RAR. COLLOQ. [*family*] dell'alta borghesia; **to be ~** appartenere all'alta borghesia.

top-dress /ˌtɒp'dres/ tr. concimare in superficie [*soil*].

topdressing /ˌtɒp'dresɪŋ/ n. *(substance)* concime m. (da superficie); *(process)* concimazione f. (in superficie).

tope /təʊp/ n. INDIAN. = monumento buddista sormontato da una cupola.

top-flight /'tɒpflaɪt/ agg. eccellente, di prima qualità.

topgallant /ˌtɒp'gælənt/ agg. MAR. [*mast, sail*] di velaccio.

tophaceous /tə'feɪʃəs/ agg. **1** MED. tofaceo **2** GEOL. ANT. tufaceo.

top hat /ˌtɒp'hæt/ n. cappello m. a cilindro, tuba f.

top-heavy /ˌtɒp'hevɪ/ agg. **1** [*structure, object*] sbilanciato **2** FIG. [*firm, bureaucracy*] con troppi dirigenti.

Tophet /'təʊfet/ **I** n.pr. BIBL. Tofet f. **II** n. FIG. (l')inferno m.

tophi /'təʊfɪ/ → **tophus**.

top-hole /'tɒphəʊl/ agg. BE RAR. COLLOQ. → **top-flight**.

tophus /'təʊfəs/ n. (pl. **-i**) **1** MED. tofo m. **2** MIN. tufo m.

topiary /'təʊpɪərɪ, AE -ɪerɪ/ **I** n. (arte) topiaria f. **II** modif. [*bush, conifer*] potato in forma geometrica, bizzarra; [*garden*] di piante e arbusti potati in forme geometriche, bizzarre.

▷ **topic** /'tɒpɪk/ n. **1** *(subject) (of conversation, discussion, conference, essay)* argomento m.; *(of research, project)* argomento m., soggetto m. **2** SCOL. *(project)* ricerca f.

topical /'tɒpɪkl/ agg. d'attualità, attuale; **she made a ~ allusion to the problem** alluse al problema con una nota di attualità; **of ~ interest** d'attualità.

topicality /ˌtɒpɪ'kælətɪ/ n. attualità f.

topic sentence /'tɒpɪkˌsentəns/ n. AE frase f. introduttiva.

topknot /'tɒpnɒt/ n. chignon m. alto.

topless /'tɒplɪs/ agg. [*model*] in topless; **~ bar** topless bar; **"~ bathing forbidden"** "è vietato il topless"; **~ swimsuit** topless, monokini.

top-level /'tɒpˌlevl/ agg. [*talks, negotiations*] ai massimi livelli.

top-loader /'tɒpˌləʊdə(r)/ n. lavatrice f. con carica dall'alto.

topman /'tɒpmən/ ♦ **27** n. (pl. **-men**) MAR. gabbiere m.

top management /'tɒpˌmænɪdʒmənt/ n. top management m., alta dirigenza f.

top mast /'tɒpˌmɑ:st, AE -ˌmæst/ n. albero m. di gabbia.

topmen /'topmen/ → **topman**.

topmost /'tɒpˌməʊst/ agg. **the ~ branch, fruit** il ramo, frutto più alto.

top-notch /'tɒpˌnɒtʃ/ agg. [*business, executive*] eccellente, di prim'ordine.

top-of-the-range /ˌtɒpəvðə'reɪndʒ/ agg. [*model*] di prima qualità; [*car*] di alta gamma.

topographer /tə'pɒgrəfə(r)/ ♦ **27** n. topografo m. (-a).

topographic(al) /ˌtɒpə'græfɪk(l)/ agg. topografico.

topography /tə'pɒgrəfɪ/ n. topografia f.

topoi /'təʊpɔɪ/ → **topos**.

topological /ˌtɒpə'lɒdʒɪk(l)/ agg. topologico.

topology /tə'pɒlədʒɪ/ n. topologia f.

toponymy /tə'pɒnɪmɪ/ n. toponimia f.

topos /'təʊpəs/ n. (pl. **-i**) **1** LING. topos m., tema m. ricorrente **2** MAT. topos m.

topped /tɒpt/ **I** p.pass. → **2.top II** agg. ricoperto (**with** di); [*cake*] sormontato (**with** da) [*cherry*].

topper /'tɒpə(r)/ n. COLLOQ. **1** *(hat)* cappello m. a cilindro, tuba f. **2** *(success)* **chart ~** numero uno m. nella hit-parade **3** AE *(joke etc.)* **that's a ~!** è il colmo!

topping /'tɒpɪŋ/ **I** n. *(of jam, cream)* strato m.; ***with a ~ of breadcrumbs*** ricoperto (da uno strato) di pangrattato **II** agg. BE RAR. COLLOQ. eccellente.
topple /'tɒpl/ **I** tr. rovesciare, fare cadere [*object*]; fare crollare, demolire [*building*]; FIG. fare cadere [*leader*]; rovesciare, fare crollare [*government*] **II** intr. *(sway)* [*vase, pile of books*] vacillare; *(fall)* (anche **~ over**) [*vase*] rovesciarsi, cadere; [*pile of books*] crollare; [*person*] cadere, ruzzolare; FIG. [*government, regime*] crollare; ***he ~d over the edge*** cadde nel vuoto; ***to ~ over the edge of*** cadere dal bordo di [*cliff, table*].
top-ranking /ˌtɒp'ræŋkɪŋ/ agg. di massimo livello.
tops /tɒps/ avv. COLLOQ. al massimo, come massimo.
topsail /'tɒpseɪl/ n. vela f. di gabbia.
top secret /ˌtɒp'si:krɪt/ agg. top secret.
top security /ˌtɒpsɪ'kjʊərətɪ/ agg. [*prison, wing, building*] di massima sicurezza.
top-selling /ˌtɒp'selɪŋ/ agg. in testa alle vendite.
top shelf, **top-shelf** /tɒp'ʃelf/ agg. **1** BE *(pornographic)* [*magazine, publication, book*] per soli adulti **2** AE *(highest class)* di altissima qualità, di gran classe; *(most important)* più importante.
topside /'tɒpsaɪd/ n. GASTR. controgirello m., fesa f.
topsoil /'tɒpsɔɪl/ n. strato m. arabile.
top spin /'tɒpˌspɪn/ n. top spin m.
topsy-turvy /ˌtɒpsɪ'tɜ:vɪ/ COLLOQ. **I** agg. ***it's a ~ world*** è un mondo davvero strano **II** avv. sottosopra; ***our plans have been thrown ~*** i nostri programmi sono stati mandati a gambe all'aria.
top ten /ˌtɒp'ten/ n. top ten f.
top-up /'tɒpʌp/ n. COLLOQ. ***who's ready for a ~?*** chi ne vuole ancora?
top-up card /'tɒpʌpˌkɑ:d/ n. TEL. ricarica f. (telefonica).
top-up fees /'tɒpʌpˌfi:z/ n.pl. GB UNIV. = tassa annuale di importo variabile fino a un massimo di 3000 sterline che le università possono far pagare agli studenti per compensare la differenza tra i fondi disponibili dall'ateneo e l'effettivo costo di un anno di corsi.
top-up loan /'tɒpʌpləʊn/ n. prestito m. complementare.
toque /təʊk/ n. *(hat)* tocco m.
tor /tɔ:(r)/ n. punta f., cima f.
Tora(h) /'tɔ:rə/ n.pr. RELIG. Torà f., Torah f.
▷ **1.torch** /tɔ:tʃ/ n. *(burning)* torcia f., fiaccola f.; BE *(flashlight)* torcia f. (elettrica); ***she shone the ~ into the room*** illuminò la stanza con la torcia; ***to be turned into a human ~*** essere trasformato in una torcia umana ◆ ***to carry a ~ for sb.*** essere innamorato di qcn.; ***to carry the ~ for democracy, freedom*** tenere alta la fiaccola della democrazia, della libertà; ***to put sth. to the ~*** dare fuoco a [*castle, city*].
2.torch /tɔ:tʃ/ tr. dare fuoco a [*building*].
torchbearer /'tɔ:tʃbeərə(r)/ n. portatore m. (-trice) di fiaccola; SPORT tedoforo m. (-a).
torchlight /'tɔ:tʃlaɪt/ **I** n. ***by ~*** *(burning torches)* alla luce delle torce, delle fiaccole; BE *(electric)* alla luce di una torcia (elettrica) **II** modif. (anche **torchlit**) [*vigil*] alla luce delle fiaccole; ***~ walk, procession*** fiaccolata.
torch singer /'tɔ:tʃˌsɪŋə(r)/ n. AE = chi canta tristi canzoni d'amore.
torch song /'tɔ:tʃˌsɒŋ/ n. AE triste canzone f. d'amore.
tore /tɔ:(r)/ pass. → **3.tear**.
toreador /'tɒrɪədɔ:(r), AE 'tɔ:r-/ n. toreador m.
torero /tɒ'reərəʊ/ ♦ ***27*** n. (pl. **~s**) torero m.
toreutic /tə'ru:tɪk/ agg. della, relativo alla toreutica.
toreutics /tə'ru:tɪks/ n. + verbo sing. toreutica f.
tori /'tɔ:raɪ/ → **torus**.
▷ **1.torment** /'tɔ:ment/ n. tormento m.; LETT. supplizio m.; ***to suffer ~s of jealousy, remorse*** patire i tormenti della gelosia, del rimorso; ***to be in ~*** essere torturato; ***to suffer ~(s)*** patire le pene dell'inferno.
2.torment /tɔ:'ment/ **I** tr. tormentare; ***to be ~ed by jealousy, remorse*** essere tormentato *o* roso dalla gelosia, dal rimorso **II** rifl. ***to ~ oneself*** tormentarsi.
tormentil /'tɔ:məntɪl/ n. tormentilla f.
tormentingly /tɔ:'mentɪŋlɪ/ avv. tormentosamente.
tormentor /tɔ:'mentə(r)/ n. tormentatore m. (-trice).
tormentress /tɔ:'mentrɪs/ n. tormentatrice f.
torn /tɔ:n/ **I** p.pass. → **3.tear II** agg. *(all contexts)* strappato, lacerato.
tornado /tɔ:'neɪdəʊ/ n. (pl. **~es, ~s**) **1** METEOR. tornado m. **2** (anche **Tornado**) MIL. AER. *(warplane)* Tornado m.
toroid /'tɔ:rɔɪd/ n. toroide m.
toroidal /tɔ:'rɔɪdl/ agg. toroidale.
Toronto /tə'rɒntəʊ/ ♦ ***34*** n.pr. Toronto f.
torose /tə'rəʊs/, **torous** /'təʊrəs/ agg. BOT. nodoso.
1.torpedo /tɔ:'pi:dəʊ/ **I** n. (pl. **~es**) **1** MIL. siluro m.; STOR. torpedine f. **2** ZOOL. torpedine m. **3** AE COLLOQ. *(gunman)* bandito m., killer m. **4** AE GASTR. panino m. enorme **II** modif. [*attack*] con siluri.
2.torpedo /tɔ:'pi:dəʊ/ tr. silurare (anche FIG.).
torpedo boat /tɔ:'pi:dəʊˌbəʊt/ n. torpediniera f., silurante f.
torpedoes /tɔ:'pi:dəʊs/ → **1.torpedo**.
torpedo plane /tɔ:'pi:dəʊˌpleɪn/ n. aerosilurante m.
torpedo tube /tɔ:'pi:dəʊˌtju:b, AE -ˌtu:b/ n. tubo m. lanciasiluri.
torpid /'tɔ:pɪd/ agg. FORM. torpido.
torpidity /'tɔ:pɪdətɪ/ n. **1** torpore m. **2** FIG. apatia f., indifferenza f., inerzia f.
torpidly /'tɔ:pɪdlɪ/ avv. FORM. torpidamente.
torpor /'tɔ:pə(r)/ n. torpore m.
torquate(d) /'tɔ:kweɪt(ɪd)/ agg. ZOOL. dal collare.
1.torque /tɔ:k/ n. **1** FIS. momento m. torcente, di torsione **2** AUT. coppia f. **3** STOR. torque f.
2.torque /tɔ:k/ tr. TECN. torcere.
torque converter /'tɔ:kkən'vɜ:tə(r)/ n. AUT. MECC. convertitore m. di coppia.
torque wrench /'tɔ:krentʃ/ n. chiave f. dinamometrica.
torrent /'tɒrənt, AE 'tɔ:r-/ n. **1** *(of water, rain)* torrente m.; ***the rain is falling in ~s*** cade una pioggia torrenziale **2** FIG. torrente m., diluvio m.
torrential /tə'renʃl/ agg. torrenziale.
Torricellian /ˌtɒrɪ'tʃelɪən/ agg. di Torricelli, torricelliano; ***~ vacuum*** vuoto torricelliano.
torrid /'tɒrɪd, AE 'tɔ:r-/ agg. torrido.
torridity /tɒ'rɪdətɪ/, **torridness** /'tɒrɪdnɪs/ n. calore m. torrido.
torsion /'tɔ:ʃn/ n. torsione f.
torsional /'tɔ:ʃənl/ agg. di torsione.
torsion balance /'tɔ:ʃnˌbæləns/ n. bilancia f. di torsione.
torsion bar /'tɔ:ʃnˌbɑ:(r)/ n. barra f. di torsione.
torsion test /'tɔ:ʃnˌtest/ n. test m. di torsione.
torso /'tɔ:səʊ/ n. (pl. **~s**) torso m.
tort /tɔ:t/ n. torto m., illecito m.
torticollis /ˌtɔ:tɪ'kɒlɪs/ ♦ ***11*** n. torcicollo m.
tortile /'tɔ:taɪl/ agg. tortile.
tortility /'tɔ:tɪlətɪ/ n. l'essere tortile.
tortilla /tɔ:'ti:jə/ n. tortilla f.
tortious /'tɔ:ʃəs/ agg. DIR. illecito, dannoso, pregiudizievole.
tortiously /'tɔ:ʃəlɪ/ avv. DIR. in modo illecito, dannoso, pregiudizievole.
tortoise /'tɔ:təs/ n. testuggine f., tartaruga f. (di terra).
tortoiseshell /'tɔ:təsʃel/ **I** n. **1** *(shell)* tartaruga f. **2** *(butterfly)* vanessa f. **3** *(cat)* gatto m. tricolore **II** modif. [*clip, comb*] di tartaruga; ***glasses with ~ frames*** occhiali con montatura di tartaruga.
tortrix /'tɔ:trɪks/ n. tortrice f.
tortuous /'tɔ:tʃʊəs/ agg. **1** [*path, road*] tortuoso **2** FIG. [*argument, explanation*] contorto; [*essay*] arzigogolato.
tortuosity /'tɔ:'tʃʊəsətɪ/ n. tortuosità f.
tortuously /'tɔ:tʃʊəslɪ/ avv. tortuosamente.
tortuousness /'tɔ:tʃʊəsnɪs/ → **tortuosity**.
1.torture /'tɔ:tʃə(r)/ n. tortura f.; FIG. supplizio m.; ***under ~*** sotto tortura; ***the long wait was absolute ~!*** la lunga attesa fu un vero supplizio!
2.torture /'tɔ:tʃə(r)/ tr. torturare; FIG. tormentare; ***to be ~d by*** essere tormentato da [*guilt, jealousy*].
torture chamber /'tɔ:tʃəˌtʃeɪmbə(r)/ n. camera f. di tortura.
tortured /'tɔ:tʃəd/ **I** p.pass. → **2.torture II** agg. FIG. [*mind, existence, country*] tormentato.
torturer /'tɔ:tʃərə(r)/ n. torturatore m. (-trice); FIG. tormentatore m. (-trice).
torturingly /'tɔ:tʃərɪŋlɪ/ avv. in modo torturante, tormentoso.
torturous /'tɔ:tʃərəs/ agg. tormentoso.
torus /'tɔ:rəs/ n. (pl. **-i**) **1** MAT. toro m. **2** BOT. ricettacolo m. **3** ZOOL. prominenza f., protuberanza f.
▷ **Tory** /'tɔ:rɪ/ **I** n. BE Tory m. e f. **II** modif. [*government, party, MP*] tory; [*attempts, attack*] dei Tory.
Toryism /'tɔ:rɪzəm/ n. BE torismo m.
tosh /tɒʃ/ **I** n. BE COLLOQ. sciocchezze f.pl., fesserie f.pl. **II** inter. sciocchezze.
1.toss /tɒs/ n. (pl. **~es**) **1** *(turn)* ***to give sth. a ~*** girare qcs. [*salad*]; fare saltare qcs. [*pancake*] **2** *(of coin)* ***to win, lose the ~*** vincere, perdere a testa o croce; ***to decide sth. on the ~ of a coin*** decidere qcs. facendo a testa o croce **3** *(throw)* lancio m., tiro m. **4** *(jerky movement)* ***a ~ of the head*** un movimento brusco del capo **5** COLLOQ. *(fall)* ***to take a ~*** COLLOQ. fare una caduta (da cavallo) ◆ ***I'm***

not prepared to argue the ~ non sono disposto a discutere la decisione; ***I don't*** o ***couldn't give a ~*** COLLOQ. non me ne importa un fico *o* non me ne frega niente; ***he couldn't give a ~ if you're tired, about his kids*** COLLOQ. non gliene frega niente che tu sia stanco, dei suoi figli; ***who gives a ~?*** COLLOQ. chi se ne frega!

2.toss /tɒs/ **I** tr. **1** *(throw)* lanciare, tirare, gettare [*ball, stick*]; ***to ~ sth. into the air*** tirare qcs. in aria; ***to ~ sb. sth.*** lanciare qcs. a qcn.; ***to ~ sth. towards, into, over sth.*** gettare qcs. verso, contro, sopra a qcs. **2** COLLOQ. *(chuck)* ***~ me the newspaper*** passami il giornale **3** *(flip)* fare saltare [*pancake*]; lanciare [*dice*]; ***to ~ a coin*** fare a testa o croce; ***I'll ~ you for the last piece of cake*** facciamo a testa o croce per vedere a chi tocca l'ultima fetta di torta **4** GASTR. *(stir)* girare [*salad*]; fare saltare [*vegetables, meat*] (**in** in); ***~ed in olive oil*** saltato in olio d'oliva **5** *(throw back)* [*animal*] scuotere, scrollare [*head, mane*]; ***to ~ one's head*** [*person*] gettare la testa all'indietro; ***to ~ one's hair back*** gettare i capelli all'indietro **6** *(unseat)* [*horse*] disarcionare [*rider*] **7** *(move violently)* [*wind*] scuotere [*branches, leaves*]; [*waves*] sballottare [*boat*]; ***to be ~ed to and fro*** [*person, boat*] essere sballottato avanti e indietro; ***a storm-~ed sea*** LETT. un mare in tempesta **II** intr. **1** *(turn restlessly)* [*person*] rigirarsi; ***I ~ed and turned all night*** mi sono rigirato tutta la notte **2** *(flip a coin)* [*referee*] tirare a sorte, fare a testa o croce; ***to ~ for first turn, service*** fare a testa o croce *o* tirare a sorte per stabilire a chi tocca per primo, per decidere a chi tocca battere il servizio per primo.

■ **toss about, toss around:** ***~ about***, ***~ around*** [*boat, person*] essere sballottato; ***~ [sth.] around*** [*people*] fare dei passaggi con, passarsi [*ball*]; FIG. lanciare [*ideas*]; ***to get ~ed around*** *(in vehicle)* essere sballottato.

■ **toss away** ***~ [sth.] away***, ***~ away [sth.]*** gettare, buttare [*rubbish*]; FIG. perdere [*opportunity*].

■ **toss back** ***~ [sth.] back***, ***~ back [sth.]*** rinviare [*ball*]; gettare, lanciare indietro [*object*].

■ **toss off** COLLOQ. ***~ off*** VOLG. masturbare; ***~ [sth.] off***, ***~ off [sth.]*** buttare giù [*drink, article, letter*]; ***~ oneself off*** BE VOLG. masturbarsi.

■ **toss out:** ***~ [sth.] out***, ***~ out [sth.]*** gettare, buttare [*newspaper, empty bottles*]; ***~ sb. out*** buttare qcn. fuori (**from** da).

■ **toss up** *(flip a coin)* fare a testa o croce, tirare a sorte; ***to ~ up whether to do sth.*** COLLOQ. fare a testa o croce *o* tirare a sorte per decidere se fare qcs.; ***to ~ up when, where...*** COLLOQ. fare a testa o croce per stabilire quando, dove...

tosser /ˈtɒsə(r)/ n. POP. coglione m. (-a).

toss-up /ˈtɒsʌp/ n. COLLOQ. **1** *(flip of a coin)* ***let's have a ~ to decide*** facciamo a testa o croce *o* tiriamo a sorte per decidere **2** *(two-way choice)* ***it's, it was a ~ between a pizza and a sandwich*** si può, si poteva scegliere tra una pizza e un panino **3** *(even chance)* ***who'll win? - it's a ~!*** chi vincerà? - deciderà la sorte! ***it was a ~ who would be chosen*** avevano le stesse probabilità di essere scelti.

1.tot /tɒt/ n. **1** COLLOQ. *(toddler)* bimbetto m. (-a) **2** BE *(of whisky, rum)* goccia f., dito m.

2.tot /tɒt/ tr. (forma in -ing ecc. **-tt-**) sommare, addizionare.

■ **tot up** BE ***~ up*** [*person*] sommare; ***~ up to*** [*bill, expenses*] ammontare a; ***~ up [sth.]***, ***~ [sth.] up*** fare il totale di qcs.

▶ **1.total** /ˈtəʊtl/ **I** agg. **1** *(added together)* [*number, cost, amount, loss, profit*] totale **2** *(complete)* [*effect*] globale; [*attention, disaster, eclipse, failure, war*] totale; [*ignorance*] completo; ***the ~ debts come to £ 3,000*** il totale dei debiti ammonta a 3.000 sterline **II** n. totale m.; ***£ 200 in ~*** 200 sterline in totale; ***a ~ of £ 200*** un totale di 200 sterline; ***it comes to a ~ of £ 200*** ammonta a un totale di 200 sterline.

2.total /ˈtəʊtl/ tr. (forma in -ing ecc. **-ll-** BE, **-l-** AE) **1** *(add up)* sommare [*amounts, figures*] **2** *(reach)* [*debts, costs, sales, income*] ammontare a (un totale di) [*sum*]; ***their votes ~led two million*** i loro voti raggiunsero i due milioni **3** AE COLLOQ. *(destroy)* distruggere, demolire [*car*].

total allergy syndrome /ˌtəʊtlˈælədʒɪˌsɪndrəʊm/ n. MED. = sindrome caratterizzata dall'assenza totale di difese immunitarie.

totaled /ˈtəʊtld/ **I** p.pass. → **2.total II** agg. AE distrutto, a pezzi.

totalitarian /ˌtəʊtælɪˈteərɪən/ **I** agg. totalitario **II** n. totalitarista m. e f.

totalitarianism /ˌtəʊtælɪˈteərɪənɪzəm/ n. totalitarismo m.

totality /təʊˈtælətɪ/ n. totalità f.

totalizator /ˈtəʊtəlaɪzeɪtə(r), AE -lɪz-/ n. EQUIT. totalizzatore m.

totalize /ˈtəʊtəlaɪz/ tr. totalizzare.

totalizer /ˈtəʊtəlaɪzə(r)/ n. → **totalizator**.

▶ **totally** /ˈtəʊtəlɪ/ avv. **1** [*blind, deaf, paralysed, at ease*] completamente; [*stupid, unacceptable, opposed, convinced*] totalmente; [*agree, change, new, different*] completamente, del tutto **2** COLLOQ. *(to agree)* come no, altroché, di più.

total quality management /ˌtəʊtlkwɒlətɪˈmænɪdʒmənt/ n. qualità f. totale.

total recall /ˈtəʊtəlˌriːkɔːl/ n. PSIC. = il ricordare un evento o un'esperienza passata in ogni dettaglio.

1.tote /təʊt/ n. EQUIT. COLLOQ. → **totalizator**.

2.tote /təʊt/ tr. COLLOQ. portare [*bag*]; portare, essere armato di [*gun*]; ***gun-~ing hooligans*** dei teppisti armati.

tote bag /ˈtəʊtˌbæg/ n. AE borsone m. portatutto.

tote board /ˈtəʊtˌbɔːd/ n. *(in horseracing)* tabellone m.

totem /ˈtəʊtəm/ n. **1** *(pole)* totem m. **2** *(symbol)* simbolo m., emblema m.

totemic /təʊˈtemɪk/ agg. totemico.

totemism /təʊˈtemɪzəm/ n. totemismo m.

totem pole /ˈtəʊtəmˌpəʊl/ n. totem m.

t'other, tother /ˈtʌðə(r)/ contr. the other.

totter /ˈtɒtə(r)/ intr. [*person*] traballare, vacillare; *(drunkenly)* barcollare; [*baby*] barcollare; [*pile of books, building*] vacillare, oscillare; FIG. [*regime, government*] vacillare; ***to ~ in, out*** entrare, uscire barcollando; ***a country ~ing on the brink of civil war*** un paese (che oscillava) sull'orlo della guerra civile.

tottering /ˈtɒtərɪŋ/ agg. [*step*] barcollante; [*movement*] malsicuro; [*person*] vacillante, traballante; [*pile of books, building*] vacillante; FIG. [*regime, government*] vacillante.

totteringly /ˈtɒtərɪŋlɪ/ avv. in modo vacillante, traballante; [*walk*] in modo barcollante.

tottery /ˈtɒtərɪ/ → **tottering**.

toucan /ˈtuːkæn, -kən, AE *anche* tʊˈkɑːn/ n. tucano m.

▶ **1.touch** /tʌtʃ/ n. **1** *(physical contact)* tocco m., contatto m. (fisico); ***the ~ of her hand*** il tocco della sua mano; ***at the slightest ~*** *(of hand)* al minimo tocco *o* contatto; *(of button)* al minimo tocco; ***to long for, dread sb.'s ~*** desiderare, temere il contatto con qcn.; ***I felt a ~ on my shoulder*** mi sentii toccare sulla spalla; ***he managed to get a ~ on the ball*** *(in football)* riuscì a entrare in possesso di palla **2** *(sense)* tatto m.; ***a highly-developed sense of ~*** un senso del tatto molto sviluppato; ***soft to the ~*** soffice al tatto; ***by ~*** al tatto **3** *(style, skill)* tocco m., mano f.; ***the ~ of a master*** il tocco di un maestro; ***a fine ~ at the net*** *(in tennis)* un tocco delicato sotto rete; ***he handles the children with a firm ~*** tratta i bambini con mano ferma; ***the Spielberg ~*** lo stile Spielberg **4** *(element)* tocco m.; *(underlying tone)* nota f.; *(tiny amount)* punta f.; ***this room needs the feminine ~*** questa stanza ha bisogno di un tocco femminile; ***the boss lacks the human ~*** il capo manca di calore umano; ***with a ~ of sadness in her voice*** con una nota di tristezza nella voce; ***a ~ of colour*** un tocco *o* una punta di colore; ***a ~ of sarcasm*** una punta di sarcasmo; ***a ~ of garlic*** un pochino di aglio; ***to add*** o ***put the finishing ~es to sth.*** aggiungere *o* dare il tocco finale a qcs.; ***a clever ~*** un tocco geniale; ***her gift was a nice ~*** il suo regalo fu un bel gesto; ***there's a ~ of class, of genius about her*** ha della classe, ha del genio; ***he's got a ~ of flu*** ha un po' d'influenza; ***there's a ~ of frost in the air*** ci sarà una gelata **5** *(little)* ***a ~*** un pochino, un tantino; ***a ~ colder, heavier*** un pochino più freddo, più pesante; ***just a ~ (more)*** appena un po' di più **6** *(communication)* contatto m.; ***to get, stay in ~ with*** mettersi, rimanere in contatto con; ***to lose ~ with*** perdere i contatti con; ***to put sb. in ~ with*** mettere qcn. in contatto con; ***he's out of ~ with reality*** ha perso il senso della *o* il contatto con la realtà; ***she's out of ~ with the times*** *(out of fashion)* non è al passo con i tempi; *(not updated)* non si tiene al corrente **7** SPORT *(area)* touch-down m.; ***in(to) ~*** nell'area di touch-down ◆ ***to be an easy*** o ***soft ~*** COLLOQ. essere facile da raggirare; ***to lose one's ~*** perdere la mano.

▶ **2.touch** /tʌtʃ/ **I** tr. **1** *(come into contact with)* toccare; ***he ~ed her hand, the paint*** le toccò la mano, toccò la vernice; ***to ~ sb. on the arm*** toccare il braccio a qcn.; ***to ~ sb. on the shoulder*** toccare qcn. sulla spalla; ***we ~ed ground at 8 o'clock*** atterrammo alle otto; ***he ~ed his hat politely*** portò la mano al cappello in segno di saluto; ***did you ~ the other car?*** *(in accident)* hai toccato l'altra automobile? **2** *(interfere with)* toccare; ***don't ~ that, my things*** quello lascialo stare, lascia stare le mie cose; ***I never ~ed him*** non l'ho mai toccato; ***the police can't ~ me*** la polizia non mi può toccare; ***she wouldn't let him ~ her*** non gli permetterebbe di toccarla **3** *(affect)* colpire; *(with sadness)* toccare, commuovere; *(adversely)* impressionare sfavorevolmente; *(as matter of concern)* preoccupare; ***matters which ~ us all*** questioni che riguardano noi tutti; ***inflation has not ~ed the well-off*** l'inflazione non ha colpito i benestanti; ***the paintings were not ~ed by the fire*** i dipinti non furono toccati dalle fiamme; ***to ~ the hearts of*** toccare i cuori di; ***we were most***

~ed fummo profondamente toccati; ***this product won't ~ the stains*** questo prodotto non agisce sulle macchie **4** *(consume)* toccare [*meat, vegetables, drink, drugs, cigarettes*]; ***I never ~ alcohol*** non tocco mai alcolici; ***you've hardly ~ed your meal*** non hai quasi toccato cibo **5** *(deal in)* trattare; ***he'll sell most things but won't ~ drugs*** vende di tutto ma non tratta la droga **6** COLLOQ. *(ask for)* ***to ~ sb. for sth.*** chiedere qcs. a qcn. **7** *(equal)* eguagliare; ***when it comes to cooking, no-one can ~ him*** in fatto di cucina, nessuno lo può eguagliare **8** *(reach)* [*price, temperature*] toccare, raggiungere [*level*] **II** intr. **1** *(come together)* [*wires, hands*] toccarsi **2** *(with hand)* toccare; ***"do not ~"*** "non toccare", "vietato toccare".

■ **touch down:** *~ down* **1** AER. [*plane, rocket*] atterrare **2** SPORT *(in rugby)* realizzare un touch-down; *~ [sth.] down, ~ down [sth.]* SPORT ***he ~ed the ball down*** realizzò un touch-down.

■ **touch off:** *~ [sth.] off, ~ off [sth.]* fare partire [*firework*]; FIG. scatenare [*riot, debate*].

■ **touch (up)on:** *~ (up)on [sth.]* toccare [*subject, matter*].

■ **touch up:** *~ [sb., sth.] up, ~ up [sb., sth.]* **1** *(re-do)* ritoccare [*paint, photograph, scratch, hair roots*] **2** COLLOQ. *(touch sexually)* toccare, palpare [*person*].

touchable /'tʌtʃəbl/ agg. **1** *(tangible)* tangibile, palpabile **2** *(eatable)* commestibile.

touch-and-go /ˌtʌtʃən'gəʊ/ agg. rischioso, incerto.

touchdown /'tʌtʃdaʊn/ n. **1** AER. *(of plane, rocket)* atterraggio m.; ***"we have ~!"*** "atterraggio!" **2** SPORT touch-down m.

touché /tu:'ʃeɪ, 'tu:ʃeɪ, AE tu:'ʃeɪ/ inter. touché.

touched /tʌtʃt/ **I** p.pass. → **2.touch II** agg. **1** *(emotionally)* toccato, commosso; ***~ by*** commosso da [*kindness*]; toccato da [*words, letter*]; ***~ to hear, receive*** commosso nel sentire, nel ricevere **2** COLLOQ. *(mad)* tocco, toccato.

toucher /'tʌtʃə(r)/ n. **1** *(person)* chi tocca **2** SPORT *(bowl)* boccia f. che ha toccato il pallino.

touch football /'tʌtʃˌfʊtbɔ:l/ ♦ ***10*** n. SPORT = variante del football americano in cui il placcaggio è sostituito dal semplice tocco dell'avversario.

touchhole /'tʌtʃhəʊl/ n. STOR. *(in cannon)* focone m.

touchily /'tʌtʃɪlɪ/ avv. con suscettibilità.

touchiness /'tʌtʃɪnɪs/ n. *(of person)* suscettibilità f.; *(of issue)* delicatezza f.

▷ **touching** /'tʌtʃɪŋ/ agg. toccante, commovente.

touchingly /'tʌtʃɪŋlɪ/ avv. [*speak, write*] in modo toccante, commovente.

touchingness /'tʌtʃɪnɪs/ n. (l')essere toccante, commovente.

touch judge /'tʌtʃˌdʒʌdʒ/ n. SPORT giudice m. di linea.

touch line /'tʌtʃˌlaɪn/ n. SPORT *(in soccer)* linea f. laterale; *(in rugby)* linea f. di touche.

touch-me-not /'tʌtʃmɪnɒt/ n. BOT. noli me tangere f.

touch needle /'tʌtʃˌni:dl/ n. METALL. tocca f.

touchpaper /'tʌtʃˌpeɪpə(r)/ n. carta f. nitrata.

touch screen /'tʌtʃskri:n/ n. schermo m. sensibile, touch screen m.

touch-sensitive /'tʌtʃˌsensətɪv/ agg. [*key*] a sfioramento; ***~ screen*** touch screen.

touchstone /'tʌtʃstəʊn/ n. pietra f. di paragone (anche FIG.).

touch system /'tʌtʃˌsɪstəm/ n. *(typing)* = metodo di battitura (a macchina) in cui non si guarda la tastiera.

touch-tone /'tʌtʃˌtəʊn/ agg. AE [*telephone*] a tastiera.

touch-type /'tʌtʃˌtaɪp/ intr. = battere (a macchina) senza guardare la tastiera.

touch-typing /'tʌtʃˌtaɪpɪŋ/ n. = battitura (a macchina) senza guardare la tastiera.

touch-typist /'tʌtʃˌtaɪpɪst/ ♦ ***27*** n. = persona che batte a macchina senza guardare la tastiera.

touchwood /'tʌtʃwʊd/ n. esca f. per il fuoco.

touchy /'tʌtʃɪ/ agg. **1** *(edgy)* [*person*] suscettibile (**about** su) **2** *(difficult)* [*subject, issue*] delicato.

▷ **1.tough** /tʌf/ **I** agg. **1** *(ruthless)* [*businessman*] duro; [*criminal*] incallito; ***a ~ guy*** o ***customer*** COLLOQ. un (osso) duro **2** *(severe)* [*policy, measure, law*] duro, severo; [*stance*] rigido; [*opposition*] tenace; [*competition*] duro; [*criticism*] aspro; [*sport*] *(hard)* duro; *(violent)* violento; ***to take a ~ line*** adottare la linea dura (**on sth.** per qcs.; **with sb.** nei confronti di, con qcn.); ***you were a bit ~ on him*** sei stato un po' duro con lui; ***to get ~ with sb.*** usare le maniere forti con qcn.; ***~ talk*** parole dure (**about, on** su) **3** *(difficult)* [*way of life, conditions, situation*] difficile, duro; [*problem, task*] arduo; [*match, decision*] difficile; [*challenge*] duro; ***to have a ~ time*** trovare difficile (**doing** fare); ***she's having a ~ time*** sta attraversando un periodo difficile **4** *(hardy)* [*person, animal*] robusto; [*plant*] resistente **5** *(durable)* [*material, skin, layer*] resistente; SPREG. [*meat, vegetable*] duro, coriaceo **6** *(rough)* [*area*] brutto, difficile; [*school*] duro **7** COLLOQ. *(unfortunate)* ***~ break*** sfortuna; ***that's ~*** questa è scalogna! ***~ luck!*** che sfortuna! *(unsympathetically)* peggio per te! ***~ shit!*** VOLG. che sfiga di merda! che cazzo di sfiga! ***it was ~ on them*** è stato un duro colpo per loro **8** AE COLLOQ. *(great)* forte **II** n. *(person)* duro m. (-a) **III** inter. COLLOQ. peggio per te ♦ ***this meat is as ~ as old boots*** COLLOQ. questa carne è dura come una suola di scarpa; ***she's as ~ as old boots*** COLLOQ. è una vera dura; ***to hang ~*** AE COLLOQ. tenere duro; ***hang ~!*** tieniti forte!

2.tough /tʌf/ tr. → **tough out**.

■ **tough out** COLLOQ. *~ [sth.] out* superare [*crisis*]; affrontare [*recession*]; ***to ~ it out*** reggere il colpo.

toughen /'tʌfn/ tr. **1** *(make stronger)* rinforzare [*leather, plastic*]; temperare [*glass, steel*]; ispessire [*skin*]; consolidare, rinforzare [*wall*]; indurire, temprare [*person*] **2** *(make stricter)* (anche **~ up**) rendere più severo [*law, regulation, penalty*]; irrigidire [*stance, position*].

■ **toughen up:** *~ up* [*person*] temprarsi; *~ [sb.] up, ~ up [sb.]* indurire, temprare [*person*]; *~ [sth.] up, ~ up [sth.]* inasprire [*legislation*].

toughie /'tʌfɪ/ n. COLLOQ. **1** *(person)* osso m. duro **2** *(question, problem)* pasticcio m., casino m.; ***that's a ~!*** è un casino!

tough love /'tʌflʌv/ n. = responsabilizzazione di tossicodipendenti, criminali ecc. per promuoverne il recupero sociale.

toughly /'tʌflɪ/ avv. duramente.

toughly-worded /'tʌflɪˌwɜ:dɪd/ agg. espresso in termini duri.

tough-minded /'tʌfˌmaɪndɪd/ agg. deciso, risoluto.

toughness /'tʌfnɪs/ n. **1** *(ruthlessness) (of businessman, criminal)* durezza f. **2** *(severity) (of law, measure, penalty)* durezza f., severità f.; *(of opposition, competition)* accanimento m. **3** *(harshness) (of way of life, conditions)* durezza f., difficoltà f. **4** *(robustness)* robustezza f., resistenza f. **5** *(durability) (of material, glass, leather)* robustezza f.; SPREG. *(of meat, vegetable)* durezza f. **6** *(difficulty) (of work)* durezza f., difficoltà f.; *(of question)* difficoltà f.

toupee /'tu:peɪ, AE tu:'peɪ/ n. toupet m.

▶ **1.tour** /tʊə(r), tɔ:(r)/ n. **1** *(of country, city)* giro m. (**of** di); *(of building)* visita f. (**of** di); *(trip in bus, etc.)* gita f.; ***bus ~, coach ~*** gita in autobus, in pullman; ***cycling, walking ~*** escursione in bicicletta, a piedi; ***to go on a ~ of*** visitare [*one thing*]; fare il giro di [*several things*]; ***to take sb. on a ~ of sth.*** portare qcn. a fare il giro di qcs.; ***he took me on a ~ of his house*** mi ha fatto fare il giro della casa; ***a two-week ~*** un giro di due settimane; ***a ~ of inspection*** un giro d'ispezione; ***"on ~"*** *(sign on bus)* "gita turistica"; ***the Grand Tour*** STOR. = viaggio d'istruzione attraverso l'Europa **2** TEATR. SPORT tournée f.; MUS. tournée f., tour m.; ***concert, rugby ~*** tournée di concerti, di rugby; ***spring, summer ~*** tournée primaverile, estiva; ***to be on, go on ~*** essere, andare in tournée; ***to do a ~*** fare una tournée; ***to take a play on ~*** portare un'opera (teatrale) in tournée **3** UNIV. ***lecture ~*** giro di conferenze **4** ***a ~ of duty*** MIL. un turno di servizio.

▶ **2.tour** /tʊə(r), tɔ:(r)/ **I** tr. **1** visitare [*building, country, gallery*]; vedere [*sight*] **2** MUS. SPORT essere in tournée in [*country*]; TEATR. [*company*] portare in tournée [*production*]; [*production*] essere in tournée in [*country*] **II** intr. **1** viaggiare (per turismo); ***to go ~ing*** fare del turismo **2** MUS. SPORT TEATR. [*orchestra, play, team*] essere in tournée; ***to go ~ing*** andare in tournée.

touraco /'tʊərəkəʊ/ n. (pl. **~s**) turaco m.

tourer /'tʊərə(r), 'tɔ:rə(r)/ n. **1** *(sports car)* (automobile) gran turismo f. **2** BE *(caravan)* roulotte f. **3** *(bicycle)* bicicletta f. da cicloturismo.

tour guide /'tʊəˌgaɪd, 'tɔ:-/ ♦ ***27*** n. guida f. turistica.

touring /'tʊərɪŋ, 'tɔ:r-/ **I** n. **1** turismo m.; ***to like ~*** amare viaggiare per turismo **2** MUS. SPORT TEATR. tournée f. **II** modif. **1** [*exhibition, holiday*] itinerante **2** MUS. TEATR. SPORT [*band, company, show, team, production*] in tournée.

touring bindings /ˌtʊərɪŋ'baɪndɪŋz, ˌtɔ:r-/ n.pl. *(in skiing)* attacchi m. da sci alpinismo.

touring car /ˌtʊərɪŋ'kɑ:(r), ˌtɔ:r-/ n. (automobile) gran turismo f.

▷ **tourism** /'tʊərɪzəm, 'tɔ:r-/ n. turismo m.

▷ **tourist** /'tʊərɪst, 'tɔ:r-/ **I** n. **1** turista m. e f. **2** SPORT ospite m. e f.; ***the ~s won*** gli ospiti vinsero **II** modif. [*area, centre, development, guide, map, resort, route, season*] turistico; [*authority*] per il turismo; ***the ~ trade*** il turismo *o* l'industria turistica.

tourist bus /'tʊərɪstˌbʌs, 'tɔ:r-/ n. pullman m. turistico.

tourist class /'tʊərɪstˌklɑ:s, 'tɔ:r-, AE -ˌklæs/ n. AER. classe f. turistica.

tourist information office /ˌtʊərɪst ɪnfə'meɪʃn ˌɒfɪs, ˌtɔ:r-, AE -ˌɔ:f-/, **tourist office** /'tʊərɪstˌɒfɪs, ˌtɔ:r-, AE ˌ-ɔ:f-/ n. *(in town)* ufficio m. del turismo *o* di informazioni turistiche; *(national organization)* ente m. per il turismo.

tourist trap /'tʊərɪst,træp, 'tɔ:r-/ n. trappola f. per i turisti.

touristy /'tʊərɪstɪ, 'tɔ:r-/ agg. COLLOQ. SPREG. invaso dai turisti.

tourmaline /'tʊəməlɪn/ n. tormalina f.

tournament /'tʊənəmənt, 'tɔ:n-, AE 'tɜ:rn-/ n. torneo m.

1.tourney /'tʊənɪ/ n. **1** ANT. STOR. torneo m. (di cavalleria) **2** AE SPORT torneo m.

2.tourney /'tʊənɪ/ intr. torneare, giostrare.

tourniquet /'tʊənɪkeɪ, AE 'tɜ:rnɪkət/ n. **1** MED. tourniquet m., laccio m. emostatico **2** *(gate)* tourniquet m., tornello m.

tour operator /'tʊər,ɒpəreɪtə(r), 'tɔ:r-/ n. tour operator m.

tousle /'taʊzl/ tr. arruffare [*hair*].

tousled /'taʊzld/ **I** p.pass. → **tousle II** agg. [*hair*] arruffato; [*person, appearance*] scarmigliato.

1.tout /taʊt/ n. **1** BE *(selling tickets)* bagarino m. **2** COMM. SPREG. *(person soliciting custom)* imbonitore m. (-trice) **3** *(in horseracing)* = chi vende informazioni sui cavalli concorrenti.

2.tout /taʊt/ **I** tr. **1** [*street merchant*] imbonire **2** BE *(illegally)* rivendere illegalmente [*tickets*] **3** *(publicize loudly)* pubblicizzare, reclamizzare [*product, invention*]; strombazzare [*good results*]; ***much ~ed*** tanto vantato *o* pubblicizzato **II** intr. *(solicit)* SPREG. fare l'imbonitore; ***to ~ for business*** procacciare affari; ***to ~ for votes*** procacciare voti.

1.tow /təʊ/ n. **1** AUT. ***to be on ~*** essere rimorchiato; ***to give sb. a ~*** rimorchiare qcn.; ***to need a ~*** avere bisogno di essere rimorchiato **2** FIG. SCHERZ. *(following)* ***to have sb. in ~*** avere qcn. a rimorchio; ***a father with two children in ~*** un padre con due figli al seguito **3** *(ski lift)* skilift m.

▷ **2.tow** /təʊ/ tr. rimorchiare [*trailer, caravan*].

■ **tow away:** ~ *away [sth.]*, ~ *[sth.] away* [*police*] sottoporre a rimozione forzata; [*recovery service*] rimorchiare, portare via.

3.tow /təʊ/ n. TESS. stoppa f.

towage /'təʊɪdʒ/ n. *(charges)* spese f.pl. di rimorchio; *(act)* rimorchio m.

▶ **toward(s)** /tə'wɔ:d(z), tɔ:d(z)/ prep. **1** *(in the direction of)* verso; ***~ the east*** verso est; ***she ran ~ him*** corse verso di lui; ***he was standing with his back ~ me*** era in piedi di spalle (rispetto a me); ***the first steps ~*** FIG. i primi passi verso [*solution, system etc.*]; ***the country is moving ~ democracy, independence*** il paese si sta muovendo verso la democrazia, l'indipendenza; ***he is moving ~ the idea that*** si sta accostando all'idea che **2** *(near)* verso; ***~ the end of*** verso la fine di [*day, month, life*]; ***~ the rear of the plane*** verso il fondo dell'aereo **3** *(in relation to)* verso, nei confronti di; ***their attitude, policy ~ Europe*** il loro atteggiamento, la loro politica verso *o* nei confronti dell'Europa; ***to be friendly, hostile ~ sb.*** essere amichevole con, ostile nei confronti di qcn. **4** *(as a contribution to)* ***the money will go ~ the cost of a new roof*** il denaro servirà per un tetto nuovo; ***we are saving ~ a holiday*** stiamo risparmiando per fare una vacanza; ***you should put the money ~ the children's education*** dovresti mettere da parte il denaro per gli studi dei tuoi figli; ***new flats have gone some way ~ easing the accommodation problem*** la costruzione di nuovi appartamenti ha contribuito in parte a risolvere il problema degli alloggi; ***management have gone some way ~ meeting the strikers' demands*** la direzione ha fatto qualche concessione per andare incontro alle rivendicazioni degli scioperanti.

towaway zone /'təʊəweɪ,zəʊn/ n. = zona di divieto di parcheggio con rimozione forzata.

tow bar /'təʊ,bɑ:(r)/ n. *(on car)* gancio m. di traino; *(on recovery vehicle)* barra f. di traino, barra f. di rimorchio.

towboat /'təʊ,bəʊt/ n. rimorchiatore m.

▷ **1.towel** /'taʊəl/ n. **1** asciugamano m. **2** (anche **bath ~**) asciugamano m., telo m. da bagno **3** (anche **tea ~**) strofinaccio m., straccio m. (da cucina) ◆ ***to throw*** o ***chuck in the ~*** COLLOQ. gettare la spugna.

2.towel /'taʊəl/ tr. (forma in -ing ecc. **-ll-** BE, **-l-** AE) tamponare, asciugare (con un asciugamano); ***to ~ one's hair*** asciugarsi i capelli con un asciugamano.

towelette /,taʊə'let/ n. AE salvietta f. (per le mani).

towel horse /'taʊəl,hɔ:s/ n. portasciugamani m. (a piantana).

towelling /'taʊəlɪŋ/ **I** n. **1** TESS. spugna f., tessuto m. di spugna **2** *(rubbing)* ***to give sb. a good ~ (down)*** asciugare bene qcn. con un asciugamano **II** modif. [*garment*] di spugna.

towel rack /'taʊəlræk/ → **towel horse**.

towel rail /'taʊəl,reɪl/ n. portasciugamani m. (a muro).

towel ring /'taʊəl,rɪŋ/ n. anello m. portasciugamani.

▶ **1.tower** /'taʊə(r)/ n. torre f. ◆ ***to be a ~ of strength*** essere saldo come una torre; ***she's been a ~ of strength to me*** per me è stata un vero sostegno.

2.tower /'taʊə(r)/ intr. **1** *(dominate)* ***to ~ above*** o ***over*** torreggiare su *o* dominare [*village, countryside*]; ***to ~ above*** o ***over sb.*** torreggiare su *o* sovrastare qcn.; *(menacingly)* sovrastare qcn. dall'alto della propria statura **2** *(outstrip)* ***to ~ above*** dominare [*rival, peer*].

tower block /'taʊə,blɒk/ n. BE torre f., caseggiato m. a torre.

tower crane /'taʊə,kreɪn/ n. gru f. a torre.

towered /'taʊəd/ **I** p.pass. → **2.tower II** agg. turrito, difeso da torri.

towering /'taʊərɪŋ/ agg. attrib. **1** [*cliff, building etc.*] torreggiante **2** *(tremendous)* ***a ~ performance*** *(by musician)* un'esecuzione magistrale; *(by actor)* un'interpretazione straordinaria; ***to be in a ~ rage*** essere su tutte le furie.

towerman /'taʊəmən/ ➧ **27** n. (pl. **-men**) scambiatore m.

Tower of Babel /,taʊərəv'beɪbl/ n.pr. torre f. di Babele.

tow-haired /,təʊ'heəd/, **tow-headed** /,təʊ'hedɪd/ agg. SPREG. dai, con i capelli di stoppa.

towing /'təʊɪŋ/ n. **1** MAR. rimorchio m., rimorchiaggio m. **2** AUT. traino m., rimorchio m. **3** AER. traino m.

towing path /'təʊɪŋ,pɑ:θ, AE -,pæθ/ n. alzaia f.

towline /'təʊlaɪn/ n. cavo m. di traino.

▶ **town** /taʊn/ n. città f.; ***to go into ~*** andare in città; ***the whole ~ knows about it*** l'intera città ne è a conoscenza; ***she's out of ~ at the moment*** è fuori città al momento; ***he comes from out of ~*** AE viene da fuori; ***to leave*** o ***skip ~*** AE COLLOQ. lasciare la città; ***guess who's back in ~!*** COLLOQ. indovina chi è tornato! ***look me up next time you're in ~*** vienimi a trovare la prossima volta che sei in città; ***she's in ~ to publicize her film*** è in città per promuovere il suo film ◆ ***to go out on the ~*** andare a fare baldoria; ***to have a night (out) on the ~*** fare baldoria tutta la notte; ***to go to ~ on*** *(be extravagant with)* non badare a spese per [*decor, catering*]; *(make much of)* raccontare nei minimi dettagli [*story, scandal*]; ***he's the talk of the ~*** è sulla bocca di tutti; ***~ and gown*** BE = gli accademici e gli studenti contrapposti agli abitanti di una città universitaria.

town-and-country planning /,taʊnənkʌntrɪ'plænɪŋ/ n. pianificazione f. territoriale.

town bill /'taʊnbɪl/ n. COMM. cambiale f. su piazza.

town centre /,taʊn'sentə(r)/ n. centro m. (città).

town clerk /,taʊn'klɑ:k, AE -'klɜ:rk/ ➧ **27** n. BE *(formerly)* segretario m. comunale.

town council /,taʊn'kaʊnsl/ n. BE consiglio m. comunale.

town councillor /,taʊn'kaʊnsələ(r)/ n. BE consigliere m. comunale.

town crier /,taʊn'kraɪə(r)/ n. STOR. banditore m. municipale.

townee AE → **townie**.

town hall /,taʊn'hɔ:l/ n. municipio m., palazzo m. comunale.

town house /'taʊnhaʊs/ n. **1** *(as opposed to country seat)* residenza f. di città **2** *(urban terrace)* = elegante e moderna casa a schiera.

townie /'taʊnɪ/ **I** agg. cittadino, di città **II** n. COLLOQ. SPREG. = persona la cui esperienza è limitata alla città in cui vive.

townlet /'taʊnlɪt/ n. piccola città f., cittadina f.

town meeting /,taʊn'mi:tɪŋ/ n. AE = assemblea f. cittadina.

town planner /,taʊn'plænə(r)/ ➧ **27** n. BE urbanista m. e f.

town planning /,taʊn'plænɪŋ/ n. BE urbanistica f.

townscape /'taʊn,skeɪp/ n. paesaggio m. urbano.

townsfolk /'taʊnzfəʊk/ n.pl. ANT. o BE → **townspeople**.

township /'taʊnʃɪp/ n. **1** comune m., municipalità f. **2** *(in South Africa)* township f. **3** AE = divisione amministrativa di una contea.

townsman /'taʊnzmən/ n. (pl. **-men**) ANT. cittadino m., concittadino m.

townspeople /'taʊnzpi:pl/ n.pl. cittadini m., cittadinanza f.sing.

towny → **townie**.

towpath /'təʊpɑ:θ, AE -pæθ/ n. alzaia f.

towrope /'təʊrəʊp/ n. → **towline**.

tow-start /,təʊ'stɑ:t/ n. ***to give sb. a ~*** rimorchiare il veicolo di qcn. per farlo partire.

tow truck /'təʊtrʌk/ n. AE carro m. attrezzi.

towy /'təʊɪ/ agg. stopposo.

toxaemia, **toxemia** AE /tɒk'si:mɪə/ ➧ **11** n. tossiemia f.

▷ **toxic** /'tɒksɪk/ agg. tossico.

toxically /'tɒksɪklɪ/ avv. in modo tossico.

toxicant /'tɒksɪkənt/ **I** agg. RAR. tossico, velenoso **II** n. *(toxic substance)* sostanza f. tossica.

toxicity /tɒk'sɪsətɪ/ n. tossicità f.

toxicological /,tɒksɪkə'lɒdʒɪkl/ agg. tossicologico.

toxicologist /,tɒksɪ'kɒlədʒɪst/ ➧ **27** n. tossicologo m. (-a).

toxicology /,tɒksɪ'kɒlədʒɪ/ n. tossicologia f.

toxicosis /ˌtɒksɪ'kəʊsɪs/ ➧ *11* n. (pl. **-es**) tossicosi f.
toxic shock syndrome /ˌtɒksɪk'ʃɒkˌsɪndrəʊm/ n. MED. sindrome f. da shock tossico, TSS f.
toxic waste /ˌtɒksɪk'weɪst/ n. rifiuti m.pl. tossici.
toxin /'tɒksɪn/ n. tossina f.
toxocara /ˌtɒksəʊ'kɑ:rə/ n. toxocara f.
toxocariasis /ˌtɒksəʊkə'raɪəsɪs/ ➧ *11* n. toxocariasi f.
toxophilite /tɒk'sɒfɪlaɪt/ n. = persona appassionata di tiro con l'arco.
toxoplasmosis /ˌtɒksəʊplæs'məʊsɪs/ ➧ *11* n. (pl. **-es**) toxoplasmosi f.
▷ **1.toy** /tɔɪ/ **I** n. giocattolo m., gioco m. **II** modif. [*gun, telephone*] giocattolo; **~ *car, boat, plane, railway*** macchinina, barchetta, aeroplanino, trenino.
2.toy /tɔɪ/ intr. ***to ~ with*** giocherellare con *o* gingillarsi con [*object*]; giocare con [*feelings*]; carezzare [*idea*]; ***to ~ with one's food*** piluccare *o* smangiucchiare.
toybox /'tɔɪbɒks/ n. scatola f. dei, per i giocattoli.
toy boy /'tɔɪbɔɪ/ n. BE COLLOQ. SPREG. = amante molto più giovane di una donna matura.
toy dog /'tɔɪdɒg, AE -dɔ:g/ n. cane m. di piccola taglia, cane m. d'appartamento.
toy poodle /'tɔɪˌpu:dl/ n. barboncino m. nano.
toyshop /'tɔɪʃɒp/ n. negozio m. di giocattoli.
toy soldier /'tɔɪˌsəʊldʒə(r)/ n. soldatino m.
toy spaniel /'tɔɪˌspænjəl/ n. spaniel m. nano.
toytown /'tɔɪtaʊn/ agg. [*village*] da cartolina; SPREG. [*intellectual, politician, politics*] da strapazzo.
toy train /'tɔɪtreɪn/ n. trenino m.; *(electric)* trenino m. elettrico.
trabeate(d) /'treɪbɪeɪt(ɪd)/ agg. ARCH. trabeato.
trabeation /treɪbɪ'eɪʃn/ n. ARCH. trabeazione f.
trabecula /trə'bekjʊlə/ n. (pl. **~s, -ae**) trabecola f.
▶ **1.trace** /treɪs/ n. **1** *(evidence)* traccia f., resto m.; ***to find ~s of*** trovare resti di [*building*]; ***to remove all ~(s) of*** eliminare ogni traccia di; ***no ~ remains of*** o ***there is no ~ of*** non rimane traccia di **2** *(hint)* *(of feeling, irony, humour)* punta f., pizzico m.; *(of flavour, garlic)* pizzico m.; *(of accent)* traccia f.; *(of chemical, drug)* traccia f., residuo m.; ***with, without a ~ of*** con, senza una punta di [*irony, irritation*]; ***with, without a ~ of a smile*** con, senza l'ombra di un sorriso; ***without a ~ of make-up*** senza un filo di trucco **3** *(aiding retrieval)* traccia f., indizio m.; ***without ~*** [*disappear, sink*] senza lasciare traccia; ***they found no ~ of him, the money*** non trovarono alcuna traccia di lui, del denaro; ***to lose all ~ of*** perdere le tracce di.
▶ **2.trace** /treɪs/ tr. **1** *(locate)* rintracciare [*thief, fugitive, call*]; ritrovare [*witness, weapon, car*]; trovare, rintracciare [*file, source*]; scoprire, individuare [*fault, malfunction*]; trovare tracce di [*chemical*]; ***to ~ sb. to*** seguire le tracce di qcn. fino a [*hideout*]; ***to ~ the cause of*** risalire alla causa di; ***the call was ~d to a London number*** si è scoperto che la telefonata veniva da un numero di Londra **2** *(follow development)* seguire le fasi di [*development, growth*]; descrivere, tracciare [*life, story, progress*]; ripercorrere le tappe di [*friendship*]; fare risalire [*origins, ancestry*] (**to** a); ***to ~ the history of*** delineare la storia di **3** *(draw)* → **trace out**.
▪ **trace back:** ***~ [sth.] back, ~ back [sth.]*** ricondurre, fare risalire (**to** a).
▪ **trace out:** ***~ out [sth.], ~ [sth.] out*** **1** *(copy)* ricalcare [*map, outline*] (**onto** su) **2** *(form)* tracciare, disegnare [*pattern, letters*] (**in, on** su).
3.trace /treɪs/ n. **1** *(of harness)* tirella f. **2** *(in angling)* finale m., bava f. ◆ ***to kick over the ~s*** ribellarsi.
traceability /ˌtreɪsə'bɪlətɪ/ n. **1** *(of relationship)* rintracciabilità f. **2** *(of fault)* (l')essere attribuibile, riconducibile **3** *(of food)* tracciabilità f.
traceable /'treɪsəbl/ agg. [*connection, relationship*] rintracciabile, riscontrabile; ***easily ~*** [*file, fault*] facilmente rintracciabile; ***to be ~ to*** essere imputabile a [*malfunction*]; essere attribuibile *o* riconducibile a [*work, theory*].
trace element /'treɪsˌelɪmənt/ n. → **trace mineral**.
traceless /'treɪslɪs/ agg. senza traccia, che non lascia traccia, irrintracciabile.
trace mineral /'treɪsˌmɪnərəl/ n. oligoelemento m.
tracer /'treɪsə(r)/ **I** n. **1** MIL. *(bullet)* proiettile m. tracciante; *(shell)* cartuccia f., proietto m. tracciante **2** CHIM. MED. *(substance)* elemento m. tracciante **3** *(of pattern)* *(person)* lucidista m. e f.; *(instrument)* traccialinee m. **II** modif. [*bullet, shell*] tracciante.
tracery /'treɪsərɪ/ n. **1** ARCH. *(of window)* traforo m., intaglio m. **2** *(of pattern, frost)* disegno m.; *(of foliage)* nervatura f.; *(of veins)* ramificazione f.

trachea /trə'ki:ə, AE 'treɪkɪə/ n. (pl. **~e**) trachea f.
tracheal /trə'kɪəl, AE 'treɪkɪəl/ agg. tracheale.
tracheitis /treɪkɪ'aɪtɪs/ ➧ *11* n. tracheite f.
tracheobronchial /ˌtrækɪəʊ'brɒŋkɪəl, AE ˌtreɪkɪəʊ'brɒŋkɪəl/ agg. tracheobronchiale.
tracheostomy /ˌtrækɪ'ɒstəmɪ, AE ˌtreɪkɪəʊ'ɒstəmɪ/ n. tracheostoma m.
tracheotomy /ˌtrækɪ'ɒtəmɪ/ n. tracheotomia f.
tracheotomy tube /ˌtrækɪ'ɒtəmɪˌtju:b, AE -ˌtu:b/ n. cannula f. tracheale.
trachoma /trə'kəʊmə/ ➧ *11* n. tracoma m.
trachyte /'treɪkaɪt/ n. trachite f.
tracing /'treɪsɪŋ/ n. **1** *(of map, motif, diagram)* ricalco m.; ***to make a ~ of*** fare un calco di **2** *(procedure)* ricalcatura f. **3** *(graph)* tracciato m., grafico m. lineare.
tracing cloth /'treɪsɪŋˌklɒθ, AE -ˌklɔ:θ/ n. tela f. da lucido.
tracing paper /'treɪsɪŋˌpeɪpə(r)/ n. carta f. da lucido.
tracing wheel /'treɪsɪŋˌwi:l, AE -ˌhwi:l/ n. rotella f. dentata (da ricalco).
▶ **1.track** /træk/ **I** n. **1** *(print)* *(of animal, person)* orma f., impronta f.; *(of vehicle)* tracce f.pl.; ***we followed his ~(s) to the bank of the river*** seguimmo le sue impronte fino alla riva del fiume; ***the (tyre) ~s led to the lake*** le tracce (di pneumatici) conducevano al lago **2** *(course, trajectory)* *(of missile, aircraft)* traiettoria f., rotta f.; *(of storm)* movimento m., percorso m.; FIG. *(of person)* traccia f., pista f.; ***to be on the ~ of*** essere sulla pista di [*person*]; essere vicini a [*discovery*]; ***she knew the police were on her ~*** sapeva che la polizia era sulle sue tracce; ***to cover one's ~s*** fare perdere le proprie tracce; ***the negotiations were on ~*** i negoziati procedevano regolarmente *o* come da programma; ***to be on the right ~*** essere *o* sulla pista *o* strada giusta; ***to put sb. on the right ~*** mettere qcn. sulla strada giusta; ***to be on the wrong ~*** essere fuori pista *o* strada; ***to set sb. on the wrong ~*** depistare *o* sviare qcn.; ***to keep ~ of*** [*person*] seguire *o* tenersi aggiornato su [*developments, events*]; seguire [*conversation*]; [*company*] tenersi informato sulle abitudini di [*customer*]; [*police*] seguire gli spostamenti di [*criminal*]; [*race official, authority*] controllare [*competitor, taxpayer*]; [*computer*] tenere aggiornato [*bank account, figures*]; mantenere aggiornati i dati relativi a [*person*]; ***we have to keep ~ of the houses we rent out*** dobbiamo tenerci aggiornati sulla situazione delle case che abbiamo dato in affitto; ***it's hard to keep ~ of all one's old colleagues*** è difficile mantenere tenersi informati su tutti i vecchi colleghi; ***I must keep ~ of the time*** non devo perdere la nozione del tempo *o* devo tenere d'occhio l'orologio; ***to lose ~ of*** perdere le tracce di *o* perdere di vista [*friend*]; perdere le tracce di [*document, aircraft, suspect*]; perdere il filo di [*conversation*]; ***to lose ~ of (the) time*** perdere la cognizione del tempo; ***to make ~s for sth.*** andare *o* dirigersi verso qcs.; ***we'd better be making ~s*** faremmo bene a filarcela; ***to stop dead in one's ~s*** fermarsi di colpo **3** *(path, rough road)* sentiero m. **4** SPORT pista f.; ***16 laps of the ~*** 16 giri di pista; ***athletics, speedway ~*** pista di atletica, da speedway; ***(motor-)racing ~*** autodromo *o* racing track (per corse automobilistiche); ***cycling ~*** velodromo; ***dog-racing ~*** cinodromo **5** FERR. binario m., rotaia f.; AE *(platform)* binario m.; ***to leave the ~(s)*** [*train*] deragliare **6** MUS. *(of record)* solco m.; *(of tape)* pista f. magnetica; *(of CD)* traccia f.; *(song)* brano m.; ***a 16-~ CD*** un CD con 16 tracce **7** INFORM. *(band)* traccia f., pista f. **8** AUT. *(on wheel of tank, tractor)* cingolo m.; *(distance between wheels)* carreggiata f. **9** *(rail)* *(for curtain)* bastone m., bacchetta f.; *(for sliding door)* scanalatura f. **10** AE SCOL. *(stream)* = gruppo di studenti dello stesso livello; ***the top, middle, bottom ~*** = il gruppo di allievi del livello avanzato, intermedio, di base; ***the first ~*** = il gruppo di studenti di livello avanzato; ***to place students in ~s*** suddividere gli studenti in gruppi di diverso livello **II** modif. SPORT [*championship, race*] su pista; ***~ event*** gara podistica; ***~ meet*** AE gara di atletica ◆ ***to come from the wrong side of the ~s*** venire dai quartieri poveri; ***three years down the ~*** *(in future)* fra tre anni; *(in present)* negli ultimi tre anni.
2.track /træk/ **I** tr. *(follow path of)* inseguire, essere sulle tracce di [*person*]; seguire le orme di [*animal*]; seguire la progressione di [*storm, hurricane*]; seguire la traiettoria di [*rocket, plane*]; seguire l'orbita di [*comet, satellite*]; ***the police ~ed the terrorists to their hideout*** la polizia ha seguito le tracce dei terroristi fino al loro nascondiglio **II** intr. CINEM. fare una carrellata.
▪ **track down:** ***~ [sb., sth.] down, ~ down [sb., sth.]*** rintracciare, scovare [*person, object, file*]; ***they finally ~ed the gang down to their hideout*** alla fine sono riusciti a scovare la banda nel suo nascondiglio.
1.trackage /'trækɪdʒ/ n. AE binari m.pl., rotaie f.pl.

2.trackage /ˈtrækɪdʒ/ n. rimorchiamento m.

track and field events /ˌtrækənˈfiːldɪˌvents/ n.pl. gare f. di atletica leggera.

trackball /ˈtrækbɔːl/ n. INFORM. trackball f.

tracked /trækt/ agg. [*vehicle*] cingolato.

tracker /ˈtrækə(r)/ n. *(of animal)* battitore m.; *(of person)* inseguitore m. (-trice).

tracker ball /ˈtrækəbɔːl/ n. INFORM. trackball f.

tracker dog /ˈtrækədɒg, AE -dɔːg/ n. cane m. poliziotto.

▷ **tracking** /ˈtrækɪŋ/ **I** n. **1** AE SCOL. = divisione degli alunni in gruppi a seconda del loro livello **2** *(monitoring) (of person)* controllo m. (con il braccialetto elettronico), inseguimento m.; *(of storm)* rilevamento m.; *(of plane, satellite)* tracking m., localizzazione f. **3** *(on a video recorder)* tracking m. **II** modif. [*device, equipment, system*] di localizzazione.

tracking shot /ˈtrækɪŋˌʃɒt/ n. CINEM. carrellata f., tracking m.

tracking station /ˈtrækɪŋˌsteɪʃn/ n. = postazione di controllo di missili e satelliti.

tracklayer /ˈtrækˌleɪə(r)/ n. AE FERR. armatore m.

tracklayerman /ˈtrækleɪəmən/ n. (pl. **-men**) → **tracklayer**.

tracklaying /ˈtrækˌleɪɪŋ/ agg. [*vehicle*] cingolato.

tracklaying vehicle /ˈtrækleɪɪŋˌvɪəkl, AE -ˌviːhɪkl/ n. (veicolo) cingolato m.

trackless /ˈtræklɪs/ agg. **1** [*vehicle*] non cingolato **2** LETT. [*desert, waste*] intatto, inviolato; [*forest*] impervio, impraticabile.

tracklessness /ˈtræklɪsnɪs/ n. impraticabilità f.

track lighting /ˈtrækˌlaɪtɪŋ/ n. = sistema di illuminazione costituito da una fila di faretti orientabili montati su un supporto.

track maintenance /ˈtrækˌmeɪntənəns/ n. FERR. manutenzione f. dei binari.

trackman /ˈtrækmən/ ♦ *27* n. (pl. **-men**) AE **1** → **tracklayer** **2** SPORT podista m.

track record /ˈtrækˌrekɔːd, AE -ˌrekərd/ n. *(of government, company)* precedenti m.pl., storia f.; *(of professional person)* esperienze f.pl., curriculum m.; ***to have a good, poor*** ~ avere dei buoni, cattivi precedenti; [*professional person*] avere buoni, scarsi conseguimenti professionali; ***this firm has a poor ~ on pollution control*** questa ditta ha una scarsa reputazione per quanto riguarda il controllo dell'inquinamento; ***a candidate with a proven ~ in sales*** un candidato con una comprovata esperienza nelle vendite.

track rod /ˈtrækrɒd/ n. BE AUT. barra f. di accoppiamento.

track shoe /ˈtrækʃuː/ n. scarpetta f. chiodata (da corsa).

tracksuit /ˈtræksuːt, -sjuːt/ n. tuta f. sportiva.

track system /ˈtrækˌsɪstəm/ n. AE SCOL. = divisione degli alunni in gruppi a seconda del loro livello.

track walker /ˈtrækˌwɔːkə(r)/ ♦ *27* n. FERR. guardalinee m. e f.

1.tract /trækt/ n. *(pamphlet)* opuscolo m., trattatello m.

2.tract /trækt/ n. **1** *(of land, forest)* distesa f., estensione f. **2** ANAT. ***digestive, respiratory*** ~ tubo digerente, vie respiratorie **3** AE *(housing development)* lotto m. abitativo.

tractability /ˌtræktəˈbɪlətɪ/ n. docilità f.

tractable /ˈtræktəbl/ agg. [*person*] docile, arrendevole; [*animal*] docile, mansueto; [*engine*] manovrabile, maneggevole; [*substance*] malleabile; [*problem*] risolvibile.

Tractarian /ˌtrækˈteərɪən/ **I** agg. tractariano **II** n. tractariano m. (-a).

Tractarianism /trækˈteərɪənɪzəm/ n. tractarianismo m.

tractate /ˈtrækteɪt/ n. FORM. trattato m.

traction /ˈtrækʃn/ n. **1** *(pulling action)* trazione f.; ***in*** ~ MED. in trazione **2** *(of wheel on surface)* aderenza f.

traction control system /ˌtrækʃnkənˈtrəʊlˌsɪstəm/ n. = sistema di controllo della trazione.

traction engine /ˈtrækʃnˌendʒɪn/ n. trattrice f.

tractive /ˈtræktɪv/ agg. di trazione.

▷ **tractor** /ˈtræktə(r)/ **I** n. *(all contexts)* trattore m. **II** modif. [*engine*] di un trattore; ~ ***driver*** trattorista.

tractor feed /ˈtræktəfiːd/ n. INFORM. alimentatore m. a trattore.

tractor mower /ˈtræktəˌməʊə(r)/ n. falciatrice f. autotrainata.

tractor-trailer /ˈtræktəˌtreɪlə(r)/ n. AE autoarticolato m.

tractrix /ˈtræktrɪks/ n. (pl. **-ices**) MAT. trattrice f.

Tracy /ˈtreɪsɪ/ n.pr. Tracy (nome di donna).

trad /træd/ **I** agg. BE MUS. COLLOQ. (accorc. **traditional**) tradizionale **II** n. BE MUS. COLLOQ. (accorc. **traditional**) jazz m. tradizionale.

tradable /ˈtreɪdəbl/ agg. ECON. [*asset, security, currency*] commerciabile.

▶ **1.trade** /treɪd/ **I** n. **1** *(activity)* commercio m., attività f. commerciale; ***to do ~ with sb.*** commerciare con qcn.; ***to do a good*** ~ fare buoni affari **2** *(sector of industry)* industria f., ramo m., settore m.; ***car, book*** ~ industria automobilistica, editoria; ***she's in the furniture*** ~ lavora nel settore dell'arredamento **3** *(profession) (manual)* mestiere m.; *(intellectual)* professione f.; ***by*** ~ di mestiere; ***in the ~ we call it...*** noi del mestiere lo chiamiamo...; ***as we say in the ~...*** come diciamo nel gergo del mestiere... **4** *(swap)* scambio m., baratto m.; ***to do*** BE o ***make*** AE ***a ~ with sb.*** fare uno scambio con qcn. **5** METEOR. → **trade wind** **6** POP. *(male prostitute)* = uomo che si prostituisce con altri uomini **II** modif. [*negotiations, route, agreement, restrictions*] commerciale; [*sanctions, embargo*] commerciale, economico; [*press, journal*] specialistico, di settore.

▶ **2.trade** /treɪd/ **I** tr. *(swap)* scambiare, barattare [*objects*] (**for** con); scambiarsi [*insults, compliments, blows*]; ***the two countries ~d hostages*** i due paesi hanno effettuato lo scambio degli ostaggi **II** intr. **1** COMM. *(buy and sell)* commerciare (**with** con; **at** AE in); ***the company ~s as Grunard's*** la società è conosciuta sul mercato con il nome di Grunard's; ***to ~ in sth. with sb.*** commerciare in qcs. con qcn.; ***to ~ at a profit, loss*** ricavare utili, subire delle perdite in un'attività commerciale **2** ECON. *(on financial markets)* [*share, commodity*] scambiarsi; ***to ~ at 10 dollars*** scambiarsi a 10 dollari **3** *(exploit)* ***to ~ on*** approfittare di, sfruttare [*name, reputation, image*].

■ **trade in:** ~ **[sth.] in**, ~ **in [sth.]** COMM. ***he ~d in his old car, washing machine*** diede indietro la sua vecchia auto, la sua vecchia lavatrice.

■ **trade off:** ~ **[sth.] off**, ~ **off [sth.]** **1** *(weigh up)* valutare (**against** confrontando con) **2** *(exchange)* scambiare, barattare (**against** con).

■ **trade up** AE → **trade in**.

trade acceptance /ˌtreɪdəkˈseptəns/ n. COMM. accettazione f. commerciale.

Trade and Industry Secretary /ˌtreɪdəndˈɪndəstrɪˌsekrətrɪ, AE -rəterɪ/ n. GB POL. = ministro del commercio e dell'industria.

trade association /ˈtreɪdəsəʊsɪˌeɪʃn/ n. associazione f. di categoria.

trade balance /ˈtreɪdˌbæləns/ n. ECON. bilancia f. commerciale.

trade barrier /ˈtreɪdˌbærɪə(r)/ n. COMM. barriera f. doganale.

trade credit /ˈtreɪdˌkredɪt/ n. credito m. di fornitura.

trade cycle /ˈtreɪdˌsaɪkl/ n. ECON. ciclo m. economico.

trade deficit /ˈtreɪdˌdefɪsɪt/ n. ECON. deficit m. della bilancia commerciale.

trade description /ˈtreɪddɪˌskrɪpʃn/ n. COMM. descrizione f. commerciale.

Trade Descriptions Act /ˌtreɪddɪˈskrɪpʃnzˌækt/ n. GB COMM. DIR. = legge che impone che le descrizioni dei prodotti in commercio siano corrispondenti al vero.

trade discount /ˈtreɪdˌdɪskaʊnt/ n. COMM. sconto m. commerciale, sconto m. d'uso.

trade dispute /ˈtreɪddɪˌspjuːt/ n. vertenza f. sindacale.

trade fair /ˈtreɪdˌfeə(r)/ n. COMM. fiera f. commerciale.

trade figures /ˈtreɪdˌfɪgəz, AE -ˌfɪgjərz/ n.pl. statistiche f. commerciali.

trade gap /ˈtreɪdˌgæp/ n. ECON. disavanzo m. commerciale.

trade-in /ˈtreɪdɪn/ **I** n. COMM. permuta f. **II** agg. COMM. [*price*] inclusa la permuta; [*value*] di permuta.

▷ **1.trademark** /ˈtreɪdmɑːk/ n. **1** COMM. marchio m. di fabbrica **2** (anche **Trademark**, **Registered Trademark**) marchio m. depositato **3** FIG. *(of person)* caratteristica f.; ***the professionalism which is his*** ~ la professionalità che lo contraddistingue.

2.trademark /ˈtreɪdmɑːk/ tr. COMM. *(label)* apporre un marchio su [*product*]; *(register)* depositare il marchio di [*product*].

Trade Minister /ˈtreɪdˌmɪnɪstə(r)/ n. GB POL. ministro m. del commercio.

trade mission /ˈtreɪdˌmɪʃn/ n. missione f. commerciale.

trade name /ˈtreɪdˌneɪm/ n. COMM. nome m. commerciale.

trade-off /ˈtreɪdɒf/ n. **1** *(balance)* compromesso m. (**between** tra) **2** *(exchange)* scambio m., baratto m. (**between** tra).

trade pattern /ˈtreɪdˌpætn/ n. COMM. andamento m. degli scambi.

▷ **trader** /ˈtreɪdə(r)/ ♦ *27* n. **1** COMM. commerciante m. e f. **2** ECON. *(on the stock exchange)* operatore m. (-trice) di borsa **3** MAR. nave f. mercantile.

tradescantia /ˌtrædɪˈskæntɪə/ n. tradescanzia f.

trade secret /ˌtreɪdˈsiːkrɪt/ n. segreto m. industriale, segreto m. di fabbricazione; SCHERZ. segreto m. di stato.

Trade Secretary /ˈtreɪdˌsekrətrɪ, AE -rəterɪ/ n. GB POL. → **Trade Minister**.

trade show /ˈtreɪdʃəʊ/ n. esposizione f. professionale.

tradesman /ˈtreɪdzmən/ ♦ *27* n. (pl. **-men**) *(delivery man)* addetto m. alle consegne, fattorino m.; *(person rendering service)* tecnico m.; *(on official form)* artigiano m.

tradesman's entrance /ˈtreɪdzmənzˌentrəns/ n. ingresso m. di servizio.
tradesmen /ˈtreɪdzmen/ → **tradesman**.
tradespeople /ˈtreɪdzpiːpl/ n.pl. *(delivery people)* addetti m. alle consegne, fattorini m.; *(people rendering service)* tecnici m.; *(on official form)* artigiani m.
trades union /ˌtreɪdzˈjuːnɪən/ n. BE → **trade union**.
Trades Union Congress /ˌtreɪdzjuːnɪənˈkɒŋgres, AE -ˈkɒŋgrəs/ n. GB = confederazione dei sindacati britannici.
▷ **trade union** /ˌtreɪdˈjuːnɪən/ **I** n. IND. sindacato m. **II** modif. IND. [*activist, movement, subscription*] sindacale; [*card, leader, headquarters*] del sindacato.
trade unionism /ˌtreɪdˈjuːnɪənɪzəm/ n. sindacalismo m.
trade unionist /ˌtreɪdˈjuːnɪənɪst/ n. sindacalista m. e f.
trade union member /ˌtreɪdˈjuːnɪənˌmembə(r)/ n. = persona iscritta a un sindacato.
trade war /ˈtreɪdˌwɔː(r)/ n. guerra f. commerciale.
trade wind /ˈtreɪdˌwɪnd/ n. METEOR. aliseo m.
▷ **trading** /ˈtreɪdɪŋ/ n. **1** COMM. commercio m. **2** ECON. *(on the stock exchange)* contrattazioni f.pl., operazioni f.pl.; *~ was quiet, heavy* la giornata in Borsa è stata calma, intensa; *at the end of ~* al termine delle contrattazioni; *most favoured nation ~ status* la condizione di nazione più favorita (nei trattati commerciali).
trading account /ˈtreɪdɪŋəˌkaʊnt/ n. AMM. conto m. di esercizio.
trading card /ˈtreɪdɪŋˌkɑːd/ n. figurina f. (da collezione).
trading company /ˈtreɪdɪŋˌkʌmpənɪ/ n. trading company f.
trading day /ˈtreɪdɪŋˌdeɪ/ n. ECON. giornata f. di contrattazioni.
trading estate /ˈtreɪdɪŋɪˌsteɪt/ n. BE zona f. industriale.
trading loss /ˈtreɪdɪŋˌlɒs, AE -ˌlɔːs/ n. AMM. perdita f. mercantile.
trading nation /ˈtreɪdɪŋˌneɪʃn/ n. nazione f. mercantile.
trading partner /ˈtreɪdɪŋˌpɑːtnə(r)/ n. partner m. commerciale.
trading post /ˈtreɪdɪŋpəʊst/ n. **1** *(shop)* emporio m. (in una regione isolata) **2** ECON. *(on the stock exchange)* recinto m. alle grida, corbeille f.
trading profit /ˈtreɪdɪŋˌprɒfɪt/ n. AMM. profitto m. mercantile.
trading stamp /ˈtreɪdɪŋstæmp/ n. COMM. buono m. premio, bollino m.
Trading Standards Department /ˌtreɪdɪŋˈstændədzdɪˌpɑːtmənt/ n. = direzione regionale dell'associazione per la difesa dei consumatori.
Trading Standards Officer /ˌtreɪdɪŋˈstændədzˌɒfɪsə(r), AE -ˌɔːfɪsə(r)/ n. = funzionario della direzione regionale dell'associazione per la difesa dei consumatori.
▶ **tradition** /trəˈdɪʃn/ n. tradizione f. (**of** di; **to do** di fare); *by ~* per tradizione *o* secondo la tradizione; *in the ~ of* nella tradizione di; *to break with ~* rompere con la tradizione.
▶ **traditional** /trəˈdɪʃənl/ agg. tradizionale.
traditionalism /trəˈdɪʃənəlɪzəm/ n. tradizionalismo m.
traditionalist /trəˈdɪʃənəlɪst/ n. tradizionalista m. e f.
traditionalistic /trədɪʃənəˈlɪstɪk/ agg. tradizionalista, tradizionalistico.
▷ **traditionally** /trəˈdɪʃənəlɪ/ avv. tradizionalmente.
traduce /trəˈdjuːs, AE -ˈduːs/ tr. FORM. calunniare, diffamare.
traducement /trəˈdjuːsmənt, AE -ˈduːsmənt/ n. calunnia f., diffamazione f.
traducer /trəˈdjuːsə(r), AE -ˈduː-/ n. FORM. calunniatore m. (-trice), diffamatore m. (-trice).
▶ **1.traffic** /ˈtræfɪk/ **I** n. **1** *(road vehicles in street, town)* traffico m., circolazione f.; *to direct the ~* dirigere il traffico; *heavy ~* traffico intenso; *the volume of ~ has doubled* il volume del traffico è raddoppiato; *~ into, out of London* il traffico verso, in uscita da Londra; *~ is being diverted* c'è una deviazione del traffico; *to hold up the ~* ostacolare *o* bloccare la circolazione **2** *(movement of planes, ships, trains, cars, people)* traffico m.; *freight, passenger ~* traffico di merci, di passeggeri; *air ~* traffico aereo; *cross-Channel ~* traffico nella Manica **3** *(dealings) (in drugs, arms, slaves, goods)* traffico m., commercio m. (**in** di); *(in ideas)* circolazione f. (**in** di); *a one-way, two-way ~* uno scambio unilaterale, bilaterale **4** ELETTRON. INFORM. traffico m. **II** modif. [*accident*] stradale, fra veicoli; [*density, noise, problem, regulations*] del traffico; *~ hold-up* ingorgo; *~ flow* circolazione; *~ tailback* incolonnamento.
2.traffic /ˈtræfɪk/ intr. (forma in -ing ecc. **-ck-**) *to ~ in* trafficare in [*drugs, cocaine, arms, stolen goods*].
traffic calming /ˈtræfɪkˌkɑːmɪŋ, AE *anche* -ˌkɑːlm-/ **I** n. rallentamento m. del traffico **II** modif. [*measures, scheme*] per il rallentamento del traffico.
traffic circle /ˈtræfɪkˌsɜːkl/ n. AE rotatoria f.
traffic cop /ˈtræfɪkkɒp/ ♦ *27* n. AE agente m. e f. della polizia stradale.
traffic court /ˈtræfɪkˌkɔːt/ n. AE DIR. = corte che si occupa di punire le infrazioni al codice stradale.
traffic divider /ˈtræfɪkdɪˌvaɪdə(r)/ n. spartitraffico m.
traffic duty /ˈtræfɪkˌdjuːtɪ, AE -ˌduːtɪ/ n. *to be on ~* dirigere il traffico.
traffic engineer /ˌtræfɪkendʒɪˈnɪə(r)/ ♦ *27* n. ingegnere m. viabilista.
traffic engineering /ˌtræfɪkendʒɪˈnɪərɪŋ/ n. *(design, planning of roads)* viabilità f.
traffic-free /ˈtræfɪkˌfriː/ agg. pedonalizzato.
traffic island /ˈtræfɪkˌaɪlənd/ n. isola f. spartitraffico.
traffic jam /ˈtræfɪkdʒæm/ n. ingorgo m. stradale.
trafficker /ˈtræfɪkə(r)/ n. trafficante m. e f. (**in** di).
traffic light /ˈtræfɪklaɪt/ n. spesso pl. semaforo m.
traffic offence /ˈtræfɪkəˌfens/ n. infrazione f. al codice stradale.
traffic pattern /ˈtræfɪkˌpætn/ n. AE = schema del traffico aereo nella zona aeroportuale.
traffic police /ˈtræfɪkpəˌliːs/ n. + verbo pl. polizia f. stradale.
traffic policeman /ˈtræfɪkpəˌliːsmən/ ♦ *27* n. (pl. **traffic policemen**) agente m. della polizia stradale.
traffic report /ˈtræfɪkrɪˌpɔːt/ n. bollettino m. del traffico.
traffic signal /ˈtræfɪkˌsɪgnl/ n. → **traffic light**.
traffic system /ˈtræfɪkˌsɪstəm/ n. circolazione f.
traffic warden /ˈtræfɪkˌwɔːdn/ ♦ *27* n. BE = ausiliario del controllo del traffico.
tragacanth /ˈtrægəkænθ/ n. gomma f. adragante.
tragedian /trəˈdʒiːdɪən/ n. **1** *(author)* tragediografo m. (-a) **2** *(actor)* attore m. tragico.
tragedienne /trəˌdʒiːdɪˈen/ n. attrice f. tragica.
▷ **tragedy** /ˈtrædʒədɪ/ n. tragedia f., dramma m.; TEATR. tragedia f.; *it's a ~ that* è una tragedia che; *the ~ of it is that* la tragedia *o* la cosa tragica è che; *the ~ of war is that* il dramma della guerra è che.
▷ **tragic** /ˈtrædʒɪk/ agg. tragico, drammatico; TEATR. tragico; *it is ~ that* è tragico *o* drammatico che.
tragically /ˈtrædʒɪklɪ/ avv. tragicamente.
tragicomedy /ˌtrædʒɪˈkɒmədɪ/ n. TEATR. tragicommedia f. (anche FIG.).
tragicomic /ˌtrædʒɪˈkɒmɪk/ agg. tragicomico.
tragicomically /ˌtrædʒɪˈkɒmɪklɪ/ avv. in modo tragicomico.
tragopan /ˈtrægəpæn/ n. tragopano m.
1.trail /treɪl/ n. **1** *(path)* sentiero m., pista f.; *to set off on the ~ to* mettersi in cammino per **2** *(trace, mark) (blood, slime)* striscia f., scia f.; *(of dust)* traccia f., macchia f. (**of** di); *jet ~* scia di un aereo a reazione; *he left a ~ of clues behind him* lasciò dietro di sé una serie di indizi; *to leave a ~ of destruction behind one* lasciare dietro di sé una scia di distruzione **3** *(trace)* traccia f., orma f., impronta f. (**of** di); VENAT. traccia f. (**of** di); *to pick up, lose sb.'s ~* trovare, perdere le tracce di qcn.; *to be on sb.'s ~* essere sulla pista di qcn.; *the police are on his ~* la polizia è sulle sue tracce; *they were hot on our ~* ci stavano alle calcagna **4** *(circuit) to be on the campaign ~* POL. essere in campagna elettorale; *to follow the hippy ~ to Nepal* seguire il percorso degli hippy fino al Nepal.
2.trail /treɪl/ **I** tr. **1** *(follow)* [*animal, person*] seguire le tracce di; [*car*] seguire; *they are being ~ed by the police* sono inseguiti dalla polizia; *we ~ed him to his front door* lo abbiamo seguito fino alla porta di casa sua; *the hounds ~ed the fox to his den* i segugi seguirono la volpe fin nella tana **2** *(drag along)* trascinare, strascicare; *to ~ one's hand in the water* sfiorare l'acqua con le dita; *to ~ sth. along the ground* trascinare qcs. sul terreno **II** intr. **1** *(hang, droop)* [*skirt, scarf*] strisciare; [*plant*] pendere; *your belt is ~ing along the ground* la tua cintura striscia per terra **2** *(lag, dawdle) they ~ed back after dark* tornarono indietro trascinandosi dopo il crepuscolo; *the children ~ed back into the classroom* i bambini si trascinarono in classe *o* rientrarono in classe svogliatamente **3** *(fall behind) he was ~ing far behind the rest of the group* rimase molto indietro rispetto al resto del gruppo; *our team were ~ing by 3 goals to 1* SPORT la nostra squadra era in svantaggio di tre reti a uno; *to ~ badly* [*racehorse, team*] rimanere molto indietro *o* essere molto distanziato; *they are ~ing in the polls* POL. sono in svantaggio nei sondaggi; *the company is ~ing behind its European competitors* la ditta sta arrancando dietro ai concorrenti europei.
■ **trail away, trail off** [*person*] smettere di parlare (a poco a poco); [*music, voices*] affievolirsi, smorzarsi, spegnersi; [*signature, writing*] cancellarsi.
trail bike /ˈtreɪlbaɪk/ n. motocicletta f. da cross.
trail blazer /ˈtreɪlbleɪzə(r)/ n. innovatore m. (-trice), precursore m., precorritrice f., pioniere m.

trail-blazing /ˈtreɪlbleɪzɪŋ/ agg. innovatore, precursore, pionieristico.

trailer /ˈtreɪlə(r)/ n. 1 *(vehicle, boat)* rimorchio m. 2 AE *(caravan)* roulotte f., caravan m. 3 CINEM. trailer m.

trailer park /ˈtreɪləpɑːk/ n. AE campeggio m. per roulotte.

trailer record /ˈtreɪləˌrekɔːd, AE -ˌrekərd/ n. INFORM. trailer m.

trailer tent /ˈtreɪlətent/ n. BE = tenda che viene trasportata e montata su un rimorchio.

trailer trash /ˈtreɪlətræʃ/ n. AE SPREG. = emarginati che vivono nelle roulotte.

trailing /ˈtreɪlɪŋ/ agg. [*plant*] rampicante, strisciante.

▷ **1.train** /treɪn/ **I** n. 1 FERR. treno m.; convoglio m. ferroviario; ***on*** o ***in the ~*** sul treno *o* in treno; ***fast, slow ~*** treno espresso, treno locale; ***the London, Paris ~*** il treno da Londra, Parigi; ***a ~ to London, Paris*** un treno per Londra, Parigi; ***the morning, 5 o'clock ~*** il treno del mattino, delle cinque; ***an up, down ~*** BE *(in commuter belt)* un treno che va dalla provincia alla città, dalla città alla provincia; ***to take*** o ***catch, miss the ~*** prendere, perdere il treno; ***to send sth. by ~*** o ***on the ~*** spedire qcs. per ferrovia; ***to go to Paris by ~*** andare a Parigi in treno *o* con il treno; ***it's five hours by ~ to Geneva*** sono cinque ore di treno fino a Ginevra; ***the ~ now standing at platform 6*** il treno che ora si trova sul binario 6; ***the ~ is running late*** il treno è in ritardo 2 *(succession) (of events)* serie f., sequela f.; *(of ideas)* concatenazione f.; ***to set off a ~ of events*** provocare una serie di avvenimenti; ***a ~ of thought*** una serie di pensieri; ***the bell interrupted my, John's ~ of thought*** il campanello interruppe il corso dei miei pensieri, dei pensieri di John 3 *(procession) (of animals)* fila f., processione f.; *(of vehicles)* convoglio m., colonna f.; *(of people)* corteo m., seguito m.; *(of mourners)* corteo m. (funebre); MIL. corteo m. (militare) 4 *(of gunpowder)* miccia f. 5 *(motion)* ***to be in ~*** essere in movimento; ***to set*** o ***put sth. in ~*** mettere in movimento qcs. 6 ANT. *(retinue)* seguito m.; ***the war brought famine in its ~*** FIG. la guerra portò con sé la carestia 7 *(on dress)* strascico m. 8 TECN. ***a ~ of gears*** un sistema di ingranaggi **II** modif. FERR. [*crash, service, station*] ferroviario; [*times, timetable*] dei treni; [*ticket*] del treno, ferroviario; [*strike*] dei treni; ***~ driver*** macchinista; ***~ traveller*** persona che viaggia in treno.

▷ **2.train** /treɪn/ **I** tr. 1 *(instruct professionally)* preparare, formare [*staff, worker, musician*] (**to do** a fare); *(instruct physically)* allenare [*athlete, player*] (**to do** a fare); ammaestrare, addestrare [*circus animal, dog*]; ***these men are ~ed to kill*** questi uomini sono addestrati per uccidere; ***to be ~ed on the job*** essere formato sul posto; ***to ~ sb. for*** o ***in sth.*** preparare qcn. per qcs.; ***she is being ~ed for the Olympics, in sales techniques*** la stanno allenando per le olimpiadi, la stanno istruendo nelle tecniche di vendita; ***to ~ sb. as a pilot, engineer*** preparare qcn. a diventare pilota, ingegnere; ***she was ~ed as a linguist*** ha ricevuto una formazione da linguista; ***he's ~ing his dog to sit up and beg*** sta insegnando al suo cane a stare seduto con le zampe anteriori sollevate 2 *(aim, focus)* ***to ~ X on Y*** puntare *o* rivolgere X verso Y; ***she ~ed the gun on him*** gli puntò contro la pistola; ***she ~ed the binoculars on him*** puntò il binocolo verso di lui; ***the firemen ~ed the hose on the fire*** i pompieri diressero l'idrante sul fuoco 3 *(guide the growth of)* palizzare [*plant, tree*] **II** intr. 1 *(for profession)* prepararsi, formarsi; ***he ~ed at the Language Institute*** ha studiato al dipartimento di lingue; ***he's ~ing for the ministry*** si sta preparando per il sacerdozio; ***I ~ed on a different type of machine*** ho fatto pratica su un tipo diverso di macchina; ***he's ~ing to be, he ~ed as a doctor*** sta studiando, ha studiato per diventare medico 2 SPORT allenarsi, esercitarsi (**for** per); ***I ~ by running 15 km*** mi alleno correndo 15 km.

▪ **train up** COLLOQ. ~ up [sb.], ~ [sb.] up preparare, formare [*employee, staff*]; addestrare [*soldier*]; allenare [*athlete*].

▪ **train with** AE COLLOQ. essere in combutta con, fare comunella con.

trainable /ˈtreɪnəbl/ agg. addestrabile, allenabile.

trainbearer /ˈtreɪnˌbeərə(r)/ n. *(female)* damigella f. d'onore; *(male)* paggetto m.

▷ **trained** /treɪnd/ **I** p.pass. → **2.train II** agg. [*staff, workforce, worker*] qualificato, specializzato; [*professional*] diplomato, abilitato; [*mind*] esercitato, allenato; [*voice*] allenato; [*singer, actor*] professionista; [*animal*] ammaestrato, addestrato; ***highly ~*** altamente qualificato; ***well*** o ***properly ~*** [*person*] molto preparato *o* ben allenato; [*animal*] ben ammaestrato; ***to the ~ eye, ear*** all'occhio, orecchio esercitato; ***when will you be fully ~?*** quando completerai la tua preparazione? ***a Harvard-~ economist*** un economista formatosi a Harvard; ***an Irish-~ horse*** un cavallo ammaestrato in Irlanda; ***she has her husband well-~*** SCHERZ. ha ammaestrato bene suo marito.

trainee /treɪˈniː/ n. apprendista m. e f., tirocinante m. e f., praticante m. e f.

traineeship /treɪˈniːʃɪp/ n. apprendistato m., tirocinio m., praticantato m.

▷ **trainer** /ˈtreɪnə(r)/ ➧ 27 n. 1 SPORT *(of athlete, horse)* allenatore m. (-trice), trainer m. e f.; *(of circus animal, dogs)* ammaestratore m. (-trice) 2 AER. *(simulator)* simulatore m. di volo; *(aircraft)* aereo m. da addestramento 3 BE *(shoe)* scarpa f. da ginnastica.

trainer pants /ˈtreɪnəpænts/ n.pl. mutandine f. assorbenti (per bambini che stanno imparando a usare il vasino).

train ferry /ˈtreɪnˌferɪ/ n. nave f. traghetto.

▶ **training** /ˈtreɪnɪŋ/ **I** n. 1 formazione f., training m. (**as** come); *(less specialized)* apprendistato m., tirocinio m. (**in** di); ***secretarial, staff ~*** addestramento dei segretari, del personale; ***skills, technical ~*** formazione professionale, tecnica; ***on-the-job ~*** formazione sul posto di lavoro; ***~ in publishing, medicine*** formazione nell'editoria, nel campo della medicina; ***a good ~ for life, for running one's own business*** un'utile palestra di vita, un buon allenamento per mettersi in proprio; ***"~ will be given"*** *(job advertisement)* "gli assunti seguiranno un corso di formazione" 2 MIL. addestramento m.; SPORT allenamento m.; ***to be in ~*** essere in esercizio; *(following specific programme)* seguire un programma di allenamento; ***to break ~*** interrompere l'allenamento; ***to be out of ~*** essere fuori allenamento *o* essere fuori forma; ***the horse, athlete recorded an excellent time in ~*** il cavallo, l'atleta ha fatto registrare un ottimo tempo in allenamento **II** modif. 1 *(instruction)* [*course, period, scheme, method, package, agency*] di formazione; [*manual*] di formazione, d'informazioni per l'uso; ***~ requirements*** qualifiche richieste 2 MIL. [*course, method, mission*] di addestramento; SPORT [*exercise*] di allenamento; [*facilities*] per l'allenamento.

training camp /ˈtreɪnɪŋˌkæmp/ n. MIL. campo m. di addestramento; SPORT campo m. di allenamento.

training centre /ˈtreɪnɪŋˌsentə(r)/ n. centro m. di formazione professionale.

training college /ˈtreɪnɪŋˌkɒlɪdʒ/ n. BE istituto m. professionale; *(for teachers)* = scuola di formazione per gli insegnanti.

training ground /ˈtreɪnɪŋˌgraʊnd/ n. SPORT campo m. di allenamento; FIG. palestra f.

training-plane /ˈtreɪnɪŋˌpleɪn/ n. aereo m. da addestramento.

training ship /ˈtreɪnɪŋˌʃɪp/ n. nave f. scuola.

training shoe /ˈtreɪnɪŋˌʃuː/ n. scarpa f. da ginnastica.

trainman /ˈtreɪnmən/ ➧ 27 n. (pl. **-men**) AE ferroviere m. (del personale viaggiante).

train oil /ˈtreɪnˌɔɪl/ n. olio m. di balena.

train set /ˈtreɪnˌset/ n. trenino m. (elettrico).

train spotter /ˈtreɪnˌspɒtə(r)/ n. = persona il cui hobby è il train spotting.

train spotting /ˈtreɪnˌspɒtɪŋ/ n. = hobby che consiste nell'osservare i treni e nel prendere nota dei numeri dei modelli delle locomotive.

traipse /treɪps/ intr. trascinarsi; ***to ~ around the world*** andare in giro per il mondo; ***I've been traipsing around town all day*** ho passato la giornata a trascinarmi in giro; ***to ~ in and out*** entrare e uscire in continuazione.

▷ **trait** /treɪ, treɪt/ n. 1 *(of personality, family)* tratto m., peculiarità f.; ***personality ~*** tratto di personalità 2 *(genetic)* caratteristica f.

▷ **traitor** /ˈtreɪtə(r)/ n. traditore m. (-trice) (**to** di); ***to turn ~*** tradire *o* diventare un traditore; ***to be a ~ to oneself*** tradire se stessi.

traitorous /ˈtreɪtərəs/ agg. FORM. traditore, infido, proditorio.

traitorously /ˈtreɪtərəslɪ/ avv. FORM. infidamente, proditoriamente.

traitress /ˈtreɪtrɪs/ n. FORM. traditrice f.

trajectory /trəˈdʒektərɪ/ **I** n. traiettoria f. **II** modif. [*calculation, reconstruction*] della traiettoria.

1.tram /træm/ **I** n. 1 BE (anche **tramcar** ANT.) tram m. 2 MIN. vagoncino m. **II** modif. [*rails, stop*] del tram; ***~ driver*** tranviere.

2.tram /træm/ n. TECN. *(adjustment)* calibro m. per aggiustaggio.

3.tram /træm/ tr. (forma in -ing ecc. **-mm-**) TECN. rifinire a mano [*machinery*].

tramline /ˈtræmlaɪn/ **I** n. *(track)* rotaie f.pl. del tram; *(route)* linea f. tranviaria **II tramlines** n.pl. *(in tennis)* corridoio m.sing.

1.trammel /ˈtræml/ **I** n. EQUIT. pastoia f. (anche FIG.) **II trammels** n.pl. TECN. ellissografo m.sing.

2.trammel /ˈtræml/ tr. 1 TECN. rifinire a mano [*machinery*] 2 *(hamper)* ostacolare, intralciare.

tramming /ˈtræmɪŋ/ n. MIN. carreggio m.

tramontane /trəˈmɒnteɪn/ **I** agg. ANT. 1 oltremontano 2 *(foreign)* oltremontano, straniero 3 [*wind*] tramontano **II** n. 1 ANT. = persona che vive al di là dei monti 2 ANT. *(stranger)* straniero m. (-a) 3 *(wind)* tramontana f.

1.tramp /træmp/ n. 1 *(vagrant)* vagabondo m. (-a), girovago m. (-a) 2 *(sound of feet)* calpestio m., scalpiccio m.; ***I heard the ~ of feet*** sentii un rumore di passi; ***the ~ of soldiers' feet*** il passo cadenzato dei soldati in marcia 3 *(hike)* passeggiata f. 4 COLLOQ. SPREG. *(promiscuous woman)* sgualdrina f. 5 MAR. (anche **~ steamer**) tramp m.

2.tramp /træmp/ I tr. percorrere a piedi; ***to ~ the streets*** percorrere le strade in lungo e in largo II intr. 1 *(hike)* viaggiare a piedi, girovagare 2 *(walk heavily)* camminare pesantemente; ***to ~ up, down the stairs*** salire, scendere le scale con passo pesante.

1.trample /'træmpl/ n. *(sound of feet)* calpestio m., scalpiccio m.

2.trample /'træmpl/ I tr. calpestare, pestare; FIG. calpestare, mettere sotto i piedi; ***to ~ sth. underfoot*** calpestare qcs.; ***to be ~d to death*** morire calpestato II intr. ***to ~ on*** calpestare *o* schiacciare; FIG. calpestare *o* mettere sotto i piedi.

trampler /'træmplə(r)/ n. calpestatore m. (-trice).

1.trampoline /'træmpəli:n/ n. SPORT tappeto m. elastico.

2.trampoline /'træmpəli:n/ intr. SPORT saltare sul tappeto elastico.

trampolining /'træmpəli:nɪŋ/ ➧ *10* n. ginnastica f. artistica (su tappeto elastico).

tramway /'træmweɪ/ n. linea f. tranviaria.

1.trance /trɑ:ns, AE træns/ n. *(in hypnosis, spiritualism etc.)* trance f.; FIG. trance f., estasi f.; ***to be in a ~*** essere in trance; FIG. essere in estasi; ***to go into a ~*** andare in trance; ***to put sb. into a ~*** mandare qcn. in trance.

2.trance /trɑ:ns, AE træns/ tr. LETT. estasiare, rapire.

trance-like /'trɑ:nslaɪk, AE 'træns-/ agg. [*calm, silence*] surreale; ***to be in a ~ state*** essere in catalessi.

tranche /trɑ:nʃ/ n. ECON. tranche f., quota f.

trannie, tranny /'trænɪ/ n. BE ANT. COLLOQ. (⇒ transistor) radiolina f.

tranquil /'træŋkwɪl/ agg. tranquillo, quieto.

tranquillity, tranquility AE /ˌtræŋ'kwɪlətɪ/ n. tranquillità f., pace f.

tranquillization, tranquilization AE /ˌtræŋkwɪlaɪ'zeɪʃn, AE -lɪ'z-/ n. tranquillizzazione f.

tranquillize, tranquilize AE /'træŋkwɪlaɪz/ tr. somministrare tranquillanti a [*person*].

tranquillizer, tranquilizer AE /'træŋkwɪlaɪzə(r)/ n. tranquillante m., calmante m., sedativo m.; ***to be on ~s*** prendere tranquillanti.

tranquillizer dart /'træŋkwɪlaɪzəˌdɑ:t/ n. VETER. freccia f. (per addormentare un animale).

tranquillizing, tranquilizing AE /'træŋkwɪlaɪzɪŋ/ agg. 1 tranquillizzante 2 [*drug*] tranquillante.

tranquilly /'træŋkwɪlɪ/ agg. *(calmly)* tranquillamente, con calma; *(peacefully)* pacificamente.

transact /træn'zækt/ tr. trattare, sbrigare [*business*]; negoziare [*rights*]; ***to ~ a deal*** concludere un accordo.

▷ **transaction** /træn'zækʃn/ I n. 1 *(piece of business)* transazione f. (anche COMM. ECON.); *(on the stock exchange)* operazione f.; ***legal ~*** procedura legale; ***cash, credit card ~*** transazione in contanti, con carta di credito; ***foreign exchange ~*** operazioni di cambio 2 *(negotiating)* ***the ~ of business*** le trattative di affari 3 INFORM. transazione f. II **transactions** n.pl. *(proceedings) (of society etc.)* atti m., verbali m.

transactional /træn'zækʃənl/ agg. transazionale.

transactional analysis /trænˌzækʃənlə'nælɪsɪs/ n. (pl. **transactional analyses**) analisi f. transazionale.

transactor /træn'zæktə(r)/ n. 1 negoziatore m. (-trice) 2 COMM. ECON. operatore m. (-trice) finanziario (-a).

transalpine /trænz'ælpaɪn/ agg. transalpino.

transaminase /træn'zæmɪneɪz/ n. transaminasi f.

transatlantic /ˌtrænzət'læntɪk/ agg. [*crossing, flight*] transatlantico; [*attitude, accent*] d'oltreoceano.

Transcaucasia /ˌtrænzkɔ:'keɪzjə/ ➧ *24* n.pr. Transcaucasia f.

Transcaucasian /ˌtrænzkɔ:'keɪzjən/ agg. transcaucasico.

transceiver /træn'si:və(r)/ n. ricetrasmettitore m.

transcend /træn'send/ tr. 1 *(go beyond)* trascendere, andare al di là di [*barrier, reason*] 2 *(surpass)* superare [*performance, quality*] 3 RELIG. FILOS. trascendere.

transcendence /træn'sendəns/, **transcendency** /træn'sendənsɪ/ n. trascendenza f.

transcendent /træn'sendənt/ agg. trascendente.

transcendental /ˌtrænsen'dentl/ agg. FILOS. trascendentale; MAT. trascendente.

transcendentalism /ˌtrænsen'dentəlɪzəm/ n. trascendentalismo m.

transcendentalist /ˌtrænsen'dentəlɪst/ I agg. trascendentalistico II n. trascendentalista m. e f.

transcendental meditation /ˌtrænsenˌdentlmedɪ'teɪʃn/ n. meditazione f. trascendentale.

transcode /ˌtræns'kəʊd/ tr. ELETTRON. INFORM. transcodificare.

transcoding /ˌtræns'kəʊdɪŋ/ n. ELETTRON. INFORM. transcodificazione f.

transcontinental /ˌtrænzkɒntɪ'nentl/ agg. transcontinentale.

transcribe /træn'skraɪb/ tr. 1 *(by writing)* trascrivere; MUS. trascrivere (**into** in), arrangiare 2 RAD. *(by recording)* registrare [*concert, programme*] 3 INFORM. trascrivere (**onto** su).

transcriber /træn'skraɪbə(r)/ ➧ *27* n. 1 trascrittore m. (-trice) 2 *(copyist)* copista m. e f.

▷ **transcript** /'trænskrɪpt/ n. 1 *(copy)* trascrizione f., copia f. 2 AE SCOL. = copia ufficiale del documento che riporta le valutazioni di uno studente.

▷ **transcription** /ˌtræn'skrɪpʃn/ n. trascrizione f., copia f.; FON. trascrizione f.

transcutaneous /trænzkju:'teɪnɪəs/ agg. transcutaneo.

transdermal patch /ˌtrænz'dɜ:mlˌpætʃ/ n. cerotto m. transdermico.

transduce /træns'dju:s, AE -'du:s/ tr. BIOL. trasferire (**into** in).

transducer /træns'dju:sə(r), AE -'du:-/ n. EL. trasduttore m.

transduction /træns'dʌkʃn/ n. BIOL. trasduzione f.

transect /træn'sekt/ tr. tagliare trasversalmente.

transept /'trænsept/ n. ARCH. transetto m.

▶ **1.transfer** /'trænsfɜ:(r)/ n. 1 *(transmission) (of information, technology, skills, power, heat, goods, ownership, funds)* trasferimento m. (**from** da; **to** a); *(of shares)* trasferimento m., girata f. (**from** da; **to** a); *(of property)* trapasso m., passaggio m. (**from** da; **to** a); *(of debt)* cessione f., voltura f. (**from** da; **to** a); *(of a right)* trasmissione f.; ***file ~*** trasferimento di un documento; ***heat ~*** scambio termico *o* di calore 2 *(relocation) (of employee, civil servant, player, patient, prisoner)* trasferimento m. (**from** da; **to** a); *(of proceedings)* trasferimento m. (**from** da; **to** a) 3 BE *(on skin)* tatuaggio m. cancellabile; *(on china)* decalcomania f.; *(on paper)* decalcomania f., trasferello m.; *(on T-shirt)* stampa f. 4 SART. ricalco m. 5 *(during a journey)* transfer m.; ***bus ~*** trasferimento in pullman 6 AE FERR. biglietto m. con coincidenza 7 LING. PSIC. transfert m.; BIOL. CHIM. transfer m.

▶ **2.transfer** /træns'fɜ:(r)/ I tr. (forma in -ing ecc. **-rr-**) 1 *(move)* trasferire, spostare [*data, luggage*] (**from** da; **to** a); tradurre [*prisoner*] (**from** da; **to** a); ***to ~ data onto hard disc*** riversare *o* trasferire i dati sull'hard disk 2 *(recopy)* riportare, ricopiare [*details, information*] (**from** da; **onto** su) 3 *(hand over)* trasferire [*land, ownership*]; trasferire, versare [*money*]; trasferire [*power*]; trasmettere, cedere [*right, property*]; cambiare [*allegiance, support*] 4 *(relocate)* trasferire [*employee, office, prisoner, civil servant*] 5 TEL. trasferire [*call*]; ***I'm ~ring you to reception*** passo la vostra chiamata alla reception 6 SPORT trasferire [*player*] 7 MAT. trasportare [*term*] 8 *(translate)* ***to ~ an idea onto paper*** buttare giù un'idea II intr. (forma in -ing ecc. **-rr-**) 1 *(relocate)* [*employee, player, passenger, civil servant*] trasferirsi; ***I'm ~ring to the Boston office*** mi trasferisco nella sede di Boston 2 AER. [*traveller*] cambiare volo 3 UNIV. [*student*] *(change university)* cambiare università; *(change course)* cambiare corso; ***to ~ from Bath to York*** trasferirsi da Bath a York 4 *(adapt)* ***the novel didn't ~ well to the stage*** il romanzo non si prestava a un adattamento teatrale.

transferability /trænsfɜ:rə'bɪlətɪ/ n. DIR. trasferibilità f., cedibilità f.

transferable /træns'fɜ:rəbl/ agg. 1 ECON. [*security, value*] convertibile 2 [*debt*] cedibile; [*expertise, skill*] che può essere trasferito; DIR. [*right*] trasmissibile; [*vote*] trasferibile (a un secondo candidato).

transferase /'transfəreɪz/ n. transferasi f.

transfer certificate /'trænsfɜ:ˌsə'tɪfɪkət/ n. certificato m. di cessione, di trapasso di azioni.

transfer deed /'trænsfɜ:ˌdi:d/ n. atto m. di cessione, atto m. di trapasso.

transfer desk /'trænsfɜ:ˌdesk/ n. AER. = sportello per passeggeri in transito.

transfer duty /'trænsfɜ:ˌdju:tɪ, AE -ˌdu:tɪ/ n. imposta f. di bollo (sui trasferimenti di titoli).

transferee /ˌtrænsfɜ:'ri:/ n. 1 DIR. *(of goods, property)* cessionario m. 2 *(of letter of credit)* beneficiario m.

transference /'trænsfərəns, AE træns'fɜ:rəns/ n. 1 *(transfer) (of blame, responsibility)* addossamento m.; *(of power)* trasferimento m.; *(of thought)* trasmissione f. 2 PSIC. transfert m.

transfer fee /'trænsfɜ:fi:/ n. SPORT costo m. del trasferimento.

transfer form /'trænsfɜ:fɔ:m/ n. ECON. modulo m. di trapasso (di azioni).

transfer income /'trænsfɜ:rˌɪŋkʌm/ n. trasferimenti m.pl.

transfer list /'trænsfɜ:lɪst/ n. *(in football)* = lista di giocatori trasferibili.

transfer lounge /'trænsfɜ:ˌlaʊndʒ/ n. AER. transit m.

transferor /træns'fɜ:rə(r)/ n. DIR. cedente m.

transfer paper /'trænsfɜːˌpeɪpə(r)/ n. carta f. da trasporto.
transfer passenger /'trænsfɜːˌpæsɪndʒə(r)/ n. AER. passeggero m. (-a) in transito.
transfer payment /'trænsfɜːˌpeɪmənt/ n. trasferimenti m.pl.
transferred charge call /trænsˌfɜːd'tʃɑːdʒˌkɔːl/ n. TEL. telefonata f. a carico del destinatario.
transfer season /'trænsfɜːˌsiːzn/ n. SPORT campagna f. acquisti.
transfer time /'trænsfɜːtaɪm/ n. *(during a journey)* durata f. del transfer, del trasferimento.
transfiguration /ˌtrænsfɪgə'reɪʃn, AE -gjə'r-/ n. RELIG. FORM. trasfigurazione f.
transfigure /træns'fɪgə(r), AE -gjər/ tr. trasfigurare.
transfix /træns'fɪks/ tr. **1** gener. passivo *(render motionless)* [*horror, fear*] paralizzare, pietrificare (**with** da; **by** per); [*beauty, gaze*] ammaliare **2** *(impale)* trapassare, trafiggere.
transfixion /trans'fɪkʃən/ n. **1** *(impalement)* trafittura f. **2** MED. transfissione f.
1.transform /'trænsfɔːm/ n. MAT. trasformata f.
▷ **2.transform** /træns'fɔːm/ **I** tr. *(all contexts)* trasformare, tramutare (**from** da; **into** in); ***to be ~ed into*** essere trasformato in **II** rifl. ***to ~ oneself*** trasformarsi, tramutarsi (**into** in).
transformable /træns'fɔːməbl/ agg. trasformabile.
transformation /ˌtrænsfə'meɪʃn/ n. *(all contexts)* trasformazione f., mutamento m. (**from** da; **into** in).
transformational /ˌtrænsfə'meɪʃənl/ agg. trasformazionale.
transformational grammar /ˌtrænsfəmeɪʃənl'græmə(r)/ n. grammatica f. trasformazionale.
transformative /trans'fɔːmətɪv/ agg. trasformativo.
transformer /træns'fɔːmə(r)/ n. **1** *(person)* trasformatore m. (-trice) **2** EL. trasformatore m.
transformer station /træns'fɔːməˌsteɪʃn/ n. EL. stazione f. di trasformazione.
transformism /trans'fɔːmɪzəm/ n. BIOL. evoluzionismo m.
transformist /trans'fɔːmɪst/ n. evoluzionista m. e f.
transfuse /træns'fjuːz/ tr. **1** MED. trasfondere **2** LETT. ***to be ~d with*** traboccare di [*joy, excitement*]; essere pervaso da [*sorrow*].
transfusible /træns'fjuːzəbl/ agg. trasfondibile; ***~ blood*** sangue che può essere trasfuso.
transfusion /træns'fjuːʒn/ n. trasfusione f.; ***to give sb. a ~*** fare una trasfusione a qcn.
transgender /trænz'dʒendə(r)/ agg. trans, dei trans.
transgenic /træns'dʒenɪk/ agg. transgenico.
transgress /trænz'gres/ **I** tr. trasgredire, violare **II** intr. **1** DIR. commettere un'infrazione **2** RELIG. peccare.
transgression /trænz'greʃn/ n. **1** DIR. infrazione f., violazione f. (**against** di) **2** RELIG. peccato m.
transgressor /trænz'gresə(r)/ n. **1** DIR. trasgressore m., contravventore m. (**against** di) **2** RELIG. peccatore m. (-trice).
tranship → **transship**.
transhipment → **transshipment**.
transhumance /tranz'hjuːməns/ n. transumanza f.
transhumanize /tranz'hjuːmənaɪz/ tr. fare trasumanare.
transience /'trænzɪəns/, **transiency** /'transɪənsɪ/ n. transitorietà f., fugacità f.
transient /'trænzɪənt, AE 'trænʃnt/ **I** agg. [*phase*] transitorio; [*emotion*] effimero, passeggero; [*beauty*] fugace; [*population*] di passaggio **II** n. AE persona f. di passaggio.
transiently /'trænzɪəntlɪ, AE 'trænʃntlɪ/ avv. transitoriamente, fugacemente.
transientness /'trænzɪəntnɪs, AE 'trænʃntnɪs/ n. transitorietà f., fugacità f.
transilience /tran'sɪlɪəns/ n. RAR. *(abrupt transition)* cambiamento m. repentino, brusco m. passaggio.
transilient /tran'sɪlɪənt/ n. = che cambia repentinamente.
transire /tran'zaɪə/ n. DIR. lasciapassare m. doganale (per navi cabotiere).
transistor /træn'zɪstə(r), -'sɪstə(r)/ n. **1** *(radio)* transistor m., radio f. a transistor **2** ELETTRON. *(semiconductor)* transistor m.
transistorize /træn'zɪstəraɪz, -'sɪst-/ tr. transistorizzare.
1.transit /'trænzɪt, -sɪt/ **I** n. **1** transito m., passaggio m.; ***in ~*** in transito **2** ASTR. transito m. **II** modif. [*camp*] di transito, di smistamento; [*passenger*] in transito; ***~ lounge*** transit.
2.transit /'trænzɪt, -sɪt/ tr. ASTR. attraversare il disco di [*celestial body, meridian*].
transit-instrument /'trænzɪtˌɪnstrʊmənt, -sɪt-/ n. *(telescope)* equatoriale m.
transition /træn'zɪʃn, -'sɪʃn/ **I** n. **1** transizione f., passaggio m. (**from** da; **to** a); ***in a state of ~*** in un momento di transizione **2** MUS. *(between keys)* modulazione f.; *(between sections)* transizione f. **II** modif. [*period, point*] di transizione.
transitional /træn'zɪʃənl, -'sɪʃənl/ agg. [*arrangement, measure*] transitorio, temporaneo; [*economy, period*] di transizione.
transitive /'trænzətɪv/ **I** agg. transitivo **II** n. transitivo m.
transitively /'trænzətɪvlɪ/ avv. transitivamente.
transitivity /ˌtrænzə'tɪvətɪ/ n. transitività f.
transitorily /'trænsɪtrɪlɪ, AE -tɔːrɪlɪ/ avv. transitoriamente, provvisoriamente.
transitoriness /'trænsɪtrɪnɪs, AE -tɔːrɪnɪs/ n. transitorietà f., temporaneità f.
transitory /'trænsɪtrɪ, AE -tɔːrɪ/ agg. [*stage*] transitorio; [*hope, pain*] temporaneo.
transit van /'trænzɪtvæn, -sɪt-/ n. furgone m., camioncino m.
translatable /trænz'leɪtəbl/ agg. traducibile.
▷ **translate** /trænz'leɪt/ **I** tr. **1** tradurre (**from** da; **into** a); FIG. interpretare [*gesture, remark*]; tradurre [*theory, idea, principle*] (**into** in); ***to ~ theory into practice*** tradurre in pratica la teoria **2** *(convert)* convertire [*measurement, temperature*] (**into** in) **3** MAT. traslare **II** intr. [*person*] tradurre, fare traduzioni; [*word, phrase, text*] tradursi; ***his poetry does not ~ well*** la sua poesia non rende quando è tradotta; ***this word does not ~*** questa parola è intraducibile.
▷ **translation** /trænz'leɪʃn/ n. *(all contexts)* traduzione f. (**from** da; **into** a; **of** di); ***in ~*** in traduzione; ***the play loses a lot in ~*** il testo teatrale perde molto in traduzione.
translational /trænz'leɪʃnl/ agg. **1** traduttivo, della traduzione **2** FIS. traslatorio, della traslazione.
translator /trænz'leɪtə(r)/ ➧ ***27*** n. **1** *(person)* traduttore m. (-trice) **2** RAD. ripetitore m.
transliterate /trænz'lɪtəreɪt/ tr. traslitterare.
transliteration /ˌtrænzlɪtə'reɪʃn/ n. traslitterazione f.
translucence /ˌtrænz'luːsns/, **translucency** /ˌtrænz'luːsnsɪ/ n. traslucidità f.
translucent /trænz'luːsnt/, **translucid** /trans'luːsɪd/ agg. traslucido.
translunary /trænz'luːnərɪ/ agg. **1** translunare **2** FIG. irreale, etereo.
transmarine /ˌtranzmə'riːn/ agg. oltremarino, d'oltremare.
transmigrant /tranz'maɪgrənt/ **I** agg. RAR. = che trasmigra **II** n. = emigrante che per raggiungere il paese in cui è diretto ne attraversa un altro.
transmigrate /ˌtrænzmaɪ'greɪt/ intr. [*person*] trasmigrare, emigrare; [*animal*] trasmigrare, migrare; [*soul*] trasmigrare.
transmigration /ˌtrænzmaɪ'greɪʃn/ n. *(of people)* trasmigrazione f., emigrazione f.; *(of animals)* trasmigrazione f., migrazione f.; *(of souls)* trasmigrazione f.
transmissibility /trænzˌmɪsə'bɪlətɪ/ n. trasmissibilità f.
transmissible /trænz'mɪsəbl/ agg. trasmissibile (**to** a).
▷ **transmission** /trænz'mɪʃn/ n. *(all contexts)* trasmissione f.
transmission belt /trænz'mɪʃnˌbelt/ n. cinghia f. di trasmissione.
transmission cable /trænz'mɪʃnˌkeɪbl/ n. cavo m. di trasmissione.
transmission chain /trænz'mɪʃnˌtʃeɪn/ n. catena f. di trasmissione.
transmission line /trænz'mɪʃnˌlaɪn/ n. linea f. di trasmissione.
transmission shaft /trænz'mɪʃnˌʃɑːft, AE -ˌʃæft/ n. albero m. di trasmissione.
transmission tunnel /trænz'mɪʃnˌtʌnl/ n. tunnel m. della trasmissione.
transmissive /trænz'mɪsɪv/ agg. **1** trasmettitore, trasmittente **2** *(transmissible)* trasmissibile.
▷ **transmit** /trænz'mɪt/ **I** tr. (forma in -ing ecc. **-tt-**) *(all contexts)* trasmettere (**from** da; **to** a) **II** intr. (forma in -ing ecc. **-tt-**) trasmettere.
transmittable /trænz'mɪtəbl/ agg. trasmissibile.
transmittance /trænz'mɪtns/ n. trasmittanza f.
transmitter /trænz'mɪtə(r)/ n. RAD. TELEV. trasmittente f., trasmettitore m.; TEL. capsula f. microfonica; ***short, long wave ~*** trasmettitore a onde corte, lunghe; ***radio ~*** radiotrasmettitore.
transmogrification /trænzmɒgrɪfɪ'keɪʃn/ n. FORM. trasformazione f., metamorfosi f.
transmogrify /trænz'mɒgrɪfaɪ/ **I** tr. FORM. trasformare (**into** in) **II** rifl. FORM. trasformarsi (**into** in).
transmontane /tranz'mɒnteɪn/ agg. oltremontano.
transmutability /trænzˌmjuːtə'bɪlətɪ/ n. trasmutabilità f.
transmutable /trænz'mjuːtəbl/ agg. FORM. trasmutabile (**into** in).
transmutation /ˌtrænzmjuː'teɪʃn/ n. CHIM. trasmutazione f.; FIG. trasmutazione f., trasformazione f.

transmute /trænz'mju:t/ tr. CHIM. trasmutare; FIG. trasmutare, trasformare (**into** in).
transnational /trænz'næʃənl/ agg. transnazionale.
transoceanic /trænz,əʊʃɪ'ænɪk/ agg. transoceanico.
transom /'trænsəm/ n. **1** ARCH. traversa f. **2** MAR. arcaccia f. **3** AE ARCH. *(fanlight)* lunetta f. a ventaglio.
transom window /'trænsəm,wɪndəʊ/ n. **1** sopraffinestra f. **2** AE ARCH. *(fanlight)* lunetta f. a ventaglio.
transonic → **transsonic**.
transparence /træns'pærəns/ n. trasparenza f.
transparency /træns'pærənsɪ/ n. **1 U** trasparenza f.; FIG. trasparenza f., chiarezza f. **2** FOT. diapositiva f.; ***colour ~*** diapositiva a colori **3** *(for overhead projector)* trasparente m., lucido m.
▷ **transparent** /træns'pærənt/ agg. trasparente; FIG. trasparente, chiaro.
transparently /træns'pærəntlɪ/ avv. *(obviously)* in modo trasparente, con chiarezza.
transparentness /træns'pærəntnɪs/ n. RAR. trasparenza f.
transpierce /træns'pɪəs/ tr. LETT. trafiggere, trapassare.
transpirable /træn'spaɪərəbl, trɑ:-/ agg. traspirabile.
transpiration /,trænspɪ'reɪʃn/ n. traspirazione f.
transpire /træn'spaɪə(r), trɑ:-/ intr. **1** *(be revealed)* trapelare; ***it ~d that*** trapelò che **2** *(occur)* accadere, avvenire **3** BOT. FISIOL. traspirare.
transplacental /trænsplə'sentl/ agg. transplacentare.
▷ **1.transplant** /træns'plɑ:nt, AE -'plænt/ **I** n. *(operation)* trapianto m.; *(organ transplanted)* organo m. trapiantato; *(tissue transplanted)* tessuto m. trapiantato; ***to have a heart, lung ~*** subire un trapianto di cuore, di polmone **II** modif. ***~ operation*** trapianto; ***~ patient*** trapiantato; ***heart ~ patient*** trapiantato cardiaco.
2.transplant /træns'plɑ:nt, AE -'plænt/ tr. **1** AGR. trapiantare [*tree*]; trapiantare, travasare [*plant*]; rimpiolare [*seedlings*] **2** MED. trapiantare **3** FIG. trapiantare [*person, custom etc.*] (**to** in).
transplantable /træns'plɑ:ntəbl, AE -'plæntəbl/ agg. trapiantabile.
transplantation /,trænsplɑ:n'teɪʃn, AE -plænt-/ n. MED. trapianto m.
transplanter /træns'plɑ:ntə(r), AE -'plæntə(r)/ ♦ **27** n. **1** AGR. *(person)* = chi trapianta piante; *(tool)* trapiantatoio m. **2** MED. *(surgeon)* trapiantista m. e f.
transponder /træn'spɒndə(r)/ n. transponder m.
transpontine /trans'pɒntaɪn/ agg. **1** = al di là di un ponte **2** *(in London)* = a sud del Tamigi.
▶ **1.transport** /'trænspɔ:t/ **I** n. **1** *(of goods, passengers)* trasporto m.; ***air, rail, road ~*** trasporto aereo, ferroviario, su strada; ***to travel by public ~*** viaggiare con i mezzi pubblici; ***Transport Secretary, Secretary of State for Transport*** GB ministro dei trasporti; ***Department for Transport*** GB ministero dei trasporti **2** *(means of travelling)* mezzo m. di trasporto; ***I haven't got any ~ at the moment*** attualmente non ho nessun mezzo di trasporto **3** MIL. *(ship)* nave f. da trasporto; *(aircraft)* aereo m. da carico **4** LETT. *(rapture)* trasporto m., slancio m.; ***to go into ~s of delight*** avere slanci di gioia **II** modif. [*costs, facilities*] di trasporto; [*ship*] da trasporto; [*industry, strike, system*] dei trasporti.
▶ **2.transport** /træns'pɔ:t/ tr. **1** trasportare [*passengers, goods*] (**from** da; **to** a); ***to be ~ed back to one's childhood*** FIG. essere trasportato al tempo dell'infanzia **2** STOR. *(deport)* deportare.
transportability /trænspɔ:tə'bɪlətɪ/ n. trasportabilità f.
transportable /træns'pɔ:təbl/ **I** agg. trasportabile; portatile **II** n. televisore m. portatile, computer m. portatile.
▷ **transportation** /,trænspɔ:'teɪʃn/ **I** n. **1** AE *(means of travelling)* mezzo m. di trasporto **2** *(of passengers, goods)* trasporto m. **3** STOR. deportazione f. **II** modif. AE [*costs, facilities, ship*] di trasporto; [*industry, strike, system*] dei trasporti.
transport café /'trænspɔ:t,kæfeɪ, AE - kæ,feɪ/ n. BE ristorante m. per camionisti.
transporter /træns'pɔ:tə(r)/ n. **1** MIL. *(for troops, planes)* transporter m.; ***tank ~*** (complesso) portacarri **2** → **car transporter**.
transporting /træns'pɔ:tɪŋ/ **I** n. trasporto m. **II** agg. LETT. entusiasmante, incantevole.
Transport Police /,trænspɔ:tpə'li:s/ n. + verbo pl. GB polizia f. ferroviaria.
transposable /trans'pəʊzəbl/ agg. spostabile, invertibile.
transposal /trans'pəʊzl/ n. RAR. → **transposition**.
transpose /træn'spəʊz/ tr. **1** spostare, invertire [*pages*]; invertire l'ordine di [*arguments*] **2** MUS. trasportare, trasporre; MAT. trasportare.
transposition /,trænspə'zɪʃn/ n. **1** *(of pages)* spostamento m., inversione f.; *(of arguments)* inversione f. **2** MUS. trasporto m., trasposizione f.; MAT. trasporto m.
transputer /træns'pju:tə(r), trænz-/ n. INFORM. = chip che incorpora tutte le funzioni di un microprocessore.
transsexual /trænz'sekʃʊəl/ **I** agg. transessuale **II** n. transessuale m. e f.
transsexualism /trænz'sekʃʊəlɪzəm/ n. transessualismo m.
transship /træns'ʃɪp/ tr. (forma in -ing ecc. **-pp-**) trasbordare.
transshipment /træns'ʃɪpmənt/ n. trasbordo m.
Trans-Siberian /,trænsaɪ'bɪərɪən/ agg. transiberiano.
transsonic /træn'sɒnɪk/ agg. transonico.
transubstantiate /,trænsəb'stænʃɪeɪt/ **I** tr. sottoporre a transustanziazione [*bread and wine*] **II** intr. [*bread and wine*] transustanziarsi.
transubstantiation /,trænsəb,stænʃɪ'eɪʃn/ n. transustanziazione f.
transudate /'trænsju:deɪt/ n. MED. trasudato m.
transudation /trænsju:'deɪʃn/ n. **1** ANT. trasudamento m., trasudazione f. **2** → **transudate**.
transude /tran'sju:d/ intr. ANT. trasudare.
transuranic /transjʊ'rænɪk/ agg. transuranico.
Transvaal /'trænzvɑ:l/ ♦ **24** n.pr. Transvaal m.
transversal /trænz'vɜ:sl/ **I** agg. trasversale **II** n. MAT. *(intersecting hyperbola)* retta f. secante; *(intersecting parallel lines)* retta f. trasversale.
transversally /trænz'vɜ:səlɪ/ avv. trasversalmente.
transverse /'trænzvɜ:s/ **I** agg. trasversale **II** n. parte f. trasversale.
transversely /'trænzvɜ:slɪ/ avv. trasversalmente.
transvestism /trænz'vestɪzəm/ n. travestitismo m.
transvestite /trænz'vestaɪt/ n. travestito m.
Transylvania /,trænsɪl'veɪnɪə/ ♦ **24** n.pr. Transilvania f.
Transylvanian /,trænsɪl'veɪnɪən/ agg. transilvano.
▷ **1.trap** /træp/ n. **1** VENAT. *(snare)* trappola f. (anche FIG.); ***to set a ~ for*** tendere una trappola a [*animals*]; tendere una trappola a *o* tendere un tranello a [*humans*]; ***to fall into a ~*** cadere in trappola; ***to fall into the ~ of doing*** FIG. cadere nella trappola di fare **2** *(vehicle)* calesse m. **3** *(in plumbing)* sifone m. **4** SPORT *(in shooting)* lanciapiattello m.; *(Olympic sport)* fossa f. olimpica **5** *(in dog racing)* gabbia f. di partenza **6** POP. *(mouth)* becco m., bocca f.; ***shut your ~!*** chiudi il becco!
▷ **2.trap** /træp/ **I** tr. (forma in -ing ecc. **-pp-**) **1** VENAT. prendere in trappola, intrappolare [*animal*] **2** *(catch, immobilize)* bloccare, incastrare [*person, finger*]; ***to be ~ped in an elevator*** essere bloccato in un ascensore; ***he ~ped a nerve in his back*** MED. gli si era accavallato un nervo nella schiena **3** *(prevent from escaping)* non disperdere, trattenere [*heat*]; impedire fughe di [*gas*]; ***there was air ~ped in the pipe*** c'era dell'aria bloccata nel tubo **4** FIG. *(emprison)* intrappolare, incastrare; ***to ~ sb. into doing*** costringere qcn. a fare; ***to be, feel ~ped (in a situation, a marriage)*** essere, sentirsi intrappolato (in una situazione, un matrimonio) **II** intr. (forma in -ing ecc. **-pp-**) VENAT. mettere trappole.
3.trap /træp/ n. **1** GEOL. trappo m. **2** GEOL. trappola f. petrolifera.
4.trap /træp/ tr. (forma in -ing ecc. **-pp-**) bardare [*horse*].
trap-cellar /'træp,selə(r)/ n. *(in a theatre)* sottopalco m.
trapdoor /'træpdɔ:(r)/ n. botola f.
trapeze /trə'pi:z, AE træ-/ n. **1** (anche **flying ~**) *(in circus)* trapezio m.; ***to perform on a ~*** eseguire un numero al trapezio **2** MAR. trapezio m.
trapeze act /trə'pi:zækt, AE træ-/ n. esercizio m. al trapezio.
trapeze artist /trə'pi:z,ɑ:tɪst, AE træ-/ ♦ **27** n. trapezista m. e f.
trapezia /trə'pi:zɪə/ → **trapezium**.
trapezial /trə'pi:zɪəl, AE træ-/ agg. **1** MAT. di trapezio **2** ANAT. *(of trapezium)* dell'osso trapezio; *(of trapezius)* del muscolo trapezio.
trapezist /trə'pi:zɪst, AE træ-/ ♦ **27** n. trapezista m. e f.
trapezium /trə'pi:zɪəm/ n. (pl. **~s**, **-ia**) **1** BE MAT. trapezio m. **2** ANAT. (osso) trapezio m.
trapezius /trə'pi:zɪəs/ n. (pl. **~es**) (muscolo) trapezio m.
trapezoid /'træpɪzɔɪd/ n. AE MAT. trapezio m.
trapezoidal /træpɪ'zɔɪdl/ agg. trapezoidale.
trapper /'træpə(r)/ n. = chi tende trappole.
trappings /'træpɪŋz/ n.pl. **1** SPREG. *(outer signs)* ***the ~ of*** i simboli *o* gli status symbol di [*power, success, wealth*] **2** *(harness)* bardatura f.sing. **3** *(ceremonial dress)* abito m.sing. da cerimonia.
Trappist /'træpɪst/ **I** n. trappista m. **II** agg. ***~ monk*** trappista; ***~ monastery*** monastero trappista.
Trappistine /'træpɪstɪn/ n. **1** *(nun)* trappistina f. **2** = liquore prodotto dai Trappisti.
traps /træps/ n.pl. COLLOQ. *(personal belongings)* bagagli m., cose m.
trap shooting /'træp,ʃu:tɪŋ/ n. tiro m. al piattello; *(Olympic sport)* fossa f. olimpica.

▷ **1.trash** /træʃ/ n. U **1** AE *(refuse) (in streets)* rifiuti m.pl.; *(in household)* spazzatura f., immondizia f.; *(in garden)* sporcizia f.; ***to put the ~ out*** portare fuori la spazzatura **2** COLLOQ. SPREG. *(goods)* robaccia f., porcheria f. **3** COLLOQ. SPREG. *(nonsense)* sciocchezze f.pl., stupidaggini f.pl.; ***to talk ~*** dire fesserie; ***the book, film is (absolute) ~*** il libro, film è una vera robaccia **4** COLLOQ. SPREG. *(people)* gentaglia f., feccia f.

▷ **2.trash** /træʃ/ tr. AE COLLOQ. **1** *(vandalize)* devastare, distruggere [*vehicle, building*] **2** *(criticize)* demolire [*person*]; stroncare [*performance*].

trashcan /ˈtræʃkæn/ n. AE pattumiera f., bidone m. dell'immondizia.

trashed /træʃt/ agg. COLLOQ. ubriaco fradicio, sbronzo; ***to get ~*** sbronzarsi.

trash heap /ˈtræʃhiːp/ n. deposito m. delle immondizie; FIG. mucchio m. di rifiuti; ***to throw sb., sth. on the ~*** FIG. disfarsi di qcn., qcs.

trashily /ˈtræʃɪlɪ/ avv. scadentemente.

trashiness /ˈtræʃɪnɪs/ n. (l')essere scadente.

trash man /ˈtræʃmen/ ➧ ***27*** n. (pl. **trash men**) AE spazzino m., netturbino m.

trashy /ˈtræʃɪ/ agg. COLLOQ. SPREG. [*novel, film, magazine*] scadente, da due soldi; [*souvenirs*] kitsch, pacchiano.

▷ **trauma** /ˈtrɔːmə, AE ˈtraʊ-/ n. (pl. **~s, -ata**) MED. PSIC. trauma m.; ***what a ~!*** FIG. che shock!

trauma centre /ˈtrɔːməˌsentə(r), AE ˈtraʊ-/ n. centro m. traumatologico.

traumata /ˈtrɔːmətə, AE ˈtraʊ-/ → **trauma**.

traumatic /trɔːˈmætɪk, AE traʊ-/ agg. PSIC. MED. traumatico (anche FIG.).

traumatism /ˈtrɔːmətɪzəm, AE ˈtraʊ-/ n. traumatismo m.

traumatize /ˈtrɔːmətaɪz, AE ˈtraʊ-/ tr. *(all contexts)* traumatizzare.

traumatology /ˌtrɔːməˈtɒlədʒɪ, AE ˌtraʊ-/ n. traumatologia f.

1.travail /ˈtræveɪl, AE trəˈveɪl/ n. LETT. **1** *(work)* travaglio m., fatica f. **2** *(of childbirth)* travaglio m.

2.travail /ˈtræveɪl, AE trəˈveɪl/ intr. LETT. **1** *(toil)* travagliarsi, affaticarsi **2** *(be in labour)* essere in travaglio.

▶ **1.travel** /ˈtrævl/ **I** n. **1** viaggi m.pl., (il) viaggiare; *(one specific trip)* viaggio m.; ***air, sea, space ~*** viaggi aerei, per mare, nello spazio; ***business, holiday ~*** viaggi di lavoro, di piacere; ***overseas*** o ***foreign ~*** viaggi all'estero; ***~ by road, train, car*** viaggi su strada, in treno, in auto; ***~ to Italy, Canada, the Far East*** viaggi in Italia, Canada, nell'Estremo Oriente; ***after 27 hours' ~, he was exhausted*** dopo 27 ore di viaggio era distrutto; ***~ is easy, expensive, dangerous in those parts*** è semplice, costoso, pericoloso viaggiare in quei luoghi; ***the job involves a lot of ~*** il lavoro richiede che si viaggi molto; ***~ broadens the mind*** viaggiare allarga la mente **2** TECN. corsa f. **II travels** n.pl. viaggi m.; ***on*** o ***in the course of my ~s*** durante i miei viaggi; ***he's off on his ~s again*** è di nuovo in viaggio **III** modif. [*plans, service, allowance, expenses*] di viaggio; [*book, brochure, company, firm, magazine*] di viaggi; [*business*] di viaggi, turistico; [*writer*] di libri di viaggi, di letteratura di viaggi; ***~ grant*** = borsa di studio assegnata per compiere viaggi a scopo di studio o di ricerca; ***~ voucher*** buono viaggio; ***~ regulations*** norme che regolano l'espatrio; ***"~ time: 3 hours"*** "durata del viaggio: 3 ore".

▶ **2.travel** /ˈtrævl/ **I** tr. (forma in -ing ecc. **-ll-, -l-** AE) attraversare [*country, district*]; percorrere [*road, distance*] **II** intr. (forma in -ing ecc. **-ll-, -l-** AE) **1** *(journey)* [*person*] viaggiare; ***to ~ by bus, car etc.*** viaggiare in autobus, auto ecc.; ***their teacher is ~ling with them*** l'insegnante viaggia con loro; ***he ~s widely*** fa molti viaggi; ***to ~ on a season ticket, German passport*** viaggiare con un abbonamento, un passaporto tedesco; ***to ~ in style*** viaggiare in grande stile; ***to ~ abroad, to Brazil*** fare un viaggio all'estero, in Brasile; ***to ~ light*** viaggiare leggero *o* con pochi bagagli; ***this is the way to ~!*** è così che si viaggia! **2** *(move)* [*person*] andare, spostarsi; [*news*] circolare; [*object*] muoversi, spostarsi; [*plane, boat, car, lorry, train*] viaggiare, procedere; FIS. [*light, sound, wave*] propagarsi; [*moving part*] spostarsi; ***bad news ~s fast*** le cattive notizie si diffondono presto; ***the washing machine ~s when it spins*** la lavatrice si sposta durante la centrifuga; ***to ~ at 50 km/h*** viaggiare *o* procedere a 50 km/h; ***the train was ~ling through a tunnel, up a hill*** il treno attraversava una galleria, saliva su una collina; ***the car, motorbike was really ~ling*** COLLOQ. la macchina, moto filava a gran velocità; ***to ~ faster than the speed of sound*** superare la velocità del suono; ***a bullet ~s at a tremendous speed*** una pallottola viaggia a una velocità pazzesca; ***to ~ a long way*** [*person*] percorrere molta strada; [*arrow*] essere scagliato lontano; ***to ~ back in time*** andare a ritroso nel tempo; ***to ~ forward in time*** proiettarsi nel futuro; ***her mind ~led back to her youth*** riandò con il pensiero alla sua giovinezza; ***his eye ~led along the line of men*** il suo occhio ispezionava gli uomini schierati **3** COMM. *(as sales rep)* ***to ~ in*** fare il rappresentante di [*product*]; ***he ~s in encyclopedias*** fa il rappresentante di enciclopedie; ***to ~ for*** lavorare come commesso viaggiatore per [*company, firm*] **4** ***to ~ well*** [*cheese, fruit, vegetable, wine*] non soffrire *o* non patire (nel trasporto) **5** SPORT *(in basketball)* fare infrazione di passi.

travel agency /ˈtrævlˌeɪdʒənsɪ/ n. agenzia f. di viaggi, agenzia f. turistica.

travel agent /ˈtrævlˌeɪdʒənt/ ➧ ***27*** n. titolare m. e f. di agenzia di viaggi.

travel agent's /ˈtrævlˌeɪdʒənts/ n. agenzia f. di viaggi.

travelator /ˈtrævəleɪtər/ n. tapis roulant m., tappeto m. mobile.

travel bureau /ˈtrævlˌbjʊərəʊ, AE -bjʊrəʊ/ n. (pl. **travel bureaus, travel bureaux**) → **travel agency**.

travel card /ˈtrævlkɑːd/ n. BE tessera f. di abbonamento (per autobus o treni); ***weekly, monthly, one-day ~*** abbonamento settimanale, mensile, giornaliero.

travel flash /ˈtrævlflæʃ/ n. TELEV. RAD. bollettino m. della viabilità.

travel insurance /ˈtrævlɪnˌʃɔːrəns, AE -ˌʃʊər-/ n. assicurazione f. di viaggio.

travelled BE, **traveled** AE /ˈtrævld/ **I** p.pass. → **2.travel II** agg. in composti ***much-*** o ***well-~*** [*road, route*] molto battuto; ***much-*** o ***widely-~ person*** persona che ha viaggiato molto.

▷ **traveller** BE, **traveler** AE /ˈtrævlə(r)/ n. **1** *(voyager) (on business, holiday)* viaggiatore m. (-trice); *(regular passenger)* passeggero m. (-a); ***all ~s to Moscow are asked to report to the transfer desk*** tutti i passeggeri per Mosca sono pregati di recarsi allo sportello per i passeggeri in transito; ***air, rail ~*** passeggero di aereo, treno; ***a frequent ~ by air*** una persona che viaggia regolarmente in aereo **2** *(commercial)* rappresentante m. e f. di commercio, commesso m. viaggiatore **3** BE *(gypsy)* nomade m. e f., zingaro m. (-a).

traveller's cheque BE, **traveler's check** AE /ˈtrævləzˌtʃek/ n. traveller's cheque m., assegno m. turistico.

traveller's joy /ˈtrævləzˌdʒɔɪ/ n. vitalba f.

traveller's tale /ˈtrævləzˌteɪl/ n. racconto m. incredibile.

▷ **travelling** BE, **traveling** AE /ˈtrævlɪŋ/ **I** n. viaggi m.pl., (il) viaggiare; *(on single occasion)* viaggio m.; ***~ is tiring*** viaggiare è faticoso; ***to go ~*** mettersi in viaggio; ***the job involves ~*** in questo lavoro è necessario viaggiare; ***~ in Britain is expensive*** viaggiare in Gran Bretagna è costoso **II** agg. **1** *(mobile)* [*actor, company, circus, exhibition*] itinerante; [*bank*] ambulante; ***the ~ public*** gli utenti dei mezzi pubblici **2** *(for travellers)* [*companion*] di viaggio; [*gadget, game, rug*] da viaggio; [*conditions*] *(on road)* della strada **3** *(for travel purposes)* [*allowance, expenses*] di viaggio; ***~ grant, fellowship, scholarship*** = borsa di studio assegnata per compiere viaggi a scopo di studio o di ricerca.

travelling clock /ˈtrævlɪŋˌklɒk/ n. sveglia f. da viaggio.

travelling library /ˈtrævlɪŋˌlaɪbrərɪ, AE -brerɪ/ n. bibliobus m.

travelling salesman /ˌtrævlɪŋˈseɪlzmən/ ➧ ***27*** n. (pl. **travelling salesmen**) rappresentante m. di commercio, commesso m. viaggiatore.

travelogue /ˈtrævəlɒg/ BE, **travelog** /ˈtrævəlɔːg/ AE n. *(film)* documentario m. di viaggio; *(talk)* = conferenza con proiezioni su viaggi.

travel-sick /ˈtrævlsɪk/ agg. ***to be*** o ***get ~*** *(in a car)* soffrire il mal d'auto; *(on ship)* soffrire il mal di mare; *(on plane)* soffrire il mal d'aria.

travel-sickness /ˈtrævlˌsɪknɪs/ ➧ ***11*** n. chinetosi f.

travel-sickness pills /ˌtrævlˈsɪknɪsˌpɪlz/ n.pl. pastiglie f. contro la chinetosi.

travel trailer /ˈtrævlˌtreɪlə(r)/ n. roulotte f.

travel warrant /ˈtrævlˌwɒrənt, AE -ˌwɔːr-/ n. MIL. foglio m. di viaggio.

traversable /trəˈvɜːsəbl/ agg. attraversabile.

1.traverse /trəˈvɜːs/ n. **1** *(in climbing, skiing)* traversata f. **2** DIR. contestazione f. **3** ING. traversa f. **4** MIL. paraschegge m., traversa f.

2.traverse /trəˈvɜːs/ **I** tr. **1** FORM. traversare, attraversare [*ocean, desert*]; [*comet, route*] attraversare **2** *(in climbing, skiing)* traversare **3** DIR. contestare **II** intr. *(in skiing)* fare una discesa in zig-zag.

traverser /trəˈvɜːsə(r)/ n. FERR. carrello m. trasbordatore.

travertine /ˈtravətɪn/ n. travertino m.

1.travesty /ˈtrævəstɪ/ n. **1** ART. LETTER. SPREG. parodia f., farsa f. **2** *(distortion)* travisamento m., distorsione f. (**of** di); ***the trial was a ~ of justice*** il processo è stata una messa in scena.

2.travesty /ˈtrævəstɪ/ tr. SPREG. *(all contexts)* parodiare.

1.trawl /trɔ:l/ n. 1 PESC. *(net)* rete f. a strascico; *(line)* palamito m. 2 FIG. *(action, result)* pesca f. (**for** di); ***a ~ for information*** un'accurata ricerca di informazioni.

2.trawl /trɔ:l/ I tr. 1 PESC. pescare (con la rete a strascico) in [*water, bay*] 2 FIG. (anche **~ through**) setacciare [*place*]; spulciare [*papers*] II intr. 1 PESC. pescare con la rete a strascico; ***to ~ for herring*** pescare le aringhe (con la rete a strascico) 2 FIG. ***to ~ for information*** pescare *o* scovare informazioni.

trawler /'trɔ:lə(r)/ I n. trawler m., peschereccio m. (per la pesca a strascico) II modif. [*crew, fleet*] di trawler, di pescherecci (per la pesca a strascico).

trawlerman /'trɔ:ləmən/ ➧ 27 n. (pl. **-men**) pescatore m. (di peschereccio per la pesca a strascico).

trawling /'trɔ:lɪŋ/ n. pesca f. a strascico.

▷ **tray** /treɪ/ n. vassoio m.; ***baking ~*** testo, teglia per dolci; ***ice ~*** vaschetta del ghiaccio; ***oven ~*** teglia del forno; ***in-, out-~*** = cassetta della corrispondenza da evadere, in partenza; ***seed ~*** beccatoio.

traycloth /'treɪklɒθ/ n. centrino m. (da vassoio).

treacherous /'tretʃərəs/ agg. [*person*] traditore, infido, sleale; [*ice, current, quicksand, road*] pericoloso, insidioso; [*weather, driving conditions*] proibitivo.

treacherously /'tretʃərəslɪ/ avv. [*act, betray*] infidamente, slealmente.

treacherousness /'tretʃərəsnɪs/ n. (l')essere infido, slealtà f.

treachery /'tretʃərɪ/ n. tradimento m., slealtà f.

treacle /'tri:kl/ I n. BE melassa f. II modif. [*tart, pudding*] alla melassa.

treacly /'tri:klɪ/ agg. BE simile a melassa; FIG. sciropposo, mieloso.

▷ **1.tread** /tred/ n. 1 *(footstep)* passo m., andatura f. 2 *(of stair)* pedata f. 3 *(of tyre) (pattern)* scolpitura f.; *(outer surface)* battistrada m.; ***there's almost no ~ left*** le gomme sono quasi completamente lisce.

▷ **2.tread** /tred/ I tr. (pass. **trod**; p.pass. **trodden**) calpestare, calcare [*street, path, area*]; ***to ~ grapes*** pigiare l'uva; ***to ~ water*** = stare a galla in posizione verticale; ***to ~ sth. underfoot*** (cal)pestare qcs.; ***to ~ mud indoors*** sporcare di fango in casa; ***to ~ mud into the carpet*** camminare sul tappeto con le scarpe sporche di fango; ***to ~ a path across the hillside*** tracciare un sentiero lungo il fianco della collina; ***she's ~ing a dangerous path*** è su una brutta china; ***to ~ the same path as*** FIG. seguire *o* calcare le orme di; ***a well-trodden path*** una strada molto battuta (anche FIG.) II intr. (pass. **trod**; p.pass. **trodden**) *(walk)* camminare, procedere; ***to ~ on*** *(walk)* camminare su; *(squash)* calpestare, pestare; ***to ~ carefully*** o ***warily*** FIG. andare con i piedi di piombo.

■ **tread down:** **~ [sth.] down, ~ down [sth.]** calpestare [*earth, plant*].

■ **tread in:** **~ [sth.] in, ~ in [sth.]** comprimere la terra intorno a [*plant, root*].

■ **tread out:** **~ [sth.] out, ~ out [sth.]** 1 spegnere con i piedi [*fire*] 2 FIG. reprimere [*riot*].

1.treadle /'tredl/ I n. pedale m. II modif. [*sewing machine, loom*] a pedale.

2.treadle /'tredl/ intr. azionare un pedale.

treadmill /'tredmɪl/ n. 1 *(for hamster, mouse)* ruota f. 2 STOR. *(worked by animal)* ruota f. di mulino (azionata da animali); *(worked by people)* ruota f. di mulino (azionata da persone) 3 FIG. *(dull routine)* tran tran m. 4 *(in gym)* tapis roulant m.

treas /treʒ/ n. COLLOQ. (accorc. treasurer) tesoriere m.

treason /'tri:zn/ n. tradimento m. (**against** contro); ***high ~*** alto tradimento; ***that would be ~*** sarebbe considerato tradimento.

treasonable /'tri:zənəbl/ agg. [*act, offence*] proditorio.

▷ **1.treasure** /'treʒə(r)/ n. 1 *(hoard of valuables)* tesoro m.; ***to find buried ~*** trovare un tesoro sepolto 2 *(precious object)* tesoro m., ricchezza f.; ***art, national ~s*** tesori artistici, nazionali 3 *(prized person)* tesoro m.

▷ **2.treasure** /'treʒə(r)/ tr. 1 *(cherish)* amare, curare [*person*]; custodire [*memory, keepsake, gift*] 2 *(prize)* tenere in grande considerazione, fare tesoro di [*independence, friendship*]; stimare [*person*]; tenere molto a [*object, possession*].

treasured /'treʒəd/ I p.pass. → **2.treasure** II agg. [*memory, possession*] caro, prezioso.

treasure house /'treʒəhaʊs/ n. *(building)* sala f. del tesoro; ***a ~ of information*** FIG. una miniera di informazioni.

treasure hunt /'treʒə,hʌnt/ n. caccia f. al tesoro.

treasure hunter /'treʒə,hʌntə(r)/ n. = persona che partecipa a una caccia al tesoro.

▷ **treasurer** /'treʒərə(r)/ n. 1 *(on committee)* tesoriere m.; ***to act*** o ***serve as ~*** avere il ruolo di tesoriere 2 AE COMM. ECON. *(in company)* cassiere m.

treasurership /'treʒərəʃɪp/ n. carica f., ufficio m. del tesoriere.

treasure trove /'treʒətrəʊv/ n. DIR. tesoro m.

treasury /'treʒərɪ/ n. 1 *(state, company revenues)* tesoreria f. 2 FIG. *(anthology)* collezione f., raccolta f. 3 *(in cathedral)* tesoro m.; *(in palace)* sala f. del tesoro.

Treasury /'treʒərɪ/ I n. GB POL. ministero m. del tesoro II modif. POL. [*figures, official, policy*] del ministero del tesoro.

Treasury bench /'treʒərɪ,bentʃ/ n. GB = alla Camera dei Comuni, prima fila di seggi alla destra del presidente.

Treasury bill /'treʒərɪ,bɪl/ n. 1 BE buono m. del tesoro 2 AE buono m. del tesoro (a breve termine).

Treasury bond /'treʒərɪ,bɒnd/ n. 1 BE buono m. del tesoro 2 AE buono m. del tesoro poliennale.

Treasury Minister /'treʒərɪ,mɪnɪstə(r)/ n. GB ministro m. del tesoro.

Treasury note /'treʒərɪ,nəʊt/ n. US STOR. biglietto m. di banca.

Treasury Secretary /'treʒərɪ,sekrətrɪ, AE -rəterɪ/ n. US ministro m. del tesoro.

Treasury warrant /'treʒərɪ,wɒrənt, AE -,wɔ:r-/ n. mandato m. di pagamento del tesoro.

1.treat /tri:t/ n. 1 *(pleasure)* regalo m., sorpresa f.; *(food)* squisitezza f.; ***to give sb. a ~*** fare una sorpresa *o* un regalo a qcn.; ***I gave myself a ~*** mi sono concesso un piccolo piacere; ***I took them to the museum as a ~*** gli feci la sorpresa di portarli al museo; ***it was a ~ to see you looking well, to get your letter*** mi ha fatto piacere trovarti in forma, è stata una gioia ricevere la tua lettera; ***oysters! what a ~!*** ostriche! che prelibatezza! ***she gets lots of ~s from her grandmother*** sua nonna le fa molti regalini; ***as a special ~ I was allowed to stay up late*** in via eccezionale, mi fu permesso di restare alzato fino a tardi; ***her birthday ~ was a trip to the zoo*** come regalo di compleanno la portarono allo zoo; ***a ~ in store*** una sorpresa in serbo 2 COLLOQ. ***it's my, Henry's ~*** offro io, tocca a Henry pagare; ***to stand sb. a ~*** COLLOQ. offrire (da bere, da mangiare) a qcn.; ***he stood us a ~ in the pub, the restaurant*** ci ha pagato da bere al pub, ci ha offerto la cena al ristorante 3 COLLOQ. **a treat** BE ***the plan worked a ~*** il piano ha funzionato a meraviglia, alla perfezione; ***the car works a ~ now*** l'auto funziona benissimo adesso; ***the cake, present, show went down a ~ with the children*** ai bambini è piaciuta tantissimo la torta, è piaciuto tantissimo il regalo, lo spettacolo; ***the room looks a ~ now you've redecorated it*** la stanza è deliziosa ora che l'hai ridecorata.

▶ **2.treat** /tri:t/ I tr. 1 *(act towards, handle)* trattare [*person, animal, object, topic*]; ***to ~ sb. well, badly*** trattare bene, male qcn.; ***that's no way to ~ a child!*** non si tratta così un bambino! ***to ~ sb., sth. with*** trattare qcn., qcs. con [*care*]; ***to ~ sb. with*** trattare qcn. con [*contempt, kindness, suspicion*]; ***to ~ sb. like a child, fool*** trattare qcn. come un bambino, uno stupido; ***we were ~ed as if...*** siamo stati trattati come se...; ***to ~ sb. as an enemy*** trattare qcn. come un nemico; ***to ~ sth. as*** considerare qcs. come [*idol, shrine*]; ***they ~ the house like a hotel*** credono che la casa sia un albergo; ***to ~ a remark as a joke*** non prendere seriamente un'osservazione; ***to ~ the whole thing as a joke*** prendere l'intera faccenda come uno scherzo; ***to ~ a request seriously*** considerare seriamente una richiesta 2 MED. curare [*patient, casualty, disease*] (**with** con); ***to ~ sb. with*** curare qcn. con [*drug, method*] 3 CHIM. ING. IND. trattare [*chemical, fabric, rot, sewage, water*] (**with** con); ***to ~ sth. against*** sottoporre qcs. a un trattamento contro [*damp, infestation, rot*] 4 *(pay for)* pagare per, offrire a [*person*]; ***go on, have it, I'll ~ you*** forza, prendilo, te lo offro io; ***to ~ sb. to sth.*** offrire qcs. a qcn.; ***he ~ed us to a trip to the concert, ice creams all round*** ci offrì una serata al concerto, offrì a tutti il gelato; ***he ~ed us to a lecture on personal hygiene, a description of his symptoms*** IRON. ci ha deliziati con una ramanzina sull'igiene personale, con una descrizione dei suoi sintomi; ***we were ~ed to the unusual spectacle of a minister in disgrace*** abbiamo avuto l'onore di assistere all'insolito spettacolo di un ministro in disgrazia II rifl. ***to ~ oneself*** concedersi un piccolo piacere; ***to ~ oneself to*** regalarsi, permettersi, concedersi [*holiday, hairdo*].

treatable /'tri:təbl/ agg. 1 *(person)* trattabile 2 MED. curabile.

treatise /'tri:tɪs, -ɪz/ n. trattato m., dissertazione f. (**on** su).

▶ **treatment** /'tri:tmənt/ n. 1 *(of person)* trattamento m. (**of** di); ***preferential ~*** trattamento preferenziale; ***special ~*** *(preferential)* trattamento di riguardo *o* di favore; *(unusual)* trattamento unico *o* speciale; ***it won't stand up to rough ~*** non resisterà agli strapazzi; ***her husband's ~ of her was cruel*** il modo in cui suo marito la trattava era crudele; ***her ~ of her staff was appalling*** trattava in modo orribile i suoi dipendenti 2 *(analysis)* ***the question gets*** o ***is given a more extended ~ in...*** la questione è trattata più estesamente in...

3 MED. *(by specific drug, method)* trattamento m., terapia f.; *(general care)* cura f.; ***a course of*** ~ un ciclo di cure; ***cancer*** ~ cura del cancro; ***dental, hospital, veterinary*** ~ cure dentistiche, ospedaliere, veterinarie; ***medical*** ~ cure mediche; ***preventive*** ~ cura preventiva, profilassi; ***urgent*** ~ trattamento di urgenza; ***people requiring ~ should...*** le persone che richiedono cure mediche dovrebbero...; ***to receive ~ for sth.*** ricevere cure mediche per qcs.; ***to undergo*** ~ sottoporsi a un trattamento; ***the infection is, isn't responding to*** ~ il trattamento è efficace, non è efficace contro l'infezione; ***drug ~ is preferable to radiotherapy*** la terapia farmacologica è preferibile alla radioterapia 4 CHIM. ING. IND. trattamento m. (**against** contro; **with** con); ***timber*** ~ trattamento delle travi in legno ◆ ***to give sb. the full*** ~ COLLOQ. *(indulge, flatter)* trattare qcn. con tutti i riguardi *o* dedicare le massime attenzioni a qcn.; *(grill, chide)* = rimproverare qcn.

treatment plant /ˈtriːtmənt,plɑːnt, AE -,plænt/ n. impianto m. di trattamento.

treatment room /ˈtriːtmənt,ruːm, rʊm/ n. ambulatorio m.

treaty /ˈtriːtɪ/ I n. 1 POL. trattato m., accordo m.; ***peace*** ~ trattato di pace; ***the Treaty of Rome*** il trattato di Roma; ***to draw up, sign a*** ~ sottoscrivere, firmare un trattato; ***a ~ banning chemical weapons*** un trattato per vietare le armi chimiche 2 COMM. DIR. contratto m., trattativa f.; ***for sale by private*** ~ si vende mediante trattativa privata II modif. [*provision, signatory*] di un trattato; [*obligation*] convenzionale, di un accordo.

1.treble /ˈtrebl/ I n. 1 *(sound)* acuto m. 2 MUS. *(voice, singer)* soprano m. 3 SPORT *(in horseracing)* = triplice vittoria (dello stesso cavallo); *(in darts)* = tiro da tre punti 4 *(drink)* ***I'll have a ~ please*** me lo faccia triplo, grazie II agg. 1 *(three times)* triplo; ***~ nine five six (99956)*** nove nove nove cinque sei; ***to reach ~ figures*** raggiungere il centinaio 2 MUS. [*voice*] di soprano; [*part*] del soprano III determ. tre volte; ***~ the amount*** il triplo della quantità; ***~ the size*** *(town, house)* tre volte più grande; *(heap, swelling)* tre volte più grosso.

2.treble /ˈtrebl/ I tr. triplicare II intr. triplicare, triplicarsi; ***to ~ in size*** [*town*] triplicare le proprie dimensioni; [*heap, swelling*] diventare tre volte più grosso.

treble chance /,trebl'tʃɑːns, AE -'tʃæns/ n. BE totocalcio m.

treble clef /,trebl'klef/ n. MUS. chiave f. di sol.

trebling /ˈtreblɪŋ/ n. moltiplicazione f. per tre.

trebly /ˈtreblɪ/ avv. ***~ difficult, demanding*** tre volte più difficile, più impegnativo; ***to work ~ hard*** lavorare tre volte di più.

trebuchet /ˈtrebjʊʃet/, **trebucket** /ˈtriːbʌkɪt/ n. 1 STOR. trabocco m. 2 *(small balance)* bilancia f. di precisione.

trecentist /treɪˈtʃentɪst/ n. (pl. **~s**, **-i**) *(Italian artist)* trecentista m. e f.

▶ **1.tree** /triː/ n. albero m.; ***an apple, a cherry ~*** un melo, un ciliegio; ***the ~ of life*** l'albero della vita; ***the ~ of knowledge*** l'albero della conoscenza (del bene e del male) ◆ ***he can't see the wood*** BE o ***forest*** AE ***for the ~s*** = si perde nei dettagli, non ha una visione d'insieme; ***money doesn't grow on ~s*** i soldi non si trovano per strada; ***to be out of one's ~*** COLLOQ. essere fuori di testa; ***to be up a ~*** AE essere nei guai, non sapersi districare; ***to get to, be at the top of the ~*** arrivare, essere al vertice della carriera.

2.tree /triː/ tr. AE fare scappare su un albero [*animal*]; FIG. mettere con le spalle al muro [*person*].

tree-covered /ˈtriːkʌvəd/ agg. boscoso.

tree creeper /ˈtriː,kriːpə(r)/ n. ZOOL. rampichino m.

tree diagram /ˈtriː,daɪəgræm/ n. AMM. organigramma m.; LING. diagramma m. ad albero.

tree fern /ˈtriːfɜːn/ n. BOT. felce f. arborea.

tree frog /ˈtriːfrɒg, AE -frɔːg/ n. raganella f., ranocchio m. verde.

tree-goose /ˈtriːguːs/ n. (pl. **tree-geese**) → **barnacle goose**.

treehouse /ˈtriːhaʊs/ n. capanna f. costruita su un albero.

tree hugger /ˈtriː,hʌgə(r)/ n. COLLOQ. SPREG. ecologista m. e f.

treeless /ˈtriːlɪs/ agg. senza alberi, spoglio, brullo.

tree line /ˈtriːlaɪn/ n. limite m. della vegetazione arborea.

tree-lined /ˈtriːlaɪnd/ agg. fiancheggiato da alberi.

treenail /ˈtriːneɪl/ n. MAR. caviglia f. di legno.

tree of heaven /,triːəvˈhevn/ n. BOT. albero m. del paradiso.

tree ring /ˈtriːrɪŋ/ n. cerchia f. annuale, anello m. legnoso.

tree rose /ˈtriːrəʊz/ n. AE rosa f. ad alberello.

tree snake /ˈtriːsneɪk/ n. ZOOL. serpente m. arboricolo.

tree stump /ˈtriːstʌmp/ n. ceppo m.

tree surgeon /ˈtriː,sɜːdʒən/ ➧ ***27*** n. arboricoltore m. (-trice).

tree surgery /ˈtriː,sɜːdʒərɪ/ n. arboricoltura f.

tree toad /ˈtriːtəʊd/ n. → **tree frog**.

treetop /ˈtriːtɒp/ n. cima f. (di un albero).

tree trunk /ˈtriːtrʌŋk/ n. tronco m. d'albero.

trefoil /ˈtrefɔɪl/ n. 1 BOT. trifoglio m. 2 ARCH. decorazione f. trilobata.

▷ **1.trek** /trek/ n. 1 *(long journey)* lungo viaggio m., lungo cammino m.; ***to make a ~*** fare un lungo viaggio; ***mule ~*** viaggio a dorso di mulo 2 *(laborious trip)* faticata f.; ***it's a bit of a ~*** COLLOQ. è una bella sfacchinata 3 STOR. *(migration)* emigrazione f. dei Boeri.

▷ **2.trek** /trek/ I tr. (forma in -ing ecc. **-kk-**) ***to ~ the same distance, 12 kilometres*** percorrere la stessa distanza, 12 chilometri II intr. (forma in -ing ecc. **-kk-**) 1 *(journey)* ***to ~ across, through*** attraversare (a piedi) [*desert, jungle*] 2 COLLOQ. *(go far)* ***to ~ to*** arrivare (a piedi) fino a [*shop, office*]; ***I had to ~ into town*** sono dovuto andare a piedi fino in città.

trekker /ˈtrekə(r)/ n. trekker m. e f.

trekking /ˈtrekɪŋ/ ➧ ***10*** n. *(on foot)* trekking m.; ***to go ~*** (andare a) fare trekking.

1.trellis /ˈtrelɪs/ n. traliccio m. (per piante rampicanti).

2.trellis /ˈtrelɪs/ tr. munire di tralicci (per piante rampicanti).

trellised /ˈtrelɪst/ I p.pass. → **2.trellis** II agg. [*wall*] coperto da un traliccio.

trelliswork /ˈtrelɪswɜːk/ n. graticciato m., graticolato m.

1.tremble /ˈtrembl/ n. tremore m., tremito m.

2.tremble /ˈtrembl/ intr. [*person, body, hand, lip*] tremare (**with** di, per); [*leaves, voice*] tremare, tremolare; [*building*] vibrare, tremare; ***how much does he owe? - I ~ to think!*** di quanto è indebitato? - tremo al solo pensiero!

trembler /ˈtremblə(r)/ n. 1 = persona che trema (di paura) 2 EL. ruttore m.

▷ **trembling** /ˈtremblɪŋ/ I n. *(of person, body, hand, lip)* tremore m., tremito m.; *(of leaves, voice)* tremolio m.; *(of building)* (il) vibrare, (il) tremare II agg. [*person, body, lip*] tremante; [*hand*] tremante, malfermo; [*leaves, voice*] tremante, tremolante; [*building*] che trema, che vibra.

trembly /ˈtremblɪ/ agg. COLLOQ. tremante.

▷ **tremendous** /trɪˈmendəs/ agg. 1 *(great, intense)* [*effort, improvement, contrast*] enorme; [*pleasure*] immenso, enorme; [*storm, blow, explosion*] violento, furioso; [*speed, success*] straordinario, enorme, incredibile; ***a ~ amount of sth.*** un'enorme quantità di qcs.; ***it costs a ~ amount*** costa un'enormità 2 COLLOQ. *(marvellous)* grandioso, favoloso.

tremendously /trɪˈmendəslɪ/ avv. [*exciting, important, rich*] straordinariamente; [*grow, vary*] enormemente.

tremendousness /trɪˈmendəsnɪs/ n. 1 *(greatness)* (l')essere enorme, (l')essere incredibile 2 *(marvellousness)* grandiosità f.

tremolo /ˈtreməloʊ/ n. (pl. **~s**) MUS. tremolo m.

tremor /ˈtremə(r)/ n. 1 *(in body)* tremore m., tremito m.; *(in voice)* tremolio m.; *(of delight, fear)* brivido m. 2 GEOL. lieve scossa f.

tremulant /ˈtremjʊlənt/ n. → **tremolo**.

tremulous /ˈtremjʊləs/ agg. [*voice*] *(with anxiety, tension)* tremante, tremolante; *(from weakness)* fievole, flebile; *(with excitement)* fremente, vibrante; [*sound*] tremulo; [*smile*] timido.

tremulously /ˈtremjʊləslɪ/ avv. [*say*] con voce tremante; ***she smiled ~*** sorrise timidamente.

tremulousness /ˈtremjʊləsnɪs/ n. (l')essere tremante, (l')essere tremolante.

trenail → **treenail**.

1.trench /trentʃ/ n. fosso m., fossato m.; MIL. trincea f.; ***to dig, fill in a ~*** scavare, riempire un fosso; ***in the ~es*** MIL. in trincea.

2.trench /trentʃ/ intr. scavare fosse.

trenchancy /ˈtrentʃənɪ/ n. *(of style, tone)* incisività f., efficacia f.

trenchant /ˈtrentʃənt/ agg. incisivo, efficace, acuto.

trenchantly /ˈtrentʃəntlɪ/ avv. [*speak, retort*] incisivamente, efficacemente.

trench coat /ˈtrentʃ,kəʊt/ n. trench m., trench-coat m.

1.trencher /ˈtrentʃə(r)/ n. *(machine)* escavatore m.; *(person)* scavatore m. (-trice).

2.trencher /ˈtrentʃə(r)/ n. STOR. *(for food)* tagliere m.

trencher-cap /ˈtrentʃə,kæp/ n. UNIV. tocco m. (di forma quadrata).

trencherman /ˈtrentʃəmən/ n. (pl. **-men**) mangione m., buona forchetta f.

trench fever /ˈtrentʃ,fiːvə(r)/ ➧ ***11*** n. febbre f. delle trincee.

trench-plough /ˈtrentʃplaʊ/ n. aratro m. assolcatore.

trench warfare /,trentʃˈwɔːfeə(r)/ n. guerra f. di trincea.

▶ **1.trend** /trend/ n. 1 *(tendency)* tendenza f.; ***an upward, downward ~*** una tendenza al rialzo, al ribasso; ***if the present ~ continues*** se permane la tendenza attuale; ***a ~ in*** un orientamento all'interno di [*legislation, medicine, education*]; ***a ~ towards doing*** una tendenza a fare; ***the ~ is towards democracy*** c'è un andamento verso la democrazia;

a ~ away from una tendenza a discostarsi da [*arts studies*] **2** *(fashion)* tendenza f., trend m. (**for** di); ***a fashion ~*** una moda; ***to set a new ~*** lanciare una nuova moda; ***to follow the ~*** seguire la moda.

2.trend /trend/ intr. ECON. ***to ~ up, lower*** tendere al rialzo, al ribasso.

trendiness /ˈtrendɪnɪs/ n. COLLOQ. SPREG. *(of dress, district, shops)* (l')essere di tendenza, (l')essere trendy.

trendsetter /ˈtrendsetə(r)/ n. trend-setter m. e f.; ***to be a ~*** lanciare nuove tendenze.

trend-setting /ˈtrendsetɪŋ/ agg. [*film, album*] innovatore.

▷ **trendy** /ˈtrendɪ/ **I** agg. COLLOQ. [*clothes, styles, district, film*] trendy, di tendenza; [*opinion*] in voga, che va per la maggiore; [*politician, lecturer*] di grido **II** n. COLLOQ. SPREG. modaiolo m. (-a).

Trent /trent/ ➧ ***34*** n.pr. Trento f.

trental /ˈtrentl/ n. RAR. = serie di trenta messe di suffragio.

1.trepan /trɪˈpæn/ n. **1** MED. trapano m. **2** TECN. trivella f.

2.trepan /trɪˈpæn/ tr. (forma in -ing ecc. **-nn-**) **1** MED. trapanare **2** TECN. trivellare.

trepanation /ˌtrɪpəˈneɪʃn/ n. STOR. trapanazione f. del cranio.

trepang /trɪˈpæŋ/ n. → **bêche-de-mer**.

trepanning /trɪˈpænɪŋ/ n. MED. trapanazione f.

1.trephine /trɪˈfiːn, AE -ˈfaɪn/ n. MED. trapano m.

2.trephine /trɪˈfiːn, AE -ˈfaɪn/ tr. MED. trapanare.

trepidation /ˌtrepɪˈdeɪʃn/ n. trepidazione f.; ***it was with some ~ that*** è stato con una certa apprensione che.

1.trespass /ˈtrespəs/ n. **1** *(unlawful entry)* intrusione f., sconfinamento m.; DIR. violazione f. della proprietà **2** *(unlawful act)* trasgressione f., infrazione f. **3** RELIG. *(sin)* peccato m., colpa f.

2.trespass /ˈtrespəs/ intr. **1** *(enter unlawfully)* introdursi abusivamente; DIR. = commettere una violazione della proprietà; ***to ~ on*** introdursi in *o* violare [*property*]; ***"no ~ing"*** "proprietà privata" *o* "vietato l'ingresso" **2** *(commit unlawful act)* commettere un'infrazione **3** FIG. FORM. ***to ~ on*** fare perdere [*time*]; approfittare di, abusare di [*generosity*]; violare [*rights, liberty*] **4** RELIG. ***to ~ against*** offendere *o* commettere peccato contro.

trespasser /ˈtrespəsə(r)/ n. trasgressore m., contravventore m.; ***"~s will be prosecuted"*** "i trasgressori saranno perseguiti a termini di legge".

tress /tres/ **I** n. LETT. treccia f. **II tresses** n.pl. LETT. capigliatura f.sing., capelli m.

trestle /ˈtresl/ **I** n. cavalletto m., trespolo m. **II** modif. [*table*] sostenuto da cavalletti.

trestletree /ˈtresltriː/ n. barra f. costiera.

trestlework /ˈtreslwɜːk/ n. sostegno m. a traliccio.

Trevor /ˈtrevə(r)/ n.pr. Trevor (nome di uomo).

trews /truːz/ n.pl. SCOZZ. = pantaloni aderenti di tartan.

trey /treɪ/ n. *(in cards)* carta f. da tre, tre m.

triable /ˈtraɪəbl/ agg. DIR. processabile.

triad /ˈtraɪæd/ n. **1** triade f. (anche CHIM.); LETTER. = composizione aforistica della letteratura medievale gallese; MUS. triade f., accordo m. perfetto **2** *(Chinese secret society)* triade f.

triadic /traɪˈædɪk/ agg. triadico.

triage /ˈtriːɑːʒ/ n. MED. triage m.

▶ **1.trial** /ˈtraɪəl/ **I** n. **1** DIR. processo m., udienza f.; ***murder, embezzlement ~*** processo per omicidio, per appropriazione indebita; ***to be on ~*** essere sotto processo *o* comparire davanti al tribunale (**for sth.** per qcs.; **for doing** per aver fatto); ***to go to ~*** [*case*] essere iscritto a ruolo; ***to bring sb. for ~*** fare comparire qcn. in giudizio; ***to go on ~***, ***to stand ~*** subire un processo *o* essere processato; ***to come up for ~*** [*person*] comparire in giudizio; [*case*] essere dibattuto; ***to put sb. on ~*** mettere qcn. sotto processo *o* processare qcn.; FIG. [*press, person, public*] mettere qcn. sul banco degli imputati; ***to send sb. for ~*** o ***to commit sb. to ~*** rinviare qcn. a giudizio; ***without ~*** senza processo; ***to conduct a ~*** presiedere *o* condurre un processo; ***to be awaiting ~*** essere in attesa di giudizio; ***~ by jury*** processo con giuria; ***~ by media*** processo da parte dei mezzi di informazione **2** *(test) (of applicant, recruit)* prova f.; *(of machine, vehicle)* collaudo m.; *(of drug, new product, process)* test m.; ***to put sth. through ~s*** sottoporre qcs. a dei test; ***(to be) on ~*** (essere) in prova; ***take it on ~*** prendilo in prova; ***to carry out*** o ***conduct*** o ***run ~s*** eseguire dei test (**on** su); ***to undergo ~s*** essere sottoposto a test; ***to give sb. a ~*** prendere qcn. in prova; ***medical, clinical ~s*** test medici, clinici; ***by ~ and error*** a forza di provare *o* per tentativi **3** gener. pl. SPORT selezione f., trial m.; ***football ~*** selezione di giocatori; ***horse ~s*** gara equestre; ***a ~ of strength*** una prova di forza; ***to hold ~s*** organizzare delle gare di selezione **4** *(trouble, difficulty)* tormento m., tribolazione f.; *(less strong)* fastidio m.; ***the ~s of old age, of being a mother*** le sofferenze della vecchiaia, le difficoltà che comporta essere madre; ***to be a ~*** [*person*] essere un cruccio *o* una croce (**to sb.** per qcn.) **II** modif. [*arrangement, flight, offer, period, sample*] di prova; [*separation*] di prova, temporaneo; ***for ~ purposes*** a titolo sperimentale; ***on a ~ basis*** in prova; ***for a ~ period*** per un periodo di prova.

2.trial /ˈtraɪəl/ tr. testare, sperimentare [*method, system*].

trial attorney /ˈtraɪələˌtɜːnɪ/ n. AE avvocato m. patrocinante.

trial balance /ˈtraɪəlˌbæləns/ n. ECON. bilancio m. di verifica.

trial balloon /ˈtraɪəlbəˌluːn/ n. AE ballon d'essai m. (anche FIG.).

trial court /ˈtraɪəlˌkɔːt/, **trial division** /ˈtraɪəldɪˌvɪʒn/ n. tribunale m. di primo grado.

trial judge /ˈtraɪəlˌdʒʌdʒ/ n. giudice m. di primo grado.

trial jury /ˈtraɪəlˌdʒʊərɪ/ n. AE DIR. giuria f. (in un processo).

trial run /ˌtraɪəlˈrʌn/ n. **1** AUT. IND. TECN. prova f., collaudo m.; ***to give sth. a ~*** collaudare qcs.; ***to take a car for a ~*** fare fare un giro di prova a un'auto **2** TEATR. prova f. generale.

▷ **triangle** /ˈtraɪæŋgl/ n. triangolo m. (anche MAT. MUS.); ***(red) warning ~*** triangolo; ***it's the eternal ~*** FIG. è il classico *o* l'eterno triangolo.

triangular /traɪˈæŋgjʊlə(r)/ agg. triangolare; SPORT [*contest*] triangolare.

triangular file /traɪˈæŋgjʊləˌfaɪl/ n. triangolo m., lima f. a sezione triangolare.

triangularity /traɪˌæŋgjʊˈlærətɪ/ n. triangolarità f.

1.triangulate /traɪˈæŋgjʊlət/ agg. **1** *(triangular)* triangolare **2** *(made up of triangles)* triangolato, a triangoli.

2.triangulate /traɪˈæŋgjʊleɪt/ tr. dividere in triangoli.

triangulation /traɪˌæŋgjʊˈleɪʃn/ n. TOPOGR. MAT. triangolazione f.

triangulation station /traɪˌæŋgjʊˈleɪʃnˌsteɪʃn/ n. *(on hill)* segnale m. geodetico; *(on map)* triangolazione f. geodetica.

triarch /ˈtraɪɑːk/ agg. triarco.

triarchy /ˈtraɪɑːki/ n. triarchia f.

Trias /ˈtraɪəs/ n. trias m., triassico m.

Triassic /traɪˈæsɪk/ GEOL. **I** n. ***the ~*** il triassico **II** agg. triassico.

triathlon /traɪˈæθlɒn/ n. triathlon m.

triatomic /ˌtraɪəˈtɒmɪk/ agg. triatomico.

triazine /ˈtraɪəziːn/ n. triazina f.

triazole /ˈtraɪəzəʊl/ n. triazolo m.

▷ **tribal** /ˈtraɪbl/ agg. *(all contexts)* tribale.

tribalism /ˈtraɪbəlɪzəm/ n. ANTROP. tribalismo m.; FIG. spirito m. di corpo.

tribasic /traɪˈbeɪsɪk/ agg. tribasico; ***~ acid*** acido tribasico.

▷ **tribe** /traɪb/ n. ANTROP. ZOOL. tribù f. (anche FIG.).

tribesman /ˈtraɪbzmən/ n. (pl. **-men**) membro m. di una tribù.

triboelectricity /ˌtrɪbəʊˌɪlekˈtrɪsətɪ, ˌtraɪbəʊ-/ n. triboelettricità f., elettricità f. statica.

tribology /traɪˈbɒlədʒɪ/ n. tribologia f.

triboluminescence /ˌtrɪbəʊˌluːmɪˈnesns, ˌtraɪ-/ n. triboluminescenza f.

tribulation /ˌtrɪbjʊˈleɪʃn/ **I** n. tribolazione f., pena f. **II tribulations** n.pl. tribolazioni f. (anche IRON.); ***trials and ~*** tribolazioni.

▷ **tribunal** /traɪˈbjuːnl/ n. **1** *(court)* tribunale m. **2** GB = commissione di inchiesta governativa.

tribunate /ˈtrɪbjʊnət/ n. STOR. tribunato m.

1.tribune /ˈtrɪbjuːn/ n. STOR. tribuno m.; ***~ of the people*** tribuno della plebe.

2.tribune /ˈtrɪbjuːn/ n. *(platform)* tribuna f., palco m.

tribuneship /ˈtrɪbjuːnʃɪp/ n. STOR. tribunato m.

tribunitial /trɪbjuːˈnɪʃl/, **tribunitian** /trɪbjuːˈnɪʃn/ agg. tribunizio.

tributary /ˈtrɪbjʊtərɪ, AE -terɪ/ **I** agg. **1** [*stream*] tributario; [*road*] secondario **2** FORM. [*nation*] tributario **II** n. **1** GEOGR. affluente m. **2** FORM. *(owing tribute)* = chi versa un tributo.

▷ **tribute** /ˈtrɪbjuːt/ n. **1** *(homage)* omaggio m.; ***to pay ~ to*** pagare un tributo a *o* rendere omaggio a; ***as a ~ to*** in omaggio a; ***floral ~*** omaggio floreale; *(spray)* fascio di fiori; *(wreath)* corona di fiori **2** *(credit)* ***it is a ~ to their determination that we have succeeded*** fa onore alla loro determinazione il fatto che noi ci siamo riusciti **3** *(payment)* tributo m.

tricar /ˈtraɪkɑː(r)/ n. motocarrozzetta f.

1.trice /traɪs/ n. ***in a ~*** in un batter d'occhio *o* in un battibaleno.

2.trice /traɪs/ tr. MAR. issare (e legare) [*sail*].

Tricel® /ˈtraɪsel/ n. TESS. = fibra tessile in triacetato.

tricentenary /ˌtraɪsenˈtiːnərɪ/, **tricentennial** /ˌtraɪsenˈtiːnɪəl/ **I** n. tricentenario m., terzo centenario m. **II** modif. del tricentenario.

triceps /ˈtraɪseps/ n. (pl. **~**) ANAT. tricipite m.

trichiasis /trɪkˈaɪəsɪs, trɪˈkaɪsɪs/ ➧ ***11*** n. trichiasi f.

trichina /trɪˈkaɪnə/ n. (pl. **-ae**) trichina f.

trichinosis /ˌtrɪkɪˈnəʊsɪs/ ➧ ***11*** n. (pl. **-es**) trichinosi f.

trichloride /traɪˈklɔːraɪd/ n. tricloruro m.
trichloroethane /traɪˌklɔːrəˈeθeɪn, -ˈiːθeɪn/ n. tricloroetano m.
trichlorophenol /traɪˈklɔːrəˌfiːnɒl/ n. triclorofenolo m.
trichological /trɪkɒˈlədʒɪkl, traɪ-/ agg. tricologico.
trichologist /trɪˈkɒlədʒɪst, traɪ-/ ➧ *27* n. tricologo m. (-a).
trichology /trɪˈkɒlədʒɪ, traɪ-/ n. tricologia f.
trichome /ˈtrɪkəʊm, ˈtraɪ-/ n. BOT. tricoma m.
trichomoniasis /trɪkəʊməˈnaɪəsɪs, traɪkəʊ-/ ➧ *11* n. (pl. **-es**) tricomoniasi f.
trichord /ˈtraɪkɔːd/ agg. tricordo.
trichosis /trɪˈkəʊsɪs/ ➧ *11* n. (pl. **-es**) tricosi f.
trichromatic /traɪkrəʊˈmatɪk/ agg. tricromatico.
Tricia /ˈtrɪʃə/ n.pr. diminutivo di **Patricia**.
▷ **1.trick** /trɪk/ **I** n. **1** *(thing that deceives or outwits)* trucco m., imbroglio m.; ***it's all a ~!*** è tutto un imbroglio! ***a mean ~*** un brutto tiro; ***a clever ~*** una furberia *o* un'astuzia; ***it's the oldest ~ in the book*** è il trucco più vecchio del mondo; ***I've tried every ~ in the book*** le ho provate tutte; ***to play a ~ on sb.*** giocare un tiro a qcn. *o* fare uno scherzo a qcn.; ***my mind, my memory plays ~s on me*** la testa, la memoria mi gioca brutti scherzi; ***grief can play ~s with the mind*** il dolore può giocare brutti tiri alla mente; ***a ~ of the light*** un'illusione ottica **2** *(by magician, conjurer)* trucco m., gioco m. di prestigio; *(by dog, horse)* gioco m.; ***to do, perform a ~*** fare un gioco di prestigio; ***my dog does ~s*** il mio cane sa fare dei giochetti **3** COLLOQ. *(mischievous behaviour)* tiro m., scherzo m.; ***he always pulls that ~*** fa sempre lo stesso scherzetto *o* giochetto; ***don't you ever try that ~ with me!*** non provarci neanche a giocarmi un tiro del genere! ***John, the computer is up to his, its ~s again*** John ne sta di nuovo combinando una delle sue, il computer fa di nuovo degli strani scherzi **4** *(knack, secret)* trucco m., stratagemma m.; ***the ~ is to do*** il trucco sta nel fare; ***the ~ in doing sth. is to do*** il trucco per fare qcs. è fare; ***there's no special ~ to it*** non ci sono segreti *o* trucchi particolari; ***to have a ~ of doing sth.*** avere il dono di fare qcs.; ***to know a ~ or two*** o ***a few ~s*** essere scafato *o* smaliziato (**about** in) **5** *(habit, mannerism)* abitudine f., mania f.; ***to have a ~ of doing*** avere l'abitudine di fare **6** *(in cards)* presa f.; ***to take*** o ***win a ~*** fare un punto **7** POP. *(prostitute's client)* puttaniere m.; ***to turn ~s*** andare in cerca di clienti **8** POP. *(bout of casual sex)* botta f. **II** modif. [*photo, pack of cards, shot*] truccato; ***~ photography*** trucchi fotografici; ***~ camerawork*** trucchi cinematografici ◆ ***how's ~s?*** COLLOQ. come va la vita? ***the ~s of the trade*** i trucchi del mestiere; ***to do the ~*** servire, funzionare *o* andare bene; ***not, never to miss a ~*** non farsene scappare una *o* non sbagliare un colpo.
▷ **2.trick** /trɪk/ tr. imbrogliare, ingannare; ***to ~ sb. into doing*** indurre qcn. a fare (con l'inganno); ***to ~ sb. into thinking that...*** portare qcn. a pensare che...; ***to ~ sb. out of £ 10, their inheritance*** frodare qcn. per sottrargli 10 sterline, la sua eredità; ***I've been ~ed!*** mi hanno imbrogliato!
■ **trick out:** ~ *out* [*sb.*], ~ [*sb.*] *out* agghindare, abbigliare (**in** con); ***to be ~ed out*** essere agghindato.
trick cyclist /ˌtrɪkˈsaɪklɪst/ n. ciclista m. e f. acrobata.
trickery /ˈtrɪkərɪ/ n. inganno m., frode f.
trickily /ˈtrɪkɪlɪ/ avv. astutamente, ingannevolmente.
trickiness /ˈtrɪkɪnɪs/ n. difficoltà f., complessità f.
▷ **1.trickle** /ˈtrɪkl/ n. **1** *(of liquid)* gocciolio m., gocciolamento m.; *(of powder, sand)* scivolamento m.; ***the stream is reduced to a ~*** il ru-scello è ridotto a un filo d'acqua **2** *(tiny amount) (of investment, orders)* manciata f.; *(of information)* scampolo m.; *(of people)* pugno m.; ***a steady ~ of orders*** una quantità esigua ma costante di ordini; ***the ~ back to work became a flood*** la gente che gradualmente tornava al lavoro diventò una fiumana; ***the number of refugees is down to*** o ***has slowed to a ~*** il numero dei rifugiati si è notevolmente ridotto.
▷ **2.trickle** /ˈtrɪkl/ **I** tr. fare gocciolare, stillare [*liquid*] (**into** in; **onto** su) **II** intr. ***to ~ down*** colare da [*pane, wall*]; ***blood ~d down his cheek, chin*** il sangue gli colava sulla guancia, sul mento; ***to ~ from*** gocciolare da [*tap, spout*]; ***to ~ into*** [*liquid*] cadere goccia a goccia in [*container, channel*]; [*people*] infiltrarsi in [*country, organization*]; [*ball*] rotolare lentamente in [*net*]; [*golf ball*] finire lentamente in [*hole*]; ***to ~ out of*** [*liquid*] fuoriuscire da [*crack, wound*]; [*people*] uscire alla spicciolata da [*building*].
■ **trickle away** [*water*] uscire a gocce; [*people*] uscire alla spicciolata.
■ **trickle back** [*people*] ritornare alla spicciolata (**to** a).
■ **trickle in** [*people*] arrivare alla spicciolata.
■ **trickle out** [*information, rumours*] trapelare.
trickle charger /ˈtrɪklˌtʃɑːdʒə(r)/ n. caricabatteria m.
trickle down theory /ˌtrɪklˈdaʊnˌθɪərɪ/ n. ECON. = teoria secondo cui la ricchezza accumulata da pochi avrà effetti positivi anche sugli strati sociali meno abbienti aumentando il benessere sociale della collettività.
tricklet /ˈtrɪklɪt/ n. rivolo m., ruscelletto m.
trickly /ˈtrɪklɪ/ agg. gocciolante.
trick or treat /ˌtrɪkɔːˈtriːt/ n. = frase pronunciata dai bambini che bussano alle porte dei vicini il giorno di Halloween; ***"~!"*** "dolcetto o scherzetto!"
trick question /ˈtrɪkˌkwestʃən/ n. domanda f. trabocchetto.
trickster /ˈtrɪkstə(r)/ n. imbroglione m. (-a), truffatore m. (-trice).
tricksy /ˈtrɪksɪ/ agg. *(playful)* burlone, scherzoso.
▷ **tricky** /ˈtrɪkɪ/ agg. **1** [*decision, business, job, task*] difficile, complicato (**for** per); [*problem, question*] spinoso, scabroso; [*situation*] delicato; ***it is ~ to do*** è complicato da fare; ***to be ~ to operate, produce*** essere complesso da far funzionare, da produrre **2** *(sly, wily)* astuto, scaltro.
triclinia /traɪˈklɪnɪə/ → **triclinium**.
triclinic /traɪˈklɪnɪk/ agg. MINER. triclino.
triclinium /traɪˈklɪnɪəm/ n. (pl. **-ia**) STOR. triclinio m.
tricolour BE, **tricolor** AE /ˈtrɪkələ(r), AE ˈtraɪkʌlə(r)/ n. tricolore m.; ***the ~*** la bandiera tricolore (francese).
tricoloured BE, **tricolored** AE /ˈtrɪkələd, AE ˈtraɪkʌləd/ agg. tricolore, a tre colori.
tricorne /ˈtraɪkɔːn/ n. *(hat)* tricorno m.
tricot /ˈtrɪkəʊ, ˈtriː-/ n. TESS. tricot m.
trictrac /ˈtrɪktræk/ ➧ *10* n. GIOC. tric trac m., tavola f. reale.
tricuspid /traɪˈkʌspɪd/ agg. ANAT. tricuspide.
1.tricycle /ˈtraɪsɪkl/ n. *(cycle)* triciclo m.
2.tricycle /ˈtraɪsɪkl/ intr. andare in triciclo.
trident /ˈtraɪdnt/ n. tridente m.
Trident /ˈtraɪdnt/ **I** n. MIL. Trident m. **II** modif. [*missile, submarine*] Trident.
tridental /traɪˈdentl/ agg. tridentato, che ha tre punte.
tridentate /traɪˈdenteɪt/ agg. BOT. tridentato.
Tridentine /traɪˈdentaɪn/ **I** agg. tridentino **II** n. RELIG. cattolico m. (-a).
tridimensional /ˌtraɪdɪˈmenʃənl/ agg. tridimensionale.
triduum /ˈtraɪdjʊəm/ n. RELIG. triduo m.
▷ **tried** /traɪd/ **I** p.pass. → **2.try** **II** agg. ***a ~ and tested remedy, method*** un rimedio, metodo ben sperimentato.
triennia /traɪˈenɪə/ → **triennium**.
triennial /traɪˈenɪəl/ **I** agg. [*festival*] triennale **II** n. evento m. triennale.
triennially /traɪˈenɪəlɪ/ avv. triennalmente.
triennium /traɪˈenɪəm/ n. (pl. **~s**, **-ia**) triennio m.
trier /ˈtraɪə(r)/ n. COLLOQ. ***to be a ~*** non darsi per vinto.
trierarch /ˈtraɪərɑːk/ n. STOR. trierarca m.
trierarchy /ˈtraɪərɑːkɪ/ n. STOR. trierarchia f.
Triestine /triːˈestiːn/ **I** agg. triestino **II** n. triestino m. (-a).
trifid /ˈtraɪfɪd/ agg. BOT. trifido.
1.trifle /ˈtraɪfl/ n. **1** ***a ~*** *(slightly)* leggermente, un po'; ***a ~ dull, long*** leggermente noioso, lungo; ***a ~ breathlessly*** in modo un po' affannoso; ***to speed up, slow down a ~*** accelerare, rallentare un po' **2** *(triviality) (gift)* cosetta f. (da niente), sciocchezza f.; *(money)* inezia f.; *(matter, problem)* quisquilia f., bazzecola f.; ***to waste time on ~s*** perdere tempo in sciocchezze **3** BE GASTR. zuppa f. inglese.
2.trifle /ˈtraɪfl/ intr. ***to ~ with*** scherzare con [*feelings, affections*]; ***to ~ with sb.*** prendersi gioco di qcn.; ***she's not someone to be ~d with!*** non è una con cui scherzare! con lei non si scherza!
trifler /ˈtraɪflə(r)/ n. *(frivolous person)* persona f. frivola; *(timewaster)* perditempo m. e f., perdigiorno m. e f.
trifling /ˈtraɪflɪŋ/ agg. [*sum, cost*] irrisorio, insignificante; [*detail, concern*] trascurabile; [*error*] irrilevante; ***~ matters*** sciocchezze.
triflingly /ˈtraɪflɪŋ/ avv. in modo insignificante, in modo trascurabile.
triflingness /ˈtraɪflɪŋnɪs/ n. (l')essere insignificante, trascurabilità f.
trifocal /traɪˈfəʊkl/ **I** agg. [*lens*] trifocale **II** **trifocals** n.pl. occhiali m. con lenti trifocali.
trifoliate /traɪˈfəʊlɪət/ agg. BOT. trifogliato.
trifolium /trɪˈfəʊlɪəm, traɪ-/ n. trifoglio m.
triforium /traɪˈfɔːrɪəm/ n. (pl. **-ia**) triforio m.
triform /ˈtraɪfɔːm/ agg. che ha tre parti.
1.trig /trɪg/ agg. ANT. **1** *(trim)* lindo **2** *(spruce)* [*person*] elegante, azzimato.
2.trig /trɪg/ tr. (forma in -ing ecc. **-gg-**) ANT. **1** *(make trim)* mettere in ordine **2** *(dress sprucely)* azzimare, agghindare [*person*]
3.trig /trɪg/ n. *(wedge)* calzatoia f.

4.trig /trɪg/ tr. (forma in -ing ecc. **-gg-**) fermare con una calzatoia [*wheel*].
5.trig /trɪg/ n. SCOL. COLLOQ. (accorc. trigonometry) trigonometria f.
trigeminal /traɪˈdʒemɪnl/ **I** agg. [*nerve*] trigemino **II** n. (nervo) trigemino m.
trigeminus /traɪˈdʒemɪnəs/ n. nervo m. trigemino.
1.trigger /ˈtrɪgə(r)/ n. **1** *(on gun)* grilletto m.; ***to pull*** o ***squeeze the ~*** premere il grilletto **2** *(starting mechanism) (on machine)* levetta f. **3** FIG. ***to act as*** o ***to be the ~ for sth.*** essere l'innesco di qcs., innescare *o* scatenare qcs.
2.trigger /ˈtrɪgə(r)/ tr. → **trigger off**.
▪ **trigger off** FIG. **~ *off [sth.]*** innescare, scatenare.
trigger-happy /ˈtrɪgəhæpɪ/ agg. COLLOQ. **1** dal grilletto facile; ***to be ~*** avere il grilletto facile **2** FIG. impulsivo, precipitoso.
triglyceride /traiˈglɪsəraɪd/ n. trigliceride m.
triglyph /ˈtraɪglɪf/ n. ARCH. triglifo m.
triglyphic(al) /traiˈglɪfɪk(l)/ agg. *(of a triglyph)* di triglifo; *(decorated with triglyphs)* decorato con triglifi.
trigon /ˈtraɪgɒn/ n. **1** ASTROL. MUS. trigono m. **2** MAT. ANT. triangolo m.
trigonal /ˈtraɪgɒnl/ agg. **1** MAT. trigono, triangolare **2** MINER. trigonale.
trigone /ˈtraɪgəʊn/ n. ANAT. trigono m.
trigonometrical /ˌtrɪgənəˈmetrɪkl/ agg. trigonometrico.
trigonometry /ˌtrɪgəˈnɒmətrɪ/ n. trigonometria f.
trigram /ˈtraɪgræm/, **trigraph** /ˈtraɪgrɑːf, AE -græf/ n. trigramma m.
trihedral /traɪˈhiːdrəl/ agg. triedrico.
trihedron /traɪˈhiːdrən, -ˈhedrən, AE -drɒn/ n. (pl. **-a, ~s**) triedro m.
trike /traɪk/ n. COLLOQ. triciclo m.
trilateral /ˌtraɪˈlætərəl/ agg. trilatero, trilaterale.
trilby /ˈtrɪlbɪ/ n. BE = morbido cappello di feltro.
trilinear /traɪˈlɪnɪə(r)/ agg. trilineare.
trilingual /ˌtraɪˈlɪŋgwəl/ agg. trilingue.
trilith /ˈtraɪlɪθ/ n. trilite m.
trilithic /ˌtraɪˈlɪθɪk/ agg. trilitico.
trilithon /ˈtraɪlɪθən/ n. trilite m.
1.trill /trɪl/ n. **1** MUS. trillo m. **2** LING. consonante f. arrotata.
2.trill /trɪl/ **I** tr. **1** MUS. cantare con un trillo [*note*] **2** LING. arrotare [*consonant*] **II** intr. trillare.
trilling /ˈtrɪlɪŋ/ n. MINER. = cristallo composto da tre elementi.
trillion /ˈtrɪlɪən/ n. **1** BE *(a million million million)* quintilione m. **2** AE *(a million million)* trilione m.
trillionth /ˈtrɪlɪənθ/ **I** agg. **1** BE *(one million million millionth)* = ultimo della serie di un quintilione **2** AE *(one million millionth)* trilionesimo **II** n. **1** BE *(a million million millionth)* = ciascuna di un quintilione di parti uguali **2** AE *(a million millionth)* trilionesimo m.
trilobate /trʌɪˈləʊbeɪt/, **trilobed** /ˈtraɪləʊbd/ agg. trilobato.
trilobite /ˈtraɪləbaɪt/ n. trilobite f.
trilogy /ˈtrɪlədʒɪ/ n. trilogia f.
▷ **1.trim** /trɪm/ **I** n. **1** *(cut) (of hair)* taglio m., spuntata f.; *(of hedge)* spuntata f., potatura f.; ***to have a ~*** tagliarsi i capelli; ***to give sb.*** o ***sb.'s hair a ~*** spuntare i capelli a qcn.; ***to give one's beard a ~*** dare *o* darsi una spuntata alla barba; ***to give the lawn a ~*** tosare l'erba del prato; ***the hedge needs a ~*** la siepe ha bisogno di essere potata **2** *(good condition)* ***to be in (good) ~*** essere in (buona) forma; ***to keep oneself in ~*** mantenersi in forma; ***to get the garden in ~*** mettere in ordine il giardino **3** *(border) (on clothing)* bordo m., bordura f.; *(of braid)* gallone m.; *(on woodwork, furniture)* modanatura f., listello m.; *(on work surface)* bordo m.; *(on soft furnishings)* passamaneria f. **4** AUT. finiture f.pl.; ***exterior ~*** rivestimento esterno; ***interior ~*** interni; ***side ~*** banda (decorativa) laterale **5** MAR. *(of ship)* assetto m.; *(of sails)* orientamento m.; ***to be out of ~*** essere fuori assetto **II** agg. **1** *(neat)* [*appearance, person*] curato, ordinato; [*garden*] ordinato, ben tenuto; [*boat*] in buon assetto; [*house*] ordinato, pulito, lindo; [*outline*] preciso; ***to be neat and ~*** essere curato, in ordine **2** *(slender)* [*figure*] slanciato, snello; [*waist*] sottile.
▷ **2.trim** /trɪm/ tr. (forma in -ing ecc. **-mm-**) **1** *(cut)* tagliare [*branch, hair, grass, material, paper*]; spuntare, accorciare [*beard, moustache*]; potare, rifilare [*hedge*]; tosare [*lawn*]; rifilare [*page*]; tagliare [*wood*]; ***to ~ (the wick of) a lamp*** smoccolare un lume **2** *(reduce)* ridurre [*budget, expenditure, workforce*] (**by** di); tagliare, abbreviare [*article, speech*] (**by** di); ***to ~ 5% off the budget*** ridurre il budget del 5% **3** GASTR. sgrassare [*meat*]; pulire [*fish*]; pulire, preparare [*vegetable*] **4** *(decorate)* decorare, addobbare [*tree, furniture*] (**in** con; **with** con); bordare, guarnire [*dress, curtain, handkerchief*] (**with** con) **5** MAR. regolare l'assetto di [*ship*]; orientare [*sails*] **6** *(modify)* rivedere [*opinion, utterances*].
▪ **trim away: ~ *away [sth.]*, ~ *[sth.] away*** tagliare [*hair, fabric, branches*]; eliminare [*fat*].
▪ **trim down: ~ *down [sth.]*** ridurre, tagliare [*budget, spending*]; ridimensionare [*workforce, estimate, plans*].
▪ **trim off** → **trim away**.
trimaran /ˈtraɪməræn/ n. trimarano m.
trimester /traɪˈmestə(r)/ n. AE trimestre m.
trimestrial /traɪˈmestrɪəl/ agg. trimestrale.
trimeter /ˈtrɪmɪtə(r), ˈtraɪ-/ n. trimetro m.
trimmer /ˈtrɪmə(r)/ n. **1** *(cutting tool) (for hedges)* tosasiepi m.; *(for hair)* tosatrice f., macchinetta f.; *(for lawn)* tosaerba m., tagliaerba m.; *(for carpets)* = macchina per rifilare le frange; *(for timber)* segatrice f. **2** ELETTRON. compensatore m. **3** ING. travetto m. di sostegno **4** *(expedient person)* opportunista m. e f., voltagabbana m. e f. **5** TIP. taglierina f.
trimming /ˈtrɪmɪŋ/ **I** n. *(on clothing)* guarnizione f.; *(on soft furnishings)* passamaneria f. **II trimmings** n.pl. **1** GASTR. guarnizione f.sing., contorno m.sing.; ***with all the ~s*** con contorni e guarnizioni **2** COLLOQ. *(extra items)* ***the basic car without the ~s*** il modello base *o* l'auto di serie senza accessori; ***a church wedding with all the ~s*** un matrimonio in chiesa con tutti gli annessi e connessi **3** *(offcuts) (of pastry)* avanzi m.; *(of fish, meat)* scarti m.; *(of fabric)* ritagli m.
trimness /ˈtrɪmnɪs/ n. **1** *(neatness) (of person)* ordine m., aspetto m. curato; *(of house)* ordine m., pulizia f.; *(of boat)* buon assetto m. **2** *(slimness)* snellezza f.
trimorphism /traɪˈmɔːfɪzəm/ n. MINER. trimorfismo m.
trim size /ˈtrɪmsaɪz/ n. TIP. formato m. del libro rifilato.
trinal /ˈtraɪnl/ agg. *(threefold)* trino, triplice.
trinary /ˈtraɪnərɪ/ agg. *(threefold)* triplo, triplice; *(ternary)* ternario.
trine /traɪn/ **I** agg. *(threefold)* trino, triplice **II** n. *(triad)* triade f.
tringle /ˈtrɪŋgl/ n. **1** *(rod)* bacchetta f. (per le tende) **2** ARCH. listello m.
Trinidad /ˈtrɪnɪdæd/ ◆ ***12*** n.pr. Trinidad f.
Trinidad and Tobago /ˌtrɪnɪdædəntəˈbeɪgəʊ/ ◆ ***6*** n.pr. Trinidad e Tobago m.
Trinidadian /ˌtrɪnɪˈdædɪən/ ◆ ***18*** **I** agg. di Trinidad **II** n. nativo m. (-a), abitante m. e f. di Trinidad.
Trinitarian /trɪnɪˈteərɪən/ **I** agg. trinitario **II** n. trinitario m.
Trinitarianism /trɪnɪˈteərɪənɪzəm/ n. trinitarismo m.
trinitroglycerin /traɪˌnaɪtrəˈglɪsəriːn, AE -rɪn/ n. trinitroglicerina f.
trinitrotoluene /traɪˌnaɪtrəˈtɒljʊiːn/ n. trinitrotoluene m., tritolo m.
▷ **trinity** /ˈtrɪnətɪ/ n. *(group of three)* terzetto m.
Trinity /ˈtrɪnətɪ/ n. ***the ~*** la Trinità; ***the Holy ~*** o ***Blessed ~*** la Santissima Trinità.
Trinity Sunday /ˈtrɪnətɪˌsʌndeɪ, -ˌsʌndɪ/ n. domenica f. della Santissima Trinità.
Trinity term /ˈtrɪnətɪˌtɜːm/ n. BE UNIV. = il terzo trimestre dell'anno accademico.
trinket /ˈtrɪŋkɪt/ n. ciondolo m., gingillo m., ninnolo m.
trinketry /ˈtrɪŋkɪtrɪ/ n. **U** ciondoli m.pl., gingilli m.pl., ninnoli m.pl.
trinomial /traɪˈnəʊmɪəl/ **I** agg. MAT. trinomiale, trinomio **II** n. MAT. trinomio m.
▷ **trio** /ˈtriːəʊ/ n. (pl. **~s**) *(all contexts)* trio m. (**of** di); ***piano, jazz ~*** trio per pianoforte, trio di jazz.
triode /ˈtraɪəʊd/ n. triodo m.
triolet /ˈtriːəlɪt/ n. LETTER. = componimento di otto versi.
Triones /traɪˈəʊniːz/ n.pl. trioni m.
triose /ˈtraɪəʊz/ n. triosio m.
trioxide /traɪˈɒksaɪd/ n. triossido m.
▶ **1.trip** /trɪp/ n. **1** *(journey) (abroad)* viaggio m.; *(excursion)* gita f., escursione f.; ***to go on*** o ***take a ~*** fare un viaggio *o* una gita; ***a ~ to Greece*** un viaggio in Grecia; ***a ~ to the seaside*** una gita al mare; ***business ~*** viaggio d'affari; ***boat ~*** gita in barca; ***to be away on a ~*** essere in viaggio; ***a 12 day, 200 km ~*** un viaggio di 12 giorni, 200 km; ***we did the ~ in five hours*** abbiamo percorso il tragitto in cinque ore; ***it's only a short ~ into London*** non occorre fare molta strada per arrivare a Londra; ***it's a two hour ~ from here*** è a due ore di viaggio da qui **2** *(visit)* visita f.; ***a ~ to the toilet, bar*** un salto in bagno, al bar; ***to make a ~ into town*** fare una puntata in città; ***to make three ~s a week to London*** andare a Londra tre volte alla settimana **3** ELETTRON. dispositivo m. di scatto **4** COLLOQ. *(in drug addicts' slang)* trip m., viaggio m.; ***to have a good, bad ~*** farsi un bel trip, farsi un trip allucinante; ***an acid ~*** un trip di acido.
▶ **2.trip** /trɪp/ **I** tr. (forma in -ing ecc. **-pp-**) **1** *(cause to stumble)* fare inciampare, fare incespicare [*person*]; *(with foot)* fare lo sgambetto a [*person*] **2** ELETTRON. [*person*] azionare [*switch*]; [*power surge*] fare scattare [*circuit breaker*] **II** intr. (forma in -ing ecc. **-pp-**)

1 *(stumble)* inciampare, incespicare; ***to ~ on*** o ***over*** inciampare *o* incespicare in [*step, rock, hem, scarf, rope*]; ***to ~ over one's own feet*** inciampare; ***you can't move in here without ~ping over a celebrity*** qui non ci si può muovere senza imbattersi in un personaggio celebre 2 *(move jauntily)* ***to ~ along*** [*child*] sgambettare, trotterellare; [*adult*] camminare con passo leggero; ***to ~ into, out of the room*** entrare nella stanza, uscire dalla stanza saltellando 3 COLLOQ. *(in drug addicts' slang)* farsi un trip.

- **trip over:** *~ over* inciampare, incespicare; *~ [sb.] over* fare inciampare; *(with one's foot)* fare lo sgambetto a.
- **trip out** COLLOQ. farsi un trip.
- **trip up:** *~ up* 1 *(stumble)* inciampare, incespicare 2 *(make an error)* fare un passo falso; *~ [sb.] up*, *~ up [sb.]* 1 *(cause to stumble)* fare inciampare, fare incespicare; *(with foot)* fare lo sgambetto a 2 *(catch out)* fare cadere in contraddizione [*witness*]; cogliere in fallo [*candidate*].

tripartite /ˌtraɪˈpɑːtaɪt/ agg. 1 [*agreement, alliance, system*] tripartitico 2 [*document, study*] tripartito, in tre parti.

tripartition /trʌɪpɑːˈtɪʃn/ n. tripartizione f.

tripe /traɪp/ n. U 1 GASTR. trippa f. 2 COLLOQ. *(nonsense)* sciocchezze f.pl.

tripetalous /traɪˈpetələs/ agg. tripetalo.

trip-hammer /ˈtrɪpˌhæmə(r)/ n. MECC. maglio m.

triphase /ˈtraɪfeɪz/ agg. trifasico, trifase.

triphthong /ˈtrɪfθɒŋ/ n. trittongo m.

triplane /ˈtraɪpleɪn/ n. triplano m.

▷ **1.triple** /ˈtrɪpl/ **I** agg. 1 triplo, triplice 2 MUS. ***in ~ time*** a ritmo ternario **II** n. triplo m.

▷ **2.triple** /ˈtrɪpl/ **I** tr. triplicare **II** intr. triplicare, triplicarsi; ***to ~ in volume, value*** triplicare di volume, di valore; ***to ~ in height, width*** triplicare l'altezza, la larghezza; ***to ~ in size*** [*town*] triplicare le proprie dimensioni; [*heap, swelling*] diventare tre volte più grosso.

triple A /ˌtrɪplˈeɪ/ n. AE AUT. (⇒ American Automobile Association) = associazione automobilistica americana corrispondente all'ACI italiana.

Triple Alliance /ˈtrɪpləˌlaɪəns/ n. ***the ~*** la Triplice Alleanza.

triple jump /ˈtrɪplˌdʒʌmp/ n. salto m. triplo.

triple jumper /ˈtrɪplˌdʒʌmpə(r)/ n. triplista m. e f.

triple somersault /ˈtrɪplˌsʌməsɒlt/ n. triplo salto m. mortale.

triplet /ˈtrɪplɪt/ n. 1 *(child)* gemello m. di parto trigemino; ***a set of ~s*** tre gemelli 2 LETTER. MUS. terzina f.

Triplex® /ˈtrɪpleks/ n. cristallo m. laminato.

1.triplicate /ˈtrɪplɪkət/: **in ~** in triplice copia.

2.triplicate /ˈtrɪplɪkeɪt/ tr. triplicare.

triplication /trɪplɪˈkeɪʃn/ n. triplicazione f.

triploid /ˈtrɪplɔɪd/ agg. triploide.

triply /ˈtrɪplɪ/ avv. triplicemente.

trip meter /ˈtrɪpmiːtə(r)/ n. AUT. contachilometri m. parziale.

tripod /ˈtraɪpɒd/ n. FOT. treppiede m., cavalletto m.

tripoli /ˈtrɪpəlɪ/ n. tripoli m., farina f. fossile.

tripos /ˈtraɪpɒs/ n. *(at Cambridge University)* = esame finale per il conseguimento di un honours degree.

tripper /ˈtrɪpə(r)/ n. escursionista m. e f., gitante m. e f.

trip switch /ˈtrɪpswɪtʃ/ n. ELETTRON. interruttore m. di sicurezza.

triptych /ˈtrɪptɪk/ n. trittico m.

trip wire /ˈtrɪpwaɪə(r)/ n. = filo che aziona una trappola, un esplosivo ecc. quando viene calpestato.

trireme /ˈtraɪriːm/ n. trireme f.

trisaccharide /traɪˈsækəraɪd/ n. trisaccaride m.

trisect /traɪˈsekt/ tr. 1 tripartire 2 MAT. trisecare.

trisection /traɪˈsekʃn/ n. 1 tripartizione f. 2 MAT. trisezione f.

trisector /traɪˈsektə(r)/ n. = persona o cosa che divide in tre parti.

trisectrix /traɪˈsektrɪks/ n. (pl. **-ices**) trisettrice f.

trismus /ˈtrɪzməs/ n. trisma m.

trisomic /traɪˈsəʊmɪk/ agg. trisomico.

trisomy /ˈtraɪsəmɪ/ n. trisomia f.

Tristan /ˈtrɪstən/, **Tristram** /ˈtrɪstrəm/ n.pr. Tristano.

trisyllabic /ˌtraɪsɪˈlæbɪk/ agg. [*word*] trisillabo; *(in prosody)* [*foot, line*] trisillabo.

trisyllable /ˌtraɪˈsɪləbl/ n. trisillabo m.

trite /traɪt/ agg. trito, banale; ***~ comments*** commenti banali.

tritely /ˈtraɪtlɪ/ avv. tritamente, banalmente.

triteness /ˈtraɪtnɪs/ n. banalità f.

tritheism /ˈtraɪθɪɪzəm/ n. triteismo m.

tritheist /ˈtraɪθɪɪst/ n. triteista m. e f.

tritiated /ˈtrɪtɪeɪtɪd/ agg. triziato.

tritium /ˈtrɪtɪəm/ n. trizio m.

triton /ˈtraɪtn/ n. *(mollusc, newt)* tritone m.

Triton /ˈtraɪtn/ n.pr. MITOL. Tritone.

tritone /ˈtraɪtəʊn/ n. MUS. tritono m.

triturable /ˈtrɪtjʊrəbl/ agg. triturabile.

triturate /ˈtrɪtjʊreɪt/ tr. triturare.

trituration /ˌtrɪtjʊˈreɪʃn/ n. 1 *(action)* triturazione f. 2 FARM. = preparazione a base di sostanze polverizzate e lattosio.

triturator /ˈtrɪtjʊreɪtə(r)/ n. trituratore m.

▷ **1.triumph** /ˈtraɪʌmf/ n. 1 U *(satisfaction)* trionfo m.; ***in ~*** in trionfo; ***an air of ~*** un'aria trionfante 2 *(victory)* trionfo m., vittoria f. (**over** su; **of** di; **for** per) 3 *(Roman ceremony)* trionfo m.

▷ **2.triumph** /ˈtraɪʌmf/ intr. trionfare (**over** su).

triumphal /traɪˈʌmfl/ agg. [*entry, tour, procession*] trionfale; ***~ arch*** arco di trionfo.

triumphalism /traɪˈʌmfəlɪzəm/ n. trionfalismo m.

triumphalist /traɪˈʌmfəlɪst/ n. trionfalista m. e f.

triumphant /traɪˈʌmfnt/ agg. [*person, team*] trionfante, vittorioso; [*expression*] trionfante, esultante; [*return, production, success, summit*] trionfale; ***to feel ~*** esultare, tripudiare; ***to return ~*** tornare in trionfo.

triumphantly /traɪˈʌmfntlɪ/ avv. [*declare, affirm, march, return*] trionfalmente; [*stride*] in modo gongolante; [*say*] con voce trionfante.

triumpher /ˈtraɪʌmfə(r)/ n. trionfatore m. (-trice).

triumvir /traɪˈʌmvə(r)/ n. (pl. **~s, ~i**) triumviro m.

triumvirate /traɪˈʌmvɪrət/ n. triumvirato m.

triumviri /traɪˈʌmvɪraɪ/ → **triumvir**.

triune /ˈtraɪjuːn/ agg. uno e trino.

trivalence /traɪˈveɪləns/ n. trivalenza f.

trivalent /traɪˈveɪlənt/ agg. trivalente.

trivalve /ˈtraɪvælv/ agg. trivalve.

trivet /ˈtrɪvɪt/ n. *(at fire)* treppiede m.; *(on table)* sottopentola m. ◆ ***to be as right as a ~*** essere in perfetta forma.

trivia /ˈtrɪvɪə/ n.pl. + verbo sing. o pl. 1 *(irrelevancies)* sciocchezze f., banalità f. 2 *(unusual facts)* stranezze f.

▷ **trivial** /ˈtrɪvɪəl/ agg. 1 *(unimportant)* [*matter, scale, film*] insignificante; [*error, offence*] irrilevante, trascurabile 2 *(of no interest)* [*conversation, argument, person*] banale, futile.

triviality /ˌtrɪvɪˈælətɪ/ n. 1 *(banality)* banalità f., futilità f. 2 *(irrelevance)* irrilevanza f., trascurabilità f.; ***to waste time on trivialities*** perdere tempo con cose insignificanti.

trivialization /ˌtrɪvɪəlaɪˈzeɪʃn, AE -lɪˈz-/ n. banalizzazione f.

trivialize /ˈtrɪvɪəlaɪz/ tr. banalizzare [*debate, comparison*]; rendere insignificante [*role, art*].

trivially /ˈtrɪvɪəlɪ/ avv. banalmente, futilmente.

trivialness /ˈtrɪvɪəlnɪs/ n. RAR. → **triviality**.

Trivial Pursuit® /ˌtrɪvɪəlpəˈsjuːt, AE -ˈsuːt/ n. Trivial Pursuit® m.

trivia quiz /ˈtrɪvɪəˌkwɪz/ n. = domande di cultura generale su giornali, riviste, in televisione.

trivium /ˈtrɪvɪəm/ n. STOR. trivio m.

triweekly /ˌtraɪˈwiːklɪ/ **I** agg. ***his ~ visits*** *(in one week)* le visite che fa tre volte a settimana; *(every three weeks)* le visite che fa ogni tre settimane **II** avv. *(in one week)* tre volte a settimana; *(every three weeks)* ogni tre settimane.

Trix /trɪks/, **Trixie** /ˈtrɪksɪ/ n.pr. diminutivo di **Beatrice** e **Beatrix**.

trizonal /traɪˈzəʊnl/ agg. di tre zone, relativo a tre zone.

trocar /ˈtrəʊkɑː(r)/ n. MED. trequarti m.

trochaic /trəʊˈkeɪɪk/ agg. trocaico.

trochal /ˈtrəʊkl/ agg. ZOOL. a forma di ruota.

trochanter /trəˈkantə(r)/ n. trocantere m.

troche /ˈtrəʊkiː, trəʊʃ/ n. compressa f., pastiglia f.

trochee /ˈtrəʊkiː, -kɪ/ n. trocheo m.

1.trochilus /ˈtrɒkɪləs/ n. (pl. **-i**) ARCH. trochilo m., scozia f.

2.trochilus /ˈtrɒkɪləs/ n. (pl. **-i**) ZOOL. guardiano m. dei coccodrilli.

trochlea /ˈtrɒklɪə/ n. (pl. **-ae**) ANAT. troclea f.

trochlear /ˈtrɒklɪə(r)/ agg. trocleare.

trochoid /ˈtrəʊkɔɪd/ n. trocoide f.

trod /trɒd/ pass. → **2.tread**.

trodden /ˈtrɒdn/ p.pass. → **2.tread**.

troglodyte /ˈtrɒglədaɪt/ n. troglodita m. e f.

trogodytic(al) /trɒgləˈdɪtɪk(l)/ agg. trogloditico.

troglodytism /ˈtrɒglədaɪtɪzəm/ n. trogloditismo m.

troika /ˈtrɔɪkə/ n. trojka f. (anche POL.).

Troilus /ˈtrɔɪləs, ˈtrəʊɪləs/ n.pr. Troilo.

1.Trojan /ˈtrəʊdʒən/ **I** agg. troiano; ***the ~ War*** la guerra di Troia **II** n. STOR. troiano m. (-a) ◆ ***to work like a ~*** BE lavorare come un forsennato.

2.Trojan® /ˈtrəʊdʒən/ n. AE *(condom)* preservativo m.

Trojan horse /ˌtrəʊdʒənˈhɔːs/ n. 1 STOR. cavallo m. di Troia 2 INFORM. cavallo m. di Troia.

1.troll /trəʊl/ n. **1** PESC. pesca f. alla traina **2** PESC. *(bait)* esca f. alla traina **3** *(roll)* giro m., rotazione f. **4** MUS. canone m.

2.troll /trəʊl/ **I** tr. **1** *(roll)* fare girare, fare ruotare **2** *(sing)* cantare a canone [*round*] **3** PESC. *(trail)* trascinare [*lure, bait*] **II** intr. **1** *(sing)* cantare a canone **2** PESC. pescare alla traina.

■ **troll along** COLLOQ. [*person*] fare una tirata (**to** fino a).

3.troll /trəʊl/ n. *(in Scandinavian mythology)* troll m.

trolley /ˈtrɒlɪ/ n. **1** BE *(on wheels)* carrello m.; ***dessert, drinks ~*** carrello dei dessert, delle bevande; ***food ~*** carrello portavivande; ***luggage ~*** carrello portabagagli **2** AE tram m. ◆ ***to be off one's ~*** COLLOQ. essere pazzo *o* fuori di testa.

trolley bus /ˈtrɒlɪbʌs/ n. trolleybus m., filobus m.

trolley car /ˈtrɒlɪkɑː(r)/ n. tram m.

trollop /ˈtrɒləp/ n. POP. SPREG. sgualdrina f.

trolly → **trolley**.

trombone /trɒmˈbəʊn/ ◗ ***17*** n. trombone m.

trombonist /trɒmˈbəʊnɪst/ ◗ ***17, 27*** n. trombonista m. e f.

trommel /ˈtrɒməl/ n. trommel m. (sfangatore).

tromp /trɒmp/ tr. e intr. AE → **2.tramp**.

trompe /trɒmp/ n. *(in a furnace)* tromba f. ad acqua.

1.troop /truːp/ **I** n. **1** MIL. truppa f. **2** *(group)* truppa f., frotta f. **3** *(of animals)* branco m. **II troops** n.pl. MIL. *(collectively)* truppe f.; *(individual soldiers)* soldati m.; ***nine ~s killed*** uccisi nove soldati. **III** modif. [*movements*] delle truppe; [*train, plane*] per il trasporto delle truppe.

2.troop /truːp/ **I** tr. ***to ~ the colour*** BE = fare sfilare la bandiera del reggimento davanti ai soldati in marcia **II** intr. ***to ~ in, out, off*** entrare, uscire, partire in gruppo; ***to ~ over to*** o ***towards sth.*** dirigersi in massa verso qcs.

troop carrier /ˈtruːpˌkærɪə(r)/ n. veicolo m., aereo m. per il trasporto di truppe.

trooper /ˈtruːpə(r)/ n. **1** MIL. soldato m. di cavalleria **2** AE *(policeman)* poliziotto m., agente m. di polizia **3** *(paratrooper)* paracadutista m., parà m. ◆ ***to swear like a ~*** bestemmiare come un turco.

trooping /ˈtruːpɪŋ/ n. ***the Trooping of the Colour*** GB = parata militare svolta nel giorno del genetliaco del sovrano.

troopship /ˈtruːpʃɪp/ n. nave f. per il trasporto di truppe.

troop-train /ˈtruːptreɪn/ n. tradotta f.

tropaeolum /trəʊˈpiːələm/ n. tropeolo m., cappuccina f.

trope /trəʊp/ n. tropo m.

trophic /ˈtrɒfɪk/ agg. trofico.

trophied /ˈtrəʊfɪd/ agg. decorato con trofei.

trophism /ˈtrɒfɪzəm/ n. trofismo m.

trophoblast /ˈtrɒfəʊblæst/ n. trofoblasto m.

▷ **trophy** /ˈtrəʊfɪ/ n. trofeo m. (anche FIG.).

trophy wife /ˈtrəʊfɪˌwaɪf/ n. (pl. **trophy wives**) = moglie giovane e attraente da esibire.

tropic /ˈtrɒpɪk/ n. tropico m.; ***the ~ of Cancer, of Capricorn*** il tropico del Cancro, del Capricorno; ***in the ~s*** ai tropici.

▷ **tropical** /ˈtrɒpɪkl/ agg. tropicale.

tropic bird /ˈtrɒpɪkˌbɜːd/ n. fetonte m.

tropine /ˈtrəʊpiːn/ n. CHIM. tropina f.

tropism /ˈtrəʊpɪzəm/ n. tropismo m.

tropological /trɒpəˈlɒdʒɪkl/ agg. tropologico

tropology /trəˈpɒlədʒɪ/ n. tropologia f.

tropopause /ˈtrɒpəpɔːz/ n. tropopausa f.

troposphere /ˈtrɒpəsfɪə(r), AE ˈtrəʊ-/ n. troposfera f.

▷ **1.trot** /trɒt/ **I** n. **1** *(of horse)* trotto m.; ***at a*** o ***the ~*** al trotto; ***to break into a ~*** [*animal*] mettersi al trotto; [*person*] mettersi a trottare; ***her children followed at a ~*** i suoi bambini trotterellavano dietro di lei; ***to have a ~ round the shops*** COLLOQ. fare un giro dei negozi **2** COLLOQ. *(run of luck)* ***to have*** o ***be on a good, bad ~*** essere in *o* attraversare un periodo di fortuna, sfortuna **3** AE SCOL. UNIV. COLLOQ. *(to cheat)* bigliettino m., fogliettino m.; *(to translate)* bigino m. **II the trots** n.pl. COLLOQ. la diarrea ◆ ***to be on the ~*** COLLOQ. essere sempre indaffarato, non fermarsi un attimo; ***to keep sb. on the ~*** COLLOQ. fare trottare *o* sgobbare qcn.; ***on the ~*** COLLOQ. *(one after the other)* uno dopo l'altro; *(continuously)* continuamente.

▷ **2.trot** /trɒt/ **I** tr. (forma in -ing ecc. **-tt-**) fare trottare, mettere al trotto [*horse*] **II** intr. (forma in -ing ecc. **-tt-**) **1** [*horse, animal, rider*] trottare; ***to ~ away, past*** andarsene al trotto, passare al trotto **2** [*person*] *(run, move briskly)* trottare, camminare velocemente; [*child*] trotterellare; [*woman in heels*] tacchettare; ***to ~ down the road*** percorrere la strada trottando; ***to ~ along, away*** correre via, andarsene in fretta; ***~ next door and borrow some tea!*** COLLOQ. corri dai vicini a chiedere in prestito del tè!

■ **trot out** COLLOQ. ***~ out [sth.]*** tirare fuori [*excuse, explanation, argument*].

Trot /trɒt/ n. COLLOQ. SPREG. (accorc. Trotskyist) trotzkista m. e f.

troth /trəʊθ, AE trɔːθ/ n. ANT. **1** *(oath)* parola f., promessa f. **2** *(fidelity)* lealtà f., fedeltà f.; ***by my ~!*** in fede mia!

Trotskyism /ˈtrɒtskɪɪzəm/ n. trotzkismo m.

Trotskyist /ˈtrɒtskɪɪst/ **I** agg. trotzkista **II** n. trotzkista m. e f.

Trotskyite /ˈtrɒtskɪaɪt/ **I** agg. SPREG. trotzkista **II** n. SPREG. trotzkista m. e f.

trotter /ˈtrɒtə(r)/ n. **1** *(of animal)* piede m., zampa f.; ***pig's, sheep's ~s*** zampetto di maiale, di montone **2** EQUIT. *(horse)* trottatore m.

trotting /ˈtrɒtɪŋ/ n. EQUIT. trotto m.; ***bred for ~*** allevato per il trotto.

trotting race /ˈtrɒtɪŋreɪs/ n. corsa f. al trotto.

troubadour /ˈtruːbədɔː(r), AE -dʊər/ n. trovatore m.

▶ **1.trouble** /ˈtrʌbl/ **I** n. **1 U** *(problems)* problemi m.pl., problema m., guai m.pl.; ***that's the ~*** questo è il problema; ***engine ~*** problemi meccanici; ***to cause*** o ***give sb. ~*** [*exam question*] mettere qcn. in difficoltà *o* dare dei problemi a qcn.; [*person*] dare delle noie a qcn.; ***his leg, car is giving him ~*** la gamba, la macchina gli sta dando dei problemi; ***this car has been nothing but ~*** questa macchina non mi ha dato che problemi; ***to get sb. into ~*** mettere qcn. nei guai *o* creare dei problemi a qcn.; ***to get*** o ***run into all sorts of ~*** [*person, business*] trovarsi a dovere affrontare ogni sorta di problemi; ***to make ~ for oneself*** crearsi dei problemi *o* attirarsi degli impicci; ***to be asking for ~*** andare in cerca di guai *o* cercare i guai col lanternino; ***the, my etc. ~ is that...*** il, il mio ecc. problema è che...; ***the ~ with you, them etc. is that...*** il tuo, loro ecc. guaio è che...; ***heart, kidney ~*** problemi cardiaci, renali; ***back ~*** noie alla schiena *o* mal di schiena; ***what's the ~?*** qual è il problema? che cosa c'è che non va? ***to have man*** o ***woman ~*** COLLOQ. avere problemi sentimentali *o* avere problemi con gli uomini, con le donne **2** *(difficulties)* *(specific)* difficoltà f.; difficoltà f.pl., guai m.pl.; ***without too much ~*** senza troppe difficoltà *o* troppi problemi; ***to be in*** o ***get into ~*** [*person*] essere *o* mettersi nei guai; [*company, business*] essere nei guai *o* avere delle difficoltà; [*climber, competitor*] trovarsi in difficoltà; ***to have ~ doing*** avere dei problemi *o* delle difficoltà a fare; ***you'll have no ~ finding a job*** non avrai problemi a trovare lavoro; ***to get out of ~*** togliersi *o* levarsi dai guai; ***to get sb. out of ~*** togliere qcn. dai pasticci *o* tirare fuori qcn. dai guai; ***to stay out of ~*** tenersi fuori dai guai; ***in times of ~*** in momenti difficili *o* di difficoltà **3** *(effort, inconvenience)* pena f.; ***it's not worth the ~*** non ne vale la pena; ***to take the ~ to do*** prendersi il disturbo *o* la briga di fare, darsi la pena di fare; ***to go to the ~ of doing*** darsi la pena di fare; ***to save sb., oneself the ~ of doing*** risparmiare a qcn., risparmiarsi il disturbo di fare; ***he put me to the ~ of doing*** per colpa sua sono stato costretto a fare; ***to go to a lot of ~*** prendersi molto disturbo; ***I don't want to put you to any ~*** non voglio arrecarle disturbo; ***it's no ~*** non è un problema; ***it's more ~ than it's worth*** il gioco non vale la candela *o* non ne vale la pena; ***not to be any ~*** [*child, animal task*] non dare problemi; ***all that ~ for nothing*** tanta fatica per nulla; ***it was a lot of ~*** ha dato parecchi problemi; ***it's less, more ~ to do it this way*** è meno, più complicato *o* dà meno, più problemi farlo così; ***nothing is too much ~ for him*** è sempre molto disponibile; ***leave it, it's too much ~*** lascia stare, è un fastidio troppo grosso; ***if it's too much ~, say so*** se ti dà troppi problemi, dimmelo; ***all the ~ and expense*** tutti i problemi e le spese **4** *(discord)* problemi m.pl., guai m.pl.; *(with personal involvement)* guai m.pl.; *(between groups)* conflitti m.pl.; *(disturbance)* disordini m.pl., incidenti m.pl.; *(reaction of displeasure)* disordini m.pl., sommosse f.pl.; ***to cause ~ between the two factions*** creare conflitti tra le due fazioni; ***I don't want any ~*** non voglio guai; ***there'll be ~*** ci saranno disordini *o* incidenti; ***to expect ~*** [*police, pub landlord*] aspettarsi incidenti; ***to be looking for ~*** [*agitator, thug*] andare in cerca di guai; ***to get into ~*** [*schoolchild, employee*] mettersi nei guai; ***to make ~*** combinare guai; ***it will lead to ~*** andrà a finire male; ***here comes ~!*** SCHERZ. guai in vista! ***he looks like ~*** COLLOQ. è un tipo pericoloso; ***to get into ~ with*** avere dei guai con [*police*]; avere dei problemi *o* delle noie con [*authorities, taxman*]; ***at the first sign of ~*** al minimo *o* primo segno di difficoltà; ***there's ~ brewing*** guai in vista **II troubles** n.pl. **1** *(worries)* preoccupazioni f., difficoltà f., problemi m.; ***to tell sb. one's ~s*** raccontare a qcn. i propri problemi; ***tell me your ~s*** dimmi cosa c'è che non va; ***your ~s are over*** le tue preoccupazioni sono finite; ***it's the least of my ~s*** è l'ultima delle mie preoccupazioni; ***money ~s*** problemi di soldi **2** ***the Troubles*** *(in Ireland)* = gli episodi di disordine e violenza nell'Irlanda del Nord ◆ ***to get a girl into ~*** EUFEM. inguaiare una ragazza *o* mettere nei guai una ragazza.

2.trouble /ˈtrʌbl/ **I** tr. **1** *(bother)* [*person*] disturbare, importunare, incomodare [*person*]; ***sorry to ~ you*** mi dispiace disturbarla; ***to ~ sb. for sth.*** disturbare qcn. per qcs.; ***may I ~ you for the butter?*** posso chiederle il burro? ***may*** o ***could I ~ you to do?*** potrei chiederle di fare? ***to ~ sb. with*** importunare, seccare qcn. con [*problem, question*]; ***I won't ~ you with the details*** ti risparmierò i dettagli; ***to ~ to do*** prendersi il disturbo *o* la briga di fare; ***don't ~ to knock will you?*** IRON. non si bussa? **2** *(worry)* preoccupare, affliggere [*person*]; tormentare [*mind*]; ***don't let that ~ you*** non farti tormentare da questo **3** *(harass)* [*person*] assillare, tormentare [*person*] **4** *(cause discomfort)* [*tooth, cough, leg*] tormentare [*person*]; ***to be ~d by*** essere tormentato da [*cough, pain*] **5** *(agitate)* LETT. [*breeze, wake*] agitare, muovere [*water*] **II** rifl. ***to ~ oneself to do*** prendersi il disturbo *o* la briga di fare; ***don't ~ yourself!*** IRON. non disturbarti!

▷ **troubled** /ˈtrʌbld/ **I** p.pass. → **2.trouble II** agg. **1** *(worried)* [*person, expression*] preoccupato, inquieto; [*mind*] preoccupato, turbato; ***to be ~ about*** essere preoccupato per [*problem, concern, future*]; ***to be ~ in spirit*** LETT. essere inquieto, turbato **2** *(disturbed)* [*sleep, times*] agitato; [*area*] tormentato; LETT. [*waters*] agitato **3** *(having problems)* [*company, economy*] in difficoltà; ***~ by*** tormentato da [*injury*].

troublefree /ˌtrʌblˈfriː/ agg. [*period, operation*] senza problemi; ***to be ~*** [*machine*] non avere problemi *o* funzionare senza problemi; [*meeting*] svolgersi senza problemi; ***the school has been ~ since...*** in questa scuola non ci sono più stati problemi da quando, dal...

troublemaker /ˈtrʌblˌmeɪkə(r)/ n. piantagrane m. e f., rompiscatole m. e f.

troubler /ˈtrʌblə(r)/ n. seccatore m. (-trice); disturbatore m. (-trice).

troubleshoot /ˈtrʌblʃuːt/ intr. (pass., p.pass. **-shot**) intervenire per localizzare e risolvere i problemi; TECN. localizzare un guasto.

troubleshooter /ˈtrʌblˌʃuːtə(r)/ n. *(dealing with people)* mediatore m. (-trice), paciere m. (-a); TECN. = tecnico specializzato nella localizzazione e riparazione di guasti; *(in business, industry)* consulente m. e f. (di gestione d'impresa).

troubleshooting /ˈtrʌblˌʃuːtɪŋ/ n. = ricerca e eliminazione dei guasti, dei problemi; ***to do some ~*** intervenire per localizzare e risolvere i problemi; ***hints for ~*** consigli in caso di guasto.

troubleshooting guide /ˈtrʌblʃuːtɪŋˌgaɪd/ n. manuale m. di riparazione in caso di guasti.

troublesome /ˈtrʌblsəm/ agg. [*person*] fastidioso, importuno, seccante; [*problem, objection*] fastidioso; [*aspect*] preoccupante; [*cough, pain*] fastidioso, noioso.

troublesomely /ˈtrʌblsəmlɪ/ avv. in modo fastidioso.

troublesomeness /ˈtrʌblsəmnɪsnɪs/ n. fastidio m., molestia f.

trouble spot /ˈtrʌblspɒt/ n. punto m. caldo.

troublous /ˈtrʌbləs/ agg. ANT. agitato, turbato.

trough /trɒf, AE trɔːf/ n. **1** *(for drinking)* abbeveratoio m.; *(for animal feed)* mangiatoia f.; *(for plants)* sottovaso m. **2** *(channel)* canale m., doccia f. **3** *(depression) (between waves)* ventre m., cavo m.; *(of hills)* avvallamento m., doccia f. valliva; *(on graph)* ventre m., minimo m.; ECON. (valore) minimo m.; ***to have peaks and ~s*** avere alti e bassi *o* avere fluttuazioni tra valori massimi e minimi **4** METEOR. ***~ of low pressure*** area di bassa pressione, depressione, saccatura ◆ ***to have one's snout in the ~*** avere la propria fetta di torta.

trounce /traʊns/ tr. COLLOQ. sconfiggere, travolgere [*team, competitor*].

trouncing /ˈtraʊnsɪŋ/ n. sconfitta f., batosta f.

troupe /truːp/ n. troupe f.

trouper /ˈtruːpə(r)/ n. TEATR. COLLOQ. ***an old ~*** un veterano, un artista con una lunga esperienza.

trouser press /ˈtraʊzəˌpres/ n. stiracalzoni m.

▷ **trousers** /ˈtraʊzəz/ ♦ ***28*** **I** n.pl. pantaloni m., calzoni m.; ***short ~*** pantaloncini; ***long ~*** pantaloni lunghi **II trouser** modif. [*belt, leg, pocket*] dei pantaloni; ***my ~ leg*** la gamba dei miei pantaloni ◆ ***to catch sb. with their ~ down*** *(by surprise)* cogliere qcn. di sorpresa; *(in the act)* cogliere qcn. sul fatto; ***to wear the ~*** BE portare i pantaloni.

trouser suit /ˈtraʊzəsuːt, -sjuːt/ n. BE tailleur m. pantalone.

trousseau /ˈtruːsəʊ/ n. (pl. **~s**, **~x**) corredo m. (da sposa).

▷ **1.trout** /traʊt/ **I** n. **1** (pl. ~) *(fish)* trota f. **2** BE SPREG. *(woman)* ***an old ~*** una vecchia megera **II** modif. [*fishing*] alla trota; [*farm, fisherman*] di trote; [*stream*] per la pesca delle trote.

2.trout /traʊt/ intr. pescare trote.

trout-coloured BE, **trout-colored** AE /ˈtraʊtˌkʌləd/ agg. [*horse*] dal mantello trotino.

troutlet /ˈtraʊtlɪt/, **troutling** /ˈtraʊtlɪŋ/ n. piccola trota f.

trove /trəʊv/ n. → **treasure trove**.

trouvère /truːˈveə(r)/ n. troviero m.

trover /ˈtrəʊvə(r)/ n. DIR. azione f. di recupero di beni.

trow /trəʊ/ tr. ANT. pensare, supporre.

1.trowel /ˈtraʊəl/ n. **1** *(for cement)* cazzuola f., frattazzo m. **2** *(for gardening)* trapiantatoio m. ◆ ***to lay it on with a ~*** COLLOQ. adulare, incensare.

2.trowel /ˈtraʊəl/ tr. (forma in -ing ecc. **-ll-**, **-l-** AE) **1** intonacare con la cazzuola [*surface*] **2** applicare con la cazzuola [*mortar, cement*].

troy /trɔɪ/ n. troy m. (sistema di misura di peso per gemme e metalli preziosi diffuso nei paesi di lingua inglese).

Troy /trɔɪ/ ♦ ***34*** n.pr. Troia f.

truancy /ˈtruːənsɪ/ n. (il) marinare la scuola.

truant /ˈtruːənt/ n. *(child)* studente m. (-essa) che marina la scuola; ***to play ~*** marinare la scuola.

truant officer /ˈtruːəntˌɒfɪsə(r), -ˌɔːf-/ n. AE → **attendance officer**.

truce /truːs/ n. tregua f., armistizio m.; ***to call a ~*** chiedere una tregua.

▷ **1.truck** /trʌk/ **I** n. **1** *(lorry)* autocarro m., camion m. **2** *(rail wagon)* carro m. ferroviario, carro m. merci aperto **II** modif. [*deliveries*] *(by road)* su gomma; *(by rail)* su rotaia.

2.truck /trʌk/ **I** tr. trasportare su autocarro, su camion **II** intr. AE guidare un autocarro, essere, fare il camionista ◆ ***keep on ~ing!*** AE COLLOQ. (forza e) coraggio!

■ **truck on down** AE COLLOQ. camminare tranquillamente, passeggiare (**to** verso).

3.truck /trʌk/ n. **1** ANT. *(barter)* baratto m., scambio m. **2** *(social intercourse)* rapporti m.pl., relazioni f.pl.; ***to have no ~ with sb., sth.*** BE non avere niente a che fare con qcn., qcs. **3** AE *(payment in kind)* pagamento m. in natura **4 U** AE *(vegetables)* ortaggi m.pl., verdure f.pl.

4.truck /trʌk/ **I** tr. **1** ANT. *(barter)* barattare (**for** con) **2** COLLOQ. FIG. *(be on familiar terms with)* avere rapporti (**with** con) **II** intr. ANT. fare baratti.

truckage /ˈtrʌkɪdʒ/ n. trasporto m. su gomma, su autocarro.

truck crane /ˈtrʌkkreɪn/ n. autogrù f.

truck driver /ˈtrʌkˌdraɪvə(r)/ ♦ ***27*** n. autotrasportatore m. (-trice), camionista m. e f.; ***she's a ~*** è una *o* fa la camionista.

1.trucker /ˈtrʌkə(r)/ ♦ ***27*** n. COLLOQ. → **truck driver**.

2.trucker /ˈtrʌkə(r)/ ♦ ***27*** n. AE ortofrutticoltore m. (-trice).

truck farm /ˈtrʌkfɑːm/ n. AE → **market garden**.

truck farmer /ˈtrʌkˌfɑːmə(r)/ ♦ ***27*** n. AE → **market gardener**.

truck farming /ˈtrʌkˌfɑːmɪŋ/ n. AE → **market gardening**.

1.trucking /ˈtrʌkɪŋ/ n. *(transporting)* autotrasporto m., trasporto m. su gomma.

2.trucking /ˈtrʌkɪŋ/ n. AE ortofrutticoltura f.

1.truckle /ˈtrʌkl/ n. rotella f. (per mobili).

2.truckle /ˈtrʌkl/ intr. abbassarsi, umiliarsi (**to** di fronte a).

truckle bed /ˈtrʌklbed/ n. BE letto m. estraibile, letto m. a carriola.

truckload /ˈtrʌkləʊd/ n. *(of goods, produce)* carico m. (**of** di); *(of soldiers, refugees)* camion m. (**of** di); ***by the ~*** in gran numero *o* in grande quantità.

truck stop /ˈtrʌkstɒp/ n. ristorante m. per camionisti.

truckway /ˈtrʌkweɪ/ n. (strada) camionabile f.

truculence /ˈtrʌkjʊləns/, **truculency** /ˈtrʌkjʊlənsɪ/ n. truculenza f.

truculent /ˈtrʌkjʊlənt/ agg. truculento.

truculently /ˈtrʌkjʊləntlɪ/ avv. [*behave*] in modo minaccioso; [*say*] minacciosamente, con tono minaccioso.

1.trudge /trʌdʒ/ n. ***it's quite a ~ to my house*** è una bella scarpinata fino a casa mia.

2.trudge /trʌdʒ/ intr. camminare a fatica; ***to ~ through the snow*** camminare faticosamente nella neve; ***to ~ up the stairs*** salire a fatica le scale; ***to ~ round the shops*** trascinarsi di negozio in negozio.

Trudie, **Trudy** /ˈtruːdɪ/ n.pr. diminutivo di **Gertrude**.

▶ **1.true** /truː/ **I** agg. **1** *(based on fact, not a lie)* [*account, news, rumour, fact, story*] vero; *(from real life)* [*story*] vero, reale; ***~ or false?*** vero o falso? ***it is quite, only too ~ that...*** è vero, è purtroppo vero che...; ***it is simply not ~ that...*** non è per niente vero che...; ***it is ~ to say that...*** si può dire che *o* risponde a verità dire che...; ***to ring ~*** suonare vero; ***the same is*** o ***holds ~ of the new party*** lo stesso dicasi del nuovo partito; ***what is ~ of adults is ~ of children*** ciò che vale per gli adulti vale (anche) per i bambini; ***to prove ~*** dimostrarsi *o* rivelarsi vero; ***this allegation, if ~...*** questa asserzione, se vera *o* fondata...; ***it can't be ~!*** non può essere vero! ***that's ~*** *(when agreeing)* (è) vero, giusto; ***too ~!*** COLLOQ. (e) già, verissimo; ***~, we shall miss her but...*** sì *o* è vero, ci mancherà ma... **2** *(real, genuine)* [*god, democracy, American, worth, meaning, nature*] vero; [*identity, age, cost, value*] vero, reale; ***to come ~*** realizzarsi; ***it is hard to get the ~ picture*** è difficile farsi un'idea di ciò che è successo veramente; ***an artist in the ~ sense of the word*** un artista nel vero senso della parola **3** *(heartfelt, sincere)* [*feeling, repentance, understanding*] vero, sincero, autentico; ***to feel ~ remorse*** provare autentico rimorso; ***to be a ~ believer*** essere un vero credente; ***~ love*** il vero amore **4** *(accurate)* [*copy*] conforme; [*assessment*] corretto, accurato; ***is the photo a ~ likeness?*** la foto è davvero somigliante? ***to be ~ to life*** [*film, novel, book*] essere rispondente alla realtà *o* riprodurre fedelmente la realtà **5** *(faithful, loyal)* [*servant, knight*] fedele, leale; ***to be ~ to*** essere fedele a [*beliefs, word*] **6** ING. ***to be, to be out of ~*** [*window, post, frame*] essere, non essere centrato **7** MUS. [*note*] giusto **8** GEOGR. ***~ north*** nord geografico **II** avv. **1** *(straight)* [*aim, fire*] in modo preciso **2** ANT. LETT. ***to speak ~*** parlare sinceramente ◆ ***to be too good to be ~*** essere troppo bello per essere vero; ***~ to form, he...*** com'era prevedibile *o* come ci si poteva aspettare, lui...; ***to be, remain ~ to type*** [*person*] non smentirsi mai.

2.true /tru:/ n. MECC. centratura f., allineamento m.

3.true /tru:/ tr. (anche **true up**) centrare, allineare.

true bill /'tru:bɪl/ n. AE incriminazione f.

true-blue /ˌtru:'blu:/ agg. [*conservative, loyalist*] fedelissimo, tutto d'un pezzo; [*friend*] fedele.

true-born /ˌtru:'bɔ:n/ agg. [*Englishman etc.*] vero, autentico.

True Cross /ˌtru:'krɒs, AE -'krɔ:s/ n. ***the ~*** la Vera Croce (di Cristo).

true-false test /tru:'fɔ:lsˌtest/ n. AE questionario m. "vero o falso".

truehearted /tru:'hɑ:tɪd/ agg. leale, sincero.

true-life /ˌtru:'laɪf/ agg. [*adventure, saga*] basato su fatti realmente accaduti; [*story*] realistico, basato su fatti.

truelove /'tru:lʌv/ n. ANT. LETT. innamorato m. (-a).

trueness /'tru:nɪs/ n. **1** *(truth)* verità f. **2** *(accuracy)* accuratezza f., esattezza f. **3** RAR. *(loyalty)* lealtà f., fedeltà f.

truffle /'trʌfl/ n. *(all contexts)* tartufo m.

truffled /'trʌfld/ agg. tartufato.

truffle-dog /'trʌflˌdɒg, AE -ˌdɔ:g/ n. cane m. da tartufi.

trug /trʌg/ n. canestro m. (da giardiniere).

truism /'tru:ɪzəm/ n. truismo m.

▷ **truly** /'tru:lɪ/ avv. **1** *(extremely)* [*amazing, delighted, sorry, horrendous*] davvero, veramente; ***he's a ~ great photographer*** è davvero un grande fotografo; ***a ~ dreadful piece of news*** una notizia veramente terribile **2** *(really, in truth)* [*be, belong, think*] davvero, veramente; ***really and ~?*** davvero? ***well and ~*** completamente, del tutto; ***it is ~ a celebration, a great leap forward*** è davvero una festa, un grande balzo in avanti; ***England is where I ~ belong*** l'Inghilterra è la mia vera patria **3** *(in letter)* ***yours ~*** distinti saluti; ***...and who got it all wrong? yours ~!*** *(referring to oneself)*...e chi ha sbagliato? Il sottoscritto!

trumeau /tru:'məʊ/ n. (pl. **trumeaux**) ARCH. ARRED. trumeau m.

▷ **1.trump** /trʌmp/ **I** n. briscola f., atout m. **II trumps** n.pl. briscola f.sing., atout m.sing.; ***spades are ~s*** la briscola è picche; ***what's ~s?*** qual è la briscola? ◆ ***to come*** o ***turn up ~s*** essere la carta vincente, salvare la situazione.

▷ **2.trump** /trʌmp/ tr. **1** prendere con una briscola **2** *(beat)* battere, vincere [*person, rival*].

3.trump /trʌmp/ n. LETT. tromba f.; ***the last ~*** la tromba del Giudizio Universale.

trump card /'trʌmpkɑ:d/ n. briscola f., atout m.; ***to play one's ~*** giocare la briscola; FIG. calare l'asso *o* giocare la propria carta migliore.

trumped-up /ˌtrʌmpt'ʌp/ agg. [*charge*] inventato; [*lawyer, doctor*] imbroglione, che non è abilitato alla professione.

trumpery /'trʌmpərɪ/ ANT. **I** agg. appariscente e senza valore **II** n. *(rubbish)* ciarpame m.; *(nonsense)* sciocchezze f.pl., stupidaggini f.pl.

▷ **1.trumpet** /'trʌmpɪt/ ♦ ***17*** **I** n. **1** MUS. *(instrument, player)* tromba f.; ***Woody Shaw on ~*** Woody Shaw alla tromba **2** *(elephant call)* barrito m. **3** LETT. *(of daffodil)* tromboncino m. **II** modif. MUS. [*solo*] di tromba; [*concerto*] per tromba; ***~ call*** FIG. appello ◆ ***to blow one's own ~*** tessere le proprie lodi.

2.trumpet /'trʌmpɪt/ **I** tr. [*group, party*] strombazzare [*lifestyle, success*]; [*newspaper*] strombazzare, divulgare con grande clamore **II** intr. [*elephant*] barrire.

trumpet creeper /'trʌmpɪtˌkri:pə(r)/ n. gelsomino m. americano.

trumpeter /'trʌmpɪtə(r)/ ♦ ***17, 27*** n. trombettista m. e f.; MIL. trombettiere m.

trumpeter swan /'trʌmpɪtəˌswɒn/ n. cigno m. trombetta.

trumpet-flower /'trʌmpɪtˌflaʊə(r)/ n. campanula f.

trumpeting /'trʌmpɪtɪŋ/ n. *(of elephant)* (il) barrire, barrito m.

trumpet major /'trʌmpɪtˌmeɪdʒə(r)/ n. primo trombettiere m.

trumpet player /'trʌmpɪtˌpleɪə(r)/ ♦ ***17, 27*** n. trombettista m. e f.

trumpet-shaped /'trʌmpɪtˌʃeɪpt/ agg. BOT. campanulato.

1.truncate /'trʌŋkeɪt/ agg. → **truncated**.

2.truncate /trʌŋ'keɪt, AE 'trʌŋ-/ tr. **1** troncare, tagliare, mutilare [*text*]; abbreviare, accorciare [*process, journey, event*] **2** INFORM. MAT. troncare.

truncated /trʌŋ'keɪtɪd, AE 'trʌŋ-/ **I** p.pass. → **2.truncate II** agg. **1** [*text*] tagliato, mutilato; [*process, journey, event*] abbreviato, accorciato **2** INFORM. tronco; MAT. ***~ cone, pyramid*** tronco di cono, di piramide.

truncation /ˌtrʌŋ'keɪʃn/ n. **1** *(of text)* taglio m.; *(of word)* troncamento m. **2** INFORM. MAT. troncamento m.

1.truncheon /'trʌntʃən/ n. manganello m.

2.truncheon /'trʌntʃən/ tr. manganellare.

1.trundle /'trʌndl/ n. **1** TECN. rotella f. dentata **2** RAR. *(low carriage)* carrello m. (su ruote basse).

2.trundle /'trʌndl/ **I** tr. fare rotolare, spingere; ***to ~ sth. out*** fare uscire qcs. facendolo rotolare *o* spingendolo; ***to ~ sth. in*** fare entrare qcs. facendolo rotolare *o* spingendolo **II** intr. [*vehicle*] muoversi, avanzare pesantemente; ***the lorries were trundling up and down the street*** i camion passavano rumorosamente su e giù per la strada; ***he ~d off to the station*** COLLOQ. SCHERZ. si è diretto verso la stazione.

trundle bed /'trʌndlbed/ n. AE → **truckle bed**.

▷ **trunk** /trʌŋk/ **I** n. **1** *(of tree)* tronco m., fusto m.; *(of body)* tronco m. **2** *(of elephant)* proboscide f. **3** *(for travel)* baule m., cassa f. **4** AE *(car boot)* portabagagli m., baule m. (posteriore) **5** *(duct)* collettore m., condotto m. **II trunks** n.pl. (anche **swimming trunks**) calzoncini m., costume m.sing. da bagno.

trunk call /'trʌŋkɔ:l/ n. telefonata f. interurbana.

trunkful /'trʌŋkfl/ n. **1** quanto sta in un baule **2** AE quanto sta in un bagagliaio.

trunking /'trʌŋkɪŋ/ n. *(for liquid, cables)* tubature f.pl., condotti m.pl.; *(for air)* condutture f.pl.

trunk line /'trʌŋklaɪn/ n. **1** FERR. linea f. principale **2** TEL. linea f. interurbana.

trunk road /'trʌŋkrəʊd/ n. strada f. principale, strada f. nazionale.

trunnion /'trʌnjən/ n. perno m.

1.truss /trʌs/ n. **1** *(of hay)* fascio m., fastello m. **2** MED. cinto m. erniario **3** ING. capriata f., travatura f. reticolare.

2.truss /trʌs/ tr. **1** *(bind)* → **truss up 2** ING. reggere [qcs.] con travatura reticolare.

■ **truss up:** ~ up [sb., sth.] legare (stretto) [*chicken*]; legare [*person*]; legare, affastellare [*hay*].

▶ **1.trust** /trʌst/ n. **1** *(faith)* fiducia f., fede f.; ***to betray sb.'s ~*** tradire la fiducia di qcn.; ***a breach of ~*** un abuso di fiducia; ***a position of ~*** un incarico di fiducia; ***to have complete ~ in*** avere completa fiducia in; ***to put one's ~ in*** riporre la propria fiducia in; ***to take sth. on ~*** accettare qcs. sulla fiducia *o* sulla parola; ***you'll have to take it on ~*** devi credermi sulla parola *o* devi fidarti **2** *(set up by donor, testator) (arrangement)* fedecommesso m.; *(property involved)* proprietà f. fiduciaria; ***to set up a ~ for*** istituire un fedecommesso a favore di; ***to hold sth. in ~ for*** tenere qcs. in fedecommesso per; ***to leave a sum in ~ for*** lasciare una somma in amministrazione fiduciaria a **3** ECON. *(large group of companies)* trust m. **4** ECON. società f. di investimento, fondo m. comune di investimento.

▶ **2.trust** /trʌst/ **I** tr. **1** *(believe)* avere fiducia in, credere in [*person, judgment*]; ***who can we ~?*** di chi possiamo fidarci? **2** *(rely on)* fidarsi di; ***she's not to be ~ed*** non ci si può fidare di lei; ***~ me*** fidati di me; ***they ~ each other*** si fidano l'uno dell'altro; ***~ her!*** *(amused or annoyed)* vatti a fidare! ***I wouldn't ~ him anywhere near my car*** non gli farei guidare la mia macchina per nulla al mondo; ***children cannot be ~ed with matches*** non bisogna lasciare che i bambini maneggino i fiammiferi; ***I wouldn't ~ him further than I could throw him*** non mi fido minimamente di lui **3** *(entrust)* ***to ~ sb. with sth.*** affidare qcs. a qcn.; ***I would ~ you with my life*** mi fido ciecamente di te **4** *(hope)* sperare, avere fiducia (**that** che); ***I ~ not*** spero (proprio) di no; ***I ~ so*** spero (proprio) di sì *o* (lo) spero bene **II** intr. ***to ~ in*** avere fiducia in [*person*]; confidare in [*God, fortune*]; ***to ~ to luck*** affidarsi alla sorte **III** rifl. ***to ~ oneself to do*** essere sicuro di poter fare; ***I couldn't ~ myself not to cry*** non ero sicuro di riuscire a trattenermi dal piangere; ***I couldn't ~ myself to speak*** non me la sono sentita di parlare.

trust account /'trʌstəˌkaʊnt/ n. conto m. in amministrazione fiduciaria.

trustbuster /ˈtrʌstˌbʌstə(r)/ n. AE = incaricato del governo che ha il compito di controllare l'applicazione delle leggi antitrust.
trustbusting /ˈtrʌstˌbʌstɪŋ/ n. = il combattere i monopoli e i trust facendo applicare la legislazione in materia.
trust company /ˈtrʌstˌkʌmpənɪ/ n. società f. fiduciaria.
trust deed /ˈtrʌstdiːd/ n. atto m. di negozio fiduciario.
trusted /ˈtrʌstɪd/ **I** p.pass. → **2.trust II** agg. [*friend*] fidato; ***a ~ colleague*** un collega fidato; ***tried and ~ methods*** metodi affidabili.
▷ **1.trustee** /trʌsˈtiː/ n. **1** *(who administers property in trust)* amministratore m. fiduciario **2** *(who administers a company)* amministratore m. (-trice) (**of** di), membro m. del consiglio di amministrazione **3** *(of trust territory)* = stato che amministra uno stato in regime di tutela.
2.trustee /trʌsˈtiː/ tr. affidare in amministrazione fiduciaria.
trusteeship /trʌsˈtiːʃɪp/ n. **1** *(of inheritance)* amministrazione f. fiduciaria, fedecommesso m. **2** POL. *(of territory)* amministrazione f. fiduciaria, tutela f.; ***to be under the ~ of the UN*** essere sotto la tutela dell'ONU.
truster /ˈtrʌstə(r)/ n. chi si fida.
trustful /ˈtrʌstfl/ agg. → **trusting**.
trustfully /ˈtrʌstfəlɪ/ avv. → **trustingly**.
trustfulness /ˈtrʌstflnɪs/ n. fiducia f., (l')avere fiducia.
trust fund /ˈtrʌstfʌnd/ n. fondo m. fiduciario.
trustification /ˌtrʌstɪfɪˈkeɪʃn/ n. trasformazione f. in trust.
trustify /ˈtrʌstɪfaɪ/ tr. trasformare in trust.
trustily /ˈtrʌstɪlɪ/ avv. ANT. SCHERZ. fedelmente.
trustiness /ˈtrʌstɪnɪs/ n. ANT. SCHERZ. fedeltà f.
trusting /ˈtrʌstɪŋ/ agg. [*person*] che si fida; fiducioso; ***you're too ~*** ti fidi troppo.
trustingly /ˈtrʌstɪŋlɪ/ avv. fiduciosamente.
trust instrument /ˈtrʌstˌɪnstrʊmənt/ n. atto m. di negozio fiduciario.
trustless /ˈtrʌstlɪs/ agg. RAR. **1** *(unreliable)* sleale, infido **2** *(having no trust)* diffidente, sospettoso.
trust territory /ˈtrʌstˌterətrɪ, AE -ˌterɪtɔːrɪ/ n. territorio m. sotto tutela, in amministrazione fiduciaria.
trustworthiness /ˈtrʌstwɜːðɪnɪs/ n. *(of company, employee)* affidabilità f., serietà f.; *(of sources, evidence)* affidabilità f., attendibilità f.
trustworthy /ˈtrʌstwɜːðɪ/ agg. [*staff, firm*] affidabile, serio; [*source*] affidabile, attendibile; [*confidante, lover*] fidato.
trusty /ˈtrʌstɪ/ **I** agg. ANT. SCHERZ. fidato, fedele **II** n. = detenuto che ha ottenuto dei privilegi per buona condotta.
▶ **truth** /truːθ/ n. **1** *(real facts)* ***the ~*** la verità (**about** su, riguardo a); ***to face the ~*** affrontare *o* guardare in faccia la verità; ***to tell the ~*** dire la verità; ***the whole ~*** tutta la verità; ***"...the ~, the whole ~ and nothing but the ~"*** DIR. "...la verità, tutta la verità, nient'altro che la verità"; ***the ~ is beginning to dawn*** si comincia a intravedere la verità; ***in ~*** FORM. in verità, invero; ***the ~ is that...*** la verità è che...; ***whatever the ~ of the matter*** quale che sia la verità; ***to tell you the ~, I've no idea*** a dire il vero, non ne ho idea; ***nothing could be further from the ~*** nulla potrebbe essere più lontano dalla verità; ***I can't take one more day of this, and that's the ~!*** non reggerò un solo altro giorno, e questa è la verità! **2** *(accuracy)* ***to confirm, deny the ~ of sth.*** confermare, negare la veridicità di qcs. **3** FILOS. RELIG. verità f.; ***a universal ~*** una verità universale **4** *(foundation)* ***there is no ~ in that*** è senza fondamento *o* è assolutamente falso; ***there is not a word*** o ***shred of ~ in that*** non c'è un briciolo di verità in tutto ciò; ***there is some, a great deal of ~ in that*** c'è del vero, c'è molto di vero in ciò ◆ ***~ will out*** la verità viene sempre a galla; ***~ is stranger than fiction*** la realtà supera la fantasia; ***to tell sb. a few home ~s*** dire a qcn. delle verità spiacevoli sul suo conto.
truth drug /ˈtruːθˌdrʌɡ/ n. siero m. della verità.
truthful /ˈtruːθfl/ agg. [*person*] sincero, onesto; [*account, version*] veritiero, sincero; ***to be absolutely*** o ***perfectly ~,...*** in tutta franchezza, francamente,...; ***give me a ~ answer*** rispondi sinceramente.
truthfully /ˈtruːθfəlɪ/ avv. [*answer*] sinceramente; [*testify*] senza mentire.
truthfulness /ˈtruːθflnɪs/ n. veridicità f., sincerità f.
truthless /ˈtruːθlɪs/ agg. [*person*] falso, sleale; [*statement*] falso.
truthlessness /ˈtruːθlɪsnɪs/ n. *(of person)* falsità f., slealtà f.; *(of statement)* falsità f.
truth serum /ˈtruːθˌsɪərəm/ n. → **truth drug**.
truth value /ˈtruːθvæljuː/ n. FILOS. valore m. di verità.
1.try /traɪ/ n. **1** *(attempt)* tentativo m., prova f.; ***after three, a few tries*** dopo tre, alcuni tentativi; ***to have a ~ at doing*** provare a fare; ***I'll give it a ~*** ci proverò; ***I had a ~ at water skiing*** ho provato a fare sci nautico; ***it's worth a ~*** vale la pena di provare *o* di fare un tentativo; ***nice ~!*** almeno ci hai provato! IRON. bello sforzo! ***to have a good ~*** fare il possibile **2** SPORT *(in rugby)* meta f.; ***to score a ~*** realizzare una meta.
▶ **2.try** /traɪ/ **I** tr. **1** *(attempt)* cercare di rispondere a [*exam question*]; ***to ~ to do*** tentare, cercare di fare, provare a fare; ***~ to be here by two o'clock*** cerca di essere qui per le due; ***to ~ hard to do*** fare ogni sforzo per fare *o* sforzarsi di fare; ***to ~ one's hardest*** o ***best to do*** fare tutto il possibile per fare, fare ogni sforzo per fare, mettercela tutta per fare; ***it's ~ing to rain, snow*** sembra che voglia piovere, nevicare; ***to ~ doing*** provare a fare; ***~ telling that to the judge, my wife!*** prova a dirlo al giudice, a mia moglie! **2** *(test out)* provare [*recipe, tool, product, method, activity*]; prendere in prova [*person*]; [*thief*] provare ad aprire [*door, window*]; provare a girare [*door knob*]; ***~ the back door*** prova dalla porta sul retro; ***you should ~ it for yourself*** dovresti provare di persona; ***to ~ one's hand at pottery, weaving*** cimentarsi con la ceramica, la tessitura; ***to ~ sth. on sb., sth.*** proporre qcs. a qcn., a qcs. [*idea, possibility*]; provare a dare qcs. a qcn., a qcs. [*food*]; ***~ that meat on the dog*** prova a dare quella carne al cane; ***~ that for size*** o ***length*** provalo per vedere se ti va bene; ***you should ~ it*** dovresti provarlo; ***I'll ~ anything once*** sono pronto a provare tutto; ***"I bet you don't know the answer" - "~ me!"*** "scommetto che non sai la risposta!" - "mettimi alla prova!", "prova!" **3** *(taste, sample)* assaggiare, provare; ***~ a piece, the carrots*** assaggia un pezzo, le carote; ***go on, ~ some*** dai, provalo **4** *(consult)* consultare, chiedere a [*person*]; consultare [*book*]; ***~ the encyclopedia*** prova sulla *o* consulta l'enciclopedia; ***~ the library, the house next door*** prova, chiedi in biblioteca, prova a chiedere ai vicini; ***we tried all the shops*** abbiamo provato *o* chiesto in tutti i negozi **5** *(subject to stress)* mettere alla prova [*tolerance, faith*]; ***to ~ sb.'s patience to the limit*** mettere a dura prova la pazienza di qcn. **6** DIR. giudicare [*case*]; giudicare, processare [*criminal*]; ***to ~ sb. for murder, fraud*** processare qcn. per omicidio, per frode **II** intr. **1** *(make attempt)* tentare, provare; ***he didn't even ~*** non ci ha neanche provato; ***I'd like to ~*** vorrei tentare, provare; ***to ~ again*** *(to perform task)* riprovare, ritentare; *(to see somebody)* ripassare; *(to phone)* richiamare, riprovare; ***to ~ and do*** cercare di fare; ***~ and relax*** cerca di rilassarti; ***to ~ for*** cercare di ottenere [*loan, university place*]; cercare di battere [*world record*]; cercare di avere [*baby*]; ***just you ~!*** *(as threat)* provaci (e vedi)! ***just let him ~!*** che ci provi! ***keep ~ing!*** provaci ancora *o* continua a provarci! ***I'd like to see you ~!*** vorrei che ci provassi tu! ***she did it without even ~ing*** l'ha fatto senza il minimo sforzo; ***~ harder!*** mettici più impegno! ***at least you tried*** almeno ci hai provato **2** *(enquire)* chiedere, domandare; ***I've tried at the news agent's*** ho chiesto in edicola ◆ ***these things are sent to ~ us*** SCHERZ. sono tutti meriti per il paradiso.
■ **try on:** ~ ***[sth.] on,*** ~ ***on [sth.]*** provare, misurare [*hat, dress*]; ***to ~ it on*** COLLOQ. FIG. provarci; ***they're just ~ing it on!*** COLLOQ. ci stanno provando! stanno cercando di fregarci! ***don't ~ anything on with me*** COLLOQ. non provarci con me; ***to ~ it on with sb.'s husband, wife*** COLLOQ. provarci con il marito, la moglie di qcn.
■ **try out:** ~ ***out*** [*sportsman*] fare un tentativo; [*actor*] fare un provino; ***to ~ out for*** [*player*] cercare di entrare in [*team*]; [*actor*] cercare di ottenere la parte di [*Othello, Don Juan*]; ~ ***[sth.] out,*** ~ ***out [sth.]*** provare, collaudare [*machine*]; provare, sperimentare [*theory, drug*]; provare [*recipe*] (**on** su); mettere alla prova [*language*] (**on** su); ~ ***[sb.] out,*** ~ ***out [sb.]*** prendere [qcn.] in prova.
trying /ˈtraɪɪŋ/ agg. [*person*] difficile (da sopportare); [*experience*] duro, difficile; ***it's all terribly ~*** è tutto terribilmente penoso, difficile.
tryingly /ˈtraɪɪŋlɪ/ avv. penosamente, in modo difficile da sopportare.
trying plane /ˈtraɪɪŋˌpleɪn/ n. piallone m.
try-on /ˈtraɪɒn/ n. COLLOQ. ***it's a ~*** ci stanno provando *o* stanno cercando di fregarci.
try-out /ˈtraɪaʊt/ n. **1** SPORT tentativo m., prova f.; ***to have a ~*** fare un tentativo; ***we gave him a ~*** gli abbiamo fatto fare un tentativo **2** AE TEATR. anteprima f. (per sondare le reazioni del pubblico).
trypanosome /ˈtrɪpənəsəʊm/ n. tripanosoma m.
trypanosomiasis /ˌtrɪpənəsəˈmaɪəsɪs/ n. (pl. **-es**) tripanosomiasi f.
trypsin /ˈtrɪpsɪn/ n. tripsina f.
tryptophan /ˈtrɪptəfæn/ n. triptofano m.
trysail /ˈtraɪseɪl/ n. vela f. aurica.
try square /ˈtraɪˌskweə(r)/ n. squadra f. a battente.
1.tryst /trɪst/ n. LETT. appuntamento m. (galante).
2.tryst /trɪst/ **I** tr. LETT. dare appuntamento a **II** intr. LETT. incontrarsi (**with** con), dare appuntamento (**with** a).
tsar /zɑː(r)/ n. zar m.

tsarevitch /ˈzɑːrəvɪtʃ/ n. zarevic m.
tsarina /zɑːˈriːnə/ n. zarina f.
tsarist /ˈzɑːrɪst/ agg. zarista.
TSE n. (⇒ transmissible spongiform encephalopathy) = encefalopatia spongiforme trasmissibile.
tsetse fly /ˈtsetsɪflaɪ/ n. mosca f. tse-tse.
T-shaped /ˈtiːʃeɪpt/ agg. a (forma di) T.
▷ **T-shirt** /ˈtiːʃɜːt/ ➧ *28* n. T-shirt f., maglietta f.
tsp ⇒ teaspoonful cucchiaino.
T-square /ˈtiːskweə(r)/ n. squadra f., riga f. a T.
TSS n. (⇒ toxic shock syndrome sindrome da shock tossico) TSS f.
tsunami /tsuːˈnɑːmɪ/ n. tsunami m.
TT ⇒ teetotal astemio.
1.tub /tʌb/ n. **1** *(large) (for flowers)* vasca f., mastello m. (**of** di); *(for water)* vasca f., tinozza f.; *(small) (for ice cream, pâté)* vaschetta f. (**of** di) **2** *(contents)* vasca f., vaschetta f. (**of** di) **3** AE *(bath)* vasca f. da bagno; ***she's in the ~*** è nella vasca **4** COLLOQ. *(boat)* bagnarola f.
2.tub /tʌb/ **I** tr. (forma in -ing ecc. **-bb-**) **1** *(wash in a tub)* lavare in una tinozza **2** *(put in a tub)* mettere in una tinozza, in un mastello **3** SPORT *(coach)* allenare [*rower*] **II** intr. (forma in -ing ecc. **-tt-**) **1** *(wash oneself in a tube)* lavarsi in una tinozza **2** SPORT [*rower*] allenarsi.
tuba /ˈtjuːbə, AE ˈtuː-/ ➧ *17* n. MUS. tuba f.
tubal /ˈtjuːbl/ agg. tubarico; ***~ pregnancy*** gravidanza tubarica.
tubby /ˈtʌbɪ/, **tubbish** /ˈtʌbɪʃ/ agg. COLLOQ. grassoccio, grassottello.
▷ **1.tube** /tjuːb, AE tuːb/ **I** n. **1** *(cylinder)* tubo m. **2** *(container for toothpaste, glue etc.)* tubetto m. **3** BE COLLOQ. *(means of transport)* metropolitana f. (di Londra) **4** AE COLLOQ. *(TV)* tele f., televisione f. **5** *(in TV set)* tubo m. **II tubes** n.pl. COLLOQ. MED. tube f. **III** modif. [*line, station, ticket*] della metropolitana ◆ ***to go down the ~s*** [*plans*] andare a rotoli; [*economy*] andare a rotoli, in rovina; ***she's had her ~s tied*** COLLOQ. si è fatta legare le tube.
2.tube /tjuːb, AE tuːb/ **I** tr. **1** *(fit with tubes)* fornire di tubi **2** *(enclose in a tube)* chiudere in un tubo **II** intr. viaggiare in metropolitana (a Londra).
tubeless /ˈtjuːblɪs, AE ˈtuːb-/ agg. [*tyre*] senza camera d'aria, tubeless.
tuber /ˈtjuːbə(r), AE ˈtuː-/ n. tubero m.
tubercle /ˈtjuːbəkl, AE ˈtuː-/ n. BOT. MED. tubercolo m.
tubercular /tjuːˈbɜːkjʊlə(r), AE tuː-/ agg. tubercolare.
tuberculate(d) /tjuːˈbɜːkjʊlət(ɪd), AE tuː-/ agg. **1** BIOL. tubercolato **2** MED. tubercolare.
tuberculation /tjuːˌbɜːkjʊˈleɪʃn, AE tuː-/ n. formazione f. di tubercoli.
tuberculin /tjuːˈbɜːkjʊlɪn, AE tuː-/ n. tubercolina f.
tuberculin-tested /tjuːˈbɜːkjʊlɪnˌtestɪd, AE tuː-/ agg. [*cattle*] a cui è stato fatto il test della tubercolosi.
tuberculize /tjuːˌbɜːkjʊˈlaɪz, AE tuː-/ tr. infettare di tubercolosi.
tuberculosis /tjuːˌbɜːkjʊˈləʊsɪs, AE tuː-/ ➧ *11* **I** n. (pl. **-es**) tubercolosi f. **II** modif. [*sufferer, patient*] tubercolotico.
tuberculous /tjuːˈbɜːkjʊləs, AE tuː-/ agg. tubercolare.
tuberculum /tjuːˈbɜːkjʊləm, AE tuː-/ n. (pl. **-a**) → **tubercle**.
tuberose /ˈtjuːbərəʊs, AE ˈtuː-/ **I** agg. → **tuberous II** n. tuberosa f.
tuberosity /tjuːbəˈrɒsətɪ, AE tuː-/ n. tuberosità f.
tuberous /ˈtjuːbərəs, AE ˈtuː-/ agg. tuberoso.
tube top /ˈtjuːbtɒp, AE ˈtuːb-/ n. ABBIGL. top m. a fascia.
tubiform /ˈtjubɪfɔːm, AE ˈtuː-/ agg. tubiforme.
tubing /ˈtjuːbɪŋ, AE ˈtuː-/ n. tubatura f., tubazione f.; ***a length*** o ***piece of ~*** un tubo.
tub-thumper /ˈtʌbθʌmpə(r)/ n. oratore m. da strapazzo.
tub-thumping /ˈtʌbθʌmpɪŋ/ **I** n. oratoria f. da strapazzo, di bassa lega **II** agg. [*orator*] da strapazzo.
tubular /ˈtjuːbjʊlə(r), AE ˈtuː-/ agg. tubolare.
tubular bells /ˈtjuːbjʊləbelz, AE ˈtuː-/ ➧ *17* n.pl. campane f. tubolari.
tubular steel chair /ˌtjuːbjʊləˌstiːlˈtʃeə(r), AE ˌtuː-/ n. sedia f. tubolare.
tubule /ˈtjuːbjuːl, AE ˈtuː-/ n. **1** *(small tube)* tubetto m. **2** ANAT. tubulo m.
tubulose /ˈtjuːbjʊləʊs, AE ˈtuːb-/, **tubulous** /ˈtjuːbjʊləs, AE ˈtuːb-/ agg. tuboloso.
TUC n. (⇒ Trades Union Congress) GB = confederazione dei sindacati britannici.
1.tuck /tʌk/ n. SART. piega f., pince f.; *(to shorten)* piega f., risvolto m.
2.tuck /tʌk/ tr. ***to ~ sth. between, into, under, behind*** *(of flat object)* infilare, fare entrare qcs. tra, in, sotto, dietro; ***to ~ a card into a pocket*** infilare un biglietto in una tasca; ***to ~ sb.'s arm into yours*** infilare il braccio di qcn. sotto il tuo; ***to ~ one's shirt into one's trousers*** infilarsi la camicia nei pantaloni; ***to ~ one's trousers into one's boots*** infilare i pantaloni negli stivali; ***to ~ one's hands into one's sleeves*** infilare le mani dentro le maniche; ***to ~ a blanket under sb.*** mettere una coperta sotto qcn.; ***to ~ one's hair under one's swimming cap*** infilarsi i capelli nella cuffia; ***she ~ed her feet up under her*** si sedette *o* si accoccolò sui calcagni; ***it ~ed its head under its wing*** mise *o* nascose la testa sotto l'ala; ***to ~ a flower behind one's ear*** mettersi un fiore dietro l'orecchio; ***to ~ a blanket around sb.*** avvolgere qcn. in una coperta.
▪ **tuck away:** ~ **[sth.] away**, ~ **away [sth.] 1** *(safely, in reserve)* riporre, mettere via [*object*]; mettere al sicuro [*money, valuable*]; ***to have £5,000 ~ed away*** avere 5.000 sterline da parte **2** *(hard to find)* ***to be ~ed away*** [*village, document, object*] essere nascosto; [*person*] isolarsi.
▪ **tuck in:** ~ **in** *(start eating)* gettarsi, buttarsi sul cibo; ***he ~ed into his dinner*** si è buttato sulla cena; ***~ in, everybody!*** su, diamoci dentro! ~ **in [sth.]**, ~ **[sth.] in** infilare [*garment, shirt*]; rimboccare [*bedclothes*]; ***to ~ the flap in*** infilare la linguetta nella busta; ~ **[sb.] in**, ~ **in [sb.]** rimboccare le coperte a.
▪ **tuck up:** ~ **up [sb.]**, ~ **[sb.] up** rimboccare le coperte a; ***to be ~ed up in bed*** essere a letto con le coperte rimboccate.
tuck box /ˈtʌkbɒks/ n. BE ANT. SCOL. = cestino contenente dolci, panini ecc. portato a scuola dagli studenti.
▷ **tucked** /ˈtʌkt/ **I** p.pass. → **2.tuck II** agg. ABBIGL. SART. a pieghe.
1.tucker /ˈtʌkə(r)/ n. ***in one's best bib and ~*** con l'abito della festa *o* tutto in ghingheri.
2.tucker /ˈtʌkə(r)/ tr. → **tucker out**.
▪ **tucker out** COLLOQ. ~ **[sb.] out** stancare, sfinire; ***to be ~ed out*** essere distrutto *o* stanco morto.
tuck-in /ˈtʌkɪn/ n. BE COLLOQ. scorpacciata f.
tuck jump /ˈtʌkdʒʌmp/ n. SPORT salto m. a ginocchia piegate.
tuck shop /ˈtʌkʃɒp/ n. BE SCOL. = spaccio di una scuola o collegio.
Tudor /ˈtjuːdə(r), AE ˈtuː-/ **I** n.pr. Tudor **II** modif. [*times, rose*] dei Tudor.
Tue(s) ⇒ Tuesday martedì (mar.).
▶ **Tuesday** /ˈtjuːzdeɪ, -dɪ, AE ˈtuː-/ ➧ *36* n. martedì m.
tufa /ˈtjuːfə, AE ˈtuː-/ n. GEOL. travertino m.
tufaceous /tjuːˈfeɪʃəs, AE tuː-/ agg. simile a travertino.
tuff /ˈtʌf/ n. tufo m.
tuffaceous /tʌˈfeɪʃəs/ agg. tufaceo.
tuffet /ˈtʌfɪt/ n. LETT. ciuffetto m., cespuglietto m.
1.tuft /tʌft/ n. ciuffo m., cespo m.
2.tuft /tʌft/ **I** tr. **1** *(provide with tufts)* ornare di ciuffi **2** trapuntare [*cushion, mattress*] **II** intr. [*grass*] crescere a ciuffi.
tufted /ˈtʌftɪd/ **I** p.pass. → **2.tuft II** agg. [*grass*] a ciuffi; [*bird*] capelluto, col ciuffo; [*carpet*] a pelo lungo.
tufted duck /ˈtʌftɪdˌdʌk/ n. moretta f.
▷ **1.tug** /tʌg/ n. **1** *(pull) (on rope, in sails)* strappo m., strattone m., tirata f.; *(on fishing line)* strattone m.; ***to give sth. a ~*** dare uno strattone a qcs.; ***the ~ of old habits*** FIG. la forza delle vecchie abitudini; ***to feel a ~ of loyalties*** essere combattuto **2** MAR. (anche **tug boat**) rimorchiatore m.
▷ **2.tug** /tʌg/ **I** tr. (forma in -ing ecc. **-gg-**) **1** *(pull)* tirare [*object, hair*] **2** MAR. rimorchiare [*boat*] **II** intr. (forma in -ing ecc. **-gg-**) ***to ~ at*** o ***on*** tirare [*hair*]; tirare, dare uno strattone a [*rope*]; ***to ~ at sb.'s sleeve*** tirare qcn. per la manica; ***to ~ at one's moustache, lip*** tirarsi i baffi, il labbro.
tug-of-love /ˌtʌgəvˈlʌv/ **I** n. BE GIORN. = disputa tra i genitori per l'affidamento del figlio **II** modif. [*child*] di cui i genitori si contendono l'affidamento.
tug-of-war /ˌtʌgəvˈwɔː(r)/ ➧ *10* n. **1** SPORT tiro m. alla fune **2** FIG. braccio m. di ferro (**between** tra).
▷ **tuition** /tjuːˈɪʃn, AE tuː-/ n. **1** istruzione f., insegnamento m.; ***private ~*** lezioni private **2** AE UNIV. SCOL. *(fees)* tasse f.pl.
tuitional /tjuːˈɪʃənl, AE tuː-/, **tuitionary** /tjuːˈɪʃnərɪ, AE tuːˈɪʃnerɪ/ agg. relativo all'insegnamento.
tuition fees /tjuːˈɪʃnfiːz, AE tuː-/ n.pl. SCOL. retta f. sing.; UNIV. tasse f. universitarie.
tulip /ˈtjuːlɪp, AE ˈtuː-/ n. tulipano m.
tulip tree /ˈtjuːlɪpˌtriː, AE ˈtuː-/ n. liriodendro m.
tulle /tjuːl, AE tuːl/ n. tulle m.
tum /tʌm/ n. → **tummy**.
1.tumble /ˈtʌmbl/ n. **1** *(fall)* caduta f., capitombolo m.; ***to take a ~*** fare un capitombolo *o* cadere; FIG. [*price, share, market*] crollare; ***shares took a 50-point ~*** le azioni hanno avuto un crollo di 50 punti; ***they had a ~ in the hay*** si sono imboscati *o* infrattati **2**

(of clown, acrobat) capriola f., salto m. mortale **3** *(jumble)* confusione f., disordine m.

2.tumble /'tʌmbl/ intr. **1** *(fall)* [*person*] cadere, capitombolare; [*object*] cadere (**off**, **out of** da); ***to ~ several metres*** cadere per diversi metri; ***to ~ out of bed*** cadere giù dal letto; ***to ~ over*** o ***off*** cadere da [*cliff, roof*]; ***to ~ down the stairs*** ruzzolare giù dalle scale; ***to ~ down sth.*** [*water, stream*] scendere giù da qcs. a cascate; ***curls ~d about her shoulders*** i ricci le cadevano sulle spalle **2** ECON. [*price, share, currency*] crollare **3** SPORT [*clown, acrobat, child*] fare capriole, acrobazie **4** ***to ~ to sth.*** COLLOQ. *(understand)* (arrivare a) capire [*fact, plan*].

■ **tumble down** [*wall, building*] essere cadente, fatiscente, andare in rovina; ***the walls came tumbling down*** i muri sono crollati.

■ **tumble out** [*contents*] riversarsi (fuori); [*words*] sgorgare, uscire disordinatamente, uscire confuso; [*feelings*] sgorgare incontrollato.

tumblebug /'tʌmblbʌg/ n. scarabeo m. stercorario.

tumbledown /'tʌmbldaʊn/ agg. cadente, fatiscente, in rovina.

tumble-drier → **tumble-dryer**.

tumble-dry /ˌtʌmbl'draɪ/ tr. fare asciugare (nell'asciugabiancheria); ***"do not ~"*** "non fare asciugare nell'asciugabiancheria".

tumble-dryer /ˌtʌmbl'draɪə(r)/ n. asciugatrice f., asciugabiancheria m.

tumbler /'tʌmblə(r)/ n. **1** *(glass)* tumbler m., bicchiere m. da bibita **2** *(acrobat)* acrobata m. e f.; *(gymnast)* ginnasta m. e f. **3** *(of lock)* cilindro m. **4** *(drier)* asciugabiancheria m.

tumbler drier /ˌtʌmblə'draɪə(r)/ n. → **tumble-drier**.

tumblerful /'tʌmbləfl/ n. bicchiere m.

tumbler pigeon /'tʌmbləˌpɪdʒɪn/ n. capitombolante m.

tumbleweed /'tʌmblwiːd/ n. = pianta che viene spezzata e spostata dal vento in rotoli nelle zone desertiche degli Stati Uniti.

tumbling /'tʌmblɪŋ/ **I** ♦ ***10*** n. acrobatica f. **II** agg. [*water*] che scende, che cade formando cascate; FIG. [*shares, prices*] in caduta (libera); ***a mass of ~ curls*** una massa di boccoli.

tumbrel, **tumbril** /'tʌmbrəl/ n. carro m., carretto m. ribaltabile (agricolo).

tumefacient /ˌtjuːmɪ'feɪʃnt, AE ˌtuː-/ agg. tumefacente.

tumefaction /ˌtjuːmɪ'fækʃn, AE ˌtuː-/ n. tumefazione f.

tumefy /'tjuːmɪfaɪ, AE 'tuː-/ **I** tr. tumefare **II** intr. tumefarsi.

tumescence /tjuː'mesns, AE tuː-/ n. tumescenza f.

tumescent /tjuː'mesnt/ agg. tumescente.

tumid /'tjuːmɪd, AE 'tuː-/ agg. **1** [*body part*] tumido **2** [*prose*] ampolloso.

tumidity /tjuː'mɪdətɪ, AE tuː-/ n. **1** *(of body part)* tumidezza f., gonfiore m. **2** *(of prose)* ampollosità f.

tumidness /'tjuːmɪdnɪs, AE 'tuː-/ n. → **tumidity**.

tummy /'tʌmɪ/ n. COLLOQ. INFANT. pancino m., pancia f.

tummyache /'tʌmɪeɪk/ n. COLLOQ. INFANT. male m. al pancino, mal m. di pancia.

tummy tuck /'tʌmɪtʌk/ n. COLLOQ. = operazione di chirurgia estetica al ventre.

tumor AE → **tumour**.

tumoral /'tjuːmərəl, AE 'tuː-/ agg. tumorale.

tumorigenic /tjuːmərɪ'dʒenɪk, AE tuː-/ agg. cancerogeno, oncogeno.

tumorous /'tjuːmərəs, AE 'tuː-/ agg. **1** *(pertaining to a tumour)* tumorale **2** *(affected with a tumor)* affetto da tumore.

tumour BE, **tumor** AE /'tjuːmə(r), AE 'tuː-/ n. tumore m.; ***secondary ~*** tumore metastatico.

tumular /'tjuːmələ(r), AE 'tuː-/ agg. tumulare.

tumuli /'tjuːmjʊlaɪ/ → **tumulus**.

tumult /'tjuːmʌlt, AE 'tuː-/ n. **1** *(noisy chaos)* tumulto m.; ***to be in ~*** [*hall, meeting*] essere in tumulto, in agitazione; [*feelings*] essere in tumulto **2** *(disorder)* tumulto m., scompiglio m.

tumultuarily /tjuː'mʌltjʊərɪlɪ, AE tuː'mʌltʃʊerɪlɪ/ avv. tumultuosamente, in modo turbolento.

tumultuary /tjuː'mʌltjʊərɪ, AE tuː'mʌltʃʊerɪ/ agg. tumultuante, disordinato, turbolento.

tumultuous /tjuː'mʌltjʊəs, AE tuː-/ agg. tumultuoso, agitato, turbolento.

tumultuously /tjuː'mʌltjʊəslɪ, AE tuː-/ avv. tumultuosamente.

tumultuousness /tjuː'mʌltjʊəsnɪs, AE tuː-/ n. tumultuosità f.

tumulus /'tjuːmjʊləs/ n. (pl. **-i**) tumulo m.

1.tun /tʌn/ n. botte f., barile m.

2.tun /tʌn/ tr. (forma in -ing ecc. **-nn-**) ANT. imbottare.

tuna /'tjuːnə, AE 'tuː-/ **I** n. (pl. **~**, **~s**) ZOOL. GASTR. tonno m. **II** modif. [*fishing*] al tonno, ai tonni; [*sandwich*] al tonno; [*canning*] del tonno.

tunable /'tjuːnəbl, AE 'tuː-/ agg. **1** *(able to be tuned)* accordabile **2** ANT. *(melodious)* armonioso, melodioso.

tuna fish /'tjuːnəˌfɪʃ, AE 'tuː-/ n. GASTR. tonno m.

tundra /'tʌndrə/ n. tundra f.

▷ **1.tune** /tjuːn, AE tuːn/ n. **1** MUS. motivo m., melodia f., aria f.; ***to dance, sing sth. to the ~ of sth.*** ballare, cantare sul motivo *o* sulla musica di qcs. **2** MUS. *(accurate pitch)* ***to be in, out of ~*** MUS. essere intonato, accordato, non essere intonato, accordato (**with** con); FIG essere in sintonia, in accordo, non essere in sintonia, in accordo (**with** con); ***to sing in, out of ~*** cantare in modo intonato, stonato; ***an out-of-~ piano, violin*** un piano, violino scordato **3** COLLOQ. *(amount)* ***to the ~ of*** per la bella cifra, somma di; ***to be in debt, have costs to the ~ of £50,000*** avere debiti, avere spese per la bella cifra di 50.000 sterline ♦ ***to call the ~*** avere il controllo, comandare; ***to change one's ~***, ***to sing a different ~*** cambiare musica; ***to dance to sb.'s ~*** piegarsi ai voleri di qcn.

▷ **2.tune** /tjuːn, AE tuːn/ tr. accordare [*musical instrument*] (**to** in); sintonizzare [*radio, TV, signal*] (**to** su); mettere a punto, regolare [*car engine*]; ***stay ~d!*** restate sintonizzati *o* restate in ascolto!

■ **tune in** sintonizzarsi, sintonizzare la radio; ***to ~ in to*** mettersi all'ascolto di [*programme*]; sintonizzarsi su [*channel*]; ***~ [sth.] in*** sintonizzare (**to** su).

■ **tune out** AE COLLOQ. ***~ out*** staccare la spina; ***~ [sb.] out*** ignorare, non ascoltare [qcn.].

■ **tune up** [*musician*] accordarsi; ***~ up [sth.]***, ***~ [sth.] up*** accordare [*musical instrument*]; mettere a punto, regolare [*engine*].

tuneful /'tjuːnfl, AE 'tuː-/ agg. melodioso, armonioso.

tunefully /'tjuːnfəlɪ, AE 'tuː-/ avv. melodiosamente, armoniosamente.

tunefulness /'tjuːnfəlnɪs, AE 'tuː-/ n. melodiosità f., armoniosità f.

tuneless /'tjuːnlɪs, AE 'tuː-/ agg. disarmonico, discordante.

tunelessly /'tjuːnlɪslɪ, AE 'tuː-/ avv. ***to sing, whistle ~*** cantare, fischiare in modo stonato.

tuner /'tjuːnə(r), AE 'tuː-/ n. **1** ♦ ***27*** MUS. accordatore m. (-trice); ***organ, piano ~*** accordatore di organi, di pianoforti **2** RAD. *(unit)* sintonizzatore m.; *(knob)* manopola f. del sintonizzatore.

tuner amplifier /'tjuːnərˌæmplɪfaɪə(r), AE 'tuː-/ n. radioricevitore m.

tune-up /'tjuːnʌp, AE 'tuː-/ n. *(of engine)* messa f. a punto.

tungstate /'tʌŋsteɪt/ n. tungstato m.

tungsten /'tʌŋstən/ **I** n. tungsteno m. **II** modif. [*filament*] di tungsteno; [*steel*] al tungsteno.

tunic /'tjuːnɪk, AE 'tuː-/ n. **1** *(classical, fashion, for gym)* tunica f. **2** *(uniform) (for nurse, schoolgirl)* grembiule m.; *(for policeman, soldier)* giubba f.

tunicate /'tjuːnɪkeɪt, AE 'tuː-/ **I** agg. BOT. ZOOL. tunicato **II** n. ZOOL. tunicato m.

tunicle /'tjuːnɪkl, AE 'tuː-/ n. RELIG. dalmatica f., tunicella f.

tuning /'tjuːnɪŋ, AE 'tuː-/ **I** n. **1** *(of musical instrument, choir)* accordatura f. **2** *(of radio, TV, engine)* sintonizzazione f., sintonia f. **II** modif. **1** MUS. [*key, pin*] per accordare **2** RAD. TELEV. [*dial, knob*] di, per la sintonizzazione.

tuning fork /'tjuːnɪŋfɔːk, AE 'tuː-/ n. diapason m.

tuning hammer /'tjuːnɪŋˌhæmə(r), AE 'tuː-/ n. chiave f. da accordatore.

tuning peg /'tjuːnɪŋpeg, AE 'tuː-/ n. bischero m., pirolo m.

Tunis /'tjuːnɪs/ ♦ ***34*** n.pr. Tunisi f.

Tunisia /tjuː'nɪzɪə, AE tuː-/ ♦ ***6*** n.pr. Tunisia f.

Tunisian /tjuː'nɪzɪən, AE tuː-/ ♦ ***18*** **I** agg. tunisino **II** n. tunisino m. (-a).

tunnage → **tonnage**.

▷ **1.tunnel** /'tʌnl/ n. tunnel m., traforo m.; ***to use a ~*** usare *o* imboccare un tunnel ♦ ***to see (the) light at the end of the ~*** vedere la fine del tunnel.

2.tunnel /'tʌnl/ **I** tr. (forma in -ing ecc. **-ll-** BE, **-l-** AE) traforare, scavare un tunnel in **II** intr. (forma in -ing ecc. **-ll-** BE, **-l-** AE) scavare un tunnel.

tunnel effect /'tʌnlɪˌfekt/ n. effetto m. tunnel.

tunnel vault /'tʌnlvɔːlt/ n. volta f. a botte.

tunnel vision /'tʌnlˌvɪʒn/ n. **1** MED. visione f. a galleria, visione f. tubulare **2** FIG. ***to have ~*** avere il paraocchi.

tunny /'tʌnɪ/ n. → **tuna**.

1.tup /tʌp/ n. **1** ZOOL. ariete m., montone m. **2** MECC. mazza f. battente.

2.tup /tʌp/ tr. (forma in -ing ecc. **-pp-**) [*ram*] coprire, montare.

tuppence /'tʌpəns/ n. due penny m.pl.; ***it's not worth ~*** COLLOQ. non vale due soldi ♦ ***not to care ~ for sb., sth.*** non importarsene un fico secco *o* un accidenti di qcn., qcs.

tupenny → **twopenny**.

tuppeny-ha'penny /ˌtʌpənɪ'heɪpənɪ/ agg. SPREG. insignificante, da due soldi.

rban /'tɜ:bən/ n. turbante m.
rbaned /'tɜ:bənd/ agg. col turbante in testa.
rbary /'tɜ:bərɪ/ n. **1** torbiera f. **2** DIR. = diritto di estrazione della torba in un terreno di altri.
rbid /'tɜ:bɪd/ agg. LETT. torbido.
rbidity /tɜ:'bɪdətɪ/ **I** n. torbidità f. **II** modif. **~ *current*** torbida.
rbidness /'tɜ:bɪdnɪs/ n. → **turbidity**.
rbinate /'tɜ:bɪnət/ agg. BIOL. turbinato.
rbine /'tɜ:baɪn/ n. turbina f.; ***gas, steam* ~** turbina a gas, a vapore.
rbit /'tɜ:bɪt/ n. piccione m. dal becco corto.
rbo /'tɜ:bəʊ/ n. *(engine)* turbo m.; *(car)* turbo m. e f.
rbocharge /'tɜ:bəʊˌtʃɑ:dʒ/ tr. sovralimentare con turbocompressore.
rbocharged /ˌtɜ:bəʊ'tʃɑ:dʒd/ **I** p.pass. → **turbocharge II** agg. [*engine*] turbo, sovralimentato (con turbocompressore); [*car, vehicle*] (a motore) turbo, sovralimentato.
urbocharger /'tɜ:bəʊˌtʃɑ:dʒə(r)/ n. turbocompressore m.
urbodynamo /ˌtɜ:bəʊ'daɪnəməʊ/ n. (pl. **~s**) turbodinamo m.
urboelectric /ˌtɜ:bəʊɪ'lektrɪk/ agg. turboelettrico.
urbofan /'tɜ:bəʊfæn/ n. **1** MECC. turboventilatore m. **2** AER. turbofan m.
urbogenerator /ˌtɜ:bəʊ'dʒenəreɪtə(r)/ n. turbogeneratore m.
urbojet /'tɜ:bəʊdʒet/ **I** n. turbogetto m., turboreattore m. **II** modif. [*plane*] a turbogetto.
urboprop /'tɜ:bəʊprɒp/ **I** n. turboelica m. **II** modif. [*plane*] a turboeliche.
urbot /'tɜ:bət/ **I** n. (pl. **~**, **~s**) rombo m. chiodato, rombo m. maggiore **II** modif. [*fishing*] al rombo; [*steak*] di rombo.
urbotrain /'tɜ:bəʊtreɪn/ n. turbotreno m.
urbulence /'tɜ:bjʊləns/ n. U **1** *(of air, waves)* turbolenza f. **2** *(turmoil)* turbolenza f., disordini m.pl.; *(unrest)* agitazioni f.pl.
urbulent /'tɜ:bjʊlənt/ agg. **1** [*water*] turbolento, tumultuoso; [*air current*] turbolento **2** [*times, situation*] turbolento, agitato; [*career, history*] tempestoso, burrascoso; [*passions*] turbolento; [*character, faction*] turbolento, facinoroso.
urbulently /'tɜ:bjʊləntlɪ/ avv. in modo turbolento.
urd /tɜ:d/ n. **1** COLLOQ. *(faeces)* stronzo m. **2** VOLG. *(person)* stronzo m. (-a).
ureen /tə'ri:n/ n. zuppiera f.
▷ **1.turf** /tɜ:f/ n. (pl. **~s**, **turves**) **1** *(grass)* tappeto m. erboso; piota f., zolla f.; *(peat)* torba f.; *(piece of peat)* mattonella f. di torba; ***to lay* ~** posare le zolle *o* zollare **2** *(horseracing)* ***the* ~** le corse *o* il mondo delle corse ippiche **3** COLLOQ. *(territory)* *(of gang)* territorio m.; *(of busker, prostitute)* zona f.; ***to be back on one's own* ~** FIG. ritornare a casa.
▷ **2.turf** /tɜ:f/ tr. **1** zollare, coprire di zolle [*lawn, patch, pitch*] **2** COLLOQ. *(throw)* **~ *that dog off the sofa*** fai sloggiare *o* caccia via il cane dal divano.
turf out: **~ *out [sb., sth.]*, ~ *[sb., sth.] out*** sbattere fuori, cacciare via.
urf accountant /'tɜ:fəˌkaʊntənt/ ♦ ***27*** n. allibratore m., bookmaker m.
urf war /'tɜ:fwɔ:(r)/ n. lotta f. per il territorio (anche FIG.).
urfy /'tɜ:fɪ/ agg. **1** *(grassy)* erboso **2** *(peaty)* torboso **3** COLLOQ. *(pertaining to horseracing)* connesso con le corse ippiche.
urgescence /tɜ:'dʒesns/ n. **1** MED. turgidezza f., gonfiore m. **2** FIG. *(of style)* ampollosità f.
urgescent /tɜ:'dʒesnt/ agg. turgido, gonfio.
urgid /'tɜ:dʒɪd/ agg. FORM. **1** [*style*] ampolloso **2** LETT. [*water*] ingrossato.
urgidity /tɜ:'dʒɪdətɪ/ n. **1** *(of style)* ampollosità f. **2** LETT. *(of waters)* ingrossamento m.
urgidly /'tɜ:dʒɪdlɪ/ avv. ampollosamente.
urgidness /'tɜ:dʒɪdnɪs/ n. → **turgidity**.
urgor /'tɜ:gə(r)/ n. turgore m.
Turin /tjʊ'rɪn/ ♦ ***34*** n.pr. Torino f.
Turinese /ˌtjʊrɪ'ni:z/ **I** agg. torinese **II** n. (pl. **~**) torinese m. e f.
Turin shroud /ˌtjʊrɪn'ʃraʊd/ n. (Sacra) Sindone f.
Turk /tɜ:k/ ♦ ***18*** n. **1** *(person)* turco m. (-a) **2** COLLOQ. SPREG. *(brute)* tiranno m., prepotente m. **3** STOR. ***Young* ~** Giovane Turco ◆ ***to go* ~** fare la spia.
▷ **turkey** /'tɜ:kɪ/ n. **1** GASTR. tacchino m. **2** AE COLLOQ. SPREG. TEATR. CINEM. *(flop)* fiasco m.; *(bad film)* brutto film m., schifezza f. **3** AE COLLOQ. *(person)* pollo m., idiota m. e f., babbeo m. (-a) ◆ ***to talk* ~** COLLOQ. parlare di cose serie.
Turkey /'tɜ:kɪ/ ♦ ***6*** n.pr. Turchia f.
turkey buzzard /'tɜ:kɪˌbʌzəd/ n. avvoltoio m. dal collo rosso.
turkey cock /'tɜ:kɪkɒk/ n. **1** *(bird)* tacchino m. **2** COLLOQ. *(young man)* pavone m.; smargiasso m., spaccone m.
turkey-hen /'tɜ:kɪhen/ n. tacchina f.
turkey-poult /'tɜ:kɪpəult/ n. tacchinotto m.
turkey trot /'tɜ:kɪtrɒt/ n. STOR. *(dance)* = ballo da sala a ritmo di ragtime, in voga all'inizio del XX secolo.
turkey vulture /'tɜ:kɪˌvʌltʃə(r)/ n. → **turkey buzzard**.
Turkish /'tɜ:kɪʃ/ ♦ ***18, 14*** **I** agg. turco **II** n. LING. turco m.
Turkish bath /ˌtɜ:kɪʃ'bɑ:θ, AE -'bæθ/ n. bagno m. turco.
Turkish coffee /ˌtɜ:kɪʃ'kɒfɪ, AE -'kɔ:fɪ/ n. caffè m. turco.
Turkish delight /ˌtɜ:kɪʃdɪ'laɪt/ n. lokum m.
Turkish tobacco /ˌtɜ:kɪʃtə'bækəʊ/ n. tabacco m. turco.
Turkish towel /ˌtɜ:kɪʃ'taʊəl/ n. asciugamano m. di spugna.
Turkish towelling /ˌtɜ:kɪʃ'taʊəlɪŋ/ n. tessuto m. di spugna ruvido.
Turkmen /'tɜ:kmən/ ♦ ***18, 14*** **I** agg. turkmeno **II** n. (pl. **~**, **~s**) **1** *(inhabitant)* turkmeno m. (-a) **2** *(language)* turkmeno m.
Turkmenistan /ˌtɜ:kmenɪ'stɑ:n/ ♦ ***6*** n.pr. Turkmenistan m.
Turkoman /'tɜ:kəʊmən/ → **Turkmen**.
Turk's cap lily /'tɜ:kskæpˌlɪlɪ/ n. turbante m. di turco, martagone m.
Turk's head /'tɜ:kshed/ n. *(knot)* nodo m. a turbante.
turmeric /'tɜ:mərɪk/ n. curcuma f. (anche BOT.).
▷ **turmoil** /'tɜ:mɔɪl/ n. *(political)* agitazione f., disordine m., tumulto m.; *(emotional)* agitazione f., tumulto m.; ***in* ~** in tumulto, in agitazione.
▶ **1.turn** /tɜ:n/ n. **1** *(opportunity, in rotation)* turno m.; ***to wait one's* ~** aspettare il proprio turno; ***it's my* ~** è il mio turno *o* tocca a me; *(in game)* tocca a me; ***whose* ~ *is it?*** a chi tocca? ***"miss a* ~*"*** "perdete un turno" *o* "saltate un giro"; ***to be sb.'s* ~ *to do*** essere il turno di qcn. per fare *o* toccare a qcn. fare; ***it's your* ~ *to make the coffee*** tocca a te fare il caffè; ***it was his* ~ *to feel rejected*** fu lui (questa volta) a sentirsi rifiutato; ***have a* ~ *on, at, with the computer*** tocca a te usare il computer; ***to have a* ~ *at driving*** dare il cambio alla guida; ***to take* ~*s at doing, to take it in* ~*s to do*** fare a turno a fare; ***to do sth.* ~ *and* ~ *about*** fare qcs. a turno; ***take it in* ~*s!*** fate a turno! ***by* ~*s*** a turni *o* a rotazione; ***to feel happy and depressed by* ~*s*** essere a volte felice e a volte depresso; ***to speak out of* ~** FIG. parlare a sproposito; ***I hope I haven't spoken out of* ~** spero di non aver parlato a sproposito **2** *(circular movement)* giro m., rotazione f.; ***to give sth. a* ~** girare qcs. *o* dare un giro a qcs.; ***to give sth. half a* ~ *to the left*** far fare a qcs. un mezzo giro a sinistra; ***to do a* ~** [*dancer*] fare un giro; ***to take a* ~ *in the park*** fare un giro nel parco **3** *(in vehicle)* svolta f., curva f.; AER. virata f.; ***a 90°* ~** una curva di 90°; ***to make*** o ***do a left, right* ~** girare a sinistra, a destra; ***to do a* ~ *in the road*** svoltare nella strada; ***"no left* ~*"*** "divieto di svolta a sinistra" **4** *(bend, side road)* curva f.; ***there's a left* ~ *ahead*** più avanti c'è una curva a sinistra; ***brake before you go into the* ~** frena prima di entrare in curva; ***take the next right* ~, *take the next* ~ *on the right*** prenda la prossima strada a destra **5** *(change, development)* corso m., cambiamento m.; ***the* ~ *of events*** il corso degli eventi; ***this is an extraordinary* ~ *of events*** gli eventi hanno assunto un andamento straordinario; ***to take an encouraging, a worrying* ~** [*events*] prendere una piega incoraggiante, una piega preoccupante; ***to take a* ~ *for the better*** [*person*] migliorare; [*situation, things, events*] andare per il meglio, mettere bene, prendere una buona piega; ***to take a* ~ *for the worse*** [*situation*] peggiorare, prendere una brutta piega, volgere al peggio; [*health*] peggiorare, aggravarsi; ***she has taken a* ~ *for the worse*** va sempre peggio *o* ha preso una brutta piega; ***to be on the* ~** [*milk*] cominciare a inacidire; [*tide*] cominciare a cambiare; ***our luck is on* ~** la fortuna sta girando *o* cambiando; ***at the* ~ *of the century*** al volgere del secolo **6** BE COLLOQ. *(attack)* crisi f., attacco m.; ***she's had one of her* ~*s again*** ha avuto di nuovo una delle sue crisi; ***a giddy*** o ***dizzy* ~** vertigini; ***to have a funny* ~** essere, sentirsi sfasato, fuori fase; ***it gave me quite a* ~, *it gave me a nasty* ~** mi ha fatto venire un colpo **7** *(act)* numero m.; ***a comic, variety* ~** un numero comico, di varietà; ***to do a, one's* ~** esibirsi in un, nel proprio numero **8 in turn** *(in rotation)* [*answer, speak*] a turno; ***she spoke to each of us in* ~** ha parlato con ognuno di noi a turno *o* singolarmente; *(linking sequence)* a sua volta; ***this in* ~ *leads to higher inflation*** a sua volta ciò provoca la crescita dell'inflazione; ***I invited Andrew who in* ~ *invited Robert*** ho invitato Andrew che a sua volta ha invitato Robert ◆ ***at every* ~** tutti momenti, a ogni piè sospinto; ***one good* ~ *deserves another*** PROV. = chi fa del bene riceve del bene, chi semina raccoglie; ***to be done to a* ~** essere cotto a puntino; ***to do sb. a good* ~** rendere un servizio a qcn., fare un favore a qcn.; ***to feel another* ~ *of the screw*** = sentire aumentare la pressione.
▶ **2.turn** /tɜ:n/ **I** tr. **1** *(rotate)* [*person*] girare [*knob, wheel, handle*]; girare, stringere [*screw*]; [*mechanism*] fare girare [*cog, wheel*]; ***to* ~**

sth. to the right, left girare qcs. verso destra, sinistra; **to ~ sth. to "on", "off"** mettere qcs. sulla posizione "on", "off"; **to ~ a switch through 90 degrees** girare *o* fare ruotare l'interruttore di 90 gradi; **to ~ sth. halfway, the wrong way** ruotare qcs. di mezzo giro, nel senso sbagliato; **to ~ the key in the door** o **lock** *(lock up)* chiudere la porta a chiave; *(unlock)* aprire la porta con la chiave *o* fare girare la chiave nella serratura; **to ~ the key on sb.** *(inside)* chiudere qcn. a chiave; *(outside)* chiudere qcn. fuori di casa **2** *(turn over, reverse)* girare [*mattress, steak*]; girare, voltare [*page*]; rovesciare [*collar*]; rivoltare [*soil*]; **to ~ sb. onto his side, back** girare qcn. sul fianco, sulla schiena; **to ~ one's ankle** storcersi una caviglia *o* prendere una storta a una caviglia; **it ~s my stomach** mi dà il voltastomaco **3** *(change direction of)* girare [*chair, car*]; girare, voltare [*head, face*]; **to ~ a picture to the wall** girare un quadro verso il muro; **to ~ one's face towards** voltarsi verso; **to ~ one's steps towards** dirigere i propri passi verso; **to ~ one's attention** o **mind to** volgere la propria attenzione a; **to ~ one's back on** voltare le spalle a [*group, place*]; FIG. voltare le spalle a [*friend, ally*]; voltare le spalle a, abbandonare a se stesso [*homeless, needy*]; **as soon as my back is ~ed** non appena volto le spalle (anche FIG.); **to ~ one' s back on the past** lasciarsi il passato alle spalle; **to ~ sb. from one's door** allontanare, cacciare qcn. **4** *(focus direction of)* **to ~ sth. on sb.** puntare qcs. contro qcn. [*gun, hose, torch*]; FIG. indirizzare, dirigere qcs. contro qcn. [*anger, scorn*] **5** *(transform)* **to ~ sth. white, black** fare diventare qcs. bianco, nero; **to ~ sth. milky, opaque** rendere qcs. latteo, opaco; **to ~ sth. into** trasformare qcs. in [*office, car park, desert*]; **to ~ water into ice, wine** mutare, trasformare l'acqua in ghiaccio, in vino; **to ~ a book into a film** fare l'adattamento cinematografico di un libro; **~ your old newspapers into cash!** trasformate i vostri vecchi giornali in denaro! **to ~ sb. into** [*magician*] trasformare, mutare qcn. in [*frog*]; [*experience*] fare di qcn. [*extrovert, maniac*]; **it ~ed him from a normal child into a delinquent** questo l'ha fatto diventare, dal bambino normale che era, un delinquente; **to stand there as if ~ed to stone** rimanere come pietrificato **6** *(deflect)* deviare, dirigere [*person, conversation*]; **to ~ the conversation towards** o **onto sth.** dirigere la conversazione su qcs.; **to ~ sb. from a course of action, from her purpose** distogliere qcn. dalla propria linea d'azione, dal proprio proposito **7** COLLOQ. *(pass the age of)* **he has ~ed 50** ha passato i 50 (anni); **she has just ~ed 20, 30** ha appena compiuto vent'anni, trent'anni; **as soon as I ~ 18** appena compierò 18 anni; **it's just ~ed five o'clock** sono le cinque passate da poco **8** IND. *(on lathe)* lavorare al tornio, tornire [*wood, piece, spindle*] **9** FIG. *(fashion)* **to ~ an elegant sentence** tornire una frase elegante **10** *(in espionage)* fare lavorare per sé [*spy, agent*] **II** intr. **1** *(change direction)* [*person, car, plane, road*] girare, svoltare; [*ship*] virare; **to ~ (to the) left, right** girare a sinistra, a destra; **to ~ to the east, the west** girarsi verso est, ovest; **to ~ down** o **into** girare in [*street, alley*]; **to ~ off** lasciare [*main road, street*]; **to ~ towards** girare verso *o* in direzione di [*village, mountains*]; **I ~ed towards home** mi sono diretto verso casa; **her thoughts ~ed to her family** ha rivolto i suoi pensieri alla famiglia; **the conversation ~ed to Ellie** si è finito per parlare di Ellie; **he later ~ed to teaching** in seguito passò all'insegnamento **2** *(reverse direction)* [*person, vehicle*] girare; [*tide*] cambiare; [*luck*] girare, (cominciare a) cambiare; **there's no room for the bus to ~** l'autobus non ha abbastanza spazio per girare *o* fare manovra; **"no ~ing"** *(in driveway)* "divieto d'accesso", "divieto di svolta" **3** *(revolve)* [*key, wheel, planet*] girare; [*person*] girarsi, voltarsi (**to, towards** verso); **to ~ on its axis** girare sul proprio asse; **a key ~ed in the lock** una chiave girò nella serratura; **to ~ in one's chair** girarsi sulla sedia; **to ~ and face the camera** girarsi verso la macchina fotografica; **to ~ and walk out of the room** girarsi e uscire dalla stanza; **to ~ to do** girarsi per fare; **to ~ to face sth.** voltarsi verso qcs.; **to ~ and fight** girarsi per combattere; **to ~ to lie on one's side** girarsi su un fianco; **I ~ed once again to my book, my work** ripresi ancora una volta il libro, il lavoro **4** FIG. *(hinge)* **to ~ on** [*argument*] incentrarsi su [*point, issue*]; [*outcome*] dipendere da [*factor*] **5** *(spin round angrily)* **to ~ on sb.** [*dog*] attaccare qcn.; [*person*] prendersela con qcn. **6** FIG. *(resort to, rely on)* **to ~ to** rivolgersi a [*person*]; rivolgersi a *o* cercare conforto in [*religion*]; **to ~ to drink** darsi al bere; **to ~ to drugs** cominciare a drogarsi; **to ~ to sb. for** rivolgersi a qcn. per [*help, advice, money*]; **I don't know who to ~ to for advice** non so a chi rivolgermi per chiedere consiglio; **I don't know where** o **which way to ~** non so a che santo votarmi *o* che pesci pigliare **7** *(change)* **to ~ into** [*tadpole*] trasformarsi, mutarsi in [*frog*]; [*sofa*] trasformarsi in [*bed*]; [*situation, evening*] trasformarsi in, risolversi in [*farce, disaster*]; [*conversation*] trasformarsi in, diventare [*shouting match*]; *(magically)* [*person*] trasformarsi in [*animal, prince etc.*]; **to ~ to** [*substance*] trasformarsi in, diventare [*ice, gold etc.*]; [*fear, surprise*] trasformarsi in [*horror, relief*]; **his hopes had ~ed to dust** le sue speranze erano stare ridotte in polvere **8** *(become by transformation)* diventare, farsi [*pale, cloudy, green*]; **to ~ white, black, red** diventare bianco, nero, rosso; CHIM. virare al bianco, al nero, al rosso; **the weather is ~ing cold, warm** il tempo sta volgendo al freddo, al caldo; **events ~ed tragic** gli eventi presero una piega tragica **9** COLLOQ. *(have change of heart)* diventare [*Conservative, Communist*]; **businesswoman ~ed politician** donna d'affari diventata un politico; **to ~ Catholic, Muslim** convertirsi al cattolicesimo, all'islamismo; **to ~ traitor** diventare un traditore **10** *(go sour)* [*milk*] inacidirsi **11** [*trees, leaves*] cambiare, mutare colore, ingiallire.

■ **turn about** girarsi, voltarsi; **about ~!** MIL. dietro front!

■ **turn against: ~ against [sb., sth.]** ribellarsi, rivoltarsi contro; **~ [sb.] against** fare ribellare [qcn.] contro [*person, ideology*].

■ **turn around: ~ around 1** *(to face other way)* [*person*] girarsi, voltarsi (**to do** per fare); [*bus, vehicle*] girare **2** FIG. **you can't just ~ around and say you've changed your mind** non puoi semplicemente dire che hai cambiato idea; **what if he just ~s around and says no?** e se cambia idea e dice di no? **3** *(revolve, rotate)* [*object, windmill, dancer*] girare **4** *(change trend)* **the market has ~ed around** il mercato ha avuto un'inversione di tendenza; **sales have ~ed round** le vendite sono migliorate *o* c'è stata un'inversione di tendenza nelle vendite **5** *(unload and reload)* [*means of transport*] scaricare e ricaricare; **~ [sth.] around, ~ around [sth.] 1** *(to face other way)* girare [*car, chair, piano, head, baby*] **2** *(reverse decline in)* raddrizzare [*situation*]; risollevare, risanare [*economy, company*]; risollevare le sorti di [*political party, factory*] **3** *(unload and reload)* scaricare e caricare [*plane, ship*]; **the plane can be ~ed around in an hour** si può scaricare e fare ripartire l'aereo nel giro di un'ora **4** *(rephrase)* rigirare, riformulare [*question, sentence*].

■ **turn aside** voltarsi, girare la testa (**from** da).

■ **turn away: ~ away** voltarsi, girare la testa; **to ~ away in disgust, horror** voltarsi, distogliere lo sguardo con disgusto, orrore; **~ [sth.] away, ~ away [sth.]** voltare, girare [*head*]; girare [*torch*]; **~ [sb.] away, ~ away [sb.]** rifiutare, respingere, mandare via [*spectator, applicant*]; non fare entrare [*salesman, caller*]; mandare via, cacciare [*beggar*]; **I was ~ed away from the Ritz** non mi hanno fatto entrare al Ritz.

■ **turn back: ~ back 1** *(turn around) (on foot)* tornare indietro, sui propri passi; *(in vehicle)* tornare indietro; **it's too late to ~ back** è troppo tardi per tornare indietro (anche FIG.); **there's no ~ing back** FIG. non si torna più indietro **2** *(in book)* tornare (**to** a); **~ [sth.] back, ~ back [sth.] 1** *(rotate backwards)* (ri)mettere indietro [*dial, clock*]; **to ~ one's watch back five minutes** mettere indietro l'orologio di cinque minuti **2** *(fold back)* piegare, ripiegare [*sheet, lapel*]; piegare [*corner, page*]; **~ [sb.] back, ~ back [sb.]** fare tornare indietro [*marchers, heavy vehicle*]; respingere, ricacciare indietro [*refugees*]; **to be ~ed back at the border** essere respinto alla frontiera.

■ **turn down: ~ down** [*graph, curve*] scendere; **his mouth ~s down at the corners** ha gli angoli della bocca rivolti all'ingiù; **~ [sth.] down, ~ down [sth.] 1** *(reduce)* abbassare [*volume, radio, heating, light, gas*] **2** *(fold over)* piegare, fare la piega a [*sheet*]; piegare, tirare giù [*collar*]; piegare [*corner of page*]; fare le orecchie a [*page*]; **~ [sb., sth.] down, ~ down [sb., sth.]** rifiutare, respingere, non accettare [*suitor, candidate, request, application, offer, suggestion*].

■ **turn from** abbandonare, lasciare [*habit etc.*].

■ **turn in: ~ in 1** COLLOQ. *(go to bed)* andare a coricarsi **2** *(point inwards)* **his toes ~ in** ha i piedi in dentro; **to ~ in on itself** [*leaf, page*] accartocciarsi; **to ~ in on oneself** FIG. chiudersi in se stesso; **~ in [sth.], ~ [sth.] in** COLLOQ. **1** *(hand in)* restituire, dare indietro [*badge*]; rinunciare a, dimettersi da [*membership*]; consegnare [*homework*] **2** *(produce)* **to ~ in a profit** dare *o* fare registrare un profitto; **to ~ in a good performance** [*player*] rendersi protagonista di una buona prestazione; [*company*] avere dei buoni risultati; [*currency, share*] aumentare di valore **3** *(give up, stop)* rinunciare a, abbandonare [*job, activity*]; **~ [sb.] in, ~ in [sb.]** consegnare alla polizia [*suspect*] (**to** a); **~ oneself in** consegnarsi alla polizia *o* costituirsi.

■ **turn off: ~ off 1** *(leave road)* girare, svoltare (cambiando strada); **~ off at the next exit** esca alla prossima uscita **2** [*motor, fan*] fermarsi, spegnersi; **where does the light ~ off?** dove si spegne la luce? **~ off [sth.], ~ [sth.] off** spegnere [*light, oven, TV, radio, computer, engine*]; chiudere [*tap*]; togliere [*water, gas, electricity*];

~ ***that rubbish off!*** COLLOQ. spegni quello schifo! ~ ***[sb.] off*** COLLOQ. disgustare, schifare; ***to ~ sb. off sth.*** disgustare, schifare qcn. con [*food*].

turn on: ~ ***on*** [*oven, device*] accendersi; ~ ***on [sth.]***, ~ ***[sth.] on*** accendere [*light, oven, gas, TV, radio, computer*]; aprire [*tap*]; ***to ~ the water back on*** riaprire l'acqua; ***to ~ the electricity back on*** ripristinare la corrente; ***to ~ on the pressure*** FIG. mettere sotto pressione; ***to ~ on the charm*** tirare fuori tutto il proprio fascino; ~ ***[sb.] on***, ~ ***on [sb.]*** COLLOQ. eccitare, prendere; ***to be ~ed on*** essere eccitato (**by** da); ***to ~ sb. on to sth.*** COLLOQ. iniziare qcn. a [*drug*].

▪ **turn out:** ~ ***out*** **1** *(be eventually)* ***to ~ out well, badly*** andare a finire bene, male; ***to ~ out differently*** avere un esito diverso; ***to ~ out all right*** andare bene *o* per il meglio; ***it depends how things ~ out*** dipende da come si mettono le cose; ***this child will ~ out badly*** questo bambino finirà male; ***to ~ out to be*** *(prove to be)* dimostrarsi *o* rivelarsi (essere); ***to ~ out to be wrong*** dimostrarsi falso; ***the job ~ed out (to be) difficult*** il lavoro si è rivelato difficile; ***it ~ed out to be a good decision*** si è dimostrata essere una decisione giusta *o* alla fine fu una decisione giusta; ***it ~s out that*** risulta che; ***it ~ed out (that) she knew him*** risultò che lo conosceva; ***as it ~ed out*** a conti fatti *o* in fin dei conti **2** *(come out)* [*crowd, people*] affluire, accorrere (**to do** per fare; **for** per); ***the fans ~ out every Saturday*** i fans arrivano, accorrono ogni sabato; ***we had to ~ out at six*** BE dovevamo essere là alle sei **3** *(point outwards)* ***his toes*** o ***feet ~ out*** ha i piedi in fuori; ~ ***[sth.] out***, ~ ***out [sth.]*** **1** *(turn off)* spegnere [*light*] **2** *(empty)* svuotare, rovesciare [*pocket, bag*]; GASTR. rovesciare, togliere dallo stampo [*mousse, mould*] **3** *(produce)* produrre, fabbricare [*goods*]; formare [*scientists, graduates*]; pubblicare [*novel, script, poem*] **4** ***to ~ one's toes*** o ***feet out*** girare le punte dei piedi in fuori; ~ ***[sb.] out***, ~ ***out [sb.]*** **1** *(evict)* buttare fuori, mettere alla porta; ***to ~ sb. out into the street*** buttare qcn. fuori di casa **2** BE *(send)* inviare, mandare [*guard, police, troops*].

▪ **turn over:** ~ ***over*** **1** *(roll over)* [*person*] girarsi, rivoltarsi; [*car*] ribaltarsi, capottare; [*boat*] rovesciarsi, capovolgersi; ***to ~ over and over*** [*person, object*] fare più giri su se stesso; [*car*] ribaltarsi *o* capottare più volte **2** *(turn page)* girare la pagina **3** [*engine*] girare; ~ ***[sth., sb.] over***, ~ ***over [sth., sb.]*** **1** *(turn)* girare, voltare [*page, paper*]; girare, rivoltare [*object, mattress, soil*]; girare [*card, baby, patient*]; rovesciare [*ship*]; ***he ~ed the car over*** fece capottare la macchina **2** *(hand over)* affidare, consegnare [*object, money, find, papers*] (**to** a); consegnare [*person, fugitive*] (**to** a); affidare, cedere [*company, business*] (**to** a); affidare, trasmettere [*control, power*] (**to** a); ***I'm ~ing the new recruits over to you*** affido a te i nuovi assunti **3** *(reflect)* ***I've been ~ing it over in my mind*** ho meditato *o* riflettuto bene **4** BE COLLOQ. *(rob)* svaligiare [*shop, place*]; ***I have been ~ed over*** mi hanno derubato **5** ECON. *(have turnover of)* [*company*] avere un giro, un volume di affari di [*amount*] **6** [*battery, starter motor*] fare partire, fare avviare [*engine*].

▪ **turn round** BE → **turn around**.

▪ **turn to** BE ANT. darci dentro, mettercisi d'impegno.

▪ **turn up:** ~ ***up*** **1** *(arrive, show up)* comparire, farsi vivo (**to, at** a; **for** per); ***to ~ up late*** arrivare tardi; ***to ~ up in jeans*** presentarsi in jeans; ***she didn't ~ up*** non si è fatta vedere; ***guess who ~ed up at the station*** indovina chi si è presentato alla stazione **2** *(be found)* ***don't worry - it will ~ up*** non ti preoccupare, salterà fuori **3** *(present itself)* [*opportunity, job*] presentarsi, capitare; ***something will ~ up (for me, for you etc.)*** qualcosa verrà *o* salterà fuori (per me, te ecc.) **4** *(point up)* [*corner, edge*] sporgere in fuori; ***his nose ~s up*** ha il naso all'insù **5** *(take upturn)* [*economy*] crescere, migliorare; [*market*] essere in rialzo; [*investment, sales, profits*] crescere; ~ ***up [sth.]***, ~ ***[sth.] up*** **1** *(increase, intensify)* aumentare [*lighting, gas*]; aumentare, alzare [*heating, volume*]; alzare (il volume di) [*TV, radio, music*] **2** *(point up)* alzare [*collar*]; ***to ~ one's nose up at sth., at the idea of doing*** arricciare, torcere il naso davanti a qcs., all'idea di fare **3** *(discover)* portare alla luce [*buried object*]; [*person*] trovare, scoprire [*discovery, information*]; ***facts ~ed up by the inquiry*** fatti portati alla luce dall'inchiesta.

turnabout /'tɜːnəbaʊt/ n. **1** MAR. cambiamento m. di rotta **2** FIG. voltafaccia m., cambiamento m. repentino d'opinione.

turnaround /'tɜːnəraʊnd/ n. **1** *(reversal of attitude)* cambiamento m. di atteggiamento **2** *(reversal of fortune)* inversione f. di tendenza (**in** di); *(for the better)* miglioramento m., recupero m. (**in** di) **3** *(of ship, plane etc.)* inversione f. di rotta.

turnaround time /'tɜːnəraʊnd,taɪm/ n. **1** *(of means of transport)* tempo m. di rotazione **2** AMM. tempo m. di risposta.

turn bridge /'tɜːnbrɪdʒ/ n. ponte m. girevole.

turnbuckle /'tɜːnbʌkl/ n. MECC. tenditore m.

turncoat /'tɜːnkəʊt/ n. voltagabbana m. e f., banderuola f. (anche POL.).

turncock /'tɜːnkɒk/ n. valvola f. di regolazione della portata.

turndown /'tɜːndaʊn/ n. calo m., ribasso m., flessione f.

turned-out /,tɜːnd'aʊt/ agg. ***to be well ~*** essere vestito a puntino; ***to be immaculately ~*** essere vestito in modo impeccabile.

turned-up /,tɜːnd'ʌp/ agg. [*nose*] all'insù.

turner /'tɜːnə(r)/ ♦ **27** n. tornitore m. (-trice); ***metal, wood ~*** tornitore in metallo, in legno.

turnery /'tɜːnərɪ/ n. **1 U** *(finished articles)* oggetti m.pl. lavorati al tornio **2** (anche **turning**) tornitura f. **3** *(workshop)* torneria f.

turning /'tɜːnɪŋ/ n. **1** BE *(in road)* svolta f., deviazione f.; ***to take a ~ too quickly*** svoltare troppo velocemente; ***to take a wrong ~*** girare nella strada sbagliata; ***a ~ off the main street*** una deviazione dalla strada principale; ***the second next ~ on the right*** la seconda svolta a destra; ***I've missed my ~*** non ho girato dove avrei dovuto; ***here's our ~*** dobbiamo girare qui **2** *(work on lathe)* tornitura f.

turning circle /'tɜːnɪŋ,sɜːkl/ n. angolo m. di sterzatura.

turning lathe /'tɜːnɪŋ,leɪð/ n. tornio m.

turning point /'tɜːnɪŋ,pɔɪnt/ n. svolta f. (decisiva) (**in, of** di); ***to be at a ~*** essere a una svolta.

turnip /'tɜːnɪp/ n. rapa f.

turnip-cabbage /'tɜːnɪp,kæbɪdʒ/ n. ANT. → **kohlrabi**.

turnip moth /'tɜːnɪpmɒθ/ n. nottua f. delle messi.

turnkey /'tɜːnkiː/ **I** n. ANT. carceriere m., secondino m. **II** modif. ING. INFORM. [*contract, project, system*] chiavi in mano.

turnoff /'tɜːnɒf, AE -ɔːf/ n. **1** *(in road)* uscita f., raccordo m. di svincolo, via f. laterale; ***the Slough ~*** l'uscita per Slough **2** COLLOQ. *(passion-killer)* ***to be a real ~*** fare passare qualsiasi voglia.

turn of mind /,tɜːnəv'maɪnd/ n. indole f., disposizione f. d'animo, modo m. di pensare.

turn of phrase /,tɜːnəv'freɪs/ n. *(expression)* espressione f., locuzione f.; *(way of expressing oneself)* modo m. di esprimersi.

turn-on /'tɜːnɒn/ n. COLLOQ. ***to be a real ~*** essere veramente eccitante.

▷ **turnout** /'tɜːnaʊt/ n. **1** *(to vote, strike, demonstrate)* affluenza f., partecipazione f. (**for** a); ***a 75% ~*** un'affluenza del 75%; ***a high, low ~ for the election*** un'alta, una bassa affluenza alle urne; ***there was a magnificent ~ for the parade*** c'è stata una grandissima partecipazione alla parata; ***what sort of ~ do you expect?*** quante persone si aspetta? **2** *(clear-out)* ripulita f., pulita f.; ***to need a good ~*** avere bisogno di una bella pulita **3** COLLOQ. *(appearance)* tenuta f.

▷ **turnover** /'tɜːn,əʊvə(r)/ n. **1** AMM. giro m., volume m. d'affari, turnover m. **2** *(rate of replacement) (of stock)* rotazione f.; *(of staff)* turnover m., rotazione f.; ***the staff ~ in this school is 25%*** la percentuale di ricambio del personale in questa scuola è del 25% **3** GASTR. = sfoglia ripiena di frutta.

turnpike /'tɜːnpaɪk/ n. *(tollgate)* barriera f. di pagamento del pedaggio; AE *(toll expressway)* autostrada f. a pedaggio.

turnplate /'tɜːnpleɪt/ n. → **turntable**.

turnround /'tɜːnraʊnd/ n. **1** *(of ship, plane etc.)* operazioni f.pl. di scarico e carico; *(time taken)* tempo m. impiegato nello scarico e carico **2** *(reversal of opinion)* cambiamento m. d'opinione, voltafaccia m. **3** ECON. *(reversal of trend)* inversione f. di tendenza.

turnscrew /'tɜːnskruː/ n. giravite m., cacciavite m.

turn signal /'tɜːn,sɪgnl/ n. indicatore m. di direzione.

turnspit /'tɜːnspɪt/ n. **1** RAR. girarrosto **2** STOR. *(person)* chi fa girare lo spiedo.

turnstile /'tɜːnstaɪl/ n. tornello m., tourniquet m.; *(to count number of visitors)* = contatore di persone.

turnstone /'tɜːnstəʊn/ n. voltapietre m.

turntable /'tɜːnteɪbl/ n. **1** *(on record player)* piatto m. **2** FERR. AUT. piattaforma f. girevole.

turntable ladder /'tɜːnteɪbl,lædə(r)/ n. scala f. aerea.

turnup /'tɜːnʌp/ n. BE *(of trousers)* risvolto m. ◆ ***a ~ for the books*** BE un colpo di scena, un avvenimento sorprendente, inaspettato.

1.turpentine /'tɜːpəntaɪn/ n. (essenza di) trementina f.

2.turpentine /'tɜːpəntaɪn/ tr. trattare con trementina.

turpentine tree /'tɜːpəntaɪn,triː/ n. terebinto m.

turpitude /'tɜːpɪtjuːd, AE -tuːd/ n. turpitudine f.

turps /tɜːps/ n. COLLOQ. (accorc. turpentine) (essenza di) trementina f.

turquoise /'tɜːkwɔɪz/ ♦ **5 I** n. turchese m. **II** agg. (color) turchese.

turret /'tʌrɪt/ n. *(all contexts)* torretta f.

turreted /'tʌrɪtɪd/ agg. turrito, munito di torrette.

turret lathe /'tʌrɪtleɪð/ n. tornio m. a revolver.

turret-mounted /'tʌrɪt,maʊntɪd/ agg. [*gun*] montato su una torretta.

turriculate /tə'rɪkjʊlət/, **turriculated** /tə'rɪkjʊleɪtɪd/ agg. *(having small turrets)* turrito; *(of the form of a small turret)* turricolato.

▷ **1.turtle** /'tɜ:tl/ n. BE tartaruga f. di mare; AE tartaruga f. ◆ ***to turn ~*** ribaltarsi, capovolgersi.

2.turtle /'tɜ:tl/ intr. cacciare tartarughe.

3.turtle /'tɜ:tl/ n. ANT. tortora f.

turtle dove /'tɜ:tldʌv/ n. tortora f.

turtle neck /'tɜ:tlnek/ n. **1** *(neckline)* collo m. alto **2** AE *(sweater)* dolcevita m. e f.

turtle-necked /'tɜ:tlnekt/ agg. [*sweater*] a collo alto.

turtle soup /'tɜ:tlsu:p/ n. zuppa f. di tartaruga.

turves /'tɜ:vz/ → **1.turf**.

Tuscan /'tʌskən/ **I** agg. toscano **II** n. **1** *(person)* toscano m. (-a) **2** LING. toscano m.

Tuscany /'tʌskənɪ/ ▸ ***24*** n.pr. Toscana f.

1.tush /tʌʃ/ n. AE COLLOQ. *(buttocks)* didietro m., chiappe f.pl.

2.tush /tʌʃ/ inter. ANT. bah, puah.

3.tush /tʌʃ/ n. **1** *(of horse)* dente m. canino **2** *(of elephant)* zanna f.

1.tusk /tʌsk/ n. *(of elephant, walrus etc.)* zanna f.

2.tusk /tʌsk/ tr. azzannare.

tusked /tʌskt/ agg. zannuto.

tusker /'tʌskə(r)/ n. animale m. zannuto, dalle grosse zanne.

tussive /'tʌsɪv/ agg. *(pertaining to cough)* della tosse; *(caused by cough)* provocato dalla tosse.

1.tussle /'tʌsl/ n. **1** *(struggle)* rissa f., zuffa f., lotta f. (**for** per) **2** *(wrangle)* ***verbal, legal ~*** contesa *o* battaglia verbale, legale (**over** su).

2.tussle /'tʌsl/ intr. azzuffarsi, rissare, lottare (**for** per); ***to ~ with sb.*** lottare *o* battersi con qcn. (**over** per).

tussock /'tʌsək/ n. ciuffo m. d'erba.

tussocky /'tʌsəkɪ/ agg. *(resembling a tussock)* simile a un ciuffo d'erba; *(covered with tussoks)* cespuglioso, coperto di ciuffi d'erba.

1.tut /tʌt/ n. MIN. AGR. (lavoro a) cottimo m.

2.tut /tʌt/ intr. (forma in -ing etc. **-tt-**) MIN. AGR. lavorare a cottimo.

3.tut /tʌt/ inter. tsk-tsk.

4.tut /tʌt/ intr. (forma in -ing ecc. **-tt-**) fare tsk-tsk.

Tutankhamen, **Tutankhamun** /ˌtu:tæŋ'kɑ:mən/ n.pr. STOR. Tutankhamen, Tutankhamon.

tutee /tju:'tɪ, AE tu:-/ n. studente m. (-essa) di un tutor; *(individual)* allievo m. (-a) di lezioni private.

tutelage /'tju:tɪlɪdʒ, AE 'tu:-/ n. FORM. tutela f.

tutelar /'tju:tɪlə(r), AE 'tu:-/, **tutelary** /'tju:tɪlərɪ, AE 'tu:tɪlerɪ/ agg. FORM. tutelare.

▷ **1.tutor** /'tju:tə(r), AE 'tu:-/ ▸ ***27*** n. **1** *(private teacher)* insegnante m. e f. privato (-a), precettore m. (-trice) **2** UNIV. *(teacher)* tutor m. e f.; BE *(for general welfare)* = persona che si occupa dei problemi degli studenti, come trovare alloggio ecc. **3** BE SCOL. *(of class)* = insegnante che segue gli allievi più piccoli; *(of year group)* = insegnante che si occupa degli studenti quando non seguono le lezioni; *(for general welfare)* = persona che si occupa dei problemi degli studenti **4** MUS. *(instruction book)* metodo m.

▷ **2.tutor** /'tju:tə(r), AE 'tu:-/ **I** tr. seguire direttamente (**in** in); dare lezioni private a (**in** di) **II** intr. dare lezioni (**in** di).

tutorage /'tju:tərɪdʒ, AE 'tu:-/ n. → **tutorship**.

tutoress /'tju:tərɪs, AE 'tu:-/ ▸ ***27*** n. istitutrice f., insegnante f. privata.

tutor group /'tju:təgru:p, AE 'tu:-/ n. UNIV. = piccolo gruppo di studenti seguito da un tutor.

tutorial /tju:'tɔ:rɪəl, AE tu:-/ **I** n. UNIV. *(group)* = corso di studi sotto la guida di un tutor; *(private)* = lezione individuale **II** modif. [*system*] = in cui un tutor segue un ristretto gruppo di studenti; ***~ duties*** = compiti di tutor.

tutoring /'tju:tərɪŋ, AE 'tu:-/ n. **1** UNIV. insegnamento m. in piccoli gruppi **2** *(to individuals)* lezioni f.pl. private.

tutor period /'tju:təˌpɪərɪəd, AE 'tu:-/ n. SCOL. UNIV. = orario dedicato alla mansione di tutor, tutoraggio.

tutorship /'tju:təʃɪp, AE 'tu:-/ n. mansione f., incarico m. di tutor, tutoraggio m.

tutsan /'tʌtsən/ n. ciciliana f.

tutti frutti /ˌtu:tɪ'fru:tɪ/ **I** n. (anche **~ ice cream**) = gelato con pezzi di frutta **II** agg. con pezzi di frutta.

tut-tut /tʌt'tʌt/ tr. → **4.tut**.

tutty /'tʌtɪ/ n. tuzia f.

tutu /'tu:tu:/ n. tutù m.

tu-whit tu-whoo /tʊˌwɪtˌtʊ'wu:/ n. *(call of owl)* chiù chiù m.

tux /tʌks/ n. AE COLLOQ. (accorc. tuxedo) smoking m.

tuxedo /tʌk'si:dəʊ/ n. (pl. **~s**, **~es**) AE smoking m.

tuyère /twi:'jeə(r), tu:-/ n. ugello m.

▶ **TV** /ˌti:'vi:/ n. TV f., televisione f.

TV dinner /ˌti:'vi:ˌdɪnə(r)/ n. = pasto che viene consumato davanti al televisore.

TVEI n. GB (⇒ Technical and Vocational Educational Initiative) = programma di formazione professionale.

TVP n. (⇒ textured vegetable protein) = proteina vegetale testurizzata.

TV screen /ˌti:'vi:ˌskri:n/ n. schermo m. del televisore.

1.twaddle /'twɒdl/ n. COLLOQ. chiacchiere f.pl., frottole f.pl., sciocchezze f.pl.

2.twaddle /'twɒdl/ intr. COLLOQ. ANT. raccontare frottole, dire sciocchezze, parlare a vanvera.

twaddler /'twɒdlə(r)/ n. ANT. chi racconta frottole, chi parla a vanvera.

twaddly /'twɒdlɪ/ agg. ciarliero, chiacchierone.

twain /tweɪn/ n. ANT. ***the ~*** i due; ***never the ~ shall meet*** i due non saranno mai conciliabili.

1.twang /twæŋ/ n. **1** *(of string, wire)* vibrazione f. **2** *(of tone)* tono m., pronuncia f. nasale.

2.twang /twæŋ/ **I** tr. fare suonare, pizzicare le corde di [*instrument*] **II** intr. [*string, wire*] vibrare, produrre un suono metallico; [*instrument*] vibrare, suonare.

twangy /'twæŋɪ/ agg. COLLOQ. **1** [*instrument*] dal suono vibrato, pizzicato **2** [*accent*] nasale.

'twas /*forma debole* twəz, *forma forte* twɒz/ LETT. ANT. contr. it was.

twat /twɒt/ n. **1** VOLG. *(female genitals)* fica f. **2** VOLG. SPREG. *(person)* coglione m. (-a), minchione m. (-a).

1.tweak /twi:k/ n. **1** *(tug)* pizzico m., pizzicotto m. **2** INFORM. modifica f.

2.tweak /twi:k/ **I** tr. **1** tirare, pizzicare [*ear, nose*]; tirare [*hair, moustache*] **2** *(in car racing)* modificare, apportare modifiche a, truccare [*engine*] **II** intr. **1** INFORM. apportare una modifica **2** *(in drug addicts' slang)* avere i sudori freddi.

twee /twi:/ agg. BE COLLOQ. SPREG. [*house, decor*] stucchevole; [*manner*] lezioso, affettato; ***to find sb., sth. rather ~*** trovare qcn., qcs. un po' lezioso *o* affettato.

tweed /twi:d/ **I** n. *(cloth)* tweed m. **II tweeds** n.pl. *(clothes)* abiti m. di tweed **III** modif. [*clothing*] di tweed.

Tweedledum and Tweedledee /twi:dlˌdʌməntwi:dl'di:/ n. SCHERZ. = due cose o persone praticamente indistinguibili.

tweedy /'twi:dɪ/ agg. **1** [*material*] simile a tweed **2** SCHERZ. o SPREG. tipico del, da gentiluomo di campagna.

'tween /twi:n/ prep. LETT. → **between**.

tweenie /'twi:nɪ/ n. COLLOQ. = bambino, ragazzino tra i 10 e i 14 anni.

1.tweet /twi:t/ n. **1** *(chirp)* cinguettio m. **2** ***~~!*** cip cip!

2.tweet /twi:t/ intr. cinguettare.

tweeter /'twi:tə(r)/ n. tweeter m.

tweeze /twi:z/ tr. COSMET. strappare, tirare con le pinzette.

tweezers /'twi:zəz/ n.pl. pinzette f.

twelfth /twelfθ/ ▸ ***19, 8*** **I** determ. dodicesimo; ***the ~ page*** la dodicesima pagina; ***the ~-richest man in the world*** il dodicesimo uomo più ricco del mondo **II** pron. **1** *(in order)* dodicesimo m. (-a); ***the ~ in line*** il dodicesimo della fila **2** *(of month)* dodici m.; ***the ~ of May*** il dodici maggio; ***the glorious ~*** BE VENAT. = il dodici agosto, giorno in cui ha inizio la stagione della caccia al gallo cedrone **III** n. **1** *(fraction)* dodicesimo m. **2** MUS. dodicesima f. **IV** avv. [*come, finish*] dodicesimo, in dodicesima posizione.

twelfth man /ˌtwelfθ'mæn/ n. *(in cricket)* giocatore m. di riserva, riserva f.

Twelfth Night /ˌtwelfθ'naɪt/ n. notte f. dell'Epifania.

▶ **twelve** /twelv/ ▸ ***19, 1, 4*** **I** determ. dodici; ***~ people, pages*** dodici persone, pagine **II** pron. dodici; ***the are ~ of them*** ce ne sono dodici **III** n. dodici m.; ***to multiply by ~*** moltiplicare per dodici; ***the Twelve*** BIBL. i Dodici (Apostoli).

twelve mile limit /ˌtwelvmaɪl'lɪmɪt/ n. limite m. delle dodici miglia (limite delle acque territoriali).

twelvemo /'twelvməʊ/ n. TIP. dodicesimo m.

twelve month /'twelvmʌnθ/ n. ANT. anno m.

twelve tone /'twelvtəʊn/ agg. MUS. dodecafonico.

twentieth /'twentɪəθ/ ▸ ***19, 8*** **I** determ. ventesimo; ***the ~ page*** la ventesima pagina; ***the ~-richest man in the world*** il ventesimo uomo più ricco del mondo **II** pron. **1** *(in order)* ventesimo m. (-a); ***the ~ in line*** il ventesimo della fila **2** *(of month)* venti m.; ***the ~ of May*** il venti maggio **III** n. *(fraction)* ventesimo m. **IV** avv. [*come, finish*] ventesimo, in ventesima posizione.

▶ **twenty** /'twentɪ/ ▸ ***19, 8, 1, 4*** **I** determ. venti; ***~ people, pages*** venti persone, pagine **II** pron. venti; ***there are ~ of them*** ce ne sono venti **III** n. venti m.; ***to multiply by ~*** moltiplicare per venti **IV twenties** n.pl. **1** *(decade)* ***the twenties*** gli anni '20 **2** *(age)* ***to be in one's twenties*** avere passato i venti; ***a man in his twenties*** un ventenne.

twenty-one /'twentɪ'wʌn/ ♦ *19, 1, 10* **I** determ. ventuno **II** n. **1** ventuno m. **2** *(in cards)* ventuno m.

twenty-two metre line /ˌtwentɪtu:'mi:təˌlaɪn/ n. *(in rugby)* linea f. dei ventidue metri.

'twere /forma debole twə(r), forma forte twɜ:(r)/ LETT. ANT. contr. it were.

twerp /twɜ:p/ n. COLLOQ. SPREG. idiota m. e f., stupido m. (-a), fesso m. (-a).

► **twice** /twaɪs/ avv. due volte; ~ ***a day, week, month,*** ~ ***daily, weekly, monthly*** due volte al giorno, alla settimana, al mese; ***he's ~ as big as you*** è due volte più grande di te; ***she's ~ his age*** ha il doppio della sua età *o* dei suoi anni; ~ ***as much,*** ~ ***as many*** due volte tanto, il doppio; ***she earns ~ as much as me*** guadagna il doppio di me; ~ ***as many people*** il doppio delle persone; ***to be ~ as likely to be elected*** avere il doppio delle possibilità di essere eletto; ~ ***over*** due volte; ***you should think ~ about it*** dovresti pensarci due volte; ***you need to be ~ as careful, vigilant*** bisogna essere doppiamente prudenti, vigili ♦ ***once bitten ~ shy*** PROV. il gatto scottato teme l'acqua fredda.

twice-laid /ˌtwaɪs'leɪd/ agg. fatto di vecchi pezzi di corda; FIG. fatto di materiale di seconda mano.

twice-told /ˌtwaɪs'təʊld/ agg. [*story*] detto e ridetto; trito.

1.twiddle /'twɪdl/ n. ***to give sth. a ~*** dare a qcs. una lieve rotazione.

2.twiddle /'twɪdl/ tr. giocherellare con, attorcigliare tra le dita [*hair*]; girare [*knob*]; ***to ~ one's thumbs*** girare i pollici; FIG. girarsi i pollici.

twiddly /'twɪdlɪ/ agg. COLLOQ. ~ ***bits*** fronzoli, orpelli.

1.twig /twɪg/ n. ramoscello m., rametto m.

2.twig /twɪg/ **I** tr. (forma in -ing ecc. **-gg-**) COLLOQ. capire, afferrare **II** intr. (forma in -ing ecc. **-gg-**) COLLOQ. capire, afferrare il concetto, l'idea.

twiggy /'twɪgɪ/ agg. *(resembling a twig)* simile a un ramoscello, a un virgulto; *(slender)* sottile; *(bushy)* coperto di ramoscelli.

twilight /'twaɪlaɪt/ **I** n. crepuscolo m. (anche FIG.); ***in the ~, at ~*** al crepuscolo; ***in the ~ of his career*** al crepuscolo *o* al tramonto della sua carriera **II** modif. **1** [*hours*] del crepuscolo **2** FIG. [*world*] oscuro, impenetrabile; ~ ***years*** ultimi anni *o* anni del crepuscolo.

twilight sleep /'twaɪlaɪtsli:p/ n. MED. sonno m. crepuscolare.

twilight zone /'twaɪlaɪtzəʊn/ n. zona f. crepuscolare ♦ ***he's in the ~*** COLLOQ. è un po' fuori.

1.twill /twɪl/ **I** n. twill m., (tessuto) diagonale m. **II twills** n.pl. pantaloni m. di twill **III** modif. [*clothing*] di twill.

2.twill /twɪl/ tr. tessere in diagonale.

'twill /twɪl/ LETT. ANT. contr. it will.

twilled /twɪld/ **I** p.pass. → **2.twill II** agg. [*fabric*] tessuto in diagonale.

▷ **1.twin** /twɪn/ **I** n. **1** *(one of two children)* gemello m. (-a); ***a pair*** o ***set of ~s*** due gemelli **2** *(one of two objects)* ***this candlestick has lost its ~*** questo candelabro ha perso il suo gemello; ***this vase is the ~ to yours*** questo è il vaso che va assieme al tuo **3** *(room)* camera f. a due letti, con letti gemelli **II twins** n.pl. **1** *(pair of children)* gemelli m. **2** ASTROL. ***the Twins*** i Gemelli **III** modif. **1** *(related)* [*brother, sister, lamb*] gemello; ***my ~ sons, daughters*** i miei (figli) gemelli, le mie (figlie) gemelle **2** *(two)* ~ ***masts*** doppio albero; ~ ***propellers*** doppia elica; ~ ***towers*** torri gemelle; ~ ***speakers*** doppio altoparlante **3** *(combined)* doppio, combinato; ***the ~ aims, problems, roles of*** il doppio scopo, problema, ruolo di.

2.twin /twɪn/ tr. (forma in -ing ecc. **-nn-**) *(link)* gemellare; ***to ~ Oxford with Bonn*** gemellare Oxford con Bonn.

twin-bedded /ˌtwɪn'bedɪd/ agg. [*room*] a due letti, con letti gemelli.

twin beds /ˌtwɪn'bedz/ n.pl. letti m. gemelli.

twin bill /ˌtwɪn'bɪl/ n. AE *(of films)* = spettacolo con due film di seguito; *(of games)* = due partite in programma una di seguito all'altra.

1.twine /twaɪn/ n. spago m., corda f.

2.twine /twaɪn/ **I** tr. **1** *(coil)* attorcigliare, avvolgere [*rope*] (**around** attorno a); ***she ~d her arms around him*** lo abbracciò **2** *(interweave)* intrecciare [*flowers, ribbon*] (**through** in) **II** rifl. ***to ~ oneself*** [*snake, vine*] avvolgersi, attorcigliarsi (**around** intorno a).

twin-engined /ˌtwɪn'endʒɪnd/ agg. [*plane*] bimotore; ~ ***jet*** bireattore.

twinflower /'twɪnˌflaʊə(r)/ n. linnea f.

twinge /twɪndʒ/ n. *(of pain)* fitta f., dolore m. lancinante; *(of conscience)* rimorso m.; *(of doubt)* sensazione f.; *(of regret, jealousy)* punta f.

twining /'twaɪnɪŋ/ agg. BOT. rampicante.

twiningly /'twaɪnɪŋlɪ/ avv. RAR. sinuosamente.

twin jet /'twɪndʒet/ n. bireattore m.

1.twinkle /'twɪŋkl/ n. *(of light, jewel)* scintillio m., luccichio m., brillio m.; *(of eyes)* luccichio m. ♦ ***when you were just*** o ***still a ~ in your daddy's eye*** molto prima che tu nascessi.

2.twinkle /'twɪŋkl/ intr. [*light, star, jewel*] luccicare, scintillare, brillare; [*eyes*] scintillare, brillare (**with** di).

twinkling /'twɪŋklɪŋ/ **I** n. scintillio m., luccichio m.; ***in the ~ of an eye*** in un batter d'occhio *o* in un baleno **II** agg. [*light, star, eyes*] luccicante, scintillante.

twinning /'twɪnɪŋ/ n. gemellaggio m.

twin-rotor /ˌtwɪn'rəʊtə(r)/ agg. a due rotori, birotore.

twin-screw /'twɪnskru:/ agg. a due eliche, bielica.

twin set /'twɪnset/ n. BE ABBIGL. twin-set m.

twin town /ˌtwɪn'taʊn/ n. città f. gemellata.

twin-track recorder /ˌtwɪntrækrɪ'kɔ:də(r)/ n. registratore m. a due piste.

twin tub /'twɪntʌb/ n. = lavatrice a due cestelli, uno per lavare e uno per centrifugare.

1.twirl /twɜ:l/ n. **1** *(spin)* giro m. (vorticoso), mulinello m., piroetta f.; ***to do a ~*** [*person*] fare una piroetta; ***to give sth. a ~*** fare fare una piroetta *o* una giravolta a qcs. **2** *(spiral)* voluta f., spira f.

2.twirl /twɜ:l/ **I** tr. **1** *(spin)* fare girare, fare roteare [*baton, lasso, partner*] **2** *(twist)* arricciare, attorcigliare [*hair, moustache*]; attorcigliare, avvolgere [*ribbon, vine*] (**around** intorno a) **II** intr. **1** *(spin)* [*dancer, wheel*] girare, roteare; ***to ~ round and round*** fare piroette *o* roteare **2** *(twist)* [*vine, rope*] attorcigliarsi (**around** intorno a).

■ **twirl round** *(turn round)* [*person*] girarsi di scatto; ***he ~ed round to face her*** si girò di scatto verso di lei.

twirler /'twɜ:lə(r)/ n. AE COLLOQ. majorette f.

twirp → **twerp**.

▷ **1.twist** /twɪst/ n. **1** *(action)* ***he gave the cap a ~*** *(to open)* svitò il tappo; *(to close)* avvitò il tappo *o* diede un'avvitata al tappo; ***with a couple of ~s she unscrewed the lid*** girando con forza un paio di volte svitò il coperchio; ***he gave his ankle a nasty ~*** ha preso una brutta storta alla caviglia **2** *(bend, kink) (in rope, cord, wool)* filo m. ritorto; *(in road)* curva f., svolta f.; *(in river)* ansa f.; ***the road is full of ~s and turns*** la strada è tutta curve *o* è piena di curve; ***there's a ~ in the hosepipe*** il tubo si è attorcigliato; ***I've got my wool into a real ~*** la lana mi si è tutta aggrovigliata **3** FIG. *(unexpected change of direction) (in play, story)* svolta f. (sorprendente), colpo m. di scena; *(episode in crisis, events)* (nuovo) sviluppo m.; ***a strange ~ of fate*** un caso strano *o* una strana fatalità; ***the ~s and turns of the argument, the plot*** il dipanarsi tortuoso *o* la macchinosità dell'argomentazione, dell'intreccio; ***to give sth. a new ~*** dare *o* imprimere una svolta a qcs.; ***events took an unexpected ~*** gli eventi hanno preso una piega inaspettata **4** *(small amount) (of yarn, thread, hair)* treccia f.; ***a ~ of paper*** un cartoccio; ***a ~ of lemon*** = riccio di scorza di limone usato per aromatizzare i cocktail **5** SPORT ***to put some ~ on the ball*** imprimere *o* dare effetto alla palla **6** SART. *(thread)* cordonetto m. **7** *(dance)* ***the ~*** il twist; ***to do the ~*** ballare il twist ♦ ***(to have a) ~ in the tail*** (avere un) esito imprevisto, inatteso; ***to get oneself into a ~*** COLLOQ. preoccuparsi, tormentarsi; ***to be round the ~*** COLLOQ. essere matto da legare; ***to go round the ~*** COLLOQ. impazzire, diventare matto da legare; ***to drive sb. round the ~*** COLLOQ. fare impazzire qcn.

▷ **2.twist** /twɪst/ **I** tr. **1** *(turn)* girare [*knob, handle*]; *(open)* svitare, aprire svitando [*top, cap, lid*]; *(close)* avvitare, chiudere avvitando [*top, cap, lid*]; ***to ~ sth. off*** svitare qcs. [*cap, top, lid*]; spezzare storcendo [*piece, branch*]; ***he ~ed the neck of the bag to close it*** attorcigliò l'apertura della borsa per chiuderla; ***to ~ one's head around*** girare la testa; ***to ~ one's head away*** girare la testa; ***he ~ed around in his chair*** si girò nella poltrona; ~ ***it round sideways to get it through the door*** giralo di lato per farlo passare dalla porta; ***to ~ sb.'s arm*** torcere il braccio a qcn.; FIG. costringere qcn. a fare qcs. **2** *(wind, twine)* ***to ~ X and Y together*** intrecciare, attorcigliare insieme X e Y; ***to ~ the threads together*** intrecciare i fili; ***to ~ X round Y*** avvolgere *o* attorcigliare X intorno a Y; ***she ~ed the scarf (round) in her hands*** attorcigliava la sciarpa tra le mani; ***to ~ a rope around sth.*** passare una corda intorno a qcs.; ***they ~ed a sheet (up) into a rope*** hanno attorcigliato un lenzuolo per farne una corda *o* hanno fatto una corda con un lenzuolo; ***to ~ one's hair up into a bun*** arrotolare i capelli in uno chignon **3** *(bend, distort)* torcere, storcere [*metal, rod, branch*]; ***his face was ~ed with pain, rage*** il suo volto era sfigurato dal dolore, dalla rabbia; ***she ~ed her mouth into a smile*** fece un sorriso forzato **4** FIG. travisare, distorcere [*words, statement, facts*]; ***you're trying to ~ my meaning*** stai cercando di travisare il senso delle mie parole **5** *(injure)* ***to ~ one's ankle, wrist*** storcersi la caviglia, il polso; ***to ~ one's neck*** prendere il torcicollo **6** SPORT imprimere, dare effetto a [*ball*] **II** intr. **1** [*person*] ***he ~ed free of her grasp*** si svincolò dalla sua presa; ***the wounded man lay ~ing and writhing on the ground*** il ferito si contorceva a terra; ***his face ~ed into a smile*** fece un sorriso forzato; ***to ~ round*** *(turn round)* girarsi, voltarsi **2** [*rope, flex, coil*] attorcigliarsi, avvolgersi; [*river, road*] serpeggiare; ***to ~ and turn*** [*road, path*] serpeggiare **3** *(dance)* ballare il twist **4** *(in cards)* chiedere una carta.

twist drill /ˈtwɪstdrɪl/ n. trapano m. a punta elicoidale.

▷ **twisted** /ˈtwɪstɪd/ **I** p.pass. → **2.twist II** agg. **1** [*wire, metal, rod*] torto, ritorto; [*rope, cord*] ritorto, attorcigliato; [*ankle, wrist*] che ha subito una storta **2** SPREG. [*logic, argument*] contorto, macchinoso; [*outlook, viewpoint*] bizzarro, contorto; ***to have a ~ mind*** avere una mente perversa; ***a ~ sense of humour*** un senso dell'umorismo bizzarro *o* particolare; ***a bitter and ~ person*** una persona inacidita.

twisted pair /ˈtwɪstɪdˌpeə(r)/ n. EL. TEL. doppino m.

twister /ˈtwɪstə(r)/ n. COLLOQ. **1** *(swindler)* truffatore m. (-trice), imbroglione m. (-a) **2** AE *(tornado)* tornado m., tromba f. d'aria.

twist grip /ˈtwɪstgrɪp/ n. *(of motorbike)* manopola f.

twisting /ˈtwɪstɪŋ/ agg. [*road, path, course*] tortuoso, sinuoso.

twist-off /ˈtwɪstɒf, AE -ɔ:f/ agg. [*cap, top, lid*] svitabile.

twisty /ˈtwɪstɪ/ agg. → **twisting**.

1.twit /twɪt/ n. COLLOQ. scemo m. (-a), stupido m. (-a), idiota m. e f.

2.twit /twɪt/ tr. (forma in -ing ecc. **-tt-**) COLLOQ. sfottere.

▷ **1.twitch** /twɪtʃ/ n. **1** *(tic)* tic m.; ***to have a ~ in the corner of one's eye, mouth*** avere un tic all'occhio, alla bocca **2** *(spasm)* spasmo m. muscolare, contrazione f. convulsa; ***to give a ~*** avere uno spasmo muscolare **3** *(sudden jerk)* ***to give the fabric, curtain a ~*** dare uno strattone *o* una tirata alla stoffa, alla tenda.

▷ **2.twitch** /twɪtʃ/ **I** tr. **1** *(tug)* tirare, dare uno strappo, uno strattone a [*fabric, curtain*] **2** *(cause to quiver)* ***to ~ one's nose*** [*person*] torcere, arricciare il naso; [*animal*] contrarre, torcere il muso **II** intr. **1** *(quiver)* [*person, animal*] contorcersi; [*mouth*] contrarsi; [*eye*] muoversi a scatti, battere; [*limb, muscle*] contrarsi in modo convulso; [*fishing line*] vibrare, dare strattoni; ***the dog's nose ~ed with excitement*** il cane torceva il muso dall'eccitazione; ***to ~ in one's sleep*** sussultare nel sonno **2** *(tug)* ***to ~ at*** [*person*] dare uno strattone *o* una tirata a [*curtain, tablecloth*]; [*fish*] tirare [*bait*].

3.twitch /twɪtʃ/ n. BOT. → **couch grass**.

twitcher /ˈtwɪtʃə(r)/ n. COLLOQ. **1** *(fidgety person)* tipo m. irrequieto, nervoso **2** BE *(birdwatcher)* bird watcher m. e f.

twitchiness /ˈtwɪtʃɪnɪs/ n. irrequietezza f., nervosismo m.

twitching /ˈtwɪtʃɪŋ/ n. **1** *(tics)* tic m.pl., contrazioni f.pl. convulse **2** *(tugs)* strattoni m.pl., strappi m.pl.

twitchy /ˈtwɪtʃɪ/ agg. irrequieto, nervoso.

twite /twaɪt/ n. fanello m. nordico.

1.twitter /ˈtwɪtə(r)/ n. cinguettio m., pigolio m.; ***to be all of a ~*** SCHERZ. essere tutto agitato, eccitato.

2.twitter /ˈtwɪtə(r)/ intr. [*bird*] cinguettare, pigolare; [*person*] cianciare, cicalare.

■ **twitter on** SPREG. cianciare, cicalare (**about** su).

twittery /ˈtwɪtərɪ/ agg. COLLOQ. [*person*] agitato, eccitato; ***~ state*** stato di eccitazione.

'twixt /twɪkst/ prep. LETT. ANT. tra ◆ ***there's many a slip ~ cup and lip*** PROV. tra il dire e il fare c'è di mezzo il mare.

▶ **two** /tu:/ ♦ *19, 1, 4* **I** determ. due; ***~ people, pages*** due persone, pagine **II** pron. due; ***I bought ~ of them*** ne ho comprati due; ***to break, cut sth. in ~*** rompere, tagliare qcs. in due; ***in a day or ~*** tra un giorno o due **III** n. due m.; ***in ~s*** a due a due *o* a coppie; ***in ~s and threes*** a coppie e a gruppi di tre; ***to multiply by ~*** moltiplicare per due ◆ ***that makes ~ of us!*** allora siamo in due! ***"I'm fed up!" - "that makes ~ of us"*** COLLOQ. "sono stufo!" - "siamo in due" *o* "anch'io"; ***to be in ~ minds about doing*** essere indeciso *o* esitare a fare; ***to be in ~ minds about sth.*** essere indeciso *o* titubare riguardo a qcs.; ***to put ~ and ~ together*** fare due più due; ***~ hearts that beat as one*** due cuori che battono all'unisono; ***there are ~ sides to every story*** = ci sono sempre due versioni dei fatti.

two-bit /ˈtu:bɪt/ agg. AE COLLOQ. SPREG. [*person*] da due soldi, senza valore.

two bits /tu:ˈbɪts/ n.pl. AE COLLOQ. = venticinque centesimi di dollaro.

two-by-four /ˌtu:baɪˈfɔ:(r)/ n. = pezzo di legno di due pollici per quattro (di sezione).

two-chamber system /ˈtu:tʃeɪmbəˈsɪstəm/ n. POL. sistema m. bicamerale.

twocker /ˈtwɒkə(r)/ n. BE COLLOQ. ladro m. (-a) di automobili.

twocking /ˈtwɒkɪŋ/ n. BE COLLOQ. furto m. di automobili.

two-decker /ˌtu:ˈdekə(r)/ n. **1** *(bus)* autobus m. a due piani **2** MAR. nave f. a due ponti.

two-dimensional /tu:dɪˈmenʃənl/ agg. bidimensionale, a due dimensioni; FIG. [*character*] superficiale.

two-edged /ˌtu:ˈedʒd/ agg. a doppio taglio (anche FIG.).

two-faced /ˌtu:ˈfeɪst/ agg. SPREG. falso, doppio, ipocrita.

twofer /ˈtu:fə(r)/ n. AE COLLOQ. **1** *(cheap cigar)* = sigaro che costa poco, di qualità scadente **2** TEATR. = due biglietti al prezzo di uno.

two-fisted /ˌtu:ˈfɪstɪd/ agg. COLLOQ. **1** *(clumsy)* impacciato (con le mani) **2** AE *(tough, vigourous)* vigoroso **3** SPORT *(in tennis)* [*stroke*] a due mani.

twofold /ˈtu:fəʊld/ **I** agg. doppio, duplice **II** avv. doppiamente.

two-four time /ˈtu:fɔ:ˌtaɪm/ n. MUS. ***in ~*** in due quarti.

two-handed /ˌtu:ˈhændɪd/ agg. **1** SPORT [*sword, backhand*] a due mani; [*saw*] che si tiene con due mani **2** *(ambidextrous)* ambidestro.

two-hander /ˌtu:ˈhændə(r)/ n. TEATR. lavoro m. teatrale per due attori.

two-legged /ˌtu:ˈlegɪd/ n. bipede, con due gambe.

two-master /ˌtu:ˈmɑ:stə(r), AE -ˈmæstə(r)/ n. due alberi m.

two-part /ˈtu:pɑ:t/ agg. MUS. a due voci.

two-party system /ˈtu:pɑ:tɪˌsɪstəm/ n. POL. sistema m. bipartitico.

twopence → **tuppence**.

twopenny /ˈtu:pnɪ/ agg. [*piece*] da due penny; [*stamp*] da due penny.

twopenny-halfpenny /ˌtʌpnɪˈheɪpnɪ/ agg. BE COLLOQ. SPREG. dozzinale, insignificante, da due soldi.

two-phase /ˈtu:feɪz/ agg. EL. bifase.

two-piece /ˌtu:ˈpi:s/ n. **1** (anche **~ suit**) *(woman's)* tailleur m., due pezzi m.; *(man's)* abito m. **2** (anche **~ swimsuit**) due pezzi m., bikini m.

two-pin /ˈtu:pɪn/ agg. [*plug, socket*] bipolare.

two-ply /ˈtu:plaɪ/ agg. [*rope, yarn*] doppio; [*wool*] a due capi; [*wood*] a due strati.

two-seater /ˌtu:ˈsi:tə(r)/ **I** n. AUT. automobile f. a due posti, biposto f.; AER. velivolo m. a due posti, biposto m. **II** agg. a due posti, biposto.

two-sided /ˌtu:ˈsaɪdɪd/ agg. **1** [*tablemat, covering etc.*] che ha due lati, double-face **2** *(debatable)* [*argument*] discutibile, ambiguo.

twosome /ˈtu:səm/ n. *(two people)* coppia f., duo m.; *(game)* = gioco che si fa in due.

two-star /ˈtu:stɑ:(r)/ **I** n. (anche **~ petrol**) BE (benzina) normale f. **II** agg. [*hotel, restaurant*] a due stelle.

two-step /ˈtu:step/ n. MUS. two-step m.

two-storey /ˌtu:ˈstɔ:rɪ/ agg. a due piani.

two-stroke /ˈtu:strəʊk/ agg. [*engine, cycle*] a due tempi.

two-tier /ˌtu:ˈtɪə(r)/ agg. [*bureaucracy*] a due livelli; SPREG. *(unequal)* [*society, health service etc.*] squilibrato, ingiusto.

two-time /ˈtu:taɪm/ **I** tr. COLLOQ. fare le corna a [*partner*] **II** intr. essere infedele.

two-timer /ˈtu:taɪmə(r)/ n. COLLOQ. *(double-crosser)* persona f. infedele; ***to be a ~*** [*partner*] essere infedele.

two-timing /ˈtu:taɪmɪn/ agg. infedele.

two-tone /ˈtu:təʊn/ agg. *(in hue)* a due colori, bicolore; *(in sound)* a due toni.

'twould /twʊd/ LETT. ANT. contr. it would.

two-way /ˌtu:ˈweɪ/ agg. **1** [*street, traffic*] a doppio senso **2** [*communication process, exchange*] bilaterale, reciproco; ***friendship should be a ~ thing*** l'amicizia dovrebbe essere una cosa reciproca **3** EL. [*wiring, switch*] bipolare.

two-way mirror /ˌtu:weɪˈmɪrə(r)/ n. specchio m. segreto.

two-way radio /ˌtu:weɪˈreɪdɪəʊ/ n. (radio) ricetrasmittente f.

two-way switch /ˌtu:weɪˈswɪtʃ/ n. interruttore m. bipolare.

two-wheeler /ˌtu:ˈwi:lə(r), AE -ˈhwi:lə(r)/ n. COLLOQ. *(vehicle, bicycle)* due ruote f.

twyer /ˈtwaɪə(r)/ n. ugello m.

TX US ⇒ Texas Texas.

tycoon /taɪˈku:n/ n. magnate m., tycoon m.; ***oil, property, publishing ~*** magnate del petrolio, della proprietà immobiliare, dell'editoria.

tying-up machine /ˌtaɪŋˈʌpməˌʃi:n/ n. fascettatrice f.

tyke /taɪk/ n. **1** COLLOQ. SPREG. *(boor)* cafone m. (-a), zoticone m. (-a) **2** *(mongrel)* cane m. bastardo **3** AE *(child)* monello m. (-a).

ler /'taɪlə(r)/ n. custode m. di loggia massonica.
losis /taɪ'ləʊsɪs/ n. (pl. **-es**) tilosi f.
mbal → **timbal**.
mpan /'tɪmpən/ n. *(all contexts)* timpano m.
mpana /'tɪmpənə/ → **tympanum**.
mpanic /tɪm'pænɪk/ agg. ANAT. [*bone, artery, cavity*] timpanico; *~ membrane* membrana timpanica.
mpanism /'tɪmpənɪzəm/ n. timpanismo m.
mpanist → **timpanist**.
mpanites /ˌtɪmpə'naɪti:z/ n. → **tympanism**.
mpanitis /ˌtɪmpə'naɪtɪs/ ♦ *11* n. timpanite f.
mpanum /'tɪmpənəm/ ♦ *17* n. (pl. **~s, -a**) **1** ANAT. ARCH. timpano m. **2** MUS. timpano m.
mpany /'tɪmpənɪ/ n. → **tympanism**.
ndallization /ˌtɪndəlaɪ'zeɪʃn, AE -lɪ'zeɪʃn/ n. tindalizzazione f.
yne and Wear /ˌtaɪnən'wɪə(r)/ ♦ *24* n.pr. Tyne and Wear m.
▸ **1.type** /taɪp/ **I** n. **1** *(variety, kind)* tipo m., genere m. (**of** di); *main ~* tipo principale; *hair, skin ~* tipo di capelli, di pelle; *what ~ of car?* che tipo di macchina? *what ~ of person, problem?* che genere di persona, di problema? *he's an army ~* ha i modi da militare; *you're not my ~* non sei il mio tipo; *they're our ~ of people* è il tipo di gente che piace a noi; *I'm not that ~, I don't go in for that ~ of thing* non è il mio genere; *is she the right ~ for this job?* è il tipo giusto per questo lavoro? *he's all right if you like that ~* non è male se ti piace quel genere di persona; *he's the introspective ~* è un (tipo) introspettivo; *she's not the ~ to fuss* non è il tipo che fa storie *o* non è il tipo da fare storie; *they're the ~ who* sono il genere di persone che; *he's one of those pretentious university ~s* è uno di quegli universitari presuntuosi; *a very special ~ of person* un tipo di persona molto speciale; *I know his ~* SPREG. conosco quel genere di persone; *her ~ always get what they want* SPREG. i tipi come lei ottengono sempre ciò che vogliono; *you know the ~ of thing I mean* sai di cosa sto parlando *o* ciò che voglio dire **2** *(archetype)* tipo m., esemplare m., personificazione f.; *the characters in this novel are only ~s* i personaggi del romanzo sono archetipici; *he's, she's etc. reverted to ~* è tornato, tornata ecc. alle origini; *to play* o *be cast against ~* CINEM. TEATR. fare un ruolo che non è il proprio, per cui non si è tagliati **3** TIP. tipo m., carattere m.; *bold, italic ~* grassetto, corsivo; *large ~* caratteri grandi; *metal ~* caratteri di piombo; *printed in small ~* stampato in caratteri piccoli; *to set up ~* comporre; *to set sth. in bold ~* comporre in grassetto *o* in neretto **4** LING. tipo m. **II** modif. **1** BOT. MED. *~ A and B cells* cellule di tipo A e di tipo B **2** COLLOQ. *a documentary-~ film* un film di genere documentaristico; *a Regency-~ table* un tavolo stile regency.
▸ **2.type** /taɪp/ **I** tr. **1** *(on typewriter)* battere, scrivere a macchina, dattilografare [*text, word, letter, line*]; *to ~ 60 words a minute* battere 60 parole al minuto; *to have sth. ~d* fare battere a macchina qcs. **2** *(classify)* classificare [*blood sample*]; classificare, rappresentare [*person*] (**as** come); *he was ~d as an avant-garde poet* fu definito un poeta d'avanguardia **II** intr. scrivere, battere a macchina; *can you ~?* sa scrivere a macchina? *I was typing away* stavo scrivendo a macchina senza fermarmi (un attimo).
▪ **type in:** *~ in [sth.], ~ [sth.] in* scrivere a macchina, inserire scrivendo a macchina [*word, character*].
▪ **type out:** *~ out [sth.], ~ [sth.] out* scrivere, battere a macchina.
▪ **type over:** *~ over [sth.]* *(erase)* cancellare (battendo sopra a macchina); *I ~d over my error* ho cancellato il mio errore.
▪ **type up:** scrivere, battere a macchina.
type-bar /'taɪpbɑ:(r)/ n. riga f. di composizione.
typecast /'taɪpkɑ:st, AE -kæst/ tr. (pass., p.pass. **-cast**) CINEM. TEATR. caratterizzare, personificare [*person*] (**as** come) (anche FIG.); *he is typecast as the bad guy* fa sempre la parte del cattivo.
typecasting /'taɪpkɑ:stɪŋ, AE -kæstɪŋ/ n. CINEM. TEATR. caratterizzazione f. (anche FIG.).
typed /taɪpt/ **I** p.pass. → **2.type II** agg. dattilografato, scritto, battuto a macchina; *a ~ letter* una lettera scritta a macchina.
typeface /'taɪpfeɪs/ n. TIP. occhio m.
type-founder /'taɪpˌfaʊndə(r)/ ♦ *27* n. fonditore m. (-trice) di caratteri.
type-foundry /'taɪpˌfaʊndrɪ/ n. fonderia f. di caratteri.
typescript /'taɪpskrɪpt/ n. dattiloscritto m.; *several pages of ~* un dattiloscritto di diverse pagine.
typeset /'taɪpset/ tr. (forma in -ing **-tt-**; pass., p.pass. **-set**) TIP. comporre.
typesetter /'taɪpˌsetə(r)/ ♦ *27* n. TIP. compositore m. (-trice).
typesetting /'taɪpˌsetɪŋ/ n. TIP. composizione f.
typethrough /'taɪpθru:/ n. INFORM. battitura f. diretta.
typewrite /'taɪpraɪt/ tr. (pass. **-wrote**; p.pass. **-written**) FORM. dattilografare.
typewriter /'taɪpraɪtə(r)/ **I** n. macchina f. da scrivere; *manual, electronic, portable ~* macchina da scrivere meccanica, elettronica, portatile **II** modif. [*ribbon*] della, per la macchina da scrivere; [*keyboard*] della macchina da scrivere.
typewriting /'taɪpraɪtɪŋ/ n. dattilografia f., (lo) scrivere a macchina.
typewritten /'taɪprɪtn/ **I** p.pass. → **typewrite II** agg. dattilografato, scritto, battuto a macchina.
typewrote /'taɪprəʊt/ pass. → **typewrite**.
typhlitis /tɪ'flaɪtɪs/ ♦ *11* n. tiflite f.
typhoid /'taɪfɔɪd/ ♦ *11* **I** n. (anche **~ fever**) (febbre) tifoidea f. **II** modif. [*epidemic*] di (febbre) tifoidea; [*victim, symptom*] della (febbre) tifoidea; *~ scare* allarme tifoidea.
typhoidal /taɪ'fɔɪdl/ agg. tifoide.
Typhoid Mary /ˌtaɪfɔɪd'meərɪ/ n. AE COLLOQ. SPREG. sciagura f., tipo m. che porta guai.
typhoon /taɪ'fu:n/ n. tifone m.
typhous /'taɪfəs/ agg. MED. tifoso, del tifo.
typhus /'taɪfəs/ ♦ *11* n. (anche **~ fever**) tifo m.
▸ **typical** /'tɪpɪkl/ agg. [*case, example, day, village*] tipico; [*tactlessness, compassion*] tipico, caratteristico; *he's a ~ civil servant* è un tipico impiegato statale; *a ~ feature* una caratteristica tipica; *to be ~ of* essere tipico di [*period, species*]; *it's (all too) ~ of him to be late* è proprio da lui essere in ritardo; *"I've left my keys behind" - "~!"* COLLOQ. "ho dimenticato le chiavi" - "non mi stupisce".
▷ **typically** /'tɪpɪklɪ/ avv. [*behave*] *(of person)* come al solito; *in a ~ evasive reply, he said...* nel suo solito *o* tipico modo evasivo di rispondere, disse...; *that was a ~ inept remark from Anne* è stata la solita risposta stupida di Anne; *they assumed, ~, that* presumevano, come al solito, che; *~ English* [*place, atmosphere, behaviour*] tipicamente inglese; *she's ~ English* è una tipica inglese; *it's ~ Australian to do that* è tipico degli australiani farlo; *it was a ~ warm, sunny day* era una tipica giornata calda, soleggiata; *~, it was left to us to organize everything* come al solito, abbiamo dovuto organizzare tutto noi.
typicalness /'tɪpɪklnɪs/ n. tipicità f., (l')essere tipico.
typification /ˌtɪpɪfɪ'keɪʃn/ n. esemplificazione f., rappresentazione f. (simbolica).
typify /'tɪpɪfaɪ/ tr. [*quality, feature, condition, behaviour, work*] caratterizzare; [*person*] impersonare, rappresentare; [*institution*] rappresentare, simboleggiare; *as typified by the EU* come rappresentato dalla UE.
typing /'taɪpɪŋ/ **I** n. **1** *(skill)* dattilografia f.; *to learn ~* imparare a scrivere a macchina; *"good ~ essential"* GIORN. "essenziale una buona abilità nello scrivere a macchina"; *my ~ is slow* sono lento a scrivere a macchina **2** *(typed material)* *two pages of ~* due pagine scritte a macchina; *check the ~* controllate ciò che è stato scritto a macchina; *I've got some ~ to do* ho alcune cose da battere a macchina; *she does academic ~* batte a macchina testi per l'università **II** modif. [*course*] di dattilografia.
typing error /'taɪpɪŋˌerə(r)/ n. errore m. di battitura.
typing paper /'taɪpɪŋˌpeɪpə(r)/ n. carta f. per macchina da scrivere.
typing pool /'taɪpɪŋpu:l/ n. *to work in the ~* lavorare nel centro dattilografia *o* nel gruppo delle dattilografe.
typing skills /'taɪpɪŋskɪlz/ n.pl. abilità f.sing., pratica f.sing. nello scrivere a macchina; *good ~* buona abilità nello scrivere a macchina.
typing speed /'taɪpɪŋspi:d/ n. velocità f. di battuta, di battitura; *she has a ~ of 80* ha una velocità di battitura di 80 battute minuto.
typist /'taɪpɪst/ ♦ *27* n. dattilografo m. (-a).
typo /'taɪpəʊ/ n. (pl. **~s**) TIP. COLLOQ. refuso m.
typographer /taɪ'pɒgrəfə(r)/ ♦ *27* n. tipografo m. (-a).
typographic(al) /ˌtaɪpə'græfɪk(l)/ agg. tipografico.
typographically /ˌtaɪpə'græfɪklɪ/ avv. tipograficamente, dal punto di vista tipografico.
typography /taɪ'pɒgrəfɪ/ n. **1** *(printing)* tipografia f. **2** *(appearance of printed matter)* (impostazione) grafica f.
typolithographic /ˌtaɪpəˌlɪθə'græfɪk/ agg. tipolitografico.
typolithography /ˌtaɪpəˌlɪ'θɒgrəfɪ/ n. tipolitografia f.
typological /taɪpə'lɒdʒɪkl/ agg. tipologico.
typology /taɪ'pɒlədʒɪ/ n. tipologia f.
typometer /taɪ'pɒmɪθə(r)/ n. tipometro m.
typos /'taɪpəʊz/→ **typo**.
tyramine /'taɪrəmi:n/ n. tirammina f.
tyrannic(al) /tɪ'rænɪk(l)/ agg. tirannico.
tyrannically /tɪ'rænɪklɪ/ avv. [*act*] tirannicamente, autoritariamente; [*cruel, strict*] come un tiranno, in modo tirannico.

tyrannicalness /tɪˈrænɪklnɪs/ n. (l')essere tirannico, tirannia f.
tyrannicidal /tɪˌrænɪˈsaɪdl/ agg. tirannicida.
tyrannicide /tɪˈrænɪsaɪd/ n. **1** *(act)* tirannicidio m. **2** *(person)* tirannicida m. e f.
tyrannize /ˈtɪrənaɪz/ **I** tr. tiranneggiare **II** intr. tiranneggiare, essere tirannico; ***to ~ over sb.*** tiranneggiare qcn.
tyrannosaur /tɪˈrænəsɔː(r)/, **tyrannosaurus (rex)** /tɪˌrænəˈsɔːrəs(reks)/ n. tirannosauro m.
tyrannous /ˈtɪrənəs/ agg. → **tyrannic(al)**.
tyrannously /ˈtɪrənəslɪ/ avv. → **tyrannically**.
▷ **tyranny** /ˈtɪrənɪ/ n. **1** *(despotism)* tirannia f., tirannide f. (**over** su, verso) **2** *(tyrannical act)* tirannia f., sopruso m. **3** *(country)* dittatura f., tirannia f.
tyrant /ˈtaɪərənt/ n. tiranno m.
tyrant-bird /ˈtaɪərəntˌbɜːd/, **tyrant-flycatcher** /ˌtaɪərəntˈflaɪˌkætʃə(r)/ n. ZOOL. tiranno m.
▷ **1.tyre** BE, **tire** AE /ˈtaɪə(r)/ n. pneumatico m., gomma f.; ***back, front ~*** pneumatico posteriore, anteriore; ***burst, flat ~*** pneumatico scoppiato, a terra; ***spare ~*** ruota di scorta; FIG. SCHERZ. *(fat)* salsicciotto, salvagente.
2.tyre BE, **tire** AE /ˈtaɪə(r)/ tr. mettere gli pneumatici a [*car*].
tyre centre /ˈtaɪəsentə(r)/ n. centro m. di vendita degli pneumatici.
tyre chain /ˈtaɪətʃeɪn/ n. catena f. (da neve).
tyre-dealer /ˈtaɪəˌdiːlə(r)/ ♦ ***27*** n. gommista m. e f.
tyre lever /ˈtaɪəˌliːvə(r), AE -levə(r)/ n. smontagomme m.
tyreman /ˈtaɪəmən/ ♦ ***27*** n. (pl. **-men**) gommista m.
tyre pressure /ˈtaɪəˌpreʃə(r)/ n. pressione f. degli pneumatici.
tyre pressure gauge /ˈtaɪəpreʃəˌgeɪdʒ/ n. manometro m., misuratore m. della pressione (degli pneumatici).
tyro /ˈtaɪərəʊ/ n. (pl. **~s**) principiante m. e f., novizio m. (-a).
Tyrol /tɪˈrəʊl/ ♦ ***24*** n.pr. Tirolo m.
Tyrolean /ˌtɪrəˈliːən/, **Tyrolese** /ˌtɪrəˈliːz/ **I** agg. tirolese **II** n. tirolese m. e f.
Tyrolienne /tɪrəʊlɪˈen/ n. *(dance)* tirolese f.
Tyrone /tɪˈrəʊn/ ♦ ***24*** n.pr. **1** *(county)* Tyrone m. **2** *(first name)* Tyrone (nome di uomo).
tyros /ˈtaɪərəʊz/→ **tyro**.
tyrosinase /ˈtaɪrəsɪneɪz/ n. tirosinasi f.
tyroshine /ˈtaɪərəsiːn/ n. tirosina f.
Tyrrhenian Sea /tɪˌriːnɪənˈsiː/ ♦ ***20*** n.pr. (Mar) Tirreno m.
tzar → **tsar**.
tzarina → **tsarina**.
Tzigane /tsiːˈgɑːn/ **I** agg. zigano **II** n. zigano m. (-a).

u

u, U /ju:/ n. **1** *(letter)* u, U m. e f. **2** BE CINEM. (⇒ universal) = non vietato, visibile da parte di tutti.

U /ju:/ agg. *(upper class)* fine, elegante, delle classi superiori; [*linguistic usage*] giusto, corretto (tipico della lingua delle classi superiori).

UAE n. (⇒ United Arab Emirates Emirati Arabi Uniti) UAE m.pl.

U-bend /'ju:bend/ n. *(in pipe)* raccordo m. a U; AUT. curva f. stretta.

uberbabe /'u:bəbeɪb/ n. COLLOQ. bambolona f., bonazza f.

ubercool /'u:bəku:l/ agg. COLLOQ. strafico, fichissimo.

ubiety /ju:'baɪətɪ/ n. FORM. ubicazione f., posizione f.

ubiquitarian /ju:ˌbɪkwɪ'teərɪən/ **I** agg. ubiquitario **II** n. ubiquitario m. (-a).

ubiquitous /ju:'bɪkwɪtəs/ agg. onnipresente, che ha il dono dell'ubiquità.

ubiquitousness /ju:'bɪkwɪtəsnɪs/, **ubiquity** /ju:'bɪkwətɪ/ n. onnipresenza f., ubiquità f.

U-boat /'ju:bəʊt/ n. U-boot m.

U bolt /'ju:ˌbəʊlt/ n. staffa f. (filettata) a U.

UCAS /'ju:kæs/ n. GB (⇒ Universities and Colleges Admissions Service) = ente per le ammissioni alle università.

UDA n. (⇒ Ulster Defence Association) = organizzazione lealista paramilitare dell'Irlanda del Nord.

udal /ju:dl/ **I** agg. allodiale **II** n. allodio m.

udaller /'ju:dələ(r)/ n. → **udalman**.

udalman /'ju:dəlmən/ n. (pl. **-men**) proprietario m. di beni allodiali.

UDC n. GB (⇒ Urban District Council) = consiglio di distretto urbano.

udder /'ʌdə(r)/ n. mammella f., poppa f.

UDI n. (⇒ unilateral declaration of independence) = dichiarazione unilaterale di indipendenza.

Udolpho /ju:'dɒlfəʊ, u:-/ n.pr. Udolfo.

udometer /ju:'dɒmɪtə(r)/ n. udometro m., pluviometro m.

UDR n. (⇒ Ulster Defence Regiment) = forza paramilitare presente in Ulster organizzata dal governo britannico.

U-drive-it car /ˌju:'draɪvitˌkɑ:(r)/ n. autovettura f. da noleggio.

UEFA /ju:'i:fə/ n. (⇒ Union of European Football Associations unione europea delle federazioni calcistiche) UEFA f.

▷ **UFO** /'ju:fəʊ, ju:ef'əʊ/ n. (⇒ unidentified flying object oggetto volante non identificato) ufo m.

ufologist /ju:'fɒlədʒɪst/ n. ufologo m. (-a).

ufology /ju:'fɒlədʒɪ/ n. ufologia f.

Uganda /ju:'gændə/ ➧ *6* n.pr. Uganda f.

Ugandan /ju:'gændən/ ➧ *18* **I** agg. ugandese **II** n. ugandese m. e f.

ugh /ʌg/ inter. puah.

ugli (fruit) /'ʌglɪ(fru:t)/ n. tangelo m.

uglify /'ʌglɪfaɪ/ tr. imbruttire, deturpare

ugliness /'ʌglɪnɪs/ n. *(of person, object, place)* bruttezza f.

▷ **ugly** /'ʌglɪ/ agg. **1** *(hideous)* [*person, appearance, furniture, building, place*] brutto; [*sound*] sgradevole, fastidioso; ***to be an ~ sight*** essere una visione sgradevole *o* un brutto spettacolo; [*wound*] brutto **2** *(vicious)* [*situation, conflict*] brutto, pericoloso; [*tactics, campaign*] vile, abietto; [*accusation*] vile; [*passion*] spregevole; [*violence*] infame, spaventoso; ***the situation turned ~*** la situazione degenerò; ***to give sb. an ~ look*** lanciare un'occhiataccia a qcn.; ***he had an ~ expression on his face, an ~ look in his eye*** aveva una brutta espressione, un brutto sguardo *o* uno sguardo minaccioso; ***to be in an ~ mood*** [*group, mob*] essere in tumulto, in subbuglio; [*individual*] essere di pessimo umore; ***the ~ face of*** quel brutto ceffo di **3** *(repugnant)* [*incident, scene*] deplorevole, ignobile; [*crime*] ignobile, infame ◆ ***an ~ customer*** COLLOQ. un brutto tipo, un tipo pericoloso; ***he looks like an ~ customer*** COLLOQ. sembra un tipo poco raccomandabile; ***as ~ as sin*** brutto come il peccato; ***racism, élitism rears its ~ head*** si riaffaccia lo spettro del razzismo, dell'elitarismo.

ugly duckling /ˌʌglɪ'dʌklɪŋ/ n. brutto anatroccolo m.

Ugrian /'u:grɪən/, **Ugric** /'u:grɪk/ agg. ugrico.

U-haul truck /'ju:'hɔ:lˌtrʌk/ n. AE COLLOQ. autocarro m. da noleggio.

UHF n. (⇒ ultra-high frequency frequenza ultra alta) UHF f.

uh-huh /ˌʌ'hʌ/ inter. già (già).

uhlan /'u:lɑ:n, 'ju:-/ n. ulano m.

UHT agg. (⇒ ultra heat treated sterilizzato a temperatura ultra alta) UHT; ***~ milk*** latte UHT.

UK ➧ *6* **I** n.pr. (⇒ United Kingdom) = Regno Unito; ***in, to the ~*** nel Regno Unito **II** modif. [*citizen, passport*] del Regno Unito.

ukase /ju:'keɪz/ n. ukase m., ukaz m.

uke /ju:k/ ➧ *17* n. COLLOQ. ukulele m.

Ukraine /ju:'kreɪn/ ➧ *6* n.pr. Ucraina f.; ***in, to the ~*** in Ucraina.

Ukrainian /ju:'kreɪnɪən/ ➧ *18, 14* **I** agg. ucraino **II** n. **1** *(person)* ucraino m. (-a) **2** *(language)* ucraino m.

ukulele /ˌju:kə'leɪlɪ/ ➧ *17* n. ukulele m.

ulcer /'ʌlsə(r)/ n. ulcera f.; ***stomach ~*** ulcera gastrica.

ulcerate /'ʌlsəreɪt/ **I** tr. ulcerare **II** intr. ulcerarsi.

ulceration /ˌʌlsə'reɪʃn/ n. ulcerazione f.

ulcerative /'ʌlsərətɪv/ agg. ulcerativo.

ulcered /'ʌlsəd/ agg. ulcerato.

ulcerogenic /ˌʌlsərə'dʒenɪk/ agg. ulcerogeno.

ulcerous /'ʌlsərəs/ agg. ulceroso.

ulcerousness /'ʌlsərəsnɪs/ n. stato m. ulceroso.

Ulfilas /'ʊlfɪlæs/ n.pr. Ulfila.

Ulick /'ju:lɪk/ n.pr. Ulick (nome di uomo).

uliginous /ju:'lɪdʒɪnəs/ agg. uliginoso.

ullage /'ʌlɪdʒ/ n. **1** COMM. *(in cask, bottle) (missing part)* colaggio m., quantità f. di liquido mancante; *(remaining part)* contenuto m. effettivo **2** POP. *(dregs)* feccia f.

ulmaceous /ʌl'meɪʃəs/ agg. delle olmacee.

ulmin /'ʌlmɪn/ n. acido m. ulmico.

ulna /'ʌlnə/ n. (pl. **-ae, ~s**) ulna f.

ulnar /'ʌlnə(r)/ agg. ulnare.

Ulric /'ʌlrɪk/ n.pr. Ulrico.

ulster /'ʌlstə(r)/ n. ulster m.

Ulster /'ʌlstə(r)/ **I** n.pr. Ulster m. **II** modif. [*people, landscape, accent, dialect*] dell'Ulster.

Ulster Defence Regiment /ˌʌlstədɪ'fensˌredʒɪmənt/ n. = forza paramilitare presente in Ulster organizzata dal governo britannico.

Ulster Antica provincia d'Irlanda, situata nel nord dell'isola. Le nove contee dell'Ulster sono state ripartite fra Irlanda del Nord e Repubblica d'Irlanda, dopo la divisione dell'isola avvenuta nel 1921. Il termine è spesso impiegato per designare l'Irlanda del Nord.

Ulsterman /ˈʌlstəmən/ n. (pl. **-men**) ulsteriano m.
Ulsterwoman /ˈʌlstəˌwʊmən/ (pl. **-women**) n. ulsteriana f.
ult. ANT. AMM. ⇒ ultimo ultimo scorso, del mese scorso (u.s.).
ulterior /ʌlˈtɪərɪə(r)/ agg. **1** *(hidden)* [*motive, purpose*] secondo, nascosto; ***without any ~ motive*** senza secondi fini **2** *(subsequent)* ulteriore.
ultimata /ˌʌltɪˈmeɪtə/ → **ultimatum**.
▷ **ultimate** /ˈʌltɪmət/ **I** agg. attrib. **1** *(final)* [*accolade*] massimo, supremo; [*challenge, victory, success*] finale, definitivo, risolutivo; [*achievement*] definitivo; [*deterrent, weapon*] definitivo, risolutivo; [*sacrifice*] supremo, finale, estremo; [*responsibility*] finale, ultimo; [*conclusion, decision, defeat, destination, effect, failure, result*] finale; [*purpose, aim*] ultimo, finale; ***the ~ loser, beneficiary*** chi alla fine perde, ne beneficia; ***carried to the ~ extreme*** spinto all'estremo **2** *(fundamental)* [*principle, question, truth*] basilare, fondamentale; [*source*] principale, fondamentale; ***the ~ cause, origin*** la causa, l'origine prima **3** *(unsurpassed)* [*insult, luxury*] estremo, massimo; [*refinement*] supremo, massimo; [*car, holiday, product*] all'ultima moda, all'ultimo grido; [*stereotype*] per eccellenza **II** n. massimo m., non plus ultra m.; ***the ~ in*** il non non plus ultra del [*comfort, luxury*].
ultimate constituent /ˌʌltɪmətkənˈstɪtjʊənt/ n. LING. costituente m. ultimo, finale.
▷ **ultimately** /ˈʌltɪmətlɪ/ avv. alla fine, in definitiva.
ultimate strength /ˌʌltɪmətˈstreŋθ/ n. TECN. limite m. di resistenza.
ultima Thule /ˌʌltɪməˈθuːliː/ n. Tule f.; FIG. Ultima Tule f., punto m. più estremo, avamposto m.
ultimatum /ˌʌltɪˈmeɪtəm/ n. (pl. **~s, -a**) ultimatum m.; ***to issue*** o ***deliver*** o ***give an ~*** dare un ultimatum (**to** a); ***cease-fire ~*** ultimatum di cessate il fuoco.
ultimo /ˈʌltɪməʊ/ agg. ultimo scorso; ***your letter of the 14th ~*** la Vostra del 14 ultimo scorso.
▷ **ultra** /ˈʌltrə/ n. fanatico m. (-a), estremista m. e f., ultrà m. e f.
ultracentrifuge /ˌʌltrəˈsentrɪfjuːdʒ/ n. ultracentrifuga f.
ultraconservative /ˌʌltrəkənˈsɜːvətɪv/ agg. ultraconservatore.
ultrafashionable /ˌʌltrəˈfæʃnəbl/ agg. all'ultimissima moda.
ultrahigh /ˌʌltrəˈhaɪ/ agg. **1** [*risk, crime rates*] elevatissimo **2** ELETTRON. ultraalto.
ultra-left /ˌʌltrəˈleft/ **I** n. ***the ~*** l'ultrasinistra **II** agg. dell'ultrasinistra.
ultramarine /ˌʌltrəməˈriːn/ ➧ **5 I** agg. oltremarino, d'oltremare **II** n. (azzurro) oltremare m.
ultramicroscope /ˌʌltrəˈmaɪkrəskəʊp/ n. ultramicroscopio m.
ultramicroscopic /ˌʌltrəˌmaɪkrəˈskɒpɪk/ agg. ultramicroscopico.
ultramodern /ˌʌltrəˈmɒdən/ agg. ultramoderno.
ultramontane /ˌʌltrəˈmɒnteɪn/ → **ultramontanist**.
ultramontanism /ˌʌltrəˈmɒntənɪzəm/ n. RELIG. ultramontanismo m.
ultramontanist /ˌʌltrəˈmɒntənɪst/ **I** agg. RELIG. ultramontano **II** n. RELIG. ultramontano m. (-a).
ultramundane /ˌʌltrəˈmʌndeɪn/ agg. **1** *(beyond the physical world)* oltremondano **2** *(outside the solar system)* al di fuori del sistema solare.
ultrared /ˌʌltrəˈred/ agg. RAR. → **infrared**.
ultra-right /ˌʌltrəˈraɪt/ **I** n. ***the ~*** l'ultradestra **II** agg. dell'ultradestra.
ultrashort /ˌʌltrəˈʃɔːt/ agg. ultracorto.
ultrasonic /ˌʌltrəˈsɒnɪk/ agg. ultrasonico.
ultrasonics /ˌʌltrəˈsɒnɪks/ n. + verbo sing. ultrasonica f.
ultrasonography /ˌʌltrəsəʊˈnɒgrəfɪ/ n. ultrasonografia f., ecografia f.
▷ **ultrasound** /ˈʌltrəsaʊnd/ n. ultrasuono m.; ***he received*** o ***was given ~ (treatment)*** MED. gli hanno fatto gli ultrasuoni.
ultrasound scan /ˈʌltrəsaʊndˌskæn/ n. ecografia f.; ***to give sb. an ~*** fare un'ecografia a qcn.; ***to have an ~*** farsi (fare) un'ecografia.
ultrasound scanner /ˈʌltrəsaʊndˌskænə(r)/ n. MED. ecografo m.
ultrastructural /ˌʌltrəˈstrʌktʃərəl/ agg. ultrastrutturale.
ultrastructure /ˈʌltrəstrʌktʃə(r)/ n. ultrastruttura f.
ultraviolet /ˌʌltrəˈvaɪələt/ agg. ultravioletto; ***~ ray*** raggio ultravioletto.
ultra vires /ˌʌltrəˈvaɪəriːz, ˌʊltrɑːˈviːreɪz/ **I** agg. ***to be ~*** [*individual*] commettere un eccesso di potere; [*proclamation, action*] essere un eccesso di potere; [*company*] essere in eccesso del potere legale **II** avv. ***to act ~*** agire arbitrariamente.
ululant /ˈjuːljʊlənt/ agg. RAR. che si lamenta.
ululate /ˈjuːljʊleɪt/ intr. FORM. [*mourner*] lamentarsi.
ululation /ˌjuːljʊˈleɪʃn/ n. FORM. ***the ~ of the women*** i lamenti delle donne.
Ulyssean /juːˈlɪsɪən/ agg. di, da Ulisse.
Ulysses /ˈjuːlɪsiːz/ n.pr. Ulisse.
um /əm/ inter. uhm.
umbel /ˈʌmbəl/ n. ombrella f.
umbellar /ʌmˈbelə(r)/, **umbellate** /ˈʌmbələt/ agg. a forma di ombrella, umbellato.
umbelliferous /ʌmbeˈlɪfərəs/ agg. ombrellifero.
umbelliform /ʌmˈbelɪfɔːm/ agg. RAR. ombrelliforme.
umbellule /ʌmˈbeljuːl/ n. ombrella f. secondaria.
1.umber /ˈʌmbə(r)/ n. ART. terra f. d'ombra.
2.umber /ˈʌmbə(r)/ tr. ART. colorare con terra d'ombra.
3.umber /ˈʌmbə(r)/ n. ZOOL. timallo m.
umber-bird /ˈʌmbəbɜːd/ n. umbretta f., uccello m. martello.
umbilical /ʌmˈbɪlɪkl, ˌʌmbɪˈlaɪkl/ **I** agg. ANAT. FISIOL. [*area, function*] ombelicale; ***~ ties*** FIG. legami strettissimi, cordone ombelicale **II** n. cordone m. ombelicale.
umbilical cord /ʌmˌbɪlɪklˈkɔːd, ʌmbɪˌlaɪkl-/ n. **1** ANAT. cordone m. ombelicale (anche FIG.); ***to cut, tie the ~*** tagliare, annodare il cordone ombelicale **2** AER. MAR. cordone m.
umbilicate /ʌmˈbɪlɪkət/ agg. ombelicato.
umbilicus /ʌmˈbɪlɪkəs, ˌʌmbɪˈlaɪkəs/ n. (pl. **-i**) ombelico m.
umbles /ˈʌmblz/ n.pl. ANT. interiora f. (di cervo).
umbo /ˈʌmbəʊ/ n. (pl. **umbones, ~s**) **1** *(of shield)* umbone m. **2** BOT. ZOOL. umbone m.
umbra /ˈʌmbrə/ n. (pl. **~s, -ae**) **1** *(ghost)* fantasma m., spirito m. **2** ASTR. cono m. d'ombra.
umbrage /ˈʌmbrɪdʒ/ n. ***to take ~*** adombrarsi, offendersi (**at** per).
umbrageous /ʌmˈbreɪdʒəs/ agg. **1** *(shadowy)* ombroso **2** *(disposed to take offence)* ombroso, suscettibile, permaloso.
▷ **umbrella** /ʌmˈbrelə/ n. **1** ombrello m.; ***folding ~*** ombrello pieghevole **2** FIG. ***under the ~ of*** *(protection)* sotto la protezione di; *(authority)* sotto l'egida di **3** ZOOL. ombrello m. (di medusa).
umbrella bird /ʌmˈbreləˌbɜːd/ n. uccello m. parasole.
umbrella group /ʌmˈbreləˌgruːp/, **umbrella organization** /ʌmˌbreləˌɔːgənaɪˈzeɪʃn, -nɪˈz-/ n. = organizzazione, gruppo che ne ingloba altri.
umbrella stand /ʌmˈbreləstænd/ n. portaombrelli m.
umbrella term /ʌmˈbrelətɜːm/ n. termine m. generico, generale.
umbrella tree /ʌmˈbrelətriː/ n. magnolia f. tripetala.
umbrette /ʌmˈbret/ n. → **umber-bird**.
Umbrian /ˈʌmbrɪən/ **I** agg. umbro **II** n. umbro m. (-a).
umlaut /ˈʊmlaʊt/ n. umlaut m.
ump /ʌmp/ n. AE COLLOQ. (accorc. umpire) arbitro m.
umpirage /ˈʌmpaɪərɪdʒ/ n. *(umpiring)* arbitraggio m.; *(decision of umpire)* decisione f. arbitrale.
▷ **1.umpire** /ˈʌmpaɪə(r)/ n. SPORT arbitro m. (anche FIG.); ***to act as an ~ between two parties*** FIG. fare da arbitro tra due parti.
▷ **2.umpire** /ˈʌmpaɪə(r)/ **I** tr. SPORT arbitrare **II** intr. SPORT fare da arbitro, arbitrare; ***to ~ at a match*** arbitrare una partita.
umpireship /ˈʌmpaɪəʃɪp/ n. (l')essere arbitro, funzione f. di arbitro.
umpiring /ˈʌmpaɪərɪŋ/ n. arbitraggio m.
umpteen /ʌmpˈtiːn/ **I** agg. COLLOQ. un sacco di, un mucchio di, molti; ***I've told you ~ times*** te l'ho detto un mucchio di volte **II** pron. COLLOQ. un mucchio; ***I have ~ at home*** ne ho un mucchio *o* un casino a casa; ***there are ~ of us*** siamo un casino di persone.
umpteenth /ʌmpˈtiːnθ/ agg. COLLOQ. ennesimo.
UMTS n. (⇒ Universal Mobile Telecommunications System sistema universale per le telecomunicazioni mobili) UMTS m.
'un /ən/ pron. COLLOQ. ***come here, little ~*** vieni qui, piccolino; ***that's a good ~!*** *(joke)* questa è buona! ***he caught a big ~*** *(fish)* ne ha preso uno grosso.
UN I n. (⇒ United Nations Nazioni Unite) ONU f.; ***the ~*** l'ONU **II** modif. [*conference, forces, General Assembly, resolution, Security Council*] dell'ONU; [*ambassador*] presso l'ONU.
Una /ˈjuːnə/ n.pr. Una.
unabashed /ˌʌnəˈbæʃt/ agg. [*curiosity*] irrefrenabile; [*celebration*] sfrenato; ***they were ~ by anything we said*** nulla di ciò che abbiamo detto li ha turbati; ***he seemed quite ~*** non sembrava affatto turbato.

unabated /ˌʌnəˈbeɪtɪd/ agg. ***to continue ~*** [*industrial growth*] continuare costante, invariato; [*fighting, storm*] continuare con la stessa violenza; ***the discussion continued ~*** la discussione proseguì con la stessa animazione.

▶ **unable** /ʌnˈeɪbl/ agg. **1** *(lacking the means or opportunity)* ***to be ~ to do*** non potere fare *o* non avere la possibilità di fare; ***I wanted to come, but I was ~ (to)*** volevo venire, ma non ce l'ho fatta **2** *(lacking the knowledge or skill)* ***to be ~ to do*** non sapere fare, non essere capace a fare; ***children ~ to read*** i bambini che non sanno leggere **3** *(incapable, not qualified)* ***to be ~ to do*** non sapere fare, essere incapace di fare; ***she tried to answer, but she was ~ to*** cercò di rispondere, ma non ne era capace.

unabridged /ˌʌnəˈbrɪdʒd/ agg. completo, non abbreviato, integrale; ***the ~ version of the book*** la versione integrale del libro.

unabrogated /ʌnˈæbrəgeɪtɪd/ agg. non abrogato, in vigore.

unacademic /ˌʌnækəˈdemɪk/ agg. non accademico.

unaccented /ˌʌnækˈsentɪd/ agg. non accentato, atono.

▷ **unacceptable** /ˌʌnəkˈseptəbl/ agg. [*proposal, suggestion*] inaccettabile; [*behaviour, situation*] inaccettabile, inammissibile, intollerabile; ***it is ~ that*** è inaccettabile che; ***the ~ face of capitalism*** il volto inaccettabile del capitalismo.

unacceptably /ˌʌnəkˈseptəblɪ/ avv. [*high, low, long, expensive*] inaccettabilmente, inammisibilmente; [*classify, describe*] in modo inaccettabile.

unaccommodating /ˌʌnəˈkɒmədeɪtɪŋ/ agg. poco accomodante, poco accondiscendente.

unaccompanied /ˌʌnəˈkʌmpənɪd/ agg. **1** *(alone)* non accompagnato, solo; ***~ children, minors*** bambini, minorenni non accompagnati; ***an ~ young woman*** una ragazza, una giovane donna sola **2** MUS. [*cello suite, song, singing*] senza accompagnamento.

unaccomplished /ˌʌnəˈkʌmplɪʃt/ agg. **1** [*work*] incompleto, incompiuto **2** [*performer*] poco dotato, privo di talento.

unaccountability /ˌʌnəkaʊntəˈbɪlətɪ/ → **unaccountableness**.

unaccountable /ˌʌnəˈkaʊntəbl/ agg. **1** [*phenomenon, feeling*] inspiegabile; ***for some ~ reason*** per qualche ragione inspiegabile **2** *(not answerable)* ***to be ~ to sb.*** non essere responsabile davanti a qcn. *o* non dovere rispondere a qcn.

unaccountableness /ˌʌnəˈkaʊntəblnɪs/ n. **1** *(of phenomenon, feeling)* inspiegabilità f. **2** *(non responsibility)* assenza f. di responsabilità.

unaccountably /ˌʌnəˈkaʊntəblɪ/ avv. [*vanish, appear, late, absent*] inspiegabilmente; ***quite ~,...*** inspiegabilmente,...

unaccounted /ˌʌnəˈkaʊntɪd/ agg. ***to be ~ for*** [*sum*] non essere reperibile; [*documents*] essere introvabile, non essere trovabile; ***two of the crew are still ~ for*** due membri dell'equipaggio non sono ancora stati ritrovati.

unaccredited /ˌʌnəˈkredɪtɪd/ agg. non accreditato, non autorizzato.

unaccrued /ˌʌnəˈkruːd/ agg. [*interest, dividends*] non maturato.

unaccustomed /ˌʌnəˈkʌstəmd/ agg. [*luxury, speed, position*] inconsueto, insolito, non abituale; ***to be ~ to sth., to doing*** non essere abituato a qcs., a fare; ***~ as I am to public speaking...*** SCHERZ. per quanto non sia avvezzo al parlare in pubblico...

unachievable /ˌʌnəˈtʃiːvəbl/ agg. **1** [*aim, objective*] irraggiungibile **2** [*result*] non ottenibile, irrealizzabile.

unachieved /ˌʌnəˈtʃiːvd/ agg. non raggiunto, non ottenuto.

unacknowledged /ˌʌnəkˈnɒlɪdʒd/ agg. **1** [*genius*] incompreso, non riconosciuto; [*inventor, contribution*] non riconosciuto; [*leader*] non riconosciuto ufficialmente; [*terror, taboo*] inconfessato; [*epidemic*] non riconosciuto ufficialmente **2** [*letter*] senza risposta; ***her letter remained ~*** la sua lettera è rimasta senza risposta.

unacquainted /ˌʌnəˈkweɪntɪd/ agg. ***to be ~ with sth., sb.*** non conoscere qcs., qcn.; ***he is ~ with computing*** ha poca familiarità con i computer; ***to be ~ with the facts, situation*** non essere al corrente dei fatti, della situazione; ***to be ~ with one another*** non conoscersi.

unacquaintedness /ˌʌnəˈkweɪntɪdnɪs/ n. (il) non conoscere.

unacquired /ˌʌnəˈkwaɪəd/ agg. *(not acquired)* non acquisito; *(innate)* innato, naturale.

unacquitted /ˌʌnəˈkwɪtɪd/ agg. non assolto, non prosciolto.

unacted /ʌnˈæktɪd/ agg. **1** *(not performed)* non rappresentato **2** ANT. *(not done)* non fatto.

unadapted /ˌʌnəˈdæptɪd/ agg. *(not adapted)* non adattato; *(not suited)* non adatto.

unaddicted /ˌʌnəˈdɪktɪd/ agg. *(to alcohol)* non dedito (**to** a); non dipendente (**to** da); *(to drugs)* non dipendente (**to** da).

unaddressed /ˌʌnəˈdrest/ agg. senza indirizzo.

unadmitted /ˌʌnədˈmɪtɪd/ agg. **1** *(not allowed to enter)* non ammesso **2** *(unconfessed)* non confessato, inconfessato.

unadopted /ˌʌnəˈdɒptɪd/ agg. **1** BE ***~ road*** = strada della quale l'ente locale non cura la manutenzione **2** [*child*] non adottato.

unadorned /ˌʌnəˈdɔːnd/ agg. [*walls, building*] spoglio, disadorno; [*manner, style*] disadorno; ***the plain ~ facts*** i fatti puri e semplici.

unadulterated /ˌʌnəˈdʌltəreɪtɪd/ agg. **1** *(pure)* [*water*] puro; [*food*] non adulterato, genuino; [*wine*] non adulterato, non sofisticato **2** *(emphatic)* [*pleasure, misery*] totale, assoluto; ***this is ~ nonsense*** sono stupidaggini belle e buone.

unadventurous /ˌʌnədˈventʃərəs/ agg. [*meal, menu, choice*] convenzionale, banale; [*decor, production, style*] convenzionale, privo di inventiva, conformistico; [*person*] convenzionale, conformista.

unadventurously /ˌʌnədˈventʃərəslɪ/ avv. [*dressed, presented*] in modo convenzionale.

unadvertised /ʌnˈædvətaɪzd/ agg. [*visit*] non annunciato; [*sale*] non pubblicizzato, non reclamizzato; ***it was an ~ post*** non sono stati messi annunci per il posto.

unadvisable /ʌnədˈvaɪzəbl/ agg. sconsigliabile, inopportuno.

unadvised /ˌʌnədˈvaɪzd/ agg. **1** [*acts, words*] imprudente, avventato; [*person*] sconsiderato **2** *(non having consulted)* di testa propria, senza essersi consigliato (**with** con).

unadvisedly /ˌʌnədˈvaɪzdlɪ/ avv. [*act, speak*] imprudentemente, in modo sconsiderato.

unadvisedness /ˌʌnədˈvaɪzdnɪs/ n. imprudenza f., sconsideratezza f.

unaesthetic, **unesthetic** AE /ˌʌniːsˈθetɪk/ agg. [*thing*] antiestetico; [*person*] privo di gusto (estetico).

▷ **unaffected** /ˌʌnəˈfektɪd/ agg. **1** *(untouched)* ***to be ~*** non essere coinvolto (**by** in) **2** *(natural, spontaneous)* semplice, alla buona.

unaffectedly /ˌʌnəˈfektɪdlɪ/ avv. semplicemente, senza affettazione.

unaffectedness /ˌʌnəˈfektɪdnɪs/ n. naturalezza f., semplicità f.

unaffiliated /ˌʌnəˈfɪlɪeɪtɪd/ agg. non affiliato (**to** a).

unafraid /ˌʌnəˈfreɪd/ agg. [*person*] senza paura, impavido; ***to be ~ of sth., of doing*** non avere paura di qcs., di fare.

unaided /ʌnˈeɪdɪd/ **I** agg. [*work*] solitario, privo di assistenza; [*intuition*] personale; ***~ by sth.*** senza l'aiuto di qcs.; ***to do sth. by one's own ~ efforts*** fare qcs. con le proprie forze **II** avv. [*stand, sit, walk*] da solo, senza aiuto, senza sostegno.

unaired /ʌnˈeəd/ agg. **1** [*room*] non aerato, non ventilato; [*sheets, bed*] non arieggiato **2** *(undiscussed)* ***to remain ~*** [*objections, issues*] passare sotto silenzio.

unalienable /ʌnˈeɪlɪənəbl/ agg. inalienabile.

unalienably /ʌnˈeɪlɪənəblɪ/ avv. in modo inalienabile.

unalike /ˌʌnəˈlaɪk/ agg. dissimile; ***they are not ~*** si assomigliano un po'.

unallayed /ˌʌnəˈleɪd/ agg. [*fear, fury*] non placato, non calmato.

unallotted /ˌʌnəˈlɒtɪd/ agg. non assegnato, non distribuito.

unallowable /ˌʌnəˈlaʊəbl/ agg. inammissibile, inaccettabile.

unalloyed /ˌʌnəˈlɔɪd/ agg. **1** [*pleasure, success*] puro, vero **2** [*metal*] puro.

unalterability /ˌʌnɔːltərəˈbɪlətɪ/ n. inalterabilità f.

unalterable /ʌnˈɔːltərəbl/ agg. inalterabile.

unalterableness /ʌnˈɔːltərəblnɪs/ → **unalterability**.

unalterably /ʌnˈɔːltərəblɪ/ avv. inalterabilmente.

unaltered /ʌnˈɔːltəd/ agg. inalterato, immutato; ***to remain ~*** restare immutato.

unamazed /ˌʌnəˈmeɪzd/ agg. non stupito.

unambiguous /ˌʌnæmˈbɪgjʊəs/ agg. non ambiguo, inequivocabile.

unambiguously /ˌʌnæmˈbɪgjʊəslɪ/ avv. [*define, deny*] inequivocabilmente; [*interpret*] senza ambiguità.

unambitious /ˌʌnæmˈbɪʃəs/ agg. [*person*] senza ambizioni; [*reform*] modesto; [*novel*] senza pretese.

unambitiously /ˌʌnæmˈbɪʃəslɪ/ avv. senza ambizioni.

unambitiousness /ˌʌnæmˈbɪʃəsnɪs/ n. modestia f.

unamenable /ˌʌnəˈmenəbl/ agg. intransigente, ostinato.

unamendable /ˌʌnəˈmendəbl/ agg. inemendabile, incorreggibile.

unamended /ˌʌnəˈmendɪd/ agg. non emendato.

un-American /ˌʌnəˈmerɪkən/ agg. antiamericano.

unamiable /ˌʌnˈeɪmɪəbl/ agg. poco amabile, scontroso, burbero.

unamiableness /ˌʌnˈeɪmɪəblnɪs/ n. scontrosità f.

unamiably /ˌʌnˈeɪmɪəblɪ/ avv. poco amabilmente, scontrosamente.

unamused /ˌʌnəˈmjuːzd/ agg. ***he was ~ by your joke*** la tua barzelletta non lo ha fatto ridere.

unanalysable BE, **unanalyzable** AE /ʌnˈænəlaɪzəbl/ agg. non analizzabile.

unanchor /ʌnˈæŋkə(r)/ **I** intr. [*ship*] levare l'ancora **II** tr. disancorare [*ship*].

unanimated /ʌn'ænɪmeɪtɪd/ agg. inanimato.
unanimity /ju:nə'nɪmətɪ/ n. unanimità f. (**between**, **among** tra); ***to be based on*** ~ essere basato sul principio dell'unanimità; ***to reach*** ~ raggiungere l'unanimità.
unanimous /ju:'nænɪməs/ agg. [*members, agreement, support*] unanime; ***to be ~ in doing*** essere unanimi nel fare; ***to be ~ that*** essere unanimi nel ritenere che.
unanimously /ju:'nænɪməslɪ/ avv. [*agree, condemn, approve*] unanimemente; [*vote, acquit*] all'unanimità; ***to be ~ against, in favour of sth.*** essere unanimemente contro, a favore di qcs.
unanimousness /ju:'nænɪməsnɪs/ n. RAR. → **unanimity**.
unannounced /ˌʌnə'naʊnst/ **I** agg. [*visit*] non annunciato, inaspettato, senza preavviso; [*changes*] imprevisto, inaspettato **II** avv. [*arrive, call*] senza (alcun) preavviso.
unanswerable /ʌn'ɑ:nsərəbl, AE ˌʌn'æn-/ agg. [*question*] alla quale non si può rispondere; [*remark, case*] irrefutabile.
unanswerableness /ʌn'ɑ:nsərəblnɪs, AE ʌn'æn-/ n. *(of question)* impossibilità f. di rispondere; *(of remark, case)* irrefutabilità f.
unanswered /ʌn'ɑ:nsəd, AE ʌn'æn-/ agg. [*letter, question, query*] rimasto senza risposta.
unappalled /ˌʌnə'pɔ:ld/ agg. non intimidito, impavido, coraggioso.
unappealable /ˌʌnə'pi:ləbl/ agg. DIR. inappellabile.
unappealably /ˌʌnə'pi:ləblɪ/ avv. DIR. inappellabilmente.
unappealing /ˌʌnə'pi:lɪŋ/ agg. [*title, name*] poco interessante; [*person, mannerism*] poco attraente; [*food*] poco appetitoso.
unappeasable /ˌʌnə'pi:zəbl/ agg. implacabile.
unappeased /ˌʌnə'pi:zd/ agg. non placato, insoddisfatto.
unappetizing /ʌn'æpɪtaɪzɪŋ/ agg. poco appetitoso.
unapplied /ˌʌnə'plaɪd/ agg. inapplicato.
unappreciated /ˌʌnə'pri:ʃɪeɪtɪd/ agg. [*work of art*] inapprezzato; [*status, value*] non riconosciuto; ***to feel*** ~ non sentirsi apprezzato.
unappreciative /ˌʌnə'pri:ʃətɪv/ agg. [*person*] irriconoscente; [*audience, public*] che non apprezza; ***to be ~ of sth.*** non apprezzare qcs.
unapprehended /ˌʌnæprɪ'hendɪd/ agg. **1** *(not comprehended)* incompreso, non capito **2** *(not arrested)* a piede libero, latitante.
unapprehensive /ˌʌnæprɪ'hensɪv/ agg. non apprensivo, calmo, tranquillo.
unapprehensiveness /ˌʌnæprɪ'hensɪvnɪs/ n. tranquillità f.
unapproachable /ˌʌnə'prəʊtʃəbl/ agg. inaccessible, inavvicinabile.
unapproachableness /ˌʌnə'prəʊtʃəblnɪs/ n. inaccessibilità f.
unapproachably /ˌʌnə'prəʊtʃəblɪ/ avv. inaccessibilmente.
unappropriated /ˌʌnə'prəʊprɪeɪtɪd/ agg. [*funds*] non assegnato, non stanziato; [*profits*] non distribuito.
unapproved /ˌʌnə'pru:vd/ agg. non approvato, disapprovato.
unapt /ʌn'æpt/ agg. FORM. **1** *(dull)* [*student, pupil*] ottuso, poco portato **2** *(unsuited)* inadatto, inopportuno (**for** a).
unaptly /ʌn'æptlɪ/ avv. a sproposito, inopportunamente.
unaptness /ʌn'æptnɪs/ n. **1** *(dullness)* ottusità f. **2** *(unsuitableness)* inopportunità f.
unarguable /ʌn'ɑ:gjʊəbl/ agg. [*sovereignty, rights*] incontestabile; DIR. [*defence*] inattaccabile.
unarguably /ʌn'ɑ:gjʊəblɪ/ avv. [*true, best*] indiscutibilmente; ***they were ~ the winners*** indiscutibilmente *o* senza dubbio hanno vinto loro.
unarm /ʌn'ɑ:m/ tr. disarmare.
unarmed /ʌn'ɑ:md/ **I** pass., p.pass. → **unarm II** agg. [*police, civilians*] non armato, disarmato; [*combat*] senza armi.
unarranged /ˌʌnə'reɪndʒd/ agg. **1** *(disarranged)* disordinato, in disordine **2** *(unordered)* casuale, non preordinato.
unarrayed /ˌʌnə'reɪd/ agg. **1** *(of troops, people)* non schierato **2** *(of person, room etc.)* non agghindato.
unarrested /ˌʌnə'restɪd/ agg. **1** *(not stopped)* non arrestato, ininterrotto **2** *(not apprehended)* non arrestato, latitante.
unarticulated /ˌʌnɑ:'tɪkjʊleɪtɪd/ agg. **1** *(indistinct)* inarticolato, indistinto **2** *(disjointed)* disarticolato.
unary /'ju:nərɪ/ agg. MAT. INFORM. unario.
unascertainable /ˌʌnæsə'teɪnəbl/ agg. non accertabile, inverificabile.
unascertained /ˌʌnæsə'teɪnd/ agg. non accertato.
unashamed /ˌʌnə'ʃeɪmd/ agg. [*admirer, joy*] senza vergogna; *(more informal)* spudorato; [*belief*] di cui non ci si vergogna; ***to be ~ of sth.*** non vergognarsi di qcs.
unashamedly /ˌʌnə'ʃeɪmɪdlɪ/ avv. apertamente.
unasked /ʌn'ɑ:skt, AE ʌn'æskt/ avv. [*come, attend*] senza invito, senza essere (stato) invitato; ***to do sth.*** ~ fare qcs. spontaneamente.
unaspirated /ʌn'æspəreɪtɪd/ agg. non aspirato.
unaspiring /ˌʌnə'spaɪərɪŋ/ agg. senza aspirazioni, senza ambizione.
unassailable /ˌʌnə'seɪləbl/ agg. **1** [*position, reputation*] inattaccabile; [*optimism*] inguaribile; [*case*] irrefutabile; ***to have an ~ lead*** SPORT avere un vantaggio incolmabile; *(in market, elections)* avere una posizione di assoluta superiorità **2** MIL. [*stronghold*] inespugnabile.
unassayed /ˌʌnə'seɪd/ agg. non saggiato, non analizzato.
unassertive /ˌʌnə'sɜ:tɪv/ agg. condiscendente, modesto.
unassessed /ˌʌnə'sest/ agg. ECON. **1** [*damage, loss*] non stimato, non valutato **2** *(not taxed)* non tassato, non gravato da imposta.
unassignable /ˌʌnə'saɪnəbl/ agg. **1** *(not allocatable)* non assegnabile (**to** a) **2** DIR. non trasferibile.
unassisted /ˌʌnə'sɪstɪd/ **I** agg. ***it's her own ~ work*** ha fatto il suo lavoro tutto da sola **II** avv. [*stand, walk, sit*] da solo, senza assistenza.
unassuming /ˌʌnə'sju:mɪŋ, AE ˌʌnə'su:-/ agg. [*person, manner, building*] modesto, senza pretese.
unassumingly /ˌʌnə'sju:mɪŋlɪ, AE ˌʌnə'su:-/ avv. [*speak, behave*] con modestia.
unassured /ˌʌnə'ʃɔ:d, AE ˌʌnə'ʃʊərd/ agg. **1** *(not confident)* insicuro, diffidente **2** *(unsure)* incerto, insicuro **3** ECON. non assicurato.
unatoned /ˌʌnə'təʊnd/ agg. inespiato.
unattached /ˌʌnə'tætʃt/ agg. **1** *(single)* single, non fidanzato, non sposato; ***"are you ~?"*** "sei single?" **2** [*part, element*] separato, staccato; [*building, organization*] indipendente.
unattainable /ˌʌnə'teɪnəbl/ agg. *(all contexts)* inaccessibile, irraggiungibile.
unattempted /ˌʌnə'temptɪd/ agg. intentato.
unattended /ˌʌnə'tendɪd/ agg. [*vehicle, dog, child*] incustodito; ***patrons are advised not to leave their baggage*** ~ si raccomanda alla gentile clientela di non lasciare i propri bagagli incustoditi.
unattested /ˌʌnə'testɪd/ agg. non attestato.
unattired /ˌʌnə'taɪəd/ agg. svestito.
unattractive /ˌʌnə'træktɪv/ agg. **1** *(ugly)* [*furniture*] non bello; [*person, characteristic*] poco attraente, non attraente; ***I find him*** ~ non lo trovo attraente **2** *(not appealing)* [*career, idea*] non allettante (**to** per); [*bid, proposition*] non interessante (**to** per); ***economically*** ~ non allettante dal punto di vista economico; ***an ~ prospect*** una prospettiva poco attraente.
unattractively /ˌʌnə'træktɪvlɪ/ avv. in modo poco attraente.
unattractiveness /ˌʌnə'træktɪvnɪs/ n. *(of building)* bruttezza f.; *(of landscape)* mancanza f. di attrattiva; ***the ~ of his appearance*** il suo aspetto poco attraente.
unaudited /ˌʌn'ɔ:dɪtɪd/ agg. ECON. non verificato, non certificato.
unauthentic /ˌʌnɔ:'θentɪk/ agg. inautentico.
unauthenticated /ˌʌnɔ:'θentɪkeɪtɪd/ agg. [*signature, document*] non autenticato; [*evidence*] non documentario; [*story*] non confermato.
unauthoritative /ˌʌnɔ:'θɒrətətɪv, AE -teɪtɪv/ agg. privo di autorità.
unauthorized /ʌn'ɔ:θəˌraɪzd/ agg. [*disclosure, phone tapping*] non autorizzato, illegale; [*reproduction, building work*] non autorizzato, abusivo; ***no ~ access*** accesso vietato alle persone non autorizzate; ***~ access*** INFORM. accesso non autorizzato.
unavailable /ˌʌnə'veɪləbl/ agg. ***to be*** ~ [*person*] non essere disponibile; ***Mr Hill is ~ for comment*** il signor Hill non intende rilasciare dichiarazioni; ***medical treatment, information is*** ~ non è possibile ottenere cure mediche, informazioni.
unavailing /ˌʌnə'veɪlɪŋ/ agg. FORM. [*efforts, search, battle*] vano, inutile.
unavailingly /ˌʌnə'veɪlɪŋlɪ/ avv. FORM. vanamente, inutilmente.
unavenged /ˌʌnə'vendʒd/ agg. invendicato.
unavoidable /ˌʌnə'vɔɪdəbl/ agg. inevitabile.
unavoidableness /ˌʌnə'vɔɪdəblnɪs/ n. inevitabilità f.
unavoidably /ˌʌnə'vɔɪdəblɪ/ avv. ***I shall be ~ detained*** è inevitabile che io venga trattenuto; ***he was ~ absent*** non poteva assolutamente essere presente; ***their failure was ~ public*** era inevitabile che il loro fallimento fosse di dominio pubblico.
unavowed /ˌʌnə'vaʊd/ agg. non ammesso, non dichiarato.
▷ **unaware** /ˌʌnə'weə(r)/ agg. **1** *(not informed)* ***to be ~ of sth.*** non essere al corrente *o* essere ignaro di qcs.; ***to be ~ that*** non sapere che **2** *(not conscious)* ***to be ~ of sth.*** non essere consapevole di qcs.; ***she was ~ of all the noise around her*** non si accorse di tutto il rumore che la circondava; ***she was ~ of his presence*** non si era resa conto della sua presenza; ***to be politically ~*** non avere

coscienza politica; ***to be blissfully ~ of sth.*** essere assolutamente inconsapevole di qcs.
unawarely /ˌʌnəˈweəlɪ/ avv. inconsciamente, inconsapevolmente.
unawareness /ˌʌnəˈweənɪs/ n. inconsapevolezza f.
unawares /ˌʌnəˈweəz/ avv. ***to catch*** o ***take sb. ~*** cogliere qcn. alla sprovvista *o* di sorpresa.
unbacked /ʌnˈbækt/ agg. ECON. [*account*] scoperto.
unbaked /ʌnˈbeɪkt/ agg. non cotto (al forno), crudo.
1.unbalance /ʌnˈbæləns/ n. squilibrio m.
2.unbalance /ʌnˈbæləns/ tr. squilibrare.
unbalanced /ʌnˈbælənst/ **I** p.pass. → **2.unbalance II** agg. **1** [*person, mind*] squilibrato, instabile; ***mentally ~*** mentalmente instabile **2** *(biased)* [*reporting*] parziale, non obiettivo **3** *(uneven)* [*diet, load*] squilibrato; [*economy*] non equilibrato **4** [*accounts*] non pareggiato.
unballast /ʌnˈbæləst/ tr. liberare dalla zavorra [*ship*].
unbandage /ʌnˈbændɪdʒ/ tr. sbendare, togliere le bende a.
unbanked /ʌnˈbæŋkt/ agg. [*money*] non depositato in banca.
unbaptized /ˌʌnbæpˈtaɪzd/ agg. non battezzato.
unbar /ʌnˈbɑː(r)/ tr. (forma in -ing ecc. **-rr-**) **1** *(unlock)* aprire [*gate, shutter*] **2** *(remove bars from)* togliere le sbarre a [*door, gate etc.*].
unbaste /ʌnˈbeɪst/ tr. SART. sbastire.
unbated /ʌnˈbeɪtɪd/ agg. LETT. → **unabated.**
unbathed /ʌnˈbeɪðɪd/ agg. non lavato.
unbearable /ʌnˈbeərəbl/ agg. insopportabile.
unbearableness /ʌnˈbeərəblnɪs/ n. insopportabilità f.
unbearably /ʌnˈbeərəblɪ/ avv. **1** [*hurt, tingle*] in modo insopportabile **2** *(emphatic)* [*hot, cynical, tedious*] insopportabilmente.
unbeatable /ʌnˈbiːtəbl/ agg. **1** *(excellent)* [*quality, price*] imbattibile; ***it's an ~ value*** il rapporto qualità-prezzo è imbattibile; ***the food is ~*** il cibo è il migliore **2** [*opponent, team, record*] imbattibile.
unbeaten /ʌnˈbiːtn/ agg. [*player, team*] imbattuto; [*score, record*] che non è stato battuto.
unbecoming /ˌʌnbɪˈkʌmɪŋ/ agg. FORM. [*colour*] che non dona; [*garment*] indecente, non adatto; ***conduct ~ to a soldier*** una condotta indecorosa per un soldato; ***it is ~ to do*** è sconveniente fare.
unbefitting /ˌʌnbɪˈfɪtɪŋ/ agg. inadatto, inappropriato.
unbegotten /ˌʌnbɪˈgɒtn/ agg. non generato.
unbeknown /ˌʌnbɪˈnəʊn/ avv. ***~ to sb.*** all'insaputa di qcn.; ***~ to me*** a mia insaputa.
unbelief /ˌʌnbɪˈliːf/ n. RELIG. ateismo m., miscredenza f., incredulità f.
▷ **unbelievable** /ˌʌnbɪˈliːvəbl/ agg. incredibile; ***it is ~ that*** è incredibile che.
unbelievableness /ˌʌnbɪˈliːvəblnɪs/ n. incredibilità f.
unbelievably /ˌʌnbɪˈliːvəblɪ/ avv. incredibilmente.
unbeliever /ˌʌnbɪˈliːvə(r)/ n. ateo m. (-a), miscredente m. e f.
unbelieving /ˌʌnbɪˈliːvɪŋ/ agg. [*look, tone*] incredulo; RELIG. ateo, miscredente.
unbelievingly /ˌʌnbɪˈliːvɪŋlɪ/ avv. [*stare, exclaim*] con aria incredula.
unbend /ʌnˈbend/ **I** tr. (pass., p.pass. **-bent**) *(straighten)* raddrizzare, distendere **II** intr. (pass., p.pass. **-bent**) raddrizzarsi, distendersi.
unbending /ʌnˈbendɪŋ/ agg. [*person, attitude*] inflessibile; ***an ~ will*** una volontà di ferro.
unbeneficed /ʌnˈbenɪfɪst/ agg. non beneficiato; RELIG. senza benefici ecclesiastici.
unbeneficial /ˌʌnbenɪˈfɪʃl/ agg. svantaggioso, deleterio.
unbent /ʌnˈbent/ pass., p.pass. → **unbend.**
unbeseeming /ˌʌnbɪˈsiːmɪŋ/ agg. inappropriato, sconveniente.
unbesought /ˌʌnbɪˈsɔːt/ agg. non sollecitato, non richiesto.
unbias(s)ed /ʌnˈbaɪəst/ agg. [*advice, newspaper, person*] imparziale, obiettivo; ***to be ~ (in one's opinions)*** non essere di parte.
unbidden /ʌnˈbɪdn/ avv. LETT. ***to do sth. ~*** fare qcs. senza essere pregato *o* spontaneamente; ***to come ~ into one's mind*** venire spontaneamente in mente.
unbind /ʌnˈbaɪnd/ tr. (pass., p.pass. **-bound**) slegare [*string, rope, prisoner*].
unbinding /ʌnˈbaɪndɪŋ/ agg. non vincolante.
unblamable /ʌnˈbleɪməbl/ agg. irreprensibile.
unblamableness /ʌnˈbleɪməblnɪs/ n. irreprensibilità f.
unblamably /ʌnˈbleɪməblɪ/ avv. irreprensibilmente.
unbleached /ʌnˈbliːtʃt/ agg. [*cloth*] écru; [*hair*] non schiarito; [*flour*] non trattato; [*paper, nappies, coffee filters*] senza sbiancanti artificiali.
unblemished /ʌnˈblemɪʃt/ agg. [*reputation*] senza macchia; [*record*] pulito; [*career*] impeccabile.
unblessed, unblesst /ʌnˈblest/ agg. **1** *(unhallowed)* non benedetto **2** *(wretched)* disgraziato, infelice **3** *(unholy)* maledetto, empio.
unblinking /ʌnˈblɪŋkɪŋ/ agg. ***to stare ~ at sb.*** fissare qcn. senza batter ciglio; ***he stood there ~*** stava là (in piedi) impassibile.
unblinkingly /ʌnˈblɪŋkɪŋlɪ/ avv. ***to stare at sb. ~*** fissare qcn. senza batter ciglio.
unblock /ʌnˈblɒk/ tr. sturare, disintasare [*pipe, sink*].
unblooded /ʌnˈblʌdɪd/ agg. [*animal*] non di razza.
unblotted /ʌnˈblɒtɪd/ agg. non macchiato, senza macchia (anche FIG.).
unblushing /ʌnˈblʌʃɪŋ/ agg. FORM. [*admission, lie*] spudorato.
unblushingness /ʌnˈblʌʃɪŋnɪs/ n. FORM. spudoratezza f.
unblushingly /ʌnˈblʌʃɪŋlɪ/ avv. FORM. [*lie, deny*] spudoratamente.
unbolt /ʌnˈbəʊlt/ tr. togliere il chiavistello a [*door*].
1.unbolted /ʌnˈbəʊltɪd/ **I** pass., p.pass. → **unbolt II** agg. ***to be ~*** non essere chiuso col chiavistello *o* sprangato.
2.unbolted /ʌnˈbəʊltɪd/ agg. [*flour*] non setacciato.
unboned /ʌnˈbəʊnd/ agg. **1** GASTR. [*leg, chicken*] non disossato; [*fish*] con le lische **2** ZOOL. invertebrato.
unbonnet /ʌnˈbɒnɪt/ **I** tr. togliere il cappello a **II** intr. togliersi il cappello.
unbooked /ʌnˈbʊkt/ agg. **1** *(unrecorded)* non registrato **2** [*seat*] non prenotato, non riservato.
unborn /ʌnˈbɔːn/ agg. **1** ***~ child*** bambino non ancora nato; ***her ~ child*** il bambino che porta in grembo **2** FIG. ***yet ~*** [*party, idea*] che non ha ancora visto la luce; ***generations yet ~*** le generazioni future *o* a venire.
unbosom /ʌnˈbʊzəm/ rifl. LETT. ***to ~ oneself*** confidarsi (**to** con).
unbought /ʌnˈbɔːt/ agg. non comprato, invenduto.
unbound /ʌnˈbaʊnd/ **I** pass., p.pass. → **unbind II** agg. [*book*] non rilegato.
unbounded /ʌnˈbaʊndɪd/ agg. [*joy, relief, gratitude*] immenso, infinito; [*optimism*] senza limiti; [*love*] immenso, smisurato.
unboundedly /ʌnˈbaʊndɪdlɪ/ avv. sconfinatamente, smisuratamente, immensamente.
unboundedness /ʌnˈbaʊndɪdnɪs/ n. sconfinatezza f., smisuratezza f., immensità f.
unbowed /ʌnˈbaʊd/ agg. LETT. ***she, the nation remains ~*** lei, la nazione non è stata piegata *o* sottomessa; ***bloody but ~*** spezzato ma non piegato.
unbrace /ʌnˈbreɪs/ tr. **1** *(untie)* sciogliere, slacciare **2** *(relax)* rilassare, distendere.
unbraid /ʌnˈbreɪd/ tr. sciogliere [*hair*].
unbreakable /ʌnˈbreɪkəbl/ agg. infrangibile.
unbreathable /ʌnˈbriːðəbl/ agg. irrespirabile.
unbred /ʌnˈbred/ agg. maleducato.
unbreech /ʌnˈbriːtʃ/ tr. togliere la culatta a [*cannon*].
unbribable /ʌnˈbraɪbəbl/ agg. incorruttibile.
unbridle /ʌnˈbraɪdl/ tr. sbrigliare [*horse*].
unbridled /ʌnˈbraɪdld/ agg. attrib. [*imagination, emotion*] sfrenato, sbrigliato; [*sexuality*] prorompente; [*power*] illimitato; [*optimism*] incontenibile.
unbroken /ʌnˈbrəʊkən/ agg. **1** *(uninterrupted)* [*series, sequence, view*] ininterrotto; [*silence*] non interrotto; [*curve*] perfetto; ***in an ~ line*** in una linea continua **2** *(intact)* [*pottery*] intatto, intero; ***the ~ surface of the lake*** la superficie intatta del lago **3** *(unsurpassed)* ***it's an ~ record*** quel record non è ancora stato battuto.
unbuckle /ʌnˈbʌkl/ tr. slacciare (la fibbia di) [*belt, shoe, strap*].
unbuilt /ʌnˈbɪlt/ agg. [*house*] non (ancora) costruito; [*land*] non edificato.
unbundle /ʌnˈbʌndl/ tr. **1** ECON. smembrare [*company, group*] **2** INFORM. = vendere separatamente; ***~d software*** software venduto separatamente dal computer.
unburden /ʌnˈbɜːdn/ rifl. FORM. ***to ~ oneself*** sfogarsi, confidarsi con qcn.; ***to ~ oneself of*** alleggerirsi di [*worries, secret*]; liberarsi da [*guilt*].
unburied /ʌnˈberɪd/ agg. insepolto; ***the ~ dead*** i morti insepolti.
unbusinesslike /ʌnˈbɪznɪslaɪk/ agg. [*method, conduct*] non professionale, poco professionale.
unbutton /ʌnˈbʌtn/ tr. sbottonare.
unbuttoned /ʌnˈbʌtnd/ **I** pass., p.pass. → **unbutton II** agg. FIG. [*attitude*] rilassato.
uncage /ʌnˈkeɪdʒ/ tr. togliere dalla gabbia, liberare [*bird, animal*].
uncalled /ʌnˈkɔːld/ agg. non chiamato, non invitato.
uncalled-for /ʌnˈkɔːldfɔː(r)/ agg. [*remark, behaviour*] non appropriato, fuori luogo.
uncannily /ʌnˈkænɪlɪ/ avv. *(very much)* incredibilmente; *(surprisingly)* stranamente.

uncanniness /ʌn'kænɪnɪs/ n. stranezza f.
uncanny /ʌn'kænɪ/ agg. **1** *(strange)* [*resemblance*] strano, inquietante; [*way*] sinistro, inquietante; [*accuracy, success*] strano, sorprendente; ***to bear an ~ resemblance to sth., sb.*** assomigliare stranamente a qcs., qcn. **2** *(frightening)* inquietante.
uncanonical /ˌʌnkə'nɒnɪkl/ agg. non canonico.
uncap /ʌn'kæp/ tr. (forma in -ing ecc. **-pp-**) togliere il cappuccio a [*pen*]; stappare [*beer bottle*].
uncared-for /ʌn'keədfɔ:(r)/ agg. [*house*] trascurato, malmesso; [*pet*] trascurato; ***an ~ child*** un bambino di cui non si occupa nessuno *o* abbandonato a se stesso.
uncaring /ʌn'keərɪŋ/ agg. [*world*] indifferente; ***an ~ society*** una società non attenta al sociale.
uncarpeted /ʌn'kɑ:pɪtɪd/ agg. senza tappeti, senza moquette.
uncashed /ʌn'kæʃt/ agg. non incassato.
uncatalogued /ʌn'kætəlɒgd/ agg. non catalogato.
uncaused /ʌn'kɔ:zd/ agg. immotivato.
unceasing /ʌn'si:sɪŋ/ agg. incessante.
unceasingly /ʌn'si:sɪŋlɪ/ avv. incessantemente.
uncelebrated /ʌn'selɪbreɪtɪd/ agg. non celebrato, non famoso.
uncensored /ʌn'sensəd/ agg. [*film, book*] non censurato; FIG. [*version*] integrale.
uncensured /ˌʌn'senʃəd/ agg. incensurato.
unceremonious /ˌʌnserɪ'məʊnɪəs/ agg. [*meeting*] senza cerimonie, informale; [*person*] non cerimonioso; [*departure, end*] precipitoso.
unceremoniously /ˌʌnserɪ'məʊnɪəslɪ/ avv. [*dismiss*] senza cerimonie.
▷ **uncertain** /ʌn'sɜ:tn/ agg. **1** *(unsure)* [*person*] incerto, insicuro; ***to be ~ about*** non essere certo *o* sicuro di; ***to be ~ about what to do*** non essere sicuro di cosa fare; ***to be ~ whether to stay or to leave*** non sapere se restare o andarsene **2** *(not predictable, not known)* [*future, market, outcome*] incerto; ***it is ~ whether there will be a chairperson*** non si sa se ci sarà un presidente **3** *(changeable)* [*temper, economic conditions*] instabile; [*weather*] variabile **4 in no ~ terms** [*state, express oneself*] senza mezzi termini.
uncertainly /ʌn'sɜ:tnlɪ/ avv. [*approach*] con esitazione; [*smile, look*] con aria esitante.
▷ **uncertainty** /ʌn'sɜ:tntɪ/ n. incertezza f., insicurezza f. (**about** su); ***there is some ~ surrounding the project*** il progetto è ancora un po' incerto; ***the uncertainties of life*** le incertezze della vita; ***the uncertainties of the market*** l'instabilità del mercato.
uncertainty principle /ʌn'sɜ:tntɪˌprɪnsəpl/ n. principio m. di indeterminazione.
uncertified /ʌn'sɜ:tɪfaɪd/ agg. AMM. [*document*] non certificato.
unchain /ʌn'tʃeɪn/ tr. sciogliere dalle catene, liberare.
unchallengeable /ʌn'tʃælɪndʒəbl/ agg. [*power, authority*] inattaccabile; [*judgment, argument, reason*] incontestabile, indiscutibile.
unchallenged /ʌn'tʃælɪndʒd/ agg. ***to win ~*** essere il vincitore incontestato; ***to go ~*** [*statement, decision*] non essere contestato.
unchangeable /ʌn'tʃeɪndʒəbl/ agg. [*existence, system, routine*] immutabile.
▷ **unchanged** /ʌn'tʃeɪndʒd/ agg. invariato, immutato; ***to remain ~*** [*landscape, team, system, orders*] restare immutato, non essere cambiato; [*medical condition*] restare stazionario; ***the shares remain ~ at 480p*** ECON. le azioni restano stabili a 480p.
unchanging /ʌn'tʃeɪndʒɪŋ/ agg. [*beliefs, customs, beauty*] immutabile, inalterabile.
uncharacteristic /ˌʌnkærəktə'rɪstɪk/ agg. [*generosity*] insolito, non caratteristico; ***it was ~ of him to leave like that*** è strano da parte sua andarsene così.
uncharacteristically /ˌʌnkærəktə'rɪstɪklɪ/ avv. ***she was ~ quiet, irritable*** era stranamente silenziosa, irritabile.
uncharged /ʌn'tʃɑ:dʒd/ agg. [*battery, particle*] scarico; ***~ for*** gratuito *o* gratis.
uncharitable /ʌn'tʃærɪtəbl/ agg. non caritatevole, crudele (**to do** fare).
uncharitably /ʌn'tʃærɪtəblɪ/ avv. in modo non caritatevole, crudelmente.
uncharted /ʌn'tʃɑ:tɪd/ agg. **1** *(not explored)* [*territory, island*] inesplorato; ***to sail in ~ waters*** navigare in acque inesplorate; FIG. essere in terra sconosciuta **2** *(not mapped)* [*island*] non indicato sulle carte.
unchartered /ʌn'tʃɑ:təd/ agg. non autorizzato.
unchaste /ʌn'tʃeɪst/ agg. [*thought, deed*] impuro, licenzioso.
unchastely /ʌn'tʃeɪstlɪ/ avv. licenziosamente.
unchastity /ʌn'tʃæstətɪ/ n. impurità f., licenziosità f.
unchecked /ʌn'tʃekt/ **I** agg. **1** *(uncontrolled)* [*development, proliferation*] incontrollato; ***the wave of crime which had gone ~*** l'ondata di criminalità che non era stata repressa **2** *(unverified)* non accertato, incontrollato **II** avv. [*develop, grow, spread*] in modo incontrollato, incontrollatamente.
unchivalrous /ʌn'ʃɪvəlrəs/ agg. poco cavalleresco, sgarbato.
unchristened /ʌn'krɪsnd/ agg. **1** *(not baptized)* non battezzato **2** *(having no name)* senza nome.
unchristian /ʌn'krɪstʃən/ agg. **1** *(uncharitable)* [*person, attitude, life*] poco caritatevole, poco cristiano **2** *(not Christian)* non cristiano.
unchurch /ʌn'tʃɜ:tʃ/ tr. **1** *(excommunicate)* scomunicare **2** *(deconsecrate)* sconsacrare [*church*].
uncial /'ʌnsɪəl, -ʃl/ **I** n. (scrittura) onciale f. **II** agg. onciale.
unciform /'ʌnsɪfɔ:m/, **uncinate** /'ʌnsɪnət, -eɪt/ agg. uncinato, unciforme.
uncircumcised /ʌn'sɜ:kəmsaɪzd/ **I** n. ***the ~*** + verbo pl. gli incirconcisi **II** agg. incirconciso.
uncircumscribed /ʌn'sɜ:kəmskraɪbd/ agg. non circoscritto.
uncircumspect /ʌn'sɜ:kəmspekt/ agg. non circospetto, incauto.
uncircumstantial /ˌʌnsɜ:kəm'stænʃl/ agg. non circostanziato.
uncivil /ʌn'sɪvɪl/ agg. incivile (**to** verso, nei confronti di).
uncivilized /ʌn'sɪvɪlaɪzd/ agg. **1** *(inhumane)* [*treatment*] disumano; ***in ~ conditions*** in condizioni disumane **2** *(uncouth, rude)* rozzo, incivile **3** *(barbarous)* [*people, nation*] non civilizzato; ***at an ~ hour*** a un'ora indecente.
unclad /ʌn'klæd/ agg. FORM. nudo, svestito.
unclaimed /ʌn'kleɪmd/ agg. [*lost property, reward*] non reclamato; ***an ~ allocation*** uno stanziamento che non è stato reclamato *o* riscosso; ***to go*** o ***remain ~*** non essere reclamato.
unclarified /ʌn'klærɪfaɪd/ agg. non chiarificato.
unclasp /ʌn'klɑ:sp, AE -'klæsp/ tr. sganciare [*brooch*]; ***to ~ one's hands*** disgiungere le mani.
unclassable /ʌn'klɑ:səbl, AE -'klæs-/, **unclassifiable** /ʌn'klæsɪfaɪəbl/ agg. inclassificabile.
unclassified /ʌn'klæsɪfaɪd/ agg. [*document, information*] non riservato; [*waste*] non classificato; [*road*] secondario; ***to get an ~ grade*** BE SCOL. prendere (un voto) inclassificabile.
▷ **uncle** /'ʌŋkl/ n. zio m. ◆ ***Bob's your ~!*** BE detto fatto! ecco fatto! ***to cry ~*** AE arrendersi *o* darsi per vinto.
unclean /ʌn'kli:n/, **uncleanly** /ʌn'klenlɪ/ agg. **1** [*water, beaches*] sporco **2** RELIG. impuro, immondo.
uncleanness /ʌn'kli:nnɪs/ n. **1** sporcizia f. **2** RELIG. impurità f.
uncleansed /ʌn'klenzd/ agg. **1** non lavato, sporco **2** FIG. non purificato.
▷ **unclear** /ʌn'klɪə(r)/ agg. **1** *(not evident)* [*motive, reason, circumstances*] poco chiaro; [*future*] incerto; ***it is ~ whether the government will support him*** non si capisce *o* non è chiaro se il governo lo appoggerà (o meno); ***it is ~ how successful the reforms will be*** non si sa bene quanto successo avranno le riforme; ***it is ~ how he managed to escape*** non è chiaro *o* non si capisce come abbia fatto *o* sia riuscito a scappare **2** *(not comprehensible)* [*instructions, voice, answer, delivery*] poco chiaro, incomprensibile; [*handwriting*] illeggibile **3** *(uncertain)* [*person*] ***to be ~ about sth.*** non essere sicuro di qcs.
uncleared /ʌn'klɪəd/ agg. [*cheque*] non liquidato; [*goods*] non sdoganato; [*road*] *(after snow)* innevato.
unclench /ʌn'klentʃ/ tr. aprire [*fist, jaw*].
Uncle Sam /ˌʌŋkl'sæm/ n.pr. zio Sam.

> **Uncle Sam** Espressione scherzosa, probabilmente derivante dalle iniziali *U.S.Am.* (*United States of America*). Personificazione del governo o del popolo degli Stati Uniti, viene rappresentato come un uomo alto e magro con la barbetta bianca, vestito in abiti di foggia ottocentesca con i colori della bandiera. Si fa ricorso a quest'immagine per fare appello al patriottismo della nazione, come accadde ad esempio nel caso dei manifesti per il reclutamento durante le due guerre mondiali.

Uncle Tom /ˌʌŋkl'tɒm/ n.pr. SPREG. = persona di colore dal comportamento sottomesso e servile.
unclimbed /ʌn'klaɪmd/ agg. [*mountain*] inviolato, non scalato.
unclipped /ʌn'klɪpt/ agg. non tagliato, non spuntato.
uncloak /ʌn'kləʊk/ tr. FORM. togliere il mantello a; FIG. smascherare, rivelare.
unclog /ʌn'klɒg/ tr. (forma in -ing ecc. **-gg-**) disintasare [*pipe*]; sbloccare [*mechanism*].
unclose /ʌn'kləʊz/ tr. **1** *(open)* aprire, schiudere **2** FIG. *(disclose)* rivelare.

unclothe /ʌn'kləʊð/ tr. svestire, spogliare.
unclothed /ʌn'kləʊðd/ **I** pass., p.pass. → **unclothe II** agg. FORM. svestito, nudo.
unclouded /ʌn'klaʊdɪd/ agg. **1** [*liquid*] limpido; [*mirror*] non appannato **2** FIG. [*happiness, future*] sereno.
uncock /ʌn'kɒk/ tr. MIL. abbassare (il cane di) [*gun*].
uncoded /ʌn'kəʊdɪd/ agg. [*message, radio signal*] non cifrato; [*TV signal*] non criptato.
uncodified /ʌn'kəʊdɪfaɪd, AE -'kɒd-/ agg. non codificato.
uncoil /ʌn'kɔɪl/ **I** tr. srotolare, svolgere **II** intr. [*spring*] distendersi; [*rope, snake*] srotolarsi.
uncoined /ʌn'kɔɪnd/ agg. non coniato.
uncollectable /ˌʌnkə'lektəbl/ agg. inesigibile.
uncollected /ˌʌnkə'lektɪd/ agg. [*mail, luggage, lost property*] non ritirato; [*benefits*] non reclamato; [*taxes*] non riscosso, inesatto; [*refuse*] non raccolto.
uncolonized /ʌn'kɒlənaɪzd/ agg. non colonizzato.
uncoloured BE, **uncolored** AE /ʌn'kʌləd/ agg. **1** incolore **2** FIG. imparziale.
uncombed /ʌn'kəʊmd/ agg. [*hair*] spettinato.
uncome-at-able /ˌʌnkʌm'ætəbl/ agg. COLLOQ. irraggiungibile, inaccessibile.
uncomeliness /ʌn'kʌmlɪnɪs/ n. bruttezza f.
uncomely /ʌn'kʌmlɪ/ agg. ANT. [*person*] poco attraente, brutto; [*sight*] non bello.
▷ **uncomfortable** /ʌn'kʌmftəbl, AE -fərt-/ agg. **1** *(physically)* [*shoes, garment, seat, accommodation*] scomodo; [*journey, position, conditions*] disagevole, scomodo; [*heat*] insopportabile; ***we spent an ~ few days there*** abbiamo passato alcuni giorni non molto piacevoli lì; ***to be ~ doing*** tornare *o* restare scomodo fare; ***it's ~ doing*** resta *o* è scomodo fare; ***you look ~ in those clothes, in that chair*** non sembri a tuo agio vestito così, sembri scomodo su quella sedia; ***the bed, jacket feels ~*** il letto è scomodo, la giacca è scomoda **2** *(emotionally)* [*feeling, silence, situation, presence*] imbarazzante; ***to be, feel ~*** essere, sentirsi a disagio; ***to make sb. (feel) ~*** mettere qcn. a disagio; ***to be ~ about*** essere preoccupato *o* a disagio per [*role, decision, fact*]; ***to be ~ with*** essere a disagio *o* imbarazzato per [*situation, attitude, behaviour*]; ***to be ~ with sb.*** non sentirsi a proprio agio con qcn.; ***I feel ~ talking about it*** mi imbarazza parlarne; ***to make life*** o ***things ~ for sb.*** rendere la vita difficile a qcn. **3** *(unpalatable)* [*issue, position, reminder, thought*] spiacevole.
uncomfortableness /ʌn'kʌmftəblnɪs, AE -fərt-/ n. scomodità f., disagio m.
uncomfortably /ʌn'kʌmftəblɪ, AE -fərt-/ avv. **1** *(unpleasantly)* [*loud, bright*] spiacevolmente; [*cramped*] scomodamente; ***it's ~ hot*** fa un caldo insopportabile; ***~ seated*** seduto scomodamente **2** *(awkwardly)* [*say, laugh, glance*] con imbarazzo; ***to be ~ aware of sth.*** rendersi conto con imbarazzo di qcs.; ***the exam is ~ near*** o ***close*** il giorno dell'esame si avvicina in modo preoccupante; ***to sit ~ with*** trovare scomodo [*belief, position*].
uncomforted /ʌn'kʌmfətɪd/ agg. sconsolato.
uncommendable /ˌʌnkə'mendəbl/ agg. disdicevole.
uncommercial /ˌʌnkə'mɜːʃl/ agg. non commerciale.
uncommitted /ˌʌnkə'mɪtɪd/ agg. **1** [*member*] non allineato; [*delegate, voter*] neutrale **2** [*funds*] non impegnato, svincolato.
▷ **uncommon** /ʌn'kɒmən/ agg. **1** *(rare, unusual)* [*occurrence, word, plant*] raro, non comune; ***it is, is not ~ to do*** è, non è insolito fare **2** *(exceptional)* [*gift*] insolito, fuori del comune; [*capacity, intelligence, beauty*] straordinario, fuori del comune.
uncommonly /ʌn'kɒmənlɪ/ avv. **1** *(very)* [*advanced, gifted*] eccezionalmente, incredibilmente; [*hot*] incredibilmente; ***~ clever*** di una intelligenza eccezionale *o* fuori del comune; ***~ well*** eccezionalmente *o* straordinariamente bene **2** *(rarely)* ***not ~*** abbastanza spesso.
uncommonness /ʌn'kɒmənnɪs/ n. eccezionalità f., (l')essere fuori del comune.
uncommunicable /ˌʌnkə'mjuːnɪkəbl/ agg. incomunicabile.
uncommunicative /ˌʌnkə'mjuːnɪkətɪv/ agg. poco comunicativo, riservato; ***to be ~ about sth.*** essere riservato riguardo a qcs.
uncommunicatively /ˌʌnkə'mjuːnɪkətɪvlɪ/ avv. in modo poco comunicativo.
uncommunicativeness /ˌʌnkə'mjuːnɪkətɪvnɪs/ n. poca comunicativa f., riservatezza f.
uncompanionable /ˌʌnkəm'pænɪənəbl/ agg. [*person*] poco socievole.
uncompelled /ˌʌnkəm'peld/ agg. non obbligato.
uncompensated /ʌn'kɒmpenseɪtɪd/ agg. **1** *(unrecompensed)* non risarcito **2** *(unbalanced)* non compensato, non bilanciato.
uncomplaining /ˌʌnkəm'pleɪnɪŋ/ agg. [*patience, acceptance*] rassegnato; [*person*] che non si lamenta.
uncomplainingly /ˌʌnkəm'pleɪnɪŋlɪ/ avv. senza lamentarsi.
uncompleted /ˌʌnkəm'pliːtɪd/ agg. incompleto, incompiuto.
uncomplicated /ʌn'kɒmplɪkeɪtɪd/ agg. [*person, meal*] semplice; [*plot*] lineare, poco complicato; ***my life is ~*** la mia vita è senza complicazioni; ***totally ~*** per nulla *o* niente affatto complicato.
uncomplimentary /ˌʌnkɒmplɪ'mentrɪ/ agg. poco complimentoso, critico.
uncompounded /ˌʌnkəm'paʊndɪd/ agg. non composto, semplice.
uncomprehended /ˌʌnkɒmprɪ'hendɪd/ agg. incompreso.
uncomprehending /ˌʌnkɒmprɪ'hendɪŋ/ agg. [*person*] duro di comprendonio; ***with an ~ stare*** con lo sguardo assente.
uncomprehendingly /ˌʌnkɒmprɪ'hendɪŋlɪ/ avv. [*listen, stare*] senza capire.
uncompressed /ˌʌnkəm'prest/ agg. non compresso.
uncompressible /ˌʌnkɒm'presɪbl/ agg. incomprimibile.
uncompromising /ʌn'kɒmprəˌmaɪzɪŋ/ agg. [*person, attitude, stance*] intransigente; [*integrity*] assoluto; [*standards*] rigido; [*terms, reply*] categorico; [*system, strategy*] inflessibile; [*socialist, conservative*] convinto; ART. LETTER. [*representation*] rigido.
uncompromisingly /ʌn'kɒmprəˌmaɪzɪŋlɪ/ avv. [*reply, state*] categoricamente; [*harsh*] implacabilmente; ***~ loyal, honest*** di una lealtà, onestà assoluta.
unconcealable /ˌʌnkən'siːləbl/ agg. inoccultabile.
unconcealed /ˌʌnkən'siːld/ agg. [*emotion*] non nascosto, evidente; [*appetite*] non nascosto.
unconceivable /ˌʌnkən'siːvəbl/ agg. inconcepibile.
unconcern /ˌʌnkən'sɜːn/ n. *(lack of care)* noncuranza f., disinteresse m.; *(lack of interest)* indifferenza f.; ***with a look of apparent ~*** con uno sguardo di apparente indifferenza.
unconcerned /ˌʌnkən'sɜːnd/ agg. **1** *(uninterested)* non interessato, disinteressato (**with** a); ***totally ~, quite ~*** completamente, molto disinteressato; ***she is ~ with her own image*** non è interessata alla, non si preoccupa della sua immagine **2** *(not caring)* noncurante **3** *(untroubled)* noncurante, indifferente; ***he seems ~ about the debt*** non sembra preoccupato per il debito; ***he went on, ~*** è andato avanti imperterrito.
unconcernedly /ˌʌnkən'sɜːnɪdlɪ/ avv. disinteressatamente.
unconcerted /ˌʌnkən'sɜːtɪd/ agg. non concertato, non concordato.
unconcluded /ˌʌnkən'kluːdɪd/ agg. incompiuto, non concluso.
uncondemned /ˌʌnkən'demd/ agg. non condannato, assolto.
uncondensed /ˌʌnkən'denst/ agg. non condensato.
unconditional /ˌʌnkən'dɪʃənl/ agg. [*obedience*] cieco; [*credits*] senza condizioni; [*offer*] incondizionato, senza condizioni; [*surrender, withdrawal*] incondizionato; ***to be released on ~ bail*** DIR. essere messo in libertà provvisoria sulla parola.
unconditionally /ˌʌnkən'dɪʃənəlɪ/ avv. [*support, surrender*] incondizionatamente; [*promise, lend*] senza condizioni.
unconditioned /ˌʌnkən'dɪʃnd/ agg. PSIC. incondizionato.
unconfessed /ˌʌnkən'fest/ agg. inconfessato.
unconfined /ˌʌnkən'faɪnd/ agg. [*space*] sconfinato; [*joy*] infinito, senza limiti.
unconfirmed /ˌʌnkən'fɜːmd/ agg. non confermato.
unconformable /ˌʌnkən'fɔːməbl/ agg. difforme (**to** da); ***to be ~ to*** [*person*] non conformarsi a *o* non rispettare.
unconformableness /ˌʌnkən'fɔːməblnɪs/ n. difformità f.
unconformably /ˌʌnkən'fɔːməblɪ/ avv. difformemente, contrariamente.
unconformity /ˌʌnkən'fɔːmətɪ/ n. GEOL. discordanza f.
unconfutable /ˌʌnkən'fjuːtəbl/ agg. inconfutabile.
unconfuted /ˌʌnkən'fjuːtɪd/ agg. inconfutato.
uncongenial /ˌʌnkən'dʒiːnɪəl/ agg. [*atmosphere, surroundings*] sgradevole; [*job*] ingrato; [*person*] antipatico, spiacevole.
uncongenially /ˌʌnkən'dʒiːnɪəlɪ/ avv. in modo sgradevole.
unconnected /ˌʌnkə'nektɪd/ agg. **1** [*incidents, facts*] scollegato; ***the two events are ~*** tra i due avvenimenti non c'è alcun collegamento; ***to be ~ with*** [*event, fact*] non avere alcun collegamento con; [*person*] non avere alcun legame *o* rapporto con; ***not to be ~ with*** non essere (del tutto) scollegato da **2** EL. TEL. non allacciato, scollegato.
unconnectedly /ˌʌnkə'nektɪdlɪ/ avv. incoerentemente.
unconquerable /ʌn'kɒŋkərəbl/ agg. *(all contexts)* inconquistabile.
unconquerably /ʌn'kɒŋkərəblɪ/ avv. in modo inconquistabile.
unconquered /ʌn'kɒŋkəd/ agg. *(all contexts)* inconquistato, indomito.
unconscientious /ˌʌnkɒnʃɪ'enʃəs/ agg. poco coscienzioso.

unconscientiously /ˌʌnkɒnʃɪ'enʃəslɪ/ avv. in modo poco coscienzioso.
unconscientiousness /ˌʌnkɒnʃɪ'enʃəsnɪs/ n. poca coscienziosità f.
unconscionable /ʌn'kɒnʃənəbl/ agg. FORM. irragionevole, eccessivo.
unconscionableness /ʌn'kɒnʃənəblnɪs/ n. FORM. irragionevolezza f.
unconscionably /ʌn'kɒnʃənəblɪ/ avv. FORM. irragionevolmente, eccessivamente.
▷ **unconscious** /ʌn'kɒnʃəs/ **I** agg. **1** *(insensible)* privo di sensi, svenuto; ***to knock sb. ~*** fare perdere i sensi a *o* stendere qcn.; ***he was knocked ~ by a stone*** è stato colpito da una pietra e ha perso conoscenza; ***to lie ~*** giacere svenuto *o* privo di sensi; ***to fall ~*** perdere conoscenza; ***she remained ~ for several hours*** è rimasta incosciente *o* priva di sensi per diverse ore **2** *(unaware)* ***to be ~ of sth., of doing*** non essere consapevole *o* cosciente di qcs., di fare **3** *(unintentional)* [*bias, hostility*] inconsapevole; [*impulse*] involontario **II** n. ***the ~*** l'inconscio; ***deep in her ~*** nel profondo della sua coscienza.
unconsciously /ʌn'kɒnʃəslɪ/ avv. [*conform, absorb, cause, desire etc.*] inconsciamente, inconsapevolmente; ***she patted his arm ~*** gli accarezzò il braccio senza rendersene conto.
unconsciousness /ʌn'kɒnʃəsnɪs/ n. **1** *(comatose state)* (stato di) incoscienza f.; ***to lapse into ~*** perdere conoscenza *o* i sensi **2** *(unawareness)* incoscienza f.
unconsenting /ˌʌnkən'sentɪŋ/ agg. non consenziente.
unconsidered /ˌʌnkən'sɪdəd/ agg. **1** [*words, remark*] inconsiderato, sconsiderato, avventato **2** *(disregarded)* [*species, aspect*] ignorato, trascurato.
unconsoled /ˌʌnkən'səʊld/ agg. sconsolato.
unconstitutional /ˌʌnkɒnstɪ'tju:ʃənl, AE -'tu:-/ agg. [*action, proposal, law*] incostituzionale.
unconstitutionality /ˌʌnkɒnsti:ˌtju:ʃə'nælətɪ, AE -'tu:-/ n. incostituzionalità f.
unconstitutionally /ˌʌnkɒnsti:'tju:ʃənəlɪ, AE -'tu:-/ avv. incostituzionalmente.
unconstrained /ˌʌnkən'streɪnd/ agg. *(spontaneous)* [*expression, generosity*] spontaneo; *(uncontrolled)* [*emotions, violence*] sfrenato.
unconstrainedly /ˌʌnkən'streɪnɪdlɪ/ avv. spontaneamente.
unconstraint /ˌʌnkən'streɪnt/ n. spontaneità f.
unconsumed /ˌʌnkən'sju:md, AE -'su:md/ agg. non consumato.
uncontainable /ˌʌnkən'teɪnəbl/ agg. incontenibile.
uncontaminated /ˌʌnkən'tæmɪneɪtɪd/ agg. incontaminato (anche FIG.).
uncontemplated /ˌʌn'kɒntəmpleɪtɪd/ agg. non contemplato, non considerato, imprevisto.
uncontestable /ˌʌnkən'testəbl/ agg. incontestabile.
uncontested /ˌʌnkən'testɪd/ agg. incontestato; POL. [*seat*] non conteso.
uncontrollable /ˌʌnkən'trəʊləbl/ agg. incontrollabile; [*tears*] incontenibile.
uncontrollableness /ˌʌnkən'trəʊləblnɪs/ n. incontrollabilità f.
uncontrollably /ˌʌnkən'trəʊləblɪ/ avv. [*laugh, sob*] incontrollabilmente; [*increase, decline*] in modo incontrollabile; ***his hand shook ~*** la sua mano tremava incontrollabilmente.
▷ **uncontrolled** /ˌʌnkən'trəʊld/ agg. **1** *(not supervised)* [*drainage, felling, use*] non regolamentato **2** *(unrestrained)* [*price rises, immigration*] non regolamentato, non controllato; [*costs*] non controllato, non contenuto; [*anger, fear*] incontrollato.
uncontrolledly /ˌʌnkən'trəʊlɪdlɪ/ avv. incontrollatamente.
uncontroversial /ˌʌnkɒntrə'vɜ:ʃl/ agg. incontroverso, indiscutibile.
uncontroverted /ˌʌnkɒntrə'vɜ:tɪd, ˌʌn'kɒntrəvɜ:tɪd/ agg. indiscusso, incontestato.
unconventional /ˌʌnkən'venʃənl/ agg. anticonvenzionale, anticonformistico.
unconventionality /ˌʌnkənˌvenʃə'nælətɪ/ n. originalità f., anticonformismo m.
unconventionally /ˌʌnkən'venʃənəlɪ/ avv. [*dress, live*] anticonformisticamente, in modo anticonvenzionale.
unconversant /ˌʌnkən'vɜ:snt/ agg. ***to be ~ with sth.*** *(be uninformed)* non essere al corrente di qcs.; *(be unacquainted)* non avere familiarità con qcs.
unconverted /ˌʌnkən'vɜ:tɪd/ agg. **1** RELIG. non convertito **2** SPORT *(in rugby)* [*try*] non trasformato.
unconvertible /ˌʌnkən'vɜ:təbl/ agg. ECON. inconvertibile.
unconvicted /ˌʌnkən'vɪktɪd/ agg. non condannato, assolto.
unconvinced /ˌʌnkən'vɪnst/ agg. non convinto, non persuaso, scettico; ***to be ~ of sth.*** non essere convinto di qcs.; ***to be ~ that*** non essere convinto che.
unconvincing /ˌʌnkən'vɪnsɪŋ/ agg. poco convincente, poco persuasivo.
unconvincingly /ˌʌnkən'vɪnsɪŋlɪ/ avv. in modo poco convincente.
uncooked /ʌn'kʊkt/ agg. non cotto, crudo.
uncool /ʌn'ku:l/ agg. COLLOQ. sfigato.
uncooperative /ˌʌnkəʊ'ɒpərətɪv/ agg. che non coopera, che non collabora.
uncooperatively /ˌʌnkəʊ'ɒpərətɪvlɪ/ avv. [*respond*] in modo poco cooperativo; ***to behave ~*** essere poco cooperativo.
uncoordinated /ˌʌnkəʊ'ɔ:dɪneɪtɪd/ agg. [*effort, performance, service*] scoordinato, disorganizzato; [*person*] *(clumsy)* scoordinato; ***to be ~*** [*person*] essere scoordinato.
uncord /ʌn'kɔ:d/ tr. slegare, sciogliere.
uncork /ʌn'kɔ:k/ tr. stappare [*bottle, wine*].
uncorrected /ˌʌnkə'rektɪd/ agg. [*error, proofs*] non corretto; [*meter reading*] non rettificato; ***the errors went ~*** gli errori non sono stati corretti.
uncorroborated /ˌʌnkə'rɒbəreɪtɪd/ agg. non corroborato; ***~ evidence*** DIR. testimonianza non sorretta da evidenza probatoria.
uncorrupted /ˌʌnkə'rʌptɪd/ agg. incorrotto.
uncountable /ʌn'kaʊntəbl/ agg. LING. non numerabile.
uncounted /ʌn'kaʊntɪd/ agg. **1** *(not counted)* [*money, votes*] non contato **2** *(innumerable)* innumerevole, incalcolabile.
uncount noun /ˌʌnkaʊnt'naʊn/ n. nome m. non numerabile.
uncouple /ʌn'kʌpl/ tr. FERR. sganciare [*wagon, locomotive*]; *(in hunting)* slegare [*dogs*].
uncourtly /ʌn'kɔ:tlɪ/ agg. scortese, villano.
uncouth /ʌn'ku:θ/ agg. [*person, manner*] grossolano, rozzo; [*accent*] poco raffinato.
uncouthly /ʌn'ku:θlɪ/ avv. grossolanamente.
uncovenanted /ʌn'kʌvənəntɪd/ agg. non convenuto.
uncover /ʌn'kʌvə(r)/ tr. **1** *(expose)* scoprire, svelare [*plot, fraud, scandal*] **2** *(discover)* scoprire, trovare [*evidence, treasure, weapons*] **3** *(remove covering from)* scoprire [*face, body*].
▷ **uncovered** /ʌn'kʌvəd/ **I** pass., p.pass. → **uncover II** agg. **1** scoperto; ***leave the saucepan ~*** lasciare la pentola scoperta **2** ECON. scoperto.
uncreated /ˌʌnkri:'eɪtɪd/ agg. increato, non creato.
uncredited /ʌn'kredɪtɪd/ agg. poco stimato.
uncritical /ʌn'krɪtɪkl/ agg. poco critico, acritico; ***to be ~ of sb., sth.*** non essere critico nei confronti di qcn., qcs.
uncritically /ʌn'krɪtɪklɪ/ avv. [*accept, endorse*] acriticamente, senza criticare, senza aprire bocca; [*regard*] senza criticare.
uncropped /ʌn'krɒpt/ agg. **1** [*hair, ears*] non tagliato **2** [*grass, lawn*] non falciato, non tagliato **3** [*land*] incolto, non coltivato.
uncross /ʌn'krɒs, AE -'krɔ:s/ tr. distendere [qcs.] da una posizione incrociata [*legs, arms*].
uncrossed /ʌn'krɒst, AE -'krɔ:st/ agg. [*legs, arms*] non incrociato.
uncrowded /ʌn'kraʊdɪd/ agg. non affollato, vuoto.
uncrown /ʌn'kraʊn/ tr. togliere la corona a, detronizzare.
uncrowned /ʌn'kraʊnd/ **I** pass., p.pass. → **uncrown II** agg. [*king, queen*] non incoronato, senza corona; ***the ~ king*** FIG. il re senza corona.
uncrushable /ʌn'krʌʃəbl/ agg. infrangibile; [*fabric*] ingualcibile.
UNCTAD /'ʌŋktæd/ n. (⇒ United Nations Conference on Trade and Development conferenza delle Nazioni Unite per il commercio e lo sviluppo) UNCTAD f.
unction /'ʌŋkʃn/ n. **1** *(unctuousness)* untuosità f., modi m.pl. untuosi, viscidi **2** RELIG. → **extreme unction**.
unctuosity /ˌʌŋktjʊ'ɒsətɪ/ n. → **unctuousness**.
unctuous /'ʌŋktjʊəs/ agg. untuoso, viscido (anche FIG.).
unctuously /'ʌnktjʊəslɪ/ avv. untuosamente, viscidamente (anche FIG.).
unctuousness /'ʌŋktjʊəsnɪs/ n. untuosità f., modi m.pl. untuosi, viscidi.
uncultivable /ʌn'kʌltɪvəbl/ agg. incoltivabile.
uncultivated /ʌn'kʌltɪveɪtɪd/ agg. *(all contexts)* incolto.
uncultured /ʌn'kʌltʃəd/ agg. [*person, society*] ignorante, senza cultura; [*voice, accent, manners*] poco raffinato.
uncurbed /ʌn'kɜ:bd/ agg. sfrenato, sregolato.
uncured /ʌn'kjʊəd/ agg. non guarito.
uncurl /ʌn'kɜ:l/ **I** tr. stendere, distendere [*fingers, legs*]; disfare [*tendrils*] **II** intr. [*snake*] srotolarsi; [*cat*] stirarsi **III** rifl. ***to ~ oneself*** [*person, animal*] distendersi, stirarsi.
uncurtailed /ˌʌnkə'teɪld/ agg. non limitato, non ridotto.

uncustomary /ʌn'kʌstəmərɪ, AE -merɪ/ agg. insolito, inconsueto.
uncustomed /ʌn'kʌstəmd/ agg. esente da dazio doganale.
uncut /ʌn'kʌt/ agg. **1** [*branch, hair, crops*] non tagliato **2** [*version*] integrale; [*film, text*] in versione integrale **3** [*book*] in edizione integrale; [*page*] non tagliato **4** [*gem*] non tagliato **5** AE COLLOQ. *(not circumcised)* incirconciso.
undamaged /ʌn'dæmɪdʒd/ agg. [*flowers, crops*] non danneggiato; [*vehicle, building, reputation, confidence*] intatto; ***psychologically ~*** senza traumi psicologici.
undamped /ʌn'dæmpt/ agg. **1** [*person, hopes*] non scoraggiato **2** FIS. [*oscillation, wave*] non smorzato, persistente.
undated /ʌn'deɪtɪd/ agg. [*letter, painting*] non datato; [*bond*] ECON. non datato.
undaunted /ʌn'dɔ:ntɪd/ agg. non scoraggiato, imperterrito; ***~ by her fall, by criticism, Linda...*** per nulla scoraggiata dalla caduta, dalle critiche, Linda...
undauntedly /ʌn'dɔ:ntɪdlɪ/ avv. imperterritamente, senza lasciarsi scoraggiare.
undebased /ˌʌndɪ'beɪst/ agg. non svilito, non degradato.
undebated /ˌʌndɪ'beɪtɪd/ agg. non ancora discusso, da discutere.
undebugged /ˌʌndi:'bʌgd/ agg. INFORM. non corretto, non ripulito dai bachi.
undecagon /ˌʌn'dekəgən/ n. endecagono m.
undecane /ˌʌn'dekeɪn/ n. CHIM. undecano m.
undeceivable /ˌʌndɪ'si:vəbl/ agg. non ingannabile.
undeceive /ˌʌndɪ'si:v/ tr. LETT. disingannare.
undeceived /ˌʌndɪ'si:vd/ **I** pass., p.pass. → **undeceive II** agg. **1** *(freed from error)* corretto **2** *(not deceived)* non ingannato; ***to be ~ by sth.*** non lasciarsi ingannare da qcs.
undecided /ˌʌndɪ'saɪdɪd/ agg. [*person*] indeciso; [*outcome*] incerto; ***the ~ voters*** gli (elettori) indecisi; ***the ~ fixture dates*** BE SPORT le date degli incontri non ancora fissate *o* decise; ***they are ~ as to whether he is a genius*** non sono ancora riusciti a decidere se sia un genio oppure no; ***I am ~ about which dress to wear*** sono indecisa su quale vestito mettermi; ***to be ~ whether to go abroad*** non sapere se andare all'estero; ***the jury is ~*** la giuria non ha ancora deciso.
undecidedly /ˌʌndɪ'saɪdɪdlɪ/ avv. con indecisione, senza decisione.
undecked /ʌn'dekt/ agg. **1** *(not adorned)* disadorno **2** MAR. *(without deck)* senza coperta.
undeclared /ˌʌndɪ'kleəd/ agg. **1** *(illegal)* [*income, payments, imports*] non dichiarato **2** *(unspoken)* [*ambition, love*] inespresso, nascosto, non dichiarato.
undeclinable /ˌʌndɪ'klaɪnəbl/ agg. indeclinabile.
undecyl /ʌn'desɪl/ n. CHIM. undecile m.
undedicated /ʌn'dedɪkeɪtɪd/ agg. **1** [*book*] senza dedica **2** RELIG. [*church, shrine*] non dedicato, non consacrato.
undee /'ʌndeɪ/ agg. ARALD. ondato.
undefaced /ˌʌndɪ'feɪst/ agg. non deturpato.
undefeated /ˌʌndɪ'fi:tɪd/ agg. imbattuto.
undefended /ˌʌndɪ'fendɪd/ agg. **1** [*frontier, citizens*] indifeso; [*chess piece*] scoperto **2** DIR. [*case*] senza difesa legale.
undefiled /ˌʌndɪ'faɪld/ agg. LETT. [*altar, temple*] non profanato; [*morals*] puro, incorrotto.
undefinable /ˌʌndɪ'faɪnəbl/ agg. indefinibile.
undefinableness /ˌʌndɪ'faɪnəblnɪs/ n. indefinibilità f.
undefined /ˌʌndɪ'faɪnd/ agg. **1** [*work, powers, objective*] indefinito; [*nature*] indeterminato; [*space*] vago **2** INFORM. [*term, error, macro*] non definito.
undelivered /ˌʌndɪ'lɪvəd/ agg. [*mail*] non recapitato, non consegnato.
undemanding /ˌʌndɪ'mɑ:ndɪŋ, AE -'mænd-/ agg. [*job, task*] facile, poco faticoso; [*relative, pupil, colleague*] poco esigente, accomodante; ***he was ~ of her attention, affection*** FORM. non esigeva la sua attenzione, il suo affetto.
undemocratic /ˌʌndemə'krætɪk/ agg. antidemocratico.
undemonstrable /ˌʌndɪ'mɒnstrəbl/ agg. indimostrabile.
undemonstrative /ˌʌndɪ'mɒnstrətɪv/ agg. riservato, poco espansivo.
undeniable /ˌʌndɪ'naɪəbl/ agg. [*truth, fact, feeling, affection*] innegabile; ***it is ~ that*** *(irrefutable)* è incontestabile che; *(clear)* è innegabile che; ***that they have charm is ~*** non si può negare che siano affascinanti.
undeniably /ˌʌndɪ'naɪəblɪ/ avv. **1** [*deserve, need*] innegabilmente; [*superb, powerful, beautiful*] innegabilmente, indiscutibilmente; ***it's ~ true, correct*** è innegabilmente vero, esatto **2** *(as sentence adverb)* indiscutibilmente.
undenominational /ˌʌndɪnɒmɪ'neɪʃənl/ agg. [*school*] anticonfessionale.
undependable /ˌʌndɪ'pendəbl/ agg. *(all contexts)* inaffidabile.
undepreciated /ˌʌndɪ'pri:ʃɪeɪtɪd/ agg. non deprezzato.
undepressed /ˌʌndɪ'prest/ agg. **1** *(not dispirited)* non depresso, allegro **2** *(not pressed down)* non premuto, non schiacciato.
▶ **under** /'ʌndə(r)/ When *under* is used as a straightforward preposition in English, it can almost always be translated by *sotto (a)* in Italian: *under the table* = sotto al / sotto il tavolo; *under a sheet* = sotto / sotto a un lenzuolo. - Note that *sotto* is the Italian translation of *under, beneath* and *below*. - *Under* is often used before a noun in English to mean *subject to* or *affected by* (*under control, under fire, under oath, under review* etc.): for translations, consult the appropriate noun entry (**control, fire, oath, review** etc.). - *Under* is also often used as a prefix in combinations such as *undercooked, underfunded, undergrowth, underpass, underprivileged* and *underskirt*. These combinations are treated as headwords in the dictionary. - For particular usages, see the entry below. **I** prep. **1** *(physically beneath or below)* sotto; ***~ the bed, chair*** sotto il letto, la sedia; ***~ it*** di sotto; ***it's ~ there*** è là sotto; ***to come out from ~ sth.*** uscire da sotto a qcs. **2** *(less than)* ***~ £ 10, two hours*** meno di 10 sterline, di due ore; ***children ~ five*** bambini sotto i cinque anni; ***a number ~ ten*** un numero inferiore a dieci; ***temperatures ~ 10°C*** temperature inferiori a *o* al di sotto dei 10°C; ***those ~ the rank of*** le persone di rango inferiore a quello di **3** *(according to)* ***~ the law, clause 5*** ai sensi della legge, dell'articolo 5 *o* secondo la legge, l'articolo 5; ***fined ~ a rule*** multato secondo le disposizioni di regolamento **4** *(subordinate to)* sotto; ***I have 50 people ~ me*** ho 50 persone sotto di me **5** *(in classification)* ***do I look for Le Corbusier ~ "le" or "Corbusier"?*** devo cercare Le Corbusier sotto "le" o sotto "Corbusier"? ***you'll find it ~ "Problems"*** lo troverai alla voce *o* sotto "Problemi" **II** avv. **1** *(physically beneath or below something)* [*crawl, sit, hide*] sotto; ***to go, stay ~*** [*diver, swimmer*] andare, restare sott'acqua **2** *(less)* meno; ***£ 10 and ~*** da 10 sterline in giù; ***children of six and ~*** i bambini dai sei anni in giù; ***to run five minutes ~*** [*event, programme*] durare cinque minuti meno del previsto **3** *(anaesthetized)* ***to put sb. ~*** sottoporre qcn. ad anestesia *o* addormentare qcn. (con l'anestesia); ***to stay ~ for three minutes*** restare sotto anestesia per tre minuti **4** *(subjugated)* ***to keep sb. ~*** tenere sotto qcn. **5** *(below, later in text)* ***see ~*** vedi sotto.
underachieve /ˌʌndərə'tʃi:v/ intr. SCOL. = non ottenere i risultati di cui si sarebbe capaci; [*team, player etc.*] = non ottenere una prestazione pari alle proprie possibilità.
underachiever /ˌʌndərə'tʃi:və(r)/ n. SCOL. = studente che potrebbe fare di più; *(generally)* = chi non sfrutta al massimo le sue capacità.
underact /ˌʌndər'ækt/ **I** tr. recitare [qcs.] sottotono [*part*] **II** intr. recitare sottotono.
underage /ˌʌndər'eɪdʒ/ agg. ***~ drinker, driver*** persona che beve (alcolici), che guida senza avere l'età consentita; ***to be ~*** essere minorenne.
underagent /ˌʌndər'eɪdʒənt/ n. subagente m. e f.
1.underarm /'ʌndərɑ:m/ agg. [*deodorant*] per le ascelle; [*perspiration*] sotto le ascelle, ascellare; [*hair*] delle ascelle.
2.underarm /'ʌndərɑ:m/ **I** agg. [*service, throw*] dal basso **II** avv. SPORT [*serve, throw*] dal basso.
underbelly /'ʌndəbelɪ/ n. **1** bassoventre m. **2** FIG. *(vulnerable part)* ventre m. molle.
1.underbid /'ʌndəbɪd/ n. **1** *(in cards)* dichiarazione f. troppo bassa **2** COMM. offerta f. troppo bassa.
2.underbid /ˌʌndə'bɪd/ **I** tr. (forma in -ing **-dd-**; pass., p.pass. **-bid**) **1** COMM. fare un'offerta più bassa di **2** *(in cards)* ***to ~ one's hand*** = fare una dichiarazione troppo bassa rispetto alle carte che si hanno **II** intr. (forma in -ing **-dd-**; pass., p.pass. **-bid**) **1** COMM. fare un'offerta troppo bassa **2** *(in cards)* = fare una dichiarazione troppo bassa rispetto alle carte che si hanno.
underbidder /ˌʌndə'bɪdə(r)/ n. chi fa un'offerta troppo bassa.
underbody /'ʌndəbɒdɪ/ n. AUT. pianale m.
underbought /ˌʌndə'bɔ:t/ pass., p.pass. → **underbuy**.
underbred /ˌʌndə'bred/ agg. **1** [*person*] maleducato **2** [*animal*] non di razza, bastardo.
underbrush /'ʌndəbrʌʃ/ n. AE → **undergrowth**.
underbuy /ˌʌndə'baɪ/ tr. (pass., p.pass. **-bought**) **1** comprare [qcs.] ad un prezzo inferiore al valore reale [*goods*] **2** comprare [qcs.] in quantità inferiore rispetto alle necessità [*goods*].
undercapitalize /ˌʌndə'kæpɪtəlaɪz/ tr. sottocapitalizzare.
undercapitalized /ˌʌndə'kæpɪtəlaɪzd/ **I** pass., p.pass. → **undercapitalize II** agg. [*business*] sottocapitalizzato.
undercarriage /'ʌndəkærɪdʒ/ n. AER. carrello m.

undercharge /ˌʌndəˈtʃɑːdʒ/ **I** tr. fare pagare troppo poco, meno del dovuto a [*person*]; addebitare meno su [*account*]; ***she ~d me by £ 1*** mi ha fatto pagare 1 sterlina in meno del dovuto; ***he ~d me for the wine*** mi ha fatto pagare troppo poco per il vino **II** intr. ***he ~d for the wine*** ha fatto pagare troppo poco per il vino.
underclass /ˈʌndəklɑːs, AE -klæs/ n. sottoproletariato m.
underclassman /ˈʌndəklɑːsmən, AE -klæs-/ n. (pl. **-men**) AE SCOL. UNIV. = studente del primo o secondo anno di università o di scuola secondaria superiore.
underclasswoman /ˈʌndəklɑːsˌwʊmən, AE -klæs-/ n. (pl. **-women**) AE SCOL. UNIV. = studentessa del primo o secondo anno di università o di scuola secondaria superiore.
underclothes /ˈʌndəkləʊðz, AE -kləʊz/ n.pl. biancheria f.sing. intima.
1.undercoat /ˈʌndəkəʊt/ n. **1** *(of paint, varnish)* prima mano f. **2** AE AUT. vernice f. antiruggine per carrozzeria.
2.undercoat /ˈʌndəkəʊt/ tr. dare la prima mano a.
underconsumption /ˌʌndəkənˈsʌmpʃn/ n. ECON. sottoconsumo m.
undercook /ˌʌndəˈkʊk/ tr. cuocere troppo poco.
undercooked /ˌʌndəˈkʊkt/ **I** pass., p.pass. → **undercook** **II** agg. (troppo) poco cotto.
undercooling /ˌʌndəˈkuːlɪŋ/ n. sottoraffreddamento m.
undercover /ˌʌndəˈkʌvə(r)/ **I** agg. [*activity, organization*] clandestino; ***~ agent*** agente segreto **II** avv. clandestinamente.
undercroft /ˈʌndəkrɒft, AE -krɔːft/ n. RELIG. cripta f.
undercurrent /ˈʌndəkʌrənt/ n. **1** *(in water)* sottocorrente f.; *(in sea)* corrente f. sottomarina **2** FIG. *(in relationship, situation, conversation)* sottofondo m.
1.undercut /ˈʌndəkʌt/ n. **1** BE GASTR. filetto m. **2** SPORT backspin m.
2.undercut /ˌʌndəˈkʌt/ tr. (forma in -ing **-tt-**; pass., p.pass. **-cut**) **1** COMM. *(set prices lower than)* offrire, vendere a un prezzo inferiore rispetto a; battere [*prices*] **2** *(cut away)* scavare sotto [*cliff, bank*] **3** FIG. *(undermine)* minare [*efforts*]; indebolire [*position*]; sminuire [*person, image*] **4** ECON. ridurre [*inflation*] **5** SPORT dare l'effetto a [*ball*].
3.undercut /ˌʌndəˈkʌt/ **I** pass., p.pass. → **2.undercut** **II** agg. [*cliff*] scavato.
underdevelop /ˌʌndədɪˈveləp/ tr. **1** sviluppare insufficientemente [*muscle*] **2** FOT. sottosviluppare.
underdeveloped /ˌʌndədɪˈveləpt/ **I** pass., p.pass. → **underdevelop** **II** agg. [*country, economy etc.*] sottosviluppato; [*person, physique, muscles*] poco sviluppato; FOT. sottosviluppato.
underdevelopment /ˌʌndədɪˈveləpmənt/ n. ECON. FOT. sottosviluppo m.
underdo /ˌʌndəˈduː/ tr. (pass. **-did**; p.pass. **-done**) **1** RAR. fare meno del necessario **2** *(undercook)* cuocere poco.
underdog /ˈʌndədɒg, AE -dɔːg/ n. **1** *(in society)* oppresso m. (-a); ***to side with the ~*** prendere le parti dei più deboli **2** *(in game, contest) (loser)* perdente m. e f.
underdone /ˌʌndəˈdʌn/ **I** p.pass. → **underdo** **II** agg. [*food*] poco cotto; [*steak*] BE al sangue.
underdose /ˈʌndədəʊs/ n. dose f. insufficiente.
underdrain /ˌʌndəˈdreɪn/ tr. prosciugare con canali sotterranei [*land, lake*].
underdrawers /ˈʌndədrɔːz/ n.pl. AE mutandoni m.
underdressed /ˌʌndəˈdrest/ agg. **1** *(lightly dressed)* (troppo) poco vestito **2** *(plainly dressed)* vestito in modo inadeguato.
underemphasize /ˌʌndərˈemfəsaɪz/ tr. dare poca enfasi, poca importanza a.
underemployed /ˌʌndərɪmˈplɔɪd/ agg. [*person*] sottoccupato; [*resources, equipment etc.*] sottoutilizzato.
underemployment /ˌʌndərɪmˈplɔɪmənt/ n. *(of person)* sottoccupazione f.; *(of resources, equipment, building)* sottoutilizzazione f.
underequipped /ˌʌndərɪˈkwɪpt/ agg. insufficientemente attrezzato.
1.underestimate /ˌʌndərˈestɪmət/ n. sottostima f.
▷ **2.underestimate** /ˌʌndərˈestɪmeɪt/ tr. sottostimare, sottovalutare.
underestimation /ˌʌndərestɪˈmeɪʃn/ n. sottovalutazione f.
underexpose /ˌʌndərɪkˈspəʊz/ tr. FOT. sottoesporre.
underexposed /ˌʌndərɪkˈspəʊzd/ **I** pass., p.pass. → **underexpose** **II** agg. FOT. sottoesposto.
underexposure /ˌʌndərɪkˈspəʊʒə(r)/ n. FOT. sottoesposizione f.
underfed /ˌʌndəˈfed/ **I** pass., p.pass. → **underfeed** **II** agg. sottoalimentato.
underfeed /ˌʌndəˈfiːd/ tr. (pass., p.pass. **-fed**) sottoalimentare.
underfeeding /ˌʌndəˈfiːdɪŋ/ n. sottoalimentazione f.
underfelt /ˈʌndəfelt/ n. TESS. sottotappeto m.
underfinanced /ˌʌndəˈfaɪnænst/ agg. finanziato in modo non adeguato.
underfloor /ˈʌndəflɔː(r)/ agg. [*pipes, wiring*] *(wooden floor)* posto sotto il parquet; *(concrete floor)* posto sotto il pavimento; ***~ heating*** riscaldamento sotto il pavimento.
underflow /ˈʌndəfləʊ/ n. **1** → **undercurrent** **2** INFORM. undeflow m.
underfoot /ˌʌndəˈfʊt/ avv. sotto i piedi; ***the ground was wet ~*** il terreno era umido sotto i piedi; ***to trample sb., sth. ~*** calpestare qcn., qcs.; FIG. mettere qcn., qcs. sotto i piedi.
underframe /ˈʌndəfreɪm/ n. telaio m.
underfunded /ˌʌndəˈfʌndɪd/ agg. finanziato in modo non adeguato.
underfunding /ˌʌndəˈfʌndɪŋ/ n. insufficienza f. di fondi.
undergarment /ˈʌndəgɑːmənt/ n. indumento m. intimo.
undergo /ˌʌndəˈgəʊ/ tr. (3 persona sing. pres. **-goes**; pass. **-went**; p.pass. **-gone**) subire [*change, test, alteration*]; sottoporsi a [*operation*]; subire [*treatment, training*]; patire [*hardship, suffering*]; ***to ~ surgery*** sottoporsi a un intervento chirurgico; ***to be ~ing renovations, repairs*** essere in restauro, riparazione.
undergown /ˈʌndəgaʊn/ n. ANT. sottoveste f.
▷ **undergrad** /ˈʌndəgræd/, **undergraduate** /ˌʌndəˈgrædʒʊət/ **I** n. studente m. (-essa) universitario (-a) **II** modif. [*course*] di laurea, universitario; [*studies*] universitari; [*club, society*] di studenti universitari; [*accommodation*] per studenti universitari; [*life*] da studente universitario.
▷ **underground** **I** /ˈʌndəgraʊnd/ agg. **1** *(below ground)* [*tunnel, shelter*] sotterraneo **2** *(secret)* [*newspaper, movement, activity*] clandestino **3** ART. MUS. TEATR. [*art, film, movement, artist*] underground **II** /ˌʌndəˈgraʊnd/ avv. **1** *(below ground)* [*lie, live, tunnel, work*] sottoterra; ***it is two metres ~*** è due metri sottoterra **2** *(secretly)* ***to go, stay ~*** darsi alla, restare nella clandestinità; ***to drive sb. ~*** obbligare qcn. a entrare nella clandestinità **III** /ˈʌndəgraʊnd/ n. **1** BE *(means of transport)* metropolitana f., metrò m.; ***on the ~*** sul metrò **2** *(secret movement)* movimento m. clandestino **3** ART. MUS. TEATR. underground m. **IV** /ˈʌndəgraʊnd/ modif. BE *(in transport)* [*network, station, train, map, staff, strike*] della metropolitana, del metrò.
underground railroad /ˌʌndəgraʊndˈreɪlrəʊd/ n. STOR. = movimento clandestino che aiutava gli schiavi a rifugiarsi negli Stati abolizionisti e in Canada.
undergrove /ˈʌndəgrəʊv/ n. boschetto m.
undergrown /ˌʌndəˈgrəʊn/ agg. [*person*] mingherlino; [*plant*] stentato.
undergrowth /ˈʌndəgrəʊθ/ n. sottobosco m.
underhand /ˌʌndəˈhænd/ **I** agg. **1** SPREG. [*person, method, behaviour*] subdolo; ***an ~ trick*** un colpo gobbo; ***~ dealings*** macchinazioni **2** *(in tennis)* ***to have an ~ serve*** servire dal basso **II** avv. SPORT [*throw, serve*] dal basso (verso l'alto).
underhanded /ˌʌndəˈhændɪd/ agg. AE SPREG. [*person, method, behaviour*] subdolo.
underhandedly /ˌʌndəˈhændɪdlɪ/ avv. subdolamente.
underhung /ˈʌndəhʌŋ, ˌʌndəˈhʌŋ/ agg. [*lower jaw*] sporgente; [*person*] dalla mandibola sporgente.
underinsurance /ˌʌndərɪnˈʃɔːrəns, AE -ˈʃʊərəns/ n. sottoassicurazione f.
underinsure /ˌʌndərɪnˈʃɔː(r), AE -ɪnˈʃʊər/ **I** tr. stipulare una sottoassicurazione su [*person, object*] **II** rifl. ***to ~ oneself*** stipulare una sottoassicurazione su se stesso.
underinvest /ˌʌndərɪnˈvest/ intr. non investire a sufficienza (**in** in).
underinvestment /ˌʌndərɪnˈvestmənt/ n. investimento m. insufficiente.
underived /ˌʌndɪˈraɪvd/ agg. non derivato, originale.
underlaid /ˌʌndəˈleɪd/ pass., p.pass. → **1.underlay**.
underlain /ˌʌndəˈleɪn/ p.pass. → **underlie**.
1.underlay /ˈʌndəleɪ/ n. sottostrato m.
2.underlay /ˌʌndəˈleɪ/ tr. (pass., p.pass. **-laid**) ***to be underlaid by*** avere un sottostrato di [*gravel, rock*].
3.underlay /ˌʌndəˈleɪ/ pass. → **underlie**.
underlease /ˈʌndəliːs/ n. subaffitto m., sublocazione f.
underlessee /ˌʌndəleˈsiː/ n. subaffittuario m. (-a), sublocatario m. (-a).
underlessor /ˌʌndəleˈsɔː(r)/ n. sublocatore m. (-trice).
underlet /ˌʌndəˈlet/ **I** tr. (forma in -ing **-tt-**; pass., p.pass. **-let**) [*owner, tenant*] subaffittare, sublocare [*flat*] **II** intr. (forma in -ing **-tt-**; pass., p.pass. **-let**) [*owner, tenant*] subaffittare, sublocare.
underletting /ˌʌndəˈletɪŋ/ n. subaffitto m.

underlie /ˌʌndə'laɪ/ tr. (forma in -ing **-lying**; pass. **-lay**; p.pass. **-lain**) **1** [*rock*] essere (posto) sotto [*topsoil*] **2** FIG. [*philosophy, theory*] essere alla base di [*principle, view, work*]; ***underlying these terms, beliefs is...*** alla base di queste condizioni, convinzioni c'è...

▷ **underline** /ˌʌndə'laɪn/ tr. sottolineare (anche FIG.).

underling /'ʌndəlɪŋ/ n. subordinato m. (-a), subalterno m. (-a); SPREG. tirapiedi m. e f.

1.underlining /ˌʌndə'laɪnɪŋ/ n. sottolineatura f.

2.underlining /'ʌndəlaɪnɪŋ/ n. fodera f. interna.

▷ **underlying** /ˌʌndə'laɪɪŋ/ agg. [*claim, liability*] prioritario; [*infection, inflation*] strisciante; [*trend*] implicito; [*problem*] basilare; [*tension*] di fondo.

underman /ˌʌndə'mæn/ tr. (forma in -ing ecc. **-nn-**) fornire personale insufficiente a.

undermanager /ˌʌndə'mænɪdʒə(r)/ ♦ *27* n. vicedirettore m. (-trice).

undermanned /ˌʌndə'mænd/ **I** pass., p.pass. → **underman II** agg. [*factory, industry*] con carenza di personale, a corto di personale.

undermanning /ˌʌndə'mænɪŋ/ n. carenza f. di personale.

undermasted /ˌʌndə'mɑ:stɪd, AE -mæstɪd/ agg. MAR. con alberatura inadeguata.

undermentioned /ˌʌndə'menʃnd/ **I** n. ***the*** ~ la persona sottoindicata **II** agg. [*list*] riportato sotto, di seguito; [*item, person*] sottonominato, sottoindicato; [*name*] citato sotto.

undermine /ˌʌndə'maɪn/ tr. **1** ING. scalzare [*cliff, foundations, road*] **2** FIG. *(shake, subvert)* minare [*authority, efforts, foundations*]; indebolire [*confidence, organization, position, value*]; ***stop undermining me!*** smettila di mettermi i bastoni tra le ruote!

undermost /'ʌndəməʊst/ agg. **1** *(lowest)* [*part*] il più basso **2** *(last)* [*sheet, layer*] ultimo.

▷ **underneath** /ˌʌndə'ni:θ/ **I** n. parte f. inferiore, sotto m. **II** agg. di sotto, sotto; ***the apartment*** ~ l'appartamento (di) sotto **III** avv. sotto (anche FIG.) **IV** prep. sotto, al di sotto di (anche FIG.); ***she took out some papers from*** ~ ***a pile of books*** tirò fuori alcuni fogli da sotto una pila di libri.

undernote /'ʌndənəʊt/ n. nota f. di sottofondo.

undernourish /ˌʌndə'nʌrɪʃ/ tr. sottoalimentare.

undernourished /ˌʌndə'nʌrɪʃt/ agg. sottoalimentato, denutrito.

undernourishment /ˌʌndə'nʌrɪʃmənt/ n. sottoalimentazione f., denutrizione f.

undernutrition /ˌʌndənju:'trɪʃn, AE -nu:-/ n. denutrizione f., sottoalimentazione f.

underoccupied /ˌʌndə'ɒkjʊpaɪd/ agg. **1** [*house etc.*] non interamente occupato **2** → **underemployed**.

underpaid /ˌʌndə'peɪd/ **I** pass., p.pass. → **underpay II** agg. [*person, worker*] sottopagato (**for** per).

underpants /'ʌndəpænts/ n.pl. slip m., mutande f. (da uomo); ***a pair of*** ~ un paio di slip *o* di mutande.

underpart /'ʌndəpɑ:t/ n. parte f. inferiore.

underpass /'ʌndəpɑ:s, AE -pæs/ n. sottopassaggio m.

underpay /ˌʌndə'peɪ/ tr. (pass., p.pass. **-paid**) **1** *(pay badly)* sottopagare [*employee*] **2** *(pay too little)* ***I was underpaid this month*** mi hanno dato di meno questo mese; ***you have underpaid me by £ 5*** mi hai pagato cinque sterline di meno.

underpayment /ˌʌndə'peɪmənt/ n. retribuzione f. insufficiente, inadeguata.

underperform /ˌʌndəpə'fɔ:m/ intr. ECON. [*stock*] avere una performance peggiore del previsto; ***~ing businesses*** imprese poco redditizie.

underpin /ˌʌndə'pɪn/ tr. (forma in -ing ecc. **-nn-**) **1** ING. puntellare [*wall, building*] **2** FIG. *(strengthen)* [*honesty, morality*] essere il fondamento di [*religion, society*]; rafforzare [*currency, power*]; puntellare [*economy, theory*].

underpinning /ˌʌndə'pɪnɪŋ/ **I** n. ING. puntellatura f. **II underpinnings** n.pl. FIG. fondamenta f.

underplay /ˌʌndə'pleɪ/ tr. **1** minimizzare, sminuire [*aspect, impact, severity*] **2** TEATR. recitare [qcs.] sottotono [*role*].

underplot /'ʌndəplɒt/ n. **1** *(subplot)* trama f. secondaria, intreccio m. secondario **2** RAR. *(conspiracy)* complotto m.

underpopulated /ˌʌndə'pɒpjʊleɪtɪd/ agg. sottopopolato.

underpowered /ˌʌndə'paʊəd/ agg. [*vehicle*] con un motore troppo poco potente; ***to be*** ~ non essere potente.

underprice /ˌʌndə'praɪs/ tr. COMM. fissare un prezzo troppo basso per [*goods, product*].

underpriced /ˌʌndə'praɪst/ **I** pass., p.pass. → **underprice II** agg. [*goods*] sottoprezzo; ***petrol, their cleaning service is*** ~ la benzina, la tariffa della loro impresa di pulizia è sottoprezzo; ***this car is*** ~ quest'auto è sottoprezzo.

underprivileged /ˌʌndə'prɪvəlɪdʒd/ **I** n. ***the*** ~ + verbo pl. i diseredati, gli emarginati **II** agg. [*area, background, person*] sfavorito.

underproduce /ˌʌndəprə'dju:s, AE -'du:s/ **I** tr. MUS. ***to*** ~ ***a record*** produrre un disco senza effetti di mixaggio **II** intr. COMM. IND. produrre in quantità insufficiente.

underproduction /ˌʌndəprə'dʌkʃn/ n. sottoproduzione f.

underproof /'ʌndəpru:f/ agg. [*spirit*] di gradazione alcolica inferiore allo standard.

underprop /ˌʌndə'prɒp/ tr. (forma in -ing ecc. **-pp-**) ANT. *(support)* sostenere [*roof, tunnel*]; puntellare, sorreggere [*wall*].

underran /ˌʌndə'ræn/ pass. → **underrun**.

underrate /ˌʌndə'reɪt/ tr. sottovalutare, sottostimare.

underrated /ˌʌndə'reɪtɪd/ agg. sottovalutato, sottostimato.

underreact /ˌʌndərɪ'ækt/ intr. reagire debolmente (**to** a).

underripe /ˌʌndə'raɪp/ agg. [*fruit*] acerbo; [*cheese*] fresco, poco stagionato.

underrun /ˌʌndə'rʌn/ tr. (forma in -ing **-nn-**; pass. **-ran**; p.pass. **-run**) scorrere, passare sotto.

1.underscore /ˌʌndə'skɔ:(r)/ tr. sottolineare (anche FIG.).

2.underscore /ˌʌndə'skɔ:(r)/ n. *(symbol)* underscore m., trattino m. basso.

underscoring /ˌʌndə'skɔ:rɪŋ/ n. **1** *(line)* sottolineatura f. **2** FIG. *(emphasis)* insistenza f. (**of** su).

undersea /'ʌndəsi:/ agg. sottomarino.

1.underseal /'ʌndəsi:l/ n. AUT. antiruggine m.

2.underseal /'ʌndəsi:l/ tr. AUT. dare una mano di antiruggine a [*underpart of a vehicle*].

undersealing /'ʌndəsi:lɪŋ/ → **1.underseal**.

under-secretary /ˌʌndə'sekrətrɪ, AE -terɪ/ n. (anche ~ **of state**) GB POL. sottosegretario m. (di stato) (**at** a).

undersell /ˌʌndə'sel/ **I** tr. (pass., p.pass. **-sold**) **1** *(undercut)* vendere a meno di [*competitor*]; ***we*** ~ ***our competitors by £ 10 a crate*** vendiamo ogni cassa a dieci sterline in meno dei nostri concorrenti **2** *(sell discreetly)* fare poca pubblicità a [*product*] **II** intr. (pass., p.pass. **-sold**) vendere sottoprezzo, svendere **III** rifl. (pass., p.pass. **-sold**) ***to*** ~ ***oneself*** svendersi.

underseller /ˌʌndə'selə(r)/ n. chi vende sottoprezzo.

underselling /ˌʌndə'selɪŋ/ n. vendita f. sottoprezzo.

underset /ˌʌndə'set/ tr. (forma in -ing **-tt-**; pass., p.pass. **-set**) puntellare, sostenere (anche FIG.).

undersexed /ˌʌndə'sekst/ agg. ***to be*** ~ [*person*] avere un debole appetito sessuale.

undersheriff /'ʌndəʃerɪf/ ♦ *27* n. vicesceriffo m.

undershirt /'ʌndəʃɜ:t/ n. AE canottiera f.

undershoot /ˌʌndə'ʃu:t/ **I** tr. (pass., p.pass. **-shot**) AER. [*aircraft, pilot*] atterrare prima di [*runway*] **II** intr. (pass., p.pass. **-shot**) AER. [*aircraft, pilot*] atterrare corto.

undershorts /'ʌndəʃɔ:ts/ n.pl. AE slip m.

undershot I /ˌʌndə'ʃɒt/ pass., p.pass. → **undershoot II** /'ʌndəʃɒt/ agg. **1** *(of jaw)* sporgente **2** *(of water wheel)* alimentato dal basso.

underside /'ʌndəsaɪd/ n. **1** *(bottom)* sotto m., lato m. inferiore **2** FIG. *(dark side)* lato m. nascosto, lato m. negativo.

undersigned /ˌʌndə'saɪnd, 'ʌndəsaɪnd/ **I** n. sottoscritto m. (-a); ***the*** ~ ***confirms that*** il sottoscritto conferma che; ***we, the*** ~ noi sottoscritti **II** agg. [*person*] sottoscritto.

undersized /ˌʌndə'saɪzd, 'ʌndəsaɪzd/ agg. [*person*] piccolo, mingherlino; [*portion, ration*] piccolo, misero; [*animal, plant*] rachitico.

underskirt /'ʌndəskɜ:t/ n. sottogonna f.

underslung /'ʌndəslʌŋ/ agg. [*chassis*] al di sotto degli assi; [*load*] sospeso.

undersoil /'ʌndəsɔɪl/ → **subsoil**.

undersold /ˌʌndə'ʃəʊld/ pass., p.pass. → **undersell**.

underspend /ˌʌndə'spend/ intr. (pass., p.pass. **-spent**) AMM. ECON. spendere meno del previsto.

underspending /ˌʌndə'spendɪŋ/ n. AMM. ECON. spesa f. inferiore al previsto.

underspent /ˌʌndə'ʃpent/ pass., p.pass. → **underspend**.

understaffed /ˌʌndə'stɑ:ft, AE -'stæft/ agg. ***to be*** ~ essere a corto di personale.

understaffing /ˌʌndə'stɑ:fɪŋ, AE -'stæfɪŋ/ n. mancanza f. di personale.

▶ **understand** /ˌʌndə'stænd/ **I** tr. (pass., p.pass. **-stood**) **1** *(intellectually)* capire, comprendere [*question, language, concept*]; ***is that understood?*** è chiaro? ***I just don't*** ~ ***it*** non lo capisco proprio; ***to*** ~ ***that*** capire che; ***to*** ~ ***how, why*** capire come, perché; ***I can't*** ~ ***why*** non riesco a capire perché; ***to make oneself understood*** farsi capire **2** *(emotionally)* capire, comprendere [*person, feelings*]; ***I***

don't ~ you non ti capisco; ***to ~ sb. doing*** capire che qcn. faccia; ***I can ~ her being upset*** posso capire che sia sconvolta **3** *(interpret)* capire, comprendere [*person, statement*]; ***do I ~ you correctly?*** (ti) ho capito bene? ***what do you ~ by this?*** che cosa capisci da questo? ***as I ~ it*** se ho capito bene; ***I understood him to say*** o ***as saying that...*** ho capito che avesse detto che...; ***I think we ~ each other*** penso che ci capiamo **4** *(believe)* ***to ~ that*** credere *o* capire che; ***I understood (that) I was to wait*** ho capito di dover aspettare; ***it is, was understood that*** è, era sottinteso che; ***he was given to ~ that*** gli hanno dato a intendere che; ***you won I ~*** mi sembra di aver capito che hai vinto; ***"he's dead" - "so I ~"*** "è morto" - "mi sembra di sì" **5** *(accept mutually)* ***to be understood*** essere inteso; ***I thought that was understood*** pensavo che fosse chiaro; ***it must be understood that*** sia inteso che **6** LING. *(imply)* ***to be understood*** [*subject*] essere sottinteso **II** intr. (pass., p.pass. **-stood**) **1** *(comprehend)* capire (**about** di); ***no slip-ups, (do you) ~?*** niente errori, capito? **2** *(sympathize)* capire, comprendere; ***I quite*** o ***fully ~*** capisco perfettamente.

▷ **understandable** /ˌʌndəˈstændəbl/ agg. *(all contexts)* comprensibile; ***it is ~ that*** è comprensibile che; ***it's ~*** è comprensibile.

understandably /ˌʌndəˈstændəblɪ/ avv. comprensibilmente; ***he is ~ disappointed*** è comprensibilmente deluso.

▷ **understanding** /ˌʌndəˈstændɪŋ/ **I** n. **1** *(grasp of subject, issue)* comprensione f.; ***to show an ~ of*** dimostrare di conoscere **2** *(perception, interpretation)* interpretazione f.; ***to my ~*** da quello che ho capito (io); ***our ~ was that*** noi avevamo capito che **3** *(arrangement)* accordo m., intesa f. (**about** su; **between** tra); ***there is an ~ that*** è inteso che; ***on the ~ that*** a condizione che *o* fermo restando che; ***on that ~*** su quella base **4** *(sympathy)* comprensione f.; ***love and ~*** amore e comprensione **5** *(powers of reason)* comprensione f.; ***to pass human ~*** superare l'umana comprensione **II** agg. [*tone, glance*] benevolo; [*person*] comprensivo (**about** riguardo a).

understandingly /ˌʌndəˈstændɪŋlɪ/ avv. [*smile, reply*] benevolmente.

understate /ˌʌndəˈsteɪt/ tr. **1** *(say with reserve)* parlare con reticenza di [*feeling, opinion, reaction*] **2** *(play down)* minimizzare, sottovalutare [*cost, danger, quantity, severity*].

understated /ˌʌndəˈsteɪtɪd/ **I** pass., p.pass. → **understate** **II** agg. [*charm*] discreto; [*dress, design, effect, style, tone, performance*] sobrio.

understatement /ˌʌndəˈsteɪtmənt/ n. **1** *(remark)* eufemismo m.; ***that's an ~!, that's the ~ of the year!*** è il meno che si possa dire! **2** U *(style) (of person)* understatement m., riservatezza f., reticenza f.; ***he said with typical ~ that*** disse con la riservatezza che lo distingue che **3** *(subtlety) (of dress, decor)* sobrietà f.

understeer /ˈʌndəstɪə(r)/ intr. sottosterzare.

1.understock /ˈʌndəstɒk/ n. BOT. ceppo m. d'innesto.

2.understock /ˌʌndəˈstɒk/ tr. non rifornire, non stoccare a sufficienza [*shop, factory*] (**with** di).

understood /ˌʌndəˈstʊd/ pass., p.pass. → **understand**.

1.understudy /ˈʌndəstʌdɪ/ n. TEATR. attore m. (-trice) sostituto (-a), comodino m. (**to** di).

2.understudy /ˈʌndəstʌdɪ/ tr. TEATR. ripiegare [*role*]; sostituire [*actor*].

undertakable /ˌʌndəˈteɪkəbl/ agg. che si può intraprendere.

▷ **undertake** /ˌʌndəˈteɪk/ tr. (pass. **-took**; p.pass. **-taken**) **1** *(carry out)* intraprendere [*search, study, trip, work, offensive*]; assumere [*function*]; incaricarsi di [*mission*] **2** *(guarantee)* ***to ~ to do*** impegnarsi a fare.

undertaker /ˈʌndəteɪkə(r)/ ♦ ***27*** n. **1** *(person)* impresario m. (-a) di pompe funebri **2** *(company)* impresa f. di pompe funebri; ***at the ~'s*** alle pompe funebri.

▷ **1.undertaking** /ˌʌndəˈteɪkɪŋ/ n. **1** *(venture)* impresa f.; ***joint ~*** joint venture **2** *(promise)* garanzia f. (**from sb.** da parte di qcn.); ***to give sb. an ~ to do, that*** promettere a qcn. di fare, che; ***to give a written ~ to do sth.*** prendere un impegno scritto a fare qcs. **3** *(company)* impresa f.

2.undertaking /ˈʌndəˌteɪkɪŋ/ n. *(funeral business)* pompe f.pl. funebri.

undertax /ˌʌndəˈtæks/ tr. ECON. [*tax office*] imporre tasse insufficienti a [*tax payer*]; ***~ed goods*** merci insufficientemente tassate.

undertaxation /ˌʌndətækˈseɪʃn/ n. tassazione f. insufficiente.

undertenancy /ˈʌndəˌtenənsɪ/ n. subaffitto m., sublocazione f.

undertenant /ˈʌndətenənt/ n. subaffittuario m. (-a), sublocatario m. (-a).

under-the-counter /ˌʌndəðəˈkaʊntə(r)/ **I** agg. [*goods, supply, trade*] illegale; [*payment*] sottobanco **II under the counter** avv. [*buy, obtain, sell*] sottobanco.

undertone /ˈʌndətəʊn/ n. **1** *(low voice)* voce f. bassa; ***to speak in an ~*** parlare sottovoce *o* a voce bassa **2** *(undercurrent)* ***an ~ of chaos*** un senso di caos; ***an ~ of jealousy*** un sottofondo di gelosia; ***comic, dark ~s*** una vena comica, triste; ***the music has African, classical ~s*** la musica ha delle sonorità africane, classiche **3** *(hint)* allusione f., sottinteso m.

undertook /ˌʌndəˈtʊk/ pass. → **undertake**.

undertow /ˈʌndətəʊ/ n. **1** *(of wave)* risacca f. **2** *(at sea)* controcorrente f. **3** *(influence)* corrente f. sotterranea.

undertreasurer /ˌʌndəˈtreʒərə(r)/ n. vicetesoriere m. (-a).

underuse /ˌʌndəˈjuːz/ tr. sottoutilizzare [*equipment, facility, land*]; usare poco [*expression*].

underused /ˌʌndəˈjuːzd/ agg. [*land, equipment, facility, resource, technique*] sottoutilizzato; [*expression*] poco usato.

underutilization /ˌʌndərjuːtəlaɪˈzeɪʃn, AE -lɪˈz-/ n. sottoutilizzazione f.

underutilize /ˌʌndəˈjuːtəlaɪz/ tr. → **underuse**.

undervaluation /ˌʌndəvæljuːˈeɪʃn/ n. sottovalutazione f. (anche ECON.).

undervalue /ˌʌndəˈvæljuː/ tr. **1** ECON. *(in insurance)* sottovalutare, sottostimare [*building, contribution, company, currency, painting*]; ***to ~ sth. by £ 1,000*** sottostimare qcs. di 1.000 sterline **2** *(not appreciate)* sottovalutare [*employee, friend, honesty, patience, opinion, theory*].

undervalued /ˌʌndəˈvæljuːd/ agg. **1** ECON. [*artwork, company, contribution, currency, share*] sottovalutato, sottostimato **2** *(not appreciated)* [*person, quality, opinion, theory*] sottovalutato.

undervest /ˈʌndəvest/ n. canottiera f.

undervoltage /ˈʌndəvəʊltɪdʒ/ n. EL. bassa tensione f.

▷ **underwater** /ˌʌndəˈwɔːtə(r)/ **I** agg. [*cable, exploration, swimmer, test, world, lighting*] subacqueo; [*birth*] in acqua **II** avv. sott'acqua.

▷ **underway** /ˌʌndəˈweɪ/ agg. ***to be ~*** [*vehicle*] essere in moto; [*filming, rehearsals, talks, work*] essere in corso; ***to get ~*** [*vehicle*] mettersi in moto; [*preparation, show, season, work*] cominciare *o* prendere l'avvio; ***to get sth. ~*** dare l'avvio a *o* mettere in moto qcs.

▷ **underwear** /ˈʌndəweə(r)/ n. biancheria f. intima.

underweight /ˌʌndəˈweɪt/ agg. [*baby, person*] sottopeso; ***this child is four kilos ~*** questo bambino è sottopeso di quattro chili *o* quattro chili in sottopeso.

underwent /ˌʌndəˈwent/ pass. → **undergo**.

underwhelm /ˌʌndəˈwelm/ tr. SCHERZ. lasciare indifferente, deludere.

underwhelming /ˌʌndəˈwelmɪŋ/ agg. SCHERZ. deludente.

underwing /ˈʌndəwɪŋ/ n. **1** *(hind wing) (of insects)* ala f. posteriore **2** ZOOL. catocala f.

underwired /ˌʌndəˈwaɪəd/ agg. [*bodice, bra*] con ferretto.

underwood /ˈʌndəwʊd/ n. sottobosco m.

underwork /ˌʌndəˈwɜːk/ **I** tr. fare lavorare troppo poco **II** intr. lavorare troppo poco.

underworld /ˈʌndəwɜːld/ **I** n. **1** *(criminal world)* mondo m. del crimine, malavita f.; ***the criminal ~*** la malavita **2** MITOL. ***the ~*** gli inferi; ***in the ~*** agli inferi **II** modif. [*character, activity, gang*] malavitoso, della malavita; [*killing*] organizzato dalla malavita.

underwrite /ˌʌndəˈraɪt/ tr. (pass. **-wrote**; p.pass. **-written**) **1** sottoscrivere [*share issue, flotation*]; *(in insurance)* stipulare [*policy*]; assumersi [*risk*]; assicurare [*boat, property*] **2** ECON. sottoscrivere, finanziare [*project, scheme*]; accollarsi [*cost, expense, loss*] **3** *(approve)* sottoscrivere, condividere [*decision*]; sottoscrivere, sostenere [*proposal, theory*].

underwriter /ˈʌndəraɪtə(r)/ n. **1** ECON. *(of share issue)* sottoscrittore m. (-trice); ***a company of ~s*** una società finanziaria; ***to act as ~ for sth.*** farsi garante di qcs. **2** *(in insurance)* assicuratore m. (-trice); ***marine ~*** assicuratore marittimo.

underwriting /ˈʌndəraɪtɪŋ/ n. **1** ECON. *(of share issue)* sottoscrizione f. **2** *(in insurance) (of policy)* stipulazione f.; *(of risk)* assunzione f.

underwriting agent /ˈʌndəraɪtɪŋˌeɪdʒənt/ ♦ ***27*** n. *(in insurance)* (agente) assicuratore m. (-trice).

underwriting contract /ˈʌndəraɪtɪŋˌkɒntrækt/ n. ECON. contratto m. di collocamento.

underwriting syndicate /ˌʌndəraɪtɪŋˈsɪndɪkət/ n. ECON. sindacato m. di collocamento.

underwritten /ˌʌndəˈrɪtn/ p.pass. → **underwrite**.

underwrote /ˌʌndəˈrəʊt/ pass. → **underwrite**.

undescribable /ˌʌndɪˈskraɪbəbl/ agg. indescrivibile.

undeserved /ˌʌndɪˈzɜːvd/ agg. immeritato.

undeservedly /ˌʌndɪˈzɜːvɪdlɪ/ avv. [*blame, punish*] immeritatamente, ingiustamente; [*praise, reward, win*] immeritatamente, senza merito.

undeservedness /ˌʌndɪˈzɜːvɪdnɪs/ n. *(of punishment)* ingiustizia f.; *(of praise)* (l')essere immeritato.
undeserving /ˌʌndɪˈzɜːvɪŋ/ agg. *~ of attention, praise, support* immeritevole *o* indegno di attenzione, di lode, di aiuto; ***he was an ~ winner*** non meritava di vincere.
undesigned /ˌʌndɪˈzaɪnd/ agg. involontario, non meditato.
undesigning /ˌʌndɪˈzaɪnɪŋ/ agg. sincero, onesto.
undesirable /ˌʌndɪˈzaɪərəbl/ **I** agg. [*effect, friend*] indesiderato; [*aspect, habit, practice, result*] sgradito, indesiderabile; [*influence*] nefasto; ***it is ~ for sb. to do*** non è auspicabile che qcn. faccia; ***it is ~ that he should know*** è auspicabile che lui non lo sappia; ***it is ~ to do*** non è auspicabile fare; ***~ alien*** DIR. straniero indesiderabile **II** n. persona f. indesiderabile.
undesirableness /ˌʌndɪˈzaɪərəblnɪs/ n. indesiderabilità f.
undesirably /ˌʌndɪˈzaɪərəblɪ/ avv. [*hot, long, obvious, small*] indesideratamente.
undesired /ˌʌndɪˈzaɪəd/ agg. indesiderato.
undestroyable /ˌʌndɪˈstrɔɪəbl/ agg. indistruttibile.
undestroyed /ˌʌndɪˈstrɔɪd/ agg. intero, non distrutto.
undetected /ˌʌndɪˈtektɪd/ **I** agg. [*intruder, observer*] non visto; [*cancer, fracture, crime, fraud*] non scoperto; [*bug, error, flaw, movement*] non scoperto, non individuato **II** avv. [*listen, watch*] senza essere visto, inosservato; [*break in, steal*] senza essere visto; ***to go*** o ***remain ~*** [*person*] passare *o* restare inosservato; [*cancer, crime, error*] non essere scoperto.
undetermined /ˌʌndɪˈtɜːmɪnd/ agg. **1** *(unknown)* indeterminato, indefinito, sconosciuto **2** *(unresolved)* [*matter, problem*] indeterminato, irrisolto; [*outcome*] indeterminato, incerto.
undeterred /ˌʌndɪˈtɜːd/ **I** agg. ***to be ~*** non essere scoraggiato; ***to be ~ by sb., sth.*** non lasciarsi scoraggiare da qcn., qcs.; ***~, she resumed her speech*** riprese imperterrita il suo discorso **II** avv. [*continue, persevere, set out*] imperterritamente, in modo imperturbabile.
undeveloped /ˌʌndɪˈveləpt/ agg. [*person*] non sviluppato, non cresciuto; [*fruit*] immaturo; [*limb, muscle, organ*] atrofico; [*land*] non edificato; [*resource*] non sfruttato; [*film*] non sviluppato, da sviluppare; [*idea, theory*] in germe; [*country*] sottosviluppato.
undeviating /ʌnˈdiːvɪeɪtɪŋ/ agg. [*course, path*] diretto, senza deviazioni; FIG. [*belief*] immutabile, fermo; [*loyalty*] costante.
undeviatingly /ʌnˈdiːvɪeɪtɪŋlɪ/ avv. senza deviazioni.
undiagnosed /ʌnˈdaɪəgnəʊzd, AE ʌndaɪəgˈnəʊst/ agg. ***to be*** o ***go ~*** [*disease*] non essere diagnosticato.
undid /ʌnˈdɪd/ pass. → **undo**.
undies /ˈʌndɪz/ n.pl. COLLOQ. biancheria f.sing. intima.
undifferentiated /ˌʌndɪfəˈrenʃɪeɪtɪd/ agg. indifferenziato.
undigested /ˌʌndaɪˈdʒestɪd/ agg. [*food*] non digerito, sullo stomaco.
undignified /ʌnˈdɪgnɪfaɪd/ agg. [*person*] indegno, senza dignità; [*behaviour, name*] indegno, indecoroso; [*fate*] indegno; [*haste, failure*] indecoroso; [*language*] indecente; [*position*] inqualificabile; ***it is ~ to do*** non è decoroso fare.
undiluted /ˌʌndaɪˈljuːtɪd, AE -ˈluː-/ agg. [*liquid, solution, version*] non diluito; FIG. [*contempt, hostility*] puro; [*nonsense, pleasure, admiration, passion*] vero, puro; [*Christianity, Marxism*] allo stato puro.
undiminished /ˌʌndɪˈmɪnɪʃt/ agg. [*courage, enthusiasm, intelligence, power, stature, appeal*] intatto, non diminuito; ***he remains ~ by criticism*** non è stato sminuito dalla critica.
undimmed /ʌnˈdɪmd/ agg. [*beauty, mind, splendour*] intatto; [*memory*] chiaro; [*eyesight*] perfetto; ***her beauty is ~ by age, time*** gli anni non hanno, il tempo non ha offuscato la sua bellezza.
undine /ˈʌndiːn/ n. MITOL. ondina f.
undiplomatic /ˌʌndɪpləˈmætɪk/ agg. ***he is ~*** manca di diplomazia *o* di tatto; ***his remark was ~*** la sua osservazione non è stata molto diplomatica; ***it was ~ of you to say that*** non hai avuto molto tatto a dire quelle cose.
undipped /ʌnˈdɪpt/ agg. AUT. ***on*** o ***with ~ headlights*** con gli abbaglianti (accesi) *o* i fari alti.
undirected /ˌʌndaɪˈrektɪd, -dɪ-/ agg. **1** *(not guided)* senza guida, senza direzione **2** *(not addressed)* [*letter*] senza indirizzo.
undiscerned /ˌʌndɪˈsɜːnd/ agg. non percepito, indistinto.
undiscernible /ˌʌndɪˈsɜːnəbl/ agg. indiscernibile.
undiscernibleness /ˌʌndɪˈsɜːnəblnɪs/ n. indiscernibilità f.
undiscernibly /ˌʌndɪˈsɜːnəblɪ/ avv. indiscernibilmente.
undiscerning /ˌʌndɪˈsɜːnɪŋ/ agg. senza discernimento.
undischarged /ˌʌndɪsˈtʃɑːdʒd/ agg. [*debt*] non estinto; [*fine*] non pagato.
undischarged bankrupt /ˌʌndɪstʃɑːdʒdˈbæŋkrʌpt/ n. DIR. fallito m. (-a) non riabilitato (-a).
undisciplinable /ˌʌndɪsɪˈplɪnəbl/ agg. indisciplinabile.
undisciplined /ʌnˈdɪsɪplɪnd/ agg. indisciplinato.
undisclosed /ˌʌndɪsˈkləʊzd/ agg. non rivelato, segreto; DIR. [*evidence*] non divulgato.
undisclosed principal /ˌʌndɪskləʊzdˈprɪnsəpl/ n. DIR. mandante m. e f. non nominato (-a).
undiscouraged /ˌʌndɪˈskʌrɪdʒd/ agg. non scoraggiato.
undiscoverable /ˌʌndɪsˈkʌvərəbl/ agg. introvabile.
undiscovered /ˌʌndɪsˈkʌvəd/ agg. [*identity, hiding place*] non scoperto, segreto; [*secret*] non rivelato; [*area, land*] inesplorato; [*species*] sconosciuto; [*crime, document*] non scoperto; [*artist, talent*] (ancora) sconosciuto; ***to lie*** o ***remain ~*** restare sconosciuto.
undiscriminating /ˌʌndɪˈskrɪmɪneɪtɪŋ/ agg. [*customer, observer, reader*] senza discernimento, che non distingue; ***to be ~*** mancare di discernimento.
undiscussed /ˌʌndɪˈskʌst/ agg. indiscusso.
undisguised /ˌʌndɪsˈgaɪzd/ agg. [*anger, curiosity, envy, passion*] non mascherato, evidente; ***his envy, contempt was ~*** la sua invidia, il suo disprezzo era evidente *o* non mascherava la sua invidia, il suo disprezzo.
undismayed /ˌʌndɪsˈmeɪd/ agg. ***to be ~ at*** o ***by sth.*** non essere scoraggiato da qcs.; ***~, she continued to speak*** senza perdersi di coraggio, continuò a parlare.
undispersed /ˌʌndɪˈspɜːst/ agg. non disperso.
undisposed /ˌʌndɪˈspəʊzd/ agg. non disposto.
undisputed /ˌʌndɪˈspjuːtɪd/ agg. [*capital, champion, leader*] incontestato, indiscusso; [*fact, right*] incontestabile, indiscusso.
undisputedly /ˌʌndɪˈspjuːtɪdlɪ/ avv. incontestatamente.
undissembled /ˌʌndɪˈsembld/ agg. indissimulato, manifesto.
undissociated /ˌʌndɪˈsəʊʃɪeɪtɪd/ agg. CHIM. non dissociato.
undissolved /ˌʌndɪˈzɒlvd/ agg. non dissolto.
undistilled /ˌʌndɪˈstɪld/ agg. non distillato.
undistinguishable /ˌʌndɪˈstɪŋgwɪʃəbl/ agg. indistinguibile.
undistinguishably /ˌʌndɪˈstɪŋgwɪʃəblɪ/ avv. indistinguibilmente.
undistinguished /ˌʌndɪˈstɪŋgwɪʃt/ agg. [*achievement, career, building*] mediocre; [*appearance, person*] comune, insignificante.
undistinguishing /ˌʌndɪˈstɪŋgwɪʃɪŋ/ agg. che non distingue.
undistracted /ˌʌndɪˈstræktɪd/ agg. non distratto.
undistributed /ˌʌndɪˈstrɪbjuːtɪd/ agg. COMM. ECON. non distribuito, non ripartito.
undisturbed /ˌʌndɪˈstɜːbd/ **I** agg. **1** *(untouched)* [*countryside, village*] tranquillo; ***the ship had lain*** o ***remained ~ for many years*** la nave era rimasta inabissata per molti anni **2** *(peaceful)* [*sleep, night*] indisturbato, tranquillo; ***to work, play ~ by the noise*** lavorare, giocare indisturbato dal rumore **II** avv. [*play, sleep, work*] indisturbato, tranquillo.
undiversified /ˌʌndaɪˈvɜːsɪfaɪd/ agg. non diversificato, indifferenziato.
undiverted /ˌʌndaɪˈvɜːtɪd/ agg. [*watercourse, traffic*] non deviato; [*funds*] non stornato; [*person*] non distratto, non sviato.
undividable /ˌʌndɪˈvaɪdəbl/ agg. indivisibile.
undivided /ˌʌndɪˈvaɪdɪd/ agg. [*opposition*] unanime; [*loyalty*] assoluto; ***to give sb. one's ~ attention*** prestare a qcn. tutta la propria attenzione.
undivorced /ˌʌndɪˈvɔːst/ agg. non divorziato.
undivulged /ˌʌndaɪˈvʌldʒd/ agg. non divulgato.
▷ **undo** /ʌnˈduː/ tr. (3ª persona sing. pres. **-does**; pass. **-did**; p.pass. **-done**) **1** *(unfasten)* sciogliere [*fastening*]; disfare [*sewing*]; aprire [*lock, zip, parcel*] **2** *(cancel out)* distruggere [*good, work, effort*]; riparare [*harm*] **3** *(be downfall of)* rovinare, mandare in rovina [*person*] **4** INFORM. annullare.
undocumented /ʌnˈdɒkjʊmentɪd/ agg. **1** [*event*] non documentato **2** AE [*alien*] senza documenti.
undogmatic /ˌʌndɒgˈmætɪk, AE -dɔːg-/ agg. non dogmatico, discutibile.
undoing /ʌnˈduːɪŋ/ n. LETT. rovina f.; ***it proved to be his ~*** si è dimostrato (essere) la sua rovina.
undomestic /ˌʌndəˈmestɪk/ agg. non domestico.
undomesticated /ˌʌndəˈmestɪkeɪtɪd/ agg. selvatico, non addomesticato.
undone /ʌnˈdʌn/ **I** p.pass. → **undo II** agg. **1** *(not fastened)* [*parcel*] aperto; [*button*] sbottonato; [*knot*] sciolto; ***to come ~*** [*buttons*] sbottonarsi; [*laces*] slegarsi **2** *(not done)* ***to leave sth. ~*** lasciare qcs. da fare **3** ANT. LETT. *(ruined)* ***I am ~!*** sono rovinato! ◆ ***what's done cannot be ~*** quel che è fatto è fatto.
undouble /ʌnˈdʌbl/ **I** tr. *(unfold)* sdoppiare, spiegare **II** intr. *(unfold)* sdoppiarsi, spiegarsi.
undoubtable /ʌnˈdaʊtəbl/ agg. indubitabile.

undoubted /ʌn'daʊtɪd/ agg. indubbio, indubitato.
▷ **undoubtedly** /ʌn'daʊtɪdlɪ/ avv. indubbiamente.
undramatic /ˌʌndrə'mætɪk/ agg. non drammatico, poco teatrale.
undraped /ʌn'dreɪpt/ agg. senza veli, nudo.
undraw /ʌn'drɔː/ tr. (pass. **-drew**; p.pass. **-drawn**) tirare, aprire [*curtains*].
undreamed-of /ʌn'driːmdɒv/, **undreamt-of** /ʌn'dremtɒv/ agg. inimmaginato, insperato; ***an ~ opportunity*** un'occasione insperata.
1.undress /ʌn'dres/ n. ***in a state of ~*** *(dressed informally)* casual; *(partially naked)* in déshabillé.
2.undress /ʌn'dres/ **I** tr. svestire, spogliare **II** intr. svestirsi, spogliarsi **III** rifl. ***to ~ oneself*** svestirsi, spogliarsi.
undressed /ʌn'drest/ agg. **1** [*person*] svestito; ***to get ~*** svestirsi, spogliarsi **2** GASTR. [*salad*] scondito **3** ING. [*metal, stone*] grezzo.
undrew /ʌn'druː/ pass. → **undraw**.
undried /ʌn'draɪd/ agg. non essiccato.
undrinkable /ʌn'drɪŋkəbl/ agg. **1** *(unpleasant)* imbevibile **2** *(dangerous)* non potabile.
undue /ʌn'djuː, AE -'duː/ agg. eccessivo, sproporzionato.
undulant /'ʌndjʊlənt, AE -dʒʊ-/ agg. ondeggiante, ondulante.
1.undulate /'ʌndjʊlət, AE -dʒʊ-/ agg. ondulato.
2.undulate /'ʌndjʊleɪt, AE -dʒʊ-/ intr. ondeggiare, ondulare.
undulating /'ʌndjʊleɪtɪŋ, AE -dʒʊ-/ agg. [*movement*] sinuoso, ondeggiante; [*surface, landscape*] ondulato; [*plants*] ondeggiante.
undulation /ˌʌndjʊ'leɪʃn, AE -dʒʊ-/ n. **1** *(bump)* ondulazione f. **2** *(wavy motion)* ondeggiamento m.
undulatory /'ʌndjʊlətərɪ, AE 'ʌndʒʊlətɔːrɪ/ agg. ondulatorio, ondeggiante.
unduly /ʌn'djuːlɪ, AE -'duːlɪ/ avv. [*affected, concerned, optimistic, surprised, inclined*] eccessivamente, indebitamente; [*flatter, favour, neglect, worry*] eccessivamente, oltre misura.
unduteous /ʌn'djuːtjəs, AE -'duː-/, **undutiful** /ʌn'djuːtɪfl, AE -'duː-/ agg. ANT. irrispettoso.
undutifully /ʌn'djuːtɪfəlɪ, AE -'duː-/ avv. ANT. irrispettosamente.
undying /ʌn'daɪɪŋ/ agg. [*love*] eterno.
undyingly /ʌn'daɪɪŋlɪ/ avv. eternamente.
unearned /ʌn'ɜːnd/ agg. **1** *(undeserved)* immeritato **2** ECON. ***~ income*** rendita.
unearth /ʌn'ɜːθ/ tr. **1** ARCHEOL. dissotterrare, riesumare [*remains, pottery*] **2** FIG. *(find)* riesumare, scovare [*person, object*]; scoprire, rivelare [*fact, evidence*].
unearthliness /ʌn'ɜːθlɪnɪs/ n. soprannaturalità f.
unearthly /ʌn'ɜːθlɪ/ agg. **1** [*apparition, light, sight*] soprannaturale, celeste; [*cry, silence*] sinistro, lugubre; [*beauty*] celestiale **2** *(unreasonable)* ***at an ~ hour*** a un'ora assurda.
unease /ʌn'iːz/ n. **U 1** *(worry)* inquietudine f., preoccupazione f. (**about, at** per) **2** *(dissatisfaction)* disagio m., malessere m.; ***social, economic ~*** disagio sociale, economico.
uneasily /ʌn'iːzɪlɪ/ avv. **1** *(anxiously)* con preoccupazione, ansiosamente **2** *(uncomfortably)* a disagio **3** *(with difficulty)* con difficoltà.
uneasiness /ʌn'iːzɪnɪs/ n. **1** *(worry)* inquietudine f., preoccupazione f. (**about** per) **2** *(dissatisfaction)* disagio m., malessere m.; ***there is some ~*** c'è un certo disagio (**about** per).
▷ **uneasy** /ʌn'iːzɪ/ agg. **1** *(worried)* [*person*] preoccupato (**about, at** per); [*conscience*] sporco; ***to grow ~*** agitarsi **2** *(precarious)* [*compromise, combination*] difficile; [*alliance, balance, peace*] instabile; [*mixture*] indigesto; [*silence*] imbarazzato **3** *(worrying)* [*feeling, suspicion*] inquietante; [*night, sleep*] agitato; ***an ~ feeling*** o ***sense of danger*** un'inquietante sensazione di pericolo **4** *(ill at ease)* a disagio.
uneatable /ʌn'iːtəbl/ agg. immangiabile.
uneaten /ʌn'iːtn/ agg. non mangiato.
uneconomic /ˌʌniːkə'nɒmɪk, -ekə-/ agg. antieconomico.
uneconomical /ˌʌniːkə'nɒmɪkl, -ekə-/ agg. **1** *(wasteful)* [*person*] sprecone; [*use*] dissipato **2** *(not profitable)* antieconomico.
unedifying /ʌn'edɪfaɪɪŋ/ agg. non edificante.
unedited /ʌn'edɪtɪd/ agg. non rivisto.
uneducated /ʌn'edʒʊkeɪtɪd/ agg. **1** *(without education)* [*person*] analfabeta, illetterato **2** SPREG. *(vulgar)* [*person*] ignorante, rozzo; [*speech, writing*] ignorante; [*accent, tastes*] da persona ignorante.
uneffected /ˌʌnɪ'fektɪd/ agg. non effettuato, inattuato.
unelastic /ˌʌnɪ'læstɪk/ agg. anelastico.
unelected /ˌʌnɪ'lektɪd/ agg. non eletto.
unemancipated /ˌʌnɪ'mænsɪpeɪtɪd/ agg. non emancipato.
unembarrassed /ˌʌnɪm'bærəst/ agg. non imbarazzato.
unemotional /ˌʌnɪ'məʊʃənl/ agg. [*person, face*] distaccato, impassibile; [*approach*] distaccato, freddo; [*reunion*] freddo; [*account, analysis*] freddo, spassionato.
unemotionally /ˌʌnɪ'məʊʃənəlɪ/ avv. [*say, behave*] freddamente, in modo distaccato; [*analyse, describe*] freddamente, spassionatamente.
unemphatic /ˌʌnɪm'fætɪk/ agg. non enfatico.
unemphatically /ˌʌnɪm'fætɪklɪ/ avv. in modo non enfatico.
unemployable /ˌʌnɪm'plɔɪəbl/ agg. inabile al lavoro.
▷ **unemployed** /ˌʌnɪm'plɔɪd/ **I** agg. **1** *(out of work)* disoccupato; ***~ people*** i disoccupati; ***to register oneself as ~*** iscriversi nelle liste di disoccupazione **2** ECON. [*capital*] inutilizzato, inattivo **II** n. ***the ~*** + verbo pl. i disoccupati.
▶ **unemployment** /ˌʌnɪm'plɔɪmənt/ n. disoccupazione f.; ***seasonal, youth ~*** disoccupazione stagionale, giovanile; ***with ~ at 20%*** con un tasso di disoccupazione del 20%.
unemployment benefit BE /ˌʌnɪm'plɔɪməntˌbenɪfɪt/, **unemployment compensation** AE /ˌʌnɪm'plɔɪməntkɒmpenˌseɪʃn/ n. sussidio m. di disoccupazione.
unemployment figures /ˌʌnɪm'plɔɪməntˌfɪgəz, AE -ˌfɪgjərz/, **unemployment level** /ˌʌnɪm'plɔɪməntˌlevl/, **unemployment rate** /ˌʌnɪm'plɔɪməntˌreɪt/ n. tasso m. di disoccupazione.
unencumbered /ˌʌnɪn'kʌmbəd/ agg. sgombro (**by, with** di).
unending /ʌn'endɪŋ/ agg. senza fine, eterno, interminabile.
unendorsed /ˌʌnɪn'dɔːst/ agg. [*cheque*] non girato.
unendowed /ˌʌnɪn'daʊd/ agg. non dotato.
unendurable /ˌʌnɪn'djʊərəbl, AE -'dʊər-/ agg. intollerabile, insopportabile.
unendurably /ˌʌnɪn'djʊərəblɪ, AE -'dʊər-/ avv. intollerabilmente, insopportabilmente.
unenforceable /ˌʌnɪn'fɔːsəbl/ agg. inapplicabile.
unengaged /ˌʌnɪn'geɪdʒd/ agg. non impegnato, non occupato.
unengaging /ˌʌnɪn'geɪdʒɪŋ/ agg. scialbo, insignificante.
un-English /ʌn'ɪŋglɪʃ/ agg. non inglese, poco inglese.
unenjoyable /ˌʌnɪn'dʒɔɪəbl/ agg. non divertente, spiacevole.
unenlightened /ˌʌnɪn'laɪtnd/ agg. non illuminato.
unentangle /ˌʌnɪn'tæŋgl/ tr. districare.
unentered /ʌn'entəd/ agg. **1** *(not penetrated)* impenetrato **2** ECON. *(on books)* non registrato.
unenterprising /ʌn'entəpraɪzɪŋ/ agg. [*person, organization, behaviour*] senza iniziativa; [*decision, policy*] timido.
unentertaining /ˌʌnentə'teɪnɪŋ/ agg. non divertente.
unenthusiastic /ˌʌnɪnˌθjuːzɪ'æstɪk, AE -ˌθuːz-/ agg. poco entusiasta (**about** di), privo di, senza entusiasmo (**about** per).
unenthusiastically /ˌʌnɪnˌθjuːzɪ'æstɪklɪ, AE -ˌθuːz-/ avv. senza entusiasmo.
unenviable /ʌn'envɪəbl/ agg. non invidiabile.
unenvied /ʌn'envɪd/ agg. non invidiato.
unenvious /ʌn'envɪəs/ agg. non invidioso.
unequal /ʌn'iːkwəl/ agg. **1** *(not equal)* [*amounts, parts, size, pay, division*] disuguale; [*struggle*] impari; [*contest*] non equilibrato **2** *(inadequate)* ***to be ~ to*** non essere all'altezza di [*task*].
unequalled BE, **unequaled** AE /ʌn'iːkwəld/ agg. [*achievement, quality, record*] ineguagliato, insuperato; [*person*] incomparabile, insuperabile (**as** come, in qualità di).
unequally /ʌn'iːkwəlɪ/ avv. in maniera disuguale.
unequivocal /ˌʌnɪ'kwɪvəkl/ agg. [*person, declaration*] esplicito; [*attitude, answer, belief, meaning, pleasure, support*] inequivocabile.
unequivocally /ˌʌnɪ'kwɪvəklɪ/ avv. inequivocabilmente.
uneradicable /ˌʌnɪ'rædɪkəbl/ agg. inestirpabile, radicato.
unerased /ˌʌnɪ'reɪzd, AE -'reɪst/ agg. non cancellato.
unerring /ʌn'ɜːrɪŋ/ agg. infallibile.
unerringly /ʌn'ɜːrɪŋlɪ/ avv. [*accurate*] infallibilmente; [*judge*] in modo infallibile; [*aim, go, head for*] dritto.
unescapable /ˌʌnɪ'skeɪpəbl/ agg. inevitabile, ineluttabile.
Unesco, UNESCO /juː'neskəʊ/ n.pr. (⇒ United Nations Educational, Scientific and Cultural Organization Organizzazione delle Nazioni Unite per l'istruzione, la scienza e la cultura) UNESCO f.
unescorted /ˌʌnɪ'skɔːtɪd/ agg. senza scorta (anche MAR.).
unessential /ˌʌnɪ'senʃl/ agg. inessenziale.
unesthetic AE → **unaesthetic**.
unethical /ʌn'eθɪkl/ agg. **1** immorale (**to do** fare) **2** COMM. contro l'etica (professionale) (**to do** fare); MED. contrario alla deontologia (**to do** fare).
unethically /ʌn'eθɪklɪ/ avv. immoralmente.
unevangelical /ˌʌniːvæn'dʒelɪkl/ agg. non evangelico.
▷ **uneven** /ʌn'iːvn/ agg. **1** *(variable)* [*colouring, hem, pattern, rhythm, speed, teeth*] irregolare; [*contest*] impari; [*quality*] disuguale; [*surface*] accidentato, irregolare; [*performance, pressure, results*] discontinuo; [*voice*] tremante **2** SPORT ***~ bars*** parallele asimmetriche.

unevenly /ʌn'i:vnlɪ/ avv. [*distribute, affect*] in modo diverso; [*cover*] in modo disuguale; [*hang, function, develop*] irregolarmente.
unevenness /ʌn'i:vənnɪs/ n. *(of surface, edge, rhythm)* irregolarità f.; *(of voice)* esitazione f.; *(of contest)* disparità f.
uneventful /ˌʌnɪ'ventfl/ agg. [*occasion, career*] normale; [*life*] ordinario, tranquillo; [*day, journey, period*] tranquillo; [*place*] dove non succede (mai) niente.
uneventfully /ˌʌnɪ'ventfəlɪ/ avv. senza incidenti.
unevolved /ˌʌnɪ'vɒlvd/ agg. non evoluto.
unexaminable /ˌʌnɪg'zæmɪnəbl/ agg. non esaminabile.
unexamined /ˌʌnɪg'zæmɪnd/ agg. non esaminato.
unexampled /ˌʌnɪg'zɑ:mpld, AE -'zæmpld/ agg. senza precedenti.
unexcelled /ˌʌnɪk'seld/ agg. insuperato, senza pari.
unexceptionable /ˌʌnɪk'sepʃənəbl/ agg. [*behaviour, attitude*] ineccepibile, irreprensibile; [*remark*] indiscutibile.
unexceptionably /ˌʌnɪk'sepʃənəblɪ/ avv. FORM. ineccepibilmente.
unexceptional /ˌʌnɪk'sepʃənl/ agg. non eccezionale, ordinario.
unexceptionally /ˌʌnɪk'sepʃənəlɪ/ avv. in modo non eccezionale, ordinariamente.
unexcised /ʌn'eksaɪzd/ agg. non soggetto a dazio.
unexcited /ˌʌnɪk'saɪtɪd/ agg. non eccitato, calmo.
unexciting /ˌʌnɪk'saɪtɪŋ/ agg. non eccitante, monotono, piatto.
unexecuted /ʌn'eksɪkju:tɪd/ agg. non eseguito.
unexercised /ʌn'eksəsaɪzd/ agg. non esercitato.
unexerted /ˌʌnɪg'zɜ:tɪd/ agg. non usato, non esercitato.
unexhausted /ˌʌnɪg'zɔ:stɪd/ agg. inesausto.
▷ **unexpected** /ˌʌnɪk'spektɪd/ **I** agg. [*arrival, development, danger, event, expense, outcome*] imprevisto, inaspettato; [*ally, choice, gift, success, announcement, question*] inaspettato; [*death, illness*] improvviso, inaspettato **II** n. ***the ~*** l'imprevisto.
▷ **unexpectedly** /ˌʌnɪk'spektɪdlɪ/ avv. [*happen*] all'improvviso; [*large, small, fast*] inaspettatamente; ***~, the phone rang*** a un tratto, il telefono suonò.
unexpended /ˌʌnɪk'spendɪd/ agg. non speso, non consumato.
unexpensive /ˌʌnɪk'spensɪv/ agg. poco costoso, a buon prezzo.
unexperienced /ˌʌnɪk'spɪərɪənst/ agg. inesperto.
unexpired /ˌʌnɪk'spaɪəd/ agg. non scaduto.
unexplainable /ˌʌnɪk'spleɪnəbl/ agg. inspiegabile, inesplicabile.
unexplained /ˌʌnɪk'spleɪnd/ agg. non spiegato, inesplicato.
unexploded /ˌʌnɪk'spləʊdɪd/ agg. [*bomb*] inesploso.
unexploited /ˌʌnɪk'splɔɪtɪd/ agg. non sfruttato.
unexplored /ˌʌnɪk'splɔ:d/ agg. inesplorato.
unexposed /ˌʌnɪk'spəʊzd/ agg. non esposto; FOT. vergine.
unexpressed /ˌʌnɪk'sprest/ agg. inespresso, sottinteso.
unexpressive /ˌʌnɪk'spresɪv/ agg. inespressivo.
unexpurgated /ʌn'ekspəgeɪtɪd/ agg. non espurgato.
unextended /ˌʌnɪk'stendɪd/ agg. non esteso, ristretto.
unextinguishable /ˌʌnɪk'stɪŋgwɪʃəbl/ agg. inestinguibile.
unextinguishably /ˌʌnɪk'stɪŋgwɪʃəblɪ/ avv. inestinguibilmente.
unextinguished /ˌʌnɪk'stɪŋgwɪʃt/ agg. non spento, inestinto.
unextirpated /ʌn'ekstəpeɪtɪd/ agg. non estirpato.
unfadable /ʌn'feɪdəbl/ agg. [*colour*] che non sbiadisce; [*clothing*] che non scolorisce; [*beauty*] che non appassisce.
unfaded /ʌn'feɪdɪd/ agg. [*colour, picture*] non sbiadito; [*clothing*] non scolorito; [*flower, beauty*] non appassito.
unfading /ʌn'feɪdɪŋ/ agg. che non muore mai, eterno.
unfailing /ʌn'feɪlɪŋ/ agg. [*support, efforts*] costante, continuo; [*kindness, source, supply*] inesauribile; [*good temper*] immancabile; [*optimism*] inguaribile.
unfailingly /ʌn'feɪlɪŋlɪ/ avv. costantemente, immancabilmente.
unfailingness /ʌn'feɪlɪŋnɪs/ n. costanza f.
▷ **unfair** /ʌn'feə(r)/ agg. [*person, action, decision, advantage, comparison, treatment*] ingiusto (**to, on** nei confronti di, verso; **to do** fare); [*play, tactics*] scorretto; COMM. [*trading, competition*] sleale; ***it is ~ that he should go*** o ***for him to go*** non è giusto che se ne vada lui.
unfair dismissal /ˌʌnfeədɪs'mɪsl/ n. DIR. licenziamento m. senza giusta causa.
▷ **unfairly** /ʌn'feəlɪ/ avv. [*treat, condemn*] ingiustamente; [*play*] scorrettamente; [*critical*] ingiustamente; ***rates are ~ high*** i prezzi sono eccessivamente alti; ***to be ~ dismissed*** DIR. essere licenziato senza giusta causa.
unfairness /ʌn'feənɪs/ n. ingiustizia f.
unfaith /'ʌnfeɪθ/ n. **1** RELIG. mancanza f. di fede **2** *(lack of confidence)* mancanza f. di fiducia.
unfaithful /ʌn'feɪθfl/ agg. **1** *(disloyal)* [*partner*] infedele (**to** a) **2** *(accurate)* [*translation*] infedele.
unfaithfully /ʌn'feɪθfəlɪ/ avv. infedelmente.
unfaithfulness /ʌn'feɪθflnɪs/ n. infedeltà f.
unfaltering /ʌn'fɔ:ltərɪŋ/ agg. [*step, voice*] fermo; [*devotion, loyalty*] incrollabile.
unfalteringly /ʌn'fɔ:ltərɪŋlɪ/ avv. senza esitare.
▷ **unfamiliar** /ˌʌnfə'mɪlɪə(r)/ agg. **1** *(strange)* [*face, name, place, surroundings*] non familiare, sconosciuto (**to** a); [*appearance, concept, feeling, problem, situation*] nuovo, insolito (**to** per); [*artist, book, music, subject*] sconosciuto; ***it's not ~ to me*** mi dice qualcosa *o* non mi è nuovo **2** *(without working knowledge)* ***to be ~ with sth.*** non avere familiarità con qcs.
unfamiliarity /ˌʌnfəmɪlɪ'ærətɪ/ n. **1** *(strangeness)* carattere m. insolito, stranezza f. **2** *(lack of knowledge)* ***his ~ with sth.*** la sua mancanza di familiarità con qcs.
unfamiliarly /ˌʌnfə'mɪlɪəlɪ/ avv. in modo insolito.
unfashionable /ʌn'fæʃnəbl/ agg. non alla moda, fuori moda; ***it's ~ to do*** non è di moda fare.
unfashionableness /ʌn'fæʃnəblnɪs/ n. (il) non essere alla moda, ineleganza f.
unfashionably /ʌn'fæʃnəblɪ/ avv. non alla moda, senza eleganza.
unfashioned /ʌn'fæʃnd/ agg. [*jewel*] grezzo.
unfasten /ʌn'fɑ:sn/ tr. slacciare [*clothing, button*]; aprire [*bag, zip*]; ***to ~ sth. from sth.*** staccare qcs. da qcs.; ***to come ~ed*** slacciarsi.
unfathered /ʌn'fɑ:ðəd/ agg. **1** *(fatherless)* illegittimo **2** *(of unknown authorship)* di origine ignota, anonimo.
unfatherly /ʌn'fɑ:ðəlɪ/ agg. non paterno.
unfathomable /ʌn'fæðəməbl/ agg. LETT. insondabile.
unfathomed /ʌn'fæðəmd/ agg. [*ocean*] non scandagliato; [*motive, mystery*] inesplicato.
unfavourable BE, **unfavorable** AE /ʌn'feɪvərəbl/ agg. sfavorevole (**for sth.** per qcs.; **to** a); ECON. [*rate*] svantaggioso.
unfavourableness BE, **unfavorableness** AE /ʌn'feɪvərəblnɪs/ n. (l')essere sfavorevole.
unfavourably BE, **unfavorably** AE /ʌn'feɪvərəblɪ/ avv. sfavorevolmente.
unfazed /ʌn'feɪzd/ agg. COLLOQ. imperturbato (**by** davanti a, da).
unfeared /ʌn'fɪəd/ agg. non temuto.
unfearing /ʌn'fɪərɪŋ/ agg. senza paura, intrepido.
unfearingly /ʌn'fɪərɪŋlɪ/ avv. senza paura.
unfeasible /ʌn'fi:zəbl/ agg. inattuabile, irrealizzabile.
unfeathered /ʌn'feðəd/ agg. implume, senza piume.
unfed /ʌn'fed/ agg. non nutrito.
unfeeling /ʌn'fi:lɪŋ/ agg. [*person*] insensibile (**towards** verso); [*remark*] crudele; [*attitude, behaviour*] freddo.
unfeelingly /ʌn'fi:lɪŋlɪ/ avv. insensibilmente, freddamente.
unfeelingness /ʌn'fi:lɪŋnɪs/ n. insensibilità f., freddezza f.
unfeigned /ʌn'feɪnd/ agg. sincero, genuino.
unfeignedly /ʌn'feɪnɪdlɪ/ avv. [*delighted, distressed*] sinceramente.
unfeignedness /ʌn'feɪnɪdnɪs/ n. sincerità f.
unfelt /ʌn'felt/ agg. non sentito, non provato.
unfeminine /ʌn'femɪnɪn/ agg. poco femminile.
unfenced /ʌn'fenst/ agg. non cintato, senza steccato.
unfermented /ˌʌnfə'mentɪd/ agg. non fermentato.
unfertile /ʌn'fɜ:taɪl, AE -'fɜ:rtl/ agg. sterile, infecondo.
unfertilized /ʌn'fɜ:tɪlaɪzd/ agg. non fertilizzato.
unfetter /ʌn'fetə(r)/ tr. sciogliere dalle catene (anche FIG.).
unfettered /ʌn'fetəd/ agg. [*liberty, right, power*] assoluto, senza restrizioni; [*competition*] senza regole; [*market*] senza vincoli; [*emotion, expression*] senza freni, senza controllo.
unfiled /ʌn'faɪld/ agg. non archiviato, non schedato.
unfilial /ʌn'fɪlɪəl/ agg. poco filiale.
unfilially /ʌn'fɪlɪəlɪ/ avv. in modo poco filiale.
unfilled /ʌn'fɪld/ agg. [*post*] vacante; ***~ vacancy*** posto di lavoro vacante.
unfiltered /ʌn'fɪltəd/ agg. non filtrato.
unfinished /ʌn'fɪnɪʃt/ agg. [*work, music, novel*] incompiuto; [*product*] non finito; [*matter*] in discussione; ***we still have some ~ business*** abbiamo ancora delle cose da sbrigare.
1.unfit /ʌn'fɪt/ agg. **1** *(ill)* malato; *(out of condition)* ***I'm ~*** fisicamente, non sono in forma **2** *(substandard)* [*housing*] inabitabile; [*pitch, road*] impraticabile (**for** per); ***~ for human habitation*** inadatto a essere abitato *o* all'abitazione; ***~ for human consumption*** inadatto all'alimentazione umana; ***the field is ~ for play*** il campo (da gioco) è impraticabile; ***~ to eat*** *(dangerous)* non commestibile **3** *(unsuitable)* [*parent*] inadatto; ***~ for work, military service*** inabile al lavoro, al servizio militare; ***~ to run the country*** incapace di governare il paese; ***he's ~ to be a teacher*** non è in grado di insegnare **4** DIR. incapace; ***to be ~ to plead, give evidence*** essere incapace di difendersi, testimoniare.

2.unfit /ʌn'fɪt/ tr. (forma in -ing ecc. **-tt-**) FORM. ***to ~ sb. for sth.*** rendere qcn. inadatto per qcs.
unfitly /ʌn'fɪtlɪ/ avv. sconvenientemente, inappropriatamente.
unfitness /ʌn'fɪtnɪs/ n. DIR. incapacità f. (**to do** di fare).
unfitted /ʌn'fɪtɪd/ **I** p.pass. → **2.unfit II** agg. FORM. ***to be ~ for sth.*** non essere fatto per *o* adatto a qcs.
unfitting /ʌn'fɪtɪŋ/ agg. FORM. [*end, language*] inopportuno; [*conduct*] sconveniente; ***it's ~ that*** è sconveniente che.
unfittingly /ʌn'fɪtɪŋlɪ/ avv. sconvenientemente, a sproposito.
unfix /ʌn'fɪks/ tr. **1** *(detach)* staccare **2** FIG. *(unsettle)* sconvolgere, rendere dubbioso.
unfixed /ʌn'fɪkst/ **I** p.pass. → **unfix II** agg. **1** *(loose)* staccato, mobile **2** FIG. *(uncertain)* indeterminato, incerto.
unflagging /ʌn'flægɪŋ/ agg. [*energy, attention, interest*] costante.
unflaggingly /ʌn'flægɪŋlɪ/ avv. costantemente.
unflappability /ʌnˌflæpə'bɪlətɪ/ n. COLLOQ. imperturbabilità f.
unflappable /ʌn'flæpəbl/ agg. COLLOQ. imperturbabile.
unflattering /ʌn'flætərɪŋ/ agg. [*clothes, hairstyle*] che non dona; [*portrait, description*] poco lusinghiero; ***to be ~ to sb.*** [*clothes, hairstyle*] non donare a qcn.; [*portrait, description*] non rendere ragione di qcn.
unflatteringly /ʌn'flætərɪŋlɪ/ avv. [*describe, portray*] in modo poco lusinghiero.
unflawed /ʌn'flɔ:d/ agg. senza difetti, perfetto.
unfledged /ʌn'fledʒd/ agg. **1** ***~ bird*** uccello implume **2** FIG. [*person*] inesperto; [*movement, project*] in germe.
unfleshed /ʌn'fleʃt/ agg. [*hound*] non ancora abituato al sangue; FIG. [*person*] inesperto.
unflinching /ʌn'flɪntʃɪŋ/ agg. **1** *(steadfast)* [*stare*] fisso; [*courage*] indomito, a tutta prova; [*determination*] forte; [*commitment*] indefesso; [*person*] fermo, risoluto **2** *(merciless)* [*account*] implacabile.
unflinchingly /ʌn'flɪntʃɪŋlɪ/ avv. [*fight*] senza cedere, indomitamente; [*persevere*] inesorabilmente; ***~ determined, resolute*** fortemente determinato, risoluto.
unflinchingness /ʌn'flɪntʃɪŋnɪs/ n. fermezza f., risolutezza f.
unflyable /ʌn'flaɪəbl/ agg. [*aircraft*] che non può volare, inadatto al volo.
▷ **1.unfold** /ʌn'fəʊld/ **I** tr. **1** *(open)* spiegare [*paper, cloth, wings*]; aprire [*chair*]; distendere [qcs.] da una posizione incrociata [*arms*] **2** FIG. *(reveal)* rivelare [*plan, intention*] **II** intr. **1** [*deckchair, map*] aprirsi; [*flower, leaf*] schiudersi **2** FIG. [*scene, plot, mystery*] svolgersi; [*beauty*] rivelarsi.
2.unfold /ʌn'fəʊld/ tr. fare uscire dall'ovile [*sheep*].
1.unfolded /ˌʌn'fəʊldɪd/ **I** p.pass. → **1.unfold II** agg. **1** [*paper, cloth, wings*] spiegato; [*chair*] aperto; [*arms*] disteso **2** FIG. [*plan, intention*] rivelato.
2.unfolded /ˌʌn'fəʊldɪd/ **I** p.pass. → **2.unfold II** agg. [*sheep*] fuori dall'ovile.
unforbidden /ˌʌnfə'bɪdn/ agg. non proibito, consentito.
unforced /ʌn'fɔ:st/ agg. [*style, humour*] spontaneo; [*error*] volontario.
unfordable /ʌn'fɔ:dəbl/ agg. inguadabile.
unforeseeable /ˌʌnfɔ:'si:əbl/ agg. imprevedibile.
unforeseeing /ˌʌnfɔ:'si:ɪŋ/ agg. imprevidente.
unforeseen /ˌʌnfɔ:'si:n/ agg. imprevisto.
unforetold /ˌʌnfɔ:'təʊld/ agg. non predetto.
unforfeited /ʌn'fɔ:fɪtɪd/ agg. non confiscato.
unforgettable /ˌʌnfə'getəbl/ agg. indimenticabile.
unforgettably /ˌʌnfə'getəblɪ/ avv. indimenticabilmente.
unforgivable /ˌʌnfə'gɪvəbl/ agg. imperdonabile; ***it was ~ of them to do*** è stato imperdonabile da parte loro fare.
unforgivably /ˌʌnfə'gɪvəblɪ/ avv. [*forget, attack*] in modo imperdonabile; ***~ rude, biased*** di una maleducazione, parzialità imperdonabile *o* imperdonabilmente maleducato, parziale.
unforgiven /ˌʌnfə'gɪvn/ agg. non perdonato.
unforgiving /ˌʌnfə'gɪvɪŋ/ agg. inclemente.
unforgotten /ˌʌnfə'gɒtn/ agg. indimenticato.
unformed /ʌn'fɔ:md/ agg. [*character*] non ancora formato, immaturo; [*idea, belief*] informe; ***his personality is still ~*** la sua personalità non è ancora formata.
unforthcoming /ˌʌnfɔ:θ'kʌmɪŋ/ agg. [*person*] riservato; [*reply*] reticente; ***to be ~ about*** essere riservato riguardo a [*changes, money*].
unfortified /ʌn'fɔ:tɪfaɪd/ agg. non fortificato.
▷ **unfortunate** /ʌn'fɔ:tʃənət/ **I** agg. **1** *(pitiable)* [*person, situation*] disgraziato, sfortunato **2** *(regrettable)* [*matter, incident*] spiacevole; [*remark, choice*] infelice; ***it was ~ that*** è stato un peccato che; ***how ~*** che peccato **3** *(unlucky)* [*person, loss, attempt*] sfortunato; ***to be ~ enough to do*** essere abbastanza sfortunato da (dover) fare **II** n. sfortunato m. (-a).
▶ **unfortunately** /ʌn'fɔ:tʃənətlɪ/ avv. [*begin, end*] male, malamente; [*worded*] infelicemente; ***~, she forgot*** sfortunatamente, se ne dimenticò; ***~ not*** purtroppo no *o* sfortunatamente no.
unfounded /ʌn'faʊndɪd/ agg. infondato.
unframed /ʌn'freɪmd/ agg. senza cornice.
unfreeze /ʌn'fri:z/ **I** tr. (pass. **-froze**; p.pass. **-frozen**) **1** fare scongelare [*lock, pipe*] **2** ECON. sbloccare, scongelare [*prices, assets, loan*] **3** INFORM. sbloccare **II** intr. (pass. **-froze**; p.pass. **-frozen**) [*pipe, lock*] scongelarsi.
unfreezing /ʌn'fri:zɪŋ/ n. ECON. *(of prices, assets, loan)* sblocco m., scongelamento m.
unfrequented /ˌʌnfrɪ'kwentɪd/ agg. poco frequentato.
unfriendliness /ʌn'frendlɪnɪs/ n. *(of person)* freddezza f.; *(of place)* inospitalità f.
▷ **unfriendly** /ʌn'frendlɪ/ agg. **1** [*person, attitude, behaviour*] poco amichevole, freddo, scortese; [*reception*] distaccato, freddo; [*place, climate*] inospitale; [*remark*] acido, cattivo; [*product*] nocivo; [*innovation*] negativo; ***it was ~ of him to do*** è stato scortese da parte sua fare; ***to be ~ towards sb.*** non essere amichevole con qcn. **2 -unfriendly** in composti ***environmentally-~*** che danneggia l'ambiente; ***user-~*** difficile da usare.
unfrock /ʌn'frɒk/ tr. RELIG. sfratare.
unfroze /ʌn'frəʊz/ pass. → **unfreeze**.
unfrozen /ʌn'frəʊzn/ p.pass. → **unfreeze**.
unfruitful /ʌn'fru:tfl/ agg. infruttuoso, sterile.
unfruitfully /ʌn'fru:tfəlɪ/ avv. infruttuosamente, sterilmente.
unfruitfulness /ʌn'fru:tflnɪs/ n. *(of discussion, land)* infruttuosità f., sterilità f.
unfulfilled /ˌʌnfʊl'fɪld/ agg. [*ambition, condition, potential*] non realizzato; [*desire, need*] inesaudito, insoddisfatto; [*promise*] non mantenuto; [*prophecy*] non avverato; ***to feel ~*** [*person*] non sentirsi realizzato.
unfulfilling /ˌʌnfʊl'fɪlɪŋ/ agg. [*occupation*] insoddisfacente.
unfunded /ʌn'fʌndɪd/ agg. [*debt*] fluttuante.
unfunny /ʌn'fʌnɪ/ agg. [*humour, joke, comedian*] che non fa ridere, non divertente; ***I find that distinctly ~*** non lo trovo affatto divertente *o* non mi fa assolutamente ridere.
unfurl /ʌn'fɜ:l/ **I** tr. LETT. spiegare [*banner, sail*]; aprire [*parasol*] **II** intr. LETT. spiegarsi.
unfurnished /ʌn'fɜ:nɪʃt/ agg. [*accommodation*] non ammobiliato; ***the house is ~*** la casa non è ammobiliata.
unfussy /ʌn'fʌsɪ/ agg. [*person*] non esigente, di poche pretese; [*decor*] sobrio, senza fronzoli.
ungag /ʌn'gæg/ tr. (forma in -ing ecc. **-gg-**) togliere il bavaglio a.
ungainliness /ʌn'geɪnlɪnɪs/ n. goffaggine f.
ungainly /ʌn'geɪnlɪ/ agg. goffo, sgraziato.
ungallant /ʌn'gælənt/ agg. poco galante, sgarbato; ***it was ~ of him to do it*** non è stato galante da parte sua fare.
ungarbled /ʌn'gɑ:bld/ agg. [*text, story*] *(not distorted)* senza distorsioni, integro; *(clear)* chiaro, fedele.
ungarnished /ʌn'gɑ:nɪʃt/ agg. sguarnito.
ungarrisoned /ʌn'gærɪsnd/ agg. non presidiato.
ungenerous /ʌn'dʒenərəs/ agg. **1** *(mean)* [*person*] poco generoso, avaro (**to** con) **2** *(unsympathetic)* [*person, attitude*] egoista, meschino (**towards** con, verso); ***it was ~ of you to do*** è stato meschino da parte tua fare.
ungenerously /ʌn'dʒənərəslɪ/ avv. **1** *(meanly)* in modo poco generoso **2** *(unkindly)* duramente.
ungenial /ʌn'dʒi:nɪəl/ agg. **1** *(disagreeable)* antipatico, sgradevole **2** [*climate*] inclemente, rigido.
ungentle /ʌn'dʒentl/ agg. scortese, duro.
ungentleness /ʌn'dʒentlnɪs/ n. scortesia f., durezza f.
ungentlemanlike /ʌn'dʒentlmənlaɪk/, **ungentlemanly** /ʌn'dʒentlmənlɪ/ agg. non da gentiluomo (**of** da parte di).
ungetatable /ˌʌnget'ætəbl/ agg. COLLOQ. inaccessibile.
ungifted /ʌn'gɪftɪd/ agg. non dotato.
ungird /ʌn'gɜ:d/ tr. (pass., p.pass. **-girded** o **-girt**) ANT. togliere, slacciare la cintura a.
ungirth /ʌn'gɜ:θ/ tr. togliere la sella a [*horse*].
unglazed /ʌn'gleɪzd/ agg. **1** [*window*] senza vetri, non invetriato **2** [*pottery*] non invetriato.
unglue /ʌn'glu:/ tr. **1** *(unstick)* scollare [*envelope, stamp*] **2** AE COLLOQ. *(upset)* mettere [qcn.] sottosopra.
unglued /ʌn'glu:d/ **I** p.pass. → **unglue II** agg. **1** *(unstuck)* scollato; ***to come ~*** scollarsi **2** AE COLLOQ. *(upset)* sconvolto, sottosopra; ***to come ~*** perdere il controllo.

ungodliness /ʌn'gɒdlɪnɪs/ n. empietà f.; ***despite the ~ of the hour*** SCHERZ. nonostante l'ora assurda.
ungodly /ʌn'gɒdlɪ/ agg. [*person, act, behaviour*] empio; ***at some ~ hour*** a un'ora assurda.
ungovernable /ʌn'gʌvənəbl/ agg. **1** [*country, people*] ingovernabile **2** [*desire, anger*] incontrollabile.
ungovernably /ʌn'gʌvənəblɪ/ avv. ingovernabilmente.
ungoverned /ʌn'gʌvnd/ agg. **1** [*country, people*] non governato **2** [*desire, anger*] incontrollato.
ungraceful /ʌn'greɪsfl/ agg. sgraziato, goffo.
ungracefully /ʌn'greɪsfəlɪ/ avv. sgraziatamente, goffamente.
ungracefulness /ʌn'greɪsflnɪs/ n. goffaggine f.
ungracious /ʌn'greɪʃəs/ agg. scortese (**of** da parte di).
ungraciously /ʌn'greɪʃəslɪ/ avv. scortesemente.
ungraciousness /ʌn'greɪʃəsnɪs/ n. scortesia f.
ungrammatical /ˌʌngrə'mætɪkl/ agg. sgrammaticato.
ungrammatically /ˌʌngrə'mætɪklɪ/ avv. in modo sgrammaticato.
ungrateful /ʌn'greɪtfl/ agg. ingrato (**of** da parte di; **towards** verso).
ungratefully /ʌn'greɪtfəlɪ/ avv. ingratamente, in modo ingrato.
ungreen /ʌn'gri:n/ agg. *(in ecology)* [*person*] insensibile alle problematiche ambientali; [*product*] che danneggia l'ambiente.
ungrounded /ʌn'graʊndɪd/ agg. **1** *(groundless)* infondato **2** EL. non messo a terra.
ungrown /ʌn'grəʊn/ agg. immaturo.
ungrudging /ʌn'grʌdʒɪŋ/ agg. [*support*] incondizionato; [*praise*] incondizionato, sincero.
ungrudgingly /ʌn'grʌdʒɪŋlɪ/ avv. [*support, help*] incondizionatamente; [*praise*] incondizionatamente, sinceramente.
ungual /'ʌŋgwəl/ agg. ungueale.
unguarded /ʌn'gɑ:dɪd/ agg. **1** *(unprotected)* [*prisoner, frontier*] senza sorveglianza **2** *(careless)* [*remark, criticism*] sconsiderato; ***in an ~ moment*** in un momento di debolezza.
unguent /'ʌngwənt/ n. LETT. unguento m.
unguessable /ʌn'gesəbl/ agg. non indovinabile, che non si può indovinare.
unguessed /ʌn'gest/ agg. non indovinato.
unguided /ʌn'gaɪdɪd/ agg. senza guida.
ungula /'ʌngjʊlə/ n. (pl. **-ae**) ungula f., zoccolo m.
ungulate /'ʌngjʊlət, -leɪt/ **I** n. ungulato m. **II** agg. ungulato.
unhackneyed /ʌn'hæknɪd/ agg. non trito, originale.
unhallow /ʌn'hæləʊ/ tr. profanare, sconsacrare.
unhallowed /ʌn'hæləʊd/ agg. [*ground, union*] sconsacrato, profanato.
unhampered /ʌn'hæmpəd/ agg. [*narrative*] libero (**by** da); ***~ by*** senza l'ingombro di [*luggage*]; senza essere ostacolato da [*protocol, red tape*].
unhand /ʌn'hænd/ tr. LETT. SCHERZ. togliere le mani di dosso a, lasciare andare.
unhandily /ʌn'hændɪlɪ/ avv. in modo poco maneggevole.
unhandiness /ʌn'hændɪnɪs/ n. scarsa maneggevolezza f.
unhandsome /ʌn'hænsəm/ agg. **1** *(unattractive)* non attraente, brutto **2** *(rude)* scortese, sgarbato **3** *(mean)* meschino, gretto.
unhandsomely /ʌn'hænsəmlɪ/ avv. **1** *(unattractively)* in modo poco attraente **2** *(rudely)* scortesemente, sgarbatamente **3** *(meanly)* meschinamente.
unhandsomeness /ʌn'hænsəmnɪs/ n. **1** *(unattractiveness)* bruttezza f. **2** *(rudeness)* scortesia f. **3** *(meanness)* meschinità f.
unhandy /ʌn'hændɪ/ agg. poco maneggevole, scomodo (da usare).
unhang /ʌn'hæŋ/ tr. (pass., p.pass. **-hung**) staccare, tirare giù.
unhappily /ʌn'hæpɪlɪ/ avv. **1** *(miserably)* [*say, stare, walk*] con aria triste, infelice; ***~ married*** infelicemente sposato **2** *(unfortunately)* infelicemente, sfortunatamente **3** *(inappropriately)* infelicemente, in modo inopportuno.
▷ **unhappiness** /ʌn'hæpɪnɪs/ n. **1** *(misery)* infelicità f., tristezza f. **2** *(dissatisfaction)* scontentezza f. (**about**, **with** per).
▷ **unhappy** /ʌn'hæpɪ/ agg. **1** *(miserable)* [*person, childhood*] infelice, triste; [*face, occasion*] triste **2** *(dissatisfied)* [*person, government, company*] scontento; ***to be ~ about*** o ***with sth.*** essere scontento *o* non essere soddisfatto di qcs. **3** *(concerned)* preoccupato (**about** per, riguardo a); ***to be ~ about doing*** essere preoccupato di fare; ***to be ~ at the idea, suggestion that*** inquietarsi all'idea, al suggerimento che **4** *(unfortunate)* [*situation, coincidence, remark, choice*] infelice, sfortunato.
unhardened /ʌn'hɑ:dnd/ agg. non indurito (anche FIG.).
unhardy /ʌn'hɑ:dɪ/ agg. debole (anche FIG.).
unharmed /ʌn'hɑ:md/ agg. [*person*] indenne, illeso; [*building, object*] intatto, illeso.
unharmful /ʌn'hɑ:mfl/ agg. innocuo.
unharness /ʌn'hɑ:nɪs/ tr. togliere i finimenti a [*horse*].
unharvested /ʌn'hɑ:vɪstɪd/ agg. non mietuto.
unhatched /ʌn'hætʃt/ agg. [*egg*] non covato, non schiuso.
UNHCR n. (⇒ United Nations High Commission for Refugees Alto Commissariato delle Nazioni Unite per i Rifugiati) ACNUR m.
unhealable /ʌn'hi:ləbl/ agg. inguaribile.
unhealthily /ʌn'helθɪlɪ/ avv. in modo poco salutare.
unhealthiness /ʌn'helθɪnɪs/ n. cattiva salute f.
unhealthy /ʌn'helθɪ/ agg. **1** MED. [*person*] malaticcio; [*complexion*] malaticcio, pallido; [*cough*] malato; [*diet*] dannoso; FIG. [*economy*] malato; [*climate, conditions*] malsano, insalubre **2** *(unwholesome)* [*interest, desire*] morboso, malsano.
unheard /ʌn'hɜ:d/ avv. ***we entered, left ~*** siamo entrati, usciti senza farci sentire; ***her pleas went ~*** le sue suppliche sono rimaste inascoltate.
unheard-of /ʌn'hɜ:dɒv/ agg. **1** *(shocking)* [*behaviour, suggestion*] inaudito **2** *(previously unknown)* [*levels, proportions, price*] record, mai visto prima; [*actor, brand, firm*] sconosciuto; ***to be previously ~*** essere senza precedenti.
unheated /ʌn'hi:tɪd/ agg. non riscaldato.
unhedged /ʌn'hedʒd/ agg. senza recinto.
unheeded /ʌn'hi:dɪd/ agg. ***to go ~*** [*warning, plea*] passare inosservato, essere tenuto in nessun conto.
unheedful /ʌn'hi:dfʊl/ agg. disattento, sbadato.
unheeding /ʌn'hi:dɪŋ/ agg. LETT. [*world, crowd*] indifferente, noncurante; ***they went by, ~*** sono passati, indifferenti.
unhelped /ʌn'helpt/ agg. non aiutato, senza aiuto.
unhelpful /ʌn'helpfl/ agg. [*assistant, employee*] poco servizievole; [*advice, remark*] inutile; [*witness, attitude*] poco cooperativo; ***it is ~ of him to do*** non è di nessun aiuto da parte sua fare.
unhelpfully /ʌn'helpfəlɪ/ avv. *(behave)* in modo poco cooperativo; *(advise)* inutilmente.
unheralded /ʌn'herəldɪd/ **I** agg. [*arrival*] non annunciato, inaspettato **II** avv. [*arrive*] senza (alcun) preavviso.
unheroic /ˌʌnhɪ'rəʊɪk/ agg. non eroico, vigliacco.
unhesitating /ʌn'hezɪteɪtɪŋ/ agg. pronto, immediato.
unhesitatingly /ʌn'hezɪteɪtɪŋlɪ/ avv. prontamente, senza esitazione.
unhewn /ʌn'hju:n/ agg. **1** *(uncut)* [*wood*] non abbattuto; [*stone, branch*] non tagliato **2** FIG. grezzo, rozzo.
unhidden /ʌn'hɪdn/ **I** p.pass. → **unhide II** agg. palese, non nascosto.
unhide /ʌn'haɪd/ tr. (pass. **-hid**; p.pass. **-hidden**) **1** *(reveal)* rendere palese, rivelare **2** INFORM. ripristinare [*window*].
unhindered /ʌn'hɪndəd/ **I** agg. [*access*] libero, non ostacolato; [*freedom*] totale; ***~ by*** senza essere ostacolato da [*rules, regulations*]; senza l'ingombro di [*luggage*] **II** avv. [*work, continue*] senza ostacoli.
unhinge /ʌn'hɪndʒ/ tr. (forma in -ing **-hingeing**, **-hinging** AE) **1** togliere [qcs.] dai cardini, scardinare [*door*] **2** COLLOQ. FIG. sconvolgere [*person, mind*].
unhinged /ʌn'hɪndʒd/ **I** p.pass. → **unhinge II** agg. COLLOQ. [*person, mind*] sconvolto.
unhired /ʌn'haɪəd/ agg. **1** BE non noleggiato, non affittato **2** AE *(of person)* non assunto.
unhistoric(al) /ˌʌnhɪ'stɒrɪk(l), AE -'stɔ:r-/ agg. non storico.
unhitch /ʌn'hɪtʃ/ tr. staccare [*horse*]; slegare [*rope*].
unholiness /ʌn'həʊlɪnɪs/ n. empietà f.
unholy /ʌn'həʊlɪ/ agg. **1** *(shocking)* [*alliance, pact*] scellerato **2** *(horrendous)* [*din, mess, row*] spaventoso, tremendo **3** *(profane)* [*behaviour, thought*] empio.
unhook /ʌn'hʊk/ tr. sganciare, slacciare [*bra*]; slacciare, sbottonare [*skirt*]; staccare [*picture, coat*] (**from** da); ***to come ~ed*** [*clothing*] slacciarsi; [*picture*] staccarsi.
unhoped-for /ʌn'həʊptfɔ:(r)/ agg. insperato.
unhopeful /ʌn'həʊpfl/ agg. [*person*] sfiduciato, pessimista; [*situation*] senza speranza; [*outlook, start*] poco promettente.
unhorse /ʌn'hɔ:s/ tr. disarcionare, fare cadere [qcn.] da cavallo [*rider*].
unhung /ʌn'hʌŋ/ **I** pass., p.pass. → **unhang II** agg. [*picture*] non appeso, non esposto.
unhurried /ʌn'hʌrɪd/ agg. [*person, manner, voice*] posato, calmo; [*journey, pace, meal*] tranquillo.
unhurriedly /ʌn'hʌrɪdlɪ/ avv. [*walk, prepare*] senza fretta, con calma; [*discuss*] posatamente, con calma.
unhurt /ʌn'hɜ:t/ agg. indenne, illeso, incolume.
unhusbanded /ʌn'hʌzbəndɪd/ agg. ANT. **1** [*ground*] incolto, non coltivato **2** [*girl*] senza marito.

unhusked /ʌnˈhʌskt/ agg. non sbucciato.
unhygienic /ˌʌnhaɪˈdʒiːnɪk/ agg. [*conditions*] antigienico; [*way, method*] poco igienico.
unhyphenated /ʌnˈhaɪfəneɪtɪd/ agg. e avv. senza trattino.
Uniat /ˈjuːnɪæt/, **Uniate** /ˈjuːnɪeɪt/ n. RELIG. uniate m. e f.
uniaxial /juːnɪˈæksɪəl/ agg. uniassiale.
unicameral /juːnɪˈkæmərəl/ agg. POL. unicamerale, monocamerale.
UNICEF /ˈjuːnɪsef/ n. (⇒ United Nations Children's Emergency Fund Fondo internazionale di emergenza delle Nazioni Unite per l'infanzia) UNICEF m.
unicellular /juːnɪˈseljʊlə(r)/ agg. unicellulare.
unicorn /ˈjuːnɪkɔːn/ n. unicorno m., liocorno m.
unicycle /ˈjuːnɪsaɪkl/ n. monociclo m.
unideal /ˌʌnaɪˈdiːəl/ agg. prosaico.
unidentified /ˌʌnaɪˈdentɪfaɪd/ agg. non identificato.
unidiomatic /ˌʌnɪdɪəˈmætɪk/ agg. non idiomatico
unidirectional /juːnɪdɪˈrekʃənl, juːnɪdaɪ-/ agg. unidirezionale.
unification /juːnɪfɪˈkeɪʃn/ n. unificazione f. (**of** di).
unified /ˈjuːnɪfaɪd/ **I** p.pass. → **unify II** agg. unificato.
unifier /ˈjuːnɪfaɪə(r)/ n. unificatore m. (-trice).
unifoliate /juːnɪˈfəʊlɪət/ agg. BOT. unifogliato.
▷ **1.uniform** /ˈjuːnɪfɔːm/ agg. [*temperature, acceleration*] costante; [*shape*] identico; [*size, colour*] uniforme; **~ *in appearance*** di aspetto identico.
▷ **2.uniform** /ˈjuːnɪfɔːm/ **I** n. uniforme f., divisa f.; ***out of* ~** in borghese *o* in abiti civili; MIL. in civile **II** modif. [*jacket, trousers etc.*] dell'uniforme.
3.uniform /ˈjuːnɪfɔːm/ tr. **1** *(clothe in uniform)* vestire con un'uniforme **2** *(make uniform)* uniformare.
uniformed /ˈjuːnɪfɔːmd/ **I** p.pass. → **3.uniform II** agg. in uniforme.
uniformitarianism /ˌjuːnɪfɔːmɪˈteərɪənɪzəm/ n. attualismo m., uniformitarianismo m.
uniformity /juːnɪˈfɔːmətɪ/ n. uniformità f.
uniformly /ˈjuːnɪfɔːmlɪ/ avv. uniformemente.
unify /ˈjuːnɪfaɪ/ tr. unificare, riunire.
unifying /ˈjuːnɪfaɪɪŋ/ agg. [*factor, feature, principle*] unificatore.
unilabiate /juːnɪˈleɪbɪət/ agg. BOT. unilabiato.
unilateral /juːnɪˈlætrəl/ agg. unilaterale.
unilateralism /juːnɪˈlætrəlɪzəm/ n. unilateralismo m.
unilateralist /juːnɪˈlætrəlɪst/ **I** n. sostenitore m. (-trice) dell'unilateralismo **II** agg. **~ *policy*** politica di unilateralismo.
unilaterally /juːnɪˈlætrəlɪ/ avv. unilateralmente.
unilingual /juːnɪˈlɪŋgwəl/ agg. unilingue, monoglottico.
unilluminated /ˌʌnɪˈluːmɪneɪtɪd/ agg. non illuminato, buio.
unillustrated /ʌnˈɪləstreɪtɪd/ agg. non illustrato.
unimaginable /ˌʌnɪˈmædʒɪnəbl/ agg. inimmaginabile, incredibile.
unimaginableness /ˌʌnɪˈmædʒɪnəblnɪs/ n. inimmaginabilità f., incredibilità f.
unimaginably /ˌʌnɪˈmædʒɪnəblɪ/ avv. inimmaginabilmente, incredibilmente.
unimaginative /ˌʌnɪˈmædʒɪnətɪv/ agg. [*person*] senza immaginazione, privo di fantasia, povero di idee; [*style, production*] non originale, piatto; ***to be* ~** [*person*] non avere immaginazione *o* fantasia; [*style*] mancare di immaginazione, essere piatto.
unimaginatively /ˌʌnɪˈmædʒɪnətɪvlɪ/ avv. [*talk, write, describe*] piattamente; [*captain, manage*] senza brio.
unimaginativeness /ˌʌnɪˈmædʒɪnətɪvnɪs/ n. *(of style, speech)* piattezza f.; *(of leadership)* mancanza f. di immaginazione.
unimagined /ˌʌnɪˈmædʒɪnd/ agg. inimmaginato.
unimpaired /ˌʌnɪmˈpeəd/ agg. intatto.
unimpassioned /ˌʌnɪmˈpæʃnd/ agg. spassionato, distaccato.
unimpeachable /ˌʌnɪmˈpiːtʃəbl/ agg. [*morals, character*] irreprensibile; DIR. [*witness*] incontestabile.
unimpeachableness /ˌʌnɪmˈpiːtʃəblnɪs/ n. irreprensibilità f.; DIR. incontestabilità f.
unimpeachably /ˌʌnɪmˈpiːtʃəblɪ/ avv. irreprensibilmente; DIR. incontestabilmente.
unimpeded /ˌʌnɪmˈpiːdɪd/ agg. [*access, influx*] libero; ***the work continued* ~** il lavoro andò avanti senza impedimenti; ***to be* ~ *by sth.*** non essere ostacolato da qcs.
▷ **unimportant** /ˌʌnɪmˈpɔːtnt/ agg. [*question, feature*] poco importante, senza importanza, irrilevante (**for, to** per).
unimposed /ˌʌnɪmˈpəʊzd/ agg. non imposto, spontaneo.
unimposing /ˌʌnɪmˈpəʊzɪŋ/ agg. [*person, personality*] non imponente, che non si impone; [*building*] non imponente, insignificante.
unimpressed /ˌʌnɪmˈprest/ agg. *(by person, performance)* non impressionato, non colpito; *(by argument)* non convinto, non impressionato.
unimpressionable /ˌʌnɪmˈpreʃənəbl/ agg. non impressionabile, imperturbabile.
unimpressive /ˌʌnɪmˈpresɪv/ agg. [*sight, building, person*] che non impressiona, qualunque, insignificante; [*figures, start, performance*] mediocre.
unimpressively /ˌʌnɪmˈpresɪvlɪ/ avv. mediocremente, in modo insignificante.
unimprovable /ˌʌnɪmˈpruːvəbl/ agg. non migliorabile.
unimproved /ˌʌnɪmˈpruːvd/ agg. **1** ***to be*** o ***remain* ~** [*situation, health*] essere *o* restare stazionario, non migliorare; [*outlook*] essere *o* restare cupo, non migliorare; [*team, work*] essere *o* restare mediocre, non migliorare **2** AGR. [*land*] non bonificato; [*pasture*] non sfruttato.
unincorporated /ˌʌnɪnˈkɔːpəreɪtɪd/ agg. [*society*] non registrato; [*business*] non costituito in società.
unindebted /ˌʌnɪnˈdetɪd/ agg. senza debiti, non indebitato.
uninfected /ˌʌnɪnˈfektɪd/ agg. non infetto, non contagiato, incontaminato.
uninfectious /ˌʌnɪnˈfekʃəs/ agg. non infettivo, non contagioso.
uninfested /ˌʌnɪnˈfestɪd/ agg. non infestato.
uninflammable /ˌʌnɪnˈflæməbl/ agg. non infiammabile, ininfiammabile.
uninfluenced /ʌnˈɪnflʊənst/ agg. non influenzato.
uninfluential /ˌʌnɪnflʊˈenʃl/ agg. [*person, viewpoint*] ininfluente; ***to be* ~** non avere (alcuna) influenza.
uninformative /ˌʌnɪnˈfɔːmətɪv/ agg. [*report, reply*] che non dice niente, che non dà informazioni; ***to be* ~** non essere informativo.
uninformed /ˌʌnɪnˈfɔːmd/ **I** agg. [*person*] disinformato (**about** su); ***the* ~ *reader*** il lettore disinformato **II** ***the* ~** + verbo pl. i disinformati.
uninhabitable /ˌʌnɪnˈhæbɪtəbl/ agg. inabitabile.
uninhabitableness /ˌʌnɪnˈhæbɪtəblnɪs/ n. inabitabilità f.
uninhabited /ˌʌnɪnˈhæbɪtɪd/ agg. disabitato.
uninhibited /ˌʌnɪnˈhɪbɪtɪd/ agg. [*attitude, person*] disinibito (**about** riguardo a); [*dance, performance*] audace; [*remarks*] sfrontato; [*sexuality*] disinibito; [*outburst*] incontrollato; [*desire, impulse*] irrefrenabile; ***to be* ~ *about doing*** non avere alcuna inibizione a fare.
uninhibitedly /ˌʌnɪnˈhɪbɪtɪdlɪ/ avv. senza inibizioni.
uninitiated /ˌʌnɪˈnɪʃɪeɪtɪd/ **I** agg. [*person*] non iniziato (**into** a) **II** n. ***the* ~** + verbo pl. i profani.
uninjured /ʌnˈɪndʒəd/ agg. indenne; ***to escape* ~** uscire indenne.
uninominal /ˌjuːnɪˈnɒmɪnl/ agg. uninominale.
uninquisitive /ˌʌnɪnˈkwɪzətɪv/ agg. non curioso, disinteressato.
uninspired /ˌʌnɪnˈspaɪəd/ agg. [*approach*] convenzionale; [*team*] moscio; [*times*] privo di interesse; [*performance*] piatto, di mestiere; [*budget, syllabus*] banale; ***to be* ~** [*writer, team*] mancare di ispirazione, non essere ispirato; [*strategy, project*] mancare di immaginazione *o* di ispirazione.
uninspiring /ˌʌnɪnˈspaɪərɪŋ/ agg. [*person, performance, prospect*] noioso.
uninstal(l) /ˌʌnɪnˈstɔːl/ tr. INFORM. disinstallare.
uninstructed /ˌʌnɪnˈstrʌktɪd/ agg. non istruito.
uninstructive /ˌʌnɪnˈstrʌktɪv/ agg. non istruttivo.
uninsurable /ˌʌnɪnˈʃɔːrəbl, AE -ˈʃʊər-/ agg. non assicurabile.
uninsured /ˌʌnɪnˈʃɔːd, AE ˌʌnɪnˈʃʊərd/ agg. non assicurato; ***to be* ~** non essere assicurato.
unintellectual /ˌʌnɪntəˈlektʃʊəl/ agg. non intellettuale.
unintelligent /ˌʌnɪnˈtelɪdʒənt/ agg. non intelligente, inintelligente, ottuso.
unintelligently /ˌʌnɪnˈtelɪdʒəntlɪ/ avv. in modo non intelligente.
unintelligibility /ˌʌnɪnˌtelɪdʒəˈbɪlətɪ/ n. inintelligibilità f.
unintelligible /ˌʌnɪnˈtelɪdʒəbl/ agg. inintelligibile, incomprensibile (**to** per, a).
unintelligibly /ˌʌnɪnˈtelɪdʒəblɪ/ avv. inintelligibilmente.
unintended /ˌʌnɪnˈtendɪd/ agg. [*slur, irony*] involontario; [*consequence*] non voluto; ***to be* ~** [*outcome*] non essere voluto.
unintentional /ˌʌnɪnˈtenʃənl/ agg. involontario, non intenzionale.
unintentionally /ˌʌnɪnˈtenʃənəlɪ/ avv. involontariamente, per caso, senza intenzione.
uninterested /ʌnˈɪntrəstɪd/ agg. non interessato, disinteressato (**in** a).
uninteresting /ʌnˈɪntrəstɪŋ/ agg. non interessante, privo d'interesse.
uninterestingly /ʌnˈɪntrəstɪŋlɪ/ avv. in modo poco interessante.
unintermitting /ˌʌnɪntəˈmɪtɪŋ/ agg. ininterrotto, continuo.

unintermittingly /ˌʌnɪntəˈmɪtɪŋlɪ/ avv. ininterrottamente, continuamente.
uninterrupted /ˌʌnɪntəˈrʌptɪd/ agg. ininterrotto, incessante.
uninterruptedly /ˌʌnɪntəˈrʌptɪdlɪ/ avv. ininterrottamente, senza interruzioni.
uninventive /ˌʌnɪnˈventɪv/ agg. non inventivo, privo d'inventiva.
uninvested /ˌʌnɪnˈvestɪd/ agg. **1** [*money, capital*] non investito **2** MIL. non assalito.
uninvited /ˌʌnɪnˈvaɪtɪd/ **I** agg. **1** *(unsolicited)* [*attentions*] non sollecitato, non richiesto; [*remark*] non richiesto, gratuito **2** *(without invitation)* **~ *guest*** persona non invitata, ospite senza invito **II** avv. [*arrive*] senza essere (stato) invitato; ***to do sth.* ~** fare qcs. senza essere invitato.
uninviting /ˌʌnɪnˈvaɪtɪŋ/ agg. [*place, prospect*] non invitante, spiacevole; [*food*] poco appetitoso, non invitante.
uninvolved /ˌʌnɪnˈvɒlvd/ agg. distaccato
▶ **union** /ˈjuːnɪən/ **I** n. **1** (anche **trade ~**) IND. unione f. sindacale, sindacato m.; ***to join a* ~** iscriversi a un sindacato **2** POL. associazione f., unione f.; ***political, economic* ~** associazione politica, economica **3** *(uniting)* unione f.; *(marriage)* unione f., matrimonio m. **4** (anche **student ~**) BE UNIV. *(building)* casa f. dello studente; *(organization)* unione f. studentesca **5** TECN. unione f., raccordo m. **II Union** n.pr. AE POL. Stati Uniti m.pl.; AE STOR. Unione f. **III** modif. IND. [*card, leader, headquarters*] del sindacato; [*movement*] sindacale.
union bashing /ˌjuːnɪənˈbæʃɪŋ/ n. BE COLLOQ. IND. = ripetuto attacco ai sindacati.
union catalog /ˌjuːnɪənˈkætəlɔːg/ n. AE catalogo m. delle biblioteche.
union dues /ˈjuːnɪənˌdjuːz, AE -ˌduːz/ n.pl. contributo m.sing. sindacale.
unionism /ˈjuːnɪənɪzəm/ n. IND. sindacalismo m.
Unionism /ˈjuːnɪənɪzəm/ n. **1** BE POL. *(in Northern Ireland)* unionismo m. **2** AE STOR. unionismo m.
unionist /ˈjuːnɪənɪst/ n. IND. sindacalista m. e f.
Unionist /ˈjuːnɪənɪst/ **I** n. **1** BE POL. *(in Northern Ireland)* unionista m. e f. **2** AE STOR. unionista m. e f. **II** modif. [*party, politician*] unionista.
unionization /juːnɪənaɪˈzeɪʃn, AE -nɪˈz-/ n. IND. sindacalizzazione f.
unionize /ˈjuːnɪənaɪz/ **I** tr. IND. sindacalizzare **II** intr. IND. sindacalizzarsi.
Union Jack /ˌjuːnɪənˈdʒæk/ n. Union Jack f.

> **i** **Union Jack** *Union Jack* o *Union Flag* è la bandiera del Regno Unito, costituita dalla sovrapposizione delle bandiere dell'Inghilterra (croce di san Giorgio rossa in campo bianco), della Scozia (croce di sant'Andrea bianca in campo blu) e dell'Irlanda del Nord (croce di san Patrizio rossa in campo bianco). Sebbene il Galles faccia parte del Regno Unito la sua bandiera non figura nella *Union Jack*.

union member /ˈjuːnɪənˌmembə(r)/ n. IND. iscritto m. (-a) a un sindacato.
union membership /ˌjuːnɪənˈmembəʃɪp/ n. **1** *(members)* sindacalisti m.pl. **2** *(state of being member)* iscrizione f. al sindacato **3** *(number of members)* numero m. degli iscritti al sindacato.
Union of Soviet Socialist Republics /ˌjuːnɪənəvˌsəʊvɪətˌsəʊʃəlɪstrɪˈpʌblɪks/ n.pr. STOR. Unione f. delle Repubbliche Socialiste Sovietiche.
union shop /ˈjuːnɪənʃɒp/ n. AE IND. = impresa in cui tutti i dipendenti devono essere iscritti allo stesso sindacato.
union suit /ˈjuːnɪənsuːt, -sjuːt/ n. AE = indumento intimo maschile in un unico pezzo con maniche lunghe e mutandoni.
uniparous /juːˈnɪpərəs/ agg. uniparo.
unipolar /ˌjuːnɪˈpəʊlə(r)/ agg. unipolare.
▶ **unique** /juːˈniːk/ agg. **1** *(sole)* [*example, characteristic*] unico (**in that** in quanto); ***to be* ~ *in doing*** essere l'unico a fare; ***to be* ~ *to*** esistere *o* esserci solo in **2** *(remarkable)* [*individual, skill, performance*] unico, eccezionale.
▷ **uniquely** /juːˈniːklɪ/ avv. **1** *(only)* unicamente, esclusivamente **2** *(exceptionally)* eccezionalmente.
uniqueness /juːˈniːknɪs/ n. **1** *(singularity)* unicità f. **2** *(special quality)* eccezionalità f.
unique selling proposition /ˌjuːniːkˈselɪŋprɒpəˌzɪʃn/ n. = ideazione di una campagna pubblicitaria basata su uno slogan unico.
unisepalous /ˌjuːnɪˈsepələs/ agg. monosepalo.
unisex /ˈjuːnɪseks/ agg. unisex.
unisexual /ˌjuːnɪˈsekʃʊəl/ agg. unisessuale.
▷ **unison** /ˈjuːnɪsn, ˈjuːnɪzn/ n. ***in* ~** [*say, recite, sing*] all'unisono; ***to act in* ~ *with*** agire all'unisono *o* di comune accordo con.
unisonant /jʊˈnɪsənənt/, **unisonous** /jʊˈnɪsənəs/ agg. unisono (anche FIG.).
unissued /ˌʌnˈɪʃuːd, -ˈɪʃjuːd/ agg. ECON. [*shares, stock*] non emesso.
▶ **unit** /ˈjuːnɪt/ n. **1** *(whole)* unità f. **2** *(group with specific function)* gruppo m.; *(in army, police)* unità f., squadra f.; ***research* ~** gruppo di ricerca **3** *(building, department)* unità f. (anche MED.); IND. reparto m.; ***casualty, intensive care* ~** unità di pronto soccorso, di terapia intensiva; ***manufacturing* ~** reparto industriale; ***production* ~** unità di produzione **4** MAT. METROL. unità f.; ***a* ~ *of measurement*** un'unità di misura; ***monetary* ~** unità monetaria **5** *(part of machine)* elemento m., componente m. **6** *(piece of furniture)* elemento m. componibile; ***to buy furniture in* ~*s*** comprare mobili componibili **7** UNIV. *(credit)* = ciascuna delle ore di un corso universitario in quanto entra a fare parte del monte ore necessario al conseguimento della laurea **8** SCOL. *(in textbook)* unità f. (didattica) **9** AE *(apartment)* appartamento m.
Unitarian /ˌjuːnɪˈteərɪən/ **I** n. RELIG. unitariano m. (-a) **II** agg. unitariano.
Unitarianism /ˌjuːnɪˈteərɪənɪzəm/ n. unitarianismo m.
unitary /ˈjuːnɪtrɪ, AE -terɪ/ agg. unitario.
unit cost /ˌjuːnɪtˈkɒst, AE -ˈkɔːst/ n. COMM. costo m. unitario.
▷ **unite** /juːˈnaɪt/ **I** tr. unire, congiungere (**with** a) **II** intr. unirsi, congiungersi (**with** a; **in doing** nel fare; **to do** per fare); ***environmentalists* ~!** ecologisti, unitevi!
▶ **united** /juːˈnaɪtɪd/ **I** p.pass. → **unite II** agg. [*groups, front, nation*] unito (**in** in); [*attempt, effort*] congiunto ◆ ***~ we stand, divided we fall*** PROV. l'unione fa la forza.
United Arab Emirates /juːˌnaɪtɪdˌærəbˈemɪərəɪts/ ♦ **6** n.pr.pl. Emirati m. arabi uniti.
United Kingdom (of Great Britain and Northern Ireland) /juːˌnaɪtɪdˈkɪŋdəm(əvˌgreɪtˈbrɪtnænˌnɔːðənˈaɪələnd)/ ♦ **6** n.pr. Regno m. Unito (di Gran Bretagna e dell'Irlanda del Nord).
United Nations (Organization) /juːˌnaɪtɪdˈneɪʃnz(ɔːgənaɪˌzeɪʃn, AE -nɪˌz-)/ n. Organizzazione f. delle Nazioni Unite, Nazioni f.pl. Unite.
United States /juːˌnaɪtɪdˈsteɪts/, **United States of America** /juːˌnaɪtɪdˌsteɪtsəvəˈmerɪkə/ ♦ **6** n.pr.pl. Stati m. Uniti (d'America).
unit furniture /ˌjuːnɪtˈfɜːnɪtʃə(r)/ n. **U** mobili m.pl. componibili.
unit price /ˌjuːnɪtˈpraɪs/ n. COMM. prezzo m. unitario.
unit rule /ˌjuːnɪtˈruːl/ n. AE POL. = nella convention democratica nazionale regola facoltativa secondo cui il voto di un'intera delegazione può venire considerato come una singola unità.
unit trust /ˌjuːnɪtˈtrʌst/ n. BE ECON. fondo m. di investimento a portafoglio variabile.
unit value /ˌjuːnɪtˈvæljuː/ n. punto m. tipografico.
▷ **unity** /ˈjuːnətɪ/ n. unità f.; **~ *of time, place, action*** TEATR. unità di tempo, di luogo, di azione ◆ **~ *is strength*** PROV. l'unione fa la forza.
Univ ⇒ University università.
univalence /ˌjuːnɪˈveɪləns/, **univalency** /ˌjuːnɪˈveɪlənsɪ/ n. CHIM. monovalenza f.
univalent /ˌjuːnɪˈveɪlənt/ agg. CHIM. monovalente.
univalve /ˈjuːnɪvælv/ **I** n. mollusco m. univalve **II** agg. univalve.
▷ **universal** /ˌjuːnɪˈvɜːsl/ **I** agg. **1** *(general)* [*acclaim, complaint, reaction*] generale; [*education, health care*] pubblico; [*truth, remedy, solution, message*] universale; [*principle, law*] universale, generale; [*use*] generalizzato; **~ *suffrage*** suffragio universale; ***the suggestion gained* ~ *acceptance*** il consiglio è stato accettato da tutti; ***the practice soon became* ~** l'usanza si è presto generalizzata; ***his type of humour has* ~ *appeal*** il suo (tipo di) umorismo piace a tutti **2** LING. universale **II** n. FILOS. universale m. **III universals** n.pl. FILOS. universali m.
universal coupling /ˌjuːnɪvɜːslˈkʌplɪŋ/ n. → **universal joint**.
universalism /ˌjuːnɪˈvɜːsəlɪzəm/ n. universalismo m.
universalist /ˌjuːnɪˈvɜːsəlɪst/ n. universalista m. e f.
universality /ˌjuːnɪvɜːˈsælətɪ/ n. universalità f.
universalization /ˌjuːnɪvɜːsəlaɪˈzeɪʃn, AE -lɪˈz-/ n. universalizzazione f.
universalize /ˌjuːnɪˈvɜːsəlaɪz/ tr. universalizzare.
universal joint /ˌjuːnɪvɜːslˈdʒɔɪnt/ n. TECN. giunto m. universale.
universally /ˌjuːnɪˈvɜːsəlɪ/ avv. [*believed, accepted, perceived, known*] universalmente; [*criticized, loved*] da tutti; ***this system is* ~ *used throughout the country, company*** questo sistema è stato adottato in tutto il paese, in tutta l'azienda.

universal motor /ˌjuːnɪvɜːslˈməʊtə(r)/ n. TECN. motore m. universale.
Universal Product Code /ˌjuːnɪvɜːslˈprɒdʌktˌkəʊd/ n. AE COMM. codice m. a barre.
universal time /ˌjuːnɪvɜːslˈtaɪm/ n. tempo m. universale.
▷ **universe** /ˈjuːnɪvɜːs/ n. universo m.
▶ **university** /juːnɪˈvɜːsətɪ/ **I** n. università f.; ~ ***of life*** scuola della vita **II** modif. [*lecturer, degree, town*] universitario; [*place*] universitario, dell'università; ~ ***entrance*** ammissione all'università; ~ ***education*** istruzione superiore.
univocal /ˌjuːnɪˈvəʊkl, ˌjʊˈnɪvəkl/ **I** agg. univoco **II** n. termine m. univoco, parola f. univoca.
univocally /ˌjuːnɪˈvəʊkəlɪ, ˌjʊˈnɪvəklɪ/ avv. univocamente.
unjointed /ʌnˈdʒɔɪntɪd/ agg. **1** [*tube etc.*] rigido, non snodato **2** [*report, speech*] sconnesso, incoerente.
unjust /ʌnˈdʒʌst/ agg. ingiusto (**to** per, verso); ***it is, was ~ of them to do*** è, è stato ingiusto da parte loro fare.
unjustifiable /ʌnˈdʒʌstɪfaɪəbl/ agg. ingiustificabile.
unjustifiableness /ʌnˈdʒʌstɪfaɪəblnɪs/ n. non giustificabilità f.
unjustifiably /ʌnˈdʒʌstɪfaɪəblɪ/ avv. [*claim, condemn*] ingiustificatamente; [*act*] ingiustificabilmente; ***to be ~ anxious, critical*** essere ingiustificatamente nervoso, critico.
unjustified /ʌnˈdʒʌstɪfaɪd/ agg. ingiustificato.
unjustly /ʌnˈdʒʌstlɪ/ avv. [*condemn, favour*] ingiustamente; ~ ***accused, slandered*** ingiustamente accusato, calunniato.
unjustness /ʌnˈdʒʌstnɪs/ n. ingiustizia f.
unkennel /ʌnˈkenl/ tr. (forma in -ing ecc. **-ll-**, **-l-** AE) stanare [*fox*] (anche FIG.); far uscire dal canile [*pack of dogs*].
unkempt /ʌnˈkempt/ agg. [*person, appearance*] trascurato, trasandato; [*hair*] spettinato; [*beard*] incolto; [*garden, home*] trascurato, maltenuto.
▷ **unkind** /ʌnˈkaɪnd/ agg. [*person, thought, act*] scortese, sgarbato; [*remark*] acido; [*climate, environment*] ostile, inospitale; [*fate*] LETT. crudele; ***it was a bit ~*** non è stato molto gentile; ***it is, was ~ of her to do*** è, è stato scortese da parte sua fare; ***to be ~ to sb.*** *(by deed)* essere sgarbato con qcn.; *(verbally)* essere acido *o* sgarbato con qcn. ◆ ***the ~est cut of all*** il colpo più duro.
unkindly /ʌnˈkaɪndlɪ/ avv. [*think*] male; [*say*] con cattiveria, in malo modo; [*compare*] scorrettamente; ***my advice was not meant ~*** il mio consiglio non voleva essere scortese.
unkindness /ʌnˈkaɪndnɪs/ n. *(of person, remark, act)* durezza f.; LETT. *(of fate)* crudeltà f.
unknit /ʌnˈnɪt/ **I** tr. (forma in -ing **-tt-**; pass., p.pass. **-knitted**, **-knit**) disfare, sciogliere [*knot*] **II** intr. (forma in -ing **-tt-**; pass., p.pass. **-knitted**, **-knit**) [*knot*] disfarsi, sciogliersi.
unknot /ʌnˈnɒt/ tr. (forma in -ing ecc. **-tt-**) snodare.
unknowable /ʌnˈnəʊəbl/ agg. inconoscibile.
unknowing /ʌnˈnəʊɪŋ/ agg. inconsapevole, ignaro.
unknowingly /ʌnˈnəʊɪŋlɪ/ avv. senza saperlo, all'oscuro.
▶ **unknown** /ʌnˈnəʊn/ **I** agg. [*actor, band, force, threat, country*] sconosciuto; ***the man, place was ~ to me*** non conoscevo quell'uomo, quel posto; ~ ***to me, they had already left*** erano già partiti a mia insaputa; ***it is not ~ for sb. to do*** non è insolito che qcn. faccia; ***it's not ~ for him to be late*** non è la prima volta che è in ritardo; ~ ***quantity*** MAT. incognita; ***Cecilia is an ~ quantity*** Cecilia è un'incognita; ***murder by person or persons ~*** DIR. omicidio ad opera di ignoti; ***Mr X, address ~*** signor X, indirizzo sconosciuto; ***Stephen King, whereabouts ~*** Stephen King, nessuno sa dove si trovi **II** n. **1** *(unfamiliar place or thing)* ignoto m.; ***journey into the ~*** viaggio verso l'ignoto **2** *(person not famous)* illustre sconosciuto m. (-a) **3** MAT. incognita f.
Unknown Soldier /ˌʌnnəʊnˈsəʊldʒə(r)/, **Unknown Warrior** /ˌʌnnəʊnˈwɒrɪə(r), AE -ˈwɔːr-/ n. milite m. ignoto.
unlabelled BE, **unlabeled** AE /ʌnˈleɪbld/ agg. senza etichetta, non etichettato.
unlaboured BE, **unlabored** AE /ʌnˈleɪbəd/ agg. **1** *(uncultivated)* [*land*] incolto **2** *(not elaborate)* [*style*] non elaborato, scorrevole.
unlace /ʌnˈleɪs/ tr. slacciare, sciogliere.
unlade /ʌnˈleɪd/ tr. (pass. **-laded**; p.pass. **-laded** o **-laden**) ANT. scaricare.
unladen /ʌnˈleɪdn/ **I** p.pass. → **unlade II** agg. a vuoto, scarico.
unladylike /ʌnˈleɪdɪlaɪk/ agg. [*female*] dai modi mascolini; [*behaviour*] non da signora (**to do** fare).
unlaid /ʌnˈleɪd/ pass., p.pass. → **unlay**.
unlamented /ˌʌnləˈmentɪd/ agg. FORM. ***her death was ~*** nessuno ha pianto per la sua morte.
unlash /ʌnˈlæʃ/ tr. allentare, slegare, sciogliere (anche MAR.).
unlatch /ʌnˈlætʃ/ **I** tr. tirare il chiavistello di [*door, gate*]; ***to leave the door, window ~ed*** non mettere il chiavistello alla porta, alla finestra **II** intr. [*door, window etc.*] aprirsi (tirando il chiavistello).
unlawful /ʌnˈlɔːfl/ agg. [*activity, possession*] illegale; [*violence, killing*] indiscriminato; [*contract*] senza valore legale; [*detention*] illegale, illegittimo.
unlawful arrest /ˌʌnlɔːfləˈrest/ n. DIR. *(without cause)* arresto m. arbitrario; *(with incorrect procedure)* arresto m. sommario.
unlawful assembly /ˌʌnlɔːfləˈsemblɪ/ n. DIR. radunata f. sediziosa.
unlawful detention /ˌʌnlɔːfldɪˈtenʃn/ n. DIR. detenzione f. arbitraria.
unlawfully /ʌnˈlɔːfəlɪ/ avv. **1** DIR. sommariamente; ~ ***detained*** detenuto arbitrariamente **2** *(illegally)* illegalmente.
unlawfulness /ʌnˈlɔːflnɪs/ n. illegalità f.
unlax /ʌnˈlæks/ **I** tr. AE rilassare, distendere **II** intr. AE rilassarsi, distendersi.
unlay /ʌnˈleɪ/ tr. (pass., p.pass. **-laid**) separare i capi di [*rope*].
unlead /ʌnˈled/ tr. TIP. sterlineare.
unleaded /ʌnˈledɪd/ agg. [*petrol*] senza piombo, verde.
unlearn /ʌnˈlɜːn/ tr. (pass, p.pass. **-learned** o **-learnt**) dimenticare [*fact*]; disimparare [*habit*].
unlearned /ʌnˈlɜːnɪd/ agg. illetterato, incolto, ignorante.
unlearnedly /ʌnˈlɜːnɪdlɪ/ avv. in modo incolto, ignorante.
unlearnedness /ʌnˈlɜːnɪdnɪs/ n. ignoranza f.
▷ **unleash** /ʌnˈliːʃ/ tr. **1** *(release)* sguinzagliare, slegare, sciogliere [*animal*]; scatenare [*aggression*]; liberalizzare [*market*]; dare libero sfogo a [*violence, passion*]; scatenare [*torrent of propaganda, ideas, diseases*] **2** *(trigger)* provocare [*boom, war*]; dare origine a [*wave*] **3** *(launch)* lanciare [*force, campaign, attack*] (**against** contro).
unleavened /ʌnˈlevnd/ agg. non lievitato, senza lievito.
▶ **unless** /ənˈles/ cong. **1** *(except if)* a meno che, a meno di; ***he won't come ~ you invite him*** non verrà a meno che *o* se tu non lo inviti; ***she can't take the job ~ she finds a nanny*** non può accettare il lavoro a meno che non trovi una tata; ***I'll have the egg, ~ anyone else wants it?*** mangio io l'uovo, a meno che non lo voglia qualcun altro; ~ ***I get my passport back, I can't leave the country*** se non mi restituiscono il passaporto non posso lasciare il paese; ***he threatened that ~ they agreed to pay him he'd reveal the truth*** li minacciò di rivelare la verità se rifiutavano di pagarlo; ***it won't work ~ you plug it in!*** se non inserisci la spina non funziona! ***she wouldn't go ~ she was accompanied by her mother*** non ci sarebbe andata a meno che non l'avesse accompagnata sua madre; ~ ***I'm very much mistaken, that's Jim*** a meno che non mi sbagli di grosso, quello è Jim; ~ ***I hear to the contrary*** salvo contrordine; ~ ***otherwise agreed, stated*** salvo diversamente concordato, stabilito **2** *(except when)* eccetto quando; ***we eat out on Fridays ~ one of us is working late*** il venerdì mangiamo fuori, eccetto quando uno di noi lavora fino a tardi.
unlettered /ʌnˈletəd/ agg. ANT. illetterato, analfabeta.
unlevelled BE, **unleveled** AE /ʌnˈlevld/ agg. non livellato.
unliberated /ʌnˈlɪbəreɪtɪd/ agg. non liberato.
unlicensed /ʌnˈlaɪsnst/ agg. [*activity*] non autorizzato; [*vehicle*] non immatricolato; [*transmitter*] abusivo, senza licenza.
unlicensed premises /ˌʌnlaɪsnstˈpremɪsɪz/ n.pl. BE = locale senza licenza per la vendita di alcolici.
unlicked /ʌnˈlɪkt/ agg. rozzo, grossolano.
unlikable → **unlikeable**.
▶ **unlike** /ʌnˈlaɪk/ **I** prep. **1** *(in contrast to)* diversamente da, a differenza di, contrariamente a; ~ ***me, he likes sport*** contrariamente a me, gli piace lo sport **2** *(different from)* diverso da; ***the house is (quite) ~ any other*** la casa è molto diversa da qualunque altra; ***they are quite ~ each other*** non si assomigliano affatto *o* per niente **3** *(uncharacteristic of)* ***it's ~ her (to be so rude)*** non è da lei (essere così scortese); ***how ~ John!*** che strano da parte di John! non è proprio nello stile di John! **II** agg. mai attrib. ***the two brothers are ~ in every way*** i due fratelli sono completamente diversi tra loro.
unlikeable /ʌnˈlaɪkəbl/ agg. [*person*] sgradevole; [*place*] brutto.
unlikelihood /ʌnˈlaɪklɪhʊd/, **unlikeliness** /ʌnˈlaɪklɪnɪs/ n. improbabilità f.
▶ **unlikely** /ʌnˈlaɪklɪ/ agg. **1** *(unexpected)* improbabile, poco probabile; ***highly*** o ***most ~*** estremamente improbabile; ***it is ~ that*** è improbabile che; ***they are ~ to succeed*** è poco probabile che ci riescano; ***it's not ~ that*** non è improbabile *o* impossibile che **2** *(strange)* [*partner, marriage*] improbabile; [*choice, situation*] inatteso **3** *(probably untrue)* [*story, excuse, explanation*] inverosimile, improbabile.
unlikeness /ʌnˈlaɪknɪs/ n. dissomiglianza f., diversità f.
unlimber /ʌnˈlɪmbə(r)/ tr. staccare dall'avantreno [*cannon*].
▷ **unlimited** /ʌnˈlɪmɪtɪd/ agg. illimitato.

unlimitedly /ʌn'lɪmɪtɪdlɪ/ avv. illimitatamente.
unlimitedness /ʌn'lɪmɪtɪdnɪs/ n. illimitatezza f.
unlined /ʌn'laɪnd/ agg. **1** [*garment*] sfoderato **2** [*paper*] non rigato **3** [*face*] liscio, senza rughe.
unlink /ʌn'lɪŋk/ tr. **1** staccare, sciogliere **2** smagliare [*chain etc.*].
unliquidated /ʌn'lɪkwɪdeɪtɪd/ agg. non liquidato.
unlisted /ʌn'lɪstɪd/ agg. **1** [*campsite, hotel*] non incluso in una guida **2** ECON. [*account*] non registrato; [*company, share*] non quotato in borsa **3** TEL. [*number*] non in elenco; ***her number is ~*** il suo numero di telefono non è in *o* sull'elenco **4** ING. DIR. [*building*] non di interesse artistico o storico.
Unlisted Securities Market /ˌʌnlɪstɪdsɪ'kjʊərətɪzˌmɑːkɪt/ n. ECON. mercato m. ristretto.
unlit /ʌn'lɪt/ agg. **1** *(without light)* [*room, street, area*] non illuminato; ***to be ~*** non essere illuminato **2** *(without flame)* [*cigarette, fire*] spento, non acceso; ***to be ~*** non essere acceso.
▷ **unload** /ʌn'ləʊd/ **I** tr. **1** *(in transport)* scaricare [*goods, materials, vessel*] **2** TECN. togliere i proiettili da, scaricare [*gun*]; togliere il rullino da, scaricare [*camera*] **3** COMM. scaricare [*stockpile, goods*] (**on, onto** su) **4** ECON. ***to ~ shares*** disfarsi di azioni **5** FIG. ***to ~ one's problems*** scaricare *o* sfogare i propri problemi (**on, onto** su) **II** intr. [*truck, ship*] scaricare.
unloaded /ʌn'ləʊdɪd/ **I** p.pass. → **unload II** agg. **1** [*cargo, goods*] scaricato **2** [*gun, camera*] scarico; ***to be ~*** essere scarico.
unloading /ʌn'ləʊdɪŋ/ n. scarico m.; ***ready for ~*** pronto a scaricare.
unlocated /ˌʌnləʊ'keɪtɪd, AE -'ləʊkeɪtɪd/ agg. non localizzato, non identificato.
unlock /ʌn'lɒk/ tr. **1** *(with key)* aprire [*door, casket*]; ***to be ~ed*** non essere chiuso a chiave **2** FIG. aprire [*heart*]; svelare [*secrets, mysteries*]; liberare [*emotions*].
unlooked-for /ʌn'lʊktfɔː(r)/ agg. [*success*] inaspettato; [*compliment*] non cercato.
unloose /ʌn'luːs/, **unloosen** /ʌn'luːsn/ tr. *(make loose)* allentare [*screw, belt*]; slacciare [*collar*]; *(set free)* liberare (anche FIG.).
unlovable /ʌn'lʌvəbl/ agg. sgradevole, non amabile.
unloved /ʌn'lʌvd/ agg. [*product, practice*] impopolare; ***to look ~*** [*house, room*] avere un'aria negletta; ***to feel ~*** [*person*] non sentirsi amato.
unloveliness /ʌn'lʌvlɪnɪs/ n. bruttezza f., disavvenenza f.
unlovely /ʌn'lʌvlɪ/ agg. *(not attractive)* brutto, non attraente; *(unpleasant)* sgradevole, spiacevole.
unloving /ʌn'lʌvɪŋ/ agg. [*person, behaviour*] freddo, non affettuoso.
unluckily /ʌn'lʌkɪlɪ/ avv. sfortunatamente (**for** per), disgraziatamente (**for** per).
unluckiness /ʌn'lʌkɪnɪs/ n. sfortuna f., disgrazia f.
▷ **unlucky** /ʌn'lʌkɪ/ agg. **1** *(unfortunate)* [*person*] sfortunato; [*coincidence, event*] sfortunato, infelice; [*day*] sfortunato, nero, infausto; ***to be ~ enough to do*** essere tanto sfortunato da fare; ***it was ~ for you that they rejected the offer*** sei stato sfortunato *o* hai avuto la sfortuna che abbiano rifiutato l'offerta; ***you were ~ not to get the job*** sei stato sfortunato a non ottenere il posto; ***he is ~ in love*** è sfortunato in amore **2** *(causing bad luck)* [*number, colour, combination*] sfortunato, che porta sfortuna; ***it's ~ to walk under a ladder*** passare sotto una scala porta sfortuna *o* porta male; ***red is an ~ colour for me*** il rosso mi porta male ◆ ***lucky at cards, ~ in love*** fortunato al gioco, sfortunato in amore.
unmade /ʌn'meɪd/ **I** p.pass. → **unmake II** agg. [*bed*] disfatto; [*road*] non asfaltato.
unmaidenly /ʌn'meɪdnlɪ/ agg. ANT. che non si addice a una fanciulla.
unmake /ʌn'meɪk/ tr. (pass., p.pass. **-made**) **1** *(undo)* sfare, disfare **2** *(deprive of rank)* privare di rango, di grado **3** *(alter)* alterare, mutare **4** *(destroy)* distruggere, rovinare [*reputation, career*] **5** *(annul)* annullare.
unmalleable /ʌn'mælɪəbl/ agg. rigido, non malleabile.
unman /ʌn'mæn/ tr. (forma in -ing ecc. **-nn-**) **1** *(deprive of manliness)* togliere forza, coraggio a; *(deprive of virility)* evirare **2** *(remove crew)* privare [qcs.] di equipaggio [*ship*].
unmanageable /ʌn'mænɪdʒəbl/ agg. [*child*] incontrollabile, indisciplinato; [*animal*] incontrollabile, indomabile; [*hair*] ribelle; [*problem*] ingestibile, intrattabile; [*prison*] difficile da amministrare; [*system*] difficile da gestire; [*size, number*] fuori dalla norma.
unmanly /ʌn'mænlɪ/ agg. *(weak)* codardo, pusillanime.
unmanned /ʌn'mænd/ **I** p.pass. → **unman II** agg. [*flight, rocket*] senza equipaggio; [*train, crossing*] automatico; ***to leave the desk ~*** non lasciare nessuno al banco.
unmannered /ʌn'mænəd/ agg. *(ill-mannered)* villano, maleducato; *(natural)* non affettato, naturale.
unmannerliness /ʌn'mænəlɪnɪs/ n. villania f., maleducazione f.
unmannerly /ʌn'mænəlɪ/ agg. [*person*] villano, maleducato; [*behaviour*] da villano, da maleducato.
unmanufactured /ˌʌnmænjʊ'fæktʃəd/ agg. non lavorato, greggio.
unmapped /ʌn'mæpt/ agg. non indicato su una carta geografica.
unmarked /ʌn'mɑːkt/ agg. **1** *(not labelled)* [*container*] senza etichetta, non etichettato; [*linen*] non contrassegnato; ***an ~ police car*** un'auto civetta **2** *(unblemished)* [*skin*] senza impurità **3** LING. non marcato **4** SPORT [*player*] smarcato.
unmarketable /ʌn'mɑːkɪtəbl/ agg. non commerciabile, invendibile.
unmarred /ʌn'mɑːd/ agg. intatto, indenne.
unmarriageable /ʌn'mærɪdʒəbl/ agg. non maritabile; ***an ~ girl*** una fanciulla che non può prendere marito.
unmarried /ʌn'mærɪd/ **I** p.pass. → **unmarry II** agg. [*person*] non sposato; [*man*] celibe; [*woman*] nubile; ***~ mother*** ragazza madre.
unmarry /ʌn'mærɪ/ **I** tr. sciogliere il matrimonio di **II** intr. ottenere lo scioglimento del proprio matrimonio.
unmask /ʌn'mɑːsk, AE -'mæsk/ **I** tr. smascherare (anche FIG.) **II** intr. togliersi la maschera (anche FIG.).
unmasked /ʌn'mɑːskt, AE -'mæskt/ **I** p.pass. → **unmask II** agg. senza maschera; FIG. smascherato.
unmastered /ʌn'mɑːstəd, AE -'mæs-/ agg. [*emotion, feeling*] incontrollato; [*difficulty*] non superato; [*problem*] irrisolto.
unmatched /ʌn'mætʃt/ agg. **1** *(unrivalled)* ineguagliato, senza pari **2** *(odd)* [*shoes, chairs*] spaiato, scompagnato.
unmated /ʌn'meɪtɪd/ agg. **1** ANT. *(unrivalled)* ineguagliato, senza pari **2** *(without partner)* senza un compagno, senza un partner.
unmeant /ʌn'ment/ agg. involontario, non intenzionale.
unmeasurable /ʌn'meʒərəbl/ agg. **1** *(not measurable)* non misurabile, incommensurabile **2** *(immense)* immenso, smisurato.
unmeasured /ʌn'meʒəd/ agg. **1** *(not measured)* non misurato **2** *(immense)* illimitato, immenso **3** *(immoderate)* smodato, immoderato.
unmeet /ʌn'miːt/ agg. *(unfit)* inadatto, disadatto (**for** a; **to do** a fare); *(improper)* sconveniente (**for** per).
unmelted /ʌn'meltɪd/ agg. [*cheese*] non fuso; [*snow*] non sciolto.
unmentionable /ʌn'menʃənəbl/ **I** agg. **1** *(improper to mention)* [*desire*] innominabile; [*activity*] inenarrabile; [*subject*] tabù **2** *(unspeakable)* [*suffering*] indescrivibile **II unmentionables** n.pl. ANT. COLLOQ. *(underwear)* biancheria f.sing. intima.
unmerciful /ʌn'mɜːsɪfl/ agg. spietato, senza pietà (**towards** verso).
unmercifully /ʌn'mɜːsɪfəlɪ/ avv. [*beat, scold*] senza pietà.
unmerited /ʌn'merɪtɪd/ agg. immeritato, non meritato.
unmet /ʌn'met/ agg. [*condition, requirement*] non soddisfatto.
unmethodical /ˌʌnmɪ'θɒdɪkl/ agg. non metodico, privo di metodo.
unmindful /ʌn'maɪndfl/ agg. FORM. ***~ of*** *(not heeding)* disattento a, dimentico di; *(not caring)* incurante di.
unmingled /ʌn'mɪŋgld/ agg. non mischiato, puro.
unmissable /ʌn'mɪsəbl/ agg. [*film, show, play*] da non perdere, che non si può perdere.
unmissed /ʌn'mɪst/ agg. non rimpianto, di cui non si sente la mancanza.
unmistakable /ˌʌnmɪ'steɪkəbl/ agg. **1** *(recognizable)* [*voice, writing, smell*] inequivocabile (**of** di), inconfondibile (**of** di) **2** *(unambiguous)* [*message, meaning*] indubbio, evidente **3** *(marked)* [*atmosphere, desire*] chiaro.
unmistakably /ˌʌnmɪ'steɪkəblɪ/ avv. [*smell, hear*] distintamente; [*his, hers*] indubbiamente, inequivocabilmente.
unmitigated /ʌn'mɪtɪgeɪtɪd/ agg. [*disaster*] assoluto; [*boredom*] completo; [*harshness, cruelty*] vero e proprio; [*terror, nonsense*] puro; [*liar, rogue*] perfetto.
unmixed /ʌn'mɪkst/ agg. [*feeling*] puro.
unmodifiable /ʌn'mɒdɪfaɪəbl/ agg. immodificabile, non modificabile.
unmodified /ʌn'mɒdɪfaɪd/ agg. [*version, machine*] senza modifiche.
unmolested /ˌʌnmə'lestɪd/ agg. *(undisturbed)* indisturbato.
unmoor /ʌn'mɔː(r), AE -'mʊər/ **I** tr. MAR. disormeggiare **II** intr. MAR. togliere gli ormeggi.
unmoral /ʌn'mɒrəl, AE -'mɔː-/ agg. amorale.
unmorality /ˌʌnmə'rælətɪ/ n. amoralità f.
unmortgaged /ʌn'mɔːgɪdʒd/ agg. [*property*] non ipotecato.
unmotherly /ʌn'mʌðəlɪ/ agg. non materno.
unmotivated /ʌn'məʊtɪveɪtɪd/ agg. **1** *(lacking motive)* [*crime, act*] gratuito, immotivato **2** *(lacking motivation)* [*person*] demotivato.
unmount /ʌn'maʊnt/ **I** tr. smontare [*gun, camera*] **II** intr. smontare da, scendere da [*horse, bicycle*].

unmounted /ʌn'maʊntɪd/ **I** p.pass → **unmount II** agg. **1** [*painting*] non incorniciato; [*gem*] non incastonato; [*stamp*] non messo nell'album **2** *(not on horse)* a piedi, non a cavallo.
unmourned /ʌn'mɔ:nd/ agg. FORM. [*person, death*] incompianto, non compianto; ***she died*** ~ è morta incompianta.
unmov(e)able /ʌn'mu:vəbl/ agg. **1** *(immobile)* immobile **2** *(unchanging)* [*position, opinion*] fisso, inalterabile; [*person, government*] irremovibile **3** *(impassive)* impassibile.
unmoved /ʌn'mu:vd/ agg. **1** *(unperturbed)* imperturbato, indifferente **2** *(not moved emotionally)* imperturbabile, impassibile.
unmoving /ʌn'mu:vɪŋ/ agg. **1** *(motionless)* immobile **2** *(stirring no feeling)* non commovente, che non commuove.
unmown /ʌn'məʊn/ agg. [*lawn*] non tagliato, non rasato.
unmurmuring /ʌn'mɜ:mərɪŋ/ agg. *(not murmuring)* che non mormora; *(not complaining)* che non si lamenta.
unmusical /ʌn'mju:zɪkl/ agg. **1** *(not melodious)* [*sound*] disarmonico, inarmonico **2** [*person*] *(not skilled)* che non ha orecchio, non portato per la musica; *(not appreciative of music)* che non ama la musica.
unmuzzle /ʌn'mʌzl/ tr. togliere la museruola a [*dog*]; FIG. togliere il bavaglio a [*press*].
unmuzzled /ʌn'mʌzld/ **I** p.pass. → **unmuzzle II** agg. [*dog*] senza museruola; [*newspaper, press*] libero di parlare.
unnail /ʌn'neɪl/ tr. schiodare.
unnameable /ʌn'neɪməbl/ agg. innominabile.
unnamed /ʌn'neɪmd/ agg. **1** *(name not divulged)* [*company, source*] di cui non si conosce il nome; [*buyer*] anonimo **2** *(without name)* ***as yet*** ~ [*club, virus*] ancora senza nome.
unnatural /ʌn'nætʃrəl/ agg. **1** *(affected)* [*style*] artificioso; [*laugh*] forzato; [*voice*] affettato **2** *(unusual)* [*silence*] innaturale; [*colour*] strano, insolito **3** *(unhealthy)* [*desire, interest*] anomalo, contro natura.
unnaturally /ʌn'nætʃrəlɪ/ avv. **1** *(in affected manner)* [*laugh, smile*] forzatamente, in modo forzato; ***not*** ~ con naturalezza **2** *(strangely)* [*quiet, dark, low*] insolitamente, stranamente.
unnavigable /ʌn'nævɪgəbl/ agg. [*river, sea*] innavigabile, che non si può navigare; [*vessel*] innavigabile, non adatto alla navigazione.
unnecessaries /ʌn'nesəsrɪz, AE -serɪz/ n.pl. cose f. inutili; superfluità f.
unnecessarily /ʌn'nesəsərəlɪ, AE ˌʌnnesə'serəlɪ/ avv. inutilmente, senza necessità.
unnecessariness /ʌn'nesəsrɪnɪs, AE -serɪ-/ n. inutilità f., superfluità f.
▷ **unnecessary** /ʌn'nesəsrɪ, AE -serɪ/ agg. **1** *(not needed)* [*expense, effort, treatment*] inutile; ***it is*** ~ ***to do*** è inutile fare; ***it is*** ~ ***for you to do*** è inutile che tu faccia **2** *(uncalled for)* [*remark, jibe*] fuori luogo.
unneeded /ʌn'ni:dɪd/ agg. inutile, superfluo.
unnegotiable /ˌʌnnɪ'gəʊʃəbl/ agg. non negoziabile.
unneighbourly BE, **unneighborly** AE /ʌn'neɪbəlɪ/ agg. **1** *(unhelpful)* [*person*] scortese, poco socievole **2** *(unlike good neighbour)* [*act, behaviour*] non da buon vicino.
unnerve /ʌn'nɜ:v/ tr. **1** *(make physically weak)* infiacchire, indebolire **2** *(upset)* innervosire, dare sui nervi a **3** *(deprive of confidence, courage etc.)* spaventare; ***I was ~d by the creaking sounds*** mi sono fatto spaventare dagli scricchiolii.
unnerving /ʌn'nɜ:vɪŋ/ agg. [*silence*] snervante; [*experience, occasion*] sconcertante.
unnervingly /ʌn'nɜ:vɪŋlɪ/ avv. [*reply, smile*] in maniera sconcertante; ~ ***calm*** di una calma impressionante.
unnoted /ʌn'nəʊtɪd/ agg. *(not noted)* inosservato, inavvertito.
unnoticeable /ʌn'nəʊtɪsəbl/ agg. che passa inosservato, che non si nota; ***an*** ~ ***scratch*** un graffio che si vede appena.
unnoticed /ʌn'nəʊtɪst/ agg. non notato, inavvertito; ***to go*** o ***pass*** ~ passare inosservato; ***to slip in*** ~ entrare inosservato.
unnumbered /ʌn'nʌmbəd/ agg. **1** [*house*] senza numerazione; [*page, ticket, seat*] non numerato **2** LETT. *(countless)* innumerevole.
UNO /'ju:nəʊ/ n. (⇒ United Nations Organization Organizzazione delle Nazioni Unite) ONU f.
unobjectionable /ˌʌnəb'dʒekʃənəbl/ agg. ineccepibile, inappuntabile; ~ ***behaviour, conduct*** comportamento, condotta irreprensibile.
unobliging /ˌʌnə'blaɪdʒɪŋ/ agg. scortese, non compiacente.
unobservant /ˌʌnəb'zɜ:vənt/ agg. [*person, mind*] distratto, disattento.
unobservable /ˌʌnəb'zɜ:vəbl/ agg. non percepibile, impercettibile.
unobserved /ˌʌnəb'zɜ:vd/ agg. *(not seen)* inosservato; ***to go*** o ***pass*** ~ passare inosservato; ***to slip out*** ~ svignarsela inosservato.
unobserving /ˌʌnəb'zɜ:vɪŋ/ agg. [*person*] distratto, disattento.
unobstructed /ˌʌnəb'strʌktɪd/ agg. [*view*] libero; [*exit*] sgombro, libero; [*road*] non ostruito.
unobtainable /ˌʌnəb'teɪnəbl/ agg. **1** COMM. [*item, supplies*] introvabile; ***oysters are*** ~ ***in summer*** le ostriche sono introvabili in estate **2** *(in telecommunications)* [*number*] irraggiungibile.
unobtrusive /ˌʌnəb'tru:sɪv/ agg. [*person*] riservato, discreto; [*site, object*] non appariscente, che non dà nell'occhio; [*noise*] non importuno.
unobtrusively /ˌʌnəb'tru:sɪvlɪ/ avv. con discrezione.
unobtrusiveness /ˌʌnəb'tru:sɪvnɪs/ n. discrezione f., riservatezza f.
unoccupied /ʌn'ɒkjʊpaɪd/ agg. **1** [*shop*] libero, vuoto, sgombro; [*house*] vuoto, sfitto; [*block*] vuoto; [*seat*] libero **2** MIL. [*territory*] non occupato.
unoffending /ʌnə'fendɪŋ/ agg. inoffensivo, innocuo.
unofficial /ˌʌnə'fɪʃl/ agg. [*result, figure*] ufficioso; [*candidate*] indipendente; [*industrial action, biography*] non autorizzato; ~ ***strike*** sciopero selvaggio.
unofficially /ˌʌnə'fɪʃəlɪ/ avv. [*tell, estimate*] ufficiosamente, in via ufficiosa.
unopened /ʌn'əʊpənd/ agg. [*bottle, packet, package*] non aperto; ***to return a letter*** ~ restituire una lettera senza averla aperta.
unopposed /ˌʌnə'pəʊzd/ agg. [*bill, reading*] accettato senza trovare resistenza; ***to be elected*** ~ venire eletto senza trovare opposizione.
unordained /ˌʌnɔ:'deɪnd/ agg. RELIG. non ordinato.
unordered /ʌn'ɔ:dəd/ agg. **1** *(unarranged)* disordinato **2** *(not commanded)* non comandato, non ordinato.
unorganized /ʌn'ɔ:gənaɪzd/ agg. **1** [*labour*] non rappresentato da sindacato; [*worker*] che non aderisce a un sindacato **2** *(disorganized)* [*event*] male organizzato; [*group*] disorganizzato **3** BIOL. inorganico.
unoriginal /ˌʌnə'rɪdʒənl/ agg. [*idea, plot, style*] non originale; ***totally*** ~ completamente privo di originalità; ***to be*** ~ essere privo di originalità.
unornamental /ˌʌnɔ:nə'mentl/ agg. non ornamentale, non decorativo.
unornamented /ʌn'ɔ:nəmentɪd/ agg. senza ornamenti, disadorno.
unorthodox /ʌn'ɔ:θədɒks/ agg. **1** *(unconventional)* [*opinion*] non ortodosso; [*approach, teacher*] non convenzionale **2** RELIG. eterodosso.
unostentatious /ˌʌnɒsten'teɪʃəs/ agg. discreto, sobrio.
unowned /ʌn'əʊnd/ agg. **1** *(not possessed)* senza proprietario **2** *(not admitted)* non ammesso; *(not acknowledged)* non riconosciuto.
unpack /ʌn'pæk/ **I** tr. disfare [*luggage, suitcase*]; togliere [qcs.] dalla valigia [*clothes*]; disimballare [*books, belongings*] **II** intr. disfare le valigie.
unpacked /ʌn'pækt/ **I** p.pass. → **unpack II** agg. [*bag, luggage*] disfatto; [*parcel*] aperto.
unpacking /ʌn'pækɪŋ/ n. (il) disfare i bagagli; ***to do the*** ~ disfare i bagagli.
unpaid /ʌn'peɪd/ agg. [*bill, tax*] non pagato; [*debt*] non saldato; [*work*] non retribuito; [*volunteer*] non pagato; ~ ***leave*** permesso non retribuito.
unpainted /ʌn'peɪntɪd/ agg. [*wall*] non dipinto; [*wood*] non verniciato.
unpaired /ʌn'peəd/ agg. spaiato (anche CHIM. FIS.); ANAT. impari.
unpalatable /ʌn'pælətəbl/ agg. **1** FIG. [*truth*] spiacevole; [*statistic*] sconfortante; [*advice*] difficile da accettare **2** [*food*] di gusto sgradevole.
unparalleled /ʌn'pærəleld/ agg. **1** *(unequalled)* [*strength*] ineguagliabile; [*wisdom, luxury*] unico; [*success, achievement*] impareggiabile, ineguagliabile **2** *(unprecedented)* [*rate, scale*] senza precedenti.
unpardonable /ʌn'pɑ:dənəbl/ agg. imperdonabile; ***it was*** ~ ***of you to do*** è stato imperdonabile da parte tua fare.
unpardonably /ʌn'pɑ:dənəblɪ/ avv. [*behave, insult*] in modo imperdonabile; [*rude, arrogant*] imperdonabilmente.
unparliamentary /ˌʌnpɑ:lə'mentrɪ, AE -terɪ/ agg. [*behaviour*] poco parlamentare, non adatto al parlamento.
unpasteurized /ʌn'pɑ:stʃəraɪzd, AE -'pæst-/ agg. [*milk*] non pastorizzato; [*cheese*] = fatto con latte non pastorizzato.
unpatented /ʌn'peɪtəntɪd, ʌn'pæt-, AE -'pæt-/ agg. non brevettato.
unpatriotic /ˌʌnpætrɪ'ɒtɪk, AE ˌʌnpeɪt-/ agg. [*person*] non patriottico; [*attitude, act*] antipatriottico.

unpatriotically /ˌʌnpætrɪ'ɒtɪklɪ, AE ˌʌnpeɪt-/ avv. [*behave, react*] in modo non patriottico.
unpaved /ʌn'peɪvd/ agg. [*way*] non pavimentato.
unpeeled /ʌn'pi:ld/ agg. [*fruit*] non sbucciato; [*vegetable*] non pelato.
unpeg /ʌn'peg/ tr. (forma in -ing ecc. **-gg-**) staccare [qcs.] levando i ganci; FIG. ECON. sbloccare, scongelare [*currency, price*].
unpen /ʌn'pen/ tr. (forma in -ing ecc. **-nn-**) liberare, fare uscire da un recinto [*animal*].
1.unpeople /'ʌnˌpi:pl/ → **unperson**.
2.unpeople /ʌn'pi:pl/ tr. spopolare.
unperceivable /ˌʌnpə'si:vəbl/ agg. impercettibile.
unperceived /ˌʌnpə'si:vd/ agg. inosservato, inavvertito.
unperfected /ˌʌnpə'fektɪd/ agg. non perfezionato, non rifinito.
unperforated /ʌn'pɜ:fəreɪtɪd/ agg. non perforato.
unperformed /ˌʌnpə'fɔ:md/ agg. [*music, songs*] non eseguito; [*sketches, play*] non rappresentato.
unperishable /ʌn'perɪʃəbl/ agg. [*goods*] non deperibile, non deteriorizzabile.
unperplexed /ˌʌnpə'plekst/ agg. **1** *(not puzzled)* imperturbato, impassibile **2** *(not intricate)* semplice, non intricato.
unperson /'ʌnˌpɜ:sn/ n. (pl. **unpeople**) = persona la cui esistenza è ignorata o negata e il cui nome viene cassato dai pubblici registri, soprattutto per motivi politici.
unpersuadable /ˌʌnpə'sweɪdəbl/ agg. impersuadibile.
unpersuaded /ˌʌnpə'sweɪdɪd/ agg. non persuaso, non convinto.
unpersuasive /ˌʌnpə'sweɪsɪv/ agg. [*argument, words*] non persuasivo, che non convince; [*person*] che non convince, non convincente.
unperturbed /ˌʌnpə'tɜ:bd/ agg. imperturbabile; ***to be*** o ***remain*** ~ mostrarsi imperturbabile (**by** di fronte a).
unphilosophical /ˌʌnfɪlə'sɒfɪkl/ agg. non filosofico, che non concorda con la filosofia.
unpick /ʌn'pɪk/ tr. **1** *(undo)* scucire, disfare [*stitching, hem*] **2** *(sort out)* tirare fuori [*truth*] (**from** da); fare emergere [*facts*] (**from** da).
unpiloted /ʌn'paɪlətɪd/ agg. [*ship, airplane etc.*] senza pilota.
unpin /ʌn'pɪn/ tr. (forma in -ing ecc. **-nn-**) **1** *(remove pins from)* levare gli spilli da [*sewing*]; sciogliere, togliere le mollette da [*hair*] **2** *(unfasten)* togliere [*brooch*] (**from** da).
unpitied /ʌn'pɪtɪd/ agg. non compatito.
unpitying /ʌn'pɪtɪɪŋ/ agg. spietato, senza pietà.
unplaced /ʌn'pleɪst/ agg. [*competitor, horse, dog*] non piazzato, non classificato tra i primi tre.
unplait /ʌn'plæt, AE -'pleɪt/ tr. sciogliere [qcs.] da una treccia [*hair*]; disfare, sciogliere [*braid*].
unplanned /ʌn'plænd/ agg. [*stoppage, increase*] non pianificato, non progettato; [*pregnancy*] imprevisto; [*baby*] non programmato.
unplanted /ʌn'plɑ:ntɪd, AE -'plænt-/ agg. **1** *(not planted)* che cresce spontaneamente **2** *(not colonized)* [*land*] non colonizzato.
unplausible /ʌn'plɔ:zəbl/ agg. non plausibile.
unplayable /ʌn'pleɪəbl/ agg. SPORT [*ball*] ingiocabile; [*pitch*] impraticabile.
unpleadable /ʌn'pli:dəbl/ agg. che non può essere sollecitato.
▷ **unpleasant** /ʌn'pleznt/ agg. [*surprise*] sgradito; [*truth, episode*] sgradevole; [*weather*] brutto.
unpleasantly /ʌn'plezntlɪ/ avv. [*smile, behave*] in modo sgradevole; [*hot, cold, close*] sgradevolmente.
unpleasantness /ʌn'plezntnɪs/ n. **1** *(disagreeable nature) (of odour, experience, remark)* sgradevolezza f.; ***such ~ was unnecessary*** non era proprio necessario essere così sgradevole **2** *(bad feeling)* dissenso m., disaccordo m. (**between** tra); ***in order to avoid ~*** per evitare discussioni.
unpleased /ʌn'pli:zd/ agg. insoddisfatto, scontento.
unpleasing /ʌn'pli:zɪŋ/ agg. spiacevole; ~ ***to the eye*** sgradevole a vedersi.
unpliable /ʌn'plaɪəbl/ agg. **1** *(stubborn)* ostinato **2** *(stiff)* rigido, non flessibile.
unploughed BE, **unplowed** AE /ʌn'plaʊd/ agg. [*land, ground*] non arato.
unplucked /ʌn'plʌkt/ agg. [*flower*] non raccolto, non colto; [*chicken*] non spennato.
unplug /ʌn'plʌg/ tr. (forma in -ing ecc. **-gg-**) togliere la spina a, staccare [*appliance*]; sturare [*sink*].
unplugged /ʌn'plʌgd/ **I** p.pass. → **unplug II** agg. MUS. [*session*] unplugged **III** avv. MUS. in versione acustica, unplugged.
unplumbed /ʌn'plʌmd/ agg. *(not explored)* non sondato, inesplorato; *(not understood)* non compreso.
unpoetic(al) /ˌʌnpəʊ'etɪk(l)/ agg. non poetico; ***to be ~*** essere poco poetico.
unpolarized /ʌn'pəʊləraɪzd/ agg. non polarizzato.
unpolished /ʌn'pɒlɪʃt/ agg. **1** [*floor, silver*] non lucidato; [*glass, gem*] non levigato **2** FIG. [*person, manner*] rozzo, grossolano, grezzo; [*state, form*] abbozzato.
unpolitical /ˌʌnpə'lɪtɪkl/ agg. apolitico, che non riguarda la politica.
unpolled /ʌn'pəʊld/ agg. **1** *(not cast)* [*vote*] non assegnato; *(not registered)* non scrutinato **2** *(not voting)* [*person*] che non ha votato; *(not part of survey)* non intervistato in un sondaggio.
unpolluted /ˌʌnpə'lu:tɪd/ agg. [*water, air*] non inquinato; FIG. [*mind*] non contaminato.
unpopular /ʌn'pɒpjʊlə(r)/ agg. [*person, leader*] impopolare (**with** tra, presso), non amato, malvisto (**with** da); [*views, measures*] impopolare (**with** tra), sgradito (**with** a); ***to make oneself ~*** rendersi impopolare; ***I'm rather ~ with the boss at the moment*** in questo momento non sono proprio nelle grazie del capo.
unpopularity /ˌʌnpɒpjʊ'lærətɪ/ n. impopolarità f.
unpopulated /ʌn'pɒpjʊleɪtɪd/ agg. [*land, territory*] spopolato, disabitato, senza abitanti.
unpossessed /ʌnpə'zest/ agg. *(not possessed)* non posseduto; *(not in possession)* che non possiede; ~ ***of sth.*** privo di qcs.
unpractical /ʌn'præktɪkl/ agg. [*person*] poco pratico; [*project*] poco pratico, inattuabile.
unpracticality /ˌʌnpræktɪ'kælətɪ/ n. *(of person)* mancanza f. di senso pratico, scarsa praticità f.; *(of project etc.)* impraticabilità f.
unpractised BE, **unpracticed** AE /ʌn'præktɪst/ agg. **1** *(inexperienced)* [*person*] inesperto; *(not skilled)* [*ear*] non esercitato **2** *(untried)* non provato.
▷ **unprecedented** /ʌn'presɪdentɪd/ agg. [*scale*] senza precedenti; [*sum*] straordinario; [*wealth*] inaudito.
unprecedentedly /ʌn'presɪdentɪdlɪ/ avv. ~ ***brave, large*** di un coraggio, di una grandezza senza precedenti.
unpredictability /ˌʌnprɪˌdɪktə'bɪlətɪ/ n. imprevedibilità f.
▷ **unpredictable** /ˌʌnprɪ'dɪktəbl/ agg. [*event, result*] imprevedibile; [*weather*] incerto; ***he's ~*** da lui ci si può aspettare di tutto.
unpredictably /ˌʌnprɪ'dɪktəblɪ/ avv. [*act*] in modo imprevedibile; [*vary*] inaspettatamente, in modo inaspettato.
unprejudiced /ʌn'predʒʊdɪst/ agg. [*person*] senza pregiudizi, obiettivo, non prevenuto; [*opinion, judgment*] imparziale.
unpremeditated /ˌʌnpri:'medɪteɪtɪd/ agg. *(unplanned)* [*act*] non premeditato.
unprepared /ˌʌnprɪ'peəd/ agg. **1** *(not ready)* [*person*] non pronto, impreparato (**for** a); ***to be ~ to do*** non essere pronto a fare; ***to catch sb. ~*** cogliere qcn. alla sprovvista; ***they were ~ financially*** non erano pronti ad affrontare tali spese **2** [*speech, translation, performance*] improvvisato, estemporaneo.
unpreparedness /ˌʌnprɪ'peədnɪs/ n. *(of person)* mancanza f. di preparazione, impreparazione f.
unprepossessed /ˌʌnˌpri:pə'zest/ agg. [*person*] non influenzato, non prevenuto.
unprepossessing /ˌʌnˌpri:pə'zesɪŋ/ agg. [*person*] non attraente; [*appearance*] brutto.
unpresentable /ˌʌnprɪ'zentəbl/ agg. impresentabile.
unpresuming /ˌʌnprɪ'zju:mɪŋ, AE -'zu:m-/ agg. non presuntuoso.
unpretending /ˌʌnprɪ'tendɪŋ/ agg. ANT. *(not presumptious)* senza pretese, non pretenzioso; *(genuine)* naturale, schietto.
unpretentious /ˌʌnprɪ'tenʃəs/ agg. senza pretese, non pretenzioso.
unpretentiously /ˌʌnprɪ'tenʃəslɪ/ avv. in modo non pretenzioso.
unpretentiousness /ˌʌnprɪ'tenʃəsnɪs/ n. mancanza f. di pretenziosità.
unpreventable /ˌʌnprɪ'ventəbl/ agg. inevitabile.
unpriced /ʌn'praɪst/ agg. [*item, goods*] senza il prezzo, non prezzato; ***certain items were ~*** su alcuni articoli non c'era il prezzo.
unpriestly /ʌn'pri:stlɪ/ agg. indegno di sacerdote, che non si addice a un sacerdote.
unprincely /ʌn'prɪnslɪ/ agg. indegno di un principe, che non si addice a un principe.
unprincipled /ʌn'prɪnsəpld/ agg. [*person*] senza principi; [*act*] amorale; [*behaviour*] senza scrupoli.
unprintable /ʌn'prɪntəbl/ agg. **1** *(unpublishable)* [*remark, report*] impubblicabile **2** *(outrageous)* scandaloso; ***her answer was quite ~*** SCHERZ. meglio non riferire ciò che disse.
unprinted /ʌn'prɪntɪd/ agg. **1** *(not published)* inedito, non pubblicato **2** *(of cloth etc.)* non stampato.
unprivileged /ʌn'prɪvɪlɪdʒd/ agg. [*minority, life, position*] senza privilegi.
unprocessed /ʌn'prəʊsest, AE -'prɔ:sest/ agg. [*materials*] non lavorato; [*food*] non trattato.

unprocurable /ˌʌnprəˈkjʊərəbl/ agg. introvabile, che non si può ottenere.
unproductive /ˌʌnprəˈdʌktɪv/ agg. [*capital, work*] improduttivo; [*discussion, land*] sterile.
unproductively /ˌʌnprəˈdʌktɪvlɪ/ avv. in modo non produttivo.
unprofessional /ˌʌnprəˈfeʃənl/ agg. **1** *(amateur)* non professionista **2** [*attitude, behaviour, method*] poco professionale.
unprofessionally /ˌʌnprəˈfeʃənəlɪ/ avv. [*behave*] in modo poco professionale.
unprofitable /ʌnˈprɒfɪtəbl/ agg. **1** ECON. [*company, venture*] non redditizio, che non dà profitto **2** FIG. [*investigation, discussion*] infruttuoso, poco produttivo, inutile.
unprofitably /ʌnˈprɒfɪtəblɪ/ avv. **1** ECON. [*trade*] senza ottenere profitto **2** *(uselessly)* [*continue, drag on*] inutilmente.
unprogressive /ˌʌnprəˈgresɪv/ agg. [*person*] arretrato, conservatore.
unprohibited /ˌʌnprəˈhɪbɪtɪd, AE -prəʊ-/ agg. non proibito.
unprolific /ˌʌnprəˈlɪfɪk/ agg. non prolifico.
unpromised /ʌnˈprɒmɪst/ agg. non promesso.
unpromising /ʌnˈprɒmɪsɪŋ/ agg. [*circumstances*] poco promettente, che non promette niente di buono.
unpromisingly /ʌnˈprɒmɪsɪŋlɪ/ avv. in modo poco promettente.
unprompted /ʌnˈprɒmptɪd/ agg. non sollecitato, spontaneo.
unpronounceable /ˌʌnprəˈnaʊnsəbl/ agg. impronunciabile.
unpronounced /ˌʌnprəˈnaʊnst/ agg. **1** *(not spoken)* non detto **2** *(not prominent)* non prominente.
unpropitious /ˌʌnprəˈpɪʃəs/ agg. [*weather, season*] sfavorevole; [*condition*] avverso; [*occasion*] non propizio.
unproportioned /ˌʌnprəˈpɔːʃnd/ agg. sproporzionato.
unprosperous /ʌnˈprɒspərəs/ agg. non prospero, non florido; ~ ***trade*** commercio poco fiorente.
unprotected /ˌʌnprəˈtektɪd/ agg. **1** *(unsafe)* [*person*] indifeso (**from** da); [*area*] non protetto (**from** da); [*sex*] non protetto (**from** da) **2** *(bare)* [*wood, metal*] non rivestito.
unprotesting /ˌʌnprəˈtestɪŋ/ agg. *(making no protest)* che non protesta; *(done without protest)* fatto senza proteste.
unprovable /ʌnˈpruːvəbl/ agg. [*statement, concepts*] che non si può dimostrare.
unprovided /ˌʌnprəˈvaɪdɪd/ agg. *(not equipped)* sprovvisto, sfornito (**with** di).
unprovided-for /ˌʌnprəˈvaɪdɪdfɔː(r)/ agg. senza mezzi, malprovveduto; ***to be left*** ~ essere lasciato senza mezzi e senza risorse.
unprovoked /ˌʌnprəˈvəʊkt/ **I** agg. [*attack, aggression*] non provocato; ***the attack was*** ~ l'attacco non era stato provocato **II** avv. [*flare up*] senza motivo.
unpruned /ʌnˈpruːnd/ agg. non potato.
unpublishable /ʌnˈpʌblɪʃəbl/ agg. impubblicabile.
▷ **unpublished** /ʌnˈpʌblɪʃt/ agg. **1** *(not divulgated)* non reso pubblico **2** *(not in print)* [*book, writing*] non pubblicato, inedito; [*author*] che non ha pubblicato niente.
unpunctual /ʌnˈpʌŋktʃʊəl/ agg. [*arrival*] in ritardo; [*person*] non puntuale; ***to be*** ~ non essere puntuale.
unpunctuality /ˌʌnpʌŋktʃʊˈælətɪ/ n. mancanza f. di puntualità.
unpunctuated /ʌnˈpʌŋktʃʊeɪtɪd/ agg. senza punteggiatura.
unpunishable /ʌnˈpʌnɪʃəbl/ agg. impunibile, non punibile.
unpunished /ʌnˈpʌnɪʃt/ agg. [*crime, person*] impunito; ***to go*** o ***remain*** ~ restare impunito *o* cavarsela.
unpurged /ʌnˈpɜːdʒd/ agg. **1** *(not cleansed)* non purificato, non purgato **2** *(still accused)* non prosciolto **3** *(not removed)* non eliminato.
unpurified /ʌnˈpjʊərɪfaɪd/ agg. [*preparation, chemical, state*] non purificato.
unputdownable /ˌʌnpʊtˈdaʊnəbl/ agg. COLLOQ. [*book*] che si legge tutto d'un fiato.
unputrefied /ʌnˈpjuːtrɪfaɪd/ agg. non putrefatto; ~ ***meat*** carne ancora fresca.
unqualified /ʌnˈkwɒlɪfaɪd/ agg. **1** *(without qualifications)* [*doctor, assistant*] non qualificato; [*teacher*] non abilitato; ***to be*** ~ non essere qualificato (**for** per; **to do** per fare); ***medically*** ~ ***people*** persone senza qualifiche mediche; ***I am*** ~ ***to judge*** non sono nella posizione di poter giudicare **2** *(total)* [*support*] incondizionato; [*respect*] totale; [*cease-fire*] incondizionato; ***the evening was an*** ~ ***success*** la serata è stata un successo senza pari.
unquenchable /ʌnˈkwentʃəbl/ agg. [*thirst, fire*] inestinguibile.
unquenched /ʌnˈkwentʃt/ agg. non estinto.
unquestionable /ʌnˈkwestʃənəbl/ agg. [*truth, evidence*] incontestabile; [*fact, proof*] inconfutabile, indiscutibile.
unquestionably /ʌnˈkwestʃənəblɪ/ avv. senza dubbio, certamente.
unquestioned /ʌnˈkwestʃənd/ agg. **1** *(not interrogated)* [*person*] non interrogato **2** *(not examined)* non investigato, non esaminato **3** *(indisputable)* indiscusso, incontestato.
unquestioning /ʌnˈkwestʃənɪŋ/ agg. senza riserve, assoluto; [*obedience*] cieco; [*acceptance*] pieno; [*confidence*] incondizionato.
unquestioningly /ʌnˈkwestʃənɪŋlɪ/ avv. [*follow, accept, obey*] senza fare domande.
unquiet /ʌnˈkwaɪət/ **I** n. LETT. tormento m. **II** agg. [*spirit*] irrequieto.
unquote /ʌnˈkwəʊt/ intr. *(in dictation)* ***quote...*** ~ aperte (le) virgolette... chiuse (le) virgolette; *(in lecture, speech)* e qui cito...
unquoted /ʌnˈkwəʊtɪd/ agg. ECON. [*company, share*] non quotato (in borsa).
unravel /ʌnˈrævl/ **I** tr. (forma in -ing ecc. **-ll-** BE, **-l-** AE) disfare [*knitting*]; districare, sbrogliare [*thread*]; svelare [*mystery, intrigue*] **II** intr. (forma in -ing ecc. **-ll-** BE, **-l-** AE) [*knitting*] disfarsi, sfilacciarsi; [*mystery*] svelarsi; [*thread*] districarsi, sbrogliarsi; [*plot*] snodarsi.
unravelling BE, **unraveling** AE /ʌnˈrævlɪŋ/ n. districamento m., scioglimento m. (anche FIG.).
unreached /ʌnˈriːtʃt/ agg. non raggiunto.
unread /ʌnˈred/ agg. non letto; ***she returned the book*** ~ restituì il libro senza averlo letto.
unreadable /ʌnˈriːdəbl/ agg. *(difficult to read)* [*book*] illeggibile; *(illegible)* [*writing*] illeggibile, indecifrabile.
unreadily /ʌnˈredɪlɪ/ avv. con riluttanza.
unreadiness /ʌnˈredɪnɪs/ n. **1** *(lack of preparation)* impreparazione f. **2** *(unwillingness)* riluttanza f.
unready /ʌnˈredɪ/ agg. **1** *(not ready)* impreparato (**to do** a fare); ***to be*** ~ ***for sth.*** non essere preparato a fare qcs. **2** *(not willing)* riluttante, poco propenso (**to do** a fare).
unreal /ʌnˈrɪəl/ agg. **1** *(not real)* [*situation, conversation*] irreale; ***it seemed a bit*** ~ ***to me*** mi sembrava di sognare **2** COLLOQ. SPREG. *(unbelievable in behaviour)* incredibile; ***he's*** ~***!*** è pazzesco! **3** COLLOQ. *(amazingly good)* incredibile, favoloso; ***the experience was*** ~***!*** è stata un'esperienza incredibile!
unrealistic /ˌʌnrɪəˈlɪstɪk/ agg. [*expectation, aim*] non realistico, non realizzabile; [*character, presentation*] poco realistico; [*person*] non realistico; ***it is*** ~ ***to suggest that*** non è realistico suggerire che.
unrealistically /ˌʌnrɪəˈlɪstɪklɪ/ avv. [*high, low, short, optimistic*] irrealisticamente.
unreality /ˌʌnrɪˈælətɪ/ n. irrealtà f.; ***to have a sense of*** ~ avere l'impressione di sognare.
unrealizable /ʌnˈrɪəlaɪzəbl/ agg. irrealizzabile.
unrealized /ʌnˈrɪəlaɪzd/ agg. [*ambition*] non soddisfatto; [*potential*] non sfruttato; ***to be*** o ***remain*** ~ non essere realizzato.
unreason /ʌnˈriːzn/ n. FORM. **1** *(absence of reason)* irragionevolezza f., irrazionalità f. **2** *(absurd thing)* assurdità f., cosa f. assurda.
▷ **unreasonable** /ʌnˈriːznəbl/ agg. **1** *(not rational)* [*views, behaviour, expectation*] irragionevole, insensato; ***it's not*** ~ non è insensato; ***it's not*** ~ ***to expect prices to remain static*** non è poi così insensato aspettarsi che i prezzi rimangano stabili; ***it's*** ~ ***for them to claim that they are superior*** non hanno motivo di sostenere di essere superiori; ***he's being very*** ~ ***about it*** si sta comportando in modo del tutto irragionevole al riguardo **2** *(excessive)* [*price*] eccessivo, esorbitante; [*demand*] irragionevole; ***at an*** ~ ***hour*** a un'ora assurda.
unreasonableness /ʌnˈriːznəblnɪs/ n. irragionevolezza f., insensatezza f.
unreasonably /ʌnˈriːznəblɪ/ avv. [*behave, act*] in modo irragionevole, in modo insensato; ~ ***high rents, prices*** affitti, prezzi eccessivamente alti; ***not*** ~ ragionevolmente, a ragione; ***consent shall not be*** ~ ***withheld*** DIR. il consenso non verrà negato arbitrariamente *o* in modo arbitrario.
unreasoned /ʌnˈriːznd/ agg. *(devoid of reason)* insensato, non ragionato; *(not developed by reason)* non ragionato.
unreasoning /ʌnˈriːzənɪŋ/ agg. [*panic*] irrazionale; [*person*] irragionevole; [*response*] insensato.
unreceived /ˌʌnrɪˈsiːvd/ agg. non ricevuto.
unreceptive /ˌʌnrɪˈseptɪv/ agg. non ricettivo (**to** a).
unreciprocated /ˌʌnrɪˈsɪprəkeɪtɪd/ agg. non ricambiato, non contraccambiato.
unreckoned /ʌnˈrekənd/ agg. non calcolato, non considerato.
unreclaimed /ˌʌnrɪˈkleɪmd/ agg. **1** *(wild)* [*land*] incolto; [*marsh*] non bonificato **2** *(not reformed)* ***to be*** ~ non essere redento.
unrecognizable /ʌnˈrekəgnaɪzəbl/ agg. irriconoscibile.

unrecognized /ʌn'rekəgnaɪzd/ agg. **1** [*significance*] ignorato (**by** da); [*talent*] misconosciuto, incompreso (**by** da); ***to go*** **~** restare incompreso **2** POL. [*regime, government*] non riconosciuto **3** *(unnoticed)* ***he crossed the city*** **~** ha attraversato la città senza essere riconosciuto.

unreconciled /ʌn'rekənsaɪld/ agg. non riconciliato.

unreconstructed /ˌʌnri:kən'strʌktɪd/ agg. *(not rebuilt)* non ricostruito, non riedificato; *(not converted)* [*socialist, feminist*] irriducibile.

unrecorded /ˌʌnrɪ'kɔ:dɪd/ agg. [*music, interview*] non registrato; [*word*] non attestato; ***to go*** **~** non essere registrato.

unrecoverable /ˌʌnrɪ'kʌvərəbl/ agg. **1** *(not recoverable)* irrecuperabile, perso **2** *(past remedy)* irrimediabile; MED. inguaribile.

unrecovered /ˌʌnrɪ'kʌvəd/ agg. *(not recovered)* non recuperato; *(not having recovered)* non guarito (**from** da).

unrectified /ʌn'rektɪfaɪd/ agg. *(not corrected)* non corretto, non rettificato.

unredeemable /ˌʌnrɪ'di:məbl/ agg. irredimibile.

unredeemed /ˌʌnrɪ'di:md/ agg. **1** RELIG. [*soul*] irredento; SCHERZ. [*sinner*] incallito **2** COMM. ECON. [*mortgage*] non estinto; [*debt*] non rimborsato; [*pledge*] non riscattato **3** [*ugliness*] notevole; [*stupidity*] enorme.

unreduced /ˌʌnrɪ'dju:st, AE -'du:st/ agg. *(not lessened in strength)* non attenuato; *(not reduced)* non ridotto, non diminuito; MED. non ridotto; **~ *prices*** prezzi pieni.

unreducible /ˌʌnrɪ'dju:səbl, AE -'du:s-/ agg. → **irreducible**.

unreel /ʌn'ri:l/ **I** tr. svolgere, srotolare [*spool, skein*]; proiettare [*film*] **II** intr. [*skein*] svolgersi, srotolarsi.

unrefined /ˌʌnrɪ'faɪnd/ agg. **1** [*flour, sugar, oil*] grezzo, non raffinato **2** [*person*] rozzo; [*manners, style*] grossolano.

unreflecting /ˌʌnrɪ'flektɪŋ/ agg. che non riflette, sventato.

unreformable /ˌʌnrɪ'fɔ:məbl/ agg. **1** *(not able to be reformed)* non riformabile; [*person*] incorreggibile **2** *(not able to be recast)* che non può essere rimodellato.

unreformed /ˌʌnrɪ'fɔ:md/ agg. **1** [*character*] incorreggibile **2** [*church, system, institution*] non riformato.

unregarded /ˌʌnrɪ'gɑ:dɪd/ agg. non considerato; ***to pass*** o ***go*** **~** non essere preso in considerazione.

unregenerate /ˌʌnrɪ'dʒenərət/ agg. **1** *(unrepentant)* incallito, impenitente **2** *(obstinate)* ostinato.

unregistered /ʌn'redʒɪstəd/ agg. [*claim, firm, animal*] non registrato; [*birth*] non dichiarato; [*letter*] non raccomandato; [*vehicle*] non immatricolato; ***the earthquake went*** **~** il terremoto non è stato rilevato.

unregretted /ˌʌnrɪ'gretɪd/ agg. [*action*] non rimpianto; [*past*] senza rimpianti; ***he will die*** **~** morirà senza essere compianto.

unrehearsed /ˌʌnrɪ'hɜ:st/ agg. [*response*] non provato; [*action, speech*] improvvisato; [*play*] che non è stato provato.

unreined /ʌn'reɪnd/ agg. **1** *(uncontrolled)* incontrollato, sfrenato **2** *(without reins)* senza briglia, sbrigliato.

▷ **unrelated** /ˌʌnrɪ'leɪtɪd/ agg. **1** *(not logically connected)* non collegato, non correlato (**to** a), senza nesso (**to** con); ***his success is not*** **~** ***to the fact that he has money*** il suo successo non è del tutto scollegato dal fatto che ha molti soldi **2** *(as family)* ***the two families are*** **~** le due famiglie non sono imparentate; ***the two boys are*** **~** i due ragazzi non sono parenti.

unrelenting /ˌʌnrɪ'lentɪŋ/ agg. [*heat*] implacabile; [*stare*] fisso; [*pursuit*] inarrestabile, irrefrenabile; [*zeal, position, person*] ostinato.

unreliability /ˌʌnrɪlaɪə'bɪlətɪ/ n. *(of person)* inaffidabilità f.; *(of machine, method, technique)* inaffidabilità f., mancanza f. di sicurezza.

unreliable /ˌʌnrɪ'laɪəbl/ agg. [*evidence, figures, employee*] inaffidabile, inattendibile; [*method, scheme, equipment*] che non dà garanzie; ***the method is highly*** **~** questo metodo non dà alcun affidamento.

unrelieved /ˌʌnrɪ'li:vd/ agg. [*substance, colour*] uniforme; [*darkness*] completo; [*gloom, anxiety*] non alleviato; [*boredom*] totale; ***a blank wall*** **~** ***by any detail*** un muro senza alcuna decorazione.

unremarkable /ˌʌnrɪ'mɑ:kəbl/ agg. ordinario, comune.

unremarked /ˌʌnrɪ'mɑ:kt/ agg. [*leave, enter*] senza essere notato; ***to go*** o ***pass*** **~** passare inosservato.

unremembered /ˌʌnrɪ'membəd/ agg. dimenticato.

unremitted /ˌʌnrɪ'mɪtɪd/ agg. **1** RAR. *(not pardoned)* non perdonato **2** *(continuous)* incessante, continuo.

unremitting /ˌʌnrɪ'mɪtɪŋ/ agg. [*boredom, flow, drudgery*] continuo; [*hostility*] persistente; [*pressure, effort*] incessante, continuo; [*fight, struggle*] senza interruzione, ininterrotto.

unremittingly /ˌʌnrɪ'mɪtɪŋlɪ/ avv. [*work, toil*] incessantemente, ininterrottamente.

unremunerative /ˌʌnrɪ'mju:nərətɪv, AE -nəreɪtɪv/ agg. [*work*] non rimunerativo; [*investment*] che non rende.

unrepaid /ˌʌnrɪ'peɪd/ agg. ECON. non rimborsato; ***the sum remains*** **~** la somma non è ancora stata rimborsata.

unrepaired /ˌʌnrɪ'peəd/ agg. non riparato, non aggiustato.

unrepealed /ˌʌnrɪ'pi:ld/ agg. DIR. [*legislation*] non abrogato; ***statutes that remain*** **~** norme tuttora vigenti.

unrepeatable /ˌʌnrɪ'pi:təbl/ agg. **1** *(unique)* [*bargain, offer*] irripetibile; [*sight*] unico **2** *(vulgar)* [*language*] irripetibile; ***his comment is*** **~** il suo commento non si può ripetere; ***his language was*** **~** le sue parole erano irripetibili.

unrepeated /ˌʌnrɪ'pi:tɪd/ agg. *(not uttered again)* [*word, phrase*] non ripetuto, non riferito; *(not occurring again)* [*action*] non ripetuto.

unrepentant /ˌʌnrɪ'pentənt/ agg. impenitente; ***to remain*** **~** non pentirsi (**about** di).

unreported /ˌʌnrɪ'pɔ:tɪd/ agg. [*incident, attack*] non denunciato, non riferito; ***to go*** **~** non essere denunciato.

unrepresentative /ˌʌnreprɪ'zentətɪv/ agg. non rappresentativo.

unrepresented /ˌʌnreprɪ'zentɪd/ agg. [*person, area*] non rappresentato; ***some areas were*** **~** certe zone non erano rappresentate; ***the accused appeared before the bench*** **~** l'accusato si presentò in aula senza (essere rappresentato da) un avvocato.

unrepressed /ˌʌnrɪ'prest/ agg. non represso.

unreproached /ˌʌnrɪ'prəʊtʃt/ agg. non rimproverato.

unreprovable /ˌʌnrɪ'pru:vəbl/ agg. irriprovevole, irreprensibile.

unreproved /ˌʌnrɪ'pru:vd/ agg. non biasimato.

unrequested /ˌʌnrɪ'kwestɪd/ agg. non richiesto, non chiesto.

unrequired /ˌʌnrɪ'kwaɪəd/ agg. [*person*] non richiesto; [*thing*] non necessario, facoltativo.

unrequited /ˌʌnrɪ'kwaɪtɪd/ agg. non ricambiato; [*love*] non corrisposto.

unreserve /ˌʌnrɪ'zɜ:v/ n. ANT. franchezza f., schiettezza f.

unreserved /ˌʌnrɪ'zɜ:vd/ agg. **1** *(free)* [*seat*] libero **2** *(wholehearted)* [*support*] incondizionato, pieno; [*admiration*] illimitato, senza riserve; [*welcome*] caloroso.

unreservedly /ˌʌnrɪ'zɜ:vɪdlɪ/ avv. [*talk, speak*] francamente, con schiettezza.

unresigned /ˌʌnrɪ'zaɪnd/ agg. non rassegnato.

unresisted /ˌʌnrɪ'zɪstɪd/ agg. incontrastato, privo di opposizione.

unresisting /ˌʌnrɪ'zɪstɪŋ/ agg. che non oppone resistenza.

unresolved /ˌʌnrɪ'zɒlvd/ agg. [*matter*] irrisolto; [*problem*] irrisolto, insoluto; [*question*] aperto.

unrespirable /ʌn'respɪrəbl/ agg. irrespirabile.

unresponsive /ˌʌnrɪ'spɒnsɪv/ agg. [*person, audience*] indifferente, che non reagisce (**to** a).

unrest /ʌn'rest/ n. U **1** *(dissatisfaction)* malcontento m., scontento m. **2** *(agitation)* agitazione f., disordini m.pl.

unrestful /ʌn'restfl/ agg. inquieto, agitato.

unresting /ʌn'restɪŋ/ agg. instancabile, infaticabile.

unrestrained /ˌʌnrɪ'streɪnd/ agg. [*growth*] sfrenato; [*proliferation*] illimitato; [*delight*] incontenibile; [*emotion*] incontrollato; [*freedom*] senza limiti.

unrestricted /ˌʌnrɪ'strɪktɪd/ agg. [*access*] libero; [*power*] illimitato; [*testing, disposal*] incontrollato; [*warfare*] a oltranza; [*roadway*] sgombro, libero.

unretentive /ˌʌnrɪ'tentɪv/ agg. **~ *memory*** memoria labile.

unreturned /ˌʌnrɪ'tɜ:nd/ agg. *(not returned)* non restituito; *(not reciprocated)* non corrisposto, non ricambiato.

unrevealed /ˌʌnrɪ'vi:ld/ agg. **1** *(undetected)* non svelato, non rivelato **2** *(kept secret)* segreto; **~ *religion*** religione non rivelata.

unrevised /ˌʌnrɪ'vaɪzd/ agg. non riveduto, non corretto.

unrewarded /ˌʌnrɪ'wɔ:dɪd/ agg. [*research, efforts*] infruttuoso; ***to go*** **~** [*patience, talent*] non essere ricompensato.

unrewarding /ˌʌnrɪ'wɔ:dɪŋ/ agg. *(unfulfilling)* [*job, task*] non gratificante, non appagante; *(thankless)* ingrato; ***financially*** **~** malpagato, pagato male.

unrhymed /ʌn'raɪmd/ agg. senza rima.

unrhythmical /ʌn'rɪðmɪkl/ agg. privo di ritmo.

unridable /ʌn'raɪdəbl/ agg. [*horse*] che non si può cavalcare.

unriddle /ʌn'rɪdl/ tr. risolvere, spiegare [*mystery*].

unrifled /ʌn'raɪfld/ agg. [*gun*] a canna liscia.

unrig /ʌn'rɪg/ **I** tr. (forma in -ing ecc. **-gg-**) disarmare [*ship*] **II** intr. (forma in -ing ecc. **-gg-**) disarmare una nave.

unrighteous /ʌn'raɪtʃəs/ **I** n. ***the*** **~** + verbo pl. gli empi **II** agg. RELIG. empio.

unrightful /ʌn'raɪtfl/ agg. *(wrong)* sbagliato, scorretto; *(unjust)* ingiusto, iniquo.

unrip /ʌn'rɪp/ tr. (forma in -ing ecc. **-pp-**) squarciare, aprire.

unripe /ʌn'raɪp/ agg. [*fruit*] acerbo, non maturo; [*wheat*] in erba.
unripeness /ʌn'raɪpnɪs/ n. acerbità f.
unrivalled BE, **unrivaled** AE /ʌn'raɪvld/ agg. [*person*] senza rivali; [*comfort*] senza pari; [*knowledge*] ineguagliabile.
unrivet /ʌn'rɪvɪt/ tr. schiodare; FIG. distogliere [*gaze*]; ***to ~ one's eyes from sb.*** distogliere lo sguardo da qcn.
unroadworthy /ʌn'rəʊdwɜːðɪ/ agg. [*vehicle*] non adatto a viaggiare su strada.
unrobe /ʌn'rəʊb/ **I** tr. spogliare, svestire **II** intr. spogliarsi, svestirsi.
unroll /ʌn'rəʊl/ **I** tr. srotolare, spiegare [*blanket, carpet*] **II** intr. srotolarsi, spiegarsi; FIG. [*scene, action*] svolgersi.
unromantic /ˌʌnrə'mæntɪk/ agg. non romantico; ***to be ~*** non essere per niente romantico.
unroof /ʌn'ruːf/ tr. scoperchiare, togliere il tetto a [*house*].
unroot /ʌn'ruːt/ tr. sradicare, estirpare (anche FIG.).
unrope /ʌn'rəʊp/ **I** tr. slegare **II** intr. SPORT staccarsi, sganciarsi.
unroyal /ʌn'rɔɪəl/ agg. **1** *(not befitting monarch)* indegno di un monarca, non regale **2** *(not royal)* non di sangue reale.
UNRRA n. (⇒ United Nations Relief and Rehabilitation Administration Amministrazione dei Soccorsi delle Nazioni Unite) UNRRA f.
unruffled /ʌn'rʌfld/ agg. **1** *(calm)* [*person*] imperturbabile, sereno; [*demeanour*] calmo; ***to be ~*** non essere turbato (**by** da) **2** *(smooth)* [*water, surface*] piatto; [*hair*] non arruffato.
unruled /ʌn'ruːld/ agg. [*paper*] senza righe, non rigato.
unruly /ʌn'ruːlɪ/ agg. [*crowd*] indisciplinato, insubordinato; [*behaviour*] riottoso; [*hair*] ribelle.
unsaddle /ʌn'sædl/ tr. **1** dissellare [*horse*] **2** *(unseat)* disarcionare [*person*].
unsaddled /ʌn'sædld/ **I** p.pass. → **unsaddle II** agg. [*horse*] dissellato, senza sella; [*person*] disarcionato.
unsafe /ʌn'seɪf/ agg. **1** [*environment, working conditions*] pericoloso, malsicuro; [*drinking water*] non sicuro da bere; [*goods, furniture*] pericoloso, non sicuro; [*sex*] a rischio; ***the car is ~ to drive*** la macchina è pericolosa da guidare; ***the premises are ~ for normal use*** i locali sono inagibili; ***the building was declared ~*** l'edificio è stato dichiarato pericolante **2** *(threatened)* ***to feel ~*** [*person*] non sentirsi al sicuro **3** DIR. [*conviction, verdict*] appellabile.
unsaid /ʌn'sed/ **I** p.pass. → **unsay II** agg. ***to be*** o ***go ~*** essere taciuto; ***to leave sth. ~*** passare qcs. sotto silenzio.
unsalaried /ʌn'sælərɪd/ agg. non stipendiato.
unsaleable BE, **unsalable** AE /ʌn'seɪləbl/ agg. [*item, goods*] invendibile.
unsalted /ʌn'sɔːltɪd/ agg. non salato.
unsanctified /ʌn'sæŋktɪfaɪd/ agg. [*ground, church*] non consacrato.
unsanctioned /ʌn'sæŋktʃnd/ agg. [*law*] non sanzionato; [*right*] non sancito.
unsanitary /ʌn'sænɪtrɪ, AE -terɪ/ agg. malsano, non igienico.
unsatiable /ʌn'seɪʃɪəbl/ agg. insaziabile.
unsatisfactorily /ˌʌnsætɪs'fæktərəlɪ/ avv. [*start, end*] in modo deludente.
unsatisfactory /ˌʌnsætɪs'fæktərɪ/ agg. [*goods*] scadente; [*conditions, results*] insoddisfacente; [*work*] insoddisfacente, fatto male; [*procedure*] difettoso.
unsatisfied /ʌn'sætɪsfaɪd/ agg. [*person*] insoddisfatto, scontento; [*need*] non soddisfatto; [*desire*] non esaudito; ***she remains ~*** resta insoddisfatta (**with** di).
unsatisfying /ʌn'sætɪsfaɪɪŋ/ agg. [*job*] non appagante; [*experience, result*] deludente, insoddisfacente; [*food*] che non dà soddisfazione.
unsaturated /ʌn'sætʃəreɪtɪd/ agg. [*fat, oil*] insaturo.
unsaturation /ˌʌnsætʃə'reɪʃn/ n. insaturazione f.
unsaved /ʌn'seɪvd/ agg. RELIG. non salvato.
unsavoury BE, **unsavory** AE /ʌn'seɪvərɪ/ agg. [*business*] sgradevole; [*individual*] ripugnante; [*object*] brutto; [*smell*] disgustoso; ***it's all very ~*** è tutto così ripugnante.
unsay /ʌn'seɪ/ tr. (pass., p.pass. **-said**) ritrattare, ritirare, rimangiarsi; ***what's said cannot be unsaid*** ciò che è stato detto non può essere cancellato.
unscalable /ʌn'skeɪləbl/ agg. [*crag, peak*] che non può essere scalato.
unscarred /ʌn'skɑːd/ agg. [*face*] senza cicatrici; [*rock*] non scalfito.
unscathed /ʌn'skeɪðd/ agg. *(all contexts)* illeso, incolume.
unscented /ʌn'sentɪd/ agg. non profumato.
unscheduled /ʌn'ʃedjuːld, AE ʌn'skedʒʊld/ agg. [*appearance, performance, speech*] fuori programma; [*flight*] straordinario; [*break, stop*] non previsto.
unscholarly /ʌn'skɒləlɪ/ agg. [*person*] non erudito; [*approach, work, analysis*] non da accademico.
unschooled /ʌn'skuːld/ agg. **1** [*person*] non istruito, ignorante; ***he's ~ in the art of conversation*** non gli è mai stata insegnata l'arte della conversazione **2** EQUIT. [*horse*] non addestrato.
unscientific /ˌʌnsaɪən'tɪfɪk/ agg. [*theory, approach*] non scientifico; [*nonsense*] senza fondamento; ***to be ~*** [*method, theory*] non essere scientifico; [*person*] non essere portato per la scienza.
unscoured /ʌn'skaʊəd/ agg. [*pot, plates*] non sgrassato, non scrostato.
unscramble /ʌn'skræmbl/ tr. decifrare [*code, words*]; riordinare, mettere in ordine [*ideas, thoughts*].
unscratched /ʌn'skrætʃt/ agg. [*car*] senza un graffio; [*paintwork*] non scalfito.
unscreened /ʌn'skriːnd/ agg. **1** *(not covered)* non protetto da schermo, non schermato **2** *(not sifted)* [*soil*] non setacciato; [*wheat, coal*] non vagliato **3** *(not checked)* [*person*] non sottoposto a controllo **4** [*film*] non ancora proiettato.
unscrew /ʌn'skruː/ **I** tr. svitare **II** intr. svitarsi.
unscripted /ʌn'skrɪptɪd/ agg. [*speech*] improvvisato.
unscriptural /ʌn'skrɪptʃərəl/ agg. [*interpretation*] non scritturale; [*ritual, form*] che non è conforme alle Sacre Scritture.
unscrupulous /ʌn'skruːpjʊləs/ agg. [*person*] senza scrupoli, spregiudicato; [*tactic, method*] scorretto; ***she is completely ~*** è completamente priva di scrupoli.
unscrupulously /ʌn'skruːpjʊləslɪ/ avv. [*behave*] in modo spregiudicato.
unscrupulousness /ʌn'skruːpjʊləsnɪs/ n. mancanza f. di scrupoli, spregiudicatezza f.
unseal /ʌn'siːl/ tr. dissigillare, togliere i sigilli a [*container, envelope, parcel*].
unsealed /ʌn'siːld/ **I** p.pass. → **unseal II** agg. [*envelope*] non sigillato.
unsearched /ʌn'sɜːtʃt/ agg. **1** *(unexplored)* inesplorato **2** *(not searched)* non perquisito.
unseasonable /ʌn'siːznəbl/ agg. [*food, clothing*] fuori stagione; ***the weather is ~*** il tempo non è normale per questa stagione.
unseasonably /ʌn'siːznəblɪ/ avv. ***it is ~ hot, cold*** c'è un caldo, un freddo insolito per questa stagione.
unseasoned /ʌn'siːznd/ agg. **1** [*food*] non condito **2** [*wood*] non stagionato.
unseat /ʌn'siːt/ tr. **1** EQUIT. disarcionare [*rider*] **2** POL. fare perdere il seggio a; ***the MP was ~ed*** al deputato è stato tolto il seggio **3** TECN. togliere [*washer*].
unseaworthy /ʌn'siːwɜːðɪ/ agg. [*vessel, ship*] non idoneo alla navigazione.
unseconded /ʌn'sekəndɪd/ agg. non assecondato, non appoggiato.
unsecured /ˌʌnsɪ'kjʊəd/ agg. ECON. [*loan*] non garantito; [*creditor*] chirografario.
unseeded /ʌn'siːdɪd/ agg. SPORT non selezionato.
unseeing /ʌn'siːɪŋ/ **I** agg. LETT. [*eyes*] perso nel vuoto **II** avv. [*gaze*] senza vedere.
unseemliness /ʌn'siːmlɪnɪs/ n. FORM. sconvenienza f.
unseemly /ʌn'siːmlɪ/ agg. FORM. sconveniente, disdicevole.
▷ **unseen** /ʌn'siːn/ **I** n. BE SCOL. traduzione f. a prima vista; ***an Italian ~*** una traduzione all'impronta dall'italiano **II** agg. **1** [*figure, orchestra, assistant, hands*] invisibile, nascosto **2** SCOL. [*translation*] all'impronta, a prima vista **III** avv. [*escape, slip away*] senza essere visto, inosservato.
unseizable /ʌn'siːzəbl/ agg. inafferrabile; [*land, property*] non confiscabile.
unseized /ʌn'siːzd/ agg. non afferrato, non preso; [*land, property*] non confiscato.
unselfconscious /ˌʌnself'kɒnʃəs/ agg. [*person*] *(natural, spontaneous)* naturale, spontaneo; *(uninhibited)* disinvolto; ***she was quite ~ about it*** si è comportata con estrema naturalezza al riguardo.
unselfconsciously /ˌʌnself'kɒnʃəslɪ/ avv. con naturalezza.
unselfconsciousness /ˌʌnself'kɒnʃəsnɪs/ n. naturalezza f., disinvoltura f.
unselfish /ʌn'selfɪʃ/ agg. [*person*] disinteressato; [*act*] altruista.
unselfishly /ʌn'selfɪʃlɪ/ avv. disinteressatamente, in modo altruistico.
unselfishness /ʌn'selfɪʃnɪs/ n. altruismo m., disinteresse m.
unsentimental /ˌʌnsentɪ'mentl/ agg. [*speech, account, documentary, film, novel*] non sentimentale; [*person*] non sentimentale, poco incline al sentimentalismo.
unserviceable /ʌn'sɜːvɪsəbl/ agg. **1** [*thing*] inservibile, inutilizzabile; [*person*] incapace, inutile **2** BE MIL. inabile, non idoneo.

unset /ʌn'set/ agg. **1** *(not put in position)* [*trap*] non collocato; [*jewel*] non incastonato **2** [*cement*] non solidificato.
unsettle /ʌn'setl/ tr. turbare, scombussolare [*person, audience*]; disturbare [*discussions, process*]; turbare [*economy*].
unsettled /ʌn'setld/ **I** p.pass. → **unsettle II** agg. **1** [*weather, economic climate*] instabile, variabile, incerto **2** *(not paid)* [*bill, account*] non saldato, insoluto **3** *(disrupted)* [*schedule*] sconvolto **4** ***to feel*** **~** [*person*] sentirsi scombussolato.
unsettling /ʌn'setlɪŋ/ agg. [*question, implications*] preoccupante; [*experience*] sconvolgente; [*work of art*] inquietante; ***psychologically*** **~** traumatizzante.
unsevered /ʌn'sevəd/ agg. non staccato, non separato.
unsew /ʌn'səʊ/ tr. (pass. **-sewed**; p.pass. **-sewn**, **-sewed**) scucire [*garment*].
unsex /ʌn'seks/ tr. **1** *(deprive of gender)* castrare **2** *(deprive of sexual qualities)* privare [qcn.] delle caratteristiche del suo sesso [*person*]; rendere [qcn.] virile, mascolinizzare [*woman*].
unsexed /ʌn'sekst/ **I** p.pass. → **unsex II** agg. [*animal*] castrato.
unsexy /ʌn'seksɪ/ agg. non sexy.
unshackle /ʌn'ʃækl/ tr. togliere le catene a [*prisoner*]; FIG. *(free)* liberare.
unshaded /ʌn'ʃeɪdɪd/ agg. **1** [*bulb*] senza paralume; [*place*] non ombreggiato, senza ombra **2** ART. [*drawing*] non ombreggiato, senza ombreggiature.
unshak(e)able /ʌn'ʃeɪkəbl/ agg. [*trust, faith*] incrollabile; [*belief*] saldo; [*conviction*] fermo.
unshak(e)ably /ʌn'ʃeɪkəblɪ/ avv. saldamente, fermamente.
unshaken /ʌn'ʃeɪkən/ agg. [*person*] non scosso, imperturbato (**by** da); [*belief*] saldo; [*spirit*] risoluto.
unshapely /ʌn'ʃeɪplɪ/ agg. [*woman*] malfatto.
unshattered /ʌn'ʃætəd/ agg. [*nerves*] saldo, fermo.
unshaven /ʌn'ʃeɪvn/ agg. [*cheek, neck*] non rasato; [*man*] con la barba non fatta.
unsheathe /ʌn'ʃi:ð/ tr. sguainare, sfoderare [*sword*].
unshelled /ʌn'ʃeld/ agg. [*nut*] non sgusciato.
unship /ʌn'ʃɪp/ **I** tr. (forma in -ing ecc. **-pp-**) *(disembark)* sbarcare, scaricare; *(detach)* togliere, smontare [*oars*] **II** intr. (forma in -ing ecc. **-pp-**) essere staccabile, essere smontabile.
unshockable /ʌn'ʃɒkəbl/ agg. ***she's quite*** **~** niente la scandalizza.
unshod /ʌn'ʃɒd/ **I** p.pass. → **unshoe II** agg. [*person*] scalzo; [*horse*] non ferrato.
unshoe /ʌn'ʃu:/ tr. (forma in -ing **unshoeing**; pass., p.pass. **unshod**) togliere le scarpe a, privare delle scarpe [*person*]; sferrare [*horse*].
unshorn /ʌn'ʃɔ:n/ agg. [*animal*] non tosato.
unshortened /ʌn'ʃɔ:tnd/ agg. non abbreviato, non ridotto.
unshot /ʌn'ʃɒt/ agg. [*person*] non colpito, a cui non si è sparato; [*gun*] che non ha sparato.
unshrinkable /ʌn'ʃrɪŋkəbl/ agg. [*fabric*] irrestringibile, che non si restringe.
unshrinking /ʌn'ʃrɪŋkɪŋ/ agg. *(unyielding)* fermo, deciso, risoluto; *(fearless)* intrepido.
unshut /ʌn'ʃʌt/ agg. non chiuso, aperto.
unsifted /ʌn'sɪftɪd/ agg. *(not sifted)* non setacciato; *(not examined)* non esaminato, non vagliato.
1.unsighted /ʌn'saɪtɪd/ agg. *(not seen)* non visto.
2.unsighted /ʌn'saɪtɪd/ agg. **1** *(blind)* privo della vista, cieco **2** *(without sight)* [*gun*] senza mirino **3** SPORT [*person*] coperto, con la vista coperta (**by** da).
unsightliness /ʌn'saɪtlɪnɪs/ n. bruttezza f., sgradevolezza f.
unsightly /ʌn'saɪtlɪ/ agg. [*scar, blemish*] brutto; [*building*] orrendo, sgradevole alla vista.
unsigned /ʌn'saɪnd/ agg. [*document, letter*] non firmato; ***the letter was*** **~** la lettera era priva di firma.
unsinkable /ʌn'sɪŋkəbl/ agg. **1** [*ship, object*] inaffondabile **2** FIG. SCHERZ. [*personality*] forte.
unsisterly /ʌn'sɪstəlɪ/ agg. [*behaviour*] non da sorella.
1.unsized /ʌn'saɪzd/ agg. *(not made to fit)* non fatto su misura; *(not sorted by size)* non classificato in base alle dimensioni; [*fruit*] non calibrato.
2.unsized /ʌn'saɪzd/ agg. [*paper*] non patinato; [*textile*] non apprettato.
unskilful BE, **unskillful** AE /ʌn'skɪlfl/ agg. *(inexpert)* inesperto; *(clumsy)* maldestro, goffo.
unskilfully BE, **unskillfully** AE /ʌn'skɪlfəlɪ/ avv. [*play instrument*] male; [*handle equipment*] in modo maldestro.
unskilled /ʌn'skɪld/ agg. [*labour, job, work*] non qualificato; **~** ***worker*** operaio non specializzato, manovale.
unskimmed /ʌn'skɪmd/ agg. [*milk*] intero.
unslaked /ʌn'sleɪkt/ agg. **1** [*lime*] vivo **2** [*thirst*] non spento; [*desire*] insoddisfatto, inappagato.
unsleeping /ʌn'sli:pɪŋ/ agg. che non dorme; FIG. vigile, allerta.
unsliced /ʌn'slaɪst/ agg. [*loaf*] non affettato, non a fette.
unsling /ʌn'slɪŋ/ tr. (pass., p.pass. **-slung**) togliersi [qcs.] da tracolla [*bag, rifle*].
unsmiling /ʌn'smaɪlɪŋ/ agg. [*person*] scuro in volto; [*face*] accigliato; [*eyes*] cupo.
unsmoked /ʌn'sməʊkt/ agg. [*cigarette, cigar*] non fumato; [*food*] non affumicato.
unsnarl /ʌn'snɑ:l/ tr. districare [*threads*]; sbloccare [*traffic jam*].
unsober /ʌn'səʊbə(r)/ agg. **1** *(not solemn)* non solenne, non contegnoso, poco serio **2** *(drunk)* ubriaco.
unsociability /ˌʌnsəʊʃə'bɪlətɪ/ n. asocialità f.
unsociable /ʌn'səʊʃəbl/ agg. [*person*] non socievole, asociale; ***to work*** **~** ***hours*** fare orari (di lavoro) impossibili.
unsocial /ʌn'səʊʃl/ agg. **~** ***hours*** orari impossibili.
unsoiled /ʌn'sɔɪld/ agg. non sporco, non sporcato.
unsold /ʌn'səʊld/ agg. invenduto, non venduto.
unsolder /ʌn'səʊldə(r), -'sɒ-, AE -'sɒdər/ tr. MECC. dissaldare.
unsoldierlike /ʌn'səʊldʒəlaɪk/, **unsoldierly** /ʌn'səʊldʒəlɪ/ agg. [*behaviour*] non da soldato, che non si addice a un soldato; [*person*] che manca delle qualità di un soldato.
unsolicited /ˌʌnsə'lɪsɪtɪd/ agg. **1** *(uninvited)* [*person*] non invitato **2** [*advice*] non richiesto; **~** ***mail*** = volantini pubblicitari inviati per posta.
unsolicitous /ˌʌnsə'lɪsɪtəs/ agg. non premuroso, incurante.
unsolvable /ʌn'sɒlvəbl/ agg. insolubile, irrisolvibile.
unsolved /ʌn'sɒlvd/ agg. [*problem*] irrisolto, insoluto; [*murder, mystery*] non risolto, non chiarito, insoluto; ***the mystery remains*** **~** il mistero resta irrisolto.
unsophisticated /ˌʌnsə'fɪstɪkeɪtɪd/ **I** n. ***the philosophically, politically*** **~** + verbo pl. le persone che non hanno una cultura filosofica, politica **II** agg. [*person*] semplice, genuino; [*tastes, mind*] semplice, non sofisticato; [*analysis*] semplicistico.
unsorted /ʌn'sɔ:tɪd/ agg. *(not sorted)* [*items*] non smistato; *(not classified)* non classificato.
unsought /ʌn'sɔ:t/ agg. [*opinion, presence*] non richiesto.
unsound /ʌn'saʊnd/ agg. [*roof*] pericolante; [*ship*] malsicuro; [*timber*] in cattivo stato; [*argument*] debole; [*credits, investment, loan*] incerto; ***politically, economically*** **~** sbagliato sul piano politico, economico; ***to be of*** **~** ***mind*** DIR. essere incapace di intendere e di volere.
1.unsounded /ʌn'saʊndɪd/ agg. *(not pronounced)* non pronunciato, muto.
2.unsounded /ʌn'saʊndɪd/ agg. *(not tested)* insondato; FIG. inesplorato.
unsparing /ʌn'speərɪŋ/ agg. **1** [*efforts, devotion*] generoso; ***to be*** **~** ***in one's efforts to do sth.*** non risparmiarsi nel fare qcs. **2** *(merciless)* implacabile, spietato.
unsparingly /ʌn'speərɪŋlɪ/ avv. **1** [*give, devote oneself*] senza risparmiarsi; [*strive*] senza risparmio di energie **2** [*critical, harsh*] implacabilmente.
unspeakable /ʌn'spi:kəbl/ agg. **1** *(dreadful)* [*pain*] indicibile; [*sorrow, noise*] terribile; ***what he did is*** **~** ciò che ha fatto è inenarrabile **2** *(inexpressible)* [*joy, pleasure*] indescrivibile.
unspeakably /ʌn'spi:kəblɪ/ avv. **1** *(dreadfully)* terribilmente **2** *(inexpressibly)* **~** ***beautiful*** di una bellezza indescrivibile; **~** ***romantic*** incredibilmente romantico.
unspecifically /ˌʌnspə'sɪfɪklɪ/ avv. in modo non specifico.
unspecified /ʌn'spesɪfaɪd/ agg. [*day, date*] imprecisato; [*object*] non specificato.
unspectacular /ˌʌnspek'tækjʊlə(r)/ agg. non spettacolare, ordinario.
unspent /ʌn'spent/ agg. **1** [*money*] non speso; ***the grant remains*** **~** i soldi della sovvenzione non sono ancora stati spesi **2** FIG. [*rage*] non esaurito.
unspiritual /ʌn'spɪrɪtʃʊəl/ agg. *(not spiritual)* non spirituale; *(earthly)* terreno; *(worldly)* mondano.
unspoiled /ʌn'spɔɪld/, **unspoilt** /ʌn'spɔɪlt/ agg. [*landscape, island, area*] intatto, incontaminato, allo stato naturale; [*town*] non rovinato; [*person*] non viziato; ***she was*** **~** ***by fame*** la celebrità non l'aveva cambiata.
unspoken /ʌn'spəʊkən/ agg. **1** *(secret)* [*desire, fear, question*] inespresso **2** *(implicit)* [*agreement, threat, plea*] tacito.
unsporting /ʌn'spɔ:tɪŋ/ agg. [*behaviour*] antisportivo; ***it was*** **~** ***of you to complain about the decision*** non è stato corretto da parte tua lamentarti della decisione.

unsportsmanlike /ˌʌnˈspɔːtsmənlaɪk/ agg. SPORT ~ ***conduct*** condotta sleale, che non si addice a uno sportivo.
unspotted /ʌnˈspɒtɪd/ agg. LETT. [*character*] senza macchia; [*reputation*] non macchiato (**by** da).
unsprung /ʌnˈsprʌŋ/ agg. senza molle, non provvisto di molle.
▷ **unstable** /ʌnˈsteɪbl/ agg. [*person, character*] instabile, scostante; [*chair, ladder*] instabile, malfermo; ECON. [*market, price*] instabile; CHIM. [*compound*] instabile.
unstained /ʌnˈsteɪnd/ agg. **1** *(not coloured)* [*wood, glass*] non colorato; [*material*] non macchiato **2** FIG. *(unsullied)* [*character, reputation*] senza macchia; ***to be*** ~ non essere macchiato (**by** da).
unstamped /ʌnˈstæmpt/ agg. [*form, passport*] non timbrato; [*envelope*] non affrancato.
unstarched /ʌnˈstɑːtʃt/ agg. [*shirt, collar*] non inamidato; FIG. [*person*] che non sta sulle sue.
unstated /ʌnˈsteɪtɪd/ agg. [*violence*] taciuto; [*assumption*] tacito; [*policy, conviction*] inespresso.
unstatesmanlike /ʌnˈsteɪtsmənlaɪk/ agg. [*person*] che non possiede le qualità di un uomo di stato; [*behaviour*] indegno di un uomo di stato.
unstatutable /ʌnˈstætʃuːtəbl/ agg. non statutario.
unsteadfast /ʌnˈstedfɑːst, AE -fæst/ agg. incostante, mutevole.
unsteadily /ʌnˈstedɪlɪ/ avv. [*walk*] con andatura incerta, barcollando; [*stand, rise*] in modo malfermo; ***she swayed ~ forwards*** vacillò in avanti.
unsteadiness /ʌnˈstedɪnɪs/ n. *(of object)* instabilità f., (l')essere malfermo, (l')essere traballante; *(of gait)* incertezza f.; *(of voice)* (l')essere tremolante.
▷ **unsteady** /ʌnˈstedɪ/ agg. **1** *(wobbly)* [*steps*] incerto; [*legs, hands*] malfermo; [*voice*] tremolante; [*ladder*] instabile; ***to be ~ on one's feet*** reggersi a malapena sulle proprie gambe, barcollare **2** *(irregular)* [*rhythm, speed*] irregolare.
unstick /ʌnˈstɪk/ tr. (pass., p.pass. **-stuck**) staccare, scollare.
unstinted /ʌnˈstɪntɪd/ agg. [*admiration*] grande; [*generosity*] senza limiti.
unstinting /ʌnˈstɪntɪŋ/ agg. [*effort*] enorme; [*support*] dato senza riserve; ***to be ~ in one's efforts to do sth.*** non risparmiarsi nel fare qcs.; ***to be ~ in one's praise of sb.*** essere prodigo di complimenti per qcn.
unstirred /ʌnˈstɜːd/ agg. *(not agitated)* non agitato, calmo; *(not moved)* [*object*] lasciato al suo posto; [*image*] non mosso.
unstitch /ʌnˈstɪtʃ/ tr. scucire; ***to come ~ed*** scucirsi.
unstop /ʌnˈstɒp/ **I** tr. (forma in -ing ecc. **-pp-**) *(free)* sturare, stasare; *(remove stopper from)* stappare **II** intr. (forma in -ing ecc. **-pp-**) ricominciare, riprendere.
unstoppable /ʌnˈstɒpəbl/ agg. [*force, momentum*] inarrestabile; [*athlete*] imprendibile; [*leader*] che non può essere fermato.
unstopper /ʌnˈstɒpə(r)/ tr. stappare.
unstored /ʌnˈstɔːd/ agg. sprovvisto, sfornito (**with** di).
unstow /ʌnˈstəʊ/ tr. MAR. scaricare.
unstrained /ʌnˈstreɪnd/ agg. **1** *(relaxed)* rilassato, non stressato **2** *(not forced)* non forzato, spontaneo **3** *(not sieved)* non passato.
unstrap /ʌnˈstræp/ **I** tr. (forma in -ing ecc. **-pp-**) **1** *(undo)* slacciare le cinghie di [*suitcase*] **2** *(detach)* slegare [*case, bike*] (**from** da) **II** rifl. (forma in -ing ecc. **-pp-**) ***to ~ oneself*** togliersi la cintura di sicurezza.
unstratified /ʌnˈstrætɪfaɪd/ agg. non disposto a strati; [*rock*] non stratificato.
unstressed /ʌnˈstrest/ agg. LING. [*vowel, word*] non accentato, atono.
unstring /ʌnˈstrɪŋ/ tr. (pass., p.pass. **-strung**) togliere le corde a [*racket, instrument*]; sfilare [*beads*].
unstructured /ʌnˈstrʌktʃəd/ agg. [*article*] senza una struttura; [*speech*] non strutturato; [*data, task*] non organizzato.
unstrung /ʌnˈstrʌŋ/ **I** p.pass. → **unstring II** agg. [*violin, racket*] senza le corde; ***the violin, racket came ~*** si allentarono le corde del violino, della racchetta; ***to come ~*** [*beads*] sfilarsi.
unstuck /ʌnˈstʌk/ **I** p.pass. → **unstick II** agg. **1** ***to come ~*** [*stamp, glue*] staccarsi, scollarsi **2** BE FIG. [*person*] fallito; [*organization*] andato a rotoli; [*plans*] fallito, andato a monte; ***to come ~ in one's exams, attempts*** fallire agli esami, nei propri tentativi.
unstudied /ʌnˈstʌdɪd/ agg. [*elegance*] innato, naturale; [*charm*] connaturato, naturale.
unsubdued /ˌʌnsəbˈdjuːd, AE -ˈduːd/ agg. non soggiogato, non sottomesso.
unsubmissive /ˌʌnsəbˈmɪsɪv/ agg. non remissivo, non arrendevole.
unsubscribe /ˌʌnsəbˈskraɪb/ **I** tr. INFORM. ***please, ~ me from your mailing list*** per favore, cancellate la mia iscrizione alla vostra mailing list **II** intr. cancellare l'iscrizione (**from** a).
unsubsidized /ʌnˈsʌbsɪdaɪzd/ agg. [*performance, activity*] non sovvenzionato.
unsubstantial /ˌʌnsəbˈstænʃl/ agg. [*argument*] privo di fondamento; [*structure*] instabile, non solido.
unsubstantiality /ˌʌnsəbstænʃɪˈælətɪ/ n. inconsistenza f.
unsubstantiated /ˌʌnsəbˈstænʃɪeɪtɪd/ agg. [*claim*] non comprovato; [*rumour*] privo di fondamento, infondato.
unsuccess /ˌʌnsəkˈses/ n. insuccesso m., fallimento m.
▷ **unsuccessful** /ˌʌnsəkˈsesfl/ agg. **1** [*attempt*] fallito; [*bid, campaign*] infruttuoso; [*run, production, novel, film*] che non ha avuto successo; [*lawsuit*] perso; [*love affair*] finito male; [*effort, search*] vano; ***to be ~*** [*attempt*] fallire; [*effort*] essere inutile **2** [*candidate*] *(for job)* scartato; *(in election)* che ha perso; [*businessperson*] che non ha avuto fortuna; [*artist*] che non ha avuto successo; [*bidder*] sfortunato; ***to be ~ in doing*** non riuscire a fare; ***she was ~ with her application*** la sua domanda non è stata accettata.
unsuccessfully /ˌʌnsəkˈsesfəlɪ/ avv. [*try, urge*] invano; [*challenge, bid*] senza fortuna.
unsuitability /ˌʌnsuːtəˈbɪlətɪ/ n. *(of building, location, site)* inadeguatezza f. (**for** per); ***his ~ for the job*** il fatto che non era adatto all'incarico.
unsuitable /ʌnˈsuːtəbl/ agg. [*location, equipment, clothing, accommodation*] inadatto, inadeguato; [*date, time*] sconveniente; [*moment*] inopportuno; [*friend*] non adatto; ***to be ~*** non essere adatto (**for sb.** a qcn, per qcn.); ***~ for young children*** [*film*] non adatto ai bambini; ***to be ~ for a job*** non essere adatto a un lavoro.
unsuitableness /ʌnˈsuːtəblnɪs/ n. (l')essere inadatto, (l')essere inadeguato.
unsuitably /ˈʌnˈsuːtəblɪ/ avv. ***he was ~ dressed*** era vestito in modo non adatto; ***to be ~ matched*** [*people*] essere male assortito.
unsuited /ʌnˈsuːtɪd/ agg. [*place, person*] non adatto (**to** a); ***posts ~ to their talents*** posti di lavoro che non si confanno alle loro capacità; ***she was ~ to country life*** non era fatta per la vita in campagna; ***they're ~ (as a couple)*** non sono fatti l'uno per l'altro.
unsullied /ʌnˈsʌlɪd/ agg. LETT. [*person*] pulito; [*reputation*] senza macchia; [*innocence*] puro; ***to be ~*** non essere macchiato (**by** da).
unsung /ʌnˈsʌŋ/ agg. LETT. [*hero, achievement*] non celebrato.
unsupervised /ʌnˈsuːpəvaɪzd/ agg. [*activity*] non supervisionato; [*child*] non controllato.
unsupplied /ˌʌnsəˈplaɪd/ agg. **1** *(not provided)* sfornito, sprovvisto (**with** di) **2** *(not satisfied)* [*want, desire*] non soddisfatto.
unsupportable /ˌʌnsəˈpɔːtəbl/ agg. **1** *(not endurable)* [*heat*] insopportabile **2** *(not justifiable)* insostenibile, indifendibile.
unsupported /ˌʌnsəˈpɔːtɪd/ **I** agg. **1** [*allegation*] non corroborato da prove, non comprovato; [*hypothesis*] non confermato **2** MIL. [*troops*] senza rinforzi **3** [*family*] senza sostegno finanziario; [*mother*] solo **II** avv. [*stand*] senza sostegno, senza appoggio.
unsupportive /ʌnsəˈpɔːtɪv/ agg. *(not helpful)* ***her partner is ~*** il suo compagno non le è di appoggio; *(not encouraging)* ***his colleagues were ~*** i suoi colleghi non lo sostennero.
▷ **unsure** /ʌnˈʃɔː(r), AE -ˈʃʊər/ agg. **1** *(uncertain)* incerto, insicuro (**of** su, di); ***to be ~ about how, why, where*** non essere sicuro su come, perché, dove; ***to be ~ about going, staying*** essere indeciso sul partire, sul restare **2** *(lacking confidence)* insicuro; ***to be ~ of oneself*** essere insicuro.
unsurmountable /ˌʌnsəˈmaʊntəbl/ agg. insormontabile.
unsurpassable /ˌʌnsəˈpɑːsəbl, AE -ˈpæs-/ agg. ineguagliabile, senza pari.
unsurpassed /ˌʌnsəˈpɑːst, AE -ˈpæst/ agg. [*beauty*] senza pari; ***to be ~*** non avere uguali (**in** in; **as** come).
unsurprising /ˌʌnsəˈpraɪzɪŋ/ agg. ***it is ~ that*** non c'è da meravigliarsi che; ***an ~ reaction*** una reazione prevedibile.
unsurprisingly /ˌʌnsəˈpraɪzɪŋlɪ/ avv. prevedibilmente.
unsusceptible /ˌʌnsəˈseptəbl/ agg. non suscettibile.
unsuspected /ˌʌnsəˈspektɪd/ agg. **1** *(not imagined possible)* inaspettato, inatteso, insospettato; [*problems*] imprevisto **2** *(not suspected)* non sospettato, insospettato.
unsuspecting /ˌʌnsəˈspektɪŋ/ agg. [*person*] non diffidente, non sospettoso; [*public*] ignaro; ***completely ~*** che non sospetta niente; ***the stranger, ~...*** l'estraneo, non immaginandosi...
unsuspicious /ˌʌnsəˈspɪʃəs/ agg. *(unsuspecting)* che non sospetta, privo di sospetti; *(not object of suspicion)* che non desta sospetti.
unsustainable /ˌʌnsəsˈteɪnəbl/ agg. insostenibile.
unsustained /ˌʌnsəsˈteɪnd/ agg. *(not supported materially)* non sostenuto.
unswayed /ʌnˈsweɪd/ agg. ***to be ~*** non essere influenzato *o* condizionato (**by** da).

unsweetened /ʌn'swi:tnd/ agg. non zuccherato.
unswept /ʌn'swept/ agg. [*floor, chimney*] non spazzato; [*leaves*] non spazzato via.
unswerving /ʌn'swɜ:vɪŋ/ agg. [*loyalty, allegiance*] indefettibile; [*devotion*] costante, continuo.
unswervingly /ʌn'swɜ:vɪŋlɪ/ avv. [*persist, continue*] in modo costante; ~ ***faithful*** fermamente fedele *o* di una fedeltà assoluta (**to** a).
unsworn /ʌn'swɔ:n/ agg. **1** [*person*] non sottoposto a giuramento **2** *(not confirmed by oath)* non giurato.
unsymmetrical /ˌʌnsɪ'metrɪkl/ agg. asimmetrico.
unsymmetry /ʌn'sɪmətrɪ/ n. asimmetria f.
unsympathetic /ˌʌnsɪmpə'θetɪk/ agg. **1** *(uncaring)* [*person*] insensibile, freddo; [*attitude, manner, tone*] indifferente, freddo; ***to be ~ to sb.*** mostrarsi insensibile verso qcn. **2** *(unattractive)* [*person, character*] antipatico, indisponente; [*environment, building*] sgradevole **3** *(unsupportive)* ***to be ~ to*** mostrarsi ostile a [*cause, movement, policy*]; ***she is ~ to the right*** non appoggia la destra *o* non è (una simpatizzante) di destra **4** *(environmentally)* [*policy, measure*] che non rispetta l'ambiente.
unsympathetically /ˌʌnsɪmpə'θetɪklɪ/ avv. in modo insensibile.
unsympathizing /ʌn'sɪmpəθaɪzɪŋ/ agg. non solidale, non simpatizzante.
unsystematic /ˌʌnsɪstə'mætɪk/ agg. non sistematico.
unsystematically /ˌʌnsɪstə'mætɪklɪ/ avv. in modo poco sistematico.
untack /ʌn'tæk/ tr. *(detach)* staccare, sbullettare.
untackle /ʌn'tækl/ tr. sbardare [*horse*].
untainted /ʌn'teɪntɪd/ agg. [*food*] non avariato; [*reputation*] non macchiato; [*mind*] non corrotto.
untalented /ʌn'tæləntɪd/ agg. privo di talento, non dotato.
untamable /ʌn'teɪməbl/ agg. **1** [*lion, tiger*] indomabile, che non si può domare; [*bird, fox*] che non può essere addomesticato **2** FIG. [*passion, spirit*] indomabile, irrefrenabile.
untamed /ʌn'teɪmd/ agg. [*passion*] indomito; [*person*] ribelle, indomito; [*lion*] non domato; [*garden*] incolto; [*beauty*] selvaggio; [*bird, fox*] non addomesticato, selvatico.
untangle /ʌn'tæŋgl/ **I** tr. districare [*threads*]; svelare [*mystery*]; risolvere [*difficulties*] **II** rifl. ***to ~ oneself*** *(from net, wire)* liberarsi (**from** da); *(from situation)* riuscire a uscire (**from** da).
untanned /ʌn'tænd/ agg. [*hide*] non conciato.
untapped /ʌn'tæpt/ agg. [*talent*] non utilizzato; [*market*] non sfruttato; [*reservoir*] intatto; [*telephone*] senza microspie.
untarnished /ʌn'tɑ:nɪʃt/ agg. [*reputation*] senza macchia; [*sheen*] che risplende; ***to be ~*** non essere macchiato (**by** da).
untasted /ʌn'teɪstɪd/ agg. [*food*] non assaggiato, intatto; ***she left the meal ~*** non ha toccato cibo.
untaught /ʌn'tɔ:t/ agg. [*skill, genius*] innato.
untaxable /ʌn'tæksəbl/ agg. [*income*] non imponibile; [*goods*] non tassabile.
untaxed /ʌn'tækst/ agg. **1** [*income*] non soggetto a imposta, non imponibile; [*goods*] non tassato, esente da imposte **2** BE AUT. [*car*] senza il bollo (pagato).
unteachable /ʌn'ti:tʃəbl/ agg. [*person*] che non impara facilmente; [*subject, skill*] che non si può insegnare.
untempered /ʌn'tempəd/ agg. **1** [*steel*] non temprato **2** FIG. ***to be ~*** [*justice*] non temperato (**by** da); [*pleasure*] non mitigato (**by** da).
untempting /ʌn'temptɪŋ/ agg. non allettante; [*food*] non appetitoso.
untenable /ʌn'tenəbl/ agg. [*position, standpoint*] insostenibile; [*claim, argument*] indifendibile.
untenantable /ʌn'tenəntəbl/ agg. [*building*] non abitabile, non idoneo ad essere abitato.
untenanted /ʌn'tenəntɪd/ agg. [*flat*] non affittato, sfitto.
untended /ʌn'tendɪd/ agg. [*flock*] non sorvegliato; [*garden*] non curato.
untested /ʌn'testɪd/ agg. **1** [*theory, assertion*] non verificato, indimostrato; [*method, drug*] non sperimentato; [*system*] non sperimentato, non collaudato **2** *(psychologically)* [*person*] non sottoposto a test.
unthankful /ʌn'θæŋkfl/ agg. **1** *(not grateful)* ingrato, irriconoscente **2** *(not appreciated)* sgradevole, spiacevole.
unthawed /ʌn'θɔ:d/ agg. non sgelato.
unthinkable /ʌn'θɪŋkəbl/ agg. [*prospect*] inconcepibile, inimmaginabile; [*action*] impensabile, inconcepibile; ***it is ~ that*** è impensabile che.
unthinking /ʌn'θɪŋkɪŋ/ agg. [*person*] sconsiderato, irriflessivo; [*remark, criticism*] azzardato.
unthinkingly /ʌn'θɪŋkɪŋlɪ/ avv. [*behave, react*] in modo impulsivo; [*cruel, stupid*] sconsideratamente.
unthought-of /ʌn'θɔ:tɒv/ agg. [*applications*] impensato; [*consequences*] imprevisto; ***hitherto ~*** finora impensato.
unthread /ʌn'θred/ tr. **1** *(take thread out)* sfilare [*needle*] **2** *(find way through)* trovare una via d'uscita da [*maze*].
unthrift /ʌn'θrɪft/ **I** n. *(person)* sprecone m. (-a), spendaccione m. (-a); *(lack of thrift)* prodigalità f. **II** agg. spendaccione, prodigo.
unthrifty /ʌn'θrɪftɪ/ agg. **1** *(not thrifty)* spendaccione, prodigo **2** ANT. *(not flourishing)* [*plant*] che cresce male.
unthrone /ʌn'θrəʊn/ tr. ANT. detronizzare, deporre [*king*].
untidily /ʌn'taɪdɪlɪ/ avv. [*kept, scattered, strewn*] in disordine; ~ ***dressed*** sciatto, trasandato.
untidiness /ʌn'taɪdɪnɪs/ n. *(of house, room, desk)* disordine m., confusione f.; *(of person, appearance)* sciatteria f., trasandatezza f.
▷ **untidy** /ʌn'taɪdɪ/ agg. [*person*] *(in habits)* disordinato; *(in appearance)* sciatto; [*habits*] disordinato; [*clothes*] trasandato; [*room*] in disordine; ***he looks very ~*** ha un aspetto molto trasandato; ***the garden looks ~*** il giardino ha un aspetto poco curato; ***his clothes lay in an ~ heap*** i suoi vestiti sono tutti ammucchiati.
untie /ʌn'taɪ/ tr. (forma in -ing **-tying**) sciogliere, disfare [*knot*]; slegare [*rope*]; slacciare [*laces*]; disfare [*parcel*]; slegare, liberare [*hands, hostage*]; ***to come ~d*** [*laces*] slacciarsi; [*parcel*] disfarsi; [*hands*] liberarsi.
▶ **until** /ən'tɪl/ When used as a preposition in positive sentences, *until* is translated by *fino a* or *sino a*: *they're staying until Monday* = rimarranno fino / sino a lunedì. Remember that, if a definite article form follows *fino a*, *a* is modified according to the number and gender of the following noun: *until the right moment* = fino al momento giusto; *until the break of war* = fino allo scoppio della guerra; *until the end* = fino alla fine; *until next year* = fino all'anno prossimo; *until dawn* = fino all'alba; *until next exams* = fino ai prossimi esami; *until the eighties* = fino agli anni ottanta; *until next holidays* = fino alle prossime vacanze. - In negative sentences *not until* is translated by *non...fino a*: *I can't see you until Friday* = non posso vederti fino a venerdì. - When used as a conjunction, *until* is translated by *finché (non)* or *fino a quando*: *we'll stay here until Maya comes back* = rimarremo qui finché (non) / fino a quando torna Maya; *don't speak a word until I tell you* = non dire una parola finché non te lo dico io. - In negative sentences where the two verbs have the same subject, *not until* is translated by *prima di* + infinitive: *we won't leave until we've seen Claire* = non ce ne andremo prima di avere visto Claire. - For more examples and particular usages, see the entry below. **I** prep. **1** (anche **till**) *(up to a specific time)* fino a, sino a; *(after negative verb)* prima di; ~ ***Tuesday*** fino a martedì; ~ ***the sixties*** fino agli anni sessanta; ~ ***very recently*** fino a poco tempo fa; ~ ***a year ago*** fino a un anno fa; ~ ***now*** fino a ora; ~ ***then*** fino ad allora; ***(up) ~ 1901*** fino al 1901; ***valid (up) ~ April 2005*** valido fino ad aprile 2005; ***you have ~ the end of the month*** hai tempo fino alla fine del mese (**to do** per fare); ~ ***the day he died*** fino al giorno della sua morte; ~ ***well after midnight*** fino a ben oltre la mezzanotte; ***to wait ~ after Easter*** aspettare fino a dopo Pasqua; ***from Monday ~ Saturday*** da lunedì fino a sabato; ***put it off ~ tomorrow*** rimandalo a domani; ~ ***such time as you find work*** fino a quando non trovi lavoro; ***it won't be ready ~ next week*** non sarà pronto prima della settimana prossima; ***I won't know ~ Tuesday*** non saprò niente prima di martedì; ***they didn't ring ~ the following day*** si fecero vivi solo il giorno seguente; ***it wasn't ~ the 50's that*** non fu prima degli anni cinquanta che; ***nothing changed ~ after the war*** niente cambiò fino a dopo la guerra **2** *(as far as)* fino a; ***stay on the bus ~ Egham*** resta sul pullman fino a quando non arrivi ad Egham **II** cong. (anche **till**) fino a quando, finché (non); ***we'll stay ~ a solution is reached*** resteremo finché non si troverà una soluzione; ***and so it continued ~ they left*** e andò avanti così finché non se ne andarono; ***let's watch TV ~ they arrive*** guardiamo la televisione finché non arrivano; ***things won't improve ~ we have democracy*** le cose non miglioreranno finché non ci sarà una democrazia; ***stir mixture ~ (it is) smooth*** GASTR. mescolare bene fino a quando il composto non è omogeneo; ~ ***you are dead*** DIR. a vita; ***wait ~ I get back*** aspetta finché non ritorno; ***I'll wait ~ I get back*** aspetto di tornare (**before doing** per fare); ***wait ~ I tell you!*** aspetta che te lo racconti! ***she waited ~ she was alone*** attese di rimanere sola; ***she waited ~ they were alone*** aspettò che rimanessero soli; ***don't look ~ I tell you to*** non guardare fino a quando non te lo dico io; ***you can't leave ~ you've completed the course*** non puoi andartene finché non hai finito il corso; ***don't ring me ~ you know for sure*** chiamami solo quando lo saprai con certezza; ***we can't decide ~ we know the details*** non possiamo prendere una decisione finché non saremo a

conoscenza dei particolari; ***not ~ then did she realize that*** solo allora si rese conto che.

untiled /ʌn'taɪld/ agg. RAR. non piastrellato.

untilled /ʌn'tɪld/ agg. [*land, field*] non coltivato; ***to leave sth. ~*** lasciare qcs. incolto.

untimely /ʌn'taɪmlɪ/ agg. LETT. [*arrival*] intempestivo; [*announcement, intervention*] inopportuno, fuori luogo; [*death*] prematuro; ***to come to an ~ end*** [*person, activity, project*] fare una fine prematura.

untinged /ʌn'tɪndʒd/ agg. ***~ by*** o ***with*** FIG. senza ombra *o* traccia di.

untipped /ʌn'tɪpt/ agg. [*cigarette*] senza filtro.

untirable /ʌn'taɪərəbl/ agg. instancabile, infaticabile.

untired /ʌn'taɪəd/ agg. non stanco, non affaticato.

untiring /ʌn'taɪərɪŋ/ agg. [*person, enthusiasm*] infaticabile, indefesso, instancabile (**in** in).

untiringly /ʌn'taɪərɪŋlɪ/ avv. instancabilmente, senza fermarsi.

untitled /ʌn'taɪtld/ agg. **1** *(with no title)* [*manuscript*] senza titolo **2** *(lacking title of rank, office)* che non ha titoli onorifici, non titolato.

unto /'ʌntʊ/ prep. ANT. → **2.to**.

untogether /ˌʌntə'geðə(r)/ agg. COLLOQ. *(not well organized)* pasticcione; *(lacking self-possession)* fuori di sé.

untold /ʌn'təʊld/ agg. **1** *(not quantifiable)* ***~ millions*** milioni di milioni; ***~ quantities of tranquillizers*** una quantità enorme di tranquillanti; ***~ damage*** ingenti danni **2** *(endless)* [*misery*] indicibile; [*damage*] incalcolabile; [*joy*] immenso **3** LETT. *(not told)* ***no event is left ~*** nessun evento viene tralasciato nel racconto.

untouchability /ˌʌntʌtʃə'bɪlətɪ/ n. (l')essere intoccabile.

untouchable /ʌn'tʌtʃəbl/ **I** n. RELIG. intoccabile m. e f. **II** agg. [*criminal*] intoccabile; [*sportsman*] imbattibile; [*feat*] impareggiabile.

untouched /ʌn'tʌtʃt/ agg. **1** *(unchanged, undisturbed)* intatto, inalterato, integro **2** *(unscathed)* indenne, illeso **3** *(unaffected)* non influenzato (**by** da) **4** *(uneaten)* intatto; ***to leave a meal ~*** non toccare cibo; ***to send back one's dinner ~*** rimandare indietro la cena senza avere toccato cibo.

untoward /ˌʌntə'wɔːd, AE ʌn'tɔːrd/ agg. **1** *(unforeseen)* [*happening*] imprevisto, inaspettato; ***nothing, something ~*** niente, qualcosa di imprevisto **2** *(unseemly)* [*glee*] sconveniente, disdicevole.

untraceable /ʌn'treɪsəbl/ agg. introvabile, irreperibile.

untraced /ʌn'treɪst/ agg. [*descendant, survivor*] di cui si sono perse le tracce; [*mail*] non rintracciato.

untracked /ʌn'trækt/ agg. **1** *(without a track)* privo di sentieri, non battuto **2** *(not followed)* non inseguito.

untractable /ʌn'træktəbl/ agg. intrattabile.

untrained /ʌn'treɪnd/ agg. **1** [*workers*] non qualificato, non specializzato; [*school leavers*] senza esperienza **2** [*voice*] non esercitato; [*eye*] inesperto; [*artist, actor*] che non ha studiato; ***to be ~ in sth.*** non essere qualificato per qcs. **3** [*horse, dog*] non ammaestrato.

untrammelled BE, **untrameled** AE /ʌn'træmld/ agg. non vincolato, libero.

untransferable /ˌʌntræns'fɜːrəbl/ agg. non trasferibile, non cedibile.

untranslatable /ˌʌntrænz'leɪtəbl/ agg. intraducibile (**into** in).

untranslated /ˌʌntrænz'leɪtɪd/ agg. non tradotto.

untravelled BE, **untraveled** AE /ʌn'trævld/ agg. [*person*] che non ha viaggiato molto; [*land, road*] non trafficato; ***largely ~*** poco trafficato.

untraversable /ˌʌntrə'vɜːsəbl/ agg. non attraversabile.

untraversed /ˌʌntrə'vɜːst/ agg. non attraversato.

untreatable /ʌn'triːtəbl/ agg. [*illness*] incurabile, inguaribile.

▷ **untreated** /ʌn'triːtɪd/ agg. [*sewage, water*] non trattato, non depurato; [*illness*] non curato; [*road*] non cosparso di sabbia, di sale.

untried /ʌn'traɪd/ agg. **1** [*recruit, beginner*] inesperto; [*method, technology*] non sperimentato; [*product*] non testato **2** DIR. [*prisoner*] non sottoposto a processo.

untrimmed /ʌn'trɪmd/ agg. **1** *(not neat)* non ordinato; *(not ornamented)* non ornato, sguarnito **2** *(not cut)* [*branch*] non potato; [*hair*] non spuntato.

untrodden /ʌn'trɒdn/ agg. LETT. [*snow*] intatto; [*territory*] inesplorato; [*path*] non battuto.

untroubled /ʌn'trʌbld/ agg. [*water*] calmo; [*face, person, life*] sereno, tranquillo; ***to be ~*** *(by doubt)* non essere tormentato (**by** da); *(by news)* non essere turbato (**by** da).

untrue /ʌn'truː/ agg. **1** *(false)* [*allegation, report*] falso **2** *(inaccurate)* inesatto; ***it is ~ to say that*** non è esatto dire che **3** ANT. [*sweetheart*] infedele.

untruly /ʌn'truːlɪ/ avv. **1** *(falsely)* falsamente **2** *(inexactly)* erroneamente.

untruss /ʌn'trʌs/ tr. slegare, sciogliere [*pack*].

untrustworthy /ʌn'trʌstwɜːðɪ/ agg. [*source, information*] inattendibile; [*person, witness*] inaffidabile, non degno di fiducia.

untruth /ʌn'truːθ/ n. falsità f.; *(less strong)* inesattezza f.

untruthful /ʌn'truːθfl/ agg. [*person*] bugiardo, menzognero; [*account*] falso.

untruthfully /ʌn'truːθfəlɪ/ avv. [*say, report*] falsamente.

untruthfulness /ʌn'truːθflnɪs/ n. *(of remark)* falsità f.; *(of person)* mendacità f.

untuck /ʌn'tʌk/ tr. tirare via, togliere [*bedclothes*]; allungare, stendere [*legs*].

untuned /ʌn'tjuːnd, AE -'tuːnd/ agg. **1** [*musical instrument*] scordato **2** [*radio, device*] non sintonizzato.

unturned /ʌn'tɜːnd/ agg. non girato, non rivoltato.

untutored /ʌn'tjuːtəd, AE -'tuː-/ agg. [*eye, ear*] non allenato, non esercitato; [*mind*] non istruito, non educato.

untwine /ʌn'twaɪn/ **I** tr. sciogliere, slegare **II** intr. sciogliersi, slegarsi.

untwist /ʌn'twɪst/ **I** tr. svitare [*lid*]; districare, sbrogliare [*rope, wool*] **II** intr. [*ribbon*] sciogliersi.

untypical /ʌn'tɪpɪkl/ agg. [*person, behaviour*] fuori dal comune; ***it's ~ of him to be late*** non è da lui essere in ritardo.

unurged /ʌn'ɜːdʒd/ agg. **1** *(not incited)* non sollecitato, non richiesto **2** *(not pressed)* non imposto.

unusable /ʌn'juːzəbl/ agg. inutilizzabile.

1.unused /ʌn'juːst/ agg. *(unaccustomed)* ***to be ~ to sth., to doing*** non essere abituato a qcs., a fare.

2.unused /ʌn'juːzd/ agg. *(not used)* [*machine*] inutilizzato, non usato; [*site, building*] non utilizzato; [*stamp, stationery*] nuovo; ***"computer, ~"*** *(in ad)* "computer, mai usato".

▶ **unusual** /ʌn'juːʒl/ agg. [*colour*] insolito, inconsueto; [*animal, flower*] non comune; [*case, circumstances*] strano; [*feature, occurrence, skill*] insolito, poco comune; [*dish, dress, jewellery, mixture, person*] strano, originale; ***of ~ beauty*** di rara bellezza; ***of ~ intelligence*** di un'intelligenza fuori del comune; ***of ~ charm*** di un fascino eccezionale; ***from an ~ angle*** da un punto di vista diverso; ***to have an ~ way of doing*** avere un modo strano di fare; ***to take the ~ step of doing*** prendere l'insolita decisione di fare; ***it is ~ to find, to see*** non è facile trovare, vedere; ***it is not ~ to find, see*** non è difficile trovare, vedere; ***it's ~ for sb. to do*** è raro che qcn. faccia; ***to be ~ in doing*** essere originale nel fare; ***there's nothing ~ about it*** non c'è niente di strano in questo.

▷ **unusually** /ʌn'juːʒəlɪ/ avv. **1** *(exceptionally)* [*large, talented*] eccezionalmente; [*difficult*] insolitamente **2** *(surprisingly, untypically)* stranamente, insolitamente; ***~ for this time of year, the streets are very crowded*** stranamente per questo periodo dell'anno, le strade sono molto affollate; ***~, they have been awarded damages*** stranamente, hanno ottenuto il risarcimento dei danni; ***~ for her, she made several mistakes*** stranamente, ha fatto diversi errori.

unutilizable /ʌn'juːtəlaɪzəbl/ agg. inutilizzabile.

unutilized /ʌn'juːtəlaɪzd/ agg. inutilizzato, non utilizzato.

unutterable /ʌn'ʌtərəbl/ agg. [*pain*] indicibile; [*delight, boredom*] indescrivibile.

unutterably /ʌn'ʌtərəblɪ/ avv. [*foolish*] incredibilmente.

unuttered /ʌn'ʌtəd/ agg. non detto.

unvalued /ʌn'væljuːd/ agg. **1** ANT. *(not appraised)* non valutato **2** *(not valuable)* senza valore.

unvanquished /ʌn'væŋkwɪʃt/ agg. non vinto, imbattuto.

unvaried /ʌn'veərɪd/ agg. [*routine*] monotono; [*diet*] invariato; [*style*] sempre uguale.

unvarnished /ʌn'vɑːnɪʃt/ agg. **1** [*wood*] non verniciato **2** FIG. [*account*] diretto; [*truth*] nudo e crudo.

unvarying /ʌn'veərɪɪŋ/ agg. [*habits*] che non cambia; [*routine*] sempre uguale; [*goodness, patience*] costante.

unvaryingly /ʌn'veərɪɪŋlɪ/ avv. invariabilmente.

unveil /ʌn'veɪl/ tr. scoprire [*statue*]; rivelare, rendere noto [*details*].

unveiled /ʌn'veɪld/ **I** p.pass. → **unveil II** agg. RELIG. ***to go ~*** non portare il velo.

unveiling /ʌn'veɪlɪŋ/ n. **1** *(of statue)* scoprimento m. **2** *(official ceremony)* inaugurazione f. **3** *(of latest model, details)* presentazione f.

unvenomous /ʌn'venəməs/ agg. non velenoso.

unventilated /ʌn'ventɪleɪtɪd/ agg. [*room, area*] non ventilato.

unverifiable /ʌn'verɪfaɪəbl/ agg. non verificabile.

unverified /ʌn'verɪfaɪd/ agg. [*fact*] non verificato; [*rumour*] senza fondamento.

unversed /ʌn'vɜːst/ agg. ***to be ~ in sth.*** essere inesperto in qcs.

unviolated /ʌn'vaɪəleɪtɪd/ agg. inviolato, non violato.

unvisited /ʌn'vɪzɪtɪd/ agg. [*place*] non visitato.

unvoiced /ʌn'vɔɪst/ agg. **1** *(private)* [*suspicion, opinion*] non espresso, inespresso **2** LING. [*consonant*] sordo.

unvouched /ʌn'vaʊtʃt/ agg. non documentato, non garantito da prove.

unwaged /ʌn'weɪdʒd/ **I** n. ***the ~*** + verbo pl. i disoccupati **II** agg. [*work*] non retribuito; [*worker*] non salariato.

▷ **unwanted** /ʌn'wɒntɪd/ agg. [*appliance, furniture*] che non serve; [*goods, produce*] in eccesso; [*visitor*] indesiderato, sgradito; [*pet*] non desiderato; [*child, pregnancy*] non voluto; ***removal of ~ hair*** depilazione; ***to feel ~*** sentirsi di troppo.

unwarlike /ʌn'wɔ:laɪk/ agg. non bellicoso.

unwarned /ʌn'wɔ:nd/ agg. non avvisato.

unwarped /ʌn'wɔ:pt/ agg. **1** TECN. non incurvato **2** [*sense of humour, mind*] non distorto **3** [*judgement*] imparziale.

unwarrantable /ʌn'wɒrəntəbl, AE -'wɔ:r-/ agg. [*interference*] ingiustificabile, inammissibile; ***it is ~ that sb. should do*** è inammissibile che qcn. faccia.

unwarrantably /ʌn'wɒrəntəblɪ, AE -'wɔ:r-/ avv. [*interfere*] inescusabilmente; [*late*] imperdonabilmente; [*expensive*] ingiustificatamente.

unwarranted /ʌn'wɒrəntɪd, AE -'wɔ:r-/ agg. [*action*] ingiustificato, gratuito; [*concern*] senza motivo.

unwary /ʌn'weərɪ/ **I** n. ***the ~*** + verbo pl. gli sprovveduti **II** agg. *(incautious)* incauto, imprevidente; *(not aware of danger)* sprovveduto, non accorto.

unwashed /ʌn'wɒʃt/ agg. [*clothes, dishes, feet*] non lavato; [*person*] che non si lava; ***the Great Unwashed*** SPREG. SCHERZ. il popolino.

unwatched /ʌn'wɒtʃt/ agg. incustodito, non sorvegliato.

unwatered /ʌn'wɔ:təd/ agg. *(not watered)* [*plant*] non innaffiato; [*animal*] non abbeverato; *(not diluted with water)* [*drink*] non annacquato, non diluito; *(without water supply)* [*town*] senza scorte d'acqua.

unwavering /ʌn'weɪvərɪŋ/ agg. [*devotion*] profondo; [*gaze*] risoluto, fermo.

unwaveringly /ʌn'weɪvərɪŋlɪ/ avv. [*gaze*] fisso; [*follow*] risolutamente; ***~ loyal, determined*** di una lealtà, determinazione incrollabile.

unweaned /ʌn'wi:nd/ agg. [*baby, animal*] non svezzato.

unwearable /ʌn'weərəbl/ agg. *(not suitable)* importabile, non indossabile; *(not comfortable)* scomodo da indossare.

unwearied /ʌn'wɪərɪd/ agg. LETT. *(not weary)* non stanco (**by** da, per; **in** di); *(never weary)* che non si stanca mai, instancabile.

unweary /ʌn'wɪərɪ/ agg. *(not weary)* non stanco; *(never weary)* instancabile.

unwearying /ʌn'wɪərɪɪŋ/ agg. [*fighter*] instancabile, infaticabile; [*patience*] infinito.

unweave /ʌn'wi:v/ tr. (pass. **-wove**; p.pass. **-woven**) *(unravel)* disfare; *(disentangle)* sbrogliare, districare.

unweighed /ʌn'weɪd/ agg. **1** *(not weighed)* [*goods*] non pesato **2** *(not pondered)* non considerato attentamente, affrettato.

unwelcome /ʌn'welkəm/ agg. **1** [*visitor, guest, presence*] indesiderato, non gradito; [*interruption*] sgradito; ***she felt most ~*** si sentiva di troppo; ***to make sb. feel ~*** fare sentire qcn. di troppo **2** [*news, attention, bid, proposition*] spiacevole; [*truth*] spiacevole, sgradevole.

unwelcoming /ʌn'welkəmɪŋ/ agg. [*atmosphere*] non accogliente; ***most ~*** per niente accogliente.

unwell /ʌn'wel/ agg. [*person*] indisposto, che non sta bene; ***he is feeling ~*** non si sente bene; ***are you ~?*** non ti senti bene?

unwept /ʌn'wept/ agg. **1** *(not wept for)* non compianto **2** *(not shed)* [*tears*] non versato.

unwholesome /ʌn'həʊlsəm/ agg. **1** *(not healthy)* dannoso, nocivo; [*climate*] insalubre; [*food*] che fa male alla salute **2** FIG. malsano; [*publication, book*] immorale **3** *(unhealthy looking)* dall'aspetto malato; [*complexion*] malsano.

unwieldy /ʌn'wi:ldɪ/ agg. [*weapon, tool*] poco maneggevole; [*parcel*] ingombrante; [*bureaucracy*] lento; [*organization*] inefficiente.

▷ **unwilling** /ʌn'wɪlɪŋ/ agg. [*attention*] concesso controvoglia; [*departure*] forzato; ***he is ~ to do it*** non è disposto a farlo; *(stronger)* non ha nessuna intenzione di farlo; ***~ accomplice*** complice riluttante.

▷ **unwillingly** /ʌn'wɪlɪŋlɪ/ avv. controvoglia.

unwillingness /ʌn'wɪlɪŋnɪs/ n. riluttanza f.; ***her ~ to adapt cost her the job*** la sua reticenza ad adattarsi le è costata il posto; ***the border exists because of their ~ to live together*** la frontiera esiste perché non sono disposti a vivere insieme.

unwind /ʌn'waɪnd/ **I** tr. (pass., p.pass. **-wound**) disfare [*bandage*]; disfare, sdipanare [*ball of wool*] **II** intr. (pass., p.pass. **-wound**) **1** [*tape, cable, scarf*] srotolarsi **2** *(relax)* rilassarsi, distendersi, staccare la spina.

unwinged /ʌn'wɪŋd/ agg. senza ali.

unwisdom /ʌn'wɪzdəm/ n. *(lack of wisdom)* mancanza f. di saggezza; *(folly)* follia f.; *(imprudence)* imprudenza f.

unwise /ʌn'waɪz/ agg. [*choice, decision*] insensato; [*person*] incauto, poco accorto; [*loan*] imprudente; ***it is ~ to do*** è imprudente fare; ***it would be ~ to invest now*** sarebbe un'imprudenza investire adesso.

unwisely /ʌn'waɪzlɪ/ avv. [*behave*] in modo imprudente, in modo poco accorto.

unwished-for /ʌn'wɪʃtfɔ:(r)/ agg. non desiderato, non richiesto.

unwitnessed /ʌn'wɪtnɪst/ agg. senza testimoni.

unwitting /ʌn'wɪtɪŋ/ agg. **1** *(not aware)* inconsapevole; [*victim*] ignaro **2** *(not intentional)* [*fraud*] non intenzionale; [*interruption*] involontario.

unwittingly /ʌn'wɪtɪŋlɪ/ avv. **1** *(innocently)* [*remark*] innocentemente **2** *(without wanting to)* [*contribute, provide, reveal*] involontariamente **3** *(accidentally)* [*stumble upon*] accidentalmente.

unwitty /ʌn'wɪtɪ/ agg. non divertente, non spiritoso.

unwomanly /ʌn'wʊmənlɪ/ agg. [*behaviour*] che non si addice a una donna; [*woman*] mascolino, poco femminile.

unwonted /ʌn'wəʊntɪd/ agg. LETT. **1** *(unusual)* insolito, inconsueto **2** *(unaccustomed)* non abituato, non avvezzo (**to** a).

unwooded /ʌn'wʊdɪd/ agg. *(not wooded)* senza boschi; *(without trees)* senza alberi.

unwooed /ʌn'wu:d/ agg. ANT. non corteggiato.

unworkable /ʌn'wɜ:kəbl/ agg. **1** [*material, substance*] non lavorabile **2** *(unmanageable)* ingestibile, incontrollabile; *(impracticable)* inattuabile, non fattibile; ***to prove ~*** rivelarsi impossibile.

unworkmanlike /ʌn'wɜ:kmənlaɪk/ agg. fatto male, eseguito male.

unworldly /ʌn'wɜ:ldlɪ/ agg. **1** *(not materialistic)* [*person*] non attaccato ai beni materiali; [*existence*] non mondano, semplice **2** *(naïve)* [*person, argument*] ingenuo, semplice **3** *(spiritual)* [*beauty, beings*] ultraterreno.

unworn /ʌn'wɔ:n/ agg. **1** *(not damaged by use)* non consumato, non danneggiato **2** *(not worn)* [*garment*] non indossato, non usato.

unworthily /ʌn'wɜ:ðɪlɪ/ avv. [*act*] in modo indegno, indegnamente; [*think*] vilmente.

unworthiness /ʌn'wɜ:ðɪnɪs/ n. indegnità f.

unworthy /ʌn'wɜ:ðɪ/ agg. **1** *(lacking merit)* **~ *of sth.*** indegno di qcs. *o* che non merita qcs.; ***I am ~ of such an honour*** non sono degno di un tale onore; ***issues ~ of your attention*** questioni che non meritano la vostra attenzione **2** *(despicable)* [*action*] vile; [*suggestion, remark*] spregevole **3** *(not befitting)* sconveniente, disdicevole; ***conduct ~ of a decent citizen*** condotta che non si addice a un cittadino perbene **4** *(not deserved) (better than deserved)* [*fortune*] immeritato, non meritato; *(worse than deserved)* [*treatment*] immeritato, ingiusto.

unwound /ʌn'waʊnd/ **I** pass., p.pass. → **unwind II** agg. [*clock*] non caricato.

unwounded /ʌn'wu:ndɪd/ agg. non ferito.

unwrap /ʌn'ræp/ tr. (forma in -ing ecc. **-pp-**) scartare, aprire [*parcel*]; ***the present came ~ped*** il regalo era tutto scartato.

unwrinkled /ʌn'rɪŋkld/ agg. [*face, forehead*] senza rughe, privo di rughe; [*clothes*] non spiegazzato.

unwritable /ʌn'raɪtəbl/ agg. che non si può scrivere.

unwritten /ʌn'rɪtn/ agg. **1** *(tacit)* [*rule*] non scritto; [*agreement*] tacito **2** *(not written)* [*story, song*] non scritto; [*tradition*] orale; ***the letter remained ~*** la lettera non è mai stata scritta.

unwrought /ʌn'rɔ:t/ agg. [*stone, metal*] non lavorato, grezzo, allo stato naturale.

unwrung /ʌn'rʌŋ/ agg. FIG. imperturbato, impassibile.

unyielding /ʌn'ji:ldɪŋ/ agg. **1** [*person*] intransigente, che non cede; [*rule*] inflessibile, ferreo **2** [*surface*] non cedevole; [*barrier*] rigido, non flessibile.

unyoke /ʌn'jəʊk/ tr. **1** staccare dal giogo, togliere dal giogo [*animal*] **2** FIG. liberare [*nation, person*] (**from** da).

unzip /ʌn'zɪp/ **I** tr. (forma in -ing ecc. **-pp-**) **1** aprire la zip di [*dress, trousers*]; ***could you ~ me?*** mi apri la lampo? **2** INFORM. decomprimere, unzippare [*file*] **II** intr. (forma in -ing ecc. **-pp-**) aprirsi.

▶ **1.up** /ʌp/ *Up* appears frequently in English as the second element of phrasal verbs (*get up, pick up* etc.): for translations, consult the appropriate verb entry (**get**, **pick** etc.). avv. **1** *(high)* ***~ here*** quassù; ***~ there*** lassù; ***~ on the wardrobe, the hill*** in cima all'armadio, alla collina; ***~ on the top shelf*** sullo scaffale più in alto; ***~ in the tree*** in cima all'albero; ***~ in the clouds*** tra le nuvole; ***~ at the top of the house*** su in cima alla casa; ***~ on top of the moun-***

tain sulla cima della montagna; ***~ in London*** (su) a Londra; ***~ to*** o ***in Scotland*** (su) in Scozia; ***~ to Aberdeen*** (su) ad Aberdeen; ***~ North*** (su) a Nord; ***four floors ~ from here*** quattro piani più su; ***I live two floors ~*** abito due piani di sopra; ***he lives ten floors ~ from her*** abita dieci piani sopra di lei; ***on the second shelf ~*** sul secondo scaffale dal basso; ***I'm on my way ~*** sto salendo; ***I'll be right ~*** salgo subito; ***he's on his way ~ to see you, to the fifth floor*** sta salendo su da te, al quinto piano; ***it needs to be a bit further ~*** [*picture*] dovrebbe stare un po' più su; ***all the way ~*** fino in cima **2** *(ahead)* avanti; ***to be four points ~ (on sb.)*** avere quattro punti di vantaggio (su qcn.); ***they were two goals ~*** erano in vantaggio di due reti; ***she's 40-15 ~*** *(in tennis)* è in vantaggio per 40-15 **3** *(upwards)* ***t-shirts from £2 ~*** magliette a partire da due sterline; ***from (the age of) 14 ~*** dai 14 anni in su; ***everyone in the company from the cleaning lady ~*** tutti nella ditta dalla donna delle pulizie in su **4** *(facing upwards)* ***"this side ~"*** *(on parcel, box)* "alto"; ***he was lying, floating face ~*** giaceva, galleggiava a faccia in su; ***the bread landed with the buttered side ~*** la fetta di pane è caduta per terra dalla parte non imburrata **5** *(at, to high status)* ***to be ~ with*** o ***among the best, the leaders*** essere tra i migliori, tra i leader; ***~ the workers!*** viva i lavoratori! ***"~ with Manchester United"*** "forza Manchester" **6 up above** sopra; RELIG. lassù; ***~ above sth.*** sopra qcs. **7 up against** ***~ against the wall*** contro il muro; ***to be*** o ***come ~ against difficulties, opposition*** FIG. incontrare delle difficoltà, resistenza; ***they're ~ against a very strong team*** devono affrontare una squadra molto forte; ***it helps to know what you are ~ against*** aiuta sapere con che cosa hai a che fare; ***we're really ~ against it*** siamo alle prese con un bel problema **8 up for** ***he's ~ for election*** si presenta alle elezioni; ***the subject ~ for discussion is*** l'argomento su cui si discuterà è; ***the subject ~ for consideration is*** la questione da prendere in esame è **9 up to** fino a; ***~ to here*** fino a qui; ***~ to there*** fino là; ***I was ~ to my knees in water*** l'acqua mi arrivava alle ginocchia; ***~ to 20 people, 50 dollars*** fino a 20 persone, 50 dollari; ***~ to 500 people arrive every day*** ogni giorno arrivano fino a 500 persone; ***reductions of ~ to 50%*** sconti fino al 50%; ***tax on profits of ~ to £150,000*** tasse sui guadagni fino a 150.000 sterline; ***to work for ~ to 12 hours a day*** lavorare fino a 12 ore al giorno; ***a hotel for ~ to 500 people*** un albergo che può ospitare fino a 500 persone; ***~ to 1964*** fino al 1964; ***~ to 10.30 pm*** fino alle 10.30 di sera; ***~ to now*** fino ad adesso; ***~ to chapter two*** fino al capitolo due; ***I'm not ~ to it*** *(not capable)* non sono in grado di farlo; *(not well enough)* non me la sento di farlo; ***I'm not ~ to going to London, going back to work*** non me la sento di andare a Londra, di tornare al lavoro; ***I'm not ~ to writing a book*** non mi sento all'altezza di scrivere un libro; ***the play wasn't ~ to much*** lo spettacolo non è stato un granché; ***that piece of work wasn't ~ to your usual standard*** quel lavoro non era al tuo solito livello; ***it's ~ to you, him to do*** *(expressing responsibility)* spetta a te, a lui fare *o* sta a te, a lui fare; ***"shall I leave?" - "it's ~ to you!"*** "devo andare via?" - "vedi un po' tu!"; ***if it were ~ to me, him*** se dipendesse da me, da lui; ***what is he ~ to?*** cosa sta facendo? ***what are those children ~ to?*** cosa stanno combinando quei bambini? ***they're ~ to something*** stanno combinando qualcosa **10 up and down** ***to walk*** o ***pace ~ and down*** *(to and fro)* fare *o* andare su e giù; ***she's been ~ and down all night*** *(in and out of bed)* si è alzata in continuazione per tutta la notte; ***he's a bit ~ and down at the moment*** FIG. *(depressed)* ultimamente è un po' giù di corda; *(ill)* in questo periodo sta poco bene ◆ ***to be one ~ on sb.*** avere vantaggio su qcn.

▶ **2.up** /ʌp/ prep. **1** *(at, to higher level)* ***~ the tree*** sull'albero; ***~ a ladder*** su una scala; ***the library is ~ the stairs*** la biblioteca è in cima alle scale; ***he ran ~ the stairs*** corse su per le scale; ***the road ~ the mountain*** la strada che s'inerpica su per la montagna; ***the spider crawled ~ my back*** il ragno mi si arrampicò sulla schiena; ***the pipe runs ~ the front of the house*** il tubo corre su per la facciata della casa **2** *(in direction)* ***the shops are ~ the road*** i negozi sono più avanti sulla strada; ***she lives ~ that road there*** abita su per quella strada; ***he lives just ~ the road*** abita appena più avanti lungo la strada; ***the boathouse is further ~ the river*** la rimessa per le barche è più su lungo il fiume; ***his office is ~ the corridor from mine*** il suo ufficio è più avanti nel corridoio rispetto al mio; ***he walked ~ the road singing*** camminava per la strada cantando; ***the car drove ~ the road*** la macchina andò su per la strada; ***I saw him go ~ that road there*** l'ho visto andare su per quella strada; ***she's got water ~ her nose*** le è andata l'acqua nel naso; ***he put it ~ his sleeve*** se l'è infilato nella manica **3** BE COLLOQ. *(at, to)* ***he's ~ the pub*** è al pub **4 up and down** *(to and fro)* ***he was walking ~ and down the garden*** stava camminando su e giù per il giardino; ***they travelled ~ and down the country*** girarono il paese in lungo e in largo; *(throughout)* ***~ and down the country, region*** per tutta la nazione, la regione ◆ ***~ yours!*** POP. fottiti!

▶ **3.up** /ʌp/ agg. **1** *(out of bed)* ***she's ~*** è alzata; ***they're often ~ early, late*** si alzano spesso presto, tardi; ***we were ~ very late last night*** siamo rimasti alzati fino a tardi ieri sera; ***they were ~ all night*** sono rimasti in piedi tutta la notte; ***she was ~ all night waiting for them*** è rimasta in piedi tutta la notte ad aspettarli; ***I was still ~ at 2 am*** alle due del mattino ero ancora in piedi; ***John isn't ~ yet*** John non si è ancora alzato; ***we arrived before anyone was ~*** siamo arrivati quando non si era ancora alzato nessuno **2** *(higher in amount, level)* ***sales are ~ by 10%*** le vendite sono aumentate del 10%; ***interest rates, prices are ~ by 10%*** i tassi d'interesse, i prezzi sono aumentati del 10%; ***shares are ~*** le azioni sono in rialzo; ***numbers of students are ~*** il numero degli studenti aumenta; ***tourism is ~ (by) 5%*** il turismo ha registrato una crescita del 5%; ***production is ~ (by) 5%*** la produzione è aumentata del 5%; ***his temperature is ~ 2 degrees*** gli è salita la febbre di due linee; ***oranges, carrots are ~ again*** le arance, le carote sono di nuovo aumentate; ***prices are 10% ~ on last year*** i prezzi sono aumentati del 10% rispetto all'anno scorso; ***I came out of the deal £5,000 ~*** ho concluso l'affare con un guadagno di 5.000 sterline **3** COLLOQ. ***what's ~?*** *(wrong)* cosa c'è (che non va)? AE *(how are you)* come va? come butta? ***what's ~ with him?*** cosa gli prende? ***is there something ~?*** c'è qualcosa che non va? ***there's something ~*** c'è qualcosa che non va; ***there's something ~ with him, your dad*** lui, tuo padre ha qualcosa che non va; ***what's ~ with the TV?*** cos'ha il televisore? ***what's ~ with your arm?*** cosa ti è successo al braccio? ***there's something ~ with the brakes*** i freni hanno qualcosa che non va; ***there's something ~ with my back*** la mia schiena ha qualcosa che non va **4** *(erected, affixed)* ***the notice is ~ on the board*** l'avviso è affisso in bacheca; ***the photo is ~ on the board*** la foto è appesa in bacheca; ***is the tent ~?*** è montata la tenda? ***the building will be ~ in three months' time*** il palazzo sarà finito in tre mesi; ***how long have those curtains been ~?*** da quanto tempo sono su quelle tende? ***he had his hand ~ for five minutes*** ha tenuto la mano alzata per cinque minuti **5** *(open)* ***he had his umbrella ~*** aveva l'ombrello aperto; ***the hood of the car was ~*** la macchina aveva il cofano tirato su; ***the blinds were ~*** le tapparelle erano alzate; ***when the lever is ~ the machine is off*** quando la leva è alzata la macchina è spenta; ***when the switch is ~ the machine is off*** quando l'interruttore è rivolto verso l'alto la macchina è spenta; ***when the barrier is ~ you can go through*** quando la sbarra è sollevata si può passare **6** *(finished)* ***"time's ~!"*** "tempo scaduto!"; ***his leave is almost ~*** la sua licenza è quasi terminata; ***his military service is almost ~*** ha quasi terminato il servizio militare; ***when the four days, months were ~*** alla fine dei quattro giorni, mesi; ***it's all ~ with this government*** COLLOQ. ormai è la fine per questo governo; ***it's all ~ with him*** COLLOQ. ormai è spacciato **7** *(rising)* ***the river is ~*** il fiume si sta ingrossando; ***the wind is ~*** si sta alzando il vento; ***his colour's ~*** è tutto rosso; ***his blood's ~*** FIG. gli è andato il sangue alla testa **8** *(pinned up)* ***her hair was ~*** aveva i capelli tirati su **9** *(cheerful)* ***he's ~ at the moment*** adesso come adesso è molto allegro **10** *(being repaired)* ***the road is ~*** la strada è in riparazione; ***"Road ~"*** *(on sign)* "lavori in corso" **11** *(in upward direction)* ***the ~ escalator*** la scala mobile che sale **12** *(on trial)* ***to be ~ before a judge*** comparire davanti a un giudice; ***he's ~ for murder, fraud*** è accusato di omicidio, truffa **13** SPORT *(in tennis, badminton)* ***not ~!*** fallo! **14** BE COLLOQ. *(ready)* ***tea ~!*** il tè è pronto! **15 up and about** *(out of bed)* in piedi, alzato; *(after illness)* ***to be ~ and about again*** essere di nuovo in piedi **16 up and running** ***to be ~ and running*** [*company, project*] bene av-viato; [*system*] pienamente funzionante; ***to get sth. ~ and running*** fare funzionare qcs. ◆ ***to be (well) ~ on*** essere ferrato in [*art, history etc.*]; essere aggiornato su [*news, developments, changes*].

4.up /ʌp/ n. ***the ~s and downs*** gli alti e bassi (**of** di); ***on the ~*** BE *(on the increase)* in crescita; ***the company is on the ~ and ~*** BE la ditta sta andando a gonfie vele.

5.up /ʌp/ **I** tr. (forma in -ing ecc. **-pp-**) *(increase)* aumentare [*price, interest rate, wages*] **II** intr. (forma in -ing ecc. **-pp-**) COLLOQ. ***he ~ped and left*** all'improvviso prese e se ne andò; ***he ~ped and hit him*** tutto a un tratto lo colpì; ***she ~ped and married someone else*** alla fine prese e si sposò con un altro.

up-anchor /ʌp'æŋkə(r)/ intr. salpare l'ancora.

up and coming /ˌʌpən'kʌmɪŋ/ agg. [*person*] di belle speranze, promettente; [*company*] che promette bene.

upas /'juːpəs/ n. upas m.

▷ **upbeat** /'ʌpbiːt/ **I** n. MUS. battuta f. in levare **II** agg. FIG. [*message, view*] positivo, ottimista.

up-bow /ˈʌpbəʊ/ n. MUS. arcata f. in su.
upbraid /ˌʌpˈbreɪd/ tr. FORM. riprendere, rimproverare (**for, about** per; **for doing** per avere fatto).
upbraiding /ˌʌpˈbreɪdɪŋ/ n. rimprovero m., sgridata f.
upbringing /ˈʌpbrɪŋɪŋ/ n. educazione f.
UPC n. (⇒ universal product code) = codice universale di prodotto.
1.upcast /ˈʌpkɑːst, AE -kæst/ n. **1** GEOL. sollevamento m. (di masse rocciose) **2** MINER. pozzo m. di ventilazione; *(material)* materiale m. escavato.
2.upcast /ʌpˈkɑːst, AE -ˈkæst/ tr. (pass., p.pass. **upcast**) lanciare in alto, lanciare in aria.
upchuck /ˈʌptʃʌk/ **I** tr. AE COLLOQ. vomitare, rimettere **II** intr. AE COLLOQ. vomitare, rimettere.
▷ **upcoming** /ˌʌpˈkʌmɪŋ/ agg. *(forthcoming)* [*concert, tour*] prossimo; [*elections*] imminente.
upcountry /ˌʌpˈkʌntrɪ/ **I** agg. [*town*] dell'entroterra; [*place*] nell'entroterra **II** avv. [*return, travel*] verso l'interno.
1.update /ˈʌpdeɪt/ n. aggiornamento m. (**on** su); ***news ~*** ultime notizie.
2.update /ˌʌpˈdeɪt/ tr. **1** *(revise)* aggiornare [*database, information, catalogue, figure, price, value*] **2** *(modernize)* ammodernare [*machinery*]; aggiornare [*method*]; rinnovare [*image, style*] **3** mettere [qcn.] al corrente (**on** di), aggiornare (**on** su).
updating /ˈʌpˌdeɪtɪŋ/ n. *(of information, figures etc.)* aggiornamento m.; *(of machinery)* ammodernamento m.
updraught BE, **updraft** AE /ˈʌpdrɑːft, AE ˈʌpdræft/ n. corrente f. ascensionale.
upend /ˌʌpˈend/ tr. **1** *(turn upside down)* rovesciare, capovolgere [*container*]; mettere a testa in giù [*person*] **2** *(stand upright)* raddrizzare, mettere dritto [*box, barrel*].
▷ **upfront** /ˌʌpˈfrʌnt/ **I** agg. COLLOQ. **1** *(frank)* franco, schietto **2** *(conspicuous)* [*position*] in vista **3** [*money*] anticipato **II** avv. [*pay*] in anticipo.
▷ **1.upgrade** /ˈʌpgreɪd/ **I** n. **1** *(upward gradient)* salita f.; ***to be on the ~*** essere in ascesa; [*prices*] essere in aumento; [*sick person*] essere in via di miglioramento **2** *(in tourism)* passaggio m. in una classe superiore **3** INFORM. upgrade m. **II** avv. AE in salita.
▷ **2.upgrade** /ˌʌpˈgreɪd/ tr. **1** *(modernize)* ammodernare; *(improve)* migliorare [*product*] **2** INFORM. potenziare, aggiornare [*memory, system, software, hardware*] **3** *(raise)* promuovere [*person*]; riqualificare [*job, position, skill*] **4** *(in tourism)* passare [qcn.] nella classe superiore [*passenger*].
upgrowth /ˈʌpgrəʊθ/ n. crescita f., sviluppo m.
upheaval /ˌʌpˈhiːvl/ n. **1** *(disturbance) (political)* agitazione f., sovvertimento m.; *(emotional)* agitazione f., perturbamento m.; *(physical) (in house etc.)* subbuglio m. **2 U** *(instability) (political, emotional)* sconvolgimento m.; *(physical)* trambusto m., scompiglio m.; ***political, social ~*** sconvolgimento politico, sociale; ***emotional ~*** turbamento interiore **3** GEOL. sollevamento m.
upheave /ˌʌpˈhiːv/ **I** tr. sollevare **II** intr. sollevarsi.
upheld /ˌʌpˈheld/ pass., p.pass. → **uphold**.
uphill /ˌʌpˈhɪl/ **I** agg. **1** [*road, slope*] in salita **2** FIG. *(difficult)* [*task*] difficile, arduo; ***it will be an ~ struggle*** o ***battle*** sarà un'impresa difficile **II** avv. [*go, walk*] in salita; ***the path led*** o ***ran ~*** il sentiero era in salita *o* saliva; ***she can't walk ~*** non riesce a camminare in salita; ***the house is ~ from here*** la casa è più in alto rispetto a qui; ***it's ~ all the way*** è una strada tutta in salita (anche FIG.).
uphold /ˌʌpˈhəʊld/ tr. (pass., p.pass. **-held**) **1** difendere [*right*]; sostenere [*principle, belief*]; appoggiare [*institution*]; fare rispettare [*law*] **2** DIR. confermare [*sentence, decision*].
upholder /ˌʌpˈhəʊldə(r)/ n. *(of principle, belief)* sostenitore m. (-trice) (**of** di); *(of right)* difensore m. (-ditrice).
upholster /ˌʌpˈhəʊlstə(r)/ tr. *(cover)* rivestire, tappezzare [*chair, sofa etc.*]; *(stuff)* imbottire [*chair, sofa etc.*].
upholstered /ˌʌpˈhəʊlstəd/ **I** p.pass. → **upholster II** agg. **1** [*furniture*] imbottito, rivestito **2** COLLOQ. SCHERZ. ***well ~*** [*person*] bello grasso.
upholsterer /ˌʌpˈhəʊlstərə(r)/ ♦ *27* n. tappezziere m. (-a).
upholstery /ˌʌpˈhəʊlstərɪ/ n. **1** *(covering)* tappezzeria f., rivestimento m. **2** *(stuffing)* imbottitura f. **3** *(technique)* tappezzeria f.
upkeep /ˈʌpkiːp/ n. **1** *(care) (of house, garden)* manutenzione f. (**of** di); *(of animal)* mantenimento m. (**of** di) **2** *(cost of care)* costi m.pl. di manutenzione.
upland /ˈʌplənd/ **I** n. ***the ~s*** gli altipiani **II** agg. [*area*] montuoso; [*farm*] in montagna; [*river*] di montagna.
uplander /ˈʌpˌləndə(r)/ n. abitante m. e f. degli altipiani.
1.uplift /ˈʌplɪft/ n. **1** *(of person, spirits)* risollevamento m.; *(of career)* spinta f. **2** *(of prices)* aumento m.; *(of market)* incremento m.; *(of living standards)* miglioramento m. **3** GEOL. sollevamento m., innalzamento m.
2.uplift /ˌʌpˈlɪft/ tr. tirare su [*person*]; risollevare [*spirits*].
uplift bra /ˌʌplɪftˈbrɑː/ n. reggiseno m. a balconcino.
uplifted /ˌʌpˈlɪftɪd/ **I** p.pass. → **2.uplift II** agg. [*limb*] teso, alzato; [*face*] rivolto verso l'alto; ***to feel ~*** FIG. sentirsi risollevato.
uplifting /ˌʌpˈlɪftɪŋ/ agg. edificante.
uplighter /ˌʌpˈlaɪtə(r)/ n. lampada f. per illuminazione indiretta.
upload /ˈʌpləʊd/ tr. INFORM. teletrasmettere.
up-market /ˌʌpˈmɑːkɪt/ agg. [*clothes, car, hotel, restaurant*] esclusivo; [*district, area*] ricco.
upmost /ˈʌpməʊst/ agg. → **uppermost**.
▶ **upon** /əˈpɒn/ prep. **1** FORM. → **1.on 2** *(linking two nouns)* ***thousands ~ thousands of people*** migliaia e migliaia di persone; ***disaster ~ disaster*** un disastro dopo l'altro **3** *(imminent)* ***spring is almost ~ us*** ci avviciniamo alla primavera.
▶ **upper** /ˈʌpə(r)/ **I** n. **1** *(of shoe)* tomaia f.; ***"leather ~"*** "vero cuoio" **2** AE FERR. COLLOQ. cuccetta f. superiore **3** AE COLLOQ. eccitante m., stimolante m. **II** agg. **1** *(in location)* [*shelf, cupboard*] in alto; [*floor, deck, jaw, eyelid, lip, teeth*] superiore; ***the ~ body*** la parte superiore del corpo **2** *(in rank)* superiore, più elevato **3** *(on scale)* [*register, scale*] più alto; ***the ~ limit*** il limite massimo (**on** di); ***temperatures are in the ~ twenties*** la temperatura sfiora i 30° **4** GEOGR. attrib. [*valley, region*] più a nord; ***the Upper (reaches of the) Thames*** l'alto Tamigi **5** ARCHEOL. GEOL. [*period*] alto ♦ ***to be on one's ~s*** COLLOQ. essere al verde; ***to have the ~ hand*** avere il sopravvento *o* la meglio; ***to get the ~ hand*** prendere il sopravvento.
upper arm /ˌʌpərˈɑːm/ n. braccio m.
upper atmosphere /ˌʌpərˈætməsfɪə(r)/ n. alta atmosfera f.
upper bracket /ˌʌpəˈbrækɪt/ agg. della fascia più alta.
upper case /ˌʌpəˈkeɪs/ **I** n. maiuscolo m.; ***in ~*** in maiuscolo **II** agg. ***~ letters*** (lettere) maiuscole.
upper circle /ˌʌpəˈsɜːkl/ n. TEATR. seconda galleria f.
upper class /ˌʌpəˈklɑːs, AE -ˈklæs/ **I** n. ***the ~*** l'alta società; ***the ~es*** le classi sociali più elevate **II upper-class** agg. [*accent*] dell'alta società; [*background, person*] aristocratico; ***in ~ circles*** nell'alta società.
upper classman /ˈʌpəklɑːsmən, AE -klæs-/ n. (pl. **upper classmen**) AE SCOL. UNIV. = studente dell'ultimo o del penultimo anno.
upper classwoman /ˈʊpəklɑːswʊmən, AE -klæs-/ n. (pl. **upper classwomen**) AE SCOL. UNIV. = studentessa dell'ultimo o del penultimo anno.
upper crust /ˌʌpəˈkrʌst/ **I** n. COLLOQ. SCHERZ. ***the ~*** la crema **II upper-crust** agg. [*accent, family*] aristocratico.
uppercut /ˈʌpəkʌt/ n. SPORT uppercut m.
Upper Egypt /ˌʌpərˈiːdʒɪpt/ n.pr. Alto Egitto m.
Upper House /ˌʌpəˈhaʊs/ n. GB Camera f. Alta.
upper-income bracket /ˌʌpərˌɪŋkʌmˈbrækɪt/ n. fascia f. di reddito più alta.
upper middle class /ˌʌpəˌmɪdlˈklɑːs, AE -ˈklæs/ **I** n. ***the ~*** o ***the ~es*** l'alta borghesia **II** agg. dell'alta borghesia.
uppermost /ˈʌpəməʊst/ agg. **1** *(highest)* [*deck, peak, branch*] più alto; *(in rank)* [*echelon, position*] più elevato **2** *(to the fore)* ***to be ~*** essere predominante, al primo posto; ***to be ~ in sb.'s mind*** essere il pensiero dominante di qcn.
upper school /ˌʌpəˈskuːl/ n. GB SCOL. **1** *(school)* = scuola superiore per alunni dai 14 anni in su **2** *(within school)* ***the ~*** gli ultimi tre anni della scuola superiore.
Upper Silesia /ˌʌpəsaɪˈliːzɪə/ n.pr. Slesia f. superiore.
upper sixth /ˌʌpəˈsɪksθ/ n. GB SCOL. = secondo anno del biennio che conclude la scuola secondaria superiore.
Upper Volta /ˌʌpəˈvɒltə, AE -ˈvəʊltə/ n.pr. STOR. Alto Volta m.
upperworks /ˌʌpəˈwɜːks/ n. MAR. opera f. morta.
uppish /ˈʌpɪʃ/ agg. BE COLLOQ. **1** → **uppity 2** SPORT verso l'alto.
uppity /ˈʌpətɪ/ agg. COLLOQ. presuntuoso, borioso; ***to get ~ about sth.*** diventare arrogante per qcs.
upraise /ˌʌpˈreɪz/ n. sollevare, alzare [*object*]; sollevare [*spirits*]; tirare su [*person*].
uprate /ˌʌpˈreɪt/ tr. aumentare [*benefit, pension*]; migliorare [*version, performance*]; FOT. potenziare [*film*].
uprating /ˌʌpˈreɪtɪŋ/ n. *(of benefit)* aumento m.
▷ **upright** /ˈʌpraɪt/ **I** n. **1** ING. montante m., ritto m., piantana f. **2** *(in football)* montante m., palo m. **3** MUS. pianoforte m. verticale **II** agg. *(erect)* dritto, eretto; *(in vertical position)* verticale; FIG. onesto, retto; ***to have an ~ bearing*** avere una posizione eretta; ***to stay ~*** [*person*] restare dritto; ***"keep ~"*** *(on package)* "non capovolgere" **III** avv. ***to stand ~*** stare in posizione eretta; ***to sit ~*** *(action)* tirarsi su a sedere.

upright chair /ˌʌpraɪt'tʃeə(r)/ n. sedia f. con spalliera dritta.
upright freezer /ˌʌpraɪt'fri:zə(r)/ n. congelatore m., freezer m. (verticale).
uprightly /'ʌpraɪtlɪ/ avv. **1** *(honestly)* onestamente **2** *(in upright position)* [*walk*] in posizione eretta.
uprightness /'ʌpraɪtnɪs/ n. **1** *(integrity)* rettitudine f., integrità f. **2** *(upright position)* posizione f. eretta.
upright piano /ˌʌpraɪt'prænəʊ/ ➧ **17** n. (pl. **upright pianos**) pianoforte m. verticale.
upright vacuum cleaner /ˌʌpraɪt'vækjʊəmˌkli:nə(r)/ n. aspirapolvere m.
▷ **uprising** /'ʌpraɪzɪŋ/ n. insurrezione f., sommossa f. (**against** contro).
upriver /ˌʌp'rɪvə(r)/ agg. e avv. a monte.
uproar /'ʌprɔ:(r)/ n. **1** *(violent indignation)* protesta f., scalpore m.; ***to cause an international*** ~ destare clamore a livello internazionale **2** *(noisy reaction)* tumulto m., putiferio m.; ***to cause (an)*** ~ scatenare un finimondo **3** *(chaos)* ***to be in*** ~ essere in tumulto.
uproarious /ʌp'rɔ:rɪəs/ agg. **1** *(funny)* spassoso, divertente **2** *(rowdy)* [*behaviour*] tumultuoso; [*laughter*] fragoroso.
uproariously /ʌp'rɔ:rɪəslɪ/ avv. [*laugh*] fragorosamente; ~ ***funny*** spassosissimo.
uproot /ˌʌp'ru:t/ tr. sradicare, estirpare [*tree, plant*] (anche FIG.).
uprush /ˌʌp'rʌʃ/ n. *(of liquid)* straripamento m.; *(of emotion)* impeto m., ondata f.
upsa-daisy /'ʌpsəˌdeɪzɪ/ inter. oplà.
upscale /'ʌpskeɪl/ agg. AE esclusivo.
▷ **1.upset** /'ʌpset/ **I** n. **1** *(surprise, setback)* POL. SPORT risultato m. a sorpresa; ***to suffer an*** ~ essere sconfitto a sorpresa; ***big Conservative*** ~ GIORN. inaspettata sconfitta per il partito conservatore; ***to cause an*** ~ portare a un risultato inaspettato **2** *(upheaval)* disordini m.pl., scompiglio m. **3** *(distress)* turbamento m. **4** MED. ***to have a stomach*** ~ avere lo stomaco in disordine **II** /ˌʌp'set/ agg. [*person*] ***to be*** o ***feel*** ~ *(distressed)* essere turbato (**at, about** per); *(annoyed)* essere indispettito, infastidito (**at, about** per); ***to get*** ~ *(angry)* arrabbiarsi (**about** per); *(distressed)* agitarsi, preoccuparsi (**about** per).
▷ **2.upset** /ˌʌp'set/ **I** tr. (forma in -ing **-tt-**; pass., p.pass. **-set**) **1** *(distress)* [*sight, news*] turbare, sconvolgere; [*person*] mettere agitazione, rendere inquieto **2** *(annoy)* fare adirare; ***you'll only*** ~ ***her*** la farai innervosire e basta **3** FIG. *(throw into disarray)* mandare all'aria, sconvolgere [*plan, calculations*]; cambiare drasticamente [*pattern, forecast*]; sconvolgere, rovesciare [*situation*] **4** *(destabilize)* alterare [*balance*]; *(knock over)* capovolgere, rovesciare **5** POL. SPORT *(topple)* deporre [*leader*]; cacciare [*party in power*] **6** MED. dare dei disturbi a [*person*]; rendere difficile [*digestion*] **II** rifl. COLLOQ. (forma in -ing **-tt-**; pass., p.pass. **-set**) ***to*** ~ ***oneself*** turbarsi; ***don't*** ~ ***yourself*** non agitarti, non preoccuparti.
upset price /'ʌpsetˌpraɪs/ n. AE *(at auctions)* prezzo m. base.
▷ **upsetting** /ˌʌp'setɪŋ/ agg. *(distressing)* [*sight, story, news*] sconvolgente; *(annoying)* fastidioso.
1.upshift /'ʌpʃɪft/ n. **1** AE AUT. (il) passare a una marcia superiore **2** *(increase)* aumento m.
2.upshift /'ʌpʃɪft/ **I** intr. AE AUT. passare a una marcia superiore, aumentare la velocità **II** tr. AE *(increase)* aumentare, accrescere.
upshot /'ʌpʃɒt/ n. risultato m., esito m.; ***the*** ~ ***is that*** il risultato è che.
▷ **upside** /'ʌpsaɪd/ **I** n. AE COLLOQ. lato m. superiore, parte f. superiore **II** prep. AE COLLOQ. sul lato superiore.
▷ **upside down** /ˌʌpsaɪd'daʊn/ **I** agg. [*picture*] al contrario; [*book*] capovolto; [*jar*] rovesciato; FIG. caotico, in disordine; ~ ***cake*** GASTR. = dolce di pan di spagna con frutta sciroppata al fondo che viene servito capovolto **II** avv. **1** al contrario; ***bats hang*** ~ i pipistrelli stanno appesi a testa in giù **2** FIG. ***to turn the house*** ~ mettere la casa sottosopra; ***to turn sb.'s life*** ~ sconvolgere la vita di qcn.
upsilon /ju:p'saɪlən, ʌp'saɪlən/ n. ipsilon m. e f.
upskill /ʌp'skɪl/ tr. riqualificare [*workforce*].
1.upstage /ˌʌp'steɪdʒ/ **I** agg. TEATR. [*entrance*] situata al fondo del palcoscenico **II** avv. TEATR. [*stand*] al fondo del palcoscenico; [*move*] verso il fondo del palcoscenico; ***to be*** ~ ***of sb., sth.*** essere al fondo del palcoscenico rispetto a qcn., qcs.
2.upstage /ˌʌp'steɪdʒ/ tr. TEATR. FIG. oscurare, eclissare [*actor, star*].
▷ **upstairs** /ˌʌp'steəz/ **I** avv. al piano superiore, su, di sopra; ***to go*** ~ salire (al piano di) sopra; ***a noise came from*** ~ si sentì un rumore al piano di sopra **II** agg. [*room*] al piano superiore, di sopra; [*neighbours*] del piano di sopra; ***an*** ~ ***bedroom*** una camera da letto del piano superiore; ***the*** ~ ***bedroom*** la camera da letto al piano superiore; ***the*** ~ ***flat*** BE l'appartamento al piano superiore; ***with*** ~ ***bathroom*** con il bagno al piano superiore **III** n. piano m. superiore; ***the*** ~ ***is much nicer*** il piano superiore è molto più bello; ***there is no*** ~ ***in this house*** questa casa è su un piano solo; ~ ***and downstairs*** FIG. *(masters and servants)* padroni e servitù ◆ ***he hasn't got much*** ~ COLLOQ. non ha molta materia grigia *o* è una zucca vuota; ***to kick sb.*** ~ COLLOQ. = mandare qcn. a occupare una posizione apparentemente più prestigiosa, ma in realtà meno influente.
upstanding /ˌʌp'stændɪŋ/ agg. **1** *(erect)* dritto, eretto **2** *(strong, healthy)* forte, robusto; FIG. [*member*] onesto; [*citizen*] modello; ***to be*** ~ FORM. *(in court)* alzarsi in piedi.
upstart /'ʌpstɑ:t/ **I** n. arricchito m. (-a) **II** agg. [*person*] venuto su dal niente; [*company*] nuovo, creato da poco; [*power*] acquisito da poco.
upstate /'ʌpsteɪt/ AE **I** agg. ~ ***New York*** la parte settentrionale dello stato di New York **II** avv. ***to go*** ~ *(north)* andare verso il nord (di uno stato); *(rural)* andare verso l'interno (di uno stato); ***to come from*** ~ *(north)* venire dal nord (di uno stato); *(rural)* venire dall'interno (di uno stato).
upstream /ˌʌp'stri:m/ **I** agg. a monte **II** avv. [*travel*] verso la sorgente; [*swim*] contro corrente; ~ ***from here*** a monte rispetto a qui.
upstretched /ˌʌp'stretʃt/ agg. [*arms*] teso.
upstroke /'ʌpstrəʊk/ n. **1** *(in handwriting)* filetto m. **2** TECN. movimento m. ascendente.
upsurge /'ʌpsɜ:dʒ/ n. *(of violence)* impennata f. (**of** di); *(in debt, demand, industrial activity)* aumento m. (**in** di).
upswept /'ʌpswept/ agg. [*hairstyle*] all'insù; [*tail fin*] curvato all'insù.
upswing /'ʌpswɪŋ/ n. *(improvement)* ripresa f. (**in** di); *(increase)* aumento m. (**in** di).
▷ **uptake** /'ʌpteɪk/ n. **1** TECN. *(shaft)* condotto m. di ventilazione **2** BIOL. MED. *(absorption)* assorbimento m. ◆ ***to be quick on the*** ~ COLLOQ. capire al volo; ***to be slow on the*** ~ essere duro *o* tardo di comprendonio.
up-tempo /ˌʌp'tempəʊ/ agg. MUS. [*version*] a ritmo svelto.
upthrow /'ʌpθrəʊ/ n. lancio m. verso l'alto; GEOL. rigetto m. verticale di faglia.
upthrust /'ʌpθrʌst/ n. **1** TECN. spinta f. verso l'alto **2** GEOL. sollevamento m.
uptick /'ʌptɪk/ n. AE **1** *(increase)* (lieve) aumento m. **2** ECON. *(of shares)* modesto, lieve rialzo m.
uptight /ˌʌp'taɪt/ agg. COLLOQ. *(tense)* teso, ansioso; SPREG. *(reserved)* rigido.
uptime /'ʌptaɪm/ n. tempo m. di disponibilità.
up-to-date /ˌʌptə'deɪt/ agg. **1** *(modern, fashionable)* [*music, clothes*] alla moda; [*equipment*] moderno **2** *(containing latest information)* [*brochure, records, accounts, map, timetable*] aggiornato; [*information, news*] recente; ***to keep [sth.] up to date*** tenere aggiornato [*records, list, accounts*] **3** *(informed)* [*person*] bene informato; ***to keep up to date with*** tenersi al corrente di [*developments*]; essere aggiornato su [*gossip*]; ***to bring, keep sb. up to date*** mettere, tenere qcn. al corrente (**about** su); ***to keep up to date*** tenersi aggiornato.
up-to-the-minute /ˌʌptəðə'mɪnɪt/ agg. [*information*] recentissimo, dell'ultima ora; [*account*] aggiornatissimo.
uptown /ˌʌp'taʊn/ **I** agg. AE ***in the*** ~ ***section of New York*** nei quartieri alti, residenziali di New York; FIG. *(smart)* [*girl, restaurant*] elegante, chic **II** avv. **1** *(upmarket)* ***to move*** ~ *(residence)* andare ad abitare nei quartieri alti; *(shop)* aprire un negozio nei quartieri alti; FIG. salire la scala sociale **2** *(central)* ***to go*** ~ andare nelle zone residenziali.
uptrend /'ʌptrend/ n. ECON. tendenza f. al rialzo.
upturn /'ʌptɜ:n/ n. **1** *(upturned part)* parte f. girata verso l'alto **2** *(social upheaval)* sommossa f., rivolta f. **3** *(improvement)* *(of market, economy)* ripresa f.
upturned /'ʌptɜ:nd/ agg. piegato verso l'alto; [*brim*] rialzato; [*soil*] rivoltato; [*nose*] all'insù.
upvalue /ˌʌp'vælju:/ tr. sopravvalutare.
▷ **upward** /'ʌpwəd/ **I** agg. [*glance, push, movement*] verso l'alto, in su; [*path, road*] in salita, che sale; ***an*** ~ ***slope*** una salita; ***an*** ~ ***trend*** ECON. una tendenza al rialzo **II** avv. → **upwards**.
upwardly mobile /ˌʌpwədlɪ'məʊbaɪl, AE -bl, *anche* -bi:l/ agg. [*person*] ambizioso, che mira a migliorare la propria posizione sociale.
upward mobility /ˌʌpwədməʊ'bɪlətɪ/ n. mobilità f. sociale verso l'alto.
▷ **upwards** /'ʌpwədz/ **I** avv. **1** [*look, point*] verso l'alto; ***to go*** o ***move*** ~ spostarsi verso l'alto; ***to glide*** ~ risalire verso l'alto; ***he was***

lying face ~ giaceva a faccia in su *o* con la faccia all'insù **2** FIG. ***to push prices*** ~ fare salire i prezzi; ***to revise one's forecasts*** ~ ritoccare al rialzo le proprie previsioni; ***from five years*** ~ dai cinque anni in su; ***from £10*** ~ a partire da 10 sterline; ***she's moving ~ in her profession*** sta facendo carriera **II upwards of** più di; ~ ***of £50, 20%*** più di 50 sterline, del 20%.

upwind /ˌʌp'wɪnd/ **I** agg. sopravento; ***to be ~ of sth.*** essere sopravento rispetto a qcs. **II** avv. [*sail*] *(against the wind)* controvento; *(towards the wind)* sopravento.

uracil /'jʊərəsɪl/ n. uracile m.

uraemia BE, **uremia** AE /jʊ'ri:mɪə/ ♦ ***11*** n. uremia f.

Ural /'jʊərəl/ n.pr. ***the ~s*** gli Urali.

uranate /'jʊərəneɪt/ n. uranato m.

urania /jʊ'reɪnɪə/ n. diossido m. di uranio, ossido m. di uranio.

Urania /jʊ'reɪnɪə/ n.pr. MITOL. Urania.

1.uranic /jʊə'rænɪk/ agg. MITOL. uranico, celeste.

2.uranic /jʊə'rænɪk/ agg. uranico; ~ ***acid*** acido uranico.

uranide /'jʊərənaɪd/ n. uranide m.

uranium /jʊ'reɪnɪəm/ **I** n. uranio m. **II** modif. [*reserves, producer*] di uranio.

uranium series /jʊ'reɪnɪəmˌsɪəri:z/ n. famiglia f. dell'uranio.

uranographic(al) /ˌjʊərənə'græfɪk(l)/ agg. uranografico.

uranographist /ˌjʊərə'nɒgrəfɪst/ n. uranografo m. (-a).

uranography /ˌjʊərə'nɒgrəfɪ/ n. uranografia f.

uranophane /ˌjʊə'rænəfeɪn/ n. uranofane m.

uranotil(e) /ˌjʊə'rænətɪl/ n. → **uranophane**.

uranous /'jʊərənəs/ agg. uranoso.

Uranus /'jʊərənəs, jʊ'reɪnəs/ n.pr. **1** MITOL. Urano **2** ASTR. Urano m.

uranyl /'jʊərənɪl/ n. uranile m.

urate /'jʊreɪt/ n. urato m.

▶ **urban** /'3:bən/ agg. [*landscape, transport, area*] urbano; [*environment*] cittadino, di città; [*life, school*] di città; ~ ***dweller*** cittadino.

Urban /'3:bən/ n.pr. Urbano.

urban blight /ˌ3:bən'blaɪt/ n. degrado m. urbano.

urban conservation area /ˌ3:bənkɒnsə'veɪʃnˌeərɪə/ n. zona f. protetta, zona f. di interesse storico.

urban decay /ˌ3:bəndɪ'keɪ/ n. degrado m. urbano.

urban development zone /ˌ3:bəndɪ'veləpməntˌzəʊn/ n. area f. di sviluppo urbano.

Urban District Council /ˌ3:bənˌdɪstrɪkt'kaʊnsl/ n. GB consiglio m. di distretto urbano.

urbane /3:'beɪn/ agg. [*person*] sofisticato, raffinato; [*style*] raffinato; ***an ~ grace*** un certo savoir-faire.

urbanism /'3:bənɪzəm/ n. AE **1** *(way of life)* vita f. di città **2** *(urban studies)* urbanistica f.; *(town planning)* (pianificazione) urbanistica f.

urbanist /'3:bənɪst/ ♦ ***27*** n. AE urbanista m. e f.

urbanite /'3:bənaɪt/ n. AE RAR. cittadino m. (-a), abitante m. e f. di città.

urbanity /3:'bænətɪ/ **I** n. **1** *(courtesy)* urbanità f., cortesia f. **2** *(urban life)* vita f. di città **II urbanities** n.pl. modi m. urbani.

urbanization /ˌ3:bənaɪ'zeɪʃn, AE -nɪ'z-/ n. urbanizzazione f.

urbanize /'3:bənaɪz/ tr. urbanizzare [*areas*]; ***to become ~d*** [*person*] acquisire modi cittadini.

urban legend /ˌ3:bən'ledʒənd/ n. AE → **urban myth**.

urban myth /ˌ3:bən'mɪθ/ n. leggenda f. metropolitana.

urban planner /ˌ3:bən'plænə(r)/ ♦ ***27*** n. urbanista m. e f.

urban planning /ˌ3:bən'plænɪŋ/ n. pianificazione f. urbanistica.

urban renewal /ˌ3:bənrɪ'nju:əl, AE -'nu:əl/ n. risanamento m. urbano.

urban sprawl /ˌ3:bən'sprɔ:l/ n. SPREG. *(phenomenon)* espansione f. urbana incontrollata; *(buildings)* agglomerato m. urbano.

urban studies /ˌ3:bən'stʌdi:z/ n.pl. urbanistica f.sing.

urchin /'3:tʃɪn/ **I** n. **1** *(animal)* riccio m. di mare **2** *(mischievous child)* monello m. (-a); ***street*** ~ scugnizzo, monello di strada **II** modif. [*smile, haircut*] da monello.

urea /'jʊərɪə, AE 'jʊrɪə/ n. urea f.

urease /'jʊərɪeɪz/ n. ureasi f.

ureic /jʊə'ri:ɪk/ agg. ureico.

uremia AE → **uraemia**.

ureter /jʊə'ri:tə(r)/ n. uretere m.

ureteral /jʊə'ri:tərəl/ agg. ureterale.

urethra /jʊə'ri:θrə/ n. uretra f.

urethral /jʊə'ri:θrəl/ agg. uretrale.

urethritis /ˌjʊərə'θraɪtɪs/ ♦ ***11*** n. uretrite f.

urethroscopy /ˌjʊərə'θrɒskəpɪ/ n. uretroscopia f.

urethrotomy /ˌjʊərə'θrɒtəmɪ/ n. uretrotomia f.

uretic /jʊə'retɪk/ agg. urinario.

▶ **1.urge** /3:dʒ/ n. **1** *(strong impulse)* forte slancio m., forte spinta f.; ***to feel*** o ***have an ~ to do*** essere preso dalla voglia di fare **2** *(sexual)* pulsione f. sessuale, desiderio m.

▶ **2.urge** /3:dʒ/ tr. **1** *(encourage)* raccomandare [*caution, restraint*]; incoraggiare, esortare a [*resistance*]; ***to ~ sb. to do*** incoraggiare qcn. a fare; *(stronger)* spingere *o* sollecitare *o* spronare qcn. a fare; ***we ~d her to go to the police*** abbiamo insistito con lei affinché andasse dalla polizia; ***I ~d them not to go*** li ho pregati di non andare; ***to ~ that sth. (should) be done*** insistere affinché venga fatto qcs.; ***"go and ask him again," she ~d*** "vai da lui e chiediglielo di nuovo", insistette; ***to ~ patience on sb.*** raccomandare a qcn. di avere pazienza; ***to ~ restraint on sb.*** invitare qcn. a usare moderazione; ***they needed no urging*** non fu necessario insistere con loro **2** *(goad)* spronare [*horse*]; fare procedere [*herd*]; ***he ~d the sheep through the gate*** ha fatto passare le pecore dal cancello.

■ **urge on:** ~ ***on [sb.]***, ~ ***[sb.] on*** **1** *(encourage)* incoraggiare, incitare [*person, team etc.*]; ***to ~ sb. on to do*** incitare qcn. a fare **2** *(make go faster)* spronare [*horse*]; fare procedere [*herd, crowd*].

▷ **urgency** /'3:dʒənsɪ/ n. *(of situation, appeal, request)* urgenza f.; *(of voice, tone)* premura f.; ***a matter of ~*** una questione molto urgente; ***to do sth. as a matter of ~*** fare qcs. d'urgenza; ***there's no ~*** non è (una cosa) urgente; ***there was a note of ~ in his voice*** dal suo tono si capiva che aveva urgenza.

▷ **urgent** /'3:dʒənt/ agg. **1** *(pressing)* [*case, demand*] urgente, pressante; [*need, message, letter*] urgente; [*meeting, investigation, measures*] d'urgenza; ***to be in ~ need of*** avere un bisogno urgente di *o* avere urgentemente bisogno di; ***it is ~ that you (should) leave as soon as possible*** è necessario che ve ne andiate il più presto possibile; ***it is most ~ that we (should) find a solution*** è necessario trovare una soluzione al più presto; ***it's ~!*** è urgente! ***it requires your ~ attention*** richiede la vostra immediata attenzione **2** *(desperate)* [*plea, entreaty, request, tone, voice*] insistente.

▷ **urgently** /'3:dʒəntlɪ/ avv. [*request*] con urgenza; [*plead*] con insistenza; ***books are ~ needed*** c'è urgente bisogno di libri.

urging /'3:dʒɪŋ/ n. sollecitazione f., incitamento m.; ***to do sth. at sb.'s ~*** fare qcs. su insistenza di qcn.

Uriah /jʊə'raɪə/ n.pr. Uria.

uric /'jʊərɪk/ agg. urico.

uricaemia BE, **uricemia** AE /jʊərɪ'si:mɪə/ n. uricemia f.

uricase /'jʊərɪkeɪz/ n. uricasi f., uricossidasi f.

uridine /'jʊərɪdi:n/ n. uridina f.

Uriel /'jʊərɪəl/ n.pr. Uriel (nome di uomo).

urinal /jʊə'raɪnl, 'jʊərɪnl/ n. *(place)* orinatoio m.; *(chamber pot)* orinale m.

urinalysis /jʊərɪ'næləsɪs/ n. (pl. **-es**) esame m. dell'urina.

urinary /'jʊərɪnərɪ, AE -nerɪ/ agg. urinario.

urinate /'jʊərɪneɪt/ intr. orinare.

urination /jʊərɪ'neɪʃn/ n. orinazione f., minzione f.

▷ **urine** /'jʊərɪn/ n. urina f.

uriniferous /jʊərɪ'nɪfərəs/ agg. urinifero.

urinogenital /ˌjʊərɪnəʊ'dʒenɪtl/ agg. urogenitale.

urinous /'jʊərɪnəs/ agg. urinoso.

URL n. (⇒ uniform resource locator localizzatore standard di una risorsa) URL m.

urn /3:n/ n. *(ornamental)* urna f.; *(for ashes)* urna f. (funeraria); *(for tea, coffee)* distributore m. di tè o caffè.

urobilin /ˌjʊərəʊ'baɪlɪn/ n. urobilina f.

urochrome /'jʊərəʊkrəʊm/ n. urocromo m.

urogenital /ˌjʊərə'dʒenɪtl/ agg. urogenitale.

urography /jʊə'rɒgrəfɪ/ n. urografia f.

urokinase /ˌjʊərəʊ'kaɪneɪs/ n. urochinasi f.

urological /ˌjʊərə'lɒdʒɪkl/ agg. urologico.

urologist /jʊə'rɒlədʒɪst/ ♦ ***27*** n. urologo m. (-a).

urology /jʊə'rɒlədʒɪ/ n. urologia f.

uroscopy /jʊə'rɒskəpɪ/ n. uroscopia f.

urotropin /ˌjʊərəʊ'trəʊpɪn/ n. urotropina f.

Ursa Major /ˌ3:sə'meɪdʒə(r)/ n.pr. Orsa f. Maggiore.

Ursa Minor /ˌ3:sə'maɪnə(r)/ n.pr. Orsa f. Minore.

ursine /'3:saɪn/ agg. orsino.

urson /'3:sn/ n. ursone m.

Ursula /'3:sjʊlə, AE '3:sələ/ n.pr. Ursula, Orsola.

Ursuline /'3:sjʊlaɪn, -lɪn, AE '3:sə-/ **I** n. orsolina f. **II** agg. delle Orsoline.

urticaria /ˌ3:tɪ'keərɪə/ ♦ ***11*** n. orticaria f.

urticarial /3:tɪ'keərɪəl/ agg. orticarico.

urticate /'3:tɪkeɪt/ **I** tr. *(beat)* colpire con ortiche; *(flagellate)* flagellare **II** intr. *(sting)* pungere; FIG. *(irritate)* irritare.

Uruguay /'jʊərəgwaɪ/ ◆ *6* n.pr. Uruguay m.; ***to*** ~ in Uruguay.

Uruguayan /ˌjʊərə'gwaɪən/ ◆ *18* **I** agg. uruguaiano **II** n. uruguaiano m. (-a).

▶ **us** /*forma debole* əs, *forma forte* ʌs/ Us can be translated in Italian by *ci* and *noi*. - When used as an object pronoun (both direct and indirect), *us* is translated by *ci*. Note that the object pronoun normally comes before the verb in Italian: *they know us* = ci conoscono; *they have already seen us* = ci hanno già visti; *she has given us a book* = ci ha dato un libro. In imperatives (and other non-finite forms), however, *ci* comes after the verb and is joined to it to form a single word: *help us!* = aiutateci! *phone us!* telefonateci! - When the direct object pronoun is used in emphasis, *us* is translated by *noi* which comes after the verb: *you should help us, not them* = dovreste aiutare noi, non loro. - The usual object pronoun *ci* becomes *ce* when another pronoun is present as well: compare *he wrote to us* = ci ha scritto and *he wrote that to us* = ce lo ha scritto lui (or: ce l'ha scritto lui). - After prepositions, the translation is *noi*: *she did it for us* = l'ha fatto per noi; *they told us, not her* = l'hanno detto a noi, non a lei. - Remember that a verb followed by a particle or a preposition in English may correspond to a verb followed by a direct object in Italian, and vice versa, e.g. *to look at somebody* vs guardare qualcuno and *to distrust somebody* vs dubitare di qualcuno: *they are looking at us* = ci stanno guardando; *they distrust us* = dubitano di noi. - When *us* is used after *as* or *than* in comparative clauses, it is translated by *noi*: *he's as poor as us* = è povero come noi; *she's younger than us* = è più giovane di noi. - Note that in compound tenses like the present perfect and the past perfect, the past participle of the verb agrees with the direct object pronoun: *he's seen us* (male speaker or female speaker in a mixed group) = ci ha visti; *he's seen us* (female speaker in a group of women) = ci ha viste; in everyday Italian, however, the invariable masculine form is often used: ci ha visto. - After the verb *to be*, *noi* is used in Italian: *it's us* = siamo noi. - For expressions with *let us* or *let's* see the entry **2.let**. - For particular usages see the entry below. pron. **1** *(direct object)* ci, noi; ***they know*** ~ ci conoscono; ***they know*** ~, ***not our wives*** conoscono noi, non le nostre mogli; ***let*** ~ ***go*** lasciaci andare **2** *(indirect object)* ci, a noi; ***he gave*** ~ ***the book*** ci ha dato il libro; *(emphatic)* ha dato il libro a noi; ***give*** ~ ***a hand, will you?*** COLLOQ. ti va di darmi una mano? ***oh give*** ~ ***a break!*** COLLOQ. e lasciami un po' stare! ***give*** ~ ***a look!*** COLLOQ. fa' un po' vedere! **3** *(after preposition)* noi; ***he did it for*** ~ l'ha fatto per noi; ***he came with*** ~ è venuto con noi; ***both of*** ~ entrambi; ***both of*** ~ ***like Oscar Wilde*** Oscar Wilde piace a entrambi; *(more informally)* Oscar Wilde piace a tutti e due; ***some of*** ~ alcuni di noi; ***none of*** ~ nessuno di noi; ***every single one of*** ~ ciascuno di noi; ***she's one of*** ~ lei è dei nostri **4** COLLOQ. ***it's*** ~ siamo noi; ***she's younger than*** ~ è più giovane di noi; ***he doesn't like*** ~ ***going out every night*** non gli piace che usciamo tutte le sere.

US **I** n.pr. (⇒ United States Stati Uniti) USA m.pl. **II** agg. statunitense.

USA ◆ *6* n.pr. **1** (⇒ United States of America Stati Uniti d'America) USA m.pl. **2** (⇒ United States Army) = esercito statunitense.

usable /'juːzəbl/ agg. utilizzabile; ***no longer*** ~ non più utilizzabile.

USAF n. US (⇒ United States Air Force) = aeronautica statunitense.

▷ **usage** /'juːsɪdʒ, 'juːzɪdʒ/ n. **1** *(custom)* uso m., usanza f. **2** LING. uso m.; ***in*** ~ nell'uso **3** *(way sth. is used)* impiego m., modo m. di usare **4** *(amount used)* consumo m.

usance /'juːzns/ n. ANT. scadenza f., termine m.

USCG n. US (⇒ United States Coast Guard) = *(body)* guardia costiera degli Stati Uniti.

USDA n. US (⇒ United States Department of Agriculture) = ministero dell'agricoltura.

USDAW /'ʌzdɔː/ n. GB (⇒ Union of Shop, Distributive and Allied Workers) = sindacato dei commercianti, distributori e lavoratori associati.

▶ **1.use** /juːs/ n. **1 U** *(act of using) (of substance, object, machine)* uso m. (**of** di), impiego m. (**of** di); *(of word, expression, language)* uso m. (**of** di); ***the*** ~ ***of force*** l'uso della forza; ***the*** ~ ***of diplomacy*** il ricorso alla diplomazia; ***the*** ~ ***of sth. as, for sth.*** l'utilizzo di qcs. come, per qcs.; ***for*** ~ ***as, in*** da essere utilizzato come, in; ***for the*** ~ ***of sb.*** *(customer, staff)* riservato a qcn.; ***for*** ~ ***by sb.*** *(customer, staff)* a uso di qcn.; ***for my own*** ~ per il mio uso personale; ***to make*** ~ ***of sth.*** usare *o* utilizzare qcs., fare uso di qcs.; ***to make good*** ~ ***of sth.*** fare buon uso di qcs.; ***to make better*** ~ ***of sth.*** fare un uso migliore di qcs.; ***to make the best*** ~ ***of sth.*** fare l'uso migliore di qcs.; ***to get*** o ***have good*** o ***a lot of*** ~ ***out of sth.*** sfruttare molto qcs.; ***to put sth. to good*** ~ fare buon uso di qcs. *o* impiegare bene qcs.; ***the car, machine gets regular*** ~ l'auto, la macchina viene usata regolarmente; ***the room, photocopier is in*** ~ ***at the moment*** la stanza, fotocopiatrice è occupata al momento; ***while the machine is in*** ~ mentre la macchina è in funzione; ***for external*** ~ ***only*** FARM. per uso esterno; ***a word in common*** o ***general*** ~ una parola d'uso corrente; ***out of*** o ***no longer in*** ~ [*machine*] *(broken)* guasto, fuori uso; *(because obsolete)* non più in uso; [*word, expression*] che non viene più usato, in disuso; ***worn with*** ~ logorato dall'uso; ***stained with*** ~ sporco per l'uso; ***this machine came into*** ~ ***in the 1950s*** questa macchina è stata introdotta negli anni '50; ***the bridge, new system comes into*** ~ ***next year*** il ponte, nuovo sistema entrerà in uso dal prossimo anno **2 C** *(way of using) (of resource, object, material)* utilizzo m., impiego m.; *(of term)* uso m.; ***the many*** ~***s of a hairpin*** i numerosi usi di una forcina; ***she has her*** ~***s*** ci può essere utile; ***to find a*** ~ ***for sth.*** trovare il modo di utilizzare qcs.; ***to have no further*** ~ ***for sth., sb.*** non avere più bisogno di qcs., qcn.; ***I've no*** ~ ***for that sort of talk*** FIG. non sopporto quel modo di parlare **3 U** *(right to use)* ***to have the*** ~ ***of*** avere l'uso di [*house, garden, kitchen*]; avere il permesso di usare [*car*]; ***to let sb. have the*** ~ ***of sth.*** permettere a qcn. di usare qcs.; ***to lose, still have the*** ~ ***of one's legs*** perdere, avere ancora l'uso delle gambe; ***with*** ~ ***of*** con uso di [*kitchen, bathroom*] **4 U** *(usefulness)* ***to be of*** ~ essere utile (**to** a); ***to be (of) no*** ~ [*object*] non servire a niente *o* essere inutile; [*person*] non essere buono a niente; ***to be (of) no*** ~ ***to sb.*** [*object*] non essere di nessuna utilità per qcn.; [*person*] non essere di nessun aiuto a qcn.; ***he's no*** ~ ***at cards*** COLLOQ. come giocatore di carte non vale niente; ***what*** ~ ***is a wheel without a tyre?*** a che serve una ruota senza pneumatico? ***what's the*** ~ ***of crying?*** a cosa serve piangere? ***oh, what's the*** ~***?*** oh, tanto a che serve? ***is it any*** ~ ***asking him?*** vale la pena chiederglielo? ***it's no*** ~ ***asking me*** è inutile chiederlo a me; ***it's no*** ~ ***(he won't listen)*** è inutile (tanto non sta a sentire); ***it's no*** ~***, we'll have to start*** niente da fare, dobbiamo cominciare.

▶ **2.use** /juːz/ **I** tr. **1** *(employ)* usare [*object, car, room, money, tool, telephone, word, expression*]; usare, utilizzare [*method, technique*]; usare, servirsi di [*language, metaphor*]; sfruttare [*opportunity*]; usare, fare ricorso a [*blackmail, force, power*]; usare, sfruttare [*knowledge, information, talent, influence*]; ***to*** ~ ***sth., sb. as sth.*** servirsi di qcs., qcn. come qcs.; ***to*** ~ ***sth. for sth., to do*** usare qcs. per qcs., per fare; ***to be*** ~***d for sth., to do*** venire usato per qcs., per fare; ***we only*** ~ ***local suppliers*** ci serviamo esclusivamente da fornitori locali; ***somebody's using the toilet*** il bagno è occupato; ***can I*** ~ ***you*** o ***your name as a reference?*** posso usare il tuo nome per le referenze? ***to*** ~ ***one's initiative*** fare di propria iniziativa; ~ ***your initiative!*** un minimo d'iniziativa! ~ ***your head*** o ***loaf!*** COLLOQ. usa la testa! ***I could*** ~ ***a drink, bath!*** berrei volentieri qualcosa, farei volentieri un bagno! **2** (anche ~ **up**) *(consume)* consumare [*fuel, food*]; ***he's*** ~***d all the water*** ha finito l'acqua; ~ ***the left-overs*** finisci gli avanzi **3** *(exploit)* SPREG. servirsi di [*person*] **4** *(take habitually)* prendere, fare uso di [*drugs*] **5** ANT. *(treat)* ***to*** ~ ***sb. well*** trattare bene qcn.; ***to*** ~ ***sb. ill*** trattare male *o* maltrattare qcn. **II** intr. *(take drugs)* drogarsi.

■ **use up:** ~ ***[sth.]*** ***up***, ~ ***up*** ***[sth.]*** finire [*remainder, food, money, savings*]; esaurire [*supplies, fuel, energy*].

use-by date /'juːzbaɪˌdeɪt/ n. data f. di scadenza.

▶ **1.used** /juːst/ To translate *used to* + verb, use the imperfect tense of the verb in Italian: *he used to live in York* = abitava a York. - To stress that something was done repeatedly, you can use the verb *solere* (which is, however, uncommon) or the expressions *essere solito, avere l'abitudine di*: *she used to go out for a walk in the afternoon* = soleva / era solita / aveva l'abitudine di uscire a fare una passeggiata di pomeriggio. - To emphasize a contrast between past and present, you can use *un tempo* or *una volta*: *I used to love sport* = amavo lo sport un tempo. - For more examples and particular usages, see the entry below. mod. ***I*** ~ ***to do*** ero solito fare *o* avevo l'abitudine di fare; ***what*** ~ ***he to look like then?*** che aspetto aveva a quei tempi? ***he*** ~ ***not, didn't use to smoke*** non fumava; ***she*** ~ ***to smoke, didn't she?*** una volta fumava, vero? ***she doesn't smoke now, but she*** ~ ***to*** adesso non fuma più, ma una volta fumava; ***it*** ~ ***to be thought that*** una volta si pensava che; ***there*** ~ ***to be a pub here*** una volta qui c'era un pub; ~ ***there not to be a pub here?*** una volta non c'era un pub qui?

▶ **2.used** /juːst/ agg. *(accustomed)* ***to be*** ~ ***to sth.*** essere abituato a qcs.; ***I'm not*** ~ ***to this sort of treatment*** non sono abituato ad essere trattato in questo modo; ***to be*** ~ ***to sb.*** essere abituato a qcn.; ***to get*** ~ ***to*** [*person, eyes, stomach*] abituarsi a; ***to be*** ~ ***to doing*** essere abituato a fare; ***to get*** ~ ***to doing*** abituarsi a fare; ***she's been*** ~ ***to***

having her own office è sempre stata abituata ad avere il proprio ufficio; ***to be ~ to sb. doing*** essere abituato che qcn. faccia; ***I'm not ~ to it*** non ci sono abituato; ***you'll get ~ to it*** ci farai l'abitudine *o* ti ci abituerai; ***it takes a bit, a lot of getting ~ to*** ci vuole un po', ci vuole molto per farci l'abitudine.

3.used /ˈjuːzd/ **I** p.pass. → **2.use II** agg. [*car*] usato, di seconda mano; [*container*] vuoto; [*crockery, cutlery*] sporco; [*condom*] usato.

▶ **useful** /ˈjuːsfl/ agg. **1** *(helpful)* [*object, information, book, work, contact*] utile; [*discussion, meeting*] utile, proficuo; ***~ for doing*** utile per fare; ***to be ~ to sb.*** essere utile a qcn.; ***it is ~ to do*** è utile fare; ***to make oneself ~*** rendersi utile **2** BE COLLOQ. *(competent)* [*footballer, cook etc.*] capace; ***to be ~ with a gun, paintbrush*** saperci fare con la pistola, con il pennello; ***to be ~ at cooking, football*** saperci fare in cucina, con il pallone.

usefully /ˈjuːsfəlɪ/ avv. vantaggiosamente.

usefulness /ˈjuːsflnɪs/ n. utilità f.

▷ **useless** /ˈjuːslɪs/ agg. **1** *(not helpful)* [*object, machine, information*] inutile; ***it's ~ to do*** o ***doing*** è inutile fare *o* non serve a niente fare **2** *(not able to be used)* [*object, limb*] inutilizzabile **3** BE COLLOQ. *(incompetent)* [*person*] incapace, incompetente; ***to be ~ at sth., doing*** essere un disastro a qcs., quando si tratta di fare; ***he's a ~ cook, driver*** non vale niente come cuoco, autista.

uselessly /ˈjuːslɪslɪ/ avv. inutilmente.

uselessness /ˈjuːslɪsnɪs/ n. **1** *(lack of practical use) (of object, machine, effort, information)* inutilità f. **2** BE COLLOQ. *(incompetence) (of person)* incompetenza f.

usen't /ˈjuːsnt/ BE ANT. contr. used not.

▶ **1.user** /ˈjuːzə(r)/ n. **1** *(person who makes use of) (of road, public transport, computer, machine)* utente m. e f.; *(of electricity)* consumatore m. (-trice); *(of product, service)* fruitore m. (-trice); *(of book)* lettore m. (-trice); *(of credit card)* titolare m. e f.; ***road ~*** utente della rete stradale; ***dictionary ~*** utente di un dizionario; ***library ~*** utente di una biblioteca **2** (anche **drug ~**) tossicodipendente m. e f., drogato m. (-a); ***cocaine ~*** cocainomane; ***heroin ~*** eroinomane **3** AE *(exploiter)* sfruttatore m. (-trice).

2.user /ˈjuːzə(r)/ n. godimento m. continuato di un diritto, esercizio m. continuato di un diritto.

user-defined key /ˌjuːzədɪˌfaɪndˈkiː/ n. INFORM. tasto m. definito dall'utente.

user friendliness /ˌjuːzəˈfrendlɪnɪs/ n. accessibilità f., facilità f. d'uso (anche INFORM.).

user-friendly /ˌjuːzəˈfrendlɪ/ agg. facile da usare, accessibile (anche INFORM.).

user group /ˈjuːzəgruːp/ n. gruppo m. di utenti.

user interface /ˌjuːzərˈɪntəfeɪs/ n. INFORM. interfaccia f. utente.

username /ˈjuːzəˌneɪm/ n. nome m. utente.

USES n. US (⇒ United States Employment Service) = agenzia nazionale di collocamento.

U-shaped /ˈjuːʃeɪpt/ agg. a (forma di) U.

▷ **1.usher** /ˈʌʃə(r)/ ♦ *27* n. *(at function, lawcourt)* usciere m.; *(in theatre)* maschera f.; *(in church)* = persona che accompagna i fedeli al loro posto.

2.usher /ˈʌʃə(r)/ tr. accompagnare, fare strada a; ***to ~ sb. in, out*** fare entrare, uscire qcn.; ***to ~ sb. to the door*** accompagnare qcn. alla porta.

■ **usher in:** *~ in [sth.]* inaugurare [*era*]; dare inizio a [*negotiations*]; introdurre [*scheme, reforms*].

usherette /ˌʌʃəˈret/ ♦ *27* n. maschera f.

USIA n. US (⇒ United States Information Agency) = agenzia di propaganda filoamericana.

USM n. **1** US (⇒ United States Mint) = zecca degli Stati Uniti **2** (⇒ underwater to surface missile) = missile da sottosuperficie a superficie.

USMC n. US (⇒ United States Marine Corps) = corpo dei marines degli Stati Uniti.

USN n. US (⇒ United States Navy) = marina militare statunitense.

USNG n. US (⇒ United States National Guard) = guardia nazionale degli Stati Uniti.

USO n. US (⇒ United Service Organizations) = centro di accoglienza per i militari americani.

USP n. (⇒ unique selling proposition) = offerta unica di vendita.

USPS n. US (⇒ United States Postal Service) = servizi postali degli Stati Uniti.

USS n. AE **1** (⇒ United States Ship) = nave da guerra americana **2** US (⇒ United States Senate) Senato degli Stati Uniti.

USSR ♦ *6* n.pr. STOR. (⇒ Union of Soviet Socialist Republics Unione delle Repubbliche Socialiste Sovietiche) URSS f.

▶ **usual** /ˈjuːʒl/ **I** agg. [*attitude, behaviour, route, place, time*] solito; [*form, procedure*] solito, consueto; [*word, term, problem*] comune; ***available at the ~ price*** disponibile al prezzo normale; ***roast beef with all the ~ trimmings*** un roast beef con i contorni tradizionali; ***it is ~ for sb. to do*** è normale per qcn. fare; ***they left earlier than was ~ for them*** se ne andarono prima del solito; ***it is ~ to do*** o ***the ~ practice is to do*** è normale fare; ***they did, said all the ~ things*** fecero, dissero le solite cose; ***she was her ~ cheerful self*** era allegra, come suo solito; ***as ~*** come al solito; ***"business as ~"*** "siamo aperti"; ***it was business as ~ at the school*** a scuola è andata come al solito; ***as ~ with such accidents*** come è normale in simili incidenti; ***as is ~ at this time of year, at these events*** come è normale in questo periodo dell'anno, durante eventi di questo tipo; ***more, less than ~*** più, meno del solito; ***he is better prepared than ~*** si è preparato meglio del solito; ***he is less awkward than ~*** è meno impacciato del solito; ***as ~ with Max, everything has to be perfect!*** come al solito con Max, deve essere tutto perfetto! **II** n. COLLOQ. ***the ~*** il solito; ***"what did he say?" - "oh, the ~"*** "che ha detto?" - "le solite cose"; ***your ~, sir?*** *(in bar)* (prende) il solito, signore?

▶ **usually** /ˈjuːʒəlɪ/ avv. di solito, solitamente, abitualmente; ***"does he eat here?" - "not ~"*** "mangia qui?" - "solitamente no"; ***more ~*** più spesso; ***he was more than ~ friendly*** era insolitamente gentile; ***I ~ arrive at seven*** di solito arrivo alle sette.

usufruct /ˈjuːzjuːfrʌkt/ n. DIR. usufrutto m.

usufructary /ˈjuːzjuːfrʌktrɪ, AE -terɪ/ **I** n. DIR. usufruttuario m. (-a) **II** agg. usufruttuario; ***~ right*** usufrutto.

usurer /ˈjuːʒərə(r)/ n. usuraio m. (-a).

usurious /juːˈʒʊərɪəs/ agg. FORM. usuraio, da usuraio.

usurp /juːˈzɜːp/ tr. usurpare [*role, throne, authority, rights*].

usurpation /ˌjuːzəˈpeɪʃn/ n. FORM. usurpazione f.

usurper /juːˈzɜːpə(r)/ n. usurpatore m. (-trice).

usurping /juːˈzɜːpɪŋ/ agg. usurpativo.

usury /ˈjuːʒərɪ/ n. ECON. usura f.

ut /ʌt/ n. ut m.

UT US ⇒ Utah Utah.

Utah /ˈjuːtɑː/ ♦ *24* n.pr. Utah m.

ute /juːt/ n. AUSTRAL. COLLOQ. *(vehicle)* pick-up m.

utensil /juːˈtensl/ n. utensile m., arnese m.

uteri /ˈjuːtəraɪ/ → **uterus**.

uterine /ˈjuːtəraɪn/ agg. uterino.

uterus /ˈjuːtərəs/ n. (pl. **-i**) utero m.

Uther /ˈjuːθə(r)/ n.pr. Uther (nome di uomo).

utilitarian /ˌjuːtɪlɪˈteərɪən/ **I** n. FILOS. utilitarista m. e f. **II** agg. **1** FILOS. [*doctrine, ideal*] utilitaristico **2** *(practical)* [*vehicle*] utilitario; [*object, building*] funzionale; [*clothing*] pratico.

utilitarianism /ˌjuːtɪlɪˈteərɪənɪzəm/ n. FILOS. utilitarismo m.

▷ **utility** /juːˈtɪlətɪ/ **I** n. **1** *(usefulness)* utilità f. **2** (anche **public ~**) *(service)* servizio m. di pubblica utilità **3** INFORM. utility f. **II utilities** n.pl. AE titoli m. delle aziende di servizio pubblico **III** modif. **1** *(functional)* [*object*] multiuso; ***~ vehicle*** o ***truck*** pick-up, furgoncino; ***sport ~ vehicle*** sport utitity **2** *(multi-skilled)* [*player*] jolly **3** AGR. [*breed, animal*] da ingrasso.

utility bond /juːˈtɪlətɪˌbɒnd/ n. = obbligazione emessa da una società di servizi pubblici.

utility car /juːˈtɪlətɪˌkɑː(r)/ n. utilitaria f.

utility company /juːˈtɪlətɪˌkʌmpənɪ/ n. società f. di servizi pubblici.

utility furniture /juːˈtɪlətɪˌfɜːnɪtʃə(r)/ n. BE mobilio m. in serie (fabbricato durante la seconda guerra mondiale).

utility programme BE, **utility program** AE /juːˈtɪlətɪˌprəʊgræm, AE -grəm/ n. INFORM. programma m. di utilità.

utility room /juːˈtɪlətɪˌrʊːm, -ˌruːm/ n. = lavanderia.

utilizable /ˈjuːtəlaɪzəbl/ agg. utilizzabile.

utilization /ˌjuːtəlaɪˈzeɪʃn, AE -lɪˈz-/ n. utilizzazione f., utilizzo m.

▷ **utilize** /ˈjuːtəlaɪz/ tr. utilizzare [*object, materials*]; usare [*idea*]; sfruttare, utilizzare [*resource*].

utmost /ˈʌtməʊst/ **I** n. ***to do*** o ***try one's ~ to come, help*** fare tutto il possibile per venire, per essere d'aiuto; ***to do sth. to the ~ of one's abilities*** fare qcs. al limite delle proprie capacità; ***at the ~*** al massimo; ***that's the ~ we can do*** è il massimo che possiamo fare **II** agg. **1** *(greatest)* [*caution, discretion, ease, secrecy*] massimo; [*limit*] estremo; ***with the ~ care*** con la massima cura; ***it is of the ~ importance that she should come*** è estremamente importante che lei venga; ***with the ~ haste*** con la massima urgenza **2** *(furthest)* ***the ~ ends of the earth*** gli estremi confini della Terra.

Utopia /juːˈtəʊpɪə/ n. utopia f.

Utopian /juːˈtəʊpɪən/ **I** agg. [*plan, scheme etc.*] utopico, utopistico **II** n. utopista m. e f.

Utopianism /ju:ˈtəʊpɪənɪzəm/ n. utopismo m.
utopist /ju:ˈtəʊpɪst/ n. utopista m. e f.
utricle /ˈju:trɪkl/ n. otricolo m.
1.utricular /ju:ˈtrɪkjʊlə(r)/ agg. BOT. ANAT. otricolare.
2.utricular /ju:ˈtrɪkjʊlə(r)/ agg. MED. uterino.
utriculus /ju:ˈtrɪkjʊləs/ n. (pl. **-i**) otricolo m.
▷ **1.utter** /ˈʌtə(r)/ agg. [*failure, boredom, despair etc.*] totale; [*disaster*] completo; [*honesty, sincerity, amazement*] assoluto; [*scoundrel*] bell'e buono; [*stranger, fool*] perfetto; ***~ rubbish!*** scemenze!
2.utter /ˈʌtə(r)/ tr. **1** pronunciare, proferire [*word*]; pronunciare, lanciare [*curse*]; lanciare, cacciare [*cry*]; emettere [*sound*]; dare [*warning*]; ***I couldn't ~ a word*** non sono riuscito a dire neanche una parola **2** DIR. diffondere [*libel, slander*]; mettere in circolazione [*forged banknotes*].
utterable /ˈʌtərəbl/ agg. esprimibile, pronunciabile.
utterance /ˈʌtərəns/ n. **1** *(statement, remark)* discorso m., dichiarazione f.; ***public ~s*** dichiarazioni in pubblico **2** FORM. *(word)* parola f., cosa f. detta; *(of opinion)* espressione f.; ***to give ~ to*** dare espressione a *o* esprimere **3** LING. enunciato m.
utterer /ˈʌtərə(r)/ n. LING. enunciatore m. (-trice).
uttering /ˈʌtərɪŋ/ n. **1** *(of words)* espressione f.; *(of cries)* emissione f. **2** LING. enunciazione f.
▷ **utterly** /ˈʌtəlɪ/ avv. completamente; ***we ~ condemn this action*** noi condanniamo totalmente questa azione; ***I ~ detest her*** la detesto davvero.
uttermost /ˈʌtəməʊst/ ANT. → **utmost**.
U-turn /ˈju:tɜ:n/ n. inversione f. a U, conversione f. a U; FIG. voltafaccia m.; ***"no ~s"*** "vietata l'inversione di marcia"; ***to do a ~*** FIG. fare dietro front (**on** su).
UV agg. (⇒ ultraviolet ultravioletto) UV; [*light, ray, radiation*] UV.
uvanite /ˈju:vənaɪt/ n. uvanite f.
uvarovite /ju:ˈvɑ:rəvaɪt/ n. uvarovite f.
uvea /ˈju:vɪə/ n. uvea f.
uveitis /ju:vi:ˈaɪtɪs/ ♦ ***11*** n. uveite f.
UVF n. GB POL. (⇒ Ulster Volunteer Force) = organizzazione paramilitare di volontari dell'Irlanda del Nord che sostiene l'unione con il Regno Unito.
uvula /ˈju:vjʊlə/ n. (pl. **~s, -ae**) uvula f., ugola f.
uvular /ˈju:vjʊlə(r)/ agg. ANAT. FON. uvulare.
uxoricide /ʌkˈsɔ:rɪsaɪd/ n. **1** *(man)* uxoricida m. **2** *(murder)* uxoricidio m.
uxorious /ʌkˈsɔ:rɪəs/ agg. SCHERZ. o SPREG. [*husband*] succube della moglie.
uxoriousness /ʌkˈsɔ:rɪəsnɪs/ n. SCHERZ. o SPREG. (l')essere succube della moglie.
Uzbek /ˈʌzbek, ˈʊz-/ ♦ ***18, 14*** **I** agg. [*culture, land*] uzbeco, usbeco **II** n. **1** *(person)* uzbeco m. (-a), usbeco m. (-a) **2** LING. uzbeco m., usbeco m.
Uzbekistan /ˌʌzbekɪˈstɑ:n, ˌʊz-/ ♦ ***6*** n.pr. Uzbekistan m.

V

v, **V** /viː/ n. **1** *(letter)* v, V m. e f. **2 v** ⇒ versus contro (vs.) **3 v** (⇒ vide, letto **see**) vedi (v.).

1.VA n. US MIL. (⇒ Department of Veterans Affairs) = dipartimento che si occupa degli ex combattenti.

2.VA US ⇒ Virginia Virginia.

vac /væk/ n. BE COLLOQ. (accorc. vacation) vacanza f., vacanze f.pl.; ***the long*** ~ le vacanze estive.

vacancy /ˈveɪkənsɪ/ n. **1** *(free room)* camera f. libera; ***"vacancies"*** *(on sign)* "camere libere"; ***"no vacancies"*** "completo" **2** *(on campsite)* piazzola f. libera **3** *(unfilled job, place)* posto m. vacante; ***a ~ for an accountant*** un posto libero da contabile; ***to fill, create a*** ~ coprire un posto libero, liberare un posto (**for** per); ***to advertise a*** ~ fare pubblicare un'offerta di lavoro; ***"no vacancies"*** *(on sign)* = non ci sono posti di lavoro disponibili **4** *(dreaminess)* aria f. assente, trasognatezza f. **5** *(stupidity)* vacuità f., ottusità f.

vacancy rate /ˈveɪkənsɪˌreɪt/ n. = indice della disponibilità ricettiva di un'area turistica.

▷ **vacant** /ˈveɪkənt/ agg. **1** *(unoccupied)* [*flat*] libero, sfitto; [*seat, place, room, land*] libero; [*office*] vacante; *(on toilet door)* libero **2** *(available)* [*job, post*] vacante; ***to become*** o ***fall*** ~ liberarsi, diventare disponibile; ***"Situations ~"*** *(in newspaper)* "offerte di lavoro" **3** *(dreamy)* [*look, stare*] vacuo, assente; [*expression*] assente; [*face, smile*] inespressivo; ***he looks*** ~ ha l'aria assente; ***he gave me a ~ stare*** o ***look*** mi ha guardato con espressione assente **4** *(stupid)* vacuo, ottuso.

vacant lot /ˈveɪkəntˌlɒt/ n. AE terreno m. libero.

vacantly /ˈveɪkəntlɪ/ avv. **1** *(absently)* [*answer, stare*] con aria assente **2** *(stupidly)* [*smile, stare*] con aria idiota.

vacant possession /ˌveɪkəntpəˈzeʃn/ n. BE DIR. possesso m. immediato (di un immobile).

vacate /vəˈkeɪt, AE ˈveɪkeɪt/ tr. lasciare (libero) [*house, premises*]; dimettersi da, lasciare [*job*]; sgombrare [*room*]; liberare [*seat*].

▷ **1.vacation** /vəˈkeɪʃn, AE veɪ-/ **I** n. **1** UNIV. vacanze f.pl., periodo m. di chiusura; DIR. ferie f.pl. giudiziarie; ***the long*** ~ BE, ***the summer*** ~ le vacanze estive **2** AE vacanze f.pl., ferie f.pl.; ***on*** ~ in vacanza *o* in ferie; ***to take a*** ~ prendersi una vacanza; ***during*** o ***over*** o ***in the*** ~ durante le vacanze; ***did you have a good ~?*** hai passato delle buone vacanze? **II** modif. [*date, course*] delle vacanze; [*job, trip*] fatto durante le vacanze.

2.vacation /vəˈkeɪʃn, AE veɪ-/ intr. AE andare in vacanza; ***they're ~ing in Miami*** sono in vacanza a Miami.

vacationer /vəˈkeɪʃənə(r), AE veɪ-/ n. AE vacanziere m. (-a).

vacationing /vəˈkeɪʃnɪŋ, AE veɪ-/ agg. AE ~ ***population*** il popolo dei vacanzieri, i vacanzieri.

vaccinal /ˈvæksɪnl/ agg. vaccinico.

vaccinate /ˈvæksɪneɪt/ tr. vaccinare (**against** contro).

▷ **vaccination** /ˌvæksɪˈneɪʃn/ **I** n. vaccinazione f. (**against, for** contro); ***polio, smallpox*** ~ (vaccinazione) antipolio, antivaiolosa; ***to have a*** ~ farsi vaccinare **II** modif. [*clinic*] in cui si fanno vaccinazioni; [*programme, campaign*] di vaccinazione.

vaccinator /ˌvæksɪˈneɪtə(r)/ n. *(person)* vaccinatore m. (-trice); *(instrument)* vaccinatore m.

▷ **vaccine** /ˈvæksiːn, AE vækˈsiːn/ n. vaccino m. (**against, for** contro); ***tetanus, polio*** ~ vaccino antitetanico, antipolio.

vaccinia /vækˈsɪnɪə/ n. vaiolo m. vaccino.

vacillate /ˈvæsəleɪt/ intr. tentennare (**between** tra; **over** su).

vacillating /ˈvæsəleɪtɪŋ/ agg. tentennante.

vacillation /ˌvæsəˈleɪʃn/ n. tentennamento m., esitazione f.

vacillatory /ˈvæsəleɪtrɪ, AE -tɔːrɪ/ agg. vacillante.

vacuity /vəˈkjuːətɪ/ n. FORM. **1** *(inanity)* vacuità f. **2** *(empty space)* vuoto m.

vacuolar /ˈvækjʊələ(r)/ agg. vacuolare.

vacuolate(d) /ˈvækjʊəleɪt(ɪd)/ agg. vacuoloso.

vacuole /ˈvækjʊəʊl/ n. vacuolo m.

vacuous /ˈvækjʊəs/ agg. FORM. [*person*] vuoto; [*look, expression*] vacuo; [*optimism, escapism*] fatuo.

vacuously /ˈvækjʊəslɪ/ avv. in modo vacuo.

vacuousness /ˈvækjʊəsnɪs/ n. vacuità f.

▷ **1.vacuum** /ˈvækjʊəm/ n. **1** FIS. vuoto m.; ***partial*** ~ vuoto parziale; ***to create a*** ~ fare il vuoto; ***to observe an effect in a*** ~ osservare un effetto nel vuoto **2** *(lonely space)* vuoto m.; ***emotional, intellectual*** ~ vuoto affettivo, intellettuale; ***it left a ~ in our lives*** ha lasciato un grande vuoto nella nostra vita; ***I'm in a*** ~ ho la testa vuota **3** (anche ~ **cleaner**) aspirapolvere m. **4** (anche ~ **clean**) ***to give [sth.] a*** ~ dare una passata di aspirapolvere a [*sofa, carpet, room*].

▷ **2.vacuum** /ˈvækjʊəm/ tr. (anche ~ **clean**) passare l'aspirapolvere su [*carpet, upholstery*]; passare l'aspirapolvere in [*room, house*].

vacuum bottle /ˈvækjʊəmˌbɒtl/ n. AE → **vacuum flask**.

vacuum brake /ˈvækjʊəmˌbreɪk/ n. freno m. a depressione.

vacuum cleaner /ˈvækjʊəmˌkliːnə(r)/ n. aspirapolvere m.

vacuum flask /ˈvækjʊəmˌflɑːsk, AE -ˌflæsk/ n. t(h)ermos® m.

vacuum gauge /ˈvækjʊəmˌgeɪdʒ/ n. vacuometro m.

1.vacuum pack /ˌvækjʊəmˈpæk/ n. confezione f. sottovuoto.

2.vacuum pack /ˌvækjʊəmˈpæk/ tr. confezionare sottovuoto.

vacuum packed /ˌvækjʊəmˈpækt/ **I** p.pass. → **2.vacuum pack II** agg. (confezionato) sottovuoto.

vacuum pump /ˈvækjʊəmˌpʌmp/ n. pompa f. a vuoto.

vacuum seal /ˈvækjʊəmˌsiːl/ tr. sigillare sottovuoto.

vacuum sweeper /ˈvækjʊəmˌswiːpə(r)/ n. AE → **vacuum cleaner**.

vacuum tube /ˈvækjʊəmˌtjuːb, AE -ˌtuːb/ n. tubo m. a vuoto.

vade mecum /ˌvɑːdɪˈmeɪkʊm, ˌveɪdɪˈmiːkəm/ n. vademecum m.

vadose /ˈveɪdəʊs/ agg. vadoso.

vag /væg/ n. COLLOQ. (accorc. vagrant) vagabondo m. (-a).

1.vagabond /ˈvægəbɒnd/ **I** n. vagabondo m. (-a) **II** agg. vagabondo.

2.vagabond /ˈvægəbɒnd/ intr. ANT. vagabondare.

vagabondage /ˈvægəbɒndɪdʒ/ n. vagabondaggio m.

vagal /ˈveɪgl/ agg. vagale.

vagarious /vəˈgeərɪəs/ agg. capriccioso.

vagary /ˈveɪgərɪ/ n. FORM. ghiribizzo m.

vagi /ˈveɪgaɪ/ → **vagus**.

vagina /vəˈdʒaɪnə/ n. (pl. **~s, -ae**) vagina f.

vaginal /vəˈdʒaɪnl/ agg. vaginale; ~ ***discharge*** perdite.

vaginate /ˈvædʒɪnət/, **vaginated** /ˈvædʒɪneɪtɪd/ agg. invaginato.
vaginismus /vædʒɪˈnɪzməs/ n. vaginismo m.
vaginitis /vædʒɪˈnaɪtɪs/ ♦ *11* n. vaginite f.
vagotomy /veɪˈgɒtəmɪ/ n. vagotomia f.
vagrancy /ˈveɪgrənsɪ/ **I** n. vagabondaggio m. (anche DIR.) **II** modif. [*act, law*] contro il vagabondaggio.
vagrant /ˈveɪgrənt/ **I** n. vagabondo m. (-a) (anche DIR.) **II** agg. vagabondo (anche DIR.).
▷ **vague** /veɪg/ agg. **1** *(imprecise)* [*person, account, idea, memory, rumour, term*] vago **2** *(evasive)* ***to be ~ about*** essere vago su [*plans, intentions, past, role*] **3** *(distracted)* [*person, state, expression*] svagato; [*gesture*] distratto; ***to look ~*** avere l'aria svagata **4** *(faint, slight)* [*sound, smell, taste*] lieve; [*fear, embarrassment, disgust, unease*] vago; [*doubt*] leggero; ***a ~ sense of guilt*** un vago senso di colpa **5** *(unsure)* ***I am (still) a bit ~ about events*** non riesco ancora a ricostruire precisamente gli eventi; ***we're rather ~ about his plans*** abbiamo soltanto una vaga idea su quello che farà.
▷ **vaguely** /ˈveɪglɪ/ avv. **1** *(faintly)* [*sinister, amusing, classical*] vagamente; [*resemble*] vagamente; ***it feels ~ like a bee sting*** è una sensazione abbastanza simile alla puntura di un'ape; ***it seems ~ familiar*** ha un'aria vagamente familiare **2** *(slightly)* [*embarrassed, insulting, irritated*] leggermente **3** *(distractedly)* [*smile, gaze, say, gesture*] con aria distratta; [*wander, move about*] distrattamente **4** *(imprecisely)* [*remember, understand, imagine, reply*] vagamente; [*describe*] in modo vago; [*defined, formulated*] in modo impreciso.
vagueness /ˈveɪgnɪs/ n. **1** *(imprecision) (of wording, proposals)* nebulosità f.; *(of thinking)* vaghezza f.; *(of outline, image)* imprecisione f., vaghezza f. **2** *(absent-mindedness)* distrazione f.
vagus /ˈveɪgəs/ n. (pl. **-i**) (anche **~ nerve**) nervo m. vago.
vail /veɪl/ tr. ANT. abbassare (in segno di rispetto) [*head, eyes, weapons*]; togliersi (in segno di rispetto) [*hat*]; FIG. ***to ~ one's pride*** abbassare la cresta.
▷ **vain** /veɪn/ agg. **1** *(conceited)* vanitoso, borioso; ***to be ~ about sth.*** farsi vanto *o* vantarsi di qcs. **2** *(futile)* [*attempt, promise, hope*] vano; [*demonstration, show*] inutile; ***in a ~ attempt*** o ***effort to do*** nel vano tentativo di fare; ***in ~*** invano ♦ ***to take sb.'s name in ~*** SCHERZ. = sparlare di qcn.; ***to take God's name in ~*** pronunciare il nome di Dio invano.
vainglorious /ˌveɪnˈglɔːrɪəs/ agg. LETT. [*person*] vanaglorioso; [*boast, assessment, ambition*] presuntuoso, pieno di boria.
vaingloriousness /ˌveɪnˈglɔːrɪəsnɪs/, **vainglory** /ˌveɪnˈglɔːrɪ/ n. LETT. vanagloria f., vanità f.
vainly /ˈveɪnlɪ/ avv. **1** *(in vain)* [*try, wait, struggle*] invano, vanamente **2** *(conceitedly)* [*look, stare*] in modo presuntoso; [*admire oneself*] vanitosamente, con vanità.
vair /veə(r)/ n. *(fur, heraldic representation)* vaio m.
valance /ˈvæləns/ n. *(on bed base)* balza f.; *(round canopy)* lambrecchino m.; *(above curtains)* mantovana f.
valanced /ˈvælənst/ agg. [*bed base*] ornato con una balza; [*canopy*] ornato di lambrecchino; [*curtain*] provvisto di mantovana.
vale /veɪl/ n. LETT. valle f.; ***~ of tears*** valle di lacrime.
valediction /ˌvælɪˈdɪkʃn/ n. FORM. **1** *(farewell)* addio m. **2** *(farewell speech)* discorso m. d'addio; ***funeral ~*** orazione funebre.
valedictorian /ˌvælɪdɪkˈtɔːrɪən/ n. AE SCOL. UNIV. = studente incaricato di tenere il discorso di commiato.
valedictory /ˌvælɪˈdɪktərɪ/ agg. FORM. [*speech*] di commiato, di addio.
valence /ˈveɪləns/ n. CHIM. valenza f.
Valencia /vəˈlensɪə/ ♦ *34* n.pr. Valenzia f.; ***in ~*** a Valenzia.
Valencian /vəˈlensɪən/ **I** agg. [*custom, identity*] valenziano, di Valenzia **II** n. valenziano m. (-a).
valency /ˈveɪlənsɪ/ **I** n. CHIM. LING. valenza f. **II** modif. CHIM. [*electron*] di valenza; LING. [*grammar*] della dipendenza.
valentine /ˈvæləntaɪn/ n. **1** (anche **~ card**) valentina f., biglietto m. di san Valentino **2** *(sweetheart)* ***who is your ~?*** chi è il tuo innamorato? ***be my ~*** = formula con cui, il giorno di san Valentino, si accompagna lo scambio dei biglietti e dei regalini.
Valentine /ˈvæləntaɪn/ n.pr. Valentino.
Valentine('s) Day /ˈvæləntaɪn(z)ˌdeɪ/ n. San Valentino m.
valerate /ˈvælərət/ n. valerianato m.
valerian /vəˈlɪərɪən/ **I** n. BOT. FARM. valeriana f. **II** modif. [*flower, tablet*] di valeriana; [*mixture*] alla valeriana.
valerianic /vəlɪərɪˈænɪk/ agg. valerianico.
Valerie /ˈvælərɪ/ n.pr. Valeria.
Valerius /vəˈlɪərɪʊs/ n.pr. Valerio.
1.valet /ˈvælɪt, -leɪ/ ♦ *27* n. **1** *(employee)* cameriere m. (personale) **2** AE *(rack)* servo m. muto **3** AE *(at hotel, restaurant)* parcheggiatore m. (-trice).
2.valet /ˈvælɪt, -leɪ/ **I** tr. prendersi cura di [*clothes*]; pulire [*car interior*] **II** intr. fare da cameriere (personale).
valet parking /ˈvælɪtˌpɑːkɪŋ, -leɪ-/ n. = servizio (offerto da ristoranti e alberghi) che consiste nel mettere a disposizione un addetto al parcheggio dell'auto del cliente.
valet service /ˈvælɪtˌsɜːvɪs, -leɪ-/ n. **1** *(car-cleaning)* = servizio di pulitura dell'interno dell'auto **2** *(clothes repair)* servizio m. di pulitura e sartoria.
valetudinarian /ˌvælɪtjuːdɪˈneərɪən/ **I** n. FORM. valetudinario m.; SCHERZ. ipocondriaco m. (-a) **II** agg. FORM. valetudinario; SCHERZ. ipocondriaco.
valetudinarianism /ˌvælɪtjuːdɪˈneərɪənɪzəm/ n. FORM. = tendenza a essere cagionevole di salute; SCHERZ. ipocondria f.
valetudinary /vælɪˈtjuːdɪnrɪ, AE -nerɪ/ agg. → **valetudinarian**.
valgus /ˈvælgəs/ **I** agg. valgo **II** n. valgismo m.
Valhalla /vælˈhælə/ n.pr. Walhalla m.
valiance /ˈvælɪəns/, **valiancy** /ˈvælɪənsɪ/ n. *(bravery)* valore m., prodezza f.; *(act of bravery)* atto m. di valore, prodezza f.
valiant /ˈvælɪənt/ agg. [*soldier*] valoroso, prode; [*attempt*] coraggioso; ***to make a ~ attempt to do*** fare un coraggioso tentativo di fare; ***to make a ~ effort to smile*** sforzarsi coraggiosamente di sorridere; ***despite their ~ efforts*** nonostante tutti i loro coraggiosi sforzi.
valiantly /ˈvælɪəntlɪ/ avv. [*fight*] valorosamente; [*try*] coraggiosamente.
▷ **valid** /ˈvælɪd/ agg. **1** *(still usable)* [*passport, visa, licence, ticket, voucher, offer*] valido (**for** per) **2** *(well-founded, reasonable)* [*argument, excuse, method*] valido, convincente; [*reason*] valido; [*complaint, objection*] fondato; [*point, comment*] pertinente; [*comparison*] efficace **3** *(in law)* [*consent, defence*] valido **4** *(in logic)* [*inference, proposition*] valido.
▷ **validate** /ˈvælɪdeɪt/ tr. **1** avvalorare, convalidare [*claim, theory, conclusion*] **2** convalidare [*document, passport*].
▷ **validation** /ˌvælɪˈdeɪʃn/ n. *(of claim, theory, conclusion)* convalidazione f., conferma f.; *(of document, passport)* convalida f.
▷ **validity** /vəˈlɪdətɪ/ n. **1** DIR. *(of ticket, document, consent)* validità f. **2** *(of argument, excuse, method)* validità f.; *(of complaint, objection)* fondatezza f.
valine /ˈveɪliːn/ n. valina f.
valise /vəˈliːz, AE vəˈliːs/ n. ANT. valigetta f. da viaggio.
Valium® /ˈvælɪəm/ n. FARM. valium® m.
Valkyrie /vælˈkɪərɪ/ n.pr. valchiria f.
vallate /ˈvæleɪt/ agg. vallato.
▶ **valley** /ˈvælɪ/ n. vallata f.; *(smaller)* valle f.; ***the Thames ~*** la valle del Tamigi.
vallum /ˈvæləm/ n. vallo m.
valonia /vəˈləʊnɪə/ n. **1** *(tree)* (anche **~ oak**) vallonea f. **2** *(acorn)* ghianda f. di vallonea.
valor AE → **valour**.
valorization /vælərаɪˈzeɪʃn, AE -rɪˈz-/ n. valorizzazione f.
valorize /ˈvæləraɪz/ tr. valorizzare.
valorous /ˈvælərəs/ agg. LETT. valoroso.
valour BE, **valor** AE /ˈvælə(r)/ n. LETT. valore m., ardimento m.; ***for ~*** MIL. al valor militare ♦ ***discretion is the better part of ~*** PROV. = il coraggio non deve mai escludere la cautela.
valse /vɑːls, vɔːls/ n. valzer m.
▶ **valuable** /ˈvæljʊəbl/ agg. **1** [*commodity, asset*] prezioso, di valore; ***to be ~*** avere valore; ***a very ~ ring*** un anello di grande valore **2** [*advice, information, lesson, member*] prezioso; ***to be ~ in treating*** essere un prezioso rimedio nel trattamento di [*illness*].
valuables /ˈvæljʊəblz/ n.pl. oggetti m. di valore, valori m.; ***"do not leave ~ in your car"*** "non lasciate oggetti di valore nelle vetture".
valuation /ˌvæljʊˈeɪʃn/ n. *(of house, land, company)* valutazione f., stima f.; *(of antique, art)* expertise f., perizia f.; ***to have a ~ done on sth.*** fare valutare qcs.; ***a ~ of £ 50*** un valore stimato in 50 sterline; ***to take sb. at his own ~*** prendere qcn. per quello che vale.
valuator /ˈvæljʊeɪtə(r)/ ♦ *27* n. stimatore m. (-trice).
▶ **1.value** /ˈvæljuː/ n. **1** *(monetary worth)* valore m., prezzo m.; ***of little, great ~*** di poco, di grande valore; ***of no ~*** di nessun valore; ***to have a ~ of £ 5*** valere 5 sterline; ***it has a ~ of £ 50*** vale 50 sterline; ***to the ~ of*** per un valore di; ***40% by ~*** il 40% del valore reale; ***you can't put a ~ on loyalty*** la lealtà non ha prezzo **2** *(usefulness, general worth)* valore m.; ***to have*** o ***be of educational ~*** avere un valore educativo; ***to set great ~ on sth.*** dare un grande valore a qcs.; ***the ~ of sb. as*** il valore di qcn. come; ***the ~ of doing*** l'importanza di fare; ***sales were successful thanks to its novelty, entertainment ~*** le vendite sono state ottime grazie alla sua originalità, alla sua capacità di divertire **3** *(worth relative to cost)* ***to be good, poor ~***

essere, non essere conveniente *o* a buon prezzo; ***to be good ~ at £ 5*** essere un buon affare per 5 sterline; ***you get good ~ at Buymore*** puoi trovare dei prezzi convenienti da Buymore; ***he's always good ~ for satirists*** FIG. è sempre un ottimo bersaglio per gli scrittori satirici; ***the set menu offers good ~*** o ***~ for money*** il menu fisso è molto conveniente; ***to get ~ for money*** fare un buon affare; ***a ~-for-money product*** un prodotto che vale il suo prezzo **4** *(standards, ideals)* valore m., principio m.; ***puritan, family ~s*** valori puritani, familiari **5** MAT. MUS. LING. valore m.

▶ **2.value** /ˈvæljuː/ tr. **1** *(assess worth of)* valutare [*house, asset, company*]; periziare, fare un'expertise a [*antique, jewel, painting*]; ***to have sth. ~d*** fare valutare qcs.; ***to ~ sth. at £ 150*** valutare qcs. 150 sterline **2** *(esteem, appreciate)* stimare [*person*]; apprezzare [*friendship, help*]; tenere in considerazione [*advice, opinion*]; tenere a [*reputation, independence, life*]; ***to ~ sb. as a friend*** tenere all'amicizia di qcn.; ***if you ~ your freedom*** se tieni alla libertà.

value-added tax /ˌvæljuːˌædɪdˈtæks/ n. imposta f. sul valore aggiunto.

valued /ˈvæljuːd/ **I** p.pass. → **2.value II** agg. [*colleague, customer, employee, member*] stimato; [*contribution, opinion*] prezioso.

value date /ˈvæljuːˌdeɪt/ n. ECON. data f. di valuta.

value-free /ˈvæljuːˌfriː/ agg. obiettivo.

value judgment /ˈvæljuːˌdʒʌdʒmənt/ n. giudizio m. di valore.

value-laden /ˈvæljuːˌleɪdn/ agg. che presuppone un giudizio di valore.

valueless /ˈvæljʊlɪs/ agg. senza valore; ***to be quite ~*** non avere alcun valore.

value-neutral /ˌvæljuːˈnjuːtrəl/ agg. obiettivo, neutrale.

value pack /ˈvæljuːˌpæk/ n. COMM. confezione f. risparmio.

valuer /ˈvæljʊə(r)/ ◗ ***27*** n. stimatore m. (-trice).

valvate /ˈvælveɪt/ agg. BOT. valvato, valvare.

▷ **valve** /vælv/ n. **1** *(in machine, engine)* valvola f.; *(on tyre, football)* valvola f. **2** ANAT. *(of organ)* valvola f. **3** *(of mollusc, fruit)* valva f. **4** *(on brass instrument)* valvola f., pistone m. **5** BE ELETTRON. valvola f.

valved /ˈvælvd/ agg. **1** ZOOL. valvato, dotato di valva, di valve **2** MECC. ANAT. ELETTRON. munito di valvola, di valvole.

valve gear /ˈvælvgɪə(r)/ n. albero m. di distribuzione.

valve house /ˈvælvhaʊs/ n. vivaio m. (per molluschi).

valve-in-head engine /ˌvælvɪnˌhedˈendʒɪn/ n. AE motore m. a valvole in testa.

valveless /ˈvælvlɪs/ agg. **1** ZOOL. senza valva, valve **2** MECC. ANAT. ELETTRON. senza valvola, valvole.

valvelet /ˈvælvlət/ n. RAR. **1** ZOOL. piccola valva f. **2** ANAT. MECC. ELETTRON. piccola valvola f., valvolina f.

valve spring /ˈvælvˌsprɪŋ/ n. molla f. della valvola.

valvular /ˈvælvjʊlə(r)/ agg. ANAT. valvolare.

valvule /ˈvælvjuːl/ n. **1** ZOOL. piccola valva f. **2** ANAT. piccola valvola f., valvolina f.

valvulitis /vælvjuːˈlaɪtɪs/ ◗ ***11*** n. valvulite f.

vamoose /vəˈmuːs/ intr. AE COLLOQ. smammare, filare via.

1.vamp /væmp/ n. **1** *(on shoe)* tomaia f. **2** MUS. improvvisazione f.

2.vamp /væmp/ intr. MUS. improvvisare.

▪ **vamp up:** ***~ [sth.] up, ~ up [sth.]*** raffazzonare [*clothing*]; imbastire, mettere in piedi [*story*]; rappezzare [*written notes*].

3.vamp /væmp/ n. ANT. SPREG. *(woman)* vamp f., donna f. fatale.

4.vamp /væmp/ intr. *(seduce)* ammaliare, fare la vamp.

vamper /ˈvæmpə(r)/ n. **1** MUS. = musicista che fa improvvisazioni **2** *(person who puts together by patching)* rabberciatore m. (-trice), raffazzonatore m. (-trice).

vampire /ˈvæmpaɪə(r)/ n. vampiro m.

vampire bat /ˈvæmpaɪəˌbæt/ n. ZOOL. vampiro m.

vampiric /væmˈpɪrɪk/ agg. vampiresco.

vampirism /ˈvæmpaɪərɪzəm/ n. vampirismo m.

▶ **1.van** /væn/ n. **1** AUT. *(small, for deliveries etc.)* furgoncino m., camioncino m.; *(larger, for removals etc.)* furgone m. **2** AE *(camper)* camper m.

2.van /væn/ **I** tr. (forma in -ing ecc. **-nn-**) trasportare [qcs.] con un furgone [*goods*] **II** intr. (forma in -ing ecc. **-nn-**) viaggiare su un furgone.

3.van /væn/ n. **1** *(shovel for testing ore)* vaglio m. **2** *(sail of windmill)* pala f. **3** ANT. LETT. vanno m., ala f.

4.van /væn/ tr. (forma in -ing ecc. **-nn-**) vagliare [*ore*].

5.van /væn/ n. (accorc. vanguard) avanguardia f.; ***to be in the ~ of*** essere all'avanguardia in.

vanadate /ˈvænədət/ n. vanadato m.

vanadic /vəˈnædɪk/ agg. vanadico.

vanadium /ˌvəˈneɪdɪəm/ **I** n. vanadio m. **II** modif. [*atom*] di vanadio; [*compound*] del vanadio; [*steel*] al vanadio.

vanadous /vəˈneɪdəs/ agg. vanadoso.

Vancouver /vænˈkuːvə(r)/ ◗ ***34*** n.pr. Vancouver f.

Vancouver Island /vænˌkuːvə(r)ˈaɪlənd/ ◗ ***12*** n.pr. isola f. di Vancouver.

vandal /ˈvændl/ n. *(hooligan)* vandalo m. (-a), teppista m. e f.

Vandal /ˈvændl/ n.pr. STOR. vandalo m. (-a).

vandalic /vænˈdælɪk/ agg. vandalico.

vandalism /ˈvændəlɪzəm/ n. vandalismo m.

vandalize /ˈvændəlaɪz/ tr. devastare, compiere atti di vandalismo contro; DIR. ***to ~ a building, telephone box*** commettere atti vandalici contro un edificio, una cabina telefonica.

van driver /ˈvænˌdraɪvə(r)/ ◗ ***27*** n. furgonista m. e f., conducente m. e f. di furgone.

Vandyke /vænˈdaɪk/ **I** n. **1** (anche **~ collar**) = colletto o foulard con grandi smerlature di moda nel Settecento **2** *(point on the border of lace)* smerlatura f. **3** (anche **~ beard**) pizzetto m. appuntito, barba f. da moschettiere **II** agg. relativo a Van Dyck, nello stile di Van Dyck; ***~ brown*** marrone scuro.

vane /veɪn/ n. **1** (anche **weather ~**) banderuola f. **2** *(blade of windmill)* pala f. **3** *(on turbine, pump)* paletta f.; *(on projectile)* aletta f.; *(of feather)* barbe f.pl. **4** *(of quadrant, compass)* pinnula f.

vanessa /vəˈnesə/ n. ZOOL. vanessa f.

Vanessa /vəˈnesə/ n.pr. Vanessa.

vang /væŋ/ n. vang m.

vanguard /ˈvæŋgɑːd/ n. MIL. avanguardia f. (anche FIG.); ***to be in the ~*** essere all'avanguardia (**of** di).

vanilla /vəˈnɪlə/ **I** n. GASTR. BOT. vaniglia f. **II** modif. **1** [*sauce, ice cream*] alla vaniglia; [*pod, plant*] di vaniglia **2** COLLOQ. *(basic)* [*version*] (di) base.

vanilla essence /vəˌnɪləˈesns/ n. essenza f. di vaniglia.

vanilla-flavoured BE, **vanilla-flavored** AE /vəˌnɪləˈfleɪvəd/ agg. (aromatizzato) alla vaniglia.

vanilla sugar /vəˌnɪləˈʃʊgə(r)/ n. zucchero m. vanigliato.

vanillic /vəˈnɪlɪk/ agg. vanillico

vanillin /vəˈnɪlɪn/ n. vanillina f.

▷ **vanish** /ˈvænɪʃ/ intr. *(all contexts)* sparire, svanire (**from** da); ***to ~ into the distance*** scomparire in lontananza ◆ ***to ~ into thin air*** svanire nel nulla *o* volatilizzarsi.

vanishing /ˈvænɪʃɪŋ/ **I** agg. [*species*] in via di estinzione; [*environment*] che sta scomparendo **II** n. sparizione f. ◆ ***to do a ~ act*** scomparire.

vanishing cream /ˈvænɪʃɪŋˌkriːm/ n. crema f. da giorno.

vanishing point /ˈvænɪʃɪŋˌpɔɪnt/ n. punto m. di fuga.

vanishing trick /ˈvænɪʃɪŋˌtrɪk/ n. = gioco di prestigio che consiste nel far sparire qualcosa o qualcuno.

▷ **vanity** /ˈvænətɪ/ n. **1** *(quality)* vanità f.; ***all is ~*** tutto è vanità **2** *(dressing table)* toeletta f. **3** *(basin)* → **vanity unit**.

vanity bag /ˈvænətɪˌbæg/, **vanity case** /ˈvænətɪˌkeɪs/ n. beauty-case m.

vanity mirror /ˈvænətɪˌmɪrə(r)/ n. AUT. specchietto m. di cortesia.

vanity plate /ˈvænətɪˌpleɪt/ n. AUT. targa f. personalizzata.

vanity press /ˈvænətɪˌpres/ n. = casa editrice che pubblica a spese degli autori.

vanity unit /ˈvænətɪˌjuːnɪt/ n. mobiletto m. portalavabo.

vanload /ˈvænləʊd/ n. camionata f. (**of** di).

vanner /ˈvænə(r)/ n. AE furgonista m. e f.

vanquish /ˈvæŋkwɪʃ/ tr. LETT. vincere, sconfiggere [*enemy*]; sconfiggere [*doubt, prejudice, fear*].

vanquishable /ˈvæŋkwɪʃəbl/ agg. LETT. vincibile, conquistabile.

vanquisher /ˈvæŋkwɪʃə(r)/ n. LETT. vincitore m., conquistatore m.

vanquishment /ˈvæŋkwɪʃmənt/ n. LETT. vittoria f., conquista f.

vantage /ˈvɑːntɪdʒ, AE ˈvæn-/ n. ANT. vantaggio m.

vantage point /ˈvɑːntɪdʒˌpɔɪnt, AE ˈvæn-/ n. **1** posizione f. vantaggiosa, strategica (anche MIL.); ***from my ~ I could see...*** dalla mia postazione potevo vedere..; ***from the ~ of*** dall'alto di **2** FIG. *(point of view)* punto m. di vista.

vapid /ˈvæpɪd/ agg. [*person*] scialbo, insignificante; [*expression, remark, debate*] insulso, vuoto; [*style, novel*] insignificante, che non sa di niente.

vapidity /væˈpɪdətɪ/ n. *(of person)* (l')essere scialbo, (l')essere insignificante; *(of expression, remark, debate)* insulsaggine f.: *(of style, novel)* insignificanza f.

vapor AE → **vapour**.

vaporable /ˈveɪpərəbl/ agg. vaporizzabile.

vaporific /veɪpəˈrɪfɪk/ agg. relativo alla vaporizzazione.

vaporimeter /veɪpəˈrɪmɪtə(r)/ n. vaporimetro m.

vaporization /veɪpəraɪˈzeɪʃn, AE -rɪˈz-/ n. vaporizzazione f.

vaporize /ˈveɪpəraɪz/ **I** tr. vaporizzare [*liquid*] **II** intr. vaporizzarsi.

vaporizer /ˈveɪpəraɪzə(r)/ n. *(all contexts)* vaporizzatore m.
vaporosity /veɪpəˈrɒsətɪ/ n. vaporosità f.
vaporous /ˈveɪpərəs/ agg. vaporoso (anche FIG.).
▷ **vapour** BE, **vapor** AE /ˈveɪpə(r)/ **I** n. vapore m.; ***water ~*** vapore acqueo **II vapours** n.pl. ANT. ***to have a fit of the ~s*** avere una crisi isterica.
vapour bath /ˈveɪpəˌbɑ:θ, AE -ˌbæθ/ n. bagno m. di vapore.
vapour lock /ˈveɪpəˌlɒk/ n. vapor lock m., tampone m. di vapore.
vapour pressure /ˈveɪpəˌpreʃə(r)/ n. pressione f. del vapore.
vapour trail /ˈveɪpəˌtreɪl/ n. scia f. di condensazione.
varan /vəˈræn/ n. varano m.
varec /ˈværek/ n. varec(h) m.
variability /ˌveərɪəˈbɪlətɪ/ n. variabilità f.
variable /ˈveərɪəbl/ **I** agg. variabile (anche INFORM.) **II** n. variabile f. (anche INFORM. MAT.); ***dependent, free, random ~*** variabile dipendente, indipendente, aleatoria.
variable pitch propeller /ˌveərɪəblˌpɪtʃprəˈpelə(r)/ n. elica f. a passo variabile.
variable star /ˈveərɪəblˌstɑ:(r)/ n. stella f. variabile.
▷ **variance** /ˈveərɪəns/ n. **1** divergenza f. (**between** tra); ***to be at ~ with*** essere in disaccordo con [*evidence, facts*]; ***my views are at ~ with his*** le mie opinioni divergono dalle sue; ***that is at ~ with what you said yesterday*** questo è in disaccordo con quello che hai detto ieri **2** MAT. FIS. STATIST. varianza f. **3** DIR. *(discrepancy)* discrepanza f. (**between** tra).
variance analysis /ˌveərɪənsəˈnæləsɪs/ n. analisi f. della varianza.
▷ **variant** /ˈveərɪənt/ **I** agg. [*colour, species, strain*] diverso; ***~ reading*** o ***text*** o ***version*** variante; ***~ form*** BOT. variante **II** n. variante f. (**of** di; **on** in rapporto a).
▶ **variation** /ˌveərɪˈeɪʃn/ n. **1** *(change)* variazione f., modificazione f. (**in, of** di); ***regional, seasonal ~*** variazioni regionali, stagionali; ***~ between A and B*** oscillazione tra A e B; ***subject to considerable, slight ~*** soggetto a considerevole, leggera variazione **2** *(version)* versione f. (**of** di); *(new version)* variante f. (**of** di); ***what he said was just a ~ on the same theme*** le sue parole erano solo una variazione sul tema **3** MUS. variazione f. (**on** su).
variational /ˌveərɪˈeɪʃnl/ agg. **1** *(pertaining to variation)* relativo a variazione **2** MAT. FIS. variazionale.
varicella /værɪˈselə/ ➧ ***11*** n. varicella f.
varices /ˈværɪsi:z/ → **varix**.
varicocele /ˈværɪkəʊsi:l/ n. varicocele m.
varicoloured BE, **varicolored** AE /ˌveərɪˈkʌləd/ agg. multicolore.
varicose /ˈværɪkəʊs/ agg. varicoso; ***~ veins*** varici, vene varicose.
varicosity /ˌværɪˈkɒsətɪ/ n. *(condition of being varicose)* varicosità f.; *(varicose vein)* varice f., vena f. varicosa.
▷ **varied** /ˈveərɪd/ agg. vario, svariato; ***her talents are many and ~*** ha molteplici talenti.
variegate /ˈveərɪgeɪt/ tr. **1** *(make varied in colour)* variegare, screziare **2** *(diversify)* diversificare.
variegated /ˈveərɪgeɪtɪd/ agg. **1** [*assortment*] ricco; [*landscape*] vario, mutevole **2** BOT. ZOOL. [*leaf, animal's coat*] screziato.
variegation /ˌveərɪˈgeɪʃn/ n. **1** *(diversity)* varietà f., molteplicità f. **2** BOT. ZOOL. screziatura f.
varietal /vəˈraɪtl/ n. monovitigno m.
▶ **variety** /vəˈraɪətɪ/ **I** n. **1** *(diversity, range)* varietà f. (**in, of** di); ***wide ~*** grande varietà; ***for a ~ of reasons*** per molteplici ragioni; ***the dresses come in a ~ of sizes, colours*** questi vestiti sono disponibili in una grande varietà di taglie, di colori **2** *(type)* tipo m., varietà f.; ***new ~*** BOT. nuova varietà; ***lighters of the disposable, refillable ~*** accendini di tipo usa e getta, ricaricabile **3 U** TEATR. TELEV. varietà m. **II** modif. TEATR. TELEV. [*artist, act, show*] di varietà.
variety meats /vəˈraɪətɪˌmi:ts/ n.pl. AE frattaglie f.
variety show /vəˈraɪətɪˌʃəʊ/ n. spettacolo m. di varietà.
variety store /vəˈraɪətɪˌstɔ:(r)/ n. AE bazar m.
variform /veərɪˈfɔ:m/ agg. multiforme.
variola /vəˈraɪələ/ ➧ ***11*** n. vaiolo m.
variole /ˈveərɪəʊl/ n. buttero m.
variolite /ˈveərɪəʊlaɪt/ n. variolite f.
varioloid /ˈveərɪələɪd/ **I** agg. vaioloso, del vaiolo **II** n. vaioloide f.
variolous /ˈveərɪələs/ agg. vaioloso.
variometer /veərɪˈɒmɪtə(r)/ n. variometro m.
variorum /veərɪˈɔ:rəm/ agg. [*edition*] con note di diversi commentatori.
▶ **various** /ˈveərɪəs/ agg. **1** *(different)* vario; ***at their ~ addresses*** ai loro vari indirizzi **2** *(several)* diverso; ***at ~ times*** a diverse riprese; ***in ~ ways*** in diversi modi.
variously /ˈveərɪəslɪ/ avv. *(in different ways)* [*arranged, decorated*] in modi diversi; *(by different people)* [*called, described, estimated*] variamente.
varix /ˈveərɪks/ n. (pl. **-ices**) varice f.
varlet /ˈvɑ:lət/ n. **1** STOR. valletto m., paggio m. **2** ANT. SCHERZ. briccone m., canaglia f.
varletry /ˈvɑ:lətrɪ/ n. **1** STOR. paggi m.pl., valletti m.pl. **2** ANT. SCHERZ. massa f. di canaglie, canagliume m.
varmint /ˈvɑ:mɪnt/ n. COLLOQ. ANT. SPREG. mascalzone m.
1.varnish /ˈvɑ:nɪʃ/ n. vernice f.
2.varnish /ˈvɑ:nɪʃ/ tr. verniciare [*woodwork, painting*]; ***to ~ one's nails*** BE darsi lo smalto alle unghie.
varnished /ˈvɑ:nɪʃt/ **I** p.pass. → **2.varnish II** agg. [*woodwork*] verniciato; [*nail*] smaltato.
varnisher /ˈvɑ:nɪʃə(r)/ ➧ ***27*** n. verniciatore m. (-trice).
varnishing /ˈvɑ:nɪʃɪŋ/ n. verniciatura f.
varsity /ˈvɑ:sətɪ/ **I** n. **1** BE ANT. università f. **2** AE SPORT prima squadra f. **II** modif. **1** *(university)* [*match*] tra squadre universitarie; [*sports*] universitario, praticato da squadre dell'università **2** AE *(first)* [*team*] primo.
varus /ˈveərəs/ **I** agg. [*foot*] varo **II** n. varismo m.
▶ **vary** /ˈveərɪ/ **I** tr. variare [*food, menu, programme*]; fare variare [*flow, temperature*]; cambiare [*approach, method, pace, route*] **II** intr. [*objects, people, tastes*] variare (**with, according to** secondo); ***to ~ from sth.*** differire da qcs.; ***to ~ from X to Y*** cambiare da X a Y; ***it varies from one town, child to another*** varia da città a città, da bambino a bambino; ***they ~ in cost, size*** variano di prezzo, taglia; ***to ~ greatly*** variare considerevolmente.
varying /ˈveərɪɪŋ/ agg. [*amounts, degrees, circumstances*] che varia, che cambia; [*opinions*] mutevole; ***with ~ (degrees of) success*** con alterno successo.
vas /væs/ n. (pl. **~a**) ANAT. vaso m.; ***~ afferens*** vaso afferente.
vasal /ˈveɪsl/ agg. vasale, vascolare.
vascular /ˈvæskjʊlə(r)/ agg. vascolare.
vascularity /væskjʊˈlærətɪ/ n. vascolarità f.
vascularization /væskjʊləraɪˈzeɪʃn, AE -rɪˈz-/ n. vascolarizzazione f.
vascularize /ˈvæskjʊləraɪz/ tr. vascolarizzare.
vasculose /ˈvæskjʊləʊs/ agg. vascoloso.
vase /vɑ:z, AE veɪs, veɪz/ n. vaso m.; ***flower ~*** vaso da fiori.
vasectomize /vəˈsektəmaɪz/ tr. vasectomizzare.
vasectomy /vəˈsektəmɪ/ n. vasectomia f.
Vaseline® /ˈvæsɪli:n/ n. vaselina f.
vasoactive /ˌveɪzəʊˈæktɪv/ agg. vasoattivo.
vasoconstriction /ˌveɪzəʊkənˈstrɪkʃn/ n. vasocostrizione f.
vasoconstrictive /ˌveɪzəʊkənˈstrɪktɪv/ agg. vasocostrittore.
vasoconstrictor /ˌveɪzəʊkənˈstrɪktə(r)/ n. vasocostrittore m.
vasodilatation /ˌveɪzəʊdaɪləˈteɪʃn/ n. vasodilatazione f.
vasodilator /ˌveɪzəʊdaɪˈleɪtə(r)/ n. vasodilatatore m.
vasodilatory /ˌveɪzəʊdaɪˈleɪtrɪ, AE -tɔ:rɪ/ agg. vasodilatatorio, vasodilatatore.
vasomotor /ˈveɪzəʊməʊtə(r)/ agg. vasomotore.
vasopressin /ˌveɪzəʊˈpresɪn/ n. vasopressina f.
vasopressor /ˌveɪzəʊˈpresə(r)/ n. vasopressore m.
vasospasm /ˌveɪzəʊˈspæzəm/ n. vasospasmo m.
vasostimulant /ˌveɪzəʊˈstɪmjʊlənt/ agg. vasostimolante.
vassal /ˈvæsl/ n. STOR. vassallo m. (-a) (anche FIG.).
vassalage /ˈvæsəlɪdʒ/ n. vassallaggio m.
▷ **vast** /vɑ:st, AE væst/ agg. **1** *(quantitatively)* [*amount, sum, improvement, difference*] enorme, grandissimo; [*number*] enorme; [*knowledge*] vasto; ***the ~ majority*** la stragrande maggioranza **2** *(spatially)* [*room*] enorme; [*area, plain*] vasto, immenso.
vastitude /ˈvɑ:stɪtju:d, AE ˈvæst-/, **vastity** /ˈvɑ:stətɪ, AE ˈvæst-/ n. **1** *(of quantity)* enormità f., immensità f. **2** *(of space)* vastità f., immensità f.
▷ **vastly** /ˈvɑ:stlɪ, AE ˈvæstlɪ/ avv. [*improved, increased, overrated, superior, popular*] immensamente; [*complex*] incredibilmente; [*different*] enormemente.
vastness /ˈvɑ:stnɪs, AE ˈvæstnɪs/ n. vastità f.
vasty /ˈvɑ:stɪ, AE ˈvæstɪ/ agg. LETT. vasto, immenso.
vat /væt/ n. tino m.; ***beer ~*** fusto di birra; ***wine ~*** botte da vino, tino.
VAT I n. BE (⇒ value-added tax imposta sul valore aggiunto) IVA f. **II** modif. BE [*return, rate*] dell'IVA; [*payment*] dell'IVA.
Vathek /ˈvæθek/ n.pr. Vathek (nome di uomo).
Vatican /ˈvætɪkən/ n.pr. *(palace, governing body)* Vaticano m.
Vatican City /ˌvætɪkənˈsɪtɪ/ ➧ ***6, 34*** n.pr. Città f. del Vaticano.
Vatican Council /ˌvætɪkənˈkaʊnsl/ n. Concilio m. Vaticano.
vaticinate /væˈtɪsɪneɪt/ **I** tr. LETT. predire, profetizzare **II** intr. LETT. vaticinare, profetizzare.

vaticination /vætɪsɪˈneɪʃn/ n. vaticinio m., vaticinazione f.
vaticinator /væˈtɪsɪneɪtə(r)/ n. RAR. ANT. vaticinatore m.
vatman /ˈvætmən/ n. (pl. **-men**) funzionario m. dell'ufficio IVA.
vaudeville /ˈvɔːdəvɪl/ **I** n. **U** TEATR. varietà m. **II** modif. [*act, star*] di varietà.
vaudevillian /ˌvɔːdəˈvɪlɪən/ **I** n. *(performer)* artista m. e f. di varietà **II** agg. [*style*] da spettacolo di varietà.
1.vault /vɔːlt/ n. **1** *(roof)* volta f.; ***the ~ of heaven*** la volta celeste **2** *(underground room) (of house, hotel)* scantinato m.; *(of church, monastery)* cripta f.; *(of bank)* caveau m.; ***wine ~*** cantina; ***family ~*** tomba di famiglia **3** ANAT. volta f.
2.vault /vɔːlt/ **I** tr. **1** *(build in the form of a vault)* costruire a forma di volta [*roof*] **2** *(overarch)* coprire con una volta, formare un arco su **II** intr. curvarsi a volta.
3.vault /vɔːlt/ n. *(jump)* salto m.
4.vault /vɔːlt/ **I** tr. saltare [*fence, bar*] **II** intr. saltare (**over** al di là di) (anche SPORT).
vaulted /ˈvɔːltɪd/ **I** p.pass. → **2.vault** **II** agg. ARCH. a volta.
vaulter /ˈvɔːltə(r)/ n. saltatore m. (-trice).
1.vaulting /ˈvɔːltɪŋ/ n. **U** ARCH. (costruzione a) volta f.
2.vaulting /ˈvɔːltɪŋ/ **I** n. ♦ *10* **1** *(in gymnastics)* volteggio m. **2** EQUIT. volteggio m. **II** agg. [*ambition*] sfrenato; [*arrogance*] eccessivo.
vaulting horse /ˈvɔːltɪŋˌhɔːs/ n. *(in gymnastics)* cavallo m.
vaulting pole /ˈvɔːltɪŋˌpəʊl/ n. asta f. (per il salto in alto).
1.vaunt /vɔːnt/ n. LETT. vanto m., vanteria f.
2.vaunt /vɔːnt/ tr. vantare, decantare.
vaunt-courier /ˌvɔːntˈkʊrɪə(r)/ n. ANT. LETT. araldo m.
vaunted /ˈvɔːntɪd/ **I** p.pass. → **2.vaunt** **II** agg. vantato; ***much ~*** tanto decantato.
vaunter /ˈvɔːntə(r)/ n. ANT. LETT. millantatore m. (-trice), smargiasso m. (-a).
vaunting /ˈvɔːntɪŋ/ **I** n. LETT. vanto m., vanteria f. **II** agg. LETT. vanaglorioso, vanitoso.
vavasour /ˈvævəsɔː(r)/ n. STOR. valvassore m.
VC n. **1** (⇒ vice chairman vicepresidente) V.P. m. **2** BE UNIV. (⇒ vice chancellor) = vicerettore **3** (⇒ vice consul viceconsole) V.C. m. **4** BE MIL. (⇒ Victoria Cross) = massima onorificenza al valor militare **5** AE MIL. (⇒ Vietcong) = vietcong.
1.VCR n. (⇒ video cassette recorder videoregistratore) VCR m.
2.VCR /vɪsɪˈɑː(r)/ tr. AE videoregistrare.
VD ♦ *11* **I** n. (⇒ venereal disease) = malattia venerea **II** modif. [*clinic*] per malattie veneree.
VDT n. (⇒ visual display terminal videoterminale) VDT m.
VDU **I** n. (⇒ visual display unit unità di display video) VDU f. **II** modif. [*screen*] del videoterminale; ***~ operator*** videoterminalista.
veal /viːl/ **I** n. vitello m., carne f. di vitello **II** modif. [*stew, cutlet*] di vitello; [*pie*] (ripieno) di vitello; [*rearing*] di vitelli.
veal calf /ˌviːlˈkɑːf/ n. (pl. **veal calves**) vitello m. d'allevamento.
veal crate /ˌviːlˈkreɪt/ n. batteria f. d'allevamento per vitelli.
vealy /ˈviːlɪ/ agg. simile a (carne di) vitello; FIG. acerbo, immaturo.
vector /ˈvektə(r)/ **I** n. **1** BIOL. MAT. vettore m. **2** AER. rotta f. **II** modif. MAT. [*product, sum*] vettoriale; [*field*] di vettori.
vectorial /ˌvekˈtɔːrɪəl/ agg. MAT. vettoriale.
Veda /ˈveɪdə/ n. Veda m.pl.
Vedanta /veˈdɑːntə/ n. vedanta m.
Vedantist /veˈdɑːntɪst/ n. seguace m. e f. del vedanta.
vedette /vɪˈdet/ n. **1** *(leading star)* vedette f. **2** MIL. vedetta f. **3** MAR. (anche **~ boat**) (nave) vedetta f.
Vedic /ˈveɪdɪk/ agg. vedico.
veep /viːp/ n. AE COLLOQ. vicepresidente m. e f.
1.veer /vɪə(r)/ n. **1** cambiamento m. di direzione; MAR. virata f. **2** FIG. svolta f., cambiamento m.
2.veer /vɪə(r)/ **I** tr. **1** MAR. *(alter direction of)* fare virare [*ship*] **2** *(slacken)* allentare [*rope, chain*] **II** intr. **1** *(change direction)* [*ship*] virare; [*person, road, wind*] girare, cambiare direzione; ***to ~ away from, towards sth.*** deviare da, verso qcs.; ***to ~ off the road*** uscire fuori strada; ***to ~ away*** o ***off*** allontanarsi; ***to ~ off course*** cambiare rotta; ***the car ~ed across the road*** la macchina sbandò e tagliò la strada **2** FIG. [*person*] cambiare opinione; [*opinion, emotion*] cambiare; ***to ~ (away) from sth.*** allontanarsi da qcs.; ***to ~ towards sth.*** avvicinarsi a qcs.; ***to ~ between depression and elation*** oscillare tra la depressione e l'euforia.
1.veg /vedʒ/ n. BE COLLOQ. (accorc. vegetables) verdura f.
2.veg /vedʒ/ intr. (forma in -ing ecc. **-gg-**) AE COLLOQ. (accorc. vegetate) → **veg out**.
■ **veg out** AE COLLOQ. vegetare, poltrire.
vegan /ˈviːgən/ **I** n. vegetaliano m. (-a), veganiano m. (-a) **II** agg. vegetaliano, veganiano.
veganism /ˈviːgənɪzəm/ n. vegetalismo m.
vegeburger /ˈvedʒɪbɜːgə(r)/ n. hamburger m. vegetariano.
▷ **vegetable** /ˈvedʒtəbl/ **I** n. **1** *(edible plant)* ortaggio m.; ***~s*** verdura, ortaggi **2** *(as opposed to mineral, animal)* vegetale m. **3** COLLOQ. FIG. ***to become a ~*** essere ridotto a un vegetale **II** modif. **1** [*knife, rack*] per la verdura; [*dish, soup*] di verdure, di verdura; [*plot, patch*] coltivato a ortaggi **2** [*fat, oil, matter*] vegetale.
vegetable garden /ˈvedʒtəblˌgɑːdn/ n. orto m.
vegetable kingdom /ˈvedʒtəblˌkɪŋdəm/ n. regno m. vegetale.
vegetable marrow /ˈvedʒtəblˌmærəʊ/ n. BE zucca f.
vegetable peeler /ˈvedʒtəblˌpiːlə(r)/ n. = utensile da cucina che serve per pelare la verdura.
vegetal /ˈvedʒɪtl/ agg. **1** BOT. vegetale **2** MED. vegetativo.
▷ **vegetarian** /ˌvedʒɪˈteərɪən/ **I** n. vegetariano m. (-a) **II** agg. vegetariano.
vegetarianism /ˌvedʒɪˈteərɪənɪzəm/ n. vegetarianismo m.
vegetate /ˈvedʒɪteɪt/ intr. *(all contexts)* vegetare.
▷ **vegetation** /ˌvedʒɪˈteɪʃn/ n. vegetazione f. (anche MED.).
vegetative /ˈvedʒɪtətɪv/ agg. vegetativo.
veggie /ˈvedʒɪ/ n. COLLOQ. **1** *(vegetarian)* vegetariano m. (-a) **2** *(vegetable)* ortaggio m.
vehemence /ˈviːəməns/ n. *(of speech, action)* veemenza f.; *(of feelings)* intensità f.
vehement /ˈviːəmənt/ agg. [*tirade, gesture, attack*] veemente; [*dislike, disapproval*] violento.
vehemently /ˈviːəməntlɪ/ avv. [*speak, react*] con veemenza; ***to be ~ opposed*** opporsi con veemenza.
▷ **vehicle** /ˈvɪəkl, AE ˈviːhɪkl/ n. **1** AUT. veicolo m.; ***"closed to ~s"*** "circolazione vietata ai veicoli"; ***unsuitable for wide, high ~s*** vietato il transito ai veicoli larghi, alti **2** FARM. CHIM. veicolo m. **3** *(medium of communication)* mezzo m., veicolo m. (**for** di) **4** CINEM. TEATR. *(showcase)* ***to be a ~ for sb.*** essere un trampolino di lancio per qcn.
vehicular /vɪˈhɪkjʊlə(r), AE viː-/ agg. ***"no ~ access"***, ***"no ~ traffic"*** "divieto di circolazione".
▷ **1.veil** /veɪl/ n. **1** velo m.; *(on hat)* veletta f.; ***to take the ~*** RELIG. prendere il velo **2** FIG. velo m.; ***a ~ of secrecy*** una cortina di segretezza; ***let's draw a ~ over that episode*** stendiamo un velo (pietoso) su quell'episodio.
2.veil /veɪl/ tr. **1** [*mist, cloud*] velare; [*material*] coprire **2** FIG. *(conceal)* nascondere, dissimulare [*emotion*].
veiled /ˈveɪld/ **I** p.pass. → **2.veil** **II** agg. **1** [*person*] velato **2** *(indirect)* [*hint, threat*] velato; ***a thinly ~ allusion*** un'allusione appena velata.
▷ **vein** /veɪn/ n. **1** *(blood vessel)* vena f. **2** *(on insect wing, leaf)* nervo m., nervatura f. **3** *(thread of colour) (in marble, cheese)* venatura f. **4** *(of ore)* vena f.; ***to work a ~*** sfruttare una vena **5** *(theme)* vena f.; ***to continue in a similar ~*** continuare con un tono simile; ***a ~ of nostalgia runs through his work*** una vena di nostalgia percorre tutta la sua opera; ***in the same ~, she criticized the town council*** con lo stesso spirito, ha criticato il consiglio comunale.
veined /ˈveɪnd/ agg. [*hand, marble, rock, cheese*] venato (**with** di); [*leaf, wing*] nervato.
veining /ˈveɪnɪŋ/ n. marezzatura f.
veinlet /ˈveɪnlət/ n. **1** ANAT. venuzza f., venula f. **2** BOT. piccolo nervo m., piccola nervatura f.
veinlike /ˈveɪnlaɪk/ agg. simile a una vena.
veinous /ˈveɪnəs/ agg. venato, pieno di vene.
veinule /ˈveɪnjuːl/ n. venula f.
vela /ˈvɪːlə/ → **velum**.
velar /ˈviːlə(r)/ agg. FON. ANAT. velare.
Velcro® /ˈvelkrəʊ/ **I** n. velcro® m. **II** modif. [*strip, fastener*] di velcro.
veld(t) /velt/ n. veld m.
velite /ˈviːlɪt/ n. STOR. velite m.
velleity /vəˈliːətɪ/ n. velleità f.
vellicate /ˈvelɪkeɪt/ tr. RAR. vellicare.
vellication /velɪˈkeɪʃn/ n. vellicamento m.
vellum /ˈveləm/ n. pergamena f.; ***in, on ~*** in, su pergamena.
velocimeter /vɪˈlɒsɪmiːtə(r)/ n. velocimetro m.
velocipede /vɪˈlɒsɪpiːd/ n. STOR. velocipede m.
▷ **velocity** /vɪˈlɒsətɪ/ n. **1** TECN. velocità f. **2** FORM. velocità f., speditezza f.
velocity of circulation /vɪˌlɒsətɪəvˌsɜːkjʊˈleɪʃn/ n. AE ECON. velocità f. di circolazione.
velodrome /ˈvelədrəʊm/ n. velodromo m.
velour /vəˈlʊə(r)/, **velours** /vəˈlʊəz/ **I** n. **1** *(material)* velours m. **2** (anche **~ hat**) feltro m. **II** modif. [*curtain, seat*] di velours.

velum /'vi:ləm/ n. (pl. **-a**) ANAT. velo m. (del palato).
velure /və'lʊə(r)/ n. RAR. → **velour(s)**.
velutinous /və'lu:tɪnəs/ n. BOT. ZOOL. vellutato.
▷ **velvet** /'velvɪt/ **I** n. **1** *(fabric)* velluto m.; ***crushed*** ~ velluto riccio **2** *(on antler)* velluto m. **II** modif. [*garment, curtain, cushion*] di velluto **III** agg. [*tread*] felpato; [*paw*] di velluto; [*skin, tones, softness*] vellutato ◆ ***to be in*** ~ ANT. = essere in una condizione vantaggiosa.
velveteen /ˌvelvɪ'ti:n/ **I** n. velluto m. di cotone **II** modif. [*garment, curtain, upholstery*] di velluto di cotone.
velvet glove /ˌvelvɪt'glʌv/ n. guanto m. di velluto (anche FIG.).
velvet revolution /ˌvelvɪtˌrevə'lu:ʃn/ n. POL. rivoluzione f. di velluto.
velvety /'velvətɪ/ agg. vellutato.
vena cava /ˌvi:nə'keɪvə/ n. (pl. **venae cavae**) vena f. cava.
venal /'vi:nl/ agg. venale.
venality /vi:'nælətɪ/ n. venalità f.
venatic(al) /vi:'nætɪk(l)/ agg. venatorio.
venation /vi:'neɪʃn/ n. ZOOL. BOT. nervatura f.
vend /vend/ tr. DIR. o ANT. vendere.
vendee /ven'di:/ n. DIR. compratore m., acquirente m.
vender /'vendə(r)/ n. DIR. venditore m.
vendetta /ven'detə/ n. vendetta f. (privata) (**between** tra; **against** su).
vendible /'vendɪbl/ agg. vendibile.
vending /'vendɪŋ/ n. vendita f.
vending machine /'vendɪŋməˌʃi:n/ n. distributore m. automatico.
▷ **vendor** /'vendə(r)/ n. **1** *(in street, kiosk)* venditore m. (-trice) ambulante, ambulante m. e f. **2** *(as opposed to buyer)* venditore m. **3** AE *(machine)* distributore m. automatico.
vendue /ven'dju:, AE -'du:/ n. AE asta f. pubblica.
1.veneer /vɪ'nɪə(r)/ n. **1** *(on wood)* impiallacciatura f., piallaccio m. **2** FIG. *(surface show)* patina f., verniciatura f.
2.veneer /vɪ'nɪə(r)/ tr. **1** impiallacciare [*wood*] **2** *(disguise)* mascherare [*unpleasant thing*].
veneering /vɪ'nɪərɪŋ/ agg. **1** *(process)* impiallacciatura f. **2** *(act of disguising)* mascheramento m.
venerable /'venərəbl/ agg. venerabile.
venerate /'venəreɪt/ tr. venerare.
veneration /ˌvenə'reɪʃn/ n. venerazione f. (**for** per).
venerator /ˌvenə'reɪtə(r)/ n. veneratore m. (-trice).
venereal /və'nɪərɪəl/ agg. venereo; ~ ***disease*** malattia venerea.
venereology /vəˌnɪərɪ'ɒlədʒɪ/ n. venereologia f.
venesection /ˌvenɪ'sekʃn/ n. flebotomia f.
Venetian /vɪ'ni:ʃn/ **I** agg. veneziano; ***the*** ~ ***carnival*** il carnevale di Venezia **II** n. veneziano m. (-a).
Venetian blind /vɪˌni:ʃn'blaɪnd/ n. veneziana f.
Venetian glass /vɪˌni:ʃn'glɑ:s, AE -'glæs/ n. vetro m. di Murano.
Venezuela /ˌvenɪ'zweɪlə/ ➧ ***6*** n.pr. Venezuela m.
Venezuelan /ˌvenɪ'zweɪlən/ ➧ ***18*** **I** agg. venezuelano **II** n. venezuelano m. (-a).
vengeance /'vendʒəns/ n. vendetta f.; ***to take*** ~ ***(up)on sb.*** vendicarsi di qcn. (**for** per); ***"I'll do it", he said with a*** ~ "faccio io", disse in modo categorico.
vengeful /'vendʒfəl/ agg. FORM. [*person*] vendicativo; [*act, desire, need*] di vendetta.
vengefully /'vendʒfəlɪ/ avv. FORM. vendicativamente.
venial /'vi:nɪəl/ agg. FORM. veniale.
veniality /vi:nɪ'ælətɪ/ n. FORM. venialità f.
Venice /'venɪs/ ➧ ***34*** n.pr. Venezia f.
venison /'venɪsn, -zn/ **I** n. cervo m., carne f. di cervo **II** modif. [*stew, steak*] di cervo; [*pie*] (ripieno di carne) di cervo.
Venn diagram /ˌven'daɪəgræm/ n. diagramma m. di Venn.
venom /'venəm/ n. ZOOL. veleno m. (anche FIG.).
venomous /'venəməs/ agg. ZOOL. velenoso (anche FIG.).
venomously /'venəməslɪ/ avv. velenosamente.
venose /'vi:nəʊs/ agg. BOT. ZOOL. con nervature.
venosity /vɪ'nɒsətɪ/ n. venosità f.
venous /'vi:nəs/ agg. venoso.
1.vent /vent/ n. **1** *(outlet for gas, pressure)* bocca f., sfiato m.; ***air*** ~ bocchettone d'aria, bocca di aerazione; ***to give*** ~ ***to*** FIG. dare sfogo a [*anger, feelings*] **2** *(of volcano)* camino m. **3** *(in fashion) (slit)* spacco m. **4** AE *(window)* deflettore m. **5** ZOOL. ano m.
2.vent /vent/ **I** tr. **1** FIG. *(release)* sfogare, scaricare [*anger, spite, frustration*] (**on** su) **2** *(air)* esprimere, rendere noto [*question, topic*] **3** *(let out)* fare uscire [*gas, smoke*] **II** intr. [*gas, chimney, volcano*] scaricarsi.
ventage /'ventɪdʒ/ n. *(in wind instrument)* foro m.
venter /'ventə(r)/ n. **1** ZOOL. ventre m. **2** ANAT. = superficie concava di un osso.
vent glass /'ventglɑ:s, AE -glæs/ n. AUT. deflettore m.
ventiduct /'ventɪdʌkt/ n. sfiatatoio m., condotto m. dell'aria.
ventil /'ventɪl/ n. MUS. ventilabro m.
ventilate /'ventɪleɪt/ tr. **1** *(provide with air)* ventilare, aerare, arieggiare [*room, office*] **2** MED. ventilare [*patient*]; ossigenare [*lungs*] **3** FIG. *(air)* esprimere, dare voce a [*idea, opinion*].
ventilated /ventɪ'leɪtɪd/ **I** p.pass. → **ventilate** **II** agg. **1** [*room, building, tunnel*] ventilato, aerato; ***well, badly*** ~ bene, male ventilato **2** AUT. [*disc brakes*] autoventilante **3** *(slatted)* a stecche.
▷ **ventilation** /ˌventɪ'leɪʃn/ n. **1** ventilazione f., aerazione f. **2** MED. *(of patient)* respirazione f. artificiale.
ventilation shaft /ventɪ'leɪʃnˌʃɑ:ft, AE -ˌʃæft/ n. pozzo m. di ventilazione.
ventilation system /ventɪˌleɪʃn'sɪstəm/ n. sistema f. di ventilazione.
ventilator /'ventɪleɪtə(r)/ n. **1** MED. respiratore m., ventilatore m. artificiale; ***to switch*** o ***turn off the*** ~ spegnere il respiratore artificiale **2** ING. *(opening)* sfiatatoio m.; *(fan)* ventilatore m.
ventral /'ventrəl/ agg. ANAT. ZOOL. ventrale.
ventricle /'ventrɪkl/ n. ventricolo m.
ventricular /ven'trɪkjʊlə(r)/ agg. ventricolare.
ventriculus /ven'trɪkjʊləs/ n. (pl. **-i**) ventriglio m.
ventriloquial /ventrɪ'ləʊkwɪəl/ agg. ventriloquo.
ventriloquism /ven'trɪləkwɪzəm/ n. ventriloquio m.
ventriloquist /ven'trɪləkwɪst/ ➧ ***27*** n. ventriloquo m. (-a).
ventriloquist's dummy /venˌtrɪləkwɪsts'dʌmɪ/ n. pupazzo m. del ventriloquo.
ventriloquy /ven'trɪləkwɪ/ n. → **ventriloquism**.
▷ **1.venture** /'ventʃə(r)/ n. **1** COMM. ECON. *(undertaking)* iniziativa f. imprenditoriale, speculazione f.; ***a publishing, media*** ~ un'iniziativa editoriale, nel campo dei media; ***her first*** ~ ***into marketing*** la sua prima impresa nel settore del marketing **2** *(experiment)* esperimento m., prova f.; ***a scientific*** ~ un esperimento scientifico; ***his first*** ~ ***into fiction*** la sua prima prova in campo narrativo **3** FORM. *(journey)* viaggio m. (avventuroso) (**to** a).
▷ **2.venture** /'ventʃə(r)/ **I** tr. **1** *(offer)* azzardare [*opinion, remark, suggestion*]; ***to*** ~ ***the opinion that*** azzardare che; ***might I*** ~ ***a suggestion?*** posso azzardare un suggerimento? ***"maybe she's right" he*** ~***d*** "forse ha ragione" azzardò lui; ***to*** ~ ***to do*** azzardarsi a fare; ***I*** ~ ***to suggest that..., I would*** ~ ***that...*** FORM. mi permetto di suggerire che... **2** *(gamble)* scommettere [*money*] (**on** su); ***to*** ~ ***a bet*** fare una scommessa arrischiata **II** intr. **1** *(go)* ***to*** ~ ***into*** avventurarsi in [*place, street, city*]; ***to*** ~ ***out(doors)*** avventurarsi fuori; ***to*** ~ ***downstairs, further*** spingersi di sotto, più in là **2** COMM. *(make foray)* ***to*** ~ ***into*** lanciarsi in [*retail market, publishing*] ◆ ***nothing*** ~***d nothing gained*** PROV. chi non risica non rosica.
■ **venture forth** LETT. avventurarsi fuori.
venture capital /ˌventʃə'kæpɪtl/ n. capitale m. di rischio.
venture scout /'ventʃəˌskaʊt/ n. BE *(boy)* rover m.; *(girl)* scolta f.
venturesome /'ventʃəsəm/ agg. LETT. avventuroso.
venue /'venju:/ n. **1** luogo m. (in cui si svolge un evento), sede f.; ***a change of*** ~ un cambiamento di sede; ***the*** ~ ***for the match was, will be*** la partita ha avuto, avrà luogo a **2** DIR. sede f. (di un processo).
Venus /'vi:nəs/ n.pr. **1** MITOL. Venere **2** ASTR. Venere f.
Venus flytrap /ˌvi:nəs'flaɪtræp/ n. BOT. pigliamosche m., dionea f.
Venusian /vɪ'nju:zɪən/ **I** agg. venusiano **II** n. venusiano m. (-a).
Venus's comb /ˌvi:nəsɪz'kəʊm/ n. BOT. pettine m. di Venere.
Venus's girdle /ˌvi:nəsɪz'gɜ:dl/ n. BOT. cinto m. di Venere.
Venus's hair /ˌvi:nəsɪz'heə(r)/ n. BOT. capelvenere m.
Vera /'vɪərə/ n.pr. Vera.
veracious /və'reɪʃəs/ agg. FORM. [*statement*] veritiero.
veracity /və'ræsətɪ/ n. FORM. veracità f.
veranda(h) /və'rændə/ n. veranda f.; ***on the*** ~ in veranda.
veratrine /və'rætrədi:n/ n. veratrina f.
▷ **verb** /vɜ:b/ n. verbo m.
▷ **verbal** /'vɜ:bl/ agg. *(all contexts)* verbale.
verbal abuse /ˌvɜ:blə'bju:s/ n. DIR. offesa f. verbale, ingiurie m.pl.
verbal diarrhoea /ˌvɜ:bldaɪə'rɪə/ n. COLLOQ. logorrea f.
verbalism /'vɜ:bəlɪzəm/ n. **1** *(concentration on verbal reality)* verbalismo m. **2** *(verbal expression)* parola f.
verbalist /'vɜ:bəlɪst/ n. **1** *(person who concentrates on verbal reality)* verbalista m. e f. **2** *(person skilled in the use of words)* = persona che parla in modo forbito.
verbalization /ˌvɜ:bəlaɪ'zeɪʃn, AE -lɪ'z-/ n. verbalizzazione f.
verbalize /'vɜ:bəlaɪz/ **I** tr. verbalizzare **II** intr. verbalizzare, mettere a verbale.

verbally /ˈvɜːbəlɪ/ avv. verbalmente.
verbal reasoning /ˌvɜːblˈriːznɪŋ/ n. (il) pensare a voce alta.
verbatim /vɜːˈbeɪtɪm/ **I** agg. [*report, account*] letterale, testuale **II** avv. [*describe, record*] parola per parola.
verbena /vɜːˈbiːnə/ n. verbena f.; ***lemon ~*** cedrina, verbena odorosa.
verbiage /ˈvɜːbɪɪdʒ/ n. FORM. verbosità f.
verbless /ˈvɜːblɪs/ agg. senza verbo.
verbose /vɜːˈbəʊs/ agg. FORM. verboso.
verbosity /vɜːˈbɒsətɪ/ n. FORM. verbosità f.
verb phrase /ˈvɜːbˌfreɪz/ n. sintagma m. verbale.
verdancy /ˈvɜːdnsɪ/ n. **1** *(greenness)* (l')essere verde, verde m. **2** LETT. *(inexperience)* inesperienza f., ingenuità f.
verdant /ˈvɜːdnt/ agg. LETT. verdeggiante.
verd antique /ˌvɜːdænˈtiːk/ n. **1** *(variety of marble)* verde m. antico **2** *(patina on brass or copper)* verderame m.
▷ **verdict** /ˈvɜːdɪkt/ n. **1** DIR. verdetto m.; ***to return a ~*** emettere un verdetto; ***to reach a ~*** arrivare a un verdetto; ***a ~ of guilty, not guilty*** un verdetto di colpevolezza, di non colpevolezza; ***the ~ was suicide, accidental death*** l'inchiesta ha accertato che si trattò di suicidio, di morte accidentale **2** FIG. *(opinion)* opinione f., parere m.; ***well, what's the ~?*** COLLOQ. allora, qual è il tuo parere? ***to give one's ~ on sth.*** dire la propria su qcs.
verdigris /ˈvɜːdɪgrɪs, -griːs/ n. verderame m.
verditer /ˈvɜːdɪtə(r)/ n. verdaccio m., verdeterra m.
verdure /ˈvɜːdʒə(r)/ n. LETT. verzura f.
▷ **1.verge** /vɜːdʒ/ n. **1** BE *(by road)* ciglio m., bordo m.; ***grass ~*** ciglio erboso; ***soft ~*** sponda franosa **2** *(brink)* ***on the ~ of adolescence, old age*** sulla soglia dell'adolescenza, della vecchiaia; ***on the ~ of tears*** sul punto di piangere; ***on the ~ of death*** in punto di morte; ***on the ~ of success*** sul punto di sfondare; ***on the ~ of doing*** sul punto di fare; ***on the ~ of sleep, a discovery*** sul punto di addormentarsi, di fare una scoperta; ***to bring*** o ***drive sb. to the ~ of*** portare qcn. sull'orlo di [*bankruptcy, despair, revolt, suicide*]; ***to bring*** o ***drive sb. to the ~ of doing*** portare qcn. sul punto di fare.
▷ **2.verge** /vɜːdʒ/ intr. ***to ~ on*** rasentare [*panic, stupidity, contempt*]; ***to be verging on the ridiculous*** sfiorare il ridicolo; ***to be verging on the illegal*** essere ai margini della legalità.
verger /ˈvɜːdʒə(r)/ ♦ ***27*** n. RELIG. *(caretaker)* sagrestano m.; *(in ceremony)* mazziere m.
Vergilian /vɜːˈdʒɪlɪən/ agg. virgiliano.
verglas /vɜːˈglɑː/ n. verglas m.
veridical /veˈrɪdɪkl/ agg. veridico.
verifiability /verɪfaɪəˈbɪlətɪ/ n. verificabilità f.
verifiable /ˈverɪfaɪəbl/ agg. verificabile.
verification /ˌverɪfɪˈkeɪʃn/ **I** n. *(of claim, facts)* verifica f., controllo m.; *(as procedure)* riscontro m.; MIL. ispezione f., controllo m.; ***~ principle*** principio di verificazione **II** modif. [*measure, process, technique*] di controllo.
verifier /ˈverɪfaɪə(r)/ n. **1** *(person)* verificatore m. (-trice) **2** *(machine)* verificatore m.
▷ **verify** /ˈverɪfaɪ/ tr. verificare.
verily /ˈverɪlɪ/ avv. ANT. in verità.
verisimilar /ˌverɪˈsɪmɪlə(r)/ n. FORM. verosimile.
verisimilitude /ˌverɪsɪˈmɪlɪtjuːd, AE -tuːd/ n. FORM. verosimiglianza f.
veritable /ˈverɪtəbl/ agg. FORM. vero.
verity /ˈverətɪ/ n. LETT. verità f.
verjuice /ˈvɜːdʒuːs/ n. = succo di frutta acerba.
vermeil /ˈvɜːmeɪl/ ♦ ***5*** **I** n. **1** *(colour)* vermiglio m. **2** *(silver gilt)* vermeil m. **II** agg. LETT. vermiglio.
vermicelli /ˌvɜːmɪˈselɪ, -ˈtʃelɪ/ n. **U** **1** *(pasta)* vermicelli m.pl. **2** *(chocolate)* = decorazioni di cioccolato a forma di vermicello.
vermicidal /vɜːmɪˈsaɪdl/ agg. vermicida.
vermicide /ˈvɜːmɪsaɪd/ n. vermicida m.
vermifugal /ˌvɜːmɪˈfjuːgl/ agg. vermifugo.
vermifuge /ˈvɜːmɪfjuːdʒ/ n. vermifugo m.
vermilion /vəˈmɪlɪən/ ♦ ***5*** **I** n. vermiglio m. **II** agg. vermiglio.
vermin /ˈvɜːmɪn/ n. **1** **U** *(rats etc.)* animali m.pl. nocivi **2** *(lice, insects)* (insetti) parassiti m.pl. **3** SPREG. *(people)* feccia f.; *(person)* delinquente m.
vermination /vɜːmɪˈneɪʃn/ n. verminazione f.
verminous /ˈvɜːmɪnəs/ agg. **1** *(infested) (with rats)* infestato dai topi; *(with lice)* infestato dalle pulci **2** MED. VETER. verminoso.
Vermont /vɜːˈmɒnt/ ♦ ***24*** n.pr. Vermont m.
vermouth /ˈvɜːməθ, AE vərˈmuːθ/ n. vermouth m., vermut m.
vernacular /vəˈnækjʊlə(r)/ **I** n. **1** *(language)* ***the ~*** il vernacolo; ***in the ~*** *(not Latin)* in volgare; *(in local dialect)* in dialetto **2** *(jargon)* gergo m. **3** *(common name)* nome m. comune **II** agg. [*language*] vernacolare; [*architecture*] locale; [*building*] in stile locale; [*writing*] in vernacolo, in lingua vernacolare.
vernacularism /vəˈnækjʊlərɪzəm/ n. volgarismo m.
vernacularity /vənækjʊˈlærətɪ/ n. (l')appartenere al vernacolo.
vernacularization /ˌvənækjʊləraɪˈzeɪʃn, AE -rɪˈz-/ n. traduzione f. in vernacolo, volgarizzazione f.
vernacularize /vəˈnækjʊləraɪz/ tr. tradurre in vernacolo, volgarizzare.
vernal /ˈvɜːnl/ agg. LETT. vernale, primaverile.
vernal equinox /ˌvɜːnlˈiːkwɪnɒks, -ˈek-/ n. punto m. vernale, equinozio m. di primavera.
vernation /vəˈneiʃn/ n. vernazione f.
vernicle /ˈvɜːnɪkl/ n. → **veronica.**
vernier /ˈvɜːnɪə(r)/ n. verniero m., nonio m.
Vernon /ˈvɜːnən/ n.pr. Vernon (nome di uomo).
Veronese /verəˈniːz/ **I** agg. veronese **II** n. (pl. **~**) veronese m. e f.
veronica /vəˈrɒnɪkə/ n. veronica f.
verruca /vəˈruːkə/ n. (pl. **~s**, **-ae**) verruca f.
verrucose /vəˈruːkəʊs/ agg. verrucoso.
versant /ˈvɜːsnt/ n. versante m.
▷ **versatile** /ˈvɜːsətaɪl/ agg. **1** *(flexible)* [*person, mind*] versatile, eclettico **2** *(with many uses)* [*vehicle*] versatile; [*equipment*] multiuso, versatile **3** ZOOL. BOT. *(movable)* [*antenna*] mobile; [*anther*] versatile.
versatility /ˌvɜːsəˈtɪlətɪ/ n. **1** *(flexibility) (of person, mind)* versatilità f. **2** *(of equipment)* versatilità f., polivalenza f.
▷ **verse** /vɜːs/ n. **1** *(poem)* poesia f., versi m.pl.; ***a book of ~*** un libro di versi *o* di poesie; ***to write ~*** scrivere poesie **2** *(form)* versi m.pl.; ***in ~*** in versi; ***blank ~*** versi sciolti **3** *(part of poem, song)* strofa f. **4** *(single line)* verso m. **5** BIBL. versetto m.
versed /ˈvɜːst/ agg. (anche **well-~**) versato (**in** per).
versed sine /vɜːstˈsʌɪn/ n. MAT. senoverso m.
verselet /ˈvɜːslət/ n. poesiola f.
versemonger /ˈvɜːsˌmʌngə(r)/ n. poetastro m. (-a).
verset /ˈvɜːset/ n. BIBL. versetto m.
versicle /ˈvɜːsɪkl/ n. RELIG. versetto m.
versicoloured /ˈvɜːsɪˌkʌləd/ agg. ANT. versicolore, cangiante.
versicular /vɜːsɪkjʊlə(r)/ agg. in versetti.
versification /ˌvɜːsɪfɪˈkeɪʃn/ n. versificazione f.
versifier /ˈvɜːsɪfaɪə(r)/ n. versificatore m. (-trice), verseggiatore m. (-trice).
versify /ˈvɜːsɪfaɪ/ intr. verseggiare, versificare.
▷ **version** /ˈvɜːʃn, AE -ʒn/ n. *(all contexts)* versione f. (**of** di).
versional /ˈvɜːʃnəl/ agg. = relativo a una delle versioni della Bibbia.
vers libre /ˈverlɪbr/ n. verso m. libero.
verslibrist /ˈverlɪbrɪst/ n. = autore di versi liberi.
verso /ˈvɜːsəʊ/ n. (pl. **~s**) verso m.
versor /ˈvɜːsə(r)/ n. versore m.
verst /vɜːst/ n. versta f.
versus /ˈvɜːsəs/ prep. contro; ***Brazil ~ Argentina*** SPORT Brasile contro Argentina; ***Crane ~ Conroy*** DIR. Crane contro Conroy; ***it's integration ~ independence*** si tratta dell'integrazione in contrapposizione all'indipendenza.
vert /vɜːt/ n. ANT. STOR. **1** *(vegetation)* vegetazione f. (di un bosco) **2** *(right)* = diritto di tagliare piante giovani in un bosco **3** ARALD. (colore) verde m.
vertebra /ˈvɜːtɪbrə/ n. (pl. **-ae**) vertebra f.
vertebral /ˈvɜːtɪbrəl/ agg. vertebrale; ***the ~ column*** la colonna vertebrale.
vertebrate /ˈvɜːtɪbrət/ **I** agg. vertebrato **II** n. vertebrato m.
vertebrated /ˈvɜːtɪbreɪtɪd/ agg. vertebrato.
vertebration /vɜːtɪˈbreɪʃn/ n. ZOOL. formazione f. delle vertebre.
vertex /ˈvɜːteks/ n. (pl. **-ices**) **1** MAT. vertice m. **2** ANAT. vertex m.
▷ **vertical** /ˈvɜːtɪkl/ **I** agg. [*line, column, take-off*] verticale; [*cliff*] a picco; ***a ~ drop*** una picchiata **II** n. verticale f.; ***out of the ~*** non a piombo.
vertical hold /ˌvɜːtɪklˈhəʊld/ n. TELEV. INFORM. comando m. di stabilità verticale.
vertical integration /ˌvɜːtɪklɪntɪˈgreɪʃn/ n. COMM. integrazione f. verticale.
verticality /vɜːtɪˈkælətɪ/ n. verticalità f.
vertically /ˈvɜːtɪklɪ/ avv. [*draw, divide*] verticalmente; [*drop, climb*] in verticale.
vertices /ˈvɜːtɪsiːz/ → **vertex.**
verticil /ˈvɜːtɪsɪl/ n. verticillo m.
verticillate /vɜːˈtɪsɪlət/ agg. verticillato.

vertigines /vəˈtɪdʒɪniːz/ → **vertigo**.
vertiginous /vəˈtɪdʒɪnəs/ agg. vertiginoso (anche FIG.).
vertigo /ˈvɜːtɪgəʊ/ n. (pl. **~es, -ines**) vertigine f.; ***to get ~*** avere le vertigini.
vertu → **virtu**.
vervain /ˈvɜːveɪn/ n. verbena f.
verve /vɜːv/ n. brio m., verve f.
vervet /ˈvɜːvɪt/ n. cercopiteco m. grigioverde.
▷ **very** /ˈverɪ/ **I** agg. **1** *(actual)* esatto, preciso; ***the ~ words*** le esatte parole; ***this ~ second*** (in) questo preciso istante **2** *(ideal)* ***the ~ person I need*** proprio la persona che fa per me; ***the ~ thing I need*** proprio quello che mi ci vuole **3** *(ultimate)* ***from the ~ beginning*** dal primo istante; ***at the ~ front, back, top*** proprio davanti, dietro, in cima; ***to the ~ end*** fino all'ultimo istante; ***to the ~ top of her profession*** fino al gradino più alto della sua professione; ***on the ~ edge*** all'estremità *o* al punto più estremo **4** *(mere)* [*mention, thought, word*] solo; ***the ~ idea!*** che (razza di) idea! **II** avv. **1** *(extremely)* [*hot, cold, good, bad*] molto; ***I'm ~ sorry*** mi dispiace molto; ***how ~ sad*** è una cosa tristissima; ***~ well*** molto bene; ***you know ~ well why*** sai benissimo il perché; ***she couldn't ~ well do that*** non poteva mica fare così; ***that's all ~ well but...*** tutto molto bene, però...; ***~ much*** molto; ***to like sth. ~ much*** amare molto qcs.; ***~ much better*** molto meglio; ***I didn't eat, find ~ much*** non ho mangiato, trovato molto; ***to be ~ much a city dweller*** essere proprio un tipo cittadino; ***it's ~ much a question of*** è veramente una questione di; ***the Very Reverend*** il reverendissimo **2** *(absolutely)* ***the ~ best, worst thing*** di gran lunga la cosa migliore, peggiore; ***the ~ best hotels*** gli hotel più esclusivi; ***in the ~ best of health*** in piena salute; ***at the ~ latest, earliest*** al più tardi, presto; ***at the ~ least*** come minimo; ***the ~ first, last*** il primissimo, l'ultimissimo **3** *(actually)* ***the ~ same words*** esattamente le stesse parole; ***the ~ next day*** il giorno immediatamente successivo; ***the ~ next person I met*** la prima persona che ho incontrato subito dopo; ***a car of your ~ own*** una macchina tutta tua.
very high frequency /ˌverɪˌhaɪˈfriːkwənsɪ/ **I** n. altissima frequenza f. **II** modif. [*broadcast*] ad altissima frequenza.
Very light /ˈvɪərɪˌlaɪt/ n. MAR. fuoco m. very.
very low frequency /ˌverɪˌləʊˈfriːkwənsɪ/ **I** n. bassissima frequenza f. **II** modif. [*broadcast*] a bassissima frequenza.
Very pistol /ˈvɪərɪˌpɪstl/ n. MAR. (pistola) very f.
vesica /ˈvesɪkə/ n. (pl. **-ae**) **1** ANAT. *(bladder)* vescica f. **2** ART. ***~ piscis*** mandorla mistica.
vesical /ˈvesɪkl/ agg. vescicale.
vesicant /ˈvesɪkənt/ **I** agg. vescicante **II** n. vescicante m.
vesicate /ˈvesɪkeɪt/ **I** tr. produrre vesciche su [*skin*] **II** intr. *(produce blisters)* produrre vesciche; *(become blistered)* coprirsi di vesciche.
vesication /ˈvesɪkeɪʃn/ n. **1** *(formation of blisters)* vescicazione f. **2** *(blisters)* vesciche f.pl.
vesicatory /ˈvesɪkeɪtrɪ, AE -tɔːrɪ/ → **vesicant**.
vesicle /ˈvesɪkl/ n. vescicola f.
vesicular /vəˈsɪkjuːlə(r)/ agg. vescicolare.
vesiculate /vəˈsɪkjuːlət/, **vesiculated** /vəˈsɪkʊleɪtɪd/ agg. coperto di vescicole.
vesiculation /vəsɪkjʊˈleɪʃn/ n. vescicolazione f.
vesper /ˈvespə(r)/ n. LETT. RAR. vespro m., sera f.
vesperal /ˈvespərəl/ **I** agg. vespertino, vesperale **II** n. vesperale m.
vespers /ˈvespəz/ n.pl. + verbo sing. o pl. vespro m.sing.
vespertilio /vespəˈtɪlɪəʊ/ n. vespertilio m.
vespertine /ˈvespətaɪn/ agg. vespertino.
vespiary /ˈvespɪərɪ/ n. vespaio m., nido m. di vespe.
vespine /ˈvespaɪn/ agg. di vespa.
vessel /ˈvesl/ n. **1** MAR. nave f. **2** ANAT. vaso m.; ***blood ~*** vaso sanguigno **3** *(container)* contenitore m., recipiente m. **4** FIG. *(person)* strumento m. (**for** di).
▷ **1.vest** /vest/ ◆ **28** n. **1** *(underwear) (sleeveless)* canottiera f.; *(short-sleeved)* maglietta f. della salute **2** *(for sport, fashion)* canottiera f. **3** AE gilet m.
2.vest /vest/ tr. conferire [*authority, power*] (**in** a); ***to ~ the ownership of sth. in sb.*** conferire la proprietà di qcs. a qcn.; ***to ~ a right in sb.*** conferire un diritto a qcn.
vesta /ˈvestə/ n. ANT. fiammifero m.
vestal /ˈvestl/ agg. LETT. virginale.
vestal virgin /ˌvestlˈvɜːdʒɪn/ n. vestale f.
vested /ˈvestɪd/ agg. [*priest*] vestito con i paramenti sacri.
vested interest /ˌvestɪdˈɪntrəst/ n. **1** *(personal interest)* interesse m. personale; ***to have a ~*** avere dell'interesse personale (**in** in) **2** DIR. interesse m. acquisito.
vestibular /veˈstɪbjʊlə(r)/ agg. ANAT. vestibolare.
vestibule /ˈvestɪbjuːl/ n. ANAT. ARCH. vestibolo m.
vestige /ˈvestɪdʒ/ n. **1** gener. pl. *(trace) (of civilization, faith, system)* vestigio m.; *(of emotion, truth, stammer)* traccia f. **2** ANAT. ZOOL. vestigio m., rudimento m.
vestigial /veˈstɪdʒɪəl/ agg. **1** [*feeling, headache*] residuo **2** ANAT. ZOOL. ***~ tail*** coda vestigiale.
vestment /ˈvestmənt/ n. paramento m. sacro.
vest pocket /ˌvestˈpɒkɪt/ n. AE taschino m. del gilet.
vest-pocket /ˌvestˈpɒkɪt/ agg. AE [*dictionary, calculator*] tascabile.
vestry /ˈvestrɪ/ n. RELIG. *(place)* sagrestia f.; *(meeting)* assemblea f. parrocchiale; *(members)* membri m.pl. dell'assemblea parrocchiale.
vesture /ˈvestʃə(r)/ n. LETT. vestimento m., veste f.
Vesuvian /vɪˈsuːvɪən/ agg. vesuviano.
vesuvianite /vɪˈsuːvɪənaɪt/ n. vesuvianite f.
Vesuvius /vɪˈsuːvɪəs/ n.pr. ***~ is an active volcano*** il Vesuvio è un vulcano attivo.
▷ **1.vet** /vet/ ◆ **27** n. (accorc. veterinary surgeon) veterinario m. (-a); ***to take an animal to the ~'s*** portare un animale dal veterinario.
2.vet /vet/ n. AE MIL. COLLOQ. (accorc. veteran) veterano m., reduce m.
▷ **3.vet** /vet/ tr. (forma in -ing ecc. **-tt-**) fare un controllo approfondito su [*person*]; esaminare, controllare [*plan, accommodation*]; passare al vaglio [*teaching material, publication*]; ***he has been ~ted for the Civil Service*** per entrare nell'amministrazione statale è stato sottoposto a controlli approfonditi.
vetch /vetʃ/ n. veccia f.
vetchling /ˈvetʃlɪŋ/ n. erba f. galletta.
veteran /ˈvetərən/ **I** n. veterano m. (-a); MIL. veterano m., reduce m. **II** modif. [*championship, division, marathon*] dei veterani; [*ship, bicycle*] antico, d'epoca; ***a ~ sportsman, politician*** un veterano dello sport, della politica.
veteran car /ˌvetərənˈkɑː(r)/ n. BE auto f. d'epoca (costruita prima del 1905).
Veterans Administration /ˌvetərənzedˌmɪnɪˈstreɪʃn/ n. AE = ente federale che si occupa degli ex combattenti.
Veterans Day /ˈvetərənzˌdeɪ/ n. US = l'11 novembre, giornata in cui si rende onore ai veterani di guerra.
veterinarian /ˌvetərɪˈneərɪən/ ◆ **27** n. AE veterinario m. (-a).
veterinary /ˈvetrɪnrɪ, AE ˈvetərɪnerɪ/ ◆ **27 I** agg. veterinario **II** n. veterinario m. (-a).
veterinary surgeon /ˌvetrɪnrɪˈsɜːdʒən, AE ˌvetərɪnerɪ-/ ◆ **27** n. veterinario m. (-a).
veterinary surgery /ˌvetrɪnrɪˈsɜːdʒərɪ, AE ˌvetərɪnerɪ-/ n. *(for consultation)* clinica f. veterinaria.
vetiver /ˈvetɪvə(r)/ n. vetiver m.
▷ **1.veto** /ˈviːtəʊ/ n. (pl. **~es**) **1** *(practice)* veto m. **2** *(right)* diritto m. di veto (**over, on** su); ***to use*** o ***exercise one's ~*** esercitare il diritto di veto **3** AE POL. ***president's ~*** veto presidenziale.
▷ **2.veto** /ˈviːtəʊ/ tr. (pres. **~es**; pass., p.pass. **~ed**) mettere, (op)porre il (proprio) veto a (anche POL.).
vetting /ˈvetɪŋ/ **I** n. controllo m.; ***security ~*** controllo di sicurezza; ***to give sb. a ~*** fare un controllo approfondito su qcn. **II** modif. [*procedure, service, system*] di controllo.
vex /veks/ tr. *(annoy)* irritare, contrariare; *(worry)* preoccupare.
vexation /vekˈseɪʃn/ n. *(annoyance)* irritazione f.; *(worry)* preoccupazione f.
vexatious /vekˈseɪʃəs/ agg. [*situation*] irritante, seccante; [*person*] fastidioso, molesto.
vexed /vekst/ **I** p.pass. → **vex II** agg. **1** *(annoyed)* irritato, contrariato (**with** da) **2** *(problematic)* [*question, issue, situation*] spinoso.
vexillary /ˈveksɪlərɪ/ n. STOR. vessillario m.
vexillum /vekˈsɪləm/ n. (pl. **-a**) **1** STOR. ORNIT. vessillo m. **2** RELIG. BOT. stendardo m.
vexing /ˈveksɪŋ/ agg. → **vexatious**.
VFR n. AER. (⇒ Visual Flight Rules) = navigazione a vista.
vg ⇒ very good molto buono.
VG n. RELIG. (⇒ vicar general) = vicario generale.
VHF I n. (⇒ very high frequency altissima frequenza) VHF f. **II** modif. [*transmitter, radio*] VHF.
VI ⇒ Virgin Islands Isole Vergini.
▶ **via** /ˈvaɪə/ prep. **1** *(by way of)* passando per, via; *(on ticket, timetable)* via; ***we came ~ London*** siamo arrivati via Londra **2** *(by means of)* tramite; ***transmitted ~ satellite*** trasmesso via satellite; ***to get into politics ~ the trade unions*** entrare in politica passando per il sindacato.
▷ **viability** /vaɪəˈbɪlətɪ/ n. **1** *(feasibility) (of company, government, farm)* vitalità f. (economica), produttività f.; *(of project,*

idea, plan) fattibilità f. **2** BIOL. ZOOL. MED. *(of foetus, egg, plant)* vitalità f.

▷ **viable** /ˈvaɪəbl/ agg. **1** *(feasible)* [*company, government, farm*] vitale, produttivo; [*project, idea, plan*] fattibile; ***politically ~*** politicamente realizzabile **2** BIOL. ZOOL. MED. [*foetus, egg, plant*] vitale.

viaduct /ˈvaɪədʌkt/ n. viadotto m.

Viagra® /vaɪˈægrə/ n. FARM. viagra® m.

vial /ˈvaɪəl/ n. boccetta f. (anche LETT.); FARM. fiala f.

viands /ˈviːəndz/ n.pl. ANT. vivande f.

viaticum /vaɪˈætɪkəm/ n. viatico m.

▷ **vibe** /vaɪb/ **I** n. COLLOQ. **1** *(atmosphere) (in place)* atmosfera f.; *(in situation)* aria f., feeling m. **2** *(from music, group)* vibrazione f. **II vibes** n.pl. COLLOQ. **1** *(feeling)* ***to have good ~s*** sentire delle buone vibrazioni; ***to have bad ~s*** avere una sensazione negativa *o* una brutta sensazione **2** → **vibraphone**.

vibrancy /ˈvaɪbrənsɪ/ n. **1** *(liveliness) (of person)* vitalità f.; *(of place)* vita f.; *(of colour)* vivacità f. **2** *(of voice, instrument)* sonorità f.

▷ **vibrant** /ˈvaɪbrənt/ agg. **1** *(lively)* [*person, place, personality, colour*] vivace; ***to be ~ with health*** scoppiare di salute **2** *(resonant)* [*voice*] vibrante; [*instrument*] dalla voce vibrante; ***a voice ~ with emotion*** una voce vibrante di emozione.

vibrantly /ˈvaɪbrəntlɪ/ avv. [*speak, say*] con tono vibrante; [*smile*] radiosamente.

vibraphone /ˈvaɪbrəfəʊn/ ♦ **17** n. vibrafono m.

vibrate /vaɪˈbreɪt, AE ˈvaɪbreɪt/ **I** tr. fare vibrare **II** intr. vibrare (**with** di).

vibratile /ˈvaɪbrətaɪl/ agg. vibratile.

vibratility /vaɪbrəˈtɪlətɪ/ n. vibratilità f.

▷ **vibration** /vaɪˈbreɪʃn/ n. vibrazione f.

vibrational /vaɪˈbreɪʃənl/ agg. vibrazionale.

vibrative /vaɪˈbreɪtɪv/ → **vibratory**.

vibrato /vɪˈbrɑːtəʊ/ n. (pl. **~s**) vibrato m.; ***to play, sing (with) ~*** fare un vibrato suonando, cantando.

vibrator /vaɪˈbreɪtə(r)/ n. vibratore m.

vibratory /vaɪˈbreɪtərɪ, AE -tɔːrɪ/ agg. vibratorio.

vibrio /ˈvɪbrɪəʊ/ n. (pl. **~s, ~nes**) vibrione m.

vibrissa /vaɪˈbrɪsə/ n. (pl. **-ae**) vibrissa f.

vibromassage /vaɪbrəʊˈmæsɑːʒ, AE -məˈsɑːʒ/ n. vibromassaggio m.

viburnum /vaɪˈbɜːnəm/ n. viburno m.

vic /vɪk/ n. MIL. *(of aircraft)* formazione f. a V.

vicar /ˈvɪkə(r)/ ♦ **9** n. parroco m. (della chiesa anglicana).

vicarage /ˈvɪkərɪdʒ/ n. canonica f.

vicar apostolic /ˌvɪkəræpəˈstɒlɪk/ n. vicario m. apostolico.

vicaress /ˈvɪkərɪs/ n. **1** *(wife of a vicar) (in Anglican Church)* moglie f. del parroco **2** *(nun)* madre f. vicaria.

vicar general /ˌvɪkəˈdʒenrəl/ n. vicario m. generale.

vicarial /vɪˈkeərɪəl, AE vaɪˈk-/ agg. **1** ANT. *(delegated)* delegato **2** *(pertaining to a vicar)* parrocchiale, di parroco.

vicariate /vɪˈkeərɪət, AE vaɪˈk-/ n. *(in Catholic Church)* vicariato m.

vicarious /vɪˈkeərɪəs, AE vaɪˈk-/ agg. **1** *(indirect)* [*pleasure, knowledge*] indiretto; ***to get a ~ thrill*** vivere di riflesso una forte emozione (**from, out of** attraverso) **2** *(delegated)* [*authority, power*] delegato; ***~ liability*** DIR. responsabilità indiretta.

vicariously /ˈvɪkeərɪəslɪ, AE vaɪˈk-/ avv. *(indirectly)* [*enjoy, experience, live*] indirettamente, per interposta persona; ***to live ~ through sb.*** vivere attraverso qcn.; ***~ liable*** DIR. responsabile indiretto.

Vicar of Christ /ˌvɪkərəvˈkraɪst/ n. vicario m. di Cristo.

vicarship /ˈvɪkəʃɪp/ n. → **vicariate**.

1.vice /vaɪs/ **I** n. **1** *(failing)* vizio m.; SCHERZ. debolezza f. **2** *(corruption)* corruzione m. **II** modif. [*laws*] contro la prostituzione; [*scandal*] sessuale.

2.vice /vaɪs/ n. sostituto m. (-a), vice m. e f.

3.vice BE, **vise** AE /vaɪs/ n. TECN. morsa f.

4.vice BE, **vise** AE /vaɪs/ tr. chiudere in una morsa.

5.vice /vaɪs/ prep. al posto di, invece di.

Vice-Admiral /ˌvaɪsˈædmərəl/ ♦ **23** n. viceammiraglio m.

vice-captain /ˌvaɪsˈkæptɪn/ n. SPORT vicecapitano m.

vice-chair /ˌvaɪsˈtʃeə(r)/ n. vicepresidente m.

vice-chairman /ˌvaɪsˈtʃeəmən/ n. (pl. **-men**) vicepresidente m.

vice-chairmanship /ˌvaɪsˈtʃeəmənʃɪp/ n. vicepresidenza f.

vice-chairmen /ˌvaɪsˈtʃeəmen/ → **vice-chairman.**

vice-chairperson /ˌvaɪsˈtʃeəpɜːsn/ n. vicepresidente m.

vice-chairwoman /ˌvaɪsˈtʃeəwʊmən/ n. (pl. **-women**) vicepresidente f., vicepresidentessa f.

vice-chancellor /ˌvaɪsˈtʃɑːnsələ(r), AE -ˈtʃæns-/ ♦ **27** n. **1** BE UNIV. vicerettore m. **2** AE DIR. giudice m. di una corte di equity.

vice-chancellorship /ˌvaɪsˈtʃɑːnsələʃɪp, AE -ˈtʃæns-/ n. BE UNIV. carica f. di vicerettore.

vice-chief /ˌvaɪsˈtʃiːf/ n. sottocapo m.

vice-consul /ˌvaɪsˈkɒnsl/ n. viceconsole m.

vice-director /ˌvaɪsdaɪˈrektə(r), -dɪ-/ n. vicedirettore m. (-trice).

vicegerency /ˌvaɪsˈdʒerənsɪ/ n. carica f. di vicegerente.

vicegerent /ˌvaɪsˈdʒerənt/ n. vicegerente m. e f.

vice-like BE, **vise-like** AE /ˈvaɪslaɪk/ agg. [*grip*] (saldo) come una morsa (d'acciaio).

vice-presidency /ˌvaɪsˈprezɪdənsɪ/ n. vicepresidenza f.

▷ **vice-president** /ˌvaɪsˈprezɪdənt/ n. vicepresidente m. e f.

vice-presidential /ˌvaɪsprezɪˈdenʃl/ agg. [*candidate, race*] alla vicepresidenza; [*residence*] vicepresidenziale, del vicepresidente.

vice-principal /ˌvaɪsˈprɪnsəpl/ n. SCOL. *(of senior school)* vicepreside m. e f.; *(of junior school, college)* vicedirettore m. (-trice).

viceregal /ˌvaɪsˈriːgl/ agg. [*duties*] del viceré.

viceroy /ˈvaɪsrɔɪ/ n. viceré m.

viceroyalty /ˌvaɪsˈrɔɪəltɪ/ n. **1** *(office)* carica f. di viceré, vicereame m. **2** *(territory)* vicereame m.

vice squad /ˈvaɪsˌskwɒd/ n. (squadra del) buoncostume f.

▷ **vice versa** /ˌvaɪsɪˈvɜːsə/ avv. viceversa.

vicinage /ˈvɪsɪnɪdʒ/ n. **1** → **vicinity 2** *(people living in a vicinity)* vicinato m.

▷ **vicinity** /vɪˈsɪnətɪ/ n. vicinanze f.pl., dintorni m.pl.; ***in the ~*** nelle vicinanze *o* nei dintorni; ***in the (immediate) ~ of Oxford, the explosion*** nelle (immediate) vicinanze di Oxford, dell'esplosione; ***in the ~ of £ 30,000, 10,000 people*** all'incirca 30.000 sterline, 10.000 persone.

▷ **vicious** /ˈvɪʃəs/ agg. [*person*] vizioso, malvagio; [*animal*] pericoloso, selvatico; [*attack, price cut*] brutale, violento; [*power, system, speech*] violento, malvagio; [*revenge, lie*] crudele; [*rumour, sarcasm, version*] maligno.

vicious circle /ˌvɪʃəsˈsɜːkl/ n. circolo m. vizioso.

viciously /ˈvɪʃəslɪ/ avv. **1** *(savagely)* brutalmente **2** *(perversely)* in modo cattivo.

viciousness /ˈvɪʃəsnɪs/ n. **1** *(physical) (of person)* brutalità f.; *(of attack)* violenza f. **2** *(verbal)* cattiveria f., malvagità f.

vicissitude /vɪˈsɪsɪtjuːd, AE -tuːd/ n. FORM. vicissitudine f.

vicissitudinous /vɪsɪsɪˈtjuːdɪnəs, AE -ˈtuːd-/ agg. FORM. pieno di vicissitudini, avventuroso.

Vicky /ˈvɪkɪ/ n.pr. diminutivo di **Victoria**.

► **victim** /ˈvɪktɪm/ n. vittima f. (anche FIG.); ***a ~ of one's own success*** una vittima del proprio successo; ***murder, polio, earthquake ~*** vittima di omicidio, della polio, del terremoto; ***a rape ~*** o ***a ~ of rape*** una vittima di stupro; ***to fall ~ to*** essere *o* cadere vittima di [*disease, disaster*]; essere preda di [*charm, unscrupulousness*].

victimization /ˌvɪktɪmaɪˈzeɪʃn/ n. vittimizzazione f.

victimize /ˈvɪktɪmaɪz/ tr. vittimizzare.

victimless /ˈvɪktɪmlɪs/ agg. [*crime*] senza vittime, senza spargimento di sangue.

Victim Support /ˌvɪktɪmsəˈpɔːt/ n. GB = organizzazione per sostegno alle persone che sono state vittime di un crimine.

victor /ˈvɪktə(r)/ n. vincitore m.; ***to emerge the ~*** uscirne vincitore.

Victor /ˈvɪktə(r)/ n.pr. Vittorio.

victoria /vɪkˈtɔːrɪə/ n. STOR. *(carriage)* victoria f.

Victoria /vɪkˈtɔːrɪə/ n.pr. **1** *(name)* Vittoria; ***Queen, Lake ~*** la regina, il lago Vittoria **2** *(state)* Victoria m.

Victoria Cross /vɪkˌtɔːrɪəˈkrɒs, AE -ˈkrɔːs/ n. GB MIL. = massima onorificenza al valor militare.

Victoria Falls /vɪkˌtɔːrɪəˈfɔːlz/ n.pl. cascate f. Vittoria.

▷ **Victorian** /vɪkˈtɔːrɪən/ **I** agg. [*building, furniture, period, attitude*] vittoriano; [*writer, poverty*] dell'età vittoriana **II** n. = persona vissuta in epoca vittoriana.

Victoriana /vɪkˌtɔːrɪˈɑːnə/ n.pl. = oggetti d'arte di epoca vittoriana.

victorianism /vɪkˈtɔːrɪənɪzm/ n. Vittorianesimo m.

victorious /vɪkˈtɔːrɪəs/ agg. [*troops, team, campaign*] vittorioso; ***to be ~ in the election, match*** uscire vincitore dalle elezioni, dalla partita.

victoriously /vɪkˈtɔːrɪəslɪ/ avv. vittoriosamente.

► **victory** /ˈvɪktərɪ/ n. vittoria f.; ***to win a ~*** riportare una vittoria (**over** su).

victress /ˈvɪktrɪs/ n. vincitrice f.

victual /ˈvɪtl/ tr. (forma in -ing ecc. **-ll-, -l-** AE) approvvigionare, vettovagliare.

victualler, victualer AE /ˈvɪtlə(r)/ ♦ **27** n. fornitore m. (di generi alimentari).

victualling, victualing AE /ˈvɪtlɪŋ/ n. approvvigionamento m., vettovagliamento m.

victualling office, **victualing office** AE /ˌvɪtlɪŋˈɒfɪs, AE -ˈɔːfɪs/ n. ufficio m. vettovagliamento.
victuals /ˈvɪtlz/ n.pl. viveri m., vettovaglie f.
vicugna, vicuna /vɪˈkjuːnjə, -ˈkuː-/ n. vigogna f.
vid /vɪd/ n. AE COLLOQ. video m.
vidaholic /vɪdəˈhɒlɪk/ n. videodipendente m. e f.
vide /ˈvɪdeɪ, ˈvaɪdiː/ impers. FORM. *(in book)* vedi.
videlicet /vɪˈdiːlɪset/ avv. FORM. vale a dire.
▶ **1.video** /ˈvɪdɪəʊ/ **I** n. (pl. **~s**) **1** (anche **~ recorder**) videoregistratore m. **2** (anche **~ cassette**) videocassetta f.; ***on ~*** in videocassetta **3** (anche **~ film**) filmato m., video(film) m.; ***promotional, training ~*** video promozionale, illustrativo **4** AE *(television)* televisione f. **II** modif. [*company, footage*] di video; [*age, market*] del video; [*channel, evidence, link, equipment, graphics, recording*] video; [*interview*] in video; [*distributor, producer*] di video.
2.video /ˈvɪdɪəʊ/ tr. (pres. **~s**; pass., p.pass. **~ed**) **1** *(from TV)* videoregistrare **2** *(on camcorder)* filmare, riprendere.
video art /ˈvɪdɪəʊˌɑːt/ n. video art f., videoarte f.
video book /ˈvɪdɪəʊˌbʊk/ n. videolibro m.
video call /ˈvɪdɪəʊˌkɔːl/ n. videochiamata f.
video camera /ˈvɪdɪəʊˌkæmərə/ n. videocamera f., telecamera f.
video card /ˈvɪdɪəʊˌkɑːd/ n. scheda f. video.
video-cassette /ˌvɪdɪəʊkəˈset/ n. videocassetta f.
video-cassette recorder /ˌvɪdɪəʊkəˈsetrɪˌkɔːdə(r)/ n. videoregistratore m.
video clip /ˈvɪdɪəʊˌklɪp/ n. **1** TEL. videoclip m., video m. **2** CINEM. estratto m.
video club /ˈvɪdɪəʊˌklʌb/ n. videonoleggio m.
videoconference /ˌvɪdɪəʊˈkɒnfərəns/ n. videoconferenza f.
videodisc /ˈvɪdɪəʊdɪsk/ n. videodisco m.
video frequency /ˌvɪdɪəʊˈfriːkwənsɪ/ n. frequenza f. video.
▷ **video game** /ˈvɪdɪəʊˌgeɪm/ n. videogioco m., videogame m.
video jock /ˈvɪdɪəʊˌdʒɒk/ n. AE veejay m. e f., videojay m. e f.
video library /ˌvɪdɪəʊˈlaɪbrərɪ, AE -brerɪ/ n. videoteca f.
video nasty /ˌvɪdɪəʊˈnɑːstɪ/ n. BE = film in videocassetta contenente immagini violente o pornografiche.
video-on-demand /ˌvɪdɪəʊɒndɪˈmɑːnd/ n. video m. a pagamento.
videophone /ˈvɪdɪəʊfəʊn/ n. videotelefono m.
video player /ˈvɪdɪəʊˌpleɪə(r)/ n. videoriproduttore m.
video projector /ˈvɪdɪəʊprəˌdʒektə(r)/ n. videoproiettore m.
video recorder /ˈvɪdɪəʊrɪˌkɔːdə(r)/ n. videoregistratore m.
video shop BE /ˈvɪdɪəʊʃɒp/, **video store** AE /ˈvɪdɪəʊstɔː(r)/ ➧ ***27*** n. videoteca f., videonoleggio m.
video surveillance /ˌvɪdɪəʊsɜːˈveɪləns/ n. videosorveglianza f.
▷ **1.videotape** /ˈvɪdɪəʊteɪp/ n. videotape m.
▷ **2.videotape** /ˈvɪdɪəʊteɪp/ tr. **1** *(from TV)* videoregistrare **2** *(with video camera)* filmare, riprendere.
videotape recorder /ˌvɪdɪəʊteɪprɪˈkɔːdə(r)/ n. videoregistratore m.
videotape recording /ˈvɪdɪəʊteɪprɪˌkɔːdɪŋ/, **videotaping** /ˈvɪdɪəʊteɪpɪŋ/ n. videoregistrazione f.
videotex® /ˈvɪdɪəʊteks/ n. videotex® m.
videotext /ˈvɪdɪəʊtekst/ n. videotext m.
videoware /ˈvɪdɪəʊweə(r)/ n. software m. per video.
vidicon /ˈvɪdɪkɒn/ n. vidiconoscopio m., vidicon m.
vie /vaɪ/ intr. (forma in -ing **vying**) gareggiare, competere (**with** con; **for** per; **to do** per fare); ***children vying (with each other) for attention*** bambini che fanno a gara per attirare l'attenzione.
Vienna /vɪˈenə/ ➧ ***34*** n.pr. Vienna f.
Viennese /vɪəˈniːz/ **I** agg. viennese **II** n. (pl. **~**) viennese m. e f.
Viet /vɪˈet/ n. AE COLLOQ. (accorc. vietnamese) vietnamita m. e f.
Vietcong /ˌvjetˈkɒŋ/ n.pr. vietcong m.
Vietnam /ˌvjetˈnæm/ ➧ ***6*** n.pr. Vietnam m.
Vietnamese /ˌvɪetnəˈmiːz/ ➧ ***18, 14*** **I** agg. [*people, language, government*] vietnamita; [*embassy*] vietnamita, del Vietnam **II** n. (pl. **~**) **1** *(person)* vietnamita m. e f. **2** *(language)* vietnamita m.
Vietnik /vɪˈetnɪk/ n. = attivista del movimento contro la guerra del Vietnam.
▶ **1.view** /vjuː/ n. **1** *(of landscape, scene)* vista f.; FIG. *(of situation)* visione f.; ***a sea, mountain ~*** una vista sul mare, sulle montagne; ***a room with a ~ (of the sea)*** una camera con vista (mare); ***the trees cut off, break up the ~*** gli alberi coprono la visuale; ***you're blocking my ~!*** mi copri la visuale! ***the window gives you a good ~ of the church*** la finestra vi offre una bella vista sulla chiesa; ***we had a good ~ of the stage from our seats*** vedevamo molto bene il palco dai nostri posti; ***ten ~s of Paris*** *(on postcard, painting)* dieci vedute di Parigi; ***we moved forward to get a better ~*** ci siamo spostati più avanti per vedere meglio; ***all I got was a back ~ of somebody's head*** tutto quello che riuscivo a vedere era la nuca di un tipo; ***to have a front, back, side ~ of sth.*** avere una visione frontale, posteriore, laterale di qcs.; ***she painted a side ~ of the building*** ha dipinto una vista laterale del palazzo; ***an overall ~ of the situation*** una visione d'insieme della situazione; ***an inside ~ of the situation*** uno spaccato della situazione; ***to take the long(-term), short(-term) ~ of sth.*** avere una visione lungimirante, a breve termine di qcs.; ***in the long ~ he could be right*** a lungo termine potrebbe avere ragione lui **2** *(field of vision, prospect)* vista f. (anche FIG.); ***there wasn't a single house within ~*** non si vedeva una sola casa all'orizzonte *o* non c'era nessuna casa in vista; ***the lake was within ~ of the house*** il lago era visibile dalla casa; ***to do sth. in (full) ~ of sb.*** fare qcs. sotto gli occhi di qcn.; ***in full ~ of the neighbours' windows*** in bella vista davanti alle finestre dei vicini; ***to be in ~*** [*coast, house*] essere in vista; ***what do you have in ~?*** FIG. cos'hai in programma? ***with the future in ~*** in previsione del futuro *o* pensando all'avvenire; ***to keep sth. in ~*** non perdere di vista qcs. (anche FIG.); ***to disappear from*** o ***be lost to ~*** scomparire (dalla vista) *o* uscire di vista; ***their original aims were soon lost from ~*** i loro obiettivi originari vennero presto persi di vista; ***to hide sth. from ~*** nascondere qcs. (dalla vista); ***to be on ~*** [*exhibition*] essere visitabile; COMM. [*new range, clothes collection*] essere esposto *o* essere in mostra; ***the house and contents will be on ~ the day before the sale*** la casa e il suo contenuto potranno essere visionati il giorno prima della vendita **3** *(personal opinion, attitude)* opinione f., parere m.; ***point of ~*** punto di vista; ***the scientific, medical, legal ~ is that*** il parere scientifico, medico, legale è che; ***the widely-, generally-accepted ~*** l'opinione largamente, generalmente accettata; ***the majority ~*** l'opinione della maggioranza (delle persone); ***the official, government ~*** il punto di vista ufficiale, del governo; ***my ~ is that*** la mia opinione è che; ***in his ~*** a suo parere; ***in the ~ of Mr Jones, many experts*** secondo il signor Jones, numerosi esperti **4** *(visit, inspection) (of exhibition, house)* visita f.; *(of film)* proiezione f.; COMM. *(of new range, clothes collection)* presentazione f. **5 in view of** *(considering)* visto, considerato [*situation, facts, problem*]; ***in ~ of his refusal, I...*** visto il suo rifiuto, io...; ***in ~ of this, they...*** (visto e) considerato questo, loro... **6 with a view to with a ~ to sth.** in vista di qcs.; ***with a ~ to doing*** con l'intenzione di fare; ***with a ~ to sb.('s) doing*** nella speranza che qcn. faccia.
▶ **2.view** /vjuː/ **I** tr. **1** *(regard, consider)* guardare, considerare; *(envisage)* immaginare, figurarsi; ***to ~ the future with optimism*** guardare al futuro con ottimismo; ***how do you ~ the situation?*** tu come vedi la situazione? ***to ~ sb. with suspicion*** guardare qcn. con sospetto; ***to ~ sb., sth. as sth.*** considerare qcn., qcs. come qcs.; ***the evening was ~ed as a success*** la serata fu considerata un successo; ***she ~ed him as an enemy*** lo vedeva come un nemico; ***the reforms are ~ed as not going far enough*** si pensa che le riforme non andranno abba-stanza lontano **2** *(look at)* guardare [*scene, building*]; *(inspect)* visitare [*house, castle*]; visitare, vedere [*collection, exhibition*]; visionare [*slide, microfiche*]; esaminare [*documents*]; ***the building ~ed from the side*** il palazzo visto di lato **3** *(watch)* guardare [*television, programme*] **II** intr. guardare la televisione.
viewdata /ˈvjuːdeɪtə/ n. INFORM. = sistema telematico interattivo che permette di trasmettere dati via modem.
viewer /ˈvjuːə(r)/ n. **1** *(person) (of TV)* telespettatore m. (-trice); *(of exhibition, property)* visitatore m. (-trice) **2** FOT. visore m.
viewership /ˈvjuːəʃɪp/ n. audience f.
viewfinder /ˈvjuːfaɪndə(r)/ n. FOT. mirino m.
▷ **viewing** /ˈvjuːɪŋ/ **I** n. **1** TELEV. ***we plan our ~ ahead*** scegliamo in anticipo i programmi che vogliamo guardare; ***"and that concludes Saturday night's ~"*** "e con questo si concludono i programmi del sabato sera"; ***essential ~ for teachers*** un programma da non perdere per gli insegnanti; ***a programme scheduled for late-night, prime-time ~*** una trasmissione che va in onda a tarda sera, in prima serata; ***the film makes compulsive ~*** è un film avvincente **2** *(visit, inspection) (of exhibition, house)* visita f.; *(of film)* proiezione f.; COMM. *(of new range, clothes collection)* presentazione f.; ***"early ~ recommended"*** *(estate agent's notice)* "da visitare al più presto"; ***"~ by appointment only"*** "visite solo su appuntamento" **II** modif. TELEV. [*trends, patterns*] d'ascolto; [*habits, preferences*] dei telespettatori; ***~ figures*** indice di gradimento; ***the ~ public*** i telespettatori.
viewing panel /ˌvjuːɪŋˈpænl/, **viewing window** /ˌvjuːɪŋˈwɪndəʊ/ n. *(in oven)* vetro m. dello sportello; *(in washing machine)* oblò m.
viewphone /ˈvjuːfəʊn/ n. videotelefono m.
▷ **viewpoint** /ˈvjuːpɔɪnt/ n. **1** *(observation point)* belvedere m., punto m. panoramico **2** *(point of view)* punto m. di vista.
vigesimal /vaɪˈdʒesɪml/ agg. vigesimale.
vigil /ˈvɪdʒɪl/ n. veglia f.; *(by sickbed, deathbed)* veglia f.; RELIG. vigilia f.; POL. veglia f. di protesta; ***to keep a ~ (over sb.)*** vegliare

qcn.; ***to hold*** o ***stage a ~*** POL. fare una veglia di protesta; ***an all-night ~*** una notte di veglia.

vigilance /ˈvɪdʒɪləns/ n. vigilanza f.

vigilance committee /ˌvɪdʒɪlənskəˈmɪtɪ/ n. comitato m. di vigilanza.

vigilant /ˈvɪdʒɪlənt/ agg. vigile, vigilante.

vigilante /ˌvɪdʒɪˈlæntɪ/ **I** n. vigilante m. e f. **II** modif. [*group*] di vigilanza; [*protection, attack, role*] dei vigilantes.

vigilantism /ˌvɪdʒɪˈlæntɪzəm/ n. = metodi e spirito dei vigilantes.

vigilantly /ˈvɪdʒɪləntlɪ/ avv. con vigilanza.

1.vignette /viːˈnjet/ n. **1** *(drawing)* vignetta f. **2** CINEM. scena f. comica; LETTER. aneddoto m. umoristico; TEATR. scenetta f., sketch m. **3** FOT. = ritratto a mezzo busto con bordi sfumati **4** ART. fregio m.

2.vignette /viːˈnjet/ tr. FOT. fare la vignettatura a [*picture*].

vignetter /viːˈnjetə(r)/ n. = maschera per vignettatura.

vigor AE → **vigour**.

▷ **vigorous** /ˈvɪgərəs/ agg. [*person, attempt, exercise*] vigoroso; [*plant*] rigoglioso, vigoroso; [*campaign, campaigner*] energico; [*denial*] categorico; [*defender, supporter*] ardente.

▷ **vigorously** /ˈvɪgərəslɪ/ avv. [*push, stir, exercise*] vigorosamente; [*grow*] rigogliosamente; [*defend, campaign, deny*] energicamente.

vigour BE, **vigor** AE /ˈvɪgə(r)/ n. **1** *(of person)* vigore m., energia f.; *(of plant)* rigoglio m., vigore m. **2** *(of argument, denial)* forza f., vigore m.; ***with great ~*** con grande vigore **3** *(of campaign, efforts)* energia f., vigore m.

Viking /ˈvaɪkɪŋ/ **I** agg. vichingo **II** n. vichingo m. (-a).

vile /vaɪl/ agg. **1** *(wicked)* [*crime, slander, traitor*] vile, ignobile **2** *(unpleasant)* [*smell, taste, food, weather*] schifoso; [*place, experience, colour*] orribile, orrendo; [*mood*] pessimo; [*behaviour*] pessimo, vile.

vilely /ˈvaɪlɪ/ avv. in modo vile, ignobilmente.

vileness /ˈvaɪlnɪs/ n. **1** *(of crime, person)* viltà f. **2** *(of smell, place, weather)* (l') essere orribile, (l')essere schifoso.

vilification /ˌvɪlɪfɪˈkeɪʃn/ n. diffamazione f. (**of** di).

vilifier /ˈvɪlɪfaɪə(r)/ n. diffamatore m. (-trice).

vilify /ˈvɪlɪfaɪ/ tr. diffamare.

villa /ˈvɪlə/ n. villetta f.; *(larger)* villa f.

▶ **village** /ˈvɪlɪdʒ/ **I** n. *(place, community)* villaggio m., paese m.; ***fishing, mining ~*** villaggio di pescatori, di minatori **II** modif. [*shop, school*] di, del paese; [*fete*] paesano.

village green /ˌvɪlɪdʒˈgriːn/ n. = area verde pubblica nel centro del paese.

village hall /ˌvɪlɪdʒˈhɔːl/ n. salone m. delle feste (del paese).

village idiot /ˌvɪlɪdʒˈɪdɪət/ n. scemo m. (-a) del villaggio.

▷ **villager** /ˈvɪlɪdʒə(r)/ n. paesano m. (-a).

▷ **villain** /ˈvɪlən/ n. *(scoundrel)* canaglia f.; *(criminal)* criminale m. e f.; *(in book, film)* cattivo m. (-a); *(child)* bricconcello m. (-a); ***the ~ of the piece*** SCHERZ. il cattivo.

villainage → **villeinage**.

villainous /ˈvɪlənəs/ agg. [*person, behaviour, action*] infame; [*plot*] diabolico; [*expression, look, smile*] cattivo, malvagio.

villainously /ˈvɪlənəslɪ/ avv. [*behave*] in modo infame; [*smile, look*] con aria cattiva, in modo malvagio.

villainy /ˈvɪlənɪ/ n. infamia f., scelleratezza f.

villanelle /vɪləˈnel/ n. LETT. villanella f.

villein /ˈvɪleɪn/ n. **1** STOR. servo m. (-a) della gleba **2** *(peasant)* villano m. (-a), contadino m. (-a).

villeinage /ˈvɪlɪnɪdʒ/ n. servitù f. della gleba.

villi /ˈvɪlɪ/ → **villus**.

villiform /ˈvɪlɪfɔːm/ agg. villiforme.

villose /ˈvɪləʊs/ agg. ANAT. BOT. villoso.

villosity /vɪˈlɒsətɪ/ n. villosità f.

villus /ˈvɪləs/ n. (pl. **-i**) villo m.

vim /vɪm/ n. forza f., vigore m.; ***full of ~ and vigour*** pieno di grinta.

vimen /ˈvɪmɪn/ n. (pl. **-ina**) vimine m.

viminal /ˈvɪmɪnəl/ agg. di vimini.

Viminal /ˈvɪmɪnəl/ n.pr. Viminale m.

vina /ˈviːnə/ n. vina f.

vinaceous /vaɪˈneɪʃəs/ agg. vinato, di colore rosso (come il) vino.

vinaigrette /ˌvɪnɪˈgret/ n. (anche **~ dressing**) vinaigrette f.

Vincent /ˈvɪnsənt/ n.pr. Vincenzo.

vincible /ˈvɪnsəbl/ agg. vincibile.

vinculum /ˈvɪŋkjʊləm/ n. (pl. **-a**) **1** RAR. *(tie)* legame m., vincolo m. **2** ANAT. frenulo m., legamento m.

vindaloo /ˌvɪndəˈluː/ n. (anche **~ curry**) = piatto di carne o di pesce con curry molto speziato.

vindicate /ˈvɪndɪkeɪt/ tr. difendere, sostenere; DIR. scagionare [*person*]; giustificare [*action, claim, judgment*]; ***the report ~d the doctor's decision*** il rapporto ha mostrato la fondatezza della decisione del dottore.

vindication /ˌvɪndɪˈkeɪʃn/ n. difesa f., giustificazione f.; DIR. *(of person)* discolpa f.; ***in ~ of*** a giustificazione di [*action, behaviour*]; a sostegno di [*decision*].

vindicator /ˈvɪndɪkeɪtə(r)/ n. = chi difende, giustifica o discolpa.

vindicatory /ˈvɪndɪkeɪtrɪ, AE -tɔːrɪ/ agg. **1** *(defensive)* difensivo, giustificatorio **2** DIR. punitivo, repressivo.

vindictive /vɪnˈdɪktɪv/ agg. [*person, behaviour*] vendicativo (**towards** verso); [*decision, action*] dettato dalla vendetta, di vendetta.

vindictively /vɪnˈdɪktɪvlɪ/ avv. in modo vendicativo, vendicativamente.

vindictiveness /vɪnˈdɪktɪvnɪs/ n. vendicatività f.

▷ **vine** /vaɪn/ n. **1** *(producing grapes)* vite f. **2** *(climbing plant)* pianta f. rampicante.

vine borer /ˈvaɪnˌbɔːrə(r)/ n. → **vine louse**.

vine-branch /ˈvaɪnbrɑːntʃ/ n. tralcio m. di vite.

vine-clad /ˈvaɪnklæd/ agg. coperto di rampicanti.

vine disease /ˈvaɪndɪˌziːz/ n. = malattia della vite provocata dalla fillossera.

vinegar /ˈvɪnɪgə(r)/ n. aceto m.; ***cider, wine ~*** aceto di mele, aceto di vino.

vinegarish /ˈvɪnɪgərɪʃ/, **vinegary** /ˈvɪnɪgərɪ/ agg. [*taste, odour*] agro, di aceto; [*remark, temper*] acido.

vine grower /ˈvaɪnˌgrəʊə(r)/ ♦ ***27*** n. viticoltore m. (-trice).

vine leaf /ˈvaɪnliːf/ n. (pl. **vine leaves**) pampino m.

vine louse /ˈvaɪnˌlaʊs/ n. (pl. **vine lice**) fillossera f.

vinery /ˈvaɪnərɪ/ n. *(vineyard)* vigneto m., vigna f.; *(greenhouse)* serra f. per viti.

vine shoot /ˈvaɪnʃuːt/ n. germoglio m. di vite.

vine stock /ˈvaɪnstɒk/ n. portainnesto m. di vite.

▷ **vineyard** /ˈvɪnjəd/ n. vigneto m., vigna f.

viniculture /ˈvɪnɪkʌltʃə(r)/ n. viticultura f.

viniculturist /ˈvɪnɪkʌltʃərɪst/ ♦ ***27*** n. viticultore m. (-trice).

viniferous /vɪˈnɪfərəs/ agg. vinifero.

vinification /ˌvɪnɪfɪˈkeɪʃn/ n. vinificazione f.

vinify /ˈvɪnɪfaɪ/ intr. vinificare.

vino /ˈviːnəʊ/ n. COLLOQ. vino m.

vinosity /vaɪˈnɒsətɪ/ n. vinosità f.

vinous /ˈvaɪnəs/ agg. FORM. [*colour*] (del) vino, vinoso; [*taste, smell*] di vino.

▷ **1.vintage** /ˈvɪntɪdʒ/ **I** n. **1** ENOL. annata f.; ***the 1986 ~*** la vendemmia 1986; ***the great ~s*** le grandi annate **2** *(era, date)* epoca f.; ***a pupil of (a) more recent ~*** uno studente di un'epoca più recente; ***a dress of pre-war ~*** un vestito dell'anteguerra **II** agg. **1** ENOL. [*wine, champagne*] d'annata, millesimato; ***~ port*** = porto d'annata invecchiato in bottiglia **2** *(classic)* [*performance, comedy*] classico; ***it's ~ Armstrong*** è un Armstrong doc *o* è l'Armstrong migliore **3** COLLOQ. *(ancient)* [*machine, model*] d'epoca.

2.vintage /ˈvɪntɪdʒ/ tr. vendemmiare.

vintage car /ˌvɪntɪdʒˈkɑː(r)/ n. auto f. d'epoca (costruita fra il 1905 e il 1930).

vintager /ˈvɪntɪdʒə(r)/ n. vendemmiatore m. (-trice).

vintage year /ˌvɪntɪdʒˈjɪə(r), -ˈjɜː(r)/ n. ENOL. buona annata f.; FIG. ***a ~ for Italian soccer*** un'annata memorabile per il calcio italiano.

vintner /ˈvɪntnə(r)/ ♦ ***27*** n. commerciante m. e f. di vini.

viny /ˈvaɪnɪ/ agg. **1** *(pertaining to vines)* viticolo **2** *(covered with vines)* coperto di viti.

▷ **vinyl** /ˈvaɪnl/ **I** n. **1** TESS. polivinile m. **2** *(record)* vinile m. **II** modif. [*cover, wallpaper, upholstery*] in polivinile; [*paint*] vinilico.

vinylidene /vaɪˈnɪldiːn/ n. vinilidene m.

viol /ˈvaɪəl/ ♦ ***17*** n. **1** *(in medieval times)* viella f. **2** *(now)* viola f. da gamba.

1.viola /vɪˈəʊlə/ ♦ ***17*** n. MUS. viola f.

2.viola /ˈvaɪələ/ n. BOT. viola f.

Viola /ˈvaɪələ/ n.pr. Viola.

violable /ˈvaɪələbl/ agg. violabile.

violaceous /vaɪəʊˈleɪʃəs/ agg. violaceo.

viola da gamba /vɪˌəʊlədəˈgæmbə/ ♦ ***17*** n. viola f. da gamba.

viola d'amore /vɪˌəʊlədæmˈɔːreɪ/ ♦ ***17*** n. viola f. d'amore.

viola player /vɪˈəʊləˌpleɪə(r)/ ♦ ***17, 27*** n. violista m. e f.

violate /ˈvaɪəleɪt/ tr. **1** *(infringe)* violare [*law, agreement, constitution, cease-fire, right, privacy*]; non rispettare [*criteria, duty*]; infrangere, violare [*taboo*]; DIR. contravvenire a [*rule, regulation*] **2** *(desecrate)* profanare [*sacred place*]; *(disturb)* disturbare [*peace*] **3** FORM. *(rape)* violare.

▷ **violation** /ˌvaɪəˈleɪʃn/ n. **1** *(of law, agreement, constitution, cease-fire, right, privacy, taboo)* violazione f.; *(of criteria, duty)* inosservanza f., mancato rispetto m.; ***in ~ of*** in violazione di **2** *(desecration) (of sacred place)* profanazione f. **3** DIR. *(minor offence)* infrazione f.; ***traffic ~*** violazione del codice stradale; ***signal ~*** mancato rispetto dei segnali; ***safety ~*** inosservanza delle regole di sicurezza **4** FORM. o ANT. *(rape)* violenza f. carnale.

violator /ˈvaɪəleɪtə(r)/ n. violatore m. (-trice).

▶ **violence** /ˈvaɪələns/ n. **1** *(physical aggression)* violenza f. (**against** contro); ***to resort to, use ~*** fare ricorso alla violenza, usare la forza; ***an outbreak of ~*** un'esplosione di violenza; ***two days of ~*** due giorni di violenze; ***football ~*** la violenza negli stadi **2** *(force) (of storm, feelings, reaction)* violenza f.; ***he hit the table with such ~ that*** colpì il tavolo con tale violenza che **3** *(distortion)* ***to do ~ to sth.*** fare violenza a *o* forzare [*text, truth*].

▷ **violent** /ˈvaɪələnt/ agg. **1** [*crime, behaviour, film, temper*] violento; ***a ~ attack*** *(physical)* un assalto, un attacco violento; *(verbal)* un violento attacco **2** *(sudden)* [*acceleration, braking*] improvviso, violento; [*change, contrast*] brutale **3** *(powerful)* [*wind, storm, explosion, emotion, fit, headache*] violento **4** *(harsh)* [*colour*] violento; [*light*] crudo.

▷ **violently** /ˈvaɪələntlɪ/ avv. **1** [*push, attack*] violentemente; [*struggle*] furiosamente; [*assault*] selvaggiamente; ***he was ~ kicked*** è stato massacrato di calci; ***to die ~*** morire di morte violenta **2** *(dramatically)* [*brake, swerve, alter, swing*] bruscamente **3** *(vehemently)* [*respond, react, object*] violentemente, energicamente; ***to be ~ opposed to*** opporsi violentemente a **4** [*blush, cough, shake*] violentemente; ***to be ~ ill*** o ***sick*** BE avere dei violenti conati di vomito.

violet /ˈvaɪələt/ ➧ ***5*** **I** n. **1** BOT. violetta f. **2** *(colour)* viola f., violetto m. **II** agg. viola, violetto.

Violet /ˈvaɪələt/ n.pr. Violetta.

▷ **violin** /ˌvaɪəˈlɪn/ ➧ ***17*** **I** n. violino m.; ***the first, second ~*** il primo, il secondo violino **II** modif. [*concerto, sonata*] per violino; [*teacher*] di violino.

violin case /vaɪəˌlɪnˈkeɪs/ n. custodia f. del violino.

violinist /ˌvaɪəˈlɪnɪst/ ➧ ***17, 27*** n. violinista m. e f.

violin player /ˌvaɪəˈlɪnˌpleɪə(r)/ n. → **violinist**.

violist /ˈvaɪəlɪst/ ➧ ***17, 27*** n. AE violista m. e f.

violoncellist /ˌvaɪələnˈtʃelɪst/ ➧ ***17, 27*** n. violoncellista m. e f.

violoncello /ˌvaɪələnˈtʃeləʊ/ ➧ ***17*** n. (pl. **~s**) violoncello m.

viomycin /vaɪəˈmaɪsɪn/ n. viomicina f.

VIP I n. (⇒ very important person persona molto importante) vip m. e f. **II** agg. [*area, tent, facility*] (per i) vip; ***~ guest*** ospite di spicco; ***~ lounge*** = negli aeroporti, sala di transito per vip; ***to give sb. (the) ~ treatment*** trattare qcn. da signore; ***to get (the) ~ treatment*** essere trattato da signore.

viper /ˈvaɪpə(r)/ n. ZOOL. vipera f. (anche FIG.) ◆ ***to nurse a ~ in one's bosom*** LETT. allevare una serpe in seno; ***a nest of ~s, a ~s' nest*** un covo di vipere.

viperine /ˈvaɪpəraɪn/, **viperish** /ˈvaɪpərɪʃ/, **viperous** /ˈvaɪpərəs/ agg. viperino, da vipera (anche FIG.).

virago /vɪˈrɑːgəʊ/ n. (pl. **~es, ~s**) SPREG. megera f.

▷ **viral** /ˈvaɪ(ə)rəl/ agg. virale.

virelay /ˈvɪrəleɪ/ n. virelai m.

virement /ˈvaɪəmənt/ n. ECON. trasferimento m., storno m.

viremia /vaɪˈriːmɪə/ n. viremia m.

virescence /vɪˈresns/ n. virescenza f.

virescent /vɪˈresnt/ agg. virescente.

1.virgate /ˈvɜːgət/ n. STOR. = misura agraria corrispondente all'incirca a 30 acri.

2.virgate /ˈvɜːgət/ agg. [*stem, branch*] lungo, dritto e sottile.

Virgil /ˈvɜːdʒɪl/ n.pr. Virgilio.

Virgilian /vɜːˈdʒɪlɪən/ agg. virgiliano.

▷ **virgin** /ˈvɜːdʒɪn/ **I** n. **1** *(woman)* vergine f.; *(man)* RAR. vergine m.; ***to be a ~*** essere vergine **2** ASTROL. ***the Virgin*** la Vergine **II Virgin** n.pr. RELIG. ***the Virgin*** la Vergine; ***the Virgin Mary*** la Vergine Maria; ***the Virgin and Child*** la Madonna con Bambino **III** agg. *(all contexts)* vergine.

virginal /ˈvɜːdʒɪnl/ **I** agg. [*smile, expression*] innocente; [*woman*] pura; [*white, innocence*] verginale **II** n. MUS. virginale m.

Virgin Birth /ˌvɜːdʒɪnˈbɜːθ/ n. ***the ~*** RELIG. la nascita verginale (di Cristo).

virgin forest /ˌvɜːdʒɪnˈfɒrɪst, AE -ˈfɔːr-/ n. foresta f. vergine.

1.Virginia /vəˈdʒɪnɪə/ n.pr. Virginia.

2.Virginia /vəˈdʒɪnɪə/ ➧ ***24*** n.pr. **1** GEOGR. Virginia f.; ***in ~*** in Virginia **2** → **Virginia tobacco**.

Virginia creeper /vəˌdʒɪnɪəˈkriːpə(r)/ n. vite f. vergine.

Virginian /vəˈdʒɪnɪən/ **I** agg. virginiano, della Virginia **II** n. virginiano m. (-a).

Virginia tobacco /vəˈdʒɪnɪə/ n. virginia m.

Virgin Islands /ˈvɜːdʒɪnˌaɪlənd/ ➧ ***12*** n. Isole f.pl. Vergini.

virginity /vəˈdʒɪnətɪ/ n. verginità f.; ***to lose one's ~*** perdere la verginità.

virgin tree /ˈvɜːdʒɪnˌtriː/ n. sassofrasso m. orientale.

Virgo /ˈvɜːgəʊ/ ➧ ***38*** n. ASTROL. Vergine f.; ***to be (a) ~*** essere della Vergine *o* essere un Vergine.

Virgoan /vɜːˈgəʊən/ ➧ ***38*** **I** n. ASTROL. ***to be a ~*** essere della Vergine *o* essere un Vergine **II** agg. ASTROL. [*trait, character*] della Vergine.

virgule /ˈvɜːgjuːl/ n. TIP. barra f. (obliqua).

viridescence /vɪrɪˈdesns/ n. (l')essere verdastro, (il) tendere al verde.

viridescent /vɪrɪˈdesnt/ agg. verdastro, che tende al verde.

viridian /vəˈrɪdɪən/ n. = verde tendente al blu.

viridity /vəˈrɪdətɪ/ n. RAR. → **verdancy**.

virile /ˈvɪraɪl, AE ˈvɪrəl/ agg. *(manly)* virile, mascolino; FIG. *(potent)* vigoroso, maschio.

virility /vɪˈrɪlətɪ/ n. virilità f.

virion /ˈvaɪərɪən/ n. virione m.

viroid /ˈvaɪərɔɪd/ n. viroide m.

virological /vaɪərəˈlɒdʒɪkl/ agg. virologico.

virologist /vaɪəˈrɒlədʒɪst/ ➧ ***27*** n. virologo m. (-a).

virology /vaɪəˈrɒlədʒɪ/ n. virologia f.

virtu /vɜːˈtuː/ n. **1** *(interest in works of art)* = gusto, interesse per le opere d'arte **2** *(objects of art)* opere f.pl. d'arte.

▷ **virtual** /ˈvɜːtʃʊəl/ agg. **1** *(almost complete)* [*collapse, failure, disappearance, standstill*] virtuale, di fatto; ***the ~ disappearance of this custom*** la quasi totale scomparsa di questa usanza; ***he was a ~ prisoner*** era praticamente un prigioniero; ***it's ~ slavery*** è schiavitù di fatto; ***she is the ~ ruler of the country*** è di fatto lei che governa il paese **2** INFORM. FIS. virtuale.

▶ **virtually** /ˈvɜːtʃʊəlɪ/ avv. praticamente; ***~ anywhere*** praticamente dappertutto; ***it's ~ impossible*** è praticamente impossibile; ***~ every household has one*** ce n'è uno praticamente in ogni casa; ***there is ~ no public transport*** i trasporti pubblici sono praticamente inesistenti.

virtual reality /ˌvɜːtʃʊəlrɪˈælətɪ/ n. realtà f. virtuale.

▷ **virtue** /ˈvɜːtʃuː/ n. **1** *(goodness, good quality, chastity)* virtù f.; ***to lose, preserve one's ~*** perdere, conservare la virtù; ***a woman of easy ~*** una donna di facili costumi **2** *(advantage)* vantaggio m., merito m.; ***to have the ~ of convenience*** o ***of being convenient*** avere il vantaggio della comodità *o* di essere comodo; ***to extol the ~s of sth.*** vantare le virtù di qcs. **3 by virtue of** in virtù di ◆ ***~ is its own reward*** PROV. la virtù è premio a se stessa; ***to make a ~ of necessity*** fare di necessità virtù.

virtuosity /ˌvɜːtʃʊˈɒsətɪ/ n. virtuosità f.

virtuoso /ˌvɜːtjʊˈəʊsəʊ, -zəʊ/ **I** n. (pl. **~s, -i**) virtuoso m. (**of** di); ***a violin ~*** un virtuoso del violino **II** agg. da virtuoso.

virtuous /ˈvɜːtʃʊəs/ agg. virtuoso; ***~ indignation*** giusta indignazione.

virtuously /ˈvɜːtʃʊəslɪ/ avv. **1** *(morally)* [*behave, live*] in modo virtuoso, virtuosamente; [*help, act*] virtuosamente **2** *(self-righteously)* moralisticamente.

virulence /ˈvɪrʊləns/ n. virulenza f. (anche MED.).

virulent /ˈvɪrʊlənt/ agg. virulento (anche MED.).

virulently /ˈvɪrʊləntlɪ/ avv. con virulenza, in modo virulento.

▷ **virus** /ˈvaɪərəs/ ➧ ***11*** n. MED. INFORM. virus m.; ***the flu, rabies, Aids ~*** il virus dell'influenza, della rabbia, dell'AIDS.

virus checker /ˈvaɪərəsˌtʃekə(r)/ n. (programma) antivirus m.

▷ **1.visa** /ˈviːzə/ n. visto m.; ***entry ~*** visto d'entrata; ***tourist ~*** visto turistico.

2.visa /ˈviːzə/ tr. mettere un visto su *o* vistare [*passport*].

visage /ˈvɪzɪdʒ/ **I** n. LETT. volto m., viso m. **II -visaged** agg. in composti LETT. ***round ~ed*** dal volto rotondo; ***gloomy ~ed*** dall'aspetto cupo.

vis-à-vis /ˌviːzɑːˈviː/ **I** n. *(person)* vis-à-vis m. e f., persona f. che sta di fronte **II** prep. *(in relation to)* vis-à-vis, faccia a faccia; *(concerning)* riguardo a, per quanto riguarda.

viscacha /vɪsˈkætʃə/ n. viscaccia f.

viscera /ˈvɪsərə/ n.pl. viscere f.

visceral /ˈvɪsərəl/ agg. ANAT. viscerale; FIG. *(instinctive)* [*feeling*] viscerale; [*reaction*] istintivo; *(raw)* [*performance*] appassionato; [*power*] rozzo, cieco.

viscerate /ˈvɪsəreɪt/ tr. sventrare, sbudellare [*animal*].

viscid /ˈvɪsɪd/ agg. viscido.

viscidity /vɪˈsɪdətɪ/ n. viscidità f.

viscometer /vɪˈskɒmɪtə(r)/ n. viscosimetro m.

viscose /ˈvɪskəʊz, -kəʊs/ **I** n. viscosa f. **II** modif. TESS. [*garment*] di viscosa.

viscosimeter /ˌvɪskəʊˈsɪmɪtə(r)/ n. → **viscometer.**
viscosity /vɪˈskɒsətɪ/ n. viscosità f.
viscount /ˈvaɪkaʊnt/ ▸ *9* n. visconte m.
viscountcy /ˈvaɪkaʊntsɪ/ n. *(title and dignity of viscount)* viscontado m.
viscountess /ˈvaɪkaʊntɪs/ ▸ *9* n. viscontessa f.
viscounty /ˈvaɪkaʊntɪ/ n. → **viscountcy.**
viscous /ˈvɪskəs/ agg. viscoso.
vise AE → **3.vice, 4.vice.**
visé /ˈviːzeɪ/ n. AE visto m.
vise-like AE → **vice-like.**
Vishnu /ˈvɪʃnuː/ n.pr. Visnù.
▷ **visibility** /ˌvɪzəˈbɪlətɪ/ n. **1** *(clarity, ability to see)* visibilità f.; *~ is good, poor* c'è buona, scarsa visibilità; *~ is below 150 metres* la visibilità è inferiore ai 150 metri; *to have restricted ~* avere la visibilità ridotta **2** *(ability to be seen)* visibilità f., (l')essere visibile; *light clothes improve your ~* i vestiti chiari ti rendono più visibile (di notte).
▷ **visible** /ˈvɪzəbl/ agg. **1** *(able to be seen)* visibile; *clearly ~* ben visibile; *to be ~ from* essere visibile da; *to be ~ for miles around* essere visibile per miglia tutto intorno **2** *(concrete)* [*improvement, sign*] evidente, visibile; [*evidence*] chiaro, evidente; *with no ~ means of support* senza nessun sostegno apparente.
visibly /ˈvɪzəblɪ/ avv. **1** *(to the eye)* [*shrinking, ill, paler*] visibilmente **2** *(clearly)* [*annoyed, moved, relieved*] chiaramente, visibilmente.
Visigoth /ˈvɪzɪgɒθ/ n. visigoto m. (-a).
Visigothic /ˌvɪzɪˈgɒθɪk/ agg. visigoto, visigotico.
▶ **1.vision** /ˈvɪʒn/ n. **1** *(mental picture, hallucination)* visione f.; *to have ~s* avere le visioni; *to appear to sb. in a ~* apparire a qcn. in visione **2** *(conception, idea)* visione f., idea f.; *her ~ of Europe in the 21st century* la sua visione dell'Europa nel ventunesimo secolo; *Rousseau's ~ of the ideal society* la visione di Rousseau della società ideale **3** *(imaginative foresight)* sagacia f., intuito m.; *to have, lack ~* essere, non essere sagace; *a man of ~* un uomo lungimirante **4** *(ability to see)* vista f.; *to have good, poor ~* avere, non avere la vista buona; *to have blurred ~* vedere sfocato; *to come into ~* diventare visibile **5** *(sight, visual image)* immagine f.; *a ~ of loveliness, hell* l'immagine della bellezza, dell'inferno **6** TELEV. *(picture)* immagine f.; *sound and ~* suono e immagine.
2.vision /ˈvɪʒn/ tr. vedere come in una visione.
visional /ˈvɪʒənl/ agg. come una visione.
visionary /ˈvɪʒənrɪ, AE ˈvɪʒənerɪ/ **I** agg. visionario, immaginario **II** n. visionario m. (-a).
vision mixer /ˌvɪʒnˈmɪksə(r)/ n. *(person)* mixer m. video, addetto m. (-a) al mixer video; *(equipment)* mixer m. video.
▶ **1.visit** /ˈvɪzɪt/ n. **1** *(call)* visita f.; *an official, state ~* una visita ufficiale, di stato; *a home ~* una visita a domicilio; *a flying ~* una breve visita, un salutino; *on her first, last ~ to China, she...* la prima, l'ultima volta che è stata in Cina, lei...; *he is on an official ~ to Canada* è in visita ufficiale in Canada; *to pay a ~ to sb.* o *pay sb. a ~* *(to friend)* andare a trovare qcn.; *(on business)* andare da qcn. *o* andare a fare visita a qcn.; *I'll have to pay a ~ to the dentist* dovrò andare (a farmi vedere) dal dentista; *to have a ~ from* ricevere una visita da [*parents, friend*]; *I had a ~ from the police* la polizia è venuta a farmi visita; *he had a ~ from a nurse* un'infermiera è andata da lui a domicilio; *to make a ~ to* ispezionare [*premises, venue*]; *to make home ~s* [*doctor etc.*] fare visite a domicilio **2** *(stay)* soggiorno m.; *a ~ to Italy* un soggiorno in Italia; *it's my first ~ to this country* è la prima volta che vengo in questo paese; *to go on a ~ to* andare a visitare [*town*].
▶ **2.visit** /ˈvɪzɪt/ tr. **1** *(call on)* andare a trovare, andare a fare visita a [*family, friend*]; andare da [*doctor, dentist, solicitor, client*]; *when can I come and ~ you?* quando posso venirti a trovare? **2** *(see)* visitare [*exhibition, region*]; andare a vedere [*monument*] **3** *(inspect)* ispezionare [*school, workplace, premises*] **4** *(on holiday etc.)* *to ~ sb.* passare a fare visita a qcn.; *to ~ a country* visitare un paese; *come and ~ us for a few days* venite a passare qualche giorno da noi; *they often come to ~ (us)* vengono spesso a trovarci **5** *(affect)* FORM. *to be ~ed by* essere afflitto da [*disaster, difficulty*] **6** ANT. *(inflict)* *to ~ sth. (up) on sb.* infliggere qcs. a qcn. **7** AE *(socially)* *to ~ with* andare a trovare [*family, friend*].
visitant /ˈvɪzɪtənt/ **I** n. ANT. o LETT. *(person)* visitatore m. (-trice); *(supernatural visitor)* apparizione f. soprannaturale **II** agg. LETT. [*person*] che visita, che è in visita.
visitation /ˌvɪzɪˈteɪʃn/ n. **1** *(supernatural sign)* segno m. (divino) (**from** da) **2** *(punishment)* castigo m. (divino) (**from** da) **3** *(by official person)* visita f. (ufficiale) (**from** di) **4 Visitation** RELIG. Visitazione f.
visitatorial /ˌvɪzɪtəˈtɔːrɪəl/ agg. di visita ufficiale; *~ board* comitato di ispezione.
▷ **visiting** /ˈvɪzɪtɪŋ/ agg. attrib. [*statesman, stateswoman*] in visita; [*athlete, orchestra*] ospite.
visiting card /ˈvɪzɪtɪŋˌkɑːd/ n. AE biglietto m. da visita.
visiting fireman /ˌvɪzɪtɪŋˈfaɪəmən/ n. (pl. **visiting firemen**) AE = visitatore illustre, al quale viene riservato un trattamento di riguardo.
visiting hours /ˌvɪzɪtɪŋˈaʊəz/ n.pl. orario m.sing. di visita.
visiting lecturer /ˌvɪzɪtɪŋˈlektərə(r)/ n. → **visiting professor.**
visiting nurse /ˌvɪzɪtɪŋˈnɜːs/ ▸ *27* n. AE = infermiera che presta servizio a domicilio.
visiting professor /ˌvɪzɪtɪŋprəˈfesə(r)/ n. *(short term)* visiting professor m.; *(long term)* professore m. incaricato.
visiting room /ˈvɪzɪtɪŋˌruːm/ n. sala f. visite.
visiting teacher /ˌvɪzɪtɪŋˈtiːtʃə(r)/ ▸ *27* n. AE SCOL. = insegnante che dà lezioni a domicilio.
visiting team /ˌvɪzɪtɪŋˈtiːm/ n. squadra f. ospite, ospiti m.pl.
visiting time /ˌvɪzɪtɪŋˈtaɪm/ n. *(of gallery)* orario m. di apertura; *(of hospital)* orario m. di visita.
▶ **visitor** /ˈvɪzɪtə(r)/ n. **1** *(caller)* visitatore m. (-trice), ospite m. e f.; *we have ~s* abbiamo visite; *she didn't often have ~s* non riceveva molte visite; *they were frequent ~s to our house* venivano spesso a casa nostra **2** *(tourist)* visitatore m. (-trice), turista m. e f.; *I've been a regular ~ to this country, to the museum* ho visitato spesso questo paese, il museo; *a summer ~* un villeggiante estivo **3** INFORM. *(to website)* visitatore m.
visitor centre /ˌvɪzɪtəˈsentə(r)/ n. = locale in cui i turisti possono trovare informazioni e souvenir della località che stanno visitando.
visitors' book /ˈvɪzɪtəzˌbʊk/ n. *(in museum, exhibition)* libro m. delle firme; *(in hotel)* registro m. degli ospiti.
visor /ˈvaɪzə(r)/ n. **1** *(part of helmet, eyeshade)* visiera f. **2** AUT. aletta f. parasole.
visored /ˈvaɪzəd/ agg. **1** [*person*] mascherato, col volto coperto **2** [*helmet, cap*] con visiera, dotato di visiera.
vista /ˈvɪstə/ n. vista f., visuale f.; FIG. prospettiva f.; *to open up new ~s* aprire nuovi orizzonti.
visual /ˈvɪʒʊəl/ agg. [*memory, image etc.*] visivo; *~ angle* FIS. angolo visuale; *~ nerve* ANAT. nervo ottico.
visual aid /ˌvɪʒʊəlˈeɪd/ n. sussidio m. visivo.
visual artist /ˌvɪʒʊəlˈɑːtɪst/ n. artista m. e f. figurativo (-a).
visual arts /ˌvɪʒʊəlˈɑːts/ n.pl. arti f. figurative.
visual display terminal /ˌvɪʒʊəldɪˈspleɪˌtɜːmɪnl/ n. INFORM. videoterminale m.
visual display unit /ˌvɪʒʊəldɪˈspleɪˌjuːnɪt/ n. INFORM. unità f. (di display) video.
visual field /ˌvɪʒʊəlˈfiːəld/ n. campo m. visivo.
visuality /vɪʒʊˈælətɪ/ n. **1** *(mental image)* immagine f. mentale **2** *(vision, sight)* visione f. **3** *(visual aspect)* aspetto m. esteriore, apparenza f.
visualization /ˌvɪʒʊəlaɪˈzeɪʃn/ n. *(process of visualizing)* visualizzazione f.; *(mental image)* immagine f. mentale.
▷ **visualize** /ˈvɪʒʊəlaɪz/ tr. **1** *(picture)* farsi un'immagine mentale di, immaginarsi [*person, scene*]; *she had ~d the house as more modern* aveva immaginato che la casa fosse più moderna; *I met him once, but I can't ~ his face* l'ho già incontrato una volta, ma non riesco a ricordarmi che faccia ha **2** *(envisage)* prevedere.
▷ **visually** /ˈvɪʒʊəlɪ/ avv. visivamente.
visually handicapped /ˌvɪʒʊəlɪˈhændɪkæpt/ **I** n. *the ~* + verbo pl. *(partially-sighted)* i videolesi, gli ipovedenti; *(non-sighted)* i non vedenti **II** agg. *(partially-sighted)* videoleso, ipovedente; *(non-sighted)* non vedente.
visually impaired /ˌvɪʒʊəlɪɪmˈpeəd/ **I** n. *the ~* + verbo pl. i videolesi, gli ipovedenti **II** agg. videoleso, ipovedente.
visuals /ˈvɪʒʊəlz/ n.pl. *(photographs, pictures)* immagini f.; CINEM. *(visual effects)* effetti m. visivi; SCOL. *(visual aids)* sussidi m. visivi.
▶ **vital** /ˈvaɪtl/ agg. **1** *(essential)* [*asset, document, expenditure, information, research, industry, supplies*] essenziale, basilare; [*role, issue, need, interest*] fondamentale; [*match, point, support, factor*] decisivo; [*service, help*] indispensabile; [*treatment, importance*] vitale; *it is ~ that* è indispensabile che; *it is of ~ importance that* è di vitale importanza che; *~ to sb., sth.* vitale *o* fondamentale per qcn., qcs.; *it is ~ to do* è indispensabile fare; *of ~ importance* di vitale importanza; *to play a ~ role* o *part* avere un ruolo fondamentale **2** *(essential to life)* [*organ, force*] vitale **3** *(lively)* [*person*] pieno di vita, vitale; [*culture*] vivo; [*music*] vivace.
vitalism /ˈvaɪtəlɪzəm/ n. vitalismo m.
vitalist /ˈvaɪtəlɪst/ n. vitalista m. e f.
vitalistic /ˌvaɪtəˈlɪstɪk/ agg. vitalista, vitalistico.

vitality /vaɪ'tælətɪ/ n. vitalità f.
vitalize /'vaɪtəlaɪz/ tr. **1** *(give life to)* dare vita a, vivificare **2** *(liven up)* vivacizzare, animare.
vitally /'vaɪtəlɪ/ avv. [*important*] estremamente; [*necessary*] assolutamente; ~ ***needed*** di cui c'è assoluto bisogno.
vital statistics /ˌvaɪtlstə'tɪstɪks/ n. **1** STATIST. statistiche f.pl. demografiche **2** SCHERZ. informazioni f.pl. essenziali; *(of woman's body)* misure f.pl.
▷ **vitamin** /'vɪtəmɪn, AE 'vaɪt-/ **I** n. vitamina f.; ~ ***A, B, C*** vitamina A, B, C; ***with added ~s*** o ~ ***enriched*** vitaminizzato **II** modif. [*requirements*] vitaminico; ***to have a high, low ~ content*** avere un alto, basso contenuto di vitamine.
vitamin deficiency /ˌvɪtəmɪndɪ'fɪʃənsɪ, AE ˌvaɪt-/ n. carenza f. vitaminica.
vitaminic /vɪtə'mɪnɪk, AE vaɪt-/ agg. vitaminico.
vitaminize /'vɪtəmɪnaɪz, AE 'vaɪt-/ tr. vitaminizzare.
vitamin pill /'vɪtəmɪnˌpɪl, AE 'vaɪt-/, **vitamin tablet** /'vɪtəmɪnˌtæblɪt, AE 'vaɪt-/ n. compressa f. di vitamine.
vitamin therapy /'vɪtəmɪnˌθerəpɪ/ n. terapia f. vitaminica.
vitellin /vɪ'telɪn, AE vaɪ'-/ n. vitellina f.
vitelline /vɪ'telaɪn, AE vaɪ'-/ agg. vitellino.
vitellus /vɪ'teləs, AE vaɪ'-/ n. (pl. **~es**) RAR. deutoplasma m., vitello m.
vitiate /'vɪʃɪeɪt/ tr. FORM. DIR. viziare.
vitiation /vɪʃɪ'eɪʃn/ n. FORM. DIR. invalidazione f.
viticultural /vɪtɪ'kʌltʃərəl/ agg. viticolo.
viticulture /'vɪtɪkʌltʃə(r)/ n. viticoltura f.
viticulturist /vɪtɪ'kʌltʃərɪst/ ➧ ***27*** n. viticoltore m. (-trice).
vitiligo /vɪtɪ'laɪgəʊ/ n. vitiligine f.
vitrain /'vɪtreɪn/ n. vitrite f.
vitreosity /vɪtrɪ'ɒsətɪ/ n. (l')essere vetroso.
vitreous /'vɪtrɪəs/ agg. **1** TECN. [*enamel*] vetroso; [*rock, china*] vetroso **2** ANAT. [*body, humour*] vitreo.
vitrifaction /vɪtrɪ'fækʃn/ n. → **vitrification**.
vitrifiability /vɪtrɪfaɪə'bɪlətɪ/ n. (l')essere vetrificabile.
vitrifiable /'vɪtrɪfaɪəbl/ agg. vetrificabile.
vitrification /ˌvɪtrɪfɪ'keɪʃn/ n. vetrificazione f.
vitrify /'vɪtrɪfaɪ/ **I** tr. vetrificare **II** intr. vetrificarsi.
vitriol /'vɪtrɪəl/ n. CHIM. vetriolo m.; FIG. = discorso, battuta o commento caustico e tagliente, al vetriolo.
vitriolic /ˌvɪtrɪ'ɒlɪk/ agg. CHIM. di vetriolo; FIG. [*comment, speech*] al vetriolo, caustico; [*criticism*] corrosivo, al vetriolo.
vitriolize /'vɪtrɪəlaɪz/ tr. **1** CHIM. convertire in vetriolo **2** RAR. *(injure with vitriol)* vetrioleggiare.
vitrite /'vɪtraɪt/ n. vitrite f.
vitro → **in vitro**.
Vitruvian /vɪ'tru:vɪən/ agg. ARCH. vitruviano; ~ ***scroll*** cartoccio.
vitta /vɪtə/ n. (pl. **-ae**) **1** BOT. vitta f. **2** STOR. vitta f. **3** ZOOL. striatura f.
vittate /'vɪteɪt/ agg. **1** BOT. che contiene vitte **2** ZOOL. striato.
vituline /'vɪtjʊlaɪn/ agg. RAR. di vitello, simile a vitello.
vituperate /vɪ'tju:pəreɪt, AE vaɪ'tu:-/ **I** tr. vituperare, ingiuriare **II** intr. inveire (**against** contro).
vituperation /vɪˌtju:pə'reɪʃn, AE vaɪˌtu:-/ n. **U** vituperi m.pl.
vituperative /vɪ'tju:pərətɪv, AE vaɪ'tu:-/ agg. vituperativo.
vituperator /vɪˌtju:pə'reɪtə(r), AE vaɪˌtu:-/ n. vituperatore m. (-trice).
1.viva /'vaɪvə/ n. (esame) orale m.
2.viva /'vi:və/ inter. viva, evviva; ~ ***freedom!*** viva la libertà!
vivacious /vɪ'veɪʃəs/ agg. [*person, performance, manner*] vivace.
vivaciously /vɪ'veɪʃəslɪ/ avv. [*speak, behave*] con vivacità, in modo vivace, vivacemente.
vivacity /vɪ'væsətɪ/ n. vivacità f.
vivarium /vaɪ'veərɪəm, vɪ-/ n. (pl. **~s, -ia**) = struttura attrezzata in modo da riprodurre il più possibile l'ambiente naturale degli animali che ospita.
viva voce /ˌvaɪvə'vəʊtʃɪ, -'vəʊsɪ/ **I** n. → **1.viva II** modif. [*examination*] orale **III** avv. DIR. [*testify*] a viva voce.
Vivian /'vɪvɪən/ n.pr. Viviana.
▷ **vivid** /'vɪvɪd/ agg. **1** *(bright)* [*colour*] brillante, vivace; [*light*] vivido; [*garment*] sgargiante; [*sunset*] brillante, splendente **2** *(graphic)* [*imagination*] fervida; [*memory*] nitido; [*picture, dream*] vivido; [*impression*] vivo; [*description, example*] vivido, colorito; [*language, imagery*] ricco; ***to describe sth. in ~ detail*** descrivere qcs. in modo molto colorito.
vividly /'vɪvɪdlɪ/ avv. [*shine, glow*] vividamente; [*picture, dream, describe*] in modo vivido; ~ ***coloured*** a colori vivaci; ***I remember it ~!*** me ne ricordo perfettamente!
vividness /'vɪvɪdnɪs/ n. *(of colour)* vivacità f., brillantezza f.; *(of light)* vividezza f.; *(of garment)* vivacità f.; *(of sunset)* brillantezza f., splendore m.; *(of memory)* nitidezza f.; *(of dream, description)* vividezza f.; *(of language, imagery)* ricchezza f.; *(of style)* intensità f.
Vivien(ne) → **Vivian**.
vivification /vɪvɪfɪ'keɪʃn/ n. vivificazione f.
vivify /'vɪvɪfaɪ/ tr. vivificare.
viviparity /vɪvɪ'pærətɪ, AE vaɪ-/ n. viviparità f.
viviparous /vɪ'vɪpərəs, AE vaɪ-/ agg. *(all contexts)* viviparo.
vivisect /'vɪvɪsekt/ tr. vivisezionare.
vivisection /ˌvɪvɪ'sekʃn/ n. vivisezione f.
vivisectional /ˌvɪvɪ'sekʃnl/ agg. vivisettorio.
vivisectionist /ˌvɪvɪ'sekʃənɪst/ n. *(practiser)* vivisettore m. (-trice); *(supporter)* = chi è favorevole alla vivisezione.
vixen /'vɪksn/ n. **1** ZOOL. volpe f. femmina **2** LETT. SPREG. *(woman)* bisbetica f., megera f.
vixenish /'vɪksnɪʃ/ agg. **1** ZOOL. volpino **2** LETT. SPREG. [*woman*] bisbetico.
viz /vɪz/ avv. FORM. → **videlicet**.
vizard /'vɪzəd/ n. ANT. → **visor**.
vizier /vɪ'zɪə(r)/ n. visir m.
vizierate /vɪ'zɪərət/ n. visirato m.
VLF n. (⇒ very low frequency bassissima frequenza) VLF f.
V-neck /'vi:ˌnek/ n. *(neck)* scollo m. a V; *(sweater)* maglione m. con scollo a V.
V-necked /'vi:ˌnekt/ agg. [*sweater*] con scollo a V.
vocab /'vəʊkæb/ n. (accorc. vocabulary) vocabolario m., lessico m.
vocable /'vəʊkəbl/ n. vocabolo m.
▷ **vocabulary** /və'kæbjʊlərɪ, AE -lerɪ/ **I** n. **1** *(of person, group, language)* vocabolario m., lessico m. **2** *(list, glossary)* glossario m., elenco m. di termini **II** modif. ~ ***book*** glossario; ~ ***test*** test sulla competenza lessicale.
vocal /'vəʊkl/ agg. **1** [*organs, range, music, sound*] vocale **2** *(vociferous)* [*person, group*] che si fa sentire; ***an increasingly ~ minority*** une minoranza che si sta facendo sentire sempre più; ***one of her most ~ critics*** uno dei suoi critici più feroci.
vocal c(h)ords /ˌvəʊkl'kɔ:dz/ n.pl. corde f. vocali.
vocalic /və'kælɪk/ agg. vocalico.
vocalism /'vəʊkəlɪzəm/ n. **1** FON. vocalismo m. **2** MUS. vocalizzo m.
vocalist /'vəʊkəlɪst/ n. vocalist m. e f.
vocalization /ˌvəʊkəlaɪ'zeɪʃn/ n. **1** FON. LING. vocalizzazione f. **2** MUS. vocalizzo f., vocalizzazione m.
vocalize /'vəʊkəlaɪz/ **I** tr. **1** FON. vocalizzare **2** LING. vocalizzare, dotare di segni vocalici [*text*] **3** FIG. esprimere, dare voce a [*thought, emotion, opposition*] **II** intr. MUS. fare dei vocalizzi, vocalizzare.
vocally /'vəʊkəlɪ/ avv. **1** MUS. vocalmente **2** *(vociferously)* a gran voce, con veemenza.
vocal organs /ˌvəʊkl'ɔ:gənz/ n.pl. organi m.pl. vocali.
vocals /'vəʊklz/ n.pl. canto m., voce f., parte f. vocale, ***on ~*** alla voce; ***who did the ~?*** chi (era che) cantava? ***to do the backing ~*** fare il coro *o* l'accompagnamento vocale.
vocal tract /ˌvəʊkl'trækt/ n. apparato m. fonatorio.
vocation /vəʊ'keɪʃn/ n. vocazione f.; ***to find, miss one's ~*** sentire, perdere la vocazione; ***to have a ~ for sth.*** avere una vocazione per qcs.; ***to have a ~ to do*** o ***for doing*** avere una vocazione per fare.
vocational /vəʊ'keɪʃənl/ agg. professionale; [*syllabus*] della formazione professionale; [*approach*] alla formazione professionale.
vocational course /vəʊˌkeɪʃənl'kɔ:s/ n. corso m. di formazione professionale.
vocational education /vəʊˌkeɪʃənlˌedzʊ'keɪʃn/ n. istruzione f. professionale.
vocational guidance /vəʊˌkeɪʃənl'gaɪdns/ n. orientamento m. professionale.
vocational training /vəʊˌkeɪʃənl'treɪnɪŋ/ n. formazione f. professionale.
vocative /'vɒkətɪv/ **I** n. LING. vocativo m.; ***in the ~*** al vocativo **II** agg. [*noun*] al vocativo; ~ ***case*** caso vocativo.
vociferate /və'sɪfəreɪt, AE vəʊ-/ **I** tr. FORM. vociferare **II** intr. FORM. vociferare.
vociferation /vəˌsɪfə'reɪʃn, AE vəʊ-/ n. FORM. vociferazione f.
vociferator /və'sɪfəreɪtə(r), AE vəʊ-/ n. FORM. vociferatore m. (-trice).
vociferous /və'sɪfərəs, AE vəʊ-/ agg. [*person*] che si fa sentire; [*protest*] veemente.
vociferously /və'sɪfərəslɪ, AE vəʊ-/ avv. a gran voce, con veemenza.
vodka /'vɒdkə/ n. vodka f.; ***to order two ~s*** ordinare due (bicchieri di) vodka.

vogue /vəʊg/ **I** n. voga f., moda f. (**for** di); ***to come into, be in ~*** entrare, essere in voga; ***to go out of ~*** andare fuori moda; ***to be out of ~*** essere fuori moda **II** modif. [*word, expression*] in voga, alla moda.

▶ **1.voice** /vɔɪs/ **I** n. **1** *(speaking sound)* voce f.; ***to hear a ~*** sentire una voce; ***in a loud ~*** a voce alta; ***in a low ~*** a voce bassa; ***in a cross ~*** con voce irritata; ***to have a high, low(-pitched) ~*** avere una voce acuta, bassa; ***to raise, lower one's ~*** alzare, abbassare la voce; ***keep your ~ down!*** abbassa la voce! ***his ~ is breaking, has broken*** la sua voce sta cambiando, è cambiata; ***to lose one's ~*** *(when ill)* perdere la voce; *(when afraid)* perdere la parola; ***to give ~ to sth.*** dare voce a qcs.; ***at the top of one's ~*** a squarciagola *o* con tutto il fiato che si ha in gola **2** *(for singing)* voce f.; ***to have a good ~*** avere una bella voce; ***to be in fine ~*** essere in voce; ***she sang in superb ~*** ha cantato con una voce splendida; ***for four ~s*** a quattro voci **3** *(opinion, expression)* voce f.; ***to have a ~*** avere voce in capitolo (**in sth.** in qcs.; **in doing** nel fare); ***the ~ of reason, dissent*** la voce della ragione, del dissenso; ***to add one's ~ to sth.*** unire la propria voce a qcs.; ***~s have been raised against*** sono state sollevate proteste contro; ***to reply with one ~*** rispondere all'unisono; ***to demand sth. with one ~*** richiedere qcs. a una voce *o* all'unanimità; ***the ~ of the people*** la voce del popolo **4** *(representative organization, newspaper)* portavoce m. e f., portaparola m. e f. (**of** di) **5** LETTER. *(of writer, poet)* voce f.; ***narrative ~*** voce narrante **6** LING. voce f. (verbale); ***in the active, passive ~*** nella forma attiva, passiva **7** FON. voce f. **II -voiced** agg. in composti ***hoarse-, deep~d*** con la voce rauca, profonda; ***a shaky~d reply*** una risposta data con voce tremante ◆ ***to like the sound of one's own ~*** amare sentirsi parlare; ***the ~ of conscience*** la voce della coscienza.

2.voice /vɔɪs/ tr. **1** *(express)* esprimere [*concern, grievance*] **2** FON. sonorizzare [*consonant*].

voice-activated /ˈvɔɪsˌæktɪveɪtɪd/ agg. a comando vocale, ad attivazione vocale.

voice box /ˈvɔɪsˌbɒks/ n. laringe f.

voiced /vɔɪst/ **I** p.pass. → **2.voice II** agg. FON. [*consonant*] sonoro.

voiceless /ˈvɔɪslɪs/ agg. **1** FON. [*consonant*] sordo **2** [*minority, group*] che non può esprimersi, che non ha voce in capitolo **3** LETT. *(silent)* silenzioso.

voicemail /ˈvɔɪsmeɪl/ n. posta f. vocale.

voice-over /ˈvɔɪsˌəʊvə(r)/ n. voce f. fuori campo.

voice print /ˈvɔɪsprɪnt/ n. impronta f. vocale.

voice recognition /ˌvɔɪsˌrekəgˈnɪʃn/ n. riconoscimento m. vocale.

voice training /ˈvɔɪsˌtreɪnɪŋ/ n. impostazione f. della voce.

voice vote /ˈvɔɪsˌvəʊt/ n. AE votazione f. per acclamazione.

▷ **1.void** /vɔɪd/ **I** n. vuoto m. (anche FIG.); ***to fill the ~*** colmare *o* riempire il vuoto **II** agg. **1** DIR. [*contract, agreement*] nullo; [*cheque*] annullato; ***to make*** o ***render ~*** annullare **2** *(empty)* vuoto; ***~ of*** privo di.

2.void /vɔɪd/ tr. DIR. annullare, invalidare.

voidable /ˈvɔɪdəbl/ agg. [*contract, policy, marriage*] annullabile.

voidance /ˈvɔɪdəns/ n. DIR. annullamento m., invalidamento m.

voidness /ˈvɔɪdnɪs/ n. **1** *(emptiness)* vuotezza f. **2** DIR. nullità f.

voile /vɔɪl/ n. **I** voile m. **II** modif. [*garment*] di voile.

voir dire /ˈvwɑːdɪə(r)/ n. DIR. = esame preliminare (da parte di un giudice) di un testimone o di un giurato per accertarne la competenza.

vol /vɒl/ n. (pl. **~s**) (accorc. volume) volume m.

volant /ˈvəʊlənt/ **I** n. volant m. **II** agg. **1** ZOOL. che vola, che è in grado di volare **2** ARALD. [*bird*] volante.

volar /ˈvəʊlə(r)/ agg. *(of palm of hand)* volare, palmare; *(of sole of foot)* volare, plantare.

volary /ˈvəʊlərɪ/ n. RAR. voliera f.

▷ **volatile** /ˈvɒlətaɪl, AE -tl/ agg. **1** CHIM. volatile **2** FIG. [*situation*] imprevedibile; [*market*] volatile; [*exchange rate*] instabile; [*person*] volubile; [*mood*] instabile.

volatility /ˌvɒləˈtɪlətɪ/ n. **1** CHIM. volatilità f. **2** FIG. *(of situation)* imprevedibilità f.; *(of market)* volatilità f.; *(of exchange rate)* instabilità f.; *(of person)* volubilità f., lunaticità f.

volatilizable /vɒlætɪˈlaɪzəbl/ agg. volatilizzabile.

volatilization /ˌvɒlætɪlaɪˈzeɪʃn/ n. CHIM. volatilizzazione f.

volatilize /vəˈlætɪlaɪz/ **I** tr. CHIM. volatilizzare **II** intr. CHIM. volatilizzarsi.

▷ **volcanic** /vɒlˈkænɪk/ agg. vulcanico.

volcanicity /ˌvɒlkəˈnɪsətɪ/ n. *(volcanic character)* natura f. vulcanica; *(volcanism)* vulcanismo m.

volcanism /ˈvɒlkənɪzəm/ n. vulcanismo m.

▷ **volcano** /vɒlˈkeɪnəʊ/ n. (pl. **~es, ~s**) vulcano m.

volcanological /vɒlkənəˈlɒdʒɪkl/ agg. vulcanologico.

volcanologist /ˌvɒlkəˈnɒlədʒɪst/ n. vulcanologo m. (-a).

volcanology /ˌvɒlkəˈnɒlədʒɪ/ n. vulcanologia f.

1.vole /vəʊl/ n. ZOOL. topo m. campagnolo.

2.vole /vəʊl/ n. *(in card games)* cappotto m.

volet /ˈvɒleɪ/ n. anta f., sportello m. di trittico.

Volga /ˈvɒlgə/ ♦ ***25*** n.pr. Volga m.

volitant /ˈvɒlɪtənt, AE ˈvəʊ-/ agg. LETT. svolazzante.

volition /vəˈlɪʃn, AE vəʊ-/ n. volizione f., volontà f.; ***of one's own ~*** di propria sponte.

volitional /vəˈlɪʃnəl, AE vəʊ-/ agg. volitivo.

volitive /ˈvɒlətɪv, AE ˈvəʊ-/ agg. volitivo; *(in grammar)* volitivo, desiderativo.

1.volley /ˈvɒlɪ/ n. **1** SPORT *(in tennis)* volée f., volley m.; *(in soccer)* tiro m. al volo; ***to miss a ~*** *(in tennis)* mancare una volée; ***to practise one's ~s*** *(in tennis)* esercitarsi nella volée; ***to hit*** o ***kick the ball on the ~*** colpire la palla al volo **2** MIL. *(of gunfire)* raffica f. (**of** di); *(of missiles)* pioggia f. (**of** di) **3** FIG. *(series)* ***a ~ of*** una raffica di [*questions, words*]; una sfilza di [*insults, oaths*].

2.volley /ˈvɒlɪ/ **I** tr. SPORT *(in tennis)* prendere [qcs.] di volée [*ball*]; *(in soccer)* prendere [qcs.] al volo [*ball*] **II** intr. SPORT *(in tennis)* fare una volée.

▷ **volleyball** /ˈvɒlɪbɔːl/ ♦ ***10*** **I** n. pallavolo f., volley(-ball) m. **II** modif. [*match*] di pallavolo; [*court*] da pallavolo; ***~ player*** giocatore di pallavolo *o* pallavolista.

volleyer /ˈvɒlɪə(r)/ n. *(in tennis)* = giocatore abile nelle volée.

volplane /ˈvɒlpleɪn/ n. volo m. planato.

volt /vəʊlt/ n. volt m.; ***nine~ battery*** pila da nove volt.

▷ **voltage** /ˈvəʊltɪdʒ/ n. tensione f., voltaggio m.; ***high-, low~ cable*** cavo ad alta, a bassa tensione; ***~ drop*** calo di tensione.

voltage surge /ˈvəʊltɪdʒˌsɜːdʒ/ n. picco m. di voltaggio.

voltaic /vɒlˈteɪɪk/ agg. voltaico.

voltaic pile /ˈvɒlˌteɪkˌpaɪl/ n. pila f. voltaica, di Volta.

voltameter /vɒlˈtæmɪtə(r)/ n. voltametro m.

voltammeter /vəʊltˈæmɪtə(t)/ n. voltamperometro m.

volte-face /ˌvɒltˈfɑːs/ n. voltafaccia m.; ***to perform a ~*** fare un voltafaccia.

voltmeter /ˈvɒltmɪtə(r)/ n. voltmetro m.

volubility /ˌvɒljʊˈbɪlətɪ/ n. volubilità f.

voluble /ˈvɒljʊbl/ agg. **1** [*person*] loquace **2** BOT. volubile.

volubly /ˈvɒljʊblɪ/ avv. volubilmente, con volubilità.

▶ **1.volume** /ˈvɒljuːm, AE -jəm/ ♦ ***35*** **I** n. **1** METROL. FIS. *(of gas, liquid, object)* volume m. (**of** di); *(of container)* capacità f.; ***by ~*** a volume **2** *(amount)* volume m.; ***~ of*** volume di [*traffic, sales, production, trade*]; mole di [*work*] **3** *(book)* volume m.; *(part of complete work)* tomo m., volume m.; ***a ten~ set*** un insieme di dieci volumi; ***in ten ~s*** in dieci volumi **4** *(sound quantity)* volume m.; ***to adjust the ~*** regolare il volume **II** modif. COMM. *(bulk)* [*production, purchasing, sales*] all'ingrosso ◆ ***to speak ~s (about sth.)*** dirla lunga (su qcs.).

2.volume /ˈvɒljuːm, AE -jəm/ tr. raccogliere in un volume, unire in volume.

volume control /ˈvɒljuːmkənˌtrəʊl/ n. (tasto) regolatore m. del volume.

volume discount /ˌvɒljuːmˈdɪskaʊnt/ n. COMM. sconto m. per volume.

volumeter /vəˈljuːmɪtə(r)/ n. idrometro m.

volumetric /ˌvɒljʊˈmetrɪk/ agg. volumetrico.

voluminosity /vɒluːmɪˈnɒsətɪ/ n. voluminosità f.

voluminous /vəˈluːmɪnəs/ agg. **1** *(of great volume)* voluminoso; [*clothes, skirt*] ampio, largo **2** *(copious)* [*writing, report*] lungo, dettagliato; [*documentation, notes*] abbondante; [*writer*] fecondo, prolifico.

voluntarily /ˈvɒləntrəlɪ/ avv. volontariamente.

voluntariness /ˈvɒləntərɪnɪs, AE -terɪ-/ n. volontarietà f.

voluntarism /ˈvɒləntərɪzəm/ n. volontarismo m.

voluntarist /ˈvɒləntərɪst/ n. volontarista m. e f.

▷ **voluntary** /ˈvɒləntrɪ, AE -terɪ/ **I** agg. **1** *(not imposed)* [*consent, recruit, euthanasia*] volontario; [*statement*] spontaneo; [*agreement, ban*] libero; [*participation, attendance*] facoltativo; [*sanction*] non obbligatorio; ***~ control*** autoregolamentazione; ***on a ~ basis*** volontariamente, spontaneamente; ***to be run on an entirely ~ basis*** [*association, club*] essere gestito esclusivamente da volontari; ***to resolve sth. by ~ means*** risolvere qcs. facendo ricorso al volontariato **2** *(unpaid)* [*work*] volontario; [*organization, agency*] di volontariato; [*sector*] del volontariato; ***~ worker*** volontario; ***to work on a ~ basis*** lavorare come volontario **3** *(done by will)* [*movement*] volontario **II** n. MUS. assolo m. di organo.

voluntary hospital /ˌvɒləntrɪˈhɒspɪtl, AE -terɪ-/ n. US = ospedale privato (finanziato con contributi di volontari).

voluntary liquidation /ˌvɒləntrɪˌlɪkwɪ'deɪʃn, AE -terɪ-/ n. COMM. liquidazione f. volontaria.
voluntary manslaughter /ˌvɒləntrɪ'mænslɔ:tə(r), AE -terɪ-/ n. DIR. omicidio m. volontario.
voluntary redundancy /ˌvɒləntrɪrɪ'dʌndnsɪ, AE -terɪ-/ n. BE dimissioni f.pl. volontarie.
voluntary repatriation /ˌvɒləntrɪˌri:pætrɪ'eɪʃn, AE -terɪˌri:peɪt-/ n. rimpatrio m. volontario.
voluntary school /ˌvɒləntrɪ'sku:l, AE -terɪ-/ n. GB = scuola fondata da un'organizzazione di volontari ma parzialmente finanziata dallo stato.
1.volunteer /ˌvɒlən'tɪə(r)/ **I** n. **1** volontario m. (-a) **2** MIL. volontario m. **II** modif. **1** *(unpaid)* [*driver, fire brigade, helper, work*] volontario **2** MIL. [*force, division*] di volontari.
2.volunteer /ˌvɒlən'tɪə(r)/ **I** tr. **1** *(offer willingly)* offrire (spontaneamente) [*help, advice*]; ***to ~ to do*** offrirsi volontario per fare **2** *(divulge willingly)* dare, fornire spontaneamente [*information, explanation*]; ***"it was me," he ~ed*** "sono stato io," disse spontaneamente **II** intr. **1** fare il volontario (**for** per) **2** MIL. arruolarsi come volontario; ***to ~ for military service*** fare il servizio militare volontario; ***to ~ for the army*** arruolarsi nell'esercito come volontario.
voluptuary /və'lʌptʃʊərɪ, AE -erɪ/ **I** agg. voluttuoso **II** n. gaudente m. e f.
voluptuous /və'lʌptʃʊəs/ agg. voluttuoso.
voluptuously /və'lʌptʃʊəslɪ/ avv. voluttuosamente.
voluptuousness /və'lʌptjʊəsnɪs/ n. voluttà f.
volute /və'lu:t/ n. **1** *(spiral)* ARCH. voluta f.; *(on shell)* voluta f., spirale f. **2** ZOOL. *(mollusc)* voluta f.
voluted /və'lu:tɪd/ agg. [*shell*] a voluta, a spirale; [*pattern*] a volute, ornato di volute.
volution /və'lu:ʃn/ n. **1** *(revolving movement)* movimento m. a spirale **2** *(convolution)* circonvoluzione f., spira f. **3** *(whorl of spiral shell)* spira f.
volvulus /'vɒlvjʊləs/ n. (pl. **-li**) volvolo m.
vomer /'vəʊmə(r)/ n. ANAT. ZOOL. vomere m.
▷ **1.vomit** /'vɒmɪt/ n. vomito m.
▷ **2.vomit** /'vɒmɪt/ **I** tr. [*person*] vomitare [*food, blood*]; [*volcano*] eruttare [*lava*] **II** intr. [*person*] vomitare; [*volcano*] eruttare.
vomiting /'vɒmɪtɪŋ/ n. vomito m.; ***repeated ~*** ripetuti sbocchi di vomito.
vomitive /'vɒmɪtɪv/ **I** agg. ANT. emetico, vomitativo **II** n. ANT. emetico m.
vomitory /'vɒmɪtrɪ, AE -tɔ:rɪ/ **I** n. **1** STOR. vomitorio m. **2** ANT. emetico m. **3** *(opening through which smoke is discharged)* sfiatatoio m. **II** agg. emetico, vomitativo.
vomiturition /vɒmɪtʃə'rɪʃn/ n. conato m. di vomito.
1.voodoo /'vu:du:/ **I** n. voodoo m., vudù m. **II** modif. voodoo, vudù.
2.voodoo /'vu:du:/ tr. fare riti voodoo su [*person*].
voodooism /'vu:du:ɪzəm/ n. pratiche f.pl. voodoo.
voracious /və'reɪʃəs/ agg. vorace.
voraciously /və'reɪʃəslɪ/ avv. voracemente.
voraciousness /və'reɪʃəsnɪs/, **voracity** /və'ræsətɪ/ n. voracità f.
vortal /'vɔ:tl/ n. INFORM. portale m. verticale.
vortex /'vɔ:teks/ n. (pl. **~es, -ices**) vortice m. (anche FIG.).
vortical /'vɔ:tɪkl/ agg. vorticoso.
vortices /'vɔ:tɪsi:z/ → **vortex**.
vorticism /'vɔ:tɪsɪzəm/ n. vorticismo m.
vorticist /'vɔ:tɪsɪst/ n. seguace m. e f. del vorticismo.
vorticity /vɔ:'tɪsətɪ/ n. vorticità f.
vorticose /vɔ:tɪ'kəʊs/ agg. vorticoso.
votaress /'vəʊtərɪs/ n. RELIG. devota f.
votary /'vəʊtərɪ/ n. RELIG. devoto m.
▶ **1.vote** /vəʊt/ n. **1** *(choice)* voto m.; ***to cast one's ~*** dare il proprio voto; ***to get 100 ~s*** ottenere 100 voti; ***one man one ~*** suffragio universale; ***that gets my ~!*** FIG. io voto per questo! **2** *(franchise)* ***the ~*** il diritto di voto; ***to get the ~*** ottenere il diritto di voto **3** *(ballot)* voto m., votazione f.; ***to have a ~*** andare alle urne; ***to take a ~ on*** passare ai voti *o* votare; ***to put sth. to the ~*** mettere qcs. ai voti *o* fare una votazione su qcs. **4** *(body of voters)* ***the teenage, Scottish ~*** il voto dei giovani, degli scozzesi; ***to receive 60% of the ~*** essere votati dal 60% degli elettori; ***by a majority ~*** con la maggioranza dei voti; ***to increase one's ~ by 10%*** aumentare del 10% il numero dei propri elettori.
▶ **2.vote** /vəʊt/ **I** tr. **1** *(affirm choice of)* votare [*Liberal, yes*]; ***how*** o ***what do you vote?*** cosa voti? ***to ~ sb. into, out of office*** o ***power*** eleggere, destituire qcn.; ***to ~ sb. into the White House*** eleggere qcn. alla Casa Bianca; ***to be ~d best film*** essere votato miglior film; ***to be ~d Miss World*** essere eletta miss Mondo **2** *(authorize)* ***to ~ sb. sth.*** accordare qcs. a qcn.; ***to ~ oneself a pay rise*** concedersi un aumento di stipendio **3** COLLOQ. *(propose)* proporre; ***I ~ we all go*** propongo di andarcene tutti **II** intr. votare (**on** su; **for sb.** per qcn.; **against** contro); ***to ~ for reform*** votare per la riforma; ***to ~ on whether*** votare per decidere se; ***let's ~ on it*** mettiamolo ai voti; ***to ~ to join the EU, to strike*** votare a favore dell'ingresso nell'UE, a favore dello sciopero ♦ ***to ~ with one's feet*** *(by leaving)* = abbandonare il luogo della votazione (per protesta); *(by other action)* = esprimere il proprio dissenso alla votazione.
■ **vote down:** ~ **[sb., sth.] down,** ~ **down [sb., sth.]** sconfiggere ai voti [*person, group*]; bocciare [*motion*].
■ **vote in:** ~ **[sb.] in,** ~ **in [sb.]** eleggere [*person, party*].
■ **vote out:** ~ **[sb., sth.] out,** ~ **out [sb., sth.]** destituire [*person*]; respingere [*motion*].
■ **vote through:** ~ **[sth.] through,** ~ **through [sth.]** fare passare [*bill, proposal*].
vote-catcher /'vəʊtˌkætʃə(r)/ n. = espediente per accaparrarsi voti.
voteless /'vəʊtlɪs/ agg. senza (diritto di) voto.
vote of censure /ˌvəʊtəv'senʃə(r)/ n. POL. mozione f. di sfiducia.
vote of confidence /ˌvəʊtəv'kɒnfɪdəns/ n. POL. voto m. di fiducia (**in** su) (anche FIG.); ***to win a ~*** ricevere un voto di fiducia.
vote of thanks /ˌvəʊtəv'θæŋks/ n. discorso m. (pubblico) di ringraziamento.
voter /'vəʊtə(r)/ n. POL. elettore m. (-trice), votante m. e f.
vote-rigging /'vəutˌrɪgɪŋ/ n. broglio m. elettorale.
voter registration /ˌvəʊtəredʒɪ'streɪʃn/ n. AE iscrizione f. alle, nelle liste elettorali.
voter registration card /ˌvəʊtəredʒɪ'streɪʃnˌkɑ:d/ n. AE certificato m. elettorale.
▷ **voting** /'vəʊtɪŋ/ **I** n. *(procedure, ballot)* votazione f.; ***second round of ~*** secondo turno; ***~ is by secret ballot*** la votazione si tiene a scrutinio segreto **II** modif. [*patterns, intentions, rights*] di voto.
voting age /'vəʊtɪŋeɪdʒ/ n. età f. a cui si può votare, maggiore età f.; ***people of ~*** persone maggiorenni aventi diritto al voto.
voting booth /'vəʊtɪŋbu:ð, AE -bu:θ/ n. cabina f. elettorale.
voting machine /'vəʊtɪŋməˌʃi:n/ n. AE = macchina per la registrazione automatica del voto.
voting paper /'vəʊtɪŋˌpeɪpə(r)/ n. scheda f. elettorale.
voting precinct /ˌvəʊtɪŋ'pri:sɪŋkt/ n. AE circoscrizione f. elettorale.
voting record /'vəʊtɪŋˌrekɔ:d, AE -ˌrekərd/ n. AE = risultati delle votazioni precedenti.
voting share /ˌvəʊtɪŋ'ʃeə(r)/ n. ECON. azione f. con diritto di voto.
votive /'vəʊtɪv/ agg. RELIG. votivo.
vouch /vaʊtʃ/ tr. ***to ~ that*** garantire che.
■ **vouch for:** ~ **for [sb., sth.]** **1** *(informally)* rispondere di [*person*]; testimoniare [*fact*] **2** *(officially)* rendersi garante di [*person*]; rendersi garante per [*fact*].
vouchee /vaʊ'tʃi:/ n. = persona chiamata in giudizio in garanzia di un diritto.
▷ **voucher** /'vaʊtʃə(r)/ n. **1** *(for gift, concession)* buono m., coupon m. **2** *(receipt)* ricevuta f., voucher m.
vouchsafe /vaʊtʃ'seɪf/ tr. FORM. **1** *(grant)* ***to ~ sb. sth.*** concedere qcs. a qcn.; ***we have been ~d a glimpse*** ci è stato concesso uno sguardo **2** *(promise)* assicurare [*support*]; garantire [*peace*]; ***to ~ to do*** impegnarsi a fare.
voussoir /vu:'swɑ:(r)/ n. ARCH. = concio cuneiforme usato nella costruzione di archi e volte.
▷ **1.vow** /vaʊ/ **I** n. *(religious)* voto m.; *(of honour)* giuramento m., promessa f. solenne; ***a ~ of silence, poverty*** un voto di silenzio, di povertà; ***to take*** o ***make a ~*** fare un voto; ***to make a ~ to do*** fare voto di fare; ***to be under a ~ of silence*** *(secrecy)* avere giurato di mantenere il segreto **II vows** n.pl. **1** RELIG. voti m.; ***to take one's ~s*** prendere *o* pronunciare i voti **2** ***marriage*** o ***wedding ~s*** promesse matrimoniali.
▷ **2.vow** /vaʊ/ tr. giurare [*revenge, love, allegiance*]; ***to ~ to do*** giurare *o* promettere solennemente di fare; *(privately)* ripromettersi di fare; ***he ~ed that he would never return*** giurò di non tornare mai più; ***"I will succeed," she ~ed*** "ci riuscirò," si ripromise.
vowel /'vaʊəl/ **I** n. vocale f. **II** modif. [*sound*] vocalico; ***~ shift*** mutazione vocalica.
vox pop /ˌvɒks'pɒp/ n. BE COLLOQ. **1** (anche **vox populi**) opinione f. pubblica **2** TELEV. RAD. *(street interviews)* sondaggio m. d'opinione.
▷ **1.voyage** /'vɔɪɪdʒ/ n. MAR. viaggio m. (per mare), traversata f.; FIG. viaggio m.; ***on the ~*** durante il viaggio; ***to go on a ~*** intrapren-

dere un viaggio; ***a ~ of discovery*** o ***exploration*** un viaggio di esplorazione; ***the outward, homeward ~*** il viaggio di andata, di ritorno.

▷ **2.voyage** /ˈvɔɪɪdʒ/ intr. LETT. viaggiare; ***to ~ across*** viaggiare attraverso.

voyager /ˈvɔɪɪdʒə(r)/ n. LETT. viaggiatore m. (-trice).

voyeur /vɔɪˈɜː(r)/ n. voyeur m. (voyeuse), guardone m. (-a).

voyeurism /vɔɪˈɜːrɪzəm/ ➧ *11* n. voyeurismo m.

voyeuristic /ˌvwɑːjəˈrɪstɪk/ agg. voyeuristico.

VP 1 POL. ⇒ vice-president vicepresidente (V.P.) 2 LING. ⇒ verb phrase sintagma verbale (SV).

1.vroom /vruːm/ n. *(roaring noise)* rombo m.

2.vroom /vruːm/ intr. 1 *(make a roaring sound)* rombare 2 *(travel at speed)* andare a tutta velocità.

vs ⇒ versus versus (vs.).

V-shaped /ˈviːʃeɪpt/ agg. a (forma di) V.

V-sign /ˈviːsaɪn/ n. *(victory sign)* segno m. di vittoria; BE *(offensive gesture)* gesto m. osceno.

VSO n. GB (⇒ Voluntary Service Overseas) = organizzazione britannica che manda giovani volontari a prestare servizio nei paesi in via di sviluppo.

VSOP ⇒ very special o superior old pale stravecchio superiore paglierino (VSOP).

Vt, **VT** US ⇒ Vermont Vermont.

VTOL n. *(plane)* (⇒ vertical takeoff and landing decollo e atterraggio verticale) VTOL m.

Vulcan /ˈvʌlkən/ n.pr. Vulcano.

vulcanian /vʌlˈkeɪnɪən/ agg. *(volcanic)* vulcanico.

Vulcanian /vʌlˈkeɪnɪən/ agg. *(pertaining to the god Vulcan)* del dio Vulcano.

vulcanic /vʌlˈkænɪk/ → **volcanic**.

vulcanite /ˈvʌlkənaɪt/ n. ebanite f.

vulcanizable /ˈvʌlkənaɪzəbl/ agg. vulcanizzabile.

vulcanization /ˌvʌlkənaɪˈzeɪʃn, AE -nɪˈz-/ n. vulcanizzazione f.

vulcanize /ˈvʌlkənaɪz/ tr. vulcanizzare.

vulcanizer /ˈvʌlkənaɪzə(r)/ n. vulcanizzatore m.

vulcanology /ˌvʌlkəˈnɒlədʒɪ/ → **volcanology**.

vulgar /ˈvʌlgə(r)/ agg. 1 *(tasteless)* [*furniture, clothes, building*] pacchiano, di cattivo gusto; [*behaviour, curiosity*] fuori luogo; [*taste*] volgare; [*person*] volgare, rozzo 2 *(rude)* grossolano, volgare 3 LING. [*Latin*] volgare.

vulgar fraction /ˌvʌlgəˈfrækʃn/ n. MAT. frazione f. (semplice).

vulgarian /vʌlˈgeərɪən/ I agg. volgare II n. persona f. volgare.

vulgarism /ˈvʌlgərɪzəm/ n. LING. espressione f. volgare.

vulgarity /vʌlˈgærətɪ/ n. 1 *(tastelessness) (of furniture, clothes)* cattivo gusto m.; *(of person, behaviour)* volgarità f. 2 *(rudeness)* grossolanità f.

vulgarization /ˌvʌlgəraɪˈzeɪʃn, AE -rɪˈz-/ n. volgarizzazione f.

vulgarize /ˈvʌlgəraɪz/ tr. 1 *(popularize)* rendere popolare [*place, activity*]; volgarizzare [*book, art etc.*] 2 *(make rude)* rendere volgare [*situation, story*].

vulgarly /ˈvʌlgəlɪ/ avv. 1 *(tastelessly)* [*dressed, furnished*] con cattivo gusto; [*behave*] volgarmente 2 *(rudely)* [*say, gesture, express oneself*] grossolanamente.

vulgate /ˈvʌlgeɪt/ I n. vulgata f. II **Vulgate** n.pr. *(Bible)* Vulgata f.

vulnerability /ˌvʌlnərəˈbɪlətɪ/ n. vulnerabilità f.

▷ **vulnerable** /ˈvʌlnərəbl/ agg. *(all contexts)* vulnerabile (**to** a).

vulnerableness /ˈvʌlnərəblnɪs/ → **vulnerability**.

vulnerary /ˈvʌlnərərɪ, -rerɪ/ agg. vulnerario.

vulpine /ˈvʌlpaɪn/ agg. volpino; FIG. astuto, scaltro.

vulture /ˈvʌltʃə(r)/ n. avvoltoio m. (anche FIG.).

vulturine /ˈvʌltʃəraɪn/, **vulturous** /ˈvʌltʃərəs/ agg. di avvoltoio, rapace (anche FIG.).

vulva /ˈvʌlvə/ n. (pl. **-ae**, **~s**) vulva f.

vulval /ˈvʌlvəl/, **vulvar** /ˈvʌlvə(r)/ agg. vulvare.

vulvitis /vʌlˈvaɪtɪs/ ➧ *11* n. vulvite f.

vulvovaginitis /ˌvʌlvəʊˌvædʒɪˈnaɪtɪs/ ➧ *11* n. vulvovaginite f.

vying /ˈvaɪɪŋ/ agg. che compete, che gareggia.

w, W /ˈdʌblju:/ n. **1** *(letter)* w, W m. e f. **2 W** GEOGR. ⇒ west ovest (O).
WA US ⇒ Washington Washington.
Waac /wæk/ n. STOR. (⇒ Women's Army Auxiliary Corps) = corpo ausiliario militare femminile; *(member)* ausiliaria f.
Waaf /wæf/ n. GB STOR. (⇒ Women's Auxiliary Air Force) = corpo ausiliario femminile dell'aeronautica; *(member)* ausiliaria f.
wabble /ˈwæbl/ → **1.wobble, 2.wobble.**
Wace /weɪs/ n.pr. Wace (nome di uomo).
wack /wæk/ agg. AE COLLOQ. eccentrico, pazzo.
wacke /ˈwækə/ n. grovacca f., graywacke m.
wackily /ˈwækɪlɪ/ avv. eccentricamente, pazzamente.
wackiness /ˈwækɪnɪs/ n. eccentricità f., stravaganza f.
wacky /ˈwækɪ/, **wacko** /ˈwækəʊ/ agg. COLLOQ. eccentrico, stravagante.
wacky (ta)backy /ˌwækɪ(tə)ˈbækɪ/ n. COLLOQ. SCHERZ. erba f., marijuana f.
1.wad /wɒd/ **I** n. **1** *(bundle) (of banknotes)* rotolo m., mazzetta f. (**of** di); *(of money)* gruzzolo m. (**of** di); *(of papers)* plico m. (**of** di) **2** *(lump) (of cotton wool, padding)* batuffolo m. (**of** di); *(of tobacco, chewing gum)* cicca f. **3** *(plug) (for cannon, shotgun)* borra f. **II wads** n.pl. AE COLLOQ. **~*s of*** un sacco di *o* un pacco di ◆ ***to shoot one's ~*** AE VOLG. sborrare.
2.wad /wɒd/ tr. (anche **~ up**) (forma in -ing ecc. **-dd-**) foderare, imbottire [*garment*]; appallottolare [*paper*].
wadding /ˈwɒdɪŋ/ n. **1** *(padding)* materiale m. da imbottitura, ovatta f. **2** *(for gun)* borra f.
1.waddle /ˈwɒdl/ n. andatura f. a papera, andatura f. dondolante.
2.waddle /ˈwɒdl/ intr. [*duck*] camminare dondolando; [*person*] camminare a papera; ***to ~ in, out*** entrare, uscire camminando a papera.
waddy /ˈwɒdɪ/ n. AUSTRAL. bastone m. pesante.
wade /weɪd/ intr. **1** *(in water)* ***to ~ into the water*** avanzare a fatica nell'acqua; ***to ~ ashore*** tornare a riva a piedi; ***to ~ across*** guadare *o* passare a guado; ***to go wading*** [*child*] sguazzare **2** *(proceed with difficulty)* ***to ~ through sth.*** procedere con difficoltà attraverso qcs. *o* avanzare a stento attraverso qcs.; ***I managed to ~ through the book, work*** sono riuscito a fatica a terminare il libro, il lavoro; ***he was wading through his work*** procedeva lentamente con il suo lavoro; ***he was wading through a long novel*** procedeva lentamente nella lettura di un lungo romanzo.
▪ **wade in** COLLOQ. **1** *(start with determination)* mettersi al lavoro, mettersi di buona lena **2** *(attack)* passare all'attacco.
▪ **wade into** COLLOQ. ***~ into [sth.]*** buttarsi a capofitto su [*task*]; ***~ into [sb.]*** *(attack)* scagliarsi contro [*person, crowd*].
wader /ˈweɪdə(r)/ n. **1** ZOOL. trampoliere m. **2** AE persona f. che sguazza.
waders /ˈweɪdəz/ n.pl. stivaloni m.
wadge /wɒdʒ/ → **wodge**.
wadi /ˈwɒdɪ/ n. (pl. **~s**) uadi m.
wading /ˈweɪdɪŋ/ **I** agg. che guada **II** n. (il) guadare.
wading pool /ˈweɪdɪŋˌpu:l/ n. AE **1** *(in swimming baths)* piscina f. per bambini **2** *(inflatable pool)* piscina f. gonfiabile.
1.wafer /ˈweɪfə(r)/ n. **1** GASTR. cialda f., wafer m. **2** RELIG. ostia f. **3** ELETTRON. *(of silicon)* wafer m. **4** *(on letter, document)* sigillo m.
2.wafer /ˈweɪfə(r)/ tr. sigillare.
wafer-thin /ˌweɪfəˈθɪn/ agg. sottilissimo, sottile come un'ostia.
wafery /ˈweɪfərɪ/ agg. [*texture, consistency*] sottilissimo, sottile come un'ostia.
1.waffle /ˈwɒfl/ n. GASTR. cialda f.
2.waffle /ˈwɒfl/ n. BE COLLOQ. SPREG. *(wordy speech)* sproloquio m., pappardella f.; *(in essay, book)* sbrodolata f.
3.waffle /ˈwɒfl/ intr. COLLOQ. SPREG. (anche **~ on**) *(when speaking)* sproloquiare, blaterare, parlare a vanvera (**about** su); *(in writing)* sbrodolare (**about** su).
waffled /ˈwɒfld/ agg. AE goffrato.
waffle iron /ˈwɒflˌaɪən, AE -ˌaɪərn/ n. GASTR. stampo m. per cialde.
waffler /ˈwɒflə(r)/ n. BE COLLOQ. ***he's such a ~*** è un tale blaterone.
waffly /ˈwɒflɪ/ agg. COLLOQ. blaterone.
1.waft /wɒft, AE wæft/ n. *(of air)* soffio m.; *(of smell)* emanazione f.
2.waft /wɒft, AE wæft/ **I** tr. ***to ~ sth. through, towards*** [*wind*] portare qcs. attraverso, verso **II** intr. ***to ~ towards*** [*smell, sound*] andare nella direzione di; ***to ~ up*** salire; ***to ~ through the house*** diffondersi per la *o* nella casa.
1.wag /wæg/ n. ANT. COLLOQ. *(joker)* burlone m. (-a).
2.wag /wæg/ n. *(movement) (of tail)* scodinzolamento m.
3.wag /wæg/ **I** tr. (forma in -ing ecc. **-gg-**) dimenare [*tail*]; scuotere, scrollare [*head*]; ***to ~ one's finger at sb.*** minacciare *o* rimproverare qcn. agitando il dito **II** intr. (forma in -ing ecc. **-gg-**) ***the dog's tail ~ged*** il cane scodinzolò; ***tongues will ~*** FIG. si farà un gran parlare *o* ci saranno molti pettegolezzi ◆ ***it's the tail ~ging the dog*** è il mondo alla rovescia! cose da matti!
▶ **1.wage** /weɪdʒ/ **I** n. (anche **~s**) salario m., paga f.; ***high ~(s)*** salario alto; ***low ~(s)*** salario basso; ***my ~s are £140 a week*** la mia paga settimanale è di 140 sterline; ***~s and conditions*** i salari e le condizioni **II** modif. [*agreement, claim, inflation, negotiations, rate, settlement, talks*] salariali; [*increase, rise*] salariale, dello stipendio; [*policy, restraint, freeze*] degli stipendi, dei salari ◆ ***the ~s of sin is death*** BIBL. il prezzo del peccato è la morte.
2.wage /weɪdʒ/ tr. iniziare, intraprendere [*campaign*]; ***to ~ (a) war against sth., sb.*** dichiarare guerra a qcs., qcn. (anche FIG.).
wage bargaining /ˈweɪdʒˌbɑ:gɪnɪŋ/ n. contrattazione f. salariale.
wage bill /ˈweɪdʒbɪl/, **wages bill** /ˈweɪdʒɪzˌbɪl/ n. fattura f. salariale, stipendio m. lordo.
wage costs /ˈweɪdʒkɒsts, AE -kɔ:sts/ n.pl. costi m. salariali, costi m. delle retribuzioni.
waged /weɪdʒd/ **I** agg. salariato **II** n. ***the ~*** + verbo pl. i salariati.
wage earner /ˈweɪdʒˌɜ:nə(r)/ n. **1** *(person earning a wage)* salariato m. (-a) **2** *(breadwinner)* sostegno m. della famiglia, chi guadagna il pane in famiglia.
wage packet /ˈweɪdʒˌpækɪt/ n. **1** *(envelope)* busta f. paga **2** *(money)* paga f.
1.wager /ˈweɪdʒə(r)/ n. scommessa f.; ***to make*** o ***lay a ~*** scommettere (**on** su; **that** che).

2.wager /'weɪdʒə(r)/ tr. scommettere [*money, property*] (**on** su; **that** che); ***I'd be willing to ~ that...*** sarei pronto a scommettere che...
wagerer /'weɪdʒəre(r)/ n. scommettitore m. (-trice).
wagering /'weɪdʒərɪŋ/ n. scommessa f.; ***~ contract*** contratto aleatorio; ***~ policy*** polizza scommessa.
wages clerk /'weɪdʒɪzˌklɑːk, AE -ˌklɜːrk/ ♦ ***27*** n. impiegato m. (-a) addetto alle retribuzioni.
wages council /'weɪdʒɪzˌkaʊnsl/ n. = commissione per la determinazione dei minimi salariali.
wage sheet /'weɪdʒʃiːt/, **wage slip** /'weɪdʒslɪp/ n. cedolino m. dello stipendio.
wage slave /'weɪdʒsleɪv/ n. = lavoratore che ha come unica fonte di reddito un salario guadagnato con un lavoro molto duro o umile.
wage structure /'weɪdʒˌstrʌktʃə(r)/ n. struttura f. del salario.
wage worker /'weɪdʒˌwɜːkə(r)/ n. AE → **wage earner**.
waggery /'wægərɪ/ n. ANT. **1** *(jocularity)* giocosità f., scherzosità f. **2** *(joke)* scherzo m., burla f.
waggish /'wægɪʃ/ agg. faceto, scherzoso.
waggishly /'wægɪʃlɪ/ avv. [*smile*] facetamente; [*say*] con tono scherzoso.
waggishness /'wægɪʃnɪs/ n. (l')essere faceto, scherzoso.
1.waggle /'wægl/ n. COLLOQ. scuotimento m., scrollata f.
2.waggle /'wægl/ **I** tr. dimenare [*tail*]; fare muovere [*tooth, ear, object*]; *(shake)* scuotere, scrollare [*object*]; ***to ~ one's hips*** ancheggiare **II** intr. (anche **~ around**, **~ about**) muoversi, dimenarsi.
waggly /'wæglɪ/ agg. traballante, instabile.
waggon BE → **wagon**.
waggonage BE → **wagonage**.
waggoner BE → **wagoner**.
waggonette BE → **wagonette**.
Wagnerian /vɑːg'nɪərɪən/ **I** agg. wagneriano **II** n. wagneriano m. (-a).
▷ **wagon** /'wægən/ n. **1** *(horse-drawn, ox-drawn)* carro m. **2** BE FERR. vagone m. merci, carro m. merci **3** BE AUT. COLLOQ. *(lorry)* (furgone) cellulare m. **4** AE *(estate car)* station wagon f., familiare f. **5** AE *(toy)* carrettino m. (giocattolo) ◆ ***to be on the ~*** non bere più; ***to fix sb.'s ~*** AE COLLOQ. farla pagare a qcn.
wagonage /'wægənɪdʒ/ n. ANT. **1** *(conveyance)* trasporto m. mediante carri **2** *(cost)* = spese relative al trasporto mediante carri.
wagoner /'wægənə(r)/ ♦ ***27*** n. carrettiere m. (-a).
wagonette /ˌwægə'net/ n. wagonette f.
wagon-lit /ˌvægɒn'liː/ n. (pl. **~s, wagons-lits**) vagone m. letto, wagon-lit m.
wagonload /'wægənləʊd/ n. **1** *(in horse-drawn vehicle)* carrettata f. (**of** di) **2** BE FERR. vagone m., vagonata f. (**of** di).
wagon train /'wægəntreɪn/ n. AE STOR. carovana f. (dei pionieri).
wagonwright /'wægənraɪt/ n. costruttore m. (-trice) di carri.
wagtail /'wægteɪl/ n. ZOOL. cutrettola f., ballerina f.; ***pied ~*** ballerina bianca; ***yellow ~*** cutrettola; ***grey ~*** ballerina gialla.
Wah(h)abi /wə'hɑːbɪ/ n. wahhabita m. e f.
waif /weɪf/ n. trovatello m. (-a); ***~s and strays*** *(children)* figli di nessuno *o* bambini abbandonati; *(animals)* animali smarriti.
waif-like /'weɪflaɪk/ agg. [*person*] dall'aria smarrita; [*looks*] perso.
▷ **1.wail** /weɪl/ n. *(of person, wind)* gemito m.; *(of siren)* urlo m.; *(of musical instrument)* lamento m.
▷ **2.wail** /weɪl/ **I** tr. ***"oh no!" he ~ed*** "oh no!" gemette **II** intr. [*person*] lamentarsi, gemere; [*wind*] ululare; [*siren*] urlare; [*musical instrument*] emettere suoni lamentosi.
wailer /'weɪlə(r)/ n. persona f. che si lamenta.
wailful /'weɪlfl/ agg. lamentoso.
wailing /'weɪlɪŋ/ **I** n. *(of person)* gemiti m.pl.; *(of wind)* ululato m.; *(of siren)* urlo m.; *(of music)* suono m. lamentoso **II** agg. [*voice, sound, music, instrument*] lamentoso; [*siren*] stridente.
Wailing Wall /ˌweɪlɪŋ'wɔːl/ n.pr. muro m. del pianto.
wain /weɪn/ n. LETT. carro m.
1.wainscot /'weɪnskət/ n. → **wainscot(t)ing**.
2.wainscot /'weɪnskət/ tr. rivestire con pannelli di legno [*wall, room*].
wainscot(t)ing /'weɪnskətɪŋ/ n. rivestimento m. in legno.
▷ **waist** /weɪst/ n. **1** ANAT. ABBIGL. vita f.; ***to have a 70 cm ~*** [*skirt, person*] avere una vita di 70 cm; ***to be tight around the ~*** essere stretto di vita; ***to put, have one's arm around sb.'s ~*** cingere qcn. alla vita *o* cingere con un braccio qcn.; ***to be ~-deep in water*** avere l'acqua fino alla cintola **2** *(of insect)* vita f. **3** *(of ship)* parte f. centrale **4** *(of violin)* strozzatura f.
waistband /'weɪstbænd/ n. cintura f.
waistcoat /'weɪstkəʊt/ n. BE gilè m.
waist-deep /ˌweɪst'diːp/ agg. ***the snow was ~*** la neve arrivava alla cintola; ***to be ~ in sth.*** affondare in qcs. fino alla cintola.
waisted /'weɪstɪd/ agg. [*jacket, coat*] sciancrato; ***a high, low-~ dress*** un vestito con la vita alta, bassa; ***a narrow-~ girl*** una ragazza dalla vita sottile.
waistline /'weɪstlaɪn/ n. girovita m., vita f.
waist measurement /'weɪstˌmeʒəmənt/ n. girovita m.
waist slip /'weɪstslɪp/ n. sottogonna f.
1.wait /weɪt/ n. (periodo m. di) attesa f.; ***an hour's ~*** un'ora di attesa; ***it was worth the ~*** valeva la pena di aspettare; ***to have a long ~*** dovere aspettare a lungo; ***you'll have a long ~*** IRON. aspetta e spera; ***it will only be a short ~*** non sarà una lunga attesa ◆ ***to lie in ~*** stare in attesa *o* stare in agguato; ***to lie in ~ for sb.*** [*troops, ambushers*] tendere un agguato a qcn.; [*reporter, attacker*] aspettare qcn. al varco.
▶ **2.wait** /weɪt/ **I** tr. **1** *(await)* aspettare [*turn, chance*]; ***don't ~ dinner for me*** AE COLLOQ. non aspettatemi per cenare **2** AE ***to ~ tables*** servire (a tavola) **II** intr. **1** *(remain patiently)* aspettare, attendere; ***please ~ here*** per favore aspettate qui; ***to keep sb. ~ing*** fare aspettare qcn.; ***to ~ for sb., sth.*** aspettare qcn., qcs.; ***it was worth ~ing for*** valeva la pena di aspettare; ***to ~ for sb., sth. to do*** aspettare che qcn., qcs. faccia; ***we ~ed for the car to stop*** aspettammo che la macchina si fermasse; ***to ~ and see how, why*** aspettare di vedere come, perché; ***to ~ to do*** aspettare di fare; ***I'm ~ing to use the phone*** sto aspettando di poter usare il telefono; ***I can't ~ to do*** non vedo l'ora di fare; ***she can't ~ to start*** è impaziente di iniziare; ***I, you can hardly ~ to do*** non vedo, non vedi l'ora di fare; ***I can hardly ~ to see him*** non vedo l'ora di vederlo; ***you'll just have to ~ and see*** dovrai solo stare a vedere; ***(just you) ~ and see*** aspetta e vedrai; ***just you ~!*** *(as threat)* te la farò vedere! ***~ for it!*** sentite questa! MIL. al tempo! **2** *(be left until later)* [*object, meal, action*] restare in sospeso; ***the goods are ~ing to be collected*** le merci sono in attesa di essere ritirate; ***it can ~*** non c'è fretta, (la cosa) può aspettare; ***it can't ~*** la cosa non può rimanere in sospeso **3** *(serve)* ***to ~ at*** o ***on table*** servire a tavola; ***who's ~ing on table 16?*** chi sta servendo al tavolo 16? ◆ ***everything comes to him who ~s*** dai tempo al tempo!
▪ **wait around, wait about** BE (stare ad) aspettare, attendere; ***to ~ around*** o ***about for sb.*** restare ad aspettare qcn.; ***to ~ around*** o ***about for sb., sth. to do*** aspettare che qcn., qcs. faccia.
▪ **wait behind** fermarsi un po', trattenersi; ***to ~ behind for sb.*** fermarsi ad aspettare qcn.
▪ **wait in** BE restare a casa ad aspettare; ***to ~ in for sb.*** restare a casa ad aspettare qcn.
▪ **wait on: ~ on** SCOZZ. aspettare, avere pazienza; ***~ on!*** abbi pazienza! **~ on [sb.] 1** *(serve)* servire; ***to be ~ed on*** essere servito; ***to ~ on sb. hand and foot*** FIG. servire premurosamente qcn.; ***I'm tired of ~ing on you hand and foot!*** FIG. sono stufa di servirti dalla testa ai piedi! non sono mica la tua serva! **2** ANT. FORM. *(visit formally)* fare visita a; **~ on [sb., sth.]** COLLOQ. aspettare [*result, permission*].
▪ **wait out: ~ [sth.] out, ~ out [sth.]** aspettare la fine di [*crisis, storm, recession*].
▪ **wait up 1** *(stay awake)* restare alzato, in piedi; ***to ~ up for sb.*** restare alzato ad aspettare qcn. **2** AE *(stay patiently)* ***~ up!*** aspetta!
▪ **wait upon** → **wait on**.
▷ **waiter** /'weɪtə(r)/ ♦ ***27*** n. cameriere m.; ***"~!"*** "scusi!".
waitering /'weɪtərɪŋ/ n. lavoro m. di cameriere.
waiter service /'weɪtəˌsɜːvɪs/ n. servizio m. al tavolo.
waiting /'weɪtɪŋ/ **I** n. **1** *(staying)* (periodo m. di) attesa f.; ***"no ~"*** "divieto di sosta e fermata" **2** FORM. ***to be in ~ on*** essere al servizio di [*King, lady*] **II** agg. attrib. [*ambulance, taxi, crowd*] che aspetta, in attesa; [*ambush*] che sta per essere teso; [*troops*] sul chi vive, in guardia; [*reporter*] appostato; ***to run into sb.'s ~ arms*** buttarsi tra le braccia aperte di qcn.
waiting game /'weɪtɪŋˌgeɪm/ n. temporeggiamento m.; ***to play a ~*** temporeggiare.
waiting list /'weɪtɪŋlɪst/ n. lista f. d'attesa.
waiting room /'weɪtɪŋruːm, -rʊm/ n. sala f. d'attesa, d'aspetto.
▷ **waitress** /'weɪtrɪs/ ♦ ***27*** n. cameriera f.; ***"~!"*** "scusi!".
waive /weɪv/ tr. derogare a [*regulation, rule*] (anche DIR.); rinunciare a [*claim, demand, privilege, right*]; sopprimere, eliminare [*fee*]; ignorare [*condition, requirement*]; ***to ~ one's claim to sth.*** rinunciare ai propri diritti su qcs.
waiver /'weɪvə(r)/ n. **1** DIR. deroga f. **2** *(in insurance)* riscatto m.
waiver clause /'weɪvəklɔːz/ n. **1** DIR. *(in contract)* clausola f. d'esonero **2** *(in insurance)* clausola f. di non pregiudizio.

1.wake /weɪk/ n. MAR. *(track)* scia f. (anche FIG.); ***in the ~ of sb., sth.*** sulla scia di qcn., qcs.; ***the war brought many changes in its ~*** la guerra ha portato con sé molti cambiamenti; ***to follow in sb.'s ~*** seguire le tracce di qcn.; FIG. seguire le orme di qcn.

2.wake /weɪk/ n. *(over dead person)* veglia f. funebre.

▶ **3.wake** /weɪk/ **I** tr. (anche **~ up**) (pass. **woke**, ANT. **waked**; p.pass. **woken**, ANT. **waked**) svegliare, destare [*person*] (**from** da); FIG. risvegliare, destare [*desires, memories, feelings*]; ***to ~ sb. from sleep*** svegliare qcn.; ***to ~ sb. from a dream*** svegliare qcn. da un sogno; ***they were making enough noise to ~ the dead!*** facevano talmente tanto rumore che avrebbero svegliato perfino un morto! **II** intr. (anche **~ up**) (pass. **woke**, ANT. **waked**; p.pass. **woken**, ANT. **waked**) svegliarsi, risvegliarsi; ***I woke (up) to find him gone*** al mio risveglio non c'era più; ***to ~ (up) from a deep sleep, a dream*** svegliarsi da un sonno profondo, da un sogno; ***she finally woke (up) from her illusions*** FIG. finalmente aprì gli occhi; ***she finally woke (up) to her responsibilities*** FIG. finalmente si rese conto delle proprie responsabilità.

▪ **wake up: ~ up** svegliarsi; **~ up!** svegliati! FIG. apri gli occhi! ***it's about time you woke up and realized the damage you are doing!*** FIG. sarebbe ora che tu aprissi gli occhi e ti rendessi conto dei danni che stai provocando! ***to ~ up to sth.*** FIG. prendere coscienza di qcs.; **~ up [sb.], ~ [sb.] up** svegliare, destare.

wakeboard /ˈweɪkbɔːd/ n. tavola f. da wakeboard, wakeboard m.

wakeboarding /ˈweɪkbɔːdɪŋ/ n. *(sport)* wakeboard m.

wakeful /ˈweɪkfl/ agg. [*person*] *(not sleeping)* sveglio; *(vigilant)* attento, vigile; ***to have a ~ night*** passare la notte in bianco.

wakefulness /ˈweɪkflnɪs/ n. *(insomnia)* insonnia f.; *(vigilance)* allerta f.

waken /ˈweɪkən/ → **3.wake**.

wakening /ˈweɪkənɪŋ/ n. FORM. risveglio m.

waker /ˈweɪkə(r)/ n. ***to be an early, late ~*** svegliarsi presto, tardi.

wake-up call /ˈweɪkʌpkɔːl/ n. **1** sveglia f. telefonica **2** FIG. campanello m. d'allarme.

wakey-wakey /ˈweɪkɪweɪkɪ/ inter. BE COLLOQ. sveglia, svegliati.

waking /ˈweɪkɪŋ/ **I** n. (stato m. di) veglia f.; ***between sleeping and ~*** tra il sonno e la veglia *o* nel dormiveglia **II** agg. ***in*** o ***during one's ~ hours*** durante le ore di veglia; ***she spends most of her ~ hours at work*** trascorre la maggior parte della giornata al lavoro.

Walach /ˈwɒlək/ **I** agg. valacco **II** n. *(person)* valacco m. (-a).

Waldemar /ˈvældəmɑː(r)/ n.pr. Waldemaro, Valdemaro.

Waldenses /wɒlˈdensiːz/ n.pl. RELIG. valdesi m. e f.

Waldensian /wɒlˈdensɪən/ **I** agg. valdese **II** n. valdese m. e f.

Waldo /ˈwɔːldəʊ, ˈwɒldəʊ/ n.pr. Valdo.

1.wale /weɪl/ n. AE → **2.weal**.

2.wale /weɪl/ tr. segnare con frustate [*skin*].

Wales /weɪlz/ ♦ **6** n.pr. Galles m.

Wales Office /ˈweɪlzˌɒfɪs, AE -ˌɔːfɪs/ n. GB = ministero per il Galles.

▶ **1.walk** /wɔːk/ n. **1** passeggiata f.; *(shorter)* giro m.; *(hike)* camminata f.; ***country ~*** passeggiata in campagna; ***morning, evening ~*** passeggiata del mattino, della sera; ***long ~*** lunga passeggiata; ***short ~*** passeggiatina; ***a 12 km ~*** una camminata di 12 km; ***a hotel five minutes' ~ away from the station*** un albergo a cinque minuti di cammino dalla stazione; ***it's about ten minutes' ~, four hours' ~*** è a circa dieci minuti, quattro ore di cammino; ***on the ~ home*** rientrando a casa a piedi; ***a ~ to, beside the sea*** una passeggiata fino al mare, sul lungomare; ***to go for*** o ***on a ~*** (andare a) fare una passeggiata *o* andare a passeggio; ***I've been out for a ~*** sono andato a fare una passeggiata; ***to have*** o ***take a ~*** fare una passeggiata; *(shorter)* fare un giro *o* fare due passi; ***to take sb. for a ~*** portare qcn. a fare una passeggiata; *(shorter)* portare qcn. a fare un giro; ***to take the dog for a ~*** portare fuori *o* a spasso il cane; ***has the dog had his ~?*** qualcuno ha portato fuori il cane? ***it's a short ~ to the station*** sono solo pochi minuti a piedi da qui alla stazione *o* la stazione è a due passi (da qui); ***it's a long ~ back to the hotel*** c'è da camminare molto per tornare all'albergo; ***it seemed a very long ~ to the podium*** il podio sembrava molto lontano **2** *(gait)* andatura f.; ***I knew him by his ~*** lo riconobbi dall'andatura **3** *(pace)* passo m.; ***he set off at a brisk ~*** partì con passo svelto; ***to slow down to a ~*** rallentare fino a camminare (dopo avere corso) **4** *(path)* vialetto m., sentierino m.; *(trail in forest)* sentiero m.; ***people from all ~s of life*** gente di ogni ceto **5** SPORT marcia f.; ***the 10 km ~*** la (marcia di) 10 km **6** EQUIT. passo m. ♦ ***take a ~!*** AE COLLOQ. smamma! sparisci! ***that was a ~!*** AE COLLOQ. è stato un gioco da ragazzi! è stata una passeggiata!

▶ **2.walk** /wɔːk/ The expression *a piedi* is often omitted with movement verbs if we already know that the person is on foot; however, if it is surprising or ambiguous, *a piedi* should be included. **I** tr. **1** *(cover on foot)* percorrere a piedi [*distance, path, road*]; attraversare a piedi [*district*]; camminare per [*countryside*]; *(patrol)* percorrere; ***I can't ~ another step*** non mi sento di fare un passo di più; ***to ~ the streets*** [*tourist*] percorrere le strade *o* girare per le strade; [*homeless person*] vagare per strada; [*prostitute*] battere il marciapiede; ***to ~ the ramparts, walls*** [*soldier*] camminare su e giù per i bastioni, per le mura; ***shall we take the bus or ~ it?*** prendiamo l'autobus o andiamo a piedi? ***we ~ed it in 20 minutes*** l'abbiamo percorso a piedi in 20 minuti; ***to ~ it*** SPORT COLLOQ. vincere senza problemi **2** *(escort on foot, lead)* accompagnare a piedi [*friend*]; accompagnare [*tourist*]; fare andare al passo [*horse, mule etc.*]; portare fuori, a spasso [*dog*]; ***I ~ed her home*** l'ho accompagnata a casa a piedi; ***the guide ~ed us all over Bonn*** la guida ci ha fatto visitare tutta Bonn (a piedi); ***the guards ~ed him back to his cell*** le guardie lo riaccompagnarono in cella **II** intr. **1** *(in general)* camminare; *(for pleasure)* passeggiare, andare a passeggio; *(not run)* andare al passo; *(not ride or drive)* andare a piedi; ***the baby's learning to ~*** il bambino sta imparando a camminare; ***you should be ~ing again soon*** presto dovresti potere ricominciare a camminare; ***he'll never ~ again*** non potrà mai più camminare; ***to ~ with a stick*** camminare con il bastone; ***to ~ with a limp, a swing*** zoppicare, dondolarsi; ***don't run, ~!*** non correre, cammina! ***"~"*** AE *(at traffic lights)* attraversate; ***it's not very far, let's ~*** non è molto lontano, andiamoci a piedi; ***we ~ed all day*** abbiamo camminato tutto il giorno; ***we've missed the bus, we'll have to ~*** abbiamo perso l'autobus, dovremo andare a piedi; ***we go on holiday to ~*** andiamo in vacanza per fare trekking; ***to ~ across*** o ***through sth.*** attraversare qcs. (a piedi); ***she ~ed across the room*** attraversò la stanza; ***she ~ed across France*** ha attraversato la Francia a piedi; ***a policeman ~ed by*** è passato un poliziotto; ***he ~ed up, down the road*** andò su, giù per la strada a piedi; ***we've been ~ing round in circles for hours*** abbiamo girato (a piedi) a vuoto per delle ore; ***someone was ~ing around, about upstairs*** qualcuno stava camminando al piano di sopra; ***there's no lift, you'll have to ~ up*** non c'è l'ascensore, dovrai salire a piedi; ***I'd just ~ed in at the door when...*** ero appena entrata quando...; ***suddenly in ~ed my father*** improvvisamente entrò mio padre; ***to ~ in one's sleep*** *(habitually)* essere sonnambulo; ***he was ~ing in his sleep*** camminava nel sonno; ***she ~s to work*** va a lavorare a piedi; ***she ~s home*** torna a casa a piedi; ***we ~ed all the way back*** abbiamo percorso tutta la via del ritorno a piedi; ***to ~ up and down*** andare avanti e indietro; ***to ~ up and down a room*** andare su e giù per la stanza; ***shall I ~ with you to the bus?*** vuoi che ti accompagni all'autobus? ***I'll ~ some of the way with you*** farò un tratto di strada con te; ***he ~ed under a bus*** è stato investito da un autobus; ***the ghost ~s at midnight*** il fantasma appare a mezzanotte **2** COLLOQ. SCHERZ. *(disappear)* [*possession*] sparire ♦ ***you must ~ before you can run*** non mettere il carro davanti ai buoi; ***to ~ sb. off their feet*** spossare *o* stancare qcn.

▪ **walk across** attraversare; ***to ~ across to sth., sb.*** avvicinarsi a qcs., qcn. **~ across [sth.]** attraversare.

▪ **walk around: ~ around** andare a passeggio, a spasso; *(aimlessly)* gironzolare, girellare; ***you can't ~ around in the rain without an umbrella*** non puoi gironzolare sotto la pioggia senza un ombrello; **~ around [sth.]** *(to and fro)* fare un giro per [*city, streets, garden*]; *(make circuit of)* fare il giro di [*building, space*]; ***he ~ed around the lake*** fece il giro del lago; ***we ~ed around Rome for hours*** abbiamo girato per Roma per delle ore.

▪ **walk away 1** andare via, allontanarsi (**from** da) **2** FIG. *(avoid involvement)* ***to ~ away from a problem, one's responsibilities*** fuggire un problema, le proprie responsabilità **3** FIG. *(survive unscathed)* uscire indenne (**from** da); ***she ~ed away from the accident*** è uscita indenne dall'incidente **4** ***to ~ away with*** *(win easily)* vincere senza difficoltà [*game, tournament, election*]; *(carry off)* portarsi via *o* a casa [*prize, honour*]; COLLOQ. FIG. *(take) (innocently)* andarsene con *o* portare via [*book, pen*]; *(as theft)* filarsela con [*bag, suitcase*] **5** SPORT ***to ~ away from sb., sth.*** staccare qcn., qcs. *o* infliggere distacco a qcn., qcs. [*team*].

▪ **walk back** ritornare a piedi (**to** a); ***we ~ed back (home)*** siamo tornati a casa a piedi.

▪ **walk in** entrare, venire dentro; ***he simply ~ed in as if he owned the place*** entrò tranquillamente come se il padrone fosse lui; ***who should ~ in but my husband!*** indovina chi è arrivato? - mio marito! ***"please ~ in"*** *(sign)* "entrare".

▪ **walk into: ~ into [sth.] 1** *(enter)* entrare in [*room, house*]; ***she ~ed into that job*** FIG. *(acquired easily)* ha ottenuto quel posto di lavoro senza muovere un dito **2** *(become entangled in)* cadere in [*trap, ambush*]; cacciarsi in [*tricky situation*]; ***you ~ed right into that one!*** COLLOQ. ci sei cascato in pieno! **3** *(bump into)* andare a sbattere contro [*wall, door, person*].

■ **walk off:** **~ off** 1 andarsene, allontanarsi 2 COLLOQ. FIG. **to ~ off with sth.** *(take) (innocently)* andarsene con qcs. *o* portare via qcs.; *(as theft)* filarsela con qcs. 3 *(carry off)* portarsi via, a casa [*prize, honour*]; **~ off [sth.], ~ [sth.] off** fare una passeggiata per farsi passare [*headache*]; fare una passeggiata per smaltire [*hangover, large meal*]; **she ~ed off eight pounds** ha perso quattro chili facendo delle camminate.

■ **walk on** 1 *(continue)* continuare a camminare 2 TEATR. fare la comparsa, avere una piccola parte.

■ **walk out** 1 uscire (**of** da) 2 FIG. *(desert)* [*lover, partner, servant, collaborator*] andarsene; **to ~ out on** lasciare *o* piantare [*lover, partner*]; annullare [*contract, undertaking*] 3 *(as protest)* [*negotiator, committee member*] andarsene in segno di protesta; *(on strike)* [*workers*] scioperare; **they ~ed out of the meeting** hanno abbandonato la riunione per protesta 4 BE ANT. [*lovers*] frequentarsi; **to be ~ing out with sb.** frequentare qcn.

■ **walk over:** **~ over** *(a few steps)* avvicinarsi (**to** a); *(a short walk)* fare un salto (a piedi) (**to** a); **he ~ed over to her, the window** si avvicinò a lei, alla finestra; **he ~ed over to see her, to the farm** fece un salto da lei, alla fattoria; **~ over [sb.]** COLLOQ. 1 *(defeat)* SPORT stracciare 2 *(humiliate)* calpestare, mettere i piedi in testa a; **he'll ~ all over you if you let him** se lo lasci fare ti metterà i piedi in testa; **he lets her ~ all over him** si lascia mettere i piedi in testa da lei.

■ **walk round:** **~ round** fare il giro; **no-one answered so I ~ed round to the garden** siccome nessuno ha risposto ho fatto il giro e sono andato in giardino; **~ round [sth.]** *(round edge of)* fare il giro del [*lake, stadium, garden, building*]; *(through)* visitare [*exhibition, historic building*].

■ **walk through:** **~ through** attraversare; **~ through [sth.]** 1 attraversare [*town, field, forest*]; oltrepassare [*door, gate*]; camminare in [*deep snow, mud, grass*] 2 TEATR. insegnare a qcn. come recitare, provare [*scene, act*]; **to ~ sb. through a scene** mostrare a qcn. come deve comportarsi sulla scena.

■ **walk up** 1 **to ~ up to** avvicinarsi a [*person, building, object*] 2 *(in market, fairground)* avvicinarsi; **~ up, ~ up!** venite, venite!

walkable /ˈwɔːkəbl/ agg. praticabile, percorribile a piedi.

walkabout /ˈwɔːkəbaʊt/ n. 1 BE *(among crowd)* bagno m. di folla; **to go on (a) ~** fare un bagno di folla 2 AUSTRAL. ANTROP. **to go ~** [*aborigine*] = di un aborigeno australiano, ritornare per un certo periodo alla vita nomade; FIG. SCHERZ. [*person, object*] sparire.

walkathon /ˈwɔːkəθɒn/ n. = marcia organizzata per raccogliere fondi a scopo di beneficenza.

walkaway /ˈwɔːkəweɪ/ n. AE COLLOQ. passeggiata f., facile vittoria f.

▷ **walker** /ˈwɔːkə(r)/ n. 1 *(for pleasure)* camminatore m. (-trice); *(for exercise, sport)* walker m. e f., marciatore m. (-trice); **she's a fast ~!** cammina velocemente! 2 *(device) (for invalid)* deambulatore m.; *(for baby)* girello m.

walkies /ˈwɔːkɪz/ n.pl. BE COLLOQ. = passeggiatina, giretto che si fa fare a un cane.

walkie-talkie /ˌwɔːkɪˈtɔːkɪ/ n. walkie-talkie m.

walk-in /ˈwɔːkɪn/ **I** n. AE cliente m. e f. senza appuntamento **II** agg. 1 [*cupboard, closet*] = tanto grande da poterci entrare 2 AE [*apartment*] con ingresso diretto dalla strada 3 AE [*clinic*] che riceve senza appuntamento.

▷ **walking** /ˈwɔːkɪŋ/ **I** n. *(for pleasure)* (il) camminare, (il) passeggiare; *(for exercise, sport)* walking m.; **there's some lovely ~ around here** ci sono delle belle passeggiate qui intorno **II** agg. SCHERZ. **she's a ~ dictionary** è un dizionario ambulante.

walking boots /ˈwɔːkɪŋbuːts/ n.pl. scarponi m. da montagna.

walking distance /ˈwɔːkɪŋˌdɪstəns/ n. **to be within ~** essere a quattro passi (**of** da).

walking frame /ˈwɔːkɪŋfreɪm/ n. MED. deambulatore m.

walking holiday /ˈwɔːkɪŋˌhɒlədeɪ/ n. vacanza f. trekking.

walking pace /ˈwɔːkɪŋpeɪs/ n. passo m.; **at a ~** a passo d'uomo.

walking papers /ˈwɔːkɪŋˌpeɪpəz/ n.pl. AE COLLOQ. FIG. **to get** o **be given one's ~** farsi dare il benservito.

walking race /ˈwɔːkɪŋreɪs/ n. marcia f.

walking shoes /ˈwɔːkɪŋʃuːz/ n.pl. scarpe f. da passeggio.

walking stick /ˈwɔːkɪŋstɪk/ n. bastone m. da passeggio.

walking tour /ˈwɔːkɪŋtʊə(r), -tɔː(r)/ n. trekking m.

walking wounded /ˌwɔːkɪŋˈwuːndɪd/ n.pl. MIL. feriti m. in grado di camminare; FIG. *(victims)* vittime f.; *(survivors)* superstiti m.

walkman® /ˈwɔːkmən/ n. (pl. **~s**) walkman® m.

walk-on /ˈwɔːkɒn/ **I** n. TEATR. comparsa f., figurante m. e f. **II** agg. [*role*] da comparsa.

walkout /ˈwɔːkaʊt/ n. *(from conference, meeting)* abbandono m. in segno di protesta; *(strike)* sciopero m.; **to stage a ~** [*delegates, members*] andarsene in segno di protesta; [*workers*] fare uno sciopero.

walkover /ˈwɔːkˌəʊvə(r)/ n. SPORT walk-over m. (**for** per); *(in horseracing)* walk-over m.

walk-up /ˈwɔːkʌp/ n. AE COLLOQ. immobile m. senza ascensore.

walkway /ˈwɔːkweɪ/ n. *(through a garden)* vialetto m.; *(between buildings)* passaggio m.

Walkyrie → **Valkyrie**.

walky-talky → **walkie-talkie**.

▶ **1.wall** /wɔːl/ **I** n. 1 muro m., parete f. (anche ING. ARCH.); **on the ~** *(on vertical face)* al muro, sul muro; *(on top)* sul muro; **the back ~** *(of house)* il muro posteriore; **the front ~** *(of house)* la facciata; **my secret must not go beyond these four ~s** il mio segreto non deve uscire di qui *o* da queste quattro mura 2 *(of cave, tunnel)* parete f. 3 ANAT. BIOL. parete f.; **the cell, stomach ~** la parete cellulare, dello stomaco 4 AUT. *(of tyre)* fianco m. 5 FIG. muro m., barriera f.; **a ~ of silence, of incomprehension** un muro di silenzio, di incomprensione; **a ~ of water, of flame** un muro d'acqua, di fuoco; **a tight ~ of security around the President** una stretta barriera di sicurezza intorno al Presidente **II** modif. [*heater, light*] a muro ◆ **to be a fly on the ~** essere una mosca; **to be off the ~** COLLOQ. [*person*] essere matto; [*comments*] essere insensato; **to drive sb. up the ~** COLLOQ. fare arrabbiare qcn. *o* fare saltare i nervi a qcn.; **to go to the ~** BE fallire *o* essere rovinato; **to have one's back to the ~** avere le spalle al muro; **to push, drive sb. to the ~** o **to have sb. up against the ~** mettere qcn. con le spalle al muro; **~s have ears** i muri hanno orecchi.

2.wall /wɔːl/ tr. murare, cingere di mura.

■ **wall in:** **~ in [sth.], ~ [sth.] in** circondare; **the valley is ~ed in by mountains** la valle è circondata da montagne; **~ [sb.] in, ~ in [sb.]** imprigionare; **to feel ~ed in** sentirsi imprigionato.

■ **wall off:** **~ off [sth.], ~ [sth.] off** *(block up, block off)* chiudere [*room, wing, area*]; *(separate by wall)* separare [qcs.] con un muro.

■ **wall up:** **~ up [sb., sth.], ~ [sb., sth.] up** murare.

wallaby /ˈwɒləbɪ/ n. ZOOL. wallaby m.

Wallace /ˈwɒlɪs/ n.pr. Wallace (nome di uomo).

wallah /ˈwɒlə/ n. INDIAN. ANT. **tea, kitchen ~** addetto al tè, alla cucina.

wallaroo /ˌwɒləˈruː/ n. wallaroo m.

wallbars /ˈwɔːlbɑːz/ n.pl. spalliera f.sing.

wallboard /ˈwɔːlbɔːd/ n. pannello m. di rivestimento.

wall chart /ˈwɔːltʃɑːt/ n. cartellone m.

wall covering /ˈwɔːlˌkʌvərɪŋ/ n. tappezzeria f.

wall cupboard /ˈwɔːlˌkʌbəd/ n. armadio m. a muro.

walled /wɔːld/ **I** p.pass. → **2.wall II** agg. [*city*] fortificato; [*garden*] recintato; **a white-~ house** una casa dipinta di bianco.

▷ **wallet** /ˈwɒlɪt/ n. *(for notes)* portafoglio m.; *(for cards)* portatessere m.; *(for documents)* portadocumenti m.; **kind to your ~** a buon mercato.

wall-eye /ˈwɔːlaɪ/ n. AE 1 *(glaucoma)* glaucoma m. corneale 2 *(strabismus)* strabismo m. divergente.

walleyed /ˌwɔːlˈaɪd/ agg. AE **to be ~** essere strabico.

wallflower /ˈwɔːlˌflaʊə(r)/ n. BOT. violacciocca f. gialla ◆ **to be a ~** fare tappezzeria.

wall hanging /ˈwɔːlˌhæŋɪŋ/ n. tappezzeria f., parato m.

wall light /ˈwɔːlˌlaɪt/ n. lampada f. da parete, applique f.

wall lizard /ˈwɔːlˌlɪzəd/ n. lucertola f. muraiola.

wall-mounted /ˈwɔːlˌmaʊntɪd/ agg. [*radiator, television*] fissato al muro.

Walloon /wɒˈluːn/ **I** agg. vallone **II** n. 1 *(person)* vallone m. (-a) 2 ♦ **14** *(language)* vallone m.

1.wallop /ˈwɒləp/ n. COLLOQ. 1 *(punch)* castagna f., botta f.; **to give sb. a ~** dare una castagna a qcn. *o* menare qcn.; **to give sth. a ~** dare una gran botta a qcs.; **this vodka packs a ~** questa vodka ti dà una botta pazzesca 2 *(sound)* paf! **to hit sth. with a ~** colpire qcs. con una botta 3 *(speed)* **to go at a tremendous ~** andare a tutta birra 4 BE *(beer)* (birra) bionda f., (birra) rossa f.

2.wallop /ˈwɒləp/ tr. COLLOQ. 1 *(hit)* menare, legnare [*person*]; beccare, colpire [*ball, punchbag*]; **to ~ sb. in the stomach** ficcare un pugno nello stomaco a qcn.; **to get ~ed** ricevere un fracco di legnate 2 *(defeat)* stracciare [*person, team*]; **to get ~ed** farsi stracciare.

walloping /ˈwɒləpɪŋ/ COLLOQ. **I** n. legnata f., fracco m. di botte; **to get a ~** ricevere un fracco di legnate; **to give sb. a ~** dare un fracco di botte a qcn. **II** agg. *(huge)* [*building*] enorme; [*mistake*] mostruoso **III** avv. straordinariamente; **a ~ great** o **big fine** una multa pazzesca; **a ~ great** o **big kiss** un bacio favoloso.

1.wallow /ˈwɒləʊ/ n. 1 *(action)* **to have a ~** [*person, animal*] rotolarsi 2 *(place)* pantano m.

2.wallow /ˈwɒləʊ/ intr. 1 **to ~ in** rotolarsi in [*mud, morass*]; **to ~ in luxury** nuotare nell'oro; **to ~ in self-pity** autocommiserarsi; **to ~ in nostalgia** crogiolarsi nella nostalgia 2 MAR. [*ship*] essere sballottato.

wall painting /ˈwɔːlˌpeɪntɪŋ/ n. pittura f. murale, affresco m.
1.wallpaper /ˈwɔːlˌpeɪpə(r)/ n. **1** carta f. da parati, tappezzeria f. **2** INFORM. sfondo m.
2.wallpaper /ˈwɔːlˌpeɪpə(r)/ tr. tappezzare [*room*].
wallpaper stripper /ˈwɔːlpeɪpəˌstrɪpə(r)/ n. = apparecchio a vapore utilizzato per scollare la carta da parati dai muri.
wall-rock /ˈwɔːlrɒk/ n. GEOL. roccia f. incassante.
Wall Street /ˈwɔːlstriːt/ n.pr. ECON. Wall Street; ***on ~*** a Wall Street.

> **Wall Street** Piccola strada di Manhattan che rappresenta il centro della finanza e degli affari degli Stati Uniti perché vi ha sede la Borsa di New York. *Wall Street* infatti si usa spesso per indicare la Borsa stessa. Deve il suo nome a un muro di legno costruito nel 1653 a protezione dell'antico insediamento olandese di Nuova Amsterdam, all'estremità meridionale di Manhattan.

wall-to-wall /ˌwɔːltəˈwɔːl/ agg. **1** ***~ carpet*** moquette **2** FIG. ***the ~ silence of large art galleries*** il religioso silenzio delle grandi gallerie d'arte; ***we don't want ~ junk food outlets*** non vogliamo vedere dei fast food ovunque.
wally /ˈwɒlɪ/ n. BE COLLOQ. scemo m. (-a), stupido m. (-a).
walnut /ˈwɔːlnʌt/ **I** n. **1** *(nut)* noce f. **2** *(tree, wood)* noce m. **II** modif. [*cake, yoghurt*] alle noci; [*oil*] di noci; [*shell*] di noce; [*furniture*] in noce.
Walpurgis night /vælˈpʊəgɪsˌnaɪt, -ˈpɜː-/ n. notte f. di Valpurga.
walrus /ˈwɔːlrəs/ n. (pl. ~, **~es**) tricheco m.; ***~ moustache*** baffi da tricheco.
Walt /wɔːlt/ n.pr. diminutivo di Walter.
Walter /ˈwɔːltə(r)/ n.pr. Walter, Gualtiero.
Walter Mitty /ˌwɔːltəˈmɪtɪ/ n.pr. ***to be a ~ (character)*** vivere nel mondo dei sogni.
1.waltz /wɔːls, AE wɔːlts/ n. valzer m.; ***to do*** o ***dance a ~*** ballare il valzer.
2.waltz /wɔːls, AE wɔːlts/ **I** tr. ***to ~ sb. around*** far fare un giro di valzer a qcn. in [*room, garden*] **II** intr. **1** *(dance)* ballare il valzer (**with** con) **2** *(walk jauntily)* ***to ~ into, out of sth.*** entrare in, uscire da qcs. con fare disinvolto; ***to ~ up to sb.*** avvicinarsi a qcn. con fare disinvolto **3** *(get easily)* ***to ~ off with sth.*** vincere qcs. senza difficoltà [*prize, award*]; ***to ~ into a job*** trovare un lavoro senza difficoltà; ***to ~ through an exam*** superare un esame senza problemi.
waltzer /ˈwɔːlsə(r), AE ˈwɔːltsə(r)/ n. persona f. che balla il valzer.
wampum /ˈwɒmpəm/ n. **1** *(beads)* wampum m. **2** AE COLLOQ. SCHERZ. *(money)* grana f.
wan /wɒn/ agg. smorto, pallido.
WAN n. INFORM. (⇒ wide area network rete a ampie dimensioni geografiche) WAN f.
wand /wɒnd/ **I** n. *(all contexts)* bacchetta f. magica **II wands** n.pl. *(in tarot)* bastoni m.
Wanda /ˈwɒndə, AE ˈwɔːndə/ n.pr. Wanda, Vanda.
▷ **1.wander** /ˈwɒndə(r)/ n. passeggiata f., camminata f., giro m.; ***to go for a ~*** andare a fare una passeggiata; ***to have*** o ***take a ~*** fare una passeggiata; ***a ~ round the park*** fare un giro nel parco; ***to have a ~ round the shops*** fare un giro per negozi.
▷ **2.wander** /ˈwɒndə(r)/ **I** tr. vagare per, girovagare per, girare per [*countryside, town*]; ***to ~ the world*** girare il mondo; ***to ~ the streets*** girovagare per le strade **II** intr. **1** *(walk, stroll)* passeggiare; ***the patients, the chickens are free to ~*** i pazienti, i polli sono liberi di andare e venire; ***to ~ around town, in the park, along the beach*** girare per la città, nel parco, lungo la spiaggia; ***to ~ in and out of the shops*** girare per negozi **2** *(stray)* [*animal, lost person*] errare, vagabondare; ***to ~ up and down the road*** vagabondare per la strada; ***to ~ into the next field*** vagare nel campo vicino; ***to ~ away*** allontanarsi (**from** da); ***I had ~ed into the wrong room*** ero finito nella stanza sbagliata **3** *(arrive nonchalantly)* ***to ~ in*** arrivare tranquillamente; ***he ~ed into work two hours late*** è tranquillamente arrivato al lavoro con due ore di ritardo; ***to ~ over to*** o ***up to sb.*** avvicinarsi tranquillamente a qcn. **4** *(drift)* [*mind, thoughts, attention*] *(through boredom, inattention)* vagare, errare; *(through age, illness)* farneticare, vaneggiare; [*eyes, gaze, hands*] errare (**over** su); ***her mind ~ed back to*** riandò con la mente a; ***let your mind ~*** lascia che la tua mente vaghi *o* erri; ***to ~ off the point*** o ***subject*** allontanarsi dal tema *o* divagare; ***her eyes ~ed along the row, among the crowd*** il suo sguardo errava lungo la fila, sulla folla.
▪ **wander about**, **wander around** *(stroll)* girovagare, girare, vagare; *(when lost)* errare.
▪ **wander off 1** [*child, animal*] allontanarsi **2** SCHERZ. [*object, belongings, scissors*] sparire.
wanderer /ˈwɒndərə(r)/ n. vagabondo m. (-a), girovago m. (-a); ***the ~ returns!*** chi non muore si rivede!
wandering /ˈwɒndərɪŋ/ agg. **1** *(nomadic)* [*person, tribe, minstrel, poet*] LETT. SPREG. errante, vagabondo; [*animal*] vagabondo **2** *(roving)* [*gaze, eye*] che erra, che vaga; [*attention, thoughts, mind*] che vaga; ***he has ~ hands*** SCHERZ. allunga sempre le mani.
wandering Jew /ˌwɒndərɪŋˈdʒuː/ n. **1** BOT. miseria f. **2** BIBL. LETTER. ebreo m. errante.
wanderings /ˈwɒndərɪŋz/ n.pl. **1** *(journeys)* vagabondaggi m., peregrinazioni f. **2** *(confusion)* vaneggiamento m.sing., farneticamento m.sing.
wanderlust /ˈwɒndəlʌst/ n. desiderio m. di viaggiare, passione f. per i viaggi.
wanderoo /ˌwɒndəˈruː/ n. (pl. **~s**) vanderù m.
Wandsworth /ˈwɒndzwɜːθ/ n.pr. Wandsworth f.
1.wane /weɪn/ n. ***to be on the ~*** essere in declino, in calo.
2.wane /weɪn/ intr. **1** ASTR. [*moon*] calare, essere calante **2** [*enthusiasm*] diminuire; [*popularity*] essere in calo.
wang /wæŋ/ n. AE VOLG. cazzo m.
1.wangle /ˈwæŋgl/ n. COLLOQ. *(trick)* raggiro m., imbroglio m.
2.wangle /ˈwæŋgl/ tr. COLLOQ. rimediare [*gift*]; riuscire (con l'astuzia, con un inganno) a ottenere [*leave, meeting*]; ***to ~ sth. out of sb.*** riuscire con l'astuzia a ottenere qcs. da qcn. [*job*]; riuscire a strappare qcs. a qcn. [*money*]; carpire [*promise*]; ***he ~d £10 out of me*** è riuscito a farmi scucire *o* a scroccarmi 10 sterline; ***to ~ sth. for sb.*** riuscire a rimediare qcs. per qcn.; ***can you ~ me a ticket?*** riesci a rimediare un biglietto per me? ***she ~d me an invitation*** è riuscita a rimediare un invito per me; ***to ~ it for sb. to do*** ottenere (con l'astuzia, con un inganno) che qcn. faccia; ***can you ~ it for me?*** riesci a risolvermela in qualche modo? ***to ~ sb. into doing*** riuscire a convincere qcn. a fare; ***to ~ one's way into*** riuscire a introdursi in [*club, building*].
wangler /ˈwæŋglə(r)/ n. COLLOQ. imbroglione m. (-a), maneggione m. (-a).
waning /ˈweɪnɪŋ/ **I** n. **1** ASTR. fase f. calante **2** *(lowering)* calo m. (**of** di); *(weakening, fading)* declino m. (**of** di) **II** agg. **1** ASTR. [*moon*] calante **2** [*enthusiasm, popularity*] in calo.
1.wank /wæŋk/ n. BE VOLG. **1** *(masturbation)* ***to have a ~*** farsi una sega **2** *(rubbish)* ***a load of ~*** un mucchio di stronzate.
2.wank /wæŋk/ intr. BE VOLG. farsi una sega.
▪ **wank off** VOLG. ***~ off*** farsi una sega; ***~ [sb.] off, ~ off [sb.]*** fare una sega a.
wanker /ˈwæŋkə(r)/ n. BE VOLG. SPREG. segaiolo m.
wanly /ˈwɒnlɪ/ avv. **1** [*smile*] debolmente **2** LETT. [*shine*] pallidamente.
wanna /ˈwɒnə/ COLLOQ. contr. want to, want a.
wannabe(e) /ˈwɒnəbiː/ COLLOQ. **I** n. = persona che cerca di imitare una celebrità **II** modif. ***~ American, star*** persona che sogna di essere americana, una star.
wanness /ˈwɒnnɪs/ n. pallore m.
1.want /wɒnt/ n. **1** *(need)* bisogno m., esigenza f.; ***my ~s are few*** ho poche esigenze; ***to be in ~ of*** avere bisogno di; ***the tower is in ~ of repair*** la torre ha bisogno di essere restaurata **2** *(deprivation)* LETT. indigenza f., povertà f.; ***war on ~*** GIORN. lotta contro la povertà **3** *(lack)* mancanza f., insufficienza f.; ***~ of discipline*** mancanza di disciplina; ***for ~ of*** in *o* per mancanza di *o* per insufficienza di; ***it's not for ~ of trying*** non perché non ci abbiamo provato; ***for ~ of a better word*** in mancanza di una parola migliore; ***there is no ~ of candidates*** non siamo a corto di candidati.
▶ **2.want** /wɒnt/ **I** tr. **1** *(desire)* volere; ***I ~*** *(as general statement)* io voglio; *(would like)* io vorrei; ***they ~ peace, money*** vogliono la pace, del denaro; ***we ~ cooperation, understanding*** vogliamo la cooperazione, la comprensione; ***how many do you ~?*** quanti ne volete? ***where do you ~ this desk?*** dove vuoi mettere questa scrivania? ***what*** o ***how much do you ~ for this chair?*** quanto vuole per questa sedia? ***I ~ the walls blue, my steak rare*** vorrei i muri blu, la bistecca al sangue; ***I ~ the job finished*** vorrei che il lavoro fosse finito; ***to ~ to do*** volere fare; ***do you ~ to come with us?*** vuoi venire con noi? ***I don't ~ to*** non ne ho voglia; ***to ~ sb. to do*** volere che qcn. faccia; ***when, why does she ~ me to come?*** quando, perché vuole che io venga? ***to ~ sb., sth. doing*** volere che qcn., qcs. faccia; ***I ~ the machine working by 11 o'clock*** voglio che entro le undici la macchina funzioni; ***where do you ~ me?*** dove volete che mi metta? ***he doesn't ~ much does he?*** IRON. non pretende molto, vero? ***they just don't ~ to know*** non ne vogliono proprio sapere; ***to ~ an end to sth.*** volere che qcs. finisca **2** COLLOQ. *(need)* avere bisogno di; ***you won't ~ your overcoat*** non avrai bisogno del soprabito *o* il soprabito non ti servirà; ***you won't be ~ed at the meeting*** non ci sarà bisogno di voi alla riunione; ***I take it he'll not***

be ~ing this book any more suppongo che non avrà più bisogno di questo libro; ***do you ~ anything from town?*** hai bisogno di qualcosa in città? ***what we ~ is to do*** ciò di cui abbiamo bisogno è fare; ***to ~ to do*** dovere fare; ***you ~ to watch out*** dovrai fare attenzione; ***what do they ~ with all those machines?*** che cosa vogliono fare con tutte quelle macchine? ***what do you ~ with me?*** che cosa volete da me? ***all that's ~ed is your signature*** manca solo la tua firma; ***several jobs ~ doing*** BE ci sono diversi lavori da fare **3** *(require presence of)* cercare; ***if anyone ~s me*** se qualcuno mi cerca; ***he, she is ~ed*** lo, la cercano; ***you're ~ed on the phone*** ti vogliono al telefono; ***"gardener ~ed"*** "cercasi giardiniere"; ***I ~ my mummy*** o ***mammy!*** voglio la mamma! ***the boss ~s you*** il capo ti vuole vedere; ***to be ~ed by the police*** essere ricercato dalla polizia; ***I know when I'm not ~ed*** SCHERZ. capisco quando sono di troppo **4** *(desire sexually)* volere, desiderare [*person*] **II** intr. ***to ~ for*** mancare di, avere bisogno di; ***you will never ~ for anything*** non ti mancherà mai niente.

■ **want in** COLLOQ. **1** *(asking to enter)* volere entrare **2** *(asking to participate)* volere partecipare; ***I ~ in on the deal*** voglio essere della partita.

■ **want out** COLLOQ. **1** *(asking to exit)* volere uscire **2** *(discontinuing participation)* volersi tirare fuori; ***to ~ out of*** volersi tirare fuori da [*contract, deal*].

want ad /ˈwɒntæd/ n. AE annuncio m. economico.

wantage /ˈwɒntɪdʒ/ n. mancanza f., scarsità f.

wanted /ˈwɒntɪd/ **I** p.pass. → **2.want II** agg. **1** *(sought by police)* [*fugitive*] ricercato (dalla polizia); ***"~ for armed robbery"*** "ricercato per rapina a mano armata"; ***~ poster*** = foglio sul quale viene messa la foto segnaletica di un ricercato **2** *(loved)* ***to be (very much) ~*** *(of child) (before birth)* essere (molto) desiderato; *(after birth)* essere (molto) amato.

wanted list /ˈwɒntɪdlɪst/ n. elenco m. dei ricercati; ***to be on a ~*** essere ricercato dalla polizia.

▷ **wanting** /ˈwɒntɪŋ/ agg. **1** *(lacking)* ***to be ~*** mancare, difettare; ***what was ~ was a little understanding*** quello che mancava era un briciolo di comprensione; ***to be ~ in*** essere privo di; ***a speech ~ in fervour*** un discorso privo di *o* che mancava di ardore **2** *(failing expectation)* ***to be found ~*** essere ritenuto scarso *o* inadeguato *o* deludente.

1.wanton /ˈwɒntən, AE ˈwɔːn-/ **I** ANT. n. persona f. dissoluta **II** agg. **1** *(malicious)* [*cruelty, damage, waste*] ingiustificato, gratuito; [*disregard*] irriguardoso **2** LETT. *(playful)* [*mood*] faceto; [*breeze*] capriccioso **3** ANT. *(immoral)* licenzioso, scostumato.

2.wanton /ˈwɒntən, AE ˈwɔːn-/ intr. **1** LETT. *(frolic)* giocare, divertirsi pazzamente **2** ANT. *(be immoral)* essere scostumato, lascivo.

wantonly /ˈwɒntənlɪ, AE ˈwɔːn-/ avv. **1** *(gratuitously)* [*attack, destroy, ignore*] senza ragione, ingiustificatamente; [*cruel, destructive*] senza ragione **2** LETT. *(playfully)* vivacemente **3** ANT. *(provocatively)* [*act, pose, smile*] in modo provocante.

wantonness /ˈwɒntənnɪs, AE ˈwɔːn-/ n. **1** *(gratuity)* gratuità f. (**of** di) **2** LETT. *(playfulness)* vivacità f. **3** ANT. *(provocativeness)* licenziosità f., impudenza f.

wap → **whop.**

WAP n. (⇒ Wireless Application Protocol protocollo applicativo wireless) WAP m.

wapiti /ˈwɒpətɪ/ n. (pl. **~**, **~s**) wapiti m.

▶ **1.war** /wɔː(r)/ **I** n. **1** *(armed conflict)* guerra f.; ***the horrors of ~*** gli orrori della guerra; ***the day ~ broke out*** il giorno in cui scoppiò la guerra; ***in the ~*** in guerra; ***between the ~s*** *(world wars)* tra le due guerre; ***a state of ~ now exists between our two countries*** le nostre due nazioni sono ormai in stato di guerra; ***to win, lose a ~*** vincere, perdere una guerra; ***to go off to the ~*** partire in guerra; ***to go to ~ against*** entrare in guerra contro [*country*]; ***to wage ~ on*** fare guerra a [*country*]; ***to be at ~ with a country*** essere in guerra con una nazione; ***a ~ over*** o ***about*** una guerra per [*land, independence*]; una guerra su [*issue, problem*] **2** FIG. *(fierce competition)* guerra f.; ***price, trade ~*** guerra dei prezzi, commerciale; ***a state of ~ now exists between the two departments, companies*** ormai è guerra aperta tra i due reparti, le due società; ***a ~ of words*** un conflitto verbale **3** FIG. *(to eradicate sth.)* lotta f., guerra f. (**against** contro, a); ***the ~ against drug traffickers*** la guerra ai narcotrafficanti; ***to wage ~ on*** o ***against*** dichiarare guerra alla [*poverty, crime*] **II** modif. [*debts, correspondent, crime, criminal, effort, film, hero, historian, medal, photographer, widow, wound, cemetery, zone*] di guerra; [*leader*] militare; ***~ deaths*** vittime di guerra; ***he has a good ~ record*** ha un buon stato di servizio in guerra ◆ ***you look as if you've been in the ~s*** sembra che tu abbia fatto la guerra *o* hai l'aria sconvolta.

2.war /wɔː(r)/ intr. (forma in -ing ecc. **-rr-**) ***to ~ with a country, one's neighbours*** essere in guerra contro una nazione, con i vicini (**over** a causa di).

1.warble /ˈwɔːbl/ n. VETER. *(on cattle)* = tumore provocato dall'estro bovino.

2.warble /ˈwɔːbl/ n. *(of bird)* cinguettio m.

3.warble /ˈwɔːbl/ intr. **1** [*bird*] cinguettare **2** SPREG. [*singer*] gorgheggiare.

warble fly /ˈwɔːblflaɪ/ n. ZOOL. estro m. bovino.

warbler /ˈwɔːblə(r)/ n. **1** *(bird)* silvia f. **2** SPREG. *(singer)* gorgheggiatore m. (-trice).

war bond /ˈwɔːbɒnd/ n. obbligazione f. di guerra.

war cabinet /ˈwɔːˌkæbɪnɪt/ n. BE consiglio m. di guerra.

war chest /ˈwɔːtʃest/ n. **1** STOR. tesoro m. di guerra **2** FIG. = fondi usati da un partito per finanziare una campagna elettorale.

war cry /ˈwɔːkraɪ/ n. grido m. di guerra (anche FIG.).

▷ **1.ward** /wɔːd/ n. **1** *(in hospital) (unit)* reparto m.; *(room)* corsia f.; *(separate building)* padiglione m.; ***he's in ~ 3*** è in terza corsia; ***to work on a ~*** lavorare in un reparto; ***maternity, pediatric ~*** reparto maternità, pediatria; ***hospital ~*** reparto di ospedale **2** POL. circoscrizione f. elettorale **3** (anche **~ of court**) DIR. pupillo m. (-a); ***to be made a ~ of court*** essere sottoposto a tutela; ***a child in ~*** un bambino sotto tutela.

▷ **2.ward** /wɔːd/ tr. ANT. *(protect)* difendere, proteggere.

■ **ward off:** *~ off [sth.]* tenere lontano [*evil, predator*]; respingere [*accusations, attack, criticism*]; allontanare [*threat*]; evitare [*bankruptcy, disaster*].

war dance /ˈwɔːdɑːns, AE -dæns/ n. danza f. di guerra.

warden /ˈwɔːdn/ ♦ ***27*** n. *(of institution, college)* preside m. e f.; *(of park, estate)* guardiano m. (-a); AE *(of prison)* direttore m. (-trice).

wardenship /ˈwɔːdnʃɪp/ n. carica f. di preside, di guardiano, di direttore.

warder /ˈwɔːdə(r)/ n. BE carceriere m., guardia f. carceraria.

ward heeler /ˈwɔːdˌhiːlə(r)/ n. AE POL. SPREG. galoppino m. elettorale.

Wardour Street /ˈwɔːdəˌstriːt/ n.pr. = l'industria cinematografica britannica.

wardress /ˈwɔːdrɪs/ n. BE carceriera f., guardia f. carceraria.

▷ **wardrobe** /ˈwɔːdrəʊb/ n. **1** *(furniture)* guardaroba m.; ***built-in ~*** armadio a muro; ***double ~*** armadio a doppia anta **2** *(set of clothes)* guardaroba m., vestiario m.; ***I need a new ~*** devo rinnovare il mio guardaroba **3** TEATR. *(room)* reparto m. costumi; *(clothes collectively)* guardaroba m., costumi m.pl.

wardrobe assistant /ˈwɔːdrəʊbəˌsɪstənt/ ♦ ***27*** n. assistente m. e f. del costumista.

wardrobe director /ˈwɔːdrəʊbdaɪˌrektə(r), -dɪˌrektə(r)/ ♦ ***27*** n. costumista m. e f.

wardrobe mistress /ˈwɔːdrəʊbˌmɪstrɪs/ ♦ ***27*** n. = persona che si occupa dei costumi di un cast o del guardaroba di un singolo attore.

wardrobe trunk /ˈwɔːdrəʊbˌtrʌnk/ n. baule m. armadio.

wardroom /ˈwɔːdruːm, -rʊm/ n. MIL. MAR. quadrato m. (degli ufficiali).

ward round /ˈwɔːdraʊnd/ n. MED. = visita dei medici ospedalieri ai malati del loro reparto.

wardship /ˈwɔːdʃɪp/ n. DIR. tutela f., custodia f.

ward sister /ˈwɔːdˌsɪstə(r)/ n. BE MED. caposala f.

1.ware /weə(r)/ **I** n. **U** articoli m.pl., prodotti m.pl; ***leather ~*** articoli in pelle; ***wooden ~*** oggetti in legno; ***kitchen~*** utensili da cucina **II wares** n.pl. merci f.; ***to sell one's ~s*** vendere la propria merce.

2.ware /weə(r)/ agg. ANT. **1** *(conscious)* conscio, consapevole (**of** di) **2** *(cautious, vigilant)* attento, all'erta.

3.ware /weə(r)/ tr. ANT. fare attenzione a, evitare.

▷ **1.warehouse** /ˈweəhaʊs/ n. magazzino m., deposito m.

2.warehouse /ˈweəhaʊs/ tr. immagazzinare, mettere in magazzino.

warehouse-keeper /ˈweəhaʊsˌkiːpə(r)/ ♦ ***27*** n. magazziniere m. (-a).

warehouseman /ˈweəhaʊsmən/ ♦ ***27*** n. (pl. **-men**) *(storeman)* magazziniere m. (-a); *(wholesale merchant)* commerciante m. e f. all'ingrosso.

warehousing /ˈweəhaʊzɪŋ/ n. immagazzinamento m., deposito m. in magazzino.

warez /weəz/ **I** n.pl. + verbo sing. o pl. warez m. **II** modif. [*site*] warez.

warfare /ˈwɔːfeə(r)/ n. ***the art of ~*** l'arte della guerra; ***modern ~*** moderne strategie di guerra; ***chemical ~*** guerra chimica.

war game /ˈwɔːgeɪm/ n. MIL. war game m.; GIOC. *(with models)* war game m.

war games /ˈwɔːgeɪmz/ n.pl. GIOC. *(with nonmilitary participants)* war game m.

warhead /ˈwɔːhed/ n. MIL. testata f.
war horse /ˈwɔːhɔːs/ n. cavallo m. da battaglia, destriero m.; FIG. *(campaigner)* veterano m.; ***an old*** **~** FIG. un veterano.
warily /ˈweərɪlɪ/ avv. **1** *(cautiously)* con prudenza **2** *(mistrusfully)* con diffidenza.
wariness /ˈweərɪnɪs/ n. **1** *(caution)* prudenza f. (**of** nei confronti di) **2** *(distrust)* diffidenza f. (**of** nei confronti di); ***his ~ about doing*** la sua diffidenza a fare.
warlike /ˈwɔːlaɪk/ agg. [*leader, people, tribe*] bellicoso; [*mood, words*] bellicoso, battagliero.
warlock /ˈwɔːlɒk/ n. stregone m.
warlord /ˈwɔːlɔːd/ n. STOR. signore m. della guerra; FIG. dittatore m. (-trice).
▶ **1.warm** /wɔːm/ **I** agg. **1** *(not cold)* [*place, bed, clothing, food, temperature, air, water, day, climate, fire, sun*] caldo; [*scent, trail*] (ancora) fresco; ***in ~ weather*** quando fa caldo; ***to be ~*** [*person*] avere caldo; [*weather*] fare caldo; ***it's ~ today*** oggi fa caldo; ***it's nice and ~ in here*** si sta bene qui al caldo; ***are you ~ enough?*** hai abbastanza caldo? ***in a ~ oven*** GASTR. a forno caldo; ***"serve ~"*** GASTR. "servire caldo"; ***this soup is only ~, not hot*** questa minestra è tiepida, non è calda; ***it's ~ work*** è un lavoro che fa sudare; ***to get ~*** [*person, weather, object*] scaldarsi; ***you're getting ~er!*** *(in guessing game)* ci sei quasi! fuochino! ***to get sb., sth. ~*** scaldare qcn., qcs.; ***to get oneself ~*** scaldarsi; ***to keep (oneself) ~*** *(wrap up)* non prendere freddo; *(take exercise)* non fare raffreddare i muscoli; *(stay indoors)* restare al caldo; ***to keep sb. ~*** [*extra clothing, blanket*] tenere caldo a qcn.; [*nurse*] tenere qcn. al caldo; ***to keep sth. ~*** tenere qcs. in caldo [*food*]; riscaldare qcs. [*room*]; ***we got the sitting room ~*** abbiamo riscaldato il salotto **2** *(cordial, enthusiastic)* [*person, atmosphere, applause, congratulations, feeling, reception, smile, thanks, welcome*] caloroso, cordiale; [*admiration, support*] entusiastico; ***to have a ~ heart*** essere caloroso; ***~(est) regards*** cordiali saluti; ***to give sb., get a ~ welcome*** accogliere qcn., essere accolto calorosamente **3** *(mellow)* [*colour*] caldo; [*sound*] intenso **II** n. **1** BE COLLOQ. ***the ~*** *(warm place)* il caldo; ***to be in, come into the ~*** essere, entrare al caldo **2** ***to give sth. a ~*** COLLOQ. (ri)scaldare [*dish, plate, implement*]; scaldare [*part of body*] ◆ ***to make things ~ for sb.*** COLLOQ. rendere la vita difficile a qcn. *o* dare del filo da torcere a qcn.
▶ **2.warm** /wɔːm/ **I** tr. (ri)scaldare [*plate, dish, food, water*] (ri)scaldare [*implement*]; scaldare [*bed*]; scaldarsi [*part of body*]; ***she was ~ing her hands by the fire*** si stava scaldando le mani vicino al fuoco; ***to ~ sb.'s heart*** riscaldare il cuore a qcn. **II** intr. [*food, liquid, object*] scaldare **III** rifl. ***to ~ oneself*** (ri)scaldarsi.
▪ **warm over** AE **~ [sth.] over, ~ over [sth.]** **1** *(reheat)* riscaldare, fare scaldare [*dish, food*] **2** *(rehash)* rifriggere, riciclare [*ideas*].
▪ **warm to, warm towards: ~ to [sb., sth.]** prendere in simpatia [*acquaintance*]; infervorarsi, accalorarsi per [*artist, idea, cause*]; incominciare ad apprezzare [*artistic, literary style*]; attaccarsi con entusiasmo a [*task, work*]; ***"and then," he said, ~ing to his theme,...*** "e poi," disse, accolorandosi,...
▪ **warm up** **1** [*person, room, house*] (ri)scaldarsi; [*food, liquid*] scaldare; AUT. EL. [*car, engine, radio*] scaldarsi **2** FIG. *(become lively)* [*discussion, campaign, party*] animarsi; [*audience*] scaldarsi; ***the party ~ed up when the band arrived*** la festa cominciò ad animarsi quando arrivò la band; ***it took the audience a while to ~ up*** ci volle un po' di tempo prima che il pubblico si scaldasse **3** SPORT [*athlete, player*] scaldarsi; MUS. [*singer*] scaldarsi la voce; [*orchestra, musician*] prepararsi; **~ up [sth.], ~ [sth.] up** **1** *(heat)* (ri)scaldare [*room, bed, person*]; fare scaldare [*food*] **2** *(prepare)* TEATR. scaldare [*audience*]; SPORT fare scaldare [*athlete, player*]; MUS. [*singer*] scaldare [*voice*]; [*musician*] scaldare [*instrument*].
warm-blooded /ˌwɔːmˈblʌdɪd/ agg. ZOOL. a sangue caldo; FIG. impulsivo, passionale.
war memorial /ˈwɔːməˌmɔːrɪəl/ n. monumento m. ai caduti.
warmer /ˈwɔːmə(r)/ n. in composti ***foot-~*** scaldapiedi; ***plate-~*** scaldapiatti.
warmer-upper /ˌwɔːmərˈʌpə(r)/ n. **1** *(person)* = persona incaricata di scaldare il pubblico **2** *(drink)* bevanda f. che riscalda.
warm front /ˌwɔːmˈfrʌnt/ n. fronte m. caldo.
warm-hearted /ˌwɔːmˈhɑːtɪd/ agg. caloroso, cordiale.
warm-heartedness /ˌwɔːmˈhɑːtɪdnɪs/ n. calore m., cordialità f.
▷ **warming** /ˈwɔːmɪŋ/ **I** n. riscaldamento m. **II** agg. [*drink, sunlight*] che riscalda; FIG. [*relations*] sempre più cordiale.
warming oven /ˈwɔːmɪŋˌʌvn/ n. forno m. a, di riscaldo.
warming pad /ˈwɔːmɪŋpæd/ n. termoforo m. elettrico.
warming pan /ˈwɔːmɪŋpæn/ n. scaldaletto m.
warming-up exercises /ˌwɔːmɪŋˈʌpˌeksəsaɪzɪz/ n.pl. MUS. SPORT TEATR. esercizi m. di riscaldamento.
▷ **warmly** /ˈwɔːmlɪ/ avv. **1** [*dress, wrap up*] in modo da non avere freddo, con abiti caldi; ***the sun shone ~*** il sole era caldo **2** FIG. [*greet, smile, thank*] cordialmente, calorosamente; [*recommend*] caldamente; [*speak*] accaloratamente, con calore; [*praise*] con entusiasmo.
warmness /ˈwɔːmnɪs/ n. calore m.
warmonger /ˈwɔːˌmʌŋgə(r)/ n. guerrafondaio m. (-a).
warmongering /ˈwɔːˌmʌŋgərɪŋ/ **I** n. bellicismo m. **II** agg. [*person, article*] guerraiolo.
▷ **warmth** /wɔːmθ/ n. calore m. (anche FIG.); ***they huddled round the fire for ~*** si strinsero attorno al fuoco per riscaldarsi; ***he replied with some ~ that*** rispose con fervore che.
warm-up /ˈwɔːmʌp/ **I** n. MUS. SPORT TEATR. riscaldamento m. **II** modif. [*exercise, routine*] di riscaldamento.
▷ **warn** /wɔːn/ **I** tr. avvertire, mettere in guardia [*person, government, authority*]; ***to ~ that*** dire *o* avvisare che; ***to ~ sb. that*** avvertire *o* avvisare qcn. che; ***to ~ sb. about*** o ***against sth.*** mettere in guardia qcn. contro qcs.; ***to ~ sb. about*** o ***against doing*** avvertire qcn. di non fare; ***to ~ sb. to do*** avvertire qcn. di fare; ***to ~ sb. not to do*** avvertire qcn. di non fare; ***I'm ~ing you!*** ti avverto! ***they have been ~ed!*** sono stati avvisati! ***I shan't ~ you again*** è l'ultima volta che te lo dico **II** intr. ***to ~ of sth.*** avvisare di qcs.
▪ **warn away: ~ [sb.] away, ~ away [sb.]** distogliere da; ***to ~ sb. away from*** invitare qcn. a non andare in [*district, nightclub*]; invitare qcn. a non frequentare [*person*].
▪ **warn off: ~ [sb.] off, ~ off [sb.]** ***to ~ sb. off doing*** sconsigliare a qcn. di fare; ***to ~ sb. off alcohol*** consigliare a qcn. di astenersi dall'alcol; ***to ~ sb. off drugs*** consigliare a qcn. di non fare uso di droga; ***to ~ sb. off one's land*** intimare a qcn. di andarsene dalla propria proprietà.
▶ **warning** /ˈwɔːnɪŋ/ **I** n. avvertimento m., ammonimento m.; *(of danger)* avvertimento m.; *(by an authority)* avviso m.; *(by light, siren)* segnale m.; ***a ~ that*** un avvertimento che; ***a ~ against sth.*** un avvertimento contro qcs.; ***a ~ about*** o ***on sth.*** un ammonimento circa qcs.; ***to give sb. a ~ not to do*** avvertire qcn. di non fare; ***to give sb. ~*** avvertire qcn. (**of** di); ***advance ~*** preavviso; ***health ~*** avvertimento; ***flood, gale ~*** avviso di alluvione, di vento forte; ***let that be a ~ to you!*** che ti serva di lezione! ***to sound a note of ~*** dare un avvertimento; ***the storm started without ~*** la tempesta scoppiò all'improvviso; ***to be attacked without ~*** essere attaccato senza preavviso; ***to be sacked without ~*** essere licenziato senza preavviso; ***an official, a written ~*** un avviso ufficiale, scritto; ***the police let her off with a ~*** la polizia l'ha lasciata andare con una diffida; ***"~! Fire risk!"*** "attenzione! pericolo d'incendio!" **II** modif. **1** *(giving notice of danger)* [*siren, bell, device*] d'allarme; [*notice*] di pericolo; ***~ light*** spia luminosa; ***~ shot*** tiro di intimazione (anche FIG.); ***~ sign*** *(on board)* segnale di pericolo; FIG. *(of illness, stress etc.)* avvertimento; ***~ signal*** segnale di avvertimento (anche FIG.) **2** *(threatening)* [*glance, gesture, tone, voice*] di avvertimento; *(stronger)* minaccioso.
War Office /ˈwɔːrˌɒfɪs, AE -ˌɔːf-/ n. GB ministero m. della guerra.
War of Independence /ˌwɔːrəvˌɪndɪˈpendəns/ n. AE STOR. Guerra f. d'Indipendenza.
1.warp /wɔːp/ n. **1** *(deformity) (in wood, metal)* deformazione f., incurvatura f. (**in** di); *(in record)* deformazione f. **2** TESS. ordito m. **3** FIG. *(essence)* ***the ~ (and woof) of sth.*** il nucleo di qcs. **4** MAR. tonneggio m.
2.warp /wɔːp/ **I** tr. **1** *(deform)* deformare [*metal, record*]; incurvare, imbarcare [*wood*] **2** FIG. *(distort)* deformare [*mind, personality*]; distorcere [*judgment, outlook, thinking*] **3** TESS. ordire [*fabric, yarn*] **II** intr. deformarsi; [*wood*] imbarcarsi.
warpaint /ˈwɔːpeɪnt/ n. MIL. pittura f. di guerra; SCHERZ. *(make-up)* trucco m., vernice f.
warpath /ˈwɔːpɑːθ, AE -pæθ/ n. STOR. sentiero m. di guerra (dei Pellerossa) ◆ ***to be on the ~*** essere sul sentiero di guerra.
warped /wɔːpt/ **I** p.pass. → **2.warp** **II** agg. **1** *(deformed)* [*metal, plane, record*] deformato; ***to become ~*** deformarsi *o* incurvarsi **2** FIG. *(distorted)* [*mind, humour*] distorto, perverso; [*personality, sexuality*] perverso; [*account, judgment, view*] distorto; ***to become ~*** [*judgment*] distorcersi; [*personality, mind*] diventare deformato.
warper /ˈwɔːpə(r)/ ➧ **27** n. **1** *(person)* orditore m. (-trice) **2** *(machine)* orditoio m.
warping /ˈwɔːpɪŋ/ n. **1** *(deformity)* deformazione f., incurvatura f. **2** FIG. *(distortion)* deformazione f., perversione f. **3** TESS. orditura f. **4** MAR. tonneggio m.
warplane /ˈwɔːpleɪn/ n. aereo m. militare, da combattimento.
warp thread /ˈwɔːpθred/ n. TESS. filo m. dell'ordito.

▷ **1.warrant** /ˈwɒrənt, AE ˈwɔːr-/ n. **1** DIR. mandato m., ordine m.; ***to issue a ~*** emettere un mandato; ***arrest, search ~*** mandato d'arresto, di perquisizione; ***a ~ to do*** un mandato per fare; ***a ~ for sb.'s arrest*** un mandato d'arresto contro qcn.; ***a ~ is out for his arrest*** è stato emesso un mandato d'arresto contro di lui **2** ECON. *(for shares)* certificato m. azionario al portatore; ***dividend ~*** mandato di pagamento dei dividendi *o* coupon di dividendo **3** BE COMM. *(receipt)* certificato m. di diritto di opzione **4** *(legitimate right)* diritto m. di opzione; ***to be without ~*** non avere diritto di opzione **5** MIL. brevetto m.

▷ **2.warrant** /ˈwɒrənt, AE ˈwɔːr-/ **I** tr. **1** *(justify)* giustificare [*action, investigation, measure*] **2** *(guarantee)* assicurare, garantire [*equipment, goods*] **3** *(bet)* scommettere (**that** che); ***he'll be back, I ~ you*** tornerà, te lo garantisco **II** intr. scommettere; ***she's married I'll ~*** scommetto che è sposata.

warranted /ˈwɒrəntɪd, AE ˈwɔːr-/ **I** p.pass. → **2.warrant II** agg. **1** *(justified)* giustificato **2** *(guaranteed)* garantito.

warrantable /ˈwɒrəntəbl, AE ˈwɔːr-/ agg. *(justifiable)* giustificabile.

warrantableness /ˈwɒrəntəblnɪs, AE ˈwɔːr-/ n. giustificabilità f.

warrantably /ˈwɒrəntəblɪ, AE ˈwɔːr-/ avv. in modo giustificabile.

warrant card /ˈwɒrəntˌkɑːd, AE ˈwɔːr-/ n. = tesserino di riconoscimento di un poliziotto.

warrantee /ˌwɒrənˈtiː, AE ˌwɔːr-/ n. COMM. persona f. cui viene data una garanzia.

warrant officer /ˈwɒrəntˌɒfɪsə(r), AE ˈwɔːrəntˌɔːf-/ ♦ *23* n. BE MIL. = sottufficiale superiore il cui grado equivale a quello dei marescialli nell'esercito e dei capi nella marina.

warrantor /ˈwɒrəntɔː(r), AE ˈwɔːr-/ n. COMM. garante m. e f.

warranty /ˈwɒrəntɪ, AE ˈwɔːr-/ n. **1** COMM. garanzia f.; ***under ~*** in garanzia; ***a 12-month ~*** una garanzia di dodici mesi **2** DIR. garanzia f. **3** *(in insurance)* garanzia f.

warren /ˈwɒrən, AE ˈwɔːrən/ n. **1** *(for rabbits)* *(whole area)* garenna f.; *(tunnels only)* = tane, cunicoli di coniglio intercomunicanti **2** *(building, maze of streets)* labirinto m.

Warren /ˈwɒrən, AE ˈwɔːrən/ n.pr. Warren (nome di uomo).

warring /ˈwɔːrɪŋ/ agg. [*factions, parties, nations*] in guerra, in conflitto.

warrior /ˈwɒrɪə(r), AE ˈwɔːr-/ **I** n. guerriero m. **II** agg. guerriero, bellicoso.

Warsaw /ˈwɔːsɔː/ ♦ *34* n.pr. Varsavia f.

Warsaw Pact /ˌwɔːsɔːˈpækt/ **I** n. MIL. STOR. patto m. di Varsavia **II** modif. [*troops, countries*] del patto di Varsavia.

warship /ˈwɔːʃɪp/ n. nave f. da guerra.

wart /wɔːt/ n. **1** *(on skin)* verruca f., porro m. **2** *(on plant)* escrescenza f., protuberanza f. ◆ ***to describe sb. ~s and all, to give a ~s-and-all description of sb.*** descrivere qcn. con i suoi pregi e i suoi difetti.

wart grass /ˈwɔːtgrɑːs, AE -græs/ n. calenzuola f.

warthog /ˈwɔːthɒg/ n. facocero m.

▷ **wartime** /ˈwɔːtaɪm/ **I** n. ***in ~*** in tempo di guerra **II** modif. [*economy*] di guerra; [*memories, rationing*] del tempo di guerra; ***a story set in ~ Berlin*** una storia ambientata a Berlino in tempo di guerra.

war-torn /ˈwɔːtɔːn/ agg. straziato dalla guerra.

wart weed /ˈwɔːtwiːd/ n. → **wart grass.**

warty /ˈwɔːtɪ/ agg. **1** [*skin*] cosparso di verruche, verrucoso **2** [*stem, vegetable*] verrucoso.

war-weary /ˈwɔːˌwɪərɪ/ agg. stanco della guerra.

Warwickshire /ˈwɒrɪkʃə(r)/ ♦ *24* n.pr. Warwickshire m.

war-worn /ˈwɔːwɔːn/ agg. [*country*] straziato dalla guerra; [*person*] logorato dalla guerra.

▷ **wary** /ˈweərɪ/ agg. **1** *(cautious)* [*attitude, manner, reply*] prudente, cauto, accorto; ***to be ~*** essere cauto *o* guardingo (**of** di fronte a) **2** *(distrustful)* [*animal, look, movement, person*] diffidente; ***to be ~*** diffidare (**of** di).

was /forma debole wəz, forma forte wɒz/ pass. → **be.**

1.wash /wɒʃ, AE wɔːʃ/ **I** n. **1** *(by person)* ***to give [sth.] a ~*** lavare [*window, floor, paintwork, walls*]; pulire *o* lavare [*object*]; lavarsi *o* dare una lavata a [*hands, face*]; ***to give sb. a ~*** lavare *o* dare una lavata a [*child*]; ***you need a good ~*** hai bisogno di una bella lavata; ***to have a quick ~*** darsi una lavata veloce; ***these curtains need a ~*** queste tende hanno bisogno di essere lavate; ***your feet need a ~*** i tuoi piedi hanno bisogno di una lavata **2** *(laundry process)* bucato m.; ***weekly ~*** bucato settimanale; ***after only two ~es*** dopo due soli lavaggi; ***in the ~*** *(about to be cleaned)* nella biancheria sporca *o* da lavare; *(being cleaned)* a lavare *o* nel bucato **3** *(movement)* *(from boat, aircraft)* scia f. **4** *(coating)* mano f. (di colore); *(with whitewash)* mano f. (di bianco); ART. lavis m. **5** *(swill)* pastone m. **II** modif. ***frequent ~ shampoo*** shampoo per lavaggi frequenti; ***pen and ~ drawing*** disegno a penna e acquerello ◆ ***it will all come out in the ~*** *(be revealed)* verrà tutto a galla; *(be resolved)* si risolverà tutto.

▶ **2.wash** /wɒʃ, AE wɔːʃ/ **I** tr. **1** *(clean)* lavare [*person, clothes, floor, paintwork, surface*]; pulire [*object, wound*]; ***to get ~ed*** lavarsi; ***to ~ everything by hand, in the machine*** lavare tutto a mano, in lavatrice; ***to ~ one's hands, face*** lavarsi le mani, la faccia; ***to ~ sth. clean*** lavare [*hands, clothes, floor, paintwork*]; pulire [*cut*]; ***to ~ the dishes*** lavare i piatti **2** *(carry along)* [*tide, current*] trasportare [*silt, debris*]; ***to be ~ed out to sea*** essere portato al largo; ***to be ~ed along by the tide*** essere trasportato *o* travolto dalla marea; ***to be ~ed downstream*** essere trascinato *o* trasportato a valle; ***to ~ sb., sth. ashore*** (tras)portare qcn., qcs. a riva; ***to ~ sb., sth. overboard*** trascinare qcn., qcs. a mare **3** LETT. *(lap against)* lambire [*rock, shore*] **4** *(dig out)* scavare; ***the water had ~ed a hole in the bank*** l'acqua aveva scavato un solco sulla sponda **5** *(coat)* ART. lavare [*drawing*]; ING. spandere uno strato di colore su, tinteggiare [*wall*]; *(with whitewash)* dare una mano di bianco a [*wall*]; ***to ~ a wall in pink*** tinteggiare un muro di rosa; ***to ~ sth. with gold*** placcare d'oro qcs. [*metal, coin*] **6** CHIM. MINER. MIN. *(purify by separation)* lavare [*gas, ore*] **II** intr. **1** *(clean oneself)* [*person*] lavarsi; [*animal*] leccarsi **2** *(clean clothes)* fare il bucato; ***I ~ on Mondays*** faccio il bucato il lunedì; *(in advertising)* ***Whizzo ~es whiter*** Whizzo lava più bianco **3** *(become clean)* lavarsi, essere lavabile; ***this shirt ~es easily, well*** questa camicia si lava bene, facilmente **4** COLLOQ. *(be believed)* ***his explanation won't ~ with the electorate*** l'elettorato non crederà alla sua spiegazione; ***that excuse won't ~ with me*** questa scusa non attacca con me **III** rifl. ***to ~ oneself*** [*person*] lavarsi; [*animal*] leccarsi ◆ ***to ~ one's hands of*** lavarsi le mani di [*matter*]; disinteressarsi di [*person*].

■ **wash away:** ***~ [sth.] away, ~ away [sth.]*** **1** *(clean)* fare andare via [*dirt*]; RELIG. lavare, cancellare [*sins*] **2** *(carry off)* [*flood, tide, current*] spazzare via, portare via [*structure*]; trasportare [*debris*]; *(by erosion)* [*sea*] erodere, dilavare [*cliff, bank*]; ***~ [sb.] away*** [*wave, tide*] trascinare via [*person*].

■ **wash down:** ***~ [sth.] down, ~ down [sth.]*** **1** *(clean)* lavare (con un getto d'acqua) [*surface, paintwork, vehicle*] **2** COLLOQ. *(help to swallow)* aiutare a mandare giù [*pill, unpleasant food*]; annaffiare [*food*]; ***a good steak ~ed down with a glass of Chianti*** una buona bistecca annaffiata con un bicchiere di Chianti.

■ **wash off:** ***~ off*** [*mark*] andare via (con il lavaggio); ***~ [sth.] off, ~ off [sth.]*** **1** *(clean off)* fare andare via, rimuovere [qcs.] lavando [*dirt, mark*]; ***to ~ the mud off the car*** lavare la macchina per togliere il fango; ***go and ~ that dirt off your face*** vai a toglierti quello sporco dalla faccia **2** *(carry off)* drenare [*topsoil*].

■ **wash out:** ***~ out*** **1** *(disappear by cleaning)* [*stain*] andare via (con il lavaggio); [*colour*] sbiadirsi; *(in advertising)* ***stains that won't ~ out*** macchie ostinate **2** AE COLLOQ. *(fail to reach standard for)* ***she ~ed out of college*** non ce l'ha fatta all'università; ***~ [sth.] out, ~ out [sth.]*** **1** *(remove by cleaning)* fare andare via, rimuovere lavando [*stain*]; fare sbiadire, dilavare [*colour*] **2** *(rinse inside)* lavare, sciacquare [*cup, inside*] **3** *(clean quickly)* sciacquare [*dishcloth, brush*] **4** gener. passivo *(rain off)* ***the first day's play was ~ed out*** la prima giornata è stata annullata per la pioggia **5** MINER. estrarre [*precious metal*]; *(from mud)* sfangare [*precious metal*].

■ **wash over** [*water*] spazzare [*deck*]; ***everything I say just ~es over him*** ogni cosa che dico lo lascia del tutto indifferente; ***a great feeling of relief ~ed over me*** un grande senso di sollievo mi pervase.

■ **wash through:** ***~ [sth.] through*** sciacquare, passare sotto l'acqua.

■ **wash up:** ***~ up*** **1** BE *(do dishes)* lavare i piatti, rigovernare **2** AE *(clean oneself)* [*person*] lavarsi; ***~ [sth.] up, ~ up [sth.]*** **1** *(clean)* lavare [*plate, pan*] **2** *(bring to shore)* [*tide*] trasportare, depositare a riva [*body, debris*].

washable /ˈwɒʃəbl, AE ˈwɔːʃ-/ agg. [*material, paint, ink*] lavabile.

wash-and-wear /ˌwɒʃənˈweə(r), AE ˌwɔːʃ-/ agg. [*fabric, clothes*] wash-and-wear.

washbasin /ˈwɒʃˌbeɪsn, AE ˈwɔːʃ-/ n. lavabo m., lavandino m.

washboard /ˈwɒʃbɔːd, AE ˈwɔːʃ-/ n. asse f. da, per lavare.

wash-bottle /ˈwɒʃbɒtl, AE ˈwɔːʃ-/ n. CHIM. spruzzetta f.

washbowl /ˈwɒʃbəʊl, AE ˈwɔːʃ-/ n. AE lavabo m., lavandino m.

washcloth /ˈwɒʃklɒθ, AE ˈwɔːʃklɔːθ/ n. AE → **facecloth.**

washday /ˈwɒʃdeɪ, AE ˈwɔːʃ-/ n. giorno m. di bucato.

wash down /ˈwɒʃdaʊn, AE ˈwɔːʃ-/ n. COLLOQ. ***to give sth. a ~*** dare una bella lavata a [*vehicle, wall, paintwork*].

wash-drawing /ˈwɒʃˌdrɔːɪŋ, AE ˈwɔːʃ-/ n. pittura f. a tempera, acquerello m.

washed-out /ˌwɒʃtˈaʊt, AE ˌwɔːʃt-/ agg. **1** *(faded)* [*colour, jeans*] sbiadito, scolorito, stinto **2** *(tired)* sfinito, distrutto; ***the ~ look on his face*** la sua aria sfinita.

washed-up /ˌwɒʃt'ʌp, AE ˌwɔːʃt-/ agg. COLLOQ. **1** *(finished)* spacciato **2** AE *(tired)* sfinito, distrutto.
1.washer /'wɒʃə(r), AE 'wɔːʃər/ n. TECN. *(to spread load)* rondella f.; *(as seal)* guarnizione f.
2.washer /'wɒʃə(r), AE 'wɔːʃər/ n. COLLOQ. *(washing machine)* lavatrice f.
washer-dryer /ˌwɒʃə'draɪə(r), AE ˌwɔːʃ-/ n. lavasciuga f.
washerman /'wɒʃəmən, AE 'wɔːʃ-/ ♦ **27** n. (pl. **-men**) lavandaio m.
washer-up /ˌwɒʃər'ʌp, AE ˌwɔːʃ-/ n. (pl. **washers-up**) COLLOQ. *(in restaurant)* lavapiatti m. e f.; ***who's going to be the ~?*** SCHERZ. chi lava i piatti?
washer-upper /ˌwɒʃər'ʌpə(r), AE ˌwɔːʃ-/ → **washer-up**.
washerwoman /'wɒʃəˌwʊmən, AE 'wɔːʃ-/ ♦ **27** n. (pl. **-women**) lavandaia f.
wash-hand basin /'wɒʃhændˌbeɪsn, AE 'wɔːʃ-/ n. lavabo m.
washhouse /'wɒʃhaʊs, AE 'wɔːʃ-/ n. lavanderia f.
washin /'wɒʃɪn, AE 'wɔːʃ-/ n. AER. svergolamento m.
▷ **washing** /'wɒʃɪŋ, AE 'wɔːʃɪŋ/ n. **1** *(act) (of oneself)* (il) lavarsi; *(of clothes)* lavaggio m. **2** *(laundry) (to be cleaned)* biancheria f. sporca; *(when clean)* bucato m.; ***to do the ~*** fare il bucato; ***to hang out the ~*** stendere il bucato.
washing day /'wɒʃɪŋdeɪ, AE 'wɔːʃ-/ n. giorno m. di bucato.
washing facilities /'wɒʃɪŋfəˌsɪlətɪz, AE 'wɔːʃ-/ n.pl. lavanderia f.sing.
washing line /'wɒʃɪŋlaɪn, AE 'wɔːʃ-/ n. corda f. per (stendere) il bucato.
washing machine /'wɒʃɪŋməˌʃiːn, AE 'wɔːʃ-/ n. lavatrice f.
washing powder /'wɒʃɪŋˌpaʊdə(r), AE 'wɔːʃ-/ n. BE detersivo m. in polvere.
washing soda /'wɒʃɪŋˌsəʊdə, AE 'wɔːʃ-/ n. soda f. (da bucato).
Washington /'wɒʃɪŋtən, AE 'wɔːʃ-/ ♦ **34, 24** n.pr. **1** *(city)* Washington f.; *(state)* Washington m. **2** *(first name)* Washington (nome di uomo).

> **Washington DC** Capitale federale degli Stati Uniti situata in un territorio indipendente, il Distretto di Columbia. Sorge sulla riva del fiume Potomac, nel luogo scelto da George Washington nel 1790. È centro amministrativo e culturale: vi hanno sede i tre principali organismi del governo americano (*White House, Congress, Supreme Court*) e grandi musei nazionali (*Smithsonian Institution, National Gallery of Art*).

washing-up /ˌwɒʃɪŋ'ʌp, AE ˌwɔːʃ-/ n. BE (il) lavare i piatti, rigovernatura f.
washing-up bowl /ˌwɒʃɪŋ'ʌpˌbəʊl, AE ˌwɔːʃ-/ n. BE bacinella f. per lavare i piatti.
washing-up cloth /ˌwɒʃɪŋ'ʌpˌklɒθ, AE ˌwɔːʃɪŋ'ʌpˌklɔːθ/ n. BE strofinaccio m. (per i piatti).
washing-up liquid /ˌwɒʃɪŋ'ʌpˌlɪkwɪd, AE ˌwɔːʃ-/ n. BE detersivo m. liquido per i piatti.
washing-up water /ˌwɒʃɪŋ'ʌpˌwɔːtə(r), AE ˌwɔːʃ-/ n. BE acqua f. dei piatti.
wash leather /'wɒʃˌleðə(r), AE 'wɔːʃ-/ n. pelle f. scamosciata.
wash load /'wɒʃləʊd, AE 'wɔːʃ-/ n. *(of washing machine, dishwasher)* carico m.
washout /'wɒʃaʊt, AE 'wɔːʃ-/ n. COLLOQ. **1** *(failure)* fiasco m., fallimento m. **2** *(unsuccessful person)* schiappa f., frana f.
wash-rag /'wɒʃræg, AE 'wɔːʃ-/ n. AE → **facecloth**.
washroom /'wɒʃruːm, -rʊm, AE 'wɔːʃ-/ n. AE toilette f., gabinetto m. (pubblico).
wash sale /'wɒʃseɪl, AE 'wɔːʃ-/ n. AE ECON. *(on the stock exchange)* vendita f. fittizia.
wash-stand /'wɒʃˌstænd, AE 'wɔːʃ-/ n. *(washbasin)* lavamano m.; *(table)* toilette f.
wash symbol /'wɒʃˌsɪmbl, AE 'wɔːʃ-/ n. simbolo m. di istruzioni per il lavaggio.
wash trough /'wɒʃtrɒf, AE 'wɔːʃtrɔːf/ n. *(for gold)* bateia f.
washtub /'wɒʃtʌb, AE 'wɔːʃ-/ n. mastello m. per il bucato, lavatoio m.
wash-up /'wɒʃʌp, AE 'wɔːʃ-/ n. **1** *(washing-up)* (il) lavare i piatti **2** *(wash)* (il) lavarsi, lavata f.
wash-wipe /'wɒʃwaɪp, AE 'wɔːʃ-/ n. AUT. tergilavacristallo m.
wasn't /'wɒznt/ contr. was not.
wasp /wɒsp/ n. vespa f.
WASP /wɒsp/ n. AE (⇒ White Anglo-Saxon Protestant bianco anglosassone protestante) WASP m.
waspish /'wɒspɪʃ/ agg. stizzoso, irritabile.
waspishly /'wɒspɪʃlɪ/ avv. in modo stizzoso.
waspishness /'wɒspɪʃnɪs/ n. irritabilità f., stizza f.
wasp-waisted /ˌwɒsp'weɪstɪd/ agg. [*person*] con un vitino di vespa; [*clothing*] sciancrato in vita.
1.wassail /'wɒseɪl/ n. ANT. *(merrymaking)* baldoria f., gozzoviglia f. (soprattutto a Natale).
2.wassail /'wɒseɪl/ intr. BE ANT. *(sing carols)* ***to go ~ing*** andare di casa in casa cantando canti di Natale.
wast /wɒst, wəst/ ANT. → **were**.
wastage /'weɪstɪdʒ/ n. **1** *(of money, resources, talent)* spreco m.; *(of heat, energy)* spreco m.; ***through ~*** a causa dello spreco **2** (anche **natural** ~) SOCIOL. ECON. = normale riduzione dell'organico per pensionamento o per dimissioni.
wastage rate /'weɪstɪdʒreɪt/ n. SOCIOL. ECON. indice m. di dispersione.
▶ **1.waste** /weɪst/ **I** n. **1 U** *(squandering) (of commodity, food, resources, money, energy, opportunity)* spreco m. (**of** di); *(of time)* perdita f. (**of** di); ***that was a complete ~ of an afternoon*** è stato un pomeriggio completamente perso; ***what a ~!*** che spreco! ***don't throw it away, it's a ~*** non buttarlo, è uno spreco; ***it's a ~ of her talents*** spreca il suo talento (**doing** facendo); ***a ~ of effort*** uno sforzo inutile; ***taking taxis is a ~ of money*** prendere i taxi è uno spreco di soldi; ***that car was a complete ~ of money*** quella macchina è stata solo denaro sprecato; ***it's a ~ of time and money*** è una perdita di tempo e di denaro; ***it's a ~ of time trying to explain it*** tentare di spiegarlo è una perdita di tempo; ***to go to ~*** essere sprecato; ***that's another good opportunity gone to ~*** è un'altra buona occasione andata persa; ***to let sth. go to ~*** sprecare qcs.; ***there is no ~, every part is used*** non c'è spreco, ogni parte è utilizzata **2 U** *(detritus)* scarti m.pl., rifiuti m.pl. (**from** di) (anche IND.); ***chemical ~*** rifiuti chimici; ***nuclear ~*** scorie radioattive; ***household*** o ***kitchen ~*** rifiuti domestici; ***industrial ~*** scarti *o* rifiuti industriali; ***hazardous ~*** rifiuti tossici **3** *(wasteland)* deserto m., landa f. **II wastes** n.pl. **1** *(wilderness)* terre f. incolte; ***the frozen ~s of the Arctic*** le distese di ghiaccio dell'Artide **2** AE *(detritus)* scarti m., rifiuti m. **III** agg. **1** *(discarded)* [*food*] sciupato; [*heat, energy*] sprecato; [*water*] di scolo; ***~ materials*** o ***matter*** materiale di scarto *o* scarti; ***~ products*** IND. prodotti di scarto; FISIOL. MED. materiali di rifiuto; ***~ gases*** rifiuti gassosi; ***~ plastics*** plastica di scarto **2** *(unused)* [*land, ground*] incolto, improduttivo **3** *(destruction)* ***to lay ~ (to)*** devastare *o* distruggere.
▶ **2.waste** /weɪst/ **I** tr. **1** *(squander)* sciupare, sprecare [*food, resources, energy, money, talents*]; perdere [*time, opportunity*]; esaurire [*strength*]; ***there's no time to ~*** non c'è tempo da perdere; ***I won't ~ my time on her, administration*** non perderò il mio tempo con lei, l'amministrazione; ***I ~ed a whole morning looking for it*** ho perso una mattinata intera per cercarlo; ***he ~d his youth*** ha bruciato i suoi anni migliori; ***all our efforts, sacrifices were ~d*** tutti i nostri sforzi, i nostri sacrifici furono vani; ***he didn't ~ words*** non sprecò il fiato; ***she didn't ~ any time in trying to explain*** *(pointlessly)* non ha perso tempo a cercare di spiegare; ***she ~ed no time in contacting the police*** *(acted at once)* non ha perso tempo a contattare la polizia; ***he certainly didn't ~ any time!*** IRON. sicuramente non ha perso tempo! ***subtlety is ~d on her*** non capisce la sottigliezza; ***good wine is ~d on him*** non sa apprezzare il buon vino **2** *(make thinner)* fare deperire [*person, body, limb*]; *(make weaker)* indebolire [*person, body, limb*] **3** AE COLLOQ. *(kill)* ammazzare, fare fuori **II** intr. consumarsi ♦ ***~ not want not*** PROV. il risparmio è il miglior guadagno.
■ **waste away** deperire.
wastebasket /'weɪstˌbɑːskɪt, AE -ˌbæs-/ n. cestino m. per la carta.
wastebin /'weɪstbɪn/ n. BE *(for paper)* cestino m. della carta straccia; *(for rubbish, scraps)* cestino m. per i rifiuti.
waste-book /'weɪstbʊk/ n. brogliaccio m.
wasted /'weɪstɪd/ **I** p.pass. → **2.waste II** agg. **1** *(squandered)* [*care, effort, expense*] inutile; [*commodity, energy, life, vote, years*] sprecato; ***another ~ opportunity*** un'altra opportunità sprecata **2** *(fleshless)* [*body*] scheletrico; [*limb*] scarno; [*face*] smunto, emaciato; *(weak)* [*body, limb*] debole, gracile; ***~ by disease*** consumato dalla malattia **3** COLLOQ. *(drunk)* sbronzo; ***to get ~*** sbronzarsi.
waste depository /'weɪstdɪˌpɒzɪtrɪ, AE -tɔːrɪ/ n. deposito m. dei rifiuti.
waste disposal /'weɪstdɪˌspəʊzl/ **I** n. smaltimento m. (dei) rifiuti **II** modif. [*company, industry, system*] di smaltimento (dei) rifiuti.
waste disposal unit /ˌweɪstdɪ'spəʊzlˌjuːnɪt/ n. BE tritarifiuti m.
waste dump /'weɪstdʌmp/ n. discarica f.
wasteful /'weɪstfl/ agg. [*product*] dispendioso; [*machine*] che consuma molto; [*method, process*] poco economico, dispendioso;

[*person*] sciupone; *(of money)* spendaccione, scialacquatore; ***to be ~ of*** sprecare [*commodity, resources, energy*]; sprecare, sciupare [*space, time*]; ***our way of life is so ~*** il nostro tenore di vita è così dispendioso.

wastefully /'weɪstfəlɪ/ avv. [*spend, produce, package*] inutilmente; ***to use ~*** sprecare *o* sciupare.

wastefulness /'weɪstflnɪs/ n. *(extravagance)* spreco m., sperpero m.; *(inefficiency)* scarso rendimento m.

wasteland /'weɪstlænd/ n. *(urban)* area f. abbandonata; *(rural)* terra f. incolta, terreno m. sterile; FIG. deserto m.

waste management /ˌweɪst'mænɪdʒmənt/ n. trattamento m. dei rifiuti.

wastepaper /ˌweɪst'peɪpə(r)/ n. U carta f. straccia, cartaccia f.

wastepaper basket /ˌweɪst'peɪpəˌbɑːskɪt/, **wastepaper bin** BE /ˌweɪst'peɪpəˌbɪn/ n. cestino m. per la carta.

waste pipe /'weɪstpaɪp/ n. tubazione f. di scarico.

waster /'weɪstə(r)/ n. COLLOQ. SPREG. sprecone m. (-a), sciupone m. (-a).

waste recycling /ˌweɪstriː'saɪklɪŋ/ n. riciclaggio m. dei rifiuti.

waste service /'weɪstˌsɜːvɪs/ n. (servizio m. della) nettezza f. urbana.

wasting /'weɪstɪŋ/ agg. [*disease*] debilitante, che logora.

wastrel /'weɪstrəl/ n. ANT. **1** *(spendthrift)* SPREG. sprecone m. (-a) **2** *(idler)* fannullone m. (-a), perdigiorno m. e f.

▶ **1.watch** /wɒtʃ/ **I** n. *(timepiece)* orologio m. da polso, da tasca; ***my ~ is slow, fast*** il mio orologio ritarda, va avanti; ***by my ~ it's three o'clock*** il mio orologio segna le tre; ***to set one's ~*** regolare l'orologio; ***you can set your ~ by him*** potete regolarvi su di lui **II** modif. [*chain, spring, strap*] di un orologio.

▶ **2.watch** /wɒtʃ/ n. **1** *(look-out, surveillance)* guardia f., sorveglianza f. (**on** su) (anche MIL.); ***to keep ~*** [*sentry, police, watcher*] montare la guardia; ***to keep (a) ~ on sb., sth.*** tenere sotto controllo qcn., qcs. (anche FIG.); ***keep a close ~ on expenditure*** tenete d'occhio attentamente le spese; ***to keep ~ over sb., sth.*** sorvegliare *o* proteggere qcn., qcs.; ***to be on the ~*** stare in guardia *o* all'erta; ***to be on the ~ for sb., sth.*** stare in guardia contro qcn., qcs.; FIG. guardarsi da qcn., qcs.; ***to set a ~ on sb., sth.*** tenere d'occhio qcn., qcs.; ***badger, fox ~*** osservazione dei tassi, delle volpi; ***tornado ~*** METEOR. osservazione dei tornado **2** MAR. *(time on duty)* quarto m.; *(crew on duty) (one person)* vedetta f.; *(several)* guardie f.pl. di quarto; ***the port, starboard ~*** guardia di sinistra, di dritta; ***to be on ~*** essere di quarto; ***to go on ~*** montare di guardia; ***to come off ~*** smontare di guardia **3** MIL. STOR. *(patrol)* ***the ~*** la ronda ◆ ***in the long ~es of the night*** LETT. durante le lunghe veglie notturne.

▶ **3.watch** /wɒtʃ/ **I** tr. **1** *(look at)* guardare [*event, entertainment, object, sport, television*]; *(observe)* osservare [*behaviour, animal*]; ***she ~es three hours of television a day*** guarda la televisione tre ore al giorno; ***is there anything worth ~ing on television?*** c'è qualcosa di decente alla televisione? ***I ~ed them with binoculars*** li ho osservati con il binocolo; ***he ~ed them run*** o ***running*** li ha guardati correre; ***she's a pleasure to ~*** è un piacere guardarla; ***the match, ~ed by a huge crowd...*** la partita, seguita da un gran numero di spettatori...; ***I've ~ed these children grow up*** ho visto crescere questi bambini **2** FIG. *(monitor)* seguire [*career, progress, development*]; sorvegliare [*situation*]; ***a young artist, a name to ~*** un giovane artista, un nome da seguire; ***we had to sit by and ~ the collapse of all our hopes*** abbiamo dovuto assistere impotenti al crollo di tutte le nostre speranze **3** *(keep under surveillance)* sorvegliare, tenere sotto controllo [*building, suspect, troublemaker, movements*]; ***we're having him ~ed*** lo stiamo facendo tenere sotto controllo; ***to ~ the clock*** FIG. tenere d'occhio l'ora; ***~ the local press, this noticeboard for further details*** per ulteriori informazioni leggete i giornali locali, tenete d'occhio questa bacheca **4** *(pay attention to)* fare attenzione a [*dangerous object, money, obstacle, unreliable person, thing*]; stare attento a [*language, manners*]; tenere sotto controllo, controllare [*weight*]; ***~ that car, that child!*** attento a quella macchina, a quel bambino! ***~ your arm!*** attento al braccio! ***~ your big feet!*** attento a come ti muovi! ***are you ~ing the time?*** stai tenendo d'occhio l'ora? ***~ you don't spill it*** fa' attenzione a non rovesciarlo; ***~ that she doesn't go out alone*** guarda che non esca da sola; ***~ where you're going!*** stai attento a *o* guarda bene dove vai! ***~ where you put that paintbrush!*** stai attento a dove metti il pennello! ***~ it!*** COLLOQ. attento! fai attenzione! ***~ your step*** guarda dove metti i piedi; FIG. attento a quel che fai; ***~ your back!*** COLLOQ. guardati alle spalle! (anche FIG.) **5** *(look after)* badare a [*property, child, dog*] **II** intr. **1** *(look on)* stare a guardare, osservare (**from** da); ***as she ~ed the plane exploded*** mentre stava guardando l'aereo esplose; ***they are ~ing to see what will happen next*** stanno aspettando di vedere che cosa succederà adesso; ***he could only ~ helplessly as the disease advanced*** non poteva che assistere impotente al progredire della malattia **2** ANT. *(keep vigil)* vegliare **III** rifl. ***to ~ oneself*** **1** *(on film, TV)* guardarsi **2** FIG. *(be careful)* fare attenzione.

▪ **watch for:** ***~ for [sb., sth.]*** stare attento a, fare attenzione a [*person, event, chance, moment*]; fare attenzione a [*symptom, phenomenon, risk*]; ***~ for the scene where...*** guardate bene la scena in cui...

▪ **watch out** *(be careful)* fare attenzione (**for** a); *(keep watch)* tenere gli occhi aperti; ***~ out!*** attenzione! (stai) attento! ***to ~ out for*** fare attenzione a [*features, events*]; stare attento a [*person, development, problem*]; ***I'll ~ out for her when I'm in town*** quando andrò in città guarderò se la vedo; ***~ out for trouble!*** stai attento a non metterti nei guai! ***~ out for our next issue!*** non perdete il nostro prossimo numero!

▪ **watch over:** ***~ over [sb., sth.]*** sorvegliare, proteggere [*person*]; badare a [*interests, rights, welfare*].

watchable /'wɒtʃəbl/ agg. [*film, programme*] guardabile, che si lascia guardare.

watchband /'wɒtʃbænd/ n. AE cinturino m. dell'orologio.

watchdog /'wɒtʃdɒg/ **I** n. **1** *(dog)* cane m. da guardia **2** AMM. ECON. *(monitor) (person)* supervisore m.; *(organization)* comitato m. di controllo; ***financial ~*** revisore; ***consumer ~*** servizio per la tutela del consumatore **II** modif. [*committee, group*] di controllo, di sorveglianza.

watcher /'wɒtʃə(r)/ n. *(at event, entertainment)* spettatore m. (-trice); *(hidden)* spia f.; *(monitoring event, developments)* osservatore m. (-trice); ***fashion, industry ~*** = persona che segue gli sviluppi della moda, dell'industria; ***television ~*** telespettatore.

watch fire /'wɒtʃˌfaɪə(r)/ n. LETT. fuoco m. di bivacco.

watchful /'wɒtʃfl/ agg. guardingo, attento; ***to keep a ~ eye on sb., sth.*** tenere attentamente d'occhio qcn., qcs.

watchfully /'wɒtʃfəlɪ/ avv. in modo guardingo, attentamente.

watchfulness /'wɒtʃflnɪs/ n. circospezione f.

watching /'wɒtʃɪŋ/ n. (il) guardare, (l')osservare.

watchmaker /'wɒtʃˌmeɪkə(r)/ ♦ ***27*** n. orologiaio m. (-a).

watchmaking /'wɒtʃˌmeɪkɪŋ/ n. orologeria f.

watchman /'wɒtʃmən/ ♦ ***27*** n. (pl. **-men**) **1** STOR. ***(night) ~*** guardia f. (notturna) **2** *(guard)* guardiano m. (-a), sorvegliante m. e f.

watch-night service /'wɒtʃnaɪtˌsɜːvɪs/ n. = messa della notte di san Silvestro.

watch post /'wɒtʃpəʊst/ n. posto m. di guardia.

watchstrap /'wɒtʃstræp/ n. BE cinturino m. dell'orologio.

watchtower /'wɒtʃˌtaʊə(r)/ n. STOR. torre f. di guardia; MIL. torretta f.

watchword /'wɒtʃwɜːd/ n. *(slogan)* motto m., slogan m.; MIL. *(password)* parola f. d'ordine.

▶ **1.water** /'wɔːtə(r)/ **I** n. acqua f.; ***drinking, running ~*** acqua potabile, corrente; ***tap, washing-up ~*** acqua del rubinetto, dei piatti; ***by ~*** per *o* via mare; *(on river)* per via fluviale; ***under ~*** *(submerged)* sott'acqua; *(flooded)* inondato; ***at high, low ~*** con l'alta, la bassa marea; ***these shoes let in ~*** queste scarpe fanno passare l'acqua; ***this boat lets in ~*** entra l'acqua in questa barca; ***to make ~*** [*ship*] fare acqua; ***to pass ~*** urinare *o* fare due gocce d'acqua; ***to turn the ~ on, off*** aprire, chiudere il rubinetto; ***he lives across the ~ on the mainland*** vive sulla terraferma; ***our English colleagues across the ~*** i nostri colleghi inglesi al di là della Manica; ***the wine was flowing like ~*** il vino scorreva a fiumi; ***to keep one's head above ~*** tenere la testa fuori dall'acqua; FIG. *(financially)* stare a galla **II waters** n.pl. **1** MAR. acque f.; ***enemy, international ~s*** acque nemiche, internazionali **2** *(spa water)* ***to take the ~s*** fare una cura termale; ***to drink the ~s*** passare le acque **3** MED. *(in obstetrics)* acque f.; ***her ~s have broken*** le si sono rotte le acque **III** modif. [*glass*] da acqua; [*jug*] dell'acqua, per l'acqua; [*tank, filter*] per l'acqua; [*snake, shrew, shortage*] d'acqua; [*pump*] idraulico; [*pipe, pressure, industry*] dell'acqua ◆ ***to spend money like ~*** avere le mani bucate *o* spendere e spandere; ***not to hold ~*** [*theory, argument*] non stare in piedi *o* non reggere *o* fare acqua; ***I can't walk on ~!*** non posso fare miracoli! ***he's a cheat, liar of the first ~*** è un truffatore, un bugiardo della più bell'acqua *o* di prima categoria.

2.water /'wɔːtə(r)/ **I** tr. annaffiare, innaffiare [*lawn, plant*]; AGR. irrigare [*crop, field*]; abbeverare [*horse, livestock*]; ***a country ~ed by many rivers*** LETT. un paese bagnato da molti fiumi **II** intr. ***the smell of cooking makes my mouth ~*** l'odore di cucina mi fa venire l'acquolina in bocca; ***the smoke, onion made her eyes ~*** il fumo, la cipolla le ha fatto lacrimare gli occhi.

▪ **water down:** ***~ down [sth.]*** **1** *(dilute)* annacquare, allungare [*beer, milk*]; aggiungere dell'acqua a [*syrup*] **2** *(tone down)* attenuare, smorzare [*criticism, effect*]; moderare [*policy*]; attenuare i toni di [*description, story*] **3** ECON. annacquare [*capital, stock*].

waterage /'wɔ:tərɪdʒ/ n. COMM. *(in transport)* spese f.pl. di trasporto via acqua.
water authority /'wɔ:tərɔ:ˌθɒrətɪ/ n. = ente che gestisce l'erogazione dell'acqua in una città o in una zona.
water-bag /'wɔ:təbæg/ n. otre m. per l'acqua.
water bailiff /'wɔ:təˌbeɪlɪf/ ➧ **27** n. BE guardapesca m. e f.
water bath /'wɔ:təbɑ:θ, AE -bæθ/ n. CHIM. GASTR. bagnomaria m.
Water Bearer /'wɔ:təˌbeərə(r)/ n. ASTROL. ***the*** ~ l'Acquario.
water bed /'wɔ:təbed/ n. letto m. con materasso ad acqua.
water beetle /'wɔ:təˌbi:tl/ n. ZOOL. idrofilo m. piceo.
water bird /'wɔ:təbɜ:d/ n. uccello m. acquatico.
water biscuit /'wɔ:təˌbɪskɪt/ n. GASTR. galletta f., cracker m.
water blister /'wɔ:təˌblɪstə(r)/ n. MED. vescica f. sierosa, flittena f.
water-boa /'wɔ:təˌbəʊə/ n. anaconda m.
water board /'wɔ:təbɔ:d/ n. = ente che gestisce l'erogazione dell'acqua in una città o in una zona.
water boatman /'wɔ:təˌbəʊtmən/ n. (pl. **water boatmen**) ZOOL. notonetta f.
water bomb /'wɔ:təbɒm/ n. bomba f. ad acqua.
water-borne /'wɔ:təbɔ:n/ agg. **1** BIOL. MED. [*disease*] trasmesso attraverso l'acqua **2** *(in transport)* trasportato via acqua **3** MAR. galleggiante.
water bottle /'wɔ:təˌbɒtl/ n. *(for traveller, cyclist)* borraccia f.; *(for warmth)* borsa f. dell'acqua calda.
waterbrash /'wɔ:təbræʃ/ n. bruciore m. di stomaco.
water buffalo /'wɔ:təˌbʌfələʊ/ n. bufalo m. indiano.
water butt /'wɔ:təbʌt/ n. BE cisterna f. per la raccolta di acqua piovana.
water cannon /'wɔ:təˌkænən/ n. (pl. ~, **~s**) idrante m., cannone m. ad acqua.
water carriage /'wɔ:təˌkærɪdʒ/ n. trasporto m. di merci via acqua.
water-carrier /'wɔ:təˌkærɪə(r)/ n. **1** *(person)* portatore m. (-trice) d'acqua **2** *(container)* recipiente m., bidone m. per l'acqua **3** ASTROL. ***the Water Carrier*** l'Acquario.
water cell /'wɔ:təsel/ n. cella f. acquifera (dello stomaco del cammello).
water chestnut /'wɔ:təˌtʃesnʌt/ n. BOT. GASTR. castagna f. d'acqua.
water clock /'wɔ:təklɒk/ n. clessidra f. ad acqua.
water closet /'wɔ:təˌklɒzɪt/ n. BE ANT. water-closet m.
watercolour BE, **watercolor** AE /'wɔ:təˌkʌlə(r)/ ART. **I** n. **1** *(paint)* acquerello m.; ***a landscape painted in*** ~ un paesaggio dipinto ad acquerello **2** *(painting)* pittura f. ad acquerello **II** modif. [*landscape, painting*] ad acquerello.
watercolourist BE, **watercolorist** AE /'wɔ:təˌkʌlərɪst/ ➧ **27** n. ART. acquerellista m. e f.
water-cooled /'wɔ:təˌku:ld/ agg. IND. NUCL. raffreddato ad acqua.
water-cooler /'wɔ:təˌku:lə(r)/ n. distributore m. di acqua fresca.
water-cooling /'wɔ:təˌku:lɪŋ/ n. IND. NUCL. raffreddamento m. ad acqua.
water course /'wɔ:təkɔ:s/ n. corso m. d'acqua.
water crane /'wɔ:təkreɪn/ n. gru f. idraulica.
watercress /'wɔ:təkres/ n. BOT. GASTR. crescione m. d'acqua.
water diviner /'wɔ:tədɪˌvaɪnə(r)/ ➧ **27** n. BE rabdomante m. e f.
water divining /'wɔ:tədɪˌvaɪnɪŋ/ n. rabdomanzia f.
water-dog /'wɔ:tədɒg, AE -dɔ:g/ n. → **water spaniel**.
watered-down /ˌwɔ:təd'daʊn/ agg. **1** *(diluted)* [*beer, milk, wine*] annacquato, diluito **2** FIG. *(scaled-down)* [*legislation, measures, policies*] moderato; [*version*] edulcorato.
watered silk /ˌwɔ:təd'sɪlk/ n. TESS. seta f. marezzata.
watered stock /ˌwɔ:təd'stɒk/ n. ECON. capitale m. azionario annacquato.
waterer /'wɔ:tərə(r)/ n. **1** *(watering can)* annaffiatoio m. **2** *(person) (watering plants, crops)* annaffiatore m. (-trice); *(supplying animals with water)* persona f. che abbevera il bestiame.
waterfall /'wɔ:təfɔ:l/ n. cascata f. (d'acqua).
water-flea /'wɔ:təfli:/ n. pulce f. d'acqua.
water-fly /'wɔ:təflaɪ/ n. insetto m. acquatico.
waterfowl /'wɔ:təfaʊl/ n. (pl. ~, **~s**) ZOOL. uccello m. acquatico; VENAT. uccello m. di ripa.
waterfree /ˌwɔ:tə'fri:/ agg. [*substance*] anidro; [*area*] arido; [*container*] vuoto.
waterfront /'wɔ:təfrʌnt/ **I** n. *(on harbour)* fronte m. del porto; *(by lakeside)* lungolago m.; *(by riverside)* lungofiume m.; ***on the*** ~ *(on harbour)* sul lungomare; *(by lakeside)* sul lungolago; *(by riverside)* sul lungofiume **II** modif. [*café, development, hotel*] *(on harbour)* sul lungomare; *(by lakeside)* sul lungolago; *(by riverside)* sul lungofiume.
water gas /'wɔ:təgæs/ n. gas m. d'acqua.
Watergate /'wɔ:təgeɪt/ n.pr. Watergate m.; FIG. = scandalo in cui sono coinvolti personaggi importanti, soprattutto dell'ambiente politico.

> **Watergate** Scandalo politico che portò alle dimissioni del presidente Richard Nixon nel 1974. Nel 1972 alcuni esponenti del Partito Repubblicano tentarono di sottrarre informazioni dalla sede del Partito Democratico, il palazzo *Watergate* a Washington. Nixon sostenne di non esserne a conoscenza, ma fu smentito dal quotidiano *Washington Post* e da alcune registrazioni di conversazioni telefoniche. La terminazione *-gate* da allora viene utilizzata per formare parole che riguardano altri scandali, ad esempio *Irangate* (vendita illegale di armi da parte degli Stati Uniti all'Iran, con i cui guadagni si finanziarono i Contras del Nicaragua, nel 1985).

water gauge /'wɔ:təgeɪdʒ/ n. indicatore m. del livello dell'acqua.
water glass /'wɔ:təglɑ:s, AE -glæs/ n. metasilicato m. di sodio.
water-hammer /'wɔ:təˌhæmə(r)/ n. colpo m. d'ariete.
water-heater /'wɔ:təˌhi:tə(r)/ n. scaldaacqua m.
water hen /'wɔ:təhen/ n. gallinella f. d'acqua.
water hole /'wɔ:təhəʊl/ n. **1** GEOGR. pozzo m. **2** *(pond)* pozza f. d'acqua.
water ice /'wɔ:təraɪs/ n. BE GASTR. sorbetto m.
watering /'wɔ:tərɪŋ/ n. annaffiatura f.; AGR. irrigazione f.
watering can /'wɔ:tərɪŋkæn/ n. annaffiatoio m.
watering hole /'wɔ:tərɪŋhəʊl/ n. **1** GEOGR. pozzo m. **2** *(pond)* pozza f. d'acqua **3** COLLOQ. *(bar)* bar m.
watering place /'wɔ:tərɪŋpleɪs/ n. **1** ANT. *(resort)* stazione f. balneare **2** ANT. *(spa)* stazione f. termale **3** COLLOQ. *(pub)* bar m.
watering trough /'wɔ:tərɪŋtrɒf, AE -trɔ:f/ n. abbeveratoio m.
water jacket /'wɔ:təˌdʒækɪt/ n. TECN. AUT. camicia f. d'acqua.
water jump /'wɔ:tədʒʌmp/ n. SPORT EQUIT. riviera f.
waterless /'wɔ:təlɪs/ agg. arido, privo d'acqua.
water level /'wɔ:təˌlevl/ n. livello m. dell'acqua.
water lily /'wɔ:təˌlɪlɪ/ n. ninfea f. bianca.
water line /'wɔ:təlaɪn/ n. MAR. linea f. di galleggiamento.
waterlog /'wɔ:təlɒg, AE -lɔ:g/ tr. (forma in -ing ecc. **-gg-**) **1** *(make unmanageable)* rendere ingovernabile (imbarcando acqua) [*ship*] **2** *(soak)* infradiciare; impregnare d'acqua [*wood*].
waterlogged /'wɔ:təlɒgd, AE -lɔ:gd/ **I** p.pass. → **waterlog II** agg. [*ground, pitch*] zuppo, fradicio; [*carpet*] fradicio; [*ship*] pieno d'acqua.
Waterloo /ˌwɔ:tə'lu:/ ➧ **34** n.pr. Waterloo f.; ***battle of*** ~ battaglia di Waterloo ◆ ***to meet one's*** ~ = subire una grave sconfitta dopo una lunga serie di successi.
water main /'wɔ:təmeɪn/ n. conduttura f. principale dell'acqua.
waterman /'wɔ:təmən/ n. (pl. **-men**) **1** barcaiolo m., traghettatore m. **2** *(skilled oarsman)* abile rematore m.; *(skilled sailor)* chi sa andare in barca **3** *(supplying water)* acquaiolo m.
1.watermark /'wɔ:təmɑ:k/ n. **1** *(indication of highest level) (of sea)* livello m. di alta o bassa marea; *(of river)* livello m. di acqua alta o bassa **2** MAR. linea f. di galleggiamento **3** TIP. *(on paper, banknote)* filigrana f.
2.watermark /'wɔ:təmɑ:k/ tr. TIP. filigranare.
water meadow /'wɔ:təˌmedəʊ/ n. GEOGR. marcita f.
watermelon /'wɔ:təˌmelən/ n. anguria f., cocomero m.
watermen /'wɔ:təmen/ → **waterman**.
water mill /'wɔ:təmɪl/ n. mulino m. ad acqua.
water nymph /'wɔ:tənɪmf/ n. MITOL. naiade f.
water on the brain /'wɔ:tərɒnðəˌbreɪn/ ➧ **11** n. MED. idrocefalia f.
water on the knee /'wɔ:tərɒnðəˌni:/ ➧ **11** n. MED. sinovite f.; ***to have*** ~ soffrire di sinovite.
waterpark /'wɔ:təpɑ:k/ m. acquapark m., parco m. acquatico.
water pistol /'wɔ:təˌpɪstl/ n. pistola f. ad acqua.
water plant /'wɔ:təplɑ:nt, AE -plænt/ n. idrofita f.
water polo /'wɔ:təˌpəʊləʊ/ ➧ **10** n. SPORT pallanuoto f.
water power /'wɔ:təˌpaʊə(r)/ n. energia f. idraulica, energia f. idrica.
1.waterproof /'wɔ:təpru:f/ **I** agg. [*material, coat, watch*] impermeabile; [*make-up*] resistente all'acqua, waterproof **II** n. BE *(coat)* impermeabile m. **III waterproofs** n.pl. indumenti m. impermeabili.
2.waterproof /'wɔ:təpru:f/ tr. impermeabilizzare.
waterproofing /'wɔ:təˌpru:fɪŋ/ n. *(action)* impermeabilizzazione f.; *(quality)* impermeabilità f.; *(material)* impermeabilizzante m.
water pump /'wɔ:təpʌmp/ n. pompa f. dell'acqua.
water purifying tablet /ˌwɔ:tə'pjʊərɪfaɪɪŋˌtæblɪt/ n. pastiglia f. per purificare l'acqua.

water rail /ˈwɔːtəreɪl/ n. porciglione m.
water rat /ˈwɔːtəræt/ n. topo m., ratto m. d'acqua.
water rates /ˈwɔːtəreɪts/ n.pl. BE *(in administration)* imposta f.sing. sull'acqua.
water-repellent /ˈwɔːtərɪˌpelənt/ agg. [*fabric, spray*] idrorepellente; [*coat*] impermeabile.
water-resistant /ˈwɔːtərɪˌzɪstənt/ agg. resistente all'acqua.
water retention /ˈwɔːtərɪˌtenʃn/ n. MED. *(inability to pass water)* ritenzione f. di urina; *(bloating)* ritenzione f. idrica.
waterscape /ˈwɔːtəskeɪp/ n. ART. dipinto m. di paesaggio acquatico.
watershed /ˈwɔːtəʃed/ n. GEOGR. spartiacque m.; FIG. *(turning point)* svolta f.
watershed hour /ˈwɔːtəʃedˌaʊə(r)/ n. BE TELEV. = ora a partire dalla quale possono essere trasmessi programmi non adatti ai bambini.
waterside /ˈwɔːtəsaɪd/ **I** n. riva f., sponda f. **II** modif. [*cafe, hotel, house*] *(by sea)* sul mare; *(by lake)* sul lago; *(by river)* sul fiume; [*plant, wildlife*] del litorale.
1.water-ski /ˈwɔːtəskiː/ n. SPORT sci m. d'acqua, sci m. nautico.
2.water-ski /ˈwɔːtəskiː/ intr. fare sci nautico.
water-skier /ˈwɔːtəˌskiːə(r)/ n. = chi pratica lo sci nautico.
water-skiing /ˈwɔːtəskiːɪŋ/ ➧ **10** n. sci m. nautico, sci m. d'acqua; ***to go ~*** fare sci nautico.
water slide /ˈwɔːtəslaɪd/ n. acquascivolo m., scivolo m.
water snake /ˈwɔːtəsneɪk/ n. biscia f. d'acqua, serpente m. acquatico.
water softener /ˈwɔːtəˌsɒfnə(r), AE -sɔːf-/ n. *(equipment)* dolcificatore m.; *(substance)* dolcificante m. per acqua dura.
water-soluble /ˈwɔːtəˌsɒljʊbl/ agg. idrosolubile.
water spaniel /ˈwɔːtəˌspænjəl/ n. = spaniel usato nella caccia degli uccelli acquatici.
water spider /ˈwɔːtəˌspaɪdə(r)/ n. argironeta f., ragno m. palombaro.
water sport /ˈwɔːtəspɔːt/ ➧ **10** n. sport m. acquatico.
waterspout /ˈwɔːtəspaʊt/ n. METEOR. tromba f. marina; *(pipe)* foro m. di uscita dell'acqua.
water-stained /ˈwɔːtəsteɪnd/ agg. macchiato dall'umidità.
water supply /ˈwɔːtəsəˌplaɪ/ n. **1** *(service) (in an area, region)* rifornimento m. d'acqua; *(to a building)* fornitura f. dell'acqua; ***they've cut off our ~*** ci hanno tagliato la fornitura dell'acqua **2** *(ration)* scorta f. d'acqua.
water system /ˈwɔːtəˌsɪstəm/ n. **1** GEOGR. sistema m. idrografico **2** *(network of pipes) (for town)* acquedotto m.; *(for building)* impianto m. idrico.
water table /ˈwɔːtəˌteɪbl/ n. GEOGR. superficie f. freatica, falda f. freatica.
watertight /ˈwɔːtətaɪt/ agg. **1** [*container, joint, seal*] stagno, a tenuta d'acqua **2** FIG. *(perfect)* [*cordon, defence system*] infallibile **3** FIG. *(irrefutable)* [*argument, case*] incontestabile, inattaccabile; [*alibi*] di ferro.
water tower /ˈwɔːtəˌtaʊə(r)/ n. serbatoio m. sopraelevato.
water treatment /ˈwɔːtəˌtriːtmənt/ n. trattamento m. dell'acqua.
water trough /ˈwɔːtəˌtrɒf, AE -trɔːf/ n. abbeveratoio m.
water-vole /ˈwɔːtəvəʊl/ n. → **water rat**.
water-waving /ˈwɔːtəˌweɪvɪŋ/ n. *(of silk)* marezzatura f.; *(of hair)* ondulazione f.
waterway /ˈwɔːtəweɪ/ n. GEOGR. *(water route)* idrovia f.; *(navigable canal)* corso m. d'acqua navigabile.
waterweed /ˈwɔːtəwiːd/ n. BOT. elodea f.
water wheel /ˈwɔːtəwiːl, AE -hwiːl/ n. ruota f. idraulica.
water wings /ˈwɔːtəwɪŋz/ n.pl. braccioli m.
waterworks /ˈwɔːtəwɜːks/ **I** n. + verbo sing. o pl. **1** TECN. impianto m. idrico **2** AE *(distribution network)* acquedotto m. **II** n.pl. **1** BE COLLOQ. EUFEM. apparato m.sing. urinario **2** ANT. *(ornamental fountain)* giochi m. d'acqua ◆ ***she turned on the ~*** iniziò a piangere come una fontana.
watery /ˈwɔːtərɪ/ agg. **1** *(too dilute)* [*coffee*] troppo leggero; [*consistency, paint*] acquoso; [*sauce*] troppo liquido **2** *(insipid)* [*colour*] sbiadito; [*moon, sun*] pallido; [*smile*] debole **3** *(full of tears)* [*eye*] pieno di lacrime **4** *(secreting liquid)* [*eye*] che lacrima; [*wound*] purulento **5** *(badly drained)* [*vegetables*] acquoso ◆ ***he is lying in a ~ grave*** è morto annegato; ***the Titanic is lying in a ~ grave*** il relitto del Titanic giace in fondo all'oceano.
watt /wɒt/ n. watt m.; ***100-~ bulb*** lampadina da 100 watt.
wattage /ˈwɒtɪdʒ/ n. wattaggio m.
watt-hour /ˈwɒtˌaʊə(r)/ n. wattora m.
1.wattle /ˈwɒtl/ n. **1** ING. canniccio m., graticcio m. **2** BOT. *(tree)* acacia f.
2.wattle /ˈwɒtl/ tr. costruire [qcs.] con cannicci [*wall, fence*]; intrecciare [qcs.] per formare graticci [*rods, twigs*]; *(enclose)* cingere con un graticcio.
3.wattle /ˈwɒtl/ n. *(skin flap)* bargiglio m.
wattle and daub /ˌwɒtlənˈdɔːb/ n. ING. = canniccio ricoperto di fango o argilla.
wattled /ˈwɒtld/ agg. ZOOL. provvisto di bargigli.
wattmeter /ˈwɒtˌmiːtə(r)/ n. wattometro m.
waul /wɔːl/ intr. [*cat*] miagolare, gemere; [*baby*] gnaulare.
▶ **1.wave** /weɪv/ **I** n. **1** *(hand gesture)* cenno m., gesto m.; ***to give sb. a ~*** fare un cenno di saluto con la mano a qcn.; ***she gave him a ~ from the bus*** gli fece un cenno di saluto con la mano dall'autobus; ***with a ~, she disappeared*** fece un cenno con la mano e sparì; ***to greet sb. with a ~*** salutare qcn. con la mano; ***to dismiss objections with a ~*** porre fine alle obiezioni con un gesto della mano; ***with a ~ of her wand*** con un movimento della bacchetta magica **2** *(of water)* onda f.; ***a 10-metre ~*** un'onda di dieci metri; ***to make ~s*** [*wind*] fare delle onde; FIG. *(cause a stir)* sollevare un polverone; FIG. *(cause trouble)* piantare grane **3** *(outbreak)* ondata f., impeto m.; ***a ~ of arrests, strikes*** un'ondata di arresti, di scioperi; ***a ~ of sympathy*** una ventata di solidarietà; ***to occur in ~s*** succedere a ondate **4** *(surge)* ondata f., ventata f.; ***a ~ of heat, settlers*** un'ondata di caldo, di coloni **5** *(in hair)* ondulazione f., onde f.pl. **6** FIS. onda f.; ***radio ~s*** onde radio *o* radioonde; ***light ~s*** onde luminose **7** *(in sand)* duna f. **II waves** n.pl. LETT. ***the ~s*** i flutti.
▶ **2.wave** /weɪv/ **I** tr. **1** *(move from side to side)* agitare, sventolare [*ticket, banknote, piece of paper, umbrella, handkerchief*]; sventolare [*flag*]; brandire [*stick, gun*]; ***to ~ sth. at sb.*** sventolare [qcs.] davanti a qcn. [*ticket, flag*]; brandire [qcs.] verso qcn. [*gun, stick*]; ***to ~ one's magic wand*** agitare la bacchetta magica (**over** su) **2** ***to ~ goodbye to*** salutare [qcn.] con la mano [*person*]; ***you can ~ goodbye to your chances of winning*** FIG. puoi dire addio alle tue speranze di vittoria **3** *(direct)* ***they ~ed us on, away, through*** ci hanno fatto cenno di continuare, di allontanarci, di passare **4** *(at hairdresser's)* ***to have one's hair ~d*** farsi ondulare i capelli **II** intr. **1** *(with hand)* ***to ~ to, at sb.*** fare un cenno con la mano a qcn.; ***to ~ to sb. to do*** fare segno a qcn. di fare; ***to ~ frantically at sb.*** gesticolare freneticamente a qcn. **2** *(move gently)* [*branches, corn*] ondeggiare; [*flag*] sventolare.
▪ **wave around, about:** ~ ***around*** [*flag, washing*] sventolare; ***~ [sth.] around*** brandire, agitare [*stick, umbrella, gun*]; ***don't ~ that gun around!*** smettila di giocare con quella pistola! ***to ~ one's arms around*** agitare *o* dimenare le braccia.
▪ **wave aside:** ***~ [sth.] aside, ~ aside [sth.]*** scartare, respingere [*suggestion, offer*]; ***~ [sb.] aside*** fare cenno a qcn. di spostarsi.
▪ **wave down:** ***~ [sth., sb.] down*** [*police*] fare cenno a [qcs., qcn.] di fermarsi [*driver, vehicle*].
▪ **wave off:** ***~ [sb.] off, ~ off [sb.]*** salutare qcn. con la mano.
wave action /ˈweɪvˌækʃn/ n. azione f. delle onde.
wave band /ˈweɪvbænd/ n. banda f. di frequenza.
wave energy /ˈweɪvˌenədʒɪ/ n. → **wave power**.
wave form /ˈweɪvfɔːm/ n. forma f. d'onda.
▷ **wavelength** /ˈweɪvleŋθ/ n. FIS. RAD. lunghezza f. d'onda ◆ ***to be on the same ~ as sb.*** essere sulla stessa lunghezza d'onda di qcn.
waveless /ˈweɪvlɪs/ agg. senza onde, calmo.
wavelet /ˈweɪvlɪt/ n. LETT. piccola onda f.
wave mechanics /ˈweɪvmɪˌkænɪks/ n. + verbo sing. meccanica f. ondulatoria.
wave-motion /ˈweɪvˌməʊʃn/ n. moto m. ondoso.
wave power /ˈweɪvˌpaʊə(r)/ n. energia f. delle onde.
waver /ˈweɪvə(r)/ intr. **1** *(wobble, weaken)* [*person*] vacillare, traballare; [*stare, look*] offuscarsi; [*courage, determination, faith*] vacillare, venire meno; [*love*] indebolirsi; [*voice*] tremare; ***to ~ from*** allontanarsi da [*stance*]; rivedere [*decision*] **2** *(flicker)* [*flame, light*] tremolare, guizzare; [*needle*] oscillare **3** *(hesitate)* esitare, essere titubante; ***to ~ over*** tentennare *o* esitare su [*decision, choice*]; ***to ~ between*** essere indeciso tra **4** *(change)* [*health*] essere instabile; [*fortunes*] girare; ***to ~ between*** oscillare tra.
waverer /ˈweɪvərə(r)/ n. indeciso m. (-a), persona f. irresoluta.
wavering /ˈweɪvərɪŋ/ **I** n. **1** *(hesitation)* esitazione f. **2** *(wobble) (of flame, voice)* tremolio m. (**of** di) [*politician, person, voter*] indeciso, titubante; [*voice*] tremolante; [*confidence, courage, faith, flame*] che vacilla.
wavey → **wavy**.
waving /ˈweɪvɪŋ/ **I** n. sventolio m. **II** agg. ondeggiante, fluttuante.
waving iron /ˈweɪvɪŋˌaɪən, AE -ˌaɪərn/ n. ferro m. per ondulare i capelli.
wavy /ˈweɪvɪ/ agg. [*hair, line*] ondulato.

▷ **1.wax** /wæks/ **I** n. **1** *(for candle, polishing, records)* cera f.; *(for sealing)* ceralacca f. **2** *(for skis)* sciolina f. **3** CHIM. TECN. *(mineral wax)* ozocerite f. **4** *(in ear)* cerume m. **5** COSMET. ceretta f.; ***hot, cold*** ~ ceretta a caldo, a freddo **II** agg. **II** modif. [*candle, figure*] di cera; [*seal*] in ceralacca; ~ ***polish*** cera.

▷ **2.wax** /wæks/ tr. **1** *(polish)* lucidare, dare la cera a [*floor*]; lucidare, passare la cera su [*table*]; passare la cera a [*car*]; sciolinare [*ski*] **2** COSMET. fare la ceretta a [*leg*].

3.wax /wæks/ n. BE COLLOQ. *(anger)* ***to be in a*** ~ essere in collera.

4.wax /wæks/ intr. **1** ASTR. [*moon*] crescere; ***to*** ~ ***and wane*** FIG. avere alti e bassi **2** ANT. *(speak)* ***to*** ~ ***eloquent*** diventare loquace (**about**, **over** su); ***to*** ~ ***indignant*** indignarsi (**about**, **over** per); ***to*** ~ ***lyrical*** sdilinquirsi (**about**, **over** su).

wax bean /ˈwæksbiːn/ n. AE fagiolo m. di Lima.

waxbill /ˈwæksbɪl/ n. estrilda f.

wax-chandler /ˈwæksˌtʃɑːndlə(r), AE -ˌtʃæn-/ ♦ ***27*** n. candelaio m. (-a).

wax-cloth /ˈwæksklɒθ, AE -klɔːθ/ n. tela f. cerata.

wax doll /ˈwæksdɒl, AE -dɔːl/ n. *(doll)* bambola f. di cera; BOT. fumaria f.

waxed /wækst/ **I** p.pass. → **2.wax II** agg. [*floor, table*] lucidato; [*fabric, paper*] cerato; [*thread*] impeciato; ~ ***jacket*** BE giaccone cerato *o* cerata.

waxen /ˈwæksn/ agg. LETT. [*face, skin*] cereo.

waxer /ˈwæksə(r)/ ♦ ***27*** n. ceratore m. (-trice).

waxing /ˈwæksɪŋ/ n. **1** *(of floor, table)* ceratura f. **2** *(of car)* lucidatura f. a cera **3** *(of skis)* sciolinatura f. **4** COSMET. ceretta f.

wax museum /ˌwæksmjuːˈzɪəm/ n. museo m. delle cere.

wax palm /ˈwækspɑːm/ n. copernicia f., palma f. della cera.

wax paper /ˈwæksˌpeɪpə(r)/ n. carta f. cerata.

waxwing /ˈwækswɪŋ/ n. ZOOL. beccofrusone m.

waxwork /ˈwækswɜːk/ n. **1** *(modelling in wax)* modellatura f. della cera; *(statue)* statua f. di cera **2** BOT. celastro m.

waxworks /ˈwækswɜːks/ n.pl. + verbo sing. museo m.sing. delle cere.

waxy /ˈwæksɪ/ agg. [*skin*] cereo; [*texture*] ceroso; [*potato*] a pasta gialla.

▶ **1.way** /weɪ/ n. **1** *(route, road)* strada f., via f. (**from** da; **to** a); ***a paved*** ~ una strada lastricata *o* selciata; ***to live over the*** ~ COLLOQ. abitare di fronte; ***the quickest*** ~ ***to town*** la strada più veloce per andare in città; ***if we go this*** ~ ***we avoid the traffic*** se prendiamo questa strada evitiamo il traffico; ***to ask the*** ~ ***to*** domandare la strada per; ***which is the best*** ~ ***to the station?*** qual è la strada migliore *o* più corta per andare alla stazione? ***can you tell me the*** ~ ***to the museum?*** può indicarmi la strada per il museo? ***to find one's*** ~ orientarsi *o* trovare la strada; ***how did that find its*** ~ ***in here?*** e questo come ci è arrivato qui? ***the*** ~ ***ahead*** la strada là davanti; ***the*** ~ ***ahead looks difficult*** FIG. il futuro si preannuncia difficile; ***a*** ~ ***around*** un modo per aggirare [*obstacle*]; ***there is no*** ~ ***around the problem*** non c'è modo di evitare il problema; ***to take the long*** ~ ***around*** prendere la strada più lunga; ***the*** ~ ***back to*** la strada per tornare a; ***I telephoned on the*** ~ ***back*** ho telefonato mentre stavo tornando; ***on the*** ~ ***back from the meeting*** tornando dalla riunione; ***the*** ~ ***down the hill*** la strada che porta giù dalla collina; ***she was hurt on the*** ~ ***down*** si è fatta male mentre scendeva; ***the*** ~ ***forward*** FIG. il modo per andare avanti; ***the*** ~ ***forward is to*** il modo per andare avanti è quello di; ***the*** ~ ***in*** l'entrata (**to** di); ***"*** ~ ***in"*** "entrata"; ***the*** ~ ***out*** l'uscita (**of** di); ***the quickest*** ~ ***out is through here*** il modo più veloce per uscire è quello di passare di qui; ***there's no*** ~ ***out*** FIG. non c'è via d'uscita; ***a*** ~ ***out of our difficulties*** un modo per risolvere i nostri problemi; ***the*** ~ ***up*** la strada che porta su *o* la salita; ***on the*** ~ per strada *o* in viaggio; ***we're on the*** ~ ***to Mary's*** stia-mo andando da Mary; ***I did it on the*** ~ ***here*** l'ho fatto mentre venivo qui; ***I stopped on the*** ~ mi sono fermato per strada; ***on the*** ~ ***past*** passando da; ***I'm on my*** ~ sono per strada; ***she's on her*** ~ ***over*** sta venendo qui; ***on your*** ~ ***through town, look out for the cathedral*** mentre attraversate la città, non perdetevi la cattedrale; ***the shop is on the, my*** ~ il negozio è sulla strada, sulla strada che faccio io; ***his house is on your*** ~ ***to town*** casa sua è sulla strada che fai per andare in città; ***it's not on my*** ~ non è sulla mia strada; ***I must be on my*** ~ devo proprio andare; ***to go on one's*** ~ mettersi in viaggio *o* partire; ***to send sb. on his*** ~ *(tell to go away)* mandare via qcn.; ***she sent him on his*** ~ ***with an apple*** gli ha dato una mela e lo ha spedito via; ***to be on one's*** ~ ***to victory*** avviarsi verso la vittoria; ***to be on the*** ~ ***to disaster*** essere sull'orlo del disastro; ***to be well on the*** o ***one's*** ~ ***to doing*** essere sul punto di fare; ***to be on the*** ~ ***out*** FIG. passare di moda; ***she's got four kids and another one on the*** ~ COLLOQ. ha quattro figli e un altro in arrivo; ***to be out of sb.'s*** ~ non essere sulla strada di qcn.; ***sorry to have taken you out of your*** ~ mi spiace averti fatto allungare la strada; ***don't go out of your*** ~ ***to do*** non sforzarti di fare; ***to go out of one's*** ~ ***to make sb. feel uncomfortable*** fare tutto il possibile per fare sentire qcn. a disagio; ***out of the*** ~ *(isolated)* fuori mano; *(unusual)* fuori del comune; ***along the*** ~ lungo la strada; FIG. strada facendo; ***by*** ~ ***of*** *(via)* passando per *o* da; ***to go one's own*** ~ FIG. andare per la propria strada; ***they decided to go their separate*** ~***s*** *(of couple)* hanno deciso di andare ciascuno per la propria strada; ***there we went our separate*** ~***s*** a quel punto le nostre strade si separarono; ***to go the*** ~ ***of sb., sth.*** fare la fine di qcn., qcs.; ***to make one's*** ~ ***towards*** dirigersi verso; ***to make one's*** ~ ***along*** avanzare lungo; ***the procession makes its solemn*** ~ ***through London*** la processione attraversa Londra solennemente; ***to make one's own*** ~ ***there, home*** trovare da solo la strada per arrivare là, a casa; ***to make one's own*** ~ ***in life*** farsi strada nella vita; ***to push one's*** ~ ***through sth.*** farsi strada attraverso qcs.; ***to lie one's*** ~ ***out of trouble*** uscire da una situazione critica ricorrendo a menzogne; ***to argue one's*** ~ ***out of trouble*** uscire da una situazione usando delle buone argomentazioni **2** *(direction)* direzione f., senso m.; ***which*** ~ ***is the arrow pointing?*** in che direzione *o* dove punta la freccia? ***which*** ~ ***did he go?*** da che parte è andato? ***he went that*** ~ è andato da quella parte; ***south is that*** ~ il sud è da quella parte; ***come*** o ***step this*** ~ venga da questa parte; ***can we get to the park this*** ~***?*** si può arrivare al parco di qui? ***"this*** ~ ***for the zoo"*** "allo zoo"; ***she's heading this*** ~ sta venendo da questa parte; ***"this*** ~ ***up"*** "su"; ***look, turn this*** ~ guarda, girati da questa parte; ***to look this*** ~ ***and that*** guardare da tutte le parti; ***to run this*** ~ ***and that*** correre in tutte le direzioni; ***to look both*** ~***s*** guardare da tutte e due le parti; ***to look the other*** ~ *(to see)* guardare dall'altra parte; *(to avoid seeing unpleasant thing)* girarsi dall'altra parte; FIG. *(to ignore wrongdoing)* chiudere un occhio; ***to go every which*** ~ andare in tutte le direzioni; ***the other*** ~ ***up*** nell'altro senso; ***the right*** ~ ***up*** nel senso giusto; ***the wrong*** ~ ***up*** nel senso sbagliato *o* al contrario; ***to turn sth. the other*** ~ ***around*** girare qcs. al contrario; ***to do it the other*** ~ ***around*** farlo al contrario; ***I didn't ask her, it was the other*** ~ ***around*** è stata lei a chiedermelo, non io; ***the wrong, right*** ~ ***around*** nel modo sbagliato, giusto; ***to put one's skirt on the wrong*** ~ ***around*** mettersi la gonna al contrario; ***you're Ben and you're Tom, is that the right*** ~ ***around?*** tu sei Ben, e tu Tom, giusto? ***you're going the right*** ~ stai andando nel senso giusto; ***you're going the right*** ~ ***to get a smack*** continua così e ti prenderai uno schiaffo; ***are you going my*** ~***?*** fai la mia stessa strada? ***if you're ever down our*** ~ se per caso capiti dalle nostre parti; ***over Manchester*** ~ dalle parti di Manchester; ***she's coming our*** ~ sta venendo verso di noi; ***an opportunity came my*** ~ mi si è presentata un'occasione; ***to put sth. sb.'s*** ~ COLLOQ. rifilare *o* mollare qcs. a qcn.; ***everything's going my, his*** ~ mi, gli sta andando tutto per il verso giusto **3** *(space in front, projected route)* passaggio m.; ***to bar, block sb.'s*** ~ sbarrare *o* bloccare il passaggio a qcn.; ***to be in sb.'s*** ~ bloccare la strada a qcn.; ***to be in the*** ~ ostruire il passaggio; ***am I in your*** ~ ***here?*** (ti) imbroglio se mi metto qui? ***to get in sb.'s*** ~ [*hair*] andare negli occhi a qcn.; [*clothing*] impacciare qcn.; [*children*] essere tra i piedi di qcn.; ***anyone who gets in his*** ~ ***gets knocked down*** FIG. tutti quelli che cercano di ostacolarlo fanno una brutta fine; ***she won't let anything get in the*** ~ ***of her ambition*** non lascerà che niente ostacoli la sua ambizione; ***to get out of the*** ~ scansarsi; ***to get out of sb.'s*** ~ lasciare passare qcn.; ***put that somewhere out of the*** ~ mettilo da qualche parte dove non imbrogli; ***she couldn't get out of the*** ~ ***in time*** non ha fatto in tempo a spostarsi; ***get out of my*** ~***!*** togliti dai piedi! levati di mezzo! ***I should stay out of the*** ~ ***until tomorrow*** io non mi farei vedere fino a domani; ***get your car out of my*** ~***!*** togli la macchina di mezzo! ***get him out of the*** ~ ***before the boss gets here!*** fallo sparire prima che arrivi il capo! ***if only he were out of the*** ~ se solo non ci fosse; ***let me get lunch out of the*** ~ aspetta che finisca di mangiare; ***once the election is out of the*** ~ una volta finite *o* passate le elezioni; ***to keep out of the*** ~ stare alla larga; ***to keep out of sb.'s*** ~ stare alla larga da qcn.; ***to keep sb. out of sb.'s*** ~ *(to avoid annoyance)* tenere qcn. lontano da qcn.; ***to keep sth. out of sb.'s*** ~ *(to avoid injury, harm)* tenere qcs. fuori dalla portata di qcn.; ***to shove, pull sb. out of the*** ~ spingere, tirare via qcn.; ***to make*** ~ fare strada; ***to make*** ~ ***for sb., sth.*** fare strada a qcn., qcs.; ***make*** ~ ***for the mayor!*** fate largo al sindaco! ***make*** ~***! make*** ~***!*** fate largo! ***it's time he made*** ~ ***for someone younger*** è ora che lasci il posto a qcn. di più giovane **4** *(distance)* distanza f., cammino m.; ***it's a long*** ~ ci vuole molto (**to** per andare fino a); ***it's not a very long*** ~ non è molto lontano; ***to be a short*** ~ ***off*** essere vicino; ***my birthday is still some*** ~ ***off*** manca ancora un po' al mio compleanno; ***we still have***

some ~ to go before getting FIG. abbiamo ancora un po' di strada da fare prima di arrivare; ***to go all the ~ on foot, by bus*** fare tutta la strada a piedi, in pullman; ***to go all the ~ to China with sb.*** fare tutto il viaggio fino in Cina con qcn.; ***there are cafés all the ~ along the road*** ci sono bar lungo tutta la strada; ***I'm with you*** o ***behind you all the ~*** ti sosterrò fino in fondo; ***to go all the ~*** COLLOQ. *(have sex)* [*two people*] andare fino in fondo; ***to go all the ~ with sb.*** COLLOQ. andare fino in fondo con qcn. **5** *(manner of doing something)* modo m., maniera f.; ***do it this, that ~*** fallo in questo modo, quel modo, così; ***you won't convince her that ~*** in quel modo non la convincerai; ***which ~ shall I do it?*** in che modo *o* come devo farlo? ***let me explain it another ~*** lascia che lo spieghi in un altro modo; ***to do sth. the English ~*** fare qcs. all'inglese; ***to do sth. the right, wrong ~*** fare qcs. nel modo giusto, sbagliato; ***you're going about it the wrong ~*** lo stai affrontando nel modo sbagliato; ***he said it in such a hostile ~ that*** l'ha detto con un tono talmente ostile che; ***in the usual ~*** nel solito modo; ***let her do it her ~*** lascia che lo faccia a modo suo; ***that's not her ~*** non è il suo modo di fare; ***try to see it my ~*** cerca di vederlo dal mio punto di vista; ***in his*** o ***her*** o ***its own ~*** a modo suo; ***they're nice people in their own ~*** sono brave persone a modo loro; ***to have a ~ with sth.*** saperci fare con qcs.; ***to have a ~ with children*** saperci fare con i bambini; ***she certainly has a ~ with her*** BE COLLOQ. sicuramente ci sa fare; ***a ~ of doing*** *(method)* un metodo *o* un sistema per fare; *(means)* un modo per fare; ***there's no ~ of knowing*** non c'è modo *o* verso di sapere; ***there's no ~ of judging*** è impossibile giudicare *o* non c'è modo di giudicare; ***to my ~ of thinking*** a mio modo di vedere; ***that's one ~ of looking at it*** quello è uno dei punti di vista; ***a ~ to do*** un modo di fare; ***what a horrible ~ to die*** che morte orrenda! che brutta morte! ***that's the ~ to do it!*** così si fa! ***that's the ~!*** così! bene! ***~ to go*** AE COLLOQ. bravo! ***that's no ~ to treat a child*** non si tratta così un bambino; ***what a ~ to run a company!*** non è così che si manda avanti un'azienda! ***the ~ (that) sb. does sth.*** il modo in cui qcn. fa qcs.; ***I like the ~ he dresses*** mi piace il suo modo di vestire; ***I like the ~ you blame me!*** IRON. sei gentile a darmi tutta la colpa! ***that's not the ~ we do things here*** qui non facciamo le cose così; ***whichever ~ you look at it*** da tutti i punti di vista; ***either ~, she's wrong*** in tutti e due i casi, ha torto; ***one ~ or another*** in un modo o nell'altro; ***one ~ and another it's been rather eventful*** nel complesso è stato piuttosto movimentato; ***I don't care one ~ or the other*** in un modo o nell'altro per me è lo stesso; ***no two ~s about it*** non ci sono dubbi; ***you can't have it both ~s*** non puoi avere la botte piena e la moglie ubriaca *o* non si può avere tutto; ***no ~!*** COLLOQ. assolutamente no! ***no ~ am I doing that!*** COLLOQ. non ci penso proprio a farlo! **6** *(respect, aspect)* senso m., aspetto m., verso m.; ***in a ~ it's sad*** in un certo senso è triste; ***in a ~ that's true, she was responsible*** in un certo senso è vero, lei era responsabile; ***can I help you in any ~?*** c'è qualcosa che posso fare per aiutarti? ***would it make things easier in any ~ if*** potrebbe rendere le cose più facili in qualche modo se; ***without wanting to criticize in any ~*** senza volere assolutamente criticare; ***it was unforgivable in every ~*** è stato imperdonabile sotto tutti gli aspetti; ***in every ~ possible*** in tutti i modi possibili; ***in many ~s*** per molti versi; ***in more ~s than one*** in più di un modo; ***in some ~s*** in un certo senso *o* per certi versi; ***in that ~ you're right*** sotto quell'aspetto hai ragione; ***in no ~*** o ***not in any ~*** in nessun modo; ***in no ~ are you to blame*** non sei assolutamente da biasimare; ***this is in no ~ a criticism*** questo non vuole affatto essere una critica; ***not much in the ~ of news*** non ci sono molte notizie; ***not much in the ~ of work*** non c'è molto lavoro; ***what have you got in the ~ of drinks?*** cosa avete da bere? ***by ~ of light relief*** a mo' di distrazione; ***in a general ~*** *(generally)* in generale; ***in the ordinary ~*** *(ordinarily)* normalmente **7** *(custom, manner)* usanza f., abitudine f.; ***you'll soon get used to our ~s*** ti abituerai presto alle nostre usanze; ***the old ~s*** le usanze di una volta; ***that's the modern ~*** oggi giorno le cose vanno così; ***I know all her little ~s*** conosco tutte le sue piccole abitudini; ***he's rather strange in his ~s*** ha delle abitudini piuttosto strane; ***she's got a funny ~ of suddenly raising her voice*** ha la strana abitudine di alzare la voce all'improvviso; ***that's just his ~*** è il suo modo di fare; ***it's not my ~ to complain but*** non è nelle mie abitudini lamentarmi, ma; ***it's the ~ of the world*** così va il mondo **8** *(will, desire)* ***to get one's ~*** o ***to have one's own ~*** fare di testa propria; ***she likes (to have) her own ~*** le piace fare di testa sua; ***if I had my ~*** se potessi fare di testa mia *o* a modo mio; ***have it your (own) ~*** (fai) come vuoi *o* come preferisci; ***she didn't have it all her own ~*** non l'ha avuta vinta; ***the Juventus had things all their own ~*** SPORT la Juventus ha dominato la partita; ***to have one's (wicked) ~ with sb.*** ANT. o SCHERZ. raggiungere il proprio scopo con qcn.

2.way /weɪ/ avv. **1** ***to live ~ beyond one's means*** vivere molto al di sopra dei propri mezzi; ***we went ~ over budget*** siamo andati decisamente oltre il budget; ***to be ~ out*** *(in guess, estimate)* [*person*] essere completamente fuori strada; ***to be ~ more expensive, dangerous*** essere molto più caro, più pericoloso; ***to go ~ beyond what is necessary*** fare molto più del necessario; ***that's ~ out of order*** ti sbagli di grosso **2 by the way** [*tell, mention*] en passant, di sfuggita; ***what time is it, by the ~?*** a proposito, che ore sono? ***and she, by the ~, is Italian*** e lei, fra l'altro, è italiana; ***but that's just by the ~*** ma quella è una questione marginale.

waybill /ˈweɪbɪl/ n. **1** *(list)* lista f. dei passeggeri **2** *(label)* bolla f. di accompagnamento.

wayfarer /ˈweɪˌfeərə(r)/ n. LETT. viandante m. e f.

wayfaring /ˈweɪˌfeərɪŋ/ **I** n. (il) viaggiare **II** agg. che viaggia.

wayfaring-tree /ˈweɪfeərɪŋˌtriː/ n. lantana f.

waylay /ˌweɪˈleɪ/ tr. (pass., p.pass. **waylaid**) [*bandit*] tendere un agguato a; [*attacker*] attaccare; [*beggar, questioner, friend*] abbordare.

wayleave /ˈweɪliːv/ n. permesso m. di passaggio.

Wayne /weɪn/ n.pr. Wayne (nome di uomo).

way of life /ˌweɪəvˈlaɪf/ n. (pl. **ways of life**) modo m. di vivere.

Way of the Cross /ˌweɪəvðəˈkrɒs, AE -ˈkrɔːs/ n. Via f. Crucis.

way-out /ˌweɪˈaʊt/ agg. COLLOQ. **1** *(unconventional)* eccentrico, bizzarro **2** ANT. *(great)* straordinario.

ways /ˈweɪz/ avv. AE → **2.way**.

ways and means /ˌweɪzənˈmiːnz/ n.pl. metodi m.

Ways and Means (Committee) /ˌweɪzənˈmiːnz(kəˌmɪtɪ)/ n. POL. = commissione parlamentare incaricata di decidere come impiegare i fondi a disposizione del parlamento.

wayside /ˈweɪsaɪd/ **I** n. LETT. margine m. della strada; ***at, by the ~*** sul margine della strada **II** modif. [*inn, café, flowers*] sul margine della strada ◆ ***to fall by the ~*** *(stray morally)* abbandonare la retta via; *(fail, not stay the course)* essere eliminato; *(be cancelled, fall through)* andare in fumo.

way station /ˈweɪˌsteɪʃn/ n. **1** FERR. stazione f. intermedia **2** FIG. tappa f.

way train /ˈweɪˌtreɪn/ n. AE treno m. regionale.

wayward /ˈweɪwəd/ agg. [*child, person, nature*] ribelle, difficile; [*missile*] incontrollabile; [*horse*] indomabile; [*husband, wife*] scostante.

waywardness /ˈweɪwədnɪs/ n. *(wilfulness)* temperamento m. ribelle; *(capriciousness)* incostanza f.

wazzock /ˈwæzək/ n. BE COLLOQ. scemo m. (-a).

WC n. BE (⇒ water closet water-closet) WC m.

WCC n. (⇒ World Council of Churches Consiglio Ecumenico delle Chiese) WCC m.

▶ **we** /*forma debole* wɪ, *forma forte* wiː/ *We* is translated by *noi* which, however, is very often understood: *we're leaving for London tomorrow* = domani partiamo per Londra. - When *we* is used in emphasis, *noi* is employed and stressed, and placed either at the beginning or at the end of the sentence: *we didn't take it* = noi non l'abbiamo preso, non l'abbiamo preso noi. - When *we* is used impersonally, it is translated by *si* (+ verb in the third person singular): *we drink a lot of beer in Britain* = in Gran Bretagna si beve molta birra. - Italians from Tuscany often use the pronoun *si* (+ verb in the third person singular) in the place of noi: *we're going to the cinema* = si va al cinema (= noi andiamo al cinema). - For particular usages see the entry below. pron. noi; ***~ saw her yesterday*** l'abbiamo vista ieri; ***~ left at six*** ce ne siamo andati alle sei; ***~ Scots like the sun*** noi scozzesi amiamo il sole; ***~ didn't say that*** noi non lo abbiamo detto *o* non lo abbiamo detto noi; ***~ four agree that*** noi quattro siamo d'accordo che; ***~ all make mistakes*** tutti quanti facciamo errori.

WEA n. BE (⇒ Workers' Educational Association) = associazione britannica che organizza corsi scolastici per adulti che non hanno avuto la possibilità di studiare.

▶ **weak** /wiːk/ **I** agg. **1** *(in bodily functions)* [*person, animal, muscle, limb, ankle*] debole; [*health*] cagionevole; [*nerves*] fragile; [*digestion*] difficile; [*intellect*] mediocre; [*memory*] labile; [*chin*] sfuggente; [*mouth*] cascante; ***my eyes are ~*** ho la vista debole; ***to have a ~ heart, bladder, stomach*** essere debole di cuore, di vescica, di stomaco; ***to have a ~ chest*** avere problemi respiratori; ***to be ~ with*** o ***from*** essere indebolito da [*hunger, excitement, fear*]; ***to grow*** o ***become ~(er)*** [*person, pulse, heartbeat*] indebolirsi **2** ING. [*beam, support, structure*] debole; ***to have a ~ leg*** [*chair*] avere una gamba poco resistente **3** *(lacking authority, strength)* [*government, team, president, army*] debole; [*parent, teacher*] privo di polso; ***~ link*** o ***point*** o ***spot*** punto debole (anche FIG.); ***to grow*** o ***become ~er*** [*government, team*] indebolirsi; [*position*] diventare più precario; ***in a ~ moment*** in un momento di debolezza **4** *(poor)* [*teacher, pupil*] mediocre, scarso; [*performance, plot, protest, excuse, argument, script, novel, evidence*] debole; [*actor*] con poca verve; ***he's ~ in*** o ***at French, his French is ~*** è debole in francese **5** *(faint, lacking substance)* [*lens, light, current, signal, concentration, acid, sound, laugh*] debole; [*tea, coffee*] leggero; [*solution*] diluito; ***to give a ~ smile*** accennare a un sorriso **6** ECON. [*market, economy, demand, dollar, share*] debole (**against** rispetto a) **7** LING. *(regular, unaccented)* debole **8** GIOC. *(in cards)* [*hand, card, suit*] brutto **II** n. ***the ~*** + verbo pl. i deboli.

▷ **weaken** /ˈwiːkən/ **I** tr. **1** [*illness, climate*] indebolire, rendere debole [*person, heart, system*]; minare [*stamina*]; fare diminuire [*resistance*] **2** [*explosion, stress*] indebolire [*structure, beam*]; rendere meno resistente [*joint, bank, wall*] **3** [*event, discovery*] minare l'autorità di [*government, president*]; indebolire [*team, company, defence, argument, power, support*]; svigorire [*authority, resolve, cause*]; attenuare [*influence*]; intaccare [*morale, will*] **4** *(dilute)* diluire [*solution, concentration*] **5** ECON. indebolire [*economy, currency*]; fare abbassare [*prices, demand, shares*] **II** intr. **1** *(physically)* [*person, muscles*] indebolirsi; [*grip*] allentarsi **2** *(lose power)* [*government, president*] perdere autorità; [*country*] indebolirsi; [*resistance, support*] diminuire; [*resolve*] svigorirsi; [*alliance*] allentarsi; [*friendship, love*] perdere vigore **3** ECON. [*economy, market, currency*] indebolirsi.

weakening /ˈwiːkənɪŋ/ n. **1** *(physical) (of person, health, eyesight, structure)* indebolimento m. **2** *(loss of power) (of government, company)* indebolimento m.; *(of authority, resolve, cause)* svigorimento m.; *(of ties, alliance, friendship)* allentamento m. **3** ECON. *(of market, economy, currency)* indebolimento m.

weak-eyed /ˌwiːkˈaɪd/ agg. dalla vista debole.

weak-handed /ˌwiːkˈhændɪd/ agg. senza forza nelle mani; FIG. scoraggiato.

weak-headed /ˌwiːkˈhedɪd/ agg. **1** *(lacking strength of mind)* debole di mente **2** *(easily affected by drinking)* che non regge l'alcol.

weak-hearted /ˌwiːkˈhɑːtɪd/ agg. poco coraggioso, pusillanime.

weak-kneed /ˌwiːkˈniːd/ agg. [*person*] debole di carattere, smidollato; [*agreement*] debole.

weakling /ˈwiːklɪŋ/ n. **1** *(person) (physically)* persona f. debole, gracile; *(morally)* debole m. e f. **2** *(animal)* animale m. delicato.

▷ **weakly** /ˈwiːklɪ/ avv. **1** *(without physical force)* [*move, struggle*] debolmente **2** *(ineffectually)* [*smile, protest*] leggermente; [*say*] sottovoce; ***a ~-worded protest*** una protesta poco vigorosa.

weak-minded /ˌwiːkˈmaɪndɪd/ agg. **1** *(indecisive)* irresoluto **2** EUFEM. *(simple)* debole di mente.

▷ **weakness** /ˈwiːknɪs/ n. **1** *(weak point) (of person, argument, institution)* punto m. debole **2** *(liking)* debole m. (**for** per) **3** *(physical) (of person, limb, eyesight, heart, stomach)* debolezza f.; *(of memory)* labilità f.; *(of digestion)* difficoltà f.; *(of beam, structure)* debolezza f. **4** *(lack of authority) (of government, army)* debolezza f.; *(of teacher)* mancanza f. di polso; *(of position)* fragilità f. **5** *(poorness) (of plot, argument, protest, evidence)* debolezza f. **6** *(faintness, dilution) (of lens, light, current, sound, smile, voice)* debolezza f.; *(of tea)* leggerezza f.; *(of solution)* diluizione f.; *(of concentration)* debolezza f. **7** ECON. *(of economy, pound, dollar)* debolezza f.

weak-sighted /ˌwiːkˈsaɪtɪd/ agg. debole di vista.

weak-spirited /ˌwiːkˈspɪrɪtɪd/ agg. codardo, pusillanime.

weak-willed /ˌwiːkˈwɪld/ agg. ***to be ~*** avere poca forza di volontà.

1.weal /wiːl/ n. ANT. ***the public*** o ***common ~*** il bene comune.

2.weal /wiːl/ n. *(mark)* piaga f. (di frustata).

weald /wiːld/ n. regione f. boscosa.

▷ **wealth** /welθ/ n. **1** *(possessions)* ricchezze f.pl. **2** *(state)* ricchezza f.; ***national ~*** ricchezza nazionale; ***"The Wealth of Nations"*** "La ricchezza delle Nazioni" **3** *(resources)* risorse f.pl.; ***mineral ~*** risorse minerarie **4** *(large amount)* ***a ~ of*** una miniera di [*information, opportunity, ideas*]; una profusione di [*detail*]; un gran numero di [*books, documents*]; ***a ~ of experience*** una vasta esperienza; ***a ~ of talent*** un enorme talento.

wealthily /ˈwelθɪlɪ/ avv. riccamente.

wealthiness /ˈwelθɪnɪs/ n. ricchezza f., opulenza f.

wealth tax /ˌwelθˈtæks/ n. BE imposta f. sul patrimonio.

▷ **wealthy** /ˈwelθɪ/ agg. ricco, opulento.

wean /wiːn/ **I** tr. **1** svezzare [*baby*]; ***to ~ a baby onto solids*** cominciare a dare cibi solidi a un bambino **2** FIG. ***to ~ sb. away from*** o ***off sth.*** fare perdere a qcn. l'abitudine di qcs. *o* disabituare qcn. a qcs.; ***to ~ sb. from drugs*** fare smettere qcn. di drogarsi; ***to ~ sb. onto sth.*** crescere qcn. a qcs.; ***to be ~ed on sth.*** essere cresciuto a qcs. **II** rifl. ***to ~ oneself off sth.*** disabituarsi a qcs.

weaning /ˈwiːnɪŋ/ n. svezzamento m.; ***early ~*** svezzamento precoce.

weanling /ˈwiːnlɪŋ/ n. **1** *(baby)* bambino m. appena svezzato **2** *(animal)* animale m. appena svezzato.

▶ **weapon** /ˈwepən/ **I** n. arma f. (anche FIG.); ***to use sth. as a ~*** usare qcs. come arma; ***~s of mass destruction*** armi di distruzione di massa **II** modif. (anche **weapons**) [*factory, manufacturer*] di armi; [*capability*] d'armamento; [*system*] d'arma.

weaponry /ˈwepənrɪ/ n. **U** armi f.pl., armamento m.; ***antisatellite ~*** armamento anti-satellitare.

1.wear /weə(r)/ n. **U** **1** *(clothing)* vestiti m.pl., abiti m.pl.; ***children's, beach ~*** abbigliamento per bambini, mare; ***in beach, sports ~*** in tenuta da spiaggia, sportiva **2** *(use)* ***for everyday ~*** da tutti i giorni; ***for summer ~*** per l'estate; ***to stretch with ~*** [*shoes*] allargarsi con l'uso; ***I've had three years' ~ out of these boots*** questi stivali mi sono durati tre anni; ***there's some ~ left in these tyres*** questi pneumatici sono ancora buoni; ***there's still a few months' ~ in this shirt*** questa camicia può ancora essere usata per qualche mese **3** *(damage)* consumo m., logoramento m. (**on** di); ***~ and tear*** logorio; ***fair*** o ***normal ~ and tear*** normale logoramento; ***to stand up to ~*** resistere al consumo; ***a toddler's trousers get heavy ~*** i pantaloni dei bimbi si consumano tantissimo; ***there are signs of ~ on the brake linings*** le guarnizioni dei freni sono leggermente consumate; ***to show signs of ~*** mostrare segni d'uso; ***to look the worse for ~*** *(damaged)* essere rovinato; ***to be somewhat the worse for ~*** *(drunk)* essere ubriaco; *(tired)* essere sfinito.

▶ **2.wear** /weə(r)/ **I** tr. (pass. **wore**; p.pass. **worn**) **1** *(have on one's body)* indossare, portare [*garment, jewellery*]; avere [*earphones*]; ***to ~ blue*** essere vestito di blu; ***to ~ a moustache, beard*** avere i baffi, la barba; ***to ~ one's hair long, short*** portare i capelli lunghi, corti; ***to ~ one's hair in a bun*** avere lo chignon; ***to ~ a ribbon in one's hair*** portare un nastro nei capelli; ***to ~ one's skirts long*** portare gonne lunghe; ***to ~ one's clothes loose*** indossare abiti ampi **2** *(put on)* mettere, mettersi [*garment, jewellery etc.*]; ***what are you ~ing tonight?*** che cosa ti metti stasera? ***what should I ~?*** cosa devo mettermi? ***I haven't got a thing to ~*** non ho niente da mettermi **3** *(use)* usare [*perfume, sun-cream*]; ***to ~ make-up*** truccarsi; ***she's ~ing make-up*** è truccata **4** *(display)* ***he*** o ***his face wore a puzzled frown*** aggrottò le sopracciglia con un'aria perplessa; ***her face wore a smug expression*** aveva un'aria compiaciuta **5** *(damage by use)* consumare [*carpet, clothes, clutch, component*]; ***to be worn to a thread*** essere logoro; ***to ~ a hole in*** farsi un buco in [*garment, sheet*]; ***to ~ a track, a groove in*** aprire un passaggio, un solco in **6** COLLOQ. *(accept)* sopportare [*behaviour, attitude*]; accettare [*excuse*] **II** intr. (pass. **wore**; p.pass. **worn**) **1** *(become damaged)* [*carpet, garment, shoes*] consumarsi; ***my patience is ~ing thin*** comincio a perdere la pazienza **2** *(withstand use)* ***a carpet, fabric that will ~ well*** un tappeto, una stoffa resistente *o* che resiste all'uso ***he's worn very well*** FIG. li porta bene gli anni.

▪ **wear away:** ***~ away*** [*inscription*] cancellarsi; [*tread*] consumarsi; [*cliff, façade*] erodersi; ***~ away [sth.], ~ [sth.] away*** [*water*] erodere; [*footsteps, friction, rubbing*] consumare.

▪ **wear down:** ***~ down*** [*heel, step, tread*] consumarsi; ***to be worn down*** essere consumato; ***~ down [sth.], ~ [sth.] down*** **1** *(damage)* [*friction, person, water*] consumare **2** FIG. *(weaken)* fare diminuire [*resistance*]; svigorire [*resolve*]; intaccare [*will*]; ***~ [sb.] down*** sfinire.

▪ **wear off:** ***~ off*** **1** *(lose effect)* [*effect*] svanire; [*feeling, sensation*] passare; ***when the drug ~s off*** quando finisce l'effetto del medicinale; ***the novelty will soon ~ off*** presto non sarà più una novità **2** *(come off)* [*paint, gold plate*] consumarsi, andare via; ***~ [sth.] off, ~ off [sth.]*** fare andare via [*paint, varnish*]; cancellare [*inscription*].

▪ **wear on** [*day, evening*] passare lentamente; ***as the evening wore on*** col trascorrere della serata.

▪ **wear out:** ***~ out*** [*clothes, shoes, equipment*] consumarsi; ***my patience is beginning to ~ out*** comincio a perdere la pazienza; ***~ out [sth.], ~ [sth.] out*** consumare, logorare [*clothes, shoes, mechanism*]; ***to ~ out one's welcome*** non essere più gradito come ospite; ***~ [sb.] out*** spossare.

▪ **wear through:** ***~ through*** [*elbow, trousers*] bucarsi; [*sole*] aprirsi; [*metal*] spaccarsi; [*fabric*] strapparsi.

3.wear /weə(r)/ **I** tr. (pass., p.pass. **wore**) fare virare **II** intr. (pass., p.pass. **wore**) virare.

wearable /ˈweərəbl/ agg. indossabile, portabile.

wearer /ˈweərə(r)/ n. ***do the clothes suit the ~?*** sta bene con quei vestiti? ***~s of glasses, wigs*** le persone che portano gli occhiali, la parrucca.

wearies /ˈwɪəriːz/ n.pl. AE COLLOQ. ***I've got the ~*** sono stanco.

wearily /ˈwɪərɪlɪ/ avv. [*sigh, smile, gesture*] stancamente; [*say, ask, explain*] con un tono stanco; ***she got ~ to her feet*** si alzò in piedi a fatica; ***they trudged ~ home*** stanchi si trascinarono fino a casa.
weariness /ˈwɪərɪnɪs/ n. stanchezza f.
▷ **wearing** /ˈweərɪŋ/ agg. **1** *(exhausting)* [*day*] faticoso; [*job, journey*] stancante; ***it can be ~ doing*** può essere stancante fare **2** *(irritating)* [*behaviour, person*] fastidioso.
wearing course /ˈweərɪŋˌkɔːs/ n. manto m. stradale.
wearing plate /ˈweərɪŋˌpleɪt/ n. lastra f. di protezione.
wearisome /ˈwɪərɪsəm/ agg. FORM. [*task, process*] fastidioso; [*child*] insopportabile; [*day*] pesante; [*complaints, demands, opposition*] estenuante; ***it's a ~ business*** è veramente insopportabile.
wearisomely /ˈwɪərɪsəmlɪ/ avv. FORM. fastidiosamente, insopportabilmente.
wearisomeness /ˈwɪərɪsəmnɪs/ n. FORM. *(of task, process)* fastidiosità f.; *(of child)* insopportabilità f.; *(of day)* pesantezza f.; *(of complaints, demands, opposition)* carattere m. estenuante.
▷ **1.weary** /ˈwɪərɪ/ agg. **1** *(physically)* [*person*] stanco, affaticato; [*eyes, limbs, mind*] stanco; ***to feel ~*** sentirsi stanco; ***to look ~*** avere l'aria stanca; ***they are ~ from lack of sleep*** sono stanchi perché non hanno dormito **2** *(showing fatigue)* [*smile, sigh, voice, gesture*] stanco **3** *(mentally)* [*person*] stanco (**of** di; **of doing** di fare); ***to be ~ of being alone*** essere stufo di stare da solo; ***to grow ~*** stancarsi (**of** di; **of doing** di fare) **4** *(tiresome)* [*journey*] stancante; [*task*] faticoso, stancante; [*day*] pesante; [*routine*] estenuante.
2.weary /ˈwɪərɪ/ **I** tr. stancare, affaticare **II** intr. stancarsi (**of** di; **of doing** di fare).
wearying /ˈwɪərɪɪŋ/ agg. [*journey*] stancante; [*task*] faticoso.
weasand /ˈwiːzənd/ n. ANT. gola f.
1.weasel /ˈwiːzl/ **I** agg. (anche **weaselly**) SPREG. [*face, features*] ambiguo; [*manner*] subdolo; [*argument*] insidioso; ***~ words*** parole ambigue *o* trabocchetti **II** n. **1** ZOOL. donnola f. **2** SPREG. furbastro m. (-a).
2.weasel /ˈwiːzl/ **I** tr. (forma in -ing ecc. **-ll-** BE, **-l-** AE) ***to ~ one's way into*** insinuarsi in; ***to ~ sth. out of sb.*** sottrarre qcs. a qcn. **II** intr. (forma in -ing ecc. **-ll-** BE, **-l-** AE) ***to ~ out of a responsibility*** scansare una responsabilità; ***I ~ed out of going to the meeting*** sono riuscita a scampare la riunione.
weasel-faced /ˌwiːzlˈfeɪst/ agg. dal viso aguzzo.
▶ **1.weather** /ˈweðə(r)/ **I** n. tempo m.; ***good, bad ~*** bel, brutto tempo; ***wet, hot, wintry ~*** tempo piovoso, caldo, invernale; ***what's the ~ like?*** che tempo fa? com'è il tempo? ***the ~ here is hot*** qui fa caldo; ***in hot, cold ~*** con il caldo, il freddo; ***you can't go out in this ~!*** non puoi uscire con questo tempo! ***a change in the ~*** un cambiamento del tempo; ***when the good ~ comes*** quando arriva la bella stagione; ***if the ~ breaks*** se cambia il tempo; ***if the ~ clears up*** se il tempo migliora; ***perfect ~ for*** un tempo ideale per [*picnics, skiing*]; ***~ permitting*** tempo permettendo; ***in all ~s, whatever the ~*** qualsiasi tempo faccia; FIG. che piova o tiri vento **II** modif. [*chart, map, pattern, satellite, station*] meteorologico; [*check*] del tempo; [*conditions*] atmosferico; [*centre, bureau, study*] di meteorologia ◆ ***to be under the ~*** essere indisposto; ***to be ~-wise*** sapere prevedere il tempo; ***to keep a ~ eye on sb., sth.*** tenere qcn., qcs. sottocchio; ***to keep a*** o ***one's ~ eye open*** stare in guardia *o* tenere gli occhi aperti; ***to make heavy ~ of sth.*** drammatizzare qcs.; ***to make heavy ~ of doing*** fare delle storie per fare; ***he made heavy ~ of it*** l'ha fatta lunga.
2.weather /ˈweðə(r)/ **I** tr. **1** *(withstand, survive)* resistere a [*gale, storm*]; superare [*crisis, upheaval, recession, bad patch*]; ***to ~ the storm*** FIG. superare la crisi **2** [*elements, wind, rain*] erodere, logorare [*rocks, stone*]; trasformare [*landscape, hills*]; [*rain, wind*] segnare [*face*] **II** intr. [*rocks*] erodersi; [*landscape*] trasformarsi (per azione delle intemperie); ***this stone ~s well*** questa pietra resiste bene alle intemperie; ***he has not ~ed well*** FIG. non è invecchiato bene.
weather balloon /ˈweðəbəˌluːn/ n. pallone m. meteorologico.
weatherbeaten /ˈweðəbiːtn/ agg. [*face, features, skin, building, landscape*] segnato dalle intemperie; [*stone, brick, rocks, cliffs*] eroso (dalle intemperie).
1.weatherboard /ˈweðəbɔːd/ n. **1** *(clapboard)* = asse per rivestimento di esterni **2** *(fitted to door)* = assicella inclinata che sporge da porte o finestre per ripararle dalla pioggia.
2.weatherboard /ˈweðəbɔːd/ tr. = rivestire con assi i muri esterni.
weatherboarding /ˈweðəbɔːdɪŋ/ n. **1** *(work)* rivestimento m. con assi **2** *(boards)* = assi per il rivestimento di esterni.
weather-bound /ˈweðəbaʊnd/ agg. [*boat*] bloccato dal maltempo.
weather-box /ˈweðəˌbɒks/ n. → **weather house**.
weathercock /ˈweðəkɒk/ n. **1** banderuola f. (a forma di gallo) **2** FIG. banderuola f.
weathered /ˈweðəd/ **I** p.pass. → **2.weather II** agg. [*stone, rock*] eroso (dalle intemperie); [*finish, wood, face, skin*] segnato dalle intemperie.
weather forecast /ˈweðəˌfɔːkɑːst, AE -kæst/ n. previsioni f.pl. del tempo.
weather forecaster /ˈweðəˌfɔːkɑːstə(r), AE -kæst-/ ♦ **27** n. *(on TV)* = chi presenta le previsioni del tempo; *(in weather centre)* meteorologo m. (-a).
weather gauge /ˈweðəˌgeɪdʒ/ n. MAR. sopravento m.
weatherglass /ˈweðəglɑːs, AE -glæs/ n. barometro m.
weather house /ˈweðəˌhaʊs/ n. = barometro a forma di casetta.
weathering /ˈweðərɪŋ/ n. **1** *(damage)* azione f. degli agenti atmosferici **2** EDIL. pendenza f. a sgrondo.
weatherman /ˈweðəmən/ n. (pl. **-men**) COLLOQ. *(on TV)* → **weather forecaster**.
weather moulding /ˈweðəˌməʊldɪŋ/ n. gronda f., gocciolatoio m.
1.weatherproof /ˈweðəpruːf/ agg. [*garment, shoe*] impermeabile; [*shelter, door*] resistente alle intemperie.
2.weatherproof /ˈweðəpruːf/ tr. impermeabilizzare [*fabric, garment*].
weather report /ˈweðərɪˌpɔːt/ n. → **weather forecast**.
weather ship /ˈweðəʃɪp/ n. nave f. del servizio meteorologico.
1.weatherstrip /ˈweðəstrɪp/ n. AE paraspifferi m. (adesivo).
2.weatherstrip /ˈweðəstrɪp/ tr. AE mettere dei paraspifferi (adesivi) a [*door, window*].
weather vane /ˈweðəveɪn/ n. banderuola f.
weatherwoman /ˈweðəˌwʊmən/ ♦ **27** n. (pl. **-women**) COLLOQ. *(on TV)* → **weather forecaster**.
weatherworn /ˈweðəwɔːn/ agg. logorato dalle intemperie.
1.weave /wiːv/ n. tessitura f.; ***open ~, loose ~*** tessitura rada; ***close ~, fine ~*** tessitura fitta, fine.
▷ **2.weave** /wiːv/ **I** tr. (pass. **wove** o **weaved**; p.pass. **woven** o **weaved**) **1** TESS. tessere [*thread, fabric, blanket, rug*]; ***to ~ sth. on a loom*** tessere qcs. su un telaio; ***to ~ silk into cloth*** o ***to ~ cloth out of silk*** tessere la seta **2** *(interlace, make by interlacing)* intrecciare [*cane, raffia, flowers, basket, garland, wreath*]; [*spider*] tessere [*web*]; ***to ~ sth. out of sth.*** fare qcs. intrecciando qcs.; ***to ~ flowers into a garland*** intrecciare una ghirlanda di fiori **3** FIG. *(create)* tessere [*story, narrative, plot*]; ***to ~ the plot around one's own experience*** tessere una trama basata sulla propria esperienza; ***to ~ sth. into a story*** introdurre *o* inserire qcs. in un racconto; ***to ~ together sth. and sth.*** intrecciare qcs. con qcs.; ***to ~ two things together*** mescolare due cose; ***the writer ~s a spell*** lo scrittore crea l'incantesimo **4** *(move)* ***to ~ one's way through, around sth.*** insinuarsi in qcs., attorno a qcs.; ***to ~ a path, course through sth.*** aprirsi un sentiero, una via attraverso qcs. **II** intr. (pass. **wove** o **weaved**; p.pass. **woven** o **weaved**) ***to ~ in and out*** intrufolarsi (**of** dentro); ***he was weaving in and out of the traffic*** zigzagava nel traffico; ***to ~ between*** intrufolarsi tra; ***to ~ towards sth.*** *(drunk)* avvicinarsi a qcs. barcollando; *(avoiding obstacles)* avvicinarsi a qcs. zigzagando; ***he was weaving unsteadily*** barcollava ◆ ***to get weaving on*** o ***with sth.*** darsi da fare con qcs.; ***get weaving!*** datti da fare! muoviti!
weaver /ˈwiːvə(r)/ ♦ **27** n. **1** *(person)* tessitore m. (-trice) **2** → **weaverbird**.
weaverbird /ˈwiːvəbɜːd/ n. (uccello) tessitore m.
weaving /ˈwiːvɪŋ/ **I** n. tessitura f.; ***to do ~*** tessere; ***to learn ~*** imparare a tessere **II** modif. [*frame, machine, machinery*] per tessere; [*factory*] di tessuti; [*trade, industry, workshop, mill*] tessile.
▷ **1.web** /web/ n. **1** (anche **spider's ~**) ragnatela f. **2** FIG. ***a ~ of*** una rete di [*ropes, lines*]; un groviglio di [*laws, regulations, interests*]; ***a ~ of lies*** o ***deceit*** un tessuto di menzogne **3** ANAT. ZOOL. membrana f. interdigitale.
▷ **2.web** /web/ **I** n. (anche **Web**) INFORM. web m. **II** modif. [*server, space*] web; ***~ search*** ricerca sul web.
web authoring /ˈwebˌɔːθərɪŋ/ n. INFORM. creazione f. di pagine web.
webbed /webd/ agg. **1** [*bird's foot*] palmato **2** MED. [*fingers*] connesso da membrana.
webbing /ˈwebɪŋ/ n. U **1** *(material)* tessuto m. robusto **2** ANAT. ZOOL. membrana f. interdigitale.
webcam /ˈwebkæm/ n. webcam f.
webcast /ˈwebkɑːst, AE -kæst/ n. webcast m, trasmissione f. in rete.
web designer /ˈwebdɪˌzaɪnə(r)/ ♦ **27** n. creatore m. (-trice) di siti web.
web-fed /ˈwebˌfed/ agg. TIP. alimentato da bobina.
web feet /ˈwebˌfiːt/ → **web foot**.
web-fingered /ˌwebˈfɪŋgəd/ agg. con le dita unite da una membrana.

web foot /ˈwebˌfʊt/ n. (pl. **web feet**) piede m. palmato.
web-footed /ˌwebˈfʊtɪd/ agg. palmipede.
webinar /ˈwebɪnɑː(r)/ n. = seminario via Internet.
weblink /ˈweblɪŋk/ n. weblink m., link m. web.
webliography /ˌweblɪˈɒgrəfɪ/ n. sitografia f.
weblog /ˈweblɒg/ n. weblog m.
Webmaster /ˈwebmɑːstə(r), AE -mæs-/ n. webmaster m. e f.
web offset /ˌwebˈɒfset, AE -ˈɔːf-/ n. TIP. roto-offset m.
web page /ˈwebpeɪdʒ/ n. INFORM. pagina f. web.
web presence /ˈwebˌprezns/ n. presenza f. in Internet.
web press /ˌwebˈpres/ n. TIP. rotativa f. a bobina.
web ring /ˈwebˌrɪŋ/ n. web ring m., circuito m. web.
▷ **website** /ˈwebsaɪt/ n. INFORM. sito m. web.
webzine /ˈwebziːn/ n. webzine f.
1.wed /wed/ n. ***the newly~s*** gli sposi novelli *o* gli sposini.
2.wed /wed/ **I** tr. (forma in -ing **-dd-**; pass., p.pass. **wedded** o **wed**) **1** *(get married to)* sposare [*man, woman*]; ***to get wed*** sposarsi; ***to be wed*** essere sposato **2** *(marry)* [*priest*] sposare, unire in matrimonio [*couple*] **3** FIG. *(unite)* combinare, sposare [*qualities*]; ***in him are ~ded charm and ambition*** in lui si sposano fascino e ambizione; ***to ~ sth. with*** combinare qcs. con; ***to be ~ded to*** essere unito a **II** intr. (forma in -ing ecc. **-dd-**; pass., p.pass. **wedded** o **wed**) sposarsi.
we'd /*forma debole* wɪd, *forma forte* wiːd/ contr. we had, we would.
Wed ⇒ Wednesday mercoledì (merc.).
wedded /ˈwedɪd/ **I** p.pass. → **2.wed II** agg. [*man, woman*] sposato; ***~ bliss*** SCHERZ. felicità coniugale; ***my lawful~ wife*** la mia legittima sposa.
▷ **wedding** /ˈwedɪŋ/ **I** n. **1** *(marriage)* matrimonio m., nozze f.pl.; ***a church~*** un matrimonio religioso **2** (anche **~ anniversary**) ***our silver~*** le nostre nozze d'argento **II** modif. [*anniversary*] di matrimonio; [*cake, ceremony*] nuziale; [*feast, present*] di nozze.
wedding band /ˈwedɪŋˌbænd/ n. → **wedding ring**.
wedding bells /ˈwedɪŋˌbelz/ n.pl. campane f. nuziali; ***I can hear~*** FIG. c'è aria di matrimonio.
wedding breakfast /ˈwedɪŋˌbrekfəst/ n. rinfresco m. nuziale.
wedding day /ˈwedɪŋˌdeɪ/ n. giorno m. del matrimonio.
wedding dress /ˈwedɪŋˌdres/, **wedding gown** /ˈwedɪŋˌgaʊn/ n. vestito m. da sposa.
wedding guest /ˈwedɪŋˌgest/ n. invitato m. (-a) (al matrimonio).
wedding invitation /ˈwedɪŋɪnvɪˌteɪʃn/ n. invito m. a nozze.
wedding march /ˈwedɪŋmɑːtʃ/ n. marcia f. nuziale.
wedding night /ˈwedɪŋˌnaɪt/ n. prima notte f. di nozze.
wedding reception /ˈwedɪŋrɪˌsepʃən/ n. rinfresco m. nuziale.
wedding ring /ˈwedɪŋrɪŋ/ n. fede f. (nuziale).
wedding vows /ˈwedɪŋˌvaʊz/ n. promesse f. matrimoniali.
▷ **1.wedge** /wedʒ/ **I** n. **1** *(block) (to insert in rock, wood etc.)* cuneo m., bietta f.; *(to hold sth. in position)* cuneo m., bietta f., zeppa f.; *(in rockclimbing)* chiodo m. da roccia; *(of cake, pie, cheese)* fetta f.; ***a ~ of lemon*** uno spicchio di limone; ***a ~ of high pressure*** METEOR. una dorsale barometrica; ***a ~ of geese*** uno stormo di oche (disposto a V) **2** SPORT *(in golf)* wedge m. **3** ABBIGL. (anche **~ heel**) zeppa f.; *(shoe)* scarpa f. con la zeppa **II** modif. **1** ABBIGL. [*shoe*] con la zeppa; ***~-heeled*** con la zeppa **2** [*shape*] di cuneo; ***~-shaped*** cuneiforme ◆ ***to drive a ~ between X and Y*** mettere disaccordo tra X e Y; ***it's (only) the thin end of the~*** non è che l'inizio.
▷ **2.wedge** /wedʒ/ **I** tr. **1** *(make firm)* ***to ~ sth. in*** o ***into place*** incuneare qcs.; ***to ~ a door open, shut*** tenere una porta aperta, chiusa con un cuneo; ***the door is ~d shut*** *(stuck)* la porta è chiusa con un cuneo **2** *(jam)* ***to ~ sth. into*** conficcare *o* incastrare qcs. in [*gap, hole*]; ***to be ~d against, between*** essere infilato contro, tra **II** rifl. ***to ~ oneself*** infilarsi (**between** tra; **in** in); ***to get oneself ~d*** infilarsi.
■ **wedge in: ~ *[sb., sth.]* in, ~ in *[sb., sth.]*** infilare.
wedge-tailed /ˈwedʒˌteɪld/ agg. con la coda cuneiforme.
wedging /ˈwedʒɪŋ/ n. **1** *(action)* incuneamento m. **2** *(wedges)* cunei m.pl., biette f.pl.
Wedgwood® /ˈwedʒwʊd/ n. ceramica f. Wedgwood®.
wedlock /ˈwedlɒk/ n. ANT. matrimonio m.; ***to enter into~*** contrarre matrimonio; ***to be born in, out of~*** essere un figlio legittimo, illegittimo; ***to have a child out of~*** avere un figlio illegittimo.
▶ **Wednesday** /ˈwenzdeɪ, -dɪ/ ♦ **36** n. mercoledì m.
▷ **1.wee** /wiː/ agg. piccolino, piccino; ***a ~ bit*** un pochino; ***(in the)~ small hours*** (a) ore piccole.
▷ **2.wee** /wiː/ n. BE COLLOQ. pipì f.; ***to do*** o ***have a~*** fare (la) pipì.
▷ **3.wee** /wiː/ intr. BE COLLOQ. fare (la) pipì.
▷ **1.weed** /wiːd/ n. **1** BOT. *(wild plant)* erbaccia f., malerba f.; ***overgrown with ~s*** infestato dalle erbacce; ***to pull up ~s*** togliere le erbacce **2 U** BOT. *(in water)* flora f. acquatica **3** BE COLLOQ. SPREG. *(weakling)* rammollito m. (-a); ***don't be such a ~!*** non essere così rammollito! **4** COLLOQ. SCHERZ. *(tobacco)* ***the ~*** il tabacco **5** COLLOQ. *(marijuana)* erba f.
2.weed /wiːd/ **I** tr. sarchiare **II** intr. togliere le erbacce.
■ **weed out: ~ *[sb.]* out, ~ out *[sb.]*** eliminare, fare fuori [*candidate, client, dissident*]; sbarazzarsi di [*employee*]; **~ *[sth.]* out, ~ out *[sth.]*** sbarazzarsi di [*stock, items*]; togliere [*dead plants*].
3.weed /wiːd/ **I** n. **1** ANT. *(clothing)* vestito m., indumento m. **2** *(band)* nastro m. da lutto **II weeds** n.pl gramaglie f.; ***widow's ~s*** gramaglie vedovili.
weeder /ˈwiːdə(r)/ n. **1** *(implement)* sarchio m. **2** ♦ **27** *(person)* sarchiatore m. (-trice).
weeding /ˈwiːdɪŋ/ n. sarchiatura f.; ***to do some ~*** togliere le erbacce.
weedkiller /ˈwiːdkɪlə(r)/ n. diserbante m., erbicida m.
weedy /ˈwiːdɪ/ agg. **1** COLLOQ. SPREG. [*person*] sparuto, gracile; [*build*] fragile; [*character, personality*] moscio **2** *(full of weeds)* [*garden*] invaso dalle erbacce; [*waters, pond*] invaso da erbe acquatiche.
▶ **week** /wiːk/ ♦ **33** n. settimana f.; ***what day of the ~ is it?*** che giorno della settimana è oggi? ***this~*** questa settimana; ***last, next~*** la settimana scorsa, la prossima settimana; ***the~ before last*** due settimane fa; ***the~ after next*** tra due settimane; ***every~*** ogni settimana; ***every other~*** ogni due settimane; ***twice a~*** due volte alla settimana; ***for ~s*** per settimane; ***I'll do it some time this~*** lo farò durante questa settimana; ***~s and ~s*** settimane e settimane; ***~ in ~ out*** tutte le settimane; ***a~ today*** BE, ***a~ from today*** AE, ***today~*** tra otto giorni *o* oggi a otto; ***a~ on Monday*** BE, ***a~ from Monday*** AE, ***Monday~*** una settimana a partire da lunedì; ***a~ yesterday*** BE, ***a~ from yesterday*** AE una settimana ieri; ***a ~ (ago) last Saturday*** sabato scorso è stata una settimana; ***six ~s ago*** sei settimane fa; ***~s ago*** settimane fa; ***in three ~s time*** nel giro di tre settimane; ***a six-~-old baby*** un bambino di sei settimane; ***a six-~ contract*** un contratto di sei settimane; ***a ~'s wages, rent*** una settimana di paga, di affitto; ***to pay by the ~*** pagare settimanalmente; ***during the ~*** durante la settimana; *(Monday to Friday)* in settimana; ***a 40-hour~*** una settimana lavorativa di 40 ore; ***the working*** o ***work*** AE **~** la settimana lavorativa; ***the~ ending June 10*** la settimana dal 3 al 10 giugno ◆ ***he doesn't know what day of the~ it is*** ha la testa nelle nuvole; ***to knock sb. into the middle of next~*** COLLOQ. darle di santa ragione a qcn.
weekday /ˈwiːkdeɪ/ **I** n. giorno m. feriale; ***on ~s*** nei giorni feriali **II** modif. [*evening, morning, programme*] di un giorno feriale; [*train, flight, timetable*] feriale.
▶ **1.weekend** /ˌwiːkˈend, AE ˈwiːk-/ **I** n. week-end m., fine m. settimana; ***last, next~*** lo scorso, il prossimo week-end; ***this~*** questo week-end; ***for the~*** per il week-end; ***the~ after (that)*** il week-end successivo; ***a long~*** un week-end lungo; ***at the~*** BE, ***on the~*** AE durante il week-end; ***at ~s*** BE, ***on ~s*** AE nel week-end **II** modif. [*break, excursion*] del week-end; [*performance, programme*] del sabato e della domenica; ***~ bag*** = piccola borsa da viaggio; ***~ cottage*** = villetta usata durante i fine settimana; ***~ ticket*** = biglietto valido solo nei giorni festivi.
2.weekend /ˌwiːkˈend, AE ˈwiːk-/ intr. passare il week-end.
weekender /ˌwiːkˈendə(r), AE ˈwiːk-/ n. **1** *(person)* ***houses owned by ~s*** le case di proprietà di persone che vengono a passare il fine settimana **2** AE *(bag)* = piccola borsa da viaggio.
▷ **weekly** /ˈwiːklɪ/ **I** agg. [*visit, service, payment, shopping*] settimanale; ***on a ~ basis*** settimanalmente **II** avv. [*pay, check*] settimanalmente; [*meet, leave*] una volta alla settimana **III** n. *(newspaper)* giornale m. settimanale; *(magazine)* settimanale m., rivista f. settimanale.
weeknight /ˈwiːknaɪt/ n. sera f. di un giorno lavorativo.
1.ween /wiːn/ n. AE COLLOQ. SPREG. sgobbone m. (-a).
2.ween /wiːn/ tr. ANT. pensare, immaginare, credere.
weenie /ˈwiːnɪ/ n. AE COLLOQ. **1** SPREG. *(weak person)* smidollato m. (-a) **2** INFANT. *(penis)* pisellino m.
weeny /ˈwiːnɪ/ agg. COLLOQ. **1** *(tiny)* piccolino, piccino **2** AE → **weenie**.
weeny-bopper /ˈwiːnɪˌbɒpə(r)/ n. = giovane ragazza appassionata di musica pop.
1.weep /wiːp/ n. ***to have a little~*** versare qualche lacrimuccia.
2.weep /wiːp/ **I** tr. (pass., p.pass. **wept**) ***to ~ tears of joy*** versare lacrime di gioia **II** intr. (pass., p.pass. **wept**) **1** *(cry)* piangere (**over** per); ***to ~ with*** piangere di [*relief, joy, exhaustion*]; ***to ~ for sb.*** piangere per qcn.; ***it's enough to make you ~!*** c'è di che piangere! **2** *(ooze)* [*wound, wall, joint*] trasudare.

weeper /ˈwiːpə(r)/ n. **1** STOR. *(mourner)* prefica f. **2** STOR. *(hat band)* nastro m. di lutto **3** STOR. *(veil)* crespo m. **4** → **weepie**.
weepie /ˈwiːpɪ/ n. COLLOQ. *(film)* film m. strappalacrime.
weeping /ˈwiːpɪŋ/ **I** n. **U** pianto m., lacrime f.pl. **II** agg. attrib. **1** [*person*] che piange **2** [*wound*] che trasuda.
weeping willow /ˌwiːpɪŋˈwɪləʊ/ n. salice m. piangente.
weepy /ˈwiːpɪ/ **I** agg. [*person*] che ha il pianto facile; [*mood, voice*] lacrimevole; [*book, film*] strappalacrime **II** → **weepie**.
weever /ˈwiːvə(r)/ n. tracina f.
weevil /ˈwiːvɪl/ n. ZOOL. punteruolo m., calandra f., curculione m.
weevilled /ˈwiːvɪld/, **weevily** /ˈwiːvəlɪ/ agg. infestato da insetti nocivi.
weewee /ˈwiːwiː/ → **2.wee**, **3.wee**.
weft /weft/ n. TESS. trama f.
1.weigh /weɪ/ n. ***under*** **~** *(in motion through the water)* per via, in cammino.
2.weigh /weɪ/ n. pesatura f.
▷ **3.weigh** /weɪ/ **I** tr. **1** pesare [*object, person, quantity*]; ***to ~ 10 kilos*** pesare 10 chili; ***how much*** o ***what do you ~?*** quanto pesi? ***to ~ sth. in one's hand*** soppesare qcs. **2** *(consider carefully)* considerare bene [*advantages, arguments, evidence, factors, options, points*]; ponderare [*consequences, risk, words*]; ***to ~ the pros and cons*** soppesare i pro e i contro; ***to ~ sth. against sth.*** mettere sulla bilancia qcs. e qcs.; ***to ~ sth. in the balance*** mettere sulla bilancia qcs.; ***to be ~ed in the balance and found wanting*** non superare l'esame **3** MAR. ***to ~ anchor*** levare l'ancora **II** intr. **1** *(have influence)* ***to ~ with sb.*** contare per qcn.; ***to ~ heavily, very little with sb.*** contare molto, molto poco per qcn.; ***to ~ against sb.*** giocare a sfavore di qcn.; ***to ~ in sb.'s favour*** giocare a favore di qcn. **2** *(be a burden)* ***to ~ on sb.*** pesare su qcn.; ***the responsibility ~s heavily on her*** la responsabilità grava su di lei; ***to ~ on sb.'s conscience*** pesare sulla coscienza di qcn.; ***to ~ on sb.'s mind*** assillare la mente di qcn. **III** rifl. ***to ~ oneself*** pesarsi.
■ **weigh down:** ***~ down on [sb., sth.]*** pesare su [*person, object*]; ***~ down [sth., sb.], ~ [sth., sb.] down*** sovraccaricare [*vehicle, boat*]; piegare [*branches, tree*]; bloccare [*papers, sheet*]; FIG. [*responsibility, anxiety, debt*] opprimere [*person*]; ***to be ~ed down with*** [*person*] essere piegato in due dal peso di [*luggage*]; essere ricoperto di [*gifts, prizes*]; essere gravato da [*worry, guilt*].
■ **weigh in 1** [*boxer, wrestler, jockey*] andare al peso; ***to ~ in at 60 kg*** pesare 60 chili (prima dell'incontro o della corsa) **2** *(contribute to appeal, effort)* contribuire; ***to ~ in with sth.*** contribuire con qcs. **3** *(intervene in debate)* intervenire; ***to ~ in with one's opinion*** intervenire esprimendo la propria opinione.
■ **weigh out** pesare [*ingredients, quantity*].
■ **weigh up:** ***~ up [sth., sb.], ~ [sth., sb.] up*** **1** FIG. valutare [*prospects, situation*]; farsi un'opinione su [*stranger, opponent*]; esaminare [*options, benefits, risks*]; ***after ~ing things up, I decided...*** dopo avere esaminato la situazione, ho deciso... **2** pesare [*fruit, coal*].
weighable /ˈweɪəbl/ agg. pesabile.
weigh-bar /ˈweɪbɑː(r)/ n. TECN. albero m. oscillante.
weigh-beam /ˈweɪbiːm/ n. stadera f.
weighbridge /ˈweɪbrɪdʒ/ n. stadera f. a ponte, ponte m. a bilico.
weigher /ˈweɪə(r)/ n. pesatore m. (-trice).
weigh-house /ˈweɪhaʊs/ n. pesa f. (pubblica).
weigh-in /ˈweɪˌɪn/ n. SPORT (controllo del) peso m.
weighing /ˈweɪɪŋ/ n. pesatura f., pesata f.
weighing machine /ˈweɪɪŋməʃiːn/ n. **1** *(for people)* pesapersone m. e f. **2** *(for luggage, freight)* pesatrice f.
weighing scales /ˈweɪɪŋˌskeɪlz/ n.pl. bilancia f.sing.
▶ **1.weight** /weɪt/ ♦ **37** n. **1** *(heaviness)* peso m.; ***to put on, lose ~*** mettere su, perdere peso; ***to be under, over 1 kilo in ~*** pesare meno, più di 1 chilo; ***by ~*** a peso; ***what is your ~?*** quanto pesi? ***to be twice sb.'s ~*** pesare il doppio di qcn.; ***they're the same ~*** hanno lo stesso peso *o* pesano uguale; ***to put one's full ~ on, against sth.*** appoggiare tutto il proprio peso su, contro qcs.; ***to put one's full ~ behind a blow*** colpire con tutta la forza; ***he's quite a ~!*** è pesantuccio! **2** *(system of measurement)* peso m.; ***unit of ~*** unità di misura di peso **3** *(object of a fixed heaviness)* peso m.; ***a 25 gramme ~*** un peso da 25 grammi; ***to lift ~s*** sollevare pesi; ***what a ~!*** che peso! ***the ~ of responsibility*** il peso della responsabilità; ***to sink under the ~ of sth.*** FIG. crollare sotto il peso di qcs.; ***to carry ~*** [*horse*] avere un handicap **4** FIG. *(credibility, influence)* peso m.; ***of some intellectual ~*** di un certo peso intellettuale; ***to add*** o ***give*** o ***lend ~ to sth.*** dare peso a qcs.; ***not to carry much ~*** non avere molto peso (**with** per); ***what she says carries ~*** quello che dice è importante (**with** per); ***to add one's ~ to sth.*** esercitare la propria influenza in favore di qcs.; ***to throw one's ~ behind sth.*** sostenere qcs. con forza **5** FIG. *(importance, consideration)* ***to give due ~ to a proposal*** dare la giusta importanza a una proposta; ***to give equal ~ to*** dare la stessa importanza a **6** *(in statistics)* peso m. ◆ ***by (sheer) ~ of numbers*** solo per superiorità numerica; ***to be a ~ off one's mind*** essere motivo di sollievo; ***to pull one's ~*** fare la propria parte; ***to take the ~ off one's feet*** sedersi; ***to throw one's ~ about*** o ***around*** farla da padrone.
2.weight /weɪt/ tr. **1** *(put weight(s) on)* appesantire [*net, hem, dart, arrow, boat*] **2** *(bias)* ***to ~ sth. against sb., sth.*** dare peso a qcs. a scapito di qcn., qcs.; ***to ~ sth. in favour of sb., sth.*** dare peso a qcs. a vantaggio di qcn., qcs. **3** *(in statistics)* pesare [*index, variable, average, figure*].
■ **weight down:** ***~ down [sth.], ~ [sth.] down*** tenere fermo [*paper, sheet*] (**with** con); inzavorrare [*body*].
weighted /ˈweɪtɪd/ **I** p.pass. → **2.weight II** agg. **1** appesantito **2** *(in statistics)* pesato.
weightiness /ˈweɪtɪnɪs/ n. importanza f. (**of** di).
weighting /ˈweɪtɪŋ/ n. *(of index, variable)* ponderazione f.; ***London ~*** indennità per la residenza a Londra.
weightless /ˈweɪtlɪs/ agg. **1** [*state*] di assenza di gravità; [*environment*] privo di gravità; [*body, object in space*] in assenza di gravità **2** FIG. [*grace, movement*] leggiadro.
weightlessly /ˈweɪtlɪslɪ/ avv. in assenza di gravità.
weightlessness /ˈweɪtlɪsnɪs/ n. **1** *(in space)* assenza f. di gravità **2** *(of dancer, dance)* leggiadria f.
weight-lifter /ˈweɪtˌlɪftə(r)/ n. pesista m. e f.
weight-lifting /ˈweɪtˌlɪftɪŋ/ ♦ **10** n. sollevamento m. pesi.
weight loss /ˈweɪtˌlɒs, AE -ˌlɔːs/ n. perdita f. di peso.
weight machine /ˈweɪtməˌʃiːn/ n. = attrezzo ginnico per lo sviluppo dei muscoli.
weight problem /ˈweɪtˌprɒbləm/ n. problema m. di peso.
weight train /ˈweɪtˌtreɪn/ intr. fare pesi.
weight training /ˈweɪtˌtreɪnɪŋ/ ♦ **10** n. il fare pesi.
weightwatcher /ˈweɪtˌwɒtʃə(r)/ n. = chi è attento al proprio peso; *(member of group)* = chi segue una dieta dimagrante.
weighty /ˈweɪtɪ/ agg. **1** *(serious)* [*problem*] grave; [*consideration, reason, question*] importante **2** *(large)* [*book, treatise*] monumentale **3** *(heavy)* [*object, responsibility*] pesante.
weir /wɪə(r)/ n. **1** *(dam)* diga f. **2** *(for trapping fish)* pescaia f.
1.weird /wɪəd/ agg. **1** *(strange)* strano, bizzarro; ***it's ~ that*** è strano che; ***~ and wonderful*** strano e meraviglioso **2** *(eerie)* misterioso.
2.weird /wɪəd/ n. ANT. fato m., destino m.
weirdie /ˈwɪədɪ/ n. → **weirdo**.
weirdly /ˈwɪədlɪ/ agg. **1** *(strangely)* stranamente **2** *(eerily)* misteriosamente.
weirdness /ˈwɪədnɪs/ n. **1** *(strangeness)* stranezza f. **2** *(eeriness)* misteriosità f.
weirdo /ˈwɪədəʊ/ n. COLLOQ. persona f. stramba.
welch /weltʃ/ → **welsh**.
Welch /weltʃ/ → **Welsh**.
▶ **1.welcome** /ˈwelkəm/ **I** agg. **1** *(gratefully received)* [*boost, initiative, relief, news*] gradito; ***that's a ~ sight, sound!*** è una vista, un suono che riempe di gioia! ***nothing could be more ~!*** niente potrebbe cadere più a proposito! ***thank you for your most ~ gift*** FORM. grazie per il suo gradito regalo **2** *(warmly greeted)* ***to be ~, to be a ~ guest*** o ***visitor*** essere il benvenuto; ***"children ~"*** *(on sign)* "i bambini sono i benvenuti"; ***I never feel very ~ at their house*** non mi sento mai molto gradito a casa loro; ***to make sb. ~*** *(on arrival)* dare il benvenuto a qcn.; *(over period of time)* accogliere qcn. a braccia aperte **3** *(warmly invited)* ***you are ~ to spend a few days with us*** se volete trascorrere alcuni giorni con noi, siete i benvenuti; ***if you want to finish my fries you're ~ to them*** *(politely)* se vuoi finire le mie patatine, non ti fare problemi; ***if you want to watch such rubbish you're ~ to it!*** *(rudely)* se vuoi guardare queste stupidaggini, sei libero di farlo! ***you're ~*** *(acknowledging thanks)* prego *o* non c'è di che **II** n. benvenuto m.; ***to give sb. a warm ~*** o ***to extend a warm ~ to sb.*** FORM. accogliere calorosamente qcn. **III** modif. [*speech*] di benvenuto **IV** inter. ***~!*** benvenuto! ***~ back*** o ***~ home!*** bentornato! ***~ on board, to the United States!*** benvenuti a bordo, negli Stati Uniti! ◆ ***to put out the ~ mat for sb.*** FIG. stendere il tappeto rosso a qcn.; ***to wear out one's ~*** abusare dell'ospitalità altrui.
▶ **2.welcome** /ˈwelkəm/ tr. dare il benvenuto a, accogliere [*person*]; gradire [*news, decision, intervention, change, donation, contribution*]; accogliere favorevolmente [*initiative, move*]; ***they said they would ~ a meeting*** hanno detto che gradirebbero un incontro; ***we would ~ your view on this matter*** gradiremmo conoscere il suo parere a questo riguardo; ***I ~ this opportunity to express my thanks***

colgo l'occasione per esprimere la mia gratitudine; ***"please ~ our guest tonight, Willie Mays"*** "diamo il benvenuto all'ospite di questa sera, Willie Mays"; ***I'd ~ a hot drink*** berrei volentieri qualcosa di caldo ◆ ***to ~ sb. with open arms*** accogliere qcn. a braccia aperte.

▪ **welcome back:** ***~ back [sb.], ~ [sb.] back*** accogliere [qcn.] al suo ritorno; *(more demonstratively)* fare festa per il ritorno [di qcn.].

▪ **welcome in:** ***~ in [sb.], ~ [sb.] in*** fare accomodare [qcn.] in casa propria.

welcomeness /ˈwelkəmnɪs/ n. *(of initiative, news)* (l')essere gradito; *(of person)* (l')essere il benvenuto.

welcomer /ˈwelkəmə(r)/ n. chi dà il benvenuto.

welcoming /ˈwelkəmɪŋ/ agg. **1** *(warm)* [*atmosphere, smile, person*] accogliente **2** *(reception)* [*committee*] di accoglienza; [*ceremony*] di benvenuto.

1.weld /weld/ n. TECN. saldatura f.

2.weld /weld/ **I** tr. **1** TECN. saldare [*metal, joint*] (**on, to** a) **2** FIG. unire [*team, nation, workforce*] **II** intr. [*metal, joint*] essere saldato.

▪ **weld together:** ***~ [sth.] together*** saldare; FIG. unire.

3.weld /weld/ n. erba f. guada.

weldability /ˌweldəˈbɪlətɪ/ n. saldabilità f.

welded /ˈweldɪd/ **I** p.pass. → **2.weld II** agg. saldato; FIG. unito.

welder /ˈweldə(r)/ ♦ ***27*** n. **1** *(person)* saldatore m. (-trice) **2** *(tool)* saldatrice f.

welding /ˈweldɪŋ/ n. **1** TECN. saldatura f. **2** FIG. unione f.

welfare /ˈwelfeə(r)/ **I** n. **1** *(well-being)* benessere m.; *(interest)* interesse m.; ***national ~*** interesse della nazione; ***student ~*** interesse dello studente; ***to be concerned about sb.'s ~*** essere preoccupato per la sorte di qcn.; ***to be responsible for sb.'s ~*** essere responsabile di qcn. **2** *(state assistance)* assistenza f. pubblica; *(money)* sussidio m.; ***to go on ~*** AE chiedere il sussidio; ***to be (living) on ~*** AE mantenersi con il sussidio **II** modif. [*system*] di previdenza sociale; AE [*meal*] gratuito; ***~ cuts*** tagli alle spese sociali; ***~ spending*** spese sociali.

welfare adviser /ˌwelfeərədˈvaɪzə(r)/ ♦ ***27*** n. AE → **welfare rights adviser**.

welfare assistant /ˌwelfeərəˈsɪstənt/ ♦ ***27*** n. BE SCOL. = assistente sociale che opera in una scuola.

welfare benefit /ˌwelfeəˈbenɪfɪt/ n. sussidio m.

welfare department /ˌwelfeədɪˈpɑːtmənt/ n. ufficio m. per l'assistenza sociale.

welfare hotel /ˌwelfeəhəʊˈtel/ n. AE casa f. d'accoglienza.

welfare mother /ˌwelfeəˈmʌðə(r)/ n. AE = madre che riceve un sussidio dall'assistenza sociale.

welfare officer /ˌwelfeəˈɒfɪsə(r), AE -ˈɔːf-/ ♦ ***27*** n. BE = assistente sociale; AE impiegato m. (-a) del servizio di assistenza sociale.

welfare payment /ˌwelfeəˈpeɪmənt/ n. → **welfare benefit**.

welfare recipient /ˌwelfeərɪˈsɪpɪənt/ n. = chi riceve un sussidio dall'assistenza sociale.

welfare rights adviser /ˈwelfeəraɪtsədˌvaɪzə(r)/ ♦ ***27*** n. BE = assistente sociale.

welfare services /ˈwelfeəˌsɜːvɪsɪz/ n.pl. servizi m. sociali.

welfare state /ˌwelfeəˈsteɪt/ n. *(as concept)* welfare state m., stato m. assistenziale; *(stressing state assistance)* assistenza f. pubblica; ***to be dependent on the ~*** dipendere dall'assistenza sociale; ***a ~ mentality*** SPREG. una mentalità assistenzialista.

welfare work /ˈwelfeəwɜːk/ n. servizio m. di assistenza sociale.

welfare worker /ˈwelfeəˌwɜːkə(r)/ ♦ ***27*** n. impiegato m. (-a) del servizio di assistenza sociale.

welfarism /ˈwelfeərɪzəm/ n. welfarismo m.

welfarist /ˈwelfeərɪst/ n. sostenitore m. (-trice) del welfarismo.

welfarite /ˈwelfeəraɪt/ n. AE COLLOQ. SPREG. = persona assistita dal servizio sociale.

welkin /ˈwelkɪn/ n. LETT. volta f. celeste.

▶ **1.well** /wel/ agg. (compar. **better**, superl. **best**) **1** *(in good health)* ***to feel ~*** sentirsi bene; ***are you ~?*** stai bene? ***I'm very ~, thank you*** sto molto bene, grazie; ***she's not ~ enough to travel*** non sta ancora abbastanza bene per viaggiare; ***he's not a ~ man*** ha dei problemi di salute; ***people who are ~ don't need doctors*** chi sta bene non ha bisogno di dottori; ***she doesn't look at all ~*** non sembra proprio in forma; ***to get ~*** stare meglio; ***get ~ soon!*** guarisci presto! ***"how is he?" - "as ~ as can be expected"*** "come sta?" - "non peggio del previsto" **2** *(in satisfactory state, condition)* bene; ***all is ~*** va tutto bene; ***she began to fear that all was not ~*** cominciò a temere che ci fossero dei problemi; ***all is not ~ in their marriage*** ci sono dei problemi nel loro matrimonio; ***I hope all is ~ with you*** spero che ti vada tutto bene; ***all being ~, I'll be home before six*** se tutto va bene, sarò a casa prima delle sei; ***that's all very ~, but*** è tutto molto bello, però; ***it's all very ~ to go on strike, but*** è giusto scioperare, ma; ***it's all very ~ for you to laugh, but*** tu fai presto a ridere, ma; ***that's all very ~ for him, but some of us have to work for a living*** buon per lui, ma alcuni di noi devono lavorare per vivere; ***if you think you can cope on your own, ~ and good*** se pensi di farcela da solo, va benissimo **3** *(advisable, prudent)* ***it would be just as ~ to check*** sarebbe meglio controllare; ***it would be as ~ for you not to get involved*** faresti meglio a non immischiarti; ***it might be as ~ to telephone first*** prima sarebbe opportuno telefonare **4** *(fortunate)* ***it was just as ~ for him that the shops were still open*** gli è andata bene che i negozi erano ancora aperti; ***it's just as ~ you're not hungry, because I didn't buy any food*** meno male che non hai fame, perché non ho comprato niente da mangiare; ***the flight was delayed, which was just as ~*** per fortuna il volo era in ritardo ◆ ***all's ~ that ends ~*** PROV. tutto bene ciò che finisce bene.

▶ **2.well** /wel/ avv. (compar. **better**, superl. **best**) **1** *(satisfactorily)* [*treat, behave, feed, eat, sleep, perform etc.*] bene; ***to work ~*** [*person*] lavorare bene; [*system*] funzionare bene; ***these scissors cut ~*** queste forbici tagliano bene; ***he isn't eating very ~*** non mangia molto; ***she can play the piano as ~ as her sister*** suona il piano bene quanto sua sorella; ***that boy will do ~*** quel ragazzo farà strada; ***he hasn't done as ~ as he might*** non ha fatto quanto avrebbe potuto; ***I did ~ in the general knowledge questions*** sono andato bene nelle domande di cultura generale; ***to do ~ at school*** andare bene a scuola; ***mother and baby are both doing ~*** la madre e il bambino stanno entrambi bene; ***the operation went ~*** l'operazione è andata bene; ***you did ~ to tell me*** hai fatto bene a dirmelo; ***he would do ~ to remember that*** farebbe bene a ricordare che; ***we'll be doing ~ if we get there on time*** saremo fortunati se arriveremo in tempo; ***if all goes ~*** se tutto va bene; ***all went ~ until*** andò tutto bene finché; ***~ done!*** bravo! ***~ played!*** bravo! bel colpo! ***he has done very ~ for himself since he became self-employed*** se la cava molto bene da quando lavora in proprio; ***to do oneself ~*** trattarsi bene *o* non farsi mancare nulla; ***to do ~ by sb.*** mostrarsi gentile con qcn. *o* comportarsi bene con qcn.; ***they're doing quite ~ out of the mail-order business*** la loro vendita per corrispondenza sta andando piuttosto bene; ***some businessmen did quite ~ out of the war*** alcuni uomini d'affari si sono arricchiti parecchio durante la guerra; ***she didn't come out of it very ~*** *(of situation)* non ne è uscita molto bene; *(of article, programme etc.)* non le ha fatto molto onore; ***as I know only too ~*** come ben so; ***he is ~ able to look after himself*** è perfettamente in grado di badare a se stesso **2** *(used with modal verbs)* ***you may ~ be right*** potresti anche avere ragione; ***I might ~ go there*** potrei anche andarci; ***the concert might very ~ be cancelled*** è probabile che il concerto venga annullato; ***I can ~ believe it*** credo bene *o* ci credo; ***it may ~ be that*** potrebbe anche darsi che; ***I couldn't very ~ say no*** mi è stato impossibile dire di no; ***you may ~ ask!*** hai un bel chiedere! ***we might just as ~ have stayed at home*** avremmo potuto starcene benissimo a casa; ***we may as ~ go home*** potremmo benissimo andarcene a casa; ***one might ~ ask why the police were not informed*** verrebbe da chiedersi perché la polizia non ne fosse stata informata; ***"shall I shut the door?" - "you might as ~"*** "chiudo la porta?" - "fai pure"; ***he offered to pay for the damage, as ~ he might!*** si è offerto di pagare i danni, mi sembra il minimo! ***she looked shocked, as ~ she might*** sembrava scioccata, e non c'è da stupirsi; ***we didn't panic, as ~ we might (have done)*** non ci siamo fatti prendere dal panico, anche se ne avremmo avuto motivo **3** *(intensifier)* ben; ***to be ~ over the speed limit*** essere ben al di sopra del limite di velocità; ***she is ~ over 30*** è ben oltre i 30; ***she looks ~ over 30*** sembra che abbia *o* dimostra molto più di 30 anni; ***there were ~ over a hundred people*** c'erano molto più di cento persone; ***the house is ~ over a hundred years old*** la casa ha ben più di un secolo; ***the museum is ~ worth a visit*** vale la pena visitare il museo; ***it was ~ worth waiting for*** è valsa proprio la pena di aspettare; ***the weather remained fine ~ into September*** il tempo è rimasto bello fino a settembre inoltrato; ***she was active ~ into her eighties*** era attiva nonostante i suoi ottant'anni suonati; ***temperatures are ~ up in the twenties*** le temperature sono ben al di sopra dei venti gradi; ***profits are ~ above, below average*** i guadagni sono ben al di sopra, al di sotto della media; ***stand ~ back from the kerb*** state ben lontani dal bordo della strada; ***the house is situated ~ back from the road*** la casa è ben distante dalla strada; ***it was ~ after midnight*** era ben dopo la mezzanotte; ***it went on until ~ after midnight*** è continuato fino ben oltre la mezzanotte; ***the party went on ~ into the night*** la festa è andata avanti fino a notte inoltrata **4** *(approvingly)* ***to speak, think ~ of sb.*** parlare, pensare bene di qcn. **5** ***to wish sb. ~*** augurare ogni bene a qcn.; ***I wish***

you ~ of it! IRON. tanti auguri! **6** ***as ~*** *(also)* anche; ***as ~ as*** *(in addition to)* così come; ***is Tom coming as ~?*** viene anche Tom? ***you know as ~ as I do why he left*** sai bene quanto me perché se ne è andato; ***he is studying Italian as ~ as French*** studia italiano e anche francese; ***I worked on Saturday as ~ as on Sunday*** ho lavorato sabato e pure domenica; ***they have a house in the country as ~ as an apartment in Paris*** hanno una casa in campagna e anche un appartamento a Parigi; ***by day as ~ as by night*** di giorno così come di notte **7** BE COLLOQ. ***it was ~ good!*** o ***~ bad!*** *(in approval)* era una ficata! ◆ ***to be ~ in with sb.*** COLLOQ. stare bene con qcn.; ***to be ~ up in sth.*** conoscere bene qcs.; ***to leave ~ alone*** BE o ***~ enough alone*** AE *(not get involved)* non metterci le mani; ***I would leave ~ alone if I were you*** se fossi in te mi terrei fuori; ***you're ~ out of it!*** COLLOQ. per fortuna ne sei fuori! ***~ and truly*** completamente; ***~ and truly over, lost*** bell'e finito, perso.

▶ **3.well** /wel/ inter. *(expressing astonishment)* beh; *(expressing indignation, disgust)* insomma; *(expressing disappointment)* bene; *(after pause in conversation, account)* allora; ***~, who would have thought it!*** beh, chi l'avrebbe mai detto! ***~, I think so*** beh, penso di sì; ***~, you may have a point, but*** certo non hai tutti i torti, però; ***~, you may be right*** beh, forse hai ragione; ***~, as I was saying*** allora, come stavo dicendo; ***~, that's too bad*** è veramente un peccato; ***~ then, what's the problem?*** allora, qual è il problema? ***they've gone already? oh ~!*** se ne sono già andati? che peccato! ***oh ~, there's nothing I can do about it*** beh, non posso farci niente; ***~, ~, ~, if it isn't my aunt Violet!*** guarda, guarda, quella è mia zia Violet! ***~, ~, ~, so you're off to America?*** e così parti per l'America? ***the weather was good, ~, good for March*** il tempo era bello, insomma, bello per il mese di marzo; ***"he said he'd kill himself" - "~, did he?"*** "disse che si sarebbe ucciso" - "e l'ha fatto veramente?"; ***very ~ then*** molto bene.

4.well /wel/ n. **1** *(sunk in ground)* pozzo m.; ***to get one's water from a ~*** tirare l'acqua dal pozzo **2** *(pool)* sorgente f., fonte f. **3** ING. *(shaft for stairs, lift)* vano m. **4** BE DIR. *(in law court)* = spazio riservato ai difensori.

5.well /wel/ intr. → **well up**.

▪ **well up** sgorgare; ***tears ~ed up in my eyes*** mi vennero le lacrime agli occhi; ***anger ~ed up inside me*** la rabbia crebbe dentro me.

we'll */forma debole* wɪl, *forma forte* wiːl/ contr. we shall, we will.

welladay /ˌweləˈdeɪ/ inter. ANT. ahimè.

well-adjusted /ˌweləˈdʒʌstɪd/ agg. [*person*] ben inserito.

well-advised /ˌweladˈvaɪzd/ agg. ***you would be ~ to stay at home*** faresti bene a startene a casa.

well-aimed /ˌwelˈeɪmd/ agg. [*blow, kick*] ben assestato.

well-appointed /ˌweləˈpɔɪntɪd/ agg. [*room, house*] ben arredato.

well-attended /ˌweləˈtendɪd/ agg. ***the meeting was ~*** c'è stata una buona partecipazione.

well-balanced /ˌwelˈbælənst/ agg. [*person*] equilibrato; [*meal, diet*] equilibrato, bilanciato.

well-behaved /ˌwelbɪˈheɪvd/ agg. [*child*] beneducato; [*animal*] ben addestrato, beneducato.

▷ **well-being** /ˌwelˈbiːɪŋ/ n. benessere m.

well-born /ˌwelˈbɔːn/ agg. bennato, di buona famiglia.

well-bred /ˌwelˈbred/ agg. **1** [*person*] *(of good birth)* bennato; *(having good manners)* beneducato **2** [*animal*] di razza; [*horse*] purosangue.

well-built /ˈwelbɪlt/ agg. [*person*] ben piantato; [*building*] solido.

well-chosen /ˌwelˈtʃəʊzn/ agg. ben scelto; ***a few ~ words*** qualche parola appropriata; ***~ expression*** espressione felice.

well-connected /ˌwelkəˈnektɪd/ agg. di buona famiglia, ben introdotto.

well-curb /ˈwelkɜːb/ n. puteale m.

well-deck /ˈweldek/ n. MAR. ponte m. a pozzo.

well-defined /ˌweldɪˈfaɪnd/ agg. [*shape, outline, image*] netto; [*role, boundary*] ben definito.

well-deserved /ˌweldɪˈzɜːvd/ agg. meritato.

well-developed /ˌweldɪˈveləpt/ agg. **1** ANAT. ben sviluppato **2** [*instinct*] molto sviluppato; [*structure, system*] molto sviluppato, molto evoluto; [*plan, argument*] elaborato con cura.

well-disposed /ˌweldɪˈspəʊzd/ agg. ***to be ~ towards*** essere bendisposto verso [*person*]; essere favorevole a [*regime, idea, policy*].

well-done /ˌwelˈdʌn/ agg. **1** GASTR. ben cotto **2** *(well performed)* [*task, job*] benfatto.

well-dressed /ˌwelˈdrest/ agg. benvestito.

well-earned /ˌwelˈɜːnd/ agg. meritato.

well-educated /ˌwelˈedʒʊkeɪtɪd/ agg. *(having a good education)* istruito; *(cultured)* colto.

well-endowed /ˌwelɪnˈdaʊd/ agg. ***she is ~*** COLLOQ. è ben dotata da madre natura; ***he is ~*** COLLOQ. è ben fornito.

well-established /ˌwelɪˈstæblɪʃt/ agg. [*institution*] fondato; [*artist*] affermato; [*view*] consolidato.

well-favoured /ˌwelˈfeɪvəd/ agg. ANT. o SCHERZ. di bell'aspetto.

well-fed /ˌwelˈfed/ agg. ben nutrito.

well-formed /ˌwelˈfɔːmd/ agg. **1** [*mouth, nose, features*] benfatto **2** LING. sintatticamente corretto, ben formato.

well-founded /ˌwelˈfaʊndɪd/ agg. [*rumour, assumption*] fondato.

well-groomed /ˌwelˈgruːmd/ agg. [*person, appearance*] ben curato; [*hair*] ben pettinato; [*horse*] ben strigliato.

well-grounded /ˌwelˈgraʊndɪd/ agg. [*person*] competente; [*rumour, assumption*] fondato.

wellhead /ˈwelhed/ n. sorgente f., fonte f.

well-heeled /ˌwelˈhiːld/ agg. COLLOQ. ricco.

well-hung /ˌwelˈhʌŋ/ agg. POP. SCHERZ. [*man*] superdotato.

well-informed /ˌwelɪnˈfɔːmd/ agg. [*person*] beninformato (**about** di); ***he's very ~*** *(knows a lot about current affairs)* è sempre molto aggiornato; ***~ source*** GIORN. fonte informata.

wellington /ˈwelɪŋtən/, **wellington boot** /ˌwelɪŋtənˈbuːt/ n. BE stivale m. di gomma.

Wellington /ˈwelɪŋtən/ ♦ ***34*** n.pr. Wellington f.

well-intentioned /ˌwelɪnˈtenʃnd/ agg. benintenzionato.

well-judged /ˌwelˈdʒʌdʒd/ agg. [*statement, phrase*] pieno di discernimento; [*performance*] intelligente.

well-kept /ˌwelˈkept/ agg. [*house, garden, village*] tenuto bene.

well-knit /ˌwelˈnɪt/ agg. [*body, frame*] robusto; FIG. [*argument, plan, plot*] elaborato con cura.

▷ **well-known** /ˌwelˈnəʊn/ agg. **1** *(famous)* [*person, place, work of art*] noto; ***she's not very ~*** non è molto conosciuta; ***to be ~ to sb.*** essere conosciuto da qcn. **2** *(widely known)* ***it is ~ that, it is a ~ fact that*** è ben noto *o* risaputo che.

well-knowness /ˌwelˈnəʊnɪs/ n. notorietà f.

well-liked /ˌwelˈlaɪkt/ agg. [*person*] molto amato, benvoluto.

well-lined /ˌwelˈlaɪnd/ agg. [*purse*] gonfio; [*stomach*] pieno.

well-made /ˌwelˈmeɪd/ agg. benfatto.

well-managed /ˌwelˈmænɪdʒd/ agg. gestito bene.

well-mannered /ˌwelˈmænəd/ agg. educato, cortese.

well-matched /ˌwelˈmætʃt/ agg. ben assortito, ben accoppiato.

well-meaning /ˌwelˈmiːnɪŋ/ agg. [*person*] benintenzionato; [*advice, suggestion, gesture*] in buona fede.

well-meant /ˌwelˈment/ agg. ***his offer was ~, but she was too proud to accept it*** la sua offerta era fatta a fin di bene, ma lei era troppo orgogliosa per accettarla; ***my remarks were ~, but I offended her*** le mie osservazioni erano fatte in buona fede, ma l'ho offesa.

wellness /ˈwelnəs/ n. AE benessere m.

wellness centre BE, **wellness center** AE /ˈwelnəsˌsentə(r)/ n. centro m. benessere.

well-nigh /ˌwelˈnaɪ/ avv. FORM. quasi, pressoché; ***~ impossible*** pressoché impossibile.

well off /ˌwelˈɒf/ **I** agg. **1** *(wealthy)* [*person, family, neighbourhood*] agiato, benestante **2** *(fortunate)* ***you don't know when you're ~*** non sai quanto sei fortunato **3** ***to be ~ for*** avere molto [*space, provisions etc.*] **II** n. + verbo pl. ***the well-off*** i benestanti, i ricchi; ***the less well-off*** le persone meno agiate.

well-oiled /ˌwelˈɔɪld/ agg. **1** [*machine, engine*] ben oliato; FIG. *(smooth-running)* [*department, organization*] che funziona perfettamente **2** COLLOQ. *(drunk)* sbronzo.

well-ordered /ˌwelˈɔːdəd/ agg. ben ordinato.

well-padded /ˌwelˈpædɪd/ agg. COLLOQ. SCHERZ. [*person*] bene in carne.

well-paid /ˌwelˈpeɪd/ agg. [*person*] pagato bene; [*job*] pagato bene, ben retribuito.

well-preserved /ˌwelprɪˈzɜːvd/ agg. conservato bene.

well-produced /ˌwelprəˈdjuːst/ agg. [*film, programme, recording brochure*] benfatto.

well-proportioned /ˌwelprəˈpɔːʃnd/ agg. ben proporzionato.

well-read /ˌwelˈred/ agg. colto, istruito.

well-respected /ˌwelrɪˈspektɪd/ agg. [*person*] molto rispettato.

well-rounded /ˌwelˈraʊndɪd/ agg. **1** [*education, programme, life*] completo; [*individual*] che ha ricevuto un'istruzione completa **2** *(shapely)* [*figure*] ben tornito; [*cheeks*] tondo.

well-set /ˌwelˈset/ agg. [*person*] ben piantato.

well-spoken /ˌwelˈspəʊkən/ agg. [*person*] che parla bene.

well-spoken-of /ˌwelˈspəʊkənəv/ agg. ***he's very ~*** si parla molto bene di lui.

well-spring /ˈwelsprɪŋ/ n. *(of spring)* punto m. di risorgenza.

well-stacked /ˌwelˈstækt/ agg. POP. SCHERZ. [*woman*] tettona.
well-tempered /ˌwelˈtempəd/ agg. MUS. ben temperato.
well-thought-of /ˌwelˈθɔːtəv/ agg. [*person*] stimato da tutti, benvisto; [*product*] apprezzato.
well-thought-out /ˌwelθɔːtˈaʊt/ agg. [*plan, theory, plot etc.*] elaborato con cura.
well-thumbed /ˌwelˈθʌmd/ agg. [*book*] segnato dall'uso.
well-timed /ˌwelˈtaɪmd/ agg. [*remark, takeover*] tempestivo; ***that was~!*** *(of entrance, phonecall etc.)* è arrivato a proposito!
well-to-do /ˌweltəˈduː/ **I** agg. agiato, ricco **II** n. ***the~*** + verbo pl. i ricchi.
well-tried /ˌwelˈtraɪd/ agg. [*method, remedy*] sperimentato.
well-trodden /ˌwelˈtrɒdn/ agg. ***a~path*** un sentiero battuto (anche FIG.).
well-turned /ˌwelˈtɜːnd/ agg. **1** [*phrase, remark, compliment etc.*] ben costruito **2** ANT. [*ankle, leg*] ben tornito.
well-upholstered /ˌwelʌpˈhəʊlstəd/ agg. COLLOQ. SCHERZ. → **well-padded**.
well-wisher /ˈwelwɪʃə(r)/ n. sostenitore m. (-trice); POL. simpatizzante m. e f.; ***"from a~"*** *(as signature)* "da un suo sostenitore".
well-woman clinic /ˈwelwʊmənˌklɪnɪk/ n. = clinica che si occupa di malattie comuni tra le donne.
well-worn /ˌwelˈwɔːn/ agg. [*carpet, garment*] logoro; [*steps, floorboards*] consumato; FIG. [*joke, theme, phrase*] trito e ritrito.
welly /ˈwelɪ/ n. BE COLLOQ. **1** *(wellington boot)* stivale m. di gomma **2** FIG. *(acceleration)* accelerazione f. ◆ ***to give it some~*** schiacciare l'acceleratore.
welsh /welʃ/ intr. ***to~on*** venire meno a una promessa fatta a [*person*]; non mantenere [*promise, deal*].
Welsh /welʃ/ ➧ ***18, 14*** **I** agg. gallese **II** n. **1** *(people)* ***the~*** + verbo pl. i gallesi **2** *(language)* gallese m.

> **Welsh** Di origine celtica, come il bretone e il gaelico, il gallese è con l'inglese la lingua ufficiale del Galles. È la lingua madre di più del 20% della popolazione e il suo insegnamento è obbligatorio a scuola. Come altre lingue regionali, il gallese conosce oggi una ripresa: spesso le indicazioni stradali e i cartelli pubblicitari sono bilingui e programmi in gallese vengono trasmessi alla radio e in televisione.

> **Welsh Assembly – National Assembly for Wales** L'Assemblea nazionale del Galles, istituita nel 1999 con sede nella capitale gallese Cardiff, ha limitati poteri legislativi. A differenza del Parlamento scozzese, non le è concesso il diritto di modificare le imposte sul reddito. Dei suoi 60 deputati (*Assembly Members o Ams*), 40 sono eletti direttamente e 20 con il sistema proporzionale, mediante liste regionali.

Welsh dresser /ˌwelʃˈdresə(r)/ n. BE credenza f. (con piattaia).
welsher /ˈwelʃə(r)/ n. = chi non mantiene le promesse.
Welsh harp /ˌwelʃˈhɑːp/ ➧ ***17*** n. arpa f. gallese.
Welshman /ˈwelʃmən/ n. (pl. **-men**) gallese m.
Welsh mountain pony /ˌwelʃmaʊntɪnˈpəʊnɪ, AE -maʊntn-/ n. pony m. gallese.
Welsh Office /ˈwelʃˌɒfɪs, AE -ˌɔːf-/ n. GB = fino al 1999, ministero per il Galles.
Welsh rarebit /ˌwelʃˈreəbɪt/, **Welsh rabbit** /ˌwelʃˈræbɪt/ n. = fetta di pane tostata e ricoperta di formaggio fuso.
Welsh terrier /ˈwelʃˌterɪə(r)/ n. welsh terrier m.
Welshwoman /ˈwelʃwʊmən/ n. (pl. **-women**) gallese f.
1.welt /welt/ n. **1** *(on shoe)* tramezza f. **2** *(on knitted garment)* bordo m. **3** *(on skin)* segno m. (di frustata).
2.welt /welt/ tr. **1** fornire di tramezza [*shoe*] **2** fare un orlo a [*garment*] **3** *(beat)* colpire.
1.welter /ˈweltə(r)/ n. ***a~of*** un'accozzaglia di [*objects*]; un miscuglio di [*fragments, emotions*]; un bagno di [*blood*]; un mare di [*criticism*]; un insieme di [*influences*].
2.welter /ˈweltə(r)/ intr. ***to~in*** essere immerso in un bagno di [*blood*]; trovarsi in un miscuglio di [*emotion*].
3.welter /ˈweltə(r)/ n. *(boxer)* (peso) welter m.
welterweight /ˈweltəweɪt/ **I** n. *(weight)* (pesi) welter m.pl.; *(boxer)* (peso) welter m. **II** modif. [*champion, title*] dei (pesi) welter; [*fight, competition*] di (pesi) welter.
wen /wen/ n. MED. cisti f. sebacea; ***the great~*** FIG. SCHERZ. = Londra.
Wenceslaus /ˈwensɪsləs/ n.pr. Venceslao.
1.wench /wentʃ/ n. ANT. SCHERZ. donzella f.
2.wench /wentʃ/ intr. ANT. SCHERZ. andare a donne.
wend /wend/ tr. ***to~one's way*** dirigersi (**to, towards** verso); ***to~one's way home*** prendere la strada verso casa.
Wendell /ˈwendl/ n.pr. Wendell (nome di uomo).
Wendy /ˈwendɪ/ n.pr. diminutivo di **Gwendolen**.
Wendy house /ˈwendɪhaʊs/ n. BE = tenda a forma di casetta in cui giocano i bambini.
went /went/ pass. → **1.go**.
wept /wept/ pass., p.pass. → **2.weep**.
were /*forma debole* wə(r), *forma forte* wɜː(r)/ 2ª persona sing. pass., 1ª, 2ª, 3ª persona pl. pass. → **be**.
we're /wɪə(r)/ contr. we are.
weren't /wɜːnt/ contr. were not.
werewolf /ˈwɪəwʊlf/ n. (pl. **-wolves**) lupo m. mannaro, licantropo m.
wert /wɜːt/ ANT. LETT. 2ª persona sing. pass. → **be**.
Wesleyan /ˈwezlɪən/ **I** agg. wesleyano, metodista **II** n. wesleyano m. (-a), metodista m. e f.
Wesleyanism /ˈwezlɪənɪzəm/ n. metodismo m.
Wessex /ˈwesɪks/ ➧ ***24*** n.pr. Wessex m.
▶ **west** /west/ ➧ ***21*** **I** n. ovest m., occidente m. **II West** n.pr. **1** GEOGR. ***the West*** *(Occident)* l'Occidente; *(of country, continent)* l'Ovest; US il West, l'Ovest **2** *(in cards)* ovest m. **III** agg. attrib. [*side, bank, face*] ovest; [*coast, wall*] occidentale; [*wind*] dell'ovest, di ponente; ***in, from~London*** nella, dalla zona ovest di Londra **IV** avv. [*lie, live*] a ovest (**of** di); [*move*] verso ovest; ***to go~of sth.*** passare a ovest di qcs. ◆ ***to go~*** *(die)* EUFEM. andare all'altro mondo; *(get lost)* perdersi; ***there's another glass gone~!*** è partito un altro bicchiere!
West Africa /ˌwestˈæfrɪkə/ n.pr. Africa f. occidentale.
West African /ˌwestˈæfrɪkən/ **I** agg. [*culture, town, state*] dell'Africa occidentale **II** n. nativo m. (-a), abitante m. e f. dell'Africa occidentale.
West Bank /ˈwestbæŋk/ n.pr. Cisgiordania f.
West Bengal /ˌwestbenˈgɑːl/ n.pr. Bengala m. Occidentale.
West Berlin /ˌwestbɜːˈlɪn/ n.pr. POL. STOR. Berlino f. Ovest.
westbound /ˈwestbaʊnd/ agg. [*carriageway, traffic*] in direzione ovest; ***the~platform, train*** BE *(in underground)* il binario, il treno in direzione ovest.
West Country /ˈwestˌkʌntrɪ/ n.pr. GB ***the~*** il Sud-Ovest dell'Inghilterra.
West End /ˌwestˈend/ n.pr. BE ***the~*** il West End (quartiere a ovest del centro di Londra in cui si trovano i negozi e i teatri più rinomati).
1.wester /ˈwestə(r)/ n. COLLOQ. = forte vento da ovest.
2.wester /ˈwestə(r)/ intr. **1** ASTR. [*sun, moon*] muoversi verso ovest **2** METEOR. [*wind*] girare verso ovest.
westering /ˈwestərɪŋ/ agg. **1** ASTR. [*sun, moon*] che si muove verso ovest **2** METEOR. [*wind*] che gira verso ovest.
westerly /ˈwestəlɪ/ **I** agg. [*wind, area*] dell'ovest; [*point*] a occidente; [*breeze*] di ponente; ***in a~direction*** in direzione *o* verso ovest **II** n. *(wind)* vento m. dell'ovest.
▶ **western** /ˈwestən/ ➧ ***21*** **I** agg. attrib. **1** GEOGR. [*coast, boundary*] occidentale; [*town, region, custom, accent*] dell'ovest; [*Europe, United States*] dell'ovest; ***~Italy*** l'Italia occidentale **2** (anche **Western**) *(occidental)* occidentale **II** n. CINEM. (film) western m.
Western Australia /ˌwestənɒˈstreɪlɪə, -ɔːˈs-/ n.pr. Australia f. Occidentale.
westerner /ˈwestənə(r)/ n. **1** ***~s*** gli occidentali **2** AE nativo m. (-a), abitante m. e f. degli stati dell'ovest (degli Stati Uniti).
Western Isles /ˌwestənˈaɪlz/ ➧ ***12*** n.pr.pl. Isole f. Ebridi occidentali.
westernization /ˌwestənaɪˈzeɪʃn, AE -nɪˈz-/ n. occidentalizzazione f.
westernize /ˈwestənaɪz/ tr. occidentalizzare; ***to become~d*** occidentalizzarsi.
westernmost /ˈwestənməʊst/ agg. (il) più a ovest, (il) più occidentale.
Western omelette /ˌwestənˈɒmlɪt/ n. AE = frittata con prosciutto, peperoni e cipolle.
western roll /ˌwestənˈrəʊl/ n. SPORT = salto in alto con rotazione sul fianco.
Western saddle /ˌwestənˈsædl/ n. US EQUIT. sella f. all'americana.
Western Sahara /ˌwestənsəˈhɑːrə/ n.pr. Sahara m. occidentale.
west-facing /ˈwestfeɪsɪŋ/ agg. rivolto, orientato a ovest.
West German /ˌwestˈdʒɜːmən/ ➧ ***18*** **I** agg. POL. STOR. tedesco-occidentale **II** n. POL. STOR. tedesco m. (-a) dell'ovest.
West Germany /ˌwestˈdʒɜːmənɪ/ ➧ ***6*** n.pr. POL. STOR. Germania f. dell'ovest.
West Glamorgan /ˌwestgləˈmɔːgən/ ➧ ***24*** n.pr. West Glamorgan m.

West Indian /ˌwest'ɪndɪən/ ➧ **18** **I** agg. delle Indie occidentali **II** n. nativo m. (-a), abitante m. e f. delle Indie occidentali.
West Indies /ˌwest'ɪndi:z/ ➧ **6, 12** n.pr.pl. Indie f. occidentali.
westing /'westɪŋ/ n. MAR. = distanza percorsa in direzione ovest.
West Midlands /ˌwest'mɪdləndz/ ➧ **24** n.pr. West Midlands f.pl.
Westminster /'westmɪnstə(r)/ n. = il parlamento britannico; ***to be elected to*** ~ essere eletto al parlamento (britannico).

> **Westminster** Quartiere di Londra in cui si trovano i principali edifici governativi e amministrativi (*Houses of Parliament, 10 Downing Street, Whitehall*), le residenze delle famiglia reale (*Buckingham Palace* e *Saint James*) e l'abbazia di Westminster. Con il termine *Westminster* tuttavia si allude praticamente sempre, nel linguaggio dei media, al parlamento o alla politica britannica.

West Point /ˌwest'pɔɪnt/ n. US = accademia militare statunitense.
West Sussex /ˌwest'sʌsɪks/ ➧ **24** n.pr. West Sussex m.
West Virginia /ˌwestvɜ:'dʒɪnɪə/ ➧ **24** n.pr. Virginia f. occidentale, West Virginia f.
westward /'westwəd/ ➧ **21** **I** agg. [*side*] occidentale; [*wall, slope*] rivolto a ovest; [*journey, route, movement*] verso ovest; ***in a ~ direction*** in direzione ovest **II** avv. (anche **~s**) verso ovest.
West Yorkshire /ˌwest'jɔ:kʃə(r)/ ➧ **24** n.pr. West Yorkshire m.
▷ **1.wet** /wet/ **I** agg. **1** *(damp)* [*clothing, hair, hand, grass, road, surface, patch*] bagnato; ***~ with tea, rain, urine*** bagnato di tè, di pioggia, di urina; ***~ with blood*** intriso di sangue; ***~ with tears*** [*hanky*] umido di lacrime; ***her face was ~ with tears*** aveva il viso bagnato dalle lacrime; ***~ with sweat*** bagnato di sudore; ***to get ~*** bagnarsi; ***to get one's feet, clothes ~*** bagnarsi i piedi, i vestiti; ***to get the floor, the towel ~*** bagnare il pavimento, l'asciugamano; ***~ through*** fradicio **2** *(freshly applied)* [*cement, clay, paint, plaster, varnish*] fresco; ***"~ paint"*** "vernice fresca"; ***the ink is still ~*** l'inchiostro è ancora fresco; ***to keep sth. ~*** non fare asciugare qcs. **3** *(rainy)* [*weather, climate, season, day, night, area*] piovoso; [*conditions*] di umidità; [*spell*] di piogge; ***tomorrow, the North will be ~*** domani pioverà al nord; ***when it's ~*** quando piove **4** BE SPREG. [*person*] debole di carattere; [*remark, action*] poco convincente; ***don't be so ~!*** un po' di grinta! **5** BE POL. [*Tory, minister, cabinet, MP*] moderato **6** COLLOQ. *(where alcohol is sold)* [*state, country*] = dove è consentito acquistare alcolici **II** n. **1** *(dampness)* umidità f.; ***this plant is tolerant of the ~*** questa pianta tollera l'umidità; ***ducks like the ~*** le anatre amano l'acqua; ***the car won't start in the ~*** l'auto non parte quando piove; ***the tyre performs well in the ~*** questo pneumatico offre buone prestazioni sul bagnato **2** BE COLLOQ. *(feeble person)* SPREG. debole m. e f. **3** BE POL. conservatore m. (-trice) moderato (-a) ◆ ***he is ~ behind the ears*** ha ancora il latte alla bocca *o* gli puzza ancora la bocca di latte.
2.wet /wet/ **I** tr. (forma in -ing **-tt-**; pass., p.pass. **wet**) **1** *(with water, blood, sweat, tea)* bagnare [*floor, object, clothes*] **2** *(urinate in or on)* ***to ~ one's pants*** farsela addosso; ***to ~ the bed*** bagnare il letto **II** rifl. (forma in -ing **-tt-**; pass., p.pass. **wet**) ***to ~ oneself*** farsela addosso ◆ ***to ~ one's whistle*** bagnarsi la bocca.
wetback /'wetbæk/ n. AE COLLOQ. = immigrato messicano che entra clandestinamente negli Stati Uniti passando dal Rio Grande.
wet blanket /ˌwet'blæŋkɪt/ n. COLLOQ. guastafeste m. e f.
wet cell (battery) /'wetˌsel(ˌbætərɪ)/ n. pila f. a liquido.
wet dock /'wetˌdɒk/ n. darsena f.
wet dream /ˌwet'dri:m/ n. = sogno erotico che provoca polluzione notturna.
wet fish /'wetfɪʃ/ n. (p. **wet fish**, **wet fishes**) BE = pesce fresco, conservato in salamoia o sotto sale, in contrapposizione a quello essiccato, surgelato o congelato.
wether /'weðə(r)/ n. montone m. (castrato).
wetland /'wetlənd/ **I** n. terre f.pl. paludose, paludi m.pl. **II** modif. [*bird, plant, wildlife*] palustre; [*area, site*] paludoso.
wet-look /'wetlʊk/ agg. ABBIGL. [*plastic, leather*] lucido; [*hair gel*] a effetto bagnato.
wetly /'wetlɪ/ avv. [*glisten, gleam*] d'umidità.
wetness /'wetnɪs/ n. *(of climate, weather, soil, garment)* umidità f.
wetnurse /'wetnɜ:s/ n. balia f., nutrice f.
wet-nurse /'wetnɜ:s/ tr. **1** fare da balia a [*baby*] **2** FIG. fare da balia a [*person*]; badare a [*project*].
wet plate /'wetpleɪt/ n. lastra f. al collodio umido.
wet rot /'wetrɒt/ n. carie f. rossa.
wet suit /'wetsu:t, -sju:t/ n. muta f. subacquea.
wettability /ˌwetə'bɪlətɪ/ n. bagnabilità f.
wettable /'wetəbl/ agg. bagnabile.
wetting /'wetɪŋ/ n. ***to get a ~*** prendersi una bagnata; ***to give sth. a ~*** bagnare qcs.
wetting agent /'wetɪŋˌeɪdʒənt/ n. agente m. umettante.
WEU n. (⇒ Western European Union Unione dell'Europa Occidentale) UEO f.
we've /*forma debole* wɪv, *forma forte* wi:v/ contr. we have.
W Glam GB ⇒ West Glamorgan West Glamorgan.
1.whack /wæk, AE hwæk/ **I** n. **1** *(blow)* (forte) colpo m.; ***to give sth., sb. a ~*** dare un forte colpo a qcs., a qcn. **2** COLLOQ. *(share)* parte f.; ***to get one's ~*** avere la propria parte; ***to do one's ~*** fare la propria parte; ***to pay one's ~*** pagare la propria parte **3** BE COLLOQ. *(amount of money)* ***to earn top ~*** guadagnare un sacco di soldi; ***to pay top ~*** pagare il massimo **4** COLLOQ. *(try)* tentativo m.; ***to have*** o ***take a ~ at (doing) sth.*** tentare (di fare) qcs.; ***to get first ~ at sth., at doing*** provare per primo qcs., a fare **II** inter. sbam ◆ ***out of ~*** AE [*cupboard*] sgangherato; [*arm, leg*] fuori uso.
2.whack /wæk, AE hwæk/ tr. **1** *(hit)* picchiare [*person, animal*]; colpire [*ball*] **2** BE COLLOQ. *(defeat)* battere **3** FIG. ***to ~ £ 10 off the price*** abbassare il prezzo di 10 sterline.
■ **whack off** VOLG. farsi una sega.
whacked /wækt, AE hwækt/ agg. mai attrib. COLLOQ. **1** *(tired)* sfinito **2** AE *(stoned)* fatto.
whacker /'wækə(r), AE 'hwæk-/ n. COLLOQ. **1** AE *(drover)* mandriano m. (-a) **2** *(big lie)* frottola f., panzana f.
whacking /'wækɪŋ, AE 'hwæk-/ **I** n. COLLOQ. botte f.pl. **II** agg. BE COLLOQ. enorme, gigante **III** avv. BE COLLOQ. ***~ great, ~ big*** enorme, gigante.
whacky /'wækɪ, AE 'hwækɪ/ agg. COLLOQ. [*person*] strambo; [*sense of humour, joke*] strano; [*party, clothes*] strampalato.
▷ **1.whale** /weɪl, AE hweɪl/ n. **1** ZOOL. balena f. **2** COLLOQ. ***a ~ of a difference, story*** una gran bella differenza, storia; ***to have a ~ of a time*** divertirsi un mondo.
2.whale /weɪl, AE hweɪl/ intr. andare a caccia di balene.
3.whale /weɪl, AE hweɪl/ tr. AE COLLOQ. *(thrash)* suonarle a (anche FIG.).
whaleboat /'weɪlbəʊt, AE 'hweɪl-/ n. baleniera f.
whalebone /'weɪlbəʊn, AE 'hweɪl-/ n. *(baleen)* fanone m.; *(in corset etc.)* stecca f., osso m. di balena.
whale calf /'weɪlkɑ:f, AE 'hweɪlkæf/ n. balenotto m., balenottero m.
whale-fishing /'weɪlˌfɪʃɪŋ, AE 'hweɪl-/ n. caccia f. alle balene.
whaleman /'weɪlmən, AE 'hweɪl-/ ➧ **27** n. (pl. **-men**) AE baleniere m.
whale oil /'weɪlˌɔɪl, AE 'hweɪl-/ n. olio m. di balena.
whaler /'weɪlə(r), AE 'hweɪlər/ ➧ **27** n. **1** *(ship)* baleniera f. **2** *(person)* baleniere m.
whaling /'weɪlɪŋ, AE 'hweɪlɪŋ/ n. **1** *(whale fishing)* caccia f. alle balene; ***to go ~*** andare a caccia di balene **2** AE COLLOQ. *(thrashing)* botte f.pl.; FIG. batosta f.
whaling-master /'weɪlɪŋˌmɑ:stə(r), AE 'hweɪlɪŋˌmæstər/ n. capitano m. di baleniera.
1.wham /wæm, AE hwæm/ **I** n. forte colpo m., botta f. **II** inter. sbam.
2.wham /wæm, AE hwæm/ tr. (forma in -ing ecc. **-mm-**) battere con forza.
whammy /'wæmɪ, AE 'hwæmɪ/ n. AE COLLOQ. malocchio m.
1.whang /wæŋ, AE hwæŋ/ n. COLLOQ. forte colpo m.
2.whang /wæŋ, AE hwæŋ/ tr. COLLOQ. colpire forte.
1.wharf /wɔ:f, AE hwɔ:f/ n. (pl. **wharves**) pontile m.
2.wharf /wɔ:f, AE hwɔ:f/ intr. [*boat*] ormeggiarsi al pontile.
wharfage /'wɔ:fɪdʒ, AE 'hwɔ:fɪdʒ/ n. **1** *(accommodation)* spazio m. di ormeggio al pontile **2** *(fee)* diritti m.pl. di banchina.
wharfinger /'wɔ:fɪndʒə(r), AE 'hwɔ:-/ n. **1** *(owner)* proprietario m. (-a) di un pontile **2** *(keeper)* custode m. e f. di un pontile.
wharves /wɔ:vz, AE hwɔ:vz/ → **1.wharf**.
▶ **what** /wɒt, AE hwɒt/ **I** determ. **1** *(in questions)* quale, che; ***~ magazines do you read?*** quali riviste leggi? ***~ time is it?*** che ora è? ***do you know ~ train he took?*** sai quale treno ha preso? **2** *(in exclamations)* che; ***~ a nice dress, car!*** che bel vestito, che bella macchina! ***~ a lovely apartment!*** che bell'appartamento! ***~ a strange thing to do!*** che stranezza! ***~ use is that?*** a che serve? (anche FIG.) **3** *(the amount of)* ***~ money he earns he spends*** tanto guadagna tanto spende; ***~ little she has*** quel poco che ha; ***~ belongings she had she threw away*** tutto quel che aveva l'ha buttato; ***~ few friends she had*** i pochi amici che aveva **II** pron. **1** *(in questions) (what exactly)* che, (che) cosa; ***~ is happening?*** che succede? ***~ are you doing?*** che stai facendo? ***~ are you up to?*** COLLOQ. che stai combinando? ***with, about ~?*** con, di cosa? ***or ~?*** o cosa?

what

As a determiner

- *What* used as a determiner in questions is translated by *quale* or *quali* according to the number of the noun that follows:

what train did you catch?	= quale treno hai preso?
what skirt is she wearing tonight?	= quale gonna indossa stasera?
what books do you usually read?	= quali libri leggi di solito?
what shoes do you like?	= quali scarpe ti piacciono?

- *What* used as a determiner in exclamations can only precede a noun or a noun clause; if a countable singular noun is involved, *what* is followed by the article *a / an*, which is omitted if the noun is uncountable or in the plural; in both cases, the Italian equivalent is simply *che*:

what a nice dress you have!	= che bel vestito hai!
what horrible weather!	= che tempo orribile!
what lovely eyes!	= che begli occhi!

- For particular usages see **I** in the entry **what**.

As a pronoun

In questions

- When used in questions as a subject or an object pronoun, *what* is usually translated by *che cosa*, *cosa* or *che*:

what is he doing?	= che cosa / cosa / che sta facendo?
what happened?	= che cosa / cosa / che è successo?

Only rarely, however, can *what* be translated by *quale* (or *quali* in the plural):

what's her telephone number?	= qual è il suo numero di telefono?
what are your plans for the future?	= quali sono i tuoi progetti per il futuro?

Used with preposition

- After a preposition *what* is still translated by *cosa* or *che cosa*. Unlike in English, the preposition must always be placed immediately before *cosa* or *che cosa*:

with what did she cut it? or *what did she cut it with?*	= con cosa l'ha tagliato?

To introduce a clause

- When used to introduce a clause as the subject or the object of the verb, *what* may be translated by *cosa*, *che cosa*, *ciò che*, *quello che* or *quanto*:

I don't know what he wants	= non so che cosa / ciò che vuole
tell me what happened	= raccontami cosa / quello che / quanto è successo.

For particular usages see **II** in the entry **what**.

and ~ else? e cos'altro? ***~ is to be done?*** che (si deve) fare? ***~ do six and four add up to?*** quanto fa sei più quattro? ***~ is up there?*** che cosa c'è lassù? ***~'s wrong?, ~'s the matter?, ~'s up?*** che (cosa) c'è? ***~ does it matter?*** che importa? ***~'s that machine?*** che cos'è quella macchina? ***~'s her telephone number?*** qual è il suo numero di telefono? ***~'s that button for?*** a che serve quel pulsante? ***~ did he do that for?*** perché lo ha fatto? ***~ for?*** per quale motivo? ***"I'm going to the shops" - "~ for?"*** "vado a far compere" - "come mai?"; ***~'s it like?*** com'è? ***~'s it like having an older brother?*** com'è avere un fratello più grande? ***~'s this called in German, ~'s the German for this?*** come si dice questo in tedesco? ***~ did it cost?*** quanto è costato? **2** *(in rhetorical questions)* ***~'s life without love?*** cos'è la vita senza l'amore? ***~'s the use?*** a che scopo, a che serve? ***~ does he care?*** che gli importa? ***~ can anyone do?*** che cosa si può fare? **3** *(as a relative pronoun)* quello che, ciò che; ***to wonder, know ~ is happening*** chiedersi, sapere che sta succedendo; ***to ask, guess ~ sb. wants*** chiedere, indovinare quello che qcn. vuole; ***they had everything except ~ I wanted*** avevano tutto tranne ciò che volevo; ***this is ~ is called a "monocle"*** questo è ciò che si chiama comunemente "monocolo"; ***do you know ~ that device is?*** sai che cos'è quello strumento? ***and ~ is equally surprising is that*** e ciò che è non meno sorprendente è che; ***she's not ~ she was*** non è più quella di una volta; ***~ I need is*** quello che mi serve è; ***a hammer, a drill and I don't know ~*** un martello, un trapano e non so cos'altro; ***drinking ~ looked like whisky*** bevendo qualcosa che sembrava whisky; ***and ~'s more*** e per di più; ***and ~'s worse*** o ***better*** e per giunta; *(whatever)* ***do ~ you want, have to*** fai quello che vuoi, che devi **4** COLLOQ. *(when guessing)* ***it'll cost, ~, £ 50*** costerà, non so, 50 sterline **5** *(inviting repetition)* ***~'s that, ~ did you say?*** cosa? cosa hai detto? ***he earns ~?*** guadagna quanto? ***he did ~?*** ha fatto cosa? ***George ~?*** George come? **6** *(expressing surprise)* ***and ~ it must have cost!*** e quanto dev'essere costato! **7** BE ANT. *(as question tag)* ***a good dinner, ~?*** una buona cena, nevvero? **8 what about** *(when drawing attention)* ***~ about the letter they sent?*** e la lettera che hanno mandato? ***~ about the children?*** e i figli? *(when making suggestion)* ***~ about a meal out?*** e se andassimo a mangiare fuori? che ne dici, che ne dite di andare a mangiare fuori? ***~ about Tuesday? OK?*** va bene martedì? d'accordo? *(when soliciting opinions)* ***~ about the transport costs?*** che ne pensi delle spese di trasporto? ***~ about us?*** e noi? *(in reply)* ***"~ about your sister?" - "~ about her?"*** "e tua sorella?" - "mia sorella cosa?" **9 what if** e se; ***~ if I bring the dessert?*** e se portassi il dolce? **10 what of** ***~ of Shakespeare and Lamb?*** LETT. che ne è di Shakespeare e di Lamb? ***~ of it!*** COLLOQ. e allora? **11 what with** ***~ with her shopping bags and her bike*** tra le borse della spesa e la bici; ***~ with the depression and unemployment*** un po' per la depressione un po' per la disoccupazione; ***~ with one thing and another*** tra una cosa e l'altra **III** inter. cosa, come, che ◆ ***I'll tell you ~*** ascoltami bene; ***to give sb. ~ for*** BE COLLOQ. dare una lavata di capo a qcn.; ***to know ~'s ~*** sapere il fatto proprio; ***he doesn't know ~'s ~*** non sa proprio niente; ***well, ~ do you know*** IRON. ma va'? chi l'avrebbe mai detto? ***~ do you think I am!*** COLLOQ. ma per chi mi hai preso? ***~'s it to you?*** COLLOQ. che te ne frega? ***~'s yours?*** COLLOQ. cosa prendi? ***you know ~ he, she etc. is!*** sai com'è fatto, fatta ecc.!

what-d'yer-call-her /'wɒtʃəkɔːlhə(r), AE 'hwɒtʃ-/ n. COLLOQ. tizia f.

what-d'yer-call-him /'wɒtʃəkɔːlhɪm, AE 'hwɒtʃ-/ n. COLLOQ. tizio m.

what-d'yer-call-it /'wɒtʃəkɔːlɪt, AE 'hwɒtʃ-/ n. COLLOQ. coso m., aggeggio m., affare m.

whate'er /wɒt'eə(r), AE hwɒt-/ → **whatever**.

▶ **whatever** /wɒt'evə(r), AE hwɒt-/ **I** determ. **1** *(any)* ***~ hope he once had*** qualsiasi speranza avesse un tempo; ***they eat ~ food they can get*** mangiano qualsiasi cibo riescano a trovare; ***~ items you've bought, return them*** qualsiasi prodotto abbiate comprato, riportatelo indietro **2** *(no matter what)* ***~ the events, their arguments*** quali che siano i fatti, le loro argomentazioni; ***~ the reason*** quale che sia la ragione; ***for ~ reason*** per qualunque ragione **3** *(expressing surprise)* ***~ idiot forgot the key?*** chi è quell'idiota che ha dimenticato la chiave? ***~ video was that?*** che cos'era quel video? **II** pron. **1** *(that which)* quello che, ciò che; ***to do ~ is expedient, required*** fare ciò che è opportuno, richiesto **2** *(anything that)* tutto quello che, tutto ciò che; ***do ~ you like*** fai tutto quello che vuoi; ***~ you can afford to give is welcome*** tutto ciò che potete dare è gradito; ***~ he says goes*** quello che dice lui è legge; ***~ you say*** *(as you like)* quello che vuoi **3** *(no matter what)* qualunque cosa; ***~ happens*** qualsiasi cosa succeda; ***~ I do, it's wrong*** qualunque cosa faccia è sbagliata; ***~ he says, don't pay any attention*** non dargli retta qualsiasi cosa dica; ***~ it costs it doesn't matter*** non importa quanto costa **4** *(what on earth)* che cosa; ***~'s the matter?*** (che) cosa c'è che non va? ***~ do you mean?*** ma che cosa vuoi insinuare? ***~ did he say?*** cos'ha mai detto? ***~'s that!*** che cavolo è questo! ***"let's go" - "~ for?"*** "andiamo" - "e perché mai?"; ***"I've bought some caviar" - "~ for?"*** "ho comprato del caviale" - "e perché mai?"; ***~ next!*** che cosa tireranno fuori ancora? **5** COLLOQ. *(the like)* ***curtains, cushions and ~*** tende, cuscini e cose del genere; ***to the cinema or ~*** al cinema o da qualche altra parte; ***you add it or subtract it or ~*** aggiungetelo o sottraetelo o fate cosa volete **III** avv. *(at all)* ***no evidence ~*** neanche la minima prova; ***to have no idea ~*** non avere la benché minima idea; ***"any chance?" - "none ~"*** "ci sono delle possibilità?" - "neanche lontanamente"; ***"any petrol?" - "none ~"*** "c'è benzina?" - "neanche l'ombra"; ***anything ~*** qualsiasi cosa; ***is there any possibility ~ that you can come?*** c'è qualche possibilità remota che tu possa venire?

whatnot /'wɒtnɒt, AE 'hwɒt-/ n. **1** *(furniture)* scansia f. **2** COLLOQ. *(unspecified person)* tizio m.; *(unspecified thing)* coso m., aggeggio m. **3** COLLOQ. *(and so on)* ***... and ~...*** ... e roba del genere...

what's-her-name /ˈwɒtshənerm, AE ˈhwɒts-/ n. → **what-d'yer-call-her.**

what's-his-name /ˈwɒtshɪsnerm, AE ˈhwɒts-/ n. → **what-d'yer-call-him.**

whatsit /ˈwɒtsɪt, AE ˈhwɒt-/ n. COLLOQ. *(thingummy)* coso m., aggeggio m., affare m.; ***Mr, Mrs Whatsit*** il signor, la signora Vattelapesca.

what's-its-name /ˈwɒtsɪtsnerm, AE ˈhwɒts-/ n. → **what-d'yer-call-it.**

whatsoever /ˌwɒtsəʊˈevə(r), AE ˌhwɒt-/ **I** ANT. pron. **1** *(anything that)* tutto quello che, tutto ciò che **2** *(no matter what)* qualunque cosa, qualsiasi cosa **II** avv. *(at all)* ***to have no idea ~*** non avere la benché minima idea.

whaup /wɔːp, AE hwɔːp/ n. SCOZZ. chiurlo m.

▷ **wheat** /wiːt, AE hwiːt/ **I** n. grano m., frumento m. **II** modif. [*field, sheaf*] di grano ◆ ***to separate the ~ from the chaff*** separare il grano dal loglio.

wheatear /ˈwiːtɪə(r), AE ˈhwiːt-/ n. ZOOL. culbianco m.

wheaten /ˈwiːtn, AE ˈhwiːtn/ agg. di grano, di frumento.

wheat flour /ˈwiːtˌflaʊə(r), AE ˈhwiːt-/ n. farina f. di grano, farina f. di frumento.

wheat germ /ˈwiːtdʒɜːm, AE ˈhwiːt-/ n. germe m. di grano.

wheatmeal /ˈwiːtmiːl, AE ˈhwiːt-/ n. farina f. integrale.

wheatmeal bread /ˈwiːtmiːlˌbred, AE ˈhwiːt-/ n. pane m. integrale.

wheat rust /ˈwiːtˌrʌst, AE ˈhwiːt-/ n. ruggine f. del grano.

wheedle /ˈwiːdl, AE ˈhwiːdl/ tr. ***to ~ sth. out of sb.*** ottenere qcs. da qcn. con le moine; ***to ~ sb. into doing sth.*** indurre qcn. a fare qcs. con le moine.

wheedling /ˈwiːdlɪŋ, AE ˈhwiːdlɪŋ/ **I** n. lusinghe f.pl., moine f.pl. **II** agg. [*voice, tone*] carezzevole, suadente; [*person*] adulatore.

wheedlingly /ˈwiːdlɪŋlɪ, AE ˈhwiːdlɪŋlɪ/ avv. carezzevolmente, suadentemente.

▶ **1.wheel** /wiːl, AE hwiːl/ **I** n. **1** *(on vehicle, trolley)* ruota f.; *(on piece of furniture)* rotella f.; ***front, back ~*** ruota anteriore, posteriore **2** *(for steering) (in vehicle)* volante m.; MAR. ruota f. del timone; ***to be at*** o ***behind the ~*** stare al volante; ***to take the ~*** *(in vehicle)* mettersi al volante; MAR. mettersi al timone; ***to fall asleep at the ~*** addormentarsi al volante **3** *(in watch, mechanism, machine)* ruota f. dentata; ***the ~s of government*** FIG. gli ingranaggi del governo **4** *(for pottery)* tornio m. **5** STOR. *(instrument of torture)* ruota f. **6** GIOC. *(in roulette)* piatto m. **II wheels** n.pl. COLLOQ. *(car)* macchina f.sing., auto f.sing.; ***are these your new ~s?*** è la tua nuova macchina? ***have you got ~s?*** COLLOQ. sei motorizzato? **III -wheeled** agg. in composti ***a three-, four-~ed vehicle*** un veicolo a tre, quattro ruote ◆ ***the ~ of fortune*** la ruota della fortuna; ***it's ~s within ~s*** è un vero marchingegno; ***to reinvent the ~*** scoprire l'acqua calda; ***to be fifth ~*** AE essere l'ultima ruota del carro.

2.wheel /wiːl, AE hwiːl/ **I** tr. spingere [*bicycle, barrow, pram*]; ***to ~ a child in a pram*** spingere un bambino nella carrozzina; ***they ~ed me into the operating theatre*** mi hanno portato nella sala operatoria in barella **II** intr. **1** (anche **~ round**) *(circle)* [*bird*] volteggiare **2** *(turn sharply)* [*person*] voltarsi improvvisamente; [*regiment*] compiere una conversione; [*car, motorbike*] sterzare di colpo; [*ship*] virare; ***to ~ to the right*** [*person*] voltarsi verso destra; [*regiment*] compiere una conversione verso destra; ***right, left ~!*** MIL. (per fila) destra, sinistra avanti marsc! ◆ ***to ~ and deal*** intrallazzare.

▪ **wheel in** → **wheel out.**

▪ **wheel out: ~ [sth.] out, ~ out [sth.]** tirare fuori [*argument, story, excuse, statistics*].

wheel alignment /ˈwiːləˌlaɪnmənt, AE ˈhwiːl-/ n. AUT. allineamento m. delle ruote.

wheelbarrow /ˈwiːlˌbærəʊ, AE ˈhwiːl-/ n. carriola f.

wheelbase /ˈwiːlbeɪs, AE ˈhwiːl-/ n. AUT. interasse m., passo m.

wheelbox /ˈwiːlbɒks, AE ˈhwiːl-/ n. passaruota m.

▷ **wheelchair** /ˈwiːltʃeə(r), AE ˈhwiːl-/ n. sedia f. a rotelle, carrozzella f.

wheelchair-accessible /ˌwiːltʃeərəkˈsesəbl, AE ˌhwiːl-/ agg. accessibile alle carrozzelle, accessibile alle sedie a rotelle.

1.wheelclamp /ˈwiːlklæmp, AE ˈhwiːl-/ n. AUT. ceppo m. bloccaruota.

2.wheelclamp /ˈwiːlklæmp, AE ˈhwiːl-/ tr. mettere un ceppo bloccaruota a [*car*].

wheeler dealer /ˌwiːləˈdiːlə(r), AE ˌhwiːlə-/ n. COLLOQ. SPREG. trafficone m. (-a), intrallazzone m. (-a).

wheelhouse /ˈwiːlhaʊs, AE ˈhwiːl-/ n. casotto m. del timone, timoniera f.

wheelie /ˈwiːlɪ, AE ˈhwiːlɪ/ n. COLLOQ. **1** *(on bicycle or motorcycle)* impennata f. **2** (anche **~ bin**) cassonetto m. con ruote.

when

- *when* can very often be translated by *quando* in time expressions:

when did she leave?	= quando è partita?

- Occasionally a more precise time expression is used in Italian:

when's your birthday?	= in quale giorno è il tuo compleanno?
when did he set off?	= a che ora è partito?

- Remember that the future tense is used after *quando* if future time is implied:

I'll tell him when he gets home	= glielo dirò quando arriverà a casa.

- It is often possible to give a short neat translation for a *when* clause if there is no change of subject in the sentence:

when I was young, I lived in Wales	= da giovane vivevo in Galles
when he was leaving, he asked for my address	= partendo, mi chiese l'indirizzo.

Conversely, English may be more concise than Italian in such examples as:

when working, he never answers the phone	= quando lavora, non risponde mai al telefono
when at home, I keep on eating	= quando sono a casa, mangio di continuo.

- In expressions such as *the day when, the year when, the time when* etc., *in cui* is used in Italian:

the day when we got married	= il giorno in cui ci siamo sposati.

For examples of the above and further uses of *when*, see the entry **when**.

wheeling and dealing /ˌwiːlɪŋənˈdiːlɪŋ, AE ˌhwiːlɪŋ-/ n. + verbo sing. SPREG. *(intrigue)* intrallazzi m.pl.; *(during negotiations)* tira e molla m.

wheelman /ˈwiːlmən, AE ˈhwiːlmən/ n. (pl. **-men**) **1** *(driver)* conducente m., autista m. **2** MAR. timoniere m. **3** COLLOQ. *(cyclist)* ciclista m.

wheel reflector /ˈwiːlrɪˌflektə(r), AE ˈhwiːl-/ n. *(on bike)* catadiottro m.

wheel-window /ˈwiːlˌwɪndəʊ, AE ˈhwiːl-/ n. rosone m.

wheelwright /ˈwiːlraɪt, AE ˈhwiːl-/ n. carradore m.

1.wheeze /wiːz, AE hwiːz/ n. **1** *(breathing)* sibilo m. **2** BE ANT. COLLOQ. ***a good ~*** un'idea geniale **3** *(cliché)* cliché m.; *(joke)* battuta f.

2.wheeze /wiːz, AE hwiːz/ **I** tr. dire ansimando **II** intr. [*person, animal*] respirare sibilando; [*engine, machine, organ*] sibilare.

wheezing /ˈwiːzɪŋ, AE ˈhwiːzɪŋ/ n. MED. sibilo m.

wheezy /ˈwiːzɪ, AE ˈhwiːzɪ/ agg. [*person*] che respira sibilando; [*voice*] ansante; [*cough*] asmatico; [*chest*] che sibila.

1.whelk /welk, AE hwelk/ n. ZOOL. buccino m.

2.whelk /welk, AE hwelk/ n. ANT. *(pimple)* pustola f., foruncolo m.

whelm /welm, AE hwelm/ tr. ANT. **1** *(submerge)* sommergere **2** *(engulf)* inghiottire.

1.whelp /welp, AE hwelp/ n. **1** *(dog)* cagnolino m.; *(wolf)* lupetto m., lupacchiotto m. **2** ANT. COLLOQ. SPREG. *(young man)* ragazzaccio m.

2.whelp /welp, AE hwelp/ intr. figliare.

▶ **when** /wen, AE hwen/ **I** avv. **1** *(in questions)* quando; ***~ are we leaving?*** quando partiamo? ***~ is the concert?*** quand'è il concerto? ***~ is it possible to say, use...?*** quando si può dire, usare...? ***~ do the first rains come?*** quando arrivano le prime piogge? ***~ was it that he died?*** quand'è che è morto? **2** *(as indirect interrogative)* quando; ***ask him ~ he wrote the letter*** chiedigli quando ha scritto la lettera; ***I wonder ~ the film starts*** mi chiedo a che ora inizi il film; ***I forget exactly ~*** non mi ricordo esattamente quando; ***there was some disagreement as to ~...*** non c'era accordo su quando...; ***tell me*** o ***say ~*** *(pouring drink)* dimmi basta **3** *(as relative)* ***on Monday, in 1999 ~*** lunedì, nel 1999 quando; ***at the time ~*** *(precise moment)* nel momento in cui; *(during same period)* al tempo in cui; ***the week ~ it all happened*** la settimana in cui è successo tutto; ***on those rare occasions ~*** le rare volte in cui; ***there are times ~*** ci sono dei momenti in cui; ***it's times like that ~*** è in momenti come quelli che; ***it's the time of year ~*** è il periodo dell'anno in cui; ***one morning ~ he was getting up, he...*** un mattino alzandosi,... **4** *(then)* ***she resigned in May, since ~ we've had no***

applicants ha dato le dimissioni a maggio, e da allora non abbiamo più avuto candidati; ***until ~ we must stay calm*** fino a quel momento dobbiamo rimanere calmi; ***by ~ we will have received the information*** per allora avremo ricevuto le informazioni **5** *(whenever)* quando; ***he's only happy ~ he's moaning*** è contento solo quando si lamenta; ***~ on holiday you should relax*** quando si è in vacanza bisogna rilassarsi; ***~ I sunbathe, I get freckles*** quando prendo il sole mi vengono le lentiggini; ***~ necessary*** quando necessario; ***~ possible*** quando possibile **II** cong. **1** *(at the precise time when)* quando; ***~ she reaches 18*** quando avrà 18 anni **2** *(during the period when)* quando; ***~ he was at school, just a trainee*** quando andava a scuola, quando era solo un apprendista; ***~ you're in your teens*** quando si è adolescenti; ***~ sailing, always wear a lifejacket*** quando si fa vela bisogna sempre indossare il giubbotto salvagente **3** *(as soon as)* quando, non appena; ***~ he arrives, I'll tell him*** non appena arriva glielo dico; ***~ drawn up, the plan...*** una volta preparato, il progetto... **4** *(when simultaneously)* quando; ***I was in the bath ~ the phone rang*** ero in bagno quando è suonato il telefono **5** *(when suddenly)* quando; ***I was strolling along ~ all of a sudden...*** stavo passeggiando quando tutto d'un colpo...; ***hardly*** o ***scarcely*** o ***barely had I sat down ~*** mi ero appena seduto quando **6** *(once, after)* quando, una volta che; ***~ you've been to Scotland, you'll want to go again and again*** dopo essere stati in Scozia vedrete che che vorrete ritornarci **7** *(when it is the case that)* quando; ***why buy their products ~ ours are cheaper?*** perché comprare i loro prodotti quando i nostri costano meno? **8** *(whereas)* mentre; ***she became a nun ~ she could have been an actress*** si è fatta suora mentre avrebbe potuto fare l'attrice; ***he refused ~ I would have gladly accepted*** ha rifiutato mentre io avrei accettato con gioia **III** pron. **1** *(with prepositions)* quando; ***by ~?*** entro quando? ***from ~ until ~?*** da quando a quando? ***since ~?*** da quando? (anche IRON.) **2** *(the time when)* ***that was ~ it all started to go wrong*** è da quel momento che iniziò ad andare tutto storto; ***that's ~ I was born*** *(day)* è il giorno in cui sono nato io; *(year)* è l'anno in cui sono nato io; ***now is ~ we must act*** è adesso che dobbiamo agire; ***he spoke of ~ he was a child*** ha parlato di quando era piccolo.

whenas /wen'æz, AE hwen-/ cong. ANT. **1** *(at the time when)* quando **2** *(when suddenly)* quando **3** *(whereas)* mentre.

whence /wens, AE hwens/ **I** avv. ANT. donde **II** cong. da dove, da cui.

whene'er /wen'eə(r), AE hwen-/ LETT. → **whenever**.

▷ **whenever** /wen'evə(r), AE hwen-/ avv. **1** *(in questions)* ***~ will he arrive?*** quando mai arriverà? ***~ did she find the time?*** quando avrà trovato il tempo? **2** *(no matter when)* ***~ you want*** quando vuoi; ***till ~ you like*** fino a quando vuoi tu; ***~ he does it, it won't matter*** può farlo quando vuole, non ha importanza; ***I'll come ~ it is convenient*** verrò in qualunque momento vi farà comodo **3** COLLOQ. *(some time)* ***or ~*** o non importa quando; ***"how long are you staying?" - "till ~"*** "per quanto tempo rimani?" - "si vedrà" **4** *(every time that)* ogni volta che; ***~ I see a black cat, I make a wish*** ogni volta che vedo un gatto nero, esprimo un desiderio; ***~ he sees a spider, he trembles*** ogni volta che vede un ragno trema; ***~ (it is) necessary*** quando (è) necessario; ***~ (it is) possible*** quando (è) possibile **5** *(expressing doubt)* ***she promised to return them soon, ~ that might be!*** ha promesso che li avrebbe restituiti presto, ma chissà cosa intende con presto!

whensoever /ˌwensəʊ'evə(r), AE ˌhwen-/ avv. **1** *(no matter when)* quando **2** *(every time that)* ogni volta che.

▶ **where** /weə(r), AE hweər/ When used to introduce direct or indirect questions, *where* is generally translated by *dove*: *where are the plates?* = dove sono i piatti? *do you know where he's going?* = sai dove sta andando? *I don't know where the knives are* = non so dove sono i coltelli. Note that in indirect questions, *where* requires no inversion of the verb. - When a preposition is used with *where* as an adverb, the preposition follows the verb in English, but not in Italian: *where do you come from?* = da dove vieni? *I don't know where he comes from* = non so da dove venga. - When used as a relative, *where* is translated by *dove* or *in cui*: *the village where we live* = il paese in cui / dove viviamo. **I** avv. **1** *(in questions)* dove; ***~ is my coat?*** dov'è il mio cappotto? ***~ do you work?*** dove lavori? ***~ would I be if...?*** dove sarei se...? ***~ does Martin figure in all this?*** dove compare Martin in tutto questo? ***~'s the harm?*** che male c'è? ***~'s the problem?*** dov'è il problema? ***~ have you got to in your book?*** a che punto sei del libro? **2** *(as indirect interrogative)* dove; ***ask him ~ they live*** chiedigli dove abitano; ***I wonder ~ he's going*** mi chiedo dove stia andando; ***I told him ~ he could put them*** gli ho detto dove poteva metterli; POP. FIG. *(insulting)* gli ho detto dove poteva andarseli a mettere; ***to know ~ one is going*** sapere dove si va; FIG. sapere quello che si vuole; ***you don't know ~ it's been!*** non sai da dove viene! ***I forget exactly ~ it is*** non ricordo esattamente dove si trova **3** *(as relative)* dove; ***the village ~ we live*** il paese in cui, dove viviamo; ***at the spot ~ he died*** nel luogo dove è morto; ***up there ~ there's a branch*** lassù dove c'è un ramo; ***near ~ she lived*** vicino a dove abitava; ***to lead to a situation ~*** portare a una situazione in cui; ***to reach the stage ~*** arrivare al punto in cui; ***in several cases ~*** in numerosi casi in cui **4** *(here where, there where)* ***stay ~ it's dry*** resta dove è asciutto; ***go ~ it's dry*** vai dove è asciutto; ***it's cold ~ we live*** fa freddo dove abitiamo noi; ***it's ~ the Ticino meets the Po River*** è dove si incontrano il Ticino e il Po; ***it's not ~ you said*** *(not there)* dove hai detto tu non c'è; *(found elsewhere)* non è dove hai detto tu **5** *(wherever)* dove; ***put them, go ~ you want*** mettili, vai dove vuoi **6** *(whenever)* quando; ***~ necessary*** quando, ove necessario; ***she's stupid ~ he's concerned*** si comporta sempre come una stupida quando si tratta di lui; ***~ children are at risk*** quando i bambini sono a rischio; ***~ there's a scandal there's a reporter*** dovunque c'è uno scandalo c'è un giornalista; ***~ possible*** per quanto possibile **II** cong. → **whereas III** pron. **1** *(with prepositions)* dove; ***from ~?*** da dove? ***near ~?*** vicino a dove? ***to go up to ~ sb. is standing*** avvicinarsi a qcn.; ***to go past ~ sb. is standing*** passare davanti a qcn.; ***not from ~ I'm standing*** non da dove sono io; FIG. non dal mio punto di vista **2** *(the place or point where)* dove; ***this is ~ it happened*** qui è dove è successo; ***this is ~ we're at*** è qui che siamo; ***that is ~ he's mistaken*** è qui che si sbaglia; ***so that's ~ I put them*** così era là che li avevo messi; ***here's ~ we learn the truth*** ecco che scopriamo la verità; ***Italy is ~ you'll find good wine*** è in Italia che si trova del buon vino.

whereabouts I /ˌweərə'baʊts/ avv. dove; ***"I've put them in the living room" - "~?"*** "li ho messi nel salotto" - "dove?" **II** /'weərəbaʊts, AE 'hweər-/ n. ***do you know his ~?*** sa dove si trova?

▶ **whereas** /ˌweər'æz, AE ˌhweər-/ cong. mentre; ***she likes dogs ~ I prefer cats*** a lei piacciono i cani mentre io preferisco i gatti; ***he chose to stay quiet ~ I would have complained*** ha scelto di non dire nulla mentre io mi sarei lamentato.

whereat /weər'æt, AE hweər-/ cong. ANT. **1** *(at which point or place)* a cui, in cui **2** *(for which reason)* per questa ragione.

whereby /weə'baɪ, AE hweər-/ cong. ***a system ~ all staff will carry identification*** un sistema che prevede che tutto il personale abbia un documento di identificazione; ***the criteria ~ allowances are allocated*** i criteri con i quali sono assegnati i sussidi.

where'er /weər'eə(r), AE hweər-/ → **wherever**.

wherefore /'weəfɔ:(r), AE 'hweər-/ **I** avv. LETT. perché **II** cong. ANT. perciò, quindi ◆ ***the whys and ~s*** il perché e il percome.

wherein /weər'ɪn, AE hweər-/ **I** avv. FORM. dove **II** pron. FORM. dove, in cui.

whereof /weər'ɒv, AE hweər-/ pron. DIR. di cui.

whereon /weər'ɒn, AE hweər'ɔ:n/ **I** avv. ANT. su cosa **II** pron. ANT. su cui.

wheresoever /ˌweəsəʊ'evə(r), AE ˌhweər-/ avv. ANT. → **wherever**.

whereto /weə'tu:, AE hweər-/ **I** avv. ANT. a cosa **II** pron. ANT. a cui.

whereupon /ˌweərə'pɒn, AE ˌhweər-/ cong. FORM. al che.

▷ **wherever** /weər'evə(r), AE hweər-/ avv. **1** *(in questions)* ***~ did you put them?*** dov'è che li hai messi? ***~ has he got to?*** dov'è che è andato a finire? ***~ did she get that from?*** da dove cavolo l'ha preso? **2** *(anywhere)* ***~ she goes I'll go*** la seguirò ovunque vada; ***~ you want*** dove, dovunque vuoi tu; ***~ you put the painting it won't look right*** non importa dove lo metti, quel quadro starà male dappertutto; ***we'll meet ~'s convenient for you*** possiamo incontrarci dove va bene a te **3** COLLOQ. *(somewhere)* ***or ~*** o da qualche altra parte **4** *(whenever)* ***~ there's an oasis, there's a settlement*** quando c'è un'oasi, c'è un insediamento; ***~ necessary*** quando, ove necessario; ***~ possible*** per quanto possibile **5** *(expressing doubt)* ***she's from Volvera ~ that is!*** viene da Volvera ma non mi chiedere dove si trova!

wherewith /weə'wɪð, AE hweər-/ **I** avv. ANT. con che cosa **II** pron. ANT. con cui.

wherewithal /'weəwɪðɔ:l, AE 'hweər-/ n. ***the ~*** i mezzi (**to do** per fare).

wherry /'werɪ, AE 'hwerɪ/ n. = piccola imbarcazione a remi per il trasporto di passeggeri.

1.whet /wet, AE hwet/ n. ANT. **1** *(to stimulate the appetite)* aperitivo m. **2** *(sharpening)* affilatura f.

2.whet /wet, AE hwet/ tr. (forma in -ing ecc. **-tt-**) **1** *(stimulate)* ***to ~ the appetite*** stimolare, stuzzicare l'appetito; ***the book ~ted his appetite for travel*** il libro gli ha risvegliato la voglia di viaggiare **2** ANT. *(sharpen)* affilare [*tool, knife*].

which

As a determiner

In questions

- When *which* is used as a determiner in questions – both direct and indirect – it is translated by the invariable form *che* or by *quale* or *quali*, according to the number of the noun that follows:

which mistake have I made?	= che errore ho fatto?
which car is yours?	= quale auto è la vostra?
which books did he borrow?	= quali libri ha presi / preso in prestito?
which medals did he win?	= che medaglie ha vinte / vinto?
I do not know which room is John's	= non so quale stanza sia quella di John.

Note that in the third and fourth examples the object precedes the verb so that the past participle must agree in gender and number with the object (this is no longer common, however, in everyday Italian).

As a pronoun

In questions

- When *which* is used as a pronoun in questions – both direct and indirect – it is translated by *quale* or *quali*, according to the number of the noun it is referring to:

there are three peaches, which do you want?	= ci sono tre pesche, quale vuoi?
'Lucy's borrowed three of your books' 'which did she take?'	= 'Lucy ha preso in prestito tre dei tuoi libri' 'quali ha preso?'
I do not know which is hers	= non so quale sia il suo.

In relative clauses as subject or object

- When used as a relative pronoun referring to a thing or things, *which* is translated by the invariable form *che* or by one of the variable forms *il quale / la quale / i quali / le quali* which, however, are very rarely used in modern Italian when the pronoun is the object of the verb:

the book which is on the table	= il libro che / il quale è sul tavolo
the books which are on the table	= i libri che sono sul tavolo
the book which Tina is reading	= il libro che sta leggendo Tina / Tina sta leggendo
the books which the students are reading	= i libri che stanno leggendo gli studenti / gli studenti stanno leggendo.

Note the possible inversion of subject and verb in the Italian relative clause when the relative pronoun is the object of the verb. Note also that the object pronoun can be omitted in informal or spoken English (*the book Tina is reading*), but not in Italian.

- Remember that in such tenses as the present perfect and past perfect, the past participle will agree with the noun to which *che* as object refers (although this is no longer common in everyday Italian, and the invariable masculine form is often used):

the book which I've just finished reading	= il libro che ho appena finito di leggere
the books which I gave you last month	= i libri che ti ho dati / dato il mese scorso
the dresses which she bought yesterday	= i vestiti che ha comprati / comprato ieri
the postcards which I had written	= le cartoline che avevo scritte / scritto.

- In informal English, *that* is used more often than *which* as a subject of a restrictive relative clause: see the entry **1.that.** *Which,* however, is compulsory in non-restrictive relative clauses: *this building, which was very old, collapsed during a storm last month* = questo edificio, che è molto vecchio, crollò durante una tempesta il mese scorso. The Italian translation of restrictive *that* and non-restrictive *which* is, of course, the same.

In relative clauses after a preposition

- When the relative *which* is governed by a preposition, it is translated in Italian by the equivalent preposition + the invariable form *cui* or one of the variable forms il *quale / la quale* etc. according to the gender and number of the noun referred to:

the article about which I was talking (or the article I was talking about)	= l'articolo di cui stavo parlando
the road by which we came (or the road which we came by)	= la strada per la quale siamo venuti
the expressions for which we have no translations (or the expressions which we have no translations for)	= le espressioni per le quali non abbiamo traduzione.

Note that the variant English structure is not possible in Italian.

▶ **whether** /ˈweðə(r), AE ˈhweðər/ When *whether* is used to mean *if*, it is translated by *se*: *I wonder whether she got my letter* = mi chiedo se ha (or: abbia) ricevuto la mia lettera. See **1** in the entry below. - Although *if* can also be used, *whether* often occurs after verbs such as *ask, doubt, decide, know, say, see* and *wonder*, with adjectives such as *doubtful* and *sure*, and with nouns like *doubt* and *question*. You can find further examples at these entries. - In *whether...or not* sentences, *whether* is translated by *che* and the verb that follows is in the subjunctive: *whether you agree or not* = che tu sia d'accordo o no, *whether you like it or not* = che ti piaccia o no; note, however, that *whether* + infinitive is translated by *se* + infinitive in Italian: *I have to decide whether or not to accept his proposal* = devo decidere se accettare la sua proposta o no. See **2** in the entry below. cong. **1** *(when outcome is uncertain: if)* se; ***I wasn't sure ~ to answer or not*** o ***~ or not to answer*** non sapevo se rispondere o no; ***I wonder ~ it's true*** mi chiedo se sia vero; ***you can't tell ~ she's joking or not*** è impossibile dire se sta scherzando o no; ***they can't decide ~ to buy or rent*** non riescono a decidere se comprare o prendere in affitto; ***can you check ~ it's cooked?*** puoi controllare se è cotto? ***it's not clear ~ they've reached an agreement*** non è chiaro se hanno raggiunto un accordo o no; ***the question is ~ anyone is interested*** il problema è capire se c'è qualcuno interessato; ***she was worried about ~ to invite them*** si chiedeva se era il caso di invitarli **2** *(when outcome is fixed: no matter if)* ***you're going to school ~ you like it or not!*** a scuola ci vai, che ti piaccia o no! ***~ you have children or not, this book should interest you*** che abbiate figli o no, questo libro dovrebbe interessarvi; ***~ or not people are happy is of little importance*** se la gente è contenta o no ha poca importanza; ***they need an adult ~ it be a parent or teacher*** hanno bisogno di un adulto, non importa se è un genitore o un insegnante; ***everyone, ~ students or townspeople, celebrates*** tutti festeggiano, che siano studenti o abitanti della città.

whetstone /ˈwetstəʊn, AE ˈhwet-/ n. cote f.

whew /hju:/ inter. *(in relief, surprise)* fiu; *(in hot weather)* puff.

whey /weɪ, AE hweɪ/ n. siero m. (del latte).

wheyey /ˈweɪɪ, AE ˈhweɪɪ/ agg. sieroso.

whey-faced /ˈweɪˌfeɪst, AE ˈhweɪ-/ agg. smorto, pallido in volto.

whey powder /ˈweɪˌpaʊdə(r), AE ˈhweɪ-/ n. siero m. (del latte) in polvere.

▶ **which** /wɪtʃ, AE hwɪtʃ/ **I** determ. **1** *(in questions)* quale, che; ***~ books?*** quali libri? ***~ medals did he win?*** che medaglie ha vinto? ***~ one of the children...?*** quale dei bambini...? **2** *(as indirect interrogative)* quale, che; ***he told me ~ jacket he'd like*** mi ha detto quale giacca vorrebbe; ***she asked me ~ coach was leaving first*** mi chiese quale pullman sarebbe partito per primo **3** *(as relative)* ***he left the room, during ~ time...*** ha lasciato la stanza e nel frattempo...; ***you may wish to join, in ~ case...*** forse volete partecipare, in tal caso...; ***he failed to apologize, for ~ mistake he paid dearly*** FORM. non si scusò, e pagò caro un tale errore **II** pron. **1** (anche ***~ one***) quale; ***~ do you want, the red skirt or the blue one?*** quale gonna vuoi, quella rossa o quella blu? ***~ of the groups...?*** *(referring to one)* quale dei gruppi...? *(referring to several)* quali dei gruppi...? ***~ of you...?*** chi di voi...? ***I know ~ you'd like*** so quale vorresti; ***show her ~ you mean*** mostrale quale vuoi dire; ***~ is the best, the shortest route?*** qual è la strada migliore, più corta? ***do you mind ~ you have?*** hai qualche preferenza? ***I don't mind ~*** uno vale l'altro; ***can you tell ~ is ~?*** sai distinguerli? **2** *(relative to preceding noun) (as subject, object)* che, il quale, la quale, i quali, le quali; *(with prepositions)* il quale, la quale, i quali, le quali, cui; ***the painting ~ hangs in the sitting room*** il quadro (che è) appeso in salotto; ***you'll see some crates behind ~ I've placed...*** vedrai delle casse dietro le quali ho messo...; ***the contract ~ he's spoken about*** o ***about ~ he's spoken*** il contratto di cui ha parlato **3** *(relative to preceding clause or concept)* ***he said he hadn't done it, ~ may be true*** disse che non l'aveva fatto lui, il che può essere vero; ***he said he hadn't done it, ~ he can't prove*** disse che non l'aveva fatto lui, cosa che non può provare; ***~ reminds me...*** il che mi ricorda...; ***upon ~ she disappeared*** LETT. al che scomparve; ***we'll be moving, before ~ we need to...*** ci stiamo per trasferire ma prima dobbiamo...; ***he's resigned, from ~ we must assume that*** ha dato le dimissioni e da questo dobbiamo dedurre che.

whichever /wɪtʃ'evə(r), AE hwɪtʃ-/ **I** determ. **1** *(the one that)* ***let's go to ~ station is nearest*** andiamo alla stazione più vicina; ***you may have ~ dress you prefer*** puoi avere il vestito che preferisci; ***underline ~ answer you consider correct*** sottolineate la risposta che considerate corretta **2** *(no matter which)* ***it won't matter ~ hotel we go to*** non importa in quale hotel andiamo; ***I'll be happy ~ horse wins*** sarò contento qualunque cavallo vinca; ***~ way you look at things*** in qualunque modo si considerino le cose **3** *(which on earth)* ***~ one do you mean?*** ma quale intendi? **II** pron. **1** *(the one that)* ***"which restaurant?" - "~ is nearest, you prefer"*** "quale ristorante?" - "quello più vicino, che preferisci"; ***come at 2 or 2.30, ~ suits you best*** vieni alle 2 o alle 2.30, come ti fa più comodo; ***choose either alternative, ~ is the cheaper*** scegli la possibilità meno costosa **2** *(no matter which one)* qualunque; ***both courses are worthwhile ~ you choose*** qualunque tu scelga, i corsi sono entrambi interessanti; ***~ of the techniques is used, the result will be the same*** qualunque tecnica si usi il risultato sarà lo stesso; ***"do you want the big piece or the small piece?" - "~"*** "vuoi il pezzo grosso o quello piccolo?" - "fa lo stesso" **3** *(which on earth)* ***~ did he choose in the end?*** alla fine quale ha poi scelto?

whichsoever /wɪtʃsəʊ'evə(r), AE hwɪtʃ-/ ANT. → **whichever**.

1.whicker /'wɪkə(r), AE 'hwɪkər/ n. nitrito m.

2.whicker /'wɪkə(r), AE 'hwɪkər/ intr. nitrire.

1.whiff /wɪf, AE hwɪf/ n. *(smell) (of perfume)* ondata f.; *(of food)* profumo m. (**of** di); SPREG. zaffata f. (**of** di); *(of smoke)* ondata f., sbuffo m. (**of** di); FIG. *(of danger)* pizzico m. (**of** di); FIG. *(of failure, controversy)* ombra f. (**of** di); ***to get*** o ***catch a ~ of*** sentire odore di.

2.whiff /wɪf, AE hwɪf/ **I** tr. **1** [*person*] sentire odore di [*perfume, food*] **2** *(puff)* emettere sbuffi di [*smoke*] **II** intr. puzzare.

3.whiff /wɪf, AE hwɪf/ n. ZOOL. rombo m. candido.

4.whiff /wɪf, AE hwɪf/ intr. = pescare tenendo la lenza a fior d'acqua.

whiffet /'wɪfɪt, AE 'hwɪfɪt/ n. **1** (anche **~ dog**) cagnolino m. **2** COLLOQ. *(unimportant person)* nullità f.

1.whiffle /'wɪfl, AE 'hwɪfl/ n. soffio m.

2.whiffle /'wɪfl, AE 'hwɪfl/ **I** tr. soffiare via **II** intr. **1** [*wind*] spirare **2** *(move slightly)* ondeggiare.

whiffler /'wɪflə(r), AE 'hwɪflə(r)/ n. *(in procession)* battistrada m.

whiffy /'wɪfɪ, AE 'hwɪfɪ/ agg. BE COLLOQ. puzzolente.

Whig /wɪg, AE hwɪg/ **I** agg. POL. STOR. whig **II** n. POL. STOR. whig m. e f.

Whiggery /'wɪgərɪ, AE 'hwɪg-/ n. SPREG. → **Whiggism**.

Whiggish /'wɪgɪʃ, AE 'hwɪg-/ agg. whig.

Whiggism /'wɪgɪzəm, AE 'hwɪg-/ n. orientamento m. (da) whig.

▶ **1.while** /waɪl, AE hwaɪl/ **I** cong. **1** *(although)* sebbene, quantunque; ***~ the house is big, it is not in a very good state*** anche se la casa è grande non è certamente in buono stato; ***the peaches, ~ being ripe, had little taste*** le pesche, sebbene mature, avevano poco gusto **2** *(as long as)* finché; ***~ there's life there's hope*** finché c'è vita c'è speranza **3** *(during the time that)* mentre; ***sit there ~ I speak to Brigitte*** siediti lì mentre parlo con Brigitte; ***he made a sandwich ~ I phoned*** ha fatto un panino mentre telefonavo; ***he met her ~ on holiday*** l'ha incontrata in vacanza; ***~ in Spain I visited Madrid*** mentre ero in Spagna ho visitato Madrid; ***he collapsed ~ mowing the lawn*** ha avuto un malore mentre tagliava il prato **4** *(at the same time as)* ***I fell asleep ~ watching TV*** mi sono addormentato guardando la tele; ***this eliminates draughts ~ allowing air to circulate*** questo elimina gli spifferi lasciando (al tempo stesso) circolare l'aria; ***close the door ~ you're about*** o ***at it*** mentre sei lì chiudi la porta; ***"MOT ~ you wait"*** "revisione rapida" **5** *(whereas)* mentre; ***she likes pasta ~ I prefer vegetables*** a lei piace la pasta mentre io preferisco la verdura **II** n. ***a ~ ago*** o ***back*** COLLOQ. un po' di tempo fa; ***a ~ later*** un momento dopo; ***a good*** o ***long ~ ago*** un bel po' di tempo fa; ***for a good ~*** per un bel po'; ***a good ~ later*** un bel po' dopo; ***a short*** o ***little ~ ago*** poco tempo fa; ***a short ~ later, after a short ~*** poco tempo dopo; ***it will be*** o ***take a ~*** ci vorrà un po'; ***it takes a ~ to cook*** ci mette un po' a cuocere; ***it may take a ~*** potrebbe volerci un po' di tempo; ***to wait a ~ longer*** aspettare ancora un po'; ***to stop, rest for a ~*** fermarsi, riposarsi un momento; ***after a ~ he fell asleep*** dopo un po' si è addormentato; ***after a ~ I started to trust him*** dopo un certo tempo ho iniziato a fidarmi di lui; ***he worked, humming all the ~*** o ***the whole ~*** lavorava canticchiando tutto il tempo; ***and all the ~*** o ***the whole ~, he was cheating on her*** e per tutto il tempo l'ha tradita con qualcun'altra; ***once in a ~*** una volta ogni tanto; ***in between ~s*** nel frattempo; ***to be worth sb.'s ~*** valere la pena.

2.while /waɪl, AE hwaɪl/ tr. → **while away**.

■ **while away: ~ away [sth.]** far passare [*hours, minutes*] (**doing**, **by doing** facendo); ***to ~ away the time by playing cards*** ammazzare il tempo giocando a carte.

whiles /waɪlz, AE hwaɪlz/ ANT. → **1.while**.

whilom /'waɪləm, AE 'hwaɪ-/ **I** agg. ANT. di un tempo **II** avv. ANT. una volta, un tempo.

▶ **whilst** /waɪlst, AE hwaɪlst/ cong. **1** *(although)* sebbene, quantunque, anche se **2** *(as long as)* finché **3** *(during the time that)* mentre **4** *(at the same time as)* ***I fell asleep ~ reading a book*** mi sono addormentato leggendo un libro **5** *(whereas)* mentre.

whim /wɪm, AE hwɪm/ n. capriccio m., sfizio m.; ***on a ~*** per capriccio.

whimbrel /'wɪmbrəl, AE 'hwɪm-/ n. chiurlo m. piccolo, chiurletto m.

▷ **1.whimper** /'wɪmpə(r), AE 'hwɪm-/ n. gemito m. (**of** di) ◆ ***to end, not with a bang, but a ~*** finire in sordina.

▷ **2.whimper** /'wɪmpə(r), AE 'hwɪm-/ **I** tr. ***"I'm cold," she ~ed*** "ho freddo," gemette **II** intr. **1** [*person*] gemere; [*animal*] guaire **2** SPREG. *(whinge)* [*person*] piagnucolare.

whimperer /'wɪmpərə(r), AE 'hwɪm-/ n. piagnucolone m. (-a).

whimpering /'wɪmpərɪŋ, AE 'hwɪm-/ **I** n. *(of person)* gemiti m.pl.; *(of puppy)* guaiti m.pl.; SPREG. *(of person)* piagnucolii m.pl. **II** agg. [*voice*] lamentoso; SPREG. [*person*] piagnucolante; ***a ~ sound*** o ***noise*** un gemito.

whimsical /'wɪmzɪkl, AE 'hwɪm-/ agg. [*person*] capriccioso; [*play, tale, manner, idea*] bizzarro; ECON. [*market*] instabile.

whimsicality /ˌwɪmzɪ'kælətɪ, AE 'hwɪm-/ n. fantasticheria f.

whimsically /'wɪmzɪklɪ, AE 'hwɪm-/ avv. [*remark, write*] in modo bizzarro; [*decide*] capricciosamente.

whimsicalness /'wɪmzɪklnɪs, AE 'hwɪm-/ n. → **whimsicality**.

whimsy /'wɪmzɪ, AE 'hwɪm-/ n. LETT. capriccio m., fantasia f.

whimwhams /'wɪmwæmz, AE 'hwɪm-/ n.pl. AE COLLOQ. ghiribizzo m.sing.; ***to get the ~*** avere il ghiribizzo.

whin /wɪn, AE hwɪn/ n. ginestrone m.

whinchat /'wɪntʃæt, AE 'hwɪn-/ n. stiaccino m.

▷ **1.whine** /waɪn, AE hwaɪn/ n. *(of person)* gemito m.; *(of animal)* guaito m.; *(of engine)* sibilo m.; *(of bullet)* fischio m.; ***her voice had a nasal ~*** parlava con voce nasale.

▷ **2.whine** /waɪn, AE hwaɪn/ **I** tr. ***"I'm hungry," he ~d*** "ho fame," si lamentò **II** intr. *(complain)* lamentarsi (**about** di); *(snivel)* piagnucolare; [*dog*] guaire.

whiner /'waɪnə(r), AE 'hwaɪnə(r)/ n. piagnucolone m. (-a).

whinge /wɪndʒ, AE hwɪndʒ/ intr. COLLOQ. lagnarsi.

whingeing /'wɪndʒɪŋ, AE 'hwɪndʒ-/ **I** n. BE COLLOQ. lagne f.pl., piagnisteo m. **II** agg. BE COLLOQ. [*person*] lagnoso.

whining /'waɪnɪŋ, AE 'hwaɪn-/ **I** n. *(complaints)* lamentele f.pl.; *(of engine)* sibilo m.; *(of dog)* guaiti m.pl. **II** agg. [*voice*] *(complaining)* lamentoso; *(high-pitched)* piagnucolante, querulo; [*child*] piagnucolone.

1.whinny /'wɪnɪ, AE 'hwɪnɪ/ n. lieve nitrito m.

2.whinny /'wɪnɪ, AE 'hwɪnɪ/ intr. [*horse*] nitrire lievemente; FIG. SPREG. [*person*] nitrire.

whinnying /'wɪnɪɪŋ, AE 'hwɪnɪɪŋ/ **I** n. *(of horse)* lieve nitrito m.; FIG. SPREG. *(of person)* nitrito m. **II** agg. SPREG. [*voice, sound*] che sembra un nitrito.

whinstone /'wɪnstəʊn, AE 'hwɪn-/ n. roccia f. basaltica.

▷ **1.whip** /wɪp, AE hwɪp/ n. **1** *(for punishment)* frusta f., sferza f.; *(for horse)* scudiscio m., staffile m. **2** BE POL. *(official)* = deputato incaricato di organizzare e indirizzare i membri del suo partito, specialmente durante le votazioni; *(notice, summons)* convocazione f. a una seduta parlamentare; ***three-line ~*** = convocazione al voto parlamentare sottolineata tre volte per indicarne l'urgenza; ***to resign the party ~*** = dissociarsi dalla linea politica del partito a cui si appartiene **3** GASTR. = dolce a base di panna montata o di albumi d'uovo montati, zucchero, frutta, simile alla mousse; ***strawberry ~*** mousse di fragole; ***instant ~*** preparato per mousse.

▷ **2.whip** /wɪp, AE hwɪp/ **I** tr. (forma in -ing ecc. **-pp-**) **1** *(beat)* frustare [*person, animal*]; ***the wind ~ped our faces*** il vento ci sferzava il viso **2** GASTR. montare [*cream*]; montare a neve [*egg whites*] **3** COLLOQ. *(remove quickly)* ***she ~ped the newspaper from under his nose*** gli ha soffiato il giornale da sotto il naso; ***I ~ped the key out of his hand*** gli ho soffiato le chiavi di mano; ***he ~ped the plates off the table*** ha fatto sparire i piatti dal tavolo **4** BE *(steal)* fregare, sgraffignare (**from sb.** a qcn.) **5** cucire a sopraggitto [*fabric*]; avvolgere strettamente [*rope*] **6** AE *(defeat)* battere **II** intr. COLLOQ. (forma in -ing ecc. **-pp-**) *(move fast)* ***to ~ in, out*** entrare, uscire in fretta; ***he ~ped into a shop to buy a paper*** si è fiondato nel negozio a comprare il giornale; ***I'll just ~ out to get some milk*** faccio solo un salto a prendere un po' di latte; ***she's just ~ped over*** o ***round to the neighbours*** è andata a fare un salto dai vicini; ***to ~ round*** girare bruscamente.

■ **whip away:** ***~ away [sth.], ~ [sth.] away*** [*person*] portare via in fretta [*plate, book*]; [*wind*] portare via [*hat, scarf*].

■ **whip back:** ***~ back*** [*branch, wire*] tornare indietro di scatto; ***~ back [sth.], ~ [sth.] back*** riafferrare in fretta [*object*]; ***I wanted to read the letter, but he ~ped it back*** volevo leggere la lettera ma me l'ha strappata di mano.

■ **whip in:** ***~ in*** VENAT. = radunare i cani della muta; ***~ in [sth.], ~ [sth.] in*** **1** VENAT. radunare [*hounds*] **2** GASTR. incorporare [*cream*] ***~ in [sb.], ~ [sb.] in*** AE POL. convocare [*party members*].

■ **whip off:** ***~ off [sth.], ~ [sth.] off*** togliersi, sfilarsi in fretta [*garment, shoes*].

■ **whip on:** ***~ on [sth.], ~ [sth.] on*** **1** infilarsi in fretta [*garment*] **2** *(urge on)* incitare [*horse*].

■ **whip out:** ***~ out [sth.]*** tirare fuori [*wallet, gun*].

■ **whip through:** ***~ through [sth.]*** sbrigare [*task*]; finire in fretta [*book*].

■ **whip up:** ***~ up [sth.]*** **1** *(incite)* attizzare [*hatred*]; suscitare [*enthusiasm, fear, indignation, hostility*]; suscitare, stimolare [*interest*]; incoraggiare [*support*]; incitare a [*strike, unrest*]; ***to ~ the crowd up into a frenzy*** infervorare la folla **2** GASTR. montare [*cream*]; sbattere [*eggs*] **3** *(produce quickly)* preparare in fretta [*snack, meal, report*].

whipcord /ˈwɪpkɔːd, AE ˈhwɪp-/ n. **1** TESS. whipcord m. **2** *(part of whip)* sverzino m.

whip hand /ˈwɪphænd, AE ˈhwɪp-/ n. ***to have, hold the ~*** avere una posizione di forza (**over** rispetto a).

whiplash /ˈwɪplæʃ, AE ˈhwɪp-/ n. **1** frustata f., sferzata f. **2** *(injury)* colpo m. di frusta.

whiplash injury /ˌwɪplæʃˈɪndʒərɪ, AE ˌhwɪp-/ n. MED. colpo m. di frusta.

whipped cream /ˈwɪpdˌkriːm, AE ˈhwɪpd-/ n. panna f. montata.

whipper-in /ˈwɪpərˌɪn, AE ˈhwɪpər-/ n. bracchiere m.

whippersnapper /ˈwɪpəsnæpə(r), AE ˈhwɪpər-/ n. ANT. sfrontato m. (-a).

whippet /ˈwɪpɪt, AE ˈhwɪpɪt/ n. = incrocio di un levriero con uno spaniel o un terrier.

whipping /ˈwɪpɪŋ, AE ˈhwɪp-/ n. **1** frustata f.; ***to give sb. a ~*** frustare qcn. **2** *(stitching on fabric, rug)* sopraggitto m.

whipping boy /ˈwɪpɪŋbɔɪ, AE ˈhwɪp-/ n. capro m. espiatorio.

whipping cream /ˈwɪpɪŋˌkriːm, AE ˈhwɪp-/ n. panna f. da montare.

whipping post /ˈwɪpɪŋˌpəʊst, AE ˈhwɪp-/ n. = palo al quale veniva legato chi doveva essere frustato.

whippoorwill /ˈwɪpʊəwɪl, AE ˈhwɪp-/ n. succiacapre m.

whippy /ˈwɪpɪ, AE ˈhwɪpɪ/ agg. elastico, flessibile.

whip-round /ˈwɪpraʊnd, AE ˈhwɪp-/ n. BE COLLOQ. colletta f.

1.whipsaw /ˈwɪpsɔː, AE ˈhwɪp-/ n. segone m.

2.whipsaw /ˈwɪpsɔː, AE ˈhwɪp-/ tr. (pass. **-sawed**; p.pass. **-sawn** BE, **-sawed** AE) tagliare con un segone.

whipsnake /ˈwɪpsneɪk, AE ˈhwɪp-/ n. serpente m. frusta.

whipster /ˈwɪpstə(r), AE ˈhwɪp-/ n. → **whippersnapper**.

whipstitch /ˈwɪpstɪtʃ, AE ˈhwɪp-/ n. punto m. sopraggitto.

whipstock /ˈwɪpstɒk, AE ˈhwɪp-/ n. impugnatura f. della frusta.

whipstroke /ˈwɪpstrəʊk, AE ˈhwɪp-/ n. colpo m. di frusta, frustata f.

whir → **1.whirr**, **2.whirr**.

▷ **1.whirl** /wɜːl, AE hwɜːl/ n. **1** *(swirl of dust, air, leaves etc.)* turbine m., mulinello m. **2** FIG. *(of activity, excitement)* turbine m., turbinio m. (**of** di); ***the social ~*** la vita mondana; ***to be in a ~*** vivere nella confusione; ***my head's in a ~*** ho una gran confusione in testa **3** *(spiral motif)* spirale f. ◆ ***to give sth. a ~*** COLLOQ. = provare qcs.

▷ **2.whirl** /wɜːl, AE hwɜːl/ **I** tr. **1** *(swirl, turn)* far roteare, mulinare [*sword*]; far volteggiare [*flag*]; far turbinare [*leaves, snowflakes, dust*] **2** *(whisk, hurry)* ***to ~ sb. along, away*** tirare, portare via qcn. in gran fretta **II** intr. **1** *(swirl, turn)* [*dancer*] volteggiare; [*blade, propeller*] ruotare; [*snowflakes, dust, thoughts*] turbinare, mulinare; ***his mind ~ed*** aveva una gran confusione in testa **2** *(move quickly, whizz)* ***to ~ in, past*** [*person, vehicle*] entrare, passare in fretta.

■ **whirl round:** ***~ round*** [*person*] girarsi di scatto; [*blade, rotor, clock hand*] girare in fretta; ***~ [sth.] round*** far roteare, mulinare [*sword*]; far volteggiare [*rope*].

whirligig /ˈwɜːlɪgɪg, AE ˈhwɜːl-/ n. **1** *(merry-go-round)* giostra f., carosello m. **2** *(spinning top)* trottola f. **3** FIG. *(whirl)* turbine m.

whirligig beetle /ˈwɜːlɪgɪgˌbiːtl, AE ˈhwɜːl-/ n. ZOOL. girinide m.

whirlpool /ˈwɜːlpuːl, AE ˈhwɜːl-/ n. vortice m., mulinello m.

whirlpool bath /ˈwɜːlpuːlˌbɑːθ, AE ˈhwɜːlpuːlˌbæθ/ n. vasca f. da idromassaggio.

whirlwind /ˈwɜːlˌwɪnd, AE ˈhwɜːl-/ n. turbine m., vortice m. d'aria.

whirly /ˈwɜːlɪ, AE ˈhwɜːlɪ/ n. piccolo vortice m. d'aria.

whirlybird /ˈwɜːlɪbɜːd, AE ˈhwɜːlɪ-/ n. AE COLLOQ. elicottero m.

1.whirr /wɜː(r), AE hwɜːr/ n. *(of propeller, motor)* rombo m.; *(of toy, camera, insect)* ronzio m.; *(of wings)* frullio m.

2.whirr /wɜː(r), AE hwɜːr/ intr. [*motor, propeller*] rombare; [*camera, fan, insect*] ronzare; [*wings*] frullare.

1.whish /wɪʃ, AE hwɪʃ/ n. fruscio m.

2.whish /wɪʃ, AE hwɪʃ/ intr. frusciare.

1.whisk /wɪsk, AE hwɪsk/ n. **1** GASTR. (anche **egg ~**) *(manual)* frusta f.; *(mechanical, electric)* frullino m. **2** ***with a ~ of its tail*** con un colpo di coda.

2.whisk /wɪsk, AE hwɪsk/ **I** tr. **1** GASTR. *(beat)* sbattere [*sauce, mixture, eggs*]; ***~ the eggs and cream together*** incorporare le uova con la panna **2** *(transport, move quickly)* ***he was ~ed off to meet the president*** è stato portato su due piedi dal presidente; ***she was ~ed off to hospital*** è stata portata in fretta all'ospedale; ***she ~ed open the gate*** ha aperto in fretta il cancello; ***he ~ed the plates off the table*** ha tolto in fretta i piatti dal tavolo **3** *(flick)* ***the cow ~ed its tail*** la mucca agitava la coda; ***she ~ed the fly away with her hand*** scacciò la mosca con la mano **II** intr. ***she ~ed into the room*** è entrata in fretta nella stanza; ***he ~ed off in his long cloak*** guizzò via nel suo lungo mantello; ***he ~ed around the room with a duster*** ha dato una rapida spolverata alla stanza.

whisker /ˈwɪskə(r), AE ˈhwɪ-/ **I** n. **1** *(of animal)* baffo m. **2** FIG. ***to lose, win by a ~*** perdere, vincere per un pelo; ***to come within a ~ of victory, of winning*** essere a un passo dalla vittoria **II whiskers** n.pl. *(of animal)* baffi m.; *(of man)* *(side-whiskers)* favoriti m.; *(beard)* barba f.sing.; *(moustache)* baffi m.

whiskered /ˈwɪskəd, AE ˈhwɪ-/ agg. [*man*] *(having side-whiskers)* con i favoriti; *(having beard)* barbuto; *(having moustache)* baffuto; [*animal*] con i baffi.

whiskery /ˈwɪskərɪ, AE ˈhwɪ-/ agg. [*chin*] barbuto.

1.whisky BE, **whiskey** IRLAND. AE /ˈwɪskɪ, AE ˈhwɪ-/ **I** n. (pl. **whiskies** BE, **~s** IRLAND. AE) *(spirit)* whisky m. **II** modif. [*bottle, glass*] di whisky; [*sauce*] al whisky.

2.whisky BE, **whiskey** AE IRLAND. /ˈwɪskɪ, AE ˈhwɪ-/ n. (pl. **whiskies** BE, **~s** IRLAND. AE) *(carriage)* whisky m.

whisky mac /ˈwɪskɪˌmæk, AE ˈhwɪ-/ n. = cocktail a base di whisky e zenzero.

▷ **1.whisper** /ˈwɪspə(r), AE ˈhwɪs-/ n. *(of person)* sussurro m.; *(of voices)* bisbiglio m.; FIG. *(rustling sound)* *(of trees, leaves)* (lo) stormire, mormorio m.; *(of wind)* sussurro m.; *(of water)* mormorio m.; FIG. *(rumour)* diceria f.; ***to speak in a ~*** o ***in ~s*** mormorare, bisbigliare; ***to say in a ~*** bisbigliare; ***her voice hardly rose above a ~*** la sua voce era poco più di un sussurro; ***his voice dropped to a ~*** la sua voce si ridusse a un sussurro; ***I don't want to hear a ~ out of you*** non voglio sentirti fiatare; ***there is a ~ going round that*** FIG. corre voce che.

▷ **2.whisper** /ˈwɪspə(r), AE ˈhwɪs-/ **I** tr. bisbigliare, sussurrare (**to** a); ***to ~ sth. to sb.*** sussurrare qcs. a qcn.; ***"she's asleep," he ~ed*** "sta dormendo", bisbigliò; ***she ~ed sth. in his ear*** gli bisbigliò qcs. all'orecchio; ***it is ~ed that*** FIG. si mormora che **II** intr. [*person*] sussurrare, mormorare; [*leaves, trees*] stormire; [*wind*] sussurrare; [*water*] mormorare; ***to ~ to sb.*** bisbigliare a qcn.; ***it's bad manners to ~*** è da maleducati bisbigliare.

whisperer /ˈwɪspərə(r), AE ˈhwɪs-/ n. chi sussurra; *(rumourmonger)* malalingua f.

whispering /ˈwɪspərɪŋ, AE ˈhwɪ-/ **I** n. **U** *(of voices)* bisbiglio m.; *(of leaves, trees)* (lo) stormire, mormorio m.; *(of wind)* (il) sussurro; *(of water)* mormorio m.; FIG. *(rumours)* dicerie f.pl. **II** agg. [*person*] che bisbiglia, che sussurra; [*leaves, trees*] che stormisce; [*wind*] che sussurra; [*water*] mormorante; ***~ voices*** bisbigli.

whispering campaign /ˈwɪspərɪŋkæmˌpeɪn, AE ˈhwɪ-/ n. campagna f. diffamatoria.

whispering gallery /ˈwɪspərɪŋˌgælərɪ, AE ˈhwɪ-/ n. galleria f. acustica.

1.whist /wɪst, AE hwɪst/ ♦ ***10*** n. whist m.

2.whist /wɪst, AE hwɪst/ agg. silenzioso, muto.

whist drive /'wɪstdraɪv, AE 'hwɪst-/ n. torneo m. di whist.

▷ **1.whistle** /'wɪsl, AE 'hwɪ-/ n. **1** *(small pipe)* fischietto m.; *(siren)* sirena f.; ***the factory ~ goes at 5 pm*** la sirena della fabbrica suona alle 5; ***to blow the*** o ***one's ~*** fischiare, dare un colpo di fischietto; ***to blow the ~ for half-time*** fischiare la fine del primo tempo **2** *(sound) (made by mouth, kettle, train, wind, with a small pipe)* fischio m.; ***to give a ~ of surprise*** fischiare per la sorpresa **3** MUS. zufolo m. ◆ ***to blow the ~ on sb.*** denunciare qcn.; ***to blow the ~ on sth.*** fare la spia su qcs.; ***(as) clean as a ~*** tutto lustro; ***to wet one's ~*** COLLOQ. bagnarsi la bocca, il becco.

▷ **2.whistle** /'wɪsl, AE 'hwɪ-/ **I** tr. fischiare [*command*]; *(casually)* fischiettare [*tune, melody*] **II** intr. **1** *(make noise)* [*bird, person, kettle, train, wind*] fischiare; ***to ~ at sb., sth.*** fischiare a qcn., qcs.; ***to ~ for*** fischiare a [*dog*]; ***he ~d to us to come*** ci ha fischiato per farci venire **2** *(move fast)* ***to ~ past*** o ***by*** [*arrow, bullet*] passare sibilando; [*train*] passare fischiando; ***the arrows ~d past our heads, through the air*** le frecce sibilavano sulle nostre teste, nell'aria ◆ ***you can ~ for it!*** COLLOQ. ti attacchi al tram (e fischi in curva)! ***to ~ in the dark*** = cercare di farsi coraggio.

▪ **whistle up** COLLOQ. ***~ up [sb., sth.]*** scovare [*volunteer, object*].

whistle-blower /'wɪslbləʊə(r), AE 'hwɪsl-/ n. COLLOQ. spia f., soffiatore m. (-trice).

whistle-blowing /'wɪslbləʊɪŋ, AE 'hwɪsl-/ n. COLLOQ. spiata f., soffiata f.

whistler /'wɪslə(r), AE 'hwɪ-/ n. **1** *(person)* fischiatore m. (-trice) **2** ORNIT. quattrocchi m. **3** ZOOL. marmotta f. caligata.

1.whistle-stop /'wɪslstɒp, AE 'hwɪsl-/ n. AE = piccola stazione nella quale i treni si fermano solo su segnalazione.

2.whistle-stop /'wɪslstɒp, AE 'hwɪsl-/ intr. AE (forma in -ing ecc. **-pp-**) = fermarsi in ogni piccola stazione.

whistle-stop tour /ˌwɪslstɒp'tʊə(r), -'tɔ:(r), AE ˌhwɪsl-/ n. *(by diplomat, president, by candidate on campaign)* = visita che prevede numerose soste, specialmente in piccoli centri.

whistling /'wɪslɪŋ, AE 'hwɪ-/ n. (il) fischiare.

whit /wɪt, AE hwɪt/ n. ANT. briciolo m., granello m.; ***not a ~*** non un briciolo; ***it bothered him not a ~*** non lo infastidiva neanche un po'.

Whit /wɪt, AE hwɪt/ n. (accorc. Whitsun) Pentecoste f.

▶ **1.white** /waɪt, AE hwaɪt/ ➧ **5 I** agg. **1** [*paint, tooth, flower, hair*] bianco; ***bright, cool ~*** bianco lucente, bianco ghiaccio; ***to go*** o ***turn ~*** diventare bianco, sbiancare; ***to turn sth. ~*** far diventare bianco qcs.; ***to paint, colour sth. ~*** pitturare, colorare qcs. di bianco **2** *(Caucasian)* [*race, child, skin*] bianco; [*area*] abitato da bianchi; [*culture, prejudice, fears*] dei bianchi; ***a ~ man, woman*** un (uomo) bianco, una (donna) bianca; ***an all-~ jury*** una giuria composta esclusivamente da bianchi **3** *(pale)* [*face, person, cheek*] bianco, pallido (**with** per); ***to go*** o ***turn ~*** sbiancare, impallidire (**with** per) **II** n. **1** *(colour)* bianco m.; ***I like ~*** mi piace il bianco; ***in ~*** [*dressed, available*] in bianco; ***a shade of ~*** una tonalità di bianco **2** *(part of egg)* bianco m., chiara f.; *(part of eye)* bianco m.; ***the ~s of sb.'s eyes*** il bianco degli occhi di qcn. **3** (anche **White**) *(Caucasian)* bianco m. (-a) **4** *(white ball)* (palla) bianca f. **5** *(wine)* (vino) bianco m. **6** *(in chess, draughts)* bianco m., bianchi m.pl.; ***I'll be ~*** prendo i bianchi; ***~ wins*** il bianco vince **7** (anche **White**) POL. *(reactionary)* bianco m. (-a), reazionario m. (-a) **III whites** n.pl. **1** *(clothes)* ***cricket, tennis, chef's ~s*** tenuta da cricket, completo bianco da tennis, tenuta da cuoco **2** MED. *(leucorrhoea)* perdite f. bianche ◆ ***he would swear black was ~*** sarebbe pronto a negare l'evidenza; ***the men in ~ coats*** SCHERZ. = gli infermieri dell'ospedale psichiatrico; ***two blacks don't make a ~*** = rispondere a un torto con un altro torto non serve a risolvere una situazione; ***whiter than ~*** [*reputation, person*] immacolato.

2.white /waɪt, AE hwaɪt/ tr. RAR. imbiancare.

▪ **white out: *~ out [sth.], ~ [sth.] out*** cancellare con il bianchetto.

white alloy /'waɪtˌælɔɪ, AE 'hwaɪt-/ n. similargento m.

white ant /ˌwaɪt'ænt, AE ˌhwaɪt-/ n. formica f. bianca, termite f.

whitebait /'waɪtbeɪt, AE 'hwaɪt-/ n.pl. **1** *(raw)* bianchetti m. **2** *(fried)* frittura f.sing. di bianchetti.

whitebeam /'waɪtbi:m, AE 'hwaɪt-/ n. BOT. *(small tree)* farinaccio m.

white bear /ˌwaɪt'beə(r), AE ˌhwaɪt-/ n. orso m. bianco.

white blood cell /ˌwaɪt'blʌdsel, AE ˌhwaɪt-/, **white blood corpuscle** /ˌwaɪt'blʌdˌkɔ:pʌsl, AE ˌhwaɪt-/ n. globulo m. bianco, leucocito m.

whiteboard /'waɪtbɔ:d, AE 'hwaɪt-/ n. lavagna f. bianca.

white book /ˌwaɪt'bʊk, AE ˌhwaɪt-/ n. libro m. bianco (**on** su).

white bread /ˌwaɪt'bred, AE ˌhwaɪt-/ **I** n. pane m. bianco **II white-bread** agg. AE SPREG. [*person*] = della classe media bianca.

whitecap /'waɪtkæp, AE 'hwaɪt-/ n. onda f. a cresta.

white cedar /ˌwaɪt'si:də(r), AE ˌhwaɪt-/ n. tuia f., albero m. della vita.

white Christmas /ˌwaɪt'krɪsməs, AE ˌhwaɪt-/ n. bianco Natale m.

whitecoat /'waɪtkəʊt, AE 'hwaɪt-/ n. *(doctor)* camice m. bianco.

white coffee /ˌwaɪt'kɒfɪ, AE ˌhwaɪt'kɔ:fɪ/ n. *(at home)* caffellatte m.; *(in café)* caffè m. macchiato.

white-collar /ˌwaɪt'kɒlə(r), AE ˌhwaɪt-/ agg. [*job, work*] impiegatizio; [*staff*] di impiegati, di colletti bianchi; [*vote*] del ceto impiegatizio; AE [*neighborhood*] residenziale.

white-collar crime /'waɪtkɒləˌkraɪm, AE 'hwaɪt-/ n. = reato (come frode, appropriazione indebita, ecc.) commesso da un impiegato sul posto di lavoro.

white-collar union /ˌwaɪtkɒlə'ju:nɪən, AE ˌhwaɪt-/ n. sindacato m. degli impiegati.

white-collar worker /ˌwaɪtkɒlə'wɜ:kə(r), AE ˌhwaɪt-/ n. colletto m. bianco, impiegato m. (-a).

whited sepulchre /ˌwaɪtɪd'seplkə(r), AE ˌhwaɪtɪd-/ n. SPREG. sepolcro m. imbiancato.

white dwarf /ˌwaɪt'dwɔ:f, AE ˌhwaɪt-/ n. ASTR. nana f. bianca.

white elephant /ˌwaɪt'elɪfənt, AE ˌhwaɪt-/ n. SPREG. **1** *(item, knick-knack)* cianfrusaglia f. **2** *(public project)* cattedrale f. nel deserto.

white elephant stall /ˌwaɪt'elɪfəntˌstɔ:l, AE ˌhwaɪt-/ n. bancarella f. di cianfrusaglie.

White Ensign /ˌwaɪt'ensən, AE ˌhwaɪt-/ n. = bandiera della marina militare britannica.

white-faced /ˌwaɪt'feɪst, AE ˌhwaɪt-/ agg. [*person*] bianco, pallido in volto; [*horse*] stellato.

white feather /ˌwaɪt'feðə(r), AE ˌhwaɪt-/ n. = simbolo di codardia ◆ ***to show the ~*** = mostrarsi vile.

white fish /'waɪtfɪʃ, AE 'hwaɪt-/ n. coregone m.

white flag /ˌwaɪt'flæg, AE ˌhwaɪt-/ n. bandiera f. bianca.

whitefly /'waɪtflaɪ, AE 'hwaɪt-/ n. aleurodide m.

white fox /'waɪtfɒks, AE 'hwaɪt-/ n. *(animal)* volpe f. polare; *(fur)* volpe f. bianca.

White Friar /'waɪtfraɪə(r), AE 'hwaɪt-/ n. (frate) carmelitano m.

white gasoline /ˌwaɪt'gæsəli:n, AE ˌhwaɪt-/ n. AE benzina f. senza piombo, benzina f. verde.

white gold /ˌwaɪt'gəʊld, AE ˌhwaɪt-/ n. oro m. bianco.

white goods /'waɪtˌgʊdz, AE 'hwaɪt-/ n.pl. **1** *(appliances)* elettrodomestici m. bianchi **2** *(linens)* biancheria f.sing. da casa.

white-haired /ˌwaɪt'heəd, AE ˌhwaɪt-/ agg. dai capelli bianchi, canuto.

Whitehall /'waɪthɔ:l, AE 'hwaɪt-/ n.pr. GB POL. = l'apparato governativo britannico.

> **Whitehall** Strada nel centro di Londra, tra Trafalgar Square e il Parlamento, dove si trovano gran parte degli uffici governativi. Nel linguaggio giornalistico il termine spesso viene usato per indicare il governo e l'amministrazione centrale britannica.

white-headed /ˌwaɪt'hedɪd, AE ˌhwaɪt-/ agg. [*person*] dai capelli bianchi, canuto; [*animal*] dalla testa bianca.

white heat /ˌwaɪt'hi:t, AE ˌhwaɪt-/ n. **1** FIS. calore m. bianco, incandescenza f. **2** *(intense heat)* calura f. **3** *(of emotion)* fervore m., concitazione f.

white hope /ˌwaɪt'həʊp, AE ˌhwaɪt-/ n. grande speranza f.

white horse /ˌwaɪt'hɔ:s, AE ˌhwaɪt-/ n. *(wave)* onda f. a cresta, cavallone m.

white hot /ˌwaɪt'hɒt, AE ˌhwaɪt-/ agg. **1** [*metal*] incandescente **2** FIG. incandescente, al calor bianco.

White House /'waɪtˌhaʊs, AE 'hwaɪt-/ **I** n. Casa f. Bianca **II** modif. [*aide, adviser, chief of staff, spokesman*] della Casa Bianca.

> **White House** Residenza ufficiale del Presidente degli Stati Uniti, al numero 1600 di Pennsylvania Avenue a Washington. È anche la sua sede operativa: qui infatti si trova l'ufficio presidenziale, il celebre *Oval Office*. Estensivamente *White House* designa, nel linguaggio dei media, il Presidente americano e il suo esecutivo.

white information /ˌwaɪtɪnfə'meɪʃn, AE ˌhwaɪt-/ n. **U** = informazioni positive, fornite da una banca, sulla situazione finanziaria di una persona.

white knight /ˌwaɪt'naɪt, AE ˌhwaɪt-/ n. **1** salvatore m. **2** ECON. = offerta che permette a una società di evitare il rilevamento da parte di un'altra società.

white-knuckle ride /ˌwaɪtˈnʌklˌraɪd, AE ˌhwaɪt-/ n. *(on roller coaster)* corsa f. da brivido.
white lead /ˌwaɪtˈled, AE ˌhwaɪt-/ n. biacca f. di piombo.
white lie /ˌwaɪtˈlaɪ, AE ˌhwaɪt-/ n. bugia f. pietosa.
white light /ˌwaɪtˈlaɪt, AE ˌhwaɪt-/ n. FIS. luce f. bianca.
white lily /ˌwaɪtˈlɪlɪ, AE ˌhwaɪt-/ n. giglio m. bianco.
white line /ˌwaɪtˈlaɪn, AE ˌhwaɪt-/ n. TIP. interspazio m.
white-livered /ˈwaɪtˌlɪvəd, AE ˈhwaɪt-/ agg. codardo, vigliacco.
white magic /ˌwaɪtˈmædʒɪk, AE ˌhwaɪt-/ n. magia f. bianca.
white maple /ˌwaɪtˈmeɪpl, AE ˌhwaɪt-/ n. acero m. bianco.
white meat /ˌwaɪtˈmiːt, AE ˌhwaɪt-/ n. carne f. bianca.
white metal /ˌwaɪtˈmetl, AE ˌhwaɪt-/ n. metallo m. bianco.
white meter /ˌwaɪtˈmiːtə(r), AE ˌhwaɪt-/ n. BE EL. = congegno che mette in funzione gli elettrodomestici durante le ore di minor consumo di elettricità.
white mouse /ˌwaɪtˈmaʊs, AE ˌhwaɪt-/ n. (pl. **white mice**) topo m. bianco.
whiten /ˈwaɪtn, AE ˈhwaɪtn/ **I** tr. imbiancare [*wall*]; dare il bianchetto a [*shoes*]; sbiancare [*face, skin*] **II** intr. [*sky*] schiarirsi; [*face, cheeks, knuckles*] sbiancare, sbiancarsi.
whitener /ˈwaɪtnə(r), AE ˈhwaɪt-/ n. **1** *(for clothes)* sbiancante m. **2** *(for shoes)* bianchetto m. **3** *(for coffee, tea)* succedaneo m. del latte.
whiteness /ˈwaɪtnɪs, AE ˈhwaɪt-/ n. bianchezza f., biancore m.
White Nile /ˌwaɪtˈnaɪl, AE ˌhwaɪt-/ n.pr. Nilo m. Bianco.
whitening /ˈwaɪtnɪŋ, AE ˈhwaɪt-/ n. **1** *(act, process)* imbiancamento m. **2** *(substance)* sbiancante m.
white noise /ˌwaɪtˈnɔɪz, AE ˌhwaɪt-/ n. FIS. rumore m. bianco.
white oak /ˈwaɪtˌəʊk, AE ˈhwaɪt-/ n. = varietà di quercia dal legno bianco.
whiteout /ˈwaɪtaʊt, AE ˈhwaɪt-/ n. METEOR. forte tempesta f. di neve.
White Paper /ˌwaɪtˈpeɪpə(r), AE ˌhwaɪt-/ n. GB POL. AMM. libro m. bianco, rapporto m. ufficiale del governo (**on** su).
white pepper /ˌwaɪtˈpepə(r), AE ˌhwaɪt-/ n. pepe m. bianco.
white pine /ˌwaɪtˈpaɪn, AE ˌhwaɪt-/ n. pino m. bianco, pino m. strobo.
white plague /ˌwaɪtˈpleɪg, AE ˌhwaɪt-/ n. AE tubercolosi f. polmonare.
white poplar /ˌwaɪtˈpɒplə(r), AE ˌhwaɪt-/ n. pioppo m. bianco.
white rhino /ˌwaɪtˈraɪnəʊ, AE ˌhwaɪt-/, **white rhinoceros** /ˌwaɪtraɪˈnɒsərəs, AE ˌhwaɪt-/ n. rinoceronte m. bianco.
white room /ˌwaɪtˈruːm, ˈrʊm, AE ˌhwaɪt-/ n. IND. camera f. asettica.
White Russian /ˌwaɪtˈrʌʃn, AE ˌhwaɪt-/ n. **1** STOR. *(Tsarist)* bianco m. **2** *(Byelorussian)* russo m. (-a) bianco (-a), bielorusso m. (-a).
white sale /ˈwaɪtˌseɪl, AE ˈhwaɪt-/ n. fiera f. del bianco.
white sapphire /ˌwaɪtˈsæfaɪə(r), AE ˌhwaɪt-/ n. corindone m. incolore.
white sauce /ˌwaɪtˈsɔːs, AE ˌhwaɪt-/ n. besciamella f.
white shark /ˌwaɪtˈʃɑːk, AE ˌhwaɪt-/ n. squalo m. bianco.
white-skinned /ˌwaɪtˈskɪnd, AE ˌhwaɪt-/ agg. dalla pelle bianca.
white slave /ˌwaɪtˈsleɪv, AE ˌhwaɪt-/ n. = donna vittima della tratta delle bianche.
white slavery /ˌwaɪtˈsleɪvərɪ, AE ˌhwaɪt-/, **white slave trade** /ˌwaɪtˈsleɪvˌtreɪd, AE ˌhwaɪt-/ n. tratta f. delle bianche.
whitesmith /ˈwaɪtsmɪθ, AE ˈhwaɪt-/ n. *(tinsmith)* lattoniere m., stagnino m.
whites-only /ˈwaɪtsˌəʊnlɪ, AE ˈhwaɪts-/ agg. riservato ai bianchi.
white spirit /ˌwaɪtˈspɪrɪt, AE ˌhwaɪt-/ n. acquaragia f. minerale.
white supremacist /ˌwaɪtsuːˈpreməsɪst, -sjuː-, AE ˌhwaɪt-/ n. sostenitore m. (-trice) della supremazia dei bianchi.
white supremacy /ˌwaɪtsuːˈpreməsɪ, -sjuː-, AE ˌhwaɪt-/ n. supremazia f. dei bianchi.
whitetail /ˌwaɪtˈteɪl, AE ˌhwaɪt-/ n. → **white-tailed deer.**
white-tailed deer /ˌwaɪtˈteɪldˌdɪə(r), AE ˌhwaɪt-/ n. (pl. **white-tailed deer, white-tailed deers**) cervo m. virginiano.
white-tailed eagle /ˌwaɪtˈteɪldˌiːgl, AE ˌhwaɪt-/ n. aquila f. di mare.
white tea /ˌwaɪtˈtiː, AE ˌhwaɪt-/ n. tè m. al latte.
whitethorn /ˈwaɪtθɔːn, AE ˈhwaɪt-/ n. pappa f. di volpe.
whitethroat /ˈwaɪtθrəʊt, AE ˈhwaɪt-/ n. sterpazzola f.
white tie /ˌwaɪtˈtaɪ, AE ˌhwaɪt-/ **I** n. **1** *(tie)* farfallino m. bianco **2** *(formal dress)* abito m. da sera; *~ and tails* frac **II white-tie** modif. [*dinner, occasion*] in abito da sera.
white trash /ˌwaɪtˈtræʃ, AE ˌhwaɪt-/ n. + verbo pl. AE SPREG. = i bianchi poveri degli stati meridionali degli Stati Uniti.
whitewall (tyre) BE, **whitewall (tire)** AE /ˈwaɪtwɔːl(taɪə(r)), AE ˈhwaɪt-/ n. = pneumatico con fascia laterale bianca.
1.whitewash /ˈwaɪtwɒʃ, AE ˈhwaɪtwɔːʃ/ n. **1** *(for walls)* latte m. di calce, calce f. (per imbiancare), bianco m. **2** FIG. *(cover-up)* copertura f., mascheramento m. **3** SPORT COLLOQ. vittoria f. schiacciante, cappotto m.
2.whitewash /ˈwaɪtwɒʃ, AE ˈhwaɪtwɔːʃ/ tr. **1** imbiancare a calce, dare il bianco a [*wall*] **2** (anche **~ over**) FIG. *(conceal)* coprire, nascondere, mascherare [*action, truth*] **3** SPORT COLLOQ. stracciare, schiacciare [*team*] **4** ECON. riabilitare [*company*].
whitewasher /ˈwaɪtwɒʃə(r), AE ˈhwaɪtwɔːʃər/ ➧ **27** n. imbianchino m. (-a).
white water /ˌwaɪtˈwɔːtə(r), AE ˌhwaɪt-/ **I** n. acque f.pl. bianche **II white-water** modif. [*canoeing, rafting*] in acque bianche.
white wedding /ˌwaɪtˈwedɪŋ, AE ˌhwaɪt-/ n. = matrimonio tradizionale con la sposa in bianco.
white whale /ˌwaɪtˈweɪl, AE ˌhwaɪtˈhweɪl/ n. delfinattero m. bianco, beluga m.; LETTER. *(Moby Dick)* balena f. bianca.
white wine /ˌwaɪtˈwaɪn, AE ˌhwaɪt-/ n. vino m. bianco.
white witch /ˌwaɪtˈwɪtʃ, AE ˌhwaɪt-/ n. = maga che pratica la magia bianca.
whitewood /ˈwaɪtwʊd, AE ˈhwaɪt-/ n. liriodendro m.
whitey /ˈwaɪtɪ, AE ˈhwaɪtɪ/ **I** n. COLLOQ. SPREG. *(person)* bianco m. (-a) **II** agg. COLLOQ. [*blue, green*] slavato.
whither /ˈwɪðə(r), AE ˈhwɪðər/ avv. ANT. LETT. dove, in che luogo; *~ goest thou?* dove vai? *~ modern architecture?* GIORN. in che direzione va l'architettura moderna?
whithersoever /wɪðəsəʊˈevə(r), AE hwɪð-/ avv. LETT. in qualsiasi luogo, ovunque.
whitherward /ˈwɪðəwəd, AE ˈhwɪð-/ avv. LETT. dove, in che direzione.
1.whiting /ˈwaɪtɪŋ, AE ˈhwaɪt-/ n. (pl. **~**) ZOOL. merlango m.
2.whiting /ˈwaɪtɪŋ, AE ˈhwaɪt-/ n. **1** *(whitener)* sbiancante m. **2** calce f. per imbiancare.
whiting-pout /ˈwaɪtɪŋˌpaʊt, AE ˈhwaɪt-/ n. → **3.bib.**
whitish /ˈwaɪtɪʃ, AE ˈhwaɪt-/ agg. biancastro, bianchiccio.
whitlow /ˈwɪtləʊ, AE ˈhwɪt-/ n. patereccio m.
Whit Monday /ˌwɪtˈmʌndeɪ, -dɪ, AE ˌhwɪt-/ n. lunedì m. di Pentecoste.
Whitney /ˈwɪtnɪ, ˈhwɪtnɪ/ n.pr. Whitney (nome di donna).
Whitsun /ˈwɪtsn, AE ˈhwɪ-/ n. (anche **Whitsuntide**) Pentecoste f.; *at ~* la domenica di Pentecoste.
Whit Sunday /ˌwɪtˈsʌndeɪ, -dɪ, AE ˌhwɪt-/ n. domenica f. di Pentecoste.
Whitsuntide /ˈwɪtsntaɪd, AE ˈhwɪt-/ n. *(period)* Pentecoste f.
whittle /ˈwɪtl, AE ˈhwɪtl/ tr. tagliuzzare.
▪ **whittle away:** *~ away [sth.]* FIG. ridurre, limitare [*advantage, lead*]; *~ away at [sth.]* tagliuzzare [*stick*]; FIG. ridurre [*advantage, lead, profits*].
▪ **whittle down:** *~ down [sth.], ~ [sth.] down* ridurre [*number*] (**to** a); *we've ~d the number of applicants down to three* abbiamo ridotto a tre il numero dei candidati.
whiz → **whizz.**
1.whizz /wɪz, AE hwɪz/ n. **1** COLLOQ. *(expert)* mago m., genio m. (**at** di); *computer ~* mago del computer **2** *(whirr)* ronzio m., sibilo m. **3** COLLOQ. *(quick trip)* giretto m., giro m. veloce (**around** per) **4** GASTR. COLLOQ. *give the mixture a ~ in the blender* passare velocemente l'impasto al frullatore.
2.whizz /wɪz, AE hwɪz/ **I** tr. COLLOQ. *(deliver quickly)* consegnare velocemente; *I'll ~ round the contract to you* ti faccio avere il contratto in un attimo **II** intr. *to ~ by* o *past* [*arrow, bullet*] sibilare, fischiare; [*car, bicycle*] sfrecciare; [*person*] passare come una scheggia; *to ~ through the air* [*arrow, bullet*] fendere l'aria sibilando; *to ~ along the road* [*car*] sfrecciare lungo la strada.
▪ **whizz up** GASTR. *~ up [sth.]* frullare, passare al frullatore.
whizz-bang /ˈwɪzbæŋ, AE ˈhwɪz-/ **I** n. COLLOQ. *(shell)* granata f.; *(firework)* petardo m. **II** agg. COLLOQ. fantastico, favoloso.
whizzer /ˈwɪzə(r), AE ˈhwɪz-/ n. asciugabiancheria m.
whizzing /ˈwɪzɪŋ, AE ˈhwɪz-/ n. ronzio m., sibilo m.
whizz-kid /ˈwɪzkɪd, AE ˈhwɪz-/ n. COLLOQ. genietto m.
whizzo /ˈwɪzəʊ, AE ˈhwɪz-/ inter. ANT. COLLOQ. fantastico, favoloso.
▶ **who** /huː/ pron. **1** *(interrogative)* chi; *~ knows the answer?* chi sa la risposta? *~ did you invite?* chi hai invitato? *~'s going to be there?* chi ci sarà? *behind, next to ~?* dietro, vicino a chi? *~ was she with?* con chi era? *~ does he live with?* con chi vive? con chi abita? *~ did you buy it for?* per chi l'hai comprato? *~ did you get it from?* da chi l'hai preso? *"I gave it away" - "~ to?"* "l'ho regalato" - "a chi?"; *do you know ~'s ~?* conosci tutti? *I was strolling along when ~ should I see but Simon* stavo passeggiando e chi ti incontro, Simon; *~ shall I say is calling? (on phone)* "chi devo dire?" **2**

who

When used as an interrogative pronoun, *who* is translated by *chi*: *(on the phone) who's speaking?* = (al telefono) chi parla?

Note the difference, and the different Italian translation, between *who are you?* (= chi sei?) = come ti chiami? and *what are you?* (= che cosa sei?) = cosa fai di mestiere?

When used as a relative pronoun referring to a person or persons, *who* is translated by the invariable form *che* or by one of the variable forms *il quale* / *la quale* / *i quali* / *le quali* according to the number and gender of the noun the relative pronoun refers to: *my uncle, who lives in Bristol, is a marine engineer* = mio zio, che / il quale vive a Bristol, fa l'ingegnere navale.

Who is compulsory in non-restrictive relative clauses like the example above. As a subject of a restrictive relative clause, however, *that* is used more often than *who* in informal English: *my uncle that lives in Bristol is older than my mother* = mio zio che abita a Bristol è più vecchio di mia madre; see the entry **1.that.** The Italian translation of restrictive *that* and non-restrictive *who* is, of course, the same.

The relative *who* can also be used in such expressions as *he who*, *she who* and *they* / *those* / *the people who*, which must be translated as *colui che* or *colui il quale*, *colei che* or *colei la quale*, and *coloro che* or *coloro i quali* / *le quali*.

Although it is normally used as a subject, *who* is also used instead of *whom* – except in very formal speech or writing – as an object in both interrogative and relative clauses: *who did you invite?* = chi hai invitato? *ask the new student who we met yesterday for the first time* = chiedilo alla nuova studentessa che abbiamo incontrato ieri per la prima volta. Note that, when used as an object in relative clauses, *who* can only be translated by *che* (and not by the il *quale* / *la quale* forms). Note also that the object pronoun can be omitted in informal or spoken English (*the new student we met yesterday*), but not in Italian.

Who usually replaces *whom* as an indirect object pronoun, unless the pronoun comes immediately after a preposition: *who are you writing to?* (instead of *to whom are you writing?*) = a chi stai scrivendo?; *the colleague who I am writing to* (instead of *the colleague to whom I am writing*) = il collega a cui / al quale sto scrivendo. Note that such variant structure is not possible in Italian; note also that, when the relative *who* (or *whom*) follows a preposition, it is translated in Italian by the equivalent preposition + the invariable form *cui* or one of the variable forms *il quale* / *la quale* etc. according to the gender and number of the noun referred to.

For particular usages see the entry **who**.

(relative) (as subject, object) chi, che, colui m. che, colei f. che; *(after prepositions)* il quale, la quale, i quali, le quali, cui; ***his friend ~ lives in London, ~ he sees*** il suo amico che abita a Londra, l'amico che lui frequenta; ***he, she ~*** lui, lei che; ***they*** o ***those ~*** quelli che, coloro i quali; ***those ~ have something to say should speak up now*** chi ha qualcosa da dire parli ora; ***the man ~ I told you about*** l'uomo di cui, del quale ti parlavo **3** *(whoever)* ***bring ~ you like*** porta chi vuoi; ***~ do you think you are?*** chi ti credi di essere? ***~ do you think you're talking to?*** con chi credi di parlare? ***~'s he to tell you what to do?*** chi è lui per dirti quello che devi fare?

WHO n. (⇒ World Health Organization Organizzazione Mondiale della Sanità) OMS f., WHO f.

▷ **whoa** /wəʊ/ inter. ferma, calma.

who'd /hu:d/ contr. who had, who would.

whodun(n)it /ˌhu:ˈdʌnɪt/ n. poliziesco m., giallo m.

whoe'er /hu:ˈeə(r)/ pron. LETT. → **whoever**.

▷ **whoever** /hu:ˈevə(r)/ pron. **1** *(the one that)* ***~ wins the election will have to deal with the problem*** colui che vincerà le elezioni dovrà affrontare il problema **2** *(anyone that)* chi, chiunque; ***invite ~ you like*** invita chi vuoi; ***show it to ~ you want*** fallo vedere a chi vuoi; ***~ saw the accident should contact the police*** chiunque abbia visto l'incidente dovrebbe contattare la polizia **3** *(all who)* tutti m. (-e); ***tell ~ you know*** dillo a tutti quelli che conosci; ***they're providing cars for ~ comes*** mettono a disposizione delle auto per tutte le persone che arrivano **4** *(no matter who)* ***come out ~ you are*** venite fuori chiunque voi siate; ***~ he saw, it makes no difference*** chiunque abbia visto, non fa alcuna differenza; ***write to the minister or ~*** scrivi al ministro o a chiunque altro **5** *(who on earth)* chi mai; ***~ did that to you?*** chi ha potuto farti questo? ***~ did he speak to?*** a chi mai ha parlato? ***~ do you think you are?*** chi ti credi di essere?

▶ **1.whole** /həʊl/ **I** agg. **1** *(entire)* intero; *(more emphatic)* tutto intero; ***her ~ attention*** la sua completa, tutta la sua attenzione; ***his ~ body*** tutto il suo corpo; ***to be aware of the ~ person*** essere consapevole della persona in tutti i suoi aspetti; ***his ~ life*** tutta la sua vita; ***I've never been so insulted in my ~ life!*** non mi hanno mai insultato così in tutta la mia vita! ***to search the ~ country*** cercare in tutto il paese; ***the ~ world*** il mondo intero; ***the most beautiful city in the ~ world*** la città più bella di tutto il mondo; ***for three ~ weeks*** per tre intere settimane; ***a ~ hour*** un'ora intera; ***a ~ day*** un giorno intero; ***~ cities were devastated*** intere città furono devastate; ***she drank a ~ bottle of gin*** bevve un'intera bottiglia di gin; ***the ~ story*** tutta la storia; ***the ~ truth*** tutta la verità; ***this doesn't give the ~ picture*** questo non dà un quadro completo della situazione; ***let's forget the ~ thing!*** dimentichiamo tutto! ***she made the ~ thing up*** si è inventata tutto **2** *(emphatic use)* ***he looks a ~ lot better*** ha un aspetto decisamente migliore; ***she's a ~ lot nicer*** è davvero molto più carina; ***there were a ~ lot of them*** [*objects, people*] ce n'erano un sacco; ***a ~ lot of money*** un sacco, un mucchio di soldi; ***that goes for the ~ lot of you!*** questo vale per tutti voi! ***a ~ new way of life*** una vita completamente diversa; ***a ~ new era*** un'epoca del tutto nuova; ***that's the ~ point of the exercise*** lo scopo dell'esercizio sta tutto qui; ***the ~ idea is to do*** tutta l'idea sta nel fare; ***I find the ~ idea absurd*** trovo questa idea completamente assurda **3** *(intact)* integro, intatto; ***there wasn't a plate left ~*** non era rimasto intero neanche un piatto; ***to make sb. ~*** guarire qcn. **II** avv. [*swallow, cook*] intero, tutto intero; ***to swallow a story ~*** bersi tutta una storia, bersela tutta.

▶ **2.whole** /həʊl/ n. **1** *(total unit)* insieme m., totale m., complesso m.; ***to consider the ~*** considerare tutto l'insieme; ***as a ~*** *(not in separate parts)* globalmente; *(overall)* complessivamente; ***to sell sth. as a ~*** vendere qcs. in blocco; ***taken as a ~*** preso nell'insieme; ***for the country as a ~*** per l'intero paese; ***this will benefit society as a ~*** questo gioverà all'intera società **2** *(all)* ***the ~ of*** tutto; ***the ~ of London is talking about it*** tutta Londra ne parla; ***the ~ of the weekend, morning*** l'intero fine settimana, l'intera mattinata; ***the ~ of the time*** tutto il tempo; ***the ~ of August*** l'intero mese di agosto; ***nearly the ~ of Berlin was destroyed*** Berlino fu quasi completamente distrutta **3 on the whole** nel complesso, nell'insieme; ***on the ~ I agree*** nel complesso, sono d'accordo; ***the film is on the ~ good*** il film nel suo insieme è bello.

whole blood /ˌhəʊlˈblʌd/ n. **1** MED. sangue m. intero **2** DIR. ***of the ~*** carnale, germano.

wholefood /ˈhəʊlfu:d/ n. BE alimenti m.pl. integrali.

wholefood shop /ˈhəʊlfu:dˌʃɒp/ ➧ *27* n. BE negozio m. di alimenti integrali.

whole gale /ˌhəʊlˈgeɪl/ n. METEOR. burrasca f.

wholegrain /ˈhəʊlgreɪn/ agg. [*bread, flour*] integrale.

wholehearted /ˌhəʊlˈhɑ:tɪd/ agg. [*approval, agreement, support*] completo, totale, incondizionato; ***to be in ~ agreement with*** essere completamente d'accordo con.

wholeheartedly /ˌhəʊlˈhɑ:tɪdlɪ/ avv. [*approve, support*] totalmente, incondizionatamente.

wholeheartedness /ˌhəʊlˈhɑ:tɪdnɪs/ n. (l')essere totale, (l')essere incondizionato.

whole holiday /ˌhəʊlˈhɒlədeɪ/ n. BE intera giornata f. di vacanza, di festa.

whole-length /ˈhəʊlˌleŋθ/ n. ritratto m. a figura intera.

wholemeal /ˈhəʊlmi:l/ agg. [*bread, flour*] integrale.

whole milk /ˌhəʊlˈmɪlk/ n. latte m. intero.

wholeness /ˈhəʊlnɪs/ n. **1** *(entirety)* totalità f., interezza f. **2** *(intactness)* integrità f.

whole note /ˈhəʊlnəʊt/ n. AE MUS. semibreve f.

whole number /ˌhəʊlˈnʌmbə(r)/ n. (numero) intero m.

▷ **1.wholesale** /ˈhəʊlseɪl/ **I** n. vendita f. all'ingrosso; ***by ~*** all'ingrosso **II** agg. **1** COMM. [*price, company, trade, market*] all'ingrosso **2** *(large-scale)* [*destruction, alteration*] completo; [*acceptance, commitment, rejection*] totale, assoluto; [*adoption*] su larga scala; [*attack*] indiscriminato.

▷ **2.wholesale** /ˈhəʊlseɪl/ tr. vendere all'ingrosso.

▷ **3.wholesale** /ˈhəʊlseɪl/ avv. **1** COMM. [*buy, sell*] all'ingrosso; ***I can get it for you ~*** posso fartelo avere all'ingrosso **2** FIG. [*accept, reject*] interamente, in modo assoluto; [*copy*] completamente, di sana pianta.

wholesale price index /ˌhəʊlseɪl'praɪsˌɪndeks/ n. indice m. dei prezzi all'ingrosso.
wholesaler /'həʊlseɪlə(r)/ n. grossista m. e f.; ***wine*~** grossista di vini.
wholesome /'həʊlsəm/ agg. **1** *(healthy)* [*diet, food*] sano; [*air*] salubre, salutare; ***good ~ home cooking*** sana cucina casalinga **2** *(decent)* [*person, appearance, entertainment*] sano.
wholesomely /'həʊlsəmlɪ/ avv. sanamente, salubremente.
wholesomeness /'həʊlsəmnɪs/ n. salubrità f.
whole step /ˌhəʊl'step/, **whole tone** /ˌhəʊl'təʊn/ n. AE MUS. tono m.
whole-tone scale /ˌhəʊltəʊn'skeɪl/ n. AE MUS. scala f. per toni interi.
wholewheat /'həʊlwi:t, AE -hwi:t/ agg. → **wholemeal**.
who'll /hu:l/ contr. who will, who shall.
▷ **wholly** /'həʊllɪ/ avv. completamente, interamente, del tutto.
wholly-owned subsidiary /ˌhəʊllɪəʊndsəb'sɪdɪərɪ, AE -dɪerɪ/ n. ECON. consociata f. interamente controllata.
▶ **whom** /hu:m/ When used as an interrogative pronoun, *whom* is translated by *chi*. - When used as a relative pronoun, *whom* is translated by either the invariable form *che* or one of the variable forms *il quale / la quale / i quali / le quali* according to the number and gender of the noun the relative pronoun refers to: *the new student, whom we met yesterday for the first time, comes from Spain* = la nuova studentessa, che abbiamo incontrato ieri per la prima volta, viene dalla Spagna. - As both an interrogative and a relative pronoun, *whom* is only used in very formal English, and *who* is usually employed in its place: see the relevant examples in the entry **who**. pron. **1** *(interrogative)* chi; ***~ did she meet?*** chi incontrò? ***to ~ are you referring?*** a chi si riferisce? ***the article is by ~?*** di chi è l'articolo? **2** *(relative)* che, il quale, la quale, i quali, le quali; *(after prepositions)* il quale, la quale, i quali, le quali, cui; ***the minister ~ he'd seen*** il ministro che lui aveva visto; ***the person to ~, of ~ I spoke*** la persona alla quale, di cui parlavo; ***those ~ he baptized*** coloro che ha battezzato; ***...four of ~ are young and all of ~ are single...***quattro dei quali sono giovani e tutti non sposati; ***Kirsten and Matthew, both of ~ had ridden before*** Kirsten e Matthew, entrambi i quali erano già andati a cavallo in precedenza; ***he was particular about ~ he chose*** era molto meticoloso nello scegliere le persone **3** *(whoever)* chi, chiunque; ***you may invite ~ you wish*** puoi invitare chi vuoi.
whomever /hu:m'evə(r)/ pron. FORM. chiunque, chi; ***to arrest, support etc. ~ one wishes*** arrestare, appoggiare chiunque si voglia; ***for ~ shall find them*** per chiunque riesca a trovarli; ***to ~ it may concern*** *(in business letter)* a tutti gli interessati.
whomp /wɒmp, AE hwɒmp/ tr. AE COLLOQ. **1** *(hit)* colpire **2** SPORT COLLOQ. *(beat)* stracciare, schiacciare.
whomsoever /hu:səʊ'evə(r)/ pron. → **whomever**.
1.whoop /hu:p, wu:p, AE hwu:p/ n. **1** *(shout)* grido m., urlo m. **2** MED. urlo m. della pertosse.
2.whoop /hu:p, wu:p, AE hwu:p/ intr. **1** *(shout)* urlare, gridare (**with** di) **2** MED. tossire (a causa della pertosse) ◆ ***~ it up!*** COLLOQ. facciamo festa! facciamo baldoria!
whoopee /'wʊpi:, AE 'hwʊ-/ **I** n. COLLOQ. ***to make ~*** SCHERZ. *(make love)* spassarsela; *(have fun)* fare baldoria **II** inter. urrà, evviva.
whooper swan /'hu:pəˌswɒn, 'wu:p-, AE 'hwu:p-/ n. cigno m. canoro.
whooping cough /'hu:pɪŋkɒf, 'wu:p-, AE 'hwu:pɪŋkɔ:f/ ◗ ***11*** n. pertosse f., tosse f. asinina.
whoops /wʊps, AE hwʊps/ inter. *(on avoiding accident)* oops; *(on realizing mistake)* ohibò, accidenti; ***~ a daisy!*** oplà!
1.whoosh /wʊʃ, AE hwʊʃ/ **I** n. COLLOQ. ***~ of a train, of a car going by*** il rombo di un treno, di un'auto che sfreccia; ***~ of skis on the snow*** il fruscio degli sci sulla neve **II** inter. zac, zaff.
2.whoosh /wʊʃ, AE hwʊʃ/ intr. ***to ~ in, out, past*** entrare, uscire, passare sfrecciando.
1.whop /wɒp, AE hwɒp/ n. COLLOQ. *(heavy blow)* colpo m., botta f.
2.whop /wɒp, AE hwɒp/ tr. (forma in -ing ecc. **-pp-**) COLLOQ. **1** *(hit)* colpire; ***to ~ sb. one*** COLLOQ. mollare una sberla a qcn. **2** *(beat in game)* stracciare, schiacciare.
whopper /'wɒpə(r), AE 'hwɒpər/ n. COLLOQ. **1** *(large thing)* cosa f. gigantesca, enormità f.; *(hamburger)* hamburger m. gigante **2** *(lie)* gran balla f., gran frottola f.
whopping /'wɒpɪŋ, AE 'hwɒpɪŋ/ **I** n. COLLOQ. *(beating)* colpi m.pl., botte f.pl. **II** agg. COLLOQ. (anche **~ great**) gigantesco, enorme.
▷ **1.whore** /hɔ:(r)/ n. SPREG. puttana f.
2.whore /hɔ:(r)/ intr. SPREG. **1** [*man*] andare a puttane **2** [*woman*] fare la puttana; ***to ~ around*** COLLOQ. andare a letto con tutti.
who're /'hu:ə(r)/ contr. who are.
whoredom /'hɔ:dəm/ n. prostituzione f.
whorehouse /'hɔ:haʊs/ n. bordello m., casino m.
whoremonger /'hɔ:mʌŋgə(r)/ n. ANT. SPREG. puttaniere m.
whoreson /'hɔ:sʌn/ n. ANT. (figlio) bastardo m.
whorish /'hɔ:rɪʃ/ agg. SPREG. puttanesco, da puttana.
whorl /wɜ:l, AE hwɜ:l/ n. *(of cream, chocolate etc.)* decorazione f. (a forma di spirale); *(on fingerprint)* spirale f.; *(shell pattern)* voluta f.; *(of petals)* verticillo m., ciclo m.
whorled /wɜ:ld, AE hwɜ:ld/ agg. **1** disposto a spirale **2** [*petals*] verticillato, ciclico.
whortleberry /'wɜ:tlberɪ, AE 'hwɜ:rtlberɪ/ **I** n. mirtillo m. **II** modif. [*pie, sauce*] ai mirtilli; [*bush*] di mirtilli; [*flower*] di mirtillo.
who's /hu:z/ contr. who is, who has.
▶ **whose** /hu:z/ Interrogative *whose* - in Italian, *di chi* - can be used in questions both as an adjective and a pronoun to ask which person or persons something belongs to: *whose car is this? / whose is this car?* = di chi è questa macchina? *we don't know whose car this is* = non sappiamo di chi sia questa macchina. - As a relative, *whose* shows the relationship between a person or thing and something that belongs to that person or thing; it is translated in Italian as *il / la / i / le cui*, as *di cui*, or as *del quale / della quale / dei quali / delle quali*: *this is the man, whose wallet has been stolen* = questo è l'uomo, il portafoglio del quale è stato rubato; *students whose name begins with M please stand up* = gli studenti il cui nome inizia con la M si alzino per favore; *can you see that big house, whose windows are all shut?* = riesci a vedere quella grande casa, le cui finestre sono tutte chiuse? **I** agg. **1** *(interrogative)* ***~ pen is that?*** di chi è quella penna? ***do you know ~ car was stolen?*** sai di chi è l'auto che è stata rubata? sai a chi hanno rubato l'auto? ***~ coat did you take?*** di chi è il cappotto che hai preso? ***~ party did you go to?*** di chi era la festa a cui sei andato? ***with ~ permission?*** con il permesso di chi? **2** *(relative)* ***the boy ~ dog, books etc.*** il ragazzo il cui cane, i cui libri ecc.; ***the one ~ name is drawn out first*** la persona il cui nome è estratto per primo; ***the man ~ daughter he was married to*** l'uomo con la cui figlia era sposato **II** pron. di chi; ***~ is this?*** di chi è questo? ***we don't know ~ it is*** non sappiamo di chi sia; ***~ did you take?*** hai preso quello di chi? ***I wonder ~ he'll prefer*** mi chiedo quello di chi preferirà.
whosoe'er, **whosoever** /hu:səʊ'evə(r)/ pron. ANT. LETT. → **whoever**.
Who's Who /ˌhu:z'hu:/ n. who's who m., chi è m.
who've /hu:v/ contr. who have.
▶ **1.why** /waɪ, AE hwaɪ/ Although *why* normally requires inversion and *do* support in direct questions, it can also be followed by a bare infinitive in such examples as *why risk everything?* = perché rischiare tutto? or *why not invite them as well?* = perché non invitare anche loro? - *Why* occurs with certain reporting verbs such as *ask*, *know*, *think* and *wonder*. For translations, see these entries. - Please note that *perché* is the Italian translation of both *why* in direct and indirect questions and *because* in answers: *why didn't you tell him? because he can't keep a secret* = perché non glielo hai detto? perché non sa mantenere un segreto; *that's why she is still at home* = ecco perché è ancora a casa. **I** avv. **1** *(in questions)* perché, per quale motivo; ***~ do you ask?*** perché lo chiedi? ***~ didn't she tell us?*** perché non ce lo ha detto? ***~ risk everything?*** perché rischiare tutto? ***~ bother?*** perché preoccuparsi? ***"I'm annoyed" - "~ is that?"*** "sono seccato" - "per quale ragione?"; ***~ all the fuss?*** perché tutto questo trambusto? ***~ the delay?*** a che cosa è dovuto il ritardo? ***~ me?*** perché io? ***oh no, ~ me?*** oh no, proprio io? ***~ not somebody else?*** perché non qualcun altro? ***"it's not possible" - "~ not?"*** "non è possibile" - "perché no?"; ***"would you be interested?" - "~ not?"*** "ti interesserebbe?" - "perché no?"; ***"can I apply?" - "I don't see ~ not"*** "posso fare domanda?" - "non vedo perché no" **2** *(when making suggestions)* perché; ***~ don't you apply for the job?*** perché non fai domanda per il posto? ***~ don't we go away for the weekend?*** perché non andiamo via per il fine settimana? ***~ don't I invite them for dinner?*** potrei invitarli a cena; ***~ not sell the car?*** perché non vendere l'auto? ***~ not a mix of traditional and modern?*** perché non fare una mescolanza di classico e moderno? **3** *(expressing irritation, defiance)* perché; ***~ don't they mind their own business?*** (ma) perché non si fanno gli affari loro? ***~ can't you be quiet?*** perché non riesci a stare tranquillo? ***~ do I bother?*** a che serve preoccuparsi? perché mi preoccupo? ***~ should they get all the praise?*** perché devono prendersi loro tutto il merito? ***"tell them" - "~ should I?"*** "diglielo" - "perché dovrei?" **4** (anche **whyever**) *(expressing surprise)* ***~ever not?*** BE ma perché no? ***~ever did you***

say that? perché mai l'hai detto? **II** cong. ***that is ~ they came*** è il motivo per cui sono venuti *o* è per questo che sono venuti; ***that's not ~ I asked*** non è per quella ragione che ho fatto la domanda; ***is that ~ she telephoned?*** è quello il motivo per cui ha telefonato? ***so that's ~!*** *(finally understanding)* ecco perché! allora è per questo! ***"~?" - "because you're stubborn, that's ~!"*** "perché?" - "perché sei testardo, ecco perché!"; ***the reason ~*** il motivo per cui; ***one of the reasons ~ they left*** una delle ragioni per cui se ne sono andati; ***I need to know the reason ~*** ho bisogno di sapere il perché.

2.why /waɪ, AE hwaɪ/ **I** n. ***the ~*** il perché, il motivo **II** inter. ANT. ma come; ***~, we've just arrived!*** ma come, siamo appena arrivati! ◆ ***the ~s and the wherefores*** il perché e il percome.

1.WI n. BE (⇒ Women's Institute) = associazione femminile che organizza attività culturali e sociali.

2.WI **1** US ⇒ Wisconsin Wisconsin **2** ⇒ West Indies Indie Occidentali.

wick /wɪk/ n. *(of candle, lamp etc.)* stoppino m., lucignolo m. ◆ ***to get on sb.'s ~*** BE COLLOQ. rompere sempre le scatole a qcn.

▷ **wicked** /ˈwɪkɪd/ agg. **1** *(evil)* [*person*] cattivo, malvagio, maligno; [*heart*] malvagio, crudele; [*plot*] perfido; [*deed, intention*] cattivo, malvagio; ***it is ~ to do*** è perfido fare; ***it was ~ of him*** è stato malvagio da parte sua; ***that was a ~ thing to do*** è crudele aver fatto una cosa del genere **2** *(mischievous)* [*grin, humour, stare, wink*] malizioso **3** *(naughty)* [*thoughts*] cattivo; ***sb.'s ~ ways*** SCHERZ. i modi terribili di qcn.; ***go on, be ~!*** forza, lasciati andare! **4** *(nasty, vicious)* [*wind*] forte, sferzante; [*weapon*] temibile; [*sarcasm*] caustico; ***a ~ tongue*** una malalingua, una linguaccia **5** COLLOQ. *(terrible)* ***a ~ waste*** un terribile spreco; ***it was a ~ shame*** è stata una tremenda vergogna **6** COLLOQ. *(great)* favoloso; ***he plays a ~ game of chess*** gioca a scacchi in modo eccezionale ◆ ***no peace*** o ***rest for the ~*** BIBL. non c'è pace per gli empi.

wickedly /ˈwɪkɪdlɪ/ avv. **1** [*smile, say, chuckle, wink*] maliziosamente; ***~ satirical*** malignamente satirico; ***~ accurate*** terribilmente preciso **2** [*act, plot, lie*] malvagiamente, perfidamente.

wickedness /ˈwɪkɪdnɪs/ n. **1** *(evil) (of person)* cattiveria f., malvagità f., malignità f.; *(of deed, heart)* malvagità f., crudeltà f.; *(of regime)* iniquità f., crudeltà f.; ***the ~ of all that waste*** la vergogna di tutto quello spreco **2** *(of grin, wink, joke)* malizia f.; ***the ~ of chocolate cake*** SCHERZ. il fascino perverso di una torta al cioccolato.

wicker /ˈwɪkə(r)/ **I** n. (anche **wickerwork**) vimine m. **II** modif. [*basket, furniture*] di vimini.

▷ **wicket** /ˈwɪkɪt/ n. **1** *(field gate)* cancelletto m.; *(sluice gate)* piccola paratoia f. **2** AE *(transaction window)* sportello m. **3** *(in cricket) (stumps)* wicket m.; *(pitch)* campo m. da gioco **4** *(in croquet)* archetto m. ◆ ***to be on a sticky ~*** COLLOQ. essere nei pasticci *o* nei casini.

wicket keeper /ˈwɪkɪtˌkiːpə(r)/ n. *(in cricket)* difensore m. del wicket.

wickiup /ˈwɪkɪʌp/ n. AE COLLOQ. capanna f.

▶ **1.wide** /waɪd/ agg. **1** *(broad)* [*river, opening, mouth*] largo; [*margin*] ampio; ***how ~ is your garden?*** quanto è largo il tuo giardino? ***it's 30 cm ~*** è largo 30 cm; ***the river is 1 km across at its ~st*** il fiume raggiunge la larghezza massima di 1 km; ***they're making the street ~r*** stanno allargando la strada; ***her eyes were ~ with fear*** aveva gli occhi spalancati per la paura **2** *(immense)* [*ocean, desert, sky*] immenso, vasto; ***he had no-one to talk to in the whole ~ world*** non aveva nessuno al mondo con cui parlare **3** *(extensive)* [*variety, choice*] ampio, grande; [*market*] ampio, esteso; ***a woman of ~ interests*** una donna dai vasti interessi; ***a ~ range of products*** un'ampia gamma di prodotti; ***a ~ range of opinions*** una vasta gamma di opinioni; ***in the ~ European context*** nel più vasto contesto europeo; ***in the ~st sense of the word*** nel senso più ampio della parola **4** SPORT *(in cricket)* [*ball, shot*] fuori misura **5** **-wide** in composti ***a country-~ search*** una ricerca condotta a livello nazionale *o* in tutto il paese; ***a nation-~ survey*** un'indagine su scala nazionale.

2.wide /waɪd/ avv. ***to open one's eyes ~*** spalancare gli occhi; ***his eyes are (set) ~ apart*** ha gli occhi molto distanti; ***open ~!*** apri bene! ***to be ~ of the mark*** [*ball, dart*] non andare a segno *o* mancare il bersaglio; FIG. [*guess*] essere completamente sballato.

wide-angle lens /ˌwaɪdæŋglˈlenz/ n. obiettivo m. grandangolare, grandangolo m.

wide area network /ˌwaɪdˌeərɪəˈnetwɜːk/ n. INFORM. = rete a ampie dimensioni geografiche.

wide awake /ˌwaɪdəˈweɪk/ agg. completamente, del tutto sveglio.

wideboy /ˈwaɪdbɔɪ/ n. BE COLLOQ. SPREG. furfante m., imbroglione m.

wide-eyed /ˌwaɪdˈaɪd/ agg. con gli occhi sgranati, spalancati.

▶ **widely** /ˈwaɪdlɪ/ avv. **1** *(commonly)* [*acknowledged, accepted, used*] ampiamente, generalmente; ***it is ~ accepted that*** è comunemente accettato che; ***it is ~ believed that*** generalmente si crede che; ***a country ~ admired for its technology*** un paese ammirato da tutti per la sua tecnologia; ***this product is now ~ available*** ora questo prodotto è distribuito su vasta scala; ***to be ~ known*** essere rinomato (**for** per); ***she is ~ regarded as an expert in her field*** a detta di molti è un'esperta nel suo campo; ***these are not ~ held views*** queste non sono opinioni molto comuni **2** *(at a distance)* [*spaced, planted*] a grande distanza; *(over a large area)* [*travel*] molto; ***to be ~ travelled*** avere viaggiato (molto); ***copies of the magazine circulate ~*** le copie della rivista hanno una grande diffusione **3** *(significantly)* [*differ, vary*] considerevolmente; [*different*] significativamente.

widely-read /ˌwaɪdlɪˈred/ agg. [*student*] di vaste letture; [*author*] molto letto.

▷ **widen** /ˈwaɪdn/ **I** tr. **1** allargare, ampliare [*road, path, gap*] **2** FIG. estendere, allargare [*debate*]; estendere [*powers*]; ***to ~ the scope of an enquiry*** allargare l'ambito di un'indagine; ***this has ~ed their lead in the opinion polls*** questo ha accresciuto il loro vantaggio nei sondaggi **II** intr. **1** [*river, road*] allargarsi; ***his eyes ~ed*** sgranò gli occhi **2** *(increase)* ***the gap is ~ing between rich and poor*** il divario tra i ricchi e i poveri si sta facendo più marcato.

wideness /ˈwaɪdnɪs/ n. RAR. larghezza f., ampiezza f.

widening /ˈwaɪdnɪŋ/ agg. [*division*] che si accentua; [*gap*] che si allarga; ***the ~ perception that*** l'impressione sempre più diffusa che.

wide open /ˈwaɪdˌəʊpən/ agg. **1** [*door, window etc.*] spalancato; ***her eyes were ~*** aveva gli occhi sgranati **2** *(with no obvious winner)* [*competition*] aperto.

wide-ranging /ˌwaɪdˈreɪndʒɪŋ/ agg. [*poll, report, enquiry*] ad ampio raggio; ***a ~ discussion*** una discussione che spazia tra molti argomenti.

wide screen /ˈwaɪdˌskriːn/ n. CINEM. schermo m. panoramico.

▷ **widespread** /ˈwaɪdspred/ agg. [*epidemic, devastation*] di vaste proporzioni; [*belief*] diffuso.

widgeon /ˈwɪdʒən/ n. (pl. **~**, **~s**) fischione m.

widget /ˈwɪdʒɪt/ n. COLLOQ. SCHERZ. coso m., aggeggio m.

▷ **1.widow** /ˈwɪdəʊ/ n. **1** vedova f.; ***war ~*** vedova di guerra; ***golf ~*** SCHERZ. = donna lasciata sola dal marito impegnato a giocare a golf **2** TIP. vedova f.

▷ **2.widow** /ˈwɪdəʊ/ tr. ***to be ~ed*** rimanere vedova, vedovo; ***she has been ~ed for two years*** è vedova da due anni.

widowed /ˈwɪdəʊd/ **I** p.pass. → **2.widow** **II** agg. ***my ~ mother, sister*** mia madre, mia sorella che è vedova.

widower /ˈwɪdəʊə(r)/ n. vedovo m.

widowhood /ˈwɪdəʊhʊd/ n. vedovanza f.

widow's mite /ˈwɪdəʊzˌmaɪt/ n. BIBL. obolo m. della vedova; ***to give one's ~*** FIG. = offrire il proprio piccolo ma significativo contributo; fare del proprio meglio.

widow's peak /ˈwɪdəʊzˌpiːk/ n. = attaccatura dei capelli a V sulla fronte.

widow's pension /ˈwɪdəʊzˌpenʃn/ n. pensione f. vedovile.

widow's walk /ˈwɪdəʊzˌwɔːk/ n. AE belvedere m.

widow's weeds /ˈwɪdəʊzˌwiːdz/ n.pl. ANT. gramaglie f. vedovili.

widow woman /ˈwɪdəʊˌwʊmən/ n. (pl. **widow women**) ANT. vedova f.

▷ **width** /wɪdθ, wɪtθ/ ➧ **15** n. **1** larghezza f.; ***it is 30 metres in ~*** misura 30 metri di larghezza **2** TESS. altezza f. **3** *(of swimming pool)* larghezza f.

widthways /ˈwɪdθweɪz, ˈwɪtθ-/, **widthwise** /ˈwɪdθwaɪz, ˈwɪtθ-/ avv. in larghezza, nel senso della larghezza.

▷ **wield** /wiːld/ tr. **1** *(brandish)* brandire [*weapon, tool*] **2** FIG. *(exercise)* esercitare [*influence, authority*] (**over** su).

wieldy /ˈwiːldɪ/ agg. *(handy)* maneggevole, maneggiabile.

wiener /ˈwiːnə(r)/ n. AE **1** (anche **~wurst**) GASTR. salsiccia f. di Vienna, würstel m. **2** COLLOQ. INFANT. *(penis)* pisellino m.

Wiener dog /ˈwiːnədɒg, AE -dɔːg/ n. AE COLLOQ. (cane) bassotto m.

Wiener schnitzel /ˌwiːnəˈʃnɪtsl/ n. cotoletta f. alla milanese.

wienie /ˈwiːnɪ/ n. AE COLLOQ. → **wiener**.

▶ **wife** /waɪf/ n. (pl. **wives**) **1** *(spouse)* moglie f., sposa f.; ***she was his second ~*** era la sua seconda moglie; ***he had three children by his first ~*** aveva avuto tre figli dalla prima moglie; ***she will make him a good ~*** sarà una buona moglie per lui; ***many wives would disagree*** molte donne sposate non sarebbero d'accordo; ***to take sb. as one's ~*** FORM. o ***to take sb. to ~*** ANT. prendere qcn. in moglie; ***the ~*** COLLOQ. SCHERZ. la signora, la padrona **2** ANT. *(woman)* donna f., comare f.

wife batterer /ˈwaɪfˌbætərə(r)/ n. marito m. violento.

wife battering /ˈwaɪfˌbætərɪŋ/ n. = violenza nei confronti delle mogli; ***the problem of ~*** il problema dei maltrattamenti alle mogli.

wifehood /ˈwaɪfhʊd/ n. condizione f. di moglie.

wifelike /ˈwaɪflaɪk/, **wifely** /ˈwaɪflɪ/ agg. FORM. o SCHERZ. [*virtues, duties*] di una moglie; [*loyalty, concern*] di una buona moglie.

wife's equity /ˈwaɪfsˌekwətɪ/ n. AE DIR. = percentuale di beni comuni che spettano alla moglie dopo il divorzio.

wife-swapper /ˈwaɪfˌswɒpə(r)/ n. scambista m.

wife-swapping /ˈwaɪfˌswɒpɪŋ/ n. scambio m. di coppie.

Wi-Fi /ˈwaɪfaɪ/ n. INFORM. (accorc. wireless fidelity) Wi-Fi m.

1.wig /wɪɡ/ n. **1** *(false hair) (whole head)* parrucca f.; *(partial)* parrucchino m. **2** COLLOQ. SPREG. *(hairdo)* chioma f., zazzera f.

2.wig /wɪɡ/ tr. (forma in -ing ecc. **-gg-**) **1** mettere la parrucca a, imparruccare [*person*] **2** COLLOQ. *(reprimand)* dare una lavata di capo a.

wigan /ˈwɪɡən/ n. TESS. tela f. rigida.

wigeon → **widgeon**.

wigged /wɪɡd/ **I** p.pass. → **2.wig II** agg. imparruccato, che porta la parrucca.

wigging /ˈwɪɡɪŋ/ n. ANT. COLLOQ. ***to give sb. a ~*** dare una lavata di capo a qcn.; ***to get a ~*** prendersi una lavata di capo.

1.wiggle /ˈwɪɡl/ n. COLLOQ. ***a ~ of the hips*** un movimento dei fianchi *o* un ancheggiamento; ***to give sth. a ~*** agitare qcs.

2.wiggle /ˈwɪɡl/ **I** tr. COLLOQ. fare ballare [*tooth*]; muovere, scuotere [*wedged object*]; ***to ~ one's hips*** ancheggiare; ***to ~ one's fingers, toes*** muovere *o* agitare le dita delle mani, dei piedi; ***to ~ one's ears*** muovere le orecchie **II** intr. COLLOQ. [*snake, worm*] attorcigliarsi; [*road, river*] serpeggiare.

wiggly /ˈwɪɡlɪ/ agg. COLLOQ. [*road, line*] sinuoso.

1.wigwag /ˈwɪɡwæɡ/ n. segnalazione f. con bandierine.

2.wigwag /ˈwɪɡwæɡ/ intr. (forma in -ing ecc. **-gg-**) fare segnalazioni con bandierine.

wigwam /ˈwɪɡwæm, AE -wɑːm/ n. wigwam m.

Wilbur /ˈwɪlbə(r)/ n.pr. Wilbur (nome di uomo).

wilco /ˈwɪlkəʊ/ inter. TEL. ricevuto.

▶ **1.wild** /waɪld/ **I** agg. **1** *(in natural state)* [*person*] selvaggio; [*plant, animal, bird*] selvatico; ***~ beast*** animale feroce, belva; ***the pony is still quite ~*** il pony è ancora un po' selvaggio **2** *(desolate)* [*hill, landscape*] selvaggio, desolato, impervio **3** *(turbulent)* [*wind*] furioso, impetuoso; [*sea*] tempestoso, burrascoso; ***it was a ~ night*** fu una notte di tempesta **4** *(unrestrained)* [*party*] sfrenato, scatenato; [*laughter*] incontenibile; [*person*] sfrenato, scapestrato; [*imagination*] fervido; [*applause*] fragoroso, delirante; ***to go ~*** [*fans, audience*] impazzire *o* andare in delirio; ***she led a ~ life in her youth*** quando era giovane faceva una vita sregolata; ***we had some ~ times together*** ne abbiamo combinate delle belle insieme; ***his hair was ~ and unkempt*** i sui capelli erano arruffati e incolti; ***there was a ~ look in her eyes*** aveva due occhi spiritati; ***~ mood swings*** bruschi cambiamenti d'umore **5** COLLOQ. *(furious)* fuori di sé, furioso; ***he'll go*** o ***be ~!*** andrà su tutte le furie! **6** COLLOQ. *(enthusiastic)* ***to be ~ about*** andare matto per *o* impazzire per [*computers, films*]; ***I'm not ~ about him*** non mi fa impazzire **7** *(outlandish)* [*idea, plan, scheme*] bizzarro, stravagante; [*claim, accusation*] insensato, assurdo; [*story, promise*] sconclusionato, assurdo; ***all this ~ talk*** tutto questo parlare a vanvera **8** COLLOQ. *(very good)* ***the concert was really ~!*** COLLOQ. il concerto è stato strepitoso! **II** n. ***in the ~*** [*life*] allo stato brado *o* allo stato libero; ***to grow in the ~*** crescere allo stato brado; ***the call of the ~*** il richiamo della foresta **III wilds** n.pl. ***to live in the ~s of Arizona*** vivere nelle zone selvagge dell'Arizona; ***they live out in the ~s*** vivono in capo al mondo ◆ ***to walk on the ~ side*** fare una vita scapestrata.

2.wild /waɪld/ avv. [*grow*] allo stato selvatico; ***the garden had run ~*** il giardino era diventato una giungla; ***those children are allowed to run ~!*** si permette a quei bambini di comportarsi come dei selvaggi! ***to let one's imagination run ~*** galoppare con la fantasia.

wild-ass /ˌwaɪldˈæs/ n. asino m. selvatico, onagro m.

wild boar /ˌwaɪldˈbɔː(r)/ n. cinghiale m.

wild brier /ˌwaɪldˈbraɪə(r)/ n. → **wild rose**.

wild card /ˈwaɪldˌkɑːd/ n. **1** *(in cards)* jolly m., matta f. **2** FIG. *(unpredictable element)* incognita f. **3** SPORT wild card f. **4** (anche **wildcard**) INFORM. carattere m. jolly.

1.wildcat /ˈwaɪldkæt/ **I** n. **1** ZOOL. gatto m. selvatico **2** FIG. *(woman)* tigre f. **3** *(oil well)* pozzo m. petrolifero esplorativo **4** AE COLLOQ. *(unsound business scheme)* affare m. rischioso **II** agg. AE [*scheme, venture*] rischioso, azzardato.

2.wildcat /ˈwaɪldkæt/ intr. (forma in -ing ecc. **-tt-**) *(drill for oil)* = eseguire trivellazioni alla ricerca del petrolio.

wildcat strike /ˌwaɪldkætˈstraɪk/ n. sciopero m. (a gatto) selvaggio.

wildcatter /ˈwaɪldkætə(r)/ n. **1** prospettore m. (-trice) **2** *(wildcat striker)* = chi aderisce a uno sciopero (a gatto) selvaggio.

wild cherry /ˈwaɪldˌtʃerɪ/ n. ciliegio m. selvatico.

wild dog /ˈwaɪldˌdɒɡ, AE -dɔːɡ/ n. dingo m.

wild duck /ˌwaɪldˈdʌk/ n. anatra f. selvatica, germano m. reale.

wildebeest /ˈwɪldɪbiːst/ n. (pl. **~**, **~s**) gnu m.

▷ **wilderness** /ˈwɪldənɪs/ n. **1** *(barren area, wasteland)* landa f., regione f. selvaggia; BIBL. deserto m.; ***a ~ of factories*** una distesa desolata di fabbriche **2** *(uncultivated, wild area)* wilderness f., riserva f. naturale; ***the world's great ~es*** le più grandi riserve naturali del mondo; ***the garden has become a ~*** il giardino è diventato una giungla ◆ ***to be in the ~*** [*person*] cadere in disgrazia; ***he spent ten years in the ~*** è stato in disgrazia per dieci anni; ***to be a voice crying in the ~*** essere una voce (che grida) nel deserto.

wild-eyed /ˌwaɪldˈaɪd/ agg. dagli occhi spiritati, dallo sguardo allucinato.

wildfire /ˈwaɪldfaɪə(r)/ n. ***to spread like ~*** diffondersi in un baleno *o* in un lampo.

wild flower /ˈwaɪldˌflaʊə(r)/ n. fiore m. di campo, fiore m. selvatico.

wildfowl /ˈwaɪldfaʊl/ n. **1** *(wild bird)* uccello m. selvatico; *(birds collectively)* uccelli m.pl. selvatici **2** VENAT. *(game)* selvaggina f. di penna.

wildfowler /ˈwaɪldfaʊlə(r)/ n. cacciatore m. (-trice) di selvaggina di penna.

wildfowling /ˌwaɪldˈfaʊlɪŋ/ n. caccia f. alla selvaggina di penna.

wild-goose chase /ˌwaɪldˈɡuːsˌtʃeɪs/ n. ***it turned out to be a ~*** si rivelò una ricerca completamente inutile; ***to send sb. on a ~*** costringere qcn. a cercare in lungo e in largo; ***to lead sb. on a ~*** mettere qcn. su una falsa traccia *o* depistare qcn.

wild hyacinth /ˈwaɪldˌhaɪəsɪnθ/ n. giacinto m. di bosco.

wilding /ˈwaɪldɪŋ/ n. **1** *(crab apple)* mela f. selvatica; *(crab apple tree)* melo m. selvatico **2** *(wild plant)* pianta f. selvatica.

▷ **wildlife** /ˈwaɪldlaɪf/ n. *(animals)* fauna f. (selvatica); *(animals and plants)* flora f. e fauna f.

wildlife conservation /ˌwaɪldlaɪfkɒnsəˈveɪʃn/ n. tutela f. della flora e della fauna.

wildlife park /ˈwaɪldlaɪfˌpɑːk/, **wildlife reserve** /ˈwaɪldlaɪfrɪˌzɜːv/, **wildlife sanctuary** /ˈwaɪldlaɪfˌsæŋktʃʊərɪ, AE -tʃʊerɪ/ n. riserva f. naturale.

▷ **wildly** /ˈwaɪldlɪ/ avv. **1** *(recklessly)* [*invest, spend*] sfrenatamente, incontrollatamente; [*fire, shoot*] all'impazzata; ***to hit out, run ~*** colpire, correre all'impazzata; ***to talk ~ of revenge*** parlare a briglia sciolta di vendetta **2** *(violently, energetically)* [*wave*] energicamente; [*gesture*] in modo concitato; [*applaud*] fragorosamente, in modo delirante; ***to fluctuate ~*** oscillare paurosamente; ***his heart was beating ~*** gli scoppiava il cuore **3** *(extremely)* [*enthusiastic, optimistic*] esageratamente, smisuratamente; ***the news is not ~ encouraging*** la notizia non è proprio incoraggiante; ***his show was ~ successful*** il suo spettacolo ha avuto un successo strepitoso.

wildness /ˈwaɪldnɪs/ n. **1** *(of landscape, mountains)* asprezza f., selvatichezza f. **2** *(of wind, waves)* furia f., impetuosità f.; *(of weather)* inclemenza f. **3** *(disorderliness) (of person, behaviour)* sfrenatezza f., sregolatezza f.; *(of appearance)* disordine m., trasandatezza f.; *(of evening, party)* sfrenatezza f.; ***to have a reputation for ~*** avere la fama di essere scapestrato **4** *(extravagance) (of idea, plan, scheme)* bizzarria f., stravaganza f.; *(of imagination)* estrosità f.

wild oats /ˌwaɪldˈəʊts/ n.pl. avena f.sing. selvatica.

wild olive /ˌwaɪldˈɒlɪv/ n. olivastro m.

wild rice /ˌwaɪldˈraɪs/ n. riso m. degli indiani.

wild rose /ˌwaɪldˈrəuz/ n. rosa f. canina.

wild water rafting /ˌwaɪldˈwɔːtəˌrɑːftɪŋ, AE -ˌræftɪŋ/ ▸ **10** n. rafting m. in acque bianche.

Wild West /ˌwaɪldˈwest/ n. Far West m., selvaggio West m.

Wild West show /ˌwaɪldˈwestˌʃəʊ/ n. AE rodeo m.

wildwood /ˌwaɪldˈwʊd/ n. terreno m. boscoso, foresta f.

wile /waɪl/ tr. ANT. *(beguile)* ingannare, raggirare.

wiles /waɪlz/ n.pl. astuzie f., inganni m.

Wilfred, Wilfrid /ˈwɪlfrɪd/ n.pr. Vilfredo.

wilful BE, **willful** AE /ˈwɪlfl/ agg. **1** *(headstrong)* [*person, behaviour*] caparbio, ostinato **2** *(deliberate)* [*damage, disobedience*] intenzionale **3** DIR. [*murder, misconduct*] premeditato.

wilfully BE, **willfully** AE /ˈwɪlfəlɪ/ avv. **1** *(in headstrong way)* caparbiamente, ostinatamente **2** *(deliberately)* intenzionalmente, volontariamente.

1.will

- When *will* is used to express the future in English, the future tense of the Italian verb is generally used:

  he'll come = verrà

  we'll do it = lo faremo noi

- In spoken and more informal Italian or when the very near future is implied, the present tense of the appropriate verb can be used:

  I'll do it now = lo faccio subito

  I'll help you as soon as I get home = ti aiuto io non appena arrivo a casa.

- When *will* is used to express ability or capacity to do something, or what is generally true, Italian uses the present tense of the appropriate verb:

  Oil will float on water = l'olio galleggia sull'acqua.

- When *will* is used to express the future in English after such verbs as *expect, think* or *hope*, Italian uses the subjunctive:

  I expect he'll be back in a few minutes = mi aspetto che sia di ritorno tra alcuni minuti

  I think he will come on foot = penso che venga a piedi.

- If the subject of the modal auxiliary *will* is *I* or *we*, *shall* is sometimes used instead of *will* to talk about the future. For further information, consult the entry **shall** in the dictionary.

- Italian has no direct equivalent of tag questions like *won't he?* or *will they?* There is a general tag question *non è vero?* or *vero?* which will work in many cases:

  you'll do it tomorrow, won't you? = lo farai domani, non è vero?

  they won't tell her, will they? = non glielo diranno mica, vero?

  In cases where an opinion is being sought, *no?* meaning *is that not so?* can be useful:

  that will be easier, won't it? = quello sarà più facile, no?

  In many other cases the tag question is simply not translated at all and the speaker's intonation will convey the implied question:

  you'll have another cake, won't you? = prendi un altro dolce?

- Again, there is no direct equivalent for short answers like *no she won't, yes they will* etc.

  In reply to standard enquiry the tag will not be translated:

  "you'll be ready at midday then?" "yes I will" = "sarai pronto per mezzogiorno?" "sì"

  When the answer *yes* is given to contradict a negative question or statement, equivalent emphasis in Italian can be conveyed by using the expression *ma sì che* + appropriate tense of the verb *fare*:

  "they won't forget" "yes they will" = "non lo dimenticheranno" "ma sì che lo faranno"

  When the answer *no* is given to contradict a positive question or statement, equivalent emphasis in Italian can be conveyed by using the expression *ma no che* + appropriate tense of the verb *fare*:

  "she'll post the letter, won't she?" "no she won't" = "imbucherà lei la lettera, vero?" "ma no che non lo farà"

- For more examples and other uses, see the entry **1.will**.

wilfulness BE, **willfullness** AE /ˈwɪlflnɪs/ n. **1** *(of character)* caparbietà f., ostinazione f. **2** *(of act)* intenzionalità f., volontarietà f.

Wilhelmina /ˌwɪlhelˈmiːnə/ n.pr. Guglielmina.

wilily /ˈwaɪlɪlɪ/ avv. astutamente, scaltramente.

wiliness /ˈwaɪlɪnɪs/ n. *(of character, plan)* astuzia f., scaltrezza f.

Wilkie /ˈwɪlkɪ/ n.pr. Wilkie (nome di uomo).

▶ **1.will** /*forma debole* wəl, *forma forte* wɪl/ mod. **1** *(to express the future)* ***she'll help you*** ti aiuterà; *(in the near future)* ti aiuta lei; ***the results ~ be announced on Monday*** i risultati saranno comunicati lunedì; ***I haven't read it yet, but I ~*** non l'ho ancora letto, ma lo farò; ***must I phone him or ~ you?*** devo telefonargli io o lo fai tu? ***I've said I'll repay you and I ~*** ho detto che ti avrei rimborsato e così farò **2** *(expressing consent, willingness)* ***"~ you help me?" - "yes, I ~"*** "mi aiuti?" - "sì, volentieri"; ***he won't cooperate, agree*** non ha intenzione di cooperare, non sarà d'accordo; ***"have a chocolate" - "thank you, I ~"*** "prendi un cioccolatino" - "volentieri, grazie"; ***I ~ not be talked to like that*** non permetterò che mi si parli in quel modo; ***I won't have it said of me that I'm mean*** non mi farò dire che sono meschino; ***~ you or won't you?*** sì o no? ti sta bene oppure no? ***do what you ~*** fai quello che vuoi; ***do as you ~*** fai come ti pare; ***ask who you ~*** chiedi a chi vuoi; ***call it what you ~*** chiamalo come vuoi; ***it's a substitute, if you ~, for a proper holiday*** puoi considerarlo un surrogato di una vera vacanza; ***~ do!*** COLLOQ. va bene! d'accordo! **3** *(in commands, requests)* ***~ you pass the salt, please?*** mi passeresti il sale, per favore? ***open the door ~ you*** apri la porta per favore; ***"I can give the speech" - "you ~ not!"*** "posso fare io il discorso" - "neanche per idea!"; ***you ~ say nothing to anybody*** non devi dire niente a nessuno; ***"I'll do it" - "no you won't"*** "lo faccio io" - "è fuori questione"; ***~ you please listen to me!*** vuoi ascoltarmi per favore! ***wait a minute ~ you!*** puoi aspettare un minuto! **4** *(in offers, invitations)* ***~ you have a cup of tea?*** vorresti una tazza di tè? prendi una tazza di tè? ***~ you marry me?*** vuoi sposarmi? ***won't you join us for dinner?*** ceni con noi? ***you'll have another cake, won't you?*** prendi un altro dolce? **5** *(expressing custom or habit)* ***they ~ usually ask for a deposit*** di solito chiedono un acconto; ***any teacher ~ tell you that*** un qualsiasi insegnante te lo direbbe; ***these things ~ happen*** sono cose che succedono; *(in exasperation)* ***she ~ keep repeating the same old jokes*** continua a ripetere sempre le solite barzellette; ***if you ~ talk in class then he's bound to get cross*** se continui a parlare in classe è ovvio che si arrabbi **6** *(expressing a conjecture or assumption)* ***that ~ be my sister*** sarà mia sorella; ***they won't be aware of what has happened*** non saranno al corrente di quello che è accaduto; ***that ~ have been last month*** deve essere stato il mese scorso *o* sarà stato il mese scorso; ***he'll be about 30 now*** ora avrà circa 30 anni; ***you'll be tired I expect*** immagino che tu sia stanco; ***you'll have gathered that*** avrete dedotto che **7** *(expressing ability or capacity to do)* ***the lift ~ hold 12*** l'ascensore può trasportare 12 persone; ***that jug won't hold a litre*** non ci sta un litro in quella caraffa; ***the car ~ do 180 km/h*** l'auto è in grado di fare (i) 180 km/h; ***this chicken won't feed six*** questo pollo non basta per sei persone; ***oil ~ float on water*** l'olio galleggia sull'acqua; ***the car won't start*** l'auto non vuole partire.

▶ **2.will** /wɪl/ **I** n. **1** *(mental power)* volontà f. (**to do** di, per fare); ***to have a strong, weak ~*** avere una forte volontà, una volontà debole; ***to have a ~ of one's own*** avere una volontà di ferro *o* essere ostinato; ***strength of ~*** forza di volontà **2** *(wish, desire)* volontà f., voglia f. (**to do** di fare); ***it's the ~ of the people*** è il volere della gente; ***it's the ~ of the nation that*** la volontà del paese è che; ***Thy ~ be done*** sia fatta la Tua volontà; ***to impose one's ~ on sb.*** imporre la propria volontà a qcn.; ***it's my ~ that*** è mio desiderio che; ***to do sth. against one's ~*** fare qcs. controvoglia; ***he made me sign it against my ~*** me lo fece firmare contro la mia volontà; ***to do sth. with a ~*** fare qcs. con impegno; ***to lose the ~ to live*** perdere la voglia di vivere **3** DIR. testamento m.; ***to make one's ~*** fare testamento; ***the last ~ and testament of*** le ultime volontà di; ***to leave sb. sth. in one's ~*** lasciare qcs. in eredità a qcn.; ***to mention sb. in one's ~*** menzionare qcn. nel proprio testamento **4 at will** *(as much as one likes)* [*select*] a piacere; [*take*] a volontà; *(whenever you like)* ***you can change it at ~*** puoi cambiarlo quando vuoi; *(freely)* ***they can wander about at ~*** possono andare in giro liberamente **II -willed** agg. in composti ***strong-~ed*** tenace, volitivo; ***self-~ed*** caparbio, ostinato ◆ ***where there's a ~ there's a way*** PROV. volere è potere; ***with the best ~ in the world*** con tutta la propria buona volontà *o* con tutta la buona volontà del mondo.

3.will /wɪl/ **I** tr. **1** *(urge mentally)* ***to ~ sb.'s death, downfall*** volere fortemente la morte, la caduta di qcn.; ***to ~ sb. to do*** volere che qcn. faccia; ***to ~ sb. to live*** volere fortemente *o* desiderare che qcn. viva **2** *(wish, desire)* volere, desiderare; ***fate, God ~ed it*** il fato, Dio l'ha voluto **3** DIR. lasciare per testamento (**to** a) **II** rifl. ***he ~ed himself to stand up*** si sforzò di alzarsi; ***she ~ed herself to finish the race*** si impose di terminare la gara.

■ **will on:** ~ ***[sb., sth.] on*** incoraggiare.

Will /wɪl/ n.pr. diminutivo di **William**.

Willa /ˈwɪlə/ n.pr. Willa (nome di donna).

Willard /ˈwɪlɑːd, -əd/ n.pr. Willard (nome di uomo).

willful AE → **wilful**.

willfullness AE → **wilfulness**.

willfully AE → **wilfully**.

William /ˈwɪlɪəm/ n.pr. Guglielmo; ~ ***the Conqueror*** Guglielmo il Conquistatore.

willie /ˈwɪlɪ/ n. COLLOQ. INFANT. pisellino m., pistolino m.
willies /ˈwɪlɪz/ n.pl. ***to have*** o ***get the ~*** COLLOQ. avere il nervoso; ***to give sb. the ~*** COLLOQ. fare venire il nervoso a qcn.
▷ **willing** /ˈwɪlɪŋ/ agg. **1** *(prepared)* ***to be ~ to do*** essere disposto a fare; ***I'm quite ~*** sono ben disposto; ***if she's ~*** se a lei va bene; ***whether he's ~ or not*** che lo voglia o meno; ***God ~*** se Dio vuole *o* a Dio piacendo; ***I'm more than ~ to help you*** sono dispostissima ad aiutarti **2** *(eager)* [*pupil, helper*] volenteroso, pieno di buona volontà; [*friend*] generoso; [*recruit, victim*] volontario; ***to show ~*** mostrarsi disponibile; ***we need some ~ hands to clean up*** abbiamo bisogno di alcuni volontari per ripulire tutto; ***you were a ~ accomplice in the deception*** sei stato parte attiva nella truffa **3** *(voluntary)* [*donation, sacrifice*] volontario, spontaneo ◆ ***the spirit is ~ but the flesh is weak*** lo spirito è forte ma la carne è debole.
▷ **willingly** /ˈwɪlɪŋlɪ/ avv. [*accept, help*] volentieri; [*work*] di buon grado, con buona volontà, volonterosamente; ***"will you come?" - "~"*** "vieni?" - "volentieri"; ***did she go ~, or did you have to call the police?*** se ne è andata spontaneamente o avete dovuto chiamare la polizia? ***they went ~ to their death*** andarono di buon grado incontro alla morte.
▷ **willingness** /ˈwɪlɪŋnɪs/ n. **1** *(readiness)* (l')essere pronto, (l')essere preparato (**to do** a fare) **2** *(helpfulness)* sollecitudine f., disponibilità f.
will-o'-the-wisp /ˌwɪləðəˈwɪsp/ **I** n. fuoco m. fatuo (anche FIG.) **II** modif. [*person*] sfuggente, inafferrabile; [*tendency*] indefinibile.
1.willow /ˈwɪləʊ/ **I** n. **1** (anche **~ tree**) salice m. **2** *(wood)* (legno di) salice m. **3** *(for weaving)* willow m., lupo m. **4** *(cricket bat)* mazza f. da cricket **II** modif. [*leaf*] di salice; [*bat*] in, di (legno di) salice; [*basket, crib*] di salice da vimini; ***~ plantation*** saliceto.
2.willow /ˈwɪləʊ/ tr. battere con il lupo [*wool, cotton*].
willow grouse /ˈwɪləʊˌgraʊs/ n. pernice f. bianca nordica.
willowherb /ˈwɪləʊhɜːb/ n. (anche **rosebay ~**) epilobio m.
willowing-machine /ˈwɪləʊɪŋməˌʃiːn/ n. *(for weaving)* willow m., lupo m.
willow pattern /ˈwɪləʊˌpætn/ **I** n. *(on china)* = decorazione d'ispirazione cinese (con salici stilizzati) **II** modif. [*dinner service*] decorato con motivi d'ispirazione cinese.
willow tit /ˈwɪləʊtɪt/ n. = varietà di cincia.
willow warbler /ˈwɪləʊˌwɔːblə(r)/ n. luì m. grosso.
willowy /ˈwɪləʊɪ/ agg. [*person, figure*] flessuoso, slanciato.
willpower /ˈwɪlˌpaʊə(r)/ n. (forza di) volontà f. (**to do** di, per fare).
willy → **willie**.
Willy /ˈwɪlɪ/ n.pr. diminutivo di **William**.
willy-nilly /ˌwɪlɪˈnɪlɪ/ avv. **1** *(regardless of choice)* volente o nolente, volere o volare, per amore o per forza **2** *(haphazardly)* a caso, a casaccio.
Wilma /ˈwɪlmə/ n.pr. Vilma, Wilma.
1.wilt /wɪlt/ n. *(of plant)* avvizzimento m., appassimento m.
2.wilt /wɪlt/ **I** tr. fare avvizzire, fare appassire [*plant*] **II** intr. [*plant, flower*] avvizzire, appassire; FIG. [*person*] *(from heat, fatigue)* indebolirsi, spossarsi; *(at daunting prospect)* avvilirsi, abbattersi.
3.wilt /wɪlt/ ANT. 2ª persona sing. pres. → **1.will**.
wilted /ˈwɪltɪd/ **I** p.pass. → **2.wilt** **II** agg. [*leaves, lettuce*] avvizzito, appassito.
Wilts GB ⇒ Wiltshire Wiltshire.
Wiltshire /ˈwɪltʃə(r)/ ♦ ***24*** n.pr. Wiltshire m.
wily /ˈwaɪlɪ/ agg. [*person, animal, plot*] astuto, scaltro; ***~ old bird*** COLLOQ. volpone; ***~ old fox*** COLLOQ. vecchia volpe ◆ ***as ~ as a fox*** furbo come una volpe.
1.wimble /ˈwɪmbl/ n. **1** *(gimlet)* succhiello m. **2** *(brace)* girabacchino m.
2.wimble /ˈwɪmbl/ tr. ANT. succhiellare.
1.wimp /wɪmp/ n. COLLOQ. SPREG. *(ineffectual person)* incapace m. e f., imbranato m. (-a); *(fearful person)* fifone m. (-a).
2.wimp /wɪmp/ intr. (anche **~ out**) filarsela, defilarsi.
wimpish /ˈwɪmpɪʃ/ agg. COLLOQ. SPREG. [*person*] incapace, imbranato; [*behaviour, act*] da imbranato.
1.wimple /ˈwɪmpl/ n. STOR. soggolo m.
2.wimple /ˈwɪmpl/ tr. STOR. avvolgere con il soggolo.
wimpy /ˈwɪmpɪ/ agg. COLLOQ. → **wimpish**.
1.win /wɪn/ n. **1** *(victory)* vittoria f. (anche POL. SPORT) (**over** su); ***to have a ~ over sb. in sth.*** POL. SPORT riportare una vittoria su qcn. in qcs. **2** *(in horseracing) (successful bet)* vincita f.; ***to have a ~ on the horses*** vincere alle corse dei cavalli.
▶ **2.win** /wɪn/ **I** tr. (forma in -ing **-nn-**; pass., p.pass. **won**) **1** vincere [*battle, competition, match, bet, money, prize*]; riportare [*victory*]; POL. vincere [*election*]; conquistare [*votes, region, city*]; ***to ~ a (parliamentary) seat*** conquistare un seggio (parlamentare) **2** *(acquire)* ottenere [*delay, reprieve*] (**from** da); conquistare [*heart, friendship*] (**from** di); attirare [*sympathy*]; procurarsi [*support*] (**of** di); ***it won him the admiration of his colleagues*** gli fece conquistare l'ammirazione dei suoi colleghi; ***to ~ sb.'s love, respect*** conquistarsi l'amore, il rispetto di qcn.; ***to ~ one's way to sth.*** raggiungere *o* conquistare qcs.; ***to ~ sb.'s hand*** ANT. o LETT. ottenere la mano di qcn. **II** intr. (forma in -ing ecc. **-nn-**; pass., p.pass. **won**) vincere; ***to ~ against sb.*** vincere contro qcn.; ***to ~ by a length, by two goals*** vincere di una lunghezza, con due gol di scarto; ***to play to ~*** giocare per vincere (anche FIG.); ***go in and ~!*** vai e torna vincitore! ***you ~!*** *(in argument)* mi hai convinto! ***I've done my best to please her, but you just can't ~*** ho fatto del mio meglio per accontentarla, ma non c'è niente da fare; ***~ or lose, I shall enjoy the game*** che vinca o perda, mi divertirò a giocare; ***~ or lose, the discussions have been valuable*** comunque vada a finire, le discussioni sono state proficue; ***it's a ~ or lose situation*** ci si gioca il tutto per tutto ◆ ***~ some, lose some*** a volte si vince, a volte si perde.
▪ **win back:** ~ *[sth.]* **back**, ~ **back** *[sth.]* recuperare, riconquistare [*majority, support, votes*] (**from sb.** a scapito di qcn.); riconquistare, riguadagnare [*affection, respect*]; riconquistare [*prize, title, territory*] (**from** a scapito di).
▪ **win out** imporsi, averla vinta; ***to ~ out over sth.*** spuntarla su qcs.
▪ **win over, win round:** ~ **over** *[sb.]*, ~ *[sb.]* **over** persuadere, convincere; ***to ~ sb. over to*** persuadere qcn. ad aderire a [*point of view*]; ***can we ~ her over to our side?*** riusciamo a portarla dalla nostra parte?
▪ **win through** uscire vincitore, spuntarla; ***to ~ through to*** SPORT qualificarsi per [*semifinal etc.*].
▷ **1.wince** /wɪns/ n. trasalimento m., sussulto m.
▷ **2.wince** /wɪns/ intr. trasalire, sussultare; ***to ~ with pain, disgust*** sobbalzare dal dolore, raccapricciare di disgusto.
3.wince /wɪns/ n. → **1.winch**.
winceyette /wɪnsɪˈet/ n. flanella f.
1.winch /wɪntʃ/ n. argano m.
2.winch /wɪntʃ/ tr. **1** → **winch down** **2** → **winch up**.
▪ **winch down:** ~ *[sth., sb.]* **down**, ~ **down** *[sth., sb.]* calare con l'argano.
▪ **winch up:** ~ *[sth., sb.]* **up**, ~ **up** *[sth., sb.]* sollevare con l'argano.
Winchester /ˈwɪntʃɪstə(r)/ n. **1** INFORM. (anche **~ disk**) = disco fisso sigillato ermeticamente insieme alle testine di lettura-scrittura **2** ® MIL. (anche **~ rifle**) winchester m. **3** (anche **winchester**, **winchester jar**) CHIM. = recipiente che contiene 2,27 litri.
▶ **1.wind** /wɪnd/ n. **1** METEOR. vento m.; ***North, East ~*** vento del nord, dell'est; ***the ~ is blowing*** sta soffiando il vento; ***which way is the ~ blowing?*** in che direzione soffia il vento? ***a high ~*** un forte vento; ***to have the ~ at one's back*** o ***to have the ~ behind one*** avere il vento alle spalle **2** MAR. vento m.; ***fair ~*** vento favorevole; ***to sail*** o ***run before the ~*** avere il vento in poppa (anche FIG.); ***to sail into the ~*** navigare controvento; ***to sail close to the ~*** MAR. stringere il vento, navigare di bolina; FIG. stare sul filo del rasoio **3** *(breath)* fiato m., respiro m.; ***to knock the ~ out of*** mozzare il fiato a qcn.; ***to get one's ~*** riprendere fiato; ***to get one's second ~*** FIG. riprendere fiato **4** FIG. *(current)* aria f., sentore m.; ***the ~ of change*** l'aria di cambiamento; ***the cold ~s of recession*** le avvisaglie della recessione; ***there is something in the ~*** c'è qualcosa nell'aria **5** *(flatulence)* vento m., peto m.; ***to break ~*** petare; ***to suffer from ~*** soffrire di flatulenza; ***to bring up ~*** ruttare; ***that's a lot of ~!*** COLLOQ. è solo aria fritta! **6** MUS. ***the ~(s)*** i fiati ◆ ***to get ~ of*** avere sentore di *o* fiutare; ***to get the ~ up*** COLLOQ. prendersi una strizza (**about** per); ***to put the ~ up sb.*** COLLOQ. fare prendere una strizza a qcn.; ***to go, run like the ~*** andare, correre come il vento; ***it's (like) pissing*** POP. o ***whistling in the ~*** è come parlare al vento; ***to see which way the ~ blows*** fiutare il vento *o* sentire che aria tira; ***you'll be stuck like that if the ~ changes!*** *(to child pulling faces)* = se non fai attenzione rimarrai con quella faccia!
2.wind /wɪnd/ tr. **1** *(make breathless)* [*blow, punch*] togliere il fiato, mozzare il fiato; [*climb, exertion*] lasciare senza fiato **2** *(burp)* far fare il ruttino a [*baby*] **3** VENAT. *(scent)* fiutare.
3.wind /waɪnd/ n. **1** *(bend) (of road)* curva f. **2** *(movement) (of handle)* giro m.; ***to give a clock a ~*** caricare un orologio.
▶ **4.wind** /waɪnd/ **I** tr. (pass., p.pass. **wound**) **1** *(coil up)* avvolgere [*hair, rope, string, tape, wire*] (**on, onto** su; **round** intorno a); ***he wound a scarf round his neck*** si avvolse una sciarpa attorno al collo; ***she wound her arms around him*** lo cinse con le braccia *o* lo strinse fra le braccia; ***to ~ wool*** aggomitolare la lana **2** *(set in motion)* (anche **~ up**) caricare [*watch, clock, toy*] **3** *(turn)* girare [*handle*] **4** *(move sinuously)* ***to ~ one's*** o ***its way*** [*procession*]

snodarsi; [*road, river*] serpeggiare, snodarsi **II** intr. (pass., p.pass. **wound**) [*road, river*] serpeggiare, snodarsi; [*procession*] snodarsi (**along** lungo); [*stairs*] salire, inerpicarsi; ***a queue ~ing round the theatre*** una coda che faceva il giro intorno al teatro.

▪ **wind back:** ~ **back [sth.]**, ~ **[sth.] back** riavvolgere [*film*].

▪ **wind down:** ~ **down 1** *(end)* [*organization*] cessare progressivamente l'attività; [*activity*] ridursi, diminuire; [*production*] rallentare; [*person*] *(relax)* distendersi, rilassarsi **2** [*clockwork*] scaricarsi; ~ **down [sth.]**, ~ **[sth.] down 1** *(open)* abbassare [*car window*] **2** *(prepare for closure)* ridurre, diminuire [*activity*]; fare cessare progressivamente l'attività di [*organization*]; ***the business is being wound down*** l'attività sta per essere chiusa.

▪ **wind in:** ~ **in [sth.]**, ~ **[sth.] in** riavvolgere [*cable, line*]; tirare su [*fish*].

▪ **wind off:** ~ **off [sth.]**, ~ **[sth.] off** svolgere, dipanare [*thread, rope*].

▪ **wind on:** ~ **on** [*film*] scorrere, andare avanti; ~ **on [sth.]**, ~ **[sth.] on** avvolgere [*thread, rope*]; fare scorrere, mandare avanti [*film*].

▪ **wind up:** ~ **up 1** *(finish)* [*event*] concludersi, terminare (**with** con); [*speaker*] concludere **2** COLLOQ. *(end up)* andare a finire; ***we wound up at Louise's house, sleeping in a barn*** ci ritrovammo a casa di Luisa, finimmo col dormire in un granaio; ***the car wound up in the ditch*** l'auto finì nel fosso; ***she wound up as a dancer in Tokyo*** si ritrovò a fare la ballerina a Tokyo; ~ **up [sth.]**, ~ **[sth.] up 1** *(terminate)* liquidare [*business*]; chiudere [*account, club*]; terminare [*campaign, debate, project, tour*]; concludere [*career*]; chiudere [*meeting*]; DIR. liquidare [*estate*] **2** *(cause to move)* caricare [*clock, watch, toy*]; alzare [*car window*]; ~ **[sb.] up**, ~ **up [sb.] 1** *(tease)* prendere in giro [*person*] **2** *(annoy, make tense)* innervosire; ***to be wound up about sth.*** essere infastidito da qcs.

windage /ˈwɪndɪdʒ/ n. **1** *(in a gun)* vento m. **2** ARM. = deviazione di un proiettile per effetto del vento **3** *(of a ship)* sopravento m.

windbag /ˈwɪndbæg/ n. **1** otre m. di cornamusa **2** COLLOQ. SPREG. parolaio m. (-a), blaterone m. (-a).

windblown /ˈwɪndbləʊn/ agg. [*hair*] scompigliato dal vento; [*tree*] piegato dal vento.

windborne /ˈwɪndbɔːn/ agg. portato, trasportato dal vento.

windbound /ˈwɪndbaʊnd/ agg. [*ship*] bloccato dal vento contrario.

windbreak /ˈwɪndbreɪk/ n. *(natural)* frangivento m.; *(on beach)* paravento m.

Windbreaker® /ˈwɪndbreɪkə(r)/ n. AE giacca f. a vento.

wind-broken /ˈwɪnd͵brəʊkən/ agg. → **broken-winded**.

windburn /ˈwɪndbɜːn/ n. = irritazione della pelle provocata dal vento.

windcheater /ˈwɪnd͵tʃiːtə(r)/ n. BE giacca f. a vento.

wind-chill factor /ˈwɪndtʃɪl͵fæktə(r)/ n. = misurazione dell'effetto combinato della bassa temperatura e della velocità del vento sulla temperatura corporea.

wind chimes /ˈwɪnd͵tʃaɪmz/ n.pl. = piccolo telaio al quale sono appesi pezzetti di vetro che tintinnano al vento.

wind cone /ˈwɪndkəʊn/ n. manica f. a vento.

wind deflector /ˈwɪnddɪ͵flektə(r)/ n. AUT. deflettore m.

winded /ˈwɪndɪd/ agg. **-winded** in composti ***broken-~*** bolso; ***long-~*** prolisso, logorroico.

wind energy /ˈwɪnd͵enədʒɪ/ n. energia f. eolica.

winder /ˈwaɪndə(r)/ n. **1** *(object) (for watch)* remontoir m.; *(for wool, thread)* incannatoio m.; *(for window)* alzacristallo m. **2** ➧ ***27*** IND. *(person)* incannatore m. (-trice).

windfall /ˈwɪndfɔːl/ **I** n. **1** frutto m. caduto a terra **2** FIG. manna f. **II** modif. [*apple*] caduto a terra.

windfall profit /ˈwɪndfɔːl͵prɒfɪt/ n. guadagno m. inatteso.

wind farm /ˈwɪndfɑːm/ n. centrale f. eolica.

windflower /ˈwɪndflaʊə(r)/ n. *(anemone)* silvia f.

wind-gall /ˈwɪndgɔːl/ n. VETER. vescicone m.

wind gap /ˈwɪndgæp/ n. GEOL. passo m., gola f.

wind gauge /ˈwɪnd͵geɪdʒ/ n. anemometro m.

wind generator /ˈwɪnd͵dʒenəreɪtə(r)/ n. aerogeneratore m.

wind harp /ˈwɪndhɑːp/ ➧ ***17*** n. arpa f. eolia.

windhover /ˈwɪnd͵hɒvə(r)/ n. BE LETT. gheppio m.

winding /ˈwaɪndɪŋ/ **I** n. **1** *(of road, river)* sinuosità f., tortuosità f. **2** EL. avvolgimento m. **II** agg. [*path, road*] sinuoso, tortuoso; [*river, course*] serpeggiante; [*valley*] sinuoso; [*stairs*] a chiocciola.

winding coil /ˈwaɪndɪŋ͵kɔɪl/ n. EL. bobina f.

winding drum /ˈwaɪndɪŋ͵drʌm/ n. tamburo m. di avvolgimento.

winding gear /ˈwaɪndɪŋ͵gɪə(r)/ n. avvolgitrice f.

winding sheet /ˈwaɪndɪŋ͵ʃiːt/ n. sudario m.

winding-up /͵waɪndɪŋˈʌp/ **I** n. *(of business, affairs)* liquidazione f. **II** modif. [*order, petition*] di liquidazione.

wind instrument /ˈwɪnd͵ɪnstrʊmənt/ n. strumento m. a fiato.

windjammer /ˈwɪnddʒæmə(r)/ n. **1** MAR. (grande) veliero m. mercantile **2** BE giacca f. a vento.

1.windlass /ˈwɪndləs/ n. argano m., verricello m.

2.windlass /ˈwɪndləs/ tr. sollevare con l'argano, col verricello.

windless /ˈwɪndləs/ agg. senza vento.

windlestraw /ˈwɪndlstrɔː/ n. ANT. = stelo essiccato (di graminacee).

wind machine /ˈwɪndmə͵ʃiːn/ n. incannatoio m.

windmill /ˈwɪndmɪl/ n. **1** mulino m. a vento **2** *(toy)* girandola f. ◆ ***to tilt at ~s*** combattere contro i mulini a vento.

▶ **window** /ˈwɪndəʊ/ n. **1** *(to look through) (of house, room, public building)* finestra f.; *(of shop)* vetrina f.; *(of train, car)* finestrino m.; *(of plane)* oblò m., finestrino m.; *(stained glass)* vetrata f.; ***to sit at, by the ~*** *(in room)* sedersi alla finestra; *(in train, car)* sedersi vicino al finestrino; ***I'd like a seat by a ~*** AER. vorrei un posto vicino al finestrino; ***to look out of*** o ***through the ~*** guardare fuori dalla finestra; ***if you look out of the ~ you will see Paris*** AER. guardando fuori dall'oblò si può vedere Parigi; ***to lean out of the ~*** sporgersi dalla finestra; ***"do not lean out of the ~"*** *(in train)* "vietato sporgersi dal finestrino"; ***to break a ~*** rompere il vetro di una finestra; ***to clean*** o ***wash the ~s*** pulire, lavare i vetri (della finestra); ***how much is the jacket in the ~?*** quanto costa la giacca in vetrina? ***a ~ on the world*** FIG. una finestra sul mondo; ***to provide a ~ on what goes on behind the scenes*** FIG. offrire uno spaccato di quello che accade dietro le quinte **2** *(for service at bank or post office)* sportello m. **3** *(of envelope)* finestra f. **4** INFORM. finestra f. **5** *(space in diary, time)* buco m., momento m. libero; ***we've missed our ~*** abbiamo mancato l'appuntamento; ***to provide a ~ of opportunity for sb. to do*** offrire a qcn. un'opportunità di fare; ***launch ~*** *(of a spacecraft)* finestra di opportunità ◆ ***to go*** o ***fly out the ~*** COLLOQ. [*plans*] essere gettato alle ortiche; [*hopes*] crollare; ***the eyes are the ~s of the soul*** PROV. gli occhi sono lo specchio dell'anima.

window blind /ˈwɪndəʊ͵blaɪnd/ n. tenda f. avvolgibile.

window box /ˈwɪndəʊ͵bɒks/ n. fioriera f. da davanzale.

window cleaner /ˈwɪndəʊ͵kliːnə(r)/ n. *(person)* lavavetri m. e f.; *(product)* detergente m. per vetri.

window display /ˈwɪndəʊdɪ͵spleɪ/ n. COMM. = esposizione in vetrina.

window dresser /ˈwɪndəʊ͵dresə(r)/ ➧ ***27*** n. vetrinista m. e f.

window dressing /ˈwɪndəʊ͵dresɪŋ/ n. **1** vetrinistica f. **2** FIG. ***it's all ~*** SPREG. è solo uno specchietto per le allodole **3** ECON. window dressing m.

window envelope /ˈwɪndəʊ͵envələʊp, -͵ɒnvələʊp/ n. busta f. a finestra.

window frame /ˈwɪndəʊ͵freɪm/ n. telaio m. di finestra, chiassile m.

window glass /ˈwɪndəʊ͵glɑːs, AE -͵glæs/ n. vetro m. di finestra.

window ledge /ˈwɪndəʊ͵ledʒ/ n. davanzale m.

windowpane /ˈwɪndəʊpeɪn/ n. vetro m. di finestra.

window seat /ˈwɪndəʊ͵siːt/ n. **1** *(in room)* = panca posta sotto una finestra **2** *(in plane, bus, train)* posto m. vicino al finestrino.

window shade /ˈwɪndəʊʃeɪd/ n. AE tenda f. a rullo.

window-shopping /ˈwɪndəʊ͵ʃɒpɪŋ/ n. ***to go ~*** andare a guardare le vetrine.

window-shutter /ˈwɪndəʊ͵ʃʌtə(r)/ n. imposta f., persiana f.

windowsill /ˈwɪndəʊsɪl/ n. davanzale m.

window winder /ˈwɪndəʊ͵waɪndə(r)/ n. AUT. alzacristallo m.

windpipe /ˈwɪndpaɪp/ n. ANAT. trachea f.

wind-pollinated /ˈwɪnd͵pɒləneɪtɪd/ agg. impollinato dal vento.

windpower /ˈwɪnd͵paʊə(r)/ n. energia f. eolica.

windproof /ˈwɪndpruːf/ agg. che non lascia passare il vento.

windrose /ˈwɪndrəʊz/ n. METEOR. rosa f. dei venti.

windscreen /ˈwɪndskriːn/ n. BE AUT. parabrezza m.

windscreen washer /ˈwɪndskriːn͵wɒʃə(r), AE -͵wɔːʃər/ n. BE AUT. lavacristallo m.

windscreen wiper /ˈwɪndskriːn͵waɪpə(r)/ n. BE AUT. tergicristallo m.

wind section /ˈwɪnd͵sekʃn/ n. MUS. sezione f. dei fiati.

windshield /ˈwɪndʃiːld/ n. AE AUT. → **windscreen**.

wind-sleeve /ˈwɪndsliːv/, **wind-sock** /ˈwɪndsɒk/ n. manica f. a vento.

Windsor /ˈwɪnzə(r)/ ➧ ***34*** n.pr. **1** *(town)* Windsor f. **2** *(royal family)* ***the House of ~*** la dinastia dei Windsor.

Windsor chair /ˈwɪnzə͵tʃeə(r)/ n. = sedia in legno con gambe inclinate e schienale formato da aste verticali.

windspeed /ˈwɪndspiːd/ n. velocità f. del vento.

windspeed indicator /͵wɪndspiːdˈɪndɪkeɪtə(r)/ n. anemometro m.

windstorm /ˈwɪndstɔːm/ n. tempesta f. di vento.

windsurf /'wɪndsɜːf/ intr. fare windsurfing.
windsurfer /'wɪndsɜːfə(r)/ n. *(person)* windsurfista m. e f., windsurfer m. e f.; *(board)* windsurf m., tavola f. a vela.
windsurfing /'wɪndsɜːfɪŋ/ ➧ *10* n. windsurfing m., windsurf m.
wind surge /'wɪnd,sɜːdʒ/ n. = aumento del livello dell'acqua provocato dal vento in prossimità delle coste di un'isola.
windswept /'wɪndswept/ agg. [*moor, hillside, coast*] ventoso, spazzato dal vento.
wind-tight /'wɪndtaɪt/ agg. → **windproof**.
wind tunnel /'wɪnd,tʌnl/ n. **1** TECN. galleria f. del vento, tunnel m. aerodinamico **2** *(windy gap or passage)* passaggio m. ventoso.
wind turbine /'wɪnd,tɜːbaɪn/ n. aeroturbina f.
wind vane /'wɪndveɪn/ n. banderuola f.
1.windward /'wɪndwəd/ n. sopravento m.; ***to sail to ~*** navigare sopravento.
2.windward /'wɪndwəd/ agg. e avv. sopravento.
Windward Islands /'wɪndwəd,aɪləndz/ ➧ *12* n.pr.pl. Isole f. Sopravento.
Windward Passage /'wɪndwəd,pæsɪdʒ/ n.pr. canale m. di Sopra Vento.
windy /'wɪndɪ/ agg. **1** [*place*] ventoso, esposto al vento; [*day*] ventoso; ***it*** o ***the weather was very ~*** c'era molto vento **2** SPREG. *(verbose)* [*person, speech*] verboso, prolisso **3** BE ANT. COLLOQ. *(scared)* ***to get ~ about*** COLLOQ. essere apprensivo riguardo a.
Windy City /,wɪndɪ'sɪtɪ/ n.pr. AE = Chicago.
▶ **1.wine** /waɪn/ ➧ *5* **I** n. **1** *(drink)* vino m. **2** *(colour)* rosso m. vino **II** modif. [*production*] vinicolo; [*cask*] da vino; ***~ cellar*** cantina **III** agg. (anche **~-coloured**) vino, rosso vino.
2.wine /waɪn/ **I** tr. *(entertain with wine)* offrire vino a **II** intr. *(drink wine)* bere vino ◆ ***to ~ and dine*** mangiare molto bene (in un buon ristorante); ***she's always being ~d and dined*** la invitano sempre nei migliori ristoranti.
■ **wine up** AE COLLOQ. sbronzarsi.
wine bar /'waɪnbɑː(r)/ n. vineria f.
winebibber /'waɪn,bɪbə(r)/ n. SCHERZ. beone m. (-a), bevitore m. (-trice).
winebin /'waɪnbɪn/ n. = scaffale per le bottiglie di vino.
wine bottling /'waɪn,bɒtlɪŋ/ n. imbottigliamento m. (del vino).
wine box /'waɪn,bɒks/ n. = contenitore di cartone plastificato per il vino.
wine cask /'waɪn,kɑːsk, AE -,kæsk/ n. botte f. da vino.
wine cellar /'waɪn,selə(r)/ n. cantina f.
wine cooler /,waɪn'kuːlə(r)/ n. **1** *(ice bucket)* secchiello m. del ghiaccio **2** AE *(drink)* wine cooler m.
wined /waɪnd/, **wined up** /,waɪnd'ʌp/ agg. AE COLLOQ. sbronzo.
wine glass /'waɪn,glɑːs, AE -,glæs/ n. bicchiere m. da vino.
wine grower /'waɪn,grəʊə(r)/ ➧ *27* n. viticoltore m. (-trice).
wine growing /'waɪn,grəʊɪŋ/ **I** n. viticultura f. **II** modif. [*region*] vinicolo.
wine gum /'waɪngʌm/ n. BE *(sweet)* caramella f. gommosa alla frutta.
wine list /'waɪnlɪst/ n. carta f. dei vini.
winemaking /'waɪn,meɪkɪŋ/ n. vinificazione f.
wine merchant /'waɪn,mɜːtʃənt/ ➧ *27* n. vinaio m. (-a), commerciante m. e f. di vini.
wine press /'waɪnpres/ n. pigiatrice f.
wine producer /'waɪnprə,djuːsə(r), AE -,duːs-/ ➧ *27* n. produttore m. (-trice) di vino, vinificatore m. (-trice).
wine rack /'waɪn,ræk/ n. portabottiglie m.
winery /'waɪnərɪ/ n. AE industria f. vinicola.
winesap /'waɪnsæp/ n. = varietà americana di mela invernale dal colore rosso scuro.
wine shop /'waɪnʃɒp/ ➧ *27* n. enoteca f.; ***he owns a ~*** ha un'enoteca.
wine skin /'waɪnskɪn/ n. otre m. per vino.
wine taster /'waɪn,teɪstə(r)/ ➧ *27* n. *(person)* degustatore m. (-trice) di vini; *(cup)* saggiavino m.
wine tasting /'waɪn,teɪstɪŋ/ n. degustazione f. di vini.
wine vinegar /,waɪn'vɪnɪgə(r)/ n. aceto m. di vino.
wine waiter /'waɪn,weɪtə(r)/ ➧ *27* n. sommelier m. e f.
▶ **1.wing** /wɪŋ/ **I** n. **1** ZOOL. *(of bird, insect)* ala f.; ***to be on the ~*** essere in volo; ***to catch insects on the ~*** prendere gli insetti in volo **2** *(of building, plane)* ala f.; *(of car)* parafango m.; *(of armchair)* orecchione m., poggiatesta m. **3** MIL. POL. *(of army, party)* ala f.; *(unit in air force)* stormo m. **4** SPORT *(player)* ala f.; *(side of pitch)* fascia f. laterale; ***to play on the right ~*** giocare (all')ala destra, sulla fascia destra **5** *(on sanitary towel)* ala f. **II wings** n.pl. **1** TEATR. ***the ~s*** le quinte; ***to be waiting in the ~s*** TEATR. aspettare dietro le quinte; FIG. attendere nell'ombra **2** AER. ***to get one's ~s*** ottenere il brevetto di pilota ◆ ***to clip sb.'s ~s*** tarpare le ali a qcn.; ***to spread one's ~s*** *(entering adult life)* spiccare il volo, camminare con le proprie gambe; *(entering wider career)* sviluppare le proprie capacità; ***to take sb. under one's ~s*** prendere qcn. sotto le proprie ali; ***to take ~*** LETT. [*thoughts*] levarsi, volare.
2.wing /wɪŋ/ **I** tr. **1** ***to ~ one's way to*** [*plane, letter*] volare verso; [*passenger*] volare in aereo fino **2** *(injure)* [*bullet*] ferire all'ala [*bird*] **II** intr. *(fly)* volare; ***the geese are ~ing into the estuary, back to their winter home*** le oche stanno volando verso l'estuario, stanno trasmigrando per svernare ◆ ***to ~ it*** AE COLLOQ. improvvisare.
wingbeat /'wɪŋbiːt/ n. battito m. d'ali.
wing case /'wɪŋkeɪs/ n. elitra f.
wing chair /'wɪŋtʃeə(r)/ n. poltrona f. con orecchioni, con poggiatesta.
wing collar /'wɪŋkɒlə(r)/ n. = colletto di camicia rigido con le punte superiori piegate verso il basso.
wing commander /,wɪŋkə'mɑːndə(r), AE -'mæn-/ ➧ *23* n. *(in Royal Air Force)* tenente colonnello m.
wing-ding /'wɪŋ,dɪŋ/ n. AE COLLOQ. festa f., baldoria f.
winge → **whinge**.
winged /wɪŋd/ agg. [*cupid, horse, creature*] alato; [*insect*] volante; ***a blue-~ bird*** un uccello con le ali blu.
winger /'wɪŋə(r)/ n. BE SPORT COLLOQ. ala f.
wing flap /'wɪŋflæp/ n. ipersostentatore m.
wing-footed /,wɪŋ'fʊtɪd/ agg. LETT. *(swift)* con le ali ai piedi.
wing forward /'wɪŋfɔːwəd/ n. *(in rugby)* terza linea f. laterale.
wing half /'wɪŋhɑːf, AE -hæf/ n. *(in soccer)* mezzala f.
wingless /'wɪŋlɪʃ/ agg. senza ali, attero.
winglet /'wɪŋlɪt/ n. aluccia f., aletta f.
wing mirror /'wɪŋ,mɪrə(r)/ n. BE specchietto m. laterale.
wing nut /'wɪŋnʌt/ n. TECN. galletto m.
wingspan /'wɪŋspæn/ n. apertura f. alare.
wing three-quarter /,wɪŋθriː'kwɔːtə(r)/ n. *(in rugby)* trequarti m. laterale.
wing tip /'wɪŋtɪp/ n. *(of a bird, insect, aircraft)* estremità f. alare.
Winifred /'wɪnɪfrɪd/ n.pr. Winifred (nome di donna).
▷ **1.wink** /wɪŋk/ n. ammicco m., ammiccamento m.; ***to give sb. a ~*** ammiccare *o* fare l'occhiolino a qcn.; ***we didn't get a ~ of sleep all night*** non siamo riusciti a chiudere occhio per tutta la notte ◆ ***a nod is as good as a ~ to a blind horse*** a buon intenditor poche parole; ***as quick as a ~*** o ***in the ~ of an eye*** in un batter d'occhio; ***to tip sb. the ~*** COLLOQ. avvisare *o* mettere in guardia qcn.
▷ **2.wink** /wɪŋk/ **I** tr. ***to ~ one's eye*** ammiccare, strizzare l'occhio; ***he ~ed his eye at me*** mi fece l'occhiolino **II** intr. **1** [*person*] ammiccare, fare l'occhiolino; ***to ~ at sb.*** ammiccare *o* fare l'occhiolino a qcn.; ***to ~ at sth.*** FIG. chiudere un occhio su qcs. **2** [*light, jewellery*] scintillare, brillare.
winker /'wɪŋkə(r)/ n. BE AUT. COLLOQ. freccia f.
winking /'wɪŋkɪŋ/ **I** n. *(of eye)* ammiccamento m.; *(of light)* (il) brillare, scintillio m. **II** agg. [*light*] scintillante, brillante ◆ ***as easy as ~*** COLLOQ. facile come bere un bicchier d'acqua.
1.winkle /'wɪŋkl/ n. (anche **periwinkle**) ZOOL. littorina f.
2.winkle /'wɪŋkl/ → **winkle out**.
■ **winkle out** COLLOQ. **~ [sth., sb.] out, ~ out [sth., sb.]** snidare, scovare [*person*] (**of** da); tirare fuori [*object*] (**of** da); carpire [*truth, confession*] (**of** da).
winkle-pickers /,wɪŋkl'pɪkəz/ n.pl. scarpe f. a punta lunga.
▷ **winner** /'wɪnə(r)/ n. **1** *(victor)* vincitore m. (-trice); ***to be the ~(s)*** SPORT riuscire vincitore; ***to be on to a ~*** *(in horseracing)* puntare sul cavallo vincente (anche FIG.); ***to back the ~*** puntare *o* scommettere sul vincente; ***he certainly backed a ~ when he married her*** sposandola ha davvero fatto un affare; ***to pick*** o ***spot the ~*** *(in horseracing)* puntare sul cavallo vincente; ***~ takes all*** GIOC. il vincitore prende tutto; ***that shot was a ~!*** era un gran tiro! era un tiro vincente! **2** *(success)* ***to be a ~*** [*film, book, play, design, song*] essere un enorme successo; ***he's a ~*** è un uomo di successo *o* è un vincente.
Winnie /'wɪnɪ/ n.pr. diminutivo di **Edwina** e **Winifred**.
▷ **winning** /'wɪnɪŋ/ **I** n. vittoria f., vincita f. **II winnings** n.pl. vincite f. **III** agg. **1** *(victorious)* [*competitor, car, horse, team, entry, shot*] vincente **2** *(charming)* [*smile*] accattivante, affascinante; ***to have a ~ way*** o ***~ ways*** avere modi accattivanti.
winningly /'wɪnɪŋlɪ/ avv. in modo accattivante, affascinante; ***to smile ~*** sorridere in modo accattivante.
winning post /'wɪnɪŋ,pəʊst/ n. traguardo m.

winning streak /ˈwɪnɪŋˌstriːk/ n. SPORT ***to be on a ~*** avere una serie di vittorie *o* essere in serie positiva; FIG. essere in un buon momento *o* attraversare un periodo fortunato.

winnow /ˈwɪnəʊ/ tr. **1** AGR. spulare, ventilare **2** FIG. separare, distinguere [*truth, facts*] (**from** da).

▪ **winnow down:** *~ [sth.] down, ~ down [sth.]* selezionare, fare la cernita di.

winnower /ˈwɪnəʊə(r)/ n. AGR. **1** ♦ *27 (person)* spulatore m. (-trice) **2** *(machine)* tarara f., ventilatore m.

winnowing /ˈwɪnəʊɪŋ/ n. AGR. spulatura f.

wino /ˈwaɪnəʊ/ n. (pl. **~s**) COLLOQ. SPREG. ubriacone m. (-a), beone m. (-a).

winsome /ˈwɪnsəm/ agg. [*person, smile*] seducente, accattivante.

winsomely /ˈwɪnsəmlɪ/ avv. in modo seducente, accattivante.

winsomeness /ˈwɪnsəmnɪs/ n. (l')essere seducente, (l')essere accattivante.

Winston /ˈwɪnstən/ n.pr. Winston (nome di uomo).

▶ **1.winter** /ˈwɪntə(r)/ ♦ *26* **I** n. inverno m. **II** modif. [*activity, clothes, weather*] invernale; ***~ ascent*** *(in climbing)* invernale.

2.winter /ˈwɪntə(r)/ **I** tr. AGR. mantenere durante l'inverno [*plants*] **II** intr. svernare, passare l'inverno.

winter aconite /ˌwɪntəˈækənaɪt/ n. = pianta del genere Erantide.

winterbourne /ˈwɪntəbʊən/ n. = corso d'acqua che scorre nel periodo invernale.

winter cherry /ˈwɪntəˌtʃerɪ/ n. alchechengi m.

winter feed /ˈwɪntəfiːd/ n. = foraggio usato nei mesi invernali.

winter garden /ˈwɪntəˌgɑːdn/ n. giardino m. d'inverno.

wintergreen /ˈwɪntəgriːn/ n. wintergreen m.

winterize /ˈwɪntəraɪz/ tr. AE preparare per l'inverno [*car, house*].

winter jasmine /ˈwɪntəˌdʒæsmɪn, AE -ˌdʒæzmən/ n. = varietà di gelsomino.

winterkill /ˈwɪntəkɪl/ n. AE morte f. da assideramento.

Winter Olympics /ˌwɪntəəˈlɪmpɪks/ n.pl. olimpiadi f. invernali.

winter quarters /ˈwɪntəˌkwɔːtəz/ n.pl. MIL. quartiere m.sing. d'inverno.

winter sleep /ˈwɪntəˌsliːp/ n. ibernazione f., sonno m. invernale.

winter sports /ˌwɪntəˈspɔːts/ n.pl. sport m. invernali.

wintertide /ˈwɪntətaɪd/ n. ANT. inverno m.

wintertime /ˈwɪntətaɪm/ n. inverno m., periodo m. invernale.

winter wheat /ˈwɪntəˌwiːt, AE -ˌhwiːt/ n. = grano seminato in autunno e raccolto nella primavera successiva.

wintry /ˈwɪntrɪ/ agg. **1** invernale **2** FIG. [*smile, welcome*] gelido, glaciale.

win-win /wɪnˈwɪn/ agg. ***to be in a ~ situation*** essere in una situazione vantaggiosa per entrambi.

winy /ˈwaɪnɪ/ agg. *(like wine)* vinoso.

winze /wɪnz/ n. MIN. discenderia f.

1.wipe /waɪp/ n. **1** *(act of wiping)* pulita f., strofinata f.; ***to give sth. a ~*** pulire, asciugare qcs. [*table, work surface*]; pulire qcs. *o* dare una pulita a qcs. [*bath, sink*] **2** COSMET. salvietta f.; MED. tampone m.; ***antiseptic ~*** tampone antisettico; ***baby ~s*** salviettine umidificate (per neonati).

2.wipe /waɪp/ tr. **1** *(mop)* strofinare [*part of body, surface*] (**on** contro; **with** con); asciugare (strofinando) [*crockery*] (**with** con); ***she ~d her eyes*** si asciugò gli occhi; ***he ~d the sweat from his eyes*** si asciugò il sudore che gli colava sugli occhi; ***to ~ one's nose*** pulirsi *o* asciugarsi il naso; ***she ~d the baby's nose*** pulì il naso al bambino; ***to ~ one's bottom*** pulirsi il sedere; ***she ~d the baby's bottom*** pulì il culetto al bambino; ***to ~ sth. clean*** pulire qcs.; ***"please ~ your feet"*** *(sign)* "siete pregati di pulirvi i piedi"; ***~ that smile off your face!*** togliti quel sorriso dalla faccia! **2** CINEM. INFORM. RAD. TELEV. cancellare.

▪ **wipe away:** *~ away [sth.], ~ [sth.] away* asciugare [*tears*]; detergere [*sweat*]; eliminare (strofinando) [*dirt*]; cancellare (strofinando) [*mark*].

▪ **wipe down:** *~ down [sth.], ~ [sth.] down* pulire (strofinando) [*wall, floor*].

▪ **wipe off:** *~ off [sth.], ~ [sth.] off* **1** eliminare (strofinando) [*dirt*]; cancellare (strofinando) [*mark*] **2** *(erase)* cancellare [*recording*].

▪ **wipe out:** *~ out [sth.], ~ [sth.] out* **1** *(clean)* pulire (strofinando) [*container, cupboard*] **2** *(erase)* cancellare [*recording*] **3** FIG. *(cancel)* cancellare [*memory, past*]; estinguere, cancellare [*debt*]; vanificare [*chances*]; annullare, azzerare [*gains, losses, inflation*]; *(kill)* sterminare, annientare [*species, enemy, population*] **4** SPORT COLLOQ. *(defeat)* stracciare.

▪ **wipe over:** *~ over [sth.], ~ [sth.] over* dare una pulita a.

▪ **wipe up:** *~ up* asciugare i piatti; *~ up [sth.], ~ [sth.] up* asciugare.

wipe-clean /ˈwaɪpkliːn/ agg. [*fabrics, furnishings*] = che si pulisce semplicemente con uno straccio.

wipe-down /ˈwaɪpdaʊn/ n. pulita f., strofinata f.

wipe-out /ˈwaɪpaʊt/ n. sterminio m., annientamento m.

wiper /ˈwaɪpə(r)/ n. **1** AUT. (anche **windscreen ~** BE, **windshield ~** AE) tergicristallo m. **2** *(cloth)* strofinaccio m.

wiper arm /ˈwaɪpərˌɑːm/ n. AUT. spatola f. (metallica) del tergicristallo.

wiper blade /ˈwaɪpəˌbleɪd/ n. AUT. spazzola f. del tergicristallo.

wiper motor /ˈwaɪpəˌməʊtə(r)/ n. AUT. motorino m. del tergicristallo.

▷ **1.wire** /ˈwaɪə(r)/ n. **1** *(length of metal)* filo m. metallico; ***copper ~*** filo di rame; ***electric, telephone ~*** filo elettrico, telefonico; ***a length, coil of ~*** un pezzo, una bobina di filo; ***loose ~s*** *(from wall, on floor)* fili volanti; *(from plug)* fili che pendono **2** AE *(telegram)* telegramma m.; ***to get a ~ from sb.*** ricevere un telegramma da qcn.; ***to send sb. a ~*** mandare un telegramma a qcn. **3** AE *(in horseracing)* linea f. di traguardo ♦ ***down to the ~*** AE fino all'ultimo momento; ***to get in under the ~*** AE *(arrive)* arrivare al pelo; *(accomplish sth.)* finire appena in tempo; ***to pull ~s*** AE manovrare nell'ombra; ***to get one's ~s crossed*** capirsi male.

2.wire /ˈwaɪə(r)/ tr. **1** EL. ***to ~ a house*** installare l'impianto elettrico in una casa; ***to ~ a plug, a lamp*** collegare una spina, una lampada; ***the oven had been incorrectly ~d*** il forno non è stato collegato in modo corretto; ***the house is ~d for television*** la casa ha gli attacchi per l'antenna TV **2** *(send telegram to)* mandare un telegramma a [*person*]; ***he ~d us his answer immediately*** ci telegrafò immediatamente la risposta **3** *(stiffen)* fissare con un filo metallico [*stem, flower*]; rinforzare (con un'armatura metallica) [*bodice*].

▪ **wire up:** *~ [sth.] up to sth.* collegare a qcs.; ***the TV is ~d up to the speakers*** il televisore è collegato agli altoparlanti.

wire brush /ˌwaɪəˈbrʌʃ/ n. spazzola f. metallica.

wire cloth /ˈwaɪəˌklɒθ, AE -ˌklɔːθ/ n. rete f. metallica.

wire cutters /ˈwaɪəˌkʌtəz/ n.pl. (pinza) tagliafili f.sing.

wired /ˈwaɪəd/ **I** p.pass. → **2.wire II** agg. **1** COLLOQ. *(high)* fatto **2** INFORM. GERG. in linea **3** *~ up* COLLOQ. esasperato, arrabbiato.

wiredraw /ˈwaɪədrɔː/ tr. RAR. (pass. **-drew**, p.pass. **-drawn**) **1** trafilare (in fili) [*metal*] **2** FIG. *(spin out)* tirare per le lunghe [*speech*].

wiredrawing /ˈwaɪədrɔːɪŋ/ n. METALL. trafilatura f.

wire gauge /ˈwaɪəˌgeɪdʒ/ n. calibro m. per fili metallici.

wire gauze /ˌwaɪəˈgɔːz/ n. reticella f. metallica.

wire glass /ˈwaɪəˌglɑːs, AE -ˌglæs/ n. vetro m. armato.

wire-haired /ˈwaɪəheəd/ agg. [*fox terrier*] a pelo ruvido.

1.wireless /ˈwaɪəlɪs/ **I** n. BE **1** ANT. *(radio set)* apparecchio m. radio, radio f.; ***on the ~*** alla radio **2** *(transmitter, receiver)* radiotelegrafo m.; ***by ~*** per radiotelegrafo; ***to receive a message over the ~*** ricevere un messaggio via radio **II** agg. [*device, technology, communications*] wireless.

2.wireless /ˈwaɪəlɪs/ **I** tr. ANT. radiotelegrafare, trasmettere via radio [*message*] **II** intr. ANT. radiotelegrafare, trasmettere via radio.

wireless message /ˈwaɪəlɪsˌmesɪdʒ/ n. radiotelegramma m.

wireless operator /ˈwaɪəlɪsˌɒpəreɪtə(r)/ ♦ *27* n. radiotelegrafista m. e f.

wireless room /ˈwaɪəlɪsˌruːm, -ˌrʊm/ n. cabina f. del radiotelegrafo.

wireless set /ˈwaɪəlɪsˌset/ n. ANT. apparecchio m. radio, radio f.

wireless telegraphy /ˈwaɪəlɪstɪˌlegrəfɪ/ n. radiotelegrafia f.

wireman /ˈwaɪəmæn/ ♦ *27* n. (pl. **-men**) AE COLLOQ. *(electrician)* elettricista m.; *(phone tapper)* intercettatore m. telefonico.

wire mesh /ˈwaɪəˌmeʃ/ n. reticella f. metallica.

wire netting /ˌwaɪəˈnetɪŋ/ n. reticolato m. metallico.

wirepuller /ˈwaɪəpʊlə(r)/ n. AE COLLOQ. ***he's a ~*** è un maneggione *o* intrallazzatore.

wirepulling /ˈwaɪəpʊlɪŋ/ n. AE COLLOQ. (il) maneggiare, (l')intrallazzare.

wire recorder /ˈwaɪərɪˌkɔːdə(r)/ n. magnetofono m. (a fili).

wire recording /ˈwaɪərɪˌkɔːdɪŋ/ n. registrazione f. con magnetofono (a fili).

wire service /ˈwaɪəˌsɜːvɪs/ n. *(agency)* agenzia f. telegrafica; *(facility)* linee f.pl. di un'agenzia telegrafica.

1.wire tap /ˈwaɪətæp/ n. **1** *(device) (on phone, in room)* microfono m. miniaturizzato **2** *(occurrence)* intercettazione f. telefonica, telegrafica.

2.wire tap /ˈwaɪətæp/ tr. (forma in -ing ecc. **-pp-**) intercettare le conversazioni telefoniche di [*person*]; mettere sotto controllo [*room, phone line*].

wire tapping /ˈwaɪə,tæpɪŋ/ n. intercettazione f. telefonica, telegrafica.

wire-walker /ˈwaɪə,wɔːkə(r)/ ♦ *27* n. AE funambolo m. (-a).

wire wool /ˈwaɪəwʊl/ n. lana f. di acciaio, paglietta f. di ferro.

wireworm /ˈwaɪəwɜːm/ n. *(in crops)* larva f. di elatere.

wiriness /ˈwaɪərɪnɪs/ n. *(of dog's hair)* ispidezza f.; *(of build)* snellezza f., muscolosità f.

wiring /ˈwaɪərɪŋ/ n. **1** *(in house)* impianto m. elettrico; *(in appliance)* circuito m. elettrico; ***to redo the ~*** rifare l'impianto elettrico; ***faulty ~*** *(in house)* impianto elettrico difettoso; *(in appliance)* circuito elettrico difettoso; ***the ~ in the oven is faulty*** il circuito elettrico del forno è difettoso **2** *(connection of wires)* cablaggio m.

wiry /ˈwaɪərɪ/ agg. **1** [*person, body*] snello, muscoloso; ***a ~ little man*** un ometto snello e resistente **2** [*hair*] ispido, ruvido; [*grass*] forte, tenace; ***to have a ~ coat*** [*animal*] avere il pelo ruvido.

Wisconsin /,wɪsˈkɒnsɪn/ ♦ *24, 25* n.pr. Wisconsin m.

▷ **wisdom** /ˈwɪzdəm/ n. *(of action, decision, person)* saggezza f.; ***to doubt*** o ***question the ~ of doing*** dubitare che sia saggio *o* giudizioso fare; ***in his ~*** IRON. nella sua infinita sapienza; ***with the ~ of hindsight*** con il senno di poi.

wisdom tooth /ˈwɪzdəm,tuːθ/ n. (pl. **wisdom teeth**) dente m. del giudizio.

▷ **1.wise** /waɪz/ **I** agg. **1** *(prudent)* [*person*] saggio, savio; [*action, advice, decision, precaution, choice*] saggio, giudizioso; ***it is ~ of sb. to do*** è assennato da parte di qcn. fare; ***you would be ~ to do*** faresti bene a fare; ***I think it ~ that you should do*** credo sarebbe saggio da parte tua fare; ***to be ~ enough to do*** essere abbastanza assennato da fare; ***the ~st thing (to do) would be to*** la cosa più ragionevole (da fare) sarebbe; ***was that ~?*** è stato saggio? **2** *(learned)* [*academic*] erudito, sapiente; [*book, speech*] erudito, dotto; ***to be ~ after the event*** avere imparato dall'esperienza; ***to be none the ~r*** *(understand no better)* saperne quanto prima; *(not realize)* continuare a non capire *o* a non rendersi conto; ***to be sadder and ~r*** imparare a proprie spese *o* imparare la lezione **3** COLLOQ. *(aware)* ***to be ~ to*** essere al corrente di *o* essere informato di [*facts*]; ***to get ~ to*** rendersi conto di *o* aprire gli occhi su [*situation*]; ***to get ~ to sb.*** (cominciare a) capire qcn.; ***to put sb. ~ to*** mettere qcn. al corrente di *o* informare qcn. di [*facts*] **II** n. ***the ~*** i saggi ♦ ***a word to the ~:...*** chi vuole intendere, intenda:...

2.wise /waɪz/ → **wise up**.

■ **wise up** COLLOQ. mettersi al corrente (**to** di).

3.wise /waɪz/ n. ANT. FORM. *(way)* modo m., guisa f.; ***in no ~*** in nessuna maniera.

4.wise /waɪz/ avv. **-wise** in composti **1** *(direction)* in direzione di, nel senso di; ***length-, width-~*** nel senso della lunghezza, della larghezza **2** *(with regard to)* in relazione a; ***time-, work-~*** per quanto riguarda il tempo, il lavoro.

wiseacre /ˈwaɪz,eɪkə(r)/ n. ANT. saccente m. e f.

wise-ass /ˈwaɪzæs/ n. AE POP. sapientone m., saputello m.

1.wisecrack /ˈwaɪzkræk/ n. battuta f., spiritosaggine f.

2.wisecrack /ˈwaɪzkræk/ intr. dire battute, dire spiritosaggini.

wisecracking /ˈwaɪzkrækɪŋ/ agg. spiritoso, arguto.

wise guy /ˈwaɪz,gaɪ/ n. COLLOQ. sapientone m., saputello m.

▷ **wisely** /ˈwaɪzlɪ/ avv. [*choose, decide*] saggiamente, giudiziosamente; ***~, he decided to...*** saggiamente, decise di...

Wise Men /,waɪzˈmen/ n.pl. ***the three ~*** i Re Magi.

wise woman /ˈwaɪz,wʊmən/ n. (pl. **wise women**) strega f., indovina f.

▶ **1.wish** /wɪʃ/ **I** n. *(desire)* desiderio m. (**for** di; **to do** di fare); ***her ~ came true*** il suo desiderio si è realizzato; ***the fairy gave her three ~es*** la fata le concesse tre desideri; ***a ~ for freedom, to be free*** un desiderio di libertà, di essere libero; ***to make a ~*** esprimere un desiderio; ***to have, express, cherish a ~*** avere, esprimere, nutrire un desiderio; ***to grant sb.'s ~*** [*monarch, official, authority, fairy*] esaudire il desiderio di qcn.; [*parent*] soddisfare il desiderio di qcn.; ***I have no ~ to disturb you, talk to you*** FORM. non desidero disturbarvi, parlarvi; ***at his wife's, boss's ~*** seguendo il volere di sua moglie, del suo capo; ***to do sth. against sb.'s ~es*** fare qcs. contro il volere di qcn.; ***it is my dearest ~ to visit Capri*** il mio più grande desiderio è visitare Capri; ***you will get your ~*** avrai ciò che desideri **II wishes** n.pl. auguri m.; ***good*** o ***best ~es*** con i migliori auguri; *(ending letter)* (i più) cordiali saluti; ***best ~es on your birthday, engagement*** migliori auguri di buon compleanno, congratulazioni per il vostro fidanzamento; ***to offer, give, send good ~es*** *(for specific event)* formulare, fare, inviare i propri auguri; ***please give him my best ~es*** ti prego di porgergli i miei migliori auguri; ***(with) all good ~es for Christmas*** con i migliori auguri per Natale ♦ ***your ~ is my command*** SCHERZ. ogni tuo desiderio è un mio ordine.

▶ **2.wish** /wɪʃ/ **I** tr. **1** *(expressing longing)* ***I ~ he were here, had been here*** vorrei che fosse qui, che fosse stato qui; ***I just ~ we lived closer*** vorrei che vivessimo più vicini; ***I ~ you hadn't told me that*** vorrei che tu non me l'avessi detto; ***he ~ed he had written*** avrebbe voluto avere scritto; ***he ~ed she had written*** avrebbe voluto che lei avesse scritto; ***he ~es his mother would write*** vorrebbe che sua madre scrivesse; ***he bought it and then ~ed he hadn't*** lo comprò e poi se ne pentì; ***I ~ed him dead, myself single again*** lo volevo morto, avrei voluto essere di nuovo single **2** *(express congratulations, greetings)* augurare; ***I ~ you Happy Birthday, a pleasant journey, good luck*** ti auguro buon compleanno, buon viaggio, buona fortuna; ***to ~ sb. joy*** o ***happiness*** augurare a qcn. di essere felice; ***to ~ sb. joy with sth., sb.*** IRON. augurare a qcn. buona fortuna con qcs., qcn.; ***he ~ed her good day*** ANT. le augurò buona giornata; ***we ~ed each other goodbye and good luck*** ci salutammo e ci augurammo a vicenda buona fortuna; ***I ~ed him well*** gli augurai ogni bene **3** *(want)* FORM. volere; *(weaker)* desiderare; ***he ~es an audience with you*** FORM. desidera chiedervi udienza; ***that was what your father would have ~ed*** era ciò che tuo padre avrebbe desiderato; ***you will do it because I ~ it*** lo farai perché io lo voglio; ***to ~ to do*** desiderare *o* volere fare; ***I ~ to leave at once*** voglio andarmene subito; ***she ~es to be alone*** desidera rimanere da sola; ***she's got a headache, she ~es to be excused*** ha mal di testa e vi prega di scusarla; ***I do not ~ to seem unkind but...*** non vorrei sembrare scortese ma...; ***I ~ you to leave*** vorrei che ve ne andaste; ***I ~ it to be clear that...*** voglio che sia chiaro che... **II** intr. **1** *(desire, want)* volere, desiderare; ***just as you ~*** come vuoi; ***spend it as you ~*** spendili come ti pare; ***to ~ for*** desiderare, volere; ***they wished for an end to the war*** desideravano che la guerra finisse; ***what more could one ~ for?*** cos'altro si potrebbe desiderare? **2** *(in fairy story or ritual)* esprimere un desiderio.

■ **wish away:** ***~ away [sth.], ~ [sth.] away*** ignorare; ***it can't be ~ed away*** non si può far finta che non esista.

■ **wish on:** ***~ [sth.] on sb.*** affibbiare, rifilare a qcn.; ***it's a job I wouldn't ~ on anyone*** è un lavoro che non rifilerei a nessuno.

wishbone /ˈwɪʃbəʊn/ n. forcella f.

wishbone boom /ˈwɪʃbəʊn,buːm/ n. MAR. SPORT wishbone m.

wisher /ˈwɪʃə(r)/ n. **1** = chi desidera **2** = chi augura.

wishful /ˈwɪʃfl/ agg. [*person, look*] desideroso, bramoso.

wish fulfilment /,wɪʃfʊlˈfɪlmənt/ n. PSIC. esaudimento m. del desiderio.

wishfully /wɪʃflɪ/ avv. desiderosamente, bramosamente.

wishfulness /wɪʃflnɪs/ n. desiderio m., brama f.

wishful thinking /,wɪʃflˈθɪŋkɪŋ/ n. ***that's ~*** è un pio desiderio *o* è un'illusione.

wishing well /ˈwɪʃɪŋwel/ n. pozzo m. dei desideri.

wish list /ˈwɪʃlɪst/ n. = lista f. dei desideri.

wish-wash /ˈwɪʃɪwɒʃ/ n. **1** brodaglia f., broda f. **2** FIG. *(insipid talk or writing)* lagna f.

wishy-washy /ˈwɪʃɪwɒʃɪ/ agg. COLLOQ. **1** [*colour*] sbiadito **2** SPREG. [*person, approach*] insipido, insulso.

1.wisp /wɪsp/ n. *(of hair)* ciuffo m., ciocca f.; *(of straw)* mazzetto m.; *(of smoke)* filo m., voluta f.; *(of cloud)* bioccolo m.; *(of flame)* lingua f.; ***a ~ of a girl*** una ragazza minuta.

2.wisp /wɪsp/ tr. **1** *(rub)* strigliare [*horse*] **2** *(twist into a wisp)* legare in mazzetti.

wispy /ˈwɪspɪ/ agg. [*hair, beard*] a ciuffi, a ciocche; [*cloud*] a bioccoli; [*smoke*] a volute; [*piece, straw*] sottile, fine.

wist /wɪst/ pass., p.pass. → **2.wit**.

wisteria /wɪˈstɪərɪə/ n. glicine m.

wistful /ˈwɪstfl/ agg. *(sad)* malinconico; *(nostalgic)* nostalgico.

wistfully /ˈwɪstfəlɪ/ avv. *(sadly)* malinconicamente; *(nostalgically)* nostalgicamente.

wistfulness /ˈwɪstflnɪs/ n. *(sadness)* malinconia f.; *(nostalgia)* nostalgia f.

▷ **1.wit** /wɪt/ **I** n. **1** *(humour, sense of humour)* spirito m., arguzia f.; ***to have a quick, ready ~*** avere un ingegno vivace, pronto; ***to have a dry ~*** avere uno spirito pungente *o* ironico **2** *(witty person)* persona f. di spirito; ***he is a ~*** è una persona arguta **II wits** n.pl. *(intelligence)* intelligenza f.sing.; *(presence of mind)* presenza f.sing. di spirito; ***to have the ~s to do*** avere l'intelligenza di fare; ***to have*** o ***keep (all) one's ~s about one*** *(vigilant)* stare all'erta *o* tenere gli occhi ben aperti; *(level-headed)* mantenere il sangue freddo *o* conservare la propria presenza di spirito; ***to collect*** o ***gather one's ~s*** riprendersi; ***to sharpen one's ~s*** aguzzare l'ingegno; ***to frighten, startle, terrify sb. out of their ~s*** spaventare a morte qcn.; ***to pit one's ~s against sb.*** misurarsi con qcn.; ***to live by one's ~s*** vivere d'espedienti; ***to lose one's ~s*** uscire di senno; ***a battle of ~s*** una

with

- The usual Italian translation of *with* is *con*; remember that, if a definite article form follows *con*, you will find one word, *con* + article, in old-fashioned Italian, whereas in present-day Italian two words are used; the following cases may occur: *with the knife* = col / con il coltello; *with the student* = collo / con lo studente; *with the next bill* = colla / con la prossima bolletta; *with the help of* = coll' / con l'aiuto di; *with the nurse* = coll' / con l'infermiera; *with the tickets* = coi / con i biglietti; *with the strikers* = cogli / con gli scioperanti; *with the schoolgirls* = colle / con le alunne.
- Though *with* is usually to be translated by *con* in Italian, *di*, *a* or *da* may sometimes occur: *she was shivering with cold* = tremava di freddo; *fill it up with water* = riempila d'acqua; *I'll have some tea with milk* = prendo del tè al latte; *I'm staying with aunt Liza* = sto da zia Liza.
- If you have any doubts about how to translate a phrase or expression beginning with *with* (*with a vengeance, with all my heart, with my blessing* etc.), you should consult the appropriate noun entry (**vengeance, heart, blessing** etc.).
- *With* is often used after verbs in English (*dispense with, part with, get on with* etc.): for translations, consult the appropriate verb entry (**dispense, part, get** etc.).
- This dictionary contains lexical notes on such topics as BODY and ILLNESSES which use the preposition *with*. For these notes see the end of the English-Italian section.

For further uses of *with*, see the entry **with**.

disputa di ingegni **III -witted** agg. in composti ***quick-~*** acuto, perspicace; ***dull-~*** ottuso, tardo ◆ ***to be at one's ~s' end*** non sapere dove sbattere la testa.

2.wit /wɪt/ **I** tr. (forma in -ing **-tt-**; pass., p.pass. **wist**) ANT. *(know)* sapere, conoscere **II** intr. (forma in -ing **-tt-**; pass., p.pass. **wist**) ANT. *(know of)* sapere ◆ ***to ~*** FORM. cioè, vale a dire.

▷ **1.witch** /wɪtʃ/ n. strega f.; FIG. *(bewitching woman)* strega f., megera f.; SPREG. ***(old) ~*** (vecchia) strega.

2.witch /wɪtʃ/ tr. stregare (anche FIG.).

witchcraft /ˈwɪtʃkrɑːft, AE -kræft/ n. stregoneria f.

witch doctor /ˈwɪtʃˌdɒktə(r)/ n. stregone m.

witch-elm → **wych elm**.

witchery /ˈwɪtʃərɪ/ n. stregoneria f., arti f.pl. magiche.

witches' brew /ˈwɪtʃɪzˌbruː/ n. pozione f.; FIG. intruglio m.

witches' broom /ˈwɪtʃɪzˌbruːm, -brʊm/ n. BOT. *(outgrowth)* scopa f. delle streghe, scopazzo m.

witches' Sabbath /ˌwɪtʃɪzˈsæbəθ/ n. sabba m.

witch hazel /ˈwɪtʃheɪzl/ **I** n. BOT. MED. amamelide f. **II** modif. [*twig, solution*] di amamelide.

witch-hunt /ˈwɪtʃhʌnt/ n. caccia f. alle streghe (anche FIG.).

witch-hunter /ˈwɪtʃˌhʌntə(r)/ n. persecutore m. (-trice) di streghe.

witch-hunting /ˈwɪtʃˌhʌntɪŋ/ n. caccia f. alle streghe.

witching hour /ˈwɪtʃɪŋˌaʊə(r)/ n. LETT. mezzanotte f.; FIG. SCHERZ. ora f. zero, ora f. X.

witchlike /ˈwɪtʃlaɪk/ agg. di, da strega.

witenagemot /ˈwɪtɪnəgɪˌməʊt/ n. STOR. = assemblea generale delle popolazioni anglosassoni.

▶ **with** /wɪð, wɪθ/ prep. **1** *(in descriptions)* ***a girl ~ black hair*** una ragazza con i capelli neri; ***a child ~ blue eyes*** un bambino con gli occhi blu; ***the boy ~ the broken leg*** il ragazzo con la gamba rotta; ***a boy ~ a broken leg*** un ragazzo con una gamba rotta; ***a dress ~ a large collar*** un abito con un ampio colletto; ***a TV ~ remote control*** un televisore con telecomando; ***a room ~ a sea view*** una stanza con la vista sul mare; ***furnished ~ antiques*** arredato con mobili antichi; ***covered ~ mud*** coperto di fango; ***wet ~ dew*** bagnato di rugiada; ***to lie ~ one's eyes closed*** stare disteso ad occhi chiusi; ***to stand ~ one's arms folded*** stare a braccia conserte; ***filled, loaded ~ sth.*** pieno, carico di qcs.; ***covered, surrounded ~*** coperto di, circondato da **2** *(involving, concerning)* con; ***a treaty, a discussion, a meeting ~ sb.*** un trattato, una discussione, un incontro con qcn. **3** *(indicating an agent)* con; ***to hit sb. ~ sth.*** colpire qcn. con qcs.; ***to walk ~ a stick*** camminare col bastone; ***to open, cut sth. ~ a penknife*** aprire, tagliare qcs. con un temperino **4** *(indicating manner, attitude)* ***~ difficulty, pleasure, care*** con difficoltà, piacere, cura; ***to be patient ~ sb.*** avere pazienza con qcn.; ***"OK," he said ~ a smile, sigh*** "va bene," disse con un sorriso, sospiro; ***delighted, satisfied ~ sth.*** contento, soddisfatto di qcs. **5** *(according to)* ***to increase ~ time*** aumentare col tempo; ***to improve ~ age*** [*wine*] migliorare con gli anni; ***to expand ~ heat*** dilatarsi col calore; ***to vary ~ the temperature*** variare a seconda della *o* con la temperatura **6** *(accompanied by, in the presence of)* con; ***to travel, dance ~ sb.*** viaggiare, ballare con qcn.; ***to go out ~ sb.*** uscire con qcn.; ***bring a friend ~ you*** porta un amico con te; ***she's got her brother ~ her*** *(on one occasion)* viene con suo fratello; *(staying with her)* suo fratello sta con lei *o* da lei; ***to live ~ sb.*** vivere con qcn.; ***I'll be ~ you in a second*** sarò da lei in un secondo; ***take your umbrella ~ you*** portati dietro l'ombrello; ***bring the books back ~ you*** porta indietro i libri **7** *(owning, bringing)* ***passengers ~ tickets*** i passeggeri provvisti di biglietto; ***people ~ qualifications*** le persone che possiedono qualifiche; ***somebody ~ your experience*** qualcuno con la tua esperienza; ***have you got the report ~ you?*** hai con te la relazione? ***~ a CV*** BE o ***resumé*** AE ***like yours you're sure to find a job*** con un curriculum come il tuo troverai sicuramente lavoro **8** *(in relation to, as regards)* ***the frontier ~ Belgium*** la frontiera con il Belgio; ***problems ~ the computer*** problemi con il computer; ***remember what happened ~ Bob's kids*** ricordati che cosa è successo con i bambini di Bob; ***how are things ~ you?*** come ti vanno le cose? ***what's up ~ Amy?, what's ~ Amy?*** AE che succede a Amy? che ha Amy? ***what do you want ~ another car?*** a che ti serve un'altra auto? cosa te ne fai di un'altra auto? ***it's a habit ~ her*** è una sua abitudine **9** *(showing consent, support)* ***I'm ~ you on this matter*** concordo con te su questa questione; ***I'm ~ you 100%*** o ***all the way*** sono con te al cento per cento **10** *(because of)* ***sick ~ worry*** tormentato dalla preoccupazione; ***white ~ fear*** bianco di paura; ***to blush ~ embarrassment*** arrossire per l'imbarazzo; ***to scream ~ laughter*** sbellicarsi dalle risa; ***to tremble ~ fear*** tremare di paura; ***he can see better ~ his glasses on*** ci vede meglio con gli occhiali; ***~ six kids, it's impossible*** con sei bambini è impossibile; ***I can't do it ~ you watching*** non riesco a farlo se mi guardi; ***~ summer coming*** con l'estate in arrivo; ***I can't go out ~ all this work to do*** non posso uscire con tutto questo lavoro da fare **11** *(remaining)* ***~ only two days to go before the election*** a soli due giorni dalle elezioni; ***he pulled out of the race ~ 100 metres to go*** si è ritirato dalla gara a 100 metri all'arrivo **12** *(suffering from)* ***people ~ Aids, leukemia*** i malati di AIDS, leucemia; ***to be ill ~ flu*** avere l'influenza; ***to be in bed ~ chickenpox*** essere a letto con la varicella **13** *(in the care or charge of)* ***you're safe ~ us*** sei al sicuro con noi; ***the blame lies ~ him*** la colpa è sua; ***is Paul ~ you?*** Paul è con te? **14** *(against)* con, contro; ***to fight ~ sb.*** lottare contro qcn.; ***the war ~ Germany*** la guerra contro la Germania; ***to have an argument ~ sb.*** avere una discussione con qcn.; ***to be in competition ~ sb.*** essere in competizione con qcn. **15** *(showing simultaneity)* ***~ the approach of spring*** con l'avvicinarsi della primavera; ***~ the introduction of the reforms*** con l'introduzione delle riforme; ***~ that, he left*** al che, se ne andò **16** *(employed by, customer of)* ***a reporter ~ the Times*** un giornalista del Times; ***he's ~ the UN*** lavora per l'ONU; ***I'm ~ Fiat*** lavoro per la Fiat; ***we're ~ the National Bank*** lavoriamo alla National Bank **17** *(in the same direction as)* ***to sail ~ the wind*** navigare sopravento *o* secondo il vento; ***to drift ~ the tide*** essere trasportato dalla marea **18** *(featuring, starring)* ***Casablanca ~ Humphrey Bogart*** Casablanca con Humphrey Bogart ◆ ***to be ~ it*** COLLOQ. *(on the ball)* essere in gamba, attivo; *(trendy)* essere all'ultima moda; ***I'm not really ~ it today*** COLLOQ. oggi non ci sto con la testa; ***get ~ it!*** COLLOQ. *(wake up)* muoviti! datti una mossa! *(face the facts)* affronta la realtà! ***I'm not ~ you, can you repeat?*** non ti seguo, puoi ripetere?

withal /wɪˈðɔːl/ avv. ANT. LETT. *(besides)* per giunta, inoltre; *(therewith)* con ciò; *(nevertheless)* ciò nonostante.

▶ **withdraw** /wɪðˈdrɔː, wɪθˈd-/ **I** tr. (pass. **-drew**; p.pass. **-drawn**) ritirare, ritrarre [*hand*] (**from** da); prelevare, ritirare [*money*] (**from** da); ritirare [*application, offer*]; revocare [*aid, support, permission*] (**from** a); ritirare [*allegation, accusation*]; ritrattare [*claim, statement*]; MIL. ritirare [*troops*] (**from** da); POL. richiamare [*ambassador, diplomat*]; ***to ~ a product from sale*** COMM. ritirare un prodotto dalla vendita; ***to ~ money from circulation*** ritirare dalla circolazione del denaro; ***to ~ one's labour*** BE IND. incrociare le braccia **II** intr. (pass. **-drew**; p.pass. **-drawn**) **1** [*person*] ritirarsi, allontanarsi (**from** da); MIL. [*troops*] ritirarsi (**from** da); [*applicant, candidate*] ritirarsi; ***to ~ from a game, tournament*** ritirarsi da una gara, da un torneo; ***to ~ to one's room*** ritirarsi nella propria stanza; ***to ~ from one's position*** MIL. arretrare **2** PSIC. [*person*] estraniarsi; ***to ~ into oneself*** chiudersi in se stesso *o* isolarsi.

▷ **withdrawal** /wɪðˈdrɔːəl, wɪθˈd-/ n. **1** ritiro m. (**of** di, **from** da); MIL. ritiro m., ritirata f. (**of** di, **from** da); ECON. prelievo m. (**of** di, **from** da); *(of accusation, statement)* ritrattazione f. (**of** di); *(of applicant, candidate, competitor)* ritiro m.; POL. *(of ambassador)* richiamo m.; ***he has made several ~s from his account recently*** di recente ha fatto vari prelievi dal suo conto; ~ ***of labour*** BE IND. sciopero **2** PSIC. *(introversion)* straniamento m. **3** MED. *(of drug addict)* astinenza f.

withdrawal slip /wɪð'drɔːəlˌslɪp, wɪθ'd-/ n. modulo m. per il prelievo.

withdrawal symptoms /wɪð'drɔːəlˌsɪmptəmz, wɪθ'd-/ n.pl. crisi f.sing. da, di astinenza; ***to be suffering from*** ~ essere in astinenza.

withdrawn /wɪð'drɔːn, wɪθ'd-/ **I** p.pass. → **withdraw II** agg. *(introverted)* [*person*] estraniato, isolato.

withdrew /wɪð'druː, wɪθ'd-/ pass. → **withdraw**.

withe /wɪð/ n. vimine m.

wither /'wɪðə(r)/ **I** tr. **1** seccare, fare appassire [*plant*] **2** LETT. raggrinzire, avvizzire [*face*]; inaridire [*feelings*] **II** intr. [*plant*] seccarsi, seccare, appassire.

■ **wither away** [*spirit*] inaridirsi; [*hope*] spegnersi; [*interest*] esaurirsi.

withered /'wɪðəd/ **I** p.pass. → **wither II** agg. [*plant*] secco, appassito; [*skin, cheek*] avvizzito; [*arm*] atrofizzato; [*emotions*] inaridito.

withering /'wɪðərɪŋ/ agg. [*look*] fulminante; [*contempt*] profondo; [*comment*] sferzante.

witheringly /'wɪðərɪŋlɪ/ avv. [*speak*] in modo sferzante, sarcasticamente; [*look*] con uno sguardo fulminante.

withers /'wɪðəz/ n.pl. garrese m.sing.

withhold /wɪð'həʊld/ tr. (pass., p.pass. **-held**) bloccare [*payment*]; trattenere [*tax*]; rifiutare, negare [*grant*]; non pagare [*rent*]; negare [*consent, permission*]; nascondere [*information*]; ***to be accused of ~ing information from the police*** essere accusato di nascondere informazioni alla polizia.

withholding tax /wɪð'həʊldɪŋˌtæks/ n. AE ritenuta f. alla fonte.

▶ **within** /wɪ'ðɪn/ **I** prep. **1** *(enclosed in)* ~ ***the city walls*** dentro le mura della città; ~ ***the boundaries of the estate*** all'interno della proprietà; ***to lie ~ Italy's borders*** essere in territorio italiano **2** *(inside)* ~ ***the government, party*** all'interno del governo, del partito; ***countries ~ the EU*** paesi della comunità europea; ***conditions ~ the camp, the prison*** le condizioni all'interno del campo, del carcere; ***candidates from ~ the company*** candidati interni; ***it appeals to something deep ~ us all*** va a colpire qualcosa di molto profondo in tutti noi **3** *(in expressions of time)* ***I'll do it ~ the hour*** lo faccio entro un'ora; ***he did it ~ the week*** lo fece in settimana; ***15 burglaries ~ a month*** 15 furti in meno di un mese; ***"please reply ~ the week"*** "si prega di rispondere entro la settimana"; ***"use ~ 24 hours of purchase"*** "da consumarsi entro 24 ore dall'acquisto"; ***to finish ~ the time limit*** finire entro il tempo limite; ~ ***minutes he was back*** dopo qualche minuto era tornato; ~ ***a week of his birth*** a una settimana dalla sua nascita; ***they died ~ a week of each other*** morirono a una settimana di distanza l'uno dall'altro **4** *(not more than)* ***to be ~ several metres of sth.*** essere ad alcuni metri di distanza da qcs.; ***to live ~ minutes of the station*** abitare a pochi minuti dalla stazione; ***it's accurate to ~ a millimetre*** ha una precisione quasi millimetrica; ***to be ~ a day's drive of the mountains*** essere a una giornata di macchina dalla montagna; ***to be ~ a 12 km radius*** essere in un raggio di 12 km; ***to fill a bucket to ~ 10 cm of the brim*** riempire un secchio fino a 10 cm dal bordo; ***to be ~ an inch of death, victory*** essere a un passo dalla morte, dalla vittoria **5** *(not beyond the range of)* ***to be ~ sight*** [*coast, town*] essere visibile; FIG. [*end*] essere vicino; ***stay ~ sight of the car*** tieni d'occhio la macchina; ***to be ~ range of*** essere a tiro di [*enemy guns*]; ***he's ~ shouting distance*** è a portata di voce **6** *(not beyond a permitted limit)* ***to stay ~ budget*** stare dentro al budget; ***to live ~ one's income*** o ***means*** vivere secondo i propri mezzi; ~ ***the limitations of the treaty*** nei limiti imposti dal trattato **7** *(inside the scope of)* ***it lies ~ the Impressionist tradition*** appartiene alla tradizione impressionista; ***it's a play ~ a play*** è teatro nel teatro **II** avv. all'interno, dentro; ***seen from ~*** visto dall'interno; ~ ***and without*** dentro e fuori *o* all'interno e all'esterno.

▶ **without** /wɪ'ðaʊt/ **I** prep. **1** *(lacking, not having)* senza; ~ ***a key*** senza chiave; ~ ***any money, help*** senza un soldo, senza alcun aiuto; ***to be ~ friends*** non avere amici; ***to be ~ shame*** non avere, non conoscere vergogna; ***she left ~ it*** partì senza; ***they went ~ me*** andarono senza di me; ~ ***end*** senza fine; ***not ~ difficulty*** non senza difficoltà; ***to manage*** o ***make do ~ sth.*** fare a meno di qcs.; ***I'll just have to manage ~*** dovrò proprio farne senza **2** *(not)* senza; ~ ***doing*** senza fare; ~ ***looking, paying attention*** senza guardare, fare attenzione; ***do it ~ him noticing*** fallo senza che se ne accorga; ~ ***saying a word*** senza dire una parola; ***it goes ~ saying that*** è sottinteso *o* è chiaro che; ~ ***so much as asking permission*** senza nemmeno chiedere il permesso **II** avv. *(on the outside)* all'esterno, fuori; ***from ~*** dall'esterno.

with-profits /ˌwɪð'prɒfɪts, ˌwɪθ-/ agg. ECON. [*endowment insurance, policy*] con utili.

▷ **withstand** /wɪð'stænd/ tr. (pass., p.pass. **-stood**) resistere a, reggere a, opporsi a.

withy /'wɪðɪ/ n. vimine m.

witless /'wɪtlɪs/ agg. stupido, ottuso; ***to be scared ~*** essere spaventato a morte; ***to be bored ~*** annoiarsi terribilmente *o* a morte.

witlessly /'wɪtlɪslɪ/ avv. stupidamente, ottusamente.

witlessness /'wɪtlɪsnɪs/ n. stupidità f., ottusità f.

▶ **1.witness** /'wɪtnɪs/ n. **1** DIR. *(person)* testimone m. e f.; ***she was a ~ to the accident*** è stata testimone dell'incidente; ~ ***for the prosecution, the defence*** o ***prosecution, defence ~*** testimone a carico, a discarico; ***to call sb. as a ~*** chiamare qcn. a testimoniare; ***I have been called as a ~ in the Mulloy case*** sono stato chiamato a testimoniare nel processo Mulloy; ***to sign a document in the presence of a ~*** firmare un documento in presenza di un testimone; ***to be a ~ to sb.'s will*** essere testimone alla firma del testamento di qcn. **2** *(testimony)* testimonianza f.; ***to be*** o ***bear ~ to sth.*** deporre su qcs.; ***his expensive cars are*** o ***bear ~ to his wealth*** le sue auto costose sono un segno della sua ricchezza; ***the dilapidation of the school bears ~ to the lack of funds*** la fatiscenza della scuola è una prova della mancanza di fondi; ***to bear false ~*** DIR. produrre falsa testimonianza **3 U** RELIG. testimonianza f.

▶ **2.witness** /'wɪtnɪs/ tr. **1** *(see)* assistere a [*attack, incident, burglary*]; ***they ~ed the murder, the accident*** sono stati testimoni dell'omicidio, dell'incidente **2** *(at official occasion)* sottoscrivere (come testimone) [*document, treaty*]; fare da testimone a [*marriage*] **3** FIG. ***we are about to ~ a transformation of the world economy*** stiamo per essere testimoni di una trasformazione dell'economia mondiale; ***the last decade has ~ed tremendous advances in technology*** l'ultimo decennio ha visto enormi progressi tecnologici; ***his hard work has paid off, (as) ~ his exam results*** il suo duro lavoro ha dato buoni risultati, come testimonia l'esito del suo esame; ***this house has ~ed many historic events*** questa casa è stata testimone di molti avvenimenti storici.

witness box /'wɪtnɪsbɒks/ BE, **witness stand** /'wɪtnɪsˌstænd/ AE n. banco m. dei testimoni; ***in the ~*** al banco dei testimoni.

witter /'wɪtə(r)/ intr. BE COLLOQ. → **witter on**.

■ **witter on** BE COLLOQ. chiacchierare (**about** di).

wittering /'wɪtərɪŋ/ n. BE COLLOQ. chiacchiere f.pl.

witticism /'wɪtɪsɪzəm/ n. arguzia f., frizzo m.

wittily /'wɪtɪlɪ/ avv. spiritosamente, argutamente.

wittingly /'wɪtɪŋlɪ/ avv. LETT. coscientemente, consapevolmente.

wittol /'wɪtəl/ n. ANT. *(acquiescent cuckold)* becco m. contento.

▷ **witty** /'wɪtɪ/ agg. spiritoso, arguto.

wives /waɪvz/ → **wife**.

wiz /wɪz/ n. COLLOQ. mago m., genio m. (**at** di).

▷ **wizard** /'wɪzəd/ **I** n. **1** *(magician)* mago m. **2** FIG. *(expert)* ***to be a ~ with a needle*** cucire con grande abilità; ***to be a ~ at*** essere un mago di [*chess, computing*]; ***to be a ~ at doing*** essere un genio nel fare **II** agg. BE ANT. COLLOQ. eccezionale, meraviglioso.

wizardry /'wɪzədrɪ/ n. magia f. (anche FIG.).

wizen /'wɪzn/ **I** tr. *(cause to wither)* seccare, fare appassire [*plant*] **II** intr. *(wither)* [*plant*] seccarsi, seccare, appassire; FIG. [*face*] raggrinzirsi, raggrinzire.

wizened /'wɪznd/ **I** p.pass. → **wizen II** agg. [*plant*] secco, appassito; [*skin*] avvizzito.

wk ⇒ week settimana.

WLM n. (⇒ Women's Liberation Movement) = movimento per la liberazione della donna.

WMD n. (⇒ Weapon of Mass Destruction, Weapons of Mass Destruction) = arma, armi di distruzione di massa.

W Midlands GB ⇒ West Midlands West Midlands.

w/o 1 ⇒ without senza **2** ⇒ written off stornato.

WO GB MIL. ⇒ Warrant Officer = sottufficiale superiore il cui grado equivale a quello dei marescialli nell'esercito e dei capi nella marina.

1.woad /wəʊd/ n. BOT. guado m., indaco m. falso.

2.woad /wəʊd/ tr. tingere col guado [*cloth*].

1.wobble /'wɒbl/ n. *(in voice)* tremolio m.; *(of chair, table)* traballamento m.; *(in movement)* dondolio m.; FIG. tentennamento m.

2.wobble /'wɒbl/ **I** tr. fare traballare, fare ballare [*table*]; fare ballare [*tooth*] **II** intr. [*table, chair*] traballare, ballare; [*pile of books, plates etc.*] vacillare; [*voice*] tremare; [*person*] *(on bicycle)* traballare; *(on ladder, tightrope)* barcollare; ***the chair was wobbling*** la sedia traballava; ***this chair is inclined to ~*** questa sedia tende a traballare; ***she ~d down the street on her bicycle*** percorse la strada barcollando sulla sua bicicletta; ***his legs were wobbling under him*** le gambe gli facevano giacomo giacomo; ***the front wheels are wobbling*** AUT. c'è un farfallamento delle ruote anteriori.

1.wobbly /'wɒblɪ/ agg. [*table, chair*] traballante, che balla; [*tooth*] che balla, che si muove; [*chin, voice, jelly*] tremolante; [*handwriting, line*] incerto; FIG. [*theory*] vacillante; [*plot*] precario, incerto; ***she still feels a bit ~ after her illness*** si sente ancora un po' malferma dopo la malattia; ***he is still a bit ~ on his legs*** non è ancora ben saldo sulle gambe; ***she's still a bit ~ on her new bicycle*** traballa ancora un po' sulla nuova bici.

2.wobbly /'wɒblɪ/ n. ***to throw a ~*** BE COLLOQ. andare su tutte le furie.

wodge /wɒdʒ/ n. BE COLLOQ. ***a ~ of*** una montagna di [*papers*]; un sacco di [*money*]; un grosso pezzo di [*cake, bread*].

▷ **woe** /wəʊ/ **I** n. **1** LETT. *(sorrow)* dolore m., pena f.; ***a tale of ~*** SCHERZ. una triste storia **2** SCHERZ. *(misfortune)* sventura f., disgrazia f. **II** inter. ANT. o SCHERZ. ahimè, ohimè; ***~ betide him if he's late*** mal gl'incolga se è in ritardo; ***~ betide the person who...*** guai alla persona che...; ***~ is me!*** me misero, ahimè!

woebegone /'wəʊbɪgɒn, AE -gɔ:n/ agg. abbattuto, afflitto.

woeful /'wəʊfl/ agg. **1** *(mournful)* [*look*] dolente, afflitto; [*smile*] triste, mesto; [*story, sight*] doloroso, penoso **2** *(deplorable)* [*lack, way*] deplorevole, deprecabile.

woefully /'wəʊfəlɪ/ avv. **1** *(mournfully)* [*say, look*] mestamente, in modo dolente **2** *(very)* [*inadequate, underfunded*] deplorevolmente, deprecabilmente.

woefulness /'wəʊfəlnɪs/ n. *(woeful condition)* dolorosità f., penosità f.

wog /wɒg/ n. BE POP. SPREG. **1** *(Arab)* = arabo **2** *(Indian)* = indiano.

wok /wɒk/ n. wok m.

woke /wəʊk/ pass. → **3.wake**.

woken /'wəʊkən/ p.pass. → **3.wake**.

wold /wəʊld/ n. GEOGR. landa f., brughiera f.

▷ **1.wolf** /wʊlf/ n. (pl. **wolves**) **1** lupo m.; ***she-~*** lupa; ***the Big Bad Wolf*** il lupo cattivo **2** COLLOQ. FIG. *(womanizer)* donnaiolo m. ◆ ***to cry ~*** gridare al lupo; ***to be a ~ in sheep's clothing*** BIBL. essere un lupo in veste di agnello; ***to keep the ~ from the door*** sbarcare il lunario; ***a lone ~*** un lupo solitario; ***to throw sb. to the wolves*** gettare qcn. in pasto ai leoni.

2.wolf /wʊlf/ tr. → **wolf down**.

■ **wolf down:** ***~ down [sth.], ~ [sth.] down*** divorare [*food*].

wolf call /'wʊlfkɔ:l/ n. AE → **1.wolf-whistle**.

wolf cub /'wʊlfkʌb/ n. lupetto m.

wolf dog /'wʊlfdɒg/ n. AE → **wolfhound**.

wolfer /'wʊlfə(r)/ n. cacciatore m. di lupi.

wolf-fish /'wʊlffɪʃ/ n. (pl. **wolf-fish, wolf-fishes**) pesce m. lupo.

wolfhound /'wʊlfhaʊnd/ n. cane m. lupo.

wolfish /'wʊlfɪʃ/ agg. [*appetite*] da lupo, vorace; [*grin*] crudele, feroce.

wolfishly /'wʊlfɪʃlɪ/ avv. [*eat*] come un lupo, voracemente.

wolfling /'wʊlfɪŋ/ n. lupacchiotto m., lupetto m.

wolf-man /'wʊlfmæn/ n. (pl. **wolf-men**) lupo m. mannaro, licantropo m.

wolfram /'wʊlfrəm/ n. wolframio m., tungsteno m.

wolframite /'wʊlfrəmaɪt/ n. wolframite f.

wolfsbane /'wʊlfsbeɪn/ n. aconito m.

wolf-spider /'wʊlf͵spaɪdə(r)/ n. = ragno della famiglia dei Licosidi.

1.wolf-whistle /'wʊlfwɪsl, AE -hwɪ-/ n. = fischio di ammirazione rivolto a una donna.

2.wolf-whistle /'wʊlfwɪsl, AE -hwɪ-/ intr. fischiare (a una donna); ***to ~ at sb.*** fischiare a qcn.

wolverine /'wʊlvəri:n/ **I** n. ZOOL. ghiottone m. **II Wolverine** n. AE *(person)* nativo m. (-a), abitante m. e f. del Michigan.

wolves /wʊlvz/ → **1.wolf**.

▶ **1.woman** /'wʊmən/ **I** n. (pl. **women**) donna f., femmina f.; ***the working ~*** la donna che lavora; ***~ as portrayed in the Victorian novel*** la donna (come è) descritta nel romanzo vittoriano; ***a ~ of letters*** una donna di lettere *o* una letterata; ***a ~ of the streets*** ANT. EUFEM. una donna di strada, una prostituta; ***I've never even spoken to the ~!*** SPREG. non ho neanche mai parlato a quella donna! ***a ~ comes in to clean twice a week*** una donna delle pulizie viene due volte alla settimana; ***she's her own ~*** è padrona della sua vita; ***to talk about sth. ~ to ~*** parlare di qcs. da donna a donna; ***for heaven's sake, ~!*** per carità, donna! ***my good ~*** buona *o* brava donna; ***the little ~*** ANT. SPREG. la mia mogliettina; ***the other ~*** SPREG. l'altra **II** modif. ***a ~ Prime Minister*** un primo ministro donna; ***she asked for a ~ doctor*** ha chiesto *o* voluto una dottoressa; ***women doctors were not so common then*** le donne medico non erano così comuni allora; ***he's always criticizing ~ drivers*** sta sempre a criticare le donne che guidano *o* le donne al volante; ***the women members of staff*** le donne che fanno parte del personale; ***he has lots of women friends*** ha molte amiche; ***women voters*** elettrici; ***women writers*** scrittrici; ***a six-~ team*** una squadra di sei donne ◆ ***a ~'s place is in the home*** il posto di una donna è a casa; ***a ~'s work is never done*** una donna non finisce mai di lavorare.

2.woman /'wʊmən/ tr. **1** *(provide with women)* fornire di personale femminile **2** SPREG. *(address)* rivolgersi [a qcn.] con l'appellativo "donna".

woman-hater /'wʊmən͵heɪtə(r)/ n. COLLOQ. misogino m.

womanhood /'wʊmənhʊd/ n. *(state of being a woman)* (l')essere donna, femminilità f.; *(women collectively)* sesso m. femminile, donne f.pl.; ***to reach ~*** diventare *o* farsi donna.

womanish /'wʊmənɪʃ/ agg. SPREG. effeminato.

womanishly /'wʊmənɪʃlɪ/ avv. effeminatamente, in modo effeminato.

womanishness /'wʊmənɪʃnɪs/ n. effeminatezza f.

womanize /'wʊmənaɪz/ intr. andare a donne, essere un donnaiolo.

womanizer /'wʊmənaɪzə(r)/ n. donnaiolo m.

womankind /'wʊmənkaɪnd/ n. FORM. sesso m. femminile, donne f.pl.

womanliness /'wʊmənlɪnɪs/ n. femminilità f.

womanly /'wʊmənlɪ/ agg. di, da donna, femminile.

woman police constable /͵wʊmənpə'li:s͵kʌnstəbl, -͵kɒn-/ n. BE donna f. poliziotto, agente f.

womb /wu:m/ n. utero m., grembo m.; ***the child in the ~*** il bambino nel grembo materno.

wombat /'wɒmbæt/ n. vombato m.

women /'wɪmɪn/ → **1.woman**.

womenfolk /'wɪmɪnfəʊk/ n. ***the ~*** le donne.

women's group /'wɪmɪnzgru:p/ n. gruppo m. femminista.

Women's Institute /͵wɪmɪnz'ɪnstɪtju:t, AE -tu:t/ n. GB = associazione femminile che organizza attività culturali e sociali.

Women's Lib /͵wɪmɪnz'lɪb/ n. COLLOQ. → **Women's Liberation Movement**.

Women's Libber /͵wɪmɪnz'lɪbə(r)/ n. COLLOQ. SPREG. femminista f.

Women's Liberation Movement /͵wɪmɪnz͵lɪbə'reɪʃn͵mu:vmənt/ n. movimento m. per la liberazione della donna.

women's magazine /'wɪmɪnzmægə͵zi:n, AE -͵mægəzi:n/ n. rivista f. femminile; ***~s*** le riviste femminili, la stampa femminile.

women's movement /'wɪmɪnz͵mu:vmənt/ n. movimento m. femminista.

women's page /'wɪmɪnzpeɪdʒ/ n. GIORN. rubrica f. femminile.

women's prison /'wɪmɪnz͵prɪzn/ n. carcere m. femminile.

women's refuge /͵wɪmɪnz'refju:dʒ/ n. casa f. d'accoglienza (per donne maltrattate, ragazze madri ecc.).

women's rights /'wɪmɪnzraɪts/ n.pl. diritti m. delle donne.

women's shelter /͵wɪmɪnz'ʃeltə(r)/ n. → **women's refuge**.

women's studies /'wɪmɪnz͵stʌdɪz/ n.pl. studi m. sulle donne.

women's suffrage /͵wɪmɪnz'sʌfrɪdʒ/ n. suffragio m. femminile.

won /wʌn/ pass., p.pass. → **2.win**.

1.wonder /'wʌndə(r)/ **I** n. **1** *(miracle)* meraviglia f., prodigio m., miracolo m.; ***it's a ~ that*** è un miracolo che *o* è sorprendente che; ***(it's) no ~ that*** non c'è da stupirsi *o* meravigliarsi che; ***small*** o ***little ~ that*** non c'è da stupirsi *o* meravigliarsi che; ***to be a ~ with*** saperci davvero fare con [*children*]; essere bravissimo con [*dogs*]; ***to be a ~ with engines, computers*** essere un mago dei motori, dei computer; ***to do*** o ***work ~s*** fare meraviglie *o* miracoli (**for** per; **with** con); ***he's, she's a ~!*** è meraviglioso, meravigliosa! ***the ~s of modern medicine, technology*** i miracoli della medicina moderna, della tecnologia **2** *(amazement)* meraviglia f., stupore m.; ***in ~*** meravigliato, stupito, con stupore; ***a sense*** o ***feeling of ~*** una sensazione di meraviglia; ***lost in ~*** meravigliato, stupefatto **II** modif. [*cure, drug*] miracoloso.

▶ **2.wonder** /'wʌndə(r)/ **I** tr. **1** *(ask oneself)* chiedersi, domandarsi; ***I ~ how, why*** mi chiedo come, perché; ***I ~ if*** o ***whether*** mi chiedo se *o* chissà se; *(as polite request)* ***I ~ if you could help me, give me some information?*** forse potrebbe aiutarmi, darmi alcune informazioni? potrebbe per favore aiutarmi, darmi alcune informazioni? ***it makes you ~*** (ti) fa pensare; ***it makes you ~ why, if, how*** ti spinge a chiederti *o* c'è da chiedersi perché, se, come; ***"why are we here?" he ~ed*** "perché siamo qui?" si chiese; ***one ~s what he is trying to achieve*** ci si domanda cosa stia cercando di ottenere **2** *(be surprised)* ***I ~ that*** mi meraviglia *o* mi stupisce che **II** intr. **1** *(think)* ***to ~ about sth.*** pensare a qcs.; ***to ~ about doing*** chiedersi se fare *o* essere incerto se fare **2** *(be surprised)* ***to ~ at sth.*** stupirsi *o* meravigliarsi di qcs.; *(admiringly)* meravigliarsi *o* essere meravigliato di qcs.; ***they'll be late again, I shouldn't ~*** non mi stupisce che siano di nuovo in ritardo.

▶ **wonderful** /ˈwʌndəfl/ agg. [*book, film, meal, experience, holiday*] meraviglioso, magnifico, splendido; [*musician, teacher*] eccezionale; [*achievement*] eccellente, stupefacente, prodigioso; ***to be ~ with*** saperci davvero fare con [*children*]; essere bravissimo con [*animals*]; ***to be ~ with engines, computers*** essere un mago dei motori, dei computer; ***I feel ~*** mi sento magnificamente *o* benissimo; ***you look ~!*** *(healthy)* ti vedo in forma splendida! *(attractive)* stai benissimo *o* splendidamente!

▷ **wonderfully** /ˈwʌndəfəlɪ/ avv. **1** *(very)* [*funny, clever, generous, exciting*] molto, incredibilmente **2** *(splendidly)* [*cope, behave, perform, work*] in modo splendido.

wonderfulness /ˈwʌndəflnɪs/ n. (l')essere meraviglioso, stupefacente.

▷ **wondering** /ˈwʌndərɪŋ/ agg. **1** *(full of wonder)* [*look, expression*] estasiato, pieno di meraviglia **2** *(puzzled)* [*look, expression*] stupefatto, sbigottito, sconcertato.

wonderingly /ˈwʌndərɪŋlɪ/ avv. **1** *(in wonder)* [*look*] con aria meravigliata; [*say*] in tono meravigliato **2** *(in puzzlement)* [*look*] con aria stupefatta, sbigottita, sconcertata; [*say*] in tono stupefatto, sbigottito.

wonderland /ˈwʌndəlænd/ n. paese m. delle meraviglie.

wonderment /ˈwʌndəmənt/ n. **1** *(wonder)* meraviglia f.; ***in ~*** con meraviglia **2** *(puzzlement)* stupore m., sbigottimento m.; ***in ~*** con stupore.

wonder-stricken /ˈwʌndəˌstrɪkən/, **wonder-struck** /ˈwʌndəˌstrʌk/ agg. stupefatto, esterrefatto.

wonder-worker /ˈwʌndəˌwɜːkə(r)/ n. taumaturgo m. (-a).

wondrous /ˈwʌndrəs/ agg. LETT. mirabile, straordinario, meraviglioso.

wondrously /ˈwʌndrəslɪ/ avv. LETT. mirabilmente, straordinariamente.

wondrousness /ˈwʌndrəsnɪs/ n. LETT. mirabilità f., straordinarietà f.

wonga /ˈwɒŋgə, ˈvɒŋgə/ n. BE COLLOQ. grana f., soldi m.pl.

wonk /wɒŋk/ n. **1** AE COLLOQ. sgobbone m. (-a) **2** COLLOQ. *(theorist)* cervellone m. (-a); ***a computer, policy ~*** un cervellone dei computer, un grande esperto di politica.

wonky /ˈwɒŋkɪ/ agg. BE COLLOQ. **1** *(crooked)* storto **2** *(wobbly)* [*furniture*] traballante, instabile; ***~ legs*** gambe malferme *o* che fanno giacomo giacomo **3** *(faulty)* ***the television is a bit ~*** la televisione non va tanto (bene); ***he has a ~ knee*** ha un ginocchio malmesso.

wont /wəʊnt, AE wɔːnt/ **I** agg. ***to be ~ to do*** essere abituato *o* avvezzo a fare, essere solito fare **II** n. ***as is his, their ~*** come è sua, loro abitudine.

won't /wəʊnt/ contr. will not.

wonted /ˈwəʊntəd/ agg. FORM. solito, abituale.

woo /wuː/ tr. **1** ANT. *(court)* corteggiare, fare la corte a [*lady*] **2** FIG. *(curry favour with)* blandire, corteggiare [*voters, company*]; cercare di convincere, di ottenere l'appoggio di [*country*]; ***to ~ mothers back to work*** incoraggiare le madri a ritornare al lavoro.

▶ **1.wood** /wʊd/ **I** n. **1** *(fuel, timber)* legno m., legname m.; ***ash, beech ~*** legno di frassino, di faggio; ***made of solid ~*** di legno massiccio; ***a piece of ~*** un pezzo di legno **2** *(barrel)* botte f., barile m.; ***aged in the ~*** invecchiato in botte; ***(drawn) from the ~*** spillato dalla botte **3** *(forest)* bosco m., foresta f.; ***birch, oak ~*** bosco di betulle, di querce **4** SPORT *(in bowls)* boccia f. (di legno); *(in golf)* legno m.; ***a (number) three ~*** un legno numero tre; ***to hit a ball off the ~*** *(in tennis)* steccare la palla, colpire la palla col legno della racchetta **II** **woods** n.pl. **1** *(forest)* ***let's take a walk in the ~s*** facciamo una passeggiata nei boschi; ***the ~s in California are on fire*** i boschi della California stanno bruciando **2** MUS. legni m. **III** modif. [*fire, smoke*] di legna; [*shavings*] di legno; ***~ floor*** parquet, pavimento in legno ◆ ***touch ~!*** BE, ***knock on ~!*** AE tocca ferro! ***we are not out of the ~ yet*** = non siamo ancora fuori pericolo, fuori dai guai, al sicuro.

2.wood /wʊd/ **I** tr. **1** *(plant with trees)* rimboschire **2** *(supply with wood)* fornire di legna, di legname **II** intr. rifornirsi di legna, di legname.

wood alcohol /ˌwʊdˈælkəhɒl, AE -hɔːl/ n. alcol m. di legno, alcol m. metilico, metanolo m.

wood anemone /ˈwʊdəˌnemənɪ/ n. BOT. silvia f.

wood ant /ˈwʊdænt/ n. formica f. rossa.

woodbind /ˈwʊdbaɪnd/, **woodbine** /ˈwʊdbaɪn/ n. **1** *(honeysuckle)* caprifoglio m. **2** AE *(Virginia creeper)* vite f. vergine.

woodblock /ˈwʊdblɒk/ n. **1** *(for flooring)* blocchetto m., listello m. di legno **2** AE ART. blocchetto m. di legno per xilografia.

wood-block floor /ˈwʊdblɒkˌflɔː(r)/ n. parquet m.

wood-burning stove /ˈwʊdbɜːnɪŋˌstəʊv/ n. → **wood stove**.

wood carver /ˈwʊdˌkɑːvə(r)/ ♦ ***27*** n. intagliatore m. (-trice).

woodcarving /ˈwʊdˌkɑːvɪŋ/ n. **1** *(art)* arte f. d'intagliare il legno **2** *(object)* scultura f. in legno.

woodchuck /ˈwʊdtʃʌk/ n. marmotta f. americana.

wood-coal /ˈwʊdkəʊl/ n. **1** *(lignite)* lignite f. **2** ANT. carbone m. di legna.

woodcock /ˈwʊdkɒk/ n. (pl. ~, **~s**) beccaccia f.

woodcraft /ˈwʊdkrɑːft, AE -kræft/ n. conoscenza f. dei boschi, delle foreste.

woodcut /ˈwʊdkʌt/ n. *(block)* blocchetto m., listello m. di legno; *(print)* incisione f. su legno, xilografia f.

woodcutter /ˈwʊdkʌtə(r)/ ♦ ***27*** n. boscaiolo m., taglialegna m.

woodcutting /ˈwʊdkʌtɪŋ/ n. abbattimento m. degli alberi.

wooded /ˈwʊdɪd/ agg. boscoso, boschivo; ***heavily*** o ***thickly ~*** molto boscoso, foltamente coperto di alberi.

▷ **wooden** /ˈwʊdn/ agg. **1** [*furniture, implement, house, floor*] di, in legno; [*leg*] di legno; ***~ shoe*** sabot **2** FIG. [*acting*] legnoso, impacciato; [*expression*] stereotipato, inespressivo.

wood-engraver /ˈwʊdɪnˌgreɪvə(r)/ ♦ ***27*** n. incisore m. (-a) su legno, xilografo m. (-a).

wood engraving /ˈwʊdɪnˌgreɪvɪŋ/ n. incisione f. su legno.

woodenhead /ˈwʊdnhed/ n. testa f. di legno, zuccone m. (-a).

woodenheaded /ˌwʊdnˈhedɪd/ agg. stupido, imbecille.

wooden horse /ˌwʊdnˈhɔːs/ n. **1** STOR. = struttura in legno con il dorso spiovente in cui venivano fatti sedere i soldati colpevoli di un qualche crimine **2** cavallo m. di Troia (anche FIG.).

wooden nickel /ˌwʊdnˈnɪkl/ n. AE oggetto m. privo di valore.

wooden spoon /ˌwʊdnˈspuːn/ n. cucchiaio m. di legno; FIG. premio m. per l'ultimo, maglia f. nera.

wood-house /ˈwʊdhaʊs/ n. → **woodshed**.

Woodie /ˈwʊdɪ/ n.pr. diminutivo di **Woodrow**.

▷ **woodland** /ˈwʊdlənd/ **I** n. boschi m.pl., terreno m. boscoso **II** modif. [*animal, plant*] dei boschi, boschivo; [*scenery*] ricco di boschi; [*walk*] nei boschi; ***~ management*** sfruttamento dei boschi.

woodlark /ˈwʊdlɑːk/ n. tottavilla f.

woodlice /wʊdlaɪs/ → **woodlouse**.

wood lily /ˈwʊdˌlɪlɪ/ n. **1** → **lily of the valley** **2** BOT. piroletta f.

woodlouse /ˈwʊdlaʊs/ n. (pl. **-lice**) onisco m. delle cantine.

woodman /ˈwʊdmən/ ♦ ***27*** n. (pl. **-men**) *(woodcutter)* boscaiolo m., taglialegna m.; *(forester)* abitante m. dei boschi, guardaboschi m.

woodnote /ˈwʊdnəʊt/ n. canto m. di uccelli.

wood nymph /ˈwʊdnɪmf/ n. ninfa f. dei boschi.

woodpecker /ˈwʊdˌpekə(r)/ n. picchio m.

wood pigeon /ˈwʊdˌpɪdʒɪn/ n. colombella f.; *(larger)* colombaccio m.

woodpile /ˈwʊdpaɪl/ n. catasta f. di legna.

wood pulp /ˈwʊdpʌlp/ n. pasta f. di legno.

Woodrow /ˈwʊdrəʊ/ n.pr. Woodrow (nome di uomo).

woodruff /ˈwʊdrʌf/ n. stellina f. odorosa.

woodscrew /ˈwʊdskruː/ n. vite f. da legno.

wood shavings /ˈwʊdˌʃeɪvɪŋz/ n.pl. trucioli m. di legno.

woodshed /ˈwʊdʃed/ n. legnaia f.

woodsman /ˈwʊdsmən/ n. AE (pl. **-men**) → **woodman**.

wood sorrel /ˈwʊdˌsɒrəl, AE -ˌsɔːrəl/ n. acetosella f., alleluia f.

wood stove /ˈwʊdstəʊv/ n. stufa f. a legna.

woodsy /ˈwʊdzɪ/ agg. AE COLLOQ. [*atmosphere*] silvestre; [*person*] che ama i boschi.

wood-tar /ˈwʊdtɑː(r)/ n. catrame m. vegetale.

wood trim /ˈwʊdtrɪm/ n. finiture f.pl. in legno.

wood-turning /ˈwʊdˌtɜːnɪŋ/ n. tornitura f. del legno.

wood vinegar /ˈwʊdˌvɪnɪgə(r)/ n. acido m. pirolegnoso.

woodwind /ˈwʊdwɪnd/ **I** n.pl. legni m., strumenti m. a fiato (di legno) **II** modif. [*instrument*] di legno; [*player*] di strumento a fiato (di legno); ***~ section*** legni.

wood wool /ˈwʊdwʊl/ n. lana f. di legno.

woodwork /ˈwʊdwɜːk/ **I** n. **1** *(carpentry)* falegnameria f., carpenteria f. **2** *(doors, windows etc.)* = parti di legno di una casa **3** BE SPORT COLLOQ. *(goalpost)* legni m.pl. **II** modif. [*teacher, class, student*] di falegnameria ◆ ***to come*** o ***crawl out of the ~*** COLLOQ. SCHERZ. uscire allo scoperto.

woodworking /ˈwʊdwɜːkɪŋ/ n. falegnameria f., carpenteria f.

woodworm /ˈwʊdwɜːm/ n. (pl. ~, **~s**) **1** *(animal)* tarlo m. **2** *(disease)* tarlatura f.; ***to have ~*** essere tarlato.

woody /ˈwʊdɪ/ agg. [*hill*] boscoso, coperto di boschi; [*landscape*] boschivo; [*plant, stem*] legnoso, ligneo; [*smell*] di bosco.

Woody /ˈwʊdɪ/ n.pr. diminutivo di **Woodrow**.

wooer /'wu:ə(r)/ n. ANT. corteggiatore m., spasimante m.
1.woof /wʊf/ **I** n. COLLOQ. *(bark)* latrato m. **II** inter. bau.
2.woof /wʊf/ intr. COLLOQ. abbaiare.
3.woof /wu:f/ n. TESS. *(weft)* trama f.
woofer /'wʊfə(r)/ n. woofer m.
wooing /'wu:ɪŋ/ n. ANT. corteggiamento m.
▷ **wool** /wʊl/ **I** n. lana f.; ***pure (new)~*** pura lana (vergine); ***knitting, baby~*** lana per lavori a maglia, per neonati **II** modif. [*carpet, coat*] di lana; [*shop*] che vende lana; [*trade*] laniero ◆ ***to pull the~ over sb.'s eyes*** gettare fumo negli occhi a qcn.; ***you can't pull the~ over my eyes*** non sono uno che si lascia ingannare, non sono mica stupido.
wool carding /'wʊl,kɑ:dɪŋ/ n. cardatura f. della lana.
woolen AE → **woollen**.
wool fat /'wʊlfæt/ n. lanolina f.
wool-fell /'wʊlfel/ n. vello m. di pecora.
woolgathering /'wʊl,gæðərɪŋ/ n. distrazione f., sbadataggine f.
wool grease /'wʊlgri:s/ n. → **wool fat**.
woolgrower /'wʊl,grəʊə(r)/ ♦ *27* n. allevatore m. (-trice) di animali da lana.
wooliness AE → **woolliness**.
woollen BE, **woolen** AE /'wʊlən/ **I** agg. [*garment*] di lana **II** n. **1** *(garment)* articolo m. di lana **2** *(piece of cloth)* tessuto m. di lana.
woollen mill /'wʊlənmɪl/ n. lanificio m.
woolliness BE, **wooliness** AE /'wʊlɪnɪs/ n. **1** *(of cloth, animal's coat)* lanosità f. **2** FIG. *(of thinking)* confusione f., fumosità f. (**of** di).
woolly BE, **wooly** AE /'wʊlɪ/ **I** agg. **1** [*garment*] di lana; [*animal coat, hair*] lanoso; ***~ cloud*** cielo a pecorelle **2** FIG. *(vague)* [*thinking*] confuso, fumoso, farraginoso **II** n. COLLOQ. indumento m. di lana ◆ ***wild and~*** [*person*] scontroso, violento; [*plan, theory*] rudimentale.
woolly-headed /'wʊlɪ,hedɪd/, **woolly-minded** /'wʊlɪ,maɪndɪd/ agg. confusionario, dalle idee confuse.
wool merchant /'wʊl,mɜ:tʃənt/ ♦ *27* n. STOR. commerciante m. e f. di lana.
woolpack /'wʊlpæk/ n. balla f. di lana.
Woolsack /'wʊlsæk/ n. BE *(seat)* = il seggio del Lord Cancelliere; *(position)* = la carica di Lord Cancelliere.
woolshed /'wʊlʃed/ n. stazione f. di tosa delle pecore.
wool-stapler /'wʊl,steɪplə(r)/ n. ANT. commerciante m. e f. di lana.
wooly AE → **woolly**.
woops → **whoops**.
woozily /'wʊzɪlɪ/ avv. COLLOQ. con aria intontita.
wooziness /'wu:zɪnɪs/ n. COLLOQ. intontimento m., stordimento m.
woozy /'wu:zɪ/ agg. COLLOQ. ***to feel~*** sentirsi intontito, stordito.
1.wop /wɒp/ n. POP. SPREG. *(Italian)* = italiano.
2.wop → **1.whop**, **2.whop**.
Worcester sauce /,wʊstə'sɔ:s/ BE, **Worcestershire sauce** /,wʊstəʃaɪə'sɔ:s/ AE n. worcester m., salsa f. worcester.
Worcestershire /'wʊstəʃə(r)/ ♦ *24* n.pr. Worcestershire m.
Worcs ⇒ Worcestershire Worcestershire.
▶ **1.word** /wɜ:d/ **I** n. **1** *(verbal expression)* parola f., vocabolo m., termine m.; ***to say a few~s about*** dire alcune parole su; ***those were his very~s*** furono proprio queste le sue parole; ***to have no~s to express sth.*** non trovare le parole *o* non avere parole per esprimere qcs.; ***idle, well-chosen~s*** parole oziose, scelte accuratamente; ***long~s*** parole difficili *o* paroloni; ***in 120~s*** in 120 parole; ***in a~, no*** in una parola, no *o* insomma, no; ***there is no other~ for it*** non ci sono altre parole per dirlo; ***with these~s he left*** dopo aver detto queste parole, se ne andò; ***in your own~s*** con parole tue; ***I don't think "aunt" is quite the right~*** non credo che "zia" sia la parola giusta; ***the last~*** l'ultima parola; FIG. l'ultima novità, l'ultimo grido (**in** in); ***to get a~ in*** riuscire a dire qcs.; ***not in so many~s*** non proprio *o* non esattamente; ***in other~s*** in altre parole; ***the spoken~*** la lingua parlata *o* il parlato; ***the written~*** la lingua scritta *o* lo scritto; ***to put one's feelings*** o ***thoughts into~s*** esprimere ciò che si prova (a parole); ***there's no such~ as "can't"*** la parola "non posso" non esiste; ***what's the Greek~ for "table"?*** come si dice "tavolo" in greco? ***a~ of warning*** un avvertimento; ***a~ of advice*** un consiglio; ***kind~s*** parole gentili; ***vulgar is hardly the~ for it*** volgare è dire poco; ***lazy is a better~ for him*** "pigro" è la parola che lo descrive meglio; ***I've said my last~ on the subject*** ho detto tutto ciò che avevo da dire sull'argomento; ***too funny, sad for~s*** troppo divertente, triste *o* indescrivibilmente divertente, triste; ***in the~s of Washington*** come disse Washington; ***I believed every~ he said*** ho creduto a tutto quello che ha detto; ***I mean every~ of it*** parlo sul serio; ***a~ to all those who...*** una parola a tutti quelli che...; ***a man of few~s*** un uomo di poche parole **2** *(anything, something)* parola f.; ***without saying a~*** senza dire una parola; ***I couldn't get a~ out of her*** non sono riuscito a cavarle di bocca una sola parola; ***not to believe, hear, understand a~ of sth.*** non credere a, sentire, capire una parola di qcs.; ***not a~ to anybody*** non una parola con nessuno; ***I don't believe a~ of it*** non credo a una sola parola; ***not to have a good~ to say about sb., sth.*** non avere nulla di buono da dire su qcn., qcs.; ***I want to say a~ about honesty*** vorrei dire una parola sull'onestà; ***I didn't say a~!*** non ho detto nulla! non ho aperto bocca! ***he won't hear a~ against her*** non vuole che si dica nulla contro di lei; ***the article didn't say a~ about it*** l'articolo non ne parlava affatto **3 U** *(information)* notizia f., notizie f.pl., informazioni f.pl. (**about** su); ***we are waiting for~*** aspettiamo notizie; ***there is no~ of the missing climbers*** non si sa nulla degli scalatori dispersi; ***we are hoping for~ that all is well*** speriamo in buone notizie; ***~ got out that...*** si è diffusa la notizia *o* è trapelata la notizia che...; ***to bring~ of sth.*** annunciare qcs.; ***to bring, send~ that*** annunciare, fare sapere che; ***he left~ at the desk that...*** ha lasciato detto alla reception che...; ***to spread the~*** passare la parola, diffondere la notizia **4** *(promise, affirmation)* parola f.; ***he gave me his~*** mi ha dato la sua parola; ***to keep, break one's~*** mantenere, non mantenere la parola data *o* la propria parola; ***it's his~ against mine*** è la sua parola contro la mia; ***to hold sb. to his, her~*** obbligare qcn. a mantenere la propria parola *o* la parola data; ***a woman of her~*** una donna di parola; ***to take sb.'s~ for it*** credere a qcn. sulla parola; ***to take sb. at his, her~*** prendere qcn. in parola; ***I've only got her~ for it*** ho solo la sua parola; ***to doubt, question sb.'s~*** dubitare di, mettere in dubbio la parola di qcn.; ***take my~ for it!*** credimi *o* puoi credermi sulla parola! ***to go back on one's~*** venire meno alla propria parola *o* alla parola data; ***to be as good as one's~*** mantenere la propria parola *o* le promesse; ***to be better than one's~*** fare più di quanto si è promesso **5** *(rumour)* ***~ has it that he's a millionaire*** si dice che sia milionario; ***~ got round*** o ***around that...*** girava voce che... **6** *(command)* ordine m., comando m.; ***to give the~ to do*** dare ordine di fare; ***if you need anything just say the~*** se hai bisogno di qualsiasi cosa, dimmelo; ***just say the~ and I'll come*** una tua parola e sarò lì; ***at*** o ***on the~ of command, present arms*** al comando, presentate le armi; ***their~ is law*** la loro parola è legge **7** *(key word)* parola f. d'ordine, motto m.; ***the~ now is federalism*** federalismo è la parola d'ordine **8 the Word** RELIG. la Parola (di Dio); *(of Trinity)* il Verbo; ***to preach the Word*** predicare la Parola (di Dio); ***the Word of God*** la Parola di Dio **9** INFORM. parola f., codice m. **10 by word of mouth** oralmente, verbalmente **II words** n.pl. **1** *(oratory)* parole f.; ***show your support by deeds not~s*** mostrate il vostro sostegno con fatti e non (a) parole; ***empty~s*** parole vuote **2** TEATR. MUS. *(of play)* testo m.sing.; *(of song)* testo m.sing., parole f.; ***to forget one's~s*** dimenticare la parte; ***I'll sing the~s*** canterò le parole; ***to set the~s to music*** musicare un testo *o* mettere un testo in musica ◆ ***my~!*** *(in surprise)* caspita, per bacco! *(in reproof)* vedrai! ***right from the~ go*** fin dall'inizio; ***to have a~ with sb. about sth.*** dire una parola a qcn. su qcs.; ***to have~s with sb.*** venire a parole con qcn.; ***to put in a good~ for sb.*** mettere una buona parola per qcn., in favore di qcn.; ***upon my~!*** ANT. *(in surprise)* per bacco! *(confirming truth)* in fede mia!
2.word /wɜ:d/ tr. formulare [*reply, statement*]; redigere, scrivere [*letter*].
word association /'wɜ:dəsəʊsɪ,eɪʃn/ n. PSIC. associazione f. di parole.
word blindness /'wɜ:d,blaɪndnɪs/ n. dislessia f., cecità f. verbale.
wordbook /'wɜ:dbʊk/ n. MUS. libretto m. (d'opera).
wordbreak /'wɜ:dbreɪk/ n. TIP. = punto in cui si può andare a capo in una parola.
word class /'wɜ:dklɑ:s, AE -klæs/ n. parte f. del discorso.
wordcount /'wɜ:dkaʊnt/ n. INFORM. conteggio m. parole.
word deaf /'wɜ:d,def/ agg. affetto da afasia acustica, da sordità verbale.
word deafness /'wɜ:d,defnɪs/ n. afasia f. acustica, sordità f. verbale.
worded /'wɜ:dɪd/ **I** p.pass. → **2.word II -worded** agg. in composti ***a carefully-~ letter*** una lettera scritta con cura; ***a strongly-~ statement*** un'affermazione ferma *o* decisa; ***a sarcastically-~ reply*** una risposta sarcastica.
word-for-word /,wɜ:dfə'wɜ:d/ agg. e avv. parola per parola.
word game /'wɜ:dgeɪm/ n. gioco m. di parole.
wordiness /'wɜ:dɪnɪs/ n. verbosità f.
wording /'wɜ:dɪŋ/ n. formulazione f., enunciazione f.
wordless /'wɜ:dlɪs/ agg. **1** *(silent)* senza parole **2** *(unspoken)* inespresso.
wordlessly /'wɜ:dlɪslɪ/ avv. senza parole.
wordlessness /'wɜ:dlɪsnɪs/ n. silenzio m., mancanza f. di parole.
wordlist /'wɜ:dlɪst/ n. lista f. di parole; *(in dictionary)* lemmario m.

word-of-mouth /ˌwɜːdəvˈmaʊθ/ avv. [*promise*] verbalmente, a voce.
word order /ˈwɜːdˌɔːdə(r)/ n. ordine m. delle parole.
word-perfect /ˌwɜːdˈpɜːfɪkt/ agg. [*recitation*] perfetto; ***to be ~*** [*recitation*] essere perfetto; [*person*] sapere perfettamente a memoria la propria parte.
word-picture /ˈwɜːdˌpɪktʃə(r)/ n. descrizione f. vivida.
wordplay /ˈwɜːdpleɪ/ n. **U** gioco m., giochi m.pl. di parole.
word processing /ˈwɜːdˌprəʊsesɪŋ, AE -ˌprɒ-/ n. word processing m., videoscrittura f.
word processor /ˈwɜːdˌprəʊsesə(r), AE -ˌprɒ-/ n. word processor m., programma m. di videoscrittura.
wordsmith /ˈwɜːdsmɪθ/ n. ***to be an accomplished ~*** essere abilissimo a usare le parole.
word stress /ˈwɜːdstres/ n. LING. accento m. (di parola).
word wrapping /ˈwɜːdˌræpɪŋ/ n. INFORM. a capo m. automatico.
wordy /ˈwɜːdɪ/ agg. verboso, prolisso.
1.wore /wɔː(r)/ pass. → **2.wear**.
2.wore /wɔː(r)/ pass., p.pass. → **3.wear**.
▶ **1.work** /wɜːk/ **I** n. **1** *(physical or mental activity)* lavoro m. (**on** su); ***to be at ~ on sth.*** lavorare a qcs. *o* essere occupato a fare qcs.; ***to watch sb. at ~*** guardare qcn. lavorare; ***to go to*** o ***set to*** o ***get to ~*** mettersi al lavoro; ***to go to*** o ***set to*** o ***get to ~ on sth.*** mettersi al lavoro per fare qcs.; ***to set to ~ doing*** mettersi a fare; ***to put a lot of ~ into*** dedicare molto lavoro *o* impegno a [*essay, speech*]; mettere molto impegno, dedicare molto tempo a (preparare) [*meal, preparations*]; ***to put a lot of ~ into doing*** mettere molto impegno a fare; ***to put*** o ***set sb. to ~*** mettere qcn. al lavoro *o* fare lavorare qcn.; ***we put him to ~ doing*** l'abbiamo messo a fare *o* l'abbiamo incaricato di fare; ***it was hard ~ doing*** è stato difficile *o* è stata una fatica fare; ***to be hard at ~*** lavorare sodo *o* darci dentro col lavoro; ***your essay needs more ~*** il tuo compito ha bisogno di altro lavoro; ***there's still a lot of ~ to be done*** bisogna fare ancora un sacco di lavoro; ***I've got ~ to do*** devo lavorare *o* ho del lavoro da fare; ***to make short*** o ***light ~ of sth.*** liquidare *o* sbrigare qcs. velocemente; ***to make short ~ of sb.*** liquidare qcn. *o* levarsi qcn. di torno rapidamente; ***it's all in a day's ~*** è roba d'ordinaria amministrazione *o* fa parte del lavoro; ***"good*** o ***nice ~"*** *(on written work)* "buono"; *(orally)* "bene!"; ***it's hot, thirsty ~*** fa venire caldo, sete **2** *(occupation)* lavoro m., occupazione f., mestiere m.; ***to be in ~*** avere un lavoro *o* un'occupazione; ***to look for ~*** cercare lavoro; ***day, night ~*** lavoro di giorno, di notte; ***place of ~*** luogo di lavoro; ***to start*** o ***begin ~*** *(daily)* cominciare il lavoro *o* cominciare a lavorare; *(for the first time)* cominciare a lavorare; ***to stop ~*** *(at the end of the day)* finire il lavoro *o* finire di lavorare; *(on retirement)* finire *o* smettere di lavorare; ***to be off ~*** *(on vacation)* fare vacanza, essere in vacanza, in permesso; ***to be off ~ with flu*** essere a casa con l'influenza *o* essere assente a causa dell'influenza; ***to be out of ~*** essere disoccupato *o* essere senza lavoro; ***nice ~ if you can get it!*** COLLOQ. beato chi ci riesce! **3** *(place of employment) (office)* lavoro m., ufficio m.; *(factory)* lavoro m., fabbrica f.; ***to go to ~*** andare al lavoro *o* a lavorare; ***don't phone me at ~*** non telefonarmi al lavoro; ***there's a canteen at ~*** c'è la mensa dove lavoro **4** *(building, construction)* lavori m.pl. (**on** a) **5** *(papers)* ***to take one's ~ home*** portarsi il lavoro a casa; FIG. portarsi il lavoro, i problemi del lavoro a casa; ***spread your ~ out on the table*** occupa pure il tavolo con le tue cose, con il tuo lavoro **6** *(achievement, product) (essay, report)* lavoro m.; *(artwork, novel, sculpture)* lavoro m., opera f. (**by** di); *(study)* lavoro m., studio m. (**by** di; **on** su); ***an exhibition of ~ by young artists*** una mostra di lavori *o* di opere di giovani artisti; ***he sells his ~ to tourists*** vende i suoi lavori ai turisti; ***is this all your own ~?*** è tutta opera tua? *(more informal)* l'hai fatto tu? ***to mark students' ~*** correggere i compiti degli studenti; ***his ~ isn't up to standard*** il suo lavoro non raggiunge gli standard richiesti *o* non è all'altezza; ***the research was the ~ of a team*** la ricerca è stata il lavoro di una squadra; ***a ~ of genius*** un'opera di genio; ***a ~ of fiction*** un'opera di narrativa; ***a ~ of reference*** un'opera di consultazione; ***this attack is the ~ of professionals*** quest'attacco è opera di professionisti; ***I hope you're pleased with your ~!*** IRON. spero che tu sia soddisfatto del tuo lavoro; ***the ~s of Shakespeare, Alfieri*** le opere di Shakespeare, Alfieri **7** FIS. lavoro m. **8** *(research)* lavoro m., ricerche f.pl. (**on** su); ***there is still a lot of ~ to be done on the virus*** ci sono ancora da fare molte ricerche sul virus **9** *(effect)* ***to go to ~*** [*drug, detergent*] agire; ***the weedkiller has done its ~*** l'erbicida ha agito **II works** n.pl. **1** *(factory)* fabbrica f.sing., officina f.sing.; ***~s canteen*** mensa aziendale, della fabbrica **2** *(building work)* lavori m.; ***public ~s*** lavori pubblici, opere pubbliche **3** COLLOQ. *(everything)* ***the (full*** o ***whole) ~s*** tutto, tutto quanto **III** modif. [*clothes, shoes*] da lavoro; [*phone number*] del lavoro.
▶ **2.work** /wɜːk/ **I** tr. (pass., p.pass. ANT. LETT. **wrought**) **1** *(drive)* ***to ~ sb. hard*** fare lavorare sodo *o* fare sgobbare qcn. **2** *(labour)* ***to ~ shifts*** fare i turni *o* lavorare a turni; ***to ~ days, nights*** lavorare di giorno, di notte; ***to ~ one's passage*** MAR. pagarsi la traversata lavorando a bordo; ***to ~ one's way through university*** lavorare per pagarsi l'università *o* fare l'università lavorando; ***to ~ one's way through a book, document*** leggere un libro, un documento da cima a fondo; ***to ~ a 40 hour week*** lavorare 40 ore settimanali **3** *(operate)* fare funzionare, azionare [*computer, equipment, lathe*] **4** *(exploit commercially)* sfruttare [*oil field, land, mine, seam*] **5** *(have as one's territory)* [*representative*] coprire, girare per lavoro [*region*]; ***beggars, prostitutes ~ the streets around the station*** mendicanti, prostitute che popolano le strade attorno alla stazione **6** *(consume)* ***to ~ one's way through*** consumare [*amount, quantity*]; ***to ~ one's way through two whole cakes*** sbafarsi due torte **7** *(bring about)* ***to ~ wonders, miracles*** fare meraviglie, miracoli (anche FIG.); ***the landscape started to ~ its magic on me*** il paesaggio cominciò a conquistarmi con la sua magia **8** *(use to one's advantage)* ***to ~ the system*** sfruttare il sistema; ***can you ~ it for me to get tickets?*** riesci a farmi avere dei biglietti? ***how did you manage to ~ it?*** come ci sei riuscito? come sei riuscito a sistemare le cose? ***I've ~ed things so that...*** ho sistemato le cose in modo che... **9** *(fashion)* plasmare, modellare, lavorare [*clay, dough*]; lavorare [*gold, iron*]; ***to ~ sth. to a soft consistency*** lavorare qcs. fino a renderlo soffice; ***to ~ gold into jewellery*** lavorare l'oro per farne dei gioielli **10** *(embroider)* ricamare [*design*] (**into** su); ***to be ~ed in blue silk*** essere ricamata con seta blu **11** *(manoeuvre)* ***to ~ sth. into*** infilare qcs. in [*slot, hole*]; ***to ~ a lever up and down*** azionare una leva **12** *(exercise)* fare lavorare [*muscles, biceps*] **13** *(move)* ***to ~ one's way through*** aprirsi un passaggio tra, farsi largo tra [*crowd*]; ***to ~ one's way along*** avanzare lungo [*ledge, sill*]; ***to ~ one's hands free*** liberarsi le mani; ***to ~ the rope loose*** allentare la corda; ***it ~ed its way loose, it ~ed itself loose*** si è allentato (poco a poco); ***to ~ its way into*** passare, entrare in [*bloodstream, system, food, chain*]; ***start at the top and ~ your way down*** cominciate dall'alto e proseguite verso il basso **II** intr. (pass., p.pass. ANT. LETT. **wrought**) **1** *(engage in activity)* lavorare; ***to ~ at the hospital, the factory*** lavorare in *o* all'ospedale, in *o* nella fabbrica; ***to ~ at home*** lavorare a casa; ***to ~ as a midwife, teacher*** lavorare come ostetrica, come insegnante; ***to ~ for sb.*** lavorare per qcn.; ***to ~ for Grant and Company*** lavorare per Grant and Company; ***to ~ in advertising, publishing*** lavorare nella pubblicità, nell'editoria; ***to ~ with young people*** lavorare con i giovani; ***to ~ for a living*** lavorare per vivere; ***to ~ in oils, watercolours*** [*artist*] dipingere a olio, ad acquerello **2** *(strive)* lottare (**against** contro; **for** per; **to do** per fare); ***to ~ against corruption*** lottare contro la corruzione; ***to ~ towards*** adoperarsi per, lavorare per raggiungere [*solution, agreement, compromise*] **3** *(function)* [*equipment, machine*] funzionare, andare; [*institution, system, heart, brain*] funzionare; ***to ~ on electricity, on gas*** funzionare *o* andare a corrente elettrica, a gas; ***to ~ off the mains*** funzionare a corrente; ***the washing machine isn't ~ing*** la lavatrice non funziona **4** *(act, operate)* ***it doesn't*** o ***things don't ~ like that*** le cose non funzionano così; ***to ~ on the assumption that*** agire col presupposto *o* con l'idea che; ***to ~ in sb.'s favour, to ~ to sb.'s advantage*** giocare, tornare a vantaggio di qcn.; ***to ~ against sb., to ~ to sb.'s disadvantage*** giocare, tornare a sfavore di qcn. **5** *(be successful)* [*treatment*] essere efficace, fare effetto; [*detergent, drug*] agire, essere efficace (**against** contro; **on** su); [*spell*] agire, avere effetto; [*plan, plot*] riuscire; [*argument, hypothesis*] funzionare, reggere, stare in piedi; ***flattery won't ~ with me*** le lusinghe non funzionano con me; ***the adaptation really ~s*** l'adattamento è davvero riuscito; ***I didn't think the novel would ~ as a film*** non credevo che il romanzo funzionasse come film **6** *(move)* [*face, features*] contrarsi **III** rifl. (pass., p.pass. ANT. LETT. **wrought**) **1** *(labour)* ***to ~ oneself too hard*** lavorare troppo *o* sovraffaticarsi; ***to ~ oneself to death*** ammazzarsi di lavoro **2** *(rouse)* ***to ~ oneself into a rage*** andare in collera *o* infuriarsi; ***to ~ oneself into a frenzy*** *(with anger)* dare in smanie *o* escandescenze; *(with hysteria)* diventare isterico ◆ ***to ~ one's way up*** fare carriera, fare strada; ***to ~ one's way up the company*** fare carriera nell'azienda.
■ **work around:** ***~ around to [sth.]*** avvicinarsi a, giungere a toccare [*subject*]; ***it took him ages to ~ around to what he wanted to say*** ci ha messo un mucchio di tempo per dire quello che voleva dire; ***to ~ around to telling sb. sth.*** arrivare a dire qcs. a qcn.; ***~ [sth.] around to to ~ the conversation around to sth.*** portare la conversazione su qcs.

▪ **work in:** *~ in [sth.], ~ [sth.] in* **1** *(incorporate)* inserire [*joke, reference*]; citare, menzionare [*fact, name*] **2** GASTR. incorporare [*ingredient*].

▪ **work off:** *~ [sth.] off, ~ off [sth.]* **1** *(remove)* togliere, staccare [*lid*]; ***to ~ a ring off one's finger*** togliersi un anello dal dito **2** *(repay)* pagare, estinguere lavorando [*loan, debt*] **3** *(get rid of)* eliminare [*excess weight*]; consumare [*excess energy*]; sfogare [*anger, frustration*].

▪ **work on:** *~ on* continuare a lavorare; *~ on [sb.]* influenzare, lavorarsi; *~ on [sth.]* lavorare a [*book, report, project*]; lavorare a, occuparsi di [*case, problem*]; cercare, lavorare per trovare [*cure, solution*]; studiare, esaminare [*idea, theory*]; ***I'm ~ing on a way of doing*** sto cercando un modo di fare; ***"have you found a solution?" - "I'm ~ing on it"*** "hai trovato una soluzione?" - "ci sto lavorando"; ***he's ~ing on his French*** sta lavorando per migliorare il suo francese; ***we've got no clues to ~ on*** non abbiamo alcun indizio su cui lavorare.

▪ **work out:** *~ out* **1** *(exercise)* esercitarsi, allenarsi **2** *(go according to plan)* [*plan, marriage*] funzionare, andare bene; ***I hope things ~ out for them*** spero che le cose gli andranno bene **3** *(add up)* ***to ~ out at*** BE o ***to*** AE [*total, share*] ammontare a, risultare di [*amount, proportion*]; *~ out [sth.], ~ [sth.] out* **1** *(calculate)* calcolare [*average, total*] **2** *(solve)* trovare [*answer, reason, culprit*]; risolvere [*riddle, problem*]; capire, decifrare [*clue*]; ***to ~ out why, when, where*** capire perché, quando, dove; ***to ~ out what sth. means*** capire il significato di qcs. *o* che cosa qcs. significa **3** *(devise)* progettare, elaborare [*plan, scheme*]; studiare [*route*] **4** AMM. ***to ~ out one's notice*** lavorare fino allo scadere del preavviso **5** *(exhaust)* esaurire [*mine, soil*]; *~ [sb.] out* capire; ***I can't ~ her out*** non la capisco.

▪ **work over** COLLOQ. *~ [sb.] over* pestare, riempire [qcn.] di botte.

▪ **work to:** *~ to [sth.]* rispettare, attenersi a [*budget*]; ***to ~ to deadlines*** rispettare le scadenze; ***to ~ to tight deadlines*** avere scadenze rigide.

▪ **work up:** *~ up [sth.]* stimolare [*interest*]; allargare, accrescere [*support*]; ***to ~ up the courage to do*** trovare il coraggio di fare; ***to ~ up some enthusiasm for*** provare entusiasmo per; ***to ~ up an appetite*** farsi venire l'appetito; *~ up to [sth.]* prepararsi a [*announcement, confession, confrontation*]; ***the music is ~ing up to a climax*** la musica sta crescendo per raggiungere l'apoteosi; *~ up [sb.], ~ [sb.] up* **1** *(excite)* eccitare [*child, crowd*]; ***to ~ sb. up into a frenzy*** innervosire, agitare qcn.; ***to ~ sb. up into a rage*** fare inferocire, infuriare qcn. **2** *(annoy)* innervosire; ***to get ~ed up*** innervosirsi; ***to ~ oneself up*** innervosirsi; ***to ~ oneself up into a state*** innervosirsi, agitarsi; ***to get oneself all ~ed up over*** o ***about*** innervosirsi, agitarsi per.

workability /ˌwɜːkəˈbɪlətɪ/ n. praticabilità f., fattibilità f.

workable /ˈwɜːkəbl/ agg. **1** *(feasible)* [*idea, plan, suggestion*] realizzabile, praticabile; [*system*] pratico, funzionale; [*arrangement, compromise*] realizzabile, attuabile, possibile **2** AGR. IND. [*land*] coltivabile; [*mine, quarry*] sfruttabile **3** ING. *(not quick setting)* [*cement*] lavorabile.

workaday /ˈwɜːkədeɪ/ agg. [*matters, life*] quotidiano, di tutti i giorni; [*writing*] noioso, ordinario; ***~ clothes*** abiti ordinari, di tutti i giorni.

workaholic /ˌwɜːkəˈhɒlɪk/ n. COLLOQ. maniaco m. (-a) del lavoro, stacanovista m. e f.

work-bag /ˈwɜːkbæg/, **work-basket** /ˈwɜːkˌbɑːskɪt, AE -ˌbæsk-/ n. cestino m. da lavoro.

workbench /ˈwɜːkbentʃ/ n. banco m. di lavoro.

workbook /ˈwɜːkbʊk/ n. *(blank)* quaderno m.; *(with exercises)* libro m. di esercizi, eserciziario m.

workbox /ˈwɜːkbɒks/ n. *(for tools)* borsa f. degli attrezzi; *(for sewing)* cestino m. da lavoro.

work camp /ˈwɜːkkæmp/ n. campo m. di lavoro.

workday /ˈwɜːkdeɪ/ n. giorno m. feriale, di lavoro; COMM. giornata f. lavorativa.

workdesk /ˈwɜːkdesk/ n. scrivania f., tavolo m. di lavoro.

▶ **worker** /ˈwɜːkə(r)/ **I** n. **1** *(employee) (in manual job)* lavoratore m. (-trice), operaio m. (-a); *(in white-collar job)* impiegato m. (-a); ***agricultural ~*** lavoratore agricolo; ***office ~*** impiegato; ***she's a good ~*** è una gran lavoratrice; ***he's a slow ~*** lavora lentamente **2** *(proletarian)* proletario m. (-a); ***~s' revolution*** rivoluzione proletaria **3** ZOOL. *(ant)* formica f. operaia; *(bee)* ape f. operaia **II** modif. ***~ ant, bee*** formica, ape operaia.

worker director /ˌwɜːkədaɪˈrektə(r)/ n. consigliere m. d'amministrazione rappresentante dei lavoratori.

worker participation /ˌwɜːkəpɑːˌtɪsɪˈpeɪʃn/ n. partecipazione f. operaia (alla gestione), cogestione f. aziendale.

worker-priest /ˈwɜːkəˌpriːst/ n. prete m. operaio.

workers' control /ˈwɜːkəzkənˌtrəʊl/ n. controllo m. dei lavoratori.

work ethic /ˈwɜːkˌeθɪk/ n. etica f. del lavoro.

work experience /ˈwɜːkɪkˌspɪərɪəns/ n. esperienza f. lavorativa.

workfare /ˈwɜːkfeə(r)/ n. BE = politica di assistenza pubblica ai disoccupati che richiede agli assistiti delle prestazioni di lavoro.

workforce /ˈwɜːkfɔːs/ n. + verbo sing. o pl. forza f. lavoro.

work group /ˈwɜːkgruːp/ n. gruppo m. di lavoro.

workhorse /ˈwɜːkhɔːs/ n. AGR. cavallo m. da lavoro; FIG. *(person)* gran lavoratore m. (-trice), stacanovista m. e f.

workhouse /ˈwɜːkhaʊs/ n. **1** BE STOR. ospizio m. di mendicità **2** AE STOR. casa f. di correzione.

work-in /ˈwɜːkɪn/ n. work in m., assemblea f. permanente.

▷ **working** /ˈwɜːkɪŋ/ **I** n. **1** *(functioning)* funzionamento m. **2** *(shaping, preparation)* lavorazione f. (**of** di) **3** *(draft solution)* calcoli m.pl.; ***candidates must show all ~*** i candidati dovranno mostrare tutti i calcoli, tutti i passaggi **4** IND. *(mine)* pozzo m., galleria f. di una miniera; *(quarry)* scavo m. di una cava **II workings** n.pl. meccanismi m., funzionamento m.sing. (anche FIG.); ***the ~s of the human mind*** i meccanismi della mente umana **III** agg. **1** *(professional)* [*parent, woman, mother*] che lavora; [*conditions, environment, methods*] di lavoro; [*breakfast, lunch*] di lavoro; [*day, week*] di lavoro, lavorativo; ***~ population*** popolazione attiva; ***~ life*** vita professionale, vita attiva; ***during ~ hours*** *(in office)* durante l'orario d'ufficio *o* di lavoro; *(in shop)* durante l'orario di apertura; ***the ~ woman*** la donna che lavora *o* la lavoratrice; ***~ mothers*** le madri che lavorano; ***we have a good ~ relationship*** avere buoni rapporti di lavoro *o* di colleganza **2** *(provisional)* [*document, hypothesis*] di lavoro; [*definition*] operativa; [*title*] provvisorio **3** *(functional)* [*model*] che funziona; [*farm, mine*] in funzione; ***to have a ~ knowledge of*** avere una conoscenza pratica di; ***in full ~ order*** in perfette condizioni **4** AMM. [*expenses*] di esercizio, di gestione; [*plant*] attivo; [*ratio*] di liquidità, d'esercizio.

working account /ˌwɜːkɪŋəˈkaʊnt/ n. conto m. di esercizio.

working agreement /ˌwɜːkɪŋəˈgriːmənt/ n. modus m. vivendi, intesa f. operativa.

working balance /ˌwɜːkɪŋˈbæləns/ n. saldo m. di funzionamento.

working capital /ˌwɜːkɪŋˈkæpɪtl/ n. capitale m. netto di esercizio, capitale m. circolante netto.

▷ **working class** /ˌwɜːkɪŋˈklɑːs, AE -ˈklæs/ **I** n. classe f. operaia; ***the ~es*** le classi lavoratrici **II** agg. [*area*] popolare; [*background, family*] operaio; [*life*] da operaio; [*culture, London*] operaio, proletario; [*person*] della classe operaia, appartenente alla classe operaia; ***~ childhood*** infanzia trascorsa in ambiente operaio.

working day /ˈwɜːkɪŋdeɪ/ n. giornata f. lavorativa, giorno m. feriale.

working dog /ˈwɜːkɪŋdɒg, AE -dɔːg/ n. cane m. di utilità.

working drawing /ˌwɜːkɪŋˈdrɔːɪŋ/ n. disegno m. costruttivo (in scala).

working girl /ˈwɜːkɪŋˌgɜːl/ n. **1** ANT. donna f., ragazza f. che lavora **2** EUFEM. *(prostitute)* passeggiatrice f., prostituta f.

working group /ˈwɜːkɪŋgruːp/ n. gruppo m. di lavoro.

working majority /ˌwɜːkɪŋməˈdʒɒrətɪ, AE -ˈdʒɔːr-/ n. POL. maggioranza f. sufficiente.

working-over /ˌwɜːkɪŋˈəʊvə(r)/ n. COLLOQ. botte f.pl.; ***to give sb. a ~*** pestare qcn., riempire qcn. di botte.

working party /ˈwɜːkɪŋˌpɑːtɪ/ n. **1** AMM. gruppo m. di lavoro, commissione f. di studio **2** MIL. squadra f., drappello m.

working substance /ˈwɜːkɪŋˌsʌbstəns/ n. = sostanza che opera in un processo.

working week /ˌwɜːkɪŋˈwiːk/ n. settimana f. lavorativa.

workload /ˈwɜːkləʊd/ n. carico m. di lavoro; ***to have a light, heavy ~*** avere un carico di lavoro leggero, pesante; ***to reduce, increase sb.'s ~*** ridurre, aumentare il carico di lavoro di qcn.

workman /ˈwɜːkmən/ n. (pl. **-men**) operaio m., lavoratore m. ◆ ***a bad ~ blames his tools*** = i cattivi operai danno sempre colpa agli arnesi.

workmanlike /ˈwɜːkmənlaɪk/ agg. **1** *(effective)* [*job, repair*] benfatto, accurato, a regola d'arte **2** SPREG. *(uninspired)* [*performance, effort*] scialbo, senza entusiasmo.

workmanship /ˈwɜːkmənʃɪp/ n. *(skill)* abilità f., abilità f. tecnica; *(execution)* esecuzione f., realizzazione f.; ***that's a fine piece of ~*** è un lavoro fatto bene *o* con abilità; ***a company famous for sound ~*** una ditta famosa per la fattura dei suoi prodotti.

workmate /ˈwɜːkmeɪt/ n. compagno m. (-a) di lavoro, collega m. e f. di lavoro.

workmen /ˈwɜːkmen/ → **workman.**

work of art /ˌwɜːkəvˈɑːt/ n. opera f. d'arte.

workout /ˈwɜːkaʊt/ n. allenamento m., esercizio m.

workpack /ˈwɜːkpæk/ n. = cartellina contenente materiale utile per un seminario, una conferenza ecc.
workpeople /ˈwɜːkpiːpl/ n.pl. operai m.
work permit /ˈwɜːkˌpɜːmɪt/ n. permesso m. di lavoro.
▷ **workplace** /ˈwɜːkpleɪs/ **I** n. posto m., luogo m. di lavoro **II** modif. [*crèche, nursery*] aziendale; **~ pressures** tensioni sul luogo di lavoro.
work prospects /ˈwɜːkˌprɒspekts/ n.pl. prospettive f. di lavoro.
workroom /ˈwɜːkruːm, -rʊm/ n. laboratorio m., stanza f. da lavoro.
works committee /ˈwɜːkskəˌmɪtɪ/, **works council** /ˈwɜːksˌkaʊnsl/ n. BE IND. consiglio m. di fabbrica, d'azienda.
work-shadowing /ˈwɜːkˌʃædəʊɪŋ/ n. = periodo di formazione professionale consistente nell'affiancarsi a una persona esperta.
work-sharing /ˈwɜːkʃeərɪŋ/ n. suddivisione f. del lavoro.
worksheet /ˈwɜːkʃiːt/ n. **1** IND. foglio m. di lavorazione **2** SCOL. foglio m. con gli esercizi.
workshop /ˈwɜːkʃɒp/ n. **1** IND. officina f., laboratorio m., bottega f. **2** *(training session)* seminario m., gruppo m. di lavoro, workshop m. (**on** su); ***drama ~*** laboratorio teatrale.
workshy /ˈwɜːkʃaɪ/ agg. SPREG. pigro, sfaticato, senza voglia di lavorare.
works manager /ˈwɜːksˌmænɪdʒə(r)/ ➧ ***27*** n. direttore m. (-trice) di stabilimento.
workspace /ˈwɜːkspeɪs/ n. INFORM. spazio m. di lavoro.
work station /ˈwɜːkˌsteɪʃn/ n. INFORM. workstation f., stazione f. di lavoro.
work study /ˈwɜːkˌstʌdɪ/ n. studio m. dell'organizzazione del lavoro.
work surface /ˈwɜːkˌsɜːfɪs/ n. piano m. di lavoro.
worktable /ˈwɜːkteɪbl/ n. tavolo m. da lavoro.
worktop /ˈwɜːktɒp/ n. piano m. di lavoro.
work-to-rule /ˌwɜːktəˈruːl/ n. sciopero m. bianco.
workwear /ˈwɜːkweə(r)/ n. indumenti m.pl. da lavoro.
work week /ˈwɜːkwiːk/ n. AE settimana f. lavorativa.
work-worn /ˈwɜːkwɔːn/ agg. consumato dal lavoro.
▶ **world** /wɜːld/ **I** n. **1** *(planet)* mondo m., terra f., pianeta m.; ***the whole ~*** tutto il mondo; ***throughout the ~*** in tutto il mondo; ***to go round the ~*** fare il giro del mondo; ***the biggest, smallest in the ~*** il più grande, il più piccolo del mondo; ***no-one in the ~*** nessuno al mondo; ***more than anything in the ~*** più di qualsiasi cosa al mondo; ***this ~ and the next*** il mondo terreno e l'altro mondo *o* l'aldiquà e l'aldilà; ***the things of this ~*** le cose di questo mondo; ***the next*** o ***other ~*** l'altro mondo *o* l'aldilà; ***"~ without end"*** RELIG. "per tutti i secoli dei secoli", "nei secoli dei secoli"; ***to lead the ~ in electronics*** essere il leader mondiale dell'elettronica; ***to bring sb. into the ~*** [*mother*] mettere qcn. al mondo, dare alla luce qcn.; [*doctor, midwife*] fare nascere qcn.; ***to come into the ~*** [*baby*] venire al mondo, nascere **2** *(group of people)* mondo m.; ***the art, business, medical ~*** il mondo dell'arte, degli affari, della medicina; ***the ~ of politics, music*** il mondo della politica, della musica; ***the whole ~ knows, is against me*** tutto il mondo lo sa, è contro di me; ***who cares what the ~ thinks?*** che mi importa di cosa pensa il mondo? ***to make one's way in the ~*** farsi strada nel mondo; ***in the eyes of the ~*** agli occhi del mondo; ***to go up in the ~*** fare strada; ***to go down in the ~*** decadere *o* cadere in basso; ***for all the ~ to see*** sotto gli occhi di tutti; ***the outside ~*** il mondo esterno; ***the ~ in general*** il mondo (in generale) **3** *(section of the earth)* mondo m., paesi m.pl., nazioni f.pl.; ***the Eastern, Western ~*** i paesi dell'est, occidentali *o* il mondo dell'est, occidentale; ***the developed ~*** i paesi sviluppati **4** *(person's environment)* mondo m.; ***the ~ of the child*** il mondo del bambino; ***his death has shattered her ~*** la sua morte ha distrutto il suo mondo; ***he lives in a ~ of his own*** o ***a private ~*** vive in un mondo a parte *o* a sé **II** modif. [*agenda, climate, market, leader, politics, proportions, scale*] mondiale; [*events, prices, rights*] nel mondo; [*record, tour, championship*] mondiale, del mondo; [*cruise*] attorno al mondo ◆ ***(all) the ~ and his wife*** SCHERZ. (proprio) tutti; ***a ~ away from sth.*** lontano un mondo da qcs.; ***to be all the ~ to sb.*** essere tutto per qcn.; ***to be on top of the ~*** essere al settimo cielo; ***for all the ~ like*** tale e quale, identico; ***for all the ~ as if*** proprio come se; ***he's one of the Rasputins, Don Juans of this ~*** è proprio un Rasputin, un Don Giovanni *o* è un vero e proprio Rasputin, un vero e proprio Don Giovanni; ***the Pauls, Annes of this ~*** tutti i Paolo, le Anna; ***how in the ~ did you know?*** come diavolo facevi a saperlo? ***to get the best of both ~s*** ottenere il meglio da due situazioni; ***he wants to get the best of both ~s*** vuole la botte piena e la moglie ubriaca; ***I'd give the ~ to...*** darei qualsiasi cosa per...; ***it's a small ~!*** com'è piccolo il mondo! ***it's not the end of the ~!*** non è la fine del mondo! ***a man, woman of the ~*** un uomo, una donna di mondo; ***not for (all) the ~*** non per tutto l'oro del mondo; ***out of this ~*** favoloso, straordinario; ***that's the way of the ~*** così va il mondo; ***the ~'s worst cook, correspondent*** il peggior cuoco, corrispondente del mondo; ***the ~, the flesh and the devil*** le tentazioni del mondo, della carne e del diavolo; ***there's a ~ of difference*** c'è un'enorme differenza; ***it did him, them the*** o ***a ~ of good*** ha fatto a lui, a loro un gran bene; ***to have the ~ at one's feet*** avere il mondo ai propri piedi; ***to set the ~ on fire*** avere un successo enorme, sfondare; ***to think the ~ of sb.*** ammirare tantissimo qcn.; ***you think the ~ owes you a living*** pensi che tutto ti sia dovuto; ***to watch the ~ go by*** guardare il mondo affannarsi; ***what, where, who etc. in the ~?*** che, dove, chi ecc. diavolo? ***with the best will in the ~*** con tutta la propria buona volontà *o* con tutta la buona volontà del mondo; ***~s apart*** agli antipodi, agli estremi opposti; ***the two sides are ~s apart*** le due parti sono agli antipodi; ***the ~ is your oyster*** il mondo è tuo.
World Bank /ˌwɜːldˈbæŋk/ n. Banca f. Mondiale.
World Bank Group /ˌwɜːldˈbænkˌɡruːp/ n. Gruppo m. della Banca Mondiale.
world-beater /ˈwɜːldˌbiːtə(r)/ n. *(person)* fuoriclasse m. e f., campione m. (-essa); *(product)* leader m. del mercato (mondiale).
world-beating /ˈwɜːldˌbiːtɪŋ/ agg. vincente, strepitoso.
world-class /ˌwɜːldˈklɑːs, AE -ˈklæs/ agg. di livello internazionale, mondiale.
World Council of Churches /ˌwɜːldˌkaʊnsləvˈtʃɜːtʃɪz/ n. Consiglio m. Ecumenico delle Chiese.
World Cup /ˌwɜːldˈkʌp/ n. *(in football)* Coppa f. del Mondo, Campionato m. Mondiale.
world English /ˌwɜːldˈɪŋɡlɪʃ/ n. **1** = l'inglese standard utilizzato in tutti i paesi anglofoni e come lingua internazionale **2** = l'insieme di tutte le varietà di inglese parlate nel mondo.
World Fair /ˌwɜːldˈfeə(r)/ n. Esposizione f. Universale.
world-famous /ˌwɜːldˈfeɪməs/ agg. di fama mondiale, famoso nel mondo.
World Health Organization /ˌwɜːldˈhelθɔːɡənaɪˌzeɪʃn, AE -nɪˌz-/ n. Organizzazione f. Mondiale della Sanità.
world language /ˌwɜːldˈlæŋɡwɪdʒ/ n. lingua f. universale.
world leader /ˌwɜːldˈliːdə(r)/ n. **1** POL. capo m. di stato (di potenza mondiale), leader m. mondiale **2** SPORT *(best in the world)* leader m. e f. delle classifiche mondiali, campione m. (-essa) del mondo; COMM. *(company)* leader m. mondiale; ***this company, country is (a) ~ in the field of information technology*** questa ditta, nazione è leader mondiale nell'informatica.
world-line /ˈwɜːldlaɪn/ n. FIS. linea f. di mondo.
worldliness /ˈwɜːdlɪnɪs/ n. mondanità f.
worldling /ˈwɜːldlɪŋ/ n. persona f. mondana, dedita ai piaceri.
worldly /ˈwɜːldlɪ/ agg. **1** *(not spiritual)* terreno, materiale (anche RELIG.); ***~ goods*** beni terreni; ***~ wisdom*** conoscenza delle cose del mondo, accortezza **2** SPREG. *(materialistic)* materialista, mondano.
wordly-minded /ˌwɜːldlɪˈmaɪndɪd/ agg. attaccato alle cose terrene.
worldly-wise /ˌwɜːldlɪˈwaɪz/ agg. esperto, che conosce le cose del mondo.
World Music /ˈwɜːldˌmjuːzɪk/ n. world music f.
world power /ˌwɜːldˈpaʊə(r)/ n. POL. potenza f. mondiale.
World Series /ˌwɜːldˈsɪəriːz/ n. US = il massimo campionato americano di baseball.
World Service /ˌwɜːldˈsɜːvɪs/ n. BE = divisione della BBC che trasmette programmi, soprattutto notiziari, in tutto il mondo.
world shaking /ˈwɜːldˌʃeɪkɪŋ/ agg. che ha risonanza mondiale.
▷ **worldview** /ˈwɜːldvjuː/ n. visione f. del mondo.
▷ **world war** /ˌwɜːldˈwɔː(r)/ n. guerra f. mondiale; ***World War I, II, the First, Second World War*** la prima, la seconda guerra mondiale.
world-weariness /ˈwɜːldˌwɪərɪnɪs/ n. stanchezza f. delle cose del mondo.
world-weary /ˈwɜːldˌwɪərɪ/ agg. stanco del mondo, della vita.
world(-)wide /ˌwɜːldˈwaɪd/ **I** agg. mondiale **II** avv. in tutto il mondo, su scala mondiale.
▷ **1.worm** /wɜːm/ n. **1** verme m.; *(grub)* bruco m. **2** MED. VETER. verme m. (parassita); ***to have, get ~s*** avere i vermi, avere l'elmintiasi; ***a dog with ~s*** un cane che ha i vermi **3** COLLOQ. *(wretch)* verme m. **4** INFORM. *(virus)* = tipo di virus **5** TECN. vite f. senza fine ◆ ***the ~ has turned*** la pazienza è finita *o* le cose sono cambiate adesso; ***the ~ in the bud*** la mela marcia; ***a can of ~s*** un bel po' di marciume.
▷ **2.worm** /wɜːm/ tr. **1** MED. VETER. liberare dai vermi, dare un vermifugo a [*person, animal*] **2** *(wriggle)* ***to ~ one's way*** farsi strada strisciando, insinuarsi (**along** lungo; **through** tra, attraverso); FIG. insinuarsi (**into** in); ***to ~ one's way into sb.'s affections*** conquistarsi le simpatie di qcn.

■ **worm out:** ~ ***[sth.] out*** cavare, estorcere [*truth, facts*] (**of sb.** a qcn.).

WORM n. INFORM. (⇒ write-once read many times scrivi una volta leggi molte volte) WORM m.

worm-eaten /ˈwɜːmˌiːtn/ agg. [*fruit*] bacato; [*wood*] tarlato.

worm gear /ˈwɜːmgɪə(r)/ n. ingranaggio m. a vite.

wormhole /ˈwɜːmhəʊl/ n. *(in fruit, plant)* foro m. di verme; *(in wood)* foro m. di tarlo, tarlatura f.

worm-holed /ˈwɜːmhəʊld/ agg. → **worm-eaten**.

worm-powder /ˈwɜːmˌpaʊdə(r)/ n. vermifugo m.

wormseed /ˈwɜːmsiːd/ n. **1** *(plant)* tè m. del Messico **2** FARM. artemisina f., santonina f.

worm's eye view /ˌwɜːmzaɪˈvjuː/ n. FOT. ripresa f. dal basso; FIG. SCHERZ. punto m. di vista dell'uomo della strada.

wormwood /ˈwɜːmwʊd/ n. assenzio m.

wormy /ˈwɜːmɪ/ agg. **1** *(full of worms)* [*soil*] pieno di vermi; [*wood*] tarlato; [*fruit*] bacato **2** AE *(grovelling)* [*person*] strisciante, servile.

worn /wɔːn/ **I** p.pass. → **2.wear II** agg. [*carpet*] logoro, consunto; [*clothing, shoe, tyre*] logoro, consumato; [*façade, stone*] rovinato; [*tread*] liso, consunto.

worn-out /ˌwɔːnˈaʊt/ agg. **1** [*carpet*] logoro, consunto; [*brake*] consumato **2** *(exhausted)* [*person*] esausto, sfinito.

▷ **worried** /ˈwʌrɪd/ **I** p.pass. → **2.worry II** agg. preoccupato, inquieto, turbato; ***to be ~*** essere preoccupato; ***to look ~*** avere l'aria preoccupata *o* sembrare preoccupato; ***to be ~ about sb., sth.*** essere preoccupato per qcn., qcs.; ***to be ~ about doing*** avere timore di fare; ***to be ~ that*** avere timore *o* paura che, essere preoccupato all'idea che; ***there's no need to be ~*** non è il caso di preoccuparsi.

worriedly /ˈwʌrɪdlɪ/ avv. in modo preoccupato.

worrier /ˈwʌrɪə(r)/ n. persona f. ansiosa, apprensiva; ***don't be such a ~!*** non essere così ansioso!

worriment /ˈwʌrɪmənt/ n. AE ANT. preoccupazione f., inquietudine f., tormento m.

worrisome /ˈwʌrɪsəm/ agg. [*matter, situation*] preoccupante; [*person*] che dà preoccupazioni.

worrit /ˈwʌrɪt/ COLLOQ. ANT. → **1.worry, 2.worry**.

▶ **1.worry** /ˈwʌrɪ/ n. **1 U** *(anxiety)* preoccupazione f., ansia f., inquietudine f. (**about, over** per); ***her disappearance caused him a lot of ~*** la sua scomparsa gli ha causato molte preoccupazioni **2** *(problem)* preoccupazione f., problema m., guaio m. (**about, over** riguardo a); ***to have financial worries*** avere preoccupazioni dal punto di vista finanziario; ***that's the least of my worries*** è l'ultima delle mie preoccupazioni; ***my only, main ~ is that*** la mia unica *o* principale preoccupazione è che; ***he's a ~ to his parents*** dà molte preoccupazioni ai suoi genitori.

▶ **2.worry** /ˈwʌrɪ/ **I** tr. **1** *(concern)* [*fact, rumour*] preoccupare [*person*]; ***I ~ that*** la mia preoccupazione è che *o* temo che; ***it worries me that*** mi preoccupa che; ***it worried him that he couldn't find the keys*** lo preoccupava non trovare le chiavi **2** *(alarm)* allarmare, turbare [*person*]; ***I don't want to ~ you, but*** non voglio allarmarti ma **3** *(bother)* infastidire, seccare, scocciare [*person*]; ***would it ~ you if I opened the window?*** le darebbe fastidio se aprissi la finestra? **4** *(chase)* [*dog*] non lasciare in pace [*sheep*] **5** *(toss about)* [*cat, dog*] tenere tra i denti (scuotendo) **II** intr. *(be anxious)* preoccuparsi, essere in ansia, tormentarsi; ***to ~ about*** o ***over sth., sb.*** preoccuparsi per qcs., qcn.; ***to ~ about doing*** avere timore di fare; ***I ~ for his sanity sometimes*** a volte mi preoccupo per la sua salute mentale; ***there's nothing to ~ about*** non c'è nulla di cui preoccuparsi; ***not to ~, I'll get a taxi*** non preoccuparti, chiamo un taxi; ***don't ~ about me, I'm OK*** non preoccupatevi per me, sto bene; ***he'll be punished, don't you ~!*** sarà punito, puoi starne certo! ***he said it's nothing to ~ about*** dice che non è nulla di cui preoccuparsi **III** rifl. ***to ~ oneself*** preoccuparsi, essere in ansia (**about sb., sth.** per qcn., qcs.); ***to ~ oneself sick over sth.*** preoccuparsi da morire per qcs.

■ **worry at:** ~ ***at [sth.]*** [*dog*] azzannare, tenere tra i denti [*toy*]; FIG. [*person*] tentare e ritentare di risolvere [*problem*].

worry beads /ˈwʌrɪbiːdz/ n.pl. = sorta di collana di grani che viene fatta scorrere tra le dita per alleviare lo stress o la tensione.

▷ **worrying** /ˈwʌrɪɪŋ/ **I** n. ***all this ~ is making you ill*** tutte queste preoccupazioni ti stanno facendo ammalare; ***stop your ~!*** smetti di preoccuparti! **II** agg. preoccupante; ***the ~ thing is that*** la cosa preoccupante è che.

worryingly /ˈwʌrɪɪŋlɪ/ avv. in modo preoccupante.

worry line /ˈwʌrɪlaɪn/ n. ruga f. (causata dalle preoccupazioni).

worrywart /ˈwʌrɪwɔːt/ n. AE COLLOQ. = persona che si preoccupa eccessivamente, che si aspetta sempre il peggio.

▶ **1.worse** /wɜːs/ **I** agg. (compar. di **1.bad**) **1** *(more unsatisfactory, unpleasant)* peggiore, peggio; ***the next day was ~*** il giorno dopo fu peggio; ***there's nothing ~ than*** non c'è niente di peggio di, che; ***there's only one thing ~ than*** c'è una sola cosa peggiore di, che; ***they're ~ than children!*** sono peggio dei bambini! ***she can't be ~ than her predecessor*** non può essere peggiore del suo predecessore; ***you're ~ for encouraging them to lie!*** tu sei anche peggio perché li spingi a mentire! ***he got ~ as the years went on*** peggiorò col passare degli anni; ***the regime is no ~ than that in many other countries*** il regime non è peggiore che in altri paesi; ***there are ~ things in life than losing sleep*** c'è di peggio nella vita che perdere il sonno; ***the noise is ~*** il rumore è più alto, peggiore; ***to get ~*** [*pressure, noise*] aumentare, peggiorare; [*conditions, weather*] peggiorare; ***"you missed the bus" - "yes, ~ luck!"*** "hai perso l'autobus" - "già, che scalogna!" **2** *(more serious, severe)* peggiore, peggio (**than** di, che); ***it looks ~ than it is!*** sembra peggio di quanto lo sia in realtà! ***the situation is even ~ now, is ~ than ever*** la situazione è anche peggio ora, va peggio che mai; ***it could have been ~*** avrebbe potuto *o* poteva essere peggio; ***it couldn't be ~!*** non potrebbe essere peggiore! ***and what is ~, she doesn't care*** e il peggio è che non gliene importa; ***to go from bad to ~*** andare di male in peggio; ***to get ~ (and ~)*** [*illness, conflict*] peggiorare (sempre di più), aggravarsi (di continuo); [*patient*] peggiorare (sempre di più), andare sempre peggio; ***to be made ~*** essere peggiorato *o* aggravato (**by** da); ***you'll only make things*** o ***it ~!*** non farai che peggiorare le cose! ***and to make matters ~, he lied*** e per peggiorare le cose, ha mentito **3** *(of lower standard)* peggiore, peggio (**than** di, che); ***the film is ~ than the book*** il film è peggiore del libro; ***this essay is bad but his is even ~*** questo tema è brutto, ma il suo è anche peggio; ***~ than usual*** peggiore *o* peggio del solito; ***to be even ~ at languages*** andare ancora peggio con le lingue **4** *(more unwell, unhappy)* ***he's getting ~*** sta peggiorando; ***the cough is getting ~*** la tosse sta peggiorando; ***to feel ~*** *(more ill)* sentirsi peggio; *(more unhappy)* sentirsi peggio, più infelice; ***his death made me feel ~*** la sua morte mi ha fatto sentire peggio; ***the more you move about, the ~ it gets*** più ti muovi e peggio è; ***he is none the ~ for the experience*** non ha (per nulla) risentito dell'esperienza; ***it was a hard life but they're none the ~ for it*** è stata una vita difficile, ma non ne hanno risentito; ***so much the ~ for them!*** tanto peggio per loro! **5** *(more inappropriate)* ***he couldn't have chosen a ~ place to meet*** non avrebbe potuto scegliere un posto peggiore per incontrarci; ***the decision couldn't have come at a ~ time*** la decisione non sarebbe potuta arrivare in un momento peggiore **II** n. ***there is ~ to come*** il peggio deve ancora venire; ***~ was to follow*** il peggio doveva ancora venire; ***to change for the ~*** cambiare in peggio; ***things took a turn for the ~*** le cose presero una brutta piega; ***it could mean prison or ~*** ciò potrebbe voler dire l'arresto o peggio.

▶ **2.worse** /wɜːs/ avv. (compar. di **badly**) **1** *(more unsatisfactorily, incompetently)* peggio (**than** di, che); ***he plays the piano ~ than you!*** suona il piano peggio di te! ***to behave ~*** comportarsi peggio; ***you could do ~ than take early retirement*** c'è di peggio che andare in prepensionamento; ***she could do ~ than follow his example*** non sarebbe poi così male se seguisse il suo esempio **2** *(more seriously, severely)* [*cough, bleed, vomit*] di più; ***~ still, there are signs of unrest*** peggio ancora, ci sono segnali di inquietudine; ***she could complain or ~, report you to the police*** potrebbe lamentarsi o, peggio, denunciarti alla polizia.

worsen /ˈwɜːsn/ **I** tr. peggiorare, aggravare [*situation, problem*] **II** intr. [*condition, situation, problem, flooding*] peggiorare, aggravarsi; [*health, weather*] peggiorare; [*crisis, shortage*] aggravarsi.

worsening /ˈwɜːsnɪŋ/ **I** n. peggioramento m. (**of** di) **II** agg. [*situation, problem*] che sta peggiorando, che si sta aggravando; [*shortage*] che si sta aggravando.

worse off /wɜːsˈɒf, AE -ˈɔːf/ agg. **1** *(less wealthy)* ***to be ~*** essere più povero *o* avere meno denaro *o* stare peggio (**than** di); ***to end up ~*** finire con l'essere più povero; ***we're no ~ now than before the recession*** non stiamo peggio di prima della recessione; ***I'm £ 10 a week ~*** ho, guadagno dieci sterline in meno alla settimana **2** *(in a worse situation)* ***to be ~*** stare peggio *o* essere in una situazione peggiore; ***to be no ~ without sth.*** non stare peggio senza qcs., cavarsela bene (lo stesso) senza qcs.

▷ **1.worship** /ˈwɜːʃɪp/ **I** n. **1** *(veneration)* venerazione f., adorazione f.; RELIG. culto m.; ***nature, ancestor ~*** culto della natura, degli antenati; ***that car has become an object of ~ for her*** quella macchina è diventata un oggetto di culto per lei **2** *(religious practice)* culto m., servizio m. religioso; ***public ~ is forbidden*** il culto pubblico è vietato; ***freedom of ~*** libertà di culto; ***place of ~*** luogo di culto; ***an act of ~*** un atto di devozione; ***a service of divine ~*** un servizio religioso, divino; ***hours of ~*** *(Christian, Jewish)* orario delle funzioni; *(Moslem)* ore della preghiera **II Worship** ♦ ***9*** n.pr.

BE *(for judge)* Vostro Onore; ***his Worship the mayor*** Sua Eccellenza il Sindaco.

▷ **2.worship** /ˈwɜːʃɪp/ **I** tr. (forma in -ing ecc. **-pp-**) **1** RELIG. *(venerate)* adorare, venerare [*Buddha, God*]; *(give praise)* rendere lode a **2** *(idolize)* idolatrare, venerare [*person*]; FIG. idolatrare [*animal, person*]; ***to ~ money, fame*** idolatrare il denaro, la fama **II** intr. (forma in -ing ecc. **-pp-**) essere praticante; ***to ~ at the altar of*** innalzare lodi a, idolatrare [*money, fame*] ◆ ***to ~ the ground sb. walks*** o ***treads on*** baciare la terra su cui qcn. cammina.

worshipful /ˈwɜːʃɪpfəl/ agg. **1** *(respectful)* eccellente, onorevole **2** BE STOR. [*company, guild*] onorevole **3** *(in freemasonry)* ***Worshipful Master*** Maestro Venerabile.

worshipfully /ˈwɜːʃɪpfəlɪ/ avv. **1** con adorazione, con idolatria **2** ANT. onorevolmente.

worshipfulness /ˈwɜːʃɪpfəlnɪs/ n. venerabilità f.

worshipper /ˈwɜːʃɪpə(r)/ n. *(in established religion)* fedele m. e f.; *(in nonestablished religion)* adoratore m. (-trice), veneratore m. (-trice); ***to be a nature ~*** essere dedito al culto della natura *o* adorare la natura.

▶ **1.worst** /wɜːst/ **I** agg. (superl. di **1.bad**) **1** *(most unsatisfactory, unpleasant)* peggiore; ***the ~ book I've ever read*** il peggior libro che abbia mai letto *o* il libro più brutto che abbia mai letto; ***it's the ~ meal we've ever eaten*** è il peggior pasto che abbiamo mai mangiato; ***hypocrites of the ~ kind*** ipocriti della peggior specie; ***the ~ thing about the film, about being blind is*** la cosa peggiore del film, nell'essere ciechi è; ***the ~ thing about him is his temper*** la cosa peggiore in lui è il carattere; ***and the ~ thing about it is (that)*** e ciò che è peggio è (che) **2** *(most serious)* peggiore, più grave; ***the ~ air disaster in the last few years*** il più grave disastro aereo negli ultimi anni; ***one of the ~ recessions*** una delle più gravi *o* peggiori recessioni; ***one of the ~ things anyone has ever done*** una delle cose più gravi che qualcuno abbia mai fatto; ***the ~ mistake you could have made*** l'errore più grave che si potesse fare; ***the ~ victims were children*** i più colpiti furono i bambini **3** *(most inappropriate)* peggiore, meno adatto; ***the ~ possible place to do*** il peggiore posto possibile per fare *o* il posto meno adatto per fare; ***the ~ possible environment for a child*** il peggiore ambiente possibile per un bambino; ***she rang at the ~ possible time*** telefonò nel momento peggiore; ***the ~ thing (to do) would be to ignore it*** la cosa peggiore sarebbe ignorarlo; ***it would be ~ if they forgot*** il peggio sarebbe che si dimenticassero; ***it's the ~ thing you could have said!*** è la cosa peggiore che avresti potuto dire! **4** *(of the poorest standard)* peggiore; ***the ~ hotel in town*** il peggiore hotel della città; ***the world's ~ chef*** il peggior cuoco del mondo **II** n. **1** *(most difficult, unpleasant)* ***the ~*** il peggiore, la peggiore; ***the storm was one of the ~ in recent years*** è stata una delle tempeste più violente degli ultimi anni; ***last year was the ~ for strikes*** per quanto riguarda gli scioperi l'anno scorso è stato il peggiore; ***they're the ~ of all*** *(people)* sono i peggiori (di tutti); *(things, problems, ideas)* è ciò che c'è di peggio; ***wasps are the ~ of all*** le vespe sono ciò che c'è di peggio; ***he's not the ~*** non è il peggiore *o* ce ne sono di peggiori; ***we're over the ~ now*** adesso il peggio è passato; ***the ~ was yet to come*** il peggio doveva ancora venire; ***the ~ of it is, there's no solution*** la cosa peggiore è che non c'è soluzione; ***to get the ~ of all, both worlds*** prendere il peggio di entrambi; ***that's the ~ of waiting till the last minute*** questo è il brutto di aspettare fino all'ultimo minuto; ***during the ~ of the riots, of the recession*** nel momento più critico degli scontri, della recessione; ***the ~ of the heat is over*** il caldo peggiore è passato; ***we escaped the ~ of the tremors*** siamo sfuggiti alle scosse più violente; ***do your ~!*** fa' pure quello che ti pare! ***let them do their ~!*** che facciano pure tutto quello che vogliono! **2** *(expressing the most pessimistic outlook)* ***the ~*** il peggio; ***to fear the ~*** temere il peggio; ***to expect the ~*** aspettarsi il peggio; ***to think the ~ of sb.*** avere una pessima opinione di qcn.; ***the ~ that can happen is that*** il peggio che possa accadere è che; ***if the ~ were to happen, if the ~ came to the ~*** *(in serious circumstances)* nel peggiore dei casi, nel caso peggiore; *(involving fatality, death)* se il peggio dovesse succedere; ***at ~*** alla peggio *o* nella peggiore delle ipotesi; ***at best neutral, at ~ hostile*** nel migliore dei casi neutrale, nel peggiore ostile **3** *(most unbearable)* ***to be at its ~*** [*relationship, development, tendency, economic situation*] essere nel peggior stato possibile *o* essere nel momento peggiore; ***when things were at their ~*** quando le cose andavano malissimo *o* erano nel momento peggiore; ***at its ~, the noise could be heard everywhere*** quando raggiungeva il suo massimo, il rumore si sentiva ovunque; ***when the heat is at its ~*** quando il calore raggiunge il suo massimo; ***this is media hype at its ~*** COLLOQ. è pubblicità martellante nella sua forma peggiore; ***these are fanatics at their ~*** sono fanatici della peggior specie; ***when you see people at their ~*** quando vedi le persone nel loro momento peggiore *o* nelle condizioni peggiori; ***I'm at my ~ in the morning*** *(in temper)* è di mattina che sono più di cattivo umore; ***at her ~ she's totally unbearable*** quando è di pessimo umore è assolutamente intrattabile **4** *(most negative trait)* ***to exploit the ~ in people*** sfruttare il peggio delle persone; ***to bring out the ~ in sb.*** tirare fuori il peggio di qcn. **5** *(of the lowest standard, quality)* ***the ~*** il peggio; ***they're the ~ in the group*** sono i peggiori del gruppo; ***he's one of the ~*** è uno dei peggiori; ***the country's economic record is one of the ~ in Europe*** il bilancio del paese è uno dei peggiori in Europa; ***the film is certainly not her ~*** non è certamente il suo film peggiore; ***to be the ~ at French, rugby*** essere il peggiore in francese, nel rugby; ***she must be the world's ~ at cooking*** deve essere la peggiore cuoca del mondo *o* in fatto di cucina deve essere quanto c'è di peggio al mondo.

▶ **2.worst** /wɜːst/ avv. ***the children suffer (the) ~*** sono i bambini che soffrono di più; ***they were (the) ~ affected*** o ***hit by the strike*** sono quelli che hanno subito i disagi più gravi a causa dello sciopero; ***to smell the ~*** puzzare di più; ***to come off ~*** avere la peggio; ***the ~-behaved child he'd ever met*** il bambino più maleducato che avesse mai incontrato; ***~ of all,...*** e quel che è peggio....; ***they did (the) ~ of all the group in the exam*** nel loro gruppo d'esame sono quelli che hanno fatto peggio.

3.worst /wɜːst/ tr. FORM. ***to be ~ed*** essere battuto, sconfitto (**by** da).

worsted /ˈwʊstɪd/ **I** n. pettinato m. di lana, tessuto m. di lana pettinata **II** modif. [*trousers, jacket*] di lana pettinata.

worst-off /wɜːstˈɒf, AE -ˈɔːf/ agg. (il) meno abbiente, (il) più povero; ***the ~ groups in society*** gli strati più poveri della società.

1.wort /wɜːt/ n. ANT. *(plant)* pianta f., erba f.

2.wort /wɜːt/ n. *(infusion of ground malt)* mosto m. di malto.

▶ **1.worth** /wɜːθ/ **I** n. **U 1** ECON. *(measure, quantity)* ***five, a hundred pounds' ~ of sth.*** qcs. per un valore di cinque, cento sterline *o* cinque, cento sterline di qcs.; ***thousands of pounds' ~ of damage*** danni per migliaia di sterline; ***a day's ~ of fuel*** combustibile sufficiente per un giorno; ***a week's ~ of supplies*** le scorte di una settimana *o* le scorte sufficienti per una settimana; ***to get one's money's ~*** spendere bene il proprio denaro **2** *(value, usefulness)* *(of object, person)* valore m.; ***what's its precise ~?*** qual è il suo valore preciso? ***of great ~*** di grande valore; ***of little ~*** di poco *o* scarso valore; ***of no ~*** di nessun valore *o* senza valore; ***people of ~ in the community*** le persone di valore *o* merito della comunità; ***what is its ~ in pounds?*** qual è il suo valore in sterline? quant'è in sterline? ***to prove one's ~*** dimostrare il proprio valore; ***to see the ~ of sth.*** vedere *o* capire il valore *o* l'utilità di qcs. **II** agg. mai attrib. **1** *(of financial value)* ***to be ~ sth.*** [*object, currrency*] valere qcs.; ***the land is ~ millions*** le terre valgono milioni; ***what*** o ***how much is it ~?*** quanto vale? ***it's not ~ much*** non vale molto; ***it's ~ a lot, more*** vale molto, di più; *(own, possess)* ***he is ~ £50,000*** possiede 50.000 sterline *o* ha un patrimonio di 50.000 sterline **2** *(of abstract value)* ***to be ~ sth.*** valere qcs.; ***two hours' solid work is ~ a day's discussion*** due ore di lavoro serio valgono una giornata di chiacchiere; ***an experienced worker is ~ three novices*** un lavoratore esperto vale tre novellini; ***unsubstantiated reports are not ~ much, are ~ nothing*** le relazioni prive di fondamento valgono poco, non valgono niente; ***it's as much as my job's ~ to give you the keys*** rischio il posto a darti le chiavi; ***it's more than my life's ~ to...*** SCHERZ. rischio di rimetterci le penne a...; ***the contract isn't ~ the paper it's written on*** il contratto non vale la carta su cui è scritto; ***the house, car is only ~ what you can get for it*** la casa, la macchina non vale più di quello che ti daranno; ***to be ~ a mention*** meritare una menzione *o* d'essere menzionato; ***to be ~ a try*** valere la pena di tentare *o* di fare un tentativo; ***to be ~ a visit*** valere la pena di essere visitato; ***to be ~ the effort*** valer(ne) la pena; ***to be ~ the time*** essere tempo ben speso, valerne la pena; ***to be ~ it*** valere la pena; ***it was a long journey, a lot of money: was it ~ it?*** è stato un lungo viaggio, è costato molto: ne è valsa la pena? ***I won't pay the extra, I won't complain, it's not ~ it*** non pagherò il supplemento, non mi lamenterò, non ne vale la pena; ***don't get upset, he's not ~ it*** non prendertela, non lo merita; ***to be ~ doing*** vale la pena di fare; ***the book is, isn't ~ reading*** vale, non la vale la pena di leggere il libro; ***is life ~ living?*** la vita, vale la pena di essere vissuta? ***that suggestion, idea is ~ considering*** vale la pena di prendere in considerazione quel suggerimento, quell'idea; ***that's ~ knowing*** vale la pena di saperlo; ***everyone ~ knowing had left town*** tutti coloro che valeva la pena di conoscere se n'erano andati dalla città; ***what he doesn't know about farming isn't ~ knowing*** sa tutto ciò che c'è da sapere sull'agricoltura; ***those little pleasures that make life ~ living*** i piccoli piaceri che danno senso alla vita; ***it is, isn't ~ doing*** vale, non vale la pena fare; ***is it ~ paying more?*** vale la pena di pagare di più? ***it's ~ knowing that...*** vale la pena di sapere che...; ***it could be ~ consulting your doctor*** potrebbe valere la pena di consultare il tuo dottore ◆ ***for all one is ~*** facendo del proprio meglio, mettendocela tutta; ***for what it's ~*** per quel che vale; ***and that's my opinion for what it's ~*** e questa è la mia opinione, per quel che vale; ***to be ~ sb.'s while*** valere la pena; ***I decided it was, wasn't ~ my while to...*** ho deciso che valeva, non valeva la pena di...; ***if you come I'll make it ~ your while*** se verrai non te ne pentirai; ***if a job's ~ doing it's ~ doing well*** se vale la pena di fare una cosa, vale la pena di farla bene; ***the game's not ~ the candle*** il gioco non vale la candela; ***a bird in the hand is ~ two in bush*** PROV. meglio un uovo oggi che una gallina domani.

2.worth /wɜːθ/ intr. ANT. ***woe ~ the day!*** maledetto sia il giorno!

worthily /ˈwɜːðɪlɪ/ avv. degnamente.

worthiness /ˈwɜːðɪnɪs/ n. **1** *(respectability)* dignità f., rispettabilità f. **2** *(merit) (of candidate)* merito m.; *(of cause, charity)* valore m., merito m.

worthless /ˈwɜːθlɪs/ agg. [*contract, currency, object, idea, theory, promise*] senza (nessun) valore; ***he's ~*** non vale niente.

worthlessly /ˈwɜːθlɪslɪ/ avv. [*behave*] indegnamente.

worthlessness /ˈwɜːθlɪsnɪs/ n. **1** *(of object, coin, currency)* mancanza f. di valore **2** *(of advice, contract, promise)* nullità f., (l')essere privo di valore; *(of person, character)* immoralità f., (il) non avere dignità.

▷ **worthwhile** /wɜːθˈwaɪl/ agg. [*discussion, undertaking, visit*] utile, proficuo, che vale la pena (di fare); [*career*] interessante, che dà soddisfazione; [*project*] interessante; ***to be ~ doing*** valere la pena di fare; ***it's been well ~*** ne è valsa davvero la pena.

▷ **worthy** /ˈwɜːðɪ/ **I** agg. **1** mai attrib. *(deserving)* ***to be ~ of sth.*** essere degno *o* meritevole di qcs.; ***that's not ~ of mention, of your attention*** non merita di essere menzionato, la tua attenzione; ***is he ~ of the honour?*** è degno di questo onore? ***the idea's not ~ of your consideration*** l'idea non merita di essere presa in considerazione; ***~ of note*** degno di nota; ***to be ~ of doing*** meritare di essere fatto; ***the matter's, he's not ~ of being taken seriously*** non vale la pena di prendere la questione seriamente, non vale la pena di prenderlo sul serio; ***to be ~ to do*** essere degno di fare **2** *(admirable)* [*cause*] nobile; [*citizen, friend*] degno **3** *(appropriate)* ***~ of sth., sb.*** degno di qcs., qcn.; ***a performance ~ of a champion*** una prestazione degna di un campione; ***a speech ~ of the occasion*** un discorso degno dell'occasione **II** n. notabile m. e f., personalità f.

1.wot /wɒt/ intr. (forma in -ing ecc. **-tt-**) ANT. sapere.

2.wot /wɒt/ inter. BE COLLOQ. cosa, come, che.

wotcher /ˈwɒtʃə(r)/ inter. (anche **wotcha**) BE COLLOQ. ciao, ehi.

▶ **would** /*forma debole* wəd, *forma forte* wʊd/ When *would* is used with a verb in English to form the conditional tense, *would* + verb is translated by the present conditional of the appropriate verb in Italian and *would have* + verb by the past conditional of the appropriate verb: *I would do it if I had time* = lo farei se avessi tempo; *I would have done it if I had had time* = l'avrei fatto se avessi avuto tempo. - However, in sequence of past tenses and in reported speech, *would* + verb is translated by the past conditional of the appropriate Italian verb: *I was sure you would like it* = ero sicuro che ti sarebbe piaciuto (not "piacerebbe"); *he said he would fetch the car* = disse che avrebbe preso (not "prenderebbe") la macchina. - For more examples, particular usages and all other uses of would see the entry below. mod. (negat. **wouldn't**) **1** *(in sequence of past tenses, in reported speech)* ***she said she wouldn't come*** disse che non sarebbe venuta; ***we thought we ~ be late*** pensavamo che saremmo arrivati in ritardo *o* credevamo di arrivare in ritardo; ***I was sure you' d like it*** ero sicuro che ti sarebbe piaciuto; ***we were wondering if he'd accept*** ci chiedevamo se avrebbe accettato; ***they promised that they'd come back*** promisero che sarebbero tornati; ***soon it ~ be time to get up*** presto sarebbe stata l'ora di alzarsi; ***it was to be the last chance we ~ have to leave*** doveva essere l'ultima possibilità di partire che avremmo avuto; ***he thought she ~ have forgotten*** pensava che avrebbe dimenticato; ***I wish he ~ shut the door!*** potrebbe chiudere la porta! vorrei che chiudesse la porta! ***I wish you'd be quiet!*** potresti stare zitto! vorrei che stessi zitto! **2** *(in conditional statements)* ***it ~ be wonderful if they came*** sarebbe meraviglioso se venissero; ***I'm sure she ~ help if you asked her*** sono sicuro che ti aiuterebbe se glielo chiedessi; ***if we'd left later we ~ have missed the train*** se fossimo partiti più tardi avremmo perso il treno; ***we wouldn't be happy anywhere else*** non saremmo felici in nessun altro posto; ***what ~ be the best way to approach him?*** quale sarebbe il modo migliore per avvicinarsi a lui? ***who ~ ever have believed it?*** chi mai l'avrebbe creduto? ***you wouldn't have thought it possible!*** non lo si sarebbe creduto possibile! ***I ~ have found out sooner or later*** l'avrei scoperto prima o poi; ***wouldn't it be nice if...*** non sarebbe bello se...; ***we wouldn't have succeeded without his help*** non ce l'avremmo fatta senza il suo aiuto; ***it wouldn't be the same without them*** non sarebbe la stessa cosa senza di loro; ***it cost far less than I ~ have expected*** è costato molto meno di quanto mi sarei aspettato **3** *(expressing willingness to act)* ***do you know anyone who ~ do it?*** conosci qualcuno che lo farebbe? ***they couldn't find anyone who ~ take the job*** non riuscivano a trovare nessuno disposto ad accettare il lavoro; ***he wouldn't hurt a fly*** non farebbe male a una mosca; ***she just wouldn't listen*** non voleva proprio ascoltare; ***after that I wouldn't eat any canned food*** dopo quell'episodio, non ho più voluto saperne di mangiare cibo in scatola; ***he wouldn't do a thing to help*** non voleva fare niente per aiutare; ***the police wouldn't give any further details*** la polizia non voleva fornire ulteriori particolari; ***they asked me to leave but I wouldn't*** mi chiesero di andarmene ma io non ho voluto **4** *(expressing inability to function)* ***the door wouldn't close*** la porta non voleva chiudersi; ***the brakes wouldn't work*** i freni non funzionavano **5** *(expressing desire, preference)* ***we ~ like to stay another night*** vorremmo stare un'altra notte; ***we'd really love to see you*** vorremo davvero vederti *o* abbiamo davvero voglia di vederti; ***I ~ much rather travel alone*** preferisco di gran lunga viaggiare da solo; ***she ~ have preferred a puppy*** avrebbe preferito un cucciolo; ***which film ~ you rather see?*** quale film vorresti vedere? ***I wouldn't mind another slice of cake*** non mi dispiacerebbe prendere un'altra fetta di torta; ***it's what he ~ have wanted*** è quello che avrebbe voluto **6** *(in polite requests or proposals)* ***~ you like something to eat?*** vorreste qualcosa da mangiare? ***~ you like some more tea?*** vorresti ancora del tè? ***~ you help me set the table?*** mi aiuteresti ad apparecchiare la tavola? ***switch off the radio, ~ you?*** spegneresti la radio? ***~ you be interested in buying a vacuum cleaner?*** sarebbe interessata all'acquisto di un aspirapolvere? ***~ you like to go to a concert?*** ti piacerebbe andare a un concerto? ***~ you give her the message?*** potrebbe darle il messaggio? ***~ you mind not smoking please?*** potrebbe non fumare per cortesia? ***~ you please be quiet*** potreste fare silenzio, per favore; ***~ you be so kind as to leave?*** FORM. potrebbe andarsene? sarebbe così gentile da andarsene? **7** *(used to attenuate statements)* ***it ~ seem that he was right*** sembrerebbe che avesse ragione; ***so it ~ seem*** così sembrerebbe; ***you ~ think they'd be satisfied with the results!*** ti saresti aspettato che sarebbero stati soddisfatti dei risultati! ***I wouldn't say that*** non direi (che è così); ***I ~ have thought it was obvious*** avrei pensato che fosse ovvio; ***I wouldn't know*** non saprei **8** *(when giving advice)* ***I wouldn't do that if I were you*** non lo farei se fossi in te; ***I really wouldn't worry*** (al tuo posto) non mi preoccuperei; ***I ~ check the timetable first*** controllerei prima l'orario; ***I'd give her a ring now*** le telefonerei ora; ***wouldn't it be better to write?*** non sarebbe meglio scrivere? **9** *(expressing exasperation)* ***"he denies it" - "well he ~, wouldn't he?"*** "nega" - "è ovvio che neghi!"; ***of course you ~ contradict him!*** naturalmente dovevi contraddirlo! ***"she put her foot in it" - "she ~!"*** COLLOQ. "ha fatto una gaffe" - "c'era da aspettarselo!" **10** *(expressing an assumption)* ***what time ~ that be?*** a che ora più o meno? ***I suppose it ~ have been about 3 pm*** credo che fossero circa le 3 del pomeriggio; ***being so young, you wouldn't remember the war*** giovane come sei, non ricordi certo la guerra; ***let's see, that ~ be his youngest son*** vediamo, deve essere il suo figlio più giovane; ***it ~ have been about five years ago*** doveva essere circa cinque anni fa; ***you'd never have guessed she was German*** non avresti mai potuto dire che fosse tedesca **11** *(indicating habitual event or behaviour in past: used to)* ***she ~ sit for hours at the window*** sedeva per ore alla finestra; ***every winter the fields ~ be flooded*** tutti gli inverni i campi erano allagati; ***the children ~ be up at dawn*** i bambini erano in piedi all'alba **12** FORM. *(if only)* ***~ that it were true!*** se solo fosse vero! volesse il cielo che fosse vero! ***~ to God that...*** Dio volesse che *o* volesse il cielo che...

▷ **would-be** /ˈwʊdbiː/ agg. **1** *(desirous of being)* ***~ investors*** aspiranti investitori; ***~ emigrants*** coloro che vogliono emigrare; ***~ intellectuals*** SPREG. sedicenti intellettuali **2** *(having intended to be)* ***the ~ thieves were arrested*** i ladri mancati furono arrestati.

wouldn't /ˈwʊdnt/ contr. would not.

wouldst /wʊdst/ ANT. 2ª persona sing. → **would**.

would've /wʊdəv/ contr. would have.

▷ **1.wound** /wuːnd/ n. **1** *(injury)* ferita f.; ***a ~ to*** o ***in the head*** una ferita alla testa; ***to die from*** o ***of one's ~s*** morire per le ferite **2** *(cut,* *sore, incision)* ferita f., piaga f.; ***an open ~*** una ferita aperta **3** FIG. ferita f.; ***it takes time for the ~s to heal*** ci vuole tempo perché le ferite si rimarginino **4** BOT. lacerazione f., taglio m. ◆ ***to lick one's ~s*** leccarsi le ferite; ***to reopen old ~s*** riaprire vecchie ferite; ***to rub salt into the ~*** girare il coltello nella piaga.

▷ **2.wound** /wu:nd/ tr. *(all contexts)* ferire; ***to ~ sb. in the leg, stomach*** ferire qcn. alla gamba, allo stomaco.

3.wound /waʊnd/ pass., p.pass. → **4.wind.**

▷ **wounded** /'wu:ndɪd/ **I** p.pass. → **2.wound II** agg. [*person*] ferito; ***~ in the arm*** ferito al braccio; ***~ in action*** ferito in combattimento **III** n. ***the ~*** + verbo pl. i feriti.

wounding /'wu:ndɪŋ/ agg. [*sarcasm, comment*] offensivo, che ferisce.

wound-up /ˌwaʊnd'ʌp/ agg. teso, agitato.

woundwort /'wu:ndwɜ:t/ n. vulneraria f.

wove /wəʊv/ pass. → **2.weave.**

woven /'wəʊvn/ **I** p.pass. → **2.weave II** agg. [*cloth, jacket, upholstery*] tessuto; ***~ fabric*** tessuto.

1.wow /waʊ/ **I** n. COLLOQ. *(success)* grande successo m., successone m. **II** inter. wow.

2.wow /waʊ/ tr. COLLOQ. *(enthuse)* entusiasmare, mandare in visibilio [*person*].

3.wow /waʊ/ n. FIS. *(distortion)* wow m.

WOW ⇒ waiting on weather = secondo le condizioni del tempo.

1.WP ⇒ weather permitting tempo permettendo.

2.WP n. (⇒ word processing elaborazione elettronica dei testi) WP m.

WPC n. (⇒ woman police constable) = donna poliziotto, agente.

wpm ⇒ words per minute parole al minuto.

WRAC /ræk/ n. (⇒ Women's Royal Army Corps) = corpo dell'esercito britannico composto da donne.

1.wrack /ræk/ n. *(seaweed)* varech m.

2.wrack /ræk/ tr. **1** *(torment)* [*pain*] tormentare [*body*]; ***to be ~ed with*** o ***by guilt*** essere tormentato dalla colpa; ***to be ~ed with grief*** essere tormentato dal dolore **2** *(ravage)* devastare, depredare [*land*].

3.wrack /ræk/ n. *(mass of clouds)* nuvolaglia f., nembi m.pl.

WRAF /ræf/ n. (⇒ Women's Royal Air Force) = corpo dell'aeronautica militare britannica composto da donne.

wraith /reɪθ/ n. LETT. spettro m., fantasma m.

wraithlike /'reɪθlaɪk/ agg. simile a un fantasma; *(pale)* emaciato.

1.wrangle /'ræŋgl/ n. alterco m., litigio m., baruffa f. (**over** per; **between** tra; **with** con).

2.wrangle /'ræŋgl/ intr. **1** azzuffarsi, litigare, accapigliarsi (**over, about** per; **with** con) **2** AE *(herd)* radunare [*livestock*].

wrangler /'ræŋglə(r)/ n. AE cowboy m. (che raduna il bestiame).

wrangling /'ræŋglɪŋ/ n. litigi m.pl., dispute f.pl. (**over** per).

1.wrap /ræp/ n. **1** ABBIGL. *(shawl)* scialle m.; *(stole)* stola f. **2** *(dressing gown)* veste f. da camera **3** *(packaging)* materiale m. da incarto, da confezione **4** CINEM. ***it's a ~*** è fatto *o* è finito ◆ ***to keep sth., to be under ~s*** tenere qcs., essere segreto; ***to take the ~s off sth.*** svelare qcs. *o* rendere qcs. di dominio pubblico.

▷ **2.wrap** /ræp/ **I** tr. (forma in -ing ecc. **-pp-**) *(in paper)* incartare, impacchettare (**in** in, con); *(in blanket, garment)* avvolgere (**in** in); ***to ~ X in Y, to ~ Y round X*** avvolgere X in Y, X con Y; ***I ~ped a handkerchief around my finger*** ho avvolto un fazzoletto attorno al dito *o* ho avvolto il dito con un fazzoletto; ***he ~ped his arms around her*** l'abbracciò *o* la strinse tra le braccia; ***the child ~ped his legs around my waist*** il bambino mi ha stretto la vita con le gambe; ***to ~ tape around a join*** avvolgere una giuntura con del nastro; ***he ~ped the car round a lamppost*** COLLOQ. SCHERZ. s'è stampato con la macchina contro un lampione; ***to be ~ped in*** *(for warmth, protection, disposal)* essere avvolto in [*blanket, coat, newspaper*]; FIG. essere avvolto in [*mystery*]; essere avvolto da [*silence*]; essere assorto in [*thoughts*]; ***would you like it ~ped?*** le faccio un pacchetto? glielo incarto? **II** rifl. (forma in -ing ecc. **-pp-**) ***to ~ oneself in sth.*** avvolgersi in qcs.

■ **wrap up:** ~ **up** **1** *(dress warmly)* coprirsi bene, imbacuccarsi; ***~ up well*** o ***warm!*** copriti bene! **2** BE COLLOQ. *(shut up)* tacere, chiudere il becco; ***~ up!*** chiudi il becco; ~ **up [sth.], ~ [sth.] up** **1** fare, confezionare [*parcel*]; impacchettare [*gift, purchase*]; mettere in un involucro [*rubbish*]; ***it's cold, ~ the children up warm!*** fa freddo, copri bene i bambini! ***well ~ped up against the cold*** imbacuccato *o* infagottato contro il freddo; ***it's a disco and sports club all ~ped up in one*** è una discoteca e un club sportivo allo stesso tempo **2** FIG. *(terminate)* concludere [*project, event*] **3** *(settle)* dare gli ultimi ritocchi a [*project, event*]; concludere [*deal, negotiations*]; assicurarsi, portare a casa [*championship, title, victory*] **4** *(involve)* ***to be ~ped up in*** vivere per *o* non avere occhi che per [*person, child*]; essere completamente preso da [*activity, hobby, work*]; essere assorbito da, impegnato in [*problem*]; ***they are completely ~ped up in each other*** sono presi l'uno dall'altra; ***he is ~ped up in himself*** è ripiegato su se stesso; ***there is £ 50,000 ~ped up in the project*** ci sono 50.000 sterline di mezzo nel progetto **5** *(conceal)* FIG. nascondere, mascherare [*meaning, facts, ideas*] (**in** dietro); ***tell me the truth, don't try to ~ it up*** dimmi la verità senza menare il can per l'aia.

wrap-around /'ræpˌəraʊnd/ agg. [*window, windscreen*] panoramico; [*skirt*] a portafoglio.

wrap-around sunglasses /ˌræpəraʊnd'sʌnglɑ:sɪz/ n.pl. occhiali m. da sole avvolgenti.

wrap-over /'ræpəʊvə(r)/ agg. [*skirt*] a portafoglio; [*dress*] a vestaglia.

wrapped /ræpt/ **I** p.pass. → **2.wrap II -wrapped** agg. in composti ***foil-, plastic-~*** avvolto, confezionato nella stagnola, nella plastica.

wrapper /'ræpə(r)/ n. **1** *(of sweet, chocolate etc.)* carta f., incarto m.; *(of package)* incarto m., carta f. da imballo; *(of newspaper)* fascia f., fascetta f.; ***sweet ~*** carta delle caramelle **2** AE *(dressing gown)* veste f. da camera.

▷ **wrapping** /'ræpɪŋ/ n. involucro m., (materiale da) imballaggio m.

wrapping paper /'ræpɪŋˌpeɪpə(r)/ n. *(brown)* carta f. da pacchi; *(decorative)* carta f. da regalo.

wrap top /'ræptɒp/ n. ABBIGL. top m. incrociato.

wrap-up /'ræpʌp/ n. AE COLLOQ. riepilogo m. (delle notizie).

wrasse /ræs/ n. (pl. **~s**, ~) labro m.

wrath /rɒθ, AE ræθ/ n. LETT. ira f., collera f.

wrathful /'rɒθfl, AE 'ræθ-/ agg. adirato, irato, furibondo.

wrathfully /'rɒθfəlɪ, AE 'ræθ-/ avv. irosamente.

wrathfulness /'rɒθfəlnɪs, AE 'ræθ-/ n. ira f., collera f.

wreak /ri:k/ tr. compiere [*revenge*] (**on** su); ***to ~ havoc*** o ***damage*** causare distruzione; ***to ~ havoc*** o ***damage on sth.*** causare distruzione in, devastare qcs.

wreath /ri:θ/ n. **1** *(of flowers, leaves)* corona f., ghirlanda f.; ***funeral ~*** corona funebre; ***to lay a ~*** deporre una corona **2** *(of smoke)* anello m., voluta f.; *(of cloud)* alone m.

wreathe /ri:ð/ **I** tr. *(weave, fashion)* intrecciare **II** intr. ***to ~ upwards*** salire in volute *o* in spire.

wreathed /ri:ðd/ **I** p.pass. → **wreathe II** agg. ***~ in*** avvolto da *o* avviluppato in [*mist, smoke*]; ***to be ~ in smiles*** essere tutto un sorriso.

wreath-laying (ceremony) /'ri:ðleɪɪŋ(ˌserɪmənɪ), AE -(ˌserɪməʊnɪ)/ n. (cerimonia di) deposizione f. di una corona.

▷ **1.wreck** /rek/ n. **1** *(car)* rottame m.; *(burnt out)* carcassa f. **2** COLLOQ. *(old car)* macinino m., rottame m., catorcio m. **3** *(ship, plane)* relitto m. **4** *(sinking, destruction) (of ship)* naufragio m.; FIG. ***the ~ of sb.'s hopes, dreams*** il naufragio *o* il fallimento delle speranze, dei sogni di qcn. **5** *(person)* rottame m.; ***a human ~*** un rottame *o* un'ombra d'uomo.

▷ **2.wreck** /rek/ tr. **1** [*explosion, fire, vandals, looters*] devastare, distruggere [*building, home, hotel, machinery*]; [*person, driver, crash, impact*] distruggere [*car, plane, vehicle*]; ***to be completely ~ed by fire*** essere completamente distrutto dal fuoco **2** FIG. distruggere, fare naufragare [*career, chances, future, health, life, marriage*]; rovinare, mandare in fumo, fare naufragare [*holiday, weekend*]; mandare in fumo, fare naufragare [*talks, deal, negotiations*].

wreckage /'rekɪdʒ/ n. **U 1** *(of car, plane)* rottami m.pl.; *(of building)* macerie f.pl.; ***to pull sth. from the ~*** tirare qcs. fuori dai rottami **2** FIG. *(of hopes, plan, attempt)* naufragio m.; ***to salvage sth. from the ~ of one's marriage*** salvare qcs. dal naufragio del proprio matrimonio.

wrecked /rekt/ **I** p.pass. → **2.wreck II** agg. **1** [*car, plane*] distrutto; [*ship*] naufragato; [*building*] in macerie **2** FIG. [*plan, hope, life, marriage, career*] naufragato, rovinato, distrutto **3** COLLOQ. *(exhausted)* [*person*] stanco morto, stracco (morto) **4** COLLOQ. *(drunk)* sbronzo, ciucco.

wrecker /'rekə(r)/ n. **1** *(destroyer of marriage, plans)* distruttore m. (-trice) **2** *(saboteur of machinery)* sabotatore m. (-trice); *(of talks)* sabotatore m. (-trice), ostruzionista m. e f. **3** *(who causes shipwrecks)* chi causa il naufragio; STOR. naufragatore m. **4** AE *(demolition worker)* demolitore m. **5** AE *(salvage truck)* carro m. attrezzi.

wrecking /'rekɪŋ/ n. **1** *(destruction)* distruzione f. **2** *(sabotage)* sabotaggio m. **3** AE *(demolition)* demolizione f.

wrecking ball /'rekɪŋbɔ:l/ n. AE = grossa sfera metallica da demolizione.

wrecking bar /'rekɪŋbɑ:(r)/ n. piede m. di porco.

wren /ren/ n. scricciolo m.

Wren /ren/ n. ~ ***volontaire*** volontaria della marina militare.

1.wrench /rentʃ/ n. **1** *(tool)* chiave f. (fissa) **2** *(movement) (of handle, lid)* torsione f. brusca, tirata f.; ***she pulled the lid off with a*** ~ svitò il coperchio con una torsione brusca; ***to give one's ankle a*** ~ prendere una storta (alla caviglia) **3** FIG. strazio m., sofferenza f., dolore m.; ***it was a real*** ~ ***leaving*** fu una vera sofferenza partire ◆ ***to throw a*** ~ ***in the works*** AE mettere i bastoni tra le ruote; ***this will throw a*** ~ ***into the economy*** ciò assesterà un duro colpo all'economia.

2.wrench /rentʃ/ **I** tr. torcere, tirare [*handle*]; ***to*** ~ ***one's ankle, knee*** slogarsi la caviglia, il ginocchio; ***to*** ~ ***sth. from sb.*** strappare qcs. a qcn.; ***she ~ed the bag from my hands*** mi strappò la borsa dalle mani; ***to*** ~ ***sth. away from*** o ***off sth.*** strappare qcs. da qcs.; ***he ~ed the handle off the door*** strappò la maniglia dalla porta; ***to*** ~ ***a door open*** aprire una porta con uno strattone **II** intr. ***to*** ~ ***at sth.*** dare una tirata *o* uno strappo a qcs. **III** rifl. ***to*** ~ ***oneself free*** liberarsi con uno strattone.

wrenching /ˈrentʃɪŋ/ agg. [*anguish, sorrow, poignancy*] straziante.

1.wrest /rest/ n. **1** strappo m., tirata f. **2** STOR. MUS. chiave f. per accordare strumenti musicali.

2.wrest /rest/ tr. *(all contexts)* strappare (**from sb.** a qcn.); ***to*** ~ ***sth. from sb.'s hands*** strappare qcs. dalle mani di qcn.

1.wrestle /ˈresl/ n. **1** *(wrestling bout)* incontro m. di lotta **2** FIG. dura lotta f.

2.wrestle /ˈresl/ **I** tr. ***to*** ~ ***sb. for sth.*** lottare *o* combattere contro qcn. per qcs.; ***to*** ~ ***sb. to the ground*** atterrare qcn.; ***to*** ~ ***sth. into place*** lottare contro qcs. per rimetterlo a posto *o* faticare per rimettere qcs. a posto **II** intr. **1** SPORT fare la lotta, lottare **2** *(struggle)* ***to*** ~ ***with*** lottare, combattere con [*person, conscience*]; essere alle prese con [*problem, homework*]; lottare con, essere alla prese con [*controls, zip, suitcase*]; combattere [*temptation*]; ***to*** ~ ***to do*** lottare *o* combattere per fare.

wrestler /ˈreslə(r)/ n. lottatore m. (-trice).

▷ **wrestling** /ˈreslɪŋ/ ♦ ***10*** **I** n. lotta f. **II** modif. [*match, champion, hold*] di lotta.

wretch /retʃ/ n. **1** *(unlucky)* disgraziato m. (-a), sventurato m. (-a), miserabile m. e f.; ***those poor ~es!*** (quei) poveri disgraziati! poveri diavoli! **2** *(evil)* disgraziato m. (-a), farabutto m. (-a) (anche SCHERZ.); *(child)* SCHERZ. birichino m. (-a), birbante m. e f.

wretched /ˈretʃɪd/ agg. **1** *(miserable)* [*person*] disgraziato, infelice, sventurato; [*existence, appearance, conditions*] miserabile; [*weather*] brutto; [*accommodation*] squallido, pessimo; [*amount*] ridicolo, risibile; ***to feel*** ~ *(due to illness)* sentirsi a terra; *(due to hangover)* stare male come un cane, sentirsi uno straccio; ***to feel*** ~ ***about*** vergognarsi di [*behaviour*]; ***flu makes you feel*** ~ COLLOQ. l'influenza ti butta a terra *o* ti fa sentire da cani; ***things are*** ~ ***for her*** le cose si sono messe malissimo per lei; ***what*** ~ ***luck!*** che scalogna! **2** COLLOQ. *(damned)* [*animal, machine*] maledetto; ***it's a*** ~ ***nuisance*** è una rottura *o* una gran scocciatura.

wretchedly /ˈretʃɪdlɪ/ avv. **1** *(badly, pitifully)* [*organize, behave, treat*] pessimamente, malissimo; [*clothed, furnished*] in modo pessimo, squallido; [*paid, small*] in modo ridicolo, risibile **2** *(unhappily)* [*say*] in modo infelice; [*gaze, weep*] con aria infelice.

wretchedness /ˈretʃɪdnɪs/ n. **1** *(unhappiness)* infelicità f., disgrazia f. **2** *(poverty)* miseria f.

wrick /rɪk/ tr. BE → **4.rick**.

wriggle /ˈrɪgl/ **I** tr. ***to*** ~ ***one's toes, fingers*** muovere *o* agitare le dita dei piedi, le dita delle mani; ***to*** ~ ***one's way out of sth.*** (riuscire a) sgusciare *o* divincolarsi da qcs.; FIG. (riuscire a) tirarsi fuori da qcs. **II** intr. [*person*] agitarsi, dimenarsi; [*snake, worm*] contorcersi; ***he was wriggling with embarrassment, excitement*** era tutto agitato per l'imbarazzo, per l'eccitazione; ***to*** ~ ***along the ground*** avanzare strisciando sul terreno; ***to*** ~ ***through a hole in the fence*** sgusciare *o* passare attraverso un buco nella recinzione; ***to*** ~ ***under sth.*** scivolare sotto qcs.; ***to*** ~ ***free*** divincolarsi *o* riuscire a liberarsi divincolandosi; ***to*** ~ ***off the hook*** [*fish*] liberarsi dall'amo *o* slamarsi; FIG. [*person*] tirarsi fuori dagli impicci, dai pasticci.

■ **wriggle about, wriggle around** [*fish*] dimenarsi; [*worm, snake*] dimenarsi, contorcersi; [*person*] agitarsi, dimenarsi.

■ **wriggle out** liberarsi dimenandosi, sgusciare; ***to*** ~ ***out of sth.*** sgusciare, divincolarsi da qcs.; FIG. riuscire ad evitare [*task, duty*]; ***you can't*** ~ ***out of it, you'll have to tell them the truth*** non puoi svicolare *o* svignartela, dovrai dirgli la verità.

wriggler /ˈrɪglə(r)/ n. ***he's a*** ~ è uno che si dimena *o* non sta mai fermo; FIG. è un opportunista.

wriggly /ˈrɪglɪ/ agg. [*snake, worm*] sgusciante, che si contorce, che si dimena; [*person*] irrequieto.

wright /raɪt/ n. ANT. artigiano m., carpentiere m.

1.wring /rɪŋ/ n. ***to give sth. a*** ~ strizzare qcs. *o* dare una strizzata a qcs.

2.wring /rɪŋ/ tr. (pass., p.pass. **wrung**) **1** (anche ~ **out**) *(squeeze) (by twisting)* torcere, strizzare; *(by pressure, centrifugal force)* centrifugare; ***"do not*** ~***"*** *(on label)* "non strizzare" **2** FIG. *(extract)* estorcere, strappare [*confession, information, money*] (**from, out of** a) **3** *(twist)* ***to*** ~ ***sb.'s, sth.'s neck*** torcere *o* tirare il collo a qcn., qcs. (anche FIG.); ***to*** ~ ***one's hands*** torcersi le mani (anche FIG.) ◆ ***to*** ~ ***sb.'s heart*** stringere il cuore a qcn.

■ **wring out:** ~ ***[sth.] out***, ~ ***out [sth.]*** torcere, strizzare [*cloth, clothes*]; ***to*** ~ ***the water out from one's clothes*** strizzarsi gli abiti.

wringer /ˈrɪŋə(r)/ n. torcitoio m., strizzatoio m. ◆ ***to put sb. through the*** ~ mettere qcn. sotto torchio.

wringing /ˈrɪŋɪŋ/ **I** n. torcitura f. **II** avv. ~ ***wet*** bagnato fradicio.

1.wrinkle /ˈrɪŋkl/ n. **1** *(on skin)* ruga f., grinza f.; ***it gives you ~s*** fa venire le rughe **2** *(in fabric)* grinza f., piega f.; ***to iron out the ~s*** eliminare le grinze stirando; FIG. appianare le difficoltà ◆ ***he knows a*** ~ ***or two*** conosce un paio di trucchetti.

2.wrinkle /ˈrɪŋkl/ **I** tr. **1** raggrinzire, corrugare [*skin*]; ***to*** ~ ***one's nose*** arricciare il naso (**at** per); ***to*** ~ ***one's forehead*** corrugare la fronte **2** spiegazzare, sgualcire [*fabric*] **II** intr. **1** [*skin*] raggrinzirsi, corrugarsi **2** [*fabric*] spiegazzarsi, sgualcirsi; [*wallpaper*] increspiarsi.

■ **wrinkle up** [*rug, mat*] sgualcirsi.

▷ **wrinkled** /ˈrɪŋkld/ **I** p.pass. → **2.wrinkle II** agg. **1** [*face, skin*] rugoso, grinzoso; [*brow*] aggrottato; [*apple*] raggrinzito **2** [*fabric, clothing*] spiegazzato, sgualcito; [*stockings*] che fa le grinze.

wrinklies /ˈrɪŋklɪz/ n.pl. COLLOQ. SPREG. o SCHERZ. *(older people)* vecchi m., vecchietti m.

wrinkly /ˈrɪŋklɪ/ agg. COLLOQ. → **wrinkled**.

▷ **wrist** /rɪst/ ♦ ***2*** n. polso m. ◆ ***to get a slap on the*** ~ prendersi una tiratina d'orecchi, una punizione lieve.

wristband /ˈrɪstbænd/ n. *(for tennis)* polsino m., fascia f. tergisudore; *(on sleeve)* polsino m.; *(on watch)* cinturino m.

wrist-drop /ˈrɪstdrɒp/ n. paralisi f. dei muscoli estensori del carpo.

wrist guard /ˈrɪstgɑːd/ n. SPORT bracciale m. (di protezione).

wrist-joint /ˈrɪstˌdʒɔɪnt/ n. articolazione f. radiocarpica, articolazione f. del polso.

wristlet /ˈrɪstlɪt/ n. **1** *(bracelet)* braccialetto m. **2** *(on watch)* cinturino m. **3** *(handcuff)* manetta f.

wrist rest /ˈrɪstrest/ n. INFORM. appoggiapolsi m.

wristwatch /ˈrɪstwɒtʃ/ n. orologio m. da polso.

1.writ /rɪt/ n. DIR. mandato m., decreto m., ordinanza f. (**for** per); ***to issue*** o ***serve a*** ~ ***against sb., to serve sb. with a*** ~ notificare un mandato a qcn.

2.writ /rɪt/ pass., p.pass. ANT. → **2.write** ◆ ***to be*** ~ ***large*** essere scritto a grandi lettere; ***disappointment was*** ~ ***large across his face*** la delusione gli si leggeva in volto; ***it wasn't champagne, just sparkling wine*** ~ ***large*** non era champagne, non era altro che spumante.

writable /ˈraɪtəbl/ agg. **1** *(able to be written)* scrivibile **2** *(suitable for writing with)* adatto per scrivere.

1.write /raɪt/ n. INFORM. scrittura f.

▶ **2.write** /raɪt/ **I** tr. (pass. **wrote**, ANT. **writ**; p.pass. **written**, ANT. **writ**) **1** *(put down on paper)* scrivere [*letter, poem, novel*] (**to** a); scrivere, comporre [*song, symphony*]; scrivere, redigere [*business letter, article, essay*]; scrivere, stilare, redigere [*report*]; fare, staccare [*cheque*]; fare, compilare [*prescription*]; scrivere [*software, program*]; stilare, elaborare [*legislation*]; ***she wrote that she was changing jobs*** scrisse che stava cambiando lavoro; ***it is written that*** FORM. è scritto che; ***he wrote me a cheque for 50 euros*** mi ha fatto un assegno di 50 euro; ***it's written in Italian*** è scritto in italiano; ***I wrote home*** ho scritto a casa; ***to*** ~ ***sth. into a contract*** inserire qcs. in un contratto; ***guilt was written all over her face*** FIG. la colpa le era scritta in volto *o* le si leggeva la colpa in volto; ***he had "policeman" written all over him*** FIG. si vedeva lontano un chilometro che era un poliziotto **2** AE *(compose a letter to)* scrivere (una lettera) a [*person*]; ~ ***me when you get to Rome*** scrivimi quando arrivi a Roma **II** intr. (pass. **wrote**, ANT. **writ**; p.pass. **written**, ANT. **writ**) **1** *(form words)* scrivere; ***to learn to*** ~ imparare a scrivere; ***to*** ~ ***in pencil, pen*** scrivere a matita, a penna *o* con la matita, con la penna; ***to*** ~ ***neatly, badly*** scrivere bene, male; ***this pen doesn't*** ~ questa penna non scrive; ***I have nothing to*** ~ ***with*** non ho nulla per scrivere *o* con cui scrivere; ***give me something to*** ~ ***on*** dammi qualcosa su cui scrivere **2** *(compose professionally)* scrivere, fare lo scrittore (**for** per); ***I*** ~ ***for a living*** faccio lo scrittore di mestiere; ***to*** ~ ***about*** o ***on*** scrivere di, trattare di [*current affairs,*

ecology] **3** *(correspond)* scrivere (**to sb.** a qcn.); ***I'll try to ~ every week*** cercherò di scrivere tutte le settimane.
▪ **write away** scrivere (**to** a); ***to ~ away for sth.*** scrivere per chiedere, ordinare per posta [*catalogue, details*].
▪ **write back: ~ back** rispondere (**to** a); **~ [sth.] back** AMM. ECON. reinserire [*asset*]; **~ back [sth.]** scrivere [*letter*].
▪ **write down: ~ [sth.] down, ~ down [sth.]** **1** *(note)* prendere nota di, annotare [*details, name*]; scriversi, mettere giù, buttare giù [*ideas, suggestions*] **2** *(record)* annotare, registrare [*information, findings, adventures*] **3** COMM. ECON. *(reduce)* ridurre, abbassare [*price*]; svalutare [*stocks*]; ridurre [*debt*].
▪ **write in: ~ in** scrivere, mandare una lettera (**to sb.** a qcn.; **to do** per fare); ***please ~ in with your suggestions*** mandateci i vostri suggerimenti; ***to ~ in to*** scrivere (una lettera) a [*TV show, presenter*]; **~ [sb.] in** AE POL. ***to ~ a candidate in*** = votare per un candidato il cui nome non è presente in lista.
▪ **write off: ~ off** scrivere (una lettera) (**to** a); ***to ~ off for*** scrivere per chiedere [*catalogue, information*]; **~ [sth., sb.] off** **1** *(wreck)* distruggere, ridurre a un rottame [*car*]; *(in insurance)* danneggiare in modo irreparabile [*car*] **2** AMM. stornare [*bad debt, loss*]; ammortare [*capital*] **3** *(end)* cancellare [*debt*]; annullare [*project, operation*] **4** *(dismiss)* [*critic*] liquidare [*person, athlete*]; ***to ~ sb. off for dead*** dare qcn. per morto *o* considerare qcn. morto.
▪ **write out: ~ [sth.] out, ~ out [sth.]** **1** *(put down on paper)* scrivere [*instructions, list*] **2** *(copy)* trascrivere, ricopiare [*lines, words*]; ***~ it out again neatly*** ricopialo bene; **~ [sb.] out** TELEV. RAD. eliminare [*character*] (**of** da).
▪ **write up: ~ [sth.] up, ~ up [sth.]** **1** *(produce in report form)* riscrivere, riordinare [*findings, notes*] **2** AMM. ECON. rivalutare [*asset*].

write-down /'raɪtdaʊn/ n. riduzione f. contabile.
write head /'raɪthed/ n. INFORM. testina f. di scrittura.
write-in /'raɪtɪn/ n. AE POL. = voto dato a un candidato il cui nome non è presente in lista.
write-off /'raɪtɒf, -ɔ:f/ n. **1** AE ECON. somma f. detraibile dalla dichiarazione dei redditi **2** *(in insurance) (wreck)* rottame m.
write once read many disk /ˌraɪtwʌnsˌri:dmenɪ'dɪsk/ n. INFORM. disco m. non riscrivibile.
write protect /ˌraɪtprə'tekt/ **I** tr. INFORM. proteggere da sovrascrittura **II** n. INFORM. posizione f. di protezione da scrittura.
write protection /'raɪtprəˌtekʃn/ n. INFORM. protezione f. da scrittura.
write-protect notch /'raɪtprətektˌnɒtʃ/ n. INFORM. *(on diskettes)* sicura f.
▶ **writer** /'raɪtə(r)/ ♦ *27* n. *(author) (professional)* scrittore m. (-trice), autore m. (-trice); *(nonprofessional)* autore m. (-trice), chi scrive; ***the ~ of the letter*** l'autore della lettera; ***she's a ~*** è una scrittrice; ***sports, travel, cookery ~*** scrittore, giornalista sportivo, specializzato in viaggi, in cucina; ***he's a neat, messy ~*** scrive bene, male, ordinatamente, disordinatamente.
writer's block /ˌraɪtəz'blɒk/ n. blocco m. dello scrittore.
writer's cramp /ˌraɪtəz'kræmp/ n. crampo m. degli scrivani.
write-up /'raɪtʌp/ n. **1** *(review)* critica f., recensione f. **2** *(account)* resoconto m. (**of** di) **3** *(in accountancy)* rivalutazione f.; AE eccesso m. di imputazione a bilancio.
1.writhe /raɪð/ n. contorcimento m., contorsione f.
2.writhe /raɪð/ intr. (anche **~ about**, **~ around**) contorcersi, dimenarsi, torcersi; ***to ~ in agony*** contorcersi nell'agonia *o* agonizzante; ***to ~ with embarrassment*** fremere per l'imbarazzo.
▷ **writing** /'raɪtɪŋ/ **I** n. **1 U** *(activity)* ***~ is her life*** (lo) scrivere è la sua vita **2** *(handwriting)* grafia f., scrittura f.; ***his ~ is poor, good*** ha una brutta, bella grafia **3** *(words and letters)* scrittura f., scritto m.; ***to put sth. in ~*** mettere qcs. per iscritto **4** *(literature)* opere f.pl. letterarie, scritti m.pl.; ***modern, American ~*** letteratura moderna, americana; ***the ~s of Vittorini*** le opere di Vittorini; ***selected ~s of Oscar Wilde*** opere scelte di Oscar Wilde; ***it was an excellent piece of ~*** era un'opera eccellente *o* un ottimo pezzo **II** modif. ***a ~ career*** una carriera da scrittore ♦ ***the ~ is on the wall*** è un presagio *o* un segnale infausto; ***the ~ is on the wall for the regime*** la fine del regime è imminente *o* ci sono pessimi presagi per il regime.
writing book /'raɪtɪŋbʊk/ n. quaderno m.
writing case /'raɪtɪŋkeɪs/ n. astuccio m. con il necessario per scrivere.
writing desk /'raɪtɪŋdesk/ n. scrivania f., scrittoio m.
writing materials /'raɪtɪŋməˌtɪərɪəlz/ n.pl. materiale m.sing. scrittorio, per la scrittura.
writing-off /ˌraɪtɪŋ'ɒf, AE -'ɔ:f/ n. ammortamento m.
writing pad /'raɪtɪŋpæd/ n. bloc-notes m., blocchetto m. di carta.
writing paper /'raɪtɪŋˌpeɪpə(r)/ n. carta f. da lettera.
writing table /'raɪtɪŋˌteɪbl/ n. scrivania f., scrittoio m.
writ of attachment /ˌrɪtəvə'tætʃmənt/ n. ordine m. di sequestro.
writ of execution /ˌrɪtəvˌeksɪ'kju:ʃn/ n. ordine m. d'esecuzione.
writ of subpoena /ˌrɪtəvsə'pi:nə/, **writ of summons** /ˌrɪtəv'sʌmənz/ n. mandato m. di comparizione.
▷ **written** /'rɪtn/ **I** p.pass. → **2.write** **II** agg. [*exam, guarantee, reply*] scritto; ***I'm better at oral work than ~ work*** sono più bravo nell'orale che nello scritto; ***he failed the ~ paper*** non ha passato lo scritto; ***~ evidence, proof*** AMM. pezza giustificativa; DIR. prova scritta; ***the ~ word*** la lingua scritta.
written-off /ˌrɪtn'ɒf, AE -'ɔ:f/ agg. [*amount*] stornato.
WRNS n. (⇒ Women's Royal Naval Service) = corpo della marina militare britannica composto da donne.
▶ **1.wrong** /rɒŋ, AE rɔ:ŋ/ agg. **1** *(incorrect) (ill-chosen)* sbagliato; *(containing errors)* [*total*] sbagliato, errato; [*note, forecast, hypothesis*] sbagliato, errato, inesatto; ***in the ~ place at the ~ time*** nel posto sbagliato al momento sbagliato; ***he picked up the ~ key*** ha preso la chiave sbagliata; ***it's the ~ wood, glue for the purpose*** non è il legno adatto, la colla adatta; ***she was the ~ woman for you*** era la donna sbagliata per te; ***to prove to be ~*** [*forecast, hypothesis*] rivelarsi sbagliato, errato; ***to go the ~ way*** andare nella direzione sbagliata *o* sbagliare strada; ***to go to the ~ place*** andare nel posto sbagliato *o* sbagliare posto; ***to take the ~ road, train*** sbagliare strada, treno *o* imboccare la strada sbagliata, prendere il treno sbagliato; ***to take the ~ turning*** BE o ***turn*** AE sbagliare svolta, imboccare la svolta sbagliata; ***to give the ~ password*** sbagliare la parola d'ordine; ***to give the ~ answer*** sbagliare risposta *o* dare la risposta sbagliata; ***confrontation is the ~ approach*** lo scontro è il tipo di approccio sbagliato; ***everything I do is ~*** tutto ciò che faccio è sbagliato; ***it was the ~ thing to say, do*** era la cosa sbagliata da dire, da fare *o* era la cosa da non dire, da non fare; ***to say the ~ thing*** fare una gaffe *o* parlare a sproposito; ***don't get the ~ idea*** non farti un'idea sbagliata; ***you've got the ~ number*** *(on phone)* ha sbagliato numero **2** *(reprehensible, unjust)* ***it is ~ to do*** è sbagliato fare; ***it's ~ to cheat*** non si deve imbrogliare; ***she hasn't done anything ~*** non ha fatto niente di sbagliato *o* di male; ***it was ~ of me, you to do*** è stato sbagliato da parte mia, tua fare *o* ho, hai sbagliato a fare *o* non avrei, non avresti dovuto fare; ***it is ~ for sb. to do*** è sbagliato che qcn. faccia; ***it's ~ for her to have to struggle alone*** non è giusto *o* è sbagliato che debba lottare da sola; ***it is ~ that*** è sbagliato che; ***it is ~ that the poor should go hungry*** non è giusto che i poveri debbano soffrire la fame; ***there's nothing ~ with*** o ***in sth.*** non c'è niente di sbagliato *o* di male in qcs.; ***there's nothing ~ with*** o ***in doing*** non c'è nulla di sbagliato *o* di male nel fare; ***what's ~ with trying?*** che male c'è a provare? che cosa c'è di male nel provare? ***(so) what's ~ with that?*** cosa c'è di sbagliato? cosa c'è di male? **3** *(mistaken)* ***to be ~*** [*person*] avere torto, sbagliarsi; ***that's where you're ~*** è qui che ti sbagli; ***can you prove I'm ~?*** puoi dimostrare che sbaglio? ***how ~ can you be!*** quanto ci si può sbagliare! ***I might be ~*** potrei sbagliarmi *o* posso anche sbagliarmi; ***to be ~ about*** sbagliarsi su [*person, situation, details*]; ***she was ~ about him*** si sbagliava su di lui; ***to be ~ to do*** o ***in doing*** FORM. avere torto a fare *o* sbagliare a fare; ***you are ~ to accuse me*** sbagli ad accusarmi; ***am I ~ in thinking that...?*** ho torto a pensare che...? sbaglio se penso che...? ***to prove sb. ~*** dimostrare che qcn. ha torto **4** *(not as it should be)* ***to be ~*** non andare; ***there is something (badly) ~*** c'è qualcosa che non va (affatto); ***what's ~?*** che cosa c'è che non va? ***what's ~ with the machine, clock?*** che cos'ha la macchina, l'orologio (che non va)? ***there's something ~ with this computer*** questo computer ha qualcosa che non va; ***the wording is all ~*** la formulazione è tutta sbagliata; ***what's ~ with your arm, leg?*** che cos'hai al braccio, alla gamba? ***what's ~ with you?*** *(to person suffering)* che cos'hai? che cosa c'è che non va? *(to person behaving oddly)* che ti prende? che ti succede? ***your clock is ~*** il tuo orologio è inesatto *o* non fa l'ora giusta; ***nothing ~ is there?*** va tutto bene? ♦ ***to be ~ in the head*** COLLOQ. avere qualche rotella in meno; ***to get into the ~ hands*** finire in mani sbagliate; ***to get on the ~ side of sb.*** inimicarsi qcn.; ***to go down the ~ way*** [*food, drink*] andare di traverso; ***to jump to the ~ conclusions*** trarre conclusioni sbagliate.
▶ **2.wrong** /rɒŋ, AE rɔ:ŋ/ avv. ***to get sth. ~*** sbagliarsi con qcs. *o* capire male qcs. *o* fraintendere qcs. [*date, time, details*]; sbagliarsi con [*calculations*]; ***I think you've got it ~*** penso che ti sbagli; ***to go ~*** [*person*] finire su una brutta strada; [*machine*] guastarsi, incepparsi; [*plan*] fallire, andare male, andare a rotoli; ***what's gone ~ between them?*** che cosa non ha funzionato tra loro? ***you won't go far ~ if...*** non sbagli di molto se...; ***you can't go ~*** *(in choice of route)* non ti puoi sbagliare; *(are bound to succeed)* non puoi non

farcela ◆ ***don't get me*** ~ non fraintendermi; ***you've got me all*** ~ mi hai completamente frainteso.

3.wrong /rɒŋ, AE rɔːŋ/ n. **1** U *(evil)* male m., cosa f. immorale, azione f. disonesta; ***no sense of right or*** ~ senza alcuna consapevolezza del bene o del male; ***she could do no*** ~ era incapace di fare del male **2** *(injustice)* torto m., ingiustizia f.; ***to right a*** ~ riparare un torto; ***to do sb.*** ~, ***a great*** ~ FORM. fare un torto, un grave torto a qcn.; ***the rights and ~s of the matter*** la ragione e il torto in una questione **3** DIR. illecito m.; ***private, public*** ~ violazione del diritto privato, pubblico ◆ ***to be in the*** ~ essere dalla parte del torto, avere torto; ***two ~s don't make a right*** due torti non fanno una ragione.

4.wrong /rɒŋ, AE rɔːŋ/ tr. **1** *(treat unjustly)* fare torto a, trattare ingiustamente, offendere [*person, family*] **2** FORM. *(judge unfairly)* giudicare ingiustamente, denigrare.

wrongdoer /ˈrɒŋˌduːə(r), AE ˈrɔːŋ-/ n. malfattore m. (-trice).

wrongdoing /ˈrɒŋduːɪŋ, AE ˈrɔːŋ-/ n. male m., offese f.pl.

wrongfoot /ˌrɒŋˈfʊt, AE ˌrɔːŋ-/ tr. SPORT prendere [qcn.] in contropiede [*opponent, adversary*] (anche FIG.).

wrong fount /ˈrɒŋfaʊnt, AE ˈrɔːŋ-/ n. refuso m.

wrongful /ˈrɒŋfl, AE ˈrɔːŋ-/ agg. DIR. [*dismissal*] senza giusta causa, immotivato; [*arrest, imprisonment*] illegale.

wrongfully /ˈrɒŋfəlɪ, AE ˈrɔːŋ-/ avv. DIR. [*dismiss*] senza giusta causa, in modo immotivato; [*convict, arrest*] illegalmente.

wrongfulness /ˈrɒŋfəlnɪʃ, AE ˈrɔːŋ-/ n. *(of dismissal)* (l')essere immotivato; *(of arrest, imprisonment)* illegalità f.

wrong-headed /ˌrɒŋˈhedɪd, AE ˌrɔːŋ-/ agg. **1** *(stubborn)* [*person*] testardo, pervicace **2** *(perverse)* [*policy, decision*] sbagliato.

wrong-headedly /ˌrɒŋˈhedɪdlɪ, AE ˌrɔːŋ-/ avv. **1** *(behave)* ostinatamente **2** *(decide)* in modo sbagliato.

wrong-headedness /ˌrɒŋˈhedɪdnɪs, AE ˌrɔːŋ-/ n. **1** *(of person)* ostinazione f., pervicacia f. **2** *(of policy, decision)* (l')essere sbagliato.

▷ **wrongly** /ˈrɒŋlɪ, AE ˈrɔːŋ-/ avv. [*word, position, translate, connect*] male, in modo sbagliato, erroneamente; ***he concluded, ~, that...*** erroneamente *o* a torto, ha concluso che...; ***rightly or*** ~ a torto o a ragione.

wrongo /ˈrɒŋəʊ, AE ˈrɔːŋ-/ n. AE POP. farabutto m. (-a), mascalzone m. (-a).

wrote /rəʊt/ pass. → **2.write**.

wroth /rəʊθ/ agg. ANT. adirato, furente; ***to wax*** ~ adirarsi, irritarsi.

wrought /rɔːt/ **I** pass., p.pass. ANT. LETT. o GIORN. → **2.work**; ***it ~ havoc*** o ***destruction*** causò distruzione; ***the changes ~ by sth.*** i cambiamenti apportati da qcs. **II** agg. **1** [*silver, gold*] lavorato **2** *(devised)* ***finely, carefully*** ~ [*plot, essay*] finemente, accuratamente elaborato.

wrought iron /ˌrɔːtˈaɪən, AE -ˈaɪərn/ **I** n. ferro m. battuto **II** modif. [*gate, grill*] in ferro battuto.

wrought iron work /ˈrɔːtˌaɪənwɜːk, AE -ˈaɪərn-/ n. lavoro m. in ferro battuto.

wrought-up /ˌrɔːtˈʌp/ agg. [*person*] teso, agitato, nervoso.

wrung /rʌŋ/ **I** pass., p.pass. → **2.wring** **II** agg. ***to be ~ out*** essere stanco morto, esausto.

WRVS n. GB (⇒ Women's Royal Volunteer Service) = associazione di volontarie che prestano assistenza a malati e anziani.

wry /raɪ/ agg. **1** *(ironic)* [*look, comment*] beffardo, canzonatorio, sarcastico; [*amusement*] amaro; ***to have a ~ sense of humour*** avere un umorismo amaro **2** *(disgusted)* ***to make a ~ face*** fare una smorfia (di disgusto).

wrybill /ˈraɪbɪl/ n. beccostorto m.

wryly /ˈraɪlɪ/ avv. [*smile, grin*] in modo beffardo; [*comment*] sarcasticamente.

wryneck /ˈraɪnek/ n. **1** MED. torcicollo m. **2** ZOOL. torcicollo m., collotorto m.

wryness /ˈraɪnɪs/ n. *(of smile, look)* (l')essere beffardo, canzonatorio.

W Sussex GB ⇒ West Sussex West Sussex.

wt ⇒ weight peso.

WTO n. (⇒ World Trade Organization organizzazione mondiale del commercio) WTO m.

wunderkind /ˈvʊndəkɪnd/ n. (pl. **~s**, **~er**) COLLOQ. bambino m. (-a) prodigio.

wuss /wʊs/ n. BE COLLOQ. smidollato m. (-a), rammollito m. (-a).

WV US ⇒ West Virginia West Virginia.

WWI ⇒ World War One prima guerra mondiale.

WWII ⇒ World War Two seconda guerra mondiale.

WWW n. (⇒ World Wide Web ragnatela mondiale, protocollo di ricerca in internet) WWW m.

WY US ⇒ Wyoming Wyoming.

wych elm /ˈwɪtʃelm/ n. olmo m. montano.

wych-hazel → **witch hazel**.

Wyclif(f)ite /ˈwɪklɪfaɪt/ **I** n. seguace m. e f. di John Wycliffe **II** agg. relativo a John Wycliffe.

wynd /waɪnd/ n. SCOZZ. viuzza f., vicolo m.

Wyndham /ˈwɪndəm/ n.pr. Wyndham (nome di uomo).

Wyoming /ˌwaɪˈəʊmɪŋ/ ❥ ***24*** n.pr. Wyoming m.

W Yorkshire GB ⇒ West Yorkshire West Yorkshire.

WYSIWYG /ˈwɪzɪwɪg/ n. INFORM. (⇒ what you see is what you get ciò che vedi è cio che ottieni) WYSIWYG m.

Wystan /ˈwɪstən/ n.pr. Wystan (nome di uomo).

wyvern /ˈwaɪvn/ n. ARALD. drago m. alato bipede.

X

1.x, **X** /eks/ n. **1** *(letter)* x, X m. e f. **2 x** MAT. x f. **3 x** *(unspecified number, place)* ***for ~ people***, ***for ~ number of people*** per x persone, per un numero x di persone **4 X** *(anonymous person, place)* ***Mr X*** il sig. X **5 X** *(on map)* = punto su una cartina; ***X marks the spot*** il punto è segnalato da una croce **6 x** *(at end of letter)* ***x x x*** baci **7 X** *(as signature)* croce f.
2.x /eks/ tr. (pass., p.pass. **x-ed**) crociare, segnare con una croce, una x.
xanthate /ˈzænθeɪt/ n. xantato m.
xanthein /ˈzænθɪɪŋ/ n. xanteina f.
xanthelasma /ˌzænθəˈlæzmə/ n. xantelasma m.
xanthene /ˈzænθiːn/ n. xantene m.
xanthic /ˈzænθɪk/ agg. xantico.
xanthine /ˈzænθɪn/ n. xantina f.
Xanthippe /zænˈθɪpɪ/ n.pr. Santippe.
xanthogenate /zænˈθɒdʒənət/ n. xantogenato m.
xanthogenic /ˌzænθəˈdʒenɪk/ agg. xantogenico.
xanthoma /zænˈθəʊmə/ n. (pl. **~s**, **-ata**) xantoma m.
xanthone /ˈzænθəʊn/ n. xantone m.
xanthophyll /ˈzænθəfɪl/ n. xantofilla f.
xanthopsia /ˌzænˈθɒpsɪə/ n. xantopsia f.
Xavier /ˈxævɪə(r)/ n.pr. Saverio.
X certificate /ˈekssəˌtɪfɪkət/ **I** n. BE ***the film was given an ~*** il film fu vietato ai minori di 18 anni **II** modif. [*film*] vietato ai minori di 18 anni.
x-double-minus /ˌeksˌdʌblˈmaɪnəs/ agg. AE POP. scadente, schifoso.
xebec /ˈziːbek/ n. sciabecco m.
x-ed /ekst/ pass., p.pass. → **2.x.**
xenarthran /zenˈɑːθrən/ n. xenartro m.
xenocurrency /ˌzenəˈkʌrənsɪ/ n. xenovaluta f.
xenodochium /ˌzenədəˈkaɪəm/ n. (pl. **-ia**) xenodochio m.
xenoecology /ˌzenəʊˌiːˈkɒlədʒɪ/ n. xenoecologia f.
xenogamy /ziːˈnɒgəmɪ/ n. xenogamia f.
xenoglossy /ˈzenəˌglɒsɪ/ n. xenoglossia f.
xenograft /ˈzenəgrɑːft, AE -græft/ n. eterotrapianto m., xenotrapianto m.
xenolith /ˈzenəlɪθ/ n. xenolite f.
xenon /ˈziːnɒn/ n. xeno m.
xenophobe /ˈzenəfəʊb/ n. xenofobo m. (-a).
xenophobia /ˌzenəˈfəʊbɪə/ n. xenofobia f.
xenophobic /ˌzenəˈfəʊbɪk/ agg. xenofobico, xenofobo.
Xenophon /ˈzenəfən/ n.pr. Senofonte.
xenopus /ˈzenəpəs/ n. xenopo m.
xenotransplantation /ˌzenəʊˌtrænsplɑːnˈteɪʃn, AE -plænt-/ n. eterotrapianto m., xenotrapianto m.
xeroderma /ˌzɪərəˈdɜːmə/ n. xeroderma m.
xerogram /ˈzɪərəgræm/ n. xerocopia f.
xerographic /ˌzɪərəˈgræfɪk/ agg. xerografico.
xerographic copier /ˌzɪərəˌgræfɪkˈkɒpɪə(r)/ n. xerocopiatrice f.
xerography /zɪəˈrɒgrəfɪ/ n. xerografia f.
xerophilous /zɪˈrɒfɪləs/ agg. xerofilo.
xerophthalmia /ˌzɪəˌrɒfˈθælmɪə/ n. xeroftalmia f., xeroftalmo m.
xerophthalmic /ˌzɪəˌrɒfˈθælmɪk/ agg. xeroftalmico.
xerophyte /ˈzɪərəfaɪt/ n. xerofita f.
xeroradiographic /ˌzɪərəʊˌreɪdɪəʊˈgræfɪk/ agg. xeroradiografico.
xeroradiography /ˌzɪərəʊˌreɪdɪˈɒgrəfɪ/ n. xeroradiografia f.
xerosis /zɪəˈrəʊsɪs/ ➧ ***11*** n. xerosi f.
xerosphere /ˈzɪərəʊsfɪə(r)/ n. xerosfera f.
1.xerox, **Xerox**® /ˈzɪərɒks/ n. **1** *(machine)* xerocopiatrice f. **2** *(process)* (il) fare xerocopie **3** *(copy)* xerocopia f.
2.xerox, **Xerox**® /ˈzɪərɒks/ tr. xerocopiare.
Xerxes /ˈzɜːksiːz/ n.pr. Serse.
xiphisternum /ˌzɪfɪˈstɜːnəm/ n. (pl. **-a**, **~s**) xifoide m.
xiphoid /ˈzɪfɔɪd/ **I** agg. xifoideo **II** n. xifoide m.
XL ➧ ***28*** n. (⇒ extra-large extra-large) XL f.
Xmas /ˈkrɪsməs, ˈeksməs/ n. → **Christmas**.
XML n. (⇒ Extensible Mark-up Language linguaggio di codifica estensibile) XML m.
x out /ˌeksˈaʊt/ tr. AE POP. tirare una croce su, fare una x su.
X rated /ˈeksˌreɪtɪd/ agg. [*film, video*] vietato ai minori di 18 anni.
X rating /ˈeksˌreɪtɪŋ/ n. ***to have an ~*** [*film, video*] essere vietato ai minori di 18 anni.
▷ **1.X-ray** /ˈeksreɪ/ n. **1** ***~s*** raggi X **2** *(photo)* radiografia f. **3** *(process)* radiografia f.; ***to have an ~*** farsi (fare) una radiografia; ***to give sb. an ~*** fare una radiografia a qcn.
▷ **2.X-ray** /ˈeksreɪ/ tr. radiografare, sottoporre a radiografia.
X-ray machine /ˈeksreɪməˌʃiːn/ n. apparecchio m. per radiografia.
X-ray radiation /ˌeksreɪreɪdɪˈeɪʃn/ n. radiazione f. di raggi X.
X-ray unit /ˈeksreɪˌjuːnɪt/ n. divisione f., unità f. di radiologia.
xylan /ˈzaɪlæn/ n. xilano m.
xylem /ˈzaɪlem/ n. xilema m.
xylene /ˈzaɪliːn/ n. xilene m.
xylograph /ˈzaɪləgrɑːf, AE -græf/ n. xilografia f.
xylographer /zaɪˈlɒgrəfə(r)/ ➧ ***27*** n. xilografo m. (-a).
xylographic /ˌzaɪləˈgræfɪk/ agg. xilografico.
xylography /zaɪˈlɒgrəfɪ/ n. xilografia f.
xylol /ˈzaɪlɒl/ n. xilolo m.
xylophagan /zaɪˈlɒfəgən/, **xylophagous** /zaɪˈlɒfəgəs/ agg. xilofago.
xylophone /ˈzaɪləfəʊn/ ➧ ***17*** n. xilofono m.
xylophonist /zaɪˈlɒfənɪst/ ➧ ***17, 27*** n. xilofonista m. e f.
xylose /ˈzaɪləʊs/ n. xilosio m.
xyster /ˈzɪstə(r)/ n. MED. raschietto m.

y

y, Y /waɪ/ n. **1** *(letter)* y, Y m. e f. **2 y** MAT. y f. **3 y.** ⇒ year anno (a.).

1.yacht /jɒt/ **I** n. yacht m., panfilo m. **II** modif. [*crew*] dello yacht; [*race*] di yacht; ~ ***club*** yacht club *o* circolo nautico.

2.yacht /jɒt/ intr. navigare su yacht, su panfilo.

yachting /ˈjɒtɪŋ/ ➧ ***10*** **I** n. yachting m., navigazione f. da diporto; ***to go*** ~ fare yachting **II** modif. [*clothes*] per lo yachting; [*enthusiast*] dello yachting; [*course*] di yachting; [*holiday*] in yacht.

yachtsman /ˈjɒtsmən/ n. (pl. **-men**) yachtsman m., chi pratica lo yachting, diportista m.

yachtsmanship /ˈjɒtsmənʃɪp/ n. abilità f. nel praticare lo yachting, nella navigazione da diporto, diportismo m.

yachtsmen /ˈjɒtsmen/ → **yachtsman.**

yachtswoman /ˈjɒtswʊmən/ n. (pl. **-women**) donna f. che pratica lo yachting, diportista f.

1.yack /jæk/ n. COLLOQ. **1** (anche **yackety-yak**) *(chat)* ***to have a*** ~ ciarlare *o* cianciare *o* chiacchierare **2** AE *(loud laugh)* risata f. crassa **3** AE *(joke)* gag f., battuta f.

2.yack /jæk/ intr. COLLOQ. (anche **yackety-yak**) ciarlare, cianciare, chiacchierare.

▪ **yack at** AE tormentare, assillare [*person*].

yah /jɑː/ avv. sì.

1.yahoo /jəˈhuː/ n. bruto m., bestia f.

2.yahoo /jəˈhuː/ inter. urrà.

1.yak /jæk/ n. ZOOL. yak m.

2.yak /jæk/ → **1.yack, 2.yack.**

yakuza /jəˈkuːzə/ n. yakuza f.

Yale® /jeɪl/ n. (anche **Yale lock**) serratura f. yale.

Yale key® /ˈjeɪlkiː/ n. chiave f. per serratura yale.

yam /jæm/ n. **1** *(tropical)* igname m. **2** AE *(sweet potato)* patata f. dolce, batata f.

yammer /ˈjæmə(r)/ **I** tr. COLLOQ. brontolare, borbottare **II** intr. → **yammer on.**

▪ **yammer on** COLLOQ. protestare (**about** su), lamentarsi (**about** di).

yang /jæŋ/ n. yang m.

1.yank /jæŋk/ n. strattone m.; ***to give sth. a*** ~ dare uno strattone a qcs.

2.yank /jæŋk/ tr. dare uno strattone a, strattonare [*person*]; ***he*** ~***ed me into his office*** mi ha tirato violentemente nel suo ufficio.

▪ **yank off:** ~ ***[sth.] off,*** ~ ***off [sth.]*** tirare via [*tie, scarf*]; ***to*** ~ ***off the bedcovers*** tirare via il copriletto (dal letto).

▪ **yank out:** ~ ***[sth.] out,*** ~ ***out [sth.]*** tirare, cavare [*tooth*].

Yank /jæŋk/ n. COLLOQ. SPREG. Yankee m. e f., americano m. (-a) degli Stati Uniti.

Yankee /ˈjæŋkɪ/ n. **1** AE *(inhabitant of New England)* nativo m. (-a), abitante m. e f. della Nuova Inghilterra **2** AE *(inhabitant of North)* nativo m. (-a), abitante m. e f. del nord degli Stati Uniti **3** STOR. *(soldier)* nordista m. **4** SPREG. *(North American)* yankee m. e f.

Yankeedom /ˈjæŋkɪdəm/ n. RAR. **1** *(the United States)* Stati Uniti m.pl., America f. **2** *(Yankees)* ~ gli yankee.

Yankee doodle /ˌjæŋkɪˈduːdl/ n. = canzone popolare americana simbolo del sentimento nazionale durante la guerra di indipendenza.

> **i** **Yankee** Termine con connotazione spregiativa che, durante la guerra di Secessione, era usato dai Sudisti per indicare i Nordisti. Oggi negli USA indica gli abitanti della Nuova Inghilterra, mentre nel resto del mondo si applica agli americani statunitensi in genere. Il termine deriva probabilmente dall'olandese *Janke*, diminutivo di *Jan* (Giovanni), nome proprio piuttosto comune negli insediamenti di origine olandese della costa nord-orientale.

Yankeefied /ˈjæŋkɪfaɪd/ agg. americanizzato.

Yankeeism /ˈjæŋkɪɪzəm/ n. americanismo m.

Yankeeland /ˈjæŋkɪlænd/ n. Stati Uniti m.pl., America f.

1.yap /jæp/ n. abbaio m. (acuto); ~ ~***!*** *(of dog)* bau bau! *(of person)* bla bla!

2.yap /jæp/ intr. (forma in -ing ecc. **-pp-**) **1** [*dog*] abbaiare (con abbai brevi e acuti) (**at** a) **2** SPREG. [*person*] *(chatter)* cianciare, ciarlare; *(talk foolishly)* parlare a vanvera; *(loquaciously)* parlare senza sosta.

yapping /ˈjæpɪŋ/ **I** n. **U** abbai m.pl. (acuti), guaiti m.pl. **II** agg. [*dog*] che abbaia, che guaisce.

Yarborough /ˈjɑːbrə/ n. *(in bridge)* = mano senza carte sopra il nove.

▶ **1.yard** /jɑːd/ ➧ ***15*** n. **1** iarda f. (= 0.9144 m) **2** FIG. ***you've got*** ~***s of room!*** hai un mucchio di spazio! ***she writes poetry by the*** ~ o ***she writes*** ~***s and*** ~***s of poetry*** scrive pagine e pagine di poesia **3** MAR. pennone m.

▶ **2.yard** /jɑːd/ **I** n. **1** *(of house, farm, prison, hospital)* cortile m. **2** AE *(garden)* prato m., giardino m. **3** COMM. ING. *(for storage)* deposito m., magazzino m.; *(for construction)* cantiere m.; ***builder's*** ~ deposito di materiali edilizi *o* da costruzione **II Yard** n.pr. BE ***the*** ~ Scotland Yard (sede della polizia metropolitana di Londra).

3.yard /jɑːd/ tr. chiudere in un recinto [*cattle*].

yardage /ˈjɑːdɪdʒ/ n. misura f., distanza f. in iarde.

yardarm /ˈjɑːdɑːm/ n. varea f., estremità f. del pennone.

yardbird /ˈjɑːdbɜːd/ n. COLLOQ. **1** *(prisoner)* carcerato m. (-a), detenuto m. (-a) **2** AE MIL. COLLOQ. *(soldier)* spina f., burba f.

Yardie /ˈjɑːdiː/ n.pr. BE COLLOQ. = malvivente d'origine giamaicana.

yard-man /ˈjɑːdmən/ ➧ ***27*** n. AE (pl. **-men**) giardiniere m.

yardmaster /ˈjɑːdmɑːstə(r), AE -mæstə(r)/ n. AE FERR. responsabile m. di scalo ferroviario.

yard-men /ˈjɑːdmen/ → **yard-man.**

yard sale /ˈjɑːdseɪl/ n. AE = vendita di roba usata che in genere avviene nel cortile della propria abitazione.

yardstick /ˈjɑːdstɪk/ n. **1** *(rod)* stecca f. di una iarda **2** FIG. metro m., criterio m. di giudizio, parametro m. (**for** per).

1.yarn /jɑːn/ n. **1** TESS. filo m., filato m.; ***polyamide, cotton*** ~ filato di poliammide, di cotone **2** *(tale)* storia f., racconto m.; ***to spin a*** ~ raccontare storie *o* frottole.

2.yarn /jɑːn/ intr. raccontare storie; *(chat)* chiacchierare.

yarrow /ˈjærəʊ/ n. millefoglio m.

yashmak /ˈjæʃmæk/ n. velo m. delle donne islamiche.

1.yaw /jɔ:/ n. 1 MAR. straorzata f. 2 AER. imbardata f.

2.yaw /jɔ:/ intr. 1 MAR. straorzare 2 AER. imbardare.

yawl /jɔ:l/ n. *(sailing boat)* yawl m., iolla f.; *(ship's boat)* scialuppa f. (a quattro o sei remi); *(fishing boat)* (piccola) barca f. da pesca.

▷ **1.yawn** /jɔ:n/ n. 1 *(physical action)* sbadiglio m.; ***to give a ~*** sbadigliare *o* fare uno sbadiglio 2 FIG. *(bore)* ***what a ~!*** COLLOQ. che barba *o* che pizza!

▷ **2.yawn** /jɔ:n/ I tr. ***"See you tomorrow," he ~ed*** "ci vediamo domani," disse sbadigliando II intr. 1 [*person*] sbadigliare 2 FIG. *(gape)* [*tunnel*] aprirsi; [*abyss, chasm*] spalancarsi.

yawning /'jɔ:nɪŋ/ I n. sbadigli m.pl., sbadigliamento m. II agg. [*abyss, chasm*] spalancato; FIG. ***a ~ gap in the market, law*** un grosso vuoto nel mercato, un vuoto legislativo; ***the ~ gap between promises and performance*** la grossa discrepanza tra le promesse e la loro realizzazione; ***the ~ gap between the two countries*** il grosso divario *o* l'abisso tra i due paesi.

yawningly /'jɔ:nɪŋlɪ/ avv. sbadigliando.

1.yawp /jɔ:p/ n. AE COLLOQ. (lo) sbraitare, (lo) strepitare.

2.yawp /jɔ:p/ intr. AE COLLOQ. sbraitare, strepitare.

yaws /jɔ:z/ n. + verbo sing. framboesia f.

yclept /ɪ'klept/ agg. ANT. o SCHERZ. chiamato, di nome.

yd ⇒ yard iarda (yd).

1.ye /ji:/ pron. ANT. voi ◆ ***~ gods!*** COLLOQ. buon Dio!

2.ye /ji:/ determ. ANT. LETT. → **the**.

yea /jeɪ/ I avv. ANT. 1 *(yes)* sì 2 *(indeed)* proprio, davvero II n. POL. ***the ~s and the nays*** i sì e i no *o* i voti favorevoli e i contrari.

▶ **yeah** /jeə/ avv. COLLOQ. sì; ***oh ~?*** ah sì? (anche IRON.).

▶ **year** /jɪə(r), jɜ:(r)/ ◗ ***33, 1*** I n. 1 *(period of time)* anno m., annata f.; ***in the ~ 1789, 2005*** nell'anno 1789, 2005; ***every ~, every other ~*** ogni anno, ogni due anni; ***two ~s ago*** due anni fa; ***all (the) ~ round*** tutto l'anno; ***during the ~*** durante l'anno *o* nel corso dell'anno; ***over the ~s*** nel corso degli anni; ***the ~ before last*** due anni fa; ***~ by ~*** di anno in anno; ***three ~s running*** tre anni consecutivi; ***~ in ~ out*** tutti gli anni *o* un anno dopo l'altro; ***in ~s to come*** nei prossimi anni *o* negli anni a venire; ***at the end of the ~*** a fine anno *o* alla fine dell'anno; ***I shall retire in two ~s*** andrò in pensione tra due anni; ***we hope to build the bridge in two ~s*** speriamo di costruire il ponte in due anni; ***they have been living in Paris for ~s*** abitano a Parigi da anni; ***they lived in Paris for ~s*** hanno vissuto a Parigi per anni; ***they will probably live there for ~s*** probabilmente vivranno là per anni; ***for the first time in ~s*** per la prima volta da anni; ***it was a ~ ago last October that I heard the news*** a ottobre ha fatto un anno che ho saputo la notizia; ***it will be four ~s in July since he died*** a luglio saranno quattro anni che è morto; ***it's a ~ since I heard from him*** è un anno che non lo sento *o* che non ho più notizie di lui; ***from one ~ to the next*** da un anno all'altro; ***in all my ~s as a journalist*** in tutta la mia carriera da giornalista; ***to earn £ 30,000 a ~*** guadagnare 30.000 sterline l'anno 2 *(indicating age)* ***to be 19 ~s old*** o ***19 ~s of age*** avere 19 anni; ***a two-~-old child*** un bambino di due anni; ***he's in his fiftieth ~*** è nel suo cinquantesimo anno *o* ha cinquant'anni 3 SCOL. UNIV. anno m.; ***to be in one's first ~ at Cambridge*** essere al primo anno a Cambridge; ***is that boy in your ~?*** quel ragazzo è del tuo anno? 4 BE SCOL. *(pupil)* ***first, second ~*** alunno di prima, di seconda 5 *(prison sentence)* anno m.; ***to get 15 ~s*** essere condannato a 15 anni II **years** n.pl. 1 *(age)* anni m., età f.sing.; ***from her earliest ~s*** fin dalla più tenera età; ***a man of your ~s and experience*** un uomo della sua età e della sua esperienza 2 COLLOQ. *(a long time) (used in exaggeration)* ***but that would take ~s!*** ma (così) ci vorrebbe un'eternità! ***it's ~s since we last met!*** è una vita che non ci vediamo! ◆ ***this job has put ~s on me!*** questo lavoro mi ha fatto invecchiare! ***losing weight takes ~s off you*** dimagrire ti ringiovanisce! ***I gave you the best ~s of my life*** ti ho donato *o* ho sacrificato per te gli anni migliori della mia vita.

yearbook /'jɪəbʊk, 'jɜ:-/ n. annuario m. (anche AE SCOL. UNIV.).

year dot /ˌjɪə'dɒt, ˌjɜ:-/ n. COLLOQ. ***since the ~*** da sempre *o* da tempo immemorabile.

year-end /ˌjɪə'end, ˌjɜ:-/ I n. AMM. fine f. d'anno, d'esercizio II modif. [*adjustment, audit, dividend*] di fine d'anno, di fine d'esercizio.

yearling /'jɪəlɪŋ, 'jɜ:-/ n. animale m. di un anno; *(horse)* yearling m., puledro m. di un anno.

yearlong /'jɪəlɒŋ, AE -lɔ:ŋ/ agg. [*stay, course, absence*] di un anno, che dura un anno.

yearly /'jɪəlɪ, 'jɜ:-/ I agg. [*visit, account*] annuale; [*income*] annuo II avv. annualmente, ogni anno.

yearn /jɜ:n/ intr. 1 *(desire)* ***to ~ for*** desiderare (ardentemente) [*child, food*]; agognare [*freedom, unity*]; aspettare impazientemente [*era, season, event*]; ***to ~ for sb.*** desiderare qcn.; ***to ~ to do*** desiderare ardentemente fare 2 *(miss)* ***she ~s for her son, her homeland*** sente la nostalgia del figlio, della sua patria *o* le manca il figlio, la sua patria.

yearning /'jɜ:nɪŋ/ I n. desiderio m. ardente, brama f. (**for** di; **to do** di fare) II **yearnings** n.pl. desideri m., aspirazioni f. III agg. [*expression*] desideroso, pieno di desiderio.

yearningly /'jɜ:nɪŋlɪ/ avv. [*gaze*] con desiderio, con uno sguardo pieno di desiderio.

year out /'jɪəraʊt/ n. anno m. di pausa (prima dell'università).

year-round /ˌjɪə'raʊnd, ˌjɜ:-/ agg. [*resident*] in pianta stabile, che abita stabilmente (in un posto); [*supply, source*] che dura tutto l'anno; ***designed for ~ use*** concepito per essere usato tutto l'anno.

year tutor /'jɪəˌtju:tə(r), 'jɜ:-, AE -ˌtu:tə(r)/ n. BE = insegnante che si occupa degli studenti di uno stesso anno di corso.

▷ **1.yeast** /ji:st/ n. lievito m., fermento m.

2.yeast /ji:st/ intr. fermentare.

yeasty /'ji:stɪ/ agg. 1 [*smell, taste*] di lievito; [*bread, wine*] che sa di lievito 2 *(frothy)* schiumoso, schiumante, spumeggiante.

yecch /jek/ inter. AE COLLOQ. → **yuck**.

yec(c)hy /'jekɪ/ agg. AE COLLOQ. → **yucky**.

yegg /jeg/ n. AE ANT. COLLOQ. (anche **yegg man**) scassinatore m., svaligiatore m.

Yehudi /jɪ'hu:dɪ/ n.pr. Yehudi (nome di uomo).

1.yell /jel/ n. *(shout)* grido m., strillo m.; *(of rage, pain)* urlo m.; ***to give*** o ***let out a ~ of delight*** urlare di gioia *o* cacciare un urlo di gioia.

2.yell /jel/ I tr. urlare, gridare [*warning, insults*]; ***"I can't hear you," he ~ed*** "non ti sento," urlò II intr. *(shout)* urlare, gridare; ***to ~ at sb.*** urlare a qcn. *o* all'indirizzo di qcn.

yelling /'jelɪŋ/ I n. urla f.pl., grida f.pl. II agg. [*mob, crowd*] urlante.

▶ **1.yellow** /'jeləʊ/ ◗ ***5*** I agg. 1 *(in colour)* giallo; ***to go*** o ***turn ~*** diventare giallo *o* ingiallire; ***the lights are on ~*** il semaforo è giallo 2 COLLOQ. *(cowardly)* [*person*] codardo; ***he has a ~ streak*** non è un cuor di leone II n. giallo m.

2.yellow /'jeləʊ/ I tr. ingiallire II intr. ingiallire.

yellowback /'jeləʊbæk/ n. = romanzo di letteratura popolare in edizione economica, caratterizzata dalla copertina gialla.

yellow-bellied /'jeləʊˌbelɪd/ agg. codardo.

yellow-bellied toad /ˌjeləʊbelɪd'təʊd/ n. ululone m. a ventre giallo.

yellow-belly /'jeləʊˌbelɪ/ n. COLLOQ. codardo m. (-a).

yellow brick road /ˌjeləʊbrɪk'rəʊd/ n. = strada che conduce a qualcosa di buono.

yellowcake /'jeləʊkeɪk/ n. ossido m. di uranio.

yellow card /ˌjeləʊ'kɑ:d/ n. SPORT cartellino m. giallo.

yellow fever /ˌjeləʊ'fi:və(r)/ ◗ ***11*** n. febbre f. gialla.

yellow fish /ˌjeləʊ'fɪʃ/ n. AE SPREG. = immigrato clandestino cinese.

yellow flag /ˌjeləʊ'flæg/ n. MAR. bandiera f. gialla.

yellowhammer /'jeləʊˌhæmə(r)/ n. BOT. zigolo m. giallo.

yellowish /'jeləʊwɪʃ/ agg. giallastro.

yellowish brown /ˌjeləʊwɪʃ'braʊn/ ◗ ***5*** I agg. marroncino II n. marroncino m.

yellowishness /'jeləʊwɪʃnɪs/ n. colore m. giallastro.

yellow jacket /'jeləʊˌdʒækɪt/ n. 1 ZOOL. vespa f. 2 COLLOQ. *(drug)* pasticca f. di barbiturici.

yellow jersey /ˌjeləʊ'dʒɜ:zɪ/ n. *(in cycling)* maglia f. gialla.

yellow line /ˌjeləʊ'laɪn/ n. *(on side of road)* linea f. gialla.

yellow metal /ˌjeləʊ'metl/ n. *(brass)* = lega molto malleabile di rame e zinco, simile all'orpello e al tombacco; *(gold)* metallo m. giallo.

yellowness /'jeləʊnɪs/ n. 1 *(of hue)* giallezza f. 2 COLLOQ. *(cowardice)* codardia f.

yellow ochre /ˌjeləʊ'əʊkə(r)/ ◗ ***5*** n. *(colour)* giallo m. ocra; *(substance)* ocra f. gialla.

Yellow Pages® /ˌjeləʊ'peɪdʒɪz/ n.pr.pl. pagine f. gialle®.

yellow peril /ˌjeləʊ'perəl/ n. SPREG. pericolo m. giallo.

yellow press /ˌjeləʊ'pres/ n. RAR. stampa f. gialla.

yellow ribbon /ˌjeləʊ'rɪbən/ n. = negli USA, nastro giallo che viene legato a un albero per ricordare chi è partito soldato per la guerra, oppure chi è stato preso in ostaggio o fatto prigioniero.

Yellow River /ˌjeləʊ'rɪvə(r)/ ◗ ***25*** n.pr. Fiume m. Giallo.

Yellow Sea /ˌjeləʊ'si:/ ◗ ***20*** n.pr. Mar m. Giallo.

yellow-skinned /ˌjeləʊ'skɪnd/ agg. dalla, con la pelle gialla.

yellow soap /ˌjeləʊ'səʊp/ n. = sapone di Marsiglia.

yellow spot /'jeləʊspɒt/ n. macula f. lutea.

yellow wagtail /ˌjeləʊ'wægteɪl/ n. cutrettola f.

yellowy /'jeləʊwɪ/ agg. giallognolo, giallastro, gialliccio.

1.yelp /jelp/ n. **1** *(of animal)* guaito m. **2** FIG. *(of person)* gemito m., gridolino m.

2.yelp /jelp/ intr. **1** [*animal*] guaire (**with** per) **2** [*person*] gemere, gridare con voce stridula (**with** per).

yelper /'jelpə(r)/ n. **1** *(animal)* = animale che guaisce **2** AE *(siren alarm)* sirena f.

yelping /'jelpɪŋ/ **I** n. **U 1** *(of animal) (with pain, fear)* guaiti m.pl. **2** *(of person)* gemiti m.pl., gridolini m.pl. **II** agg. [*animal*] *(with pain, fear)* che guaisce, uggiolante.

Yemen /'jemən/ ➧ *6* n.pr. Yemen m.; ***North, South*** ~ STOR. Yemen del Nord, del Sud.

Yemeni /'jemənɪ/ ➧ *18* **I** agg. yemenita **II** n. yemenita m. e f.

1.yen /jen/ ➧ *7* **I** n. ECON. yen m. **II** modif. [*trading, value*] in yen.

2.yen /jen/ n. COLLOQ. ***to have a ~ for sth., to do*** morire dalla voglia di qcs., di fare.

3.yen /jen/ intr. COLLOQ. (forma in -ing ecc. **-nn-**) ***to ~ for sth., to do*** morire dalla voglia di qcs., di fare.

yenta /'jentə/ n. AE COLLOQ. SPREG. *(gossip)* pettegola f., comare f.

yeoman /'jəʊmən/ n. (pl. **-men**) **1** GB STOR. (anche **~ farmer**) yeoman m. **2** GB MIL. STOR. = cavaliere volontario membro del corpo militare chiamato yeomanry **3** → **yeoman of the guard 4** GB MIL. = sottufficiale di marina addetto alla segnalazione; US MIL. = sottufficiale di marina addetto a lavori di ufficio.

yeomanly /'jəʊmənlɪ/ agg. **1** di, da yeoman **2** *(sturdy)* fermo, risoluto.

yeoman of the guard /ˌjəʊmənəvθə'gɑːd/ n. (pl. **yeomen of the guard**) GB = guardiano della Torre di Londra.

yeomanry /'jəʊmənrɪ/ n. **U** yeomanry m.

yeomen /'jəʊmen/ → **yeoman.**

yep /jep/ avv. AE COLLOQ. sì.

▶ **1.yes** /jes/ Note that there are no direct equivalents in Italian for short replies such as *yes I am, yes I did, yes I have.* For some suggestions on how to translate these, see the notes at **be, do** and **have.** avv. sì; ***to say ~*** dire (di) sì; ***she always says ~ to everything*** dice sempre di sì a tutto; ***10 points for a ~*** 10 punti per un sì; ***~ please*** sì, grazie; ***oh, ~!*** ah, sì!

▶ **2.yes** /jes/ n. sì m.; *(vote)* sì m., voto m. favorevole; ***the ~es and the nos*** i sì e i no.

yeshiva /jə'ʃɪvə/ n. (pl. **~s, -voth**) scuola f. ebraica.

yes-man /'jesmæn/ n. (pl. **yes-men**) COLLOQ. SPREG. yes-man m.

yes-no question /ˌjes'nəʊˌkwestʃən/ n. LING. domanda f. a risposta chiusa.

▶ **yesterday** /'jestədeɪ, -dɪ/ ➧ *8, 36* **I** n. **1** ieri m.; ***~ was Wednesday*** ieri era mercoledì; ***~'s newspaper*** il giornale di ieri; ***~ was a sad day for all of us*** ieri è stato un giorno triste per noi tutti; ***~ was the twenty-third of February*** ieri era il ventitré febbraio; ***what was ~'s date?*** quanti ne avevamo ieri? che data era ieri? ***the day before ~*** l'altroieri **2** FIG. *(the past)* ***~'s fashions*** la moda passata *o* di ieri; ***~'s men*** gli uomini del passato; ***all our ~s*** tutto il nostro passato **II** avv. **1** ieri; ***it snowed ~*** ha nevicato ieri; ***I saw her only ~*** l'ho vista solo ieri; ***all day ~*** tutto ieri; ***a week ago ~*** otto giorni fa; ***it was ~ week*** è stato ieri a otto; ***it was a week ~*** è stato una settimana ieri; ***early ~*** ieri sul presto; ***late ~*** ieri sul tardi *o* in tarda giornata; ***I remember it as if it was ~*** me lo ricordo come se fosse ieri; ***only ~ he was saying to me...*** soltanto ieri mi diceva... **2** FIG. *(in the past)* ieri, un tempo ◆ ***I wasn't born ~*** non sono nato ieri.

yesterday afternoon /ˌjestədeɪˌɑːftə'nuːn, -dɪ-, AE -ˌæftə-/ **I** n. (il) pomeriggio m. di ieri; ***~'s meeting*** la riunione di ieri pomeriggio **II** avv. ieri pomeriggio.

yesterday evening /ˌjestədeɪ'iːvnɪŋ, -dɪ-/ **I** n. (la) sera f. di ieri; ***~'s party*** la festa di ieri sera **II** avv. ieri sera.

yesterday morning /ˌjestədeɪ'mɔːnɪŋ, -dɪ-/ **I** n. (la) mattina f. di ieri; ***~'s lecture*** la lezione di ieri mattina **II** avv. ieri mattina.

yestereve(ning) /ˌjestə'iːv(nɪŋ)/ ANT. → **yesterday evening.**

yestermorn(ing) /ˌjestə'mɔːn(ɪŋ)/ ANT. → **yesterday morning.**

yesteryear /'jestəjɪə(r)/ n. LETT. ieri m., passato m.; ***the fashions of ~*** le mode passate *o* del passato.

yes-vote /'jesˌvəʊt/ n. sì m., voto m. favorevole.

▶ **yet** /jet/ **I** avv. **1** *(up till now, so far: with negatives)* ancora, finora; *(in questions)* già; *(with superlatives)* finora, fino ad adesso; ***it's not ready ~*** o ***it's not ~ ready*** non è ancora pronto; ***she hasn't ~ arrived*** o ***she hasn't arrived ~*** non è ancora arrivata; ***has he arrived ~?*** è già arrivato? ***not ~*** non ancora *o* finora no; ***this is his best, worst ~*** questo è il migliore, il peggiore che ha fatto finora; ***her most ambitious, dangerous project ~*** il progetto più ambizioso, più pericoloso che lei abbia fatto fino ad oggi; ***it's the best ~*** finora è il migliore **2** (anche **just ~**) *(now)* ancora, subito; ***don't start (just) ~*** non cominciare ancora *o* subito; ***we don't have to leave (just) ~*** non dobbiamo andarcene subito **3** *(still)* ancora; ***they may ~ come*** o ***they may come ~*** potrebbero ancora arrivare; ***she might ~ decide to leave*** potrebbe ancora decidere di partire; ***he'll finish it ~*** potrà ancora finirlo; ***Lou's young ~*** Lou è ancora giovane; ***the campaign has ~ to begin*** la campagna deve ancora cominciare; ***the news has ~ to reach them*** non hanno ancora ricevuto la notizia; ***the as ~ unfinished building*** l'edificio ancora in costruzione; ***there is a year to go ~ before...*** c'è ancora un anno prima...; ***it'll be ages ~ before...*** passeranno dei secoli prima...; ***he won't come for hours ~*** passeranno ore prima che arrivi; ***there are three more packets ~*** ci sono ancora altri tre pacchetti **4** *(even, still: with comparatives etc.)* ancora; ***~ more cars*** ancora più automobili; ***~ louder, more surprising*** ancora più forte, più sorprendente; ***~ another attack, question*** ancora un altro attacco, un'altra domanda; ***~ again*** ancora una volta **II** cong. *(nevertheless)* tuttavia, eppure, ma; ***he was injured, (and) ~ he still won*** era infortunato, ma vinse lo stesso; ***so strong (and) ~ so gentle*** così forte eppure così delicato.

yeti /'jetɪ/ n. yeti m.

yew /juː/ **I** n. **1** (anche **~ tree**) tasso m. **2** *(wood)* (legno di) tasso m. **II** modif. [*hedge*] di tasso.

Y-fronts /'waɪˌfrʌnts/ n.pl. BE = slip da uomo con cucitura a Y sul davanti.

YHA n. GB (⇒ Youth Hostels Association) = associazione degli ostelli della gioventù.

Yid /jɪd/ n. POP. SPREG. ebreo m. (-a).

Yiddish /'jɪdɪʃ/ ➧ *14* **I** n. yiddish m. **II** agg. yiddish.

1.yield /jiːld/ n. **1** *(product, amount produced)* produzione f., prodotto m.; *(of tree, field, farm)* raccolto m.; ***the annual milk ~*** la produzione annuale di latte; ***a good, poor ~ of wheat*** un buon, cattivo raccolto di grano; ***a high ~ variety*** una varietà ad alto rendimento **2** ECON. *(of shares, investments)* rendita f., rendimento m. (**from, on** di); ***a ~ of 8%*** una rendita dell'8%; ***a high ~ bond*** un'obbligazione ad alto rendimento.

▷ **2.yield** /jiːld/ **I** tr. **1** *(produce, bear)* [*crop, animal, land*] produrre; [*mine, quarry*] produrre, rendere **2** ECON. rendere, fruttare; ***to ~ 25% over 10 years*** fruttare il 25% in 10 anni; ***to ~ millions in taxes*** rendere milioni in tasse **3** *(provide)* fornire, dare [*information, result*]; dare [*meaning, clue*]; svelare [*secret*]; ***to ~ new insights into*** aprire nuove prospettive su **4** *(surrender)* cedere (**to** a); ***to ~ ground to*** MIL. cedere terreno a (anche FIG.); ***to ~ a point to sb.*** darla vinta su un punto a qcn.; ***she refused to ~ this point*** non ha voluto cedere su questo punto; ***to ~ the floor to*** cedere la parola a **II** intr. **1** *(give in) (to person, temptation, pressure, threats)* cedere (**to** a); *(to army, arguments)* arrendersi (**to** a); ***to ~ to force*** cedere alla forza; ***to ~ to persuasion*** lasciarsi persuadere; ***I ~ to no-one in my admiration for her work*** sono il più grande ammiratore della sua opera **2** *(under weight, physical pressure)* [*lock, door, shelf, bridge*] cedere (**under** sotto) **3** *(be superseded)* ***to ~ to*** [*technology, phenomenon*] cedere il passo a; [*land, countryside*] lasciare il posto a **4** *(be productive)* ***to ~ well, poorly*** avere un buon, un cattivo rendimento; ***the cow ~s well*** la mucca produce molto latte **5** AE AUT. dare la precedenza (**to** a); ***"~"*** *(on sign)* dare precedenza.

▪ **yield up** svelare [*secret*]; consegnare [*treasure*].

yield criterion /'jiːldkraɪˌtɪərɪən/ n. criterio m. di rendimento.

yield curve /'jiːldˌkɜːv/ n. curva f. di rendimento.

yielder /'jiːldə(r)/ n. **1** *(person who gives up)* chi cede, chi si arrende **2** *(productive thing)* = cosa produttiva, che genera guadagno, che rende.

yield gap /'jiːldgæp/ n. ECON. scarto m. di rendimento.

yielding /'jiːldɪŋ/ agg. **1** [*person*] *(accommodating)* accomodante; *(submissive)* remissivo, docile **2** [*material*] cedevole, molle.

yieldingly /'jiːldɪŋlɪ/ avv. cedevolmente.

yieldingness /'jiːldɪŋnɪs/ n. cedevolezza f.

yikes /jaɪks/ inter. AE COLLOQ. ahi ahi.

yin /jɪn/ n. yin m.; ***~ (and) yang*** lo yin e lo yang.

yip /jɪp/ AE COLLOQ. → **1.yelp, 2.yelp.**

yipe(s) /jaɪp(s)/ inter. → **yikes.**

yippee /'jɪpiː/ inter. COLLOQ. (h)urrà, evviva.

Y2K I n. (anno) duemila m. **II** modif. ***~ bug*** millennium bug; ***~ compatible*** a prova di millennium bug.

YMCA n. (⇒ Young Men's Christian Association associazione cristiana dei giovani) YMCA f.

yob /jɒb/, **yobbo** /'jɒbəʊ/ n. (pl. **~s**) BE COLLOQ. SPREG. teppista m. e f.

yock /jɒk/ AE COLLOQ. n. *(laugh)* (bella) risata f.; *(joke)* bella battuta f.; ***to have a ~*** farsi una bella risata.

yod /jɒd/ n. iod m.

1.yodel /'jəʊdl/ n. jodel m.

2.yodel /'jəʊdl/ intr. (forma in -ing ecc. **-ll-**, **-l-** AE) = cantare facendo dei gorgheggi simili a quelli dello jodel.

▷ **yoga** /'jəʊgə/ ❥ **10** **I** n. yoga m. **II** modif. [*class, teacher*] di yoga.

yoghurt /'jɒgət, AE 'jəʊgərt/ n. yogurt m.; ***natural*** ~ yogurt naturale *o* bianco.

yogi /'jəʊgɪ/ n. yogi m. e f.

yo-heave-ho /ˌjəʊhi:v'həʊ/ inter. oh issa.

1.yoke /jəʊk/ n. **1** *(for oxen)* giogo m.; *(for person)* bicollo m., bilanciere m.; FIG. giogo m.; ***to throw off the*** ~ liberarsi dal giogo **2** *(pair of oxen)* giogo m. **3** SART. sprone m. **4** ING. giogo m. magnetico.

2.yoke /jəʊk/ tr. **1** (anche ~ **up**) aggiogare [*oxen*]; apparigliare [*horses*] **2** (anche ~ **together**) FIG. unire, accoppiare.

yokefellow /'jəʊkˌfeləʊ/ n. **1** *(partner)* compagno m. (-a), collega m. e f. **2** *(spouse)* coniuge m. e f.

yokel /'jəʊkl/ n. SPREG. bifolco m.

yoke oxen /'jəʊkˌɒksn/ n.pl. giogo m.sing., coppia f.sing. di buoi aggiogati.

yolk /jəʊk/ n. tuorlo m.

yomp /jɒmp/ **I** tr. BE MIL. GERG. ***the soldiers ~ed many miles*** i soldati, pesantemente equipaggiati, avanzarono per molte miglia sul terreno accidentato **II** intr. BE MIL. GERG. = marciare su terreno accidentato con pesante equipaggiamento.

yon /jɒn/ agg. ANT. quello.

yonder /'jɒndə(r)/ **I** agg. ANT. o LETT. *(this, that)* quello **II** avv. ANT. o LETT. là; ***up*** ~ lassù; ***over*** ~ laggiù ◆ ***to disappear into the (wide) blue*** ~ scomparire in lontananza; *(in westerns)* andare verso il tramonto.

yonks /jɒŋks/ n.pl. BE COLLOQ. ***I haven't seen him for*** ~ è una vita che non lo vedo.

yoof /ju:f/ COLLOQ. **I** n. *(young people)* ***the*** ~ i giovani **II** modif. [*culture, TV*] giovane, giovanile, dei giovani.

yoo-hoo /'ju:hu:/ inter. ehilà, iu-hù.

yore /jɔ:(r)/ n. LETT. ***of*** ~ di un tempo *o* d'antan; ***in days of*** ~ in passato *o* un tempo.

Yorick /'jɒrɪk, AE 'jɔ:-/ n. Yorick (nome di uomo).

yorker /jɔ:kə(r)/ n. SPORT *(cricket)* lancio m. imprendibile.

yorkie /'jɔ:kɪ/ n. (accorc. yorkshire terrier) yorkshire m.

Yorkshire /'jɔ:kʃə(r)/ ❥ **24** n.pr. Yorkshire m.

Yorkshire pudding /ˌjɔ:kʃə'pʊdɪŋ/ n. BE intrad. m. = focaccina di farina, latte e uova, spesso servita con il roast beef.

Yorkshire terrier /ˌjɔ:kʃə'terɪə(r)/ n. yorkshire m. (terrier).

▶ **you** /*forma debole* jʊ, *forma forte* ju:/ pron. **1** *(subject, vocative) (singular: informal)* tu; *(singular: polite)* lei; *(plural: informal)* voi; *(plural: polite)* loro; ***~'ve seen it*** l'hai visto, l'ha visto, lo avete visto, l'hanno visto; *(emphatic)* tu l'hai visto, lei l'ha visto, voi lo avete visto, loro lo hanno visto; ***are ~ busy?*** sei occupato? è occupato? siete occupati? sono occupati? ***here ~ are*** eccoti, ecco a lei, eccovi, ecco a loro; ***I love ballet but ~ don't*** io amo il balletto ma tu, lei, voi, loro no; ***~'re a genius*** (tu) sei un genio, (lei) è un genio; ***~'re actors, aren't ~?*** siete attori, vero? ***~ and I went to the concert*** io e te, io e lei, io e voi andammo al concerto; ***~ who...*** tu che, lei che, voi che, loro che...; ***~ who see*** tu che vedi, lei che vede, voi che vedete, loro che vedono; ***~ English*** voi inglesi; ***~ two can stay*** voi due potete restare; ***do ~ people smoke?*** voi fumate? **2** *(predicative)* ***oh, it's ~*** ah, sei tu, è lei, siete voi, sono loro; ***if I were ~ I'd propose to her*** se fossi in te *o* al tuo posto, le chiederei di sposarmi **3** *(direct object) (singular: informal)* ti, te; *(singular: polite)* la, lei; *(plural: informal)* vi, voi; *(plural: polite)* li, loro; ***I saw ~ on Saturday*** ti ho visto, l'ho vista, vi, li ho visti sabato; *(emphatic)* ho visto te, lei, voi, loro sabato; ***I know ~*** ti, la, vi, li conosco; ***I know ~, not him*** conosco te, lei, voi, loro, non lui; ***he'll let ~ go*** ti, la, vi, li lascerà andare; ***her parents don't want ~ to go out with her every night*** i suoi genitori non vogliono che tu esca con lei tutte le sere **4** *(indirect object) (singular: informal)* ti, a te; *(singular: polite)* le, a lei; *(plural: informal)* vi, a voi; *(plural: polite)* (a) loro; ***I gave ~ the book*** ti, le, vi ho dato il libro; ***I gave it to ~*** te lo, glielo, ve lo diedi, lo diedi loro **5** *(after preposition) (singular: informal)* te; *(singular: polite)* lei; *(plural: informal)* voi; *(plural: polite)* loro; ***it's for ~*** è per te, per lei, per voi, per loro; ***she came with ~*** è venuta con te, con lei, con voi, con loro; ***she's taller than ~*** è più alta di te, di lei, di voi, di loro **6** COLLOQ. ***I don't like ~ interfering in my affairs*** non mi piace che tu ti intrometta, che lei si intrometta, che voi vi intromettiate, che loro si intromettano nei miei affari; ***don't ~ talk to me like that!*** non mi parlare in questo modo! ***~ idiot!*** razza d'imbecille! stupido che non sei altro! **7** *(impersonal)* ***~ never know!*** non si sa mai! ***they say sweets give ~ spots*** dicono che i dolci facciano venire i brufoli ◆ ***there's a manager for ~*** COLLOQ. IRON. ecco il direttore che fa per te *o* al caso tuo.

you-all /'ju:ɔ:l/ pron. AE COLLOQ. voi.

you'd /ju:d/ contr. you had, you would.

you-know-what /ˌju:nəʊ'wɒt, AE -'hwɒt/ pron. COLLOQ. tu-sai-cosa.

you-know-who /ˌju:nəʊ'hu:/ pron. COLLOQ. tu-sai-chi.

you'll /ju:l/ contr. you will.

▶ **young** /jʌŋ/ **I** agg. *(not very old)* [*person, tree, animal, plant*] giovane; [*nation, organization*] giovane, di recente formazione; ***~ at heart*** giovane di spirito; ***he's ~ for his age*** dimostra meno della sua età; ***she is ten years ~er than him*** lei è dieci anni più giovane di lui; ***I feel ten years ~er*** mi sento ringiovanito di dieci anni; ***in my ~er days*** quand'ero giovane; ***you're only ~ once!*** si è giovani una volta sola! ***children as ~ as five years old*** bambini di appena cinque anni; ***to marry, die ~*** sposarsi, morire giovane; ***the ~ moon*** la luna nuova; ***the night is ~*** la notte è giovane; ***Mr Brown the ~er*** o ***the ~er Mr Brown*** Brown il giovane; *(Mr Brown's son)* Brown figlio; ***~ Jones*** il giovane Jones; ***they are aiming at a ~ audience*** si rivolgono a un pubblico giovane; ***to have a ~ outlook*** avere uno spirito giovane; ***~ fashion*** moda giovane; ***~ lady*** giovane donna; ***what did you say, ~ lady?*** *(patronizingly)* cos'hai detto, signorina? ***~ man*** giovanotto; ***her ~ man*** RAR. il suo ragazzo; ***~ people*** i giovani; ***~ person*** giovane; ***the ~er generation*** la nuova generazione; ***her ~er brother*** suo fratello minore; ***her ~er sister*** sua sorella minore; ***the two ~er children*** i due bambini più piccoli; ***I'm not as ~ as I used to be*** non ho più vent'anni; ***we're not getting any ~er*** non diventiamo più giovani **II** n. **1** *(young people)* ***the ~*** + verbo pl. i giovani *o* la gioventù; ***for ~ and old (alike)*** per i vecchi e per i giovani **2** *(animal's offspring)* + verbo pl. piccoli m.pl.; ***to be with ~*** essere gravida.

young blood /ˌjʌŋ'blʌd/ n. FIG. nuova linfa f.

youngish /'jʌŋɪʃ/ agg. piuttosto giovane.

youngling /'jʌŋlɪŋ/ n. *(young person)* giovane m. e f.; *(young animal)* piccolo m.

young-looking /ˌjʌŋ'lʊkɪŋ/ agg. ***to be ~*** essere giovanile *o* dimostrare meno della propria età.

youngness /'jʌŋnɪs/ n. giovinezza f.

young offender /ˌjʌŋə'fendə(r)/ n. delinquente m. e f. minorile.

young offenders' institution /ˌjʌŋə'fendəzɪnstɪˌtju:ʃn, AE -ˌtu:ʃn/ n. BE riformatorio m., casa f. di rieducazione.

young professional /ˌjʌŋprə'feʃənl/ n. giovane professionista m. e f.

▷ **youngster** /'jʌŋstə(r)/ n. **1** *(young person)* giovane m. e f. **2** *(child)* bambino m. (-a).

Young Turk /ˌjʌŋ'tɜ:k/ n. POL. Giovane Turco m. (anche FIG.).

younker /'jʌŋkə(r)/ n. ANT. → **youngster**.

▶ **your** /jɔ:(r), jʊə(r)/ determ. **1** *(of one person: informal)* tuo; *(of one person: polite)* suo; *(of more than one person: informal)* vostro; *(of more than one person: polite)* loro; ***~ book*** il tuo, il suo, il vostro, il loro libro; ***~ friends and mine*** i tuoi, suoi, vostri, loro amici e i miei; ***you and ~ sister*** tu e tua sorella; ***you and ~ husbands*** voi e i vostri mariti; ***it was ~ fault*** era colpa tua, sua, vostra, loro; ***you broke ~ nose*** ti sei rotto, (lei) si è rotto il naso **2** *(impersonal)* ***smoking is bad for ~ health*** fumare fa male *o* nuoce alla salute; ***you need to book ~ seats well in advance*** occorre prenotare i posti con molto anticipo.

you're /jʊə(r), jɔ:(r)/ contr. you are.

▶ **yours** /jɔ:z, jʊəz/ In Italian, possessive pronouns have the same forms as the corresponding adjectives, are usually preceded by an article, and reflect the gender and number of the noun they are standing for. So *yours* is translated by *il tuo, la tua, i tuoi, le tue*, according to what is being referred to: *my book and yours* = il mio libro e il tuo; *the blue car is yours* = la macchina blu è la tua; *his children are younger than yours* = i suoi bambini sono più giovani dei tuoi; *my shoes are brown, while yours are black* = le mie scarpe sono marroni, mentre le tue sono nere. - When *yours* is used to refer to more than one person, it is translated by *il vostro, la vostra, i vostri, le vostre*, according to what is being referred to: *my boss and yours* = il mio capo e il vostro; *this room is yours* = questa stanza è la vostra; *their children are younger than yours* = i loro bambini sono più giovani dei vostri; *my shoes are brown, while yours are black* = le mie scarpe sono marroni, mentre le vostre sono nere. - When *yours* is used as a polite form when speaking to anyone you do not know very well, it is translated by *il Suo, la Sua, i Suoi, le Sue*, according to what is being referred to: *my book and yours* = il mio libro e il Suo; *the blue car is yours* = la macchina

you

- In English *you* is used to address everybody, whereas Italian has three forms: *tu*, *voi* and *Lei*.
- The usual word to use when you are speaking to anyone you do not know very well is *Lei*, which is sometimes called the *polite form*. *Lei* is used for the subject and emphatic pronouns and after prepositions, while the direct and indirect object pronouns are *La* (*L'* before *h* or a vowel) and *Le*:

  do you often go to the cinema? = Lei va spesso al cinema?
  I'll help you to fill the form in a minute = L'aiuterò a riempire il modulo tra un attimo
  I told you he's not at home = Le ho detto che non è in casa
  what can I do for you? = che cosa posso fare per Lei?
  you told me! = Lei me l'ha detto! / me l'ha detto Lei!

  Lei is followed by the 3rd person singular of the verb. When *Lei* forms are used, adjectives and past participles related to them agree with the natural, not the grammatical gender of the persons referred to: *You are very generous, Sir!* = Lei è molto generoso, signore! *You have been cheated by your son, Mr Brown* = Lei è stato ingannato da Suo figlio, signor Brown.

  In formal Italian, the polite form to be used when speaking to more than one person is *Loro* (i.e. the plural of *Lei*), followed by the 3rd person plural of the verb: *Ladies and Gentlemen, you certainly know that...* = Signore e Signori, Loro certamente sapranno che...

  As a general rule, when talking to an Italian person use *Lei*, wait to see how they address you and follow suit. It is safer to wait for the Italian person to suggest using *tu*. The suggestion will usually be phrased as *possiamo darci del tu? perché non ci diamo del tu?* or *diamoci del tu!*
- The more informal pronoun *tu* is used between close friends and family members, within groups of children and young people, by adults when talking to children and always when talking to animals; *tu* is the subject form (also for emphatic use), the direct and indirect object form is *ti* and the form for use after a preposition is *te*:

  do you often go to the cinema? = tu vai spesso al cinema?
  I'll help you to fill the form in a minute = ti aiuterò a riempire il modulo tra un attimo
  I told you he's not at home = ti ho detto che non è in casa
  what can I do for you? = che cosa posso fare per te?
  you told me! = tu me l'hai detto! / me l'hai detto tu!
- When *you* is used as a plural pronoun, it is translated by *voi* in Italian; *voi* is used for the subject and emphatic pronouns and after prepositions, while the direct and indirect object pronoun is *vi*:

  do you often go to the cinema? = voi andate spesso al cinema?
  I'll help you to fill the form in a minute = vi aiuterò a riempire il modulo tra un attimo
  I told you he's not at home = vi ho detto che non è in casa
  what can I do for you? = che cosa posso fare per voi?
  you told me! = voi me l'avete detto! / me l'avete detto voi!
- Remember that in Italian the subject pronoun is very often understood: *you're always late* = sei sempre in ritardo / siete sempre in ritardo / è sempre in ritardo. When used in emphasis, however, the subject pronoun is stressed, and is placed either at the beginning or at the end of the sentence:

  you killed her! = tu l'hai uccisa! / voi l'avete uccisa! / Lei l'ha uccisa!
  you should have told me = avresti dovuto dirmelo tu / avreste dovuto dirmelo voi / avrebbe dovuto dirmelo Lei.
- Note that in Italian the direct and indirect object pronouns are normally placed before the verb (unless a non-finite form is used):

  Mary knows you = Mary ti conosce / vi conosce / La conosce.
  may I drive you home? = posso accompagnarti / accompagnarvi / accompagnarLa a casa?
- When used in emphasis as a direct object pronoun, *you* is translated by *te* (not *ti*), *voi* (not *vi*) or *Lei* (not *La*), which come after the verb:

  the boss praised you, not Charles = il capo ha lodato te / voi / Lei, non Charles.
- The indirect object pronoun is also modified in Italian when another pronoun is present as well; *ti* becomes *te*, *vi* becomes *ve*, and *Le* becomes *Glie*: compare *I had told you that...* = ti / vi / Le avevo detto che... and *I had told you about it* = te lo / ve lo / Glielo avevo detto.
- Remember that a verb followed by a particle or a preposition in English may correspond to a verb followed by a direct object in Italian, and vice versa, e.g. *to look at somebody* vs guardare qualcuno and *to distrust somebody* vs dubitare di qualcuno:

  they are looking at you = ti / vi / La stanno guardando
  they distrust you = dubitano di te / voi / Lei.
- When translating *it's you...*, the subject pronoun forms are used in Italian:

  it was you who told him = sei stato tu / siete stati voi / è stato Lei a dirglielo.
- When *you* is used after *as* or *than* in comparative clauses, it is translated by *te*, *voi* o *Lei*:

  she's as pretty as you = è carina come te / voi / Lei
  she's younger than you = è più giovane di te / voi / Lei.
- In compound tenses like the present perfect and the past perfect, the past participle agrees in number and gender with the direct object:

  I saw you on Saturday
  (to one male or female: polite form) = L'ho vista sabato
  (to one male: informal form) = ti ho visto sabato
  (to one female: informal form) = ti ho vista sabato
  (to two or more people, male or mixed) = vi ho visti / visto sabato
  (to two or more females) = vi ho viste / visto sabato.

  Note that in everyday Italian the past participle in the invariable masculine form is very often used instead of the plural masculine and feminine ones.
- When *you* is used impersonally as the more informal equivalent of *one*, it is translated by *si*:

  you can do as you like here = qui si può fare quello che si vuole
  you drink a lot of beer in Britain, don't you? = si beve molta birra in Gran Bretagna, vero?
- For particular usages see the entry **you**.

blu è la Sua; *my children are younger than yours* = i miei bambini sono più giovani dei Suoi; *my shoes are brown, while yours are black* = le mie scarpe sono marroni, mentre le Sue sono nere. - *Yours* can also be used as a polite form when speaking to more than one person; in this case, the Italian equivalent is *il Loro, la Loro, i Loro* or *le Loro* according to the gender and number of the noun referred to: *my taxi and yours are waiting outside* = il mio taxi e il Loro stanno aspettando fuori. - For a full note on the use of the *tu, voi* and *Lei* forms in Italian, see the entry **you**. - Since Italian possessive adjectives, unlike English ones, may be preceded by an article, a demonstrative adjective or a numeral, an English possessive pronoun is often translated by an Italian possessive adjective: *a cousin of yours* = un tuo / vostro / Suo cugino; *that schoolfriend of yours* = quel tuo / vostro / Suo compagno di scuola; *four books of yours* = quattro tuoi / vostri / Suoi libri. - For examples and particular usages, see the entry below.

pron. *(of one person: informal)* (il) tuo, (la) tua; *(of one person: polite)* (il) suo, (la) sua; *(of more than one person)* (il) vostro, (la) vostra; ***my car is red but ~ is blue*** la mia auto è rossa ma la tua, la sua, la vostra è blu; ***which house is ~?*** qual è la tua, la sua, la vostra casa? ***he's a colleague of ~*** è un tuo, suo, vostro collega; ***it's not ~*** non è tuo, suo, vostro; ***the money wasn't ~ to give away*** non

your

- When translating *your*, remember that in Italian possessives, like most other adjectives, agree in gender and number with the noun they qualify, not as in English with the possessor they refer to; *your* is translated by *tuo* + masculine singular noun (*your neighbour, your dog* = il tuo vicino, il tuo cane), *tua* + feminine singular noun (*your teacher, your house* = la tua maestra, la tua casa), *tuoi* + masculine plural noun (*your children, your books* = i tuoi figli, i tuoi libri), and *tue* + feminine plural noun (*your friends, your shoes* = le tue amiche, le tue scarpe).
- When *your* is used to refer to more than one person, the translation is *vostro* + masculine singular noun (*your neighbour, your dog* = il vostro vicino, il vostro cane), *vostra* + feminine singular noun (*your teacher, your house* = la vostra maestra, la vostra casa), *vostri* + masculine plural noun (*your children, your books* = i vostri figli, i vostri libri), and *vostre* + feminine plural noun (*your friends, your shoes* = le vostre amiche, le vostre scarpe).
- When *your* is used as a polite form when speaking to anyone you do not know very well, the translation is *Suo* + masculine singular noun (*your neighbour, your dog* = il Suo vicino, il Suo cane), *Sua* + feminine singular noun (*your teacher, your house* = la Sua maestra, la Sua casa), *Suoi* + masculine plural noun (*your children, your books* = i Suoi figli, i Suoi libri), and *Sue* + feminine plural noun (*your friends, your shoes* = le Sue amiche, le Sue scarpe).
- In formal Italian *Loro*, i.e. the plural form of *Suo*, is the polite form to be used when speaking to more than one person; the definite article preceding *Loro* will have to agree with the noun referred to, so that one will find *il Loro* (masculine singular), *la Loro* (feminine singular), *i Loro* (masculine plural), *le Loro* (feminine plural), as in the following example: *Dear Mr and Mrs Fitzpatrick, this is to inform you that your daughter has just arrived at St. Francis' College* = Egregi Signori Fitzpatrick, la Loro figlia è appena giunta al St. Francis' College.
- For a full note on the use of the *tu, voi* and *Lei* forms in Italian, see the entry **you**.
- The above examples also show that Italian possessives, unlike English ones, are normally preceded by an article.
- When *own* is used after *your* to intensify the meaning of the possessive, it is not usually translated in Italian:

  mind your own business! = pensa ai fatti tuoi! / pensate ai fatti vostri! / pensi ai fatti Suoi!
- When *your* is used before nouns indicating parts of the body, garments, relatives, food and drink etc., Italian has an article instead: *you had your hair cut* = ti sei fatta tagliare i capelli; *don't keep your hat on!* = non tenete il cappello! *you have eaten up your soup, but we haven't* = voi avete finito la minestra, ma noi no; *you are in your forties, aren't you?* = Lei ha passato i quaranta, vero?
- When *you* and *your* are used impersonally as the more informal equivalents of *one* and *one's*, *your* is not translated at all in Italian:

  you buy your tickets at the door = i biglietti si comprano all'entrata.

dovevi, doveva, dovevate dare soldi non tuoi, non suoi, non vostri; *~ **was not an easy task*** il tuo, il suo, il vostro non è stato un compito facile; ***I'm fed up with that dog of ~!*** COLLOQ. sono stufo di quel tuo, vostro cagnaccio!

▶ **yourself** /jɔːˈself, jʊə-/ Like the other *you* forms, *yourself* may be either an informal pronoun to be used between close friends and family members or a polite form to be used when speaking to anyone you do not know very well; therefore, *yourself* should be translated accordingly in Italian. - When used as a reflexive pronoun, direct and indirect, *yourself* is translated by *ti* or *Si* (polite form), which are always placed before the verb: *did you hurt yourself?* = ti sei fatto male? Si è fatto male? - In imperatives, however, *ti* is joined to the verb to form a single word: *help yourself!* = serviti! The polite form equivalent, in which the imperative is not to be used, is: Si serva! - When used as an emphatic to stress the corresponding personal pronoun, the translation is *tu / Lei stesso* or *anche tu / Lei*: *you said so yourself* = l'hai detto tu stesso, l'ha detto Lei stesso; *you're a stranger here yourself, aren't you?* = anche tu sei / Lei è forestiero da queste parti, non è vero? - When used after a preposition, *yourself* is translated by *te / Lei* or *te / Lei stesso*: *you can be proud of yourself* = puoi essere orgoglioso di te / te stesso, può essere orgoglioso di Lei / di Lei stesso. - For a full note on the use of the *tu, voi* and *Lei* forms in Italian, see the entry **you**. - Note that the difference between *you* and *yourself* is not always made clear in Italian: compare *she's looking at you* = lei ti sta guardando and *you're looking at yourself in the mirror* = ti stai guardando allo specchio, or *Jane works for you* = Jane lavora per te and *you work for yourself* = tu lavori per te / te stesso. - *(All) by yourself* is translated by *da solo*, which means alone and/or without help. - For particular usages see below. pron. **1** *(reflexive) (informal)* ti, te stesso (-a); *(polite)* si, sé, se stesso (-a); *(after preposition) (informal)* te stesso (-a); *(polite)* sé, se stesso (-a); ***have you hurt ~?*** ti sei, si è fatto male? ***you were pleased with*** ~ eri soddisfatto di te (stesso), era soddisfatto di sé, di se stesso **2** *(emphatic: after "you") (informal)* tu stesso (-a); *(polite)* lei stesso (-a); *(after preposition) (informal)* te stesso (-a); *(polite)* lei stesso (-a); ***you ~ said that...*** tu stesso hai detto che..., lei stesso ha detto che...; ***for ~*** per te (stesso), per lei (stesso) **3** *(expressions)* ***(all) by ~*** tutto da solo, da te, da lei; ***you're not ~ today*** oggi non sei (in) te, non è lei, non è in sé.

▶ **yourselves** /jɔːˈselvz, jʊə-/ Like the other *you* forms, *yourselves* may be either an informal pronoun to be used between close friends and family members or a polite form to be used when speaking to more than one person you do not know very well; therefore, *yourselves* should be translated accordingly in Italian. - When used as a reflexive pronoun, direct and indirect, *yourselves* is translated by *vi* or *Si* (polite form), which is always placed before the verb: *did you hurt yourselves?* = vi siete fatti male? / Si sono fatti male? - In imperatives, however, *vi* is joined to the verb to form a single word: *help yourselves!* = servitevi! The polite form equivalent, in which the imperative is not to be used, is Si servano! - When used as an emphatic to stress the corresponding personal pronoun, the translation is *voi stessi* (masculine or mixed gender) / *voi stesse* (feminine gender) or *anche voi*: *you said so yourselves* = l'avete detto voi stessi; *you're strangers here yourselves, aren't you?* = anche voi siete forestieri da queste parti, non è vero? The equivalent polite forms with *Loro* - l'hanno detto Loro stessi, anche Loro sono forestieri da queste parti, non è vero? - are very rarely used in modern Italian. - When used after a preposition, *yourselves* is translated by *voi* or *voi stessi / voi stesse* or *Loro / Loro stessi*: *you can be proud of yourselves* = potete essere orgogliosi di voi / voi stessi, possono essere orgogliosi di Loro stessi. - For a full note on the use of the *tu, voi* and *Lei* forms in Italian, see the entry **you**. - Note that the difference between *you* and *yourselves* is not always made clear in Italian: compare *she's looking at you* = lei vi sta guardando and *you're looking at yourselves in the mirror* = vi state guardando allo specchio, or *Jane works for you* = Jane lavora per voi and *you work for yourselves* = voi lavorate per voi / voi stessi. - *(All) by yourselves* is translated by *da soli / da sole*, which means alone and/or without help. - For particular usages see below. pron. **1** *(reflexive)* vi, voi stessi (-e); *(after preposition)* voi stessi (-e); ***have you hurt ~?*** vi siete fatti male? ***you were pleased with ~*** eravate soddisfatti di voi (stessi) **2** *(emphatic: after "you")* voi stessi (-e); *(after preposition)* voi stessi (-e); ***you ~ said that...*** voi stessi avete detto che...; ***for ~*** per voi stessi (-e) **3** *(expressions)* ***all by ~*** tutto da soli, da voi; ***you're not ~ today*** oggi non siete (in) voi.

▶ **youth** /juːθ/ **I** n. **1** *(young man)* giovane m.; ***a gang of ~s*** SPREG. una banda di giovinastri **2** *(period of being young)* giovinezza f., gioventù f.; ***in my ~*** da giovane *o* quand'ero giovane *o* in gioventù **3** *(state of being young)* (l')essere giovane; ***because of, despite his ~*** a causa di, malgrado la sua giovane età **4** *(young people)* ***the ~*** i giovani *o* la gioventù **II** modif. [*club, organization*] giovanile; [*TV programme, magazine, theatre*] per i giovani; *~ **culture*** cultura giovanile.

▷ **youthful** /ˈjuːθfl/ agg. **1** *(young)* [*person, team, population*] giovane **2** *(typical of youth)* [*enthusiasm*] giovanile; [*confusion, freedom*] della gioventù; ***his ~ looks*** o ***appearance*** la sua aria giovanile; ***she's very ~ for 65, she's a very ~ 65*** porta molto bene i suoi 65 anni *o* è molto giovanile per avere 65 anni.

youthfulness /ˈjuːθfəlnɪs/ n. giovanilità f., (l')essere giovanile.

youth hostel /ˈjuːθˌhɒstl/ n. ostello m. della gioventù.

youth hostelling, **youth hosteling** AE /ˈjuːθˌhɒstəlɪŋ/ n. = (il) viaggiare pernottando in ostelli della gioventù.
youth leader /ˈjuːθˌliːdə(r)/ ♦ *27* n. animatore m. (-trice) di un gruppo di giovani.
youth work /ˈjuːθwɜːk/ n. = assistenza sociale dei giovani a rischio.
youth worker /ˈjuːθˌwɜːkə(r)/ ♦ *27* n. educatore m. (-trice).
you've /juːv/ contr. you have.
1.yowl /jaʊl/ n. *(of person, dog)* ululato m.; *(of cat)* gnaulio m.; *(of baby)* piagnucolio m.
2.yowl /jaʊl/ intr. [*person, dog*] ululare (**with** di, per); [*cat*] gnaulare (**with** di, per); [*baby*] frignare, piagnucolare (**with** di, per).
1.yo-yo® /ˈjəʊjəʊ/ **I** n. (pl. **~s**) **1** yo-yo® m. **2** AE COLLOQ. SPREG. *(fool)* tonto m. (-a) **II** modif. [*market*] fluttuante, instabile.
2.yo-yo® /ˈjəʊjəʊ/ intr. COLLOQ. [*prices, inflation*] fluttuare.
yr ⇒ year anno (a.).
Y-shaped /ˈwaɪʃeɪpt/ agg. a (forma di) Y.
YTS n. GB (⇒ Youth Training Scheme) = programma governativo di formazione professionale rivolto ai giovani che lasciano la scuola.
ytterbic /ɪˈtɜːbɪk/ agg. itterbico.
ytterbium /ɪˈtɜːbɪəm/ n. itterbio m.
yttrium /ˈɪtrɪəm/ n. ittrio m.
yucca /ˈjʌkə/ n. yucca f.
yuck /jʌk/ inter. COLLOQ. puah.
yucky /ˈjʌkɪ/ agg. COLLOQ. schifoso.
Yugoslav /ˈjuːgəʊslɑːv/ ♦ *18* **I** agg. iugoslavo **II** n. iugoslavo m. (-a).
Yugoslavia /ˌjuːgəʊˈslɑːvɪə/ ♦ *6* n.pr. Iugoslavia f.
Yugoslavian /ˌjuːgəʊˈslɑːvɪən/ agg. → **Yugoslav**.
yuk → **yuck**.
yukky → **yucky**.
Yukon /ˈjuːkɒn/ ♦ *24, 25* n.pr. Yukon m.
Yule /juːl/ n. RAR. Natale m.
Yule log /ˈjuːlˌlɒg/ n. ceppo m. di Natale.
Yuletide /ˈjuːltaɪd/ **I** n. RAR. Natale m., feste f.pl. natalizie **II** modif. [*festivities, spirit*] natalizio; [*greetings*] di Natale.
yum /jʌm/ inter. gnam.
yummy /ˈjʌmɪ/ **I** agg. COLLOQ. buonissimo, squisito **II** inter. gnam gnam.
yum-yum /ˌjʌmˈjʌm/ inter. gnam gnam.
yup /jʌp/ inter. → **yep**.
yuppie /ˈjʌpɪ/ **I** n. SPREG. yuppie m. e f. **II** modif. SPREG. [*image, style, fashion*] yuppie.
yuppie flu /ˌjʌpɪˈfluː/ ♦ *11* n. SPREG. = sindrome da affaticamento cronico.
yuppy → **yuppie**.
Yves /iːv/ n.pr. Ivo.
YWCA n. (⇒ Young Women's Christian Association associazione cristiana delle giovani) YWCA f.

Z

z, Z /zed, AE ziː/ n. z, Z m. e f.
Zach /zæk/ n.pr. diminutivo di **Zachariah, Zacharias, Zachary**.
Zachariah /ˌzækəˈraɪə/, **Zacharias** /ˌzækəˈraɪəs/, **Zachary** /ˈzækərɪ/ n.pr. Zaccaria.
zaffre BE, **zaffer** AE /ˈzæfə(r)/ n. zaffera f.
zaftig /ˈzɑːftɪg/ agg. AE [*woman*] formoso, tutto curve.
Zagreb /ˈzɑːgreb/ ◗ ***34*** n.pr. Zagabria f.
Zaire /zɑːˈɪə(r)/ ◗ ***6*** n.pr. Zaire m.
Zairean /zɑːˈɪərɪən/ ◗ ***18*** **I** agg. zairese **II** n. zairese m. e f.
Zambesi, Zambezi /zæmˈbiːzɪ/ ◗ ***25*** n.pr. Zambesi m.
Zambia /ˈzæmbɪə/ ◗ ***6*** n.pr. Zambia m.
Zambian /ˈzæmbɪən/ ◗ ***18*** **I** agg. zambiano **II** n. zambiano m. (-a).
zamia /ˈzeɪmɪə/ n. zamia f.
zander /ˈzændə(r)/ n. lucioperca f.
zany /ˈzeɪnɪ/ **I** n. STOR. TEATR. zanni m. **II** agg. buffonesco.
Zanzibar /ˌzænzɪˈbɑː(r)/ ◗ ***12*** n.pr. Zanzibar f.
1.zap /zæp/ **I** n. COLLOQ. *(energy)* energia f. **II** inter. zac.
2.zap /zæp/ **I** tr. (forma in -ing ecc. **-pp-**) COLLOQ. **1** *(destroy)* distruggere [*town*]; eliminare, fare fuori [*person*]; abbattere [*animal*] **2** *(fire at)* sparare su [*person*] **3** *(stun)* colpire, impressionare **4** *(treat)* trattare; ***to ~ a tumour with a laser*** trattare un tumore col laser; ***to ~ food with radiation*** irradiare le vivande **5** INFORM. *(delete)* cancellare [*word, data*] **II** intr. (forma in -ing ecc. **-pp-**) COLLOQ. *(move quickly)* ***to ~ into town, a shop*** fare un salto in città, in un negozio; ***to ~ from channel to channel*** fare zapping *o* passare continuamente da un canale all'altro.
zapper /ˈzæpə(r)/ n. COLLOQ. telecomando m.
zappy /ˈzæpɪ/ agg. energico, vitale.
Z-bed /ˈzedbed, AE ˈziː-/ n. BE letto m. pieghevole.
Z-bend /ˈzedbend, AE ˈziː-/ n. zigzag m.
zeal /ziːl/ n. **1** *(fanaticism)* fanatismo m.; *(religious)* fervore m. **2** *(enthusiasm)* ardore m., zelo m.; ***~ to do*** zelo nel fare.
zealot /ˈzelət/ **I** n. SPREG. fanatico m. (-a) **II Zealot** n.pr. zelota m.
zealotry /ˈzelətrɪ/ n. zelo m.
zealous /ˈzeləs/ agg. [*supporter*] appassionato, fervido, zelante; [*missionary*] solerte; [*determination*] accanito; ***to be ~ to do*** essere solerte nel fare.
zealously /ˈzeləslɪ/ avv. in modo zelante.
zealousness /ˈzeləsnɪs/ n. zelo m.
Zebedee /ˈzebɪdiː/ n.pr. Zebedeo.
zebra /ˈzebrə, ˈziː-/ n. zebra f.
zebra crossing /ˌzebrəˈkrɒsɪŋ, ˌziː-, AE -ˈkrɔː-/ n. BE passaggio m. pedonale, strisce f.pl. (pedonali), zebre f.pl.
zebrawood /ˈzebrəˌwʊd, ˈziː-/ n. **1** BOT. albero m. zebra **2** *(wood)* legno m. zebra.
zebu /ˈziːbuː/ n. zebù m.
Zebulun /ˈzebjuːlən/ n.pr. Zabulon.
Zechariah /ˌzekəˈraɪə/ n.pr. Zaccaria.
zed /zed/ n. BE zeta m. e f.
1.zee /ziː/ n. AE → **zed.**
2.zee /ziː/ intr. AE COLLOQ. sonnecchiare, dormicchiare.
Zelda /ˈzeldə/ n.pr. Zelda.

Zen /zen/ **I** n. zen m. **II** modif. [*Buddhism, Buddhist, philosophy*] zen.
zenana /zeˈnɑːnə/ n. zenana f.
Zend /zend/ n. zendo m.
zenith /ˈzenɪθ/ n. ASTR. zenit m.; FIG. apice m., apogeo m.
zenithal /ˈzenɪθəl/ agg. zenitale.
zeolite /ˈziːəlaɪt/ n. zeolite f.
zephyr /ˈzefə(r)/ n. LETT. zefiro m.
zeppelin /ˈzepəlɪn/ n. zeppelin m.
▷ **1.zero** /ˈzɪərəʊ/ ◗ ***19*** **I** n. (pl. **~s**) zero m. (anche MAT. METEOR.); ***at, above, below ~*** a, sopra, sotto zero **II** modif. [*altitude, growth, inflation, voltage*] zero; [*confidence, interest, involvement, development*] nessuno; ***at sub-~ temperatures*** a temperature sotto lo zero.
2.zero /ˈzɪərəʊ/ tr. azzerare.
■ **zero in** MIL. mirare; ***to ~ in on sth.*** MIL. mirare [*target*]; FIG. *(pinpoint)* concentrarsi su [*key issue, problem*]; individuare [*option, person*]; localizzare [*place*].
zero-based /ˈzɪərəʊbeɪst/ agg. a base zero.
zero-emission vehicle /ˌzɪərəʊɪmɪʃnˈvɪəkl/ n. veicolo m. a emissione zero.
zero fill /ˈzɪərəʊfɪl/ tr. azzerare.
zero gravity /ˌzɪərəʊˈgrævətɪ/ n. gravità f. zero.
zero hour /ˈzɪərəʊaʊə(r)/ n. MIL. ora f. X (anche FIG.).
zeroize /ˈzɪərəʊaɪz/ tr. azzerare.
zero option /ˌzɪərəʊˈɒpʃn/ n. opzione f. zero.
zero point /ˈzɪərəʊˌpɔɪnt/ n. (punto) zero m.
zero-rated /ˌzɪərəʊˈreɪtɪd/ agg. BE esente da IVA.
zero rating /ˌzɪərəʊˈreɪtɪŋ/ n. BE esenzione f. fiscale (da IVA).
zero-sum /ˌzɪərəʊˈsʌm/ modif. [*game, political situation*] a somma zero.
zero tolerance, Zero tolerance /ˌzɪərəʊˈtɒlərəns/ n. tolleranza f. zero.
zest /zest/ n. **1** *(enthusiasm)* gusto m., entusiasmo m.; ***a ~ for sth.*** un gusto per qcs.; ***his ~ for life*** la sua gioia di vivere **2** *(piquancy)* sapore m. piccante; ***to add ~ to sth.*** aggiungere un po' di pepe a qcs. **3** BE *(of citrus fruit)* scorza f.
zester /ˈzestə(r)/ n. grattugialimoni m.
zestful /ˈzestfəl/ agg. [*person*] entusiasta; [*participation*] entusiastico; [*performance*] entusiasmante.
zestfully /ˈzestfəlɪ/ avv. con slancio, con entusiasmo.
zeta /ˈziːtə/ n. *(Greek letter)* zeta m. e f.
zeugma /ˈzjuːgmə, AE ˈzuːg-/ n. zeugma m.
Zeus /zjuːs, AE zuːs/ n.pr. Zeus.
zibel(l)ine /ˈzɪbəlɪn/ **I** n. **1** ZOOL. zibellino m. **2** *(fur)* zibellino m., pelliccia f. di zibellino **II** modif. [*fur, coat*] di zibellino.
zibet /ˈzɪbɪt/ n. zibetto m.
1.zigzag /ˈzɪgzæg/ **I** n. zigzag m.; ***there are ~s in the road*** è una strada a zigzag; ***to run in ~s*** andare a zigzag **II** modif. [*design, pattern*] a zigzag; [*route, road*] (che va) a zigzag.
2.zigzag /ˈzɪgzæg/ intr. (forma in -ing ecc. **-gg-**) [*person, vehicle*] zigzagare, andare a zigzag; [*road, path*] zigzagare; [*river*] serpeggiare; ***to ~ up, down*** salire, scendere zigzagando.

zigzaggy /ˈzɪɡˌzæɡɪ/ agg. a zigzag.
zilch /zɪltʃ/ n. AE COLLOQ. *(nothing)* (bel) niente m., zero m.; ***he's a real*** ~ è una vera nullità.
zillion /ˈzɪlɪən/ n. COLLOQ. ***a ~ things, ~s of things*** milioni e milioni *o* un'infinità di cose.
Zimbabwe /zɪmˈbɑːbwɪ, -weɪ/ ♦ *6* n.pr. Zimbabwe m.
Zimbabwean /zɪmˈbɑːbwɪən/ ♦ *18* **I** agg. zimbabwiano **II** n. zimbabwiano m. (-a).
zimmer® /ˈzɪmə(r)/ n. (anche ~ **aid**, ~ **frame**) BE deambulatore m.
1.zinc /zɪŋk/ n. zinco m.
2.zinc /zɪŋk/ tr. (forma in -ing ecc. **-c-, -ck-**) zincare.
zincate /ˈzɪŋkeɪt/ n. zincato m.
zinc blende /ˈzɪŋkblend/ n. blenda f.
zinc chloride /ˌzɪŋkˈklɔːraɪd/ n. cloruro m. di zinco.
zinc dust /ˈzɪŋkˌdʌst/ n. limatura f. di zinco.
zincic /ˈzɪŋkɪk/ agg. di zinco.
zincification /ˌzɪŋkɪfɪˈkeɪʃn/ n. zincatura f.
zincify /ˈzɪŋkɪfaɪ/ tr. zincare.
zincing /ˈzɪŋkɪŋ/ n. zincatura f.
zincite /ˈzɪŋkaɪt/ n. zincite f.
zincograph /ˈzɪŋkəɡrɑːf, AE -ɡræf/ n. zincografia f.
zincographer /zɪŋˈkɒɡrəfə(r)/ n. zincografo m.
zincographic(al) /ˌzɪŋkəˈɡræfɪk(l)/ agg. zincografico.
zincography /zɪŋˈkɒɡrəfɪ/ n. zincografia f.
zincoid /ˈzɪŋkɔɪd/ agg. zincoide.
zinc ointment /ˌzɪŋkˈɔɪntmənt/ n. pomata f. allo zinco.
zincotype /ˈzɪŋkətaɪp/ n. zincotipia f.
zincous /ˈzɪŋkəs/ agg. di zinco.
zinc oxide /ˌzɪŋkˈɒksaɪd/ n. ossido m. di zinco.
zinc sulphate /ˌzɪŋkˈsʌlfeɪt/ n. solfato m. di zinco.
zinc white /ˌzɪŋkˈwaɪt, AE -ˈhwaɪt/ n. bianco m. di zinco.
zine, 'zine /ziːn/ n. COLLOQ. → **fanzine.**
1.zing /zɪŋ/ n. COLLOQ. **1** *(sound)* sibilo m. **2** *(energy)* dinamismo m., brio m.
2.zing /zɪŋ/ **I** tr. AE COLLOQ. *(strike)* colpire, impressionare; FIG. *(criticize)* attaccare, demolire (a parole) **II** intr. COLLOQ. sibilare.
▪ **zing along** AE COLLOQ. [*car*] sfrecciare.
zinger /ˈzɪŋə(r)/ n. battuta f. tagliente.
zingy /ˈzɪŋɪ/ agg. COLLOQ. dinamico, tutto pepe.
zinky /ˈzɪŋkɪ/ agg. ANT. contenente zinco.
zinnia /ˈzɪnɪə/ n. zinnia f.
Zion /ˈzaɪən/ n.pr. Sion f.
Zionism /ˈzaɪənɪzəm/ n. sionismo m.
Zionist /ˈzaɪənɪst/ **I** agg. sionista **II** n. sionista m. e f.
▷ **1.zip** /zɪp/ n. **1** zip® m. e f., (cerniera) lampo f.; ***to do up, undo a*** ~ chiudere, aprire una lampo; ***the ~ is stuck*** la cerniera è rimasta incastrata; ***a side, full-length*** ~ una chiusura lampo laterale, su tutta la lunghezza **2** COLLOQ. *(energy)* energia f. **3** *(sound)* sibilo m. **4** AE (anche ~ **code**) codice m. di avviamento postale **5** AE COLLOQ. *(zero)* zero m.; ***to know ~ about sb., sth.*** sapere niente di niente di qcn., di qcs.
▷ **2.zip** /zɪp/ **I** tr. (forma in -ing ecc. **-pp-**) **1** ***to ~ sth. open, shut*** aprire, chiudere la lampo di qcs. **2** INFORM. comprimere, zippare [*file*] **II** intr. (forma in -ing ecc. **-pp-**) COLLOQ. ***to ~ along, to ~ past*** sfrecciare; ***to ~ past sb., sth.*** passare davanti a qcn., qcs. come un fulmine.
▪ **zip in:** ***~ [sb.] in*** chiudere qcn. dentro a qcs. chiudendo la lampo; ***I ~ped the baby into his sleeping bag*** ho messo il bambino nel sacco a pelo e ho chiuso la lampo.
▪ **zip on:** ***~ on*** [*sleeve, hood*] chiudersi con una lampo; ***~ [sth.] on, ~ on [sth.]*** chiudere la cerniera di; ***I ~ped on my anorak*** ho chiuso (la lampo del)la giacca a vento.
▪ **zip through:** ***~ through [sth.]*** ***to ~ through one's book, marking*** leggere, correggere i compiti alla veloce.
▪ **zip up:** [*garment, bag*] chiudersi con una lampo; ***to ~ up at the back, front, side*** avere una lampo dietro, davanti, di lato; ***~ [sb., sth.] up, ~ up [sb., sth.]*** chiudere la lampo di qcs., a qcn.; ***can you ~ me up please?*** mi chiudi la lampo, per favore?
zip code /ˈzɪpkəʊd/ n. AE codice m. di avviamento postale.
zip fastener /ˌzɪpˈfɑːsnə(r), AE -ˈfæ-/ n. zip® m. e f., (cerniera) lampo f.
zip file /ˈzɪpfaɪl/ n. file m. zippato.
zip gun /ˈzɪpˌɡʌn/ n. arma f. rudimentale.
zip-in /zɪpˈɪn/, **zip-on** /zɪpˈɒn/ agg. [*jacket, hood, sleeve*] con la cerniera lampo.
zipper /ˈzɪpə(r)/ n. AE → **zip fastener.**
zippered /ˈzɪpəd/ agg. AE a cerniera.
zippily /ˈzɪpɪlɪ/ avv. COLLOQ. [*move*] in modo vivace, scatenato.
zip pocket /ˈzɪpˌpɒkɪt/ n. tasca f. con chiusura lampo.
zippy /ˈzɪpɪ/ agg. COLLOQ. [*person*] vivace, brioso; [*vehicle*] scattante.
zip-up /zɪpˈʌp/ agg. → **zip-in, zip-on.**
zircon /ˈzɜːkɒn/ n. zircone m.
zirconate /ˈzɜːkəneɪt/ n. zirconato m.
zirconite /ˌzɜːˈkɒnaɪt/ n. zircone m.
zirconium /zəˈkəʊnɪəm/ n. zirconio m.
zit /zɪt/ n. COLLOQ. brufolo m.
zither /ˈzɪðə(r)/ ♦ *17* n. zither m.
zizz /zɪz/ n. BE COLLOQ. sonnellino m., dormitina f.
zizzy /ˈzɪzɪ/ agg. frivolo, appariscente.
zloty /ˈzlɒtɪ/ ♦ *7* n. zloty m.
zodiac /ˈzəʊdɪæk/ n. zodiaco m.
zodiacal /zəˈdaɪəkl/ agg. zodiacale.
Zoe /ˈzəʊɪ/ n.pr. Zoe.
zoiatria /zəʊˌaɪəˈtrɪə/ n. zoiatria f.
zoiatrics /ˌzəʊaɪˈætrɪks/ n. + verbo sing. → **zoiatria.**
zoic /ˈzəʊɪk/ agg. **1** *(zoomorphic)* zoomorfo **2** GEOL. = contenente tracce di vita animale.
zoid /zɔɪd/ n. AE COLLOQ. anticonformista m. e f.
zoisite /ˈzɔɪsaɪt/ n. zoisite f.
zombie /ˈzɒmbɪ/ n. **1** zombi(e) m. e f. (anche FIG.) **2** INFORM. *(computer)* zombie m.
zonal /ˈzəʊnl/ agg. [*administration*] zonale; [*boundary, organizer*] di zona; [*soil, climate*] zonale.
zonary /ˈzəʊnərɪ/ agg. zonale.
zonate /ˈzəʊneɪt/ agg. zonario.
▷ **1.zone** /zəʊn/ n. *(all contexts)* zona f.; ***neutral ~*** zona neutra; ***postal ~*** area con lo stesso codice di avviamento postale.
2.zone /zəʊn/ tr. **1** *(divide)* dividere in zone, zonizzare **2** *(assign)* destinare; ***to be ~d for enterprise, housing*** essere dichiarato zona industriale, residenziale.
▪ **zone out** AE COLLOQ. farsi (di droga), drogarsi.
zone defence /ˈzəʊndɪˌfens/ n. SPORT difesa f. a zona.
zoning /ˈzəʊnɪŋ/ n. *(in urban planning)* divisione f. in zone, zonizzazione f.
zonk /zɒŋk/ intr. → **zonk out.**
▪ **zonk out** COLLOQ. abbioccarsi, crollare.
zonked /zɒŋkt/ **I** p.pass. → **zonk II** agg. COLLOQ. (anche ~ **out**) *(tired)* cotto, stanco morto; *(drunk)* sbronzo; *(on drugs)* fatto.
▷ **zoo** /zuː/ n. zoo m.
zooblast /ˈzəʊəblæst/ n. zooblasto m.
zoochory /ˈzəʊəkɔːrɪ/ n. zoocoria f.
zoocoenosis /ˌzəʊəsiːˈnəʊsɪs/ n. zoocenosi f.
zoogenic /ˌzəʊəˈdʒenɪk/ agg. zoogenico.
zoogeographic(al) /ˌzəʊəˌdʒɪəˈɡræfɪk(l)/ agg. zoogeografico.
zoogeography /ˌzəʊəˌdʒɪˈɒɡrəfɪ/ n. zoogeografia f.
zoograft /ˈzəʊəɡrɑːft, AE -ɡræft/ n. = innesto di tessuto animale.
zoography /zəʊˈɒɡrəfɪ/ n. zoografia f.
zooid /ˈzəʊɔɪd/ n. zooide m.
zoo keeper /ˈzuːˌkiːpə(r)/ ♦ *27* n. guardiano m. (-a) di zoo.
zoolatry /zəʊˈɒlətrɪ/ n. zoolatria f.
zoolite /ˈzəʊəlaɪt/ n. zoolito m.
zoological /ˌzəʊəˈlɒdʒɪkl/ agg. zoologico.
zoological gardens /ˌzəʊəlɒdʒɪklˈɡɑːdnz/ n.pl. giardino m.sing. zoologico.
zoologist /zəʊˈɒlədʒɪst/ ♦ *27* n. zoologo m. (-a).
zoologize /zəʊˈɒlədʒaɪz/ intr. **1** *(study zoology)* studiare zoologia **2** *(study animals)* = studiare gli animali (sul campo).
zoology /zəʊˈɒlədʒɪ/ n. zoologia f.
▷ **1.zoom** /zuːm/ n. **1** *(of traffic)* frastuono m., rumore m. **2** AER. cabrata f. **3** FOT. (anche ~ **lens**) zoom m.
▷ **2.zoom** /zuːm/ intr. **1** COLLOQ. *(move quickly)* ***to ~ past*** sfrecciare; ***I saw you ~ing past*** ti ho visto passare a tutta birra; ***to ~ around*** sfrecciare per [*streets, region*]; ***the motorcyclist went ~ing off down the road*** il motociclista si lanciò sfrecciando giù per la strada; ***he's ~ed off to London*** è partito in fretta e furia per Londra; ***I'll just ~ out to the shop*** vado solo a fare un salto in negozio **2** COLLOQ. *(rocket)* [*prices, profits*] impennarsi, salire alle stelle **3** AER. [*plane*] cabrare.
▪ **zoom in** CINEM. FOT. fare uno zoom, zumare (**on** su).
▪ **zoom out** CINEM. FOT. fare uno zoom indietro, zumare all'indietro.
zoomagnetism /ˌzəʊəˈmæɡnɪtɪzəm/ n. zoomagnetismo m.
zoomorph /ˈzəʊəmɔːf/ n. disegno m. zoomorfo, figura f. zoomorfa.
zoomorphic /ˌzəʊəˈmɔːfɪk/ agg. zoomorfo.
zoomorphism /ˌzəʊəˈmɔːfɪzəm/ n. zoomorfismo m.

zoonosis /ˌzəʊə'nəʊsɪs/ n. (pl. **-es**) zoonosi f.
zoophagous /zəʊ'ɒfəgəs/ agg. zoofago.
zoophile /'zəʊəfaɪl/, **zoophilist** /ˌzəʊ'ɒfɪlɪst/ n. zoofilo m. (-a).
zoophilous /ˌzəʊ'ɒfɪləs/ agg. zoofilo.
zoophily /ˌzəʊ'ɒfɪlɪ/ n. zoofilia f.
zoophobia /ˌzəʊə'fəʊbɪə/ ➧ ***11*** n. zoofobia f.
zoophyte /'zəʊəfaɪt/ n. zoofito m.
zooplankton /ˌzəʊə'plæŋktən/ n. zooplancton m.
zooplanktonic /ˌzəʊəˌplæŋk'tɒnɪk/ agg. zooplanctonico.
zooplasty /'zəʊəplæstɪ/ n. = innesto di tessuto animale.
zoosperm /'zəʊəspɜːm/ n. zoospermio m.
zoosphere /ˌzəʊə'sfɪə(r)/ n. zoosfera f.
zoospore /'zəʊəspɔː(r)/ n. zoospora f.
zoosterol /zəʊ'ɒsterɒl/ n. zoosterolo m.
zootechnical /ˌzəʊə'teknɪkl/ agg. zootecnico.
zootechnician /ˌzəʊətek'nɪʃn/ ➧ ***27*** n. zootecnico m. (-a).
zootechnics /ˌzəʊə'teknɪks/ n. + verbo sing. zootecnia f.
zootechny /'zəʊəˌteknɪ/ n. → **zootechnics**.
zootomic(al) /ˌzəʊə'tɒmɪk(l)/ agg. zootomico.
zootomy /zəʊ'ɒtəmɪ/ n. zootomia f.
zoot suit /'zuːtsuːt, -sjuːt/ n. COLLOQ. = vestito da uomo in voga negli anni '40, caratterizzato da giacca lunga con spalle imbottite e pantaloni a vita alta.
zoril /'zɒrɪl/, **zorilla** /zə'rɪlə/ n. zorilla f.
Zoroaster /ˌzɒrəʊ'æstə(r)/ n.pr. Zoroastro.
Zoroastrian /ˌzɒrəʊ'æstrɪən/ **I** agg. di Zoroastro, zoroastriano **II** n. seguace m. e f. di Zoroastro, zoroastriano m. (-a).
Zoroastrianism /ˌzɒrəʊ'æstrɪənɪzəm/ n. zoroastrismo m.
zot(z) /zɒt(s)/ n. zero m., niente m.
Zouave /zuː'ɑːv, zwaːv/ n. zuavo m.
zounds /zaʊndz/ inter. ANT. perdinci, perbacco.
Z-shaped /'zedʃeɪpt, AE 'ziː-/ agg. a (forma di) zeta.
zucchini /zuː'kiːnɪ/ n. (pl. **~**, **~s**) AE zucchino m.
Zulu /'zuːluː/ ➧ ***18, 14*** **I** agg. zulù **II** n. **1** *(person)* zulù m. e f. **2** *(language)* lingua f. zulù.
Zulu land /'zuːluːlænd/ n.pr. Zululand m.
Zurich /'zjʊərɪk/ ➧ ***34, 13*** n.pr. *(town)* Zurigo f.; ***Lake ~*** il lago di Zurigo; ***the canton of ~*** il cantone di Zurigo.
zwieback /'zwiːbæk, 'tsviːbɑːk/ n. AE = tipo di biscotto che si ottiene tostando fette di una pagnottella dolce fatta cuocere in precedenza.
zygodactyl /ˌzaɪgəʊ'dæktɪl/ **I** agg. zigodattilo **II** n. zigodattilo m.
zygodactylous /ˌzaɪgəʊ'dæktɪləs/ agg. zigodattilo.
zygoma /zaɪ'gəʊmə, zɪ-/ n. (pl. **~s**, **-ata**) zigomo m.
zygomatic /ˌzaɪgəʊ'mætɪk/ agg. zigomatico.
zygomorphous /ˌzaɪgəʊ'mɔːfəs/ agg. zigomorfo.
zygosis /zaɪ'gəʊsɪs/ n. (pl. **-es**) zigosi f.
zygospore /'zaɪgəspɔː(r)/ n. zigospora f.
zygote /'zaɪgəʊt/ n. zigote m.
zymase /'zaɪmeɪs/ n. zimasi f.
zymogen /'zaɪmədʒen/ n. zimogeno m.
zymogenesis /ˌzaɪmə'dʒenəsɪs/ n. (pl. **-es**) zimogenesi f.
zymogenic /ˌzaɪmə'dʒenɪk/, **zymogenous** /ˌzaɪmə'dʒenəs/ agg. zimogeno.
zymosterol /zaɪ'mɒstərəl/ n. zimosterolo m.
zymotic /zaɪ'mɒtɪk/ agg. zimotico.
zymurgy /'zaɪmɜːdʒɪ/ n. = branca della biochimica che studia le fermentazioni.

Lexical Notes

1 - AGE

- Note that where English says *to be X years old* Italian says *avere X anni.*

How old?

- *how old are you?* = quanti anni hai?
  what age is she? = quanti anni ha? / che età ha?
- The word *anni* (= *years*) is never dropped in the following expressions:

he is forty years old or *he is forty* or *he is forty years of age*	= ha quarant'anni
she's eighty	= ha ottant'anni
the house is a hundred years old	= la casa ha cento anni
a man of fifty	= un uomo di cinquant'anni
a child of eight and a half	= un bambino di otto anni e mezzo
he looks sixteen	= sembra che abbia sedici anni / gli daresti sedici anni.

- Note the translation of the following expressions:

a woman aged thirty	= una donna di trent'anni (d'età)
at the age of forty	= all'età di quarant'anni
Mrs Smith, aged forty or *Mrs Smith (40)*	= la Sig.ra Smith, di quarant'anni
I'm older than you	= sono più vecchio di te
she's younger than him	= lei è più giovane di lui
Anne's two years younger	= Anne è più giovane di due anni / ha due anni di meno
Mary's older than Anne by five years	= Mary è più vecchia di Anne di cinque anni / Mary ha cinque anni più di Anne
Robert's younger than Thomas by six years	= Robert è più giovane di Thomas di sei anni / Robert ha sei anni meno di Thomas.

X-year-old

• *a forty-year-old*	= uno / una di quarant'anni, un / una quarantenne
a sixty-year-old woman	= una donna di sessant'anni, un / una sessantenne
an eighty-year-old pensioner	= un pensionato, una pensionata di ottant'anni
I feel sixteen (years old)	= mi sento un / una sedicenne / mi sembra di avere sedici anni
they've got an eight-year-old and a five-year-old	= hanno un figlio / una figlia di otto anni e uno / una di cinque (anni).

Approximate ages

- Note the various ways of saying these in Italian:

he is about fifty	= ha circa cinquant'anni / è sui cinquanta / sulla cinquantina / ha una cinquantina d'anni*
she's just over sixty	= ha appena passato i sessanta / i sessant'anni
she's just under seventy	= ha poco meno di settant'anni / tra poco avrà settant'anni
she's in her sixties	= ha passato i sessanta / è tra i sessanta e i settanta / ha tra i sessanta e i settant'anni
she's in her early sixties	= ha appena passato i sessanta / è tra i sessanta e i sessantacinque / ha tra i sessanta e i sessantacinque anni
she's in her late sixties	= è tra i sessantacinque e i settant'anni / ha tra i sessantacinque e i settant'anni
she must be seventy	= deve avere settant'anni
he's in his mid forties	= ha circa quarantacinque anni / è sui quarantacinque anni
he's just ten	= ha dieci anni giusti / ha appena compiuto dieci anni
he's barely twelve	= ha appena dodici anni / avrà sì e no dodici anni
games for the under twelves	= giochi per i minori di dodici anni
only for the over eighties	= solo per i maggiori di ottantant'anni / solo per chi ha almeno ottant'anni / solo per chi ha ottant'anni o più / solo per gli ottantenni

* Other round numbers in *-ina* used to express approximate ages are *decina* (10), *ventina* (20), *trentina* (30), *quarantina* (40), *sessantina* (60), *settantina* (70), *ottantina* (80) and *novantina* (90), whereas you say *un centinaio d'anni* for 100.

2 - THE HUMAN BODY

- When it is clear who owns the part of the body mentioned, Italian tends to use the definite article where English uses a possessive adjective:

he raised his hand	= alzò la mano
she closed her eyes	= chiuse gli occhi

  Note, for instance, the use of *la* and *mia* here:

she ran her hand over my forehead	= passò la mano sulla mia fronte.

- For expressions such as *he hurt his foot* or *she hit her head on the beam*, where the owner of the body part is the subject of the verb, i.e. the person doing the action, use a reflexive verb in Italian:

she has broken her leg	= si è rotta la gamba
he was rubbing his hands	= si stava fregando le mani
she was holding her head	= si teneva la testa

  Note also the following:

she broke his leg	= lei gli ha rotto la gamba (literally *she broke the leg to him*)
the stone split his lip	= la pietra gli ha tagliato il labbro (literally *the stone split the lip to him*).

Describing people

- For ways of saying how tall someone is, of stating someone's weight, and of talking about the colour of hair and eyes, see the lexical notes Nos. 15, 37 and 5.
- Here are some ways of describing people in Italian:

his hair is long	= ha i capelli lunghi / i suoi capelli sono lunghi
he has long hair	= ha i capelli lunghi
a boy with long hair	= un ragazzo con i capelli lunghi
a long-haired boy	= un ragazzo dai / con i capelli lunghi
the boy with long hair	= il ragazzo con i capelli lunghi
her eyes are blue	= ha gli occhi azzurri / i suoi occhi sono azzurri
she has blue eyes	= ha gli occhi azzurri
she is blue-eyed	= ha gli occhi azzurri
the girl with blue eyes	= la ragazza con gli occhi azzurri
a blue-eyed girl	= una ragazza dagli / con gli occhi azzurri
his nose is red	= ha il naso rosso
he has a red nose	= ha il naso rosso
a man with a red nose	= un uomo con il naso rosso
a red-nosed man	= un uomo dal / con il naso rosso.

- When referring to a temporary state, the following phrases are useful:

his leg is broken	= ha la gamba rotta
the man with the broken leg	= l'uomo con la gamba rotta
a man with a broken leg	= un uomo con una gamba rotta.

- For other expressions with body part terms, see the lexical note No.11.

3 - CAPACITY MEASURES

- For cubic measurements, see the lexical note No.35.

British liquid measurements

- Note that Italian has a comma where English has a decimal point:

20 fl oz	= 20 once liquide	= 0,57 l (litri)
1 pt	= 1 pinta	= 0,57 l
1 qt	= 1 quarto	= 1,13 l
1 gal	= 1 gallone	= 4,54 l

There are three ways of saying 1,13 l, and other measurements like it: *uno virgola tredici litri*, or (less formally) *un litro virgola tredici*, or *un litro e tredici*. For more details on how to say numbers, see the lexical note No.19.

American liquid measurements

• *l6 fl oz*	= 0,47 l
1 pt	= 0,47 l
1 qt	= 0,94 l
1 gal	= 3,78 l

Phrases

• *what does the tank hold?*	= quanto contiene / quanto tiene il serbatoio?
what's its capacity?	= che capacità ha?
it's 200 litres	= 200 litri
its capacity is 200 litres	= la sua capacità è (di) 200 litri / ha 200 litri di capacità.
• *my car does 28 miles to the gallon*	= la mia auto fa 28 miglia con un gallone (10 chilometri con un litro)

Note that the Italians calculate petrol consumption in litres per kilometres. To convert miles per gallon to litres per 100 km and vice versa simply divide the factor 280 by the known figure.

• they use 20,000 litres a day	= consumano 20.000 litri al giorno.
• *A holds more than B*	= A contiene / tiene più di B
B holds less than A	= B contiene / tiene meno di A
A has a greater capacity than B	= A ha una capacità maggiore di B
B has a smaller capacity than A	= B ha una capacità minore di A
A and B have the same capacity	= A e B hanno la stessa capacità
20 litres of wine	= 20 litri di vino
it's sold by the litre	= è venduto al litro

- Note the Italian construction with *da*, coming after the noun it describes:

a 200-litre tank	= un serbatoio da 200 litri.

4 - THE CLOCK

What time is it?

• *It is...*	= Sono le...	
4 o'clock	= 4	quattro
4 o'clock in the morning / 4 am	= 4 h 00	quattro del mattino / di mattina
4 o'clock in the afternoon / 4 pm	= 16 h 00	quattro del pomeriggio / sedici*
0400 = four	= 4 h 00	quattro
4.02 = two minutes past four	= 4 h 02	quattro e due / ore quattro e due minuti**
4.05 = five past four	= 4 h 05	quattro e cinque
4.10 = ten past four	= 4 h 10	quattro e dieci
4.15 = a quarter past four	= 4 h 15	quattro e quindici / e un quarto***
4.20 = twenty past four	= 4 h 20	quattro e venti
4.25 = twenty-five past four	= 4 h 25	quattro e venticinque
4.30 = half past four	= 4 h 30	quattro e trenta / e mezza***
4.35 = twenty-five to five	= 4 h 35	quattro e trentacinque
4.37 = twenty-three minutes to five	= 4 h 37	quattro e trentasette
4.40 = twenty to five	= 4 h 40	quattro e quaranta / cinque meno venti***
4.45 = a quarter to five	= 4 h 45	quattro e quarantacinque / cinque meno un quarto***
4.50 = ten to five	= 4 h 50	quattro e cinquanta / cinque meno dieci***
4.55 = five to five	= 4 h 55	quattro e cinquanta-cinque / cinque meno cinque***
5 o'clock	= 5 h	cinque
16.15 = a quarter past four pm	=16 h 15	sedici e quindici / quattro e un quarto***
16.25 = twenty-five past four pm	=16 h 25	sedici e venticinque / quattro e venti-cinque ***
16.40 = twenty to five pm	=16 h 40	sedici e quaranta / cinque meno venti***
8 o'clock in the evening / 8 pm	=20 h 00	otto di sera / venti*
12.00	=12 h 00	dodici

* In timetables etc., the twenty-four hour clock is used, so that *4 pm* is *le sedici*, whereas in ordinary usage one says *le quattro (del pomeriggio)*.

** This fuller form is possible in all similar cases in this list. It is used only in "official" styles.

*** *quattro e un quarto* sounds less official than *quattro e quindici* and *sedici e quindici*; similarly, *e mezza*, *meno venti* , *meno un quarto*, *meno dieci*, *meno cinque* are the less official forms.

• *what time is it?*	= che ora è? / che ore sono?*
my watch says five o'clock	= il mio orologio fa le cinque
could you tell me the time?	= potrebbe dirmi l'ora?
t's exactly four o'clock	= sono le quattro in punto
it's about four	= sono circa le quattro
t's almost three o'clock	= sono quasi le tre
it's just before six o'clock	= manca poco alle sei
it's just after five o'clock	= sono da poco passate le cinque
it's gone five	= sono le cinque passate

* Please note that, although you can say either *che ora è?* (singular form) or *che ore sono?* (plural form), the answer will always be in the plural: *sono le...* The only exceptions to this are the following:

it's one o'clock	= è l'una
it's noon / 12 noon	= è mezzogiorno
it's midnight / 12 midnight	= è mezzanotte.

When?

- Italian always uses the preposition *a* (+ article if necessary), whether or not English includes the word *at*. The only exception is when there is another preposition present, as in *verso le cinque* (towards five o'clock), *prima delle cinque* (before five o'clock) etc.:

what time did it happen?	= a che ora è successo?
it happened at two o'clock	= è successo alle due
what time will he come at?	= a che ora verrà?
he'll come at four	= verrà alle quattro
at ten past four	= alle quattro e dieci
at half past eight	= alle otto e mezza
at three o'clock exactly	= alle tre precise
at about five	= circa alle cinque
at five at the latest	= alle cinque al più tardi
a little after nine	= poco dopo le nove
it must be ready by ten	= deve essere pronto per le dieci
I'll be here until 6 pm	= resterò qui fino alle sei
I won't be here until 6 pm	= non ci sarò fino alle sei
it lasts from seven till nine	= dura dalle sette alle nove
closed from 1 to 2 pm	= chiuso dall'una alle due del pomeriggio / chiuso dalle tredici alle quattordici
every hour on the hour	= ogni volta allo scoccare dell'ora
at ten past every hour	= ai dieci minuti di ogni ora.

5 - COLOURS

- Not all English colour terms have a single exact equivalent in Italian: for instance, in some circumstances *brown* is *marrone*, in others *bruno* or *castano*. If in doubt, look the word up in the dictionary.

Colour terms

- *what colour is it?* = di che colore è?
  - *it's green* = è verde
  - *to paint something green* = dipingere qualcosa di verde
  - *to dye something green* = tingere qualcosa di verde
  - *to wear green* = vestire *or* vestirsi di verde / in verde
  - *dressed in green* = vestito di verde / in verde.
- Colour nouns are all masculine in Italian:
  - *I like green* = mi piace il verde
  - *I prefer blue* = io preferisco il blu
  - *red suits her* = il rosso le sta bene
  - *it's a pretty yellow!* = è un bel giallo!
  - *have you got it in white?* = ce l'ha in bianco?
  - *a pretty shade of blue* = una bella tonalità di blu
  - *it was a dreadful green* = era un verde orrendo
  - *a range of greens* = una gamma di verdi.
- Most adjectives of colour agree with the noun they modify; *blu* is an exception:
  - *a black coat, a blue coat* = un cappotto nero, un cappotto blu
  - *a black skirt, a blue skirt* = una gonna nera, una gonna blu
  - *black clothes, blue clothes* = abiti neri, abiti blu.

Nouns that become colour adjectives

- Nouns like *ciliegia, cioccolato, arancio, smeraldo* etc. can be used as colour adjectives. These never show agreement:
  - *a cherry-red blouse* = una camicetta ciliegia
  - *hazel eyes* = occhi nocciola

Shades of colour

- Expressions like *pale blue, dark green* or *light yellow* are also invariable in Italian and show no agreement:
  - *a pale blue shirt* = una camicia celeste
  - *dark green blankets* = coperte verde scuro
  - *a light yellow tie* = una cravatta giallo chiaro
  - *bright yellow socks* = calze giallo vivo

  Italian can also use the colour nouns here: instead of *coperte verde scuro* you could say *coperte di un verde scuro*; and similarly *una cravatta di un giallo chiaro* etc. The nouns in Italian are normally used to translate English adjectives of this type ending in *-er* and *-est*:
  - *a darker blue* = un blu più scuro
  - *the dress was a darker blue* = il vestito era di un blu più scuro
  - *a lighter blue* = un blu più chiaro.
- In the following examples, *green* stands for most basic colour terms:
  - *pale green* = verde pallido
  - *light green* = verde chiaro
  - *bright green* = verde vivo / verde brillante
  - *dark green* = verde scuro
  - *deep green* = verde carico
  - *strong green* = verde intenso.
- Other types of compound in Italian are also invariable, and do not agree with their nouns:
  - *a sky-blue jacket* = una giacca azzurro cielo

  These compounds include: *verde mela* (apple-green), *blu notte* (midnight-blue), *rosso sangue* (blood-red) etc. However, all English compounds do not translate directly into Italian. If in doubt, check in the dictionary.

  Italian compounds consisting of two colour terms are also invariable:
  - *a pale blue-green dress* = un vestito verdeazzurro.
- English uses the ending *-ish*, or sometimes *-y*, to show that something is approximately a certain colour, e.g. *a reddish hat, a greenish paint* or *a yellowy dress.* The Italian equivalent is *-astro*:
  - *blue-ish* = bluastro
  - *greenish* or *greeny* = verdastro
  - *greyish* = grigiastro
  - *reddish* = rossastro
  - *yellowish* or *yellowy* = giallastro

  Other similar Italian words are *nerastro* and *biancastro.* Note however that these words are often rather negative in Italian: it is better not to use them if you want to be complimentary about something; use instead *che tende al nero* etc.
- To describe a special colour, English can add *-coloured* to a noun such as *raspberry* (lampone) or *flesh* (carne). Note how this is said in Italian, where the two-word compound with *color(e)* is invariable, and, unlike English, never has a hyphen:
  - *a chocolate-coloured skirt* = una camicia color cioccolato
  - *raspberry-coloured fabric* = tessuto color lampone
  - *flesh-coloured tights* = collant color carne.

Colour verbs

- English makes some colour verbs by adding *-en* (e.g. *blacken*). Similarly, Italian has some verbs made from colour terms:
  - *to blacken* = annerire
  - *to redden* = arrossare, arrossire
  - *to whiten* = imbiancare, sbiancare / sbiancarsi

  It should be noted that the English colour verbs above have both literal and metaphorical meanings, which can be translated by one or different Italian equivalents. For example, *to blacken* is translated by *annerire* when it means *to make black*, and by *denigrare* or *diffamare* when it means *to discredit*; when *to redden* means *to become red* or *make something red* in general, it can be translated by *arrossare*, while *arrossire* is used when *to redden* means *to blush*; *to whiten* is translated by *sbiancare / sbiancarsi* when it means *to turn pale*, and by *imbiancare* when it means *to paint white.* For further examples and information consult the appropriate entries in the Italian-English section of the dictionary.

  Other Italian colour terms that behave like this are *ingiallire* from *giallo* and *ingrigire* from *grigio.* It is always safe, however, to use *diventare*, thus:
  - *to turn purple* = diventare viola.

Describing people

- Note the use of the definite article in the following:
  - *to have black hair* = avere i capelli neri
  - *to have blue eyes* = avere gli occhi blu.
- Note the use of *da* or *con* + article in the following:
  - *a blue-eyed girl* = una ragazza dagli / con gli occhi blu
  - *the black-haired man* = l'uomo dai / con i capelli neri.
- The following words are used for describing the colour of someone's hair (note that *i capelli* is plural in Italian):
  - *fair* = biondo
  - *dark* = bruno
  - *blonde* or *blond* = biondo
  - *brown* = castano
  - *red* = rosso
  - *black* = nero
  - *grey* = grigio
  - *white* = bianco

  Check other terms such as **ginger**, **auburn**, **mousey** etc. in the dictionary.
- Note these nouns in Italian:
  - *a fair-haired man* = un biondo
  - *a fair-haired woman* = una bionda
  - *a dark-haired man* = un bruno
  - *a dark-haired woman* = una bruna, una mora.
- The following words are useful for describing the colour of someone's eyes:
  - *blue eyes* = occhi blu
  - *light blue eyes* = occhi azzurri
  - *light brown eyes* = occhi marrone / castano chiaro
  - *brown eyes* = occhi marrone /occhi castani
  - *hazel eyes* = occhi nocciola
  - *green eyes* = occhi verdi
  - *grey eyes* = occhi grigi
  - *greyish-green eyes* = occhi grigio verde
  - *dark eyes* = occhi scuri, occhi neri.
- See also the lexical note No.2.

6 - COUNTRIES AND CONTINENTS

- Most countries and all continents are used with the definite article in Italian:

  Italy is a beautiful country = l'Italia è un paese bellissimo
  I like Canada = mi piace il Canada
  to visit the United States = visitare gli Stati Uniti
  to know Iran = conoscere l'Iran

  A very few countries do not:

  to visit Israel / Cuba = visitare Israele / Cuba

  When in doubt, check in the dictionary.

- All the continent names are feminine in Italian. Most names of countries are feminine, e.g. *l'Inghilterra* or *la Gran Bretagna*, but some are masculine, e.g. *il Canada*. Most names of countries are singular in Italian, but some are plural (usually, but not always, those that are plural in English), e.g. *gli Stati Uniti* (the United States), and *le Filippine* (the Philippines); note that also the Italian verb is plural in this case:

  the Philippines is a lovely country = le Filippine sono un paese molto bello.

In, to and from somewhere

- With continent names and singular names of countries, Italian uses *in* for English *in* and *to*, and *da* + article for *from*:

  to live in Europe = vivere in Europa
  to go to Europe = andare in Europa
  to come from Europe = venire dall'Europa
  to live in Italy = vivere in Italia
  to go to Italy = andare in Italia
  to come from Italy = venire dall'Italia
  to live in Afghanistan = vivere in Afganistan
  to go to Afghanistan = andare in Afganistan
  to come from Afghanistan = venire dall'Afganistan
  to live in Canada = vivere in Canada
  to go to Canada = andare in Canada
  to come from Canada = venire dal Canada

  Note that if or when names of countries and continents are specified by a compass point, the Italian *in* must be followed by the definite article, and therefore *nella* is used:

  to live in North Korea = vivere nella Corea del Nord
  to go to North Korea = andare nella Corea del Nord
  to come from North Korea = venire dalla Corea del Nord
  to live in South America = vivere nell'America del Sud / America meridionale
  to go to South America = andare nell'America del Sud / America meridionale
  to come from South America = venire dall'America del Sud / America meridionale
  to live in northern Europe = vivere nell'Europa del Nord / Europa settentrionale
  to go to northern Europe = andare nell'Europa del Nord / Europa settentrionale
  to come from northern Europe = venire dall'Europa del Nord / Europa settentrionale
  to live in southern Italy = vivere nell'Italia del Sud / Italia meridionale
  to go to southern Italy = andare nell'Italia del Sud / Italia meridionale
  to come from southern Italy = venire dall'Italia del Sud / Italia meridionale.

- With plural names of countries, Italian uses *nei / negli* (masculine) and *nelle* (feminine) for English *in* and *to*, and *dai / dagli* (masculine) and *dalle* (feminine) for *from*:

  to live in the Netherlands = vivere nei Paesi Bassi
  to go to the Netherlands = andare nei Paesi Bassi
  to come from the Netherlands = venire dai Paesi Bassi
  to live in the United States = vivere negli Stati Uniti
  to go to the United States = andare negli Stati Uniti
  to come from the United States = venire dagli Stati Uniti
  to live in the Philippines = vivere nelle Filippine
  to go to the Philippines = andare nelle Filippine
  to come from the Philippines = venire dalle Filippine.

Adjective uses: *italiano* or *d'Italia* or *dell'Italia*?

- For *Italian*, the translation *italiano* (no capital letter) is usually safe; here are some typical examples:

  the Italian army = l'esercito italiano
  the Italian coast = la costa italiana
  Italian cooking = cucina italiana
  Italian currency = valuta italiana
  the Italian Customs = la dogana italiana
  the Italian government = il governo italiano
  the Italian language = la lingua italiana
  Italian literature = letteratura italiana
  the Italian nation = la nazione italiana
  Italian politics = la politica italiana
  an Italian town = una città italiana
  Italian traditions = le tradizioni italiane.

- Some nouns, however, occur more commonly with *d'Italia* (usually, but not always, their English equivalents can have *of Italy* as well as *Italian*):

  the Ambassador of Italy or *the Italian Ambassador* = l'Ambasciatore d'Italia
  the Italian Embassy = l'Ambasciata d'Italia
  the history of Italy or *Italian history* = la storia d'Italia
  the King of Italy or *the Italian king* = il Re d'Italia
  the rivers of Italy = i fiumi d'Italia

  but note:

  the capital of Italy or *the Italian capital* = la capitale dell'Italia.

- Note that many geopolitical adjectives like *Italian* can also refer to nationality, e.g. *an Italian tourist* (see the lexical note No.18, or to the language, e.g. *an Italian word* (see the lexical note No.14).

7 - CURRENCIES AND MONEY

Italian money

- As a member of the European Monetary Union, Italy uses euros as from Jan. 1st 2002; the graphic symbol for euro is € while its official abbreviation is EUR (comparable with GBP for Great Britain Pound).

  There are 7 euro notes, denominated in 500, 200, 100, 50, 20, 10 and 5 euros, and 8 euro coins, denominated in 2 and 1 euros, then 50, 20, 10, 5, 2 and 1 cents:

write	*say*
€ 500	cinquecento euro
€ 200	duecento euro
€ 100	cento euro
€ 50	cinquanta euro
€ 20	venti euro
€ 10	dieci euro
€ 5	cinque euro
€ 2	due euro
€ 1	un euro
€ 0.50 *or* 50 c	cinquanta centesimi
€ 0.20 *or* 20 c	venti centesimi
€ 0.10 *or* 10 c	dieci centesimi
€ 0.05 *or* 5 c	cinque centesimi
€ 0.01 *or* 1 c	un centesimo

For some examples, see the sections **How much?** and **Handling money** below.

- *a cheque for € 1,000* = un assegno da mille euro
  a ten-euro note = una banconota da dieci euro
  a fifty-cent coin / piece = una moneta da cinquanta centesimi

Note also that where English would have a comma, Italian has a full stop, and vice versa.

British money

- *write* — *say*

write		say
1 p	= one penny	un penny
5 p	= five pence	cinque penny (*or* pence)*
10 p	= ten pence	dieci penny (*or* pence)*
25 p	= twenty-five pence	venticinque penny (*or* pence)*
50 p	= fifty pence	cinquanta penny (*or* pence)*
£ 1	= one pound	una sterlina
£ 1.50	= one pound fifty	una sterlina e cinquanta / una sterlina e mezzo
£ 2.00	= two pounds	due sterline

* See the note at the entry *penny*.

- *a five-pound note* = una banconota da cinque sterline
  a pound coin = una moneta da una sterlina
  a 50p piece = una moneta da cinquanta penny
  a tuppence = una moneta da due penny.
- *there are 100 pence in one pound* = ci sono 100 penny in una sterlina.

American money

write		say
1 c	= one cent	un centesimo
5 c	= five cents = one nickel	cinque centesimi
10 c	= ten cents = one dime	dieci centesimi
25 c	= twenty-five cents = one quarter	venticinque centesimi / un quarto di dollaro
50 c	= fifty cents = half dollar	cinquanta centesimi / mezzo dollaro
$ 1	= one dollar	un dollaro
$ 1.50	= one dollar fifty	un dollaro e cinquanta / un dollaro e mezzo
$ 2.00	= two dollars	due dollari.

- *a ten-dollar bill* = un biglietto da dieci dollari
  a dollar bill = un biglietto da un dollaro
  a dollar coin = una moneta da un dollaro.
- *there are 100 cents in one dollar* = ci sono 100 centesimi in un dollaro.

How much?

- *how much is it?* = quant'è? quanto costa? quanto fa?
  how much does it cost? = quanto costa?
  it's 15 euros = quindici euro / sono quindici euro / fanno quindici euro
  the price of the book is 12.50 euros = il prezzo del libro è dodici euro e cinquanta
  the car costs 22,350 euros = l'auto costa 22.350 euro
  it costs over 200 euros = costa più di duecento euro
  just under 10 euros = appena sotto i dieci euro / poco meno di dieci euro
  more than 200 euros = più di duecento euro
  less than 200 euros = meno di duecento euro
  it costs 5 euros a metre = costa cinque euro al metro.
- In the following examples, note the use of *da* or *di* in Italian to introduce the amount that something costs or consists of:
  a € 400 overcoat = un cappotto da 400 euro
  a £ 10 ticket = un biglietto da 10 sterline
  a £ 500 cheque = un assegno di / da cinquecento sterline
  a two-thousand-pound grant = una sovvenzione di / da duemila sterline.

Handling money

- *500 euros in cash* = cinquecento euro in contanti
  a cheque for £ 500 = un assegno di / da cinquecento sterline
  to change a 50-pound note = cambiare una banconota da cinquanta sterline
  a dollar travelers' check = un travellers' cheque in dollari
  a sterling travellers' cheque = un travellers' cheque in sterline
  a £100 travellers' cheque = un travellers' cheque da cento sterline
  there is more than 1 euro to the dollar = il dollaro vale più di un euro / ci vuole più di un euro per fare un dollaro.
- For how to say numbers in Italian, see the lexical note No.19.

8 - DATE

- Where English has several ways of writing dates, such as *May 10, 10 May, 10th May* etc., Italian has only one generally accepted way: *10 maggio* (say *dieci maggio*). However, as in English, dates in Italian may be written informally *10.5.68* or *10/5/68*.
- The general pattern in Italian is: cardinal number + month + year, as in
  May 10, 1901 = 10 maggio 1901
  October 16, 1995 = 16 ottobre 1995

  If the date is the first of the month, *primo* (often abbreviated as *1°*) is generally used in Italian instead of *uno*:
  May 1st 1901 = 1° maggio 1901.
- Note that Italian does not use capital letters for months and for days of the week (see the lexical notes Nos. 16 and 36); also Italian does not usually abbreviate the names of the months:
  Sept 10 = dieci settembre etc.
- If the day of the week is included, the article *il* / *l'* is omitted:
  Monday, May 1st = lunedì 1° maggio
  Friday, Dec 15th = venerdì 15 dicembre
  Sunday, Sept 4th = domenica 4 settembre.

Saying and writing dates

- *what's the date?* = che data è oggi? / quanti ne abbiamo oggi?
  it's the tenth = è il dieci
  it's the tenth of May = è il dieci (di) maggio

	write	say
May 1	(il) 1° maggio	(il) primo maggio
May 2	(il) 2 maggio	(il) due maggio
May 11	(l')11 maggio	(l')undici maggio
May 21	(il) 21 maggio	(il) ventun maggio
May 30	(il) 30 maggio	(il) trenta maggio
May 6 1968	(il) 6 maggio 1968	(il) sei maggio millenovecentosessantotto
Monday May 6 1968	lunedì 6 maggio 1968	lunedì sei maggio millenovecentosessantotto
16.5.68 GB or *5.16.68* USA	16.5.68	sedici cinque sessantotto
AD 230	230 d.C.	duecentotrenta dopo Cristo
2500 BC	2500 a.C.	duemilacinquecento avanti Cristo
the 16th century	il XVI secolo,	il sedicesimo secolo, il Cinquecento.

Saying *on*

- Italian uses only the definite article, without any word for *on*:
  it happened on 6th March = avvenne il 6 marzo (*say* il sei marzo)
  he came on the 21st = è arrivato il 21 (*say* il ventuno)
  see you on the 6th = ci vediamo il 6 (*say* il sei)
  on the 2nd of every month = il 2 di ogni mese (*say* il due...)
  he'll be here on the 3rd = sarà qui il 3 (*say* il tre).

Saying *in*

- Italian normally uses *nel* for years but prefers *nell'anno* for out-of-the-ordinary dates:

in 1989 = nel 1989 (*say* nel millenovecentottantanove)
in 1860 = nel 1860 (*say* nel milleottocentosessanta)
in the year 2000 = nell'anno 2000 (*say* duemila)
in AD 27 = nel 27 d.C. (*say* nel ventisette dopo Cristo), nell'anno 27 d.C.
in AD 1492 = nel 1492
in 132 BC = nel 132 a.C. (*say* nel centotrentadue avanti Cristo).

- With names of months, *in* is translated by *nel* (*nell'* in front of the names of months beginning with a vowel) or *nel mese di*; the preposition *a* may also be used, if the year is not mentioned or if *in* means *every year in that month*:

in May 1970 = nel maggio 1970 / nel mese di maggio 1970
in August 2000 = nell'agosto 2000 / nel mese di agosto 2000
she's retiring in May = va in pensione a / in maggio
in May we usually go on vacation = di solito a / in maggio andiamo in vacanza.

- With centuries, Italian uses *nel*:

in the seventeenth century = nel diciassettesimo secolo
in the 18th century = nel XVIII secolo (*say* nel diciottesimo secolo)

Note also:

in the early 19th century = all'inizio del XIX secolo / nel primo Ottocento / all'inizio dell'Ottocento
in the late 14th century = alla fine del XIV secolo / nel tardo Trecento / alla fine del Trecento.

Phrases

- Remember that the date in Italian always has the definite article when it is preceded by a preposition, so, in combined forms, *al* and *dal* etc. are required:

from the 10th onwards = dal 10 in avanti / a partire dal 10 (*say* dal dieci)
stay until the 14th = rimani fino al 14 (*say* quattordici)
from 21st to 30th May = dal 21 al 30 maggio (*say* dal ventuno al trenta maggio)
around 16th May = attorno al / verso il 16 maggio (*say* sedici maggio)
not until 2001 = non prima del 2001
Shakespeare (1564-1616) = Shakespeare (1564-1616) (*say* Shakespeare, millecinquecentosessantaquattro milleseicentosedici)
Shakespeare b.1564 d.1616 = Shakespeare n. 1564 m. 1616 (*say* Shakespeare nato nel 1564, morto nel 1616)
Elizabeth I b.1533 d.1603 = Elisabetta I n. 1533 m. 1603 (*say* Elisabetta prima nata nel 1533, morta nel 1603)
in May '45 = nel maggio del '45 (*say* quarantacinque)
in the 1980s = negli anni '80 (del Novecento) (*say* ottanta)
in the early sixties = nei primi anni '60 (*say* sessanta) all'inizio degli anni '60 (*say* sessanta)
in the late seventies = nei tardi anni '70 (*say* settanta) alla fine degli anni '70 (*say* settanta) (*say* settanta)
the riots of '68 = i tumulti del '68 (*say* sessantotto)
the 14-18 war = la guerra del 14-18 (*say* la guerra del quattordici diciotto)
the 1912 uprising = l'insurrezione del 1912 (*say* millenovecentododici).

9 - FORMS OF ADDRESS

- Only those forms of address in frequent use are included here; titles of members of the nobility or of church dignitaries are not covered; for the use of military ranks as titles, see the lexical note No.23.

Writing to someone

- When writing formal letters to people you have never met, a business letter for example, the ways of addressing envelopes and opening and closing formulae are quite rigidly codified.

As far as the addressee is concerned, *Mr Mario Rossi* is translated by *(Al) Sig. Mario Rossi*; *Mrs Anna Rossi* is translated by *(Alla) Sig.ra Anna Rossi*. If the addressee is a firm, the usual Italian formulae are *Spett.le Ditta Rossi*, *Spett.le Ditta Rossi e Ferrari*, *Spett.le Ditta Rossi e Figli* etc., corresponding to *(Messrs) Rossi*, *(Messrs) Rossi & Ferrari*, *(Messrs) Rossi & Sons* etc.

In formal letters, the Italian equivalents of English openings are as follows:

Dear Mr Rossi, = Egregio Sig. Rossi,
Dear Ms Rossi, = Gentile Sig.ra Rossi,
Dear Sir, = Egregio Signore,
Dear Madam = Gentile Signora,
Dear Sirs, = Egregi Signori, / Spett.le Ditta

In formal letters, the Italian equivalent of the closing formulas *Yours faithfully*, *Yours sincerely* and *Yours truly* is usually *Distinti saluti*.

In semi-formal letters the Italian equivalents of such openings as *Dear Mr Rossi* and *Dear Mrs Rossi* are *Caro Sig. Rossi* and *Cara Sig.ra Rossi*; the usual closings *Yours faithfully, Yours sincerely,* or *Sincerely,* in British English, and *Very truly yours,* in American English, can be translated by *Cordiali saluti* or *Con i migliori saluti*.

- In informal letters, there is wide variation in letter formulae; the following are a few examples:

Dear Anna, = Cara Anna,
Dear Anna and Carlo, = Cari Anna e Carlo,
Dear Aunt Anna, = Cara zia Anna,
Dearest Laura, = Carissima Laura,
My dear(est) Carlo, = Carissimo Carlo,
Darling Carlo, = Carlo carissimo,
Yours sincerely / truly, = cordialmente,
Yours, / Yours ever, = tuo,
Best wishes, / All the best, = con gli auguri più sinceri,
Bye for now, = a presto,
Love, / Lots of love, / With love from, = con affetto, / affettuosamente, / cari saluti,
I love you so much, = con tanto amore,

Speaking to someone

- Where English puts the surname after the title, Italian very often uses the title alone (note that in such cases Italian does not use a capital letter for *signore*, *signora* and *signorina*, unlike English *Mr* etc., nor for titles such as *dottore*):

good morning, Mr Johnson! = buongiorno, signore!
good evening, Mrs Jones! = buonasera, signora!
goodbye, Miss Smith! = arrivederci, signorina!

- The Italian *signore* and *signora* tend to be used more often than the English *Mr X* or *Mrs Y*. Also, in English, people often say simply *Good morning!* or *Excuse me!*; in the equivalent situation in Italian, they might say *Buongiorno, signore!* or *Mi scusi, signora!* However, the Italians are slower than the British, and much slower than the Americans, to use someone's first name, so *hi there, Peter!* to a colleague may well be simply *buongiorno!*; the use of such expressions as *buongiorno, caro!* or *buongiorno, vecchio mio!* depend on the degree of familiarity that exists.

- In both languages, other titles are also used, e.g.:

hello, Dr. Brown!	= buongiorno, dott. Brown!
hello, Doctor!	= buongiorno, dottore!
good morning, Professor!	= buongiorno, Professore!

- In some cases where titles are not used in English, they are used in Italian, e.g. *buongiorno, Signor Direttore!* or *buonasera, Direttrice!* to a head teacher, or *buongiorno, Avvocato!* to a lawyer of either sex.

- Titles of important positions are used in direct forms of address, preceded by *Signor*, as in:

yes, Chair	= sì, Signor Presidente
yes, Minister	= sì, Signor Ministro

Note that when the noun in question, like *Presidente* or *Ministro* here (or other such titles as *Ambasciatore*, *Giudice* etc), has no feminine form, or no acceptable feminine, the expressions above may be addressed to women too. As a matter of fact, women often prefer the masculine word even when a feminine form does exist, as in *Ambasciatore* to a woman ambassador, *Ambasciatrice* being reserved for the wife of an ambassador; moreover, the use of such feminine nouns as *Presidentessa* or *Ministra* may sound ironic or derisive.

Speaking about someone

- Before a surname, you may use *signor(e)*, *signora*, and *signorina*. These can be shortened in *Sig.*, *Sig.ra*, *Sig.na*.

- When a title accompanies someone's name, the definite article must be used in Italian; compare such examples as *John came* = arrivò John or *Smith is here* = Smith è qui with the following ones:

Mr Smith is here	= il signor Smith è qui
Mrs Jones phoned	= ha telefonato la signora Jones
Miss Black has arrived	= è arrivata la signorina Black
Ms Brown has left	= la signora Brown è partita (*or, as appropriate*) la signorina Brown è partita

Note that Italian has no equivalent of *Ms*; nowadays most Italian speakers tend to use *Signora* for all adult women, both married and unmarried.

- The use of the definite article is compulsory with most titles (with the exception of *Re* and *Papa*):

Dr Blake has arrived	= il dottor Blake è arrivato
Professor Jones spoke about it	= ne ha parlato il professor Jones
Prince Charles	= il principe Carlo
Princess Marie	= la principessa Marie
Queen Elizabeth II	= la regina Elisabetta II (*say* seconda)
King Richard I	= re Riccardo I (*say* primo) *or* il re Riccardo I
Pope John Paul II	= papa Giovanni Paolo II (*say* secondo) *or* il papa Giovanni Paolo II.

10 - GAMES AND SPORTS

With or without the definite article?

- Italian normally uses the definite article with names of games and sports:

football	= il calcio
volleyball	= la pallavolo
bridge	= il bridge
chess	= gli scacchi (mpl)
marbles	= le biglie (fpl)

Exceptions are e.g.:

cops and robbers	= guardie e ladri
hide-and-seek	= nascondino.

- When the name of a game or sport is preceded by the verb *giocare* (to play), the preposition *a* (either followed or not by the definite article) is compulsory:

to play football	= giocare a calcio / al calcio
to play volleyball	= giocare a pallavolo
to play bridge	= giocare a bridge
to play chess	= giocare a scacchi / agli scacchi
to play marbles or *at marbles*	= giocare a biglie / alle biglie
to play cops and robbers or *at cops and robbers*	= giocare a guardie e ladri
to play at hide-and-seek	= giocare a nascondino.

- Names of other 'official' games and sports follow the same pattern as *bridge* in the following phrases:

to play bridge with X against Y	= giocare a bridge con X contro Y
to beat somebody at bridge	= battere qualcuno a bridge
to win at bridge	= vincere a bridge
to lose at bridge	= perdere a bridge
she's good at bridge	= (lei) è brava a bridge / (lei) è brava nel bridge
a bridge club	= un club di bridge.

Players and events

• *a bridge player*	= un giocatore di bridge
I'm not a bridge player	= non sono un giocatore di bridge / non gioco a bridge
he's a good bridge player	= è un bravo giocatore di bridge / (lui) gioca bene a bridge
a game of bridge	= una partita di bridge
a bridge champion	= un campione di bridge
the Italian bridge champion	= il campione italiano di bridge
a bridge championship	= un campionato di bridge
to win the Italian championship	= vincere il campionato italiano
the rules of bridge	= le regole del bridge.

Playing cards

- The names of the four suits work like *club* here:

clubs	= fiori
to play a club	= giocare un fiori
a high / low club	= una carta alta / bassa di fiori
the eight of clubs	= l'otto di fiori
the ace of clubs	= l'asso di fiori
I've no clubs left	= non ho più fiori
I had only one club in my hand	= avevo in mano solo un fiori
have you any clubs?	= hai dei fiori? / hai delle carte di fiori?
clubs are trumps	= la briscola è fiori, l'atout è fiori
to call two clubs	= chiamare due fiori.

- Other games vocabulary can be found in the dictionary at *match*, *game*, *set*, *trick* etc.

11 - ILLNESSES, ACHES AND PAINS

Where does it hurt?

- *where does it hurt?* = dove ti / Le fa male?, dove hai / ha male?
  he has a pain in his leg = ha male alla gamba, ha un dolore alla gamba
  his leg hurts = gli fa male la gamba

  Do not confuse the phrase *far male a qualcuno* used above with the phrase *fare del male a qualcuno* which means *to harm somebody*.
- Note that with *avere male a* Italian uses the definite article with the part of the body, where English has a possessive, hence:
  his head was aching = aveva male alla testa
  my knee is aching = mi fa male il ginocchio.
- English has other ways of expressing this idea, but *avere male a* fits them too:
  he had toothache = aveva male ai denti / aveva mal di denti
  his ears hurt = aveva male alle orecchie / aveva mal d'orecchie.

Accidents

- *she broke her leg* = si è rotta la gamba (which means literally *she broke to herself the leg*)
  she sprained her ankle = si è storta la caviglia / ha preso una storta alla caviglia
  he burned his hands = si è bruciato / scottato le mani.

Chronic conditions

- *he has a weak heart* = è debole di cuore
  he has kidney trouble = ha problemi di reni
  he has a bad back = ha la schiena malandata.

Being ill

- Mostly Italian uses the definite article with the name of an illness:
  to have flu = avere l'influenza
  to have measles = avere il morbillo
  to have malaria = avere la malaria

  This applies to most infectious diseases, including childhood illnesses.
- When the illness affects a specific part of the body, Italian may also use the indefinite article:
  to have cancer = avere il / un cancro / avere un tumore
  to have cancer of the liver / liver cancer = avere il / un cancro al fegato
  to have a brain tumour = avere un tumore cerebrale / un tumore al cervello
  to have pneumonia = avere la polmonite
  to have cirrhosis = avere la cirrosi
  to have a stomach ulcer = avere un'ulcera allo stomaco
  to have bronchitis = avere la bronchite
  to have hepatitis = avere l'epatite
  to have arthritis = avere l'artrite
  to have asthma = avere l'asma
  to have hay fever = avere la febbre da fieno.
- When there is an adjective for such conditions, this is often preferred in Italian:
  to have asthma = essere asmatico
  to have epilepsy = essere epilettico.
- Such adjectives can be used as nouns to denote the person with the illness, e.g. *un asmatico / un'asmatica* and *un epilettico / un'epilettica* etc. Italian has other specific words for people with certain illnesses:
  someone with malaria = un malarico / una malarica
  a polio patient = un poliomielitico / una poliomielitica
- If in doubt, check in the dictionary. English *with* may be translated by *con* or *che ha*, and this is always safe:
  someone with cancer = qualcuno con il cancro
  people with Aids = le persone che hanno l'Aids.

Falling ill

- The above guidelines about the use of the definite and indefinite articles in Italian hold good for talking about the onset of illnesses.
- Italian has no general equivalent of *to get*. However, where English can use *to catch*, Italian can use *prendere*:
  to catch mumps = prendere gli orecchioni
  to catch malaria = prendere la malaria
  to catch bronchitis = prendere la bronchite
  to catch a cold = prendere un / il raffreddore.
- Similarly, where English uses *to contract*, Italian uses *contrarre*:
  to contract Aids = contrarre l'Aids
  to contract pneumonia = contrarre la polmonite
  to contract hepatitis = contrarre l'epatite.
- For attacks of chronic illnesses, Italian generally uses *avere un attacco di* (though such words as *accesso* or *crisi* may also be used):
  to have a bout of malaria = avere un attacco di malaria / un accesso di malaria
  to have a heart attack = avere un attacco di cuore / una crisi cardiaca
  to have an asthma attack = avere un attacco d'asma / una crisi d'asma
  to have an epileptic fit = avere un attacco epilettico / una crisi epilettica.

Treatment

- *to be treated for polio* = essere curato contro la poliomielite
  to take something for hay fever = prendere qualcosa per / contro la febbre da fieno
  he's taking something for his cough = sta prendendo qualcosa per / contro la tosse
  to prescribe something for a cough = prescrivere qualcosa per / contro la tosse
  malaria tablets = compresse per / contro la malaria
  to have a cholera vaccination = farsi vaccinare contro il colera
  to be vaccinated against smallpox = essere / venire vaccinato contro il vaiolo
  to be immunized against smallpox = essere / venire immunizzato contro il vaiolo
  to have a tetanus injection = farsi vaccinare contro il tetano / fare un'antitetanica
  to give somebody a tetanus injection = vaccinare qualcuno contro il tetano / fare un'antitetanica a qualcuno
  to be operated on for cancer = essere operato di cancro
  to operate on somebody for appendicitis = operare qualcuno di appendicite.

12 - ISLANDS

- In Italian, some names of islands always have the definite article and some never do.

Island names with definite article

- These behave like the names of countries, with different constructions depending on gender and number:
  to visit Sicily = visitare la Sicilia
  to live in Sicily = vivere in Sicilia
  to go to Sicily = andare in Sicilia
  to come from Sicily = venire dalla Sicilia
  to live in eastern Sicily = vivere nella Sicilia orientale
  to go to eastern Sicily = andare nella Sicilia orientale

to come from eastern Sicily	= venire dalla Sicilia orientale.

- Note that where English has the definite article, Italian normally has as well:

the Balearics	= le Baleari
in the Balearics	= nelle Baleari
to the Balearics	= alle Baleari
from the Balearics	= dalle Baleari.

Islands without definite article

- As in English, most island names have no definite article; these work like names of towns:

to visit Cyprus / Ischia	= visitare Cipro / Ischia
to live in Cipro / Ischia	= vivere a Cipro / Ischia
to go to Cyprus / Ischia	= andare a Cipro / Ischia
to come from Cyprus / Ischia	= venire da Cipro / Ischia.

- English uses *on* with the names of small islands; there is no such distinction in Italian:

on Pantelleria	= a Pantelleria
on Naxos	= a Naxos.

- As with names of cities and towns, it is safest to avoid explicit genders; use *l'isola di...* instead:

Cuba is beautiful	= l'isola di Cuba è meravigliosa.

Names with or without *isola* in them

- English and Italian tend to work the same way in this respect:

Guernsey	= Guernsey
the island of Guernsey	= l'isola di Guernsey
the Balearics	= le Baleari
the Balearic Islands	= le Isole Baleari
the Orkney Islands	= le Isole Orcadi.

- There are some exceptions to these rules. If in doubt, look up the island name in the dictionary.

13 - LAKES

- Normally, English *Lake X* becomes *il lago X* in Italian (note the small *l* at *lago*):

Lake Michigan	= il lago Michigan
Lake Victoria	= il lago Victoria.

- But when a lake shares its name with a town, English *Lake X* becomes *il lago di X* in Italian:

Lake Constance	= il lago di Costanza
Lake Como	= il lago di Como.

- Sometimes English can drop the word *Lake*. Italian can drop *lago* as well, however it is always safe to keep the word *lago*:

Trasimeno	= il lago Trasimeno / il Trasimeno

- *Loch* and *Lough* in names are normally not translated (note the use of the definite article and the absence of the word *lago* in Italian):

Loch Ness	= il Loch Ness
Lough Eme	= il Lough Eme.

14 - LANGUAGES

- Note that names of languages in Italian are always written with a small letter, not a capital as in English; also, Italian almost always uses the definite article with languages, while English does not. In the examples below the name of any language may be substituted for Italian:

Italian is easy	= l'italiano è facile
I like Italian	= mi piace l'italiano
to learn Italian	= imparare l'italiano.

- However, the article is never used after *in*:

say it in Italian	= dillo in italiano
a book in Italian	= un libro in italiano
to translate something into Italian	= tradurre qualcosa in italiano

  and it may be omitted with *parlare*:

to speak Italian	= parlare italiano / parlare l'italiano.

- When *Italian* means *in Italian* or *of the Italians*, it is still translated by *italiano*:

an Italian expression	= un'espressione italiana
the Italian language	= la lingua italiana
an Italian proverb	= un proverbio italiano
an Italian word	= una parola italiana

  but when you want to make it clear you mean *in Italian* and not *from Italy*, use *in italiano*:

an Italian book	= un libro in italiano
an Italian broadcast	= una trasmissione in italiano.

- When *Italian* means *relating to Italian* or *about Italian*, it is translated by *d'italiano*:

an Italian class	= una classe d'italiano
an Italian course	= un corso d'italiano
an Italian dictionary	= un dizionario d'italiano
an Italian teacher	= un insegnante d'italiano

  but

an Italian-English dictionary	= un dizionario italiano-inglese.

- See the dictionary entry for *-speaking* and *speaker* for expressions like *Japanese-speaking* or *German speaker*. Italian has special words for some of these expressions:

English-speaking	= anglofono
a French speaker	= un francofono.

- Note also that language adjectives like *Italian* can also refer to nationality, e.g. *an Italian tourist* (see the lexical note No.18), or to the country, e.g. *an Italian town* (see the lexical note No.6).

15 - LENGTH MEASURES

Note that Italian has a comma where English has a decimal point:

1 in	= 1 pollice	= 2,54 cm (centimetri)
1 ft	= 1 piede	= 30,48 cm
1 yd	= 1 iarda	= 91,44 cm
1 furlong		= 201,17 m (metri)
1 ml	= 1 miglio	= 1,61 km (chilometri).

There are three ways of saying *2,54 cm*, and other measurements like it: *due virgola cinquantaquattro centrimetri* or (less formally) *due centrimetri virgola cinquantaquattro*, or *due centimetri e cinquantaquattro*. For more details on how to say numbers, see the lexical note No. 19.

Length

• *how long is the rope?*	= quanto è lunga la fune?
it's ten metres long	= è lunga dieci metri
a rope about six metres long	= una fune lunga circa sei metri / una fune di circa sei metri
A is longer than B	= A è più lungo di B
B is shorter than A	= B è più corto di A
A is as long as B	= A è lungo come B
A is the same length as B	= A ha la stessa lunghezza di B / A è della stessa lunghezza di B

A and B are the same length	= A e B sono della stessa lunghezza / A e B hanno la stessa lunghezza / A e B sono lunghi lo stesso
it's three metres too short	= è di tre metri troppa corta / è tre metri troppo corta
it's three metres too long	= è di tre metri troppo lunga / è tre metri troppo lunga
six metres of silk	= sei metri di seta
ten metres of rope	= dieci metri di fune
sold by the metre	= venduto al metro.

- Note the Italian construction with *di*:

a six-foot-long python	= un pitone di sei piedi (di lunghezza)
an avenue four kilometres long	= un viale di sei chilometri (di lunghezza).

Height

- ***People***

how tall is he?	= quant'è alto?
he's six feet tall	= è alto un metro e ottanta
he's 1m 50	= è un metro e cinquanta
he's about five feet	= è alto circa un metro e mezzo
A is taller than B	= A è più alto di B
B is smaller than A	= B è più piccolo di A
A is as tall as B	= A è alto come B
A is the same height as B	= A è della stessa altezza di B / A ha la stessa altezza di B
A and B are the same height	= A e B sono della stessa altezza / A e B hanno la stessa altezza / A e B sono alti uguale

Note the Italian construction with *di*:

a six-foot-tall athlete	= un atleta di un metro e ottanta (d'altezza)
a footballer over six feet in height	= un calciatore di oltre un oltre un metro e ottanta (d'altezza)

- ***Things***

how high is the tower?	= quanto è alta la torre?
it's 50 metres	= 50 metri / è alta 50 metri
about 25 metres high	= alto circa 25 metri / circa 25 metri di altezza
it's 100 metres high	= è alto centro metri / è 100 metri di altezza
at a height of two metres	= all'altezza di due metri / a due metri d'altezza
A is higher than B	= A è più alto di B
B is lower than A	= B è più basso di A
A is as high as B	= A è alto come B
A is the same height as B	= A è della stessa altezza di B / A ha la stessa altezza di B
A and B are the same height	= A e B sono della stessa altezza / A e B hanno la stessa altezza / A e B sono alti uguale

Note the Italian construction with *di*:

a 100-metre-high tower	= una torre di 100 metri (d'altezza)
a mountain over 4,000 metres in height	= una montagna di oltre 4.000 metri (d'altezza)
how high is the plane?	= a che altezza è l'aereo? / a che altitudine è l'aereo?
what height is the plane flying at?	= a che altitudine sta volando l'aereo?
the plane is flying at 5,000 metres	= l'aereo sta volando all'altitudine di 5.000 metri.

Distance

• *what's the distance from A to B?*	= che distanza c'è tra A e B?
how far is it from Rome to Milan?	= quanti chilometri ci sono da Roma a Milano?
how far away is the school from the church?	= a che distanza è la scuola dalla chiesa?
it's two kilometres	= due chilometri / sono due chilometri
it's about two kilometres	= sono circa due chilometri
at a distance of 5 kilometres	= alla distanza di 5 chilometri, a 5 chilometri di distanza
C is nearer B than A is	= C è più vicino a B di A
A is nearer to B than to C	= A è più vicino a B che a C
it's further than from B to C	= è più lontano che da B a C
A is as far away as B	= A è lontano come B
A and B are the same distance away	= A e B sono alla stessa distanza

Note the Italian construction with *di*:

a ten-kilometre walk	= una camminata di dieci chilometri.

Width / Breadth

- In the following examples, *broad* may replace *wide* and *breadth* may replace *width*, but the Italian remains *largo* and *larghezza*:

what width is the river?	= quanto è largo il fiume? / che largezza ha il fiume?
how wide is it?	= quanto è largo?
about seven metres wide sette metri di larghezza	= largo circa sette metri / circa
it's seven metres wide	= è largo sette metri / è sette metri di larghezza
A is wider than B	= A è più largo di B
B is narrower than A	= B è più stretto di A
A is as wide as B	= A è largo come B
A is the same width as B A ha la stessa larghezza di B	= A è della stessa larghezza di B /
A and B are the same width	= A e B sono della stessa larghezza / A e B hanno la stessa larghezza / A e B sono larghi uguale

Note the Italian construction with *di*:

a ditch two metres wide	= un fosso di due metri di larghezza / un fosso largo due metri
a piece of cloth two metres in width	= una pezza di stoffa di due metri di larghezza / una pezza di stoffa larga due metri
a river 50 metres wide	= un fiume di 50 metri di larghezza / un fiume largo 50 metri.

Depth

• *what depth is the river?*	= qual è la profondità del fiume? / quanto è profondo il fiume?
how deep is it?	= quanto è profondo?
about ten metres deep	= profondo circa dieci metri / circa dieci metri di profondità
it's four metres deep	= è profondo quattro metri
at a depth of ten metres	= alla profondità di dieci metri
A is deeper than B	= A è più profondo di B
B is shallower than A	= B è più basso di A / B è meno profondo di A
A is as deep as B	= A è profondo come B
A is the same depth as B	= A è della stessa profondità di B / A ha la stessa profondità di B
A and B are the same depth	= A e B sono della stessa profondità / A e B hanno la stessa profondità / A e B sono profondi uguale

Note the Italian construction with *di*:

a well 20 metres deep	= un pozzo di 20 metri di profondità.

16 - THE MONTHS OF THE YEAR

- Don't use capitals for the names of the months in Italian, and note that there are no common abbreviations in Italian as there are in English (*Jan*, *Feb* and so on). Italians only abbreviate in printed calendars etc.

January	= gennaio
February	= febbraio
March	= marzo
April	= aprile
May	= maggio
June	= giugno
July	= luglio
August	= agosto
September	= settembre
October	= ottobre
November	= novembre
December	= dicembre.

Which month?

- *May* in this note stands for any month, as they all work the same way (for more information on dates in Italian, see the lexical note No. 8):

what month is it?	= in che mese siamo? / che mese è questo?
it was May	= eravamo in maggio / era maggio
what month were you born?	= in che mese sei nato?

When?

• *in May*	= in maggio, nel mese di maggio
they're getting married this May	= si sposeranno in maggio
that May	= quell'anno in maggio
next May	= il prossimo maggio
in May next year	= l'anno prossimo in maggio
last May	= lo scorso maggio, l'anno scorso in maggio
the May after next	= tra due anni in maggio
the May before last	= due anni fa in maggio.

- which part of the month?

at the beginning of May	= all'inizio di maggio
in early May	= all'inizio di maggio, nei primi giorni di maggio
at the end of May	= alla fine di maggio
in late May	= alla fine di maggio, negli ultimi giorni di maggio
in mid-May	= a metà maggio, alla metà di maggio
for the whole of May	= per tutto il mese di maggio
throughout May	= durante tutto maggio, per tutto (il mese di) maggio.

- regular events:

every May	= tutti gli anni a maggio, ogni maggio
every other May	= un anno sì un anno no a maggio
most Mays	= quasi tutti gli anni a maggio.

Uses with other nouns

• *one May morning*	= (in) una mattina di maggio
one May night	= (in) una notte di maggio / (if appropriate) (in) una sera di maggio.

- For other uses, it is always safe to use *del mese di*:

May classes	= i corsi del mese di maggio
May flights	= i voli del mese di maggio
the May sales	= i saldi del mese di maggio.

Uses with adjectives

• the warmest May	= il mese di maggio più caldo
a rainy May	= un maggio piovoso
a lovely May	= un bel mese di maggio.

17 - MUSICAL INSTRUMENTS

Playing an instrument

• *to play the piano*	= suonare il piano
to play the clarinet	= suonare il clarinetto
to learn the piano	= imparare a suonare il piano.

Players

- English *-ist* is often Italian *-ista*; in Italian only the article gender reflects the sex of the player:

a pianist	= un / una pianista
the pianist	= il / la pianista
a violinist	= un / una violinista.

- A phrase with *suonatore / suonatrice di X* is usually safe:

a piccolo player	= un suonatore / una suonatrice di ottavino
a horn player	= un suonatore / una suonatrice di corno.

- Note the possible different meanings and translations of the following examples:

he's a good pianist	= (by profession) è un bravo pianista / (ability) suona bene il piano
he's not a good pianist	= (by profession) non è un bravo pianista / (ability) non suona bene il piano
he's a bad pianist	= (by profession) è un pianista incapace / (ability) suona male il piano.

- As in English, the name of the instrument is often used to refer to its player:

she's a first violin	= è (un) primo violino.

Music

• *a piano piece*	= un pezzo per pianoforte
a piano arrangement	= un arrangiamento per pianoforte
a piano sonata	= una suonata per pianoforte
a concerto for piano and orchestra	= un concerto per pianoforte e orchestra
the piano part	= la parte del pianoforte.

Use with another noun

- *di* is usually correct:

to take piano lessons	= prendere lezioni di piano
a violin maker	= un fabbricante di violini, un liutaio
a violin solo	= un assolo al violino
a piano teacher	= un / un'insegnante di piano

but note:

a violin case	= un astuccio / una custodia per violino.

18 - NATIONALITIES

- Words like *Italian* can also refer to the language (e.g. *an Italian textbook*, see the lexical note No.14) and to the country (e.g. *Italian history*, see the lexical note No.6).

- Note the different use of capital letters in English and Italian; adjectives and nouns never have capitals in Italian:

an Italian student	= uno studente italiano, una studentessa italiana

an Italian nurse	= un infermiere italiano, un'infermiera italiana
an Italian tourist	= un turista italiano, una turista italiana
an Italian	= un italiano, un'italiana
the Italians	= gli italiani
an Englishman	= un inglese
an Englishwoman	= una inglese
Englishmen	= gli inglesi
Englishwomen	= le inglesi
English people or *the English*	= gli inglesi.

- English sometimes has a special word for a person of a specific nationality; in Italian, the same word can almost always be either an adjective or a noun:

Danish	= danese
a Dane	= un danese, una danese
the Danes	= i danesi.

- Note the alternatives using either adjective or noun in Italian:

he is Italian	= è italiano or è un italiano
she is Italian	= è italiana or è un'italiana
they are Italians	= (men or mixed) sono italiani, sono degli italiani (women) sono italiane, sono delle italiane.

- When the subject is a noun, like *the teacher* or *Paul* below, the adjective construction is normally used in Italian:

the teacher is Italian	= l'insegnante è italiano / italiana
Paul is Italian	= Paul è italiano
Anne is Italian	= Anne è italiana
Paul and Anne are Italian	= Paul e Anne sono italiani.

- Other ways of expressing someone's nationality or origins are:

he's of French extraction	= è di origine francese
she was born in Germany	= è nata in Germania
he is a Spanish citizen	= è un cittadino spagnolo
a Belgian national	= un cittadino belga
a British subject	= un suddito britannico
she comes from Austria	= viene dall'Austria.

19 - NUMBERS

Cardinal numbers in Italian

-

0	= zero	30	= trenta
1	= uno	31	= trentuno
2	= due	32	= trentadue
3	= tre	40	= quaranta
4	= quattro	50	= cinquanta
5	= cinque	60	= sessanta
6	= sei	70	= settanta
7	= sette	80	= ottanta
8	= otto	90	= novanta
9	= nove	100	= cento
10	= dieci	101	= centouno
11	= undici	102	= centodue
12	= dodici	110	= centodieci
13	= tredici	111	= centoundici
14	= quattordici	112	= centododici
15	= quindici	187	= centottantasette
16	= sedici	200	= duecento
17	= diciassette	250	= duecentocinquanta
18	= diciotto	300	= trecento
19	= diciannove	1.000	= mille
20	= venti	1.001	= milleuno
21	= ventuno	1.002	= milledue
22	= ventidue	1.020	= milleventi
23	= ventitre	1.200	= milleduecento
24	= ventiquattro	2.000	= duemila
25	= venticinque	10.000	= diecimila
26	= ventisei	10.200	= diecimiladuecento
27	= ventisette	100.000	= centomila
28	= ventotto	102.000	= centoduemila
29	= ventinove	1.000.000	= un milione

1.264.932	= un milione duecentosessantaquattromila novecentotrentadue
1.000.000.000	= un miliardo
1.000.000.000.000	= mille miliardi

- Figures in Italian are set out differently: where English would have a comma, Italian uses a full stop (period) and vice versa: *1,000 (one thousand)* = 1.000 (mille), *18.6 (eighteen point six)* = 18,6 (diciotto virgola sei). Italian, like English, writes dates without any separation between thousands and hundreds, e.g. *in 1995* = nel 1995.

- Note that Italian does not use *e* where English uses *and* in numbers.

- In English *0* may be called *nought*, *zero* or even *nothing*; Italian is always *zero*; *a nought* = uno zero.

- Note that Italian uses the same word for both the article *a / an* and the number *one*; like the article, therefore, *uno* becomes *una* when it refers to a feminine noun:

"here are the books" "give me one, not all of them!"	= "ecco i libri" "dammene uno, non tutti!"
there's only one pen on the table	= c'è solo una penna sul tavolo

Note also that, when preceding a masculine noun, *un* is the usual form and *uno* appears as such only before an *s* + consonant sound; when preceding a feminine noun, *una* becomes *un'* before a vowel sound:

one workman is fat, the other's very tall	= un operaio è grasso, l'altro è molto alto
there's only one glove on the table	= c'è solo un guanto sul tavolo
be careful! One step is broken, and the others are slippery	= sta' attento! Uno scalino è rotto e gli altri sono scivolosi
one hour will be enough	= un'ora basterà
I've only one apple left	= mi è rimasta solo una mela
there's only one shoe here	= qui c'è solo una scarpa.

- Note that the Italian words *milione* e *miliardo* are nouns, and when written out in full they take *di* before another noun, e.g. *a million inhabitants* = un milione di abitanti, *a billion liras* = un miliardo di lire. However, when written in figures, *1,000,000 inhabitants* is *abitanti 1.000.000*, but is still spoken as *un milione di abitanti* (rarely *abitanti un milione*). When *milione* and *miliardo* are part of a complex number, *di* is not used before the nouns, e.g. *6,341,210 people* = (6.341.210) sei milioni trecentoquarantunmila duecentodieci persone.

Use of *ne*

- Note the use of *ne* in the following examples:

there are six	= ce ne sono sei
I've got a hundred	= ne ho cento

Ne must be used when the thing you are talking about is not expressed. However, *ne* is not needed when the object is specified: *there are six apples* = ci sono sei mele.

Approximate numbers

- When you want to say *about* + number, remember the Italian ending *-ina*:

about ten	= una decina
about ten books	= una decina di libri
about fifteen	= una quindicina
about fifteen people	= una quindicina di persone
about twenty	= una ventina
about twenty hours	= una ventina di ore

Similarly *una trentina*, *una quarantina*, *una cinquantina*, *una sessantina*, *una settantina*, *un'ottantina* and *una novantina*. Note that *about 100* is *un centinaio*.

- For other numbers, use *circa* (about):

about thirty-five	= circa trentacinque
about thirty-five students	= circa trentacinque studenti

about four thousand	= circa quattromila
about four thousand pages	= circa quattromila pagine

Circa can be used with any number: *circa dieci, circa quindici* etc. are as good as *una decina, una dozzina* etc.

- Note the use of *centinaia* and *migliaia* to express approximate quantities:

hundreds of books	= centinaia di libri
I've got hundreds	= ne ho centinaia
hundreds and hundreds of fish	= centinaia e centinaia di pesci
I've got thousands	= ne ho migliaia
thousands of books	= migliaia di libri
thousands and thousands	= migliaia e migliaia
millions and millions	= milioni e milioni.

Phrases

• *numbers up to ten*	= i numeri fino a dieci
to count up to ten	= contare fino a dieci
almost ten	= quasi dieci
less than ten	= meno di dieci
more than ten	= più di dieci
all ten of them	= tutti e dieci
all ten boys	= tutti e dieci i ragazzi.

Calculations in Italian

	say
10 + 3 = 13	dieci più tre (uguale /fa) tredici
10 – 3 = 7	dieci meno tre (uguale /fa) sette
10 x 3 = 30	dieci per tre (uguale /fa) trenta
30 : 3 = 10	trenta diviso tre (uguale /fa) dieci
5^2	= cinque al quadrato / cinque (elevato) alla seconda (potenza)
5^3	= cinque al cubo / cinque alla terza
5^4	= cinque alla quarta
5^{100}	= cinque alla centesima
5^n	= cinque alla n
$B > A$	= B è maggiore di A
$A < B$	= A è minore di B
$B \geq A$	= B è maggiore o uguale ad A
$A \leq B$	= A è minore o uguale a B
$\sqrt{12}$	= radice quadrata di dodici
$\sqrt{25} = 5$	= la radice quadrata di venticinque è (uguale a) cinque.

Decimals in Italian

- Remember that Italian uses a comma where English has a decimal point.

	say
• 0,25	= zero virgola venticinque
0,05	= zero virgola zero cinque
0,75	= zero virgola settantacinque
3,45	= tre virgola quarantacinque
8,195	= otto virgola centonovantacinque
9,1567	= nove virgola millecinquecentosessantasette.

Percentages in Italian

	say
25%	= venticinque percento (*written also* per cento)
50%	= cinquanta percento
75%	= settantacinque percento
100%	= cento percento
36,5%	= trentasei virgola venticinque percento
4,25%	= quattro virgola venticinque percento.

Fractions in Italian

	say
• 1/2	= un mezzo
1/3	= un terzo
1/4	= un quarto
1/5	= un quinto
1/6	= un sesto
1/7	= un settimo
1/8	= un ottavo
1/9	= un nono
1/10	= un decimo
1/11	= un undicesimo
1/12	= un dodicesimo
2/3	= due terzi
2/5	= due quinti
2/10	= due decimi
3/4	= tre quarti
3/5	= tre quinti
3/10	= tre decimi
1 1/2	= uno e mezzo
1 1/3	= uno e un terzo
1 1/4	= uno e un quarto
1 1/5	= uno e un quinto
5 2/3	= cinque e due terzi
5 3/4	= cinque e tre quarti
5 4/5	= cinque e quattro quinti.

- *45/100th of a second* = quarantacinque centesimi di secondo
- Note that *half*, when not a fraction (as in *1/2 one half*), is translated by *metà* or *mezzo*: see the dictionary entry half.
- The plural article *i* may precede the fractions when they are used about a group of people or things:

3/4 of the students passed the exam	= tre quarti degli studenti hanno superato l'esame
3/10 of the people living in London	= i tre decimi delle persone che abitano a Londra.

Ordinal numbers in Italian

1st =	1°	or	I	= primo
2nd =	2°	or	II	= secondo
3rd =	3°	or	III	= terzo
4th =	4°	or	IV	= quarto
5th =	5°	or	V	= quinto
6th =	6°	or	VI	= sesto
7th =	7°	or	VII	= settimo
8th =	8°	or	VIII	= ottavo
9th =	9°	or	IX	= nono
10th =	10°	or	X	= decimo
11th =	11°	or	XI	= undicesimo
12th =	12°	or	XII	= dodicesimo
13th =	13°	or	XIII	= tredicesimo
14th =	14°	or	XIV	= quattordicesimo
15th =	15°	or	XV	= quindicesimo
16th =	16°	or	XVI	= sedicesimo
17th =	17°	or	XVII	= diciassettesimo
18th =	18°	or	XVIII	= diciottesimo
19th =	19°	or	XIX	= diciannovesimo
20th =	20°	or	XX	= ventesimo
21st =	21°	or	XXI	= ventunesimo
22nd =	22°	or	XXII	= ventiduesimo
23rd =	23°	or	XXIII	= ventitreesimo
24th =	24°	or	XXIV	= ventiquattresimo
25th =	25°	or	XXV	= venticinquesimo
26th =	26°	or	XXVI	= ventiseiesimo
27th =	27°	or	XXVII	= ventisettesimo
28th =	28°	or	XXVIII	= ventottesimo
29th =	29°	or	XXIX	= ventinovesimo
30th =	30°	or	XXX	= trentesimo
31st =	31°	or	XXXI	= trentunesimo
32nd =	32°	or	XXXII	= trentaduesimo
40th =	40°	or	XL	= quarantesimo
50th =	50°	or	L	= cinquantesimo
60th =	60°	or	LX	= sessantesimo
70th =	70°	or	LXX	= settantesimo
80th =	80°	or	LXXX	= ottantesimo
90th =	90°	or	XC	= novantesimo
100th =	100°	or	C	= centesimo
101st =	101°	or	CI	= centunesimo
102nd =	102°	or	CII	= centoduesimo
112th =	112°	or	CXII	= centododicesimo
187th =	187°	or	CLXXXVII	= centottanta-settesimo
200th =	200°	or	CC	= duecentesimo
250th =	250°	or	CCL	= duecento-cinquantesimo
300th =	300°	or	CCC	= trecentesimo
1.000th =	1.000°	or	M	= millesimo
2.000th =	2.000°	or	MM	= duemillesimo
1.000.000th =	1.000.000°			= milionesimo

- All the ordinal numbers in Italian behave like ordinary adjectives and take normal feminine and plural endings where appropriate:

  the first act of the play is the best = il primo atto della commedia è il migliore
  are you travelling first or second class? = viaggia in prima o seconda classe?
  the first trees along the boulevard = i primi alberi lungo il viale
  the first houses in the street = le prime case della strada.

- *1°, 2°, 3°* etc. are often written *1ª, 2ª, 3ª* etc. when referring to a feminine noun. Roman numerals are very often used in time expressions with centuries, and always when referring to the names of popes, kings, queens and the nobility:

  the eighteenth century = il XVIII secolo
  the fourth century b.C. = il IV secolo a.C.
  Pope John Paul II (or *the Second*) = Papa Giovanni Paolo II
  Peter the First of Russia = Pietro I di Russia
  Queen Elizabeth II = la Regina Elisabetta II
  George Savile, first Marquis of Halifax = George Savile, primo Marchese di Halifax

  Remember that writing *XVIII°* or *IV°* is wrong, and notice that Italian has no article (neither written nor pronounced) in front of the ordinal number.

- Like English, Italian makes nouns by adding the definite article:

  John is the first in his class = John è il primo della classe
  Mary is the first in her class = Mary è la prima della classe
  the first three = i primi tre, le prime tre.

- Note the Italian word order in:

  the third richest country in the world = il terzo paese più ricco del mondo, il terzo paese del mondo per ricchezza.

Mathematical symbols in Italian

=	uguale	dx	differenziale di x
≠	diverso da	dy/dx	derivata di *y* rispetto a *x*
≈	circa uguale	$\int$	integrale indefinito
±	più o meno	$\int_a^b$	integrale definito da *a* a *b*
N	numeri naturali	∈	appartiene
Z	numeri interi	∉	non appartiene
Q	numeri razionali	∃	esiste
R	numeri reali	∀	per ogni
|*x*|	valore assoluto di *x*	⇒	se… allora…
∞	infinito	⇔	se e solo se
π	pi greco	∅	insieme vuoto
Σ	sommatoria	∪	unione
n!	*n* fattoriale	∩	intersezione

20 - OCEANS AND SEAS

- *the Atlantic Ocean* = l'Oceano / oceano Atlantico
  the Pacific Ocean = l'Oceano / oceano Pacifico
  the Indian Ocean = l'Oceano / oceano Indiano
  the Mediterranean Sea = il Mar / mar Mediterraneo
  the Baltic Sea = il Mar / mar Baltico
  the Adriatic Sea = il Mare / mare Adriatico

  Note that *mare* becomes *mar* when the following word begins with a consonant.

- As English, Italian often drops the words *oceano* or *mare*. When this happens, oceans and seas still have masculine gender:

  the Pacific = il Pacifico
  the Baltic = il Baltico.

Use with other nouns

- Here are some useful patterns, using *Pacifico* as a typical name:

  the Pacific coast = la costa del Pacifico
  a Pacific crossing = una traversata del Pacifico
  a Pacific cruise = una crociera sul Pacifico
  the Pacific currents = le correnti del Pacifico
  the Pacific fish = i pesci del Pacifico
  the Pacific islands = le isole del Pacifico.

21 - POINTS OF THE COMPASS

- The points of the compass are usually abbreviated as

  N north = N nord
  S south = S sud
  E east = E est
  W west = O ovest
  northeast = nord-est
  northwest = nord-ovest
  north-northeast = nord-nord-est
  east-northeast = est-nord-est.

- *nord, sud, est, ovest* is the normal order in Italian as well as English.

Where?

- Compass points in Italian are not normally written with a capital letter:

  in the north of Scotland = nel nord della Scozia
  in the south of Spain = nel sud della Spagna
  it is north of the hill = è a nord della collina
  a few kilometres north = alcuni kilometri a nord
  due north of here = diretto a nord.

- Although compass points are not normally written with a capital letter, when they refer to a specific region in phrases such as *I love the North* or *he lives in the North*, and it is clear where this North is, without any further specification such as *of Italy* or *of Europe*, then they are written with a capital letter, in Italian as well as in English. In the following examples, *north* and *nord* stand for any compass point word:

  I love the North = mi piace il Nord
  to live in the North = vivere al Nord.

- There is another set of words in Italian for *north, south* etc., some of which are more common than others:

	nouns	**adjectives**
(*north*)	settentrione (*rarely used*)	settentrionale
(*south*)	meridione	meridionale
(*east*)	oriente	orientale
(*west*)	occidente	occidentale

  Note that *Oriente* and *Occidente* are used as masculine singular nouns (written with a capital letter) to mean the Eastern world and the Western world respectively.

Translating *northern* etc.

- *a northern town* = una città del Nord
  a northern accent = un accento del Nord
  the most northerly outpost = l'avamposto più a nord / più settentrionale.

- Regions of countries and continents work like this:

  northern Europe = l'Europa del Nord / l'Europa settentrionale
  the northern parts of Japan = le parti settentrionali del Giappone
  eastern France = l'est della Francia / la Francia dell'est / la Francia orientale.

- For names of countries and continents which include these compass point words, such as *North America* or *South Korea*, see the dictionary entry and the lexical note No. 6.

Where to?

- Italian has fewer ways of expressing this than English has; *a* or *verso* are usually safe:

to go north	= andare a nord
to head towards the north	= dirigersi verso (il) / a nord
to go northwards	= andare verso (il) / a nord
to go in a northerly direction	= andare in direzione (del) nord
a northbound ship	= una nave diretta a nord
the windows face north	= le finestre danno a nord
a north-facing slope	= un pendio orientato / rivolto / che guarda a nord

If in doubt, check in the dictionary.

Where from?

- The usual way of expressing *from the* is *dal / dall'*:

it comes from the north	= viene dal nord
from the north of Germany	= dal nord della Germania
from the east of the United States	= dall'est degli Stati Uniti.

- Note also these expressions relating to the direction of the wind:

the north wind	= il vento del nord
a northerly wind	= un vento del nord
prevailing north winds	= venti in prevalenza settentrionali
the wind is coming from the north	= il vento viene dal nord.

Compass point words used as adjectives

- The Italian words *nord*, *sud*, *est* and *ovest* are really nouns, so when they are used as adjectives they are invariable:

the north coast	= la costa nord
the north door	= la porta nord
the north face (of a mountain)	= la parete nord
the north side	= il lato nord
the north wall	= il muro nord.

22 - QUANTITIES

- Note in particular the use of *ne* (of it or of them) in the following examples: this word must be included when the thing you are talking about is not expressed; however, *ne* is not needed when the commodity is specified, e.g. *there is a lot of butter* = c'è molto burro; note also that *ne* is reduced to *n'* + in front of a word beginning with a vowel, especially the verb form *è*:

how much is there?	= quanto ce n'è?
there's a lot	= ce n'è molto
there's not much	= non ce n'è molto
there's two kilos	= ce ne sono due chili
how much sugar have you?	= quanto zucchero hai?
I've got a lot	= ne ho molto
I've not got much	= non ne ho molto
I've got two kilos	= ne ho due chili
how many are there?	= quanti / quante ce ne sono?
there are a lot	= ce ne sono molti / molte
there aren't many	= non ce ne sono molti / molte
there are twenty	= ce ne sono venti
how many apples have you?	= quante mele hai?
I've got a lot	= ne ho molte
I haven't many	= non ne ho molte
I've got twenty	= ne ho venti
A has got more than B	= A ne ha più di B
A has got more bread than B	= A ha più pane di B
some more bread	= un po' più di pane / un po' di pane in più
much more than	= molto più di
a little more than	= un po' più di
A has got more apples than B	= A ha più mele di B
many more apples than B	= molte più mele di B
a few more apples than B	= un po' più di mele di B / un po' di mele in più di B
a few more people than yesterday	= un po' più di gente di ieri / qualche persona in più di ieri
B has got less than A	= B ne ha meno di A
B has got less bread than A	= B ha meno pane di A
much less than	= molto meno di
a little less than	= un po' meno di
B has got fewer than A	= B ne ha meno di A
B has got fewer apples than A	= B ha meno mele di A
many fewer than	= molti / molte meno di.

Relative quantities

• *how many are there to the kilo?*	= quanti / quante ne vengono per / in un chilo?
there are ten to the kilo	= ne vengono dieci
you can count six to the kilo	= puoi calcolarne sei per un chilo
how many do you get for 5,000 liras?	= quante ne vengono per 5.000 lire?
you get seven for 5,000 liras	= ne vengono sette per 5.000 lire
how much does petrol cost a litre?	= quanto costa al litro la benzina?
it costs more than 2,000 liras a litre	= costa più di 2.000 lire al litro
how much do apples cost a kilo?	= quanto costano al chilo le mele?
apples cost 2,400 liras a kilo	= le mele costano 2.400 lire al chilo
how much does it cost a metre?	= quanto costa al metro?
how many glasses do you get to the bottle?	= quanti bicchieri vengono per bottiglia?
you get six glasses to the bottle	= vengono sei bicchieri per bottiglia
how much does your car do to the gallon?	= quanto consuma la tua auto? / quanto fa al gallone la tua macchina?
it does 28 miles to the gallon	= fa 28 miglia al gallone (10 chilometri con un litro).

23 - MILITARY RANKS AND TITLES

The following list gives the principal ranks in the Italian services. For translations, see the individual dictionary entries.

The Navy = La Marina Militare

Ammiraglio d'armata
Ammiraglio di squadra
Ammiraglio di divisione
Contrammiraglio
Capitano di vascello
Capitano di fregata
Capitano di corvetta
Tenente di vascello
Sottotenente di vascello
Guardiamarina
Capo
Secondo capo
Sergente
Sottocapo
Marinaio comune di 1ª classe
Marinaio comune di 2ª classe
Marinaio comune di 3ª classe

The Army = L'Esercito

Generale d'armata
Generale di corpo d'armata
Generale di divisione
Generale di brigata
Colonnello
Tenente colonnello
Maggiore
Capitano
Tenente
Sottotenente
Maresciallo
Sergente maggiore
Sergente
Caporale maggiore
Caporale
Soldato

The Air Force = L'Aviazione

Generale d'armata aerea
Generale di squadra aerea
Generale di divisione aerea

Generale di brigata aerea
Colonnello
Tenente colonnello
Maggiore
Capitano
Tenente
Sottotenente
Maresciallo
Sergente maggiore
Sergente
Primo aviere
Aviere scelto
Aviere

Speaking about someone

he's a colonel	= è (un) colonnello
to be promoted to colonel	= essere promosso colonnello
he has the rank of colonel	= ha il grado di colonnello
he's a lieutenant in the Army	= è (un) sottotenente dell'Esercito
he's just a private	= è solo (un) soldato semplice
Colonel Smith has arrived	= è arrivato il Colonnello Smith.

Service personnel to superior officers

yes, sir	= sì, signore / sissignore
yes, ma'am	= sì, signore / sissignore

Service personnel to someone of lower rank

yes, sergeant	= sì, sergente.

24 - BRITISH REGIONS AND COUNTIES, ITALIAN REGIONS, AND US STATES

- The following information and examples refer in particular to Italian regions, British regions and counties, and US states. The information may, however, also be applied to regions of any other country.

BRITISH REGIONS AND COUNTIES

- The names of British regions and counties usually have the definite article in Italian. Most counties and regions are masculine.

Kent / Sussex / Yorkshire	= il Kent / il Sussex / lo Yorkshire
Cornwall	= la Cornovaglia

In, to and from somewhere

- With masculine nouns *in* and *to* are translated by *nel / nello* or *in*, and *from* by *dal / dallo*:

to live in Sussex	= vivere nel / in Sussex
to go to Sussex	= andare nel / in Sussex
to come from Sussex	= venire dal Sussex

Note however:

to live in Cornwall	= vivere in Cornovaglia
to go to Cornwall	= andare in Cornovaglia
to come from Cornwall	= venire dalla Cornovaglia.

Uses with nouns

- There are rarely Italian equivalents for English forms like *Cornishmen*, and it is always safe to use *di* + definite article:

Cornishmen	= gli abitanti della Cornovaglia
Lancastrians	= gli abitanti del Lancashire.

- In other cases, *del / dello* is often possible:

a Somerset accent	= un accento del Somerset
the Yorkshire countryside	= la campagna dello Yorkshire

but it is usually safe to use *della contea di* (or equivalent expressions):

the towns of Fife	= le città della contea di Fife
the rivers of Merioneth	= i fiumi della contea di Merioneth / regione di Merioneth
Grampian cattle	= il bestiame della regione dei Grampiani.

ITALIAN REGIONS

- The names of Italian regions, only some of which have an English equivalent, usually have the definite article; a few of them are masculine:

il Piemonte (Piedmont)
il Trentino-Alto Adige
il Veneto
il Friuli-Venezia Giulia
il Lazio
l'Abruzzo
il Molise

most names are feminine:

la Valle d'Aosta
la Lombardia (Lombardy)
la Liguria
l'Emilia-Romagna
la Toscana (Tuscany)
l'Umbria
la Campania
la Puglia (Apulia)
la Basilicata
la Calabria
la Sicilia (Sicily)
la Sardegna (Sardinia)

the only plural names are:

le Marche (the Marches)
gli Abruzzi (as a variant form of *l'Abruzzo*)
le Puglie (as a variant form of *la Puglia*)

So:

do you know Piedmont?	= Lei conosce il Piemonte?
Sicily is beautiful	= la Sicilia è bella
I like Liguria	= mi piace la Liguria
Basilicata is a very small region	= la Basilicata è una regione molto piccola.

In, to and from somewhere

- With masculine nouns, Italian uses *in* or *nel / nello* for English *in* and *to*, and *dal / dallo* for *from*; with feminine nouns *in* for English *in* and *to* and *dalla* for *from*.

to live in Veneto	= vivere in / nel Veneto
to go to Veneto	= andare in / nel Veneto
to come from Veneto	= venire dal Veneto
to live in Liguria	= vivere in Liguria
to go to Liguria	= andare in Liguria
to come from Liguria	= venire dalla Liguria

- Remember that *le Marche* is always used as a feminine plural noun in Italian:

to live in the Marches	= vivere nelle Marche
to go to the Marches	= andare nelle Marche
to come from the Marches	= venire dalle Marche.

Coming from somewhere: uses with another noun

- Words derived from the names of Italian regions are used as adjectives and as nouns referring to the inhabitants; the following ones have an English equivalent:

il Piemonte	= *piemontese* (Piedmontese)
il Friuli-Venezia Giulia	= *friulano / friulana* (Friulian)
il Lazio	= *laziale* (Latian)
la Lombardia	= *lombardo / lombarda* (Lombard)
la Liguria	= *ligure* (Ligurian)
l'Emilia-Romagna	= *emiliano / emiliana* (Emilian) (*or specifically* Romagnol)
la Toscana	= *toscano / toscana* (Tuscan)
l'Umbria	= *umbro / umbra* (Umbrian)
l'Abruzzo	= *abruzzese* (Abruzzian)
la Campania	= *campano / campana* (Campanian)
la Puglia	= *pugliese* (Apulian)
la Calabria	= *calabrese* (Calabrian)
la Sicilia	= *siciliano / siciliana* (Sicilian)
la Sardegna	= *sardo / sarda* (Sardinian)

So:

Piedmontese landscape	= il paesaggio piemontese
Sardinian cheese	= il formaggio sardo
Sicilian Vespers	= i Vespri Siciliani
Emilians are very friendly people	= gli emiliani sono persone molto cordiali
he married a Sardinian	= ha sposato una sarda.

- In other cases it is usually safe to use *of* or *from + X* for adjectives and *native* or *inhabitant of X* for nouns:

il Trentino-Alto Adige	= *trentino / trentina*
il Veneto	= *veneto / veneta*
il Molise	= *molisano / molisana*
la Valle d'Aosta	= *valdostano / valdostana*
la Basilicata	= *lucano / lucana*
le Marche	= *marchigiano / marchigiana*

So:

wine from Puglia	= il vino pugliese
the customs of Campania	= le usanze della Campania
the natives of Veneto are usually kind people	= i veneti sono solitamente persone gentili.

- Italian regions are divided into provinces, each of which takes its names from its main city, or *capoluogo di provincia*; for the use of these and related names, see the lexical note No. 34.

US STATES

- Although there are only a few Italian adaptations of the names of US states (*Distretto di Columbia, Nuovo Messico, Nuova York, Carolina del Nord* and *Carolina del Sud*, all of them sounding a bit old-fashioned), each US state name has a gender in Italian and is usually used with the definite article:

Texas	= il Texas
Colorado	= il Colorado
Utah	= lo Utah
Arkansas	= l'Arkansas
California	= la California
Pennsylvania	= la Pennsylvania
Arizona	= l'Arizona

So:

do you know Texas?	= Lei conosce il Texas?
Arkansas is beautiful	= l'Arkansas è bello
I like California	= mi piace la California

In, to and from somewhere

- With masculine nouns Italian uses *in* or *nel / nello* for English *in* and *to*, and *dal / dallo* for *from*; with feminine nouns *in* for English *in* or *to* and *dalla* for *from*:

to live in Texas	= vivere in / nel Texas
to go to Texas	= andare in / nel Texas
to come from Texas	= venire dal Texas
to live in Arkansas	= vivere in Arkansas
to go to Arkansas	= andare in Arkansas
to come from Arkansas	= venire dall'Arkansas
to live in California	= vivere in California
to go to California	= andare in California
to come from California	= venire dalla California
to live in Arizona	= vivere in Arizona
to go to Arizona	= andare in Arizona
to come from Arizona	= venire dall'Arizona.

- Note that *Hawaii* is always used as a feminine plural noun in Italian, since the word *isole* (islands) is understood:

Hawaii	= le Isole Hawaii / le Hawaii
to live in Hawaii	= vivere alle Hawaii
to go to Hawaii	= andare alle Hawaii
to come from the Hawaii	= venire dalle Hawaii.

Coming from somewhere: uses with another noun

- There are a few words, e.g. *californiano, newyorkese* and *texano*, used as adjectives and as nouns referring to the inhabitants.
- In other cases it is usually safe to use *di* + article, e.g.:

New-Mexico roads	= le strade del New Mexico
Illinois representatives	= i rappresentanti dell'Illinois
the Utah inhabitants	= gli abitanti dello Utah
the Florida countryside	= la campagna della Florida
an Alabama accent	= l'accento dell'Alabama.

25 - RIVERS

- Normally, English *the River X* becomes *il fiume X* in Italian:

the River Thames	= il fiume Tamigi
the Potomac River	= il fiume Potomac
the River Po	= il fiume Po

Note that, while *river* may or may not have a capital letter, *fiume* usually has a small *f*; remember also that the American English construction *the X river* is not possible in Italian.

- Just as English can drop the word *River, fiume* can be omitted in Italian:

the Thames	= il Tamigi
the Po	= il Po.

- The nouns of Italian rivers are usually masculine, so that the definite article to be used is *il* (or *l'* if the noun begins with a vowel): *il Po, il Tevere, il Ticino, il Piave, il Volturno, l'Adda, l'Adige, l'Arno, l'Isonzo, l'Ombrone* etc. Only rarely the noun is feminine: *la Dora Baltea, la Dora Riparia*. If in doubt, you can always use the expression *the river X*: *il fiume Piave, il fiume Dora Baltea* etc.

Phrases

- Here are some useful patterns, using *Po* as a typical name:

the Po banks	= le rive del Po
a Po tributary	= un affluente del Po
the Po water	= l'acqua del Po
the Po estuary	= l'estuario del Po
the mouth of the Po	= la foce del Po
the source of the Po	= le sorgenti del Po.

26 - SEASONS

- Italian does not usually use capital letters for names of seasons as English sometimes does.
- Italian normally uses the definite article before the names of seasons, whether or not English does; remember that *primavera* and *estate* are feminine nouns, whereas *autunno* and *inverno* are masculine:

spring	= la primavera
summer	= l'estate
autumn or *fall*	= l'autunno
winter	= l'inverno
I got married last spring	= mi sono sposata la primavera scorsa
a rainy summer	= un'estate piovosa
the warmest autumn of the century	= l'autunno più caldo del secolo
next winter	= l'inverno prossimo, il prossimo inverno

- In the following examples, *summer* and *estate* are used as models for all the season names:

I like summer or *I like the summer*	= mi piace l'estate
during the summer	= durante l'estate
in early summer	= all'inizio dell'estate
in late summer	= alla fine dell'estate

for the whole summer	= per tutta l'estate
throughout the summer	= durante / per tutta l'estate
last summer	= la scorsa estate / l'estate scorsa
next summer	= la prossima estate / l'estate prossima
the next summer	= l'estate successiva
the summer before last	= due estati fa
the summer after next	= tra due estati.

- In Italian the definite article is missing before the names of seasons when it is replaced by such words as *ogni* (every) or *questo / questa* (this) and when *in* is used:

every summer I spend two months at the seaside	= ogni estate passo due mesi al mare
this summer I'm going to the mountains	= quest'estate andrò in montagna
in spring	= in primavera
in summer	= in estate
in autumn	= in autunno
in winter	= in inverno.

Seasons used as adjectives with other nouns

- Where the names of seasons are used as adjectives in English, Italian has proper adjectives (*primaverile*, *estivo*, *autunnale* and *invernale*) or uses the construction with *di* + article:

summer clothes	= vestiti estivi
the summer collection	= la collezione estiva
the summer sales	= i saldi estivi
a summer day	= un giorno d'estate, una giornata estiva
a summer evening	= una sera d'estate, una serata estiva
a summer landscape	= un paesaggio d'estate
summer weather	= il tempo estivo.

The use of either form may convey a different semantic nuance: note e.g. that *una sera d'estate* means *an evening in summer*, whereas *una sera* or *serata estiva* may also mean *a warm evening* (not necessarily in summer).

27 - SHOPS, TRADES AND PROFESSIONS

Shops

- In English you can say *at the baker's* or *at the baker's shop*; in Italian the construction with *da* + definite article + *panettiere, macellaio etc.* is common, but you can also use *in* + the name of the particular shop:

at the baker's	= dal panettiere *or* in panetteria
I'm going to the grocer's	= vado dal droghiere *or* in drogheria
I bought it at the fishmonger's	= l'ho comprato dal pescivendolo *or* in pescheria
go to the chemist's	= vai dal farmacista *or* in farmacia
at or *to the hairdresser's*	= dal parrucchiere
to work in a butcher's	= lavorare in una macelleria.

- *Da* + definite article is also used with the names of professions:

at or *to the doctor's*	= dal medico
at or *to the lawyer's*	= dall'avvocato
at or *to the dentist's*	= dal dentista.

- Note that there are specific names for the place of work of some professions:

the lawyer's office	= lo studio dell'avvocato
the doctor's surgery (GB) or *office* (US)	= l'ambulatorio del medico.

In Italian, *studio* is also used for architects and dentists. If in doubt, check in the dictionary.

People

- Talking of someone's profession, we could say *he is a dentist*. In Italian this would be *è dentista*, *è un dentista* or *fa il dentista*:

Paul is a dentist	= Paolo è (un) dentista / fa il dentista
she is a cardiologist	= è (una) cardiologa / fa la cardiologa
she's a geography teacher	= è (un')insegnante di geografia / fa l'insegnante di geografia.

- With adjectives, only the construction with *essere* + *un / uno / una* is possible:

Paul is a good dentist	= Paolo è un bravo dentista
she is a famous cardiologist	= è una famosa cardiologa.

- In the plural, you may use *dei* or *delle*, especially before an adjective:

they are mechanics	= sono (dei) meccanici / fanno i meccanici
they are good mechanics	= sono (dei) bravi meccanici.

Trades and professions

• *what does he do?*	= che cosa fa (di mestiere)?
what's your job? / what are you?	= Lei che mestiere fa?
I'm a teacher	= faccio l'insegnante / sono (un) insegnante
to work as a dentist	= lavorare come dentista
to work for an electrician	= lavorare per un elettricista
to be paid as a mechanic	= essere pagato come meccanico
he wants to be a baker	= vuole fare il panettiere.

28 - SIZES

- In the following tables of equivalent sizes, Italian sizes have been rounded up, where necessary (since it is always better to have clothes a little too big than a little too tight); remember also that size equivalents are not only approximate, but may also display some variation between manufacturers.

Men's shoe sizes

in UK & US	*in Italy*
6	39
7	40
8	42
9	43
10	44
11	45
12	46

Men's clothing sizes

in UK & US	*in Italy*
28	40
30	42
32	44
34	46
36	48
38	50
40	52
42	54
44	56
46	58

Men's shirt collar sizes

in UK & US	*in Italy*
14	36
14½	37
15	38
15½	39
16	40
16½	41
17	42
17½	43
18	44

Women's shoe sizes

in UK	*in US*	*in Italy*
3	6	35
3½	6½	36
4	7	37
5	7½	38
6	8	39
7	8½	40
8	9	41

Women's clothing sizes

in UK	*in US*	*in Italy*
8	4	36
10	6	38
12	8	40-42
14	10	44
16	12	46-48
18	14	50
20	16	52

- Note that for shoe and sock sizes Italian uses *numero* (number), so *a size 37* is *un (numero) 37*. For all other types of garment, the words *taglia* or *misura* are used, so *a size 16 shirt* is *una camicia taglia 40*, etc.

Men's underwear

- Nowadays, both Anglo-American and Italian sizes for men's underwear are S (Small), M (Medium), L (Large), XL (Extra Large) and sometimes XXL (Extra Extra Large); sizes of men's underwear may still be shown by ordinal numbers in Italy, so that, e.g., a Medium size is marked as *IV* (*quarta* or fourth size).

Men's socks

in UK & US	*in UK & Italy*
9½	38-39
10	39-40
10½	40-41
11	41-42
11½	43-44
12	44-45

Women's underwear

- Nowadays, both Anglo-American and Italian sizes for women's underwear are S (Small), M (Medium), L (Large) and XL (Extra Large); in Italy, sizes of women's underwear may still be shown by ordinal numbers or by using the numbers of women's clothing sizes, so that, e.g., a Medium size is marked as *42* or *44* (*quarantadue* or *quarantaquattro*).

Women's stockings

in UK & US	*in UK & Italy*	*in UK & US*	*in UK & Italy*
8	0	9½	3
8½	1	10	4
9	2	10½	5

Women's brassieres

in UK & US	*in Italy*	*international*
32	1	65
34	2	70
36	3	75
38	4	80
40	5	85

Bra cups are marked as A, B, C, D, E or F sizes both in Italy and elsewhere.

Phrases

- *what size are you?* = che misura / taglia sei / hai / porti? che numero di scarpe hai / porti?
  I take size 40 (in clothes) = porto una (taglia) 40
  I take a size 7 (in shoes) = porto il 40 (di scarpe), calzo il 40
  my collar size is 15 = porto il 38 di collo
  I'm looking for collar size 16 = sto cercando una 40
  his shoe size is 39 = porta il 39 (di scarpe), calza il 39
  a pair of shoes size 39 = un paio di scarpe numero 39 / un paio di scarpe del 39
  have you got the same thing in a 16? = ha lo stesso modello taglia 40?
  have you got this in a smaller size? = ce l'ha in una taglia più piccola?
  have you got this in a larger size? = ce l'ha in una taglia più grande?
  they haven't got my size = non hanno la mia taglia / la mia misura / il mio numero.

29 - SPEED

Speed of road, rail, air etc. travel

- In Italy speed is measured in kilometres per hour:
  100 kph = approximately 63 mph
  100 mph = approximately 160 kph
  50 mph = approximately 80 kph.
- *X miles per hour* = X miglia all'ora
  X kilometres per hour = X chilometri all'ora
  100 kph = 100 km/h = 100 chilometri all'ora
  what speed was the car going at? = a che velocità andava l'auto?
  it was going at 150 kph = andava a 150 (chilometri) all'ora / ai 150
  it was going at fifty (mph) = andava a 50 miglia all'ora
  the speed of the car was 200 kph = la velocità dell'auto era 200 (chilometri) all'ora
  what was your car doing? = quanto faceva la tua macchina?
  it was doing ninety (mph) = faceva novanta miglia all'ora
  it was going at more than 200 kph = andava a più di 200 (chilometri) all'ora
  it was going at less than 40 kph = andava a meno di 40 (chilometri) all'ora
  A was going at the same speed as B = A andava alla stessa velocità di B
  A was going faster than B = A andava più veloce di B
  B was going slower than A = B andava più lento di A.

Speed of light and sound

- *sound travels at 330 metres per second* = il suono viaggia 330 metri al secondo
  the speed of light is 186,300 miles per second = la velocità della luce è 186.300 miglia al secondo.

30 - SPELLING AND PUNCTUATION

The alphabet

- The names of the letters are given below with their pronunciation in Italian and, in the righthand column, a useful way of clarifying difficulties when you are spelling names etc. *A come Ancona* means *A for Ancona*, and so on.

	When spelling aloud...
A - a	A come Ancona
B - bi	B come Bari
C - ci	C come Como
D - di	D come Domodossola
E - e	E come Empoli
F - effe	F come Firenze
G - gi	G come Genova
H - acca	H come Hotel
I - i	I come Imola
J - i lunga/i lungo	
K - cappa	
L - elle	L come Livorno
M - emme	M come Milano
N - enne	N come Napoli
O - o	O come Otranto
P - pi	P come Palermo
Q - qu	
R - erre	R come Roma
S - esse	S come Savona
T - ti	T come Torino
U - u	U come Udine
V - vu/vi	V come Venezia
W - vu doppia/vu doppio/ vi doppia/vi doppio/ doppia vu/doppio vu/ doppia vi/doppio vi	
X - ics	
Y - ipsilon/i greco/i greca	
Z - zeta	Z come Zara

Spelling

- *capital B* = B maiuscola
  small b = b minuscola
  it has got a capital B = ha una B maiuscola
  in small letters = in minuscolo, in lettere minuscole
  in capital letters = in maiuscolo, in lettere maiuscole
  double t = doppia t
  double n = doppia n
  apostrophe = apostrofo
  hyphen = trattino (d'unione)
  blue-eyed has got a hyphen = blue-eyed ha il trattino

Dictating punctuation

.	*punto* (full stop or period)
,	*virgola* (comma)
:	*due punti* (colon)
;	*punto e virgola* (semicolon)
!	*punto esclamativo* (exclamation mark or exclamation point)
?	*punto interrogativo* (question mark)
	a capo (new paragraph)
(	*aperta parentesi* (open brackets)
)	*chiusa parentesi* (close brackets)
( )	*tra parentesi* (in brackets)
[ ]	*tra parentesi quadre* (in square brackets)
-	*trattino* (dash)
-	*trattino (d'unione)* (hyphen)
–	*trattino medio* (en dash)
—	*trattino lungo* or *lineato* (em dash)
/	*barra obliqua* (slash or solidus or virgule)
*	*asterisco* (asterisk)
%	*percento* (percent)
&	*e commerciale* (ampersand)
...	*puntini di sospensione* (three dots)
'	*apostrofo* (apostrophe)
« »	*virgolette (caporali)* (inverted commas or quotation marks or quotes)
«	*aperte virgolette* (open inverted commas)
»	*chiuse virgolette* (close inverted commas)
«...»	*tra virgolette* (in inverted commas)
" "	*virgolette (alte)* (inverted commas)
"	*aperte virgolette* (open inverted commas)
"	*chiuse virgolette* (close inverted commas)
"..."	*tra virgolette* (in inverted commas)
´	*accento acuto* (acute accent)
`	*accento grave* (grave accent)
ˆ	*accento circonflesso* (circumflex)
¨	*dieresi* (diaeresis)
~	*tilde* (tilde or swung dash)
¸	*cediglia* (cedilla)

Note that single or double inverted commas are sometimes used in Italian to highlight words in a text: *il ministro ha voluto 'sapere tutto' sulla faccenda.*

31 - SURFACE AREA MEASURES

- Note that Italian has a comma where English has a decimal point:
  1 sq in = 1 pollice quadrato = 6,45 cm^2 (centimetri quadrati)
  1 sq ft = 1 piede quadrato = 929,03 cm^2
  1 sq yd = 1 iarda quadrata = 0,84 m^2 (metri quadrati)
  1 acre = 1 acro quadrato = 40,47 a (are)
  = 0,4 ha (ettari)
  1 sq ml = 1 miglio quadrato = 2,59 km^2 (chilometri quadrati)

  There are three ways of saying *6,45 cm^2*, and other measurements like it: *sei virgola quarantacinque centimetri quadrati*, or (less formally) *sei centimetri quadrati virgola quarantacinque*, or *sei centimetri quadrati e quarantacinque*. For more details on how to say numbers, see the lexical note No. 19.

- *how big is your garden?* = quanto è grande il tuo giardino?
  what's its area? = che superficie ha?
  it's 200 square metres = 200 metri quadrati
  its surface area is 200 square metres = ha una superficie di 200 metri quadrati, misura 200 metri quadrati di superficie
  it's 20 metres by 10 metres = misura / è 20 metri per 10
  sold by the square metre = venduto al metro quadrato / metro quadro
  there are 10,000 square centimetres in a square metre = ci sono 10.000 centimetri quadrati in un metro quadrato
  10,000 square centimetres make one square metre = 10.000 centimetri quadrati fanno un metro quadrato
  A is the same area as B = A ha la stessa superficie di B
  A and B are the same area = A e B hanno la stessa superficie.

- Note the Italian construction with *di*, coming after the noun it describes:
  a 200-square-metre plot = un terreno di 200 metri quadrati.

32 - TEMPERATURE

- Temperatures in Italian are written as in the tables below. When the scale letter (*C* for *Celsius* or *centigrado*, *F* for *Fahrenheit*) is omitted, temperatures are written thus: *20°, 98,4°* etc. Remember that Italian has a comma, where English has a decimal point. Note also that there is no capital on *centigrado* in Italian; capital C is however used as the abbreviation for *Celsius* and *centigrado* as in *60 °C*. For how to say numbers in Italian, see the lexical note No. 19.

Celsius or centigrade (C)	***Fahrenheit (F)***	
100 °C	212 °F	*temperatura / punto di ebollizione dell'acqua* (boiling point)
90 °C	194 °F	
80 °C	176 °F	
70 °C	158 °F	
60 °C	140 °F	
50 °C	122 °F	
40 °C	104 °F	
37 °C	98,4°F	
30 °C	86 °F	
20 °C	68 °F	
10 °C	50 °F	
0 °C	32 °F	*temperatura/punto di congelamento dell'acqua* (freezing point)
–10 °C	14 °F	
–17,8 °C	0 °F	
–273,15 °C	–459,67 °F	*lo zero assoluto* (absolute zero)

- *–15 °C* = –15 °C (meno quindici gradi Celsius)
  the thermometer says 40° = il termometro indica 40 gradi
  above 30 °C = più di 30 gradi Celsius
  over 30° Celsius = oltre 30 gradi Celsius
  below 30° = sotto i trenta gradi.

People

- *body temperature is 37 °C* = la temperatura corporea è di 37 °C (trentasette gradi Celsius)
  what is his temperature? = che temperatura ha? /
  his temperature is 38° = ha trentotto di temperatura / di febbre.

Things

- *how hot is the milk?* = quant'è caldo il latte?

what temperature is the milk?	= (a) che temperatura è il latte?
it's 40 °C = è (a) 40 gradi	
what temperature does water boil at?	= a che temperatura bolle l'acqua?
it boils at 100 °C	= bolle a 100 °C (cento gradi centigradi)
at a temperature of 200°	= alla temperatura di 200 °C
A is hotter than B	= A è più caldo di B
B is cooler than A	= B è meno caldo di A
B is colder than A	= B è più freddo di A
A is the same temperature as B	= A è alla stessa temperatura di B
A and B are the same temperature	= A e B sono alla stessa temperatura.

Weather

• *what's the temperature today?*	= che temperatura c'è oggi?
it's 65 °F	= ci sono 65 °F (sessantacinque gradi Farenheit)
it's 19 degrees	= ci sono 19 gradi
Naples is warmer (or *hotter*) *than London*	= Napoli è più calda di di Londra
it's the same temperature in Paris as in London	= c'è la stessa temperatura a Parigi e a Londra.

33 - TIME UNITS

Lengths of time

• *a second*	= un secondo
a minute	= un minuto
an hour	= un'ora
a day	= un giorno
a week	= una settimana
a month	= un mese
a year	= un anno
a century	= un secolo.

• For the time by the clock, see the lexical note No. 4; for days of the week, see the lexical note No. 36; for months, see the lexical note No. 16; for dates, see the lexical note No. 8.

How long?

• Note the various ways of translating *take* into Italian:

how long does it take?	= quanto (tempo) ci vuole?
it took me a week	= mi ci volle una settimana
I took an hour to finish it	= mi ci è voluta un'ora per finirlo
the letter took a month to arrive	= la lettera ha impiegato un mese per arrivare
it'll take at least a year	= ci vorrà / ci vuole almeno un anno
it'll only take a moment	= ci vorrà / ci vuole solo un momento.

• Translate both *spend* and *have* as *passare* or *trascorrere*:

to have a wonderful evening	= trascorrere una meravigliosa serata
to spend two days in Rome	= passare due giorni a Roma

• Use *fra* or *tra* for *in* when something is seen as happening in the future:

in three weeks' time	= fra tre settimane
I'll be there in an hour	= sarò là tra un'ora

Note however:

she said she'd be there in an hour	= disse che sarebbe stata là entro / in un'ora (*or* un'ora dopo).

• Use *in* for *in* when expressing the time something took or will take:

he did it in an hour	= l'ha fatto in un'ora
they will do it in half an hour	= lo faranno in mezz'ora.

• When *for* indicates a length of time, its commonest Italian translation is *per* or no preposition:

I worked in that factory for a year	= ho lavorato in quella fabbrica (per) un anno
we're here for a month	= resteremo qui (per) un mese
they'll take the room for a week	= prenderanno la stanza per una settimana

• And use *da* for *for* and *since* when the action began in the past and is or was still going on:

she has been here for a week / since Monday	= è qui da una settimana / da lunedì
she had been there for a year / since 1988	= era là da un anno / dal 1988
I haven't seen her for years / since June	= non la vedo da anni / da giugno.

• Note the use of *di* when expressing how long something lasted or will last:

a two-minute delay	= un ritardo di due minuti
a six-week wait	= un'attesa di sei settimane
an eight-hour day	= una giornata di otto ore
six weeks' sick leave	= un permesso per malattia di sei settimane
five weeks' pay	= la paga di cinque settimane / cinque settimane di paga.

When?

• ***In the past***

when did it happen?	= quando è successo?
two minutes ago	= due minuti fa
a month ago	= un mese fa
years ago	= anni fa
it'll be a month ago on Tuesday	= sarà un mese martedì
it's six years since Jim died	= sono passati sei anni da quando è morto Jim
a month earlier	= un mese prima
a month before	= un mese prima
the year before	= l'anno prima, l'anno precedente
the year after	= l'anno dopo, l'anno seguente
a few years later	= alcuni anni dopo
after four days	= dopo quattro giorni
last week	= la settimana scorsa / la scorsa settimana
last month	= il mese scorso / lo scorso mese
last year	= l'anno scorso / lo scorso anno
a week ago yesterday	= una settimana ieri
a week ago tomorrow	= una settimana domani
the week before last	= due settimane fa
over the past few months	= negli ultimi mesi.

• ***In the future***

when will you see him?	= quando lo vedrai?
in a few days	= tra alcuni giorni
any day now	= da un giorno all'altro
next week	= la settimana prossima / la prossima settimana
next month	= il mese prossimo / il prossimo mese
next year	= l'anno prossimo / il prossimo anno
the next year	= l'anno successivo / l'anno seguente / l'anno dopo
this coming week	= la settimana entrante, la settimana che viene
over the coming months	= nei prossimi mesi, nel corso dei mesi a venire
a month from tomorrow	= un mese da domani

How often?

• *how often does it happen?*	= quanto spesso capita?
every Thursday	= ogni giovedì, tutti i giovedì
every week	= ogni settimana, tutte le settimane

every year	= ogni anno, tutti gli anni
every second day	= un giorno sì e un giorno no
every third month	= ogni tre mesi
day after day	= giorno dopo giorno
year after year	= anno dopo anno
the last Thursday of the month	= l'ultimo giovedì del mese
five times a day	= cinque volte al giorno
twice a month	= due volte al mese
three times a year	= tre volte all'anno, tre volte l'anno
once every three months	= una volta ogni tre mesi.

How much an hour (etc.)?

• *how much do you get an hour?*	= quanto prendi / quanto guadagni all'ora?
I get $20	= prendo / guadagno 20 dollari
to be paid $20 an hour	= essere pagato 20 dollari l'ora
to be paid by the hour	= essere pagato a ore
how much do you get a week?	= quanto prendi / guadagni alla settimana?
how much do you earn a month?	= quanto guadagni al mese?
$3,000 a month	= 3.000 dollari al mese
$40,000 a year	= 40.000 dollari l'anno / all'anno.

Forms in *-ata*: *anno* / *annata*, *mattino* / *mattinata* etc.

• The *-ata* forms are often used to express a rather vague amount of time passing or spent in something, and so tend to give a subjective slant to what is being said, as in:

a long day / evening / year	= una lunga giornata / serata / annata
a whole day	= un'intera giornata
we spent a lovely day there	= ci abbiamo passato una bella giornata
a painful evening	= una serata penosa

When an exact number is specified, the shorter forms are generally used, as in:

it lasted six days	= è durato sei giorni
two years' military service	= servizio militare di due anni / due anni di servizio militare
she spent ten days in England	= ha trascorso dieci giorni in Inghilterra

However there is no strict rule that applies to all of these words. If in doubt, check in the dictionary.

34 - TOWNS AND CITIES

• The names of Italian towns and cities are usually feminine, and only rarely include the definite article:

Rome is beautiful	= Roma è bella
Venice is visited by thousands of tourists every year	= Venezia è visitata da migliaia di turisti ogni anno
Florence is rich in monuments	= Firenze è ricca di monumenti
La Spezia is a sea port	= La Spezia è una città portuale

Remember that you can always use *la città di X*: *la città di Roma è meravigliosa, la città di Venezia è visitata da migliaia di turisti ogni anno* etc.

In, to and from somewhere

• With the names of towns and cities, Italian uses *a* for English *in* and *to*, and *da* for *from*:

to live in Milan	= vivere / abitare a Milano
to go to Milan	= andare a Milano
to come from Milan	= venire da Milano
to live in Assisi	= vivere ad Assisi
to go to Assisi	= andare ad Assisi
to come from Assisi	= venire da Assisi

Note what may happen when the name includes the definite article, as in *L'Aquila* or *La Spezia*:

to live in L'Aquila	= vivere / abitare a L'Aquila *or* all'Aquila
to go to L'Aquila	= andare a L'Aquila *or* all'Aquila
to come from L'Aquila	= venire da L'Aquila *or* dall'Aquila.

Belonging to a town or city

• English sometimes has specific words for people of a certain city or town, such as *Londoners*, *New Yorkers* or *Parisians*, but mostly we talk of *the people of Leeds* or *the inhabitants of San Francisco*. On the other hand, most towns in Italy have a corresponding adjective and noun, and a list of the best-known of these is given at the end of this note.

• The noun forms mean *a person from X*:

the inhabitants of Ferrara	= i ferraresi
the people of Agrigento	= gli agrigentini.

• The adjective forms are often used where in English the town name is used as an adjective:

Parma cooking	= la cucina parmense
Ravenna monuments	= i monumenti ravennati

However, some of these Italian words are fairly rare, and it is always safe to say *gli abitanti di X* or, for the adjective, simply *di X*. Here are examples of this, using some of the nouns that commonly combine with the names of towns:

a Pistoia accent	= l'accento di Pistoia / pistoiese
Florence airport	= l'aeroporto di Firenze / fiorentino
the Messina area	= l'area di Messina / messinese
Sassari buses	= gli autobus di Sassari / sassaresi
the Foggia City Council	= il Consiglio Comunale di Foggia / foggiano
Bologna representatives	= i deputati di Bologna / bolognesi
Genoa restaurants	= i ristoranti di Genova / genovesi
Verona streets	= le strade di Verona / veronesi
the Pavia team	= la squadra di Pavia / pavese
Naples traffic	= il traffico di Napoli / napoletano
the Sondrio road	= la strada per Sondrio
the Lecce train	= il treno per / da Lecce.

Names of cities and towns in Italy and their adjectives

• Words derived from the names of Italian towns and cities are used as adjectives and as nouns referring to the inhabitants; the following ones have an English equivalent:

Milano	= *milanese* (Milanese)
Genova	= *genovese* (Genoese)
Venezia	= *veneziano* (Venetian)
Firenze	= *fiorentino* (Florentine)
Roma	= *romano* (Roman)
Napoli	= *napoletano* (Neapolitan)

Note the different uses and meaning of these names, that are usually spelt with a small letter in Italian:

Genoa	= Genova
the Genoese accent	= l'accento genovese
a Genoese	= un genovese, una genovese
two Genoese	= due genovesi
the Genoese	= i genovesi

Remember that the word *Milanese* behaves exactly like *Genoese*, whereas *Venetian*, *Florentine*, *Neapolitan* and *Roman* have the *-s* ending in the plural forms

So:

Neapolitan cakes	= i dolci napoletani
he married a Florentine	= ha sposato una fiorentina
Yesterday I met some Venetians	= ieri ho incontrato alcuni veneziani.

- Most names and adjectives in the following list have no English equivalents; therefore, the forms *of* or *from + X* for adjectives and *native* or *inhabitant of X* for nouns are to be used:

wine from Rieti	= il vino reatino
the palaces of Mantova	= i palazzi mantovani
the inhabitants of Arezzo are proud of their city	= gli aretini sono orgogliosi della loro città.

A list of Italian regional and provincial capitals and related nouns and adjectives

- For each region, the name of the *capoluogo di regione* (regional capital) precedes the name of the *capoluoghi di provincia* (provincial capitals). Related nouns and adjectives can be modified in the usual ways, as the examples of *aquilano* and *pescarese* will show:

noun	masculine singular:	*un aquilano*	*un pescarese*
	masculine plural:	*due aquilani*	*due pescaresi*
	feminine singular:	*un'aquilana*	*una pescarese*
	feminine plural:	*due aquilane*	*due pescaresi*
adjective	masculine singular:	*aquilano*	*pescarese*
	masculine plural:	*aquilani*	*pescaresi*
	feminine singular:	*aquilana*	*pescarese*
	feminine plural:	*aquilane*	*pescaresi*

- *Abruzzo* = *abruzzese*
  L'Aquila = *aquilano*
  Pescara = *pescarese*
  Teramo = *teramano*

  Basilicata = *lucano*
  Potenza = *potentino*
  Matera = *materano*

  Calabria = *calabrese*
  Catanzaro = *catanzarese*
  Cosenza = *cosentino*
  Crotone = *crotonese*
  Reggio (di) Calabria = *reggino*
  Vibo Valentia = *vibonese*

  Campania = *campano*
  Napoli = *napoletano*
  Avellino = *avellinese*
  Benevento = *beneventano*
  Caserta = *casertano*
  Salerno = *salernitano*

  Emilia-Romagna = *emiliano* (or specifically *romagnolo*)
  Bologna = *bolognese*
  Ferrara = *ferrarese*
  Forlì = *forlivese*
  Modena = *modenese*
  Parma = *parmense*
  Piacenza = *piacentino*
  Ravenna = *ravennate*
  Reggio (nell') Emilia = *reggino*
  Rimini = *riminese*

  Friuli-Venezia Giulia = *friulano*
  Trieste = *triestino*
  Gorizia = *goriziano*
  Pordenone = *pordenonese*
  Udine = *udinese*

  Lazio = *laziale*
  Roma = *romano* (*romanesco* for the dialect of Rome)
  Frosinone = *frusinate*
  Latina = *latinense*
  Rieti = *reatino*
  Viterbo = *viterbese*

  Liguria = *ligure*
  Genova = *genovese* (*genoano* for a player or supporter of the Genoa Football Club)
  Imperia = *imperiese*
  La Spezia = *spezzino*
  Savona = *savonese*

  Lombardia = *lombardo*
  Milano = *milanese*
  Bergamo = *bergamasco*
  Brescia = *bresciano*
  Como = *comasco* (or *comense*)
  Cremona = *cremonese*
  Lecco = *lecchese*
  Lodi = *lodigiano*
  Mantova = *mantovano*
  Pavia = *pavese*
  Sondrio = *sondriese*
  Varese = *varesino*

  Marche = *marchigiano*
  Ancona = *anconetano*
  Ascoli Piceno = *ascolano*
  Macerata = *maceratese*
  Pesaro = *pesarese*

  Molise = *molisano*
  Campobasso = *campobassano*
  Isernia = *isernino*

  Piemonte = *piemontese*
  Torino = *torinese*
  Alessandria = *alessandrino*
  Asti = *astigiano*
  Biella = *biellese*
  Cuneo = *cuneese*
  Novara = *novarese*
  Verbania = *verbanese*
  Vercelli = *vercellese*

  Puglia = *pugliese*
  Bari = *barese*
  Brindisi = *brindisino*
  Foggia = *foggiano*
  Lecce = *leccese*
  Taranto = *tarantino*

  Sardegna = *sardo*
  Cagliari = *cagliaritano*
  Nuoro = *nuorese*
  Oristano = *oristanese*
  Sassari = *sassarese*

  Sicilia = *siciliano*
  Palermo = *palermitano*
  Agrigento = *agrigentino*
  Caltanisetta = *nisseno*
  Catania = *catanese*
  Enna = *ennese*
  Messina = *messinese*
  Ragusa = *ragusano*
  Siracusa = *siracusano*
  Trapani = *trapanese*

  Toscana = *toscano*
  Firenze = *fiorentino*
  Arezzo = *aretino*
  Grosseto = *grossetano*
  Livorno = *livornese*
  Lucca = *lucchese*
  Massa = *massese* (or *massetano*)
  Pisa = *pisano*

Pistoia	= *pistoiese*
Prato	= *pratese*
Siena	= *senese*
Trentino-Alto Adige	= *trentino*
Trento	= *trentino*
Bolzano	= *bolzanino*
Umbria	= *umbro*
Perugia	= *perugino*
Terni	= *ternano*
Valle d'Aosta	= *valdostano*
Aosta	= *aostano*
Veneto	= *veneto*
Venezia	= *veneziano*
Belluno	= *bellunese*
Padova	= *padovano*
Rovigo	= *rodigino* (or *rovigotto*)
Treviso	= *trevigiano*
Verona	= *veronese*
Vicenza	= *vicentino.*

35 - VOLUME MEASURES

- For pints, gallons, litres etc. see the lexical note No.3.
- Note that Italian has a comma where English has a decimal point:

1 cu in = 1 pollice cubo	= 16,38 cm^3 (centimetri cubi)
1 cu ft = 1 piede cubo	= 0,03 m^3 (metri cubi)
1 cu yd = 1 iarda cuba	= 0,76 m^3 (metri cubi)

There are three ways of saying *16,38 cm³*, and other measurements like it: *sedici virgola trentotto centimetri cubi* or (less formally) *sedici centrimetri cubi virgola trentotto* or *sedici centimetri cubi e trentotto.* For more details on how to say numbers, see the lexical note No. 19.

• *what is its volume?*	= qual è il suo volume? / che volume ha? / quant'è di volume?
its volume is 200 cubic metres	= il suo volume è / ha un volume di 200 metri cubi
it's 200 cubic metres	= è 200 metri cubi
it's one metre by two metres by three metres	= è un metro per due per tre
sold by the cubic metre	= venduto al metro cubo
A has a greater volume than B	= A ha un volume maggiore di B
B has a smaller volume than A	= B ha un volume minore di A

- Note the use of *di* in this construction:
  there are a million cubic centimetres in a cubic metre = in un metro cubo ci sono un milione di centrimetri cubi
  a million cubic centimetres make one cubic metre = un milione di centimetri cubi fanno un metro cubo
- Note the Italian construction with *di*, coming after the noun it describes:

a 200-cubic-metre tank	= un serbatoio di 200 metri cubi.

36 - THE DAYS OF THE WEEK

- Note that Italian uses lower-case letters for the names of days; also, Italian speakers normally count the week as starting on *lunedì* (Monday). Write the names of days in full: do not abbreviate as in English (*Tues, Sat* and so on), as Italians only abbreviate in printed calendars, diaries etc.:

Monday	= lunedì
Tuesday	= martedì
Wednesday	= mercoledì
Thursday	= giovedì
Friday	= venerdì
Saturday	= sabato
Sunday	= domenica

Remember that the Italian names of days are all masculine, with the exception of *domenica*, which is feminine:

the first Thursday of August	= il primo giovedì di agosto
the last Sunday of May	= l'ultima domenica di maggio.

What day is it?

- *Lunedì* in this note stands for any day, as they all work the same way; for more information on dates in Italian, see the lexical note No. 8.

• *what day is it?*	= che giorno è?
it is Monday	= è lunedì
today is Monday	= oggi è lunedì.

- Note the use of Italian *il* (*la* before *domenica*) for regular occurrences, and no article for single ones (remember: do not translate *on*):

on Monday	= lunedì
on Monday, we're going to the gym	= lunedì andiamo in palestra
I'll see you on Monday morning	= arrivederci a lunedì mattina

but

on Mondays	= il lunedì / tutti i lunedì
on Mondays, we go to the zoo	= il lunedì / tutti i lunedì andiamo allo zoo
I see her on Monday mornings	= l'incontro il lunedì mattina / tutti i lunedì mattina

Specific days

• *Monday afternoon*	= lunedì pomeriggio
one Monday evening	= un lunedì sera
that Monday morning	= quel lunedì mattina
last Monday night	= la notte di lunedì scorso (*or if appropriate*) lunedì scorso di sera
early on Monday	= lunedì mattina presto
late on Monday	= lunedì sera tardi
this Monday	= questo lunedì
that Monday	= quel lunedì
that very Monday	= proprio quel lunedì
last Monday	= lunedì scorso
next Monday	= lunedì prossimo
the Monday before last	= l'altro lunedì
a month from Monday	= un mese da lunedì
in a month from last Monday	= in un mese a partire da lunedì scorso
finish it by Monday	= finiscilo per / entro lunedì
from Monday on	= da lunedì in poi, a partire da lunedì.

Regular events

• *every Monday*	= tutti i lunedì
each Monday	= ogni lunedì
every other Monday	= un lunedì sì e uno no
every third Monday	= un lunedì su tre.

Sometimes

• *most Mondays*	= la maggior parte dei lunedì, quasi tutti i lunedì
some Mondays	= alcuni lunedì
on the second Monday in the month	= il secondo lunedì del mese
the odd Monday or *the occasional Monday*	= un lunedì di tanto in tanto.

Happening etc. on that day

- *Monday's paper* = il giornale di lunedì / il giornale di questo lunedì
  the Monday papers = i giornali del lunedì
  Monday flights = i voli del lunedì
  the Monday flight = il volo di lunedì
  Monday closing (of shops) = la chiusura del lunedì
  Monday's classes = le lezioni di lunedì / le lezioni di questo lunedì
  Monday classes = le lezioni del lunedì
  Monday trains = i treni del lunedì.

37 - WEIGHT MEASURES

- Note that Italian has a comma where English has a decimal point:

1 oz	= 1 oncia	= 28,35 g (grammi)
1 lb	= 1 libbra	= 453,60 g
1 st		= 6,35 kg (chilogrammi)
1 cwt		= 50,73 kg
1 ton	= 1 tonnellata	= 1014,60 kg

There are three ways of saying *28,35 g*, and other measurements like it: *ventotto virgola trentacinque grammi*, or (less formally) *ventotto grammi virgola trentacinque*, or *ventotto grammi e trentacinque*. For more details on how to say numbers, see the lexical note No.19.

Note that Italian *chilogrammo* is very often abbreviated *chilo*.

People

- *what's his weight?* = quanto pesa?
  how much does he weigh? = quanto pesa?
  he weighs 10 st (or *140 lbs*) = pesa 10 stones (sessantatré chili e cinquecento grammi / sessantatré chili e mezzo)
  he weighs more than 20 st = pesa più di 20 stones (centoventisette chili).
  I am 12 kilos overweight = sono sovrappeso di 12 chili / sono 12 chili in sovrappeso
  an underweight young girl = una ragazzina sottopeso

Things

- *what does the parcel weigh?* = quanto pesa il pacco?
  how heavy is it? = quant'è pesante?
  it weighs ten kilos = pesa dieci chili
  about ten kilos = circa dieci chili
  it was 2 kilos over weight = era due chili di troppo / oltre il peso consentito
  A weighs more than B = A pesa più di B
  A is heavier than B = A è più pesante di B
  B is lighter than A = B è più leggero di A
  A is as heavy as B = A è pesante come B
  A is the same weight as B = A ha lo stesso peso di B / A pesa come B
  A and B are the same weight = A e B sono dello stesso peso
  6 lbs of carrots = 6 libbre di carote
  2 kilos of butter = 2 chili di burro
  1½ kilos of tomatoes = un chilo e mezzo di pomodori
  sold by the kilo = venduto al chilo
  there are about two pounds to a kilo = ci sono circa due libbre in un chilogrammo.
- Note the Italian construction with *di*, coming after the noun it describes:
  a 3-lb potato = una patata di tre libbre
  a parcel 3 kilos in weight = un pacco di tre chili.

38 - SIGNS OF THE ZODIAC

• Aries, the Ram	=	*Ariete*	*21 marzo - 20 aprile*
Taurus, the Bull	=	*Toro*	*21 aprile - 20 maggio*
Gemini, the Twins	=	*Gemelli*	*21 maggio - 21 giugno*
Cancer, the Crab	=	*Cancro*	*22 giugno - 22 luglio*
Leo, the Lion	=	*Leone*	*23 luglio - 22 agosto*
Virgo, the Virgin	=	*Vergine*	*23 agosto - 22 settembre*
Libra, the Balance	=	*Bilancia*	*23 settembre - 23 ottobre*
Scorpio, the Scorpion	=	*Scorpione*	*24 ottobre - 21 novembre*
Sagittarius, the Archer	=	*Sagittario*	*22 novembre - 21 dicembre*
Capricorn, the Goat	=	*Capricorno*	*22 dicembre - 19 gennaio*
Aquarius, the Water Bearer	=	*Acquario*	*20 gennaio - 18 febbraio*
Pisces, the Fishes	=	*Pesci*	*19 febbraio - 20 marzo.*

- *What sign are you? What's your birth sign?* = di che segno sei? qual è il tuo segno zodiacale?
  I'm (a) Sagittarius = io sono (un) Sagittario / io sono del Sagittario
  she's (a) Leo = lei è (un) Leone / lei è del Leone
  you are (a) Gemini = tu sei (un) Gemelli / tu sei dei Gemelli
  born in Virgo or *under the sign of Virgo* = nato sotto il segno della Vergine
  Leos are very generous = quelli del Leone sono molto generosi / il Leone è molto generoso
  what's the horoscope for Leos? = che cosa dice / com'è l'oroscopo per il Leone?
  the sun is in Pisces = il sole è nei / è in Pesci

All the signs work in the same way in Italian.

Verbi irregolari inglesi

Dalla lista che segue sono esclusi:

- i composti di verbi irregolari che si scrivono col trattino (per es. *baby-sit*);
- i verbi la cui *y* finale diventa *ie* quando si aggiunge la desinenza *-d* o *-s* (per es. *try*).

I verbi le cui forme irregolari si applicano solo a accezioni particolari sono segnalati con l'asterisco(*).

INFINITO	PASSATO	PARTICIPIO PASSATO
abide	abode, abided	abode, abided
arise	arose	arisen
awake	awoke	awoken
be	was/were	been
bear	bore	borne
beat	beat	beaten
become	became	become
befall	befell	befallen
beget	begot, begat ANT.	begotten
begin	began	begun
behold	beheld	beheld
bend	bent	bent
beseech	beseeched, besought	beseeched, besought
beset	beset	beset
bespeak	bespoke	bespoke, bespoken
bet	bet, betted	bet, betted
bid	bade, bid	bidden, bid
bind	bound	bound
bite	bit	bitten
bleed	bled	bled
blow	blew	blown
break	broke	broken
breed	bred	bred
bring	brought	brought
broadcast	broadcast	broadcast
browbeat	browbeat	browbeaten
build	built	built
burn	burned, burnt BE	burned, burnt BE
burst	burst	burst
bust	bust, busted BE	bust, busted BE
buy	bought	bought
cast	cast	cast
catch	caught	caught
choose	chose	chosen
cleave	cleft, cleaved, clove	cleft, cleaved, cloven
cling	clung	clung
come	came	come
cost	cost, *costed	cost, *costed
creep	crept	crept
crow	crowed, crew ANT.	crowed
cut	cut	cut
deal	dealt	dealt
dig	dug	dug
dive	dived BE, dove AE	dived
do	did	done
draw	drew	drawn
dream	dreamed, dreamt BE	dreamed, dreamt BE
drink	drank	drunk
drive	drove	driven
dwell	dwelt	dwelt
eat	ate	eaten
fall	fell	fallen
feed	fed	fed
feel	felt	felt
fight	fought	fought
find	found	found
flee	fled	fled
fling	flung	flung
floodlight	floodlit	floodlit
fly	flew	flown
forbear	forbore	forborne
forbid	forbade, forbad	forbidden
forecast	forecast	forecast

INFINITO	PASSATO	PARTICIPIO PASSATO
foresee	foresaw	foreseen
foretell	foretold	foretold
forget	forgot	forgotten
forgive	forgave	forgiven
forsake	forsook	forsaken
forswear	forswore	forsworn
freeze	froze	frozen
gainsay	gainsaid	gainsaid
get	got	got, gotten AE
give	gave	given
go	went	gone
grind	ground	ground
grow	grew	grown
hamstring	hamstrung	hamstrung
hang	hung, *hanged	hung, *hanged
have	had	had
hear	heard	heard
heave	heaved, *hove	heaved, *hove
hew	hewed	hewn, hewed
hide	hid	hidden
hit	hit	hit
hold	held	held
hurt	hurt	hurt
inlay	inlaid	inlaid
inset	inset	inset
interweave	interwove	interwoven
keep	kept	kept
kneel	kneeled AE, knelt	kneeled AE, knelt
knit	knitted, knit	knitted, knit
know	knew	known
lay	laid	laid
lead	led	led
lean	leaned, leant BE	leaned, leant BE
leap	leaped, leapt BE	leaped, leapt BE
learn	learned, learnt BE	learned, learnt BE
leave	left	left
lend	lent	lent
let	let	let
lie	lay	lain
light	lit, *lighted	lit, *lighted
lose	lost	lost
make	made	made
mean	meant	meant
meet	met	met
miscast	miscast	miscast
misdeal	misdealt	misdealt
mishear	misheard	misheard
mislay	mislaid	mislaid
mislead	misled	misled
misread /ˌmɪsˈriːd/	misread /ˌmɪsˈred/	misread /ˌmɪsˈred/
misspell	misspelled, misspelt BE	misspelled, misspelt BE
misspend	misspent	misspent
mistake	mistook	mistaken
misunderstand	misunderstood	misunderstood
mow	mowed	mowed, mown
outbid	outbid	outbid, outbidden AE
outdo	outdid	outdone
outgrow	outgrew	outgrown
output	output, outputted	output, outputted
outrun	outran	outrun
outsell	outsold	outsold
outshine	outshone	outshone
overbid	overbid	overbid
overcome	overcame	overcome
overdo	overdid	overdone
overdraw	overdrew	overdrawn
overeat	overate	overeaten
overfly	overflew	overflown
overhang	overhung	overhung

INFINITO	PASSATO	PARTICIPIO PASSATO
overhear	overheard	overheard
overlay	overlaid	overlaid
overlie	overlay	overlain
overpay	overpaid	overpaid
override	overrode	overridden
overrun	overran	overrun
oversee	oversaw	overseen
overshoot	overshot	overshot
oversleep	overslept	overslept
overtake	overtook	overtaken
overthrow	overthrew	overthrown
partake	partook	partaken
pay	paid	paid
plead	pleaded, pled AE	pleaded, pled AE
prove	proved	proved, proven
put	put	put
quit	quit, quitted	quit, quitted
read /ri:d/	read /red/	read /red/
rebuild	rebuilt	rebuilt
recast	recast	recast
redo	redid	redone
rehear	reheard	reheard
remake	remade	remade
rend	rent	rent
repay	repaid	repaid
reread /-ri:d/	reread /-red/	reread /-red/
rerun	reran	rerun
resell	resold	resold
reset	reset	reset
resit	resat	resat
retake	retook	retaken
retell	retold	retold
rewrite	rewrote	rewritten
rid	rid	rid
ride	rode	ridden
ring	rang	rung
rise	rose	risen
run	ran	run
saw	sawed	sawed, sawn BE
say	said	said
see	saw	seen
seek	sought	sought
sell	sold	sold
send	sent	sent
set	set	set
sew	sewed	sewn, sewed
shake	shook	shaken
shear	sheared	shorn, *sheared
shed	shed	shed
shine	shone, *shined	shone, *shined
shit	shat	shat
shoe	shod	shod
shoot	shot	shot
show	showed	shown, showed
shrink	shrank	shrunk, shrunken
shrive	shrived, shrove	shrived, shriven
shut	shut	shut
sing	sang	sung
sink	sank	sunk
sit	sat	sat
slay	slew	slain
sleep	slept	slept
slide	slid	slid
sling	slung	slung
slink	slunk	slunk
slit	slit	slit
smell	smelled, smelt BE	smelled, smelt BE
smite	smote	smitten
sow	sowed	sowed, sown
speak	spoke	spoken
speed	sped, *speeded	sped, *speeded
spell	spelled, spelt BE	spelled, spelt BE
spend	spent	spent
spill	spilled, spilt BE	spilled, spilt BE
spin	spun, span ANT.	spun
spit	spat	spat
split	split	split
spoil	spoiled, spoilt BE	spoiled, spoilt BE
spotlight	spotlit, spotlighted	spotlit, spotlighted
spread	spread	spread
spring	sprang	sprung
stand	stood	stood
stave	staved, stove	staved, stove
steal	stole	stolen
stick	stuck	stuck
sting	stung	stung
stink	stank	stunk
strew	strewed	strewed, strewn
stride	strode	stridden
strike	struck	struck
string	strung	strung
strive	strove	striven
sublet	sublet	sublet
swear	swore	sworn
sweep	swept	swept
swell	swelled	swollen, swelled
swim	swam	swum
swing	swung	swung
take	took	taken
teach	taught	taught
tear	tore	torn
tell	told	told
think	thought	thought
thrive	thrived, throve	thrived, thriven ANT.
throw	threw	thrown
thrust	thrust	thrust
tread	trod	trodden
underbid	underbid	underbid
undercut	undercut	undercut
undergo	underwent	undergone
underlie	underlay	underlain
underpay	underpaid	underpaid
undersell	undersold	undersold
understand	understood	understood
undertake	undertook	undertaken
underwrite	underwrote	underwritten
undo	undid	undone
unfreeze	unfroze	unfrozen
unlearn	unlearned, unlearnt BE	unlearned, unlearnt BE
unstick	unstuck	unstuck
unwind	unwound	unwound
uphold	upheld	upheld
upset	upset	upset
wake	woke	woken
waylay	waylaid	waylaid
wear	wore	worn
weave	wove, weaved	woven, weaved
wed	wedded, wed	wedded, wed
weep	wept	wept
wet	wet, wetted	wet, wetted
win	won	won
wind /waɪnd/	wound /waʊnd/	wound /waʊnd/
withdraw	withdrew	withdrawn
withhold	withheld	withheld
withstand	withstood	withstood
wring	wrung	wrung
write	wrote	written

Guida alla comunicazione
Guide to effective communication

Corrispondenza inglese

1. Corrispondenza privata

2. Vacanze e viaggi

Italian correspondence

1. Personal and social correspondence

2. Holidays and travel plans

3. Vita quotidiana

4. Ricerca del lavoro

3. Everyday life

4. Seeking employment and the world of work

5. Corrispondenza commerciale

Annunci economici

Il telefono

5. Business correspondence

Italian advertisements

Using the telephone

Corrispondenza inglese

La busta

Mr E. B. Ransome
45 Beech Crescent
READING
RG1 4P2

francobollo

nome e indirizzo del destinatario sono scritti leggermente a sinistra rispetto al centro della busta

Come impostare una lettera

2 Grampian Close
HELENSBURGH
G84 7PP ······· **mittente**

30th June 2003 ······· **data**

destinatario ······· Scottish Property Services Ltd
3 Union Terrace
GLASGOW
G12 9PQ

intestazione ······· Dear Sirs,

oggetto ······· 2 Grampian Close, Helensburgh

corpo della lettera:

I wish to inform you of my intention to terminate the tenancy agreement for the above property signed on 1st April 1999. In accordance with the terms of the agreement, I am giving three months' notice of my proposed date of departure, October 1st 2003.

I would be very grateful if you could let me know the arrangements for checking the inventory, returning the keys and reclaiming my deposit.

formula di chiusura ······· Yours faithfully,

firma ······· V. F. Cassels

V. F. Cassels

How to address an envelope

Gent.mo
Dott. Mario Raffaelli
Piazza Ludovico Ariosto, 4
90124 PALERMO

affix the stamp here

name and address of addressee should always be on the right-hand side of the envelope

How to lay out a letter

Spett.le Società
Oceano verde
Piazza Medusa, 3
LAMPEDUSA

addressee

date Vicenza, 22 giugno 2003

opening formula Spettabile Società Oceano verde,

sono l'aiutante di macchina Valerio Brusin. Ho letto il Vostro annuncio relativo a 3 posti di aiutante di macchina da utilizzare sulle Vostre navi-traghetto ("Gazzettino" del 20.6.2003) e offro la mia disponibilità a ricoprire tale incarico.

Faccio presente di avere maturato in questi anni lunga pratica ed esperienza nel settore specifico e di essere in atto impiegato presso il Cantiere navale di Trieste, con il compito di manutentore.

Vi informo inoltre che potrei essere disponibile ad assumere servizio a partire dal 15 luglio c.a.

Contestualmente a questa lettera, invio formale domanda di partecipazione alla selezione.
Grato per l'attenzione con cui vorrete considerare la mia domanda, rimango in attesa di una Vostra risposta.

body of the letter

I miei migliori saluti.

closing formula

signature Valerio Brusin

(Valerio Brusin)

sender
Valerio Brusin
Via Sacchetti, 36
36100 Vicenza
Tel. 0444-63 57 89
e-mail vbrusin@tin.it

Corrispondenza privata

Per annunciare un matrimonio

Flat 3
2 Charwell Villas
45 Grimsby Road
Manchester M23

3rd June 2003

Dearest Suzanne,

I thought I'd write to tell you that James and I are getting married! The date we have provisionally decided on is August 9th and I do hope you will be able to make it.

The wedding is going to be here in Manchester and it should be quite grand, as my mother is doing the organizing. I only hope the weather won't let us down, as there's going to be an outdoor reception. My parents will be sending you a formal invitation, but I wanted to let you know myself.

All my love,

Julie

Invito a un matrimonio

23 via Santa Croce
Florence
Italy

30 April 2003

Dear Oliver,

Kate and I are getting married soon after we return to the UK – on June 20th. We would like to invite you to the wedding. It will be at my parents' house in Hereford, probably at 2.30pm, and there will be a party afterwards, starting at about 8pm. You are welcome to stay the night as there is plenty of room, though it would help if you could let me know in advance.

Hope to see you then,

Best wishes,

Giorgio

Felicitazioni per un matrimonio

Les Rosiers
22 Avenue des Epines
95100 Argenteuil
France

22/8/03

Dear Joe,

Thanks for your letter. I was delighted to hear that you two are getting married, and I'm sure you'll be very happy together. I will do my best to come to the wedding, it'd be such a shame to miss it.

I think your plans for a small wedding sound just the thing, and I feel honoured to be invited. I wonder if you have decided where you are going for your honeymoon yet? I look forward to seeing you both soon. Sarah sends her congratulations.

Best wishes,

Eric

Per annunciare una nascita

26 James Street
Oxford
OX4 3AA

22 May 2003

Dear Charlie,

We wanted to let you know that early this morning Julia Claire was born. She weighs 7lbs 2oz, and she and Harriet are both very well. The birth took place at home, as planned.

It would be wonderful to see you, so feel free to come and visit and meet Julia Claire whenever you want. (It might be best to give us a ring first, though). It would be great to catch up on your news too. Give my regards to all your family, I haven't seen them for such a long time.

Looking forward to seeing you,

Nick

Announcing a wedding in the family

Giulio e Maria Di Giovine
partecipano il matrimonio
della figlia Luisa
con
Alberto Lino

Angelo e Carla Lino
partecipano il matrimonio
del figlio Alberto
con
Luisa Di Giovine

La cerimonia sarà celebrata
nella Chiesa della Magione
Viale Ippocrate, 15
Roma, 14 settembre 2003 - ore 18

Roma
Via Feo, 2

Roma
Via Casa, 3

Invitation to a wedding

Alberto e Luisa
dopo la cerimonia
saluteranno parenti e amici
nel Salone delle feste
Roma, via Bosco, 11

R. S. V. P.

Congratulations on a wedding

Napoli, 25 agosto 2003

Carissimi Giulio e Maria,

ci ha fatto veramente piacere ricevere la partecipazione di nozze di Luisa e Alberto. Sarete certamente molto felici: Alberto è davvero un ottimo ragazzo. Immaginiamo che avrete mille cose da fare per i preparativi. Per fortuna la casa è già pronta!

Se la salute ce lo permette (Giovanni si è rimesso completamente ormai), saremo felici di venire al matrimonio. Potremo così fare i nostri auguri direttamente agli sposi. Per ora, date a Luisa un grosso abbraccio da parte nostra.

A presto

Liliana e Giovanni

Announcing the birth of a baby

Piero e Margherita con la piccola Alice
annunciano la nascita di

Luca

26 novembre 2003

Auguri di buon anno

Flat 3, Alice House
44 Louis Gardens
London W5.

January 2nd 2003

Dear Arthur and Gwen,

Happy New Year! This is just a quick note to wish you all the best for the year 2003. I hope you had a good Christmas, and that you're both well. It seems like a long time since we last got together.

My New Year should be busy as I am trying to sell the flat. I want to buy a small house nearer my office and I'd like a change from the flat since I've been here nearly six years now. I'd very much like to see you, so why don't we get together for an evening next time you're in town? Do give me a ring so we can arrange a date.

With all good wishes from

Lance

Riposta agli auguri di buon anno

19 Wrekin Lane
Brighton
BN7 8QT

6th January 2003

My dear Renée,

Thank you so much for your letter and New Year's wishes. It was great to hear from you after all this time, and to get all your news from the past year.
I'll write a "proper" reply later this month, when I've more time. I just wanted to tell you now how glad I am that we are in touch again, and to say that if you do come over in February I would love you to come and stay — I have plenty of room for you and Maurice.

All my love,

Helen

Invito per un week-end

12 Castle Lane
Barcombe
Nr Lewes
Sussex BN8 6RJ
Phone: 01273 500520

3 June 2003

Dear Karen,

I heard from Sarah that you have got a job in London. Since you're now so close, why don't you come down and see me? You could come and spend a weekend in the country, it'd be a chance for a break from city life.

Barcombe is only about an hour's drive from where you live and I'd love to see you. How about next weekend or the weekend of the 28th? Give me a ring if you'd like to come.

All my love,

Lucy

Risposta ad un invito (tra amici)

14a Ark Street
Wyrral Vale
Cardiff
CF22 9PP
Tel: 029-2055 6544

19 July 2003

Dearest Sarah,

It was good to hear your voice on the phone today, and I thought I'd write immediately to say thank you for inviting me to go on holiday with you. I would love to go.

The dates you suggest are fine for me.
If you let me know how much the tickets cost I will send a cheque straight away.
I'd love to see California, and am very excited about the trip and, of course, about seeing you.

Thanks again for suggesting it.

Love,

Eliza

Good wishes for the New Year

15 dicembre 2003

Tanti cari auguri di un Felice Anno Nuovo!
Che il nuovo anno porti a te
e alla tua famiglia salute e felicità.
Un augurio speciale e un bacino
all'ultima nata, la piccola Rebecca.

zio Domenico e zia Gianna

Thanks for New Year wishes

Torino, 6 gennaio 2004

Carissimi zii,

grazie per il vostro biglietto di auguri,
che ricambiamo di cuore. Ci scusiamo,
ma quest'anno non siamo riusciti a sentire
nessuno per le feste. Come potete immaginare,
Rebecca occupa tutto il nostro tempo!
Per fortuna sta bene e cresce a vista d'occhio.
Vi salutano anche mamma e papà.

Un abbraccio

Anna, Stefano e Letizia

Invitation to visit

13 aprile 2003

Caro Carlo,

per il ponte del 25 aprile Enrico ed io abbiamo organizzato una piccola riunione di amici da noi in montagna. Saremmo felici di averti con noi. Ci saranno Fabrizio e Irene, Lele, Giacomo e Marina, e Silvia, che porterà una sua amica francese. Saremo un po' strettini, ma ci sarà da divertirsi. Abbiamo in programma una mega grigliata!

Spero tu possa venire. Facci sapere qualcosa appena possibile.

Salutoni

Roberta

Accepting an invitation: informal

Carissimi Gigi e Lucia,

abbiamo ricevuto il vostro invito e siamo molto contenti di poter venire per il prossimo week-end. Ci fa davvero piacere rivedervi. Avremo un sacco di novità da raccontarvi. Probabilmente arriveremo un po' tardi: come sapete uscire da Milano il venerdì pomeriggio è un'impresa. Vi faremo comunque sapere qualcosa telefonicamente.

A presto

Marco e Tiziana

Invito a cena

Ms L Hedley
2 Florence Drive, London SW1Z 9ZZ

Friday 13 July 2003

Dear Alex,

Would you be free to come to dinner with me when you are over in England next month? I know you'll be busy, but I would love to see you. Perhaps you could give me a ring when you get to London and we can arrange a date? Hope to see you then.

Best wishes,

Lena

Risposta a un invito a cena

Mr and Mrs P. Leeson
Ivy Cottage
Church Lane
HULL HU13

7th April 2003

Mr and Mrs Leeson thank Mr and Mrs Jackson for their kind invitation to their daughter's wedding and to the reception afterwards, but regret that a prior engagement prevents them from attending.

Risposta a un invito (negativa)

c/o Oates
Hemingway House
Eliot Street
Coventry CV2 1EE

March 6th 2003

Dear Dr Soames,

Thank you for your kind invitation to dinner on the 19th. Unfortunately, my plans have changed somewhat, and I am leaving England earlier than I had expected in order to attend a literary conference in New York. I am sorry to miss you, but perhaps I could call you next time I am in England, and we could arrange to meet.

Until then, kindest regards,

Michael Strong

Risposta a un invito (tra conoscenti)

c/o 99 Henderson Drive
Inverness IV1 1SA

16/6/03.

Dear Mrs Mayhew,

It is very good of you to invite me to dinner and I shall be delighted to come on July 4th.

I am as yet uncertain as to where exactly I shall be staying in the south, but I will phone you as soon as I am settled in London in order to confirm the arrangements.

With renewed thanks and best wishes,

Yours sincerely,

Sophie Beauverie

Invitation to a party

Perugia, 2 maggio 2003

Ciao Luca,

come ti va la vita? Come già saprai, Lorenzo si sposa il 25 di questo mese. Si è fatto accalappiare anche lui! Per fortuna noi ancora resistiamo. Abbiamo pensato di organizzare una festa di addio al celibato, venerdì 23 sera. Deve essere una sorpresa, perciò non farti venire in mente di chiamarlo per chiedergli chiarimenti! Forse viene pure Tommy, che è in Italia per lavoro. Devi assolutamente venire. Senza di te non sarà una vera festa. Chiamami subito.

Matteo

Declining an invitation: formal

Maria Grazia Loiacono

Sono spiacente di non poter partecipare all'inaugurazione del Centro Interculturale, in quanto sarò a Lyon per un convegno dal 25 al 27 settembre. Mi congratulo con il professor Ferrari e con tutto lo staff del Centro. Sarò felice di dare il mio contributo per future iniziative.

C.so XX Settembre 73
00189 Roma
06 44765821
mgloiacono@tin.it

Declining an invitation

Brescia, 9 giugno 2003

Caro Sandro,

ci dispiace moltissimo non poter partecipare alla vostra festa. Purtroppo Giancarlo ha un impegno di lavoro che lo tratterrà in Germania anche nel fine settimana. Già da tempo avevo deciso di accompagnarlo, e ormai non posso più disdire. Speriamo di poterci vedere alla prossima occasione. Magari potreste venirci a trovare un fine settimana a Desenzano. Saremo lì per tutto luglio. La casa non è grande, ma abbiamo una stanza per gli ospiti e saremmo felici di avervi con noi. Un abbraccio a tutti.

Eleonora

Accepting an invitation: formal

Genova, 17 aprile 2003

Caro Professore,

è stato veramente gentile da parte Sua invitarmi a cena il prossimo sabato. Verrò molto volentieri. Sono ansioso di conoscere di persona il professor Parodi, di cui ho letto quasi tutte le pubblicazioni.

I miei più cordiali saluti.

Riccardo De Maria

Condoglianze (formali)

Larch House
Hughes Lane
Sylvan Hill
Sussex

22 June 2003

Dear Mrs Robinson,

I would like to send you my deepest sympathies on your sad loss. It came as a great shock to hear of Dr Robinson's terrible illness, and he will be greatly missed by everybody who knew him, particularly those who, like me, had the good fortune to have him as a tutor.
He was an inspiring teacher and a friend I am proud to have had. I can only guess at your feelings. If there is anything I can do please do not hesitate to let me know.

With kindest regards,
Yours sincerely,

Malcolm Smith

Risposta a condoglianze (formali)

55A Morford Lane
Bath
BA1 2RA

4 September 2003.

Dear Mr Bullwise,

I am most grateful for your kind letter of sympathy. Although I am saddened by Rolf's death, I am relieved that he did not suffer at all.

The funeral was beautiful.
Many of Rolf's oldest friends came and their support meant a lot to me. I quite understand that you could not come over for it, but hope you will call in and see me when you are next in the country.

Yours sincerely,

Maud Allen

Condoglianze (informali)

18 Giles Road
Chester CH1 1ZZ
Tel: 01244 123341

May 21st 2003

My dearest Victoria,

I was so shocked to hear of Raza's death. He seemed so well and cheerful when I saw him at Christmas time.
It is a terrible loss for all of us, and he will be missed very deeply. You and the children are constantly in my thoughts.

My recent operation prevented me from coming to the funeral and I am very sorry about this. I will try to come up to see you at the beginning of July, if you feel up to it. Is there anything I can do to help?

With much love to all of you
from

Penny

Risposta a condoglianze (informali)

122 Chester Street
Mold
Clwyd
CH7 1VU

15 November 2003

Dearest Rob,

Thank you very much for your kind letter of sympathy. Your support means so much to me at this time.

The whole thing has been a terrible shock, but we are now trying to pick ourselves up a little. The house does seem very empty.

With thanks and very best wishes from us all,

Love,

Elizabeth

Condolences: formal

Firenze, 27 novembre 2003

Caro Dottor Morigi,

ho appreso con dolore la notizia della scomparsa della signora Lina. Sapevo che era malata, ma non pensavo fosse così grave. Ricorderò sempre la sua umanità e la sua squisita gentilezza. Purtroppo mi è impossibile partecipare al funerale perché sarò fuori città per lavoro. La prego comunque di accettare le mie più sincere condoglianze.

Emilio Pinchiorri

Thanks for condolences: formal

Firenze, 3 dicembre 2003

Caro Dottor Pinchiorri,

desidero ringraziarLa per la Sua dimostrazione di affetto. La scomparsa di Lina lascia un vuoto incolmabile. Fortunatamente trovo grande consolazione nelle mie due figlie (Elena somiglia tanto alla madre) e nei nipoti. Tuttavia, questo è per me un momento molto difficile da superare. La Sua manifestazione di amicizia mi è pertanto particolarmente gradita. Ancora grazie.

Cari saluti

Umberto Morigi

Condolences: informal

Senigallia, 22 marzo 2003

Carissima Ida,

ho saputo da tua sorella la notizia della scomparsa di Lucio. Sono profondamente addolorata. Ti faccio le mie più sincere condoglianze. Franco e io ti siamo vicini. Purtroppo so che cosa vuol dire perdere una persona cara. Siamo a tua disposizione, qualsiasi cosa tu abbia bisogno. Chiamaci o scrivici appena te la senti.

Con tanto affetto

Maria Teresa

Thanks for condolences: informal

29 marzo 2003

Cara Maria Teresa,

la tua lettera mi è stata di grande conforto e te ne ringrazio veramente. Sono ancora confusa. È passato così poco tempo. La casa mi sembra vuota e io giro per le stanze senza sapere bene che fare. Mia sorella vuole che vada a stare da lei per un po'. Se così fosse, potremmo vederci lì a Senigallia. Ora comunque ho ancora varie cose da sbrigare qui. Sai bene anche tu che ci sono tante pratiche e tanta burocrazia. Ogni volta è un dolore rinnovato, ma si deve fare. La vita va avanti. Spero di poter superare questo momento, anche grazie ad amici come te e Franco.

Spero di sentirti presto.

Un abbraccio

Ida

Ringraziamenti per un invito

75/9A Westgate
Wakefield
Yorks

30/9/03

Dear Mr and Mrs Frankel,

It was very kind of you to invite me to William's 21st birthday party and I am especially grateful to you for letting me stay the night. I enjoyed myself very much indeed, as did everyone else as far as I could tell.

In the hurry of packing to leave, I seem to have picked up a red and white striped T-shirt. If you let me know where to send it, I'll put it in the post at once. My apologies.

Many thanks once again.

Yours,

Julia (Robertson)

Ringraziamenti per un regalo di nozze

Mill House
Mill Lane
Sandwich
Kent
CT13 OLZ

June 1st 2003

Dear Len and Sally,

We would like to thank you most warmly for the lovely book of photos of Scotland that you sent us as a wedding present. It reminds us so vividly of the time we spent there and of the friends we made.

It was also good to get all your news. Do come and see us next time you are back on leave - we have plenty of room for guests.

Once again many thanks, and best wishes for your trip to New Zealand.

Kindest regards from

Pierre and Francine

Frasi utili

Formule di apertura

Scrivendo a conoscenti, la formula di apertura più comune è *Dear*.

Ad amici o familiari:

- *My dearest Alexander*
- *Darling Katie*

A una famiglia o a più persone insieme:

- *Dear all*

Frasi utili

Thank you for your letter [inviting, offering, confirming]

I am very grateful to you for [letting me know, offering, writing]

It was so kind of you to [write, invite, send]

Many thanks for [sending, inviting, enclosing]

I am writing to tell you that ...

I am writing to ask you if ...

I am delighted to announce that ...

I was delighted to hear that ...

I am sorry to inform you that ...

I was so sorry to hear that ...

Formule di chiusura

A conoscenti o in lettere formali:

- *Best wishes,* o *With best wishes*
- *Kindest regards*

Ad amici o familiari:

- *All my love*
- *All the best*
- *Love (from)*
- *Lots of love*
- *Much love,* o *With love*
- *Love from us both*
- *See you soon*
- *Once again many thanks*
- *I look forward to seeing you soon*
- *With love and best wishes*
- *With love to you all*
- *Paul sends his love to you both*
- *Do give my kindest regards to Sylvia*

Thanking for hospitality

Bari, 17 settembre 2003

Cara Signora Di Giovine,

desidero ringraziarla ancora una volta per avermi ospitato nella sua bella casa in occasione del matrimonio di Luisa. Pur conoscendo Luisa dai tempi dell'università, non avevo mai avuto il piacere di conoscere voi. Siete una famiglia davvero ospitale e simpaticissima. Nonostante il trambusto del matrimonio, ho ricevuto un'accoglienza veramente speciale.

Spero di poter rivedere presto Luisa e tutti voi.

Ancora grazie di tutto.

Anna

Thanking for a wedding gift

Roma, 1 ottobre 2003

Cara Anna,

eccoci di nuovo a casa, di ritorno dal viaggio di nozze! Abbiamo visto posti magnifici. Spero ti sia arrivata la cartolina. Volevo ringraziarti ancora una volta per la bellissima cornice che ci hai regalato. Mamma ha fatto sviluppare le foto del matrimonio mentre noi eravamo via e l'abbiamo già utilizzata. Sta benissimo sulla scrivania. Ora ti aspetto nella nostra nuova casa. Lo so che non sei vicinissima, ma se ti capita di venire a Roma devi assolutamente venire a trovarmi.

Un bacione e a risentirci presto

Luisa

Useful phrases

Letter openings

The standard opening greeting for personal correspondence is *Caro/Cara*

Affectionate variations for very close friends and family:

- *Mio caro Paolo/Mia cara Paola*
- *Carissimo Paolo/Carissima Paola*
- *Paolo carissimo/Paola carissima*
- *Ciao, Paola* (very informal)

To a whole family or group

- *Carissimi*
- *Cari amici*

Useful phrases

Grazie/Ti ringrazio [della tua lettera, dell' invito, del regalo, di avermi invitato ...]
Mi ha fatto molto piacere ricevere la tua lettera/il tuo invito
Ho appena ricevuto la tua lettera, che mi ha fatto molto piacere ...
Ti scrivo per [farti sapere che, invitarti a ...]
Ti volevo scrivere da tanto tempo ma ...
Scusa se rispondo così in ritardo, ma ...
Finalmente trovo un momento per scriverti
Volevo ringraziarti per
Ho saputo [da XY] che
Sono felice di farti sapere che
Mi dispiace molto [non poter venire, che tu non possa ...]
Sono spiacente di [non poter venire, dover rifiutare ...]
Devo purtroppo farti sapere che/darti una brutta notizia
Ho appreso con dolore [la notizia di, che ...]

Closures

For acquaintances and formal situations:

- *I miei migliori saluti*
- *Cordiali saluti*
- *Cordialmente*
- *Voglia gradire i miei migliori saluti*
- *Le porgo i miei migliori saluti*

Affectionate variations for close friends and family:

Cari saluti
Tanti cari saluti
Un caro saluto
Affettuosi saluti
Salutoni (very informal)
Con affetto
Baci
Baci e abbracci
Un abbraccio
Bacioni (very informal)
A presto
A risentirci presto
Ciao

Cartoline

Having a wonderful time on and off the piste. Skiing conditions ideal and we've even tried snowboarding.
The local food and wine are delicious, especially the fondue.
See you soon,

Jo and Paul

Mr and Mrs S. Mitchell
The Old Forge
7 Wilson Street
CIRENCESTER
GLOS
GL12 9PZ
UNITED KINGDOM

Dear Jess,

The beaches here in Crete are great and the nightlife is brilliant! We've hired mopeds to get about locally, but hope to fit in a couple of day- trips to see some of the sights.
College and exams certainly seem very far away!

Lots of love,

Louise and Paul

Jessica Norton
45 Gibson Avenue
DURHAM
DH1 3NL
UNITED KINGDOM

Postcards

Saluti da Palma!
Tempo splendido, spiagge favolose.
Come sta Mao? Grazie ancora per aver accettato di tenerlo da voi, non avremmo saputo come fare altrimenti.
A presto

Baci

Eugenio e Paola

Gent. Famiglia Leone
Piazza Italia, 4
35100 Padova

CIAO!
Ci stiamo divertendo molto: le piste sono fantastiche e Fede ha persino provato lo snowboard (con risultati disastrosi!).
Vi racconteremo tutto al nostro ritorno.

Saluti e un bacio a Mattia

Claudia e Federico

Lucia e Carlo Dini
Via Annunziata 18/c
51100 Pistoia

A un corrispondente: invito

23 Av. Rostand
75018 Paris
France

5th June 2003

Dear Katrina,

I am writing to ask you if you would like to come and stay with my family here in Paris. We live in a pretty suburb, and my school is nearby. If you come we can go into the centre of Paris and do some sightseeing, as well as spending some time in my neighbourhood, which has a big outdoor swimming pool and a large shopping centre.

It would suit us best if you could come in August. If you say yes, my mother will write to your mother about details - it would be nice if you could stay about two weeks. I would be so happy if you could come.

Love from

Florence

Alla famiglia di un corrispondente: informazioni

15 Durrer Place
Herne Bay
Kent CT6 2AA

Phone: (01227) 7685

29-4-03

Dear Mrs Harrison,

It was good of you to invite Jane to go to Italy with you. She really is fond of Freda and is very excited at the thought of the holiday.

The dates you suggest would suit us perfectly. Could you let me know how much spending money you think Jane will need? Also, are there any special clothes she should bring?

Yours sincerely,

Lisa Holland

Alla famiglia di un corrispondente: ringraziamenti

97 Jasmine Close
Chelmsford
Essex
CM1 5AX

4th May 2003

Dear Mr and Mrs Newlands,

Thank you very much once again for taking me on holiday with you. I enjoyed myself very much indeed, especially seeing so many new places and trying so many delicious kinds of food.

My mum says I can invite Rachel for next year, when we shall probably go to Majorca. She will be writing to you about this.

Love from

Hazel

Invito a passare le vacanze insieme

Stone House
Wilton Street
Bingham

Tel: 01949 364736

20th May 2003

Dear Malek and Lea,

Thanks for your postcard - great news that you'll be home in June. Will you have some leave then? Anne and I were thinking of spending a couple of weeks in Provence in July, and wondered if you'd like to come with us? We could rent a house together.

If you'd like to come, let us know as soon as possible and we can sort out dates and other details. Hope you'll say yes! I'm quite happy to make all the arrangements.

Lots of love from us both,

Mukesh

Arranging an exchange visit

Dublino, 2 aprile 2003

Cari Giulio e Daniela,

abbiamo appena ricevuto la vostra lettera. Siamo davvero contenti di ospitare vostra figlia da noi nel periodo tra il 10 e il 31 luglio e di mandare da voi nostro figlio Kilian in agosto, possibilmente dal 2 al 17.

Kilian ha 16 anni e studia italiano a scuola. È un ragazzo sportivo: gli piace fare trekking, nuotare e giocare a calcio.

Vi preghiamo di confermare le date della permanenza di Kilian appena possibile, poiché dobbiamo prenotare il volo.

Vi ringraziamo e vi inviamo i nostri più cordiali saluti

U. Farrelly

Una e Dan Farrelly
28, Leeson Drive
Artane
Dublin 5
Ireland

Making travel plans

Londra, 15 giugno 2003

Cara Signora Cambini,

ho appena ricevuto la Sua lettera: sono lieto che possiate andare a prendere Lucy all'aeroporto venerdì sera. Lucy aveva paura di non riuscire a raggiungere casa vostra da sola, e anch'io sono più tranquillo sapendo che ci sarete voi. Vi comunicheremo il numero del volo e l'ora esatta dell'arrivo non appena lo sapremo.

Lucy è facilmente riconoscibile: è molto alta e ha i capelli rossi. In ogni caso, ho allegato una fotografia.

Se non vi dispiace, telefoneremo venerdì stesso per sapere se è arrivata bene.

Grazie ancora per la vostra disponibilità. Sono sicuro che Lucy si troverà molto bene.

Cordiali saluti

John Smith

Thanking the host family

Londra, 1 luglio 2003

Cara Signora Cambini,

volevo ringraziarla ancora per le bellissime vacanze che ho trascorso con voi a Livorno. Non dimenticherò mai le belle gite a Firenze e nella campagna toscana, le giornate al mare, e tutti i nuovi amici. Ho così tanti bei ricordi che continuo a parlare dell'Italia a tutti. Papà e mamma sono molto contenti e vorrebbero che tornassi anche l'anno prossimo. Mi piacerebbe tanto! Spero quindi che ci rivedremo.

Un caro saluto a tutti

Lucy

Invitation to a holiday together

18 maggio 2003

Carissimi Ale e Renzo,

vi scrivo per farvi sapere che abbiamo finalmente comperato il camper tanto desiderato. Non è grandissimo, ma per noi due è più che sufficiente.
I ragazzi ormai sono grandi e non ne vogliono più sapere di venire in vacanza con noi. Così abbiamo pensato: perché non facciamo finalmente quel famoso viaggio insieme di cui parliamo da tanto tempo? Quando avete le ferie quest'anno? Noi abbiamo tre settimane tra la fine di luglio e ferragosto.
Se le date coincidono si potrebbe davvero combinare. Corrado proponeva il nord della Spagna, fino a Santiago de Compostela. Che ne dite?

Fateci sapere qualcosa. Sarei davvero felice se accettaste.

Un abbraccio

Carla

Per proporre uno scambio di case

4 Longside Drive
Knoley
Cambs
CB8 5RR
Tel: 01223 49586

May 13th 2003.

Dear Mr and Mrs Candiwell,

We found your names listed in the 2001 "Owners to Owners" handbook and would like to know if you are still taking part in the property exchange scheme.

We have a 3-bedroomed semi-detached house in a quiet village only 20 minutes' drive from Cambridge. We have two boys aged 8 and 13. If you are interested, and if three weeks in July or August would suit you, we would be happy to exchange references.

We look forward to hearing from you.

Yours sincerely,

John and Ella Valedict

John and Ella Valedict

Per accettare uno scambio di case

Trout Villa
Burnpeat Road
Lochmahon
IZ99 9ZZ

(01463) 3456554

5/2/03

Dear Mr and Mrs Tamberley,

Further to our phone call, we would like to confirm our arrangement to exchange houses from August 2nd to August 16th inclusive. We enclose various leaflets about our area.

As we mentioned on the phone, you will be able to collect the keys from our neighbours the Brownes at 'Whitley House' (see enclosed plan).

We look forward to a mutually enjoyable exchange.

Yours sincerely,

Mr and Mrs R. Jones

Mr and Mrs R. Jones

All'ente turismo

3 rue du Parc
56990 Lesmoines
France

4th May 2003

The Regional Tourist Office
3 Virgin Road
Canterbury
CT1A 3AA

Dear Sir/Madam,

Please send me a list of local hotels and guest houses in the medium price range.
Please also send me details of local coach tours available during the last two weeks in August.

Thanking you in advance,

Yours faithfully,

Lepied

Jean Lepied

Richiesta di informazioni a un'agenzia di viaggi

97 Duthie Avenue
ABERDEEN
AB1 2GL

2nd January 2003

Mandala Tours Ltd
27 Wellington Street
NOTTINGHAM
N5 6LJ

Dear Sir or Madam,

I would be grateful if you could forward me a copy of the brochure "Trekking Holidays in Nepal 2003", which I saw advertised in the December 2002 issue of The Rambler.

I look forward to hearing from you.

Yours faithfully

Sue Davies

S. Davies

Offering a house exchange

Torino, 31 maggio 2003

Gentile Signora Palmas,

sono venuto a sapere da comuni conoscenti, i signori Ledda, che Lei avrebbe intenzione di scambiare la Sua casa a Santa Teresa con una casa in montagna. Noi abbiamo una villetta con giardino a Bardonecchia, e saremmo interessati allo scambio per la prima quindicina di agosto. La Sardegna ci piace molto, in particolare la costa della Gallura, quindi Santa Teresa sarebbe l'ideale per noi.

Se la proposta Le interessa, ci farebbe piacere avere una foto e una descrizione della casa. Noi provvederemmo a nostra volta a mandare foto e descrizione della nostra. Le anticipo che noi saremmo in quattro: mia moglie ed io, mia figlia di 13 anni e mia suocera. Nella nostra villetta c'è posto per cinque persone.

In attesa di una Sua risposta, porgo i miei più cordiali saluti

Paolo Masoero

Paolo Masoero
Via Mugello 12
10100 Torino

tel: 011-5789034

Responding to an offer of a house exchange

Santa Teresa, 9 giugno 2003

Caro Signor Masoero,

ho ricevuto la lettera in cui proponeva di scambiare la mia casa con la Sua villetta in montagna. Lo scambio mi interesserebbe molto. Ho dei parenti a Torino, e potrei approfittare per andarli a trovare. Peccato però che le date proposte non vadano bene per me. Io e mio marito abbiamo le ferie nella seconda metà di luglio.

Le mando lo stesso alcune foto della casa. Forse possiamo comunque metterci d'accordo, magari per l'anno prossimo. Sarei lieta di mantenere i contatti con voi.

Cordiali saluti

Francesca Palmas

Francesca Palmas
Via Chiesa 8
07028 Santa Teresa di Gallura
(SS)

Enquiry to the tourist office

Azienda Autonoma di Soggiorno e Turismo
delle isole Eolie
Via Roma 22
98055 Lipari

Gentili Signori,

mia moglie ed io vorremmo trascorrere una settimana di vacanze alle isole Eolie. Vi sarei pertanto grato se poteste inviarmi tutta la documentazione disponibile su hotel, ristoranti, traghetti e località di interesse turistico. Desidererei anche un calendario delle manifestazioni culturali per il mese di settembre.

Vi ringrazio in anticipo per le Vostre informazioni.

Cordiali saluti

Thomas McIntire

Thomas McIntire
4, Maple Road
Inverness IV1 1SA
GB

Enquiry to a tour operator

Eurovacanze
V.le Mazzini 16
12051 Alba

Gentili Signori,

ho letto sulla rivista "Pane e vino" che siete specializzati in itinerari enogastronomici nelle Langhe. Desidererei ricevere materiale informativo e prezzi relativi a un soggiorno di quattro giorni in agriturismo per due persone per il mese di ottobre. Vi sarei grato inoltre se poteste darmi indicazioni sulla possibilità di noleggiare un'auto. Indicativamente, vorremmo arrivare in aereo all'aeroporto di Torino, e da lì raggiungere le Langhe in auto.

Nell'attesa di una Vostra risposta, porgo i miei migliori saluti.

Vittorio Serra

Vittorio Serra
Via Po 164
04100 Latina

Per prenotare una camera d'albergo

35 Prince Edward Road
Oxford OX7 3AA
Tel: 01865 322435

The Manager
Brown Fox Inn
Dawlish
Devon

23rd April 2003

Dear Sir or Madam,

I noticed your hotel listed in the "Inns of Devon" guide for last year and wish to reserve a double (or twin) room from August 2nd to 11th (nine nights). I would like a quiet room at the back of the Hotel, if one is available.

If you have a room free for this period please let me know the price, what this covers, and whether you require a deposit.

Yours faithfully,

Geo, Sand.

Per annullare una prenotazione

35, rue Dumas
58000 Nevers
France

16 March 2003

The Manager
The Black Bear Hotel
14 Valley Road
Dorchester

Dear Sir or Madam,

I am afraid that I must cancel my booking for August 2nd-18th.
I would be very grateful if you could return my £50.00 deposit at your early convenience.

Yours faithfully,

Agnès Andrée.

Per dare in affitto una casa di vacanze

Mrs M Henderson
333a Sisters Avenue
Battersea
London SW3 0TR
Tel: 020-7344 5657

23/4/03

Dear Mr and Mrs Suchard,

Thank you for your letter of enquiry about our holiday home. The house is available for the dates you mention. It has three bedrooms, two bathrooms, a big lounge, a dining room, a large modern kitchen and a two-acre garden. It is five minutes' walk from the shops. Newick is a small village near the Sussex coast, and only one hour's drive from London.

The rent is £250 per week; 10% (non-refundable) of the total amount on booking, and the balance 4 weeks before arrival. Should you cancel the booking, after that, the balance is returnable only if the house is re-let. Enclosed is a photo of the house. We look forward to hearing from you soon.

Yours sincerely,

Margaret Henderson

Margaret Henderson

Per prendere in affitto una casa di vacanze

23c Tollway Drive
Lydden
Kent
CT33 9ER
(01304 399485)

4th June 2003

Dear Mr and Mrs Murchfield,

I am writing in response to the advertisement you placed in "Home Today" (May issue). I am very interested in renting your Cornish cottage for any two weeks between July 28th and August 25th. Please would you ring me to let me know which dates are available?

If all the dates are taken, perhaps you could let me know whether you are likely to be letting out the cottage next year, as this is an area I know well and want to return to.

I look forward to hearing from you.

Yours sincerely,

Michael Settle.

Booking a hotel room

Hotel Villa Fiorita
Viale dei Pini 60
18038 San Remo

Egregi Signori,

Vi ringrazio per il dépliant e le informazioni che mi avete inviato. Data la Vostra disponibilità di camere per il periodo da me indicato, vorrei prenotare una camera matrimoniale, possibilmente con vista sul parco. Vorremmo una sistemazione a mezza pensione. Vi prego inoltre di riservarmi un posto auto nel Vostro garage.

Attendo una Vostra conferma e indicazioni precise per il versamento dell'acconto.

Distinti saluti

Walter Borella

Walter Borella
C.so Cicerone 156/A
27100 Pavia

Cancelling a hotel booking

Hotel Adige
Via S. Rocchino 17
37121 Verona

Todi, 13 giugno 2003

Gentili Signori,

sono spiacente di dover disdire, causa motivi di salute, la camera da me prenotata per il 21 e 22 c.m. Vi sarei grata se poteste farmi sapere se ho diritto al rimborso, almeno parziale, dell'acconto da me versato.

Vi prego di accettare le mie scuse per l'inconveniente.

Cordiali saluti

Laura Sartori

Letting your house

Pizzo Calabro, 19 maggio 2003

Gentile Signora Del Monte,

ho ricevuto oggi la Sua richiesta di informazioni. Come potrà vedere dalle foto allegate, la casa che affittiamo è una villetta indipendente, completamente arredata, a 100 metri dal mare, composta da due camere, soggiorno, cucinotta e doppi servizi. I posti letto disponibili sono cinque. L'affitto per il mese di settembre è di 400 euro a settimana, per un minimo di due settimane.

Se è interessata, Le consiglio di prenotare quanto prima, perché le richieste per settembre sono piuttosto numerose. Resto a Sua completa disposizione per ulteriori informazioni.

Cordiali saluti

Antonio Iuliano

Antonio Iuliano

Renting a holiday house

Immobiliare "Mare e sole"
Via Sant'Isidoro 14
62017 Porto Recanati

Vicenza, 27 marzo 2003

Egregi signori,

vorrei avere informazioni su appartamenti per le vacanze a Porto Recanati per i primi venti giorni di agosto. Cerco una casa con quattro posti letto, possibilmente non distante dal mare. Ho un cane, quindi è indispensabile che siano ammessi animali domestici.

Vi sarei grato se poteste mandarmi una descrizione dettagliata, possibilmente corredata da fotografie, di appartamenti che soddisfino le mie richieste, con prezzi e condizioni di locazione.

Resto in attesa di una Vostra cortese risposta.

Distinti saluti

Valerio Brusin

Valerio Brusin

Valerio Brusin
Via Sacchetti 36
36100 Vicenza

Per prenotare una piazzola per roulotte

10 Place Saint Jean
32340 Les Marais
France

25th April 2003

Mr and Mrs F. Wilde
Peniston House
Kendal
Cumbria
England

Dear Mr and Mrs Wilde,

I found your caravan site in the Tourist Board's brochure and would like to book in for three nights, from July 25th to 28th. I have a caravan with a tent extension and will be coming with my wife and two children.
Please let me know if this is possible, and if you require a deposit. Would you also be good enough to send me instructions on how to reach you from the M6?

I look forward to hearing from you.

Yours sincerely,

John Winslow

Per avere informazioni su un campeggio

22 Daniel Avenue
Caldwood
Leeds LS8 7RR
Tel: 0113 9987676

3 March 2003

Dear Mr Vale,

Your campsite was recommended to me by a friend, James Dallas, who has spent several holidays there. I am hoping to come with my two boys aged 9 and 14 for three weeks this July.

Would you please send me details of the caravans for hire, including mobile homes, with prices and dates of availability for this summer. I would also appreciate some information on the area, and if you have any brochures you could send me this would be very helpful indeed.

Many thanks in advance.

Yours sincerely,

Frances Goodheart.

Per richiedere il programma di un teatro

3 Cork Road
Dublin 55
Ireland
Tel: (01) 3432255

23/5/03

The Manager
Plaza Hotel
Old Bromwood Lane
Victoria
London

Dear Sir or Madam,

My wife and I have booked a room in your hotel for the week beginning 14th July 2003. We would be very grateful if you could send us the theatre listings for that week, along with some information on how to book tickets in advance. If you are unable to provide this information, could you please advise us on where we could get it from? We are looking forward to our visit very much.

Yours faithfully,

Ryan Friel

Per richiedere biglietti di teatro

188 Place Goldman
75003 Paris
France

2.3.03

The Box Office
Almer Theatre
Rittenhouse Square
Philadelphia PA 19134

Dear Sir or Madam,

I will be visiting Philadelphia on the 23rd of this month for one week and would like to book two tickets for the Penn Theatre Company's performance of Soyinka's The Bacchae.

I would prefer tickets for the 25th, priced at $20 each, but if these are not available, the 24th or 28th would do. My credit card is American Express, expiry date July 2005, number: 88488 93940 223.

If none of the above is available, please let me know as soon as possible what tickets there are.

Yours faithfully,

Madeleine C. Duval

Booking a caravan site

Campeggio "Gli oleandri"
Strada Santa Maddalena 3
57020 Marina di Bibbona

Gentili Signori,

conosco già il vostro campeggio per esservi stato lo scorso anno. Vorrei prenotare anche quest'anno, dal 2 al 17 agosto, una piazzola per la nostra roulotte (lunghezza m 6,30, timone incluso) con allaccio luce e, se ancora disponibili, servizi in piazzola. Preferirei un posto tranquillo, possibilmente non troppo vicino alla piscina e alla zona animazione.

Resto in attesa di una Vostra conferma.

Cordiali saluti

Luca Rossi

Luca Rossi

Luca Rossi
Via Solferino 23
46043 Castiglione delle Stiviere
(MN)

Enquiry to a camp site

Villaggio Camping "Ciao"
Via del Mare 18
64026 Roseto degli Abruzzi

Egregi Signori,

il Vostro campeggio mi è stato segnalato dall'Ufficio del turismo di Roseto. Vorrei avere indicazioni precise sul prezzo di bungalow o case mobili per due persone per il mese di settembre. Vorrei inoltre sapere se sono ammessi animali (abbiamo due cani di piccola taglia). Infine, avendo il campeggio una spiaggia privata, è possibile prenotare anche sdraio e ombrellone?

Ringraziando anticipatamente porgo i miei migliori saluti

Angelo Righi

Angelo Righi
C.so Caduti per la Libertà 1/E
20129 Milano
tel: 02-56741083

Asking for a theatre programme listing

Fondazione Arena di Verona
Servizio Biglietteria
Via Dietro Anfiteatro 6b
37121 Verona

Gentili Signori,

Vi sarei grato se voleste inviarmi il programma della stagione 2004, nonché tutte le informazioni necessarie relative a orari, prezzi dei biglietti e acquisto in prevendita.

In attesa di una Vostra cortese risposta porgo i miei distinti saluti

M Guerra

Michele Guerra

Michele Guerra
Via Tevere 35
60027 Osimo (AN)

Ordering theatre tickets

Festival dei Due Mondi
Box Office
Piazza della Libertà 12
Spoleto

Egregi Signori,

desidero prenotare cinque posti per il Macbeth, in scena al Teatro Nuovo il 4 luglio 2003, nonché quattro posti per il giorno seguente per lo spettacolo di danza in scena al Teatro Romano. Se disponibili, vorrei dei posti sulla stessa fila, o comunque vicini. Qualora non vi fossero posti per i giorni indicati, Vi pregherei di proporre delle date alternative.

Non appena riceverò una Vostra conferma, vi farò pervenire il numero di carta di credito su cui addebitare l'importo.

Distinti saluti

Elisabetta Ferri

Elisabetta Ferri
Via Santa Caterina 38
59100 Prato

Per avere informazioni su un circolo di tennis

101 Great George St
Leeds
LS1 3TT
Tel: 0113 567167

3 February 2003

Mr Giles Grant
Hon. Secretary
Lorley Tennis Club
Park Drive South
Leeds LS5 7ZZ

Dear Mr Grant,

I have just moved to this area and am interested in joining your tennis club.
I understand that there is a waiting list for full membership and would be glad if you could let me have information on this.
A telephone call would do: I tried to phone you but without success. If you require references we can provide these from the tennis club we belonged to in Edinburgh.

Yours sincerely,

Leonard Jones

Per annullare un abbonamento

Flat 1,
Corwen House,
CARDIFF
CF2 6PP

22nd February 2003

Subscriptions Manager
Natural World Magazine
Zoom Publishing Ltd.
PO Box 14
BIRMINGHAM
B18 4JR

Dear Sir or Madam,

Subscription No. NWM/1657
I am writing to inform you of my decision to cancel my subscription to Natural World Magazine after the March 2003 issue. This is due to the increase in subscription renewal rates announced in your February issue.
I have issued instructions to my bank to cancel my direct debit arrangement accordingly.

Yours faithfully,

Francesca Devine

A un giornale: per un'iniziativa umanitaria

SCOTTISH–RURITANIAN COMMITTEE
1 Bute Drive
Edinburgh EH4 7AE
Tel: (0131) 776554
Fax: (0131) 779008

September 5th 2003

The Editor
"The Castle Review"
21 Main St
Edinburgh EH4 7AE

Dear Madam,

I would be glad if you would allow me to use your columns to make an appeal on behalf of the Scottish-Ruritanian Support Fund.

Following the recent tragic events in Ruritania, gifts of money, clothing and blankets are most urgently needed, and may be sent to the fund at the above address. We now have at our disposal two vans in which we intend to transport supplies to the most hard-hit areas, leaving on September 22nd.

Thank you.

Yours faithfully,

Mary Dunn

(Prof.) Mary Dunn

Lettera ai vicini

97 Kiln Road

5/5/2003

Dear Neighbour,

As I am sure you are aware, there has been a sharp increase in the number of lorries and heavy goods vehicles using our residential street as a shortcut to the Derby Road industrial estate. There have already been two serious accidents, and it has become very dangerous for children to play outside or cross the road. There is also considerable noise nuisance, increased pollution, and damage to the road surface.
You are invited to an informal meeting at No. 97 Kiln Road to discuss petitioning the local council for traffic calming measures and a lorry ban. I hope that you can come along and support this initiative.

Yours,
Paul Norris

Enquiry to the tennis club

Club tennistico "La racchetta"
Viale del Parco 81
34100 Trieste

24-2-2003

Gentili Signori,

mi sono da poco trasferito in Italia per lavoro e dovrò risiedere per due anni a Trieste, a partire dal prossimo aprile. Sono un appassionato giocatore di tennis, e il vostro club mi è stato segnalato da un mio collega, il Dott. Kezich. Desidererei conoscere le condizioni e le tariffe di iscrizione.

Sono ancora alla ricerca di una casa, per cui vi prego di indirizzare la documentazione presso il Dott. Kezich al seguente indirizzo: Guglielmo Kezich - Via B. Spaventa 78 - Trieste.

Spero di poter presto far parte della vostra associazione.

Cordiali saluti

Guy Hines

To a magazine: cancelling a subscription

Mamme e Bimbi
Servizio abbonamenti
C.so U. Foscolo 135
00189 Roma

Bari, 1 dicembre 2003

Egregi signori,

con la presente Vi informo che non intendo rinnovare l'abbonamento alla Vostra rivista per l'anno 2004. Ritengo che l'aumento di prezzo annunciato per il prossimo anno sia davvero eccessivo. Vi prego pertanto di non inviare il nuovo bollettino di sottoscrizione.

Distinti saluti

Emma Fortunato

To a newspaper: asking for support

Associazione Shalom
ONLUS
Via San Francesco d'Assisi 7
44100 Ferrara

Dott. Mauro Casadei
L'Eco del Delta
Via Mulino Vecchio 4
44100 Ferrara

5-9-2003

Caro Direttore,

come Lei sa, la nostra associazione organizza ogni anno un piccolo Festival Multietnico, per promuovere l'integrazione degli immigrati nel nostro paese e lo scambio interculturale. Anche quest'anno il programma del festival prevede proiezione di film, serate gastronomiche dedicate a varie cucine del mondo (mediorientale, marocchina, brasiliana, ecc.), concerti di musica etnica e una mostra fotografica. Il ricavato verrà utilizzato per avviare dei corsi di lingua italiana per stranieri presso la nostra associazione.

Le saremmo riconoscenti se, come già lo scorso anno, volessere dedicare spazio a questo evento sul Suo giornale. Allegato troverà un programma dettagliato della manifestazione.

Per qualsiasi ulteriore chiarimento, resto a Sua completa disposizione.

La ringrazio anticipatamente per l'attenzione che vorrà accordarci.

Un sincero e cordiale saluto

Tommaso Laurenti

Tommaso Laurenti

Letter to local residents

Ai Condomini del Complesso "Francia 22"

Rivoli, 2 ottobre 2003

Cari Condomini,

come già sapete, ci sono stati recentemente numerosi casi di effrazione e furti nei locali cantine e nei garage del nostro complesso residenziale. La situazione è preoccupante, e merita di essere presa in considerazione. Vorrei inoltre richiamare la vostra attenzione sul fatto che sempre più spesso vengono fatti entrare cani nel giardino interno comune, con conseguenze facilmente immaginabili. Propongo pertanto di riunirci per discutere le suddette questioni, ed eventualmente indire un'assemblea condominiale straordinaria, sabato 4 c.m. alle ore 19 nell'androne del numero 22b.

Cordiali saluti

Pierpaolo Martino

A un notaio, a proposito dell'acquisto di una casa

10 Avenue de Nilly
33455 Leroyville
France

4.5.03

Ms Roberta Ellison
Linklate & Pair, Solicitors
16 Vanley Road
London SW3 9LX

Dear Ms Ellison,

You have been recommended to me by Mr Francis Jackson of Alfriston, and I am writing to ask if you would be prepared to act for me in my purchase of a house in Battersea. I enclose the estate agent's details of the property, for which I have offered £196,000. This offer is under consideration.

Please would you let me have an estimate of the total cost involved, including all fees. I would also like to know the amount I will have to pay in council tax each year.

I should be grateful to learn that you are willing to represent me in this matter.

Yours sincerely,

Teresa Beauvoir (Ms)

A un notaio per un'eredità

14 Rue Zola
75015 Paris
France

April 3rd 2003

Ms J Edgar
Loris & Jones Solicitors
18 St James Sq
London W1

Dear Ms Edgar,

Thank you for your letter of 20.3.03, concerning the money left to me by my aunt, Arabella Louise Edmonds. As I am now living in Paris, I would be grateful if you could forward the balance to my French bank. I enclose my bank details.

Thank you for your help.

Yours sincerely,

S. Roland Williams

Encl.

Lettera di preavviso al padrone di casa

2 Grampian Close
HELENSBURGH
G84 7PP
30th June 2003

Scottish Property Services Ltd
3 Union Terrace
GLASGOW
G12 9PQ

Dear Sirs,

2 Grampian Close, Helensburgh

I wish to inform you of my intention to terminate the tenancy agreement for the above property signed on 1st April 1999. In accordance with the terms of the agreement, I am giving three months' notice of my proposed date of departure, October 1st 2003. I would be very grateful if you could let me know the arrangements for checking the inventory, returning the keys and reclaiming my deposit.

Yours faithfully,

V. F. Cassels

V. F. Cassels

A una compagnia di assicurazioni

Flat 2
Grant House
Pillward Avenue
Chelmsford CM1 1SS

3rd January 2003

Park-Enfield Insurance Co
22 Rare Road
Chelmsford
Essex CM3 8AA

Dear Sirs,

On 2nd January my kitchen was damaged by a fire owing to a faulty gas cooker. Fortunately, I was there at the time and was able to call the fire brigade straight away, but the kitchen sustained considerable damage, from flames and smoke.

My premium number is 277488349/YPP. Please would you send me a claim form as soon as possible.

Yours faithfully,

Mark Good

Writing to an estate agent about a house purchase

Dott. Domenico Soriano
Immobiliare Soriano e Frola
C.so Dante 11
Acerra

4 febbraio 2003

Egregio Dott. Soriano,

con la presente Le confermo la mia intenzione di conferirLe la procura ad agire a mio nome nell'acquisto di una casa d'abitazione e di un terreno nel comune di Acerra, secondo le indicazioni già in Suo possesso. Ho già provveduto a informare il Notaio De Filippo, presso il quale depositerò detta procura. Spero vorrà comunicarmi con cortese sollecitudine i risultati delle Sue ricerche.

Distinti saluti

Sofia Marturano

Sofia Marturano

To a solicitor about a legacy

Palermo, 22 gennaio 2003

Egregio Notaio Piccolomini,

ho ricevuto la Sua lettera, in cui comunicava la disposizione testamentaria secondo la quale la defunta mia zia Annarosa Ricci della Salina mi lascia erede di tutti i suoi gioielli.

Confermo la data del 30 gennaio, ore 10.45 per un appuntamento presso il Suo studio. La prego di farmi sapere se sono necessari documenti particolari, e in caso affermativo quali.

Voglia gradire i miei migliori saluti

Maria Rosaria Ricci

Maria Rosaria Ricci

Giving written notice to a landlord

Luigi Spina
C.so Tirreno 19
19100 La Spezia

La Spezia, 17 gennaio 2003

Egregio Signor Spina,

con la presente Le comunico che il 22 aprile c.a. lascerò libero l'appartamento di Via Verdi 40, che occupo con regolare contratto di affitto quadriennale dal gennaio 1999. Non intendo quindi rinnovare il suddetto contratto.

Mi dichiaro a Sua disposizione per fissare un appuntamento per la consegna delle chiavi.
Mi permetto inoltre di ricordarLe che, avendo dato disdetta con i tre mesi di anticipo previsti dal contratto, ho diritto alla restituzione della caparra da me versata nel 1999.

In attesa di un Suo cortese riscontro porgo i miei migliori saluti

Sandro Pulvirenti

Sandro Pulvirenti
Via Verdi 40
19100 La Spezia

To an insurance company about a claim

Eurassicura
Piazza Cavour 6
14100 Asti

29-3-03

Spett.le Eurassicura,

la sottoscritta Grazia Barbero, intestataria della polizza incendio e furto AK47568-9, dichiara che:

in data 28 marzo 2003 ha subito il furto della sua auto FIAT Multipla targata CA 456 GR, che aveva lasciato posteggiata in Piazza Risorgimento – Asti. Il furto è stato denunciato presso la Stazione dei Carabinieri di Via Mercato Nuovo – Asti.
La dichiarante allega copia della suddetta denuncia.

Vogliate pertanto procedere alle pratiche di rimborso secondo i termini previsti dalla polizza incendio e furto.

Distinti saluti

Grazia Barbero

Grazia Barbero

Grazia Barbero
Via degli Orafi 37
14100 Asti

Richiesta di rimborso a un'agenzia di viaggi

Flat 3,
Nesbit Lodge,
Goldsmith Crescent
BATH
BA7 2LR

16/8/03

The Manager
Summersun Ltd
3 Travis Place
SOUTHAMPTON
SO19 6LP

Dear Sir,

Re: Holiday booking ref p142/7/2003

I am writing to express my dissatisfaction with the self-catering accommodation provided for my family at the Hellenos Holiday Village, Samos, Greece, from 1-14 August 2003.
On arrival, the accommodation had not been cleaned, the refrigerator was not working and there was no hot water. These problems were pointed out to your resort representative Marie Finch, who was unable to resolve them to our satisfaction. We were forced to accept a lower standard of accommodation, despite having paid a supplement for a terrace and sea view. This detracted significantly from our enjoyment of the holiday.
I would appreciate it if you would look into this matter at your earliest convenience with a view to refunding my supplement and providing appropriate compensation for the distress suffered.

Yours faithfully,

Patrick Mahon

A una banca, a proposito di un addebito

23 St John Rd
London EC12 4AA

5th May 2003

The Manager
Black Horse Bank
Bow Rd
London EC10 5TG

Dear Sir,

I noticed on my recent statement, that you are charging me interest on an overdraft of £65.
I assume this is a mistake, as I have certainly had no overdraft in the last quarter.

My account number is 0077-234-88.
Please rectify this mistake immediately, and explain to me how this could have happened in the first place.

I look forward to your prompt reply,

Yours faithfully,

Dr J. M. Ramsbottom

A una ditta per lamentare un ritardo

19 Colley Terrace
Bingley
Bradford

Tel: 01274 223447

4.5.03

Mr J Routledge
'Picture This'
13 High End Street
Bradford

Dear Mr Routledge,

I left a large oil portrait with you six weeks ago for framing. At the time you told me that it would be delivered to me within three weeks at the latest. Since the portrait has not yet arrived I wondered if there was some problem?

Would you please telephone to let me know what is happening, and when I can expect the delivery? I hope it will not be too long, as I am keen to see the results.

Yours faithfully,

Mrs. J J Escobado

A una ditta per lamentare lavori mal eseguiti

112 Victoria Road
Chelmsford
Essex CM1 3FF

Tel: 01245 33433

Allan Deal Builders
35 Green St
Chelmsford
Essex CM3 4RT

ref. WL/45/LPO 13/6/2003

Dear Sirs,

I confirm my phone call, complaining that the work carried out by your firm on our patio last week is not up to standard. Large cracks have already appeared in the concrete area and several of the slabs in the paved part are unstable. Apart from anything else, the area is now dangerous to walk on.

Please send someone round this week to re-do the work. In the meantime I am of course withholding payment.

Yours faithfully,

W. Nicholas Cotton

To a tour operator: requesting a refund

Spett.le Sunny Tour
V.le Magellano 95
20129 Milano

Monza, 8 settembre 2003

Egregi Signori,

Vi scrivo per esprimere il più vivo disappunto per la serie di incresciosi inconvenienti occorsimi durante la crociera "Perle del Mediterraneo", da me effettuata dal 30/8 al 7/9 2003.

Al momento dell'imbarco al porto di Genova il 30 agosto, la cabina da me prenotata risulta assegnata a un'altra persona. Poiché il mio nome misteriosamente non compare sul registro di bordo accetto, seppure a malincuore, di occupare un'altra cabina, di classe inferiore. Detta cabina non ha un letto matrimoniale, come avevo richiesto, ma due letti singoli e, quel che è peggio, l'acqua calda della doccia non funziona. La doccia non è mai stata riparata e abbiamo dovuto lavarci con l'acqua fredda per tutta la crociera. Scopro inoltre che la piscina di bordo non è utilizzabile perché in riparazione. Per quanto riguarda infine le gite a terra, gli orari e i programmi non sono mai stati rispettati.

Non posso certo dichiararmi soddisfatto, e converrete che io abbia diritto a un rimborso, quanto meno della differenza di prezzo della cabina. Ho scelto Sunny Tour perché pensavo fosse un tour operator affidabile, ma la mia esperienza non depone certo a Vostro favore.

Spero vogliate quanto prima provvedere al rimborso richiesto.

Distinti saluti

Marco Granata

Marco Granata

Marco Granata
Piazza Vittorio Emanuele 5
20052 Monza

To a bank: disputing bank charges

Al Direttore dell'Agenzia 5
Cassa Rurale della Maremma
Via Roma 5
Orbetello

Orbetello, 8 agosto 2003

Egregio Direttore,

ho notato ieri controllando il mio estratto conto (c.c. 73458/05, intestato a Del Rosso Giacomo e Liverani Agnese), che mi è stato addebitato un interesse passivo di 27 euro.
Il mio conto non è mai stato scoperto, né ho fatto operazioni che comportino il pagamento di tale somma, sicché non può che trattarsi di un errore della banca.

La prego pertanto di verificare e rifondermi i 27 euro.

Distinti saluti

Giacomo Del Rosso

Giacomo Del Rosso

To the builders: complaining about delay

Spett.le Impresa Edilmar
Via degli Orti 1
Savona

Savona, 17 marzo 2003

Spett.le Impresa,

in seguito a una mia visita al cantiere di Viale Cuneo 8, sono venuto a sapere dal capocantiere, il signor Cataldo, che la fine dei lavori, e conseguentemente la consegna degli alloggi, verrà sicuramente differita.
Mi permetto di ricordare che devo lasciare libera l'abitazione in cui attualmente risiedo il 3 giugno. La Vostra impresa si era impegnata a consegnare gli alloggi entro il 2 maggio. Se il ritardo nella consegna si protrarrà, mi vedrò costretto a restare nella mia attuale abitazione oltre il termine previsto. In tal caso, mi rivolgerò a un legale per richiedere all'Edilmar il pagamento di una penale, nei termini previsti dalla legge.

Resto in attesa di un Vostro riscontro.

Distinti saluti

Pietro Colombo

To the builders: complaining about quality of work

Impresa Ristrutturazioni F.lli Sanna
Via Madonna delle Rose 12
Quartu Sant'Elena

1-9-03

Spett.le Impresa,

come da comunicazione telefonica, provvedo a inviare per iscritto l'elenco delle modifiche da effettuare, in seguito a Vostra errata esecuzione, nella mia casa di Villasimius, Via Gramsci 3.

- sostituzione del piatto doccia 70x70 con uno 60x90
- sostituzione delle piastrelle rotte durante la posa
- installazione del lavabo a colonna nel bagno di servizio e del lavabo a incasso nel bagno padronale (cioè invertendoli rispetto all'attuale installazione)

Resta inteso che eventuali spese aggiuntive, ad esempio per l'acquisto di nuove piastrelle, saranno a Vostro carico.
Non potendo controllare personalmente l'esecuzione dei lavori, poiché ormai ritornato a Roma, delego tale compito al signor Gavino Lai, che provvederà a contattarVi.

Distinti saluti

Antonio Moroni

Antonio Moroni

Giustificazione a un'insegnante

23 Tollbooth Lane
Willowhurst

20th March 2003

Dear Mrs Hoskins,
Please excuse my son Alexander's absence from school from the 17th to the 19th March. He was suffering from an ear infection and was unfit for school. I would also be grateful if you would excuse him from swimming lessons this week.
Yours sincerely,

Briony Hooper

Informazioni per l'iscrizione a una scuola

3 Rue Joséphine
75000 Paris
France

2nd April 2003

Mr T Allen, BSc, DipEd.
Headmaster
Twining School
Walton
Oxon
OX44 23W

Dear Mr Allen,

I shall be moving to Walton from France this summer and am looking for a suitable school for my 11-year-old son, Pierre. Pierre is bilingual (his father is English) and has just completed his primary schooling in Paris. Your school was recommended to me by the Simpsons, whose son Bartholomew is one of your pupils.

If you have a vacancy for next term, please send me details. I shall be in Walton from 21 May, and could visit the school any time after that to discuss this with you.

Yours sincerely,

M M Smith

Marie-Madeleine Smith (Mrs)

A una università

43 Wellington Villas
York
YO6 93E

2.2.03

Dr T Benjamin,
Department of Fine Arts
University of Brighton
Falmer Campus
Brighton
BN3 2AA

Dear Dr Benjamin,

I have been advised by Dr Kate Rellen, my MA supervisor in York, to apply to pursue doctoral studies in your department.

I enclose details of my current research and also my tentative Ph.D proposal, along with my up-to-date curriculum vitae, and look forward to hearing from you. I very much hope that you will agree to supervise my Ph.D. If you do, I intend to apply to the Royal Academy for funding.

Yours sincerely,

Alice Nettle

Richiesta di informazioni su tariffe

MACKINLEY & CO
19 Purley Street
London SW16AA
Tel: 020-8334 2323
Fax: 020-8334 2343

12 March 2003

Professor D Beavan
Department of Law
South Bank University
London SW4 6KM

Dear Professor Beavan,

We have been sent a leaflet from your department announcing various vacation courses for students of Business Studies. Many employees of our firm are interested in such courses and we have a small staff development budget which could help some of them to attend.

We would be glad to have a full list of the fees for the courses, with an indication of what is included. For instance, are course materials charged extra, can students lodge and take their meals on campus and, if so, what are the rates?

Yours sincerely,

M Georges

Dr Maria Georges
Deputy Head of Personnel Training

To a teacher about sick child's absence

10 marzo 2003

La prego di giustificare l'assenza di cinque giorni, dal 3 al 7 marzo, di mia figlia Sara Tardelli. La bambina ha contratto la varicella. Allego il certificato medico.

Voglia accettare i miei migliori saluti.

Patrizia Pace Tardelli

To a school about admission

Gent.ma Direttrice
Istituto Santa Rosalia
Via del Convento 1
Catania

12 giugno 2003

Gentilissima Direttrice,

il prossimo anno scolastico mia figlia Maria Cristina dovrà iniziare la scuola media. Poiché abitiamo in campagna, in una località piuttosto isolata, preferirei non fare viaggiare ogni giorno la bambina e trovarle una sistemazione come allieva interna in codesto Istituto.
Mia moglie, Graziella Chinnici, è stata Vostra allieva, e ricorda sempre con piacere gli anni trascorsi al Santa Rosalia.
Le sarei grato quindi se potesse informarmi sulle condizioni dell'internato e sulla retta. Mi farebbe inoltre piacere, se fosse possibile, visitare la scuola.

In attesa di una cortese risposta voglia gradire i miei migliori saluti

Alfonso Limoni

To a university about admission

Università per Stranieri di Perugia
Ufficio Relazioni con lo Studente
Piazza Fortebraccio 4
Perugia

Washington, 8 aprile 2003

Egregi Signori,

sono un cittadino degli Stati Uniti, studente di italiano alla Columbia University, dove sto per conseguire la laurea (BA). Sarei interessato a iscrivermi a Perugia per seguire il corso di laurea in insegnamento della lingua e della cultura italiana a stranieri.

Vi sarei grato se poteste farmi avere tutte le informazioni necessarie sulle modalità di iscrizione e sulle borse di studio disponibili.

Distinti saluti

S. Evans

S. Evans

Stephen Evans
3136 P Street NW
Washington, DC, 20007
USA

Enquiring about prices

Rossi e Zanetti S.p.A.
Componentistica Auto
Strada Industria 85
40125 Bologna

Scuola di lingue Globe
Via N. Tommaseo 3b
40125 Bologna

17-11-03

Egregi Signori,

la nostra ditta intende far seguire ai propri dipendenti dei corsi di inglese e di tedesco, a partire dal gennaio 2004. Le persone interessate sarebbero in totale 45, con diversi livelli di competenza nelle due lingue.

Vi saremmo grati se poteste indicarci i prezzi per:

- corsi intensivi di tedesco
- corsi intensivi di inglese
- corsi di gruppo di inglese commerciale

Ci interesserebbe inoltre sapere se potete effettuare i corsi presso la nostra sede.

Restiamo in attesa di una Vostra cortese risposta.

Distinti saluti

Tiziano Piccioni

Tiziano Piccioni
Direttore del personale

Ricerca del lavoro

Per richiedere uno stage

Rue du Lac, 989
CH-9878 Geneva
Switzerland

5th February 2003

Synapse & Bite Plc
3F Well Drive
Dolby Industrial Estate
Birmingham BH3 5FF

Dear Sirs,

As part of my advanced training relating to my current position as a junior systems trainee in Geneva, I have to work for a period of not less than two months over the summer in a computing firm in Britain or Ireland. Having heard of your firm from Mme Grenaille who worked there in 2001, I am writing to you in the hope that you will be able to offer me a placement for about eight weeks this summer.

I enclose my C.V. and a letter of recommendation.

Hoping you can help me, I remain,

Yours faithfully,

Madeleine Faure

Encls.

Per proporsi per un lavoro (come insegnante)

B.P. 3091
Pangaville
Panga

6th May 2003

Mrs J Allsop
Lingua School
23 Handle St
London SE3 4ZK

Dear Mrs Allsop,

My colleague Robert Martin, who used to work for you, tells me that you are planning to appoint extra staff this September.
I am currently teaching French as a Foreign Language as part of the French Government's "cooperation" course in Panga which finishes in June.

You will see from my CV (enclosed) that I have appropriate qualifications and experience. I will be available for interview after the 22nd June, and may be contacted after that date at the following address:

c/o Lewis
Dexter Road
London NE2 6K2
Tel: 020 7335 6978

Yours sincerely,

Jules Romains

Encl.

Per proporsi per un lavoro (come architetto d'interni)

23 Bedford Mews
Dock Green
Cardiff
CF 23 7UU

029-2044 5656

2nd August 2003

Marilyn Morse Ltd
Interior Design
19 Churchill Place
Cardiff CF4 8MP

Dear Sir or Madam,

I am writing in the hope that you might be able to offer me a position in your firm as an interior designer. As you will see from my enclosed CV, I have a BA in interior design and plenty of experience. I have just returned from Paris where I have lived for 5 years, and I am keen to join a small team here in Cardiff.

I would be happy to take on a part-time position until something more permanent became available. I hope you will be able to make use of my services, and should be glad to bring round a folio of my work.

Yours faithfully,

K J Dixon (Mrs)

Encls.

Risposta a un annuncio per assunzione

16 Andrew Road
Inverness IV90 OLL
Phone: 01463 34454

13th February 2003

The Personnel Manager
Pandy Industries PLC
Florence Building
Trump Estate
Bath BA55 3TT

Dear Sir or Madam,

I am interested in the post of Deputy Designer, advertised in the "Pioneer" of 12th February, and would be glad if you could send me further particulars and an application form.

I am currently nearing the end of a one-year contract with Bolney & Co, and have relevant experience and qualifications, including a BSc in Design Engineering and an MSc in Industrial Design.

Thanking you in anticipation, I remain,

Yours faithfully,

A Aziz

Looking for a placement

Università degli Studi di Torino
Facoltà di Lettere e Filosofia
Ufficio Job Placement
Via Vanchiglia 23
Torino

Torino, 11 marzo 2003

Oggetto: Stage Aldebaran Edizioni

Egregi Signori,

in riferimento alla proposta di stage (Stage Aldebaran Edizioni) invio in allegato il mio curriculum vitae et studiorum, restando a disposizione per ulteriori informazioni o comunicazioni.

Distinti saluti

Chiara Bongiovanni

Chiara Bongiovanni

Enquiring about jobs

Spett.le ABC Edizioni
Via I Maggio 25
20124 Milano

c.a. Direttore editoriale

27 ottobre 2003

Egregio Direttore,

sottopongo alla Sua attenzione il mio curriculum vitae, affinché possa prendere in considerazione un'eventuale mia collaborazione con la ABC Edizioni.

Come può vedere dal c.v., sono attualmente impiegata presso un'agenzia di traduzioni, ma vivamente motivata a trovare una nuova occupazione. Sono particolarmente interessata al settore editoriale: ritengo di avere le competenze necessarie per un'attività redazionale e/o di revisione traduzioni. Conosco e apprezzo il catalogo ABC Edizioni, in particolare la collana di narrativa straniera per le scuole.

Grata per l'attenzione che vorrà concedermi porgo distinti saluti

Valeria Giraudo

Valeria Giraudo

Looking for a job

Spett.le Studio P&C
Via Giovanni XXIII 8
Novara

Novara, 7 novembre 2003

Egregi Signori,

di ritorno da Lione, dove ho trascorso sei mesi presso l'architetto Dubois in seguito al conferimento di una borsa di studio postlaurea, mi propongo alla Vostra ditta come architetto di interni.
Come potrete constatare dal curriculum allegato, ho potuto durante questi sei mesi accumulare esperienze sul campo. Allego una lettera di referenze dell'architetto Dubois, che attesta il mio impegno.
Ritengo di poter dare un valido contributo al Vostro studio.
Grato per l'attenzione con cui vorrete considerare la mia proposta, resto in attesa di un Vostro cortese riscontro.

Distinti saluti

Enrico Bertini

Enrico Bertini

Enrico Bertini
Via G. Marconi, 33
28100 Novara

Replying to a job ad

Leonardi e Notari s.a.s.
Via Picchi 43
Lucca

c.a. Direttore del Personale

Lucca, 6 febbraio 2003

Egregio Direttore,

ho letto su "Il Tirreno" del 4 febbraio l'annuncio relativo a un posto di grafico presso la Vostra ditta e offro la mia disponibilità a ricoprire tale incarico. Come può verificare nel curriculum allegato, sono attualmente impiegata presso la Tipografia Lucchese, con contratto a tempo determinato. Tale contratto scadrà il 7 aprile di quest'anno. Ritengo di avere maturato lunga pratica ed esperienza nel settore specifico, e di possedere quindi i requisiti necessari per poter proficuamente collaborare con la Leonardi e Notari.
Grata dell'attenzione con cui vorrà considerare la mia domanda, rimango in attesa di una Sua risposta.

Distinti saluti

Elisa Siniscalchi

Elisa Siniscalchi

Ricerca di una ragazza alla pari

89 Broom St
Linslade
Leighton Buzzard
Beds
LU7 7TJ
4th March 2003

Dear Julie,

Thank you for your reply to our advertisement for an au pair. Out of several applicants, I decided that I would like to offer you the job.

Could you start on the 5th June and stay until the 5th September when the boys go back to boarding school?

The pay is £50 a week and you will have your own room and every second weekend free. Please let me know if you have any questions.

I look forward to receiving from you your confirmation that you accept the post.

With best wishes,

Yours sincerely,

Jean L Picard

Ricerca di lavoro come ragazza alla pari

2, Rue de la Gare
54550 Nancy
France

(33) 03 87 65 47 92

15 April 2003

Miss D Lynch
Home from Home Agency
3435 Pine Street
Cleveland, Ohio 442233

Dear Miss Lynch,

I am seeking summer employment as an au pair. I have experience of this type of work in Britain but would now like to work in the USA. I enclose my C.V, and copies of testimonials from three British families.

I would be able to stay from the end of June to the beginning of September. Please let me know if I need a work permit, and if so, whether you can get one for me.

Yours sincerely,

Alice Demeaulnes

Encls.

Richiesta di referenze

8 Spright Close
Kelvindale
Glasgow GL2 0DS

Tel: 0141-357 6857

23rd February 2003

Dr M Mansion
Department of Civil Engineering
University of East Anglia

Dear Dr Mansion,

As you may remember, my job here at Longiron & Co is only temporary. I have just applied for a post as Senior Engineer with Bingley & Smith in Glasgow and have taken the liberty of giving your name as a referee.

I hope you will not mind sending a reference to this company should they contact you. With luck, I should find a permanent position in the near future, and I am very grateful for your help.

With best regards,

Yours sincerely,

Helen Lee.

Ringraziamento per le referenze

The Stone House
Wallop
Cambs
CB13 9R2

8/9/03

Dear Capt. Dominics,

I would like to thank you for writing a reference to support my recent application for the job as an assistant editor on the Art Foundation Magazine.

I expect you'll be pleased to know that I was offered the job and should be starting in three weeks' time. I am very excited about it and can't wait to start.

Many thanks once again.

Yours sincerely,

Molly (Valentine)

Offering a job as an au pair

Ancona, 10 giugno 2003

Gentile Signora Russo,

ho saputo dalla mia cara amica Rosanna Del Monte che sua figlia Sabrina vorrebbe trovare un lavoretto per i mesi estivi. Io sto cercando una ragazza disposta a venire con noi nella nostra casa al mare per badare ai miei due bambini: Davide, di 6 anni, e Marta, di 3. So che Sabrina ha già avuto esperienze come baby-sitter, per cui penso che potrebbe essere la persona adatta. Avrebbe vitto, alloggio (con una stanza per sé) e 180 euro a settimana, per tutta la durata delle vacanze scolastiche.
Rosanna mi ha parlato di voi come di un'ottima famiglia, e mi ha assicurato che Sabrina è una ragazza seria e responsabile. Spero quindi che vorrà prendere in considerazione la mia offerta.
La prego di farmi sapere qualcosa quanto prima.

I miei migliori saluti

Marina Straccia

Marina Straccia
C.so Giulio Cesare 80
60124 Ancona
tel: 347-9562394

Applying for a job as an au pair

Reading, 17 aprile 2003

Gentile Signora Castoldi,

i Suoi dati mi sono stati comunicati dall'agenzia "Au Pair International", che mi ha detto di scriverLe direttamente.
Sarei interessata a un posto come ragazza alla pari in Italia per la prossima estate (fino a tre mesi).
Come può vedere nel curriculum allegato, studio italiano all'università e ho già una certa esperienza come baby-sitter.
Spero che vorrà considerare la mia candidatura.
La ringrazio anticipatamente e porgo cordiali saluti

S. Kendall

Sally Kendall
5, Tackley Place
Reading RG2 6RN
England

Asking for a reference

1 settembre 2003

Chiarissimo Professor Aldobrandini,

in questi mesi immediatamente successivi alla laurea ho preparato alcune lettere con curriculum proponendomi a vari studi legali. Spero mi permetterà di fare il Suo nome per referenze. In particolare, poiché so che ha frequenti contatti professionali con l'avvocato Romanò, Le sarei infinitamente grato se potesse scrivere per me due righe di presentazione allo studio Romanò e Bianchi.

La ringrazio anticipatamente per la Sua cortesia.

I miei migliori saluti

Giorgio Vigna

Giorgio Vigna

Thanking for a reference

29 settembre 2003

Chiarissimo Professore,

Le scrivo per ringraziarLa delle referenze che ha cortesemente voluto far pervenire allo studio Romanò e Bianchi. Sono infatti stato convocato per un colloquio dall'avvocato Romanò e la settimana scorsa ho ottenuto un impiego presso il suo studio. L'avvocato mi incarica di mandarLe i suoi saluti.

È per me davvero una grande soddisfazione entrare a far parte di uno studio così prestigioso, dove sono sicuro potrò fare esperienze importanti per la mia crescita professionale. Ancora una volta grazie di cuore per il Suo preziosissimo aiuto.

Con i miei migliori saluti

Giorgio Vigna

Giorgio Vigna

Lettera di accompagnamento a un curriculum

17 Roslyn Terrace,
London NW2 3SQ

15th October 2003

Ms R. Klein,
London Consultancy Group,
1 Canada Square,
Canary Wharf
LONDON E14 5BH

Dear Ms Klein,

Principal Consultant, E-business Strategy

I should like to apply for the above post, advertised in today's Sunday Times and have pleasure in enclosing my curriculum vitae for your attention.

MBA-qualified, I am a highly experienced information systems strategy consultant and have worked with a range of blue-chip clients, primarily in the financial services and retail sectors. In my most recent role, with Herriot Consulting, I have successfully led the development of a new electronic commerce practice.

I am now seeking an opportunity to fulfil my career aspirations with a major management consultancy, such as LCG, which has recognised the enormous potential of the e-business revolution.
I believe I can offer LCG a combination of technical understanding, business insight and entrepreneurial flair.

I look forward to discussing this opportunity further with you at a future interview and look forward to hearing from you.

Yours sincerely,

J. O'Sullivan

encl: curriculum vitae.

Risposta a una proposta di colloquio

2 Chalfont Close,
LONDON
W4 3BH

14 April 2003

C. Charles
Human Resources Manager
Phototex Ltd
2 Canal Street
LONDON
SW1 5TY

Dear Ms. Charles,

Thank you very much for your letter of 10 April 2003.
I would be delighted to attend an interview on 25 April 2003 at 10.30 am.

As requested, I will bring with me a portfolio of my recent work to present to the interview panel.

Yours sincerely,

H. O'Neill

Helena O'Neill

Per accettare una proposta di lavoro

16 Muddy Way
Wills
Oxon
OX23 9WD
Tel: 01865 76754

Your ref : TT/99/HH 4 July 2003

Mr M Flynn
Mark Building
Plews Drive
London
NW4 9PP

Dear Mr Flynn,

I was delighted to receive your letter offering me the post of Senior Designer, which I hereby accept.

I confirm that I will be able to start on 31 July but not, unfortunately, before that date. Can you please inform me where and when exactly I should report on that day? I very much look forward to becoming a part of your design team.

Yours sincerely,

Nicholas Marr

Per rifiutare una proposta di lavoro

4 Manchester St
London
NW6 6RR
Tel: 020-8334 5343

Your ref : 099/PLK/001 9 July 2003

Ms F Jamieson
Vice-President
The Nona Company
98 Percy St
YORK
YO9 6P2

Dear Ms Jamieson,

I am very grateful to you for offering me the post of Instructor. I shall have to decline this position, however, with much regret, as I have accepted a permanent post with my current firm.

I had believed that there was no possibility of my current position continuing after June, and the offer of a job, which happened only yesterday, came as a complete surprise to me. I apologize for the inconvenience to you.

Yours sincerely,

J D Salam

Covering letter for a CV

Spett.le Società
Oceano verde
P.zza Medusa 3
Lampedusa

Vicenza, 3 giugno 2003

Spettabile Società Oceano verde,

sono l'aiutante di macchina Bruno Barison. Ho letto l'annuncio relativo a 3 posti di aiutante di macchina da utilizzare sulle Vostre navi traghetto ("Gazzettino" del 31-5-03) e offro la mia disponibilità a ricoprire tale incarico.

Faccio presente di avere maturato in questi anni lunga pratica ed esperienza nel settore e di essere in atto impiegato presso il Cantiere navale di Trieste, con il compito di manutentore.

Vi informo inoltre che potrei essere disponibile ad assumere servizio a partire dal 14 luglio c.a.

Contestualmente a questa lettera, invio il mio curriculum.

Grato per l'attenzione con cui vorrete considerare la mia domanda, rimango in attesa di una Vostra risposta.

Distinti saluti

Bruno Barison

Bruno Barison

Bruno Barison
Via E. Duse 18
36100 Vicenza
tel: 0444-635789

Reply to an interview offer

PG International
C.so L. Einaudi 11
Foggia

c.a. Dott. Giuseppe Santoanastaso

Foggia, 12 novembre 2003

Egregio Dott. Santoanastaso,

ho ricevuto la Sua lettera del 7 novembre, relativa alla mia candidatura al posto di contabile presso la PG International. Sono lieto che mi abbiate selezionato per un colloquio. Confermo per tale colloquio la data del 18 novembre, ore 11.
Nell'attesa del nostro incontro, voglia accettare i miei migliori saluti

Nicola Carulli

Nicola Carulli

Accepting a job

Spett.le Società
Oceano verde
P.zza Medusa 3
Lampedusa

c.a. Salvatore Dinisi

Vicenza, 30 giugno 2003

Egregio Signor Dinisi,

ho appena ricevuto la raccomandata che annunciava la Vostra decisione di assumermi in qualità di aiutante di macchina presso la Società Oceano verde.

Sono felice di accettare l'impiego. Confermo la mia disponibilità a partire dal 14 luglio.

Resto a vostra disposizione per qualsiasi comunicazione, in particolare per stabilire una data per la firma del contratto.

Con i miei migliori saluti

Bruno Barison

Bruno Barison

Turning down a job

Spett.le Finproject S.p.A
Viale Partigiani 48
Civitavecchia

3 aprile 2003

Spettabile Finproject,

mi ha fatto piacere essere stata selezionata per il posto di consulente finanziario per il quale ho sostenuto un colloquio lo scorso marzo.
Tuttavia, sono spiacente di dover rifiutare la Vostra offerta. Infatti, la ditta presso cui attualmente lavoro con contratto a termine mi ha inaspettatamente proposto un impiego con contratto a tempo indeterminato, che io ho accettato.
Spero che il mio rifiuto non sia per Voi causa di problemi.

Distinti saluti

Eva Finocchiaro

Eva Finocchiaro

Attestazione di lavoro

Farnham's Estate Agency
2 Queen Victoria Street
Wokingham
Berkshire
RG31 9DN
Tel: 0118 947 2638
Fax: 0118 947 2697

4 September 2003

To whom it may concern

I am pleased to confirm that Benedict Walters was employed as junior negotiator in the residential sales department from 1st January 2001 to 31st March 2003, a position in which he performed very successfully.

Yours faithfully,

Katrina Jarvis
Branch Manager

Referenze

University of Hull
South Park Drive
Hull HL5 9UU
Tel: 01482 934 5768
Fax: 01482 934 5766

Your ref. DD/44/34/AW 5/3/03

Dear Sirs,

Mary O'Donnel. Date of birth 21-3-69

I am glad to be able to write most warmly in support of Ms O'Donnel's application for the post of Designer with your company.

During her studies, Ms O'Donnel proved herself to be an outstanding student. Her ideas are original and exciting, and she carries them through - her MSc thesis was an excellent piece of work. She is a pleasant, hard-working and reliable person and I can recommend her without any reservations.

Yours faithfully,

Dr A A Jamal

Lettera di dimissioni

3 Norton Gardens,
BRADFORD
BD7 4AU

30 June 2003

Regional Sales Manager
Nortex and Co.
Cooper St.
LEEDS
LS5 2FH

Dear Mr Perrin,

I am writing to inform you of my decision to resign from my post of Sales Administrator in the Bradford offices with effect from 1 July 2003. I am giving one month's notice as set out in my conditions of employment. I have for some time been considering a change of role and have been offered a post with a market research organization which I believe will meet my career aspirations.

I would like to take this opportunity to say how much I value the training and professional and personal support that I have received in my three years with Nortex and Co.

Yours sincerely,

Melinda MacPhee

Lettera di dimissioni

Editorial Office

Modern Living Magazine
22 Salisbury Road, London W3 9TT
Tel: 020-7332 4343 Fax: 020-7332 4354

To: Ms Ella Fellows 6 June 2003

General Editor.

Dear Ella,

I am writing to you, with great regret, to resign my post as Commissioning Editor with effect from the end of August.

As you know, I have found the recent management changes increasingly difficult to cope with. It is with great reluctance that I have come to the conclusion that I can no longer offer my best work under this management.

I wish you all the best for the future,

Yours sincerely,

Elliot Ashford-Leigh

Attestation of employment

ALDEBARAN EDIZIONI
Via Sant'Andrea 4
10139 Torino

Torino, 21 febbraio 2003

Con la presente attesto che la signora Stefania Perotto ha lavorato presso la Aldebaran Edizioni dal 2 settembre 2002 al 31 gennaio 2003 in qualità di segretaria di redazione.

In fede

Benedetto Gancia
(Direttore editoriale)

Giving a reference

13 marzo 2003

Attesto che Vincenzo Esposito ha lavorato come pizzaiolo per il ristorante-pizzeria "Il golosone", di mia proprietà, dal 25 febbraio 2002 al 2 marzo 2003. Si è rivelato lavoratore capace, veloce e pulito. Ha dimostrato anche inventiva, creando nuove pizze che hanno riscosso notevole successo. È persona seria e affidabile, che raccomando sinceramente.

Mario Corona

Resigning from a post

Spett.le CMB S.p.A.
Strada S. Pertini 18
Treviso

c.a. Direttore del Personale

Treviso, 20 ottobre 2003

Egregio Direttore,

con la presente la sottoscritta Manuela Coghi, impiegata presso la CMB S.p.A. dal 2 maggio 1994 in qualità di segretaria amministrativa, rassegna le proprie dimissioni. Il rapporto di lavoro con la CMB S.p.A. cesserà quindi il 20 gennaio 2004, nel rispetto dei tre mesi di preavviso richiesti.
Voglia gradire i miei migliori saluti

Manuela Coghi

Resigning from a post

Egr. Sig. Mario Corona
Ristorante-Pizzeria "Il golosone"
Piazza Mercato Vecchio 5
Viterbo

2 dicembre 2002

Egregio Signor Corona,

con la presente comunico le mie dimissioni dal posto di pizzaiolo presso il Suo ristorante, con effetto a partire dal 2 marzo 2003. Mi dispiace molto lasciare questo posto, ma, come già sa, la mia famiglia deve trasferirsi a Salerno. Spero di trovare un nuovo lavoro e di trovarmi bene come qui da Lei.
Grazie per tutto quello che ha fatto per me.
Cordiali saluti

Vincenzo Esposito

Curriculum: diplomata italiana

NAME:	Anna FABBRI
ADDRESS:	viale Garibaldi 21 10100 Torino Italia tel. 0119960250
MARITAL STATUS:	Single
EDUCATION AND QUALIFICATIONS:	
1998-2003	Liceo Linguistico "Italo Svevo", Torino Maturità linguistica, 60/60 (this is the equivalent of A-levels in Italian and Languages)
PREVIOUS WORK EXPERIENCE:	
2001-2003	Part-time: Private Tutor of English and Italian Language
2002 July	Camp counsellor, children's holiday camp, Imperia. Duties included sports and games supervision, leisure co-ordination, general counselling of children aged 6-10 years
2002 March	One week exchange visit to German family in Bremen
2002 August	One month exchange visit to English family in Bournemouth
OTHER INFORMATION:	Love of children (I have 3 younger brothers and 2 sisters) Good spoken English and German 40 w.p.m. Typing
INTERESTS:	Classical music Literature - especially modern poetry Museums and exhibitions Tap Dancing (participant in school competitions)
REFEREES:	Prof. Mauro Bianchi (Headmaster) Liceo Linguistico "Italo Svevo" corso Mazzini 55 10100 Torino tel. 0119827423 Dott.ssa Giulia Verdi (Lawyer) via Puccini 71 10100 Torino tel. 0119977432

CV: English graduate

Paul Alan Grantley

data di nascita: 22 maggio 1981
stato civile: celibe
residenza: 26 Countisbury Drive – Brighton BN3 1RG – Gran Bretagna
tel.: 01273 53 49 50
nazionalità: britannica

Istruzione

2000-2003
King's College, Londra: B.Sc. (laurea) in Biochimica

1999
A Levels (= esame di maturità) in: Biologia, Chimica, Matematica, Fisica

1997
GCSEs (diploma di primo ciclo di scuola superiore) in: Matematica, Fisica, Biologia, Chimica, Inglese, Tedesco, Sociologia

1992-1999
Brighton College Boys' School (= scuola superiore)

Esperienze professionali

Marzo 2001
una settimana come assistente del vicedirettore marketing presso la EAA Technology (fonti di energia alternativa) di Didcot (Oxford).

Luglio 2000
due settimane presso la Alford & Wilston Ltd (prodotti chimici) di Warley, West Midlands

Conoscenze linguistiche

inglese (madrelingua)
italiano (buono)
tedesco (scolastico)

Conoscenze informatiche

Word, Excel, PowerPoint, Internet Explorer

Interessi

sport (rugby, calcio), scacchi, viaggi

Autorizzo il trattamento dei dati personali ai sensi della legge 675/96

Curriculum: laureato italiano

Name:	Andrea FERRARI
Date of Birth:	29 / 7 / 73
Nationality:	Italian
Permanent Address:	
(After 3/8/03)	viale C. Battisti, 61 20100 Milano Italia
Telephone:	0299101664
Temporary Address:	
(Until 3/8/03)	1642 West 195th St New York NY 23456 USA
Marital Status:	Single

Education and Qualifications:

The qualifications described below do not have exact equivalents in the British system. I enclose photocopies of my certificates with English translations.

1988-1993	Liceo Scientifico "Archimede", Milano Maturità scientifica (60/60)
1993-1998	Secondo Politecnico di Milano: Department of Civil Engineering Qualification: Degree in Civil Engineering
2001-2003	Master Program in Civil Engineering, New York Harbour University. (Results pending)

Work Experience

1993-1994	Summer work as volunteer at school for children with learning difficulties
1995-1996	Assistant civil engineer, Regione Lombardia, Italia. Work on various road projects
1997-2001	Senior assistant civil engineer, Regione Lombardia

Other Skills & Interests

Languages: Fluent English,
Adequate spoken French and German
(Native Italian speaker)
Clean Driving Licence
Volleyball: National finalist in University Volleyball team
I wish to expand my work experience in an English-speaking country given the on-going changes in the European job market.

References:	Professor Dario Bianchi Dipart. di Scienza delle costruzioni Secondo Politecnico di Milano 20100 Milano Italia	Dr Jan C Waldermaker Managing Director Waldermaker Enterprises Inc 8822 West 214th St New York NY 24568 USA

CV: American academic

Sarah Delores HEIDER

data di nascita: 27-09-61
stato civile: nubile
residenza: 1123 Cedar Avenue – Evanston – Illinois 60989 - USA
nazionalità: statunitense

Titoli di studio

PhD in Letteratura inglese ("L'immagine della donna nella poetica di Shakespeare"), conseguito nel 1991 presso la Northwestern University, Evanston, Illinois.

MA in Letteratura anglo-americana conseguito nel 1985 presso l'Università della Pennsylvania di Filadelfia.

BA in Inglese conseguito presso la Georgetown University, Washington DC

Esperienze professionali

dal 2000 Professore associato – Dipartimento di Anglistica – Northwestern University

1996-2000 Professore incaricato (Letteratura del Rinascimento) – Dipartimento di Anglistica – Northwestern University

1991-1995 Professore incaricato – Dipartimento di Anglistica – Università della Pennsylvania - Filadelfia

1988-1991 Ricercatore sotto la guida del professor O'Leary (Femminismo e poetica shakespeariana) – Northwestern University

1987-1988 Ricercatore – Dipartimento di Letteratura Teatrale – Northwestern University

1985-1987 Assistente (specializzazione in Teatro del Rinascimento inglese) – Northwestern University

Borse di studio

Borsa di ricerca Wallenheimer (2000-2001)

Borsa di studio Fondazione Pankhurst/Amersham (1985-1987)

Pubblicazioni

Si veda elenco allegato

Altre attività

Presidente dell'associazione "Renaissance Minds" (per lo studio del Rinascimento inglese)
Membro dell'UPCEO (Commissione interuniversitaria per la difesa dei diritti della donna) dal 1992
Consulente della casa editrice Virago, Londra (collana di studi rinascimentali) nel 1997-1998
Consulente della casa editrice Pandora, New York nel 1995

Curriculum e titoli scientifici

Mario Rossi, nato a Genova il 12.9.1968 e residente a Torino in via Piave 49, è in atto incaricato di Storia e Filosofia al Liceo Platone di Asti.

1. TITOLI

1990 Laurea in Filosofia con una tesi su Kant
(Relatore Prof. V. Cantatore), 110 e lode.
1991-1992 Laurea in Lettere classiche con una tesi su Omero
(Rel. Prof. M. Santo), 110.
1992-94 Borsa di studio del Goethe Institut,
presso il Prof. R. Schultz di Monaco.
1995-97 Scuola di perfezionamento in Epigrafia latina, Roma.
2001-2003 Scuola di specializzazione per l'insegnamento
nelle scuole secondarie, Roma.

2. PUBBLICAZIONI

1. *Le traduzioni della Critica della ragion pura di Kant,*
Selva editore, Palestrina 1991.
2. *Omero al bivio,* Selva editore, Palestrina 1993.
3. *L'epigrafe di Terracina,* in «Quaderni di epigrafia latina»,
VII (1998), pp. 99-105.

3. ATTIVITÀ DI FORMAZIONE

Politiche culturali del '900. Relazione al corso di aggiornamento sulla storia contemporanea per docenti di scuola media di I e II grado, Provveditorato agli studi di Viterbo, Viterbo 3 dicembre 1999.
Storiografia e storia. Corso di aggiornamento sull'insegnamento della storia, Provveditorato agli studi di Asti, Asti marzo-aprile 2002.

CV: Female English middle-management

Mary Phyllis HUNT

16 Victoria Road
Brixton
Londra SW12 5HU
tel. 020 8675 7968

data di nascita: 11 marzo 1971
stato civile: coniugata
nazionalità: britannica

ESPERIENZE PROFESSIONALI

1995-1997
Corso di formazione per personale dirigente presso la Sainsway Foodstores plc (grande distribuzione alimentari) a Londra.

1997-1999
Vicedirettore - Sainsway Foodstores plc – sede di Faversham, Kent.

1999-2001
Responsabile acquisti presso la Delicatessen International – sede di Milano.

dal 2001
Vicedirettore Divisione vendita al dettaglio – Delicatessen International – sede di Londra.

ISTRUZIONE

1982-1989
Grammar School for Girls (scuola secondaria): A level (= diploma di maturità) in matematica, storia, economia e tedesco.

1989-1991 e 1992-1993
BSc (laurea) conseguita presso la London School of Economics, Dipartimento di Commercio.

1993-1994
Corso di specializzazione postlaurea in Gestione aziendale presso la Scuola di Amministrazione Aziendale dell'Università di Essex.

SOGGIORNI ALL'ESTERO

1991-1992
Soggiorno di un anno a Bonn, Germania: frequentato corso serale di tedesco commerciale, brevi impieghi temporanei come segretaria.

LINGUE CONOSCIUTE

inglese (madrelingua); tedesco (buono); italiano (buono)

(Autorizzo il trattamento dei dati personali ai sensi della legge 675/96)

Curriculum: dirigente italiano

Marco Rossi

ESPERIENZE PROFESSIONALI

1992-2002 Bianchi & Figli S.r.l. Roma
Direttore delle vendite
Vendite aumentate da L. 500 milioni a L. 1 miliardo.
Raddoppiate le vendite per rappresentante da L. 50 milioni a L. 100 milioni.
Inseriti nuovi prodotti che hanno comportato un aumento delle entrate del 23%.

1987-1992 Albarelli Software Brescia
Direttore vendite settore Italia meridionale
Vendite aumentate da L. 200 milioni a L. 350 milioni.
Coordinamento di 250 rappresentanti in 5 regioni.
Ideazione e implementazione di corsi di addestramento per nuove risorse.

1982-1986 GG&G Milano
Responsabile rappresentanti
Ampliato il gruppo di rappresentanti da 50 a 100.
Triplicate le entrate della divisione per ogni rappresentante.
Aumento delle vendite e allargamento del mercato.

1977-1982 Orizzonti Blu S.r.l. Catania
Rappresentante
Aumento delle vendite regionali del 400%.
Aumento del pacchetto clienti da 50 a 84.
Conseguito Master in Strategie marketing.

ISTRUZIONE

1973-1977 Università degli studi di Roma Roma
Laurea in Economia e Commercio.
Votazione 110 e lode.

ALTRE ATTIVITÀ

1982-2002 Consulenza finanziaria Società assicurative Rieti

PUBBLICAZIONI

2000 *Corso di formazione per Ispettori*, Editrice Balbo, Viterbo
Esperienze di marketing, Editrice Balbo, Viterbo

Frasi utili

Formule di apertura

In lettere formali, la formula di apertura più comune è *Dear*.

- *Dear Sir*
- *Dear Madam*
- *Dear Sir or Madam*
- *Dear Sirs*
- *Dear Mr Dixon*
- *Dear Mrs Dixon*
- *Dear Ms Dixon*

Frasi utili

I am writing in response to your advertisement in [publication]

I wish to enquire about the vacancy for a [job title]

Thank you for your letter of [date] offering me the post of ...

I am delighted to accept the position of [job title]

I look forward to starting work with you.

Formule di chiusura

Thank you for considering this application

I should be pleased to attend an interview

Please do not hesitate to contact me on the above number if you should require further information

I look forward to hearing from you

Se si conosce il nome del destinatario:

- *Yours sincerely*

Se non si conosce il nome del destinatario:

- *Yours faithfully*

CV: Male English senior executive

WILLIAM CHARLTON STEVENSON

21 Liston Road
Clapham Old Town
London SW4 0DF
UK

tel. e fax: (44) (0)20 7622 2467

nato il 27 giugno 1962
nazionalità: britannica
stato civile: coniugato

ESPERIENZE PROFESSIONALI

dal 2000: Vicedirettore della Jermyn-Sawyers International, Londra

1995-2000: Direttore Divisione Asia – Istituto Farmaceutico Peterson, Hong Kong

1991-1995: Direttore – Kerry-Masterton Management Consultants, Bonn

1988-1991: Consulente – Masterton Management Consultants, Londra

1984-1986: Stage di gestione aziendale presso la Jamieson Matthews Ltd, Crawley, Sussex

ISTRUZIONE

1988: Master in Amministrazione aziendale – Armour Business School, Boston, Stati Uniti

1984: BSc (laurea) in ingegneria – Università del Dorset, Willingdon, Gran Bretagna

1981: A level (diploma di scuola superiore)

ALTRE ESPERIENZE FORMATIVE

1986-1988: Due anni negli Stati Uniti

LINGUE

Bilingue inglese e italiano (madre italiana)
Tedesco ottimo
Cinese buono

INTERESSI

Sci, sci nautico, vela

Autorizzo al trattamento dei dati ai sensi della legge 675/96

Useful phrases

Letter openings

The standard opening for formal correspondence is *Egregio Signor .../Gentile Signora ...*

- *Egregi Signori*
- *Egregio Direttore*
- *Egregio Dottore/Egregio Dottor Rossi*
- *Egregio Avvocato/Egregio Avvocato Rossi*
- *Gentile Dottoressa/Gentile Dottoressa Rossi*
- *Chiarissimo Professore/Chiarissimo Professor Rossi* (to a university professor)

Useful phrases

Con riferimento all'annuncio comparso su ... il/del 10-10-03

Con riferimento alla Sua/Vostra lettera del 10-10-03

Con la presente comunico [le mie dimissioni, di avere accettato...]

Sono lieto/Ho il piacere di comunicarLe che...

Sono spiacente di [dover comunicare, dover rifiutare, non potere ...]

Facendo seguito agli accordi verbali/telefonici, ...

Closures

Nell'attesa di una Vostra cortese risposta/gradita conferma porgo i miei migliori saluti

Ringrazio anticipatamente per la Vostra attenzione

Resto a Sua/Vostra disposizione per qualsiasi informazione/comunicazione/chiarimento

Nella speranza di un favorevole riscontro, ...

Voglia gradire/Le porgo i miei migliori saluti

Distinti saluti

Richiesta di catalogo

99 South Drive
London
WC4H 2YY

7 July 2003

Hemingway & Sons
Builders Merchants
11 Boley Way
London WC12

Dear Sirs,

Thank you for sending me your catalogue of timber building materials as requested. However, the catalogue you sent is last year's and there is no current price list.

I would be glad if you would send me the up-to-date catalogue plus this year's price list.

Yours faithfully,

Dr D Wisdom

Invio di catalogo

E Hemingway

Carpet Designs
11 Allen Way
London NW4
Tel: 020-74450034

Our ref. EH/55/4

19 February 2003

Ms J Jamal
Daniel Enterprises
144 Castle Street
Canterbury
CT1 3AA

Dear Ms Jamal,

Thank you for your interest in our products. Please find enclosed our current catalogue as well as an up-to-date price list and order form.

We would draw your attention to the discounts currently on offer on certain items and also on large orders.

Assuring you of our best attention at all times, we remain,

Yours sincerely,

Jane Penner
Supplies Manager

Richiesta di campioni

THE FRANK COMPANY
22 BLOOMING PLACE
LONDON SW12
TEL: 020-8669 7868
FAX: 020-8669 7866

5 June 2003

The Sales Director
June Office Supplies
55 Dewey Road
Wolverhampton
WV12 HRR

Dear Sir/Madam,

Thank you for sending us your brochures. We are particularly interested in the Dollis range, which would complement our existing stock.

Could you please arrange to send us samples of the whole range with the exception of items XC99 and XC100? We would be grateful if this could be done promptly, as we are hoping to place an order soon for the autumn.

Thanking you in advance,

Yours faithfully,

Mr T Jones
pp Mr F J Hart
Manager and Director
The Frank Company

Invio di campioni

Pemberley Products
Austen House
12 Bennet Place
Cambridge
CB3 6YU
Tel: 01223 7878

13 October 2003

Ms J Ayer
"Eliza Wickham"
12 D'Arcy Lane
London W4

Dear Ms Ayer,

We are pleased to inform you that the samples you requested will be despatched by courier today.

As the Cassandra range has been extremely successful we would request that you return the samples after not more than one week, so that we may satisfy the requirements of other customers. The popularity of our products is such that we urge you to place an order promptly so that we may supply you in good time for Christmas.

Please do not hesitate to contact us for further information.

Yours sincerely,

Elizabeth Elliot
Sales Director

Asking for a catalogue

Spett.le Aldebaran Edizioni
Via Sant'Andrea 4
Torino

13 gennaio 2003

Egregi Signori,

Vi prego di volermi cortesemente inviare un Vostro catalogo generale. Se possibile, vorrei anche avere un elenco delle librerie della mia zona in cui posso trovare le Vostre pubblicazioni.
Ringrazio anticipatamente per la Vostra attenzione.

Distinti saluti
Piero Bianchini

Piero Bianchini
Strada Montale 4
Monterosso al mare
19016 (SP)

Sending a catalogue

ALDEBARAN EDIZIONI
Via Sant'Andrea 4
10139 Torino

Torino, 21 gennaio 2003

Egregio Signor Bianchini,

come da Sua richiesta, Le inviamo il nostro catalogo generale, nonché l'elenco delle librerie di La Spezia e provincia in cui potrà trovare le Edizioni Aldebaran.
Le ricordo che può anche ordinare i testi che Le interessano direttamente alla casa editrice compilando l'apposito buono d'ordine incluso in tutte le nostre pubblicazioni.
Colgo l'occasione per inviarLe i miei migliori saluti

Nicoletta Aimone
(Direttore commerciale)

Asking for samples

Fiera del Tessuto
di Bordoni Noemi
C.so De Gasperi 67
22100 Como

tel. 031 523497 fax 031 523400

Spett.le Eurotex S.p.A.
Via F.lli Carle 18
Biella

18 aprile 2003

Spett.le Eurotex,

grazie per avermi inviato il Vostro catalogo. Trovo le Vostre offerte molto interessanti, ma prima di procedere all'ordinazione vorrei che mi inviaste dei campioni dei tessuti descritti alle pagine 8, 24 e 32.
Ringrazio in anticipo per la Vostra attenzione.

Distinti saluti

Noemi Bordoni

Noemi Bordoni

Sending samples

Eurotex S.p.A.

Via F.lli Carle 18 – 13900 Biella
tel. 015 859600 fax 015 859601

Spett.le Fiera del Tessuto
C.so De Gasperi 67
Como

28 aprile 2003

Gentile Signora Bordoni,

abbiamo provveduto a inviarLe per corriere i campioni da Lei richiesti. Potrà così constatare l'eccellente qualità dei nostri tessuti e scegliere fra la vasta gamma di colori moda di quest'anno.

Abbiamo inoltre il piacere di informarLa che la nostra ditta applica un 10% extra di sconto a chi acquista almeno 10 pezze in un solo ordine.

Sicuri di venire incontro alle Sue esigenze, restiamo a Sua disposizione per qualsiasi informazione.

Distinti saluti

Maria Rosa Ramella

Maria Rosa Ramella
responsabile Ufficio Commerciale

Richiesta di preventivo

Eyer Shipyard
Old Wharf
Brighton
BN2 1AA
Tel 01273 45454
Fax 01273 45455

Our ref: TB/22/545

14 April 2003

Fankleman & Co. PLC
22 Mark Lane Estate,
Guildford,
Surrey
GU3 6AR.

Dear Sirs,

Timber Supplies

We would be glad if you could send us an estimate of the cost of supplying timber in the lengths and sizes specified on the enclosed list.

In general, we require large quantities for specific jobs at quite short notice and therefore need to be sure that you can supply us from current stock.

Thanking you in advance.

Yours faithfully,

G N Northwood

(Ms) G N Northwood.
General Manager, Supplies.
Encl.

Invio di preventivo

Fairchild Interior Design Company
23 Rose Walk
London SW4
Tel: 020-7332 8989
Fax: 020-7332 8988

Job ref: 99/V/8

23 May 2003

Mr G. F. J. Price
25 Victor Street,
London,
SW4 1AA,

Dear Mr Price,

Please find enclosed our estimate for the decoration of the drawing room and hall at 25 Victor Street. As requested, we have included the cost of curtaining for both the bay windows and the hall window, in addition to the cost of sanding and polishing the drawing room floor.

The work could be carried out between the 1st and the 7th July, if this is convenient for you. Please do not hesitate to contact us if you have any queries.

We hope to have the pleasure of receiving your order.

Yours sincerely,

M Bishop

Marjorie Bishop
Encl.

Invio di informazioni su un prodotto

Easter Cloth Co.
33 Milton Mews,
London E12 HQT
Tel: 020-8323 2222
Fax: 020-8323 2223

Your ref: UK33/23

4 April 2003

Hurihuri Enterprises,
1 Shore Drive,
Auckland 8,
New Zealand.

Dear Sirs,

Thank you for your enquiry of 3 February. Our CR range of products does indeed conform to your specifications. In relation to costings, we can assure you that packaging and insurance are included in the price quoted; the estimated cost of shipping is £75 per case.

We expect consignments to New Zealand to take three to four weeks, depending on the dates of sailings. A more precise estimate of timing will be faxed to you when you place an order.

We look forward to receiving your order.

Yours faithfully,

C P Offiah

C. P. Offiah
Associate Director
Encls.

Invio di listino prezzi

Walter O'Neill & Co.
3 Eliot Mall
London NW12 9TH
Tel: 020-8998 990
Fax: 020-8998 000

Your ref: TRT/8/00
Our ref: DK/45/P

5 May 2003

Ms E Dickinson
Old Curiosity Inns
3 Haversham Street
London W6 6QF

Dear Ms Dickinson

Thank you for your letter of 22 April. We apologize for failing to send you the full price list which you will find enclosed. Please note that we have not increased our prices on any products available last year, and that we have managed to extend our range with new items still at very competitive rates.

Our usual discounts for large orders apply to you as a regular customer, and we are exceptionally doubling these to 10% on the 100/9 CPP range.

We look forward to receiving your order.

Yours sincerely,

E B Browning

E B Browning (Mrs)
Sales Director
Encl

Asking for an estimate

Spett.le Impresa Guidotti
Via Siena 14
Parma

3 giugno 2003

Spett.le Impresa Guidotti,

facendo seguito alla conversazione telefonica di questa mattina con la signora Enza, confermo la mia richiesta di preventivo per:

installazione di n. 2 caldaie Valent SL476
installazione di un termostato
sostituzione dei radiatori

da effettuarsi nella mia abitazione di Via B. Cellini 1, Parma.

RingraziandoVi anticipatamente, porgo distinti saluti.

Maurizio Verdi

Sending an estimate

AQUA srl
di Garsia S.
Piscine e Accessori
Strada San Girolamo 23
90134 Palermo
tel. e fax. 091 3654712

Egr. Sig. Tommaso Procaccianti
Viale Lampedusa 12
Palermo

19 maggio 2003

Egregio Signor Procaccianti,

facendo seguito al nostro incontro del 6 c.m., Le invio i preventivi per la costruzione della piscina, nelle due diverse soluzioni prese in considerazione.

Nella speranza che si voglia avvalere dei nostri servizi, Le porgo i miei migliori saluti

Salvatore Garsia

Sending details of availability of spare parts

--- ELEKTRA srl ---
Zona Industriale
37057 San Giovanni Lupatoto (VR)
tel. 045 678522 fax 045 678524

Spett.le Casa e Cose
Piazza Carducci 30
Vigevano

11-02-03

Spett.le Casa e Cose,

in risposta alla Vs. lettera del 6 c.m., ho il piacere di informarVi che la nostra ditta può rifornire il Vs. negozio di qualsiasi pezzo di ricambio per le marche di elettrodomestici da Voi trattate. I prezzi dei ricambi disponibili sono indicati nel catalogo qui allegato. Per tutti i pezzi ordinati è necessario specificare, oltre alla marca, il nome e il numero di serie dell'elettrodomestico. Le spese di spedizione sono a carico nostro.
Ci impegniamo a consegnare la merce ordinata in un tempo massimo di cinque giorni.

Nella speranza di venire incontro alle Vostre esigenze porgo distinti saluti

Gianni Zavater
direttore commerciale

Sending details of prices

Cantina Sociale
Le Colline del vino
Strada Ajassa 7 - 14040 Vinchio (AT)
tel. 0141 97045 fax 0141 97046

Egr. Sig. Aldo Brambilla
Via G. Pepe 8 - Milano

20 marzo 2003

Egregio Signor Brambilla,

grazie per averci contattato. Allegato troverà l'elenco dei nostri vini con relativi prezzi. La prego di voler notare le offerte del mese sulla Freisa, sia secca sia amabile e sul Brachetto. Sulla Barbera d'Asti superiore (13,5°) viene applicato uno sconto del 10% per ordinativi superiori ai 50 litri.

La invito cordialmente a venire a visitare la nostra cantina. Oltre ad apprezzare i nostri vini potrà, nel nuovo Angolo Degustazione, assaggiare alcune delle preparazioni tipiche della cucina del Monferrato.
Giorni di apertura e orari sono indicati nel tariffario allegato.
La aspettiamo presto.
Cordiali saluti

Secondo Saracco
(presidente della Cantina Sociale)

Richiesta di sconto

Nielsen & Co
19 Westway Drive
Bradford BF8 9PP
Tel: 01274 998776
Fax: 01274 596969

Your ref: 4543/UIP 21 March 2003

Draft and Welling
15 Vine Street
London
NE22 2AA

Dear Sirs,

I acknowledge receipt of the goods listed in my order no. 1323YYY, but must query the total sum indicated on the invoice. I had understood that you were currently offering a discount of 15%, but no such deduction appears on the final invoice sheet.

I would be glad if you could give this matter your immediate attention.

Yours faithfully,

F. Nielsen

Frederick Nielsen
Associate Director, Procurement

Per accettare una richiesta di sconto

GARRICK PAPER SUPPLIERS

108 Kingston Road
Oxford
OX3 7YY
Tel: 01865 9900
Fax: 01865 9908

28 April 2003

S Johnson & Co
Globe House
London W13 4RR

Dear Sir/Madam,

Thank you for your letter of 16 April in which you ask for a reduction on our normal prices, given the size of your order.

We are happy to agree to your request provided you, in return, make prompt payment of our account within two weeks of the delivery of your order. If that is agreeable to you, we can offer you a discount of 8%, instead of the usual 5%.

We hope to receive your acceptance of these terms and assure you of our very best attention.

Yours faithfully,

A. Rothwell

Ann Rothwell
Customer Relations Manager

Per proporre nuovi affari

Le Janni
88, rue Pipin
Paris 75010
France
Tel: (33) 01 45 86 86 80
Fax: (33) 01 45 86 75 75

31 July 2003

Jod's Booksellers
122 High St
Stonleigh
Hants

Dear Sir/Madam,

I am writing to you to enquire whether you would be interested in stocking our new range of "French Is Easy" textbooks in your bookshop.

I enclose a brochure illustrating these.

This series of French language textbooks offers a five-stage teaching course and employs the newest methods of foreign language teaching. If you are interested, we would be happy to bring you samples and discuss terms of sale. Please phone or fax to let me know if you are interested in this offer so that I may arrange a visit from our sales representative in London.

I look forward to hearing from you.

Yours faithfully,

Julien Deplanche
Sales Manager

Sollecito di nuovi ordini

SINCLAIR POTTERY

383 Racing Way
Cambridge CB13
Tel: 01223 65867

3rd June 2003

Dear Mrs Creel,

I am writing to enquire whether you are still interested in placing an order for our new range of ceramic kitchenware.

When my colleague, Jason Patrick, called into your shop at the beginning of April, you expressed an interest in our new "Autumn Moods" range. If you would like to place an order you would be well advised to do so in the next month as stocks are selling fast. Please let us know if we may help you with any queries you may have.

I look forward to receiving your order.

Yours sincerely,

Isabel Rivers

Isabel Rivers
Sales Manager.

Mrs A Creel
Kitchen Cares
24 Willow Square
Cambridge CB23

Asking for discount

SOGEFOP S.p.A.
Salita degli Ulivi 12
16157 Genova Prà

tel. 010-2457901
fax. (3 linee) 010-2457902/3/4

Spett.le Pasticceria Confetteria Riccetti
Via P. Bembo 35 - GE Prà

Genova, 10 novembre 2003

Spett.le Ditta,

in occasione delle prossime festività la Sogefop intende offrire a tutti i suoi dipendenti e ad alcuni clienti cesti natalizi con prodotti dolciari, per un totale di 150 confezioni circa. Ci rivolgiamo a Voi, ben conoscendo le Vostre famose specialità di pralineria e canditi.

Vi saremmo grati se poteste comunicarci quale sconto siete disposti ad applicare, data la consistente entità dell'ordine.

Potrete indirizzare le Vs. comunicazioni all'attenzione della sottoscritta.

Distinti saluti

Luisa De Luca
(segreteria Direttore generale)

Agreeing to a discount

Spett.le Sogefop S.p.A.
Salita degli Ulivi 12
Genova Prà

c.a. Sig.ra Luisa De Luca

13-11-03

Gentile Signora De Luca,

ho ricevuto con piacere la Sua lettera del 10. Per un ordine di 150 confezioni posso fare alla Sogefop uno sconto del 20%. Come forse già sa, abbiamo due tipi di confezioni natalizie: il cesto piccolo (€ 42) e quello grande (€ 66). Scontati, verrebbero a costare rispettivamente € 33,60 e € 52,80. Poiché le prenotazioni di confezioni natalizie sono anche quest'anno molto numerose, La pregherei di farmi sapere appena possibile il numero esatto di cesti piccoli e/o grandi che intendete ordinare.
Grazie per la preferenza accordataci.

Distinti saluti

Battista Riccetti

Approach about openings

FCF srl
di Frubi S. e Ciaffi T.
Articoli pubblicitari
Via De' Rigattieri 28 – 56100 Pisa
tel. e fax. 050-455663

Spett.le Tecnoedil
Piazza della Repubblica 4
Poggibonsi

28 ottobre 2003

Spett.le Tecnoedil,

siamo lieti di sottoporre alla Vostra attenzione il nostro nuovo catalogo di articoli pubblicitari. Abbiamo preparato per i nostri clienti delle speciali, vantaggiosissime offerte. In particolare, segnaliamo le eccezionali riduzioni su cappellini e magliette per ordini superiori ai 100 pezzi, e su penne biro e portachiavi per ordini superiori ai 500 pezzi.
Saremo felici di fissare un appuntamento e mostrarVi personalmente le nostre proposte per un'efficace e immediata reclamizzazione della Vostra ditta.

Con i migliori saluti

Tito Ciaffi
(responsabile commerciale)

Follow-up to this approach

FCF srl
di Frubi S. e Ciaffi T.
Articoli pubblicitari
Via De' Rigattieri 28 – 56100 Pisa
tel. e fax. 050-455663

Spett.le Tecnoedil
Piazza della Repubblica 4
Poggibonsi

7 novembre 2003

Spett.le Tecnoedil,

lo scorso 28 ottobre Vi abbiamo inviato il catalogo dei nostri prodotti. Avrete certamente avuto modo di apprezzare la vasta gamma di gadget e le eccezionali offerte.

Vi ricordiamo che molti dei nostri articoli possono costituire anche un'ottima idea regalo per la clientela in vista delle imminenti festività. Se volete ricevere in tempo gli articoli per i Vostri omaggi natalizi, Vi consigliamo di contattarci subito.

Con i migliori saluti

Tito Ciaffi
(responsabile commerciale)

Iniziativa promozionale

Vintages
Unit 3
Poulton's Industrial Estate
NORWICH
N12 4LZ

Tel: 01793 539 2486

17 March 2003

Dear Mr Franks,
As a Vintages account holder, I am sure that you have already enjoyed the benefits of using your account card in our outlets. However, I would like to take this opportunity to introduce you to our expanded range of customer services.

From April 1st 2003 as an account customer you will be able to access our website at www.vintas.co.uk to view our extensive range of wines, beers and spirits, wine guides and accessories. Our website also has tasting notes and recommendations by leading wine writers, articles, recipes and details of wine tastings and local events exclusively for account customers. You will be able to order online and we'll usually deliver within 48 hours to anywhere in mainland UK.

I very much hope that you will take advantage of this new range of services designed with the specific needs of our account customers in mind.

Yours sincerely,

Estelle Dobson,

Marketing Manager

Annuncio di offerta speciale

The Aberdonian Clothing Company
Wallace Road, Ellon, Aberdeenshire AB32 5BY

February 2003

Mrs D. Evans,
34 St Saviours Court
KEIGHLEY
BD12 7LT

Dear Mrs Evans,

As one of our most valued customers, I wanted to make sure that you would have the opportunity to select your order from the advance copy of our new Spring-Summer Season catalogue which I enclose.

More choice
As you will see from our catalogue, we have more women's styles in more sizes than ever before, with a greater range of fittings to suit all our customers. We have also introduced a new range of fashion footwear and accessories to complete our collection.

Top quality
We pride ourselves on the quality of our goods and will ensure that your order reaches you within 28 days in perfect condition.
Our customer care team is on hand to deal with queries on our customer hotline and if you are not completely satisfied with your order they will arrange for an immediate refund.

Superb value for money
We are confident that our prices cannot be beaten and as a privileged customer we would like to offer you a 10% discount on your first order from the new catalogue. When you place your order you will automatically be entered into our monthly draw for a dream holiday in St Lucia.

Post your completed order form today, or call our team on **01224 445382** to enjoy next season's fashions today.

Louise Baxter
Customer Care Manager

Ordinazione di un libro

72 rue de la Charité
69002 Lyon

18 June 2003

Prism Books
Lower Milton St
Oxford OX6 4 DY

Dear Sirs,

I would be grateful if you could send to the above address a copy of the recently published book A Photographic Ethnography of Thailand by Sean Sutton, which I have been unable to find in France.

Please let me know what method of payment would suit you.

Thanking you in advance.

Yours faithfully,

Jérôme Thoiron

Ordinazione di vino

Radley House
John's Field
Kent
ME23 9IP

10 July 2003

Arthur Wine Merchants
23 Sailor's Way
London E3 4TG

Dear Sir/Madam,

I enclose my order for three dozen bottles of wine chosen from the selection in the catalogue you sent us recently. Please ensure that this order is swiftly dispatched, as the wine is needed for a family party on 16 July.

It would be helpful if you could phone and let me know when to expect the delivery, so that I can arrange to be at home.

Yours faithfully,

Ms F Allen-Johns

Encl

Sales promotion

PianetaBimbi S.p.A.
Direzione centrale – C.so Industria 33/1 – 20089 Rozzano (MI)

Gentile Signora Rosso
Via dei Mille 83
12100 Cuneo

29 settembre 2003

Cara mamma,

avrai senz'altro avuto già modo di apprezzare i tanti vantaggi della **Carta Fedeltà PianetaBimbi** di cui sei titolare.
Sono lieta di annunciare che da oggi i vantaggi sono ancora maggiori! Infatti, la **Carta Fedeltà PianetaBimbi** ti permette ora di organizzare nello Spazio Gioco di qualsiasi negozio della catena **PianetaBimbi** un'indimenticabile festa di compleanno per i tuoi bambini. Avrai un'organizzazione perfetta, senza alcuna fatica da parte tua e a un prezzo davvero competitivo.
Per tutte le informazioni relative a questo nuovo servizio puoi visitare il sito www.PianetaBimbi.com, da questo mese completamente rinnovato, o rivolgerti al negozio **PianetaBimbi** più vicino. Come sempre, il nostro personale sarà a tua completa disposizione.
Ti aspettiamo!

M.Elena Nesci

M.Elena Nesci
Servizio Clienti

Announcing special offers

VPC Italia
Via C. Flacco 39 - 00053 Civitavecchia

Sig.ra Maria Santoro
Via A. Manzoni 37 - 83100 Avellino

3 marzo 2003

Gentile Cliente,
è arrivata la bella stagione, e la VPC Le permetterà di rinnovare il Suo guardaroba scegliendo tra le tante proposte del nuovo catalogo primavera-estate, tutte all'insegna della moda, della qualità e della convenienza. Sfogli le pagine del catalogo per scoprire le novità :

più scelta
nuova collezione moda bimbi: ora tutta la famiglia può vestire con il catalogo VPC. Abbiamo scelto per questa linea capi esclusivamente in tessuti naturali, comodi e pratici da lavare, ma soprattutto che incontrano i gusti dei più piccoli!
sportswear: ampliata la gamma dell'abbigliamento sportivo, con le nuove proposte VPC per chi ama la bicicletta e il trekking.

più servizi
nuove schede informative: ogni prodotto in catalogo è corredato da una scheda informativa utile e chiara, per permetterLe di acquistare in tutta sicurezza.
acquisto on-line: VPC è anche su Internet. Potrà fare i Suoi acquisti on-line sul nostro sito www.VPC.com.

più risparmio
Pagine Convenienza: approfitti delle offerte speciali delle Pagine Convenienza. Il risparmio è garantito!

e sempre la nostra formula "soddisfatti o rimborsati"
E ricordi che potrà avere uno sconto del 5% e un simpatico omaggio se il Suo ordine perverrà entro il 15 aprile 2003.

VPC Italia La ringrazia per la fiducia accordatale.

Cordiali saluti

Ester Lo Cascio

Ester Lo Cascio
(Servizio Clienti)

Ordering a book

Spett.le Libreria Carboni
Piazza Jacopone da Todi 7
06100 Perugia

Dublino, 9 aprile 2003

Spett.le Libreria,

facendo seguito alla nostra conversazione telefonica, confermo l'ordine del volume: "Umbria mistica – Guida alle vacanze in convento, tra arte e meditazione" – Ediz. Tau – 2002.
Allego assegno non trasferibile di € 25, a copertura del prezzo del libro e delle spese di spedizione.
Vogliate cortesemente inviarmi il libro al seguente indirizzo:

Lourdes O'Day
23 Cork Road
Dublin 55
Ireland

Ringraziando anticipatamente porgo i miei migliori saluti

L. O'Day

Ordering furniture

```
Spett.le Mobilificio 3T
Via Lario 54
22063 Cantù
08-03-03

Spett.le Mobilificio 3T,

come convenuto durante la mia visita alla
Vostra esposizione, confermo per iscritto
l'ordine di:
n. 1 tavolo Modello Old Style
noce nazionale
cm 200x100              prezzo: € 3.500
n. 8 sedie Modello Old Style
noce nazionale
                        prezzo: €   300 cad.

                        totale: € 5.900

Ho già provveduto a versare un acconto di
€ 1.000 sul Vs. c.c. Il saldo avverrà, come
d'accordo, alla consegna, da effettuarsi
all'indirizzo sotto indicato.
Vi prego di comunicare con cortese
sollecitudine la data di consegna, che, come
Voi stessi mi avete assicurato, dovrà comunque
avvenire entro un tempo massimo di 3 mesi.

Distinti saluti

Bruno Tonioli

Bruno Tonioli

Bruno Tonioli
Corso Statuto 93
24100 Bergamo

tel. 339-5649798
```

Fattura

Art Décor Interiors
224 Caversham Road
Reading
Berkshire
RG32 5SE
VAT No 280 268690

To:	£
Remove existing wallpaper in drawing room and make good surfaces	140.00
Paint ceiling with two coats of white emulsion	60.00
Paint woodwork with white gloss	40.00
Hang wallpaper (supplied by client)	140.00
Materials	43.80
Total excluding VAT	423.80
VAT @ 17.5 %	74.16
Total including VAT	497.96

Reclamo: ritardo nella consegna

Duke & Ranger
45 High Street,
Stonebury.
SX6 0PP
Tel: 01667 98978

Your ref: 434/OP/9

8 August 2003

Do-Rite Furniture,
Block 5,
Entward Industrial Estate,
Wolverhampton.
WV6 9UP

Dear Sirs,

We are surprised not to have received delivery of the two dozen coffee tables from your "Lounge Lights" range (see our letter of 7 July) which you assured us by phone were being dispatched immediately.

Our sales are being considerably hampered by the fact that the coffee tables are missing from the range and it is now over three weeks since you promised that these items would be delivered. Please phone us immediately to state exactly when they will arrive.

Yours faithfully,

Jane Malvern

Jane Malvern
Manager

Reclamo: fornitura non conforme all'ordine

The Hough Company
23 Longacre Rd
London
SW3 5QT
Tel: 020-7886 7979
Fax: 020-7887 6954

6 October 2003

Dear Mrs Halliwell,

Order no. 54.77.PO

Further to our phone call, we are writing to complain about various items which are either missing or wrong in the above order.

I enclose a list of both categories of items and would remind you that we felt obliged to complain of mistakes in the two previous orders as well. We hesitate to change our supplier, particularly as we have no complaints as to the quality of the goods, but your errors are affecting our production schedules.

We hope that you will give this matter your immediate, urgent attention.

Yours sincerely,

J Schott

Jane Schott
Manageress, Procurements

Encls
Mrs J Halliwell
Jessop & Jonson
23 High Street
Broadstairs
Kent CT10 1LA

Risposta a un reclamo: errata fornitura

Nolans Plc
Regina House
8 Great Hyde St
London E14 6PP
Tel: 020-8322 5678
Fax: 020-8332 5677

Our ref: 99/OUY-7.

6 March 2003

Dear Mrs Allen,

We were most sorry to receive your letter complaining of errors in the items delivered to you under your order G/88/R9.

We have checked your order form and find that the quantities are indeed wrong. We will arrange for the extra supplies to be collected and apologize for the inconvenience that this has caused you.

With respectful regards, we remain,

Yours sincerely,

Thorne Jones

pp Thorne Jones
Sales Director

Mrs E Allen
Allen Fashions
4 High St
Radford
Buckinghamshire.

Sending an invoice

Artegrafica
Via Dante 65 – 10131 Torino
tel. 011 4567009 fax 011 4567090

Spett.le Aldebaran Edizioni
Via Sant'Andrea 4
10139 Torino

DATA: 30 apr. 2003

FATTURA N.: 14

Vs. ORDINE: 03/2003 del 18-04-03

TERMINI: 60 giorni data fattura

IVA: 4% Codice IVA 07451340101

QUANTITÀ	DESCRIZIONE	IMPONIBILE
6	Copertine dei volumi n. 8-13 della collana "Costellazioni"	€ 1.122,00
8	Copertine dei volumi n. 9-16 della collana "Via Lattea"	€ 1.496,00
	TOTALE IMPONIBILE	€ 2.618,00
	IVA	€ 104,72
	TOTALE FATTURA	€ 2.722,72

Servizi esenti da bolla di accompagnamento
(articolo 4 DPR 627/78)

Complaining about delivery: late arrival

Impresa Rigoni
Via Virgilio 14
33051 Aquileia (UD)
tel. e fax. 0431-90044

Spett.le Hydros
Via Piave 43
Palmanova

30-05-03

Vs. riferimento: ordine n. 4356/03

Spett.le Ditta,

con la presente notifichiamo di non aver ancora ricevuto la fornitura di sanitari ordinati per il cantiere di Via Adria 18. La consegna avrebbe dovuto avvenire entro la fine di aprile. È evidente che un ritardo di un mese comporta all'Impresa Rigoni notevoli inconvenienti.
Vi preghiamo pertanto di provvedere alla consegna nel più breve tempo possibile, o ci vedremo costretti a rivolgerci ad altri per le prossime forniture.
Restiamo in attesa di un Vostra risposta.

Distinti saluti

Gabriele Menel
(responsabile acquisti)

Complaining about delivery: wrong goods

Libreria Dell'Università
Via Regina Elena 2
09123 Cagliari
tel. e fax. 070/587634

Spett.le Aldebaran Edizioni
Direzione Commerciale
Via Sant'Andrea 4
10139 Torino

Cagliari, 12 settembre 2003

Vs. rifermento: ordine n. 1398-03

Egregi Signori,

ho ricevuto ieri i testi ordinati. Tuttavia, le copie ordinate erano 50 e non 30. Inoltre, delle 30 copie consegnate, 18 presentano un'intera segnatura mancante (pagine 33-48), e sono quindi costretto a rimandarle indietro.

Vi prego pertanto di farmi arrivare altre 38 copie non fallate nel più breve tempo possibile. Ho infatti una trentina di prenotazioni per questo titolo, e al momento riesco a soddisfarle solo in parte. Non vorrei dover far aspettare i miei clienti troppo a lungo.

Con i miei migliori saluti

Giovanni Maxia

Answering a complaint about delivery of wrong goods

Conti e Di Leo srl – Forniture per alberghi
Via Statuto 52 – 00196 Roma
tel. 06 8879632 fax 06 8879634

Hotel Sette Colli
Viale Ippocrate 16
Roma

15-05-03

Caro Cliente,

abbiamo ricevuto la Sua lettera di rimostranze relativa all'ordine n. 5302. Siamo davvero spiacenti dell'errore nella consegna della merce. Il Suo ordine è stato inavvertitamente scambiato con quello di un altro cliente dello stesso quartiere. Abbiamo già provveduto a inviarLe la giusta fornitura.
Spero che il disguido non Le abbia causato grossi inconvenienti. Le garantiamo che non ci saranno altri errori in futuro.

Distinti saluti

F. Di Leo

Reclamo: fattura già pagata

Old Forge Pottery
4 Money Lane
Falmouth
Cornwall TR11 3TT
Tel: 0326 66758
Fax: 0326 66774

19 September 2003

Oscar Goode & Co
3 Field Place
Truro
Cornwall
TR2 6TT

Dear Mr Last,

Re: Invoice no. 4562938

I refer to your reminder of 17 September, which we were rather surprised to receive.

We settled the above invoice in the usual manner by bank transfer on 22 August and our bank has confirmed that payment was indeed made. Coming after several delays in making recent deliveries, this does cast some doubt on the efficiency of your organization.

We hope that you will be able to resolve this matter speedily.

Yours sincerely,

Rupert Grant
Accounts Manager

Risposta a un reclamo per fattura già pagata

Pusey Westland PLC
345-6 June Street
London SW13 8TT
Tel: 020-8334 5454
Fax: 020-8334 5656

6 June 2003

Our ref: 99/88/IY

Mrs E P Wells
The Round House
High St
Whitham
Oxon OX32 23R

Dear Mrs Wells,

Thank you for your letter of 22 May informing us that our invoice (see ref above) had already been settled.

We confirm that this is indeed the case, and payment was made by you on 5 May. Please accept our sincere apologies for sending you a reminder in error.

Yours sincerely,

G H Founder
Accounts supervisor

Reclamo: fattura troppo elevata

The Round Place
2 Nighend High
Bristol
BS9 0UI
Tel: 117 66900
Fax: 117 55450

4 June 2003

Famous Gourmet
399 Old Green Road
Bristol
BS12 8TY

Dear Sirs,

Invoice no. B54/56/HP

We would be glad if you would amend your recent invoice (copy enclosed).

The quantities of the last three items are wrong, since they refer to "24 dozen" instead of the correct quantity of "14 dozen" in each case. In addition to this, our agreed discount of 4% has not been allowed.

Please check your records and issue a revised invoice, which we will then be happy to pay within the agreed time.

Yours faithfully,

M. R Edwardson
Chief Supplies Officer
Encl.

Risposta a un reclamo per fattura troppo elevata

TRILLING TRADERS
45-46 Staines Lane
BIRMINGHAM
BH8 9RR
Tel: 0121-222 1343
Fax: 0121-222 1465

14 March 2003

Mr T Mettyear
34 Rowland Road
London W11 7DR

Dear Mr Mettyear,

Invoice 7YY- 98776

Your letter of 7 March complaining of our failure to allow a discount on the above invoice has been referred to me by our supplies division.

I regret to inform you that we cannot agree to allow you a discount. Our letter to you of 21 February sets out our reasons. I must now press you for full payment. If, in the future, your invoices are settled promptly we will of course be glad to consider offering discounts once again.

Yours sincerely,

James Anchor
Deputy Managing Director

Disputing an invoice: already paid

Tordelli Traslochi
Piazza Garibaldi 5
68154 Montelepre (FO)
tel. 0256 125456 fax 0256 125458

Spett.le RBS
Corso Europa 19
Forlì

01-10-03

Spett.le RBS,

con riferimento al Vs. sollecito di pagamento relativo alla fattura n. 721/09/03, precisiamo che tale pagamento è già stato da noi effettuato tramite bonifico con accredito sul Vs. c.c. Si deve quindi trattare di un errore, che Vi preghiamo di verificare con la Vs. banca.

Vogliate cortesemente comunicarci i risultati della verifica.

Distinti saluti

Pierluigi Tordelli

Answering complaint about invoice: already paid

Tipografia Molisana
Via G. Giolitti 56
86100 Campobasso

Egr. Sig. Fabio Di Loreto
Via Santa Croce 19
Campobasso

18 settembre 2003

Egregio Signor Di Loreto,

in merito al pagamento della fattura n. 356/06/03, che Lei sosteneva avere già effettuato, ho verificato trattarsi effettivamente di un errore. La fattura Le è stata inviata due volte. Ho avuto recentemente problemi con il programma di contabilità, e penso che il disguido sia dovuto proprio a questo. Voglia accettare le mie scuse.

Distinti saluti

Angelo Deberardinis

Disputing an invoice: too high

Spett.le Dolciaria Toscana
Via Trasimeno 44
53045 Montepulciano

10-10-03

Spett.le Ditta,

ho ricevuto oggi la fattura (n. 21357/03) relativa alla fornitura di croissant al mio bar per la seconda quindicina di settembre. Devo segnalare che l'importo è sbagliato. Infatti, per 50 confezioni da 25 croissant è indicata una cifra corrispondente a 500 confezioni. C'è evidentemente uno zero di troppo. Vogliate quindi rettificare l'importo. Provvederò al pagamento quando l'errore sarà corretto.
In attesa di una Vs. risposta porgo distinti saluti

Caterina Cecchi

Answering complaint about invoice: too high

Dolciaria Toscana
Via Trasimeno 44 53045 Montepulciano (SI)
tel. e fax. 0578-56097

Sig.ra Caterina Cecchi
Caffetteria Il Chicco
Via XXV aprile 7
53026 Pienza

14-10-03

OGGETTO: fattura n. 21357/03

Gentile Signora Cecchi,

con riferimento alla fattura in oggetto, riconosciamo l'errore. La preghiamo di scusarci. Allegata troverà una nuova fattura con l'importo corretto, che potrà saldare con le solite modalità.
Scusandoci ancora, porgiamo i nostri migliori saluti

Enrico Dini
(ufficio contabilità)

Per inviare un assegno

66a Dram Villas
Sylvan Place
Edinburgh EH8 1LZ
Tel: (0131) 668 7575

5 September 2003

L. Farquharson
11 Craghill Grove
Edinburgh
EH6 44P

Dear Mr Farquharson,

Thank you for carrying out the joinery work on our window frames so quickly and efficiently.

I enclose herewith my cheque for £312.33 in full settlement of your account (invoice no.334PP). Please let me have a receipt.

Yours sincerely,

G Moreson (Mr)

Encl.

Per accusare ricevuta di un pagamento

Corkhill Solicitors
23 James Rise
Manchester
M14 5RT
Tel: 0161-548 6811
Fax: 0161-548 7911

10 March 2003

Ms Patricia Farnham
23 Walling Terrace
Manchester
M34 99Q

Dear Ms Farnham,

Thank you very much for your letter of 6 March and enclosed cheque.

I can confirm that we have now received payment in full for our invoice no. 5/99/UYY.

Yours sincerely,

H. Thomson

Dr Henrietta Thomson
Head of Section, Accounts

Avviso di pagamento insufficiente

T. Markham Ltd
34 Asquith Drive
London SW33
Tel: 020-8323 4343
Fax: 020-8323 4586

Our ref: 77877/99/PO

Mr Aidan Fadden
Fadden Enterprises PLC
234 Race Street
London NW8

20 March 2003

Dear Mr Fadden

Bill BQW 888R

We acknowledge receipt of your draft for £3,222.90. We must however point out that our February statement included a further sum of £1,998.13 which was still outstanding from the previous statement.

We would be glad if you would look into this matter and arrange for prompt payment of the sum outstanding.

Many thanks.

Yours faithfully,

J Roundwood

Mr J Roundwood - Chief Cashier

Sollecito di pagamento

ESTUARY SUPPLIES
45 Tully Street
YORK
YO3 9PO
Tel: 01904 59787
Fax: 01904 95757

Our ref: 998884/YT 9 September 2003

Ms T Blunt,
Crabbe and Long,
33-98 Grand Place,
YORK
YO8 6EF

Dear Ms Blunt,

I am writing to remind you that you have not yet settled our invoice no. 6TT 999, a copy of which I enclose.

We have never before had occasion to send you a reminder, so we assume that this matter is simply an oversight on your part. Perhaps you could arrange for payment to be made in the next few days.

Yours sincerely,

M Kington

pp M. Kington
Director

Sending a cheque in payment

Spett.le Ditta
F.lli Cattaneo
Via G. Verdi 23
Sesto San Giovanni

25 febbraio 2003

Spett.le Ditta,

allego alla presente assegno non trasferibile di euro 520,50, a saldo della Vs. fattura n. 3456-03.
Colgo l'occasione per inviare distinti saluti.

Luciano Fumagalli

Luciano Fumagalli
Via Ospedali 34
20097 San Donato Milanese

Acknowledging payment received

Vetreria F.lli Cattaneo srl
Via G. Verdi 23 - 20099 Sesto San Giovanni
tel. 02 33378152

Egr. Sig. Luciano Fumagalli
Via Ospedali 34
20097 San Donato Milanese

28-02-03

Egregio Signor Fumagalli,

in riferimento alla fattura n. 3456-03, accuso ricevuta di pagamento tramite assegno.
La ringrazio per la fiducia accordata alla nostra ditta.

Distinti saluti

Simone Cattaneo

Wrong payment received

SCATOLIFICIO APOSTOLI s.a.s.
Strada San Zeno 83
25100 Brescia
tel. 030 4458791 fax 030 4458792

Spett.le Enoteca Morelli
Via Caravaggio 5
Brescia

20-10-03

Spett.le Ditta,

accusiamo ricevuta di pagamento di euro 256, relativo a Ns. fattura n. 560/00/02. L'importo indicato su tale fattura risulta però essere di 296 euro. La preghiamo pertanto di voler corrispondere i 40 euro mancanti.

Restiamo a disposizione per qualsiasi chiarimento al riguardo.

Distinti saluti

Monica Santi
Gestione contabilità

Reminder of invoice outstanding

Miocaffè srl di Ravasi D.
Noleggio macchine caffè espresso
Corso Monte Bianco 156 - 10155 Torino
tel 011 2347456 fax 011 2347457

Spett.le Ditta Cravero e Bertinotti
Via Po 60 - 10024 Moncalieri

23 luglio 2003

OGGETTO: Fattura n. 94/03

Egregi Signori,

facciamo presente che non è stata a tutt'oggi pagata l'allegata fattura, per un importo di 157, scaduta l'8 c.m. Siamo certi che si tratti di una dimenticanza, avendo la Vostra ditta sempre saldato con regolarità.
Vi preghiamo tuttavia di provvedere quanto prima.
Con i migliori saluti

Davide Ravasi

Fax aziendale

Swan Publishing 
34 Paulton Street
London W2 9RW

FACSIMILE NUMBER: 020-7789 6544

Message for: Charles Julien
Address: 25-30, rue d'Avignon, 75012 PARIS. France
Fax number: 00.33.4143 4555
From: Emma Wallis, Swan Publishing
Date: May 20, 2003
Number of pages including this one: 1

Thank you for your letter of 16 May 2003.

1. Please confirm meeting on June 6th at 10:00.

2. Two packages of brochures and two boxes of samples dispatched on March 24th. Please confirm receipt.

3. Guidelines on government policy apparently to be issued next week. Will try and get copies for discussion at June 6th meeting.

Look forward to seeing you on June 6th.

Emma Wallis

Emma Wallis,
Marketing Director

Fax privato

From: M. Lovejoy, 140 Heriot Row, Dunedin, New Zealand

Fax: 64. 3. 1233. 5566

Date: *25-10-03*

Number of pages including this page : *One*

Richard -

My trip finally approved for period 2-12-03 to 3-1-04. I have to spend two days in Paris first so should reach UK on 6th Dec at latest.

Delighted to meet Rev. Mark Browne and Dr Carl Hilde as you suggest, provided it can be in the week beginning the 9th. Can you make the arrangements? Thanks.

Further info on its way to you by air mail. Let me know as soon as you can.

Thanks for good wishes. Yes, lovely summer here!

All the best,

Miranda

Frasi utili

Formule di apertura

In lettere formali, la formula di apertura più comune è *Dear*.

- *Dear Sir*
- *Dear Madam*
- *Dear Sir or Madam*
- *Dear Sirs*
- *Dear Mr Dixon*
- *Dear Mrs Dixon*
- *Dear Ms Dixon*

Frasi utili

Thank you for your letter of [date] concerning ...

Thank you for sending me a [catalogue, quotation]

Thank you for your enquiry of [date]

I refer to your letter of [date] concerning ...

Further to our telephone conversation of [date], ...

I am writing to confirm our telephone conversation of [date]

I would be grateful if you could forward me a [price list, catalogue]

As stated in your letter/ fax of [date] ...

I wish to draw your attention to ...

I wish to inform you that ...

I am writing to inform you that ...

I am writing to express my dissatisfaction with ...

Please note that ...

Please find enclosed ...

Formule di chiusura

I look forward to hearing from you ...

I look forward to your response ...

I would be most grateful if you would look into this matter as soon as possible ...

Please let me know as soon as possible what action you propose to take ...

I trust that you will give this matter your urgent attention ...

Please do not hesitate to contact me should you require further information.

Se si conosce il nome del destinatario:

- *Yours sincerely*

Se non si conosce il nome del destinatario:

- *Yours faithfully*

Fax: business

EdiService – Servizi Editoriali
Via Udine 4 – 00195 Roma
tel. e fax. 06-79846531

MESSAGGIO TELEFAX

SPETT.LE: Liber Edizioni
ALLA C.A.: Dott.ssa Emma Longhi
DA: Nicoletta Napoli
DATA: 20-05-03

PAGINE INVIATE COMPRESA QUESTA: 3

Gentile Dottoressa,

Le rimando l'introduzione con le modifiche apportate. Come può vedere, gli interventi non sono numerosi. Conto di poterLe dare domani anche l'indice analitico e la bibliografia.
Resto a disposizione per qualsiasi comunicazione o chiarimento.

Saluti

Nicoletta Napoli

Nicoletta Napoli

Fax: personal

Da: Silvia Poggio
A: Roberto Del Duca
N. fax: 02-4789523
Data: 13-02-03
N. pagine inclusa la presente : 4

Ho preso il modulo di iscrizione al concorso.
Te lo faxo, così ce l'hai già anche tu.
Spero che la copia venga bene, ultimamente il mio fax fa i capricci.

Fammi sapere qualcosa per questa sera.

Ciao

Useful phrases

Letter openings

The standard opening for formal correspondence is *Egregio Signor ... / Gentile Signora ...*

- *Egregi Signori*
- *Spettabile Ditta/ Spettabile XYZ*
- *Egregio Direttore*
- *Egregio Dottore/Egregio Dottor Rossi*
- *Gentile Dottoressa/Gentile Dottoressa Rossi*

Useful phrases

Ho ricevuto la Sua/Vs. (lettera) del 10-10-03
Con riferimento alla Sua/Vostra lettera del 10-10-03
In risposta alla Vs. del 10-10-03, Vi comunichiamo che
Con la presente rendiamo noto/comunichiamo/informiamo che
Accuso ricevuta di
Facendo seguito agli accordi verbali/telefonici, ...
Accludo/Allego alla presente
Vi preghiamo di/Vogliate provvedere al pagamento/a rettificare, verificare, inviare

Closures

Nell'attesa di una Vostra cortese risposta porgiamo distinti saluti
Ringrazio anticipatamente per la Vostra attenzione
Restiamo in attesa di Vs. chiarimenti/una Vs. risposta
Restiamo a Sua/Vostra disposizione per qualsiasi informazione/comunicazione/chiarimento
La ringraziamo per la fiducia accordataci
Distinti saluti
Con i migliori saluti
Colgo l'occasione per porgere i miei migliori saluti

Connettivi inglesi

Come aiuto per scrivere in inglese, forniamo qui di seguito un elenco dei più comuni connettivi, con esempi che li mostrano in un contesto.

admittedly
Admittedly, revenge is not the character's only motive.

Certo la vendetta non è l'unica motivazione del personaggio.

again
Again, we have to consider the legal implications.

Inoltre dobbiamo considerare le implicazioni legali.

also
It is *also* interesting to ask to what extent the author has been influenced by his social background.

È *anche* interessante chiedersi fino a che punto l'autore sia stato influenzato dal suo ambiente sociale.

although
I doubt she approves of these changes *although* she hasn't mentioned the subject.

Dubito che approvi questi cambiamenti, *sebbene* non vi abbia accennato.

as a result
They were directly involved in the conflict. *As a result*, their names have been changed to conceal their identity.

Erano direttamente coinvolti nel conflitto. *Di conseguenza* i loro nomi sono stati cambiati per nascondere la loro vera identità.

at any rate
At any rate it is the most credible hypothesis.

In ogni caso è l'ipotesi più credibile.

basically
Basically, the author simply uses the same formula as the one which made his first novel a success.

Fondamentalmente l'autore usa quella stessa formula che ha fatto del suo primo romanzo un successo.

besides
I haven't time to go and see this film – *besides*, it's had dreadful reviews.

Non ho tempo di andare a vedere questo film; *per di più* ha avuto recensioni tremende.

be that as it may
Be that as it may, these measures will take time to have an effect.

Comunque sia, ci vorrà del tempo perché questi provvedimenti abbiano effetto.

but
But that doesn't justify resorting to violence.

Ma ciò non giustifica il ricorso alla violenza.

consequently
Computers are more and more powerful. *Consequently*, home computers soon become obsolete.

I computer sono sempre più potenti. *Di conseguenza* i personal computer diventano presto obsoleti.

despite
Despite his huge success, he has remained very unpretentious.

Nonostante il grande successo è rimasto una persona semplice.

finally
Finally, we will attempt to underline the points which the two poets have in common.

Infine cercheremo di sottolineare i punti in comune fra i due poeti.

first
First, we should recall the different stages of a child's development.

Per prima cosa conviene ricordare quali sono le diverse fasi di sviluppo del bambino.

first of all
We shall see, *first of all*, how the author describes the unhappiness of the character.

Prima di tutto vedremo come l'autore descrive l'infelicità del personaggio.

To help you write in Italian, you will find below the most frequent link words and expressions, shown in context.

allo stesso modo

Allo stesso modo hanno eliminato il tradizionale supplemento del sabato.

Similarly, they have done away with the traditional Saturday supplement.

anche

È *anche* interessante chiedersi fino a che punto l'autore sia stato influenzato dal suo ambiente sociale.

It is *also* interesting to ask to what extent the author has been influenced by his social background.

Si devono prendere in considerazione *anche* i rivolgimenti sociali verificatisi nel corso del XIX secolo.

The social upheavals which took place during the nineteenth century must *also* be considered.

benché

Benché privi del sostegno dei sindacati, hanno deciso di continuare lo sciopero.

Though they don't have any backing from the unions, they have decided to continue their strike action.

certo

Certo la vendetta non è l'unica motivazione del personaggio.

Admittedly, revenge is not the character's only motive.

cioè

Durante il periodo di incubazione, *cioè* per due settimane prima dell'insorgenza dei sintomi, il soggetto è altamente infettivo.

During the incubation period, *that is* to say for two weeks before the onset of symptoms, the subject is very infectious.

ciò nonostante

Ciò nonostante il romanzo non è del tutto autobiografico.

The novel is *nevertheless* not entirely autobiographical.

comunque sia

Comunque sia, ci vorrà del tempo perché questi provvedimenti abbiano effetto.

Be that as it may, these measures will take time to have an effect.

così

Mi faceva ancora male, *così* sono andato da uno specialista.

It was still painful, *so* I went to see a specialist.

d'altra parte

D'altra parte, ci si può chiedere se questa non sia una scelta deliberata dell'autore.

On the other hand, one may wonder if it is not a deliberate choice on the author's part.

da qui

Da qui la necessità per il bambino di identificarsi con personaggi immaginari.

Hence the necessity for the child to identify with imaginary characters.

detto questo/detto ciò

Detto questo/Detto ciò, non ho obiezioni.

That being said, I do not have any objections.

di conseguenza

I computer sono sempre più potenti. *Di conseguenza* i personal computer diventano presto obsoleti.

Computers are more and more powerful. *Consequently*, home computers soon become obsolete.

Erano direttamente coinvolti nel conflitto. *Di conseguenza* i loro nomi sono stati cambiati per nascondere la loro vera identità.

They were directly involved in the conflict. *As a result*, their names have been changed to conceal their identity.

fondamentalmente

Fondamentalmente l'autore usa quella stessa formula che ha fatto del suo primo romanzo un successo.

Basically, the author simply uses the same formula as the one which made his first novel a success.

furthermore

Our survey compares computers within the same power range. *Furthermore*, we limited ourselves to PCs.

Il nostro studio mette a confronto computer di pari potenza. Ci siamo *inoltre* limitati ai PC.

hence

Hence the necessity for the child to identify with imaginary characters.

Da qui la necessità per il bambino di identificarsi con personaggi immaginari.

however

He is not, *however*, considered to be a Decadent author.

Tuttavia non è considerato un autore decadente.

in addition

In addition, the cat is known to have held an important place in ancient Egypt.

Sappiamo *inoltre* che il gatto aveva un posto importante nell'antico Egitto.

in conclusion

In conclusion, we may regret that the author dealt with only one aspect of the problem.

In conclusione, dispiace che l'autore abbia affrontato solo un aspetto del problema.

indeed

The author was well acquainted with the world of banking. *Indeed*, he had worked for a large Parisian bank for almost ten years.

L'autore conosceva bene il mondo delle banche. *Infatti* aveva lavorato per una grande banca parigina per quasi dieci anni.

in fact

In fact we know nothing about the ties which bond them.

In effetti non sappiamo nulla dei legami che li uniscono.

in other words

The child has difficulty in accepting the new baby. *In other words*, he is jealous.

Il bambino ha difficoltà ad accettare il nuovo nato. *In altre parole*, è geloso.

in short

In short, it is an admission of failure.

In breve, è un'ammissione di fallimento.

in spite of

In spite of all his efforts, the envoy has been unable to obtain a peace agreement.

Malgrado ogni sforzo, l'inviato non è riuscito a ottenere un accordo di pace.

instead

Instead, students can enrol on a programming course.

In alternativa gli studenti possono iscriversi a un corso di programmazione.

in the first place

In the first place, we must consider the economic situation of the country before the revolution.

In primo luogo dobbiamo considerare la situazione economica del paese prima della rivoluzione.

moreover

Moreover, close examination of the contract reveals several inconsistencies.

Inoltre, un attento esame del contratto rivela parecchie incoerenze.

nevertheless

The novel is *nevertheless* not entirely autobiographical.

Ciò nonostante il romanzo non è del tutto autobiografico.

next

Next, we shall focus on the psychological approach.

Ci concentreremo *poi* sull'approccio psicologico.

nonetheless

It must *nonetheless* be pointed out that he came from a very religious family.

Bisogna *tuttavia* far notare che proveniva da una famiglia molto religiosa.

now

Now the author is himself of Slav origin.

Ora, l'autore è egli stesso di origine slava.

in altre parole
Il bambino ha difficoltà ad accettare il nuovo nato. *In altre parole*, è geloso.

The child has difficulty in accepting the new baby. *In other words*, he is jealous.

in breve
In breve, è un'ammissione di fallimento.

In short, it is an admission of failure.

in conclusione
In conclusione, dispiace che l'autore abbia affrontato solo un aspetto del problema.

In conclusion, we may regret that the author dealt with only one aspect of the problem.

in effetti
In effetti non sappiamo nulla dei legami che li uniscono.

In fact we know nothing about the ties which bond them.

infatti
L'autore conosceva bene il mondo delle banche. *Infatti* aveva lavorato per una grande banca parigina per quasi dieci anni.

The author was well acquainted with the world of banking. *Indeed*, he had worked for a large Parisian bank for almost ten years.

infine
Infine cercheremo di sottolineare i punti in comune fra i due poeti.

Finally, we will attempt to underline the points which the two poets have in common.

in ogni caso
In ogni caso è l'ipotesi più credibile.

At any rate it is the most credible hypothesis.

inoltre
Inoltre, un attento esame del contratto rivela parecchie incoerenze.

Moreover, close examination of the contract reveals several inconsistencies.

Il nostro studio mette a confronto computer di pari potenza. Ci siamo *inoltre* limitati ai PC.

Our survey compares computers within the same power range. *Furthermore*, we limited ourselves to PCs.

Sappiamo *inoltre* che il gatto aveva un posto importante nell'antico Egitto.

In addition, the cat is known to have held an important place in ancient Egypt.

Inoltre dobbiamo considerare le implicazioni legali.

Again, we have to consider the legal implications.

in primo luogo
*In primo luog*o dobbiamo considerare la situazione economica del paese prima della rivoluzione.

In the first place, we must consider the economic situation of the country before the revolution.

In primo luogo si deve ricordare ciò che accadde quel giorno.

To begin with, one has to remember what happened that day.

invece
Scopriamo *invece* che il personaggio è colpevole del delitto.

On the contrary, we discover that the character is guilty of the crime.

ma
Ma ciò non giustifica il ricorso alla violenza.

But that doesn't justify resorting to violence.

malgrado
Malgrado ogni sforzo, l'inviato non è riuscito a ottenere un accordo di pace.

In spite of all his efforts, the envoy has been unable to obtain a peace agreement.

mentre
La cosa la preoccupava appena, *mentre* lui aveva preso questo avvertimento molto sul serio.

She was hardly worried about it, *whereas* he took this warning very seriously.

nonostante
Nonostante il grande successo è rimasto una persona semplice.

Despite his huge success, he has remained very unpretentious.

on the contrary

On the contrary, we discover that the character is guilty of the crime.

Scopriamo *invece* che il personaggio è colpevole del delitto.

on the other hand

On the other hand, one may wonder if it is not a deliberate choice on the author's part.

D'altra parte, ci si può chiedere se questa non sia una scelta deliberata dell'autore.

similarly

Similarly, they have done away with the traditional Saturday supplement.

Allo stesso modo hanno eliminato il tradizionale supplemento del sabato.

so

It was still painful, *so* I went to see a specialist.

Mi faceva ancora male, *così* sono andato da uno specialista.

still

These mushrooms are said not to be dangerous, but you *still* need to know how to tell them apart from the others.

Questi funghi non sembrano essere pericolosi; occorre *tuttavia* saperli distinguere.

that is to say

During the incubation period, *that is to say* for two weeks before the onset of symptoms, the subject is very infectious.

Durante il periodo di incubazione, *cioè* per due settimane prima dell'insorgenza dei sintomi, il soggetto è altamente infettivo.

that's why

Reading encourages one to be more open-minded. *That's why* a child who reads will find it easier to understand the world around him.

Leggere aiuta ad aprire la mente. *Per questo* un bambino che legge comprenderà più facilmente il mondo che lo circonda.

then

We will *then* talk about the problems of integration faced by immigrants.

Parleremo *poi* dei problemi di integrazione che gli immigrati devono affrontare.

therefore

We will, *therefore*, consider the poets who were Verlaine's contemporaries.

Prenderemo *pertanto/quindi* in considerazione i poeti contemporanei di Verlaine.

though

Though they don't have any backing from the unions, they have decided to continue their strike action.

Benché privi del sostegno dei sindacati, hanno deciso di continuare lo sciopero.

thus

Thus, it seems reasonable to wonder if these investments are justified.

Sembra *pertanto/quindi* legittimo chiedersi se questi investimenti siano giustificati.

to begin with

To begin with, one has to remember what happened that day.

In primo luogo si deve ricordare ciò che accadde quel giorno.

to start with

To start with, we'll briefly sum up the situation.

Per cominciare faremo un breve riepilogo della situazione.

to sum up

To sum up, one can say that television has taken part of the audience away from the cinema.

Ricapitolando/Riassumendo, si può affermare che la televisione ha sottratto al cinema una parte del pubblico.

whereas

She was hardly worried about it, *whereas* he took this warning very seriously.

La cosa la preoccupava appena, *mentre* lui aveva preso questo avvertimento molto sul serio.

yet

She trained hard all year, *yet* still failed to reach her best form.

Nonostante si fosse allenata duramente tutto l'anno non riuscì a raggiungere la sua forma migliore.

Nonostante si fosse allenata duramente tutto l'anno non riuscì a raggiungere la sua forma migliore.

She trained hard all year, *yet* still failed to reach her best form.

ora

Ora, l'autore è egli stesso di origine slava.

Now the author is himself of Slav origin.

per cominciare

Per cominciare faremo un breve riepilogo della situazione.

To start with, we'll briefly sum up the situation.

per di più

Non ho tempo di andare a vedere questo film; *per di più* ha avuto recensioni tremende.

I haven't time to go and see this film – *besides*, it's had dreadful reviews.

per prima cosa

Per prima cosa conviene ricordare quali sono le diverse fasi di sviluppo del bambino.

First, we should recall the different stages of a child's development.

per questo

Leggere aiuta ad aprire la mente. *Per questo* un bambino che legge comprenderà più facilmente il mondo che lo circonda.

Reading encourages one to be more open-minded. *That's why* a child who reads will find it easier to understand the world around him.

pertanto/quindi

Sembra *pertanto/quindi* legittimo chiedersi se questi investimenti siano giustificati.

Thus, it seems reasonable to wonder if these investments are justified.

Prenderemo *pertanto/quindi* in considerazione i poeti contemporanei di Verlaine.

We will, *therefore*, consider the poets who were Verlaine's contemporaries.

poi

Parleremo *poi* dei problemi di integrazione che gli immigrati devono affrontare.

We will *then* talk about the problems of integration faced by immigrants.

Ci concentreremo *poi* sull'approccio psicologico.

Next, we shall focus on the psychological approach.

prima di tutto

Prima di tutto vedremo come l'autore descrive l'infelicità del personaggio.

We shall see, *first of all*, how the author describes the unhappiness of the character.

ricapitolando/riassumendo

Ricapitolando/Riassumendo, si può affermare che la televisione ha sottratto al cinema una parte del pubblico.

To sum up, one can say that television has taken part of the audience away from the cinema.

sebbene

Dubito che approvi questi cambiamenti, *sebbene* non vi abbia accennato.

I doubt she approves of these changes *although* she hasn't mentioned the subject.

tuttavia

Tuttavia non è considerato un autore decadente.

He is not, *however*, considered to be a Decadent author.

Questi funghi non sembrano essere pericolosi; occorre *tuttavia* saperli distinguere.

These mushrooms are said not to be dangerous, but you *still* need to know how to tell them apart from the others.

Bisogna *tuttavia* far notare che proveniva da una famiglia molto religiosa.

It must *nonetheless* be pointed out that he came from a very religious family.

Annunci economici

Lavoro

JOBS

Female Student, 24 yrs, seeks p/t work as childminder/domestic help in Notting Hill area. Experienced, reliable, avail. mornings or afternoons and school hols, approx 15 h.p.w. Pay negotiable. 020 8 339 4857.

Secretary req'd for temp position in dynamic small company to cover maternity leave. 60wpm typing, 90 wpm shorthand, wp experience essential, esp MS Office. Excellent verbal/ written communication skills. Competitive salary. Call Mrs Jones 020 8 338 4958

Handyman required for summer upkeep and repairs at Sutton sports ground. 3 month contract (Jun-Aug), approx 35 hrs pw. Hourly rate £4.35. Carpentry skills essential as is prev experience. Further details from Mr Ellison 020 8 3393283

French Language tuition offered. All levels in your own home, by exp native French speaker. School/univ exams, essays, journalism, business etc. £17 ph. Tel 01902 339449

French/English translators required by French Law firm for casual contract work. Must be native French speaker w/fluent English. German an advantage. For details Tel: 020 7 228 3854 ext. 6950

Au pair seeks position in family with 2-3 children in London. French female, 21yrs, non-smoker, clean driver's licence, excellent refs, good spoken Eng. Tel: 00 33 29930004

Experienced Au pair Wanted for 3 children aged 2,4,7 & some light hsewk in Shepherds Bush. Must be non-smoker, animal lover, driver, 21yrs+. Approx 40hpw, own flatlet & pocket money. Send CV + photo to PO Box 209.

Domestic Help wanted 3hrs 3 mornings pw for family home. Near bus route, £5 ph. Tel 01273 49586

Agent Wanted for 5 bed holiday home in Robin Hood's Bay. Duties incl. cleaning & gen upkeep betw. lets, showing families around, advice and emergency help. Salary neg. Suit retired person. Tel: 020 8 229 4848

Housesitter Wanted: for 4 bed holiday home in Cornwall, for 5 mo Nov-Mar. Rent-free in exch for care of 2 acre gdn, hse maintenance and bills. 6m nearest town. Tel 01273 48596

21yrs+ (21 years plus) più di 21 anni
approx (approximately) circa
Aug (August) agosto
avail. (available) libero, disponibile
bed (bedroom) camera (da letto)
betw (between) tra
CV (Curriculum Vitae) curriculum
Eng (English) inglese
esp (especially) in particolare
etc (et cetera) ecc.
exch (exchange) scambio
exp (experienced) esperto
ext. (extension) interno
gdn (garden) giardino
gen (general) generale
hpw (hours per week) ore alla settimana
hrs (hours) ore
hse (house) casa
hsewk (housework) lavori domestici
incl. (include) compresi
Jun (June) giugno
m (miles) miglia
mo (months) mesi
neg. (negotiable) trattabile
Nov-Mar (November to March) da novembre a marzo
ph (per hour) all'ora
PO Box (Post Office Box) casella postale
prev (previous) precedente
p/t (part time) orario ridotto
pw (per week) alla settimana
refs (references) referenze
school hols (school holidays) vacanze scolastiche
secretary req'd (secretary required) cercasi segretaria
temp (temporary) temporaneo
univ (university) università
wp (word processing) elaborazione testi
wpm (words per minute) parole al minuto
w/ (with) con
yrs (years) anni

jobs

LAVORO

OFFERTE

AGENZIA assicurativa ricerca impiegati amministrativi ambosessi max 24 anni, preferibilmente con esperienza nel settore. Per colloquio telefonare dalle 9 alle 12: 02-465788934.

AGENZIA PRATICHE AUTO cerca collaboratore/trice pratico/a del settore, conoscenza computer e patente auto, disponibilità full-time. Inviare curriculum via fax con autorizzazione legge 675/96, citando rif. 4.2 a: 02-8844563.

AUTISTA pat. C/E, esperienza lavoro internazionale max 35enne cercasi. Telefonare 0161-4465790

CAPO PROGETTO SOFTWARE primaria azienda di servizi ricerca per propria sede Bologna. Richiesta esperienza in progettazione di database e applicazioni client/server complesse, ottima conoscenza MS SQL SRV 2000, conoscenza lingua inglese, militassolto. Casella Publimax 261 40100 Bologna

SEGRETARIA ottima conoscenza lingua inglese per studio legale internazionale cercasi. Inviare c.v. via fax 02-3239087

DOMANDE

28enne diplomata automunita offresi per lavoro amministrativo. Esperienza nel settore, anche assicurativo, conoscenza PC (Office), inglese e francese. Tel. 339-9807652

INGLESE insegnante madrelingua, esperienza pluriennale, max serietà offresi per lezioni di grammatica e conversazione a tutti i livelli. Tel. 02-46372857

PADRONCINO con Iveco Daily nuovo, offresi a seria ditta per servizi Nord Italia, Francia e Svizzera. Cell. 347-8345132

SIGNORA 33enne referenziata con esperienza automunita cerca lavoro come collaboratrice familiare o assistenza anziani. Tel. 335-6544387

automunito (con auto propria) own car
cell. (cellulare) cellphone
collaboratore/trice (collaboratore o collaboratrice) collaborator
c.v. (curriculum vitae) CV
30enne, 40enne, ecc. (trentenne, quarantenne) thirty-year-old, forty-year-old, etc.
max (massimo) maximum
militassolto (che ha già prestato servizio militare) who has completed his compulsory military service
pat. (patente) driving licence
rif. (riferimento) reference (number)
tel. (telefono) telephone

Vendite varie

ARTICLES FOR SALE

Carpet for Sale: Brown wool twist, excel quality and cond. 12ft x 16ft. £80 ono. 01852 345679

Electric Hob, Siemens, brown, 4 rings & small elec oven. Vgc. Offers invited. Can deliver. 01321 4659634

Hotpoint Twin tub washing machine, perf working order, bargain at £100. 01273 495068. Will Deliver.

Hoover turbo power: brand new w/guarantee, still boxed, duplicate gift. Cost £109, will accept £75. Tel. 01865 456923

Pioneer Stereo: separate units, incl. digital tuner, graphics, amp, twin cassette, deck multiplay, cd, turntable. As new £475. tel. 01223 496590.

Hotpoint Larder Fridge. Sm freezer. 3yrs old. gwo. Offers? 01432 594058.

3-Piece Suite. Brown Draylon, 3-seater settee, 2 lge armchairs. £100 ovno. Buyer collects. Tel 020 8 669 4857 (eve/wkends)

Laptop IBM Thinkpad, Pentium 2 processor, 32MB Ram, 1.2 Gb hard drive, internal CD drive, Win 98, 33.3k modem, carrycase. £630 ono.
Tel. 0141 338 5734.

Kenwood Chef Food Processor: w/attachments; mincer, dough, hood etc. Still guarant'd, hardly used. Tel: 01273 458695

Assorted Garden Tools: rake, hoe, shovel, wheelbarrow, broom. All gwo. £50 the lot, or indiv. offers accepted. Tel: 01432 458399

Bathroom wardrobe 6ft H, 4ft W, 20" D, dble doors w/centre mirror, buyer collects.
Tel. 01865 556123.

18ct gold signet ring, cost over £250, will accept £100 ono, wd make a nice Xmas present.
Tel. 01865 585561.

6ft H, 4ft W, 20" D (6 feet high, 4 feet wide, 20 inches deep) altezza 1,80 m, larghezza 1,20 m, profondità 50 cm
12 ft x 16 ft (12 feet by 16 feet) 3,65 m per 4,90 m
amp (amplifier) ampli(ficatore)
CD (compact disc) CD, compact disc
ct (carat) carati
cond (condition) condizioni
elec (electric) elettrico
etc (et cetera) ecc.
eve (evenings) di sera
excel (excellent) eccellente
ft (feet) piedi
Gb (gigabyte) Gb, giga(byte)
guarant'd (guaranteed) garantito
gwo (good working order) in buone condizioni di funzionamento
HD (hard disk) disco fisso, hard disk
incl (including) comprendente
indiv (individual) individuale
lge (large) grande
MB (megabytes) MB, mega(byte)
ono (or nearest offer) trattabili
ovno (or very near offer) trattabili
perf (perfect) perfetto
sm (small) piccolo
tel (telephone) telefono
vgc (very good condition) ottimo stato
w/ (with) con
wd make (would make) costituirebbe
wkends (weekends) week-end
yrs (years) anni
x (by) per
Xmas (Christmas) Natale

Articles for sale

VENDITA

ARREDAMENTO

TAPPETO persiano autentico, sfondo rosso e blu scuro, lungh. cm 200, largh. cm 95, perfette condizioni, prezzo da concordare. Tel. 02-5327824

TAVOLO rotondo allungabile, diam. cm 120, in frassino e 4 sedie coordinate vendo a € 350,00. Cell. 339-5847844

ELETTRODOMESTICI E CASALINGHI

FORNO MICROONDE grill, 750W, ancora imballato, doppione regalo di nozze vendo. Tel. 0172-56908 (segr. tel.)

FREEZER A POZZO cm 80Lx60Px85H, col. bianco, perfettamente funzionante, garanzia, € 125,00. Tel. 01-8786452

ABBIGLIAMENTO E ACCESSORI

ABITO DA SPOSA tg. 42, stile romantico, con strascico, corpetto e maniche in pizzo, € 350,00 trattabili. Cell. 339-6654392

BORSA Chanel, mai usata, prezzo affare. Tel. 030-4646578 h. pasti

OROLOGIO D'EPOCA, cassa in oro 18kt, perfetto, prezzo interessante. Cell. 347-2371108

SCARPONI trekking num. 45, nuovi, valore € 67 per errato acquisto vendo a € 55. Cell. 348-8272313

COLLEZIONISMO

MODELLINI: vendo, anche singolarmente, intere collezioni di modellini Ferrari, anche stradali rari. Tel. 02-4455907 solo h. pasti

TEX, Diabolik, Zagor, numeri anni '70, vendo a € 0,50 cad. o scambio alla pari. Tel. 02-55907321

80Lx60Px85H (larghezza 80, profondità 60, altezza 85) 80 cm wide, 60 cm deep, 85 cm high
cad. (caduno) each
cell. (cellulare) cellphone
col. (colore) colour
diam. (diametro) diameter
h pasti (ore pasti) dinnertime
18kt (18 carati) 18-carat
largh. (larghezza) width
lungh. (lunghezza) length
num. (numero) (shoe) size
segr. tel. (segreteria telefonica) answerphone
tel. (telefono) telephone
tg. (taglia) size
W (watt) watt

Scambi vacanze

House/Apartment holiday exchanges

Exchange: Sml fam owned village hse nr Objat, slps 4-5, 1 bath, lounge, mod kit, sm gdn, for Seaside cott in Devon/Cornwall for 3 wks commenc. Jun 2nd 2003. Tel: 00 33 5 55 25 8899.

Room Exchange Wanted: lge rm in friendly non-smkg hse w/ 3 profs in Central Oxford for similar in Brixton area for 3 mos from Sept 03. Monthly rental £50 p.w. Pets welcome. Tel 01865 553389.

Caravan Exchange Wanted: comfortable 6 berth caravan on N. Cornish coast: running water, elec, camp shop. Padstow 2 m. For 3-4 berth caravan in S. Wales campsite for 3 wks July or Aug 03. Tel: 020 8 332 5454

Holiday Exchange: Clean, scenic, 6 pers Chalet in Provence (quiet town, 40 mins drive from St Tropez) offered in exch. for approx 4 pers cott on Sussex coast (pref nr. Newhaven) for 1 month beginning August 2003. Car exch poss. Tel: 00 33 249968504.

Trans-Atlantic Apartment Swap: Lux 2BR, 2ba apt in Evanston. Lake view frm balcony, prkg, fully a/c, cable, lndry, close to shops and trans to Chicago (20 mins). For 2 BR similar quality in Central London. Call Sarah: 00 1 312 866 7396.

Couple Seek Bedsit Exchange: beautiful roomy dble bedsit nr Camden Lock, 5 mins tube, great clubs nrby, in exch for similar in central Edinburgh for 3 wks of Festival. Pets, smokers welcome. Tel 020 8 223 4956

Vendita veicoli, barche

Vehicle sales

Ford Fiesta 1300, 1994, M reg. 29,000 miles. Blue. Power steering, twin airbags, 4 mo MOT, VGC, 2 lady owners. £2,600 ono. Tel. 01224 572318

V.W Sharan, 1997, P Reg, silver. e/w, a/c, alloy wheels, taxed July 2003, excellent condition. One owner from new. £10,250 ono. Tel 01385 349450

Mini 1.3L, N Reg., limited edition, metallic green. Alarm, immobiliser, r/c, excellent condition, 40k miles. £2,900 ono. Tel. 07720 987142

Honda Civic hatchback. 1.6v, N Reg, 28,000 miles. Yellow. CD player, immobiliser, electric windows. 6 month's road tax. £5,500 ono. Tel. 020 8439 7783 (eve).

Bargain Boat! 32 ft Kitch Motor Sailer, 5 Berth, all navigation aids, 50hp diesel. Some work needed hence price, must sell: best offer over £18000. Call Jo 01273 495869

Bicycles for Sale: One Ladie's 5-spd, 27in wheels, 19 in frame. As new £75. One Boy's 10 spd racer, suit 10-12 yrs, PX if poss, otherwise £50.
Phone 01223 4459305 after 6pm or wkend.

a/c (air conditioned) aria condizionata
approx (approximately) circa
apt (apartment) appartamento, alloggio
ba (bathroom) bagno
bath (bathroom BE) bagno
BR (bedroom) camera (da letto)
car exch. (car exchange) scambio di auto
commenc. (commencing) a partire da
cott (cottage) casetta (di campagna)
dble bedsit (double bedsit) monolocale a due letti
elec (electricity) elettricità
exch (exchange) scambio
fam owned (family owned) di proprietà
frm (from) da
hse (house) casa
lge rm (large room) grande camera
lndry (laundry AE) lavanderia
lux (luxury) lussuoso
m (miles) miglia
mod kit (modern kitchen) cucina modernamente attrezzata
mos (months) mesi
N. Cornish (North Cornish) Cornovaglia settentrionale
non-smkg (non-smoking) non fumatori
nr (near) vicino a
nrby (nearby) vicino
pers (person) persona
pref (preferred) preferibilmente
prkg (parking) parcheggio
profs (professionals) (lavoratori) dipendenti
pw (per week) alla settimana
slps (sleeps) posti letto
sm gdn (small garden) giardinetto
sml (small) piccolo
S. Wales (South Wales) Galles meridionale
trans (transport) trasporti pubblici
w/ (with) con
wks (weeks) settimane
1600c (1600 centilitres) 1600 centimetri cubici
40k miles (40,000 miles) 64.000 chilometri
6pm (post meridiem) le (ore) 18
a/c (air conditioning) climatizzatore
eve (evening) sera
e/w (electric windows) alzacristalli elettrici
ft (foot) piede
hp (horsepower) cavalli (vapore)
in (inches) pollici
mo (months) mesi
MOT (Ministry of Transport test) revisione
ono (or nearest offer) trattabili
poss (possible) possibile
PX (part exchange) scambio
r/c (radio-cassette) autoradio con lettore cassette
recon (reconditioned) rimesso a nuovo
reg (registration) immatricolazione
spd (speed) velocità
tel (telephone) telefono
vgc (very good condition) ottimo stato
wkend (weekend) week-end
yr(s) (year(s)) anno/i

House/Apartment holiday exchanges

CASE VACANZE: SCAMBI

LIMONE P.TE appartamento di salone con camino, cucina, 4 camere, doppi servizi, box scambio con villetta indipendente in Liguria mesi giu.-sett. Tel. 0171-56732

VIAREGGIO alloggio mq 70, sul mare, cucina abitabile, due camere, ingresso e bagno, tot. posti letto 4 scambiamo con alloggio analoghe caratteristiche sul lago di Garda, periodo vacanze scolastiche. Tel. 050-884756 (h. pasti)

Vehicle Sales

VENDITA

AUTOMEZZI

FIAT BARCHETTA RIVIERA col. rosso, 06/01, km 20.000, € 15.000,00 trattabili. Cell. 347-9678542

HYUNDAI GALLOPER, agosto 01, km 11.000, grigio met., accessoriato, € 16.500,00. Cell. 339-77645332

PUNTO TD 70 CV, 5p., 1999, grigio chiaro, climatizzatore, antifurto, chiusura centralizzata, alzacristalli elettrici, ottimo stato, € 5.000,00. Tel. 011-3345900

STILO 1.6 16V genn. 2002, km 3000, come nuova a € 13.500,00. Tel. 011-5764555

MOTOCICLI

YAMAHA V-MAX, imm. giu. 2001, km 5800, antifurto, tagliando 6000 km effettuato, € 9.000,00 trattabili

CICLI

MTB di 2 anni, rossa e nera, cambio Shimano, 18 marce, ruota 50, adatta ragazzo 10/12 anni, € 60,00. Cell. 339-7586774

IMBARCAZIONI

BARCA A VELA m 6.20 in vtr, deriva mobile in ghisa, 5 cuccette, cucina, imp. elettrico, fb 4 hp nuovo, € 7.000,00 trattabili. Cell. 338-8736654

giu.-sett. (da giugno a settembre) from June to September
h pasti (ore pasti) dinnertime
mq (metri qudri) square metres
tot. (in totale) in all

06/01 (giugno 2001) June 2001
cell. (cellulare) cellphone
col. (colore) colour
CV (cavalli vapore) horsepower
genn. (gennaio) January
giu. (giugno) June
grigio met. (grigio metallizzato) silver gray
imm. (immatricolato) registered
imp. elettrico (impianto elettrico) electrical system
MTB (mountain bike) mountain bike
5p. (cinque porte) five-door (car)
tel. (telefono) telephone
16V (sedici valvole) 16-valve (engine)
vtr (vetroresina) fibreglass

Vendita di immobili

Property

For Sale

For Sale: Lewes, Semi-det hse, BR 2 mins walk – 50 mins London. 1.5 baths, 4 beds, lge gdn, 2 recs, newly modernized kitchen, gch. £90,000. Tel: 01273 34790 eve/wkend.

Salcombe, Devon: Period Cott. Sea view, 2 acres gdn, 3 beds, 2 baths, lge fmly rm, wkg fireplaces, beams, fully renovated. OIRO £125,000 for quick sale. PO Box 41.

For Sale: 5 acres of land w/ Pl Permsn 3 stables/outhses. Would make good paddock/grazing. Easy road access, 3m from Maldon. Offers: 01622 859059.

Hereford £250,000: Stunning, spacious 19th century home in 3 acres gdn and woodland. Mstr suite + 4 BR, 3 ba, huge lounge w/patio, DR, Lge mod. kit, utility rm, bsmnt. 2 miles Hereford ctr. Dble Grge. Tel: 01432 273669

Development Potential: crumbling 18th cent Cotswold farmhouse in Bexley (Oxford 5m). Needs total refurbishment. Could become beautiful 3/4 bed country hse w/lge gdn in much sought-after area. Interested? Tel 01865 27768.

£80,000 Rottingdean. Purpose built apartment. Spacious dble bedrm, lounge, kit, bath, balcony, pking avail. Quiet residential area nr shops + golf course. Brighton 2m. Owner sale, call 01273 564789

Affitto di immobili

To let

Wanted by non-smoking professional female: room in shared hse nr city ctr, w/ 2-3 other profs/grads. Rent up to £60 p.w + bills. Will provide refs and deposit if nec. Tel: Jane 01223 432675.

For Rent: Rehabbed grnd flr apt in divided semi-det hse, 2 mins walk Balham tube. Unfurn, 2 beds, sitting rm, sml kit w/washing mach, gch, use of garden. Quiet area. £155 p.w. + bills. 2 mo sec. dep + refs. No pets. Tel: 020 8 556 2310 after 6pm.

Alfriston: Lakeside bungalow for six mo lease. Fully furn, 2 bed, 1 bath, gch, sml gdn, all mod cons. Slps 4-5. Nr village center. Pking. £500 pcm, bills incl. except phone. Tel: 020 7 446 5090

Lavender Hill: Luxury Flat to let. 3rd flr, fully furn split-level w/roof gdn + spectacular view. 3 beds, 1 bath, spacious lounge w/skylights. Gch, security entry, semi-det Georgian building in quiet residential area. BR + Clapham common 5 mins walk. £900 pcm + bills. Tel: 020 8 224 3948.

To Let: Picturesque North Brittany Farmhouse for 3 mo from Jul 2003. Slps 6-8. Fully modernized. Level gdn l 9089 sq yds, outhouses & barn. Nearest town 2 m, good road. Tel: 00 33 2 96 437263

Wanted: Quiet prof. female to share small hse w/one other in central Chelmsford nr bus stn. Rent £60 p.w. Cat-lover pref. Tel: 01245 443228.

18th cent (18th century) (del) Settecento
avail (available) libero, disponibile
ba (bathrooms AE) bagni
baths (bathrooms BE) bagni
bed (bedroom) camera (da letto)
BR (bedroom AE) camera (da letto)
BR (British Rail) stazione ferroviaria
bsmnt (basement) seminterrato
cott (cottage) casetta (di campagna)
ctr (centre) centro
dble bedrm (double bedroom) camera a due letti
dble grge (double garage) box doppio
DR (dining-room) sala da pranzo
eve (evening) sera
fam rm (family room) soggiorno
fmly rm (family room) soggiorno
gch (gas central heating) riscaldamento centrale a metano
gdn (garden) giardino
hse (house) casa
kit (kitchen) cucina
lge (large) grande
m (miles) miglia
mins (minutes) minuti
mod kit (modern kitchen) cucina modernamente attrezzata
Mstr suite (master suite) camera padronale con bagno
nr (near) vicino a
OIRO (offers in the region of) proposte nell'ordine di
outhses (outhouses) dépendances
Pl Permsn (planning permission) licenza edilizia
recs (reception rooms) stanze principali
semi-det hse (semi-detached house) casa bifamiliare
utility rm (utility room) lavanderia
w/ (with) con
wkend (weekend) week-end
wkg (working) funzionante
3rd flr (third floor) 3° piano

all mod cons (modern conveniences) tutti i comfort
apt (apartment) appartamento
bed (bedroom(s)) camera/e (da letto)
BR (British Rail) stazione ferroviaria
bus stn (bus station) stazione autolinee
ctr (centre) centro
dep (deposit) cauzione
furn (furnished) ammobiliato
gch (gas central heating) riscaldamento centrale a metano
grads (graduates) universitari
grnd flr (ground floor) pianterreno
hse (house) casa
incl (including) comprendente
m (miles) miglia
mins (minutes) minuti
mo (months) mesi
nec (necessary) necessario
nr (near) vicino a
pcm (per calendar month) al mese
pking (parking) parcheggio
pref (preferred) preferibilmente
prof (professional) (lavoratore) dipendente
p.w. (per week) alla settimana
refs (references) referenze
rehabbed (rehabilitated) ristrutturato
sec. dep (security deposit) cauzione
semi-det hse (semi-detached house) casa bifamiliare
sitting rm (sitting room) salotto
slps (sleeps) posti letto
sml kit (small kitchen) cucinino
sq. yds (square yards) yard quadrate
tel (telephone) telefono
unfurn (unfurnished) vuoto
w/ (with) con
washing mach (washing machine) lavatrice

Property: Sales and lets

VENDITA

IN CITTÀ

AAA. Centro storico finemente ristrutturato libero subito soggiorno camera cucina ingresso bagno cantina termoautonomo ottimo investimento € 129.000 trattabili IMMOBILIARE LA CASA 011-4756394

CENTRO app. ristrutturati 1/2/3 camere cucina bagno poss. box auto BERTINI IMMOBILIARE 011-3393586

CENTRO libero in stabile d'epoca signorile piano rialzato appartamento composto da ingresso 5 camere cucina biservizi mq 130 volendo uso ufficio STUDIO ROSSI 011-5672231

CORSO ARGENTINA vic.ze completamente ristrutturato ingresso ampio soggiorno camera cucina abitabile bagno termoautonomo rif. 3451 IMMOBILIARE P&G 011-9078576

CASE, VILLE E RUSTICI

BOSCO SCURO affare porzione di casa libera su due lati con cortile indipendente da ristrutturare poss. due appartamenti IMMOBILIARE MONTANA 0171-685736

SANT'ANNA villa a schiera di nuova costruzione p. sem. locale unico di 75 mq uso garage p. t. ingresso salotto cucina e bagno 1° piano tre camere e bagno mansarda in ambiente unico giardino e portico al p. terreno € 192.000 ABITARE 0121-2537644

AFFITTI

CORSO XXV APRILE ottimo libero piano alto mq 110 ampio salone due camere angolo cottura doppi servizi ripostiglio cantina contratto 4+4 anni IMMOBILIARE SAVINO 011-4982746

SAN ROCCO in casetta affittasi a referenziati p.t. indip. ristrutturato termoautonomo ampia cucina due camere bagno € 470.00 compreso posto auto (no spese condominiali) 347-8313542

ARREDATI

AFFITTASI adiac. città ingresso camera cucina bagno € 360.00 + spese STUDIO FASOLIS 011-5656763

UNIVERSITÀ pressi privato affitta a studenti appartamento di ingresso due camere cucina bagno tot. 4 posti letto € 800 comprese spese e risc. 011-7867123 ore serali

adiac. (nelle adiacenze di) in the environs of
app. (appartamento) flat, apartment
biservizi (doppi servizi) two bathrooms
indip. (indipendente) independent
mq (metri qudri) square metres
p. (piano) floor
poss. (possibilità) possibility
p. sem. (piano seminterrato) basement
p. t. (piano terra) ground floor
rif. (riferimento) reference (number)
risc. (riscaldamento) heating
termoautonomo (dotato di riscaldamento autonomo) independent heating
tot. (in totale) in all
vic.ze (nelle vicinanze di) close to

Il telefono

LESSICO UTILE

Il telefono e il suo uso

the handset / the receiver	*il ricevitore / la cornetta*
the base	*la base*
the key-pad	*la tastiera / il tastierino*
the telephone cord	*il filo del telefono*
to pick up the phone	*alzare il ricevitore / la cornetta*
to hang up	*riattaccare*
a telephone call	*una chiamata / una telefonata*
to make a phone call	*fare una telefonata*
a telephone number	*un numero di telefono*
an extension (phone)	*un interno*
the dialling tone	*il segnale di libero*
the tone (in a recorded message)	*il segnale acustico / il bip*
to dial the number	*comporre / fare il numero*
to dial 999/911	*comporre / fare il 999/911*
the area / country code	*il prefisso interurbano / internazionale*
the operator	*l'operatore*
the switchboard	*il centralino*
the switchboard operator	*il / la centralinista*
a telephone company	*una compagnia telefonica*
a cordless phone	*un cordless*
an answering machine	*una segreteria telefonica*
a fax machine	*un fax*
voice mail	*casella vocale*
a telephone directory / a phone book	*un elenco telefonico / una guida telefonica*
the Yellow Pages®	*le pagine gialle®*
a business / residential number	*un numero d'ufficio / di casa*
a Freefone number (BE) / a toll-free number (AE)	*un numero verde*
the emergency services number	*il numero dei servizi di emergenza (999 nel Regno Unito e 911 negli Stati Uniti per richiesta di intervento di ambulanza, polizia o vigili del fuoco)*

USEFUL VOCABULARY

The phone and the calling procedures

il ricevitore / la cornetta	*the handset, the receiver*
la tastiera / il tastierino	*the key-pad*
il filo del telefono	*the telephone cord*
alzare il ricevitore / la cornetta	*to pick up the phone*
riattaccare	*to hang up*
una chiamata / una telefonata	*a telephone call*
fare una telefonata	*to make a phone call*
un numero di telefono	*a telephone number*
un interno	*an extension (phone)*
il segnale di libero	*the dialling tone*
il segnale acustico / il bip	*the tone (in a recorded message)*
comporre / fare il numero	*to dial the number*
comporre / fare il 347-9876...	*to dial 347-9876...*
il prefisso interurbano / internazionale	*the area / country code*
l'operatore	*the operator*
il centralino	*the switchboard*
il / la centralinista	*the switchboard operator*
una compagnia telefonica	*a telephone company*
un cordless	*a cordless phone*
una segreteria telefonica	*an answering machine*
un fax	*a fax machine*
casella vocale	*voice mail*
un elenco telefonico / una guida telefonica	*a telephone directory / a phone book*
le pagine gialle®	*the Yellow Pages®*
un numero d'ufficio / di casa	*a business / residential number*
un numero verde	*a Freefone number (BE) / a toll-free number (AE)*
numeri di emergenza	*emergency services numbers (118 for emergency medical assistance, 113 for the police and 115 for the fire brigade)*
sentire suonare / squillare il telefono	*to hear the phone ring*

to hear the phone ring	*sentire suonare / squillare il telefono*
to set the volume	*regolare il volume (della suoneria)*
to leave the phone to ring 3/5... times	*lasciare suonare il telefono 3/5... volte*
it's engaged / the line is engaged	*è occupato*
there's no answer	*non risponde / non rispondono*
to leave a message on the answerphone	*lasciare un messaggio sulla segreteria telefonica*

Espressioni utili per telefonare

Hello!	*Pronto?*
It's Rebecca Major	*Sono Rebecca Major*
Who's calling, please?	*Chi parla?*
It's Louise speaking	*(Sono) Louise*
Speaking!	*Sono io*
May I speak to Claire, please?	*Posso parlare con Claire per favore?*
It's a business / personal call	*E' una telefonata di lavoro / personale*
One moment please	*Un momento / Un attimo per favore*
Hold the line please	*Attenda in linea per favore*
I'll put you through (ie to their extension)	*Glielo / Gliela passo*
I'll put him / her on	*Glielo / Gliela passo*
Mr Brown is on the phone	*C'è il signor Brown al telefono*
I'll put you on hold	*La metto in attesa*
Mr Fowler cannot come to the phone at the moment	*Il signor Fowler è impegnato al momento*
May I take a message?	*Vuole lasciare un messaggio?*
May I leave a message?	*Posso lasciare un messaggio?*
I'll call back later	*Richiamo più tardi*
Please leave your message after the tone (on an answering machine)	*Lasciate un messaggio dopo il segnale acustico / il bip*

Fuori casa

a phone booth / box	*una cabina telefonica / del telefono*
a pay phone	*un telefono pubblico*
a coin operated phone	*un telefono a moneta*
a cardphone	*un telefono a scheda*

regolare il volume (della suoneria)	*to set the volume*
lasciare suonare il telefono 3/5... volte	*to leave the phone to ring 3/5... times*
è occupato	*it's engaged / the line is engaged*
non risponde / non rispondono	*there's no answer*
lasciare un messaggio sulla segreteria telefonica	*to leave a message on the answerphone*

Common phrases used on the phone

Pronto?	*Hello!*
Sono Roberta Rossi	*It's Roberta Rossi*
Chi parla?	*Who's calling, please?*
(Sono) Luisa	*It's Luisa speaking*
Sono io	*Speaking!*
Posso parlare con Clara per favore?	*May I speak to Clara, please?*
E' una telefonata di lavoro / personale	*It's a business / personal call*
Un momento / Un attimo per favore	*One moment please*
Attenda in linea per favore	*Hold the line please*
Glielo / Gliela passo	*I'll put him / her on / I'll put you through (ie to their extension)*
C'è il signor Rossi al telefono	*Mr Rossi is on the phone*
La metto in attesa	*I'll put you on hold*
Il signor Rossi è impegnato al momento	*Mr Rossi cannot come to the phone at the moment*
Vuole lasciare un messaggio?	*May I take a message?*
Posso lasciare un messaggio?	*May I leave a message?*
Richiamo più tardi	*I'll call back later*
Lasciate un messaggio dopo il segnale acustico / il bip	*Please leave your message after the tone*

When you are not at home

una cabina telefonica / del telefono	*a phone booth / box*
un telefono pubblico	*a pay phone*
un telefono a moneta	*a coin operated phone*
un telefono a scheda	*a cardphone*
una scheda telefonica	*a phonecard*
una carta di credito telefonica	*a phone credit card / a phone charge card*

a phonecard	*una scheda telefonica*
a phone credit card / a phone charge card	*una carta di credito telefonica*
a mobile (phone) / a cellphone / a cellular phone	*un (telefono) cellulare / un telefonino*
a prepaid mobile phone voucher	*una scheda prepagata*
a car phone	*un telefono da auto*
a pager	*un cercapersone*
a text message	*un messaggio / un SMS*

Funzioni e servizi speciali

fault reporting	*segnalazione guasti*
directory enquiries / directory assistance	*informazioni elenco abbonati*
to be ex-directory	*non essere sull'elenco*
to make a reverse charge call to somebody / to call somebody collect	*fare una telefonata a carico del destinatario*
three-way calling	*conversazione a tre*
itemized billing	*fatturazione dettagliata*
call waiting	*avviso di chiamata*
call diversion	*trasferimento di chiamata*
call return	*servizio 400* (Telecom Italia) servizio che permette di recuperare il numero dell'ultima chiamata cui non si è potuto rispondere
caller display	*servizio Chi è* (Telecom Italia) servizio che permette di conoscere il numero telefonico da cui proviene la chiamata
last number redial	*ripetizione automatica ultimo numero*

un (telefono) cellulare / un telefonino	*a mobile (phone) / a cellphone / a cellular phone*
una scheda prepagata	*a prepaid mobile phone voucher*
un telefono da auto	*a car phone*
un cercapersone	*a pager*
un messaggio / un SMS	*a text message*

Special services

segnalazione guasti	*fault reporting*
informazioni elenco abbonati	*directory enquiries / directory assistance*
fare una telefonata a carico del destinatario	*to make a reverse charge call to somebody / to call somebody collect*
conversazione a tre	*three-way calling*
fatturazione dettagliata	*itemized billing*
avviso di chiamata	*call waiting*
trasferimento di chiamata	*call diversion*
richiamata su occupato	*callback facility*
ripetizione automatica ultimo numero	*last number redial*

Ecco alcuni esempi di conversazioni telefoniche:

Esempio 1

- ● Good morning, Calvert Communications. How may I help you?
- ■ Good morning. Could I speak to John Calvert please?
- ● I'm afraid he's out of the country on business until the end of the week. Would you like to leave a message and he'll call you when he gets back?
- ■ Yes. Could you ask him to call Liz Baxter at Emerson Associates on 01782 3372989 as soon as possible please. It's about the contract.
- ● I'll make sure he gets your message first thing on Monday.
- ■ Thanks very much. Goodbye.
- ● Goodbye.

Esempio 2

- ● Good afternoon, Directory Enquiries. Which name do you require?
- ■ Hello. The name is Cameron.
- ● Do you have an initial?
- ■ Yes, it's J.P.
- ● Could I have the address please.
- ■ It's 17 Admiral Court, Bournemouth
- ● I'm sorry but the number you requested is listed as ex-directory.
- ■ Oh, I see. Thank you very much. Goodbye.

Esempio 3

- ● Hello?
- ■ Hello, is that Charlie?
- ● No this is Chris, his brother.
- ■ Oh, I'm sorry. This is Mark, Charlie's saxophone teacher. Is Charlie there?
- ● Yes he is. If you hold the line I'll call him for you.
- ■ Thanks.

Esempio 4

- ● Hello. Paul and Linda are sorry but they can't take your call at the moment. Please leave your name, number and a message after the tone and we'll call you back as soon as possible. Beep...
- ■ Hi, it's Angus here. I'll be passing through Bristol at the weekend so if you fancy a drink or a meal somewhere give me a call on my mobile. Speak to you soon. Cheers!

Esempio 5

- ● Miranda Carlton's office.
- ■ Good morning. Could I speak to Miranda Carlton please.
- ● Yes. May I ask who is calling?
- ■ This is Colin Wirth.
- ● I'm sorry but Miss Carlton is on the phone. Would you like to hold?
- ■ Yes please.

....

- ● Hello. Miss Carlton is still on the other line. I'm her secretary, can I be of any assistance?
- ■ Actually it's a personal call. I'll try again later thank you. Goodbye
- ● Goodbye.

Esempio 6

- ● Hello!
- ■ Hello. This is Ben Jacobs from FotoFixit, could I speak to Mrs Matthews please?
- ● I'm sorry but she's not at home at the moment. Can I take a message?
- ■ Yes, could you let her know that her camera has been repaired and is ready for collection whenever it's convenient for her.
- ● Yes, of course, I'll pass the message on as soon as she gets home.
- ■ Thank you very much. Goodbye.

Here are some examples of telephone conversations:

Example 1

● PBM, buongiorno.

■ Buongiorno. Vorrei parlare con il dottor Rossi, per favore.

■ Mi dispiace, il dottor Rossi è in riunione in questo momento. Vuole lasciare un messaggio?

● Sì, grazie. Sono Giulia Martini. Può dirgli per cortesia di richiamarmi allo 02 45667464?

■ Può ripetere il numero per favore?

● Certo: 02 45667464.

■ 02 45667464. Va bene, gli farò avere il messaggio.

● La ringrazio, arrivederci.

■ Arrivederci

Example 2

● Servizio abbonati, buongiorno.

■ Buongiorno. Vorrei avere il numero di Dutto Giovanni, a Cuneo.

● Sì... Ci sono sei Dutto Giovanni. Sa l'indirizzo?

■ Sì. Corso Nizza 45.

● Mi dispiace, ma non c'è nessun Dutto Giovanni con quest'indirizzo in elenco.

■ Forse il telefono è intestato alla moglie, ma non so il cognome. Grazie lo stesso, comunque. Arrivederci.

● Arrivederci

Example 3

● Pronto?

■ Paolo?

● No, sono suo padre.

■ Oh, mi scusi signor Troisi, sono Giorgio. Paolo è in casa per favore?

● Sì, è rientrato proprio ora. Te lo passo.

■ Grazie

Example 4

● Risponde la segreteria telefonica del numero 06 9877536. In questo momento non possiamo rispondere. Siete pregati di lasciare un messaggio dopo il segnale acustico. Grazie. bip...

■ Sono Michele. Domani sarò a Roma per lavoro. Mi farebbe piacere vedervi. Chiamatemi al cellulare domattina. Ciao.

Example 5

● Studio medico Delpiano, buongiorno.

■ Buongiorno, posso parlare con il dottore per cortesia?

● Chi devo dire?

■ Elena Carli

● Un attimo, per favore... Mi dispiace il dottore sta parlando sull'altro telefono. Vuole attendere in linea?

■ Sì, grazie

....

● Pronto? Mi dispiace, ma è ancora occupato. Vuole lasciar detto a me?

■ Grazie. È una chiamata personale, ma non è niente di urgente. Richiamerò io più tardi.

● Va bene, glielo dirò.

■ La ringrazio, arrivederci.

● Arrivederci

Example 6

● Pronto?

■ Pronto, casa Alberti?

● Sì

■ Buonasera, sono Anna Salemi, una collega di Marina. Marina è in casa, per favore?

● Mi dispiace, è uscita. Vuole lasciare un messaggio?

■ Sì, grazie. Può dirle che ho trovato la sua agenda? Era in terra, vicino alla timbratrice, deve esserle caduta dalla borsa.

● Ah, sì, grazie. Glielo dirò senz'altro. È stata gentile a telefonare.

■ Ma si figuri. Dica a Marina che domani gliela riporto in ufficio.

● Va bene.

■ Grazie e buonasera.

● Buonasera.

SMS (abbreviazioni inglesi)

I principi di base che regolano l'uso delle abbreviazioni negli SMS in inglese sono abbastanza semplici. Alcune parole o sillabe si possono rappresentare con una lettera o un numero che abbiano un'uguale pronuncia. Ad esempio, la lettera "C" si pronuncia come la parola "see" (o, anche, "sea"), "U" si pronuncia come "you" e il numero "8" (eight) può sostituire il suono /eɪt/. In questo modo, "see you later" si abbrevia CUL8R. Si possono inoltre omettere alcune lettere di una parola, soprattutto vocali. Ad esempio, "please" diventa "PLS" e "speak" "SPK". Molte abbreviazioni infine sono costituite dalle lettere iniziali di frasi di uso comune, come FYI "for your information" o TTYL "talk to you later".

Come accade anche in Italia, gli emoticon sono molto utilizzati negli SMS. Alcuni dei più comuni sono elencati qui di seguito.

Glossario di abbreviazioni inglesi negli SMS

Abbreviazione	Forma estesa
@	at
ADN	any day now
AFAIK	as far I know
ATB	all the best
B	be
B4	before
B4N	bye for now
BBL	be back late(r)
BCNU	be seeing you
BFN	bye for now
BRB	be right back
BTW	by the way
BWD	backward
C	see
CU	see you
CUL8R	see you later
F2F	face to face
F2T	free to talk
FWD	forward
FWIW	for what it's worth
FYI	for your information
GAL	get a life
GR8	great
H8	hate
HAND	have a nice day
HTH	hope this helps
IC	I see
ILUVU	I love you
IMHO	in my humble opinion
IMO	in my opinion
IOW	in other words
JIC	just in case
JK	just kidding
KIT	keep in touch
KWIM	know what I mean?
L8	late
L8R	later
LOL	lots of luck/laughing out loud
MOB	Mobile
MSG	message
MYOB	mind your own business
NE	any
NE1	anyone
NO1	no one
OIC	oh, I see
OTOH	on the other hand
PCM	please call me
PLS	please
PPL	people
R	are
ROFL	rolling on the floor, laughing
RU	are you
RUOK	are you OK?
SIT	stay in touch
SOM1	someone
SPK	speak
THKQ	thank you
TTYL	talk to you later
TX	thanks
U	you
UR	you are
W/	with
WAN2	want to
WAN2TLK	want to talk?
WERV U BIN	where have you been?
WKND	weekend
WOT	what
WU	what's up?
X	kiss
XLNT	excellent
XOXOX	hugs and kisses
YR	your
1	one
2	to, too
2DAY	today
2MORO	tomorrow
2NITE	tonight
3SUM	threesome
4	for

<table>
<tr><th>Emoticon*</th><th></th></tr>
<tr><td>:-)</td><td>Smiling, happy face</td></tr>
<tr><td>:-|</td><td>Frowning</td></tr>
<tr><td>:-e</td><td>Disappointed</td></tr>
<tr><td>:-(</td><td>Unhappy face</td></tr>
<tr><td>%-)</td><td>Confused</td></tr>
<tr><td>:~(or :'-(</td><td>Crying</td></tr>
<tr><td>;-)</td><td>Winking happy face</td></tr>
<tr><td>|-o</td><td>Tired, asleep</td></tr>
<tr><td>:-\</td><td>Sceptical</td></tr>
<tr><td>:-D</td><td>Big smile, laughing face</td></tr>
<tr><td>:-<></td><td>Amazed</td></tr>
<tr><td>X=</td><td>Fingers crossed</td></tr>
<tr><td>:-p</td><td>Tongue sticking out</td></tr>
<tr><td>:-O</td><td>Shouting</td></tr>
<tr><td>O:-)</td><td>Angel</td></tr>
<tr><td>:-* or :-x</td><td>Big kiss!</td></tr>
<tr><td>:-o</td><td>"Oooh!", shocked face</td></tr>
<tr><td>@}-,-'–</td><td>A rose</td></tr>
</table>

*NB: il segno "-" che rappresenta il naso si può eliminare o sostituire con "o", ad es.: :) oppure :o)

The basic principles governing Italian SMS abbreviations are similar to those governing English SMS. Certain words or syllables can be represented by letters or numbers that sound the same but take up less space. Also, points, accents, and other diacritics are omitted altogether. For example, the syllable or conjunction "che" can be replaced by "ke", and the word "per" by "x". Another way of shortening words is simply to omit certain letters, especially vowels. For example, "comunque" becomes "cmq", and "per favore" can be replaced by "x fv".

As in English, emoticons are very popular, and some of the more established ones are included in the table below.

Glossary of Italian SMS abbreviations

Abbreviation	Full word
ap	a presto
axitivo	aperitivo
cel	cellulare
ba	baci
c6	ci sei
cmq	comunque
cvd	ci vediamo dopo
dom	domani
dv	dove
dx	destra
hduto	accaduto
ke	che
-	meno
-male	meno male
mlt	molto
mmm	mi manchi molto
msg	messaggio
nm	numero
nn	non
np	nessun problema
+	più
+o-	più o meno
qlc	qualcuno
qls	qualcosa
qsi	quasi
risp	rispondimi
saba	saluti e baci
6	(tu) sei
sx	sinistra
tel	telefono
3mendo	tremendo
tt	tutto
tvb	ti voglio bene
tvtb	ti voglio tanto bene
x	per
xdere	perdere
x fv	per favore
xké	perché
xo, xò	però
xso	perso

Emoticons*

:-)	sorriso, faccina felice
:-(	faccina triste
:-o	sorpreso
:-O	molto sorpreso
:-|	scontento
#:-o	scioccato, sconvolto
:'-(	pianto
:-D	molto felice; risata
:-/	poco convinto, scettico
(:-S	ammalato
$(	senza soldi
:-M	parlare, chiacchierare
;-)	occhiolino
:-p	linguaccia
:-X or :-*	bacio

*NB: the "-" which depicts the nose is often omitted or replaced by "o" eg, :) or :o)

La posta elettronica

Privata

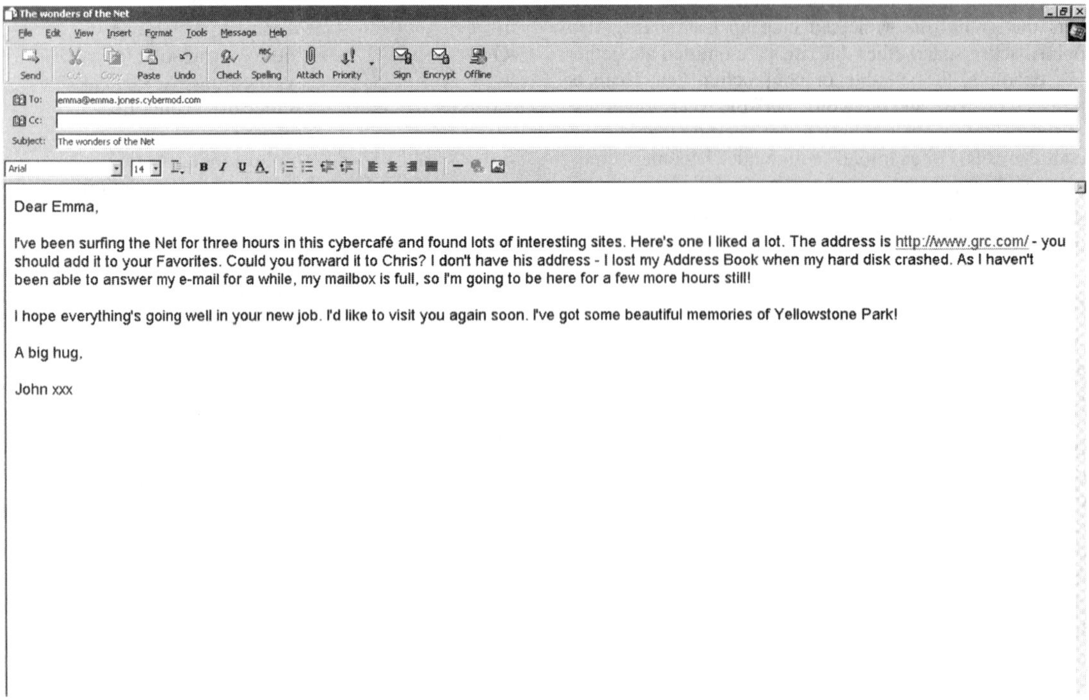

The wonders of the Net

To: emma@emma.jones.cybermod.com

Cc:

Subject: The wonders of the Net

Dear Emma,

I've been surfing the Net for three hours in this cybercafé and found lots of interesting sites. Here's one I liked a lot. The address is http://www.grc.com/ - you should add it to your Favorites. Could you forward it to Chris? I don't have his address - I lost my Address Book when my hard disk crashed. As I haven't been able to answer my e-mail for a while, my mailbox is full, so I'm going to be here for a few more hours still!

I hope everything's going well in your new job. I'd like to visit you again soon. I've got some beautiful memories of Yellowstone Park!

A big hug,

John xxx

Commerciale

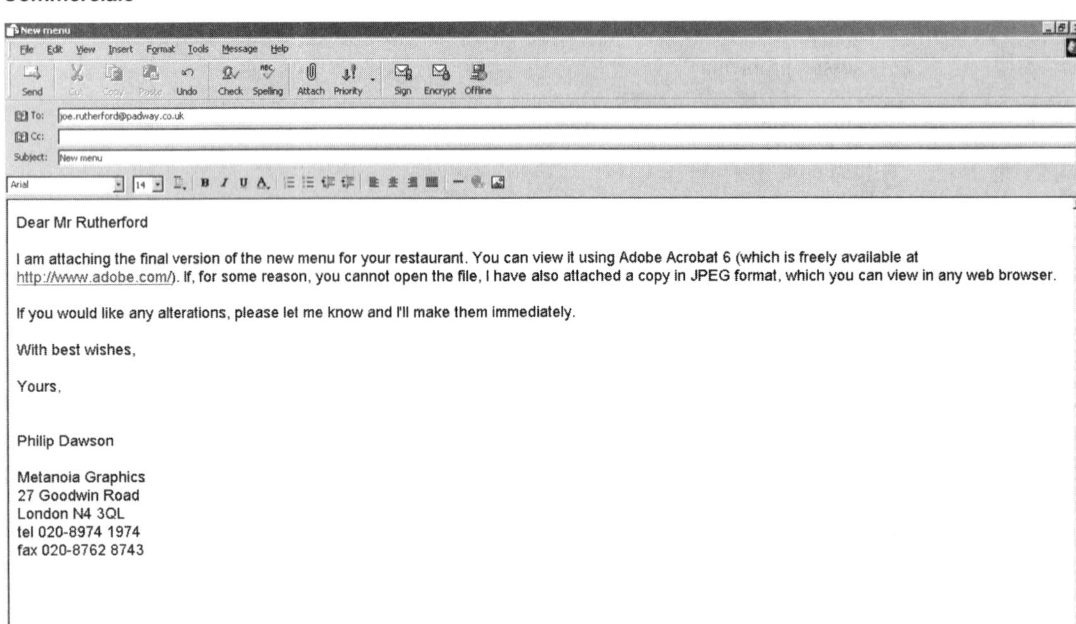

New menu

To: joe.rutherford@padway.co.uk

Cc:

Subject: New menu

Dear Mr Rutherford

I am attaching the final version of the new menu for your restaurant. You can view it using Adobe Acrobat 6 (which is freely available at http://www.adobe.com/). If, for some reason, you cannot open the file, I have also attached a copy in JPEG format, which you can view in any web browser.

If you would like any alterations, please let me know and I'll make them immediately.

With best wishes,

Yours,

Philip Dawson

Metanoia Graphics
27 Goodwin Road
London N4 3QL
tel 020-8974 1974
fax 020-8762 8743

Personal

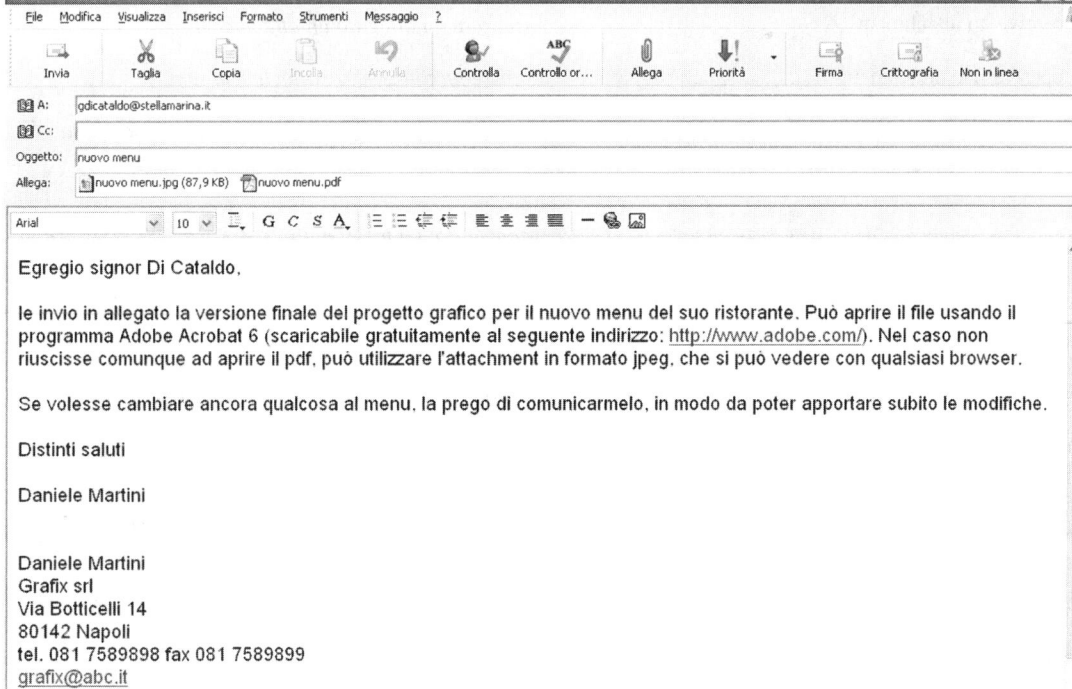

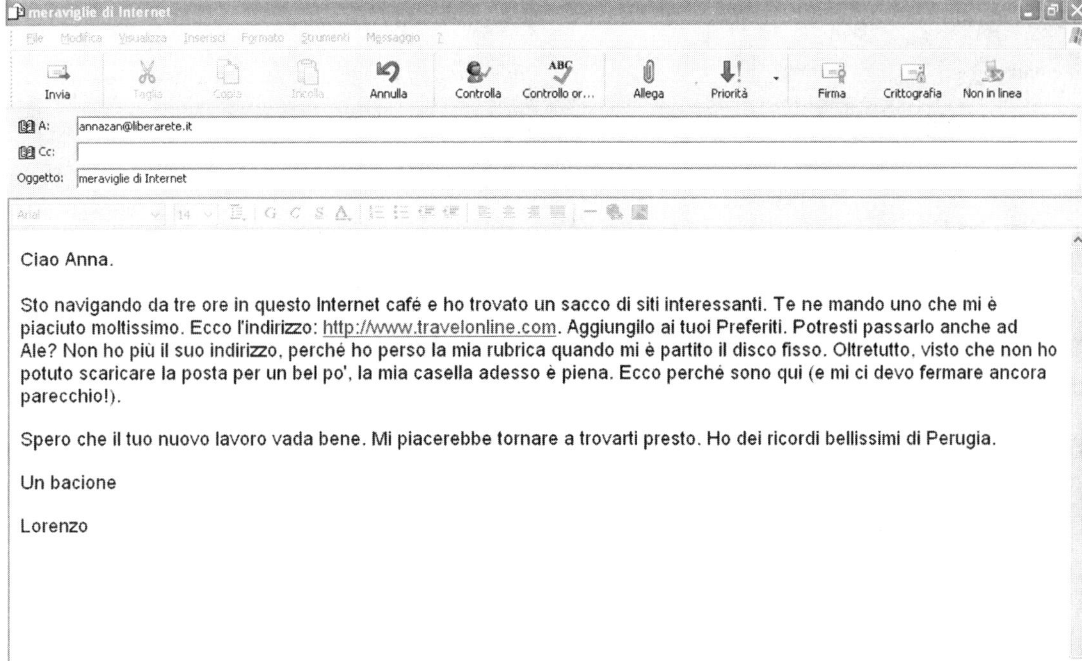

meraviglie di Internet

File Modifica Visualizza Inserisci Formato Strumenti Messaggio ?

Invia | Taglia | Copia | Incolla | Annulla | Controlla | Controllo or... | Allega | Priorità | Firma | Crittografia | Non in linea

A: annazan@liberarete.it
Cc:
Oggetto: meraviglie di Internet

Ciao Anna.

Sto navigando da tre ore in questo Internet café e ho trovato un sacco di siti interessanti. Te ne mando uno che mi è piaciuto moltissimo. Ecco l'indirizzo: http://www.travelonline.com. Aggiungilo ai tuoi Preferiti. Potresti passarlo anche ad Ale? Non ho più il suo indirizzo, perché ho perso la mia rubrica quando mi è partito il disco fisso. Oltretutto, visto che non ho potuto scaricare la posta per un bel po', la mia casella adesso è piena. Ecco perché sono qui (e mi ci devo fermare ancora parecchio!).

Spero che il tuo nuovo lavoro vada bene. Mi piacerebbe tornare a trovarti presto. Ho dei ricordi bellissimi di Perugia.

Un bacione

Lorenzo

Business

nuovo menu

File Modifica Visualizza Inserisci Formato Strumenti Messaggio ?

Invia | Taglia | Copia | Incolla | Annulla | Controlla | Controllo or... | Allega | Priorità | Firma | Crittografia | Non in linea

A: gdicataldo@stellamarina.it
Cc:
Oggetto: nuovo menu
Allega: nuovo menu.jpg (87,9 KB) nuovo menu.pdf

Arial 10 G C S A

Egregio signor Di Cataldo,

le invio in allegato la versione finale del progetto grafico per il nuovo menu del suo ristorante. Può aprire il file usando il programma Adobe Acrobat 6 (scaricabile gratuitamente al seguente indirizzo: http://www.adobe.com/). Nel caso non riuscisse comunque ad aprire il pdf, può utilizzare l'attachment in formato jpeg, che si può vedere con qualsiasi browser.

Se volesse cambiare ancora qualcosa al menu, la prego di comunicarmelo, in modo da poter apportare subito le modifiche.

Distinti saluti

Daniele Martini

Daniele Martini
Grafix srl
Via Botticelli 14
80142 Napoli
tel. 081 7589898 fax 081 7589899
grafix@abc.it

LESSICO UTILE

to be on email	*avere la posta elettronica*
an email	*un'e-mail/un e-mail*
an email address	*un indirizzo e-mail/di posta elettronica*
an at sign	*una chiocciola*
an address book	*una rubrica*
a mailing list	*una mailing list/un indirizzario*
to send an email	*mandare/inviare un'e-mail*
to receive an email	*ricevere un'e-mail*
to forward an email	*inoltrare un'e-mail*
to copy somebody in, to cc somebody	*mandare una copia a qualcuno*
c.c. (carbon copy)	*copia (carbone)*
b.c.c. (blind carbon copy)	*copia carbone nascosta*
a file	*un file*
a signature file	*un file di firma*
an emoticon, a smiley	*un emoticon, uno smiley*
to attach a file	*allegare un file*
to receive an attachment	*ricevere un allegato/un attachment*
to open/run an attachment	*aprire un allegato/un attachment*
to save a message on the desktop, hard disk	*salvare un messaggio sul desktop, sul disco fisso*
to delete a message	*cancellare un messaggio*
to zap a message	*cancellare un messaggio*
inbox	*(cartella di) posta in arrivo*
outbox	*(cartella di) posta in uscita*
freemail	*servizio gratuito di posta elettronica, freemail*
snail mail	= *la posta convenzionale (in contrapposizione alla posta elettronica)*
spam	= *messaggi di posta elettronica contenenti pubblicità inviati a un gran numero di persone*
spamming	= *invio di messaggi pubblicitari di posta elettronica*
a modem	*un modem*

USEFUL VOCABULARY

avere la posta elettronica	*to be on email*
un'e-mail/un e-mail	*an email*
un indirizzo e-mail/di posta elettronica	*an email address*
una chiocciola	*an at sign*
una rubrica	*an address book*
mandare/inviare un'e-mail	*to send an email*
ricevere un'e-mail	*to receive an email*
inoltrare un'e-mail	*to forward an email*
mandare una copia a qualcuno	*to copy somebody in, to cc somebody*
copia (carbone)	*c.c. (carbon copy)*
copia carbone nascosta	*b.c.c. (blind carbon copy)*
un file	*a file*
un file della firma	*a signature file*
un emoticon, uno smiley	*an emoticon, a smiley*
allegare un file	*to attach a file*
ricevere un allegato/un attachment	*to receive an attachment*
aprire un allegato/un attachment	*to open/run an attachment*
salvare un messaggio sul desktop, sul disco fisso	*to save a message on the desktop, hard disk*
cancellare un messaggio	*to delete/zap a message*
(cartella di) posta in arrivo	*inbox*
(cartella di) posta in uscita	*outbox*
un modem	*a modem*

Italiano
Inglese

Italian
English

Voci non alfabetiche

00 /'doppjo 'dzɛro, 'dzɛro 'dzɛro/ agg.inv. [*farina*] superfine.
007 /'dzɛro 'dzɛro 'sɛtte/ m.inv. = secret agent.
110 /tʃento'djɛtʃi/ m.inv. UNIV. = top mark a student can get at a degree examination.
112 /tʃento'doditʃi/ m. = in Italy, the phone number used to call the Carabinieri in an emergency.
113 /tʃento'treditʃi/ m. = in Italy, the phone number used to call the police in an emergency.
115 /tʃento'kwinditʃi/ m. = in Italy, the phone number used to call the fire brigade in an emergency.
118 /tʃentodi'tʃɔtto/ m. = in Italy, the phone number used to call the ambulance service in an emergency.
3x2 /tre per 'due/ m.inv. *(offerta speciale)* three for two.
4x4 /'kwattro per 'kwattro/ f.inv. AUT. 4x4.
5+1 /'tʃinkwe pju 'uno/ m.inv. = winning combination in the Superenalotto, in which you have to guess five of the six numbers drawn, plus a bonus ball.
730 /'sɛtte e 'trenta/ m.inv. (anche **modello 730**) = type of income tax return.
740 /'sɛtte e kwa'ranta/ m.inv. (anche **modello 740**) = type of income tax return.
8 per mille /'ɔtto per 'mille/ m. = a share corresponding to eight-thousandths of the tax due to the State, which the taxpayer can opt to give for the support of the Catholic church or another religious institution, or to the State itself for social and welfare services.
800 /otto'tʃɛnto, 'ɔtto 'dzɛro 'dzɛro/ m.inv. TEL. = 0800 number BE, 800 number AE.

a

a, **A** /a/ **I** m. e f.inv. *(lettera)* a, A; ***dalla A alla Z*** from A to Z; ***la cucina dalla A alla Z*** the A to Z of cooking **II A** f. **1** *(autostrada)* ***sulla A5*** on the A5 highway **2** SPORT ***(serie) A*** = in Italy, division of the football league corresponding to the Premier League ◆ ***non ha detto né ~ né ba*** he didn't say a word *o* say boo AE.

▶ **a** /a/ prep. (artcl. **al**, **allo**, **alla**, **all'**; pl. **ai**, **a'** ANT., **agli**, **alle**) (also **ad** before a vowel sound) **1** *(stato in luogo)* ***essere ~ scuola*** to be at school; ***stare ~ casa*** to stay (at) home; ***vivere ~ Roma*** to live in Rome; ***restare ~ letto*** to stay in bed; ***abitare al terzo piano, al 74 di via Verdi*** to live on the third floor, at 74 via Verdi; *(presso)* ***lavorare all'università, alla FIAT*** to work at university, for FIAT **2** *(moto a luogo)* ***recarsi al lavoro, ~ Londra*** to go to work, to London; ***andare ~ casa*** to go home; ***andare ~ letto*** to go to bed; ***arrivare ~ Milano*** to arrive in Milan; ***l'aereo arriva ~ Heathrow*** the plane arrives at Heathrow; ***giungere ~ un compromesso, ~ una conclusione*** to come to a compromise, to come to *o* to reach a conclusion **3** *(termine)* ***dire, mostrare qcs. ~ qcn.*** to say, show sth. to sb.; ***dare qcs. ~ qcn.*** to give sth. to sb. *o* to give sb. sth.; ***rispondere ~ una lettera*** to answer a letter; *(in una dedica)* ***"~ mia madre"*** "to my mother" **4** *(tempo)* ***all'alba, ~ mezzogiorno*** at dawn, noon; ***alla mattina, alla sera*** in the morning, evening; ***al martedì, alla domenica*** on Tuesdays, Sundays; ***~ maggio*** in May; ***~ Natale*** *(nel periodo)* at Christmas; *(il 25 dicembre)* on Christmas day; ***all'età di 10 anni*** at (the age of) 10; ***~ dieci anni dall'incidente*** ten years after the accident; ***fino ~ domani*** till tomorrow; ***di qui ~ un anno*** a year from now; ***~ giorni*** within days; ***dal lunedì al venerdì, dalle nove alle cinque*** from Monday to Friday, from nine to five; ***al nostro arrivo*** on our arrival **5** *(mezzo)* ***fatto ~ mano, ~ macchina*** handmade, machine-made; ***andare ~ piedi*** to walk, to go on foot; ***si riconosce al tatto*** you can tell by the feel; ***giocare ~ carte, ~ tennis*** to play cards, tennis; ***parlare al telefono*** to speak on the phone; ***andare ~ benzina*** to run on petrol; ***andare ~ elettricità, ~ pile*** to run on electricity, batteries **6** *(modo)* ***~ modo mio*** (in) my (own) way; ***~ caso*** at random, randomly; ***~ malincuore*** with a heavy heart; ***~ memoria*** by heart; ***(~) poco ~ poco*** little by little; ***panino al prosciutto*** ham sandwich; ***pasta al burro*** pasta with butter; ***camicia ~ righe, ~ quadretti*** striped, check shirt; ***edificio ~ cinque piani*** five-storey building; ***all'italiana, alla cinese*** Italian-style, Chinese-style **7** *(con valore distributivo)* ***(~) uno ~ uno*** one by one; ***(~) due ~ due*** in twos, two by two, in pairs; ***due, tre volte al giorno*** twice, three times a day; ***cinque caramelle ~ testa*** five pieces of candy *o* five candies each; ***100 (chilometri) all'ora*** 100 kilometres per *o* an hour; ***vendere qcs. ~ dozzine, ~ centinaia*** to sell sth. by the dozen, the hundreds **8** *(prezzo)* ***vendere qcs. ~ due euro al chilo*** to sell sth. at two euros a kilo; ***lo vende a 500 euro*** he's selling it for 500 euros **9** *(vantaggio, svantaggio)* ***nuocere alla salute*** to be harmful to one's health; ***~ proprio rischio*** at one's own risk; ***~ suo favore*** in his favour **10** *(causa)* ***tutti risero alla sua barzelletta*** everybody laughed at his joke; ***a vederlo mi spaventai*** on seeing him, I got scared **11** *(distanza)* ***è ~ due ore, ~ 20 chilometri da qui*** it is two hours, 20 kilometres away (from here) **12** *(fine, uso)* ***un recinto ~ protezione del parco*** a fence to protect the park **13** *(pena)* ***condannare qcn. ~ morte, ~ 10 mesi, all'ergastolo*** to sentence *o* condemn sb. to death, 10 months, life imprisonment **14** *(davanti a verbo all'infinito)* ***è stato il primo ad arrivare*** he was the first to come; ***al cessare della musica, tutti applaudirono*** when the music stopped, everybody clapped; ***~ dire il vero*** to tell the truth; ***sei stato tu ~ decidere*** it was you who decided; ***~ pensarci bene*** when you really think about it; ***bello ~ vedersi*** lovely to look at; ***andare ~ ballare, ~ nuotare*** to go dancing, swimming; ***imparare ~ ballare, ~ nuotare*** to learn to dance, to swim; ***vammi ~ prendere il vocabolario*** go and get me the dictionary; ***all'udirlo mi ricordai che...*** (on) hearing him, I remembered that... **15** *(in frasi esclamative)* ***~ noi, al nostro progetto, alle tue vacanze!*** (here's) to us, to our project, to your vacation! ***alla tua, vostra (salute)!*** cheers! ***~ te, ~ lei l'onore!*** you do the honours! ***~ lunedì!*** see you on Monday! ***~ presto!*** see you soon! ***~ noi (due)!*** *(in un regolamento di conti)* let's sort it out between us! **16** *(nei punteggi)* ***condurre per tre ~ due*** to lead (by) three (to) two; ***pareggiare zero ~ zero*** to draw nil nil **17** *(per indicare potenze matematiche)* ***elevare un numero alla terza, alla quarta (potenza)*** to raise a number to the power (of) three, four; ***due alla seconda*** o ***al quadrato*** two squared.

a. ⇒ anno year (y.).

AA ⇒ Alcolisti Anonimi Alcoholics Anonymous (AA).

AA.VV. ⇒ autori vari various authors.

abaco, pl. **-chi** /'abako, ki/ m. abacus* (anche ARCH.).

abadessa /aba'dessa/ → **badessa**.

abadia /aba'dia/ → **badia**.

abassiale /abas'sjale/ agg. abaxial.

abate /a'bate/ m. *(superiore di un'abbazia)* abbot.

abat-jour /aba'ʒur/ m.inv. **1** *(paralume)* lampshade **2** *(lampada)* night-lamp.

abazia /abat'tsia/ → **abbazia**.

abbacchiare /abbak'kjare/ [1] **I** tr. **1** COLLOQ. *(avvilire)* to get* down, to depress [*persona*] **2** *(bacchiare)* to knock down (with a pole) [*olive, noci*] **II abbacchiarsi** pronom. COLLOQ. to get* depressed.

abbacchiato /abbak'kjato/ **I** p.pass. → **abbacchiare II** agg. COLLOQ. *(avvilito)* [*persona*] down, depressed; [*aria*] depressed; ***essere ~*** to feel down.

abbacchiatura /abbakkja'tura/ f. *(di olive, noci)* knocking down (with a pole).

abbacchio, pl. **-chi** /ab'bakkjo, ki/ m. GASTR. INTRAD. (butchered suckling lamb).

abbacinamento /abbatʃina'mento/ m. dazzlement.

abbacinante /abbatʃi'nante/ agg. [*luce*] dazzling.

abbacinare /abbatʃi'nare/ [1] tr. **1** *(abbagliare)* [*sole, luce*] to dazzle, to blind [*persona*] **2** FIG. *(confondere)* to dazzle **3** STOR. *(torturare)* = to blind with a hot basin.

abbaco /'abbako/ → **abaco**.

abbadessa /abba'dessa/ → **badessa**.

abbadia /abba'dia/ → **badia**.

abbagliamento /abbaʎʎa'mento/ m. dazzlement.

▷ **abbagliante** /abbaʎ'ʎante/ **I** agg. [*luce, sole*] dazzling, glaring, blinding; FIG. [*bellezza*] dazzling; ***fari -i*** AUT. headlights on

a

- La preposizione *a* si traduce in inglese in vari modi a seconda del valore semantico che convoglia.
- Quando *a* introduce lo stato in luogo, si rende con *in* davanti al nome delle città importanti e del luogo in cui si abita (*a Milano* = in Milan) o in particolari espressioni idiomatiche (*è a letto con l'influenza* = he is in bed with flu), e con *at* nella maggioranza degli altri casi (*a Whitby* = at Whitby, *a casa* = at home, *alla stazione* = at the station).
- Quando *a* introduce un'espressione di tempo, la traduzione inglese può essere *at*, *in* oppure *on*: *alle cinque* = at five o'clock, *all'alba* = at dawn, *a mezzogiorno / mezzanotte* = at noon / midnight, *a Pasqua* = at Easter, *alla domenica* = on Sundays, *a maggio* = in May, *alla sera* = in the evening.
- Quando *a* introduce il moto a luogo, si traduce per lo più con *to*: *andare a teatro* = to go to the theatre, *andare a Torino* = to go to Turin, *andare al mare* = to go to the seaside.
- Pure frequente è l'uso di *a* per introdurre un complemento di termine; in questo caso, l'equivalente inglese è *to*: *chi ha dato questo libro a mia sorella?* = who gave this book to my sister? Va notato che una frase del genere si può costruire in inglese con il doppio oggetto, il che elimina l'uso della preposizione: who gave my sister this book? La stessa costruzione è possibile in inglese con verbi quali *to show, to ask, to answer* etc.
- Nel caso di altri complementi, e di locuzioni avverbiali e idiomatiche, la preposizione italiana *a* ha diversi equivalenti in inglese, tra i quali **at** (*a prima vista* = at first sight, *a tutti i costi* = at all costs, *a tutta velocità* = at full speed, *a caso* = at random), ***by*** (*a memoria* = by heart, *a rate mensili* = by monthly instalments, *fianco a fianco* = side by side), ***for*** (*pronto a tutto* = ready for anything, *fumare fa male alla salute* = smoking is bad for your health), ***in*** (*scritto a penna / matita* = written in ink / pencil, *a tempo debito* = in due course, *a ogni modo* = in any case, *a parer mio* = in my opinion, *al sole* = in the sun, *a sangue freddo* = in cold blood), ***into*** (*fare a pezzi* = to break into pieces), ***on*** (*a sinistra* = on the left, *a piedi* = on foot, *a cavallo* = on horseback, *a pagina 20* = on page 20, *mettersi a dieta* = to go on a diet, *al telefono* = on the phone), ***over*** (*all'altoparlante* = over the loudspeaker), ***to*** (*4 reti a 1* = four goals to one, *fa male al fegato* = it's harmful to one's liver), ***within*** (*a portata di mano* = within reach).
- La preposizione *a* può introdurre in italiano un verbo all'infinito per esprimere fine o scopo; in tal caso l'inglese usa la congiunzione *and* e coordina i due verbi: *venne a trovarmi tre giorni dopo* = he came and saw me three days later, *vammi a prendere il vocabolario* = go and get me the dictionary.
- La costruzione *a* + articolo + infinito ha valore circostanziale, indica contemporaneità, e va tradotta in inglese con *on* + gerundio (*all'udirlo, mi ricordai che...* = on hearing him, I remembered that...) o con *when* (*al cessare della musica* = when the music stopped).
- Talvolta la preposizione *a* non si traduce in alcun modo in inglese: è il caso di alcune locuzioni o espressioni idiomatiche come *al chiuso / al coperto* = indoors, *andare a casa* = to go home, *rispondere al telefono* = to answer the phone; oppure è il caso in cui il sintagma preposizionale dell'italiano è reso in inglese da un aggettivo: *una gonna a quadri* = a check skirt, *una camicia a righe* = a striped shirt, *una casa a due piani* = a two-storey house.
- *A* segue in italiano altre preposizioni quali *accanto, davanti, insieme, intorno* o *vicino*; per una corretta traduzione in inglese, si vedano queste voci nel dizionario.

Per altri esempi, usi particolari ed eccezioni, si veda la voce qui sotto. Sarà spesso utile consultare la voce relativa alla parola introdotta dalla preposizione; inoltre, la consultazione delle note lessicali poste in coda alla sezione italiano-inglese potrà risolvere particolari dubbi d'uso e di traduzione.

full beam BE, high beam AE, brights AE COLLOQ. **II** m. AUT. ***con gli -i accesi*** on full beam BE, on high beam AE; ***mettere gli -i*** to switch the headlights on full beam BE, to put the high beams on AE.

▷ **abbagliare** /abbaʎ'ʎare/ [1] **I** tr. **1** [*luce, sole*] to dazzle, to blind [*persona*] **2** FIG. *(confondere)* [*bellezza*] to dazzle **II** intr. (aus. *avere*) [*luce, sole*] to glare.

abbagliato /abbaʎ'ʎato/ **I** p.pass. → **abbagliare II** agg. dazzled; ***rimanere*** o ***restare ~*** to be dazzled (anche FIG.).

abbaglio, pl. **-gli** /ab'baʎʎo, ʎi/ m. **1** *(abbagliamento)* dazzlement **2** FIG. *(svista)* blunder; ***prendere un ~*** to make a blunder, to have *o* get hold of the wrong end of the stick.

abbaiamento /abbaja'mento/ m. barking.

▷ **abbaiare** /abba'jare/ [1] intr. (aus. *avere*) **1** to bark (**a, contro** at); [*cagnolino*] to yap; [*cane di grossa taglia*] to woof; [*cane da caccia*] to quest; ***~ alla luna*** to bay at the moon (anche FIG.) **2** FIG. *(gridare)* to bark ◆ ***can che abbaia non morde*** PROV. one's bark is worse than one's bite.

abbaiata /abba'jata/ f. barking.

abbaino /abba'ino/ m. *(lucernario)* dormer (window); *(soffitta)* cockloft.

1.abbaio, pl. **-ai** /ab'bajo, ai/ m. bark.

2.abbaio, pl. **-ii** /abba'io, ii/ m. barking.

▶ **abbandonare** /abbando'nare/ [1] **I** tr. **1** *(rinunciare a)* to abandon, to give* up [*progetto, teoria, attività, speranza, atteggiamento*]; ***~ la ricerca*** o ***le ricerche*** to give up the search; ***~ i vecchi principi*** to throw aside one's old principles; ***~ l'idea di fare*** to change one's mind about doing, to drop the idea of doing; ***penso che abbia abbandonato l'idea*** I think she's gone off the idea **2** *(ritirarsi da)* to drop, to quit*, to leave* [*lavoro, professione*]; to drop out of, to quit*, to give* up [*scuola, università*]; to defect from [*partito*]; to drop out of, to quit* [*politica*]; ***~ gli studi*** to give up one's studies; ***~ il mondo degli affari*** to leave the world of business; ***~ la gara*** SPORT to drop out of the game *o* the contest; ***~ il campo*** SPORT to abandon the match; MIL. to abandon the field; FIG. to give up; ***~ la partita*** GIOC. to throw in one's hand (anche FIG.); ***l'infortunio lo costrinse ad ~ la partita*** the injury forced him out of the game; ***~ al terzo round*** [*pugile*] to withdraw at the third round; ***~ le scene*** [*attore*] to give up acting *o* the stage **3** *(lasciare)* to abandon [*persona, animale, oggetto*]; to leave*, to desert [*coniuge, fidanzato, famiglia*]; to quit*, to leave* [*luogo*]; to flee* [*paese*]; MIL. to desert [*posto*]; ***fuggì abbandonando il bottino*** he abandoned the loot and fled; ***~ la casa paterna*** to leave the parental home; ***la paura non lo abbandonava mai*** fear was his constant companion; ***~ la nave!*** abandon ship! ***~ il mondo*** ANT. *(entrare in convento)* to renounce the world **4** *(lasciare senza protezione o aiuto)* ***~ qcn. alla sua sorte*** to leave sb. to one's fate; ***~ qcn. a se stesso*** to leave sb. to one's own resources *o* devices; ***~ qcn. su un'isola*** to maroon sb. on an island; ***~ qcn. in difficoltà*** to leave sb. in trouble; ***non abbandonarmi!*** don't let me down! ***la macchina ci ha abbandonati*** SCHERZ. the car let us down **5** *(venire a mancare)* [*coraggio*] to fail; [*fortuna*] to desert; ***le forze mi abbandonano*** my strength is failing me **6** *(reclinare)* ***~ il capo sul cuscino*** to let one's head drop on the pillow *o* to recline one's head on the pillow **II abbandonarsi** pronom. **1** *(rilassarsi, distendersi)* to abandon oneself **2** *(lasciarsi andare)* ***-rsi su una poltrona*** to drop *o* sink into an armchair; ***-rsi fra le braccia di qcn.*** to melt into sb.'s arms **3** *(cedere)* ***-rsi a*** to surrender *o* to give way to [*disperazione*]; to surrender to [*passione*]; ***-rsi al sonno*** to drift off to sleep; ***-rsi all'onda dei ricordi*** to take a trip down memory lane **4** *(concedersi sessualmente)* [*donna*] to surrender (**a** to).

abbandonato /abbando'nato/ **I** p.pass. → **abbandonare II** agg. *(lasciato)* [*persona, animale, oggetto*] abandoned; [*moglie, famiglia*] abandoned, deserted; [*edificio, fabbrica*] abandoned, derelict; [*veicolo*] ownerless, abandoned; *(trascurato)* [*giardino*] neglected; ***l'infanzia -a*** abandoned children; ***un bambino ~ a se stesso*** a neglected *o* an uncared-for child; ***essere ~ a se stesso*** to be left to one's own resources *o* devices; ***un luogo ~ da Dio (e dagli uomini)*** a godforsaken place; ***i miei sci giacciono -i in garage*** SCHERZ. my skis languish in the garage.

▷ **abbandono** /abban'dono/ m. **1** *(trascuratezza)* neglect; ***essere in uno stato d'~*** to be in a state of neglect; ***cadere in uno stato di ~*** to fall into neglect; ***essere in completo stato di ~*** to be completely neglected; ***in (stato di) ~*** [*edificio, giardino*] neglected; ***lasciare qcs. in ~*** to let sth. fall into decay [*edificio*]; to let sth. run wild [*giardino*] **2** DIR. ***beni all'~*** ownerless property **3** *(di idea, progetto, metodo)* abandonment **4** SPORT *(di competizione, gara)* withdrawal, default; ***essere costretto all'~*** to be forced to withdraw; ***vincere per ~*** to win by default **5** SCOL. *(dispersione)* ***indice di ~ scolastico*** wastage *o* drop-out rate **6** *(rilassamento)* abandon, abandonment; ***atteggiamento di completo ~*** attitude of complete relaxation **7** *(cedimento, debolezza)* abandon, surrender (**a** to); ***in un momento di ~*** in a moment of weakness *o* of utter abandonment ◆◆ ***~ di minore*** child abandonment, abandonment of a child, child neglect;

~ della nave abandonment of a ship; *~ di posto* desertion of one's post; *~ del tetto coniugale* desertion.

abbarbicamento /abbarbika'mento/ m. BOT. radication.

abbarbicare /abbarbi'kare/ [1] **I** intr. (aus. *avere*) BOT. to radicate **II abbarbicarsi** pronom. **1** to cling*; *l'edera si abbarbica al muro* ivy clings to the wall **2** FIG. *(avvinghiarsi)* [*persona*] *-rsi a qcs., qcn.* to cling to sb., sth.

abbassalingua /abbassa'lingwa/ m.inv. tongue depressor, spatula.

abbassamento /abbassa'mento/ m. **1** *(riduzione, diminuzione) (di temperatura)* drop (**di** in); *(di pressione atmosferica)* fall (**di** in); *(della luce)* dimming, lowering; *~ dei limiti di età* lowering of age limits; *~ di prezzi* reduction in *o* lowering of prices; *~ di tensione* reduction in voltage; *~ del tenore di vita* deterioration of living standards; *ho avuto un ~ di pressione* my blood pressure fell; *ha un ~ di voce* he has lost his voice *o* his voice is hoarse **2** *(spostamento verso il basso)* lowering; *(del terreno, delle acque)* subsidence.

▷ **abbassare** /abbas'sare/ [1] **I** tr. **1** *(ridurre) (d'intensità)* to lower, to reduce [*suono, volume*]; to lower, to dim, to soften [*luce*]; to dip BE, to dim AE [*fari*]; to turn down [*riscaldamento, radio*]; *(d'altezza)* to lower [*muro, siepe*]; *(di valore)* to reduce, to bring* down [*prezzi, costi*]; to lower [*livello, soglia*] (**a** to; **di** by); *~ la voce* to drop *o* lower one's voice; *abbassa la voce!* keep your voice down! *~ il tono della voce* to pitch one's voice lower **2** *(portare a un livello più basso)* to lower [*soffitto, basamento*]; *~ una nota di un tono* MUS. to lower a note by a tone; *~ il livello di una conversazione* to lower the tone of a conversation; *~ il voto a qcn., di qcs.* SCOL. to mark sb., sth. down **3** *(calare, tirare giù)* to pull down, to lower [*avvolgibile, ponte levatoio, saracinesca*]; to pull down [*cappello, visiera, pantaloni*]; to wind* down [*finestrino*]; to bring* down, to pull down, to lower [*sipario*]; *~ la capote* to put the hood down **4** *(premere, spingere giù)* to press down, to depress [*leva, interruttore*] **5** SPORT *(migliorare) ~ un primato* to lower *o* beat *o* break a record **6** *(reclinare)* to fold down [*sedile*] **7** *(chinare, volgere verso il basso)* to lower, to drop, to cast* down [*occhi*]; *~ lo sguardo* to look down; *~ il capo (per precauzione)* to lower one's head; *(in segno di rispetto o di saluto)* to bow one's head **8** *(umiliare)* to abase, to humble **9** MAT. to drop [*perpendicolare*]; to bring* down [*cifra*] **10** EL. to reduce [*tensione*] **II abbassarsi** pronom. **1** *(diminuire)* [*temperatura, pressione*] to lower, to drop, to go* down; [*luce*] to dim, to lower; [*prezzi*] to decrease, to decline; [*vista, udito*] to weaken; [*voce*] to fail **2** *(calare)* [*palpebre*] to droop; [*sipario*] to drop **3** *(diventare più basso)* [*terreno*] to subside, to sink*; [*marea*] to go* down, to recede; [*torta*] to sink*, to fall* **4** *(chinarsi)* [*persona*] to lower oneself; *abbassati per passare sotto la scala* bend down to get under the ladder **5** *(umiliarsi)* to lower oneself, to abase oneself; *-rsi a fare qcs.* to sink *o* stoop so low as to do sth.; *-rsi al livello di* to reduce oneself to the level of ◆ *~ le armi* to lay down one's arms; *~ la cresta* to come off one's high horse; *far ~ la cresta a qcn.* to take *o* bring sb. down a peg (or two); *~ la guardia* to lower one's guard.

▷ **abbasso** /ab'basso/ **I** inter. *~ i tiranni, il re!* down with tyrants, the king! **II** m.inv. *(esclamazione di disapprovazione)* boo **III** avv. ANT. down.

▶ **abbastanza** /abbas'tantsa/ *Abbastanza* può essere usato come avverbio, anche in funzione aggettivale. - Come avverbio, si traduce con *enough* (quando significa *a sufficienza*) o con *quite* (quando significa *piuttosto*): *enough* segue sempre il verbo, l'aggettivo o l'avverbio a cui si riferisce (*non la ringrazierò mai abbastanza* = I can't thank you enough; *è abbastanza calda per...* = it is warm enough to...; invece *quite* precede l'aggettivo e l'avverbio (*abbastanza giovane* = quite young; *abbastanza spesso* = quite often). - In funzione aggettivale, *abbastanza* si rende con *enough*, che di solito si usa davanti a nomi plurali o non numerabili: *hai abbastanza mele (o mele abbastanza) per la torta?* = have you got enough apples for the cake? *ho abbastanza soldi* = I've got enough money. avv. **1** *(a sufficienza)* enough; *saremo ~?* will there be enough of us? *non lavora ~* he doesn't work hard enough; *non la ringrazierò mai ~* I can't thank you enough; *avete mangiato ~?* have you had enough to eat? *~ forte, alto per fare* strong, tall enough to do; *è ~ stupido da crederci* he's enough of a fool *o* he's fool enough to believe it; *non ne ha mai ~* he just can't get enough; *~ soldi, sedie* enough money, seats; *avere ~ tempo per finire* to have enough time to finish; *c'è ~ minestra per tutti?* is there enough soup for everyone? *ho già ~ preoccupazioni* I've got enough to worry about **2** *(piuttosto, alquanto) ~ bene* quite well; *~ spesso* quite *o* fairly often; *i loro voti sono ~ buoni* their marks are quite *o* fairly good; *sono ~ d'accordo* I tend to agree; *~ giovane, pesante* quite young, heavy; *~ buono* pretty good; *è ~ divertente* it's rather fun; *~ facilmente, stupidamente* rather easily, stupidly; *Paolo beve ~* Paolo drinks quite a lot ◆ *averne ~* to be fed up; *ne ho ~ di te, delle tue bugie* I've had enough of *o* I'm fed up with you, your lies; *ne ho ~ che piova tutti i giorni* I'm getting fed up with it raining every day; *alla fine ne ha avuto ~* he eventually got fed up with it.

▷ **abbattere** /ab'battere/ [2] **I** tr. **1** *(fare cadere)* to tear* down, to pull down [*palazzo, muro, pilastro*]; to batter down [*porta*]; to knock down, to fell [*persona*]; to shoot* down [*aereo*]; [*persona*] to chop down, to cut* down, to fell [*albero*]; [*vento*] to blow* down [*albero, muro*]; FIG. to overthrow*, to break* down [*tabù, pregiudizio*] **2** *(rovesciare)* to overthrow*, to bring* down [*tiranno, regime*] **3** *(uccidere) (con armi da fuoco)* to shoot* down [*animale, persona*]; *(sopprimere)* to put* down, to destroy [*animale*] **4** *(scoraggiare)* to deject, to dishearten; *non lasciarti ~* don't let it daunt you **II abbattersi** pronom. **1** *(colpire, investire) -rsi su qcs.* [*tempesta*] to beat down on sth.; [*calamità*] to hit* sth.; *un fulmine si è abbattuto sulla casa* lighting struck the house **2** *(avvilirsi)* to become* dejected, to get* dejected, to lose* heart.

abbattimento /abbatti'mento/ m. **1** *(di edificio)* demolition; *(con esplosivi)* blasting **2** *(di alberi)* cutting down, felling; *(di animali)* putting down **3** *(avvilimento)* dejection, despondency; *essere in preda a un profondo ~* to be deeply despondent **4** ECON. *(di costi)* lowering.

abbattuta /abbat'tuta/ f. AGR. *(zona di bosco in cui sono stati abbattuti gli alberi)* clearing.

abbattuto /abbat'tuto/ **I** p.pass. → **abbattere II** agg. FIG. *(depresso)* dejected, depressed.

abbazia /abbat'tsia/ f. abbey.

abbaziale /abbat'tsjale/ agg. **1** *(di un'abbazia) chiesa ~* abbey church, minster **2** *(di abate)* abbatial; *dignità ~* abbacy.

abbecedario, pl. **-ri** /abbetʃe'darjo, ri/ m. speller, spelling-book.

abbellimento /abbelli'mento/ m. **1** embellishment; *fare dei lavori di ~* to make improvements **2** *(ornamento)* embellishment **3** MUS. ornament, grace note.

abbellire /abbel'lire/ [102] **I** tr. **1** *(ornare)* to embellish [*luogo, testo*]; to embellish, to dress up [*vestito*]; [*fiori, quadro*] to grace [*stanza*]; FIG. to embellish, to dress up [*storia*]; to embellish, to embroider [*verità*] **2** *(rendere più bello)* [*vestito, luce, fotografia, acconciatura*] to flatter [*persona*] **II abbellirsi** pronom. **1** *(adornarsi)* to beautify oneself (anche SCHERZ.) **2** *(diventare bello)* [*persona*] to become* more attractive.

abbeveraggio, pl. **-gi** /abbeve'raddʒo, dʒi/ m. watering.

abbeverare /abbeve'rare/ [1] **I** tr. to water [*bestiame, cavallo*] **II abbeverarsi** pronom. [*animale, persona*] to drink*.

abbeverata /abbeve'rata/ f. **1** *(abbeveraggio)* watering **2** *(luogo)* watering place.

abbeveratoio, pl. **-oi** /abbevera'tojo, oi/ m. (watering) trough.

abbiccì /abbit'tʃi/ m.inv. ABC; *l'~ di* the ABC of [*cucina, fotografia, giardinaggio*] ◆ *essere all'~* to be at the very beginning, to be a beginner.

abbiente /ab'bjɛnte/ **I** agg. [*commerciante, famiglia*] wealthy, well off; *le classi -i* the well-off **II** m. e f. *i meno -i* the less privileged, the less well-off.

▷ **abbigliamento** /abbiʎʎa'mento/ m. clothing **U**, dress **U**; *un capo d'~* an item *o* article of clothing; *~ formale* formal dress; *lavorare nell'~* to work in the clothes trade; *industria dell'~* clothing industry, clothing trade; *negozio di ~* clothes shop; *non puoi presentarti con questo ~* you can't turn up in these clothes; *si richiede un ~ adeguato* appropriate clothing required ◆◆ *~ da bambino* children's wear; *~ da donna* women's wear, women's clothing, ladies' clothes; *~ femminile* → *~* **da donna**; *~ per l'infanzia* babywear; *~ mare* beachwear; *~ maschile* → *~* **da uomo**; *~ in pelle* leather wear; *~ per lo sci* ski wear; *~ sportivo* sportswear; *~ per il tempo libero* leisure wear; *~ da uomo* menswear.

abbigliare /abbiʎ'ʎare/ [1] **I** tr. *(vestire)* to dress, to clothe **II abbigliarsi** pronom. to dress oneself, to clothe oneself.

abbinamento /abbina'mento/ m. *(di colori)* match; *(di squadre)* pairing off.

abbinare /abbi'nare/ [1] **I** tr. **1** to couple, to pair [*oggetti*]; to match [*colori, mobili, vestiti*]; *(nelle lotterie ecc.)* = to match lottery ticket holders with contestants in order to allot prizes; *~ la cravatta alla camicia* to match one's tie with one's shirt; *~ blu e bianco* to match blue with white; *~ male* to mismatch [*colori, mobili, vestiti*]; *~ le figure alle parole* to match pictures with words **2** TESS. to double [*fili*] **II abbinarsi** pronom. [*mobili, colori*] to go* well together, to match; *-rsi perfettamente* to be a perfect match; *quei colori non si abbinano bene* those colours don't go together.

abbinata /abbi'nata/ f. *(nell'ippica)* perfecta, exacta AE.

abbindolamento /abbindola'mento/ m. dupery, trickery, bamboozlement.

abbindolare /abbindo'lare/ [1] tr. to dupe, to trick, to fool, to beguile, to hoodwink, to bamboozle; ***lasciarsi, farsi ~*** to be fooled (**da** by), to be beguiled (**da** with); ***non farti ~!*** don't be fooled!

abbioccarsi /abbjok'karsi/ [1] pronom. REGION. to droop, to nod off, to drop off.

abbiocco, pl. **-chi** /ab'bjɔkko, ki/ m. REGION. *(sonnolenza)* doze; ***spesso dopo pranzo mi piglia*** o ***viene l'~*** I tend to nod off after lunch.

abbisognare /abbizoɲ'ɲare/ [1] intr. (aus. *avere*) ***~ di qcs.*** to be in need of sth., to necessitate sth.

abbittare /abbit'tare/ [1] tr. to bitt.

abboccamento /abbokka'mento/ m. **1** parley; ***avere un ~ con qcn.*** to have a talk *o* an interview with sb. **2** MED. anastomosis*.

abboccare /abbok'kare/ [1] **I** intr. (aus. *avere*) [*pesce*] to bite*, to take* the bait; ***~ (all'amo)*** to rise to *o* swallow the bait (anche FIG.) **II** tr. TECN. to connect, to join [*tubi*] **III abboccarsi** pronom. to have* a talk, to have* an interview (**con** with).

abboccato /abbok'kato/ **I** p.pass. → **abboccare II** agg. ***un vino ~*** a wine with a smooth finish, a mellow wine.

abbonacciare /abbonat'tʃare/ [1] **I** tr. ANT. to becalm; FIG. to calm down, to appease [*persona*] **II abbonacciarsi** pronom. to calm down; [*vento*] to die down.

abbonamento /abbona'mento/ m. **1** *(a un giornale)* subscription (**a** to); ***fare l'~ a un giornale*** to take out a subscription to a newspaper; ***disdire, sospendere, rinnovare un ~*** to cancel, suspend, renew one's subscription; ***il suo ~ scade il*** your subscription falls due on; ***le spese d'~ a*** subscription rates *o* fee for; ***rivista venduta in ~*** subscription magazine; ***servizio -i*** subscription service **2** *(a spettacoli, allo stadio)* season ticket; ***vendite fuori ~*** non-subscription sales; ***concerto in ~*** subscription concert **3** *(ai trasporti)* pass, season ticket, travel card BE, commutation ticket AE; ***fare un ~*** to buy a season ticket **4** *(a telefono, gas, elettricità)* subscription; ***canone di ~ telefonico*** line rental **5** *(alla televisione)* (television) licence, subscription ◆◆ ***~ annuale*** *(a giornale, televisione)* annual subscription; ***~ ferroviario*** train pass; ***~ giornaliero*** one-day travel card; ***~ mensile*** monthly pass, monthly travel card; ***~ settimanale*** weekly pass, weekly travel card; ***~ studenti*** student pass.

▷ **1.abbonare** /abbo'nare/ [1] **I** tr. ***~ qcn. a qcs.*** to take out a subscription to sth. for sb. **II abbonarsi** pronom. to subscribe; ***mi sono abbonato per un anno*** I've taken out a year's subscription.

2.abbonare /abbo'nare/ → **abbuonare**.

abbonato /abbo'nato/ **I** p.pass. → **1.abbonare II** agg. ***essere ~ al telefono*** to be on the phone; ***sono ~ a questo giornale*** I subscribed to this newspaper; ***esserci ~*** COLLOQ. SCHERZ. to make a habit of it **III** m. (f. **-a**) *(al telefono, a un giornale)* subscriber; *(a teatro, allo stadio, ai trasporti)* season ticket holder; *(al gas)* gas consumer; *(alla televisione)* television licence holder; ***elenco -i*** *(al telefono)* (telephone) directory, phone book.

▷ **abbondante** /abbon'dante/ agg. **1** *(in quantità)* [*risorse, beni*] abundant, plentiful, ample; [*raccolto*] good, plentiful, healthy; [*documentazione, dati*] copious, voluminous; [*porzioni*] huge, big; [*pasto*] big, hearty; [*precipitazioni, nevicate*] heavy; ***essere più che ~*** to be more than ample; ***fare ~ uso di qcs.*** to make liberal use of sth. **2** *(per dimensioni)* [*seno*] ample; [*vestiti*] baggy; [*scarpe*] oversize(d), roomy; ***i vestiti gli sono -i*** his clothes hang loosely on him **3** *(con pesi, misure)* ***un'ora, un chilo ~*** a good hour, kilo; ***calza un 37 ~*** she takes at least a size 4, she takes a good size 4.

abbondantemente /abbondante'mente/ avv. [*bere, mangiare*] abundantly; [*piovere*] heavily; ***~ meritato*** richly deserved; ***~ sovrappeso*** grossly overweight; ***~ cosparso di zucchero*** generously sprinkled with sugar.

▷ **abbondanza** /abbon'dantsa/ f. **1** *(grande quantità)* *(di cibo)* abundance (**di** of); *(di raccolto)* abundance, richness (**di** of); *(di informazioni, particolari)* wealth (**di** of); ***~ di manodopera*** plentiful supply of workers; ***c'è ~ di*** there's plenty of; ***in ~*** [*fornire, produrre, trovare*] in abundance; ***nutrire in ~*** to feed up [*persona*]; ***c'è tempo in ~*** there is plenty of time; ***il vino scorreva in ~*** wine flowed freely; ***ci sono parcheggi in ~*** there is ample parking **2** *(agiatezza)* affluence; ***vivere nell'~*** to live in affluence; ***nuotare nell'~*** to be rolling in money *o* in it.

▷ **abbondare** /abbon'dare/ [1] intr. **1** (aus. *essere, avere*) *(esserci in quantità)* [*frutti, prodotti, risorse*] to abound; ***gli esempi di questo tipo abbondano*** examples of this kind abound; ***un quartiere in cui abbondavano gli artisti*** an area where artists abounded **2** (aus. *avere*) *(avere in quantità)* ***~ di*** o ***in*** to be full of; ***questa regione abbonda di siti archeologici*** this area is rich in archaeological sites; ***il fiume abbonda di pesci*** the river abounds in *o* with fish **3** (aus. *avere*) FIG. *(eccedere)* ***la cuoca ha abbondato un po' con il sale*** the cook has been a bit liberal with the salt.

abbordabile /abbor'dabile/ agg. **1** *(accessibile)* ***questa auto ha un prezzo ~*** this car is moderately priced; ***i prezzi delle camere sono veramente -i*** rooms are very reasonably priced **2** *(avvicinabile)* [*persona*] approachable.

abbordaggio, pl. **-gi** /abbor'daddʒo, dʒi/ m. **1** MAR. boarding; ***andare all'~ di una nave*** to board a ship; ***manovra d'~*** boarding operation **2** *(approccio)* ***tentare l'~ di una ragazza*** to try to chat up a girl, to try and pick up a girl.

abbordare /abbor'dare/ [1] tr. **1** MAR. [*pirati*] to board [*imbarcazione*] **2** *(avvicinare)* to accost, to approach [*persona*]; ***~ una ragazza*** to chat a girl up **3** FIG. *(affrontare)* to broach, to tackle [*questione*]; ***~ un argomento spinoso*** to broach a thorny subject.

abborracciamento /abborrattʃa'mento/ m. *(lavoro mal fatto)* botch(-up), bungle.

abborracciare /abborrat'tʃare/ [1] tr. to botch (up), to bungle, to scamp [*compito, lavoro*].

abborracciato /abborrat'tʃato/ **I** p.pass. → **abborracciare II** agg. [*compito, lavoro*] botched, bungled, careless; ***l'intero lavoro era ~*** the whole job was bungled.

abborracciatura /abborrattʃa'tura/ f. → **abborracciamento**.

abborrire /abbor'rire/ → **aborrire**.

▷ **abbottonare** /abbotto'nare/ [1] **I** tr. to button (up), to do* up, to fasten (up) [*cappotto, vestito*]; ***~ qcn.*** COLLOQ. to do up sb.'s buttons **II abbottonarsi** pronom. **1** ***-rsi davanti, dietro, sul fianco*** [*vestito*] to button *o* fasten at the front, back, side **2** [*persona*] to button (up), to do* up, to fasten (up) [*vestito*]; ***-rsi il cappotto*** to button (up) one's coat **3** [*persona*] to do* up one's buttons; ***abbottonati prima di uscire!*** button up before going out! **4** COLLOQ. FIG. *(mostrarsi riservato)* to button up, to shut* up, to clam up.

abbottonato /abbotto'nato/ **I** p.pass. → **abbottonare II** agg. **1** *(chiuso con bottoni)* ***~ fino al collo*** buttoned right up (to the neck); ***gonna -a di lato*** side-buttoning skirt; ***un vestito ~ sul davanti*** a dress with buttons all down the front, a button-through dress BE **2** COLLOQ. FIG. [*persona*] buttoned up.

abbottonatura /abbottona'tura/ f. **1** *(bottoni)* buttons pl.; ***vestito con l'~ davanti, sulla schiena*** front-, back-buttoning dress **2** *(l'abbottonare)* buttoning, fastening.

1.abbozzare /abbot'tsare/ [1] tr. **1** *(schizzare a grandi linee)* to block in, to sketch, to rough in [*tela, paesaggio, ritratto, caricatura*]; FIG. to outline, to rough out, to sketch out [*progetto, programma, obiettivo*]; to draft [*lettera, romanzo*]; ***~ un quadro della situazione*** to give an outline of the situation **2** FIG. *(accennare)* ***~ un sorriso*** to give a faint smile, to half-smile, to give a glimmer of a smile, to hint at a smile; ***~ un gesto*** to half make a gesture, to make a vague gesture.

2.abbozzare /abbot'tsare/ [1] intr. (aus. *avere*) COLLOQ. *(far finta di niente)* to stand* the gaff AE.

abbozzato /abbot'tsato/ **I** p.pass. → **1.abbozzare II** agg. *(in forma di abbozzo)* [*lavoro*] sketchy; [*progetto, programma, traduzione*] rough.

abbozzo /ab'bɔttso/ m. **1** *(disegno)* sketch, outline, design; *(modello)* cartoon **2** FIG. *(di romanzo, progetto)* outline, draft; ***fare un ~ di qcs.*** to draw sth. in outline **3** FIG. *(accenno)* hint; ***l'~ di un sorriso*** the hint of a smile.

abbracciabosco, pl. **-schi** /abbrattʃa'bɔsko, ski/ m. honeysuckle, woodbind.

▶ **abbracciare** /abbrat'tʃare/ [1] **I** tr. **1** *(cingere con affetto)* to hug, to cuddle, to embrace [*persona*]; ***~ forte qcn.*** to give sb. a big hug; ***abbraccia tua madre da parte mia*** give my love to your mother; ***Andy ti abbraccia*** Andy sends his love; ***ti abbraccio*** *(alla fine di una lettera)* love **2** *(circondare con le braccia)* to embrace, to hug, to cling* to [*albero, palo*] **3** *(scegliere di seguire)* to take* up, to pursue [*carriera, professione*]; to embrace, to espouse [*religione, causa, idea*]; ***a vent'anni decise di ~ la carriera politica*** at the age of 20 he decided to pursue a political career **4** *(comprendere)* [*ricerca, studio*] to span [*periodo*]; to embrace, to comprise [*argomenti*]; [*occhio, sguardo, cinepresa*] to take* in [*paesaggio*]; ***~ qcs. con lo sguardo*** to take in sth. at a glance; ***la sua vita ha abbracciato buona parte del diciannovesimo secolo*** her life spanned most of the nineteenth century **II abbracciarsi** pronom. **1** *(l'un l'altro)* to hold* each other, to hug (each other), to embrace (each other), to cuddle, to have* a cuddle **2** *(aggrapparsi)* ***-rsi a qcn., qcs.*** to cling (on) to sb., sth.

▷ **abbraccio**, pl. **-ci** /ab'brattʃo, tʃi/ m. hug, embrace, cuddle; ***stringere qcn. in un caldo, tenero ~*** to hold sb. in a warm, fond embrace; ***stringersi in un ~ appassionato*** to be in a clinch; ***scambiarsi un ~*** to embrace (each other); ***baci e -ci*** *(come chiusa nelle lettere)* love and kisses.

1.abbrancare /abbran'kare/ [1] **I** tr. *(afferrare con forza)* to grab, to grasp, to seize [*persona, oggetto*] **II abbrancarsi** pronom. ***-rsi a*** to grasp at, to cling to, to clutch at (anche FIG.).

2.abbrancare /abbran'kare/ [1] **I** tr. to herd, to round up [*bestiame*] **II abbrancarsi** pronom. to herd together.

▷ **abbreviare** /abbre'vjare/ [1] **I** tr. to abbreviate, to shorten [*parola, espressione, nome*]; to shorten, to trim [*articolo, discorso*]; to cut* short, to shorten [*visita, vacanza*]; ***~ "televisione" in "tele"*** to shorten "television" to "TV" **II abbreviarsi** pronom. ***le giornate si abbreviano*** the days are getting shorter *o* are drawing in.

abbreviato /abbre'vjato/ **I** p.pass. → **abbreviare II** agg. ***forma -a*** abbreviation, short form; ***dare una versione -a di qcs.*** to give an abridged version of sth.

abbreviazione /abbrevjat'tsjone/ f. **1** *(l'abbreviare)* abbreviation, shortening; *(forma abbreviata)* abbreviation, short form **2** DIR. ***~ dei termini*** shortening of time limits.

abbrivare /abbri'vare/ [1] **I** tr. ***~ una nave*** to get a ship under way **II** intr. (aus. *avere*) [*imbarcazione*] to gather way.

abbrivio, pl. **-vi** /ab'brivjo, vi/ → **abbrivo**.

abbrivo /ab'brivo/ m. way; ***~ in avanti*** headway; ***~ indietro*** sternway; ***mantenere l'~*** to forereach; ***prendere l'~*** to gather way; FIG. to gather momentum.

abbronzante /abbron'dzante/ **I** agg. ***crema ~*** suntan cream; ***lozione ~*** tanning lotion, suntan lotion *o* oil; ***lampada ~*** sunlamp; ***lettino ~*** sunbed **II** m. *(crema)* suntan cream; *(olio)* suntan oil.

▷ **abbronzare** /abbron'dzare/ [1] **I** tr. **1** [*sole*] to tan, to bronze [*pelle, viso, corpo*] **2** ARTIG. to bronze [*metallo*] **II abbronzarsi** pronom. to tan, to get* tanned, to get* a (sun)tan; ***-rsi facilmente*** to go brown easily.

abbronzato /abbron'dzato/ **I** p.pass. → **abbronzare II** agg. [*pelle, viso, corpo*] (sun)tanned, brown; ***essere -issimo*** to be deeply tanned *o* very brown *o* as brown as a berry.

abbronzatura /abbrondza'tura/ f. **1** *(azione)* tanning, bronzing; *(risultato)* (sun)tan; ***avere una bella ~*** to have a good *o* nice (sun)tan; ***prodotto per l'~*** tanning product **2** ARTIG. bronzing ◆◆ ***~ artificiale*** artificial tan; ***~ integrale*** allover tan.

abbrunamento /abbruna'mento/ m. *(a lutto)* = in Italy, the craping of a flag for mourning.

abbrunare /abbru'nare/ [1] **I** tr. *(a lutto)* to crape, to drape in black [*bandiera*] **II abbrunarsi** pronom. **1** *(vestirsi a lutto)* to wear* mourning **2** *(oscurarsi)* to darken.

abbrunato /abbru'nato/ **I** p.pass. → **abbrunare II** agg. [*bandiera*] draped in black.

abbrustolimento /abbrustoli'mento/ m. *(di caffè, nocciole)* roasting.

abbrustolire /abbrusto'lire/ [102] **I** tr. to toast [*pane*]; to roast [*castagne, nocciole*]; to grill [*carne*] **II abbrustolirsi** pronom. *(abbronzarsi)* ***-rsi al sole*** to roast in the sun.

abbrutimento /abbruti'mento/ m. brutalization, animalization.

abbrutire /abbru'tire/ [102] **I** tr. to brutalize, to animalize, to brutify; ***la prigione lo ha abbrutito*** prison life has brutalized him **II** intr. (aus. *essere*) to become* brutish; ***~ nell'ignoranza, nella miseria*** to languish in ignorance, poverty **III abbrutirsi** pronom. to become* brutish; ***-rsi nell'alcol*** to become brutish by alcohol.

abbrutito /abbru'tito/ **I** p.pass. → **abbrutire II** agg. brutalized; ***~ dalla miseria*** brutalized by misery.

abbuffarsi /abbuf'farsi/ [1] pronom. to stuff oneself (**di** with), to gorge oneself (**di** on), to pig out (**di** on).

abbuffata /abbuf'fata/ f. blowout, feed, nosh-up BE; ***farsi un'~ di qcs.*** to have a bellyful of sth.; ***farsi una bella ~*** to have a good feed *o* a blowout.

abbuiare /abbu'jare/ [1] **I** tr. ANT. **1** *(rendere buio)* to darken **2** FIG. *(mettere a tacere)* to hush up [*scandalo*] **II** intr. (aus. *essere*) ANT. [*cielo*] to darken **III abbuiarsi** pronom. ANT. **1** *(diventare buio)* [*cielo*] to darken **2** FIG. *(farsi scuro)* [*volto, espressione*] to darken, to become* gloomy; [*vista*] to grow* dim.

abbuonare /abbwo'nare/ [1] tr. to remit, to forgive*; ***~ un debito a qcn.*** to let sb. off a debt; ***~ una pena a qcn.*** to give sb. remission.

abbuono /ab'bwɔno/ m. **1** allowance, rebate; ***concedere un ~ del 10%*** to give a 10% allowance **2** SPORT bonus points **3** EQUIT. handicap.

abburattare /abburat'tare/ [1] tr. to sift [*farina*].

Abdia /ab'dia/ n.pr.m. Obadiah.

abdicare /abdi'kare/ [1] intr. (aus. *avere*) **1** *(rinunciare al titolo)* [*sovrano*] to abdicate **2** *(rinunciare)* ***~ a*** to abdicate [*diritto, potere, responsabilità*]; ***~ al trono*** to abdicate the throne.

abdicatario, pl. **-ri**, **-rie** /abdika'tarjo, ri, rje/ agg. [*sovrano*] abdicating.

abdicazione /abdikat'tsjone/ f. **1** *(del sovrano)* abdication **2** *(rinuncia)* abdication, renunciation (**a** of) [*diritto, potere, responsabilità*].

abducente /abdu'tʃɛnte/ agg. abducent; ***nervo ~*** abducens.

abduttore /abdut'tore/ **I** agg. abducent **II** m. abductor (muscle).

abduzione /abdut'tsjone/ f. abduction.

abecedario, pl. **-ri** /abetʃe'darjo/ m. → **abbecedario**.

Abelardo /abe'lardo/ n.pr.m. Abelard.

Abele /a'bɛle/ n.pr.m. Abel.

abelmosco, pl. **-schi** /abel'mɔsko, ski/ m. abelmosk.

aberrante /aber'rante/ agg. [*comportamento*] aberrant.

aberrare /aber'rare/ [1] intr. (aus. *avere*) to deviate (**da** from).

aberrazione /aberrat'tsjone/ f. **1** *(deviazione)* aberration, aberrance **2** ASTR. FIS. OTT. MED. aberration ◆◆ ***~ cromatica*** chromatic aberration; ***~ cromosomica*** chromosome aberration; ***~ sferica*** spherical aberration.

abetaia /abe'taja/ f. fir-wood, spruce.

▷ **abete** /a'bete/ m. *(albero)* fir (tree), spruce (tree), spruce pine; *(legno)* deal ◆◆ ***~ del balsamo*** balsam (fir); ***~ bianco*** silver fir, white spruce; ***~ di Douglas*** Douglas fir; ***~ rosso*** red spruce.

abetina /abe'tina/ f. → **abetaia**.

ABI /'abi/ f. (⇒ Associazione Bancaria Italiana) = Italian bankers' association.

abietto /a'bjɛtto/ agg. [*persona*] abject, despicable, vile; [*azione*] base, despicable, vile.

abiezione /abjet'tsjone/ f. abjection; ***cadere nell'~*** to fall into degradation.

abigeato /abidʒe'ato/ m. *(di bestiame)* cattle stealing, rustling AE; *(di pecore)* sheep stealing.

abigeo /a'bidʒeo/ m. (f. **-a**) *(di bestiame)* cattle thief*, rustler AE.

▷ **abile** /'abile/ agg. **1** *(idoneo)* ***~ al servizio militare*** able-bodied; ***~ al lavoro*** fit for a job **2** *(bravo)* [*professionista, cuoco, attore, giocatore*] able, skilled, skilful BE, skillful AE; *(svelto, agile)* [*persona, mani*] deft, dexterous; ***un ~ politico*** an artful *o* a dexterous politician; ***essere ~ in qcs., a fare*** to be skilful at sth., at doing; ***essere ~ con le mani*** to be skilful with one's hands **3** *(accorto)* cunning, clever; ***un'~ manovra*** a clever manoeuvre; ***un ~ trucco*** a cunning trick.

▷ **abilità** /abili'ta/ f.inv. **1** *(idoneità)* ***~ al lavoro*** fitness for a job **2** *(bravura)* ability, skill, skilfulness BE, skillfulness AE; *(destrezza)* deftness, dexterity; ***la sua ~ di lessicografo, di giornalista*** his ability *o* skill(s) as a lexicographer, journalist; ***la sua ~ di generale, di venditore*** his generalship, salesmanship; ***~ nel fare*** skill in *o* at, skilfulness at doing; ***~ manuale*** handicraft; ***gioco d'~*** game of skill **3** *(accortezza)* cleverness **4** MUS. ***esercizi di ~*** finger exercises ◆◆ ***~ di ascolto*** SCOL. listening skills; ***~ di espressione orale*** SCOL. oral skills.

abilitare /abili'tare/ [1] **I** tr. **1** *(qualificare)* to qualify; ***~ qcn. a qcs., a fare*** to qualify sb. for sth., to do, to give sb. the qualifications for sth., to do **2** *(autorizzare)* to certify, to authorize; *(a una professione)* ***questo esame abilita alla professione di ingegnere*** this examination qualifies you as an engineer *o* to be an engineer **II abilitarsi** pronom. ***-rsi all'insegnamento*** to qualify as a teacher.

abilitato /abili'tato/ **I** p.pass. → **abilitare II** agg. ***un insegnante ~*** a qualified *o* certified AE teacher; ***essere ~ a fare*** *(qualificato)* to be qualified to do; *(autorizzato)* to be authorized to do **III** m. (f. **-a**) ***un ~*** a qualified *o* certified AE teacher.

abilitazione /abilitat'tsjone/ f. qualification; ***~ all'insegnamento*** teaching qualification; ***esame di ~*** qualifying examination; ***diploma di ~ all'insegnamento*** teaching diploma, teaching certificate.

abilmente /abil'mente/ avv. **1** *(con bravura)* ably, skilfully BE, skillfully AE; *(con destrezza)* deftly, dexterously **2** *(con accortezza)* cleverly, cunningly.

abiogenesi /abio'dʒɛnezi/ f.inv. abiogenesis*.

abiogenetico, pl. **-ci**, **-che** /abiodʒe'nɛtiko, tʃi, ke/ agg. abiogenetic.

abiotico, pl. **-ci**, **-che** /abi'ɔtiko, tʃi, ke/ agg. abiotic.

abissale /abis'sale/ agg. **1** abyssal; ***fauna ~*** abyssal fauna **2** FIG. *(enorme)* abysmal; ***ignoranza ~*** abysmal *o* monumental ignorance.

Abissinia /abis'sinja/ ➧ ***33*** n.pr.f. Abyssinia.

abissino /abis'sino/ ➧ ***25*** **I** agg. Abyssinian **II** m. (f. **-a**) Abyssinian.

▷ **abisso** /a'bisso/ m. **1** *(grande profondità, baratro)* abyss (anche FIG.), chasm (anche FIG.); ***essere sull'orlo dell'~*** to be on the verge of ruin, to be on the brink of disaster **2** ***gli -i marini*** the depths of the sea **3** FIG. *(grande diversità)* gulf, huge gap; ***fra noi c'è un ~*** there is a gulf between us; ***un ~ li separa*** they are streets apart BE.

abitabile /abi'tabile/ agg. **1** *(che può essere abitato)* [*casa, appartamento*] (in)habitable, livable, fit to live in mai attrib.; ***alloggio ~ immediatamente*** accommodation ready to move into; ***cucina ~*** kitchen-diner **2** *(destinato all'abitazione)* ***superficie, spazio ~*** living space.

abitabilità /abitabili'ta/ f.inv. *(di casa, appartamento)* habitability, habitableness, livability.

abitacolo /abi'takolo/ m. **1** *(di automobile)* passenger compartment BE **2** *(di aereo)* cockpit **3** *(di astronave)* cabin.

▷ **abitante** /abi'tante/ **I** agg. *(domiciliato)* resident (**a**, **in** in) **II** m. e f. inhabitant; *(di città)* city dweller, town dweller; *(di campagna)* country dweller; *(di paese)* villager; ***numero d'-i per km²*** number of inhabitants per square kilometre; ***per ~*** per head *o* person; ***una città di un milione di -i*** a city of *o* with one million inhabitants; ***la regione ha una popolazione di un milione di -i*** the region has a population of one million; ***gli -i della Scozia*** the inhabitants of Scotland; ***gli -i di Bath*** the people of Bath; ***gli -i di questo palazzo*** the people (living) in this building.

▶ **abitare** /abi'tare/ [1] **I** tr. ***~ una casa*** to inhabit a house; ***la foresta è abitata da animali feroci*** the forest is inhabited by wild animals **II** intr. (aus. *avere*) *(risiedere)* to live; ***~ a Torino*** to live in Turin; ***~ in Italia, Toscana, in*** o ***nel Nebraska*** to live in Italy, Tuscany, Nebraska; ***~ in periferia*** to live in the suburbs; ***~ in Park Avenue*** to live on Park Avenue; ***~ all'estero*** to live abroad; ***~ al numero 18*** to live at number 18; ***~ al sedicesimo piano*** to live high up on the 16th floor; ***~ vicino, lontano, dall'altra parte della piazza*** to live close by, a long way away, across the square; ***~ con i propri genitori*** to live with one's parents; ***~ insieme, separati, (da) solo*** to live together, apart, alone; ***~ su un'isola*** to live on an island; ***andare ad ~ a Londra*** to move to London.

abitativo /abita'tivo/ agg. **1** *(relativo all'abitare)* ***condizioni -e*** living conditions **2** *(destinato ad abitazione)* ***locali a uso ~*** purpose-built apartment; ***edilizia -a*** housing; ***unità -a*** living unit.

abitato /abi'tato/ **I** p.pass. → **abitare II** agg. **1** [*casa, edificio*] occupied, lived-in **2** *(popolato)* [*zona, pianeta, territorio*] inhabited, populated; ***fittamente, scarsamente ~*** highly, sparsely populated; ***centro ~*** built-up area **III** m. *(centro abitato)* built-up area.

abitatore /abita'tore/ m. (f. **-trice** /tritʃe/) RAR. inhabitant, dweller.

▷ **abitazione** /abitat'tsjone/ f. **1** *(l'abitare)* living; ***locali a uso ~*** purpose-built apartment; ***diritto d'~*** DIR. right of occupancy **2** *(costruzione)* house; AMM. dwelling.

▶ **abito** /'abito/ v. la voce **2.vestito** ◆ ***35*** **I** m. **1** *(indumento)* article of clothing, item of clothing, piece of clothing, garment FORM.; *(da donna)* dress; *(da uomo)* suit, two-piece (suit); *(con gilè)* three-piece (suit); ***cambiarsi d'~*** to change one's clothes, to get changed; ***un ~ (fatto) su misura*** a made-to-measure garment; ***un ~ senza maniche*** a sleeveless dress; ***"è richiesto l'~ scuro"*** "black tie", "formal dress is required" **2** *(di monaco, suora)* habit; *(di sacerdote)* cassock **3** ANT. *(abitudine)* habit **4** BIOL. habit **II abiti** m.pl. *(abbigliamento)* clothing **U**, dress **U**; ***-i firmati*** designer clothes; ***-i estivi, invernali*** summer, winter clothes ◆ ***abbandonare*** o ***deporre l'~*** to renounce the habit, to leave the religious life; ***prendere*** o ***vestire l'~*** to take the cloth *o* the habit, to enter the religious life; ***l'~ non fa il monaco*** PROV. you can't judge a book by its cover ◆◆ ***~ da ballo*** ball gown; ***~ da*** o ***di casa*** housecoat; ***~ da cerimonia*** ceremonial dress *o* robe, full *o* formal dress; *(da uomo)* dress suit; ***~ civile*** *(di soldato)* civilian clothes, mufti, civvies COLLOQ.; *(di poliziotto)* plain clothes; ***~ da cocktail*** cocktail dress; ***~ di corte*** court dress; ***~ ecclesiastico*** cloth, clerical dress; ***~ di gala*** gala dress, array; MIL. mess kit *o* dress, robes of state; ***~ lungo*** full-length *o* evening dress, gown; ***~ alla marinara*** sailor suit; ***~ mentale*** habit of mind; ***~ a doppio petto*** double-breasted suit; ***~ premaman*** maternity dress; ***~ scuro*** formal dress; ***~ da sera*** evening dress, party dress; *(da donna)* gown; *(da uomo)* dress suit; ***~ da sposa*** wedding *o* bridal dress, wedding *o* bridal gown; ***~ talare*** cassock; ***-i per bambini*** children's clothes; ***-i borghesi*** → ***~ civile***; ***-i casual*** casuals; ***-i confezionati*** ready made clothes, off-the-peg *o* off-the-rack clothes; ***-i da donna*** women's wear *o* clothing, ladies' clothes; ***-i da lavoro*** work(ing) clothes; ***-i da lutto*** mourning clothes; ***-i da pioggia*** rainwear; ***-i smessi*** cast-offs, hand-me-downs; ***-i da uomo*** menswear.

abituale /abitu'ale/ agg. **1** *(solito)* [*ora, luogo*] usual, normal; [*reazione, comportamento*] habitual, usual; [*espressione, uso*] frequent; ***nel modo ~*** as usual; ***ritrovo ~*** hang-out COLLOQ.; ***con la loro ~ cortesia*** with their customary politeness **2** *(assiduo)* [*cliente, frequentatore, visitatore*] regular; *(incallito)* [*delinquente, fumatore*] habitual.

abitualità /abituali'ta/ f.inv. habitualness.

abitualmente /abitual'mente/ avv. *(solitamente)* usually, normally, habitually, customarily; *(regolarmente)* habitually, regularly.

▶ **abituare** /abitu'are/ [1] **I** tr. to accustom (**a qcs.** to sth.; **a fare** to doing); *(addestrare)* ***abituare il cane a dormire fuori*** to get one's dog used to sleeping outside; ***~ un cane a non sporcare in casa*** to house-train BE *o* housebreak AE a dog; *(educare)* ***~ un bambino a non dire mai bugie*** to teach a child never to lie **II abituarsi** pronom. **1** to accustom oneself, to get* used, to get* accustomed, to become* accustomed (**a qcs.** to sth.; **a fare** to doing); ***-rsi al clima*** to get used *o* inure oneself to the climate; ***ti ci abituerai*** you'll get used to it **2** *(familiarizzarsi)* to get* used (**a** to) [*ambiente, idea*].

abituato /abitu'ato/ **I** p.pass. → **abituare II** agg. accustomed, used (**a qcs.** to sth.; **a fare** to doing); *(solito)* wont (**a fare** to do); *(assuefatto)* inured (**a** to) [*clima*]; ***non essere ~ a parlare in pubblico*** to be unaccustomed to public speaking; ***è sempre stata -a ad avere il proprio ufficio*** she's been used to having her own office; ***sono ~ a prendere il caffè dopo pranzo*** I usually have coffee after lunch; ***~ a non sporcare in casa*** [*cane*] house-trained BE, housebroken AE.

abitudinario, pl. **-ri**, **-rie** /abitudi'narjo, ri, rje/ **I** agg. ***essere ~*** to be set in one's ways, to be regular in one's habits; ***diventare ~*** to get into a rut **II** m. (f. **-a**) ***essere un ~*** to be a creature of habit.

▶ **abitudine** /abi'tudine/ f. **1** *(modo di agire)* habit, custom, practice; ***fare qcs. per ~*** to do sth. out of *o* from habit; ***prendere l'~ di fare qcs.*** to get into the habit of doing sth., to make it a practice to do sth.; ***perdere l'~ di fare qcs.*** to get out of the habit of doing sth.; ***prendere delle cattive -i*** to get *o* lapse *o* slip into bad habits, to pick up bad habits; ***cambiare -i*** to change one's spots; ***liberarsi da un'~*** to shake off *o* break a habit; ***non perdiamo le buone -i*** let's stick to what we usually do; ***gli farò perdere l'~ di entrare senza bussare*** I'm going to get him out of the habit of entering without knocking; ***avere l'~ di fare*** to have a habit *o* be in the habit of doing, to be given to doing; ***era sua ~ fare*** it was her custom to do, it was customary for her to do; ***non è sua ~ essere maleducato*** he is not usually impolite; ***com'è sua, loro ~*** as is his, their custom *o* wont; ***non è ancora qui, non è nelle sue -i essere in ritardo*** he is not here yet, it's not like him to be late; ***hanno l'~ di andare a dormire presto*** they usually go to bed early; ***avere le proprie -i*** to have got into a routine; ***questa è diventata un'~ per me*** this has become a habit with me; ***non è nelle mie -i lamentarmi, ma...*** it's not my way to complain but...; ***devi cambiare le tue -i in fatto di alcolici*** you must change your drinking habits; ***che non diventi un'~!*** don't make a habit of it! ***per ~*** out of *o* from habit; ***come d'~*** as usual, as is customary; ***d'~*** usually, as a rule; ***secondo le loro -i*** as they usually do **2** *(il fatto di essere abituato)* habit, custom; ***è una questione di ~*** it's a matter of habit *o* of getting used to it; ***per forza d'~*** by *o* out of *o* from force of habit; ***fare l'~ a qcs.*** to get used *o* accustomed to sth. **3** *(consuetudine, costume)* *(di paese, regione)* custom; *(di persona, popolazione)* habit; ***-i alimentari*** eating habits; ***una persona dalle sane -i*** a clean-living person.

abituro /abi'turo/ m. **1** ANT. *(dimora)* abode **2** *(catapecchia)* (hell)hole, hovel.

abiura /a'bjura/ f. abjuration.

abiurare /abju'rare/ [1] **I** tr. to abjure [*religione, fede*] **II** intr. (aus. *avere*) RELIG. to recant.

ablativo /abla'tivo/ **I** agg. ablative **II** m. ablative; ***all'~*** in the ablative ◆◆ ***~ assoluto*** ablative absolute.

ablazione /ablat'tsjone/ f. ablation, removal.

abluzione /ablut'tsjone/ **I** f. RELIG. ablution **II abluzioni** f.pl. ablutions; ***fare le -i*** to perform one's ablutions (anche SCHERZ.).

abnegazione /abnegat'tsjone/ f. (self-)abnegation, self-denial, self-sacrifice; ***con ~*** in a self-denying manner, with devotion; ***spirito di ~*** self-sacrificing spirit; ***dar prova d'~*** to act selflessly.

abnorme /ab'nɔrme/ agg. abnormal.

▷ **abolire** /abo'lire/ [102] tr. **1** *(sopprimere, annullare)* to abolish [*legge, pena di morte*]; to lift [*sanzioni*] **2** *(eliminare)* to cut* out [*alcol, grassi*].

abolizione /abolit'tsjone/ f. abolition.

abolizionismo /abolittsjo'nismo/ m. abolitionism.

abolizionista, m.pl. **-i**, f.pl. **-e** /abolittsjo'nista/ agg., m. e f. abolitionist.

abomaso /abo'mazo, a'bɔmazo/ m. abomasum*, maw.

abominare /abomi'nare/ [1] tr. to abominate.

abominazione /abominat'tsjone/ f. → **abominio.**

abominevole /abomi'nevole/ agg. [*crimine, atto, persona, tempo*] abominable; ***l'~ uomo delle nevi*** the abominable snowman.

abominio, pl. **-ni** /abo'minjo, ni/ m. abomination; ***avere in ~*** to abominate.

aborigeno /abo'ridʒeno/ **I** agg. aboriginal **II** m. (f. **-a**) aboriginal, aborigine; ***~ australiano*** Aboriginal, Aborigine.

aborrimento /aborri'mento/ m. abhorrence, loathing.

aborrire /abor'rire/ [102] **I** tr. to abhor, to loathe; ***~ la menzogna*** to abhor lying **II** intr. (aus. *avere*) ***~ da qcs.*** to abhor sth.

▷ **abortire** /abor'tire/ [102] intr. **1** (aus. *avere*) *(spontaneamente)* to miscarry, to have* a miscarriage, to abort; *(volontariamente)* to abort, to have* an abortion; ***fare ~ qcn.*** to abort sb.; [*medico*] to carry out abortion on sb.; [*medicinale*] to induce abortion in sb. **2** (aus. *essere*) FIG. *(fallire)* to abort, to fail.

abortista, m.pl. **-i**, f.pl. **-e** /abor'tista/ **I** agg. **1** *(che pratica l'aborto)* [*medico*] who carries out abortion **2** *(favorevole all'aborto)* in favour of abortion **II** m. e f. abortionist.

abortito /abor'tito/ **I** p.pass. → **abortire II** agg. [*tentativo, progetto*] abortive, stillborn.

abortivo /abor'tivo/ **I** agg. **1** [*prodotto, effetto*] abortifacient **2** [*organo, forma*] abortive **II** m. abortifacient.

▷ **aborto** /a'bɔrto/ m. **1** *(spontaneo)* miscarriage; *(indotto)* abortion; ***avere un ~*** to miscarry; ***procurare*** o ***provocare un ~*** [*medico*] to carry out an abortion; ***causare*** o ***provocare un ~*** [*medicinale*] to induce abortion; ***legge sull'~*** abortion law; ***favorevole all'~*** [*candidato, elettore*] pro-choice **2** *(feto morto)* aborted foetus* BE, aborted fetus* AE **3** FIG. SPREG. *(persona brutta)* abortion, monstrosity **4** FIG. *(di tentativi, progetti)* abortion ◆◆ ***~ terapeutico*** therapeutic abortion.

ab ovo /ab'ɔvo/ avv. from the very beginning.

abracadabra /abraka'dabra/ m.inv. abracadabra.

abradere /a'bradere/ [2] tr. to abrade.

abramide /a'bramide/ m. bream.

Abramo /a'bramo/ n.pr.m. Abraham.

abranchiato /abran'kjato/ agg. abranchial.

abrasione /abra'zjone/ f. **1** *(raschiatura)* scraping, erasure **2** MED. abrasion, graze **3** GEOL. abrasion.

abrasivo /abra'zivo/ **I** agg. [*sostanza, azione*] abrasive **II** m. abrasive.

abreazione /abreat'tsjone/ f. abreaction.

abrogabile /abro'gabile/ agg. repealable, annullable.

abrogare /abro'gare/ [1] tr. to repeal, to annul, to abrogate FORM. [*legge, norma*].

abrogativo /abroga'tivo/ agg. ***un referendum ~*** a referendum to abrogate a law.

abrogatorio, pl. **-ri**, **-rie** /abroga'tɔrjo, ri, rje/ agg. → **abrogativo**.

abrogazione /abrogat'tsjone/ f. abrogation.

abrogazionista, m.pl. **-i**, f.pl. **-e** /abrogattsjo'nista/ m. e f. = a person who aims at the repeal of a law.

abrotano /a'brɔtano/ m. southernwood.

abruzzese /abrut'tsese/ ♦ ***30*** **I** agg. from, of Abruzzi, Abruzzian **II** m. e f. native, inhabitant of Abruzzi, Abruzzian **III** m. dialect of Abruzzi.

ABS /abi'ɛsse/ m.inv. (⇒ Antiblockiersystem sistema frenante antibloccaggio) ABS.

abscissione /abʃis'sjone/ f. abscission.

absidale /absi'dale/ agg. apsidal.

absidato /absi'dato/ agg. ARCH. **1** *(provvisto di abside)* with an apse **2** *(a forma di abside)* apsidal.

1.abside, pl. **-i** /'abside/ f. ARCH. apse, chevet.

2.abside, pl. **-i** /'abside/ m. ASTR. apse, apsis*.

abulia /abu'lia/ f. **1** MED. PSIC. abulia **2** *(indolenza)* abulia, apathy, listlessness.

abulico, pl. **-ci**, **-che** /a'buliko, tʃi, ke/ **I** agg. **1** MED. PSIC. abulic **2** *(indolente)* abulic, apathic, listless **II** m. (f. **-a**) MED. PSIC. person suffering from abulia.

▷ **abusare** /abu'zare/ [1] intr. (aus. *avere*) **1** *(approfittare)* to abuse; ***~ dei propri diritti*** to abuse one's rights; ***~ della buona fede, della pazienza di qcn.*** to take* advantage of sb.'s trust, patience, to abuse sb.'s trust, patience; ***~ della propria forza, della propria autorità, del proprio ruolo*** to abuse *o* misuse one's power, authority, position; ***~ dell'ospitalità di qcn.*** to wear out one's welcome **2** *(fare uso eccessivo)* to abuse, to overuse; ***~ degli alcolici*** to overindulge in drink; ***~ delle proprie forze*** to overtax one's strength **3** *(violentare)* ***~ di qcn.*** to abuse *o* rape sb.

abusato /abu'zato/ **I** p.pass. → **abusare II** agg. [*parola, espressione*] hackneyed.

abusivamente /abuziva'mente/ avv. *(illecitamente)* illegally; ***esercitare ~ una professione*** to practice illegally; ***costruire ~ una casa*** to build a house without a planning permit; ***vendere qcs. ~*** to sell sth. illegally; ***occupare ~ una casa, un appartamento*** to squat (in) a house, a flat; ***entrare ~ in un luogo*** to trespass on a place.

abusivismo /abuzi'vizmo/ m. unauthorized activities pl., illegal acivities pl. ◆◆ ***~ edilizio*** unauthorized building.

abusivo /abu'zivo/ **I** agg. *(illecito)* ***detenzione -a*** illegal detention; ***porto d'armi ~*** illegal gun licence, illegal possession of firearms; ***costruzioni -e*** unauthorized buildings; ***parcheggiatore ~*** unauthorized carpark attendant; ***venditore ~*** illicit street vendor **II** m. (f. **-a**) illicit street vendor; *(occupante di un'abitazione)* squatter.

▷ **abuso** /a'buzo/ m. **1** *(cattivo uso)* abuse, misuse; ***fare ~ di*** to abuse, to misuse [*autorità, posizione, potere*]; ***si è fatto un ~ sistematico del diritto allo sciopero*** there has been systematic abuse of the right to strike **2** *(uso eccessivo) (di droga, alcol)* abuse; *(di parola, prodotto)* overuse; ***fare ~ di alcol*** to drink to excess; ***fare ~ di tranquillanti*** to rely too heavily on tranquillizers **3** *(ingiustizia)* ***denunciare gli -i*** to denounce abuses ◆◆ ***~ di autorità*** → ***~ d'ufficio***; ***~ di diritto*** abuse of process; ***~ di fiducia*** DIR. breach of trust; ***~ di minori*** child abuse; ***~ personale di beni societari*** fraudolent dealing with a company's assets; ***~ di potere*** abuse of power; ***~ sessuale*** sexual abuse; DIR. gross indecency; ***~ d'ufficio*** abuse of authority, misfeasance.

a.C. ⇒ avanti Cristo Before Christ (BC).

acacia, pl. **-cie** /a'katʃa, tʃe/ f. acacia ◆◆ ***~ australiana*** myall.

acadiano /aka'djano/ **I** agg. GEOGR. Cajun **II** m. (f. **-a**) **1** *(abitante, nativo)* Cajun **2** *(parlata franco-canadese)* Cajun.

acagiù /aka'dʒu/ m.inv. *(anacardio)* acajou, cashew.

Acaia /a'kaja/ n.pr.f. Achaea.

acanto /a'kanto/ m. acanthus*, bear's breech, brank-ursine; ***foglia d'~*** ARCH. acanthus leave.

acaro /'akaro/ m. acarus* ZOOL., mite ◆◆ ***~ della polvere*** dust mite; ***~ della scabbia*** itch-mite.

acarpo /a'karpo/ agg. acarpous.

acatalettico, pl. **-ci**, **-che** /akata'lɛttiko, tʃi, ke/ agg. METR. acatalectic.

acattolico, pl. **-ci**, **-che** /akat'tɔliko, tʃi, ke/ **I** agg. non-Catholic **II** m. (f. **-a**) non-Catholic.

acaudato /akau'dato/ agg. acaudal.

acaule /a'kaule/ agg. acaulous.

▷ **acca** /'akka/ m. e f.inv. **1** *(lettera)* h, H **2** *(niente)* ***non capisco un'~*** I can't make head or tail of it, I don't understand a thing (about it); ***non capisco un'~ d'informatica*** I haven't got a clue *o* I'm completely clueless about computing; ***non vale un'~*** it's not worth a brass farthing.

accademia /akka'dɛmja/ f. **1** *(istituto culturale)* academy **2** FIG. *(pura esibizione di stile)* ***fare dell'~*** to indulge in rhetoric; SPORT to show off **3** PITT. *(nudo dal vero)* academy figure ◆◆ ***~ di belle arti*** academy of art; ***~ militare*** military academy; ***~ navale*** naval academy; ***~ delle scienze*** academy of sciences.

> **Accademia della Crusca** This was founded in Florence in 1583, with the aim of asserting the linguistic supremacy of literary Florentine (of separating pure language, the "flour", from incorrect language, the "bran" or *crusca*). From 1612 it published the "Dictionary of the Academicians of La Crusca", which became a model for similar works in other major European languages. It went through various editions right up until 1923. The Academy has stayed in operation to the present day (apart from a single interruption from 1783 to 1811). It is now based in the Villa di Castello, near Florence, and is a centre for linguistic, philological and lexicographical research. It does not fulfil a similar role of setting standards and supervising the language to that of the Académie Française or the Real Academia in Spain.

accademicamente /akkademika'mente/ avv. academically.

accademico, pl. **-ci**, **-che** /akka'dɛmiko, tʃi, ke/ **I** agg. **1** *(universitario)* [*vita, anno, insegnamento*] academic; ***titolo ~*** university qualification; ***corpo ~*** college staff; ***senato ~*** governing body, senate; ***quarto d'ora ~*** = in Italian universities, traditional fifteen minute delay before beginning a lecture **2** FIG. ***una discussione puramente -a*** a matter of academic interest **II** m. (f. **-a**) *(docente)* academic; *(membro di un'accademia)* academician.

accademismo /akkade'mizmo/ m. academicism.

accademista, m.pl. **-i**, f.pl. **-e** /akkade'mista/ m. MIL. cadet.

▶ **accadere** /akka'dere/ [26] **I** intr. (aus. *essere*) to happen, to occur; ***che cosa (ti) è accaduto?*** what's happened (to you)? ***accada quel che accada*** come what may; ***qualunque cosa accada*** whatever happens; ***sono cose che accadono*** these things happen, it's just one of those things; ***potrebbe ~ di tutto*** anything might happen; ***nulla accade per caso*** nothing happens by chance; ***non c'è pericolo che accada*** there's no fear of that happening, no danger of that happening; ***era inevitabile che ciò accadesse*** it was bound to happen; ***è accaduto sotto i miei occhi*** it happened before my very eyes; ***chi poteva prevedere ciò che sarebbe accaduto?*** who could have guessed what would have happened? ***tutto accadde nel giro di pochi secondi*** the whole thing was over in seconds **II** impers. (aus. *essere*) ***accadde che...*** it happened that..., it befell that... LETT.; ***come spesso accade*** as often happens; ***accade a tutti di dimenticare qcs.*** it happens to everybody to forget sth.

▶ **accaduto** /akka'duto/ **I** p.pass. → **accadere II** m. event, happening; ***raccontare l'~*** to tell what happened.

accalappiacani /akkalappja'kani/ ♦ ***18*** m. e f.inv. dog-catcher.

accalappiamento /akkalappja'mento/ m. **1** *(cattura)* capture **2** FIG. *(raggiro)* trick, dupery, gullery.

accalappiare /akkalap'pjare/ [1] tr. **1** *(acchiappare)* to catch*, to trap [*cane*] **2** FIG. *(raggirare)* to ensnare, to fool [*persona*]; ***farsi ~*** to be taken in; ***~ un uomo*** *(da sposare)* SCHERZ. to hook *o* rope a man.

accalappiatore /akkalappja'tore/ m. (f. **-trice** /tritʃe/) **1** *(accalappiacani)* dog-catcher **2** FIG. deceiver.

accalcarsi /akkal'karsi/ [1] pronom. to crowd, to mob, to throng; ***~ su*** to crowd onto [*autobus, treno*]; ***~ attorno*** to crowd *o* throng *o* swarm around [*persona, cosa*]; ***~ all'entrata*** to crowd around the entrance, to press through the entrance; ***~ alla fermata dell'autobus*** to huddle at the bus stop; ***~ in una stanza*** to cram into a room.

accaldarsi /akkal'darsi/ [1] pronom. **1** to get* hot **2** FIG. *(infervorarsi)* to get* heated, to get* excited.

accaldato /akkal'dato/ **I** p.pass. → **accaldarsi II** agg. *(sudato)* hot.

accaloramento /akkalora'mento/ m. *(infervoramento)* excitement, fervour.

accalorare /akkalo'rare/ [1] **I** tr. to stir up, to excite **II accalorarsi** pronom. to get* heated, to get* excited; ***-rsi per qcs.*** to feel strong about sth, to get carried away by sth.

accaloratamente /akkalorata'mente/ avv. with fervour, animatedly.

accalorato /akkalo'rato/ **I** p.pass. → **accalorare II** agg. [*dibattito, discussione*] heated.

▷ **accampamento** /akkampa'mento/ m. camp, encampment (anche MIL.); ***piantare*** o ***montare un ~*** to make *o* pitch *o* set up camp; ***levare*** o ***togliere un ~*** to break *o* strike camp; ***~ di zingari*** gypsy camp.

▷ **accampare** /akkam'pare/ [1] **I** tr. **1** to encamp [*truppe*] **2** FIG. *(far valere)* ***~ diritti*** o ***pretese su qcs.*** to stake one's claims to sth. **3** FIG. *(addurre)* to plead [*scuse, pretesti*]; ***è andata via presto accampando la scusa del mal di testa*** she left early pleading a headache **II accamparsi** pronom. **1** to camp, to encamp **2** COLLOQ. FIG. *(alloggiare provvisoriamente)* ***si è accampato in salotto*** he's camping out in the lounge.

accanimento /akkani'mento/ m. *(crudeltà)* fierceness, relentlessness; *(ostinazione)* doggedness, obstinateness; ***con ~*** [*lottare*] fiercely, bitterly; [*lavorare*] doggedly, relentlessly; ***l'~ di qcn. nel fare qcs.*** sb.'s (obstinate) persistence in doing sth. ◆◆ ***~ terapeutico*** heroic treatment.

▷ **accanirsi** /akka'nirsi/ [102] pronom. **1** *(infierire)* ***~ contro*** to keep going at [*vittima*]; ***la sorte si accanisce su di loro*** they are dogged by bad luck **2** *(ostinarsi)* ***~ in qcs., a fare*** to persevere in *o* with sth., in doing.

accanitamente /akkanita'mente/ avv. [*lottare*] fiercely, bitterly, hard; [*lavorare, discutere*] relentlessly; ***combattere ~ per qcs.*** to fight hard for sth.; ***fumare ~*** to chain-smoke.

accanito /akka'nito/ **I** p.pass. → **accanirsi II** agg. [*attacco, avversario*] relentless; [*resistenza, difesa, sostenitore*] stout, fierce, obstinate; [*competizione*] fierce, hot, stiff; [*lotta*] hard; [*odio, battaglia, rivalità*] bitter, cut-throat; [*tifoso*] fierce; [*giocatore*] inveterate, compulsive; ***fumatore ~*** chain-smoker, heavy smoker.

▶ **accanto** /ak'kanto/ **I** avv. **1** nearby; ***un ristorante, negozio qui ~*** a nearby restaurant, shop; ***abita qui ~*** he lives close by *o* nearby; ***vorrei avere mio padre ~*** I'd like to have my father alongside **2** **accanto a** next to, by; ***due posti uno ~ all'altro*** two seats next to each other; ***disteso ~ a lei*** lying down next to her; ***vieni a sederti ~ a me*** come and sit by me; ***sedersi ~ al fuoco*** to sit by the fire; ***è stata ~ al marito fino all'ultimo*** she stayed by her husband's side until the end; ***c'è una cucina proprio ~ alla sala da pranzo*** there's a kitchen just off the dining room; ***passare ~ a qcn., qcs.*** to go *o* pass by sb., sth.; *(a piedi)* to walk by sb., sth.; *(in macchina)* to drive by sb., sth.; ***mi è passato ~*** he passed by me **II** agg.inv. ***la stanza, il tavolo, la casa ~*** the next room, table, house; ***nella pagina ~*** in the opposite page; ***i vicini della porta ~*** next-door neighbours; ***la ragazza della porta ~*** the girl next door.

accantonamento /akkantona'mento/ m. **1** *(il lasciare da parte)* putting aside, setting aside; *(di idea)* dismissal **2** *(somma accantonata)* fund, provision, appropriated surplus **3** MIL. *(alloggiamento di truppe)* billet, cantonment.

accantonare /akkanto'nare/ [1] tr. **1** *(lasciar da parte)* to put* aside, to set* aside, to shelve [*progetto, impresa, lavoro*]; to dismiss, to cast* aside, to throw* aside [*idea, teoria*] **2** *(mettere da parte)* to put* aside, to set* aside [*somma*] **3** MIL. to billet [*truppe*].

accaparramento /akkaparra'mento/ m. *(di merci, provviste)* hoarding, regrating, coemption.

accaparrare /akkapar'rare/ [1] **I** tr. **1** *(versando una caparra)* to secure **2** *(fare incetta di)* to hoard, to corner, to regrate [*provviste, merci*] **II accaparrarsi** pronom. *(assicurarsi)* to secure [*voti, lavoro, maggioranza*]; to bag COLLOQ. [*posti, tavolo*]; to win* [*simpatia, favore*].

accaparratore /akkaparra'tore/ m. (f. **-trice** /tritʃe/) hoarder.

accapigliamento /akkapiʎʎa'mento/ m. brawl, scuffle, wrangle.

accapigliarsi /akkapiʎ'ʎarsi/ [1] pronom. *(azzuffarsi)* to brawl, to scuffle, to wrangle; *(litigare)* to quarrel, to squabble.

accapo /ak'kapo/, **a capo** /a'kapo/ **I** avv. ***andare ~*** to start a new paragraph; ***~!*** new paragraph! ***punto (e) ~*** full stop, new paragraph **II** m.inv. new paragraph.

▷ **accappatoio**, pl. **-oi** /akkappa'tojo, oi/ m. bathrobe, robe AE.

accapponare /akkappo'nare/ [1] **I** tr. *(castrare)* to castrate [*gallo*] **II accapponarsi** pronom. ***mi si accappona la pelle*** it makes my flesh creep ◆ ***mi fa ~ la pelle*** it makes my flesh creep, it gives me gooseflesh.

▷ **accarezzare** /akkaret'tsare/ [1] **I** tr. **1** [*persona*] to stroke; *(come segno di affetto)* to caress [*persona, guancia, mano, capelli*]; ***~ un gatto, un cane*** to stroke *o* pet a cat, dog; ***~ qcn. con lo sguardo*** to look at sb. lovingly *o* fondly **2** *(sfiorare)* LETT. [*sole, vento, aria, luce*] to caress [*guancia, capelli*] **3** *(nutrire)* to entertain [*idea, sogno, speranza*]; to toy with [*progetto*]; ***accarezzava la speranza di poter tornare al suo paese*** he entertained the hope that he would be able to return to his country **II accarezzarsi** pronom. **1** *(se stesso)* to caress oneself; ***-rsi la barba, il mento*** to stroke one's beard, one's chin **2** *(reciprocamente)* to caress each other, to caress one another ◆ ***~ le spalle a*** o ***di qcn.*** *(bastonarlo)* = to give sb. a good hiding.

accartocciamento /akkartottʃa'mento/ m. **1** curling up **2** BOT. leaf curl **3** ARCH. *(cartoccio)* cartouche.

accartocciare /akkartot'tʃare/ [1] **I** tr. to crumple, to screw up, to scrunch up AE [*foglio di carta*] **II accartocciarsi** pronom. **1** [*foglia, foglio*] to curl (up), to scrunch up AE **2** BOT. to curl.

accasare /akka'sare/ [1] **I** tr. *(sistemare col matrimonio)* to marry off **II accasarsi** pronom. **1** *(sposarsi)* to get* married **2** *(mettere su casa)* to set* up house, to set* up home.

accasciamento /akkaʃʃa'mento/ m. droop, exhaustion.

accasciare /akkaʃ'ʃare/ [1] **I** tr. **1** *(fisicamente)* to wear* out; [*caldo*] to overcome* **2** *(moralmente)* to deject **II accasciarsi** pronom. **1** *(cadere)* to fall*, to collapse; ***-rsi al suolo*** to crumple onto the floor; ***-rsi per lo sfinimento*** to collapse in an exhausted heap **2** FIG. *(demoralizzarsi)* to lose* heart.

accasciato /akkaʃ'ʃato/ **I** p.pass. → **accasciare II** agg. FIG. *(avvilito)* broken, dejected.

accasermare /akkazer'mare/ [1] **I** tr. to barrack, to quarter in barracks **II accasermarsi** pronom. to barrack.

accastellare /akkastel'lare/ [1] tr. to pile up, to stack [*casse*].

1.accatastare /akkatas'tare/ [1] tr. **1** *(ordinatamente)* to pile (up), to stack, to rick AE **2** *(in disordine)* to pile (up).

2.accatastare /akkatas'tare/ [1] tr. *(registrare al catasto)* to register (with the land register).

accattabrighe /akkatta'brige/ m. e f.inv. ANT. → **attaccabrighe.**

accattare /akkat'tare/ [1] tr. **1** *(mendicare)* to beg [*cibo, denaro*] **2** FIG. *(cercare)* to look for, to cast* about for BE, to cast* around for AE [*scuse, pretesti*] **3** FIG. SPREG. *(procurarsi)* to borrow [*idea*] (**da** from).

accattivante /akkatti'vante/ agg. [*sguardo, sorriso*] winning; [*pubblicità, caratteristica*] snappy; ***sorridere in modo ~*** to smile engagingly *o* winningly *o* fetchingly.

accattivarsi /akkatti'varsi/ [1] pronom. to gain, to win*; ***~ le simpatie di qcn.*** to win sb. over, to win over sb.

accatto /ak'katto/ m. begging; ***vivere d'~*** to beg for a living; ***d'~*** FIG. [*idea, concetto, parola*] borrowed, second-hand.
accattonaggio, pl. **-gi** /akkatto'naddʒo, dʒi/ m. begging; ***vietato l'~*** no begging.
accattone /akkat'tone/ m. (f. **-a**) beggar, mendicant FORM.
accavallamento /akkavalla'mento/ m. overlap, overlapping.
▷ **accavallare** /akkaval'lare/ [1] **I** tr. **1** ***~ le gambe*** to cross one's legs **2** SART. ***~ le maglie*** to pass the stitches over **II accavallarsi** pronom. **1** *(sovrapporsi)* [*denti*] to overlap (each other); [*orari, appuntamenti*] to overlap; [*onde*] to surge forward **2** FIG. *(accumularsi)* [*problemi*] to pile up; *(affollarsi)* [*pensieri, idee*] to crowd, to throng (**in** into).
accecamento /attʃeka'mento/ m. blinding (anche FIG.).
accecante /attʃe'kante/ agg. [*chiarore, lampo*] blinding, dazzling, glaring.
▷ **accecare** /attʃe'kare/ [1] tr. **1** to blind (anche FIG.); ***essere accecato dalla passione, dal denaro*** to be blinded by passion, money **2** TECN. to countersink* [*vite*]; to counterbore [*chiodo*] **3** EDIL. to block up [*finestra*] **4** AGR. to disbud [*albero*].
accecato /attʃe'kato/ **I** p.pass. → **accecare II** agg. FIG. blinded (**da** by); ***~ dall'odio*** blind with hatred.
accecatoio, pl. **-oi** /attʃeka'tojo, oi/ m. countersink ◆◆ ***~ cilindrico*** counterbore.
accecatura /attʃeka'tura/ f. countersink.
accedere /at'tʃɛdere/ [2] intr. (aus. *essere, avere*) **1** *(a un luogo)* ***~ a*** *(avere accesso)* to get* to, to reach; *(entrare)* to enter; ***questo biglietto permette di ~ alla casa e ai giardini*** this ticket admits you to the house and gardens **2** *(a scuola, università)* to be* admitted (**a** to); *(a carica)* to accede (**a** to); ***questo diploma permette di ~ agli studi superiori*** this diploma opens the way to higher education; ***~ al grado di*** to rise to, to attain the rank of **3** INFORM. ***~ a*** to access [*banca dati, file*] **4** *(acconsentire a)* ***~ a*** to accede to [*richieste, suggerimenti*].
acceleramento /attʃelera'mento/ m. *(di procedura, pratica)* speed-up.
▷ **accelerare** /attʃele'rare/ [1] **I** tr. **1** *(rendere più rapido)* to speed* up [*movimento, lavoro, processo, produzione*]; to speed* up, to quicken [*ritmo*]; to accelerate [*crescita, sviluppo, declino*]; to hasten [*processo di invecchiamento*]; ***~ il passo*** to step up *o* quicken one's pace; ***~ le pratiche per il passaporto*** to push through a passport application **2** FIS. to accelerate [*moto*] **II** intr. (aus. *avere*) [*auto, autista*] to speed* up, to accelerate; [*atleta*] to speed* up; [*crescita, declino*] to accelerate; [*ritmo, battito cardiaco*] to quicken; ***accelera!*** step on the gas! **III accelerarsi** pronom. *(farsi più veloce)* [*polso, battito*] to quicken.
accelerata /attʃele'rata/ f. ***dare un'~*** to step on the accelerator.
accelerativo /attʃelera'tivo/ agg. accelerative.
accelerato /attʃele'rato/ **I** p.pass. → **accelerare II** agg. accelerated; [*passo*] stepped-up; ***moto uniformemente ~*** uniformly accelerated motion; ***aveva il polso ~*** his pulse was racing **III** m. ANT. stopping train.
▷ **acceleratore** /attʃelera'tore/ **I** agg. accelerative **II** m. **1** AUT. accelerator; ***premere l'~*** to step on the accelerator; ***togliere il piede dall'~, mollare l'~*** to let up on the accelerator **2** FIS. accelerator **3** CHIM. accelerator ◆◆ ***~ grafico*** graphics accelerator; ***~ di particelle*** particle accelerator.
accelerazione /attʃelerat'tsjone/ f. acceleration; *(di procedimento, lavoro)* speed-up; *(di battito cardiaco)* quickening; ***~ di gravità*** acceleration of free fall; ***tempo d'~*** AUT. acceleration time; ***corsia d'~*** acceleration lane.
▶ **accendere** /at'tʃɛndere/ [10] **I** tr. **1** *(con una fiamma)* to light* [*fuoco, candela, stufa, accendino, sigaretta*]; to strike* [*fiammifero*]; ***ha da ~?*** have you got a light? ***~ un cero a*** to light a candle to [*Madonna, santo*]; ***~ un cero (a sant'Antonio)*** FIG. to thank one's lucky stars **2** *(elettricamente)* to switch on, to turn on [*luce, apparecchio, computer*]; to switch on [*motore*]; to put* on, to turn on [*riscaldamento*]; to turn on [*gas*]; ***~ i fari*** to put on one's lights **3** FIG. *(eccitare)* to fire, to inflame [*immaginazione*]; to inflame, to kindle [*passione, desiderio*] **4** FIG. *(suscitare)* [*notizia, decisione, avvenimento*] to spark off [*protesta, polemica, collera, paura*] **5** BANC. to raise, to take* out [*ipoteca*]; to raise [*prestito*]; to open [*conto*] **II accendersi** pronom. **1** *(prendere fuoco)* [*legna*] to light*, to catch* (fire), to kindle; [*fiammifero*] to strike* **2** *(elettricamente)* [*luce, apparecchio, computer*] to switch on, to turn on; [*riscaldamento*] to turn on, to come* on; [*motore*] to fire; ***la luce si accese all'improvviso*** the light flashed on; ***si accende una spia rossa*** a red light comes on **3** FIG. *(infiammarsi)* [*persona*] *(di collera)* to flare up (**di** with); *(di desiderio)* to become* aroused; [*dibattito*] to grow* heated, to get* heated; ***-rsi d'amore*** LETT. to fall in love **4** *(arrossire)* [*viso*] to flame **5** FIG. *(illuminarsi)* [*sguardo, occhi*] to light* up (**di** with) ◆ ***improvvisamente mi si accese una lampadina*** suddenly something clicked.
accendigas /attʃendi'gas/ m.inv. (gas) lighter.
▷ **accendino** /attʃen'dino/ m. (cigarette) lighter.
accendisigari /attʃendi'sigari/ m.inv. (cigarette) lighter.
accenditoio, pl. **-oi** /attʃendi'tojo, oi/ m. taper.
▷ **accennare** /attʃen'nare/ [1] **I** intr. (aus. *avere*) **1** *(fare cenno) (con un gesto)* to beckon, to motion; *(con il capo)* to nod (**a** to); ***~ di sì*** to nod (in agreement); ***mi accennò di entrare*** he beckoned me in **2** *(fare atto di)* ***accennò a partire*** he made as if to leave **3** *(dare segno di)* ***la pioggia non accenna a smettere*** the rain shows no signs of stopping; ***il tempo accenna a cambiare*** it looks like the weather is going to change **4** *(trattare brevemente)* to hint (**a** at); ***si è accontentato di ~ ai grandi temi del romanzo*** he simply touched on the main themes of the novel; ***durante la conversazione ha accennato al fatto che stava partendo*** he just dropped it into the conversation that he was leaving **5** *(alludere)* to hint (**a** at); ***non accennò al denaro*** he didn't mention money; ***a chi accennavi?*** who(m) were you alluding to? **II** tr. **1** *(abbozzare)* to sketch (out) [*ritratto*]; ***~ un motivo musicale*** to sing a few notes; ***~ un sorriso*** to raise a smile; ***~ un gesto*** to make a vague gesture; ***~ un saluto*** *(con il capo)* to nod slightly; *(con la mano)* to wave slightly **2** *(menzionare)* ***~ qcs. a qcn.*** to mention sth. to sb.
▷ **accenno** /at'tʃenno/ m. **1** *(rapido cenno, allusione)* hint, mention; ***fare un rapido ~ a qcs.*** to make a glancing reference to sth. **2** *(abbozzo)* ***l'~ di un sorriso*** a faint smile, a suggestion of a smile **3** *(segno)* sign; ***un ~ di ripresa*** a sign of recovery.
accensione /attʃen'sjone/ f. **1** *(di fuoco)* lighting **2** *(di motore)* ignition; *(di lampada, apparecchio)* switching on; ***chiave di ~*** ignition key; ***tasto*** o ***pulsante d'~*** ignition *o* on switch; ***~ difettosa*** misfire, faulty ignition **3** BANC. *(di conto)* opening; *(di ipoteca)* raising ◆◆ ***~ elettronica*** electronic ignition; ***~ spontanea*** spontaneous ignition.
▷ **accentare** /attʃen'tare/ [1] tr. **1** LING. to accent, to stress; *(graficamente)* to accent **2** MUS. to accentuate.
accentato /attʃen'tato/ **I** p.pass. → **accentare II** agg. [*sillaba, vocale*] stressed.
accentazione /attʃentat'tsjone/ f. accentuation, stress.
▷ **accento** /at'tʃɛnto/ m. **1** *(inflessione)* accent; ***parlare con uno spiccato ~ gallese*** to speak with *o* in a broad Welsh accent; ***parlare inglese senza ~, con un leggero ~ italiano*** to speak English without an accent, with a slight Italian accent **2** LING. accent, stress; *(segno grafico)* accent; ***prendere l'~*** [*parola*] to take the stress; ***l'~ cade sull'ultima sillaba*** the accent *o* stress falls on the last syllable **3** FIG. *(enfasi)* stress, focus; ***mettere l'~ su qcs.*** to put the stress on sth. **4** *(tono, espressione)* tone; ***con ~ umile, triste*** in a humble, sad tone **5** MUS. accent, stress ◆◆ ***~ acuto*** acute accent; ***~ circonflesso*** circumflex (accent); ***~ cromatico*** pitch (accent); ***~ grafico*** accent (mark); ***~ grave*** grave (accent); ***~ principale*** primary stress; ***~ ritmico*** beat; ***~ secondario*** secondary stress; ***~ tonico*** stress.
accentramento /attʃentra'mento/ m. centralization.
accentrare /attʃen'trare/ [1] **I** tr. **1** *(centralizzare)* to centralize [*amministrazione*] **2** *(conglobare)* to concentrate; ***~ le responsabilità nelle mani di qcn.*** to concentrate all the responsibilities in sb.'s hands **3** *(attirare)* to attract [*sguardi, attenzione*] (**su** upon) **II accentrarsi** pronom. [*interesse*] to focus (**su** on), to centre BE, to center AE (**su** in).
accentratore /attʃentra'tore/ **I** agg. [*regime, politica*] centralizing **II** m. (f. **-trice** /tritʃe/) centralizer.
accentuare /attʃentu'are/ [1] **I** tr. *(rendere più evidente)* to stress, to accentuate [*diseguaglianze, differenze, caratteristiche, aspetti*]; to heighten [*effetto*] **II accentuarsi** pronom. [*squilibrio, difetto*] to worsen, to get* worse; [*fenomeno, tendenza, qualità*] to become* more marked.
accentuativo /attʃentua'tivo/ agg. accentual.
accentuato /attʃentu'ato/ **I** p.pass. → **accentuare II** agg. marked; [*naso*] prominent.
accentuazione /attʃentuat'tsjone/ f. accentuation.
accerchiamento /attʃerkja'mento/ m. **1** MIL. encirclement; ***manovra d'~*** encircling manoeuvre; ***politica di ~*** FIG. political and economical isolation **2** *(blocco con un cordone)* ***la polizia ha provveduto all'~ del quartiere*** the police cordoned off the area.
accerchiare /attʃer'kjare/ [1] tr. **1** MIL. to encircle, to surround, to ring [*città, nemico*] **2** *(bloccare con un cordone)* to cordon off [*quartiere, settore*].
accertabile /attʃer'tabile/ agg. ascertainable, verifiable.

accertabilità /attʃertabili'ta/ f.inv. verifiability.
accertamento /attʃerta'mento/ m. **1** *(verifica, indagine)* verification, ascertainment, investigation; ~ ***delle generalità*** identity check; ***fare degli -i su qcn., qcs.*** to carry out checks on sb., sth.; ***-i di routine*** o ***d'uso*** routine investigations **2** ECON. assessment ◆◆ ~ ***di decesso*** record of death; ~ ***fiscale*** (tax) assessment; ~ ***della paternità*** paternity suit; ~ ***patrimoniale*** means test; ~ ***sanitario*** health control.
accertare /attʃer'tare/ [1] **I** tr. *(verificare)* to ascertain, to verify [*identità*]; to establish [*fatto, innocenza, veridicità, colpevolezza*] **II** **accertarsi** pronom. ***-rsi di qcs.*** to ascertain sth., to check on sth., to make sure of sth.
acceso /at'tʃeso/ **I** p.pass. → **accendere** **II** agg. **1** *(con una fiamma)* [*candela, sigaretta, lampada*] lighted attrib.; [*fuoco*] burning; ***la candela è -a*** the candle is lit **2** *(elettricamente)* ***essere*** ~ [*luce, radio, TV*] to be on; ***hai la radio -a?*** is your radio on? ***da lei è tutto ~, c'è la luce -a a casa sua*** her lights are on; ***lasciare la luce -a*** to leave the lights on; ***lasciare il motore*** ~ to leave the engine running **3** *(vivace)* [*colore*] flaming, bright; [*immaginazione*] fevered **4** FIG. [*dibattito, discussione*] heated **5** FIG. *(infiammato)* ~ ***d'ira*** burning with anger; ***essere ~ di passione*** to be inflamed with passion **6** *(accalorato)* [*viso, guance*] flushed; ***avere un colorito*** ~ to have a high colour **7** *(fervente)* [*difensore, sostenitore*] passionate.
accessibile /attʃes'sibile/ agg. **1** *(raggiungibile)* [*luogo*] accessible; [*persona*] approachable **2** *(abbordabile)* [*prezzo, merce*] affordable **3** *(non segreto)* [*informazioni*] accessible **4** *(comprensibile)* [*opera, teoria, lettura, linguaggio*] accessible.
accessibilità /attʃessibili'ta/ f.inv. accessibility (**a** to; **di** of).
accessione /attʃes'sjone/ f. **1** *(adesione)* accession, adhesion **2** DIR. accession **3** BIBLIOT. accession.
accesso /at'tʃɛsso/ m. **1** *(entrata)* access (**a** to); ***tutte le vie d'~ alla città sono state chiuse*** all the approaches to the city have been sealed off; ***rampa*** o ***bretella d'~*** ramp; ***proibire l'~*** not to admit; ***si è visto rifiutare l'~ alla casa*** he was not allowed into the house; ***"divieto d'~"*** "no access"; ***"~ vietato ai visitatori"*** "visitors not admitted"; ***"vietato l'~ ai cani"*** "no dogs (allowed)"; ***"~ riservato al personale*** o ***agli addetti (ai lavori)"*** "staff only", "no unauthorized access"; ***libero*** ~ open access; ***zona ad ~ limitato*** restricted area; ***gli -i dell'edificio*** the entrances to the building **2** FIG. *(possibilità di accedere)* ***essere di facile, difficile*** ~ to be easy, difficult to get to; ***avere ~ a*** to gain access to, to access [*informazioni*]; ***dare ~ a*** to provide access to [*documenti, fondi, cure mediche*]; to give admission to [*corso, club, università*]; to open up [*professione*]; ***precludere l'~ a una professione alle donne*** to keep women out of a profession; ***non avere (il diritto di) ~ a*** not to be admitted to **3** MED. fit; ~ ***di febbre*** bout of fever; ~ ***di tosse*** coughing fit **4** *(impulso)* ~ ***di collera*** outburst of anger, fit of anger, access of rage, flush of anger; ~ ***di entusiasmo*** burst of enthusiasm **5** INFORM. access; ~ ***casuale, diretto, sequenziale*** random, direct, sequential access.
accessoriare /attʃesso'rjare/ [1] tr. to accessorize, to rig out [*automobile*].
accessoriato /attʃesso'rjato/ **I** p.pass. → **accessoriare** **II** agg. [*automobile*] fully equipped.
accessorio, pl. **-ri**, **-rie** /attʃes'sɔrjo, ri, rje/ **I** agg. **1** [*problema, dettaglio*] incidental; ***spese -rie*** incidental expenses, incidentals; ***beneficio*** ~ fringe benefit **2** DIR. ***diritti -ri*** appurtenances **II** m. **1** *(cosa non essenziale)* ***distinguere l'~ dall'essenziale*** to distinguish the nonessentials from the essentials **2** *(complemento) (di auto, moto, abito)* accessory; *(di apparecchio)* attachment; *(di computer)* feature ◆◆ ***-ri da bagno*** bathroom accessories; ***-ri da toeletta*** dressing table set.
▷ **accetta** /at'tʃetta/ f. hatchet; ***abbattere un albero a colpi di*** ~ to fell a tree with a hatchet; ***con un colpo d'~*** with a blow of the hatchet ◆ ***fatto*** o ***tagliato con l'~*** = rough-hewn.
accettabile /attʃet'tabile/ agg. **1** *(tollerabile)* [*soglia, norma, condizione, rischio*] acceptable; [*comportamento*] acceptable, admissible; ***rendere qcs.*** ~ to make sth. acceptable (**a** to) **2** *(passabile)* [*lavoro, cibo, qualità*] passable; [*risultato, salario, alloggio*] decent; [*scusa, dono, offerta*] acceptable **3** *(ragionevole)* [*prezzo*] acceptable, reasonable.
accettabilità /attʃettabili'ta/ f.inv. *(tollerabilità)* acceptability.
accettante /attʃet'tante/ m. e f. COMM. acceptor.
▶ **accettare** /attʃet'tare/ [1] **I** tr. **1** *(ricevere di buon grado)* to accept [*invito, consiglio, proposta, regalo*]; to accept, to take* (on) [*lavoro, incarico*] (**da** from); *(considerare valido)* [*negozio, ristorante*] to take*, to accept [*carte di credito*]; ~ ***un suggerimento*** to agree to a suggestion; ~ ***di fare*** to agree to do; ~ ***la proposta di fare*** to accept the proposal of doing; ***per favore, accetta!*** please, say yes! ***non accetto rifiuti!*** I won't take no for an answer! ***voglia ~ le mie scuse*** please accept my apologies; ~ ***il caso*** DIR. to take up sb.'s case **2** *(piegarsi, rassegnarsi a)* to accept [*condizioni, imposizioni, destino*]; to admit, to take* up [*sconfitta*]; ~ ***l'idea che*** to come to terms with the idea that; ***la cosa più difficile da ~ per loro*** the most difficult thing for them to accept **3** *(accogliere)* to accept [*persona*]; ***avrà dei problemi a farsi ~ dai suoceri*** he'll have trouble getting himself accepted by his in-laws; ~ ***qcn. come socio*** to admit sb. as a member; *(tollerare)* ~ ***il fatto che*** to live with *o* get over the fact that; ***fa fatica ad ~ la maternità*** she's finding it difficult to accept that she is a mother **4** *(raccogliere)* to take* up, to respond to [*sfida, scommessa*] **5** AMM. to receive [*domanda*] **6** COMM. DIR. to pass [*ordine, fattura*]; to accept [*tratta, cambiale*] **II** **accettarsi** pronom. **1** *(se stessi)* ***-rsi (per quello che si è)*** to accept oneself (for what one is) **2** *(l'un l'altro)* ***-rsi (reciprocamente)*** to accept (each other).
accettazione /attʃettat'tsjone/ f. **1** *(di domanda, dono, nomina)* acceptance **2** ~ ***bagagli*** check-in **3** *(ufficio)* reception **4** *(ammissione) (di paziente, allievo, candidato)* admission, admittance **5** AMM. BANC. acceptance; ***in caso di mancata*** ~ in case of non-acceptance; ***con riserva di*** ~ subject to acceptance ◆◆ ~ ***bancaria*** bank acceptance.
accetto /at'tʃɛtto/ agg. ***essere bene*** ~ [*persona*] to be welcome; [*regalo, denaro*] to be welcome *o* acceptable; ***essere male*** ~ to be unwelcome.
accettore /attʃet'tore/ m. CHIM. FIS. acceptor.
accezione /attʃet'tsjone/ f. acceptation.
acchetare /akke'tare/ ANT. → **acquietare.**
acchiappacani /akkjappa'kani/ → **accalappiacani.**
acchiappafarfalle /akkjappafar'falle/ **I** m.inv. *(retino)* butterfly net **II** m. e f.inv. FIG. *(persona)* = ineffectual person.
acchiappamosche /akkjappa'moske/ **I** m.inv. **1** *(paletta)* fly swatter **2** BOT. flytrap **3** ZOOL. flycatcher **II** m. e f.inv. → **acchiappafarfalle.**
acchiappanuvoli /akkjappa'nuvoli/ m. e f.inv. dreamer.
▷ **acchiappare** /akkjap'pare/ [1] **I** tr. COLLOQ. to catch*, to seize [*animale, oggetto*]; FIG. to catch* [*raffreddore*] **II** **acchiapparsi** pronom. **1** *(afferrarsi)* ***-rsi a*** to hold on to, to grab [*braccio, ramo*] **2** *(prendersi)* ***giocare ad -rsi*** to play tag ◆ ~ ***farfalle*** = to be ineffectual.
acchiapparello /akkjappa'rɛllo/, **acchiappino** /akkjap'pino/ ♦ ***10*** m. tag, tig; ***giocare a*** ~ to play tag.
acchito /ak'kito/ m. **1** *(nel biliardo) (posizione)* spot **2** FIG. ***di primo*** ~ on the face of it, at face value.
acciabattare /attʃabat'tare/ [1] **I** intr. (aus. *avere*) = to shuffle in one's slipper **II** tr. *(fare in fretta e male)* to bungle, to botch [*lavoro, compito*].
acciaccare /attʃak'kare/ [1] tr. **1** *(ammaccare)* to bruise [*persona, frutta*]; to squash [*cappello*] **2** FIG. *(infiacchire)* to sap.
acciaccato /attʃak'kato/ **I** p.pass. → **acciaccare** **II** agg. **1** *(ammaccato)* [*persona, frutta*] bruised; [*cappello*] squashed **2** FIG. *(infiacchito)* weak, feeble.
acciaccatura /attʃakka'tura/ f. **1** *(ammaccatura)* bruise **2** MUS. acciaccatura.
▷ **acciacco**, pl. **-chi** /at'tʃakko, ki/ m. ache; ***essere pieno di -chi*** to be full of aches and pains; ***gli -chi dell'età*** the infirmities of old age.
acciaiare /attʃa'jare/ [1] tr. to steel.
acciaiatura /attʃaja'tura/ f. steeling.
acciaieria /attʃaje'ria/ f. steelworks + verbo sing. o pl.
acciaino /attʃa'ino/ m. *(per affilare)* steel.
▷ **acciaio**, pl. **-ai** /at'tʃajo, ai/ **I** m. **1** *(lega)* steel; ***posate d'~*** steel cutlery; ***questa padella è d'~*** this pan is made of steel; ***nervi d'~*** FIG. nerves of steel, steely nerves; ***volontà d'~*** FIG. steely will; ***avere occhi*** o ***uno sguardo d'~*** FIG. to be steely-eyed **2** LETT. *(spada)* steel **II** agg.inv. ***grigio, blu*** ~ steel grey, blue ◆◆ ~ ***al carbonio*** carbon steel; ~ ***inossidabile*** stainless steel; ~ ***legato*** alloy steel; ~ ***rapido*** high-speed steel; ~ ***temperato*** tempered steel.
acciai(u)olo /attʃa'j(w)ɔlo/ m. → **acciaino.**
acciambellare /attʃambel'lare/ [1] **I** tr. to coil (up) [*corda*] **II** **acciambellarsi** pronom. [*serpente, anguilla*] to coil up; [*gatto*] to curl up.
acciarino /attʃa'rino/ m. **1** *(accenditore)* steel **2** *(di armi antiche)* flintlock **3** *(della ruota)* linchpin.
acciarpare /attʃar'pare/ tr. to bungle, to botch.
accidempoli /attʃid'ɛmpoli/ inter. COLLOQ. → **accidenti.**
accidentaccio /attʃiden'tattʃo/ inter. COLLOQ. → **accidenti.**
accidentale /attʃiden'tale/ agg. *(casuale)* accidental, fortuitous; *(involontario)* accidental; ***in modo puramente*** ~ by pure accident;

l'esplosione non è stata affatto ~ there was nothing accidental about the explosion.

accidentalità /attʃidentali'ta/ f.inv. **1** *(casualità)* accident, fortuity **2** *(di terreno)* unevenness.

accidentalmente /attʃidental'mente/ avv. by accident, accidentally; ***si è ferito ~*** he accidentally hurt himself; ***il colpo è partito ~*** the shot went off by accident.

accidentato /attʃiden'tato/ agg. **1** *(disuguale)* [*superficie, terreno*] uneven; [*strada*] bumpy **2** *(movimentato)* [*vita, viaggio*] eventful.

accidente /attʃi'dɛnte/ m. **1** *(avvenimento imprevisto, spiacevole)* accident **2** *(persona fastidiosa)* pest; ***è un ~ di bambino*** he's such a little pest **3** *(malanno)* ***ti prenderai un ~*** you'll catch your death (of cold) **4** *(colpo apoplettico)* stroke; ***gli è pigliato un ~*** COLLOQ. he had a stroke; ***che ti venga un ~!*** COLLOQ. FIG. darn you! ***a mamma piglierà un ~*** COLLOQ. FIG. mum's going to have a cow; ***che mi venga un ~ se...*** I'll be hanged if... **5** COLLOQ. *(niente)* ***non fare un ~ tutto il giorno*** not to do a stroke of work all day; ***non me ne importa un ~*** I don't care, I don't give a damn *o* darn; ***non ci vedo un ~*** I can't see a damn thing; ***non vale un ~*** it's not worth a damn **6** FILOS. accident **7** MUS. accidental; ***~ in chiave*** key signature.

▶ **accidenti** /attʃi'dɛnti/, **acciderba** /attʃi'dɛrba/ inter. *(per esprimere sorpresa)* my my, gosh; *(per esprimere disappunto)* bother, drat (it), (what the) hell, damn; ***~ a quell'uomo!*** damn *o* drat that man! ***hai ragione, ~ a te!*** you're right drat you! ***mi fa un male dell'~*** it hurts like hell; ***mettili giù dove ~ ti pare*** just put them down any old where; ***la parapsicologia o come ~ si chiama*** parapsychology or whatever they *o* you call it.

accidia /at'tʃidja/ f. sloth.

accidiosamente /attʃidjosa'mente/ avv. slothfully.

accidioso /attʃi'djoso/ **I** agg. slothful **II** m. (f. **-a**) slothful person.

accigliarsi /attʃiʎ'ʎarsi/ [1] pronom. to frown, to scowl.

accigliato /attʃiʎ'ʎato/ **I** p.pass. → **accigliarsi II** agg. frowning, scowling; ***avere il viso ~*** to have a frown on one's face.

accingersi /at'tʃindʒersi/ [12] pronom. to prepare, to get* ready, to make* ready (**a fare** to do).

acciocché /attʃok'ke/ cong. ANT. so that, in order that.

acciottolare /attʃotto'lare/ [1] tr. **1** *(lastricare con ciottoli)* to cobble, to pebble **2** *(far sbattere rumorosamente)* to clatter [*piatti, stoviglie*].

acciottolato /attʃotto'lato/ **I** p.pass. → **acciottolare II** m. cobbled paving, pebble-paving, cobbles pl., cobblestones pl.

acciottolio, pl. **-ii** /attʃotto'lio, ii/ m. clatter.

accipicchia /attʃi'pikkja/ inter. *(per esprimere sorpresa)* my my; *(per esprimere disappunto)* bother, drat (it).

accisa /at'tʃiza/ f. excise (duty).

acciuffare /attʃuf'fare/ [1] **I** tr. COLLOQ. *(acchiappare)* to catch*, to tackle, to nab, to collar [*ladro*] **II acciuffarsi** pronom. to grab each other by the hair.

▷ **acciuga**, pl. **-ghe** /at'tʃuga, ge/ f. **1** anchovy; ***pasta d'-ghe*** anchovy paste; ***filetto d'~*** anchovy fillet **2** FIG. *(persona magra)* ***essere un'~*** to be as thin as a rake *o* lath ◆ ***essere magro come un'~*** to be as thin as a rake *o* lath; ***essere stretti come -ghe*** to be packed *o* squashed (in) like sardines.

acciugata /attʃu'gata/ f. = anchovy sauce cooked in oil.

acclamare /akkla'mare/ [1] **I** tr. **1** *(applaudire)* to cheer, to acclaim [*persona, oratore, capo di stato*]; to acclaim [*opera*]; to welcome enthusiastically [*decisione, nomina, notizia, risultato*]; ***il film è stato acclamato dalla critica*** the film was acclaimed by the critics **2** *(eleggere)* ***~ qcn. presidente, re*** to acclaim sb. (as) president, king **II** intr. (aus. *avere*) to cheer (**a** for).

acclamazione /akklamat'tsjone/ f. acclamation, cheer; ***eleggere qcn. per ~*** to elect sb. by acclamation.

acclimatare /akklima'tare/ [1] **I** tr. to acclimatize, to acclimate AE [*pianta, animale*] (**a** to); to naturalize [*specie*] **II acclimatarsi** pronom. to acclimatize, to get* acclimatized, to become* acclimatized.

acclimatazione /akklimatat'tsjone/ f. acclimatization, acclimation AE.

accludere /ak'kludere/ [1] tr. to enclose [*documento, soldi, francobollo, assegno*]; ***vogliate ~ il saldo*** please enclose your remittance.

accluso /ak'kluzo/ **I** p.pass. → **accludere II** agg. *(allegato)* enclosed (**a** with); ***(qui) ~*** (herewith) enclosed; ***troverete qui ~ il documento richiesto*** please find enclosed the document requested.

accoccare /akkok'kare/ [1] tr. to nock [*freccia*].

accoccolarsi /akkokko'larsi/ [1] pronom. *(piegarsi sulle ginocchia)* [*persona*] to crouch (down), to squat (down); *(ranicchiarsi)* [*animale*] to curl up.

accodare /akko'dare/ [1] **I** tr. *(legare in fila)* ***~ animali*** to tie animals one behind the other; *(disporre in fila)* ***~ persone*** to put people in single file **II accodarsi** pronom. **1** *(mettersi in coda)* to join the queue **2** *(unirsi a)* ***-rsi a qcn., qcs.*** to join sb., sth.; *(senza essere invitato)* to tag along.

accogliente /akkoʎ'ʎɛnte/ agg. [*stanza, albergo*] cosy, homely BE, inviting; [*atmosfera*] welcoming, cosy, homely BE; [*persona*] welcoming, warm; [*paese*] sociable; ***per niente ~*** most unwelcoming; ***è ~ qui*** it's cosy here; ***questa città ha un'aria ~*** this town has a friendly feel.

accoglienza /akkoʎ'ʎɛntsa/ f. welcome, reception; ***ricevere un'~ calorosa, entusiasta*** to get *o* to be given a warm, enthusiastic reception; ***un'~ trionfale*** a hero's welcome; ***fare buona, cattiva ~ a qcn., qcs.*** to give *o* reserve sb., sth. a favourable, hostile welcome; ***il pubblico ci ha riservato un'~ straordinaria*** the audience gave us a great reception; ***tributare a qcn. un'~ solenne*** to give sb. the red carpet treatment; ***cerimonia di ~*** welcoming ceremony; ***casa d'~*** welfare hotel AE; *(per donne maltrattate, ragazze madri ecc.)* women's refuge; ***centro d'~*** reception camp, reception centre; ***comitato di ~*** reception committee, welcoming committee (anche FIG.); ***punto d'~*** reception point.

▶ **accogliere** /ak'kɔʎʎere/ [28] tr. **1** *(ricevere)* to welcome, to receive [*persona*]; to receive [*libro, film*]; ***~ qcn. a braccia aperte*** to welcome sb. with open *o* outstretched arms; ***~ calorosamente un ospite*** to give a guest a warm welcome *o* receive, welcome a guest heartily; ***sono stati accolti da acclamazioni, da fischi*** they were greeted with cheers, booing, they were cheered, booed; ***~ qcn. con un'ovazione*** to give sb. an ovation; ***~ qcn. con un sorriso*** to greet sb. with a smile; ***~ qcn. al suo ritorno*** to welcome back sb., to welcome sb. back **2** *(accettare)* to welcome [*decisione, proposta, suggerimento*]; to answer [*preghiera*]; ***~ un'istanza*** to approve a petition; ***obiezione accolta!*** objection sustained! ***~ qcs. con favore*** o ***favorevolmente*** o ***bene*** to receive sth. well *o* positively *o* favourably, to welcome sth.; ***~ sdegnosamente*** to scorn [*richiesta, suggerimento*]; ***siamo spiacenti di non poter ~ la vostra domanda*** we regret to inform you that your application has been unsuccessful **3** *(contenere)* to accommodate, to hold* [*persone*]; to quarter [*animali*]; [*aeroporto, porto*] to handle [*traffico, passeggeri, carico*] **4** *(lasciar entrare)* to admit; ***il museo accoglie i visitatori solo a gruppi di 20 persone*** visitors are only admitted to the museum in groups of 20 **5** *(ospitare)* [*ospedale, casa di riposo*] to accommodate [*pazienti*]; [*organismo*] to shelter, to house [*rifugiati, senza tetto*]; [*paese, regione*] to provide a base for [*ditta, attività*]; ***la Croce Rossa è incaricata di ~ 200 rifugiati*** the Red Cross is responsible for taking care of 200 refugees; ***~ qcn. (in casa propria)*** to put up sb., to cater for sb.

accoglimento /akkoʎʎi'mento/ m. ***~ di un ricorso*** acceptance of a claim.

accolito /ak'kɔlito/ m. **1** RELIG. acolyte **2** FIG. *(seguace)* acolyte; SPREG. henchman*.

accollare /akkol'lare/ [1] **I** tr. ***~ qcs. a qcn.*** to saddle sb. with sth. [*responsabilità, lavoro*] **II** intr. (aus. *avere*) [*vestito*] to be* high-necked **III accollarsi** pronom. to blame oneself for [*crimine*]; to take* [*colpa*]; to take* on, to shoulder [*responsabilità, debito*]; ***-rsi le spese di qcn., qcs.*** to bear the expenses of sb., sth.; ***mi accollo io le tue spese*** I'll cover your expenses.

accollata /akkol'lata/ f. STOR. accolade.

accollato /akkol'lato/ **I** p.pass. → **accollare II** agg. [*abito*] high-necked; ***essere ~*** [*scarpa*] to have a high instep.

accollatura /akkolla'tura/ f. *(di abito)* high neckline.

accollo /ak'kɔllo/ m. **1** *(carico su un animale)* = the weight on the neck of a beast of burden **2** ARCH. projection.

accolta /ak'kɔlta/ f. **1** LETT. gathering **2** SPREG. *(masnada)* bunch.

accoltellamento /akkoltella'mento/ m. stabbing, knifing.

accoltellare /akkoltel'lare/ [1] **I** tr. to stab, to knife **II accoltellarsi** pronom. to knife each other.

accoltellato /akkoltel'lato/ m. EDIL. edge course.

accoltellatore /akkoltella'tore/ m. (f. **-trice** /tritʃe/) stabber.

accomandante /akkoman'dante/ m. e f. limited partner.

accomandatario, m.pl. **-ri**, f.pl. **-rie** /akkomanda'tarjo, ri, rje/ m. (f. **-a**) general partner.

accomandita /akko'mandita/ f. ***società in ~ semplice*** limited partnership; ***società in ~ per azioni*** partnership limited by shares.

accomiatare /akkomja'tare/ [1] **I** tr. to see* off **II accomiatarsi** pronom. ***-rsi da qcn.*** to take leave of sb.

accomodabile /akkomo'dabile/ agg. *(riparabile)* repairable.

accomodamento /akkomoda'mento/ m. **1** *(di guasto)* repair **2** *(accordo)* settlement; ***accettare un ~*** to agree to a settlement; ***giun-***

gere o ***venire a un ~*** to come to an arrangement, to reach an agreement.

accomodante /akkomo'dante/ agg. [*atteggiamento*] accommodating; [*persona*] accommodating, yielding, easygoing.

▶ **accomodare** /akkomo'dare/ [1] **I** tr. **1** *(riparare)* to repair, to mend **2** *(riordinare)* to tidy up, to straighten up [*camera*]; *(sistemare)* to arrange [*fiori, libri*] **3** FIG. *(appianare)* to settle, to compromise AE [*lite, controversia*] **II accomodarsi** pronom. **1** *(mettersi a proprio agio)* to settle down **2** *(mettersi a sedere)* to sit* down; ***prego, si accomodi!*** please, take a seat! do sit down! **3** *(entrare)* to come* in; ***si accomodi!*** do come in! **4** *(andare)* ***si accomodi alla cassa, allo sportello*** please, go to the cash desk, counter **5** *(mettersi in ordine)* ***-rsi i capelli*** to neaten one's hair **6** *(mettersi d'accordo)* to agree.

accomodatura /akkomoda'tura/ f. repair.

accomodazione /akkomodat'tsjone/ f. FISIOL. *(di occhio)* accommodation.

accompagnamento /akkompaɲɲa'mento/ m. **1** accompaniment (anche MUS.); ***come ~ di*** as an accompaniment to [*cibo, piatto*]; ***con ~ di piano(forte)*** with piano accompaniment; ***senza ~*** [*canzone, canto*] unaccompanied **2** *(corteo, seguito)* suite, retinue **3** AMM. ***indennità di ~*** attendance allowance BE ◆◆ ***~ funebre*** funeral procession; ***~ musicale*** (musical) accompaniment.

▶ **accompagnare** /akkompaɲ'ɲare/ [1] **I** tr. **1** *(per tenere compagnia)* to go* with, to come* (along) with, to accompany; *(condurre)* to see*; *(in auto)* to take*, to drive*; *(a piedi)* to walk; ***mi accompagni alla stazione?*** will you see me to the station? ***ti accompagno io*** I'll take you (there); ***~ un bambino a scuola*** to take a child to school; ***~ qcn. a casa*** to see sb. home; *(a piedi)* to walk sb. home; ***~ qcn. alla porta*** to see *o* show sb. to the door, to see *o* show sb. out; ***~ qcn. all'estrema dimora*** EUFEM. to lay sb. to rest **2** *(trattenere nel movimento)* ***~ la porta*** to close the door gently **3** FIG. *(seguire)* ***~ qcn. con lo sguardo*** to stare after sb. **4** *(unire)* ***accompagnò queste parole con un sorriso, una strizzatina d'occhio*** she smiled, winked as she said this; ***~ un dono con una lettera*** to add a letter to a present **5** MUS. to accompany (**a** on); ***essere accompagnato da qcn. al pianoforte*** to be accompanied by sb. on the piano **6** GASTR. [*salsa, vino*] to be served with; ***un vino bianco, una salsa per ~ il pesce*** a white wine, a sauce to be served with *o* accompany fish **II accompagnarsi** pronom. **1** *(associarsi)* ***la ristrutturazione deve -rsi a una modernizzazione*** reorganization will have to be accompanied by modernization; ***alla febbre si accompagna il mal di testa*** fever is accompanied by headache **2** MUS. ***-rsi con*** to accompany oneself on [*chitarra*] **3** *(prendere come compagno)* ***-rsi a*** o ***con qcn.*** to associate with sb. **4** ***-rsi a*** [*accessorio*] to match [*abito*]; [*vino*] to go* with [*piatto, cibo*].

accompagnato /akkompaɲ'ɲato/ **I** p.pass. → **accompagnare II** agg. accompanied; ***carne -a da verdura*** meat served with vegetables ◆ ***meglio soli che male -i*** PROV. = better off alone than in bad company.

accompagnatore /akkompaɲɲa'tore/ m. (f. **-trice** /tritʃe/) **1** *(di anziano, disabile)* helper **2** MUS. accompanist ◆◆ ***~ turistico*** (travel) courier.

accomunare /akkomu'nare/ [1] tr. **1** *(mettere in comune)* to pool, to combine **2** *(legare)* to unite; ***ci accomuna lo stesso ideale*** we are united *o* brought together by the same idea; ***niente le accomuna*** they have nothing in common.

acconciare /akkon'tʃare/ [1] **I** tr. **1** *(abbigliare, adornare)* to array, to deck; ***~ la sposa*** to dress the bride **2** *(pettinare)* to style [*capelli*]; ***~ qcn.*** to do *o* comb sb.'s hair **II acconciarsi** pronom. **1** *(abbigliarsi, adornarsi)* to deck oneself out, to dress up; ***-rsi per un ballo*** to dress up for a ball **2** *(pettinarsi)* ***~ i capelli*** to do *o* comb one's hair.

acconciatore /akkontʃa'tore/ m. (f. **-trice** /tritʃe/) (hair) stylist, hairdresser.

acconciatura /akkontʃa'tura/ f. **1** *(l'acconciare)* hairdressing; *(pettinatura)* hairstyle, coiffure, hairdo COLLOQ. **2** *(ornamento)* headdress.

acconcio, pl. **-ci, -ce** /ak'kontʃo, tʃi, tʃe/ agg. RAR. [*momento*] fit, appropriate, convenient; [*parole*] fitting, proper; [*modo*] proper.

accondiscendente /akkondiʃʃen'dɛnte/ agg. condescending, compliant; ***essere ~ con qcn.*** to be accommodating *o* compliant to sb.

accondiscendenza /akkondiʃʃen'dɛntsa/ f. condescendence, compliance.

accondiscendere /akkondiʃ'ʃendere/ [10] intr. (aus. *avere*) to comply (**a** with); to acquiesce (**a** in); ***~ a un divorzio*** to grant a divorce; ***~ a una richiesta*** to comply with *o* accede to *o* grant a request.

acconsentire /akkonsen'tire/ [3] intr. (aus. *avere*) to consent, to agree (**a** to); ***~ alle proposte di qcn.*** to accede to sb.'s suggestions; ***acconsento a che tu ci vada*** I agree to your going ◆ ***chi tace acconsente*** PROV. = silence means consent.

▷ **accontentare** /akkonten'tare/ [1] **I** tr. *(soddisfare)* to satisfy, to please, to content [*persona*]; to satisfy [*bisogno, aspirazione, esigenze*]; ***essere facile da ~*** to be easy to please; ***essere difficile da ~*** to be hard to please, to be choosy **II accontentarsi** pronom. to content oneself (**di** with); ***-rsi di fare*** to be content to do; ***mi accontento di poco*** I'm satisfied with very little; ***mi sono accontentato di dare un'occhiata al rapporto*** I just glanced at *o* leafed through the report ◆ ***chi si accontenta gode*** PROV. enough is as good as a feast.

▷ **acconto** /ak'konto/ m. deposit, advance, down payment; ***versare un ~ di 100 euro*** o ***100 euro in ~*** to pay 100 euros on account, to make a down payment of 100 euros; ***dare qcs. in*** o ***come ~*** to leave a deposit on sth.; ***somma in ~*** sum on account ◆◆ ***~ d'imposta*** first instalment.

accoppare /akkop'pare/ [1] tr. COLLOQ. to bump off, to do* in; ***~ qcn. di botte*** to beat *o* knock the living daylights out of sb.; ***accoppali!*** let them have it!

accoppiamento /akkoppja'mento/ m. **1** *(tra animali)* mating, copulation; ***periodo dell'~*** mating season **2** MECC. EL. coupling.

▷ **accoppiare** /akkop'pjare/ [1] **I** tr. **1** *(mettere a coppie)* to pair off; ***~ qcs. con qcs.*** to couple sth. (up) with sth.; *(abbinare)* to pair up [*persone, giocatori*]; to match, to pair [*guanti, calze*] **2** *(per riproduzione)* to mate, to couple [*animali*] **3** MECC. to couple **II accoppiarsi** pronom. **1** *(nell'atto sessuale)* [*persone*] to couple, to copulate; [*animali*] to mate, to couple, to copulate **2** *(appaiarsi)* [*concorrenti*] to pair up ◆ ***Dio li fa e poi li accoppia*** birds of a feather flock together.

accoppiata /akkop'pjata/ f. *(nell'ippica)* perfecta, exacta AE.

accoppiato /akkop'pjato/ **I** p.pass. → **accoppiare II** agg. coupled; ***rima -a*** rhyming couplet.

accoppiatore /akkoppja'tore/ m. EL. coupler ◆◆ ***~ acustico*** INFORM. acoustic coupler.

accoramento /akkora'mento/ m. affliction, heartache.

accorare /akko'rare/ [1] **I** tr. to afflict, to distress **II accorarsi** pronom. to grieve (**per** for, over), to be distressed (**per** at, by).

accoratamente /akkorata'mente/ avv. sorrowfully, desperately.

accorato /akko'rato/ **I** p.pass. → **accorare II** agg. [*persona*] afflicted, distressed; ***parole -e*** sad words.

accorciabile /akkor'tʃabile/ agg. *(in lunghezza, durata)* that can be shortened.

accorciamento /akkortʃa'mento/ m. **1** shortening **2** LING. *(abbreviazione)* short form, abbreviation.

▷ **accorciare** /akkor'tʃare/ [1] **I** tr. **1** *(diminuire di lunghezza)* to shorten, to take* up, to trim [*pantaloni, gonna*] (**di** by); to cut*, to trim [*capelli*] **2** *(abbreviare)* to abbreviate [*parola, espressione*]; to cut*, to trim, to shorten [*discorso, testo*]; to shorten, to reduce [*percorso, tragitto*]; to cut* short, to curtail [*vacanza, visita*]; to shorten [*vita*] **3** SPORT ***~ le distanze*** to narrow the gap (anche FIG.) **II accorciarsi** pronom. [*giornate*] to shorten, to get* shorter; [*indumento*] to shrink*.

accorciativo /akkortʃa'tivo/ m. short form, abbreviation.

accorciatura /akkortʃa'tura/ f. RAR. shortening.

accordabile /akkor'dabile/ agg. **1** *(concedibile)* [*prestito*] grantable **2** MUS. [*strumento*] tunable.

▷ **accordare** /akkor'dare/ [1] **I** tr. **1** *(concedere)* to allow, to grant [*autorizzazione, permesso, sconto*] (**a** to); ***~ fiducia a qcn.*** to place one's trust in sb.; ***~ un prestito a qcn.*** to accommodate sb. with a loan, to extend *o* grant a loan to sb.; ***~ una dilazione*** to hold off **2** *(mettere d'accordo)* to reconcile [*persone, tendenze*] **3** MUS. to tune (up), to attune [*strumento*]; ***~ in la*** to tune in A **4** *(armonizzare)* to harmonize [*colori*] **5** LING. *(concordare)* ***~ l'aggettivo con il sostantivo*** to make the adjective agree with the noun **II accordarsi** pronom. **1** *(mettersi d'accordo)* to come to an agreement; ***-rsi su*** to settle *o* arrange *o* agree on [*ora, metodo, prezzo*]; ***-rsi sul fare*** to agree to do; ***-rsi con*** COMM. DIR. to close with [*commerciante*]; ***-rsi con qcn. per fare*** to arrange with sb. to do; ***-rsi in via amichevole*** to come to a private understanding **2** *(armonizzarsi)* to harmonize; ***queste sedie si accordano, non si accordano con il tavolo*** these chairs go well, don't go with the table **3** LING. [*aggettivo, verbo*] to agree; ***-rsi in genere e numero*** to agree in gender and number.

accordatore /akkorda'tore/ ➧ ***18*** m. (f. **-trice** /tritʃe/) tuner; ***~ di pianoforti, di organi*** piano, organ tuner; ***chiave da ~*** tuning hammer.

accordatura /akkorda'tura/ f. MUS. tuning.

▶ **accordo** /ak'kɔrdo/ m. **1** *(patto)* agreement, arrangement, deal, settlement (anche DIR. POL. ECON.); ***stare*** o ***attenersi agli -i*** to honour the agreement, to keep one's side of the bargain; ***prendere -i per qcs.*** to make arrangements *o* arrange for sth.; ***prendere -i perché qcn. faccia*** to make arrangements *o* arrange for sb. to do; ***rompere un ~*** to break an agreement; ***violare, denunciare un ~*** DIR. to violate, terminate an agreement; ***non era nei nostri -i*** that was not part of our agreement; ***per tacito ~*** by tacit agreement; ***in seguito a un ~ (con qcn.)*** by arrangement (with sb.); ***secondo gli -i presi, riceverò...*** under the arrangement, I'll receive...; ***concludere*** o ***stringere*** o ***stipulare un ~*** to conclude *o* strike a deal *o* an agreement; ***firmare un ~*** to sign an agreement; ***raggiungere un ~ in via amichevole*** to settle out of court, to come to a private understanding; ***arrivare, giungere a un ~*** to come to, reach an agreement **2** *(intesa, comunanza di idee)* accord, agreement, understanding; ***in ~ con qcn.*** [*decidere, agire*] by agreement *o* in accord with sb.; ***essere in ~ con qcn.*** to be in agreement with sb.; ***essere in pieno ~ con qcs.*** to be (all) of a piece with sth. [*azione, idea*]; ***di comune ~*** by common *o* mutual consent, with one accord; ***agire di comune ~*** to act in concert **3** *(concordia, armonia)* harmony; ***in perfetto ~*** in perfect harmony; ***essere in ~ con qcn., qcs.*** to go along with sb., sth. **4 d'accordo *essere d'~*** to agree, to concur (**sul fatto che** that; **con** with; **su** about, on); ***sono completamente d'~!*** I couldn't agree more! ***sono d'~, non sono d'~ con te a questo proposito*** I agree, I disagree with you on this; ***Fiorenza è d'~ a fare qcs.*** Fiorenza has agreed to do sth.; ***non sono d'~ che noi facciamo*** I'm not in favour of our doing; ***resto d'~ con lei a questo proposito*** I'm in agreement with you on this point; ***mettersi d'~*** to come to an agreement; ***mettersi d'~ su*** to settle on, to agree (on) [*ora, metodo, prezzo*]; ***mettersi d'~ sul fare*** to agree to do; ***mettere tutti d'~*** *(conciliare)* to bring everybody round to the same way of thinking; *(riappacificare)* to put an end to the argument; ***come d'~*** as agreed; ***d'~!*** it's a deal! done! all right! ***d'~?*** is that agreed? ***restare d'~ così*** to leave it at that; ***andare d'~ con qcn.*** to get along *o* on with sb., to hit it off with sb.; ***io e mio fratello andiamo d'~*** my brother and me get on well; ***già normalmente è difficile andare d'~ con lui*** he's a difficult man at the best of times; ***andare*** o ***filare d'amore e d'~*** to get on like a house on fire; ***andare d'~ come cane e gatto*** to fight like cat and dog **5** *(di colori, stili)* harmony **6** MUS. chord; ***~ maggiore, minore*** major, minor chord; ***eseguire (degli) -i*** to play chords **7** LING. *(concordanza)* agreement; ***~ in genere, in numero*** gender, number agreement ◆◆ ***~ amichevole*** amicable *o* informal agreement; ***~ bilaterale*** bilateral agreement; ***~ commerciale*** trade agreement; ***~ finanziario*** financial covenant; ***~ intersindacale*** joint agreement; ***~ di massima*** agreement in principle; ***~ multilaterale*** multilateral agreement; ***~ quadro*** outline agreement; ***~ salariale*** wage settlement.

▶ **accorgersi** /ak'kɔrdʒersi/ [12] pronom. *(rendersi conto)* ***~ di qcn., qcs.*** *(notare)* to notice sb., sth.; *(rendersi conto)* to become aware of sb., sth.; ***non me ne sono accorto*** I didn't realize it; ***si accorse che dal piano sotto provenivano dei rumori*** she became aware of noises downstairs; ***senza accorgersene*** *(inavvertitamente)* inadvertently, without realizing it; *(inconsapevolmente)* unconsciously; ***te ne accorgerai!*** you'll see! ***non si accorge mai di niente*** he goes around with his eyes shut; ***se fossi arrabbiato con te, te ne accorgeresti*** if I were angry with you, you'd know about it; ***non si è accorta di non avere il borsellino fino a quando non è arrivata a casa*** she didn't miss her purse till she got back home; ***prima ancora che tu te ne accorga, finirà per scriverti poesie d'amore!*** next thing you know he'll be writing you love poems!

accorgimento /akkordʒi'mento/ m. **1** *(espediente)* device, contrivance; ***usare alcuni semplici -i*** to resort to some simple tricks **2** *(accortezza)* worldly wisdom.

accorpamento /akkorpa'mento/ m. unification, grouping; ***~ fondiario*** regrouping of lands.

accorpare /akkor'pare/ [1] tr. to unify, to group together [*servizi*]; to regroup [*terreni*].

▷ **accorrere** /ak'korrere/ [32] intr. (aus. *essere*) to rush, to run*; ***~ in aiuto di qcn.*** to come *o* to go to sb.'s rescue, to spring to sb.'s aid; ***~ in difesa di qcn.*** FIG. to leap to sb.'s defence; ***sono accorsi sul luogo dell'incidente*** they rushed to the scene of the accident; ***il rumore li fece ~ alla finestra*** the noise brought them to the window; ***accorrete!*** roll up! ***~ numerosi*** to come in large numbers; ***la gente accorse in massa per ascoltarlo*** people came in crowds to hear him.

accortamente /akkorta'mente/ avv. **1** *(avvedutamente)* wisely **2** *(cautamente)* cautiously **3** *(abilmente)* skilfully; *(astutamente)* shrewdly.

accortezza /akkor'tettsa/ f. **1** *(avvedutezza)* worldly wisdom, canniness; ***con ~*** wisely; ***ebbe l'~ di tacere*** he was wise enough to keep silent **2** *(astuzia)* shrewdness, canniness.

▷ **accorto** /ak'kɔrto/ **I** p.pass. → **accorgersi II** agg. **1** *(avveduto)* [*persona*] worldly-wise; [*consiglio*] wise **2** *(cauto)* cautious, wary; ***è ~ nello spendere*** he's cautious about spending money **3** *(abile)* [*persona*] skilful BE, skillful AE; [*risposta, discorso*] clever; [*politico, manager*] dexterous (**nel fare** at doing); *(astuto)* shrewd ◆ ***stare ~*** to watch out; ***rendere ~ di*** to caution against *o* about [*pericolo, rischio, problema*].

accosciarsi /akkoʃ'ʃarsi/ [1] pronom. to crouch, to squat, to sit* back on one's heels, to sit* on one's hunkers.

accostabile /akkos'tabile/ agg. **1** [*persona*] approachable, amiable **2** MAR. accostable.

accostamento /akkosta'mento/ m. *(di stili)* mix; *(di toni, colori)* match, mix; *(di gusti, sapori)* mixture.

▷ **accostare** /akkos'tare/ [1] **I** tr. **1** *(avvicinare)* to draw* [sth.] near, to move [sth.] near [*oggetto*]; ***~ qcs. a qcs., qcn.*** to move sth. closer to sth., sb.; ***~ una sedia*** to pull *o* draw up a chair; ***~ i letti l'uno all'altro*** to push the beds closer together; ***~ le labbra al bicchiere*** to bring one's lips to the glass, to raise the glass to one's lips **2** *(avvicinarsi a)* to move closer to [*persona*] **3** *(chiudere quasi completamente)* ***~ la porta*** to pull the door to; ***~ le tende*** to draw the curtains over a bit **4** *(per far conoscere)* ***~ qcn. a*** to introduce sb. to [*pittura, classici*] **5** *(combinare)* to combine, to match [*colori, suoni*] **II** intr. (aus. *avere*) **1** [*veicolo, conducente, ciclista*] to draw* over, to draw* up, to pull in, to pull over; ***~ (con l'auto)*** to pull in (the car); ***~ al marciapiede*** to pull in to the kerb; ***la polizia segnalò all'automobilista di ~*** the police signalled to the motorist to pull in BE; ***fare ~*** [*polizia*] to pull over [*conducente, veicolo*] **2** MAR. to accost, to come* alongside, to draw* alongside, to draw* up; ***~ alla banchina*** to dock **III accostarsi** pronom. **1** *(avvicinarsi)* ***-rsi a qcn., qcs.*** to approach sb., sth.; ***-rsi al marciapiede*** to draw up at the kerb; ***si sta accostando all'idea che*** he is moving towards the idea that; ***-rsi a un partito*** to begin to sympathize with a party **2** MAR. ***-rsi alla banchina, a una nave*** to come alongside the quay, a ship **3** *(cominciare ad interessarsi)* ***-rsi alla scherma, al paracadutismo*** to start to learn fencing, skydiving **4** *(tendere)* ***-rsi al marrone, al nero*** [*colore*] to be brownish, blackish **5** *(stare bene insieme)* [*colori*] to go* together, to match; ***questi colori non si accostano*** these colours don't go together ◆ RELIG. ***-rsi ai sacramenti*** to receive the Sacraments.

accostato /akkos'tato/ **I** p.pass. → **accostare II** agg. **1** *(socchiuso)* [*porta*] ajar **2** MAR. ***essere -e*** [*ships*] to be close aboard.

accosto /ak'kɔsto/ **I** avv. **1** *(accanto)* near, alongside; ***farsi*** o ***venire ~*** to draw near **2 accosto a** next to, close to **II** m. MAR. docking; ***gancio d'~*** boathook.

accotonare /akkoto'nare/ [1] tr. **1** TESS. to raise the nap on [*stoffa*] **2** *(cotonare)* to backcomb, to tease [*capelli*].

accovacciarsi /akkovat'tʃarsi/ [1] pronom. to crouch, to squat.

accovacciato /akkovat'tʃato/ **I** p.pass. → **accovacciarsi II** agg. crouching, squatting; ***posizione -a*** squat; ***stare ~*** to squat.

accovonare /akkovo'nare/ [1] tr. to sheaf, to stook BE.

accozzaglia /akkot'tsaʎʎa/ f. *(di idee, oggetti)* clutter, hotchpotch, jumble, welter; *(di colori)* patchwork, mixture, hotchpotch; ***un'~ di gente*** a motley crew; ***una singolare ~ di persone*** an odd collection of people.

accozzamento /akkottsa'mento/ m. *(di oggetti)* clutter, hotchpotch, jumble.

accozzare /akkot'tsare/ [1] tr. *(mettere insieme alla rinfusa)* to lump (together), to jumble (up).

accozzo /ak'kɔttso/ m. → **accozzamento.**

accreditamento /akkredita'mento/ m. **1** COMM. BANC. credit; ***nota di ~*** credit note; ***registrazione di ~*** credit entry **2** DIPL. accreditation.

accreditare /akkredi'tare/ [1] **I** tr. **1** COMM. BANC. to credit; ***~ qcs. su un conto*** to credit sth. to an account; ***~ una somma a qcn.*** to credit sb.'s account with a sum of money; ***gli accreditarono 300 sterline*** they credited his account with £300 **2** DIPL. to accredit [*diplomatico*] **3** *(avvalorare)* to give* credence to [*voce, notizia*]; to bear* out [*idea, teoria*] **II accreditarsi** pronom. [*persona, voce, notizia*] to gain credit.

accreditato /akkredi'tato/ **I** p.pass. → **accreditare II** agg. **1** [*diplomatico, giornalista*] accredited (**presso** to) **2** *(attendibile, autorevole)* recognized; ***da fonti -e*** from reliable sources **III** m. (f. **-a**) accredited party.

accredito /ak'kredito/ m. COMM. BANC. credit; ***fare un ~ su un conto*** to credit money to an account; ***nota di ~*** credit note; ***lettera di ~*** letter of credit.

▷ **accrescere** /ak'kreʃʃere/ [33] **I** tr. to increase [*numero, capitale, volume, rischio*]; to expand [*produzione, vendite, forza lavoro*]; to swell* [*popolazione*]; to sharpen [*sentimento, solitudine, paura*]; *~ **il valore*** to enhance value; *~ **la propria influenza*** to expand one's influence; ***ordini contraddittori accrescevano la confusione*** contradictory orders added to the confusion; *~ **in qcn. la consapevolezza di*** to heighten sb.'s awareness of; ***il partito vuole ~ il proprio seguito*** the party wants to build up its following **II accrescersi** pronom. [*numero, popolazione, potere*] to grow*; ***una tendenza che si accresce*** an increasing *o* a growing tendency; ***un fenomeno che si accresce*** a growing phenomenon.

accrescimento /akkreʃʃi'mento/ m. **1** increase **2** *(potenziamento)* enhancement, intensification **3** BIOL. accretion.

accrescitivo /akkreʃʃi'tivo/ agg. e m. LING. augmentative.

▷ **accucciarsi** /akkut'tʃarsi/ [1] pronom. [*animale, persona*] to crouch.

accudire /akku'dire/ [102] **I** tr. to attend, to nurse, to take* care of [*malato*]; to look after, to mind, to take* care of [*bambino*] **II** intr. (aus. *avere*) to attend (**a** to); *~ **alla casa*** to take care of *o* do the housework.

acculturamento /akkultura'mento/ m. → **acculturazione.**

acculturare /akkultu'rare/ [1] **I** tr. to acculturate **II acculturarsi** pronom. to acculturate.

acculturazione /akkulturat'tsjone/ f. acculturation.

▷ **accumulare** /akkumu'lare/ [1] **I** tr. **1** *(ammucchiare, ammassare)* to store [*oggetti*]; to store up, to stockpile, to lay* up, to hoard (anche SPREG.) [*provviste, scorte*]; to accumulate, to lay* up, to hoard SPREG. [*beni, ricchezze, capitali*]; to amass, to gather [*dati, informazioni*]; to collect, to gather [*prove*]; to pile up [*problemi*]; to run* up, to pile up [*conti, debiti*]; *~ **un bel gruzzolo*** COLLOQ. to make a nice pile; *~ **riserve di grasso*** to lay down reserves of fat; *~ **esperienze*** to gain experience; *~ **odio dentro di sé*** to store up hatred, to let hatred build up; *~ **del ritardo rispetto a qcn., qcs.*** to drop behind sb., sth. **2** *(ripetere)* to make* a series of [*sciocchezze, fallimenti, errori*]; to have* a string of [*successi*] **3** *(immagazzinare)* to store (up) [*energia, calore, elettricità*] **II accumularsi** pronom. **1** *(ammucchiarsi)* [*oggetti, documenti, lavoro*] to accumulate, to pile up; [*rifiuti*] to pile up; [*neve, foglie*] to drift, to pile up; [*terra, fango*] to bank up; [*detriti*] to build* up **2** *(accrescersi)* [*debiti, potere*] to accrue; [*tensione*] to build* up.

▷ **accumulatore** /akkumula'tore/ **I** agg. [*persona, società*] accumulative **II** m. EL. INFORM. accumulator ◆◆ *~ **di calore*** storage heater.

accumulazione /akkumulat'tsjone/ f. **1** ECON. accrual; *~ **del capitale*** accumulation of capital **2** *(di beni, oggetti, dettagli, problemi, spazzatura)* accumulation **3** TECN. *(di calore, energia, elettricità)* storage; ***calorifero ad ~ di calore*** storage heater **4** GEOL. accumulation.

accumulo /ak'kumulo/ m. **1** *(accumulazione)* accumulation **2** *(ammasso) (di oggetti, spazzatura)* accumulation; *(di sporcizia)* accumulation, accretion; *(di fuliggine)* accretion; *(di neve, foglie, sabbia)* drift; *(di tartaro, detriti, armi, provviste)* build-up **3** GEOL. accretion **4** TECN. accumulation; ***radiatore ad ~*** storage heater.

accuratamente /akkurata'mente/ avv. [*ordinare, lavare, scrivere, scegliere, preparare, esaminare*] accurately, carefully.

accuratezza /akkura'tettsa/ f. *(diligenza)* carefulness; *(precisione)* carefulness, precision.

accurato /akku'rato/ agg. [*lavoro, persona*] accurate, careful; [*esame*] close, careful; [*ricerca, pianificazione*] careful; [*descrizione, valutazione*] accurate.

▷ **accusa** /ak'kuza/ f. **1** accusation, charge; ***un'~ falsa, ingiusta, infondata*** a false, unjust, insubstantial accusation; ***non c'erano -e fondate*** there was no case to answer; ***difendersi da un'~*** to defend oneself against a charge; ***lanciare*** o ***scagliare un'~ contro qcn.*** to fling an accusation at sb.; ***dire qcs. in tono d'~*** to say sth. accusingly **2** DIR. *(imputazione)* accusation, charge; *~ **di rapina, di omicidio*** robbery, murder charge; *~ **penale*** criminal charge; ***mettere qcn. sotto ~*** to charge *o* indict sb.; ***essere sotto ~*** to be under indictment; ***essere arrestato con l'~ di qcs.*** to be arrested on a charge of sth.; ***muovere un'~ contro qcn.*** to make *o* to lay an accusation against sb., to bring an indictment against sb.; ***formulare un'~ contro qcn.*** to press a criminal charge against sb.; ***rispondere*** o ***replicare a un'~*** to answer a charge; ***sostenere un'~*** to uphold an accusation; ***respingere un'~*** to ward off *o* rebut a charge; ***ritirare un'~*** to withdraw an accusation; ***provare un'~*** to substantiate a charge; ***confutare un'~*** to refute an accusation; ***smentire un'~*** to deny an accusation; ***smontare un'~*** to demolish an accusation; ***controbattere un'~*** to counter an accusation; ***fare cadere le -e*** to drop the charges; ***prosciogliere qcn. da un'~ di*** to acquit sb. of; ***sottrarsi a un'~*** to dodge an accusation; ***capo d'~*** criminal charge *o* count; ***atto d'~*** indictment (**contro** of) (anche FIG.); ***mettere in stato d'~*** to commit sb. to a court for trial; ***un testimone d'~*** a witness for the Crown BE, a witness for the State AE **3** DIR. *(pubblico ministero)* ***(pubblica)*** *~* prosecution; ***avvocato dell'~*** prosecuting lawyer *o* attorney AE **4** RELIG. *(confessione)* *~ **dei peccati*** confession *o* acknowledgement of one's sins.

accusabile /akku'zabile/ agg. accusable.

▶ **accusare** /akku'zare/ [1] **I** tr. **1** *(incolpare)* to accuse [*persona*]; to blame [*destino, sfortuna*] (**di** of); [*fatto, prova*] to point to, to incriminate [*persona*]; *~ **qcn. di*** to charge sb. with; ***essere accusato di qcs.*** to stand accused of sth.; ***mi ha accusato di aver rubato la sua penna*** he accused me of stealing his pen; ***fu accusato di prendere bustarelle*** he was accused of taking bribes; ***tutto lo accusa*** everything points to him; ***il suo silenzio lo accusa*** his silence incriminates him; *~ **qcn., qcs. di tutti i mali*** to put all the blame on sb., sth. **2** DIR. [*querelante*] to accuse (**di** of); [*polizia, giudice*] to charge (**di** with); *~ **qcn. di un reato*** to charge sb. with an offence, to pin an offence on sb.; ***essere accusato di omicidio*** to face murder charges, to be arraigned on a charge of murder; *~ **ingiustamente qcn. di omicidio, di rapina*** to stick a murder, a robbery on sb. **3** *(lamentare)* to complain of; *~ **un forte mal di testa*** to complain of a bad headache; *(risentire di)* ***comincio ad ~ stanchezza*** I'm beginning to feel tired **4** *(rivelare)* [*vendite, affari, fatturato*] to show [*ribasso*]; [*tratti, espressione*] to show [*stanchezza, noia*] **5** *(nei giochi di carte)* to declare; *(in bridge)* to bid* **II accusarsi** pronom. **1** *(se stessi)* to take* the blame (**di** for), to say* one is guilty (**di** of) **2** *(l'un l'altro)* to accuse each other (**di** of); ***si accusano a vicenda di essere responsabili del conflitto*** they accuse each other of being to blame for the conflict ◆ *~ **il colpo*** to feel the blow; *~ **ricevuta*** to acknowledge receipt.

accusativo /akkuza'tivo/ **I** agg. accusative **II** m. accusative; ***all'~*** in the accusative.

accusato /akku'zato/ **I** p.pass. → **accusare II** agg. accused; *~ **ingiustamente*** falsely accused **III** m. (f. **-a**) DIR. indictee; ***l'~*** the accused.

accusatore /akkuza'tore/ m. (f. **-trice** /tritʃe/) accuser; DIR. accuser, indicter.

accusatorio, pl. **-ri**, **-rie** /akkuza'tɔrjo, ri, rje/ agg. **1** [*silenzio, tono, discorso*] accusatorial, accusatory **2** DIR. accusatory; ***processo ~*** adversary *o* accusatorial procedure.

acefalo /a'tʃɛfalo/ agg. acephalous (anche METR.).

acellulare /atʃellu'lare/ agg. acellular.

acerbità /atʃerbi'ta/ f.inv. **1** *(di frutto)* acerbity, greenness **2** *(immaturità)* immaturity.

▷ **acerbo** /a'tʃɛrbo/ agg. **1** [*frutto*] green, unripe; [*vino*] immature; FIG. [*corpo*] undeveloped **2** *(immaturo)* [*giovane*] immature; ***l'età -a*** = youth **3** FIG. *(aspro)* [*rimprovero*] hard; [*tono, critica*] acid, harsh; [*dolore*] bitter.

acereta /atʃe'reta/ f. → **acereto.**

acereto /atʃe'reto/ m. maple plantation.

acerina /atʃe'rina/ f. ruff.

acero /'atʃero/ m. *(albero)* maple; ***foglia, sciroppo, zucchero d'~*** maple leaf, syrup, sugar; *(legno)* maple (wood).

aceroso /atʃe'roso/ agg. acerose.

acerrimo /a'tʃɛrrimo/ agg. (superl. di *acre*) fierce, bitter, implacable; *~ **nemico*** arch-enemy; ***sono -i nemici*** they are bitter enemies.

acervato /atʃer'vato/ agg. acervate.

acescente /atʃeʃ'ʃɛnte/ agg. acescent.

acescenza /atʃeʃ'ʃɛntsa/ f. acescence.

acetabolo /atʃe'tabolo/ m. acetabulum*.

acetaldeide /atʃetal'dɛide/ f. acetaldehyde.

acetammide /atʃetam'mide/ f. acetamide.

acetato /atʃe'tato/ m. acetate ◆◆ *~ **di etile*** ethyl acetate; *~ **di piombo*** lead acetate.

acetico, pl. **-ci**, **-che** /a'tʃɛtiko, tʃi, ke/ agg. ***acido ~*** acetic acid.

acetiera /atʃe'tjɛra/ f. vinegar bottle.

acetificante /atʃetifi'kante/ agg. acetous.

acetificare /atʃetifi'kare/ [1] **I** tr. to acetify **II acetificarsi** pronom. to acetify.

acetificazione /atʃetifikat'tsjone/ f. acetification.

acetilcellulosa /atʃetiltʃellu'losa/ f. cellulose acetate.

acetile /atʃe'tile/ m. acetyl.

acetilene /atʃeti'lɛne/ m. acetylene; ***lampada ad ~*** acetylene lamp.

acetilsalicilico /atʃetilsali'tʃiliko/ agg. ***acido ~*** acetylsalicylic acid.

acetimetro /atʃe'timetro/ m. acetimeter.

▷ **aceto** /a'tʃeto/ m. vinegar; ***mettere qcs. sotto ~, sott'~*** to pickle sth. (in vinegar); ***verdura sotto ~*** pickles ◆◆ ***~ aromatico, aromatizzato*** aromatic vinegar; ***~ balsamico*** balsamic vinegar; ***~ bianco*** white wine vinegar; ***~ rosso*** red wine vinegar; ***~ di vino*** wine vinegar.

acetoliera /atʃeto'ljɛra/ f. cruet (stand).

acetone /atʃe'tone/ ➧ 7 m. **1** MED. COLLOQ. keton(a)emia **2** CHIM. acetone **3** COSMET. *(solvente per smalto)* nail polish remover.

acetonemia /atʃetone'mia/ ➧ 7 f. ketonaemia BE, ketonemia AE.

acetosa /atʃe'tosa/ f. sorrel.

acetosella /atʃeto'sɛlla/ f.inv. (wood) sorrel.

acetosità /atʃetosi'ta/ f.inv. acidity, sourness.

acetoso /atʃe'toso/ agg. vinegary.

achenio, pl. **-ni** /a'kɛnjo, ni/ m. achene.

acheo /a'kɛo/ **I** agg. Achaean **II** m. (f. **-a**) Achaean.

Acheronte /ake'ronte/ n.pr.m. Acheron.

Achille /a'kille/ n.pr.m. Achilles; ***tendine d'~*** ANAT. Achilles' tendon; ***tallone di ~*** FIG. Achilles' heel.

achillea /akil'lɛa/ f. yarrow, milfoil.

achivo /a'kivo/ agg. LETT. → **acheo.**

ACI /'atʃi/ m. (⇒ Automobile Club d'Italia) = Italian automobile club corresponding to the British AA and RAC and to the American AAA.

aciclico, pl. **-ci, -che** /a'tʃikliko, tʃi, ke/ agg. acyclic.

acicolare /atʃiko'lare/, **aciculare** /atʃiku'lare/ agg. acicular.

acidamente /atʃida'mente/ avv. [*dire, rispondere*] sharply, tartly.

acidificante /atʃidifi'kante/ **I** agg. acidifying **II** m. acidifier.

acidificare /atʃidifi'kare/ [1] **I** tr. to acidify **II acidificarsi** pronom. to acidify.

acidificazione /atʃidifikat'tsjone/ f. acidification.

acidimetria /atʃidime'tria/ f. acidimetry.

acidità /atʃidi'ta/ f.inv. **1** *(gusto acido)* sharpness **2** ***~ di stomaco*** acid stomach, heartburn; ***provocare ~*** to cause heartburn **3** CHIM. acidity; ***grado di ~*** acid level, acidity **4** FIG. *(astio)* acidity, sourness.

▷ **acido** /'atʃido/ **I** agg. **1** [*gusto*] acidic, sour, sharp; [*frutto*] sour, tart; [*latte*] sour; ***panna -a*** sour cream; ***diventare ~*** [*latte*] to go sour **2** CHIM. acid, acidic; [*terreno, roccia*] acidic; ***pioggia -a*** acid rain **3** [*colore*] acid, harsh; ***verde, giallo ~*** acid green, yellow **4** *(astioso, malevolo)* [*parola*] sharp; [*tono*] acid, sharp; [*battuta*] acid, sour; [*persona*] crabby; ***con l'età è diventato ~*** he's become embittered with age; ***è -a come una vecchia zitella*** she's as crabby *o* embittered as an old maid **II** m. **1** acid; ***~ grasso*** fatty acid **2** GERG. *(droga)* acid; ***farsi un, di ~*** to drop acid.

acidosi /atʃi'dɔzi/ f.inv. acidosis*.

acidulare /atʃidu'lare/ [1] tr. to acidulate.

acidulo /a'tʃidulo/ agg. acidulous, acidulent.

acinesia /atʃine'zia/ f. akinesia.

aciniforme /atʃini'forme/ agg. aciniform.

acino /'atʃino/ m. **1** *(d'uva)* grape **2** ANAT. BOT. acinus*.

acinoso /atʃi'noso/ agg. acinose.

ACLI /'akli/ f.pl. (⇒ Associazioni Cristiane Lavoratori Italiani) = Italian association of Christian workers.

acline /a'kline/ agg. ***linea ~*** aclinic line.

acme /'akme/ f. **1** MED. crisis*, acute phase **2** FIG. acme, height.

acne /'akne/ ➧ 7 f. acne ◆◆ ***~ giovanile*** teenage, adolescent acne.

acneico, pl. **-ci, -che** /ak'nɛiko, tʃi, ke/ agg. [*persona*] suffering from acne; ***pustola -a*** acne pimple.

ACNUR /'aknur/ m. (⇒ Alto Commissariato delle Nazioni Unite per i Rifugiati United Nations High Commission for Refugees) UNHCR.

aconfessionale /akonfessjo'nale/ agg. nondenominational, nonsectarian.

aconfessionalità /akonfessjonali'ta/ f.inv. nondenominationalism.

aconito /a'kɔnito, ako'nito/ m. monkshood, aconite.

▶ **acqua** /'akkwa/ **I** f. **1** *(liquido)* water; ***un bicchiere d'~*** a glass of water; ***lasciar passare l'~*** [*scarpe*] to let in water; ***riempire d'~*** to fill with water **2** *(massa)* water; ***tenere la testa fuori dall'~*** to keep one's head above water (anche FIG.); ***l'~ del fiume, del lago è inquinata*** the water in the river, in the lake is polluted; ***entrare in ~*** to get into the water; ***andare, restare sott'~*** [*nuotatore*] to go, stay under; ***buttare*** o ***gettare in ~*** to throw [sth.] into the water [*oggetto*]; to push [sb.] into the water [*persona*]; ***buttarsi in ~*** to throw oneself into the water; *(per fare un bagno)* to go for a dip; ***cadere in ~*** [*persona, oggetto*] to fall into the water; ***mettere in ~*** to launch [*imbarcazione*]; ***il livello dell'~ è sceso*** the water has gone down; ***le -e si sono ritirate*** the waters have receded **3** *(impianti ed erogazione)* water; ***avere l'~ e l'elettricità*** to have water and electicity laid on BE, to be hooked up for water and electricity AE; ***avere l'~ (corrente)*** to have running water; ***avere l'~ fredda e calda*** to have hot and cold water; ***togliere l'~*** to turn the water off at the mains; ***consumo d'~*** water consumption **4** *(pioggia)* rain; ***sono caduti tre centimetri d'~*** we've had three centimetres of rain; ***veniva giù tanta ~*** COLLOQ. it was pouring; ***prendere l'acqua*** to get wet, to get caught in the rain; ***sotto l'~*** [*stare, camminare*] in the rain **5** COLLOQ. *(urina)* ***fare due gocce d'~*** to pass water **6** MINER. *(trasparenza)* water; ***smeraldo della più bell'~*** emerald of the first water; ***un bugiardo della più bell'~*** FIG. a liar of the first water **7** *(nei giochi infantili)* ***~! fuoco!*** you're getting colder! you're getting very warm! **II acque** f.pl. **1** FISIOL. *(liquido amniotico)* waters; ***le si sono rotte le -e*** her waters have broken **2** *(alle terme)* ***passare le -e*** to take the waters; ***bere le -e*** to drink the waters ◆ ***è ~ passata*** it's all water under the bridge; ***è passata molta ~ sotto i ponti*** a lot of water has flowed under the bridge; ***~ passata non macina più*** PROV. = let bygones be bygones; ***ogni ~ va alla china, l'~ va al mare*** PROV. = things will run their course; ***essere un'~ cheta*** = to be a sly person and do things behind people's back; ***assomigliarsi come due gocce d'~*** to be as like as two peas in a pod; ***fare ~*** [*imbarcazione*] to make water, to leak; FIG. [*ragionamento, teoria*] not to hold water; ***mettere qcn. a pane e ~*** to put sb. on bread and water; ***stare a pane e ~*** to be on bread and water; ***navigare*** o ***essere in cattive -e*** to be in deep water; ***avere l'~ alla gola*** to be hard-pressed, to be in deep water; ***buttare via il bambino con l'~ sporca*** to throw the baby out with the bathwater; ***è limpido come l'~*** it's crystal clear, it's clear as daylight; ***tirare l'~*** *(del WC)* to flush the toilet; ***portare*** o ***tirare ~ al proprio mulino*** to have an axe to grind; ***affogare in un bicchier d'~*** to make a mountain out of a molehill; ***gettare ~ sul fuoco*** to pour oil on troubled waters; ***essere (come) un pesce fuor d'~*** to be like a fish out of water, to be a square peg (in a round hole); ***intorbidare le -e*** to rock the boat, to stir up trouble; ***calmare le -e*** to smooth ruffled feathers, to pour oil on troubled waters; ***fare calmare le -e*** to allow the dust to settle; ***ha scoperto l'~ calda!*** he reinvented the wheel! ***~ in bocca!*** mum's the word! keep it under your hat! ***fare un buco nell'~*** to go off at half cock; ***l'~ cheta rompe i ponti*** PROV. still waters run deep; ***portare ~ al mare*** to carry coals to Newcastle; ***~ e sapone*** [*viso*] = without make-up; [*ragazza*] = fresh and natural; ***all'~ di rose*** [*rimedio, soluzione, persona*] milk-and-water, wishy-washy ◆◆ ***~ alta*** *(alta marea)* high tide, high water; ***~ bassa*** *(bassa marea)* low tide, low water; ***~ battesimale*** baptismal water; ***~ benedetta*** holy water; ***~ di calce*** lime water; ***~ di Colonia*** (eau de) cologne; ***~ corrente*** running water, water from the mains; ***~ distillata*** distilled water; ***~ dolce*** fresh water; ***~ dura*** CHIM. hard water; ***~ di fiori d'arancio*** orange flower water; ***~ di fonte*** spring water; ***~ gassata*** sparkling *o* carbonated water; ***~ di lavanda*** lavender water; ***~ madre*** bittern; ***~ di mare*** seawater; ***~ minerale*** mineral water; ***~ naturale*** still water; ***~ non potabile*** undrinkable water; ***~ ossigenata*** hydrogen peroxide; ***~ pesante*** heavy water; ***~ piovana*** rainwater; ***~ potabile*** drinkable *o* drinking water; ***~ ragia*** → **acquaragia**; ***~ regia*** CHIM. aqua regia; ***~ di rose*** rose-water; ***~ di*** o ***del rubinetto*** tap water; ***~ salata*** *(di mare)* salt water; *(in cucina)* salted water; ***~ salmastra*** brine, brackish water; ***~ santa*** → **acquasanta**; ***~ saponata*** soapy water, suds; ***~ di Seltz*** Seltzer water; ***~ di sentina*** MAR. bilge water; ***~ sorgiva*** → **~ di fonte**; ***~ tonica*** tonic water; ***~ zuccherata*** sugared water; ***-e alluvionali*** flood waters; ***-e bianche*** *(di rifiuto)* = waste water free of excrement; ***-e continentali*** continental waters; ***-e freatiche*** → **-e sotterranee**; ***-e di fusione*** meltwater; ***-e internazionali*** international waters; ***-e nere*** sewage, black water; ***-e di rifiuto, scarico, di scolo*** waste water, sewage sludge; ***-e di scorrimento*** runoff; ***-e sotterranee*** underground water; ***-e stagnanti*** backwater, slack water; ***-e territoriali*** territorial *o* home waters; ***-e termali*** thermal waters, spa water.

> **i** **Acqua alta** This is the exceptionally high tide which the Venetian lagoon is sometimes subject to during the winter months. It is caused by particular wind conditions but exacerbated by man's impact on the environment. When the water level in the lagoon rises by about a metre or more, up to an extreme of more than 1.40 m, ever-increasing areas of Venice's streets and squares are covered by several centimetres of water. The *high water* is usually heralded by the sounding of sirens three or four hours before the tide reaches its highest point, and duckboards are put out in the busiest areas to enable pedestrians to get through.

acquacoltura /akkwakol'tura/ → **acquicoltura.**
acquaforte, pl. **acqueforti** /akkwa'fɔrte, akkwe'fɔrti/ f. **1** ART. *(tecnica, opera)* etching; ***incidere all'~*** to etch **2** ANT. CHIM. nitric acid.
acquafortista, m.pl. **-i**, f.pl. **-e** /akkwafor'tista/ ◗ ***18*** m. e f. etcher.
acquaio, pl. **-ai** /ak'kwajo, ai/ m. (kitchen) sink.
acquaiolo /akkwa'jɔlo/ **I** agg. ***serpe -a*** water snake **II** m. (f. **-a**) water-carrier.
acquamarina, pl. **acquemarine** /akkwama'rina, akkwema'rine/ **I** f. *(gemma)* aquamarine **II** m.inv. *(colore)* aquamarine **III** agg.inv. aquamarine.
acquanauta, m.pl. **-i**, f.pl. **-e** /akkwa'nauta/ m. e f. aquanaut.
acquapark /akkwa'park/ m.inv. waterpark.
acquaplano /akkwa'plano/ m. **1** *(tavola)* aquaplane; ***andare sull'~*** to aquaplane, to go aquaplaning **2** *(attività sportiva)* aquaplane.
acquaragia, pl. **-gie, -ge** /akkwa'radʒa, dʒe/ f. turpentine; *(minerale)* white spirit.
acquarello /akkwa'rɛllo/ → **acquerello.**
acquario, pl. **-ri** /ak'kwarjo, ri/ m. *(vasca)* aquarium*, fish tank; *(edificio)* aquarium*; ***~ di acqua dolce*** freshwater aquarium; ***~ di acqua marina*** marine *o* saltwater aquarium.
Acquario /ak'kwarjo/ ◗ ***38*** m.inv. ASTROL. Aquarius, the Water Bearer; ***essere un~*** o ***dell'~*** to be (an) Aquarius *o* an Aquarian.
acquartieramento /akkwartjera'mento/ m. quartering.
acquartierare /akkwartje'rare/ [1] **I** tr. to quarter [*truppe*] **II** **acquartierarsi** pronom. to take* up quarters.
acquasanta /akkwa'santa/ f. holy water ◆ ***essere come il diavolo e l'~*** to be (like) oil and water.
acquasantiera /akkwasan'tjɛra/ f. stoup.
acquascivolo /akkwaʃ'ʃivolo/ m. water slide.
acquascooter /akkwas'kuter/ m.inv. jet-ski; ***andare in~*** to go jet-skiing, to jet-ski.
acquaticità /akkwatitʃi'ta/ f.inv. water confidence.
acquatico, pl. **-ci, -che** /ak'kwatiko, tʃi, ke/ agg. **1** [*fauna, flora*] aquatic; ***pianta -a*** aquatic *o* water plant; ***uccello ~*** water bird, waterfowl; ***serpente~*** water snake **2** ***sport -ci*** water sports, aquatic sports.
acquatinta, pl. **acquetinte** /akkwa'tinta, akkwe'tinte/ f. aquatint.
acquattarsi /akkwat'tarsi/ [1] pronom. [*persona, animale*] to crouch, to squat.
acquavite /akkwa'vite/ f. brandy; ***~ di pesche, di prugne*** peach, plum brandy; ***~ di sidro*** apple brandy, applejack AE.
acquazzone /akkwat'tsone/ m. shower, downpour, drencher COLLOQ.; ***un terribile~*** a heavy shower; ***gli -i primaverili*** = April showers.
▷ **acquedotto** /akkwe'dotto/ m. **1** waterworks pl.; ***~ municipale*** municipal waterworks **2** STOR. aqueduct.
acqueo /'akkweo/ agg. aqueous; ***vapore~*** water vapour BE, water vapor AE, steam; ***umore~*** aqueous humour.
acquerellare /akkwerel'lare/ [1] tr. to paint in, with watercolours.
acquerellista, m.pl. **-i**, f.pl. **-e** /akkwerel'lista/ ◗ ***18*** m. e f. watercolourist BE, watercolorist AE.
acquerello /akkwe'rɛllo/ m. **1** *(tecnica)* watercolour BE, watercolor AE; ***dipingere ad~*** to paint in *o* with watercolours; ***un paesaggio ad~*** a watercolour landscape **2** *(opera)* watercolour BE, watercolor AE.
acquerugiola /akkwe'rudʒola/ f. drizzle, mizzle.
acquetare /akkwe'tare/ → **acquietare.**
acquetta /ak'kwetta/ f. **1** *(pioggerella)* drizzle, mizzle **2** COLLOQ. *(bevanda)* dishwater.
acquicoltura /akkwikol'tura/ f. *(di pesci, crostacei)* aquaculture, aquiculture, fish farming.
acquiescente /akkwjeʃ'ʃɛnte/ agg. acquiescent.
acquiescenza /akkwjeʃ'ʃɛntsa/ f. acquiescence.
acquietamento /akkwjeta'mento/ m. appeasement.
acquietare /akkwje'tare/ [1] **I** tr. to appease, to calm (down) [*persona, ira*] **II** **acquietarsi** pronom. [*persona*] to calm down; [*vento*] to die down.
acquifero /ak'kwifero/ agg. ***falda -a*** water-bearing stratum.
acquirente /akkwi'rɛnte/ **I** agg. ***paese~*** importing country **II** m. e f. buyer, purchaser; DIR. bargainee, vendee; ***trovare un~*** [*persona*] to find a buyer; [*articolo*] to attract a buyer; ***~ potenziale*** bidder.
acquisire /akkwi'zire/ [102] tr. **1** *(far proprio)* [*persona*] to acquire, to develop [*abilità, abitudine*]; to acquire, to gain [*esperienza, conoscenze*]; to gain [*sicurezza*]; ***~ la certezza che*** to become convinced that; ***~ la prova di*** to gain proof of **2** *(ottenere)* to acquire [*diritto*]; ***~ la nazionalità italiana*** to acquire *o* obtain Italian nationality **3** DIR. ***~ agli atti*** to admit as evidence.
acquisito /akkwi'zito/ **I** p.pass. → **acquisire** **II** agg. **1** *(fatto proprio)* [*valore, esperienza, conoscenza, convinzione*] acquired **2** *(riconosciuto)* [*principio, fatto*] accepted, established; [*diritto*] vested; ***i vantaggi -i*** the gains; ***interesse~*** vested interest; ***è un fatto~ che*** it is an established fact that **3** MED. BIOL. ***caratteri -i*** acquired characteristics **4** PSIC. [*comportamento, idea*] acquired **5** [*parente*] by marriage; ***uno zio~*** an uncle by marriage; ***parenti -i*** in-laws.
acquisitore /akkwizi'tore/ m. (f. **-trice** /tritʃe/) *(compratore)* buyer, purchaser.
acquisizione /akkwizit'tsjone/ f. **1** *(di abitudine, conoscenze, diritti)* acquisition; ***l'~ automatica della nazionalità*** the automatic acquisition of citizenship **2** *(apprendimento)* acquisition; ***l'~ del linguaggio*** language acquisition **3** ECON. *(società acquisita)* acquisition **4** *(di museo, biblioteca)* accession ◆◆ ***~ di controllo*** ECON. takeover; ***~ di controllo forzata*** hostile takeover; ***~ dati*** INFORM. data acquisition *o* capture.
acquistabile /akkwis'tabile/ agg. [*merce*] buyable, purchasable.
▶ **acquistare** /akkwis'tare/ [1] **I** tr. **1** to buy*, to purchase [*oggetto, merce, bene*]; SPORT to sign up, to sign on [*giocatore*] **2** FIG. *(acquisire)* to acquire [*fama*]; to gain [*credito, importanza*]; to gain in [*sicurezza, valore*]; to purchase [*libertà*]; *(guadagnare)* to gain [*tempo, terreno*]; to gather [*velocità*] **II** intr. (aus. *avere*) to gain (**in** in); ***~ in bellezza*** to become more beautiful.
▷ **acquisto** /ak'kwisto/ **I** m. **1** *(atto di acquistare)* purchase, buying, purchasing; ***l'~ di qcs.*** buying sth., the purchase of sth.; ***ho versato il 25% all'~*** I paid 25% of the total at the time of purchase; ***prezzo d'~*** purchase price; ***ordine d'~*** purchase order; *(in borsa)* buying order; ***potere d'~*** spending power, buying power, purchasing power **2** *(compera)* ***fare un~*** to buy *o* purchase sth., to make a purchase; ***fare -i*** to go shopping; ***dedicare il sabato agli -i*** to spend Saturday shopping; ***l'~ di un giocatore*** SPORT the signing up of a player **3** *(oggetto acquistato)* buy, purchase; ***un buon, cattivo~*** a good, bad buy; ***l'ultimo~ di qcn.*** sb.'s latest purchase; ***il nuovo~ del Torino*** SPORT Torino's latest signing **II** **acquisti** m.pl. *(ufficio, reparto)* purchasing department sing. ◆◆ ***~ d'impulso*** *(azione)* impulse buying, impulse shopping; *(oggetto)* impulse buy, impulse purchase.
acquitrino /akkwi'trino/ m. marsh, swamp, bog, quagmire.
acquitrinoso /akkwitri'noso/ agg. marshy, swampy, boggy.
acquolina /akkwo'lina/ f. ***fare venire l'~ in bocca a qcn.*** to make sb.'s mouth water, to be mouth-watering; ***ho, mi viene l'~ in bocca*** my mouth waters; ***avere l'~ in bocca all'idea di qcs.*** to smack *o* lick one's lips at sth.
acquosità /akkwosi'ta/ f.inv. aquosity.
acquoso /ak'kwoso/ agg. **1** [*consistenza, vernice*] watery; [*salsa*] runny, watery; [*frutta*] watery; [*fango*] thin **2** CHIM. aqueous.
acre /'akre/ agg. **1** [*sapore*] sharp, sour; [*odore*] acrid, sharp; [*fumo*] pungent, acrid **2** FIG. [*tono, commento*] acrid, bitter, pungent.
acredine /a'krɛdine/ f. **1** *(di sapore)* sharpness, sourness; *(di fumo, odore)* acridity, pungency, sharpness **2** FIG. *(di critica, osservazione)* acrimony, bitterness.
acremente /akre'mente/ avv. [*criticare, osservare*] with acridity, bitterly.
acrilato /akri'lato/ m. acrylate.
acrilico, pl. **-ci, -che** /a'kriliko, tʃi, ke/ **I** agg. acrylic; ***colore~*** acrylic (paint) **II** m. acrylic.
acrimonia /akri'mɔnja/ f. acrimony.
acrimonioso /akrimo'njoso/ agg. acrimonious.
acriticamente /akritika'mente/ avv. uncritically.
acritico, pl. **-ci, -che** /a'kritiko, tʃi, ke/ agg. uncritical.
acro /'akro/ ◗ ***23*** m. AGR. *(misura)* acre.
▷ **acrobata**, m.pl. **-i**, f.pl. **-e** /a'krɔbata/ ◗ ***18*** m. e f. acrobat.
acrobatica /akro'batika/ f. acrobatics + verbo sing. ◆◆ ***~ aerea*** aerobatics.
acrobatico, pl. **-ci, -che** /akro'batiko, tʃi, ke/ agg. [*esercizio, volo*] acrobatic; ***motociclista, pilota~*** stunt rider, pilot; ***sci~*** freestyle (skiing).
acrobatismo /akroba'tizmo/ m. acrobatism.
acrobazia /akrobat'tsia/ f. **1** *(tecnica)* acrobatics + verbo sing.; ***un esercizio di~*** an acrobatic exercise **2** *(esercizio)* acrobatic exercise, acrobatic feat; ***fare -e*** to do *o* perform acrobatics, to stunt, to tumble; FIG. to jump through all sorts of hoops ◆◆ ***~ aerea*** aerobatics.
acrocoro /akro'kɔro, a'krɔkoro/ m. plateau.
acromatico, pl. **-ci, -che** /akro'matiko, tʃi, ke/ agg. achromatic.
acromatismo /akroma'tizmo/ m. achromatism.

acromatopsia /akromatop'sia/ f. achromatopsia.
acronimo /a'krɔnimo/ m. acronym.
acropoli /a'krɔpoli/ f.inv. acropolis.
acrostico, pl. **-ci** /a'krɔstiko, tʃi/ m. acrostic.
actea /ak'tɛa/ f. baneberry.
acufene /aku'fɛne/ m. tinnitus.
acuire /aku'ire/ [102] **I** tr. **1** *(aguzzare)* to sharpen [*ingegno*] **2** *(stimolare)* to arouse, to stimulate [*interesse*]; to whet [*appetito*] **3** *(acutizzare)* to worsen, to make* worse, to exacerbate [*sofferenza, dolore*]; to exacerbate [*contrasti, tensioni*] **II acuirsi** pronom. **1** [*interesse, rabbia*] to grow* stronger; [*crisi*] to get* worse, to deteriorate **2** [*dolore*] to become* more acute, to sharpen; [*malattia*] to worsen, to get* worse.
acuità /akui'ta/ f.inv. acuity; **~ *visiva*** visual acuity.
aculeato /akule'ato/ agg. e m. aculeate.
aculeo /a'kuleo/ m. **1** BOT. prickle, aculeus* **2** ZOOL. *(di riccio, porcospino)* quill, spine; *(di ape, vespa)* sting.
acume /a'kume/ m. acumen, perspicacity.
acuminare /akumi'nare/ [1] tr. to sharpen.
acuminato /akumi'nato/ **I** p.pass. → **acuminare II** agg. [*oggetto*] sharp, pointed; [*foglia*] acuminate.
acustica /a'kustika/ f. **1** FIS. *(scienza)* acoustics + verbo sing. **2** *(di un luogo)* acoustics + verbo pl.; ***l' ~ non è molto buona*** the acoustics aren't very good.
acusticamente /akustika'mente/ avv. acoustically; ***isolato ~*** sound-proof.
acustico, pl. **-ci, -che** /a'kustiko, tʃi, ke/ agg. [*effetto, strumento*] acoustic; [*nervo*] acoustic, auditory; ***apparecchio ~*** hearing aid, deaf aid BE; ***cassa -a*** loudspeaker; ***chitarra -a*** acoustic guitar; ***cornetto ~*** ear trumpet; ***inquinamento ~*** noise pollution; ***isolamento ~*** sound-proofing.
acutamente /akuta'mente/ avv. **1** *(finemente)* [*osservare, commentare*] acutely, perceptively **2** *(intensamente)* [*soffrire*] acutely.
acutangolo /aku'tangolo/ agg. acute(-angled).
acutezza /aku'tettsa/ f. **1** *(di persona, analisi, osservazione)* acuteness, acumen, incisiveness **2** *(di suono)* shrillness **3** *(di dolore, crisi)* intensity ◆ **~ *d'ingegno*** acuteness, acumen; **~ *visiva*** visual acuity.
acutizzare /akutid'dzare/ [1] **I** tr. to sharpen, to heighten **II acutizzarsi** pronom. **1** [*dolore*] to intensify, to sharpen **2** [*malattia*] to worsen, to get* worse.
acutizzazione /akutiddzat'tsjone/ f. **1** *(di crisi)* escalation, worsening **2** *(di malattia)* worsening.
▷ **acuto** /a'kuto/ **I** agg. **1** *(appuntito)* sharp, pointed **2** [*suono, grido, voce*] high, high-pitched, piercing **3** FIG. [*vista*] keen, sharp; [*occhio, sguardo*] penetrating; *(intenso)* [*odore*] pungent, sharp; [*dolore*] acute; [*freddo*] biting; [*desiderio*] keen **4** *(perspicace)* [*persona*] acute, sharp, perceptive; [*osservatore*] perceptive; [*mente, intelligenza*] acute, sharp, keen; [*osservazione, analisi*] penetrating, percipient **5** MED. [*crisi*] acute; [*fase*] critical **6** LING. ***accento ~*** acute accent **7** MUS. [*nota, registro*] high **8** MAT. ***angolo ~*** acute angle **9** ARCH. ***arco a sesto ~*** lancet *o* pointed arch **II** m. *(di voce)* high note; ***-i*** *(di stereo)* treble.
ad /ad/ → **a**.
adacquare /adak'kware/ [1] tr. to water.
▷ **adagiare** /ada'dʒare/ [1] **I** tr. to lay* down [*bambino, ferito*]; **~ *un malato su una poltrona*** to prop up a patient in an armchair; ***adagialo su un fianco*** put him on his side **II adagiarsi** pronom. **1** [*persona*] to lie* down; ***-rsi su una poltrona*** to ensconce oneself in an armchair; ***si era comodamente adagiato sul divano*** he was lounging on the sofa; ***l'imbarcazione si adagiò sul fondo*** the boat settled on the bottom **2** FIG. *(abbandonarsi a)* to sink* (**in** into); ***-rsi nel lusso, nell'ozio*** to sink into luxury, idleness.
adagiato /ada'dʒato/ **I** p.pass. → **adagiare II** agg. **1 ~ *nel verde*** [*casa*] couched *o* cradled in greenery **2** ART. [*figure*] reclining.
▷ **1.adagio** /a'dadʒo/ **I** avv. **1** *(lentamente)* slowly; **~ *(Biagio)!*** take it easy! **2** *(cautamente)* carefully; *(delicatamente)* gently, softly **3** MUS. adagio **II** m. MUS. adagio*.
2.adagio, pl. **-gi** /a'dadʒo, dʒi/ m. saying, adage; ***un vecchio ~*** an old saying.
adamantino /adaman'tino/ agg. **1** adamantine **2** FIG. *(irreprensibile)* [*coscienza*] righteous, pure **3** FIG. *(saldo)* adamantine, firm.
adamico, pl. **-ci, -che** /a'damiko, tʃi, ke/ agg. Adamic.
adamita, m.pl. **-i**, f.pl. **-e** /ada'mita/ m. e f. Adamite.
adamitico, pl. **-ci, -che** /ada'mitiko, tʃi, ke/ agg. ***in costume ~*** in one's birthday suit.
Adamo /a'damo/ n.pr.m. Adam.
adattabile /adat'tabile/ agg. [*persona, carattere, animale*] adaptable (**a** to).
adattabilità /adattabili'ta/ f.inv. adaptability (**a** to).
adattamento /adatta'mento/ m. **1** *(adeguamento)* adaptation; ***capacità, spirito di ~*** adaptability **2** CINEM. TEATR. *(rifacimento, riduzione)* adaptation, dramatization; **~ *teatrale, televisivo, cinematografico*** stage, TV, film adaptation; ***libero ~*** loose adaption; ***il romanzo non si prestava a un ~ teatrale*** the novel didn't transfer well to the stage **3** PSIC. LING. BIOL. adaptation; ***processo, periodo di ~*** process, period of adaption; ***compiere uno sforzo di ~*** to try to adapt; ***avere problemi di ~*** to have difficulty in adapting **4** FISIOL. *(accomodazione)* adaptation, accommodation.
▷ **adattare** /adat'tare/ [1] **I** tr. **1** *(rendere adatto)* to adapt; *(adeguare)* to adapt, to tailor [*bisogni, richieste, circostanze*]; to adapt, to gear [*discorso, affermazione*]; to adapt [*capitolo, articolo*] **2** *(trasformare)* to convert [*macchina, prodotto*] **3** *(allestire)* to turn [sth.] into, to make* [sth.] into; **~ *una stanza per gli ospiti*** to make a room for the guests **4** CINEM. TEATR. to adapt, to dramatize (**per** for); MUS. to arrange **II adattarsi** pronom. **1** *(adeguarsi)* to adapt (oneself); ***-rsi a*** to adapt to [*lavoro, ambiente*]; to adapt, to accommodate oneself to [*cambiamento, opinione*]; to make the adjustment to [*cultura, stile di vita*]; to comply with [*desideri di qcn.*] **2** *(rassegnarsi)* ***-rsi a fare qcs.*** to adjust to doing sth., to resign oneself to doing sth. **3** *(essere adatto)* ***-rsi a qcn., qcs.*** [*lavoro, colore*] to suit sb., sth.; ***la lampada non si adatta all'arredamento*** the lamp doesn't go with the decor; ***questo colore non ti si adatta*** this colour doesn't suit you; ***-rsi bene*** to be suitable (**a** for); ***sapersi ~ facilmente*** to know how to fit in *o* how to make the best of sth.
adattatore /adatta'tore/ m. (f. **-trice** /tritʃe/) **1** CINEM. TEATR. *(persona)* adapter **2** TECN. *(dispositivo)* adapter.
▶ **adatto** /a'datto/ agg. **1** *(appropriato)* [*persona, lavoro*] suitable; [*posto, ora, data*] suitable, convenient; [*vestito, regalo, stile*] appropriate, right; [*descrizione, linguaggio*] fitting, suitable; [*istruzione, allenamento*] proper; [*scelta, descrizione, paragone, titolo, commento*] apt; ***un libro ~ a un bambino di 10 anni*** a book suitable for a 10-year-old; ***non ~ ai bambini*** unsuitable for children; ***essere ~ a*** o ***per*** [*persona*] to be fit *o* suitable for [*attività, ruolo, lavoro*]; [*lavoro, parte*] to suit [*persona*]; **~ *allo scopo*** fit for the purpose; ***ha il fisico ~ ai lavori duri*** he's built for hard work; ***essere la compagnia -a qcn.*** to be fit company for sb.; ***un posto ~ per qcs.*** a suitable place for sth.; ***non è il momento ~ per fare*** it's not the right time to do, now is not the right time to do; ***ora non è proprio il momento ~*** now is not the right time; ***non sono dell'umore ~ per festeggiare*** I am not in a party mood; ***al momento ~*** at the right time **2** *(corretto)* appropriate, right; ***non è il metodo ~*** it's not the right method.
addebitabile /addebi'tabile/ agg. debitable, chargeable.
addebitamento /addebita'mento/ m. debit.
addebitare /addebi'tare/ [1] tr. **1** to debit; **~ *una somma sul conto di qcn.*** to debit a sum to sb.'s account, to debit sb. *o* sb.'s account with a sum; **~ *una somma su un conto in banca*** to debit a bank account with a sum of money; **~ *un acquisto a qcn.*** to charge a purchase to sb.'s account; **~ *100 euro su un conto*** to debit an account with 100 euros, to debit 100 euros against an account; **~ *100 euro a qcn.*** to debit sb. with 100 euros; ***conto da ~*** account which is to be debited; ***verrà addebitata una somma di 20 dollari*** a fee of 20 dollars will be charged **2** FIG. *(attribuire)* to attribute, to fix; **~ *la responsabilità di qcs. a qcn.*** to put *o* place *o* lay the blame for sth. on sb., to blame sb. for sth.
addebito /ad'debito/ m. **1** debit, charge; ***nota di ~*** debit note; ***registrazioni di ~*** debit entries; ***la somma è registrata in ~*** the sum appears on the debit side **2** FIG. *(accusa)* charge, imputation; ***muovere un ~ a qcn.*** to charge sb. with sth.; ***respingere un ~*** to deny a charge ◆◆ **~ *diretto*** direct debit; ***con ~ diretto*** by direct debit; **~ *di chiamata*** TEL. transfer charge, collect call AE.
addenda /ad'dɛnda/ m.pl. addenda.
addendo /ad'dɛndo/ m. addend.
addensamento /addensa'mento/ m. **1** *(ispessimento)* *(di nebbia, salsa)* thickening **2** *(di nuvole)* build-up, gathering.
addensante /adden'sante/ **I** agg. thickening **II** m. thickener.
addensare /adden'sare/ [1] **I** tr. **1** *(rendere denso)* to thicken, to make* thicker **2** *(condensare)* to condense **II addensarsi** pronom. **1** [*nebbia, salsa*] to thicken **2** [*nuvole*] to gather, to mass **3** [*folla*] to gather, to crowd.
addensatore /addensa'tore/ m. thickener.
addentare /adden'tare/ [1] tr. **1** to bite* into [*frutto, panino*] **2** *(con tenaglie)* to grip.
addentatura /addenta'tura/ f. *(segno di un morso)* bite.
addentellato /addentel'lato/ m. **1** EDIL. toothing **2** FIG. *(connessione)* connection, link.

addentrarsi /adden'trarsi/ [1] pronom. **1** *(inoltrarsi)* to penetrate, to enter; *~ **nella foresta*** to enter the forest **2** FIG. to enter; *~ **nei particolari*** to go into detail; *~ **in una discussione*** to enter into a debate.

addentro /ad'dentro/ avv. ***essere (ben) ~ a, in qcs.*** *(essere informato)* to be in the know about sth. [*questione, situazione*]; *(essere ben introdotto)* to be well acquainted, to be conversant with sth. [*ambiente*].

addestrabile /addes'trabile/ agg. trainable.

addestramento /addestra'mento/ m. **1** *(di personale)* training; *~ **del personale*** staff training; *~ **sul lavoro*** on-the-job training **2** *(di soldati)* *~ **(militare)*** training; ***fare*** *~* to drill; ***seguire il corso*** *~* ***reclute*** to do one's basic training; ***campo di*** *~* training camp **3** *(di atleti)* training **4** *(di animali)* training; *(di cavalli)* breaking in, training; *~ **di cani*** dog handling ◆◆ *~ **di base*** MIL. basic training.

▷ **addestrare** /addes'trare/ [1] **I** tr. **1** to drill, to train (up) [*soldato*]; to break* in [*recluta*]; *~ **un soldato al maneggio delle armi*** to drill a soldier in the use of arms **2** to train, to coach [*atleta*] **3** to train [*animale*]; to break* in, to train [*cavallo*] **II addestrarsi** pronom. **1** *(allenarsi)* [*soldato, atleta*] to train **2** *(esercitarsi)* to train (oneself), to prepare oneself.

addestrativo /addestra'tivo/ agg. [*periodo*] training; ***area*** *~* MIL. exercise area.

addestratore /addestra'tore/ ➧ ***18*** m. (f. **-trice** /tritʃe/) **1** *(di atleti)* trainer, coach; *(di soldati)* instructor **2** *(di animali)* handler, trainer; *(di cavalli)* trainer.

▷ **addetto** /ad'detto/ **I** agg. **1** *(competente)* in charge (**a** of); ***personale*** *~* staff (in charge) **2** *(adibito)* destined, assigned (**a** to, for) **II** m. (f. **-a**) *(responsabile)* person in charge (**a** of); *(tecnico)* operator; *(impiegato)* clerk ◆◆ *~ **agli acquisti*** buyer; *~ **culturale*** cultural attaché; *~ **militare*** military attaché; *~ **stampa*** *(di cinema, teatro)* press agent; *(di azienda, partito)* press officer; ***-i ai lavori*** *(operai)* authorized personnel; *(specialisti)* insiders, experts; ***vietato l'ingresso ai non -i ai lavori*** authorized personnel only.

addì /ad'di/ avv. ANT. on the day of; *~ **30 settembre 1812*** on the 30th of September 1812.

addiaccio, pl. **-ci** /ad'djattʃo, tʃi/ m. **1** *(recinto per bestiame)* pen **2 all'addiaccio** in the open.

addietro /ad'djɛtro/ avv. **1** before, earlier; ***risalire a due anni*** *~* [*fatto*] to go back to two years earlier; ***tempo*** *~* some time ago; ***gli anni*** *~* the years before **2** ANT. *(di luogo)* behind; *(in fondo)* at the back.

▶ **addio**, pl. **-ii** /ad'dio, ii/ **I** inter. *~**!*** goodbye, farewell FORM., adieu ANT.! *~ **per sempre*** farewell forever; *~ **vacanze!*** bang goes my holiday! *~ **uguaglianza!*** so much for equality; ***e*** *~**!*** *(basta)* and that's that! **II** m. goodbye, farewell FORM., adieu ANT.; ***dire*** *~* ***a qcn.*** to say goodbye to sb.; ***dare l'*** *~* ***a qcn.*** to bid sb. farewell FORM.; ***dirsi*** *~* to say one's goodbyes, to say one's farewells FORM.; ***puoi dire*** *~* ***ai tuoi soldi*** you can kiss your money goodbye; ***dare l'*** *~* ***alle scene*** to take one's leave of the stage; ***bacio, festa, discorso d'*** *~* farewell kiss, party, speech; ***serata d'*** *~* *(con amici)* farewell party; *(ultima esibizione)* farewell performance; ***offrire una bicchierata d'*** *~* to give a farewell drink ◆◆ *~ **al celibato*** stag night, stag party BE, bachelor party AE; *~ **al nubilato*** hen night *o* party.

▶ **addirittura** /addirit'tura/ avv. **1** *(perfino)* even; ***erano centinaia,*** *~* ***migliaia*** there were hundreds, even thousands, of them; ***è andato dappertutto,*** *~* ***in Antartide*** he's been everywhere, even to the Antarctic; ***a volte il suo comportamento è*** *~* ***odioso*** at times his behaviour is nothing short of detestable **2** *(nientemeno)* ***"avrei pianto dalla rabbia" - "~!"*** "I was so angry I could've cried" - "no, really!"; ***"e dopo tutto quello che aveva fatto, ha osato telefonarmi" - "~!"*** "and after all he had done, he had the nerve to phone me" - "he didn't!".

addirsi /ad'dirsi/ [37] pronom. (forms used: 3rd person singular and plural; rarely used in past historic, past participle, and compound tenses) LETT. to become*, to suit; ***come si addice a qcn.*** as befits sb.; ***mal gli si addice fare*** it ill befits *o* becomes him to do; ***mi si addice perfettamente*** [*metodo, lavoro*] that suits me to the ground; ***non si addice a una signora fare*** it is not ladylike to do.

additare /addi'tare/ [1] tr. **1** to point to, to point out [*persona, oggetto*] **2** FIG. to point at; *~ **qcn. a mo' di esempio*** to hold sb. up as an example; *~ **qcn. alla pubblica riprovazione*** to expose sb. to public condemnation.

additivo /addi'tivo/ **I** agg. MAT. additive **II** m. CHIM. IND. additive; AUT. dope.

addivenire /addive'nire/ [107] intr. (aus. *essere*) *~ **a*** to come to, to reach [*accordo, soluzione, conclusione*].

addizionale /addittsjo'nale/ **I** agg. [*lente, tassa*] additional; [*guadagno, premio*] additional, extra; ***clausola*** *~* *(di polizza di assicurazione)* endorsement **II** f. *(tassa)* surtax **III** m. *(apparecchio telefonico)* additional telephone.

addizionare /addittsjo'nare/ [1] tr. **1** MAT. [*persona, calcolatrice*] to add (up) [*numeri, quantità*] **2** CHIM. *(aggiungere)* to add; *~ **con anidride carbonica*** to carbonate [*bevanda*].

addizionatore /addittsjona'tore/ m. INFORM. adder.

addizionatrice /addittsjona'trice/ f. adding machine.

▷ **addizione** /addit'tsjone/ f. MAT. addition **U** (anche CHIM.); *(somma)* sum; ***eseguire un'*** *~* to do a sum; ***sa già fare le -i*** he can already do addition; ***fare un errore d'*** *~* to add [sth.] up wrong.

addobbare /addob'bare/ [1] **I** tr. **1** to deck (out), to decorate [*luogo, stanza, edificio*]; to decorate [*albero di Natale*] (**di, con** with) **2** SCHERZ. *~ **qcn.*** to doll sb. up, to deck sb. (out) **II addobbarsi** pronom. SCHERZ. to doll oneself up, to get* dolled up, to get* dressed up.

addobbo /ad'dɔbbo/ m. **1** decoration; ***-i natalizi*** Christmas decorations **2** *(atto dell'addobbare)* decoration, decorating ◆◆ *~ **floreale*** flower arrangement.

addolcimento /addoltʃi'mento/ m. **1** sweetening; FIG. softening **2** TECN. *(dell'acciaio)* softening.

▷ **addolcire** /addol'tʃire/ [102] **I** tr. **1** *(rendere dolce)* to sweeten [*cibo, bibita*] **2** FIG. to soften [*espressione, voce, sguardo*]; to tone down [*rimprovero, critica*]; to relax [*severità, rigore*]; to ease [*sofferenza*]; *~ **la collera di qcn.*** to soothe sb.'s anger; *~ **il proprio carattere*** to soften one's temper; ***lasciarsi*** *~* to relent, to let oneself be swayed; ***questa pettinatura ti addolcisce i lineamenti*** this hairstyle softens your features **3** TECN. to soften [*acqua, metallo, acciaio*] **II addolcirsi** pronom. **1** [*clima*] to become* milder **2** FIG. [*carattere*] to mellow; [*sguardo*] to soften; [*pendio*] to become* more gentle ◆ *~ **la pillola*** to sugar *o* sweeten the pill.

addolcitore /addoltʃi'tore/ m. CHIM. (water) softener.

▷ **addolorare** /addolo'rare/ [1] **I** tr. *(rattristare)* to sadden, to grieve LETT., to pain FORM.; ***mi addolora il fatto che*** it grieves me that; ***mi addolora sapere*** it grieves me to hear LETT.; ***mi addolora doverti dire che*** it pains me to have to tell you that; ***le sue parole ci addolorano*** his words sadden us **II addolorarsi** pronom. to grieve (**per** for, over); *(essere spiacente)* to regret, to be* sorry.

Addolorata /addolo'rata/ f. RELIG. ***l'*** *~* Our Lady of Sorrows.

addolorato /addolo'rato/ **I** p.pass. → **addolorare II** agg. sad, afflicted, grieving; *(spiacente)* sorry; ***essere (profondamente)*** *~* ***per*** to grieve (deeply) for *o* over; ***essere*** *~* ***di sentire qcs.*** to be sad to hear sth.; ***in tono, modo*** *~* dolefully.

addome /ad'dɔme/ m. abdomen (anche ZOOL.); ***all'altezza dell'*** *~* [*ferite*] in the abdominal region.

addomesticabile /addomesti'kabile/ agg. tam(e)able, domesticable.

addomesticamento /addomestika'mento/ m. taming, domestication.

▷ **addomesticare** /addomesti'kare/ [1] **I** tr. **1** *(ammaestrare, domare)* to tame, to domesticate [*animale*]; to domesticate [*specie*]; FIG. to tame, to make* [sb.] more accommodating [*persona*]; ***un animale che non può essere addomesticato*** an untamable animal **2** FIG. *(manipolare, alterare)* to cook COLLOQ., to fiddle COLLOQ. [*bilancio, risultato*] **II addomesticarsi** pronom. to become* tame, to grow* tame.

addomesticato /addomesti'kato/ **I** p.pass. → **addomesticare II** agg. **1** *(ammaestrato)* domesticated, tame; ***non*** *~* untamed **2** FIG. *(manipolato, alterato)* [*bilancio, risultato*] cooked COLLOQ., fiddled COLLOQ.

addominale /addomi'nale/ **I** agg. abdominal; ***dolori -i*** abdominal pains; ***muscoli -i*** abdominal *o* stomach muscles; ***parete*** *~* abdominal wall **II addominali** m.pl. *(muscoli)* abdominal muscles, stomach muscles, abdominals COLLOQ., abs COLLOQ.; *(esercizi)* sit-ups.

▶ **addormentare** /addormen'tare/ [1] **I** tr. **1** *(naturalmente)* [*persona*] to put* [sb.] to sleep, to get* [sb.] off to sleep [*bambino*]; *~ **un bambino cantandogli una ninnananna*** to sing a baby to sleep with a lullaby; *~ **un bambino cullandolo*** to lull *o* rock a baby to sleep **2** *(chimicamente, con anestesia)* [*medico, sostanza*] to put* [sb.] to sleep [*paziente*]; to deaden [*nervo*]; [*veterinario*] to drug [*animale*]; ***il medico, l'etere l'ha addormentata*** the doctor, the ether put her to sleep **3** FIG. *(annoiare)* *~ **qcn., fare*** *~* ***qcn.*** [*persona, spettacolo, discorso*] to send *o* put sb. to sleep [*persona*] (**con** with); ***ci farà*** *~* ***con le sue storie*** he is going to send us to sleep with his stories **II addormentarsi** pronom. **1** *(assopirsi)* to fall* asleep; *(prendere sonno)* to go* to sleep, to get* to sleep; *(per effetto di una droga)* to dope off; ***-rsi istantaneamente, alla propria scrivania, su un libro, sul lavoro*** to fall asleep instantly, at one's desk, over a book, on the job; ***non riuscivo ad addormentarmi*** I couldn't get to sleep; ***mi si è addormentato il braccio*** FIG. my arm has gone dead *o* to sleep COLLOQ. **2** EUFEM. *(morire)* to pass away; ***-rsi nel Signore*** to die a Christian.

addormentato /addormen'tato/ **I** p.pass. → **addormentare II** agg. **1** *(naturalmente)* sleeping attrib., asleep mai attrib.; ***un bambino ~*** a sleeping child; ***essere (profondamente) ~*** to be (sound) asleep; ***essere mezzo ~*** to be half asleep; ***cadere ~*** to fall asleep; ***scusate il ritardo - sono rimasto ~*** sorry I'm late - I overslept **2** *(chimicamente, con anestesia)* anaesthetized BE, anesthetized AE **3** FIG. ***uno scolaro ~*** a lazy pupil ◆ ***la Bella Addormentata*** Sleeping Beauty.

addossamento /addossa'mento/ m. *(di responsabilità, colpa)* transference.

addossare /addos'sare/ [1] **I** tr. **1** *(appoggiare)* to set*, to place (**a** on; **contro** against); *(con inclinazione)* to lean* (**a** on; **contro** against); ***~ un mobile al muro*** to stand a piece of furniture against the wall **2** *(mettere, costruire a contatto)* ***~ una costruzione a qcs.*** to build a house (up) against sth. **3** FIG. ***~ qcs. a qcn.*** to saddle sb. with sth. [*compito, lavoro*]; ***~ la colpa a qcn.*** to lay *o* put the blame on sb.; ***~ la responsabilità a qcn.*** to saddle sb. with the responsibility **II addossarsi** pronom. **1** *(appoggiarsi)* to lean* (**a** on; **contro** against) **2** FIG. to take* on, to shoulder [*responsabilità, spesa*]; ***-rsi la colpa*** to take *o* bear the blame FORM.; ***non posso addossarmi da solo le spese della sua educazione*** I can't take on the costs of his education on my own.

addossato /addos'sato/ **I** p.pass. → **addossare II** agg. leaning (**a** on; **contro** against).

▶ **addosso** /ad'dɔsso/ **I** avv. **1** *(indosso)* on; ***avere, mettersi, tenere qcs. ~*** to have, put, keep sth. on [*vestiti*]; ***avere ~ una giacca*** to be wearing a jacket; ***non avere niente ~*** to have nothing on; ***senza niente ~*** without any clothes on **2** *(su di sé)* ***avere ~*** to carry, to be* carrying [*arma*]; to have*, to be* carrying [*droga*]; ***ho una gran stanchezza ~ oggi*** I'm dead tired today; ***ho ancora ~ la paura*** I am still shivering with fright; ***avere molti anni ~*** = to be very old; ***avere ~ una malattia*** = to be ill; ***avere la morte ~*** to be at death's door **3 addosso a** *(indosso)* ***~ a lei quell'abito fa una magnifica figura*** she looks very smart in that dress; ***il vestito le sta bene ~*** that dress fits her well; *(contro a, di)* ***versare, rovesciare qcs. ~ a qcn.*** to pour, spill sth. on sb.; ***versarsi, rovesciarsi ~ qcs.*** to pour, spill sth. down one's front; ***tirare qcs. ~ a qcn.*** to throw sth. at sb.; ***mi è venuto ~*** he bumped into me; ***uno ~ all'altro*** one on the top of the other; *(molto vicino a)* ***sta sempre ~ al fidanzato*** she sticks to her boyfriend like a leech; ***non starmi ~!*** don't stand over me! ***la tua reputazione, il tuo passato ti resta incollato ~*** your reputation, your past never leaves you **II** inter. ***~!*** get him!

addottoramento /addottora'mento/ m. *(conferimento del titolo di dottore)* graduation, conferment of a degree; *(conseguimento del titolo di dottore)* graduation.

addottorare /addotto'rare/ [1] **I** tr. to confer a degree (**a** on) **II addottorarsi** pronom. to graduate, to take* a (university) degree.

addottrinamento /addottrina'mento/ m. **1** *(istruzione)* teaching, instruction **2** SPREG. indoctrination.

addottrinare /addottri'nare/ [1] **I** tr. **1** *(istruire)* to teach*, to instruct **2** SPREG. indoctrinate **II addottrinarsi** pronom. *(istruirsi)* to learn*, to educate oneself.

adducibile /addu'tʃibile/ agg. [*ragione, prova*] adducible; DIR. pleadable.

addugliare /adduʎ'ʎare/ [1] tr. MAR. to fake.

addurre /ad'durre/ [13] tr. **1** *(fornire)* to adduce, to produce, to bring* forward; *(citare)* to cite [*esempio, fatto, cifre*]; *(invocare)* to invoke [*precedente*]; ***~ come scusa la propria ignoranza*** to plead ignorance; ***~ prove*** to produce evidence; ***~ validi motivi a favore di qcs.*** to make a good case for sth.; ***è andata via presto adducendo un mal di testa*** she left early, pleading a headache; ***~ a difesa*** to plead [*buona fede, giovinezza*] **2** ANAT. to adduct.

adduttore /addut'tore/ **I** agg. **1** ANAT. adducent **2** IDR. ***canale ~*** feeder (canal) **II** m. ANAT. adductor (muscle).

adduzione /addut'tsjone/ f. ANAT. adduction.

Ade /'ade/ n.pr.m. Hades; ***nell'~*** in Hades.

adeguamento /adegwa'mento/ m. adjustment, adaptation; ***~ al costo della vita*** cost of living adjustment; ***costi di ~*** compliances costs ◆◆ ***~ contabile*** equity accounting.

▷ **adeguare** /ade'gware/ [1] **I** tr. **1** *(adattare)* to adapt; ***~ qcs. ai tempi*** to update sth.; ***~ il personale alle nuove tecnologie*** to get the staff to adapt to new technologies; ***~ le proprie parole alle circostanze*** to adapt one's remarks to suit the circumstances; ***~ l'offerta alla domanda*** to adapt supply to demand **2** *(regolare)* to adjust [*prezzi, tasso, orario*]; to readjust [*salario*] **II adeguarsi** pronom. **1** *(adattarsi)* to adapt (**a** to); ***-rsi a*** to adapt to [*circostanza, situazione*]; to go along with [*orario, piano*]; to acquiesce in [*pratica, decisione*]; ***bisogna -rsi ai costumi del proprio tempo*** you've got to move with the times **2** *(essere adatto)* [*tono*] to be* appropriate.

adeguatamente /adegwata'mente/ avv. **1** [*pagare, ricompensare, descrivere, spiegare*] adequately **2** [*preparato, equipaggiato, istruito*] adequately, properly; [*qualificato, vestito*] suitably.

adeguatezza /adegwa'tettsa/ f. *(di somma, spiegazione)* adequacy; *(di vestito)* appropriateness ◆◆ ***~ del capitale*** ECON. capital adequacy.

adeguato /ade'gwato/ **I** p.pass. → **adeguare II** agg. [*livello, formazione, organizzazione*] adequate; [*comportamento, luogo, momento, ambiente, scelta*] appropriate; [*impiego, sistemazione, equipaggiamento, strumento*] suitable; [*descrizione, paragone, stile, commento*] apt, fitting; [*punizione*] suitable, condign; [*ricompensa*] just; [*reddito*] comfortable; [*stipendio, alloggio*] decent; ***"si richiede un abbigliamento ~"*** *(all'entrata di un luogo pubblico)* "appropriate clothing required"; ***dopo -a riflessione*** after due consideration; ***non essere rappresentato in modo ~*** to be under-represented; ***~ alle proprie capacità*** geared to one's abilities; ***~ allo scopo*** fit for the purpose.

Adele /a'dɛle/ n.pr.f. Adela.

adempiere /a'dempjere/ [20] **I** tr. e intr. (aus. *avere*) to perform, to fulfil BE, to fulfill AE [*ruolo, dovere*]; to carry out [*compito, missione*]; to carry out, to fulfil BE, to fulfill AE [*promessa*]; to meet*, to fulfil BE, to fulfill AE [*obbligo*]; ***~ le formalità del caso*** to go through the necessary formalities; ***~ i propri impegni*** to honour one's commitments; ***~ a*** to perform, to fulfil BE, to fulfill AE [*dovere*] **II adempiersi** pronom. [*previsione*] to come* true; [*desiderio*] to be* fulfilled.

adempimento /adempi'mento/ m. *(di ruolo, compito, obbligo)* performance, fulfilment BE, fulfillment AE.

adempire /adem'pire/ [111] → **adempiere.**

adenite /ade'nite/ ♦ **7** f. adenitis ◆◆ ***~ equina*** strangles, distemper.

adenoide /ade'nɔide/ **I** agg. adenoidal **II adenoidi** f.pl. adenoids.

adenoideo /adenoi'dɛo/ agg. adenoidal.

adenoma /ade'nɔma/ ♦ **7** m. adenoma*.

adenopatia /adenopa'tia/ ♦ **7** f. adenopathy.

adepto /a'dɛpto/ m. (f. **-a**) initiate; *(seguace)* follower; ***la setta ha moltissimi, pochi -i*** the cult has a huge, small following.

aderente /ade'rɛnte/ **I** agg. **1** [*materia*] which adheres (**a** to); ***pneumatico ~*** tyre with a good grip **2** *(attillato)* [*vestito, pantaloni*] tight, close-fitting, clinging; ***essere molto ~*** to be moulded to sb.'s body, to be skintight **3** FIG. ***~ al testo, alla realtà*** close to the text, true to life **II** m. e f. adherent.

aderenza /ade'rɛntsa/ **I** f. **1** TECN. *(di colla, carta)* adhesion; *(di pneumatici)* grip; ***queste scarpe non hanno ~ al terreno*** these shoes have no grip **2** MED. adhesion **II aderenze** f.pl. FIG. *(amicizie influenti)* connections, friends in high places.

▷ **aderire** /ade'rire/ [102] intr. (aus. *avere*) **1** *(rimanere attaccato)* [*colla, tessuto*] to stick*, to adhere (**a** to); ***il pneumatico aderisce alla strada*** the tyre grips the road; ***fare ~*** to bond [*materiali, superfici*] **2** *(iscriversi, diventare membro)* ***~ a*** to join [*partito, sindacato, associazione*]; to contribute to, to pay into [*fondo previdenziale, piano assicurativo*] **3** *(essere seguace)* ***~ a*** to subscribe to, to adhere to [*dottrina, tesi, politica*]; to adhere to, to follow [*parere, opinione*]; ***~ alla causa*** to rally to the cause **4** *(accettare)* ***~ a*** to grant, to comply with DIR. [*richiesta*]; to accede to POL. [*trattato, accordo*] **5** *(essere attillato)* ***~ a*** [*vestito*] to cling (tightly) to, to hug [*corpo, gambe*].

adescamento /adeska'mento/ m. **1** TECN. *(di pompa)* (pump) priming **2** *(di prostituta)* DIR. soliciting, importuning.

adescare /ades'kare/ [1] tr. **1** TECN. to prime, to fang [*pompa*] **2** VENAT. PESC. to lure, to bait [*pesce, selvaggina*] **3** DIR. [*prostituta*] to solicit [*cliente*]; ***~ sulla pubblica via*** to solicit in a street **4** *(attirare)* to lure, to entice [*persona*]; ***si è lasciato ~ dalle sue grazie*** he was ensnared by her charms.

adescatore /adeska'tore/ **I** agg. enticing **II** m. (f. **-trice** /tritʃe/) seducer, charmer.

▷ **adesione** /ade'zjone/ f. **1** *(appartenenza)* membership (**a** with, in) **2** *(ingresso) (a partito, organizzazione)* joining, support, adherence; *(a trattato)* accession; ***l'~ di un paese all'UE*** the entry of a country into the EU **3** *(consenso, appoggio)* adhesion; ***dare la propria ~ a*** to adhere to [*progetto, iniziativa*].

adesività /adezivi'ta/ f.inv. stickiness, adhesiveness.

adesivo /ade'zivo/ **I** agg. adhesive; [*sostanza, carta*] sticky; [*etichetta*] sticky, stick-on; ***nastro ~*** adhesive *o* grip tape **II** m. **1**

(colla) adhesive, glue **2** *(etichetta)* sticker; ***attaccare un ~*** to put a sticker on ◆◆ ***~ per contatto*** contact adhesive.

▶ **adesso** /a'dεsso/ avv. **1** *(in questo momento)* now; ***dove andiamo ~?*** where shall we go now? ***e ~ cosa faccio?*** what shall I do now? what shall I do next? ***fino ad ~*** up to now, up until now; ***(a partire) da ~*** from now on, hence FORM.; ***un mese a partire da ~*** one month from now; ***da ~ in poi*** from now on, henceforth FORM.; ***~ che*** now that; ***è ~ che dovete piantare le rose*** now is the time to plant your rose bushes; ***~ che è estate*** now that summer's here; ***deve avere finito ~*** he must have finished by now; ***solo ~*** only now; ***~ basta!*** this has gone far enough, that's enough already AE! ***e ~?*** and now what? ***per ~*** for now, for the moment, for the time being; ***per ~ tengo la macchina che ho*** I'll stick with my current car for now; ***~ lo sistemo io!*** COLLOQ. I'll soon fix him! ***~ o mai più*** it's now or never; ***non ~!*** not now (of all times)! ***~ come ~*** at this moment in time, as things stand now **2** *(ai nostri giorni)* ***~ le cose si fanno in modo diverso*** nowadays people do things differently; ***~ è più difficile*** it's more difficult now(adays) **3** *(poco fa)* ***è arrivato (proprio) ~*** he's arrived just now, he's just arrived **4** *(tra poco)* ***~ vengo!*** I'm just coming, I'll be right there! ***dovrebbe arrivare proprio ~*** he should be arriving now.

ad hoc /ad'ɔk/ agg.inv. e avv. ad hoc.

ad honorem /ado'nɔrem/ agg.inv. [*laurea*] honorary.

adiabatico, pl. **-ci**, **-che** /adja'batiko, tʃi, ke/ agg. [*processo*] adiabatic.

adiacente /adja'tʃεnte/ agg. **1** [*terreno, strada, fabbricato*] adjacent, adjoining (**a** to); ***due stanze -i*** two adjoining rooms **2** MAT. ***angoli -i*** adjacent angles.

adiacenza /adja'tʃεntsa/ **I** f. adjacency **II adiacenze** f.pl. surroundings, environs; ***nelle -e di*** in the environs of.

adianto /a'dianto, a'djanto/ m. adiantum.

adibire /adi'bire/ [102] tr. *(usare)* to use (**a** as); *(destinare)* to give* over (**a** to); ***~ una stanza, un edificio a qcs.*** to equip a room, a building as sth.

ad interim /ad'interim/ agg.inv. e avv. ad interim; ***ministro, presidente ~*** caretaker minister, president.

adipe /'adipe/ m. fat.

adipico, pl. **-ci**, **-che** /a'dipiko, tʃi, ke/ agg. ***acido ~*** adipic acid.

adiposità /adiposi'ta/ f.inv. adiposity.

adiposo /adi'poso/ agg. adipose, fatty.

adirarsi /adi'rarsi/ [1] pronom. to get* angry, to get* cross, to lose* one's temper (**con** with; **per** for).

adiratamente /adirata'mente/ avv. angrily, irately.

adirato /adi'rato/ **I** p.pass. → **adirarsi II** agg. enraged, angry, cross (**con** at).

adire /a'dire/ [102] tr. DIR. **1** ***~ le vie legali*** to take legal steps, to go to court **2** ***~ un'eredità*** to take possession of an inheritance.

adito /'adito/ m. **1** *(passaggio)* access; ***avere ~ a, in*** to have access to; ***dare ~ a*** to lead to **2** FIG. ***dare ~ a*** to be open to, to give rise to [*dubbi, sospetti*].

a divinis /adi'vinis/ avv. ***sospendere ~*** to defrock.

ad libitum /ad'libitum/ avv. ad libitum; ***bere ~*** MED. to drink as much as one likes.

adobe /a'dobe/ m.inv. adobe.

adocchiare /adok'kjare/ [1] tr. **1** *(mettere gli occhi su)* to have* one's eye on [*gioiello, eredità, titolo*]; to eye (up) [*donna, dolce*] **2** *(individuare, scorgere)* to spot, to catch* sight of.

▷ **adolescente** /adoleʃ'ʃεnte/ **I** agg. adolescent, teenage **II** m. e f. adolescent, teenager; *(ragazzo)* teenage boy; *(ragazza)* teenage girl.

▷ **adolescenza** /adoleʃ'ʃεntsa/ f. adolescence, teens pl.; ***nella prima, tarda ~*** in early, late adolescence, in one's early, late teens.

adolescenziale /adoleʃʃen'tsjale/ agg. ***crisi, problema, ribellione ~*** adolescent crisis, problem, rebellion.

Adolfo /a'dɔlfo/ n.pr.m. Adolf.

adombramento /adombra'mento/ m. **1** *(risentimento)* annoyance, offence **2** *(velato accenno)* foreshadowing, suggestion.

adombrare /adom'brare/ [1] **I** tr. **1** LETT. *(coprire d'ombra)* to shadow, to shade **2** FIG. *(oscurare)* to darken, to cloud; *(mascherare)* to conceal, to obscure, to mask [*verità*] **3** *(rappresentare velatamente)* to foreshadow, to adumbrate **II adombrarsi** pronom. **1** [*cavallo*] to shy (**davanti a** at) **2** *(irritarsi)* [*persona*] to take* offence, to be* offended (**per** at).

adone /a'done/ m. adonis; ***non è certo un ~!*** he's no adonis!

Adone /a'done/ n.pr.m. Adonis.

adontarsi /adon'tarsi/ [1] pronom. RAR. *(offendersi)* to take* umbrage, offence (**per** at).

adoperabile /adope'rabile/ agg. usable, serviceable.

▶ **adoperare** /adope'rare/ [1] **I** tr. *(usare)* to use [*attrezzo, forbici, prodotto*]; to use, to employ [*metodo, arma*]; ***~ il cervello*** to use one's brains *o* head; ***~ il bastone*** FIG. to use the stick; ***~ le mani*** FIG. to be always ready with a good hiding **II adoperarsi** pronom. to do* one's best, to put* oneself out; ***-rsi in favore di qcn., qcs., per fare*** to put oneself out for sb., sth., to do; ***-rsi per trovare un lavoro*** to make every effort to find a job.

adoprare /ado'prare/ ANT. → **adoperare**.

adorabile /ado'rabile/ agg. [*persona, animale*] adorable, sweet; [*casetta*] sweet, charming.

▶ **adorare** /ado'rare/ [1] tr. **1** to worship, to adore [*dei, idoli*] **2** FIG. to love, to adore (**fare** to do, doing); ***~ i propri figli*** to dote on one's children.

adoratore /adora'tore/ m. (f. **-trice** /tritʃe/) **1** *(di dei)* worshipper; ***~ del sole, del demonio*** sun, devil worshipper **2** FIG. *(ammiratore)* adorer, fervent admirer.

adorazione /adorat'tsjone/ f. **1** worship, adoration; ***l'~ dei Magi*** the adoration of the Magi; ***~ del sole, del demonio*** sun, devil worship; ***~ del fuoco*** fire-worship; ***in ~*** in adoration; ***essere, stare in ~ davanti a qcn., qcs.*** to worship sb., sth. **2** FIG. adoration; ***la sua ~ per sua madre*** his adoration for his mother; ***uno sguardo pieno di ~*** an adoring look.

adornare /ador'nare/ [1] **I** tr. to adorn [*cappello, vestito*] (**di**, **con** with); to adorn, to deck [*casa, giardino*] (**di**, **con** with) **II adornarsi** pronom. to adorn oneself.

adorno /a'dorno/ agg. ornate, adorned (**di** with); ***~ di anelli*** ringed; ***~ di perle*** pearled.

adottabile /adot'tabile/ agg. adoptable.

adottando /adot'tando/ m. (f. **-a**) DIR. adoptee.

adottante /adot'tante/ m. e f. DIR. adopter.

▷ **adottare** /adot'tare/ [1] tr. **1** DIR. to adopt [*bambino*]; *(prendere con sé)* to adopt, to take* in [*animale, persona*] **2** FIG. *(accogliere)* to accept; ***è stato subito adottato dalla comunità*** he was immediately accepted by the community **3** *(fare proprio)* to adopt [*metodo, stile, atteggiamento*]; to embrace [*principio, tecnologia*]; ***non so qual è l'atteggiamento da ~*** I don't know what line to take; ***~ il sistema decimale, metrico*** to go decimal, metric **4** *(ricorrere a, prendere)* to take* [*misura*]; ***~ la linea dura, morbida con qcn., qcs.*** to take a tough, soft line on sb., sth. **5** *(per un corso scolastico)* to adopt, to choose* [*libro*].

adottato /adot'tato/ **I** p.pass. → **adottare II** agg. adopted **III** m. (f. **-a**) DIR. adoptee.

adottivo /adot'tivo/ agg. [*bambino*] adopted; [*genitore, famiglia*] adoptive; [*paese*] adopted.

adozione /adot'tsjone/ f. **1** DIR. adoption **2** *(per scelta)* adoption; ***paese, famiglia d'~*** adopted country, family; ***italiano d'~*** Italian by adoption **3** *(di provvedimento, riforma)* adoption **4** *(di testo scolastico)* adoption, choice ◆◆ ***~ a distanza*** (child) sponsorship.

adragante /adra'gante/ agg. ***gomma ~*** tragacanth.

adrematrice /adrema'tritʃe/ f. addressing machine.

adrenalina /adrena'lina/ f. adrenalin; ***una scarica di ~*** a rush *o* surge of adrenalin.

Adriano /adri'ano/ n.pr.m. Adrian; STOR. Hadrian; ***vallo di ~*** Hadrian's Wall.

adriatico, pl. **-ci**, **-che** /adri'atiko, tʃi, ke/ agg. [*costa, località*] Adriatic.

Adriatico /adri'atiko/ ▸ ***27*** n.pr.m. ***l'~***, ***il mare ~*** the Adriatic (Sea).

adrone /a'drone/ m. hadron.

adsorbente /adsor'bεnte/ m. adsorbent.

adsorbimento /adsorbi'mento/ m. adsorption.

adsorbire /adsor'bire/ [102] tr. to adsorb.

Adua /'adua/ ▸ ***2*** n.pr.f. Aduwa.

adulare /adu'lare/ [1] tr. to flatter, to adulate FORM.

adulatore /adula'tore/ **I** agg. [*discorso, articolo, cortigiano*] flattering, adulatory FORM. **II** m. (f. **-trice** /tritʃe/) *(chi lusinga)* flatterer, adulator FORM.

adulatorio, pl. **-ri**, **-rie** /adula'tɔrjo, ri, rje/ agg. [*atteggiamento, parole*] flattering, adulatory; ***in tono, modo ~*** flatteringly.

adulazione /adulat'tsjone/ f. flattery, adulation FORM.; ***con ~*** in adulation; ***con l'~ non otterrai nulla*** flattery will get you nowhere.

adultera /a'dultera/ f. adulteress.

adulteramento /adultera'mento/ m. → **adulterazione.**

adulterante /adulte'rante/ agg. e m. adulterant.

adulterare /adulte'rare/ [1] tr. to adulterate, to tamper with [*sostanza, cibo, vino*].

adulterato /adulte'rato/ **I** p.pass. → **adulterare II** agg. [*vino, merce*] adulterated.

adulteratore /adultera'tore/ m. (f. **-trice** /tritʃe/) adulterator.

adulterazione /adulterat'tsjone/ f. adulteration, tampering.
adulterino /adulte'rino/ agg. [*relazione*] adulterous; [*figlio*] adulterine.
adulterio, pl. **-ri** /adul'tɛrjo, ri/ m. adultery; ***commettere*** ~ to commit adultery.
adultero /a'dultero/ **I** agg. adulterous **II** m. adulterer.
▷ **adulto** /a'dulto/ **I** agg. **1** [*persona, età, comportamento*] adult, grown-up; [*animale, pianta*] mature, full-grown; ***adatto a un pubblico*** ~ suitable for adults; ***diventare*** ~ to grow up **2** FIG. *(maturo, progredito)* [*democrazia, nazione, lettore*] mature **II** m. (f. **-a**) adult, grown-up; ***comportarsi da, come un*** ~ to behave in a grown-up manner *o* like a grown-up; ***parlare come un*** ~ to sound grown up; ***tra -i consenzienti*** DIR. between consenting adults.
adunanza /adu'nantsa/ f. meeting, assembly; ***indire un'*** ~ to call a meeting; ***sciogliere un'*** ~ to dissolve a meeting; ***tenere un'*** ~ to hold a meeting.
adunare /adu'nare/ [1] **I** tr. *(riunire)* to gather, to assemble, to convene; MIL. to muster **II adunarsi** pronom. to gather, to convene; MIL. to muster.
adunata /adu'nata/ f. **1** MIL. muster; ***~!*** fall in! ***suonare l'*** ~ to sound the rallying call (anche FIG.) **2** *(raduno di massa)* rally, gathering, meeting; ***luogo di*** ~ meeting-place.
adunco, pl. **-chi, -che** /a'dunko, ki, ke/ agg. [*becco, naso*] hooked.
adunghiare /adun'gjare/ [1] tr. [*animale*] to claw, to hold* on tight; [*persona*] to clutch, to seize.
adusto /a'dusto/ agg. LETT. **1** *(arso dal sole)* parched, scorched, adust **2** *(magro)* sallow, lean.
aerare /ae'rare/ [1] tr. **1** *(aprendo una finestra)* to air; *(con un apparecchio)* to ventilate [*stanza*] **2** AGR. to aerate [*terra, campo*].
aerato /ae'rato/ **I** p.pass. → **aerare II** agg. [*stanza*] ventilated.
aeratore /aera'tore/ m. ventilator; MECC. aerator.
aerazione /aerat'tsjone/ f. **1** *(aprendo una finestra)* airing; *(con un apparecchio)* ventilation; ***bocca di*** ~ air vent; ***condotto di*** ~ air duct; ***impianto di*** ~ ventilation system **2** MIN. ventilation.
aere /'aere/ m. LETT. air.
aereare /aere'are/ → **aerare**.
▷ **1.aereo** /a'ɛreo/ agg. **1** [*trasporto, flotta, ponte, disastro, base, allarme, attacco*] air attrib.; [*fotografia*] aerial; ***acrobazie -e*** aerobatics; ***biglietto*** ~ plane ticket; ***collegamento*** ~ air link; ***compagnia -a*** airline (company); ***il servizio ~ per la Sardegna*** flights to and from Sardinia; ***guerra -a*** aerial warfare; ***soccorso*** ~ mercy flight, air rescue; ***posta -a*** airmail; ***"per via -a"*** "via airmail"; ***spedire qcs. per via -a*** to send sth. by airmail *o* by air **2** METEOR. [*corrente, fenomeno*] air attrib. **3** *(sospeso in aria)* [*cavo, circuito*] overhead; [*radice, pianta*] aerial **4** ANAT. respiratory; ***vie -e superiori*** upper respiratory tract **5** FIG. *(vano, inconsistente)* vain, hollow.
▶ **2.aereo** /a'ɛreo/ m. **1** *(velivolo)* aircraft*, (aero)plane BE, (air)plane AE; ***in*** ~ by plane; ***sull'*** ~ on the plane; ***a bordo di un*** ~ on board a plane; ***essere in*** ~ to be on the plane; ***prendere l'*** ~ to take the plane; *(imbarcarsi)* to board the plane; ***saltare su un*** ~ to hop on a plane; ***arrivare in*** ~ to fly in; ***andare a Roma in*** ~ to go to Rome by air, to fly to Rome; ***viaggio in*** ~ flight; ***viaggiare in*** ~ to travel by plane, to fly; ***faccio più di 10.000 km all'anno in*** ~ I fly over 10,000 km a year **2** *(volo)* flight; ***a che ora è il tuo ~?*** what time is your flight? ***perdere l'*** ~ to miss one's flight; ***adoro, detesto l'*** ~ *(il volare)* I love, hate flying ◆◆ ~ ***antincendio*** firefighting plane; ~ ***bersaglio*** target aircraft; ~ ***da caccia*** fighter (plane), pursuit plane; ~ ***cargo*** cargo plane, freighter; ~ ***cisterna*** tanker aircraft; ~ ***da combattimento*** combat aircraft; ~ ***a decollo verticale*** jump-jet; ~ ***a geometria variabile*** variable-geometry aircraft; ~ ***invisibile*** stealth bomber; ~ ***di linea*** (air)liner, passenger plane; ~ ***a lungo raggio*** long-range aircraft; ~ ***navetta*** air shuttle; ~ ***militare*** warplane; ~ ***postale*** mail plane; ~ ***privato*** private aircraft; ~ ***radiocomandato*** robot plane; ~ ***a reazione*** jet aircraft; ~ ***da ricognizione*** reconnaissance plane, spotter plane, grasshopper AE COLLOQ.; ~ ***spia*** spy plane; ~ ***da trasporto*** transport plane; ~ ***da trasporto merci*** → ~ **cargo**; ~ ***da turismo*** light passenger aircraft.
aereo... → **aero...**
aereo-scuola, pl. **aerei-scuola** /aereos'kwɔla, aereis'kwɔla/ m. trainer, training-plane.
aeriforme /aeri'forme/ agg. aeriform, gaseous.
aerobica /ae'rɔbika/ ➧ ***10*** f. aerobics + verbo sing.
aerobico, pl. **-ci, -che** /ae'rɔbiko, tʃi, ke/ agg. **1** BIOL. aerobic **2** SPORT ***ginnastica -a*** aerobics + verbo sing.
aerobio, pl. **-bi** /ae'rɔbjo, bi/ m. aerobe.
aerocisterna /aerotʃis'tɛrna/ f. tanker aircraft.
aeroclub /aero'klab/ m.inv. flying club.
aerodina /aero'dina/ f. aerodyne.
aerodinamica /aerodi'namika/ f. aerodynamics + verbo sing.
aerodinamicità /aerodinamitʃi'ta/ f.inv. aerodynamics + verbo sing., aerodynamic properties pl.
aerodinamico, pl. **-ci, -che** /aerodi'namiko, tʃi, ke/ agg. aerodynamic; ***linea -a*** AUT. AER. MAR. streamline.
aerodromo /ae'rɔdromo, aero'drɔmo/ m. aerodrome BE, airdrome AE.
aerofagia /aerofa'dʒia/ ➧ **7** f. aerophagy.
aerofaro /aero'faro/ m. (air) beacon.
aerofita /ae'rɔfita/ f. aerophyte.
aerofobia /aerofo'bia/ ➧ **7** f. aerophobia.
aerofotografia /aerofotogra'fia/ f. aerial photography.
aerofreno /aero'freno, aero'frɛno/ m. air brake.
aerogeneratore /aerodʒenera'tore/ m. wind generator.
aerogiro /aero'dʒiro/ m. rotorcraft.
aerografo /ae'rɔgrafo/ m. airbrush; ***pittura all'*** ~ airbrushing.
aerogramma /aero'gramma/ m. aerogramme.
aerolinea /aero'linea/ f. airline.
aerolito /aero'lito, ae'rɔlito/ m. aerolite.
aerologia /aerolo'dʒia/ f. aerology.
aeromarittimo /aeroma'rittimo/ agg. [*società, filiale*] air and sea attrib.
aerometria /aerome'tria/ f. aerometry.
aerometro /ae'rɔmetro/ m. aerometer.
aeromobile /aero'mɔbile/ m. aircraft*.
aeromodellismo /aeromodel'lizmo/ m. *(costruzione)* model aircraft making; *(volo)* model aircraft flying; ***fare*** ~ to make model aircraft.
aeromodellista, m.pl. **-i**, f.pl. **-e** /aeromodel'lista/ m. e f. *(chi costruisce)* model aircraft maker; *(appassionato)* model aircraft enthusiast.
aeromodello /aeromo'dɛllo/ m. model aircraft.
aeronauta, m.pl. **-i**, f.pl. **-e** /aero'nauta/ m. e f. ANT. aeronaut.
aeronautica /aero'nautika/ f. aeronautics + verbo sing. ◆◆ ~ ***militare*** air force.
aeronautico, pl. **-ci, -che** /aero'nautiko, tʃi, ke/ agg. [*costruzione, ingegneria*] aeronautic(al); [*ingegnere*] aeronautics; ***industria -a*** aeronautics, aviation industry.
aeronavale /aerona'vale/ agg. air and sea; ***base*** ~ air-sea base; ***soccorso*** ~ air-sea rescue; ***stazione*** ~ naval air station; ***forze -i*** naval air force.
aeronave /aero'nave/ f. airship.
▷ **aeroplano** /aero'plano/ m. aircraft*, aeroplane BE, airplane AE.
▷ **aeroporto** /aero'pɔrto/ m. airport; ~ ***civile*** (civil) airport; ~ ***militare*** airbase; ***atterrare, fare scalo all'*** ~ ***di Gatwick*** to fly into Gatwick, to have a stop over in Gatwick ◆◆ ~ ***galleggiante*** seadrome.
aeroportuale /aeroportu'ale/ **I** agg. [*attrezzature, traffico, capacità*] airport attrib.; ***tasse -i*** airport taxes **II** ➧ ***18*** m. e f. airport employee.
aeropostale /aeropos'tale/ **I** agg. [*compagnia, servizio*] airmail **II** m. mail plane.
aerorazzo /aero'raddzo/ m. rocket-powered aircraft*.
aerorimessa /aerori'messa/ f. hangar.
aeroscalo /aeros'kalo/ m. air station.
aeroscivolante /aeroʃʃivo'lante/ m. hovercraft*.
aerosilurante /aerosilu'rante/ m. torpedo bomber.
aerosiluro /aerosi'luro/ m. aerial torpedo*.
aerosoccorso /aerosok'korso/ m. air rescue.
aerosol /aero'sɔl/ m.inv. **1** *(sospensione)* aerosol **2** *(bomboletta, sistema)* aerosol; ***un deodorante, insetticida (in)*** ~ an aerosol deodorant, insecticide.
aerosolterapia /aerosoltera'pia/ f. inhalation therapy.
aerospaziale /aerospat'tsjale/ agg. [*veicolo, vettore*] space attrib.; [*ditta, ingegnere*] aerospace attrib.; ***l'industria*** ~ aerospace industry.
aerospazio, pl. **-zi** /aeros'pattsjo, tsi/ m. air space.
aerostatica /aeros'tatika/ f. aerostatics + verbo sing.
aerostatico, pl. **-ci, -che** /aeros'tatiko, tʃi, ke/ agg. aerostatic; ***pallone*** ~ (air) balloon.
aerostato /ae'rɔstato/ m. aerostat, (air) balloon.
aerostazione /aerostat'tsjone/ f. airport.
aerostiere /aeros'tjɛre/ m. ANT. balloonist.
aerotaxi /aero'taksi/ m.inv. air taxi.
aeroterrestre /aeroter'rɛstre/ agg. air and land.
aerotrasportare /aerotraspor'tare/ [1] tr. to lift (in) [*truppe, provviste*].
aerotrasportato /aerotraspor'tato/ **I** p.pass. → **aerotrasportare II** agg. [*truppe, materiale, arma*] airborne.

aerotrasporto /aerotras'pɔrto/ m. air transport.
aerotreno /aero'trɛno/ m. air train, sky train.
aeroturbina /aerotur'bina/ f. wind turbine.
aerovia /aero'via/ f. airway.
▷ **afa** /'afa/ f. sultriness, mugginess; ***c'è ~*** it's sultry *o* muggy.
afasia /afa'zia/ f. aphasia.
afasico, pl. **-ci**, **-che** /a'faziko, tʃi, ke/ **I** agg. aphasic **II** m. (f. **-a**) aphasic.
afelio, pl. **-li** /a'fɛljo, li/ m. aphelion*.
aferesi /a'fɛrezi/ f.inv. apha(e)resis*.
affabile /af'fabile/ agg. [*persona, atteggiamento, modi*] affable, pleasant, friendly; [*aria*] pleasant.
affabilità /affabili'ta/ f.inv. affability; ***trattare qcn. con ~*** to be affable with sb.
affabilmente /affabil'mente/ avv. affably, pleasantly.
affabulatore /affabula'tore/ m. (f. **-trice** /tritʃe/) storyteller.
affabulazione /affabulat'tsjone/ f. plot construction.
affaccendamento /affattʃenda'mento/ m. bustle, stir.
affaccendarsi /affattʃen'darsi/ [1] pronom. *(essere occupato)* to be* busy; *(agitarsi)* to bustle (about) (**attorno a** around; **per** for); ***~ ai fornelli*** to be busy at the stove.
affaccendato /affattʃen'dato/ **I** p.pass. → **affaccendarsi II** agg. [*persona*] busy, bustling; [*aria, vita*] busy; ***essere molto ~*** to be busy (**in qcs.** with sth.; **a fare** doing).
▶ **affacciare** /affat'tʃare/ [1] **I** tr. **1** *(mostrare)* to show*; ***~ la testa*** to show one's head **2** *(proporre, sollevare)* to advance, to put* forward [*spiegazione, ipotesi, proposta*]; to raise [*obiezione, dubbio*] **II affacciarsi** pronom. **1** *(mostrarsi)* to show* oneself; ***-rsi alla finestra*** *(sporgersi)* to lean out of the window; *(guardare)* to look out of the window **2** *(comparire)* ***il sole si affacciò fra le nuvole*** the sun broke through the clouds, the sun peeped out from behind the clouds **3** *(dare)* ***-rsi su*** [*edificio, finestra*] to overlook [*mare, parco*]; to give onto [*strada, cortile*]; [*nazione*] to border [*mare, oceano*] **4** *(venire in mente)* [*idea, pensiero*] to occur, to strike*; ***mi si affacciò un'idea*** an idea occurred to me *o* struck me; ***mi si affacciò (alla mente) il pensiero che...*** it occurred to me that...
affacciato /affat'tʃato/ **I** p.pass. → **affacciare II** agg. ***~ alla finestra*** leaning out of the window; ***due case -e una all'altra*** *(di fronte)* two houses opposite each other.
affaccio, pl. **-ci** /af'fattʃo, tʃi/ m. aspect.
affamare /affa'mare/ [1] tr. to starve [*popolo, paese*].
affamato /affa'mato/ **I** p.pass. → **affamare II** agg. hungry, starving; ***essere ~ di*** FIG. to be hungry, eager for [*gloria, ricchezza, esperienza*]; ***~ di sesso*** sex-hungry, sex-starved **III** m. (f. **-a**) hungry person; ***gli -i*** the starving.
affanculo /affan'kulo/ avv. VOLG. ***mandare qcn. ~*** to tell sb. to fuck off, to sod sb. BE; ***che vada ~!*** sod him! fuck him!
▷ **affannare** /affan'nare/ [1] **I** tr. **1** *(procurare affanno)* ***~ qcn.*** to leave sb. breathless **2** *(angustiare)* [*persona, situazione, questione*] to trouble, to worry [*persona*] **II affannarsi** pronom. **1** *(darsi da fare)* to bustle (about); ***-rsi a fare*** to go to a great deal of trouble to do, to bother doing; ***non affannarti a mettere in ordine, lo farò io*** don't bother tidying up, I'll do it **2** *(angustiarsi)* to get* anxious, to worry; ***non affannarti per noi!*** don't worry about us!
▷ **affannato** /affan'nato/ **I** p.pass. → **affannare II** agg. **1** *(ansimante)* panting, breathless; ***essere ~*** to be out of breath; ***arrivò tutto ~*** he arrived all out of breath **2** *(agitato)* troubled, worried.
▷ **affanno** /af'fanno/ m. **1** breathlessness; ***salire le scale mi dà l'~*** I lose my breath going up the stairs **2** FIG. *(preoccupazione)* worry, trouble; *(ansia)* anxiety; ***darsi ~ per qcn., qcs.*** to worry about sb., sth.; ***essere in ~ per qcn., qcs.*** to be (very) anxious *o* worried about sb., sth.; ***pieno di -i*** full of worries.
affannosamente /affannosa'mente/ avv. **1** breathlessly, gaspingly; ***respirare ~*** to gasp for breath **2** FIG. *(ansiosamente)* [*cercare, preparare*] frantically; [*parlare*] feverishly.
affannoso /affan'noso/ agg. **1** [*respiro*] panting, laboured BE, labored AE **2** *(faticoso)* hard, painful, laboured BE, labored AE **3** *(frenetico)* [*ritmo, ricerca*] frantic, hectic **4** *(pieno di affanni)* troubled, anxious.
affardellare /affardel'lare/ [1] tr. MIL. ***~ lo zaino*** to pack one's kit.
▶ **affare** /af'fare/ **I** m. **1** *(acquisto vantaggioso)* bargain; ***a questo prezzo, è un ~*** at this price, it's a bargain; ***fare un ~*** to get *o* snatch up a bargain; ***non si fanno più molti -i al mercato delle pulci*** there aren't many bargains to be had at the flea market any more; ***ho acquistato questo vestito in saldo ma non ho fatto un ~*** I bought this dress in the sales but it wasn't a good buy; ***far fare un ottimo ~ a qcn.*** to give sb. a good run for his, her money; ***"~ da non perdere"*** "amazing bargain" **2** *(transazione)* deal, bargain; ***un buon, cattivo ~*** a good, bad deal, a good, bad buy; ***un ~ vantaggioso*** a good deal; ***un ~ azzardato, onesto*** a risky, square deal; ***~ in perdita*** failing *o* unprofitable business; ***concludere un ~*** to make *o* strike a deal; ***l'~ è stato concluso, fatto*** the deal was settled; ***"~ fatto"*** "it's a deal"; ***stare dietro a un ~*** to follow *o* stay behind a deal; ***questo ~ non frutta una lira*** this business doesn't make a penny; ***se l'~ va in porto*** if the deal goes through **3** *(occupazione, cosa da fare)* business, matter; ***è affar mio, non suo*** that's my business, not yours; ***sbrigare un ~*** to take care of a piece of business **4** *(storia, vicenda)* affair, matter, situation; ***un brutto ~*** a bad situation, a sticky wicket COLLOQ.; ***~ losco*** dirty *o* shady business; ***un ~ cominciato male*** a business that had a bad start *o* that got off on the wrong foot COLLOQ.; ***per un ~ di cuore*** for an affair of the heart; ***uno squallido ~ di sesso*** a squalid sex affair; ***essere coinvolto in un ~ poco pulito*** to be mixed up in some nasty business **5** *(caso)* affair; ***l'~ Haltrey*** the Haltrey affair **6** *(problema, questione)* affair, matter; ***bell'~!*** IRON. pretty *o* nice state of affairs! big deal! ***un ~ da nulla*** a trivial matter; ***un ~ di massima importanza, di estrema urgenza*** a matter of the utmost importance, urgency; ***lasciare un ~ in sospeso*** to leave some business undone; ***non facciamone un ~ di stato*** let's not make a big issue of it; ***non è un ~ da poco*** it is no light, small matter **7** COLLOQ. *(oggetto qualunque)* thing, contraption, gadget, whatsit; ***quell'~ lì*** that contraption there **II affari** m.pl. **1** ECON. *(attività lucrative)* business **U**, affairs; ***-i rischiosi*** risky *o* chancy business; ***uomo, donna d'-i*** businessman, businesswoman; ***incaricato d'-i*** chargé d'affaires; ***procacciatore di -i*** broker; ***giro d'-i*** turnover, sales pl.; ***lettera, colazione, riunione, viaggio d' -i*** business letter, lunch, meeting, trip; ***la ripresa degli -i*** business recovery; ***fare -i con*** to do business *o* to deal with; ***fare -i d'oro*** to do a roaring trade; ***essere in -i*** to be in business; ***come vanno gli -i?*** how's business? ***gli -i vanno bene, male*** business is good, bad; ***gli -i non vanno molto bene in questo momento*** business is slow at the moment; ***gli -i vanno meglio*** business is picking up; ***gli -i sono raddoppiati rispetto all'estate scorsa*** we are doing twice as much business as last summer; ***mettersi in -i*** to go into business; ***riuscire negli -i*** to be successful in business; ***ritirarsi dagli -i*** to retire from business; ***amministra gli -i di suo zio*** he runs his uncle's business; ***è una mia socia in -i*** she is a business associate of mine; ***parlare di -i*** to talk business; ***avere il senso degli -i*** to have business sense; ***avere esperienza nel campo degli -i*** to have practical business experience; ***viaggiare per -i*** *(una volta)* to go on a business trip; *(abitualmente)* to travel on business; ***essere via, andare a Londra per -i*** to be away, to go to London on business; ***siete a Parigi per -i o per piacere?*** are you in Paris for business or pleasure? ***il mondo, il quartiere, l'ambiente degli -i*** the business world, quarter, circles; ***gli -i sono -i!*** business is business! **2** *(fatti personali)* business **U**; ***sono -i miei!*** that's my business! ***-i tuoi!*** that's your problem! ***fatti gli -i tuoi!*** mind your own business! ***non sono -i tuoi!*** it's none of your business! ***badare ai propri -i*** to go about one's business; ***impicciarsi*** o ***occuparsi degli -i degli altri*** to intrude in(to) other people's affairs, to meddle in other people's business; ***mettere ordine nei propri -i*** to put one's affairs in order; ***parlare a tutti degli -i propri*** to tell everybody one's business; ***-i di famiglia*** family affairs **3** AMM. POL. ***-i pubblici, sociali, esteri*** public, social, foreign affairs; ***gli -i interni di un paese*** a country's internal affairs; ***-i di stato*** affairs of state; ***Ministero degli Affari Esteri*** Ministry of Foreign Affairs.
affarismo /affa'rizmo/ m. SPREG. commercialism, mercantilism.
affarista /affa'rista/ m. e f. SPREG. profiteer, wheeler dealer.
affaristico, pl. **-ci**, **-che** /affa'ristiko, tʃi, ke/ agg. SPREG. profiteering.
affarone /affa'rone/ m. COLLOQ. good bargain, snip, cheapie BE.
affascinante /affaʃʃi'nante/ agg. [*persona*] charming, fascinating, attractive; [*sorriso*] enchanting, winning; [*voce*] charming; [*bellezza*] enchanting, bewitching; [*luogo, libro*] charming, fascinating; [*progetto, teoria*] appealing, fascinating.
▷ **affascinare** /affaʃʃi'nare/ [1] tr. **1** *(attrarre)* to charm, to allure, to fascinate **2** *(incantare)* [*spettacolo, artista*] to charm, to enchant [*uditorio*]; [*libro, paesaggio*] to enthral(l).
affascinatore /affaʃʃina'tore/ m. charmer, enchanter.
affascinatrice /affaʃʃi'natritʃe/ f. charmer, enchantress.
affastellamento /affastella'mento/ m. **1** *(di fieno, erbe)* bundling (up) **2** *(ammasso)* bundle, heap, jumble.
affastellare /affastel'lare/ [1] tr. **1** to truss up, to bundle (up) [*fieno, erbe*] **2** *(ammassare confusamente)* to pile (up), to hoard.
affaticamento /affatika'mento/ m. fatigue **U**; ***~ generale, muscolare, mentale, nervoso*** general, muscle, mental, nervous fatigue; ***~ oculare*** eye strain; ***stato, fonte di ~*** state, source of fatigue.

affaticante /affati'kante/ agg. fatiguing, tiring.

▷ **affaticare** /affati'kare/ [1] **I** tr. **1** to tire, to fatigue [*persona*]; to strain [*occhi, gambe, cuore*] **2** to overwork [*cavallo*] **II affaticarsi** pronom. **1** *(stancarsi)* to tire, to get* tired; ***non ti ~*** IRON. don't strain yourself! **2** *(sforzarsi)* to strive*; ***-rsi per fare*** to strive to do.

affaticato /affati'kato/ **I** p.pass. → **affaticare II** agg. *(stanco, che mostra stanchezza)* [*persona, animale, gambe*] tired, fatigued; [*voce*] strained; [*volto, occhi*] weary; ***avere l'aria -a*** to have a look of weariness.

▶ **affatto** /af'fatto/ avv. **1** *(in frasi negative)* at all, in the least; ***"entri, non mi disturba ~!"*** "come in, you're not disturbing me in the least!"; ***non ti riguarda ~*** it's of no concern to you; ***non è ~ così!*** it's nothing like that at all! ***non mi assomiglia ~*** *(di carattere)* she isn't a bit like me; *(fisicamente)* she doesn't look at all like me; ***non c'entro ~*** I have nothing to do with it; ***non sono ~ impressionato, sorpreso*** I'm not at all impressed, surprised; ***non sono ~ d'accordo*** I completely disagree; ***il viaggio non è stato ~ male*** the journey wasn't bad at all; ***non è stato (niente) ~ facile*** it was none too easy; ***non ero (niente) ~ contento*** I was none too happy; ***l'esplosione non è stata ~ accidentale*** there was nothing accidental about the explosion; ***"stai facendo troppo il difficile" - "non è ~ vero!"*** you're just being difficult" - "that's not at all true" **2** *(nelle risposte)* ***"disturbo?" - "(niente) ~!"*** "am I disturbing you?" - "not in the least!" **3** *(in frasi affermative)* completely, quite, absolutely; ***è ~ vero*** it's quite *o* absolutely true; ***i miei timori erano ~ fondati*** my fears were well founded; ***mi è ~ indifferente*** I'm completely indifferent about it; ***una frase ~ priva di senso*** a completely meaningless sentence.

affatturare /affattu'rare/ [1] tr. **1** to cast* a spell on, to put* a spell on [*nemico, rivale*] **2** RAR. *(sofisticare, adulterare)* to adulterate [*vino*].

afferente /affe'rɛnte/ agg. **1** BUROCR. *(riguardante)* pertaining (**a** to), regarding **2** ANAT. [*nervo, vaso*] afferent.

affermabile /affer'mabile/ agg. affirmable.

▶ **affermare** /affer'mare/ [1] **I** tr. **1** *(sostenere)* to affirm, to maintain, to state [*fatto, contrario, esistenza, verità*]; ***"non ho intenzione di dare le dimissioni", affermò*** "I have no intention of resigning", he declared; ***~ di aver fatto*** to claim to have done; ***~ di saper fare*** to claim to be able to do; ***potete affermarlo?*** can you be sure about that? ***la polizia non può ancora ~ nulla*** the police are not yet able to make any positive statement; ***~ i propri diritti*** to assert one's rights; ***~ la propria autorità su*** to stamp one's authority on **2** *(provare)* to assert [*talento, personalità, autorità, originalità, indipendenza*] **3** *(proclamare)* to declare, to affirm [*volontà, desiderio*] (**a** to); ***~ la propria innocenza*** to declare one's innocence **II affermarsi** pronom. **1** *(imporsi)* [*progresso, tendenza*] to become* apparent; [*maggioranza*] to be* established; [*personalità, stile*] to assert itself; ***il festival si afferma come avvenimento di primo piano*** the festival is becoming established as a major event **2** *(avere successo)* to establish oneself (**come** as); ***-rsi come scrittore*** to establish oneself *o* one's credentials as a writer; ***fare un tentativo di -rsi in politica, nello sport*** to make a foray into politics, sport; ***l'azienda si è affermata sul mercato*** the firm has established itself into the market.

affermativamente /affermativa'mente/ avv. affirmatively; ***rispondere ~*** to reply *o* answer in the affirmative.

affermativo /afferma'tivo/ **I** agg. **1** [*parola, risposta, segno, tono*] affirmative; ***dare una risposta -a*** to reply *o* answer in the affirmative; ***fare un cenno ~ con la testa*** to nod one's assent *o* in agreement; ***in caso ~*** if so **2** LING. affirmative **II** avv. affirmative AE.

affermato /affer'mato/ **I** p.pass. → **affermare II** agg. *(di successo)* [*professionista, artista, attore*] well-known, successful.

▷ **affermazione** /affermat'tsjone/ f. **1** *(asserzione)* statement, assertion, claim **2** *(successo)* success, achievement, performance; ***una grande ~ personale*** a great personal achievement **3** *(di dottrina, ideologia)* rise.

afferrabile /affer'rabile/ agg. **1** *(che si può prendere)* seizable **2** *(comprensibile)* understandable, comprehensible, easy to grasp.

▷ **afferrare** /affer'rare/ [1] **I** tr. **1** *(prendere con forza)* to seize, to grab [*oggetto, persona, animale, braccio, libro*]; to grasp, to take* hold of [*mano, corda, ringhiera, ramo*]; to catch* [*palla*]; ***~ qcn. per la vita*** to seize sb. around *o* grab sb. by the waist; ***~ qcn. alla gola*** to take sb. by the throat; ***~ qcn. per il braccio, la manica, i capelli*** to grab *o* seize sb. by the arm, the sleeve, the hair; ***~ qcs. con entrambe le mani*** to catch hold of *o* seize sth. with both hands; ***~ al volo*** to catch* [sth.] in midair [*palla*]; FIG. to grab *o* seize [sth.] with both hands [*occasione*]; *(capire)* to get the message; ***cercare di ~*** to clutch at [*ramo, ringhiera, persona*]; to snatch at [*corda, lettera*] **2** *(capire)* to grasp [*concetto*]; to catch*, to pick out [*parola, nome*]; ***non sembra ~ la gravità della situazione*** I don't think he understands how serious the matter is; ***hai afferrato?*** do you understand? do you get it? **3** *(sentire)* to catch* [*frammenti di conversazione*] **II afferrarsi** pronom. to grab hold (**a** of), to cling* (**a** to).

▷ **1.affettare** /affet'tare/ [1] tr. to slice, to cut* [sth.] into slices [*pane, carne, salame*].

2.affettare /affet'tare/ [1] tr. to feign, to affect FORM. [*gioia, tristezza, indifferenza, comportamento*].

affettatamente /affettata'mente/ avv. affectedly.

▷ **1.affettato** /affet'tato/ **I** p.pass. → **1.affettare II** agg. *(a fette)* sliced **III** m. = sliced cold pork meats such as ham, salami etc.

2.affettato /affet'tato/ **I** p.pass. → **2.affettare II** agg. [*persona, aria, linguaggio*] affected; [*stile*] contrived; [*sorriso*] simpering; [*modi*] studied, foppish; [*attore, cantante*] affected.

affettatrice /affetta'tritʃe/ f. slicer.

affettazione /affettat'tsjone/ f.inv. *(di persona, stile)* affectation, affectedness; *(di attore)* overacting; ***senza ~*** unaffectedly.

affettivamente /affettiva'mente/ avv. [*coinvolto, impegnato*] emotionally.

affettività /affettivi'ta/ f.inv. affectivity (anche PSIC.).

affettivo /affet'tivo/ agg. [*legame, vuoto*] emotional; PSIC. affective.

▶ **1.affetto** /af'fɛtto/ m. **1** *(affezione)* affection, fondness (**per** for); ***nutrire*** o ***provare ~ per qcn.*** to have tender feelings for sb.; ***mostrare ~*** to show affection; ***circondare qcn. d'~*** to surround sb. with affection; ***con ~*** *(nelle lettere)* (with) love, yours affectionately **2** *(oggetto dell'affetto)* ***la madre era il suo unico ~*** his mother was his only love **3** *(sentimento)* ***essere ferito nei propri -i*** to have one's feelings hurt.

2.affetto /af'fɛtto/ agg. *(da malattia)* ***~ da*** suffering from; ***essere ~ da una leggera sordità, miopia*** to be slightly deaf, short-sighted; ***~ da letargia*** lethargic; ***un paziente ~ da tetano*** a tetanic patient, a patient with tetanus.

affettuosamente /affettuosa'mente/ avv. affectionately, fondly; ***~ tuo*** *(nelle lettere)* yours affectionately.

affettuosità /affettuosi'ta/ f.inv. **1** *(dolcezza)* affectionateness, tenderness **2** *(atto affettuoso)* *(gesto)* affectionate gesture; *(parola)* tender word, endearment.

▶ **affettuoso** /affettu'oso/ agg. [*persona, gesto, animale*] affectionate; [*sguardo, sorriso, carezza*] fond, loving, tender; ***essere ~ con qcn.*** to be loving towards sb.; ***-a amicizia*** EUFEM. IRON. close friendship; ***-i saluti*** kindest *o* warmest regards, yours affectionately.

▷ **affezionare** /affettsjo'nare/ [1] **I** tr. ***~ qcn. a qcn.*** to endear sb. to sb. **II affezionarsi** pronom. ***-rsi a qcn., qcs.*** to grow fond of *o* attached to sb., sth.

affezionato /affettsjo'nato/ **I** p.pass. → **affezionare II** agg. fond (**a** of), attached (**a** to); [*fan, seguace*] devoted; ***essere molto ~ a qcn., qcs.*** to hold sb., sth. dear; ***i nostri lettori -i*** our regular readers; ***il tuo -issimo padre*** *(nelle lettere)* your loving father.

affezione /affet'tsjone/ f. **1** *(affetto)* affection, fondness, love; ***prezzo d'~*** fancy price **2** MED. disease, affection FORM.; ***le -i cardiache*** heart disease.

▷ **affiancare** /affjan'kare/ [1] **I** tr. **1** *(porre a fianco)* to put*, to place beside; *(porre fianco a fianco)* to place side by side **2** *(aggiungere)* ***~ nuovi collaboratori al personale*** to take on some extra staff; ***mi hanno affiancato un nuovo assistente*** I've been assigned a new assistant; ***è sempre affiancato dal suo vice*** his assistant never leaves his side **II affiancarsi** pronom. ***-rsi a qcn.*** [*persona*] to come abreast of sb.; [*veicolo*] to come abreast of sb., to draw up alongside sb.; ***-rsi alla banchina*** [*nave*] to dock.

affiancato /affjan'kato/ **I** p.pass. → **affiancare II** agg. *(fianco a fianco)* ***-i*** side by side; ***-i per tre*** three abreast.

affiatamento /affjata'mento/ m. **1** *(intesa)* harmony, understanding; ***una famiglia dove non c'è ~*** a family where people don't get on **2** *(in gioco)* team spirit; *(in musica, recitazione)* good ensemble.

▷ **affiatare** /affja'tare/ [1] **I** tr. *(creare intesa)* to harmonize, to make* [sb.] get on well [*persone*] **II affiatarsi** pronom. to get* on BE, to grow* together; *(in gioco)* to play as a team; *(in musica, recitazione)* to get* a good ensemble.

affiatato /affja'tato/ **I** p.pass. → **affiatare II** agg. ***sono molto -i*** they work well together; ***amici -i*** close friends.

affibbiare /affib'bjare/ [1] **I** tr. **1** to buckle [*cintura, sella*] **2** COLLOQ. FIG. *(dare, rifilare)* ***~ qcs. a qcn.*** to fasten sb. with sth. *o* sth. on sb. [*nome, soprannome*]; to hang *o* stick sth. on sb. [*etichetta*];

to saddle sb. with sth. [*lavoro faticoso*]; to palm sth. off on sb. [*denaro falso*]; to fetch *o* deal sb. sth. [*schiaffo*] **II affibbiarsi** pronom. [*scarpa, cintura*] to buckle.

affiche /af'fiʃ/ f.inv. poster.

affidabile /affi'dabile/ agg. [*persona, macchina, lavoratore*] reliable, dependable; [*azienda*] reliable; [*fonte*] trustworthy, reliable.

affidabilità /affidabili'ta/ f.inv. *(di persona, macchina)* reliability, dependability; *(di azienda)* reliability; *(di fonte)* trustworthiness, reliability.

▷ **affidamento** /affida'mento/ m. **1** *(fiducia)* reliance, confidence; ***non dà molto ~*** he doesn't inspire much confidence; ***fare ~ su*** to rely *o* count *o* bank on [*persona, amico*]; to reckon on [*risorse, somma, incasso*]; to trust *o* rely on [*memoria, istinto, strumento, calcoli*]; to trust to [*destino, fortuna*]; ***non si può fare ~ sulla puntualità dell'autobus*** you can't depend on the bus arriving on time; ***ci faccio ~*** I'm counting *o* relying on it **2** *(l'affidare)* entrustment, entrusting **3** DIR. *(di bambino) (a famiglia)* foster care; *(a genitore separato)* custody; ***in ~*** in foster care; ***dare un bambino in ~ a una famiglia*** to foster a child with a family; ***prendere un bambino in ~*** to foster a child.

▶ **affidare** /affi'dare/ [1] **I** tr. **1** *(dare in custodia)* ***~ qcs. a qcn.*** to entrust sth. to sb. *o* sb. with sth. [*missione, posta*]; to entrust sth. to sb. [*denaro*]; to entrust sth. to sb., to leave sth. in sb.'s care [*lettere, valigia*]; ***~ qcn., qcs. alle cure di qcn.*** to put *o* leave sb., sth. in sb.'s care; ***~ (la custodia di) un bambino a qcn.*** to leave a child in sb.'s care; ***~ un bambino, un paziente alle mani di qcn.*** to hand a baby, a patient over to sb.; ***~ qcn., qcs. in custodia al signor Bianchi*** to put sb., sth. in Mr Bianchi's care *o* keeping; ***~ i propri pensieri alla carta*** to set down one's thoughts **2** *(assegnare)* to assign [*incarico, ruolo*]; [*ditta, università*] to fill [*posto, cattedra*]; ***~ un impiego a qcn.*** to appoint sb. to a post; ***~ la responsabilità di qcs. a qcn.*** to put sb. in charge of sth.; ***~ a qcn. il compito di fare*** to entrust sb. the task of doing; ***~ a qcn. il comando di qcs.*** to give sb. command of sth. **3** *(passare)* ***~ il caso all'avvocato*** to brief a lawyer **II affidarsi** pronom. to rely (**a** on), to trust (**a** to); ***-rsi alla sorte*** to trust to luck; ***-rsi a qcn.*** to commit oneself to sb.; ***-rsi alla guida di qcn.*** to let oneself be guided by sb.

affidatario, pl. **-ri** /affida'tarjo, ri/ m. *(di beni)* trustee; *(di minore)* guardian.

affidavit /affi'davit/ m.inv. affidavit.

affido /af'fido/ m. DIR. → **affidamento**.

affienare /affje'nare/ [1] tr. to feed* hay to.

affievolimento /affjevoli'mento/ m. **1** *(di sensi)* weakening; *(di rumore, vista)* fading **2** *(di volontà, coraggio, determinazione)* diminishing, waning.

affievolire /affjevo'lire/ [102] **I** tr. to reduce, to weaken [*capacità*]; to dull [*sentimenti*]; to sap [*forza*] **II affievolirsi** pronom. [*suono, voce, conversazione*] to trail off, to tail away, to fade; [*luminosità*] to grow* dim, to fade; [*rumore*] to grow* fainter, to fade; [*sentimento, volontà*] to get* weaker, to weaken; [*memoria*] to fail; [*attenzione, interesse, entusiasmo, passione, ardore*] to wane; [*speranza*] to dim; [*odio*] to abate.

affiggere /af'fiddʒere/ [14] **I** tr. **1** to post (up), to put* up [*avviso, manifesto, risultati*] (**a**, **in** on) **2** LETT. to fix [*sguardo*] **II affiggersi** pronom. *(fissare lo sguardo)* to fix one's gaze; *(concentrarsi)* to concentrate.

affilacoltelli /affilakol'tɛlli/ m.inv. knife sharpener.

affilarasoio, pl. **-oi** /affilara'zojo, -ra'sojo, oi/ m. strop.

affilare /affi'lare/ [1] **I** tr. **1** *(rendere tagliente)* to sharpen [*lama*]; *(sulla mola)* to grind*; *(sulla pietra)* to hone; *(sulla cinghia di cuoio)* to strop [*rasoio*] **2** *(smagrire)* to thin, to make* thinner; ***la malattia le ha affilato il viso*** her illness has thinned her face **II affilarsi** pronom. *(dimagrire)* to get* thin, to get* thinner ◆ ***~ le armi*** = to get ready to fight.

affilata /affi'lata/ f. ***dare un'~ al coltello*** to sharpen *o* hone the knife.

affilato /affi'lato/ **I** p.pass. → **affilare II** agg. **1** *(tagliente)* [*coltello, rasoio, lama*] sharp (anche FIG.); ***~ come un rasoio*** razor-sharp; ***non ~*** blunt **2** *(esile)* [*volto, naso*] thin, narrow; [*narici*] pinched ◆◆ ***avere la lingua -a*** to have a vicious *o* sharp tongue.

affilatoio, pl. **-oi** /affila'tojo, oi/ m. shapener.

affilatrice /affila'tritʃe/ f. *(macchina)* sharpener, grinder.

affilatura /affila'tura/ f. sharpening, whetting; *(sulla mola)* grinding; *(sulla pietra)* honing; *(di rasoio)* stropping.

affiliare /affi'ljare/ [1] **I** tr. to affiliate (**a** to, with) **II affiliarsi** pronom. to affiliate (**a** with).

affiliata /affi'ljata/ f. ECON. affiliate, affiliated company, subsidiary (company).

affiliato /affi'ljato/ **I** p.pass. → **affiliare II** agg. affiliated (**a** to, with) **III** m. (f. **-a**) (affiliated) member, affiliate.

affiliazione /affiljat'tsjone/ f. affiliation (**a** to, with).

affinamento /affina'mento/ m. **1** IND. refining **2** *(perfezionamento, raffinamento)* refining, polishing.

affinare /affi'nare/ [1] **I** tr. **1** *(rendere fine)* to thin; *(appuntire)* to sharpen **2** FIG. to refine [*strategia, politica, idea*]; to refine, to polish [*stile*]; to sharpen [*udito*]; ***~ l'ingegno*** to sharpen one's wit **3** TECN. to refine [*metallo*] **II affinarsi** pronom. *(perfezionarsi)* to become* refined.

affinatore /affina'tore/ m. (f. **-trice** /tritʃe/) refiner.

affinazione /affinat'tsjone/ f. refining.

▷ **affinché** /affin'ke/ cong. so that, in order that; ***prendere delle misure ~ i giovani trovino lavoro*** to take measures so that young people might find work; ***fissò la festa per le 3 ~ Francesco potesse venire*** she fixed the party for 3 so that Francesco could come; ***pagare qcn. ~ faccia qcs.*** to pay sb. to do sth.; ***stare in guardia ~ qcs. non accada*** to be on one's guard against sth. happening, to guard against sth. happening.

affine /af'fine/ **I** agg. *(simile)* [*sentimenti, idee, teorie*] similar; [*specie, sostanze, concezioni, temi*] related; [*lingue*] kindred, cognate; ***parole -i*** cognates; ***~ a*** similar to, akin to **II** m. e f. *(parente)* relative.

affinità /affini'ta/ f.inv. **1** affinity (**con** with; **tra** between) **2** LING. affinity, cognation **3** CHIM. affinity **4** DIR. affinity.

affiochimento /affjoki'mento/ m. **1** *(indebolimento)* weakening, fading **2** *(di voce)* hoarseness.

affiochire /affjo'kire/ [102] **I** tr. *(attenuare)* to muffle [*suono, rumore*] **II affiochirsi** pronom. [*luce*] to grow* dim, to fade; [*voce*] to trail off, to tail away, to fade.

affioramento /affjora'mento/ m. **1** GEOL. outcrop; *(di fonte)* emergence **2** FIG. appearance, surfacing.

affiorare /affjo'rare/ [1] intr. (aus. *essere*) **1** *(spuntare alla superficie)* [*roccia, minerale*] to crop out; [*scogliera, ghiaccio*] to show* on the surface, to emerge **2** FIG. [*tema*] to surface, to crop up; [*emozioni, tensioni*] to come* to the surface; ***un sorriso affiorò sul suo volto*** a smile appeared on her face.

affissare /affis'sare/ [1] **I** tr. ANT. to fix [*sguardo*] **II affissarsi** pronom. ANT. LETT. to fix one's gaze (**a** on).

affissione /affis'sjone/ f. billsticking, posting; ***"divieto d'~"*** "post no bills", "stick no bills"; ***~ selvaggia*** flyposting.

affisso /af'fisso/ **I** p.pass. → **affiggere II** agg. [*foto, annuncio, risultato, orario, informazione*] posted (up) **III** m. **1** *(avviso, manifesto)* notice, bill, poster **2** LING. affix.

affittabile /affit'tabile/ agg. rentable.

affittacamere /affitta'kamere/ m. e f.inv. *(uomo)* landlord; *(donna)* landlady.

affittare /affit'tare/ [1] tr. **1** *(dare in affitto)* to let* (out) BE, to rent out [*casa, terreno*]; to hire out BE, to rent out [*attrezzatura, veicolo, videocassetta*] (**a** to); ***"affittasi"*** "for rent", "to let" BE; ***"affittasi camere"*** "rooms to let" BE, "rooms for rent"; ***essere affittato per 600 sterline al mese*** to rent for £600 a month **2** *(prendere in affitto)* to rent [*casa, terreno*]; to hire BE, to rent [*attrezzatura, veicolo, videocassetta*] (**da** from); ***"cercasi camera da ~"*** "wanted, room to rent"; ***~ una casa per tre anni*** to take a three-year let on a house, to rent a house for three years.

affitto /af'fitto/ m. **1** *(locazione)* rental; ***dare in ~*** to let (out) BE, to rent out; ***prendere in ~*** to rent; ***casa in ~*** rented house; ***essere*** o ***vivere in ~*** to live in a rental, to rent; ***gli appartamenti in ~ sono sempre più rari*** rented accommodation is becoming rare **2** *(canone)* rent; ***ricevuta di ~*** rent receipt; ***l'aumento*** o ***il rincaro degli -i*** rent increase; ***~ caro, esorbitante*** premium, rack rent; ***due mesi di ~ anticipato*** two months' rent in advance; ***~ mensile di 500 euro, spese incluse, escluse*** monthly rent of 500 euros, inclusive, exclusive; ***pagare 500 euro di ~, tutto compreso*** to pay a rent of 500 euros, inclusive; ***riscuotere l'~*** to collect the rent; ***~ arretrato*** rent arrears, back rent; ***blocco degli -i*** rent freeze **3** *(contratto)* lease, tenancy agreement; ***rinnovare un ~*** to renew a lease ◆◆ ***~ a equo canone*** = fair rent, low rent rates fixed by law; ***~ a riscatto*** leasing.

affittuario, pl. **-ri** /affittu'arjo, ri/ m. (f. **-a**) tenant, roomer AE; DIR. lessee.

afflato /af'flato/ m. LETT. **1** *(alito)* breath **2** *(ispirazione)* afflatus.

▷ **affliggere** /af'fliddʒere/ [15] **I** tr. **1** *(procurare dolore)* to afflict, to torment, to trouble; ***un continuo mal di testa lo affligge*** he's tormented by a constant headache **2** *(tormentare)* [*povertà, recessione*] to afflict; [*carestia, guerra*] to scourge; [*disoccupazione*] to plague [*area*] **3** *(rattristare)* to sadden **II affliggersi** pronom. **1** *(addolorarsi)* to grieve **2** *(tormentarsi)* to be* distressed, to worry.

afflitto /af'flitto/ **I** p.pass. → **affliggere** **II** agg. **1** *(colpito)* afflicted; ***essere ~ da malanni*** to be plagued by ill health **2** *(rattristato)* [*persona*] sad, dejected; [*volto, espressione, voce*] stricken; [*spirito*] broken; ***con un'aria -a*** with a pained expression; ***essere ~ per qcs.*** to be afflicted by sth. [*dolore, morte*] **III** m. (f. **-a**) ***gli -i*** the afflicted, the suffering; ***consolare gli -i*** to comfort the suffering.

afflizione /afflit'tsjone/ f. **1** *(dolore)* affliction, grief, sorrow; ***gettare qcn. nell'~*** to afflict sb. deeply **2** *(tribolazione)* suffering, tribulation.

afflosciare /afflo∫'∫are/ [1] **I** tr. **1** *(rendere floscio)* to make* [sth.] go limp **2** FIG. *(indebolire)* to weaken **II** pronom. **afflosciarsi** **1** *(diventare floscio)* [*corpo, persona*] to go* limp; [*soufflé*] to collapse; [*fiore, pianta*] to droop, to wilt; [*tenda, vela*] to sag; ***-rsi dalla paura, fatica*** [*gambe, ginocchia*] to go weak with fear, fatigue **2** FIG. *(svenire)* to faint ◆ ***-rsi come un sacco vuoto*** = to faint.

1.affluente /afflu'ɛnte/ m. GEOGR. tributary.

2.affluente /afflu'ɛnte/ agg. [*ceto, società*] affluent.

affluenza /afflu'ɛntsa/ f. **1** attendance, crowd(s); ***le ore di massima ~ nei negozi*** peak shopping period; ***nel periodo di bassa ~*** in the off-peak period; ***grande, scarsa ~ di pubblico a teatro*** large, poor turnout at the theatre **2** ***~ alle urne*** polling; ***alta, bassa ~ alle urne*** high, low turnout for election *o* light, heavy polling.

affluire /afflu'ire/ [102] intr. (aus. *essere*) [*folla, passeggeri*] to flock, to pour in, to flood in, to stream (**a**, **verso** to, towards); [*acqua, aria, sangue*] to rush (**a**, **verso** to, towards); [*denaro, capitali*] to flow*, to flood in (**in** to); [*turisti, ordini*] to roll in; ***nuovi capitali affluiscono sul mercato*** fresh money is flowing into the market.

afflusso /af'flusso/ m. **1** *(di liquido)* inflow, influx; *(di sangue)* rush **2** *(di persone)* flood, stream, pouring in **3** *(di denaro, capitali, prodotti)* influx, inflow.

affogamento /affoga'mento/ m. drowning.

▷ **affogare** /affo'gare/ [1] **I** tr. **1** *(annegare)* to drown [*persona, animale*]; ***~ i dispiaceri nell'alcol*** FIG. to drown one's sorrows, to drink one's troubles *o* sorrows away **2** GASTR. to poach **II** intr. (aus. *essere*) to drown; ***~ nei debiti*** FIG. to be deep in debt, to be up to one's ears *o* eyes in debt **III** **affogarsi** pronom. to drown oneself ◆ ***~ in un bicchier d'acqua*** to make a mountain out of a molehill; ***un uomo che affoga si aggrappa a uno stelo*** PROV. a drowning man will clutch at a straw.

affogato /affo'gato/ **I** p.pass. → **affogare** **II** agg. **1** *(annegato)* ***morire ~*** to drown; ***20 persone morirono -e nell'incidente*** 20 people were drowned in the accident **2** GASTR. [*uovo*] poached **III** m. (f. **-a**) **1** drowned person **2** *(gelato)* = ice-cream over which coffee, hot chocolate etc. are poured.

affollamento /affolla'mento/ m. crowding.

▷ **affollare** /affol'lare/ [1] **I** tr. to crowd, to pack, to throng **II** **affollarsi** pronom. **1** *(riempirsi)* [*sala, strade*] to fill (up) (**di** with) **2** *(accalcarsi)* to crowd, to flock, to throng (**attorno a** around); ***-rsi all'uscita*** to crowd at the exit **3** FIG. [*pensieri, ricordi, idee*] to crowd (**in** into); ***i pensieri si affollavano nella sua mente*** thoughts crowded into *o* flooded her mind.

affollato /affol'lato/ **I** p.pass. → **affollare** **II** agg. [*treno, sala, ristorante, spiaggia, strada*] crowded (**di** with); [*negozio, ufficio*] crowded, busy; [*scuola, prigione*] overflowing.

affondamento /affonda'mento/ m. sinking.

affondamine /affonda'mine/ m.inv. minelayer.

▷ **affondare** /affon'dare/ [1] **I** tr. **1** MAR. *(mandare a fondo)* to sink* [*imbarcazione, nave*]; ***~ l'ancora*** to anchor, to drop *o* cast anchor **2** *(conficcare profondamente)* to sink*, to dig [*dito, unghie*]; to plunge [*coltello, spada*] (**in** into); to sink* [*denti*] (**in** into); ***~ le mani nelle tasche*** to thrust one's hands deep into one's pockets; ***~ il viso nel cuscino*** to press one's face into the pillow **3** [*pianta*] to push, to send* [*radici*] (**in** into); ***~ le radici in*** FIG. to be rooted in **4** SPORT ***~ il colpo*** to lunge **II** intr. (aus. *essere*) **1** *(andare a fondo)* [*imbarcazione, nave*] to sink*, to founder **2** *(sprofondare)* to sink* (**in** into); ***~ nella melma, nella sabbia*** to sink into the mud, the sand **3** *(conficcarsi)* ***i picchetti affondano facilmente (nel terreno)*** the posts go in (the ground) easily ◆ ***~ il coltello nella piaga*** to twist the knife in the wound.

affondato /affon'dato/ **I** p.pass. → **affondare** **II** agg. [*imbarcazione*] sunken; ***colpito, ~!*** hit, sunk!

affondo /af'fondo/ m. *(nella scherma)* lunge; ***fare un ~*** to lunge.

afforestamento /afforesta'mento/ m. reforestation.

afforestare /affores'tare/ [1] tr. to reforest.

affossamento /affossa'mento/ m. **1** *(avvallamento)* dip **2** FIG. *(di iniziativa, progetto)* shelving, ditching COLLOQ.

affossare /affos'sare/ [1] **I** tr. **1** *(incavare)* to rut [*terreno*] **2** FIG. *(far fallire)* to shelve, to ditch COLLOQ. [*iniziativa, progetto*] **II** **affossarsi** pronom. [*strada, terreno*] to subside, to sink*.

affossatore /affossa'tore/ m. AGR. ditcher.

affossatura /affossa'tura/ f. → **affossamento**.

affrancamento /affranka'mento/ m. **1** *(di schiavo)* freeing **2** *(su busta ecc.)* postage, stamping.

affrancare /affran'kare/ [1] **I** tr. **1** *(liberare)* to free, to liberate [*schiavo, popolazione*] **2** *(riscattare)* to redeem [*terreno, proprietà*] **3** *(apporre l'affrancatura)* to stamp, to frank BE [*lettera*]; ***non hai affrancato a sufficienza il pacco*** you haven't put enough stamps *o* postage on the parcel; ***"non ~"*** "no stamp needed", "postage paid" **II** **affrancarsi** pronom. to free oneself (**da** from) (anche FIG.).

affrancato /affran'kato/ **I** p.pass. → **affrancare** **II** agg. [*lettera*] stamped, franked BE; ***non ~*** unstamped.

affrancatrice /affranka'trit∫e/ f. franking machine BE, postage meter AE.

affrancatura /affranka'tura/ f. postage stamp, stamping; ***senza ~*** unstamped; ***~ a carico del destinatario*** freepost BE, business reply mail BE.

affranto /af'franto/ agg. **1** *(per il dolore)* shattered, grief-striken **2** *(per la fatica)* drained, exhausted.

affratellamento /affratella'mento/ m. union, joining (**con** with).

affratellare /affratel'lare/ [1] **I** tr. to unite, to join **II** **affratellarsi** pronom. to unite, to join.

affrescare /affres'kare/ [1] tr. to fresco.

affreschista, m.pl. **-i**, f.pl. **-e** /affres'kista/ ♦ ***18*** m. e f. fresco painter.

▷ **affresco**, pl. **-schi** /af'fresko, ski/ m. **1** ART. fresco* **2** FIG. *(descrizione, rappresentazione)* panorama.

▷ **affrettare** /affret'tare/ [1] **I** tr. **1** *(rendere più rapido)* to speed* up, to hurry up; ***~ il passo*** to quicken one's pace **2** *(anticipare)* to hasten [*partenza, decisione, riforma*]; ***l'insurrezione ha affrettato la caduta del dittatore*** the uprising hastened the dictator's fall; ***~ il voto di una legge*** to speed up the passage of a bill **II** **affrettarsi** pronom. **1** *(agire in fretta)* to hurry, to rush; ***-rsi a fare*** to rush *o* race *o* hasten to do; ***mi sono affrettato a seguire il suo consiglio*** I acted quickly on his advice; ***"non sto parlando di te" si affrettò ad aggiungere*** "I don't mean you," he added hurriedly **2** *(andare rapidamente)* to hurry up; ***-rsi verso casa*** to hurry home, to cut along home.

affrettatamente /affrettata'mente/ avv. hurriedly, hastily.

affrettato /affret'tato/ **I** p.pass. → **affrettare** **II** agg. **1** [*decisione, giudizio*] rash, hasty; [*partenza, diagnosi*] hasty; [*passo*] hurried; [*conclusione*] hasty, hurried; ***dare un giudizio ~ su qcs., qcn.*** to pass a hasty judgement on sth., sb. **2** *(svolto troppo in fretta)* [*lavoro*] hurried.

affricata /affri'kata/ f. affricate.

affricato /affri'kato/ agg. affricative.

▶ **affrontare** /affron'tare/ [1] **I** tr. **1** to face [*avversario, sfida, accusa*]; to face, to confront [*truppe, morte, situazione*]; to cope with [*depressione, spese, esigenze, inflazione, disastro*]; to deal* with, to handle, to tackle [*problema*]; to handle, to cope with [*emergenza, crisi*]; to face up to [*responsabilità, paura*]; to bear* up against [*shock, sfortuna*]; to brave [*montagna, tempesta, freddo*]; ***~ la verità*** to confront the truth **2** *(prendere in esame)* to approach, to deal* with, to tackle [*argomento, tema, questione*]; ***abbiamo affrontato molte questioni nel corso della riunione*** we got through a lot of business at the meeting **3** *(accingersi a)* to tackle [*compito, lettura*]; ***Marco non ha rallentato prima di ~ la curva*** Marco didn't slow down on the approach to the bend **4** SPORT to encounter [*avversario*]; ***devono ~ una squadra molto forte*** they're up against a very strong team **II** **affrontarsi** pronom. [*avversari, eserciti, squadre*] to confront one another, to meet*.

affronto /af'fronto/ m. affront (**a** to), slight (**a** on); ***fare un affronto a qcn.*** to insult sb., to slight sb.; ***mi ha fatto l'~ di rifiutare il mio invito*** he insulted me by refusing my invitation; ***subire un ~*** to suffer a slight.

affumicamento /affumika'mento/ m. → **affumicatura**.

affumicare /affumi'kare/ [1] tr. **1** *(riempire di fumo)* to smoke out [*ambiente*]; ***affumicherai la stanza!*** you'll smoke the place out! ***ci affumichi con i tuoi sigari!*** you're smoking us out with your cigars! **2** *(annerire)* to blacken [*muri*] **3** GASTR. to smoke [*carne, pesce*]; to bloat, to kipper [*aringhe*] **4** VENAT. to smoke out [*tana*].

affumicato /affumi'kato/ **I** p.pass. → **affumicare** **II** agg. **1** GASTR. [*carne, pesce, prosciutto, salmone, trota*] smoked; [*formaggio*] smoky; ***pancetta -a*** bacon; ***aringa -a*** bloater, kipper **2** *(scurito)* [*vetro, lente*] tinted, smoked; ***quarzo ~*** smoke-stone, cairngorm.

affumicatoio, pl. **-oi** /affumika'tojo, oi/ m. smoke-house.
affumicatura /affumika'tura/ f. GASTR. smoking.
affusolare /affuso'lare, affuzo'lare/ [1] **I** tr. to taper **II affusolarsi** pronom. to taper.
affusolato /affuso'lato, affuzo'lato/ **I** p.pass. → **affusolare II** agg. *(sottile, snello)* [*muscolo, dito*] tapering; [*gamba di pantalone*] tapered; [*gamba, colonna, struttura*] spindle-shaped.
affusto /af'fusto/ m. *(di cannone)* (gun) carriage.
Afg(h)anistan /afganis'tan, af'ganistan/ ◗ **33** n.pr.m. Afghanistan.
afg(h)ano /af'gano/ ◗ **25, 16** **I** agg. Afghan **II** m. (f. **-a**) **1** *(persona)* Afghan, Afghani **2** *(lingua)* Afghan.
aficionado /afitʃo'nado/ m. (pl. **~s**) aficionado*.
afide /'afide/ m. aphis*, aphid ◆◆ **~ verde** greenfly.
afnio /'afnjo/ m. hafnium.
afonia /afo'nia/ f. aphonia.
afono /'afono/ agg. **1** MED. aphonic **2** *(rauco)* hoarse.
aforisma /afo'rizma/ m. aphorism; ***parlare per -i*** to speak *o* talk in aphorisms.
aforistico, pl. **-ci, -che** /afo'ristiko, tʃi, ke/ agg. aphoristic.
aforisticamente /aforistika'mente/ avv. aphoristically.
afosità /afosi'ta/ f.inv. sultriness, mugginess.
afoso /a'foso/ agg. [*tempo*] sultry, muggy; ***è ~*** it's sultry *o* muggy.
Africa /'afrika/ ◗ **33** n.pr.f. Africa; **~ *del Nord*** o ***settentrionale*** North Africa; **~ *australe, occidentatale, orientale*** Southern, Western, East Africa; **~ *sud-occidentale*** South West Africa; **~ *nera*** Black Africa.
africanismo /afrika'nizmo/ m. Africanism.
africanista, m.pl. **-i**, f.pl. **-e** /afrika'nista/ m. e f. Africanist.
africanistica /afrika'nistika/ f. African studies pl.
africanizzare /afrikanid'dzare/ [1] tr. to Africanize.
africanizzazione /afrikaniddzat'tsjone/ f. Africanization.
▷ **africano** /afri'kano/ **I** agg. African **II** m. (f. **-a**) African.
afrikaans /afri'kans/ ◗ **16** m.inv. Afrikaans.
afrikander /afri'kander/, **afrikaner** /afri'kaner/ m. e f.inv. Afrikaner.
afro /'afro/ agg.inv. ***acconciatura ~*** Afro (hairstyle).
afroamericano /afroameri'kano/ **I** agg. Afro-American, African-American, African American **II** m. (f. **-a**) Afro-American, African-American, African American.
afroasiatico, pl. **-ci, -che** /afroa'zjatiko, tʃi, ke/ **I** agg. Afro-Asian **II** m. (f. **-a**) Afro-Asian.
afrocaraibico, pl. **-ci, -che** /afrokara'ibiko, tʃi, ke/ agg. Afro-Caribbean.
afrocubano /afroku'bano/ **I** agg. Afro-Cuban **II** m. (f. **-a**) Afro-Cuban.
afrodisiaco, pl. **-ci, -che** /afrodi'ziako, tʃi, ke/ agg. e m. aphrodisiac.
Afrodite /afro'dite/ n.pr.f. Aphrodite.
afrore /a'frore/ m. *(odore di sudore)* body odour.
afta /'afta/ f. aphtha*, mouth ulcer ◆◆ **~ *epizootica*** foot and mouth (disease), hoof-and-mouth disease AE.
Agamennone /aga'mɛnnone/ n.pr.m. Agamemnon.
agami /'agami/ m.inv. agami.
agamia /aga'mia/ f. agamogenesis.
agamico, pl. **-ci, -che** /a'gamiko, tʃi, ke/ agg. agamic, agamous.
agamogenesi /agamo'dʒɛnezi/ f.inv. agamogenesis.
agape /a'gape, 'agape/ f. **1** RELIG. agape* **2** RAR. *(banchetto)* (love) feast.
agar-agar /agar'agar/ m.inv. (agar-)agar.
agarico, pl. **-ci** /a'gariko, tʃi/ m. agaric.
agata /'agata/ f. MINER. agate.
Agata /'agata/ n.pr.f. Agatha.
agave /'agave/ f. agave.
agemina /a'dʒɛmina/, **ageminatura** /adʒemina'tura/ f. damascene, inlay.
▷ **agenda** /a'dʒɛnda/ f. **1** diary, engagement book; ***annotare qcs. sulla propria ~*** to put sth. *o* make an entry in one's diary **2** *(programma)* agenda; ***la disoccupazione è al primo posto sull'~ politica*** unemployment is high on the political agenda ◆◆ **~ *elettronica*** electronic diary *o* organizer; **~ *da tavolo*** datebook.
agendina /adʒen'dina/ f. pocket diary.
▶ **agente** /a'dʒɛnte/ ◗ **18** **I** m. e f. **1** *(di polizia, del traffico)* officer, official **2** COMM. agent; *(nello spettacolo)* agent, business manager; **~ *di zona, esclusivo*** area, sole agent; **~ *autorizzato*** authorized dealer **II** m. **1** CHIM. agent **2** LING. agent; ***complemento d'~*** agent **3** MED. agent ◆◆ **~ *anticalcare*** water softener; **~ *assicurativo*** o ***di assicurazione*** insurance agent, broker; **~ *di borsa*** stockbroker; **~ *di cambio*** (share)broker, stockbroker; **~ *di commercio*** sales representative; **~ *consolare*** consular agent; **~ *di custodia*** prison officer BE, prison guard AE; **~ *doganale*** customs officer; **~ *doppio*** double agent; **~ *di drogaggio*** dopant; **~ *del fisco*** tax inspector; **~ *fondiario*** land agent; **~ *immobiliare*** (real) estate agent, property dealer; **~ *inquinante*** pollutant; **~ *investigativo*** detective; **~ *lievitante*** raising agent; **~ *marittimo*** shipping agent; **~ *modificatore*** modifier; **~ *patogeno*** pathogen; **~ *di polizia*** police officer, police constable BE; *(uomo)* policeman*; *(donna)* policewoman*; **~ *di pubblica sicurezza*** *(uomo)* policeman*; *(donna)* policewoman*; **~ *pulente*** cleaning agent; **~ *pubblicitario*** advertising agent, publicity agent; **~ *provocatore*** agent provocateur; **~ *di recupero crediti*** debt collector; **~ *sbiancante*** blancher, bleaching agent; **~ *di scomposizione*** decomposer; **~ *di sconto*** bill broker, note broker AE; **~ *di scorta*** *(di detenuti)* prison escort; *(di politici ecc.)* body guard; **~ *segreto*** secret agent, intelligence agent; **~ *di sorveglianza*** *(di negozio, grande magazzino)* store detective, security guard; **~ *speciale*** special agent; **~ *teatrale*** theatrical agent; **~ *di viaggio*** travel agent; ***-i atmosferici*** atmospheric agents.
▷ **agenzia** /adʒen'tsia/ f. **1** *(impresa commerciale, succursale)* agency, office; *(di banca)* branch (office) **2** *(notizia)* agency dispatch; ***flash d'~*** news flash ◆◆ **~ *di appuntamenti*** dating agency; **~ *di assicurazioni*** insurance agency; **~ *di collocamento*** employment agency; **~ *commerciale*** local branch; **~ *immobiliare*** estate agency BE, real estate office AE; *(di locazione)* rental company; **~ *di informazioni commerciali*** trade bureau; **~ *di lavoro interinale*** temping agency, temp agency AE; **~ *di marketing*** marketing company; **~ *matrimoniale*** introduction agency, marriage bureau; **~ *pubblicitaria*** advertising agency, advertiser, publicity agency; **~ *di rassegna stampa*** cuttings library, clippings library; **~ *di ricerca (del) personale*** recruitment agency; **~ *per le ricerche di mercato*** market research agency; **~ *spaziale europea*** European Space Agency; **~ *di stampa*** press agency, news agency; **~ *di traduzioni*** translation agency; **~ *turistica, di viaggi*** travel agency, travel agent's.
agevolare /adʒevo'lare/ [1] tr. **1** *(facilitare)* to make* [sth.] easy, easier, to facilitate; **~ *il compito a qcn.*** to ease sb.'s work **2** *(favorire)* to favour BE, to favor AE.
agevolato /adʒevo'lato/ **I** p.pass. → **agevolare II** agg. BANC. *(a basso tasso d'interesse)* ***mutuo (a tasso) ~*** soft mortgage; ***credito ~*** subsidized credit; ***prestito a tasso ~*** subsidized loan; ***tasso di interesse ~*** concessional *o* special loan.
agevolazione /adʒevolat'tsjone/ f. facilitation; ***concedere un'~*** to allow a reduction ◆◆ **~ *di credito*** loan facility; **~ *fiscale*** o ***tributaria*** tax relief *o* break; ***-i commerciali*** commercial opportunities; ***-i per le esportazioni*** export opportunities; ***-i di pagamento*** easy terms.
agevole /a'dʒevole/ agg. easy; [*movimento*] smooth; [*terreno*] smooth, forgiving.
agevolmente /adʒevol'mente/ avv. [*muoversi, raggiungere*] easily; [*vincere*] easily, comfortably.
agganciamento /aggantʃa'mento/ m. *(di vagone)* coupling, hitching up; *(di rimorchio)* hitching up; *(tra veicoli spaziali)* docking.
▷ **agganciare** /aggan'tʃare/ [1] **I** tr. **1** to hook **2** to couple, to hitch (up) [*vagone, rimorchio*]; to dock [*veicolo spaziale*] **3** to fasten [*vestito, gonna, collana, braccialetto*]; to put* [sth.] on [*sci*]; to clip on [*microfono*] **4** SPORT **~ *l'avversario*** to trip an opponent up; **~ *la palla*** to hook the ball **5** *(riattaccare il telefono)* to hang* up **6** *(mettere in relazione)* to peg [*monete, inflazione*] (**a** to) **7** COLLOQ. FIG. *(contattare)* to get* in touch with, to get* onto BE; *(avvicinare)* to pick up, to chat up [*ragazza*] **II agganciarsi** pronom. **1** to hook on, to hook together **2** [*vestiti, collana, braccialetto*] to fasten **3** SPORT *(nella lotta)* to be* locked.
aggancio, pl. **-ci** /ag'gantʃo, tʃi/ m. **1** *(agganciamento) (di vagone)* coupling, hitching up; *(di rimorchio)* hitching up; *(tra veicoli spaziali)* docking **2** FIG. *(rapporto, nesso)* link, nexus* **3** COLLOQ. *(conoscenza)* connection.
aggeggio, pl. **-gi** /ad'dʒeddʒo, dʒi/ m. device, gadget, contraption.
aggettante /addʒet'tante/ agg. ARCH. overhanging, projecting.
aggettare /addʒet'tare/ [1] intr. (aus. *essere*) ARCH. to jut (out).
aggettivale /addʒetti'vale/ agg. adjectival.
aggettivalmente /addʒettival'mente/ avv. adjectivally.
aggettivare /addʒetti'vare/ [1] tr. to use as an adjective.
aggettivazione /addʒettivat'tsjone/ f. **1** *(in un testo)* use of adjectives **2** *(di sostantivo)* use as an adjective.
aggettivo /addʒet'tivo/ m. **1** adjective **2** *(epiteto)* name, epithet ◆◆ **~ *attributivo*** attributive adjective; **~ *dimostrativo*** demonstrative adjective; **~ *possessivo*** possessive adjective; **~ *predicativo***

predicative adjective; ~ ***qualificativo*** qualifier, qualifying adjective; ~ ***verbale*** verbal adjective.

aggetto /ad'dʒɛtto/ m. ARCH. overhang, projection, protrusion; ***in*** ~ overhanging, projecting; ***fare*** ~ to jut (out).

agghiacciante /aggjat'tʃante/ agg. [*scena, visione*] dreadful; [*storia, sguardo*] appalling, bloodcurdling.

agghiacciare /aggjat'tʃare/ [1] **I** tr. **1** *(gelare)* to freeze* **2** FIG. *(spaventare)* to chill [*persona*] **II** intr. (aus. *essere*) **1** *(diventare gelato)* to ice over, to ice up **2** FIG. *(spaventarsi)* to freeze* (**per** with) **III agghiacciarsi** pronom. *(gelarsi)* to freeze*.

agghiaccio, pl. **-ci** /ag'gjattʃo, tʃi/ m. MAR. steering gear.

agghindare /aggin'dare/ [1] **I** tr. to dress up, to deck (out), to doll up **II agghindarsi** pronom. to dress up, to doll oneself up.

agghindato /aggin'dato/ **I** p.pass. → **agghindare II** agg. ***tutto*** ~ all dolled up, rigged out in one's best clothes.

aggio, pl. **-gi** /'addʒo, ʒi/ m. BANC. *(di moneta)* agio*, premium; ***fare*** ~ to be at a premium (**su** on).

aggiogare /addʒo'gare/ [1] tr. **1** to yoke (up) [*buoi*] **2** FIG. *(soggiogare)* to subjugate.

aggiornamento /addʒorna'mento/ m. **1** *(ammodernamento) (di dati, schedario, bibliografia, edizione, programma scolastico)* updating; *(di personale)* retraining; ***stage di*** ~ retraining course; ***corso di*** ~ refresher course; ***volume di*** ~ *(di enciclopedie ecc.)* supplement **2** *(rinvio) (di dibattito, seduta, processo, assemblea)* adjournment **3** GIORN. *(notizia)* stop-press; *(nei notiziari televisivi)* news update.

▷ **aggiornare** /addʒor'nare/ [1] **I** tr. **1** *(ammodernare)* to bring* up to date, to update [*dati, schedario, bibliografia*]; to revise [*testo, edizione, regolamento*]; INFORM. to refresh [*pagina web*]; ~ ***il personale*** to retrain the staff, to provide refresher courses for the staff **2** *(adeguare)* to readjust [*prezzi*] **3** *(informare)* to brief, to fill [sb.] in, to bring* [sb.] up to date (**su** about) **4** *(rinviare)* to adjourn [*dibattito, seduta, processo, assemblea*] **II aggiornarsi** pronom. **1** *(informarsi)* to bring* oneself up to date; *(con corso)* to attend a refresher course **2** [*assemblea*] to adjourn.

aggiornato /addʒor'nato/ **I** p.pass → **aggiornare II** agg. **1** *(ammodernato)* [*dati, schedario, bibliografia*] updated, up-to-date; [*testo, edizione*] revised; ***tenere qcs.*** ~ to keep sth. up to date **2** [*rata, pagamento*] paid-up **3** *(informato)* [*persona*] up-to-date, switched-on; ***tenere qcn.*** ~ to keep sb. up to date (**su** about), to keep sb. abreast (**su** of); ***tenersi*** ~ to keep up to date (**su** about), to keep abreast (**su** of).

aggiotaggio, pl. **-gi** /addʒo'taddʒo, dʒi/ m. agiotage, rigging (the market).

aggiotatore /addʒota'tore/ m. (f. **-trice** /tritʃe/) rigger.

aggiramento /addʒira'mento/ m. **1** bypassing **2** MIL. outflanking.

▷ **aggirare** /addʒi'rare/ [1] **I** tr. **1** *(evitare)* to go* (a)round, to bypass [*ostacolo*] **2** FIG. to bypass, to get* around [*problema, legge*]; to hedge [*domanda*] **3** MIL. to outflank [*fronte, posizioni*] **II aggirarsi** pronom. **1** *(vagare)* to wander, to rove; *(furtivamente)* to sneak around, to prowl; ***-rsi (furtivamente) per le strade di notte*** to prowl the streets at night; ***si aggira (furtivamente) per la cucina*** he's skulking around the kitchen; ***-rsi come un'anima in pena*** to mope around *o* about **2** *(approssimarsi)* ***-rsi su*** o ***intorno a*** [*prezzi, costi*] to be about *o* around.

aggiudicare /addʒudi'kare/ [1] **I** tr. **1** *(in un'asta)* to knock down (**a** at); ***è stato aggiudicato per 50.000 sterline*** the bidding closed at £50,000; ***verrà aggiudicato al migliore offerente*** it will go to the highest bidder **2** *(in una gara d'appalto)* to award [*contratto*] **3** *(in una competizione)* to award [*premio*] **II aggiudicarsi** pronom. to win*, to be* awarded [*premio, titolo, appalto*].

aggiudicatario, pl. **-ri** /addʒudika'tarjo, ri/ m. (f. **-a**) *(in un'asta)* highest bidder; *(di appalto)* contractor.

aggiudicativo /addʒudika'tivo/ agg. adjudicative.

aggiudicato /addʒudi'kato/ **I** p.pass. → **aggiudicare II** agg. ***uno, due, tre,*** ~**!** going, going, gone!

aggiudicazione /addʒudikat'tsjone/ f. **1** *(in un'asta)* knocking down **2** *(assegnazione)* award.

▶ **aggiungere** /ad'dʒundʒere/ [55] **I** tr. to add [*parte, elemento, sostanza, ingrediente*]; ***se a questo aggiungiamo che*** if one adds to that the fact that; ***non ho niente da*** ~ I've nothing to add *o* I rest my case; ***non*** ~ ***altro!*** say no more! ***non c'è altro da*** ~ there's nothing more to be said; ***aggiungo 8*** *(in una somma)* add 8; ~ ***un coperto*** to lay *o* set an extra place **II aggiungersi** pronom. ***-rsi a*** [*persona*] to join [*gruppo, comitiva*]; [*cosa, problema*] to be added to; ***a ciò si aggiunge...*** to that may be added...

▷ **aggiunta** /ad'dʒunta/ f. **1** addition; ***fare (delle) -e*** to make additions **2 in aggiunta** in addition **3 in aggiunta a** in addition to.

aggiuntivo /addʒun'tivo/ agg. additional, extra; ***spese -e*** additional charges; ***senza spese -e*** at no extra charge *o* cost.

aggiunto /ad'dʒunto/ **I** p.pass. → **aggiungere II** agg. [*membro*] associate; ***valore*** ~ surplus value **III** m. assistant, deputy ◆◆ ~ ***giudiziario*** = a post in the Italian magistrature reached after two years and a practical exam.

aggiustabile /addʒus'tabile/ agg. repairable (anche FIG.).

aggiustaggio, pl. **-gi** /addʒus'taddʒo, dʒi/ m. adjustment.

aggiustamento /addʒusta'mento/ m. **1** *(riparazione)* repairing, mending **2** *(accordo)* arrangement, agreement, settlement; ***venire a un*** ~ to come to *o* reach an agreement **3** MIL. ***tiri di*** ~ adjustment fire.

▶ **aggiustare** /addʒus'tare/ [1] **I** tr. **1** *(riparare)* to repair, to mend, to fix [*macchina, apparecchio, tetto, giocattolo*]; to repair, to mend [*vestito*] **2** COLLOQ. *(dare una lezione)* ***lo aggiusto io!*** I'll fix him! *o* I'll sort him out! **3** *(dare, assestare)* ~ ***un pugno a qcn.*** to fetch sb. a punch **II aggiustarsi** pronom. **1** *(andare a posto)* [*situazione*] to come* out right, to right itself; ***finalmente le cose si stanno aggiustando*** things are coming right at last; ***col tempo tutto si aggiusta*** time is a great healer **2** *(sistemarsi, mettersi a posto)* ***-rsi la cravatta*** to straighten one's tie; ***-rsi i capelli*** to fix *o* neaten *o* tidy up one's hair **3** *(mettersi in ordine)* to straighten oneself up; *(farsi bello)* to do* oneself up **4** *(accordarsi)* to reach an agreement; ***-rsi sul prezzo*** to come to an agreement on the price **5** *(arrangiarsi)* to make* do, to cope, to manage (**con** with); ***mi sono aggiustato come ho potuto*** I managed as best I could; ***aggiustati!*** sort it out yourself! ◆ ~ ***il tiro*** MIL. to adjust one's aim; FIG. to fix a more precise target.

aggiustatore /addʒusta'tore/ m. (f. **-trice** /tritʃe/) fitter; *(uomo)* repairman*.

agglobare /agglo'bare/ [1] tr. to sphere.

agglomeramento /agglomera'mento/ m. agglomeration.

agglomerante /agglome'rante/ **I** agg. agglomerative **II** m. binder.

agglomerare /agglome'rare/ [1] **I** tr. TECN. to agglomerate **II agglomerarsi** pronom. **1** TECN. to agglomerate **2** *(riunirsi)* [*persone*] to gather, to collect.

agglomerato /agglome'rato/ m. GEOL. MINER. agglomerate, conglomerate ◆◆ ~ ***urbano*** built-up area.

agglomerazione /agglomerat'tsjone/ f. TECN. GEOL. agglomeration (**di** of).

agglutinante /aggluti'nante/ agg. **1** [*siero, sostanza*] agglutinant **2** [*lingua*] agglutinative, agglutinating.

agglutinare /aggluti'nare/ [1] **I** tr. LING. to agglutinate **II agglutinarsi** pronom. LING. to agglutinate.

agglutinazione /agglutinat'tsjone/ f. agglutination.

agglutinina /aggluti'nina/ f. agglutinin.

agglutinogeno /aggluti'nɔdʒeno/ agg. agglutinogen.

aggomitolare /aggomito'lare/ [1] **I** tr. to clew (up), to wind*, to roll into a ball [*lana*] **II aggomitolarsi** pronom. [*persona, gatto*] to curl up (into a ball), to snuggle (**in** in; **contro** against).

aggottamento /aggotta'mento/ m. MAR. bailing.

aggottare /aggot'tare/ [1] tr. MAR. to bail (out).

aggradare /aggra'dare/ intr. LETT. o SCHERZ. ***come meglio vi aggrada*** as you please *o* like; ***se ti aggrada*** if it pleases you.

aggraffare /aggraf'fare/ [1] tr. TECN. to seam.

aggraffatura /aggraffa'tura/ f. TECN. seaming.

aggranchire /aggran'kire/ [102] **I** tr. to make* [sb., sth.] numb [*persona, mani*] **II** intr. (aus. *essere*) to go* numb.

▷ **aggrapparsi** /aggrap'parsi/ [1] pronom. ~ ***a*** to cling* (on) to, to clutch at, to hang* on to, to hold* on to [*braccio, ramo*]; FIG. to cling* to, to clutch at [*vita, speranza, convinzione*]; ~ ***a qcn. con le unghie e con i denti*** to hold onto sb. like grim death; ~ ***a qualsiasi cosa*** to clutch *o* grasp at straws ◆ ***un uomo che affoga si aggrappa a uno stelo*** PROV. a drowning man will clutch at a straw.

aggravamento /aggrava'mento/ m. **1** *(di condizioni di salute)* deterioration, worsening; *(di malattia)* aggravation, exacerbation **2** *(di pena)* increase.

aggravante /aggra'vante/ **I** agg. DIR. [*circostanza*] aggravating **II** f. DIR. aggravating circumstance.

▷ **aggravare** /aggra'vare/ [1] **I** tr. **1** *(peggiorare)* to aggravate, to exacerbate, to worsen, to make* [sth.] worse [*situazione, sofferenza, malattia*]; to inflame [*conflitto*]; to compound [*problema, danno*] (**con** by; **facendo** by doing) **2** DIR. to increase [*pena*]; ~ ***di cinque anni una pena*** to increase a sentence by five additional years **3** *(gravare)* to lie* upon, to weigh (down) on [*coscienza*] **II aggravarsi** pronom. *(peggiorare)* [*situazione, stato di salute*] to get* worse, to worsen, to deteriorate; [*crisi, disoccupazione*] to worsen, to deepen, to grow*; [*guerra, conflitto*] to escalate, to develop; [*inflazione*] to increase; ***la situazione si sta aggravando*** the situation is taking a turn for the worse.

aggravato /aggra'vato/ **I** p.pass. → **aggravare II** agg. DIR. ***furto ~*** aggravated burglary, robbery with violence, robbery and assault.

aggravio, pl. **-vi** /ag'gravjo, vi/ m. **1** ***~ fiscale*** tax increase, increase in taxes; ***~ delle spese*** rise in costs **2** DIR. ***~ di pena*** increase in sentence.

aggraziato /aggrat'tsjato/ agg. **1** *(che ha grazia)* [*gesto, movimento, corpo*] graceful **2** *(garbato)* [*comportamento, modo*] polite, gentle.

▷ **aggredire** /aggre'dire/ [102] tr. **1** *(fisicamente)* to attack, to assault; *(a scopo di rapina)* to mug [*persona, vittima*]; ***essere aggredito per strada*** to be mugged in the street; ***~ qcn. alle spalle*** to attack sb. from behind **2** *(verbalmente)* to attack, to jump on, to round on BE [*persona*] **3** *(affrontare)* to attack, to tackle [*problema, difficoltà*].

aggregabile /aggre'gabile/ agg. that can be aggregated.

aggregare /aggre'gare/ [1] **I** tr. **1** *(unire)* to aggregate [*particelle*] **2** *(associare)* to aggregate [*persona*] (**a** to) **II aggregarsi** pronom. **1** *(formare un tutt'uno)* [*particelle*] to aggregate **2** *(unirsi)* ***-rsi a*** [*persona*] to join, to tag on, to take up with [*persona, gruppo*]; ***-rsi a una spedizione*** to join an expedition.

aggregativo /aggrega'tivo/ agg. aggregative.

aggregato /aggre'gato/ **I** p.pass. → **aggregare II** agg. **1** *(unito, associato)* [*banca, socio*] associated **2** ECON. [*domanda*] aggregate **III** m. **1** *(raggruppamento)* ***~ di case*** block (of houses), built-up area **2** BIOL. MAT. aggregate **3** AMM. temporary clerk ◆◆ ***-i monetari*** monetary aggregates.

aggregazione /aggregat'tsjone/ f. **1** *(socializzazione)* ***luogo di ~*** meeting place **2** CHIM. aggregation.

▷ **aggressione** /aggres'sjone/ f. *(da parte di persona)* attack (**a**, **ai danni di** on); *(a scopo sessuale)* assault, (sex) attack (**a**, **ai danni di** on); *(a scopo di rapina)* mugging; *(da parte di nazione)* aggression (**a** against); ***un'~ razzista*** a racist attack; ***~ fisica, verbale*** physical, verbal assault; ***essere vittima di*** o ***subire un'~*** to be attacked; *(a scopo sessuale)* to be assaulted; *(a scopo di rapina)* to be mugged; ***patto di non ~*** nonaggression pact ◆◆ ***~ a mano armata*** armed assault; ***~ semplice*** DIR. common assault.

aggressivamente /aggressiva'mente/ avv. [*comportarsi, reagire*] aggressively; [*combattere*] offensively.

aggressività /aggressivi'ta/ f.inv. aggressiveness, aggression.

aggressivo /aggres'sivo/ **I** agg. **1** *(ostile)* [*persona, animale*] aggressive (**con** with; **verso** toward, towards); [*temperamento, tono, aria, ambiente*] aggressive **2** *(agguerrito)* [*politica, campagna*] aggressive; ***condurre una politica commerciale -a*** to have an aggressive sales policy **3** *(duro, violento)* [*gioco*] aggressive **4** *(troppo forte)* [*shampoo*] harsh; [*musica, suono*] brash, harsh **II** m. ***~ chimico*** chemical weapon, poison gas.

aggressore /aggres'sore/ m. aggressor, assailant, attacker; *(a scopo di rapina)* mugger.

aggrinzare /aggrin'tsare/ → **raggrinzire.**

aggrinzire /aggrin'tsire/ → **raggrinzire.**

aggrondato /aggron'dato/ agg. [*viso, persona*] frowning, sullen.

aggrottare /aggrot'tare/ [1] tr. ***~ la fronte*** to frown; ***~ le sopracciglia*** to knit *o* furrow one's brows, to scowl.

aggrottato /aggrot'tato/ **I** p.pass. → **aggrottare II** agg. [*fronte*] furrowed; [*sopracciglia*] knit.

aggrovigliamento /aggroviʎʎa'mento/ m. *(di fili)* tangle.

aggrovigliare /aggroviʎ'ʎare/ [1] **I** tr. to tangle up (anche FIG.) **II aggrovigliarsi** pronom. to tangle (up) (anche FIG.), to get* tangled up (anche FIG.), to snarl (anche FIG.); ***la lana mi si è tutta aggrovigliata*** I've got my wool into a real twist.

aggrovigliato /aggroviʎ'ʎato/ **I** p.pass. → **aggrovigliare II** agg. tangled (anche FIG.).

aggrumare /aggru'mare/ [1] **I** tr. to congeal, to clot **II aggrumarsi** pronom. to congeal, to clot.

agguantare /aggwan'tare/ [1] tr. **1** to grab (hold of), to seize (hold of) [*persona*]; ***~ qcn. per un braccio*** to grab sb. by the arm **2** MAR. to clutch, to hold* on to, to hold* tightly [*cavo*].

▷ **agguato** /ag'gwato/ m. *(imboscata)* ambush; FIG. trap, snare; ***cadere in un ~*** to walk *o* fall into an ambush *o* to be caught in an ambush; ***tendere un ~ a qcn.*** to ambush *o* waylay sb. *o* to lie in wait for sb. *o* to set up an ambush for sb.; ***stare*** o ***essere in ~*** to lie in ambush *o* in wait *o* to lurk.

agguerrire /aggwer'rire/ [102] **I** tr. *(fortificare)* [*esperienza*] to harden, to toughen (up) [*persona*] (**contro** to) **II agguerrirsi** pronom. to become* hardened, to toughen (up) (**contro** to).

▷ **agguerrito** /aggwer'rito/ **I** p.pass. → **agguerrire II** agg. **1** *(preparato alla guerra)* seasoned, well-trained **2** *(reso forte)* hardened (**contro** to); ***arrivò alla riunione molto -a*** she went into the meeting all guns blazing **3** *(esperto)* experienced, seasoned.

aghetto /a'getto/ m. *(per scarpe, busti)* aglet, tag.

aghiforme /agi'forme/ agg. acerose, aciform.

agiatamente /adʒata'mente/ avv. [*vivere*] comfortably, in comfort.

agiatezza /adʒa'tettsa/ f. ease, comfort, affluence; ***vivere nell'~*** to live comfortably.

▷ **agiato** /a'dʒato/ agg. [*persona, famiglia*] comfortable, well off, well-to-do; [*vita*] comfortable, easy; ***un uomo ~*** a man of means; ***le classi -e*** the leisured classes, the well-off; ***essere di famiglia -a*** to come from a well-to-do family.

agibile /a'dʒibile/ agg. [*abitazione*] safe; [*strada*] open, clear, practicable; [*campo da gioco*] practicable; ***dichiarare ~ un edificio*** to declare a building safe.

agibilità /adʒibili'ta/ f.inv. **1** *(di abitazione)* safeness; ***richiedere l'~ di un edificio*** = to apply for certification that declares a building complies with safety standards **2** *(di strada, campo da gioco)* practicability.

▷ **agile** /'adʒile/ agg. **1** *(svelto)* [*persona, animale, movimento*] agile, nimble (**a fare** at doing; **con** with); *(destro)* dexterous, deft, skilful BE, skillful AE; *(leggero)* [*dita, passo*] nimble **2** *(vivace)* [*mente*] agile, nimble, versatile; ***essere ~ di mente*** to be mentally alert **3** *(facile)* ***essere di ~ lettura*** [*libro*] to be an easy read, to make light reading ◆ ***~ di mano*** light-fingered, nimble-fingered.

agilità /adʒili'ta/ f.inv. **1** *(scioltezza)* agility, nimbleness; *(destrezza)* dexterousness, deftness, skilfulness BE, skillfulness AE **2** *(vivacità)* ***~ mentale*** mental agility, versatility.

agilmente /adʒil'mente/ avv. *(con scioltezza)* nimbly, with agility; *(con destrezza)* dexterously, deftly, skilfully BE, skillfully AE.

▷ **agio**, pl. **agi** /'adʒo, 'adʒi/ m. **1 a proprio agio** comfortable, at ease; ***essere a proprio ~*** to be at ease; ***sentirsi a proprio ~*** to feel at ease *o* comfortable; ***mettere qcn. a proprio ~*** to make sb. feel comfortable, to put sb. at ease, to bring sb. out; ***mi sento più a mio ~ facendo*** I feel better about doing **2** *(tranquillità)* ***fare qcs. con ~*** to do sth. at (one's) leisure **3** *(benessere, comodità)* ***vivere negli agi*** to live in luxury *o* in great comfort **4** *(occasione)* chance, time; ***aver ~ di fare qcs.*** to have time to do sth. **5** MECC. play (**tra** between; **in** in).

agiografia /adʒogra'fia/ f. hagiography.

agiografico, pl. **-ci**, **-che** /adʒo'grafiko, tʃi, ke/ agg. hagiographic(al).

agiografo /a'dʒɔgrafo/ ➧ ***18*** m. (f. **-a**) hagiographer.

agiologia /adʒolo'dʒia/ f. hagiology.

agiologo, m.pl. **-gi**, f.pl. **-ghe** /a'dʒɔlogo, dʒi, ge/ m. (f. **-a**) hagiologist.

AGIP /'adʒip/ f. (⇒ Azienda Generale Italiana Petroli) = Italian petrol company.

▶ **agire** /a'dʒire/ [102] intr. (aus. *avere*) **1** *(compiere un'azione)* to act, to take* action; ***~ con prudenza*** to play (it) safe, to play for safety, to proceed with caution; ***ha agito sotto l'impulso della collera*** he acted in anger; ***spingere qcn. ad ~*** to push *o* drive sb. into action; ***basta parlare, è il momento di ~!*** that's enough talk, now it's time for action! ***parla tanto ma agisce poco*** he's all talk and no action; ***pensa prima di ~*** think before you act, look before you leap **2** *(comportarsi)* to act, to behave; ***~ bene, male*** to behave well, badly (**nei confronti di**, **con** towards, toward); ***non mi piace il suo modo di ~*** I don't like the way she behaves *o* the way she goes about things; ***~ da vigliacco, gentiluomo*** to act like a coward, a gentleman **3** *(essere efficace)* [*sostanza, farmaco*] to act, to work, to take* effect, to operate; ***~ su qcs., qcn.*** to have an effect on sth., sb.; ***il sonnifero agisce immediatamente*** the sleeping pill takes effect *o* works *o* acts immediately **4** DIR. ***~ legalmente contro qcn.*** to take legal action *o* to start proceedings against sb.; ***~ civilmente*** to sue; ***~ penalmente*** to prosecute.

AGIS /'adʒis/ f. (⇒ Associazione Generale Italiana dello Spettacolo) = Italian entertainment association.

▶ **agitare** /adʒi'tare/ [1] **I** tr. **1** *(muovere)* to wave, to flap [*mano, fazzoletto*]; to agitate, to shake* (up) [*bottiglia, liquido*]; to wag [*coda*]; [*vento*] to move, to rustle, to stir [*foglie*]; ***~ il pugno contro qcn.*** to shake one's fist at sb.; ***"~ prima dell'uso"*** "shake before use" **2** *(turbare)* [*situazione, notizia*] to agitate, to trouble, to upset*, to worry [*persona*]; ***le riunioni mi agitano*** meetings make me fidgety **3** *(eccitare)* to rouse, to stir up [*masse*] **4** *(discutere)* to debate, to discuss [*questione*] **5** *(prospettare)* to raise [*minaccia, spettro*] **II agitarsi** pronom. **1** *(muoversi)* [*persona*] to stir, to fidget, to wriggle (about); [*foglie, tende*] to stir; ***-rsi nel sonno*** to toss (and turn) in one's sleep; ***-rsi al vento*** [*bandiera*] to fly in the wind, to flap, to flutter, to wave (around) **2** *(uscire dallo stato di calma)* [*persona, spirito, popolo*] to fret, to become* restless; *(preoccuparsi)* to fuss (**per** about), to get* upset (**per** about), to worry, to get* worked up (**per** over, about); [*mare*] to get* rough ◆ ***~ le acque*** to rock the boat.

agitato /adʒi'tato/ **I** p.pass. → **agitare II** agg. **1** *(mosso)* [*mare*] rough, storm-tossed **2** *(preoccupato)* [*persona*] agitated, upset, nervous, worried; *(inquieto)* [*sonno, notte*] fitful, restless, disturbed **3** MUS. agitato **III** m. (f. **-a**) ANT. MED. violent mental patient.

agitatore /adʒita'tore/ m. (f. **-trice** /tritʃe/) **1** POL. agitator, stirrer COLLOQ. **2** TECN. agitator.

▷ **agitazione** /adʒitat'tsjone/ f. **1** *(irrequietezza, inquietudine)* agitation, nervousness, anxiety; ***mettere qcn. in ~*** to freak out *o* fuss *o* flurry sb., to get sb. in a tizzy; ***mettersi in ~*** to get worried, to be in a tizzy COLLOQ. **2** *(trambusto)* commotion, turmoil, upheaval **3** *(azione politica, sindacale)* agitation, unrest; ***scendere in ~ per, contro*** to agitate for, against; ***essere in stato di ~*** to take industrial action BE *o* to be on strike ◆◆ ***~ motoria*** MED. jactitation.

agit-prop /adʒit'prɔp/ m. e f.inv. agitprop.

agli /'aʎʎi/ → **a.**

agliaceo /aʎ'ʎatʃeo/ agg. [*odore, pianta*] alliaceous.

aglianico, pl. **-ci** /aʎ'ʎaniko, tʃi/ m. ENOL. INTRAD. (dry red wine typical of Campania and Lucania).

▷ **aglio**, pl. **agli** /'aʎʎo, 'aʎʎi/ m. garlic; ***spicchio d'~*** clove of garlic ◆◆ ***~ orsino*** ramson; ***~ romano*** rocambole.

agnatizio, pl. **-zi**, **-zie** /aɲɲa'tittsjo, tsi, tsje/ agg. agnatic.

agnato /aɲ'ɲato/ m. agnate.

agnazione /aɲɲat'tsjone/ f. agnation.

agnella /aɲ'ɲɛlla/ f. ewe lamb.

agnellino /aɲɲel'lino/ m. little lamb, lambkin, baa-lamb INFANT.

▷ **agnello** /aɲ'ɲɛllo/ m. *(animale, carne)* lamb; ***costoletta di ~*** lamb cutlet, lamb chop; ***cosciotto d'~*** leg of lamb; ***rognone d'~*** lamb kidneys; ***sella di ~*** saddle of lamb; ***pelliccia*** o ***pelle d'~*** lambskin ◆ ***docile come un ~*** as meek as a lamb ◆◆ ***~ di Dio*** Lamb of God; ***~ pasquale*** Paschal Lamb.

Agnese /aɲ'ɲɛze, aɲ'ɲeze/ n.pr.f. Agnes.

agnizione /aɲɲit'tsjone/ f. recognition.

agnolotti /aɲɲo'lɔtti/ m.pl. GASTR. INTRAD. (square-shaped egg pasta stuffed with meat, Swiss chard, cabbage or other fillings).

agnosticismo /aɲɲosti'tʃizmo/ m. agnosticism.

agnostico, pl. **-ci**, **-che** /aɲ'ɲɔstiko, tʃi, ke/ **I** agg. agnostic **II** m. (f. **-a**) agnostic.

▷ **ago**, pl. **aghi** /'ago, 'agi/ m. needle; ***infilare l'~*** to thread the needle; ***cartina di aghi*** book of needles; ***ricamo ad ~*** needlepoint; ***l'~ indica il nord*** the needle points north; ***pesce ~*** needlefish ◆ ***essere l'~ della bilancia*** to hold the balance of power; ***fare pendere l'~ della bilancia a favore di*** to tip the balance *o* the scales in favour of; ***è come cercare un ~ in un pagliaio*** it is like looking for a needle in a haystack ◆◆ ***~ della bussola*** compass needle; ***~ da cucito*** sewing needle; ***~ ipodermico*** hypodermic needle; ***~ magnetico*** magnetic needle; ***~ passanastro*** bodkin; ***~ di pino*** pine-needle; ***~ da rammendo*** darning needle; ***~ da ricamo*** embroidery needle; ***~ dello scambio*** FERR. points pl., switch tongue *o* point; ***~ da sutura*** suture needle.

ago. ⇒ agosto August (Aug).

agognare /agoɲ'ɲare/ [1] **I** tr. to yearn for, to hanker after, to covet [*libertà, gloria*] **II** intr. (aus. *avere*) to yearn (**a** for; **a fare** to do).

a gogò /ago'gɔ/ avv. e agg.inv. galore, in abundance.

agone /a'gone/ m. **1** *(contesa)* agon (anche FIG.) **2** *(arena)* arena; ***scendere nell'~*** to enter the ring.

▷ **agonia** /ago'nia/ f. **1** *(di persona, animale)* agony, death throes pl., last gasps pl.; ***essere in ~*** to be in one's death throes *o* at one's last gasp; ***contorcersi nell'~*** to writhe in agony; ***rantolo d'~*** death rattle **2** FIG. agony, anguish; ***il regime politico è in ~*** the political regime is dying *o* is in its death throes.

agonico, pl. **-ci**, **-che** /a'gɔniko, tʃi, ke/ agg. GEOGR. agonic; ***linea -a*** agonic line.

agonismo /ago'nizmo/ m. **1** *(spirito)* competitiveness **2** *(pratica)* = practice of a competitive sport.

agonista, m.pl. **-i**, f.pl. **-e** /ago'nista/ **I** m. e f. athlete **II** agg. ANAT. ***muscolo ~*** agonist.

agonistica /ago'nistika/ f. = sports activity, especially swimming and gymnastics, at a competitive level.

agonistico, pl. **-ci**, **-che** /ago'nistiko, tʃi, ke/ agg. **1** agonistic(al); ***sport ~*** competitive sport **2** FIG. competitive; ***spirito ~*** competitiveness, competitive spirit.

agonizzante /agonid'dzante/ **I** agg. in one's death throes (anche FIG.), dying (anche FIG.); ***contorcersi ~*** to writhe in agony; ***una città ~*** a dying town **II** m. e f. dying person.

agonizzare /agonid'dzare/ [1] intr. (aus. *avere*) to agonize, to writhe in agony, to be* in one's death throes (anche FIG.).

agopuntore /agopun'tore/ ♦ **18** m. (f. **-trice** /tritʃe/) acupuncturist.

agopuntura /agopun'tura/ f. acupuncture.

agorà /ago'ra/ f.inv. agora.

agorafobia /agorafo'bia/ ♦ **7** f. agoraphobia.

agorafobo /ago'rafobo/ **I** agg. agoraphobic **II** m. (f. **-a**) agoraphobic.

agoraio, pl. **-ai** /ago'rajo, ai/ m. needle book, needle case.

agostano /agos'tano/ agg. ***frutti -i*** August fruits.

agostiniano /agosti'njano/ **I** agg. [*dottrina, ordine*] Augustinian **II** m. (f. **-a**) Augustine, Augustinian.

agostinismo /agosti'nizmo/ m. Augustinianism, Augustinism.

Agostino /agos'tino/ n.pr.m. Augustine; ***sant'~*** St. Augustine.

▶ **agosto** /a'gosto/ ♦ **17** m. August; ***in*** o ***ad ~*** in August; ***il primo, il due (di) ~*** the first, the second of August.

agrafia /agra'fia/ f. agraphia.

agrammaticale /agrammati'kale/ agg. agrammatical.

agraria /a'grarja/ f. **1** *(scienza)* agriculture; ***esperto di ~*** agriculturalist **2** *(facoltà)* agriculture faculty; ***studente di ~*** agriculture student.

agrario, pl. **-ri**, **-rie** /a'grarjo, ri, rje/ **I** agg. [*scuola, perito*] agricultural; [*società, mercato*] agrarian; [*cooperativa*] farming; ***sindacato ~*** farmers' union; ***legge, riforma -a*** land law, land reform; ***partito ~*** country party; ***protezionismo ~*** agricultural protectionism **II** m. (f. **-a**) **1** *(proprietario)* landholder, landowner **2** *(esperto)* agriculturalist.

agreste /a'grɛste/ agg. [*pace, mondo, fascino*] rustic; [*vita*] rural.

agretto /a'gretto/ **I** agg. [*odore, gusto*] sourish, rather sour **II** m. sourish taste.

agrezza /a'grettsa/ f. LETT. sourness (anche FIG.), sharpness (anche FIG.).

agricampeggio, pl. **-gi** /agrikam'peddʒo, dʒi/ m. farm campsite.

▶ **agricolo** /a'grikolo/ agg. [*operaio, produzione*] agricultural, farm; [*fiera*] agricultural; ***prodotti -i*** farm produce, agricultural produce, agriproducts; ***trattore ~*** agrimotor; ***fresatrice -a*** tiller; ***azienda -a cooperativa*** cooperative farm.

▷ **agricoltore** /agrikol'tore/ ♦ **18** m. (f. **-trice** /tritʃe/) (peasant) farmer, granger AE; ***fare l'~*** to farm; ***venire da una famiglia di -i*** to come from farming stock *o* a farming family.

▶ **agricoltura** /agrikol'tura/ f. agriculture, farming ◆◆ ***~ biologica*** organic farming, agriculture; ***~ di sussistenza*** subsistence farming.

agrifoglio, pl. **-gli** /agri'fɔʎʎo, ʎi/ m. *(albero, legno)* holly, ilex.

agrigentino /agridʒen'tino/ ♦ **2** **I** agg. from, of Agrigento **II** m. (f. **-a**) **1** *(persona)* native, inhabitant of Agrigento **2** LING. dialect of Agrigento.

agrimensore /agrimen'sore/ ♦ **18** m. (land) surveyor, chainman*.

agrimensura /agrimen'sura/ f. (land) surveying.

agrimonia /agri'mɔnja/ f. agrimony.

agrippina /agrip'pina/ f. *(divano)* lounge.

agriturismo /agritu'rizmo/ m. **1** *(attività)* farm holidays pl. **2** *(luogo)* = farm where tourists can board or eat local produce.

agriturista /agritu'rista/ m. e f. farm tourist.

agrituristico, pl. **-ci**, **-che** /agritu'ristiko, tʃi, ke/ agg. ***vacanza -a*** holiday on a farm; ***azienda -a*** = farm where tourists can board or eat local produce.

1.agro /'agro/ **I** agg. [*gusto, frutto*] sour, sharp; FIG. [*tono, parole*] sharp, acid, bitter **II** m. sour taste, sourness; ***all'~*** o ***in ~*** = with lemon or vinegar.

2.agro /'agro/ m. countryside ◆◆ ***Agro romano*** the countryside near Rome.

agroalimentare /agroalimen'tare/ agg. [*industria, settore, complesso*] food processing; ***la ricerca ~*** food research.

agrobiologia /agrobiolo'dʒia/ f. agrobiology.

agrochimica /agro'kimika/ f. agrochemicals + verbo sing.

agrodolce /agro'doltʃe/ **I** agg. [*gusto*] bittersweet; [*cucina, salsa*] sweet-and-sour; FIG. [*commenti*] bittersweet **II** m. ***maiale in ~*** sweet-and-sour pork.

agroindustria /agroin'dustrja/ f. agroindustry.

agronomia /agrono'mia/ f. agronomy, agronomics + verbo sing.

agronomico, pl. **-ci**, **-che** /agro'nɔmiko, tʃi, ke/ agg. agronomic(al).

agronomo /a'grɔnomo/ ♦ **18** m. (f. **-a**) agronomist.

agropastorale /agropasto'rale/ agg. [*civiltà*] agropastoral.

agrostide /a'grɔstide/ f. fiorin ◆◆ ***~ alpina*** bent grass, hair-grass; ***~ canina*** dog's grass.

agrotide /a'grɔtide/ m. cutworm.
agrume /a'grume/ m. *(frutto)* citrus (fruit); *(albero)* citrus (tree); ***gli -i*** citrus fruits; ***marmellata di -i*** marmalade; ***caramella agli -i*** acid drop.
agrumeto /agru'meto/ m. citrus orchard, citrus plantation.
agrumicolo /agru'mikolo/ agg. [*produzione*] citrous.
agrumicoltore /agrumikol'tore/ ◗ *18* m. (f. **-trice** /tritʃe/) citrus (fruit) grower.
agrumicoltura /agrumikol'tura/ f. citrus (fruit) growing.
agucchiare /aguk'kjare/ [1] intr. (aus. *avere*) to ply one's needle.
aguglia /a'guʎʎa/ f. garfish*, needlefish* ◆ ***~ imperiale*** spearfish.
aguti /a'guti/ m.inv. agouti, agouty.
▷ **aguzzare** /agut'tsare/ [1] tr. **1** to sharpen [*lama, punta*] **2** FIG. to whet [*appetito*]; ***~ gli occhi*** o ***la vista*** to keep one's eyes peeled *o* skinned; ***~ le orecchie*** to prick (up), to keep one's ears open; ***~ l'ingegno*** to hone *o* sharpen (up) one's wits.
aguzzino /agud'dzino/ m. (f. **-a**) **1** *(torturatore)* torturer; FIG. tormentor; ***essere un ~*** to be a hard taskmaster **2** STOR. *(sulle galere)* galley sergeant.
aguzzo /a'guttso/ agg. **1** *(appuntito)* [*palo, mento, dente, naso, picco, roccia*] pointed, sharp; [*tetto*] pointed, high-pitched; [*oggetto*] pointed, spiky; ***dal viso ~*** weasel-faced **2** FIG. [*vista, sguardo*] sharp.
▶ **ah** /a/ inter. ah, aha, oh; ***~ davvero?*** oh really? ***~, fra l'altro*** oh by the way; ***~, se Henry fosse qui!*** ah, if Henry were here! ***~ sì?*** *(di stupore)* really? *(di compiacimento)* oh yes? ***~, che bello!*** *(di ammirazione)* how nice! how beautiful! *(per una buona notizia)* great! brilliant! ***~ ~ ~!*** *(risata)* ha ha ha!
▷ **ahi** /ai/ inter. *(di dolore fisico)* ouch, ow; ***~, fa male!*** ouch, it hurts! ***~, ~ non ci siamo!*** *(di preoccupazione)* tut, tut, that's not the way!
▷ **ahimè** /ai'mɛ/ inter. alas, deary me; ***non mi resta più niente, ~!*** unfortunately, I have nothing left.
1.ai /ai/ → **a.**
2.ai /ai/ inter. ouch, ow ◆ ***non ha detto né ~ né bai*** he didn't say a word, he didn't say boo AE.
aia /'aja/ f. barnyard, farmyard ◆ ***menare il can per l'~*** to beat about the bush.
Aia /'aja/ ◗ *2* n.pr.f. ***L'~*** the Hague.
Aiace /a'jatʃe/ n.pr.m. Ajax.
AIACE /a'jatʃe/ f. (⇒ associazione italiana amici del cinema d'essai) = Italian art film association.
AIDS, Aids /'aids, aidi'ɛsse/ ◗ *7* m. e f.inv. (⇒ Acquired Immune Deficiency Syndrome sindrome da immunodeficienza acquisita) AIDS; ***malato di ~*** Aids sufferer *o* patient.
aikido /ai'kido/ ◗ *10* m.inv. aikido.
ailanto /ai'lanto/ m. ailanthus.
aimè → **ahimè.**
aio, pl. **ai** /'ajo, 'ai/ m. ANT. tutor.
aiola /a'jɔla/ → **aiuola.**
airbag /ɛr'bɛg/ m.inv. air bag.
aire /a'ire/ m. ANT. ***dare l'~ a qcs.*** to set sth. off; ***prendere l'~*** to get going.
airone /ai'rone/ m. heron ◆◆ ***~ bianco*** (great) egret; ***~ cinerino*** grey heron.
air terminal /ɛr'tɛrminal/ m.inv. air terminal.
aita /a'ita/ inter. ANT. ***~!*** help!
aitante /ai'tante/ agg. stalwart, sturdy, robust, vigorous; ***un giovane ~*** a sturdy young man.
▷ **aiuola** /a'jwɔla/ f. (flower)bed, bank, garden AE; ***~ di rose*** rosebed; ***~ di piante perenni*** herbaceous border; ***~ spartitraffico*** centre strip BE, median strip AE; ***vietato calpestare le -e*** keep off the grass.
▷ **aiutante** /aju'tante/ m. e f. assistant, helper; MIL. adjutant ◆◆ ***~ di bandiera*** MAR. flag officer; ***~ di campo*** aide-de-camp, gallopper; ***~ in capo*** chief assistant; ***~ maggiore*** adjutant general.
▶ **aiutare** /aju'tare/ [1] **I** tr. **1** *(prestare collaborazione, soccorso)* to help (**a fare** do, to do), to aid, to assist (**a fare** to do); ***~ qcn. a entrare, uscire, scendere, attraversare*** to help *o* assist sb. in, out, down, across; ***~ qcn. a mettersi nel letto, ad alzarsi in piedi*** to help sb. into bed, to his feet; ***~ qcn. a mettere, togliere uno stivale*** to help sb. on, off with his boot; ***~ qcn. a traslocare, a imbiancare lo studio*** to help sb. with the move, with the decoration of the study; ***~ qcn. economicamente*** to assist *o* help sb. financially; ***~ qcn. a mettersi in salvo*** to help sb. to safety; ***~ qcn. a mettersi in affari*** to give sb. a start in business; ***farsi ~ da qcn.*** to get help from sb.; ***si fa ~ per studiare scienze*** he's getting help with his science; ***ci siamo fatti ~ dai bambini*** we got the children to help us; ***c'è qualcosa che posso fare per aiutarti?*** can I help you in any way? ***non alzò*** o ***mosse un dito per ~*** he didn't lift *o* raise a finger to help; ***~ qcn. nel momento del bisogno*** to help sb. in times of need; ***~ i bisognosi*** to help *o* aid those in need; ***~ qcn. con i propri consigli*** to give sb. the benefit of one's advice; ***farsi in quattro per ~ qcn.*** to fall over oneself to help sb.; ***meno male che avevi detto che mi avresti aiutato!*** so much for saying you'd help! **2** *(favorire)* to aid, to help, to facilitate [*digestione*]; to aid, to assist, to facilitate [*sviluppo*] **II aiutarsi** pronom. **1** ***si aiuta come può*** he does his best; ***camminare aiutandosi col bastone*** to walk with the help of a cane **2** *(l'un l'altro)* to help each other, one another ◆ ***la fortuna aiuta gli audaci*** who dares wins, fortune favours the brave; ***aiutati che il ciel ti aiuta*** PROV. God helps those who help themselves.
▶ **aiuto** /a'juto/ m. **1** *(soccorso)* help, aid, assistance; ***dare*** o ***prestare ~ a qcn.*** to assist sb. (**in** in; **nel fare** in doing); ***chiedere ~ a qcn.*** to ask sb. for help; ***gridare*** o ***chiamare ~*** to cry *o* shout *o* call for help; ***andare*** o ***correre in ~ di qcn.*** to go *o* rush to sb.'s aid *o* help *o* relief; ***venire in ~ di qcn.*** to come to sb.'s aid *o* assistance *o* help; *(finanziariamente)* to help *o* aid sb.; ***assicurarsi l'~ di qcn.*** to enlist sb.'s help; ***chiedere ~ via radio*** to radio for help; ***posso essere d'~?*** can I help you? can I be of help *o* of assistance? ***con, senza l'~ di qcn.*** with, without sb.'s aid; ***con l'~ di*** with the help *o* aid *o* assistance of [*strumento, dizionario, polizia*]; ***essere di ~ a qcn.*** to be of help *o* helpful to sb.; ***essere di grande ~ a qcn.*** to be a great help to sb.; ***bell'~ sei!*** IRON. you're a great help! ***~!*** help! **2** *(aiutante, assistente)* assistant **3** *(mezzi materiali)* ***mandare -i a*** to send relief to; ***-i alimentari*** food aid; ***-i ai paesi in via di sviluppo*** development aid, foreign aid; ***-i umanitari*** humanitarian aid ◆◆ ***~ anestesista*** assistant anaesthetist; ***~ bibliotecario*** assistant librarian; ***~ cameriere*** waiter's assistant, busboy AE; ***~ chirurgo*** *(infermiere)* theatre nurse BE; *(medico)* assistant, deputy; ***~ contabile*** assistant accountant; ***~ correttore di bozze*** copyholder; ***~ cuoco*** assistant cook; ***~ elettricista*** electrician's mate BE, electrician's helper AE; ***~ infermiere*** nurse's aide AE; ***~ mandriano*** herdboy; ***~ meccanico*** mechanic's mate BE, mechanic's helper AE; ***~ regista*** assistant director.
aizzare /ait'tsare/ [1] tr. **1** ***~ i cani contro qcn.*** to set dogs on sb. **2** FIG. *(istigare)* to incite, to stir [*folla*]; ***~ qcn. contro qcn. altro*** to play off sb. against sb.
aizzatore /aittsa'tore/ m. (f. **-trice** /tritʃe/) inciter, instigator.
al /al/ → **a.**
▶ **ala**, pl. **ali** /'ala, 'ali/ f. **1** *(di uccello, aereo, edificio)* wing; ***battere le ali*** to beat *o* flap *o* flutter its wings; ***spiegare le ali*** to spread *o* stretch its wings **2** *(parte laterale) (di schieramento politico, militare)* wing, flank; *(di rete da pesca)* wing **3** *(di mulino)* sail; *(di aratro)* wing **4** *(di folla)* line; ***due ali di folla*** people lined on either side **5** *(di cappello)* brim, flap **6** SPORT *(giocatore)* wing, winger, flank; *(settore del campo)* wing; ***~ destra*** right wing(er), outside right; ***~ sinistra*** left wing(er), outside left; ***giocare all'~ (destra, sinistra)*** to play (on the right, left) wing ◆ ***in un batter d'ali*** in the twinkling *o* wink *o* blink of an eye, in less than no time; ***sulle ali della fantasia*** on the wings of fancy; ***avere le ali ai piedi*** to have wings on one's feet, to be wing-footed; ***la paura gli ha messo le ali ai piedi*** fear lent him wings; ***prendere qcn. sotto la propria ~ protettrice*** to take sb. under one's wing; ***tarpare le ali a qcn.*** to clip sb.'s wings ◆◆ ***~ a delta*** AER. delta wing; ***~ a gabbiano*** AER. gull-wing; ***~ a geometria variabile*** swing wing; ***~ iliaca*** ANAT. ala (ossis) ilii; ***~ del naso*** ANAT. wing of the nose, ala nasi; ***~ dell'osso sacro*** ANAT. ala sacralis.
alabarda /ala'barda/ f. halberd, bill.
alabardato /alabar'dato/ agg. *(armato)* halberded; *(a forma di alabarda)* halberd-shaped; ***giglio ~*** ARALD. spearhead fleury.
alabardiere /alabar'djɛre/ m. halberdier.
alabastrino /alabas'trino/ agg. alabastrine.
alabastro /ala'bastro/ m. alabaster; ***un vaso di ~*** an alabaster vase.
alacre /'alakre, a'lakre/ agg. **1** *(pronto)* brisk, prompt (**a**, **nel fare** to do) **2** FIG. *(vivace)* [*ingegno*] quick, ready, lively.
alacremente /alakre'mente/ avv. with alacrity, briskly.
alacrità /alakri'ta/ f.inv. **1** *(prontezza)* alacrity, briskness, promptness **2** FIG. *(vivacità)* readiness.
Aladino /ala'dino/ n.pr.m. Aladdin; ***la lampada di ~*** Aladdin's lamp.
alaggio, pl. **-gi** /a'laddʒo, dʒi/ m. MAR. **1** *(traino)* towage; ***strada di ~*** towpath **2** *(a secco)* towage; ***scalo di ~*** slipway.
alalia /ala'lia/ f. alalia.
alalonga, pl. **-ghe** /ala'lɔnga, ge/, **alalunga**, pl. **-ghe** /ala'lunga, ge/ f. long-fin tunny, albacore.
alamanno /ala'manno/ → **alemanno.**

alamaro /ala'maro/ m. frog.
alambicco, pl. **-chi** /alam'bikko, ki/ m. alembic, still.
alano /a'lano/ m. *(cane)* Great Dane.
1.alare /a'lare/ m. *(nel camino)* firedog, andiron.
2.alare /a'lare/ agg. alar; ***apertura ~*** wingspan; ***estremità ~*** wing tip; ***superficie ~*** AER. wing area.
3.alare /a'lare/ [1] tr. MAR. to haul, to clew up.
a latere /a'latere/ agg.inv. ***giudice ~*** associate judge.
alato /a'lato/ agg. **1** *(dotato di ali)* winged, alate(d); ***formica -a*** flying ant **2** FIG. *(sublime)* sublime.
▶ **alba** /'alba/ f. **1** dawn, daybreak, daylight; ***all'~*** at dawn, at the crack of dawn, at the break of day; ***prima dell'~*** before *o* by dawn; ***dall'~ al tramonto*** from dawn to *o* till dusk; ***alle prime luci dell'~*** at the peep of day **2** FIG. dawn, dawning; ***l'~ di una nuova era, di un nuovo secolo*** the dawn of a new era, of a new century **3** LETTER. aubade **4** RELIG. alb.
albacora /alba'kɔra/ f. albacore, long-fin tunny.
albagia /alba'dʒia/ f. LETT. hauteur, haughtiness, arrogance.
albanella /alba'nɛlla/ f. harrier ◆◆ ***~ minore*** Montagu's harrier; ***~ reale*** hen harrier.
albanese /alba'nese/ ➧ ***25, 16*** **I** agg. Albanian **II** m. e f. Albanian **III** m. LING. Albanian.
Albania /alba'nia/ ➧ ***33*** n.pr.f. Albania.
Albano /al'bano/ n.pr.m. Alban.
albatro /'albatro/ m. albatross, nelly, gooney bird AE.
albatros /'albatros/ m.inv. → **albatro.**
albedo /al'bɛdo/ f.inv. **1** ASTR. FIS. albedo* **2** BOT. pith.
albeggiare /albed'dʒare/ [1] **I** intr. (aus. *essere*) RAR. *(apparire)* to dawn **II** impers. (aus. *avere, essere*) ***albeggia*** the day is dawning *o* is breaking.
alberare /albe'rare/ [1] tr. **1** to plant [sth.] with trees [*viale*] **2** MAR. to mast.
alberata /albe'rata/ f. **1** row, line of trees **2** MAR. masts pl.
alberato /albe'rato/ **I** p.pass. → **alberare II** agg. [*viale*] planted with trees, tree-lined; ***viale ~*** o ***strada -a*** tree-lined road, parkway AE.
alberatura /albera'tura/ f. MAR. masts pl.
albereta /albe'reta/ f. → **albereto.**
albereto /albe'reto/ m. plantation of trees, tree planting.
alberetto /albe'retto/ m. MAR. mast.
albergare /alber'gare/ [1] **I** tr. LETT. **1** *(ospitare)* to lodge, to accommodate [*persona*] **2** FIG. to harbour BE, to harbor AE [*sentimento, passione*] **II** intr. (aus. *avere*) LETT. **1** *(alloggiare)* to lodge, to dwell* (**in** in) **2** FIG. ***nel suo animo alberga l'invidia*** she harbours envy in her soul.
albergatore /alberga'tore/ m. (f. **-trice** /tritʃe/) hotelier, hotelkeeper BE.
alberghiero /alber'gjɛro/ agg. ***industria, catena -a*** hotel industry, hotel chain; ***scuola -a*** hotel-management school; ***lavora nel settore ~*** he's in the hotel business.
▶ **albergo**, pl. **-ghi** /al'bɛrgo, gi/ m. **1** hotel; ***un ~ dai prezzi ragionevoli*** a moderately-priced hotel; ***un ~ di lusso*** a luxury hotel; ***~ a due, tre, quattro stelle*** two-star, three-star, four-star hotel; ***gli ~ più esclusivi*** the very best hotels; ***un ~ con 40 posti letto*** a 40 bed hotel; ***dormire*** o ***soggiornare in ~*** to stay at *o* in a hotel; ***pernottare in ~*** to spend a night in a hotel; ***scendere in un ~*** to put up in a hotel; ***prenotare una camera d'~ per qcn.*** to book sb. into a hotel; ***cameriera d'~*** chambermaid; ***fattorino d'~*** bellboy AE; ***portiere d'~*** hall porter; ***credono che la casa sia un ~*** they treat the house like a hotel **2** ANT. *(alloggio)* shelter; ***chiedere ~ a qcn.*** to ask sb. for shelter ◆◆ ***~ diurno*** = public baths and conveniences.
Alberico /albe'riko/ n.pr.m. Aubrey.
▶ **albero** /'albero/ m. **1** tree; ***un ~ di mele, di pere*** an apple tree, a pear (tree); ***~ ornamentale*** ornamental (plant, tree); ***~ da frutto*** fruit tree, fruiter; ***piantare, potare, tagliare, sradicare un ~*** to plant, prune, cut down, uproot a tree; ***abbattimento degli -i*** woodcutting; ***~ di alto fusto*** timber tree; ***giovane ~*** sapling; ***senza -i*** treeless **2** MAR. mast, pole; ***nave a tre -i*** three-masted ship **3** TECN. shaft ◆◆ ***~ di bompresso*** MAR. bowsprit; ***~ del burro*** butter-tree, shea; ***~ del caffè*** coffee tree; ***~ del cambio*** gear shaft; ***~ a camme*** AUT. camshaft; ***~ cardanico*** cardan shaft; ***~ della cera*** candletree; ***~ della conoscenza*** BIBL. tree of knowledge; ***~ della cuccagna*** greasy tree; ***~ di distribuzione*** valve gear; ***~ a eccentrici*** → ***~ a camme***; ***~ dell'elica*** MAR. propeller shaft; ***~ di fortuna*** MAR. jury-mast; ***~ di gabbia*** MAR. top mast; ***~ genealogico*** family tree, parent tree, stemma; ***~ di Giuda*** Judas tree; ***~ a gomiti*** crankshaft; ***~ della gomma*** gum tree, rubber tree; ***~ del latte*** cow-tree; ***~ della libertà*** STOR. tree of liberty; ***~ maestro*** MAR. mainmast; ***~ di mezzana*** MAR. miz(z)en; ***~ motore*** drive shaft; ***~ di Natale*** Christmas tree; ***~ del pane*** breadfruit; ***~ del paradiso*** tree of heaven; ***~ portaelica*** MAR. AER. propeller shaft, transmission shaft; ***~ del tè*** tea plant; ***~ di trasmissione*** propeller shaft, transmission shaft; ***~ di trinchetto*** MAR. foremast; ***~ del veleno*** poison ivy, oak; ***~ della vita*** BIBL. tree of life; BOT. white cedar.
Alberto /al'bɛrto/ n.pr.m. Albert.
▷ **albicocca**, pl. **-che** /albi'kɔkka, ke/ ➧ **3 I** f. apricot; ***marmellata di -che*** apricot jam; ***liquore di -che*** apricot liqueur; ***yogurt, torta all'~*** apricot yoghurt, apricot cake; ***tè all'~*** apricot-flavoured tea **II** m.inv. *(colore)* apricot **III** agg.inv. apricot.
▷ **albicocco**, pl. **-chi** /albi'kɔkko, ki/ m. apricot.
albigese /albid'dʒese/ **I** agg. STOR. Albigensian **II** m. e f. STOR. ***gli -i*** the Albigenses; ***crociata contro gli -i*** crusade against the Albigenses.
albinismo /albi'nizmo/ m. albinism.
albino /al'bino/ **I** agg. albino **II** m. (f. **-a**) albino*.
Albino /al'bino/ n.pr.m. Albin.
Albione /al'bjɔne/ n.pr.f. Albion; ***la perfida ~*** perfidious Albion.
albite /al'bite/ f. albite.
albo /'albo/ m. **1** *(quadro per l'affissione)* notice board **2** *(professionale)* register BE, roll AE; ***~ degli avvocati*** bar association AE, rolls; ***~ dei medici*** medical register; ***essere ammesso nell'~ degli avvocati*** to be called to the bar; ***radiare dall'~ degli avvocati*** to disbar, to strike off (the register); ***iscriversi all'~*** to be put on the register *o* on the roll **3** *(libro illustrato)* album ◆◆ ***~ d'onore*** SCOL. SPORT MIL. roll of honour, merit list, honours board BE, honor roll AE; ***~ d'oro*** SCOL. SPORT MIL. roll of honour; ***~ pretorio*** municipal notice board.
Alboino /albo'ino/ n.pr.m. Alboin.
albore /al'bore/ **I** m. LETT. *(prime luci dell'alba)* dawn **II albori** m.pl. LETT. FIG. *(inizi)* dawn sing., dawning sing.; ***agli -i*** (very) early on; ***gli -i della civiltà*** the dawning of civilization; ***gli -i del socialismo, del thatcherismo*** the dawn of socialism, Thatcherism.
alborella /albo'rɛlla/ f. bleak.
album /'album/ m.inv. **1** *(raccoglitore)* album; ***~ di francobolli, di fotografie, di cartoline*** stamp album, photo(graph) album, postcard album; ***~ di ritagli di giornali*** scrapbook **2** *(libro illustrato)* illustrated book; ***~ di*** o ***a fumetti*** comic strip book **3** *(disco)* album; ***~ doppio*** double album ◆◆ ***~ da colorare*** colouring book, painting book; ***~ da disegno*** drawing book; ***~ di famiglia*** family album; ***~ per schizzi*** sketchbook, sketchpad; ***~ segnaletico*** *(di polizia)* rogues' gallery.
albume /al'bume/ m. egg white, glair, albumen; BIOL. albumen.
albumina /albu'mina/ f. albumin.
albuminare /albumi'nare/ [1] tr. to glair [*carta*].
albuminato /albumi'nato/ m. albuminate.
albuminoide /albumi'nɔide/ agg. e m. albuminoid.
albuminoso /albumi'noso/ agg. albuminous.
albuminuria /albumi'nurja/ f. albuminuria; ***soffrire di ~*** to suffer from albuminuria.
alburno /al'burno/ m. BOT. alburnum, sapwood.
alca, pl. **-che** /'alka, ke/ f. ***~ impenne*** great auk, garefowl.
alcaico, pl. **-ci, -che** /al'kaiko, tʃi, ke/ agg. [*verso*] alcaic.
alcalescente /alkaleʃ'ʃɛnte/ agg. alkalescent.
alcalescenza /alkaleʃ'ʃɛntsa/ f. alkalescence.
alcali /'alkali/ m.inv. alkali*.
alcalimetria /alkalime'tria/ f. alkalimetry.
alcalimetro /alka'limetro/ m. alkalimeter.
alcalinità /alkalini'ta/ f.inv. alkalinity.
alcalinizzare /alkalinid'dzare/ [1] tr. to alkalify, to alkalize.
alcalino /alka'lino/ agg. [*metallo, sale*] alkaline.
alcaloide /alka'lɔide/ m. alkaloid.
alcalosi /alka'lɔzi/ f.inv. alcalosis*.
alcanna /al'kanna/ f. alkanet.
alce /'altʃe/ m. moose*, elk*.
alcelafo /al'tʃɛlafo/ m. hartebeest*.
Alceo /al'tʃɛo/ n.pr.m. Alcaeus.
Alcesti /al'tʃɛsti/ n.pr.f. Alcestis.
alchechengi /alke'kɛndʒi/ m.inv. Chinese lantern, winter cherry.
alchemico, pl. **-ci, -che** /al'kɛmiko, tʃi, ke/ agg. **1** alchemic(al) **2** FIG. *(misterioso)* mysterious.
alchermes /al'kɛrmes/ m.inv. alkermes.
alchile /al'kile/ m. alkyl.
alchimia /alki'mia/ f. alchemy (anche FIG.).
alchimista, m.pl. **-i**, f.pl. **-e** /alki'mista/ m. e f. alchemist.
alchimistico, pl. **-ci, -che** /alki'mistiko, tʃi, ke/ agg. alchemic(al), alchemistic(al).
alchimizzare /alkimid'dzare/ [1] tr. to alchemize.

Alcibiade /altʃi'biade/ n.pr.m. Alcibiades.
alcione /al'tʃone/ m. MITOL. halcyon.
Alcione /al'tʃone/ n.pr.f. Alcyone.
▷ **alcol**, pl. **-li** /'alkol, li/ m.inv. *(sostanza)* alcohol; ***puzzare d'~*** to smell of drink; ***sentivo l'odore di ~ del suo alito*** I could smell alcohol on his breath; ***reggere l'~*** *(bevande alcoliche)* to (be able to) hold one's drink *o* liquor, to have a great capacity for alcohol SCHERZ.; ***reggo l'~ meglio di te*** I can drink you under the table; ***astinenza dall'~*** teetotalism, temperance; ***intossicazione da ~*** alcohol poisoning; ***dipendenza dall'~*** alcohol dependency; ***abuso di ~*** alcohol abuse, excess alcohol; ***annegare i propri dispiaceri nell'~*** to drown one's sorrows, to drink one's sorrows away; ***darsi all'~*** to take to drink; ***avere problemi con l'~*** to have a drink problem ◆◆ ***~ amilico*** amyl alcohol; ***~ canforato*** camphorated alcohol; ***~ denaturato*** methylated spirit(s), meths BE COLLOQ., surgical spirit; ***~ etilico*** ethyl alcohol, grain alcohol, ethanol; ***~ metilico*** wood alcohol, methylated spirit(s), methyl alcohol; ***~ puro*** pure alcohol.
alcolemia /alkole'mia/ f. (presence of) alcohol in the blood; ***controllo dell'~*** checking for alcohol in the blood; ***tasso d'~*** level of alcohol in the blood.
alcolicità /alkolitʃi'ta/ f.inv. alcoholic strength, alcohol content.
alcolico, pl. **-ci, -che** /al'kɔliko, tʃi, ke/ **I** agg. [*bevanda*] alcoholic, spirituous; ***non ~*** nonalcoholic; ***poco ~*** low-alcohol attrib.; ***gradazione -a*** alcoholic strength, alcohol content; ***sindrome da intossicazione -a del feto*** foetal alcohol syndrome **II** m. alcoholic drink, booze COLLOQ.; ***-ci*** liquors, spirits; ***bere -ci*** to drink alcohol, to (be on the) booze COLLOQ.; ***non bevo mai -ci*** I never touch alcohol; ***abuso di -ci*** alcohol abuse; ***negozio di -ci*** off-licence BE.
alcolimetro /alko'limetro/ m. alcoholometer, intoximeter®.
alcolismo /alko'lizmo/ m. alcoholism, alcohol dependency.
alcolista, m.pl. **-i**, f.pl. **-e** /alko'lista/ m. e f. alcoholic; ***Alcolisti Anonimi*** Alcoholics Anonymous.
alcolizzare /alkolid'dzare/ [1] **I** tr. to alcoholize **II alcolizzarsi** pronom. to become* an alcoholic.
alcolizzato /alkolid'dzato/ **I** p.pass. → **alcolizzare II** agg. [*persona*] alcoholic **III** m. (f. **-a**) alcoholic, juicehead AE COLLOQ.; ***essere un ~*** to be on the bottle, to have a drink problem.
alcool → **alcol.**
alcova /al'kɔva/ f. alcove; ***d'~*** [*storie, segreti*] of the boudoir.
alcun /al'kun/ → **alcuno.**
alcunché /alkun'ke/ pron.indef. LETT. **1** *(qualche cosa)* something; ***c'è ~ di strano in lui*** there is something odd about him **2** *(nulla)* nothing; *(con not o altre espressioni negative)* anything.
▶ **alcuno** /al'kuno/ **I** agg.indef. (for the alternation with *alcun* it follows the rules of the article *uno*) no; *(con not o altre espressioni negative)* any; ***non hanno alcun motivo per rifiutare*** they haven't got any reason *o* they have no reason to refuse; ***non ho -a ragione per pensarlo*** I see no reason to think so; ***non ho avuto -a difficoltà a convincerlo*** I had no trouble persuading him; ***lo ha fatto senza -a esitazione*** she did it without any hesitation; ***non c'è alcun pericolo*** there is no danger; ***senza alcun dubbio*** without any *o* a doubt **II** pron.indef. *(nessuno)* nobody; *(con not o altre espressioni negative)* anybody; *(seguito da un partitivo)* none; *(con not o altre espressioni negative)* any; ***non c'era ~*** there was nobody *o* there wasn't anybody; ***senza che ~ di voi mi notasse*** without any of you noticing me **III alcuni** agg.indef.pl. some, a few; ***-i studenti*** a few *o* some students; ***vorrei aggiungere -e parole*** I'd like to add a few words; ***-i giorni fa*** a few *o* some days ago; ***in -i momenti*** at times, sometimes **IV alcuni** pron.indef.pl. some, a few; ***la maggior parte dei quadri sono bruciati, ma sono riusciti a salvarne -i*** most of the paintings were burned but they managed to save a few *o* some; ***l'artista presenterà -e delle sue opere*** the artist will present a few *o* some of his works; ***-i di voi, di loro*** some of you, of them; ***-i sono favorevoli, altri contrari*** some are in favour, others aren't.
aldeide /al'dɛide/ f. aldehyde.
aldilà /aldi'la/ m.inv. afterworld, afterlife, beyond, hereafter; ***credere nell'~*** to believe in an afterlife.
aldino /al'dino/ agg. Aldine.
Aldo /'aldo/ n.pr.m. Aldous.
alé /a'le/ inter. come on.
alea /'alea/ f. LETT. risk, chance; ***correre l'~*** to run the risk.
aleatico, pl. **-ci** /ale'atiko, tʃi/ m. ENOL. INTRAD. (red liqueur-like wine from Central and Southern Italy).
aleatorietà /aleatorje'ta/ f.inv. unpredictability, uncertainty.
aleatorio, pl. **-ri, -rie** /alea'tɔrjo, ri, rje/ agg. **1** [*fenomeno, successo, risultato*] unpredictable; MUS. aleatory, aleatoric; MAT. STATIST. random; ***variabile -a*** random variable **2** DIR. [*contratto*] aleatory.
aleggiare /aled'dʒare/ [1] intr. (aus. *avere*) **1** *(svolazzare)* to flutter **2** FIG. ***~ su*** [*atmosfera*] to lie over [*luogo*]; ***un profumo inebriante aleggiava nella stanza*** a heady perfume drifted through the air; ***un sorriso le aleggiava sul viso*** a smile hovered on her lips; ***aleggia un senso di mistero*** a sense of mystery fills the air.
alemanno /ale'manno/ **I** agg. LETT. *(tedesco)* German **II** m. **1** LETT. *(tedesco)* German **2** LING. Alemannic **3** STOR. Alemannic.
alerione /ale'rjone/ m. alerion.
alesaggio, pl. **-gi** /ale'zaddʒo, dʒi/ m. bore.
alesare /ale'zare/ [1] tr. to bore, to ream AE.
alesatoio, pl. **-oi** /aleza'tojo, oi/ m. reamer.
alesatore /aleza'tore/ **I** ➧ ***18*** m. (f. **-trice** /tritʃe/) **1** *(operaio)* borer **2** *(utensile)* reamer **II** agg. ***barra -trice*** boring bar, cutter bar.
alesatrice /aleza'tritʃe/ f. boring machine.
alesatura /aleza'tura/ f. boring.
Alessandra /ales'sandra/ n.pr.f. Alexandra.
Alessandria /ales'sandria/ ➧ ***2*** n.pr.f. **1** ***~ (d'Egitto)*** Alexandria **2** *(in Italia)* Alessandria.
1.alessandrino /alessan'drino/ **I** agg. METR. alexandrine **II** m. METR. alexandrine.
2.alessandrino /alessan'drino/ ➧ ***2*** **I** agg. **1** *(di Alessandria d'Egitto)* Alexandrian **2** *(di Alessandria in Italia)* from, of Alessandria **II** m. (f. **-a**) **1** *(nativo, abitante di Alessandria d'Egitto)* Alexandrian **2** *(nativo, abitante di Alessandria in Italia)* native, inhabitant of Alessandria **3** LING. dialect of Alessandria.
Alessandro /ales'sandro/ n.pr.m. Alexander ◆◆ ***~ Magno*** Alexander the Great.
alessia /ales'sia/ f. alexia.
Alessia /a'lɛssja/ n.pr.f. Alexia, Alexis.
Alessio /a'lɛssjo/ n.pr.m. Alexis.
aletta /a'letta/ f. **1** winglet, small wing **2** *(pinna di pesce)* fin **3** TECN. *(di radiatore)* fin; *(di vite)* wing; ***dado ad -e*** butterfly nut **4** AER. flap; ***bomba, granata ad -e*** MIL. fin-stabilized bomb, fin-stabilized shell **5** ARCH. console ◆◆ ***~ di compensazione*** AER. tab; ***~ idrodinamica*** hydrofoil; ***~ parasole*** AUT. sunshade, (sun) visor; ***~ di raffreddamento*** cooling fin.
alettatura /aletta'tura/ f. finning.
alettone /alet'tone/ m. AER. AUT. aileron.
aleurodide /aleu'rɔdide/ m. whitefly.
aleurone /aleu'rone/ m. aleuron, aleurone.
Aleutine /aleu'tine/ n.pr.f.pl. ***le isole ~*** Aleutian Islands.
1.alfa /'alfa/ **I** m. e f.inv. *(lettera)* alpha **II** agg.inv. ***raggi, particelle ~*** alpha rays, alpha particles ◆ ***l'~ e l'omega di*** the alpha and omega of; ***dall'~ all'omega*** from A to Z.
2.alfa /'alfa/ f. *(erba, fibra)* esparto.
alfabeticamente /alfabetika'mente/ avv. [*ordinare*] alphabetically.
alfabetico, pl. **-ci, -che** /alfa'bɛtiko, tʃi, ke/ agg. [*indice, scrittura*] alphabetic(al); ***in ordine ~*** in alphabetical order; ***mettere in ordine ~*** to alphabetize, to arrange in alphabetical order.
alfabetismo /alfabe'tizmo/ m. literacy.
alfabetizzare /alfabetid'dzare/ [1] tr. **1** *(insegnare a leggere e scrivere)* to teach* literacy, to teach* to read and write **2** RAR. *(ordinare alfabeticamente)* to alphabetize.
alfabetizzazione /alfabetiddzat'tsjone/ f. (diffusion of) literacy; ***corsi di ~ per adulti*** adult literacy classes.
▷ **alfabeto** /alfa'bɛto/ m. alphabet; ***l'~ inizia con la A*** A begins the alphabet; ***la G viene prima della H nell'~*** G comes before H in the alphabet ◆◆ ***~ fonetico*** phonetic alphabet; ***~ fonetico internazionale*** International Phonetic Alphabet; ***~ Morse*** Morse (code).
alfalfa /al'falfa/ f. alfalfa, lucerne BE.
alfanumerico, pl. **-ci, -che** /alfanu'mɛriko, tʃi, ke/ agg. alphanumeric; ***caratteri -ci*** alphanumerics; ***variabile di stringa -a*** string variable.
Alfeo /al'feo/ n.pr.m. Alpheus, Alphaeus.
1.alfiere /al'fjɛre/ m. **1** MIL. *(portabandiera)* ensign, standard-bearer **2** FIG. *(fautore)* standard-bearer.
2.alfiere /al'fjɛre/ m. *(negli scacchi)* bishop.
alfine /al'fine/ avv. LETT. at last, eventually.
Alfredo /al'fredo/ n.pr.m. Alfred ◆◆ ***~ il Grande*** Alfred the Great.
▷ **alga**, pl. **-ghe** /'alga, ge/ f. alga* ◆◆ ***~ marina*** seaweed; ***~ rossa commestibile*** laver; ***-ghe brune*** brown algae; ***-ghe rosse*** red algae; ***-ghe verdi*** green algae.
algale /al'gale/ agg. [*fioritura*] algal.
algarrobo /algar'rɔbo/ m. mesquite.
algebra /'aldʒebra/ f. algebra.
algebricamente /aldʒebrika'mente/ avv. algebraically.
algebrico, pl. **-ci, -che** /al'dʒɛbriko, tʃi, ke/ agg. [*equazione, espressione, funzione, somma*] algebraic(al).

alcuni, dei, qualche

- *Alcuni, dei* e *qualche* sono i termini principali nel gruppo degli aggettivi e pronomi indefiniti; ciascuno di essi mostra delle peculiarità d'uso, formali e/o semantiche, di cui è bene rendersi conto per non farsene influenzare nella scelta degli equivalenti inglesi, scelta da operare secondo criteri diversi.
- Nella funzione di aggettivo indefinito, troviamo in italiano: *alcuno* e le sue forme al femminile e al plurale (*alcuno strumento, alcun motivo, alcuna ragione, alcuni studenti, alcune parole*); *del* e le sue forme al femminile e al plurale (*del pane, della carta, degli studenti, delle parole*); l'invariabile *qualche*, che è sempre seguito da un nome singolare (*qualche amico, qualche amica*) ma convoglia per lo più un significato plurale (*qualche amico = alcuni amici*); infine, l'aggettivo indefinito può essere sottinteso (*non ho soldi, hai avuto fortuna?*). Indipendentemente dalla forma italiana utilizzata, il corrispondente aggettivo indefinito inglese è *some* in frase affermativa, *any* in frase interrogativa e in frase negativa se è presente un'altra negazione, e *no* in frase negativa come unico aggettivo negativo:

voglio della carta	= I want some paper
ho visto degli studenti / alcuni studenti / qualche studente	= I saw some students
hai visto degli / alcuni studenti / qualche studente?	= did you see any students?
non ho soldi	= I haven't got any money / I've got no money
non c'è mai alcun motivo per essere scortese	= there's never any reason to be unkind
non mi ha detto delle parole gentili	= he told me no kind words.

- Nella funzione di pronome indefinito, troviamo in italiano: *alcuno* e le sue forme al femminile e al plurale (*non ho visto alcuno, senza che alcuna di voi mi parlasse, alcuni erano sul tavolo, alcune parlano il russo*) e *ne* (*mi spiace, non ne ho, ne ho visti anch'io, ne è rimasto?*). Indipendentemente dalla forma italiana utilizzata, il corrispondente pronome indefinito inglese è *some* in frase affermativa, *any* in frase interrogativa e in frase negativa se è presente un'altra negazione, e *none* in frase negativa come unica forma negativa:

alcuni erano sul tavolo	= some were on the table
alcune parlano il russo	= some can speak Russian
ne ho visti anch'io	= I saw some too
ne è rimasto?	= has any left?
non ne ho mai visti	= I have never seen any
mi spiace, non ne ho	= sorry, I have none.

- Come da *qualche* derivano i pronomi *qualcuno* e *qualcosa* e le espressioni avverbiali *da qualche parte* e *in qualche modo*, così da *some, any* e *no* derivano i corrispondenti pronomi e avverbi: *someone, somebody, something, somewhere, somehow; anyone, anybody, anything, anywhere, anyhow; no one, nobody, nothing, nowhere.* Queste parole si conformano all'uso di *some, any* e *no*, come dimostrano i seguenti esempi:

me l'ha detto qualcuno che conosci	= someone /somebody you know told me so
ho comprato qualcosa per te	= I bought something for you
i miei occhiali devono essere da qualche parte in biblioteca	= my glasses must be somewhere in the library
in un modo o nell'altro ce la farò	= I'll manage somehow
hai incontrato qualcuno al pub?	= did you meet anybody at the pub?
non ho visto nessuno ieri sera	= I didn't see anyone last night
non puoi metterlo da qualche altra parte?	= can't you put it anywhere else?
non è venuto nessuno	= nobody came
non c'è niente di cui ridere	= there's nothing to laugh at
non li vedo da nessuna parte	= I can see them nowhere.

- Casi particolari nell'uso di *some* e dei suoi derivati:
  - a) some e i suoi derivati non si usano solo in frase affermativa, ma anche in frase interrogativa quando si offre qualcosa, quando si chiede gentilmente qualcosa e, in generale, quando ci si aspetta una risposta positiva: *vuoi del tè?* = would you like some tea? *posso fare qualcosa per Lei?* = may I do something for you? *possiamo andare da qualche altra parte?* = can we go somewhere else? *qualcuno può aiutarmi?* = can somebody help me?
  - b) quando *some* è usato come aggettivo o pronome indefinito plurale può essere sostituito da *a few*: *alcuni giorni fa* = some / a few days ago, *dammene alcuni!* = give me some! / a few!
  - c) alcuni esempi nelle sezioni precedenti mostrano che *qualcuno* si rende in inglese in due modi: *somebody* se il termine non è specificato (*ha telefonato qualcuno per te* = somebody phoned for you), *some* se è presente una qualche espressione restrittiva (*glielo ha detto qualcuno di loro* = some of them told her);
  - d) mentre sia *qualcuno* sia *somebody / someone* sono seguiti da un verbo al singolare, il pronome italiano concorda con pronomi personali e aggettivi possessivi singolari, quello inglese invece con le corrispondenti forme plurali (che vengono usate come forma mista o indeterminata di maschile e femminile): *qualcuno ha dimenticato qui le sue chiavi* = somebody left their keys here, *chiedi a qualcuno se conosce l'indirizzo* = ask somebody if they know the address;
  - e) *some* non viene usato per tradurre *ne* se è già presente un termine di quantità: cfr. *ce n'erano* = there were some e *ce n'erano pochi* = there were few;
  - f) alla struttura italiana *qualcosa di* + aggettivo corrisponde in inglese *something* + aggettivo: *dimmi qualcosa di nuovo* = tell me something new.
- Casi particolari nell'uso di *any* e dei suoi derivati:
  - a) *any* e i suoi derivati non si usano solo in frase negativa o interrogativa, ma anche in frasi ipotetiche e dubitative: *se avete delle domande / qualche domanda, alzate la mano* = if you have any questions, raise your hands, *se vedi qualcosa di sospetto, dimmelo* = if you see anything suspicious, tell me, *se qualcuno conosce la risposta, per favore non dica niente* = if anybody knows the answer, please don't say anything;
  - b) *any* e i suoi derivati si usano anche in frase affermativa per indicare *una qualunque persona* o *cosa, un qualunque luogo* etc.: *una cravatta qualunque andrà bene* = any tie will do, andrà bene *una qualunque* = any will do, *chiunque venga sarà benvenuto* = anybody who comes will be welcome, *questi negozi si trovano ovunque* = you can find these shops anywhere;
  - c) mentre sia *qualcuno* sia *anybody* / anyone sono seguiti da un verbo al singolare, il pronome italiano concorda con pronomi personali e aggettivi possessivi singolari, quello inglese invece con le corrispondenti forme plurali (che vengono usate come forma mista o indeterminata di maschile e femminile): *se telefona qualcuno dall'ufficio, digli che sono fuori* = if anybody rings from my office, tell them I'm out;
  - d) *any* viene usato dopo forme quali *without, hardly* e *unless* che hanno in sé una connotazione negativa: *senza alcuna esitazione* = without any hesitation, *mangio io l'uovo, a meno che non lo voglia qualcun altro* = I'll have the egg, unless anyone else wants it? *ho a mala pena mangiato qualcosa per tutto il giorno* = I've hardly eaten any food all day;
  - e) *any* non viene usato per tradurre *ne* se è già presente un termine di quantità: cfr. *non ce n'erano* = there weren't any e *non ce n'erano pochi* = there weren't few;
  - f) alla struttura italiana *niente / qualcosa di* + aggettivo corrisponde in inglese *anything* + aggettivo: *non ho comprato niente di costoso* = I didn't buy anything expensive.
- Casi particolari nell'uso di *no*, dei suoi derivati e di *none*:
  - a) l'aggettivo negativo *no* compare in inglese in cartelli di divieto etc.: *vietato fumare* = no smoking, *divieto di parcheggio* = no parking, *divieto di passaggio* = no trespassing;
  - b) alcune esempi nelle sezioni precedenti mostrano che *nessuno* si rende in inglese in due modi: *nobody* o *no one* se il termine non è specificato e ha quindi valore assoluto (*non ha telefonato nessuno* = nobody phoned), *none* se è presente una qualche espressione restrittiva e quindi ha valore relativo (*non ha telefonato nessuno di loro* = none of them phoned);
  - c) analogamente, *niente* si traduce in inglese con *nothing* (*non è successo niente* = nothing happened) oppure *none* (*niente di tutto ciò sarebbe successo se...* = none of this would have happened if...);
  - d) mentre sia *nessuno* sia *nobody / no one* sono seguiti da un verbo al singolare, il pronome italiano concorda con pronomi personali e aggettivi possessivi singolari, quello inglese invece

con le corrispondenti forme plurali (che vengono usate come forma mista o indeterminata di maschile e femminile): *nessuno ha dimenticato qui le sue chiavi* = nobody left their keys here, *nessuno mi ha detto se conosceva l'indirizzo* = nobody told me if they knew the address;

e) alla struttura italiana *niente di* + aggettivo corrisponde in inglese *nothing* + aggettivo: *non è successo niente di interessante* = nothing interesting happened;

f) *none* non viene usato a tradurre *ne* se è già presente un termine di quantità: cfr. *non ne ho* = I have none e *non ne ho dieci* = I haven't ten.

• Per l'uso di altri aggettivi e/o pronomi indefiniti, si vedano le voci **alcunché, alquanto, altrettanto, certuno** e **parecchio.**

algebrista, m.pl. **-i**, f.pl. **-e** /aldʒe'brista/ m. e f. algebraist.
Algeri /al'dʒeri/ ♦ *2* n.pr.f. Algiers.
Algeria /aldʒe'ria/ ♦ *33* n.pr.f. Algeria.
algerino /aldʒe'rino/ ♦ *25* **I** agg. Algerian **II** m. (f. **-a**) Algerian.
algesico, pl. **-ci, -che** /al'dʒɛziko, tʃi, ke/ agg. algetic.
alghicida /algi'tʃida/ m. algicide.
algidità /aldʒidi'ta/ f.inv. algidity.
algido /'aldʒido/ agg. LETT. MED. algid.
algocoltura /algokol'tura/ f. cultivation of algae.
algofobia /algofo'bia/ ♦ *7* f. algophobia.
algologia /algolo'dʒia/ f. algology.
algonchiano /algon'kjano/ agg. e m. Algonquian, Algonkian.
algonchino /algon'kino/ ♦ *16* **I** agg. Algonqui(a)n **II** m. (f. **-a**) **1** *(persona)* Algonqui(a)n* **2** *(lingua)* Algonqui(a)n*.
algoritmico, pl. **-ci, -che** /algo'ritmiko, tʃi, ke/ agg. algorithmic.
algoritmo /algo'ritmo/ m. algorithm.
aliante /a'ljante/ m. glider, sailplane.
aliantista, m.pl. **-i**, f.pl. **-e** /aljan'tista/ m. e f. glider pilot.
alias /'aljas/ avv. alias, also known as, aka.
Alì Babà /a'liba'ba/ n.pr.m. Ali Baba; *~ e i quaranta ladroni* Ali Baba and the forty thieves.
alibi /'alibi/ m.inv. **1** DIR. alibi; *un ~ di ferro* a cast-iron *o* watertight *o* strong alibi; *fornire un ~ molto solido* to give a watertight alibi; *gli hanno trovato un ~* they alibied him AE COLLOQ. **2** *(scappatoia)* alibi; *servire come ~* to do as an excuse.
alice /a'litʃe/ f. anchovy; *-i sott'olio* anchovies in oil.
Alice /a'litʃe/ n.pr.f. Alice, Alicia; *~ nel paese delle meraviglie* Alice in Wonderland.
alidada /ali'dada/ f. alidad.
alienabile /alje'nabile/ agg. [*diritto*] alienable.
alienabilità /aljenabili'ta/ f.inv. alienability.
alienante /alje'nante/ **I** agg. alienating **II** m. e f. DIR. alienor.
alienare /alje'nare/ [1] **I** tr. **1** DIR. *(vendere)* to alienate [*terra, beni immobili*] (**da** from) **2** *(allontanare, togliere)* to alienate, to estrange [*rispetto, stima*] (**da** from); *questi provvedimenti gli hanno alienato una parte dell'elettorato socialista* these measures have lost him a section of the socialist vote **II alienarsi** pronom. **1** to become* alienated; *-rsi a causa del lavoro* to be alienated by work **2** *(perdere)* to lose*; *ti sei alienato la loro stima* you have lost their esteem.
alienato /alje'nato/ **I** p.pass. → **alienare II** agg. [*persona*] insane **III** m. (f. **-a**) insane person.
alienatore /aljena'tore/ m. (f. **-trice** /tritʃe/) alienor.
alienazione /aljenat'tsjone/ f. **1** DIR. PSIC. POL. alienation (**di** of) **2** MED. *~ (mentale)* insanity, (mental) alienation.
alienista, m.pl. **-i**, f.pl. **-e** /alje'nista/ ♦ *18* m. e f. psychiatrist, alienist.
alieno /a'ljɛno/ **I** agg. **1** *(contrario, lontano) essere ~ da qcs.* to be alien to sth., to be averse to sth. **2** *(extraterrestre)* alien **3** LETT. *(altrui)* alien **II** m. (f. **-a**) alien.
alifatico, pl. **-ci, -che** /ali'fatiko, tʃi, ke/ agg. aliphatic.
aliforme /ali'forme/ agg. aliform.
▷ **1.alimentare** /alimen'tare/ [1] **I** tr. **1** to feed* [*persona, animale*]; *~ qcn. artificialmente* to force-feed sb. (**con** with, on) **2** *(rifornire)* [*torrente, acqua*] to feed* [*lago, fiume, diga, turbina*]; *(fare funzionare)* [*tubo, sistema*] to feed* [*caldaia*]; [*gas, benzina*] to fuel, to power, to stoke (up) [*motore*]; *(tenere acceso)* to feed*, to stoke (up), to make* up [*fuoco, stufa*]; *~ qcs. di* to feed sth. with [*carta, grano, dati*] **3** FIG. to fuel, to feed*, to nourish FORM. [*odio, ostilità, timori, polemiche, desiderio*]; to stoke (up), to keep* alive [*entusiasmo, interesse*]; *~ le speranze di qcn.* to raise *o* foster sb.'s hopes **II alimentarsi** pronom. **1** to feed* (**con, di** on) (anche FIG.) **2** *(d'acqua, gas, elettricità)* [*città, edificio*] to be* supplied (**di** with) **3** FIG. [*conversazione, gelosia, odio*] to thrive* (**di** on).
▷ **2.alimentare** /alimen'tare/ **I** agg. *industria ~* food (processing) industry; *intossicazione ~* food poisoning; *allarme ~* food scare; *pasta ~* pasta; *grasso ~* fat; *integratore ~* dietary supplement; *catena ~* food chain; *bolo ~* bolus; *igiene ~* food hygiene; *generi -i* foodstuffs; *fibre -i* dietary fibre, roughage; *risorse -i* food sources, food supply; *abitudini -i* eating *o* dietary habits; *aiuti -i* food aid; *regime ~ ospedaliero* hospital fare **II alimentari** m.pl. foodstuffs, groceries AE, comestibles FORM.; *negozio di -i* food shop, grocery, grocer's (shop) AE, grocery shop BE.
alimentarista, m.pl. **-i**, f.pl. **-e** /alimenta'rista/ m. e f. **1** *(negoziante)* grocer AE **2** *(esperto dell'alimentazione)* dietician.
alimentatore /alimenta'tore/ m. **1** EL. power pack **2** MECC. feeder; *~ di carta* paper feed; *~ di carta a fogli singoli* sheet paper feed.
▷ **alimentazione** /alimentat'tsjone/ f. **1** *(modo di nutrirsi)* diet (**a base di** of); *avere una ~ sana, equilibrata* to have a healthy, balanced diet; *controllare la propria ~* to watch one's diet; *è una fissata* o *maniaca dell'~* she's a food fad; *un'~ ricca di* a diet rich in; *l'~ di base* staple food; *disturbo dell'~* eating disorder; *scienza dell'~* food science; *Organizzazione per l'Alimentazione e l'Agricoltura* Food and Agriculture Organization **2** *(atto di nutrirsi)* feeding; *essere sotto ~ artificiale* MED. to be force-fed, to be artificially fed; *~ forzata* force-feeding **3** *(prodotti alimentari) il 20% del loro bilancio è destinato all'~* 20% of their budget is devoted to food **4** *(di macchine)* feeding (**di** of); *~ elettrica, idrica, a gasolio* electricity, water, fuel supply; *tubo di ~* feed pipe; *~ a goccia* MECC. drip feed; *~ di un'arma da fuoco* loading of a firearm.
▷ **alimento** /ali'mento/ **I** m. **1** food; *-i energetici, surgelati* high-energy food, frozen food; *-i di base* staple (food); *-i naturali* health food; *~ ricco di proteine* protein-rich food, high-protein food; *in quali -i si trova il ferro?* which foods contain iron? *lavorazione degli -i* food processing; *chimica degli -i* food chemistry **2** FIG. *dare ~ a qcs.* to feed *o* nurture sth.; *trarre* o *trovare ~ da qcs.* to feed on sth.; *~ dello spirito* spiritual nourishment **II alimenti** m.pl. DIR. alimony, necessaries, maintenance BE; *pagare* o *corrispondere gli -i a qcn.* to pay sb. maintenance, to pay maintenance to sb.
alinea /a'linea/ m.inv. *(capoverso)* new paragraph.
aliquota /a'likwota/ f. **1** MAT. aliquot **2** ECON. rate; *essere tassato all'~ del 18%* to be taxed at a rate of 18% ◆◆ *~ di base* basic rate; *~ doganale* customs tariff; *~ d'imposta* tax rate; *~ progressiva* progressive tax, progressive rate.
aliscafo /alis'kafo/ m. hydrofoil, jetfoil.
aliseo /ali'zɛo/ **I** agg. *vento ~* trade wind **II** m. *gli -i* trade winds.
alisso /a'lisso/ m. alyssum.
Alitalia /ali'talja/ f. (⇒ Aerolinee italiane internazionali) = Italian flag carrier.
alitare /ali'tare/ [1] intr. (aus. *avere*) **1** to breathe **2** *(soffiare lievemente)* to blow* gently, to sigh.
alite /'alite/ m. *~ ostetrico* midwife toad, nurse-frog.
▷ **alito** /'alito/ m. **1** breath; *~ cattivo* bad breath; *il suo ~ puzza di birra* his breath smells of beer **2** FIG. breath; *~ di vento* breath of wind; *soffiare l'~ vitale in* to breathe life into.
alitosi /ali'tɔzi/ ♦ *7* f.inv. halitosis; *soffrire di ~* to have *o* suffer from halitosis.
alizarina /aliddza'rina/ f. alizarin.
all. ⇒ allegato enclosure (encl.).
all' /all/, **alla** /'alla/ → **a.**
allacciamento /allattʃa'mento/ m. *(a luce, acqua, telefono, gas)* connection (**a** to); *chiedere l'~ alla rete* TEL. to apply to have the phone connected *o* hooked up ◆◆ *~ ferroviario* feeder.
▷ **allacciare** /allat'tʃare/ [1] **I** tr. **1** to fasten [*cintura, vestito*]; *(con lacci)* to lace (up) [*scarpe*]; *(con fibbia)* to buckle; *~ le cinture di sicurezza* to fasten one's seatbelts; AUT. to belt up; *si prega di ~ le cinture di sicurezza* please fasten your seatbelts *o* your safety belts **2** MED. to tie [*arteria, vena*] **3** *(stringere rapporti)* to establish, to strike* up [*relazioni, rapporti*] **4** TECN. to connect [*telefono, corrente*]; *fare ~ il gas, il telefono* to have the gas, the phone connected; *verremo ad ~ il gas lunedì* we will connect you on Monday **5** *(collegare a una rete)* to connect [*tubo, casa*] (**a** to) **II allacciarsi** pronom. to fasten [*vestito, cintura*]; *(con lacci)* to lace (up) [*scarpe*]; *(con fibbia)* to buckle.
allacciato /allat'tʃato/ **I** p.pass. → **allacciare II** agg. *essere ~ a* to be connected to [*rete elettrica, linea telefonica*]; *tenere -e le cinture di sicurezza* to keep one's seatbelts fastened.

allacciatura /allattʃa'tura/ f. ~ ***a gancio*** SART. hook and eyes.

allagamento /allaga'mento/ m. flooding.

▷ **allagare** /alla'gare/ [1] **I** tr. *(sommergere)* [*pioggia, fiume*] to flood, to inundate, to drown [*campi, città, casa*]; ***ho allagato i vicini*** I flooded the neighbours **II allagarsi** pronom. [*cantina, strade, campi*] to flood.

allagato /alla'gato/ **I** p.pass. → **allagare II** agg. [*campi, casa*] flooded; ***la cucina era -a*** the kitchen was swimming in water; ***"strada -a"*** "flood!".

allampanato /allampa'nato/ agg. lanky, gangling, spindle-legged, spindle-shanked.

allappare /allap'pare/ [1] tr. [*frutto*] to set* sb.'s teeth on edge.

allargamento /allarga'mento/ m. **1** *(di strada)* widening; *(di un locale)* extension **2** FIG. *(di azienda, impresa, riforma)* enlargement; *(di cultura, idee)* spread; ***l'~ della UE ad altri paesi*** the enlargement of the EU to other countries.

▶ **allargare** /allar'gare/ [1] **I** tr. **1** *(ampliare)* to broaden, to widen [*strada, tunnel, apertura*]; to let* out [*abiti*]; to extend, to enlarge [*casa*]; to expand [*azienda*] **2** FIG. *(estendere)* to broaden, to widen, to expand [*conoscenze, orizzonti, idee, prospettive*]; to increase [*maggioranza, elettorato*]; to widen [*dibattito*]; ***viaggiare allarga la mente*** travel broadens the mind; ~ ***la propria cerchia di amici*** to widen one's circle of friends; ~ ***l'ambito di un'indagine*** to widen the scope of an enquiry **3** *(aprire, spiegare)* to open, to splay, to spread* [*dita, gambe*] **4** *(distanziare)* to move [sth.] aside [*sedie*] **5** *(deformare)* [*persona*] to stretch [*abiti, scarpe*] **II** intr. (aus. *avere*) SPORT to open up **III allargarsi** pronom. **1** *(ampliarsi, dilatarsi)* [*fiume, strada*] to broaden (out), to widen, to open out; [*famiglia, gruppo*] to expand, to grow*; [*spalle, fianchi*] to become* broader; [*persona*] to grow* broader, to fill out; [*scarpe, vestiti*] to stretch **2** FIG. to widen; ***l'abisso tra di loro si allarga sempre di più*** the gap between them continues to widen; ***-rsi nelle spese*** to spend too much, to exaggerate with the expenses; ***-rsi nel proprio lavoro*** to expand one's business; ***traslocare per -rsi*** to move in order to have more space; ***non ti ~!*** COLLOQ. don't overdo it! **3** SPORT *(nel calcio)* ***-rsi sulle ali*** to spread out on the wings ◆ ~ ***i cordoni della borsa*** to loosen the purse-strings; ***mi si allargò il cuore*** *(per la consolazione)* my heart lightened; *(per la gioia)* my heart swelled.

allargato /allar'gato/ **I** p.pass. → **allargare II** agg. [*strada, via*] widened; [*maggioranza, governo*] increased; [*dita, gambe*] opened, spread; [*abiti, scarpe*] stretched.

allargatura /allarga'tura/ f. widening, broadening.

allarmante /allar'mante/ agg. alarming; [*risultato, statistica*] frightening; [*notizia*] perturbing; ***in modo ~*** alarmingly; ***d'una violenza ~*** alarmingly violent; ***raggiungere proporzioni -i*** to reach alarming proportions; ***un livello di ignoranza ~*** an alarming degree of ignorance.

▷ **allarmare** /allar'mare/ [1] **I** tr. [*persona, notizia, rumore*] to alarm, to worry, to startle, to perturb [*persona, popolazione*]; ***non voglio allarmarti, ma...*** I don't want to cause alarm, but... **II allarmarsi** pronom. to be* alarmed, to get* worried (**per** at, by); ***non c'è motivo d' -rsi*** there is no cause *o* occasion for alarm.

▷ **allarme** /al'larme/ m. **1** *(sistema)* alarm; ***impianto d'~*** alarm system, burglar alarm; ***azionare un ~*** o ***inserire l'~*** to activate *o* turn on an alarm; ***l'~ si è messo in funzione*** the alarm went off; ***installare un (sistema d')~ su una macchina*** to alarm a car; ***sirena d'~*** (warning) siren; ***campanello d'~*** alarm bell (anche FIG.) **2** *(segnale)* alert; ***falso ~*** false alarm (anche FIG.); ***falso ~ bomba*** bomb hoax; ***(segnale di) cessato ~*** all clear; ***dare il segnale d'~*** o ***dare l'~*** to raise *o* give the alarm (anche FIG.); ***suonare l'~*** to sound the alarm **3** *(condizione)* ***essere in stato d'~*** to be in a state of alert; FIG. to be on the alert (**per** for); ***mettere in (stato d')~*** to alarm **4** FIG. *(apprensione)* ***nessun motivo d'~*** no cause for alarm; ***una popolazione tenuta in ~*** a population kept perpetually on its guard; ***grido d'~*** cry of alarm ◆◆ ~ ***aereo*** air alert, air-raid warning; ~ ***alimentare*** food scare; ~ ***antifurto*** burglar alarm, intruder alarm; ~ ***antincendio*** fire alarm, fire bell; ~ ***bomba*** bomb alert, bomb scare; ~ ***generale*** full alert; ~ ***rosso*** red alert.

allarmismo /allar'mizmo/ m. alarmism, scaremongering.

allarmista, m.pl. **-i**, f.pl. **-e** /allar'mista/ m. e f. alarmist, scaremonger.

allarmistico, pl. **-ci**, **-che** /allar'mistiko, tʃi, ke/ agg. alarmist; ***voce -a*** scare story; ***tattica -a*** scare tactic.

allascare /allas'kare/ [1] tr. MAR. to slacken.

allato /al'lato/ avv. ANT. LETT. near, close by.

allattamento /allatta'mento/ m. *(umano)* suckling, nursing; *(di animali)* suckling; ***reggiseno per ~*** nursing bra ◆◆ ~ ***artificiale*** bottle-feeding; ~ ***materno*** breast-feeding; ~ ***misto*** mixed feeding; ~ ***a richiesta*** demand feeding; ~ ***al seno*** → ~ **materno.**

▷ **allattare** /allat'tare/ [1] tr. [*donna*] to feed*, to nurse, to suckle [*bambino*]; [*animale*] to suckle; ~ ***un neonato al seno*** to breast-feed a baby, to feed a baby on breast; ~ ***con il biberon*** to bottle-feed.

alle /'alle/ → **a.**

▷ **alleanza** /alle'antsa/ f. **1** *(intesa, accordo)* alliance (**tra** between; **con** with); ***stringere un'~ con*** to form an alliance with; ***sciogliere un'~*** to break off an alliance; ~ ***difensiva, offensiva*** defensive, offensive alliance; ***la Triplice Alleanza*** the Triple Alliance **2** RELIG. covenant; ***l'arca dell'~*** the Ark of the Covenant.

▷ **allearsi** /alle'arsi/ [1] pronom. to ally; ~ ***con*** o ***a qcn.*** to ally oneself with *o* to sb., to form an alliance with sb.; *(unire le forze)* to join forces with sb.; ~ ***contro qcn.*** to ally against sb.; *(unire le forze)* to join forces against sb.

alleato /alle'ato/ **I** p.pass. → **allearsi II** agg. [*stato, partito*] allied (**con** with; **a** to) **III** m. (f. **-a**) ally; ***gli Alleati*** STOR. the Allies; ***venire ucciso da un ~*** to be killed by friendly fire.

allegabile /alle'gabile/ agg. DIR. pleadable.

1.allegare /alle'gare/ [1] tr. *(addurre)* to adduce [*prova*].

2.allegare /alle'gare/ [1] **I** tr. **1** *(accludere)* to enclose [*assegno*] (**a** with, in); to enclose, to attach [*documento*] **2** *(allappare)* ~ ***i denti*** [*frutto*] to set sb.'s teeth on edge **II** intr. (aus. *avere*) BOT. to set*.

allegato /alle'gato/ **I** p.pass. → **2.allegare II** agg. *(accluso)* [*scheda, dossier*] attached, enclosed; ***c'era una fattura -a alla lettera*** *(con clip)* there was a bill clipped to the letter **III** m. *(documento complementare)* annex, enclosure; *(di e-mail)* attachment; ***come in*** o ***da ~*** as per the attached, as enclosed; ***troverete in ~...*** please find enclosed..., enclosed please find...

alleggerimento /alleddʒeri'mento/ m. **1** *(di peso)* lightening; *(di controlli)* relaxing; *(di procedure)* simplification; ***strada di ~ (del traffico)*** relief route **2** *(sgravio)* ~ ***fiscale*** tax relief **3** SPORT *(nello sci)* relief.

▷ **alleggerire** /alleddʒe'rire/ [102] **I** tr. **1** *(rendere meno pesante)* to lighten [*veicolo, fardello, bagaglio*] **2** *(sgravare)* to reduce [*debito, oneri, tasse*] (**di** by); to simplify [*struttura, procedura, controllo*]; FIG. to ease, to relieve [*cuore, coscienza*]; *(alleviare)* to improve [*condizioni di detenzione*]; ~ ***qcn. di qcs.*** to relieve sb. of sth.; ***dobbiamo ~ il carico di lavoro dei giovani dottori*** we must lighten the load of young doctors; ~ ***i programmi*** SCOL. UNIV. to shorten the syllabus, to cut the content of courses **3** FIG. *(allentare)* to ease [*tensione*] **4** COLLOQ. SCHERZ. *(derubare)* ***un borseggiatore lo ha alleggerito del portafoglio*** a pickpocket relieved him of his wallet **II alleggerirsi** pronom. **1** *(diventare meno pesante)* [*veicolo, fardello, bagaglio*] to lighten, to get* lighter; *(di indumenti)* to put* on lighter clothes **2** *(diventare meno ingente)* [*debito, oneri*] to be* reduced; [*struttura, procedura, controllo*] to be* simplified **3** *(diventare meno gravoso)* [*condizioni di detenzione*] to be* improved.

alleggiare /alled'dʒare/ [1] tr. to light* [*nave*].

alleggio, pl. **-gi** /al'leddʒo, dʒi/ m. *(barca)* lighter; *(scarico)* lighterage.

allegoria /allego'ria/ f. **1** LETTER. allegory (**di** of) **2** ART. figuration.

allegoricamente /allegorika'mente/ avv. allegorically.

allegorico, pl. **-ci**, **-che** /alle'gɔriko, tʃi, ke/ agg. allegoric(al).

allegorista, m.pl. **-i**, f.pl. **-e** /allego'rista/ m. e f. allegorist.

allegorizzare /allegorid'dzare/ [1] tr. to allegorize.

allegramente /allegra'mente/ avv. **1** *(con allegria)* [*ridere, giocare, dire*] happily; [*camminare, partire, cantare*] merrily, cheerfully **2** IRON. *(alla leggera)* ***prendere la vita ~*** not to take life seriously.

allegretto /alle'gretto/ **I** m. allegretto* **II** avv. allegretto.

allegrezza /alle'grettsa/ f. cheer, mirthfulness.

▷ **allegria** /alle'gria/ f. **1** *(gioia)* cheerfulness, jolliness, mirth, gaiety; ***esplosione di ~*** joyous outburst; ***in ~*** in high spirits; ***stare in ~*** to have a good time; ***con ~*** gaily, cheerfully **2** *(buon umore)* ***mettere ~ a qcn.*** to put sb. in high spirits, to raise sb.'s spirits; ***fare perdere l'~ a qcn.*** to knock the spirit out of sb.

▶ **allegro** /al'legro, al'lɛgro/ **I** agg. **1** [*persona, umore*] cheerful, bright, playful; [*carattere, sguardo*] cheerful; [*viso*] happy; [*atmosfera*] gay, convivial; ***c'è poco da stare -i*** you have *o* there is little to laugh at *o* about **2** *(gioioso)* [*musica*] cheerful, gay; *(vivace)* [*colore*] bright, gay; ***tenere ~ qcn.*** to keep sb. happy; ***essere di umore ~*** to be in a good mood **3** SCHERZ. *(brillo)* jolly, merry, tipsy; ***essere un po' ~*** to be in one's cups **4** *(spensierato)* gay, larky; ***condurre una vita -a*** to live it up **5** *(di condotta)* easy; ***donnina -a*** good-time girl, easy woman **6** IRON. *(prossimo all'illegalità)* ***contabilità -a*** creative accounting **II** m. MUS. allegro* **III** avv. allegro

◆ ***essere ~ come un fringuello*** to be as happy as a lark; ***le -e comari di Windsor*** the Merry Wives of Windsor; ***la vedova -a*** the Merry Widow; ***gente -a il ciel l'aiuta*** PROV. = heaven helps the happy.

allegrone /alle'grone/ m. (f. **-a**) ***essere un ~*** to have a cheerful disposition.

allele /al'lɛle/ m. allele.

1.alleluia /alle'luja/ **I** m.inv. alleluia, hallelujah; ***intonare un ~*** to strike up an alleluia; ***cantare ~*** FIG. to exult **II** inter. alleluia, hallelujah.

2.alleluia /alle'luja/ m.inv. BOT. wood sorrel.

▷ **allenamento** /allena'mento/ m. *(preparazione fisica)* training, coaching, workout, practise BE, practice AE; *(addestramento)* training; *(esercizio)* practise BE, practice AE; ***campo di ~*** training ground, training camp; ***essere fuori ~*** to be out of training *o* out of shape; ***mantenersi*** o ***tenersi in ~*** to keep in shape *o* in form; ***sessione di ~*** training session; ***incontro di ~*** training match, practice match; *(di box)* sparring match, spar; ***circuito di ~*** circuit training; ***~ in quota*** altitude training; ***~ con l'ombra*** shadow boxing; ***un buon ~ per mettersi in proprio*** FIG. a good training for running one's own business.

▷ **allenare** /alle'nare/ [1] **I** tr. **1** *(preparare)* to train, to coach [*atleta, squadra*] (**per** for; **a fare** to do) **2** *(addestrare)* to train [*animale*]; *(esercitare)* to train, to exercise [*memoria, orecchio*] **II allenarsi** pronom. *(prepararsi fisicamente)* [*atleta*] to train, to practise BE, to practice AE (**per** for); [*pugile*] to spar; [*rematore*] to tub; *(esercitarsi)* to practise BE, to practice AE (**in**, **per** for); ***-rsi nel salto in lungo*** to train *o* practise for the long jump; ***-rsi in matematica*** to practise in mathematics.

allenato /alle'nato/ **I** p.pass. → **allenare II** agg. [*persona, atleta, animale*] (well-)trained; [*soldato*] seasoned; [*memoria, voce, orecchio*] trained; [*occhio*] experienced, expert; ***essere ~*** *(preparato fisicamente)* to be in practise; *(abituato)* to be accustomed *o* used (**a** to; **a fare** to doing).

allenatore /allena'tore/ ➧ ***18*** m. (f. **-trice** /tritʃe/) *(di atleta, squadra)* coach, trainer; *(di cavallo)* trainer; ***~ di calcio*** football coach; ***~ della nazionale*** national team coach *o* trainer.

allentamento /allenta'mento/ m. **1** *(di corde, viti)* loosening, looseness, slack; *(di freno)* release **2** *(di disciplina, sorveglianza, attenzione, tensione)* slackening, slackness, relaxation **3** ECON. ***~ dei tassi d'interesse*** relaxation of interest rates.

▷ **allentare** /allen'tare/ [1] **I** tr. **1** to loosen [*cravatta, colletto, cintura, nodo*]; to loosen, to unloose, to work [sth.] loose [*vite*]; to loosen, to slack off, to slacken (off), to work [*corda*]; to slack off, to slacken (off) [*dado, bullone*]; to release [*freno*]; ***~ la presa su qcs.*** to relax *o* loosen one's grip *o* hold on sth.; ***~ le briglie*** o ***le redini*** to give a horse its head, to slacken the reins; FIG. to let go **2** FIG. to weaken [*legami*]; *(ridurre)* to loosen, to relax, to let* up on [*disciplina, controlli*]; to reduce [*sorveglianza*]; ***~ la tensione*** to ease the tension; ***~ la propria attenzione*** to let one's attention wander; ***~ i propri sforzi*** to let up **3** COLLOQ. *(appioppare)* ***~ un ceffone a qcn.*** to land a blow to sb., to clout sb. **II allentarsi** pronom. **1** [*cravatta, collo, cintura, nodo, vite*] to come* loose, to loosen; [*dado, bullone, corda*] to slacken; ***la vite si è allentata (poco a poco)*** the screw worked itself *o* worked its way loose **2** FIG. *(diminuire, attenuarsi)* [*disciplina, sorveglianza*] to get* slack, to grow* slack, to relax; [*embargo, controllo*] to be* relaxed; [*legami, relazioni*] to loosen, to weaken, to cool; [*tensione*] to ease ◆ ***~ i cordoni della borsa*** to loosen the purse-strings.

allentato /allen'tato/ **I** p.pass. → **allentare II** agg. **1** [*lacci, cintura, bottone, cravatta, nodo*] loose; [*corda*] slack; [*cavo*] slack, sagging; [*bullone*] insecure **2** FIG. [*legami, relazioni*] cool; [*sorveglianza*] lax, slack.

allergene /aller'dʒɛne/ m. allergen.

▷ **allergia** /aller'dʒia/ ➧ ***7*** f. allergy (**a** to) (anche FIG.); ***avere un'~ a qcs.*** to have an allergy to sth., to be allergic to sth. (anche FIG.); ***~ a un medicinale*** allergy to a medicine; ***~ al sole*** allergy to the sun *o* to sunshine; ***~ professionale*** work-related allergy.

allergico, pl. **-ci**, **-che** /al'lɛrdʒiko, tʃi, ke/ **I** agg. allergic (**a** to) (anche FIG.) **II** m. (f. **-a**) ***un ~*** a person suffering from allergies, an allergy sufferer.

allergologia /allergolo'dʒia/ f. study of allergies.

allergologo, m.pl. **-gi**, f.pl. **-ghe** /aller'gɔlogo, dʒi, ge/ ➧ ***18*** m. (f. **-a**) allergist.

allerta, **all'erta** /al'lerta, al'lɛrta/ **I** m. e f.inv. ***massima ~*** MIL. red alert; ***stato d'~*** MIL. (state of) alert, state of preparedness, stand-to; ***essere in (stato di) ~*** MIL. to be on the alert, to stand to; ***mettere qcn. in (stato di) ~*** MIL. to alert sb., to stand sb. to, to put sb. on standby *o* on the alert **II** agg.inv. ***stare ~*** to have *o* keep one's ear to the ground, to be on the watch, to be on the look-out (anche MIL.), to be on the alert (anche MIL.) **III** inter. ***~!*** look out!

allertare /aller'tare/ [1] tr. *(mettere in allarme)* to alert [*persona, servizio*].

allestimento /allesti'mento/ m. **1** *(realizzazione) (di parco, giardino)* layout **2** *(organizzazione)* preparation, organization; *(di fiera, mostra)* mounting; *(di negozio)* fitting **3** TEATR. staging, mounting; CINEM. production (**di** of); ***~ di X dell'"Amleto"*** X's staging of "Hamlet" **4** MAR. fitting-out **5** MIL. activation.

allestire /alles'tire/ [102] tr. **1** *(realizzare)* to equip [*cucina, bagno*]; to lay* out [*giardino, campo sportivo*]; to fit out [*negozio, museo*]; to dress [*vetrina*]; ***~ un tendone sulla piazza*** to put up a big top on the square **2** *(organizzare)* to organize [*fiera*]; to mount, to put* on [*mostra*]; to organize, to lay* out [*buffet*] **3** TEATR. CINEM. to stage, to mount, to put* on [*opera teatrale, spettacolo*]; to set* [*scenografia*] **4** MAR. to fit out [*nave*] **5** MIL. to organize [*spedizione*]; ***~ il proprio quartier generale*** to set up one's headquarters.

allettamento /alletta'mento/ m. lure, allurement, enticement.

allettante /allet'tante/ agg. [*offerta, idea, prospettiva*] tempting, enticing, attractive; [*proposta*] seductive, enticing, attractive; ***un lavoro poco, non molto ~*** a rather unappealing, unattractive job.

allettare /allet'tare/ [1] tr. to allure, to tempt, to entice, to attract; ***~ qcn. con promesse*** to tempt sb. with promises.

▶ **allevamento** /alleva'mento/ m. **1** *(attività)* farming, breeding, raising; ***~ di bestiame*** stock rearing, stock-breeding, livestock farming; ***~ di polli, di maiali, di pecore*** chicken, pig, sheep farming; ***animale da ~*** farm animal; ***pollo da ~*** battery chicken **2** *(luogo)* farm; ***~ di polli, di maiali, di pecore*** chicken, pig, sheep farm; ***~ di pesci*** aquafarm, fish farm; ***~ di ostriche*** oyster farm **3** *(educazione di bambini)* upbringing ◆◆ ***~ in batteria*** battery farming; ***~ estensivo*** extensive livestock farming; ***~ industriale*** factory farm; ***~ intensivo*** intensive livestock farming; ***~ selettivo*** selective breeding.

▶ **allevare** /alle'vare/ [1] tr. **1** to breed*, to raise, to rear [*animali*]; to keep* [*polli*] **2** to bring* up, to rear, to raise [*bambini*] ◆ ***~ una serpe in seno*** to nurse *o* take a viper in one's bosom.

allevatore /alleva'tore/ ➧ ***18*** m. (f. **-trice** /tritʃe/) breeder, raiser, rearer, fancier; ***~ di polli, di maiali, di pecore*** chicken, pig, sheep farmer; ***~ di bestiame*** stock-breeder, cattleman; ***~ di cani*** dog breeder, dog-fancier.

alleviamento /allevja'mento/ m. **1** *(di dolore, tensioni)* alleviation, relief **2** *(delle condizioni) (di vita)* relief; *(di pena)* mitigation.

alleviare /alle'vjare/ [1] tr. **1** *(mitigare)* to alleviate, to dull, to ease, to relieve, to soothe [*pena, sofferenza, dolore, bruciatura*]; ***~ il raffreddore di qcn.*** to make sb.'s cold better; ***~ il mal di testa di qcn.*** to relieve sb.'s headache; ***una pomata per ~ il bruciore della pelle scottata dal sole*** a cream to take the heat out of sunburnt skin **2** *(migliorare)* to alleviate [*miseria, condizioni di vita, dispiacere*].

allibare /alli'bare/ [1] tr. to light* [*nave*].

allibire /alli'bire/ [102] intr. (aus. *essere*) to be* astounded, to be* dazed, to be* flabbergasted; ***fare ~ qcn.*** to flabbergast sb.

allibito /alli'bito/ **I** p.pass. → **allibire II** agg. astounded, dazed, gobsmacked BE COLLOQ.; ***restare ~ per*** o ***di fronte a qcs.*** to be flabbergasted at sth.

allibo /al'libo/ m. → **alleggio.**

allibramento /allibra'mento/ m. ECON. bookmaking.

allibrare /alli'brare/ [1] tr. ECON. to enter, to register [*partita*].

allibratore /allibra'tore/ ➧ ***18*** m. (f. **-trice** /tritʃe/) **1** ECON. turf accountant, bookmaker **2** SPORT bookmaker, bookie COLLOQ.

allietare /allje'tare/ [1] **I** tr. to enliven [*conversazione, serata, assemblea*]; to cheer up [*stanza*]; to cheer, to delight [*persona*] **II allietarsi** pronom. to cheer up, to brighten (**per**, **a** at).

▶ **allievo** /al'ljɛvo/ m. (f. **-a**) **1** pupil, student; ***un ex ~*** an old boy; ***~ di scuola guida*** learner driver BE, student driver AE; ***numero di -i per insegnante*** teacher-pupil ratio, staff-pupil ratio **2** MIL. *(di accademia militare)* cadet ◆◆ ***~ infermiere*** student nurse; ***~ ufficiale*** cadet.

alligatore /alliga'tore/ m. alligator, gator AE COLLOQ.

allignare /alliɲ'ɲare/ [1] intr. (aus. *essere*, *avere*) **1** *(attecchire)* [*pianta*] to gain a foothold, to get* a foothold, to take* root, to root **2** FIG. to take* root, to root.

allineamento /allinea'mento/ m. **1** *(l'allineare)* alignment **2** *(adeguamento)* alignment; ***~ di qcs. a qcs.*** alignment of sth. with sth.; ***non ~*** POL. nonalignment; ***~ dei prezzi*** adjustment of prices; ***~ del proprio comportamento a quello di qualcun altro*** bringing one's behaviour into line with sb. else's **3** TIP. *(verticale)* justification, lining; *~ **a destra, a sinistra*** right, left justification **4** ARCHEOL. *(di menhir)* ***gli -i di Carnac*** Carnac's alignments ◆◆ *~ **monetario*** monetary alignment.

▷ **allineare** /alline'are/ [1] **I** tr. **1** *(disporre sulla stessa linea)* to align, to line up [*oggetti, punti, persone*] (**con** with); ***allineate i banchi*** put the desks in line; *~ **le persone contro un muro*** to line people up against a wall **2** *(adeguare)* to adjust [*tassi, prezzi, orario, salari*] (**a** to); ***allineeremo i nostri prezzi con quelli della concorrenza*** we will match our competitors' prices **3** TIP. *(verticalmente)* to justify [*testo*]; *~ **a destra, a sinistra*** to justify to the right, to the left **II allinearsi** pronom. **1** *(mettersi in fila)* to form up, to line up **2** MIL. [*truppe*] to dress **3** FIG. *(conformarsi)* ***-rsi a*** to align oneself with, to fall into line with [*paese, partito, idee, direttiva*].

allineato /alline'ato/ **I** p.pass. → **allineare II** agg. **1** POL. aligned (**a** with); ***non*** *~* nonaligned; ***i paesi -i*** the aligned nations **2** TIP. *(di un testo)* *~ **a destra, a sinistra*** justified right, left **3** MIL. ***-i e coperti*** in line abreast.

allitterare /allitte'rare/ [1] intr. (aus. *avere*) to alliterate.

allitterativo /allittera'tivo/ agg. alliterative.

allitterazione /allitterat'tsjone/ f. alliteration; ***un'~ della s, t*** alliterative "s"s, "t"s.

allo /'allo/ → **a.**

allocare /allo'kare/ [1] tr. to allocate, to assign [*somma, pensione, premio, budget, indennità*] (**a** to; **per** for).

allocativo /alloka'tivo/ agg. allocative.

allocazione /allokat'tsjone/ f. **1** ECON. allocation **2** TECN. INFORM. allocation; *~ **di memoria*** memory allocation; ***errata*** *~* misallocation **3** SPORT prize money.

allocco, pl. **-chi** /al'lɔkko, ki/ m. **1** ORNIT. brown owl, tawny owl **2** FIG. fool, gawk ◆ ***rimanere come un*** *~* to gawk.

allocuzione /allokut'tsjone/ f. allocution.

allodiale /allo'djale/ agg. allodial, udal.

allodio, pl. **-di** /al'lɔdjo, di/ m. allodium, udal.

allodola /al'lɔdola/ f. lark, skylark.

allofono /al'lɔfono/ m. LING. allophone.

allogamia /alloga'mia/ f. allogamy.

allogenico, pl. **-ci, -che** /al'lɔdʒeniko, tʃi, ke/ agg. allogenic.

allogeno /al'lɔdʒeno/ **I** agg. [*popolazione*] of foreign extract **II** m. (f. **-a**) ***un*** *~* a citizen of foreign extraction.

alloggiamento /alloddʒa'mento/ m. **1** accommodation, lodging; ***provvedere all'~ di qcn.*** to find lodgings for sb. **2** MIL. *(luogo) (in caserma)* quarters pl.; *(in case private)* billet; *(acquartieramento)* quartering **3** MECC. *~ **del motore*** engine housing.

▷ **alloggiare** /allod'dʒare/ [1] **I** tr. **1** [*persona*] to put* [sb.] up [*amico*]; to accommodate [*turisti*]; *(ospitare temporaneamente)* [*municipio, scuola*] to provide accommodation for [*feriti, senzatetto*]; ***gli studenti alloggeranno presso le famiglie*** the students will be put up with local families **2** MIL. *(in caserma)* to quarter [*truppe*]; *(in case private)* to billet [*soldato*] **II** intr. (aus. *avere*) **1** *(abitare)* to live; *~ **presso un privato*** to have a room in a private house; *~ **presso qcn.*** to stay with sb. **2** *(risiedere temporaneamente)* to stay; *~ **in albergo, in un ostello della gioventù*** to stay at a hotel, at a youth hostel; *~ **presso una famiglia (del posto)*** to stay with a family **3** MECC. to seat, to lodge ◆ ***chi tardi arriva male alloggia*** PROV. first come first served.

alloggiato /allod'dʒato/ **I** p.pass. → **alloggiare II** agg. housed; ***essere*** *~ **bene, male*** to be well, badly housed.

▷ **alloggio**, pl. **-gi** /al'lɔddʒo, dʒi/ m. **1** accommodation, lodging; ***dare*** *~ **a qcn.*** to put sb. up, to accommodate *o* lodge sb.; ***trovare*** *~ **presso qcn.*** to find accommodation with sb.; ***trovare*** *~ **in un albergo*** to find accommodation *o* to stay in a hotel; ***prendere*** *~ **presso*** to take lodgings with; ***dare un nuovo*** *~ **a qcn.*** to rehouse sb.; ***vitto e*** *~* board and lodging, room and board, bed and board **2** MIL. *(in caserma)* quarters pl.; *(in case private)* billet **3** *(appartamento)* flat BE, apartment AE; ***affittasi -gi*** apartments for rent *o* to let BE; *~ **in locazione*** accommodation for rent; ***mercato degli -gi*** property market; ***crisi degli -gi*** housing crisis, housing crunch, housing shortage; ***il problema degli -gi*** the accommodation problem, the housing problem; ***comunità*** *~* sheltered accommodation.

alloglotto /allo'glɔtto/ **I** agg. [*cittadino*] = speaking a different language from the majority of the other inhabitants **II** m. (f. **-a**) ***un*** *~* = a person speaking a different language from the majority of the other inhabitants.

allografo /al'lɔgrafo/ m. allograph.

allomerismo /allome'rizmo/ m. allomerism.

allomorfo /allo'mɔrfo/ agg. LING. CHIM. allomorph.

allontanamento /allontana'mento/ m. **1** *(da un luogo)* removal; *(di immigrato)* turning back **2** FIG. *(da funzione, organizzazione)* departure; *~ **dalla scuola*** mandatory absence; ***un*** *~ **dalla religione*** a swing away from religion **3** *(estraniazione)* estrangement.

▶ **allontanare** /allonta'nare/ [1] **I** tr. **1** to move, push, pull [sth., sb.] away [*oggetto, curiosi*] (**da** from); to dispel, to avert, to lull [*sospetto*]; ***allontanate le sedie dal fuoco*** draw the chairs away from the fire; *~ **qcn. da qcn.*** to distance *o* separate sb. from sb.; ***fanno di tutto per allontanarla da me*** they are doing everything to drive us apart **2** *(mandare via)* to dismiss, to send* [sb.] away [*dipendente*] (**da** from); to expel [*studente*] (**da** from); *~ **qcn. dal proprio incarico*** to relieve sb. of their duties; *~ **qcn. dal potere, dalla scena politica*** to remove sb. from power, from the political scene; *~ **dalla propria mente i cattivi pensieri*** to drive evil thoughts from one's mind **3** *(sventare)* to avert, to pull [sth.] away, to ward off [*pericolo*]; to remove, to dispel, to ward off [*minaccia*] **4** *(ispirare avversione)* ***un comportamento che allontana*** a forbidding attitude **II allontanarsi** pronom. **1** [*persona*] to go* away, to move away (**da** from); *(a piedi)* to walk away; *(in auto)* to drive* away; [*temporale*] to move away (**da** from); [*treno, veicolo*] to draw* away (**da** from); [*automobile*] to drive* off, to drive* out (**da** of); ***-rsi da casa*** to move away from home; ***non allontanarti da qui*** don't move from here; ***-rsi (per) un momento*** to leave for a few minutes **2** FIG. ***-rsi da*** [*persona*] to move away from, to distance oneself from, to drift away from [*ideologia, linea politica*]; [*persona, opera, stile*] to break away from [*tradizione, genere*]; [*persona*] to stray from, to wander off [*argomento*]; ***-rsi dalla retta via*** to stray from the straight and narrow **3** *(l'uno dall'altro)* to drift apart.

allopatia /allopa'tia/ f. allopathy.

allopatico, pl. **-ci, -che** /allo'patiko, tʃi, ke/ **I** agg. [*terapia*] allopathic **II** m. (f. **-a**) allopath.

▶ **allora** /al'lora/ **I** avv. **1** *(in quel momento)* then, at that moment; ***soltanto*** *~ **potrai fare*** only then will you be able to do; *~ **finalmente poté uscire*** then at last he could go out; ***proprio*** *~* right then, at that very moment; ***fino ad*** *~* until then, up to then; ***un'organizzazione terroristica fino ad*** *~ **sconosciuta*** a terrorist organization which nobody had heard of before then; ***solo*** *~ **sapremo se è salvo*** only then will we know whether he's been saved or not; ***fu*** *~ **che prese la parola*** it was then that he started to speak **2** *(a quel tempo)* then, at the time, at that time; *~ **aveva 18 anni*** he was 18 at the time; ***è sempre timido come*** *~* he's as shy as he was then; ***ho gli stessi amici di*** *~* I've got the same friends as I had then; ***la moda, le abitudini di*** *~* the fashion, the custom in those days; ***il proprietario, il padrone, il primo ministro di*** *~* the then owner, boss, prime minister; ***i miei amici di*** *~ **erano soprattutto pittori*** my friends at the time were mainly painters; ***già*** *~ **era apprezzata la musica moderna*** even then modern music was appreciated **3 da allora** *(in frasi negative e interrogative)* since; *(in frasi affermative)* ever since; ***da*** *~ **non lo abbiamo mai più visto*** we haven't seen him since; ***da*** *~ **ci siamo sempre voluti bene*** we've loved each other ever since **4 da allora (in poi)** from then on **5 fin da allora** since then **6 allora come allora** at the time **II** cong. **1** *(in tal caso)* ***se dovesse morire,*** *~ **lei erediterebbe*** if he should die, then she would inherit; *~ **me ne vado*** I'm going then; ***(ma)*** *~ **questo cambia tutto!*** (but) that changes everything, then! ***e*** *~**?*** so what? **2** *(quindi)* ***c'era sciopero della metropolitana,*** *~ **ho preso un taxi*** there was a tube strike, so I took a taxi **3** *(ebbene)* so, well; ***ma dillo,*** *~**!*** then say it! *~**, cominciamo la lezione*** well, let's start our lesson; ***e*** *~**? siamo ancora in ritardo?*** what's this? late again are we? *~**, cosa facciamo?*** so? what shall we do? *~**, chi vuole del caffè?*** all right then, who'd like some coffee? **III** agg.inv. ***l'~ presidente*** the President at the time.

allorché /allor'ke/ cong. LETT. when.

▷ **alloro** /al'lɔro/ **I** m. *(albero, fronde)* bay (tree), sweet bay, laurel; ***corona d'~*** bay wreath, laurel wreath; ***foglia d'~*** GASTR. bay leaf; ***insaporire con l'~*** to add some bay leaves **II allori** m.pl. laurels; ***coprirsi di -i*** FIG. [*soldato*] to distinguish oneself; [*scrittore*] to win many awards; ***mietere -i*** FIG. to reap honours ◆ ***riposare*** o ***dormire sugli -i*** to rest on one's laurels ◆◆ *~ **olimpico*** = a medal in the Olympics.

allorquando /allor'kwando/ avv. LETT. → **allorché.**

allosauro /allo'sauro/ m. allosaurus.

allotrapianto /allotra'pjanto/ m. allograft.

allotropia /allotro'pia/ f. CHIM. allotropy, allotropism.

allotropico, pl. **-ci, -che** /allo'trɔpiko, tʃi, ke/ agg. CHIM. allotropic(al).

allotropo /al'lɔtropo/ m. CHIM. allotrope.

▷ **alluce** /'allutʃe/ ◆ **4** m. big toe, hallux*.

allucinante /allutʃi'nante/ agg. **1** *(sconvolgente, impressionante)* shocking, mind-blowing COLLOQ.; *(incredibile)* amazing; ***è stata***

un'esperienza ~ it was a hallucinative experience 2 RAR. *(abbagliante)* dazzling.

allucinare /allutʃi'nare/ [1] tr. to hallucinate (anche FIG.).

allucinato /allutʃi'nato/ I p.pass. → **allucinare** II agg. [*aria*] wild; [*sguardo*] dazed, staring III m. (f. **-a**) *un* ~ a person suffering from hallucinations.

allucinatorio, pl. **-ri**, **-rie** /allutʃina'tɔrjo, ri, rje/ agg. hallucinatory.

allucinazione /allutʃinat'tsjone/ f. hallucination, delusion; ***soffrire di -i*** to suffer from hallucinations; ***avere (delle) -i*** to hallucinate; FIG. to be seeing things.

allucinogeno /allutʃi'nɔdʒeno/ I agg. [*droga, sostanza*] hallucinogenic, hallucinative, hallucinatory, mindbending II m. hallucinogen, acid COLLOQ.

allucinosi /allutʃi'nɔzi/ ◗ 7 f.inv. hallucinosis*.

alludere /al'ludere/ [11] intr. (aus. *avere*) ~ ***a qcn., qcs.*** to allude to *o* hint at sb., sth.

allumare /allu'mare/ [1] tr. CONC. to taw.

allumatura /alluma'tura/ f. CONC. tawing.

allume /al'lume/ m. alum ◆◆ ~ ***di rocca*** rock alum.

allumina /allu'mina/ f. alumina.

alluminare /allumi'nare/ [1] tr. to aluminize.

alluminato /allumi'nato/ m. aluminate.

alluminatura /allumina'tura/ f. aluminizing.

alluminifero /allumi'nifero/ agg. aluminiferous.

▷ **alluminio**, pl. **-ni** /allu'minjo, ni/ m. aluminium BE, aluminum AE; ***bronzo, solfato d'***~ aluminium bronze, aluminium sulphate; ***contenitore d'***~ foil container; ***foglio di*** ~ aluminium foil BE, (tin) foil, silver foil BE ◆◆ ~ ***anodizzato*** anodized aluminium.

allunaggio, pl. **-gi** /allu'naddʒo, dʒi/ m. moon landing, lunar landing.

allunamento /alluna'mento/ m. MAR. roach.

allunare /allu'nare/ [1] intr. (aus. *essere*) to land (on the moon).

allunga, pl. **-ghe** /al'lunga, ge/ f. BANC. allonge.

allungabile /allun'gabile/ agg. *(estensibile)* extendable; ***tavolo*** ~ draw-top table, leaf table; ***scala*** ~ extension ladder.

allungamento /allunga'mento/ m. 1 *(di lista, procedura)* lengthening 2 *(in ginnastica) (movimento)* stretch; *(tipo di ginnastica)* stretching 3 *(di liquidi)* dilution 4 LING. lengthening 5 AER. *(dell'ala)* aspect ratio 6 FIS. *(di corpo elastico)* extension 7 BANC. allonge.

▶ **allungare** /allun'gare/ [1] I tr. 1 *(in lunghezza)* to lengthen, to let* down [*gonna, maniche*] (**di** by) 2 *(prolungare)* to extend [*itinerario, lista, vacanze*] (**di** by); ~ ***la strada*** to take *o* go the long way round 3 *(distendere)* ~ ***le braccia, le gambe*** to stretch (out) one's arms, legs; ~ ***il passo*** to lengthen one's stride, to quicken one's step; ~ ***il collo*** to crane one's neck 4 *(per prendere)* to reach out; ~ ***la mano per prendere qcs.*** to reach out one's hand for sth. 5 *(diluire)* to water down, to drown [*vino, caffè*]; to thin [*vernice, salsa, sugo*] 6 COLLOQ. *(passare)* to give*, to pass, to hand; ***allungami il pane, per favore*** pass me the bread please 7 COLLOQ. *(sferrare)* to fetch, to land; ~ ***un ceffone a qcn.*** to box sb.'s ears II **allungarsi** pronom. 1 to get* longer, to grow*, to lengthen; ***le giornate si allungano*** the days are getting longer *o* drawing out 2 *(distendersi)* to lie* down, to stretch out ◆ ~ ***le orecchie*** to strain *o* prick up one's ears.

allungato /allun'gato/ I p.pass. → **allungare** II agg. 1 *(disteso)* stretched out 2 *(diluito)* diluted, watered down.

allungatura /allunga'tura/ f. 1 lengthening 2 *(prolunga) (di tavolo)* extension, leaf.

allungo, pl **-ghi** /al'lungo, gi/ m. SPORT *(nel pugilato)* reach; *(nel calcio)* forward pass; *(nella scherma)* extended lunge.

allupato /allu'pato/ agg. COLLOQ. randy, horny.

allusione /allu'zjone/ f. allusion (**a** to), hint (**a** at, about), reference (**a** to); ***fare*** ~ ***a*** to give a hint about, to (drop a) hint at; ***senza fare la minima*** ~ ***al problema*** without alluding at all to the problem; ***una velata, chiara, sottile*** ~ ***a qcn., qcs.*** a veiled, broad, subtle allusion to sb., sth.; ***l'***~ ***non era innocente*** it was not an innocent allusion; ***con chiara*** ~ ***ai recenti avvenimenti*** in a pointed reference to recent events; ***essere pieno di -i*** to be littered with allusions.

allusivamente /alluziva'mente/ avv. allusively.

allusività /alluzivi'ta/ f.inv. allusiveness.

allusivo /allu'zivo/ agg. 1 *(che contiene allusioni)* [*discorsi, risposta, frase*] allusive 2 *(che parla per allusioni)* [*persona*] indirect.

alluvionale /alluvjo'nale/ agg. [*terreno, pianura*] alluvial; ***deposito*** ~ alluvium.

alluvionato /alluvjo'nato/ I agg. [*zona*] flooded II m. (f. **-a**) *(vittima di un'alluvione)* flood victim.

▷ **alluvione** /allu'vjone/ f. 1 *(inondazione)* flood, inundation 2 GEOL. alluvium*.

alma /'alma/ f. LETT. soul.

almagesto /alma'dʒɛsto/ m. almagest.

almanaccare /almanak'kare/ [1] intr. (aus. *avere*) 1 to rack one's brains (**su** about), to puzzle (**su** over) 2 *(fantasticare)* to daydream*.

almanacco, pl. **-chi** /alma'nakko, ki/ m. almanac(k).

almandino /alman'dino/ m. almandine.

▶ **almeno** /al'meno/ avv. at least; ***c'erano*** ~ ***cinquanta persone nella stanza*** there were at least fifty people in the room; ***potresti*** ~ ***scusarti!*** you could at least say sorry, you might at least apologize! ***dovevi*** ~ ***ringraziarlo*** at least you should have thanked him; ***presentare domanda*** ~ ***un anno prima*** to apply at least a year ahead; ~ ***ci ha provato!*** at least *o* if nothing else she made an attempt! ~ ***vent'anni fa*** a good 20 years ago; ***se*** ~ ***mi telefonasse!*** if only she would phone me!

almo /'almo/ agg. LETT. 1 *(che nutre)* lifegiving 2 *(nobile)* great, noble.

almuzia /al'muttsja/ f. amice.

alno /'alno/ m. alder ◆◆ ~ ***nero*** black alder.

aloe /'aloe/ I m. e f.inv. *(pianta)* aloe II f.inv. *(succo)* (bitter) aloes + verbo sing.; ~ ***vera*** aloe vera.

aloetico, pl. **-ci**, **-che** /alo'ɛtiko, tʃi, ke/ agg. aloetic.

alofilo /a'lɔfilo/ agg. halophilic; ***organismo*** ~ halophile.

alofita /a'lɔfita/ f. halophyte.

alogenare /alodʒe'nare/ [1] tr. to halogenate.

alogeno /a'lɔdʒeno/ I agg. halogenous; ***lampada -a*** o ***faro*** ~ halogen lamp II m. halogen.

alogenuro /alodʒe'nuro/ m. haloid.

aloide /a'lɔide/ agg. haloid.

alone /a'lone/ m. 1 ASTR. halo*; ~ ***di luce*** circle of light 2 FOT. halation 3 *(di macchia)* mark, ring 4 FIG. *(aura)* halo*, aura*; ***un*** ~ ***di gloria*** a blaze of glory; ***un*** ~ ***di mistero circonda il progetto*** an air of mystery surrounds the project.

alopecia, pl. **-cie**, **-ce** /alo'pɛtʃa, tSe/ ◗ 7 f. alopecia.

alosa /a'lɔza/ f. shad*.

alpaca /'alpaka/ m.inv. *(animale, lana)* alpaca; ***coperta di*** ~ alpaca blanket.

alpacca /al'pakka/ f. German silver, nickel silver.

alpe /'alpe/ f. 1 LETT. *(montagna)* alp 2 *(alpeggio)* mountain pasture, alp.

alpeggiare /alped'dʒare/ [1] I tr. to lead* [sth.] up to mountain pasture [*bestiame*] II intr. (aus. *avere*) to graze in the mountains.

alpeggio, pl. **-gi** /al'peddʒo, dʒi/ m. mountain pasture.

alpestre /al'pɛstre/ I agg. *(delle Alpi)* alpine; ***paesaggio*** ~ mountain landscape II m. = liquor made from alpine herbs.

Alpi /'alpi/ n.pr.f.pl. ***le*** ~ the Alps; ~ ***svizzere*** Swiss Alps; ~ ***italiane*** Italian Alps; ~ ***bavaresi*** Bavarian Alps; ~ ***della Savoia*** Savoy Alps.

alpigiano /alpi'dʒano/ I agg. alpine; ***popolazione -a*** mountain population II m. (f. **-a**) inhabitant of the Alps; *(montanaro)* mountain-dweller, mountaineer AE.

alpinismo /alpi'nizmo/ ◗ ***10*** m. alpinism, mountain climbing, mountaineering; ***fare*** ~ to go mountaineering.

alpinista, m.pl. **-i**, f.pl. **-e** /alpi'nista/ m. e f. alpinist, mountaineer.

alpinistico, pl. **-ci**, **-che** /alpi'nistiko, tʃi, ke/ agg. ***escursione -a*** climbing expedition.

▷ **alpino** /al'pino/ I agg. [*fauna, flora*] alpine; ***sci*** ~ alpine skiing, downhill skiing; ***corrugamento*** ~ alpine orogeny; ***truppe -e*** alpine troops, mountain troops II m. *(soldato)* = member of the Italian alpine troops.

alquanto /al'kwanto/ I agg.indef. *(una certa quantità di)* some, a certain amount of, quite a bit of; *(un certo numero di)* several, quite a few, quite a lot of; ***dopo*** ~ ***tempo*** after some time; ***aveva bevuto -a birra*** she had drunk a certain amount of beer; ***c'erano -e persone*** there were quite a few people II pron.indef. *(una certa quantità)* some, quite a bit, quite a lot, a good deal III **alquanti** pron.indef.pl. *(un certo numero)* some, several, quite a few; ***ne comprai -i*** I bought quite a few of them IV avv. *(parecchio)* (for) a while, for quite some time; *(piuttosto)* rather, somewhat; ***camminammo*** ~ we walked for quite some time; ***è*** ~ ***infelice*** he is rather unhappy.

Alsazia /al'sattsja/ ◗ ***30*** n.pr.f. Alsace.

alsaziano /alsat'tsjano/ ◗ ***30*** I agg. Alsatian II m. (f. **-a**) 1 *(persona)* Alsatian 2 LING. Alsatian 3 *(cane)* German shepherd, Alsatian BE.

▷ **alt** /alt/ I inter. stop; MIL. halt; ***"Alt Dogana!"*** "Halt Customs!" II m.inv. stop; MIL. halt; ***dare*** o ***intimare l'***~ ***a qcn.*** to order sb. to stop.

alta fedeltà /altafedel'ta/ f.inv. high-fidelity, hi-fi; ***impianto ad*** ~ hi-fi (system, equipment).

▷ **altalena** /alta'lena/ f. **1** *(attrezzo) (a bilico)* seesaw, teeter-totter AE; *(sospesa)* swing; ***andare in*** ~ to go on the swing(s) *o* on the seesaw, to seesaw; ***spingere qcn. sull'***~ to give sb. a swing **2** FIG. seesaw; ***l'~ dei prezzi*** the fluctuation *o* swing in prices; ***l'~ dagli avvenimenti*** the seesaw of events; ***l'~ della vita*** the ups and downs of life.

altalenante /altale'nante/ agg. [*carriera*] chequered BE, checkered AE, full of ups and downs; [*risultati*] which go* up and down.

altalenare /altale'nare/ [1] intr. (aus. *avere*) to seesaw, to vacillate (**tra** between).

altamente /alta'mente/ avv. **1** *(molto)* highly; [*stimare*] greatly; ***~ industrializzato*** highly industrial; ***~ specializzato*** highly specialized; ***~ tossico*** highly toxic; ***~ pericoloso*** highly dangerous; ***~ qualificato*** highly-trained **2** *(nobilmente)* [*pensare, agire*] nobly **3** *(completamente, del tutto)* ***me ne infischio*** ~ I don't give a stuff *o* a toss.

altana /al'tana/ f. rooftop loggia.

▷ **altare** /al'tare/ m. altar; ***condurre una donna all'***~ to lead a woman to the altar *o* down the aisle SCHERZ.; ***andare all'***~ to get married; ***accostarsi all'***~ to receive Holy Communion; ***essere immolato sull'~ di*** to be sacrificed on the altar of; ***tovaglia d'***~ altar cloth; ***pala d'***~ altar piece; ***balaustra d'***~ altar rail ◆ ***mettere*** o ***porre qcn. sugli -i*** to exalt sb., to idolize sb., to put sb. on a pedestal ◆◆ ***~ maggiore*** high altar.

altarino /alta'rino/ m. small altar ◆ ***scoprire gli -i*** to stumble on what's been going on.

altazimut /al'taddzimut/ m.inv. altazimuth.

altazimutale /altaddzimu'tale/ agg. ***montatura*** ~ altazimuth mounting.

altea /al'tɛa/ f. althaea, althea, marshmallow.

alterabile /alte'rabile/ agg. **1** alterable **2** *(deteriorabile)* [*colore*] unstable; [*rivestimento*] easily damaged **3** FIG. *(irascibile)* [*persona*] irritable, touchy, moody.

alterabilità /alterabili'ta/ f.inv. **1** alterability **2** *(deteriorabilità)* perishability, liability to deterioration **3** FIG. *(irascibilità)* irritability, touchiness.

▷ **alterare** /alte'rare/ [1] **I** tr. **1** to alter [*sapore*]; to fade [*colore*]; to adulterate [*sostanza*]; to disfigure [*paesaggio*] **2** *(falsificare, contraffare)* to distort, to corrupt, to adulterate, to sophisticate [*testo*]; to distort, to slant [*storia, fatti*]; to distort, to skew [*risultato*]; to warp [*spirito*]; to alter, to disguise [*voce*]; to twist [*verità*] **3** FIG. *(turbare)* to irritate [*persona*] **4** MUS. to inflect [*nota*] **II alterarsi** pronom. **1** *(deteriorarsi)* [*cibo*] to go* bad, to go* off, to spoil **2** *(irritarsi)* [*persona*] to get* angry, to chafe **3** GEOL. to decay.

alterativo /altera'tivo/ agg. alterative.

alterato /alte'rato/ **I** p.pass. → **alterare II** agg. **1** altered, changed **2** *(falsificato)* [*testo, manoscritto*] falsified, faked; [*risultato*] distorted, skewed **3** *(irritato)* vexed, irritated **4** MUS. ***accordo*** ~ altered chord **5** GEOL. decayed.

▷ **alterazione** /alterat'tsjone/ f. **1** *(di colore)* change (**di** in) **2** *(falsificazione) (di fatti, documenti)* distortion, alteration (**di** to; **in** in); ***~ dei dati*** data corruption **3** FIG. *(irritazione)* irritation, chafe **4** MUS. *(di una nota)* inflection **5** MED. ***~ delle pulsazioni*** change in the pulse rate **6** GEOL. decay ◆◆ ***~ in chiave*** MUS. key signature; ***~ diacronica*** LING. drift.

altercare /alter'kare/ [1] intr. (aus. *avere*) RAR. to altercate.

alterco, pl. **-chi** /al'tɛrko, ki/ m. altercation, wrangle (**per** over; **tra** between; **con** with).

alter ego /alter'ɛgo/ m.inv. alter ego.

alterigia, pl. **-gie, -ge** /alte'ridʒa, dʒe/ f. haughtiness, lordliness, arrogance; ***rispondere con*** ~ to reply haughtily; ***sguardo pieno di*** ~ haughty look.

alternamente /alterna'mente/ avv. → **alternativamente.**

alternante /alter'nante/ agg. alternant, alternating; ***serie -i*** MAT. alternating series.

alternanza /alter'nantsa/ f. **1** alternation (**tra** between); ***l'~ del giorno e della notte*** the alternation of day and night; ***l'~ delle stagioni*** the succession of the seasons; ***~ di rovesci e schiarite*** showers with intermittent bright spells **2** AGR. *(delle colture)* rotation **3** POL. ***scegliere l'***~ [*elettorato, paese*] to opt for a change in power ◆◆ ***~ consonantica*** LING. consonant alternation; ***~ vocalica*** LING. vowel alternation.

alternare /alter'nare/ [1] **I** tr. **1** to alternate; ***~ qcs. a qcs.*** o ***qcs. e qcs.*** to alternate sth. with *o* and sth.; ***alterniamo lezioni di pratica e di teoria*** we alternate between practical work and lessons in theory **2** AGR. to rotate [*colture*] **II alternarsi** pronom. [*persone, colori, stagioni*] to alternate (**a, con** with); ***-rsi con qcn. per fare qcs.*** [*persona, gruppo*] to take turns with sb. (at) doing sth.; ***Silvia e Sara si alternano*** Silvia and Sara alternate (with each other); ***i due partiti si sono alternati al potere per 30 anni*** the two parties have been alternately in and out of power for 30 years.

alternatamente /alternata'mente/ avv. alternatingly.

alternativa /alterna'tiva/ f. **1** *(scelta possibile)* alternative, option; ***avere l'~ di rimanere o partire*** to have the alternative of staying or leaving; ***non mi lasci altra ~ che...*** you leave me no choice *o* alternative but to...; ***non avere*** ~ to have no alternative; ***in*** ~ alternatively, as an alternative; ***in ~ al corso proposto, puoi scegliere...*** as an alternative to the course on offer, you can choose... **2** *(avvicendamento)* alternation.

alternativamente /alternativa'mente/ avv. alternately.

alternativo /alterna'tivo/ agg. **1** MECC. ***motore*** ~ reciprocating engine; ***sega -a*** alternating saw **2** *(sostitutivo)* [*soluzione, metodo, energia, tecnologia*] alternative; ***percorso*** ~ alternative route; ***ipotesi -a*** STATIST. alternative hypothesis **3** *(non convenzionale)* [*educazione, cinema, gruppi, ambienti*] alternative; ***medicina -a*** alternative medicine.

alternato /alter'nato/ **I** p.pass. → **alternare II** agg. **1** [*colori*] alternate, alternating; ***cerchi e quadri -i*** alternate circles and squares; ***sole ~ a rovesci temporaleschi*** sunshine interspersed with showers; ***corrente -a*** EL. alternating current; ***coltivazione -a*** AGR. rotation of crops **2** METR. [*rima*] alternate.

alternatore /alterna'tore/ m. alternator.

▷ **alterno** /al'tɛrno/ agg. **1** [*movimento*] alternate **2** FIG. *(mutevole)* ***le -e vicende della vita*** life's ups and downs; ***essere di umore*** ~ to be moody; ***a giorni -i*** every other day, on alternate days; ***un'economia a fasi -e*** a boom and bust economy; ***l'incontro, la discussione ha avuto fasi -e*** the fight, the debate seesawed **3** BOT. [*foglia, ramo*] alternate **4** MAT. [*angoli*] alternate.

altero /al'tɛro/ agg. *(orgoglioso)* [*portamento*] proud, lofty; *(sdegnoso)* [*persona, sguardo*] haughty, arrogant.

▶ **altezza** /al'tettsa/ f. **1** *(dimensione verticale)* height; ***il muro misura 3 metri in ~ e 6 in lunghezza*** the wall is 3 metres high and 6 metres long; ***nel senso dell'***~ lengthwise; ***una torre di 30 metri d'***~ a tower 30 metres high; ***cime di oltre 6.000 metri d'***~ peaks over 6,000 metres high; ***qual è l'~ del Monte Bianco?*** how high is Mont Blanc? what is the altitude of Mont Blanc? ***quadri appesi a diverse -e*** *(livello)* pictures hung at different heights *o* levels; ***ad ~ d'uomo*** at head height **2** *(statura)* height, stature; ***una persona di notevole*** ~ a very tall person; ***una donna di media*** ~ a woman of average *o* medium height **3** *(quota, altitudine)* altitude, height; ***un paese a 500 metri di*** ~ a village at a height of 500 metres (above sea level) *o* at an altitude of 500 metres **4** *(profondità)* depth; ***l'~ di un pozzo*** the depth of a well **5** *(elevatezza morale)* nobility, greatness, loftiness; ***~ d'animo*** nobility of spirit **6** *(titolo)* highness; ***Vostra Altezza*** Your Highness; ***Sua Altezza Reale*** His, Her Royal Highness **7** MAT. *(di triangolo)* altitude; *(di trapezio, cilindro)* height **8** MUS. *(di suono)* pitch; ***avere -e diverse*** to vary in pitch **9** ASTR. altitude, elevation; ***misurare l'~ di una stella*** to measure the altitude of a star **10** SART. *(di tessuto)* width; ***tessuto a doppia*** ~ broadcloth **11 all'altezza di** ***appendere un quadro all'~ degli altri*** to hang a picture (on a) level with *o* at the same height as the others; ***arrivare all'~ di*** to come up to; ***all'~ della vita*** waist-high, at waist-level; ***accorciare una gonna all'~ delle ginocchia*** to shorten a skirt to knee-level; ***c'è stato un deragliamento all'~ di Firenze*** there was a derailment near Florence ◆ ***essere all'~ del proprio compito, delle proprie responsabilità*** to match up *o* be up *o* be equal to one's task, responsibilities ◆◆ ***~ d'appoggio*** EDIL. ARCH. chest height.

altezzosamente /altettsosa'mente/ avv. haughtily, loftily.

altezzosità /altettsosi'ta/ f.inv. haughtiness, loftiness.

altezzoso /altet'tsoso/ agg. [*tono, sorriso, aria*] haughty, lofty.

alticcio, pl. **-ci, -ce** /al'tittʃo, tʃi, tʃe/ agg. happy, jolly, merry, squiffy, tiddly, tipsy.

altimetria /altime'tria/ f. altimetry.

altimetrico, pl. **-ci, -che** /alti'mɛtriko, tʃi, ke/ agg. altimetric.

altimetro /al'timetro/ m. altimeter.

altipiano /alti'pjano/ → **altopiano.**

altisonante /altiso'nante/ agg. **1** [*discorso, dichiarazione*] resounding; [*nome*] sonorous **2** FIG. *(roboante)* [*stile, titolo*] high-sounding, high-flown, pompous.

Altissimo /al'tissimo/ m. ***l'***~ God on High, the Most High.

altitudinale /altitudi'nale/ agg. altitudinal.

altitudine /alti'tudine/ f. altitude, height, elevation; ***a un'~ di 2.000 metri*** [*paesino*] at a height *o* an altitude of 2,000 metres; [*aereo*] at an altitude of 2,000 metres; ***malattia delle -i*** altitude sickness.

▶ **alto** /'alto/ **I** agg. **1** *(di altezza considerevole)* [*montagna, muro, tacco*] high; [*albero, monumento, edificio*] tall; [*erba*] long, tall; [*neve*] deep; *(profondo)* [*acqua*] deep; *(spesso)* [*strato*] thick; ***un muro ~ 5 metri*** a five-metre high wall; ***un oggetto più ~ che largo*** an object that is higher than it is wide; ***attenzione, il primo gradino è ~*** be careful, the first step is steep; ***il tessuto è ~ 80 cm*** the fabric is 80 cm wide **2** *(di statura elevata)* [*persona*] tall; ***quanto sei ~?*** how tall are you? what's your height? ***sono ~ un metro e settanta*** I'm one metre seventy (tall); ***il bambino è molto ~ per la sua età*** the child is tall for his age **3** *(che si trova in una posizione elevata)* ***la parte -a di un edificio, muro, albero*** the top part of a building, wall, tree; ***lo scaffale più (in) ~*** the top shelf; ***la città -a*** the upper town; ***il sole è ~ sull'orizzonte*** the sun is high above the horizon; ***un vestito a vita -a*** a high-waisted dress **4** *(in una scala di valori)* [*temperatura, pressione, velocità, voto*] high; *(grande, considerevole)* [*prezzo, salario, tasse, reddito*] high; ***giocare una carta più -a*** to play a higher card; ***essere ad ~ rischio*** to be very risky, to be a high risk; ***prodotto di -a qualità*** high-quality product; ***avere un'-a opinione di qcn., se stessi*** to have a high opinion of sb., of oneself **5** *(forte)* [*voce, suono*] loud; ***a voce -a*** [*dire, leggere, pensare*] aloud, in a loud voice; ***parlare a voce -a*** to speak loudly **6** MUS. *(acuto)* [*nota, tonalità*] high, high-pitched; ***ottava -a*** alt **7** *(in una gerarchia)* [*società*] high; ***di ~ rango*** of high rank, high-ranking; ***un uomo di -a estrazione*** a man of high degree *o* estate; ***il ceto ~*** the upper class(es) **8** *(nel tempo)* ***l'~ Medioevo*** the early Middle Ages, the Dark Ages; ***quest'anno Pasqua è -a*** Easter falls *o* is late this year **9** *(nobile)* [*principio, azione*] high, noble; ***~ ingegno*** great genius **10** GEOGR. upper; ***l'~ Nilo*** the Upper Nile; ***l'Alta Italia*** Northern Italy; ***Alto Egitto*** Upper Egypt **II** m. **1** *(parte superiore, lato alto)* top; *"~" (sugli imballaggi)* "this side up" **2 in alto *guardare in ~*** to look up; ***nell'angolo in ~ a sinistra*** in the top left-hand corner; ***mirare troppo in ~*** to aim too high (anche FIG.); ***nell'~ dei cieli*** in Heaven above **3 dall'alto** from above, from the top, from on high; ***ordine che viene dall'~*** order from above *o* from the top **III** avv. *(a un livello elevato)* [*salire, volare, saltare*] high ◆ ***guardare qcn. dall'~ in basso*** to look *o* eye sb. up and down, to look down on sb., to look down one's nose at sb.; ***tenere ~ il morale di qcn.*** to keep sb.'s morale up, to cheer sb. up; ***gli -i e bassi*** the ups and downs (**di** of); ***avere degli -i e bassi*** to have one's ups and downs; ECON. to have peaks and troughs; ***mani in ~!*** hands up! ***andare a testa -a*** to walk tall *o* with one's head held high, to carry one's head high ◆◆ ***~ comando*** high command; ***~ dirigente*** top manager *o* executive, senior manager *o* executive; ***~ esplosivo*** high explosive; ***~ funzionario*** high-ranking *o* senior official, top executive, executive *o* senior officer; ***~ mare*** high *o* open sea; ***~ tedesco*** High German; ***~ tradimento*** high treason; ***-a definizione*** TELEV. high definition; ***-a densità*** high density; ***-a fedeltà*** high-fidelity; ***-a finanza*** high finance; ***-a marea*** high tide *o* water; ***-a moda*** haute couture, high fashion; ***-a pressione*** METEOR. high pressure; ***-a risoluzione grafica*** INFORM. high-resolution graphics; ***-a stagione*** peak *o* high season; ***-a tecnologia*** high technology; ***-a tensione*** EL. high tension *o* voltage; ***-a uniforme*** dress uniform, formal *o* full dress; ***-a velocità*** FERR. high speed.

> **i** **Alto Adige** This is the Northern part of the Trentino-Alto Adige region, made up of the province of Bolzano, which passed to Italy after World War I. In German it is called the *Südtirol*. Most of the population are of German ethnicity and speak German. Since 1948 it has enjoyed a special autonomy, which was further strengthened in 1972: place names are given in German and Italian and civil servants have to pass a bilingual examination. School lessons are held exclusively in German for those of German extraction, and in Italian for those of Italian extraction. This ethnic separation for education should change in the future, giving way to true bilingualism.

altoatesino /altoate'zino/ ➧ **30 I** agg. from, of Alto Adige **II** m. (f. **-a**) native, inhabitant of Alto Adige.

altocumulo /alto'kumulo/ m. altocumulus*.

altoforno, pl. **altiforni** /alto'forno, alti'forni/ m. blast furnace.

altolà /alto'la/ inter. ***~!*** halt! stop!

altolocato /altolo'kato/ agg. high-ranking, highly placed, high-toned AE COLLOQ.; ***amicizie -e*** friends in high places.

altoparlante /altopar'lante/ m. (loud)speaker, squawk box COLLOQ.; ***all'~*** over the loudspeaker.

▷ **altopiano**, pl. **altipiani** /alto'pjano, alti'pjani/ m. plateau, tableland, upland.

altorilievo /altori'ljɛvo/ m. alto-relievo*, high relief.

altostrato /altos'trato/ m. altostratus*.

altresì /altre'si/ avv. LETT. **1** *(anche)* also **2** *(similmente)* likewise.

▶ **altrettanto** /altret'tanto/ **I** agg.indef. *(la stessa quantità di)* as much; *(lo stesso numero di)* as many; *(in frasi negative) (la stessa quantità)* as much, so much; *(lo stesso numero)* as many, so many; ***ci sono sei cucchiai e -e forchette*** there are six spoons and as many forks; ***abbiamo -i soldi quanti ne ha lui*** we have as much money as he has **II** pron.indef. **1** *(la stessa quantità)* as much; *(lo stesso numero)* as many; *(in frasi negative) (la stessa quantità)* as much, so much; *(lo stesso numero)* as many, so many; ***gli ho dato dieci sterline e voi gli dovete ~*** I gave him ten pounds and you owe him as much; ***lui ha molti amici, lei non ne ha -i*** he has a lot of friends but she hasn't as *o* so many **2** *(la stessa cosa)* the same; ***prova, cerca di fare ~*** try and do the same; ***alle dieci se ne andò e dopo un po' feci ~*** he left at ten and after a while I did the same **III** avv. **1** *(nella stessa misura, quantità)* as much; *(lo stesso tempo)* as long; ***gli stipendi sono aumentati del 3% ma ~ i prezzi*** salaries have increased by 3% but prices have increased by just as much; ***il concerto non durò ~*** the concert didn't last as long; ***è intelligente quanto sua sorella, ma non studia ~*** he's as clever as his sister but he doesn't study as hard **2** *(con avverbi, aggettivi) (ugualmente)* as (**quanto** as); ***~ bene, spesso, interessante*** as well, as often, as interesting; ***non ~ costoso*** not quite as expensive **3** *(in risposta a frasi di cortesia)* ***(grazie,) ~!*** (thank you,) the same to you! you're welcome! AE.

altri /'altri/ pron.indef. *(qualcuno)* ***~ potrebbe sostenere il contrario*** somebody (else) *o* others might say the opposite; ***chi ~ avrebbe potuto farlo (se non lui)?*** who else could have done it (but him)? ***non ~ che lui*** no-one else but him; ***l'attrice principale non è ~ che la figlia del regista!*** the star is none other than *o* no less (a person) than the director's daughter!

altrieri /al'trjɛri/ avv. ANT. ***l'~*** the day before yesterday.

▶ **altrimenti** /altri'menti/ avv. **1** *(in caso contrario)* otherwise, or else; ***sbrigati, ~ perdi il treno*** hurry up, otherwise you'll miss the train; ***non è per niente pericoloso, ~ non lo farei*** it's quite safe, otherwise I wouldn't do it; ***adesso smettila, ~...!*** stop it now, or else...! ***mangia questo, ~ più tardi avrai fame*** eat this or else you'll be hungry later **2** *(in altro modo)* otherwise, differently; ***non possiamo fare ~*** we cannot do otherwise *o* differently; ***il destino ha deciso ~*** fate decided otherwise.

▶ **altro** /'altro/ Per tradurre correttamente *altro* in inglese, bisogna innanzitutto distinguere l'uso aggettivale da quello pronominale, e poi capire se *altro* significa *diverso* oppure *in più*: *dammi un altro giornale, questo non mi piace* = give me another newspaper, I don't like this one; *non ne hai altri?* = haven't you got any others? *dammi dell'altra carta, questa non basta* = give me some more paper, this is not enough; *te ne porterò altri* = I'll bring you some more. - Si noti anche che *altro* si traduce *else* quando segue un pronome: *nient'altro* = nothing else; *chi altri?* = who else? - Per questi e più particolari usi di *altro*, si veda la voce qui sotto. **I** agg.indef. **1** *(diverso, alternativo)* other; ***gli -i bambini*** the other children; ***un'-a idea, un ~ libro*** another idea, book; ***lo farò un ~ giorno*** I'll do it some other day; ***nessun ~ luogo, nessun'-a soluzione*** no other space, solution; ***è un'-a cosa*** that's something different; ***era stato ottenuto tutto un ~ effetto*** the effect produced was completely different; ***in -e circostanze*** in *o* under other circumstances; ***l'~ lato, l'-a soluzione*** *(opposto)* the other side, solution **2** *(in più)* other, more; ***vuoi un'-a caramella?*** do you want another sweet? ***prendi un ~ cioccolatino*** have one more chocolate; ***~ caffè?*** some more coffee? ***-e domande?*** any more *o* any other questions? ***non vogliono un ~ figlio, -i figli*** they don't want another child, any more children; ***mi dia -i dieci francobolli*** give me another ten stamps; ***mi rimangono -i due libri da leggere*** I've got two books left to read; ***non ci sono -i esempi*** there aren't any other examples; ***molti -i problemi*** many other problems **3** *(nuovo)* ***comprare un'-a radio*** to buy another radio; ***un ~ Mozart*** *(secondo, novello)* the new *o* a second Mozart **4** *(nel tempo) (scorso)* ***l'altr'anno*** last year; ***l'-a sera*** the other night; ***l'~ ieri*** the day before yesterday; ***quest'~ mese*** *(prossimo)* next month; ***quest'altr'anno*** next year; ***la riunione non è la prossima, ma l'-a settimana ancora*** the meeting is not next week but the week after **5** *(dopo un pronome personale)* ***noi -i, voi -i*** we, you **6 d'altra parte** on the other hand **7 ben altra cosa, tutt'altra cosa** quite a different thing, quite another matter **II** pron.indef. **1** *(persona o cosa diversa)* other (one); ***un ~*** another (one); ***questa mela è marcia, prendine un'-a*** this apple is rotten, have another one; ***non ne hai -i?*** haven't you got any others? ***un ~ non l'avrebbe fatto*** nobody else would have done it; ***avanti un ~*** next, please; ***dove sono gli -i?*** where are the others? ***pensare agli -i*** to think of others *o* of other people; ***l'"-a"*** *(amante)* the "other woman"; ***ti ho preso per un ~*** I mistook you for someone else; ***con questo nuovo taglio sembra un ~*** with this new hairstyle he looks like another person; ***ciò che diverte l'uno infastidisce l'~*** what amuses one annoys the other; ***testardi tanto l'uno quanto l'~*** as stubborn as each other, both equally stubborn; ***dei racconti uno più vivace dell'~*** stories which are more lively than the next; ***da un giorno all'~*** *(improvvisamente)* from one day to the next; *(presto)* any day now; ***un giorno o l'~*** one day or other; ***in un modo o nell'~*** somehow or other, in one way or another, in some form or other; ***si può fare in un modo o nell'~*** you can do it either way; ***in un modo o nell'~ dovrò farcela*** I'll have to manage somehow; ***da una parte e dall'-a*** on both sides, on either sides (**di** of); ***(l')uno dopo l'~, dietro all'~, davanti all'~*** one after, behind the other, one in front of the other; ***dipendiamo l'uno dall'~, gli uni dagli -i*** we depend on each other *o* on one another; ***l'uno e l'~*** both; ***l'uno o l'~*** either; ***o l'uno o l'~!*** it's got to be either one or the other! ***né l'uno, né l'~*** neither one nor the other, neither of them; *(con not o altre negazioni)* either of them **2** *(in più)* ***prendine un ~ se ti piace*** have another one if you like; ***se posso te ne porterò -i*** if I can I'll bring you some more; ***hanno due figli e non ne vogliono -i*** they have two children and don't want any more; ***questo e ~*** this and (a lot) more **3** *(altra cosa, cosa diversa)* **parliamo d'~** let's change subject, let's talk about something else; ***ho ben ~ da fare*** I've more important things to do; ***un motivo come un ~*** as good a reason as any (other); ***~ che studiare, sta al telefono con il ragazzo!*** she's certainly not studying, she's on the phone to her boyfriend! ***~ che cinema, devi riordinare!*** cinema? no way, you've got to tidy up! **4** *(con altri pronomi)* ***chi ~?*** who else? ***cos'~?*** what else? ***qualcun ~*** somebody else; ***nessun ~*** no-one else; ***nient'~*** nothing else; ***nient'~?*** anything else? ***tutti gli -i*** everybody else **5 (l')uno... l'altro** ***una è pieghevole, l'-a no*** one is folding, the other (one) isn't **6 alcuni... altri** ***alcuni sono entusiasti, -i meno*** some people are thrilled, others less so **7 l'un l'altro** each other, one another; ***si rispettano l'un l'~*** they respect each other **8 tra l'altro** ***tra l'~ mi ha raccontato che...*** among other things he told me that...; ***tra l'~, volevo dirti...*** by the way, I meant to tell tou... **9 tutt'altro** ***"sei arrabbiato?" - "tutt'~!"*** *(niente affatto)* "are you angry?" - "far from it!"; ***"è noioso?" - "tutt'~!"*** *(al contrario)* "is it boring?" - "quite the opposite!" **10 tutt'altro che** anything but, far from; ***è tutt'~ che stupido*** he's nobody's fool, he's far from stupid **11 non fosse altro (che) per** if it were not for **12 senz'altro** ***"posso prendere in prestito la tua penna?" - "senz'~!"*** "may I borrow your pen?" - "certainly!"; ***questo è senz'~ il migliore*** this one is definitely the best ◆ ***è un ~ paio di maniche*** that's a horse of a different colour *o* a different kettle of fish; ***ci mancherebbe ~!*** God forbid! ***~ è dire, ~ è fare*** PROV. it's easier said than done.

▶ **altroché** /altro'ke/ avv. **1** *(eccome)* and how! (most) certainly! ***"era buono?" - "~!"*** "was it nice?" - "it certainly was!" **2** *(in risposta a domande negative)* ***"non ti piace?" - "~!"*** "don't you like it?" - "oh yes I do!".

altronde: **d'altronde** /dal'tronde/ avv. besides, on the other hand, however; ***d'~ non c'ero*** besides, I wasn't there; ***d'~, hanno riconosciuto i fatti*** besides, they have acknowledged the facts.

▶ **altrove** /al'trove/ avv. elsewhere, somewhere else; ***il problema è ~*** the problem lies elsewhere; ***trovarsi ~*** to be elsewhere; ***qui o ~, per me è lo stesso*** anywhere, it's all the same to me; ***non specificato ~*** not elsewhere specified; ***avere la mente ~*** FIG. to be miles away.

altrui /al'trui/ v. la nota della voce **mio** agg.poss.inv. another person's, other people's, of others; ***senza l'aiuto ~*** without the help of others, without other people's help; ***la vita, i beni ~*** other people's lives, property.

altruismo /altru'izmo/ m. altruism, unselfishness, selflessness.

altruista, m.pl. **-i**, f.pl. **-e** /altru'ista/ **I** agg. [*persona*] altruistic, selfless, caring; [*gesto*] self-sacrificing, unselfish **II** m. e f. altruist.

altruistico, pl. **-ci, -che** /altru'istiko, tʃi, ke/ agg. altruistic.

altura /al'tura/ f. **1** *(luogo elevato)* rise, hill, high ground **2** MAR. *(alto mare)* ***d'~*** [*navigazione*] deep-sea, ocean; [*imbarcazione*] seagoing, ocean-going; ***pesca d'~*** deep-sea *o* offshore fishing; ***pescatore d'~*** deep-sea fisherman.

alula /'alula/ f. AER. slat.

alunite /alu'nite/ f. alunite.

▷ **alunna** /a'lunna/ f. pupil, schoolchild*, schoolgirl, student AE.

▷ **alunno** /a'lunno/ m. pupil, schoolchild*, schoolkid, schoolboy, student AE; ***~ di prima*** first year, first-former BE; ***i nuovi -i*** the new intake.

▷ **alveare** /alve'are/ m. beehive, hive (anche FIG.).

alveo /'alveo/ m. bed, riverbed ◆◆ ***~ di piena*** flood plain.

alveolare /alveo'lare/ **I** agg. ANAT. FON. GEOL. alveolar; BOT. ZOOL. locular **II** f. FON. alveolar.

alveolato /alveo'lato/ agg. alveolate.

alveolo /al'vεolo/ m. alveolus*; BOT. ZOOL. loculus* ◆◆ ***~ dentario*** alveolus, tooth socket; ***~ polmonare*** alveolus of the lung.

alvino /al'vino/ agg. alvine.

alzabandiera /altsaban'djεra/ m.inv. flag-raising ceremony.

alzacoperte /altsako'pεrte/ m.inv. cradle.

alzacristalli /altsakris'talli/ m.inv. → **alzacristallo.**

alzacristallo /altsakris'tallo/ m. (window) winder; ***-i elettrici*** electric windows; *(meccanismo)* electric winder.

alzaia /al'tsaja/ f. *(strada)* towpath, towing path.

▶ **alzare** /al'tsare/ [1] **I** tr. **1** *(sollevare)* [*persona*] to lift (up) [*scatola, cassa*]; [*vento, macchina*] to whip up, to raise [*polvere*]; to pick up [*ricevitore*]; *(tirare su)* to raise, to lift, to put* up [*dito, testa, gamba, mano*]; to shrug [*spalle*]; to raise [*sopracciglia*]; ***~ il bicchiere per un brindisi*** to raise one's glass; ***~ la mano*** *(per parlare)* to put up *o* raise one's hand; ***~ le mani su qcn.*** *(per colpire)* to raise *o* lay one's hands to sb.; ***~ le mani*** COLLOQ. *(per arrendersi)* to put up one's hands; ***alza i piedi quando cammini!*** pick your feet up when you walk! ***~ gli occhi, la testa, lo sguardo*** *(guardare verso l'alto)* to look up (**su, verso** at); ***senza ~ lo sguardo*** [*parlare, rispondere*] without looking up; [*lavorare*] without a break; ***non ~ il naso*** o ***gli occhi da qcs.*** COLLOQ. not to look up from sth., to slave over, to keep *o* have one's nose to the grindstone; ***~ gli occhi al cielo*** to cast *o* raise one's eyes up to heaven; ***~ la voce*** to speak up, to raise one's voice (anche FIG.); ***~ la voce per difendere qcn., qcs.*** to speak out on sb.'s behalf, in favour of sth.; ***~ la zampa*** COLLOQ. *(urinare)* [*cane*] to cock a leg; ***alza le chiappe!*** POP. get off *o* move your arse! get off your butt! **2** *(incrementare)* to raise, to push up, to put* up, to bump up COLLOQ. [*prezzi*]; ***fare ~ i prezzi*** to send prices soaring; ***l'ultimo esame mi ha alzato la media*** UNIV. the last exam raised my average **3** *(aumentare d'intensità)* to turn up [*termostato, gas, riscaldamento*]; to turn up, to raise [*volume*]; ***~ di un tono*** MUS. *(aumentare d'altezza)* to raise the pitch **4** *(tirare su)* to lift [*gonna, bavero, veletta*]; to raise [*tenda*]; to wind* up [*finestrino*]; to raise, to hoist [*bandiera*]; ***~ il sipario*** TEATR. to raise up the curtain; ***~ le vele*** MAR. to clap on sail, to set sail; ***~ il sedile dell'auto*** to raise the car seat; ***~ la cappotta*** to put the hood up **5** *(dal letto)* to get* [sb.] up [*bambino, malato*] **6** *(sistemare più in alto)* to raise; ***~ lo scaffale di venti centimetri*** to raise a shelf another twenty centimetres **7** *(costruire)* to build*, to put* up, to raise, to erect [*muro, steccato, casa*] **8** *(elevare)* to heighten; ***~ la casa di un piano*** to add another storey to the house, to heighten the house by one storey **9** SPORT to lift [*palla*] **10** GIOC. ***~ le carte*** to cut the cards; ***~ una carta*** to pick up a card **II alzarsi** pronom. **1** *(mettersi in piedi)* ***-rsi in piedi*** to stand up, to rise to one's feet; ***l'ha aiutata ad -rsi in piedi*** he helped her to her feet; ***-rsi in piedi per applaudire*** to rise to one's feet to applaud; ***-rsi da terra*** to get up off the ground, to pick oneself up; ***-rsi dalla sedia*** to rise *o* get up from one's chair; ***-rsi da tavola*** to get up from the table, to get down; ***"l'imputato si alzi"*** DIR. "the accused will stand"; ***-rsi sulle staffe*** EQUIT. to stand up in the *o* on one's stirrups; ***"alzati e cammina"*** "rise and walk" **2** METEOR. [*nebbia*] to lift, to clear; [*mare, onda*] to be* whipped up; [*sole*] to rise*, to climb; [*foschia*] to rise* (**su** over); [*vento*] to rise*, to increase, to spring* up **3** *(dal letto)* to get* up; ***fare fatica ad -rsi*** to find it difficult to get up **4** *(aumentare)* [*livello dell'acqua*] to rise*; [*marea*] to come* in, to come* up; [*prezzi, tassi, moneta*] to rise*, to go* up (**di** by; **a** to); [*febbre, temperatura*] to go* up; ***-rsi di tre gradi*** to rise (by) three degrees; ***non farà ~ il loro livello di vita*** it won't raise their standard of living; ***-rsi al livello di*** to rise up to the level of **5** TEATR. ***si alza il sipario*** the curtain rises (**su** on) **6** *(sollevarsi)* [*parte del corpo*] to rise*; ***alcune mani si sono alzate*** some hands went up; ***-rsi sulla punta dei piedi*** to stand on tiptoe *o* on the tips of one's toes; ***-rsi in volo*** [*aereo*] to climb, to rise up, to take off, to soar up; [*uccello*] to rise up, to soar up; [*palloncino*] to float off, to rise up ◆ ***-rsi col piede sinistro*** to get out of bed on the wrong side; ***-rsi con i polli*** to be up with the lark; ***~ la cresta*** to get on one's high horse; ***non ~ un dito*** not to lift a finger (**per qcn.** for sb.; **per fare** to do); ***~ il gomito*** to crook one's elbow *o* little finger, to bend the *o* an elbow; ***~ i tacchi*** to take to one's heels, to do a runner, to turn on one's heel.

alzata /al'tsata/ f. **1** *(atto dell'alzare)* raising; ***~ di spalle*** shrug (of the shoulders); ***~ d'ingegno*** stroke of genius, brainwave; ***votare per ~ di mano*** to vote by a show of hands; ***votare per ~ e seduta*** to vote by rising or remaining seated; ~ ***in volo*** *(di aereo, mongolfiera)* ascent, climb **2** *(vassoio a più piani) (per dolci)* cake stand **3** *(soprammobile da tavola)* centre-piece **4** *(mobile)* dresser **5** *(di scalino)* riser **6** SPORT *(nella pallavolo)* pass; *(nel sollevamento pesi)* full lift **7** GIOC. *(nel gioco delle carte)* cut **8** GEOGR. levee ◆◆ ~ ***a scaffale*** Welsh dresser.

alzataccia, pl. **-ce** /altsa'tattʃa, tʃe/ f. COLLOQ. ***fare un'~*** to get up at an ungodly hour.

alzato /al'tsato/ **I** p.pass. → **alzare II** agg. **1** *(sollevato)* up; ***le tapparelle erano -e*** the blinds were up **2** *(sveglio)* up, out of bed, up and about; ***non sono ancora -i*** they aren't up yet; ***essere, restare, rimanere ~*** to be, sit, stay up **III** m. ARCH. elevation.

alzavola /al'tsavola/ f. teal*.

Alzheimer /al'tsaimer/ ➧ **7** n.pr. ***morbo di ~*** Alzheimer's disease.

alzo /'altso/ m. *(di arma da fuoco)* rear sights pl.; ***angolo di ~*** angle of elevation, elevation firing angle.

A.M. ⇒ Aeronautica Militare Air Force.

AM /a'ɛmme/ f. RAD. (⇒ amplitude modulation modulazione di ampiezza) AM.

amabile /a'mabile/ agg. **1** *(piacevole)* [*persona*] pleasant, lovable, amiable (**con** to, towards); [*sorriso*] friendly, good-tempered **2** *(al gusto)* [*vino*] smooth.

amabilità /amabili'ta/ f.inv. **1** *(di persona)* lovableness, pleasantness, amiability (**verso** towards) **2** *(di vino, sapore)* smoothness.

amabilmente /amabil'mente/ avv. [*chiacchierare, sorridere*] amiably, pleasantly.

amaca, pl. **-che** /a'maka, ke/ f. hammock.

amadriade /ama'driade/ f. **1** MITOL. hamadryad **2** ZOOL. hamadryad.

amalgama /a'malgama/ m. amalgam (anche FIG.); ***otturazione in ~*** MED. amalgam filling.

amalgamante /amalga'mante/ agg. amalgamative.

amalgamare /amalga'mare/ [1] **I** tr. **1** CHIM. to amalgamate; FIG. *(fondere)* to blend, to mix, to combine, to amalgamate [*elementi, persone, comunità*] **2** *(impastare)* to mix, to cream [*ingredienti*]; ***~ il burro e lo zucchero*** to cream the butter and sugar **II amalgamarsi** pronom. to amalgamate; ***la squadra si è ben amalgamata*** the team have come together well.

amalgamazione /amalgamat'tsjone/ f. amalgamation.

amamelide /ama'mɛlide/ f. witch hazel.

amanita /ama'nita/ f. amanita.

▶ **amante** /a'mante/ **I** agg. ***essere ~ della pittura*** to be fond of *o* keen on *o* a lover of painting; ***essere ~ dei libri*** to be a bookish person *o* a book lover; ***~ del calcio, della musica, degli animali*** football-loving, music-loving, animal-loving **II** m. e f. **1** *(partner sessuale)* lover; *(donna)* mistress; ***farsi un ~*** to take a lover; ***avere un'~*** to have *o* keep a lover; ***essere, diventare -i*** to be, become lovers **2** FIG. lover; ***~ degli animali, della musica*** animal lover, music lover; ***~ dell'opera, del jazz*** opera lover, jazz lover; ***gli -i del teatro*** the theatre-going public, the theatregoers; ***è un'~ del cioccolato*** she loves chocolate; ***è un ~ della buona cucina*** he is a lover of good food, he is a foodie COLLOQ.; ***per gli -i delle sensazioni forti*** for thrill-seekers **3** LETT. ANT. *(innamorato)* lover.

amanuense /amanu'ɛnse/ m. amanuensis*.

amaramente /amara'mente/ avv. bitterly.

amarantino /amaran'tino/ agg. amaranthine.

amaranto /ama'ranto/ ➧ **3 I** m. *(pianta)* amaranth, love-lies-bleeding **II** m.inv. *(colore)* amaranth **III** agg.inv. amaranthine.

amarasca, pl. **-sche** /ama'raska, ske/ f. morello*.

▶ **amare** /a'mare/ [1] v. la voce **1.piacere. I** tr. **1** *(provare amore per)* to love [*uomo, donna, coniuge, animali, patria, potere, Dio*]; to love, to care for, to cherish [*bambini, genitori*]; ***ama il tuo prossimo*** love thy neighbour; ***~ molto, teneramente qcn.*** to love sb. very much, tenderly; ***~ qcn. con tutto il cuore*** to love sb. with all one's heart; ***~ qcn. alla follia*** to love sb. madly *o* to distraction; ***~ senza essere contraccambiati*** to suffer from unrequited love; ***sa farsi ~ da tutti*** he knows how to win everybody's love *o* how to endear himself to everyone **2** *(gradire, apprezzare)* to love, to be* fond of, to enjoy [*attività, sport*]; ***non amo molto questo scrittore*** I don't like this writer much; ***amo ascoltare la musica*** I like *o* love listening to music; ***ama dormire fino a tardi la domenica*** on Sundays he likes *o* loves to sleep in late; ***non ama essere criticato*** he doesn't like to be criticized **3** *(richiedere certe condizioni)* ***questa pianta ama la luce*** this plant likes sunlight **II amarsi** pronom. **1** *(se stesso)* to love oneself **2** *(reciprocamente)* ***-rsi l'un l'altro*** to love each other **3** *(fare all'amore)* to make* love; ***si sono amati tutta la notte*** they made love all night (long) ◆ ***chi mi ama mi segua*** if you love me, follow me.

amareggiare /amared'dʒare/ [1] **I** tr. to embitter, to sadden; ***~ la vita a qcn.*** to make sb.'s life a misery **II amareggiarsi** pronom. to become* embittered.

amareggiato /amared'dʒato/ **I** p.pass. → **amareggiare II** agg. bitter, embittered; ***era molto -a per il modo in cui l'avevano trattata*** she felt bitter about the way they had treated her.

amarena /ama'rɛna/ f. sour cherry.

amaretto /ama'retto/ m. **1** *(biscotto)* macaroon, ratafia (biscuit) BE **2** *(liquore)* = almond based liqueur.

▷ **amarezza** /ama'rettsa/ f. **1** *(sapore amaro)* bitterness **2** *(tristezza)* bitterness, embitterment; ***parlò con molta ~*** he spoke with great sadness *o* bitterness; ***riempire qcn. di ~*** to fill sb. with bitterness **3** *(dispiacere)* ***una vita piena di -e*** a life full of bitter disappointments.

amarilli /ama'rilli/ f.inv. → **amarillide.**

amarillide /ama'rillide/ f. amaryllis.

▷ **amaro** /a'maro/ **I** agg. bitter (anche FIG.); *(senza zucchero)* [*caffè*] without sugar; ***un sorriso ~*** a bitter smile; ***il sapore ~ della sconfitta*** the bitter aftertaste of defeat; ***la mia -a esperienza insegna che...*** I know from bitter experience that... **II** m. **1** *(amarezza)* bitterness **2** *(digestivo)* bitters pl. ◆ ***lasciare l'~ in bocca*** o ***la bocca -a*** to leave a bad *o* nasty taste in one's *o* in the mouth (anche FIG.); ***per lui è stato un boccone ~ da mandare giù*** o ***ingoiare*** he found it a bitter pill to swallow; ***vuotare l'~ calice fino alla feccia*** LETT. to see it through to the bitter end; ***~ come il fiele*** as bitter as gall; ***masticare ~*** = to feel resentful; ***saranno cavoli -i*** there'll be trouble.

amarognolo /ama'roɲɲolo/ **I** agg. bitterish **II** m. ***sapere di ~*** to have a bittery taste.

amato /a'mato/ **I** p.pass. → **amare II** agg. beloved, dear, darling; ***il nostro ~ figliolo*** FORM. our dearly beloved son; ***ha bisogno di sentirsi -a*** she needs to feel loved; ***non essere ~*** to be starved of affection; ***essere poco ~ dai giornalisti*** to be unpopular with the press **III** m. (f. **-a**) beloved.

amatore /ama'tore/ m. (f. **-trice** /tritʃe/) **1** SCHERZ. *(seduttore)* ***un grande ~*** a Don Juan **2** *(appassionato)* connoisseur, lover; ***prezzo da ~*** collector's price; ***~ d'arte, di antiquariato*** art, antiques connoisseur *o* collector **3** *(dilettante)* amateur.

amatoriale /amato'rjale/ agg. ***sport ~*** amateur sport; ***teatro ~*** amateur dramatics; ***film ~*** home movie; ***avere un interesse ~ per qcs.*** to have an amateur interest in sth.

amatorio, pl. **-ri**, **-rie** /ama'tɔrjo, ri, rje/ agg. ANT. ***filtro ~*** love potion, philtre.

amatriciana: **all'amatriciana** /allamatri'tʃana/ agg. e avv. GASTR. = with tomatoes, diced salt pork, onions, red chilli pepper and white wine.

amaurosi /amau'rɔzi/ f.inv. amaurosis*.

amaurotico, pl. **-ci**, **-che** /amau'rɔtiko, tʃi, ke/ agg. amaurotic.

amazzone /a'maddzone/ f. **1** MITOL. Amazon **2** ➧ **9** ***Rio delle Amazzoni*** GEOGR. Amazon (River) **3** *(cavallerizza)* horsewoman*; ***tenuta da ~*** (women's) riding habit; ***cavalcare all'~*** to ride side saddle; ***sella da ~*** side saddle.

amazzonico, pl. **-ci**, **-che** /amad'dzɔniko, tʃi, ke/ agg. Amazonian; [*foresta, tribù*] Amazon attrib.

amazzonite /amaddzo'nite/ f. amazonite, Amazon stone.

ambage /am'badʒe/ f. LETT. ***senza -i*** [*rispondere*] plainly, straight out.

ambascia, pl. **-sce** /am'baʃʃa, ʃe/ f. LETT. *(angoscia)* anguish.

▷ **ambasciata** /ambaʃ'ʃata/ f. **1** *(luogo)* embassy (premises); *(personale diplomatico)* embassy; ***l'~ italiana*** the Italian Embassy; ***l'~ di Francia a Mosca*** the French Embassy in Moscow; ***rivolgetevi all'~*** apply to the embassy **2** *(missione temporanea)* message; ***fare, portare un'~*** to bring, to give a message; ***fare un'~ per qcn.*** to go on a message for sb.

▷ **ambasciatore** /ambaʃʃa'tore/ ➧ **1** m. **1** *(diplomatico)* ambassador; ***l'~ in Giappone, in Grecia*** the ambassador to Japan, to Greece; ***la sua nomina ad ~*** his designation as ambassador; ***~ presso l' ONU*** UN ambassador; ***durante il suo incarico di ~*** during his time as ambassador **2** *(portavoce, rappresentante)* ambassador; ***andare come ~ da qcn.*** FIG. to go on a mission to sb. ◆ ***ambasciator non porta pena*** PROV. don't blame *o* shoot the messenger (for the bad news) ◆◆ ***~ itinerante*** roving ambassador, ambassador-at-large AE; ***~ plenipotenziario*** plenipotentiary ambassador; ***~ straordinario*** ambassador extraordinary.

▷ **ambasciatrice** /ambaʃʃa'tritʃe/ ➧ **1** f. ambassadress (anche FIG.).

ambasso /am'basso/ m. ambsace.

ambedue /ambe'due/ **I** agg. both; ***~ i lati della strada*** both sides of the road; ***i torti sono da ~ le parti*** there are faults on both sides **II**

pron. both; ***uscirono ~ dalla stanza*** they both left the room; ***avete ~ torto*** both of you are wrong.

ambiare /am'bjare/ [1] intr. (aus. *avere*) [*cavallo*] to (go* at an) amble.

ambiatore /ambja'tore/ m. ambler, standard-bred AE.

ambiatura /ambja'tura/ f. → **ambio.**

ambidestrismo /ambides'trizmo/ m. ambidexterity, ambidextrousness.

ambidestro /ambi'dɛstro/ **I** agg. ambidextrous **II** m. ambidextrous person.

ambientale /ambjen'tale/ agg. [*condizione, danno, fattore, inquinamento*] environmental; [*temperatura*] ambient; [*rumore*] surrounding, background; ***protezione*** o ***salvaguardia ~*** environmental protection; ***degrado ~*** degradation of the environment; ***educazione ~*** SCOL. Environmental Studies; ***studio d'impatto ~*** environmental impact assessment; ***consapevole dei problemi -i*** environmentally aware, eco-aware.

ambientalismo /ambjenta'lizmo/ m. **1** environmentalism (anche FILOS.) **2** *(difesa dell'ambiente)* ecology, conservation.

ambientalista, m.pl. **-i**, f.pl. **-e** /ambjenta'lista/ **I** agg. **1** *(ecologista)* environmentalist, conservationist **2** FILOS. environmentalist **II** m. e f. **1** *(ecologista)* environmentalist, conservationist **2** FILOS. environmentalist.

ambientamento /ambjenta'mento/ m. acclimatization, adaptation.

ambientare /ambjen'tare/ [1] **I** tr. **1** *(intonare all'ambiente)* to adapt **2** *(collocare)* to set* [*libro, film, scena*]; ***~ un libro nel 1960, a New York*** to set a book in 1960, New York **II ambientarsi** pronom. [*persona*] to fit in, to settle down, to settle in; ***non si ambienta*** he doesn't fit in; ***fa fatica ad ~*** he is having trouble settling down.

ambientato /ambjen'tato/ **I** p.pass. → **ambientare II** agg. [*film, romanzo*] set; ***una storia -a a Berlino in tempo di guerra*** a story set in wartime Berlin.

ambientazione /ambjentat'tsjone/ f. **1** TEATR. CINEM. setting; ***l'~ è un piccolo paese*** the setting is a small village **2** *(contesto storico-culturale)* ***romanzo di ~ storica*** historical novel.

▶ **ambiente** /am'bjɛnte/ m. **1** BIOL. environment; ***~ marino, tropicale*** marine, tropical environment; ***animali nel loro ~ naturale*** animals in their natural surroundings; ***la giungla è il loro ~ naturale*** the jungle is their home; ***tutela*** o ***salvaguardia dell'~*** environmental protection; ***monitoraggio dell'~*** monitoring of the environment; ***ministero dell'~*** *(in GB)* Department of the Environment, Ministry of the Environment; ***ministro dell'~*** *(in GB)* Environment Secretary (of State), Secretary of State *o* Minister for the Environment; ***servire un vino a temperatura ~*** to serve a wine at room temperature **2** *(ambito)* environment (anche FIG.); ***in (un) ~ sterile*** in a sterile environment; ***~ amichevole*** friendly environment; ***l'~ familiare*** the home environment; ***trovarsi in un ~ familiare*** to be among familiar faces; ***formarsi in un ~ professionale*** to do training in the workplace; ***hai bisogno di cambiare ~*** you need a change of scene; ***in un ~ piacevole, campestre*** in a pleasant, rustic setting; ***il peggiore ~ possibile per un bambino*** the worst possible environment for a child **3** *(retroterra)* background; ***provenire da un ~ borghese*** to come from a middle class background **4** *(gruppo, cerchia, mondo)* ***-i bene informati*** well-informed circles; ***l'~ politico, dell'editoria*** the world of politics, publishing; ***gli -i accademici, del mondo degli affari, ufficiali*** academic, business, official circles; ***l'~ universitario*** the academia; ***l'~ della malavita*** the (criminal) underworld; ***questo non è il tuo ~*** you don't belong here; ***al di fuori del suo solito ~ è un'altra persona*** out of his usual surroundings, he's a different man; ***conoscere persone di ogni ~*** to know people from every walk of life **5** PSIC. SOCIOL. environment **6** *(locale)* room; ***un appartamento di cinque -i*** a five-room flat **7** INFORM. environment ◆ ***essere introdotto nell'~*** to have a foot in the door.

ambigenere /ambi'dʒɛnere/ agg. ***sostantivo ~*** common gender noun.

ambiguamente /ambigua'mente/ avv. ambiguously.

ambiguità /ambigui'ta/ f.inv. **1** *(di parola, formula, situazione)* ambiguity, equivocality; ***senza ~*** [*definire, dire*] unambiguously **2** *(di espressione, personaggio)* shadiness, shiftiness.

▷ **ambiguo** /am'biguo/ agg. **1** *(poco chiaro)* [*parola, risposta*] ambiguous, equivocal; [*linguaggio, discorso, aspetto, espressione*] ambiguous; [*complimento*] backhanded, dubious **2** *(sospetto)* [*situazione, atteggiamento*] equivocal, fishy COLLOQ.; [*persona*] shifty, slippery COLLOQ.

ambio, pl. **-bi** /'ambjo, bi/ m. amble; ***andare d'~*** to (go at an) amble.

ambire /am'bire/ [102] **I** tr. to aim for, to aspire to [*premio, titolo sportivo, medaglia, posto*] **II** intr. (aus. *avere*) ***~ a*** to strive for, to strive after, to aspire to, to yearn for; ***~ a un premio*** to yearn for a prize; ***ambisce a essere un ristorante di lusso*** it aspires to be an exclusive restaurant.

1.ambito /am'bito/ **I** p.pass. → **ambire II** agg. [*area, posizione*] desirable; [*lavoro, ruolo*] sought-after.

2.ambito /'ambito/ m. **1** *(area delimitata)* ***~ di interesse, di competenza, di responsabilità*** area of interest, of expertise, of knowledge; ***allargare l'~ di un'indagine*** to widen the scope of an enquiry; ***questo esula dall'~ delle mie funzioni*** that's not part of my duties; ***uscire dall'~ della legalità*** to go outside the law *o* beyond the limits of the law; *(ambiente)* ***l'~ della famiglia*** the family circle; ***studiare una lingua al di fuori dell'~ scolastico*** to study a language outside of school **2 nell'ambito di** on the occasion of [*inchiesta, negoziati*]; within [*organizzazione*]; ***nell'~ di questa giornata particolare*** on this special occasion; ***le manifestazioni organizzate nell'~ del festival*** events organized as part of the festival; ***restare nell'~ del possibile*** to be within the realms of possibility; ***restare nell'~ del verosimile*** to keep within the bounds of credibility.

ambivalente /ambiva'lɛnte/ agg. [*sentimento, conclusioni*] ambivalent.

ambivalenza /ambiva'lɛntsa/ f. ambivalence.

▷ **ambizione** /ambit'tsjone/ f. ambition; ***avere ~*** to have ambition, to be ambitious; ***non avere ~*** to have no ambition; ***mancare di ~*** to lack ambition; ***avere l'~ di fare qcs.*** [*persona*] to have an ambition *o* to be ambitious to do sth.; ***-i politiche, letterarie*** political, literary ambitions; ***essere pieno di ~*** to be very ambitious *o* full of ambition; ***l'~ lo acceca*** he is blinded by ambition; ***spingere troppo in là le proprie -i*** to pitch one's ambitions too high; ***non lascerà che niente ostacoli la sua ~*** she won't let anything get in the way of her ambition; ***queste riforme hanno l'~ di modernizzare l'industria*** the aim *o* intent of these reforms is to modernize industry.

ambiziosamente /ambittsjosa'mente/ avv. ambitiously.

▷ **ambizioso** /ambit'tsjoso/ **I** agg. [*progetto, scopo, carriera*] ambitious; [*persona*] ambitious, high-flying; ***prefiggersi obiettivi troppo -i*** to overreach oneself **II** m. (f. **-a**) high-flyer; ***gli -i*** ambitious people, high-flyers.

ambliopia /amblio'pia/ ♦ **7** f. amblyopia.

ambo /'ambo/ **I** agg.inv. ***~ gli occhi*** both eyes; ***in ~ i casi*** either way, one way or the other, in both cases; ***da ~ le parti*** on both sides, on either side; ***c'è una volontà di dialogo da ~ le parti*** there is a willingness to talk on both sides; ***sosta (consentita) su ~ i lati*** parking on both sides **II** m. double.

ambone /am'bone/ m. ambo.

ambosessi /ambo'sɛssi/, **ambosesso** /ambo'sɛsso/ agg.inv. of either sex, male or female.

ambra /'ambra/ ♦ **3 I** f. *(resina)* amber; ***collana d'~*** amber necklace **II** m.inv. *(colore)* amber **III** agg.inv. amber ◆◆ ***~ grigia*** ambergris.

ambrato /am'brato/ agg. ***vino ~*** amber wine.

ambrogetta /ambro'dʒetta/ f. decorative tile.

Ambrogio /am'brɔdʒo/ n.pr.m. Ambrose.

ambrosia /am'brɔzja/ f. ambrosia (anche FIG.).

ambrosiano /ambro'zjano/ agg. **1** *(relativo a sant'Ambrogio)* Ambrosian; ***rito ~*** Ambrosian rite **2** *(di Milano)* Milanese.

ambulacro /ambu'lakro/ m. ARCH. ambulatory.

ambulante /ambu'lante/ ♦ **18 I** agg.inv. ***venditore ~*** *(al mercato, alla fiera)* stallholder; *(alla stazione)* snack trolley man; ***venditore ~ di frutta e verdura*** coster(monger); ***venditore ~ abusivo*** unauthorized street vendor; ***suonatore, cantante ~*** busker BE, street musician; ***attore ~*** strolling player; ***biblioteca ~*** mobile library BE; ***teatrino ~*** itinerant players; ***pericolo ~*** FIG. walking disaster; ***è un'enciclopedia, un dizionario ~*** COLLOQ. FIG. she's a walking encyclopaedia, dictionary; ***sembrare un cadavere ~*** FIG. to look like death warmed up, to be a walking skeleton **II** m. e f. *(porta a porta)* pedlar BE, peddler AE; *(alla fiera, al mercato)* stallholder.

▷ **ambulanza** /ambu'lantsa/ f. ambulance; MIL. field ambulance; ***servizio di ~*** ambulance service; ***autista di ~*** ambulance driver.

ambulatoriale /ambulato'rjale/ agg. ambulatory; ***intervento, cura ~*** outpatient operation, treatment; ***paziente ~*** outpatient, ambulatory patient.

▷ **ambulatorio**, pl. **-ri** /ambula'tɔrjo, ri/ m. *(di ospedale)* outpatients' clinic, outpatients' department; *(studio medico)* consulting room, surgery BE, doctor's office AE; ***~ dentistico*** dental office *o* practice; ***~ neonatale*** baby clinic; ***orario di ~*** surgery BE *o* office AE hours.

amburghese /ambur'gese/ ♦ **2 I** agg. from, of Hamburg **II** m. e f. native, inhabitant of Hamburg.

Amburgo /am'burgo/ ➧ *2* n.pr.f. Hamburg.
AME /'ame/ m. (⇒ Accordo Monetario Europeo European Monetary Agreement) EMA.
ameba /a'mɛba/ f. ZOOL. MED. amoeba, ameba* AE.
amebico, pl. **-ci, -che** /a'mɛbiko, tʃi, ke/ agg. amoebic.
ameboide /ame'bɔide/ agg. amoeboid.
▷ **amen** /'amen/ m.inv. **1** RELIG. amen **2** ***in un ~*** FIG. before you could say knife, in a flash.
amenità /ameni'ta/ f.inv. **1** *(fascino)* amenity, pleasantness **2** *(facezia)* pleasantry **3** IRON. *(sciocchezza)* nonsense.
ameno /a'mɛno/ agg. **1** *(piacevole)* pleasant; ***un paesaggio ~*** a pleasant scenery, a nice landscape **2** *(divertente, allegro)* amusing, entertaining; ***lettura -a*** light reading.
amenorrea /amenor'rɛa/ ➧ *7* f. amenorrhea.
amentaceo /amen'tatʃeo/ agg. amentaceous.
amento /a'mɛnto, a'mento/ m. BOT. ament.
America /a'mɛrika/ ➧ *33* n.pr.f. America; ***~ del Nord*** o ***settentrionale*** North America; ***~ centrale*** Central America; ***~ del Sud*** o ***meridionale*** South America; ***~ Latina*** Latin America ◆ ***ha trovato l'~*** he's on a good thing, he's struck it rich; ***sposandola ha davvero trovato l'~*** he certainly backed a winner when he married her; ***hai scoperto l'~!*** big deal!
americanata /amerika'nata/ f. = a thing or action characterized by (supposed) American showiness and exaggeration.
americanismo /amerika'nizmo/ m. Americanism.
americanista, m.pl. **-i**, f.pl. **-e** /amerika'nista/ m. e f. Americanist.
americanistica /amerika'nistika/ f. American studies pl.
americanizzare /amerikanid'dzare/ [1] **I** tr. Americanize [*popolo, impresa*] **II americanizzarsi** pronom. [*persona, popolo, impresa*] to become* Americanized.
americanizzazione /amerikaniddzat'tsjone/ f. Americanization.
▶ **americano** /ameri'kano/ ➧ *25, 16* **I** agg. **1** American **2 all'americana** in the American style; ***caffè all'-a*** filter coffee; ***confronto all'-a*** identification parade, line up; ***tovagliette all'-a*** place mats; ***truffa all'-a*** confidence trick, con game; ***sella all'-a*** Western saddle AE **II** m. (f. **-a**) **1** American **2** LING. *(varietà dell'inglese)* American (English).
americio /ame'ritʃo/ m. americium.
amerindiano /amerin'djano/ → **amerindio.**
amerindio, pl. **-di, -die** /ame'rindjo, di, dje/ **I** agg. Amerindian, Amerindic **II** m. (f. **-a**) Amerind(ian).
ametista /ame'tista/ **I** f. *(gemma)* amethyst **II** m.inv. *(colore)* amethyst **III** agg.inv. amethyst.
amfetamina → **anfetamina.**
amia /'amja/ f. bowfin.
amianto /a'mjanto/ m. asbestos, amianthus; ***tuta d'~*** asbestos suit; ***polvere, fibre d'~*** asbestos dust, fibres.
amica, pl. **-che** /a'mika, ke/ f. **1** friend, girlfriend **2** *(amante)* lover, lady friend.
amichevole /ami'kevole/ **I** agg. **1** *(di, da amico)* [*ambiente, persona, comportamento, gesto*] friendly; [*pranzo, atmosfera, riunione*] convivial, friendly; [*lettera, stile, tono*] friendly, informal; [*osservazione*] good-natured, good-tempered; ***una pacca ~ sulle spalle*** a friendly pat on the back; ***in modo ~*** as a friend, in an informal manner *o* way; ***una riunione ~*** a friendly gathering; ***in rapporti -i con*** on friendly terms with; ***essere ~ nei confronti di qcn.*** to be friendly towards sb.; ***intrattenere relazioni -i con qcn.*** to be on friendly terms with sb. **2** DIR. [*transazione*] privately negotiated; ***accordo, soluzione ~*** amicable settlement; ***giungere a un accordo ~ con qcn.*** to come to an amicable agreement with sb.; ***in via ~*** amicably, on friendly terms, by mutual agreement; ***si sono messi d'accordo per un risarcimento in via ~*** they settled their claims out of court; ***constatazione ~*** AUT. agreed statement **3** SPORT [*partita, incontro*] friendly **4** INFORM. user-friendly **II** f. SPORT friendly (match).
amichevolezza /amikevo'lettsa/ f. friendliness, amicability.
amichevolmente /amikevol'mente/ avv. **1** *(con amicizia)* agreeably, amicably **2** DIR. *(senza contenzioso)* amicably, out of court.
▶ **amicizia** /ami'tʃittsja/ **I** f. **1** *(sentimento)* friendship **U** (**per** for); ***profonda, solida ~*** deep, solid friendship; ***per ~*** out of friendship; ***~ fra i popoli*** friendship between peoples; ***gesto, segno, messaggio d'~*** gesture, mark, message of friendship; ***legami di ~*** friendship ties; ***tener viva, coltivare l'~*** to keep friendship alive *o* going; ***provare ~ per qcn.*** to have friendly feelings towards sb.; ***dar prova di ~*** to show *o* prove one's friendship; ***brindare all'~*** to toast one's friendship **2** *(relazione)* friendship **U**; ***una vecchia ~, un'~ di vecchia data*** an old friendship, a friendship that goes way back; ***avere una bellissima ~*** to be best of friends; ***avere -e altolocate*** to have friends in high places, to have influential friends; ***fare ~ con qcn.*** to make friends *o* strike up a friendship with sb.; ***stringere ~ con qcn.*** to form a friendship with sb., to become friends with sb.; ***essere in rapporti d'~ con qcn.*** to have a friendly relationship with sb.; ***rompere un'~*** to break (off) a friendship; ***tradire un'~*** to betray a friendship; ***fa ~ molto facilmente*** she has a great capacity for friendship, she makes friends easily; ***trattato di ~*** POL. treaty of friendship **3** *(nelle formule epistolari)* ***con ~*** best regards **II amicizie** f.pl. *(amici)* ***le mie -e*** my friends; ***avere cattive -e*** to keep bad company ◆ ***patti chiari ~ lunga*** PROV. a debt paid is a friend kept, clear understandings breed long friendships ◆◆ ***~ particolare*** = homosexual relationship.
▶ **amico**, pl. **-ci, -che** /a'miko, tʃi, ke/ **I** m. **1** *(compagno)* friend, pal COLLOQ., buddy COLLOQ., mate BE COLLOQ., bud AE COLLOQ.; ***un mio ~*** a friend of mine; ***grande ~*** great friend; ***~ fedele, d'infanzia*** faithful, childhood friend; ***~ intimo*** close friend; ***il mio migliore ~*** my best *o* closest friend; ***un ~ di lunga data, un vecchio ~*** a long standing friend, an old friend; ***un ~ da sempre*** a lifelong friend, a friend for life; ***è un ~ di famiglia*** he's a friend of the family; ***è solo un buon ~*** he's just a good friend; ***essere ~ di qcn.*** to be friends with sb., to be sb.'s friend; ***essere fra -ci*** to be among friends; ***uscire con gli -ci*** to go out with friends; ***farsi degli -ci*** to make friends, to form friendships; ***me lo sono fatto ~*** I made a friend of him, I made friends with him; ***incontro fra -ci*** social gathering; ***prezzo da ~*** special price *o* discount; ***-ci come prima*** let's be friends! ***Alessandra o Ale per gli -ci*** Alessandra known as Ale to her friends; ***lasciarsi da -ci*** to part friends; ***rimanere -ci*** to remain *o* stay friends; ***ti parlo da ~*** I say this as a friend; ***il migliore ~ dell'uomo*** man's best friend; ***è un ~ solo nei tempi buoni*** he's a fair-weather friend; ***begli -ci (che) hai!*** IRON. nice friends you've got! **2** *(appassionato, cultore)* ***gli -ci del Covent Garden*** the Friends of Covent Garden **3** *(in forme di richiamo)* ***ehi! ~!*** hey! brother! ***ciao ~!*** COLLOQ. hi buddy! ***caro ~*** my dear friend **4** EUFEM. *(amante)* lover **II** agg. **1** *(benevolo)* [*paese, persona, volto*] friendly; ***siamo molto -ci*** we are very good friends; ***telefono ~*** helpline **2** *(gentile)* kind ◆ ***gli -ci si riconoscono nel momento del bisogno*** a friend in need is a friend indeed; ***gli -ci dei miei -ci sono miei -ci*** the friends of my friends are my friends too; ***essere -ci per la pelle*** to be as thick as thieves; ***chi trova un ~ trova un tesoro*** PROV. a good friend is worth his weight in gold; ***patti chiari -ci cari*** PROV. a debt paid is a friend kept, clear understandings breed long friendships ◆◆ ***~ del cuore*** best *o* bosom friend; ***~ per la pelle*** buddy; ***-ci e parenti*** kith and kin; ***~ di penna*** pen friend, pen pal COLLOQ.
amicone /ami'kone/ m. **1** *(amico intimo)* close friend, crony **2** *(chi ostenta amicizia)* chummy person SPREG.
amidaceo /ami'datʃeo/ → **amilaceo.**
amidasi /ami'dazi/ f.inv. amidase.
amidatura /amida'tura/ f. starching.
amido /'amido/ m. **1** GASTR. starch; ***~ di grano*** wheat starch; ***~ di mais*** cornflour BE, corn starch AE **2** TESS. starch.
amigdala /a'migdala/ f. **1** ANAT. amygdala **2** ARCHEOL. flint.
amigdalina /amigda'lina/ f. amygdalin.
amilaceo /ami'latʃeo/ agg. [*prodotto, composto, derivato*] amylaceous.
amilasi /ami'lazi/ f.inv. amylase.
amile /a'mile/ m. amyl.
amilopsina /amilop'sina/ f. amylopsin.
amilosio /ami'lɔzjo/ m. amylose.
amina /a'mina/ → **ammina.**
aminoacido /amino'atʃido/ → **amminoacido.**
amitosi /ami'tɔzi/ f.inv. amitosis*.
amitto /a'mitto/ m. amice.
amletico, pl. **-ci, -che** /am'lɛtiko, tʃi, ke/ agg. indecisive, wavering; ***dubbio ~*** dilemma.
Amleto /am'lɛto/ n.pr.m. Hamlet.
▷ **ammaccare** /ammak'kare/ [1] **I** tr. **1** *(danneggiare)* to dent [*pentola, veicolo, casco*]; [*persona, veicolo*] to crash into [*veicolo, ostacolo*]; to bruise [*frutta*]; ***~ qcs. con un calcio*** to kick a dent in sth. **2** ART. TECN. *(lavorare a sbalzo)* to emboss **3** *(picchiare)* to beat* up **II ammaccarsi** pronom. **1** *(danneggiarsi)* to bruise **2** *(schiacciarsi)* [*frutta*] to bruise, to get* squashed **3** *(prendere una botta)* ***-rsi il ginocchio*** to bruise one's knee.
ammaccato /ammak'kato/ **I** p.pass. → **ammaccare II** agg. **1** *(schiacciato)* [*frutta*] bruised **2** *(deformato)* [*pentola*] dented; ***essere tutto ~*** [*veicolo, casco*] to be battered **3** *(contuso)* [*parte del corpo*] battered, bruised; ***tutto ~*** covered in bruises, beaten black and blue.

ammaccatura /ammakka'tura/ f. **1** *(ammacco)* bash, (in)dent, bump; ***fare un'~ alla macchina*** to dent *o* bump one's car; ***martellare il parafango per togliere le -e*** to beat the dents out of a car wing **2** *(di frutta)* bruise **3** *(ematoma)* bruise.
ammaestrabile /ammaes'trabile/ agg. [*animale*] tameable.
ammaestramento /ammaestra'mento/ m. **1** *(di animali)* taming, training **2** *(precetto)* lesson.
ammaestrare /ammaes'trare/ [1] tr. **1** *(preparare, istruire)* to train **2** *(addestrare)* to train [*cavallo, cane*]; ***ha ammaestrato bene suo marito*** SCHERZ. she has her husband well-trained.
ammaestrato /ammaes'trato/ **I** p.pass. → **ammaestrare II** agg. [*foca, elefante*] trained; ***un cavallo ~ in Irlanda*** an Irish-trained horse.
ammaestratore /ammaestra'tore/ ♦ ***18*** m. (f. **-trice** /tritʃe/) trainer; ***~ di animali*** animal trainer; ***~ di orsi*** bear tamer.
ammainabandiera /ammainaban'djɛra/ m.inv. lowering (of the flag), salute to the flag; ***fare l'~*** to lower the colours.
ammainare /ammai'nare/ [1] tr. to lower [*vela, bandiera*]; ***~ le vele*** FIG. to throw in the towel, to give up.
▶ **ammalarsi** /amma'larsi/ [1] pronom. to become* ill, to fall* ill, to take* sick BE; ***~ di influenza*** to be taken ill with the flu, to catch the flu; ***finirai per ammalarti se lavori tanto*** you'll work yourself ill.
ammalato /amma'lato/ L'aggettivo *ammalato / malato* si traduce in inglese in due modi diversi: *ill* e *sick*. Il primo si usa in posizione predicativa dopo il verbo *essere*: *mia nonna è gravemente (am)malata* = my grandmother is seriously ill. Il secondo si usa in posizione attributiva davanti al sostantivo: *ho visitato mia nonna (am)malata in ospedale* = I visited my sick grandmother in hospital. - *Ill* non ha comparativo, e pertanto si utilizza *worse*: *oggi è più malato di ieri* (= *oggi sta peggio di ieri*) = today he's worse than yesterday. - Come sostantivo, *ammalato / malato* si dice *sick person*, mentre per il plurale generico *gli ammalati* si usa *the sick*. - Per gli altri usi di questa parola si veda qui sotto e la voce **malato**. **I** p.pass. → **ammalarsi II** agg. ill, sick; ***essere ~*** to be ill; ***essere gravemente ~*** to be far gone (ill), to be seriously ill; ***cadere ~*** to fall ill; ***darsi ~*** to report sick, to call in sick COLLOQ. **III** m. (f. **-a**) sick person; ***gli -i*** the sick.
ammaliante /amma'ljante/ agg. [*voce, luogo, fascino*] bewitching, captivating; [*bellezza*] enthralling; ***uno sguardo ~*** a bewitching glance.
ammaliare /amma'ljare/ [1] tr. **1** *(stregare)* to bewitch, to spellbind*, to put* a spell on **2** FIG. *(affascinare)* [*persona, bellezza, spettacolo*] to captivate, to enthral(l); [*sguardo*] to bewitch, to cast* a spell over.
ammaliatore /ammalja'tore/ **I** agg. bewitching, captivating, enchanting; ***sorriso ~*** charming smile **II** m. (f. **-trice** /tritʃe/) charmer, seducer, smooth operator.
ammanco, pl. **-chi** /am'manko, ki/ m. shortage, deficit, shortfall; ***colmare un ~*** to make good a deficit, to fill the gaps; ***~ di cassa*** cash deficit.
ammanettare /ammanet'tare/ [1] tr. to handcuff, to put* handcuffs on [*persona*]; ***i prigionieri erano ammanettati*** the prisoners were handcuffed.
ammanicato /ammani'kato/ agg. COLLOQ. well-connected; ***essere ~ con qcn.*** to be in cahoots with sb.
ammanigliare /ammaniʎ'ʎare/ [1] tr. MAR. to bend.
ammanigliato /ammaniʎ'ʎato/ **I** p.pass. → **ammanigliare II** agg. COLLOQ. well-connected.
ammannare /amman'nare/ [1] tr. to sheave.
ammannire /amman'nire/ [102] tr. **1** *(allestire)* to prepare [*cena, pranzo*] **2** SCHERZ. *(propinare)* to dish out.
ammansire /amman'sire/ [102] **I** tr. **1** to tame [*animali*] **2** to coax, to calm down [*persone*] **II ammansirsi** pronom. **1** [*animali*] to become* tame **2** [*persone*] to soften, to calm down.
ammantare /amman'tare/ [1] **I** tr. **1** LETT. *(di vesti)* to cloak, to mantle **2** *(ricoprire)* [*neve*] to blanket, to cover **3** FIG. to conceal, to hide, to mask [*verità*] **II ammantarsi** pronom. **1** ANT. to wrap oneself in **2** FIG. *(ostentare fingendo)* ***-rsi di*** to make a parade of, to promenade [*virtù*].
ammaraggio, pl. **-gi** /amma'raddʒo, dʒi/ m. *(di aeroplano, idrovolante)* water landing; *(di navicella spaziale)* splashdown; ***compiere un ~ di fortuna*** to ditch a plane.
ammarare /amma'rare/ [1] intr. (aus. *avere*) [*idrovolante*] to land on water; [*navicella spaziale*] to splash down.
ammarraggio, pl. **-gi** /ammar'raddʒo, dʒi/ m. mooring.
ammarrare /ammar'rare/ [1] tr. to moor.
ammassamento /ammassa'mento/ m. **1** *(di persone)* crowding; *(di cose)* pile, heap **2** MIL. *(di truppe)* mass concentration.
▷ **ammassare** /ammas'sare/ [1] **I** tr. **1** to accumulate, to amass [*soldi, fortune*]; to hoard (up) [*cibo*]; ***~ ricchezze*** to hoard money **2** to cram in [*persone*] **3** to stack, to stockpile [*grano*] **II ammassarsi** pronom. **1** *(concentrarsi)* [*persone*] to gather; [*cose*] to collect, to accumulate; [*truppe*] to group **2** *(affollarsi)* to cram, to crowd; ***essere ammassati*** to be jammed *o* closely packed *o* all bunched together.
▷ **ammasso** /am'masso/ m. **1** *(mucchio)* pile, heap; ***~ di rovine, rifiuti*** pile of rubble *o* rubbish; ***l'automobile è (ridotta a) un ~ di lamiere*** the car is a wreck; ***quest'articolo è un ~ di porcherie*** FIG. this article is sheer filth **2** ASTR. ***~ stellare*** star cluster; ***~ stellare globulare*** globular cluster **3** GEOL. ***-i detritici*** detritus **4** ECON. *(raccolta di prodotti agricoli)* stockpile, reserve; ***portare il grano all'~*** to stockpile grain.
ammatassare /ammatas'sare/ [1] tr. to wind* into skeins, to skein.
ammattimento /ammatti'mento/ m. **1** *(follia)* madness; ***è un ~ lavorare in questo modo*** it's sheer madness to work in this way **2** *(rompicapo)* brain teaser.
ammattire /ammat'tire/ [102] intr. (aus. *essere*) **1** *(diventare matto)* to go* insane, to go* mad, to go* crazy COLLOQ.; ***fare ~ qcn.*** to drive sb. mad, to madden sb. **2** FIG. *(scervellarsi)* ***~ su qcs.*** to rack one's brains *o* puzzle over sth.; ***c'è da ~*** it's enough to drive you mad.
ammattonare /ammatto'nare/ [1] tr. to brick, to pave with bricks.
ammattonato /ammatto'nato/ **I** p.pass. → **ammattonare II** agg. paved with bricks **III** m. brick-flooring, brickwork.
ammazzacaffè /ammattsakaf'fe/ m.inv. COLLOQ. afterdinner drink, afterdinner liqueur.
ammazzamento /ammattsa'mento/ m. *(uccisione)* killing, slaughter; FIG. *(faticaccia)* slog COLLOQ.
▶ **ammazzare** /ammat'tsare/ [1] **I** tr. **1** *(uccidere)* to kill, to murder, to waste AE COLLOQ. [*persona*]; to slaughter [*animale*]; *(con un'arma da fuoco)* to shoot down [*persona*]; ***è stato ammazzato da un autista ubriaco*** he was killed by a drunken driver; *(a colpi, botte)* ***~ qcn. a bastonate, sassate, manganellate*** to beat, stone, club sb. to death; ***~ qcn. strozzandolo*** to strangle sb. to death; ***~ qcn. come un cane*** to butcher sb. like a dog; ***ti ammazzo di botte!*** I'll beat *o* knock the living daylights out of you! ***farsi ~*** to get oneself killed; ***~ il maiale*** to kill *o* slaughter the pig **2** COLLOQ. *(logorare, sfinire)* ***questo lavoro mi ammazza*** this job is killing me; ***non ti ammazzi mica se arrivi puntuale*** it wouldn't kill you to turn up on time **3** *(passare il tempo)* ***~ il tempo facendo*** to kill time by doing; ***~ il tempo giocando a carte*** to while away the hours, to kill time by playing cards **II ammazzarsi** pronom. **1** *(suicidarsi)* to kill oneself **2** *(morire in un incidente)* ***-rsi in macchina*** o ***in un incidente d'auto*** to be *o* get killed in a car accident; ***si è ammazzato cadendo dal tetto*** he fell to his death from a roof **3** COLLOQ. FIG. ***-rsi di lavoro*** to work oneself to death, to drive oneself into the ground; ***-rsi di fatica*** to strain oneself; ***non ti sei certo ammazzato di fatica!*** you certainly didn't kill yourself! ***-rsi a fare*** to kill oneself doing **4** *(reciprocamente)* to kill each other, one another.
ammazzasette /ammattsa'sɛtte/ m.inv. bully, braggart, swank BE COLLOQ.
ammazzato /ammat'tsato/ **I** p.pass. → **ammazzare II** agg. killed, murdered, slaughtered; ***morire ~*** to be murdered.
ammazzatoio, pl. **-oi** /ammattsa'tojo, oi/ m. ANT. abattoir, slaughterhouse.
ammenda /am'mɛnda/ f. **1** DIR. *(pena pecuniaria)* fine, penalty **2** *(riparazione)* ***fare ~*** to make amends for, to atone for; ***fare onorevole ~*** to make amends, to purge one's contempt.
ammendamento /ammenda'mento/ m. → **emendamento.**
ammennicolo /ammen'nikolo/ m. **1** *(accessorio inutile)* gadget, trinket **2** *(pretesto)* cavil, loophole.
ammesso /am'messo/ **I** p.pass. → **ammettere**; ***~ e non concesso che tu possa*** even supposing *o* (even) granting that you can; ***~ che accetti*** providing she does accept; ***anche ~ che sia possibile*** even supposing that it were possible **II** agg. *(accettato)* [*pratica, teoria*] accepted; *(idoneo)* ***~ (agli orali)*** [*studente*] eligible (to take the oral exam) **III** m. (f. **-a**) ***la lista degli -i al concorso*** the list of the candidates eligible to take the competitive entry exam.
▶ **ammettere** /am'mettere/ [60] tr. **1** *(riconoscere)* to acknowledge, to admit, to confess [*fatto, torto, fallimento, errore*]; to confess [*debolezza, ignoranza, paura*]; ***~ di avere fatto*** to admit having done; ***~ la sconfitta*** to concede *o* admit defeat; ***come lei stesso ha ammesso*** by your own admission; ***è impossibile fargli ~ che*** you'll never get him to admit that; ***è caro, lo ammetto*** I must admit, it's expensive; ***ammetti che è ridicolo*** you must admit, it's ridiculous; ***bisogna ~ che la situazione è difficile*** one must admit,

the situation is difficult; ***devo ~ che ho avuto torto, che avevi ragione*** I have to admit I was wrong, you were right; ***ammettilo, sei stato tu a prendere la mia penna?*** own up, did you or didn't you take my pen? ***~ la propria colpevolezza*** to admit guilt, to enter a plea of guilty **2** *(accettare)* to accept [*principio, idea, ipotesi*]; to recognize [*diritto*]; *(accogliere)* to accept, to admit, to allow [*persona*]; ***essere ammesso*** to gain entrance; ***non ~*** to deny *o* refuse entrance; ***un club che ammette i bambini*** a club which admits *o* allows children; ***non è riuscita a farsi ~ come delegata, nella loro società*** she didn't manage to get a job as a delegate, in this company; ***essere ammesso all'esercizio della professione forense*** to be called to the bar **3** *(permettere)* to permit, to condone, to stand*; ***non ~ alcun ritardo*** to permit of no delay FORM.; ***non ammetteremo nessuna eccezione*** no exceptions will be made; ***non ammetterà sciocchezze*** she won't stand any nonsense; ***non ammetto nessuna forma di violenza*** I don't condone violence in any shape *o* form; ***non è ammessa l'ignoranza della legge*** ignorance of the law is no excuse; ***non ammetto che mi si tratti in questo modo, che mi si parli con questo tono*** I won't be treated in this way, I refuse to be spoken to in this way; ***essere ammesso alle quotazioni di Borsa*** *(essere quotato)* to be listed on the Stock Exchange **4** *(supporre)* to suppose; ***~ che*** to suppose that; ***ammettiamo che lei abbia ragione, che non sia successo niente*** let's suppose (that) you're right, that nothing happened; ***"supponi che io vinca!" - "beh, ammettiamolo pure"*** "let's say I win!" - "ok, let's say you do" **5** *(lasciar accedere)* to admit; ***~ qcn. alla presenza del Re*** to admit sb. into the King's presence **6** SCOL. UNIV. *(accettare)* to admit; ***essere ammesso*** to get in *o* into; ***non è stato ammesso all'esame*** he wasn't allowed to take the exam; ***i professori non hanno voluto ammettermi alla classe superiore*** the teachers wouldn't let me move up **7** *(autorizzare)* ***~ qcn. a fare*** to allow sb. to do.

ammezzare /ammed'dzare/ [1] tr. **1** *(dimezzare)* to halve **2** *(riempire a metà)* to fill halfway; *(vuotare a metà)* to empty halfway **3** *(compiere a metà)* to leave* [sth.] half finished [*compito*].

ammezzato /ammed'dzato/ **I** p.pass. → **ammezzare II** m. mezzanine, entresol.

ammezzire /ammet'tsire/ [102] intr. (aus. *essere*), **ammezzirsi** pronom. to become* overripe, to get* overripe.

ammiccamento /ammikka'mento/ m. wink, winking.

ammiccante /ammik'kante/ agg. knowing; ***un sorriso ~*** a knowing smile.

▷ **ammiccare** /ammik'kare/ [1] intr. (aus. *avere*) [*persona, occhi*] to wink one's eye; ***~ a qcn.*** to give sb. a wink, to wink at sb. (anche FIG.).

ammicco, pl. **-chi** /am'mikko, ki/ m. wink, winking.

ammide /am'mide/ f. amide.

ammidico, pl. **-ci**, **-che** /am'midiko, tʃi, ke/ agg. amidic.

ammina /am'mina/ f. amine.

amminico, pl. **-ci**, **-che** /am'miniko, tʃi, ke/ agg. aminic.

amministrabile /amminis'trabile/ agg. ***l'azienda era difficilmente ~*** the company was difficult to manage *o* run.

▷ **amministrare** /amminis'trare/ [1] tr. **1** *(governare)* to run* [*azienda*]; to be* property manager of [*immobile*]; to manage [*proprietà, fondi, interessi, denaro*]; to govern [*comune*]; ***~ un bilancio*** to administer a budget; ***~ le finanze del paese*** to manage the country's finances; *(economizzare)* ***~ con cura il denaro*** to be sparing with one's money, to use one's money sparingly; ***~ il proprio tempo*** to ration one's time **2** *(somministrare)* to administer [*farmaco*] **3** RELIG. *(impartire)* to administer [*sacramenti*] **4** DIR. to dispense [*giustizia*]; ***~ una tutela*** to supervise a guardianship.

amministrativamente /amministrativa'mente/ avv. administratively.

▷ **amministrativo** /amministra'tivo/ **I** agg. **1** *(che concerne l'amministrazione)* [*personale, riforma*] administrative; ***tribunale ~*** administrative tribunal; ***ufficio ~*** administration (office); ***uffici -i*** administration building; ***centro ~*** business park; ***il canale ~*** the administrative channel; ***segretario ~*** executive secretary; ***problema ~*** management problem; ***diritto ~*** administrative law; ***elezioni -e*** local elections; ***pena, sanzione -a*** fine **2** ECON. [*tecnico, organismo*] administrative; ***gestione -a*** administration; ***provvedimento ~*** administrative measure; ***anno ~*** financial year **II** m. ***gli -i*** the administrative staff.

▷ **amministratore** /amministra'tore/ ♦ ***18*** m. (f. **-trice** /tritʃe/) **1** AMM. *(di organismo, biblioteca, teatro)* administrator; ***~ generale*** general *o* chief administrator; ***~ condominiale*** property manager *o* agent; ***~ locale, regionale*** *(consigliere di ente locale)* local, regional representative **2** ECON. *(membro del consiglio di amministrazione)* trustee, director; ***~ delegato*** AMM. managing *o* executive director; ***ricoprire la carica di ~*** to hold the office of director **3** *(gestore)* administrator; ***un posto di ~*** an administrative position (**presso** with) ◆◆ ***~ coloniale*** colonial administrator; ***~ fiduciario*** trustee; ***~ giudiziario*** (Official) Receiver BE.

▶ **amministrazione** /amministrat'tsjone/ f. **1** *(apparato)* administration; ***~ centrale, pubblica*** central, public administration **2** *(funzione pubblica)* ***pubblica ~*** civil service; ***entrare nella pubblica ~*** to go into the civil service **3** *(controllo, gestione)* management, government; ***~ di una città*** administration of a city; ***~ aziendale*** business administration; ***consiglio di ~*** board of directors; ***spese di ~*** administration costs; ***una sana ~*** sound management; ***l'impresa risente di una cattiva ~*** the company suffers from poor management; ***ordinaria ~*** FIG. office routine; ***è ordinaria ~*** it's all in a day's work **4** *(disciplina)* ***~ aziendale*** management; ***studi di ~ aziendale*** business *o* management studies ◆◆ ***~ controllata*** DIR. receivership; ***essere in ~ controllata*** [*società*] to go into receivership; ***~ doganale*** customs service; ***~ fallimentare*** guardianship; ***~ fiduciaria*** DIR. trusteeship; ***~ finanziaria*** financial management; ***~ fiscale*** ECON. = Inland Revenue GB, Internal Revenue US; ***~ della giustizia*** dispensation (of justice), judicature; ***~ locale*** local government; ***~ militare*** military administration; ***servizio di ~ penitenziaria*** prison service; ***~ statale*** civil service; ***~ territoriale*** regional administration.

amminoacido /ammino'atʃido/ m. amino acid.

ammiraglia /ammi'raʎʎa/ f. *(nave)* flagship; *(modello di auto)* flagship (car).

ammiragliato /ammiraʎ'ʎato/ m. **1** *(grado)* (rank of) admiral **2** *(stato maggiore)* admiralty **3** *(ufficio)* Admiralty (buildings).

ammiraglio, pl. **-gli** /ammi'raʎʎo, ʎi/ ♦ ***12*** m. admiral; ***Grande ~*** admiral of the fleet BE, fleet admiral AE.

▷ **ammirare** /ammi'rare/ [1] tr. **1** *(contemplare)* to admire [*paesaggio, monumento*] **2** *(apprezzare)* to admire, to look up to; ***l'ammira per il suo coraggio*** he admires her for her courage.

ammirativo /ammira'tivo/ agg. admiring.

ammirato /ammi'rato/ **I** p.pass. → **ammirare II** agg. **1** admired; ***un paese molto ~ per la sua tecnologia*** a country widely admired for its technology **2** *(pieno di ammirazione)* [*sguardo*] admiring; ***guardare qcn. ~*** to look at sb. in admiration.

ammiratore /ammira'tore/ m. (f. **-trice** /tritʃe/) **1** *(estimatore)* admirer, fan; ***un ~ segreto*** a secret admirer **2** *(corteggiatore)* admirer, suitor.

▷ **ammirazione** /ammirat'tsjone/ f. admiration (**per** for); ***guardare qcn., qcs. con ~*** to look at sb., sth. with *o* in admiration; ***essere oggetto dell'~ di qcn.*** to be the admiration of; ***rimanere beatamente in ~ davanti a qcn., qcs.*** to be wide-eyed with admiration for sb., sth.; ***guardavano con muta ~*** they watched in hushed admiration; ***restare a bocca aperta per l'~*** to be gaping in wonder; ***strappare l'~*** to command admiration; ***suscitare l'~ di qcn.*** to excite *o* awaken sb.'s admiration; ***nutrire ~ per qcn.*** to have admiration for sb.; ***essere degno di ~*** to be admirable.

ammirevole /ammi'revole/ agg. [*lavoro, risultato, sforzo*] admirable; ***mostrare un'~ devozione*** to show admirable devotion; ***comportarsi in maniera ~*** to behave admirably; ***di una generosità ~*** impressively generous; ***con una rapidità ~*** commendably quick.

ammirevolmente /ammirevol'mente/ avv. admirably.

ammissibile /ammis'sibile/ agg. **1** *(accettabile, plausibile)* [*comportamento*] acceptable; [*teoria, ipotesi, argomento*] plausible, acceptable **2** *(lecito)* [*prova, testimonianza, domanda, appello, ricorso*] admissible; ***un ricorso che non è ~*** an appeal that will not lie; ***non è ~ alcun ricorso contro l'azione legale*** no appeal lies against the action.

ammissibilità /ammissibili'ta/ f.inv. **1** *(di studente)* eligibility **2** *(di prova, testimonianza)* admissibility **3** *(d'ipotesi, argomento)* plausibility, acceptability **4** DIR. admissibility.

▷ **ammissione** /ammis'sjone/ f. **1** *(accoglienza)* admission, admittance; ***~ alla UE*** admission to the EU; ***esame di ~*** entrance examination; ***esame di ~ all'università*** matriculation exam; ***~ all'università*** university entrance; ***tassa di ~*** entrance fee; ***requisiti di ~ all'università*** university entrance requirements; ***~ per esame*** admission by entrance examination; ***domanda, modulo d'~*** application form; ***fare domanda di ~*** to apply, to fill in an application form; ***ottenere l'~*** to gain admission *o* entrance **2** *(diritto)* ***~ a*** eligibility for; ***~ a fruire del sussidio sociale*** eligibility for social security **3** *(riconoscimento)* acknowledgement, admission; ***per sua stessa ~*** by his own admission, confessedly; ***per ~ di qcn.*** on the admission of sb.; ***un'~ di fallimento*** FIG. an admission of failure; ***è un'~ d'impotenza*** it's an admission of powerlessness; ***~ di sconfitta*** admission of defeat; ***~ di colpa*** DIR. admission of guilt; ***fare un'~ di colpevolezza*** to enter *o* make a plea of guilty; **4** TECN. ***valvola di ~*** induction pipe ◆◆ ***~ al listino*** o ***alla quotazione*** ECON. Stock Exchange listing.

ammobiliare /ammobi'ljare/ [1] tr. to furnish.

▷ **ammobiliato** /ammobi'ljato/ **I** p.pass. → **ammobiliare II** agg. furnished; ***completamente ~*** fully equipped; ***appartamento ~*** lodgings, furnished flat BE, furnished apartment AE.

ammodernamento /ammoderna'mento/ m. *(di tecnologia)* updating, modernization; *(di mobili, guardaroba)* renewal.

ammodernare /ammoder'nare/ [1] tr. to update, to upgrade [*materiale*]; to modernize [*istituzione, settore economico, organizzazione*].

ammodo /am'mɔdo/ **I** agg.inv. clean-cut, well-bred, proper; ***una persona ~ non interrompe mai*** a well-bred person never interrupts; ***la gente ~*** respectable people; ***è un ragazzino ~*** he's a decent boy **II** avv. properly, in the proper way; ***mi piace fare le cose ~*** I like to do things properly.

ammogliare /ammoʎ'ʎare/ [1] **I** tr. to wed*, to marry **II ammogliarsi** pronom. to take* a wife.

ammollamento /ammolla'mento/ m. soaking.

1.ammollare /ammol'lare/ [1] **I** tr. to soak; ***~ la biancheria*** to soak the washing, to let the clothes soak **II ammollarsi** pronom. to get* soaked, to get* drenched.

2.ammollare /ammol'lare/ [1] tr. **1** *(allentare)* to loosen, to slacken **2** *(appioppare)* ***~ un ceffone a qcn.*** to land a blow to sb., to clout sb.

ammollimento /ammolli'mento/ m. softening.

ammollire /ammol'lire/ [102] **I** tr. to soften (anche FIG.) **II ammollirsi** pronom. **1** *(rammollirsi)* to grow* weak **2** *(addolcirsi)* to soften.

ammollo /am'mɔllo/ m. soaking, soak; ***mettere in ~*** to (pre-)soak, to give a soak(ing) BE; ***essere in ~*** [*biancheria*] to be soaking; ***lasciare in ~ qcs.*** to leave sth. to soak, to let sth. soak.

ammoniaca /ammo'niaka/ f. ammonia; ***~ per uso domestico*** household ammonia; ***con*** o ***contenente ~*** [*detergente, prodotto*] ammonia-based.

ammoniacale /ammonia'kale/ agg. ammoniacal.

ammoniacato /ammonia'kato/ agg. ammoniated.

ammoniaco, pl. **-ci**, **-che** /ammo'niako, tʃi, ke/ agg. ***sale ~*** sal ammoniac, ammonium chloride.

ammonico, pl. **-ci**, **-che** /am'mɔniko, tʃi, ke/ agg. ammonic.

ammonimento /ammoni'mento/ m. admonition (anche DIR.), reprimand, warning (anche SCOL.); ***una storia che serva da ~*** a cautionary tale; ***dare un ~ a qcn.*** to admonish sb.

ammonio /am'mɔnjo/ m. ammonium; ***solfato di ~*** ammonium sulphate.

▷ **ammonire** /ammo'nire/ [102] tr. **1** *(consigliare, esortare)* to warn, to caution **2** *(rimproverare)* to admonish, to reprimand; ***farsi ~*** to get told off, to get a lecture COLLOQ. **3** DIR. to administer a caution **4** SPORT ***~ un giocatore*** to book *o* caution a player.

ammonite /ammo'nite/ f. ammonite.

ammonito /ammo'nito/ **I** p.pass. → **ammonire II** agg. DIR. ***essere ~*** to be under caution.

ammonitore /ammoni'tore/ m. (f. **-trice** /tritʃe/) warner, admonisher.

ammonitorio, pl. **-ri**, **-rie** /ammoni'tɔrjo, ri, rje/ agg. admonitory.

ammonizione /ammonit'tsjone/ f. **1** *(avvertimento)* (ad)monition, warning; ***infliggere un'~ a qcn.*** to give sb. an official warning **2** DIR. admonition, injunction **3** SPORT booking, caution; ***ci sono state due -i*** there were two bookings.

ammonizzazione /ammoniddzat'tsjone/ f. ammonification.

1.ammontare /ammon'tare/ [1] intr. (aus. *essere*) ***~ a*** [*riparazioni, spese, debiti*] to amount to, to come to, to add up to; ***~ a milioni*** to amount to millions; ***l'incremento delle vendite ammonta al 4,8 %*** the increase in sales amounts to 4.8 %; ***il costo totale ammonta a 500 sterline*** the total cost comes to £500; ***i lavori ammontano a parecchi milioni*** the work adds up to several millions.

2.ammontare /ammon'tare/ m. amount, level; ***l'~ delle spese*** the total expenditure; ***~ massimo, totale*** sum total, total amount; ***per l'~ di*** to the amount of; ***per un ~ di*** for a total of; ***fino all'~ di*** to the amount of; ***scrivere l'~ in cifre*** to write the amount in figures; ***l'~ delle retribuzioni*** the payroll; ***l'~ delle perdite, dei guadagni*** the total losses, profits; ***l'~ del contratto*** the (total) value of the contract; ***fare pagare a qcn. l'intero ~*** to charge sb. for the full amount; ***avere debiti per un ~ di 50.000 euro*** to be in debt to the tune of 50,000 euros COLLOQ.

ammonticchiare /ammontik'kjare/ [1] **I** tr. to pile up, to heap up [*oggetti*] **II ammonticchiarsi** pronom. [*foglie, spazzatura*] to pile up.

ammorbamento /ammorba'mento/ m. *(di morbo)* infection; *(di odore)* stink, stench.

ammorbare /ammor'bare/ [1] tr. **1** *(appestare)* to stink* out BE, to stink* up AE, to smell out [*luogo*]; to infect, to poison [*aria, atmosfera*] **2** FIG. *(corrompere)* to corrupt [*persona, animo, pensieri*].

ammorbidente /ammorbi'dɛnte/ **I** agg. softening **II** m. (fabric) conditioner, (fabric) softener.

ammorbidimento /ammorbidi'mento/ m. **1** *(di cuoio, tessuti)* softening **2** *(di restrizioni, politica)* softening, relaxation.

ammorbidire /ammorbi'dire/ [102] **I** tr. **1** *(rendere meno rigido)* to soften [*tessuto, burro*]; to bate, to soften [*cuoio, scarpe*]; to smooth, to soften [*pelle, movimento*] **2** *(mitigare)* to loosen up, to soften [*politica, metodo*]; to soften up [*persona*]; ***~ qcn., il carattere di qcn.*** FIG. to make sb. more accommodating; ***~ la propria posizione, il proprio atteggiamento*** to adopt a more flexible position, attitude **3** *(sfumare)* to soften [*contorni, colori, forme*] **II ammorbidirsi** pronom. **1** *(diventare meno rigido)* [*cuoio, scarpe, biancheria, indumenti di lana*] to get* softer; [*materia, burro*] to get* soft, to soften up **2** *(mitigarsi)* [*politica, metodo, posizione, atteggiamento*] to loosen up, to soften; FIG. [*carattere*] to get* mellow, to grow* mellow, to mellow; [*voce*] to soften.

ammorsare /ammor'sare/ [1] tr. TECN. to scarf.

ammorsatura /ammorsa'tura/ f. TECN. scarf.

ammortamento /ammorta'mento/ m. *(di debito, prestito)* amortization; ***annualità di ~*** annuity of amortization; ***fondo di ~*** sinking fund; ***piano di ~*** sinking plan, amortization schedule AE; ***quota, rata di ~*** depreciation allowance, amortization quota ◆◆ ***~ anticipato*** accelerated depreciation; ***~ finanziario*** amortization; ***~ a quote costanti*** straight-line depreciation; ***~ per quote decrescenti*** depreciation on a reducing balance.

ammortare /ammor'tare/ [1] tr. → **ammortizzare.**

ammortizzabile /ammortid'dzabile/ agg. [*debito, prestito*] amortizable, depreciable; ***un prestito al 10% ~ in 15 anni*** a loan at 10% (repayable) over 15 years.

ammortizzamento /ammortiddza'mento/ m. **1** ECON. → **ammortamento 2** TECN. deadening, absorption.

ammortizzare /ammortid'dzare/ [1] tr. **1** *(estinguere)* to sink*, to write* off [*debito, prestito*] **2** ECON. *(pareggiare una spesa)* to amortize, to cushion; ***~ gli impianti*** to amortize the cost of the equipment **3** TECN. *(assorbire)* to absorb [*urto, vibrazione*].

ammortizzatore /ammortiddza'tore/ m. **1** MECC. FIS. shock absorber **2** FIG. cushion ◆◆ ***~ di oscillazioni*** oscillation damper; ***-i sociali*** (social) safety valves.

ammosciare /ammoʃ'ʃare/ [1] **I** tr. **1** *(rendere moscio)* to make* [sth.] flabby, to soften [*oggetto*]; to wilt, to droop [*fiori*] **2** FIG. *(deprimere)* to bring*, to get* [sb.] down [*persona*] **II ammosciarsi** pronom. COLLOQ. **1** *(afflosciarsi)* [*oggetto*] to sag; [*fiore*] to droop, to wilt **2** FIG. [*persona*] to be* flat, to mope.

ammostare /ammos'tare/ [1] tr. to tread* [*uva*].

ammucchiamento /ammukkja'mento/ m. piling up, amassing.

▷ **ammucchiare** /ammuk'kjare/ [1] **I** tr. to rick, to stack [*fieno, paglia*]; to pile (up) [*vestiti, libri*] (**in** into; **su** onto); to bank up [*neve, terra*]; to heap up [*foglie*]; ***~ ricchezze*** to hoard money **II ammucchiarsi** pronom. [*sabbia, neve*] to bank up, to drift; [*persone*] to crowd.

ammucchiata /ammuk'kjata/ f. **1** *(mucchio)* load, heap, bunch **2** COLLOQ. *(orgia)* orgy, group sex.

▷ **ammuffire** /ammuf'fire/ [102] intr. (aus. *essere*) **1** *(fare la muffa)* [*alimento*] to mildew, to get* mouldy BE, to get* moldy AE **2** FIG. *(languire)* [*persona*] to vegetate, to rot away; [*denaro, oggetto*] to gather dust; ***~ in casa*** to rot *o* vegetate at home; ***bene, non staremo mica qui ad ~!*** COLLOQ. right, we're not going to just sit and rot here!

ammuffito /ammuf'fito/ **I** p.pass. → **ammuffire II** agg. **1** [*pianta, materiale*] mildewed, mildewy; [*alimento*] mouldy BE, moldy AE; [*libro, abito*] musty **2** FIG. musty, fossilized; ***idee -e*** fossilized, out-of-date ideas.

ammutinamento /ammutina'mento/ m. mutiny.

ammutinarsi /ammuti'narsi/ [1] pronom. to mutiny.

ammutinato /ammuti'nato/ **I** p.pass. → **ammutinarsi II** agg. [*soldato, marinaio*] mutinous **III** m. mutineer.

ammutolire /ammuto'lire/ [102] intr. (aus. *essere*), **ammutolirsi** pronom. to fall* silent, to be* struck dumb; ***-rsi per*** to be struck dumb with, to be speechless with [*gioia, terrore*]; ***la vista, la notizia mi fece ~*** I was speechless at the sight, the news.

ammutolito /ammuto'lito/ **I** p.pass. → **ammutolire II** agg. **1** *(muto)* dumb, silent **2** FIG. stunned, tongue-tied.

amnesia /amne'zia/ f. amnesia, memory loss; ***periodo, crisi di ~*** period, attack of amnesia; ***soffre di ~*** he is suffering from amnesia.

amnesico, pl. **-ci**, **-che** /am'nɛziko, tʃi, ke/ agg. [*paziente, sintomo*] amnesiac.
amnio, pl. **-ni** /'amnjo, ni/ m. caul, amnion.
amniocentesi /amnjo'tʃɛntezi/ f.inv. amniocentesis.
amniografia /amnjogra'fia/ f. amniography.
amnioscopia /amnjosko'pia/ f. amnioscopy.
amnioscopio, pl. **-pi** /amnjos'kɔpjo, pi/ m. amnioscope.
amniotico, pl. **-ci**, **-che** /am'njɔtiko, tʃi, ke/ agg. amniotic; ***liquido*** ~ amniotic fluid; ***sacco*** ~ amniotic sac.
▷ **amnistia** /amnis'tia/ f. amnesty (**per, a favore di** for); ***concedere l'~ a qcn.*** to grant an amnesty to sb.; ***decreto d'~*** amnesty act; ***legge di ~*** amnesty *o* pardon law; ***in seguito a un'~*** under an amnesty.
amnistiare /amnis'tjare/ [1] tr. to amnesty, to pardon [*delitto*].
amo /'amo/ m. (fish) hook; ***prendere all'~*** to hook (anche FIG.); ***gettare l'~*** to cast; FIG. to set *o* lay a trap; ***abboccare all'~*** [*pesce*] to bite, to swallow the hook; COLLOQ. FIG. to take *o* swallow the bait.
amorale /amo'rale/ agg. amoral.
amoralismo /amora'lizmo/ m. amoralism.
amoralità /amorali'ta/ f.inv. amorality.
amorazzo /amo'rattso/ m. (love) affair.
▶ **amore** /a'more/ **I** m. **1** *(affetto)* love; ***con ~*** with love; ***~ materno*** mother's *o* maternal love; ***~ paterno*** fatherliness, paternal love; ***~ filiale, fraterno*** filial, brotherly love; ***~ del prossimo*** love of one's neighbour; ***un rapporto d'~ (e) odio*** a love-hate relationship **2** *(passione amorosa)* love; *(cotta)* COLLOQ. heartthrob; ***~ corrisposto, non corrisposto, folle, felice*** requited, unrequited, passionate, blissful love; ***~ a prima vista*** love at first sight; ***~ interessato*** BE SCHERZ. cupboard love; ***un ~ simulato*** a pretence of love; ***~ platonico*** Platonic love; ***pazzo d'~*** madly in love; ***storia d'~*** love affair, romance, lovestory; ***lettera d'~*** love letter, billet-doux SCHERZ.; ***dichiarazione, prova d'~*** declaration, demonstration of love; ***nido d'~*** love nest; ***nodo d'~*** love knot; ***pegno d'~*** love token; ***fuga d'~*** elopement; ***matrimonio d'~*** lovematch; ***filtro d'~*** philtre, love potion; ***mal d'~*** lovesickness; ***figlio dell'~*** love child; ***per ~ di qcn.*** for the sake of sb., for sb.'s sake; ***soffrire per ~*** to be lovesick; ***dichiarare il proprio ~*** to declare one's love; ***bruciare d'~*** to burn *o* be on fire with love; ***ricambiare l'~ di qcn.*** to return sb.'s love; ***rifiutare l'~ di qcn.*** to reject *o* turn down sb.'s love; ***giurarsi eterno ~*** to swear eternal love; ***languire d'~ per qcn.*** to be pining with love for sb. **3** *(profondo attaccamento)* love, devotion; ***il suo ~ per l'arte*** his devotion to the arts; ***~ per la patria*** love of one's country; ***per ~ di brevità*** for the sake of brevity; ***fare qcs. per ~ dell'avventura*** to do sth. out of a love *o* for the love of adventure; *(supplica)* ***per l'amor del cielo!*** for the love of God *o* of Mike! ***per l'amor di Dio stai zitto!*** for heaven's sake, will you shut up! **4** *(persona amata)* love; *(come appellativo)* honey, darling; *(a un bimbo)* duck(y), duckie, sweetie COLLOQ.; ***~ mio*** my darling, my love; ***ciao ~!*** hello sweetheart! ***primo ~*** first love; ***il mio unico vero ~*** my one true love; ***l'~ di una vita*** the love of one's life; ***era un ~ di gioventù*** it was a childhood romance; ***~ acerbo, adolescenziale*** puppy love, calf love **5** COLLOQ. *(attività sessuale)* love, lovemaking; ***fare l'~ con*** to make love with, to go to bed with; ***i piaceri dell'~*** the pleasures of lovemaking **6** COLLOQ. *(persona, cosa deliziosa)* darling; ***un ~ di bambino*** an adorable child; ***essere un ~*** to be lovely; ***che ~!*** how lovely! **7** ***in ~*** ZOOL. on heat, in heat; [*cervo*] rutting **II amori** m.pl. **1** *(relazioni amorose)* love affairs; ***gli -i di*** the amorous adventures of; ***-i dell'infanzia*** childhood crushes; ***avere -i contrastati*** to be crossed in love **2** ZOOL. mating; ***stagione degli -i*** mating *o* breeding season ◆ ***vivere d'aria e d'~*** to live on love alone; ***ritornare al primo ~*** to return to one's first love; ***per ~ o per forza*** willy-nilly; ***andare d'~ e d'accordo*** to get on like a house on fire, to spin out love's sweet dream; ***il primo ~ non si scorda mai*** you never forget your first love; ***fortunato al gioco, sfortunato in ~*** lucky at cards, unlucky in love; ***l'~ è cieco*** PROV. love is blind ◆◆ ***amor cortese*** STOR. courtly love; ***~ cristiano*** Christian charity; ***~ libero*** free love; ***amor proprio*** amour-propre, self-respect.
Amore /a'more/ m. MITOL. Cupid, Eros.
amoreggiamento /amoreddʒa'mento/ m. flirtation.
amoreggiare /amored'dʒare/ [1] intr. (aus. *avere*) to flirt.
amorevole /amo'revole/ agg. [*persona*] fond; [*cure, attenzioni*] loving; ***una voce ~*** a cooing voice; ***ha bisogno di cure -i*** she needs tender loving care.
amorevolezza /amorevo'lettsa/ f. fondness.
amorevolmente /amorevol'mente/ avv. fondly, lovingly.
amorfismo /amor'fizmo/ m. amorphism.
amorfo /a'mɔrfo/ agg. **1** FIS. CHIM. [*roccia, sostanza*] amorphous **2** FIG. [*oggetto*] formless, shapeless; [*idea*] vague.
amorino /amo'rino/ m. **1** *(divano a S)* love seat **2** *(putto)* amoretto, Cupid **3** *(reseda)* mignonette.
amorosamente /amorosa'mente/ avv. lovingly, longingly.
▷ **amoroso** /amo'roso/ **I** agg. **1** [*persona, sguardo*] loving; ***relazione -a*** (love) affair **2** MUS. amoroso **II** m. (f. **-a**) COLLOQ. *(fidanzato)* sweetheart.
amovibile /amo'vibile/ agg. **1** *(asportabile)* [*memoria, disco*] removable **2** *(che si può trasferire)* transferable.
amperaggio, pl. **-gi** /ampe'raddʒo, dʒi/ m. amperage.
ampere /am'pɛr/ m.inv. ampere, amp; ***un fusibile da 16 ~*** a 16 amp fuse.
amperometro /ampe'rɔmetro/ m. ammeter.
amperora /ampe'rora/ m.inv. ampere-hour.
amperspira /ampers'pira/ f. ampere-turn.
ampiamente /ampja'mente/ avv. **1** *(molto)* fully; ***una vittoria ~ meritata*** a richly *o* fully deserved victory; ***essere ~ informato*** to be fully informed; ***era stato ~ avvertito*** he was given ample warning **2** *(estesamente)* [*dimostrare, soddisfare*] fully, amply; [*discutere, scrivere, usare*] extensively; *(largamente)* widely; ***una definizione ~ accettata*** a generally accepted definition; ***~ superiore alla media*** well over the average; ***le temperature superano ~ i venti gradi*** temperatures are well up in the twenties.
ampiezza /am'pjettsa/ f. **1** *(estensione)* extent, size; *(larghezza)* width; *(di un vestito)* fullness, looseness; *(spaziosità)* roominess **2** FIG. breadth, scale, scope; ***misurare l'~ del disastro*** to gauge the extent of the disaster; ***~ di vedute*** *(apertura)* broadmindedness **3** GEOGR. FIS. amplitude; ***~ della marea*** tide amplitude; ***limitazione d'~*** peak limiting; ***modulazione d'~*** amplitude modulation **4** MAT. magnitude; ***~ di un angolo*** magnitude of an angle; ***~ di un arco*** size of an arc.
▶ **ampio**, pl. **-pi**, **-pie** /'ampjo, pi, pje/ agg. **1** *(esteso)* [*campo, settore*] broad, vast; ***un ~ consenso*** a broad consensus; ***su un ~ fronte*** on the large scale; ***nel significato più ~ della parola*** in the broadest *o* widest sense of the word; ***conseguenze di -a portata*** far-ranging consequences; ***avere una maggioranza abbastanza -a*** to have a sizeable majority; ***godere di (un) ~ sostegno*** to have widespread support; ***"tempo variabile con -pie schiarite nel pomeriggio"*** "the weather will be rather unsettled with some bright intervals in the afternoon" **2** *(largo)* [*fiume, strada*] broad, wide; [*indumento, pantalone*] loose(-fitting) *o* roomy, baggy; [*gonna*] full; [*tasca*] large, capacious; [*gesto, movimento*] sweeping; [*dibattito, inchiesta*] wide-ranging; ***indossare abiti -pi*** to wear one's clothes loose, to wear loose(-fitting) *o* baggy clothes; ***l'opposizione ha vinto le elezioni con ~ margine*** the opposition won the elections by a wide margin; ***in -a misura*** largely, to a large extent; ***il partito ha una base molto -a*** the party has broad-based support; ***essere di -pie vedute*** to be broadminded; ***con un ~ movimento del braccio*** with a sweep of his arm; ***fare -pi gesti*** to gesture *o* wave expansively **3** *(spazioso)* vast, roomy; [*letto, poltrona, automobile*] roomy; [*stanza, giardino*] large **4** *(abbondante)* [*quantità*] ample; [*scelta, gamma, pubblico*] wide, large; ***un'-a gamma di prodotti*** a wide range of products; ***-pi poteri*** extensive powers; ***disponeva di -pi mezzi*** he was rather wealthy; ***facciamo ~ uso di computers*** we make extensive use of computers **5** *(importante)* [*ricerca, testi*] extensive; [*beneficio*] great; ***di ~ spettro*** wide-ranging; ***un progetto di ~ respiro*** a large-scale project; ***il corso è ad ~ respiro*** the course has great breadth; ***lavorare, operare su più -a scala*** to work, operate on a broader *o* wider canvas **6** *(esauriente)* ***fornì -pie spiegazioni*** he gave ample explanations.
amplesso /am'plɛsso/ m. **1** *(coito)* intercourse, intimacy **2** LETT. *(abbraccio)* embrace.
ampliamento /amplia'mento/ m. **1** *(ingrandimento) (di casa, stanza)* enlargement, extension; *(allargamento)* widening, extension (anche FIG.); ***fare dei lavori d'~*** to build an extension **2** *(parte aggiunta)* addition, adjunct.
ampliare /ampli'are/ [1] **I** tr. *(ingrandire)* to widen, to enlarge [*strada, tunnel*]; to expand [*concetto, orizzonte*]; *(allargare)* to increase [*maggioranza, elettorato*]; *(aumentare)* to enrich, to enhance [*collezione, opera*]; to broaden [*conoscenza*]; *(in importanza)* to expand [*impresa*]; *(sviluppare)* to develop [*concetto, frase, progetto*]; to expand, to extend [*attività*]; ***~ una casa*** to build an extension onto a house; ***~ il proprio campo d'azione*** to widen one's field of action; ***~ il campo di indagine*** to extend the scope of the investigation; ***~ il proprio giro d'affari*** to widen one's business affairs; ***~ la clientela*** to increase clientele **II ampliarsi** pronom. *(ingrandirsi)* [*strada*] to widen, to broaden; [*impresa*] to expand; *(allargarsi)* [*spazio*] to grow*, to broaden; [*partito*] to grow*.

amplificare /amplifi'kare/ [1] **I** tr. **1** *(aumentare)* to amplify, to boost [*voce, suono, corrente*] **2** FIG. *(esagerare)* to exaggerate [*gesto, pregi, difetti*] **II amplificarsi** pronom. [*suono*] to be* amplified; [*diceria, scandalo*] to grow* out of proportion.

▷ **amplificatore** /amplifika'tore/ m. amplifier, booster ◆◆ **~ *di brillanza*** FOT. image intensifier; **~ *di corrente*** EL. current amplifier; **~ *magnetico*** ELETTRON. magnetic amplifier; **~ *di tensione*** EL. voltage amplifier.

amplificazione /amplifikat'tsjone/ f. **1** *(di suono)* amplification **2** FIG. *(esagerazione)* exaggeration.

amplitudine /ampli'tudine/ f. ASTR. amplitude.

ampolla /am'polla/ f. **1** *(boccetta) (di olio, aceto)* cruet **2** RELIG. ampulla* **3** TECN. ANAT. ampulla*.

ampolliera /ampol'ljɛra/ f. cruet (stand).

ampollina /ampol'lina/ f. RELIG. ampulla*.

ampollosamente /ampollosa'mente/ avv. bombastically, pompously.

ampollosità /ampollosi'ta/ f.inv. bombast, pompousness.

ampolloso /ampol'loso/ agg. [*stile*] bombastic, pompous, inflated; [*discorso*] bombastic, rhetorical.

amputare /ampu'tare/ [1] tr. **1** MED. to amputate [*membra*] **2** FIG. to mutilate [*discorso, scritto*].

amputazione /amputat'tsjone/ f. **1** MED. amputation **2** FIG. *(di scritti)* drastic cut, mutilation.

amuleto /amu'lɛto, amu'leto/ m. amulet, (lucky) charm.

AN /a'ɛnne/ f. (⇒ Alleanza Nazionale) Italian right-wing party.

anabatico, pl. **-ci, -che** /ana'batiko, tʃi, ke/ agg. anabatic.

anabattismo /anabat'tizmo/ m. Anabaptism.

anabattista, m.pl. **-i**, f.pl. **-e** /anabat'tista/ agg., m. e f. Anabaptist.

anabbagliante /anabbaʎ'ʎante/ **I** agg. *(che non abbaglia)* [*specchio*] non-glare, dipped; ***fari -i*** AUT. dipped BE *o* dimmed AE headlights **II** m. AUT. ***con gli -i accesi*** with dipped headlights BE, on low beam AE; ***mettere gli -i*** to dip BE *o* dim AE one's headlights.

anabiosi /anabi'ɔzi/ f.inv. anabiosis.

anabolico, pl. **-ci, -che** /ana'bɔliko, tʃi, ke/ agg. anabolic.

anabolismo /anabo'lizmo/ m. anabolism.

anabolizzante /anabolid'dzante/ **I** agg. anabolic **II** m. anabolic steroid.

anacardio, pl. **-di** /ana'kardjo, di/ m. *(pianta)* acajou, cashew (tree); *(frutto)* acajou, cashew (nut).

anacoluto /anako'luto/ m. anacoluthon*.

anaconda /ana'kɔnda/ m.inv. anaconda.

anacoreta /anako'rɛta/ m. anchorite; FIG. hermit.

anacoretico, pl. **-ci, -che** /anako'rɛtiko, tʃi, ke/ agg. anchoritic.

Anacreonte /anakre'onte/ n.pr.m. Anacreon.

anacreontica, pl. **-che** /anacre'ɔntika/ f. *(poesia)* Anacreontic.

anacreontico, pl. **-ci, -che** /anakre'ɔntiko, tʃi, ke/ agg. Anacreontic.

anacronismo /anakro'nizmo/ m. anachronism.

anacronistico, pl. **-ci, -che** /anakro'nistiko, tʃi, ke/ agg. anachronistic.

anacrusi /ana'kruzi/ f.inv. METR. anacrusis*; MUS. upbeat.

anadiplosi /anadi'plɔzi/ f.inv. anadiplosis*.

anaerobico, pl. **-ci, -che** /anae'rɔbiko, tʃi, ke/ agg. anaerobic.

anaerobio, pl. **-bi, -bie** /anae'rɔbjo, bi, bje/ **I** agg. anaerobic **II** m. anaerobe.

anafase /ana'faze/ f. anaphase.

anafilassi /anafi'lassi/ f.inv. anaphylaxis*.

anafilattico, pl. **-ci, -che** /anafi'lattiko, tʃi, ke/ agg. [*shock*] anaphylactic.

anafora /a'nafora/ f. anaphora.

anaforesi /anafo'rɛzi/ f.inv. anaphoresis*.

anaforico, pl. **-ci, -che** /ana'fɔriko, tʃi, ke/ agg. anaphoric.

anagallide /ana'gallide/ f. scarlet pimpernel.

anaglifo /a'naglifo/ m. anaglyph.

anagogia /anago'dʒia/ f. anagoge, anagogy.

anagogico, pl. **-ci, -che** /ana'gɔdʒiko, tʃi, ke/ agg. anagogic(al).

anagrafe /a'nagrafe/ f. **1** *(registro)* = register of births, marriages and deaths **2** *(ufficio)* registry office; **~ *tributaria*** tax record.

anagrafico, pl. **-ci, -che** /ana'grafiko, tʃi, ke/ agg. ***dati -ci*** personal data; ***ufficio ~*** registry office.

anagramma /ana'gramma/ m. anagram.

anagrammare /anagram'mare/ [1] tr. to anagrammatize.

anagrammatico, pl. **-ci, -che** /anagram'matiko, tʃi, ke/ agg. anagrammatic(al).

anagrammista, m.pl. **-i**, f.pl. **-e** /anagram'mista/ m. e f. anagrammatist.

analcolico, pl. **-ci, -che** /anal'kɔliko, tʃi, ke/ **I** agg. [*cocktail, bevanda*] nonalcoholic **II** m. soft drink.

anale /a'nale/ agg. anal.

analecta /ana'lɛkta/ m. pl. analecta, analects.

analettico, pl. **-ci, -che** /ana'lɛttiko, tʃi, ke/ agg. analeptic.

▷ **analfabeta**, m.pl. **-i**, f.pl. **-e** /analfa'bɛta/ agg., m. e f. illiterate.

analfabetico, pl. **-ci, -che** /analfa'bɛtiko, tʃi, ke/ agg. analphabetic.

analfabetismo /analfabe'tizmo/ m. illiteracy; ***un tasso di ~ del 60%*** 60% illiteracy.

analgesia /analdʒe'zia/ f. analgesia.

analgesico, pl. **-ci, -che** /anal'dʒɛziko, tʃi, ke/ **I** agg. analgesic, painkilling **II** m. painkiller.

▷ **analisi** /a'nalizi/ f.inv. **1** *(esame)* analysis*; **~ *politica*** political analysis; **~ *finanziaria*** financial analysis; **~ *di mercato*** market analysis; **~ *delle vendite*** sales analysis; **~ *dei costi e dei benefici*** cost-benefit analysis; ***la loro ~ non rispecchia la realtà*** their analysis doesn't fit with the facts; **~ *dettagliata, puntuale*** detailed analysis; ***fare l'~ minuziosa di una crisi economica*** to analyse *o* dissect an economic crisis; ***dopo un'attenta ~ dei fatti*** after careful analysis of the facts; ***errore di ~*** error of analysis; ***in ultima ~*** in the final *o* last analysis; **~ *a freddo*** impartial analysis; ***l'~ mostra che*** the research shows that; ***in seguito a un'~ (più) approfondita*** on (further) investigation; ***griglia di ~*** *(di testo, romanzo)* analytical grid; **~ *degli errori*** analysis *o* review of the mistakes; ***fare un'~ accurata di*** to pick over [*film, libro*] **2** MED. test(ing); ***fare le ~ del sangue*** to have a blood test; ***si è fatta fare delle ~*** she's had tests done; ***laboratorio di ~ mediche*** medical laboratory; **~ *clinica*** clinical analysis; ***fare delle ~ per scoprire la causa di un'allergia*** to test for an allergy **3** MAT. *(disciplina)* calculus* **4** PSIC. (psycho)analysis*; ***essere in ~*** to be in analysis *o* in therapy **5** INFORM. analysis*; **~ *dei dati*** data analysis ◆◆ **~ *armonica*** harmonic analysis; **~ *di bilancio*** budget analysis; **~ *combinatoria*** combinatorics, combinatorial analysis; **~ *componenziale*** componential analysis; **~ *dei costi*** cost-accounting; **~ *dei costituenti*** constituency analysis; **~ *del discorso*** discourse analysis; **~ *economica*** economic analysis; **~ *fattoriale*** factor analysis; **~ *funzionale*** functional analysis; **~ *grammaticale*** grammatical analysis, parsing; **~ *logica*** clause analysis; **~ *numerica*** numerical analysis; **~ *organica*** organic analysis; **~ *del percorso critico*** critical path analysis; **~ *qualitativa*** qualitative analysis; **~ *quantitativa*** quantitative analysis; **~ *retrospettiva*** FIG. postmortem analysis; **~ *del sangue*** blood test *o* screening; **~ *sistematica*** o ***di sistemi*** systems analysis; **~ *spettrale*** FIS. spectral *o* spectrum analysis; **~ *stilistica*** stilistic analysis; **~ *strutturale*** structural analysis; **~ *tempi e metodi*** time-and-motion study; **~ *testuale*** SCOL. textual analysis; **~ *transazionale*** transactional analysis; **~ *delle urine*** urine test; **~ *della varianza*** variance analysis; **~ *vettoriale*** vector analysis.

analista, m.pl. **-i**, f.pl. **-e** /ana'lista/ ♦ **18** m. e f. analyst; ***il mio ~ è un freudiano*** my analyst is a Freudian ◆◆ **~ *dei costi*** cost accountant; **~ *economico*** economic analyst; **~ *finanziario*** business analyst; **~ *degli investimenti*** investment analyst; **~ *di mercato*** market analyst *o* researcher; **~ *programmatore*** analyst-programmer; **~ *di sistemi*** INFORM. systems analyst; **~ *tempi e metodi*** time-and-motion expert.

analitica /ana'litika/ f. FILOS. analytics + verbo sing.

analiticamente /analitika'mente/ avv. analytically.

analiticità /analititʃi'ta/ f.inv. analyticity.

analitico, pl. **-ci, -che** /ana'litiko, tʃi, ke/ agg. analytic(al); ***psicologia -a*** analytic psychology; ***avere una mente -a*** to have an analytical mind; ***indice ~*** subject index; ***contabilità -a*** management accounting; ***geometria -a*** coordinate geometry.

analizzabile /analid'dzabile/ agg. analysable BE, analyzable AE.

analizzare /analid'dzare/ [1] tr. **1** *(esaminare)* to analyse BE, to analyze AE [*problema, test*]; to think* through [*ragionamento, argomento*]; to analyse BE, to analyze AE, to break* down [*budget, spese, statistiche*]; to review [*progresso, successo*]; **~ *minuziosamente*** to dissect, to pick over [*testo, opera*]; **~ *qcs. approfonditamente*** to go deeply into sth.; **~ *un testo puntualmente*** to go through a text point by point; **~ *una situazione sotto ogni aspetto*** to examine a problem from all sides **2** MED. CHIM. to test; **~ *qcs. al microscopio*** to examine sth. under a microscope **3** PSIC. to analyse BE, to analyze AE; ***farsi ~*** to be in analysis.

analizzatore /analiddza'tore/ m. (f. **-trice** /tritʃe/) analyser BE, analyzer AE ◆◆ **~ *differenziale*** INFORM. differential analyser; **~ *d'onde*** FIS. wave analyser; **~ *di spettro*** FIS. spectrum analyser.

anallergico, pl. **-ci, -che** /anal'lɛrdʒiko, tʃi, ke/ agg. hypoallergenic, nonallergenic, nonallergic.

analogamente /analoga'mente/ avv. likewise, equally, similarly.

analogia /analo'dʒia/ f. analogy, similarity; *(tra progetti, storie)* connection; ***per ~ con*** by analogy with; ***fare un'~*** to draw an analogy; ***ragionare per ~*** to argue by analogy; ***spiegare per ~*** to analo-

anche

Ci sono diversi modi di tradurre *anche* in inglese.

- *Also*, di uso abbastanza formale, segue l'ausiliare se il verbo è composto, ma precede il verbo (ad eccezione di *to be*) se questo è in forma semplice: *mi ha anche detto che...* = she has also told me that ...; *vendiamo anche tazze e piattini* = we also sell cups and saucers; *c'era anche Fiona* = Fiona was also there.
- Molto più comuni, soprattutto nella lingua parlata, sono *too*, che si mette in fondo alla frase o dopo la parola a cui si riferisce, e *as well*, che sta sempre alla fine della frase: *l'ha fatto anche Jane* = Jane did it too, Jane too did it, Jane did it as well.
- *Also* e *too* possono creare ambiguità: le frasi "John also bought some fruit" e "John bought some fruit too" possono infatti essere entrambe la traduzione di *anche John ha comprato della frutta* o di *John ha comprato anche della frutta*; nel parlato, l'accento sintattico e l'intonazione chiariscono l'ambiguità.
- Nella formula *anch'io, anche lei* etc. che esprime consenso o condivisione, si può usare *too* oppure, nel linguaggio un po' più formale, la struttura *so* + ausiliare + soggetto: *"sono molto stanca" "anch'io"* = "I'm very tired" "Me too" / "So am I"; *"hanno studiato sodo" "anche Jane"* = "they have studied hard" "Jane too" / "So has Jane".
- Quando *anche* significa *ancora, di nuovo*, si traduce con *again*: *anche oggi piove* = it's raining again today.
- Quando *anche* significa *perfino* e ha valore rafforzativo, si traduce con *even* che va messo prima della parola a cui si riferisce: *anche Sheila ha fatto molti errori* = even Sheila made lots of mistakes; *le ha anche dato una sberla* = he even slapped her.
- *Anche se* si traduce con *even though* (oppure *although / though*) nel caso di una situazione certa, con *even if* per una situazione dubbia o potenziale: *anche se è tardi, vado al cinema* = even though it's late, I'm going to the cinema; *anche se fosse stanco, non andrebbe a dormire così presto* = even if he were tired, he wouldn't go to bed so early.
- *Anche perché* non si rende con *also because*, ma con *chiefly* (o *specially*) *because* oppure con *partly because*.
- Quando *anche* è seguito da un gerundio in italiano, la frase va per lo più resa esplicita in inglese: *anche pagandolo, non ti aiuterà* = even if you pay him, he won't help you; *anche pagandolo, non ti avrebbe aiutato* = even if you had paid him, he wouldn't have helped you.
- La traduzione di certe frasi idiomatiche con *anche* non prevede un equivalente diretto: *potevi anche aiutarmi!* = you might have helped me!; *l'esame era anche troppo facile* = the test was a great deal too easy.
- Per l'espressione *non solo... ma anche*, si veda sotto la voce **anche**. Per la variante negativa *neanche* e per i sinonimi parziali *pure* e *perfino*, si vedano le voci relative.

gize, to explain by analogy; ***ci sono alcune -e*** there are certain similarities; ***ci sono molte -e fra i due problemi*** the two problems have many points in common.

analogicamente /analodʒika'mente/ avv. analogically.

analogico, pl. **-ci**, **-che** /ana'lɔdʒiko, tʃi, ke/ agg. **1** *(fondato sull'analogia)* analogic(al); ***ragionamento ~*** analogical reasoning **2** INFORM. FIS. analogue, analog AE; ***calcolatore ~*** analog computer; ***orologio ~*** analogue clock *o* watch; ***forma -a*** LING. analogical form.

analogista, m.pl. **-i**, f.pl. **-e** /analo'dʒista/ m. e f. analogist.

analogo, pl. **-ghi**, **-ghe** /a'nalogo, gi, ge/ agg. [*valore, risultato*] analogous; [*attività, caso, esempio*] similar, parallel; ***di dimensioni -ghe*** similar in size; ***cercare qcs. di ~*** to look for sth. similar.

anamnesi /anam'nɛzi, a'namnezi/ f.inv. **1** *(reminiscenza)* anamnesis*, reminiscence **2** *(storia clinica)* anamnesis*, case history, medical history ◆◆ ***~ familiare*** family history.

anamnestico, pl. **-ci**, **-che** /anam'nɛstiko, tʃi, ke/ agg. anamnestic.

anamorfosi /anamor'fɔzi, ana'mɔrfozi/ f.inv. anamorphosis.

▷ **ananas** /'ananas, ana'nas/ m.inv. pineapple; ***~ a fette*** pineapple slices, pineapple chunks.

anapestico, pl. **-ci**, **-che** /ana'pɛstiko, tʃi, ke/ agg. anap(a)estic.

anapesto /ana'pɛsto/ m. anap(a)est.

anarchia /anar'kia/ f. anarchy, lawlessness (anche FIG.); ***ripiombare nell'~*** to sink back into anarchy.

anarchicamente /anarkika'mente/ avv. anarchically (anche FIG.).

▷ **anarchico**, pl. **-ci**, **-che** /a'narkiko, tʃi, ke/ **I** agg. POL. anarchic(al) **II** m. (f. **-a**) anarchist; ***professarsi ~*** to profess one's anarchism.

anarchismo /anar'kizmo/ m. anarchism.

anarcoide /anar'kɔide/ **I** agg. anarchistic **II** m. e f. anarchist, rebel.

anarmonico, pl. **-ci**, **-che** /anar'mɔniko, tʃi, ke/ agg. anharmonic.

ANAS /'anas/ f. (⇒ Azienda nazionale autonoma delle strade) Italian national road works company.

anasarca /ana'sarka/ m. anasarca.

Anassagora /anas'sagora/ n.pr.m. Anaxagoras.

Anassimandro /anassi'mandro/ n.pr.m. Anaximander.

Anassimene /anas'simene/ n.pr.m. Anaximenes.

anastatico, pl. **-ci**, **-che** /anas'tatiko, tʃi, ke/ agg. anastatic.

anastigmatico, pl. **-ci**, **-che** /anastig'matiko, tʃi, ke/ agg. anastigmatic.

anastigmatismo /anastigma'tizmo/ m. anastigmatism.

anastomizzare /anastomid'dzare/ [1] tr. to anastomose, to inosculate.

anastomosi /anasto'mɔzi, anas'tɔmozi/ f.inv. anastomosis*, inosculation.

anastrofe /a'nastrofe/ f. anastrophe.

anatema /ana'tɛma, a'natema/ m. **1** *(scomunica)* anathema, excommunication; ***lanciare un ~*** to excommunicate, to pronounce an anathema **2** FIG. curse; ***scagliare*** o ***lanciare un ~ a qcn.*** to curse *o* denounce sb.

anatematizzare /anatematid'dzare/ [1] tr. to anathematize.

Anatolia /ana'tɔlja/ ➧ **30** n.pr.f. Anatolia.

anatomia /anato'mia/ f. **1** *(scienza, struttura)* anatomy; ***~ zoologica*** animal anatomy; ***~ vegetale*** plant anatomy; ***aula di ~*** anatomy theatre **2** *(dissezione)* anatomy, dissection **3** FIG. *(analisi)* analysis, dissection; ***fare l'~ di una crisi economica*** to analyse *o* dissect an economic crisis ◆◆ ***~ artistica*** life drawing *o* study; ***~ comparata*** comparative anatomy; ***~ patologica*** morbid anatomy.

anatomicamente /anatomika'mente/ avv. anatomically.

anatomico, pl. **-ci**, **-che** /ana'tɔmiko, tʃi, ke/ agg. **1** *(di anatomia)* [*studio, disegno, tracciato, forma*] anatomical **2** *(modellato per il corpo umano)* anatomically designed; ***sedile ~*** contour chair; ***scarpe -che*** orthopedic shoes; ***plantare ~*** arch support **3** *(per dissezioni)* ***sala -a*** anatomy theatre; ***tavolo ~*** dissecting table.

anatomista, m.pl. **-i**, f.pl. **-e** /anato'mista/ m. e f. anatomist.

anatomizzare /anatomid'dzare/ [1] tr. to anatomize (anche FIG.).

▷ **anatra** /'anatra/ f. **1** ZOOL. duck*; ***~ maschio*** drake; ***~ domestica*** domestic duck; ***camminare come un'~*** to waddle; ***sparare all'~*** VENAT. to shoot duck **2** GASTR. duck*; ***~ all'arancia*** duck in orange sauce, orange duck ◆◆ ***~ laccata*** Peking duck; ***~ mandarina*** mandarin duck; ***~ pechinese*** → ***~ laccata***; ***~ selvatica*** mallard, wild duck; ***~ zoppa*** FIG. lame duck.

anatroccolo /ana'trɔkkolo/ m. duckling; ***il brutto ~*** the ugly duckling.

anca, pl. **-che** /'anka, ke/ ➧ **4** f. **1** ANAT. hip, coxa* MED.; ***dimenare*** o ***muovere le -che*** to wiggle *o* sway one's hips; ***articolazione dell'~*** hip joint; ***lussazione dell'~*** dislocation of the hip; ***protesi dell'~*** hip replacement **2** *(di cavallo)* haunch.

ancata /an'kata/ f. **1** bump (with the hip) **2** *(nella lotta)* buttock BE.

ancella /an'tʃɛlla/ f. handmaid, maidservant.

ancestrale /antʃes'trale/ agg. **1** *(atavico)* ancestral; ***la paura ~ del buio*** the age-old fear of the dark; ***la dimora ~*** the ancestral home **2** BIOL. ancestral.

► **anche** /'anke/ cong. **1** *(con funzione aggiuntiva)* too, also, as well; ***anch'io*** me too; ***~ oggi piove*** it's raining again today; ***sei stato ~ tu in India?*** have you too been to India? ***sei stato ~ in India?*** have you been to India too? ***c'era ~ Fiona*** Fiona was also there, Fiona was there too *o* as well; ***sono andata a Firenze, Roma e ~ a Napoli*** I went to Florence, Rome and Naples too *o* as well; ***~ mio padre era veterinario*** my father was a vet too *o* as well; ***gli piace ~ il golf*** he also likes golf; ***è ~ la nostra opinione*** that's our opinion too *o* as well, that's also our opinion; ***vale ~ la pena ricordare che*** it is also worth remembering that; ***oltre a essere illegale è ~ pericoloso*** apart from being illegal, it's also dangerous; ***insegna ~ storia*** he also teaches history, he teaches history too; ***oltre a essere un'artista, scrive ~ poesie*** besides being an artist, she also writes poetry; ***disponibile ~ in rosso*** also available in red; ***ho lavorato sabato e ~ domenica*** I worked on Saturday as well as on Sunday **2** *(altrettanto, parimenti)* also, too; ***va ~ bene così*** it's just as good like that, it's just as well; ***è gentile ma ~ esigente*** she's kind but she's strict too; ***partite? ~ noi*** are you leaving? so are we; ***"l'anno***

scorso siamo andati in Inghilterra" - "~ noi" "last summer we went to England" - "so did we"; ***~ lui si è rifiutato di venire*** he too refused to come; ***sarà assente e io ~*** he'll be away and so will I; ***"adoro il jazz" - "anch'io"*** "I love jazz" - "me too" *o* "so do I"; ***"buona giornata!" - "grazie, ~ a te!"*** "have a nice day!" - "thanks, same to you!"; ***non è male, ~ se potrebbe essere meglio*** it's not bad, but it could still be better **3** *(in questo caso)* ***~ qui, fa' attenzione*** be careful here too *o* as well; ***~ qui devi usare il congiuntivo*** here as well you must use the subjunctive; ***~ qui si ritrova il tema della morte*** here again we find the theme of death **4** *(persino)* even; ***~ adesso, oggi, allora*** even now, today, then; ***la malattia o ~ la morte*** disease or even death; ***è ~ meglio di quanto pensassi*** it's even better than I thought; ***è una follia ~ solo pensarci*** it's crazy even to think of it; ***questo tema è brutto, ma il suo è ~ peggio*** this essay is bad but his is even worse; ***si può ~ aggiungere*** one might even add; ***~ ammettendo che la sua teoria possa essere corretta...*** even if we allow that his theory might be correct...; ***il brano che segue è ~ meglio*** the next bit is even better; ***ha avuto ciò che voleva e ~ di più*** he got what he wanted and more besides; ***ci mancava ~ questa!*** this is just too much! as if we didn't have enough problems! ***~ supponendo che sia là*** even supposing he's there **5 anche se, se anche** even if, even though; ***~ se fosse così*** even if it were so; ***~ se fosse?*** what if it were so? ***"non farai una cosa simile?" - "e se ~ fosse?"*** "you're not going to do that?" - "what if I do?"; ***ci andremo ~ se è pericoloso*** we'll go even though it's dangerous; ***è furbo, ~ se non sembra*** he's sly although he doesn't look it **6 quand'anche** even if; ***quand'~ venisse*** even if he should come; ***quand'~ fosse vero*** even if it were true **7 non solo... ma anche** not only... but also; ***non è solo affascinante, ma ~ intelligente*** not only is she charming but she is also intelligent *o* she is not only charming but also intelligent.

ancheggiamento /ankeddʒa'mento/ m. ***un ~*** a wiggle of the hips.

ancheggiare /anked'dʒare/ [1] intr. (aus. *avere*) to sway one's hips, to wiggle one's hips.

anchilosare /ankilo'zare/ [1] **I** tr. to ankylose, to anchylose **II anchilosarsi** pronom. [*persona, gambe, braccia*] to ankylose, to stiffen, to get stiff (anche FIG.).

anchilosato /ankilo'zato/ **I** p.pass. → **anchilosare II** agg. ***avere le gambe -e*** to have stiff legs.

anchilosi /anki'lɔzi, an'kilozi/ f.inv. ankylosis*, anchylosis*.

anchilostoma /anki'lɔstoma/ m. hookworm.

anchina /an'kina/ f. nankeen.

Anchise /an'kize/ n.pr.m. Anchises.

ancia, pl. **-ce** /'antʃa, tʃe/ f. MUS. reed; ***diapason ad ~*** pitch pipe; ***gli strumenti ad ~*** the reeds.

ancipite /an'tʃipite/ agg. BOT. ancipital.

anco /'anko/ ANT. → **anche.**

ancona /an'kona/ f. **1** *(pala d'altare)* altarpiece **2** ARCH. ancon.

anconetano /ankone'tano/ ➧ ***2*** **I** agg. from, of Ancona **II** m. (f. **-a**) **1** *(persona)* native, inhabitant of Ancona **2** LING. dialect of Ancona.

▷ **1.ancora** /'ankora/ f. **1** MAR. anchor; ***gettare l'~*** to drop *o* cast anchor; ***levare*** o ***salpare l'~*** to raise (the) anchor, to weigh anchor, to up-anchor; ***essere all'~*** to be lying *o* riding at anchor; ***mollare l'~*** to slip anchor **2** *(negli orologi)* anchor escapement ◆◆ ***~ di corrente*** stream-anchor; ***~ di deriva*** drift anchor; ***~ galleggiante*** sea anchor, drogue; ***~ di posta*** bower; ***~ di salvezza*** FIG. sheet anchor; ***~ di speranza*** MAR. sheet anchor; ***~ di tonneggio*** kedge (anchor).

▶ **2.ancora** /an'kora/ Quando significa *tuttora*, in frase affermativa e interrogativa *ancora* si traduce solitamente con *still*: *è ancora a casa* = he is still at home; *abita ancora qui?* = does she still live here? - In frase negativa, *(non) ancora* si traduce con *yet*, che può seguire immediatamente *not* oppure stare in fondo alla frase: *non è ancora arrivato* = he has not yet arrived / he hasn't arrived yet; l'uso di *still* in frase negativa dà all'espressione una sfumatura di stupore o esasperazione: *non è ancora tornata a casa!* = she still hasn't come home! - Quando *ancora* significa *di nuovo, nuovamente*, si traduce per lo più con *again*: *venite ancora a trovarci!* = come and see us again! - Per gli altri usi si veda la voce qui sotto. avv. **1** *(sempre, tuttora)* still; ***c'è ~?*** is he still around? ***le interessa ~?*** is she still interested? ***~ oggi*** to this day; ***sono ~ in città*** they're still in town; ***sei ~ troppo giovane*** you're still too young; ***stiamo ~ aspettando una risposta*** we're still waiting for a reply; ***l'offerta è ~ valida*** the offer is still on the table; ***mi restano ~ dei soldi*** I still have some money left; ***ce n'è ~ un po'*** there is some left; ***ci sono ~ un sacco di cose da fare*** there's still an awful lot left to do; ***stento ~ a crederci*** I still can't believe it! ***potresti ~ vincere*** you could still be a winner *o* you still might win; ***passi ~ il fatto che sia maleducato, ma non tollero la sua cattiveria*** the fact that he is rude is one thing, but I won't tolerate his nastiness; ***ci sei ~?*** *(al telefono)* are you still there? **2** *(finora, in frasi negative)* yet; ***non ~*** not yet; ***non mi ha ~ risposto*** he hasn't written back yet; ***non è ~ tornato*** he still hasn't come back *o* he hasn't come back yet; ***non è ~ pronto*** it's not ready yet, it's not yet ready; ***non hai ~ visto niente*** you haven't seen anything yet; ***non si era ~ mai visto, fatto prima*** it had never been seen, done before; ***non siamo ~ arrivati a tanto, a tal punto*** we haven't got to that stage yet; ***non ho ~ finito con te!*** I'm not through with you yet! **3** *(di nuovo)* again; ***~ una volta*** once again *o* more, one more time; ***~ qualche volta*** a few more times; ***~ tu!*** you again! ***ha rifiutato ~*** yet again he refused; ***provaci ~!*** have another go! ***cos'altro ~!*** whatever more! ***ruba ~ una volta e avrai dei grossi guai*** any more stealing and you'll be in big trouble COLLOQ.; ***i prezzi sono ~ aumentati*** prices have gone up again; ***ha ~ vinto, perso*** he has won, lost again; ***ma che cosa ho fatto ~?*** what have I done now? ***che cosa ~!*** what now! ***chi altro ~!*** who is it now! **4** *(di più, in aggiunta)* more, another; ***~ qualche libro*** some more books; ***avete ~ domande?*** have you got *o* do you have any more questions? ***"~ un po' di torta?"*** "more cake?"; ***~ un po' di vino*** a little more wine; ***ne vuoi ~ un po'?*** would you like a bit more? ***prendetene ~ un po'!*** (do) have some more! ***~ un po', per favore!*** some more please! ***ne vorrei ~ qualcuno*** I would like a few more; ***ne voglio ~*** I want some more; ***...e altro ~*** ...and lots more; ***c'è altro ~?*** is there anything else? ***e molto altro ~*** and much else besides; ***~ un altro attacco*** yet another attack; ***si sono fermati ~ tre ore*** they stayed another three hours; ***hai ~ 10 minuti*** you've still got 10 minutes, you've got another 10 minutes; ***dobbiamo ~ fare 100 km*** we (still) have another 100 km to go **5** *(davanti a comparativi)* even, more; ***meglio ~*** even better, better still; ***~ peggio*** even worse, worse still; ***~ più, meno*** still *o* even more, still *o* even less; ***~ più veloce*** faster still, still faster; ***fa ~ più freddo oggi*** it's even colder today; ***fare ~ meglio di*** to go one better than; ***~ più automobili*** even more cars; ***~ più forte, più sorprendente*** yet louder, more surprising; ***per rendere le cose ~ più complicate*** to confuse matters even more **6** *(in senso temporale)* ***è ~ presto*** it's still early; ***non è ~ ora!*** it's not time yet! ***abbiamo ~ cinque minuti*** we have five minutes left; ***rimani ~ un po'*** stay a little (while) longer; ***era triste ~ prima che partissimo*** she was unhappy even before we left.

ancoraggio, pl. **-gi** /anko'raddʒo, dʒi/ m. **1** MAR. *(azione, luogo)* anchorage (anche FIG.); ***tassa di ~*** moorage, anchorage **2** TECN. anchorage, anchor **3** *(in protesi dentarie)* anchorage.

ancorare /anko'rare/ [1] **I** tr. **1** *(ormeggiare)* to anchor [*imbarcazione*]; to tie down [*mongolfiera*]; *(fissare al suolo)* to fix, to anchor; ***~ al suolo*** to anchor to the ground **2** ECON. to peg, to link [*moneta*] **II ancorarsi** pronom. **1** *(ormeggiarsi)* to (come* to) anchor **2** FIG. to cling* to; ***-rsi a una speranza*** to cling to a hope.

ancorato /anko'rato/ **I** p.pass. → **ancorare II** agg. ***essere ~*** MAR. to be lying *o* riding at anchor; ***è un paese troppo ~ alle proprie abitudini*** FIG. this country is too tied down to tradition.

ancorché /ankor'ke/ cong. even if, even though.

ancorotto /anko'rɔtto/ m. killick, kedge anchor.

Andalusia /andalu'zia/ ➧ ***30*** n.pr.f. Andalucia, Andalusia.

andaluso /anda'luzo/ ➧ ***30*** **I** agg. Andalucian, Andalusian **II** m. (f. **-a**) Andalucian, Andalusian.

andamento /anda'mento/ m. **1** *(di inchiesta, evento, malattia)* progress, progression, developments pl.; ***~ ciclico*** cyclic(al) process; ***l'~ di una malattia*** the progression of an illness; ***~ della guerra*** war developments; ***~ dei prezzi*** price trends *o* fluctuation; ***l'~ del mercato monetario, della domanda*** money market, demand trends; ***~ degli scambi*** trade pattern; ***gli eventi hanno assunto un ~ straordinario*** this is an extraordinary turn of events; ***stiamo osservando con interesse l'~ delle negoziazioni, della ricerca*** we are watching the progress of the negotiations, of the research with interest **2** *(corso di eventi, mercato)* trend, run; ***l'~ delle monete è al minimo storico*** ECON. the prices have reached rock bottom; ***~ della borsa*** Stock Exchange prices; ***l'~ della sterlina*** the sterling's performance; ***~ marcato al ribasso*** downward *o* bearish trend; ***seguire l'~ di*** to keep up with [*inflazione, costo della vita*] **3** *(funzionamento)* ***il buon ~ dell'impresa, della spedizione*** smooth running of the company, expedition; ***l'~ degli affari*** the state of business; ***avere un buon ~*** ECON. [*impresa*] to perform well **4** MUS. progression.

andana /an'dana/ f. **1** AGR. windrow **2** MAR. tier.

andante /an'dante/ **I** agg. **1** *(fluente)* [*stile*] flowing, plain **2** *(ordinario)* cheap, low, ordinary, middle-of-the-road **3** *(scadente)* cheap, second-rate **4** *(corrente)* current **II** avv. e m. MUS. andante.

▶ **1.andare** /an'dare/ [6] Oltre ai molti significati e usi idiomatici del verbo *andare*, ampiamente trattati nella voce qui sotto, vanno sottolineate le differenze tra inglese e italiano quando *andare* è seguito da un altro verbo. - *Andare* + *a* + infinito è reso in inglese con *to go* seguito da un sintagma preposizionale (*andare a fare una passeggiata* = to go for a walk), da *to* + infinito (*è andata a prendere del vino* = she's gone to get some wine), dal gerundio (*andare a sciare* = to go skiing) oppure da un verbo coordinato con *and* (*andai a rispondere al telefono* = I went and answered the phone). - Quando *andare* è seguito in italiano da un verbo al gerundio, va reso con *to be* o *to get*: *la mia salute va migliorando* = my health is getting better, *i nemici si andavano avvicinando* = the enemies were approaching. - Quando *andare* è seguito da un verbo al participio passato, esso va reso con il passivo di *dovere* o con un semplice passivo: *va fatto subito* = it must be done immediately, *le tasse vanno pagate* = taxes must be payed, *i miei bagagli andarono perduti all'aeroporto* = my luggage was lost at the airport. **I** intr. (aus. *essere*) **1** *(spostarsi, muoversi)* to go*; ***dove vai?*** where are you going? where are you off to? ~ ***a Londra, a Milano*** to go to London, Milan; ~ ***negli Stati Uniti, in Irlanda, in California*** to go to the (United) States, to Ireland, to California; ~ ***in città, in campagna, al mare*** to go to town, to the country, to the seaside; ~ ***a*** o ***verso nord, sud*** [*persona*] to head *o* go north, south; ~ ***a casa*** to go home; ~ ***verso casa*** [*persona*] to head for home, to go *o* head homeward(s), to make for home, to be homeward bound; ***vai nella mia direzione?*** are you going my way? ***dove va di nuovo?*** where is he off to now? ***preferisco non andarci*** I'd rather not go; ~ ***in autobus, treno, aereo*** to go by bus, train, plane; ~ ***a piedi*** to walk, to go on foot; ~ ***in macchina*** to drive, to go by car; ~ ***in bicicletta*** to bike, to ride a bicycle, to cycle; ~ ***in moto*** to ride a (motor)bike, to go by motorcycle; ~ ***a cavallo*** to ride (a horse); ~ ***sui pattini a rotelle*** to roller-skate; ***sono andato fino al mercato*** I went as far as the market, I went all the way to the market; ***l'ho incontrato andando al mercato*** I met him on the way to the market; ***vada sempre dritto*** go straight ahead; ***quella macchina sta andando molto veloce!*** that car's going very fast! ~ ***lontano*** to go far, to go a long way (anche FIG.); ***andrà lontano!*** FIG. she'll go far! ~ ***in giro*** o ***a fare un giro*** to go for a ride *o* wander; ***si può ~ in giro tranquillamente*** you can walk around quite safely; ~ ***a zonzo*** to stroll *o* to gad about; ~ ***avanti e indietro*** to walk *o* go back and forth, to go to and fro; ***vado e torno*** I'll be back in a minute, I'll be right back; ***vado io!*** *(a rispondere alla porta)* I'll get it! ***chi va là?*** MIL. who goes there? **2** *(andare via, partire)* ***devo ~*** I must go, I must be going; ***vado!*** I'm (just) off! ~ ***in vacanza*** to go on holiday; ~ ***in guerra*** to go to war **3** *(per indicare attività svolte regolarmente)* ~ ***a scuola, al lavoro, in chiesa*** to go to school, work, church; ~ ***a caccia, a pesca*** to go hunting, fishing; ***la domenica vado in bicicletta, in barca a vela, a sciare*** I go cycling, sailing, skiing on Sundays; ~ ***per*** o ***a funghi*** to go mushrooming; ~ ***in piscina, a fare il bagno*** to go swimming; ~ ***dal dottore, dal dentista, dal parrucchiere*** to go to the doctor's, dentist's, hairdresser's; ~ ***in*** o ***all'ospedale*** to go to hospital BE *o* the hospital AE; *(per fare visita)* ~ ***da qcn., a trovare qcn.*** to (go to) see sb., to drop in on sb. **4** *(seguito da a + infinito)* ~ ***a fare una passeggiata, a bere qcs.*** to go for a walk, a drink; ~ ***a fare un viaggio*** to go on a trip *o* journey; ***è andato a prendere del vino*** he's gone to get some wine; ***vai a rispondere al telefono*** go and answer the phone; ***va' a dirle che...*** go and tell her that...; ~ ***a fare spese*** to go shopping; *(enfatico)* ***è andata a dirlo a tutti!*** she's gone and told everybody! ***perché è andato a rovinare tutto?*** why did he go and ruin everything? ***ma che cosa vai a pensare?*** what a ridiculous idea! ***non andrà a dirgli una cosa simile, spero?*** you're not going to go and tell him that, are you? ***va' a sapere!*** don't ask me! who knows? ***va' a sapere che cosa è successo*** who knows what happened? ***va' a capirci qualcosa!*** just try and work that out! **5** *(procedere con un veicolo)* ~ ***veloce (in auto)*** to drive fast; ~ ***a 50 miglia all'ora*** to travel at 50 miles per hour **6** *(portare, essere diretto)* [*strada*] to go*, to lead* (**a** to); [*treno ecc.*] to go* (**a** to), to be* bound (**a** for); ***quel corridoio va in cucina*** that corridor goes to the kitchen; ***dove va questa strada?*** where does this road go *o* lead (to)? ~ ***a sud, ovest*** [*strada*] to head *o* bear south, west **7** *(finire)* ~ ***in terra*** to fall on the floor, to the ground; ~ ***fuori strada*** to go *o* swerve off the road; ~ ***contro un muro*** to run into a wall **8** *(procedere, svolgersi)* ***com'è andata la serata?*** how did the evening go? ***da come vanno le cose, penso che non finiremo mai*** the way things are going, I don't think we'll ever get finished; ***come vanno gli affari?*** how's business? ***come va la scuola?*** how are things at school? ***tutto è andato secondo i piani*** everything went according to plan; ***cosa c'è che non va?*** what's wrong *o* the matter? ***la facciamo ~*** COLLOQ. let's let it go; ***può ~*** COLLOQ. could be worse; *(essere in certe condizioni, stare)* ***come va il piede, la testa?*** how's your foot, head? **9** *(essere concesso, devoluto)* ***i soldi andranno in beneficenza*** the money will go to charity; ***la maggior parte del merito dovrebbe ~ all'autore*** most of the credit should go to the author **10** *(funzionare)* to go*, to work; ***la sua macchina ha qualcosa che non va*** there's something wrong with her car; ~ ***a benzina*** to run on petrol; ~ ***a elettricità, a pile*** to run on electricity, batteries **11** *(vendersi)* ***il nuovo modello va, sta andando (bene)*** the new model is selling (well); ***la casa è andata per oltre trecentomila euro*** the house went for over three hundred thousand euros; ***la casa andrà al miglior offerente*** the house will go to the highest bidder; *(essere di moda)* ***quest'inverno vanno (di moda) i cappotti lunghi*** the fashion is for long coats this winter **12** *(piacere, interessare)* ***ti va un gelato?*** do you feel like an ice cream? do you fancy an ice cream? ***oggi non mi va di studiare*** today I don't feel like studying **13** *(calzare)* ***questa camicia mi va stretta*** this shirt is a tight fit; ***ti va a pennello*** it fits you like a glove; ***i tuoi jeans ti vanno a pennello*** your jeans fit really well **14** *(dover essere collocato)* to go*; ***dove vanno questi piatti?*** where do these plates go? *(essere utilizzabile)* ***il piatto non va in forno*** the dish is not ovenproof **15** *(nel tempo)* ***il libro, la serie va avanti fino al 1990*** the book, series goes up to 1990; ***nel periodo che va dall'8 febbraio al 13 marzo*** between 8 February and 13 March; ***è andato avanti fino ben oltre la mezzanotte*** it went on well after midnight; ***il contratto andava fino al 1997*** the contract ran until 1997; ***va per i quaranta (anni)*** he's going on forty, he's getting on for forty BE **16** *(con il gerundio)* ~ ***diminuendo*** to taper off; ~ ***migliorando*** to be getting better *o* improving; ~ ***aggravandosi*** to be getting worse; ***la situazione va complicandosi*** the situation is getting more and more complicated **17** *(seguito da participio passato) (dover essere)* ***l'esercizio va fatto*** the exercise must be done; *(essere, risultare)* ***i bagagli andarono perduti*** the luggage was lost **18 andarci** ***andarci piano con*** to go easy *o* light on [*alcolici, cibo*]; ***vacci piano, il tessuto è delicato*** be careful, the fabric is delicate; ***vacci piano!*** easy does it! ***andarci pesante*** *(essere severo)* to come on strong; ***andarci pesante con*** to be heavy on [*ingrediente*] **19 andare avanti** *(avanzare)* to get* ahead, to go* along, to go* forward(s); *(proseguire)* to go* on, to keep* going; [*orologio*] to run* fast; ***non posso più ~ avanti*** I can't go any further; ***non si può ~ avanti così!*** this really won't do! ***fare fatica ad ~ avanti*** to struggle to keep going; ***la vita deve ~ avanti*** life must go on; ***avete abbastanza lavoro per ~ avanti?*** have you got enough work to keep you going? ~ ***avanti come se nulla fosse stato*** to carry on as if nothing had happened; ~ ***avanti con qcs.*** to carry on with sth.; ***il processo potrebbe ~ avanti per dei mesi*** the trial could go on for months; ***il mio orologio va avanti*** my watch is fast **20 andare bene** *(essere appropriato)* ***va bene?*** does that suit? is that ok? ***va bene il mio vestito, la traduzione?*** is my dress, the translation all right? ***la traduzione non andava bene*** the translation was not acceptable; ***non va per niente bene*** that's not good at all; ***hai visto qualcosa che possa ~ bene?*** did you see anything suitable? *(essere gradito, stare bene)* ***se per lei va bene*** if it suits you; ***domenica (ti) va bene?*** does Sunday suit you? ***mi va bene*** it suits me fine; ***va benissimo!*** that's great! ***andrebbe bene se andassimo via presto?*** would it be all right to leave early? *(essere accettabile)* ***quello che dice lui, va bene*** what he says goes; ***potrà ~ bene in altri paesi, a casa tua, ma...*** that may be OK in other countries, in your home, but...; ***qualsiasi scusa andrà bene*** any excuse will do; *(calzare)* ***quel vestito non mi va bene*** that dress doesn't fit me; *(essere adatto)* ***la chiave va bene per questa serratura*** the key fits this lock; *(abbinarsi)* ~ ***bene insieme*** [*colori, mobili*] to go together, to be a good match; ~ ***bene con*** [*colore, mobile*] to go with; *(svolgersi positivamente)* [*festa, operazione, affari*] to go well; ***va tutto bene*** everything's OK; ***va tutto bene?*** is everything all right? are you OK? ***se tutto va bene*** if all goes well, all being well; ***alla fine è andato tutto bene*** everything came good in the end; ***le cose non sono mai andate così bene*** COLLOQ. we've never had it so good; ***non sembra che le cose vadano troppo bene*** things aren't looking too good; ***spero che le cose gli andranno bene*** I hope things work out for him; ***spero che ti vada tutto bene*** I hope all goes well with you, I hope that everything works out well for you; ***mi è andata bene*** I was lucky, it worked out well for me; ***gli è andata bene che*** it was just as well for him that; *(riuscire)* ~ ***bene a scuola*** to do well at school *o* in one's schoolwork; ~ ***bene in matematica*** to be good at maths, to do well in maths **21 andare contro** *(infrangere)* ~ ***contro la legge*** [*persona, atto*] to break the law; ~ ***contro le convinzioni di*** *qcn.* to go against sb.'s beliefs **22** **andare a finire** *(avere un certo esito)* to finish up, to wind* up COLLOQ.; **~ *a finire bene*** to turn out well, to pan out; **~ *a finire male*** to turn out badly; ***come andrà a finire?*** how will it turn out *o* end? ***non so dove andrà a finire*** I don't know how he'll end up; ***andrà a finire male*** it will lead to trouble; ***è andata a finire che si sono sposati*** they ended up (getting) married, husband and wife; ***va a finire che si fanno male*** they'll end up hurting themselves; *(venire a trovarsi)* ***dov'è andata a finire la mia penna?*** where has my pen got to? where did my pen go? ***è andato a finire all'ospedale*** he ended up in hospital; ***siamo andati a finire a Londra*** we ended up in London; *(essere consumato)* ***dove sono andati a finire i soldi?*** where has the money gone? ***non so dove vanno a finire tutti i miei soldi!*** I don't know where all my money goes (to)! ***la maggior parte del suo stipendio va a finire nell'affitto*** most of his salary goes to paying the rent **23** **andare fuori** to go* out; **~ *a cena fuori*** to dine out, to go out for dinner **24** **andare giù** to go* down, to get* down; [*azioni*] to go* down, to come* down, to decrease; [*barometro*] to fall*; ***non mi va giù*** it sticks in my craw *o* throat (anche FIG.); **~ *giù che è un piacere*** COLLOQ. [*cibo, vino*] to go down smoothly *o* well **25** **andare indietro** to go* back, to get* back; [*orologio*] to be* slow, to run* slow; **~ *indietro nel tempo*** to go back in time **26** **andare male** *(svolgersi negativamente)* [*affari, esame, colloquio*] to go* badly; ***va male, le cose vanno male*** things are going badly; ***è andata male*** it didn't go well; *(non riuscire)* **~ *male a scuola*** to do badly *o* poorly at school; **~ *male in matematica*** to be bad at maths **27** **andare oltre** *(esagerare)* to go* too far **28** **andare su** *(salire)* to go* up; *(aumentare)* [*temperatura*] to rise*; [*prezzi*] to go* up, to increase, to rise*; [*valore*] to increase **29** **andare via** *(partire)* to go* away, to get* away, to leave*; *(sparire)* ***la macchia non va via*** the stain won't come out **II** **andarsene** pronom. **1** *(andare via, partire)* to go* away, to get* away, to leave*, to go* off; ***devo andarmene da qui!*** I must get away from here *o* this place! ***vattene!*** get out! go away! ***o se ne va lei o lo faccio io!*** either she goes or I do! **2** *(sparire)* ***ecco che se ne vanno le mie possibilità di vittoria!*** there go my chances of winning! ***questo raffreddore, mal di testa non vuole ~*** this cold, headache just won't go away **3** *(indebolirsi)* ***il suo udito se ne sta andando*** his hearing is going **4** EUFEM. *(morire)* to go*, to pass away; ***quando me ne sarò andato*** when I am gone; ***i dottori dicono che potrebbe ~ da un momento all'altro*** the doctors say he could go at any time **III** **andarne** impers. *(essere in gioco)* ***ne va della mia reputazione*** my reputation is at stake; ***ne va della tua salute*** your health is at stake, you're putting your health at risk ◆ ***ma va' là!*** you don't say! ***andiamo!*** *(dai, muoviamoci)* let's go! *(su, suvvia)* come on! ***comunque vada*** whatever happens; ***vada come vada*** whatever! ***come va la vita?*** how's life (treating you)? ***va bene*** (it's) all right, alright, good, OK, that's fine; ***va da sé*** it goes without saying; ***così va il mondo*** that's how it goes! that's the way it goes! that's the way the cookie crumbles COLLOQ.; ***per questa volta vada*** I'll let you off this time; ***va' a quel paese*** drop dead! get lost! ***va' al diavolo!*** o ***all'inferno!*** COLLOQ. go to the devil *o* to hell! ***va' a farti fottere!*** VOLG. fuck you! **~ *a letto con qcn.*** to go to bed *o* mess around *o* sleep with sb.; **~ *in bianco*** not to score; ***o la va o la spacca!*** sink or swim! do or die! **~ *per le lunghe*** to drag on; **~ *fuori di testa*** to go bananas, to flip (out), to freak (out); **~ *dentro*** EUFEM. to go to the nick, to go down BE; **~ *a Canossa*** to eat humble pie; **~ *per il sottile*** to split hairs; **~ *in porto*** to come off, to go through; ***non ~ per il sottile*** to be indiscriminate; ***non sei andato molto per il sottile!*** you weren't very subtle about it! **~ *all'altro mondo*** to go west, to peg out COLLOQ.; ***tanto va la gatta al lardo che ci lascia lo zampino*** PROV. curiosity killed the cat; ***dimmi con chi vai e ti dirò chi sei*** PROV. you can tell a man by the company he keeps; ***chi va piano va sano e va lontano*** PROV. slow and steady wins the race.

2.andare /an'dare/ m. **1** *(movimento)* ***tutto questo ~ e venire*** all this toing and froing, all these comings and goings; ***con l'~ del tempo*** as time goes by, with the passing of time; ***a lungo ~*** in the long run *o* term **2** *(andatura)* step, pace, speed, stride; ***a tutto ~*** at top speed; ***faceva errori a tutto ~*** he made one mistake after another.

andata /an'data/ f. **1** *(percorso)* ***il viaggio di ~*** the outward voyage, the journey there; ***ho fatto uno scalo all'~*** I made a stopover on the way out; ***ho preso l'autobus all'~*** I took the bus there; ***il viaggio di ~ è durato tre ore*** the journey there took three hours **2** ***biglietto di (sola) ~*** single (ticket), one-way ticket; ***due biglietti di ~ per Roma*** two singles to Rome; ***(biglietto di) ~ e ritorno*** return ticket, round trip ticket **3** SPORT ***all'~*** in the first leg; ***incontro di ~*** first leg; ***girone di ~*** first round.

andato /an'dato/ **I** p.pass. → **1.andare** **II** agg. **1** *(passato)* ***nei tempi -i*** in former times, in the olden days, in times past; ***nei bei tempi -i*** in the good old days; **~ *perduto*** [*raccolto*] ruined; ***un tentativo ~ a vuoto*** a failed attempt **2** COLLOQ. *(rotto, guasto)* [*auto, televisore, meccanismo*] finished; **~ *a male*** [*alimento*] spoiled, rotten, off BE; ***la mia penna è completamente -a*** my pen has had it **3** COLLOQ. *(spacciato)* ***essere ~*** to have had it, to be done for, to be a goner.

andatura /anda'tura/ f. **1** *(modo di camminare)* pace, step, stride; *(di cavalli)* gait; **~ *tranquilla, lenta*** amble, saunter; **~ *allegra*** prance; **~ *dinoccolata, dondolante*** shamble, waddle; **~ *impettita*** strut, swagger; **~ *solenne*** stately pace; **~ *incerta*** toddle; **~ *zoppicante*** limping gait; ***un'~ ondeggiante*** a rolling gait; ***avere un'~ disinvolta*** to have a jaunty step; ***avere un'~ sicura, elegante*** to have a confident, elegant stride; ***l'ho riconosciuto dall'~*** I recognized him by his walk; ***la buona notizia gli conferì un'~ scattante*** the good news put a spring in his step **2** SPORT pace; ***a forte ~*** at (a) great speed; ***tenere una buona ~*** to keep up a steady pace; ***fare l'~*** to make the running; ***forzare l'~*** to force the pace; ***aumentare l'~*** to speed up; ***l'~ diventò troppo veloce per lui*** the pace got too hot for him **3** MAR. point of sailing.

andazzo /an'dattso/ m. SPREG. trend; ***questa classe sta prendendo un brutto ~*** I don't like the way things are going in this class ◆ ***conosciamo l'~!*** I've heard it all before!

Ande /'ande/ n.pr.f.pl. Andes; ***la Cordigliera delle ~*** the Andean Cordillera, the Andes Mountains.

andino /an'dino/ agg. Andean.

andirivieni /andiri'vjɛni/ m.inv. *(di persone, veicoli)* comings and goings, toing and froing; ***movimento di ~*** to and fro motion; ***sorvegliare l'~ di qcn.*** to watch sb.'s movements.

andito /'andito/ m. corridor, passage.

Andorra /an'dɔrra/ ➧ ***33, 2*** n.pr.f. Andorra.

andorrano /andor'rano/ ➧ ***25, 2*** **I** agg. Andorran **II** m. (f. **-a**) Andorran.

Andrea /an'drɛa/ n.pr.m. Andrew; ***croce di sant'~*** Saint Andrew's cross; ARALD. saltire.

androgeno /an'drɔdʒeno/ agg. e m. androgen.

androginia /androdʒi'nia/ f. androgyny.

androgino /an'drɔdʒino/ **I** agg. androgynous **II** m. androgyne, hermaphrodite.

androide /an'drɔide/ m. e f. android.

andrologia /androlo'dʒia/ f. andrology.

andrologo, m.pl. **-gi**, f.pl. **-ghe** /an'drɔlogo, dʒi, ge/ ➧ ***18*** m. (f. **-a**) andrologist.

Andromaca /an'drɔmaka/ n.pr.f. Andromache.

Andromeda /an'drɔmeda/ n.pr.f. MITOL. ASTR. Andromeda; ***la galassia di ~*** the Andromeda Galaxy.

androne /an'drone/ m. (entrance) hall.

Andronico /andro'niko/ n.pr.m. Andronicus.

andropausa /andro'pauza/ f. andropause, male climacteric.

androsterone /androste'rone/ m. androsterone.

aneddotica /aned'dɔtika/ f. anecdotage; ***secondo l'~ storica...*** history has it that...

aneddotico, pl. **-ci**, **-che** /aned'dɔtiko, tʃi, ke/ agg. anecdotal, anecdotic(al).

aneddotista, m.pl. **-i**, f.pl. **-e** /aneddo'tista/ m. e f. anecdotist.

aneddoto /a'nɛddoto/ m. anecdote.

anelante /ane'lante/ agg. **1** LETT. *(ansante)* [*persona*] breathless **2** *(desideroso)* yearning, longing.

anelare /ane'lare/ [1] intr. (aus. *avere*) **1** LETT. *(ansimare)* to gasp, to be* breathless **2** FIG. *(desiderare ardentemente)* **~ *a qcs.*** to yearn for sth.

anelasticità /anelastitʃi'ta/ f.inv. FIS. anelasticity; FIG. inelasticity.

anelastico, pl. **-ci**, **-che** /ane'lastiko, tʃi, ke/ agg. FIS. anelastic; FIG. inelastic, rigid.

anelettrico, pl. **-ci**, **-che** /ane'lɛttriko, tʃi, ke/ agg. anelectric.

anelito /a'nɛlito/ m. LETT. **1** *(respiro affannoso)* panting, gasping **2** FIG. *(ardente desiderio)* yearning, longing.

anellide /a'nɛllide/ m. annelid.

▶ **anello** /a'nɛllo/ **I** m. **1** *(gioiello)* ring, band; ***un ~ di diamanti*** a diamond ring; **~ *con sigillo*** seal *o* signet ring; ***il dito con l'~*** the ring finger; ***portare un ~ al dito*** to wear a ring on one's finger; ***togliersi un ~ dal dito*** to take a ring off one's finger; ***scambiarsi gli -i*** to exchange wedding vows **2** *(oggetto di forma circolare)* hoop, ring; *(maglia di catena)* link; *(per agganciare)* ring; ***l'~ mancante*** the missing link (anche FIG.); ***è solo un ~ della catena*** FIG. he's only a link in the chain; ***l'ultimo ~ della catena*** the last link in the chain (anche FIG.); ***essere l'~ debole in*** o ***di*** to be the weak point in; **~**

portasciugamani towel ring; ***portatovagliolo ad ~*** napkin ring; ***~ delle mura*** surrounding wall; ***~ a spirale*** *(portachiavi)* split ring, key-ring; ***quaderno ad -i*** ring binder; ***~ a strappo*** *(sulle lattine)* ring-pull; ***-i da tenda*** curtain rings **3** ASTR. ring **4** ZOOL. *(metamero)* ring, segment **5** BOT. ring; *(di fungo)* ring, annulus* ***~ legnoso, di crescita*** tree ring, growth ring **6** ING. *(tangenziale)* ringroad BE, beltway AE **7** TECN. collar, collet; *(manicotto)* sleeve; ***calibro ad ~*** ring-gauge **8** SPORT ***~ da fondo*** crosscountry ski trail; ***~ di velocità*** speed-skating oval **II anelli** m.pl. **1** SPORT rings; ***agli -i*** on the rings **2** LETT. *(di capelli)* ringlets, curls ◆ ***avere l'~ al dito*** to be married; ***gli ha messo l'~ al dito*** she got him to the altar ◆◆ ***~ benzenico*** CHIM. benzene ring; ***~ di congiunzione*** FIG. bridge, link; ***~ distanziatore*** extension ring; ***~ episcopale*** RELIG. episcopal ring; ***~ di fidanzamento*** engagement ring; ***~ di forzamento*** TECN. shrink ring; ***~ di fumo*** smoke ring; ***~ matrimoniale*** wedding ring *o* band; ***~ di regolazione*** setting ring; ***~ di ritenuta*** retaining ring; ***~ universale*** adapter tube; ***-i di Newton*** Newton's rings; ***-i olimpici*** Olympic rings; ***-i di Saturno*** Saturn's rings.

anemia /ane'mia/ ➧ **7** f. anaemia BE, anemia AE ◆◆ ***~ falcemica*** sickle cell anaemia; ***~ mediterranea*** thalassemia; ***~ perniciosa*** pernicious anaemia.

anemico, pl. **-ci**, **-che** /a'nɛmiko, tʃi, ke/ agg. anaemic BE, anemic AE; ***diventare ~*** to become anaemic.

anemofilia /anemofi'lia/ f. anemophily.

anemofilo /ane'mɔfilo/ agg. anemophilous.

anemografia /anemogra'fia/ f. anemography.

anemografo /ane'mɔgrafo/ m. anemograph.

anemometria /anemome'tria/ f. anemometry.

anemometro /ane'mɔmetro/ m. anemometer.

anemone /a'nɛmone/ m. anemone ◆◆ ***~ di mare*** sea anemone.

anemoscopio, pl. **-pi** /anemos'kɔpjo, pi/ m. anemoscope.

aneroide /ane'rɔide/ agg. [*barometro*] aneroid.

anestesia /aneste'zia/ f. MED. anaesthesia BE, anesthesia AE, anaesthetization BE, anesthetization AE; ***fare*** o ***praticare un'~ a qcn.*** to give sb. an anaesthetic, to put sb. under anaesthetic; ***non sopporta l'~*** he does not tolerate anaesthesia; ***essere sotto l'effetto dell'~***, ***sotto ~*** to be under anaesthetic; ***restare sotto ~ per tre minuti*** to stay under for three minutes ◆◆ ***~ locale*** local anaesthetic; ***~ spinale*** spinal anaesthesia; ***~ totale*** general anaesthetic.

anestesiologia /anestezjolo'dʒia/ f. anaesthesiology BE, anesthesiology AE.

anestesiologo, m.pl. **-gi**, f.pl. **-ghe** /aneste'zjɔlogo, dʒi, ge/ ➧ ***18*** m. (f. **-a**) anaesthesiologist BE, anesthesiologist AE.

anestesista, m.pl. **-i**, f.pl. **-e** /aneste'zista/ ➧ ***18*** m. e f. anaesthetist BE, anesthetist AE.

anestetico, pl. **-ci**, **-che** /anes'tɛtiko, tʃi, ke/ agg. e m. MED. anaesthetic BE, anesthetic AE.

anestetizzante /anestetid'dzante/ agg. MED. [*effetto*] anaesthetizing BE, anesthetizing AE, numbing.

anestetizzare /anestetid'dzare/ [1] tr. to anaesthetize BE, to anesthetize AE.

aneto /a'nɛto, a'neto/ m. dill.

aneurina /aneu'rina/ f. aneurin, thiamine.

aneurisma /aneu'rizma/ m. aneurism, aneurysm; ***~ sacciforme*** saccular aneurism.

aneurismatico, pl. **-ci**, **-che** /aneuriz'matiko, tʃi, ke/ agg. aneurismal, aneurysmal.

anfetamina /anfeta'mina/ f. *(farmaco)* amphetamine; *(droga)* COLLOQ. ice, popper.

anfibi /an'fibi/ m.pl. **1** ZOOL. amphibia **2** ABBIGL. *(scarpe)* combat boots, DMs BE COLLOQ.

anfibio, pl. **-bi**, **-bie** /an'fibjo, bi, bje/ **I** agg. **1** BIOL. [*animale, pianta*] amphibious **2** AUT. MIL. ***mezzo ~*** amphibian; ***cingolato ~*** amtrac; ***mezzi -i da sbarco*** amphibious landing force **II** m. ZOOL. MIL. amphibian.

anfibiologia /anfibjolo'dʒia/ f. amphibiology.

anfibolite /anfibo'lite/ f. amphibolite.

anfibolo /an'fibolo/ m. amphibole.

anfibologia /anfibolo'dʒia/ f. amphibology.

anfibraco, pl. **-chi** /an'fibrako, ki/ m. amphibrach.

anfiosso /anfi'ɔsso/ m. lancelet, amphioxus*.

anfipodi /an'fipodi/ m.pl. amphipods.

anfisbena /anfiz'bɛna/ f. amphisbaena*.

anfiteatro /anfite'atro/ m. amphitheatre BE, amphitheater AE; *(aula)* lecture theatre BE UNIV. ◆◆ ***~ morenico*** morainic amphitheatre.

anfitrione /anfitri'one/ m. host.

Anfitrione /anfitri'one/ n.pr.m. Amphitryon.

anfiuma /an'fjuma/ f. congo eel.

anfizioni /anfit'tsjoni/ m.pl. amphictyons.

anfizionico, pl. **-ci**, **-che** /anfit'tsjɔniko, tʃi, ke/ agg. amphictyonic.

anfora /'anfora/ f. amphora*.

anfratto /an'fratto/ m. ravine, gorge.

anfrattuoso /anfrattu'oso/ agg. tortuous, winding.

angariare /anga'rjare/ [1] tr. to oppress, to torment.

angelica /an'dʒɛlika/ f. *(erba)* angelica.

angelicamente /andʒelika'mente/ avv. angelically.

angelicato /andʒeli'kato/ agg. LETT. ***donna -a*** = idealized, angel-like woman in Stil Novo poetry considered the intermediary between Man and God.

angelico, pl. **-ci**, **-che** /an'dʒɛliko, tʃi, ke/ agg. [*viso, voce*] angelic; ***essere di una bellezza -a*** to look like an angel; ***cori -ci*** angelic choirs; ***salutazione -a*** RELIG. Angelic Salutation.

▶ **angelo** /'andʒelo/ m. **1** RELIG. angel; ***il lunedì dell'Angelo*** Easter Monday; ***pane degli -i*** Sacrament, Eucharist **2** FIG. *(termine affettuoso)* darling; ***i bambini sono stati degli -i*** the children have been little darlings; *(protettore)* ***non sono il suo ~ custode*** I'm not his keeper **3** GASTR. *(pasta)* ***capelli d'~*** angel-hair pasta AE, angel's hair AE **4** SPORT ***tuffo ad ~*** swallow *o* swan dive ◆ ***bello come un ~*** [*bambino*] cherubic; ***essere buono come un ~*** to be as good as gold, to be an angel; ***discutere sul sesso degli -i*** = to talk about abstract and insoluble problems ◆◆ ***~ caduto*** fallen angel; ***~ custode*** guardian *o* ministering angel; ***~ del focolare*** = perfect housewife; ***~ di mare*** ZOOL. angel shark, angelfish, monkfish; ***~ di misericordia*** angel of mercy; ***~ della morte*** angel of death; ***~ delle tenebre*** angel of darkness; ***~ vendicatore*** avenging angel.

angelus /'andʒelus/ m.inv. angelus.

angheria /ange'ria/ f. oppression, tyranny.

angina /an'dʒina/ ➧ **7** f. angina ◆◆ ***~ difterica*** angina diphtherica; ***~ pectoris*** angina pectoris.

angiocardiogramma /andʒokardjo'gramma/ m. angiocardiogram.

angiografia /andʒogra'fia/ f. angiography.

angiogramma /andʒo'gramma/ m. angiogram.

angioino /andʒo'ino/ **I** agg. Angevin **II** m. (f. **-a**) Angevin; ***gli Angioini*** the Angevins.

angioletto /andʒo'letto/ m. **1** *(piccolo angelo)* cherub **2** IRON. ***con quella sua aria da ~, è un furbacchione*** he looks like a little angel, but he's a sly one; ***crede che suo figlio sia un ~*** she thinks *o* in her eyes her son can do no wrong **3** *(termine affettuoso)* ***~ mio*** bundle of joy, my little angel ◆ ***non è proprio un ~*** she's no angel; ***sembri un ~*** you look as if butter wouldn't melt in your mouth; ***essere buono come un ~*** to be as good as gold.

angiolo /'andʒolo/ → **angelo.**

angiologia /andʒolo'dʒia/ f. angiology.

angiologo, m.pl. **-gi**, f.pl. **-ghe** /an'dʒɔlogo, dʒi, ge/ ➧ ***18*** m. (f. **-a**) angiologist.

angioma /an'dʒɔma/ m. angioma*.

angioplastica /andʒo'plastika/ f. angioplasty.

angiosperme /andʒos'pɛrme/ f.pl. angiosperms.

angiporto /andʒi'pɔrto/ m. *(stradina)* back alley, back lane; *(vicolo cieco)* blind alley, cul-de-sac, dead end.

anglicanesimo /anglika'nezimo/, **anglicanismo** /anglika'nizmo/ m. Anglicanism.

anglicano /angli'kano/ **I** agg. Anglican **II** m. (f. **-a**) Anglican.

anglicismo /angli'tʃizmo/ m. Anglicism, Briticism.

anglicizzare /anglitʃid'dzare/ [1] **I** tr. to anglicize **II anglicizzarsi** pronom. to become* anglicized.

anglicizzazione /anglitʃiddzat'tsjone/ f. anglicization.

anglico, pl. **-ci**, **-che** /'angliko, tʃi, ke/ agg. Anglian.

anglismo /an'glizmo/ → **anglicismo.**

anglista, m.pl. **-i**, f.pl. **-e** /an'glista/ m. e f. Anglicist.

anglistica /an'glistika/ f. English studies pl.

anglo /'anglo/ m. Angle; ***gli -i*** the Angles.

angloamericano /angloameri'kano/ **I** agg. [*persona, lingua*] Anglo-American **II** m. LING. *(varietà dell'inglese)* Anglo-American.

anglofilia /anglofi'lia/ f. Anglophilia.

anglofilo /an'glɔfilo/ **I** agg. Anglophile **II** m. (f. **-a**) Anglophile.

anglofobia /anglofo'bia/ f. Anglophobia.

anglofobo /an'glɔfobo/ m. (f. **-a**) Anglophobe.

anglofono /an'glɔfono/ **I** agg. *(di lingua inglese)* [*paese, provincia, gruppo, persona*] Anglophone, English-speaking **II** m. (f. **-a**) Anglophone, English speaker.

anglomane /an'glɔmane/ m. e f. Anglomaniac.

anglomania /angloma'nia/ f. Anglomania.

anglo-normanno /anglonor'manno/ **I** agg. STOR. Anglo-Norman **II** m. LING. Anglo-French, Anglo-Norman.
anglosassone /anglo'sassone/ **I** agg. **1** STOR. LING. Anglo-Saxon **2** *(di lingua inglese)* [*letteratura*] Anglo-Saxon **II** m. e f. Anglo-Saxon **III** m. LING. Anglo-Saxon.
Angola /an'gɔla/ ➧ **33** n.pr.m. Angola.
angolano /ango'lano/ ➧ **25 I** agg. Angolan **II** m. (f. **-a**) Angolan.
1.angolare /ango'lare/ **I** agg. **1** MAT. FIS. angular; ***velocità ~*** angular velocity **2** *(collocato in un angolo)* ***pietra ~*** cornerstone (anche FIG.) **II** m. TECN. angle iron.
2.angolare /ango'lare/ [1] tr. **1** *(disporre ad angolo)* to angle **2** SPORT to angle.
angolarità /angolari'ta/ f.inv. angularity.
angolato /ango'lato/ **I** p.pass. → **2.angolare II** agg. angled, angulate(d); SPORT [*tiro*] angled.
angolatura /angola'tura/ f. ***da ogni ~*** from every angle (anche FIG.).
angolazione /angolat'tsjone/ f. **1** FOT. CINEM. angle shot **2** *(punto di vista)* angle; ***fare una foto dalla giusta ~*** to take a photo from the right angle; ***visto sotto questa ~*** viewed from this angle; ***offrire una nuova ~ su qcs.*** to give a new slant on sth.; ***guardare qcs. da una nuova ~*** to put a new spin on sth.; ***da quale ~ il giornale presenta questa storia?*** what angle is the newspaper putting on this story?
angoliera /ango'ljɛra/ f. corner cupboard.
▶ **angolo** /'angolo/ m. **1** MAT. angle; ***~ di novanta gradi*** ninety-degree angle; ***con un ~ di 60°*** at a 60° angle; ***a un ~ di 40 gradi rispetto alla verticale*** at an angle of 40 degrees to the vertical; ***fare*** o ***formare un ~ con qcs.*** to make *o* form an angle with sth.; ***tracciare un ~*** to plot an angle; ***ad ~ retto*** on the square, perpendicular; ***ad ~ retto con*** at right angles to; ***intersecarsi ad ~ retto*** to intersect at right angles; ***fare ~ retto con qcs.*** to make a right angle with sth. **2** *(canto, spigolo)* angle, corner; ***in un ~*** in a corner; ***d'~, ad ~*** angled; ***libreria, caminetto d'~*** corner bookcase, fireplace; ***un ~ del tavolo, del tovagliolo*** a corner of the table, napkin; ***l'~ è stato smussato*** the corner was canted off; ***piegare l'~ della pagina*** to fold *o* turn down the corner of the page; ***girare l'~*** to go around *o* turn the corner; ***all'~ della strada*** at the corner of the street; ***la casa all'~*** the house on the corner; ***essere all'~ di, fare ~ con due strade*** to be at the corner of two streets; ***restare in un ~*** FIG. to stay in one's own little corner; ***andare nell'~*** *(come punizione)* to go and stand in the corner; ***mettere un bambino nell'~*** to put a child in the corner; ***asciugarsi gli -i della bocca*** to wipe the corners of one's mouth **3** ***calcio d'~*** SPORT corner (kick); ***tirare*** o ***battere un calcio d'~*** to take a corner **4** *(posto, luogo)* corner; ***ai quattro -i della città, della terra*** all over the town, the world; ***da tutti gli -i del globo*** from all corners of the world; ***a ogni ~*** everywhere, all over the place; ***ci sono poliziotti, banche a ogni ~*** there's a policeman, a bank on every street corner; ***l'~ dei collezionisti*** collectors' corner; ***in ogni ~*** in every nook and cranny; ***guardare in ogni ~*** o ***in tutti gli -i*** to look everywhere *o* all over the place; ***nell'~ più riposto di*** at the very bottom of [*cassetto*]; at the very back of [*armadio*]; ***gli -i nascosti di*** the recesses of [*armadio, costruzione, caverna*]; ***cacciarsi in un ~*** COLLOQ. [*persona*] to get into a corner **5** *(luogo nelle vicinanze)* ***negozio d'~*** corner shop; ***il caffè*** o ***bar dell'~*** the local café; ***l'ufficio postale è proprio dietro l'~*** the post office is just (a)round the corner **6** *(località, zona appartata)* ***un ~ remoto*** a remote part; ***negli -i più remoti dell'Asia*** in the remotest corners of Asia; ***un ~ di paradiso*** an idyllic spot; ***un ~ di verde*** a green bit; ***in un ~ sperduto*** COLLOQ. in the sticks, in the middle of nowhere; ***in un ~ sperduto della Toscana*** in a remote part of Tuscany; ***ricacciare un pensiero in un ~ remoto della mente*** FIG. to push a thought to the back of one's mind ◆◆ ***~ acuto*** MAT. acute angle; ***~ di apertura*** FOT. FIS. aperture angle; ***~ di campanatura*** AUT. camber angle; ***~ di campo*** FOT. camera angle, angle of field; ***~ al centro*** MAT. central angle; ***~ alla circonferenza*** MAT. peripherical angle; ***~ concavo*** MAT. reentrant angle; ***~ coniugato*** MAT. opposed angle; ***~ di contingenza*** MAT. angle of contingence; ***~ convesso*** MAT. salient angle; ***~ cottura*** kitchen area, kitchenette; ***~ di deviazione*** FIS. angle of deviation, drift; ***~ diedro*** MAT. dihedral (angle); ***~ esterno*** exterior *o* external angle; ***~ di fase*** ASTR. phase angle; ***~ giro*** MAT. perigon, round angle; ***~ di incidenza*** FIS. angle of incidence; ***~ di inclinazione*** rake, tilt angle, angle of descent; ***~ interno*** MAT. interior angle; ***~ limite*** FIS. critical angle; ***~ massimo di sterzata*** AUT. steering lock; ***~ morto*** blind spot; MIL. dead angle; ***~ ottuso*** MAT. obtuse angle; ***~ piatto*** MAT. straight angle; ***~ retto*** MAT. right angle; ***~ di riflessione*** FOT. FIS. angle of reflection; ***~ di rifrazione*** FIS. angle of refraction; ***~ di rotta*** AER. track angle; ***~ di salita*** AER. angle of climb; ***~ solido*** solid angle; ***~ di sterzata*** turning circle; ***~ supplementare*** MAT. supplement, supplementary angle; ***~ di tiro*** MIL. firing angle; ***~ visuale*** FIS. visual angle; ***-i adiacenti*** MAT. adjacent angles; ***-i alterni*** MAT. alternate angles; ***-i complementari*** MAT. complementary angles; ***-i opposti al vertice*** MAT. opposite angles.
angoloide /ango'lɔide/ m. ***~ di un poliedro*** polyhedral angle.
angolosità /angolosi'ta/ f.inv. *(spigolosità)* angularity (anche FIG.).
angoloso /ango'loso/ agg. **1** *(quadrato)* [*viso*] angular, bony; [*lineamenti*] sharp **2** FIG. [*aspetto, carattere*] touchy, irritable.
angora /'angora/ f. angora; ***lana d'~*** angora wool; ***maglione d'~*** angora sweater; ***gatto, coniglio d'~*** angora cat, rabbit.
▷ **angoscia**, pl. **-sce** /an'gɔʃʃa, ʃe/ f. **1** *(affanno)* anxiety (**per, riguardo a** about); *(tormento, pena)* anguish (**per** about, over), distress; ***vivere nell'~ permanente*** to live in a state of perpetual anxiety; ***che ~ questo lavoro!*** COLLOQ. this work is torture! ***il suo viso era contratto dall'~*** his face was tense with worry; ***provare ~*** to be in anguish; ***provare l'~ della pagina bianca*** [*scrittore*] to have writer's block; ***passare una notte d'~*** to spend a night in a state of anguish; ***~ mortale*** sheer agony; ***morire d'~*** to be worried sick; ***essere in preda all'~*** to be racked with anguish, to be filled with distress **2** FILOS. anxiety.
angosciante /angoʃ'ʃante/ agg. **1** *(preoccupante)* [*domanda, futuro, prospettiva, realtà*] alarming; [*pensiero, vista, notizia, avvenimento*] distressing, distressful, upsetting; [*momento*] anxious; [*sentimento*] sinking; ***l'attesa del verdetto è ~*** waiting for the verdict is agonizing; ***in una situazione ~*** in a distressed state; ***è ~ che*** it is distressing that **2** *(spaventoso)* [*silenzio, film*] scary; [*grido*] agonized.
angosciare /angoʃ'ʃare/ [1] **I** tr. [*persona, problema, avvenimento, situazione*] to worry, to distress [*persona*]; [*prospettiva, domanda*] to intimidate; ***~ qcn.*** to cause sb. anxiety, to distress sb. **II angosciarsi** pronom. ***-rsi per qcn., qcs.*** to distress oneself *o* get anxious about sb., sth.
angosciato /angoʃ'ʃato/ **I** p.pass. → **angosciare II** agg. [*voce, viso, sguardo*] anxious; [*persona*] distressed (**che** that, **da** by, at); [*espressione*] agonized; ***un grido ~*** an anguished cry; ***essere ~*** to be in anguish *o* distress.
angosciosamente /angoʃʃosa'mente/ avv. anxiously, in a distressful way; ***aggirarsi ~*** to wander about in a state of anxiety.
▷ **angoscioso** /angoʃ'ʃoso/ agg. **1** *(angosciante)* distressful, distressing; ***un'attesa -a*** an agonizing wait **2** *(pieno d'angoscia)* anguished.
angostura /angos'tura/ f. angostura.
angstrom /'angstrom/ m.inv. angstrom.
▷ **anguilla** /an'gwilla/ f. eel; *(giovane)* elver ◆ ***sgusciare come un'~, essere viscido come un'~*** to be as slippery as an eel ◆◆ ***~ elettrica*** electric eel; ***~ marina*** sea eel; ***~ della sabbia*** sand eel.
anguillula /an'gwillula/ f. eelworm.
anguineo /an'gwineo/ agg. snake-like.
anguria /an'gurja/ f. watermelon.
angustia /an'gustja/ f. **1** *(ristrettezza)* narrowness; ***~ di mente*** FIG. SPREG. narrow-mindedness **2** *(ansia)* apprehension, worry; ***essere in -e per qcs., qcn.*** to worry about sth., sb. ◆ ***trovarsi in -e*** *(economicamente)* to be in dire straits.
angustiare /angus'tjare/ [1] **I** tr. [*preoccupazione, domanda*] to torment, to bother; [*malattia*] to distress, to worry **II angustiarsi** pronom. ***-rsi per qcs.*** to distress oneself *o* get worried about sth.
angusto /an'gusto/ agg. [*appartamento, ufficio*] cramped; [*spazio*] tight; [*animo, spirito*] narrow; ***di mente -a*** narrow-minded.
anice /'anitʃe/ m. **1** BOT. *(pianta)* anise; *(seme)* aniseed **2** *(aroma)* ***all'~*** [*biscotto, caramella*] aniseed; ***liquore all'~*** anisette ◆◆ ***~ stellato*** star anise.
anicino /ani'tʃino/ m. **1** *(biscotto)* aniseed biscuit **2** *(confetto)* = sugar-coated aniseed.
anidride /ani'dride/ f. anhydride ◆◆ ***~ carbonica*** carbon dioxide; ***~ solforosa*** sulphur dioxide.
anidrite /ani'drite/ f. anhydrite.
anidro /'anidro/ agg. anhydrous.
anile /a'nile/ m. BOT. anil, indigo.
anilina /ani'lina/ f. aniline.
▶ **anima** /'anima/ f. **1** FILOS. RELIG. soul; ***(che) Dio accolga la sua ~*** (may) God rest his soul; ***raccomandare l'~ a Dio*** to commend one's soul to God; ***salvezza dell'~*** salvation of one's soul; ***sopravvivenza dell'~*** survival of the soul; ***pregare per l'~ di qcn.*** to pray for sb.'s soul; ***cura d'-e*** care of souls; ***le -e dei defunti, dei beati*** the souls of the departed, the blessed; ***pace, quiete dell'~*** peace of mind; ***essere puro nell'~ e nel corpo*** to be pure in mind and body; ***unione del corpo e dell'~*** union of mind and body **2** *(natura profonda)*

soul; ***avere un'~ da poeta*** to have the soul of a poet; ***città senz'~*** soulless town; ***dal profondo dell'~*** from the (very) depths of one's soul; ***il profondo dell'~*** one's innermost self *o* being; ***mi ha turbato nel profondo dell'~*** it shook me to the core; ***i recessi dell'~*** the recesses of one's soul; ***leggere nell'~ di qcn.*** to see into sb.'s heart; ***corrotto fino all'~*** rotten to the core **3** *(persona)* ***un'~ buona, caritatevole*** a kindly soul; ***un'~ sensibile, candida, nobile*** a sensitive, pure, noble soul; ***senza vedere ~ viva*** without seeing a (living *o* single) soul; ***"c'era gente?" - "neanche un'~"*** COLLOQ. "were many people there?" - "not a soul"; ***non devi dirlo ad ~ viva*** you mustn't tell a soul; ***frazione di 25 -e*** hamlet of 25 souls **4** *(di resistenza, nazione, partito)* soul (**di** of); *(di complotto)* moving force, spirit (**di** of); ***la pubblicità è l'~ del commercio*** advertising is the life and soul *o* the life blood *o* the essence of business **5** TECN. *(di cannone, fucile)* bore; *(di statua, cavo)* core; *(di strumento a corde)* sound post **6** PSIC. *(parte della personalità)* anima **7** RAR. *(termine affettuoso)* ***~ mia*** my beloved ◆ ***mio zio buon'~*** *(defunto)* my uncle of blessed memory; ***rendere l'~ a Dio*** to give up the ghost; ***all'~!*** goodness me! ***pace all'~ sua!*** God rest his, her soul! ***stare sull'~ a qcn.*** COLLOQ. to get up sb.'s nose; ***mi sta sull'~*** he gets on my nerves, I can't stand him; ***rodersi l'~*** to seethe with rage, to eat one's heart out; ***rompere l'~ a qcn.*** COLLOQ. *(importunare)* to bother *o* annoy sb.; ***volere un bene dell'~ a qcn.*** to love sb. dearly *o* deeply; ***amare, odiare con tutta l'~*** to love, hate sb. heart and soul; ***dare l'~*** to sell one's soul (**per** for; **per fare** to do); ***dare ~ e corpo*** to give one's soul *o* one's all; ***lanciarsi ~ e corpo in qcs.*** to throw oneself into sth. heart and soul *o* wholeheartedly; ***metterci l'~*** to give it all one's got; ***vendere l'~ al diavolo*** to sell one's soul to the devil; ***vomitare l'~*** COLLOQ. to be as sick as a dog, to chuck up POP.; ***gli occhi sono lo specchio dell'~*** PROV. the eyes are the windows of the soul ◆◆ ***~ beata*** blessed soul; ***~ cosmica*** → ***~ del mondo***; ***~ dannata*** lost soul (anche FIG.); ***~ gemella*** soul mate, kindred spirit; ***~ del mondo*** oversoul; ***~ in pena*** tormented soul; ***vagare come un'~ in pena*** to mope about *o* around.

▶ **animale** /ani'male/ **I** agg. [*regno, specie, comportamento, vita, grassi*] animal; ***prodotto, proteine di origine ~*** animal product, proteins; ***trazione ~*** animal traction; ***calore ~*** body heat; ***carbone*** o ***nero ~*** boneblack **II** m. **1** BIOL. ZOOL. animal; ***tenere, allevare, ammaestrare -i*** to keep, breed, train animals; ***il re degli -i*** the king of the beasts; ***cibo per -i*** animal feed; ***amico degli -i*** animal lover; ***diritti degli -i*** animal rights; ***test sugli -i*** animal testing **2** *(persona rozza)* animal, brute; ***risvegliare l'~ che è in qcn.*** to bring out the animal in sb. **3** FIG. *(entità)* ***l'uomo è un ~ politico*** man is a political animal ◆◆ ***~ da allevamento*** farm animal; ***~ da compagnia*** o ***domestico*** pet; ***~ da ingrasso*** fattener; ***~ da laboratorio*** laboratory animal; ***~ nocivo*** pest; ***~ da palcoscenico*** all-round entertainer; ***~ da preda*** beast of prey; ***~ ragionevole*** rational being; ***~ da riproduzione*** breeding animal; ***~ a sangue freddo, caldo*** cold-blooded, warm-blooded animal; ***~ selvatico*** wild animal; ***~ da soma*** beast of burden, baggage animal; ***~ da tiro*** draught animal; ***~ utile*** utility animal; ***-i d'allevamento*** livestock, farmstock; ***-i da cortile*** = poultry and rabbits; ***-i da macello*** stockers, fatstock BE.

animalesco, pl. **-schi**, **-sche** /anima'lesko, ski, ske/ agg. **1** *(di animale)* animal attrib. **2** *(bestiale)* [*istinti, comportamento*] bestial, brutish, animal-like.

animalismo /anima'lizmo/ m. animal activism.

animalista, m.pl. **-i**, f.pl. **-e** /anima'lista/ m. e f. animal activist.

animalità /animali'ta/ f.inv. animality.

▷ **animare** /ani'mare/ [1] **I** tr. **1** *(rendere vivace)* to animate, to enliven [*riunione, dibattito, conversazione*]; to pep (up), to liven up, to jazz up COLLOQ. [*festa, luogo, serata*]; to liven up, to bring* life to [*quartiere, città, regione*]; to brighten up [*giorno, via*]; ***un barlume d'interesse gli animò il viso*** his face brightened with interest **2** *(ispirare, stimolare)* [*sentimento, desiderio, volontà*] to animate, to inspire, to encourage [*persona, squadra, popolo, impresa*] **3** *(infondere vita in)* to animate [*corpo, materia*]; FIG. [*artista, luce*] to bring* [sth.] to life [*opera*] **II animarsi** pronom. **1** *(vivacizzarsi)* [*conversazione, dibattito, oratore*] to grow* heated, to get* heated; [*espressione, viso*] to light* up; [*luogo, pubblico, uditorio*] to liven up, to come* alive; [*festa*] to warm up, to come* alive; ***si animava man mano che procedeva la discussione*** she became more animated as the discussion went on; ***le strade si animarono all'improvviso*** the streets exploded into life **2** *(prendere vita)* to come* to life; ***un film in cui gli oggetti si animano*** a film in which (the) objects come to life.

animatamente /animata'mente/ avv. ***discutere, parlare ~*** to discuss, talk animatedly; ***conversare ~*** to have a lively conversation.

animato /ani'mato/ **I** p.pass. → **animare II** agg. **1** *(vivente)* ***esseri -i*** living beings; ***cartone, disegno ~*** cartoon; ***libro ~*** pop-up book **2** *(vivace)* [*dibattito, discussione*] animated, spirited; [*serata, conversazione, assemblea, gruppo, racconto, stile*] lively; ***nel corso della serata si fece via via più ~*** as the evening went on, he became more animated; ***il mercato azionario è molto ~ al momento*** the stock market is very active at the moment **3** *(movimentato)* [*strada, mercato, città*] bustling, busy **4** *(ispirato)* ***essere ~ da buone, cattive intenzioni*** to be spurred on by good, bad intentions **5** LING. FILOS. animate.

animatore /anima'tore/ ◗ *18* m. (f. **-trice** /tritʃe/) **1** *(di villaggio vacanze, club)* animator; ***~ socioculturale*** coordinator of sociocultural activities **2** RAD. TELEV. *(presentatore)* host, presenter **3** CINEM. animator.

animazione /animat'tsjone/ f. **1** *(di gruppo)* ***staff di ~*** animation team; ***~ culturale, sportiva*** promotion of cultural, sporting activities **2** *(movimento) (di località, via, mercato)* bustle, liveliness; ***il turismo crea ~ nel paese*** tourism puts a bit of life into the village; ***città che manca di ~*** town lacking in vitality **3** *(di persona)* animation, liveliness, excitement; *(di mercato azionario, di cambi)* hustle and bustle; ***l'~ della Borsa all'indomani degli avvenimenti*** the excitement on the Stock Exchange the day after the events **4** CINEM. animation; ***film d'~*** animated film; ***cinema d'~*** cartoon cinema.

animella /ani'mɛlla/ f. *(di vitello, agnello)* sweetbread.

animismo /ani'mizmo/ m. animism.

animista, m.pl. **-i**, f.pl. **-e** /ani'mista/ agg., m. e f. animist.

animistico, pl. **-ci**, **-che** /ani'mistiko, tʃi, ke/ agg. [*religione, società*] animistic.

▶ **animo** /'animo/ m. **1** *(sede del pensiero e delle emozioni)* mind, heart; ***nel profondo dell'~*** deep in one's heart; ***avere l'~, essere di ~ sensibile*** to be a sensitive soul; ***essere commosso fin nel profondo dell'~*** to be moved to the depths of one's soul; ***serbare nell'~*** to cherish [*ricordo*]; to harbour [*odio*]; ***essere un socialista, un musicista nell'~*** to be a socialist, musician at heart **2** *(cuore)* heart; ***bontà d'~*** goodness of heart; ***toccare l'~ di qcn.*** to touch sb.'s heart; ***alla fine si mise l'~ in pace*** her mind was at ease at last; ***mettere a nudo il proprio ~*** to lay one's soul *o* heart bare; ***aprire il proprio ~ a*** to bare one's soul *o* heart to **3** *(coscienza morale)* ***avere l'~ sereno*** to have a clear conscience; ***grandezza, nobiltà d'~*** great-heartedness; ***grettezza d'~*** small-mindedness **4** *(disposizione interiore)* mind, spirit; ***serenità d'~*** peace of mind; ***stato d'~*** state *o* frame of mind, mood; ***non sono nella disposizione d'~ per ridere*** I'm not in the right frame of mind to laugh **5** *(coraggio)* courage; ***farsi ~*** to take heart, to pluck up one's courage; ***riprendere ~*** to perk up; ***forza d'~*** fortitude; ***affrontare le disgrazie con forza d'~*** to be steadfast in adversity; ***perdersi d'~*** to lose heart, to lose one's nerves; ***si perde d'~ in fretta*** he is easily disconcerted; ***non si è perso d'~ di fronte a quell'accusa*** he wasn't flustered by that accusation; ***~, su!*** come on, back up! **6** *(persona)* spirit; ***~ nobile*** noble spirit; ***è un ~ generoso*** he has great generosity of spirit; ***un ~ semplice*** an unaffected, simple person; ***placare gli -i*** to calm things down ◆ ***avere in ~ di fare qcs.*** to intend *o* propose to do *o* doing sth., to plan to do sth.; ***di buon ~*** willingly; ***di mal ~*** unwillingly, reluctantly.

animosamente /animosa'mente/ avv. **1** *(con ostilità)* with animosity **2** LETT. *(coraggiosamente)* bravely, courageously.

animosità /animosi'ta/ f.inv. animosity (**verso** towards; **tra** between); ***provare ~ verso qcn.*** to be hostile towards sb.

animoso /ani'moso/ agg. **1** *(focoso)* [*persona, cavallo*] fiery, spirited **2** LETT. *(coraggioso)* brave, courageous **3** *(ostile)* hostile.

animus /'animus/ m.inv. animus.

aninga, pl. **-ghe** /a'ninga, ge/ f. ORNIT. darter.

anione /a'njone/ m. anion.

anisetta /ani'zetta/ f. anisette.

anisotropia /anizotro'pia/ f. anisotropy.

anitra /'anitra/ → **anatra.**

Ankara /an'kara/ ◗ *2* n.pr.f. Ankara.

Anna /'anna/ n.pr.f. Ann, Anne, Hannah ◆◆ ***~ Bolena*** Anne Boleyn.

Annabella /anna'bɛlla/ n.pr.f. Annabel, Annabelle.

annacquamento /annakkwa'mento/ m. *(di vino, latte)* watering (down) ◆◆ ***~ di capitali*** watering down.

annacquare /annak'kware/ [1] tr. **1** *(diluire con acqua)* to water down, to dilute [*vino, latte*] **2** FIG. *(attenuare)* to water down, to tone down, to moderate [*critica*]; to tone down, to weaken [*contrasto*] **3** ECON. to water down [*capitale*].

annacquato /annak'kwato/ **I** p.pass. → **annacquare** **II** agg. **1** *(diluito con acqua)* watered-down, diluted **2** *(sbiadito)* [*colore*] watery **3** *(scialbo)* [*stile*] vapid.
annacquatura /annakkwa'tura/ f. *(di vino)* watering (down).
annaffiamento /annaffja'mento/ m. → **annaffiatura.**
▷ **annaffiare** /annaf'fjare/ [1] tr. **1** AGR. to water [*pianta*]; ***la mia felce ha bisogno di essere annaffiata*** my fern needs watering **2** GASTR. to rinse down [*arrosto, dolce, torta*].
annaffiata /annaf'fjata/ f. **1** *(rapida annaffiatura)* sprinkling; ***avere bisogno di un'~*** to need a sprinkling; ***dare un'~ alla pianta*** to give the plant a drink **2** *(leggera pioggia)* sprinkling.
annaffiatoio, pl. **-oi** /annaffja'tojo, oi/ m. watering can, waterer.
annaffiatore /annaffja'tore/ **I** agg. watering **II** m. (f. **-trice** /tritʃe/) **1** *(persona)* waterer **2** *(dispositivo)* sprinkler.
annaffiatura /annaffja'tura/ f. watering.
annali /an'nali/ m.pl. **1** *(di paese, periodo, attività)* annals (anche FIG.); ***entrare negli ~ (della storia)*** to go down in the annals (of history); ***resterà scritto negli ~*** FIG. that will go down in history **2** *(rivista)* ***"~ letterari, politici"*** "literary, political review".
annalista, m.pl. **-i**, f.pl. **-e** /anna'lista/ m. e f. annalist.
annalistica /anna'listika/ f. annal-writing, chronicling.
annalistico, pl. **-ci**, **-che** /anna'listiko, tʃi, ke/ agg. annalistic.
annaspare /annas'pare/ [1] **I** tr. TESS. to wind [*filo*] **II** intr. (aus. *avere*) **1** *(gesticolare)* [*persona*] to flail; ***~ nel buio*** to fumble about *o* grope around in dark **2** *(affaccendarsi invano)* to flounder; ***~ per stare a galla*** to flounder, trying to keep afloat **3** FIG. *(confondersi parlando)* to fumble.
▷ **annata** /an'nata/ f. **1** *(periodo di un anno)* year; ***~ piovosa*** rainy year; ***~ eccezionale*** peak year; ***~ ricca di avvenimenti*** eventful year **2** *(di riviste, giornali)* year's issues pl. **3** *(raccolto)* crop, harvest; *(di vino)* vintage; ***un'~ abbondante*** good harvest; ***l'~ 1987*** the 1987 vintage; ***vino d'~*** vintage wine **4** *(di affitto, stipendio ecc.)* year's payment.
annebbiamento /annebbja'mento/ m. **1** *(l'annebbiarsi)* fogging over; *(banco di nebbia)* fog patch **2** *(offuscamento)* *(di vista)* dimming; *(di coscienza)* obscuration.
▷ **annebbiare** /anneb'bjare/ [1] **I** tr. **1** *(offuscare con la nebbia)* to cloud, to fog **2** FIG. *(offuscare)* [*lacrime*] to blur [*vista*]; [*fumo*] to cloud [*vista*]; [*alcol*] to (be)fog [*mente*]; ***~ i sensi*** to dull the senses; ***fare ~*** [*età*] to dim [*vista*] **II annebbiarsi** pronom. [*vista, memoria*] to become* blurred; [*sguardo, occhi*] to mist over.
annebbiato /anneb'bjato/ **I** p.pass. → **annebbiare** **II** agg. ***vista -a*** blurred vision; ***ricordo ~*** hazy recollection; ***ha il cervello ~*** he's very confused.
annegamento /annega'mento/ m. drowning; ***"pericolo di ~"*** "Danger: unsafe for bathing"; ***salvare qcn. dall'~*** to save sb. from drowning; ***asfissia per ~*** MED. death by drowning.
▷ **annegare** /anne'gare/ [1] **I** tr. **1** *(affogare)* to drown [*persona, animale*] **2** FIG. SCHERZ. ***~ i dispiaceri nell'alcol*** to drown one's sorrows, to drink one's sorrows away **II** intr. (aus. *essere*) **1** *(affogare accidentalmente)* to drown **2** FIG. *(sprofondare)* ***~ in un mare di guai*** to be up to one's neck in problems **III annegarsi** pronom. *(affogarsi volontariamente)* to drown oneself ◆ ***~ in un bicchier d'acqua*** to make a mountain out of a molehill.
annegato /anne'gato/ **I** p.pass. → **annegare** **II** agg. drowned; ***è morto ~*** he died by drowning **III** m. (f. **-a**) drowned person; ***ripescare un ~*** to recover a drowned body.
annerimento /anneri'mento/ m. blackening.
annerire /anne'rire/ [102] **I** tr. [*carbone, fumo, fuoco, inchiostro*] to blacken; *(con il carbone)* to black [*viso, guancia*] **II** intr. (aus. *essere*) *(diventare nero)* [*banana, muro*] to turn black; *(abbronzarsi)* [*persona*] to get* brown, to tan; *(ossidarsi)* [*metallo*] to tarnish **III annerirsi** pronom. [*lampada, miccia*] to go* black; ***-rsi il viso*** [*attore*] to black one's face.
annerito /anne'rito/ **I** p.pass. → **annerire** **II** agg. blackened; ***~ dal fumo, dalla fuliggine*** blackened by smoke, soot.
annessione /annes'sjone/ f. *(di territorio)* annexation (**di** of).
annessionismo /annessjo'nizmo/ m. annexationism.
annessionista, m.pl. **-i**, f.pl. **-e** /annessjo'nista/ **I** agg. annexational **II** m. e f. annexationist.
annessionistico, pl. **-ci**, **-che** /annessjo'nistiko, tʃi, ke/ agg. annexational.
annesso /an'nɛsso, an'nesso/ **I** p.pass. → **annettere** **II** agg. **1** *(contiguo)* [*locale, sala, edificio*] annexed, adjoining; ***una casa con garage ~*** a house with attached garage *o* with garage attached; ***ufficio ~*** sub-office **2** *(complementare)* [*domande, dichiarazione, attività*] additional; [*documento*] attached **3** *(unito)* enclosed; ***copia -a*** copy enclosed **III** m. **1** *(edifici)* ***gli -i*** the outbuildings, the annexes; DIR. the appurtenances **2** ***gli -i e connessi*** the etceteras, the ins and outs; ***un matrimonio in chiesa con tutti gli -i e connessi*** COLLOQ. SCHERZ. a church wedding with all the trimmings.
Annetta /an'netta/ n.pr.f. Annette.
annettere /an'nɛttere, an'nettere/ [17] tr. **1** *(incorporare)* [*stato, paese*] to annex [*territorio, paese*] **2** *(aggiungere)* to annex [*edificio*]; to enclose [*documento*]; ***~ un garage alla casa*** to attach a garage to the house **3** *(attribuire)* to assign, to attach; ***~ importanza a qcs.*** to give *o* attach importance to sth.
Annibale /an'nibale/ n.pr.m. Hannibal.
annichilamento /annikila'mento/ → **annichilimento.**
annichilare /anniki'lare/ [1] → **annichilire.**
annichilazione /annikilat'tsjone/ f. **1** *(annichilimento)* annihilation, destruction **2** FIS. annihilation.
annichilimento /annikili'mento/ m. **1** *(di speranze, sforzi)* annihilation, shattering; *(di volontà)* destruction **2** LETT. *(abnegazione)* abnegation.
annichilire /anniki'lire/ [102] **I** tr. **1** *(annichilare)* to destroy, to shatter [*sforzi, speranze*]; to cancel out [*effetto, risultati*] **2** *(abbattere)* [*dolore, notizia*] to crush; [*sforzo, fatica*] to exhaust; ***la notizia mi ha annichilito*** I was shattered *o* devastated when I heard the news **II annichilirsi** pronom. **1** *(annichilarsi)* [*speranze, sogni*] to be* shattered **2** *(umiliarsi)* to grovel.
annichilito /anniki'lito/ **I** p.pass. → **annichilire** **II** agg. **1** *(distrutto)* annihilated, devastated **2** *(stupefatto)* dumbfounded, astonished; ***avere lo sguardo ~*** to look dumbfounded; ***essere ~ da qcs.*** to be crushed by sth.
annidamento /annida'mento/ m. **1** ZOOL. nesting **2** INFORM. nesting.
annidare /anni'dare/ [1] **I** tr. **1** *(porre nel nido)* to put* [sth.] into a nest **2** FIG. *(accogliere)* to harbour, to nurture **II annidarsi** pronom. **1** *(fare il nido)* to nest; *(nel campanile, sottotetto)* to roost **2** *(nascondersi)* [*persona*] to hide*; [*casa, villaggio*] to nestle **3** FIG. [*paura, sospetto*] to lurk; ***nel suo animo si annidava l'odio*** hatred lurked in his breast.
annientamento /annjenta'mento/ m. **1** *(di nemico, popolazione, esercito)* annihilation, destruction; *(di città, paese)* destruction, devastation; *(di speranze)* extinction, shattering; ***l'~ delle truppe nemiche*** the destruction of the enemy forces **2** FIG. *(di partito, persona)* annihilation; ***provare un sentimento di ~*** to feel overwhelmed.
annientare /annjen'tare/ [1] **I** tr. **1** *(distruggere)* to destroy, to devastate [*città, regione, paese*]; to destroy, to annihilate, to wipe out [*popolazione, specie*]; to crush (down) [*rivolta, protesta, avversario*]; ***~ il nemico*** to destroy the enemy **2** FIG. to shatter [*sogni, speranze*]; to cancel out [*effetto, risultati*]; to annihilate, to wipe out [*ideologia, partito politico*]; to knock out [*squadra, avversario, concorrente*]; ***le speranze di successo furono annientate quando*** hopes of success were dashed when; ***~ qcn. col proprio disprezzo*** to be witheringly scornful of sb.; ***la tragedia lo annientò*** the tragedy destroyed him **II annientarsi** pronom. to grovel.
annientato /annjen'tato/ **I** p.pass. → **annientare** **II** agg. destroyed, crushed; ***essere ~ dal dolore*** to be crushed by sorrow.
annientatore /annjenta'tore/ m. (f. **-trice** /tritʃe/) annihilator.
▷ **anniversario**, pl. **-ri**, **-rie** /anniver'sarjo, ri, rje/ **I** agg. anniversary; ***giorno ~ di*** anniversary of **II** m. **1** *(ricorrenza)* anniversary; ***quinto ~*** fifth anniversary; ***il nostro pranzo di ~*** our anniversary dinner; ***l'~ della nascita, della morte di qcn.*** the anniversary of sb.'s birth, death; ***25°, 50° ~ di matrimonio*** silver, golden jubilee **2** RAR. *(compleanno)* birthday.
▶ **anno** /'anno/ ♦ ***19, 8*** **I** m. **1** *(periodo di 12 mesi)* year; ***l'~ in corso, l'~ corrente*** the current year; ***quest'~*** this year; ***l'~ prossimo*** o ***venturo*** next year; ***l'~ scorso*** o ***passato*** last year; ***un ~ prima*** a year before *o* earlier; ***l'~ prima*** the year before, the previous year; ***l'~ dopo*** the year after; ***ogni ~*** every year; ***ogni due -i*** every other year; ***di ~ in ~*** with each succeeding year, year by year; ***da un ~ all'altro*** from one year to the next; ***tra due -i*** in two years, the year after next; ***due -i fa*** two years ago; ***nel giro di qualche ~*** within the space of a few years; ***tra qualche ~*** a few years on from now; ***in capo a*** o ***da qui a un ~*** between now and next year; ***nei prossimi -i, negli -i a venire*** in years to come; ***nel corso degli -i*** over the years; ***è cambiato negli -i*** he has changed over the years; ***in questi ultimi (dieci) -i*** over the last (ten) years; ***nel corso dell'~*** during the year; ***tutto l'~*** all (the) year round; ***sarà un ~ a marzo*** it will be a year in March; ***è stato un ~ a marzo*** it was a year last March; ***nell'~ duemila*** in the year 2000; ***nell'~ di grazia 1604*** in the year of our Lord 1604; ***l'~ 1861*** the year 1861; ***in che ~ è uscito il disco?*** what year was the album released? ***il tre per cento all'~*** three per cent

per year *o* annum; ***guadagnare 20.000 sterline all'~*** to earn £ 20,000 a year; ***avere un reddito di 30.000 sterline all'~*** to be on *o* to have an income of £ 30,000 per year; ***l'~ mozartiano*** the Mozart year; ***all'inizio, alla fine dell'~*** at the beginning, at the end of the year; ***a inizio, fine ~*** early, late in the year; ***dall'inizio alla fine dell'~, lungo tutto l'~*** throughout the year; ***il primo, l'ultimo dell'~*** New Year's (Day), New Year's Eve; ***per il primo dell'~*** on New Year's Day; ***buon ~! felice ~ nuovo!*** Happy New Year! ***festeggiare l'~ nuovo*** to celebrate New Year; ***il messaggio di fine ~ del Presidente*** the President's New Year address to the nation **2** *(di età)* ***"quanti -i hai?" - "ho vent'-i"*** "how old are you?" - "I'm twenty years old"; ***quanti -i di differenza ci sono tra loro?*** how close *o* near are they in age? ***avere 40 -i*** to be 40 (years old); ***una ragazza di sedici -i*** a sixteen-year(-old) girl, a girl of sixteen; ***a quindici -i parlavo inglese benissimo*** when I was fifteen *o* at fifteen I spoke English very well; ***va per i quarant'-i*** he's getting on for 40 BE; ***ha cinquant'-i suonati*** COLLOQ. he's 50 if he's a day; ***è morto a 45 -i*** he died at the age of 45; ***quando avrà 18 -i*** when she reaches 18; ***col passar degli -i, con gli -i*** as the years go on; ***essere avanti*** o ***in là negli -i*** to be advanced in years; ***dimostrare gli -i che si hanno*** to look one's age; ***dimostrare meno, più -i di quanti se ne hanno*** to look older, younger than one's years; ***portare bene gli -i*** to look good for one's age; ***togliersi gli -i*** to make oneself out to be younger; ***darsi più -i*** to make oneself out to be older; ***sentire il peso degli -i*** to feel one's age; ***migliorare con gli -i*** FIG. to improve with age; ***whisky di dodici -i*** twelve-year-old whisky **3** *(annata)* year; ***un buon ~ per il vino*** a good year for wine **4** SCOL. UNIV. ***essere all'ultimo ~ (della scuola elementare)*** to be in the top class (at primary school); ***ripetere un ~*** to repeat a year; ***studente del primo ~*** first year student, fresher BE, freshman AE; ***ha fatto un ~ di diritto*** he has done one year of law **II anni** m.pl. *(epoca)* ***gli -i del crepuscolo*** the twilight years; ***gli -i del disgelo*** the thaw years; ***negli -i '80*** in the eighties ◆ ***gli -i delle vacche grasse, magre*** the prosperous, lean years; ***essere nel fiore degli -i*** to be in the first flush of youth *o* in one's heyday *o* in the prime of life ◆◆ ***~ accademico*** academic year; ***~ bisestile*** leap year; ***~ civile*** calendar year; ***~ commerciale, d'esercizio*** trading, business year; ***~ finanziario*** financial *o* fiscal year; ***~ fiscale*** tax year; ***~ giudiziario*** legal year; ***~ liturgico*** ecclesiastical year; ***~ luce*** light year; ***~ di nascita*** year of birth; ***~ di produzione*** AUT. year of manufacture; ***~ di riferimento*** base year; ***~ sabbatico*** sabbatical (year); ***~ santo*** Holy Year; ***~ scolastico*** school year; ***~ siderale, sidereo*** sidereal year; ***~ solare*** solar *o* calendar year; ***~ tropico*** tropical year; ***gli -i ruggenti*** the Roaring Twenties; ***gli -i verdi*** = the years of one's youth.

▷ **annodare** /anno'dare/ [1] **I** tr. **1** to tie [*lacci*]; to knot* [*cravatta*]; to lace up [*scarpe*]; ***~ una corda*** to knot a rope; ***~ un fazzoletto attorno al collo*** to knot a handkerchief around the neck **2** FIG. *(stringere)* to establish [*relazioni, amicizia*]; ***~ buoni rapporti con qcn.*** to establish good relations with sb. **II annodarsi** pronom. to kink, to become* knotted; ***il filo si è annodato*** the cable got tangled up; ***gli si annodò la parola*** he became tongue-tied ◆ ***~ le fila*** to pull all the threads together.

annodatura /annoda'tura/ f. **1** *(l'annodare)* knotting **2** *(nodo)* knot.

▶ **annoiare** /anno'jare/ [1] **I** tr. to bore (**con** with); ***~ qcn. a morte (con qcs.)*** to bore sb. stiff *o* to death (with sth.); ***il lavoro, mio marito mi annoia*** my job, my husband bores me; ***viaggiare mi annoia*** I find travelling boring **II annoiarsi** pronom. to get* bored; ***mi annoio a non far niente*** I get bored doing nothing; ***-rsi a morte*** to be bored witless *o* out of one's mind.

annoiato /anno'jato/ **I** p.pass. → **annoiare II** agg. [*aria, sguardo, spettatore*] bored; ***sembrare ~*** to look bored; ***~ da tutto*** bored with everything; ***essere ~ a morte*** to be bored out of one's mind.

annona /an'nɔna/ f. **1** ANT. *(viveri)* supply **2** *(ufficio)* food department.

annonario, pl. **-ri, -rie** /anno'narjo, ri, rje/ agg. = concerning the provision of supplies; ***tessera*** o ***carta -a*** ration book BE, ration card BE, food stamp AE; ***ufficio ~*** supply department.

annosità /annosi'ta/ f.inv. oldness.

annoso /an'noso/ agg. **1** *(vecchio)* old; ***un albero ~*** an old tree **2** *(che dura da anni)* age-old; ***una discussione -a*** an age-old discussion; ***un problema ~*** a hoary *o* an age-old problem.

▷ **annotare** /anno'tare/ [1] tr. **1** *(prendere nota di)* to note down, to make* a note of [*data, numero, appuntamento*]; to note down, to write* down, to take* down [*idee, dettagli, suggerimenti*]; ***~ qcs. su un foglio*** to jot down sth. on a sheet; ***~ qcs. sulla propria agenda*** to put sth. in one's diary **2** *(registrare)* to record [*letture, eventi*]; [*diarista*] to chronicle [*avvenimenti, fatti*] **3** *(postillare, corredare di note)* to annotate [*relazione, lettera, opera*]; ***~ qcs. a margine*** to write sth. in the margin, to margin sth.

annotatore /annota'tore/ m. (f. **-trice** /tritʃe/) annotator.

annotazione /annotat'tsjone/ f. **1** *(appunto)* note; ***fare un'~ sulla propria agenda*** to make an entry in one's diary **2** *(postilla)* annotation; ***-i in margine*** marginals, footnotes.

annottare /annot'tare/ [1] impers. (aus. *essere*) to grow* dark; ***stava annottando*** night was falling.

annoverabile /annove'rabile/ agg. ***un atleta ~ tra i migliori*** a top-rated athlete.

annoverare /annove'rare/ [1] tr. **1** LETT. *(enumerare)* to enumerate; ***~ i meriti di qcn.*** to enumerate the merits of sb. **2** *(includere)* to number (**tra** among); ***~ qcn. tra gli amici più intimi*** to number sb. among one's closest friends; ***~ qcn. tra i migliori pianisti del mondo*** to rate sb. among the best pianists in the world.

▷ **annuale** /annu'ale/ agg. **1** *(relativo a un anno)* [*ferie, media*] annual, yearly **2** *(che dura un anno)* [*contratto, corso*] yearlong, annual; ***un abbonamento ~*** an annual *o* a year's subscription **3** *(che ricorre ogni anno)* [*rapporto, cerimonia*] annual, yearly.

annualità /annuali'ta/ f.inv. **1** *(periodicità annuale)* yearly basis **2** *(rata annua)* annual instalment, yearly payment **3** *(rendita annua)* annuity; *(reddito annuo)* yearly income.

annualmente /annual'mente/ avv. annually, yearly.

annuario, pl. **-ri** /annu'arjo, ri/ m. yearbook (anche SCOL.); ***~ di statistica*** annual of statistics.

annuire /annu'ire/ [102] intr. (aus. *avere*) to nod (in agreement).

annullabile /annul'labile/ agg. annullable, cancellable; [*proprietà*] defeasible; [*contratto, matrimonio*] voidable.

annullabilità /annullabili'ta/ f.inv. annullability, voidability.

annullamento /annulla'mento/ m. **1** *(cancellazione) (di debito, concorso, ordine)* cancellation; *(di decisione, decreto, trattato)* rescission, revocation **2** DIR. *(di matrimonio, elezioni)* annulment, voidance; *(di pena)* abolition; *(di sentenza, ordinanza, giudizio)* reversal, quashing; *(di accordo)* defeasance **3** SPORT *(di goal)* disallowance **4** *(annientamento)* annihilation **5** *(di francobollo)* cancellation.

▷ **annullare** /annul'lare/ [1] **I** tr. **1** *(cancellare)* to cancel [*appuntamento, volo, debito*]; to write* off [*progetto, operazione*]; to terminate [*accordo*]; to revoke, to override* [*decisione, ordinanza, legge*]; to countermand [*ordine*]; to call off [*spettacolo, meeting, matrimonio*] **2** *(vanificare)* to counter [*influenza, effetto*]; ***~ i benefici di una cura*** to undo *o* nullify the benefits of a treatment **3** DIR. to annul [*matrimonio*]; to rescind [*contratto, ordine, trattato*]; to overrule [*verdetto, sentenza*]; to abolish [*pena*]; to void [*elezione*] **4** POL. to count [*voto, scheda elettorale*] **5** SPORT to disallow [*goal*] **6** *(annientare)* to destroy, to annihilate [*avversario*] **7** *(convalidare)* to cancel [*francobollo*] **II annullarsi** pronom. **1** *(eliminarsi a vicenda)* [*forze*] to cancel each other **2** FIG. *(perdere la propria identità)* ***-rsi in Dio*** to give oneself to God.

annullatore /annulla'tore/ **I** agg. annulling **II** m. (f. **-trice** /tritʃe/) obliterator, canceller.

annullo /an'nullo/ m. obliteration.

▶ **annunciare** /annun'tʃare/ [1] **I** tr. **1** *(far sapere)* to announce [*notizia, decisione, matrimonio*]; ***~ qcs. a qcn.*** to announce sth. to sb.; ***~ qcs.*** to bring word of sth.; ***~ che*** to make the announcement that; ***~ la propria intenzione di fare*** to signal one's intention to do; ***~ la notizia con delicatezza*** to break the news gently; ***ci ha annunciato la sua partenza*** he informed us that he was leaving; ***devo annunciarvi una triste notizia*** I have some sad news for you; ***i signori Bianchi sono lieti di ~ la nascita di Anna*** Mr and Mrs Smith are pleased to announce the birth of Ann; ***ha pubblicamente annunciato che dava le dimissioni*** he publicly announced that he was resigning **2** *(segnalare l'arrivo di)* to announce [*visitatore*]; to call, to announce [*treno, volo*]; ***chi devo ~?*** what name shall I say? **3** *(preannunciare)* to forecast* [*fenomeno, avvenimento*]; ***le nuvole annunciano pioggia*** the clouds promise rain; ***~ disastri*** to spread *o* preach doom and gloom **4** *(predicare)* to preach [*parola di Dio*] **5** RAD. TELEV. to introduce [*programma*] **II annunciarsi** pronom. **1** *(manifestarsi)* [*crisi, tempesta*] to be* brewing **2** *(preannunciarsi)* ***l'estate si annuncia calda, piovosa*** the summer looks like it's going to be hot, rainy; ***si annuncia una ripresa dell'inflazione*** another rise in inflation is expected.

annunciato /annunt'tʃato/ **I** p.pass. → **annunciare II** agg. [*morte, omicidio*] foretold.

annunciatore /annuntʃa'tore/ m. (f. **-trice** /tritʃe/) ➧ **18 1** *(messaggero)* herald **2** RAD. TELEV. broadcaster, radio announcer.

annunciazione /annuntʃat'tsjone/ f. **1** RELIG. ART. Annunciation **2** *(festa)* Annunciation (Day), Lady Day.

annuncio, pl. **-ci** /an'nuntʃo, tʃi/ m. **1** *(atto)* announcement; ***dare l'~ di qcs.*** to make an announcement, to announce sth.; ***l'~ dei risul-***

tati, del suo arresto the announcement of the results, of his arrest; ***l'~ ha avuto l'effetto di una bomba*** the news came as a bombshell **2** *(commerciale) (sul giornale)* advertisement, advert; ***mettere*** o ***fare pubblicare un ~ sul giornale*** to place an advertisement in the paper; ***trovare lavoro tramite un ~*** to find a job through an advertisement; *(pubblicità) (alla radio, televisione)* commercial; ***trasmettere -ci*** to air *o* show commercials **3** *(presagio)* sign; ***~ di sventura*** presage of disaster ◆◆ ***~ economico*** classified ad; ***~ di fidanzamento*** engagement announcement; ***~ immobiliare*** property ad; ***~ matrimoniale*** lonely hearts advertisement; ***~ di matrimonio*** wedding announcement; ***~ di morte*** obituary; ***~ di nascita*** birth announcement; ***~ personale*** personal ad; ***~ pubblicitario*** advertisement, commercial; ***~ ufficiale*** official announcement.

annunziare /annun'tsjare/ → **annunciare.**

Annunziata /annun'tsjata/ f. **1** RELIG. ***l'~*** the Annunciation **2** *(festa)* Annunciation (Day), Lady Day.

annuo /'annuo/ agg. **1** *(relativo a un anno)* [*reddito, stipendio, media*] yearly, annual **2** *(che ricorre una volta l'anno)* [*festa*] annual **3** *(che dura un anno)* [*pianta*] annual; [*contratto*] one-year.

▷ **annusare** /annu'sare/ [1] tr. **1** *(fiutare)* to sniff [*oggetto, vestito, formaggio*]; to smell* [*odore, fiore, profumo*]; ***~ tabacco*** to take snuff; ***~ i sali*** to sniff smelling salts **2** *(di animali)* to nose (at), to sniff **3** FIG. *(intuire)* to smell* [*complotto, imbroglio, corruzione*].

annusata /annu'sata/ f. ***dare un'~ a qcs.*** to take a sniff of sth.

annuvolamento /annuvola'mento/ m. METEOR. clouding over (anche FIG.).

annuvolare /annuvo'lare/ [1] **I** tr. to cloud (anche FIG.) **II annuvolarsi** pronom. **1** METEOR. [*cielo, orizzonte*] to cloud over **2** FIG. [*volto, sguardo*] to become* gloomy, to cloud over.

annuvolato /annuvo'lato/ **I** p.pass. → **annuvolare II** agg. FIG. gloomy, dark.

ano /'ano/ m. **1** anus* **2** *(di pesce, uccello)* vent ◆◆ ***~ artificiale*** artificial anus.

anodico, pl. **-ci**, **-che** /a'nɔdiko, tʃi, ke/ agg. [*corrente, raggi*] anodic.

anodino /a'nɔdino/ agg. **1** *(sedativo)* [*sostanza, farmaco*] anodyne **2** *(insignificante)* [*persona, soggetto, questione*] dull, insignificant.

anodizzante /anodid'dzante/ agg. anodizing.

anodizzare /anodid'dzare/ [1] tr. to anodize.

anodizzazione /anodiddzat'tsjone/ f. anodizing.

anodo /'anodo/ m. anode.

anofele /a'nɔfele/ m. anopheles.

anolide /a'nɔlide/ m. anole.

anomalia /anoma'lia/ f. abnormality (anche BIOL.), anomaly (anche ASTR.); INFORM. glitch, fault ◆◆ ***~ magnetica*** magnetic anomaly.

anomalistico, pl. **-ci**, **-che** /anoma'listiko, tʃi, ke/ agg. anomalistic.

anomalo /a'nɔmalo/ agg. anomalous (anche BIOL. LING.); [*incidente, avvenimento, temporale, tempo*] freak; ***verbi -i*** anomalous verbs.

anomia /ano'mia/ f. SOCIOL. anomie, anomy.

anona /a'nɔna/ f. custard apple.

anonima /a'nɔnima/ f. *(società)* joint-stock company.

anonimamente /anonima'mente/ avv. anonymously.

anonimato /anoni'mato/ m. anonymity, namelessness; ***mantenere l'~*** to preserve one's anonymity; ***uscire dall'~*** *(rivelare il proprio nome)* to reveal one's identity; *(divenire celebre)* to emerge from obscurity.

anonimia /anoni'mia/ f. → **anonimato.**

▷ **1.anonimo** /a'nɔnimo/ **I** agg. **1** *(senza nome)* [*autore, lettera, offerta*] anonymous; [*tomba*] nameless; ***società -a*** joint-stock company **2** FIG. [*stile, ambiente*] impersonal; [*edificio, ufficio*] soulless; ***esistenza -a*** obscure life **II** m. (f. **-a**) *(autore)* anonymous writer, anonym.

2.anonimo /a'nɔnimo/ m. *(opera)* anonym, anonymous work.

anoressante /anores'sante/ agg. [*sostanza*] anorectic.

anoressia /anores'sia/ ➧ **7** f. anorexia ◆◆ ***~ mentale*** anorexia nervosa.

anoressico, pl. **-ci**, **-che** /ano'rɛssiko, tʃi, ke/ **I** agg. anorexic **II** m. (f. **-a**) anorexic.

anoressizzante /anoressid'dzante/ agg. → **anoressante.**

anormale /anor'male/ **I** agg. [*carattere, temperatura, ingrossamento*] abnormal **II** m. e f. abnormal person.

anormalità /anormali'ta/ f.inv. abnormality.

anormalmente /anormal'mente/ avv. abnormally.

anosmia /anoz'mia/ ➧ **7** f. anosmia.

anossia /anos'sia/ f. anoxia.

ansa /'ansa/ f. **1** *(di tazza, cesto)* handle **2** *(di fiume)* bend, twist **3** *(di costa)* cove **4** ANAT. loop.

ANSA /'ansa/ f. (⇒ Agenzia nazionale stampa associata) = Italian national press agency.

ansante /an'sante/ → **ansimante.**

ansare /an'sare/ → **ansimare.**

anseatico, pl. **-ci**, **-che** /anse'atiko, tʃi, ke/ agg. STOR. [*lega, città*] Hanseatic.

Anselmo /an'sɛlmo/ n.pr.m. Anselm.

anserino /anse'rino/ agg. [*cute*] anserine.

▶ **ansia** /'ansja/ f. **1** *(inquietudine)* anxiety; ***crisi d'~*** anxiety attack; ***essere in uno stato d'~*** to be in a state of anxiety; ***essere in ~*** to be tensed up, to be worried; ***l'aspettavo con ~*** I was so looking forward to it; ***essere*** o ***stare in ~ per qcn.*** to worry about sb.; ***li ha fatti stare in ~*** she caused them great anxiety; ***sono arrivato presto per l'~ di perdere l'aereo*** I arrived early for fear of missing my plane; ***tutto questo gran parlare della guerra mi mette in ~*** all this talk of war makes me nervous **2** *(desiderio)* eagerness; ***la loro ~ di sacrificarsi*** their eagerness for sacrifice.

ansietà /ansje'ta/ f.inv. anxiousness, apprehension.

ansimante /ansi'mante/ agg. [*animale, voce*] panting; [*persona, paziente, asmatico*] gasping, breathless; [*petto*] heaving.

▷ **ansimare** /ansi'mare/ [1] intr. (aus. *avere*) [*animale*] to pant; [*persona*] to gasp; ***stava ansimando pesantemente*** he was puffing hard.

ansiogeno /an'sjɔdʒeno/ agg. anxiety-provoking.

ansiolitico, pl. **-ci**, **-che** /ansjo'litiko, tʃi, ke/ **I** agg. [*farmaco*] anxiolytic, tranquillizing **II** m. tranquillizer.

ansiosamente /ansjosa'mente/ avv. anxiously; ***desiderare ~ qcs.*** to be anxious for sth.

▷ **ansioso** /an'sjoso/ **I** agg. **1** *(inquieto)* [*persona, voce, comportamento*] anxious **2** *(impaziente)* eager; ***essere ~ di sapere*** to be anxious to know; ***sono ~ di fare*** I can't wait to do **II** m. (f. **-a**) worrier, worry wart COLLOQ.

anta /'anta/ f. **1** PITT. panel **2** *(di porta, finestra)* shutter; *(di armadio)* door **3** ARCH. *(pilastro)* anta*.

antagonismo /antago'nizmo/ m. antagonism.

antagonista, m.pl. **-i**, f.pl. **-e** /antago'nista/ **I** agg. [*gruppi, forze*] opposing, rival **II** m. e f. adversary, opponent, antagonist **III** m. *(muscolo)* antagonist.

antagonisticamente /antagonistika'mente/ avv. antagonistically.

antagonistico, pl. **-ci**, **-che** /antago'nistiko, tʃi, ke/ agg. [*persone, teorie, forze*] antagonistic; [*interessi*] conflicting.

antalgico, pl. **-ci**, **-che** /an'taldʒiko, tʃi, ke/ agg. analgesic, antalgic.

antartico, pl. **-ci**, **-che** /an'tartiko, tʃi, ke/ agg. antarctic; ***oceano Antartico*** Antarctic Ocean; ***Circolo Polare Antartico*** Antarctic Circle.

Antartico /an'tartiko/ ➧ **30** n.pr.m. ***l'~*** the Antarctic.

Antartide /an'tartide/ ➧ **30** n.pr.f. Antarctica.

antebellico, pl. **-ci**, **-che** /ante'bɛlliko, tʃi, ke/ agg. prewar.

antecedente /antetʃe'dɛnte/ **I** agg. previous, preceding, prior **II** m. **1** *(fatto del passato)* past history **2** LING. MAT. FILOS. antecedent.

antecedentemente /antetʃedente'mente/ avv. previously, before.

antecedenza /antetʃe'dɛntsa/ f. antecedence; ***in ~*** previously.

antecessore /antetʃes'sore/ m. predecessor.

antefatto /ante'fatto/ m. antecedent, prior event.

antefissa /ante'fissa/ f. antefix.

anteguerra /ante'gwɛrra/ m.inv. prewar period; ***d'~*** prewar; ***risalire all'~*** to date from before the war.

ante litteram /ante'litteram/ agg.inv. ***un pacifista ~*** pacifist ahead of his time.

antelucano /antelu'kano/ agg. SCHERZ. ***mi sono svegliato a un'ora -a*** I woke up before dawn.

▷ **antenata** /ante'nata/ f. ancestress.

▷ **antenato** /ante'nato/ m. ancestor (anche FIG.); ***gli -i*** the forefathers; ***culto degli -i*** ancestor worship.

▷ **antenna** /an'tenna/ f. **1** ELETTRON. aerial, antenna*; ***installare un'~*** to install *o* put up an aerial **2** MAR. *(pennone)* yard **3** EDIL. pole **4** ENTOM. antenna* ◆ ***drizzare le -e*** to prick up one's ears ◆◆ ***~ centralizzata*** community antenna; ***~ a fessura*** slot aerial; ***~ omnidirezionale*** nondirectional antenna; ***~ parabolica*** → ***~ satellitare***; ***~ radar*** radar scanner; ***~ satellitare*** (satellite) dish; ***~ a telaio*** loop antenna; ***~ televisiva*** TV aerial.

antennista, m.pl. **-i**, f.pl. **-e** /anten'nista/ ➧ **18** m. e f. aerial fitter.

anteporre /ante'porre/ [73] **I** tr. **1** LING. to prepose; ***~ il soggetto al verbo*** to put the subject before the verb **2** FIG. to put* [sth.] before, to prefer; ***~ la qualità alla quantità*** to put quality before quantity **II anteporsi** pronom. to consider oneself superior.

anteposizione /antepozit'tsjone/ f. preposition.

anteprima /ante'prima/ f. preview; ***assistere a un'~*** to be at a preview; ***dare qcs. a qcn. in ~*** to give sb. a sneak preview of sth.; ***sapere qcs. in ~*** FIG. to be the first to hear sth.
antera /an'tɛra/ f. anther.
▷ **anteriore** /ante'rjore/ agg. **1** *(nello spazio)* [*parte, facciata, ruota, sedile, trazione*] front; [*legamento*] anterior; ***arto ~*** forelimb; ***zampa ~*** forefoot, foreleg, forepaw **2** *(nel tempo)* previous; ***il testo è ~ al 1986*** the text was written prior to 1986; ***un avvenimento ~ alla guerra*** an event that dates back to before the war, a prewar event; ***i filosofi -i a Kant*** the pre-Kantian philosophers **3** FON. [*vocale*] front.
anteriorità /anterjori'ta/ f.inv. anteriority.
anteriormente /anterjor'mente/ avv. **1** *(nel tempo)* formerly, previously **2** *(nello spazio)* in front (of).
antesi /an'tɛzi/ f.inv. anthesis.
antesignano /antesiɲ'ɲano/ m. (f. **-a**) forerunner, precursor; ***un ~ del naturalismo*** a forerunner of naturalism.
antiabbagliante /antiabbaʎ'ʎante/ → **anabbagliante**.
antiabortista, m.pl. **-i**, f.pl. **-e** /antiabor'tista/ **I** agg. antiabortion, pro-life, right-to-life **II** m. e f. antiabortionist, pro-lifer, right-to-lifer.
antiacido /anti'atʃido/ agg. e m. antacid.
antiaderente /antiade'rɛnte/ agg. [*padella*] nonstick.
antiaerea /antia'ɛrea/ f. antiaircraft defence.
antiaereo /antia'ɛreo/ agg. [*arma, missile*] antiaircraft; ***rifugio, allarme ~*** air-raid shelter, warning.
antialcolico, pl. **-ci**, **-che** /antial'kɔliko, tʃi, ke/ agg. [*misura, campagna*] anti-alcohol; ***lega -a*** temperance league.
antialcolista, m.pl. **-i**, f.pl. **-e** /antialko'lista/ m. e f. teetotaller BE, teetotaler AE.
antialisei /antiali'zɛi/ → **controalisei.**
antiallergico, pl. **-ci**, **-che** /antial'lɛrdʒiko, tʃi, ke/ agg. antiallergic.
antiamericanismo /antiamerika'nizmo/ m. anti-Americanism.
antiamericano /antiameri'kano/ **I** agg. anti-American **II** m. (f. **-a**) anti-American.
antianemico, pl. **-ci**, **-che** /antia'nɛmiko, tʃi, ke/ agg. e m. haematinic BE, hematinic AE.
antiappannante /antiappan'nante/ agg. anti-mist.
antiatomico, pl. **-ci**, **-che** /antia'tɔmiko, tʃi, ke/ agg. **1** *(che difende dalle armi atomiche)* ***rifugio ~*** nuclear *o* fallout shelter **2** *(contro l'uso delle armi atomiche)* ***manifestazione -a*** antinuclear demonstration.
antiatomo /anti'atomo/ m. antiatom.
antiautoritario, pl. **-ri**, **-rie** /antiautori'tarjo, ri, rje/ agg. [*persona, misure*] antiauthoritarian.
antiautoritarismo /antiautorita'rizmo/ m. antiauthoritarianism.
antibalistico, pl. **-ci**, **-che** /antiba'listiko, tʃi, ke/ agg. anti-ballistic.
antibatterico, pl. **-ci**, **-che** /antibat'tɛriko, tʃi, ke/ agg. antibacterial.
antibiosi /antibi'ɔzi/ f.inv. antibiosis.
antibiotico, pl. **-ci**, **-che** /antibi'ɔtiko, tʃi, ke/ **I** agg. antibiotic **II** m. antibiotic; ***essere sotto, prendere -ci*** to be on antibiotics; ***curare qcn. con gli -ci*** to treat sb. with antibiotics.
antibloccaggio /antiblok'kaddʒo/ agg.inv. [*sistema*] antilock.
anticaglia /anti'kaʎʎa/ f. **1** *(oggetto antico)* outdated object; ***-e*** junk **2** *(usi e costumi antiquati)* old-fashioned ways.
anticamente /antika'mente/ avv. formerly, in the past.
anticamera /anti'kamera/ f. anteroom, waiting room ◆ ***l'abbiamo lasciato a fare ~ per un'ora*** we left him to cool his heels for an hour; ***non mi è passato neanche per l'~ del cervello*** it didn't even cross my mind.
anticancro /anti'kankro/ agg.inv. anti-cancer; ***centro ~*** cancer hospital.
anticare /anti'kare/ [1] tr. to antique [*mobili*].
anticarie /anti'karje/ agg.inv. ***un dentifricio ~*** a cavity-fighting.
anticarro /anti'karro/ agg.inv. [*cannone, mina*] antitank; [*missile*] armour-piercing.
anticatarrale /antikatar'rale/ agg. anticatarrhal.
anticato /anti'kato/ agg. [*mobile*] antiqued.
anticatodo /anti'katodo/ m. anticathode.
antichista, m.pl. **-i**, f.pl. **-e** /anti'kista/ m. e f. scholar of the ancient world, antiquities scholar.
▷ **antichità** /antiki'ta/ **I** f.inv. **1** *(qualità di ciò che è antico)* antiquity, ancientness **2** *(età antica)* antiquity; ***nell'~*** in antiquity; ***~ classica*** classical antiquity; ***questo risale alla più remota ~*** this goes back to the most ancient times **II** f.pl. *(oggetti antichi)* antiques; ***vendiamo ~ varie*** we sell general antiques.
anticiclico, pl. **-ci**, **-che** /anti'tʃikliko, tʃi, ke/ agg. ECON. contracyclical, counter cyclical.
anticiclone /antitʃi'klone/ m. anticyclone; ***~ delle Azzorre*** Azores anticyclone.
anticiclonico, pl. **-ci**, **-che** /antitʃi'klɔniko, tʃi, ke/ agg. anticyclonic.
▷ **anticipare** /antitʃi'pare/ [1] **I** tr. **1** *(fare in anticipo)* to bring* forward, to push (the date of) [sth.] forward [*nozze, elezioni, meeting, partenza*] (**di** by; **a** to); to advance [*data*]; ***hanno anticipato la riunione di due ore*** they have pushed the meeting forward by two hours **2** *(rendere noto in anticipo)* to tell* [sth.] in advance [*risultati*] **3** *(pagare in anticipo)* to pay* [sth.] in advance [*stipendio*] **4** *(prestare)* to advance; ***~ una somma a qcn.*** to advance money to sb. **5** *(precorrere)* to anticipate [*eventi*]; ***~ uno stile*** [*artista*] to be a forerunner of a style **6** *(prevenire)* to forestall [*azione, avvenimento, persona*]; to outguess [*mosse*]; ***nel tennis è indispensabile ~*** in tennis it is essential to think ahead **II** intr. (aus. *avere*) *(essere in anticipo)* to be* early; ***quest'anno la primavera ha anticipato*** this year spring has come early ◆ ***~ i tempi*** *(accelerare l'esecuzione di qcs.)* to speed up things; *(aprire nuove vie)* to blaze a trail, to be ahead of the times.
anticipatamente /antitʃipata'mente/ avv. [*pagare, ringraziare*] in advance, beforehand; ***pensare ~*** to preconceive; ***decidere ~*** to predetermine.
anticipato /antitʃi'pato/ **I** p.pass. → **anticipare II** agg. [*elezioni, pagamento*] early; [*partita, partenza*] pushed forward mai attrib.; ***pagamento ~*** advance *o* upfront payment, prepayment; ***il pensionamento ~ gli ha permesso di dedicarsi liberamente al suo hobby*** early retirement freed him to pursue his hobby; ***due mesi di affitto ~*** two months' rent in advance.
anticipatore /antitʃipa'tore/ m. (f. **-trice** /tritʃe/) forerunner.
anticipazione /antitʃipat'tsjone/ f. **1** *(l'anticipare) (di partenza, data)* bringing, pushing forward **2** *(pagamento anticipato)* prepayment, advance payment; ***fondo di ~*** imprest fund **3** *(previsione)* forecast; ***fare -i*** to make forecasts *o* predictions **4** LING. *(prolessi)* fronting **5** MUS. anticipation.
▷ **anticipo** /an'titʃipo/ m. **1** *(di tempo)* ***in ~*** ahead of time; ***pensarci in ~*** to think ahead; ***essere, arrivare in ~*** to be, arrive early *o* in good time; ***fammelo sapere in ~*** let me know beforehand *o* in advance; ***arrivare con due ore di ~*** to arrive two hours early; ***ha finito l'esame con 20 minuti di ~*** she finished the exam with 20 minutes in hand; ***siamo in ~ rispetto alla tabella di marcia*** we're running ahead of schedule; ***prendere il treno con cinque minuti di ~*** to take the train with five minutes to spare; ***pagare in ~*** prepay; ***programmare in ~*** to plan ahead; ***programmato in ~*** preprogrammed; ***essere in ~ sui tempi*** to be ahead of schedule **2** COMM. *(di denaro)* advance; *(nel pagamento rateale)* down payment, deposit; ***~ sullo stipendio*** advance on one's salary; ***versare un ~*** to put down *o* leave a deposit **3** SPORT *(sull'avversario)* ***mostrare un buon ~, una buona capacità di ~*** to show good anticipation, a good sense of anticipation; *(nel campionato di calcio di serie A)* = a match played on Saturday rather than Sunday **4** MECC. advance ◆ ***giocare d'~ su qcn.*** to beat sb. to the draw.
anticlericale /antikleri'kale/ **I** agg. anticlerical **II** m. e f. anticlerical.
anticlericalismo /antiklerika'lizmo/ m. anticlericalism.
anticlimax /anti'klimaks/ m.inv. anticlimax.
anticlinale /antikli'nale/ agg. GEOL. anticlinal.
▶ **antico**, pl. **-chi**, **-che** /an'tiko, ki, ke/ **I** agg. **1** *(di tempo passato)* old, past; [*giorni, anni, scena*] bygone; ***un'-a amicizia, leggenda*** an old friendship, legend; ***~ splendore*** past splendour **2** *(di epoca remota)* ancient; ***l'-a Roma*** ancient Rome; ***il greco ~*** ancient Greek; ***nei tempi -chi*** in ancient times, in the old days; ***il mondo ~*** the ancient world **3** *(d'antiquariato)* antique; [*libro*] ancient, antiquarian; ***mobili -chi*** antique furniture **4** *(dell'antichità greco-romana)* [*arte, civiltà, mondo*] classical **5 all'antica** ***un uomo all'-a*** an old-fashioned man, a man of the old school; ***vestire all'-a*** to wear old-fashioned clothes **II** m. *(periodo)* ***l'~ e il moderno*** the old and the new, the ancient and the modern **III antichi** m.pl. *(popoli)* ancients; ***la cultura degli -chi*** the culture of the ancients ◆ ***il mestiere più ~ del mondo*** the oldest profession in the world ◆◆ ***l'Antico Testamento*** the Old Testament.
anticoagulante /antikoagu'lante/ **I** agg. anticoagulant, anticlotting **II** m. anticoagulant.
anticoincidenza /antikointʃi'dɛntsa/ agg.inv. ***circuito ~*** anticoincidence circuit.
anticolerico, pl. **-ci**, **-che** /antiko'lɛriko, tʃi, ke/ agg. ***vaccino ~*** cholera vaccine.
anticolonialismo /antikolonja'lizmo/ m. anti-colonialism.
anticomunismo /antikomu'nizmo/ m. anticommunism.

anticomunista, m.pl. **-i**, f.pl. **-e** /antikomu'nista/ agg., m. e f. anticommunist.
anticoncezionale /antikontʃettsjo'nale/ **I** agg. [*pillola, metodo*] contraceptive **II** m. contraceptive.
anticonfessionale /antikonfessjo'nale/ agg. nondenominational, nonsectarian.
anticonformismo /antikonfor'mizmo/ m. nonconformism, unconventionality.
anticonformista, m.pl. **-i**, f.pl. **-e** /antikonfor'mista/ **I** agg. nonconformist; [*persona*] bohemian, unconventional **II** m. e f. nonconformist, bohemian.
anticonformistico, pl. **-ci**, **-che** /antikonfor'mistiko, tʃi, ke/ agg. nonconformist, unconventional.
anticongelante /antikondʒe'lante/ **I** agg. [*liquido*] antifreezing **II** m. antifreeze, coolant.
anticongiunturale /antikondʒuntu'rale/ agg. [*politica*] anti-recession.
anticonvenzionale /antikonventsjo'nale/ agg. unconventional.
anticorpo /anti'kɔrpo/ m. antibody; ***produrre degli -i*** to produce antibodies.
anticorrosivo /antikorro'zivo/ agg. e m. anticorrosive.
anticostituzionale /antikostituttsjo'nale/ agg. unconstitutional.
anticrimine /anti'krimine/ agg.inv. [*corpo, investigatore*] crime fighting; ***squadra ~*** crime squad.
anticristiano /antikris'tjano/ **I** agg. antichristian **II** m. (f. **-a**) antichristian.
anticristo /anti'kristo/ m. antichrist; ***l'~*** the Antichrist.
anticrittogamico, pl. **-ci**, **-che** /antikritto'gamiko, tʃi, ke/ **I** agg. fungicidal **II** m. fungicide.
antidatare /antida'tare/ [1] tr. to antedate [*assegno, fattura*].
antidemocratico, pl. **-ci**, **-che** /antidemo'kratiko, tʃi, ke/ agg. antidemocratic, undemocratic.
antidepressivo /antidepres'sivo/ agg. e m. antidepressant.
antidetonante /antideto'nante/ m. antiknock.
antidiabetico, pl. **-ci**, **-che** /antidia'bɛtiko, tʃi, ke/ agg. e m. antidiabetic.
antidiarroico, pl. **-ci**, **-che** /antidiar'rɔiko, tʃi, ke/ agg. e m. antidiarrheal.
antidifterico, pl. **-ci**, **-che** /antidif'tɛriko, tʃi, ke/ agg. ***vaccino ~*** diphtheria vaccine.
antidiluviano /antidilu'vjano/ agg. antediluvian (anche SCHERZ.); ***idee -e*** antediluvian ideas.
antidisturbo /antidis'turbo/ agg. RAD. ELETTRON. ***filtro ~*** suppressor.
antidivo /anti'divo/ m. (f. **-a**) = show, business, sport personality who, despite being famous, does not act like a star.
antidivorzista, m.pl. **-i**, f.pl. **-e** /antidivor'tsista/ m. e f. = opponent of divorce.
antidogmatico, pl. **-ci**, **-che** /antidog'matiko, tʃi, ke/ **I** agg. antidogmatic **II** m. = opponent of dogmatism.
antidolorifico, pl. **-ci**, **-che** /antidolo'rifiko, tʃi, ke/ **I** agg. ***farmaco ~*** pain-relieving drug **II** m. painkiller.
antidoping /anti'dɔping/ agg.inv. ***test*** o ***controllo ~*** dope *o* drug test; ***risultare positivi al controllo ~*** to fail the dope test.
antidoto /an'tidoto/ m. antidote (**a**, **contro**, **per** to, for) (anche FIG.).
antidroga /anti'drɔga/ agg.inv. ***cane ~*** sniffer dog; ***squadra ~*** BE Drug Squad; ***operazione ~*** drugs raid.
antidumping /anti'damping/ agg. antidumping.
antieconomico, pl. **-ci**, **-che** /antieko'nɔmiko, tʃi, ke/ agg. uneconomic(al); ***un metodo di gestione ~*** a noncost-effective form of management.
antielettrone /antielet'trone/ m. antielectron, positron.
antielmintico, pl. **-ci**, **-che** /antiel'mintiko, tʃi, ke/ agg. e m. anthelmintic.
antiemetico, pl. **-ci**, **-che** /antie'mɛtiko, tʃi, ke/ agg. e m. antiemetic.
antiemorragico, pl. **-ci**, **-che** /antiemor'radʒiko, tʃi, ke/ agg. e m. antihaemorrhagic, antihemorrhagic AE.
antieroe /antie'rɔe/ m. antihero.
antiestetico, pl. **-ci**, **-che** /anties'tɛtiko, tʃi, ke/ agg. unaesthetic.
antifame /anti'fame/ agg.inv. ***farmaco ~*** appetite suppressant.
antifascismo /antifaʃ'ʃizmo/ m. antifascism.
antifascista, m.pl. **-i**, f.pl. **-e** /antifaʃ'ʃista/ agg., m. e f. antifascist.
antifebbrile /antifeb'brile/ agg. e m. antipyretic.
antifecondativo /antifekonda'tivo/ agg. e m. contraceptive.
antifemminista, m.pl. **-i**, f.pl. **-e** /antifemmi'nista/ agg., m. e f. antifeminist.
antifermentativo /antifermenta'tivo/ agg. e m. antifermentative.
antiflogistico, pl. **-ci**, **che** /antiflo'dʒistiko, tʃi, ke/ agg. e m. antiphlogistic.
antifona /an'tifona/ f. **1** MUS. RELIG. anthem, antiphon **2** FIG. allusion; ***capire l'~*** to take the hint, to get the message ◆ ***ripetere sempre la stessa ~*** to give sb. the same song and dance AE COLLOQ.
antifonale /antifo'nale/ agg., m. e f. antiphonal.
antifonario, pl. **-ri** /antifo'narjo, ri/ m. antiphonary.
antifonia /antifo'nia/ f. antiphony.
antiforfora /anti'forfora/ agg.inv. [*shampoo, lozione*] antidandruff.
antifrasi /an'tifrazi/ f.inv. antiphrasis.
antifrastico, pl. **-ci**, **-che** /anti'frastiko, tʃi, ke/ agg. antiphrastic.
antifrizione /antifrit'tsjone/ agg.inv. ***metallo ~*** antifriction metal.
antifumo /anti'fumo/ agg.inv. ***campagna ~*** anti-smoking campaign.
antifurto /anti'furto/ **I** agg.inv. [*dispositivo*] anti-theft **II** m.inv. alarm.
antigas /anti'gas/ agg.inv. anti-gas; ***maschera ~*** gas mask.
antigelo /anti'dʒɛlo/ agg. e m.inv. → **anticongelante.**
antigene /an'tidʒene/ m. antigen.
antighiaccio /anti'gjattʃo/ **I** agg.inv. [*prodotto, dispositivo, processo*] de-icing, anti-icing **II** m.inv. AER. *(dispositivo)* anti-icer, de-icer.
antigienico, pl. **-ci**, **-che** /anti'dʒɛniko, tʃi, ke/ agg. insanitary, unhygienic.
antiglobalizzazione /antiglobaliddzat'tsjone/ **I** f. anti-globalization **II** agg.inv. [*movimento*] antiglobalization.
antigorite /antigo'rite/ f. marmolite.
antigrandine /anti'grandine/ agg.inv. [*cannone*] anti-hail.
Antille /an'tille/ ➧ **14** n.pr.f.pl. Antilles; ***le Piccole, Grandi ~*** the Lesser, Greater Antilles; ***~ olandesi*** Netherlands Antilles.
antilocapra /antilo'kapra/ f. pronghorn*.
antilogaritmo /antiloga'ritmo/ m. antilogarithm.
antilogia /antilo'dʒia/ f. antilogy.
antilope /an'tilope/ f. antelope ◆ ***~ alcina*** eland; ***~ cervicapra*** sasin; ***~ gazzella*** gemsbok; ***~ nera*** sable antelope; ***~ saltante*** springbok.
antimacchia /anti'makkja/ agg.inv. stain-resistant.
antimafia /anti'mafja/ agg.inv. [*commissione*] mafia.
antimagnetico, pl. **-ci**, **-che** /antimaɲ'ɲɛtiko, tʃi, ke/ agg. antimagnetic.
antimateria /antima'tɛrja/ f. antimatter.
antimeridiano /antimeri'djano/ agg. [*ora*] antemeridian.
antimicotico, pl. **-ci**, **-che** /antimi'kɔtiko, tʃi, ke/ agg. antimycotic.
antimilitarismo /antimilita'rizmo/ m. antimilitarism.
antimilitarista, m.pl. **-i**, f.pl. **-e** /antimilita'rista/ **I** agg. antimilitaristic, antimilitarist **II** m. e f. antimilitarist.
antimilitaristico, pl. **-ci**, **-che** /antimilita'ristiko, tʃi, ke/ agg. antimilitaristic.
antimissile /anti'missile/ agg.inv. [*missile*] antimissile.
antimonarchico, pl. **-ci**, **-che** /antimo'narkiko, tʃi, ke/ **I** agg. antimonarchical **II** m. (f. **-a**) antimonarchist.
antimoniale /antimo'njale/ agg. antimonial.
antimonico, pl. **-ci**, **-che** /anti'mɔniko, tʃi, ke/ agg. antimonic.
antimonio, pl. **-ni** /anti'mɔnjo, ni/ m. antimony.
antimonioso /antimo'njoso/ agg. antimonious.
antimonopolistico, pl. **-ci**, **-che** /antimonopo'listiko, tʃi, ke/ agg. antitrust.
antimperialista, m.pl. **-i**, f.pl. **-e** /antimperja'lista/ agg., m. e f. antiimperialist.
antimperialistico, pl. **-ci**, **-che** /antimperja'listiko, tʃi, ke/ agg. antiimperialist.
antinazionale /antinattsjo'nale/ agg. antinationalistic.
antinazista, m.pl. **-i**, f.pl. **-e** /antinad'dʒista/ agg., m. e f. anti-Nazi.
antincendio /antin'tʃɛndjo/ agg.inv. ***porta, allarme, scala ~*** fire door, alarm, escape; ***battello ~*** fireboat; ***esercitazione ~*** fire drill; ***aereo ~*** firefighting plane; ***manichetta, idrante, torre di vigilanza ~*** fire hose, hydrant, tower; ***norme ~*** fire regulations; ***polizza ~*** fire-policy.
antinebbia /anti'nebbja/ m.inv. AUT. ***(faro) ~*** foglamp BE, foglight AE.
antineutrino /antineu'trino/ m. antineutrino.
antineutrone /antineu'trone/ m. antineutron.
antineve /anti'neve/ agg.inv. ***pneumatici ~*** snow tyres BE *o* tires AE.
antinevralgico, pl. **-ci**, **-che** /antine'vraldʒiko, tʃi, ke/ agg. e m. antineuralgic.
antinfiammatorio, pl. **-ri**, **-rie** /antinfjamma'tɔrjo, ri, rje/ agg. e m. anti-inflammatory.
antinflativo /antinfla'tivo/ agg. → **antinflazionistico.**
antinflazionistico, pl. **-ci**, **-che** /antinflattsjo'nistiko, tʃi, ke/ agg. anti-inflationary.

antinfluenzale /antinfluen'tsale/ agg. [*iniezione, vaccino*] flu.
antinfortunistico, pl. **-ci**, **-che** /antinfortu'nistiko, tʃi, ke/ agg. ***misure -che*** accident prevention measures.
antinomia /antino'mia/ f. antinomy.
antinquinamento /antinkwina'mento/ agg.inv. [*barriera*] antipollution; ***la lotta ~*** the fight against pollution.
antintrusione /antintru'zjone/ agg.inv. ***barre (laterali) ~*** side-impact bars.
antinucleare /antinukle'are/ agg. [*movimento*] antinuclear.
antinucleo /anti'nukleo/ m. antinucleus.
Antiochia /an'tjɔkja/ ➧ *2* n.pr.f. Antioch.
antiofidico, pl. **-ci**, **-che** /antio'fidiko, tʃi, ke/ agg. ***siero ~*** antivenin.
antiorario, pl. **-ri**, **-rie** /antio'rarjo, ri, rje/ agg. anticlockwise BE, counter-clockwise AE; ***in senso ~*** anticlockwise BE, counter-clockwise AE.
antiossidante /antiossi'dante/ agg. e m. antioxidant.
antipapa /anti'papa/ m. antipope.
antipapale /antipa'pale/ agg. antipapal.
antipapista /antipa'pista/ agg. → **antipapale.**
antiparassitario, pl. **-ri**, **-rie** /antiparassi'tarjo, ri, rje/ **I** agg. **1** AGR. VETER. parasitidal, pesticidal **2** RAD. [*circuito, dispositivo*] anti-interference **II** m. AGR. VETER. parasiticide, pesticide, antiparasitic.
antiparlamentare /antiparlamen'tare/ agg. e m. antiparliamentary.
antiparticella /antiparti'tʃɛlla/ f. antiparticle.
antipastiera /antipas'tjɛra/ f. hors d'oeuvres tray.
antipasto /anti'pasto/ m. hors d'oeuvres, appetizer; ***"-i misti"*** "assorted hors d'oeuvres".
▷ **antipatia** /antipa'tia/ f. antipathy, dislike (**per** for, to, towards; **tra** between); ***provare ~ per qcn., qcs.*** to dislike sb., sth.; ***prendere qcn., qcs. in ~*** to take a dislike to sb., sth.; ***mi ha ispirato ~ fin dal primo istante*** I took an instant dislike to him.
antipaticamente /antipatika'mente/ avv. in a disagreeable manner.
▷ **antipatico**, pl. **-ci**, **-che** /anti'patiko, tʃi, ke/ **I** agg. [*persona, reazione*] disagreeable, unpleasant; [*lavoro, attività*] tedious, unpleasant; ***mi è*** o ***sta ~*** I don't like him; ***trovare ~ qcn.*** to find sb. unpleasant; ***dovevi proprio essere così ~ con lui?*** did you really need to be so unpleasant to him? **II** m. (f. **-a**) disagreeable person, unfriendly person.
antipatriottico, pl. **-ci**, **-che** /antipatri'ɔttiko, tʃi, ke/ agg. unpatriotic.
antiperistalsi /antiperis'talsi/ f.inv. antiperistalsis.
antipertensivo /antiperten'sivo/ agg., m. antihypertensive.
antipiega /anti'pjɛga/ agg.inv. [*tessuto, indumento*] permanent-press, crease-resistant.
antipiretico, pl. **-ci**, **-che** /antipi'rɛtiko, tʃi, ke/ agg. e m. antipyretic, refrigerant.
antipirina /antipi'rina/ f. antipyrin(e).
antipode /an'tipode/ agg. BOT. ***cellula ~*** antipodal cell.
antipodi /an'tipodi/ m.pl. ***gli ~*** the Antipodes; ***agli ~*** worlds apart; ***essere agli ~*** FIG. to be worlds *o* poles apart, to be polar opposites; ***trovarsi agli ~ rispetto a*** FIG. to be at the opposite pole from.
antipolio /anti'pɔljo/ **I** agg.inv. [*vaccino*] polio **II** f.inv. polio vaccine.
antipolo /anti'pɔlo/ m. antipole.
antipolvere /anti'polvere/ agg.inv. dust repelling.
antiporta /anti'pɔrta/ f. **1** outer door **2** ARCH. inner door.
antiproibizionismo /antiproibittsjo'nizmo/ m. = a movement which is opposed to the criminalization of the sale and use of prohibited substances, in particular drugs.
antiproiettile /antipro'jɛttile/ agg.inv. [*veicolo, vetro*] bulletproof; ***giubbotto ~*** flak jacket, bulletproof jacket; *(intorno alle armi)* ***scudo ~*** shield.
antiprotone /antipro'tone/ m. antiproton.
antipulci /anti'pultʃi/ agg.inv. ***collare ~*** flea collar.
antiquariato /antikwa'rjato/ m. ***collezionista d'~*** antique collector; ***negozio d'~*** antique shop; ***pezzo d'~*** antique; ***fiera dell'~*** antique(s) fair.
▷ **antiquario**, pl. **-ri**, **-rie** /anti'kwarjo, ri, rje/ **I** agg. ***libreria -a*** antiquarian bookshop **II** m. (f. **-a**) *(venditore)* antiquarian, antiquary; ***la via, il quartiere degli -ri*** the street, the area which is full of antique shops.
antiquato /anti'kwato/ agg. [*persona, idee*] old-fashioned, fusty; [*tecnologia*] obsolete, outdated; [*vocabolario, stile, modi, espressione, abbigliamento*] old-fashioned, outdated; [*veicolo, istituzione*] antiquated.
antirabbico, pl. **-ci**, **-che** /anti'rabbiko, tʃi, ke/ agg. ***vaccino ~*** rabies vaccine.
antiracket /anti'raket/ agg.inv. antiracket.
antiradiazioni /antiradjat'tsjoni/ agg.inv. anti-radiation.
antirazzista, m.pl. **-i**, f.pl. **-e** /antirat'tsista/ agg., m. e f. antiracist.
antirecessivo /antiretʃes'sivo/ agg. ECON. anti-recession.
antireligioso /antireli'dʒoso/ agg. [*persona, prospettiva, propaganda*] antireligious.
antiretrovirale /antiretrovi'rale/ agg. [*terapia, farmaco*] antiretroviral.
antireumatico, pl. **-ci**, **-che** /antirew'matiko, tʃi, ke/ agg. e m. antirheumatic.
antiriciclaggio /antiritʃi'kladdʒo/ agg.inv. anti-money laundering.
antiriflesso /antiri'flɛsso/ agg.inv. [*superficie, vetro, lente*] antiglare, non-reflecting.
antirollante /antirol'lante/ agg. → **antirollio.**
antirollio /antirol'lio/ agg.inv. [*dispositivo, alette*] anti-roll.
antiromanzo /antiro'mandzo/ m. antinovel.
antirombo /anti'rombo/ agg.inv. antinoise.
antirrino /antir'rino/ m. antirrhinum.
antiruggine /anti'ruddʒine/ **I** agg.inv. [*vernice*] anti-rust, rust-proof **II** m.inv. rust-proof product; AUT. underseal.
antirughe /anti'ruge/ agg.inv. ***crema ~*** wrinkle cream.
antirumore /antiru'more/ agg.inv. [*cuffia, tappi*] antinoise.
antisala /anti'sala/ f. antechambre.
antisatellite /antisa'tɛllite/ agg. ***armamento ~*** antisatellite weaponry.
antiscasso /antis'kasso/ agg.inv. [*cassaforte, lucchetto*] burglar-proof.
antischiavista, m.pl. **-i**, f.pl. **-e** /antiskja'vista/ **I** agg. abolitionary **II** m. e f. abolitionist.
antiscientifico, pl. **-ci**, **-che** /antiʃʃen'tifiko, tʃi, ke/ agg. unscientific.
antisciopero /antiʃ'ʃɔpero/ agg.inv. [*leggi*] anti-strike.
antiscivolo /antiʃ'ʃivolo/ agg.inv. anti-skid, non-slip.
antiscorbutico, pl. **-ci**, **-che** /antiskor'butiko, tʃi, ke/ agg. e m. antiscorbutic.
antisdrucciolevole /antisdruttʃo'levole/ agg. skidproof, non-slip; ***pneumatico ~*** nonskid (tyre).
antisemita, m.pl. **-i**, f.pl. **-e** /antise'mita/ **I** agg. anti-Semitic **II** m. e f. anti-Semite.
antisemitico, pl. **-ci**, **-che** /antise'mitiko, tʃi, ke/ agg. anti-Semitic.
antisemitismo /antisemi'tizmo/ m. anti-Semitism.
antisepsi /anti'sɛpsi/ f.inv. antisepsis.
antisettico, pl. **-ci**, **-che** /anti'sɛttiko, tʃi, ke/ agg. e m. antiseptic.
antisiero /anti'sjɛro/ m. antiserum*.
antisimmetrico, pl. **-ci**, **-che** /antisim'mɛtriko, tʃi, ke/ agg. antisymmetric.
antisindacale /antisinda'kale/ agg. [*comportamento*] anti-union.
antisismico, pl. **-ci**, **-che** /anti'sizmiko, tʃi, ke/ agg. earthquake-proof.
antislittamento /antizlitta'mento/ agg.inv. anti-skid.
antismog /antiz'mɔg/ agg.inv. ***mascherina ~*** smog mask.
antisociale /antiso'tʃale/ agg. [*persona, atteggiamento*] antisocial; ***fumare in un luogo pubblico è un comportamento ~*** it is antisocial to smoke in public places.
antisommergibile /antisommer'dʒibile/ agg. antisubmarine.
antisommossa /antisom'mɔssa/ agg.inv. [*polizia, squadra, veicolo*] riot; ***equipaggiamento ~*** riot gear; ***reparto ~*** riot squad.
antisovversivo /antisovver'sivo/ agg. anti-subversive.
antispasmodico, pl. **-ci**, **-che** /antispaz'mɔdiko, tʃi, ke/ agg. e m. antispasmodic, muscle relaxant.
antispastico, pl. **-ci**, **-che** /antis'pastiko, tʃi, ke/ agg. e m. → **antispasmodico.**
antispifferi /antis'pifferi/ agg.inv. draughtproof BE, draftproof AE.
antisportivo /antispor'tivo/ agg. [*gesto, comportamento*] unsporting, unsportsmanlike.
antistaminico, pl. **-ci**, **-che** /antista'miniko, tʃi, ke/ **I** agg. antihistaminic **II** m. antihistamine.
antistante /antis'tante/ agg.inv. ***il terreno ~*** the land opposite; ***~ a*** in front of, opposite; ***il parco ~ alla scuola*** the park in front of the school.
antistatale /antista'tale/ agg. = that opposes the state authority.
antistatico, pl. **-ci**, **-che** /antis'tatiko, tʃi, ke/ agg. [*panno*] antistatic.
antistoricismo /antistori'tʃizmo/ m. antihistoricism.
antistorico, pl. **-ci**, **-che** /antis'tɔriko, tʃi, ke/ agg. antihistorical.
antistress /antis'trɛs/ agg.inv. stress-free; ***giocattolo ~*** executive toy.
antistrofe /an'tistrofe/ f. antistrophe.
antitarlo /anti'tarlo/ agg.inv. e m.inv. termite-proof.

antitarmico, pl. **-ci, -che** /anti'tarmiko, tʃi, ke/ agg. mothproof, moth-repellent.
antitartaro /anti'tartaro/ agg.inv. [*dentifricio*] tartar removing.
antiterrorismo /antiterro'rizmo/ **I** agg.inv. anti-terrorist; ***squadra ~*** Bomb Squad **II** m.inv. counter-terrorism.
antiterroristico, pl. **-ci, -che** /antiterro'ristiko, tʃi, ke/ agg. [*misure*] anti-terrorist.
antitesi /an'titezi/ f.inv. antithesis; ***in ~ con*** in contrast to; ***le sue vedute sono in netta ~ con le mie*** her views are in complete antithesis to mine.
antitetanica, pl. **-che** /antite'tanika, ke/ f. tetanus vaccine.
antitetanico, pl. **-ci, -che** /antite'taniko, tʃi, ke/ agg. [*vaccino*] tetanus.
antiteticamente /antitetika'mente/ avv. antithetically.
antitetico, pl. **-ci, -che** /anti'tɛtiko, tʃi, ke/ agg. **1** LING. FILOS. antithetic(al); ***essere ~ a qcs.*** [*idea*] to be antithetic(al) to sth. **2** *(opposto)* opposite.
antitossico, pl. **-ci, -che** /anti'tɔssiko, tʃi, ke/ agg. antitoxic.
antitossina /antitos'sina/ f. antitoxin.
antitraspirante /antitraspi'rante/ agg. e m. antiperspirant.
antitrust /anti'trast/ agg.inv. [*legge*] antitrust.
antitubercolare /antituberko'lare/ agg. antituberculous, antituberculosis, antitubercular.
antitumorale /antitumo'rale/ agg. [*trattamento, farmaco*] antitumor, anticancer.
antiuomo /anti'wɔmo/ agg.inv. MIL. [*mina*] antipersonnel.
antiurto /anti'urto/ agg.inv. [*orologio*] shockproof.
antivaioloso /antivajo'loso/ agg. ***vaccinazione -a*** smallpox vaccination.
antivedere /antive'dere/ [97] tr. LETT. to foresee*.
antiveleno /antive'leno/ **I** agg.inv. ***centro ~*** poison centre *o* unit; ***siero ~*** snake-bite serum **II** m.inv. antivenin.
antivigilia /antivi'dʒilja/ f. the day before the eve; ***l'~ dell'incoronazione*** two days before the coronation.
antivipera /anti'vipera/ agg.inv. e m.inv. ***siero ~*** viper serum.
antivirale /antivi'rale/ agg. e m. antiviral.
antivirus /anti'virus/ m.inv. INFORM. *(programma)* antivirus, virus checker.
antivivisezione /antiviviset'tsjone/ agg.inv. anti-vivisection.
antocianina /antotʃa'nina/ f. anthocyanin.
antologia /antolo'dʒia/ f. anthology.
antologicamente /antolodʒika'mente/ avv. [*raccogliere*] in an anthology.
antologico, pl. **-ci, -che** /anto'lɔdʒiko, tʃi, ke/ agg. [*raccolta*] anthological.
antologista, m.pl. **-i**, f.pl. **-e** /antolo'dʒista/ m. e f. anthologist.
antologizzare /antolodʒid'dzare/ [1] tr. to anthologize.
antonimia /antoni'mia/ f. antonymy.
antonimico, pl. **-ci, -che** /anto'nimiko, tʃi, ke/ agg. antonymous.
antonimo /an'tɔnimo/ m. antonym.
Antonio /an'tɔnjo/ n.pr.m. Antony, Anthony.
antonomasia /antono'mazja/ f. antonomasia; ***Robert De Niro è l'attore per ~*** Robert De Niro is the actor par excellence.
antozoo /antod'dzɔo/ m. anthozoan.
antrace /an'tratʃe/ m. anthrax*.
antracene /antra'tʃɛne/ m. anthracene.
antracite /antra'tʃite/ ➧ ***3*** **I** f. *(minerale)* anthracite, stone-coal **II** agg.inv. *(colore)* charcoal.
antracitico, pl. **-ci, -che** /antra'tʃitiko, tʃi, ke/ agg. anthracitic.
antracosi /antra'kɔzi/ ➧ ***7*** f.inv. anthracosis.
antreno /an'trɛno/ m. carpet beetle.
antro /'antro/ m. **1** *(caverna)* cavern, cave; ***l'~ della Sibilla*** the Sybil's cave; FIG. SPREG. *(stamberga)* hovel **2** ANAT. antrum*.
antropico, pl. **-ci, -che** /an'trɔpiko, tʃi, ke/ agg. anthropic; ***geografia -a*** anthropogeography.
antropocentrico, pl. **-ci, -che** /antropo'tʃɛntriko, tʃi, ke/ agg. [*concezione*] anthropocentric.
antropocentrismo /antropotʃen'trizmo/ m. anthropocentrism.
antropofagia /antropofa'dʒia/ f. anthropophagy.
antropofago, pl. **-gi, -ghe** /antro'pɔfago, dʒi, ge/ **I** agg. anthropophagous, anthropophagic **II** m. (f. **-a**) anthropophagus*.
antropogeografia /antropodʒeogra'fia/ f. anthropogeography.
antropoide /antro'pɔide/ agg. e m. anthropoid.
antropologia /antropolo'dʒia/ f. anthropology; ***~ fisica, sociale*** physical, social anthropology.
antropologico, pl. **-ci, -che** /antropo'lɔdʒiko, tʃi, ke/ agg. anthropological.
antropologo, m.pl. **-gi**, f.pl. **-ghe** /antro'pɔlogo, dʒi, ge/ ➧ ***18*** m. (f. **-a**) anthropologist.
antropometria /antropome'tria/ f. anthropometry.
antropomorfico, pl. **-ci, -che** /antropo'mɔrfiko, tʃi, ke/ agg. anthropomorphic.
antropomorfismo /antropomor'fizmo/ m. anthropomorphism.
antropomorfo /antropo'mɔrfo/ **I** agg. [*divinità*] anthropomorphic **II** m. anthropomorph.
antroposofia /antroposo'fia/ f. anthroposophy.
antropozoico, pl. **-ci, -che** /antropod'dzɔiko, tʃi, ke/ agg. e m. Anthropozoic, Quaternary.
anulare /anu'lare/ **I** agg. [*eclissi, legamento*] annular; ***raccordo ~*** ring road BE, beltway AE **II** m. ANAT. ring finger.
anuresi /anu'rɛzi/ f.inv. → **anuria.**
anuria /a'nurja/ f. MED. anuria.
anuro /a'nuro/ agg. e m. anuran.
Anversa /an'vɛrsa/ ➧ ***2*** n.pr.f. Antwerp.
▶ **anzi** /'antsi/ cong. **1** *(al contrario)* on the contrary, quite the opposite; ***non è antipatico, ~!*** he isn't so bad, quite the opposite! ***ti disturbo? - ~!*** am I bothering you? - not at all! ***non era irritato, ~, era piuttosto contento*** he wasn't annoyed, if anything, he was quite pleased **2** *(addirittura)* rather; ***"è migliorato?" - "no, ~, è peggiorato"*** "did it improve?" - "no, rather it got worse" **3** *(o meglio)* nay, indeed; ***carina, ~ bella!*** she is pretty, nay beautiful! ***era un collega, ~, un amico*** he was a colleague, indeed a friend.
anzianità /antsjani'ta/ f.inv. **1** *(età avanzata)* elderliness, old age **2** *(di servizio)* seniority; COMM. IND. length of service; ***le promozioni vengono assegnate in base all'~*** promotion goes by seniority; ***pensione di ~*** old age pension; ***premio di ~*** seniority bonus; ***indennità di ~ (di servizio)*** long-service allowance.
▷ **anziano** /an'tsjano/ **I** agg. **1** *(d'età)* old, elderly, aged; ***le persone -e*** the old *o* elderly, old *o* elderly people **2** *(veterano)* [*impiegato, membro*] senior; ***socio ~*** senior partner **II** m. (f. **-a**) **1** old person, elderly person; BUROCR. senior citizen; ***questa malattia è molto comune tra gli -i*** this illness is very common among the elderly **2** *(di tribù, comunità)* elder.
▷ **anziché** /antsi'ke/ cong. **1** *(invece di)* instead of **2** *(piuttosto che)* rather than; ***preferirebbe morire ~ rivelare quel segreto*** he would die rather than betray that secret.
anzidetto /antsi'detto/ agg. aforesaid, above-mentioned.
anzitempo /antsi'tɛmpo/ avv. LETT. beforehand, prematurely; ***invecchiato ~*** old before one's time.
▷ **anzitutto** /antsi'tutto/ avv. first of all, first and foremost.
aoristo /ao'risto/ m. aorist.
aorta /a'ɔrta/ f. aorta.
aortico, pl. **-ci, -che** /a'ɔrtiko, tʃi, ke/ agg. aortal, aortic.
Aosta /a'ɔsta/ ➧ ***2*** n.pr.f. Aosta; ***Val(le) d'~*** Valle d'Aosta.
aostano /aos'tano/ ➧ ***2*** **I** agg. from, of Aosta **II** m. (f. **-a**) **1** *(persona)* native, inhabitant of Aosta **2** LING. dialect of Aosta.
apache /a'paʃ/ **I** agg.inv. Apache; ***lingua ~*** Apache **II** m. e f.inv. Apache*.
apagoge /apa'gɔdʒe/ f. FILOS. apagoge.
apale /'apale/ m. marmoset.
apartheid /apar'tajd/ m.inv. apartheid.
apartitico, pl. **-ci, -che** /apar'titiko, tʃi, ke/ agg. = not aligned to any party or party ideology.
apatia /apa'tia/ f. apathy, indifference; ***c'è una diffusa ~ tra gli studenti*** there is widespread apathy among students.
apaticamente /apatika'mente/ avv. [*spostarsi, lavorare*] lethargically; [*guardare*] indifferently, apathetically.
apatico, pl. **-ci, -che** /a'patiko, tʃi, ke/ agg. [*persona, atteggiamento*] apathetic, lackadaisical, uninterested; [*pubblico*] dead; ***uno sguardo ~*** an apathetic look.
apatite /apa'tite/ f. apatite.
▷ **ape** /'ape/ f. bee; ***puntura di ~*** bee sting; ***(a) nido d'~*** SART. honeycomb; ***coperta a nido d'~*** cellular blanket; ***struttura a nido d'~*** AER. honeycomb structure ◆ ***essere laborioso come un'~*** FIG. to be as busy as a bee ◆◆ ***~ domestica*** honeybee; ***~ legnaiola*** carpenter bee; ***~ muraiola*** mason bee; ***~ operaia*** worker bee; ***~ regina*** queen bee.
aperiodico, pl. **-ci, -che** /aperi'ɔdiko, tʃi, ke/ agg. aperiodic.
▷ **aperitivo** /aperi'tivo/ m. aperitif, appetizer; ***come ~*** as an aperitif; ***prendere un ~*** to have an aperitif; ***posso offrirle un ~?*** may I offer you an aperitif?
apertamente /aperta'mente/ avv. [*parlare, agire, ammettere*] openly, unashamedly; [*proibire*] expressly; [*razzista, femminista ecc.*] outspokenly; ***tessere ~ le lodi di qcn.*** to be loud in one's praise of sb.; ***affrontare ~*** to look squarely at [*problema, situazione*].
▶ **aperto** /a'perto/ **I** p.pass. → **aprire II** agg. **1** *(non chiuso)* [*porta, negozio, scatola, occhi*] open; [*ferita, bocca*] gaping, open; [*ostrica, cozza*] opened; [*sedia*] unfolded; [*dichiarazione*] explicit; ***il libro***

stava ~ the book lay open; ***aveva l'ombrello*** ~ he had his umbrella up; ***lasciare*** ~ to leave [sth.] on [*gas, acqua*]; ***il rubinetto è*** ~ the tap is running; ***restare*** ~ to stay open (anche FIG.); ***camicia a collo*** ~ open-necked shirt; ***a bocca -a*** [*ascoltare*] with mouth agape, gapingly, open-mouthed; ***rimanere*** o ***guardare a bocca -a*** to gape; ***circuito*** ~ EL. open circuit; ***cercare di tenere gli occhi -i*** *(rimanere sveglio, attento)* to try to keep one's eyes open; ***una lettera -a*** *(resa pubblica)* an open letter; ***intervento a cuore*** ~ MED. open-heart surgery **2** *(ampio, senza limiti)* ***in -a campagna*** in open country; ***in campo*** ~ MIL. in the open field; ***in mare*** ~ on the open sea; ***all'aria -a*** in the open air, outdoors; ***la vita all'aria -a*** the outdoor life; ***coltivazione a cielo*** ~ MIN. open pit mining **3** *(manifesto, evidente)* [*scontro, guerra*] open, overt; [*minaccia*] direct; ***essere in*** ~ ***conflitto con qcn.*** to be in open conflict with sb. **4** *(accessibile)* ~ ***a tutti*** [*informazioni, educazione, dibattito*] free-for-all; ~ ***dalle 14.00 alle 17.00*** open from 2 pm until 5 pm; ***l'ufficio è*** ~ ***al pubblico*** the office is open to the public; ***concorso*** ~ ***a tutti*** open competition; ***"~ tutto l'anno"*** "all-year-round"; ***la caccia è -a*** it is the open season; FIG. the hunt is on; ***dichiarare -a la riunione*** to call the meeting to order; ***mercato*** ~ ECON. open market **5** *(sgombro)* [*strada, visuale, area*] clear **6** *(disponibile)* receptive, open (**a, nei confronti di** to); ***essere ~ alle trattative*** to be open for negotiations; ***la mia porta è sempre -a*** my door is always open; ***avere un conto*** ~ ***presso un negozio*** to have an account at a shop **7** *(franco)* [*carattere*] frank, open **8** *(di ampie vedute)* [*persona, mentalità*] open-minded, broadminded; ***avere una mente -a*** to have a broad *o* an open mind **9** *(non risolto)* [*discussione, dibattito*] open, unresolved; ***la questione resta -a*** the question is unresolved **10** LING. [*vocale, sillaba*] open **III** m. ***all'~*** [*mercato, teatro*] open-air; [*vita, piscina, sport, cinema, ristorante*] outdoor; ***birreria all'~*** beer garden; ***dormire all'~*** to sleep out(doors) ◆ ***accogliere qcn. a braccia -e*** to welcome sb. with open arms; ***parlare a cuore*** ~ to speak from the heart; ***essere un libro*** ~ ***per qcn.*** to be like an open book to sb.; ***sognare a occhi -i*** to daydream; ***tenere gli occhi -i*** to keep an eye out *o* one's eyes peeled; ***sfondare porte -e*** to preach to the converted.

▷ **apertura** /aper'tura/ f. **1** *(atto dell'aprire) (di pacco, regalo, porta, conto corrente)* opening; ***l'~ di un'inchiesta*** the setting up of an inquiry; ~ ***del testamento*** DIR. reading of the will; ~ ***di una procedura legale*** DIR. opening *o* starting of legal proceedings; ***articolo d'~*** *(di giornale)* editorial; ~ ***di credito allo scoperto*** overdraft facility **2** *(fenditura) (di parete, porta)* crack, slit; *(in un abito)* placket; *(di macchina automatica)* slot; *(per aria, gas)* inlet, outlet; *(di borsa, sacco)* opening; ***lattina con*** ~ ***a strappo*** ring-pull can **3** *(inizio) (di stagione di caccia, pesca, di campagna elettorale)* opening; ~ ***delle scuole*** start of the school year; ***l'~ delle ostilità*** outbreak of hostilities; ***prezzo, bilancio d'~*** ECON. opening price, balance; ***farsa di*** ~ TEATR. curtain raiser; ***sigla musicale di*** ~ MUS. signature tune; ***titoli d'~*** RAD. TELEV. headlines **4** *(inaugurazione) (di albergo, negozio)* opening; ~ ***domenicale*** Sunday trading BE, Sunday opening AE; ***cerimonia, discorso d'~*** opening ceremony, speech **5** AMM. COMM. *(funzionamento)* ***orario di*** ~ opening hours; *(di museo)* visiting hours; *(di negozio)* business hours; ~ ***al pubblico*** opening to the public; ***durante l'orario di*** ~ *(di negozio)* during working hours **6** *(tolleranza)* ~ ***(mentale)*** openness, open-mindedness, broadmindedness; ~ ***a idee nuove*** openness to new ideas **7** POL. ***politica di*** ~ policy of opening-up; ***l'~ a sinistra*** the opening-up to the left **8** GIOC. *(a carte)* opener; ***mossa d'~*** *(negli scacchi)* opening (move) **9** FOT. aperture **10** SPORT ***mediano d'~*** fly-half, stand-off half ◆◆ ~ ***alare*** wingspan.

Api /'api/ n.pr.m. Apis.

API /'api/ f. **1** (⇒ Anonima Petroli Italiana) = Italian petrol company **2** (⇒ Associazione Piccole e Medie Industrie) = association of small and medium businesses.

apiario, pl. **-ri** /a'pjarjo, ri/ m. apiary.

apicale /api'kale/ agg. [*bocciolo*] terminal.

apice /'apitʃe/ m. **1** MAT. ASTR. ANAT. apex*; ~ ***polmonare*** apex of lung **2** ASTR. zenith (anche FIG.) **3** FIG. *(di creatività, potere, carriera)* apex*, peak, height; ***essere all'~ della carriera, del successo*** to be at the height of one's career, of success **4** TIP. ***in*** ~ [*numero, lettera*] superscript.

apicoltore /apikol'tore/ ◗ ***18*** m. (f. **-trice** /tritʃe/) beekeeper.

apicoltura /apikol'tura/ f. beekeeping.

apiressia /apires'sia/ f. apyrexy, apyrexia.

apiretico, pl. **-ci, -che** /api'rɛtiko, tʃi, ke/ agg. apyretic.

apistico, pl. **-ci, -che** /a'pistiko, tʃi, ke/ agg. apiarian.

aplacentare /aplatʃen'tare/ agg. implacental.

aplanatico, pl. **-ci, -che** /apla'natiko, tʃi, ke/ agg. [*obiettivo*] aplanatic.

aploide /a'plɔjde/ agg. haploid.

aplomb /a'plɔmb/ m.inv. aplomb, poise.

apnea /ap'nɛa/ f. MED. apn(o)ea; ***immergersi in*** ~ to go skindiving.

apnoico, pl. **-ci, -che** /ap'nɔjko, tʃi, ke/ agg. MED. apn(o)eic.

apocalisse /apoka'lisse/ f. *(disastro, fine del mondo)* apocalypse.

Apocalisse /apoka'lisse/ n.pr.f. BIBL. ***l'~*** the Apocalypse; ***i quattro cavalieri dell'~*** the four horsemen of the Apocalypse.

apocalittico, pl. **-ci, -che** /apoka'littiko, tʃi, ke/ agg. apocalyptic(al) (anche FIG.); [*sermone*] fire-and-brimstone, hellfire; ***presagio, visione*** ~ doom-laden forecast, vision; ***scenario*** ~ doomsday scenario.

apocopare /apoko'pare/ [1] tr. to apocopate.

apocope /a'pɔkope/ f. apocope, apocopation.

apocrifo /a'pɔkrifo/ **I** agg. [*scritti, vangeli*] apocryphal, spurious **II** m. BIBL. ***gli Apocrifi*** the Apocrypha.

apocromatico, pl. **-ci, -che** /apokro'matiko, tʃi, ke/ agg. apochromatic.

apodittico, pl. **-ci, -che** /apo'dittiko, tʃi, ke/ agg. apod(e)ictic.

apodo /'apodo/ agg. apodal, apodous.

apodosi /a'pɔdozi/ f.inv. apodosis*.

apofisi /a'pɔfizi/ f.inv. apophysis*.

apofonia /apofo'nia/ f. ablaut, apophony.

apofonico, pl. **-ci, -che** /apo'fɔniko, tʃi, ke/ agg. apophonic.

apoftegma /apof'tɛgma/ m. apothegm, apophthegm.

apogeo /apo'dʒɛo/ m. **1** ASTR. apogee **2** FIG. *(apice)* apogee, height, peak; ***essere all'~ della fama*** to be at the height of one's fame; ***raggiungere l'~*** to reach the apogee.

apolide /a'pɔlide/ agg. stateless; ***gli -i*** stateless people.

apolidia /apoli'dia/ f. statelessness.

apoliticità /apolititʃi'ta/ f.inv. nonpolitical nature.

apolitico, pl. **-ci, -che** /apo'litiko, tʃi, ke/ agg. apolitical, nonpolitical, unpolitical.

apollineo /apol'lineo/ agg. Apollonian.

apollo /a'pɔllo/ m. *(uomo affascinante)* Apollo; ***che ~!*** he looks like a Greek god!

Apollo /a'pɔllo/ n.pr.m. **1** MITOL. Apollo **2** *(nave spaziale)* Apollo.

apologeta /apolo'dʒɛta/ m. e f. apologist.

apologetica /apolo'dʒɛtika/ f. apologetics.

apologetico, pl. **-ci, -che** /apolo'dʒɛtiko, tʃi, ke/ agg. [*discorso*] apologetical.

apologia /apolo'dʒia/ f. *(elogio)* panegyric; *(difesa)* apologia, apology (**di** for); ***fare l'~ di qcn., qcs.*** to praise sb., sth.; *(scritto apologetico)* ***scrivere un'~*** to write an apology.

apologizzare /apolodʒid'dzare/ [1] tr. *(elogiare)* to panegyrize; *(difendere)* to apologize, to defend.

apologo, pl. **-ghi** /a'pɔlogo, gi/ m. fable, apologue.

aponeurosi /aponew'rɔzi/ f.inv. aponeurosis*.

apoplessia /apoples'sia/ f. apoplexy; ***essere colpito da*** ~ to be struck by apoplexy.

apoplettico, pl. **-ci, -che** /apo'plɛttiko, tʃi, ke/ **I** agg. apoplectic; ***colpo*** ~ apoplectic stroke **II** m. (f. **-a**) apoplectic.

aporia /apo'ria/ f. aporia*.

apostasia /aposta'zia/ f. RELIG. apostasy (**da** from) (anche FIG.).

apostata, m.pl. **-i**, f.pl. **-e** /a'pɔstata/ agg., m. e f. apostate.

apostatare /aposta'tare/ [1] intr. (aus. *avere*) to apostatize; ~ ***da Dio*** to abandon God.

a posteriori /aposte'rjɔri/ **I** agg.inv. [*conoscenze*] a posteriori **II** avv. [*giustificarsi, decidere*] a posteriori, in retrospect.

apostolato /aposto'lato/ m. **1** RELIG. apostolate **2** *(attività svolta con dedizione)* mission.

apostolico, pl. **-ci, -che** /apos'tɔliko, tʃi, ke/ agg. **1** *(degli apostoli)* [*dottrina*] apostolic; ***simbolo*** ~ Apostles' Creed **2** *(papale)* ***nunzio*** ~ papal nuncio; ***vicario*** ~ vicar apostolic.

▷ **apostolo** /a'pɔstolo/ m. **1** RELIG. apostle (anche FIG.); ***farsi ~ della non violenza*** to become an apostle of nonviolence **2** MAR. knighthead.

1.apostrofare /apostro'fare/ [1] tr. LING. to apostrophize.

2.apostrofare /apostro'fare/ [1] tr. *(rimproverare)* to reproach, to reprimand; *(rivolgere la parola)* to address.

apostrofe /a'pɔstrofe/ f. LETTER. apostrophe.

apostrofo /a'pɔstrofo/ m. LING. apostrophe.

apotecio, pl. **-ci** /apo'tɛtʃo, tʃi/ m. apothecium*.

apotema /apo'tɛma/ m. apothem.

apoteosi /apote'ɔzi/ f.inv. **1** *(nell'antichità)* apotheosis* **2** FIG. *(esaltazione)* apotheosis*, glorification, exaltation ◆ ***fare l'~ di qcn.*** to sing sb.'s praises, to make a hero of sb.

appagabile /appa'gabile/ agg. satisfiable.

appagamento /appaga'mento/ m. fulfilment, gratification, satisfaction; **~ *sessuale*** sexual fulfilment; ***cercare, trovare* ~** to seek, to find fulfilment.

appagante /appa'gante/ agg. [*lavoro, carriera*] gratifying; [*matrimonio, esperienza*] fulfilling; [*vita*] satisfying.

appagare /appa'gare/ [1] **I** tr. **1** *(soddisfare)* to satisfy [*curiosità, capriccio, fantasia, necessità*]; to gratify, to satisfy [*desiderio*] **2** *(saziare)* to satisfy, to appease [*fame*]; to quench [*sete*] **II appagarsi** pronom. to be contented, satisfied (**di** with).

appagato /appa'gato/ **I** p.pass. → **appagare II** agg. ***sentirsi* ~** to feel satisfied *o* gratified *o* contented.

appaiamento /appaja'mento/ m. **1** coupling, pairing **2** *(di colori)* matching.

appaiare /appa'jare/ [1] **I** tr. **1** to pair, to match [*calzini, guanti, oggetti*] **2** ANT. *(uguagliare)* to equal [*persona, oggetto*] **II appaiarsi** pronom. to pair.

appaiato /appa'jato/ **I** p.pass. → **appaiare II** agg. ***bene, male* ~** well, badly matched.

Appalachi /appa'laki/ n.pr.pl. ***gli* ~** the Appalachians *o* the Appalachian Mountains.

appalachiano /appala'kjano/ agg. [*clima, fauna, flora*] Appalachian; ***sui monti -i*** in the Appalachian Mountains.

appalesare /appale'zare/ → **palesare.**

appallottolare /appallotto'lare/ [1] **I** tr. to crumple (up), to roll [sth.] into a ball, to wad [*carta*]; to pellet [*cera, fango*] **II appallottolarsi** pronom. [*gatto, riccio*] to curl up into a ball.

appaltante /appal'tante/ **I** agg. contracting out **II** m. contractor.

appaltare /appal'tare/ [1] tr. **1** *(dare in appalto)* to contract out, to farm out AE [*manutenzione di uno stabile, lavoro*] (**a** to); **~ *qcs. a una ditta*** to award a contract to a company **2** *(prendere in appalto)* to undertake* on contract.

appaltatore /appalta'tore/ **I** agg. [*impresa*] contracting **II** m. (f. **-trice** /tritʃe/) contractor; **~ *edile*** building contractor.

appalto /ap'palto/ m. contract; ***lavoro in* ~** contract work; ***dare qcs. in* ~** to contract *o* farm out sth.; ***prendere qcs. in* ~** to undertake sth. on contract; ***assegnare l'~ a qcn.*** to award a contract to sb.; ***assegnare un ~ per qcs. a qcn.*** to place a contract for sth. with sb.; ***ottenere, perdere un* ~** to win, lose a contract; ***un ~ per la manutenzione di*** a contract for the maintenance of; ***capitolato d'~*** specification(s); ***contratto d'~*** contract; ***offerta di* ~** tender; ***gara d'~*** competitive tender; ***bandire una gara d'~*** to call for tenders; ***un avviso di gara d'~*** an invitation to bid *o* tender; ***vincitore di una gara d'~*** successful tenderer; ***il lavoro è stato assegnato tramite gara d'~*** the contract was awarded by tendering procedure; ***concorrere a una gara d'~*** to tender *o* bid for a contract, to put in a bid *o* tender for a contract; ***mettere in* ~** to offer a contract for tender.

appannaggio, pl. **-gi** /appan'naddʒo, dʒi/ m. **1** apanage; **~ *reale*** civil list, privy purse; **~ *vedovile*** jointure **2** FIG. *(prerogativa)* apanage, privilege; ***questa cosa è ~ dei ricchi*** this is the privilege of wealthy people.

appannamento /appanna'mento/ m. **1** *(per vapore) (su vetro, specchio)* mist, steam, cloud **2** FIG. *(della vista)* blurring, dimming; *(della mente)* clouding, obscuration.

▷ **appannare** /appan'nare/ [1] **I** tr. **1** *(coprire di umidità)* [*vapore, respiro*] to steam (up), to fog (up) [*vetro, specchio*]; *(rendere opaco)* to tarnish [*metallo*] **2** *(soffiare sopra)* to mist over [*occhiali*] **3** FIG. *(offuscare)* to dim, to blur [*vista*]; ***l'ira appanna la ragione*** anger obscures reason **II appannarsi** pronom. **1** *(coprirsi di umidità)* to steam up, to mist over; *(diventare opaco)* [*metallo*] to tarnish; ***la finestra si era tutta appannata*** the window had completely steamed up; ***mi si era appannato il respiro per il freddo*** my breath had turned to steam in the cold **2** FIG. *(offuscarsi)* to dim; ***mi si appanna la vista*** my sight is growing dim.

appannato /appan'nato/ **I** p.pass. → **appannare II** agg. **1** [*vetro, specchio, finestra*] clouded, steamed; [*finestra*] filmy, misted **2** FIG. [*sguardo*] misty; ***vedo tutto* ~** everything is blurry; ***riflessi -i*** slow reaction.

apparato /appa'rato/ m. **1** *(spiegamento)* deployment; **~ *militare*** o ***bellico*** deployment of troops; **~ *di forze*** display of force **2** ANAT. ***l'~ digerente, respiratorio, riproduttivo*** the digestive, respiratory, reproductive system; **~ *sensorio*** sensorium **3** BUROCR. **~ *statale, amministrativo, burocratico*** state, administrative, bureaucratic apparatus; **~ *del partito*** party machine **4** FILOL. **~ *critico*** critical apparatus **5** TEATR. **~ *scenico*** set **6** *(addobbi sfarzosi)* array, display; ***un grande* ~** pomp and circumstance, a great display.

▷ **apparecchiare** /apparek'kjare/ [1] tr. **1 ~ *la tavola per il pranzo*** to lay BE *o* set AE the table for lunch; **~ *per quattro*** to set four places, to lay the table for four; **~ *la tavola con il servizio migliore*** to lay the table with the best china **2** *(preparare)* to prepare.

apparecchiato /apparek'kjato/ **I** p.pass. → **apparecchiare II** agg. ***la tavola era -a per il pranzo*** the table was spread for lunch.

▷ **apparecchiatura** /apparekkja'tura/ f. **1** *(impianto)* equipment, fitting **2** ARCH. ING. bond ◆◆ **~ *elettrica*** electrical equipment; **~ *fotografica*** photographic equipment.

▶ **apparecchio**, pl. **-chi** /appa'rekkjo, ki/ m. **1** *(macchina, congegno)* device; *(elettrodomestico)* labour-saving device, appliance **2** *(telefono)* ***chi è all'~?*** who is calling *o* speaking please? ***essere chiamato all'~*** to be wanted on the phone **3** COLLOQ. *(aereo)* aircraft, aeroplane BE, airplane AE **4** MED. *(per i denti)* brace ◆◆ **~ *acustico*** hearing aid; **~ *di appoggio*** ING. bearing apparatus; **~ *di ascolto*** listening device; **~ *di controllo*** control instrument, controller; **~ *fotografico*** camera; **~ *ortopedico*** surgical appliance; **~ *radio*** radio set; **~ *telefonico*** telephone; **~ *televisivo*** television set.

apparentamento /apparenta'mento/ m. POL. alliance.

apparentare /apparen'tare/ [1] **I** tr. **1** *(imparentare)* to relate through marriage **2** POL. to form an election alliance **II apparentarsi** pronom. **1** *(imparentarsi)* to become related; ***-rsi per matrimonio con una famiglia, con l'aristocrazia*** to marry into a family, aristocracy **2** POL. to ally with [*partito*].

apparente /appa'rɛnte/ agg. **1** *(falso, simulato)* [*tranquillità, sicurezza, calma*] outward; [*semplicità, mancanza*] seeming; ***morte* ~** suspended animation; ***moto ~ (del sole)*** FIS. apparent motion (of the sun) **2** *(evidente)* [*segno, somiglianza*] apparent, visible; ***senza motivo* ~** for no apparent reason; ***senza nessun sostegno* ~** with no visible means of support.

apparentemente /apparente'mente/ avv. outwardly, seemingly, ostensibly; **~ *in buone condizioni*** in good condition externally; **~ *indifferente*** outwardly indifferent; **~ *inconsapevole*** seemingly oblivious; **~ *è molto timida*** supposedly *o* outwardly she is very shy.

▷ **apparenza** /appa'rɛntsa/ f. **1** *(manifestazione esteriore)* appearance, semblance, outwardness; ***solo per salvare le -e*** it's just for appearances' sake, it's just a fig leaf; ***salvare le -e*** to keep up appearances; ***una soluzione che consente di salvare le -e*** a face-saving solution; ***giudicare dalle -e*** to judge *o* go by appearances *o* by looks alone; ***giudicare qcn. dalle -e*** to take sb. at face value; ***non lasciarti ingannare dalle -e!*** don't be taken in by appearances! ***a dispetto delle -e*** contrary to *o* in spite of appearances; ***è calmo solo in* ~** he only looks calm; ***l'~ inganna*** appearances can be deceptive, looks can be deceiving; ***non fidatevi delle -e*** don't be deceived by appearances; ***stando alle -e*** to all outward appearances; ***in ~ sembrava un problema semplice*** on the surface it was a simple problem; ***essere solo* ~** to be all show **2** *(aspetto esteriore)* appearance, look; ***una donna di bella* ~** a good-looking woman.

apparigliare /appariʎ'ʎare/ [1] tr. to yoke, to double harness [*cavalli*].

▶ **apparire** /appa'rire/ [47] **I** intr. (aus. *essere*) **1** *(comparire)* [*persona, oggetto*] to appear, to materialize, to come* into sight; [*individuo, animale*] to peep out; [*sintomo, umore, condizione*] to present itself; [*costruzione*] to spring* up; [*stella*] to come* out; [*questione, notizia, risultato, sorpresa*] to emerge; *(poco chiaramente)* [*figura, edificio, sagoma*] to loom; ***una figura apparve nella nebbia*** a figure appeared *o* loomed in the mist; ***sul suo volto apparve un largo sorriso*** her face broke into a grin; **~ *all'improvviso*** [*nave*] to loom ahead; [*persona*] to appear out of the blue; [*sole*] to burst forth; **~ *in pubblico*** to appear in public; **~ *in una lista*** to figure in a list; **~ *sulla copertina di qcs.*** to be featured on *o* to make the cover of sth.; **~ *a qcn. in visione*** to appear to sb. in a vision; ***la soluzione mi è apparsa all'improvviso*** the solution came to me in a flash; ***far ~ qcs. (per magia)*** to conjure sth., to make sth. appear [*coniglio*]; **~ *all'orizzonte*** MAR. to heave into sight; *(di fantasmi)* ***il fantasma appare a mezzanotte*** the ghost walks at midnight **2** *(sembrare)* to appear, to seem, to come* across [*entusiasta, onesto*]; **~ *esitante*** to look hesitant; **~ *in cattiva luce*** to appear in a bad light; ***il suo futuro appare grigio*** her future looks grim; ***la questione appare intricata*** the problem seems intricate **3** GIORN. [*libro, lavoro, articolo*] to appear **II** impers. (aus. *essere*) ***mi è apparso chiaro che...*** it dawned on me that...; ***appare chiaramente che...*** it clearly appears that...

appariscente /appariʃ'ʃɛnte/ agg. [*abito, cappello, abbigliamento*] eye-catching, flashy; [*gioielli*] gaudy; [*stile, aspetto*] showy; [*colore*] loud; [*decorazione, arredamento*] garish.

appariscenza /appariʃ'ʃɛntsa/ f. showiness, flashiness, garishness.

apparitore /appari'tore/ m. apparitor.

▷ **apparizione** /apparit'tsjone/ f. *(di persona, problema, prodotto, invenzione)* appearance, apparition, emergence; *(soprannaturale) (della Madonna, degli spiriti)* apparition; *(fantasma)* phantom, spectre, visitant; ***vedere un'~*** to see things; ***fare la propria ~ in televisione, in palcoscenico*** to make an appearance on television, on stage; ***in una delle sue prime -i*** in an early role, in one of his first roles; ***una delle rare -i sullo schermo di X*** a rare screen appearance by X; ***fare una breve ~*** to put in an apparition; ***in ordine di ~*** in order of appearance.

▶ **appartamento** /apparta'mento/ m. flat BE, apartment AE; ***affittasi ~*** apartment for rent; ***cercare un ~*** to go flat-hunting; ***acquisto di ~*** home buying; ***~ in multiproprietà*** timeshare; ***ottenere un ~ in locazione*** to take out a lease on an apartment; ***un ~ con tre vani*** a three-room apartment; ***l'~ è su due livelli*** the flat is on split levels; ***~ di casa popolare*** council flat, tenement flat BE; ***~ ammobiliato*** furnished flat; ***compagno d'~*** flatmate; ***pianta da ~*** houseplant, indoor plant; ***cane d'~*** toy dog ◆ ***ritirarsi nei propri -i*** SCHERZ. to retire to one's chamber ◆◆ ***~ tipo*** show flat.

▷ **appartarsi** /appar'tarsi/ [1] pronom. to stand aloof, to withdraw*; ***~ in un angolo con qcn.*** to go off into a corner with sb.

appartato /appar'tato/ **I** p.pass. → **appartarsi II** agg. **1** *(fuori mano)* [*luogo, sentiero*] secluded, isolated; ***andiamo in un posto più ~*** let's go somewhere less public **2** *(tranquillo)* [*angolo*] quiet.

appartenente /apparte'nɛnte/ **I** agg. belonging to, part of **II** m. e f. member.

▷ **appartenenza** /apparte'nɛntsa/ f. *(a un'associazione, un partito)* affiliation, membership; ***qual è la sua ~ politica?*** what is his political affiliation? ***la mia ~ al partito non è un segreto*** I make no secret of my membership of the party; *(a gruppo non ufficiale)* ***un senso di ~*** a sense of belonging; ***condannato per ~ a un gruppo terroristico*** convicted for being a member of a terrorist organization.

▶ **appartenere** /apparte'nere/ [93] intr. (aus. *essere*) **1** *(essere proprietà di)* ***~ a*** [*oggetto, proprietà, capitale*] to belong to; ***non prendere quello che non ti appartiene*** don't take what doesn't belong to you; ***apparteniamo l'uno all'altra*** FIG. we belong to each other **2** *(far parte)* ***~ a*** [*persona*] to be a member of [*organizzazione, famiglia, generazione, gruppo*]; ***~ al clero*** to be in Holy order, to be a member of the clergy; ***appartengo alla classe operaia e ne vado fiero*** I'm working-class and proud of it; ***appartiene a una specie in via di estinzione*** FIG. she's one of a dying breed; ***una cosa che appartiene al passato*** a thing of the past; ***appartiene alla tradizione impressionista*** it lies within the Impressionist tradition **3** *(spettare)* ***la scelta appartiene a te*** the choice is yours, it's up to you; ***la proprietà appartiene a lui di diritto*** the property is his by right.

appassimento /appassi'mento/ m. *(di pianta)* wilting.

appassionante /appassjo'nante/ agg. [*giallo, discussione*] fascinating, absorbing, enthralling; [*storia*] stirring; [*partita, vittoria*] thrilling; ***è un libro ~*** it's an exciting read.

▷ **appassionare** /appassjo'nare/ [1] **I** tr. [*film, dramma, libro*] to involve, to thrill [*lettori, spettatori*]; ***il dibattito mi ha appassionato*** the debate fascinated *o* impassioned me; ***la botanica, letteratura lo appassiona*** he has a passion for botany, literature; ***~ qcn. a qcs.*** to make sb. love sth. **II appassionarsi** pronom. to become* keen on, to develop a passion for; ***-rsi allo sport*** to become very fond of sport.

appassionatamente /appassjonata'mente/ avv. [*difendere, discutere, sostenere*] ardently; [*sentire*] keenly; [*descrivere, cantare, suonare*] feelingly; [*parlare*] ardently, soulfully; ***credere ~ in qcs.*** to believe fervently in sth.; ***amare, baciare qcn. ~*** to love, kiss sb. with passion.

appassionato /appassjo'nato/ **I** p.pass. → **appassionare II** agg. **1** *(infuocato)* [*bacio, persona, natura, amante, relazione*] passionate; [*sostenitore, difensore, oppositore, supplica*] ardent, zealous; [*studente*] dedicated; [*dibattito, reazione, discussione*] heated; [*discorso, performance*] impassioned, fiery; [*fan, ammiratore*] adoring, dedicated; [*campagna*] emotional **2** *(entusiasta)* enthusiastic, fond of, keen; ***essere ~ di qcs.*** to be fond of sth., to go in for sth.; ***un giornalista ~ di teatro*** a stage-struck journalist; ***un ~ lettore di fantascienza*** an avid reader of science fiction; ***non sono ~ di calcio*** I'm not one for football; ***essere ~ di cavalli, calcio, cinema*** to be horse-mad, football-mad, movie-mad **III** m. (f. **-a**) *(di sport, serie televisive, soap opera)* follower, fan; *(di giardinaggio, musica, fotografia)* enthusiast; ***è una vera -a di arte*** she is an art lover, she's heavily into art COLLOQ.; ***~ di ornitologia*** bird-fancier; ***~ di informatica*** computer hacker; ***~ di concerti*** concertgoer; ***~ di treni, aerei*** train, plane spotter; ***~ di musica*** music lover; ***~ di corse di cavalli*** racegoer.

appassire /appas'sire/ [102] **I** intr. (aus. *essere*) [*pianta, fiore*] to wilt, to wither; FIG. *(sfiorire)* [*bellezza*] to fade **II appassirsi** pronom. [*pianta, fiore*] to wilt, to wither, to droop; FIG. *(sfiorire)* [*bellezza*] to fade.

appeal /ap'pil/ m.inv. charm.

appellabile /appel'labile/ agg. appealable; ***sentenza ~*** DIR. unsafe verdict.

appellante /appel'lante/ m. e f. DIR. appealer, appellant.

appellare /appel'lare/ [1] **I** tr. **1** LETT. to call, to name **2** DIR. to appeal from [*sentenza*] **II appellarsi** pronom. **1** to appeal; ***-rsi a qcn. perché faccia qcs.*** to appeal to sb. to do sth.; ***-rsi al buon cuore, al senso dell'onore di qcn.*** to appeal to sb.'s better nature, sense of honour **2** DIR. ***-rsi a*** to appeal to [*consiglio, tribunale, corte superiore*]; to invoke [*diritto*]; ***-rsi contro*** to appeal against [*sentenza*]; ***-rsi ai testimoni*** to appeal for witnesses; ***-rsi alle circostanze attenuanti*** to make a plea in mitigation; ***-rsi al quinto emendamento*** to take *o* invoke the Fifth Amendment; ***-rsi alla corte*** to go to court **3** SPORT ***-rsi a*** to appeal to [*arbitro, giudice di gara*]; ***-rsi contro*** to appeal against [*decisione, richiamo*].

appellativo /appella'tivo/ **I** agg. **1** DIR. ***atto ~*** appellate act **2** LING. appellative; ***nome ~*** appellative noun **II** m. **1** LING. appellative **2** *(epiteto)* epithet ◆◆ ***~ di cortesia*** courtesy title.

appellato /appel'lato/ **I** p.pass. → **appellare II** agg. appealed **III** m. (f. **-a**) DIR. appellee, respondent.

appellatorio, pl. **-ri, -rie** /appella'tɔrjo, ri, rje/ agg. appellate.

appellazione /appellat'tsjone/ f. **1** *(denominazione)* appellation **2** DIR. appeal.

▷ **appello** /ap'pɛllo/ m. **1** *(invocazione, supplica)* appeal, plea; ***un ~ per, in favore di*** an appeal for, on behalf of; ***~ di aiuto*** plea for aid; ***il sindacato dei ferrovieri lanciò un ~ urgente per intraprendere le trattative*** the rail union issued an urgent invitation to talks; ***lanciare un ~ alla televisione, alla radio*** to launch an appeal on television, on the radio; *(richiesta di aiuto)* ***la Croce Rossa ha diramato un ~ per la raccolta di coperte*** the Red Cross has put out a call for blankets; ***gli -i disperati dei feriti*** the desperate cries *o* pleas of the wounded **2** *(esortazione)* ***un ~ alla calma*** an appeal for calm; ***fare ~ alla ragione*** to appeal to reason; ***dovrai fare ~ a tutta la tua pazienza e a tutto il tuo coraggio*** you will have to muster *o* summon up all your patience and courage; ***fare un ~ alla prudenza*** to sound a note of caution **3** SCOL. *(verifica)* ***fare l'~ (degli scolari)*** to call the register *o* the roll (of students); ***mancare all'~*** to be absent **4** MIL. *(adunata)* rollcall; ***mancare all'~*** to be absent at the roll call **5** UNIV. (exam) session **6** DIR. appeal; ***corte d'~*** court of appeal; ***udienza di un ~*** hearing of an appeal; ***ricorrere in ~*** to file an appeal; ***fare ricorso in ~ sostenendo l'infermità mentale*** to lodge an appeal on the grounds of insanity; ***perdere in ~*** to lose an appeal; ***giudizio senza ~*** final sentence; ***sentenza d'~*** appeal sentence ◆ ***una decisione senza ~*** a final decision ◆◆ ***votazione per ~ nominale*** voting by roll call.

▶ **appena** /ap'pena/ È importante distinguere l'uso di *appena* come congiunzione o avverbio. - Come congiunzione, *(non) appena* si traduce solitamente con *as soon as*: *chiamami non appena arriva* = call me as soon as he comes. - Come avverbio con valore temporale, *appena* nel senso di *da poco* si traduce con *just*: *me l'ha appena detto Carla* = Carla has just told me. In inglese americano *just* è spesso usato con il passato semplice, e quest'uso si sta diffondendo anche nell'inglese britannico: *gli ho appena parlato* = I just spoke to him (ma l'uso britannico standard è ancora: I've just spoken to him). - Nel senso di *a stento, a malapena, poco,* l'avverbio *appena* si rende con *barely, scarcely, hardly* o altri avverbi: *abbiamo appena il tempo di mangiare un panino* = we have scarcely got time to eat a sandwich; *respira appena* = he can hardly breathe. - Per altri esempi e usi si veda la voce qui sotto. **I** avv. **1** *(da poco)* just; ***è ~ arrivato*** he's just arrived, he's only this moment arrived; ***sono ~ passate le sette*** it's just gone *o* past seven o'clock; ***avevo ~ finito, quando la porta si aprì*** scarcely *o* hardly had I finished when the door opened; ***erano ~ usciti, quando, che...*** they had hardly gone out when, than...; ***l'ho ~ visto*** I saw him just about now; ***caffè ~ fatto*** freshly brewed coffee; ***bambino ~ nato*** newborn baby **2** *(soltanto, di tempo)* only, just; ***parti già? sono ~ le cinque!*** you are not leaving already? it's barely *o* only five o'clock! ***è rimasto ~ un'ora*** he stayed for scarcely an hour; ***i tuoi problemi sono ~ iniziati!*** your problems have only just begun! **3** *(poco)* only, hardly; ***lo conosco ~*** I hardly know him; ***essere ~ cotto*** to be lightly cooked; ***aprire ~ la porta*** to open the door a crack **4** *(a stento)* hardly, barely, scarcely; ***respira ~*** he can hardly breathe; ***lo sentivo ~*** I could scarcely hear him; ***riesco ~ ~ a vederlo*** I can just about *o* barely see him; ***~ visibile*** dimly visible **5** *(a malapena)* scarcely, barely; ***un'allusione ~ velata*** a thinly veiled allusion; ***ostilità ~ dissimulata*** barely concealed hostility; ***in quel vestito ci entro ~*** I can just squeeze into that dress; ***ci sono voluti ~ cinque minuti*** it only took five minutes; ***arrivò ~ in tempo*** he arrived just in time; ***l'intervista durò ~ 20 minuti*** the interview lasted a mere 20 minutes; *~ in tempo!* not a moment too soon! ***sfiorare ~ un argomento*** to skim the surface of an issue; ***avere ~ il necessario per vivere*** to have just enough to keep body and soul together *o* to get by; ***essere ~ al di sopra, al di sotto della sufficienza*** to be a borderline fail, pass **6** *(soltanto, di quantità)* ***guadagna ~ 8 euro all'ora*** he barely earns 8 euros an hour; ***~ il 3%*** a bare 3% **II** cong. as soon as, the moment; ***partite ~ possibile*** leave as soon as possible; ***ho chiamato non ~ ho avuto la notizia*** the minute I heard the news I telephoned; ***l'ho riconosciuto non ~ l'ho visto*** I recognized him the moment I saw him.

▷ **appendere** /ap'pɛndere/ [10] **I** tr. **1** *(attaccare)* to hang* (up) (**a** from, on; **per** by); ***~ un quadro alla parete*** to nail a picture to a wall; ***~ qcs. a un chiodo*** to hang sth. on a nail; ***~ gli sci al chiodo*** FIG. to hang up one's skis; ***~ dei vestiti*** to hang up clothes; ***~ un poster, una lista, una mappa*** to put up *o* tack up *o* pin up a poster, a list, a map; ***~ una bandiera*** to hang out a flag; ***~ qcs. a*** to sling sth. from [*ramo, trave*] **2** *(riagganciare)* to hang* up [*cornetta*] **3** *(impiccare)* to hang*, to noose **II appendersi** pronom. ***-rsi a una corda, un ramo*** to hang from a rope, branch; ***-rsi per le braccia, i piedi*** to hang by one's arms, feet.

appendiabiti /appendi'abiti/ m.inv. clothes hanger.

appendice /appen'ditʃe/ f. **1** *(aggiunta)* appendage; *(di opera)* appendix*; ***le note si trovano in ~*** the notes are located in appendix **2** *(volume di aggiornamento)* addendum* **3** *(nei giornali)* supplement; ***romanzo d'~*** serial story **4** ANAT. appendix*.

appendicectomia /appenditʃekto'mia/ f. appendicectomy, appendectomy.

appendicite /appendi'tʃite/ ♦ **7** f. appendicitis; ***~ acuta*** acute appendicitis; ***farsi togliere l'~*** POP. to have one's appendix removed; ***operare qcn. di ~*** to operate on sb. for appendicitis; ***avere un attacco di ~*** to be stricken with appendicitis.

appendicolare /appendiko'lare/ agg. [*infiammazione*] appendicular.

appendigonna /appendi'gonna/ m.inv. skirt hanger.

Appennini /appen'nini/ n.pr.m.pl. ***gli ~*** the Apennines; ***l'~ toscano*** the Tuscan Apennines.

appenninico, pl. **-ci**, **-che** /appen'niniko, tʃi, ke/ agg. [*fauna, flora*] Apennine.

appercepire /appertʃe'pire/ [102] tr. to apperceive.

appercezione /appertʃet'tsjone/ f. apperception.

appesantimento /appesanti'mento/ m. *(di andatura)* slackening, heaviness; *(di lineamenti)* bloatedness, heaviness.

▷ **appesantire** /appesan'tire/ [102] **I** tr. **1** *(rendere più pesante)* to weigh down, to make* [sth.] heavier [*persona, borsa, automobile*]; to slow down [*andatura*]; to fill out [*corpo*]; to make* [sth.] puffy [*viso*] **2** FIG. [*sonno*] to make* [sth.] heavy [*occhi*]; ***il problema appesantiva l'atmosfera*** the problem made the atmosphere tense; ***~ la coscienza*** to weigh on one's coscience **II appesantirsi** pronom. **1** *(diventare più pesante)* [*palpebre*] to grow* heavy; [*andatura*] to slow; [*viso*] to become* puffy; ***con l'età si è appesantito*** he has put on weight with age **2** FIG. [*atmosfera*] to get* heavy, to get* strained.

appeso /ap'peso/ **I** p.pass. → **appendere II** agg. ***il quadro (che è) appeso in salotto*** the painting which hangs in the sitting room; ***i pipistrelli stanno -i a testa in giù*** bats hang upside down; ***essere ~ a un filo*** to be hanging by a thread (anche FIG.).

appestare /appes'tare/ [1] tr. **1** to smell out BE, to smell up AE, to stink* out BE, to stink up AE [*casa, stanza*]; ***~ una stanza con il fumo*** to stink a room out with smoke **2** FIG. *(corrompere)* to poison.

appestato /appes'tato/ **I** p.pass. → **appestare II** agg. *(malato di peste)* plague-stricken **III** m. (f. **-a**) plague victim.

appetibile /appe'tibile/ agg. [*offerta*] desirable, tempting; ***un lavoro ~*** a desirable job.

appetibilità /appetibili'ta/ f.inv. *(di piano, opportunità, appartamento)* desirability.

appetire /appe'tire/ [102] **I** tr. to covet, to long for **II** intr. (aus. *essere, avere*) to whet one's appetite.

▶ **appetito** /appe'tito/ m. **1** *(desiderio di cibo)* appetite; ***buon ~!*** enjoy your meal! ***mangiare di buon ~*** to eat heartily; ***ha perduto l'~*** his appetite deserted him, he lost his appetite; ***non avere ~*** *(essere inappetente)* to have a poor *o* jaded appetite, to be off one's food; *(non avere fame)* not to be hungry; ***stuzzicare l'~*** to sharpen *o* whet the appetite; ***ti rovinerà l'~*** it'll spoil your appetite; ***fumare toglie l'~*** smoking kills the appetite; ***far venire ~ a qcn.*** to work up sb.'s appetite **2** FIG. *(desiderio naturale)* appetite; ***~ sessuale*** sexual appetite ♦ ***l'~ vien mangiando*** PROV. = appetite comes with eating.

appetitoso /appeti'toso/ agg. **1** [*cibo*] appetizing, tempting; [*profumo*] inviting; ***la torta sembra molto ~*** the cake looks mouth-watering *o* tasty **2** FIG. tempting; ***una donna -a*** a luscious *o* juicy *o* desirable woman.

appezzamento /appettsa'mento/ m. plot, bed, parcel; ***un piccolo ~*** a (small) plot; ***un ~ coltivato a ortaggi*** a vegetable plot.

appianabile /appja'nabile/ agg. ***divergenza ~*** disagreement that can be smoothed out.

appianamento /appjana'mento/ m. **1** *(di terreno)* levelling **2** FIG. *(di contrasto)* softening, smoothing out; *(di problema)* settlement, sorting out.

appianare /appja'nare/ [1] **I** tr. **1** *(spianare)* to level, to roll out [*strada, terreno, asperità*] **2** FIG. *(comporre)* to smooth out, to settle [*difficoltà, lite*]; ***hanno appianato le loro divergenze*** they have sorted out their differences; ***~ le difficoltà, gli screzi*** to iron the wrinkles out, to heal the breach **3** FIG. *(facilitare)* to smooth [*processo, transizione, percorso*] **II appianarsi** pronom. [*difficoltà, problemi*] to be* ironed out; ***tutto finirà per -rsi*** everything will be worked out.

appiattarsi /appjat'tarsi/ [1] pronom. to hide*, to crouch; ***~ dietro a un cespuglio*** to crouch behind a bush.

appiattimento /appjatti'mento/ m. **1** *(spianamento)* flattening **2** FIG. levelling; ***~ delle retribuzioni*** levelling out of wages.

appiattire /appjat'tire/ [102] **I** tr. **1** *(rendere piatto)* to flatten [*cartone, lamiera*]; to flatten, to squash [*cappello*] **2** FIG. ***~ gli stipendi*** to level wages **II appiattirsi** pronom. **1** *(diventare piatto)* to flatten, to become* flat; ***-rsi contro il muro*** to flatten oneself against the wall **2** FIG. [*discussione*] to go* flat.

appiattito /appjat'tito/ **I** p.pass. → **appiattire II** agg. ***starsene ~ al suolo*** to lie flat on the ground.

appiccare /appik'kare/ [1] tr. **1** *(attaccare)* to start [*fuoco*]; ***~ il fuoco a qcs.*** to set fire to sth., to set sth. on fire; ***chi ha appiccato il fuoco?*** who started the fire? **2** *(appendere)* to hang*.

▷ **appiccicare** /appittʃi'kare/ [1] **I** tr. **1** *(attaccare)* to glue, to paste [*carta, legno*]; ***~ un francobollo su una busta, un pacco*** to stick a stamp on an envelope, a parcel **2** COLLOQ. *(appioppare)* ***~ uno schiaffo a qcn.*** to slap sb. across the face **3** *(attribuire)* to give*; ***~ un'etichetta a qcn.*** to label sb.; ***~ un soprannome a qcn.*** to pin a nickname on sb. **4** *(rifilare)* to palm off **II** intr. (aus. *avere*) **1** *(attaccare)* ***questa colla non appiccica*** this glue doesn't stick **2** *(essere appiccicoso)* to be* sticky; ***il miele appiccica*** honey is sticky **III appiccicarsi** pronom. **1** *(attaccarsi)* [*sostanza, pasta*] to stick*; ***-rsi alle scarpe, alle mani*** to stick to one's shoes, hands; ***la T-shirt bagnata le si appiccicava addosso*** her wet T-shirt was clinging to her body **2** FIG. ***-rsi a qcn.*** [*persona*] to latch on to sb.

appiccicaticcio, pl. **-ci**, **-ce** /appittʃika'tittʃo, tʃi, tʃe/ → **appiccicoso.**

appiccicato /appittʃi'kato/ **I** p.pass. → **appiccicare II** agg. **1** *(attaccato)* ***ho qualcosa di nero ~ alla scarpa*** there's some black stuff stuck to my shoe **2** *(di persona)* ***stare sempre ~ a qcn.*** to be always hanging on sb.'s coat-tails *o* onto sb.; ***mi sta sempre ~*** he clings to me all the time; ***stare sempre -i*** to live in each other's pockets.

appiccicatura /appittʃika'tura/ f. **1** sticking **2** SPREG. *(appendice)* patch.

appiccicoso /appittʃi'koso/ agg. **1** [*sostanza, pasta*] gluey, sticking; [*mani, pavimento, stucco, superficie*] sticky; [*liquido*] gummy **2** *(di persona)* ***è ~*** he clings like a leech.

appicco, pl. **-chi** /ap'pikko, ki/ m. RAR. FIG. *(appiglio)* pretext, excuse.

appiedare /appje'dare/ [1] tr. ***~ qcn.*** to leave sb. stranded, to make sb. walk.

appiedato /appje'dato/ **I** p.pass. → **appiedare II** agg. ***essere ~*** to be on foot.

appieno /ap'pjɛno/ avv. fully; ***vivere la vita ~*** to live life to the full.

appigionare /appidʒo'nare/ [1] tr. RAR. to rent out [*casa, terreno*].

appigliarsi /appiʎ'ʎarsi/ [1] pronom. **1** *(attaccarsi)* ***~ a*** to hold on *o* cling on *o* hang on to [*ramo, fune, persona, oggetto, ringhiera*] **2** FIG. to cling*; ***~ a una scusa, a un pretesto*** to clutch at an excuse, a pretext; ***non so a che partito appigliarmi*** I don't know which way to turn **3** *(di fuoco)* to take* hold; ***il fuoco si appigliò alle tende*** the fire took hold of the curtains.

appiglio, pl. **-gli** /ap'piʎʎo, ʎi/ m. **1** *(punto di appoggio)* hold, grip; *(per i piedi)* foothold; ***cercava disperatamente un ~*** he scrabbled desperately for a hold **2** ALP. belay; ***trovare un ~ su*** to get a purchase, a hold on **3** *(pretesto)* pretext, excuse; ***dare*** o ***offrire ~ a critiche*** to lay oneself open to criticism; ***usare qcs. come un ~ (per introdurre un discorso, per esporre una teoria)*** to use sth. as a pretext (to introduce a talk, to present a theory) **4** *(cavillo)* cavil; ***~ giuridico*** legal cavil, loophole.

appiombo /ap'pjombo/ **I** m. *(di muro)* verticality **II** avv. vertically.
appioppare /appjop'pare/ [1] tr. **1** COLLOQ. *(affibbiare)* to foist (**a** on), to give*; ~ ***una multa a qcn.*** to land sb. with a fine; ~ ***un nomignolo a qcn.*** to hang *o* stick a nickname on sb. **2** COLLOQ. *(assestare)* to deliver; ~ ***un ceffone a qcn.*** to land a blow to sb., to clout sb. **3** COLLOQ. *(rifilare)* to palm off; ~ ***una banconota falsa a qcn.*** to fob off a forged banknote onto sb. **4** COLLOQ. *(accollare)* to saddle; ~ ***un lavoro faticoso a qcn.*** to saddle sb. with a donkey work.
appisolarsi /appizo'larsi/ [1] pronom. COLLOQ. to drop off, to nod off; ~ ***davanti alla televisione*** to doze off in front of the television.
▷ **applaudire** /applau'dire/ [109] **I** tr. **1** [*persona*] to applaud [*spettacolo, attore, performance, canzone*]; to cheer [*persona, gruppo*]; ***essere applaudito dal pubblico*** to be acclaimed *o* to get a round of applause from the audience **2** FIG. [*persona, gruppo*] to applaud, to commend [*provvedimento, scelta, tattica, persona*] **II** intr. (aus. *avere*) to applaud, to cheer, to clap; ***il pubblico ha applaudito da spellarsi le mani*** the show brought the house down; ~ ***fragorosamente*** to cheer to the echo.
▷ **applauso** /ap'plauzo/ m. **1** applause **U**, clapping **U**, handclap; ***ci fu uno scroscio di -i*** there was a ripple *o* burst of applause; ***fu accolto da un clamoroso ~, da -i frenetici*** he was greeted with a *o* came on to loud, rapturous applause; ***ricevere un ~*** to get a big cheer; ***un grande applauso per il vincitore!*** let's have a big hand for the winner! ***la folla proruppe in un ~ scrosciante*** the crowd thundered their applause; ~ ***a scena aperta*** applause in the middle of a scene **2** FIG. *(consenso)* acclaim.
applausometro /applau'zɔmetro/ m. clapometer.
applicabile /appli'kabile/ agg. **1** [*norma, regola, sanzione*] applicable; [*legge*] enforceable; ***facilmente, difficilmente ~*** [*idea, misura*] easy, difficult to implement; ~ ***dal primo settembre*** DIR. in force as of September 1st **2** [*pittura, vernice*] ~ ***su legno*** which can be applied to wood.
applicabilità /applikabili'ta/ f.inv. applicability (**a** to).
▶ **applicare** /appli'kare/ [1] **I** tr. **1** *(mettere sopra)* to put* on [*guarnizione, lustrini*]; to apply [*compressa*]; *(incollando)* to stick* on, to put* on [*cerotto, adesivo*]; ~ ***una targhetta a una valigia*** to put a tag on a suitcase; ~ ***un impacco su*** to poultice [*testa, ginocchio*] **2** SART. *(attaccare)* to set* in [*maniche, toppe*]; ~ ***dei pizzi a un vestito*** to appliqué lace to a garment **3** *(stendere)* to apply, to spread [*fondotinta, crema, pomata*] (**su, a** to); *(tamponando)* to dab on [*pittura, unguento*] **4** FIG. *(impegnare)* to apply; ~ ***la mente a qcs.*** to apply one's mind to sth. **5** *(utilizzare)* to implement; ~ ***una scoperta scientifica all'agricoltura*** to apply the results of a scientific discovery in agriculture **6** *(mettere in atto)* to enforce [*legge, regolamento*]; to effect, to carry out [*riforma*]; to operate [*politica, sistema*]; ~ ***le direttive*** to put policies into effect; ~ ***le misure previste dalla legge*** DIR. to effectuate the policies of the Act **7** *(imporre)* to impose, to levy; ~ ***una tassa*** to levy a tax **8** *(mettere in pratica)* to apply [*logica, regola, metodo, tecnologia, teoria*]; ~ ***le istruzioni*** to carry out instructions **II applicarsi** pronom. *(impegnarsi)* to apply oneself; ***-rsi allo studio*** to apply oneself to study; ***-rsi a fondo in qcs.*** to get one's teeth into sth.; ***-rsi al proprio lavoro*** to settle down to work, to dedicate oneself to one's work.
applicativo /applika'tivo/ agg. INFORM. [*pacchetto, programma, software*] application attrib.
applicato /appli'kato/ **I** p.pass. → **applicare II** agg. [*scienze, matematica, linguistica*] applied **III** m. employee.
applicatore /applika'tore/ m. (f. **-trice** /tritʃe/) TECN. applicator.
▷ **applicazione** /applikat'tsjone/ f. **1** *(il mettere sopra) (di vernice, crema, cerotto)* application **2** *(utilizzo)* employment, use; ***trovare ~ in campo militare*** to have military applications; ***allargare il campo di ~ di*** to extend the application of [*metodo, scoperta, dispositivo*] **3** *(di legge, norma)* enforcement; ***in ~ a*** DIR. in pursuance of, in accordance with [*istruzioni, clausole*] **4** *(impegno)* diligence; ***studiare con ~*** to study diligently **5** MIL. ***scuola di ~*** school of applied military sciences **6** INFORM. application **7** MAT. mapping **8** SART. appliqué, insert.
applique /ap'plik/ f.inv. wall light.
appoggiabraccio /appoddʒa'brattʃo/ m.inv. armrest.
appoggiamano /appoddʒa'mano/ m.inv. PITT. mahlstick, maulstick.
▶ **appoggiare** /appod'dʒare/ [1] **I** tr. **1** *(posare)* to lean*, to rest [*parte del corpo, oggetto*] (**su** on; **a, contro** against); ~ ***il capo sul cuscino*** to lean *o* nestle *o* lay one's head on the pillow **2** *(addossare)* to lean*, to prop; ~ ***una scala, bicicletta al, contro il muro*** to set a ladder, a bike against a wall; ~ ***tutto il proprio peso su, contro qcs.*** to put one's full weight on, against sth. **3** *(deporre)* to lay*, put* down [*libro, penna*]; ~ ***qcs. sul tavolo*** to rest sth. on the table **4** *(fondare, basare)* to buttress, to bear* out; ~ ***una dimostrazione su fatti irrefutabili*** to support a demonstration with irrefutable facts **5** *(sostenere)* to second, to back, to endorse [*idea, progetto, candidato*]; to stand* by, to support [*persona*]; to uphold* [*istituzione*]; to bolster, to favour [*teoria, proposta*]; ~ ***la mozione*** to second the motion; ~ ***qcn. in tutto e per tutto*** to back sb. (up) to the hilt **6** SPORT ~ ***la palla al portiere*** to pass the ball to the goalkeeper **II** intr. (aus. *essere*) to rest, to stand* (**su** on); ~ ***su colonne*** to rest on columns **III appoggiarsi** pronom. **1** *(sostenersi)* to lean* (**su**, on; **a, contro** against); ***-rsi al (proprio) bastone*** to lean on one's staff; ***-rsi sui gomiti*** to rest on one's elbow; ***-rsi alla parete*** to prop oneself *o* lounge against the wall; ***ha dovuto -rsi a una sedia per sostenersi*** he had to lean on a chair for support; ***-rsi all'indietro*** to recline *o* settle back *o* sit back **2** FIG. *(contare su)* ***-rsi a*** to rely on [*amici, famiglia, partito*]; ***-rsi a una banca per un pagamento*** to make a payment through a bank **3** FIG. *(basarsi)* ***-rsi su*** to rest on [*teoria, testimonianza, inchiesta*].
appoggiatesta /appoddʒa'tɛsta/ m.inv. AUT. head rest; *(di poltrona)* wing.
appoggiato /appod'dʒato/ **I** p.pass. → **appoggiare II** agg. **1** *(posato)* leaning, resting; ***dormiva con la testa -a al finestrino del treno*** he was asleep, his head resting against the train window **2** *(sostenuto)* backed, supported, seconded; ***uno sciopero ~ dal sindacato*** a strike backed by the union; ***non ~*** unseconded.
appoggiatura /appoddʒa'tura/ f. MUS. appoggiatura.
▷ **appoggio**, pl. **-gi** /ap'pɔddʒo, dʒi/ m. **1** *(sostegno)* support; ***camminare con l'~ di un bastone*** to walk with the aid of a stick; ***piano d'~*** bolster; ***punto d'~*** FIS. fulcrum; ***cercare un ~ con il piede*** to feel for a ledge with one's foot **2** FIG. support, backing; *(di candidato)* endorsement; ~ ***morale, economico, politico*** moral, financial, political support; ***un ~ psicologico*** a psychological support; ~ ***finanziario*** financial backing; ***dare ~ a qcn.*** to back sb.; ***lei ha tutto il mio ~!*** you have all my support! *(conoscenze)* ***gode di potenti -gi*** he has the backing of powerful people **3** MIL. support; ~ ***aereo*** air support; ***nave ~*** mother ship, support vessel **4** ING. TECN. prop; ARCH. abutment **5** *(di oggetto, struttura)* base **6** *(nelle scalate)* toehold.
appollaiarsi /appolla'jarsi/ [1] pronom. [*uccello*] to perch, to roost (**su** on); [*persona*] to perch (**su** on).
appollaiato /appolla'jato/ **I** p.pass. → **appollaiarsi II** agg. ***l'uccello stava ~ su un ramo*** the bird was perched on a branch; ***un paesino ~ sulla montagna*** a village high up in the mountains; ***-a sui tacchi alti*** teetering on high heels.
appontaggio, pl. **-gi** /appon'taddʒo, dʒi/ m. deck landing.
appontare /appon'tare/ [1] intr. (aus. *essere*) to deck land.
appoppato /appop'pato/ agg. AER. tail-heavy.
apporre /ap'porre/ [73] tr. to affix [*firma, visto*]; ~ ***il timbro postale*** to date-stamp, to postmark; ~ ***un marchio*** to stamp.
apportare /appor'tare/ [1] tr. **1** *(portare)* to bring* [*esperienza*]; ~ ***correzioni, modifiche*** to make corrections, modifications; ~ ***calorie*** to supply calories; ~ ***innovazioni in campo politico, legale*** to break new political, legal ground **2** *(recare)* to cause [*danni*] **3** DIR. *(addurre)* to bring*, to adduce [*prove*] **4** COMM. ECON. to contribute [*capitali, fondi*].
apportatore /apporta'tore/ **I** agg. bringing; ***un'invenzione -trice di progresso*** a breakthrough invention **II** m. (f. **-trice** /tritʃe/) bearer; ***essere ~ di speranza*** to be a bearer of hope.
apporto /ap'pɔrto/ m. **1** *(contributo)* contribution; ***ricevette un premio per il suo ~ al mondo dell'industria*** she received an award for services to the industry; ***gli -i pedagogici, nutrizionali di qcs.*** the educational, nutritional benefits of sth. **2** COMM. *(di capitale, denaro)* bringing in, contribution **3** ANAT. ~ ***di sangue*** supply of blood ◆◆ ~ ***alimentare*** dietary intake; ~ ***calorico*** caloric intake.
appositamente /appozita'mente/ avv. **1** *(apposta)* expressly; ***è venuta ~ per vederti*** she came expressly to see you **2** *(specificamente)* [*progettato, ideato, creato*] expressly, specifically; ***un programma creato ~ per rispondere a bisogni specifici*** a programme tailored to meet specific needs.
appositivo /appozi'tivo/ agg. LING. appositive, appositional.
apposito /ap'pɔzito/ agg. [*contenitore, chiave, procedura*] special; ***reggersi agli -i sostegni*** hold on to the hand support; ***scrivete la risposta nello spazio ~*** write your answer in the space provided.
apposizione /appozit'tsjone/ f. **1** *(atto) (di visto)* stamping **2** LING. apposition; ***come ~ di*** in apposition to.
▶ **apposta** /ap'pɔsta/ **I** agg.inv. special; ***avere un quaderno ~ per gli appunti*** to have a special notebook for taking notes **II** avv. **1** *(di proposito)* deliberately, purposely; ***non l'ho fatto ~*** I didn't do it on purpose, I didn't mean to do it; ***l'ha detto ~ per spaventarlo*** she said it on purpose to frighten him; ***sta facendo ~ a provocare***

he is being deliberately provocative; ***neanche a farlo ~, quel giorno ha piovuto*** as if on purpose *o* as ill luck would have it, it rained that day; ***non venire ~ per me!*** don't come on my account! ***mi scusi per aver sbattuto la porta - non l'ho fatto ~*** I'm sorry I slammed the door - I couldn't help it *o* didn't mean to **2** *(proprio)* specially; ***la parte sembra scritta ~ per lei*** the part is tailor-made for her.

appostamento /apposta'mento/ m. **1** look-out; ***l'~ della polizia durò tre settimane*** the police lay in wait for three weeks; ***mettersi in ~*** to lie in wait **2** *(agguato)* ambush; ***preparare un ~*** to set up an ambush **3** MIL. emplacement; ***buca di ~*** foxhole **4** VENAT. hide.

appostare /appos'tare/ [1] **I** tr. **1** to lie* in wait for [*persona, selvaggina*] **2** *(mettere in appostamento)* to set*, to position [*agenti, soldati*] **3** MIL. to post [*cecchini*] **II appostarsi** pronom. **1** *(mettersi in appostamento)* [*persona*] to lurk; [*animale*] to crouch; ***la polizia si appostò davanti alla banca*** the police lay in wait in front of the bank **2** MIL. to take* up position **3** VENAT. to lie* in wait.

▷ **apprendere** /ap'prɛndere/ [10] tr. **1** *(imparare)* to learn* [*nozioni, mestiere*] **2** *(venire a sapere)* to learn*; ***~ qcs. dal giornale*** to see *o* read sth. in the papers; ***~ qcs. dalla radio*** to hear sth. on the radio; ***ho appreso che*** I've heard (that).

apprendimento /apprendi'mento/ m. learning; ***l'~ di una lingua, della lettura*** learning a language, to read; ***curva di ~*** learning curve; ***processo di ~*** learning process; ***difficoltà di ~*** learning difficulties, learning disability AE; ***un bambino con difficoltà di ~*** a child with learning difficulties, a learning disabled child AE ◆◆ ***~ interattivo*** interactive learning; ***~ meccanico*** o ***mnemonico*** rote learning; ***~ programmato*** programmed learning.

▷ **apprendista**, m.pl. **-i**, f.pl. **-e** /appren'dista/ m. e f. apprentice; ***essere (un)*** o ***fare l'~ presso qcn.*** to be an apprentice to sb.; ***lavorare come ~ presso qcn.*** to work as an apprentice with sb.; ***essere preso come ~ da qcn.*** to be apprenticed to sb. ◆◆ ***~ operaio*** novice workman; ***~ stregone*** sorcerer's apprentice.

apprendistato /apprendis'tato/ m. *(tirocinio, periodo di addestramento)* apprenticeship; ***fare (l')~ presso qcn.*** to train as an apprentice with sb.

apprensione /appren'sjone/ f. apprehension, anxiety, concern; ***con ~*** [*aspettare, guardare*] apprehensively; ***mettere qcn. in ~*** to alarm sb.; ***essere in ~ per qcs.*** to feel apprehensive about sth.; ***non stia in ~*** there's no need to worry; ***provocare viva ~ nella popolazione*** to cause real concern among the population.

apprensivo /appren'sivo/ agg. [*sguardo*] apprehensive; [*madre*] apprehensive, anxious.

▷ **appresso** /ap'prɛsso/ **I** avv. **1** *(dopo)* after(wards), later **2** *(con sé)* ***ho*** o ***porto sempre l'ombrello ~*** I always take my umbrella with me **3 appresso a** *(dietro a)* behind; *(intorno a)* close to, near to; ***andare ~ a qcn.*** to follow sb.; FIG. to chase (after) sb., to set one's cap at BE *o* for AE sb.; ***stare sempre ~ a qcn.*** to stick like a shadow to sb.; ***uno ~ all'altro*** one behind the other **II** agg.inv. *(seguente)* next, following; ***il giorno ~*** the next day.

apprestare /appres'tare/ [1] **I** tr. **1** *(approntare)* to get* ready [*bagagli, armi*] **2** *(porgere)* ***~ i primi soccorsi a qcn.*** to give sb. first aid **II apprestarsi** pronom. to get* ready (**a fare** to do).

apprettare /appret'tare/ [1] tr. **1** TESS. to size [*stoffa*] **2** *(durante la stiratura)* to starch [*lenzuola, colletto*].

apprettatore /appretta'tore/ m. (f. **-trice** /tritʃe/) TESS. sizer.

apprettatrice /appretta'tritʃe/ f. *(macchina)* sizer.

apprettatura /appretta'tura/ f. **1** TESS. sizing **2** *(durante la stiratura)* starching.

appretto /ap'prɛtto/ m. **1** TESS. size **2** *(da dare durante la stiratura)* starch.

apprezzabile /appret'tsabile/ agg. **1** *(pregevole)* [*qualità*] appreciable **2** *(rilevante)* [*differenza, cambiamento*] appreciable.

apprezzabilmente /apprettsabil'mente/ avv. appreciably.

apprezzamento /apprettsa'mento/ m. **1** *(stima)* appreciation, assessment **2** *(giudizio)* judgement, appraisal; ***fece pesanti -i sulla ragazza*** he made some lewd comments about the girl **3** ECON. *(aumento di valore)* appreciation.

▷ **apprezzare** /appret'tsare/ [1] **I** tr. **1** *(giudicare positivamente)* to appreciate [*musica, arte, buona cucina*]; to esteem [*qualità, lavoro*]; to prize [*indipendenza*]; to value [*persona, amicizia, aiuto*]; ***non sa apprezzare il buon vino*** good wine is wasted on him; ***~ qcn. per quanto vale*** to recognize sb.'s real worth; ***cosa apprezzo in*** o ***di lui è...*** what I like about him is...; ***questa osservazione non è stata per niente apprezzata*** this remark didn't go down at all **2** RAR. *(valutare il prezzo di)* to appraise, to value [*house*] **II apprezzarsi** pronom. [*moneta*] to appreciate.

apprezzato /appret'tsato/ **I** p.pass. → **apprezzare II** agg. appreciated; ***un medico molto ~*** a highly regarded doctor; ***un libro molto ~*** a book held in high esteem.

approccio, pl. **-ci** /ap'prɔttʃo, tʃi/ m. approach; ***tentare un ~ con qcn.*** to make advances to sb.; ***tentare un ~ diverso*** to try a different approach *o* another tack; ***di difficile, facile ~*** [*opera*] hard, easy to get to grips with; ***essere ai primi -ci*** to be at the beginning.

approdare /appro'dare/ [1] intr. (aus. *essere, avere*) **1** *(sbarcare)* [*viaggiatore, nave*] to land (**a** at) **2** FIG. to come* to, to arrive at; ***tutti i nostri sforzi non approdarono a nulla*** all our efforts came to nothing; ***non sto approdando a niente con questo saggio*** I'm getting nowhere with this essay.

approdo /ap'prɔdo/ m. **1** *(sbarco)* landing, landfall **2** *(scalo)* landing place **3** FIG. *(punto d'arrivo)* ***~ culturale*** cultural milestone.

▶ **approfittare** /approfit'tare/ [1] intr. (aus. *avere*) ***~ di*** to make the most of [*vantaggio*]; to take advantage of [*situazione, occasione, offerta*]; to cash in on [*popolarità, pubblicità*]; ***~, -rsi di*** to presume upon [*persona*]; to impose on, to play on [*gentilezza, ospitalità*]; to trespass on [*generosità*]; to strain, to stretch [*credulità*]; ***~ dell'assenza di qcn.*** to take advantage of sb's absence; ***~ dell'oscurità per fuggire*** to flee *o* escape under cover of darkness; ***i turisti approfittano del bel tempo*** the tourists are making the most of the good weather; ***ho approfittato della mia sosta a Roma per visitare il Colosseo*** I took the opportunity of visiting the Coliseum when I stopped off in Rome; ***~ di una ragazza*** *(sedurre)* to take advantage of a girl; ***approfittane, finché sei in tempo!*** make the most of it while you're still in time!

approfittatore /approfitta'tore/ m. (f. **-trice** /tritʃe/) profiteer, exploiter, chancer COLLOQ.

approfondimento /approfondi'mento/ m. **1** *(l'approfondire)* ***l'~ delle proprie conoscenze*** the improvement of one's knowledge; ***l'~ di una questione, di un dibattito*** the development of an issue, of a debate **2** *(analisi, indagine approfondita)* close examination (**di** of).

▷ **approfondire** /approfon'dire/ [102] **I** tr. **1** to deepen [*canale, buca*] **2** FIG. to deepen, to improve, to advance [*conoscenza, ricerca*]; to delve into [*argomento*]; to go* into, to analyse [*questione*] **II approfondirsi** pronom. [*conoscenza*] to deepen.

approfonditamente /approfondita'mente/ avv. [*discutere, esaminare, studiare*] deeply.

approfondito /approfon'dito/ **I** p.pass. → **approfondire II** agg. [*conoscenza, analisi*] deep, in-depth attrib., thorough; [*discussione*] deep; [*studio*] in-depth attrib., probing; [*ricerca*] exhaustive, thorough; ***studiare qcs. in modo molto ~*** to study sth. in great detail.

approntamento /appronta'mento/ m. preparation.

approntare /appron'tare/ [1] tr. to prepare [*pranzo, stanza*].

appropinquarsi /appropin'kwarsi/ [1] pronom. (aus. *essere*) ANT. o SCHERZ. ***~ a qcn., qcs.*** to draw near to sb., sth.

appropriamento /approprja'mento/ m. RAR. appropriation.

appropriarsi /appro'prjarsi/ [1] pronom. ***~ di*** to get possession of [*cosa*]; to pirate [*idea*]; to seize [*potere*]; *(indebitamente)* to appropriate [*terra*]; to embezzle [*fondi*]; to hijack [*teoria*]; to usurp [*titolo*].

appropriatamente /approprjata'mente/ avv. [*comportarsi, parlare*] appropriately, befittingly.

appropriatezza /approprja'tettsa/ f. appropriateness.

appropriato /appro'prjato/ **I** p.pass. → **appropriarsi II** agg. [*termini, mezzi, tecnica, vestito, comportamento, modi*] appropriate, suitable (**a** for); [*nome, titolo, stile*] appropriate (**a**, **per** for), apt (**a** to; **per** for); [*regalo*] suitable (**per** for); ***qualche parola -a*** a few well-chosen words.

appropriazione /approprjat'tsjone/ f. appropriation ◆◆ ***~ indebita*** embezzlement, misappropriation.

approssimare /approssi'mare/ [1] **I** tr. RAR. to bring* near **II approssimarsi** pronom. **1** *(avvicinarsi)* ***-rsi a*** to come near to, to approach; ***-rsi al vero*** to be close to the truth **2** *(sopraggiungere)* [*partenza, vacanze*] to approach, to draw* near.

approssimatamente /approssimata'mente/ avv. (ap)proximately, roughly.

approssimativamente /approssimativa'mente/ avv. (ap)proximately; ***calcolare qcs. ~*** to calculate sth. roughly.

approssimativo /approssima'tivo/ agg. **1** *(impreciso)* [*data, idea*] (ap)proximate; [*calcolo, stima, costo*] rough; [*traduzione*] loose; ***in un italiano ~*** in broken Italian **2** *(superficiale)* [*conoscenza*] (ap)proximate; [*giudizio*] shallow.

approssimato /approssi'mato/ **I** p.pass. → **approssimare II** agg. [*risultato, valore*] (ap)proximate, rough; ***essere ~ per eccesso, per difetto*** to be revised upwards, downwards.

approssimazione /approssimat'tsjone/ f. **1** approximation; ***per ~*** approximately, roughly **2** MAT. approximation.

approvabile /appro'vabile/ agg. approvable.

▶ **approvare** /appro'vare/ [1] tr. **1** to approve of [*progetto, proposta, decisione*]; *(essere d'accordo con)* ***non approvo ciò che stanno facendo*** I don't agree with what they're doing; ***i suoi genitori non approvano che torni a casa così tardi*** her parents don't approve of her coming home so late **2** *(ratificare)* to pass, to carry [*legge, decreto, mozione*]; to endorse [*bilancio*] **3** *(promuovere)* to pass [*candidato*].

approvativo /approva'tivo/ agg. RAR. approbatory.

approvazione /approvat'tsjone/ f. **1** *(consenso)* approval; ***dare la propria ~*** to give (one's) approval; ***trovare piena ~*** to meet with complete approval; ***ottenere l'~ di qcn.*** to win sb.'s approval; ***presentare, sottoporre qcs. all'~ di qcn.*** to present, submit sth. for sb.'s approval; ***d'~*** [*sorriso, cenno*] approving, of approval **2** *(ratifica) (di legge, decreto)* passage; *(di bilancio)* adopt, adoption.

approvvigionamento /approvvidʒona'mento/ m. **1** *(atto)* supply, provision; MIL. procurement; ***~ di viveri*** victualling; ***~ di armi*** arms procurement; ***assicurare l'~ di acqua potabile, benzina*** to ensure the supply of drinking water, of petrol **2** ***gli -i*** *(provviste)* the supplies *o* provisions.

approvvigionare /approvvidʒo'nare/ [1] **I** tr. *(rifornire)* to supply, to provision (**di** with); *(di viveri)* to victual **II approvvigionarsi** pronom. ***-rsi di qcs.*** to lay in supplies of sth.

approvvigionatore /approvvidʒona'tore/ m. (f. **-trice** /tritʃe/) supplier, provisioner; *(di viveri)* victualler.

appruamento /apprua'mento/ m. **1** MAR. trim by the head **2** AER. nose heaviness.

▶ **appuntamento** /appunta'mento/ m. *(con professionista, parrucchiere ecc.)* appointment (**con** with); *(con amici, fidanzato)* date; ***~ dal dentista, dal medico*** dental, medical appointment; ***~ di lavoro*** business appointment; ***~ al buio*** blind date; ***al nostro primo ~*** on our first date; ***"visite solo su ~"*** "viewing by appointment only"; ***prendere, avere ~ con uno specialista*** to make, have an appointment with a specialist; ***ricevere i pazienti su ~*** to see patients by appointment; ***mancare a un ~*** to break an appointment; ***ho ~ con un amico*** I'm meeting a friend; ***ci diamo un ~?*** let's fix a date; ***agenzia di -i*** dating agency; ***casa di -i*** EUFEM. brothel, bordello, sporting house AE.

1.appuntare /appun'tare/ [1] **I** tr. **1** → **appuntire 2** *(fissare)* to pin [*spilla, decorazione, distintivo*] (**a** on) **3** *(dirigere)* to point; ***~ il dito verso qcn.*** to point at *o* to sb. **II appuntarsi** pronom. ***-rsi una spilla al vestito*** to pin a brooch on one's dress.

2.appuntare /appun'tare/ [1] tr. to note (down) [*indirizzo*] (**su** in).

appuntato /appun'tato/ m. MIL. = corporal of Carabinieri, Guardia di Finanza or Corpo degli Agenti di Custodia.

appuntino, a puntino /appun'tino/ avv. ***essere cotto ~*** to be done to a turn; ***fare*** o ***eseguire qcs. ~*** to do sth. properly.

appuntire /appun'tire/ [102] tr. to sharpen [*matita*].

appuntito /appun'tito/ **I** p.pass. → **appuntire II** agg. [*matita, coltello, naso*] sharp; [*bastone*] pointed; [*mento*] pointed, sharp; ***queste forbici sono molto -e*** these scissors have a sharp point.

▷ **1.appunto** /ap'punto/ **I** m. **1** *(annotazione)* note; ***aspetta, mi faccio un ~ sull'agenda*** wait, I'll make a note of it in my diary; ***prendere -i*** to take notes; ***buttare giù degli -i*** to jot down some notes; ***parlare consultando degli -i*** to speak with notes; ***gli -i della lezione*** lecture notes; ***blocchetto per gli -i*** notebook **2** FIG. *(biasimo)* remark; ***fare*** o ***muovere un ~ a qcn. per qcs.*** to reprimand sb. for sth. **II appunti** m.pl. INFORM. clipboard sing. ◆◆ ***-i di viaggio*** travel diary.

▶ **2.appunto** /ap'punto/ avv. exactly, precisely; ***stavo ~ parlando di te*** I was just talking about you; ***le cose stanno ~ così*** that's exactly the way things are; ***per l'~*** just; ***"vuoi uscire a quest'ora?" - "per l'~"*** "are you going out at this hour?" - "correct".

appuramento /appura'mento/ m. ascertainment, verification.

appurare /appu'rare/ [1] tr. to ascertain, to verify; ***~ la veridicità di una storia*** to check up the truth of a story.

apr. ⇒ aprile April (Apr).

apribile /a'pribile/ agg. ***la porta non è ~ dall'esterno*** you can't open the door from the outside; ***tettuccio ~*** AUT. sunroof.

apribocca /apri'bokka/ m.inv. MED. gag.

apribottiglie /apribot'tiʎʎe/ m.inv. (bottle-)opener.

▶ **aprile** /a'prile/ ❥ **17** m. April; ***in, ad ~*** in April; ***il due (di) ~*** the second of April; ***il primo di ~*** *(in quanto giorno di scherzi)* April Fools' Day, All Fools' Day BE; ***pesce d'~*** April Fools' joke *o* trick; ***pesce d'~!*** April Fool! ***fare un pesce d'~ a qcn.*** to make an April Fool of sb. ◆ ***~ dolce dormire*** PROV. = in spring months one tends to sleep more; ***~ non ti scoprire*** PROV. ne'er cast a clout till May be out.

a priori /apri'ori, apri'ɔri/ **I** agg.inv. [*giudizio, ragionamento*] a priori **II** avv. a priori; ***giudicare qcs., qcn. ~*** to forejudge sth., sb.

apriorismo /aprio'rizmo/ m. apriorism.

aprioristico, pl. **-ci, -che** /aprio'ristiko, tʃi, ke/ agg. aprioristic.

apriorità /apriori'ta/ f.inv. apriority.

apripista /apri'pista/ **I** m. e f.inv. SPORT forerunner **II** m.inv. *(macchina)* bulldozer.

▶ **aprire** /a'prire/ [91] **I** tr. **1** to open [*bottiglia, lettera, cassetto, ombrello, paracadute, camicia, giornale, file*]; to fold back [*persiane*]; *(spiegare)* to open (out), to spread* (out), to unfold [*giornale, cartina*]; *(scartare)* to unwrap [*regalo, pacco*]; *(tirare giù)* to undo* [*cerniera lampo*]; *(tirare indietro)* to draw* back [*tende, sipario*]; ***~ la porta*** to open the door; *(con la chiave)* to unlock the door; *(tirando)* to pull the door open; *(spingendo)* to push the door open; ***aprite il libro a pagina dieci*** open the book at page ten; ***~ gli occhi, la bocca*** to open one's eyes, mouth **2** EDIL. ***~ una finestra, porta in un muro*** to let a window, a door into a wall **3** *(allargare)* ***~ le braccia, le gambe*** to open *o* spread one's arms, legs; ***~ le ali*** to spread one's wings **4** *(avviare)* to open [*studio medico, scuola, conto, linea di credito*]; to open up, to start up [*negozio*] **5** *(cominciare)* to open [*seduta, dibattito, trattative, inchiesta, indagini*]; *(essere in testa a)* to head [*corteo*]; ***~ le danze*** to lead the dancing; ***aprì lo spettacolo con una canzone*** she opened the show with a song **6** *(mettere in funzione)* to turn on [*rubinetto del gas, dell'acqua*] **7** COLLOQ. *(accendere)* to switch on, to turn on, to put* on [*radio, luce*] **8** *(allargare)* to open up [*mercato*] **II** intr. (aus. *avere*) **1** *(aprire la porta)* to open up (**a** for); ***apri, sono io!*** open up, it's me! ***bussano, va' ad ~*** there's someone knocking, answer the door! ***venire ad aprire*** to come to the door; ***farsi ~*** to be let in; ***"polizia! aprite!"*** "police! open up!"; ***aprimi!*** let me in! **2** *(iniziare l'attività)* [*negozio, locale*] to open; ***~ la domenica*** to open on Sundays **3** *(essere inaugurato, avviato)* [*negozio, filiale*] to open up **4** ECON. ***la Borsa ha aperto in ribasso, in rialzo*** the Exchange opened down, up **5** GIOC. *(a carte, a scacchi)* to open; ***~ con*** to lead [*carta*] **III aprirsi** pronom. **1** [*porta, scatola, cassetto, paracadute*] to open; ***-rsi su qcs.*** [*porta, finestra, stanza*] to open into *o* onto sth. **2** *(cominciare)* [*negoziato, spettacolo, processo*] to open (**con** with); ***si apre una nuova era*** a new age has dawned **3** *(profilarsi, prospettarsi)* ***gli si apre una brillante carriera*** a brilliant career is lying before him **4** *(mostrare disponibilità verso)* ***-rsi all'Est, alle nuove tecnologie*** to open up to the East, to new technologies **5** *(allargarsi)* [*paesaggio, strada*] to open out, to widen; *(fendersi)* [*terreno*] to crack; [*mare*] to part **6** *(sbocciare)* [*fiore*] to open (out, up) **7** *(diradarsi)* [*nuvole*] to break*, to part; *(rischiararsi)* [*cielo*] to clear (up) **8** *(essere apribile)* ***la mia valigia, gonna si apre di lato*** my suitcase, skirt opens at the side **9** FIG. *(confidarsi)* to open up (**con** to) ◆ ***non ~ bocca*** to hold one's peace; ***~ gli occhi*** to get the picture; ***~ gli occhi a qcn. su qcs.*** to open sb.'s eyes to sth.; ***~ bene le orecchie*** to pin one's ears back; ***~ la mente*** to broaden the mind; ***~ bottega*** to set up shop; ***~ la strada a*** *(agevolare)* to clear the way for; *(dare avvio)* to show the way forward to; ***~ le porte a*** to open the door(s) to; ***~ il fuoco su qcn.*** to open fire on sb.; ***si aprirono le cateratte del cielo*** the heavens opened; ***apriti cielo!*** good heavens!

apriscatole /apris'katole/ m.inv. (can-)opener, tin opener BE.

apside /'apside/ m. → **2.abside.**

aptero /'aptero/ agg. [*insetto*] apteral.

apuano /apu'ano/ **I** agg. from, of the Alpi Apuane **II** m. (f.**-a**) native, inhabitant of the Alpi Apuane.

aquagym /akkwa'dʒim/ f.inv. water aerobics + verbo sing., aquagym.

Aquario → **Acquario.**

aquaplaning /akwa'planing/ m.inv. hydroplaning; ***subire l'effetto ~*** to aquaplane.

▷ **aquila** /'akwila/ f. **1** ZOOL. eagle **2** ARALD. eagle; ***~ spiegata*** spread eagle **3** FIG. genius; ***non è un'~*** he's no master mind ◆ ***strillare come un'~*** to scream *o* yell blue murder; ***occhio d'~*** eagle eye; ***avere occhi*** o ***vista d'~*** to be eagle-eyed ◆◆ ***~ bicipite*** ARALD. double eagle; ***~ imperiale*** imperial eagle; ***~ di mare*** ORNIT. sea eagle, ern(e); ITTIOL. eagle ray; ***~ di mare dalla testa bianca*** bald eagle; ***~ reale*** golden eagle.

aquilano /akwi'lano/ ❥ **2 I** agg. from, of L'Aquila **II** m. (f. **-a**) native, inhabitant of L'Aquila.

aquilegia /akwi'lɛdʒa/ f. aquilegia, columbine.

aquilino /akwi'lino/ agg. [*naso*] aquiline; ***avere il naso ~*** to be hawk-nosed.

1.aquilone /akwi'lone/ m. **1** *(vento)* north wind **2** LETT. *(settentrione)* North.

▷ **2.aquilone** /akwi'lone/ m. kite; ***fare volare un*** ~ to fly a kite; *(deltaplano)* ***volare con l'***~ to hang-glide.

aquilotto /akwi'lɔtto/ m. eaglet.

Aquisgrana /akwiz'grana/ ▸ ***2*** n.pr.f. Aachen.

Aquitania /akwi'tanja/ ▸ ***30*** n.pr.f. Aquitaine.

1.ara /'ara/ f. *(altare)* altar.

2.ara /'ara/ ▸ ***23*** f. *(misura)* are.

3.ara /'ara/ f. *(macao)* macaw.

arabescare /arabes'kare/ [1] tr. **1** to decorate with arabesques **2** *(ornare con ghirigori)* to decorate with scrollwork.

arabesco, pl. **-schi** /ara'besko, ski/ m. **1** arabesque **2** *(ghirigoro)* scrollwork.

arabesque /ara'bɛsk/ f.inv. arabesque.

Arabia /a'rabja/ ▸ ***33, 30*** n.pr.f. Arabia ◆◆ ~ ***Saudita*** Saudi Arabia.

arabico, pl. **-ci, -che** /a'rabiko, tʃi, ke/ agg. [*deserto, paesaggio*] Arabian; ***il mare Arabico*** the Arabian Sea; ***gomma -a*** gum arabic.

arabile /a'rabile/ agg. arable.

arabista, m.pl. **-i**, f.pl. **-e** /ara'bista/ m. e f. Arabist.

arabizzare /arabid'dzare/ [1] **I** tr. to arabize **II arabizzarsi** pronom. to become* arabized.

arabizzazione /arabiddzat'tsjone/ f. arabization.

▶ **arabo** /'arabo/ ▸ ***16*** **I** agg. [*paese, civiltà, mondo*] Arab; [*lingua, letteratura, numeri*] Arabic; ***cavallo*** ~ Arab **II** m. (f. **-a**) **1** *(persona)* Arab **2** *(lingua)* Arabic ◆ ***per me è ~!*** it's all double Dutch *o* Greek to me! ***parlare*** ~ to talk double Dutch.

arabo-israeliano /araboizrae'ljano/ agg. Arab-Israeli.

arachide /a'rakide/ f. *(albero)* peanut; *(frutto)* peanut, earth-nut, groundnut BE; ***olio di*** ~ peanut oil.

aracnide /a'raknide/ m. arachnid.

aracnoide /arak'nɔide/ f. arachnoid.

aragonite /arago'nite/ f. aragonite.

▷ **aragosta** /ara'gosta, ara'gɔsta/ ▸ ***3*** **I** f. (spiny) lobster, crayfish **II** m.inv. *(colore)* orange red **III** agg.inv. orange red.

araldica /a'raldika/ f. heraldry.

araldico, pl. **-ci, -che** /a'raldiko, tʃi, ke/ agg. [*emblema*] heraldic, armorial; ***stemma*** ~ coat of arms; ***scudo*** ~ shield.

araldista, m.pl. **-i**, f.pl. **-e** /aral'dista/ m. e f. armorist.

araldo /a'raldo/ m. **1** STOR. herald(-at-arms) **2** LETT. *(messaggero)* herald, harbinger LETT.

aramaico, pl. **-ci, -che** /ara'maiko, tʃi, ke/ ▸ ***16*** **I** agg. [*lingua, alfabeto*] Aramaic **II** m. *(lingua)* Aramaic.

aranceto /aran'tʃeto/ m. orange grove.

▶ **arancia**, pl. **-ce** /a'rantʃa, tʃe/ f. orange; ***succo d'***~ orange juice; ***spremuta d'***~ fresh orange juice, orange crush BE ◆ ***portare le -ce a qcn.*** SCHERZ. = to visit sb. in prison ◆◆ ~ ***amara*** bitter orange, Seville orange, bigarade; ~ ***sanguigna*** blood orange.

▷ **aranciata** /aran'tʃata/ f. orangeade.

aranciato /aran'tʃata/ agg. ***rosso*** ~ orangey red; ***giallo*** ~ orangey yellow.

aranciera /aran'tʃɛra/ f. orangery.

arancino /aran'tʃino/ m. = rice croquette stuffed with various meats and cheese.

▷ **arancio**, pl. **-ci** /a'rantʃo, tʃi/ ▸ ***3*** **I** m. *(albero)* orange tree; ***fiori d'***~ orange blossom; ***acqua di fiori d'***~ orange flower water **II** agg.inv. *(colore)* orange **III** m.inv. orange ◆ ***a quando i fiori d'~?*** when's the big day?

arancione /aran'tʃone/ ▸ ***3*** **I** agg. orange **II** m. orange **III** m. e f. COLLOQ. = member of Hare Krishna.

▷ **arare** /a'rare/ [1] tr. to plough (up), to plow (up) AE [*campo*]; ~ ***il mare*** FIG. to write on water.

arativo /ara'tivo/ agg. arable.

aratore /ara'tore/ **I** agg. ***bue, cavallo*** ~ plough ox, horse **II** ▸ ***18*** m. (f. **-trice** /tritʃe/) plougher.

▷ **aratro** /a'ratro/ m. plough BE, plow AE; ***tirare un*** ~ to draw a plough along ◆◆ ~ ***assolcatore*** trench-plough.

aratura /ara'tura/ f. ploughing BE, plowing AE.

araucaria /arau'karja/ f. araucaria, Chile pine, monkey puzzle (tree).

arazzeria /arattse'ria/ f. **1** *(arte)* tapestry weaving **2** *(luogo)* tapestry factory.

arazziere /arat'tsjɛre/ ▸ ***18*** m. (f. **-a**) tapestry weaver.

arazzo /a'rattso/ m. tapestry, arras.

arbitraggio pl. **-gi** /arbi'traddʒo, dʒi/ m. **1** SPORT *(in calcio, boxe)* refereeing; *(in tennis, baseball, cricket)* umpiring, umpirage **2** DIR. arbitration **3** ECON. arbitrage.

arbitraggista, m.pl. **-i**, f.pl. **-e** /arbitrad'dʒista/ m. e f. arbitrager.

arbitrale /arbi'trale/ agg. arbitral; ***decisione*** ~ DIR. umpirage, arbitrament; SPORT referee's decision; ***lodo*** ~ arbitration award.

arbitrare /arbi'trare/ [1] tr. **1** SPORT *(in calcio, boxe)* to referee [*incontro*]; *(in tennis, baseball, cricket)* to umpire [*partita*] **2** DIR. to arbitrate [*controversia*].

arbitrariamente /arbitrarja'mente/ avv. arbitrarily.

arbitrarietà /arbitrarje'ta/ f.inv. arbitrariness (anche LING.).

arbitrario, pl. **-ri, -rie** /arbi'trarjo, ri, rje/ agg. arbitrary.

arbitrato /arbi'trato/ **I** p.pass. → **arbitrare II** m. DIR. arbitration, arbitrament; ***soggetto ad*** ~ arbitrable; ***sottoporre un caso ad*** ~ to refer a case to arbitration.

arbitratore /arbitra'tore/ m. arbitrator.

arbitrio, pl. **-tri** /ar'bitrjo, tri/ m. **1** *(discrezione)* will, discretion; ***ad ~ di qcn.*** in *o* at sb's discretion **2** *(autorità)* arbitrary power; ***l'~ amministrativo*** the arbitrary power of administration **3** *(abuso)* abuse **4** FILOS. ***libero*** ~ free will.

▷ **arbitro** /'arbitro/ m. **1** *(persona che decide)* arbiter (anche FIG.); ***-i della moda*** arbiters of fashion; ***fare da ~ tra*** to arbitrate between [*persone, concorrenti, opinioni*]; ***sono ~ delle mie azioni*** = I decide for myself; ***essere ~ del proprio destino*** to command one's fate **2** DIR. arbitrator **3** SPORT *(in calcio, boxe)* referee; *(in tennis, baseball, cricket)* umpire; ***fare da*** ~ to referee, to umpire.

arboreo /ar'bɔreo/ agg. arboreal, arboreous.

arborescente /arboreʃ'ʃɛnte/ agg. arborescent.

arborescenza /arboreʃ'ʃɛntsa/ f. arborescence.

arboreto /arbo'reto/ m. arboretum*.

arboricolo /arbo'rikolo/ agg. [*animale*] arboreal.

arboricoltore /arborikol'tore/ ▸ ***18*** m. (f. **-trice** /tritʃe/) arboriculturist.

arboricoltura /arborikol'tura/ f. arboriculture.

arborizzazione /arboriddzat'tsjone/ f. arborization.

arboscello /arboʃ'ʃɛllo/ m. RAR. sapling.

arbustivo /arbus'tivo/ agg. shrubby, frutescent.

arbusto /ar'busto/ m. shrub, frutex*.

arca, pl. **-che** /'arka, ke/ f. **1** *(sarcofago monumentale)* sarcophagus* **2** *(cassa di legno)* chest ◆◆ ***l'~ dell'alleanza*** BIBL. the Ark of the Covenant; ***l'~ di Noè*** Noah's Ark.

arcaccia /ar'kattʃa/ f. transom.

arcade /'arkade/ **I** agg. Arcadian **II** m. e f. **1** GEOGR. Arcadian **2** LETT. = member of the Arcadia Academy.

Arcadia /ar'kadja/ n.pr.f. **1** GEOGR. Arcadia (anche LETT. FIG.) **2** LETT. *(accademia)* = literary Academy founded in the XVII century in Rome.

arcadico, pl. **-ci, -che** /ar'kadiko, tʃi, ke/ agg. **1** *(pastorale)* [*paesaggio*] Arcadian **2** LETT. = of the Arcadia Academy.

arcaicità /arkaitʃi'ta/ f.inv. ancientry, antiquity.

arcaicizzare /arkaitʃid'dzare/ → **arcaizzare.**

arcaico, pl. **-ci, -che** /ar'kaiko, tʃi, ke/ agg. archaic, ancient.

arcaismo /arka'izmo/ m. LING. archaism.

arcaistico pl. **-ci, -che** /arka'istiko, tʃi, ke/ agg. archaistic.

arcaizzante /arkaid'dzante/ agg. rich in archaisms.

arcaizzare /arkaid'dzare/ [1] intr. to archaize.

arcangelo /ar'kandʒelo/ m. archangel.

arcano /ar'kano/ **I** agg. arcane **II** m. *(mistero)* arcanum*; ***svelare l'***~ to unravel the mystery.

arcareccio, pl. **-ci** /arka'rettʃo/ m. purlin.

arcata /ar'kata/ f. **1** ARCH. arcade; ~ ***cieca*** blind arcade; *(di ponte)* arch **2** ANAT. arch; ~ ***alveolar*** alveolar ridge; ~ ***dentaria*** dental arch **3** MUS. bow ◆◆ ~ ***in giù*** MUS. down-bow; ~ ***in su*** MUS. up-bow.

arcato /ar'kato/ agg. arched.

arch. ⇒ architetto architect.

archeggiare /arked'dʒare/ [1] intr. to bow.

archeggio, pl. **-gi** /ar'keddʒo, dʒi/ m. bowing.

archeologia /arkeolo'dʒia/ f. archaeology BE, archeology AE.

archeologico pl. **-ci, -che** /arkeo'lɔdʒiko, tʃi, ke/ agg. archaeological BE, archeological AE; ***sito*** ~ site.

archeologo, m.pl. **-gi**, f.pl. **-ghe** /arke'ɔlogo, dʒi, ge/ ▸ ***18*** m. (f. **-a**) archaeologist BE, archeologist AE

archeopterige /arkeop'tɛridʒe/, **archeotterige** /arkeot'tɛridʒe/ m. Archaeopteryx.

archeozoico, pl. **-ci, -che** /arkeod'dzɔiko, tʃi, ke/ agg. e m. Archaeozoic.

archetipico, pl. **-ci, -che** /arke'tipiko, tʃi, ke/ agg. archetypal.

archetipo /ar'kɛtipo/ m. archetype; ***l'~ dell'eroe, del cattivo*** the *o* an archetypal hero, villain.

archetto /ar'ketto/ m. **1** MUS. bow **2** EL. FERR. TECN. pantograph.

archiacuto /arkia'kuto/ agg. ogival.

archibugiata /arkibu'dʒata/ f. (h)arquebus shot.

archibugiere /arkibu'dʒɛre/ m. (h)arquebusier.
archibugio, pl. **-gi** /arki'budʒo, dʒi/ m. STOR. (h)arquebus.
archidiocesi /arkidi'ɔtʃezi/ → **arcidiocesi.**
archimandrita /arkiman'drita/ m. archimandrite.
Archimede /arki'mɛde/ n.pr.m. Archimedes; ***il principio, la vite di*** ~ Archimedes' principle, screw.
archimedeo /arkime'dɛo/ agg. Archimedean.
archipendolo /arki'pɛndolo/ m. plumb rule.
architettare /arkitet'tare/ [1] tr. *(ideare)* to cook up, to concoct [*piano*]; *(macchinare)* to brew (up) [*frode, complotto*].
▶ **architetto** /arki'tetto/ m. architect (anche LETT. FIG.) ◆◆ ~ ***del paesaggio*** landscape architect.
architettonicamente /arkitettonika'mente/ avv. architecturally.
architettonico, pl. **-ci**, **-che** /arkitet'tɔniko, tʃi, ke/ agg. architectural, architectonic; ***stile*** ~ architectural style.
▷ **architettura** /arkitet'tura/ f. **1** *(arte)* architecture; ~ ***gotica, barocca*** Gothic, baroque architecture **2** *(facoltà)* faculty of architecture; ***studente di*** ~ architecture student **3** *(struttura)* architecture; ***l'~ di un tempio*** the architecture of a temple; ***l'~ di un romanzo*** the structure of a novel **4** INFORM. architecture ◆◆ ~ ***industriale*** industrial architecture; ~ ***del paesaggio*** landscape architecture.
architrave /arki'trave/ m. architrave.
archiviare /arki'vjare/ [1] tr. **1** *(mettere in archivio)* to file [*documenti, lettere*] **2** BUROCR. DIR. *(chiudere)* to dismiss [*caso*]; to close [*pratica*]; FIG. *(abbandonare)* to shelve [*progetto*]; ***è tempo di*** ~ ***la questione*** it's time to close the file.
archiviazione /arkivjat'tsjone/ f. **1** filing **2** DIR. *(di un caso)* dismissal.
archivio, pl. **-vi** /ar'kivjo, vi/ m. **1** *(luogo)* archive, archives; *(documentazione)* records; ***negli -i*** in the archives, on record; ***consultare un*** ~ to look through an archive, to refer to the records; ***mettere in*** ~ to file **2** INFORM. *(file)* file ◆◆ ~ ***cinematografico*** film archive; ~ ***iconografico*** picture desk; ~ ***permanente*** INFORM. master file; ~ ***radiofonico*** radio archive; ~ ***di stato*** = Public Records Office GB, historical National Archives AE; ***-i storici*** records.
archivista, m.pl. **-i**, f.pl. **-e** /arki'vista/ ♦ ***18*** m. e f. archivist, filing clerk.
archivistica /arki'vistika/ f. archive keeping.
archivistico, pl. **-ci**, **-che** /arki'vistiko, tʃi, ke/ agg. ***attività -a*** archive keeping.
archivolto /arki'vɔlto/ m. archivolt.
ARCI /'artʃi/ f. (⇒ Associazione Ricreativa Culturale Italiana) = Italian cultural and recreational association.
Arcibaldo /artʃi'baldo/ n.pr.m. Archibald.
arcicontento /artʃikon'tɛnto/ agg. SCHERZ. fair chuffed.
arcidiaconale /artʃidiako'nale/ agg. archidiaconal.
arcidiaconato /artʃidiako'nato/ m. archdeaconry.
arcidiacono /artʃidi'akono/ m. archdeacon.
arcidiavolo /artʃi'djavolo/ m. arch-fiend.
arcidiocesi /artʃidi'ɔtʃezi/ f.inv. archdiocese.
arciduca, pl. **-chi** /artʃi'duka, ki/ m. archduke.
arciducale /artʃidu'kale/ agg. archducal.
arciducato /artʃidu'kato/ m. *(territorio)* archduchy.
arciduchessa /artʃidu'kessa/ f. archduchess.
arciere /ar'tʃɛre/ m. (f. **-a**) archer.
arcigno /ar'tʃiɲɲo/ agg. [*espressione*] grim, forbidding; [*sguardo*] hard, forbidding.
arcione /ar'tʃone/ m. saddlebow; ***montare*** o ***salire in*** ~ to climb into the saddle.
arcipelago, pl. **-ghi** /artʃi'pɛlago, gi/ m. archipelago*; ***l'~ delle Baleari*** the Balearic archipelago.
arciprete /artʃi'prɛte/ m. archpriest.
arcistufo /artʃis'tufo/ agg. COLLOQ. ***essere*** ~ ***di qcs.*** to be fed up to the back teeth with sth.
arcivescovado /artʃivesko'vado/, **arcivescovato** /artʃivesko'vato/ m. *(dignità)* archbishopric; *(sede)* see.
arcivescovile /artʃivesko'vile/ agg. archiepiscopal.
arcivescovo /artʃi'veskovo/ m. archbishop.
▶ **arco**, pl. **-chi** /'arko, ki/ m. **1** *(arma)* bow; ***tendere un*** ~ to draw a bow; ***tiro con l'~*** archery; ***corda dell'~*** bowstring; ***tiro d'~*** bowshot **2** *(curva)* ***ad*** ~ arched; ~ ***delle sopracciglia*** arch of the eyebrows **3** ARCH. arch **4** EL. arc; ***lampada ad*** ~ arc lamp **5** MAT. arc; ~ ***del cerchio*** arc of a circle **6** MUS. *(archetto)* bow; ***strumento ad*** ~ string(ed) instrument; ***gli -chi*** *(strumenti)* the strings; ***orchestra d'-chi*** string orchestra; ***quartetto d'-chi*** string quartet **7** FIG. *(di tempo)* span; ***nell'~ della sua vita*** in her lifetime; ***nell'~ di una settimana*** in *o* within the space of a week ◆ ***avere molte frecce al proprio*** ~ to have more than one string *o* several strings to one's bow ◆◆ ~ ***acuto*** → ~ **a sesto acuto**; ~ ***aortico*** aortic arch; ~ ***elettrico*** arc; ~ ***mnemonico*** PSIC. memory span; ~ ***ogivale*** → ~ **a sesto acuto**; ~ ***rampante*** (flying) buttress; ~ ***a sesto acuto*** lancet arch, pointed arch; ~ ***scenico*** proscenium arch; ~ ***di trionfo*** triumphal arch; ~ ***a tutto sesto*** round arch.
arcobaleno /arkoba'leno/ m. rainbow.
arcolaio, pl. **-ai** /arko'lajo, ai/ m. winder.
arconte /ar'konte/ m. archon.
arcuare /arku'are/ [1] **I** tr. to bend*, to curve [*putrella, barra*]; ~ ***la schiena*** to arch one's back **II arcuarsi** pronom. [*putrella, barra*] to bend*, to curve.
arcuato /arku'ato/ **I** p.pass. → **arcuare II** agg. arcuate; [*schiena, reni*] arched; [*ciglia, sopracciglia*] curved; [*naso*] hooked; [*gambe*] bandy.
Ardenne /ar'dɛnne/ ♦ ***30*** n.pr.f.pl. Ardennes sing.
ardente /ar'dɛnte/ agg. **1** *(infuocato)* [*brace, tizzone*] burning, glowing; [*sole*] blazing; ***carboni -i*** hot *o* live coals; ***roveto*** ~ burning bush **2** FIG. *(intenso)* [*febbre*] raging; [*sete*] insatiable; [*entusiasmo*] keen; [*caldo*] fierce; [*fede, ambizione*] burning, fervent; [*passione*] red-hot, consuming; *(appassionato)* [*bacio, discorso*] passionate; [*difensore*] ardent, vigorous; [*ammiratore*] ardent; ***un desiderio*** ~ a burning desire; ~ ***di passione*** ablaze with passion ◆ ***essere*** o ***stare sui carboni -i*** to be like a cat on a hot tin roof *o* on hot bricks.
ardentemente /ardente'mente/ avv. [*desiderare, sperare*] fervently; [*bramare*] passionately; ***atteso*** ~ keenly awaited.
ardere /'ardere/ [18] **I** tr. **1** *(bruciare)* to burn* [*legna*]; ***essere arso sul rogo*** to be burnt at the stake; ***legna da*** ~ fire wood **2** *(inaridire)* [*sole*] to dry, to bake [*pianta*]; [*gelo*] to parch [*pianta, albero*] **II** intr. (aus. *essere*) **1** *(essere acceso)* [*legno, combustibile*] to burn*; [*fuoco*] to blaze; [*carbone*] to glow; ***la legna arde nel camino*** the wood is blazing in the hearth **2** FIG. ~ ***di desiderio, di impazienza*** to be burning with desire, with impatience; ~ ***d'amore*** to be consumed with love; ~ ***dal desiderio di fare qcs.*** to long to do sth.
ardesia /ar'dɛzja/ ♦ ***3*** **I** f. MINER. slate; ***lastra di*** ~ slate; ***tegola di*** ~ slating, roof slate; ***case con i tetti di*** ~ slate-roofed houses; ***cavatore di*** ~ slater **II** m.inv. *(colore)* slate grey BE, slate gray AE **III** agg.inv. slate-coloured BE, slate-colored AE, slate grey BE, slate gray AE.
ardesiaco /arde'ziako/ agg. slaty.
ardiglione /ardiʎ'ʎone/ m. *(di fibbia)* pin, tongue; *(di amo)* barb.
ardimento /ardi'mento/ m. LETT. **1** *(coraggio)* daring, boldness, valour BE, valor AE **2** *(azione)* feat.
ardimentosamente /ardimentosa'mente/ avv. bravely, boldly.
ardimentoso /ardimen'toso/ agg. LETT. valiant, bold.
1.ardire /ar'dire/ [102] tr. LETT. to dare; ~ ***parlare*** to dare speak.
2.ardire /ar'dire/ m. LETT. **1** *(coraggio)* daring, gameness, boldness **2** *(sfrontatezza, impudenza)* boldness, impudence; ***avere l'~ di fare qcs.*** to be bold enough to do sth.
arditezza /ardi'tettsa/ f. LETT. **1** *(coraggio)* gameness, boldness **2** *(rischiosità)* riskiness.
ardito /ar'dito/ **I** p.pass. → **1.ardire II** agg. **1** *(coraggioso)* [*persona*] game, bold **2** *(rischioso)* [*decisione*] bold; ***un'impresa -a*** a daunting task **3** FIG. *(originale)* daring, bold **III** m. STOR. = in the First World War, Italian assault infantry soldier.
ardore /ar'dore/ m. **1** *(calore)* fieriness, fierce heat **2** *(foga)* *(di amante, entusiasta, neofita)* fieriness, zeal **3** *(fervore)* ardour BE, ardor AE, fervour BE, fervor AE; ~ ***rivoluzionario*** revolutionary zeal; ***con*** ~ [*difendere, sostenere, parlare*] ardently; [*dire, esclamare*] hotly, fiercely.
arduamente /ardua'mente/ avv. arduously.
arduo /'arduo/ agg. **1** *(difficile, faticoso)* [*compito, lavoro*] arduous, demanding **2** RAR. *(ripido)* [*pendio*] steep.
▷ **area** /'area/ f. **1** MAT. *(superficie)* area; ***l'~ del quadrato, del cerchio*** the area of the square, of the circle **2** *(zona delimitata di terreno)* area stretch; ~ ***edificabile*** building land; ~ ***coltivata, coltivabile*** cultivated, arable land; ~ ***urbana*** urban area; ~ ***sinistrata*** disaster area **3** *(regione)* area, zone; ~ ***depressa*** depressed region; ~ ***sismica*** earthquake belt **4** FIG. *(ambito, campo)* area, field; ~ ***di interessi*** field *o* area of interest **5** AMM. COMM. area **6** ECON. ~ ***dell'euro*** Euro zone; ~ ***della sterlina, del dollaro*** sterling, dollar area **7** POL. ~ ***moderata*** middle ground **8** METEOR. ~ ***di turbolenze*** area *o* patch of turbulence; ~ ***di bassa pressione*** belt of low pressure, low; ~ ***di alta pressione*** belt of high pressure, high **9** SPORT *(nel calcio)* area ◆◆ ~ ***d'atterraggio*** landing platform *o* concourse; ~ ***di battuta*** *(nel tennis)* forecourt; ~ ***di carico*** loading bay;

~ giochi playground; *~ di gioco* field of play; *~ di lancio* drop zone; *~ linguistica* linguistic area; *~ di parcheggio* parking facilities *o* area; *~ per picnic* picnic area; *~ di porta* goal *o* six yard area; *~ di rigore* penalty area, (penalty) box; *~ di servizio* service area, services, plaza AE; *~ di sosta* (parking) bay, rest area, lay-by BE; *~ di sviluppo* growth area.

areare /are'are/ → **aerare.**

areca, pl. **-che** /a'rɛka, ke/ f. areca.

areligioso /areli'dʒoso/ agg. a-religious.

1.arena /a'rɛna/ f. LETT. *(sabbia)* sand.

2.arena /a'rɛna/ f. **1** *(di antico anfiteatro, di circo)* arena; *(per corrida)* arena, bullring; *l'~ politica* FIG. the political arena **2** *(antico anfiteatro)* arena; *l'~ di Verona* the Amphitheatre of Verona ◆ *entrare* o *scendere nell'~* to enter the lists.

arenaceo /are'natʃeo/ agg. arenaceous.

arenamento /arena'mento/ m. *(di barca)* grounding.

arenare /are'nare/ [1] **I** intr. (aus. *avere*) *fare ~* to run aground [*barca*] **II arenarsi** pronom. (aus. *essere*) **1** [*barca*] to run* aground (**su** on) **2** FIG. *(bloccarsi)* [*negoziato*] to come* to a standstill, to get* stuck.

arenaria /are'narja/ f. **1** GEOL. sandstone, grit; *~ bianca, rossa* white, red sandstone **2** BOT. sandwort.

arenario, pl. **-ri, -rie** /are'narjo, ri, rje/ agg. sandy; *pietra -a* sandstone.

arengario, pl. **-ri** /aren'garjo, ri/ m. STOR. = in the Middle Ages and during Italian Fascism, a town hall with a balcony for public address.

arengo, pl. **-ghi** /a'rengo, gi/ m. STOR. *(assemblea)* = in the Middle Ages an assembly of burghers; *(luogo)* = the place in which such assembly was held.

arenicola /are'nikola/ f. lugworm, lobworm, sandworm.

arenicolo /are'nikolo/ agg. [*pianta*] arenaceous.

arenile /are'nile/ m. *(di fiume, mare)* sandy shore.

arenite /are'nite/ f. arenite.

arenoso /are'noso/ agg. sandy, gritty.

areografia /areogra'fia/ f. ASTR. areography.

areogramma /areo'gramma/ m. pie chart.

areola /a'rɛola/ f. areola*.

areometro /are'ɔmetro/ m. areometer.

areopagita /areopa'dʒita/ m. areopagite.

aretino /are'tino/ ➧ **2 I** agg. from, of Arezzo **II** m. (f. **-a**) native, inhabitant of Arezzo.

argali /ar'gali/ m.inv. argali*.

argano /'argano/ m. **1** winch, windlass; *~ a mano* puller; *issare qcs. con l'~* to winch up sth. **2** MAR. capstan.

argentana /ardʒen'tana/ f. → **argentone.**

argentare /ardʒen'tare/ [1] tr. to silver [*posate, piatto*].

argentato /ardʒen'tato/ **I** p.pass. → **argentare II** agg. **1** *(rivestito d'argento)* silvered; *(placcato d'argento)* silver plated **2** *(di colore argento)* [*capelli*] silver(y); *carta -a* silver paper; *volpe -a* silver fox.

argentatore /ardʒenta'tore/ m. (f. **-trice** /tritʃe/) silver plater.

argentatura /ardʒenta'tura/ f. silvering; *(placcatura d'argento)* silver plating.

argenteo /ar'dʒɛnteo/ agg. **1** *(d'argento)* silver attrib.; *monete -e* silver coins; *calice ~* silver goblet **2** *(di colore argento)* [*capelli*] silver(y); [*acque*] silvery.

argenteria /ardʒente'ria/ f. silver(ware); *lucidare l'~* to polish the silverware.

argentiere /ardʒen'tiɛre/ ➧ **18** m. (f. **-a**) **1** *(fabbricante)* silversmith **2** *(commerciante)* silver merchant.

argentifero /ardʒen'tifero/ agg. argentiferous.

argentina /ardʒen'tina/ f. **1** ITTIOL. argentine **2** BOT. silverweed.

Argentina /ardʒen'tina/ ➧ **33** n.pr.f. Argentina.

1.argentino /ardʒen'tino/ ➧ **25 I** agg. *(d'Argentina)* Argentine, Argentinian **II** m. (f. **-a**) *(persona)* Argentine, Argentinian.

2.argentino /ardʒen'tino/ agg. **1** *(chiaro, limpido)* [*suono, voce*] silvery **2** *(argenteo)* *erba -a* satinflower.

argentite /ardʒen'tite/ f. argentite, silver glance.

▷ **argento** /ar'dʒɛnto/ ➧ **3 I** m. **1** *(metallo)* silver; *anello, moneta, filo d'~* silver ring, coin, thread; *posate d'~* silver (cutlery), flat silver AE; *30 monete d'~* 30 pieces of silver; *questo piatto è d'~* this platter is made of silver **2** *(colore)* silver; *capelli d'~* silver(y) hair; *carta d'~* = pensioners' reduced train fare card **3** *(argenteria)* silver(ware); *lucidare l'~* to polish the silverware **4** SPORT silver (medal); *vincere l'~* to win the silver medal **5** ARALD. argent **II argenti** m.pl. silver(ware) sing. ◆ *avere l'~ vivo addosso* to be full of the joys of spring; *servire qcs. a qcn. su un piatto d'~* to hand sb. sth. on a platter ◆◆ *~ vivo* quicksilver.

argentone /ardʒen'tone/ m. German silver, nickel silver.

▷ **argilla** /ar'dʒilla/ f. clay, argil; *~ per mattoni* brick-earth; *cava di ~* clay pit; *modellare l'~* to press clay into shape, to work clay ◆ *avere i piedi d'~* to have feet of clay ◆◆ *~ refrattaria* fireclay; *~ semiliquida* slip.

argillaceo /ardʒil'latʃeo/ agg. argillaceous.

argillite /ardʒil'lite/ f. argillite.

argilloso /ardʒil'loso/ agg. clayey, argillaceous; *terreno ~* clayey ground.

arginamento /ardʒina'mento/ m. **1** *(di corso d'acqua)* banking **2** FIG. *(contenimento)* *(di inflazione)* taming, containing; *(di rivolta, malcontento)* curbing, stemming.

arginare /ardʒi'nare/ [1] tr. **1** to embank [*corso d'acqua*] **2** FIG. *(frenare, contenere)* to tame, to stem [*inflazione*]; to curb, to stem [*rivolta, malcontento*]; to stem [*avanzata, sviluppo*]; to contain, to control [*epidemia*].

arginatura /ardʒina'tura/ f. → **arginamento.**

▷ **argine** /'ardʒine/ m. **1** *(di corso d'acqua)* bank, embankment; *(diga)* dyke, dike AE; *~ naturale* levee AE; *il fiume ruppe gli -i* the river broke its banks **2** FIG. *(freno)* *mettere* o *porre un ~ a qcs.* to clamp down on sth.

arginnide /ar'dʒinnide/ f. fritillary.

argo /'argo/ m. argon.

Argo /'argo/ n.pr.f. Argos.

argomentare /argomen'tare/ [1] intr. (aus. *avere*) to argue (**in favore di** for, in favour of; **contro** against).

argomentazione /argomentat'tsjone/ f. argumentation; *la sua ~ principale è che* his main argument is that; *presentare* o *trovare buone -i a favore di, contro* to make a good case for, against.

▶ **argomento** /argo'mento/ m. **1** *(tema, oggetto)* subject, (subject) matter, topic; *~ di conversazione* talking point, topic of conversation; *~ di discussione* debating point, matter of contention; *essere ~ di congetture* to be a matter for conjecture; *trattare un ~* to deal with a topic; *trattare gli stessi argomenti* [*insegnanti, articoli*] to cover the same ground; *torniamo all'~* let's get back to the subject; *uscire dall'~* to go off the point; *cambiare ~* to change the subject; *passare a un altro ~ di conversazione* to switch the conversation to another topic; *siete pregati di restare in ~* please speak to the point; *entrare nel vivo dell'~* to get to the heart of the matter; *l'~ in questione, in discussione* the matter in hand, under discussion; *qual è l'~ della tua tesi di laurea?* what's your thesis on? *fare un tema su un ~ a scelta* to write an essay on a subject *o* topic of one's own choice **2** *(argomentazione, prova)* argument (**a favore di, a sostegno di** for; **contro** against); *addurre validi -i a favore di qcs.* to make a good case for sth. **3** MAT. argument.

argon /'argon/ → **argo.**

argonauta /argo'nauta/ m. MITOL. Argonaut.

arguibile /argu'ibile/ agg. deducible, inferable.

arguire /argu'ire/ [102] tr. to deduce, to infer (**da** from).

argutamente /arguta'mente/ avv. wittily, subtly, pithily.

argutezza /argu'tettsa/ → **arguzia.**

arguto /ar'guto/ agg. [*persona, frase*] witty, sharp.

arguzia /ar'guttsja/ f. **1** *(battuta arguta)* witticism, quip, pleasantry FORM. **2** *(acutezza)* wit.

▶ **aria** /'arja/ f. **1** *(elemento)* air; *~ fresca, umida* fresh, damp air; *~ viziata* foul *o* stale *o* frowsty BE air; *cambiare l'~* to clear the air; *cambiare l'~ a una stanza* to freshen the air in a room; *fare prendere ~ a* to air [*vestito, letto*]; *uscire a prendere una boccata d'~* to go out for a breath of (fresh) air; *qui manca l'~* it's stuffy in here; *farsi ~* to fan oneself (**con** with); *essere a tenuta d'~* to be air-proof *o* airtight; *vuoto d'~* air pocket **2** *(clima, atmosfera)* *~ di mare, di montagna* sea, mountain air; *~ buona* fresh air; *c'è ~ di temporale* it's thundery; *all'~ aperta* in the open air, outdoors; *la vita all'~ aperta* outdoor life; *giocare all'~ aperta* to play outdoors **3** *(spazio libero verso il cielo)* air; *tirare* o *lanciare qcs. in ~* to throw sth. up into the air; *sollevarsi in* o *nell'~* to rise up into the air; *rimanere (sospeso) in ~* to stay in the air; *sparare (un colpo) in ~* to shoot into the air; *in linea d'~* as the crow flies; *a mezz'~* in midair (anche FIG.); *mal d'~* airsickness **4** *(brezza, vento)* breeze, wind; *non c'è ~* o *un filo d'~* there isn't a breath of air; *uno spostamento d'~* a blast, a rush of air; *corrente d'~ (in una stanza)* draught BE, draft AE; *colpo d'~* chill; *prendere un colpo d'~* to get a chill **5** *(espressione, aspetto)* expression, air; *un'~ divertita* a look of amusement; *con ~ innocente, indifferente* with an air of innocence, indifference; *con un'~ afflitta* with a pained expression; *avere un'~ strana* to look odd *o* funny; *ha un'~ stranamente familiare* she looks strangely familiar; *ha un'~ per bene* he looks respectable; *c'è un'~ di famiglia fra voi due* you two share a family likeness; *la casa ha* *l'~ di una catapecchia* the house looks like a slum; ***la loro storia ha (tutta) l'~ di (essere) una menzogna*** their story sounds like a lie (to me); ***ne ha tutta l'~*** it seems *o* looks like it to me **6** *(atmosfera)* ***un'~ di festa*** a festive air, a holiday spirit **7** *(melodia)* air; *(d'opera)* aria* **8** AUT. choke; ***tirare l'~*** to pull out the choke **9 in aria, per aria** *(in alto)* ***guardare in ~*** to look up; ***avere le braccia, i piedi per ~*** to have one's arms, one's feet (up) in the air; *(in sospeso)* ***essere in*** o ***per ~*** [*progetto*] to be up in the air ◆ ***hai bisogno di cambiare ~*** you need a change of air *o* of scene; ***vivere d'~*** to live on fresh air; ***darsi delle -e*** to put on airs; ***fare castelli in ~*** to build castles in the air *o* in Spain AE; ***campato in ~*** [*progetto, idea*] airy-fairy BE; ***le loro statistiche erano completamente campate in ~*** they produced these figures out of thin air; ***buttare all'~*** COLLOQ. *(mettere in disordine)* to muss up [*fogli, oggetti*]; *(far fallire, rendere vano)* → ***mandare all'~***; ***mandare all'~*** to mess up, to foul up, to screw up BE [*piano*]; ***mandare tutto all'~*** COLLOQ. to foul things up, to upset the apple cart; ***mandare qcn. a gambe all'~*** to send sb. flying; ***andare in giro col sedere all'~*** COLLOQ. to walk around with a bare bottom; ***stare a pancia all'~*** to laze about; ***sentire che ~ tira*** to see which way the wind blows; ***tira una brutta ~*** you could cut the air with a knife; ***tira un'~ nuova*** there is a new spirit abroad; ***c'è qualcosa nell'~*** there's something in the air; ***c'è ~ di tempesta*** FIG. there's trouble brewing; ***~...!*** *(vattene)* off with you! take a hike! go (and) fly a kite! AE ◆◆ ***~ compressa*** compressed air; ***~ condizionata*** *(impianto)* air-conditioning; *(che si respira)* conditioned air; ***~ fritta*** FIG. hot air; ***~ liquida*** liquid air.

aria-aria /arja'arja/ agg.inv. [*missile*] air-to-air.

1.arianesimo /arja'nezimo/ m. RELIG. Arianism.

2.arianesimo /arja'nezimo/ m. STOR. Aryanism.

Arianna /a'rjanna/ n.pr.f. Ariadne; ***filo d'~*** Ariadne's thread.

1.ariano /a'rjano/ **I** agg. RELIG. Arian **II** m. (f. **-a**) RELIG. Arian.

2.ariano /a'rjano/ **I** agg. **1** LING. Aryan **2** *(secondo la concezione razzista)* ***la razza -a*** the Aryan Race **II** m. (f. **-a**) *(indoeuropeo)* Aryan; *(secondo la concezione razzista)* Aryan.

aria-superficie /arjasuper'fitʃe/, **aria-terra** /arja'tɛrra/ agg.inv. [*missile*] air-to-ground, air-to-surface.

aridamente /arida'mente/ avv. aridly.

aridità /aridi'ta/ f.inv. **1** *(di terra)* barrenness, dryness, aridity; *(di clima)* dryness, aridity **2** *(di argomento, materia)* dryness, dullness **3** *(insensibilità)* ***~ di cuore*** hard-heartedness.

▷ **arido** /'arido/ agg. **1** [*terra*] barren, dry, arid; [*clima*] dry, arid **2** FIG. *(privo di vivacità)* [*argomento, materia*] dry, dull; ***è un testo ~*** it makes very dry reading **3** *(insensibile)* [*cuore*] cold; [*persona*] hard-hearted.

aridocoltura /aridokol'tura/ f. dry farming.

arieggiare /arjed'dʒare/ [1] tr. **1** *(far entrare l'aria)* to air, to ventilate [*stanza*]; *(esporre all'aria)* to air [*lenzuola*] **2** FIG. *(somigliare a)* to look like; *(imitare)* to imitate.

Ariele /a'rjɛle/ n.pr.m. Ariel.

ariete /a'rjɛte/ m. **1** ZOOL. ram **2** MIL. STOR. (battering-)ram.

Ariete /a'rjɛte/ ➧ **38** m.inv. ASTROL. Aries, the Ram; ***essere dell'~*** o ***un ~*** to be (an) Aries.

arietta /a'rjetta/ f. breeze.

aringa, pl. **-ghe** /a'ringa, ge/ f. herring*; ***filetto d'~*** fillet of herring, herring fillet ◆◆ ***~ affumicata*** kipper, bloater.

ario, pl. **arii, arie** /'arjo, 'arii, 'arje/ **I** agg. STOR. Aryan **II** m. (f. **-a**) STOR. Aryan.

Ario /'arjo/ n.pr.m. Arius.

ariosamente /arjosa'mente/ avv. with a light stile, with a lively style.

ariosità /arjosi'ta/ f.inv. *(di stanza, casa)* airiness; *(di luogo)* breeziness; FIG. *(di stile)* liveliness.

arioso /a'rjoso/ agg. **1** *(aerato)* [*stanza, casa*] airy; [*luogo*] breezy **2** FIG. [*stile*] light, lively.

1.arista /a'rista/ f. BOT. arista.

2.arista /'arista/ f. *(taglio di carne)* loin of pork; GASTR. = roast loin of pork typical of Tuscany.

aristato /aris'tato/ agg. aristate.

Aristide /a'ristide/ n.pr.m. Aristides.

aristocraticamente /aristokratika'mente/ avv. aristocratically.

▷ **aristocratico**, pl. **-ci, -che** /aristo'kratiko, tʃi, ke/ **I** agg. aristocratic; [*ambiente*] upper-class **II** m. (f. **-a**) aristocrat.

aristocrazia /aristokrat'tsia/ f. **1** aristocracy **2** FIG. élite.

Aristofane /aris'tɔfane/ n.pr.m. Aristophanes.

aristolochia /aristo'lɔkja/ f. birthwort.

Aristotele /aris'tɔtele/ n.pr.m. Aristotle.

aristotelico, pl. **-ci, -che** /aristo'tɛliko, tʃi, ke/ **I** agg. Aristotelian **II** m. (f. **-a**) Aristotelian.

aristotelismo /aristote'lizmo/ m. Aristotelianism.

▷ **aritmetica** /arit'mɛtika/ f. arithmetic.

aritmeticamente /aritmetika'mente/ avv. arithmetically.

▷ **aritmetico**, pl. **-ci, -che** /arit'mɛtiko, tʃi, ke/ **I** agg. arithmetical; ***media, progressione -a*** arithmetic mean, progression **II** m. (f. **-a**) arithmetician.

aritmia /arit'mia/ f. arrhythmia.

aritmico, pl. **-ci, -che** /a'ritmiko, tʃi, ke/ agg. arrhythmic(al).

arlecchinata /arlekki'nata/ f. harlequinade.

arlecchinesco, pl. **-schi, -sche** /arlekki'nesko, ski, ske/ agg. of harlequin.

arlecchino /arlek'kino/ **I** m. harlequin (anche FIG.) **II** agg.inv. harlequin; ***alano ~*** harlequin (great) Dane; ***moretta ~*** harlequin duck.

▶ **arma**, pl. **-i** /'arma/ **I** f. **1** *(oggetto)* weapon; *(da fuoco)* gun; ***portare un'~*** to carry a weapon; ***puntare un'~ contro qcn.*** to point a weapon at sb.; ***caricare un'~*** to load a gun; ***usare qcs. come ~*** to use sth. as a weapon; ***tenere qcn. sotto la minaccia di un'~ (da fuoco)*** to hold sb. at gunpoint; ***porto d'-i*** gun licence BE, gun license AE; ***traffico d'-i*** arms trade; ***trafficante d'-i*** arms dealer *o* smuggler, gunrunner; ***fatto d'-i*** feat of arms **2** FIG. weapon; ***la calunnia è un'~ temibile*** slander is a formidable weapon; ***usare qcs. come un'~ contro qcn.*** to use sth. as a weapon against sb. **3** MIL. *(corpo dell'esercito)* arm, branch (of the army); ***in quale ~ hai fatto il servizio militare?*** which branch of the army did you do your military service in? **II armi** f.pl. MIL. *(servizio militare)* ***chiamare alle -i*** *(in tempo di pace)* to call up (for military service); *(in caso di guerra)* to call to arms; ***andare sotto le -i*** to go into the army; ***compagno d'-i*** companion in arms, comrade-in-arms; ***piazza d'-i*** parade ground; FIG. = very big room or house ◆ ***essere un'~ a doppio taglio*** to be a double-edged *o* two-edged sword; ***in -i*** [*popolo, soldati, insorti*] armed; ***all'-i!*** to arms! ***-i e bagagli*** bag and baggage, trappings; ***ad -i pari*** [*combattere*] on equal terms; ***alle prime -i*** [*artista, avvocato*] fledg(e)ling; ***levarsi in -i*** to rise up in revolt; ***prendere le -i*** to take up arms; ***gettare le -i*** to throw down one's arms; ***deporre le -i*** to lay down one's arms; ***affilare le -i*** = to get ready to fight; ***passare qcn. per le -i*** to execute sb. by firing squad; ***battere qcn. con le sue, loro stesse -i*** to beat sb. at his, their own game ◆◆ ***~ automatica*** automatic, self-loader; ***~ atomica*** → ***~ nucleare***; ***l'~ azzurra*** = the Italian air force; ***~ bianca*** cold steel; ***~ chimica*** chemical weapon; ***~ del delitto*** murder weapon; ***~ da fianco*** side arm; ***~ da fuoco*** firearm; ***~ impropria*** DIR. = an object which, though not conventionally a weapon, can be employed as one; ***~ nucleare*** nuclear weapon, nuke COLLOQ.; ***~ d'ordinanza*** service gun; ***~ a ripetizione*** repeating firearm, repeater; ***~ segreta*** secret weapon; ***~ semiautomatica*** semiautomatic; ***-i convenzionali*** conventional weapons; ***-i di distruzione di massa*** weapons of mass destruction, WMD; ***-i leggere*** small arms; ***-i da offesa*** weapons of offence BE *o* offense AE.

armacollo: **ad armacollo** /adarma'kɔllo/ avv. slung over the shoulder.

armadietto /arma'djetto/ m. cabinet ◆◆ ***~ da bagno*** bathroom cabinet; ***~ dei medicinali*** medicine cabinet; ***~ metallico*** locker.

armadillo /arma'dillo/ m. armadillo*.

▷ **armadio**, pl. **-di** /ar'madjo, di/ m. **1** *(mobile)* wardrobe **2** FIG. *(persona)* ***è un ~*** he's a strapping fellow ◆◆ ***~ della biancheria*** linen closet *o* cupboard; ***~ a muro*** wall cupboard, built-in wardrobe; ***~ a vetri*** glass-fronted cupboard.

armaiolo /arma'jɔlo/ ➧ **18** m. **1** (f. **-a**) *(chi fabbrica, ripara)* armourer BE, armorer AE; *(di armi da fuoco)* gunsmith **2** MIL. armour BE, armorer AE.

armamentario, pl. **-ri** /armamen'tarjo, ri/ m. instruments pl.; SCHERZ. COLLOQ. *(attrezzatura)* paraphernalia + verbo sing.

▷ **armamento** /arma'mento/ m. **1** *(armi in dotazione)* *(di soldato, nazione, esercito)* armament, weapons pl., weaponry; ***~ leggero, pesante*** light, heavy armament; ***munito di ~ leggero, pesante*** light-, heavy-armed **2** *(potenziale bellico)* arms; ***corsa agli -i*** arms race; ***riduzione degli -i*** arms control **3** FERR. superstructure **4** MAR. outfitting.

▶ **armare** /ar'mare/ [1] **I** tr. **1** *(munire di armi)* to arm [*truppe, esercito, veicolo*] (**con** with; **contro** against) **2** *(predisporre allo sparo)* to cock [*arma*] **3** EDIL. to reinforce [*cemento*] (**con** with) **4** MAR. *(dotare di equipaggiamento)* to fit out, to apparel, to rig* [*nave*] **5** STOR. ***~ qcn. cavaliere*** to dub sb. (a) knight, to knight sb. **II armarsi** pronom. **1** *(munirsi d'armi)* to arm oneself (**di** with) **2** FIG. *(dotarsi)* ***-rsi di*** to arm oneself with, to summon up [*coraggio, pazienza*].

armata /ar'mata/ f. **1** *(forza navale)* armada; ***l'Invincibile Armata*** the (Spanish) Armada **2** *(esercito)* army; ***corpo d'~*** corps; ***generale d'~*** general ◆◆ ***l'~ Rossa*** the Red Army.

armato /ar'mato/ **I** p.pass → **armare II** agg. **1** *(munito di armi)* [*persona, gruppo, conflitto, rivolta, scorta*] armed (**di** with); ***rapina a mano -a*** armed robbery **2** FIG. *(dotato)* equipped, armed; ***~ di coraggio, pazienza*** armed with courage, patience **3** EDIL. ***cemento ~*** reinforced concrete, ferroconcrete **III** m. *(soldato)* man-at-arms*, soldier ◆ ***essere ~ fino ai denti*** to be armed to the teeth.

armatore /arma'tore/ **I** agg. ***società -trice*** shipping company **II** ➧ *18* m. (f. **-trice** /tritʃe/) **1** MAR. ship owner, shipping magnate **2** FERR. platelayer BE, tracklayer AE.

armatura /arma'tura/ f. **1** STOR. MIL. armour BE, armor AE; ***un'~*** a suit of armour **2** BOT. ZOOL. armature, armour BE, armor AE **3** *(telaio)* framework **4** EDIL. *(di edificio)* shell; *(nel cemento armato)* reinforcement rod **5** EL. *(di condensatore elettrico)* armature; *(di cavo)* armour BE, armor AE **6** TESS. weave.

arme /'arme/ f. ARALD. arms pl.

armeggiare /armed'dʒare/ [1] intr. (aus. *avere*) **1** *(affaccendarsi)* to bustle (about); ***~ intorno a*** to meddle with [*macchina*] **2** *(intrigare)* to plot; ***~ per ottenere qcs.*** to scheme to obtain sth.

armeggio, pl. **-ii** /armed'dʒio, ii/ m. **1** *(movimento)* bustling (about) **2** *(intrigo)* intrigue **U**, scheme.

armeggione /armed'dʒone/ m. (f. **-a**) **1** *(chi si affaccenda)* bustler **2** *(imbroglione)* schemer.

Armenia /ar'mɛnja/ ➧ *33* n.pr.f. Armenia.

armeno /ar'mɛno/ ➧ *25, 16* **I** agg. Armenian **II** m. (f. **-a**) **1** *(persona)* Armenian **2** *(lingua)* Armenian.

armento /ar'mento/ m. *(di bovini, ovini)* herd.

1.armeria /arme'ria/ f. **1** MIL. *(deposito)* armoury BE, armory AE; *(in una casa)* gunroom **2** *(negozio)* gunsmith's.

2.armeria /ar'mɛrja/ f. BOT. thrift.

armiere /ar'mjɛre/ m. **1** → **armaiolo 2** MIL. *(in aeronautica)* gunner.

armigero /ar'midʒero/ m. armiger*.

armillare /armil'lare/ agg. armillary.

armistizio, pl. **-zi** /armis'tittsjo, tsi/ m. armistice; FIG. truce.

armo /'armo/ m. *(di vogatori)* crew.

▷ **armonia** /armo'nia/ f. **1** *(intesa, combinazione piacevole)* harmony; ***~ familiare*** domestic harmony; ***in ~ con*** in harmony with; ***vivere in perfetta ~ con*** to live in perfect harmony with; ***essere in ~ con*** to be in keeping with [*politica, immagine*] **2** MUS. *(insieme di accordi)* harmony; *(teoria)* harmonics **3** LING. ***~ vocalica*** vowel harmony.

armonica, pl. **-che** /ar'mɔnika, ke/ ➧ *34* f. **1** *(strumento)* harmonica, mouth organ **2** FIS. MUS. harmonic; ***seconda, terza ~*** second, third harmonic.

armonicamente /armonika'mente/ avv. harmonically.

armonico, pl. **-ci**, **-che** /ar'mɔniko, tʃi, ke/ agg. harmonic; ***cassa -a*** sounding board.

armoniosamente /armonjosa'mente/ avv. harmoniously.

armoniosità /armonjosi'ta/ f.inv. *(di figura)* harmony, neatness, shapeliness.

armonioso /armo'njoso/ agg. [*musica, stile, voce, colori*] harmonious; [*gesti*] graceful; [*figura*] neat, shapely; ***formare un insieme ~*** to blend harmoniously.

armonista, m.pl. **-i**, f.pl. **-e** /armo'nista/ m. e f. harmonist.

armonium /ar'mɔnjum/ ➧ *34* m.inv. harmonium.

armonizzare /armonid'dzare/ [1] **I** tr. **1** MUS. to harmonize **2** FIG. *(mettere in accordo)* to harmonize, to blend [*colori, abiti*] **II** intr. (aus. *avere*) to harmonize (**con** with) **III armonizzarsi** pronom. [*colore, aspetto*] to harmonize (**con** with); ***-rsi con*** to be in keeping with [*paesaggio, area, paese*].

armonizzazione /armoniddzat'tsjone/ f. harmonization.

▷ **arnese** /ar'nese/ m. **1** *(attrezzo, utensile)* tool, implement; *(da cucina)* utensil; ***-i da giardinaggio*** garden tools; ***-i da lavoro*** kit, work tools **2** COLLOQ. *(aggeggio, coso)* gadget, contraption, thingamabob **3** COLLOQ. *(pene)* tool, joystick AE ◆ ***male in ~*** down-at-heel.

arnia /'arnja/ f. (bee)hive.

arnica, pl. **-che** /'arnika, ke/ f. arnica.

arnoglossa /arno'glɔssa/ f. ribwort.

Arnoldo /ar'nɔldo/ n.pr.m. Arnold.

aro /'aro/ m. arum.

Aroldo /a'rɔldo/ n.pr.m. Harold.

aroma /a'rɔma/ m. **1** *(odore)* aroma* **2** GASTR. *(additivo alimentare)* flavouring BE, flavoring AE; ***"~ naturale"*** "natural flavouring"; ***-i*** *(spezie)* spices, herbs.

aromaterapia /aromatera'pia/ f. aromatherapy.

aromatico, pl. **-ci**, **-che** /aro'matiko, tʃi, ke/ agg. aromatic (anche CHIM.); ***pianta -a*** aromatic; ***erba -a*** herb.

aromatizzante /aromatid'dzante/ m. flavouring BE, flavoring BE.

aromatizzare /aromatid'dzare/ [1] tr. to aromatize, to flavour BE, to flavor AE; *(con spezie)* to spice, to season.

aromatizzato /aromatid'dzato/ **I** p.pass. → **aromatizzare II** agg. flavoured BE, flavored AE ; *(con spezie)* spiced, spicy; ***~ al limone*** lemon-flavoured.

Aronne /a'rɔnne/ n.pr.m. Aaron.

arpa /'arpa/ ➧ *34* f. harp; ***suonare l'~*** to harp ◆◆ ***~ eolia*** aeolian, wind harp.

arpeggiare /arped'dʒare/ [1] **I** intr. (aus. *avere*) to harp **II** tr. ***~ un accordo*** to play a chord in arpeggio.

arpeggiato /arped'dʒato/ **I** p.pass. → **arpeggiare II** agg. played in arpeggio; ***accordo ~*** broken chord.

arpeggio, pl. **-gi** /ar'peddʒo, dʒi/ m. arpeggio*.

arpia /ar'pia/ f. **1** MITOL. harpy; ***le -e*** the Harpies **2** FIG. harpy **3** ORNIT. harpy eagle.

arpicordo /arpi'kɔrdo/ m. harpsichord.

arpionare /arpjo'nare/ [1] tr. to harpoon.

arpione /ar'pjone/ m. **1** PESC. harpoon; ***lanciare l'~*** to throw a harpoon **2** *(cardine)* hinge **3** MECC. *(nottolino)* pawl **4** *(in alpinismo)* ice piton.

arpionismo /arpjo'nizmo/ m. ratchet-gear.

arpista, m.pl **-i**, f.pl. **-e** /ar'pista/ ➧ *34, 18* m. e f. harpist, harper.

arrabattarsi /arrabat'tarsi/ [1] pronom. to do* one's utmost; ***~ per ottenere qcs.*** to go all out to obtain sth.

▶ **arrabbiare** /arrab'bjare/ [1] **I** intr. (aus. *essere*) *(prendere la rabbia)* [*cane*] to catch* rabies **II arrabbiarsi** pronom. to get* angry, to get* cross, to get* annoyed (**con qcn.** with sb.; **per qcs.** about, for sth.); ***-rsi facilmente*** to be on a short fuse; ***non è il caso di -rsi*** there is no need for anger; ***non arrabbiarti!*** take it easy! ◆ ***far ~ qcn.*** to make sb. angry *o* cross, to annoy sb., to get sb.'s hackles up.

arrabbiata /arrab'bjata/ → **arrabbiatura.**

arrabbiato /arrab'bjato/ **I** p.pass. → **arrabbiare II** agg. **1** *(idrofobo)* rabid **2** *(incollerito)* ***essere ~*** to be angry *o* cross *o* annoyed (**con qcn.** with sb.; **per qcs.** about, for sth.); ***-issimo*** hopping (mad) **3** *(accanito)* rageful; ***fumatore ~*** chain-smoker **4 all'arrabbiata** GASTR. = with hot chilli pepper based sauce.

arrabbiatura /arrabbja'tura/ f. fit of anger, rage; ***prendersi un'~*** to fly into a rage *o* temper.

arraffare /arraf'fare/ [1] tr. **1** *(afferrare)* to grab, to make* a grab for [*dolci, provviste*] **2** *(rubare)* to pocket, to snatch [*soldi, gioielli*].

arraffone /arraf'fone/ m. (f. **-a**) freeloader.

arrampicare /arrampi'kare/ [1] **I** intr. (aus. *avere*) [*alpinista*] to climb, to go* climbing **II arrampicarsi** pronom. **1** to climb; *(faticosamente)* to clamber, to scramble; ***-rsi su*** to shin up, to climb (up) [*albero*]; to climb [*corda, muro*]; to climb up [*scala*]; to climb over [*rocce*]; to swarm up [*collina*] **2** [*pianta*] to creep*; ***-rsi lungo*** to climb along [*muro*] **3 *-rsi su*** [*autoveicolo*] to climb, to struggle up [*collina, salita*] ◆ ***-rsi sugli specchi*** to clutch at straws.

arrampicata /arrampi'kata/ f. **1** climb, climbing; *(faticoso)* clamber up **2** SPORT climb, climbing; ***scarpetta da ~*** climbing shoe *o* boot ◆◆ ***~ artificiale*** artificial climbing; ***~ in opposizione*** bridging.

arrampicatore /arrampika'tore/ m. (f. **-trice** /tritʃe/) climber ◆◆ ***~ sociale*** social climber.

arrancare /arran'kare/ [1] intr. (aus. *avere*) **1** *(camminare zoppicando)* to walk with a limp, to limp **2** *(procedere lentamente)* [*persona*] to trudge; [*carro*] to lurch; [*veicolo*] to chug.

arrangiamento /arrandʒa'mento/ m. **1** *(accordo)* agreement, arrangement **2** MUS. arrangement.

▷ **arrangiare** /arran'dʒare/ [1] **I** tr. **1** *(aggiustare, sistemare)* to arrange [*vestito*] **2** COLLOQ. *(preparare alla meglio)* to knock together, to throw* together [*pasto*] **3** MUS. to arrange [*brano*] **4** COLLOQ. FIG. *(conciare per le feste)* ***ti arrangio io!*** I'll do you! **II arrangiarsi** pronom. **1** *(cavarsela)* to fend for oneself, to make* do; ***arrangiati!*** sort it out yourself! **2** *(vivere di espedienti)* to get* by **3** *(mettersi d'accordo)* to come* to an agreement.

arrangiatore /arrandʒa'tore/ ➧ *18* m. (f. **-trice** /tritʃe/) arranger.

arrapare /arra'pare/ [1] tr. POP. to sex up, to turn on [*persona*].

arrapato /arra'pato/ **I** p.pass. → **arrapare II** agg. POP. horny.

arrecare /arre'kare/ [1] tr. **1** ANT. *(portare)* to bring* **2** FIG. *(causare)* to cause [*danni*]; ***~ sollievo a qcn.*** to bring *o* give relief to sb.; ***non vorrei arrecarle disturbo*** I don't want to cause you any inconvenience.

▷ **arredamento** /arreda'mento/ m. **1** *(azione)* furnishing **2** *(mobilio)* furniture **U**, furnishings pl., decor ◆◆ ***~ d'interni*** interior design; ***~ di negozi*** shop fitting BE.

▷ **arredare** /arre'dare/ [1] tr. to furnish [*appartamento*] (**con** with); ***~ qcs. come un ufficio*** to fit sth. out as an office.

arredatore /arreda'tore/ ◗ *18* m. (f. **-trice** /tritʃe/) *(di interni)* interior designer; *(di negozi)* shop fitter BE.

arredo /ar'rɛdo/ m. furniture **U**, fittings pl.; *(per l'ufficio)* equipment ◆◆ **~ *di scena*** set piece; **~ *urbano*** street furniture.

arrembaggio, pl. **-gi** /arrem'baddʒo, dʒi/ m. boarding; ***all'~!*** stand by to board! FIG. at it, lads! ***andare all'~ di una nave*** to board a ship.

arrembare /arrem'bare/ [1] tr. to board.

▷ **arrendersi** /ar'rɛndersi/ [10] pronom. **1** *(darsi vinto)* [*truppe, esercito, città*] to surrender, to yield (**a** to); [*criminale*] to give* oneself up (**a** to); ***arrendetevi, siete circondati!*** give yourself up, you're surrounded! **~ *senza opporre resistenza*** to give up without a struggle; **~ *senza condizioni*** to surrender unconditionally **2** *(cedere)* to give* in, to give* up; **~ *all'evidenza*** to yield before the facts; **~ *al destino*** to submit to fate; ***mi sono arreso al dessert*** I gave up when it came to the dessert.

arrendevole /arren'devole/ agg. [*persona*] compliant, flexible, pliable.

arrendevolezza /arrendevo'lettsa/ f. compliancy, pliability.

▶ **arrestare** /arres'tare/ [1] **I** tr. **1** *(fermare, bloccare)* to stop, to halt [*declino*]; to block, to stunt [*sviluppo*]; to block, to stop [*avanzata*]; to block [*fuga*]; to stem [*aumento, inflazione*]; to stop [*attività, produzione*]; to shut* down [*macchinario*]; to stop, to halt [*veicolo*]; **~ *l'emorragia*** to stop the bleeding **2** *(catturare)* to arrest, to apprehend; **~ *qcn. per sospetto omicidio*** to arrest sb. on suspicion of murder **II arrestarsi** pronom. **1** *(fermarsi)* [*persona*] to stop; [*veicolo, lavoro*] to come* to a standstill; [*cuore*] to fail **2** INFORM. [*programma*] to abort.

arrestato /arres'tato/ **I** p.pass. → **arrestare II** agg. arrested **III** m. (f. **-a**) arrested person.

▷ **arresto** /ar'rɛsto/ **I** m. **1** *(fermata)* stop, stopping; ***aspettare l'~ definitivo del treno, dell'aereo*** wait until the train, plane has come to a complete stop; ***la produzione ha subito un ~*** the production has come to a standstill; ***battuta d'~*** setback; ***segnale d'~*** stop signal; ***luce di ~*** stop light **2** MED. *(di funzione di organo)* failure **3** DIR. arrest, apprehension; ***essere in (stato di) ~*** to be under arrest; ***trarre qcn. in ~*** to put sb. under arrest; ***procedere all'~ di qcn.*** to arrest sb.; ***mandato d'~*** arrest warrant **II arresti** m.pl. MIL. arrest; ***essere agli -i*** to be under arrest ◆◆ **~ *cardiaco*** cardiac arrest, heart failure; ***-i domiciliari*** house arrest; ***-i di rigore*** close arrest; ***-i semplici*** confinement (to barracks).

arretramento /arretra'mento/ m. *(delle acque, del mare)* recession; *(ritirata di esercito)* withdrawal; ***l'~ della foresta amazzonica*** the gradual disappearance of the Amazonian forest.

arretrare /arre'trare/ [1] **I** tr. to withdraw*, to move back **II** intr. (aus. *essere*) [*persona*] to draw* back, to step back; [*veicolo*] to back up, to reverse; MIL. to withdraw* (from a position).

arretratezza /arretra'tettsa/ f. *(scarso sviluppo) (di cultura, economia)* backwardness.

▷ **arretrato** /arre'trato/ **I** p.pass. → **arretrare II** agg. **1** *(situato indietro)* [*posizione*] rearward **2** COMM. ECON. [*lavoro, pagamento*] outstanding; ***affitto ~*** rent arrears, back rent; ***interessi, ordinativi -i*** back interest, orders **3** *(pubblicato in precedenza)* ***numero ~*** back number *o* issue **4** *(antiquato)* [*idee, pratica*] outdated; *(rimasto indietro)* [*paese, società, cultura, economia*] backward **III** m. **1** *(somma non saldata)* arrearage; ***gli -i*** arrears; ***-i sulla paga*** back pay **2** *(di lavoro)* backlog **3** *(di giornale, rivista)* back number, back issue **4 in ~** ***essere in ~ con*** to be in arrears with, to fall behind with BE *o* in AE [*pagamenti, affitto*].

arri /'arri/ inter. *(per cavallo)* giddy up, gee.

arricchimento /arrikki'mento/ m. **1** enrichment, enhancement **2** CHIM. *(di minerale)* enrichment, beneficiation.

▷ **arricchire** /arrik'kire/ [102] **I** tr. **1** *(finanziariamente)* to make* rich, to enrich [*persona, paese*] **2** *(aumentare)* to enrich, to enhance [*collezione, conoscenze, opera*] (**di** with); ***questa esperienza l'ha arricchita*** this experience enriched her **3** CHIM. to enrich [*alimento, uranio*] **II arricchirsi** pronom. **1** [*persona*] to grow* rich, to get* rich **2** [*collezione, lingua, esperienza, conoscenze*] to be* enriched (**di, con** with) **3** CHIM. [*minerale*] to be* enriched.

arricchito /arrik'kito/ **I** p.pass. → **arricchire II** agg. **1** [*persona*] enriched; SPREG. jumped-up **2** CHIM. [*alimento, sostanza*] enriched (**di** with); **~ *di vitamine*** fortified with vitamins **III** m. (f. **-a**) parvenu.

arricciacapelli /arrittʃaka'pelli/ m.inv. curling tongs pl., crimping-iron, styling tongs pl. AE.

arricciamento /arrittʃa'mento/ m. crispation.

arricciare /arrit'tʃare/ [1] **I** tr. **1** *(rendere riccio)* to curl [*capelli*]; to curl, to twirl [*baffi*]; **~ *i capelli a qcn.*** to curl sb.'s hair **2** *(increspare)* to crumple [*carta*]; **~ *il naso*** *(corrugare)* to wrinkle one's nose (**per** at); FIG. to turn one's nose up (**davanti a** at) **3** SART. **~ *un vestito in vita*** to gather a dress at the waist **II arricciarsi** pronom. **1 *-rsi i capelli*** to curl one's hair **2** *(diventare riccio)* [*capelli*] to curl.

arricciato /arrit'tʃato/ **I** p.pass. → **arricciare II** agg. **1** *(artificialmente riccio)* [*capelli*] curled; [*baffi*] curly **2** SART. gathered; ***balza -a*** frill **III** m. EDIL. rendering.

arricciatura /arrittʃa'tura/ f. **1** *(di capelli)* curling **2** SART. gather **3** EDIL. rendering.

arricciolare /arrittʃo'lare/ [1] tr. to curl.

arridere /ar'ridere/ [35] intr. (aus. *avere*) *(essere favorevole)* **~ *a qcn.*** [*destino, fortuna*] to smile on sb.

arringa, pl. **-ghe** /ar'ringa, ge/ f. **1** DIR. pleading **2** *(discorso pubblico)* harangue, declamation.

arringare /arrin'gare/ [1] tr. to harangue.

arrischiare /arris'kjare/ [1] **I** tr. **1** *(osare proporre, avanzare)* to hazard, to venture [*giudizio, spiegazione, risposta, domanda*] **2** *(mettere a rischio)* to risk [*vita, reputazione, onore*] **II arrischiarsi** pronom. **1** *(esporsi a un rischio)* to risk (**a fare** doing) **2** *(osare)* to dare (**a fare** do, to do).

arrischiato /arris'kjato/ **I** p.pass. → **arrischiare II** agg. [*impresa, decisione*] risky.

▶ **arrivare** /arri'vare/ [1] intr. (aus. *essere*) **1** *(giungere)* [*persona, aereo, treno, lettera*] to arrive (**a** at; **da** from; **con, in** by); [*pioggia, estate*] to come*; **~ *primo*** to come *o* arrive first; *(in una gara)* to come (in) *o* finish first; **~ *con il treno, in aereo*** to arrive by train, by plane; **~ *a Napoli, in Italia*** to arrive in Naples, in Italy; **~ *in centro (città)*** to reach the town centre; **~ *a casa*** to get home; ***arriverò da te nel pomeriggio, tardi*** I'll get to *o* arrive at your place in the afternoon, late; ***non è ancora arrivata*** she hasn't yet arrived, she hasn't arrived yet; ***chiamaci non appena sarai arrivato*** give us a call as soon as you arrive *o* get there; **~ *al momento opportuno*** to arrive *o* come at just the right moment; ***sono arrivato prima, dopo di te*** I got there before, after you; ***sbrigati, arriva il treno!*** hurry up, the train is coming! ***guarda chi arriva*** look who's coming; ***eccomi, arrivo!*** I'm coming! ***l'acqua arriva da questo tubo*** the water comes in through this pipe; ***questo progetto arriva nel momento in cui*** this plan comes at a time when; **~ *sul mercato*** [*società, prodotto*] to come on the market; **~ *(sino) a qcn.*** [*notizia, pettegolezzo, odore*] to reach sb. **2** COLLOQ. *(come regalo, sorpresa ecc.)* ***che cosa ti è arrivato per il compleanno?*** what did you get for your birthday? ***gli è arrivato un ceffone*** SCHERZ. he got a slap **3** *(raggiungere un determinato punto)* ***l'acqua ci arrivava alla vita*** the water came up to our waist, the water was waist-deep; ***i pantaloni gli arrivavano appena alle caviglie*** his trousers barely came down to his ankles; ***i capelli le arrivavano fino alla vita*** her hair reached down to her waist; ***riesco appena ad arrivarci*** I can just about reach it; ***sono appena arrivato al capitolo in cui*** I've just come to the chapter where; ***a che pagina siamo arrivati?*** what page have we got up to? ***a che punto sono arrivati col lavoro?*** how far have they got with the work? ***come si può ~ a questo punto?*** FIG. how could *o* can it have come to this? ***fin dove arriva l'occhio*** as far as the eye can see; *(estendersi)* **~ *(fino) a*** [*foresta, spiaggia*] to stretch *o* extend to *o* as far as; [*coda, ingorgo*] to stretch (back) to, to tail back to **4** *(in un discorso, ragionamento)* **~ *a*** to come to, to reach [*conclusione*]; to get to [*dunque*]; ***dove vuoi ~?*** what are you driving at? ***ci arrivo subito*** I'll come to that in a moment **5** *(nel tempo)* **~ *a novant'anni*** to reach the age of ninety; ***la ferita è molto grave, probabilmente non arriverà a domani*** the wound is serious, he probably won't live till tomorrow **6** *(giungere al punto di)* **~ *a fare*** to extend to doing, to go as far as doing **7** *(riuscire)* **~ *a fare*** to manage to do, to succeed in doing; ***non arriverò mai a capire la matematica*** I'll never manage to understand maths **8** *(affermarsi socialmente)* [*persona*] to arrive, to be* successful; ***fare qualunque cosa per ~*** to do anything to succeed **9** *(in offerte, scommesse)* ***arriverò fino a 100 sterline*** I'll go as high as £100 **10 arrivarci** *(riuscire a capire)* ***non ci arrivo!*** it's beyond me! I can't get it! ***più di tanto non ci arriva!*** he's an intellectual lightweight ◆ ***chi tardi arriva, male alloggia*** PROV. first come first served; **~ *all'orecchio di qcn.*** to come to sb.'s ears.

arrivato /arri'vato/ **I** p.pass. → **arrivare II** agg. **1** ***ben ~!*** welcome! **2** *(affermato socialmente)* ***essere ~*** to be made; ***è un uomo ~*** he's a made man; ***credersi ~*** to think one has made it **III** m. (f. **-a**) **1** ***il primo, l'ultimo ~*** the first, last (person) to arrive; ***un nuovo ~*** *(in un luogo, club)* a newcomer, an incomer BE; *(in una comunità)* a new arrival; *(in una ditta)* a novice BE, a freshman AE **2** *(chi si è affermato socialmente)* successful person ◆ ***l'ultimo ~*** a mere nobody.

▷ **arrivederci** /arrive'dertʃi/ **I** inter. goodbye, bye(-bye) COLLOQ., so long COLLOQ.; ***~ a presto, a domani*** see you soon, tomorrow; ***dire ~ a qcn.*** to bid sb. goodbye, to say goodbye to sb. **II** m.inv. goodbye; ***è solo un ~*** it's just a see you soon.

arrivederla /arrive'derla/ inter. goodbye.

arrivismo /arri'vizmo/ m. pushiness, status seeking.

arrivista, m.pl. **-i**, f.pl. **-e** /arri'vista/ **I** agg. [*persona*] pushy, status seeking **II** m. e f. careerist, status seeker.

▷ **arrivo** /arri'vo/ **I** m. **1** *(di persona, veicolo, merce)* arrival; *(di stagione)* coming, advent; ***all'~ di qcn., qcs.*** on sb.'s, sth.'s arrival; ***aspettare l'~ di qcn.*** to wait for sb. to arrive; ***~ a Londra Heathrow alle 18,30*** arrival at London Heathrow, 18.30; ***in ~*** [*posta, chiamata, aereo, passeggeri*] incoming; ***aspettare qcn. all'~ (del treno)*** to meet sb. off BE *o* at AE sb.'s train; ***qual è la stazione di ~?*** what station does the train arrive at? ***orario di ~*** arrival time; ***lingua di ~*** LING. target language **2** *(persona)* ***un nuovo ~*** *(in un luogo, club)* a newcomer, an incomer BE; *(in una comunità)* a new arrival; *(in una ditta)* a new hand BE, a freshman AE; ***essere un nuovo ~ di una squadra*** to be a newcomer to a team **3** SPORT finish; ***all'~, prima dell'~*** at, before the finish; ***linea d'~*** finishing line; ***dirittura*** o ***rettilineo d'~*** home straight **II arrivi** m.pl. **1** COMM. *(merce arrivata)* arrivals, latest supplies **2** *(orari)* ***(tabellone degli) -i*** (board of) arrival times.

arroccamento /arrokka'mento/ m. **1** *(negli scacchi)* castling **2** MIL. ***linea di ~*** transversal route.

arroccare /arrok'kare/ [1] **I** tr. MIL. = to move the troops behind defence lines **II** intr. (aus. *avere*) *(negli scacchi)* to castle **III arroccarsi** pronom. to retreat (**in** into).

arrocco, pl. **-chi** /ar'rɔkko, ki/ m. *(negli scacchi)* castling.

arrochire /arro'kire/ [102] **I** intr. (aus. *essere*) to make* hoarse **II arrochirsi** pronom. to become* hoarse.

arrogante /arro'gante/ **I** agg. arrogant, insolent **II** m. e f. arrogant person.

arrogantemente /arrogante'mente/ avv. arrogantly, insolently.

arroganza /arro'gantsa/ f. arrogance, insolence.

arrogarsi /arro'garsi/ [1] pronom. to appropriate [*titolo*]; to assume, to arrogate FORM. [*diritto, privilegio, potere*]; to assume [*funzione*]; to claim [*merito*]; ***~ il diritto di fare*** to assume the right to do.

arrossamento /arrossa'mento/ m. *(di pelle, occhi)* irritation; *(di tonsille)* inflammation.

arrossare /arros'sare/ [1] **I** tr. [*tramonto*] to redden [*cielo*]; ***il freddo arrossava il loro volto*** the cold was turning their faces red **II arrossarsi** pronom. *(a causa del freddo, del caldo)* [*persona, pelle, viso, mano*] to go* red, to turn red.

arrossato /arros'sato/ **I** p.pass. → **arrossare II** agg. [*guance, viso, occhi*] red; ***aveva gli occhi -i dal pianto*** her eyes were red with weeping.

▷ **arrossire** /arros'sire/ [102] intr. (aus. *essere*) *(per l'emozione)* [*persona, viso*] to blush, to flush (**per**, **di** with); ***fare ~ qcn.*** to bring a blush to sb.'s cheeks; ***~ fino alla punta dei capelli*** to blush to the roots of one's hair.

arrostimento /arrosti'mento/ m. roasting.

▷ **arrostire** /arros'tire/ [102] **I** tr. *(cuocere arrosto)* to roast [*carne, castagne*]; ***fare ~*** to roast [*carne*]; ***fare ~ alla griglia*** to barbecue; ***~ qcs. allo spiedo*** to spitroast sth. **II** intr. (aus. *essere*) COLLOQ. *(esporsi al sole)* to toast, to broil **III arrostirsi** pronom. **1** GASTR. to toast, to broil **2** COLLOQ. *(esporsi al sole)* to toast, to broil.

▷ **arrosto** /ar'rɔsto/ **I** agg.inv. GASTR. ***carne ~*** roast meat; ***pollo ~*** roast chicken, roaster AE **II** m. roast; ***~ di vitello, maiale*** roast of veal, pork **III** avv. ***fare*** o ***cucinare ~*** to roast ◆ ***essere molto fumo e poco ~*** PROV. = to be all show.

arrotare /arro'tare/ [1] tr. **1** *(affilare)* to sharpen, to grind* [*lama, coltello*] **2** *(levigare)* to polish [*marmo*] **3** COLLOQ. *(investire)* to run* over **4** LING. ***~ le erre*** to roll one's "r"s ◆ ***~ i denti*** to grind *o* gnash one's teeth; ***~ la lingua*** to speak evil of sb.

arrotatrice /arrota'tritʃe/ f. grinder, polisher.

arrotatura /arrota'tura/ f. grinding.

arrotino /arro'tino/ ♦ ***18*** m. (knife) grinder.

arrotolamento /arrotola'mento/ m. rolling up, roll.

arrotolare /arroto'lare/ [1] **I** tr. *(su se stesso)* to roll up [*tappeto, foglio di carta, sacco a pelo, tenda, pantaloni*]; to roll [*cigarette*]; *(intorno a un asse)* to coil [*corda, spago*] (**intorno a** round); ***~ una bandiera attorno all'asta*** to furl a flag **II arrotolarsi** pronom. *(su se stesso)* [*tappeto, foglio di carta*] to roll up, to curl up; [*serpente*] to coil up; *(intorno a un asse)* [*corda, spago*] to coil itself (**intorno a** round).

arrotondamento /arrotonda'mento/ m. **1** *(di spigolo)* rounding off **2** *(di cifra)* rounding off **3** INFORM. half adjust.

arrotondare /arroton'dare/ [1] **I** tr. **1** *(rendere tondo)* to round off [*spigolo*] **2** to round off [*cifra, risultato*]; ***~ per eccesso, per difetto*** to round up, down **3** FIG. to supplement [*stipendio*] (**con** with) **4** FON. to round [*vocale*] **II arrotondarsi** pronom. [*volto, guance*] to fill out.

arrovellamento /arrovella'mento/ m. **1** *(tormento)* fretting **2** *(impegno)* striving.

arrovellarsi /arrovel'larsi/ [1] pronom. **1** *(tormentarsi)* to fret **2** *(darsi da fare)* to strive* (**per** to) ◆ ***~ il cervello*** to brick one's brain, to rack one's brains.

arroventare /arroven'tare/ [1] **I** tr. **1** *(rendere incandescente)* to make* red-hot **2** FIG. ***~ la folla*** to whip the crowd up into a frenzy, to inflame the crowd **II arroventarsi** pronom. **1** *(diventare incandescente)* [*metallo, tizzone*] to become* red-hot **2** FIG. to become* inflamed.

arroventato /arroven'tato/ **I** p.pass. → **arroventare II** agg. red-hot.

arrovesciare /arroveʃ'ʃare/ [1] tr. ***~ il capo*** to tip *o* tilt one's head back.

arruffamento /arruffa'mento/ m. *(di capelli)* dishevelment.

arruffapopoli /arruffa'pɔpoli/, **arruffapopolo** /arruffa'pɔpolo/ m. e f.inv. rabble-rouser.

arruffare /arruf'fare/ [1] **I** tr. **1** *(scompigliare)* [*vento*] to ruffle, to dishevel, to rumple, to tousle [*capelli*]; [*vento*] to puff up, to ruffle [*pelo, piume*]; [*uccello, gatto*] to fluff (up) [*piume, peli*]; ***il vento gli arruffava la criniera*** the wind pulled at its mane **2** FIG. *(confondere)* to muddle (up), to tangle; ***~ le idee*** to jumble ideas **II arruffarsi** pronom. **1** [*capelli*] to get* ruffled, to get* dishevelled, to get* tousled; [*pelo, piume*] to puff up, to bristle **2** FIG. *(confondersi)* to become* tangled.

arruffato /arruf'fato/ **I** p.pass. → **arruffare II** agg. **1** [*capelli*] ruffled, tousled; [*peli, piume*] ruffled **2** FIG. *(confuso)* tangled.

arruffianamento /arruffjana'mento/ m. COLLOQ. toadying, backscratching.

arruffianarsi /arruffja'narsi/ [1] pronom. COLLOQ. ***~ qcn.*** to toady *o* suck up to sb.

arruffone /arruf'fone/ m. (f. **-a**) **1** *(pasticcione)* muddler, bungler **2** RAR. *(imbroglione)* cheat.

arrugginimento /arruddʒini'mento/ m. rusting.

▷ **arrugginire** /arruddʒi'nire/ [102] **I** tr. to rust [*oggetto, ferro*] **II** intr. (aus. *essere*) **1** *(coprirsi di ruggine)* [*ferro*] to rust up, to get* rusty; ***lasciare ~ qcs.*** to let sth. rust *o* go rusty **2** FIG. ***non ha lasciato ~ il suo tedesco frequentando dei corsi serali*** he kept up his German by going to evening classes **III arrugginirsi** pronom. **1** *(diventare arrugginito)* to rust, to become* rusted **2** FIG. *(perdere l'esercizio)* [*persona, sportivo, muscolo, corpo, mente, memoria*] to become* rusty.

arrugginito /arruddʒi'nito/ **I** p.pass. → **arrugginire II** agg. **1** *(coperto di ruggine)* [*oggetto, ferro*] rusted, rusty **2** FIG. *(fuori esercizio)* [*atleta, corpo, muscolo, mente, memoria*] rusty; ***sono un po' ~*** I'm a bit out of practice.

arruolamento /arrwola'mento/ m. MIL. enrolment, enrollment AE, conscription; *(volontario)* enlistment, joining up; ***~ forzato*** impressment; ***procedere all'~ delle truppe*** to levy *o* draft troops.

▷ **arruolare** /arrwo'lare/ [1] **I** tr. MIL. to enlist, to enrol, to enroll AE, to conscript, to draft AE [*soldati*]; ***~ forzatamente*** to impress; MAR. to press(-gang) **II arruolarsi** pronom. to enlist, to enrol, to enroll AE, to join up; ***-rsi nell'esercito*** to join *o* enter the army; ***-rsi in marina*** to join the navy, to go to sea, to ship over AE; ***-rsi volontario*** to volunteer, to enlist as a volunteer.

arsenale /arse'nale/ m. **1** *(cantiere navale)* dockyard, naval dockyard BE, navy yard AE **2** MIL. *(deposito di armi)* arsenal **3** *(grande quantità di armi)* arsenal **4** FIG. *(insieme di oggetti in disordine)* heap, mass.

arseniato /arse'njato/ m. arsen(i)ate.

arsenicale /arseni'kale/ agg. arsenical.

arsenico, pl. **-ci** /ar'sɛniko, tʃi/ m. arsenic; ***avvelenamento da ~*** arsenic poisoning.

arsenioso /arse'njoso/ agg. arsen(i)ous.

arseniuro /arse'njuro/ m. arsenide.

arsenopirite /arsenopi'rite/ f. arsenopyrite, mispickel.

arsi /'arsi/ f.inv. arsis*.

arsina /ar'sina/ f. arsine.

arso /'arso/ **I** p.pass. → **ardere II** agg. **1** *(bruciato)* burnt **2** *(inaridito)* [*terra*] parched, dry **3** *(seccato)* ***un viso ~ dal sole*** a sun-baked face **4** FIG. *(secco)* baked.

arsura /ar'sura/ f. 1 *(gran caldo)* heat 2 *(aridità)* dryness 3 *(sete)* burning thirst; ***sentire una tremenda ~*** to be parched COLLOQ.

▶ **arte** /'arte/ I f. 1 *(creazione, opere)* art; ***l'~ cinese, africana*** Chinese, African art; ***l'~ medievale*** the art of the Middle Ages; ***l'~ per l'~*** art for art's sake; ***galleria d'~*** art gallery; ***opera d'~*** work of art; ***storia dell'~*** history of art 2 *(abilità, tecnica)* art, skill; ***creare un profumo è una vera ~*** creating a perfume is an art in itself; ***è vera ~*** it's real art; ***ci ha insegnato l'~ del mimo, degli effetti speciali*** he taught us the art of mime, of special effects; ***l'~ dello scrittore*** the writer's art; ***sono maestri nell'~ del compromesso*** they have perfected the art of compromise; ***possiede l'~ di convincere, di piacere*** she has the knack of convincing, of pleasing people; ***le -i della seduzione*** the art of seduction; ***con ~*** skilfully BE, skillfully AE; ***ad ~*** *(con artificio)* artfully; *(di proposito)* on purpose; ***a regola d'~*** [*lavoro*] workmanlike 3 ANT. *(mestiere)* craft, trade 4 STOR. *(corporazione)* guild II **arti** f.pl. arts; ***le belle -i*** the (fine) arts; ***accademia delle belle -i*** academy of art ◆ ***non avere né ~ né parte*** to be good-for-nothing; ***impara l'~ e mettila da parte*** = learn a trade for a rainy day ◆◆ ***~ astratta*** abstract art; ***~ bianca*** = the trade of a baker and pastry cook; ***~ contemporanea*** contemporary art; ***~ culinaria*** cookery, cooking; ***~ drammatica*** drama, dramatics pl.; SCOL. UNIV. speech and drama; ***~ della guerra*** art of warfare; ***~ moderna*** modern art; ***~ oratoria*** oratory, forensics AE; ***~ poetica*** art of poetry; ***~ di vivere*** art of living; ***-i applicate*** applied arts; ***-i decorative*** → **-i applicate**; ***-i figurative*** figurative arts; ***-i grafiche*** graphic (arts); ***-i liberali*** liberal arts; ***-i marziali*** martial arts; ***-i meccaniche*** mechanical arts; ***-i e mestieri*** arts and crafts; ***-i plastiche*** plastic arts.

artefatto /arte'fatto/ I agg. 1 [*cibo, vino*] adulterated 2 FIG. [*atteggiamento, sorriso*] artificial II m. artefact.

artefice /ar'tefitʃe/ m. e f. 1 *(realizzatore di riforma, legge)* architect 2 *(creatore)* author; ***essere l'~ della propria disgrazia*** to bring about one's own misfortune ◆ ***essere ~ del proprio destino*** to be master of one's destiny.

Artemide /ar'tɛmide/ n.pr.f. Artemis.

artemisia /arte'mizja/ f. sagebrush.

artemisina /artemi'zina/ f. wormseed.

▷ **arteria** /ar'tɛrja/ f. 1 ANAT. artery 2 *(via di comunicazione)* artery; ***grande ~*** main thoroughfare ◆◆ ***~ ascellare*** axillary artery; ***~ ferroviaria*** arterial line; ***~ polmonare*** pulmonary artery; ***~ radiale*** radial artery; ***~ stradale*** arterial road.

arterializzazione /arterjaliddzat'tsjone/ f. arterialization.

arterio /ar'tɛrjo/ agg.inv. COLLOQ. (accorc. arteriosclerotico) gaga.

arteriola /arte'riola/ f. arteriole.

arteriosclerosi /arterjoskle'rɔzi, arterjos'klɛrozi/ ➧ 7 f.inv. arteriosclerosis*, hardening of the arteries.

arteriosclerotico, pl. **-ci**, **-che** /arterjoskle'rɔtiko, tʃi, ke/ I agg. 1 MED. arteriosclerotic 2 COLLOQ. *(rimbambito)* gaga II m. (f. **-a**) arteriosclerotic person.

arterioso /arte'rjoso/ agg. [*sangue*] arterial.

artesiano /arte'zjano/ agg. [*pozzo*] artesian.

artico, pl. **-ci**, **-che** /'artiko, tʃi, ke/ agg. Arctic; ***Mare Glaciale Artico*** Arctic Ocean; ***Circolo Polare Artico*** Arctic Circle.

Artico /'artiko/ n.pr.m. ***l'~*** the Arctic.

1.articolare /artiko'lare/ agg. articular.

2.articolare /artiko'lare/ [1] I tr. 1 *(eseguire il movimento di un'articolazione)* to bend* [*ginocchio*] 2 *(pronunciare)* to articulate, to enunciate [*parola, fonema, suono, frase*] 3 *(strutturare)* to structure [*idee, discorso*] II **articolarsi** pronom. 1 ANAT. MECC. ***-rsi su*** o ***con*** to be articulated with 2 *(essere strutturato)* ***-rsi intorno a*** [*dibattito, azione*] to be framed around [*idee, tema*]; ***il tema si articola in due parti*** there are two parts to the essay.

articolatamente /artikolata'mente/ avv. articulately.

1.articolato /artiko'lato/ I p.pass. → **2.articolare** II agg. 1 ANAT. articulate 2 TECN. *(snodato)* [*filobus, autobus, giunto, braccio*] articulated 3 *(ben strutturato)* ***un discorso ben ~*** an articulate o a well-structured speech.

2.articolato /artiko'lato/ agg. LING. ***preposizione -a*** = preposition combined with a definite article.

articolatorio, pl. **-ri**, **-rie** /artikola'tɔrjo, ri, rje/ agg. FON. articulatory; ***fonetica -a*** articulatory phonetics.

articolazione /artikolat'tsjone/ f. 1 ANAT. *(giuntura)* articulation, joint; *(movimento)* joint; ***~ del gomito, dell'anca*** elbow, hip joint 2 MECC. articulated joint 3 LING. FON. articulation; ***luogo, modo d'~*** place, manner of articulation; ***doppia ~*** LING. double articulation 4 *(struttura) (di tema, discorso)* structure ◆◆ ***~ a sella*** saddle joint; ***~ trocoide*** pivot joint.

articolista, m.pl. **-i**, f.pl. **-e** /artiko'lista/ ➧ 18 m. e f. journalist.

▶ **articolo** /ar'tikolo/ m. 1 *(di giornale)* article (**su** about, on); ***in un ~ pubblicato su La Stampa*** in an article published in La Stampa; ***una serie di -i dedicati a*** a series of articles about 2 LING. article 3 COMM. *(oggetto in vendita)* item, article; ***-i di largo consumo, di uso comune*** basic consumer items; ***~ di vestiario*** article of clothing; ***-i di lusso*** luxury goods 4 DIR. article; *(di contratto)* paragraph, section; *(di bilancio)* item, entry ◆◆ ***~ determinativo*** definite article; ***~ di fede*** article of faith (anche FIG.); ***~ di fondo*** editorial; ***~ indeterminativo*** indefinite article; ***-i per la pesca*** fishing equipment o tackle; ***-i sportivi*** sports equipment o gear.

Artide /'artide/ n.pr.m. ***l'~*** the Arctic.

▷ **artificiale** /artifi'tʃale/ agg. 1 *(prodotto dall'uomo)* [*luce, neve, fibra, colorante, lago, arto, satellite, intelligenza*] artificial; [*porto, collina*] man-made; ***fuochi -i*** fireworks 2 FIG. *(artificioso)* [*sorriso*] artificial, fake.

artificialità /artifitʃali'ta/ f.inv. artificiality, artificialness.

artificialmente /artifitʃal'mente/ avv. 1 *(con un processo di fabbricazione)* [*produrre*] artificially; ***fibra fabbricata ~*** man-made fibre BE, fiber AE 2 FIG. *(artificiosamente)* artificially, synthetically.

artificiere /artifi'tʃɛre/ ➧ 18 m. 1 MIL. artificer; *(chi disinnesca bombe)* bomb disposal expert 2 *(pirotecnico)* pyrotechnist.

artificio, pl. **-ci** /arti'fitʃo, tʃi/ m. 1 *(mezzo ingegnoso)* device, artifice 2 *(procedimento stilistico)* device; ***~ stilistico*** stylistic device 3 *(dispositivo esplosivo)* artifice; ***fuochi d'~*** fireworks.

artificiosamente /artifitʃosa'mente/ avv. 1 *(con artificio)* artfully 2 *(affettatamente)* artificially.

artificiosità /artifitʃosi'ta/ f.inv. artificiality.

artificioso /artifi'tʃoso/ agg. *(forzato, affettato)* [*modo di fare*] artificial; [*stile*] affected.

artifizio, pl. **-zi** /arti'fittsjo, tsi/ ANT. → **artificio.**

artigiana /arti'dʒana/ ➧ 18 f. artisan, craftswoman*.

▷ **artigianale** /artidʒa'nale/ agg. [*metodo*] traditional; ***"prodotti -i"*** *(su insegna di negozio)* "handcrafts"; ***~, di produzione ~*** [*oggetto*] handmade; [*salume*] hand-produced; [*pane*] hand-baked; ***pasticceria ~*** *(pasticcini)* homemade pastries.

artigianalmente /artidʒanal'mente/ avv. ***prodotto ~*** [*oggetto*] hand made; [*salume*] hand-produced; [*pane*] hand-baked.

artigianato /artidʒa'nato/ m. 1 *(attività, prodotto)* craft(work), handicraft; ***prodotto d'~*** handicraft 2 *(condizione, categoria)* craftmanship, artisanship.

▷ **artigiano** /arti'dʒano/ I agg. ***fiera -a*** handicraft exhibition II m. artisan, (handi)craftsman*.

artigliare /artiʎ'ʎare/ [1] tr. to clutch with claws.

artigliato /artiʎ'ʎato/ I p.pass. → **artigliare** II agg. clawed; [*rapace*] taloned.

artigliere /artiʎ'ʎɛre/ m. artilleryman*, gunner.

artiglieria /artiʎʎe'ria/ f. MIL. 1 *(materiale)* artillery, gunnery, ordnance; ***un pezzo d'~*** a piece of artillery 2 *(corpo dell'esercito)* artillery; ***è nell'~*** he's in o with the artillery 3 POP. SCHERZ. *(arma da fuoco)* gun ◆◆ ***~ contraerea*** flak; ***~ da campagna*** field artillery; ***~ pesante*** heavy artillery.

▷ **artiglio**, pl. **-gli** /ar'tiʎʎo, ʎi/ m. claw; *(di rapace)* talon ◆ ***cadere negli -gli di qcn.*** to fall into the clutches of sb.; ***tirare fuori*** o ***sfoderare gli -gli*** to show one's mettle.

artiodattilo /artjo'dattilo/ m. artiodactyl(e).

▶ **artista**, m.pl. **-i**, f.pl. **-e** /ar'tista/ ➧ 18 m. e f. 1 ART. TEATR. CINEM. artist; ***~ di varietà*** vaudevillian 2 FIG. *(persona molto abile nella propria attività)* artist, master; ***~ della truffa*** con o rip-off artist.

artisticamente /artistika'mente/ avv. artistically.

▷ **artistico**, pl. **-ci**, **-che** /ar'tistiko, tʃi, ke/ I agg. [*talento, creazione, attività*] artistic; [*illuminazione*] artful; ***pattinaggio ~*** figure skating II m. → **liceo artistico.**

arto /'arto/ ➧ 4 m. limb ◆◆ ***~ anteriore*** forelimb; ***~ artificiale*** artificial limb; ***~ inferiore*** lower limb; ***~ posteriore*** hind limb; ***~ superiore*** upper limb.

artralgia /artral'dʒia/ ➧ 7 f. arthralgia.

artrite /ar'trite/ ➧ 7 f. arthritis*; ***avere l'~*** to suffer from o have arthritis ◆◆ ***~ deformante*** → **artrosi**; ***~ reumatoide*** rheumatoid arthritis.

artritico, pl. **-ci**, **-che** /ar'tritiko, tʃi, ke/ I agg. arthritic II m. (f. **-a**) arthritic.

artropode /ar'trɔpode/ m. arthropod.

artrosi /ar'trɔzi/ ➧ 7 f.inv. arthrosis*.

artt. ⇒ articoli articles.

Artù /ar'tu/ n.pr.m. Arthur; ***re ~*** King Arthur.

arturiano /artu'rjano/ agg. [*leggenda, ciclo*] Arthurian.

Arturo /ar'turo/ n.pr.m. Arthur.

aruspice /a'ruspitʃe/ m. haruspex*.
arvicola /ar'vikola/ f. harvest mouse*.
arzigogolare /ardzigogo'lare/ [1] intr. (aus. *avere*) to quibble (**su** about, over); to cavil (**su** about, at).
arzigogolato /ardzigogo'lato/ **I** p.pass. → **arzigogolare II** agg. *(complicato, cavilloso)* [*questione, spiegazione*] tortuous; [*stile*] convoluted.
arzigogolo /ardzi'gɔgolo/ m. quibble.
arzillo /ar'dzillo/ agg. *(vispo, allegro)* [*persona*] spry, sprightly; [*aria*] sprightly; [*vecchietto*] alert, hale; ***essere ~*** *(essere allegro)* to be hale and hearty; *(essere brillo)* to be happy COLLOQ.
A.S. 1 ⇒ Altezza Serenissima His, Her Serene Highness **2** (⇒ Allievo Sottufficiale) = trainee noncommissioned officer.
asbesto /az'bɛsto/ m. asbestos.
asbestosi /azbes'tɔzi/ ➧ **7** f.inv. asbestosis.
asburgico, pl. **-ci**, **-che** /az'burdʒiko, tʃi, ke/ agg. of the Hapsburg.
Asburgo /az'burgo/ n.pr. ***gli ~*** the Hapsburg.
Ascanio /as'kanjo/ n.pr.m. Ascanius.
ascaride /as'karide/ m. ascarid, roundworm.
ascaro /'askaro/ m. askari*.
▷ **ascella** /aʃ'ʃɛlla/ f. **1** ANAT. armpit, axilla* **2** BOT. axil, axilla*.
ascellare /aʃʃel'lare/ agg. axillary (anche BOT.).
ascendente /aʃʃen'dɛnte/ **I** agg. **1** [*curva, tratto*] rising; [*movimento*] upward; [*aorta, colon*] ascending; ***scala ~*** MUS. ascending scale **2** BOT. assurgent **3** ASTROL. [*astro*] ascending; ***nella sua fase ~*** during its ascent **II** m. **1** *(potere, influenza)* ascendancy, influence; ***avere (un) ~ su qcn.*** to have the ascendancy over sb.; ***subire l'~ di qcn.*** to be under sb.'s influence **2** ASTROL. ascendant; ***è uno scorpione con ~ leone*** she is a Scorpio with a Leo ascendant; ***essere nell'~*** [*pianeta*] to be in the ascendant **3** *(avo)* ancestor.
ascendenza /aʃʃen'dɛntsa/ f. **1** *(linea genealogica)* ascestry, parentage, pedigree **2** *(avi)* ancestry **3** AER. METEOR. thermal.
ascendere /aʃ'ʃendere/ [10] intr. (aus. *essere*) LETT. **1** *(andare verso l'alto)* to ascend, to rise*; ***~ al trono*** to ascend the throne **2** RELIG. ***~ al cielo*** to ascend into Heaven.
ascensionale /aʃʃensjo'nale/ agg. **1** FIS. ascensional; ***velocità ~*** AER. rate of climb **2** METEOR. ***corrente ~*** thermal.
ascensione /aʃʃen'sjone/ f. **1** ALP. ascension; ***compiere un'~ su*** to climb [*montagna*] **2** *(di aereo, aerostato, razzo)* ascent.
Ascensione /aʃʃen'sjone/ **I** f. RELIG. ***l'~*** the Ascension; ***(il giorno dell')~*** Ascension Day **II** n.pr.f. GEOGR. ***isola dell'~*** Ascension Island.
▷ **ascensore** /aʃʃen'sore/ m. lift BE, elevator AE; ***edificio senza ~*** walk-up AE; ***salire al quarto piano con l'~*** to take the lift to the fourth floor.
ascensorista, m.pl. **-i**, f.pl. **-e** /aʃʃenso'rista/ m. e f. lift BE engineer, elevator AE engineer.
ascesa /aʃ'ʃesa/ f. **1** *(salita)* ascent, climb **2** FIG. *(in una gerarchia)* ascent, rise; ***~ sociale*** rise in social status, social advancemant; ***~ al trono*** accession to the throne; ***in ~*** [*politico, cantante*] rising **3** *(crescita, aumento)* rise; ***una popolarità in ~*** growing popularity.
ascesi /aʃ'ʃɛzi/ f.inv. **1** RELIG. ascesis* **2** *(modo di vivere)* form of ascetism.
ascesso /aʃ'ʃɛsso/ m. abscess; ***~ alle gengive*** gumboil.
asceta, m.pl. **-i**, f.pl. **-e** /aʃ'ʃɛta/ m. e f. RELIG. ascetic; FIG. ***vivere da ~*** to lead an ascetic life.
asceticamente /aʃʃetika'mente/ avv. ascetically.
ascetico, pl. **-ci**, **-che** /aʃ'ʃɛtiko, tʃi, ke/ agg. ascetic(al).
ascetismo /aʃʃe'tizmo/ m. asceticism.
▷ **ascia**, pl. **asce** /'aʃʃa, 'aʃʃe/ f. axe, ax AE; *(per il legno)* adze, adz AE; ***un'~ di pietra*** a stone axe ◆ ***fatto con l'~*** [*lineamenti*] = roughhewn; ***tagliato con l'~*** [*persona*] = coarse-grained; ***sotterrare l'~ di guerra*** to bury the hatchet ◆◆ ***~ di guerra*** *(degli indiani)* tomahawk.
ascidiaceo /aʃʃi'djatʃeo/ m. ascidian.
ascidio, pl. **-di** /aʃ'ʃidjo, di/ m. ascidium.
ASCII /'aʃʃi/ m. INFORM. (⇒ American Standard Code for Information Interchange) ASCII.
ascissa /aʃ'ʃissa/ f. abscissa*.
asciugabiancheria /aʃʃugabjanke'ria/ m.inv. (clothes) drier, tumble-dryer, tumbler.
asciugacapelli /aʃʃugaka'pelli/ m.inv. (hair)drier.
▷ **asciugamano** /aʃʃuga'mano/ m. (hand) towel ◆ ***~ automatico a rullo*** jack *o* roller towel; ***~ di carta*** paper towel; ***~ di spugna*** terry towel, Turkish towel AE.
▶ **asciugare** /aʃʃu'gare/ [1] **I** tr. *(rendere asciutto)* to dry (off) [*capelli, bambino, biancheria, piatti*]; *(strofinando)* to wipe [*stoviglie, mani, tavolo*]; to wipe away [*lacrime*]; to mop up, to sop up [*liquido versato*]; *(con il fon)* to blow-dry [*capelli*]; *(rendere secco)* [*sole*] to dry out [*pelle, terreno*]; *(prosciugare)* [*calore*] to dry up [*fiume*]; ***~ le stoviglie*** to dry up, to do the drying-up **II** intr. (aus. *essere*) *(diventare asciutto)* [*capelli, biancheria, inchiostro, dipinto*] to dry; [*colla*] to set*, to harden; [*terreno*] to dry off; ***fare ~ qcs.*** to get sth. dry, to dry sth.; ***mettere*** o ***stendere il bucato ad ~*** to hang out the washing **III asciugarsi** pronom. **1** *(diventare asciutto)* [*capelli, biancheria, inchiostro, dipinto*] to dry; [*colla*] to set*, to harden; [*terreno*] to dry off **2** *(togliersi di dosso l'acqua)* to dry oneself (off); ***-rsi davanti alla stufa*** to dry off in front of the stove **3** *(rendere asciutto)* ***-rsi i capelli*** to dry one's hair; *(con un asciugamano)* to towel one's hair; *(con il fon)* to blow-dry one's hair; ***-rsi le mani, gli occhi*** to dry *o* wipe one's hands, eyes; ***si asciugò il sudore che gli colava sugli occhi*** he wiped the sweat from his eyes **4** *(dimagrire)* to become* lean ◆ ***~ la bottiglia*** to drain the bottle.
asciugatoio, pl. **-oi** /aʃʃuga'tojo, oi/ m. **1** *(asciugamano)* (hand) towel **2** TECN. drying rack, drying room.
asciugatore /aʃʃuga'tore/ m. *(per asciugare le mani)* hand-dryer, hand-drier.
asciugatrice /aʃʃuga'tritʃe/ f. (clothes) drier, tumble-dryer, tumbler.
asciugatura /aʃʃuga'tura/ f. *(di capelli, panni)* drying; ***ad ~ rapida*** quick-drying.
asciuttamente /aʃʃutta'mente/ avv. [*rispondere*] drily.
asciuttezza /aʃʃut'tettsa/ f. dryness.
▷ **asciutto** /aʃ'ʃutto/ **I** agg. **1** *(senza umidità)* [*biancheria, capelli, mano, terreno, clima, stagione, dipinto*] dry; [*colla*] hard(ened); *(prosciugato)* [*fiume*] dried-up; ***con gli occhi -i*** [*persona*] dry-eyed **2** FIG. *(sobrio)* [*stile*] sober, bald; *(conciso)* [*comunicato, risposta*] dry, concise **3** *(brusco)* [*tono*] curt, abrupt **4** *(magro)* [*viso, fisico*] lean **5** *(senza companatico)* [*pane*] dry **6** ENOL. [*vino*] dry **II** m. dry place, ground; ***tenere qcs. all'~*** to keep sth. dry ◆ ***a ciglio ~*** dry-eyed; ***essere, rimanere all'~*** to be, run short (of cash); ***restare a bocca -a*** *(a digiuno)* to go hungry; *(senza niente)* to be left empty-handed.
asclepiade /askle'piade/ f. asclepiad, milkweed.
asclepiadeo /asklepja'dɛo/ m. Asclepiad.
asco, pl. **aschi** /'asko, 'aski/ m. ascus*.
ascolano /asko'lano/ ➧ **2 I** agg. **1** from, of Ascoli **2 all'ascolana** GASTR. ***olive all'-a*** = green olives stuffed with either meat or fish, rolled in breadcrumbs and fried **II** m. (f. **-a**) native, inhabitant of Ascoli.
▶ **ascoltare** /askol'tare/ [1] v. la nota della voce ***1. vedere*** tr. **1** to listen to [*conversazione, cassetta, musica, radio, messaggio*]; to hear* [*lezione, trasmissione, concerto*]; [*giudice, giuria*] to hear* [*testimone*]; ***~ qcn. cantare, suonare il piano*** to listen to sb.'s singing, playing the piano; ***~ di nascosto*** to listen in on *o* to [*conversazione, telefonata*]; ***ascolta questo!*** listen to this! **2** *(prestare attenzione a)* to listen to; ***ascolta(mi)!*** listen to me! ***ma è possibile che non ascolti mai?*** you just never listen, do you? ***sapere ~ le persone*** to be a good listener **3** *(dare ascolto a)* to listen to [*consiglio, pettegolezzi, persona*]; ***ascolta tuo padre!*** do as your father says! **4** *(lasciarsi guidare da)* ***~ il proprio cuore*** to follow one's own inclination; ***~ la propria coscienza*** to be guided by one's conscience **5** *(esaudire)* to hear* [*preghiera*] **6** MED. *(auscultare)* to auscultate.
ascoltatore /askolta'tore/ m. (f. **-trice** /tritʃe/) listener, hearer; ***gli -i*** RAD. the listeners.
ascolto /as'kolto/ m. **1** *(fatto di ascoltare)* listening; ***l'~ di*** listening to [*poesia, cassetta, persona*]; ***dare*** o ***prestare ~ a*** to lend an ear to, to listen to [*persona*]; ***non dare ~ a qcn., qcs.*** to turn a deaf ear to sb., sth.; ***essere all'~ di qcs., qcn.*** to be listening to sth., sb.; ***restate in ~!*** stay tuned! ***al primo ~ il disco è deludente*** when you first listen to the record it's disappointing **2** RAD. TELEV. *(audience)* audience; ***avere un grande, scarso ~*** to have a large, small audience; ***indice d'~*** (audience) ratings; ***picco di ~*** peak time; ***fascia di massimo ~*** drivetime, peak listening time.
ascondere /as'kondere/ [64] tr. LETT. to abscond, to conceal.
ascorbico /as'kɔrbiko/ agg. ***acido ~*** ascorbic acid.
ascrivere /as'krivere/ [87] tr. **1** *(annoverare)* to count, to number **2** *(attribuire)* to ascribe [*errore*] (**a** to); ***~ il merito di qcs. a qcn.*** to credit sb. with sth.
ascrivibile /askri'vibile/ agg. [*opera, errore*] ascribable (**a** to).
ascrizione /askrit'tsjone/ f. RAR. ascription.
ASE /'aze/ f. (⇒ Agenzia Spaziale Europea European Space Agency) ESA.
asepsi /a'sɛpsi/ f.inv. asepsis*.
asessuale /asessu'ale/ agg. [*riproduzione*] asexual.

asessuato /asessu'ato/ agg. **1** BIOL. ZOOL. asexual, sexless **2** FIG. neutral.
asettico, pl. **-ci, -che** /a'sɛttiko, tʃi, ke/ agg. **1** *(sterilizzato)* aseptic **2** FIG. *(freddo)* [*arte*] sanitized.
asfaltare /asfal'tare/ [1] tr. to asphalt, to tar.
asfaltato /asfal'tato/ **I** p.pass. → **asfaltare II** agg. ***strada -a*** made-up *o* tar(red) road; ***strada non -a*** unmade road.
asfaltatore /asfalta'tore/ ♦ *18* m. (f. **-trice** /tritʃe/) asphalter.
asfaltatura /asfalta'tura/ f. tarring.
asfaltico, pl. **-ci, -che** /as'faltiko, tʃi, ke/ agg. asphaltic.
asfaltista, m.pl. **-i**, f.pl. **-e** /asfal'tista/ ♦ *18* m. e f. → **asfaltatore.**
asfaltite /asfal'tite/ f. asphaltite.
asfalto /as'falto/ m. **1** *(per rivestire)* asphalt, tar; ***ricoprire una strada di ~*** to coat *o* lay a road with asphalt **2** *(strada)* (road) surface; ***scivolare sull'~ bagnato*** to skid *o* slide on slippery road surface; ***i morti sull'~*** road fatalities *o* casualties.
asfissia /asfis'sia/ f. MED. asphyxia, asphyxiation, suffocation; ***morire d'~*** to die of *o* from asphyxia; ***(causare la) morte per ~*** (to cause) death by *o* through asphyxia.
asfissiante /asfis'sjante/ agg. **1** *(soffocante)* [*gas, vapori*] asphyxiating, suffocating, choking; [*atmosfera*] suffocating; [*caldo*] suffocating, stifling, sweltering **2** FIG. *(molto noioso)* overwhelming; ***una persona ~*** a plague; ***sei ~ con le tue domande, i tuoi consigli*** you're plaguing me with your questions, your advice.
asfissiare /asfis'sjare/ [1] **I** tr. **1** *(soffocare)* to asphyxiate, to suffocate; ***ci asfissi con il fumo della tua sigaretta*** you're choking us to death with your cigarette smoke **2** FIG. *(infastidire)* to plague, to pester; *(opprimere)* to suffocate, to smother **II** intr. (aus. *essere*) *(essere colpito da asfissia)* to asphyxiate, to suffocate; ***~ per il caldo*** FIG. to swelter; ***si asfissia qui dentro!*** it's suffocating *o* stifling *o* sweltering in here!
asfissiato /asfis'sjato/ **I** p.pass. → **asfissiare II** agg. asphyxiated; ***morire ~*** to die of *o* from asphyxia.
asfittico, pl. **-ci, -che** /as'fittiko, tʃi, ke/ agg. **1** *(relativo ad asfissia)* asphyxial; *(in stato d'asfissia)* asphyxiating **2** FIG. [*atmosfera, ambiente*] stifling.
asfodelo /asfo'dɛlo/ m. asphodel.
ashkenazita, m.pl. **-i**, f.pl. **-e** /aʃkenad'dzita/ **I** agg. Ashkenazic **II** m. e f. Ashkenazi*.
Asia /'azja/ ♦ *33* n.pr.f. Asia; ***~ minore*** Asia minor.
asiago /a'zjago/ m.inv. GASTR. INTRAD. (typical cheese from the Veneto region).
asiatica /a'zjatika/ ♦ *7* f. MED. Asian flu.
▷ **asiatico**, pl. **-ci, -che** /a'zjatiko, tʃi, ke/ **I** agg. [*fiume, politica, tradizione, popoli, paesi*] Asian **II** m. (f. **-a**) Asian.
▷ **asilo** /a'zilo/ m. **1** DIR. asylum; ***chiedere*** o ***cercare ~ politico*** to seek political asylum; ***dare ~ (politico) a qcn.*** to give *o* grant sb. (political) asylum; ***diritto d'~*** right of asylum **2** *(luogo di rifugio)* refuge, shelter; ***cercare ~*** to seek refuge *o* shelter; ***offrire ~ per la notte*** to offer shelter for the night; ***dare ~ a qcn.*** to give sb. shelter, to shelter sb.; ***trovare ~ presso qcn.*** to find refuge *o* shelter in sb.'s house; ***trovare ~ in una chiesa*** to take *o* find sanctuary in a church **3** *(scuola materna)* nursery school, kindergarten; ***~ nido*** crèche, (day) nursery, day-care; ***~ aziendale*** workplace crèche, company crèche; ***mio figlio va all'~ nido*** my son is at the day nursery; ***non fare come i bambini dell'~*** don't be such a baby ◆ ***cercarseli*** o ***sceglierseli all'~*** to be a baby snatcher, to rob the cradle.
asimmetria /asimme'tria/ f. asymmetry.
asimmetricità /asimmetritʃi'ta/ f.inv. RAR. asymmetry.
asimmetrico, pl. **-ci, -che** /asim'mɛtriko, tʃi, ke/ agg. asymmetric(al); ***parallele -che*** SPORT asymmetric bars.
asina /'asina/ f. **1** ZOOL. jenny, (donkey) mare **2** COLLOQ. *(donna stupida, ignorante)* donkey.
asinaggine /asi'naddʒine/ f. asininity.
asinata /asi'nata/ f. *(comportamento stupido)* asinine behaviour, idiocy; *(osservazione stupida)* stupid remark.
asincronismo /asinkro'nizmo/ m. asynchronism.
asincrono /a'sinkrono/ agg. asynchronous; ***motore ~*** asynchronous motor.
asindeto /a'sindeto/ m. asyndeton*.
asinergia /asiner'dʒia/ f. asynergia.
asineria /asine'ria/ f. **1** *(ignoranza)* asininity **2** *(comportamento stupido)* asinine behaviour, idiocy; *(osservazione stupida)* stupid remark.
asinesco, pl. **-schi, -sche** /asi'nesko, ski, ske/ agg. asinine.
asinino /asi'nino/ agg. ***orecchie -e*** asses' ears, donkey's ears; ***tosse -a*** MED. whooping cough.
asinità /asini'ta/ f.inv. → **asineria.**

▷ **asino** /'asino/ m. (f. **-a**) **1** ZOOL. ass, donkey, jackass; ***viaggiare a dorso d'~*** to travel on the back of a donkey; ***a schiena d'~*** [*ponte, strada*] saddle-backed, humpbacked **2** COLLOQ. *(persona stupida, ignorante)* ass, donkey, dunce; ***essere un ~ in matematica*** to be a dunce at maths; ***~ calzato e vestito*** unmitigated fool; ***pezzo d'~!*** you idiot! ◆ ***qui casca l'~!*** there's the rub! ***essere carico come un ~*** to be loaded down like a mule; ***lavare la testa all'~*** to bang one's head against a brick wall; ***gli asini volano!*** pigs might fly! ***essere come l'~ di Buridano*** to fall between two stools; ***meglio un ~ vivo che un dottore morto*** PROV. = moderation in all things, no matter how important they are; ***raglio d'~ non sale al cielo*** PROV. = sticks and stones may break my bones (but words will never harm me); ***quando gli asini voleranno*** PROV. when hell freezes over; ***non si può fare bere un ~ per forza*** PROV. you can take *o* lead a horse to water but you can't make it drink.
asintattico, pl. **-ci, -che** /asin'tattiko, tʃi, ke/ agg. asyntactic.
asintomatico, pl. **-ci, -che** /asinto'matiko, tʃi, ke/ agg. asymptomatic.
asintotico, pl. **-ci, -che** /asin'tɔtiko, tʃi, ke/ agg. asymptotic.
asintoto /a'sintoto, asin'tɔto/ m. asymptote.
ASL /azl, aesse'ɛlle/ f. (⇒ Azienda Sanitaria Locale) = local health authority.

ASL Stands for *Azienda Sanitaria Locale*. The National Health Service provides care for citizens through these various local health authorities.

▷ **asma** /'azma/ ♦ *7* f. asthma; ***avere l'asma, soffrire d'~*** to have asthma; ***attacco d'~*** asthma attack ◆◆ ***~ bronchiale*** bronchial asthma.
asmatico, pl. **-ci, -che** /az'matiko, tʃi, ke/ **I** agg. asthmatic; ***tosse -a*** wheezy cough **II** m. (f. **-a**) asthmatic, asthma sufferer.
asociale /aso'tʃale/ **I** agg. unsociable, dissociable, antisocial; ***rendere ~*** to dissocialize **II** m. e f. unsociable person.
asocialità /asotʃali'ta/ f.inv. unsociability.
asola /'azola/ f. *(occhiello)* buttonhole, eyelet.
asparagiaia /aspara'dʒaja/ f. asparagus bed, asparagus plot.
asparagina /aspara'dʒina/ f. **1** CHIM. asparagine **2** BOT. asparagus fern.
asparago, pl. **-gi** /as'parago, dʒi/ m. asparagus **U**; ***punta d'~*** asparagus tip; ***ti piacciono gli -gi?*** do you like asparagus?
aspartico /as'partiko/ agg. ***acido ~*** aspartic acid.
aspecifico, pl. **-ci, -che** /aspe'tʃifiko, tʃi, ke/ agg. MED. non-specific.
asperella /aspe'rɛlla/ f. catchweed.
aspergere /as'pɛrdʒere/ [19] tr. to asperse, to perfuse; ***~ una bara, un malato, i fedeli di acqua benedetta*** to sprinkle a coffin, a sick person, the congregation with holy water.
aspergillo /asper'dʒillo/ m. aspergillum*.
aspergillosi /asperdʒil'lɔzi/ ♦ *7* f.inv. aspergillosis*.
asperità /asperi'ta/ f.inv. **1** *(scabrosità) (di superficie, terreno)* roughness, ruggedness, unevenness; *(di parete rocciosa)* cragginess; ***il satellite può rilevare la minima ~ del terreno*** the satellite can pick out every contour **2** *(difficoltà)* difficulty, trouble; ***le ~ della vita*** the trials and tribulations of life **3** *(durezza, asprezza)* ***~ di carattere*** asperity *o* harshness of character.
asperrimo /as'pɛrrimo/ agg. (superlativo di **aspro**) FIG. *(durissimo)* very harsh, very cruel.
aspersione /asper'sjone/ f. aspersion, perfusion.
aspersorio, pl. **-ri** /asper'sɔrjo, ri/ m. asperser, aspersorium*.
▶ **aspettare** /aspet'tare/ [1] **I** tr. **1** *(attendere)* to wait for [*persona*]; to wait for, to await FORM. [*avvenimento*]; ***~ l'arrivo di qcn.*** to wait for sb. to arrive; ***~ che qcn., qcs. faccia*** to wait for sb., sth. to do; ***ho aspettato l'autobus (per) dieci minuti*** I waited ten minutes for the bus; ***aspetto da un'eternità*** I've been waiting for ages; ***aspettai per moltissimo tempo*** I waited and waited; ***ti ho aspettato fino alle 8*** I waited for you until 8 o'clock; ***~ qualcuno, ospiti*** to expect someone, company; ***~ fino a dopo Pasqua*** to wait until after Easter; ***non aspettava altro!*** that's just what she was waiting for! ***aspetta solo una cosa, andare in pensione*** he can't wait to retire; ***~ il proprio turno*** to wait one's turn; ***aspettiamo solo lei per incominciare*** we're just waiting for her and then we can start; ***~ qcn. alla fermata dell'autobus, all'aeroporto*** to meet sb. off the bus, plane BE, to meet sb. at the bus stop, airport; ***che cosa aspetti a partire, a rispondere?*** why don't you leave, answer? ***~ di vedere come, perché*** to wait and see how, why; ***aspetta e vedrai*** (just you) wait and see; ***aspetta***

un attimo, un po'! wait a minute, a bit! ***aspetta e spera*** don't hold your breath; ***fare ~ qcn.*** to keep sb. waiting; ***~ qcs. con impazienza*** to look forward to sth. **2** *(essere pronto)* [*macchina, taxi*] to wait for, to be* waiting for [*persona*]; ***mi aspettava un delizioso pranzo*** a delicious meal awaited me; ***lo aspetta una sorpresa, un brutto shock*** there's a surprise, a nasty shock in store for him, he's in for a surprise, a shock; ***che cosa ci aspetta?*** what lies ahead? ***ci aspetta un periodo difficile*** there are difficult times ahead of us **II aspettarsi** pronom. **1** *(prevedere)* to expect; ***-rsi qcs., di fare, che*** to expect sth., to do, that; ***-rsi di meglio, il peggio*** to expect better, the worst; ***proprio quando meno ce lo aspettavamo*** just when we least expected it; ***c'era da aspettarselo*** it was to be expected; ***avrei dovuto aspettarmelo*** I might have known *o* guessed; ***me l'aspettavo*** I expected as much; ***con lui bisogna -rsi di tutto*** he's unpredictable; ***da lui non me lo sarei aspettato!*** I'm surprised at him! I didn't expect this of him! **2** *(contare su)* ***-rsi qcs. da qcn., da qcs.*** to expect sth. from sb., sth.; ***-rsi che qcn. faccia, che qcs. si verifichi*** to expect sb. to do, sth. to happen; ***-rsi molto da*** to have great expectations of; ***ci si aspetta molto da questo nuovo trattamento*** great things are expected of this new treatment; ***mi aspettavo qualcosa di meglio da lei*** I expected more of you; ***abbiamo ottenuto più di quanto ci aspettassimo*** we got more than we bargained for ◆ ***~ un bambino*** o ***un figlio*** to expect a baby, to be expecting; ***farsi ~*** [*persona*] to keep people waiting; [*stagione, bel tempo*] to hold off; ***~ qcn. al varco*** to lie in wait for sb.; ***chi la fa l'aspetti*** PROV. two can play at that game.

aspettativa /aspetta'tiva/ f. **1** *(speranza)* expectation; ***soddisfare, deludere, superare le -e*** to live up to, to fall short of, to exceed expectations; ***rispondere alle -e*** [*persona*] to live up to expectations; [*prodotto, fornitura, risultato*] to match expectations; ***contrariamente a, contro ogni ~*** contrary to expectations, against all expectations; ***al di là di ogni ~*** beyond all expectations; ***al di sotto delle -e*** below expectations; ***vivere nell'~ di qcs.*** to live in (the) hope of sth. **2** AMM. BUROCR. leave (of absence); ***~ per motivi personali*** leave for personal reasons; ***mettersi in ~, prendere un'~*** to take (temporary) leave (of absence).

aspettazione /aspettat'tsjone/ f. LETT. *(attesa)* expectation.

▶ **1.aspetto** /as'petto/ m. **1** *(apparenza)* aspect, appearance, look; ***avere un ~ trasandato*** to look shabby, to be shabby-looking; ***(non) hai un bell'~*** you (don't) look well; ***quel dolce ha un bell'~*** that cake looks good; ***che ~ ha tua sorella?*** what does your sister look like? ***che ~ ho?*** how do I look? ***di bell'~*** [*persona*] good-looking; ***una persona d'~ giovanile*** a youthful(-appearing) person; ***avere l'~ di uno straniero*** to be foreign in appearance; ***avere l'~ di un militare*** to have the look of a military man; ***mi piace il suo ~*** I like the look of him; ***a giudicare dall'~...*** going by appearances *o* looks...; ***cambiare ~*** to change in appearance; ***dare a qcs. l'~ di*** to give sth. the appearance of; ***prendere l'~ di*** to assume *o* take on the likeness of; ***di tutt'altro ~*** of a different complexion; ***di identico ~*** uniform in appearance; ***dietro il suo ~ calmo, rude...*** beneath his calm, tough exterior he...; ***non bisogna giudicare le persone dall'~*** handsome is as handsome does **2** *(prospettiva, punto di vista)* aspect, side; ***sotto ogni ~, sotto tutti gli -i*** from every side, in every way; ***per*** o ***sotto certi -i*** in some respects *o* ways; ***non conoscevo Luigi sotto questo ~*** I didn't know that side of Luigi; ***esaminare qcs. in tutti i suoi -i*** o ***sotto tutti gli -i*** to examine every aspect of sth.; ***non avevo considerato la situazione sotto questo ~*** I hadn't seen the situation in that light; ***sotto l'~ politico*** from a political aspect, politically; ***assumere un ~ incoraggiante, preoccupante*** to take an encouraging, a worrying turn **3** *(sfaccettatura)* aspect, facet, feature; ***il piano ha degli -i positivi*** the plan has some good features **4** LING. ASTROL. aspect.

2.aspetto /as'petto/ m. ***sala d'~*** *(di studio medico)* waiting room; *(di stazione, aeroporto)* lounge.

aspettuale /aspettu'ale/ agg. aspectual.

aspic /'aspik/ m.inv. ***~ di salmone*** salmon in aspic.

aspide /'aspide/ m. *(serpente)* asp.

aspidistra /aspi'distra/ f. aspidistra.

aspirante /aspi'rante/ **I** agg. **1** TECN. ***pompa ~*** suction pump **2** ***~ attore, dirigente*** aspirant *o* aspiring *o* would-be actor, manager **II** m. e f. *(candidato) (a lavoro, carica)* applicant (**a** for), aspirant (**a** to); ***~ al trono*** claimant *o* pretender to the throne.

▷ **aspirapolvere** /aspira'polvere/ m.inv. vacuum cleaner, Hoover® BE; ***passare l'~ in una stanza*** to vacuum *o* hoover BE a room; ***dare una passata con l'~ nel salotto*** to give the sitting room a (quick) vacuum.

▷ **aspirare** /aspi'rare/ [1] **I** tr. **1** *(inalare)* [*persona*] to draw* in, to inhale, to breathe (in) [*aria, fumo*]; ***aspiri, espiri!*** breathe in, breathe out! **2** *(con un tubo)* to draw* (in), to suck in [*liquido*]; *(con un aspirapolvere)* to draw*, to suck up [*polvere*]; *(con una pompa) (per estrarre, per svuotare)* to suck out, to aspirate [*liquido*] **3** LING. to aspirate; ***~ l'h*** to aspirate *o* pronounce the "h" **II** intr. (aus. *avere*) ***~ a*** to aspire to, to strive for [*libertà, gloria*]; ***~ alla presidenza*** to be an aspirant to the presidency; ***~ a fare*** to aspire to do, to aim at doing *o* to do.

aspirata /aspi'rata/ f. FON. aspirate.

aspirato /aspi'rato/ **I** p.pass. → **aspirare II** agg. FON. aspirate; ***h -a*** aspirate *o* aspirated h; ***non ~*** unaspirated.

aspiratore /aspira'tore/ m. *(di liquidi)* aspirator; *(di fumo, gas)* exhauster *o* extractor fan.

▷ **aspirazione** /aspirat'tsjone/ f. **1** *(desiderio)* aspiration, ambition (**a** to); ***avere delle -i*** to have aspirations; ***senza -i*** unaspiring **2** TECN. *(di polvere, liquido, aria)* suction, extraction; ***valvola di ~*** suction valve; ***collettore di ~*** inlet manifold **3** LING. aspiration **4** FISIOL. aspiration.

aspirina® /aspi'rina/ f. aspirin; ***prendere un'~*** to take an aspirin.

asplenio, pl. **-ni** /as'plɛnjo, ni/ m. finger fern, spleenwort.

aspo /'aspo/ m. TESS. AGR. reel.

asportabile /aspor'tabile/ agg. **1** *(che si può portare via)* removable **2** MED. [*tumore*] excisable.

asportare /aspor'tare/ [1] tr. **1** *(portare via)* to take* (away), to remove **2** MED. to ablate, to excise, to exsect, to remove.

asportazione /asportat'tsjone/ f. MED. ablation, excision, exsection, removal; ***~ chirurgica*** surgical ablation.

asporto /as'pɔrto/ m. ***da ~*** [*pizza, gelato*] take-away, take-out AE, to go AE.

aspramente /aspra'mente/ avv. [*rimproverare, criticare*] harshly, sharply.

asprezza /as'prettsa/ f. **1** *(di alimento, gusto, frutto, vino)* sharpness, sourness **2** *(di voce)* harshness, roughness **3** *(di critica, rimprovero)* sharpness; *(di carattere)* abruptness, asperity, harshness **4** *(ruvidezza) (di superficie, roccia)* roughness, ruggedness **5** *(rigore)* ***l'~ dell'inverno*** the harshness of winter; ***l'~ del vento*** the rawness of the wind.

asprigno /as'priɲɲo/ agg. [*gusto, frutto*] sourish, rather sharp.

▷ **aspro** /'aspro/ agg. **1** [*frutto, vino*] sharp, sour; [*odore*] pungent, sharp **2** [*voce, suono*] harsh, grating **3** *(duro)* [*parole, critiche*] bitter, hard, harsh; [*carattere*] abrupt, harsh **4** *(accanito)* [*lotta, litigio, discussione*] bitter, fierce **5** *(accidentato, brullo)* [*terreno, paesaggio, superficie*] rough, rugged **6** *(difficoltoso)* [*cammino, salita*] rough, hard **7** *(rigido)* [*clima, inverno*] harsh **8** LING. ***spirito ~*** rough breathing.

ass. ⇒ associazione association.

assafetida /assa'fɛtida/ f. asafoetida.

▷ **assaggiare** /assad'dʒare/ [1] tr. **1** *(provare il sapore)* to taste, to sample [*cibo, vino*]; ***assaggiane un po'!*** taste a little! try a piece! ***volete ~ il vino?*** would you like to taste the wine? ***non ha mai assaggiato la carne*** he's never tasted meat; ***~ i pugni di qcn.*** FIG. to be on the receiving end of sb.'s punches; ***~ la cinghia*** FIG. to get the strap; ***fare ~ la frusta a qcn.*** FIG. to give sb. a taste of the whip **2** *(mangiare in piccola quantità)* to nibble, to peck at; ***l'hai appena assaggiato*** you've hardly touched it.

assaggiatore /assaddʒa'tore/ ♦ ***18*** m. (f. **-trice** /tritʃe/) taster; ***~ di vini*** wine taster.

▷ **assaggio**, pl. **-gi** /as'saddʒo, dʒi/ m. taste; FIG. taste, foretaste, handsel; ***prenda un ~*** have a taste of this; ***un ~ della vita in una grande città*** a taste of life in a big city; ***questo era solo il primo ~ della violenza che sarebbe venuta in seguito*** this was just a taste of the violence to come.

▶ **assai** /as'sai/ **I** agg.inv. RAR. *(con nomi non numerabili)* much; *(con nomi plurali)* many **II** avv. **1** *(molto) (con un aggettivo, un avverbio)* very; *(con un verbo)* considerably, greatly, much; *(con un comparativo)* considerably, much; ***tutto ciò è ~ triste*** it's all very sad; ***apprende ~ facilmente*** he learns very easily; ***~ meglio*** much better; ***è ~ più simpatico di suo fratello*** he's much nicer than his brother; ***spende ~ più di quanto guadagna*** he spends much more than he earns; ***è ~ migliorato*** it's considerably improved **2** LETT. *(abbastanza)* ***averne ~ di qcs.*** to have had enough of sth. ◆ ***m'importa ~*** IRON. I couldn't care less, what do I care.

assale /as'sale/ m. axle; ***~ anteriore, posteriore*** front, rear axle.

assalibile /assa'libile/ agg. assailable, attackable.

▷ **assalire** /assa'lire/ [104] tr. **1** *(aggredire fisicamente)* to assail, to attack, to fly* at [*persona*]; to leap* out at [*passante*]; MIL. to assault, to attack [*nemico, città*]; to storm [*fortezza, prigione*]; *(verbalmente)* to assail, to go* for [*persona*]; ***~ qcn. alle spalle, per la***

strada to assail *o* attack sb. from behind, in the street; **~ *qcn. con un coltello, con un'ascia*** to take a knife, an axe to sb.; ***fui assalito da critiche, da domande provenienti da ogni parte*** FIG. there were criticisms, questions coming at me from every side **2** FIG. [*dubbi, preoccupazioni*] to assail [*persona*]; [*pensieri, sentimenti*] to flood over, to flood through; [*paura, sorpresa*] to overtake*, to beset* [*persona*]; ***essere assalito da un dubbio*** to be plagued by *o* with a doubt **3** [*malattia*] to attack [*persona*].

assalitore /assali'tore/ m. (f. **-trice** /tritʃe/) assailant, attacker; MIL. assailant; ***ha lottato con il suo ~*** he struggled with his attacker.

Assalonne /assa'lonne/ n.pr.m. Absaalom.

▷ **assaltare** /assal'tare/ [1] tr. to make* an assault on, to attack [*postazione nemica*]; to mob [*luogo*]; to raid [*banca*]; **~ *qcs.*** FIG. to make a rush at *o* for sth.

assaltatore /assalta'tore/ m. (f. **-trice** /tritʃe/) assailant, attacker; MIL. stormer, storm trooper.

▷ **assalto** /as'salto/ m. **1** *(aggressione)* assault, attack (**a** on) (anche MIL.); ***andare, partire, muovere all'~*** MIL. to go in, to launch, mount an assault; ***dare l'~ a*** to make an assault on; ***prendere d'~*** [*soldati*] to storm, to take by storm [*prigione, cittadella*]; [*folla, turisti*] to make a rush at, for [*negozi*]; ***un ~ su due, tre fronti*** two-pronged, three-pronged attack; **~ *alla banca*** raid on the bank; **~ *al treno*** train robbery; ***l'~ al palazzo*** the storming of the palace; **~ *dei media*** media blitz; ***un ~ al buffet*** FIG. a rush towards the buffet; ***il reparto libri è stato preso d'~*** FIG. there's a rush on in the book department; ***all'~!*** on the attack! ***truppe d'~*** shock, assault, storm troops; ***fucile, mezzo d'~*** assault rifle, craft; ***cronista d'~*** FIG. newshound **2** SPORT *(nella scherma)* bout **3** ECON. *(in borsa)* run (**a** on) [*mercato azionario*] ◆◆ **~ *aereo*** air assault: **~ *alla baionetta*** bayonet charge; **~ *terrestre*** ground assault.

▷ **assaporare** /assapo'rare/ [1] tr. **1** *(gustare)* to relish, to savour BE, to savor AE [*bevanda, cibo*] **2** FIG. to savour BE, to savor AE [*vittoria, istante*]; to drink* in [*aria, atmosfera*]; to luxuriate in, to taste [*successo, libertà*]; to taste [*potere*]; to enjoy [*pace, silenzio, solitudine*]; to revel in [*vendetta*]; **~ *il successo*** to enjoy the sweet smell of success.

assassina /assas'sina/ f. murderess, killer; *(per motivi politici)* assassin.

▷ **assassinare** /assassi'nare/ [1] tr. **1** *(uccidere)* to murder, to kill; *(per motivi politici)* to assassinate **2** FIG. *(rovinare)* to massacre, to mangle, to murder [*brano musicale, traduzione*].

▷ **assassinio** /assas'sinjo/ m. murder, killing; *(politico)* assassination.

▶ **assassino** /assas'sino/ **I** m. **1** *(uccisore)* murderer, killer; *(per motivi politici)* assassin **2** FIG. *(chi arreca danni gravi)* criminal, butcher **II** agg. **1** [*mano*] murderous **2** FIG. *(seducente)* [*sguardo*] provocative.

assatanato /assata'nato/ agg. **1** *(posseduto dal diavolo)* demoniac, possessed (by devils) **2** FIG. *(sessualmente)* randy.

▷ **1.asse**, pl. **-i** /'asse/ f. *(tavola di legno)* plank, board; *(di parquet)* floorboard ◆◆ **~ *di equilibrio*** SPORT beam; **~ *da*** o ***per lavare*** washboard, scrubbing board; **~ *da stiro*** ironing board.

▷ **2.asse**, pl. **-i** /'asse/ m. **1** MAT. GEOGR. MED. axis* **2** MECC. *(in veicoli)* axle; *(in macchinari)* shaft; ***sede dell'~*** axle housing **3** *(prolungamento)* ***lungo l'~ dell'edificio*** straight along the road from the building; ***il bersaglio è nell'~ del mirino*** the target is lined up in the sights **4** *(arteria stradale)* traffic route, arterial road, major road; *(arteria ferroviaria)* arterial line, train route; ***l'~ Bologna-Firenze*** the main Bologna-Florence route **5** POL. STOR. ***l'Asse (Roma-Berlino)*** the (Rome-Berlin) Axis; ***le potenze dell'Asse*** the Axis Powers ◆◆ **~ *delle ascisse*** MAT. → **~ delle x**; **~ *fisso*** MECC. axletree; **~ *delle ordinate*** MAT. → **~ delle y**; **~ *di rotazione*** axis of rotation; **~ *di simmetria*** axis of symmetry; ***l'~ terrestre*** the earth's axis; **~ *delle x*** MAT. x-axis; **~ *delle y*** MAT. y-axis; ***-i cartesiani*** MAT. Cartesian axes.

3.asse, pl. **-i** /'asse/ m. DIR. **~ *ereditario*** hereditament.

4.asse, pl. **-i** /'asse/ m. NUMISM. as*.

▷ **assecondare** /assekon'dare/ [1] tr. **1** *(favorire, aiutare)* to second, to support [*persona, progetto, iniziativa*] **2** *(esaudire)* to humour BE, to humor AE, to pander to [*persona*]; to humour BE, to humor AE, to pander to, to indulge [*richiesta, capriccio, desiderio*].

assediante /asse'djante/ **I** agg. besieging **II** m. e f. besieger.

▷ **assediare** /asse'djare/ [1] tr. **1** to besiege, to beleaguer [*città, fortezza, truppe*] **2** FIG. [*giornalisti, creditori*] to besiege, to beleaguer [*persona, edificio*]; **~ *qcn. di domande*** to besiege *o* ply sb. with questions.

assediato /asse'djato/ **I** p.pass. → **assediare II** agg. [*città, fortezza*] besieged; ***essere ~*** to come under siege **III** m. (f. **-a**) ***gli -i*** the besieged.

▷ **assedio**, pl. **-di** /as'sɛdjo, di/ m. **1** *(di città, fortezza)* siege; ***cingere d'~ qcs.*** to besiege sth.; ***porre l'~ a una città*** to lay siege to a town; ***levare l'~*** to lift *o* to raise the siege; ***liberare una città dall'~*** to relieve a town; ***in stato d'~*** in a state of siege; ***proclamare lo stato d'~*** to declare a state of siege; ***resistere fino alla fine dell'~*** [*abitanti, città*] to last out the siege; ***guerra d'~*** siege warfare **2** FIG. ***l'~ dei creditori*** the creditors' siege.

assegnabile /asseɲ'ɲabile/ agg. [*fondi, compito*] allocable, allocatable, assignable.

assegnamento /asseɲɲa'mento/ m. ***fare ~ su qcn., qcs.*** to count *o* rely on sb., sth.

▷ **assegnare** /asseɲ'ɲare/ [1] tr. **1** *(affidare)* to allocate, to allot, to assign [*compito, incarico, ruolo*]; *(dare)* to assign [*alloggio, posto, numero*]; to allocate, to allot, to assign [*somma, fondi, risorse*]; to award [*appalto*]; SPORT to award [*punti, rigore*]; **~ *un compito a casa*** SCOL. to set a homework; **~ *le parti di un film, di uno spettacolo*** to cast a film, a show **2** *(attribuire)* to assign [*importanza, valore*]; *(conferire)* to award [*premio, borsa di studio*]; to fill [*cattedra*] **3** *(destinare)* to assign, to designate, to earmark [*persona*]; MIL. to post [*soldato*]; to requisition [*rifornimenti, automezzo*]; **~ *gli studenti in gruppi di diverso livello*** to place students in tracks; ***essere assegnato a un'unità*** MIL. to be posted to a unit.

assegnatario, pl. **-ri** /asseɲɲa'tarjo, ri/ m. (f. **-a**) allottee, assignee.

assegnato /asseɲ'ɲato/ **I** p.pass. → **assegnare II** agg. [*compito, fondi, tempo*] allotted, allocated, assigned; ***il compito ~gli*** his allotted task; ***essere ~ (temporaneamente) a*** [*persona*] to be on loan *o* attachment to; ***porto ~*** COMM. carriage forward, freight forward BE, freight collect AE.

assegnazione /asseɲɲat'tsjone/ f. **1** *(di fondi, risorse)* allocation, allotment, assignment; *(di somma)* granting; *(di compiti, ruoli)* assignment, allotment; CINEM. TEATR. *(delle parti)* casting; ***nuova ~*** reallocation; **~ *dei posti a sedere*** seating plan **2** *(attribuzione) (di premio, borsa di studio)* awarding, award **3** *(di persona) (destinazione) (a un ufficio, una carica, unità militare)* assignment, posting **4** DIR. adjudication.

▷ **assegno** /as'seɲɲo/ m. cheque BE, check AE; ***fare un ~*** to make out *o* write a cheque (**a** to); ***emettere un ~*** to draw *o* issue a cheque (**su** on); ***un ~ di*** o ***del valore di 20 sterline*** a cheque for *o* to the value of £ 20; ***libretto degli -i, carnet di -i*** chequebook; ***carta -i*** cheque card; ***matrice dell'~*** cheque stub; ***un ~ all'ordine del*** o ***pagabile al signor Rossi*** a cheque to the order of, payable to Mr Rossi; ***"a chi intesto l'~?"*** "who shall I make the cheque out to?"; ***accettare -i*** to take cheques; ***versare, depositare un ~ in banca*** to bank, to process a cheque; ***annullare un ~*** to cancel a cheque; ***sbarrare un ~*** to cross a cheque; ***riempire*** o ***compilare un ~*** to fill out a cheque; ***bloccare un ~*** to stop a cheque; ***garantire un ~*** to guarantee a cheque; ***incassare*** o ***riscuotere un ~*** to cash a cheque; ***trasferire, cambiare un ~*** to negotiate, change a cheque; ***onorare*** o ***pagare un ~*** to honour a cheque; ***firmare, girare un ~*** to sign the back of *o* to endorse a cheque; ***staccare un ~*** to tear out *o* write a cheque; ***pagare con ~*** o ***a mezzo*** COMM. **~** to pay by cheque; ***respingere un ~*** [*banca*] to bounce a cheque; ***liquidare un ~*** [*banca*] to clear a cheque ◆◆ **~ *bancario*** bank cheque; **~ *in bianco*** blank cheque; ***dare un ~ in bianco a qcn.*** to give *o* write sb. a blank cheque (anche FIG.); **~ *di cassa*** counter cheque; **~ *circolare*** = a cheque issued by a bank with which a certain sum is payable on sight; **~ *a copertura garantita*** certified cheque; **~ *integrativo*** income support BE; **~ *di maternità*** maternity benefit BE; **~ *paga*** pay cheque; **~ *fuori piazza*** out-of-town cheque; **~ *su piazza*** town cheque, in-town cheque; **~ *al portatore*** bearer cheque; **~ *postale*** giro (cheque); **~ *sbarrato*** crossed cheque; **~ *scaduto*** stale cheque; **~ *scoperto*** bad *o* dud cheque, flyback, stumer; **~ *trasferibile*** negotiable cheque; **~ *non trasferibile*** not negotiable cheque; **~ *turistico*** traveller's check; **~ *a vuoto*** → **~ scoperto**; ***mi ha fatto un ~ a vuoto*** the cheque he wrote me bounced; ***-i familiari*** family allowance *o* credit BE, child benefit BE.

assemblaggio, pl. **-gi** /assem'bladdʒo, dʒi/ m. **1** *(di pezzi, macchina, mobile)* assemblage, assembly, assembling; ***l'~ del motore ci ha preso due ore*** it took us to hours to assemble the engine; ***punto di ~*** assembly point **2** INFORM. assembly **3** ART. assemblage.

assemblare /assem'blare/ [1] tr. to assemble, to assembly, to put* together [*pezzi, motore, mobile, apparecchio*].

assemblatore /assembla'tore/ **I** agg. INFORM. ***linguaggio ~*** assembly language **II** ♦ **18** m. (f. **-trice** /tritʃe/) **1** *(operaio)* assembler **2** INFORM. *(programma)* assembler.

▷ **assemblea** /assem'blɛa/ f. **1** *(folla riunita)* assembly, gathering; **~ *(di fedeli)*** congregation; ***un'~ numerosa*** a large gathering **2** *(riunione convocata)* assembly, meeting; *(di società)* convention; *(a scuola)* assembly; ***riunirsi in ~*** to assemble for a meeting; ***indire*** o ***convocare un'~ generale, straordinaria*** to call a general assembly, an extraordinary meeting; ***sciogliere un'~*** to dissolve an assembly; ***membro d'~*** *(uomo)* assemblyman; *(donna)* assemblywoman **3** POL. *(gruppo di eletti)* assembly; *(seduta)* session ◆◆ ***~ degli azionisti*** shareholders' meeting; ***~ consultiva*** consultative *o* advisory assembly; ***~ costituente*** constituent assembly; ***~ deliberante*** deliberative assembly; ***~ elettiva*** elective assembly; ***~ generale*** general assembly; ***~ generale ordinaria*** ordinary general meeting; ***~ generale straordinaria*** extraordinary general meeting; ***~ legislativa*** legislative assembly; ***~ nazionale*** National Assembly; ***~ plenaria*** plenary assembly; ***~ sindacale*** union meeting; ***~ dei soci*** company meeting.

assembleare /assemble'are/ agg. ***decisione ~*** decision taken by an assembly; ***maggioranza ~*** assembly majority.

assembramento /assembra'mento/ m. assemblage, crowding, gathering; ***disperdere un ~*** to clear *o* scatter *o* disperse a crowd; ***un ~ di manifestanti, persone*** a crowd of demonstrators, people.

assembrarsi /assem'brarsi/ [1] pronom. to gather, to crowd in, to assemble.

assennatamente /assennata'mente/ avv. judiciously, sensibly.

assennatezza /assenna'tettsa/ f. judiciousness, sensibleness, common sense; ***dare prova di ~*** to show discernment *o* common sense.

assennato /assen'nato/ agg. [*ragazzo, discorso*] judicious, sensible; ***una scelta -a*** a wise choice.

assenso /as'sɛnso/ m. **1** assent; ***dare, negare l'~ a qcn., qcs.*** to give, refuse one's assent to sb., sth.; ***fare un cenno di ~*** to nod in agreement, to gesture one's assent **2** DIR. acquiescence; ***tacito ~*** (tame) acquiescence.

assentarsi /assen'tarsi/ [1] pronom. *(a lungo)* to go* away; *(per breve tempo)* to go* out; FORM. to absent oneself (**da** from); ***~ dalla scuola, dal lavoro*** to stay away from school, work; ***essere costretto ad ~*** to be called away; ***~ senza permesso*** MIL. to go absent without leave, to go AWOL.

▷ **assente** /as'sɛnte/ **I** agg. **1** [*persona, emozione*] absent (**da** from); ***~ per motivi di famiglia, di salute*** absent due to family commitments, because of sickness; ***essere ~*** to be away (anche SCOL.); ***segnare qcn. ~*** SCOL. to mark sb. absent; ***essere ~ senza permesso*** MIL. to be absent without leave, to be AWOL **2** FIG. *(svagato, soprappensiero)* [*persona*] abstracted, distracted, remote, lost in thought; [*sguardo, sorriso, espressione*] absent, abstracted, blank, vacant; ***con aria ~*** [*guardare, fissare*] absently, absent-mindedly, blankly, vacantly; [*rispondere*] absently, absent-mindedly; ***aveva un'aria piuttosto ~*** he seemed rather abstracted **II** m. e f. absentee (anche SCOL.); ***i presenti e gli -i*** those present and those absent; ***~ ingiustificato*** unaccountably absent; ***"alla salute degli -i!"*** *(in brindisi)* "to absent friends!".

assenteismo /assente'izmo/ m. absenteeism.

assenteista, m.pl. **-i**, f.pl. **-e** /assente'ista/ **I** agg. habitually absent **II** m. e f. habitual absentee.

assenteistico, pl. **-ci**, **-che** /assente'istiko, tʃi, ke/ agg. = regarding the behaviour, attitude etc. of a person who is habitually absent.

assentimento /assenti'mento/ m. assentation.

assentire /assen'tire/ [3] intr. (aus. *avere*) to assent; ***~ a una richiesta, proposta*** to assent *o* agree to a request, proposal; ***~ con un cenno del capo*** to nod in agreement.

▷ **assenza** /as'sɛntsa/ f. **1** *(mancata presenza)* absence (anche SCOL.); ***in ~ di qcn.*** in *o* during sb.'s absence; ***parecchie -e ingiustificate*** several absences without a proper justification; SCOL. repeated unauthorized absences; ***registro delle -e*** SCOL. register; ***in sua, loro ecc. ~*** FORM. in absentia; ***~ per malattia*** absence because of sickness; ***"in caso di ~ rivolgersi (qui) accanto"*** "if out please inquire next door"; ***hanno telefonato questa mattina durante la sua ~*** somebody phoned this morning while you were out; ***brillare per (la propria) ~*** IRON. to be conspicuous by one's absence, to be conspicuously absent **2** *(mancanza)* *(di alternative, prove)* absence, lack (**di** of); *(di luce, dolore)* lack (**di** of); *(di fame, paura)* freedom (**di** from); ***~ di gravità*** weightlessness; ***in ~ di qcs.*** in the absence of sth., in default of sth.; ***accorgersi dell'~ di qcs.*** to miss sth. **3** *(amnesia)* ***ha dei momenti di ~*** at times his mind goes blank **4** DIR. presumption of death.

assenziente /assen'tsjɛnte/ agg. consentient.

assenzio, pl. **-zi** /as'sɛntsjo, tsi/ m. **1** *(pianta)* absinth(e), wormwood **2** *(liquore)* absinth(e).

asserire /asse'rire/ [102] tr. to assert, to claim, to state; ***asserisce di non saperne nulla*** she claims to know nothing about it.

asserito /asse'rito/ **I** p.pass. → **asserire II** agg. stated, purported FORM.

asserragliarsi /asserraʎ'ʎarsi/ [1] pronom. ***~ in qcs.*** to barricade oneself in *o* into sth.

assertivamente /assertiva'mente/ avv. assertively.

assertivo /asser'tivo/ agg. assertive.

asserto /as'sɛrto/ m. → **asserzione.**

assertore /asser'tore/ m. (f. **-trice** /tritʃe/) assertor.

asservimento /asservi'mento/ m. *(di paese, popolo, mezzi d'informazione)* enslavement, subjugation.

asservire /asser'vire/ [3] tr. to enslave, to subjugate [*paese, popolo, mezzi d'informazione*].

asserzione /asser'tsjone/ f. assertion, claim, statement; ***fare un'~*** to make a statement.

assessorato /assesso'rato/ m. AMM. *(mandato, funzione)* = office and function of a member of local government (town, province or region); *(sezione amministrativa)* department; ***~ all'istruzione*** education department.

assessore /asses'sore/ m. AMM. = member of local government of a town, province or region; ***~ alla cultura*** = local authority arts and entertainment.

assestamento /assesta'mento/ m. **1** arrangement **2** *(del terreno)* settlement; ***scossa di ~*** aftershock **3** *(di bilancio)* balance.

assestare /asses'tare/ [1] **I** tr. **1** *(mettere in ordine)* to arrange, to organize [*libri*]; *(sistemare)* to arrange, to balance; ***~ il carico sulle spalle*** to adjust the load on one's shoulders; ***~ il bilancio di un'azienda*** to balance the account of a company **2** *(regolare con cura)* to adjust [*tiro, mira*] **3** *(sferrare)* to deal*, to deliver [*colpo*]; ***~ un (bel) colpo a qcn.*** to deal sb. a (savage) blow **II assestarsi** pronom. **1** [*terreno*] to settle **2** *(sistemarsi in una casa)* to settle (in) **3** *(mettersi in sesto)* to sort oneself out.

assestata /asses'tata/ f. ***dare un'~ alla casa*** to tidy up the house.

assestato /asses'tato/ **I** p.pass. → **assestare II** agg. **1** ***un colpo ben ~*** a well-aimed blow **2** *(sistemato)* [*cosa*] tidy; [*persona*] settled.

assetare /asse'tare/ [1] tr. to make* [sb.] thirsty [*persona, animale*].

assetato /asse'tato/ **I** p.pass. → **assetare II** agg. **1** thirsty ***~ di*** FIG. thirsty for [*libertà, vendetta, sapere*]; ***~ di potere*** power-hungry; ***~ di sangue*** bloodthirsty; ***essere ~*** to be *o* feel thirsty **2** [*terreno*] dry, parched **III** m. (f. **-a**) ***gli -i*** the thirsty; ***dar da bere agli -i*** to give water to the thirsty.

assettare /asset'tare/ [1] **I** tr. to tidy up, to straighten up [*stanza*] **II assettarsi** pronom. to spruce oneself up; *(vestirsi)* to gear up; ***-rsi i capelli*** to fix one's hair, to pat one's hair into place.

assetto /as'sɛtto/ m. **1** *(sistemazione)* arrangement; ***mettere in ~*** to tidy up [*stanza*] **2** *(ordinamento, struttura)* organization, structure, shape; ***l'~ economico di un'impresa*** the economic shape of a company **3** *(equipaggiamento)* ***~ di combattimento*** MIL. action stations; ***in ~ di combattimento!*** MIL. action stations! **4** MAR. *(di nave)* trim; ***essere in buon ~, fuori ~*** to be trim, out of trim; ***mettersi in ~ orizzontale*** AER. [*aereo*] to level off; ***mettere l'aereo in ~ orizzontale*** AER. [*pilota*] to level off **5** EQUIT. ***avere un buon ~*** to have a good seat; ***mantenere l'~*** to keep one's seat; ***perdere l'~*** to lose one's seat; ***prendere l'~*** to settle into the saddle **6** *(di veicolo)* stability.

asseverare /asseve'rare/ [1] tr. **1** *(asserire)* to asseverate **2** DIR. to certify [*traduzione*].

asseverativo /assevera'tivo/ agg. certificatory.

asseverazione /assevera'tsjone/ f. **1** *(asserzione)* asseveration **2** DIR. certification.

assiale /as'sjale/ agg. [*distanza, simmetria*] axial.

assibilare /assibi'lare/ [1] tr. LING. to assibilate.

assibilazione /assibilat'tsjone/ f. LING. assibilation.

assicella /assi'tʃɛlla/ f. lath, splint, lag.

assicurabile /assiku'rabile/ agg. [*rischio*] insurable.

▶ **assicurare** /assiku'rare/ [1] **I** tr. **1** *(affermare)* to assure, to ensure; ***~ (a qcn.) che*** to assure *o* ensure (sb.) that; ***te lo assicuro*** I (can) assure you, I promise you; ***non è un problema, te lo assicuro*** it's no problem, I assure you **2** *(tutelare con polizza)* to insure [*persona, beni*] (**contro** against); to underwrite* [*nave, barca*]; ***~ la (propria) macchina contro il furto*** to insure one's car against theft; ***~ qcn. sulla vita*** to insure sb.'s life **3** *(garantire)* to provide [*manutenzione, servizio*]; to see* to [*consegna*]; to assure *o* to ensure [*felicità, gloria, vittoria, pace, guadagno, posizione, futuro*]; to guarantee [*incolumità, sicurezza*]; ***~ qcs. a qcn.*** to ensure, to guarantee sth. for sb.; ***~ il rifornimento idrico di una città*** to guarantee a town's water supply; ***questo non basterà ad ~ la sua elezione*** that won't get him elected; ***vuole assicurargli una vec-***

chiaia tranquilla he wants to give them a peaceful old age **4** *(fissare)* to fasten, to secure [*corda, porta*]; to make* [sth.] safe [*scaffale, carico*]; to anchor [*tenda, tetto*]; *(con funi)* to lash down; *(con corde)* to rope; *(con cinghie)* to strap; *(con ganci)* to hook; ***~ qcn. a qcs.*** *(con fibbie)* to buckle sb. into sth. **5** SPORT *(nell'alpinismo)* to belay [*rocciatore*] **6** *(alla posta)* to certify AE [*lettera*] **II assicurarsi** pronom. **1** *(accertarsi)* ***-rsi di qcs.*** to make certain *o* sure of sth.; ***-rsi che*** to make certain *o* sure that **2** *(procurarsi)* to make* certain of, to make sure of [*aiuto, collaborazione*]; to secure [*futuro, lavoro, vantaggio, bene*]; to wrap up [*vittoria, titolo*]; to clinch [*monopolio, mercato, prestito*]; ***-rsi la cooperazione di qcn.*** to enlist sb.'s cooperation; ***-rsi una buona pensione*** to make sure one gets a good pension **3** *(con polizza)* to insure oneself, to take* out insurance (**contro** against); ***-rsi contro gli incendi*** to take out insurance against fire; ***-rsi sulla vita*** to insure one's life, to take out life insurance **4** *(premunirsi)* ***-rsi contro*** to insure against [*eventualità, rischio*] **5** SPORT *(nell'alpinismo)* to belay ◆ ***~ qcn. alla giustizia*** to bring sb. to justice.

assicurata /assiku'rata/ f. *(lettera)* registered letter.

assicurativo /assikura'tivo/ agg. [*agente, polizza, copertura, premio, pacchetto*] insurance; ***piano ~*** insurance scheme *o* plan AE; ***consulente ~*** insurance advisor *o* consultant; ***sottoscrizione di una polizza -a*** underwriting of an insurance policy.

assicurato /assiku'rato/ **I** p.pass. → **assicurare II** agg. **1** *(con polizza)* [*persona, merce, capitale, valore*] insured; ***non ~*** uninsured; ***sei ~ in modo adeguato?*** are you adequately covered? **2** *(garantito)* [*successo*] certain, guaranteed, sure-fire COLLOQ.; [*fallimento*] certain, doubtless; [*futuro*] certain, guaranteed; ***il mio appoggio è ~!*** you have my support! **3** SPORT *(nell'alpinismo)* [*corda*] secure **4** *(di posta)* [*lettera*] registered; [*pacco, valore*] insured **III** m. (f. **-a**) *(con polizza)* insurant, insured (party), policy holder.

assicuratore /assikura'tore/ **I** agg. ***società, compagnia -trice*** insurance company **II** ♦ ***18*** m. (f. **-trice** /tritʃe/) insurer, assurer BE, underwriter; ***~ marittimo*** marine underwriter.

▷ **assicurazione** /assikurat'tsjone/ f. **1** *(polizza, contratto)* insurance (**contro** against; **su** for, on); *(premio)* premium, insurance COLLOQ.; ***le -i*** *(settore)* insurance; ***contrarre*** o ***stipulare un'~ contro gli incendi, sulla vita*** to take out fire, life insurance; ***dare disdetta di un'~*** to terminate an insurance (policy); ***riscattare un'~*** to surrender an insurance; ***lavora nel campo delle*** o ***lavora nelle -i*** he works in insurance; ***compagnia di -i*** insurance company; ***società di mutua ~*** mutual insurance society; ***polizza di ~*** insurance policy; ***certificato, documenti di ~*** insurance certificate, documents; ***agente di -i*** insurance agent *o* salesman; ***premio di ~*** insurance premium; ***brokeraggio di -i*** insurance broking; ***intermediario di -i*** insurance broker; ***perito delle -i*** insurance assessor; ***proposta di ~*** insurance proposal (form) **2** *(promessa, garanzia)* assurance, guarantee (**contro** against); ***dare a qcn. l'~ che*** to give sb. an *o* every assurance that **3** SPORT *(nell'alpinismo)* belay **4** *(di lettere)* registered mail ◆◆ ***~ autoveicoli*** car insurance; ***~ del carico*** freight insurance; ***~ sulla casa*** household insurance; ***~ collettiva*** group insurance; ***~ per i danni contro terzi*** third-party insurance; ***~ globale*** blanket insurance; ***~ contro le imperizie mediche*** malpractice insurance; ***~ incendi*** fire insurance; ***~ contro gli infortuni*** (personal) accident insurance, casualty insurance AE; ***~ per l'invalidità*** disability cover; ***~ contro le malattie*** health *o* medical *o* sickness insurance; ***~ marittima*** marine insurance; ***~ mista (sulla vita)*** endowment insurance; ***~ multirischio*** comprehensive *o* multiple risk *o* multirisk insurance; ***~ pensionistica*** state insurance; ***~ sulla proprietà*** property insurance; ***~ di responsabilità civile*** third-party *o* liability insurance; ***~ sanitaria*** health *o* medical insurance; ***~ sociale*** social insurance AE; ***~ a termine*** term insurance; ***~ di viaggio*** travel insurance; ***~ sulla vita*** life insurance.

assideramento /assidera'mento/ m. frostbite; MED. exposure; ***morire per ~*** to freeze to death; MED. to die of exposure.

assiderare /asside'rare/ [1] **I** intr. (aus. *essere*) to freeze* **II assiderarsi** pronom. [*persona*] to freeze*; MED. to suffer from exposure; [*parte del corpo*] to freeze*.

assiderato /asside'rato/ **I** p.pass. → **assiderare II** agg. frozen; ***morire ~*** to freeze to death; MED. to die of exposure.

assiduamente /assidua'mente/ avv. [*dedicarsi, tentare*] assiduously; [*lavorare, allenarsi*] diligently, earnestly; [*frequentare un luogo*] regularly.

assiduità /assidui'ta/ f.inv. **1** *(frequenza abituale)* regularity **2** *(zelo, costanza)* assiduity, diligence, sedulity; ***con ~*** [*lavorare, allenarsi*] assiduously, diligently, steadily; [*leggere*] regularly, avidly; [*corteggiare*] with persistence.

assiduo /as'siduo/ **I** agg. **1** *(continuo)* [*presenza, visite, cure*] assiduous, sedulous, consistent **2** *(abituale)* [*frequentazione, cliente, lettore*] regular; ***un ~ frequentatore della famiglia*** a regular (visitor) of the family **3** *(zelante)* [*studente, lavoratore*] keen, assiduous, sedulous, zelous **II** m. (f. **-a**) regular.

assieme /as'sjɛme/ **I** avv. **1** *(insieme)* [*uscire, stare, arrivare*] together; ***~ a qcn., qcs.*** (together) with sb., sth.; ***stare ~*** [*coppia*] to go out together; *(non rompersi)* [*auto*] to hold together; *(essere coerente)* [*storia, racconto*] to hold together; ***mettere ~*** to put together, to get together [*oggetti, persone*]; *(raccogliere)* to accumulate, to collect [*informazioni, prove*]; to build up [*collezione*]; *(mescolare)* to throw together [*ingredienti*]; *(risparmiare)* to accumulate, to get together [*denaro*] **2** *(allo stesso tempo)* together, at once; ***non parlate tutti ~!*** don't all talk at once *o* together! **II** m. **1** whole **2** TEATR. ensemble; SPORT team; ***gioco d'~*** teamwork.

assiepamento /assjepa'mento/ m. crowding; *(folla)* crowd, throng.

assiepare /assje'pare/ [1] **I** tr. **1** *(affollare)* to crowd, to jam **2** LETT. *(circondare con siepi)* to hedge **II assieparsi** pronom. to crowd (together), to jam in.

assile /'assile, as'sile/ agg. axile.

assillante /assil'lante/ agg. [*preoccupazione, problema, dubbio*] besetting, nagging, niggling; [*creditore*] besieging.

assillare /assil'lare/ [1] **I** tr. [*rimorsi, dubbi*] to torment, to nag [*persona*]; [*idea, problema*] to beset*, to nag, to plague [*persona*]; ***~ qcn.*** [*creditori, giornalisti*] to beleaguer *o* harass sb.; ***essere assillato dalle preoccupazioni*** to be beset with worries; ***essere assillato da qcn.*** to get a lot of hassle from sb.; ***smettila di assillarmi!*** stop pestering me! ***~ qcn. perché faccia qcs.*** to hassle *o* plague sb. to do sth., to nag sb. into doing sth.; ***~ qcn. di domande*** to plague *o* ply sb. with questions; ***~ la mente di qcn.*** to weigh *o* prey on sb.'s mind **II assillarsi** pronom. to worry, to torment oneself.

assillo /as'sillo/ m. **1** ZOOL. horsefly, robber fly **2** FIG. *(pensiero continuo)* nagging worry.

assimilabile /assimi'labile/ agg. **1** FISIOL. [*alimento, sostanza*] assimilable, absorbable (**da** by) **2** *(comparabile)* ***~ a*** comparable *o* assimilable to **3** *(recepibile)* [*informazioni, concetti*] accessible, assimilable, digestible; ***nozioni -i dall'età di cinque anni*** ideas which can be assimilated from the age of five.

assimilare /assimi'lare/ [1] **I** tr. **1** FISIOL. [*persona, organismo*] to assimilate, to absorb [*alimento, sostanza*] **2** *(recepire)* [*persona*] to assimilate, to absorb, to digest [*idea, concetto*]; [*studente*] to assimilate [*materia, metodo*] **3** *(equiparare)* to assimilate, to liken; ***~ l'embargo a una dichiarazione di guerra*** to consider the embargo tantamount to a declaration of war **II assimilarsi** pronom. **1** FISIOL. [*alimenti, sostanze*] to assimilate **2** *(integrarsi)* [*comunità, minoranza*] to assimilate, to integrate.

assimilativo /assimila'tivo/, **assimilatore** /assimila'tore/ agg. assimilative.

assimilazione /assimilat'tsjone/ f. **1** FISIOL. *(di alimenti, sostanze)* absorption, assimilation **2** *(l'equiparare)* assimilation, equating **3** *(di conoscenze, lingua)* assimilation, digestion; ***le sue capacità di ~ sono scarse*** his ability to assimilate knowledge is poor; ***imparare una lingua per ~*** to learn a language by immersing oneself in it **4** *(integrazione) (di minoranza, popolazione)* absorption, assimilation **5** LING. FON. assimilation.

assiolo /assi'ɔlo/ m. horned owl.

assiologia /assiolo'dʒia/ f. axiology.

assioma /as'sjɔma/ m. axiom (**in base al quale** that).

assiomatico, pl. **-ci**, **-che** /assjo'matiko, tʃi, ke/ agg. axiomatic.

Assiria /as'sirja/ n.pr.f. Assyria.

assiriologia /assirjolo'dʒia/ f. Assyriology.

assiriologo, m.pl. **-gi**, f.pl. **-ghe** /assi'rjɔlogo, dʒi, ge/ m. (f. **-a**) Assyriologist.

assiro /as'siro/ **I** agg. Assyrian **II** m. (f. **-a**) **1** Assyrian **2** LING. Assyrian.

assirobabilonese /assirobabilo'nese/ **I** agg. Assyro-Babylonian **II** m. e f. Assyro-Babylonian.

assise /as'size/ f.pl. **1** DIR. (anche **Corte d'~**) criminal court sing., Crown court sing. GB; ***essere giudicato in ~*** to be committed for trial; ***è quanto sosterrà in ~*** this is what he will say in court **2** FIG. *(assemblea)* meeting sing.; ***il comitato terrà le sue ~ a Parigi*** the committee will meet in Paris.

assist /'assist/ m.inv. SPORT assist AE.

assistentato /assisten'tato/ m. **1** *(posto da assistente)* assistantship (anche UNIV.) **2** *(durata)* period of assistantship.

▷ **assistente** /assis'tɛnte/ ♦ ***18*** m. e f. **1** *(in un lavoro)* aide, assistant; ***~ personal*** personal assistant **2** *(all'università)* assistant **3** *(in* *un organismo assistenziale)* assistant; ***-i sociali e sanitari*** caring professionals ◆◆ ~ ***di bordo*** → ~ **di volo**; ~ ***domiciliare*** carer; ~ ***di laboratorio*** laboratory assistant; ~ ***di produzione*** CINEM. TELEV. production assistant; ~ ***alla regia*** CINEM. TELEV. assistant director; ~ ***sanitario*** medical social worker; ~ ***scenografo*** CINEM. TELEV. assistant set designer; ~ ***sociale*** social worker, caseworker, welfare officer; ~ ***universitario*** (research) assistant; ~ ***di volo*** flight attendant; *(uomo)* steward; *(donna)* (air) hostess.

▷ **assistenza** /assis'tɛntsa/ f. **1** *(aiuto)* assistance, aid, help; AMM. *(di Stato, di organismo)* assistance; *(consigli)* guidance, counselling BE, counseling AE; ***prestare ~ a qcn.*** to give assistance to *o* to assist sb. [*persona, paziente*]; ***richiedere l'~ di un avvocato*** to ask for legal representation; ***con l'~ di qcn.*** with the assistance of sb.; ***fondo di ~*** AMM. relief fund; ***intervento di ~*** AMM. relief effort; ***centro di ~ (postvendita)*** COMM. service centre; ***officina di ~*** COMM. repairs and services; ***ufficio ~*** COMM. service department; ***contratto di ~*** COMM. service contract; ***servizio di ~ (telefonica)*** COMM. helpline **2** *(vigilanza)* surveillance ◆◆ ~ ***alla clientela*** customer care *o* service; ~ ***domiciliare*** day-care; ~ ***finanziaria*** financial assistance; ~ ***infermieristica*** nursing (care); ~ ***legale*** legal assistance; ~ ***medica*** medical care *o* attention; ~ ***militare*** military assistance; ~ ***ai minori*** child guidance; ~ ***psicologica*** counselling; ~ ***pubblica*** state assistance, welfare, relief AE; ~ ***sanitaria*** health care; ~ ***sociale*** caring, social welfare; ~ ***sociale e sanitaria*** caring; ~ ***tecnica*** technical *o* support services.

assistenziale /assisten'tsjale/ agg. ***ente ~*** aid agency; ***copertura ~*** social security cover; ***opere -i*** relief work; ***stato ~*** welfare state; ***affidare qcn. a un ente ~*** to put sb. into care, to institutionalize sb.

assistenzialismo /assistentsja'lizmo/ m. dependency culture; SPREG. charity.

▶ **assistere** /as'sistere/ [21] **I** tr. **1** *(aiutare)* to assist, to aid (**in** in, with; **nel fare** to do, in doing); [*persona*] to assist [*chirurgo*]; ***si fa ~ da parecchi stagisti*** he has several trainees to assist him; *(proteggere)* ***che Dio mi assista!*** God help me! ***che Dio vi assista*** may God help you **2** *(curare)* to attend, to nurse [*malato*] **II** intr. (aus. *avere*) **1** *(essere presente)* ~ **a** to watch, to spectate [*spettacolo, partita*]; to attend [*cerimonia, lezione, messa*]; to attend, to sit in on [*riunione*] **2** *(osservare)* ~ **a** to witness [*incidente, attacco, rapina*]; ~ ***all'uccisione*** to be in at the kill; ***si assiste a una recrudescenza del razzismo*** we are witnessing a new upsurge in racism.

assistito /assis'tito/ **I** p.pass. → **assistere II** agg. **1** *(aiutato)* [*persona*] assisted, aided (**da** by); ***procreazione -a*** assisted reproduction **2** INFORM. assisted, aided; ~ ***dal calcolatore*** computer-assisted, computer-aided **III** m. (f. **-a**) *(dal servizio sanitario, dalla previdenza sociale)* = person receiving social benefits, person on welfare AE.

assito /as'sito/ m. **1** *(pavimento)* planking **2** *(tramezza)* wooden partition.

▷ **asso** /'asso/ m. **1** *(nelle carte da gioco)* ace; ***giocare un ~*** to play an ace **2** COLLOQ. *(campione)* ace; ***essere un ~ di*** o ***in*** to be an ace *o* a wizard at [*matematica, scacchi*]; ***essere un ~ a*** o ***nel fare qcs.*** to be an ace at doing sth.; ~ ***dell'aviazione*** flying ace; ~ ***del volante*** ace driver ◆ ***avere un ~ nella manica*** to have an ace up one's sleeve *o* in the hole; ***piantare in ~ qcn.*** to leave sb. stranded *o* in the lurch, to walk out on sb. ◆◆ ~ ***di briscola*** trump (ace); COLLOQ. FIG. *(persona importante)* big shot; ~ ***di cuori*** ace of hearts; ~ ***di fiori*** ace of clubs; ~ ***di picche*** ace of spades; ~ ***di quadri*** ace of diamonds.

associabile /asso'tʃabile/ agg. associable.

associabilità /assotʃabili'ta/ f.inv. associability.

▷ **associare** /asso'tʃare/ [1] **I** tr. **1** *(ammettere come socio)* to affiliate [*persona*] (**a** to, with) **2** *(riunire)* to bring* together; ***una coproduzione che associa diversi editori*** a coproduction which brings together several publishers; ~ ***le proprie forze a quelle di qualcun altro*** to join forces with sb.; ~ ***i capitali*** to pool *o* incorporate capital **3** *(combinare)* to associate, to unite [*oggetti, forze, sentimenti*] (**a**, **con** in) **4** *(mettere in relazione)* to associate, to connect (**a** with); ~ ***un colore a un suono*** to associate a colour with a sound; ~ ***due concetti*** to connect two concepts; ~ ***un'idea a*** to associate an idea with; ~ ***ciascun nome a una foto*** to pair each name with a photograph **II associarsi** pronom. **1** *(unirsi in società)* [*persone, società*] to go* into partnership, to link up, to team up (**a**, **con** with); ***-rsi per fare*** to join in doing *o* to do; ***-rsi a*** to come in with, go in with, join [*società, persona, organizzazione*]; to affiliate oneself with, join [*circolo*]; to associate oneself with [*politica, campagna elettorale*]; ***-rsi a qcn.*** *(frequentare)* to attach oneself to; ***quanto costa -rsi?*** what is the membership fee? **2** FIG. *(condividere)* ***-rsi a*** to share in [*decisione, idea*]; ***-rsi alla gioia, al dolore, all'indignazione di qcn.*** to share in sb.'s joy, sorrow, indignation.

associativo /assotʃa'tivo/ agg. **1** [*rapporto, proprietà, legame*] associative; ***memoria -a*** INFORM. associative store **2** DIR. COMM. ***quota -a*** membership (fee); ***tessera -a*** membership card.

associato /asso'tʃato/ **I** p.pass. → **associare II** agg. [*membro*] affiliated, associate(d); [*impresa, ente, concetto*] associated; ***essere ~ a qcs., qcn.*** to be linked *o* associated with sth., sb.; ***professore ~*** UNIV. associate (professor); ***studio ~ di architetti*** firm of architects **III** m. *(membro, socio)* associate.

▷ **associazione** /assotʃat'tsjone/ f. **1** DIR. COMM. *(ente)* association, organization; ~ ***per la difesa dei consumatori*** consumer protection association; ***unirsi in ~*** [*comitato, impresa*] to join in association, to associate; ***entrare a fare parte di, fondare un'~*** to join, form an association; ~ ***di medici, di banchieri*** medical, banking fraternity; ~ ***di caccia, pesca, tiro*** hunting, angling, shooting club **2** *(unione)* association; ***in ~ con*** in association with **3** PSIC. *(confronto, accostamento)* association; ***libera ~*** free association **4** ASTR. BIOL. GEOL. *(gruppo)* association ◆◆ ~ ***benefica*** o ***di beneficenza*** charity *o* charitable institution; ~ ***di categoria*** → ~ **professionale**; ~ ***commerciale*** commercial organization; ~ ***culturale*** cultural *o* arts association; ~ ***a delinquere*** DIR. criminal conspiracy; ~ ***di idee*** PSIC. association of ideas; ~ ***professionale*** confraternity, professional *o* trade association; ~ ***a scopo di lucro*** profit-making organization; ~ ***senza scopo di lucro*** non-profitmaking organization; ~ ***sportiva*** sporting partnership, sports club; ~ ***teatrale*** acting partnership; ~ ***verbale*** PSIC. verbal association.

associazionismo /assotʃattsjo'nizmo/ m. PSIC. ECON. associationism.

assodamento /assoda'mento/ m. **1** *(consolidamento) (di muscoli)* strengthening; *(di edificio)* reinforcement; *(di posizione, conoscenze)* consolidation **2** *(accertamento)* ascertainment (**di** of), inquiry (**di** into).

assodare /asso'dare/ [1] tr. **1** RAR. *(consolidare)* to firm up, to strengthen [*muscoli*]; to brace, to strengthen [*muro*]; to consolidate [*posizione, conoscenze*] **2** *(accertare)* to ascertain, to make* certain of, to establish [*fatto, notizia*]; ~ ***la verità*** to inquire into the truth.

assoggettabile /assoddʒet'tabile/ agg. **1** subjugable, submittable **2** *(tassabile)* subject to tax, taxable.

assoggettamento /assoddʒetta'mento/ m. enslavement, subdual, subjugation (**a** to); ~ ***a imposta*** ECON. liability for tax, taxability.

assoggettare /assoddʒet'tare/ [1] **I** tr. **1** *(soggiogare)* to enslave, to subdue, to subjugate [*paese, popolo*] **2** *(sottomettere)* to subject (**a** to); ***essere assoggettato a*** to be subject to [*autorità*]; ~ ***qcn. alla propria volontà*** to bend sb. to one's will; ~ ***qcs. a imposta*** ECON. to make sth. liable for *o* to subject sth. to tax **II assoggettarsi** pronom. [*persona*] to submit (**a** to); ***-rsi alla volontà di qcn.*** to bend to sb.'s will.

assoggettatore /assoddʒetta'tore/ m. (f. **-trice** /tritʃe/) subjugator.

assolato /asso'lato/ agg. sunny, sun-filled, sundrenched.

assolcatore /assolka'tore/ agg. ***aratro ~*** trench-plough, lister AE.

assoldare /assol'dare/ [1] tr. **1** MIL. *(arruolare)* to hire [*mercenario*] **2** SPREG. to hire [*sicario, spia*].

assolo /as'solo/ m.inv. solo; ***un ~ di tromba*** a trumpet solo; ***eseguire*** o ***suonare un ~*** to play a solo.

assolutamente /assoluta'mente/ avv. **1** *(necessariamente, ad ogni costo)* [*necessario*] absolutely, vitally; ***devo ~ andare*** I really must go; ***film ~ da vedere*** film not to be missed; ***devo ~ vederlo!*** this I must see! ***avere ~ bisogno di qcs., volere ~ qcs.*** to need, want sth. badly **2** *(del tutto)* [*impossibile, certo*] absolutely; [*giusto, sbagliato*] absolutely, completely; [*ovvio, normale*] perfectly; ~ ***no!*** no way! positively not! ***"Lei è d'accordo?" - "~ (no)!"*** "Do you agree?" - "Absolutely *o* certainly (not)!"; ***non sono ~ sicuro*** I'm not awfully sure **3** *(per niente)* at all, absolutely, by all means; ***non è ~ vero*** there is no truth in that; ***non hai fatto ~ nulla per fermarli*** you did nothing at all to stop them; ***non sei ~ da biasimare*** in no way are you to blame; ***non sapere ~ cosa fare*** to be at a loss as to what to do.

assolutezza /assolu'tettsa/ f. absoluteness.

assolutismo /assolu'tizmo/ m. absolutism.

assolutista, m.pl. **-i**, f.pl. **-e** /assolu'tista/ **I** agg. absolutist **II** m. e f. absolutist.

assolutisticamente /assolutistika'mente/ avv. POL. [*governare*] absolutely.

assolutistico, pl. **-ci**, **-che** /assolu'tistico, tʃi, ke/ agg. absolutist.

assolutizzare /assolutid'dzare/ [1] tr. to absolutize [*affermazione*].

assolutizzazione /assolutiddzat'tsjone/ f. absolutization.

▶ **assoluto** /asso'luto/ **I** agg. **1** *(completo, senza riserve)* [*certezza, discrezione, potere, sovrano*] absolute; [*maggioranza, superiorità*] absolute, overall; [*controllo, vincitore*] outright, overall; [*obbedienza, fede, fiducia*] absolute, complete, implicit; [*successo*] unqualified, total; [*confidenza, riposo*] complete; [*record*] all-time; [*sicurezza*] tight; [*calma*] dead; [*silenzio*] strict, utter; [*onestà, sincerità*] utter; ***governare in modo*** ~ to rule absolutely; ***una necessità -a*** a vital need, an absolute necessity; ***salvo in caso di -a necessità*** only if absolutely necessary; ***in caso di -a emergenza*** in case of genuine emergency; ***mi trovo nell'-a impossibilità di aiutarla*** it's absolutely impossible for me to help you; ***no, nel modo più*** ~ absolutely not; ***un principiante*** ~ an absolute beginner; ***divieto*** ~ ***di fumare*** total ban on smoking; ***proprietà -a*** fee simple, freehold **2** *(urgente)* ***ho*** ~ ***bisogno di parlarti*** I'm in urgent need of talking to you **3** SPORT [*campionato*] national **4** *(non relativo)* [*verità, temperatura*] absolute **5** LING. [*costruzione, forma, ablativo, superlativo*] absolute; ***l'impiego*** ~ ***di un verbo transitivo*** the use of a transitive verb in the absolute **6** MAT. [*numero, valore*] absolute **7** MUS. ***orecchio*** ~ absolute pitch **8 in assoluto** by far, undeniably; ***è il peggiore, il migliore in*** ~ it's by far the worst, the best, it's the very worst, the very best (of all); ***il primo in*** ~ the first ever; ***preferire qcs. in*** ~ to like sth. best of all **II** m. FILOS. ***l'***~ the absolute; ***il tuo bisogno, la tua ricerca di*** ~ your need, your search for absolutes.

assolutorio, pl. **-ri, -rie** /assolu'tɔrjo, ri, rje/ agg. absolutory.

assoluzione /assolut'tsjone/ f. **1** DIR. *(per non colpevolezza)* acquittal; *(per non punibilità)* absolution, discharge; ***verdetto di*** ~ verdict of not guilty **2** RELIG. absolution (**da** from); ***dare l'*** ~ ***a qcn.*** to give sb. absolution; ***ricevere l'***~ to receive absolution.

▷ **assolvere** /as'sɔlvere/ [22] tr. **1** DIR. *(per non colpevolezza)* to acquit; *(per non punibilità)* to absolve, to discharge; ~ ***qcn. per mancanza di prove*** to acquit sb. for lack of evidence *o* proof; ~ ***qcn. dall'accusa di (aver fatto) qcs.*** to acquit sb. of (doing) sth. **2** RELIG. to absolve [*peccatore*]; *(scusare)* to clear [*persona*] (**da** of); ~ ***qcn. da qcs.*** to absolve sb. from *o* of sth. **3** *(sciogliere)* to release [*persona*]; ~ ***qcn. da*** to release sb. from [*promessa, obbligo, debito*] **4** *(adempiere)* [*persona*] to discharge, to perform, to fulfil [*compito, obbligo*]; *(estinguere)* to discharge [*debito*]; ~ ***il servizio militare*** to serve one's time in the army.

assolvimento /assolvi'mento/ m. performance, execution, fulfilment.

▶ **assomigliare** /assomiʎ'ʎare/ [1] **I** intr. (aus. *avere*) ~ **a** *(fisicamente)* to look like; *(essere simili)* to bear a likeness *o* resemblance to, to resemble; ~ ***per niente, molto a qcn., qcs.*** to bear no, a close resemblance to sb., sth.; ***gli assomiglia nel modo di fare*** she resembles him in manner; ***assomiglia tantissimo a suo padre*** she looks just like her father **II assomigliarsi** pronom. *(fisicamente)* to look alike; *(essere simili)* to resemble each other; ***non si assomigliano affatto*** they are quite unlike each other; ***tutte le città si assomigliano*** all towns are alike ◆ ***chi si assomiglia si piglia*** PROV. birds of a feather (flock together); ***-rsi come due gocce d'acqua*** to be as like as two peas in a pod.

assommare /assom'mare/ [1] **I** intr. (aus. *essere*) to amount, to come* (**a** to); ***il debito assomma a due milioni*** the debt runs into *o* adds up to *o* totals two million **II** tr. ~ ***in sé*** to have, to possess, to be the epitome; ~ ***le qualità necessarie*** to have all the necessary qualifications **III assommarsi** pronom. to add (up); ***questo fatto si assomma a precedenti errori*** this is to be added to previous mistakes.

assonante /asso'nante/ agg. assonant.

assonanza /asso'nantsa/ f. assonance.

assonare /asso'nare/ intr. to assonate.

assonnato /asson'nato/ agg. [*persona, voce, occhi*] sleepy, drowsy; FIG. [*campagna, città*] sleepy; ***avere un'aria -a*** to look sleepy.

assonometria /assonome'tria/ f. axonometry.

assopimento /assopi'mento/ m. drowsiness.

assopire /asso'pire/ [102] **I** tr. **1** *(addormentare)* to make* [sb.] sleepy, to put* [sb.] to sleep [*persona*] **2** FIG. *(placare)* to dull [*passione, rimorso, dolore*] **II assopirsi** pronom. **1** *(addormentarsi)* [*persona*] to doze off, to fall* into a doze; ***si era assopito davanti al televisore*** he was dozing off in front of the television **2** *(placarsi)* [*odio, passione*] to subside, to wane.

▷ **assorbente** /assor'bɛnte/ **I** agg. **1** absorbent; ***ad alto potere*** ~ high-absorbency; ***carta*** ~ blotting paper; *(da cucina)* kitchen paper **2** CHIM. FIS. [*sostanza*] absorbant **II** m. **1** (anche ~ **igienico**) sanitary protection **2** CHIM. FIS. *(sostanza)* (ab)sorbent; *(apparecchiatura)* absorber ◆◆ ~ ***esterno*** sanitary towel BE, sanitary napkin AE; ~ ***interno*** tampon.

assorbenza /assor'bɛntsa/ f. absorbance, absorbency; ***un materiale ad alta*** ~ a high-absorbency material.

assorbibile /assor'bibile/ agg. absorbable.

assorbilatte /assorbi'latte/ agg.inv. ***coppetta*** ~ breast pad.

assorbimento /assorbi'mento/ m. **1** BOT. FISIOL. BIOL. MED. absorption; ***capacità di*** ~ absorbability **2** CHIM. FIS. (ab)sorption; ***banda, spettro di*** ~ absorption band, spectrum; ***colonna, torre di*** ~ absorber; ~ ***del suono*** acoustic absorption **3** *(incorporazione)* absorption, takeover.

▷ **assorbire** /assor'bire/ [109] tr. **1** *(imbeversi di)* [*materiale*] to absorb, to soak up, to take* up [*liquido*]; *(trattenere)* [*materiale*] to absorb [*calore, rumore, luce*] **2** *(assimilare)* [*persona, animale*] to absorb, to take* in [*ossigeno*]; [*organismo, pianta*] to absorb [*nutrimento*]; [*radici, pianta*] to drink* in [*acqua*]; [*persona*] to absorb, to ingest [*fatto*] **3** *(impegnare)* [*progetto, impresa*] to absorb [*denaro, tempo*]; [*attività, compito, problema*] to absorb [*mente*] **4** *(inglobare, incorporare)* to absorb [*impresa, partito, gruppo, popolazione, immigrati, costi, profitti*].

assorbito /assor'bito/ **I** p.pass. → **assorbire II** agg. absorbed (**da** in, by); ~ ***dal proprio lavoro*** absorbed *o* engrossed in one's work; ***essere completamente*** ~ ***da*** to be engrossed in [*libro, spettacolo*]; ***essere*** ~ ***da*** [*liquido*] to soak into, to be absorbed by [*terreno, carta, stoffa*].

assorbitore /assorbi'tore/ m. ELETTRON. absorber.

assordamento /assorda'mento/ m. deafening.

assordante /assor'dante/ agg. [*rumore*] deafening, earsplitting, thundering.

assordare /assor'dare/ [1] tr. **1** *(rendere sordo)* to deafen [*persona*] **2** *(stordire)* to stun [*persona*] **3** *(attutire)* to muffle [*suono, rumore*].

assordimento /assordi'mento/ m. FON. devocalization, devoicing.

assordire /assor'dire/ [102] **I** tr. FON. to devocalize, to devoice **II assordirsi** pronom. FON. [*consonante*] to become* voiceless.

assortimento /assorti'mento/ m. array, assortment, range, selection (anche COMM.); ***un grandissimo*** ~ ***di qcs.*** a very wide choice *o* range of sth.

assortire /assor'tire/ [102] tr. **1** to assort [*oggetti, portate*]; *(abbinare)* to match [*colori*] (**a** to; **con** with); ~ ***gli abiti secondo la misura*** to sort *o* arrange the clothes according to size; ~ ***bene le tinte*** to match the colours well **2** COMM. *(rifornire)* to stock, to assort [*negozio*]; ~ ***il negozio con novità*** to stock the shop with the latest.

assortito /assor'tito/ **I** p.pass. → **assortire II** agg. **1** *(misto)* [*cioccolatini, caramelle*] assorted; [*buffet*] copious; ***frutta -a*** mixed fruit **2** *(in armonia)* matching; ***una coppia ben -a*** a well-matched couple; ***ben, male*** ~ [*colori, vestiti*] well, ill assorted, well, badly matched **3 *merce -a*** COMM. assorted goods.

assorto /as'sɔrto/ agg. [*aria*] absorbed; [*sguardo*] intent, rapt; ***essere*** ~ ***nei propri pensieri*** to be absorbed *o* lost in one's thoughts, to be in a brown study; ***essere*** ~ ***in un libro, nel (proprio) lavoro*** to be absorbed *o* engrossed in a book, in one's work.

assottigliamento /assottiʎʎa'mento/ m. **1** *(di forme, profilo, spessore)* attenuation **2** *(di scorte, risorse)* reduction, dwindling.

assottigliare /assottiʎ'ʎare/ [1] **I** tr. **1** *(snellire)* to attenuate [*vita, profilo*] **2** *(diminuire, ridurre)* to reduce [*scorte*]; to dent, to diminish [*conto in banca*] **3** *(rendere perspicace)* to sharpen [*spirito*] **4** TECN. *(con un utensile)* to plane down [*asse, tavola*] **II assottigliarsi** pronom. **1** *(snellirsi)* [*vita, profilo*] to slim (down) **2** *(ridursi)* [*riserve, capitale*] to dwindle **3** *(diminuire di spessore)* [*asse, strato*] to get* thinner **4** *(rastremarsi)* ***la colonna si assottiglia (verso l'alto)*** the column tapers (towards the top).

Assuan /assu'an/ ♦ **2** n.pr.f. Aswan; ***diga di*** ~ Aswan High Dam.

assuefare /assue'fare/ [8] **I** tr. to accustom (**a** to) **II assuefarsi** pronom. to get* accustomed (**a** to); *(a qualcosa di negativo)* to inure oneself (**a** to); ***-rsi a un clima*** to become hardened to a climate, to acclimatize oneself.

assuefatto /assue'fatto/ **I** p.pass. → **assuefare II** agg. inured (**a** to).

assuefazione /assuefat'tsjone/ f. **1** *(abitudine)* habit, inurement; ~ ***al clima*** acclimatization **2** *(dipendenza)* addiction, habit (**a** to); ***dare*** ~ to be habit-forming; ~ ***ai narcotici*** drug addiction *o* habit.

Assuero /assu'ɛro/ n.pr.m. Ahasuerus.

▶ **assumere** /as'sumere/ [23] **I** tr. **1** *(acquisire)* to adopt, to assume, to put* on [*aria, espressione, atteggiamento, accento*]; to adopt, to assume, to take* on [*tono, identità, ruolo*]; to acquire, to assume [*significato, sfumatura*]; ~ ***informazioni su*** to gather information about, to make enquiries about; ~ ***le sembianze di qcn.*** to take *o* assume the form *o* likeness of sb.; ***la sua voce cominciava***

ad ~ un tono irritato a note of anger entered her voice; ***~ una posa*** to strike an attitude, to adopt a stance; ***~ proporzioni del tutto nuove*** to take on a whole new dimension; ***~ importanza*** [*avvenimento, faccenda*] to gain in importance **2** *(consumare)* to take*, to touch [*alimento, farmaco, droga*]; ***non assumo mai droga*** I never use drugs **3** *(prendere su di sé)* to accept, to take* on, to assume [*responsabilità, rischio, incarico, controllo*]; to acknowledge [*paternità*]; to accept [*ruolo*]; ***~ la difesa di qcn.*** to conduct sb.'s defence; ***ha assunto la gestione dell'impresa*** he's taken on the control of the firm; ***~ il controllo di qcs.*** to take charge, control of sth.; ***~ la presidenza*** to take the chair; ***~ il potere*** to assume the mantle of power; ***~ il comando*** to take command *o* the lead; ***~ il comando di un reggimento, una nave*** to take command of a regiment, a ship **4** *(prendere alle proprie dipendenze)* to employ, to engage, to hire, to take* on [*impiegato, manodopera, operai*]; ***~ qcn. come segretario*** to employ *o* hire sb. as (a) secretary; ***~ qcn. in prova*** to try sb. out, to try out sb., to employ sb. on trial **5** *(elevare a una dignità)* to raise (**a** to) [*trono, pontificato*] **6** RELIG. *(ascendere)* ***essere assunto in cielo*** to be taken up into Heaven **II assumersi** pronom. to underwrite* [*costi, spese*]; ***-rsi il merito di qcs.*** to take the credit for sth; ***-rsi la responsabilità di qcs.*** *(prendersi la colpa)* to take *o* bear the blame of sth.; *(prendere un impegno)* to take charge of sth.; ***-rsi le proprie responsabilità*** to take up one's duties *o* responsibilities; ***-rsi il compito di scoprire*** to make it one's business to find out.

Assunta /as'sunta/ f. **1** RELIG. ***l'~*** Our Lady of the Assumption **2** *(festa)* Assumption.

assunto /as'sunto/ **I** p.pass. → **assumere II** agg. *(alle proprie dipendenze)* engaged, hired, employed **III** m. (f. **-a**) **1** recruit; ***i nuovi -i*** the new intake; ***il nuovo ~*** the new recruit **2** *(tesi)* argument, thesis*; FILOS. assumption; ***dimostrare un ~*** to prove an argument.

assunzione /assun'tsjone/ f. **1** *(di una carica)* assumption, acceptance; *(del potere)* assumption; *(di rischio)* undertaking **2** *(di cibi, farmaci)* intake, consumption; ***l'~ di questo farmaco è sconsigliato alle donne in stato di gravidanza*** pregnant women are advised not to take this medicine; ***l'~ di alcol*** consumption of alcohol **3** *(di dipendenti)* engagement, hiring; ***domanda di ~*** job application, letter of application; ***blocco delle -i*** freeze on new appointments **4** *(elevazione)* accession, elevation; ***~ al trono*** accession to the throne **5** FILOS. assumption **6** RELIG. ***Assunzione di Maria*** Assumption of the Virgin Mary; ***festa dell'Assunzione di Maria*** the Feast of the Assumption (of the Virgin) ◆◆ ***~ dei testimoni*** DIR. examination; ***~ in prova*** employment on (a) trial (basis); ***~ delle prove*** gathering of evidence.

assurdamente /assurda'mente/ avv. absurdly, preposterously, ridiculously.

▷ **assurdità** /assurdi'ta/ f.inv. **1** *(incongruenza)* absurdity, preposterousness; ***l'~ delle sue dichiarazioni, dell'esistenza*** the absurdity of his statements, of existence; ***il colmo dell'~*** the height of absurdity **2** *(atto, parola)* nonsense **U**; ***che (grossa) ~!*** what (utter) nonsense! ***dire ~*** to talk nonsense.

▶ **assurdo** /as'surdo/ **I** agg. [*comportamento, situazione, richiesta, sospetto*] absurd, preposterous; ***è ~*** it is absurd (**da parte di qcn.** of sb.; **che** that; **fare** to do); ***trovo questa idea completamente -a*** I find the whole idea absurd **II** m. absurd; ***essere al limite dell'~, rasentare l'~*** to border on the absurd; ***ai limiti dell'~*** to the point of absurdity; ***filosofia, teatro dell'~*** philosophy, theatre of the absurd; ***per ~*** [*ragionamento, prova*] indirect; ***dimostrazione per ~*** reductio ad absurdum; ***dimostrare qcs. per ~*** to prove by contradiction; ***se, per ~...*** if, by some remote chance...; ***arrivare all'~ di...*** to reach the height of absurdity of...

assurgere /as'surdʒere/ [55] intr. (aus. *essere*) ***~ a*** to rise to, to achieve, to reach; ***~ alle più alte dignità*** to rise to the highest dignities; ***~ al livello dei grandi cineasti*** to join the ranks of great filmmakers.

▷ **1.asta** /'asta/ f. **1** *(di ombrellone)* pole; *(di freccia, lancia)* shaft; *(di microfono)* boom; ***~ della bandiera*** flagpole, flagstaff; ***~ della tenda*** curtain pole; ***(mettere la) bandiera a mezz'~*** (to put the) flag at half-mast **2** *(di occhiali)* arm; *(di compasso)* leg; *(di lettera, nota)* stem; *(di bilancia)* (scale) beam; *(di stadera)* (weigh) beam **3** SPORT *(per salto in alto)* (vaulting) pole; *(per funamboli)* balancing pole; ***salto con l'~*** pole vaulting **4** *(lancia)* lance, spear **5** MAR. spar ◆◆ ***~ di fiocco*** MAR. jib boom; ***~ graduata*** gauge; ***~ del livello dell'olio*** dipstick; ***~ di livello*** slip gauge; ***~ di punteria*** lifter rod.

2.asta /'asta/ f. *(vendita pubblica)* auction; ***all'~*** at auction; ***vendita all'~*** auction sale; ***vendere qcs. all'~*** to sell sth. by auction, to auction sth.; ***essere messo all'~*** to be up for (sale by) auction, to come *o* go under the hammer; ***avviso d'~*** call for tenders; ***sala, casa d'-e*** auction room, house ◆◆ ***~ giudiziaria*** sale by order of the court; ***~ al ribasso*** Dutch auction; ***~ televisiva*** TV auction.

astaco, pl. **-ci** /'astako, tʃi/ m. (river) crayfish*.

astante /as'tante/ m. e f. ***gli -i*** bystanders; ***uno degli -i è svenuto*** one of those present fainted.

astanteria /astante'ria/ f. casualty (department).

astatico, pl. **-ci**, **-che** /as'tatiko, tʃi, ke/ agg. astatic.

1.astato /as'tato/ m. CHIM. astatine.

2.astato /as'tato/ m. *(antico soldato)* (Roman) lance bearer.

3.astato /as'tato/ agg. [*foglia*] hastate.

▷ **astemio**, pl. **-mi**, **-mie** /as'tɛmjo, mi, mje/ **I** agg. teetotal, abstinent; ***sono ~*** I'm teetotal, I'm on the wagon **II** m. (f. **-a**) teetotaller BE, teetotaler AE, abstainer, nondrinker.

▷ **astenersi** /aste'nersi/ [93] pronom. **1** *(non votare)* to abstain **2** *(evitare)* to abstain, to refrain (**da qcs.** from sth.; **dal fare** from doing); ***~ dall'alcol*** to keep off alcohol; ***~ da ogni commento*** to refrain from comment; ***~ dal giudicare*** DIR. [*giudice*] to reserve judgement.

astenia /aste'nia/ f. asthenia; ***~ primaverile*** spring fever.

astenico, pl. **-ci**, **-che** /as'tɛniko, tʃi, ke/ **I** agg. asthenic **II** m. (f. **-a**) asthenic.

astenosfera /astenos'fɛra/ f. asthenosphere.

astensione /asten'sjone/ f. **1** *(rinuncia)* abstention; ***lottare contro, predicare l'~*** to fight against, advocate abstention; ***una forte ~*** a high level of abstention, a low poll; ***tasso d'~*** rate of abstention (from voting); ***ci sono state dieci -i*** there were ten abstentions **2** DIR. *(di giudice)* deport, recusation.

astensionismo /astensjo'nizmo/ m. abstentionism.

astensionista, m.pl. **-i**, f.pl. **-e** /astensjo'nista/ m. e f. abstentionist.

astenuto /aste'nuto/ **I** p.pass. → **astenersi II** agg. abstained **III** m. (f. **-a**) abstainer; ***dieci -i*** ten abstentions.

aster /'aster/ m. aster, Michaelmas daisy.

astergere /as'tɛrdʒere/ [19] tr. ANT. to absterge, to cleanse [*sudore, ferita*].

asteriscare /asteris'kare/ [1] tr. to asterisk.

asterisco, pl. **-schi** /aste'risko, ski/ m. asterisk, star.

asterismo /aste'rizmo/ m. asterism.

asteroidale /asteroi'dale/ agg. asteroidal.

asteroide /aste'rɔide/ m. asteroid.

astersione /aster'sjone/ f. ANT. abstersion.

astersivo /aster'sivo/ agg. ANT. abstergent.

Astianatte /astja'natte/ n.pr.m. Astyanax.

asticciola /astit'tʃɔla/ f. **1** *(piccola asta)* stick **2** *(della penna)* pen holder **3** *(di pennello)* handle **4** TECN. rod.

astice /'astitʃe/ m. lobster.

asticella /asti'tʃɛlla/ f. **1** stick **2** SPORT *(del salto in alto)* crossbar.

astigiano /asti'dʒano/ ♦ **2 I** agg. from, of Asti **II** m. (f. **-a**) native, inhabitant of Asti.

astigmatico, pl. **-ci**, **-che** /astig'matiko, tʃi, ke/ **I** agg. astigmatic **II** m. (f. **-a**) astigmatic.

astigmatismo /astigma'tizmo/ ♦ **7** m. astigmatism.

astinente /asti'nɛnte/ agg. abstinent.

astinenza /asti'nɛntsa/ f. **1** *(rinuncia volontaria)* abstinence (**da** from); ***~ dall'alcol*** teetotalism, temperance; ***fare ~*** to abstain (**da** from); ***praticare l'~*** to be abstinent, to go cold turkey COLLOQ. **2** MED. ***crisi di ~*** withdrawal symptoms, cold turkey COLLOQ.; ***essere in crisi d'~*** to be suffering from withdrawal symptoms, to be cold turkey COLLOQ. ◆◆ ***~ periodica*** rhythm method.

astio, pl. **asti** /'astjo, 'asti/ m. *(sentimento)* hate, hatred; *(malanimo)* malice, spite; ***con ~*** spitefully; ***pieno d'~*** full of spite *o* malice; ***nutrire ~ verso*** o ***contro qcn.*** to harbour *o* nurse a grudge against sb.

astiosamente /astjosa'mente/ avv. spitefully, sullenly.

astiosità /astjosi'ta/ f.inv. spitefulness.

astioso /as'tjoso/ agg. [*persona, tono*] spiteful.

astista, m.pl. **-i**, f.pl. **-e** /as'tista/ m. e f. pole vaulter.

astore /as'tore/ m. goshawk.

astorico, pl. **-ci**, **-che** /as'tɔriko, tʃi, ke/ agg. nonhistorical, ahistoric(al).

astracan → **astrakan.**

astragalo /as'tragalo/ m. **1** ANAT. anklebone, talus* **2** ARCH. astragal **3** BOT. astragalus*, loco*, milk-vetch **4** *(antico dado d'osso)* ***gioco degli -i*** knucklebones.

astrakan /astra'kan/ m.inv. astrakhan.

astrale /as'trale/ agg. [*segno, tema, influsso*] astral.

astranzia /as'trantsja/ f. masterwort.

astrarre /as'trarre/ [95] **I** tr. **1** to abstract (**da** from); ***~ l'universale dal particolare*** to abstract the universal from the particular **2** *(di-*

stogliere) to distract (**da** from); ~ ***la mente da qcs.*** to take one's mind off sth. **II** intr. (aus. *avere*) ~ ***da qcs.*** to prescind from sth., to disregard sth. **III astrarsi** pronom. to withdraw*, to cut* oneself off, to shut* oneself off (**da** from).
astrattamente /astratta'mente/ avv. in the abstract, in abstractions, abstractly.
astrattezza /astrat'tettsa/ f. abstractness.
astrattismo /astrat'tizmo/ m. abstractionism.
astrattista, m.pl. **-i**, f.pl. **-e** /astrat'tista/ m. e f. abstractionist.
astratto /as'tratto/ **I** p.pass. → **astrarre II** agg. [*pittura, arte, nome*] abstract; [*concetto*] abstract, metaphysical; [*rivendicazione*] abstract, theoretical **III** m. **1** ***il concreto e l'~*** the concrete and the abstract; ***in ~*** [*parlare, ragionare*] in the abstract **2** FILOS. *(astrazione)* abstraction.
astrazione /astrat'tsjone/ f. abstraction; ***fare ~ da qcs.*** to prescind from sth.; ***facendo ~ da ciò*** leaving that aside.
Astrea /as'trɛa/ n.pr.f. Astraea.
astringente /astrin'dʒɛnte/ agg. e m. astringent.
astro /'astro/ m. **1** ASTR. star, luminary; ASTROL. star; ***consultare, leggere gli -i*** to read the stars; ***l'~ della notte*** LETT. the moon **2** FIG. star; ***un ~ nascente*** a rising star ◆◆ ***~ della Cina*** BOT. aster.
astrocupola /astro'kupola/ f. astrodome.
astrodinamica /astrodi'namika/ f. astrodynamics + verbo sing.
astrofisica /astro'fizika/ f. astrophysics + verbo sing.
astrofisico, pl. **-ci**, **-che** /astro'fiziko, tʃi, ke/ ➧ ***18*** **I** agg. astrophysical **II** m. (f. **-a**) astrophysicist.
astrogeologia /astrodʒeolo'dʒia/ f. astrogeology.
astrografo /as'trɔgrafo/ m. astrograph.
astrolabio, pl. **-bi** /astro'labjo, bi/ m. astrolabe.
astrologia /astrolo'dʒia/ f. astrology.
astrologico, pl. **-ci**, **-che** /astro'lɔdʒiko, tʃi, ke/ agg. astrological.
astrologo, m.pl. **-gi**, f.pl. **-ghe** /as'trɔlogo, dʒi, ge/ ➧ ***18*** m. (f. **-a**) astrologer, astrologist, stargazer.
astrometria /astrome'tria/ f. astrometry.
astronauta, m.pl. **-i**, f.pl. **-e** /astro'nauta/ ➧ ***18*** m. e f. astronaut; *(uomo)* spaceman*; *(donna)* spacewoman*.
astronautica /astro'nautika/ f. astronautics + verbo sing., space science.
astronautico, pl. **-ci**, **-che** /astro'nautiko, tʃi, ke/ agg. astronautical.
astronave /astro'nave/ f. spacecraft, spaceship.
astronomia /astrono'mia/ f. astronomy.
astronomico, pl. **-ci**, **-che** /astro'nɔmiko, tʃi, ke/ agg. **1** astronomic(al); ***osservatorio ~*** (astronomic) observatory **2** FIG. *(esagerato)* [*prezzo*] astronomic(al), prohibitive.
astronomo /as'trɔnomo/ ➧ ***18*** m. (f. **-a**) astronomer, stargazer.
astruseria /astruze'ria/ f. → **astrusità**.
astrusità /astruzi'ta/ f.inv. **1** *(incomprensibilità)* abstruseness, obscurity; *(di parole, opera, testo)* obscurity **2** *(cosa astrusa)* abstruse notion, abstruseness; ***dire ~*** to talk nonsense.
astruso /as'truzo/ agg. [*testo, domanda, ragionamento*] obscure, abstruse.
astuccio, pl. **-ci** /as'tuttʃo, tʃi/ m. **1** *(custodia)* case; ***~ per occhiali*** spectacle case; ***~ del violino*** violin case **2** *(portapenne)* pencil box, pencil case, writing case ◆◆ ***~ da cucito*** small sewing kit.
Asturie /as'turje/ ➧ ***30*** n.pr.f.pl. Asturias.
astutamente /astuta'mente/ avv. astutely, cunningly, cleverly.
▷ **astuto** /as'tuto/ agg. [*persona, mente*] astute, clever, shrewd, cunning; [*mossa, risposta*] astute, clever; ***è un tipo ~*** he's a cunning old fox, he's clever; ***essere ~ come una volpe*** to be as wily as a fox; ***essere più ~ di qcn.*** to outwit *o* outsmart sb., to be shrewder than sb.
astuzia /as'tuttsja/ f. **1** *(abilità)* cunning, astuteness, foxiness, shrewdness; ***agire, giocare d'~*** to play it clever, to be crafty; ***riuscire a ottenere qcs. da qcn. con l'~*** to wangle sth. out of sb.; ***gareggiare in ~ con qcn.*** to try to outsmart sb.; ***battere*** o ***superare in ~*** to outfox, outsmart, outwit, trick [*nemico, polizia*] **2** *(idea, azione astuta)* trick, dodge, artifice; ***conoscere tutte le -e*** to be up to all the dodges; ***le -e del mestiere*** the tricks of the trade; ***un'~ volpina*** a crafty shrewdness, a clever trick.
AT 1 ⇒ Antico Testamento Old Testament (OT) **2** ⇒ Alta Tensione High Tension (HT).
atalanta /ata'lanta/ f. ZOOL. red admiral.
atanasiano /atana'zjano/ agg. ***credo ~*** Athanasian Creed.
Atanasio /ata'nazjo/ n.pr.m. Athanasius.
atarassia /ataras'sia/ f. ataraxia.
atassia /atas'sia/ f. ataxia, ataxy ◆◆ ***~ locomotoria*** locomotor ataxia.
atassico, pl. **-ci**, **-che** /a'tassiko, tʃi, ke/ agg. ataxic.
atavico, pl. **-ci**, **-che** /a'taviko, tʃi, ke/ agg. [*carattere, odio*] atavistic; ***nemico ~*** ancestral enemy.
atavismo /ata'vizmo/ m. atavism.
ateismo /ate'izmo/ m. atheism, unbelief.
ateista, m.pl. **-i**, f.pl. **-e** /ate'ista/ m. e f. → **ateo.**
ateistico, pl. **-ci**, **-che** /ate'istiko, tʃi, ke/ agg. atheistic.
atele /'atele/ m. spider monkey.
atelier /ate'lje/ m.inv. **1** *(casa di mode)* atelier **2** *(studio di artista)* studio, workshop.
atemporale /atempo'rale/ agg. timeless.
Atena /a'tɛna/ n.pr.f. Athena.
Atene /a'tɛne/ ➧ ***2*** n.pr.f. Athens.
ateneo /ate'nɛo/ m. **1** *(tempio di Atena)* athenaeum, atheneum AE **2** *(università)* university.
ateniese /ate'njese/ ➧ ***2*** **I** agg. Athenian **II** m. e f. Athenian.
ateo /'ateo/ **I** agg. atheist, unbelieving **II** m. (f. **-a**) atheist, unbeliever.
atermico, pl. **-ci**, **-che** /a'tɛrmiko, tʃi, ke/ agg. heat-less.
atesino /ate'zino/ ➧ ***30*** **I** agg. from, of Alto Adige **II** m. (f. **-a**) native, inhabitant of Alto Adige.
atipico, pl. **-ci**, **-che** /a'tipiko, tʃi, ke/ agg. atypical.
atlante /a'tlante/ m. **1** GEOGR. atlas **2** ANAT. atlas **3** ARCH. telamon ◆◆ ***~ automobilistico*** motoring atlas ***~ geografico*** (geographical) atlas; ***~ linguistico*** linguistic atlas; ***~ storico*** historical atlas; ***~ stradale*** road atlas.
Atlante /a'tlante/ n.pr.m. Atlas; ***di ~*** Atlantean; ***monti dell'~*** Atlas Mountains.
atlantico, pl. **-ci**, **-che** /a'tlantiko, tʃi, ke/ agg. Atlantic; ***l'oceano Atlantico*** the Atlantic Ocean; ***le Province -che*** the Atlantic Provinces; ***patto ~*** STOR. Atlantic Charter.
Atlantico /a'tlantiko/ ➧ ***27*** n.pr.m. Atlantic; ***d'oltre ~*** from over *o* across the Atlantic.
Atlantide /a'tlantide/ n.pr.f. Atlantis; ***di ~*** Atlantean.
atlantismo /atlan'tizmo/ m. Atlanticism.
▷ **atleta**, m.pl. **-i**, f.pl. **-e** /a'tlɛta/ m. e f. athlete; ***piede d'~*** athlete's foot.
atletica /a'tlɛtika/ ➧ ***10*** f. athletics + verbo sing. BE, track and field AE; ***praticare l'~*** to do athletics; ***campionato di ~*** athletics championship BE, track and field championship AE; ***meeting di ~*** athletics meet(ing) BE, track meet AE; ***gare di ~*** athletic *o* track and field events; ***pista di ~*** athletics track ◆◆ ***~ indoor*** indoor athletics BE, indoor track and field events AE; ***~ leggera*** athletics, track and field events; ***~ pesante*** weightlifting and wrestling.
atletico, pl. **-ci**, **-che** /a'tlɛtiko, tʃi, ke/ agg. athletic; ***una grande prestazione -a*** a great athletic performance; ***avere un fisico ~*** to have an athletic frame *o* build *o* body.
atletismo /atle'tizmo/ m. athleticism.
▶ **atmosfera** /atmos'fɛra/ f. **1** atmosphere, air; ***la nebbia raffredda l'~*** fog chills the air; ***rientrare nell'~*** AER. to re-enter the atmosphere; ***alta ~*** upper atmosphere **2** FIG. atmosphere, air; *(di luogo, periodo)* flavour, feel(ing), mood; *(di riunione, stanza)* mood, atmospherics pl.; *(di film, fotografia, canzone)* atmospherics pl., atmosphere; ***~ tipica di un'epoca*** period colour; ***riscaldare l'~*** [*musica, illuminazione*] to liven up the atmosphere; ***film d'~*** atmospheric film; ***musica d'~*** atmospheric *o* mood music; ***un'~ malinconica, rilassata, tesa, soffocante*** a melancholic, relaxed, tense, stifling atmosphere; ***un'~ d'attesa*** an atmosphere *o* air of expectancy; ***l'~ di un posto*** the sights and sounds of a place; ***mi piace l'~ di questo posto*** I like the feel of the place; ***c'è in giro un'~ di festa*** there is a party spirit about; ***l'~ era un po' tesa*** there was a bit of an atmosphere; ***il film è pieno di ~*** the film is full of atmosphere **3** FIS. atmosphere; ***una pressione di dieci -e*** a pressure of ten atmospheres ◆◆ ***~ terrestre*** earth's atmosphere.
atmosferico pl. **-ci**, **-che** /atmos'fɛriko, tʃi, ke/ agg. atmospheric; ***condizioni -che*** atmospheric *o* weather conditions; ***pressione -a*** atmospheric *o* air pressure; ***inquinamento ~*** atmospheric *o* air pollution; ***interferenze -che, disturbi -ci*** atmospherics.
atollo /a'tɔllo/ m. (coral) atoll; ***l'~ di Mururoa*** (the) Mururoa atoll; ***su un ~ del Pacifico*** on an atoll in the Pacific.
▷ **atomica**, pl. **-che** /a'tɔmika, ke/ f. atom(ic) bomb.
atomicità /atomitʃi'ta/ f.inv. atomicity.
▷ **atomico**, pl. **-ci**, **-che** /a'tɔmiko, tʃi, ke/ agg. *(dell'atomo)* [*struttura, nucleo, numero, peso*] atomic; *(nucleare)* [*centrale, energia, arma, bomba, guerra, potenziale*] atomic, nuclear; ***bomba -a*** atom(ic) bomb; ***fungo ~*** mushroom cloud; ***nell'era -a*** in the nuclear age.
atomismo /ato'mizmo/ m. atomism.
atomista, m.pl. **-i**, f.pl. **-e** /ato'mista/ agg., m. e f. atomist.

atomistico, pl. **-ci**, **-che** /ato'mistiko, tʃi, ke/ agg. atomistic.

atomizzare /atomid'dzare/ [1] tr. **1** *(distruggere con armi atomiche)* to atomize [*città*] **2** NUCL. to atomize [*corpo, metallo*] **3** *(nebulizzare)* to atomize.

atomizzazione /atomiddzat'tsjone/ f. atomization.

▷ **atomo** /'atomo/ m. atom; *~ d' idrogeno* hydrogen atom; ***struttura dell'~*** atomic structure.

atonale /ato'nale/ agg. atonal.

atonalità /atonali'ta/ f.inv. atonality.

atonia /ato'nia/ f.inv. MED. LING. atonia, atony.

atonico, pl. **-ci**, **-che** /a'tɔniko, tʃi, ke/ agg. MED. atonic.

atono /'atono/ agg. LING. [*sillaba, vocale*] atonic, unaccented, unstressed.

atossico, pl. **-ci**, **-che** /a'tɔssiko, tʃi, ke/ agg. nonintoxicating, non-toxic.

atout /a'tu/ m.inv. **1** GIOC. trump (card); ***dichiarazione senza ~*** *(nel bridge)* no trumps; ***giocare un ~ più alto di qcn.*** to overtrump sb.; ***giocarsi gli ~*** to play one's trump cards **2** FIG. *(carta vincente) (di persona, partito, paese)* ace, plus point, winning card.

atrabile /atra'bile/ f. choler adust, black bile.

atrabiliare /atrabi'ljare/ agg. atrabilious.

atreplice /a'treplitʃe/ f. saltbush, orach(e).

atriale /atri'ale, a'trjale/ agg. MED. atrial.

▷ **atrio**, pl. **atri** /'atrjo, 'atri/ m. **1** *(di stazione, aeroporto)* hall; *(di casa, hotel)* hall, lobby; ***~ arrivi, partenze*** arrivals, departures hall **2** ANAT. atrium*, ear-hole **3** ARCH. atrium*, concourse, foyer **4** ARCHEOL. atrium.

atro /'atro/ agg. LETT. **1** *(oscuro)* dark, sombre, fuscous **2** *(tetro)* dreary, sombre.

▷ **atroce** /a'trotʃe, a'trɔtʃe/ agg. **1** *(feroce)* [*delitto, supplizio*] atrocious, awful; [*vendetta*] vicious, horrible; [*morte*] agonizing, horrible **2** *(terribile)* [*tortura*] brutal, terrible; [*dolore, sofferenza*] atrocious, agonizing, blinding, excruciating; [*dubbio*] tormenting **3** COLLOQ. FIG. *(grande)* [*caldo*] ferocious, terrific; [*fame*] ferocious, ravenous, raging.

atrocemente /atrotʃe'mente/ avv. [*soffrire*] atrociously, excruciatingly; [*punire*] viciously.

atrocità /atrotʃi'ta/ f.inv. **1** *(crudeltà)* atrociousness, atrocity, awfulness **2** *(atto atroce)* atrocity; ***le ~ della guerra*** the atrocities of war.

atrofia /atro'fia/ f. atrophy.

atrofico, pl. **-ci**, **-che** /a'trɔfiko, tʃi, ke/ agg. atrophic, undeveloped.

atrofizzare /atrofid'dzare/ [1] **I** tr. MED. to atrophy (anche FIG.) **II** **atrofizzarsi** pronom. to atrophy, to wither (anche FIG.).

atropina /atro'pina/ f. atropine, belladonna.

atropo /'atropo/ m. hawk moth.

attaccabile /attak'kabile/ agg. **1** *(fissabile)* attachable **2** *(assalibile)* attackable, assailable; ***facilmente, difficilmente ~*** [*luogo, postazione*] easy, difficult to attack **3** FIG. [*teoria, posizione*] shaky.

attaccabottoni /attakkabot'toni/ m. e f.inv. *(chiacchierone)* buttonholer.

attaccabrighe /attakka'brige/ m. e f.inv. hell-raiser, troublemaker, quarreller.

attaccamani /attakka'mani/ m.inv., **attaccamano** /attakka'mano/ m. catchweed, cleavers, goosegrass.

attaccamento /attakka'mento/ m. attachment (**a** to, for), devotion (**a** to); ***l'~ alla terra*** the love of the land; ***~ al dovere*** devotion to duty; ***~ alla famiglia*** attachment to the family.

▶ **attaccante** /attak'kante/ m. e f. **1** attacker **2** SPORT attacker; *(nel calcio)* forward, striker; *(nel football americano)* lineman*; ***gli -i*** *(nel rugby)* the front line; ***marcare un ~*** to mark a striker.

attaccapanni /attakka'panni/ m.inv. (coat)stand, rack; ***appendere la giacca all'~*** to hang one's jacket on the stand ◆◆ ***~ a muro*** coat rack, hallstand; ***~ a pioli*** hatrack; ***~ a stelo*** hat stand BE, hat tree AE, clothes tree AE.

▶ **attaccare** /attak'kare/ [1] **I** tr. **1** to attach; *(affiggere)* to put* up, to stick* (up) [*manifesto, avviso, foto, poster*] (**a** on); *(appendere)* to hang* [*quadro*] (**a** on) **2** *(incollare)* to stick* [*etichetta, francobollo*] (**a**, **su** on); to hang* [*carta da parati*]; *(con lo scotch)* to tape, to sellotape; *(incollare insieme)* to stick* together [*foglie, pezzi*] **3** *(cucire)* to sew*, to attach, to stitch [*bottone, manica*] (**a** on) **4** *(agganciare)* to connect, to couple, to hitch [*rimorchio, vagone*] **5** *(riagganciare)* to hang* up [*telefono*]; ***~ il telefono (in faccia) a qcn.*** to hang up on sb.; ***non ~!*** don't hang up! **6** *(legare)* to fasten, to tie, to harness, to hitch [*animale*] (**a** to) **7** *(allacciare)* to switch on, to turn on [*corrente*]; to plug in [*elettrodomestico*]; *(unire)* to attach; ***~ il rubinetto al tubo*** to connect the tap to the pipe **8** *(trasmettere)* to give* [*malattia*]; ***~ il raffreddore a qcn.*** to pass the cold on to sb. **9** MUS. to strike* up [*aria*]; to launch into [*canzone*]; ***l'orchestra attaccò un valzer*** the band struck up a waltz **10** *(assalire)* MIL. [*truppa*] to attack, to strike* [*truppa, paese*]; [*paese, popolo*] to attack, to assault [*paese, popolo*]; ***~ frontalmente*** to attack frontally *o* head-on; ***~ da dietro, su tutti i fronti*** to attack from behind, from all sides; ***~ il nemico alle spalle*** to attack the enemy in the back; ***~ di sorpresa*** to surprise [*luogo, guarnigione*]; ***siamo stati attaccati di sorpresa*** a surprise attack was made on us **11** *(aggredire)* to assail, to attack, to set* on [*persona, animale*]; [*cane*] to turn* on [*persona, animale*]; *(con colpi o rimproveri)* to go* for; ***~ qcn. alla gola*** [*animale*] to go for sb's throat; ***"attacca!" disse al suo cane*** "at 'em!" BE *o* "sic!" AE he said to his dog **12** *(criticare)* to attack, to bash [*ministro, progetto*] **13** *(cominciare)* to get* into, to launch into [*discorso*]; COLLOQ. to attack, to tackle [*piatto, dessert*]; ***~ la salita*** SPORT to start *o* tackle the climb **14** SPORT *(nel calcio, rugby)* to attack, to drive* forward **15** *(colpire)* [*malattia*] to strike* [*articolazioni, centri nervosi*] **16** *(corrodere)* [*parassiti, termiti, ruggine, acido*] to eat* away at [*metallo*] **II** intr. (aus. *avere*) **1** *(aderire)* [*colla*] to stick*; ***questa colla non attacca*** this glue won't stick **2** *(attecchire)* to take* root; COLLOQ. [*moda, teoria, sistema*] to catch* on **3** MIL. [*esercito, truppe*] to go* in; ***le truppe hanno attaccato all'alba*** the troops went in at dawn **4** COLLOQ. *(funzionare)* ***(con me) non attacca!*** that won't wash with me! it doesn't work (with me)! **5** *(iniziare, esordire)* to start off; MUS. to strike* up; ***~ con*** COLLOQ. to strike up [*discorso, canzone, argomento*]; ***quando attacca a parlare, non la finisce più*** when she gets started, she talks her head off; ***l'orchestra ha attaccato con una sincronia perfetta*** the orchestra struck up in perfect timing **6** COLLOQ. *(iniziare a lavorare)* ***il prossimo turno attacca alle 10*** the next shift comes on at 10 **III** **attaccarsi** pronom. **1** *(appiccicarsi)* [*francobollo, busta*] to stick*; [*pagine*] to stick* together; ***l'etichetta si attacca male*** the label doesn't stick **2** *(rimanere attaccato)* [*sostanza, alimento, piatto, recipiente*] to stick* (**a** to); ***-rsi ai denti*** to stick to one's teeth; ***-rsi alla pentola*** to stick to the pan; ***l'edera si attacca alle pietre*** ivy clings to stones **3** *(aggrapparsi, tenersi)* to grasp hold (**a** of), to hold* on (**a** to); ***attaccati a me, così non cadi!*** hold on to me or you'll fall! ***-rsi a un pretesto*** to cling to a pretext *o* an excuse; ***-rsi a qcn. come una sanguisuga*** to cling to sb. like a leech **4** *(affezionarsi)* ***-rsi a qcn.*** to grow attached *o* to form an attachment to sb. ◆ ***~ battaglia*** to join battle; ***-rsi alla bottiglia*** to hit the bottle, to take to drink; ***~ bottone con qcn.*** to buttonhole sb.; ***attaccar briga, lite (con qcn.)*** to pick a fight, quarrel (with sb.); ***~ discorso (con qcn.)*** to engage (sb.) in conversation, to strike up a conversation (with sb.); ***-rsi qcs. all'orecchio*** not to forget sth.; ***-rsi al telefono*** to get on the phone; ***ti attacchi al tram (e fischi in curva)!*** you can whistle for it! dream on!

attaccaticcio, pl. **-ci**, **-ce** /attakka'tittʃo, tʃi, tʃe/ agg. **1** clammy, sticky **2** FIG. [*persona*] clinging.

attaccato /attak'kato/ **I** p.pass. → **attaccare** **II** agg. **1** attached; *(incollato, affisso)* stuck; *(appeso)* hung, fastened; *(cucito)* sewn, attached; ***essere ~ a un filo*** FIG. [*vita*] to be hanging on a string *o* by a thread **2** *(affezionato)* ***essere ~ a*** to be attached *o* devoted to [*persona, animale, famiglia*]; ***essere ~ alle sottane di qcn.*** to be tied to sb.'s apron strings; ***essere ~ al denaro, alle cose terrene*** to be mean with one's money, to be wordly-minded; ***restare ~ a*** to cling to [*abitudine, potere*] **3** *(vicino)* close (**a** to); ***stare ~ a*** to stick to [*persona*] **4** *(ligio)* ***essere ~ al dovere*** to be devoted to one's duty, to be dutiful; ***essere ~ al lavoro*** to be dedicated to one's work.

attaccatura /attakka'tura/ f. **1** ANAT. *(di muscolo, legamento)* attachment; *(di ossa)* joint; ***~ dei capelli*** hairline **2** *(cucitura)* seam.

attaccatutto /attakka'tutto/ m.inv. superglue.

attaccavesti /attakka'vɛsti/ m.inv. → **attaccamano.**

attacchino /attak'kino/ ➧ *18* m. (f. **-a**) billposter, billsticker.

▷ **attacco**, pl. **-chi** /at'takko, ki/ m. **1** MIL. attack (**contro** against; **a** on; **da parte di** by, from); ***~ su due, tre fronti*** two-, three-pronged attack; ***all'~*** on the attack; ***pronto all'~*** ready to attack; ***esposto all'~*** open to attack (anche FIG.); ***andare all'~*** to go in (**di** on); FIG. to move in (**di** on) [*mercato, azienda*]; ***passare all'~*** to move in to attack; ***un ~ armato*** an armed raid; ***subire un ~*** to come under attack, to endure an attack (**da parte di** from); ***sferrare un ~*** to mount *o* launch an attack (**contro** on); ***deviare un ~*** to deflect an attack; ***respingere un ~*** to counter *o* beat off *o* fend off an attack; ***rispondere a un ~*** to fight back, to retaliate; ***dare il segnale di ~*** to give the signal to attack; ***all'~!*** charge! **2** FIG. *(critica)* assault, attack (**contro** against; **a** on; **da parte di** from); *(di partito, persona)* attack, bashing; ***gli -chi dell'opposizione contro il governo*** the opposition attacks on *o* against the government; ***gli -chi della critica, della stampa*** bashings of reviewers, of the press; ***lanciare un violento ~ contro*** to aim *o* deliver a broadside at; ***si è lanciato in***

un ~ in piena regola contro la stampa he launched into a full scale attack on the press; ***nessun ~ personale!*** no personal comments! **3** *(negli sport di squadra)* attack; ***gioco d'~*** attack play; ***linea d'~*** forward line; ***essere forte in ~*** to be a good attacker, to be good at attacking; ***l'ala gioca bene in ~, è ripartita in ~*** the winger BE o wing AE has a good attacking style, is attacking again; ***trio d'~*** *(nel calcio)* three forwards **4** *(accesso)* attack, bout, fit; ***avere un ~ di influenza, singhiozzo, ridarella*** to have an attack of flu, a fit of hiccups, a fit of the giggles; ***un ~ di follia*** a frenzied attack; ***un ~ improvviso*** a sudden attack **5** *(inizio)* beginning, opening; ***dopo un ~ pacato il suo discorso si vivacizzò*** after a quiet opening his speech came alive **6** MUS. *(prime note)* cue; *(del direttore d'orchestra)* downbeat; ***dare l'~ a qcn.*** to count in sb.; ***entrare al segnale d'~*** [*strumento*] to come in on cue **7** *(di cavalli)* harness **8** *(degli sci)* (ski) binding **9** *(giuntura)* joint; *(di tubo, aspiratore)* connection; *(per camper)* hook-up **10** EL. power point ◆ ***la miglior difesa è l'~*** attack is the best form of defence ◆◆ ***~ aereo*** air raid *o* strike; ***~ d'ansia*** anxiety attack; ***~ anteriore*** *(degli sci)* front binding; ***~ alla baionetta*** bayonet charge; ***~ a bassa quota*** strafe, strafing; ***~ di bile*** bilious attack; ***~ di brividi*** attack of the shivers; ***~ cardiaco, di cuore*** heart attack; ***~ epilettico*** epileptic fit; ***~ di febbre*** bout of fever; ***~ incendiario*** arson *o* incendiary attack; ***~ lampo*** blitzkrieg; ***~ di malaria*** malaria attack; ***~ missilistico*** rocket *o* missile attack; ***~ di panico*** panic attack; ***~ posteriore*** *(degli sci)* back binding; ***~ di rimorso*** a fit of remorse; ***~ di sicurezza*** *(degli sci)* safety binding; ***~ simulato*** feint *o* dummy run; ***~ a*** o ***di sorpresa*** surprise attack; ***~ di terra, terrestre*** ground attack; ***~ di tosse*** coughing fit, bout of coughing; ***~ a volo radente*** strafe, strafing.

attaché /ataʃ'ʃe/ m.inv. *(addetto diplomatico)* attaché.

attagliarsi /attaʎ'ʎarsi/ [1] pronom. ***~ a*** to become*, to suit.

attanagliante /attanaʎ'ʎante/ agg. [*fame, colpa, dolore*] gnawing.

attanagliare /attanaʎ'ʎare/ [1] tr. **1** *(stringere con tenaglie)* to grip with pliers, to grip with pincers **2** *(afferrare)* to grab; ***~ qcn. per un braccio*** to grab sb. by the arm **3** FIG. *(tormentare)* [*rimorso, dubbio, fame*] to gnaw [*persona*]; ***un dubbio mi attanaglia*** I've got a tormenting doubt, I'm stricken by a doubt.

attardarsi /attar'darsi/ [1] pronom. to linger; ***~ in ufficio*** to stay on late in the office, to stay behind in the office; ***~ a fare...*** to linger over doing...

attecchimento /attekki'mento/ m. BOT. radication (anche FIG.).

attecchire /attek'kire/ [102] intr. (aus. *avere*) **1** BOT. [*pianta*] to radicate, to take* (root), to root; [*talea, innesto*] to strike*, to take*; ***l'innesto ha attecchito bene*** the graft has taken well **2** FIG. [*idea, costume, pregiudizio, principio*] to catch* on, to take* root, to radicate.

▶ **atteggiamento** /atteddʒa'mento/ m. **1** *(posizione)* attitude, position, stance; ***~ di sottomissione, di ribellione*** submissive, rebellious attitude; ***~ positivo*** positive thinking; ***assumere un ~ minaccioso*** to adopt *o* take a menacing stance; ***avere un ~ positivo nei confronti di qcn.*** to think positively of sb. **2** *(condotta)* attitude, behaviour (**nei confronti di, di fronte a, verso** to, towards); ***il tuo ~ non mi piace*** I don't like your attitude; ***il suo ~ nei confronti della vita, del mondo*** her attitude to life, the world; ***un ~ freddo, noncurante, appropriato*** a cold, airy, appropriate attitude; ***mutare ~ nei confronti di qcn.*** to change one's attitude towards sb.; ***l'~ dello Stato*** the attitude of the State, the State's position.

▷ **atteggiare** /atted'dʒare/ [1] **I** tr. to affect, to put* on [*espressione*]; ***~ il viso a sorpresa*** to affect surprise **II atteggiarsi** pronom. **1** [*persona*] to pose (**a** as), to make* oneself out (**a** to); ***-rsi a vittima*** to pose as victim, to act the victim; ***-rsi a manager, artista*** to play at being a manager, an artist, to act the manager, the artist **2** *(posare)* to strike* an attitude, to put* on airs.

atteggiato /atted'dʒato/ **I** p.pass. → **atteggiare II** agg. **1** *(disposto)* ***un viso ~ a compassione, a sorpresa*** a face affecting compassion, surprise, a compassionate, surprised face **2** *(artificioso)* [*persona, modi*] phoney.

attempato /attem'pato/ agg. elderly, getting on a bit.

attendamento /attenda'mento/ m. tentage, encampment.

attendarsi /atten'darsi/ [1] pronom. to tent.

attendente /atten'dɛnte/ m. MIL. STOR. orderly.

▶ **attendere** /at'tɛndere/ [10] **I** tr. ***~ qcn., qcs.*** to wait for sb., sth., to await sb., sth. FORM.; ***~ i rinforzi, i soccorsi*** to wait for reinforcements, support, rescue; ***~ conferma di un ordine*** to await confirmation of an order; ***attenda, prego!*** *(al telefono)* please hold the line; ***"tutte le linee sono occupate, vi preghiamo di ~"*** "all the lines are engaged *o* busy, please hold the line"; ***fare attendere qcn.*** to hold sb. off, to keep sb. waiting; ***la primavera si fa ~*** spring is slow to arrive *o* is late; ***la reazione non si fece ~*** the reaction was instantaneous **II** intr. (aus. *avere*) **1** *(dedicarsi)* to attend (**a** to); ***~ alle proprie occupazioni*** to attend to one's business, to pursue one's occupations **2** *(avere cura)* ***~ a*** to take care of, look after [*bambini, casa*] **III attendersi** pronom. ***-rsi qcs.*** to expect sth.; ***-rsi dei buoni risultati da qcn.*** to expect good results from sb.

attendibile /atten'dibile/ agg. [*testimone, testimonianza, notizia, fonte, informazione*] reliable, trustworthy; [*previsione*] dependable; ***da (una) fonte ~*** [*provenire, venire a sapere*] from a reliable source; ***poco ~*** [*notizia*] discountable, unreliable.

attendibilità /attendibili'ta/ f.inv. *(di testimone, informazione, fonte)* reliability, trustworthiness; *(di ipotesi)* likelihood.

attenere /atte'nere/ [93] **I** intr. (aus. *essere*) to concern, to regard; ***per quanto attiene al lavoro*** as far as work is concerned **II attenersi** pronom. **1** *(mantenersi fedele)* ***-rsi a*** to obey [*legge*]; to adhere to, to follow [*ordini, regole*]; to stand *o* go by [*decisione, accordo*]; to stick to [*piano, dieta*]; ***su questa questione mi attengo a Freud*** on this question I follow Freud **2** *(limitarsi)* ***-rsi a*** to stick *o* keep to [*fatti, argomento*]; to toe [*linea del partito*]; to work to [*budget*]; ***-rsi alla realtà (dei fatti)*** to keep a firm grip on facts, to keep to facts; ***-rsi alla propria versione dei fatti*** to stick to one's story.

attentamente /attenta'mente/ avv. **1** *(con attenzione)* [*ascoltare, seguire, leggere*] carefully; ***guarda ~*** look hard; ***riflettere ~ su qcs.*** to give sth. careful consideration; ***esaminare ~ qcs.*** to take a long hard look at sth.; ***studiare ~*** to investigate [*argomento, cultura*] **2** *(con cura)* [*osservare, misurare*] carefully, closely; ***selezionare ~*** to handpick.

▷ **attentare** /atten'tare/ [1] intr. (aus. *avere*) ***~ a*** to undermine, to erode, to weaken [*dignità, sicurezza, autorità*]; ***~ alle libertà*** to infringe (civil) liberties; ***~ alla propria vita*** to attempt suicide; ***~ alla vita di qcn.*** to make an attempt on sb.'s life.

▷ **attentato** /atten'tato/ m. **1** attack, attempt, offence BE, offense AE (**a, contro** against); ***commettere, perpetrare un ~ contro*** to make an attempt on the life of [*individuo*]; to commit an offence against, to carry out an attack against [*individuo, gruppo, edificio*]; ***sventare un ~ (contro qcn.)*** to foil an attack (against sb.); ***rivendicare un ~*** to claim responsibility for an attack; ***essere*** o ***cadere vittima di un ~*** to be the victim of an attack, to be attacked **2** DIR. ***~ alla vita di qcn.*** attempt on sb.'s life; ***~ all'ordine pubblico*** public order offence; ***~ alla sicurezza nazionale*** security breach; ***~ alla libertà*** infringement of civil liberties ◆◆ ***~ dinamitardo*** bomb attack *o* outrage; ***~ al plastico*** plastic attack; ***~ razzista*** racist attack; ***~ terroristico*** terrorist attack.

attentatore /attenta'tore/ m. (f. **-trice** /tritʃe/) attempter, attacker.

attenti /at'tɛnti/ **I** inter. **1** *(per avvertire)* beware; ***~ al cane*** beware of the dog **2** MIL. attention; ***"~ a destr, a sinistr"*** "eyes right, left" **II** m.inv. MIL. attention; ***dare l'~ a qcn.*** to order sb. to stand to attention; ***stare sull'~*** to stand at attention; ***mettersi sull'~*** to come *o* stand to attention; ***scattare sull'~*** to snap *o* spring to attention ◆ ***mettere sull'~ qcn.*** to call sb. to order, to keep sb. in line.

▶ **attento** /at'tɛnto/ agg. **1** *(vigile)* [*persona*] careful, alert, open-eyed; [*sguardo, viso*] alert, watchful; [*ascoltatore, spettatore, allievo*] attentive; ***essere ~ a*** to pay attention to [*parole, istruzioni, particolari*]; to be mindful of, to watch out for [*conseguenze, rischi, famiglia*]; ***è molto, più ~ ai particolari*** he pays a lot of, closer attention to detail; ***avere un occhio ~ ai dettagli, colori*** to have a close eye for detail, colour; ***~ alla propria salute, alla moda*** health-, fashion-conscious; ***sotto l'occhio, lo sguardo ~ della loro madre*** under the watchful eye of their mother; ***prestare un orecchio ~ a qcn.*** to listen carefully to sb.; ***stare ~ a*** to look *o* watch out for, to mind [*ladri, automobili, errori*]; to mind, to be careful of [*ghiaccio, ostacolo*]; ***stare ~ al più piccolo rumore*** to be alert for the slightest noise; ***stare ~ in classe*** [*studente*] to pay attention in class **2** *(accurato)* [*lettura, lavoro, descrizione*] careful; [*esame, studio*] careful, close, thorough; ***dopo -a riflessione*** after careful consideration **3** *(premuroso)* [*persona*] attentive, caring; [*cure*] attentive, special; ***essere ~ agli altri, ai bisogni di qcn.*** to be attentive to others, to sb.'s needs **4** *(per avvertire)* ***~!*** look out! watch it! watch out! ***~ al portafoglio!*** watch your wallet! ***~ a non farti derubare!*** mind you don't get robbed! ***~ alla testa, al gradino!*** mind your head, the step! ***~ a quello che dici, a come ti muovi!*** watch your mouth, big feet! ***sta' ~ a non svegliare i bambini*** be careful not to wake the children; ***(sta') ~, che cadi*** COLLOQ. mind out or you'll fall! ***bisogna starci -i!*** COLLOQ. you must watch out! ***non si è mai troppo -i!*** COLLOQ. you can't be too careful! ***~ (a te)!*** *(per minacciare)* watch it! watch out (for trouble)! ***sta' ~, rischi di prenderti uno schiaffo!*** watch it, you'll get a slap! you're going the right way to get a smack! ***se non stai ~...*** if you're not careful...; ***~ che te le prendi!*** COLLOQ. you're cruising for a bruising! watch your step!

attenuamento /attenua'mento/ m. → **attenuazione.**

attenuante /attenu'ante/ **I** agg. ***circostanze -i*** extenuating *o* mitigating circumstances **II** f. extenuating circumstance, mitigating circumstance, extenuation, palliation; ***concedere le -i*** to grant extenuation; FIG. to make allowances; ***appellarsi alle -i*** to make a plea in mitigation; ***trovare -i per un crimine*** to palliate a crime; ***considerare qcs. un'~*** to consider sth. as mitigation.

▷ **attenuare** /attenu'are/ [1] **I** tr. to alleviate, to ease, to relieve, to mitigate [*dolore, tensione*]; to dull, to soften [*rumore, passione*]; to weaken [*influenza*]; to relax [*rigore*]; to attenuate, to allay [*critica, attacco*]; to lessen, to mitigate, to soften [*effetto, impatto*]; to soften [*contrasti, forme*]; [*tempo*] to tone down, to fade [*ricordi, colori*]; ***~ l'austerità di un vestito con una nota di colore*** to brighten up an otherwise severe outfit; ***~ la differenza tra*** to blur the distinction between **II attenuarsi** pronom. [*dolore, tensione*] to ease (off), to abate; [*rabbia, tempesta*] to abate; [*rumore, applausi*] to die down, to soften, to subside; [*luce, colore*] to dull, to soften; [*odio*] to fade, to ebb; [*ricordi*] to fade, to dim; [*differenze*] to fade away, to disappear.

attenuazione /attenuat'tsjone/ f. **1** *(smorzamento) (di dolore, tensione)* alleviation, relief, mitigation; *(di rumori, colori)* softening, fading; *(di critica, attacco)* attenuation; *(di ricordi)* toning-down; *(di luce)* dimming, softening **2** *(riduzione)* ***~ della pena*** extenuation *o* mitigation of the sentence.

▶ **attenzione** /atten'tsjone/ **I** f. **1** *(vigilanza)* attention; ***prestare*** o ***fare ~*** to pay attention; ***richiedere ~*** to claim *o* demand attention; ***rivolgere la propria ~ a qcn., qcs.*** to turn one's attention to sth.; ***tener viva l'~ di qcn.*** to hold sb.'s attention; ***attirare molta ~*** to attract much attention; ***attirare l'~ di qcn.*** to attract *o* get sb.'s attention (**su** on); ***richiamare*** o ***attirare l'~ su qcs.*** to draw attention to sth., to focus attention on sth.; ***portare qcs. all'~ di*** to bring sth. to sb.'s attention *o* notice; ***sfuggire all'~ di qcn.*** to escape sb.'s attention *o* notice; ***sviare l'~*** to deflect attention; ***con (molta) ~*** [*seguire, ascoltare, leggere, esaminare*] (very) carefully, closely, with (great) care **2** *(cura)* ***mettere ~ nel fare qcs.*** to take care in doing sth.; ***maneggiare qcs. con ~*** to handle sth. with care; ***prestando ~, con le dovute -i*** with proper attention **3 fare attenzione *fare ~ a*** *(stare attento a)* to look *o* watch out for, to mind [*automobili, trappola, gradino, portafoglio*]; to watch [*alimentazione, salute, linea*]; to be careful of *o* with [*spese, soldi, risorse*]; to pay attention to, to mark, to note [*parole, commento*]; to heed [*avvertimento*]; *(aver cura di)* to take care of [*automobile*]; *(badare a)* to look after [*bagagli*]; to look to [*difesa, interessi*]; ***fai ~ a quello che fai, scrivi*** be careful what you do, write; ***fai ~ a quello che dici*** watch your mouth, be careful what you say; ***fate ~ ai ladri*** beware of *o* mind out for thieves; ***con lei bisogna fare ~*** you've got to be careful with her; ***fa' ~ che sia tutto in ordine*** make sure (that) everything is in order; ***fa' ~ a non confondere i due pacchi*** take care not to confuse the two parcels; ***fai ~, è molto pericoloso*** be careful, it's very dangerous; ***non stavo prestando*** o ***facendo ~*** I wasn't paying attention; ***senza farci ~*** *(sbadatamente)* inadvertently; *(con noncuranza)* without paying attention **4** *(premura)* ***tutte queste -i mi hanno colpito*** I was touched by all these kind gestures; ***colmare qcn. di -i*** to be very attentive to sb., to lavish attentions on sb.; ***avere mille -i nei riguardi di*** to make a fuss of [*persona*]; ***soffocare qcn. con -i eccessive*** to kill sb. with kindness **5** *(nella corrispondenza)* ***all'~, alla cortese ~ di M. Rossi*** (for the) attention of M. Rossi **II** inter. *(per avvertire) (grido)* watch out! *(scritto)* warning! caution! ***~ al gradino, alla macchina*** mind the step, car; ***"~, caduta massi"*** *(su cartello stradale)* "beware of falling rocks".

attero /'attero/ agg. → **aptero.**

▷ **atterraggio**, pl. **-gi** /atter'raddʒo, dʒi/ m. **1** AER. landing, touchdown; ***pista d'~*** landing strip, runway; ***campo, radiofaro d'~*** landing strip *o* field, beacon; ***"~!"*** "we have touchdown!" **2** SPORT *(dopo un salto)* landing ◆◆ ***~ assistito via radio*** talkdown; ***~ cieco*** blind landing; ***~ dolce*** smooth landing; ***~ d'emergenza*** emergency landing; ***~ di fortuna*** crash landing; ***fare un ~ di fortuna*** to crash-land; ***~ forzato*** forced landing; ***~ guidato*** controlled landing; ***~ morbido*** soft landing; ***~ spanciato*** pancake landing; ***~ strumentale*** instrument landing; ***~ a tre punti*** three-point landing.

atterramento /atterra'mento/ m. **1** SPORT *(nel calcio)* knockdown; *(nella lotta, nel pugilato)* knockdown, throw **2** *(di albero)* felling.

▷ **atterrare** /atter'rare/ [1] **I** tr. to fell, to knock down, to floor [*avversario*] (anche SPORT); to fell, to knock down [*muro, albero*]; ***~ qcn. con un pugno*** to knock sb. down *o* to fell sb. with a blow **II** intr. (aus. *avere, essere*) **1** AER. to land, to come* down, to touch down; ***~ a Gatwick*** to land at *o* fly into Gatwick; ***~ corto*** to undershoot **2** *(toccare terra)* [*persona, oggetto*] to land; *(dopo volo)* to touch ground; ***~ sulla pancia*** to land on the belly **3** SPORT to land.

atterrire /atter'rire/ [102] **I** tr. to terrify, to terrorize [*persona*] **II** intr. (aus. *essere*) to be* terrified, to panic; ***~ alla vista di qcn., qcs.*** to panic at the sight of sb., sth.

atterrito /atter'rito/ **I** p.pass. → **atterrire II** agg. [*persona, sguardo*] terrified (**da** by); ***essere ~ da*** to be aghast at.

▶ **attesa** /at'tesa/ **I** f. **1** waiting; *(periodo)* wait ***l'~ del verdetto è angosciante*** waiting for the verdict is agonizing; ***la lunga ~ fu un vero supplizio!*** the long wait was absolute torture! ***l'~ non finiva mai*** the wait was interminable *o* took forever; ***ci sono due ore di ~*** there are two hours' wait, there is a two-hour wait; ***ingannare l'~*** to while away the time (while waiting); ***la mia ~ è stata vana*** I waited in vain *o* for nothing; ***in*** o ***nell'~ di*** awaiting, pending [*processo, arrivo, decisione, pubblicazione*]; ***impiegato in ~ di trasferimento*** employee awaiting transfer; ***in ~ della decisione del giudice*** pending a decision from the judge; ***nell'~ di incontrarci*** looking forward to our meeting; ***in ~ di giorni migliori*** hoping for better days; ***stare in ~*** to lie in wait; ***in ~*** [*passeggero*] on standby; [*chiamata, richiedente*] on hold; [*taxi, folla, ambulanza*] waiting; ***ordini in ~*** COMM. back orders; ***posta in ~*** mail pending attention; ***mettere qcn., una chiamata in ~*** TEL. to put sb., a call on hold; ***"in ~ di una risposta"*** COMM. "I look forward to hearing from you"; ***mamma in ~*** *(incinta)* expectant mother; ***lista d'~*** waiting list; ***sala d'~*** *(in ambulatorio medico)* waiting room; *(in stazione, aeroporto)* lounge; ***circuito d'~*** AER. holding pattern, stacking; ***tempo di ~*** INFORM. timeout **2** *(aspettativa)* anticipation, expectation, expectance; ***al di là di ogni ~*** beyond all expectation; ***sensazione, atmosfera di ~*** feeling of expectance, atmosphere of expectation sing.; ***sguardo di ~*** anticipative, expectant look, look of expectancy **3** *(nel lavoro a maglia)* ***lasciare 23 maglie in ~*** to leave 23 stitches on a holder **II attese** f.pl. *(speranze)* expectation sing.; ***soddisfare, deludere, superare le -e di qcn.*** to live up to, defy, exceed sb.'s expectations; ***rispondere alle -e*** [*persona*] to live up to expectations; [*prodotto, fornitura, risultato*] to match expectations ◆◆ ***~ di vita*** BIOL. life expectancy.

atteso /at'teso/ **I** p.pass. → **attendere II** agg. **1** *(aspettato)* [*persona, avvenimento*] awaited; [*ospite, lettera*] expected; *(previsto)* [*risultato, reazione, ritorno*] looked-for, awaited, anticipated; ***essere ~*** [*aereo, treno, autobus*] to be due in, to be due to arrive; [*libro, film*] to be due out; ***a lungo ~*** long-anticipated, long-awaited; ***tanto ~, ~ con impazienza*** eagerly awaited, longed-for, much-anticipated; ***è giunto il momento tanto ~*** the long-awaited *o* longed-for moment has come **2** LETT. *(dato, considerato)* in consideration of, considering [*richiesta, circostanze*] **3 ~ che** considering that, given that.

attestabile /attes'tabile/ agg. [*prova, circostanza*] certifiable.

attestamento /attesta'mento/ m. ***linea di ~*** MIL. staging post.

1.attestare /attes'tare/ [1] tr. **1** *(testimoniare)* to attest, to guarantee, to vouch for; ***~ il coraggio di qcn.*** to vouch for sb.'s courage **2** *(dimostrare)* to attest, to testify [*verità, innocenza, fatto*]; to certify as to [*autenticità*]; ***~ qcs.*** [*fatto, dichiarazione*] to attest sth.; ***i numeri attestano il loro successo*** the figures prove their success; ***come le cifre attesteranno*** as the figures will attest *o* confirm **3** *(documentare)* to attest, to certify, to record [*donazione, durata di contratto*] **4** *(riportare)* LING. to attest [*parola, forma, voce*].

2.attestare /attes'tare/ [1] **I** tr. **1** TECN. to butt [*travi, tubi*] **2** MIL. to line up [*truppe*] **II attestarsi** pronom. MIL. [*truppe*] to line up, to form up; ***-rsi su posizioni moraliste*** FIG. to seize *o* claim *o* take the (moral) high ground.

1.attestato /attes'tato/ m. **1** *(attestazione)* certificate (attesting to), testimonial; ***richiedere, rilasciare, presentare un ~*** to apply for, issue, submit an official document **2** FIG. *(dimostrazione)* attestation, demonstration, proof; ***un ~ della sua generosità*** a proof of his generosity; ***dare a qcn. un ~ di fiducia*** to give sb. a demonstration of confidence ◆◆ ***~ di benemerenza*** certificate of merit; ***~ di frequenza*** certificate of attendance; ***~ di servizio*** letter of reference of service.

2.attestato /attes'tato/ **I** p.pass. → **1.attestare II** agg. *(documentato)* attested, certified; ***non ~*** unattested, uncorroborated; ***forma -a*** LING. attested form.

attestatore /attesta'tore/ m. (f. **-trice** /tritʃe/) attestor, attestant.

attestazione /attestat'tsjone/ f. **1** *(testimonianza)* attestation, testimony; ***~ giurata*** affidavit **2** *(certificazione)* certification **3** FIG. *(dimostrazione)* attestation, demonstration, proof; ***essere un'~ di qcs.*** to be proof of *o* to prove sth. **4** LING. *(d'uso)* attestation.

atticciato /attit'tʃato/ agg. [*persona*] heavy-set, thickset, stocky, square built.

atticismo /atti'tʃizmo/ m. atticism.

atticizzare /attitʃid'dzare/ [1] intr. (aus. *avere*) to atticize.

1.attico, pl. **-ci, -che** /'attiko, tʃi, ke/ ➧ ***30, 16*** **I** agg. Attic **II** m. (f. **-a**) **1** Attic **2** LING. Attic.

2.attico pl. **-ci** /'attiko, tʃi/ m. ARCH. *(ultimo piano)* penthouse.

attiguo /at'tiguo/ agg. ~ ***a*** [*stanza, edificio*] adjacent to, adjoining; ***essere ~ a*** [*edificio*] to be adjacent to, to adjoin [*edificio, parco*]; ***la casa -a alla nostra*** the house adjacent *o* next to ours.

attillare /attil'lare/ [1] tr. to tighten [*abito*].

attillato /attil'lato/ **I** p.pass. → **attillare II** agg. [*vestito*] close-fitting, fitted, tight(-fitting), figure-hugging; ***essere ~*** [*vestito*] to fit closely.

attimino /atti'mino/ m. COLLOQ. **1** ***aspetta un ~*** hang on a sec **2** ***un attimino un ~ più corto, veloce*** a little (bit) shorter, faster.

▶ **attimo** /'attimo/ m. moment, second, minute, instant; ***aspettare un ~*** to wait a moment *o* second *o* minute; ***per un ~*** for a moment, momentarily; ***un ~ (prego)!*** just a moment *o* a minute *o* a second (please)! *(al telefono)* (please) hold on a second! ***un ~ e sono da lei*** I'll be with you in a minute; ***faccio in un ~*** I won't be a tick; ***un ~ di silenzio, panico*** a momentary silence, panic; ***un ~ fa*** a moment ago; ***hai un ~ di tempo per aiutarmi?*** can you spare a minute *o* the time to help me? ***senza un ~ di esitazione*** without a moment's hesitation; ***senza un ~ di respiro*** without a pause; ***l'ho visto un ~ fa*** I saw him just now; ***tra*** o ***in un ~*** in a second, in an instant; ***fermarsi un ~ prima di fare*** to stop short of doing; ***non stare fermo un ~*** to be (always) on the trot COLLOQ.; ***non avere un ~ di tregua*** to be rushed off one's feet; ***non ho neanche un ~ per me stessa*** my time's not my own; ***concedersi un ~ di respiro*** o ***riposo*** to give oneself a breathing space ◆ ***cogliere l'~ fuggente*** to seize the fleeting moment.

attinente /atti'nɛnte/ agg. [*problema*] relevant, pertinent, to the point; ***essere ~ a qcs.*** to be relevant to sth.

attinenza /atti'nɛntsa/ f. **1** *(legame)* relevance, bearing, connection; ***avere ~ con qcs.*** to have relevance *o* to be relevant to sth.; ***non avere alcuna ~ con*** to have no relevance to *o* bearing on; ***c'è una stretta ~ tra questi due fenomeni*** there is a close connection between the two phenomena **2** *(pertinenza)* ***vendere un negozio con tutte le sue -e*** to sell a shop with all its appurtenances.

attingere /at'tindʒere/ [24] tr. **1** *(prendere)* to draw*; ***~ qcs. da qcs.*** to draw sth. from sth.; ***~ acqua a una fonte*** to draw water from a spring **2** *(trarre)* ***~ a piene mani (da qcs.)*** to draw heavily (on sth.); ***~ da*** to draw on, to tap [*forze, risorse*]; ***~ le proprie informazioni dalle migliori fonti*** to draw on *o* obtain information from the best sources **3** *(utilizzare)* ***~ ai propri risparmi*** to dip into *o* draw on one's savings.

attinia /at'tinja/ f. actinia*.

attinicità /attinitʃi'ta/ f.inv. actinism.

attinico, pl. **-ci, -che** /at'tiniko, tʃi, ke/ agg. actinic.

attinio, pl. **-ni** /at'tinjo, ni/ m. actinium*.

attinometria /attinome'tria/ f. actinometry.

attinometro /atti'nɔmetro/ m. actinometric.

▷ **attirare** /atti'rare/ [1] **I** tr. **1** *(far venire)* to attract, to draw*, to pull in [*persona, folla, clienti, passanti*]; to attract [*fulmine, capitali, cupidigia*]; to attract, to draw* [*animale*]; to attract, to catch*, to draw* [*sguardo, attenzione*] (**su** to); ***è quello che li ha attirati l'uno verso l'altro*** it's what drew them together; ***~ qcn. in una trappola*** to decoy sb., to lure sb. into a trap, to ensnare sb. **2** *(suscitare)* to win* [*simpatia, antipatia*]; ***~ la collera di qcn. su qcn.*** to bring sb.'s wrath down on sb. LETT. **3** *(allettare)* [*cosa*] to allure, to entice [*persona*]; *(interessare a)* [*persona*] to appeal to [*persona*]; ***~ qcn. con delle promesse*** to entice sb. with promises; ***non mi attira*** it holds no appeal for me, it doesn't appeal to me **II attirarsi** pronom. to bring* down, to incur [*collera, rimproveri*]; to incur [*guai, problemi*]; to win* [*simpatia, antipatia*]; ***-rsi dei nemici*** to make *o* attract enemies; ***-rsi una pioggia di critiche*** to bring a storm down about one's ears.

attirato /atti'rato/ **I** p.pass. → **attirare II** agg. attracted; ***(essere) ~ dal vuoto*** (to be) drawn towards the edge; ***sentirsi ~ da qcn., qcs.*** FIG. to feel attracted to sb., sth.

attitudinale /attitudi'nale/ agg. ***esame*** o ***test ~*** aptitude test.

attitudine /atti'tudine/ f. aptitude, (cap)ability, aptness, bent, capacity, flair (**a**, **per** for; **nel fare** for doing); ***avere ~ per qcs.*** to have an aptitude *o* a flair for sth.; ***~ musicale*** o ***per la musica*** musical bent; ***~ alla gestione*** aptitude for management.

attivamente /attiva'mente/ avv. actively; ***partecipare ~ a qcs.*** to play an active part in sth.; ***occuparsi ~ di politica*** to take an active interest in politics.

attivante /atti'vante/ m. CHIM. activator.

attivare /atti'vare/ [1] **I** tr. **1** *(mettere in funzione)* to activate, to actuate [*impianto, macchina, apparecchio*]; to set* up [*processo, servizio*]; to connect [*telefono cellulare*]; to prime [*ordigno*]; ***~ una nuova produzione*** to set up a new production line **2** CHIM. FIS. to activate **3** *(stimolare)* to activate [*circolazione*] **II attivarsi** pronom. *(mettersi all'opera)* to become* active, to get* going, to bestir oneself FORM.

attivatore /attiva'tore/ m. → **attivante.**

attivazione /attivat'tsjone/ f. **1** CHIM. FIS. activation **2** *(messa in funzione) (di sistema elettrico)* activation; *(di telefono cellulare)* connection; *(di linea ferroviaria)* start up; ***provocare l'~ di un allarme*** to set off an alarm.

attivismo /atti'vizmo/ m. activism, militancy.

attivista, m.pl. **-i**, f.pl. **-e** /atti'vista/ m. e f. activist, militant; ***~ per i diritti umani, degli animali*** human, animal rights activist *o* campaigner ◆◆ ***~ sindacale*** union *o* labour organizer.

attivistico, pl. **-ci, -che** /atti'vistiko, tʃi, ke/ agg. activist.

▶ **attività** /attivi'ta/ f.inv. **1** *(lavoro, occupazione)* activity; *(esercizio commerciale)* business; ***che ~ svolgi?*** what's your line of business? ***esercitare un'~*** to practise (an activity), to be in business; ***aprire un'~*** [*impresa, commerciante, professionista*] to set up (in business); ***cessare l'~*** [*impresa, commerciante, professionista*] to close down; ***riprendere l'~*** [*impresa, commerciante*] to be back in business, to start trading again; ***entrare in ~*** [*impresa*] to set up in business, to start trading; ***rilevare un'~ in proprio*** to take over a business in one's own name **2** *(funzionamento)* activity; ***essere in piena ~*** [*laboratorio, stazione, persona*] to be fully operational; ***in ~*** [*vulcano*] active; [*fabbrica*] in operation; [*lavoratore*] working; [*libero professionista*] practising; ***essere in ~ di servizio*** [*funzionario*] to be in office **3** *(operosità)* activity, business; ***un'~ frenetica, febbrile*** a frantic, feverish activity, a hive of activity; ***essere pieno di ~*** to bustle with activity **4** ECON. asset; ***le ~ e le passività*** assets and liabilities ◆◆ ***~ all'aria aperta*** outdoor activities; ***~ di beneficenza*** charity work; ***~ cerebrale*** brain activity; ***~ di classe*** SCOL. class activities; ***~ commerciale*** business activity, trade; ***~ didattiche*** educational activities; ***~ manuale*** manual work; ***~ mentale*** mentation, mental activity; ***~ professionale*** occupational activity, occupation; ***~ ricreativa*** leisure; ***~ sovversiva*** subversive activity; ***~ stagionali*** seasonal activities.

▶ **attivo** /at'tivo/ **I** agg. **1** *(occupato)* [*persona, vita*] active, busy; [*popolazione*] working; ***i cittadini -i*** active citizens; ***servizio ~*** active service; ***in servizio ~*** [*militare*] on the active list **2** *(non passivo)* [*associazione, partecipazione, propaganda*] active; ***essere ~ politicamente*** to be politically committed; ***elettorato ~*** electorate; ***avere un ruolo ~ in qcs.*** to play an active role in sth.; ***prendere parte -a in un'impresa*** to play an active part in a business **3** ECON. [*mercato, settore*] active, brisk; ***saldo ~*** credit balance; ***bilancio ~*** profit balance **4** FARM. [*sostanza, principio*] active **5** LING. [*forma, verbo, lessico*] active **6** INFORM. [*file, finestra*] active **7** GEOL. *(in eruzione)* [*vulcano*] active **II** m. ECON. AMM. assets pl., credit; ***~ e passivo*** assets and liabilities; ***l'~ di bilancio*** current account surplus; ***registrare all'~*** to turn in a surplus; ***essere, rimanere in ~*** to be, stay in credit *o* in the black; ***in ~*** [*bilancia commerciale*] surplus; [*impresa*] profitable, with assets; ***chiudere in ~*** to close with assets *o* in credit; ***da ascrivere all'~ di qcn.*** FIG. a point in sb.'s favour; ***avere 1.000 ore di volo al proprio ~*** to have logged 1,000 flying hours; ***ha al suo ~ 15 anni di esperienza*** she has 15 years' experience to her credit *o* under her belt ◆◆ ***~ di cassa*** cash assets; ***~ congelato*** frozen assets; ***~ fisso*** fixed assets; ***~ lordo*** gross assets; ***~ netto*** net assets.

attizzare /attit'tsare/ [1] tr. **1** to poke; *(sventolando)* to fan [*fuoco*] **2** FIG. to fan, to incite, to whip up, to stir up [*odio, invidia, passione*] **3** POP. to sex up [*persona*].

attizzatoio, pl. **-oi** /attittsa'tojo, oi/ m. poker, slice bar.

▶ **1.atto** /'atto/ **I** m. **1** *(azione)* act, action, deed; ***~ di crudeltà, gentilezza, guerra, violenza*** act of cruelty, kindness, war, violence; ***~ di coraggio*** brave deed; ***~ vandalico*** criminal damage; ***~ criminoso*** criminal act; ***compiere un ~ terroristico*** to perform *o* perpetrate an act of terrorism; ***nell'~ di fare*** in the act of doing; ***fare un ~ di carità*** to show charity, to do a good deed **2** *(gesto, segno)* act, gesture; ***fare l'~ di*** to make as if **3** DIR. deed, document; ***stipulare degli -i*** to execute deeds; ***archiviare un ~*** to file a deed; ***redigere un ~*** to draw up a deed; ***contratto in ~ pubblico*** speciality; ***falso in ~ pubblico*** forgery of an official document **4** TEATR. act; ***un'opera in cinque -i*** a play in five acts, a five-act play; ***l'ultimo ~*** the last act **II atti** m.pl. **1** ***-i pubblici*** public records; *(di congresso, riunione)* proceedings **2** DIR. ***mettere qcs. agli -i*** to record sth. **3** RELIG. ***Atti degli Apostoli*** Acts of the Apostles ◆ ***all'~ pratico*** in practical terms, in practice; ***all'~ della firma, consegna*** on signing, delivery; ***mettere*** o ***porre*** o ***tradurre in ~*** to carry out, to follow through [*minaccia*]; to put [sth.] into action, to execute [*piano, idea*]; to act out [*fantasia*]; ***essere in ~*** to play out, to be taking place; ***fare ~ di presenza*** to put in an appearance; ***dare ~ di*** to acknowledge; ***prendere ~ di*** to take note of [*rifiuto, presenza*]; to record [*transazione*] ◆◆ ***~ d'accusa*** (bill of) indictment; ***~ amministrativo*** administrative act; ***~ autentico*** authenticated deed; ***~ di carità*** RELIG. act of charity; ***~ di cessione*** transfer deed; ***~ di contrizione*** RELIG. act of contrition; ***~ costitutivo*** Certificate of Incorporation, memorandum of association; ***~ di dolore*** RELIG. act of contrition; ***~ di fede*** RELIG. act of faith; ***~ giuridico*** instrument; ***~ linguistico*** LING. speech act; ***~ mancato*** PSIC. Freudian slip; ***~ di matrimonio*** marriage certificate; ***~ di morte*** death certificate; ***~ di nascita*** birth certificate; ***~ di negozio fiduciario*** trust instrument; ***~ notarile*** notarial deed; ***~ notorio*** attested affidavit; ***~ osceno*** indecent exposure; ***~ politico*** political act; ***~ processuale*** o ***di un processo*** court *o* judicial proceedings; ***~ sessuale*** sex act; ***~ di speranza*** act of hope; ***~ ufficiale*** official record; ***~ unico*** TEATR. one-act play; ***~ di vendita*** COMM. bill of sale; ***-i di libidine (violenta)*** indecent assault.

2.atto /'atto/ agg. ***~ a qcs.*** apt to *o* for sth., fit for sth.; ***un mezzo ~ a uno scopo*** a means suited to an end; ***~ alla navigazione*** seaworthy; ***~ al volo*** airworthy, adapted for flying; ***~ a procreare*** procreative; ***rendere qcs. ~ a qcs.*** to make sth. suitable *o* fit for sth.; ***~ a deliberare*** [*assemblea, camera dei deputati*] franchised to deliberate.

attonito /at'tɔnito/ agg. [*persona*] dazed, dumbfounded, thunderstruck; [*sguardo, espressione*] blank.

attorcigliamento /attortʃiʎʎa'mento/ m. twist, twirl, winding, tangle.

attorcigliare /attortʃiʎ'ʎare/ [1] **I** tr. to twirl, to twist [*capelli, baffi*] (**attorno a**, **intorno a** around); to wind*, to twine, to twist [*filo, nastro, pianta*] (**attorno a**, **intorno a** around) **II attorcigliarsi** pronom. [*serpente, verme*] to coil oneself, to coil up, to curl, to twine oneself, to squirm; [*filo*] to tangle, to twist; [*pianta*] to tangle, to twine oneself; [*corda*] to kink, to tangle, to twirl, to twist; [*vestiti*] to get* tangled up, to roll up (**attorno a**, **intorno a** around); ***-rsi i baffi*** to twirl one's moustache.

▶ **attore** /at'tore/ ♦ *18* m. **1** *(di cinema)* actor; *(di teatro)* actor, player; ***fare l'~*** to be an actor; ***mestiere di ~*** acting (profession); ***essere un buon, cattivo, brillante ~*** to be a good, bad, brilliant actor; ***è un attore da strapazzo*** he's a terrible ham; ***un ~ di grande levatura*** a first-rate actor; ***un ~ di primo piano*** a leading actor; ***giovane ~*** newcomer; ***primo ~*** *(di teatro)* principal; ***intraprendere la carriera di ~*** to take up a career as an actor **2** FIG. *(protagonista)* protagonist **3** DIR. claimant, demandant, suitor **4** SOCIOL. actor ◆◆ ***~ ambulante*** strolling player; ***~ cinematografico*** screen actor; ***~ comico*** comedian, comic (actor); ***~ coprotagonista*** co-star; ***attor giovane*** juvenile (lead); ***~ non protagonista*** supporting actor; ***~ protagonista*** leading actor, lead, protagonist; ***~ sostituto*** understudy; ***~ teatrale, di teatro*** stage actor; ***~ televisivo*** television actor; ***~ tragico*** tragedian, tragic actor.

attorniare /attor'njare/ [1] **I** tr. to surround, to encircle [*persona*] **II attorniarsi** pronom. to surround oneself; ***-rsi di amici*** to surround oneself with friends.

▶ **attorno** /at'torno/ avv. **1** around; ***un'aiuola di fiori con pietre ~*** a flowerbed with stones around (it); ***tutt'~*** all around; ***qui ~*** around here, hereabouts BE, hereabout AE; ***avere qcn. sempre ~*** to have sb. always around (one's ears); ***guardarsi ~*** to look *o* gaze around *o* about; ***guardarsi ~ in cerca di un lavoro*** FIG. to look round for a job **2 attorno a** around [*tavolo, sole, casa, collo*]; *(circa)* around, about; ***stare ~ a qcn.*** to hang around sb.; ***mi sta sempre ~*** she's always hanging around me; ***girare ~ a*** to go around [*ostacolo, casa*]; FIG. to skirt [*problema*]; to talk round [*argomento*]; ***la pubblicità organizzata ~ a questo evento*** FIG. the publicity *o* advertising built up around *o* surrounding this event; ***~ al 1650*** around 1650.

attossicare /attossi'kare/ [1] tr. ANT. → **intossicare**.

attraccare /attrak'kare/ [1] **I** tr. to dock, to moor, to berth [*nave*]; ***~ una nave al molo*** to moor a ship alongside the quay **II** intr. (aus. *essere, avere*) to dock, to moor, to berth; ***~ alla banchina*** to come *o* draw alongside the quay, to dock.

attracco, pl. **-chi** /at'trakko, ki/ m. **1** *(azione)* docking, moorage, mooring; ***manovra d'~*** mooring, moorage **2** *(luogo)* mooring, moorage; ***muro d'~*** quayside; ***punto di ~*** mooring post, moorage.

attraente /attra'ɛnte/ agg. [*donna*] attractive, charming, enticing, seductive; [*offerta*] attractive, enticing; [*proposta*] attractive, seductive, tempting; [*lettura*] appealing.

▷ **attrarre** /at'trarre/ [95] **I** tr. **1** *(attirare)* to attract, to draw*, to entice [*persona, animale, critica, acquirente*]; to catch* [*attenzione, immaginazione*]; ***~ nella propria orbita*** FIG. to bring into one's orbit, to attract into one's sphere of influence **2** *(allettare)* [*offerta*] to entice, to attract, to appeal to; *(affascinare)* [*persona, paese*] to allure, to appeal to; ***quell'uomo mi attrae molto*** I'm very attracted to that man **II attrarsi** pronom. to attract (anche FIG.); ***gli opposti si attraggono*** opposites attract.

attrattiva /attrat'tiva/ **I** f. **1** *(fascino)* attraction, allure(ment), appeal, seduction; ***acquistare, perdere ~*** to gain, lose appeal; ***esercita una forte ~ sugli uomini*** she holds a great fascination for men, she appeals strongly to men; ***privo di ~*** o ***di -e*** [*persona, luogo*] unattractive, unappealing **2** *(stimolo)* ***l'~ del guadagno*** the lure of profit **II attrattive** f.pl. *(aspetti attraenti)* attractions; *(di luogo)* amenities, attractions.

attraversabile /attraver'sabile/ agg. traversable.

attraversamento /attraversa'mento/ m. **1** *(l'attraversare) (di colle, ponte, fiume, paese, città, tunnel)* crossing **2** *(passaggio)* crossing; ***~ pedonale*** (pedestrian) crossing.

▶ **attraversare** /attraver'sare/ [1] tr. **1** *(passare attraverso)* to cross, to go* across [*strada, corso d'acqua, ponte, frontiera, confine*]; to cross, to travel across [*paese, città*]; ***l'aereo attraversava il cielo*** the plane flew across the sky; ***attraversò il giardino di corsa*** he ran across the garden; ***~ il lago in battello, in barca*** to cross the lake by boat, in a boat; ***~ qcs. a nuoto*** to swim across sth.; ***ha attraversato la Francia a piedi*** she walked across France **2** *(percorrere da una parte all'altra)* [*corso d'acqua*] to cross, to flow* through [*regione, pianura, città*]; [*strada*] to go* through, to run* through [*città, regione, montagna*]; [*tunnel*] to go* under, to run* under [*città, regione*]; [*tunnel*] to run* through [*montagna*]; *(oltrepassare)* [*ponte*] to cross, to straddle [*strada, ferrovia, fiume*]; ***~ il muro del suono*** [*aereo*] to break the sound barrier; ***"vietato ~ i binari"*** "do not cross the rails *o* tracks" **3** *(passare)* to get* through; ***~ un periodo di crisi*** [*popolazione, paese, impresa*] to go through a crisis; ***~ un brutto momento*** to have a hard *o* tough time (of it), to go through the hoops *o* through a critical patch; ***hanno attraversato momenti difficili*** they've gone through some difficult times, they've had a hard time **4** *(trafiggere)* [*lancia*] to go* through, to pierce [*corpo*] **5** FIG. [*sentimento, dolore*] to cross [*parte del corpo*]; ***~ la mente di qcn.*** [*pensiero*] to float through sb.'s mind, to cross sb.'s mind; ***un'ondata di entusiasmo attraversò la folla*** a wave of excitement ran through the crowd.

▶ **attraverso** /attra'vɛrso/ Ci sono principalmente due modi in inglese per tradurre *attraverso*: *across* e *through*. - *Across* significa *attraverso* nel senso di *da una parte all'altra, da un bordo all'altro, da una sponda all'altra*: *un viaggio attraverso il deserto* = a journey across the desert. - *Through* significa *attraverso* nel senso di *da parte a parte* o *tramite*: *non riesco a vederla attraverso la nebbia* = I can't see her through the fog; *attraverso la finestra* = through the window. - Talvolta si può usare indifferentemente l'una o l'altra forma: *la strada passa attraverso il villaggio* = the street goes across / through the village; tuttavia, *through* ha un significato più forte che implica spesso l'idea di un ostacolo o di una difficoltà da superare: *mi feci strada a fatica attraverso la folla* = I struggled through the crowd; inoltre si usa sempre *through* quando si fa riferimento a una sostanza: *si riesce a vedere attraverso il vetro* = you can see through glass. **I** avv. *(trasversalmente, di traverso)* across, crosswise, diagonally **II** prep. **1** *(da una parte all'altra)* across; *(da parte a parte)* through; ***passare ~*** to go *o* get through [*posto di blocco, barricata*]; to pass through [*campi*]; [*proiettile*] to pass through [*parete*]; [*luce*] to come through [*tende*]; to live *o* go through [*periodo, esperienza*]; [*viaggiare, camminare*] across, through; ***tagliare ~ i campi*** to cut through *o* strike across the fields; ***passare ~ dure prove*** to go through a series of ordeals; ***un viaggio ~ il deserto*** a journey across the desert; ***sentire il freddo ~ i guanti*** to feel the cold through one's gloves **2** *(nel tempo)* ***~ i secoli*** through *o* down the ages *o* centuries **3** *(tramite)* through, by (means of); ***trasmettersi ~ il sangue*** [*malattia*] to be transmitted through the blood; ***la conosco solo ~ i suoi scritti*** I only know her through her writings; ***il procedimento ~ il quale il bambino impara a parlare*** the process by which a child learns to speak; ***apprendere qcs. ~ la radio, la televisione*** to hear sth. on the radio, television.

▷ **attrazione** /attrat'tsjone/ f. **1** *(forza)* attraction, pull; ***centro*** o ***polo di ~*** centre of attraction, magnet; ***Parigi esercita una grande forza di ~ sulla sua regione*** Paris is a hub of attraction for the surrounding area **2** *(interesse)* appeal, attraction; ***l'~ di qcn. per qcs., qcn.*** sb.'s liking for sth., sb.; ***provare ~ per qcs., qcn.*** to feel attracted *o* drawn to sth., sb. **3** *(di festa, fiera)* amusement, attraction, draw; *(numero di uno spettacolo)* attraction, draw; ***l'~ principale dello spettacolo*** the main attraction *o* the star turn of the show; ***Bob Dylan era la grande ~*** Bob Dylan was the big draw; ***grande attrazione*** crowd-puller **4** LING. attraction ◆◆ ***~ fisica*** physical attraction; ***~ gravitazionale*** FIS. gravitational pull *o* attraction; ***~***

magnetica FIS. magnetic attraction; ~ ***opposta*** counter-attraction; ~ ***sessuale*** sexual chemistry, attraction; ~ ***terrestre*** pull of the earth's gravity, earth's attraction; ~ ***turistica*** tourist attraction.

attrezzamento /attrettsa'mento/ m. equipment, fitting, fitment.

▷ **attrezzare** /attret'tsare/ [1] **I** tr. to equip, to outfit, to fit* out, up [*persona, fabbrica, laboratorio*] (**per** for); to rig [*nave*]; ***nave attrezzata a goletta*** schooner-rigged ship; ~ ***qcs. con qcs.*** to equip sth. with sth.; ***non siamo attrezzati per fare*** we are not equipped to do **II attrezzarsi** pronom. [*persona*] to equip oneself (**di**, **con qcs.** with sth.; **per qcs.** for sth.; **per fare** to do); [*fabbrica*] to tool up (**di**, **con qcs.** with sth.; **per qcs.** for sth.; **per fare** to do).

▷ **attrezzatura** /attrettsa'tura/ f. **1** *(materiale) (di fabbrica, cucina, laboratorio)* equipment, outfitting; *(equipaggiamento)* equipment, gear, apparatus; ~ ***sportiva, medica, fotografica, da campeggio*** sports, medical, photographic, camping equipment; ~ ***da arrampicata*** climbing gear; ~ ***da pesca*** fishing gear *o* tackle; ~ ***da sub*** diving apparatus **2** *(impianto, struttura)* ***-e scolastiche, sociali, alberghiere*** school, social, accommodation facilities; ***-e sanitarie, sportive, per il tempo libero*** medical, sporting, leisure facilities **3** *(insieme di attrezzi)* kit, tools; ~ ***agricola*** dead stock, farm machinery; ~ ***industriale*** industrial machinery *o* tools **4** MAR. rig, rigging; ~ ***di bordo*** hamper.

attrezzeria /attrettse'ria/ f. TEATR. properties pl.

attrezzista, m.pl. **-i**, f.pl. **-e** /attret'tsista/ ➧ ***18*** m. e f. **1** SPORT gymnast **2** *(operaio)* toolmaker **3** TEATR. propman*.

attrezzistica /attret'tsistika/ f. apparatus gymnastics pl. + verbo sing.

▷ **attrezzo** /attret'tso/ **I** m. **1** *(di operai, artigiani)* tool, implement; *(per uso domestico)* utensil; ~ ***elettrico*** power tool; ***-i del falegname*** carpentry tools; ***cassetta degli -i*** toolbox; ***borsa degli -i*** workbag; ***carro -i*** breakdown truck **2** SPORT ***esercizio agli -i*** apparatus work **II attrezzi** m.pl. TEATR. properties ◆◆ ***-i agricoli*** farm implements; ***-i da cucina*** kitchenware, kitchen utensils; ***-i da giardinaggio*** garden implements, gardening tools; ***-i del mestiere*** the tools of the trade; ***-i da pesca*** fishing tackle.

attribuibile /attribu'ibile/ agg. [*incidente, errore*] attributable, ascribable; [*valore, responsabilità*] assignable; [*opera d'arte*] ascribable.

▶ **attribuire** /attribu'ire/ [102] **I** tr. **1** *(dare)* to assign, to attach [*importanza, significato, valore*]; ***il governo attribuisce maggiore importanza alla formazione*** the government is placing more emphasis on training; ~ ***un significato a un gesto, a uno sguardo*** to read something into a gesture, an expression **2** *(assegnare)* to award [*premio, medaglia*]; to assign [*compiti*]; ***la legge attribuisce nuovi poteri al fisco*** the act gives new powers to the taxman; ~ ***a qcs. il suo giusto prezzo*** to recognize the real price of sth. **3** *(imputare)* to blame [*ritardo, errore, fallimento, crimine*]; ~ ***qcs. alla stanchezza, sfortuna*** to put sth. down to tiredness, bad luck; ~ ***la responsabilità di qcs. a qcn.*** to put *o* lay the blame for sth. on sb.; ~ ***un incidente al cattivo tempo*** to blame an accident on the bad weather **4** *(ascrivere)* ~ ***qcs. a qcn.*** to attribute sth. to sb. [*intenzioni, propositi, virtù*]; to credit sb. with sth. [*invenzione, qualità, merito*]; to ascribe sth. to sb., to attribute sth. to sb. [*opera, frase*]; ***gli fu attribuito il merito di averlo inventato*** he was credited with inventing it; ***questo quadro viene attribuito a Tiziano*** this painting is attributed to Titian **II attribuirsi** pronom. ***-rsi il merito di qcs.*** to steal *o* to take the credit for sth.

attributivo /attribu'tivo/ agg. LING. attributive.

attributo /attri'buto/ **I** m. **1** *(caratteristica)* attribute, characteristic, feature **2** *(simbolo)* attribute, symbol **3** LING. attribute **II attributi** m.pl. EUFEM. *(organi genitali maschili)* nuts, balls; ***avere gli ~ per fare*** to have the balls to do.

attribuzione /attribut'tsjone/ **I** f. *(di premio)* awarding; *(di colpa, responsabilità)* attribution (**a** to; **di** of); ART. LETTER. MUS. *(di una opera)* attribution **II attribuzioni** f.pl. *(mansioni) (di autorità, ufficio)* assignment **U**.

▷ **attrice** /at'tritʃe/ ➧ ***18*** f. actress.

attrito /at'trito/ m. **1** MECC. FIS. friction; ***forza di*** ~ friction force; ***privo di*** ~ frictionless **2** FIG. *(disaccordo)* friction **U**; ***c'è dell'~ tra loro*** there is friction between them; ***in tutte le famiglie ci sono degli -i*** there is a certain amount of friction in any family ◆◆ ~ ***radente*** sliding friction; ~ ***volvente*** rolling friction.

attruppare /attrup'pare/ [1] **I** tr. to gather, to assemble [*folla*] **II attrupparsi** pronom. [*folla*] to gather.

attuabile /attu'abile/ agg. [*progetto, piano*] feasible, workable, practicable.

attuabilità /attuabili'ta/ f.inv. feasability, practicability.

▷ **attuale** /at'tuale/ agg. **1** *(presente)* [*indirizzo, stato, circostanza, governo, politica*] current, present; [*ordine*] existing; ***al momento ~*** at the present day *o* moment; ***allo stato ~ (delle cose)*** as things stand now; ***qual è la tariffa ~ di una babysitter?*** what's the going rate for a babysitter? ***la Cina ~*** modern China, present-day China **2** *(ancora valido)* [*opera, teoria, dibattito, domanda*] topical, relevant **3** *(alla moda)* fashionable **4** FILOS. actual.

attualismo /attua'lizmo/ m. GEOL. uniformitarianism.

▷ **attualità** /attuali'ta/ f.inv. **1** *(avvenimenti)* current affairs pl.; ***l'~ culturale*** cultural events; ***periodico di ~*** news magazine; ***notizie d'~*** news **2** *(di idee, dibattito)* topicality; ***argomenti di scottante ~*** burning issues, highly topical issues; ***d'~*** [*tema, domanda, programma*] of topical interest; ***diventare d'~*** [*tema*] to be *o* come to the fore.

attualizzare /attualid'dzare/ [1] tr. to update, to modernize.

attualizzazione /attualiddzat'tsjone/ f. modernization.

▷ **attualmente** /attual'mente/ avv. currently, at the moment, at the present time; ~ ***è possibile che la società fallisca*** the collapse of the company is now a possibilty.

attuare /attu'are/ [1] **I** tr. to carry out, to effect, to effectuate [*riforma, cambiamento, progetto, modifiche*]; to implement [*politica*]; ~ ***la propria vendetta*** to get *o* take one's revenge **II attuarsi** pronom. to come* true; ***le riforme promesse non si attuarono mai*** the promised reforms never happened.

attuariale /attua'rjale/ agg. [*calcolo*] actuarial.

attuario, pl. **-ri**, **-rie** /attu'arjo, ri, rje/ m. (f. **-a**) actuary.

attuativo /attua'tivo/ agg. BUROCR. [*legge, decreto*] implemental, implementary.

attuazione /attuat'tsjone/ f. *(di politica, legge, decisione, contratto)* implementation; *(di progetto, riforma)* carrying out.

attutimento /attuti'mento/ m. *(di rumore)* muffling; *(di urto)* absorption.

attutire /attu'tire/ [102] **I** tr. **1** *(attenuare)* to muffle, to deaden [*rumore*]; to absorb, to cushion [*urto*]; to cushion, to break* [*caduta*]; FIG. to soften [*colpo*] **2** *(mitigare)* to ease, to soften [*dolore*] **II attutirsi** pronom. [*rumore*] to become* muffled.

▷ **audace** /au'datʃe/ **I** agg. **1** *(coraggioso)* [*persona, esploratore, avventuriero*] bold, daring, audacious **2** *(arrischiato)* [*impresa*] risky **3** *(provocante)* [*sguardo, vestito*] provocative; *(scabroso)* [*libro, film*] risqué **4** *(sfacciato)* [*battuta, risposta*] audacious, brash **5** *(innovativo)* [*teoria, design*] daring **II** m. e f. daring person, bold person ◆ ***la fortuna aiuta gli -i*** fortune favours the brave, who dares wins.

audacemente /audatʃe'mente/ avv. audaciously, boldly, daringly.

audacia /au'datʃa/ f. **1** *(temerarietà)* audacity, daring, boldness; ***manca d'~*** he's not very daring **2** *(sfacciataggine)* audacity; ***avere l'~ di fare qcs.*** to have the audacity to do sth. **3** *(originalità)* ***l'~ di uno scenario*** the daring innovation of a setting.

audience /'ɔdjens/ f.inv. TELEV. audience.

audifono /au'difono/ m. audiphone.

audio /'audjo/ **I** agg.inv. audio; ***registrazione ~*** sound recording; ***impianto ~*** sound system; ***scheda ~*** INFORM. sound card; ***tecnico ~*** sound engineer, audio-engineer **II** m.inv. RAD. MUS. TELEV. CINEM. sound; ***alzare, abbassare l'~*** to turn the sound up, down; ***la televisione ha un ~ molto buono*** the television has very good sound.

audiocassetta /audjokas'setta/ f. (cassette) tape, (audio) cassette.

audiofrequenza /audjofre'kwɛntsa/ f. audio frequency.

audiogramma /audjogram'ma/ m. audiogram.

audioleso /audjo'lezo, audjo'leso/ **I** agg. hearing-impaired **II** m. (f. **-a**) hearing-impaired person.

audiolibro /audjo'libro/ m. talking book, book on tape.

audiologia /audjolo'dʒia/ f. audiology.

audiometria /audjome'tria/ f. audiometry.

audiometrico, pl. **-ci**, **-che** /audjo'mɛtriko, tʃi, ke/ agg. audiometric.

audiometro /au'djɔmetro/ m. audiometer.

audioprotesi /audjo'prɔtezi/ f.inv. hearing aid.

audiovisivo /audjovi'zivo/ **I** agg. [*tecniche, metodi, supporti*] audiovisual **II** m. ***gli -i*** audiovisual equipment.

Auditel® /'auditel/ m.inv. TELEV. = audience measurement system.

auditorio, pl. **-ri** /audi'tɔrjo, ri/ m. MUS. auditorium*.

audizione /audit'tsjone/ f. **1** CINEM. MUS. TEATR. *(provino)* audition; ***partecipare a un'~*** to go for an audition; ***far sostenere un'~ a qcn.*** to audition sb. **2** DIR. *(di testimone, accusato)* examination.

auge: **in auge** /in'audʒe/ agg. [*stile, idea*] fashionable; ***essere in ~*** [*stile*] to be fashionable *o* in vogue; [*persona*] to be very popular; ***tornare in ~*** [*persona, abbigliamento*] to make a comeback; ***non essere più in ~*** [*tradizione, uso, disciplina*] to fall *o* go out of favour.

augello /au'dʒello/ m. LETT. → **uccello.**

Augia /au'dʒia/ n.pr.m. ***le stalle d'~*** Augean stables ◆ ***ripulire le stalle d'~*** to clean out the Augean stables.

augnatura /auɲɲa'tura/ f. ***tagliare ad ~*** to mitre BE, to miter AE; ***cassetta per -e*** mitre box.

augurabile /augu'rabile/ agg. desirable; ***è, sarebbe ~ che...*** it is, would be desirable that...

augurale /augu'rale/ agg. **1** [*formula, messaggio*] auspicious **2** STOR. augural.

▷ **augurare** /augu'rare/ [1] **I** tr. to wish; ***~ qcs. a qcn.*** to wish sb. sth.; ***auguro un avvenire prospero a questa azienda*** I wish the company a prosperous future; ***~ buona fortuna, buon compleanno a qcn.*** to wish sb. good luck, (a) happy birthday; ***~ il buon giorno, la buona notte a qcn.*** to bid sb. good morning, good night; ***~ ogni bene, una pronta guarigione a qcn.*** to wish sb. well, a speedy recovery; ***~ del male a qcn.*** to wish sb. ill; ***~ buon viaggio a qcn.*** to wish sb. a good journey; FIG. to speed sb. on his *o* her way; ***è un'esperienza che non auguro a nessuno*** it's an experience I wouldn't wish on anyone **II augurarsi** pronom. ***me lo auguro!*** I hope so! ***c'è da -rsi che*** it is to be hoped, one can only hope that; ***mi auguro di sì, di no*** I hope so, not; ***mi auguro che il peggio sia passato*** I hope the worst is over.

augure /'augure/ m. augur.

▷ **augurio**, pl. **-ri** /au'gurjo, ri/ m. **1** *(desiderio)* wish; ***il mio ~ più caro*** my dearest wish; ***esprimere*** o ***formulare un ~*** to make a wish **2** *(formula augurale)* ***(tanti) -ri di buon compleanno*** best wishes on your birthday; ***(tanti) -ri per il tuo lavoro*** all the best for your job; ***ti prego di porgergli i miei migliori -ri*** please give him my best wishes; ***fare, inviare i propri -ri*** to give, send good wishes; ***biglietto d'-ri*** greetings card BE, greeting card AE; ***-ri di Buon Natale, di Buone Feste*** *(in una lettera)* Christmas greetings, Season's greetings **3** *(auspicio)* omen; ***di buon, cattivo ~*** of good, bad omen; ***essere di buon, cattivo ~ per qcn.*** to augur well, ill, to be a good, a bad omen for sb.

augusteo /augus'teo/ agg. Augustan; ***l'età -a*** the Augustan Age.

augusto /au'gusto/ agg. FORM. august.

Augusto /au'gusto/ n.pr.m. Augustus.

▷ **aula** /'aula/ f. *(di scuola)* classroom, schoolroom; *(di università)* lecture hall; *(di tribunale)* courtroom; ***far sgomberare l'~*** to clear the court ◆◆ ***~ bunker*** = high-security courtroom; ***~ magna*** auditorium*.

aulico, pl. **-ci**, **-che** /'auliko, tʃi, ke/ agg. **1** *(illustre)* [*lingua, stile*] elevated, high-flown **2** *(di corte)* courtly, aulic.

aumentabile /aumen'tabile/ agg. augmentable, increasable.

▶ **aumentare** /aumen'tare/ [1] **I** tr. **1** *(accrescere)* to increase, to raise [*numero, salario, carico, volume*]; to extend [*potere, influenza, durata*]; to enlarge [*capacità*]; to hike [*tassi, prezzi*]; to boost [*produzione*]; to mark up [*prodotto*] (**di** by); ***~ i propri redditi*** to supplement one's income (**facendo** by doing) **2** *(nel lavoro a maglia)* to increase [*maglie*] **II** intr. (aus. *essere*) **1** *(salire, crescere)* [*tasse, oneri, affitto, vendite*] to increase; [*temperatura, pressione*] to rise*; [*popolazione*] to grow*; [*numero, prezzi*] to increase, to rise*, to go* up, to climb, to advance; [*margine, scarto*] to open up; ***~ di peso, numero, volume*** to increase in weight, number, volume; ***~ di valore*** to appreciate; ***~ del 3%*** to increase by 3%; ***~ sempre di più*** [*tasso, disoccupazione, profitti, prezzi*] to climb higher and higher; ***fare ~ il tasso*** to drive the rate up; ***il numero degli studenti aumenta*** student numbers are up **2** *(diventare più costoso)* [*merce, servizio, tariffa*] to go* up **3** *(intensificarsi)* [*ammirazione, amore*] to deepen; [*pericolo, rischio, forza, mistero*] to increase; [*tensione, rabbia, paura, rumore, vergogna, interesse, fame*] to grow*; [*corrente, vento*] to strengthen.

aumentazione /aumentat'tsjone/ f. MUS. augmentation.

aumentista, m.pl. **-i**, f.pl. **-e** /aumen'tista/ m. e f. ECON. bull, stag BE.

▷ **aumento** /au'mento/ m. **1** *(incremento, crescita) (di numero, quantità)* increase, growth; *(di pressione, temperatura, prezzi, disoccupazione, domanda, vendite)* increase, rise; *(della popolazione)* increase, growth, expansion, swelling; *(delle pensioni)* enhancement; *(di traffico, tensione)* build-up, increase; ***~ della produzione*** boost in production; ***~ di peso*** increase *o* gain in weight; ***~ di valore*** increase *o* gain *o* appreciation in value; ***un ~ del 5% (del costo di)*** an increase of 5% *o* a 5% increase (in the cost of); ***in ~*** [*numero, domanda, disoccupazione*] increasing, rising, growing; [*temperatura, prezzi*] increasing, rising; ***in continuo ~*** ever-growing, ever-increasing; ***in forte ~*** [*domanda, esportazioni, vendite*] booming; [*prezzi, temperatura*] soaring; ***essere in ~*** to be on the increase, to be on the rise; ***i prezzi possono subire -i*** prices are subject to increases; ***un ~ del 2% rispetto ai profitti dell'anno scorso*** a 2% improvement on last year's profits; ***un ~ di stipendio*** o ***salariale*** a pay *o* wage rise BE *o* raise AE; ***l'~ degli stipendi*** o ***salariale*** earnings growth; ***l'~ del costo della vita*** the rise *o* increase in the cost of living; ***l'~ della benzina, delle sigarette*** the increased cost of petrol, cigarettes; ***un ~ del numero dei reati*** a growth *o* an increase in crime; ***un ~ del (tasso di) biossido di carbonio*** a build-up of carbon dioxide; ***richiesta di ~ di capitale*** ECON. call for capital **2** LING. augment.

aura /'aura/ f. **1** *(alito)* LETT. breeze **2** FIG. aura*, air.

aurato /au'rato/ agg. LETT. golden, gilded.

Aureliano /aure'ljano/ n.pr.m. Aurelian.

Aurelio /au'rɛljo/ n.pr.m. Aurelius.

aureo /'aureo/ agg. **1** *(d'oro)* golden, gold attrib.; ***moneta -a*** gold coin **2** LETT. FIG. *(del colore dell'oro)* [*chiome*] golden **3** FIG. *(eccellente)* [*consiglio*] precious; [*periodo, epoca*] golden; ***la regola -a*** the golden rule **4** ECON. ***base -a*** gold basis; ***riserva -a*** gold reserve, bullion reserve; ***sistema ~*** gold standard **5** MAT. ***sezione -a*** golden section.

aureola /au'rɛola/ f. **1** ART. RELIG. halo*, aureole **2** *(alone)* aura*.

aureomicina®/aureomi'tʃina/ f. Aureomycin®.

aurica, pl. **-che** /'aurika, ke/ f. lugsail.

aurico, pl. **-ci**, **-che** /'auriko, tʃi, ke/ agg. CHIM. auric.

auricola /au'rikola/ f. **1** ANAT. auricle **2** BOT. auricula.

auricolare /auriko'lare/ **I** agg. **1** ANAT. MED. auricular; ***padiglione ~*** pinna, auricle; ***rogna ~*** VETER. canker **2** DIR. ***testimone ~*** earwitness **II** m. earpiece, earphone.

auricolato /auriko'lato/ agg. BOT. auriculate.

aurifero /au'rifero/ agg. GEOL. gold-bearing, auriferous; ***roccia -a*** auriferous rock; ***bacino ~*** goldfield; ***filone ~*** vein of gold.

auriga, pl. **-ghi** /au'riga, gi/ m. charioteer.

aurora /au'rɔra/ f. dawn, aurora* (anche FIG.); ***al sorgere dell'~*** at the crack of dawn ◆◆ ***~ australe*** aurora australis, Southern Lights; ***~ boreale*** aurora borealis, Northern Lights; ***~ polare*** polar lights.

aurorale /auro'rale/ agg. auroral (anche FIG.).

auroso /au'roso/ agg. aurous.

auscultare /auskul'tare/ [1] tr. MED. to auscultate [*petto*]; *(con lo stetoscopio)* to stethoscope.

auscultazione /auskultat'tsjone/ f. auscultation.

ausiliare /auzi'ljare/ **I** agg. LING. [*verbo*] auxiliary, assistant **II** m. LING. *(verbo)* auxiliary verb **III** m. e f. *(collaboratore)* auxiliary.

ausiliaria /auzi'ljarja/ f. MIL. Waaf GB, Waac, Wac US.

ausiliario, pl. **-ri**, **-rie** /auzi'ljarjo, ri, rje/ **I** agg. **1** MIL. ***truppe -rie*** auxiliary troops **2** *(non titolare)* [*personale*] auxiliary, ancillary; ***infermiere ~*** nursing auxiliary, nursing orderly **3** *(accessorio, secondario)* [*macchina, equipaggiamento*] auxiliary; INFORM. [*memoria*] additional; ***serbatoio ~*** AER. belly tank; ***motore ~*** MAR. donkey engine **II** m. (f. **-a**) *(collaboratore)* auxiliary ◆◆ ***~ del traffico*** = someone employed by local government or the public transport services who is authorized to issue parking tickets.

ausilio, pl. **-li** /au'ziljo, li/ m. *(aiuto)* aid, help; ***con l'~ di qcn., qcs.*** with the help *o* aid of sb., sth.; ***essere d'~*** to be of help.

auspicabile /auspi'kabile/ agg. desirable; ***è ~ che...*** it is desirable that...

auspicare /auspi'kare/ [1] tr. to wish, to hope for [*cambiamento*]; ***~ che*** to hope that.

auspice /'auspitʃe/ m. **1** STOR. augur **2** FIG. *(promotore, patrono)* ***~ qcn.*** under the auspices of sb.

auspicio, pl. **-ci** /aus'pitʃo, tʃi/ m. **1** STOR. augury, auspice **2** *(segno premonitore)* omen; ***essere di buon, cattivo ~*** to be a good, bad omen **3** *(patrocinio)* ***sotto gli -ci di qcn.*** under the auspices of sb.

austeramente /austera'mente/ avv. austerely.

austerità /austeri'ta/ f.inv. **1** *(di morale, luogo)* austerity; *(di vestito)* severity **2** ECON. austerity, stringency; ***politica di ~*** policy of austerity.

austero /aus'tɛro/ agg. **1** *(rigoroso)* [*educazione, economia*] austere; [*disciplina*] strict **2** *(grave)* [*volto*] stern **3** *(sobrio)* [*vestito, stile, taglio di capelli*] severe; [*monumento, edificio, luogo, vita, persona*] austere; [*arredamento*] stark.

Australasia /austra'lazja/ n.pr.f. Australasia.

australe /aus'trale/ agg. [*mari*] austral; [*vento, emisfero*] southern.

Australia /aus'tralja/ ➧ ***33*** n.pr.f. Australia.

australiano /austra'ljano/ ➧ ***25*** **I** agg. Australian **II** m. (f. **-a**) Australian.

australoide /austra'lɔjde/ **I** agg. Australoid **II** m. e f. Australoid.

australopiteco, pl. **-chi** /australopi'tɛko, ki/ m. Australopithecus.

Austria /'austrja/ ➧ ***33*** n.pr.f. Austria.

austriaco, pl. **-ci**, **-che** /aus'triako, tʃi, ke/ ➧ ***25*** **I** agg. Austrian **II** m. (f. **-a**) Austrian.

austroungarico, pl. **-ci**, **-che** /austroun'gariko, tʃi, ke/ agg. Austro-Hungarian.

autarchia /autar'kia/ f. ECON. POL. autarchy, autarky.

autarchico, pl. **-ci**, **-che** /au'tarkiko, tʃi, ke/ agg. ECON. POL. autarchic(al), autarkic(al).
aut aut /'aut'aut/ m.inv. ***dare, porre l'~ a qcn.*** = to force sb. to choose.
autenticare /autenti'kare/ [1] tr. **1** BUROCR. to authenticate, to attest [*firma*]; to authenticate, to certify [*documento, certificato*]; to attest [*testamento*]; *(davanti a un notaio)* to notarize **2** *(dichiarare autentico)* to authenticate, to certify [*opera d'arte*].
autenticato /autenti'kato/ **I** p.pass. → **autenticare II** agg. [*documento*] authenticated, certified; [*firma*] authenticated; ***copia -a*** duplicate document, certified true copy.
autenticazione /autentikat'tsjone/ f. BUROCR. authentication; *(con la firma)* attestation; *(notarile)* notarization.
autenticità /autentitʃi'ta/ f.inv. *(di documento, fatto)* authenticity; *(di personaggio, opera)* genuineness.
▷ **autentico**, pl. **-ci**, **-che** /au'tɛntiko, tʃi, ke/ agg. **1** *(reale)* [*fatto, racconto*] true **2** *(originale)* [*quadro, documento*] authentic, genuine **3** *(sincero)* [*sentimento, persona, emozione*] genuine **4** *(vero e proprio)* ***un ~ idiota*** a downright fool.
autiere /au'tjɛre/ m. MIL. driver.
autismo /au'tizmo/ ◗ **7** m. autism.
▷ **1.autista**, m.pl. **-i**, f.pl. **-e** /au'tista/ ◗ **18** m. e f. **1** *(privato)* chauffeur **2** *(guidatore)* driver ◆◆ ***~ di ambulanza*** ambulance driver; ***~ di bus*** bus driver, busman; ***~ di camion*** truck driver, lorry driver BE; ***~ di pullman*** coach driver.
2.autista, m.pl. **-i**, f.pl. **-e** /au'tista/ m. e f. PSIC. autistic person.
autistico, pl. **-ci**, **-che** /au'tistiko, tʃi, ke/ agg. autistic.
▶ **auto** /'auto/ f.inv. car; ***incidente d'~*** car accident ◆◆ ***~ aziendale*** company car; ***~ civetta*** decoy; ***~ da corsa*** competition car, racing car; ***~ d'epoca*** *(costruita prima del 1905)* veteran (car); *(costruita tra il 1917 e il 1930)* vintage car; ***~ pirata*** hit-and-run car; ***~ sportiva*** sports car.
autoabbronzante /autoabbron'dzante/ **I** agg. self-tanning **II** m. bronzer.
autoaccensione /autoattʃen'sjone/ f. self-ignition; AUT. autoignition.
autoaccessorio, pl. **-ri** /autoattʃes'sɔrjo, ri/ m. car accessory.
autoaccusa /autoak'kuza/ f. self-accusation.
autoadesivo /autoade'zivo/ **I** agg. [*nastro, etichetta*] self-adhesive; [*busta*] self-sealing **II** m. sticker.
autoaffermazione /autoaffermat'tsjone/ f. assertiveness, self-assertion.
▷ **autoambulanza** /autoambu'lantsa/ f. ambulance.
autoanalisi /autoa'nalizi/ f.inv. self-analysis*.
autoapprendimento /autoapprendi'mento/ m. self-study; ***corso, metodo di ~*** self-study course, method.
autoarticolato /autoartiko'lato/ m. articulated lorry BE, semi AE, tractor-trailer AE.
autoassolversi /autoas'sɔlversi/ [22] pronom. to absolve oneself.
autobiografia /autobiogra'fia/ f. autobiography.
autobiografico, pl. **-ci**, **-che** /autobio'grafiko, tʃi, ke/ agg. autobiographical.
autobiografismo /autobiogra'fizmo/ m. = tendency of a writer to base his, her work on their own life.
autoblinda /auto'blinda/ f. → **autoblindata.**
autoblindata /autoblin'data/ f. armoured car.
autoblindato /autoblin'dato/ agg. armoured BE, armored AE.
autoblindo /auto'blindo/ m.inv. → **autoblindata.**
autobloccante /autoblok'kante/ agg. self-locking; ***dado ~*** locknut.
autobomba /auto'bomba/ f. car bomb.
autobotte /auto'botte/ f. tanker lorry BE, tank truck AE.
▷ **autobus** /'autobus/ m.inv. bus, autobus AE; ***prendere l'~*** to catch *o* take the bus; ***perdere l'~*** to miss the bus; FIG. to miss the boat; ***andare in*** o ***con l'~*** to go by bus; ***fermata dell'~*** bus stop; ***corsia riservata agli ~*** bus lane; ***stazione degli ~*** bus station; ***deposito degli ~*** bus depot ◆◆ ***~ navetta*** shuttle bus.
autocaravan /auto'karavan/ m.inv. → **camper.**
autocarro /auto'karro/ m. truck, lorry BE ◆◆ ***~ a pianale ribassato*** low-loader.
autocatalisi /autoka'talizi/ f.inv. autocatalysis*.
autocensura /autotʃen'sura/ f. self-censorship.
autocertificazione /autotʃertifikat'tsjone/ f. self-certification.
autocinesi /autotʃi'nɛzi/ f.inv. autokinesis*.
autocingolato /autotʃingo'lato/ m. caterpillar.
autocisterna /autotʃis'tɛrna/ f. → **autobotte.**
autoclave /auto'klave/ f. autoclave.
autocolonna /autoko'lɔnna/ f. MIL. convoy, motor column.
autocombustione /autokombus'tjone/ f. spontaneous combustion.
autocommiserazione /autokommizerat'tsjone/ f. self-pity.
autocompiacimento /autokompjatʃi'mento/ m. self-congratulation, self-satisfaction.
autoconservazione /autokonservat'tsjone/ f. self-preservation; ***istinto di ~*** self-preservation instinct.
autocontrollo /autokon'trɔllo/ m. self-control.
autocoria /autoko'ria/ f. autochory.
autocorrelazione /autokorrelat'tsjone/ f. STATIST. autocorrelation.
autocorrettivo /autokorret'tivo/ agg. self-correcting.
autocorriera /autokor'rjera/ f. suburban bus, coach BE.
autocoscienza /autokoʃ'ʃɛntsa/ f. self-awareness.
autocrate /au'tɔkrate/ m. e f. autocrat.
autocratico, pl. **-ci**, **-che** /auto'kratiko, tʃi, ke/ agg. autocratic(al).
autocrazia /autokrat'tsia/ f. autocracy.
autocritica, pl. **-che** /auto'kritika, ke/ f. self-criticism; ***fare ~*** to go through a process of self-criticism.
autocritico, pl. **-ci**, **-che** /auto'kritiko, tʃi, ke/ agg. [*atteggiamento*] self-critical.
autoctono /au'tɔktono/ **I** agg. **1** ANTROP. [*popolazione*] autochthonous, aboriginal **2** GEOL. [*roccia*] autochthonous **II** m. (f. **-a**) autochthon*.
autodafé /autoda'fe/ m.inv. STOR. auto-da-fé*.
autodecisione /autodetʃi'zjone/ f. self-determination.
autodemolitore /autodemoli'tore/ m. (f. **-trice** /tritʃe/) breaker BE, wrecker AE.
autodenuncia, pl. **-ce** /autode'nuntʃa, tʃe/ f. self-accusation.
autodeterminazione /autodeterminat'tsjone/ f. self-determination.
autodiagnosi /autodi'aɲɲozi/ f.inv. self-diagnosis.
autodidatta, m.pl. **-i**, f.pl. **-e** /autodi'datta/ m. e f. self-taught person.
autodidattico, pl. **-ci**, **-che** /autodi'dattiko, tʃi, ke/ agg. ***metodo ~*** self-study method.
autodifesa /autodi'fesa/ f. self-defence BE, self-defense AE, self-protection.
autodina /auto'dina/ f. autodyne.
autodisciplina /autodiʃʃi'plina/ f. self-discipline.
autodisseminazione /autodisseminat'tsjone/ f. → **autocoria.**
autodistruggersi /autodis'truddʒersi/ [41] pronom. to self-destruct.
autodistruttivo /autodistrut'tivo/ agg. self-destructive.
autodistruzione /autodistrut'tsjone/ f. self-destruction; *(di missile, razzo)* destruct AE.
autodromo /au'tɔdromo/ m. AUT. racetrack.
autoeducazione /autoedukat'tsjone/ f. self-education.
autoemoteca, pl. **-che** /autoemo'tɛka, ke/ f. mobile blood bank, bloodmobile AE.
autoerotismo /autoero'tizmo/ m. autoeroticism.
autoesaltazione /autoezaltat'tsjone/ f. self-exaltation.
autoesame /autoe'zame/ m. self-examination.
autofecondazione /autofekondat'tsjone/ f. self-fertilization.
autoferrotranviario, pl. **-ri**, **-rie** /autoferrotranvi'arjo, ri, rje/ agg. ***rete -a*** public transport system BE, public transportation system AE.
autoferrotranviere /autoferrotran'vjɛre/ m. public transport worker.
autofertilizzante /autofertilid'dzante/ agg. NUCL. ***reattore ~*** breeder (reactor).
autofficina /autoffi'tʃina/ f. garage, service station.
autofinanziamento /autofinantsja'mento/ m. autofinancing, self-funding, internal financing.
autofobia /autofo'bia/ f. autophobia.
autofocus /auto'fɔkus/ m.inv. FOT. autofocus.
autofunzione /autofun'tsjone/ f. eigenfunction.
autofurgone /autofur'gone/ m. van ◆◆ ***~ postale*** mail van BE *o* truck AE.
autogamia /autoga'mia/ f. autogamy.
autogeno /au'tɔdʒeno/ agg. autogenous, autogenic; ***training ~*** autogenic training; ***saldatura -a*** autogenous welding.
autogestione /autodʒes'tjone/ f. self-management; *(di una fabbrica)* worker management.
autogestito /autodʒes'tito/ agg. self-managed.
autogiro /auto'dʒiro/ m. autogiro*, autogyro*.
autogol /auto'gɔl/ m.inv. own goal BE (anche FIG.); ***fare (un) ~*** to score an own goal (anche FIG.).
autogoverno /autogo'vɛrno/ m. self-government, self-rule.
autografia /autogra'fia/ f. autography.
▷ **autografo** /au'tɔgrafo/ **I** agg. [*firma, lettera*] autographic **II** m. *(testo, firma)* autograph; ***fare*** o ***firmare un ~*** to sign an autograph;

fare un ~ su to autograph [*libro, disco*]; ***album, cacciatore di -i*** autograph album, hound.

autogrill® /auto'grill/ m.inv. motorway café, motorway restaurant.

autogrù /auto'gru/ f.inv. breakdown lorry BE, tow truck AE, wrecker AE.

autoguarigione /autogwari'dʒone/ f. spontaneous recovery.

autoguida /auto'gwida/ f. homing device.

autoguidato /autogwi'dato/ agg. homing.

autoimmune /autoim'mune/, **autoimmunitario**, pl. **-ri**, **-rie** /autoimmuni'tarjo, ri, rje/ agg. autoimmune.

autoimmunizzazione /autoimmuniddzat'tsjone/ f. autoimmunization.

autoincensamento /autointʃensa'mento/ m. self-praise, self-applause.

autoindotto /autoin'dotto/ agg. self-induced.

autoinduzione /autoindut'tsjone/ f. self-induction.

autoinganno /autoin'ganno/ m. self-deception.

autoinnesto /autoin'nɛsto/ m. → **autotrapianto.**

autoinstallante /autoinstal'lante/ agg. INFORM. self-installing.

autoipnosi /autoip'nɔzi/ f.inv. self-hypnosis.

autoironia /autoiro'nia/ f. self-mockery.

autoistruzione /autoistrut'tsjone/ f. open learning.

autolavaggio, pl. **-gi** /autola'vaddʒo, dʒi/ m. car wash.

autolesionismo /autolezjo'nizmo/ m. **1** PSIC. self-mutilation **2** FIG. masochism.

autolesionista, m.pl. **-i**, f.pl. **-e** /autolezjo'nista/ m. e f. **1** PSIC. self-mutilating person **2** FIG. masochist.

autolesionistico, pl. **-ci**, **-che** /autolezjo'nistiko, tʃi, ke/ agg. **1** PSIC. self-mutilating **2** FIG. masochistic.

autolettiga, pl. **-ghe** /autolet'tiga, ge/ f. → **autoambulanza.**

autolimitazione /autolimitat'tsjone/ f. self-restraint.

autolinea /auto'linea/ f. bus service, bus route.

autolisi /auto'lizi/ f.inv. autolysis*.

autologo /au'tɔlogo/ agg. autologous.

autolubrificante /autolubrifi'kante/ agg. self-lubricating.

automa /au'tɔma/ m. robot, automaton*; ***gesti da ~*** robotic movements; ***andare avanti come un ~*** FIG. to be on automatic pilot; ***comportamento da ~*** FIG. robotism.

automatica, pl. **-che** /auto'matika, ke/ f. automatic (handgun).

automaticamente /automatika'mente/ avv. automatically.

automaticità /automatitʃi'ta/ f.inv. automaticity.

▷ **automatico**, pl. **-ci**, **-che** /auto'matiko, tʃi, ke/ **I** agg. [*riflesso, impianto, automobile, arma, orologio*] automatic; ***distributore ~*** vending machine; ***a chiusura -a*** self-closing; ***pilota ~*** automatic pilot; ***cambio ~*** AUT. automatic transmission **II** m. *(bottone)* snap fastener, press stud.

automatismo /automa'tizmo/ m. automatism.

automatizzare /automatid'dzare/ [1] tr. to automate.

automatizzazione /automatiddzat'tsjone/, **automazione** /automat'tsjone/ f. automation.

automedicazione /automedikat'tsjone/ f. self-treatment.

▷ **automezzo** /auto'mɛddzo/ m. motor vehicle.

automiglioramento /automiʎʎora'mento/ m. self-improvement.

▶ **automobile** /auto'mɔbile/ f. car, automobile AE; ***guidare l'~*** to drive a car; ***fare un giro in ~*** to go for a drive; ***industria dell'~*** car industry; ***salone dell'~*** motor show.

automobilina /automobi'lina/ f. *(modellino)* model car; *(per bambini)* toy car; ***~ a pedali*** pedal car.

automobilismo /automobi'lizmo/ ♦ ***10*** m. **1** *(impiego dell'automobile)* motoring ANT. **2** SPORT motor racing.

▷ **automobilista**, m.pl. **-i**, f.pl. **-e** /automobi'lista/ m. e f. driver, motorist; ***~ della domenica*** SCHERZ. SPREG. Sunday driver.

automobilistico, pl. **-ci**, **-che** /automobi'listiko, tʃi, ke/ agg. [*prodotto, design*] automotive; ***industria -a*** car industry, automotive industry; ***gara -a*** motor race BE, car race AE; ***targa -a*** number plate BE, license plate AE, registration plate AUSTRAL.; ***incidente ~*** car accident.

automodellismo /automodel'lizmo/ m. model- making.

automodellista, m.pl. **-i**, f.pl. **-e** /automodel'lista/ m. e f. model maker.

automotore /automo'tore/ agg. self-propelling, self-propelled.

automotrice /automo'tritʃe/ f. railcar.

automutilazione /automutilat'tsjone/ f. self-mutilation.

autonoleggiatore /autonoleddʒa'tore/ ♦ ***18*** m. (f. **-trice** /tritʃe/) = manager or owner of a car hire company.

autonoleggio, pl. **-gi** /autono'leddʒo, dʒi/ m. car hire, car rental.

autonomamente /autonoma'mente/ avv. independently, autonomously.

▷ **autonomia** /autono'mia/ f. **1** *(di Stato, regione)* autonomy, self-government **2** *(libertà di azione)* autonomy; ***godere di una certa ~*** to enjoy some degree of autonomy **3** AUT. AER. range; ***~ di crociera*** AER. cruising range ◆◆ ***~ amministrativa scolastica*** local management of schools; ***Autonomia Operaia*** POL. = a voluntary movement of workers formed in the seventies, refusing traditional institutions.

autonomismo /autono'mizmo/ m. autonomism.

autonomista, m.pl. **-i**, f.pl. **-e** /autono'mista/ m. e f. autonomist.

autonomistico, pl. **-ci**, **-che** /autono'mistiko, tki, ke/ agg. autonomous, self-governing.

▶ **autonomo** /au'tɔnomo/ **I** agg. **1** POL. [*regione, stato, provincia*] self-governing, autonomous **2** *(autogestito)* [*filiale, gestione, sindacato, riscaldamento*] independent; ***lavoro ~*** self-employment, freelance work; ***lavoratore ~*** self-employed worker; ***sistema nervoso ~*** autonomic nervous system; *(autosufficiente)* [*persona*] self-sufficient, independent **3** INFORM. *(non connesso)* [*unità*] off-line **II** m. **1** = independent trade union member **2** = member of Autonomia Operaia.

autoosservazione /autoosservat'tsjone/ f. self-observation.

autoparcheggio, pl. **-gi** /autopar'keddʒo, dʒi/ m. car park BE, parking lot AE.

autoparco, pl. **-chi** /auto'parko, ki/ m. **1** *(parcheggio)* car park BE, parking lot AE **2** *(dotazione di automezzi)* fleet.

autoparodia /autoparo'dia/ f. self-parody.

autopattuglia /autopat'tuʎʎa/ f. patrol car, prowl car AE.

autopilota /autopi'lɔta/ m. automatic pilot.

autopista /auto'pista/ f. **1** *(nel deserto)* car track **2** *(per automobiline)* electric car track.

autoplastica, pl. **-che** /auto'plastika, ke/ f. CHIR. autoplasty.

autopompa /auto'pompa/ f. fire engine, firetruck.

autoporto /auto'pɔrto/ m. = large parking area for lorries, usually at frontiers or in large cities, created to expedite customs procedures.

autopresentazione /autoprezentat'tsjone/ f. self-presentation.

autopropulsione /autopropul'sjone/ f. self-propulsion.

autopropulso /autopro'pulso/ agg. self-propelled, self-propelling.

autopsia /autop'sia/ f. autopsy, post mortem (examination); ***eseguire, fare un'~ su qcn.*** to perform, do an autopsy on sb.

autoptico, pl. **-ci**, **-che** /au'tɔptiko, tʃi, ke/ agg. post-mortem; ***referto ~*** post-mortem report.

autopulente /autopu'lɛnte/ agg. self-cleaning.

autopullman /auto'pulman/ m.inv. (motor)coach BE, bus AE.

autopunitivo /autopuni'tivo/ agg. self-punishing.

autopunizione /autopunit'tsjone/ f. self-punishment.

autoradio /auto'radjo/ f.inv. **1** *(di autoveicolo)* car radio **2** *(autopattuglia)* radio car.

autoraduno /autora'duno/ m. car rally.

▷ **autore** /au'tore/ m. (f. **-trice** /tritʃe/) **1** *(di film)* creator; *(di canzoni)* (song)writer; *(di opere d'arte)* artist; *(di testi, progetti)* author; ***i grandi -i*** the great writers; ***dello stesso ~*** by the same author; ***l'~ della lettera*** the writer of the letter; ***diritti d'~*** copyright; *(compenso)* royalties; ***film d'~*** art film **2** *(responsabile)* *(di delitto, attentato, crimine)* perpetrator; ***~ di una strage*** mass murderer; ***l'~ di uno scherzo*** one who plays a joke.

autoreferenziale /autoreferen'tsjale/ agg. self-referential.

autoreggente /autored'dʒɛnte/ agg. ***(calze) autoreggenti*** stay-ups, stay-up stockings.

autoregolamentazione /autoregolamentat'tsjone/ f. self-regulation.

autorespiratore /autorespira'tore/ m. aqualung, scuba.

autorete /auto'rete/ f. → **autogol.**

▷ **autorevole** /auto'revole/ agg. *(prestigioso)* [*giudizio, parere, scrittore*] authoritative; ***so da fonte ~ che*** I have it on good authority that.

autorevolezza /autorevo'lettsa/ f. authoritativeness; ***parlare con ~ di qcs.*** to speak about *o* of sth. with authority *o* in one's voice.

autorimessa /autori'messa/ f. garage.

autoriparazione /autoriparat'tsjone/ f. car repairs pl.

▶ **autorità** /autori'ta/ f.inv. **1** *(potere)* authority; ***l'~ dello Stato*** the authority of the State; ***avere l'~ di fare qcs.*** to have the authority to do sth.; ***di propria ~*** on one's own authority; ***affermare la propria ~*** to assert one's authority; ***non ha nessuna ~ sui suoi bambini, allievi*** he has no control over his children, pupils; ***essere sotto l'~ di qcn.*** to be under sb.'s authority; ***abuso d'~*** abuse of power; DIR. misfeasance **2** AMM. DIR. *(potere costituito)* authority; ***sfidare l'~*** to defy authority; ***porre qcs. sotto l'~ di*** to place sth. under the authority of [*ministero, consiglio*]; ***territorio sottoposto all'~ di*** territory within the jurisdiction of **3** *(istituzioni, funzionari pubblici)* ***le ~*** the authorities; ***le ~ competenti*** the relevant authorities; ***devi rivolgerti alle ~ competenti*** you have to go through the right authorities **4** *(persona autorevole)* authority, expert; ***un'~ in materia di arte italiana*** an authority on Italian art **5** *(credito)* authority ◆◆ ***~ cittadine*** city authorities; ***~ civile*** civil authority; ***~ ecclesiastica*** religious authority; ***~ locali*** local authorities; ***~ ospedaliere*** hospital authorities; ***~ paterna*** parental authority; ***~ scolastiche*** school authorities.

autoritario, pl. **-ri, -rie** /autori'tarjo, ri, rje/ agg. [*tono, atteggiamento, voce*] authoritarian; ***governo ~*** authoritarian *o* despotic government.

autoritarismo /autorita'rizmo/ m. authoritarianism.

autoritratto /autori'tratto/ m. self-portrait.

▷ **autorizzare** /autorid'dzare/ [1] tr. **1** *(permettere)* [*persona, autorità*] to authorize [*pagamento, visita*]; ***~ un aumento dei prezzi*** to authorize a price increase; ***non autorizzerà lo svolgimento della riunione*** he will not give permission for the meeting to take place; ***~ il cambiamento, la demolizione di qcs.*** to allow sth. to be changed, demolished **2** *(dare il diritto a)* to authorize; ***~ qcn. a fare*** [*avvenimento, legge*] to entitle sb. to do; ***il presente documento lo autorizza a vendere*** he is hereby licensed to sell; ***ciò non ti autorizza a criticarmi*** that doesn't qualify you to criticize me **3** *(conferire autorità)* ***~ qcn. a fare*** to empower sb. to do **4** *(legittimare, giustificare)* to justify; ***queste scoperte autorizzano a pensare che...*** these discoveries entitle us to believe that...

autorizzato /autorid'dzato/ **I** p.pass. → **autorizzare** **II** agg. *(approvato)* [*biografia*] authorized, official; [*edizione, traduzione*] authorized; ***rivenditore ~*** authorized *o* licensed dealer; ***non ~*** [*persona, riproduzione*] unauthorized; ***"vietato l'accesso al personale non ~"*** "authorized personnel only".

▷ **autorizzazione** /autoriddzat'tsjone/ f. **1** *(permesso)* authorization, permission; COMM. licence BE, license AE; ***dare, concedere l'~ a fare*** to give, grant authorization to do; ***ottenere l'~ al decollo, all'atterraggio*** to be cleared for take-off, landing; ***un'~ scritta per fare*** a written permission to do; ***hai bisogno di un'~ per il tuo progetto*** you need clearance for your plans; ***venduto, fabbricato con l'~ (di)*** sold, manufactured under licence (from); ***è vietato l'ingresso senza ~*** no unauthorized access; ***questa legge è un'~ a tormentare gli innocenti*** FIG. this law is a licence to harass the innocent **2** *(documento)* permit; ***richiedere, rilasciare un'~*** to apply for, issue a permit ◆◆ ***~ a procedere*** DIR. mandate; ***~ di spedizione*** release for shipment; ***~ alla vendita*** product licence; ***~ al volo*** flight clearance.

autosalone /autosa'lone/ m. car showroom.

autoscatto /autos'katto/ m. self-timer, automatic shutter release.

autoscontro /autos'kontro/ m. dodgems pl. BE, bumper cars pl. AE.

▷ **autoscuola** /autos'kwɔla/ f. driving school.

autoservizio, pl. **-zi** /autoser'vittsjo, tsi/ m. bus service, coach service BE.

autosilo /auto'silo/ m. multistorey carpark BE, parking garage AE.

autosnodato /autozno'dato/ m. articulated lorry BE, tractor-trailer AE.

autosoccorso /autosok'korso/ m. **1** *(autoveicolo)* breakdown truck BE, tow truck AE **2** *(soccorso stradale)* recovery service.

autossidazione /autossidat'tsjone/ f. autoxidation.

autostarter /autos'tarter/ m.inv. AUT. self-starter.

autostazione /autostat'tsjone/ f. bus station, coach station.

autostima /auto'stima/ f. self-esteem, self-image.

autostiro /autos'tiro/ agg.inv. noniron.

▷ **autostop** /autos'tɔp/ m.inv. hitchhiking; ***fare l'~*** to hitchhike; ***andare a Londra in ~*** to hitchhike to London; ***girare il mondo in ~*** to hitchhike round the world.

autostoppista, m.pl. **-i**, f.pl. **-e** /autostop'pista/ m. e f. hitchhiker; ***prendere a bordo*** o ***caricare un ~*** to pick up a hitchhiker.

▷ **autostrada** /autos'trada/ f. motorway BE, freeway AE, expressway AE, turnpike AE; ***prendere l'~*** to take the motorway ◆◆ ***~ informatica*** info(rmation) (super)highway; ***~ a pagamento*** toll motorway BE, turnpike AE.

autostradale /autostra'dale/ agg. motorway BE, expressway AE; ***rete ~*** motorway network; ***collegamento ~*** motorway junction; ***raccordo ~*** access road; ***il casello ~*** toll gate BE, turnpike AE.

autosufficiente /autosuffi'tʃɛnte/ agg. [*persona, nazione*] self-sufficient; ***essere ~*** to be sufficient unto oneself FORM.

autosufficienza /autosuffi'tʃɛntsa/ f. self-sufficiency.

autosuggestione /autosuddʒes'tjone/ f. autosuggestion.

autotassazione /autotassat'tsjone/ f. self-assessment.

autotelaio, pl. **-ai** /autote'lajo, ai/ m. chassis.

autotrapianto /autotra'pjanto/ m. autograft, autotransplant.

autotrasportare /autotraspor'tare/ [1] tr. to truck, to haul [*merci*]; to transport [*persone*].

autotrasportatore /autotrasporta'tore/ ♦ **18** m. (f. **-trice** /tritʃe/) **1** *(camionista)* haulier BE, hauler AE, truck driver **2** *(imprenditore)* haulier BE, hauler AE.

autotrasporto /autotras'pɔrto/ m. trucking, road haulage, road transport.

autotrattamento /autotratta'mento/ m. self-treatment.

autotreno /auto'trɛno/ m. **1** → **autoarticolato** **2** FERR. ***~ ferroviario*** → **automotrice.**

autotrofismo /autotro'fizmo/ m. autotrophy.

autotrofo /au'tɔtrofo/ agg. autotrophic.

autovaccino /autovat'tʃino/ m. autogenous vaccine, autovaccine.

autovalore /autova'lore/ m. eigenvalue.

autovalutazione /autovalutat'tsjone/ f. self-assessment.

autoveicolo /autove'ikolo/ m. motor vehicle.

autovelox® /auto'vɛloks/ m.inv. radar trap, speed trap.

autovettura /autovet'tura/ f. (motor) car.

▷ **autunnale** /autun'nale/ agg. [*colori, luce, tempo*] autumnal, autumn attrib., fall AE attrib.; ***programmazione ~*** autumn schedule; ***collezione ~*** autumn collection.

▷ **autunno** /au'tunno/ ♦ **32** m. autumn, fall AE; ***nell'~ della sua vita*** FIG. in the autumn of her years *o* life.

avallante /aval'lante/ m. e f. guarantor.

avallare /aval'lare/ [1] tr. **1** *(garantire)* to endorse, to back, to guarantee [*cambiale, assegno*] **2** FIG. *(approvare)* to endorse, to back [*punto di vista, politica, principio, decisione, candidato, progetto*].

avallo /a'vallo/ m. **1** *(garanzia)* guarantee; ***x per ~*** guaranteed by x **2** FIG. *(approvazione)* approval **U**.

avambraccio, pl. **-ci** /avam'brattʃo, tʃi/ m. forearm.

avamporto /avam'pɔrto/ m. outer harbour BE, outer harbor AE.

avamposto /avam'posto/ m. outpost (anche FIG.).

avana /a'vana/ ♦ **3** **I** m.inv. **1** *(sigaro)* Havana (cigar) **2** *(colore)* Havana brown **II** agg.inv. **1** [*sigaro*] Havana attrib. **2** ***color ~*** Havana brown.

Avana /a'vana/ ♦ **2** n.pr.f. ***l'~*** Havana; ***all'~*** in Havana.

avancarica: **ad avancarica** /adavan'karika/ agg.inv. muzzle-loading; ***fucile*** o ***cannone ad ~*** muzzleloader.

avance /a'vans/ f.inv. advances pl.; ***fare delle ~ a qcn.*** to make advances to sb.; ***rispondere alle ~ di qcn.*** to respond to sb.'s advances.

avancorpo /avan'kɔrpo/ m. EDIL. ARCH. avant-corps.

avanguardia /avan'gwardja/ f. **1** MIL. vanguard, advance guard **2** ART. LETTER. avant-garde **3** **d'avanguardia, all'avanguardia** [*cinema, scultura, moda, idea*] avant-garde attrib.; [*industria, tecnologia*] cutting edge attrib.; ***essere all'~*** to be on the cutting edge, to be in the vanguard.

avanguardismo /avangwar'dizmo/ m. avant-gardism.

avanguardista, m.pl. **-i**, f.pl. **-e** /avangwar'dista/ m. e f. avant-gardist.

avannotto /avan'nɔtto/ m. alevin; ***-i*** *(banco)* fry.

avanscoperta /avansko'pɛrta/ f. MIL. reconnaissance; ***andare in ~*** to reconnoitre; FIG. to go to investigate; ***mandare qcn. in ~*** to send sb. on; FIG. to send sb. to have a look around.

avanspettacolo /avanspet'takolo/ m. **1** = curtain raiser or live act which is used to precede or follow films in cinemas **2** **da avanspettacolo** [*comico*] pierhead attrib.

avantesto /avan'tɛsto/ m. EDIT. front matter.

▶ **avanti** /a'vanti/ **I** avv. **1** *(nello spazio)* forward(s), ahead; ***fare un passo (in) ~*** to take a step forward; ***sporgersi, piegarsi in ~*** to strain, lean forward; ***fare un balzo in ~*** to leap forward; ***andare ~*** to go ahead; ***spostare qcs. ~, spostarsi ~*** to move sth. forward, to move forward; ***guardare ~*** to look ahead; ***due file (più) ~*** two rows ahead; ***l'incrocio è cinquanta metri più ~*** the crossroads is fifty metres further on; ***~ e indietro*** back and forth, to and fro; ***venire*** o ***farsi ~*** to come *o* take a step forward **2** *(nel tempo)* ***ne parliamo più ~*** we'll talk about it later (on); ***~ negli anni*** later in life; ***mettere ~ l'orologio*** to put the watch forward; ***il mio orologio va ~ di dieci minuti*** my clock is ten minutes fast; ***più ~ nel film*** at a later point in the film **3** ***stanno portando ~ il progetto*** FIG. they're making headway with the project; ***fare dei passi in ~*** to make headway; ***hanno fatto passi ~ sulla strada dell'unione*** they are farther along on the road to union; ***mandare ~*** to run [*azienda*]; ***essere ~ rispetto a qcn.*** to be ahead of sb.; ***essere ~ di due punti*** to lead by two points; ***andare ~ con il lavoro*** to go ahead with the work; ***cos'è che ti fa andare ~?*** what keeps you going? ***non possiamo andare ~ così!*** we can't go on like this! ***andare ~ a fare qcs.*** to keep on doing sth.; ***da quanto tempo va ~ questa situazione?*** how long has this been going on? **4** **di qui in ~** *(nello spazio)* from here on(wards); *(nel tempo)* from now on(wards) **5** **d'ora in ~** from now on(wards) **6** **da allora in ~**

from then on(wards), from that day, time on(wards) **II** inter. **1** *(invito a entrare)* ***permesso? - ~!*** may I? - come in! ***~ il prossimo!*** next, please! **2** *(incoraggiamento)* ***~!*** come on! ***~, sbrigati!*** come on, hurry up! ***su ~, smettila di ridere!*** come on, stop laughing! ***va ~!*** carry on! go ahead! **3** *(comando)* ***~, marsch!*** MIL. forward, march! ***~ tutta!*** MAR. full stead, speed ahead! (anche FIG.) **III** prep. *(prima di)* before; ***~ Cristo*** before Christ; *(davanti a)* in front of RAR. **IV** m.inv. SPORT forward **V** agg.inv. **1** *(prima)* before; ***la notte ~*** the night before **2** *(progredito)* ***una tecnologia ~*** an advanced technology ◆ ***mandare ~ la baracca*** to keep the show going; ***andare ~ per la propria strada*** to continue on one's path; ***tirare ~*** to scratch along; ***farsi ~*** to put *o* push oneself forward; ***mettere le mani ~*** to play (it) safe.

avantieri /avan'tjɛri/ avv. the day before yesterday.

avantreno /avan'trɛno/ m. MIL. limber.

avanvomere /avan'vɔmere/ m. skim co(u)lter.

avanzamento /avantsa'mento/ m. **1** *(movimento in avanti)* advance; *(di veicolo)* progress **2** FIG. *(progresso)* progress, headway, advance(ment) **3** *(promozione)* advancement, promotion; ***chiedere un ~*** to ask for a promotion; ***ha avuto un ~*** he has been promoted **4** MECC. feed ◆◆ ***~ di linea*** INFORM. line feed; ***~ veloce*** fast-forward.

▶ **1.avanzare** /avan'tsare/ [1] **I** tr. **1** *(proporre)* to put* forward [*idea, suggerimento, tesi*]; to advance [*teoria, spiegazione*]; *(sollevare)* to enter [*obiezione*]; ***~ delle pretese su*** to make claims to, to lay claim to [*titolo, trono*] **2** *(superare)* to surpass, to outdo*; ***~ qcn. in statura*** to surpass sb. in height **3** *(promuovere)* ***~ qcn. di grado*** to promote sb. **4** MIL. to advance [*truppe*] **II** intr. (aus. *essere*) **1** *(andare avanti)* [*persona, veicolo, nave*] to go* forward, to move forward, to advance; MIL. [*esercito, truppe, nemico*] to advance; ***~ di qualche passo*** to step forward; ***~ di un metro*** to move forward one metre; ***~ di un passo*** to take one step forward; ***~ verso l'uscita*** to move toward(s) the exit; ***~ a passo d'uomo*** to crawl along; ***~ strisciando*** to creep along; ***~ lentamente lungo qcs.*** to inch along sth. [*cornicione*]; ***~ a grandi passi*** to stride; ***~ barcollando*** to stumble on; ***~ negli anni*** o ***nell'età*** to be getting on (in years); ***il deserto sta avanzando*** the desert is gaining on the land **2** *(progredire)* [*lavoro, costruzione, studi, ricerca, progetto*] to progress, to proceed; [*tecnica, scienza*] to advance; ***far ~ un'inchiesta, i negoziati*** to speed up an inquiry, the negotiations; ***~ di grado*** to be promoted; MIL. to be promoted in rank **III avanzarsi** pronom. **1** *(farsi avanti)* to come* forward **2** *(avvicinarsi nel tempo)* [*giorno, stagione*] to draw* on ◆ ***~ su un campo minato*** to be treading *o* skating on thin ice; ***~ a lume di naso*** to follow one's nose; ***~ alla cieca*** to advance blindly, to grope one's way along.

▶ **2.avanzare** /avan'tsare/ [1] **I** tr. **1** *(lasciare)* to leave* [*cibo, bevande*]; ***avanzò la verdura*** he left his vegetables **2** *(essere creditore)* ***avanzo cinque sterline da lui*** he still owes me five pounds **II** intr. (aus. *essere*) **1** *(restare)* ***avanza un po' di minestra?*** is there any soup left over? ***ci avanza del denaro*** we have some money left over; ***me ne avanza uno*** I have got one left; ***se mi avanza un po' di tempo, ci andrò*** if I have some time to spare, I'll go **2** *(essere in eccedenza)* ***il latte basta e avanza*** there is more than enough milk; ***ce n'è e ne avanza*** there is enough and to spare, there's more than enough.

▶ **avanzata** /avan'tsata/ f. **1** *(l'avanzare)* advance (anche MIL.) **2** FIG. *(il progredire) (di partito, candidato)* progress; ***l'inarrestabile ~ del progresso*** the onward march of progress.

1.avanzato /avan'tsato/ **I** p.pass. → **1.avanzare II** agg. **1** *(nello spazio)* ***postazione -a*** MIL. advance position; ***terzino ~*** SPORT forward full-back **2** *(nel tempo)* [*stagione*] advanced; ***a notte -a*** late into the night; ***in età -a*** well on in years **3** FIG. *(progredito)* [*idea, opinione*] progressive, avant-garde; [*tecnologia*] advanced, state of the art; ***la malattia ha raggiunto uno stadio ~*** the disease has reached an advanced stage.

2.avanzato /avan'tsato/ **I** p.pass. → **2.avanzare II** agg. left-over; ***cibo ~*** left-overs.

▷ **avanzo** /a'vantso/ **I** m. **1** *(ciò che rimane)* remnant; ***-i di cibo*** leftovers, scraps **2** MAT. *(resto)* remainder **3** ECON. *(eccedenza)* surplus* **II** avv. **d'avanzo** *(in abbondanza)* enough and to spare ◆◆ ***~ di bilancio*** ECON. budget surplus; ***~ di galera*** gallows bird, jailbird.

avaramente /avara'mente/ avv. stingily, meanly.

avaria /ava'ria/ f. **1** *(di motore)* failure; *(di attrezzo meccanico)* breakdown; *(di motore di aereo)* blowout; ***nave, aereo in ~*** stricken ship, plane **2** *(di merce)* damage **3** *(di nave o del suo carico)* average.

avariare /ava'rjare/ [1] **I** tr. [*calore, umidità*] to damage [*merci, cibo*] **II avariarsi** pronom. [*cibo, vivande*] to go* bad, to rot, to go* off BE.

avariato /ava'rjato/ **I** p.pass. → **avariare II** agg. **1** *(danneggiato)* [*nave, aereo*] damaged **2** *(andato a male)* [*alimenti*] rotten; ***questa carne è -a*** this meat has gone bad.

▷ **avarizia** /ava'rittsja/ f. avarice, stinginess, meanness ◆ ***crepi l'~!*** hang the expense! beat the budget!

▷ **avaro** /a'varo/ **I** agg. avaricious, mean, miserly; ***è ~ del suo denaro*** he is mean with his money; ***essere ~ di lodi, di complimenti*** to be grudging in one's praise, thanks **II** m. (f. **-a**) miser, skinflint.

avatar /ava'tar/ m.inv. avatar.

ave /'ave/ f. e m.inv. → **avemaria** ◆ ***in un ~*** before you could say knife.

avellana /avel'lana/ f. **1** BOT. → **nocciola 2** ARALD. avellan.

avellano /avel'lano/ m. BOT. filbert, hazel.

avellinese /avelli'nese, avelli'neze/ **I** agg. from, of Avellino **II** m. e f. native, inhabitant of Avellino **III** m. area of land surrounding the town of Avellino.

avello /a'vɛllo/ m. LETT. tomb, grave, sepulchre.

avemaria /avema'ria/ f. **1** Ave Maria, Hail Mary **2** *(suono di campana)* ***suonare l'~*** to ring the angelus bell.

▷ **avena** /a'vena/ f. oats pl.; ***fiocchi d'~*** oat flakes; ***pappa d'~*** oatmeal.

avente causa /a'vɛnte'kauza/ m. e f. DIR. assign(ee).

avente diritto /a'vɛntedi'ritto/ m. e f. legal claimant, beneficiary.

▶ **1.avere** /a'vere/ [5] **I** tr. **1** *(possedere)* to have* (got), to own [*macchina, casa, terreno, libro*]; to hold* [*azioni, carta da gioco, diploma*]; ***è contento di ciò che ha*** he's happy with what he has; ***hai un cane?*** have you got, do you have a dog? ***non ho una, la macchina*** I don't own a car, I don't have a car; ***sia Roma che Londra hanno i loro vantaggi*** both Rome and London have their advantages **2** *(trovarsi a disposizione)* ***ho ancora una settimana di vacanze*** I still have a week's holiday left; ***~ i mezzi per fare*** to have the means to do; ***~ tempo*** to have (got) time; ***hai un attimo di tempo per aiutarmi?*** can you spare the time to help me? ***hai da accendere?*** have you got a light? ***~ buone probabilità*** to have *o* stand a good chance **3** *(presentare caratteristiche fisiche o morali)* ***~ esperienza*** to have experience; ***~ gli occhi azzurri*** to have (got) blue eyes; ***~ i baffi, la barba*** to wear a moustache, a beard; ***~ i capelli lunghi, corti*** to have long, short hair; ***ha una mira infallibile, cattiva*** his aim is deadly, bad; ***hai la camicia sporca*** your shirt is dirty **4** *(in rapporti di parentela ecc.)* ***ha moglie e figli da mantenere*** he has a wife and children to support; ***ha un marito che l'adora*** she has got an adoring husband; ***non ha una famiglia che lo appoggi*** he has no family behind him **5** *(contenere, annoverare)* ***Roma ha circa due milioni e mezzo di abitanti*** Rome has a population of nearly two and a half million; ***la casa ha cinque stanze*** the house has five rooms; ***la ditta ha 40 dipendenti*** the firm has 40 workers in its employ **6** *(con indicazione di età, tempo)* ***quanti anni hai?*** how old are you? ***quanto ha tuo figlio?*** COLLOQ. how old is your baby? ***non avrà più di dieci anni*** he couldn't be more than ten years old; ***hanno la stessa età*** they are the same age; ***ha tre anni di esperienza alle spalle*** he has three years' experience behind him; ***quanti ne abbiamo oggi?*** what's the date today? **7** *(ottenere, ricevere)* to get*; ***sono riuscito ad ~ il visto per lei*** I managed to get the visa for her; ***riesci a farmi ~ due biglietti?*** can you work it for me to get two tickets? ***ha avuto il primo premio*** he got *o* won first prize; ***ho avuto la parte!*** I got the part! ***~ buone notizie*** to receive *o* get good news; ***~ notizie di qcn.*** to hear from sb.; ***non avevamo loro notizie*** we had no news of them **8** *(tenere)* to have*, to keep*; ***~ qcs. a portata di mano*** to have *o* keep sth. on hand; ***ha sempre un fazzoletto in tasca*** he always keeps a handkerchief in his pocket; ***che hai in mano?*** what have you got in your hand? ***dove hai la pistola?*** where is your gun? **9** *(indossare)* to wear*, to have* on; ***aveva un vestito blu al matrimonio*** she had a blue dress on at the wedding **10** *(provare una sensazione fisica, un sentimento)* ***~ freddo, caldo, sonno, fame, sete, paura, torto, ragione*** to be cold, hot, sleepy, hungry, thirsty, afraid, wrong, right; ***~ voglia di fare qcs.*** to feel like doing sth., to be in the mood for doing sth.; ***(che) cos'hai?*** what's the matter with you? what's wrong? ***~ l'impressione che...*** to get the impression that...; ***~ motivo di essere preoccupati, ottimisti*** to have cause for concern, optimism **11** *(entrare in possesso di, acquistare)* ***~ qcs. per niente, con uno sconto (del 10%)*** to get sth. for nothing, at a (10%) discount; ***ha avuto indietro i suoi soldi*** she got her money back; ***ho avuto quella casa per poco prezzo*** I got that house at a low price **12** *(mettere al mondo)* ***~ un bambino*** to have a baby **13** *(soffrire di, essere affetto da)* ***~ mal di testa, la febbre, una brutta tosse, il, un cancro*** to have (got) a headache, a temperature, a bad cough, cancer; ***~ un attacco di influenza*** to have an attack of flu; ***ha avuto un attacco di cuore*** he had a heart attack **14** *(prendere)* ***~***

1.avere

Osservazioni introduttive

- Nella maggior parte dei casi che esprimono il possesso o la disponibilità di qualcosa, *avere* si rende con *to have* o *to have got*:

ho molti libri	= I have (got) many books
ho tre figli	= I have (got) three children
non ho molti impiegati	= I haven't (got) many employees
non ho abbastanza spazio	= I don't have (*o* I haven't got) enough room
non ho abbastanza tempo	= I don't have (*o* I haven't got) enough time
il mio appartamento ha cinque stanze	= my flat has five rooms
avrà un bambino in giugno	= she's having a baby in June

Si ricordi che *to have* utilizza l'ausiliare *do* nelle frasi negative e interrogative quando ci si riferisce ad azioni abituali (*hai spesso l'influenza?* = do you often have flu?), mentre si usa *have got* quando ci si riferisce ad azioni temporanee (*che cosa hai in mano?* = what have you got in your hand?); nell'inglese americano, tuttavia, si preferisce la struttura con *do* anche nel secondo caso (*what do you have in your hand?*).

- Le altre accezioni di *avere* come verbo transitivo (*ottenere*, *tenere*, *indossare* ecc.) sono presentate nella voce.
- Andranno anche consultate le note lessicali, in particolare la nota DISTURBI E MALATTIE e la nota ETÀ.
- Qui sotto si trovano invece elencati i diversi impieghi del verbo *avere* per i quali serve una spiegazione.

***Avere* come verbo ausiliare**

- *Avere* come verbo ausiliare si traduce solitamente con *to have*:

non l'ho ancora incontrata	= I haven't met her yet
l'avevo letto anch'io	= I had read it too
avranno finito domani	= they will have finished tomorrow
avrei voluto parlargli	= I would have liked to talk to him

Naturalmente, l'ausiliare *to have* non compare in quei casi in cui l'inglese, diversamente dall'italiano, richiede forme verbali semplici:

l'ho incontrata ieri	= I met her yesterday
disse che l'avrebbe finito John	= he said John would finish it.

***Avere da* + infinito**

- L'espressione *avere da*, che esprime l'obbligo o l'opportunità di fare qualcosa, si rende solitamente in inglese con *to have to* + infinito:

avrei da aggiungere che...	= I would have to add that...
ho molto da fare	= I have a lot to do / I've got a lot to do
non hai niente da fare?	= don't you have anything to do? / haven't you got anything to do?
ho da scrivere una relazione	= I have to write a report
ho una relazione da scrivere	= I have a report to write
ho da fare una rimostranza	= I have a complaint to make.

- L'espressione *non avere che da*, parafrasabile con *dovere solamente*, si rende in inglese con le diverse forme del verbo *dovere* a seconda del tempo e del modo usato in italiano:

non hai che da scrivergli	= you only have to write to him / you've only got to write to him / all you have to do is write to him
non avrai che da aspettare cinque minuti	= you'll only have to wait five minutes
non avevi che da dirmelo	= you should have told me
non avevi che da partire prima	= you should have left earlier.

Averne

- La forma *averne* compare in espressioni di tempo seguita da *per*; la traduzione inglese utilizza il verbo *to take* quando si fa riferimento a un compito o a un'azione ben precisa e *to be* quando tale compito o azione restano indeterminati:

per quanto ne avrete?	= how long will it take you? / how long you are going to be?
non ne avrò per molto	= I won't be long
ne hai ancora per molto?	= is it going to take you much longer?
ne avrò per due ore	= it will take me two hours.

- *Averne* compare anche in locuzioni idiomatiche, ciascuna delle quali richiede una traduzione adeguata:

ne ho abbastanza delle tue menzogne!	= I've had enough of your lies!
ne ho abbastanza di te!	= I've had enough of you!
ne ho abbastanza!	= I'm fed up with it! / I'm sick and tired of it!
ne ho fin sopra i capelli del suo comportamento!	= I'm fed up with his behaviour!
aversene a male	= to take something amiss / to get sore
quanti ne abbiamo oggi?	= what's the date today?
oggi ne abbiamo 16	= today is the 16th.

***Avere* + altre preposizioni o particelle**

- *Avere* può essere seguito da altre preposizioni o altre forme pronominali e avverbiali per formare delle locuzioni idiomatiche:

come ebbe a dire il Presidente...	= as the President said...
come ebbe a scrivere il Manzoni...	= as Manzoni wrote...
avere a che dire con qualcuno	= to quarrel with somebody
avere a che fare con	= to have to do with
non avere niente a che fare con / a che vedere con	= to have nothing to do with
averla vinta	= to have / get one's way
aversela a male	= to take something amiss / to get sore
avercela con qualcuno	= to have a grouch against somebody / to have it in for somebody / to have a down on somebody / to be down on somebody.

***Avere* nelle locuzioni idiomatiche**

- In molte locuzioni idiomatiche l'italiano *avere* trova un corrispondente diretto nell'inglese *to have*; oltre ai casi elencati nella voce, si possono ricordare ad esempio:

avere il cuore malato	= to have a weak heart
avere buone notizie	= to have good news
avere le mani in pasta	= to have a finger in every pie
avere pietà di qualcuno	= to have mercy on somebody / to take pity on somebody
avere pronto qualcosa	= to have something ready.

- Spesso una locuzione idiomatica italiana con *avere* è resa in inglese mediante il verbo *to be*; si possono distinguere i seguenti casi:
  a) *ha talento* = she's talented / gifted; *ha le mani di pasta frolla* = he's butterfingered;
  b) *hai la camicia sporca* = your shirt is dirty, *ha la moglie malata* = his wife is ill;
  c) *avere freddo* = to be cold, *avere caldo* = to be hot, *avere sonno* = to be sleepy, *avere fame* = to be hungry, *avere sete* = to be thirsty, *avere paura* = to be afraid, *avere torto* = to be wrong, *avere ragione* = to be right, *avere fretta* = to be in a hurry, *avere interesse per qualcosa* = to be interested in something;
  d) *ha vent'anni* = she's twenty years old, *abbiamo la stessa età* = we are the same age;
  e) *dove hai la macchina?* = where's your car? *dove ha il passaporto?* = where's her passport?
  f) *a destra, abbiamo un monumento ai caduti* = on your right, there's a war memorial.
- Non mancano casi in cui una locuzione idiomatica italiana con *avere* viene resa in inglese mediante un altro verbo; oltre a quelli presentati nella voce, si possono elencare i seguenti esempi:

ha la barba?	= does he wear a beard?	*avere sentore di qualcosa*	= to have an inkling of something
ho avuto buone notizie	= I got good news	*ha in animo di partire*	= he intends to leave
avete avuto sue notizie?	= have you heard from her?	*ho avuto in eredità il suo appartamento*	= I inherited her flat
ho voglia di cantare	= I feel like singing / I'm in the mood for singing	*ho a mente tutta la lista*	= I bear the whole list in mind
hanno cura di me	= they take care of me	*ha molto di suo padre*	= she takes after her father.
ho bisogno di soldi	= I need money		

cura di qcn., qcs. to take care of sb., sth.; ~ ***parte*** to take part (**in** in) **15** *(incontrare, trovare)* ~ ***difficoltà a fare*** to have difficulty (in) doing, to find it difficult to do; ***abbiamo avuto alcuni problemi*** we've had some problems; ***abbiamo avuto bel tempo*** we had fine weather **16** *(fare, mostrare)* ~ ***uno scatto di rabbia*** to have a fit of anger; *(usare)* ~ ***dei riguardi per qcn.*** to be considerate *o* behave considerately towards sb. **17** **avere da** *(dovere)* to have* to, must*; ***ho da lavorare*** I have to work **18** **avercela** ***avercela con qcn.*** to have a grouch against sb., to have it in for sb., to have a down *o* be down on sb. **II** aus. to have*; ***l'ho appena fatto*** I've just done it; ***l'hai mai visto?*** have you ever seen him? ***oggi non ho studiato*** today I haven't studied; ***l'avevamo chiamato*** we had called him; ***se l'avessi saputo, ti avrei accompagnato*** if I had known, I would have gone with you **III** impers. (aus. *essere*) ***si è avuta una grossa flessione della disoccupazione*** there has been a sharp drop in unemployment; ***si avranno inondazioni*** there will be flooding ◆ ***avercele*** to have (got) balls; ***chi ha avuto ha avuto*** PROV. let bygones be bygones; ***chi più ha più vuole*** PROV. much wants more.

2.avere /a'vere/ m. **1** *(patrimonio)* property **U**; ***gli -i*** possessions, belongings; ***perdere i propri -i in un incendio*** to lose one's possessions in a fire; ***dilapidare i propri -i*** to squander one's fortune **2** COMM. *(credito)* credit, assets pl.; ***a quanto ammonta il suo ~?*** what are his assets? ***il dare e l'~*** debit and credit.

averla /a'vɛrla/ f. shrike.

Averno /a'vɛrno/ m. LETT. Avernus.

Averroè /averro'ɛ/ n.pr.m. Averroes.

averroismo /averro'izmo/ m. Averroism.

averroista, m.pl. **-i**, f.pl. **-e** /averro'ista/ m. e f. Averroist.

aviario, pl. **-ri**, **-rie** /a'vjarjo, ri, rje/ **I** agg. avian; ***peste -a*** fowl pest; ***difterite -a*** roup **II** m. aviary.

aviatore /avja'tore/ ➧ ***18*** m. aviator.

aviatorio, pl. **-ri**, **-rie** /avja'tɔrjo, ri, rje/ agg. RAR. ***acrobazie -rie*** aerial stunts; ***disastro ~*** air disaster.

aviatrice /avja'tritʃe/ ➧ ***18*** f. aviatrix.

▷ **aviazione** /avjat'tsjone/ f. aviation ◆◆ ~ ***civile*** civil aviation; ~ ***commerciale*** commercial aviation; ~ ***militare*** air force.

avicolo /a'vikolo/ agg. ***allevamento ~*** o ***azienda -a*** poultry farm.

avicoltore /avikol'tore/ ➧ ***18*** m. (f. **-trice** /tritʃe/) poultry farmer.

avicoltura /avikol'tura/ f. poultry farming.

avidamente /avida'mente/ avv. [*mangiare*] greedily; [*leggere, ascoltare, cercare*] avidly, eagerly.

avidità /avidi'ta/ f.inv. greed (**di** for) [*denaro, potere*]; avidity (**di** for) [*sapere*]; ***sguardo pieno di ~*** greedy *o* covetous look.

avido /'avido/ agg. [*persona, sguardo*] greedy; [*lettore*] avid; ***essere ~ di*** to be greedy *o* eager *o* avid for [*ricchezze, fama, piaceri, notizie*].

aviere /a'vjɛre/ ➧ ***12*** m. MIL. airman*, aircraft(s)man* BE.

avifauna /avi'fauna/ f. avifauna, bird life.

avio /'avjo/ **I** agg.inv. **1** ***benzina ~*** avgas AE **2** ***blu ~*** air force blue **II** m.inv. air force blue.

aviogetto /avjo'dʒɛtto/ m. jet (aircraft).

aviolancio, pl. **-ci** /avjo'lantʃo, tʃi/ m. *(di truppe, medicinali, viveri)* airdrop.

aviolinea /avjo'linea/ f. airline, airway.

avionica /a'vjɔnika/ f. avionics + verbo sing.

avioraduno /avjora'duno/ m. air rally.

aviorimessa /avjori'messa/ f. hangar.

aviotrasportare /avjotraspor'tare/ [1] tr. to fly* (in) [*persona, ferito, cibo*]; MIL. to lift (in) [*truppe, rifornimenti*].

aviotrasportato /avjotraspor'tato/ **I** p.pass. → **aviotrasportare** **II** agg. [*merce*] airfreight; [*truppe, reparto*] MIL. airborne.

aviotrasporto /avjotras'pɔrto/ m. air transport.

AVIS /avis/ m. (⇒ Associazione Volontari Italiani del Sangue) = Italian blood donors' association.

avitaminosi /avitami'nɔzi/ f.inv. avitaminosis*.

avito /a'vito/ agg. LETT. ancestral.

avo /'avo/ m. (f. **-a**) ancestor; ***i nostri -i*** our forefathers *o* forebears.

avocado /avo'kado/ m.inv. *(frutto)* avocado (pear); *(albero)* avocado (tree).

avocare /avo'kare/ [1] tr. **1** DIR. to call up [sth.] with a certiorari [*inchiesta, procedimento*] **2** *(confiscare)* to confiscate [*eredità, bene*].

avocazione /avokat'tsjone/ f. **1** DIR. advocation, certiorari **2** *(confisca)* confiscation.

avocetta /avo'tʃetta/ f. avocet.

avorio, pl. **-ri** /a'vɔrjo, ri/ ➧ ***3*** **I** m. *(materiale)* ivory **U**; ***oggetti in ~*** ivory **II** m.inv. *(colore)* ivory **III** agg.inv. ***color ~*** ivory ◆ ***torre d'~*** ivory tower.

avulsione /avul'sjone/ f. avulsion.

avulso /a'vulso/ agg. **1** *(staccato)* ***essere ~ dalla realtà*** [*persona*] to be divorced *o* cut off from reality **2** *(estrapolato)* ***una parola -a dal contesto*** a word (taken) out of context.

avv. ⇒ avvocato lawyer.

avvalersi /avva'lersi/ [96] pronom. ~ ***di qcs.*** to avail oneself of sth. [*offerta, opportunità*]; to make use of sth. [*strumento*]; ~ ***dei propri diritti*** to exercise one's rights.

avvallamento /avvalla'mento/ m. *(di strada, terreno)* subsidence; *(di territorio)* depression, hollow; GEOGR. fold.

avvallarsi /avval'larsi/ [1] pronom. to subside.

avvaloramento /avvalora'mento/ m. *(di una tesi)* corroboration; *(di moneta)* appreciation, rise (in value).

avvalorare /avvalo'rare/ [1] **I** tr. to corroborate, to confirm [*dichiarazione, affermazione*]; [*fatto, prova*] to back up, to support [*teoria, storia, tesi, testimonianza*] **II** **avvalorarsi** pronom. ***la tua tesi si avvalora*** your theory is gaining strength.

avvampare /avvam'pare/ [1] intr. (aus. *essere*) **1** *(accendersi)* [*fuoco, bosco*] to flame up, to blaze up **2** *(risplendere)* [*nuvole, cielo*] to flame **3** FIG. *(arrossire)* to flush, to blush; *(accendersi di rabbia)* to flare up.

▷ **avvantaggiare** /avvantad'dʒare/ [1] **I** tr. **1** *(favorire)* [*persona, circostanza*] to favour BE, to favor AE [*candidato, gruppo*]; [*situazione*] to be* to the advantage of; ~ ***qcn. rispetto a qcn.*** to give sb. an advantage over sb.; ~ ***qcn.*** to put sb. at an advantage **2** *(migliorare)* to benefit, to further [*turismo, agricoltura, industria*] **II** **avvantaggiarsi** pronom. **1** *(trarre profitto)* to take* advantage of [*situazione, opportunità*] **2** *(acquistare vantaggio)* to get* ahead; ***facendo più compiti del dovuto, si avvantaggiò rispetto ai compagni di classe*** by doing extra homework, he got ahead of the others in his class.

avvantaggiato /avvantad'dʒato/ **I** p.pass. → **avvantaggiare** **II** agg. *(favorito)* ***essere ~ rispetto a qcn.*** to have an advantage over sb., to have the edge over *o* on sb. [*rivale, concorrente*]; ***intraprendere qcs. da una posizione -a*** to undertake sth. from a position of strength.

avvedersi /avve'dersi/ [97] pronom. ~ ***di qcs.*** to notice *o* realize sth.

avvedutamente /avveduta'mente/ avv. *(in modo accorto)* wisely; *(con prudenza)* warily, carefully; [*mangiare, vestirsi, parlare, agire*] sensibly.

avvedutezza /avvedu'tettsa/ f. *(accortezza)* sagacity; *(scaltrezza)* shrewdness.

avveduto /avve'duto/ **I** p.pass. → **avvedersi** **II** agg. *(assennato)* [*persona, consiglio, atteggiamento, giudizio*] sensible; *(scaltro)* [*persona*] shrewd.

avvelenamento /avvelena'mento/ m. **1** poisoning; ~ ***da arsenico, da piombo, da cianuro*** arsenic, lead, cyanide poisoning **2** *(inquinamento delle acque, dell'atmosfera)* pollution.

▷ **avvelenare** /avvele'nare/ [1] **I** tr. **1** *(intossicare)* to poison [*persona, animale, sangue*]; *(rendere velenoso)* to poison [*strumento*]; ***essere avvelenato dai funghi*** to be poisoned by eating mushrooms; ~ ***una bevanda*** to lace a drink with poison **2** *(inquinare)* to poison [*aria, acqua, atmosfera*] (**con** with) **3** FIG. to poison [*esistenza, vita*] **II** **avvelenarsi** pronom. **1** to poison oneself (**con** with), to take* poison **2** FIG. *(rovinarsi)* ***-rsi la vita*** o ***l'esistenza*** to make one's life a misery (**con** with; **nel fare** by doing).

avvelenato /avvele'nato/ **I** p.pass. → **avvelenare II** agg. **1** [*alimento, freccia*] poisoned **2** FIG. *(irato)* angry; [*parola*] barbed ◆ ***avere il dente ~ con qcn.*** to bear sb. a grudge, to bear a grudge against sb.

avvelenatore /avvelena'tore/ m. (f. **-trice** /tritʃe/) poisoner.

avvenente /avve'nɛnte/ agg. [*persona*] attractive, charming.

avvenenza /avve'nɛntsa/ f. charm, appeal.

▶ **avvenimento** /avveni'mento/ m. event, occurrence; ***ricco, privo di -i*** eventful, uneventful; ***si sono verificati strani -i*** there have been some strange happenings; ***-i mondani, storici*** social, historic events; ***~ insolito*** rare event; ***il matrimonio fu un ~*** the wedding was quite an occasion *o* event; ***l'~ del giorno*** the big event of the day.

▶ **1.avvenire** /avve'nire/ [107] **I** intr. (aus. *essere*) *(accadere)* [*fatto, incidente*] to happen, to occur, to take* place; ***come avviene di solito*** as usually happens; ***è avvenuto un cambiamento nell'opinione pubblica*** there has been a shift in public opinion; ***avvenne sotto i riflettori dei media*** it took place in a blaze of publicity; ***qualsiasi cosa avvenga*** whatever happens; ***l'incontro avvenne a Londra*** the meeting took place in London **II** impers. (aus. *essere*) ***a volte avviene che...*** sometimes it happens that...

▶ **2.avvenire** /avve'nire/ **I** agg.inv. future; ***gli anni, mesi ~*** the years, months ahead *o* to come, the coming years, months; ***le generazioni ~*** future generations **II** m.inv. *(futuro)* future; ***un uomo con un grande ~*** a man of destiny *o* with a (great) future; ***avere un ~ brillante*** to be tipped for the top, to have a bright future; ***ne va del tuo ~*** your future is at stake; ***in ~*** in the future; ***senza ~*** futureless.

avvenirismo /avveni'rizmo/ m. futurism.

avveniristico, pl. **-ci**, **-che** /avveni'ristiko, tʃi, ke/ agg. *(che anticipa il futuro)* [*edificio, progetto, musica*] space-age, futuristic.

avventare /avven'tare/ [1] **I** tr. **1** LETT. *(scagliare)* to fling*, to hurl [*sasso*] **2** FIG. to venture, to rush [*parere, giudizio*] **II avventarsi** pronom. ***-rsi su*** [*animale*] to spring at [*persona*]; [*persona*] to run *o* go for [*persona, cosa*]; [*truppe*] to rush at [*nemico*]; ***-rsi contro qcn.*** to let fly at sb. (anche FIG.).

avventatamente /avventata'mente/ avv. [*dire, promettere, agire*] rashly, hastily.

avventatezza /avventa'tettsa/ f. rashness, hastiness, recklessness.

avventato /avven'tato/ **I** p.pass. → **avventare II** agg. [*persona*] reckless; [*ipotesi, piano, giudizio, affermazione*] rash, hasty, precipitate; ***è stato molto ~ dire ciò*** that was a very rash thing to say.

avventismo /avven'tizmo/ m. Adventism.

avventista, m.pl. **-i**, f.pl. **-e** /avven'tista/ m. e f. Adventist.

avventizio, pl. **-zi**, **-zie** /avven'tittsjo, tsi, tsje/ **I** agg. **1** *(provvisorio)* [*lavoratore, operaio*] occasional, casual BE; [*insegnante, personale*] temporary **2** BOT. [*gemma*] adventitious **II** m. (f. **-a**) occasional labourer BE, occasional laborer AE, casual labourer BE.

avvento /av'vɛnto/ m. **1** *(venuta)* coming; ***l'~ di una nuova era*** the coming of a new age **2** *(ascesa)* accession (**a** to) [*trono*]; rise (**a** to) [*potere*] **3** RELIG. Advent ◆◆ ***domenica d'~*** Advent Sunday; ***calendario dell'~*** Advent calendar.

avventore /avven'tore/ m. (f. **-trice** /tritʃe/) regular (customer).

▶ **avventura** /avven'tura/ f. **1** *(impresa rischiosa)* adventure; ***partire all'~*** to set off in search of adventures; ***tentare l'~*** to try one's luck; ***spirito d'~*** spirit of adventure; ***per ~*** by chance; ***film, racconto d'~*** adventure film, story **2** *(amore fugace)* (love) affair, fling COLLOQ.

avventurarsi /avventu'rarsi/ [1] pronom. to venture (**su** on; **fino a** to); ***~ in*** to venture into [*città, strada, posto, investimenti*]; ***~ fuori*** to venture out(doors); ***~ in mare*** to venture out to sea.

avventuriera /avventu'rjɛra/ f. adventuress.

avventuriero /avventu'rjɛro/ m. adventurer.

avventurina /avventu'rina/ f. **1** MINER. aventurine, goldstone **2** *(vetro)* ***~ di Venezia*** aventurine.

avventurismo /avventu'rizmo/ m. POL. adventurism.

avventurosamente /avventurosa'mente/ avv. adventurously.

▷ **avventuroso** /avventu'roso/ agg. [*spirito*] adventurous; [*vita, viaggio*] adventurous, eventful; [*impresa, investimento, affare*] risky, venturesome.

avveramento /avvera'mento/ m. fulfilment BE, fulfillment AE, realization.

avverare /avve'rare/ [1] **I** tr. to fulfil BE, to fulfill AE [*sogno, desiderio*] **II avverarsi** pronom. [*ipotesi*] to prove true; [*previsione, profezia, desiderio*] to be* fulfilled; [*sogno*] to come* true.

avverbiale /avver'bjale/ agg. adverbial; ***locuzione ~*** adverbial phrase.

avverbialmente /avverbjal'mente/ avv. adverbially.

avverbio, pl. **-bi** /av'vɛrbjo, bi/ m. adverb; ***~ frasale*** sentence adverb; ***~ di modo*** adverb of manner.

avversare /avver'sare/ [1] tr. to thwart, to oppose [*persona, progetto, iniziativa*].

▶ **avversario**, pl. **-ri**, **-rie** /avver'sarjo, ri, rje/ **I** agg. [*squadra*] opposing, rival; [*esercito*] enemy **II** m. (f. **-a**) adversary; POL. SPORT opponent; *(nei giochi, nelle competizioni)* contestant ◆◆ ***~ di comodo*** SPORT pushover.

avversativo /avversa'tivo/ agg. adversative.

avversione /avver'sjone/ f. **1** *(ostilità)* aversion, loathing (**per**, **verso** to); ***mostrare ~ per qcs., qcn.*** to show hostility to *o* toward(s) sth., sb. **2** *(ripugnanza)* loathing.

avversità /avversi'ta/ f.inv. adversity **U**; ***nelle ~*** in adversity; ***~ del tempo*** inclemency of weather conditions; ***~ della vita*** hardness of life, life's adversities.

1.avverso /av'vɛrso/ agg. [*condizione, tempo, fortuna, critica*] adverse; [*clima, decisione, situazione*] unfavourable; [*gruppo, forza*] opposing; [*destino*] evil; ***essere ~ a qcs.*** to be opposed to sth., to be against sth.; ***combattere contro le circostanze -e*** to fight against the odds; ***parte -a*** DIR. opposing party.

2.avverso /av'vɛrso/ prep. ANT. BUROCR. versus.

avvertenza /avver'tɛntsa/ f. **1** *(cautela)* ***avere*** o ***usare l'~ di fare, di non fare qcs.*** to take care *o* the precaution to do, not to do sth. **2** *(avvertimento)* caution, warning; ***seguire, leggere le -e*** *(istruzioni per l'uso)* to follow, read the instructions; ***~ ai lettori*** *(prefazione)* foreword.

avvertibile /avver'tibile/ agg. [*suono, movimento, odore, stato d'animo*] perceptible; [*miglioramento, peggioramento, effetto*] noticeable.

avvertimento /avverti'mento/ m. **1** *(avviso)* warning; SPORT caution; ***dare un ~ a qcn.*** to give sb. a warning; ***segnale di ~ luminoso*** warning by light **2** EUFEM. *(minaccia)* ***~ mafioso*** mob threat.

▶ **avvertire** /avver'tire/ [3] tr. **1** *(informare)* to inform, to tell*; *(per telefono)* to call [*medico, polizia*]; *(per posta)* to notify (by post); ***~ qcn. di qcs.*** to inform sb. about *o* of sth.; ***avvertiteci della vostra visita*** tell us *o* let us know when you're coming; ***arrivare senza ~*** to arrive without warning **2** *(mettere in guardia)* to warn, to caution; ***~ qcn. di (non) fare*** to warn sb. (not) to do; ***ti avverto, se ti prendo...*** I warn you, if I catch you... **3** *(percepire)* to sense [*disagio, rabbia, pericolo, disapprovazione*]; to feel* [*dolore*]; to notice [*odore*]; to hear* [*rumore*]; ***avvertii una nota d'impazienza nella sua voce*** I detected a note of impatience in her voice.

avvertito /avver'tito/ **I** p.pass. → **avvertire II** agg. *(accorto)* [*persona, consiglio*] careful, attentive.

avvezzare /avvet'tsare/ [1] **I** tr. to accustom (**a** to); ***~ qcn. a fare qcs.*** to accustom sb. to doing sth. **II avvezzarsi** pronom. to accustom oneself (**a** to), to become* accustomed (**a** to).

avvezzo /av'vettso/ agg. ***essere ~ a qcs.*** to be* accustomed to sth. [*sacrifici, agi, cambiamenti*].

▷ **avviamento** /avvia'mento/ m. **1** *(formazione)* introduction; ***di ~*** [*corso, settimana, stage*] training; ***~ all'inglese*** introduction to English **2** *(inizio di processo)* start, start-up (anche FIG.) **3** TECN. *(di veicolo, motore)* actuation; ***motorino d'~*** starter (motor) **4** ECON. ***capitale d'~*** seed money; ***spese d'~*** start-up costs **5** COMM. goodwill, trade.

▶ **avviare** /avvi'are/ [1] **I** tr. **1** *(incominciare)* to begin*, to initiate [*dialogo, processo, cambiamento*]; to open, to start [*negoziati, esercizio commerciale*]; to launch [*campagna pubblicitaria, progetto, affare*]; to set* up [*operazione finanziaria, società, inchiesta*]; ***aiutare qcn. ad ~ un'attività*** to give sb. a start in business **2** *(mettere sulla via)* to direct [*persona*]; ***~ i passeggeri all'uscita*** to direct passengers toward(s) the exit; ***~ qcn. alla carriera diplomatica*** FIG. to groom sb. for a diplomatic career **3** *(mettere in moto)* to set* [sth.] going, to start (up) [*motore, veicolo*] **4** *(inoltrare)* BUROCR. to activate [*pratica*] **5** INFORM. to boot up [*computer, sistema*] **II avviarsi** pronom. **1** *(mettersi in cammino)* [*persona, mezzo*] to start off; [*persona*] to set* off, to set* out; ***-rsi verso*** to make for [*porta, uscita, città, casa*] **2** *(mettersi in funzione)* [*macchinario*] to get* going; [*motore*] to start **3** FIG. ***-rsi verso*** [*nazione, economia*] to head for; [*persona, gruppo*] to be on one's way to; [*negoziati*] to move toward; ***-rsi alla fine*** to draw to an end.

avviato /avvi'ato/ **I** p.pass. → **avviare II** agg. [*azienda, affari, negozio*] prosperous, thriving.

avvicendamento /avvitʃenda'mento/ m. *(di stagioni)* alternation; *(di lavoratori, truppe)* rotation; *(di leader)* changeover.

avvicendare /avvitʃen'dare/ [1] **I** tr. to alternate; AGR. to rotate **II avvicendarsi** pronom. **1** *(alternarsi)* to alternate; *(fare a turno)* [*persone, gruppi*] to take* turns; ***-rsi ogni ora*** [*guardie*] to change over every hour **2** *(susseguirsi, succedersi)* to follow one another; ***una settimana si avvicendava all'altra*** week followed week.

avvicendarsi /avvitʃen'darsi/ m. ***l'~ delle stagioni, delle maree*** the changing of the seasons, of the tides.
avvicinabile /avvitʃi'nabile/ agg. [*persona*] approachable.
avvicinamento /avvitʃina'mento/ m. **1** *(accostamento)* approach; ***non c'è stato ~ tra le loro posizioni*** FIG. they have failed to narrow the gap between their positions **2** ALP. MIL. ***marcia d'~*** approach march **3** AER. approach; ***luci di ~*** approach lights.
▶ **avvicinare** /avvitʃi'nare/ [1] **I** tr. **1** *(accostare)* to draw* up, to pull up [*sedia, sgabello*]; ***~ i letti*** to push the beds close together; ***~ qcs. a qcs.*** *(mettere vicino)* to move *o* bring sth. close to sth.; *(mettere più vicino)* to move sth. closer (to sth.), to bring sth. nearer to sth.; ***~ il cucchiaio, il bicchiere alle labbra*** to raise one's spoon, glass to one's lips **2** *(attaccare discorso)* to approach [*persona*] **3** *(far conoscere)* to expose; ***~ qcn. a*** to expose sb. to [*opera, politica*] **II avvicinarsi** pronom. **1** *(approssimarsi nello spazio)* [*persona, cosa*] to go* near(er), to go* close(r), to come* near(er), to come* close(r), to move near(er), to move close(r); [*persona, animale, veicolo*] to approach; [*nemico, inseguitore*] to close (**a** on); ***avvicinati!*** come closer! **2** FIG. *(approssimarsi nel tempo)* [*stagione, data, avvenimento*] to draw* near(er), to draw* close(r), to approach; ***-rsi ai cinquanta*** to be in one's late forties, to be pushing fifty; ***-rsi alla fine*** to be nearing the end of one's life; ***-rsi a*** to edge closer to [*vittoria, indipendenza*] **3** *(stringere rapporti più stretti)* to get* closer **4** FIG. *(accostarsi spiritualmente, intellettualmente)* to embrace [*ideale, fede, teoria, concetto*] **5** FIG. *(essere simile)* ***questo rosso si avvicina al viola*** this red verges on purple; ***questa storia si avvicina ai fatti che già conosciamo*** this story is not far from what we already know.
avvilente /avvi'lɛnte/ agg. [*comportamento, spettacolo*] demeaning; [*attività, lavoro*] degrading, debasing, humiliating; [*attitudine, risposta*] disheartening.
avvilimento /avvili'mento/ m. **1** *(di persona)* degradation, debasement **2** *(scoraggiamento)* dejection.
▷ **avvilire** /avvi'lire/ [102] **I** tr. **1** *(svilire)* [*miseria*] to degrade [*persona*] **2** *(scoraggiare)* to dishearten, to discourage, to dispirit **II avvilirsi** pronom. **1** *(degradarsi)* to demean oneself **2** *(scoraggiarsi)* to be* discouraged, to be* depressed.
avvilito /avvi'lito/ **I** p.pass. → **avvilire II** agg. [*persona*] depressed, dispirited; [*aria, aspetto*] crestfallen, dejected.
avviluppare /avvilup'pare/ [1] **I** tr. **1** *(avvolgere)* [*fiamme, fumo, oscurità*] to envelop; [*persona*] to wrap [*persona, animale, cosa*] **2** *(avvolgere in matassa)* to wind* (**attorno** round) **II avvilupparsi** pronom. **1** *(avvolgersi)* to wrap oneself in [*mantello, coperte, vestito*]; to wrap oneself up **2** *(aggrovigliarsi)* to get* tangled up.
avvinazzato /avvinat'tsato/ **I** agg. [*guidatore*] drunk; [*sguardo, faccia*] drunken **II** m. (f. **-a**) drunk, drunkard.
avvincente /avvin'tʃɛnte/ agg. [*racconto, spettacolo, storia, scena, intrigo, momento, libro, film*] gripping, absorbing, engaging; [*musica, personaggio, atmosfera*] captivating.
avvincere /av'vintʃere/ [98] tr. **1** *(affascinare)* [*film, spettacolo, libro*] to engross, to enthrall, to captivate [*audience*] **2** LETT. *(stringere)* to embrace.
avvinghiare /avvin'gjare/ [1] **I** tr. to clasp, to clutch, to grip **II avvinghiarsi** pronom. **1** *(attaccarsi con forza)* ***-rsi a qcs.*** to cling to sth.; [*pianta*] to wind itself round sth. **2** *(stringersi reciprocamente)* [*amanti*] to be* locked in an embrace; [*lottatori*] to be* locked in combat; [*piante*] to entwine.
avvio, pl. **-ii** /av'vio, ii/ m. *(di crisi, negoziati)* start; *(di schema, processo, discussione, cambiamento)* initiation, beginning; *(di affare, attività, impresa)* starting up; COMM. *(di campagna pubblicitaria)* launching; ***dare l'~ a qcs.*** to get sth. underway, to start *o* trigger sth. off; ***prendere l'~*** [*veicolo, attività*] to get underway; ***tasto di ~*** "Start" button.
avvisaglia /avvi'zaʎʎa/ f. *(primo segno, sintomo)* sign, symptom; ***le prime -e della rivolta*** the first stirrings *o* rumblings of revolt; ***le prime -e di un problema*** the first glimmerings of a problem.
▷ **avvisare** /avvi'zare/ [1] tr. **1** *(informare)* to inform, to tell* [*persona*] (**di** about; **che** that); ***~ qcn. che deve lasciare l'edificio*** to inform sb. to leave the building; ***avvisami del tuo arrivo*** let me know when you arrive **2** *(mettere in guardia)* to warn; ***mi sono dimenticato di avvisarlo*** I neglected to warn him; ***avresti potuto avvisarmi!*** you might have warned me! ***i bambini devono essere avvisati dei pericoli che possono correre*** children must be alerted to possible dangers ◆ ***uomo avvisato mezzo salvato*** PROV. forewarned is forearmed.
avvisatore /avviza'tore/ m. *(dispositivo)* announciator ◆◆ ***~ acustico*** AUT. horn; ***~ d'incendio*** fire alarm.
▷ **avviso** /av'vizo/ m. **1** *(opinione)* opinion (**su, circa** on, about); ***a mio ~*** in my opinion *o* judgement *o* estimation; ***a mio ~, un compito molto difficile*** a very difficult task, I suspect; ***essere dello stesso ~*** to be of like mind; ***essere di ~ contrario*** to be of a different opinion, to disagree **2** *(annuncio)* notice; *(comunicato scritto)* announcement; *(appeso)* public notice, poster; *(a voce)* public announcement; ***fino a nuovo ~*** until further notice **3** DIR. BUROCR. *(notifica)* notification; ***ricevere un ~*** to be notified **4** *(avvertimento)* warning; ***è stata messa sull'~*** she has been forewarned ◆◆ ***~ d'accertamento*** tax demand; ***~ d'asta*** call for tenders; ***~ di burrasca*** METEOR. MAR. storm *o* gale warning; ***~ di chiamata*** TEL. call waiting; ***~ di gara*** invitation to bid; ***~ di garanzia*** DIR. notification (of impending investigation); ***~ al lettore*** foreword; ***~ di pagamento*** notice to pay; ***~ di ricevimento*** acknowledgement, advice note, advice of delivery; ***~ di spedizione*** shipping notice.
avvistamento /avvista'mento/ m. sighting, spotting ◆◆ ***~ radar*** radar detection.
avvistare /avvis'tare/ [1] tr. to sight [*aereo, terra, animale, nave*]; *(vedere nonostante gli ostacoli o da lontano)* to spot [*bersaglio, persona, veicolo, segnale*]; ***~ qcn., qcs.*** to catch sight of sb., sth.
avvitamento /avvita'mento/ m. **1** *(l'avvitare)* screwing **2** SPORT spiral; *(tuffi)* twist **3** AER. (tail)spin; ***compiere una manovra di ~*** to go into a (tail)spin; ***scendere in ~*** to spiral downwards.
▷ **avvitare** /avvi'tare/ [1] **I** tr. **1** *(fissare con viti)* to screw [*serratura, cassa*] **2** *(girare in senso orario)* to screw in [*lampadina*]; to twist (on), to screw (down) [*tappo, coperchio*] **II avvitarsi** pronom. **1** [*tappo, coperchio*] to screw on **2** SPORT to do* a spiral **3** AER. to go* into a tailspin.
avvitata /avvi'tata/ f. **1** *(giro di vite)* screw **2** AER. spin.
avvitato /avvi'tato/ agg. SART. *(attillato)* tight-waisted; ***una giacca -a*** a jacket pinched in at the waist.
avvitatrice /avvita'tritʃe/ f. wrench.
avviticchiare /avvitik'kjare/ [1] **I** tr. LETT. to twine **II avviticchiarsi** pronom. [*pianta rampicante*] to twine, to twist, to wind* (**a** round).
avvivare /avvi'vare/ [1] tr. **1** *(rendere più vivace)* to enliven, to pep up COLLOQ. [*conversazione, atmosfera*]; to brighten, to freshen up [*colore*] **2** *(riattizzare)* [*persona*] to fan [*fuoco*]; [*vento*] to revive [*incendio*].
avvizzimento /avvittsi'mento/ m. **1** *(di pelle, viso)* wrinkling **2** *(di pianta)* wilting.
avvizzire /avvit'tsire/ [102] **I** intr. (aus. *essere*) **1** [*pelle, viso*] to wrinkle **2** [*fiore, pianta*] to wilt, to wither **II** tr. to wilt, to wither; [*siccità*] to shrivel [*pianta*].
avvizzito /avvit'tsito/ **I** p.pass. → **avvizzire II** agg. *(vizzo)* [*frutto, ortaggio*] shrivelled BE, shriveled AE; [*pianta, fiore*] wilted, withered; [*bellezza*] faded; [*viso, pelle*] wrinkled; [*persona*] wizened.
avvocatesco, pl. **-schi, -sche** /avvoka'tesko, ski, ske/ agg. SPREG. [*cavillo, sotterfugio, imbroglio*] pettifogging.
▶ **avvocato** /avvo'kato/ ⧫ ***18*** m. (f. **-essa** /essa/) **1** *(generico)* lawyer, counsel*; *(che rappresenta qcn.)* attorney(-at-law) AE, counselor AE; *(nei tribunali di grado inferiore)* solicitor BE; *(nei tribunali di grado superiore)* barrister BE; ***studiare da ~*** to study for the bar; ***intraprendere la carriera d'~*** to be called to the bar; ***essere radiato dall'Ordine degli Avvocati*** to be struck off the roll; ***richiedere l'assistenza di un ~*** to seek legal advice; ***nominare un ~*** to hire a lawyer, to instruct a solicitor; ***consultare un ~*** to seek *o* get legal advice; ***essere rappresentato da un ~*** to be legally represented; ***l'Ordine degli Avvocati*** the Bar, the Bar association AE; ***studio d'~*** legal office **2** FIG. advocate ◆◆ ***~ dell'accusa*** counsel for the prosecution, prosecuting lawyer *o* attorney AE, prosecutor AE; ***~ delle cause perse*** FIG. defender of lost causes; ***l'~ del diavolo*** FIG. the devil's advocate; ***~ difensore*** counsel for the defence, defence lawyer *o* attorney AE; ***~ d'impresa*** company BE *o* corporate AE lawyer; ***~ d'ufficio*** duty solicitor BE, public defender AE.
avvocatura /avvoka'tura/ f. *(professione)* the Bar, legal profession; *(funzione)* advocacy; ***esercitare l'~*** to practise as lawyer.
avvolgente /avvol'dʒɛnte/ agg. **1** *(che circonda)* [*membrana*] enveloping; *(comodo)* [*poltrona, cappotto*] snug; ***sedile ~*** bucket seat; ***manovra ~*** envelopment **2** FIG. *(che affascina)* [*bellezza*] charming.
▷ **avvolgere** /av'vɔldʒere/ [101] **I** tr. **1** *(arrotolare)* to roll up [*tappeto, poster*]; to coil (up) [*corda, filo*]; ***~ qcs.*** *(su un rocchetto o bobina)* to wind sth. on, to spool sth. [*corda, filo, pellicola*] **2** *(avviluppare)* ***~ qcn., qcs. in*** to envelop sb., sth. in, to wrap sb., sth. up in [*coperta, lenzuolo, tappeto*]; ***~ i vasi con fogli di giornale*** to fold some newspaper around the vases **3** FIG. *(circondare)* [*notte, silenzio, mistero*] to enshroud; [*fuoco, nebbia, fumo*] to envelop **II avvolgersi** pronom. **1** *(arrotolarsi)* [*fascia, filo, fune*]

to wind* (**attorno a** round); [*serpente*] to coil (**attorno a** round); [*pianta rampicante*] to twine, to twist, to wind* (**attorno a** round) **2** *(avvilupparsi)* ***-rsi in*** to wrap oneself in [*cappotto, scialle, mantella*].

avvolgibile /avvol'dʒibile/ **I** agg. ***tenda*** **~** roller blind; ***persiana*** **~** roller shutter **II** m. roller shutter.

avvolgimento /avvoldʒi'mento/ m. **1** *(arrotolamento)* winding, rolling (up), wrapping (up) **2** EL. winding **3** MIL. envelopment ◆◆ ~ ***in serie*** series winding; ~ ***a tamburo*** drum winding.

avvolgitore /avvoldʒi'tore/ m. CINEM. *(dispositivo)* take up.

avvoltoio, pl. **-oi** /avvol'tojo, oi/ m. ZOOL. vulture (anche FIG.) ◆◆ ~ ***degli agnelli*** ossifrage, lammergeier; ~ ***dal collo rosso*** turkey buzzard.

avvoltolare /avvolto'lare/ [1] **I** tr. to wrap [sth.] carelessly **II** **avvoltolarsi** pronom. **1** *(avvilupparsi)* to wrap oneself **2** *(rotolarsi)* to wallow.

ayatollah /ajatol'la/ m.inv. ayatollah.

aye-aye /aje'aje/ m.inv. aye-aye.

Az. ⇒ azione share.

azalea /addza'lɛa/ f. azalea.

azeotropico, pl. **-ci**, **-che** /addzeo'trɔpiko, tʃi, ke/ agg. azeotropic.

azeotropo /addze'ɔtropo/ m. azeotrope.

Azerbaigian /addzerbai'dʒan/ ♦ ***33*** n.pr.m. Azerbaijan.

azerbaigiano /addzerbai'dʒano/ ♦ ***25, 16*** **I** agg. Azerbaijani **II** m. (f. **-a**) **1** *(persona)* Azerbaijani **2** LING. Azerbaijani.

azidotimidina /adzidotimi'dina/ f. azidothymidine.

▷ **azienda** /ad'dzjɛnda/ f. firm, company, business, concern, enterprise; ***fondare, rilevare un'*~** to start up, take over a business; ***liquidare un'*~** to close out *o* liquidate *o* wind up a company; ***un'*~ *ben avviata*** a going concern, a prosperous business; ***dirigente d'*~** company director; ***consiglio d'*~** works committee ◆◆ ~ ***agricola*** farm; ~ ***commerciale*** commercial business; ~ ***elettrica*** electric company, electricity board BE; ~ ***familiare*** family business; ~ ***industriale*** industrial concern; ~ ***privata*** private firm; ~ ***di soggiorno*** tourist information office; ~ ***di stato*** public *o* government AE corporation.

aziendale /addzjen'dale/ agg. [*auto, politica, strategia*] company; [*amministrazione, contabilità, etica*] business; [*immagine, pianificazione, patrimonio*] corporate; ***studi di amministrazione*** **~** business studies; ***mensa*** **~** works canteen.

aziendalista, m.pl. **-i**, f.pl. **-e** /addzjenda'lista/ m. e f. business economist.

azimo → **azzimo**.

azimut /'addzimut/ m.inv. azimuth ◆◆ ~ ***magnetico*** magnetic azimuth.

azimutale /addzimu'tale/ agg. azimuthal.

azina /ad'dzina/ f. azine.

azionabile /attsjo'nabile/ agg. that can be operated; ***controllo*** o ***comando*** **~** ***con le dita*** fingertip control.

azionamento /attsjona'mento/ m. *(di sistema, meccanismo)* activation.

azionare /attsjo'nare/ [1] tr. *(mettere in azione)* to activate, to operate [*sistema, dispositivo, pompa, macchina*]; to throw* [*leva*]; to push [*bottone*]; to drive* [*ruota, turbina*]; to set* off [*allarme*]; to treadle, to push [*pedale*]; ~ ***il freno*** to apply the brake; ~ ***la freccia*** to put on the turn indicator; ~ ***a mano*** to manhandle.

azionariato /attsjona'rjato/ m. **1** *(possesso delle azioni)* shareholding **2** *(gli azionisti)* shareholders pl.

azionario, pl. **-ri**, **-rie** /attsjo'narjo, ri, rje/ m. [*capitale certificato, portafoglio*] share; ***pacchetto*** **~** holding; ***mercato*** **~** stock market; ***frazionamento*** **~** stock split.

▶ **1.azione** /at'tsjone/ f. **1** *(l'agire)* action; ***entrare in*** **~** to go into action; ***è ora di passare all'*~** it's time to act; ***un uomo, una donna d'*~** a man, a woman of action; ***avere completa libertà d'*~** to have complete freedom of action; ***seguire una linea d'*~** to take a course of action; ***volontà d'*~** will to act; ***verbi d'*~** action verbs; ***campo d'*~** field of action; ***piano d'*~** plan of action **2** *(funzione)* ***in*** **~** [*macchina, meccanismo*] at work, in operation; ***mettere qcs. in*** **~** to put sth. into operation **3** *(effetto)* effect; ***l'*~ *del tempo*** the effects of time; ***avere un'*~ *benefica, nefasta*** to have a positive, negative effect; ***essere sotto l'*~ *di qcs.*** to be under the effect of sth. **4** *(atto)* action, act, deed; ***una buona, cattiva*** **~** a good, bad deed; ***fare la buona*** **~** ***giornaliera*** to do one's good deed for the day; ***rispondere delle proprie -i*** to be responsible for one's own actions **5** MIL. action; ***entrare in*** **~** to go into action; ~ ***difensiva, offensiva*** a defensive, offensive action *o* operation; ***disperso in*** **~** missing in action **6** DIR. action; ***intentare un'*~ *giudiziaria contro qcn.*** to initiate proceedings *o* bring a legal action against sb. **7** LETTER. CINEM. TEATR. action; ***l'*~ *è ambientata a Venezia*** the action takes place in Venice; ***d'*~** [*film, romanzo*] action-packed; ***una scena d'*~** an action shot; ***unità di*** **~** TEATR. unity of action; ***segnale d'*~** CINEM. RAD. TELEV. cue; **~*!*** CINEM. action! **8** SPORT action **9** FIS. MECC. action ◆◆ ~ ***civile*** civil action; ~ ***penale*** criminal action; ~ ***terroristica*** act of terrorism; ~ ***di guerra*** military action.

2.azione /at'tsjone/ f. ECON. share; ***società per -i*** public company limited company BE, corporation AE; ***società in accomandita per -i*** partnership limited by shares; ***sottoscrittore di -i*** share applicant; ***richiedere la sottoscrizione di -i*** to apply for shares; ***emissione di -i*** stock issue; ***-i quotate in borsa*** shares quoted on the Stock Exchange, listed shares; ***le -i sono in rialzo*** shares are up; ***le -i hanno avuto un crollo di 50 punti*** the shares took a 50-point tumble; ~ ***senza diritto di voto*** nonvoting share ◆◆ ~ ***nominativa*** registered share; ~ ***ordinaria*** common *o* ordinary share; ~ ***al portatore*** bearer share; ~ ***privilegiata*** preference BE *o* priority AE share; ***-i emesse*** diluted shares; ***-i gratuite*** scrip.

azionista, m.pl. **-i**, f.pl. **-e** /attsjo'nista/ m. e f. shareholder, stockholder, investor; ***assemblea degli -i*** shareholders' meeting; ~ ***di maggioranza, di minoranza*** majority, minority shareholder; ***piccoli, grandi -i*** small, big investors.

azoico, pl. **-ci**, **-che** /ad'dzɔiko, tʃi, ke/ agg. e m. azoic.

azotare /addzo'tare/ [1] tr. to nitrogenize.

azotato /addzo'tato/ agg. nitrogenous.

azotemia /addzote'mia/ f. azotaemia.

azoto /ad'dzɔto/ m. nitrogen; ***diossido di*** **~** nitrogen dioxide; ***ossido di*** **~** nitric oxide.

azotometro /addzo'tɔmetro/ m. nitrometer.

azteco, pl. **-chi**, **-che** /as'tɛko, ats'tɛko, ki, ke/ **I** agg. Aztec **II** m. (f. **-a**) **1** Aztec **2** LING. Aztec.

azuki /ad'dzuki/ m.inv. adzuki bean.

azulene /addzu'lɛne/ m. azulene.

azza /'attsa/ f. battle-axe BE, battleax AE, poleaxe BE, poleax AE.

azzannare /attsan'nare, addzan'nare/ [1] **I** tr. to bite*, to fang, to tusk **II** **azzannarsi** pronom. *(mordersi)* to snap at each other (anche FIG.).

▷ **azzardare** /addzar'dare/ [1] **I** tr. **1** *(arrischiare)* to venture, to risk, to gamble [*sostanze, denaro*] **2** *(osare)* to venture, to hazard [*domanda, ipotesi, spiegazione, suggerimento, opinione*]; to risk [*gesto*] **II** **azzardarsi** pronom. to venture (**a** to); ***-rsi a fare*** to venture to do; ***non si azzarda a uscire di casa*** he doesn't venture outdoors; ***non ti*** **~*!*** don't you dare!

azzardato /addzar'dato/ **I** p.pass. → **azzardare** **II** agg. [*impresa, investimento*] risky; [*ipotesi, affermazione, critica, giudizio*] rash, hasty; ***fare una congettura -a*** to make a wild guess.

azzardo /ad'dzardo/ m. hazard ◆ ***giocare d'*~** to gamble; ***giocatore d'*~** gambler; ***gioco d'*~** *(attività)* gambling; *(singolo gioco)* game of chance.

azzeccagarbugli /attsekkagar'buʎʎi/ m.inv. SPREG. pettifogger, quibbler.

azzeccare /attsek'kare/ [1] tr. **1** *(fare centro)* ~ ***il bersaglio*** to hit the mark, the target **2** FIG. *(indovinare)* ~ ***la risposta*** to guess right(ly), to get the right answer; ~ ***le previsioni*** to give the correct forecast, to get the forecast right; ~ ***il momento giusto per arrivare*** to pick the right moment to arrive; ***ci hai proprio azzeccato!*** COLLOQ. you've hit the nail on the head! ***non ne azzecca una!*** COLLOQ. he never gets it right, he's always wide of the mark!

azzeccato /attsek'kato/ **I** p.pass. → **azzeccare** **II** agg. [*frase, paragone, metafora, parola*] choice, well-chosen; [*risposta*] right; ***un'idea -a!*** a perfect idea!

azzeramento /addzera'mento/ m. zero setting, resetting.

azzerare /addze'rare/ [1] tr. **1** *(portare a zero)* to reset* [*contachilometri, cronometro*]; ~ ***il contatore*** to set the counter back to zero **2** *(annullare)* to wipe out [*guadagni, perdite*].

azzerato /addze'rato/ **I** p.pass. → **azzerare** **II** agg. ***bilancio*** **~** balanced budget.

azzimare /addzi'mare/ [1] **I** tr. to doll up, to dress up **II** **azzimarsi** pronom. to get* dolled up, to get* dressed up.

azzimato /addzi'mato/ **I** p.pass. → **azzimare** **II** agg. dressed up, spruced up.

azzimo /'addzimo/ **I** agg. ***pane*** **~** unleavened bread **II** m. azyme.

azzittire /attsit'tire/ [102] **I** tr. to silence, to hush **II** intr. (aus. *essere*), **azzittirsi** pronom. to fall* silent.

azzoppamento /attsoppa'mento/ m. the action of laming, becoming lame.

azzoppare /attsop'pare/ [1] **I** tr. to lame, to cripple [*persona, cavallo*] **II** **azzopparsi** pronom. to become* lame, to become* crippled, to go* lame.

Azzorre /ad'dzɔrre/ ♦ ***14*** n.pr.f.pl. ***le (isole)*** **~** the Azores.

azzuffarsi /attsuf'farsi/ [1] pronom. to fight (**con** with), to brawl (**con** with), to scuffle (**con** with); *~ **con qcn.*** COLLOQ. to get into a scuffle with sb.

azzurrante /addzur'rante/ m. CHIM. optical brightener.

azzurrato /addzur'rato/ agg. [*lenti, vetri*] blue-tinted.

azzurrino /addzur'rino/ **I** agg. pale blue **II** m. (f. **-a**) **1** *(colore)* pale blue **2** SPORT = athlete in an Italian national youth team.

azzurrite /addzur'rite/ f. azurite.

▶ **azzurro** /ad'dzurro/ ♦ *3* **I** agg. **1** [*occhi*] blue; [*cielo, tessuto, mare*] blue, azure LETT.; ***principe** ~* Prince Charming **2** SPORT ***la squadra -a*** = the Italian national team; ***giocatore** ~* = athlete in an Italian national team **3** POL. = pertaining to the Forza Italia party **II** m. (f. **-a**) **1** (light) blue, azure LETT. **2** SPORT = athlete in an Italian national team **3** POL. = member of the Forza Italia party.

azzurrognolo /addzur'roɲɲolo/ **I** agg. bluish-grey BE, bluish-gray AE **II** m. bluish-grey BE, bluish-gray AE.

b

b, **B** /bi/ **I** m. e f.inv. *(lettera)* b, B **II B** f. SPORT ***(serie) B*** = in Italy, division of the football league corresponding to the First Division; ***di serie B*** FIG. [*cittadino*] second-class attrib.; [*artista, università*] minor league attrib.; ***un film di serie B*** a B movie *o* film.
babà /ba'ba/ m.inv. GASTR. = typical Neapolitan sponge cake usually soaked in a rum syrup.
babau /ba'bau/ m.inv. INFANT. bogey (man*), bugaboo*, bugbear.
babbeo /bab'bɛo/ **I** agg. foolish, stupid **II** m. (f. **-a**) simpleton, idiot, sucker.
babbione /bab'bjone/ m. (f. **-a**) twit, goof.
▶ **babbo** /'babbo/ m. dad, daddy; ***Babbo Natale*** Father Christmas BE, Santa (Claus) AE.
babbuccia, pl. **-cie**, **-ce** /bab'buttʃa, tʃe/ f. **1** *(calzatura orientale)* babouche **2** *(pantofola)* slipper; *(per neonati)* bootee.
babbuino /babbu'ino/ m. **1** ZOOL. baboon **2** FIG. *(sciocco)* dolt, oaf.
babele /ba'bɛle/ f.inv. babel, bedlam, chaos, mess.
Babele /ba'bɛle/ n.pr.f. Babel; ***la torre di*** ~ the tower of Babel.
babelico, pl. **-ci**, **-che** /ba'bɛliko, tʃi, ke/ agg. LETT. babelish, chaotic.
babilonese /babilo'nese/ **I** agg. Babylonian **II** m. e f. Babylonian **III** m. *(lingua)* Babylonian.
babilonia /babi'lɔnja/ f.inv. → **babele.**
Babilonia /babi'lɔnja/ n.pr.f. Babylon.
babilonico, pl. **-ci**, **-che** /babi'lɔniko, tʃi, ke/ agg. **1** *(babilonese)* Babylonian **2** FIG. babelish, chaotic.
babirussa /babi'russa/ m.inv. babiroussa.
babordo /ba'bordo/ m. port; ***a*** ~ *(posizione)* on the port side; *(direzione)* to port.
baby /'bɛbi/ **I** agg.inv. ***moda*** ~ babywear **II** m. e f.inv. *(bambino)* baby.
baby-doll /bebi'dɔl/ m.inv. = short nightdress with matching panties.
baby-sitter /bebi'sitter/ m. e f. inv. baby-sitter.
bacare /ba'kare/ [1] **I** tr. RAR. to rot **II bacarsi** pronom. [*frutto*] to get* worm-eaten, to rot, to become* maggoty.
bacato /ba'kato/ **I** p.pass. → **bacare II** agg. FIG. [*mente, persona*] twisted.
bacca, pl. **-che** /'bakka, ke/ f. berry; ~ ***di ginepro*** juniper berry; ~ ***di sambuco*** elderberry.
▷ **baccalà** /bakka'la/ m.inv. **1** GASTR. = dried salt-cured cod **2** FIG. *(persona allampanata)* beanpole; *(inebetito)* fool, moron.
baccalaureato /bakkalaure'ato/ m. baccalaureate, bachelor's degree.
baccanale /bakka'nale/ m. bacchanal, bacchanalia pl.
baccano /bak'kano/ m. din, racket; ***fare (del)*** ~ to make a racket.
baccante /bak'kante/ f. bacchante.
1.baccarà /bakka'ra/ ➧ ***10*** m.inv. *(gioco)* baccarat.
2.baccarà /bakka'ra/ m.inv. *(cristallo)* Baccarat glass.
baccellierato /battʃellje'rato/ m. bachelor's degree, baccalaureate.
baccelliere /battʃel'ljɛre/ m. bachelor.
baccello /bat'tʃɛllo/ m. BOT. pod; *(se vuoto)* hull.
baccheo /bak'kɛo/ m. bacchius*.
▷ **bacchetta** /bak'ketta/ f. **1** *(bastone)* stick, rod; *(per le tende)* rail; *(per insegnare)* pointer **2** MUS. *(per strumenti a percussione)* drumstick; *(da direttore d'orchestra)* baton **3** *(per mangiare)* chopstick **4** MIL. ANT. *(per caricare armi)* ramrod ◆ ***comandare qcn. a*** ~ to boss sb. around ◆◆ ~ ***magica*** magic wand; ~ ***da rabdomante*** divining rod.
bacchettare /bakket'tare/ [1] tr. to drub, to thrash [*persona*]; ~ ***qcn. sulle nocche*** to rap sb. on *o* over the knuckles.
bacchettata /bakket'tata/ f. stroke of the cane, blow with a stick.
bacchetto /bak'ketto/ m. ***il*** ~ ***della frusta*** the whip handle.
bacchettone /bakket'tone/ m. (f. **-a**) SPREG. *(baciapile)* pharisee, religionist.
bacchiare /bak'kjare/ [1] tr. to knock down (with a pole) [*noci, mandorle, olive*].
bacchiata /bak'kjata/ f. = blow given with a long thin pole in order to knock down walnuts or olives.
bacchiatura /bakkja'tura/ f. nut, olive gathering.
bacchico, pl. **-ci**, **-che** /'bakkiko, tʃi, ke/ agg. [*culto, rito, festa*] Bacchic.
bacchio, pl. **-chi** /'bakkjo, ki/ m. long pole.
baccifero /bat'tʃifero/ agg. bacciferous, baccate.
Bacco /'bakko/ n.pr.m. Bacchus ◆ ***essere dedito a*** ~ to be fond of the bottle; ***corpo di ~! per ~!*** my word! ***~, tabacco e Venere riducono l'uomo in cenere*** PROV. = wine, tobacco and women are a man's downfall.
bacetto /ba'tʃetto/ m. COLLOQ. peck.
bacheca, pl. **-che** /ba'kɛka, ke/ f. *(vetrina)* showcase; *(tabella appesa al muro)* noticeboard; ***affiggere qcs. in*** ~ to put sth. on the noticeboard.
bachelite® /bake'lite/ f. bakelite®.
bacherozzo /bake'rɔttso/ m. REGION. *(scarafaggio)* cockroach; *(insetto)* bug.
bachicoltore /bakikol'tore/ ➧ ***18*** m. (f. **-trice** /tritʃe/) sericulturist.
bachicoltura /bakikol'tura/ f. sericulture.
baciamano, pl. **-ni** /batʃa'mano, ni/ m. ***fare il*** ~ to kiss sb.'s hand.
baciapile /batʃa'pile/ m. e f.inv. religionist, pharisee.
▶ **baciare** /ba'tʃare/ [1] **I** tr. to kiss [*persona, mano, anello*]; ~ ***qcn. sulla guancia, sulle labbra*** to kiss sb. on the cheek, on the lips **II baciarsi** pronom. to kiss (each other) ◆ ***è stato baciato dalla fortuna*** fortune smiled on him; ~ ***la polvere*** to bite the dust; ~ ***la terra su cui qcn. cammina*** to kiss the ground sb. walks on; ***bacio le mani!*** your servant!
baciato /ba'tʃato/ **I** p.pass. → **baciare II** agg. METR. ***essere a rima -a*** [*poesia*] to rhyme in couplets.
bacile /ba'tʃile/ m. **1** *(recipiente)* basin **2** ARCH. echinus*.
bacillare /batʃil'lare/ agg. bacillary, bacillar.
bacilliforme /batʃilli'forme/ agg. bacilliform.
bacillo /ba'tʃillo/ m. bacillus*.
bacillosi /batʃil'lɔzi/ f.inv. bacillosis*.
▷ **bacinella** /batʃi'nɛlla/ f. *(recipiente)* bowl, basin; *(contenuto)* bowlful, basinful; ~ ***per lo sviluppo fotografico*** FOT. developing tank.

▷ **bacino** /ba'tʃino/ ◗ *4* m. **1** *(recipiente)* bowl, basin **2** GEOGR. basin **3** ANAT. pelvis; *~ **grande, piccolo*** upper, lower pelvis **4** MAR. dock, basin; ***mettere una nave in ~*** to dock a ship ◆◆ *~ **aurifero*** goldfield; *~ **carbonifero*** carbonfield, carbon basin, coalfield; *~ **di carenaggio*** dry *o* graving dock; *~ **fluviale*** river basin; *~ **galleggiante*** floating dock; *~ **idrografico, imbrifero*** drainage area, catchment basin, catchment area; *~ **di utenza*** *(di scuola)* catchment area.

▶ **bacio**, pl. **-ci** /'batʃo, tʃi/ **I** m. kiss; ***dare un ~ a qcn.*** to give sb. a kiss; ***mandare un ~ a qcn.*** to blow sb. a kiss; *~ **affettuoso, appassionato*** loving, passionate kiss; ***stampare un ~ su qcs.*** to plant a kiss on sth.; ***coprire qcn. di -ci*** to smother sb. with kisses; ***dare il ~ della buonanotte, di addio a qcn.*** to kiss sb. goodnight, goodbye; *(come formula di saluto)* ***-ci e abbracci, saluti e -ci*** love and kisses, hugs and kisses **II al bacio** agg.inv. COLLOQ. [*cibo, pranzo, cena*] perfect, excellent ◆◆ *~ **di addio*** farewell kiss; *~ **alla francese*** French kiss; *~ **di Giuda*** FIG. Judas kiss; *~ **della pace*** kiss of peace.

▷ **baco**, pl. **-chi** /'bako, ki/ m. **1** *(larva)* maggot, worm **2** *(difetto)* flaw; *(tormento)* obsession **3** INFORM. bug ◆◆ *~ **da seta*** silkworm.

Bacone /ba'kone/ n.pr.m. Bacon.

baconiano /bako'njano/ **I** agg. Baconian **II** m. (f. **-a**) Baconian.

bacucco, pl. **-chi, -che** /ba'kukko, ki, ke/ **I** agg. doddering, senile, geriatric **II** m. dodderer, buffer BE COLLOQ.; ***un vecchio ~*** an old buffer BE.

bada /'bada/ f. ***tenere a ~ qcn.*** to stall (off) sb. [*creditori*]; *(tenere sotto controllo)* to hold *o* keep sb. at bay; ***tenere a ~ qcs.*** *(avere cura)* to hold *o* keep sth. in check [*casa*].

badante /ba'dante/ ◗ *18* m. e f. carer.

▶ **badare** /ba'dare/ [1] **I** intr. (aus. *avere*) **1** *(avere cura)* ~ **a** to look after, to take* care of [*bambino, animale domestico, casa, salute, interessi*]; *~ **a se stesso*** to fend for oneself, to take care of oneself **2** *(dare peso)* ***non ~ a qcs.*** to care nothing for sth. [*convenzioni, dettagli*]; ***non ci bado*** I don't care; ***andate pure avanti col lavoro, non badate a me*** carry on with your work, don't mind me; ***senza ~ al prezzo, all'età, al colore*** regardless of cost, of age, of colour **3** *(occuparsi)* *~ **ai propri affari*** to go about one's business; ***bada ai fatti tuoi!*** mind your own business **4** *(fare attenzione)* ***bada al gradino!*** watch *o* mind the step! ***bada di essere puntuale!*** make sure you arrive on time! ***bada bene!*** mark well! ***bada a quel che fai!*** watch what you do! ***bada a come parli!*** mind your language! watch your tongue! *~ **che non beva*** mind he doesn't drink **II** tr. to tend [*gregge*] ◆ *~ **al centesimo*** SPREG. to be careful with money; ***senza ~ a spese*** to spare no expense.

badessa /ba'dessa/ f. abbess; ***fare la ~*** FIG. to behave with one's nose in the air.

badge /bɛdʒ/ m.inv. *~ **magnetico*** *(in un'azienda)* time-card.

badia /ba'dia/ f. abbey; ***sembrare una ~*** [*casa*] to look magnificent.

badilante /badi'lante/ m. digger, navvy BE.

badilata /badi'lata/ f. **1** *(quantità)* shovelful **2** *(colpo)* blow with a shovel.

badile /ba'dile/ m. shovel.

▷ **baffo** /'baffo/ m. **1** ***un paio di -i*** a (pair of) moustache *o* mustache AE; ***avere, portare i -i*** to wear a moustache; ***farsi crescere i -i*** to grow a moustache; ***-i posticci*** false whiskers **2** ZOOL. *(di animale)* whisker **3** FIG. *(sbaffo d'inchiostro, rossetto, make-up, bevanda)* smudge; ***avere i -i*** to have a moustache **4** MAR. bow-wave **5** TELEV. *(antenna)* rabbit ears AE **6 coi baffi** *(ottimo)* first-class, excellent ◆ ***farsene un ~ (di qcs.)*** to give a damn (about sth.); ***leccarsi i -i*** *(di cibo)* to lick one's chops; ***ridere*** o ***ridersela sotto i -i*** to laugh under one's breath, to chuckle to oneself, to laugh to oneself, to laugh up one's sleeve ◆◆ ***-i a manubrio*** handlebar moustache; ***-i a spazzola*** clipped moustache; ***-i spioventi*** drooping moustache.

baffuto /baf'futo/ agg. [*animale*] whiskered; [*persona*] moustached, mustached AE.

▷ **bagagliaio**, pl. **-ai** /bagaʎ'ʎajo, ai/ m. **1** *(di automobile)* boot BE, trunk AE; *(di aereo)* hold **2** FERR. *(vagone)* luggage van BE, baggage car AE **3** *(deposito bagagli)* baggage room, left-luggage (office) BE, checkroom AE.

▷ **bagaglio**, pl. **-gli** /ba'gaʎʎo, ʎi/ m. **1** luggage **U**, baggage **U**; ***fare, disfare i -gli*** to pack, to unpack; ***spedire*** o ***mandare avanti i -gli*** to send on luggage in advance, to send one's luggage on ahead; ***ritiro -gli*** baggage reclaim; ***deposito -gli*** baggage room, left-luggage (office) BE, checkroom AE **2** FIG. *~ **di conoscenze*** stock *o* store of knowledge; *~ **ideologico*** ideological baggage; ***ha un grosso ~ di esperienza*** he has a fund of experience **3** MIL. baggage ◆ ***con armi e -gli*** with all one's belongings, bag and baggage; ***armi e -gli*** bits and pieces; ***fare i -gli*** to pack one's bags ◆◆ *~ **eccedente*** excess baggage; *~ **in franchigia*** baggage allowance; *~ **a mano*** hand baggage *o* luggage.

bagarinaggio, pl. **-gi** /bagari'naddʒo, dʒi/ m. touting BE, scalping AE; ***fare ~*** to tout tickets.

bagarino /baga'rino/ m. (ticket) tout BE, scalper AE.

bagarre /ba'gar/ f.inv. **1** *(trambusto)* brawl, row **2** SPORT = exciting final phase of a competition, especially in cycling.

bagascia, pl. **-sce** /ba'gaʃʃa, ʃe/ f. VOLG. slut, whore.

bagassa /ba'gassa/ f. bagasse.

bagatella /baga'tɛlla/, **bagattella** /bagat'tɛlla/ f. **1** *(bazzecola)* trifle, bagatelle LETT. **2** GIOC. MUS. bagatelle.

baggianata /baddʒa'nata/ f. nonsense, gaff; ***non dire -e!*** don't talk nonsense *o* rubbish! ***che gran ~!*** what utter nonsense!

baggiano /bad'dʒano/ **I** agg. stupid, foolish **II** m. (f. **-a**) dupe, simpleton.

Baghdad /bag'dad/ ◗ *2* n.pr.f. Baghdad.

baglio, pl. **-gli** /'baʎʎo, ʎi/ m. MAR. beam ◆◆ *~ **maestro*** midship beam.

bagliore /baʎ'ʎore/ m. **1** *(fulgore)* glare, flash, glow; ***il fuoco irradiava -i in tutta la stanza*** the fire sent flickers of light across the room; ***il ~ del crepuscolo*** the glow at twilight; ***il ~ dei fulmini*** the flash of lightning; ***un ~ acceccante*** a blinding light; ***una luce dal ~ insopportabile*** an unbearably bright light **2** FIG. ***i primi, gli ultimi -i di una civiltà*** the dawning, twilight of a civilization **3** EL. ***scarica a ~*** brush discharge.

bagnabile /baɲ'ɲabile/ agg. wettable.

bagnabilità /baɲɲabili'ta/ f.inv. wettability.

bagnacauda, pl. **bagnacaude** /baɲɲa'kauda, baɲɲe'kaude/ f. GASTR. INTRAD. (typical Piedmontese anchovy and garlic based dip, served with raw or boiled vegetables).

bagnante /baɲ'ɲante/ m. e f. bather.

▶ **bagnare** /baɲ'ɲare/ [1] **I** tr. **1** to wet* [*oggetto, pavimento, vestiti*] (**di** with); **2** *(inumidire)* to dampen, to moisten [*stoffa, biancheria*]; ***la rugiada bagna l'erba*** the grass is wet with dew; *~ **di lacrime qcs.*** to bathe *o* wet sth. with one's tears **3** *(inzuppare)* [*pioggia*] to wet*, to soak [*terra, persona, vestiti, scarpe*] **4** *(immergere)* *~ **le mani nell'acqua*** to dip one's hands in water **5** *(inzuppare)* *~ **il pane nel latte*** to dip *o* dunk *o* sop bread in milk **6** *(innaffiare)* to water [*piante, fiori*] **7** *(scorrere attraverso)* [*fiume*] to water, to flow through [*città, paese*]; ***il Tamigi bagna Londra*** the Thames flows through London **8** *(lambire)* ***le onde bagnano il molo*** the waves lap against the pier; ***la città è bagnata dall'oceano*** the ocean laps the town's shores **9** GASTR. *~ **una torta con il brandy*** to sprinkle a cake with brandy **10** COLLOQ. *(festeggiare bevendo)* ***un successo come questo va bagnato con lo champagne*** such success calls for champagne **II bagnarsi** pronom. **1** ***-rsi le mani, il viso*** to wet one's hands, face; ***bagnati bene i capelli*** wet your hair thoroughly **2** *(fare il bagno)* to bathe, to bath BE **3** *(infradiciarsi)* to get* soaked, to soak oneself; ***-rsi i piedi, i vestiti*** to get one's feet, clothes wet **4** *(inumidirsi)* ***mi sono appena bagnato le labbra*** I just had a sip; ***-rsi di sudore*** to be all sweaty, to be soaked in sweat **5** *(di orina)* [*bebè*] to wet* oneself ◆ *~ **il letto*** to wet the bed; ***-rsi il becco*** o ***la gola*** to wet one's whistle.

bagnarola /baɲɲa'rɔla/ f. **1** REGION. *(tinozza)* tub **2** SCHERZ. *(vecchia barca)* hulk, tub; *(vecchia auto)* wreck, heap, rattletrap.

bagnasciuga /baɲɲaʃ'ʃuga/ m.inv. **1** *(di scafo)* boot-topping **2** *(battigia)* foreshore.

bagnata /baɲ'ɲata/ f. **1** *(annaffiata)* ***dare una ~ ai fiori*** to give the flowers a watering, to water the flowers **2** *(lavata)* ***prendersi una ~*** to get a drenching *o* soaking.

▶ **bagnato** /baɲ'ɲato/ **I** p.pass. → **bagnare II** agg. [*pavimento, strada, capelli*] wet; *(umido)* damp; [*stoffa, biancheria*] moist; *(inzuppato)* [*persona, vestiti, scarpe*] soaked (**di** with), drenched (**di** in); *~ **di sudore*** wet with sweat, sweat-soaked; ***aveva la fronte, la schiena -a di sudore*** his forehead, back was all sweaty; ***aveva il viso ~ di lacrime*** his face was bathed *o* wet with tears; ***essere tutto ~*** to be all wet; ***ho i calzini (tutti) -i*** my socks are soaking wet; ***gel effetto ~*** wet-look hair gel **III** m. ***lo pneumatico offre buone prestazioni sul ~*** AUT. the tyre performs well in the wet ◆ *~ **fradicio*** dripping *o* soaking *o* sopping wet; ***essere ~ fino alle ossa*** to be drenched *o* soaked to the skin; ***essere ~ come un pulcino*** to look like a drowned rat; ***piove sul ~*** unto those that have shall more be given.

bagnino /baɲ'ɲino/ m. (f. **-a**) lifeguard, lifesaver; *(in piscina)* (pool) attendant.

▶ **bagno** /'baɲɲo/ **I** m. **1** *(al mare ecc.)* swim, bathe BE FORM.; ***andare a fare il ~*** to go bathing *o* swimming, to go for a swim; ***abbiamo fatto il ~ in mare aperto, nel fiume*** we swam in the open sea, in the river; ***abbiamo fatto un bel ~*** we had a lovely swim; ***la stagione dei -i*** the bathing season; ***costume da ~*** bathing costume, bathing suit, (swimming) costume BE; *(da donna)* swimsuit; *(da uomo)* bathing trunks, (swimming) trunks **2** *(per lavarsi)* bath; ***fare il ~*** to have *o* take AE a bath; ***fare il ~ a un bambino*** to give a child a bath, to bath BE *o* bathe AE a child; ***riempire la vasca per un ~*** to run a bath; ***ti preparo l'acqua per il ~*** I'll run you a bath; ***non c'è niente di meglio di un bel ~ caldo!*** there's nothing like a nice warm bath! ***sali da ~*** bath salts; ***vasca da ~*** bathtub, bath BE, tub AE **3** *(stanza)* bathroom; ***camera con ~*** *(in hotel)* en suite, bedroom plus bathroom, room with private bath **4** *(gabinetto)* toilet, lavatory, washroom, cloakroom BE, bathroom AE, rest room AE; ***andare al ~*** to go to the toilet **II bagni** m.pl. *(stabilimento balneare)* bathing resort sing.; *(stabilimento termale)* baths ◆ ***essere in un ~ di sudore*** to be hot and sticky, to be dripping *o* pouring with sweat; ***mettere a ~ qcs.*** to leave sth. to soak ◆◆ ***~ di arresto*** FOT. stop bath; ***~ di colore*** dye bath; ***~ di fango*** mud bath; ***~ di fissaggio*** CHIM. fixing bath; ***~ penale*** STOR. penal colony; ***~ di sabbia*** sandbath; ***~ di sangue*** FIG. bloodbath; ***~ di sole*** sunbath; ***fare un ~ di sole*** to soak up the sun; ***~ di sviluppo*** FOT. developing bath; ***~ di tintura*** → **~ di colore**; ***~ turco*** Turkish bath; ***~ di vapore*** steam *o* vapour bath; ***-i di mare*** sea bathing; ***-i pubblici*** baths, public convenience BE *o* restroom AE.

bagnomaria /baɲɲoma'ria/ m.inv. **1** *(recipiente)* GASTR. bain-marie, double saucepan BE; CHIM. (water) bath **2 a bagnomaria** in a bain-marie.

bagnoschiuma /baɲɲo'skjuma/ m.inv. bubble bath, foam bath.

bagolaro /bago'laro/ m. hackberry.

bagordo /ba'gordo/ m. ***fare -i, darsi ai -i*** to go on a binge, to paint the town red.

baguette /ba'gɛt/ f.inv. **1** *(pane)* French loaf*, French stick **2** *(diamante)* baguette **3** *(di calza)* clock.

bah /ba/ inter. bah, humph; ***~, fa' un po' quello che vuoi!*** well, do what you like!

baia /'baja/ f. bay; ***la Baia di Hudson*** Hudson Bay; ***la Baia dei Porci*** the Bay of Pigs.

baiadera /baja'dɛra/ f. **1** *(danzatrice)* bayadere **2** *(tessuto)* bayadere.

bailamme /bai'lamme/ m.inv. bedlam, hubbub.

baio, pl. **-ai** /'bajo, ai/ **I** agg. [*cavallo*] bay **II** m. bay.

baionetta /bajo'netta/ f. **1** MIL. bayonet; ***~ in canna!*** (fix) bayonets! ***assalto alla ~*** bayonet charge; ***esercizi con la ~*** bayonet practice; ***innestare le -e*** to fix bayonets **2** TECN. ***innesto a ~*** bayonet coupling; ***zoccolo a ~*** bayonet cap; ***portalampada a ~*** bayonet socket.

baionettata /bajonet'tata/ f. bayonet thrust.

baita /'baita/ f. *(di pastori)* = typical alpine building used for housing or for stabling; *(villetta di montagna)* (mountain) chalet.

bakelite → **bachelite.**

balalaica, balalaika /bala'laika/ ➧ ***34*** f. balalaika.

balanino /bala'nino/ m. ZOOL. weevil ◆◆ ***~ delle nocciole*** nut-weevil.

balano /'balano/ m. ZOOL. acorn shell.

balascio, pl. **-sci** /ba'laʃʃo, ʃi/ m. balas.

balaustra /bala'ustra/, **balaustrata** /balaus'trata/ f. balustrade.

balaustrato /balaus'trato/ agg. balustered, balustraded.

balaustrino /balaus'trino/ m. bow compass.

balaustro /bala'ustro/ m. baluster.

balbettamento /balbetta'mento/ m. **1** *(tartagliamento)* stammering **2** *(di bambini)* babbling.

▷ **balbettare** /balbet'tare/ [1] **I** intr. (aus. *avere*) **1** *(tartagliare)* to stammer, to stutter, to falter; ***l'emozione lo fece ~*** emotion caused him to stammer **2** [*bambino*] to babble **II** tr. **1** *(biascicare)* to babble, to falter, to splutter (out) [*parole, frase*]; to babble, to splutter (out), to stammer [*scuse*]; ***~ un po' di italiano*** FIG. to speak broken Italian, to have a smattering of Italian **2** [*bambino*] to babble; ***~ le prime parole*** to babble one's first words.

balbettio, pl. **-ii** /balbet'tio, ii/ m. **1** *(tartagliare continuo)* stammering, splutter **2** *(di bambini)* babbling.

balbuzie /bal'buttsje/ f.inv. stammer, stutter; ***soffrire di*** o ***essere affetto da ~*** to have a stammer.

balbuziente /balbut'tsjɛnte/ **I** agg. stammering, stuttering; ***essere ~*** to have a stammer **II** m. e f. stammerer, stutterer.

Balcani /bal'kani/ n.pr.m.pl. Balkans; ***la penisola dei ~*** the Balkan peninsula; ***i (monti) ~*** the Balkan mountains.

balcanico, pl. **-ci, -che** /bal'kaniko, tʃi, ke/ agg. [*paese, regione, penisola*] Balkan.

balcanizzare /balkanid'dzare/ [1] tr. to balkanize, to Balkanize.

balcanizzazione /balkaniddzat'tsjone/ f. balkanization, Balkanization.

balconata /balko'nata/ f. **1** *(in edifici)* = long window lined balcony **2** *(in teatri e cinema)* balcony; ***in ~*** in the balcony (seats).

balconcino /balkon'tʃino/ m. **1** ARCH. small balcony **2** ABBIGL. ***reggiseno a ~*** half-cup bra, uplift bra.

▶ **balcone** /bal'kone/ m. balcony; ***andare*** o ***uscire sul ~*** to go out on the balcony; ***la scena del ~*** TEATR. the balcony scene.

baldacchino /baldak'kino/ m. *(di trono, altare)* baldachin, baldaquin, canopy; *(di letto)* canopy, tester; ***letto a ~*** canopied bed, four-poster (bed).

baldanza /bal'dantsa/ f. *(coraggio)* boldness, daring; *(fiducia in sé)* self-confidence, self-assurance; ***essere pieno di ~*** to be very self-assured.

baldanzosamente /baldantsosa'mente/ avv. *(coraggiosamente)* boldly, daringly; *(mostrando fiducia in sé)* self-confidently, self-assuredly.

baldanzoso /baldan'tsoso/ agg. *(coraggioso)* bold, daring; *(sicuro di sé)* self-confident, self-assured; ***passo ~*** prance.

baldo /'baldo/ agg. bold, daring; ***un ~ giovane*** SCHERZ. a brave young man.

baldoria /bal'dɔrja/ f. merrymaking, revelling, revelry; ***fare ~*** to make merry, to go on a binge COLLOQ.; ***fare ~ tutta la notte*** to have a night (out) on the town, to make a night of it.

Baldovino /baldo'vino/ n.pr.m. Baldwin.

baldracca, pl. **-che** /bal'drakka, ke/ f. → **bagascia.**

Baleari /bale'ari/ ➧ ***14*** n.pr.f.pl. ***le (isole) ~*** the Balearic Islands, the Balearics.

▷ **balena** /ba'lena/ f. **1** ZOOL. whale; ***maschio, femmina di ~*** bull whale, cow whale; ***~ spiaggiata*** beached whale; ***caccia alla ~*** whaling, whale-fishing; ***grasso di ~*** blubber; ***olio di ~*** whale oil; ***stecca di ~*** whalebone **2** COLLOQ. FIG. *(donna grassa)* fatty, squab.

balenare /bale'nare/ [1] **I** intr. (aus. *essere*) **1** *(splendere, brillare)* to flash, to flare; ***i suoi occhi balenavano per la rabbia*** his eyes glowed with anger **2** FIG. *(apparire)* ***far ~ una prospettiva a qcn.*** to dangle a prospect before *o* in front of sb. **3** FIG. *(venire alla mente)* ***un pensiero mi balenò in mente*** a thought flashed through my mind; ***gli balenò un sospetto*** a suspicion flickered across *o* through his mind **II** impers. (aus. *essere*) *(lampeggiare)* ***balena*** there's lightning.

balenide /ba'lɛnide/ m. right whale.

baleniera /bale'njɛra/ f. whaleboat, whaler.

baleniere /bale'njɛre/ ➧ ***18*** m. whaleman*, whaler.

balenio, pl. **-ii** /bale'nio, ii/ m. *(di lampi)* flash; *(scintillio)* glimmering, glittering.

baleno /ba'leno/ m. *(lampo)* lightning **U** ◆ ***in un ~*** in *o* like a flash, in the twinkling of an eye.

balenottera /bale'nɔttera/ f. rorqual ◆◆ ***~ azzurra*** blue whale; ***~ comune*** finner.

balenottero /bale'nɔttero/, **balenotto** /bale'nɔtto/ m. whale calf*.

balera /ba'lɛra/ f. REGION. = unpretentious dance hall.

balestra /ba'lɛstra/ f. **1** ARM. crossbow, arbalest ANT. **2** MECC. ***molla a ~*** leaf spring.

balestriere /bales'trjɛre/ m. STOR. arbalester.

balestrone /bales'trone/ m. MAR. sprit.

balestruccio, pl. **-ci** /bales'truttʃo, tʃi/ m. (house-)martin.

1.balia /'balja/ f. wetnurse; ***essere a ~*** to be with a wetnurse; ***un bambino a ~*** a nurse-child; ***fare da ~ a un bambino*** to wet-nurse a baby; ***fare da ~ a qcn.*** FIG. to wet-nurse sb.; ***spilla da ~*** safety pin, baby-pin ◆◆ ***~ asciutta*** dry nurse.

2.balia /ba'lia/ f. **1** ANT. power **2 in balia di** at the mercy of; ***essere in ~ di qcn.*** to be at the mercy of sb., to be under sb.'s control, to be in sb.'s power; ***lasciare qcn. in ~ di qcn.*** IRON. to leave sb. to the tender mercies of sb.; ***in ~ della sorte*** in the lap of the gods.

baliatico, pl. **-ci** /ba'ljatiko, tʃi/ m. *(allattamento)* wetnursing.

balilla /ba'lilla/ m.inv. STOR. = name given to 8-14 year old members of a fascist youth organization in Italy.

balista /ba'lista/ f. STOR. ballista*, martinet.

balistica /ba'listika/ f. ballistics + verbo sing.

balistico, pl. **-ci, -che** /ba'listiko, tʃi, ke/ agg. ballistic; ***galvanometro ~*** ballistic galvanometer; ***missile ~*** ballistic missile.

balistite /balis'tite/ f. ballistite.

balivo /ba'livo/ m. STOR. bailiff.

1.balla /'balla/ f. *(di fieno, cotone)* bale; *(di lana)* woolpack.

▷ **2.balla** /'balla/ **I** f. COLLOQ. fib, whopper; ***contare*** o ***raccontare -e*** to tell fibs; ***(tutte) -e!*** POP. bullshit! ***sono tutte -e!*** that's a lot *o* load of balls **II balle** f.pl. POP. *(testicoli)* balls, nuts ◆ ***rompe sempre le -e*** POP. he's a pain in the ass; ***mi stai facendo girare le -e*** POP. you're pissing me off!

ballabile /bal'labile/ **I** agg. danceable **II** m. dance tune.

▶ **ballare** /bal'lare/ [1] **I** intr. (aus. *avere*) **1** *(danzare)* to dance; ***andare a ~*** to go dancing; ***portare qcn. a ~*** to take sb. dancing; ***invitare qcn. a ~*** to ask sb. for a dance; ***"vuoi ~?" - "con grande***

piacere! "dance?" - "I'd love to!" ***saper*** ~ to be good at dancing; ~ ***su un ritmo, una musica*** to dance to a rhythm, a tune; ~ ***sulle punte*** to dance on point(s), to point one's toes **2** *(ondeggiare)* ***la barca balla*** the boat is tossing **3** FIG. *(oscillare)* ***le immagini mi ballano davanti agli occhi*** the images are swimming before my eyes **4** *(traballare)* [*tavolo, sedia*] to wobble; ***ho un dente che balla*** I have a loose tooth **5** *(agitarsi)* to fidget **6** *(essere troppo grande)* ***il vestito le balla addosso*** her dress is far too big for her, she is swimming in the dress **7** *(sfarfallare)* [*immagine*] to flicker **II** tr. ~ ***un valzer*** to do *o* dance a waltz, to waltz; ~ ***il twist*** to (do the) twist; ***sapere*** ~ ***il tango*** to know the steps to the tango; ***non so*** ~ ***il tango*** I can't do the tango ◆ ***quando il gatto non c'è i topi ballano*** PROV. when the cat's away, the mice will play; ***quando si è in ballo si deve*** ~ in for a penny in for a pound.

ballast /'ballast/ m.inv. FERR. ballast, roadbed.

ballata /bal'lata/ f. **1** LETT. *(antico componimento)* ballade; *(in epoca romantica)* ballad **2** MUS. *(in epoca romantica)* ballade; *(canzone)* ballad.

1.ballatoio, pl. **-oi** /balla'tojo, oi/ m. **1** *(di una casa)* = long balcony leading onto a number of flats, usually overlooking a courtyard **2** ALP. *(cengia sporgente)* ledge.

2.ballatoio, pl. **-oi** /balla'tojo, oi/ m. *(per uccelli)* perch.

▷ **ballerina** /balle'rina/ ➧ *18* f. **1** *(danzatrice)* dancer; *(di danza classica)* ballet dancer, ballerina*; ***prima*** ~ prima ballerina **2** *(scarpa bassa)* pump **3** ZOOL. wagtail ◆◆ ~ ***bianca*** ZOOL. pied wagtail; ~ ***di fila*** chorus girl; ~ ***gialla*** ZOOL. grey wagtail.

▷ **ballerino** /balle'rino/ **I** ➧ *18* m. **1** dancer; *(di danza classica)* ballet dancer **2** ZOOL. bluefish* **II** agg. **1** *(che danza)* dancing; ***cavalli -i*** dancing horses **2** *(non ben fissato)* wobbly, unstable, shaky.

ballettistico, pl. **-ci, -che** /ballet'tistiko, tʃi, ke/ agg. ***stagione -a*** ballet season.

balletto /bal'letto/ m. **1** COREOGR. MUS. ballet; ***il*** ~ ***del Kirov*** the Kirov Ballet; ***andare a un*** ~ to go to the ballet; ***danzare in un*** ~ to dance in a ballet; ***musica per*** ~ score **2** FIG. ~ ***diplomatico*** diplomatic comings and goings ◆◆ ***-i rosa*** = orgy with people of both sexes; ***-i verdi*** = homosexual orgy.

ballista, m.pl. **-i**, f.pl. **-e** /bal'lista/ m. e f. COLLOQ. fibber, (bull)shitter POP.

▶ **ballo** /'ballo/ m. **1** *(danza)* dancing; ***maestro, maestra di*** ~ dancing master, dancing mistress; ***lezione, scuola di*** ~ dancing class, dancing school; ***pista da*** ~ dance floor; ***sala da*** ~ ballroom, dance hall; ***scarpe da*** ~ dance *o* dancing shoes; ***una maratona di*** ~ a marathon dance; ***corpo di*** ~ *(di ballerini classici)* ballet (company), corps de ballet; *(di varietà)* chorus; ***trascinare qcn. sulla pista da*** ~ to drag sb. onto the dance floor **2** *(giro di danza)* dance; ***riservare un*** ~ ***a qcn.*** to save a dance for sb.; ***posso avere l'onore di questo*** ~***?*** may I have the pleasure of this dance? ***mi concede il prossimo*** ~***?*** may I have the next dance? ***non farò il prossimo*** ~ I'll sit the next one out **3** *(festa danzante)* ball, dance; ***dare un*** ~ to give *o* hold a dance; ***andare a un*** ~ to go to a ball *o* a dance; ***carnet da*** ~ dance-card, dance programme; ***musica da*** ~ ballroom music; ***vestito da*** ~ ball dress, ball gown **4** FIG. *(continuo sobbalzare)* ***viaggiare su quella strada è stato un*** ~ ***continuo*** the journey on that road was very bumpy from start to finish ◆ ***entrare in*** ~ to come into play; ***essere in*** ~ to be involved; ***ci sono un sacco di soldi in*** ~ COLLOQ. there's big money involved; ***tirare in*** ~ to drag in [*nome, storia*]; to lug [*argomento*]; ***ha tirato in*** ~ ***nuovi elementi*** he has brought new factors into play; ***tirare in*** ~ ***qcn.*** to involve *o* implicate sb. ◆◆ ~ ***campestre*** village dance; ~ ***di corte*** Court ball; ~ ***in costume*** costume ball; ~ ***figurato*** figure-dance; ~ ***di gruppo*** group dance; ~ ***liscio*** = ballroom dancing for pairs; ~ ***in maschera*** o ~ ***mascherato*** masked ball, masquerade; ~ ***da sala*** ballroom dancing; ~ ***di san Vito*** MED. St Vitus's dance; ***avere il*** ~ ***di san Vito*** FIG. to have ants in one's pants.

ballon d'essai /bal'lɔndes'sɛ/ m.inv. trial balloon AE (anche FIG.).

ballonzolare /ballontso'lare/ [1] intr. (aus. *avere*) **1** *(saltellare)* to leap* around *o* about, to skip about **2** *(ondeggiare)* [*barca*] to bob.

ballotta /bal'lɔtta/ f. GASTR. INTRAD. (boiled chestnut).

ballottaggio, pl. **-gi** /ballot'taddʒo, dʒi/ m. **1** POL. second ballot, runoff; ***essere in*** ~ to face a runoff **2** SPORT *(spareggio)* runoff, play-off AE.

balneabile /balne'abile/ agg. ***non*** ~ not fit for swimming.

balneare /balne'are/ agg. ***stazione*** o ***località*** ~ bathing resort, seaside resort; ***stagione, stabilimento*** ~ bathing season, bathing establishment; ***governo*** ~ FIG. = a government constituted to resolve a ministerial crisis which broke at the start of the summer recess and which will then resign in autumn.

balneazione /balneat'tsjone/ f. bathing; ***divieto di*** ~ bathing prohibited; ~ ***pericolosa*** bathing unsafe.

balneoterapia /balneotera'pia/ f. balneotherapy.

baloccare /balok'kare/ [1] **I** tr. to amuse **II baloccarsi** pronom. **1** *(trastullarsi)* ***-rsi con qcs.*** to fiddle *o* toy with sth. **2** *(perdere tempo)* to dawdle, to fiddle around.

balocco, pl. **-chi** /ba'lɔkko, ki/ m. **1** *(giocattolo)* toy, plaything (anche FIG.); ***il paese dei -chi*** FIG. = imaginary place where one lives in complete freedom and eternal enjoyment **2** *(passatempo)* pastime.

balordaggine /balor'daddʒine/ f. **1** *(stupidità)* foolishness, stupidity **2** *(azione stupida)* foolish action, foolish thing.

balordamente /balorda'mente/ avv. foolishly, stupidly.

balordo /ba'lordo/ **I** agg. **1** *(sciocco)* foolish, stupid **2** *(intontito)* dazed, stunned **3** *(senza senso)* senseless; ***un'idea -a*** a scatterbrained *o* a madcap idea; ***un piano*** ~ a harebrained scheme **II** m. (f. **-a**) **1** *(sciocco)* fool, dingbat COLLOQ. **2** *(malvivente)* crook.

balsa /'balsa/ f. **1** *(albero)* balsa **2** *(legno)* balsa (wood).

balsamico, pl. **-ci, -che** /bal'samiko, tʃi, ke/ agg. **1** balsamic **2** *(odoroso)* ***aceto*** ~ balsamic vinegar **3** *(salubre)* ***aria -a*** healthy *o* wholesome air.

balsamina /balsa'mina/ f. BOT. balsam, busy Lizzie BE.

balsamite /balsa'mite/ f. costmary.

balsamo /'balsamo/ m. **1** balm, balsam, salve (anche FIG.) **2** *(medicamento)* balsam; ~ ***per i muscoli*** rub **3** *(per capelli)* (hair) conditioner ◆◆ ~ ***di copaive*** copaiba (balsam).

balteo /'balteo/ m. STOR. baldric.

baltico, pl. **-ci, -che** /'baltiko, tʃi, ke/ agg. [*costa, lingue*] Baltic; ***le repubbliche -che*** the Baltic Republics; ***i paesi -ci*** the Baltic States.

Baltico /'baltiko/ ➧ *27* n.pr.m. ***il (mar)*** ~ the Baltic (Sea).

baluardo /balu'ardo/ m. rampart, bastion, bulwark (anche FIG.).

baluginare /baludʒi'nare/ [1] intr. (aus. *essere*) **1** *(balenare)* to flicker, to glimmer, to gleam **2** FIG. ***gli baluginò un sospetto*** a suspicion flickered across *o* through his mind.

baluginio, pl. **-ii** /baludʒi'nio, ii/ m. flickering, glimmer(ing), glow.

balza /'baltsa/ f. **1** *(dirupo)* crag, cliff **2** SART. flounce, frill; ***a -e*** flounced, frilled **3** *(di cavallo)* → **balzana.**

balzana /bal'tsana/ f. = in horses, the white stocking above the hoof.

balzano /bal'tsano/ agg. *(bizzarro)* whimsical, odd, queer; ***un'idea -a*** a fanciful idea; ***un tipo*** ~ a weird guy.

▷ **balzare** /bal'tsare/ [1] intr. (aus. *essere*) **1** *(saltare)* to leap*, to jump, to spring*; ~ ***in piedi*** to jump *o* leap *o* spring to one's feet, to jump *o* leap *o* spring up; ~ ***sul treno*** to jump (on) a train; ~ ***sul tavolo*** to jump up on the table; ~ ***giù da*** to jump out of [*letto, sedia, treno, finestra*]; ~ ***(in) avanti*** to leap forward; ~ ***indietro*** to leap *o* spring back, to recoil; ~ ***addosso a qcn.*** to leap out at sb., to pounce on sb., to spring at sb.; ~ ***in sella*** to swing up into the saddle; ~ ***di ramo in ramo*** to leap through the trees, to swing from branch to branch **2** FIG. ~ ***in primo piano*** [*notizia*] to come to the fore; ~ ***in testa alla classifica*** to shoot to the top of the charts **3** FIG. *(sussultare)* ***il cuore gli balzò in petto dalla gioia*** his heart leapt with joy ◆ ~ ***agli occhi di qcn.*** to leap out at sb.; ***le parole gli balzarono agli occhi*** the words leaped off the page at him; ***l'errore mi è subito balzato agli occhi*** the mistake hit me straight in the eye.

balzellare /baltsel'lare/ [1] intr. (aus. *essere, avere*) to hop, to skip.

1.balzello /bal'tsɛllo/ m. hop, caper; ***fare un*** ~ to give a little skip.

2.balzello /bal'tsɛllo/ m. = iniquitous tax.

balzelloni /baltsel'loni/ avv. ***(a)*** ~ hippety-hoppety; ***camminare a*** ~ to lollop.

1.balzo /'baltso/ m. **1** *(di persona, di animale)* leap, jump, spring; ***in*** o ***con un (sol)*** ~ in a bound *o* leap, with one bound; ***fare un*** ~ to take a leap; ***fare un*** ~ ***in avanti, indietro*** to leap forward, back; ***superare d'un*** ~ to jump across *o* over, to hop, to leap [*ostacolo, fosso*]; ***fare le scale a -i*** to leap up the stairs **2** FIG. *(salto)* ***un grande*** ~ ***in avanti in qcs.*** a great leap forward in sth.; ***ha fatto un*** ~ ***nella carriera passando da sostituta a direttrice*** she's made the jump from deputy to director; ***i prezzi fanno un considerevole*** ~ ***in avanti da 50 a 200 sterline*** prices start at £50 then there's a big jump to £200; ***l'azione ha fatto un*** ~ ***del 50%*** the share has leaped by 50% **3** *(sobbalzo)* ***ebbe un*** ~ ***al cuore*** her heart leapt ◆ ***prendere*** o ***cogliere la palla al*** ~ = to seize the opportunity.

2.balzo /'baltso/ m. **1** *(dirupo)* crag, cliff **2** SART. flounce, frill.

bambagia, pl. **-gie** /bam'badʒa, dʒe/ f. **1** *(ovatta)* cotton wool **2** *(cascame)* cotton waste ◆ ***tenere un bambino nella*** ~ to wrap a child in cotton wool; ***stare*** o ***vivere nella*** ~ to lead a sheltered life, to be mollycoddled ◆◆ ~ ***selvatica*** BOT. cat's foot.

bambagina /bamba'dʒina/ f. bombazine.

bambagioso /bamba'dʒoso/ agg. fleecy, fluffy.

▶ **bambina** /bam'bina/ f. **1** *(bimba)* child*, (little) girl; *(neonata)* baby (girl); *(figlia)* daughter; ***una*** ~ ***di sei anni*** a six-year-old girl;

ha avuto una ~ she's had a little girl; ***è una*** **~!** it's a she *o* girl! ***è una*** **~ *terribile*** she's an unruly child; ***è ancora molto*** ~ she's still very much a little girl; ***già da*** **~ *le piaceva disegnare*** even as a child she liked to draw **2** *(rivolto a una donna)* babe, baby.

bambinaggine /bambi'naddʒine/ f. → **bambinata.**

bambinaia /bambi'naja/ ⧫ ***18*** f. (child) minder, nursemaid.

bambinata /bambi'nata/ f. ***è una*** ~ it's a childish thing.

bambineggiare /bambined'dʒare/ [1] intr. (aus. *avere*) to act like a child.

bambinello /bambi'nɛllo/ m. *(bambino)* tad; ***il Bambinello*** RELIG. Baby Jesus.

bambinescamente /bambineska'mente/ avv. childishly.

bambinesco, pl. **-schi**, **-sche** /bambi'nesko, ski, ske/ agg. childish.

▶ **bambino** /bam'bino/ **I** m. **1** *(bimbo)* child*, (little) boy; ***-i in età scolare*** school age children; ***un*** **~ *di tre anni*** a three-year-old child; ***-i e bambine*** boys and girls; ***da*** ~ as a child; ***quando ero*** ~ when I was a child; ***fin da*** ~ when still a child; ***in fondo in fondo, è ancora un*** ~ FIG. he's a child at heart; ***non fare il*** **~!** FIG. don't be such a baby! act *o* be your age! **2** *(figlio)* child*; *(figlio maschio)* son; *(neonato)* baby (boy), baby (son); ***fare un*** ~ to have a baby; ***aspettare un*** ~ to be expecting (a baby); ***sta per avere, ha avuto un*** ~ she's going to have a baby, she's had a baby; ***allattare un*** ~ to nurse *o* suckle a baby, to feed a baby (on breast); ***cambiare un*** ~ to change a baby; ***coppia senza -i*** a childless couple; ***adottare un*** ~ to adopt a child **3** RELIG. ***il Bambin Gesù, Gesù Bambino*** the Christ child, Baby Jesus **II** agg. **1** *(infantile)* [*viso, sorriso*] childish; ***un re*** ~ an infant king **2** *(giovane, recente)* infant ◆ ***i -i sono la bocca*** o ***la voce della verità*** out of the mouths of babes and sucklings; ***è un gioco da -i!*** it's child's play! ***innocente come un*** ~ as innocent as a newborn babe; ***buttare via il*** **~ *con l'acqua sporca*** PROV. to throw the baby out with the bathwater ◆◆ **~ *prodigio*** child prodigy.

bambinone /bambi'none/ m. (f. **-a**) **1** *(bambino grande e grosso)* big baby **2** SCHERZ. *(adulto ingenuo)* big baby; ***sei un*** **~!** you big baby!

bambocciata /bambot'tʃata/ f. *(azione sciocca)* childish behaviour.

bamboccio, pl. **-ci** /bam'bɔttʃo, tʃi/ m. **1** *(bimbo grassoccio)* chubby child* **2** *(babbeo)* fool, dupe; ***fare la figura del*** ~ to look a fool **3** *(fantoccio)* rag doll, soft toy.

▷ **bambola** /'bambola/ f. **1** doll; ***giocare con le -e*** to play with dolls; ***un visino da*** ~ a doll-like face; ***casa*** o ***casetta delle -e*** doll's house; ***clinica delle -e*** doll's hospital **2** FIG. *(bella donna)* doll, babe; ***ciao,*** **~!** COLLOQ. hi, doll! ◆ ***essere in*** ~ SPORT GERG. to be knackered POP. *o* pooped COLLOQ. ◆◆ **~ *di cera*** wax doll; **~ *gonfiabile*** blow-up *o* inflatable doll; **~ *parlante*** talking doll; **~ *di pezza*** rag doll.

bamboleggiamento /bamboleddʒa'mento/ m. *(di donna)* simpering.

bamboleggiare /bamboled'dʒare/ [1] intr. (aus. *avere*) **1** *(comportarsi da bambino)* = to act like a child **2** *(avere atteggiamenti sdolcinati)* [*donna*] to simper.

bambolina /bambo'lina/ f. **1** *(giocattolo)* dolly **2** FIG. *(ragazza)* pretty girl.

bambolotto /bambo'lɔtto/ m. **1** *(giocattolo)* (big) doll **2** *(bambino paffutello)* chubby child*.

bambù /bam'bu/ m.inv. bamboo; ***canna di*** ~ bamboo cane; ***cortina di*** ~ STOR. Bamboo Curtain.

▷ **banale** /ba'nale/ agg. **1** *(ovvio, ordinario)* [*storia, osservazione, commento*] banal, trite; [*conversazione*] trivial, inane; ***una risposta, scusa*** ~ a stock answer, excuse; ***rendere qcs.*** ~ to trivialize sth.; ***in modo*** ~ tritely, trivially **2** *(senza personalità)* [*persona*] dull, trivial, flat **3** *(di poco conto)* [*errore, incidente, contrattempo*] banal; ***un episodio di per sé*** ~ in and of itself the episode was of trivial importance **4** *(comune, semplice)* common; ***un*** **~ *mal di testa, raffreddore*** an ordinary headache, cold; ***una*** **~ *coincidenza*** a mere coincidence.

banalità /banali'ta/ f.inv. **1** *(l'essere banale)* banality, triteness, triviality; ***la*** **~ *delle sue osservazioni*** the lack of substance in her observations; ***di una*** **~ *insopportabile*** unbearably banal, tediously familiar **2** *(cosa banale)* commonplace, banality, triviality.

banalizzare /banalid'dzare/ [1] tr. to trivialize.

banalizzazione /banaliddzat'tsjone/ f. trivialization.

banalmente /banal'mente/ avv. tritely, trivially.

▷ **banana** /ba'nana/ f. **1** banana; ***gelato, yogurt alla*** ~ banana ice cream, yoghurt; ***un casco di -e*** a bunch of bananas; ***scivolare su una buccia di*** ~ to slip on a banana skin; ***repubblica delle -e*** banana republic **2** *(pettinatura)* peak **3** EL. banana (plug).

bananeto /bana'neto/ m. banana plantation.

bananiera /bana'njɛra/ f. banana boat.

bananiero /bana'njɛro/ agg. ***coltura -a*** banana growing; ***regione -a*** banana-growing region; ***nave -a*** banana boat.

banano /ba'nano/ m. banana (palm).

▶ **banca**, pl. **-che** /'banka, ke/ f. *(luogo, sistema bancario)* bank; ***andare in*** ~ to go to the bank; ***mettere i soldi in*** ~ to put one's money in the bank; ***biglietto di*** ~ (bank)note; ***direttore, impiegato di*** ~ bank manager, bank clerk; ***operazioni di*** ~ banking; ***conto in*** ~ bank account; ***versare un assegno in*** ~ to bank a cheque; ***versare denaro in*** ~ to bank money; ***depositare qcs. in*** ~ to deposit sth. with the bank; ***ritirare, prelevare denaro dalla*** ~ to draw (out) *o* withdraw money from the bank; ***qual è la sua*** **~?** who do you bank with? ***rapina in*** ~ bank raid *o* robbery; ***assaltare, rapinare una*** ~ to raid, rob a bank; ***la Banca d'Italia, d'Inghilterra*** the Bank of Italy, of England; ***Banca Mondiale*** World Bank ◆◆ **~ *d'affari*** merchant bank BE; **~ *centrale*** central bank; **~ *commerciale*** commercial bank; **~ *dati*** INFORM. data bank, memory bank; ***consultare, interrogare una*** **~ *dati*** to use, consult a data bank; **~ *di emissione*** → **~ centrale**; **~ *etica*** ethical bank; **~ *d'investimento*** investment bank AE; **~ *degli occhi*** MED. eye bank; **~ *degli organi*** MED. organ bank; **~ *privata*** private bank; **~ *del sangue*** MED. blood bank; **~ *di sconto*** bank of discount; **~ *del seme*** MED. sperm bank; **~ *di sviluppo*** development bank.

> **Banca d'Italia** The Italian central bank was set up in 1893. It has had the monopoly on issuing money and the task of monitoring the Italian banking system since 1926 and is also the State treasury. Its head office is in Rome, in Via Nazionale: in the media *Via Nazionale* (or *Bankitalia*) is used to mean the Bank of Italy.

bancabile /ban'kabile/ agg. bankable; ***attività*** ~ bankable asset.

bancale /ban'kale/ m. **1** *(sedile)* bench **2** TECN. bed; **~ *da*** o ***del tornio*** lathe bed.

▷ **bancarella** /banka'rɛlla/ f. stall, stand; *(di libri)* bookstall; *(di fiori)* flower stall; *(di anticaglie)* bric-à-brac stall, white elephant stall; **~ *al*** o ***del mercato*** market stall; ***avere una*** ~ to run a stall; ***montare, smontare una*** ~ to set up, take down a stall.

bancarellaio, pl. **-ai** /bankarel'lajo/ m. (f. **-a**) stallholder.

bancarellista, m.pl. **-i**, f.pl. **-e** /bankarel'lista/ m. e f. → **bancarellaio.**

▷ **bancario**, pl. **-ri**, **-rie** /ban'karjo, ri, rje/ **I** agg. ***conto, interesse, sistema*** ~ bank account, bank interest, banking system; ***prestito*** ~ bank lending *o* loan; ***accettazione, moneta -a*** bank acceptance, bank money; ***assegno*** ~ bank cheque BE, bank check; ***operazioni -rie*** banking **II** ⧫ ***18*** m. (f. **-a**) bank clerk.

bancarotta /banka'rotta/ f. bankruptcy (anche FIG.); ***fare*** ~ to go bankrupt; ***essere sull'orlo della*** ~ to face bankruptcy, be on the verge of bankruptcy ◆◆ **~ *fraudolenta*** criminal bankruptcy.

bancarottiere /bankarot'tjɛre/ m. (f. **-a**) bankrupt.

banchettante /banket'tante/ m. e f. banqueter.

banchettare /banket'tare/ [1] intr. (aus. *avere*) to banquet.

1.banchetto /ban'ketto/ m. banquet, feast; ***dare un*** **~ *in onore di qcn.*** to hold a banquet in honour of sb.; ***sala per -i*** banquet(ing) hall ◆◆ **~ *nuziale*** wedding feast; **~ *ufficiale*** official banquet, state banquet.

2.banchetto /ban'ketto/ m. **1** *(bancarella)* stall, stand; *(chioschetto)* kiosk; **~ *del mercato*** market stall **2** *(piccolo banco)* (small) desk.

banchiere /ban'kjɛre/ ⧫ ***18*** m. (f. **-a**) banker.

banchina /ban'kina/ f. **1** *(di porto)* quay(side), dock, wharf*; ***accostarsi alla*** ~ [*nave*] to dock, to wharf, to come alongside the quay; ***diritti di*** ~ quayage, pierage, wharfage; ***franco*** ~ ex wharf, ex dock **2** *(di stazione)* platform **3** *(di strada)* **~ *non transitabile*** soft shoulder, soft verge; **~ *spartitraffico*** centre strip BE, median strip AE **4** MIL. *(terrapieno)* **~ *di tiro*** fire-step ◆◆ **~ *di carico*** loading dock; **~ *di scarico*** unloading dock.

banchisa /ban'kiza/ f. pack ice, field ice; **~ *polare*** Great Ice Barrier.

▶ **banco**, pl. **-chi** /'banko, ki/ m. **1** *(di scuola)* desk; *(di chiesa)* pew; *(sedile)* bench, seat; **~ *dei rematori*** bank, thwart; **~ *della giuria*** DIR. jury bank; **~ *degli imputati*** DIR. dock BE; **~ *dei testimoni*** DIR. stand, witness box BE, witness stand AE; ***salire sul*** **~ *dei testimoni*** DIR. to take the stand; ***lasciare il*** **~ *dei testimoni*** DIR. to stand down **2** *(di negozio)* counter; ***farmaci da*** ~ over-the-counter medicines; **~ *formaggi*** cheese counter **3** *(di bar)* counter, bar; ***stare al*** ~ to work behind the bar *o* counter **4** *(bancarella)* stall, stand; **~ *dei dolci, di fiori*** cake stall, flower stall; ***comprare qcs. a un*** ~ to buy sth. from a stall **5** TECN. *(tavolo da lavoro)* bench, bed; ***prova al*** ~ TECN. bench test **6** *(ammasso di elementi naturali)* **~ *corallino*** cay; **~ *di ostriche*** oyster bed; **~ *di sabbia*** sandbank, hurst, shoal; **~ *di foschia*** mist bank *o* patch; **~ *di nebbia*** fog bank *o* patch; ***un*** **~ *di nubi*** a cloudbank, a bank of cloud **7** *(di pesci)* shoal; *(di balene, delfini, focene)* school; ***riunirsi in -chi*** [*pesci*] to shoal; [*balene, delfini, focene*] to school **8** GEOL. bed **9** *(nei giochi d'azzardo)* bank; *(giocatore)* banker; ***avere*** o ***tenere il ~*** to be banker; ***il ~ vince*** the house wins; ***far saltare il ~*** to break the bank ◆ ***scaldare il ~*** = to attend school without learning anything; ***fare qcs. sotto ~*** to do sth. under the table; ***vendere qcs. sotto ~*** to sell sth. under the counter; ***tenere ~*** to hold the stage ◆◆ ***~ informazioni*** information desk; ***~ di*** o ***da lavoro*** (work)bench; ***~ del lotto*** = lottery office; ***~ di mescita*** bar; ***~ dei pegni*** pawnshop; ***~ di prova*** test-bed, test(ing)-bench, testing ground (anche FIG.).

Banco /'banko/ n.pr.m. Banquo.

bancogiro /banko'dʒiro/ m. giro BE; ***pagare con ~*** to pay by giro.

bancomat® /'bankomat, banko'mat/ m.inv. **1** *(sportello)* cash dispenser, cash machine, cashpoint; ***ritirare*** o ***prelevare denaro al*** o ***dal ~*** to get some money out of the cash dispenser **2** *(tessera)* cash card, cashpoint card.

> **Bancomat**® This is the name of the system of automatic cash withdrawal, of the actual cash machine, and of the card itself. The same card is often used as both a credit card and a *bancomat* card, so when you pay with the card in a shop you are asked whether you want to use it as a credit card or *bancomat* card; if it is the latter you have to key in your PIN on a special keypad the cashier gives you, and the transaction will be treated as a debit card transaction.

bancone /ban'kone/ m. **1** *(di negozio)* counter; *(di bar)* counter, bar; ***sedersi al ~*** to sit at the bar **2** *(di biglietteria, banca)* counter.

banconista, m.pl. **-i**, f.pl. **-e** /banko'nista/ ♦ ***18*** m. e f. **1** shop assistant **2** *(al bar) (uomo)* barman*; *(donna)* barmaid.

banconota /banko'nɔta/ f. (bank)note, bill AE; ***una ~ da 20 sterline*** a £20 note; ***500 sterline in -e*** £500 in notes; ***~ da un dollaro*** dollar bill; ***una ~ falsa*** a forged banknote; ***~ di grosso, piccolo taglio*** high, low denomination banknote, small, large notes.

bancoposta /banko'pɔsta/ m.inv. = post office bank account with deposit and transfer facilitation.

▷ **1.banda** /'banda/ f. **1** *(di persone)* pack, band, mob COLLOQ., crew COLLOQ. SPREG. o SCHERZ.; *(di malviventi)* gang, mob; ***entrare in una ~*** to join a gang; ***scontro fra -e*** gang fight; ***la Banda dei Quattro*** STOR. the Gang of Four; ***una ~ di imbecilli*** a bunch of idiots! ***una ~ di giovinastri*** a gang of youths, a youth gang; ***una ~ di matti*** a circus COLLOQ. **2** *(musicale)* band; ***~ militare*** (military) band; ***~ di ottoni*** brass band ◆◆ ***~ armata*** armed band.

2.banda /'banda/ f. **1** *(striscia)* band **2** ARALD. bar **3** FIS. band; ***larghezza di ~*** bandwidth; ***spettro a -e*** OTT. bandspectrum ◆◆ ***~ cittadina*** RAD. citizen's band; ***~ di frequenza*** FIS. frequency band, wave band ***~ larga*** INFORM. broadband; ***~ magnetica*** magnetic stripe; ***~ passante*** ELETTRON. passband; ***~ perforata*** paper *o* punched tape; ***~ rumorosa*** *(sulle strade)* rumble strip; ***~ sonora*** soundtrack.

3.banda /'banda/ f. **1** LETT. *(lato)* side; ***da tutte le -e*** o ***da ogni ~*** from all sides **2** MAR. *(lato)* side; ***capo di ~*** gunwale.

4.banda /'banda/ f. *(lamiera)* ***~ stagnata*** tin plate.

bandana /ban'dana/ m. e f.inv. bandan(n)a.

bandella /ban'dɛlla/ f. **1** *(di porta)* hinge **2** *(di tavolo)* (drop) leaf.

banderese /bande'rese/ m. *(cavaliere)* banneret.

banderuola /bande'rwɔla/ f. **1** *(bandierina)* (weather) vane, (weather)cock **2** MIL. *(drappo)* banderol(e) **3** FIG. *(persona volubile)* weathercock, turncoat; ***essere una ~*** to chop and change, to blow hot and cold.

bandicota /bandi'kɔta/ f. bandicoot.

▶ **bandiera** /ban'djɛra/ f. **1** flag; MAR. flag, ensign, colours pl. (anche MIL.); ***~ di segnalazione*** signal flag; ***issare la ~*** to hoist *o* run up a flag; ***sventolare una ~*** to wave a flag; ***sull'ambasciata era issata la ~ tedesca*** the embassy was flying the German flag; ***issare le -e a mezz'asta*** to put flags at half-mast; ***ammainare la ~*** to lower one's flag, to strike one's colours; ***su ogni edificio sventolava una ~*** a flag flew from every building; ***giurare fedeltà alla ~*** to pledge allegiance to the flag; ***asta della ~*** flagpole, flagstaff; ***compagnia di ~*** AER. flag carrier; ***gol della ~*** = in football, the only goal scored by a team which was heavily defeated; ***saluto alla ~*** salute to the colours *o* flag **2** *(simbolo)* ***la ~ della libertà*** the flag of liberty; ***è la ~ del suo partito*** he is the leading figure of his party ◆ ***tenere alta la ~*** to wave *o* fly the flag; ***dobbiamo tenere alta la ~*** we must keep the flag flying; ***battere ~ liberiana*** to sail under the Liberian flag; ***cambiare ~*** to change allegiance ◆◆ ***~ bianca*** white flag; ***alzare ~ bianca*** to show the white flag (anche FIG.); ***Bandiera Blu*** *(per località di mare)* Blue Flag; ***~ di bompresso*** jack; ***~ di comodo*** → ***~ ombra***; ***~ gialla*** yellow flag; ***~ ombra*** flag of convenience; ***~ di quarantena*** → ***~ gialla***; ***~ rossa*** red flag; ***~ a scacchi*** SPORT chequered flag.

bandierina /bandje'rina/ f. **1** (small) flag; *(su una mappa)* flag **2** SPORT *(nel calcio)* corner flag; *(nel golf)* pin; ***tiro dalla ~*** corner.

bandinella /bandi'nɛlla/ f. *(asciugamani)* jack towel, roller towel.

bandire /ban'dire/ [102] tr. **1** to publish [*concorso*]; ***~ una gara d'appalto*** to invite tenders; ***~ una crociata*** to proclaim a crusade **2** FIG. *(sbandierare)* ***~ qcs. ai quattro venti*** to shout sth. from the rooftops **3** *(esiliare)* to banish, to outlaw STOR. [*persona*]; ***~ qcn. da un paese*** to exile sb. from a country; ***è bandito dai miei ricordi*** FIG. he's banished from my memory **4** STOR. *(mettere all'indice)* to ban [*libro*] **5** FIG. *(mettere da parte)* ***~ le formalità*** to dispense formalities.

bandista, m.pl. **-i** /ban'dista/ m. bandsman*.

bandistico, pl. **-ci**, **-che** /ban'distiko, tʃi, ke/ agg. ***concerto ~*** band concert; ***musica -a*** band music.

bandita /ban'dita/ f. = area in which hunting, fishing and grazing are prohibited.

banditesco, pl. **-schi**, **-sche** /bandi'tesko, ski, ske/ agg. ***comportamento ~*** criminal behaviour.

banditismo /bandi'tizmo/ m. banditry.

▷ **bandito** /ban'dito/ **I** p.pass. → **bandire II** agg. STOR. [*libro*] banned **III** m. **1** bandit, gunman*, outlaw **2** ANT. *(esiliato)* exile.

banditore /bandi'tore/ ♦ ***18*** m. (f. **-trice** /tritʃe/) **1** STOR. (town) crier, bellman* **2** *(di aste)* auctioneer **3** FIG. *(promotore)* proponent, promoter.

▷ **bando** /'bando/ m. **1** *(pubblica notificazione, ordinanza)* notice, announcement; ***~ di concorso*** = announcement of a competitive exam **2** *(esilio)* banishment; ***mettere al ~*** to banish, to exile ◆ ***~ alle chiacchiere*** o ***ciance*** no more chatting; ***~ alle cerimonie!*** don't stand on ceremony! ***~ alle formalità*** let's skip the formalities; ***~ agli scherzi!*** that's enough joking ◆◆ ***~ militare*** = act issued by military authority during a state of war.

bandoliera /bando'ljɛra/ f. bandoleer, bandolier.

bandolo /'bandolo/ m. = end of skein ◆ ***cercare il ~ (della matassa)*** = to look for the solution to a problem; ***perdere il ~*** to lose the thread; ***non riuscivo a trovare il ~ di quello che stava dicendo*** I couldn't make head (n)or tail of what she was saying.

bandura /ban'dura/ f. pandora, pandore.

bang /bang/ **I** inter. bang **II** m.inv. bang ◆◆ ***~ sonico*** AER. sonic bang BE, sonic boom AE.

bangio /'bandʒo/ → **banjo.**

bangioista, m.pl. **-i**, f.pl. **-e** /bandʒo'ista/ ♦ ***34, 18*** m. e f. banjoist.

baniano /ba'njano/ m. **1** *(albero)* banian **2** *(mercante)* banian.

banjo /'bɛndʒo/ ♦ ***34*** m.inv. banjo.

Bankitalia /banki'talja/ n.pr.f. = the Bank of Italy.

bantam /'bantam/ m.inv. **1** ZOOL. *(pollo)* bantam; ***allevare polli ~*** to breed bantams; ***galletto, gallinella ~*** bantam cock, hen **2** SPORT *(peso gallo)* bantamweight.

bantu /'bantu/, **bantù** /ban'tu/ **I** agg.inv. Bantu **II** m. e f.inv. Bantu **III** m.inv. LING. Bantu.

bantustan /'bantustan/ m.inv. homeland.

baobab /bao'bab/ m.inv. baobab.

▶ **1.bar** /bar/ m.inv. **1** *(caffè)* coffee bar, café; *(locale in cui si consumano alcolici)* bar, cocktail lounge **2** *(mobile bar)* cocktail cabinet, drinks cabinet.

2.bar /bar/ m.inv. FIS. bar.

▷ **bara** /'bara/ f. coffin, casket; ***mettere*** o ***deporre qcn. nella ~*** to coffin sb. ◆ ***avere un piede nella ~*** to have one foot in the grave.

Barabba /ba'rabba/ n.pr.m. Barabbas.

baracano /bara'kano/ → **barracano.**

▷ **baracca**, pl. **-che** /ba'rakka, ke/ f. **1** shack, shanty; ***sistemare i profughi nelle -che*** to house the refugees in shacks; ***~ per gli attrezzi*** tool shed **2** SPREG. *(catapecchia)* hovel **3** *(impresa, famiglia)* ***mandare*** o ***tirare avanti la ~*** to keep the show going; ***sono io che mando avanti la ~!*** I'm running this show **4** SPREG. *(apparecchio, veicolo mal funzionante)* ***questa ~ di computer è di nuovo guasto*** COLLOQ. this damn computer's not working again; ***quest'auto è una ~*** this car is a piece of junk ◆ ***piantare ~ e burattini*** to pack it all in, to up sticks and leave; ***fare ~*** REGION. to go on a binge.

baraccamento /barakka'mento/ m. = group of barracks for troop accommodation.

baraccato /barak'kato/ m. (f. **-a**) = somebody who lives in temporary housing.

baracchino /barak'kino/ m. **1** *(piccolo rifugio)* small hut **2** RAD. GERG. CB radio **3** COLLOQ. *(chiosco)* kiosk **4** REGION. *(gavetta)* mess tin.

baraccone /barak'kone/ m. **1** *(al luna park)* booth; **~ *da fiera*** fair booth; ***fenomeno da ~*** FIG. freak **2** FIG. *(impresa disorganizzata)* ramshackle organization.
baraccopoli /barak'kɔpoli/ f.inv. **1** shantytown **2** = a group of shanty building huts for temporary accommodation for people hit by earthquake, floods, etc.
baraonda /bara'onda/ f. **1** *(confusione)* bedlam; *(di voci)* hubbub **2** *(trambusto, tumulto)* hustle, bustle; ***lanciarsi nella ~*** to enter *o* join the fray, to fling oneself into the fray.
barare /ba'rare/ [1] intr. (aus. *avere*) to cheat; **~ *(giocando) a carte*** to cheat at cards; **~ *ai dadi*** to cog.
baratro /'baratro/ m. chasm, abyss (anche FIG.); ***precipitare nel ~*** to fall into an abyss; ***il paese è sull'orlo del ~*** FIG. the country is on the brink of precipice; ***il ~ del vizio, della passione*** the depths of vice, passion.
barattare /barat'tare/ [1] tr. **1** to barter, to trade, to swap COLLOQ. (**con** for); **~ *uova con pane*** to barter *o* trade eggs for bread **2** FIG. *(scambiare)* to exchange (**con** with); **~ *due parole*** to exchange a few words.
barattatore /baratta'tore/ m. (f. **-trice** /tritʃe/) barterer.
baratteria /baratte'ria/ f. DIR. MAR. barratry.
barattiere /barat'tjɛre/ m. DIR. MAR. barrator.
baratto /ba'ratto/ m. barter, trade, swapping COLLOQ.; ***praticare il ~*** to barter; ***fare un ~ con qcn.*** to do BE *o* make AE a trade with sb.
barattolo /ba'rattolo/ m. *(di vetro)* jar, pot; *(di latta)* can, canister, tin BE; **~ *da marmellata*** jamjar, jam pot; **~ *per il miele*** honeypot; **~ *di vernice*** paintpot; **~ *per il tè*** (tea) caddy.
▶ **barba** /'barba/ f. **1** beard; ***una ~ rada*** a thin beard; ***una ~ incolta*** a straggly *o* an unkempt beard; ***una ~ ispida*** a bristly *o* ragged beard; ***una ~ folta*** a bushy beard; ***sapone, crema, schiuma da ~*** shaving soap, cream, foam; ***lametta da ~*** razor blade; ***avere*** o ***portare la ~*** to wear a beard; ***un uomo con la ~ bianca*** a man with a white beard; ***un uomo senza ~, con la ~ non fatta*** a beardless, an unshaven man; ***una ~ di una settimana*** a week's growth of beard; ***farsi crescere la ~*** to grow a beard, to let one's beard grow; ***lisciarsi la ~*** to stroke one's beard; ***tagliare la ~ a qcn.*** to shave sb.'s beard off; ***tagliarsi la ~*** to shave one's beard off; ***fare la ~ a qcn.*** to shave sb.; ***farsi la ~*** to shave; ***dare una spuntata alla ~*** to give one's beard a trim, to trim one's beard **2** BOT. *(dell'avena, dell'orzo)* awn; *(del granoturco)* tassel; *(radichetta)* rootlet; ***mettere le -e*** to take root (anche FIG.), to strike root **3** ORNIT. *(sulle penne)* barb, harl(e) **4** COLLOQ. *(cosa noiosa)* ***che ~!*** what a drag! what a yawn! ***che ~ dover fare*** it's such a drag having to do; ***è proprio una ~ dover aspettare!*** it's an awful bore having to wait! ***la conferenza è stata una ~*** the lecture was a drag ◆ ***averne una ~ di qcs.*** to be fed up with sth.; ***servire qcn. di ~ e capelli*** to give sb. a going-over; ***in ~ a qcs., qcn.*** in defiance of sth., sb.; ***farla in ~ alla giustizia*** to get away with a crime; ***fare qcs. in ~ a qcs.*** to do sth. in the teeth of sth. ◆◆ **~ *di becco*** BOT. goatsbeard, salsify.
barbabietola /barba'bjɛtola/ f. beet, beetroot BE; ***zucchero di ~*** beet sugar ◆◆ **~ *da foraggio*** mangel-wurzel; **~ *da zucchero*** sugar beet.
Barbablù /barba'blu/ n.pr.m. Bluebeard.
barbacane /barba'kane/ m. ARCH. MIL. barbican.
Barbados /bar'bados/ ➧ ***33, 14*** n.pr.f.pl. Barbados.
barbaforte /barba'fɔrte/ m. e f. horseradish; ***salsa al ~*** horseradish sauce.
barbagianni /barba'dʒanni/ m.inv. **1** barn owl, screech-owl BE **2** FIG. SCHERZ. *(uomo sciocco)* twit, goof.
barbaglio, pl. **-gli** /bar'baʎʎo, ʎi/ m. *(bagliore)* glare, flash, dazzle.
Barbanera /barba'nera/ n.pr.m. Blackbeard.
Barbara /'barbara/ n.pr.f. Barb(a)ra.
barbaramente /barbara'mente/ avv. [*comportarsi*] barbarically, savagely; [*uccidere, torturare*] brutally.
1.barbaresco, pl. **-schi, -sche** /barba'resko, ski, ske/ **I** agg. Barbaresque; ***corsari -schi*** Barbary Coast pirates **II** m. (f. **-a**) native, inhabitant of Barbary.
2.barbaresco, pl. **-schi** /barba'resko, ski/ m. *(cavallo)* Barbary horse.
3.barbaresco /barba'resko/ m. ENOL. INTRAD. (renowned Piedmontese dry red wine).
barbaricino /barbari'tʃino/ **I** agg. [*persona*] from Barbagia; [*prodotto, territorio*] of Barbagia **II** m. (f. **-a**) native, inhabitant of Barbagia.
barbarico, pl. **-ci, -che** /bar'bariko, tʃi, ke/ agg. **1** *(dei barbari)* [*invasioni, usanze*] barbarian **2** *(incivile)* barbaric.
barbarie /bar'barje/ f.inv. barbarism, barbarity, barbarousness; ***un atto di ~*** a barbarous deed, a barbaric act; ***le ~ della guerra*** the savageness of war.
barbarismo /barba'rizmo/ m. LING. barbarism.
▷ **barbaro** /'barbaro/ **I** agg. **1** STOR. barbarian **2** *(incivile)* [*comportamento*] barbaric, barbarous **3** FIG. *(crudele)* barbaric, barbarous; ***un ~ assassinio*** a barbarous *o* brutal murder **II** m. (f. **-a**) barbarian.
barbasso /bar'basso/ m. → **tassobarbasso.**
barbato /bar'bato/ agg. **1** [*spiga*] barbate **2** LETT. *(barbuto)* bearded.
barbazzale /barbat'tsale/ m. curb.
barbecue /barbe'kju/ m.inv. **1** *(fornello)* barbecue, grill AE **2** *(grigliata)* barbecue, cookout AE, roast AE.
barbera /bar'bera/ m.inv., f. ENOL. INTRAD. (Piedmontese dry red wine).
Barberia /barbe'ria/ n.pr.f. Barbary; ***organetto di ~*** barrel organ, hurdy-gurdy.
barbero /'barbero/ m. *(cavallo)* barb, Barbary horse.
barbetta /bar'betta/ f. **1** *(pizzo)* goatee **2** *(di cavallo)* fetlock **3** MAR. painter **4** MIL. STOR. berbette.
▷ **barbiere** /bar'bjɛre/ ➧ ***18*** m. barber; ***andare dal ~*** to go to the barber's.
barbiglio, pl. **-gli** /bar'biʎʎo, ʎi/ m. **1** *(di pesci)* barbel **2** *(di freccia)* barb.
barbino /bar'bino/ agg. COLLOQ. *(meschino)* [*gente*] mean, pathetic ◆ ***fare una figura -a*** to cut out a sorry figure.
barbio, pl. **-bi** /'barbjo, bi/ m. barbel.
barbiturico, pl. **-ci, -che** /barbi'turiko, tʃi, ke/ **I** agg. ***acido ~*** barbituric acid **II** m. barbiturate, goofball AE COLLOQ.; ***pasticca di -ci*** yellow jacket COLLOQ.
barbiturismo /barbitu'rizmo/ m. barbiturism.
barbo /'barbo/ → **barbio.**
barbogio, pl. **-gi, -gie** e **-ge** /bar'bɔdʒo, dʒi, dʒe/ **I** agg. *(brontolone)* [*anziano*] grumbling, grumpy **II** m.(f. **-a**) old dodderer; ***è un vecchio ~*** SPREG. he's a dry old stick.
barboncino /barbon'tʃino/ m. (French) poodle ◆◆ **~ *nano*** toy poodle.
barbone /bar'bone/ m. **1** long beard **2** *(uomo barbuto)* bearded man* **3** *(accattone)* tramp, vagrant, bum AE; ***vivere da ~*** to be on the bum AE **4** *(cane)* **~ *nano*** miniature poodle.
barbosità /barbosi'ta/ f.inv. COLLOQ. tiresomeness; *(di un discorso)* stodginess.
barboso /bar'boso/ agg. COLLOQ. [*lavoro*] tiresome, boring; [*persona, conversazione, lezione*] boring, draggy, tedious; ***lavare i piatti è ~*** it's a real drag doing the dishes.
barbugliamento /barbuʎʎa'mento/ m. gabble, stammering.
barbugliare /barbuʎ'ʎare/ [1] **I** tr. to gabble, to stammer, to mumble **II** intr. (aus. *avere*) to gabble, to stammer, to mumble.
barbula /'barbula/ f. ZOOL. barbule.
barbuto /bar'buto/ agg. [*uomo*] bearded; [*mento*] whiskery; ***donna -a*** bearded lady; ***uccello ~*** ZOOL. barbet.
▷ **1.barca**, pl. **-che** /'barka, ke/ f. **1** *(imbarcazione)* boat; ***andare in ~*** to go by boat; ***gita in ~*** boat(ing) trip; ***ponte di -che*** pontoon bridge; ***è una bella ~*** she's a lovely boat; ***una ~ da 50 piedi*** a 50-footer; ***la ~ si è rovesciata*** the boat overturned **2** SART. ***scollo a ~*** boat neck ◆ ***andare in ~*** to get flustered; ***essere sulla stessa ~*** to be in the same boat; ***mandare avanti la ~*** to keep the ship afloat; ***tirare i remi in ~*** = to retreat ◆◆ **~ *da diporto*** pleasure boat; **~ *a due remi*** pair oar; **~ *fluviale*** riverboat; **~ *a motore*** motorboat; **~ *a pale*** paddle boat; **~ *da pesca*** fishing boat; **~ *a remi*** rowing boat BE, rowboat AE; **~ *di salvataggio*** lifeboat; **~ *a vela*** sailing boat, sailboat AE.
2.barca, pl. **-che** /'barka, ke/ f. **1** *(cumulo di covoni)* mow, stack, shock **2** FIG. *(mucchio)* ***avere una ~ di soldi*** COLLOQ. to have heaps *o* piles *o* stacks of money.
barcaccia, pl. **-ce** /bar'kattʃa, tʃe/ f. **1** = old boat **2** TEATR. *(palco)* baignoire.
barcaiolo /barka'jɔlo/ ➧ ***18*** m. boatman*, waterman*.
barcamenarsi /barkame'narsi/ [1] pronom. to cope, to get* by; ***sapersi barcamenare*** to know one's way around.
barcana /bar'kana/ f. barchan(e).
barcarizzo /barka'rittso/ m. MAR. accommodation ladder.
barcarola /barka'rɔla/ f. barcarole.
barcata /bar'kata/ f. **1** *(carico di una barca)* boatload; ***-e di turisti*** boatloads of tourists **2** FIG. *(gran quantità)* heaps pl., stacks pl.
Barcellona /bartʃel'lona/ ➧ ***2*** n.pr.f. Barcelona.
barchetta /bar'ketta/ f. **1** *(imbarcazione di piccole dimensioni)* small boat **2** SART. ***scollo a ~*** boat neck.
barchetto /bar'ketto/, **barchino** /bar'kino/ m. = small rowing flat bottomed boat used for hunting in marshland.
barcollamento /barkolla'mento/ m. staggering, tottering, reeling.

barcollante /barkol'lante/ agg. [*persona*] tottering, staggering, reeling; [*andatura, passo*] tottering, rolling, shaky; [*sedia*] shaky; FIG. [*regime, governo*] tottering, shaky.

barcollare /barkol'lare/ [1] intr. (aus. *avere*) [*persona*] to stagger, to totter, to reel, to sway; FIG. [*regime, governo*] to totter, to be* shaky; ***il colpo lo fece*** ~ the blow sent him reeling; ***camminare barcollando*** to walk unsteadily, to lurch forward *o* along.

barcolloni /barkol'loni/ avv. [*camminare, procedere, avanzare*] totteringly, unsteadily.

1.barcone /bar'kone/ m. *(chiatta)* barge, scow.

2.barcone /bar'kone/ m. REGION. mow, stack, shock.

barda /'barda/ f. *(armatura del cavallo)* bard.

bardana /bar'dana/ f. burdock.

bardare /bar'dare/ [1] **I** tr. **1** to harness, to trap, to bard STOR., to caparison STOR. [*cavallo*] **2** GASTR. to bard [*carne*] **3** *(agghindare)* to doll up; ***era bardato di tutto punto*** he was rigged out in his best clothes **II bardarsi** pronom. to dress up, to doll oneself up.

bardato /bar'dato/ **I** p.pass. → **bardare II** agg. **1** [*cavallo*] barded **2** GASTR. [*carne*] barded.

bardatura /barda'tura/ f. **1** *(di cavallo)* harness, trappings pl., caparison STOR. **2** FIG. SCHERZ. *(abbigliamento)* outfit, gear.

bardito /bar'dito / agg. LETT. bardic.

bardo /'bardo/ m. *(cantore)* bard.

bardolino /bardo'lino/ m. ENOL. INTRAD. (dry red or rosé wine from Veneto).

bardotto /bar'dɔtto/ m. *(animale)* hinny.

▷ **barella** /ba'rɛlla/ f. **1** *(per il trasporto di feriti)* stretcher, litter; ***portare qcn. in*** ~ to stretcher sb.; ***il giocatore infortunato fu portato via in*** ~ the injured player was stretchered off **2** *(per il trasporto di materiali)* handbarrow.

barellare /barel'lare/ [1] **I** tr. to stretcher **II** intr. (aus. *avere*) *(barcollare)* to stagger, to totter.

barelliere /barel'ljɛre/ ♦ ***18*** m. (f. **-a**) stretcher-bearer.

barese /ba'rese/ ♦ ***2*** **I** agg. from, of Bari **II** m. e f. native, inhabitant of Bari **III** m. dialect of Bari.

bargello /bar'dʒɛllo/ m. STOR. **1** = in medieval towns, chief police officer **2** *(palazzo)* = the building in which the chief police officer relative gaol were held.

bargiglio, pl. **-gli** /bar'dʒiʎʎo, ʎi/ m. wattle; *(di tacchino)* lappet; ***provvisto di -gli*** wattled.

bargigliuto /bardʒiʎ'ʎuto/ agg. wattled.

baria /ba'ria/ f. METEOR. barye.

baricentrico, pl. **-ci**, **-che** /bari'tʃentriko, tʃi, ke/ agg. barycentric.

baricentro /bari'tʃɛntro/ m. barycentre.

1.barico, pl. **-ci**, **-che** /'bariko, tʃi, ke/ agg. METEOR. baric.

2.barico, pl. **-ci**, **-che** /'bariko, tʃi, ke/ agg. CHIM. baric.

barilaio, pl. **-ai** /bari'lajo, ai/ ♦ ***18*** m. cooper.

▷ **barile** /ba'rile/ m. **1** barrel, cask; ***un*** ~ ***di vino*** a cask of wine; ~ ***per petrolio*** oil drum; ~ ***di polvere (da sparo)*** powder keg **2** *(unità di misura)* barrel; ***20 dollari al*** ~ 20 dollars a barrel **3** FIG. *(persona grassa)* ***essere un*** ~ to be a fatty *o* a squab ♦ ***raschiare il fondo del*** ~ to scrape the bottom of the barrel.

bariletto /bari'letto/ m. **1** *(piccolo barile)* small barrel, small cask **2** *(di orologio)* barrel.

barilotto /bari'lɔtto/ m. **1** keg, small barrel, small cask **2** FIG. *(persona piccola e grassa)* ***è un*** ~ he's a podge **3** *(centro del bersaglio)* bull's-eye, bull BE; ***far*** ~ to hit the bull's-eye (anche FIG.).

bario /'barjo/ m. barium; ***ossido*** o ***idrossido di*** ~ baryta.

barione /ba'rjɔne/ m. baryon.

barisfera /baris'fɛra/ f. barysphere.

▷ **barista**, m.pl. **-i**, f.pl. **-e** /ba'rista/ ♦ ***18*** m. e f. **1** bartender; *(uomo)* barman*, counterman*; *(donna)* barmaid **2** *(padrone)* barkeeper.

barite /ba'rite/ f. CHIM. MED. baryta.

baritina /bari'tina/ f. **1** MINER. barite, barytes **2** CHIM. MED. baryta.

baritonale /barito'nale/ agg. ***voce*** ~ baritone voice.

baritono /ba'ritono/ m. **1** *(voce, cantante)* baritone; ***voce di*** ~ baritone voice; ***parte del*** ~ baritone part **2** *(viola bastarda)* baryton **3** ***sax, oboe*** ~ baritone oboe, sax.

barlume /bar'lume/ m. gleam, glimmer (anche FIG.); ***un*** ~ ***di speranza*** FIG. a gleam *o* glimmer(ing) *o* ray of hope; ***un*** ~ ***d'intelligenza*** a gleam *o* spark of intelligence.

Barnaba /'barnaba/ n.pr.m. Barnabas, Barbaby.

barnabita /barna''bita/ m. Barnabite.

baro /'baro/ m. **1** *(alle carte)* cardsharp(er), cheater, sharper, sharpie **2** *(imbroglione)* cheater, swindler, sharper, sharpie.

baroccheggiante /barokked'dʒante/ agg. Baroque-like.

barocchetto /barok'ketto/ m. = late baroque style.

barocchismo /barok'kizmo/ m. = baroque style.

barocco, pl. **-chi**, **-che** /ba'rokko, ki, ke/ **I** agg. [*arte, stile, epoca*] baroque **II** m. ***il*** ~ the baroque.

barografo /ba'rɔgrafo/ m. barograph.

barogramma /baro'gramma/ m. barogram.

barolo /ba'rɔlo/ m. ENOL. INTRAD. (renowned Piedmontese dry red wine).

barometria /barome'tria/ f. barometry.

barometrico, pl. **-ci**, **-che** /baro'mɛtriko, tʃi, ke/ agg. barometric(al); ***dorsale -a*** ridge *o* wedge of high pressure; ***rilevazione -a*** barometer reading.

barometro /ba'rɔmetro/ m. barometer (anche FIG.), (weather)glass; ***il*** ~ ***sale, scende*** the barometer *o* glass is rising, falling; ***il*** ~ ***segna bel tempo*** the barometer is set fair; ***la borsa è un*** ~ ***della situazione economica*** FIG. the stock exchange is a barometer of the economic situation ♦♦ ~ ***aneroide*** aneroid barometer.

baronaggio, pl. **-gi** /baro'naddʒo, dʒi/ → **baronato.**

baronale /baro'nale/ agg. baronial.

baronato /baro'nato/ m. baronage.

▷ **barone** /ba'rone/ m. **1** baron; ***il*** ~ ***Furnival*** Baron Furnival **2** FIG. *(personaggio potente)* baron, tycoon; ***un*** ~ ***della stampa*** a press baron.

baronesco, pl. **-schi**, **-sche** /baro'nesko, ski, ske/ agg. LETT. SPREG. baronial.

baronessa /baro'nessa/ f. baroness; ***la*** ~ ***Furnival*** Baroness Furnival.

baronetto /baro'netto/ m. baronet; ***nominare qcn.*** ~ to baronet sb.; ***titolo di*** ~ baronetcy.

baronia /baro'nia/ f. barony.

baroscopio, pl. **-pi** /baros'kɔpjo, pi/ m. baroscope.

barostato /ba'rɔstato/ m. barostat.

barra /'barra/ f. **1** *(asta) (di metallo, legno)* bar, rod **2** METALL. *(verga)* bar; ***una*** ~ ***d'oro*** a bar of gold; ~ ***di ferro*** iron bar **3** *(stecca) (di cioccolato)* bar, slab, candy bar AE **4** *(del timone)* tiller, helm; ***prendere la*** ~ to take the helm **5** *(nei tribunali)* bar **6** *(segno grafico)* oblique, slash, slant, stroke **7** *(banco di sabbia)* sandbar ♦♦ ~ ***di accoppiamento*** AUT. tie rod, track rod BE; ~ ***antirollio*** MECC. anti-roll bar; ~ ***delle applicazioni*** INFORM. taskbar; ~ ***di comando*** AER. stick, control column; ~ ***(di) combustibile*** NUCL. fuel rod; ~ ***costiera*** MAR. trestletree; ~ ***di crocetta*** MAR. crosstree; ~ ***dei menu*** INFORM. menu bar; ~ ***di rimorchio*** → ~ **di traino**; ~ ***di scorrimento*** scroll bar; ~ ***spaziatrice*** INFORM. space-bar, spacer; ~ ***di stato*** INFORM. status bar; ~ ***degli strumenti*** INFORM. tool bar; ~ ***di torsione*** torsion bar; ~ ***di traino*** AUT. tow bar.

barracano /barra'kano/ m. barracano.

barracuda /barra'kuda/ m.inv. barracuda*.

barrage /ba'raʒ/ m.inv. *(nei concorsi ippici)* ride-off.

barrare /bar'rare/ [1] tr. to cross [*frase, assegno*]; ~ ***un assegno*** to cross a cheque BE; ~ ***le caselle che interessano*** tick BE *o* check AE where applicable; ~ ***qcs.*** to put a line through sth.

barretta /bar'retta/ f. **1** *(di cioccolato)* bar, slab, candy bar AE **2** MUS. bar (line).

barricadiero /barrika'djɛro/ **I** agg. [*atteggiamento*] revolutionary, extremist **II** m. (f. **-a**) SPREG. revolutionary, extremist.

barricare /barri'kare/ [1] **I** tr. **1** to barricade [*strada, passaggio*] **2** *(sprangare)* ~ ***con assi*** to board up [*casa*] **II barricarsi** pronom. **1** *(proteggersi)* to barricade oneself (**in** in, into); ***si è barricata in camera*** she shut herself up in her room **2** *(isolarsi)* ***-rsi dietro un assoluto silenzio*** to retreat into stubborn silence.

▷ **barricata** /barri'kata/ f. barricade; ***erigere -e*** to put up barricades; ***presidiare le -e*** to man the barricades; ***fare le -e*** FIG. to rebel, to rise; ***essere dall'altra parte della*** ~ FIG. to be on the other side of the fence.

▷ **barriera** /bar'rjɛra/ f. **1** *(sbarramento)* barrier; ***erigere*** o ***costruire -e*** to put up *o* raise barriers; ***rimuovere -e*** to lower barriers; FERR. *(di passaggio a livello)* gate **2** FIG. barrier, wall; ***-e di classe*** class barriers; ***oltrepassare le -e di classe, razziali*** to cross the class, race divide; ***far cadere*** o ***abbattere le -e*** to break (down) *o* knock down barriers; ***erigere -e*** PSIC. to put up barriers **3** SPORT *(nel calcio)* wall ♦♦ ~ ***antirumore*** noise barrier; ~ ***architettonica*** architectural barrier; ~ ***corallina*** coral *o* barrier reef; ~ ***daziaria*** toll gate; ~ ***doganale*** trade *o* customs barrier; ~ ***linguistica*** language barrier; ~ ***di sicurezza*** crash barrier; ~ ***del suono*** sound *o* sonic barrier; ~ ***tariffaria*** tariff barrier; ~ ***termica*** heat *o* thermal barrier.

barrire /bar'rire/ [102] intr. (aus. *avere*) [*elefante*] to trumpet.

barrito /bar'rito/ m. *(di elefante)* trumpet(ing).

barrocciaio, pl. **-ai** /barot'tʃajo, ai/ ♦ ***18*** m. carter.

barroccino /barrot'tʃino/ m. handcart, go-cart.

barroccio, pl. **-ci** /bar'rɔttʃo, tʃi/ m. cart.
bar-tabaccheria /bartabakke'ria/, **bar-tabacchi** /barta'bakki/ m.inv. = a coffee bar where cigarettes may be purchased.
Bartolomeo /bartolo'meo/ n.pr.m. Bartholomew; ***il massacro di san ~*** STOR. the St. Bartholomew's Day massacre.
baruffa /ba'ruffa/ f. brawl, scuffle, scrap; ***far ~*** to brawl, to scuffle.
baruffare /baruf'fare/ [1] intr. (aus. *avere*) to brawl, to scuffle.
▷ **barzelletta** /bardzel'letta/ f. joke, crack; ***una ~ sporca*** a coarse *o* dirty *o* rude joke; ***una ~ di cattivo gusto*** a cheap crack, a bad joke; ***raccontare una ~*** to tell *o* crack a joke; ***è bravissima a raccontare -e*** she's a great one for jokes; ***capire una ~*** to see a joke; ***ridere per una ~*** to rejoice in a joke, to laugh at a joke; FIG. *(bazzecola)* ***non è una ~!*** it's no joke! ◆ ***prendere qcs. in ~*** to laugh sth. off.
basale /ba'zale/ agg. ANAT. BOT. MED. basal; ***anestesia ~*** MED. basal anaesthesia; ***metabolismo ~*** basal metabolism, metabolic rate.
basaltico, pl. **-ci**, **-che** /ba'zaltiko, tʃi, ke/ agg. basaltic; ***lava -a*** basalt lava.
basalto /ba'zalto/ m. basalt.
basamento /baza'mento/ m. **1** *(per fondamenta)* base, basement, foundation **2** *(zoccolo di parete)* bed, skirting board **3** *(piedistallo) (di colonna)* pedestal; *(di statua)* base, entablement, pedestal, plinth **4** *(di motore)* crankcase **5** TECN. *(di macchinario)* bed, bed-plate.
▷ **basare** /ba'zare/ [1] **I** tr. to base, to found (**su** on); to ground (**su** on, in); ***~ una conclusione su una prova*** to bottom a conclusion on a proof; ***essere basato su*** to be based on [*teoria*]; to be founded on [*sospetto, opinione*]; ***il film è basato su una storia vera*** the film is based on a true story **II basarsi** pronom. ***la polizia non ha molte prove su cui -rsi*** the police haven't got much evidence to go on; ***-rsi su una supposizione, un ragionamento*** to rest on an assumption, a reasoning; ***mi baso su quello che mi hanno detto*** I go by what I've been told; ***su che cosa ti basi per sospettare di lui?*** on what grounds do you suspect him?
baschina /bas'kina/ f. basque.
basco, pl. **-schi**, **-sche** /'basko, ski, ske/ ➧ ***16*** **I** agg. Basque; ***i Paesi -schi*** o ***le province -sche*** the Basque Country; ***palla -a*** pelota **II** m. (f. **-a**) **1** *(persona)* Basque **2** LING. Basque **3** *(berretto)* beret.
bascula /'baskula/ f. platform scales pl.
basculante /basku'lante/ agg. horizontally pivoted.
▶ **base** /'baze/ **I** f. **1** *(sostegno) (di oggetto, struttura)* base; *(di un edificio)* foundation; ***avere una ~ solida*** to have a broad base **2** *(piedistallo, supporto) (di colonna)* pedestal; *(di statua)* base, entablement, pedestal, plinth **3** FIG. *(fondamento, principio)* base, basis*, foundation; ***essere la ~ di*** [*idea, principio*] to be the linchpin of [*teoria*]; ***su solide -i*** on a firm footing; ***porre le -i di*** to lay the foundations of; ***costituire le -i di qcs.*** to form the basis of sth.; ***essere alla ~ di qcs.*** to be *o* lie at the bottom of sth., to underlie sth.; ***su ~ casuale*** on a random basis **4** *(insieme di nozioni fondamentali)* ***le -i di*** the basics *o* fundamentals of; ***avere buone, solide -i di qcs.*** to have a good, thorough grounding in sth.; ***una solida ~ grammaticale*** a solid grounding in grammar **5** MIL. base, station; ***campo ~*** base camp; ***rientrare alla ~*** to return to base **6** POL. *(di un partito)* rank and file; ***comitato di ~*** rank-and-file committee; ***il partito ha una ~ molto ampia*** the party has a broad-based membership **7** MAT. base; ***in ~ 2*** in base 2 **8** CHIM. base **9** GASTR. base; ***~ per pizza*** pizza base **10** COSMET. make-up base **11** *(nel baseball)* base; ***raggiungere la prima ~*** to get to first base **12 di base** *(fondamentale)* ***concetto di ~*** core issue *o* concept; ***vocabolario di ~*** core vocabulary; ***discipline di ~*** common core **13 a base di** ***crema a ~ di latte*** milk-based cream; ***prodotti a ~ di carne*** meat products; ***rimedio a ~ di erbe*** herbal remedy; ***dieta a ~ di frutta*** (staple) diet of fruit **14 in base a** according to; ***giudicare in ~ all'esperienza*** to judge from experience; ***giudicare qcn. in ~ alle apparenze*** to take sb. at face value; ***in ~ a un accordo*** under an agreement **15 sulla base di** on the basis of; ***fu condannato sulla ~ di prove*** he was convicted on the strength of the evidence **II** agg.inv. [*paga, stipendio*] basic, standard; ***alimenti ~*** staples, basic foods; ***prezzo ~*** reserve price BE, upset price AE; ***modello ~*** basic model; ***casa ~*** *(nel baseball)* home plate ◆◆ ***~ aerea*** air base *o* station; ***~ aeronavale*** air-sea base; ***~ aurea*** gold basis; ***~ imponibile*** tax base; ***~ di lancio*** launch site, spaceport; ***~ militare*** military base; ***~ missilistica*** missile *o* rocket base; ***~ monetaria*** monetary base; ***~ navale*** naval base *o* station; ***~ spaziale*** → **~ di lancio**.
baseball /'bejzbol/ ➧ ***10*** m.inv. baseball.
▷ **basette** /ba'zette/ f.pl. sideboards.
basettino /bazet'tino/ m. ZOOL. bearded tit, reedling.
basettone /bazet'tone/ m. **1** mutton chops pl., side-whiskers pl. **2** SCHERZ. *(uomo)* whiskered man*.
BASIC /'bɛzik/ m.inv. INFORM. BASIC.
basicità /bazitʃi'ta/ f.inv. basicity.
basico, pl. **-ci**, **-che** /'baziko, tʃi, ke/ agg. **1** CHIM. [*sale, roccia, scoria*] basic **2** *(elementare)* basic.
basificare /bazifi'kare/ [1] tr. to basify [*soluzione*].
basilare /bazi'lare/ agg. [*principio*] basic, fundamental, ultimate; [*problema*] underlying.
Basilea /bazi'lɛa/ ➧ ***2*** n.pr.f. Basel.
basilica, pl. **-che** /ba'zilika, ke/ f. ARCH. basilica*.
basilicale /bazili'kale/ agg. basilican.
▷ **basilico**, pl. **-chi** /ba'ziliko, ki/ m. (sweet) basil.
basilisco, pl. **-schi** /bazi'lisko, ski/ m. **1** MITOL. basilisk, cockatrice **2** ZOOL. basilisk.
Basilio /ba'ziljo/ n.pr.m. Basil.
basino /ba'zino/ m. dimity.
basire /ba'zire/ [102] intr. (aus. *essere*) LETT. *(svenire)* to swoon.
basista, m.pl. **-i**, f.pl. **-e** /ba'zista/ m. e f. GERG. = person who supplies information in order to carry out a crime without taking part in it.
basito /ba'zito/ **I** p.pass. → **basire II** agg. *(sbalordito)* astounded, dumbfounded, stunned.
basket /'basket/ ➧ ***10*** m.inv. basketball.
basmati /baz'mati/ m.inv. basmati rice.
basocellulare /bazotʃellu'lare/ agg. ***carcinoma ~*** basal cell carcinoma; ***epitelioma ~*** rodent ulcer.
bassa /'bassa/ f. plain, lowland.
bassamente /bassa'mente/ avv. [*comportarsi*] basely, meanly.
bassetta /bas'setta/ ➧ ***10*** f. GIOC. basset.
bassezza /bas'settsa/ f. **1** *(l'essere basso) (di acqua)* shallowness **2** FIG. *(carattere vile)* baseness, meanness, sordidness, vileness **3** *(azione vile)* base act, mean action; ***commettere delle -e*** to commit despicable acts.
bassista, m.pl. **-i**, f.pl. **-e** /bas'sista/ ➧ ***34, 18*** m. e f. bassist.
▶ **basso** /'basso/ **I** agg. **1** *(di altezza inferiore alla norma)* [*sedia, muro, case*] low; [*scarpe, tacchi*] flat; *(poco profondo)* [*acqua*] shallow **2** *(di piccola statura)* [*persona*] short **3** *(che non sta molto in alto)* [*nuvola, soffitto*] low; ***lo scaffale più ~*** the bottom shelf; ***il sole è ~*** the sun is low in the sky **4** *(rivolto in giù)* ***tenere la testa -a*** to keep one's head down; ***a occhi -i*** with downcast eyes; ***tirare un colpo ~ a qcn.*** SPORT to hit sb. below the belt (anche FIG.) **5** *(in una scala di valori)* [*pressione, temperatura, velocità, voto*] low; GIOC. [*carta*] low; *(modesto, esiguo)* [*prezzo, reddito, salario*] low; ***di ~ livello*** *(scarso)* [*musica, letteratura*] lowbrow; [*conversazione, humour*] low **6** *(sommesso)* [*voce, suono*] low; *(profondo)* [*voce, suono*] low, deep; ***a -a voce*** in a low voice; ***parlare a voce -a*** to speak quietly *o* in a low voice, to whisper **7** MUS. [*tono, nota*] low, deep; ***flauto ~*** bass flute **8** *(in una gerarchia)* [*origine, condizione*] lowly; ***di ~ rango*** of low rank, low-ranking; ***un uomo di -a estrazione*** a man of low degree; ***il ceto ~*** the lower class(es) **9** *(nel tempo)* ***il ~ Medioevo*** *(tardo)* the late Middle Ages; ***quest'anno Pasqua è -a*** *(in anticipo)* Easter falls *o* is early this year **10** *(ignobile)* [*azione, istinti*] base, low, mean **11** GEOGR. ***la -a Italia*** Southern Italy; ***i Paesi Bassi*** the Netherlands **II** m. **1** *(parte bassa)* bottom, lower part; ***il ~ della pagina*** the bottom of the page; ***verso il ~*** [*inclinare*] downwards; ***ci trovavamo più in ~*** we were lower down; ***sul secondo scaffale dal ~*** on the second shelf up; ***visto dal ~*** seen from below; ***sono partito dal ~ in azienda*** FIG. I started at the bottom of the company **2** MUS. *(voce, cantante)* bass; ***voce di ~*** bass voice; ***parte del ~*** bass part; ***chiave di ~*** bass clef; ***cantare da ~*** to sing (the) bass **3** ➧ ***34*** MUS. *(strumento)* bass (guitar); ***i -i*** *(in un impianto stereo)* the bass; *(in un'orchestra)* the bass strings **4** *(nel napoletano)* = lower class housing, usually one room, giving on to the street **5 in basso** ***guardare in ~*** to look down **6 da basso** ***le stanze da ~*** the rooms downstairs; ***scendere da ~*** to go downstairs **III** avv. *(a bassa quota)* [*volare*] low; *(nella parte inferiore)* [*colpire, mirare*] low ◆ ***alti e -i*** ups and downs; ***avere degli alti e -i*** to have one's ups and downs; ECON. to have peaks and troughs; ***guardare qcn. dall'alto in ~*** to eye sb. up and down, to look down on sb., to look down one's nose at sb.; ***cadere in ~*** to go down in the world; ***cadere così in ~ da fare*** to descend so low *o* far as to do; ***far man -a*** to loot, to plunder; *(in giochi, gare)* to sweep the board; ***avere il morale ~*** to be in low spirits; ***il morale non è mai stato così ~*** morale is at an all time low; ***vincere a mani -e*** to win hands down ◆◆ ***~ continuo*** o ***cifrato*** o ***figurato*** MUS. continuo, figured bass, thorough-bass; ***~ latino*** LING. Low Latin; ***~ ostinato*** MUS. ground bass; ***~ tedesco*** LING. Low German; ***~ ventre*** → **bassoventre**; ***-a frequenza*** low frequency; ***-a marea*** ebb tide, low tide, low water; ***-a pressione*** METEOR. low pressure; ***-a stagione*** low season, off-season; ***-a tensione*** EL. low voltage.

bassofondo, pl. **bassifondi** /basso'fondo, bassi'fondi/ **I** m. MAR. shallow, riffle, shoal **II bassifondi** m.pl. FIG. *(quartieri poveri)* slums, shallows; *(malavita)* low-life sing., underworld sing.; ***provenire dai bassifondi*** to come up from the gutter.

bassopiano, pl. **-i**, **bassipiani** /basso'pjano, bassi'pjani/ m. lowland.

bassorilievo /bassori'ljɛvo/ m. bas-relief, low relief; ***in ~*** (in) bas-relief.

bassotto /bas'sɔtto/ **I** agg. *(piuttosto basso)* [*persona*] rather short **II** m. *(cane)* dachshund, sausage dog COLLOQ.

bassotuba, pl. **bassituba** /basso'tuba, bassi'tuba/ f. bass tuba.

bassoventre, pl. **bassiventri** /basso'vɛntre, bassi'vɛntri/ m. underbelly; ***al ~*** in the genital area; EUFEM. in the groin.

bassura /bas'sura/ f. → **bassopiano.**

▶ **1.basta** /'basta/ inter. ***adesso, ora ~!*** that's it! stop it! that's enough! ***~ con le chiacchiere!*** cut the chatter! cut the cackle! COLLOQ.; ***~ discussioni!*** there's been enough talking! ***punto e ~!*** and that's (the end of) that! full stop! BE, period! AE.

2.basta /'basta/ f. SART. **1** *(imbastitura)* basting, tacking **2** *(orlo alto)* tuck.

bastante /bas'tante/ agg. sufficient, enough.

bastardaggine /bastar'daddʒine/ f. bastardy, illegitimacy.

bastardata /bastar'data/ f. COLLOQ. ***che ~!*** what a shabby trick! ***mi ha fatto una vera ~*** he played me a really dirty trick.

bastardigia, pl. **-gie** /bastar'didʒa/ f. ***filetto di ~*** bend sinister.

bastardino /bastar'dino/ m. mutt.

▷ **bastardo** /bas'tardo/ **I** agg. **1** *(illegittimo)* [*figlio*] bastard, illegitimate **2** *(ibrido)* [*animale, pianta*] mongrel, hybrid, crossbred; [*cane*] mongrel **3** FIG. *(corrotto)* [*lingua, parole*] bastard **4** TIP. ***titolo ~*** bastard title **5** TECN. ***lima -a*** bastard file **II** m. **1** *(cane)* mongrel; *(animale, pianta)* mongrel, hybrid, crossbreed **2** (f. **-a**) *(figlio illegittimo)* illegitimate child, bastard; *(come insulto)* bastard; ***lurido ~!*** you rotten bastard! you dirty *o* vile dog! ***è stato proprio un ~ con lei*** he was a real bastard to her.

▶ **bastare** /bas'tare/ [1] **I** intr. (aus. *essere*) *(essere sufficiente)* to be* enough, to be* sufficient; *(durare)* to last; ***basteranno cinque dollari?*** will five dollars do? ***questo cibo, un'ora basterà*** this food, an hour will be sufficient; ***una pagnotta mi basta per due giorni*** a loaf lasts me two days; ***il cibo ci basta per una settimana*** there's enough food to see us through the week; ***questo pollo non basta per sei persone*** this chicken won't feed six people; ***basta e avanza*** that's plenty; ***fare ~*** to eke out, to stretch [*soldi*]; ***ne basta poco*** *(di sostanza, prodotto)* a little goes a long way; ***una volta mi è bastata!*** once was enough for me! ***mi basta poco*** my needs are few, I don't need much; ***basta un nonnulla per farlo arrabbiare*** the least thing annoys him **II** impers. **1** *(essere sufficiente)* ***basta infilare la spina*** all you have to do is plug in; ***basta un'occhiata per vedere che*** you can tell at a glance that; ***basti dire che...*** suffice it to say that...; ***basta chiedere*** it's yours for the asking; ***bastava solo che lo chiedessi*** you only had to ask; ***basta così!*** that'll do! that's enough! ***grazie, basta così!*** that's enough, thank you! ***per oggi può ~ così*** let's call it a day COLLOQ.; ***dimmi (quando) basta*** *(versando da bere)* tell me *o* say when; ***come se non bastasse*** on top of all this, to top it all, and what is more; ***quanto basta per due*** just about enough for two; ***il forno è appena caldo quanto basta*** the oven is just hot enough **2 basta che** as long as; ***basta che tu sia al sicuro, questo è ciò che conta*** as long as you're safe, that's all that matters ◆ ***~ a se stesso*** = to be self-sufficient.

bastevole /bas'tevole/ agg. sufficient, enough.

1.bastia /'bastja/ → **2.basta.**

2.bastia /bas'tia/ f. ANT. = small fortification with a tower.

bastian contrario, pl. **bastian contrari** /bas'tjankon'trarjo, bas'tjankon'trari/ m. = somebody who contradicts another just for the sake of doing so.

Bastiglia /bas'tiʎʎa/ n.pr.f. ***la ~*** the Bastille.

bastimento /basti'mento/ m. **1** *(nave)* ship; ***è arrivato un ~ carico di*** GIOC. I spy with my little eye **2** *(carico)* shipload ◆◆ ***~ a vapore*** steamship.

bastione /bas'tjone/ m. bastion, bulwark, rampart (anche FIG.).

basto /'basto/ m. **1** *(sella)* packsaddle; ***mettere il ~ a un asino*** to pack a mule; ***liberare un mulo dal ~*** to unsaddle a mule; ***paniere da ~*** pannier **2** FIG. ***portare il ~*** to carry a load.

▷ **bastonare** /basto'nare/ [1] **I** tr. **1** to beat* (with a stick), to club, to cudgel, to drub; ***~ a morte qcn.*** to club sb. to death **2** FIG. *(criticare aspramente)* to flay, to drub **II bastonarsi** pronom. to come* to blows.

bastonata /basto'nata/ f. **1** beat (with a stick); ***dare una ~ a qcn.*** to give sb. a beating (up); ***prendersi una ~*** to get a drubbing; ***dare un fracco di -e a qcn.*** to lay about sb. with a stick **2** FIG. *(batosta)* beating, pasting.

bastonato /basto'nato/ **I** p.pass. → **bastonare II** agg. beaten (with a stick) ◆ ***avere l'aria di un cane ~*** to have a hangdog look.

bastonatura /bastona'tura/ f. beating, drubbing.

bastoncello /baston'tʃɛllo/ m. **1** GASTR. = long thin bread roll **2** ANAT. rod.

bastoncino /baston'tʃino/ m. **1** stick; ***~ di liquirizia*** liquorice *o* licorice AE stick; ***patate fritte a ~*** chipped potatoes, French fried potatoes, French fries **2** SPORT *(testimone)* baton **3** *(da sci)* ski stick, ski pole **4** ANAT. *(bastoncello)* rod ◆◆ ***~ di pesce*** fish finger BE *o* stick AE.

▷ **bastone** /bas'tone/ **I** m. **1** *(pezzo di legno)* stick, club, cudgel, rod; ***picchiare qcn. con un ~*** to beat sb. with a stick; ***~ per le tende*** rail, curtain pole *o* rod; ***~ da passeggio*** cane, (walking) stick, supplejack; ***camminare col ~*** to walk with a stick **2** MIL. *(insegna di comando)* baton, rod **3** SPORT club, stick; ***~ da golf, da hockey*** golf club, hockey stick **4** GASTR. ***un ~*** a stick of (French) bread **5** TIP. sans serif **II bastoni** m.pl. GIOC. **1** = one of the four suits in a pack of typical Italian cards **2** *(nei tarocchi)* wands ◆ ***essere il ~ della vecchiaia di qcn.*** to be sb.'s support in their old age; ***il ~ e la carota*** the carrot and the stick; ***mettere i -i fra le ruote a qcn.*** to put a spoke in sb.'s wheel, to put an obstacle in sb.'s way ◆◆ ***~ bianco*** white stick; ***~ del comando*** staff of office; ***~ pastorale*** crosier, pastoral, staff; ***~ da stocco*** swordstick, sword-cane.

batacchio, pl. **-chi** /ba'takkjo, ki/ m. **1** *(di campana)* clapper **2** *(battiporta)* knocker, rapper.

batata /ba'tata/ f. batata, sweet potato*, yam AE.

batavo /ba'tavo, 'batavo/ **I** agg. Batavian **II** m. (f. **-a**) Batavian.

bateia /ba'tɛja/ f.inv. pan.

batiale /bati'ale/ agg. bathyal.

batik /ba'tik/ m.inv. batik.

batimetria /batime'tria/ f. bathymetry.

batimetrico, pl. **-ci**, **-che** /bati'mɛtriko, tʃi, ke/ agg. bathymetric.

batimetro /ba'timetro/ m. bathometer.

batiscafo /batis'kafo/ m. bathyscaphe.

batisfera /batis'fɛra/ f. bathysphere.

batista /ba'tista/ f. batiste, cambric, chambray, lawn.

batocchio, pl. **-chi** /ba'tɔkkjo, ki/ m. **1** *(bastone)* stick **2** *(per ciechi)* white stick **3** *(battaglio)* knocker, rapper.

batolite /bato'lite/ f. batholith.

batometro /ba'tometro/ → **batimetro.**

batosta /ba'tɔsta/ f. **1** *(colpo, percossa)* blow, knock **2** FIG. beating, hiding, trouncing; ***che ~!*** what a facer! ***infliggere una (bella) ~ a qcn.*** to beat sb. good and proper, to give sb. a pasting *o* thrashing; ***prendersi una ~*** to take *o* a hammering **3** *(rovescio economico)* setback, blow.

batrace /ba'tratʃe/ m. batrachian.

battage /ba'taʒ/ m.inv. (publicity) campaign, build-up, ballyhoo COLLOQ.; ***fare un grande ~ pubblicitario a qcs.*** to give sth. a boost.

▶ **battaglia** /bat'taʎʎa/ f. **1** battle (di **of**; per **for**; contro **against**; tra **between**); fight (tra **between**; per **for**); ***perdere, vincere una ~*** to lose, win a battle; ***dare ~*** to fight (a battle); ***ingaggiare ~ con qcn.*** to do battle with sb.; ***ordine di ~*** battle array *o* order; ***cavallo da ~*** war horse, charger STOR.; ***campo di ~*** battlefield (anche FIG.); ***questa stanza sembra un campo di ~*** this room looks like a bomb's hit it; ***~ coi cuscini*** pillow fight; ***~ a palle di neve*** snowball fight; ***cavallo di ~*** FIG. strong point, big number; TEATR. speciality act BE, specialty number AE; ***è una ~ persa in partenza*** it's a losing battle; ***abiti da ~*** = clothing for everyday use **2** FIG. battle; ***sostenere una ~ elettorale*** to fight an election; ***~ politica*** political battle; ***~ legale*** legal battle **3** PITT. battle scene ◆◆ ***~ campale*** pitched battle (anche FIG.); ***~ navale*** naval *o* sea battle; GIOC. battleships.

battagliare /battaʎ'ʎare/ [1] intr. (aus. *avere*) to battle, to fight, to struggle (**per** for).

battagliero /battaʎ'ʎɛro/ agg. [*carattere, spirito*] combative, fighting, crusading.

battaglio, pl. **-gli** /bat'taʎʎo, ʎi/ m. **1** *(di campana)* clapper **2** *(battiporta)* knocker, rapper.

battaglione /battaʎ'ʎone/ m. MIL. battalion.

battelliere /battel'ljɛre/ ♦ **18** m. boatman*.

▷ **battello** /bat'tɛllo/ m. boat, ferry ◆◆ ***~ antincendio*** fireboat; ***~ da pesca*** fishing boat; ***~ pilota*** pilot boat; ***~ postale*** mailboat; ***~ di salvataggio*** lifeboat; ***~ a vapore*** steamboat.

battente /bat'tɛnte/ **I** agg. [*pioggia*] driving, lashing, pouring **II** m. **1** *(di porta, finestra)* leaf*; ***finestra a due -i*** casement window; ***porta a due -i*** leaved *o* double door; ***porta a un ~*** single door **2** *(bat-*

tacchio) knocker, rapper **3** *(di telaio)* batten **4** IDR. head ◆ ***chiudere i -i*** [*ditta*] to close down, to fold; ***a tamburo ~*** immediately.

▶ **battere** /'battere/ [2] **I** tr. **1** *(sconfiggere)* to beat*, to defeat [*avversario*]; *(migliorare)* to break* [*record*]; ***li abbiamo battuti a scacchi*** we beat them at chess; ***~ qcn. con le sue stesse armi*** to beat sb. at his, their own game; ***~ qcn. ai punti*** *(nella boxe)* to outpoint sb.; ***essere battuto ai voti*** to be outvoted; ***~ qcn. sul tempo*** to beat sb. to the draw, to steal a march on sb., to steal sb.'s thunder; ***pochi lo battono in fatto di stile*** few can rival his style **2** *(dare dei colpi)* to beat* [*tappeto, materasso*]; ***~ il pugno sul tavolo*** to bang *o* slam one's fist on the table, to bang the table with one's fist; ***~ la carne*** to pound meat; ***~ la testa*** to bang one's head; ***~ le mani*** to clap one's hands; ***~ le mani a qcn.*** to give sb. a clap; ***~ i piedi*** to stamp one's feet; ***~ i tacchi*** to click one's heels **3** *(picchiare)* to batter, to beat*, to hit* [*bambino*] **4** *(muovere rapidamente)* ***l'uccello batteva le ali*** the bird was beating *o* flapping *o* fluttering its wings; ***~ le palpebre*** to blink **5** TECN. to beat* [*ferro*]; ***~ moneta*** to mint, to strike coin **6** *(trebbiare)* to thresh [*grano*] **7** *(urtare)* ***~ la testa contro qcs.*** to bump *o* hit *o* knock one's head on sth. **8** MUS. ***~ il tempo*** to beat *o* mark time **9** *(perlustrare)* to scour, to comb, to search [*zona*]; ***~ un sentiero*** to beat a path **10** *(suonare, scandire)* ***l'orologio battè le due*** the clock struck two **11** *(dattiloscrivere)* to type [*lettera*] **12** SPORT *(tirare)* ***~ il calcio d'inizio*** to kick off; ***~ un calcio d'angolo, un rigore*** to take a corner, a penalty; ***~ il servizio*** to serve **13** MAR. ***~ bandiera italiana*** to sail under the Italian flag **II** intr. (aus. *avere*) **1** *(cadere, picchiare)* ***~ su*** [*pioggia, grandine*] to beat against, to hammer on, to lash [*finestra*]; FIG. [*sole*] to beat, to blaze down on **2** *(dare dei colpi)* ***~ sulla spalla di qcn.*** to tap sb. on the shoulder; ***~ alla porta*** to pound on the door, to beat the door **3** *(pulsare)* [*cuore, polso*] to beat*, to pulse, to throb; ***il mio cuore batte per Joseph*** FIG. Joseph is my heartthrob; ***le batteva forte il cuore*** her heart was thudding **4** *(scrivere a macchina)* ***sa ~ a macchina?*** can you type? ***è utile sapere ~ a macchina*** typing is a useful skill **5** FIG. *(insistere)* ***~ su qcs.*** to harp on sth., to keep on about sth.; ***~ sullo stesso tasto*** to harp on the same subject; ***batti e ribatti*** by dint of insisting **6** *(prostituirsi)* to take* to the streets, to be* on *o* walk the streets **7** SPORT *(effettuare la battuta)* to serve; ***tocca a te ~!*** your service! **III battersi** pronom. **1** *(lottare)* to fight*; ***-rsi in duello*** to fight a duel; ***-rsi per la libertà*** to strike a blow for freedom, to fight for freedom; ***-rsi contro qcs.*** to strive against sth.; ***-rsi per una buona causa*** to fight the good fight, to fight for a good cause **2** *(percuotersi)* ***-rsi il petto*** to beat one's breast, to pound one's chest **3 battersela** COLLOQ. to clear off, to take* off ◆ ***~ in ritirata*** to beat a retreat; ***~ velocemente in ritirata*** SCHERZ. to beat a hasty retreat; ***~ in ritirata davanti a qcs.*** to retreat before sth.; ***~ la grancassa*** to beat the drum; ***batteva i denti dal freddo*** his teeth were chattering with cold; ***~ il naso in qcs., qcn.*** to bump *o* run into qcs., qcn.; ***~ qcn. su tutta la linea*** to beat sb. hollow; ***~ il marciapiede*** to take to the streets, to be on *o* walk the streets; ***~ cassa da qcn.*** to come to sb. for money; ***senza ~ ciglio*** without blinking *o* flinching, without a blink; ***in un batter d'occhio*** in the blink *o* twinkling *o* wink of an eye; ***~ il ferro finché è caldo*** to strike while the iron is hot, to make hay while the sun shines; ***~ la fiacca*** not to do a stroke of work; ***il motore batte in testa*** the engine knocks; ***dove non batte il sole*** EUFEM. where the sun doesn't shine; ***non sapere dove ~ la testa*** o ***il capo*** not to know where *o* which way to turn, to be at one's wits' end.

▷ **batteria** /batte'ria/ ➧ ***34*** f. **1** EL. AUT. battery; ***(ri)caricare una ~*** to (re)charge a battery; ***~ carica*** charged battery; ***~ scarica*** dead *o* dud *o* spent *o* uncharged battery; ***andare a ~*** to work *o* run on batteries; ***(alimentato) a ~*** battery controlled *o* operated *o* powered; ***~ di accumulatori*** storage battery; ***~ solare*** solar battery; ***ricaricare le -e*** FIG. to recharge one's batteries **2** MIL. *(d'artiglieria)* battery; ***~ antiaerea*** o ***contraerea*** antiaircraft battery; ***fuoco di ~*** battery fire; ***ponte di ~*** MAR. gallery deck **3** MUS. drums pl., drum kit; ***~ elettronica*** drum machine; ***John Bonham alla ~*** John Bonham on drums **4** *(insieme di oggetti)* ***~ da cucina*** set of saucepans **5** SPORT *(eliminatorie)* heat; ***ha vinto la sua ~*** she won her heat **6** *(in orologi)* strike **7** *(di animali)* battery; ***allevamento in ~*** battery farming; ***pollo di ~*** battery chicken ◆ ***scoprire le proprie -e*** to show one's hand.

battericida /batteri'tʃida/ **I** agg. bactericidal **II** m. bactericide.

batterico, pl. **-ci**, **-che** /bat'tɛriko, tʃi, ke/ agg. bacterial.

batteriemia /batterie'mia/ f. bacteremia.

batterio, pl. **-ri** /bat'tɛrjo, ri/ m. bacterium*.

batteriofago, pl. **-gi** /battɛ'rjofago, dʒi/ m. bacteriophage.

batteriolisi /batterjo'lizi/ f.inv. bacteriolysis*.

batteriologia /batterjolo'dʒia/ f. bacteriology.

batteriologico, pl. **-ci**, **-che** /batterjo'lɔdʒiko, tʃi, ke/ agg. [*esame, arma*] bacteriological; ***guerra -a*** germ warfare.

batteriologo, m.pl. **-gi**, f.pl. **-ghe** /batte'rjɔlogo, dʒi, ge/ m. (f. **-a**) bacteriologist.

batterista, m.pl. **-i**, f.pl. **-e** /batte'rista/ ➧ ***34, 18*** m. e f. drummer.

battesimale /battezi'male/ agg. baptismal, fontal; ***fonte ~*** (baptismal) font; ***veste ~*** chrisom.

▷ **battesimo** /bat'tezimo/ m. **1** RELIG. baptism, christening; ***~ per immersione*** baptism by immersion; ***ricevere il ~*** to be baptized; ***amministrare il ~ a qcn.*** to baptize sb.; ***nome di ~*** baptismal name, Christian name, first name **2** *(inaugurazione)* ***~ di una nave*** christening of a ship ◆◆ ***~ dell'aria*** maiden flight; ***~ del fuoco*** baptism of fire (anche FIG.).

battezzando /batted'dzando/ m. (f. **-a**) = the person to be baptized.

battezzante /batted'dzante/ m. e f. → **battezzatore.**

▷ **battezzare** /batted'dzare/ [1] **I** tr. **1** RELIG. to baptize, to christen [*persona*]; ***farsi ~*** to be baptized **2** *(chiamare)* to christen [*bambino, animale, progetto, invenzione*]; ***~ qcn. col nome di Rosa*** to name *o* call sb. Rose **3** *(inaugurare)* to christen [*nave*] **4** COLLOQ. SCHERZ. *(macchiare)* to christen [*vestito, tovaglia*] **5** COLLOQ. SCHERZ. *(annacquare)* to water (down) [*vino*] **II battezzarsi** pronom. to be* baptized.

battezzatoio, pl. **-oi** /batteddza'tojo, oi/ m. (baptismal) font.

battezzatore /batteddza'tore/ m. (f. **-trice** /tritʃe/) baptist.

battibaleno: **in un battibaleno** /inunbattiba'leno/ in no time at all, in the twinkling of an eye.

battibeccare /battibek'kare/ [1] intr. (aus. *avere*) to squabble, to bicker (su, per **over**, **about**); to spar, to spat COLLOQ. (con **with**).

battibecco, pl. **-chi** /batti'bekko, ki/ m. bicker(ing), spar, squabble, spat COLLOQ.; ***avere un ~*** to have a tiff.

batticarne /batti'karne/ m.inv. meat mallet.

batticoda /batti'koda/ f.inv. → **cutrettola.**

batticuore /batti'kwɔre/ m. palpitations pl., fluttering; ***avere il ~*** to have palpitations; ***col ~*** FIG. with a beating heart.

battifiacca /batti'fjakka/ m. e f.inv. slacker, shirker, dodger, lazybones COLLOQ.

battigia, pl. **-gie**, **-ge** /bat'tidʒa, dʒe/ f. foreshore.

battilardo /batti'lardo/ m.inv. REGION. chopping board.

battiloro /batti'lɔro/ m. e f.inv. gold-beater.

battimani /batti'mani/ m.inv., **battimano** /batti'mano/ m. handclap, clapping **U**; ***essere accolto da un ~*** to be greeted with *o* by an applause.

battimento /batti'mento/ m. **1** RAR. *(palpitazione)* palpitation **2** FIS. beat **3** AUT. *(in un motore)* knocking.

battipalo /batti'palo/ m. pile driver, rammer.

battipanni /batti'panni/ m.inv. carpet beater.

battipista /batti'pista/ m. e f.inv. = person who prepares ski pistes for use.

battiporta /batti'pɔrta/ m.inv. knocker, rapper.

battirame /batti'rame/ m.inv. coppersmith.

battiscopa /battis'kopa/ m.inv. skirting board, baseboard AE, mopboard AE.

battista, m.pl. **-i**, f.pl. **-e** /bat'tista/ **I** agg. [*chiesa*] Baptist **II** m. e f. Baptist.

Battista /bat'tista/ n.pr.m. ***il ~*** RELIG. the Baptist.

battistero /battis'tɛro/ m. *(edificio, fonte)* baptistry.

battistrada /battis'trada/ m.inv. **1** *(in processioni, cortei)* whiffler, outrunner; ***fare da ~*** FIG. to set the pace **2** SPORT pacer, pacemaker, pacesetter **3** *(di pneumatici)* tread; ***il ~ è quasi del tutto consumato*** there's almost no tread left.

battitacco, pl. **-chi** /batti'takko, ki/ m. = small piece of material sewn in the inside of a trouser leg at the hem.

battitappeto /battitap'peto/ m.inv. carpet sweeper.

▷ **battito** /'battito/ m. **1** *(pulsazione) (del cuore)* beat(ing), heartbeat, fluttering, pounding, throb(bing); *(del polso)* fluttering, pulse, throb(bing); ***80 -i al minuto*** 80 beats per minute **2** *(movimento) (di ali)* beating, flap, flutter; *(di ciglia)* blink, flicker, flutter **3** *(rumore) (di motore)* knocking; *(di orologio)* ticking; *(di pioggia)* beating, battering.

battitoio, pl. **-oi** /batti'tojo, oi/ m. **1** *(battente)* knocker, rapper **2** *(per la battitura del cotone)* willow **3** TIP. planer.

battitore /batti'tore/ m. (f. **-trice** /tritʃe/) **1** *(del grano)* thresher **2** SPORT batter; *(nel cricket, baseball)* batsman*; *(nel tennis)* server; ***~ libero*** *(nel calcio)* sweeper **3** *(banditore)* auctioneer **4** VENAT. beater.

battitura /batti'tura/ f. **1** *(di un tappeto)* beating **2** *(percosse)* beating **3** *(trebbiatura)* threshing **4** *(scrittura a macchina)* ***velocità di ~*** typing speed; ***errore di ~*** typing, keyboarding error, typo COLLOQ., finger trouble INFORM. COLLOQ.

battona /bat'tona/ f. VOLG. slut, whore.

▷ **battuta** /bat'tuta/ f. **1** *(atto del battere)* beat, beating **2** *(colpo)* blow; ***ricevere una ~ sul capo*** to get a bang on the hand **3** *(in dattilografia)* keystroke; *(carattere)* character; *(spazio)* space; ***80 -e al minuto*** 80 strokes per minute **4** MUS. bar, beat; ***una pausa di 2 -e*** a two-bar rest **5** TEATR. line, cue; *(d'entrata)* catchword, cue; ***dare la ~ a qcn.*** to feed sb., to give sb. a prompt; ***dimenticare la ~*** to forget one's line; ***dire una ~ che fa ridere*** to play a line for laughs **6** *(frase spiritosa)* joke, crack COLLOQ.; ***~ di spirito*** witticism, one-liner; ***una ~ di cattivo gusto*** a cheap crack, a bad joke; ***fare una ~*** to crack a joke; ***capire la ~*** to get the joke COLLOQ.; ***avere la ~ pronta*** to be quick on the draw; ***è una ~ fra di noi*** it's an in-joke, it's our private joke **7** VENAT. ***~ di caccia*** battue, beat(ing) **8** *(di polizia)* search, sweep **9** SPORT *(nel tennis)* serve, service (game); *(nel nuoto)* kick; ***avere un'ottima ~*** to have a big serve; ***Sampras alla ~*** Sampras to serve; ***zona di ~*** forecourt ◆ ***non perdere una ~*** not to miss a word; ***in poche -e*** very quickly; ***essere alle prime -e*** to be at the beginning ◆◆ ***~ d'arresto*** MUS. rest; FIG. setback; ***subire una ~ d'arresto*** FIG. to suffer a setback.

battuto /bat'tuto/ **I** p.pass. → **battere II** agg. **1** *(frequentato)* ***un sentiero ~*** a well-trodden path; ***una strada molto -a*** a much-travelled *o* well-travelled road; ***allontanarsi dalle vie -e*** to go off the beaten track **2** FIG. *(sconfitto)* beaten; ***~ sul traguardo*** beaten at the post **3** *(lavorato con percussione)* ***ferro ~*** wrought iron **4** *(pressato)* ***terra -a*** clay; ***campo in terra -a*** clay court, hard court **5 a spron battuto** at full gallop; ***correre a spron ~*** to go hell for leather **III** m. **1** *(pavimentazione)* concrete pavement **2** *(trito)* chopped ingredients pl.; ***~ di cipolla*** chopped onion.

▷ **batuffolo** /ba'tuffolo/ m. **1** *(di lana, cotone)* flock; *(tampone)* pad; ***~ di cotone*** wad, cotton ball **2** FIG. *(animaletto)* fluffy pet.

bau /bau/ inter. e m.inv. woof, bow-wow; ***fare ~ ~*** to woof.

baud /baud/ m.inv. baud.

▷ **baule** /ba'ule/ m. **1** trunk; ***fare, disfare i -i*** to pack, unpack trunks; ***~ da viaggio*** cabin trunk; ***~ (ad) armadio*** wardrobe trunk **2** AUT. boot BE, trunk AE.

bauletto /bau'letto/ m. *(per gioielli)* jewel case, jewellery case BE; *(per trucco)* make-up case.

bautta /ba'utta/ f. **1** INTRAD. (XVIII century Venetian carnival costume consisting of a hooded cloak and face mask) **2** *(mascherina)* mask.

bauxite /bauk'site/ f. bauxite.

▷ **bava** /'bava/ f. **1** dribble, slaver; *(di animali)* foam, froth; *(di lumaca)* slime; ***perdere la ~*** to drool *o* froth at the mouth **2** *(in bachicoltura)* floss **3** METALL. *(sbavatura)* burr ◆ ***avere la ~ alla bocca*** to be foaming at the mouth; ***perdere le -e per qcs., qcn.*** to drool *o* slaver over sth., sb. ◆◆ ***~ di vento*** = light breeze.

bavaglino /bavaʎ'ʎino/ m. bib.

▷ **bavaglio**, pl. **-gli** /ba'vaʎʎo, ʎi/ m. gag (anche FIG.); ***mettere il ~ alla democrazia, alla libertà*** FIG. to put a gag on democracy, free speech.

bavagliolo /bavaʎ'ʎɔlo/ LETT. → **bavaglino.**

bavarese /bava'rese/ ▸ ***30*** **I** agg. Bavarian; ***le Alpi Bavaresi*** the Bavarian Alps **II** m. e f. Bavarian **III** m. LING. = the dialect of German spoken in Bavaria **IV** f. GASTR. **1** *(dolce)* Bavarian cream **2** *(bevanda)* = hot beverage of milk, chocolate, egg yolks and liqueur all mixed together.

bavatura /bava'tura/ f. METALL. → **sbavatura.**

bavero /'bavero/ m. collar, lapel; ***~ di pelliccia*** fur collar; ***alzare il ~*** to turn up the collar; ***prendere qcn. per il ~*** *(aggredirlo)* to grab sb. by the collar *o* by his lapel; *(deriderlo)* to take sb. for a ride.

bavetta /ba'vetta/ **I** f. **1** METALL. *(sbavatura)* burr **2** AUT. mud flap **II bavette** f.pl. GASTR. = long, thin pasta.

Baviera /ba'vjɛra/ ▸ ***30*** n.pr.f. Bavaria.

bavosa /ba'vosa/ f. blenny.

bavoso /ba'voso/ agg. **1** [*bambino, bocca*] dribbling **2** FIG. SPREG. ***vecchio ~*** dirty old man, slaverer.

bazar /bad'dzar/ m.inv. **1** *(mercato in Oriente)* bazaar **2** *(negozio)* (general) store **3** *(luogo disordinato)* jumble, mess.

bazooka /bad'dzuka/ m.inv. bazooka.

bazza /'baddza/ f. *(mento)* protruding chin.

bazzana /bad'dzana/ f. *(in legatoria)* roan.

bazzecola /bad'dzɛkola, bad'dzekola/ f. trifle, fleabite; ***è una ~*** it's a cinch *o* a doddle BE COLLOQ.; ***non è una ~*** it's no light matter; ***l'ha comprato per una ~*** I bought it for peanuts.

bazzica /'battsika/ f. **1** *(gioco)* bezique **2** *(biliardo)* = kind of pool.

bazzicare /battsi'kare/ [1] **I** tr. to hang* out, to haunt [*luogo*]; to hang* around with [*persona*]; ***~ cattive compagnie*** to be mixed up with a fast crowd **II** intr. (aus. *avere*) ***bazzicava ai margini del mondo dello spettacolo*** he drifted around the fringe of showbusiness.

bazzotto /bad'dzɔtto/ agg. [*uovo*] coddled.

BCE /bittʃi'e/ f. (⇒ Banca Centrale Europea European Central Bank) ECB.

bè → **bee.**

be' → **beh.**

bearsi /be'arsi/ [1] pronom. to bask, to revel AE (**di qcs.** in sth.).

beat /bit/ **I** agg.inv. [*gruppo, musica*] beat **II** m. e f.inv. beatnik.

beatamente /beata'mente/ avv. blissfully.

beatificare /beatifi'kare/ [1] tr. RELIG. to beatify.

beatificazione /beatifikat'tsjone/ f. RELIG. beatification.

beatifico, pl. **-ci, -che** /bea'tifiko, tʃi, ke/ agg. [*visione*] beatific.

beatitudine /beati'tudine/ f. **1** RELIG. blessedness, bliss, beatitude FORM. **2** *(felicità)* bliss; ***la ~ dello scapolo*** SCHERZ. single blessedness.

beatnik /'bitnik/ m. e f.inv. beatnik.

▶ **beato** /be'ato/ **I** agg. **1** [*sorriso, espressione, aria*] delighted, blissful, beatific SCHERZ.; [*persona*] (blissfully) happy, delighted; ***giorni -i*** happy days; ***vita -a*** happy life; ***-a ignoranza!*** IRON. blissful ignorance! ***~ te, lui!*** lucky you, him! ***~ tra le donne*** SCHERZ. = said of a man in female company **2** RELIG. blessed; ***le anime -e*** the blessed souls; ***la Beata Vergine*** the Blessed Virgin; ***-i i poveri*** BIBL. blessed are the poor **II** m. (f. **-a**) RELIG. ***i -i*** the blessed; ***il ~ Pier Giorgio Frassati*** RELIG. the Blessed Pier Giorgio Frassati ◆ ***poca brigata, vita -a*** where two is a company, three is a crowd; ***stare fuori fino all'ora -a*** to stay out until all hours.

Beatrice /bea'tritʃe/ n.pr.f. Beatrice, Beatrix.

beauty-case /bjuti'kejs/ m.inv. dressing case, vanity bag.

bebè /be'bɛ/ m.inv. baby, babe.

beccaccia, pl. **-ce** /bek'kattʃa, tʃe/ f. woodcock.

beccaccino /bekkat'tʃino/ m. snipe.

beccafico, pl. **-chi** /bekka'fiko, ki/ m. beccafico*, fig-eater.

beccamorti /bekka'mɔrti/ m.inv., **beccamorto** /bekka'mɔrto/ m. SPREG. gravedigger.

▷ **beccare** /bek'kare/ [1] **I** tr. **1** *(prendere col becco)* [*uccelli*] to peck (at), to beak [*cibo*] **2** *(colpire con il becco)* to peck (at) [*persona, animale*]; ***il pappagallo mi ha beccato la mano*** the parrot pecked my hand **3** COLLOQ. FIG. *(sorprendere sul fatto)* to catch* [*persona*]; *(arrestare)* to cop, to nab COLLOQ. [*ladro, trasgressore*]; ***~ qcn. a fare, mentre fa qcs.*** to catch sb. doing sth.; ***farsi ~ a fare*** to get copped doing; ***farsi ~ all'autovelox*** to get caught in a radar trap; ***farsi ~ in sosta vietata*** to get done for illegal parking; ***ci hanno beccato!*** we've been rumbled! ***(ti ho) beccato!*** got you! gotcha! COLLOQ.; ***~ qcn. con le mani nel sacco*** to catch sb. red-handed **4** COLLOQ. *(rimorchiare)* ***hai beccato ieri sera!*** you scored last night! **II** pronom. **beccarsi 1** [*uccelli*] to peck (at) each other **2** COLLOQ. FIG. *(punzecchiarsi)* to bicker, to spar, to squabble **3** *(ricevere)* to rake in [*soldi*]; to bag [*medaglia*] **4** *(prendersi)* to get*, to catch* [*malattia*]; to cop [*pugno, punizione*]; ***-rsi una sgridata*** to get a scolding ◆ ***non mi becchi più!*** I won't be taken in again! you won't catch me again! ***beccati questa!*** take that!

beccata /bek'kata/ f. **1** *(colpo di becco)* peck **2** *(quantità di cibo contenuta nel becco)* beakful **3** FIG. *(battuta pungente)* cutting remark, stinger AE COLLOQ.

beccatello /bekka'tɛllo/ m. **1** ARCH. bracket **2** *(gancio dell'attaccapanni)* peg.

beccatoio, pl. **-oi** /bekka'tojo, oi/ m. bird-feeder, seed tray.

beccheggiare /bekked'dʒare/ [1] intr. (aus. *avere*) [*nave*] to pitch.

beccheggio, pl. **-gi** /bek'keddʒo, dʒi/ m. pitch(ing).

beccheria /bekke'ria/ f. REGION. butcher's shop.

becchettare /bekket'tare/ [1] **I** tr. [*uccelli*] to pick at [*briciole*] **II** pronom. **becchettarsi** to bill.

becchime /bek'kime/ m. birdseed.

becchino /bek'kino/ m. gravedigger.

▷ **1.becco**, pl. **-chi** /'bekko, ki/ m. **1** *(di animale)* beak, bill; ***munito di ~*** beaked; ***~ adunco, spalancato*** hooked, gaping beak **2** COLLOQ. *(bocca)* ***chiudi il ~!*** shut your trap! belt up! BE COLLOQ.; ***tenere il ~ chiuso*** to keep one's trap shut; ***bagnarsi il ~*** to wet one's whistle **3** *(beccuccio)* lip, spout **4** TECN. *(bruciatore)* (gas) burner, (gas) jet ◆ ***mettere (il) ~ in qcs.*** to put *o* shove *o* stick one's oar in sth.; ***non ho il ~ di un quattrino*** I haven't got a bean; ***non mi ha lasciato il ~ di un quattrino*** he cut me off without a penny; ***resteremo a ~ asciutto*** we'll be left empty-handed ◆◆ ***~ (di) Bunsen*** Bunsen (burner); ***~ a forbice*** ZOOL. scissor bill, skimmer; ***~ a scarpa*** ZOOL. shoebill.

2.becco, pl. **-chi** /'bekko, ki/ m. **1** *(maschio della capra)* he-goat, billy goat **2** COLLOQ. FIG. *(marito tradito)* cuckold.

beccofrusone /bekkofru'zone/ m. waxwing.

beccostorto /bekkos'tɔrto/ m. wrybill.

beccuccio, pl. **-ci** /bek'kuttʃo, tʃi/ m. *(di teiera, bricco)* lip, spout.

beceraggine /betʃe'raddʒine/ f. vulgarity, boorishness.

becero /'betʃero/ **I** agg. vulgar, boorish **II** m. (f. **-a**) boor, lout.

béchamel /beʃʃa'mɛl/ f.inv. → **besciamella.**

becher /'bɛker/ m.inv. beaker.

becquerel /be'krɛl, beke'rɛl/ m.inv. becquerel.

Beda /'bɛda/ n.pr.m. Bede.

beduino /bedu'ino/ **I** agg. Bedouin **II** m. (f. **-a**) **1** Bedouin **2** FIG. SPREG. boor, lout.

bee /bɛɛ/ inter. baa.

▷ **befana** /be'fana/ f. **1** *(Epifania)* Epiphany **2** INTRAD. (in folklore, the ugly old woman who brings children gifts at Epiphany) **3** COLLOQ. *(donna brutta)* crone, old hag.

▷ **beffa** /'bɛffa/ f. hoax, practical joke; ***farsi -e di qcn.*** to mock sb., to scoff at sb., to make fun *o* a fool of sb.; ***avere il danno e le -e*** to add insult to injury; ***una ~ del destino*** a twist of fate.

beffardamente /beffarda'mente/ avv. [*sorridere*] mockingly, scoffingly, sardonically.

beffardo /bef'fardo/ agg. [*parole, tono*] mocking; [*sorriso*] sneering, mocking; [*persona*] sardonic.

beffare /bef'fare/ [1] **I** tr. to hoax, to mock; ***farsi ~ da*** to be fooled by **II beffarsi** pronom. ***-rsi di qcn.*** to mock sb., to scoff at sb., to make fun *o* a fool of sb.; ***-rsi di*** to jeer at [*idea, consiglio*].

beffatore /beffa'tore/ m. (f. **-trice** /tritʃe/) → **beffeggiatore.**

beffeggiare /beffed'dʒare/ [1] tr. to mock, to laugh at.

beffeggiatore /beffeddʒa'tore/ m. (f. **-trice** /tritʃe/) hoaxer, sneerer.

bega, pl. **-ghe** /'bɛga, ge/ f. **1** *(bisticcio futile)* bicker, squabble **2** *(grana, noia)* trouble **U**, hassle **U** COLLOQ.; ***cacciarsi in una bella ~*** to get into a fix, to be in a bit *o* spot of bother.

beghina /be'gina/ f. **1** RELIG. Beguine **2** *(bigotta)* bigot.

beghinaggio, pl. **-gi** /begi'naddʒo, dʒi/ m. RELIG. beguinage.

begli /'bɛʎʎi/ → **bello.**

begonia /be'gɔnja/ f. begonia, elephant's ear.

beguine /be'gin/ f.inv. beguine.

beh /bɛ/ inter. well; ***~, penso di sì*** well, I think so; ***~, forse hai ragione*** well, you may be right.

behaviorismo /beavjo'rizmo/ m. behaviourism BE, behaviorism AE.

behaviorista, m.pl. **-i**, f.pl. **-e** /beavjo'rista/ **I** agg. behaviourist BE, behaviorist AE **II** m. e f. behaviourist BE, behaviorist AE.

behavioristico, pl. **-ci, -che** /beavjo'ristiko, tʃi, ke/ agg. behaviourist BE, behaviorist AE.

bei /bɛi/ → **bello.**

BEI /bie'i/ f. (⇒ Banca Europea per gli Investimenti European Investment Bank) EIB.

beige /bɛʒ/ ♦ ***3*** agg. e m.inv. beige.

Beirut /bei'rut/ ♦ ***2*** n.pr.f. Beirut.

bel /bɛl/ → **bello.**

▷ **belare** /be'lare/ [1] intr. (aus. *avere*) [*pecora, capra, agnello*] to bleat, to baa*; FIG. [*persona*] to bleat, to whimper, to whine.

belato /be'lato/ m. bleat(ing), baa; FIG. bleat(ing), whimper(ing).

belemnite /belem'nite/ m. belemnite.

belga, pl. **-gi, -ghe** /'bɛlga, dʒi, ge/ ♦ ***25*** **I** agg. Belgian, Belgic STOR. **II** m. e f. Belgian.

Belgio /'bɛldʒo/ ♦ ***33*** n.pr.m. Belgium.

Belgrado /bel'grado/ ♦ ***2*** n.pr.f. Belgrade.

Belize /be'liʒ/ ♦ ***33*** n.pr.m. Belize.

bella /'bɛlla/ f. **1** *(donna bella)* belle; ***la ~ del paese*** the toast of the town, the village beauty; ***la Bella addormentata*** the Sleeping Beauty; ***la Bella e la Bestia*** Beauty and the Beast **2** COLLOQ. *(innamorata)* sweetheart, girl(friend) **3** *(bella copia)* fair copy; ***copiare il tema in ~*** to make a fair copy of the essay, to copy the essay out fair **4** SPORT GIOC. *(partita decisiva)* decider (game); ***fare*** o ***giocare la ~*** to play the decider ♦♦ ***~ di notte*** BOT. moonflower; *(prostituta)* prostitute.

belladonna, pl. **belledonne** /bɛlla'dɔnna, bɛlle'dɔnne/ f. belladonna, deadly nightshade.

bellamente /bella'mente/ avv. **1** ***sono stata ~ imbrogliata*** I've been well and truly cheated; ***l'hanno messo ~ alla porta*** he was politely shown the door **2** *(comodamente)* comfortably; ***starsene ~ sdraiato*** to lie cosily **3** *(spensieratamente)* without a care, merrily.

belletto /bel'letto/ m. rouge; ***darsi il ~*** to rouge one's cheeks.

bellettristica /bellet'tristika/ f. = amateur literature.

bellettristico, pl. **-ci, -che** /bellet'tristiko, tʃi, ke/ agg. = relating to amateur literature.

▶ **bellezza** /bel'lettsa/ **I** f. **1** *(qualità estetica)* beauty, good looks pl.; ***rovinare la ~ di*** to spoil, mar the beauty of; ***una ~ ineguagliabile*** a beauty without compare; ***di una ~ incantevole, mozzafiato*** entrancingly *o* bewitchingly *o* breathtakingly beautiful; ***di rara ~*** of unusual beauty; ***la ~ non è tutto*** looks aren't everything, beauty is only skin-deep; ***concorso di ~*** beauty contest; ***istituto, salone di ~*** beauty parlour, beauty shop, beauty salon; ***trattamento di ~*** beauty treatment; ***prodotto di ~*** beauty product; ***maschera di ~*** face-pack; ***reginetta di ~*** beauty queen **2** *(qualità morale) (di gesto, sentimento)* nobility **3** *(persona, cosa bella)* ***si crede una ~*** she thinks she's a great beauty; ***non è certo una ~!*** IRON. she's no oil painting! ***~ al bagno*** bathing beauty; ***ciao, ~*** *(come appellativo)* hello, love BE, hi, doll AE **4 in bellezza** ***finire in ~*** to go out with a bang; ***lo spettacolo finì in ~*** the show ended with a flourish **II bellezze** f.pl. *(belle caratteristiche)* ***le -e della natura, del paesaggio*** the beauties of nature, of the landscape ♦ ***il motore gira che è una ~*** the engine's running sweetly; ***la ~ di un milione di dollari*** a cool million dollars; ***mi è costato la ~ di 2.000 dollari*** it set me back 2,000 dollars.

bellicismo /belli'tʃizmo/ m. warmongering.

bellicista, m.pl. **-i**, f.pl. **-e** /belli'tʃista/ **I** agg. warmongering **II** m. e f. warmonger.

bellicistico, pl. **-ci, -che** /belli'tʃistiko, tʃi, ke/ agg. warmongering.

bellico, pl. **-ci, -che** /'bɛlliko, tʃi, ke/ agg. ***materiale ~*** war material; ***industria -a*** armament industry; ***sforzo ~*** war effort.

bellicosamente /bellikosa'mente/ avv. in a warlike manner.

bellicosità /bellikosi'ta/ f.inv. bellicosity.

bellicoso /belli'koso/ agg. **1** [*popolo*] warlike, bellicose FORM.; ***non ~*** unwarlike **2** *(combattivo)* [*carattere*] warlike, combative, crusading.

belligerante /bellidʒe'rante/ **I** agg. belligerent; ***non ~*** nonbelligerent **II** m. e f. belligerent.

belligeranza /bellidʒe'rantsa/ f. belligerence, belligerency; ***non ~*** non-belligerency.

bellimbusto /bellim'busto/ m. dandy, fop, beau* ANT., coxcomb ANT.; ***fare il ~*** to play the dandy.

▶ **bello** /'bɛllo/ (**bel, bell'**; pl. **begli, bei, belle**; the form *bell'* is used only before a vowel; the masculine plural form is *bei* before a consonant followed by a vowel and before *f, p, t, c, v, b, d, g* followed by *l* or *r*; in all other cases *belli* or *begli*; today, the plural form *belli* is used only when it follows a noun or does not immediately precede it) **I** agg. **1** *(esteticamente)* [*donna, bambino, viso, cosa*] beautiful, lovely, pretty; [*uomo*] good-looking, handsome; [*portamento, gambe, denti*] good; [*luogo, casa, quadro*] nice, lovely, beautiful; ***farsi ~*** to do *o* spruce oneself up; ***è ~, ma sa recitare?*** he's got the looks, but can he act? **2** *(piacevole)* [*vacanza, gita, serata, luogo*] nice, pleasant; ***una -a serata estiva*** a fine summer evening; ***è ~ essere di nuovo a casa*** it's good to be back home; ***sarebbe davvero ~!*** it would be really *o* so nice! a chance would be a fine thing! ***avere una -a voce*** to have a good voice; ***sarebbe troppo ~...*** IRON. I, you etc. should be so lucky... **3** *(sereno, buono)* [*tempo*] fine, fair, good, nice; ***mantenersi ~*** to be set fair; ***se il tempo resta ~*** if the weather remains fine; ***fa ~*** it's *o* the weather's fine **4** *(buono)* ***non è stato molto ~ da parte tua*** it wasn't very nice of you; ***hai fatto un bel lavoro con la sedia*** you've made a good job of the chair; ***prendere bei voti*** to get good marks; ***bell'amico che sei!*** IRON. a fine friend you are! **5** *(degno di ammirazione)* ***giovane di -e speranze*** young hopeful; ***un ~ spirito*** a wit; ***sono (tutte) -e parole!*** IRON. those are high words (indeed)! **6** *(lieto, felice)* ***i bei tempi*** the good times; ***nei bei tempi andati*** in the good old days **7** *(grande, notevole)* [*somma*] goodly attrib., handsome; [*eredità, stipendio*] sizeable; ***una -a fetta di torta*** a good slice of cake; ***una -a sommetta*** a nice round sum; ***fino alla -a età di 90 anni*** to the ripe old age of 90; ***ci vuole un bel coraggio*** IRON. it really takes some cheek; ***prendersi un bel raffreddore*** IRON. to catch a nasty cold **8** *(con tono di sorpresa)* ***oh -a!*** how amazing! ***-a roba!*** big deal! ***che ~!*** how nice! how beautiful! **9** *(con valore rafforzativo)* ***è un (gran) bel tipo*** he's (really) a nice chap, he's quite *o* really something; ***un bel giorno*** one fine day; ***non vedo un bel niente*** I can't see a damn(ed) thing; ***hai un bel dire!*** that's easy for you to say! ***nel bel mezzo di qcs.*** right in the middle of sth.; ***~ caldo, fresco*** nice and warm, cool; ***~ tranquillo*** blessedly quiet **10 alla bell'e meglio** ***l'ha fatto alla bell'e meglio*** he bungled it; ***aggiustare alla bell'e meglio*** to repair carelessly, to fix loosely **11 bel bello** ***camminare bel ~*** to walk slowly *o* unhurriedly **12 a bella posta** on purpose **13 bell'e...** ***bell'e finito*** well and truly over; ***un abito bell'e fatto*** a ready-made suit; ***egoismo bell'e buono*** outright egoism; ***è una bugia bell'e buona*** that's a downright lie **II** m. **1** *(cose interessanti)* ***cos'hai fatto di ~?*** what have you been up to? ***non c'è niente di ~*** *(al cinema, in televisione)* there's nothing on; ***questo è il ~*** that's the beauty of it, that's the business COLLOQ.; ***il ~***

bello

In inglese, molti aggettivi possono rendere l'italiano *bello*; spesso, più che un giudizio oggettivo, essi esprimono l'atteggiamento del parlante.

- *Beautiful* è la parola più forte per descrivere un bell'aspetto; si usa in riferimento a donne, bambini o cose (paesaggi, monumenti, opere d'arte etc.), o in altri contesti se si vuole esprimere con forza il proprio apprezzamento: *una bella ragazza* = a beautiful girl, *due bei quadri del Cinquecento* = two beautiful 16th-century paintings, *è stata una gita molto bella!* = it was a beautiful trip!
- Per una bellezza femminile meno straordinaria, *bello* si può rendere con *attractive* (*attraente*), *pretty* (*grazioso*) o *good-looking* (*di bell'aspetto*). Quest'ultimo aggettivo, che può implicare se riferito a donne una qualche mancanza di femminilità, si usa solitamente per descrivere la bellezza maschile, mentre il termine *handsome* non è più molto usato. Decisamente letterario e quasi arcaico è *fair*.
- *Pretty* si usa anche per le cose (*carino, grazioso*), e può servire a rendere il diminutivo / vezzeggiativo italiano: *un bel vasetto* = a pretty vase, *un bel visino* = a pretty face.
- *Lovely* e *nice* sono le parole d'uso più frequente nel significato di *bello* e, per questo motivo, non esprimono un reale giudizio estetico, ma solo un generico e spesso superficiale apprezzamento: *mi hanno detto che è un bel romanzo* = I was told it's a lovely novel, *vuoi una bella tazza di tè?* = will you have a nice cup of tea?
- *Fine*, invece, esprime una precisa e consapevole valutazione: *questo soprano ha una bella voce* = this soprano has a fine voice; se riferito all'aspetto esteriore delle persone, *fine* non richiama solo la bellezza ma l'armonia e la finezza dei tratti: *she's a fine old woman* = è una bella anziana signora.
- Bisogna fare attenzione ai casi in cui *bello* viene usato in senso ironico, per esprimere negatività; in tali situazioni, si usano *pretty*, *nice* o *fine* in inglese: *che bell'affare!* = that's a pretty state of affairs!, *proprio una bella cosa da dire!* = that's a nice thing to say!, *che bel pasticcio!* = a fine kettle of fish!
- Si noti che, quando *bello* esprime un giudizio di valore e non estetico, l'inglese preferisce usare *good*: *questa nuova legge è una bella cosa* = this new law is a good thing, *mi hanno dato un bel voto* = I was given a good mark.
- In italiano, *bello* può precedere un altro aggettivo per dargli una connotazione positiva; la stessa cosa avviene in inglese con *nice and*...: *bello caldo* = nice and warm, *bello fresco* = nice and cool, *bello pulito* = nice and clean, *bello grande* = nice and big, etc.

Per altri equivalenti inglesi di bello in particolari contesti d'uso, si veda la voce qui sotto.

(della faccenda) è the best of it is **2** *(innamorato)* sweetheart, boyfriend **3** FILOS. ***il ~*** beauty; ***gusto, ricerca, senso del ~*** taste, quest, feeling for beauty **4** METEOR. ***il tempo si è messo al ~*** the weather is set fair ◆ ***sul più ~*** in the thick of it; ***ci vuole del ~ e del buono*** it takes some doing; ***adesso viene il ~!*** now comes the best of it! ***l'hai fatta -a!*** you've made a fine mess of it! ***scamparla -a*** to have a narrow *o* lucky escape, to have a close shave; ***essere troppo ~ per essere vero*** to be too good to be true; ***il Bel Paese*** = Italy; ***la -a vita*** high life, high living, the good life; ***darsi alla -a vita*** to frolic, to live it up, to racket around; ***il bel mondo*** the beautiful people, the smart *o* fashionable set; ***non è ~ quel che è ~, ma è ~ quel che piace*** PROV. beauty is in the eye of the beholder; ***ne vedremo delle -e!*** that'll make the fur *o* feathers fly! ***ne ha passate delle -e*** she's gone through a lot; ***farsi ~ di qcs.*** to boast about sth.

belloccio, pl. **-ci, -ce** /bel'lɔttʃo, tʃi, tʃe/ agg. fairly good-looking.

bellona /bel'lona/ f. SCHERZ. ***una ~*** a buxom woman, a stunner, an eye candy.

bellone /bel'lone/ m. SCHERZ. eye candy.

bellospirito, pl. **beglispiriti** /bellos'pirito, beʎʎis'piriti/ m. wit, witty person.

belluino /bellu'ino/ agg. bestial, beastly, feral.

bellunese /bellu'nese/ ♦ **2 I** agg. from, of Belluno **II** m. e f. native, inhabitant of Belluno **III** m. dialect of Belluno.

belpaese® /belpa'eze/ m.inv. GASTR. = a type of soft cheese.

beltà /bel'ta/ f.inv. LETT. beauty.

beluga /be'luga/ m.inv. ZOOL. white whale.

▷ **belva** /'belva/ f. **1** wild beast, wild animal **2** FIG. *(persona violenta)* brute, beast; ***diventare una ~*** to fly into a fury *o* rage, to flare up.

belvedere, pl. **-ri** /belve'dere, ri/ **I** m. **1** *(luogo panoramico)* viewpoint **2** *(terrazza)* belvedere, gazebo* **II** agg.inv. ***carrozza ~*** observation car.

Belzebù /beldze'bu/ n.pr.m. Beelzebub.

bemolle /be'mɔlle/ m.inv. flat; ***doppio ~*** double flat; ***in si ~ minore*** in the key of B flat minor; ***mi ~*** E flat.

bemollizzare /bemollid'dʒare/ [1] tr. to flat.

benaccetto /benat'tʃɛtto/ agg. LETT. welcome, acceptable.

benamato /bena'mato/ → **beneamato.**

benarrivato /benarri'vato/ **I** agg. welcome; ***-i!*** welcome! **II** m. welcome; ***dare il ~ a qcn.*** to bid sb. welcome, to extend a welcome to sb.

▷ **benché** /ben'ke/ cong. although, (even) though; ***~ sostenga di essere timido*** although he claims to be shy; ***è un buon negozio, ~ un po' caro*** it's a good shop, if a little expensive; ***la gita ci è piaciuta, ~ facesse molto caldo*** we enjoyed the trip (even) though it was very hot ◆ ***non fa la ~ minima differenza*** it makes not a jot of difference; ***non avere la ~ minima idea*** not to have the faintest *o* slightest idea, to have no idea whatever; ***non hanno la ~ minima possibilità di successo*** they don't have a dog's chance.

▷ **benda** /'bɛnda/ f. **1** *(fasciatura)* bandage; ***~ elastica*** elasticated bandage **2** *(per impedire la vista)* blindfold ◆ ***avere una ~ sugli occhi*** to be blind; ***togliere la ~ dagli occhi a qcn.*** to open sb.'s eyes.

bendaggio, pl. **-gi** /ben'daddʒo, dʒi/ m. bandage, bandaging.

bendare /ben'dare/ [1] tr. **1** *(fasciare)* to bandage (up) [*testa, braccio*]; to dress [*ferita*] **2** *(coprire gli occhi)* ***~ gli occhi a qcn.*** to blindfold sb.; FIG. to pull the wool over sb.'s eyes.

bendato /ben'dato/ **I** p.pass. → **bendare II** agg. bandaged; ***ad occhi -i*** blindfold(ed).

bendatura /benda'tura/ f. bandaging.

bendisposto /bendis'posto/ agg. well-disposed; ***essere ~ verso qcn.*** to be well-disposed towards sb., to be favourably disposed to sb.

▶ **1.bene** /'bɛne/ **I** avv. (compar. *meglio*; superl. *benissimo, ottimamente*) **1** *(in modo giusto, corretto, soddisfacente)* [*trattare, esprimersi, ballare, scegliere*] well; [*funzionare*] properly; [*compilare, interpretare*] correctly; ***andare ~*** [*festa, operazione, affari*] to go well; ***la macchina non va ~*** the machine is not functioning properly; ***il vestito non cade ~*** the dress doesn't hang properly; ***un lavoro ben pagato*** a nice fat job, a well-paid job; ***né ~, né male*** so so; ***~ o male*** somehow; ***parla ~ spagnolo*** he speaks good Spanish; ***non parlava molto ~ l'inglese*** she didn't speak much English; ***non ci sente ~*** he doesn't hear well; ***comportarsi ~*** to behave well, to behave oneself; ***lavorare ~*** to work well, to do one's job properly; ***abbiamo lavorato ~ questa mattina*** we've done a good morning's work; ***se ben ricordo*** if I remember correctly *o* right; ***andare ~ a scuola*** to do well at school, to do well in one's schoolwork; ***andare ~ in matematica*** to be good at maths; ***farebbero ~ a consultare un esperto*** they might do well to consult an expert; ***faremmo ~ ad andare*** we'd better be going; ***hai fatto ~ a dirmelo*** you did well *o* right to tell me; ***non sta ~ fare*** it's not done to do, it is bad form *o* manners to do; ***ho sentito parlare ~ di*** I've heard good things about; ***si parla molto ~ di lui*** he's very well-spoken-of; ***va tutto ~*** that's all very well, that's all well and good; ***va tutto ~?*** is everything all right? are you OK? ***gli è andata ~ che*** it was just as well for him that; ***potrà andare ~ in altri paesi, a casa tua, ma...*** that may be okay in other countries, in your house, but...; ***qualsiasi scusa andrà ~*** any excuse will serve; ***hai visto qualcosa che possa andare ~?*** did you see anything suitable? ***domenica (ti) va ~?*** does Sunday suit you? is Sunday OK? **2** *(completamente)* [*lavare, mescolare*] thoroughly; [*riempire, asciugare*] completely; [*leggere, esaminare, ascoltare, guardare*] carefully; ***ben cotto*** nicely done, well cooked, well-done **3** *(piacevolmente, gradevolmente)* [*dormire, mangiare*] well; [*vestire*] well, smartly; [*vivere*] comfortably; ***una casa ben arredata*** a well-decorated *o* well-appointed house; ***ben situato*** conveniently placed; ***andare*** o ***stare ~ insieme*** [*colori, mobile*] to go together, to be a good match; ***andare ~ con*** [*colore, mobile*] to go well with; ***quel cappello ti sta ~*** you look good in that hat; ***è un colore che non ti sta ~*** it's a bad colour for you; ***stare ~ con qcn.*** to get along well *o* be well in COLLOQ. with sb. **4** *(in buona salute)* ***star ~*** [*persona*] to feel all right; ***"come stai?"- "abbastanza ~"*** "how are you?" - "pretty well" **5** *(con valore rafforzativo)* ***ne sei ben sicuro?*** are you quite sure? ***si tratta di ben altro*** that's quite another matter; ***ben più di 200*** well over 200; ***ben 10.000 persone*** as many as 10,000 people; ***ben oltre***

la mezzanotte well after *o* beyond midnight; ***sono ben lontani dal soddisfare le nostre richieste*** they're a long way from satisfying our requirements; ***ben volentieri*** with great pleasure; ***ben sveglio*** wide awake; ***sono ben consapevole di ciò*** I'm well aware of that **6** *(con uso pleonastico)* ***dovrà ben arrivare!*** I'm sure he'll arrive! ***lo credo ~!*** I can well *o* quite believe it! ***come ben sai...*** as you know full well..., as you well know... **7 di bene in meglio** better and better **8 per bene** → **perbene II** agg.inv. ***la gente ~*** high society, the upper classes; ***i quartieri ~*** the posh neighbourhoods **III** inter. good, fine; ***~! Vediamo il resto*** good! Let's see the rest; ***~, bravo!*** well done! excellent! ***ma ~!*** IRON. ah, that's fine! ***va ~!*** OK! fair enough! ◆ ***ben venga quel giorno!*** may that day come! ***ben detto!*** neatly put! well said! ***stammi ~*** take care; ***ti sta ~! ben ti sta!*** it serves you right! ***non mi sta ~*** I don't agree; ***tutto è ~ quel che finisce ~*** PROV. all's well that ends well.

▶ **2.bene** /'bɛne/ m. **1** *(ciò che è buono)* good, right; ***il ~ e il male*** good and evil, right and wrong; ***una forza che tende al ~*** a force for good; ***opere di ~*** charitable acts; ***non è ~ fare*** *(cosa opportuna)* it is not nice to do **2** *(beneficio, vantaggio)* ***è un ~ che tu sia venuto*** it's a good thing you came; ***in fondo è stato un ~ per lei*** it was a blessing in disguise for her; ***la sua offerta era a fin di ~*** his offer was well-meant **3** *(interesse, benessere, felicità)* ***il ~ comune, pubblico*** the common good, the public *o* common weal ANT.; ***avere a cuore il ~ di qcn.*** to have sb.'s best interest at heart; ***per il ~ della ditta*** for the good of the company; ***è per il tuo ~*** it's for your own benefit *o* good *o* sake; ***sacrificare il proprio ~ per quello altrui*** to put others first; ***fare del ~ a qcn.*** to do sb. good; ***augurare ogni ~ a qcn.*** to wish sb. well; ***fare ~ a*** to be good for [*persona, salute, pelle*]; ***ha fatto a loro un gran ~*** it did them a world of good; ***porta ~ fare*** it's good luck to do; ***il numero tre mi porta ~*** number three is lucky for me **4** *(proprietà)* possessions, belongings, property, goods; *(patrimonio)* assets; ***comunione dei -i*** community of goods, community property AE **5** *(sentimento)* ***volersi ~*** to love (each other); ***voler ~ a qcn.*** to love sb. ◆ ***il meglio è nemico del ~*** = perfectionism can be counter-productive; ***chi fa ~ ha ~*** a good turn is never wasted; ***rendere ~ per male*** to return good for evil; ***avere ogni ben di Dio*** to live like fighting cocks ◆◆ ***-i di consumo*** consumer goods, expendable goods; ***-i deperibili*** perishable goods, perishables; ***-i durevoli*** durables; ***-i fondiari*** landed property, estates; ***-i immobili*** real estate, immovables; ***-i di lusso*** luxury goods; ***-i mobili*** content, movables, personalty; ***-i personali*** personal property; ***-i di prima necessità*** essential goods, necessaries, necessities; ***-i strumentali*** capital goods; ***-i terreni*** wordly goods.

beneamato /benea'mato/ agg. ANT. beloved.

benedettino /benedet'tino/ **I** agg. [*monaco, convento, regola, ordine*] Benedictine **II** m. (f. **-a**) **1** *(religioso)* Benedictine **2** *(liquore)* Benedictine.

benedetto /bene'detto/ **I** p.pass. → **benedire II** agg. **1** *(consacrato)* [*acqua*] holy; [*pane*] blessed; [*terra*] consecrated **2** *(santo)* ***la Vergine -a*** the Blessed Virgin; ***tu sei -a fra le donne*** blessed art thou among women; ***terra -a*** consecrated ground **3** COLLOQ. IRON. ***~ ragazzo, stai attento!*** my dear boy, be careful! ***questo ~ computer non vuole funzionare!*** this blessed *o* confounded computer won't work!

Benedetto /bene'detto/ n.pr.m. Benedict ◆ ***san ~ la rondine sotto il tetto*** PROV. = the 21st of March, feast day of St. Benedict, marks the beginning of spring.

benedicente /benedi'tʃɛnte/ agg. ***la mano ~*** the hand that blesses.

▶ **benedire** /bene'dire/ [37] tr. **1** to bless [*persona, folla*]; ***Dio ti benedica!*** God bless you! ***sia benedetto il Signore, il nome del Signore*** blessed be the Lord God, the name of the Lord; ***benedico il giorno in cui l'ho conosciuto*** FIG. I bless the day I met him; ***~ qcn. per qcs.*** to bless sb. for sth. **2** *(consacrare)* to bless, to consecrate [*matrimonio, pane, vino, acqua*] ◆ ***mandare qcn. a farsi ~*** to send sb. to hell; ***vai a farti ~*** go and jump in the lake; ***andare a farsi ~*** [*piano, programma*] to go down the tubes, to go to pot.

▷ **benedizione** /benedit'tsjone/ f. **1** RELIG. blessing, benediction; ***in segno di ~*** in benediction; ***dare*** o ***impartire la ~ a qcn.*** to give sb. one's blessing; ***ricevere la ~ di qcn.*** to be given sb.'s blessing; ***invocare la ~ di Dio su qcn., qcs.*** to ask (for) God's blessing on sb., sth. **2** FIG. *(consenso)* blessing; ***dare la propria ~ a qcs.*** to give one's blessing to sth. **3** *(fortuna)* ***quest'impiego è una ~ del cielo!*** this job is a godsend! ***è una ~ per lui che stia bene*** it is a blessing for him that he is healthy; ***il riscaldamento centralizzato è una ~ d'inverno*** central heating is a boon in winter ◆◆ ***~ apostolica*** apostolic blessing; ***~ papale*** papal blessing; ***~ Urbi et Orbi*** Urbi et Orbi blessing.

beneducato /benedu'kato/ agg. well-bred, well-mannered, well-behaved.

▷ **benefattore** /benefat'tore/ m. benefactor.

▷ **benefattrice** /benefat'tritʃe/ f. benefactress.

beneficamente /benefika'mente/ avv. beneficially.

beneficare /benefi'kare/ [1] tr. **1** *(fare beneficenza per)* to benefit, to philanthropize [*poveri, bisognosi*] **2** *(offrire sussidi a)* to support [*associazione, museo*].

▷ **beneficenza** /benefi'tʃɛntsa/ f. charity, beneficence; ***attività, opere di ~*** charity work; ***società di ~*** charitable organization, charity; ***serata di ~*** charity gala; ***vendita di ~*** charity sale; ***festa di ~*** charity carnival; ***concerto di ~*** benefit concert; ***dare in ~*** to give to charity.

▷ **beneficiare** /benefi'tʃare/ [1] intr. (aus. *avere*) to benefit, to profit (**di qcs.** from, by sth.) (anche DIR.); ***~ di un'amnistia*** to benefit from *o* enjoy an amnesty; ***~ di una tariffa ridotta*** to get *o* enjoy a reduced rate.

beneficiario, pl. **-ri**, **-rie** /benefi'tʃarjo, ri, rje/ **I** agg. [*paese, ente*] beneficiary; [*fondo, erede*] recipient **II** m. (f. **-a**) **1** AMM. beneficial owner **2** *(di vantaggio, privilegio)* beneficiary; ***~ di un sussidio*** welfare recipient **3** COMM. *(di assegno, cambiale, credito, bonifico)* recipient, payee **4** DIR. *(di legato)* beneficiary; ***~ unico*** sole beneficiary **5** *(di beneficio ecclesiastico)* beneficiary; *(nella Chiesa anglicana)* incumbent.

beneficiato /bene'fitʃato/ **I** p.pass. → **beneficiare II** agg. beneficed **III** m. *(di beneficio ecclesiastico)* beneficiary; *(nella Chiesa anglicana)* incumbent.

▷ **beneficio**, pl. **-ci** /bene'fitʃo, tʃi/ m. **1** *(giovamento)* benefit; ***trarre*** o ***ricavare ~ da qcs.*** to (get some) benefit from sth.; ***essere di ~ a*** to be of benefit to **2** *(vantaggio)* benefit, advantage; ***andare a ~ di qcn.*** to be to sb.'s benefit **3** DIR. benefit; ***-ci di legge*** legal dispensation; ***con ~ di inventario*** with the benefit of inventory; FIG. with reservation **4** RELIG. (anche **~ ecclesiastico**) benefice, living **5** COMM. profit, gain **6** ECON. ***analisi costi- -i*** cost-benefit analysis ◆ ***concedere a qcn. il ~ del dubbio*** to give sb. the benefit of the doubt ◆◆ ***~ accessorio*** fringe benefits, perquisite, perk COLLOQ.

▷ **benefico**, pl. **-ci**, **-che** /be'nɛfiko, tʃi, ke/ agg. **1** *(favorevole)* [*effetto, influenza*] beneficial, benign; ***esercitare un effetto ~ su qcn., qcs.*** to be beneficial to sb., sth. **2** *(salutare)* [*calore*] beneficial, salutary **3** *(di beneficenza)* ***spirito ~*** good spirit; ***a scopo ~*** in aid of charity, for charity; ***associazione -a*** charitable institution, charity.

Benelux /bene'luks/ n.pr.m. Benelux.

benemerenza /beneme'rɛntsa/ f. merit; ***attestato di ~*** certificate of merit.

Benemerita /bene'mɛrita/ f. ***la ~*** SCHERZ. = the Carabinieri.

benemerito /bene'mɛrito/ agg. worthy, meritorious.

beneplacito /bene'platʃito/ m. consent, placet FORM.

▷ **benessere** /be'nɛssere/ m. **1** well-being, comfort; ***il ~ fisico*** physical well-being; ***un senso di ~*** a sense of well-being; ***~ sociale*** the welfare of society **2** *(agiatezza)* affluence, wealth, ease; ***vivere nel ~*** to live in affluence, to be well off; ***società del ~*** affluent society.

▷ **benestante** /benes'tante/ **I** agg. [*quartiere, famiglia*] well off, well-to-do **II** m. e f. well-to-do person; ***è un ~*** he's a man of means; ***i -i*** the well-off.

benestare /benes'tare/ m.inv. consent, approval (anche BUROCR.); ***dare il proprio ~ a qcn., qcs.*** to give one's consent to sb., sth.

beneventano /beneven'tano/ ➧ **2 I** agg. from, of Benevento **II** m. (f. **-a**) native, inhabitant of Benevento.

benevolente /benevo'lɛnte/ agg. LETT. → **benevolo.**

benevolenza /benevo'lɛntsa/ f. **1** *(benignità)* benevolence, kindliness, kindness, benignity (**verso**, **nei confronti di** to, towards); ***considerare qcn., qcs. con ~*** to regard sb., sth. with favour; ***con uno spirito di ~*** in a spirit of goodwill **2** *(indulgenza)* lenience, leniency, indulgence; ***il giudice ha mostrato ~*** the judge has shown indulgence.

benevolmente /benevol'mente/ avv. [*sorridere, parlare*] benevolently, kindly; ***prendersi ~ gioco di qcn.*** to tease sb. playfully.

benevolo /be'nɛvolo/ agg. **1** *(affettuoso)* [*persona, sorriso, aria*] benevolent, kind, benign; [*natura*] kindly; ***mostrarsi ~ verso qcn.*** to show goodwill to *o* towards sb. **2** *(indulgente)* lenient, indulgent; ***la critica non è stata molto -a con gli attori*** critics were not kind to *o* did not go easy on the actors.

benfatto /ben'fatto/ agg. [*lavoro*] well-done, well-made; [*corpo, persona*] shapely, well-shaped.

bengala /ben'gala/ m.inv. *(fuoco d'artificio)* Bengal light.

Bengala /ben'gala/ ➧ *30* n.pr.m. Bengal; ***golfo del ~*** Bay of Bengal; ***tigre del ~*** Bengal tiger.

bengalese /benga'lese/ ➧ *30, 16* **I** agg. Bengali **II** m. e f. *(persona)* Bengali **III** m. *(lingua)* Bengali.

bengali /ben'gali/ ➧ *16* m.inv. *(lingua)* Bengali.

bengalino /benga'lino/ m. ZOOL. avadavat.

bengodi /ben'gɔdi/ m.inv. ***paese di ~*** land of plenty, land of Cockaigne.

beniamino /benja'mino/ m. (f. **-a**) **1** *(prediletto del pubblico)* darling; *(uomo)* blue-eyed boy BE COLLOQ., fair-haired boy AE COLLOQ. **2** *(figlio prediletto)* darling, pet.

Beniamino /benja'mino/ n.pr.m. Benjamin.

benignamente /beniɲɲa'mente/ avv. benignly.

benignità /beniɲɲi'ta/ f.inv. **1** *(benevolenza)* benignity, benignancy; ***guardare qcn. con ~*** to look benignly at sb. **2** *(del clima)* mildness **3** MED. ***la ~ di un tumore*** the benign nature of a tumour.

benigno /be'niɲɲo/ agg. **1** *(benevolo)* [*critica, giudizio*] benign, kind **2** *(indulgente)* ***~ lettore!*** kind reader! **3** *(favorevole)* [*sorte*] benignant, favourable BE, favorable AE **4** [*clima*] mild, benign **5** MED. [*tumore, malattia*] benign; [*cisti*] harmless.

beninformato /beninfor'mato/ **I** agg. well-informed, knowledgeable; ***essere ~*** to be in the know; ***da fonte -a*** from a reliable source **II** m. (f. **-a**) well-informed person.

benino /be'nino/ avv. **1** *(in modo soddisfacente)* [*suonare*] fairly well **2 per benino** → **perbenino.**

benintenzionato /benintentsjo'nato/ agg. well-intentioned, well-meaning (**verso**, **nei confronti di** towards).

beninteso /benin'teso/ avv. **1** *(naturalmente)* of course, naturally; ***~, la cosa rimane tra noi*** naturally, this is strictly between you and me **2 beninteso che *domani andiamo al cinema, ~ che io abbia tempo*** we'll go to the cinema tomorrow, provided that I have time, of course.

benissimo /be'nissimo/ **I** superl. → **1.bene II** avv. ***posso ~ andarci a piedi*** I can just as easily walk.

benna /'bɛnna/ f. grab, bucket ◆◆ ***~ mordente*** grab.

bennato /ben'nato/ agg. **1** *(di buona famiglia)* well-born **2** *(beneducato)* well-bred.

benpensante /bempen'sante/ **I** agg. [*persona*] priggish, prim **II** m. e f. priggish person, prim person.

benportante /bempor'tante/ agg. [*persona*] young-looking, youthful (appearing).

benservito /benser'vito/ m.inv. testimonial, reference, service letter ◆ ***dare il ~ a qcn.*** to ditch sb., to give sb. their marching orders; ***ricevere il ~*** to get one's mittimus, to be given one's marching orders *o* walking papers AE.

▷ **bensì** /ben'si/ cong. **1** *(con valore avversativo)* but (rather); ***non arriva lunedì, ~ martedì*** he's not arriving on Monday but on Tuesday **2** ANT. *(certamente)* indeed; ***è ~ vero, ma...*** it's indeed true, but...

benthos → **bentos.**

bentonite /bento'nite/ f. bentonite.

bentornato /bentor'nato/ **I** agg. ***~!*** welcome back! ***~ a casa!*** welcome home! **II** m. ***dare il ~ a qcn.*** to welcome sb. back, to welcome sb.'s return.

bentos /'bɛntos/ m.inv. benthos.

benvenuto /benve'nuto/ **I** agg. welcome; ***~ nel nostro paese, a bordo!*** welcome to our country, aboard! **II** m. (f. **-a**) **1** *(saluto)* welcome (**a**, **in** to); ***porgere, dare il ~ a qcn.*** to welcome sb., to bid sb. welcome; ***in segno di ~*** in welcome; ***discorso di ~*** welcome speech; ***brindisi di ~*** welcoming toast **2** *(persona)* ***essere il ~*** to be welcome, to be a welcome guest; ***sia la -a!*** welcome! ***Lei è sempre il ~*** you're always welcome.

benvestito /benves'tito/ agg. well-dressed.

benvisto /ben'visto/ agg. well-thought-of.

benvolere /benvo'lere/ tr. ***farsi ~ da qcn.*** to endear oneself to sb.; ***prendere a ~ qcn.*** to take a liking to sb.

benvoluto /benvo'luto/ **I** p.pass. → **benvolere II** agg. well-liked; ***essere ~ da tutti*** to be well-liked by everyone.

benzaldeide /bendzal'dɛjde/ f. benzaldehyde.

benzedrina® /bendze'drina/ f. Benzedrine®.

benzene /ben'dzɛne/ m. benzene.

benzenico, pl. **-ci**, **-che** /ben'dzɛniko, tʃi, ke/ agg. benzene attrib.; ***anello ~*** benzene ring.

benzile /ben'dzile/ m. benzyl.

▷ **benzina** /ben'dzina/ f. **1** *(carburante)* petrol BE, gasoline AE, gas* AE; ***a ~*** [*automobile*] petrol-driven BE, gasoline-powered AE; ***motore a ~*** petrol engine; ***buono ~*** petrol coupon; ***distributore di ~*** pump house, filling station, petrol station; ***pompa di ~*** petrol pump; ***andare a ~*** to run on petrol; ***fare il pieno di ~*** to fill up with petrol BE, to gas up AE; ***fare ~*** to get some petrol; ***restare senza ~*** to run out of petrol **2** *(per smacchiare)* benzine ◆ ***versare ~ sul fuoco*** to add fuel to the fire ◆◆ ***~ avio*** avgas; ***~ normale*** two-star (petrol) BE, regular (gasoline) AE; ***~ senza piombo*** unleaded (petrol), white gasoline AE; ***~ super*** four-star (petrol) BE, premium fuel BE, premium gasoline AE; ***~ verde*** → **~ senza piombo**.

▷ **benzinaio**, pl. **-ai** /bendzi'najo, ai/ ➧ *18* m. (f. **-a**) **1** *(persona)* (petrol station) attendant **2** *(distributore)* pump house, filling station, petrol station.

benzoato /bendzo'ato/ m. benzoate.

benzoico, pl. **-ci**, **-che** /ben'dzɔiko, tʃi, ke/ agg. benzoic.

benzoino /bendzo'ino/ m. benzoin.

benzolo /ben'dzɔlo/ m. benzol(e).

benzopirene /bendzopi'rɛne/ m. benzopyrene.

beone /be'one/ m. (f. **-a**) COLLOQ. boozer, soaker.

beota /be'ɔta/ ➧ *30* **I** agg. Boeotian (anche FIG.) **II** m. e f. Boeotian (anche FIG.).

Beozia /be'ɔttsja/ ➧ *30* n.pr.f. Boeotia.

bequadro /be'kwadro/ m. natural; ***re ~*** D natural.

berbero /'bɛrbero/ ➧ *16* **I** agg. **1** [*persona, cultura, lingua*] Berber **2** ***cavallo ~*** Barbary horse **II** m. (f. **-a**) **1** *(persona)* Berber **2** *(lingua)* Berber **3** *(cavallo)* Barbary horse.

berciare /ber'tʃare/ [1] intr. (aus. *avere*) [*persona*] to squawk; [*scimmia*] to gibber.

▶ **1.bere** /'bere/ [25] **I** tr. **1** *(ingerire un liquido)* [*persona*] to drink* [*bevande*] (**da** from, out of); ***beve solo acqua*** he only drinks water; ***~ qcs. fino all'ultima goccia*** to drink sth. to the very last drop *o* to the dregs; ***~ qcs. d'un fiato*** o ***in un sorso solo*** to drink sth. in one gulp, to swig sth. down; ***~ alla bottiglia*** o ***a collo*** to drink (straight) from the bottle; ***~ a garganella*** = to drink without letting one's lips touch the bottle; ***~ una bottiglia di whisky al giorno*** to be on a bottle of whisky a day; ***dare, versare (qcs.) da ~ a qcn.*** to give, pour sb. a drink; ***beviamo qualcosa*** let's have a drink; ***vuoi ~ qualcosa?*** would you like a drink? ***andare a ~ qualcosa*** to go for a drink; ***questo vino si lascia ~*** this wine is very drinkable *o* goes down well; ***~ un bicchiere (con gli amici)*** COLLOQ. to have a drink (with the boys); ***avere bevuto un*** o ***qualche bicchiere di troppo*** COLLOQ. to have had one over the eight *o* a few *o* one too many; ***~ un uovo*** to suck an egg; ***questo vino non è ancora buono da ~*** this wine isn't ready to drink yet; ***un vino da ~ fresco*** a wine to drink chilled **2** *(assorbire)* [*pianta*] to drink* (in) [*acqua*] **3** COLLOQ. *(credere a)* to buy*, to swallow [*storia, racconto, bugia*]; ***far ~ qcs. a qcn.*** to make sb. swallow sth.; ***~ le parole di qcn.*** to lap up sb.'s words; ***non me la dai a ~!*** I'm not buying that! ***non cercare di darmela a ~*** don't give me that **II** intr. (aus. *avere*) **1** *(consumare bevande, specialmente alcoliche)* ***offrire*** o ***pagare da ~ a qcn.*** to stand sb. a drink; ***pagare da ~ a tutti*** to pay for a round, to shout a round (of drinks) BE COLLOQ.; ***scrocca sempre da ~*** COLLOQ. he always gets someone to pay for his drinks **2** *(consumare alcolici in eccesso)* to drink*, to hit* the bottle, to be* on the bottle, to booze COLLOQ.; ***~ per dimenticare*** to drink to forget; ***~ forte*** to drink heavily; ***mettersi a ~*** to take the bottle, to turn to drink; ***si è rimesso a ~*** he's drinking again, he's back to the bottle; ***fare ~ qcn.*** to get sb. drunk, to ply sb. with drink, to lush sb. POP.; ***ha smesso di ~*** he gave up drinking, he's off the booze COLLOQ. **3** *(brindare)* ***~ alla salute di qcn.*** to drink (to) sb.'s health, to drink a toast to sb.; ***bevo alla riuscita del nostro progetto*** I drink to the success of our project **4** COLLOQ. *(nuotando)* to swallow water **5** COLLOQ. *(consumare)* [*motore, automobile*] to eat* (up) petrol **III bersi** pronom. **1** COLLOQ. *(credere a)* to swallow [*bugia*]; ***-rsi qualsiasi cosa*** to swallow anything, to be a pushover **2 bersela** to swallow a story (whole) ◆ ***~ l'amaro calice fino alla feccia*** to see it through to the bitter end; ***facile come ~ un bicchier d'acqua*** as easy as ABC *o* as pie *o* as falling off a log; ***~ come una spugna*** to drink like a fish; ***beviamo il bicchiere della staffa!*** let's have one for the road! ***dare da ~ agli assetati*** RELIG. to give drink to the thirsty; ***chi ha bevuto, berrà*** PROV. once a drinker, always a drinker; ***o ~ o affogare*** PROV. like it or lump it, it's Hobson's choice; ***-rsi il cervello*** COLLOQ. to go soft in the head.

2.bere /'bere/ m. drink; ***il mangiare e il ~*** food and drink; ***darsi al ~*** to turn to drink; ***avere il vizio del ~*** to have a drink problem.

bergamasco, pl. **-schi**, **-sche** /berga'masko, ski, ske/ ➧ *2* **I** agg. from, of Bergamo; ***pastore ~*** Bergamo shepherd (dog) **II** m. (f. **-a**) **1** *(persona)* native, inhabitant of Bergamo **2** LING. dialect of Bergamo.

bergamotta /berga'mɔtta/ f. *(pera)* bergamot.

bergamotto /berga'mɔtto/ m. bergamot; ***essenza di ~*** essence of bergamot; ***tè al ~*** Earl Grey tea.

beriberi, **beri-beri** /beri'bɛri/ ➧ *7* m.inv. beriberi.

berillio /be'rilljo/ m. beryllium.
berillo /be'rillo/ m. beryl.
berkelio /ber'kɛljo/ m. berkelium.
1.berlina /ber'lina/ f. *(carrozza)* berlin; *(auto)* saloon (car) BE, sedan AE.
2.berlina /ber'lina/ f. STOR. stocks pl., pillory; ***mettere qcn. alla ~*** to pillory sb.,to put sb. in the pillory (anche FIG.) (**per** for); ***essere messo alla ~*** to be put in the pillory (anche FIG.).
berlinese /berli'nese/ ➧ ***2*** **I** agg. of, from Berlin, Berlin attrib. **II** m. e f. Berliner.
Berlino /ber'lino/ ➧ ***2*** n.pr.f. Berlin; ***~ Est, Ovest*** STOR. East, West Berlin; ***il muro di ~*** STOR. the Berlin wall.
berma /'bɛrma/ f. berm.
bermuda /ber'muda/ m.pl. Bermudas, Bermuda shorts.
Bermude /ber'mude/ ➧ ***33, 14*** n.pr.f.pl. ***(isole) ~*** Bermuda; ***il triangolo delle ~*** the Bermuda Triangle.
Berna /'bɛrna/ ➧ ***2*** n.pr.f. Bern.
bernardino /bernar'dino/ **I** agg. [*monaco, convento, ordine*] Bernardine **II** m. (f. **-a**) Bernardine.
Bernardo /ber'nardo/ n.pr.m. Bernard; ***(cane di) san ~*** Saint-Bernard (dog); ***bernardo l'eremita*** ZOOL. hermit crab, soldier crab.
bernese /ber'nese/ ➧ ***2*** **I** agg. Bernese **II** m. e f. Bernese*.
bernoccolo /ber'nɔkkolo/ m. **1** *(bozzo)* lump, bump, swelling (**su** on); ***farsi un ~*** to get a bump **2** FIG. *(disposizione naturale)* ***avere il ~ della matematica, degli affari*** to have a (good) head *o* a bent *o* a flair for maths, business.
bernoccoluto /bernokko'luto/ agg. [*testa, fronte*] bumpy.
berretta /ber'retta/ f. cap; *(di religiosi)* biretta ◆◆ ***~ da prete*** BOT. spindle tree.
▷ **berretto** /ber'retto/ m. cap; *(basco)* beret; ***~ di lana*** stocking cap; ***~ di pelliccia*** fur hat; ***~ col pompon*** bobble cap; ***~ a*** o ***con visiera*** peaked cap; ***~ da baseball*** baseball cap; ***~ da sci*** ski hat; ***portare un ~*** to wear a cap ◆◆ ***~ da controllore*** ticket collector's cap; ***~ da fantino*** jockey cap; ***~ frigio*** Phrygian cap, liberty cap; ***~ goliardico*** = hard, high brimmed hat with long point at front worn by university students on special occasions; ***~ da notte*** nightcap; ***~ a sonagli*** cap and bells; ***~ verde*** MIL. Green Beret.
BERS /bieɛrre'ɛsse/ f. (⇒ Banca Europea per la Ricostruzione e lo Sviluppo European Bank for Reconstruction and Development) EBRD.
bersagliare /bersaʎ'ʎare/ [1] tr. **1** MIL. to bombard, to barrage, to hammer (away) [*nemico, postazioni nemiche*]; to pepper [*muro, area*]; ***~ qcs. di sassi*** to pelt sth. with stones; ***~ qcn. di palle di neve*** to pelt sb. with snowballs; ***~ qcn. di pugni*** to rain blows on sb. **2** FIG. *(prendere di mira)* ***~ qcn. di domande*** to fire questions at sb.; ***~ qcn. di critiche*** to barrage sb. with criticism; ***~ qcn. di flash*** [*fotografo*] to click away at sb.; ***essere bersagliato dalla sfortuna*** to be plagued by ill luck.
bersagliera /bersaʎ'ʎɛra/ **I** f. SCHERZ. *(donna energica)* sergeant major **II alla bersagliera** avv. *(con energia, slancio)* energetically, boldly.
bersagliere /bersaʎ'ʎɛre/ m. **1** MIL. = Italian infantry soldier recognizable by his plumed hat **2** FIG. SCHERZ. ***camminare con passo da ~*** to stride energetically.
bersaglieresco, pl. **-schi**, **-sche** /bersaʎʎe'resko, ski, ske/ agg. **1** *(deciso)* ***camminare con passo ~*** to stride energetically **2** *(spavaldo)* bold.
▷ **bersaglio**, pl. **-gli** /ber'saʎʎo, ʎi/ m. **1** *(obiettivo)* target, mark, butt; ***tiro al ~*** *(con arco)* target shooting; *(con arma da fuoco)* target shooting, shooting practice; *(al luna park)* cockshy, shooting gallery; ***mirare, sparare al ~*** to aim at, to fire at the target; ***centrare il ~*** [*persona*] to be right *o* bang on target; [*freccia*] to find its mark; ***centrare in pieno il ~*** to hit the target in the centre; FIG. to hit the bull's-eye; ***mancare il ~*** to be wide of the mark; ***essere un ~ facile*** to be a soft *o* an easy target; ***solo una freccetta finì sul ~*** only one of the darts hit the board **2** FIG. *(di critica, derisione)* butt, target; ***prendere a ~ qcn., qcs.*** to pick on sb., sth.; ***essere il ~ di*** to be the butt of [*sarcasmo, derisione, critiche, beffe*]; ***essere il ~ dei fotografi*** to be besieged by photographers ◆◆ ***~ fisso*** sitting target; ***~ mobile*** moving target.
1.berta /'bɛrta/ f. ORNIT. shearwater.
2.berta /'bɛrta/ f. EDIL. rammer, pile driver.
Berta /'bɛrta/ n.pr.f. Bertha ◆ ***non è più il tempo che ~ filava*** it's not like in the good old days.
bertesca, pl. **-sche** /ber'teska, ske/ f. bartizan.
Bertoldo /ber'tɔldo/ n.pr.m. Berthold.
Bertrando /ber'trando/ n.pr.m. Bertrand.
bertuccia, pl. **-ce** /ber'tuttʃa, tʃe/ f. Barbary ape.
besciamella /beʃʃa'mɛlla/ f. béchamel.
▷ **bestemmia** /bes'temmja/ f. **1** *(imprecazione)* blasphemy, swearword, oath, curse (**contro** against); ***è ~ dire*** it is blasphemy to say **2** *(sproposito)* nonsense, rubbish; ***non dire -e!*** don't talk nonsense!
▷ **bestemmiare** /bestem'mjare/ [1] **I** tr. to blaspheme [*Dio*] **II** intr. (aus. *avere*) **1** *(imprecare)* to swear*, to blaspheme; ***~ contro qcs., qcn.*** to swear against *o* curse sb., sth.; ***sono stufa di sentirlo ~*** I'm sick of his swearing **2** *(dire spropositi)* ***(ma) non ~!*** don't talk nonsense! ◆ ***~ come un turco*** to swear like a trooper, to eff and blind.
bestemmiatore /bestemmja'tore/ m. (f. **-trice** /tritʃe/) blasphemer, swearer.
▶ **bestia** /'bestja, 'bɛstja/ f. **1** *(animale)* beast, animal; ***uomini e -e*** men and beasts; ***non siamo mica -e!*** we're not animals! ***risvegliare la ~ che c'è in qcn.*** to bring out the beast in sb. **2** *(insetto)* bug; ***la verdura è piena di -e*** the vegetables are full of slugs **3** *(capo di bestiame)* ***portare le -e all'abbeverata*** to lead the cattle to the watering **4** *(persona ignorante)* boor, oaf; ***~ che sei!*** you idiot! **5** *(persona rozza e violenta)* beast, brute; ***suo marito è una ~*** her husband is a brute; ***brutta ~!*** you jerk! ◆ ***la fame, la guerra è una brutta ~*** hunger, war is a scourge; ***lavorare come una ~*** to work like crazy *o* like a Trojan BE; ***essere una ~ da soma*** to be the household drudge; ***andare, montare in ~*** to fly off the handle, to blow a fuse; ***mandare in ~*** o ***far montare in ~ qcn.*** to drive sb. up the wall; ***essere la ~ nera di qcn.*** [*persona, soggetto, problema*] to be sb.'s pet peeve, to be a bugbear for sb.; ***guardare qcn. come una ~ rara*** to look at sb. as if he, she were a freak ◆◆ ***~ cornuta*** horned animal; ***~ feroce*** ferocious animal; ***~ nera*** pet hate, pet peeve; ***~ selvatica*** wild animal; ***~ da soma*** beast of burden, pack animal; ***~ da tiro*** draught animal.
bestiaccia, pl. **-ce** /bes'tjattʃa, tʃe/ f. SPREG. ***quella ~ mi ha morso*** that wretched animal bit me.
▷ **bestiale** /bes'tjale/ agg. **1** *(da animale, animalesco)* [*istinto*] animal, beastly **2** *(brutale)* [*violenza*] beastly, brutal, brutish **3** COLLOQ. *(molto intenso)* ***fa un freddo ~*** it's freezing cold; ***fa un caldo ~*** it's boiling hot; ***ho una fame ~*** I'm starving; ***divertimento ~*** great fun; ***è un lavoro ~*** it's a hard slog.
bestialità /bestjali'ta/ f.inv. **1** ZOOL. bestiality **2** *(brutalità)* brutishness, bestiality, viciousness FORM. **3** *(grossa sciocchezza)* blunder; ***fare ~*** to blunder, to make blunders; ***non dire ~!*** don't talk nonsense *o* rubbish!
bestialmente /bestjal'mente/ avv. [*comportarsi*] brutally.
▷ **bestiame** /bes'tjame/ m. livestock; *(bovino)* cattle; ***50 capi di ~*** 50 head of cattle; ***allevamento del ~*** *(attività)* cattle raising, stock rearing, stock breeding; ***carro ~*** cattle truck; ***mercato, fiera del ~*** cattle market; ***allevatore di ~*** livestock, cattle farmer, cattleman; ***allevare il ~*** to breed cattle ◆◆ ***~ grosso*** cattle, heavy livestock; ***~ da macello*** beef cattle, fatstock BE; ***~ minuto*** smaller livestock.
1.bestiario, pl. **-ri** /bes'tjarjo, ri/ m. LETT. bestiary.
2.bestiario, pl. **-ri** /bes'tjarjo, ri/ m. STOR. *(nell'antica Roma)* = gladiator who fought ferocious beasts.
bestiola /bes'tjɔla/ f. beastie.
bestione /bes'tjone/ m. **1** *(grosso animale)* big animal **2** SPREG. *(uomo rozzo e brutale)* beast, brute.
best seller /bɛst'sɛller/ m.inv. bestseller.
bestsellerista, m.pl. **-i**, f.pl. **-e** /bestselle'rista/ m. e f. bestseller (writer).
beta /'beta/ **I** m. e f.inv. *(lettera)* beta **II** agg.inv. ***raggi, particelle ~*** beta particles, beta rays.
betabloccante /betablok'kante/ **I** agg. beta-blocking **II** m. beta-blocker.
beta-globulina /betaglobu'lina/ f. beta globulin.
betatrone /beta'trone/ m. betatron.
betel /'bɛtel/ m.inv. betel; ***noce di ~*** betel nut; ***foglia di ~*** pan.
Betlemme /be'tlɛmme/ ➧ ***2*** n.pr.f. Bethlehem.
beton /be'tɔn/ m.inv. concrete.
betonaggio, pl. **-gi** /beto'naddʒo, dʒi/ m. concreting.
betonica → **bettonica.**
betoniera /beto'njɛra/ f. (cement, concrete) mixer.
1.bettola /'bettola/ f. dive, joint, greasy spoon, barrelhouse AE, hash house AE; ***racconti da ~*** pub talk.
2.bettola /'bettola/ f. *(chiatta)* = barge for the transport of gravel or sand.
bettolina /betto'lina/ f. = cargo barge.
bettolino /betto'lino/ m. canteen; STOR. sutlery.
bettonica, pl. **-che** /bet'tɔnika, ke/ f. betony.
betulla /be'tulla/ f. **1** *(pianta)* birch (tree) **2** *(legno)* birch (wood) ◆◆ ***~ bianca*** silver birch.
beuta /'bɛuta/ f. CHIM. flask.

▷ **bevanda** /be'vanda/ f. beverage, drink; ~ ***calda*** hot drink; ~ ***alcolica*** (alcoholic) drink, booze COLLOQ.; ~ ***analcolica*** soft drink; ~ ***energetica, corroborante*** energy drink.
beveraggio, pl. **-gi** /beve'raddʒo, dʒi/ → **beverone.**
beverino /beve'rino/ m. drinking trough (in a birdcage).
beverone /beve'rone/ m. **1** *(per animali)* mash **2** SPREG. *(intruglio)* brew.
bevibile /be'vibile/ agg. **1** *(che si può bere)* drinkable **2** FIG. *(plausibile)* [*notizia*] believable, credible.
bevicchiare /bevik'kjare/ [1] tr. **1** *(bere a piccoli sorsi)* to sip **2** *(bere abitualmente alcolici)* to tipple.
▷ **bevitore** /bevi'tore/ m. (f. **-trice** /tritʃe/) **1** *(di alcolici)* drinker, bibber, boozer BE COLLOQ.; ***essere un forte, gran*** ~ to be a hard *o* heavy drinker; ~ ***occasionale*** social drinker; ***un gran*** ~ ***di birra, di whisky*** a beer, whisky man **2** *(chi beve)* drinker; ***un*** ~ ***di caffè, di birra*** a coffee, beer drinker.
▷ **bevuta** /be'vuta/ f. *(bicchierata)* drink, binge COLLOQ., swig COLLOQ., swill COLLOQ., toot AE COLLOQ.; ***una grande*** ~ a drinking spree, a booze-up BE COLLOQ.; ***venite a farvi una*** ~ ***da me!*** come round for a drink! ***andiamo a farci una*** ~***!*** let's go for a drink!
bevuto /be'vuto/ **I** p.pass. → **1.bere II** agg. COLLOQ. *(brillo)* ***è un po'*** ~ he's a bit tipsy.
bey /bɛj/ m.inv. bey.
B.F. ⇒ bassa frequenza low frequence (LF).
Bhutan /bu'tan/ ♦ ***33*** n.pr.m. Bhutan.
bhutanese /buta'nese/ ♦ ***25*** **I** agg. Bhutanese **II** m. e f. Bhutanese*.
bi /bi/ m. e f.inv. *(lettera)* b, B.
B.I. ⇒ Banca d'Italia = Bank of Italy.
biacca, pl. **-che** /'bjakka, ke/ f. flake white; ~ ***di piombo*** white lead.
biacco, pl. **-chi** /'bjakko, ki/ m. = yellow-green non poisonous snake.
biacido /bi'atʃido/ agg. diacid.
biada /'bjada/ f. fodder; ***dare la*** ~ ***ai cavalli*** to fodder *o* feed the horses.
biafrano /bia'frano/ **I** agg. Biafran **II** m. (f. **-a**) Biafran.
bianca, pl. **-che** /'bjanka, ke/ f. **1** TIP. = side of a sheet of paper which is printed first **2** *(donna di razza bianca)* white (woman*), Caucasian; ***tratta delle -che*** white slavery.
Bianca /'bjanka/ n.pr.f. Blanche.
Biancaneve /bjanka'neve/ n.pr.f. Snow White; ~ ***e i sette nani*** Snow White and the Seven Dwarfs.
biancastro /bjan'kastro/ agg. whitish.
biancazzurro /bjankad'dzurro/ **I** agg. [*tifoso, giocatore, difesa*] = of Lazio football club **II** m. *(giocatore)* = Lazio player.
biancheggiante /bjanked'dʒante/ agg. albescent RAR.
biancheggiare /bjanked'dʒare/ [1] **I** intr. (aus. *avere*) LETT. [*cielo*] to grow* white **II** tr. to whitewash [*parete, muro*].
▶ **biancheria** /bjanke'ria/ f. **1** *(di uso domestico)* linen; ~ ***sporca*** dirty linen *o* laundry, washing; ~ ***colorata*** coloured linen; ~ ***inamidata*** starched linen; ~ ***fresca di bucato*** freshly laundered linen; ***mettere in ammollo la*** ~ to (pre-)soak the washing; ***stendere la*** ~ ***ad asciugare*** to hang up the washing; ***armadio per la*** ~ linen cupboard BE, linen closet AE; ***cesta per la*** o ***della*** ~ hamper, laundry basket **2** *(indumenti intimi)* linen, underwear, underclothes pl.; ***cambiarsi la*** ~ to change one's underwear; ***portare della*** ~ ***di seta*** to wear silk lingerie; ~ ***fine*** fine lingerie; ~ ***per signora*** ladies' underwear, lingerie; ~ ***da uomo*** men's underwear, skivvies; ***un capo di*** ~ an item *o* article of underwear ♦♦ ~ ***da bagno*** bathroom linen; ~ ***da casa*** household linen; ~ ***intima*** underwear, underclothes; ~ ***da letto*** bed linen, bed clothes; ~ ***da tavola*** table linen.
bianchettare /bjanket'tare/ [1] tr. to white out, to Tipp-Ex® BE (out, over) [*parola, errore*].
bianchetti /bjan'ketti/ m.pl. *(pesci)* whitebait.
bianchetto /bjan'ketto/ m. **1** *(correttore)* correcting fluid, liquid paper, Tipp-Ex® BE; ***cancellare qcs. con il*** ~ to white sth. out **2** *(di scarpe)* white shoe polish, whitener; ***dare il*** ~ ***alle scarpe*** to whiten one's shoes **3** *(belletto)* ceruse.
bianchezza /bjan'kettsa/ f. whiteness; *(di pelle)* fairness.
bianchiccio, pl. **-ci, -ce** /bjan'kittʃo, tʃi, tʃe/ agg. whitish.
bianchire /bjan'kire/ [102] tr. **1** TECN. *(sbiancare)* to bleach, to whiten **2** *(pulire)* to polish [*metalli preziosi*].
▶ **bianco**, pl. **-chi, -che** /'bjanko, ki, ke/ ♦ ***3*** **I** agg. **1** [*fiori, denti, capelli, vernice, oro*] white; ~ ***opaco, brillante*** mat, bright white; ~ ***giallastro*** yellowish white; ***pane*** ~ white bread; ***carne -a*** white meat; ***riso*** ~ white rice; ***yogurt*** ~ plain yoghurt; ***uva -a*** white grapes; ***vino*** ~ white wine; ***Monte Bianco*** Mont Blanc; ***la Casa Bianca*** the White House; ***voce -a*** treble voice, white voice; ***vedova -a*** grass widow **2** *(pallido)* ***diventare*** ~ to go *o* turn white; ~ ***per la*** o ***dalla paura*** white with fear **3** *(pulito)* white, clean **4** *(occidentale)* [*razza, bambino, dominazione, quartiere*] white **5** *(non scritto)* [*pagina, foglio*] blank, clean **6** *(non consumato)* ***matrimonio*** ~ unconsummated marriage **II** m. **1** *(colore)* white; ***un bel*** ~ a lovely white; ***un*** ~ ***splendente*** a dazzling *o* sparkling *o* startling white; ***abbinare il blu al*** ~ to match blue with white; ***tutto vestito di*** ~ dressed (all) in white **2** *(uomo di razza bianca)* white (man*), Caucasian **3** *(vernice, tempera)* white paint; ***un tubetto di*** ~ a tube of white paint; ***dipingere di*** ~ to paint [sth.] white [*muro, mobile*]; ***una mano di*** ~ a wash of white; ***dare il*** ~ ***a qcs.*** to coat sth. with whitewash, to whitewash sth.; ***dare una mano, la seconda mano di*** ~ to give a coat, a second coat of white **4 in bianco** *(non scritto)* ***lasciare in*** ~ to leave [sth.] blank [*nome, indirizzo*]; ***consegnare il foglio*** o ***il compito in*** ~ to hand in a blank paper; ***assegno in*** ~ BANC. BUROCR. blank check; ***firmare un documento in*** ~ to sign a blank document; ***girata in*** ~ blank endorsement; *(non condito)* ***mangiare in*** ~ to eat plain *o* bland food; ***pasta, riso in*** ~ plain pasta, rice **5** FOT. CINEM. TELEV. ***in*** ~ ***e nero*** [*film, fotografia, televisione, stampa*] black and white **6** *(biancheria)* (household) linen; ***la settimana del*** ~ household linen (promotional) sale; ***fiera del*** ~ white sale **7** *(parte bianca) (dell'uovo)* (egg) white; *(degli occhi)* ***il*** ~ ***degli occhi di qcn.*** the whites of sb.'s eyes **8** *(vino)* white wine; ***preferisco il*** ~ I prefer white (wine) **9** TIP. *(spazio vuoto)* blank (space); ***lasciare un*** ~ to leave a blank; ***riempire i -i*** to fill in the blanks **10** GIOC. *(negli scacchi, nella dama)* white; ***prendo i -i*** I'll be white; ***il*** ~ ***vince*** white wins **III** avv. ***Whizzo lava più*** ~ Whizzo washes whiter ♦ ***andare in*** ~ to draw a blank, not to score; ***essere*** ~ ***come uno straccio*** o ***un cencio*** o ***un lenzuolo*** to be as white as chalk *o* as a sheet; ~ ***come un morto*** pasty-faced; ~ ***come la neve*** snow-white; ***essere una mosca -a*** to be a rare bird; ***avere carta -a per fare*** to have, to be given carte blanche *o* free rein to do; ***dare carta -a a qcn.*** to give *o* write sb. a blank cheque, to give sb. a free hand; ***è scritto qui nero su*** ~ here it is in black and white, it's set down here in black and white; ***dire oggi*** ~ ***e domani nero*** to have a different story every day; ***quando uno dice*** ~***, l'altro dice nero*** they can never agree on anything; ***con lui è (sempre) tutto*** ~ ***o tutto nero*** he sees everything in black and white; ***passare la notte in*** ~ to pass *o* spend a sleepless night, not to sleep a wink; ***di punto in*** ~ out of the blue, point-blank; ***far vedere a qcn. (il) nero per (il)*** ~ to pull the wool over sb.'s eyes; ***essere*** ~ ***e rosso, avere una faccia -a e rossa*** to have pink and white cheeks ♦♦ ~ ***di balena*** spermaceti; ~ ***gesso*** chalk white; ~ ***ghiaccio*** cool white; ~ ***latte*** milk-white; ~ ***panna*** cream; ~ ***di Spagna*** *(pigmento)* whiting; ~ ***sporco*** off-white, dirty white; ~ ***di zinco*** zinc oxide.
biancomangiare /bjankoman'dʒare/ m.inv. blancmange.
biancone /bjan'kone/ m. harrier eagle, short-toed eagle.
bianconero /bjanko'nero/ **I** agg. [*tifoso, giocatore, difesa*] = of Juventus football club **II** m. *(giocatore)* = Juventus player.
biancore /bjan'kore/ m. whiteness.
biancospino /bjankos'pino/ m. hawthorn, haw, may blossom, quickthorn, thornbush; ***siepe di -i*** (haw)thorn hedge ♦♦ ~ ***della Virginia*** cockspur.
biancovestito /bjankoves'tito/ agg. LETT. (all) clad in white.
biascicamento /bjaʃʃika'mento/ m. muttering, mumbling.
biascicare /bjaʃʃi'kare/ [1] tr. to mutter, to mumble [*risposta*].
biasimare /bjazi'mare/ [1] tr. to blame, to censure, to fault; ~ ***qcn. per il suo comportamento*** to find fault with sb. for his behaviour; ***chi può biasimarlo?*** who can blame him?
biasimatore /bjazima'tore/ m. (f. **-trice** /tritʃe/) censor, detractor.
biasimevole /bjazi'mevole/ agg. reprehensible, blameworthy.
biasimevolmente /bjazimevol'mente/ avv. reprehensibly.
biasimo /'bjazimo/ m. **1** *(disapprovazione)* blame, censure; ***di*** ~ [*sguardo, parole, tono*] reproachful **2** *(sanzione)* ***nota di*** ~ official warning, black mark (anche FIG.); ***infliggere una nota di*** ~ ***a qcn.*** to give sb. an official warning.
biassiale /bias'sjale/ agg. biaxial.
biassico, pl. **-ci, -che** /bi'assiko, tʃi, ke/ agg. biaxial.
biatomico, pl. **-ci, -che** /bia'tɔmiko, tʃi, ke/ agg. diatomic.
biaurale /biau'rale/ agg. binaural.
biauricolare /biauriko'lare/ agg. → **biaurale**.
bibasico, pl. **-ci, -che** /bi'baziko, tʃi, ke/ agg. bibasic.
▷ **Bibbia** /'bibbja/ f. **1** *(libro sacro)* Bible; ***la Sacra*** ~ the Holy Bible; ***giurare sulla*** ~ to swear on the Bible; ***un passo della*** ~ a passage from the Bible **2** FIG. bible; ***è la sua*** ~ it's his bible.
biberon /bibe'rɔn/ m.inv. (feeding) bottle, feed, feeder bib BE; ***poppare dal*** ~ to suck at *o* feed from a bottle; ***allattare un bambino con il*** ~ to feed a baby on bottle, to bottle-feed a baby.

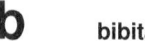

▷ **bibita** /'bibita/ f. drink, beverage; **~ *fresca*** cool drink; **~ *ghiacciata*** ice-cold drink; **~ *dissetante*** thirst quencher.

biblicamente /biblika'mente/ avv. biblically; ***conoscere qcn. ~*** SCHERZ. to have carnal knowledge of sb.

biblico, pl. **-ci**, **-che** /'bibliko, tʃi, ke/ agg. biblical; ***esegesi -a*** biblical exegesis; ***conoscere qcn. in senso ~*** SCHERZ. to have carnal knowledge of sb.

bibliobus /'bibljobus, bibljo'bus/ m.inv. travelling library, mobile library BE, bookmobile AE.

bibliofilia /bibljofi'lia/ f. bibliophily.

bibliofilo /bi'bljɔfilo/ m. (f. **-a**) bibliophile.

bibliografia /bibljogra'fia/ f. bibliography; ***quel libro non ha una buona ~*** that book is not well referenced.

bibliografico, pl. **-ci**, **-che** /bibljo'grafiko, tʃi, ke/ agg. bibliographic.

bibliografo /bi'bljɔgrafo/ ➧ ***18*** m. (f. **-a**) bibliograph.

bibliolatria /bibljola'tria/ f. bibliolatry.

bibliomane /bi'bljɔmane/ m. e f. bibliomaniac.

bibliomania /bibljoma'nia/ f. bibliomania.

▷ **biblioteca**, pl. **-che** /bibljo'tɛka, ke/ f. **1** *(luogo)* library; ***andare in ~*** to go to the library; ***prendere in prestito un libro in ~*** to take on loan, to borrow a book from the library; ***consultare un libro in ~*** to look up a book in the library **2** *(collezione di libri)* library; ***topo di ~*** COLLOQ. bookworm **3** INFORM. **~ *di programmi*** program library ◆ ***essere una ~ ambulante*** to be a walking encyclopaedia ◆◆ **~ *circolante*** lending library, rental library BE; **~ *civica*** public library; **~ *di consultazione*** reference library; **~ *musicale*** music library; **~ *nazionale*** national library; **~ *scolastica*** school library; **~ *universitaria*** university library.

bibliotecario, pl. **-ri** /bibljote'karjo, ri/ ➧ ***18*** m. (f. **-a**) librarian.

biblioteconomia /bibljotekono'mia/ f. library science, librarianship.

biblista, m.pl. **-i**, f.pl. **-e** /bi'blista/ m. e f. biblist, biblicist.

biblistica /bi'blistika/ f. Bible studies pl.

bibulo /'bibulo/ agg. SCHERZ. bibulous.

bica, pl. **-che** /'bika, ke/ f. **1** AGR. mow, stack, shock **2** *(mucchio)* heap, pile.

bicamerale /bikame'rale/ agg. [*sistema, assemblea*] bicameral.

bicameralismo /bikamera'lizmo/ m. two-chamber system, bicameralism.

bicamere /bi'kamere/ m.inv. two-roomed flat.

bicarbonato /bikarbo'nato/ m. bicarbonate ◆◆ **~ *di potassio*** potassium bicarbonate, bicarbonate of potassium; **~ *di sodio*** sodium bicarbonate, bicarbonate of soda, baking soda, saleratus AE.

bicchierata /bikkje'rata/ f. **1** *(bevuta in compagnia)* drinks party; **~ *di benvenuto*** welcoming (drinks) party; **~ *d'addio*** farewell (drinks) party **2** *(quantità)* glass(ful); ***una ~ di latte*** a glassful of milk.

▶ **bicchiere** /bik'kjɛre/ m. **1** *(recipiente)* glass; **~ *da acqua, da vino*** water, wine glass; **~ *da cognac*** brandy glass, snifter AE; **~ *di cristallo*** crystal glass; **~ *di carta*** paper cup; **~ *di plastica*** plastic cup, beaker; ***(servizio di) -i*** glassware, set of glasses; ***riempire, vuotare il ~*** to fill, empty one's glass **2** *(contenuto)* glass(ful); ***un ~ di vino, di latte*** a glass(ful) of wine, milk; ***mezzo ~*** half a glassful **3** *(bevanda alcolica)* drink, jar BE COLLOQ., jolt AE COLLOQ.; ***bere un ~ (con gli amici)*** to have a drink (with the boys); ***bere un ~ veloce*** to have a quick drink; ***andare a farsi un ~*** COLLOQ. to go for a jar; ***aver bevuto un, qualche ~ di troppo*** to have had one over the eight *o* a few *o* one too many; ***un ~ non ci starebbe male!*** a drink wouldn't come *o* go amiss! ◆ ***affogare*** o ***perdersi in un bicchier d'acqua*** to make a mountain out of a molehill; ***alzare i -i alla salute di qcn.*** to raise a glass to sb.; ***facile come bere un bicchier d'acqua*** as easy as ABC *o* as pie *o* as falling off a log; ***una tempesta in un bicchier d'acqua*** a storm in a teacup; ***beviamo il ~ della staffa!*** let's have one for the road! ◆◆ **~ *a calice*** stemmed glass; **~ *graduato*** measuring glass.

bicchierino /bikkje'rino/ m. **1** *(recipiente)* small glass, liqueur glass **2** *(contenuto)* drop, snifter, snort(er); ***farsi un ~*** to have a quick drink *o* half BE; ***un ~ di whisky, di gin*** a shot of whisky, of gin.

bicefalo /bi'tʃɛfalo/ agg. bicephalous.

bicellulare /bitʃellu'lare/ agg. bicellular.

bicentenario, pl. **-ri**, **-rie** /bitʃente'narjo, ri, rje/ **I** agg. bicentennial, two-hundred-year-old; ***essere ~*** to be two hundred years old **II** m. bicentenary, bicentennial; ***festa del ~*** bicentenary festival *o* celebration.

▶ **bici** /'bitʃi/ f.inv. COLLOQ. (accorc. bicicletta) bike, cycle; ***in ~*** on a, by bike; ***sai andare in ~?*** can you ride a bike? ***va a scuola in ~*** he rides his bike to school ◆◆ **~ *da corsa*** racer; **~ *da strada*** roadster.

▶ **bicicletta** /bitʃi'kletta/ f. bicycle; **~ *da uomo*** man's *o* gent's bicycle; **~ *da donna*** woman's *o* lady's bicycle; ***in ~*** on a, by bicycle; ***andare in ~*** to ride a bicycle, to cycle, to go cycling; *(praticare il ciclismo)* to cycle, to go cycling; ***un giro in ~*** a bike ride; ***cadere dalla ~*** to fall off a *o* one's bicycle; ***salire, scendere dalla ~*** to get on, off a bicycle; ***ha girato l'Italia in bicicletta*** he has cycled the (whole) length of Italy ◆ ***hai voluto la ~, e ora pedala*** you've made your bed, now you must lie in it ◆◆ **~ *da camera*** exercise bike, exerciser AE; **~ *da ciclocross*** cyclo-cross bike, BMX; **~ *da corsa*** racer, racing bicycle; **~ *da (ciclo)turismo*** tourer.

biciclo /bi'tʃiklo/ m. penny-farthing, ordinary AE.

bicilindrico, pl. **-ci**, **-che** /bitʃi'lindriko, tʃi, ke/ agg. [*motore*] twin-cylinder.

1.bicipite /bi'tʃipite/ m. biceps*; ***gonfiare i -i*** to flex *o* pump one's muscles.

2.bicipite /bi'tʃipite/ agg. **1** *(con due teste)* two-headed, double-headed, bicipital; ***aquila ~*** double eagle **2** ANAT. bicipital.

bicocca, pl. **-che** /bi'kɔkka, ke/ f. *(rudere)* hovel, shanty.

bicolore /biko'lore/ agg. two-colour attrib.

biconcavo /bi'kɔnkavo/ agg. biconcave, concavo-concave.

biconico, pl. **-ci**, **-che** /bi'kɔniko, tʃi, ke/ agg. biconical.

biconvesso /bikon'vɛsso/ agg. biconvex.

bicorne /bi'kɔrne/ **I** agg. **1** ANAT. [*utero*] bicornuate **2** ZOOL. [*calao, rinoceronte*] bicorn, two-horned **II** m. *(cappello)* cocked hat.

bicornia /bi'kɔrnja/ f. two-beaked anvil, bickern.

bicorno /bi'kɔrno/ m. cocked hat.

bicromato /bikro'mato/ → **dicromato.**

bicuspidale /bikuspi'dale/, **bicuspide** /bi'kuspide/ agg. bicuspid, bicuspidate.

bidè /bi'dɛ/ m.inv. bidet.

bidello /bi'dɛllo/ ➧ ***18*** m. (f. **-a**) caretaker, janitor AE SCOZZ.; *(di università)* porter.

bidente /bi'dɛnte/ m. pitchfork.

bidimensionale /bidimensjo'nale/ agg. two-dimensional.

bidirezionale /bidirettsjo'nale/ agg. bidirectional (anche INFORM.).

bidonare /bido'nare/ [1] tr. COLLOQ. to rip off, to stitch up, to swindle.

bidonata /bido'nata/ f. COLLOQ. **1** *(imbroglio)* rip-off, swindle **2** *(prodotto scadente)* ***questa macchina è una vera ~*** this car is a lemon.

▷ **bidone** /bi'done/ m. **1** *(barile)* drum; *(tanica)* can; ***un ~ da 10 litri*** a 10 litre drum **2** FIG. *(persona grassa)* ***essere un ~*** to be a tub **3** COLLOQ. *(imbroglio, fregatura)* con trick, rip-off; ***fare, tirare un ~ a qcn.*** *(imbrogliare)* to hand sb. a lemon, to take sb. for a ride; *(non presentarsi a un appuntamento)* to stand sb. up; ***prendersi un ~*** to be sold a pup, to be taken for a ride; ***essere un ~*** [*oggetto*] to be junk *o* a lemon; [*atleta, calciatore*] to be a dead loss ◆◆ **~ *dell'immondizia*** litter bin BE, dustbin BE, garbage can AE, trashcan AE; **~ *del latte*** milk can, churn BE; **~ *della spazzatura*** → **~ dell'immondizia.**

bidonville /bidon'vil/ f.inv. shantytown.

biecamente /bjeka'mente/ avv. balefully, blackly; ***guardare qcn., qcs. ~*** to glower at sb., sth.

bieco, pl. **-chi**, **-che** /'bjeko, ki, ke/ agg. [*sguardo*] baleful, dark, sinister; ***con occhio, sguardo ~*** darkly; ***un tipo ~*** a sullen character.

bielica /bi'ɛlika/ agg.inv. [*motore*] twin-screw.

biella /'bjɛlla/ f. piston rod, connecting rod, pitman AE; ***piede di ~*** little end BE; ***testa di ~*** stub-end, big end BE ◆ **~ *di accoppiamento*** drag link rod.

biellese /bjel'lese, bjel'leze/ ➧ ***2*** **I** agg. from, of Biella **II** m. e f. native, inhabitant of Biella.

Bielorussia /bjelo'russja/ ➧ ***33*** n.pr.f. Byelorussia.

bielorusso /bjelo'russo/ ➧ ***25, 16*** **I** agg. Byelorussian **II** m. (f. **-a**) **1** *(persona)* Byelorussian, White Russian **2** *(lingua)* Byelorussian.

biennale /bien'nale/ **I** agg. **1** *(che dura due anni)* ***corso ~*** two-year course **2** BOT. ***pianta ~*** biennial (plant) **3** *(che ricorre ogni due anni)* [*fiera, manifestazione*] biennial **II** f. biennial (exhibition, event); ***la Biennale di Venezia*** the Venice Biennial.

> **i** **Biennale di Venezia** This is an international show for the visual arts, cinema, architecture, dance, music, and theatre. The visual arts section, which is held in the Gardens, still takes place every two years and often welcomes avant-garde artists. The first Biennial International Art Exhibition was held in 1895. The section devoted to cinema takes place annually. The other sections take place at irregular intervals.

biennio, pl. **-ni** /bi'ɛnnjo, ni/ m. **1** *(periodo)* biennium*, two-year period **2** *(corso di studi)* two-year course; *(delle superiori)* = former name for the first two years at secondary school.
bieta /'bjɛta/ f. (anche **~ da costa**) chard, Swiss chard.
bieticoltore /bjetikol'tore/ ♦ *18* m. (f. **-trice** /tritʃe/) sugar beet farmer.
bieticoltura /bjetikol'tura/ f. sugar beet farming.
bietola /'bjɛtola/ f. **1** *(bieta)* chard, Swiss chard **2** *(barbabietola)* beet, beetroot.
bietolone /bjeto'lone/ m. (f. **-a**) **1** BOT. (anche **~ rosso**) orache **2** COLLOQ. simpleton, nitwit.
bietta /'bjetta/ f. **1** *(cuneo)* wedge, cleat; MECC. key **2** MUS. *(nasetto)* nut.
bifamiliare /bifamilj'are/ **I** agg. ***casa ~*** semi-detached (house), duplex **II** f. semi-detached (house), duplex.
bifase /bi'faze/ agg.inv. [*sistema, corrente*] biphasic, diphase, two-phase.
bifasico, pl. **-ci**, **-che** /bi'faziko, tʃi, ke/ → **bifase.**
biffa /'biffa/ f. TOPOGR. sighting stake.
1.biffare /bif'fare/ [1] tr. to mark out, to stake AE [*territorio*].
2.biffare /bif'fare/ [1] tr. *(segnare, cancellare con crocette)* to cross out, mark off.
bifido /'bifido/ agg. *(diviso in due parti)* bifid, forked; ***lingua -a*** forked tongue (anche FIG.); ***spina -a*** MED. spina bifida.
bifilare /bifi'lare/ agg. bifilar.
bifocale /bifo'kale/ agg. [*lente*] bifocal; ***occhiali -i*** bifocals.
bifogliato /bifoʎ'ʎato/ agg. bifoliate.
bifolco, pl. **-chi** /bi'folko, ki/ m. **1** AGR. *(bovaro)* cowman*, herdsman*; *(contadino)* peasant **2** FIG. *(rozzo, villano)* (country) bumpkin, yokel; ***avere modi da ~*** to be a country bumpkin BE, to act folksy AE.
bifora /'bifora/ **I** agg. ***finestra ~*** mullioned window **II** f. mullioned window.
biforcare /bifor'kare/ [1] **I** tr. to bifurcate **II biforcarsi** pronom. [*strada, ramo, binario*] to fork (off), to branch (off); [*gambo, arteria*] to branch, to bifurcate.
biforcato /bifor'kato/ **I** p.pass. → **biforcare II** agg. [*ramo*] divaricate.
biforcatura /biforka'tura/ → **biforcazione.**
biforcazione /biforkat'tsjone/ f. **1** *(di strada, binario)* fork **2** BOT. ANAT. divarication.
biforcuto /bifor'kuto/ agg. [*lingua, ramo, zoccolo*] forked (anche FIG.).
biforme /bi'forme/ agg. biform.
bifronte /bi'fronte/ **I** agg. **1** *(a due fronti)* double-fronted **2** FIG. *(sleale, falso)* ***essere un Giano ~*** to be two-faced **3** *(in enigmistica)* [*parola*] palindromic **II** m. palindrome.
big /big/ m. e f. inv. ***un ~ della politica*** a big noise in politics; ***i ~ dell'alta finanza*** the big shots in finance; ***i ~ della canzone*** the greats of music.
biga, pl. **-ghe** /'biga, ge/ f. two-horsed chariot, biga.
bigamia /biga'mia/ f. bigamy.
bigamo /'bigamo/ **I** agg. bigamous **II** m. (f. **-a**) bigamist.
big bang /big'bɛng/ m.inv. big bang.
bigello /bi'dʒɛllo/ m. drugget.
bigemino /bi'dʒɛmino/ agg. **1** *(gemellare)* [*parto*] twin **2** [*polso*] bigeminal.
bighellonare /bigello'nare/ [1] intr. (aus. *avere*) **1** *(gironzolare)* to amble along, to wander around, to loaf about AE; ***~ per le strade, per negozi*** to stroll around the streets, the shops **2** SPREG. *(perdere tempo)* to dawdle, to loiter; ***~ nei corridoi*** to hang around the corridors.
bighellone /bigel'lone/ m. (f. **-a**) dawdler, loiterer.
bighelloni /bigel'loni/ avv. ***andare ~ per la città*** to loaf about the town.
bigiare /bi'dʒare/ [1] tr. REGION. ***~ la scuola*** to play truant.
bigino /bi'dʒino/ m. REGION. crib, trot AE.
bigio, pl. **-gi**, **-gie** e **-ge** /'bidʒo, dʒi, dʒe/ **I** agg. **1** *(colore)* grey BE, gray AE **2** FIG. [*tempo, giornata, cielo*] drab, dull **II** m. *(colore)* grey BE, gray AE ◆ ***la notte tutti i gatti sono -gi*** PROV. all cats are grey in the dark.
bigiotteria /bidʒotte'ria/ f. **1** *(gioielli non preziosi)* costume jewellery, fashion jewellery, bijouterie **2** *(negozio)* costume jeweller's.
biglia /'biʎʎa/ → **bilia.**
bigliardo /biʎ'ʎardo/ → **biliardo.**
bigliettaio, pl. **-ai** /biʎʎet'tajo, ai/ ♦ *18* m. (f. **-a**) *(in stazione)* ticket clerk, booking clerk BE; *(su bus, tram)* (bus) conductor; *(di cinema, teatro)* box office attendant.
biglietteria /biʎʎette'ria/ f. ticket booth; *(in cinema, teatro)* box office ◆◆ ***~ automatica*** ticket machine; ***~ ferroviaria*** booking office, ticket office.
▶ **biglietto** /biʎ'ʎetto/ m. **1** *(breve lettera)* card, line; ***scrivere, inviare, ricevere un ~*** to write, to send, to receive a card *o* a note **2** *(foglietto)* slip (of paper); *(messaggio)* note; ***prendere nota di qcs. su un ~*** to write sth. down on a piece of paper; ***lasciare un ~ a qcn.*** to leave a note for sb., to drop sb. a note **3** *(documento di viaggio)* ticket; *(prezzo)* fare; ***~ ferroviario, aereo*** rail(way), plane ticket; ***~ dell'autobus*** bus ticket; ***un ~ per Dublino*** a ticket to Dublin; ***~ cumulativo*** group ticket; ***~ a prezzo ridotto*** cheap ticket; ***ho perso il ~ di ritorno*** I've lost my return ticket; ***il ~ per Piccadilly costa 80 penny*** the fare to Piccadilly is 80p; ***fare, acquistare il ~*** to get the ticket; ***obliterare, bucare il ~*** to punch the ticket **4** *(d'ingresso)* (admission) ticket; *(in stazione)* platform ticket; ***~ ridotto, a metà prezzo*** reduced-rate, half-fare ticket; ***~ del teatro, del parcheggio*** theatre, car park ticket; ***~ dell'opera*** ticket for the opera; ***pagare il ~*** to pay for the ticket **5** *(della lotteria)* lottery ticket; ***~ vincente*** winning ticket **6** *(banconota)* bill, note; ***~ da dieci dollari*** ten dollar bill; ***~ di grosso taglio*** high denomination (bank)note ◆◆ ***~ d'alloggio*** MIL. billet; ***~ d'amore*** love letter, billet-doux SCHERZ.; ***~ di andata e ritorno*** return (ticket); ***~ aperto*** open ticket; ***~ d'auguri*** greetings BE *o* greeting AE card; ***~ d'auguri natalizio*** Christmas card; ***~ di compleanno*** birthday card; ***~ di condoglianze*** letter of condolence; ***~ di corsa semplice*** single (ticket), one-way ticket; ***~ elettronico*** e-ticket; ***~ di favore*** → **~ omaggio**; ***~ d'invito*** invitation card; ***~ omaggio*** free ticket, complimentary ticket; ***~ open*** → **~ aperto**; ***~ postale*** letter card, (post)card; ***~ di ringraziamento*** thank you letter; ***~ di sola andata*** → **~ di corsa semplice**; ***~ verde*** COLLOQ. greenback; ***~ da visita*** (business, calling, visiting AE) card.
bigliettone /biʎʎet'tone/ m. COLLOQ. = high denomination banknote; ***guadagnare dei bei -i*** to make big money.
bignè /biɲ'ɲe/ m.inv. ***~ alla crema*** cream puff.
bignonia /biɲ'ɲɔnja/ f. bignonia.
bigodino /bigo'dino/ m. (hair) curler, roller; ***avere i -i*** to be in curlers, to have one's hair in curlers; ***mettere i -i*** to put one's curlers (in).
bigoncia, pl. **-ce** /bi'gontʃa, tʃe/ f. = large, round bottomed wooden tub for carrying grapes at harvest time.
bigoncio, pl. **-ci** /bi'gontʃo, tʃi/ m. = very large wooden tub with poles for transporting harvested grapes.
bigotta /bi'gɔtta/ f. MAR. dead eye.
bigotteria /bigotte'ria/ f. → **bigottismo.**
bigottismo /bigot'tizmo/ m. bigotry.
bigotto /bi'gɔtto/ **I** agg. SPREG. bigoted; ***essere ~*** to be holier-than-thou **II** m. (f. **-a**) SPREG. bigot, churchy.
bijou /bi'ʒu/ m.inv. **1** *(gioiello finto)* bijou* **2** FIG. ***questa casa è un vero ~*** this is a bijou residence, a gem of a house.
bikini /bi'kini/ m.inv. bikini, two-piece (swimsuit).
bilabiale /bila'bjale/ **I** agg. [*consonante*] bilabial **II** f. bilabial.
bilama /bi'lama/ agg.inv. [*rasoio*] double-bladed.
▷ **bilancia**, pl. **-ce** /bi'lantʃa, tʃe/ f. **1** *(apparecchio per pesare)* scales pl., balance; ***salire sulla ~*** to get *o* step on the scales; ***mettere, pesare qcs. sulla ~*** to weight sth. in the balance (anche FIG.); ***piatto della ~*** scale pan; ***registrare, tarare una ~*** to calibrate the scales **2** PESC. lift net **3** TEATR. batten ◆ ***fare pendere la ~*** to tilt the balance, to tip the scales (**a favore di** in favour of); ***essere l'ago della ~*** to hold *o* swing the balance; ***pesare tutto con la ~ dell'orafo*** = to weight scrupulously ◆◆ ***~ automatica*** automatic weighting machine; ***~ a bilico*** platform scales; ***~ commerciale*** balance of trade, trade balance; ***~ da cucina*** kitchen scales; ***~ elettro-nica*** electronic scales; ***~ idrostatica*** hydrostatic balance; ***~ da laboratorio*** laboratory balance; ***~ a molla*** spring balance; ***~ dei pagamenti*** balance of payments; ***la ~ dei pagamenti correnti*** current account; ***~ pediatrica*** baby scales; ***~ pesalettere*** letter scales; ***~ pesapersone*** weighing machine, bathroom scales; ***~ a piatti*** balance; ***~ di precisione*** precision balance; ***~ di Rayleigh*** Rayleigh's balance; ***~ romana*** steelyard; ***~ di torsione*** torsion balance.
Bilancia /bi'lantʃa/ ♦ *38* f.inv. ASTROL. Libra, the Balance; ***essere della ~*** o ***una ~*** to be (a) Libra.
bilanciamento /bilantʃa'mento/ m. **1** *(disposizione equilibrata)* balance; ***~ del peso del carico*** balancing of the load **2** ECON. *(pareggio)* balancing **3** MECC. balance **4** PSIC. *(di un test)* standardization **5** CHIM. ***il ~ di una reazione chimica*** the balancing of a chemical reaction.
bilanciare /bilan'tʃare/ [1] **I** tr. **1** *(mettere in equilibrio)* to balance, to distribute [*peso*]; *(tenere in equilibrio)* to balance, to poise [*palla, bastoncino*] (**su** on) **2** *(soppesare)* to weigh up [*parole, pro e*

contro] **3** *(compensare)* to (counter)balance, to offset*; ***le perdite sono bilanciate dai guadagni*** the losses are balanced by the profits **4** ECON. *(pareggiare)* to balance [*conto*] **5** MECC. *(equilibrare)* to balance **6** CHIM. to balance [*reazione*] **II bilanciarsi** pronom. **1** *(stare in equilibrio)* to balance (out) **2** *(equivalersi)* to balance, even (out); ***i pro e i contro si bilanciano*** the pros and cons balance out.

bilanciato /bilan'tʃato/ **I** p.pass. → **bilanciare II** agg. [*dieta*] (well-)balanced.

bilanciatore /bilantʃa'tore/ m. ELETTRON. balancer.

bilanciatura /bilantʃa'tura/ f. balancing; ***~ delle ruote*** wheel balancing.

bilanciere /bilan'tʃɛre/ m. **1** MECC. rocker arm **2** *(dell'orologio, del metronomo)* balance wheel, pendulum **3** *(di funambolo)* balancing pole; *(di portatore di pesi)* yoke **4** *(conio per monete)* coining press **5** SPORT *(attrezzo)* barbell **6** ZOOL. balancer.

bilancino /bilan'tʃino/ m. **1** *(in oreficeria, numismatica)* ***~ di precisione*** precision balance; *(in farmacia)* assay balance **2** *(di carri)* splinter-bar **3** *(cavallo di rinforzo)* = a draught horse placed in front of or beside the traces as reinforcement **4** *(dello sci nautico)* handle ◆ ***pesare qcs. con il ~*** = to weigh the pros and cons.

▷ **bilancio**, pl. **-ci** /bi'lantʃo, tʃi/ m. **1** AMM. budget; *(resoconto)* balance (sheet); ***redigere un ~*** to draw up a balance sheet; ***stabilire un ~*** to set a budget; ***amministrare un ~*** to administer a budget; ***votare, approvare il ~*** to pass the budget; ***far quadrare un ~*** to balance a budget; ***falsificare un ~*** to tamper with the balance sheets; ***falso in ~*** false statement in account; ***Rossi Spa ha chiuso il ~ in attivo, passivo*** Rossi Spa made a profit, loss in the last financial year; ***~ in pareggio*** balanced budget; ***chiudere il ~ in pareggio*** to break even; ***fuori ~*** off-balance sheet; ***fuori ~*** [*passivo*] below the line; ***di ~*** [*previsione, disavanzo, eccedenza, esigenze, limitazioni, tagli*] budget; ***iscrivere a ~*** to include [sth.] in the budget [*uscita, entrata*]; ***voce di ~*** budget heading *o* item; ***ministro del ~*** *(in Italia)* Budget Minister **2** *(di catastrofe, incidente)* toll, cost; ***il ~ degli incendi boschivi*** the cost of forest fires; ***~ ufficiale delle vittime*** official death toll; ***"incidente d'auto, ~: due morti"*** "two killed in a car accident" **3** FIG. *(valutazione)* ***fare il ~ di qcs.*** to take stock of sth., to review sth.; ***qual è, (com'è) il ~ dell'anno?*** how did the year turn out? ***mettere in ~*** = to put on the scales ◆◆ ***~ di apertura*** opening balance; ***~ di chiusura*** → ***~ di fine esercizio***; ***~ consolidato*** consolidated balance sheet; ***~ consuntivo*** closed *o* final budget; ***~ energetico*** energy balance; ***~ familiare*** household budget; ***~ di fine esercizio*** closing balance; ***~ di li-quidazione*** statement of affairs (in a bankruptcy petition); ***~ preventivo, di previsione*** budget; ***~ professionale*** performance appraisal; ***~ provvisorio*** interim balance sheet; ***~ pubblico*** Budget; ***~ statale, dello stato*** national budget, Budget; ***~ termico*** heat balance *o* budget; ***~ di verifica*** trial balance.

bilarzia /bi'lartsja/ f. bilharzia.

bilaterale /bilate'rale/ agg. **1** *(che riguarda due parti)* [*negoziati, trattato, accordo*] bilateral; [*scambio*] two-way **2** BIOL. MED. bilateral.

bilateralismo /bilatera'lizmo/ m. bilateralism.

bilateralità /bilaterali'ta/ f.inv. bilaterality.

bilateralmente /bilateral'mente/ avv. bilaterally.

bile /'bile/ f. MED. bile, gall (anche FIG.); ***avere un travaso di ~*** to have a bilious attack; FIG. to have a fit BE, to go into conniptions AE ◆ ***rodersi dalla ~*** to nurse a grievance (**per** about, over); ***sputare ~*** to vent one's spleen; ***verde dalla ~*** livid with anger.

bilia /'bilja/ f. **1** *(pallina di vetro)* marble; ***giocare a -e*** to play *o* shoot marbles **2** *(del biliardo) (palla)* (billiard) ball; *(buca)* pocket; ***fare ~*** to pocket a ball.

biliardino /biljar'dino/ m. **1** *(piccolo biliardo)* bagatelle **2** *(flipper)* pinball (machine) ◆◆ ***~ elettrico*** pinball machine.

▷ **biliardo** /bi'ljardo/ m. billiards + verbo sing.; ***palla, stecca da ~*** (billiard) ball, cue; ***sala, tavolo da ~*** billiard room, table; ***giocare (una partita) a ~*** to play billards ◆ ***calvo, pelato come una palla da ~*** as bald as a coot ◆◆ ***~ americano*** pocket billiards.

biliare /bi'ljare/ agg. [*vie, calcoli, colica*] biliary.

bilico, pl. **-chi** /'biliko, ki/ m. **1** *(della bilancia)* pivot, fulcrum* **2** TECN. ***battente, finestra a ~*** sash window; ***ponte a ~*** weighbridge; ***carro a ~*** tip cart **3 in bilico** ***essere, stare in ~*** to be unstably balanced; FIG. to be *o* hang in the balance; ***tenersi in ~*** to keep one's balance; ***tenere qcn. in ~*** FIG. to keep sb. hanging on *o* guessing; ***essere in ~ fra la vita e la morte*** to hover between life and death.

bilingue /bi'lingwe/ **I** agg. [*dizionario, testo, persona, regione*] bilingual **II** m. e f. bilingual.

bilinguismo /bilin'gwizmo/ m. bilinguism.

bilione /bi'ljone/ m. billion.

bilioso /bi'ljoso/ agg. bilious.

bilirubina /biliru'bina/ f. bilirubin.

bilirubinemia /bilirubine'mia/ f. bilirubinemia.

billetta /bil'letta/ f. METALL. billet.

bilobato /bilo'bato/, **bilobo** /'bilobo, bi'lɔbo/ agg. BOT. ARCH. bilobate.

bilocale /bilo'kale/ m. = two-roomed flat.

bilocazione /bilokat'tsjone/ f. bilocation.

biloculare /biloku'lare/ agg. bilocular.

bimano /'bimano/ agg. bimanal.

▷ **bimbo** /'bimbo/ m. (f. **-a**) child*, kid; *(bebè)* baby; *(che muove i primi passi)* toddler.

bimensile /bimen'sile/ agg. [*rivista*] bimonthly, fortnightly BE, semimonthly AE.

bimensilmente /bimensil'mente/ avv. bimonthly.

bimestrale /bimes'trale/ agg. **1** *(che dura due mesi)* [*abbonamento*] two-month attrib., bimestrial; ***corso ~*** two-month course **2** *(che ricorre ogni due mesi)* [*raduno*] bimonthly; *(che si pubblica ogni due mesi)* [*rivista*] bimonthly.

bimestralmente /bimestral'mente/ avv. bimonthly.

bimestre /bi'mɛstre/ m. (period of) two months.

bimetallico, pl. **-ci**, **-che** /bime'talliko, tʃi, ke/ agg. [*lamina*] bimetallic.

bimetallismo /bimetal'lizmo/ m. bimetallism.

bimetallista, m.pl. **-i**, f.pl. **-e** /bimetal'lista/ m. e f. bimetallist.

bimetallo /bime'tallo/ m. bimetal.

bimillenario, pl. **-ri** /bimille'narjo, ri/ m. bimillenary.

bimotore /bimo'tore/ **I** agg. [*aereo*] twin-engined **II** m. twin-engined plane.

1.binario, pl. **-ri**, **-rie** /bi'narjo, ri, rje/ agg. [*codice, numero, divisione*] binary; ***stella -a*** binary star.

▷ **2.binario**, pl. **-ri** /bi'narjo, ri/ m. **1** *(rotaia) (di ferrovia, tram, metropolitana)* rails pl., line, railroad (track) BE, railway (track) AE; ***~ a scartamento normale, ridotto*** wide, narrow-gauge track; ***linea a ~ semplice, a doppio ~*** single, double-track line; ***vietato gettare oggetti sui -ri*** do not throw anything onto the tracks; ***"vietato attraversare i -ri"*** "keep off the tracks"; ***uscire dai -ri*** to leave the tracks; FIG. to go off the rails **2** *(banchina di stazione)* platform, track AE; ***aspettami sul ~*** wait for me on the platform; ***da che ~ parte il treno per Roma?*** which platform does the train for Rome leave? ***il treno è in arrivo sul ~ 2*** the train is arriving at platform 2 ◆ ***rientrare nei -ri*** to get back into line; ***essere su un ~ morto*** to be on a road to nowhere ◆◆ ***~ di carico*** goods yard; ***~ doppio*** double track; ***~ morto*** blind track, siding; ***~ di raccordo*** crossover; ***~ di stazionamento*** shunt line; ***~ unico*** single track.

binato /bi'nato/ agg. **1** *(accoppiato)* ***finestre -e*** double windows; ***colonne -e*** twin columns; ***torre -a*** binary turret, twin turret **2** TESS. double twist.

binda /'binda/ f. *(martinetto)* jack.

bindolo /'bindolo/ m. **1** IDR. water wheel **2** *(arcolaio)* winder **3** FIG. *(imbroglio)* fiddle, trick.

bino /'bino/ agg. LETT. double.

binocolo /bi'nɔkolo/ m. binoculars pl.; ***un ~*** a pair of binoculars ◆◆ ***~ da campagna*** field glasses; ***~ da teatro*** opera glasses, lorgnette.

binoculare /binoku'lare/ agg. [*lente d'ingrandimento, microscopio*] binocular.

binomiale /bino'mjale/ agg. [*legge, nomenclatura*] binomial.

binomio, pl. **-mi**, **-mie** /bi'nɔmjo, mi, mje/ **I** agg. binomial; ***nomenclatura -a*** binomial nomenclature **II** m. **1** MAT. binomial **2** FIG. *(coppia)* pair, couple; ***un ~ vincente*** a winning couple.

binucleato /binukle'ato/ agg. binuclear.

bioarchitettura /bioarkitet'tura/ f. ecological design.

bioattivo /bioat'tivo/ agg. bioactive.

biobibliografico, pl. **-ci**, **-che** /biobibljo'grafiko, tʃi, ke/ agg. biobibliographical.

biocarburante /biokarbu'rante/ m. biofuel, clean fuel.

biocatalizzatore /biokataliddza'tore/ m. biocatalyst.

bioccolo /'bjɔkkolo/ m. **1** *(di lana, cotone)* flock; ***~ di polvere*** fluff ball; ***~ di neve*** puff of snow **2** *(della candela)* wax dripping.

biocenosi /biotʃe'nɔzi/ f.inv. biocoenosis.

biochimica /bio'kimika/ f. biochemistry.

biochimico, pl. **-ci**, **-che** /bio'kimiko, tʃi, ke/ **I** agg. [*composto, reazione*] biochemical **II** m. (f. **-a**) biochemist.

biociclo /bio'tʃiklo/ m. biocycle.

bioclastico, pl. **-ci**, **-che** /bio'klastiko, tʃi, ke/ agg. bioclastic.

bioclimatologia /bioklimatolo'dʒia/ f. bioclimatology.

bioculare /bioku'lare/ → **binoculare.**

biodegradabile /biodegra'dabile/ agg. biodegradable.

biodegradabilità /biodegradabili'ta/ f.inv. biodegradability.
biodegradazione /biodegradat'tsjone/ f. biodegradation.
biodinamica /biodi'namika/ f. biodynamics + verbo sing.
biodiversità /biodiversi'ta/ f.inv. biodiversity.
biodo /'bjɔdo, 'bjodo/ m. club rush.
bioelettricità /bioelettritʃi'ta/ f.inv. bioelectricity.
bioelettrico, pl. **-ci, -che** /bioe'lɛttriko, tʃi, ke/ agg. bioelectrical.
bioenergetico, pl. **-ci, -che** /bioener'dʒɛtiko, tʃi, ke/ agg. bioenergetic.
bioenergia /bioener'dʒia/ f. bioenergy.
bioetica /bio'ɛtika/ f. bioethics + verbo sing.
biofisica /bio'fizika/ f. biophysics + verbo sing.
biofisico, pl. **-ci, -che** /bio'fiziko, tʃi, ke/ ◗ ***18*** **I** agg. biophysic **II** m. (f. **-a**) biophysicist.
biogenesi /bio'dʒɛnezi/ f.inv. biogenesis.
biogenetica /biodʒe'nɛtika/ f. biogenetics + verbo sing.
biogenetico, pl. **-ci, -che** /biodʒe'nɛtiko, tʃi, ke/ agg. biogenetic.
biogeografia /biodʒeogra'fia/ f. biogeography.
biografia /biogra'fia/ f. biography.
biografico, pl. **-ci, -che** /bio'grafiko, tʃi, ke/ agg. biographic.
biografo /bi'ɔgrafo/ ◗ ***18*** m. (f. **-a**) biographer.
bioherma /bio'ɛrma/ m.inv. bioherm.
bioinformatica /bioinfor'matika/ f. bioinformatics + verbo sing.
bioingegneria /bioindʒeɲɲe'ria/ f. bioengineering.
biolite /bio'lite/ f. biolite, biolith.
▷ **biologia** /biolo'dʒia/ f. **1** *(scienza)* biology **2** SCOL. UNIV. biology ◆◆ ~ ***molecolare*** molecular biology.
biologicamente /biolodʒika'mente/ avv. biologically.
biologico, pl. **-ci, -che** /bio'lɔdʒiko, tʃi, ke/ agg. **1** BIOL. [*schermo, ritmo*] biological; ***fossa -a*** septic tank; ***guerra -a*** biological warfare; ***madre -a*** birth mother; ***orologio*** ~ biological *o* body clock; ***prova -a*** bioassay **2** AGR. [*fattoria, prodotto, pane, agricoltura*] organic.
biologo, m.pl. **-gi**, f.pl. **-ghe** /bi'ɔlogo, dʒi, ge/ ◗ ***18*** m. (f. **-a**) biologist.
bioluminescenza /biolumineʃ'ʃɛntsa/ f. bioluminescence.
bioma /bi'ɔma/ m. biome.
biomassa /bio'massa/ f. biomass.
biomeccanica /biomek'kanika/ f. biomechanics + verbo sing.
biomedicale /biomedi'kale/, **biomedico**, pl. **-ci, -che** /bio'mɛdiko, tʃi, ke/ agg. biomedical.
biomedicina /biomedi'tʃina/ f. biomedicine.
biometeorologia /biometeorolo'dʒia/ f. biometereology.
biometria /biome'tria/ f. biometrics + verbo sing., biometry.
biometrico, pl. **-ci, -che** /bio'mɛtriko, tʃi, ke/ agg. biometric.
bionda /'bjonda/ f. **1** *(donna)* blonde; ***è una ~ naturale*** her hair is naturally blonde; ***finta ~, ~ ossigenata*** peroxide blonde **2** COLLOQ. *(birra)* lager **3** GERG. *(sigaretta)* cigarette, fag COLLOQ.
biondastro /bjon'dastro/ agg. [*capelli*] blondish.
biondeggiare /bjonded'dʒare/ [1] intr. (aus. *avere*) LETT. [*grano*] to be* golden.
biondiccio, pl. **-ci, -ce** /bjon'dittʃo, tʃi, tʃe/ agg. [*capelli*] fairish.
biondina /bjon'dina/ f. fair-haired girl.
biondino /bjon'dino/ **I** agg. [*persona*] fair-haired **II** m. fair-haired boy.
▶ **biondo** /'bjondo/ ◗ ***3*** **I** agg. [*capelli, barba*] blond, fair; [*uomo*] blond, fair-haired; [*donna*] blonde, fair-haired; ***diventare*** ~ [*capelli, persona*] to turn blond; ***birra -a*** lager **II** m. **1** *(uomo)* blond, fair-haired man* **2** *(colore)* blond; ~ ***chiaro*** flaxen ◆◆ ~ ***cenere*** ash blond; ~ ***oro*** golden; ~ ***platino*** platinum blond; ~ ***ramato*** auburn; ~ ***scuro*** sandy blond; ~ ***tiziano, veneziano*** red-gold.
biondona /bjon'dona/ f. COLLOQ. bombshell blonde.
bionica /bi'ɔnika/ f. bionics + verbo sing.
bionico, pl. **-ci, -che** /bi'ɔniko, tʃi, ke/ agg. bionic.
bionomia /biono'mia/ f. bionomics + verbo sing.
bionte /bi'onte/ m. bion.
bioparco, pl. **-chi** /bio'parko, ki/ m. biopark, biological park.
biopirateria /biopirate'ria/ f. biopiracy.
bioplasma /bio'plazma/ m. bioplasm.
biopsia /bio'psia/ f. biopsy.
bioritmo /bio'ritmo/ m. biorhythm.
bioscopia /biosko'pia/ f. bioscopy.
biosfera /bios'fɛra/ f. biosphere.
biosintesi /bio'sintezi/ f.inv. biosynthesis.
biossido /bi'ɔssido/ m. dioxide; ~ ***di carbonio*** carbon dioxide; ~ ***di titanio*** titania.
biostatistica /biosta'tistika/ f. biostatistics + verbo sing.
biostratigrafia /biostratigra'fia/ f. biostratigraphy.
biota /bi'ota/ m. biota.
biotecnologia /bioteknolo'dʒia/ f. biotechnology.
bioterrorismo /bioterro'rizmo/ m. bioterrorism.
biotico, pl. **-ci, -che** /bi'ɔtiko, tʃi, ke/ agg. biotic.
biotina /bio'tina/ f. biotin.
biotipo /bi'ɔtipo, bio'tipo/ m. biotype.
biotipologia /biotipolo'dʒia/ f. biotypology.
biotite /bio'tite/ f. biotite.
biotopo /bi'ɔtopo/ m. biotope.
biovulare /biovu'lare/ agg. biovular.
biparo /'biparo/ agg. biparous.
bipartire /bipar'tire/ [3] **I** tr. to halve **II** **bipartirsi** pronom. to fork.
bipartitico, pl. **-ci, -che** /bipar'titiko, tʃi, ke/ agg. [*governo, sistema*] bipartisan, two-party.
bipartitismo /biparti'tizmo/ m. bipartisan system.
1.bipartito /bipar'tito/ **I** p.pass. → **bipartire** **II** agg. bipartite.
2.bipartito /bipar'tito/ m. bipartisan government.
bipartizione /bipartit'tsjone/ f. bipartition.
bipede /'bipede/ **I** agg. biped **II** m. biped.
bipennato /bipen'nato/ agg. BOT. bipinnate.
bipenne /bi'pɛnne, bi'penne/ f. two-edged axe.
biplano /bi'plano/ m. biplane.
bipolare /bipo'lare/ agg. [*pianeta, transistor*] bipolar; ***interruttore*** ~ two-way switch.
bipolarismo /bipola'rizmo/ m. POL. two-party system.
bipolarità /bipolari'ta/ f.inv. bipolarity.
bipolo /bi'pɔlo/ m. dipole.
biposto /bi'posto/ **I** agg.inv. [*automobile, aereo*] two-seater **II** m. e f.inv. two-seater.
biquadratico, pl. **-ci, -che** /bikwa'dratiko, tʃi, ke/ agg. biquadratic.
biquadrato /bikwa'drato/ m. biquadrate.
birazionale /birattsjo'nale/ agg. birational.
birba /'birba/ f. rascal; ***quella ~ di suo figlio*** her rascally son, that scamp of a son of hers.
birbaccione /birbat'tʃone/ m. (f. **-a**) → **birbante.**
birbantaggine /birban'taddʒine/ → **birbanteria.**
birbante /bir'bante/ **I** agg. [*bambino, aria*] rascally, naughty, sassy AE COLLOQ. **II** m. e f. **1** *(imbroglione)* rogue, scoundrel **2** SCHERZ. *(briccone)* rascal, scamp; ***sei proprio un ~!*** you naughty boy!
birbanteria /birbante'ria/ f. *(azione da birbante)* roguery; *(birichinata)* frolic, prank, mischief.
birbantesco, pl. **-schi, -sche** /birban'tesko, ski, ske/ agg. scampish, shady.
birbo /'birbo/ m. (f. **-a**) ANT. → **birbante.**
birbonaggine /birbo'naddʒine/ → **birboneria.**
birbonata /birbo'nata/ f. prank, mischief, roguery.
birbone /bir'bone/ **I** agg. **1** *(mancino)* ***tiro*** ~ dirty *o* lousy *o* low-down trick; ***giocare un tiro ~ a qcn.*** to play a dirty trick on sb. **2** SCHERZ. [*tempo*] filthy; [*freddo*] bitter; ***avere una paura -a*** to be scared stiff **II** m. (f. **-a**) rogue, cheat.
birboneria /birbone'ria/ f. monkey business.
bireattore /bireat'tore/ **I** agg. [*jet*] twin-engined **II** m. twin(-engined) jet.
bireme /bi'rɛme, bi'reme/ f. STOR. bireme.
birichinata /biriki'nata/ f. frolic, prank, mischief.
birichino /biri'kino/ **I** agg. [*bambino, aria, carattere, atteggiamento, comportamento*] mischievous; ***essere*** ~ [*bambino*] to be a bundle of mischief **II** m. (f. **-a**) *(monello)* rascal, menace, scamp.
birifrangente /birifran'dʒɛnte/ agg. birefringent.
birifrangenza /birifran'dʒɛntsa/ f. birefringence.
birignao /biriɲ'ɲao/ m.inv. = artificial and ridiculos diction.
birillo /bi'rillo/ m. **1** pin; ***giocare ai -i*** to play skittles *o* ninepins **2** *(per segnalazioni stradali)* cone.
Birmania /bir'manja/ ◗ ***33*** n.pr.f. Burma.
birmano /bir'mano/ ◗ ***25, 16*** **I** agg. Burmese **II** m. (f. **-a**) **1** *(persona)* Burman, Burmese* **2** *(lingua)* Burman, Burmese.
biro /'biro/ f.inv. COLLOQ. biro*®, ballpoint (pen); ***scrivere a*** ~ to write with a ballpoint; ***penna*** ~ ballpoint pen.
biroccio, pl. **-ci** /bi'rɔttʃo, tʃi/ → **barroccio.**
birotore /biro'tore/ agg. twin-rotor.
▷ **birra** /'birra/ f. beer; ***lattina di*** ~ beer can; ***botte di, da*** ~ beer barrel; ***fare la*** ~ to brew (beer); ***andare a bere una*** ~ to go for a beer *o* pint; ***farsi una*** ~ COLLOQ. to have a pint; ***lievito di*** ~ brewer's yeast, barm BE ◆ ***ci faccio la ~ con quell'affare!*** what am I supposed to do with that? ***andare a tutta*** ~ to go barrelling, to go flat out ◆◆ ~ ***amara*** bitter; ~ ***analcolica*** near beer, nab; ~ ***bionda, chiara*** lager, light ale, pale ale; ~ ***della casa*** home brew; ~ ***(a) doppio malto*** double malt;

~ ***rossa*** bitter; ~ ***scura*** brown ale, stout, porter; ~ ***alla spina*** draught beer; ~ ***in bottiglia*** bottled beer.

birraio, pl. **-ai** /bir'rajo, ai/ ◆ ***18*** m. (f. **-a**) brewer.

birrario, pl. **-ri**, **-rie** /bir'rarjo, ri, rje/ agg. ***industria -a*** brewing industry.

birreria /birre'ria/ f. **1** *(locale)* = pub **2** *(fabbrica)* brewery.

BIRS /biiɛrre'ɛsse/ f. (⇒ Banca Internazionale per la Ricostruzione e lo Sviluppo International Bank for Reconstruction and Development) IBRD.

bis /bis/ **I** m.inv. **1** *(esecuzione supplementare)* encore; ***concedere un*** ~ to give *o* play an encore; ***chiedere il ~ a un cantante*** to encore a singer; ***l'orchestra ha concesso tre*** ~ the orchestra did three encores **2** *(porzione supplementare)* seconds pl., second helping; ***chiedere, fare il*** ~ to ask for, to have seconds; ***ho già fatto il*** ~ I've already had a second helping **II** inter. ***~!*** encore! **III** agg.inv. **1** *(supplementare)* ***treno*** ~ relief train, section AE **2** *(in un indirizzo)* = a second building with the same street number.

bisaccia, pl. **-ce** /bi'zattʃa, tʃe/ f. saddle bag.

bisante /bi'zante/ m. bezant.

Bisanzio /bi'zantsjo/ n.pr.f. Byzantium.

bisarca, pl. **-che** /bi'zarka, ke/ f. car transporter.

bisava /bi'zava/ f. → **bisavola**.

bisavo /bi'zavo/ m. → **bisavolo**.

bisavola /bi'zavola/ f. great grandmother.

bisavolo /bi'zavolo/ m. **1** *(bisnonno)* great grandfather **2** *(antenato)* ancestor.

bisbetica, pl. **-che** /biz'bɛtika, ke/ f. scold, shrew ◆ ***La ~ domata*** The Taming of the Shrew.

bisbetico, pl. **-ci**, **-che** /biz'bɛtiko, tʃi, ke/ **I** agg. cantankerous, churlish; [*donna*] shrewish **II** m. cantankerous man, bear.

bisbigliamento /bizbiʎʎa'mento/ → **bisbiglio**.

▷ **bisbigliare** /bizbiʎ'ʎare/ [1] **I** tr. to whisper, to murmur; ~ ***qcs. a qcn.*** to whisper sth. to sb.; ***gli bisbigliò qcs. all'orecchio*** she whispered sth. in his ear **II** intr. (aus. *avere*) **1** *(sussurrare)* [*persona*] to whisper **2** *(sparlare)* ~ ***alle spalle di qcn.*** to talk behind sb.'s back.

bisbiglio, pl. **-gli** /biz'biʎʎo, ʎi/ m. **1** *(sussurro, mormorio)* whisper, murmur **2** *(pettegolezzo)* whisper, rumour.

bisboccia, pl. **-ce** /biz'bɔttʃa, tʃe/ f. COLLOQ. (drinking) spree, booze-up BE; ***fare*** ~ to go on a spree, to go on the bust AE.

bisbocciare /bizbot'tʃare/ [1] intr. (aus. *avere*) to go* on a spree, to binge.

bisboccione /bizbo'tʃone/ m. (f. **-a**) binger, boozer, reveller.

bisca, pl. **-sche** /'biska, ske/ f. gambling den, gambling house.

Biscaglia /bi'skaʎʎa/ n.pr.f. Biscay; ***golfo di*** ~ Bay of Biscay.

biscaglina /biskaʎ'ʎina/ f. Jacob's ladder.

biscazziere /biskat'tsjɛre/ m. (f. **-a**) **1** *(chi gestisce una bisca)* gambling house keeper **2** *(giocatore d'azzardo)* gambler.

bischero /'biskero/ m. (f. **-a**) **1** REGION. VOLG. *(pene)* dick, prick; FIG. *(babbeo)* prick **2** MUS. (tuning) peg.

▷ **biscia**, pl. **-sce** /'biʃʃa, ʃe/ f. grass snake ◆◆ ~ ***d'acqua, dal collare*** water snake, ring snake; ~ ***viperina*** viperine grass snake.

biscottare /biskot'tare/ [1] tr. to bake twice [*pane*].

biscottato /biskot'tato/ **I** p.pass. → **biscottare II** agg. ***fetta -a*** rusk.

biscotteria /biskotte'ria/ f. **1** *(biscottificio)* biscuit factory **2** *(assortimento)* biscuits pl.

biscottiera /biskot'tjɛra/ f. biscuit tin, biscuit barrel.

biscottificio, pl. **-ci** /biskotti'fitʃo, tʃi/ m. biscuit factory.

▷ **biscotto** /bis'kɔtto/ m. **1** biscuit, cookie AE; ***una scatola, una confezione di -i*** a tin of biscuits; ***inzuppare il ~ nel tè*** to dip *o* dunk *o* sop the biscuit in the tea **2** *(porcellana)* biscuit (ware), bisque ◆◆ ~ ***al burro*** butter cookie; ~ ***per cani*** dog biscuit; ~ ***salato*** savoury biscuit; ~ ***da tè*** tea biscuit.

biscroma /bis'krɔma/ f. demisemiquaver BE, thirty-second note AE.

biscuit /bis'kwi/ m.inv. **1** *(porcellana)* biscuit (ware), bisque; ***statuina di*** ~ biscuit figurine **2** GASTR. *(semifreddo)* ice-cream cake.

bisdrucciolo /biz'druttʃolo/ agg. LING. [*parola*] = stressed on the fourth-last syllable.

bisecante /bise'kante/ **I** agg. [*piano, retta*] bisector **II** f. MAT. bisector.

bisecare /bise'kare/ [1] tr. to bisect.

bisellare /bizel'lare/ [1] tr. to chamfer.

bisello /bi'zɛllo/ m. chamfer.

bisenso /bi'sɛnso/ m. = word with a double meaning.

bisessuale /bisessu'ale/ **I** agg. bisexual **II** m. e f. bisexual.

bisessualità /bisessuali'ta/ f.inv. bisexuality.

bisessuato /bisessu'ato/ agg. bisexual.

bisestile /bizes'tile/ agg. bissextile; ***anno*** ~ leap year.

bisesto /bi'zɛsto/ **I** agg. [*anno*] bissextile, leap **II** m. *(giorno)* bissextile day, leap day ◆ ***anno ~, anno funesto*** = leap years are supposedly years of doom and gloom.

bisettimanale /bisettima'nale/ agg. biweekly, semiweekly.

bisettrice /biset'tritʃe/ f. bisector.

bisex /bi'sɛks/ **I** agg.inv. bisexual **II** m. e f.inv. bisexual.

bisezione /biset'tsjone/ f. bisection.

bisillabico, pl. **-ci**, **-che** /bisil'labiko, tʃi, ke/ agg. disyllabic.

bisillabo /bi'sillabo/ agg. e m. disyllable.

bislaccheria /bizlakke'ria/ f. oddity, weirdness.

bislacco, pl. **-chi**, **-che** /biz'lakko, ki, ke/ agg. [*progetto, idea*] crackpot; [*persona*] screwy, bonkers BE; ***un tipo*** ~ a loony, a nutter.

bislungo, pl. **-ghi**, **-ghe** /biz'lungo, gi, ge/ agg. oblong.

Bismarck: **alla Bismarck** /allabiz'mark/ agg.inv. GASTR. [*bistecca, asparagi*] = with a fried egg on top.

bismuto /biz'muto/ m. bismuth.

bisnipote /bizni'pote/ m. e f. **1** *(di bisnonno)* great grandchild; *(maschio)* great grandson; *(femmina)* great granddaughter **2** *(di prozio) (maschio)* great nephew; *(femmina)* great niece.

bisnonna /biz'nɔnna/ f. great grandmother.

bisnonno /biz'nɔnno/ m. great grandfather.

bisogna /bi'zoɲɲa/ f. ANT. **1** *(faccenda)* matter, business **2** *(necessità)* need.

▶ **bisognare** /bizoɲ'ɲare/ [1] impers. **1** *(essere necessario)* ***bisogna fare*** it is necessary to do, we have to do; ***bisogna trovare una soluzione*** we've got to *o* we must find a solution; ***bisogna che tu ci vada*** you must go there; ***bisogna che tu vada*** you'll have to get going; ***bisogna che tu lo faccia*** you have to do it; ***bisogna rispondere a tutte le domande*** all questions must be answered; ***bisognava fare qualcosa*** something needed to be done; ***quante sedie bisogna mettere nella sala?*** how many chairs do we need to put in the hall? **2** *(essere opportuno, convenire)* ***bisognerebbe telefonargli*** he should be phoned; ***bisognerebbe che tu ci pensassi*** you should think about it; ***bisognava dirlo prima!*** you should have said that before! ***a quale versione bisogna credere?*** whose side are we to believe? **3** *(in forme retoriche)* ***bisogna sentirlo quando è arrabbiato!*** you should hear him when he's angry! ***bisogna vedere*** we'll (have to) see; ***bisogna ancora vedere se...*** it remains to be seen whether...; ***bisogna vedere per credere*** it has to be seen to be believed; ***bisogna essere pazzi per fare*** you have to be mad to do; ***bisogna dire che*** it must be said that; ***bisogna ammettere che ha mentito, ma...***admittedly, he did lie but...; ***bisogna riconoscerle che*** you've got to hand it to her that **4** *(in divieti)* ***non bisogna rubare*** you mustn't steal; ***non bisogna disturbarla*** she mustn't be disturbed **5** ANT. to need; ***mi bisogna il tuo aiuto*** I need your help, your help is required.

bisognevole /bizoɲ'ɲevole/ agg. **1** *(bisognoso)* needy; ~ ***di qcs.*** in need of sth. **2** *(necessario)* necessary.

bisognino /bizoɲ'ɲino/ m. COLLOQ. ***fare un*** ~ [*persona*] to spend a penny BE; [*bambino*] *(pipì)* to tinkle; *(popò)* to do a jobbie; [*animale*] to do its business.

▶ **bisogno** /bi'zoɲɲo/ m. **1** *(necessità)* need, necessity; ***in caso di*** ~ if the need arises, if necessary; ***al*** ~ if need be, when required; ***secondo il*** ~ according to necessity; ***senza ~ di*** without the need for *o* of; ***avere ~ di qcs., qcn.*** to need sth., sb.; ***avere un grande ~ di qcs.*** to be in great need for sth.; ***il suo ~ di lavorare*** his necessity to work; ***di che cosa hai ~?*** what do you need? ***grazie, non ho ~ di nulla*** I don't need anything, thank you; ***ho (assolutamente) ~ di questo libro!*** I (desperately) need this book! ***avere ~ di fare*** to need to do; ***non avere ~ di commenti*** to need no comment; ***non c'è ~ di dire che*** it goes without saying that; ***non c'è ~ che dica che*** I hardly need to say that, I don't need to tell you that; ***c'è ~ di qcs., qcn.*** we need sth., sb. (**per fare** to do); ***ci sarebbe ~ di tre uomini*** we would need three men, there is a need for three men; ***non c'è ~ di fare*** there's no need to do; ***non c'è ~ che aspetti*** you needn't wait, there's no need for you to wait; ***di quanto tempo c'è ~?*** how long will it take? ***c'è ~ di venire, che io venga?*** do I have to come? ***ho ~ che tu mi regga la scala*** I need you to hold the ladder **2** *(esigenza, desiderio)* need; ***esprimere, soddisfare un*** ~ to express, to satisfy a need; ***rispondere ai -i di qcn.*** to meet sb.'s needs *o* requirements; ***provvedere ai -i della propria famiglia*** to provide for one's family; ***ero spinta dal ~ di capire, sapere*** I was driven by the need to understand, to know; ***ho ~ di libertà*** I need freedom *o* to be free; ***ho proprio ~ di questo!*** IRON. that's all I need! ***ha ~ di sentirsi amata*** she needs to feel loved; ***ho ~ di cambiare aria*** I need a change of air *o* of scene; ***parlagli, ne ha proprio*** ~ talk to him, he really needs it; ***provare, sentire il ~ di fare*** to feel the need to do **3** *(povertà, diffi-*

coltà) need, necessity; ***essere nel ~*** to be in need; ***aiutare qcn. nel momento del ~*** to help sb. in times of need; ***per ~, spinto dal ~*** out of necessity, need **4** COLLOQ. *(necessità fisiologica)* ***fare i propri -i*** [*persona*] to relieve oneself, to spend a penny BE; [*animale*] to do its business ◆ ***il ~ aguzza l'ingegno*** necessity is the mother of invention; ***il ~ non conosce legge*** necessity knows no law; ***gli amici si riconoscono nel momento del ~*** a friend in need is a friend indeed.

▷ **bisognoso** /bizoɲ'ɲoso/ **I** agg. **1** *(povero)* [*persona, famiglia*] in need, needy, destitute **2** *(che necessita)* ***essere ~ di qcs.*** to be in need of sth.; ***~ di cure, di affetto, di aiuto*** in need of care, love, help **II** m. (f. **-a**) needy person; ***aiutare i -i*** to help the needy *o* destitute.

bisolfato /bisol'fato/ m. bisulphate.

bisolfito /bisol'fito/ m. bisulphite.

bisolfuro /bisol'furo/ m. → **disolfuro.**

bisonte /bi'zonte/ m. bison* ◆◆ ***~ americano*** buffalo; ***~ europeo*** aurochs.

bissare /bis'sare/ [1] tr. [*musicista, orchestra*] to play [sth.] as an encore [*pezzo musicale*]; [*attore, troupe*] to repeat [*scena*].

bissifero /bis'sifero/ agg. byssipherous.

bisso /'bisso/ m. TESS. ZOOL. byssus*.

bistabile /bis'tabile/ agg. bistable; ***multivibratore ~*** flip-flop.

▷ **bistecca**, pl. **-che** /bis'tekka, bis'tɛkka, ke/ f. (beef)steak; ***~ di filetto*** fillet steak; ***vorrei una ~ al sangue, ben cotta*** I'd like a steak rare, well-done ◆◆ ***~ ai ferri*** grilled steak; ***~ alla fiorentina*** → **fiorentina**; ***~ con l'osso*** T-bone steak.

bistecchiera /bistek'kjɛra/ f. steak pan; *(elettrica)* grill.

▷ **bisticciare** /bistit'tʃare/ [1] **I** intr. (aus. *avere*) ***~ con qcn.*** to bicker *o* have a tiff with sb. **II bisticciarsi** pronom. COLLOQ. ***~ con qcn. per qcs.*** to bicker *o* squabble with sb. about, over sth.

bisticcio, pl. **-ci** /bis'tittʃo, tʃi/ m. **1** *(lite)* bicker, squabble, tiff **2** *(gioco di parole)* pun.

bistorta /bis'tɔrta/ f. BOT. bistort; *(nome comune)* snakeweed.

bistrato /bis'trato/ agg. [*occhi*] heavily made-up.

bistrattare /bistrat'tare/ [1] tr. **1** *(maltrattare)* to mistreat, to ill-treat [*persona, animale*]; to henpeck [*marito*]; to batter [*oggetto*] **2** *(criticare)* to demolish, to maul [*autore, opera, spettacolo*].

bistro /'bistro/ m. bistre.

bisturi /'bisturi/ m.inv. scalpel, bistoury ◆◆ ***~ elettrico*** electrosurgical knife.

bisunto /bi'zunto/ agg. thick with grease; ***unto e ~*** = very filthy, dirty.

bit /bit/ m.inv. INFORM. bit.

bitartrato /bitar'trato/ m. bitartrate.

bitonale /bito'nale/ agg. bitonal.

bitonalità /bitonali'ta/ f.inv. bitonality.

bitorzolo /bi'tortsolo, bi'tɔrtsolo/ m. **1** *(bernoccolo)* lump, bump **2** *(foruncolo)* spot, pimple, zit COLLOQ. **3** *(di piante)* gnarl.

bitorzoluto /bitortso'luto/ agg. **1** *(con protuberanze)* lumpy, bumpy **2** *(di piante)* gnarled.

bitta /'bitta/ f. bitt, bollard, timber-head.

bitter /'bitter/ m.inv. = alcoholic or non alcoholic sharp flavoured aperitif.

bitumare /bitu'mare/ [1] tr. to bituminize [*strada*].

bitumatrice /bituma'tritʃe/ f. bitumen sprinkler, bitumen sprayer.

bitumatura /bituma'tura/ f. bituminization.

bitume /bi'tume/ m. bitumen.

bituminare /bitumi'nare/ [1] → **bitumare.**

bituminoso /bitumi'noso/ agg. [*blocco, sabbia*] bituminous; ***carbone ~*** soft carbon; ***scisto ~*** oil shale.

biunivocità /biunivotʃi'ta/ f.inv. biuniqueness, bijection.

biunivoco, pl. **-ci, -che** /biu'nivoko, tʃi, ke/ agg. [*corrispondenza*] one-to-one.

bivaccare /bivak'kare/ [1] intr. (aus. *avere*) **1** *(campeggiare)* to bivouac, to camp (out) **2** *(sistemarsi alla meglio)* to camp out; ***sta bivaccando in salotto*** he's camping out in the lounge.

bivacco, pl. **-chi** /bi'vakko, ki/ m. bivouac, camp; ***fuoco di ~*** campfire.

bivalente /biva'lɛnte/ **I** agg. bivalent, divalent **II** m. e f. bivalent.

bivalenza /biva'lɛntsa/ f. bivalence.

bivalve /bi'valve/ **I** agg. bivalve, bivalved **II** m. bivalve.

▷ **bivio**, pl. **-vi** /'bivjo, vi/ m. **1** *(di strada)* fork; ***arrivare a un ~*** to come to a crossroads *o* fork in the road; ***al ~*** at the crossing **2** FERR. frog **3** FIG. *(momento strategico)* crossroads*; ***trovarsi a un ~*** to be at a crossroads.

bizantinismo /biddzanti'nizmo/ m. Byzantinism (anche FIG.).

bizantino /biddzan'tino/ **I** agg. Byzantine (anche FIG.) **II** m. (f. **-a**) Byzantine.

bizza /'biddza/ f. **1** *(capriccio)* tantrum; ***fare le -e*** [*bambino*] to throw a tantrum, to act up **2** *(cattivo funzionamento)* ***fare le -e*** [*auto, computer, tempo*] to act up, to play up.

bizzarramente /biddzarra'mente/ avv. oddly, outlandishly.

bizzarria /biddzar'ria/ f. **1** *(stravaganza)* outlandishness, eccentricity **2** *(cosa bizzarra)* oddity, curiosity.

▷ **bizzarro** /bid'dzarro/ agg. **1** *(curioso, strano)* [*oggetto, fatto, atto*] bizarre, odd, weird; [*persona*] peculiar, eccentric, weird; [*iniziativa, idea*] outlandish, crazy; [*temperamento*] eccentric; [*comportamento*] weird, mad; [*parola, nome*] funny, odd; [*abbigliamento*] outlandish, outrageous; ***un tipo ~*** a weirdo, a freak; ***di forma -a*** oddly shaped; ***un ~ senso dell'umorismo*** a twisted sense of humour **2** *(bizzoso)* [*cavallo*] frisky, temperamental.

bizzeffe: **a bizzeffe** /abid'dzɛffe/ avv. ***avere denaro a ~*** to have money to burn; ***essercene a ~*** to be thick on the ground.

bizzoso /bid'dzoso/ agg. **1** *(capriccioso)* capricious, fanciful, skittish, whimsical **2** [*cavallo*] frisky, temperamental.

bla bla /bla'bla/ m.inv. blah-blah.

blackout /blɛk'aut/ m.inv. blackout (anche FIG.).

blandamente /blanda'mente/ avv. **1** *(lievemente)* mildly **2** *(in modo tenue)* softly.

blandire /blan'dire/ [102] tr. **1** *(lusingare)* to cajole, to coax, to blandish ANT. [*persona*]; to pander to [*orgoglio, passione*] **2** *(lenire)* to soothe, to ease [*sofferenze, dolore*]; to relieve [*affanni*].

blandizie /blan'dittsje/ f.pl. LETT. blandishments, sweet talk sing.

blando /'blando/ agg. **1** *(leggero)* [*effetto, rimedio*] mild; ***un ~ calmante*** a mild sedative **2** *(lieve)* [*punizione, castigo*] mild; [*riforma*] tame **3** *(tenue)* [*luce*] soft **4** RAR. *(dolce)* [*voce*] gentle, soothing.

blasfemo /blas'fɛmo/ **I** agg. [*persona, discorsi*] blasphemous, profane **II** m. (f. **-a**) blasphemer.

blasonare /blazo'nare/ [1] tr. to blazon.

blasonato /blazo'nato/ **I** p.pass. → **blasonare II** agg. **1** *(nobile)* [*famiglia*] emblazoned with a coat of arms **2** FIG. ***una squadra -a*** an award-winning team.

blasone /bla'zone/ m. **1** *(stemma gentilizio)* blazon, coat of arms, escutcheon **2** *(nobiltà di nascita)* nobility; ***avere un ~*** [*persona*] to be emblazoned, to have a coat of arms **3** *(araldica)* heraldry ◆ ***ridare lustro al proprio ~*** = to restore one's reputation.

blastocito /blasto'tʃito/ m. blastocyte.

blastoderma /blasto'dɛrma/ m. blastoderm.

blastoma /blas'tɔma/ m. blastoma.

blastomero /blas'tɔmero/ m. blastomere.

blastomicete /blastomi'tʃɛte/ m. blastomycete, blastomices.

blastomicosi /blastomi'kɔzi/ f.inv. blastomycosis*.

blastula /'blastula/ f. blastula*.

blaterare /blate'rare/ [1] intr. (aus. *avere*) SPREG. to babble on, to blab, to waffle (on) (**su, di** about); ***cosa vai blaterando?*** what are you babbling about?

blaterone /blate'rone/ **I** agg. waffly **II** m. (f. **-a**) waffler, windbag.

blatta /'blatta/ f. cockroach, roach AE COLLOQ.

blazer /'blezer/ m.inv. blazer.

blé /ble/ → **blu.**

blefarismo /blefa'rizmo/ m. blepharism.

blefarite /blefa'rite/ ➧ **7** f. blepharitis.

blenda /'blɛnda/ f. MIN. (zinc) blende, blackjack.

blennio, pl. **-ni** /'blɛnnjo, ni/ m. blenny.

blenorragia /blenorra'dʒia/ ➧ **7** f. blennorrhagia.

blenorrea /blenor'rɛa/ ➧ **7** f. blennorrhoea.

blesità /blezi'ta/ f.inv. lisp.

bleso /'blɛzo/ agg. lisping; ***pronunciare, parlare ~, con pronuncia -a*** to lisp, to have a lisp.

bleu /blœ/ → **blu.**

blinda /'blinda/ f. blinde.

blindaggio, pl. **-gi** /blin'daddʒo, dʒi/ m. blindage, armour BE, armor AE.

blindare /blin'dare/ [1] tr. to armour BE, to armor AE [*veicolo, porta, vetri*].

blindato /blin'dato/ **I** p.pass. → **blindare II** agg. [*veicolo, porta, vetri*] armoured BE, armored AE; ***camera -a*** strongroom **III** m. security van; MIL. armoured vehicle BE, armored vehicle AE.

blindatura /blinda'tura/ f. → **blindaggio.**

blindo /'blindo/ m.inv. armoured car BE, armored car AE.

blister /'blister/ m.inv. *(di pillole)* blister pack.

blitz /blits/ m.inv. blitz, swoop; ***fare un ~*** to swoop (anche FIG.).

bloccaggio, pl. **-gi** /blok'kaddʒo, dʒi/ m. *(di veicolo, meccanismo)* blocking, locking; ***~ dello sterzo*** steering lock; ***dispositivo di ~*** locking device; ***~ automatico*** automatic locking device; ***dispositivo di ~ delle ruote*** wheelclamp.

▶ **bloccare** /blok'kare/ [1] **I** tr. **1** *(fermare)* to stop [*persona*]; to stop, to halt [*macchina, treno*]; to block [*traffico*]; to block, to lock [*ruote*]; to hold* up [*processione, volo*]; **~ *i freni*** to jam on the brakes; **~ *la circolazione*** to impede traffic flow; ***ha bloccato la porta col piede*** he put his foot in the door **2** *(chiudere)* to block [*ingresso, passaggio*]; to blockade MIL. [*porto, città*]; to block (off), to bar [*strada, sentiero*]; to box in [*persona, veicolo*]; to cut off [*via di fuga*]; **~ *il passaggio a qcn.*** to stand in sb.'s way; **~ *l'accesso a una strada*** to seal off a road **3** *(ostruire)* to block, to close up [*buco, tubatura*] **4** *(inceppare)* to block (up), to jam, to clog [*meccanismo, sistema*]; to jam [*finestra, porta*] (**con** with); ***ci sono dei fogli che bloccano il cassetto*** there are some papers jamming the drawer **5** *(immobilizzare)* to pin, to immobilize [*persona*]; to stop, to catch* [*ladro*] **6** *(trattenere)* ***mi ha bloccato nel corridoio per più di un'ora*** he collared me in the corridor for more than one hour; ***delle difficoltà inattese lo bloccano*** unforeseen difficulties are holding him back; ***blocca Mario quando arriva*** nab Mario when he comes **7** *(chiudere)* to fasten [*porta, baule, armadio*]; *(con serratura o chiavistello)* to lock [*portiera, sicura*] **8** *(contrastare)* to block, to cramp, to check [*iniziativa, progetto, sviluppo, progresso*]; to stop, to hold* up [*processo, produzione, costruzione, lavori*] **9** MED. to prevent [*ovulazione*] **10** ECON. *(mantenere inalterato)* to block, to freeze* [*salari, prezzi, spese*]; to halt [*inflazione*]; **~ *dei capitali*** to lock up capital **11** BANC. COMM. to block, to freeze* [*conto, credito*]; to suspend [*ordini, transazione*]; to stop [*assegno*] **12** MECC. to tighten [*vite*]; to clamp [*due parti*]; to lock [*sterzo*] **13** CINEM. to freeze* [*fotogramma*] **14** SPORT to block, to catch* [*palla*]; *(nella lotta)* to block [*avversario*] **15** INFORM. to freeze* [*finestra*] **16** PSIC. *(inibire)* to inhibit, to paralyse BE, to paralyze AE; ***gli esami, i suoi genitori la bloccano*** she can't handle exams, being with her parents **II bloccarsi** pronom. **1** *(fermarsi)* [*persona*] to stop; [*veicolo*] to stop, to come* to a halt; [*motore*] to stall **2** *(incepparsi)* [*freno, ascensore, porta*] to jam, to stick*; [*ruota, sterzo*] to lock; [*schiena*] to seize up **3** *(incastrarsi)* [*cerniera, cassetto*] to jam; ***la chiave si è bloccata nella serratura*** the key has got stuck in the lock; ***avere una mano, la testa bloccata in, tra*** to get one's hand, head caught in, between **4** *(interrompersi)* [*negoziati*] to (come* to a) standstill, to break* down; [*processo, attività*] to freeze*, to stop; ***stava parlando, quando improvvisamente si bloccò*** he was talking, then he suddenly stopped **5** PSIC. ***quando lo vedo mi blocco*** when I see him I freeze; ***si blocca davanti alla più piccola difficoltà*** she gets stuck at the smallest difficulty **6** INFORM. to crash [*computer*].

bloccaruota /blokka'rwɔta/ **I** agg.inv. ***ceppo ~*** (wheel)clamp, boot AE **II** m.inv. (wheel)clamp, boot AE.

bloccasterzo /blokkas'tɛrtso/ m. anti-theft steering lock.

bloccato /blok'kato/ **I** p.pass. → **bloccare II** agg. **1** *(ostruito)* blocked **2** *(inceppato)* [*meccanismo, veicolo, porta, cerniera, cassetto*] jammed **3** *(impossibilitato a muoversi)* [*persona*] stuck; **~ *dalla nebbia, dal ghiaccio, dallo sciopero*** fogbound, icebound, strikebound; ***rimanere ~ in un ingorgo*** to be caught up in a traffic jam; ***ha la schiena -a*** his back has seized up **4** FIG. ***essere ~*** [*attività, negoziati, situazione*] to be at a standstill; ***senza questo accordo, sono ~*** without this agreement, I'm stuck **5** ECON. [*fondi, conto*] frozen **6** *(mentalmente)* ***essere ~*** to have a mental block (**su** on).

blocchetto /blok'ketto/ m. **1** *(piccolo blocco)* ***un ~ di cioccolato*** a small bar of chocolate **2** *(di fogli)* (note)pad, memo pad, scratch pad; *(di biglietti)* block; ***il ~ delle ricevute d'affitto*** rent book; **~ *di, degli assegni*** chequebook; **~ *a, per copie multiple*** duplicate book; ***tre -i di dieci banconote ciascuno*** three bundles of ten notes each ◆◆ **~ *d'accensione*** ignition switch.

▷ **1.blocco**, pl. **-chi** /'blɔkko, ki/ m. **1** *(massa solida)* block (**di** of); ***un ~ di ghiaccio, di marmo*** a block of ice, marble; **~ *di terra, argilla*** a clod *o* lump of earth, clay; ***la statua era stata scolpita da, con un solo ~ di pietra*** the statue had been shaped out of a single block of stone **2** POL. *(coalizione)* bloc, coalition (**di** of); ***il ~ delle sinistre*** left-wing coalition parties; **~ *di potenze*** power bloc; ***fare ~*** to side together; ***fare ~ con qcn.*** to side with sb.; ***fare ~ contro qcn.*** to unite against sb. **3** *(di fogli)* pad; *(block-notes)* notebook, notepad; **~ *da disegno*** drawing block; **~ *di carta da lettere*** writing pad; ***calendario a ~*** tear-off calendar **4** *(insieme)* ***un ~ di edifici*** a block of buildings **5** INFORM. block; **~ *di intestazione*** header block; **~ *d'entrata*** input block **6 in blocco** *(interamente)* as one; [*acquisto, vendita*] outright, in bulk; ***ammettere, respingere, negare qcs. in ~*** to admit, reject, deny sth. outright; ***comprare in ~*** to bulk(-buy); ***vendere qcs. in ~*** to sell sth. wholesale; ***acquisto in ~*** buyout, bargain purchasing ◆ ***essere, stare ai -chi di partenza*** to be at the starting line ◆◆ **~ *cilindri*** cylinder block; **~ *monetario*** monetary bloc; **~ *motore*** engine assembly *o* block; **~ *occidentale*** Western bloc; **~ *operatorio*** operating block; **~ *orientale*** Eastern block; **~ *di partenza*** starting block; **~ *passante*** perpend; **~ *stampo*** die block.

2.blocco, pl. **-chi** /'blɔkko, ki/ m. **1** *(interruzione)* block, halt (**di** of); *(di traffico)* tie-up, jam; **~ *stradale, posto di ~*** roadblock **2** MIL. blockade; *(accerchiamento)* cordoning off **3** *(di meccanismo, ruota)* locking; FERR. block; ***sistema di ~*** blocking *o* locking system; ***cabina, posto di ~*** signal box; *(di arma)* **~ *di otturatore*** locking **4** ECON. POL. *(di operazione, fondi, negoziati, prezzo)* freeze; ***situazione di ~*** deadlock situation; ***voto di ~*** block vote; **~ *dei prezzi, dei salari, degli affitti*** price, wage, rent freeze; **~ *delle assunzioni, delle sovvenzioni*** freeze on hirings, on subsidies; **~ *della vendita delle armi*** ban on arms sales; **~ *della produzione*** production stoppage, standstill in production; *(di merci)* snarling; **~ *dei vini italiani nel porto*** blockade of Italian wines in the port; ***imporre un ~ economico*** to impose an embargo; ***forzare, levare il ~*** to run, lift the blockade **5** MED. failure; ***ha avuto un ~ renale*** his kidneys failed **6** PSIC. block; ***avere un ~ mentale*** to have a mental block; **~ *dello scrittore*** writer's block *o* cramp ◆◆ **~ *articolare*** joint locking; **~ *cardiaco*** cardiac arrest; **~ *continentale*** Continental System; **~ *intestinale*** intestinal blockage; **~ *navale*** (naval) blockade.

blocco-cucina /blokkoku'tʃina/ m. kitchen unit.

bloc-notes, block-notes /blok'nɔtes/ m.inv. notebook, notepad, desk pad, jotter BE, tablet AE.

▶ **blu** /blu/ ♦ **3 I** agg.inv. **1** blue; ***con gli, dagli occhi ~*** blue-eyed, with blue eyes; ***avere le dita ~ per il freddo*** to have one's fingers blue with cold; ***ho tutte le labbra ~*** my lips are all blue; ***uno squarcio di cielo ~*** a patch of blue sky; ***auto ~*** = government or ministerial car used for official business; ***zona ~*** AUT. = in some city centres, restricted access areas with pay parking; ***(il) Bel Danubio ~*** MUS. the Blue Danube; ***caschi ~*** Blue Berets; ***colletto, tuta ~*** blue collar **2** MED. ***morbo ~*** cyanosis, blue baby syndrome; ***bambino ~*** blue baby **II** m.inv. blue; ***vestire di ~*** to dress in *o* wear blue; ***essere vestito di ~*** to be dressed in blue; ***colorare qcs. di ~*** to colour sth. blue; ***sottolineare qcs. in ~*** to underline sth. in blue; ***il cielo era di un ~ magnifico*** the sky was a magnificent blue ◆ ***essere di, avere sangue ~*** to have blue blood; ***avere una fifa ~*** to be in a blue funk ◆◆ **~ *aviazione, avio*** air force blue; **~ *cobalto*** cobalt blue; **~ *elettrico*** electric blue; **~ *lavanda*** lavender blue; **~ *marina*** navy (blue); **~ *di metilene*** gentian violet; **~ *nero*** blue-black; **~ *notte*** midnight blue; **~ *oceano*** ocean blue; **~ *oltremare*** ultramarine; **~ *pavone*** peacock blue; **~ *di Prussia*** Prussian blue; **~ *Savoia*** royal blue; **~ *zaffiro*** sapphire blue.

bluastro /blu'astro/ agg. bluish.

blucerchiato /blutʃer'kjato/ **I** agg. [*tifoso, giocatore, difesa*] = of Sampdoria football club **II** m. *(giocatore)* = Sampdoria player.

blue-jeans /blu'dʒins/ m.pl. blue jeans; ***un paio di ~ stinti*** a pair of faded blue jeans.

blues /bluz/ **I** m.inv. **1** *(genere)* blues; ***cantare, suonare il ~*** to sing, play the blues **2** *(brano)* ***suonare un ~*** to play a blues song **II** agg.inv. ***cantante ~*** blues singer.

bluff /blœf, bluf, blɛf/ m.inv. bluff; ***è tutto un ~!*** it's only a bluff! ***fare un ~*** to bluff.

bluffare /blœf'fare, bluf'fare, blef'fare/ [1] intr. (aus. *avere*) to bluff; ***sta (solo) bluffando*** he's only bluffing.

bluffatore /blœffa'tore, bluffa'tore, bleffa'tore/ m. (f. **-trice** /tritʃe/) bluffer.

blusa /'bluza/ f. **1** *(camicetta)* blouse **2** *(blusotto da lavoro)* smock.

blusante /blu'zante/ agg. [*camicia, abito*] bloused.

blusotto /blu'zɔtto/ m. sport shirt.

1.boa /'bɔa/ m.inv. **1** *(serpente)* boa **2** *(sciarpa)* boa; **~ *di piume*** (feather) boa ◆◆ **~ *constrictor, costrittore*** (boa) constrictor.

2.boa /'bɔa/ f. *(galleggiante)* buoy, buoyancy aid; ***giro di ~*** SPORT rounding of the mark; ***essere al giro di ~*** FIG. to turn the corner ◆◆ **~ *a campana*** bell buoy; **~ *luminosa*** beacon; **~ *d'ormeggio*** mooring buoy; **~ *di segnalazione*** (signalling) buoy.

boario, pl. **-ri, -rie** /bo'arjo, ri, rje/ agg. ***mercato ~*** cattle market.

boato /bo'ato/ m. **1** *(di valanga, tuono, cannone)* boom, rumble; ***il ~ di un vulcano in eruzione*** the rumble of an erupting volcano **2** *(della folla)* boom, roar; ***al gol dell'attaccante si levò un ~*** when the forward scored the crowd roared.

bob /bɔb/ m.inv. bob, bobsleigh, bobsled; **~ *a due, a quattro*** two, four men bob; ***andare in ~*** to bobsleigh; ***pista da ~*** bobsleigh run; ***il ~ è uno sport pericoloso*** bobslighing is a dangerous sport.

bobbista, m.pl. **-i**, f.pl. **-e** /bob'bista/ m. e f. bobsleigh rider, bobsledder.

bobina /bo'bina/ f. **1** TESS. bobbin, reel; ***una ~ di cotone*** a cotton reel; ***avvolgere qcs. attorno a una ~*** to wind sth. onto a bobbin **2** EL. (winding) coil **3** CINEM. FOT. reel, spool; ***una ~ di pellicola*** a film spool *o* reel **4** TIP. *(di carta)* reel; ***rotativa a ~*** web press ◆◆ ***~ di accensione*** ignition coil; ***~ di arresto*** choke coil; ***~ di avvolgimento*** take-up spool BE; ***~ di induzione*** induction coil; ***~ di reattanza*** → ***~ di arresto***; ***~ svolgitrice*** delivery spool.

bobinare /bobi'nare/ tr. to reel [*cotton*].

bobinatrice /bobina'tritʃe/ f. **1** TESS. winding machine, winding frame **2** EL. spooling machine, coil winder.

▶ **bocca**, pl. **-che** /'bokka, ke/ f. **1** *(cavità orale)* mouth; ***respirare con la ~*** to breathe through one's mouth; ***non parlare con la ~ piena!*** don't speak with your mouth full! ***avevo la ~ secca*** my mouth was dry; ***respirazione ~ a ~*** mouth-to-mouth resuscitation; ***fare la respirazione ~ a ~ a qcn.*** to give sb. the kiss of life; ***sciogliersi in ~*** [*alimento*] to melt in one's mouth; ***mettere qcs. in ~*** to put sth. in one's mouth; ***prendere qcs. per ~*** to take sth. orally; ***lasciare l'amaro in ~, la ~ amara*** (anche FIG.) to leave a bad taste in one's mouth; ***avere la ~ impastata*** to have a furry tongue; ***chiudendo di scatto la ~, la volpe...*** with a sudden snap of the jaws, the fox... **2** *(labbra)* mouth, lips pl.; ***ha una ~ sensuale*** she has a sensual mouth *o* sensual lips; ***baciare qcn. in ~*** to give sb. a French kiss; ***baciare qcn. sulla ~*** to kiss sb. on the lips; ***aprire, chiudere la ~*** to open, shut one's mouth; ***con la, a ~ aperta*** open-mouthed; ***guardare qcn. con la ~ aperta*** to gape at sb.; ***storcere la ~ davanti a qcs.*** to make a wry mouth at sth.; ***portare qcs. alla ~*** to lift sth. to one's lips **3** *(organo della parola)* ***non appena apre (la) ~, dice una sciocchezza*** every time she opens her mouth she says something stupid; ***non ha aperto ~ tutta la sera*** he hasn't said a word all evening; ***perché non puoi tenere la ~ chiusa?*** why can't you keep your big mouth shut? ***non sa tenere la ~ chiusa!*** he's such a bigmouth! ***cantare a ~ chiusa*** to hum; ***non chiude mai (la) ~*** she never stops talking; ***tappati la ~!*** shut up! shut your mouth! ***avere la ~ cucita*** to have one's lips sealed; ***chiudere, tappare la ~ a qcn.*** to shut sb. up; ***parlare, esprimersi per ~ di qcn. altro*** to use sb. as a mouthpiece; ***mettere le parole in ~ a qcn.*** to put words into sb.'s mouth; ***mi hai tolto la parola di ~*** I was just about to say that; ***cavare le parole di ~ a qcn.*** to drag the words out of sb.; ***bisogna cavargli le parole di ~!*** you must take the words right out of his mouth! ***le parole le sfuggirono di ~ prima che potesse pensare*** the words just slipped out before she could even think; ***venire a sapere qcs. dalla ~ di qcn.*** to hear sth. from sb.'s lips; ***essere sulla ~ di tutti*** to be on everyone's lips, to be the talk of the town; ***passare, trasmettersi di ~ in ~*** [*notizia*] to spread by word of mouth, to go from mouth to mouth **4** *(persona)* ***avere cinque -che da sfamare*** to have five mouths to feed **5** *(apertura) (di vulcano, fiume)* mouth; *(di tunnel, stufa)* mouth; *(di altoforno)* throat; *(di arma da fuoco, cannone)* muzzle; *(di pozzo di miniera)* bank ◆ ***restare, rimanere a ~ aperta dalla sorpresa*** to stand open-mouthed with surprise, to gasp with amazement; ***è restato, rimasto a ~ aperta*** his mouth *o* jaw dropped open; ***fare restare qcn. a ~ aperta*** to leave sb. open-mouthed; ***restare, rimanere a ~ asciutta*** *(a digiuno)* to go hungry; *(senza niente)* to be left empty-handed; ***ammettere a mezza ~*** to admit half-heartedly; ***fare venire l'acquolina in ~ a qcn.*** to make sb.'s mouth water, to be mouth-watering; ***avere l'acquolina in ~*** to smack *o* lick one's lips; ***essere di ~ buona*** = to be easily satisfied; ***togliere, levare il pane di ~ a qcn.*** to take the bread out of sb.'s mouth; ***avere la schiuma, la bava alla ~*** to foam *o* froth at the mouth; ***acqua in ~!*** mums the word! keep it dark *o* under your hat! ***metter ~ in qcs.*** to shove one's oar into sth.; ***fare la ~ a qcs.*** = to get used to sth.; ***i bambini sono la ~ della verità*** PROV. out of the mouths of babes and sucklings; ***il mattino ha l'oro in ~*** PROV. early to bed early to rise; ***a caval donato non si guarda in ~*** PROV. don't look a gift horse in the mouth; ***gli puzza ancora la ~ di latte*** he's still wet behind his ears; ***in ~ al lupo!*** good luck! break a leg! ◆◆ ***~ di aerazione*** air vent; ***~ antincendio*** hydrant; ***~ di calore*** hot-air vent; ***~ da fuoco*** piece of ordnance; ***~ di leone*** BOT. snapdragon; ***~ di lupo*** BOT. bastard balm; ***~ di scarico*** outfall; ***~ dello stomaco*** pit of the stomach.

boccaccesco, pl. **-schi**, **-sche** /bokkat'tʃesko, ski, ske/ agg. **1** *(del Boccaccio)* [*opera*] of Boccaccio, in the style of Boccaccio **2** *(licenzioso)* [*vicenda, linguaggio*] licentious, bawdy.

boccaccia, pl. **-ce** /bok'kattʃa, tʃe/ f. **1** SPREG. ***chiudi quella ~!*** shut your trap! **2** *(smorfia)* grimace; ***fare le -ce*** to pull *o* make a (wry) face, to grimace, to mop and mow **3** FIG. *(persona maldicente)* ***essere una ~*** to be a bigmouth.

boccaglio, pl. **-gli** /bok'kaʎʎo, ʎi/ m. **1** TECN. nozzle **2** *(del respiratore)* mouthpiece.

1.boccale /bok'kale/ agg. buccal; ***apertura ~*** gape.

2.boccale /bok'kale/ m. jug, pot; *(con coperchio)* tankard, flagon; ***un ~ da mezzo litro*** a half-litre pot *o* jug.

boccaporto /bokka'pɔrto/ m. hatchway; ***portello di ~*** hatch; ***scaletta di ~*** companion ladder; ***chiudere i -i*** to batten down the hatches.

boccascena /bokkaʃ'ʃɛna/ m.inv. proscenium*.

boccata /bok'kata/ f. *(di cibo)* mouthful; *(sorsata)* gulp, draught BE, draft AE; *(di aria)* breath, draught BE, draft AE; *(di fumo)* pull, puff, drag; ***uscire a prendere una ~ d'aria*** to go out for a breath of fresh air; ***una ~ d'ossigeno*** FIG. a shot in the arm; ***aspirare una ~ da una sigaretta, da una pipa*** to take a pull at *o* on a cigarette, pipe.

boccetta /bot'tʃetta/ f. **1** *(bottiglietta)* small bottle; *(fialetta)* medicine bottle, phial; ***~ di profumo*** bottle of perfume; ***~ dei sali*** smelling bottle **2** *(nel biliardo)* = small ball used in a kind of Italian billiard played with hands ◆◆ ***~ (con) contagocce*** dropping bottle, dropper.

boccheggiante /bokked'dʒante/ agg. **1** *(senza fiato)* breathless, gasping **2** *(agonizzante)* dying, at one's last gasps (anche FIG.); ***un pesce ~*** a gasping fish; ***un'economia ~*** a labouring economy.

boccheggiare /bokked'dʒare/ [1] intr. (aus. *avere*) **1** *(respirare affannosamente)* to gasp, to pant (anche FIG.); ***~ per il caldo*** to pant with the heat **2** *(agonizzare)* to be* at one's last gasps.

bocchetta /bok'ketta/ f. **1** *(apertura)* mouth, opening; *(di serratura)* escutcheon, selvage; *(di strumenti a fiato)* mouthpiece; ***~ dell'innaffiatoio*** sprinkler head **2** *(valico)* saddle, pass ◆◆ ***~ stradale*** manhole cover; ***~ di ventilazione*** air vent.

bocchettone /bokket'tone/ m. **1** *(imboccatura)* mouth, opening **2** TECN. *(condotto)* pipeline; ***~ di riempimento*** siphon, spout.

bocchino /bok'kino/ m. **1** *(di strumenti a fiato)* mouthpiece **2** *(per sigarette)* cigarette holder; *(per sigari)* cigar holder.

▷ **boccia**, pl. **-ce** /'bɔttʃa, tʃe/ **I** f. **1** *(recipiente)* bowl; ***~ per i pesci rossi*** goldfish bowl **2** *(palla)* bowl; ***~ da bowling*** (bowling) ball **II bocce** f.pl. ***il gioco delle -ce*** *(in Italia, Francia)* boules; *(in GB)* bowls; ***giocare a, alle -ce*** to play boules, bowls; ***fare una partita a -ce*** to play a game of boules, bowls; ***campo da -ce*** *(in Italia, Francia)* boules ground; *(in GB)* bowling green; ***giocatore di -ce*** *(in Italia, Francia)* boules player; *(in GB)* bowler ◆ ***ragionare a -ce ferme*** to take stock of the situation.

bocciarda /bot'tʃarda/ f. bush-hammer.

▷ **bocciare** /bot'tʃare/ [1] tr. **1** *(respingere)* to reject, to vote against [*disegno di legge, mozione*]; to scrap, to reject [*idea, proposta*] **2** *(a un esame)* [*professore, commissione*] to fail, not to pass [*candidato, studente*]; ***farsi ~ a un esame*** [*candidato, studente*] to fail an exam, to flunk an exam AE COLLOQ.; ***farsi ~ all'esame di guida*** to fail one's driving test; ***è stato bocciato in storia*** he failed (in) history **3** *(nel gioco delle bocce)* to hit*, to strike*.

bocciato /bot'tʃato/ **I** p.pass. → **bocciare II** agg. ***essere, rimanere ~*** to fail **III** m. (f. **-a**) ***la percentuale dei -i è molto alta*** there's a high failure rate; ***la lista dei -i*** the list of the students who failed.

▷ **bocciatura** /bottʃa'tura/ f. **1** *(rifiuto)* defeat, rejection **2** *(a un esame)* failure; ***rischiare, evitare la ~*** to risk, to avoid failure.

boccino /bot'tʃino/ m. *(nel gioco delle bocce)* jack.

boccio, pl. **-ci** /'bɔttʃo, tʃi/ m. bud; ***in ~*** in bud, budding.

bocciodromo /bot'tʃɔdromo/ m. = area for playing bowls.

bocciofila /bot'tʃɔfila/ f. = club where bowls are played, usually by older people.

bocciofilo /bot'tʃɔfilo/ **I** agg. [*circolo, società*] bowls, bowling **II** m. (f. **-a**) bowls enthusiast.

bocciolo /bot'tʃɔlo/ m. bud; ***mettere i -i*** to bud; ***~ di rosa*** rosebud.

boccola /'bokkola/ f. **1** MECC. collet **2** EL. socket **3** FERR. axle box **4** *(borchia)* buckle, stud.

boccolo /'bokkolo/ m. ringlet, curl.

bocconcino /bokkon'tʃino/ **I** m. **1** *(piccolo boccone)* morsel, nibble; ***un buon ~*** a tasty morsel; ***~ prelibato*** titbit; ***a -i*** in tiny pieces **2** *(mozzarella)* = small mozzarella cheese weighting about 50 grams **3** *(pane)* = small bread roll **4** FIG. ***è un bel ~*** she's a dish, a cookie AE COLLOQ., a cupcake AE COLLOQ. **II bocconcini** m.pl. GASTR. *(spezzatino)* stew sing., stewballs; ***-i di vitello*** braised veal; ***~ di pollo*** bite-sized chunks of chicken.

▷ **boccone** /bok'kone/ m. **1** *(boccata)* mouthful; *(pezzo)* bite, morsel; ***un ~ di pane*** a morsel of bread; ***inghiottire un ~*** to swallow a mouthful; ***parlare col ~ in bocca*** to speak with one's mouth full; ***mangiare, divorare qcs. in un (sol) ~*** to swallow sth. in one mouthful *o* bite, to gulp down sth.; ***un ~ prelibato*** a tasty morsel, a titbit **2** *(pasto frugale)* ***mangiare, mandare giù un ~*** to have a bite to eat, to grab a snack; ***abbiamo mangiato un ~ (veloce)*** we just grabbed a quick bite **3** *(esca)* ***un ~ avvelenato*** a poison bait ◆ ***col ~ in gola*** = immediately after eating; ***quello me lo mangio in un ~!*** I could have him for breakfast! ***è un ~ amaro da mandare giù*** it's a bitter pill to swallow; ***ingoiare il ~ amaro*** to swallow hard; ***levarsi, togliersi il ~ di bocca per qcn.*** to take the bread out of one's mouth for sb.; ***a pezzi e -i*** bit by bit ◆◆ ***~ del prete*** parson's *o* pope's nose.

bocconi /bok'koni/ avv. flat on one's face, flat on one's stomach, face down; ***stendersi, dormire ~*** to lie, to sleep flat on one's stomach; ***cadere ~*** to fall flat on one's face.

Bocconi With its headquarters in Milan, the *Bocconi* commercial university is an extremely prestigious private university, with only one faculty – Economics. Established in 1902, the *Bocconi* university grants BAs, MBAs and PhDs in Management, Economics, Statistics, and other disciplines. It also administers hundreds of advanced courses to managers and professionals in all realms of private and public management.

body /'bɔdi/ m.inv. body(suit); *(per ballerini)* leotard.

body building /bodi'bilding/ m.inv. body-building; ***praticare*** o ***fare ~*** to do body-building.

Boemia /bo'ɛmja/ ➧ ***30*** n.pr.f. Bohemia; ***cristallo di ~*** Bohemian crystal.

boemo /bo'ɛmo/ ➧ ***30*** **I** agg. Bohemian **II** m. (f. **-a**) Bohemian.

boero /bo'ɛro/ **I** agg. Boer **II** m. (f. **-a**) **1** Boer; ***la guerra dei -i*** the Boer War **2** GASTR. = large chocolate filled with a cherry and liqueur.

bofonchiare /bofon'kjare/ [1] **I** tr. to mumble, to slur [*scusa, risposta*] **II** intr. (aus. *avere*) to mumble.

boh /bo/ inter. who knows, dunno; ***"preferisci il pollo o la bistecca?" "~!"*** which do you prefer, chicken or steak?" "I don't care".

bohème /bo'ɛm/ f.inv. bohemianism, bohemiam lifestyle.

bohémien /boe'mjɛn/ **I** agg.inv. [*persona, carattere*] bohemian **II** m.inv. bohemian; ***vita da ~*** bohemian lifestyle; ***avere l'aspetto da ~*** to look the bohemian type.

▷ **boia** /'bɔja/ **I** m.inv. **1** *(giustiziere)* executioner; *(chi impicca)* hangman*; *(chi decapita)* headsman*; ***scure del ~*** the executioner's axe **2** FIG. scoundrel, bastard **II** agg.inv. COLLOQ. ***fa un freddo ~*** it's perishing, it's brass monkey weather, it's freezing; ***fa un caldo ~!*** it's a real scorcher, it's scorching *o* boiling hot! ***~ (d'un) mondo!*** damn! ***avere una paura*** o ***fifa ~*** to be scared stiff; ***mi fa un male ~!*** it hurts like hell!

boiacca, pl. **-che** /boi'akka, ke/ f. grout.

boiata /bo'jata/ f. COLLOQ. rubbish; ***è una ~!*** what muck! ***questo film è proprio una (gran) ~*** this film is rubbish; ***non dire -e!*** don't be silly! don't talk daft!

boicottaggio, pl. **-gi** /boikot'taddʒo, dʒi/ m. boycott (**di** against, of, on); ***praticare un ~ nei confronti di qcn., qcs.*** to boycott sb., sth.; ***il ~ di qcs. da parte di qcn.*** the boycotting of sth. by sb.; ***~ parziale*** partial boycott; ***politica del ~*** empty-chair policy.

boicottare /boikot'tare/ [1] tr. to boycott.

boicottatore /boikotta'tore/ m. (f. **-trice** /-tritʃe/) boycotter.

boiler /'bɔiler/ m.inv. boiler, water-heater ◆◆ ***~ elettrico*** immersion heater, electric water heater.

boiserie /bwaze'ri/ f.inv. wood panelling, wainscot(t)ing.

bolentino /bolen'tino/ m. ledger line.

bolero /bo'lɛro/ m. MUS. ABBIGL. bolero*.

boleto /bo'leto/ m. BOT. boletus*.

bolgia, pl. **-ge** /'bɔldʒa, dʒe/ f. **1** LETTER. = in Dante's Inferno, each of the concentric circular trenches of the eighth circle **2** FIG. bedlam, madhouse.

bolide /'bɔlide/ m. **1** ASTR. bolide, fireball **2** *(auto veloce)* high-powered car, muscle car AE; ***arrivare, passare come un ~*** to shoot in, shoot past **3** COLLOQ. *(persona obesa)* fatty, blimp AE.

bolina /bo'lina/ f. *(fune)* bowline; ***andare, navigare di ~*** to sail close to the wind, to be close-hauled.

Bolivia /bo'livja/ ➧ ***33*** n.pr.f. Bolivia.

boliviano /boli'vjano/ ➧ ***25*** **I** agg. Bolivian **II** m. (f. **-a**) Bolivian.

▷ **1.bolla** /'bolla/ f. **1** *(di aria, di acqua, nel vetro)* bubble; *(sulla carta, sulla pittura)* blister; ***~ d'aria, di sapone*** air, soap bubble; ***fare le -e*** to blow bubbles **2** MED. *(vescica)* blister; ***mi sono venute le -e ai piedi*** my feet have blistered **3** *(livella)* spirit level **4** AGR. leaf curl **5** INFORM. ***memoria a -e*** bubble memory ◆ ***finire*** o ***risolversi in una ~ di sapone*** to come to nothing.

2.bolla /'bolla/ f. **1** RELIG. STOR. bull; ***~ di scomunica*** bull of excommunication; ***la Bolla d'Oro*** the Golden Bull **2** COMM. ECON. note, bill ◆◆ ***~ di accompagnamento*** waybill, packing list; ***~ di consegna*** receiving note, bill of parcel; ***~ doganale*** carnet, bill of entry; ***~ papale*** papal bull; ***~ di spedizione*** certificate of posting; ***~ di vendita*** sales receipt.

bollare /bol'lare/ [1] tr. **1** AMM. to stamp [*documento, lettera, passaporto*] **2** *(marchiare a fuoco)* ***~ a fuoco un animale*** to brand an animal (anche STOR.) **3** SPREG. to brand, to label, to stigmatize; ***~ qcn. come*** to brand *o* label sb. as.

bollato /bol'lato/ **I** p.pass. → **bollare II** agg. **1** *(munito di bollo)* stamped; ***carta -a*** bonded *o* stamped paper; ***valore ~*** *(marca da bollo)* revenue stamp; *(francobollo)* stamp **2** ***fissato ~*** BANC. contract note.

bollatura /bolla'tura/ f. **1** *(stampigliatura)* stamping **2** RAR. SPREG. branding.

bollente /bol'lɛnte/ agg. **1** *(rovente)* [*bagno, tè, caffè, minestra*] boiling hot, steaming; [*piatto, pentola, ferro da stiro, termosifone, sabbia, asfalto*] (burning) hot **2** *(febbricitante)* [*persona, fronte*] burning hot (with fever) **3** *(che bolle)* boiling; ***far cuocere in acqua ~*** to cook in boiling water ◆ ***placare i -i spiriti*** to cool one's ardour, to cool off.

▷ **bolletta** /bol'letta/ f. **1** *(fattura)* bill; ***~ del gas, della luce, del telefono*** gas, electricity, telephone bill **2** ECON. AMM. note, bill ◆ ***essere in ~*** to be flat broke, to be hard up ◆◆ ***~ di accompagnamento*** waybill, packing list; ***~ doganale*** bill of entry, (custom and excise) bond.

bollettario, pl. **-ri** /bollet'tarjo, ri/ m. receipt book, notebook.

▷ **bollettino** /bollet'tino/ m. **1** *(notiziario)* bulletin; ***~ della neve*** snow report; ***~ meteorologico*** weather bulletin; ***~ di guerra*** war bulletin; ***~ medico*** medical bulletin **2** COMM. ***~ di versamento*** paying-in slip; ***~ di ordinazione*** order form **3** *(pubblicazione)* bulletin; ***~ di borsa*** ECON. Stock Exchange prices; ***~ di informazione*** newsletter, news sheet; ***~ ufficiale*** (official) gazette.

bollilatte /bolli'latte/ m.inv. milk kettle.

bollino /bol'lino/ m. **1** *(autoadesivo)* sticker **2** *(su tessere associative, documenti)* stamp; *(su tessere di concorsi a premi)* (trading) stamp, token ◆◆ ***~ verde*** = green sticker placed on the windscreen to show the car has passed the antipollution regulations.

▷ **bollire** /bol'lire/ [3] **I** tr. to boil; ***fare ~*** to boil, to bring [sth.] to the boil **II** intr. (aus. *avere*) **1** *(raggiungere l'ebollizione)* to boil; ***l'acqua bolle a 100°*** water boils at 100°C; ***la pentola bolle sul gas*** the pot is boiling on the fire; ***cominciare a ~*** to come to the boil; ***finire di ~*** to go off the boil **2** FIG. *(fermentare)* [*mosto*] to ferment **3** FIG. *(fremere)* to boil, to seethe (**di** with); ***fare ~ il sangue a qcn.*** to make sb.'s blood boil; ***mi bolliva il sangue*** my blood was boiling **4** COLLOQ. *(morire di caldo)* ***qui si bolle*** it's boiling in here ◆ ***che cosa bolle in pentola?*** what's cooking? what's brewing?

bollita /bol'lita/ f. ***dare una ~ a qcs.*** to boil sth., to bring sth. to the boil.

bollito /bol'lito/ **I** p.pass. → **bollire II** agg. boiled; ***riso ~*** boiled rice; ***fare qcs. ~*** to boil sth. **III** m. *(carne lessata)* boiled meat; *(taglio di carne)* = cut of meat for boiling.

bollitore /bolli'tore/ m. kettle; ***~ per il latte*** milk kettle ◆◆ ***~ elettrico*** electric kettle.

bollitura /bolli'tura/ f. boiling.

bollo /'bollo/ m. **1** *(bollatura, francobollo)* stamp; ***mettere un ~ su*** to stamp [*documento*]; ***esente da ~*** free from stamp tax; ***soggetto a ~*** subject to stamp tax; ***marca da ~*** revenue stamp; ***carta da ~*** bonded *o* stamped paper; ***imposta di ~*** stamp duty **2** AUT. ***~ (di circolazione)*** *(tassa)* road tax, road fund; *(contrassegno)* (road) tax disc; ***pagare il ~ dell'auto*** to tax a vehicle; ***il ~ dell'auto scade ad aprile*** the car is taxed till April **3** COLLOQ. *(livido)* bruise; ***essere pieno*** o ***coperto di -i*** [*pelle, gambe, braccia*] to be covered in bruises ◆◆ ***~ a data*** date stamp; ***~ a inchiostro*** ink stamp; ***~ lineare*** postmark caption; ***~ postale*** postmark; ***~ di quietanza*** receipt stamp; ***~ a secco*** embossing stamp; ***~ a umido*** → ***~ a inchiostro.***

bollore /bol'lore/ **I** m. **1** *(di liquido che bolle)* boil, boiling; ***al primo ~*** as soon as it begins to boil; ***portare qcs. a ~*** to bring sth. to the boil; ***essere a ~*** to be aboil; ***alzare il ~*** to come to the boil **2** *(calura)* stifling heat, torrid heat; ***che ~ qua dentro!*** it's boiling in here! **II bollori** m.pl. *(istinti)* ebullience sing., ardour sing. BE, ardor sing. AE; ***i -i della giovinezza*** the ardour of youth, youthful ebullience; ***calmare i -i di qcn.*** to cool sb.'s ardour.

bolloso /bol'loso/ agg. bullate.

bolo /'bɔlo/ m. **1** *(nell'alimentazione)* bolus* **2** MINER. bole.

bolognese /boloɲ'ɲese/ ➧ ***2*** **I** agg. **1** *(di Bologna)* Bolognese **2 alla bolognese** GASTR. Bolognese; ***spaghetti alla ~*** spaghetti Bolognese; ***sugo alla ~*** Bolognese sauce **II** m. e f. Bolognese.

bolometro /bo'lɔmetro/ m. bolometer.

bolsaggine /bol'saddʒine/ f. **1** VETER. broken wind **2** FIG. *(fiacchezza)* weakness, limpness.

bolscevico, pl. **-chi**, **-che** /bolʃe'viko, ki, ke/ **I** agg. Bolshevik **II** m. (f. **-a**) Bolshevik.

bolscevismo /bolʃe'vizmo/ m. Bolshevism.
bolscevizzare /bolʃevid'dzare/ [1] tr. bolshevize.
bolscevizzazione /bolʃeviddzat'tsjone/ f. bolshevization.
bolso /'bolso/ agg. **1** VETER. [*cavallo*] broken-winded **2** FIG. *(fiacco)* [*persona*] weak, flabby; [*stile*] weak, limp.
bolzanino /boltsa'nino/ ➧ *2* **I** agg. from, of Bolzano **II** m. (f. **-a**) native, inhabitant of Bolzano.
bolzone /bol'tsone/ m. **1** *(freccia)* bolt **2** *(punzone)* punch.
boma /'bɔma/ m. e f. MAR. boom.
▶ **1.bomba** /'bomba/ f. **1** MIL. bomb; *~ **artigianale*** homemade bomb; ***lanciare una ~ (su qcs.)*** *(con la mano)* to throw a grenade (at sth.); *(da un aereo)* to drop a bomb (on sth.); ***mettere una ~*** to plant a bomb; ***la ~ è regolata per esplodere a mezzogiorno*** the bomb is timed to go off at midday; ***allarme ~*** bomb alert *o* scare; ***pacco ~*** parcel bomb; ***vano ~*** bomb bay; ***a prova di ~*** [*rifugio*] bombproof, shell-proof; FIG. [*pazienza, solidità*] unfailing attrib. **2** FIG. *(scandalo, notizia sensazionale)* bomb(shell); ***quando scoppierà la ~*** when the balloon goes up, when the bomb goes off; ***l'annuncio ha avuto l'effetto di una ~*** the news came as a bombshell **3** FIG. *(persona, cosa eccezionale)* ***è una ~*** she looks a knock-out; ***questa macchina è una ~*** this car goes like a bomb; *~ **sexy*** sex bomb, sexpot **4** COLLOQ. *(cibo pesante, calorico)* ***questa torta è una vera ~!*** this cake is really fattening! *(bevanda ad alta gradazione)* ***questo liquore è una ~!*** this drink is really strong! **5** GERG. SPORT *(sostanza stimolante)* pep pill **6** GASTR. = jam, cream doughnut **7** COLLOQ. *(tuffo)* ***fare la ~*** to do a cannonball, to dive-bomb ◆◆ *~ **A*** A-bomb; *~ **atomica*** atom(ic) bomb; ***possedere la ~ atomica*** to have the bomb; *~ **al cobalto*** MED. cobalt bomb, cobalt therapy unit; *~ **dirompente*** → *~ **a frammentazione***; *~ **a fissione*** fission bomb; *~ **a frammentazione*** fragmentation bomb; *~ **fumogena*** smoke bomb; *~ **gelata*** GASTR. bombe (glacée); *~ **a grappolo*** cluster bomb; *~ **H*** H-bomb; *~ **all'idrogeno*** hydrogen bomb; *~ **illuminante*** flare bomb; *~ **incendiaria*** MIL. firebomb, incendiary (bomb); *(artigianale)* incendiary device; *~ **intelligente*** smart bomb; *~ **lacrimogena*** teargas grenade; *~ **a mano*** hand grenade; *~ **molotov*** Molotov cocktail; *~ **al napalm*** napalm bomb; *~ **al neutrone*** neutron bomb; *~ **a orologeria*** time bomb; *~ **perforante*** penetration bomb; *~ **al plastico*** plastic bomb; *~ **di profondità*** depth bomb; *~ **a scoppio ritardato, a tempo*** → *~ **a orologeria***; *~ **volante*** STOR. flying bomb, doodlebug BE; *~ **vulcanica*** GEOL. volcanic bomb.
2.bomba /'bomba/ f. ***tornare a ~*** = to get back to the point.
bombaggio, pl. **-gi** /bom'baddʒo, dʒi/ m. TECN. swelling, bulging.
bombarda /bom'barda/ ➧ *34* f. **1** STOR. MIL. bombard **2** MUS. bombard.
▶ **bombardamento** /bombarda'mento/ m. **1** MIL. bombing, bombardment; *(d'artiglieria)* shellfire, shelling **U**; ***la nostra casa fu distrutta dai -i*** we were bombed out (of our home) **2** *(sequela di domande, critiche)* bombardment, barrage; *(pubblicitario)* barrage; ***essere sottoposto a un ~ di critiche*** to get bombarded with criticism **3** FIS. bombardment; ◆◆ *~ **aereo*** air raid; *~ **navale*** naval bombardment; *~ **atomico*** MIL. atombomb attack; FIS. atomic bombardment; *~ **chimico*** chemical weapons attack; *~ **di precisione*** precision bombing; *~ **a tappeto*** carpet *o* area *o* saturation bombing; *~ **in picchiata*** dive-bombing.
bombardare /bombar'dare/ [1] tr. **1** *(colpire con bombe)* to bomb [*casa, città*]; *(con artiglieria)* to shell; *~ **in picchiata*** to dive-bomb; *~ **a tappeto*** to carpet-bomb, to saturate **2** FIG. [*media*] to bombard [*pubblico*]; ***essere bombardati dalla pubblicità*** to be bombarded with advertising; *~ **qcn. di domande*** to bombard *o* blitz sb. with questions, to fire questions at sb.; ***siamo costantemente bombardati da richieste*** we are constantly assailed by demands **3** COLLOQ. *(fotografare) ~ **di flash*** to take photo after photo of [*quadro, persona*] **4** FIS. to bombard.
bombardiere /bombar'djɛre/ m. **1** MIL. *(aereo)* bomber **2** MIL. ANT. *(soldato)* bombardier.
bombardino /bombar'dino/ ➧ *34* m. baritone saxhorn.
bombardone /bombar'done/ ➧ *34* m. bombardon.
bombare /bom'bare/ [1] tr. to make* convex.
bombarolo /bomba'rɔlo/ m. (f. **-a**) COLLOQ. *(attentatore)* bomber.
bombato /bom'bato/ **I** p.pass. → **bombare II** agg. [*muro, superficie, parquet*] bulging; [*forma, vaso*] rounded; [*mobile*] bow-fronted.
bombatura /bomba'tura/ f. **1** bulge, roundness **2** EDIL. MAR. camber.
bomber /'bɔmber/ m.inv. **1** SPORT (top) goalscorer **2** ABBIGL. bomber jacket.
bombetta /bom'betta/ f. bowler hat, derby AE.
bombice /'bombitʃe/ m. silkworm ◆◆ *~ **del gelso*** silkworm moth; *~ **della quercia*** egger.
bombo /'bombo/ m. ENTOM. bumblebee.
▷ **bombola** /'bombola/ **I** f. bottle, cylinder; *~ **di ossigeno*** oxygen cylinder *o* tank; *~ **del gas*** gas bottle *o* cylinder; *~ **di, a gas*** cylinder *o* bottle of gas; *~ **di aria compressa*** air cylinder **II bombole** f.pl. *(respiratore)* breathing apparatus sing.
bomboletta /bombo'letta/ f. *(aerosol)* spray (can); *~ **di vernice spray*** paint spray; ***dipingere con la ~ (spray)*** to spray paint.
bombolo /'bombolo/ m. tubby person, butterball AE.
bombolone /bombo'lone/ m. GASTR. doughnut, donut AE.
bombolotti /bombo'lɔtti/ m.pl. GASTR. INTRAD. (kind of short ribbed pasta used for soups).
bomboniera /bombo'njɛra/ f. **1** *(scatola per caramelle)* sweet box, sweet dish **2** *(di matrimonio ecc.)* = small box used to hold sugared almonds which are given at weddings, First Communions etc.
bompresso /bom'prɛsso/ m. bowsprit; ***bandiera di ~*** jack; ***briglia del ~*** bobstay; ***trinca del ~*** gammon.
bonaccia, pl. **-ce** /bo'nattʃa, tʃe/ f. **1** METEOR. MAR. calm; ***c'è ~*** the sea is (dead) calm; ***in ~*** becalmed **2** FIG. *(calma)* calm, peace; *(stasi)* lull; ***è un periodo di ~*** *(negli affari)* it's dead calm.
bonaccione /bonat'tʃone/ **I** agg. meek, kindly **II** m. (f. **-a**) = good person.
bonariamente /bonarja'mente/ avv. good-naturedly; [*prendere in giro*] good-humouredly BE, good-humoredly AE.
bonarietà /bonarje'ta/ f.inv. bonhomie, affability, kindness.
bonario, pl. **-ri**, **-rie** /bo'narjo, ri, rje/ agg. [*carattere, intenzione, persona*] good-natured; [*scherzo, affermazione, critica*] good-humoured BE, good-humored AE, good-tempered; ***ha un aspetto ~*** he has a kindly air about him.
bonbon /bon'bɔn/ m.inv. bonbon, sweet BE, candy AE.
bongos /'bɔngos/ m.pl. bongos.
Bonifacio /boni'fatʃo/ n.pr.m. Boniface.
bonifica, pl. **-che** /bo'nifika, ke/ f. **1** *(di terreni, di paludi)* drainage, draining, reclamation **2** *(di campi minati)* (land) mine clearance.
bonificabile /bonifi'kabile/ agg. [*terreno*] drainable; ***non ~*** irreclaimable.
bonificare /bonifi'kare/ [1] tr. **1** *(prosciugare)* to drain, to reclaim [*palude, terreno*]; *(ripulire, risanare)* to clean up [*fiume, regione*] **2** *(sminare)* to clear [sth.] of mines **3** FIG. *(risanare)* to clear up, to (re)develop [*quartiere, area depressa*] **4** BANC. *(versare con bonifico)* to transfer, to credit [*denaro, somma, stipendio*].
bonificatore /bonifika'tore/ m. (f. **-trice** /tritʃe/) **1** *(chi prosciuga)* reclaimer **2** *(sminatore)* mine clearance expert.
bonifico, pl. **-ci** /bo'nifiko, tʃi/ m. **1** BANC. bank transfer, credit transfer; ***fare*** o ***eseguire un ~*** to make a bank transfer; ***ordine di ~*** transfer order; *~ **bancario*** bank transfer **2** COMM. *(abbuono)* allowance, discount.
bonita /bo'nita/ m. (anche **tonno** ~) skipjack.
bonomia /bono'mia/ f. bonhomie, affability.
▶ **bontà** /bon'ta/ f.inv. **1** kindness; goodness (**verso** towards); ***un uomo di una grande ~*** a man of great kindness; ***trattare qcn. con ~*** to treat sb. with kindness; ***uno sguardo, un sorriso pieno di ~*** a look, smile full of kindness; ***è la ~ in*** o ***fatta persona*** he's kindness itself; ***per ~ d'animo*** out of the goodness of one's heart; *~ **divina!*** good(ness) gracious! **2** *(cortesia)* ***ha avuto la ~ di fare...*** he's been so kind as to do...; ***avresti la ~ di chiudere la porta?*** would you have the goodness to close the door? *~ **sua!*** how kind of him! ***si è degnato, ~ sua, di venire*** he graciously agreed to come **3** *(qualità) (di lavoro, prodotto)* excellence, good quality **4** *(buon sapore)* deliciousness; *(di verdura, ortaggi)* goodness; ***è una vera ~, che ~!*** it's simply delicious! **5** *(mitezza) (del clima)* mildness, healthiness.
bon ton /bon'tɔn/ m.inv. good manners pl.
bonus /'bɔnus/ m.inv. COMM. bonus.
bonus malus /bonus'malus/ m.inv. no-claim(s) bonus.
bonzo /'bondzo/ m. bonze.
boogie-woogie /bugi'vugi/ m.inv. boogie-woogie.
bookmaker /buk'mɛker/ ➧ *18* m.inv. bookmaker.
booleano /bule'ano/ agg. Boolean.
boom /bum/ m.inv. boom; *~ **economico*** economic boom; *~ **demografico*** baby boom; *~ **dei consumi, delle esportazioni, del mercato immobiliare*** consumer, export, property boom; ***gli affari sono in pieno ~*** business is booming.
boomerang /'bumerang/ **I** m.inv. boomerang (anche FIG.); ***rivelarsi un ~*** to boomerang **II** agg.inv. ***effetto ~*** boomerang effect.
booster /'buster/ m.inv. **1** ELETTRON. AUT. booster **2** *(razzo)* booster rocket.
bora /'bɔra/ f. bora.

borace /bo'ratʃe/ m. borax; ~ ***greggio*** tincal.
borasso /bo'rasso/ m. palmyra.
borato /bo'rato/ m. borate.
Borbone /bor'bɔne/ n.pr. Bourbon.
borbonico, pl. **-ci**, **-che** /bor'bɔniko, tʃi, ke/ **I** agg. **1** *(relativo ai Borboni)* Bourbon attrib. **2** FIG. *(reazionario)* reactionary **II** m. supporter of the Bourbon dynasty.
borbottamento /borbotta'mento/ m. mumbling, muttering.
borbottare /borbot'tare/ [1] **I** tr. to mutter [*insulti, rimproveri*]; to mumble, to babble [*preghiera, scusa*]; ~ ***qcs. tra sé e sé*** to mumble sth. to oneself; ***che cosa stai borbottando?*** what are you muttering about? **II** intr. (aus. *avere*) [*persona*] to mumble, to mutter, to grumble; [*stufa, caldaia*] to hum; [*stomaco*] to rumble.
borbottio, pl. **-ii** /borbot'tio, ii/ m. mumble, grumble, muttering; *(di stufa, caldaia)* hum; *(di stomaco)* grumble.
borbottone /borbot'tone/ m. (f. **-a**) bumbler, grumbler.
borchia /'bɔrkja/ f. **1** *(di giubbotto, cintura)* stud **2** *(di serratura)* plate, keyhole cover **3** *(di tappezziere, ebanista)* upholsterer's nail.
borchiato /bor'kjato/ agg. [*giubbotto*] studded.
bordare /bor'dare/ [1] tr. **1** SART. to edge, to trim [*abito, tenda, fazzoletto*]; to bind* [*orlo*] **2** *(delimitare)* to border, to bound **3** MAR. to flatten in, to take* up the slack in [*vela*].
bordata /bor'data/ f. **1** MIL. broadside; ***sparare una*** ~ to deliver a broadside **2** FIG. *(raffica) (di insulti, fischi)* volley **3** MAR. tack; ***una ~ a babordo, tribordo*** a tack to port, starboard.
bordatrice /borda'tritʃe/ f. beading machine.
bordatura /borda'tura/ f. **1** SART. edging **2** TECN. beading, rim **3** MAR. *(fasciame) (di legno)* plank; *(di metallo)* plating.
bordeaux /bor'do/ ➧ **3 I** agg.inv. burgundy, maroon **II** m.inv. **1** *(vino)* bordeaux; ~ ***rosso*** claret **2** *(colore)* burgundy, maroon.
bordeggiare /borded'dʒare/ [1] intr. (aus. *avere*) **1** MAR. *(controvento)* to beat* (to windward); *(seguendo la costa)* to hug the coast **2** FIG. *(destreggiarsi)* to manoeuvre BE, to maneuver AE.
bordeggio, pl. **-gi** /bor'deddʒo, dʒi/ m. MAR. beating.
bordello /bor'dɛllo/ m. **1** *(casa di tolleranza)* brothel, whorehouse **2** FIG. SPREG. *(luogo di corruzione)* dive, den of iniquity **3** COLLOQ. *(chiasso, confusione)* racket, row BE, cock-up BE; ***che ~!*** what a caper! BE what a cock-up! BE; ***fare*** ~ to make a racket, to hell around AE.
bordereau /borde'ro/, **borderò** /borde'rɔ/ m.inv. form, note.
bordino /bor'dino/ m. **1** edging **2** FERR. flange.
▶ **bordo** /'bordo/ m. **1** *(margine) (di lago, strada)* side, edge; *(di tavolo, sedia)* edge; *(di contenitore, tazza, bicchiere)* rim; *(di marciapiede)* kerb BE, curb AE; *(di pagina)* margin; *(di tessuto, quadro)* border; ***scrivere qcs. sul*** ~ to write sth. in the margin **2** SART. *(orlo)* border, (hem)line; ***un cappotto col ~ di pelliccia*** a coat edged *o* trimmed with fur; ~ ***ricamato*** embroidered border; ***applicare un ~ a qcs.*** to hem sth. **3** MAR. AER. *(fianco)* side; ***a*** ~ [*essere, lavorare, cenare, dormire*] on board, aboard; ***salire a ~ di una nave, un aereo*** to go on board *o* to board a ship, a plane; ***siamo rimasti, stati trattenuti a*** ~ we stayed, have been detained on board; ***prendere qcn. a*** ~ to take sb. on board; ***un incendio è scoppiato a*** ~ a fire broke out on board; ***i missili a ~ del sottomarino*** the missiles on board the submarine; ***sono partiti a ~ della loro macchina, di un furgone rubato*** they left in their car, in a stolen van; ***radio di*** ~ onboard radio; ***giornale di*** ~ log book; ***medico di*** ~ ship's doctor; ***personale di*** ~ AER. cabin crew; ***fuori*** ~ overboard; ***franco (a)*** ~ COMM. free on board; ***virare di*** ~ to go *o* come *o* put about; ***nave di alto*** ~ tall ship; ***prostituta d'alto*** ~ FIG. high-class prostitute, courtesan; ***gente d'alto*** ~ FIG. people of high rank ◆◆ ~ ***d'attacco*** AER. leading edge; ~ ***libero*** MAR. freeboard; ~ ***di uscita*** AER. trailing edge.
bordò /bor'dɔ/ → **bordeaux**.
bordolese /bordo'lese/ ➧ **2 I** agg. from, of Bordeaux; ***poltiglia*** ~ Bordeaux mix(ture) **II** m. e f. native, inhabitant of Bordeaux.
1.bordone /bor'done/ m. MUS. *(registro d'organo)* bourdon; *(nota)* drone ◆ ***tenere ~ a qcn.*** to aid and abet sb., to be in cahoots with sb.
2.bordone /bor'done/ m. *(bastone da pellegrino)* pilgrim's staff.
bordura /bor'dura/ f. **1** *(di aiuola)* border **2** SART. border, trim; ***una ~ di pizzo*** a lace border.
borea /'bɔrea/ m. Boreas.
boreale /bore'ale/ agg. boreal, northern; ***aurora*** ~ Northern Lights, aurora borealis.
▷ **borgata** /bor'gata/ f. **1** *(piccolo borgo)* small village **2** *(quartiere periferico povero)* = an area on the outskirts of a city generally inhabited by poor or working class people.
borgataro /borga'taro/ m. (f. **-a**) *(abitante di quartiere periferico povero)* = in Rome, person who lives on the poor outskirts.
▶ **borghese** /bor'gese, bor'geze/ **I** agg. **1** *(della borghesia)* [*società, liberalismo, ideologia*] bourgeois; [*morale, pregiudizio*] middle-class; ***essere di estrazione*** ~ to be from a middle-class background; ***il dramma*** ~ TEATR. middle-class drama; ***piccolo*** ~ petit bourgeois **2** *(signorile)* [*quartiere, casa*] bourgeois **3** *(civile)* civilian; ***in*** ~ [*soldato*] in civilian clothes, in civvies COLLOQ., in mufti; [*poliziotto*] in plain clothes; ***mettersi in*** ~ [*soldato*] to dress in civilian clothes; [*poliziotto*] to dress in plain clothes **II** m. e f. bourgeois*; ***piccolo*** ~ petit bourgeois.
▷ **borghesia** /borge'sia, borge'zia/ f. bourgeoisie, middle class; ***piccola, alta*** ~ lower, upper middle class; ***media*** ~ middle class.
borghesismo /borge'sizmo, borge'zizmo/ m. bourgeois attitude.
borghesuccio, m.pl. **-ci**, f.pl. **-ce** /borgesut'tʃo, borgezut'tʃo, tʃi, tʃe/ m. (f. **-a**) petit bourgeois.
borghigiano /borgi'dʒano/ m. (f. **-a**) villager.
borgo, pl. **-ghi** /'borgo, gi/ m. **1** *(villaggio)* village **2** *(sobborgo)* suburb.
borgogna /bor'goɲɲa/ m.inv. ENOL. burgundy.
Borgogna /bor'goɲɲa/ ➧ **30** n.pr.f. Burgundy.
borgognone /borgoɲ'ɲone/ ➧ **30 I** agg. Burgundian; ***poltiglia -a*** Burgundy mix(ture) **II** m. (f. **-a**) Burgundian.
borgognotta /borgoɲ'ɲɔtta/ f. burgonet.
borgomastro /borgo'mastro/ m. burgomaster.
boria /'bɔrja/ f. bumptiousness, haughtiness, arrogance; ***essere pieno di*** ~ to be arrogant; ***trattare qcn. con*** ~ to look down one's nose at sb.
borico, pl. **-ci**, **-che** /'bɔriko, tʃi, ke/ agg. boric.
boriosamente /borjosa'mente/ avv. arrogantly.
boriosità /borjosi'ta/ f.inv. → **boria.**
borioso /bo'rjoso/ agg. bumptious, haughty, arrogant.
borlotto /bor'lɔtto/ m. (anche **fagiolo** ~) pinto bean.
Borneo /'bɔrneo/ ➧ **14** n.pr.m. Borneo.
boro /'bɔro/ m. boron.
borotalco® /boro'talko/ m. talc, talcum (powder).
borra /'borra/ f. **1** *(imbottitura)* stuffing **2** *(nelle cartucce)* wad.
borraccia, pl. **-ce** /bor'rattʃa, tʃe/ f. flask, water bottle; MIL. canteen.
borraccina /borrat'tʃina/ f. moss, stonecrop, mossy plants pl.
borragine /bor'radʒine/ f. borage.
borro /'borro/ m. gully.
▶ **1.borsa** /'borsa/ f. **1** *(sacca)* bag; *(borsetta)* handbag, purse AE; *(portadocumenti)* briefcase; ***una ~ color sabbia, albicocca*** a sand-, an apricot-coloured bag; ~ ***di pelle, di cuoio*** leather bag; ***prendere qcs. nella*** ~ to take sth. out of one's bag; ***le hanno scippato la*** ~ she had her bag snatched **2** FIG. *(mezzi economici)* purse, money; ***per le piccole -e*** for limited budgets; ***essere alla portata di tutte le -e*** to be within everybody's means **3** SCOL. UNIV. → ~ **di studio 4** SPORT *(compenso dei pugili)* purse **5** COLLOQ. *(occhiaia)* ***avere le -e sotto gli occhi*** to have bags under one's eyes **6** *(deformazione di abiti)* ***fare le -e alle ginocchia*** to bag *o* go baggy at the knees **7** ZOOL. *(di marsupiale, pellicano)* pouch **8** ANAT. bursa* ◆ ***allargare, stringere i cordoni della*** ~ to loosen, to tighten the purse-strings; ***metter mano alla*** ~ to foot the bill; ***tenere stretta la*** ~ to be tight with ones' money; ***"o la ~ o la vita!"*** "stand and deliver!", "your money or your life!" ◆◆ ~ ***dell'acqua calda*** hot water bottle; ~ ***degli attrezzi*** tool bag; ~ ***diplomatica*** dispatch box; ~ ***del ghiaccio*** ice pack; ~ ***di plastica*** plastic bag; ~ ***di ricerca*** UNIV. research grant; ~ ***di pastore*** BOT. shepherd's purse; ~ ***della spesa*** shopper, shopping bag; ~ ***di studio*** *(per sostegno economico)* grant, scolarship; *(per merito)* scolarship; *(per ricerca)* grant: ~ ***da tabacco*** pouch; ~ ***a tracolla*** shoulder bag; ~ ***da viaggio*** carpetbag, grip.
2.borsa /'borsa/ f. ECON. stock exchange; ***caduta*** o ***crollo della*** ~ stock market crash; ***la ~ ha guadagnato, perso 3 punti*** the Stock Exchange was up, down three points; ***dopo due giorni di ribassi, la ~ si è ripresa leggermente*** after two days of losses, the Stock Exchange recovered slightly; ***la ~ ha chiuso in rialzo, in ribasso*** stocks closed higher, lower; ***la ~ ha aperto in rialzo*** the Stock Exchange opened on the up; ***la Borsa di Londra è salita*** shares on the London Stock Exchange have gone up; ***in*** ~ [*scalata, speculazione, scandalo*] stock exchange attrib., stock market attrib.; ***lancio in*** ~ stock market flotation; ***trattare in*** ~ to deal (on the Stock Exchange); ***investire denaro in*** ~ to invest money on the Stock Exchange; ***giocare in*** ~ to play the (stock) market, to gamble on the Stock Exchange; ***scambi vivaci in*** ~ brisk trading on the Stock Exchange; ***alla Borsa di Hong Kong*** on the Hong Kong Stock Exchange; ***essere quotato in ~, essere ammesso alle quotazioni di*** ~ to be listed *o* quoted on the Stock Exchange; ***la società sarà quotata in*** ~ the company is going public; ***X sarà quotata alla Borsa di Milano*** X will become listed on the Milan Stock Exchange; ***di*** ~

[indice, crack, capitalizzazione, operazione, contrattazione, automatismi] stock exchange attrib., stock market attrib.; ***seduta di*** ~ trading session; ***indice di*** ~ share *o* stock index; ***bollettino di*** ~ Stock Exchange prices; ***listino di*** ~ Stock Exchange list; ***commissione di*** ~ brokerage; ***le quotazioni di*** ~ Stock Exchange prices; ***agente, operatore di*** ~ dealer, stockbroker; ***mercato fuori*** ~ curb market, over-the-counter market ◆◆ ~ ***merci*** → **Borsa del commercio**; ~ ***nera*** → **borsanera**; ~ ***noli*** shipping exchange; ~ ***telematica*** computerized trading; ***Borsa del commercio*** Commodity Exchange; ***la Borsa valori*** the Stock Exchange.

borsaiolo /borsa'jɔlo/ m. (f. **-a**) → **borseggiatore**.

borsanera, pl. **borsenere** /borsa'nera, borse'nere/ f. black market.

borsanerista, m.pl. **-i**, f.pl. **-e** /borsane'rista/ m. e f. black market trader, black marketeer.

borsata /bor'sata/ f. **1** *(contenuto)* bagful* **2** *(colpo dato con una borsa)* blow with a bag.

borseggiare /borsed'dʒare/ [1] tr. ~ ***qcn.*** to pick sb.'s pocket.

borseggiatore /borseddʒa'tore/ m. (f. **-trice** /tritʃe/) pickpocket.

borseggio, pl. **-gi** /bor'seddʒo, dʒi/ m. bag snatch, pickpocketing.

borsellino /borsel'lino/ m. purse, change purse AE.

borsello /bor'sɛllo/ m. shoulder bag.

borsetta /bor'setta/ f. handbag, purse AE; ~ ***da sera*** evening handbag.

borsetto /bor'setto/ → **borsello**.

borsino /bor'sino/ m. ECON. **1** *(ufficio bancario)* trading desk, dealing desk **2** *(dopoborsa)* after hours.

1.borsista, m.pl. **-i**, f.pl. **-e** /bor'sista/ m. e f. SCOL. UNIV. scolarship holder; *(per ricerca)* grant recipient.

2.borsista, m.pl. **-i**, f.pl. **-e** /bor'sista/ ➧ ***18*** m. e f. ECON. stock exchange dealer, stockjobber, stock broker.

borsistico, pl. **-ci**, **-che** /bor'sistiko, tʃi, ke/ agg. *[indice, ambiente, quotazioni, operazione, attività, valore]* stock exchange attrib., stock market attrib.; *[settimana, mese]* trading attrib.; ***mercato*** ~ stock market; ***sulle grandi piazze -che*** on the major stock markets.

borsite /bor'site/ ➧ ***7*** f. bursitis.

boruro /bo'ruro/ m. boride.

bosa /'boza/ f. cringle.

boscaglia /bos'kaʎʎa/ f. brush, undergrowth.

boscaiolo /boska'jɔlo/ ➧ ***18*** m. woodman*, woodcutter, lumberjack, lumberman* AE.

boschereccio, pl. **-ci**, **-ce** /boske'rettʃo, tʃi, tʃe/ agg. wood attrib., woodland attrib.

boschetto /bos'ketto/ m. thicket, grove.

boschivo /bos'kivo/ agg. *[regione]* wooded, woody; *[specie, risorse]* wood attrib.; ***incendio*** ~ bushfire.

boscimano /boʃ'ʃimano/ ➧ ***16*** **I** agg. Bushman **II** m. **1** (f. **-a**) *(persona)* Bushman* **2** *(lingua)* Bushman.

▶ **bosco**, pl. **-schi** /'bɔsko, ski/ m. wood, forest; ~ ***di betulle, di querce*** birch, oak wood; ***un*** ~ ***fitto*** a thick forest; ***nel profondo*** o ***fitto del*** ~ in the depth of woods; ***ai margini del*** ~ at the edge of the wood; ***piantare a*** ~ to afforest *[terreno]*; ***frutti di*** ~ fruits of the forest, soft fruit ◆ ***essere uccel di*** ~ to be as free as a bird, to have flown the coop; ***la fame caccia il lupo dal*** ~ PROV. needs must (when the devil drives) ◆◆ ~ ***di alto fusto*** wood of tall trees; ~ ***ceduo*** coppice, copse.

boscosità /boskosi'ta/ f.inv. tree density.

boscoso /bos'koso/ agg. *[terreno, regione]* wooded, woody; ***molto, poco*** ~ highly, sparsely wooded.

Bosforo /'bɔsforo/ n.pr.m. Bosphorus; ***lo stretto del*** ~ the Bosphorus straits.

Bosnia /'bɔznja/ ➧ ***33*** n.pr.f. Bosnia.

bosniaco, pl. **-ci**, **-che** /boz'niako, tʃi, ke/ ➧ ***25*** **I** agg. Bosnian **II** m. (f. **-a**) Bosnian.

Bosnia-Erzegovina /'bɔznjaerdze'gɔvina/ ➧ ***33*** n.pr.f. Bosnia-Herzegovina.

bosone /bo'zone/ m. boson.

boss /bɔs/ m.inv. boss.

bosso /'bɔsso/ m. *(albero)* box (tree); *(legno)* box(wood); ***siepe di*** ~ box(wood) hedge; ***falso*** ~ shrubby milkwort.

bossolo /'bɔssolo/ m. **1** *(urna elettorale)* ballot box **2** *(bussolotto dei dadi)* dice box **3** *(per le elemosine)* collection box **4** *(di proiettile)* case.

bostoniano /bosto'njano/ ➧ ***2*** **I** agg. Bostonian **II** m. (f. **-a**) Bostonian.

BOT /bɔt/ m.inv. (⇒ Buono Ordinario del Tesoro) = Italian Treasury bond.

▷ **botanica** /bo'tanika/ f. botany.

botanico, pl. **-ci**, **-che** /bo'taniko, tʃi, ke/ ➧ ***18*** **I** agg. botanic(al); ***orto*** ~ botanical gardens **II** m. (f. **-a**) botanist.

botanizzare /botanid'dzare/ [1] intr. (aus. *avere*) to botanize.

Botnia /'bɔtnja/ n.pr.f. ***il Golfo di*** ~ the Gulf of Bothnia.

botola /'bɔtola/ f. **1** trapdoor (anche TEATR.) **2** *(pozzetto)* manhole ◆◆ ~ ***di ispezione*** inspection trap.

botolo /'bɔtolo/ m. cur, mongrel, pooch.

botrichio, pl. **-chi** /bo'trikjo, ki/ m. moonwort.

Botswana /bot'tswana/ ➧ ***33*** n.pr.m. Botswana.

▷ **botta** /'bɔtta/ **I** f. **1** *(colpo)* knock, bang, whack COLLOQ.; ***prendere una*** ~ *[persona, apparecchio, macchina]* to get a knock; ***rifilare, mollare una*** ~ ***a qcn.*** to hit sb.; ***che*** ~ ***mi ha dato!*** he really hit me one! ***dare una*** ~ ***in testa a qcn.*** to crown sb. COLLOQ.; ***prendere una*** ~ ***in testa*** to get a bang on the head; ***ho preso una brutta*** ~ ***al ginocchio*** my knee got a nasty bang; ***la mia macchina ha preso una*** ~ ***alla portiera*** my car has a bash on the door; ***dare una gran*** ~ ***alla palla*** to take a slog at the ball **2** *(livido)* bruise **3** COLLOQ. FIG. *(batosta, mazzata)* blow, shock; ***è stata una bella*** ~ ***per lui*** it gave him an awful shock **4** *(rumore)* bang **5** FIG. *(frecciata, stoccata)* barb, jibe, dig; ***dirigere, assestare una*** ~ ***a qcn.*** to take, get a dig at sb. **6** *(nella scherma)* thrust **7** VOLG. *(atto sessuale)* trick, bonk; ***una bella*** ~ a good fuck; ***dare una*** ~ to have a screw **II** **botte** f.pl. ***un sacco*** o ***fracco di -e*** a good thrashing *o* beating (up); ***dare*** o ***mollare un sacco di -e a qcn.*** to give sb. a good beating, to beat the pants off sb.; ***fare a -e*** to come to blows; ***prendere a -e qcn.*** to beat up sb.; ***dare -e da orbi*** to thrash, to bash; ***volavano -e da orbi*** the fur was flying; ***prendersi a -e*** to come to blows; ***massacrare qcn. di -e*** to beat *o* knock the living daylights out of sb.; ***riempire qcn. di -e*** to give sb. a going-over *o* a good thrashing; ***ricevere, prendere un sacco di -e*** to get a good beating, thrashing; ***fare qcn. nero di -e*** to beat sb. black and blue; ***vuoi -e?*** do you want to make sth. out of it? ◆ ***a*** ~ ***calda*** on the spot, off the cuff; ***una*** ~ ***di fortuna, sfortuna*** a stroke of luck, bad luck; ***dare una*** ~ ***a qcs.*** *(pulire sommariamente)* to give sth. a quick one; ***dare una bella*** ~ ***a un lavoro*** to break the back of a task; ~ ***e risposta*** crosstalk, snip-snap; ***fare a*** ~ ***e risposta*** to have a sparring match.

bottaccio, pl. **-ci** /bot'tattʃo, tʃi/ m. *(bacino)* mill pond.

bottaio, pl. **-ai** /bot'tajo, ai/ ➧ ***18*** m. cooper.

bottame /bot'tame/ m. casks pl., barrels pl.

bottarga /bot'targa/ f. botargo*.

bottatrice /botta'tritʃe/ f. burbot*, ling*.

▷ **botte** /'botte/ f. **1** barrel, cask; ~ ***da vino*** wine cask; ***mettere in*** ~ ***il vino*** to put the wine into casks, to barrel the wine; ***spillare una*** ~ to set a cask abreast; ***spillato da una*** ~ drawn from the wood **2** FIG. *(persona molto grassa)* ***essere una*** ~ to be tubby **3** ARCH. ***volta a*** ~ tunnel vault ◆ ***essere grasso come una*** ~ to be tubby; ***essere pieno come una*** ~ to be drunk as a lord BE *o* as a skunk AE; ***dare un colpo al cerchio e uno alla*** ~ to run with the hare and hunt with the hounds; ***essere in una*** ~ ***di ferro*** to be sitting pretty, to be as safe as houses; ***non si può avere la*** ~ ***piena e la moglie ubriaca*** you can't have your cake and eat it, you can't have it both ways; ***nelle -i piccole sta il vino buono*** PROV. = good things come in small sizes; ***la*** ~ ***dà il vino che ha*** PROV. you can't make a silk purse out of a sow's ear.

▷ **bottega**, pl. **-ghe** /bot'tega, ge/ f. **1** *(negozio di artigiano, commerciante)* shop BE, store AE; ***mettere su*** o ***aprire*** ~ to set up shop; ***chiudere*** ~ to shut up shop (anche FIG.) **2** *(laboratorio di artigiano)* workshop; ***la*** ~ ***del fabbro*** the blacksmith's workshop; ***opera di*** ~ studio work; ***essere a*** ~ ***da qcn.*** to serve as an apprentice with sb., to do an apprenticeship with sb.; ***mandare, mettere qcn. a*** ~ ***da qcn.*** to apprentice sb. to sb. **3** COLLOQ. SCHERZ. *(abbottonatura dei pantaloni)* flies pl. BE, fly AE; ***hai la*** ~ ***aperta*** your flies are undone ◆ ***essere (tutto) casa e*** ~ = to live only for one's family and one's work; ***essere a uscio e*** ~ = to live very near, right next to where one works.

bottegaio, pl. **-ai** /botte'gajo, ai/ **I** agg. ***avere la mentalità -a*** to be small-minded **II** m. (f. **-a**) shopkeeper, storekeeper AE.

botteghino /botte'gino/ m. box office; ***avere grande, scarso successo di*** ~ to do well, badly at the box office.

botticella /botti'tʃɛlla/ f. **1** *(piccola botte)* small barrel **2** *(a Roma)* = cab, coach.

botticelliano /bottitʃel'ljano/ agg. Botticellian.

▶ **bottiglia** /bot'tiʎʎa/ **I** f. **1** *(contenitore, contenuto)* bottle; ~ ***da latte*** milk bottle; ~ ***di latte*** bottle of milk; ~ ***in vetro, plastica*** glass, plastic bottle; ~ ***da un litro*** litre BE, liter AE bottle; ***mettere il vino in*** ~ to bottle the wine; ***acqua in*** ~ bottled water; ***latte in*** ~ milk in bottles; ***bere (d)alla*** ~ to drink (straight) from the bottle; ***fondi di*** ~ FIG. fakes **2** *(vino imbottigliato)* bottle; ***ci ha offerto una delle sue***

-e migliori he served us with one of his best bottles; ***tirar fuori una buona*** ~ to get out a good bottle of wine **II** agg.inv. *(colore)* ***verde*** ~ bottle green ◆ ***mandare un messaggio in una*** ~ to send a message in a bottle; ***attaccarsi alla*** ~ to hit the bottle; ***tirare il collo a una*** ~ to uncork a bottle ◆◆ ~ ***isolante*** vacuum flask *o* bottle AE; ~ ***di Leyda*** FIS. Leyden jar; ~ ***magnetica*** magnetic bottle; ~ ***Molotov*** Molotov cocktail.

bottigliata /bottiʎ'ʎata/ f. blow with a bottle.

bottiglieria /bottiʎʎe'ria/ f. **1** *(negozio)* wine shop **2** *(cantina)* wine cellar.

bottiglione /bottiʎ'ʎone/ m. = two-litre bottle.

1.bottino /bot'tino/ m. booty, loot, spoils pl.; *(di furto)* haul; ***fare un buon, un magro*** ~ to get a good, poor haul; ~ ***di guerra*** MIL. war booty; FIG. spoils.

2.bottino /bot'tino/ m. **1** *(fogna)* cesspit **2** *(concime)* night soil.

botto /'bɔtto/ **I** m. **1** *(colpo)* knock, pound, thump; *(sparo)* shot, bang; ***fare il*** ~ [*tappo*] to go pop **2 di botto** suddenly, all of a sudden; ***fermarsi di*** ~ to come to a dead stop, to stop dead **3 in un botto** *(in un istante)* in no time, in two shakes (of a lamb's tail); *(in una volta)* in one go **II botti** m.pl. *(fuochi d'artificio)* bangers, crackers.

bottonaio, pl. **-ai** /botto'najo, ai/ m. (f. **-a**) *(chi fabbrica bottoni)* button maker; *(chi vende bottoni)* button seller.

bottoncino /botton'tʃino/ m. **1** *(piccolo bottone)* small button; ~ ***da colletto*** collar stud **2** *(bocciolo)* small bud.

▷ **bottone** /bot'tone/ m. **1** ABBIGL. SART. button; ***attaccare, cucire un*** ~ ***a qcs.*** to sew a button on to sth.; ***abbottonare, sbottonare un*** ~ to do up, to undo a button; ***perdere un*** ~ ***dalla propria camicia*** to lose a button from one's shirt; ***si è staccato un*** ~ a button came off; ***riattaccare un bottone*** to sew a button back on; ***patta dei -i*** button flap; ***senza -i*** buttonless **2** *(pulsante)* (push) button; ***premendo un*** ~ at the press of a button; ***stanza dei -i*** FIG. control room, nerve centre **3** *(di spada, fioretto)* button; ***fioretto con*** ~ buttoned foil **4** *(bocciolo)* bud ◆ ***attaccare un*** ~ ***a qcn., attaccare*** ~ ***con qcn.*** to buttonhole sb.; ***non vale un*** ~ FIG. it's not worth a bean *o* a brass farthing ◆◆ ~ ***automatico*** SART. press-stud, snap fastener; ~ ***del campanello*** bell-push; ***botton d'oro*** BOT. bachelor's button, buttercup, kingcup; ~ ***a pressione*** SART. → ~ **automatico**.

bottoniera /botto'njɛra/ f. **1** *(fila di bottoni)* row of buttons; *(di pantaloni)* flies pl. BE, fly AE **2** *(occhiello)* buttonhole **3** *(pulsantiera)* push botton board.

bottonificio, pl. **-ci** /bottoni'fitʃo, tʃi/ m. button factory.

botulinico, pl. **-ci, -che** /botu'liniko, tʃi, ke/ agg. botulinic.

botulino /botu'lino/ m. botulin.

botulismo /botu'lizmo/ ➧ ***7*** m. botulism.

bouclé /bu'kle/ **I** m.inv. bouclé **II** agg.inv. bouclé; ***lana*** ~ bouclé wool.

boudoir /bu'dwar/ m.inv. boudoir.

boule /bul/ f.inv. *(per l'acqua calda)* hot water bottle.

boulevard /bule'var/ m.inv. boulevard.

bouquet /bu'ke/ m.inv. **1** *(di fiori)* bouquet **2** ENOL. bouquet, nose.

boutade /bu'tad/ f.inv. witticism.

boutique /bu'tik/ f.inv. boutique.

bovaro /bo'varo/ m. **1** cattleman*, cowhand **2** COLLOQ. SPREG. *(zoticone)* clodhopper, lout.

bove /'bɔve/ m. LETT. ANT. → **bue**.

bovide /'bɔvide/ m. bovid.

bovindo /bo'vindo/ m. bow window.

▷ **bovino** /bo'vino/ **I** agg. **1** bovine **2** FIG. SPREG. bovine **II** m. ***-i*** cattle; ***allevamento di -i*** cattle station.

bowling /'buling/ ➧ ***10*** m.inv. **1** *(gioco)* bowling; ***andare a giocare a*** ~ to go bowling, to bowl AE; ***pista da*** ~ bowling alley **2** *(locale)* bowling alley.

box /bɔks/ m.inv. **1** *(di autodromo)* pit; *(di scuderia)* box; ***fermarsi ai*** ~ [*macchina*] to make a pit stop **2** *(garage)* garage; ***mettere l'auto nel*** ~ to run the car over to the garage, to put the car in the garage **3** *(per bambini)* playpen **4** ~ ***doccia*** shower cubicle, shower stall AE.

boxare /bok'sare/ [1] intr. (aus. *avere*) to box.

▷ **boxe** /bɔks/ ➧ ***10*** f.inv. boxing; ***incontro di*** ~ boxing match; mill COLLOQ.; ***guanto da*** ~ boxing glove; ***campione di boxe*** boxing champion; ***tirare di*** ~ to box; ***mettersi a tirare di*** ~ to take up boxing.

1.boxer /'bɔkser/ m.inv. *(cane)* boxer.

2.boxer /'bɔkser/ m.pl. *(calzoncini)* boxer shorts.

boxeur /bok'sœr/ ➧ ***18*** m.inv. boxer.

boy /bɔi/ m.inv. **1** *(ballerino di rivista)* dancer **2** *(inserviente d'albergo)* bellboy **3** GERG. SPORT ballboy.

bozza /'bɔttsa/ f. **1** TIP. proof; ***prima*** ~ foul proof; ***seconda*** ~ revise; ***terza*** ~ second revise; ***correggere le -e*** to proofread; ***tirare una*** ~ to pull a proof; ***riscontrare le -e*** to check the proofs; ***correzione di -e*** proofreading; ***correttore di -e*** proofreader, press corrector; ***in*** ~ at proof stage; ***leggere qcs. in*** ~ to read sth. in proof **2** *(prima stesura) (di lettera, contratto, legge)* draft **3** ARCH. *(bugna)* ashlar, boss **4** COLLOQ. *(bernoccolo)* bump, lump, swelling ◆◆ ~ ***in colonna*** galley (proof); ~ ***impaginata*** page proof; ~ ***tipografica*** page sample; ***-e di stampa*** press proofs.

bozzago, pl. **-ghi** /bot'tsago, gi/ m. → **poiana.**

bozzato /bot'tsato/ m. ashlar(-work).

bozzello /bot'tsɛllo/ m. tackle block.

bozzettismo /bottset'tizmo/ m. = in art and literature, the tendency to represent reality using sketches.

bozzettista, m.pl. **-i**, f.pl **-e** /bottset'tista/ ➧ ***18*** m. e f. **1** *(scrittore)* sketch writer **2** *(disegnatore pubblicitario)* commercial artist.

bozzettistico, pl. **-ci, -che** /bottset'tistiko, tʃi, ke/ agg. **1** sketch attrib. **2** FIG. *(superficiale)* sketchy.

bozzetto /bot'tsetto/ m. **1** *(disegno)* sketch; ***fare un*** ~ to make a sketch **2** *(modello)* (scale) model **3** *(breve racconto)* sketch.

bozzima /'bɔddzima/ f. **1** TESS. size **2** *(pastone per i polli)* mash **3** FIG. *(miscuglio ripugnante)* hotchpotch BE.

1.bozzo /'bɔddzo/ m. *(pozzanghera)* puddle, ditch.

2.bozzo /'bɔttso/ m. *(bernoccolo)* bump, lump, swelling.

bozzolaia /bottso'laja/ f. cocoonery.

bozzolo /'bɔttsolo/ m. **1** *(di insetti)* cocoon; ***dipanare la seta dal*** ~ to spin the silk off the cocoon **2** *(nodo nei filati)* knot **3** *(grumo)* lump ◆ ***rinchiudersi nel proprio*** ~ to withdraw into one's shell; ***uscire dal*** ~ to come out of one's shell.

bozzoloso /bottso'loso/, **bozzoluto** /bottso'luto/ agg. **1** *(grumoso)* lumpy **2** *(nodoso)* knotty.

BR /bi'ɛrre/ **I** f.pl. (⇒ Brigate rosse) = Red Brigades, Italian left-wing terrorist group **II** m. e f.inv. = member of the Brigate rosse.

braca, pl. **-che** /'braka, ke/ **I** f. ANT. *(imbracatura)* sling (anche MAR.) **II brache** f.pl. **1** ANT. ABBIGL. breeches **2** POP. *(calzoni)* trousers; *(mutande)* drawers ◆ ***calare, calarsi le -che*** = to give in shamefully; ***mi cascano le -che*** I'm absolutely speechless; ***rimanere in -che di tela*** = to be broke, to be left without a penny, to have a shirt on one's back.

bracalone /braka'lone/ m. slop, sloven.

braccare /brak'kare/ [1] tr. **1** VENAT. to hunt, to chase [*animale*] **2** FIG. [*polizia*] to hunt down [*criminale*]; [*fotografo*] to hound [*star*].

braccata /brak'kata/ f. hunt.

braccetto: **a braccetto** /abrat'tʃetto/ avv. arm in arm; ***andare a*** ~ to go arm in arm, to walk along arms linked; FIG. to get along *o* on BE; ***prendere a*** ~ ***qcn.*** to take sb.'s arm, to link arms with sb.

bracchetto /brak'ketto/ m. beagle.

bracchiere /brak'kjɛre/ m. whipper-in.

bracciale /brat'tʃale/ m. **1** *(da polso)* bracelet; *(da braccio)* armlet, bangle **2** STOR. MIL. *(di armatura)* brassard **3** *(fascia distintiva)* (arm)band **4** *(salvagente)* armband **5** SPORT armlet, wristband.

braccialetto /brattʃa'letto/ m. bracelet; ~ ***a ciondoli*** charm bracelet; ~ ***dell'orologio*** wristlet, wristband ◆◆ ~ ***elettronico*** electronic tag; ~ ***di identificazione*** identity bracelet.

bracciantato /brattʃan'tato/ m. farm labour.

bracciante /brat'tʃante/ ➧ ***18*** m. e f. farm worker, field hand AE.

bracciantile /brattʃan'tile/ agg. farm labour attrib.

bracciata /brat'tʃata/ f. **1** *(di fieno, legna)* armful **2** *(nel nuoto)* stroke; ***attraversare con cinque -e*** to cross in five strokes; ~ ***alla marinara*** side stroke.

▶ **braccio**, pl. **-ci** /'brattʃo, tʃi/ ➧ ***4*** **I** m. (in some senses it has a feminine plural **-cia** /tʃa/) **1** (pl.f. *-cia*) arm; ***alzare il*** ~ to raise one's arm; ***avere un*** ~ ***al collo*** to have one's arm in a sling; ***portare il cappotto sul*** ~ to carry one's coat over one's arm; ~ ***atrofizzato*** wasted arm; ***ferito al*** ~ wounded in the arm; ***rompersi un*** ~ to break one's arm; ***rompere un*** ~ ***a qcn.*** to break sb.'s arm; ***battere il*** ~ ***contro qcs.*** to knock one's arm on sth.; ***non riesco a piegare il*** ~ my arm won't bend; ***prendere qcn. in*** ~ to take sb. in one's arms, to pick sb. up; ***tenere qcn. in*** ~ to hold sb. in one's arms; ***stare seduto in*** ~ ***a qcn.*** to sit in *o* on sb.'s lap; ***aggrapparsi al*** ~ ***di qcn.*** to clutch at sb.'s arm, to cling to sb.'s arm; ***appoggiarsi al*** ~ ***di qcn.*** to lean on sb.'s arm; ***per il*** ~ [*tenere, tirare, prendere*] by the arm; ***sotto*** ~ [*tenere, portare*] under one's arm; ***al*** ~ ***di qcn.*** on sb.'s arm; ***offrire il*** ~ ***a qcn.*** to offer sb. one's arm; ***dare*** o ***porgere il*** ~ ***a qcn.*** to give sb. one's arm; ***agitare le -cia*** to wave *o* flap one's arms around; ***trasportare qcs. a -cia*** to carry sth. in one's arms; ***stendere*** o ***allungare le -cia*** to stretch one's arms; ***gettare le -cia al collo di qcn.*** to throw *o* fling one's arms around sb.'s neck; ***stringere, tenere qcn.***

tra le -cia to enfold, hold sb. in one's arms; ***gettarsi, cadere nelle -cia di qcn.*** to throw oneself, fall into sb.'s arms; ***abbandonarsi, lasciarsi cadere fra le -cia di qcn.*** to melt, collapse into sb.'s arms; ***accoccolarsi nelle -cia di qcn.*** to snuggle up in sb.'s arms; ***accogliere*** o ***ricevere qcn. a -cia aperte*** to welcome sb. with open *o* outstretched arms; ***caricarsi qcs. sulle -cia*** to carry sth. with one's arms straight out; ***alzare le -cia al cielo*** to throw up one's hands; ***(con) le -cia conserte*** arms folded; ***restare con le -cia conserte*** o ***incrociate*** to stand with one's arms folded; FIG. to stand idly; ***incrociare le -cia*** to cross one's arms, to fold one's arms (across one's chest); FIG. to down tools BE, to withdraw one's labour BE; ***vieni tra le mie -cia!*** come and have a big hug! ***con tutta la forza delle -cia*** [*colpire*] with a vengeance; ***-cia in alto! su le -cia!*** SPORT arms up! ***tenere le -cia aperte*** to keep one's arms wide apart **2** (pl. *-ci*) GEOGR. *(di fiume, mare)* branch, inlet; *(di terra)* land bridge; ***un ~ del Reno*** a branch of the Rhine; ***~ morto*** oxbow **3** (pl. *-ci*) *(di poltrona)* arm; *(di giradischi)* (tone) arm; *(di candelabro)* branch; *(di portalampada)* (lamp) bracket **4** (pl. *-ci*) MECC. *(di bilancia)* beam; *(di gru)* arm, jib; *(di pompa)* handle **5** (pl. *-ci*) ARCH. wing **6** (pl. *-ci*) FIS. lever arm **7** (pl.f. *-cia*) *(unità di misura)* fathom* **8** (pl.f. *-cia*) MAR. brace **II braccia** f.pl. *(mano d'opera)* manpower sing., labour sing. BE, labor sing. AE; ***carenza di -cia*** lack of manpower ◆ ***il ~ e la mente*** the brawn and the brain; ***essere il ~ destro di qcn.*** to be sb.'s right hand man; ***mi cascano*** o ***mi cadono le -cia*** I'm absolutely speechless; ***mi fece cadere le -cia*** it was very off-putting *o* discouraging; ***avere le -cia lunghe*** to have a long arm; ***essere fra le -cia di Morfeo*** to be in the arms of Morpheus; ***parlare a ~*** to speak off the cuff, to ad-lib; ***se le dai un dito lei si prende il ~*** give her an inch and she'll take a mile ◆◆ ***~ di ferro*** arm *o* Indian AE wrestling; FIG. tug-of-war; ***fare ~ di ferro, una partita di ~ di ferro con qcn.*** to armwrestle with sb.; ***~ di fissaggio*** TECN. mounting bracket; ***~ girevole*** rotating arm; ***il ~ della legge*** the long arm of the law; ***~ di leva*** FIS. leverage; ***~ meccanico*** mechanical arm; ***~ della morte*** death row, deathhouse AE; ***essere nel ~ della morte*** to be on the death row; ***~ oscillante*** swing arm; ***~ secolare*** secular arm; ***~ snodato*** articulated arm; ***~ di sostegno*** TECN. jib; ***~ di sostegno orientabile*** TECN. swing jib; ***Braccio di Ferro*** Popeye.

bracciolo /brat'tʃɔlo/ m. **1** *(di sedia, poltrona)* arm, armrest; ***sedia a -i*** easy chair, armchair **2** *(mancorrente)* handrail **3** *(salvagente)* armband.

bracco, pl. **-chi** /'brakko, ki/ m. **1** *(cane)* hound(-dog) **2** FIG. *(poliziotto)* bloodhound, sleuth.

bracconaggio, pl. **-gi** /brakko'naddʒo, dʒi/ m. poaching.

bracconiere /brakko'njɛre/ m. poacher; ***essere un, fare il ~*** to poach.

▷ **brace** /'bratʃe/ f. embers pl., cimbers pl.; ***attizzare la ~*** to poke the embers; ***soffiare sulla ~*** to fan the flames (anche FIG.); ***cuocere delle patate alla ~*** to bake potatoes in the embers; ***carne alla ~*** grilled meat; ***occhi di ~*** burning *o* sparkling eyes ◆ ***farsi di ~*** to go scarlet; ***cadere dalla padella nella ~*** to jump out of the frying pan into the fire.

brachetta /bra'ketta/ **I** f. **1** *(di pantaloni)* trouser flap **2** *(di armatura)* codpiece **3** *(in legatoria)* thumb cut-out **II brachette** f.pl. *(mutandine)* panties, pants BE.

brachetto /bra'ketto/ m. ENOL. INTRAD. (sweet Piedmontese red wine).

brachiale /bra'kjale/ agg. brachial.

brachicardia /brakikar'dia/ → **bradicardia**.

brachicefalia /brakitʃefa'lia/ f. brachycephaly.

brachicefalo /braki'tʃɛfalo/ agg. brachycephalous, brachycephalic.

brachilogia /brakilo'dʒia/ f. brachylogy.

brachiopode /bra'kjɔpode/ m. brachiopod.

braciere /bra'tʃɛre/ m. brazier.

braciola /bra'tʃɔla/ f. chop; ***~ di maiale*** griskin, pork chop.

bradicardia /bradikar'dia/ f. bradycardia.

bradipo /'bradipo/ m. sloth ◆◆ ***~ tridattilo*** ai.

bradisismo /bradi'sizmo, bradi'zizmo/ m. bradyseism.

brado /'brado/ agg. wild; ***cavallo ~*** wild horse; ***allo stato ~*** in the wild; ***crescere allo stato ~*** to grow in the wild.

braga, pl. **-ghe** /'braga, ge/ → **braca.**

braghetta /bra'getta/ → **brachetta.**

bragozzo /bra'gɔttso/ m. = brightly coloured fishing boat used in the Adriatic.

brahmanesimo → **bramanesimo.**

brahmanico → **bramanico.**

brahmanismo → **bramanesimo.**

brahmano → **bramano.**

braille® /brail/ **I** agg.inv. Braille® **II** m.inv. Braille®; ***in ~*** in Braille; Braille.

brain trust /brein'trast/ m.inv. brains trust BE, brain trust AE.

brama /'brama/ f. *(di fama, amore, libertà)* craving, longing, yearning; *(di potere, denaro)* lust; *(di conoscenza)* thirst.

bramanesimo /brama'nezimo/ m. Brahmanism.

bramanico, pl. **-ci, -che** /bra'maniko, tʃi, ke/ agg. Brahmanic(al).

bramanismo /brama'nizmo/ → **bramanesimo.**

bramano /bra'mano/ m. Brahman.

bramare /bra'mare/ [1] tr. to crave for, to long for, to covet.

braminico, pl. **-ci, -che** /bra'miniko, tʃi, ke/ → **bramanico.**

bramino /bra'mino/ → **bramano.**

bramire /bra'mire/ [102] intr. (aus. *avere*) **1** [*cervo*] to bell; [*orso*] to growl **2** FIG. *(urlare)* to growl, to bellow.

bramito /bra'mito/ **I** p.pass. → **bramire II** m. **1** *(di cervo)* bell; *(di orso)* growl **2** *(urlo selvaggio)* growl, bellow.

bramosamente /bramosa'mente/ avv. longingly, covetously, wishfully.

bramosia /bramo'sia/ f. LETT. *(di affetto, amore)* longing, yearning; *(di denaro, potere)* greed, covetousness; ***l'oggetto della sua ~*** the object of his desire.

bramoso /bra'moso/ agg. *(di affetto, amore)* longing (**di** for); yearning (**di** for); *(di denaro, potere)* greedy (**di** for); covetous (**di** of); [*occhio, sguardo*] hungry.

branca, pl. **-che** /'branka, ke/ f. **1** *(di uccelli)* claw, talon; *(di felini)* claw **2** FIG. *(mano)* ***cadere nelle -che di qcn.*** to fall into the clutches of sb. **3** *(di utensili)* jaw; *(di forbici)* blade **4** *(ramo)* branch (anche FIG.); ***tutte le -che del sapere*** all branches of knowledge ◆◆ ***~ orsina*** brank-ursine, hogweed.

brancarella /branka'rɛlla/ f. cringle.

brancata /bran'kata/ f. **1** *(manciata)* handful **2** RAR. *(di animali feroci)* blow with a claw **3** LETT. *(branco)* herd.

branchia /'brankja/ f. branchia*, gill.

branchiale /bran'kjale/ agg. branchial.

brancicare /brantʃi'kare/ [1] **I** tr. REGION. *(palpare)* to grope, to paw **II** intr. REGION. (aus. *avere*) *(brancolare)* to grope, to fumble about; ***~ nel buio*** to grope in the dark.

branco, pl. **-chi** /'branko, ki/ m. **1** *(di lupi)* pack; *(di leoni)* pride; *(di cavalli, elefanti)* herd; *(di pecore, uccelli)* flock; *(di oche)* gaggle; *(di balene)* gam, school; ***i lupi cacciano, vivono in ~, a -chi*** wolves hunt, live in packs; ***muoversi, viaggiare in ~*** [*elefanti*] to move, travel in herds; [*pecore, uccelli*] to move, travel in flocks; ***emergere dal ~*** FIG. to be above the average; ***seguire il ~*** FIG. to follow the herd **2** SPREG. *(di persone)* bunch, herd, gang; ***un ~ di idioti*** a bunch of idiots.

brancolamento /brankola'mento/ m. groping.

brancolare /branko'lare/ [1] intr. (aus. *avere*) to grope (one's way), to fumble about; ***avanzare brancolando*** to grope one's away along; ***~ nel buio*** to grope in the dark (anche FIG.); ***~ nell'incertezza*** FIG. to flounder, to grope in the dark.

branda /'branda/ f. **1** *(lettino)* camp bed, cot AE **2** MAR. hammock.

brandeburghese /brandebur'gese/ ➧ ***30*** **I** agg. from, of Brandenburg; ***i concerti -i*** Brandenburg Concertos **II** m. e f. native, inhabitant of Brandenburg.

brandeggiare /branded'dʒare/ [1] tr. to traverse.

brandeggio, pl. **-gi** /bran'deddʒo, dʒi/ m. traverse.

brandello /bran'dɛllo/ m. **1** *(frammento)* piece, fragment; *(di carta, carne)* shred; *(di stoffa)* rag; ***a -i*** [*abito*] ragged; [*manifesto*] tattered; [*carta*] in shreds; ***ridurre*** o ***fare qcs. a -i*** to tear sth. to pieces *o* to shreds, to tatter sth.; ***ridurre qcn. a -i*** [*animale*] to tear sb. limb from limb; FIG. [*critico*] to make mincemeat of sb.; ***ridursi a -i*** to fall to pieces **2** FIG. *(briciolo)* crumb, grain, scrap; *(di conversazione, frase, dialogo)* snatch.

brandina /bran'dina/ f. camp bed, cot AE; ***~ pieghevole*** folding bed.

brandire /bran'dire/ [102] tr. to brandish, to wave (around), to wield [*arma, oggetto*].

brando /'brando/ m. LETT. brand.

brandy /'brɛndi/ m.inv. brandy.

brano /'brano/ m. **1** *(brandello)* piece, fragment; *(di carne)* piece, shred; *(di stoffa)* rag; ***fare*** o ***ridurre a -i*** LETT. to tear sth. to pieces *o* shreds; ***cadere a -i*** FIG. to fall to bits **2** *(passo)* *(di libro, lettera)* passage, excerpt; *(musicale)* piece; *(canzone)* track, song; ***-i scelti di Mozart*** selections from Mozart.

branzino /bran'tsino, bran'dzino/ m. REGION. (sea) bass*.

brasare /bra'zare/ [1] tr. **1** GASTR. to braise, to jug **2** METALL. to braze.

brasato /bra'zato/ **I** p.pass. → **brasare** **II** agg. **1** GASTR. [*carne*] braised **2** METALL. brazed **III** m. pot roast, braised meat.
brasatura /braza'tura/ f. METALL. brazing; ***lega per ~ dolce*** soft solder; ***lega per ~ forte*** brazing *o* hard solder.
brasile /bra'zile/ m.inv. *(legno)* Brazil(-wood).
Brasile /bra'zile/ ➧ *33* n.pr.m. Brazil.
Brasilia /bra'zilja/ ➧ *2* n.pr.f. Brasilia.
brasiliano /brazi'ljano/ ➧ *25* **I** agg. Brasilian **II** m. (f. **-a**) Brasilian.
brassica, pl. **-che** /'brassika, ke/ f. brassica.
Bratislava /bratiz'lava/ ➧ *2* n.pr.f. Bratislava.
brattare /brat'tare/ [1] intr. (aus. *avere*) to scull.
brattea, pl. **-ee** /'brattea, ee/ f. bract.
bratteale /bratte'ale/ agg. bracteal.
bratteato /bratte'ato/ agg. BOT. bracteate.
bratto /'bratto/ m. sculling; ***remo da ~*** scull.
bravaccio, pl. **-ci** /bra'vattʃo, tʃi/ m. *(prepotente)* bully, thug; *(smargiasso)* braggard, ruffler, swashbuckler.
bravamente /brava'mente/ avv. **1** *(bene)* skilfully BE, skillfully AE **2** *(con coraggio)* bravely **3** *(risolutamente)* resolutely, bravely.
bravata /bra'vata/ f. **1** *(azione rischiosa)* act of bravado, bravado **U** **2** *(smargiassata)* brag, boast.
▶ **bravo** /'bravo/ **I** agg. **1** *(capace)* good, clever; *(abile)* skilful BE, skillful AE; ***un ~ allievo, cuoco*** a good pupil, cook; ***essere ~ in*** to be good at (anche SCOL.); ***essere ~ a fare*** to be good at doing; ***è ~ in fisica*** he's good at physics; ***essere ~ con i numeri*** to be clever with figures; ***essere ~ in cucina*** to be good at cooking; ***è stato ~ nel ruolo di Amleto*** he was good as Hamlet; ***essere più ~ a cantare che a ballare*** to be a better singer than dancer; ***chi è il più ~ a disegnare, a cantare?*** who's the best at drawing, singing? ***se pensi di essere così ~, provaci da solo!*** if you think you're so hot, try it yourself COLLOQ.; ***è -a a criticare*** she knows how to dish it out; ***~ scemo!*** IRON. (the) more fool you! ***e ~ furbo!*** you silly fool! ***~ chi può dirmi...*** a prize for anyone who can tell me...; ***chi l'indovina è ~!*** it's anybody guess! **2** *(onesto, buono)* good, honest, nice; ***un brav'uomo*** a fine *o* nice man; ***della -a gente*** nice people; ***un ~ ragazzo*** a decent sort of chap **3** *(ubbidiente, buono)* good; ***che ~ bambino, bambina!*** there's a good boy, girl! ***fare il ~*** to be good; ***fa' il ~!*** be a good boy! ***se non fai il ~, ti do una sculacciata*** if you don't behave you'll get your bottom smacked; ***su, da ~, mangia tutto*** eat your dinner like a good boy; ***da ~, versami da bere*** be a darling and pour me a drink **4** LETT. *(prode)* brave **5** *(rafforzativo)* ***avrà i suoi -i motivi*** he must have good reasons (to do it); ***ebbe la sua -a ricompensa*** he received his reward; ***se non dorme le sue -e otto ore...*** if he doesn't sleep his full eight hours... **II** inter. *(per applaudire, congratularsi)* ***"~!"*** "well done!" "good man!" "nice one!" (anche IRON.); *(a teatro)* "bravo!"; ***e ~, non ti fai mancare proprio nulla!*** SCHERZ. you don't believe in stinting yourself! ***~! cos'hai fatto!*** IRON. nice one! what have you done? **III** m. STOR. bravo* ◆ ***alla -a*** *(con spavalderia)* boldly; *(alla svelta)* quickly; ***notte -a*** wild night.
▷ **bravura** /bra'vura/ f. **1** *(capacità)* skill, cleverness; ***fare qcs. con ~*** to to do sth. skilfully **2** *(virtuosismo)* bravura; ***pezzo di ~*** bravura passage.
1.break /brɛk/ m.inv. **1** *(interruzione)* break; ***fare un ~*** to take a break **2** TELEV. RAD. ***~ pubblicitario*** (commercial) break **2** SPORT *(nel tennis)* break.
2.break /brɛk/ m. e f. inv. *(auto)* estate car BE, station wagon AE.
1.breccia, pl. **-ce** /'brettʃa, tʃe/ f. breach (anche MIL.); ***aprire*** o ***fare una ~ nel muro*** to breach the wall ◆ ***fare ~ nel cuore di qcn.*** to find one's way into sb.'s heart; ***battere qcn., qcs. in ~*** to give sb., sth. a good pounding; ***essere sulla ~*** to be on the go; ***morire sulla ~*** to die in harness.
2.breccia, pl. **-ce** /'brettʃa, tʃe/ f. **1** *(pietrisco)* rubble **2** GEOL. breccia.
brecciame /bret'tʃame/ m. rubble, crashed stone, gravel.
brecciolino /brettʃo'lino/ m. chippings pl.
breccioso /bret'tʃoso/ agg. gravelly.
brechtiano /brek'tjano/ agg. Brechtian.
brefotrofio, pl. **-fi** /brefo'trɔfjo, fi/ m. foundling hospital.
Breitschwanz /'braitʃvants/ m.inv. broadtail, breitschwanz.
Brema /'brɛma/ ➧ *2* n.pr.f. Bremen.
brenta /'brɛnta/ f. REGION. = small wine keg which is strapped to the shoulders.
bresaola /bre'zaola/ f. GASTR. INTRAD. (dried salt beef typical of the Valtellina area in Lombardy).
bresciano /breʃ'ʃano/ ➧ *2* **I** agg. from, of Brescia **II** m. (f. **-a**) native, inhabitant of Brescia.
Bretagna /bre'taɲɲa/ ➧ *30* n.pr.f. Brittany.
▷ **bretella** /bre'tɛlla/ **I** f. **1** *(spallina di vestito)* strap **2** *(del fucile)* sling **3** *(raccordo stradale)* slip road, ramp AE **4** *(traversa dei binari)* tie, railway sleeper BE, crosstie AE **II** **bretelle** f.pl. *(per pantaloni)* braces BE, suspenders AE; ***portare le -e*** to wear braces; ***un paio di -e*** (a pair of) braces ◆◆ ***~ di accesso, di entrata*** access road, entry slip road BE; ***~ di raccordo*** access *o* link road; ***~ di uscita*** exit, exit slip road BE.
bretellina /bretel'lina/ f. *(di indumento intimo, costume ecc.)* shoulder strap.
bretone /'brɛtone/, **brettone** /'brɛttone/ ➧ *30, 16* **I** agg. Breton; ***il ciclo ~*** the Breton cycle **II** m. e f. Breton **III** m. *(lingua)* Breton.
▶ **1.breve** /'brɛve/ **I** agg. **1** *(che dura poco tempo)* [*periodo, soggiorno, discorso, incontro*] brief, short; [*pausa, vacanza, riposo*] short, little; [*scroscio di pioggia, pasto*] quick; ***di ~ durata*** [*successo, speranza, gioia*] short-lived; [*occupazione, indisposizione*] short-term; ***fare una ~ sosta*** to stop somewhere for a little while, to make a pit stop; ***a ~ scadenza*** o ***termine*** [*preparare, votare*] in the short, soon; [*prestito, titolo di stato*] short-term; [*previsioni del tempo*] short-range; ***la legge dovrebbe essere votata a ~ scadenza*** the law should be passed shortly; ***una ~ schiarita*** a bright spell; ***una ~ visita*** a flying *o* fleeting visit; ***in ~ tempo*** in a short time; ***a ~*** in the short, soon; ***fra*** o ***tra ~*** shortly, before long; ***nel più ~ tempo possibile*** as quickly as possible; ***per ~ tempo*** for a short time; ***dopo ~ tempo*** soon after, shortly therafter; ***nel ~ lasso di quattro anni*** in four short years **2** *(corto)* [*distanza, tratto, tragitto*] short; ***prendere la strada più ~*** to take the shortest route; ***è la strada più ~ tra Assisi e Perugia*** it's the quickest way from Assisi to Perugia; ***il cammino più ~ verso la pace*** FIG. the shortest path to peace **3** *(conciso)* [*spiegazione, risposta*] brief, short; ***sia ~ per favore*** please, be brief; ***sarò ~*** I will be brief; ***per farla ~, per dirla in ~*** to be brief, to cut a long story short; ***in ~*** in brief, in short **4** METR. [*vocale, sillaba*] short **II** f. (pl. **-i**) **1** MUS. breve **2** METR. *(sillaba, vocale)* breve **3** GIORN. *(breve notizia)* news flash.
2.breve /'brɛve/ m. RELIG. brief.
brevemente /breve'mente/ avv. [*descrivere, raccontare, incontrarsi*] briefly.
brevettabile /brevet'tabile/ agg. patentable.
brevettare /brevet'tare/ [1] tr. to patent, to take out a patent on [*invenzione*].
brevettato /brevet'tato/ **I** p.pass. → **brevettare** **II** agg. **1** [*dispositivo, invenzione*] patented, proprietary; ***non ~*** unpatented **2** FIG. IRON. *(sperimentato)* well-tested, well-tried.
brevetto /bre'vetto/ m. **1** DIR. ***~ (d'invenzione)*** patent; ***depositare un ~*** to take out a patent (**per** on); ***uscire dal ~*** to come out of patent; ***titolare di ~*** patentee; ***Ufficio -i*** Patent Office **2** *(attestato)* certificate; AER. MAR. ticket **3** MIL. commission ◆◆ ***~ aeronautico*** → ***~ di pilota***; ***~ di istruttore di sci*** ski instructor's certificate; ***~ di pilota*** pilot's license.
breviario, pl. **-ri** /bre'vjarjo, ri/ m. **1** breviary **2** IRON. *(testo molto consultato)* Bible.
brevi manu /brevi'manu/ avv. personally.
brevità /brevi'ta/ f.inv. *(di evento)* briefness, shortness; *(concisione)* brevity, concision.
brezza /'breddza, 'brettsa/ f. breeze; ***~ leggera, forte*** light, stiff breeze; ***ci sarà ~*** it will be breezy ◆◆ ***~ di mare*** o ***marina*** sea breeze; ***~ di monte*** mountain breeze; ***~ di terra*** land breeze.
BRI /bierre'i/ f. (⇒ Banca dei Regolamenti Internazionali Bank for International Settlements) BIS.
bric-à-brac /brika'brak/ m.inv. *(oggetti)* bric-à-brac; *(bancarella)* bric-à-brac stall.
bricchetta /brik'ketta/ f. briquet(te).
bricco, pl. **-chi** /'brikko, ki/ m. jug; *(bollitore)* kettle; ***~ del caffè*** coffee pot; ***~ del latte*** milk jug; ***~ della la panna*** cream jug BE.
bricconata /brikko'nata/ f. **1** *(azione disonesta)* dirty trick, dodge **2** SCHERZ. *(birbonata)* prank, roguery.
bricconcello /brikkon'tʃɛllo/ m. (f. **-a**) little rascal.
briccone /brik'kone/ **I** agg. roguish, rascally **II** m. *(furfante)* rogue, rascal, villain (anche SCHERZ.).
bricconeria /brikkone'ria/ → **bricconata**.
bricconesco, pl. **-schi, -sche** /brikko'nesko, ski, ske/ agg. roguish, rascally.
briciola /'britʃola/ f. **1** *(di pane, biscotti, dolci)* crumb; ***pieno di -e*** crumby; ***raccogliere le -e*** to sweep up the crumbs; ***dammene solo una ~*** give me just a little bit; ***non lasciare una ~ di qcs.*** not to leave a scrap of sth., to lick one's plate clean; ***mangiare qcs. fino all'ultima ~*** to eat every last crumb of sth.; ***ridurre, mandare qcs. in -e*** to smash sth. to bits; FIG. to make mincemeat of sth.; ***restavano solo le -e*** there was practically nothing left **2** *(piccola parte)* ***-e di***

una conversazione snatches *o* crumbs of a conversation; ***una ~ di conforto*** a crumb of comfort **3** FIG. *(briciolo)* grain, shred.

briciolo /'britʃolo/ m. grain, shred, scrap; ***non ha un ~ di buon senso*** he hasn't got any common sense; ***non ha un ~ di romanticismo, gelosia*** he hasn't got a romantic, jealous bone in his body; ***non c'è un ~ di verità in ciò che dicono*** there isn't a scrap of truth in what they say.

bricolage /briko'laʒ/ m.inv. do-it-yourself; ***fare ~*** to do things oneself; ***tutto per il ~*** everyting for the do yourselfer; ***un negozio di ~*** a do-it-yourself shop.

bridge /bridʒ/ ➧ **10** m.inv. bridge; ***giocare a ~*** to play bridge ◆◆ ***~ contratto*** contract bridge; ***~ al rilancio*** auction bridge.

bridgista, m.pl. **-i**, f.pl. **-e** /brid'dʒista/ m. e f. bridge player.

bridgistico, pl. **-ci**, **-che** /brid'dʒistiko, tʃi, ke/ agg. bridge attrib.

briga, pl. **-ghe** /'briga, ge/ f. **1** *(seccatura)* trouble, care; ***darsi*** o ***prendersi la ~ di fare qcs.*** to take the trouble to do sth.; ***se ti prendi la ~ di esaminare il rapporto*** IRON. if you care to examine the report **2** *(lite)* quarrel, fight; ***attaccare ~ con qcn. per qcs.*** to pick a quarrel *o* fight with sb. over sth.

▶ **brigadiere** /briga'djɛre/ m. = noncommissioned officer of the Carabinieri and Guardia di Finanza.

brigantaggio, pl. **-gi** /brigan'taddʒo, dʒi/ m. **1** STOR. = phenomenon of social and political unrest which took place in southern Italy after the unification **2** *(attività di brigante)* banditry, robbery, brigandage ANT.; ***atti di ~*** robbery, plundering.

brigante /bri'gante/ m. **1** STOR. *(in Italia)* = person who took part in the political and social unrest which took place in southern Italy after the unification **2** *(bandito)* bandit, robber, brigand ANT.; ***covo di -i*** den of thieves **3** SCHERZ. *(discolo)* rascal ◆ ***a ~, ~ e mezzo*** = there's always someone who will outwit you.

brigantesco, pl. **-schi**, **-sche** /brigan'tesko, ski, ske/ agg. brigandish ANT.

brigantino /brigan'tino/ m. MAR. brigantine.

brigare /bri'gare/ [1] intr. (aus. *avere*) to intrigue, to plot (**per fare** to do).

brigata /bri'gata/ f. **1** *(gruppo)* company, group; ***un'allegra ~*** a merry party; ***essere della ~*** to be one of the boys *o* of the gang **2** MIL. brigade; ***~ aerea*** airborne brigade; ***generale di ~*** brigadier, general brigadier AE ◆ ***poca ~, vita beata*** PROV. where two is a company, three is a crowd ◆◆ STOR. ***Brigate internazionali*** International brigades; ***Brigate rosse*** = Red Brigades, Italian left-wing terrorist group.

brigatismo /briga'tizmo/ m. organized terrorism.

brigatista, m.pl. **-i**, f.pl. **-e** /briga'tista/ m. e f. = terrorist of an organized group, especially of the Brigate rosse.

Brigida /'bridʒida/ n.pr.f. Brigdet.

brigidino /bridʒi'dino/ m. **1** GASTR. INTRAD. (small aniseed biscuit, typical of Tuscany) **2** *(coccarda)* cockade.

Brigitta /bri'dʒitta/ n.pr.f. Bridget.

briglia /'briʎʎa/ **I** f. **1** EQUIT. bridle; ***mettere, togliere le -e a un cavallo*** to bridle, unbridle a horse; ***allentare le -e al cavallo*** to give the horse its head; ***tirare le -e*** to draw in the reins **2** MECC. flange **3** MED. band, adhesion **4** IDR. dike **5** MAR. ***~ del bompresso*** bonstay **II briglie** f.pl. *(per bambini)* harness sing., leading strings ◆ ***partire a ~ sciolta*** to dash off; ***tenere a ~ qcn., qcs.*** to keep sb. on a tight rein, to keep a rein on sth.; ***avere la ~ sul collo*** to have free rein; ***tenere in ~ qcn.*** to keep sb. on a tight rein, to keep sb. on a short *o* tight leash; ***lasciare le -e sul collo a qcn.*** to give sb. free rein, to give sb. their head; ***prendere in mano le -e*** to take the reins.

brillamento /brilla'mento/ m. **1** *(il brillare)* glitter, shine **2** *(di mine)* setting off, springing ◆◆ ***~ solare*** solar flare.

brillantante /brillan'tante/ m. = polish for kitchenware.

brillantare /brillan'tare/ [1] tr. **1** to facet [*diamante*] **2** *(ornare con brillantini)* to spangle **3** *(lucidare)* to polish **4** to ice, to frost [*confetti, dolci*].

brillantatura /brillanta'tura/ f. **1** *(di diamanti)* faceting **2** *(di dolci)* icing, frosting.

brillante /bril'lante/ **I** agg. **1** *(che splende)* [*luce, stella*] bright, gleaming; [*occhi*] bright, shining; *(lucido)* [*superficie, legno, metallo*] glossy, shiny **2** *(vivace)* [*colore*] bright, brilliant, glowing; [*piumaggio*] bright; ***vernice ~*** gloss paint **3** FIG. *(di successo, notevole)* [*persona, carriera*] brilliant; [*futuro, avvenire, immagine*] bright, glittering; [*risultato, affermazione*] shining; ***un giovane dall'avvenire ~*** a young man with prospects **4** *(vivace, spiritoso)* [*persona, conversazione*] brilliant, lively, vivacious; [*stile, spirito*] sparky, lively; [*idea*] bright; [*spiegazione, risposta*] luminous; [*recitazione*] brilliant, inspirational **5** TEATR. CINEM. ***attore ~*** comedian; ***commedia ~*** high comedy **6** GASTR. ***acqua ~*** tonic water **II** m. diamond, brilliant; ***un anello di -i*** a diamond ring.

brillantemente /brillante'mente/ avv. [*scrivere, recitare*] brilliantly; [*rispondere*] smartly; [*emergere, passare*] with flying colours.

brillantezza /brillan'tettsa/ f. **1** *(di luce)* brightness; *(di colore)* brightness, vividness; *(di legno, metallo, capelli)* gloss **2** FIG. *(di persona)* brilliance; *(di stile)* lustre, slickness; *(di spiegazione, risposta)* luminousness, clarity.

brillantina /brillan'tina/ f. brilliantine, hair oil.

brillanza /bril'lantsa/ f. luminance.

▶ **1.brillare** /bril'lare/ [1] **I** intr. (aus. *avere*) **1** *(risplendere, scintillare)* [*luce, sole*] to shine*; [*stella*] to twinkle; [*gioiello*] to sparkle, to twinkle; [*fuoco d'artificio, torcia*] to glare; [*occhi*] to shine*, to gleam; ***~ di mille luci*** to sparkle with a myriad lights; ***~ di gioia*** to glow *o* shine with delight; ***una luce maligna brillava nei suoi occhi*** there was a malicious gleam in his eye; ***shampoo che fa ~ i capelli*** shampoo which makes your hair shine **2** FIG. *(distinguersi)* to shine*; [*studente*] to shine*, to be* brilliant (**in** at); ***~ in società*** to shine in company; ***non ha mai brillato a scuola*** he never shone at school; ***~ per il proprio talento*** to be extremely talented; ***non brilla certo per la sua intelligenza!*** IRON. she's not noted for her intelligence! intelligence isn't her strong point! ***~ per la propria assenza*** to be conspicuous by one's absence, to be conspicuously absent; ***~ di luce riflessa*** FIG. to bask in sb.'s reflected glory **3** *(esplodere)* to explode; ***far ~ una mina*** to set off *o* spring a mine **II** tr. to set* off, to spring* [*mine*] ◆ ***~ come uno specchio*** to be as neat as a new pin.

2.brillare /bril'lare/ tr. to hull, to husk [*riso*].

brillatoio, pl. **-oi** /brilla'tojo, oi/ m. **1** *(apparecchiatura)* husking machine **2** *(stabilimento)* rice-processing factory.

brillatura /brilla'tura/ f. hulling, husking.

brillio, pl. **-ii** /bril'lio, ii/ m. LETT. sparkle, sparkling, twinkle.

brillo /'brillo/ agg. COLLOQ. tipsy, fuddled, merry, jolly; ***essere un po' ~*** to be in one's cups.

▷ **brina** /'brina/ f. frost, hoarfrost; ***i campi sono coperti di ~*** the fields are covered with hoarfrost; ***~ mattutina*** morning hoarfrost.

brinare /bri'nare/ [1] **I** tr. to frost over; ***il freddo ha brinato gli alberi*** the trees are frosted over **II** impers. (aus. *essere, avere*) ***stanotte è brinato*** there was frost last night.

brinata /bri'nata/ f. (fall of) frost, (fall of) hoarfrost, frosting over.

brindare /brin'dare/ [1] intr. (aus. *avere*) to toast, to drink a toast, to clink glasses; ***~ a qcs. con qcn.*** to drink a toast to sth. with sb.; ***~ alla salute di qcn.*** to toast sb., to drink a toast to sb., to drink to the health of sb.; ***~ in occasione di qcs.*** to toast sth.; ***~ in onore di qcn.*** to toast sb.

brindello /brin'dɛllo/ → **brandello**.

brindellone /brindel'lone/ m. (f. **-a**) sloven, slob.

▷ **brindisi** /'brindizi/ m.inv. toast; ***fare un ~*** to drink a toast (**per qcs.** to sth.); ***fare un ~ a qcn.*** to drink a toast to sb.; ***proporre un ~ in onore di qcn.*** to propose a drink to sb.; ***facciamo un ~ per gli sposi!*** join me in a toast to the bride and groom!.

brindisino /brindi'zino/ ➧ **2 I** agg. from, of Brindisi **II** m. (f. **-a**) native, inhabitant of Brindisi.

brinoso /bri'noso/ agg. LETT. frosty, frost-covered.

brio /'brio/ m. **1** liveliness, sprightliness, verve; ***avere ~*** to have plenty of drive; ***essere pieno di ~*** to be full of bounce, to be full of go; ***perdere il proprio ~*** to lose one's sparkle; ***manca di ~*** he's not very lively; ***che ~!*** what spirit! what go! ***mettici un po' ~ in qcs.*** put a bit of snap into it **2** MUS. brio; ***con ~*** con brio.

brioche /bri'ɔʃ/ f.inv. brioche.

briologia /briolo'dʒia/ f. bryology.

briologo, m.pl. **-gi**, f.pl. **-ghe** /bri'ɔlogo, dʒi, ge/ m. (f. **-a**) bryologist.

brionia /bri'ɔnja/ f. bryony.

briosamente /briosa'mente/ avv. spiritedly, jauntily, perkily.

brioscia, pl. **-sce** /bri'ɔʃʃa, ʃe/ → **brioche**.

briosità /briosi'ta/ f.inv. liveliness, perkines, verve.

brioso /bri'oso/ agg. [*persona, temperamento*] lively, dashing, full of go; [*stile, interpretazione*] spirited; [*conversazione, tono*] lighthearted; [*vino*] slightly sparkling.

briscola /'briskola/ ➧ **10 I** f. **1** GIOC. = card game in which the uncovered card indicates the trump suit **2** *(carta di briscola)* trump (card); ***la ~ è picche*** spades are trumps; ***giocare la ~*** to play one's trump card; ***calare le -e*** to draw trumps; ***il fante, dieci di ~*** the jack, ten of trumps **II briscole** f.pl. RAR. COLLOQ. *(botte)* blows, knocks ◆ ***essere l'asso di ~*** = to be the most important person; ***valere quanto il due di ~*** = to count for nothing.

bristol /'bristol/ m.inv. Bristol board.

▷ **britannico**, pl. **-ci**, **-che** /bri'tanniko, tʃi, ke/ ➧ *25* **I** agg. British; ***le Isole Britanniche*** the British Isles; ***l'impero*** ~ the British Empire **II** m. (f. **-a**) Briton, British citizen; ***i -ci*** the British.

britanno /bri'tanno/ **I** agg. STOR. Britannic **II** m. (f. **-a**) STOR. Briton.

▷ **brivido** /'brivido/ m. **1** *(di freddo, febbre, desiderio)* shiver; *(di piacere)* shiver, thrill; *(di paura, orrore)* shudder; ***un ~ mi percorse la schiena*** a shiver ran down my spine; ***fui percorso da un ~ di piacere*** it sent shivers (of pleasure) up and down my spine; ***far venire i -i a qcn.*** to send a shiver down to sb.'s spine; ***mi vengono i -i solo a pensarci*** I get shivers just thinking about it, I shudder at just the thought of it; ***racconto, film del*** ~ spine-chiller **2** FIG. *(ebbrezza)* thrill; ***il ~ della velocità*** the thrill of speed.

brizzolato /brittso'lato/ agg. **1** [*capelli, barba*] grizzled, grizzly; ***un uomo*** ~ a grey(-haired) man **2** *(screziato)* speckled.

brizzolatura /brittsola'tura/ f. greying BE, graying AE, grizzling.

▷ **1.brocca**, pl. **-che** /'brokka, ke/ f. **1** *(contenitore)* jug, pitcher, ewer; ***una ~ per l'acqua*** a water jug **2** *(contenuto)* jugful ◆◆ ~ ***graduata*** measuring jug.

2.brocca, pl. **-che** /'brokka, ke/ f. *(bulletta)* hobnail.

broccatello /brokka'tello/ m. TESS. brocatelle.

broccato /brok'kato/ m. **1** brocade **2** *(abito)* brocade dress.

broccia /'brɔttʃa/ f. broach.

brocco, pl. **-chi** /'brɔkko, ki/ m. **1** *(rametto)* stick, (dry) twig **2** *(di scudo)* umbo*; FIG. *(centro del bersaglio)* bull's eye **3** SPREG. *(ronzino)* nag, rip **4** FIG. *(persona incapace)* washout; ***essere un ~ nel tennis*** to be no good at tennis.

broccolo /'brɔkkolo/ m. **1** ***-i*** broccoli **U** **2** FIG. *(sciocco)* blockhead.

brochure /brɔʃ'ʃur/ f.inv. brochure.

broda /'brɔda/ f. **1** SPREG. wish-wash, slops pl., pigswill **2** *(per maiali)* hogwash, pigswill, slop **3** FIG. *(discorso prolisso)* rigmarole, waffle.

brodaglia /bro'daʎʎa/ f. **1** GASTR. SPREG. wish-wash, slops pl., pigswill **2** FIG. SPREG. *(discorso)* rigmarole, waffle.

brodetto /bro'detto/ m. **1** GASTR. INTRAD. *(salsa)* (sauce made with beaten eggs and lemon juice) **2** GASTR. INTRAD. *(zuppa di pesce)* (fish soup typical of the Adriatic area).

▷ **brodo** /'brɔdo/ m. **1** broth, stock; ~ ***di carne*** meat stock, meat broth; ~ ***di pollo, di manzo, di verdura*** chicken, beef, vegetable stock; ~ ***lungo*** thin broth; ~ ***ristretto*** consommé, beef tea **2** *(minestra)* soup; ***pastina, riso in*** ~ small pasta, rice soup ◆ ***tutto fa*** ~ every little (bit) helps, it's all grist to one's mill; ***lasciare cuocere qcn. nel proprio*** ~ to let sb. stew in their own juice; ***andare in ~ di giuggiole*** to be tickled pink *o* to death; ***gallina vecchia fa buon*** ~ = good broth can be made in an old pot ◆◆ ~ ***di coltura*** BIOL. growing medium; ~ ***primordiale*** BIOL. primeval soup, primordial soup.

brodoso /bro'doso/ agg. watery, thin; ***zuppa -a*** thin soup.

brogliaccio, pl. **-ci** /broʎ'ʎattʃo, tʃi/ m. **1** *(scartafaccio)* wastebook, notepad **2** COMM. *(prima nota)* daybook, blotter AE.

brogliare /broʎ'ʎare/ [1] intr. (aus. *avere*) RAR. to intrigue, to scheme.

broglio, pl. **-gli** /'brɔʎʎo, ʎi/ m. intrigue **U**; ***-gli elettorali*** vote-rigging, poll-rigging, ballot-box stuffing AE.

brokeraggio, pl. **-gi** /'broke'raddʒo, dʒi/ m. brokerage, broking.

bromalio /bro'maljo/ m. bromal.

bromato /bro'mato/ m. bromate.

bromico, pl. **-ci**, **-che** /'brɔmiko, tʃi, ke/ agg. bromic.

bromidrico /bro'midriko/ agg. ***acido*** ~ hydrobromic acid.

bromismo /bro'mizmo/ m. bromism.

bromo /'brɔmo/ m. bromine; ***trattare con*** ~ to bromize.

bromurare /bromu'rare/ [1] tr. brominate.

bromurazione /bromurat'tsjone/ f. bromination.

bromuro /bro'muro/ m. bromide ◆◆ ~ ***d'argento*** silver bromide; ~ ***di potassio*** potassium bromide.

bronchiale /bron'kjale/ agg. bronchial.

bronchiolite /bronkjo'lite/ ➧ **7** f. bronchiolitis.

bronchiolo /bron'kiolo/ m. bronchiole.

▷ **bronchite** /bron'kite/ ➧ **7** f. bronchitis; ***avere la*** ~ to have bronchitis; ***Ernesto soffre di -i*** Ernesto is a bronchitis sufferer ◆◆ ~ ***acuta*** acute bronchitis; ~ ***asmatica*** asthmatic bronchitis; ~ ***cronica*** chronic bronchitis.

bronchitico, pl. **-ci**, **-che** /bron'kitiko, tʃi, ke/ **I** agg. bronchitic **II** m. (f. **-a**) bronchitis sufferer.

broncio, pl. **-ci** /'brontʃo, tʃi/ m. sulking expression, sulk, pout; ***avere*** o ***tenere il*** ~ to sulk, to be in a sulk; ***tenere il ~ a qcn.*** to be cross with sb.; ***fare*** o ***mettere il*** ~ to pout (one's lips), to go into a sulk.

1.bronco, pl. **-chi** /'bronko, ki/ m. bronchus*; ***essere debole di -chi*** to have a weak chest.

2.bronco, pl. **-chi** /'bronko, ki/ m. **1** LETT. *(ramo nodoso)* knotty branch; *(cespuglio spinoso)* thorny bush **2** *(nelle corna dei cervi)* tine.

broncodilatatore /bronkodilata'tore/ m. bronchodilator.

broncopolmonare /bronkopolmo'nare/ agg. bronchopulmonary.

broncopolmonite /bronkopolmo'nite/ ➧ **7** f. bronchopneumonia, bronchial pneumonia.

broncoscopia /bronkosko'pia/ f. bronchoscopy.

broncoscopio, pl. **-pi** /bronko'skɔpjo, pi/ m. bronchoscope.

broncotomia /bronkoto'mia/ f. bronchotomy.

brontolamento /brontola'mento/ m. grumbling, mumbling.

▷ **brontolare** /bronto'lare/ [1] **I** tr. to grumble; *(borbottare)* to mumble, to mutter; ~ ***qcs. fra i denti*** to mutter sth. between one's teeth; ~ ***qcs. tra sé e sé*** to mutter sth. to oneself **II** intr. (aus. *avere*) **1** [*persona*] to grumble, to grunt; *(borbottare)* to mumble; ~ ***contro qcn.*** to grumble at sb.; ~ ***per qcs.*** to grumble about sth. **2** [*tuono*] to grumble, to roll **3** [*stomaco*] to grumble, to rumble.

brontolio, pl. **-ii** /bronto'lio, ii/ m. **1** *(di persona)* grumble, grumbling; *(borbottio)* muttering, mumbling **2** *(di tuono)* grumble, grumbling **3** *(di stomaco)* grumble, grumbling, rumble.

Brontolo /'brontolo/ n.pr.m. Grumpy.

brontolone /bronto'lone/ **I** agg. COLLOQ. grumpy, grouchy **II** m. (f. **-a**) COLLOQ. grump, mumbler, grouch.

brontosauro /bronto'sauro/ m. brontosaurus*.

bronzare /bron'dzare/ [1] tr. to bronze.

bronzato /bron'dzato/ **I** p.pass. → **bronzare** **II** agg. [*metallo*] bronzed.

bronzatrice /brondza'tritʃe/ f. bronzing machine.

bronzatura /brondza'tura/ f. bronzing.

bronzeo /'brondzeo, 'brɔndzeo/ agg. **1** *(di bronzo)* bronze attrib.; ***statua -a*** a bronze statue **2** *(di color bronzo)* bronze attrib. **3** *(abbronzato)* (sun)tanned, bronzed; ***pelle -a*** bronzed *o* tanned skin.

bronzetto /bron'dzetto/ m. small bronze.

bronzina /bron'dzina/ f. (bearing) brass.

bronzista, m.pl. **-i**, f.pl. **-e** /bron'dzista/ m. e f. worker in bronze.

▷ **bronzo** /'brondzo/ m. **1** *(metallo, oggetto)* bronze; ***un (oggetto di*** o ***in)*** ~ a bronze (object); ~ ***per campane*** bell metal; ***età del*** ~ Bronze Age; ***i sacri -i*** LETT. the church bells **2** SPORT *(medaglia)* bronze (medal) ◆ ***avere una faccia di*** ~ to be as bold as brass.

brossura /bros'sura/ f. paper binding; ***in*** ~ paperbound; ***libro in*** ~ paperback; ***rilegare in*** ~ to bind with paper.

browniano /brau'njano/ agg. ***moto*** ~ Brownian motion.

brucare /bru'kare/ [1] **I** tr. to graze, to nibble, to browse on **II** intr. (aus. *avere*) to graze, to nibble.

brucellosi /brutʃel'lɔzi/ ➧ **7** f.inv. brucellosis*.

bruciacchiare /brutʃak'kjare/ [1] **I** tr. **1** *(bruciare leggermente)* to scorch, to singe; ~ ***una camicia (stirando)*** to scorch a shirt **2** *(strinare)* to singe [*pollame*] **II** **bruciacchiarsi** pronom. **1** *(bruciarsi leggermente)* to get* scorched; ***-rsi i capelli, il vestito*** to singe one's hair, one's dress **2** *(di cibi)* to burn*; ***la carne si è bruciacchiata*** the meat is burned.

bruciacchiatura /brutʃakkja'tura/ f. **1** *(piccola bruciatura)* scorching **2** *(segno)* scorch (mark), singe (mark).

bruciante /bru'tʃante/ agg. **1** *(acceso)* [*passione, desiderio*] burning **2** *(offensivo)* [*osservazione, critica*] scathing, crushing; [*sconfitta*] crushing **3** *(fulmineo)* [*partenza*] dashing, lightning attrib.; SPORT [*scatto*] dashing.

bruciapelo: **a bruciapelo** /abrutʃa'pelo/ avv. **1** *(a distanza ravvicinata)* [*sparare*] point-blank, at point-blank range **2** FIG. *(all'improvviso)* [*chiedere*] point-blank.

▶ **bruciare** /bru'tʃare/ [1] **I** tr. **1** *(fare ardere)* to burn* [*documenti, sterpaglie, incenso*]; ~ ***vivo qcn.*** to burn sb. alive **2** *(distruggere)* to burn* down [*casa, automobile*] **3** *(consumare)* to burn* (up) [*combustibile*]; to use [*energia elettrica*]; to blow* [*lampadina, fusibile*] **4** *(metabolizzare)* to burn* (up) [*calorie, grassi*] **5** *(causare bruciore, scottare)* [*cibi, alcol*] to burn* [*stomaco, gola*]; ***essere bruciato dal sole*** [*persona*] to get sunburned; ***spezia che brucia la bocca*** spice that burns your mouth **6** GASTR. to burn* [*arrosto*]; to burn* [*pentola*] **7** *(inaridire)* [*sole*] to burn* [*pelle*]; to scorch [*erba, campi, pianta*]; to bake [*argilla, terra*]; [*malattia, gelo*] to blacken [*pianta*] **8** *(corrodere)* [*acido*] to burn* [*superficie*] **9** *(bruciacchiare stirando)* to scorch, to singe [*camicia*] **10** *(irritare)* [*fumo, gas, vento*] to sting* [*occhi*] **11** MED. to burn* off, to cauterize [*verruca*] **12** COLLOQ. *(non rispettare)* to ignore [*stop*]; to jump, to go* through [*semaforo (rosso)*] **13** *(compromettere)* to wreck [*carriera*] **14** FIG. *(superare)* to flash by [*avversario*] **II** intr. (aus. *essere*) **1** *(ardere)* [*legna, carbone, candela, combustibile*] to burn*; ~ ***bene, male*** [*legna, combustibile*] to burn well, badly; ***far*** ~ to burn [sth.] down, to make [sth.] burn [*carta, legna*]; ***sta facendo ~ dei rovi in giardino*** he's burning brambles in the garden **2** *(ridursi in cenere)* [*casa*] to be* on fire, to burn* down; [*bosco, città*] to be* on fire; ***sono bruciati 3.000 ettari di foresta*** 3,000 hectares of forest have been destroyed by fire **3** GASTR. [*arrosto, torta, dolce*] to burn*; ***la torta è bruciata*** the cake has burned **4** *(scottare)* ***attenzione, brucia!*** careful, it's very hot! *(essere febbricitante)* [*persona, fronte, mani*] to be* burning hot; ***~ per la febbre*** to be burning with fever **5** *(essere irritato)* [*occhi, escoriazione, alcol su una ferita*] to sting*; ***mi brucia la gola*** my throat stings; ***brucia!*** it stings **6** *(desiderare, fremere)* ***~ dalla voglia, dall'impazienza di fare*** to be burning to do, to be longing to do; ***~ d'amore, di passione, di desiderio per qcn.*** to be on fire, to be inflamed *o* consumed with love, passion, desire for sb. **7** FIG. ***la sconfitta gli brucia ancora*** they are still smarting over their defeat **III bruciarsi** pronom. **1** *(incendiarsi)* to get* burned; ***la casa si è bruciata (completamente)*** the house burned (down *o* to the ground) **2** *(darsi fuoco)* to burn* oneself; ***-rsi vivo*** to set fire to oneself **3** *(scottarsi)* [*persona*] to burn* oneself (**con** with; **facendo** doing); ***-rsi la mano, la lingua*** to burn one's hand, one's tongue; ***-rsi col ferro da stiro*** to burn oneself with the iron; ***-rsi le ali*** FIG. to come to grief, to come unstuck **4** *(rovinarsi)* [*cibo*] to burn*; ***la torta si è bruciata*** the cake burned **5** *(fulminarsi)* [*lampadina*] to go*, to burn* out **6** FIG. *(fallire)* ***-rsi finanziariamente, politicamente*** to ruin oneself financially, politically; ***-rsi troppo presto*** *(sprecarsi)* to peak too early; *(compromettersi)* to spoil one's chances **7** FIG. *(sprecare)* to blow* [*occasione, possibilità*] ◆ ***~ qcn. sul filo di lana*** to nose sb. out, to pip sb. at the post BE; ***~ i ponti*** to burn one's bridges; ***~ le ultime cartucce*** to play one's last cards; ***~ le tappe*** o ***i tempi*** *(per una promozione)* to jump a stage; ***~ le cervella a qcn.*** to blow sb.'s brains out; ***-rsi le cervella*** to blow one's brains out.

bruciata /bru'tʃata/ f. → **caldarrosta.**

bruciaticcio, pl. **-ci**, **-ce** /brutʃa'tittʃo, tʃi, tʃe/ **I** agg. singed, scorched **II** m. *(odore)* smell of burning; *(sapore)* burnt taste.

▶ **bruciato** /bru'tʃato/ **I** p.pass. → **bruciare II** agg. **1** GASTR. [*arrosto*] burnt, burned **2** FIG. *(smascherato)* ***essere ~*** [*agente segreto*] to have one's cover blown **3** FIG. *(fallito)* finished; ***come politico è ~*** he is finished as a politician; ***gioventù -a*** wasted youth **4** *(molto abbronzato)* ***~ dal sole*** sunburned **III** m. ***odore*** o ***puzza di ~*** smell of burning, burned smell; ***sapere di ~*** to taste burned; ***sento*** o ***c'è puzza di ~*** I can smell burning, there's a smell of burning; FIG. I smell a rat ◆ ***fare terra -a (intorno a sé)*** to practice the scorched earth policy.

bruciatore /brutʃa'tore/ m. burner; ***~ di gas, per nafta*** gas, oil burner.

▷ **bruciatura** /brutʃa'tura/ f. **1** *(il bruciare)* burning **2** *(scottatura)* burn **3** *(su stoffa ecc.)* burn, scorch (mark).

brucina /bru'tʃina/ f. brucine.

bruciore /bru'tʃore/ m. **1** *(irritazione, infiammazione)* burning (sensation), soreness; ***~ agli occhi*** stinging *o* burning eyes; ***~ della rasatura*** razor *o* shaving burn **2** FIG. *(amarezza)* bitterness; ***il ~ di una sconfitta*** the bitterness of a defeat ◆◆ ***~ di*** o ***allo stomaco*** heartburn, (water-)brash.

brucite /bru'tʃite/ f. brucite.

bruco, pl. **-chi** /'bruko, ki/ m. caterpillar, worm, grub.

brufolo /'brufolo/ m. spot, pimple; ***pieno di -i*** spotty; ***avere i -i*** to have spots; ***riempirsi*** o ***coprirsi di -i*** to come out in spots; ***la cioccolata mi fa venire i -i*** chocolate brings me out in spots.

brufoloso /brufo'loso/ agg. pimply, spotty.

brughiera /bru'gjɛra/ f. heath(land), moor(land); ***nella ~*** on the heath.

brugo, pl. **-ghi** /'brugo, gi/ m. heather, ling.

brugola /'brugola/ f. Allen key, Allen wrench.

brûlé /bru'le/ agg.inv. ***vin ~*** mulled wine.

brulicame /bruli'kame/ m. → **brulichio.**

brulicante /bruli'kante/ agg. [*luogo*] swarming, teeming (**di** with).

brulicare /bruli'kare/ [1] intr. (aus. *avere*) ***~ di*** [*foresta, bosco, regione*] to be swarming *o* teeming with [*insetti*]; [*museo, città*] to be swarming with [*turisti, visitatori*]; [*zona*] to bristle with [*poliziotti, soldati*]; FIG. [*testo, traduzione*] to be chock-full of [*errori*]; ***la spiaggia brulica di gente*** the beach is swarming with people.

brulichio, pl. **-ii** /bruli'kio, ii/ m. *(di persone, insetti ecc.)* swarm, swarming.

brullo /'brullo/ agg. [*paesaggio, regione*] bare, bleak; [*terreno*] bald, barren.

brulotto /bru'lɔtto/ m. fireship.

brum /brum/ m.inv. brougham.

1.bruma /'bruma/ f. haze, mist.

2.bruma /'bruma/ f. ZOOL. shipworm.

brumoso /bru'moso/ agg. brumous.

bruna /'bruna/ f. dark-haired woman*, brunette.

brunastro /bru'nastro/ agg. brownish.

brunella /bru'nɛlla/ f. heal-all.

brunello /bru'nɛllo/ m. ***~ di Montalcino*** ENOL. INTRAD. (fine red Tuscan wine typical of the area around Siena).

brunetta /bru'netta/ f. brunette.

brunire /bru'nire/ [102] tr. METALL. to burnish.

brunito /bru'nito/ **I** p.pass. → **brunire II** agg. **1** METALL. burnished **2** *(abbronzato)* (sun)tanned.

brunitoio, pl. **-oi** /bruni'tojo, oi/ m. burnisher.

brunitura /bruni'tura/ f. burnishing.

▶ **bruno** /'bruno/ ➧ **3 I** agg. [*capelli, barba*] dark, brown; [*occhi*] brown; [*persona*] dark-haired; ***una ragazza -a*** a dark-haired girl; ***~ di pelle*** dark-skinned **II** m. **1** *(uomo)* dark-haired man* **2** *(colore)* brown; ***~ chiaro, scuro*** light, dark brown ◆◆ ***~ Van Dyck*** Vandyke brown.

brusca, pl. **-sche** /'bruska, ske/ f. scrubbing brush, horse-brush.

bruscamente /bruska'mente/ avv. **1** *(in malo modo)* [*spingere, scuotere*] roughly, rudely; [*trattare*] roughly, harshly, curtly; [*dire, rispondere*] sharply, shortly **2** *(improvvisamente)* [*cambiare, salire, scendere, voltarsi, accelerare*] sharply; [*frenare*] violently; [*fermarsi*] sharp, sharply; ***girare ~ a destra, a sinistra*** to turn sharp right, left; ***la temperatura è salita ~ oltre i 40°C*** the temperature suddenly soared past 40°C.

bruschetta /brus'ketta/ f. GASTR. INTRAD. (slice of grilled bread, rubbed with garlic and brushed with olive oil).

bruschezza /brus'kettsa/ f. *(di modi, risposta)* bluntness, brusqueness, curtness; *(di tono)* sharpness.

bruschinare /bruski'nare/ [1] tr. to bream.

bruschino /brus'kino/ m. scrubbing brush.

▷ **brusco**, pl. **-schi**, **-sche** /'brusko, ski, ske/ agg. **1** *(burbero, scortese)* [*persona*] brusque, abrupt; [*modi, tono, risposta*] abrupt, curt; ***essere ~ con qcn.*** to be abrupt with sb., to be short with sb. **2** *(improvviso)* [*movimento, gesto, aumento, diminuzione*] sharp, sudden; [*sterzata*] sharp; [*frenata*] violent; ***~ risveglio*** rude awakening (anche FIG.) **3** *(acido)* [*vino*] sharp.

bruscolino /brusko'lino/ m. **1** REGION. GASTR. INTRAD. (salted roasted pumpkin seed) **2** *(inezia)* ***non sono -i!*** it's not chicken feed.

bruscolo /'bruskolo/ m. *(granello di polvere)* dust mote, grain of dust; ***essere un ~ in un occhio a qcn.*** FIG. = to be annoying, tiresome.

brusio, pl. **-ii** /bru'zio, ii/ m. buzz, hum, babble; ***nella stanza si levò un grande ~*** the room started buzzing.

brustolino /brusto'lino/ m. GASTR. INTRAD. (salted roasted pumpkin seed).

brut /brut/ **I** agg.inv. (extra-)dry, brut **II** m.inv. *(champagne)* dry (champagne), brut (champagne); *(spumante)* dry sparkling wine, brut sparkling wine.

▷ **brutale** /bru'tale/ agg. **1** *(violento)* [*violenza, ferocia, assassinio, regime*] brutal, beastly; ***di una franchezza ~*** brutally frank; ***essere ~ con qcn.*** to be brutal with sb., to be beastly to sb. **2** *(brusco)* [*sincerità, risposta, discorso*] brutal, brusque.

brutalità /brutali'ta/ f.inv. **1** *(violenza)* brutality, beastliness **2** *(atto efferato)* (act of) brutality; ***commettere una ~*** to commit a brutal act **3** *(indelicatezza)* brutality, tactlessness, indelicacy; ***parlare, agire con ~*** to talk, act brutally.

brutalizzare /brutalid'dzare/ [1] tr. **1** *(maltrattare)* to brutalize, to ill-treat **2** *(violentare)* to rape.

brutalmente /brutal'mente/ avv. **1** *(violentemente)* [*picchiare, assassinare, torturare*] brutally; [*spingere, trattare*] roughly **2** *(rudemente)* [*agire, parlare, comportarsi*] brutally.

bruto /'bruto/ **I** agg. **1** *(bestiale)* [*forza, istinto*] brute; ***con la forza -a*** by (sheer) brute force **2** *(non elaborato)* [*statistiche, cifre*] bare, raw; *(grezzo)* [*materia*] raw; ***tasso ~ di natalità*** raw birthrate **II** m. **1** *(uomo violento)* brute, beast; *(uomo rozzo)* lout, boor; ***è veramente un ~*** *(rozzo)* he's just a stupid lout **2** *(maniaco)* maniac.

Bruto /'bruto/ n.pr.m. Brutus.

brutta /'brutta/ f. *(brutta copia)* rough (copy); SCOL. rough work; ***fa' una ~*** make a rough draft; ***fare qcs. in ~*** to do sth. in rough; ***foglio di ~*** rough paper; ***quaderno di ~*** practice book, copybook.

bruttezza /brut'tettsa/ f. **1** *(l'essere brutto)* *(di persona, luogo, oggetto)* ugliness, plainess; *(di film, libro)* bad quality, poor quality; ***essere di una ~ ripugnante*** o ***mostruosa*** to be hideously ugly **2** *(bruttura)* eyesore, ugly sight.

bruttino /brut'tino/ agg. plain, homely AE.

▶ **brutto** /'brutto/ Come guida ai diversi usi e significati dell'aggettivo *brutto* presentati nella voce qui sotto, va specificato che gli equivalenti inglesi distinguono abbastanza nettamente tra il giudizio estetico e quello di valore. - Nel primo caso, l'equivalente diretto di brutto è *ugly*, ma quest'ultima parola è molto forte (= *bruttissimo, decisamente brutto*), ed è pertanto sostituibile, con riferimento a cose, da espressioni via via meno forti quali *rather ugly, not much to look at* o *not very nice*; con riferimento a persone, si può usare ancora *not much to look at*, o *very ordinary-looking, not at all good-looking* (per i maschi) e *not very pretty, rather plain* o *plain* (per le femmine). - Nel caso di un giudizio principalmente di valore, l'equivalente più comune è senz'altro *bad*; si possono usare anche *terrible, dreadful* e *awful*, che con l'uso hanno perso il significato forte di un tempo. Si veda la voce qui sotto per numerosi esempi. **I** agg. **1** *(esteticamente)* [*persona, animale, costruzione, luogo*] ugly; ***essere un ~ spettacolo*** to be an ugly sight; ***essere ~ da far paura, come il peccato*** to be as ugly as sin, to look like the back-end of a bus COLLOQ.; ***il ~ anatroccolo*** the ugly duckling **2** *(scadente)* [*opera, spettacolo*] bad, terrible; ***essere in una -a posizione*** [*costruzione, palazzo, negozio*] to be badly *o* inconveniently placed **3** *(negativo, spiacevole)* [*ricordo, notte, giorno, sogno, impressione, segno, notizia*] bad; [*situazione*] bad, difficult; [*vacanza*] bad, terrible; [*sospetto, sorpresa, abitudine, esperienza, faccenda, affare, storia*] bad, nasty; ***prendere un ~ voto*** to get a bad mark BE *o* grade AE; ***ho un ~ presentimento*** I've got a bad feeling; ***impelagarsi in una -a storia*** to get mixed up in a bad affair; ***fare un ~ incontro*** to have a nasty encounter; ***si è ficcata in un ~ guaio*** she's got herself into a fine mess; ***finire in un ~ giro*** to fall in with a bad crowd; ***ho passato un ~ quarto d'ora*** I had a pretty grim time (of it); ***fare una -a figura*** to cut a sorry figure, to put up a poor show; ***fare una -a fine*** to come to a bad *o* sticky end, to come to no good; ***è già abbastanza ~ dovere aspettare, ma...*** it's bad enough having to wait, but... **4** *(serio, grave)* [*incidente, frattura, ferita, errore, tosse, raffreddore, mal di testa*] bad, nasty; ***avere un ~ male*** EUFEM. to be incurably ill; ***l'ha presa -a*** *(è innamorata cotta)* she's got it bad **5** *(difficile, duro)* [*situazione, momento, giornata, periodo, tempi*] bad, hard, difficult; [*inizio*] poor; ***capitare in un ~ momento*** to hit on a bad time; ***attraversare un ~ periodo*** to go through a bad patch *o* spell; ***è stato un ~ colpo per lui*** it was a blow for him, it was tough on him **6** *(inadatto, sconveniente)* [*tempo, momento, luogo*] bad, unsuitable; ***un ~ momento per comprare una casa*** a bad time to buy *o* for buying a house; ***questo potrebbe non essere un ~ momento per...*** this may not be a bad opportunity to...; ***sembra ~ se rifiuti*** it won't look good if you refuse **7** *(cattivo, riprovevole)* [*comportamento, difetto, esempio, influenza, reputazione, linguaggio, parola*] bad; [*abitudine, vizio*] bad, nasty; [*scherzo*] bad, beastly; ***è ~ che qcn. faccia*** it is bad of sb. to do; ***farà una -a impressione*** it will look bad, it will make a bad impression; ***giocare un ~ tiro a qcn.*** to pull a fast one on sb.; ***ha delle -e intenzioni*** he means trouble *o* mischief; ***~ ceffo*** ugly mug, ugly face; ***un ~ tipo*** *(losco)* an ugly customer, a bad lot **8** *(piovoso, nuvoloso)* [*tempo*] bad, foul, awful; *(mosso, agitato)* [*mare*] rough; ***la -a stagione*** winter months; ***domani farà ~*** tomorrow the weather will be bad *o* nasty *o* foul **9** GIOC. [*carta, mano*] weak **10** *(con insulti)* ***~ stupido!*** you silly idiot! ***~ mascalzone!*** you old rascal! ***~ stronzo!*** VOLG. you fuck! ***~ porco!*** VOLG. old bugger! ***è una -a bestia*** it's a hard *o* tough nut to crack **II** m. **1** *(lato spiacevole, difficile)* ***il ~ della faccenda è che...*** the worst of it is that...; ***avere di ~ che...*** the bad thing about it is that... **2** METEOR. ***il tempo volge, tende al ~*** the weather is changing for the worse **3 di brutto** *(con ostilità)* ***guardare (di) ~ qcn.*** to look at sb. askance, to eyeball sb.; ***rispondere di ~*** to answer back; *(senza mezzi termini)* ***chiedere qcs. di ~*** to ask sth. straight-out; *(completamente)* ***ti sei sbagliato di ~*** you're quite wrong ◆ ***con le -e*** shabbily, roughly; ***avere una -a faccia*** *(essere poco raccomandabile)* to have a nasty face; ***avere una -a cera*** to be off colour; ***prendere una -a piega*** [*situazione, persona*] to take a turn for the worse; ***prendere una -a strada*** to go wrong; ***prendere una -a china*** to be on a slippery slope; ***vedersela -a*** to have a narrow *o* lucky escape, to have a close shape ◆◆ ***-a copia*** rough copy; ***scrivere in -a copia*** to do *o* write sth. in rough.

bruttura /brut'tura/ f. **1** *(cosa brutta)* ugly thing **2** *(azione riprovevole)* shameful, mean thing.

BT ⇒ bassa tensione low tension (LT).

BTP /biti'pi/ m. (⇒ Buono del Tesoro Poliennale) = Italian long-term Treasury bond.

BU ⇒ Bollettino Ufficiale = (Official) Gazette.

bua /'bua/ f. INFANT. *(escoriazione)* scratch; *(dolore)* ache; ***farsi la ~*** to hurt oneself, to get a scratch; ***ho la ~*** it hurts; ***hai la ~ al pancino?*** do you have a tummyache?

buaggine /bu'addʒine/ f. unaptness, lumpishness.

bubalo /'bubalo/ m. bubal.

1.bubbola /'bubbola/ f. **1** *(bugia)* fib, humbug; ***raccontare -e*** to tell fibs **2** *(inezia)* trifle, rip.

2.bubbola /'bubbola/ f. BOT. ***~ maggiore*** parasol (mushroom).

bubbolo /'bubbolo/ m. harness bell.

bubbone /bub'bone/ m. **1** MED. bubo* **2** FIG. blight, curse.

bubbonico, pl. **-ci**, **-che** /bub'bɔniko, tʃi, ke/ agg. bubonic; ***peste -a*** bubonic plague.

▷ **buca**, pl. **-che** /'buka, ke/ f. **1** *(cavità)* hole; *(per armi, provviste, corpi)* pit; ***scavare una ~ nel terreno*** to dig a hole in the ground; ***una ~ profonda due metri*** a hole two metres deep **2** *(nel manto stradale)* pothole; ***una strada piena di -che*** a road full of potholes **3** *(avvallamento del terreno)* hollow, dip **4** *(per la posta)* (anche **~ delle lettere**) letter box, mail slot, postbox BE, mailbox AE; ***pubblicità in ~*** mail shot **5** *(del biliardo)* pocket; ***mandare in ~ una palla*** to pocket, to sink a ball **6** *(nel golf)* hole; ***percorso a nove, quattordici, diciotto -che*** nine-, fourteen-, eighteen-hole golf course; ***mettere la palla in ~*** to hole the ball; ***andare in ~*** to hole out **7** SPORT *(per il salto)* sandpit **8** VENAT. sandpit ◆ ***dare ~ a qcn.*** to stand sb. up ◆◆ ***~ di appostamento*** MIL. foxhole; ***~ del suggeritore*** TEATR. prompt box.

bucaneve /buka'neve/ m.inv. snowdrop.

bucaniere /buka'njɛre/ m. buccaneer.

▷ **bucare** /bu'kare/ [1] **I** tr. **1** *(forare)* to puncture, to burst* [*gomma, pallone*]; to make* a hole in [*lenzuolo, calze*]; to pierce, to hole [*parete, lamiera*]; *(con un trapano)* to drill, to bore a hole through **2** *(perforare)* to punch [*biglietti*] **II bucarsi** pronom. **1** *(forarsi)* [*pneumatico*] to puncture; [*capo d'abbigliamento*] to wear* through **2** *(pungersi)* to prick oneself; ***-rsi un dito*** to prick one's finger **3** GERG. *(drogarsi con eroina)* to shoot* up, to fix, to mainline ◆ ***~ lo schermo*** = to have a great screen presence.

Bucarest /'bukarest/ ♦ **2** n.pr.f. Bucharest.

bucatini /buka'tini/ m.pl. GASTR. = long, hollow, tube-shaped pasta.

▷ **1.bucato** /bu'kato/ m. *(biancheria lavata, indumenti lavati)* wash, washing, laundry; ***fare il ~*** to do the washing *o* the laundry; ***fare il ~ di roba bianca, di capi colorati*** to wash whites, coloureds; ***stendere il ~*** to hook the washing, to put the washing on the line; ***ritirare il ~*** to take *o* bring the washing in; ***giorno di ~*** washday; ***fresco di ~*** freshly laundered; ***cesto del ~*** laundry *o* linen basket; ***molletta, pinza da ~*** clothes peg, clothes pin AE ◆ ***bisogna fare il ~ in famiglia*** people shouldn't wash their dirty linen in public.

2.bucato /bu'kato/ **I** p.pass. → **bucare II** agg. *(forato)* [*gomma, ruota, pallone*] punctured; ***pantaloni, calzini -i*** trousers, socks with holes in them; ***avere le scarpe -e*** to have holes in one's shoes; ***i tuoi pantaloni sono -i alle ginocchia*** your trousers are through at the knees; ***essere ~ come un colabrodo*** to leak like a sieve; ***orecchie -e*** pierced ears ◆ ***avere le mani -e*** to spend money like water; ***ha le mani -e*** she spends money like water, money burns a hole in her pocket; ***non vale un soldo ~*** it's not worth a brass farthing.

bucatura /buka'tura/ f. **1** *(il bucare)* holing, piercing; *(di biglietto)* punching; *(di pneumatico)* puncturing **2** *(buco)* hole; *(di pneumatico)* puncture.

buccale /buk'kale/ agg. ANAT. buccal.

▷ **buccia**, pl. **-ce** /'buttʃa, tʃe/ f. **1** *(di frutta, verdura)* skin, peel; *(di agrume)* peel **U**, rind; *(di cereali)* husk; *(corteccia)* bark; ***le arance hanno una ~ spessa*** oranges have thick peel; ***togliere la ~ di una verdura, di un frutto*** to peel a vegetable, a fruit; ***pelle a ~ d'arancia*** orange peel skin **2** *(di formaggio)* rind; *(di salume)* skin **3** FIG. *(pelle)* skin; ***avere la ~ dura*** to have a thick skin ◆ ***rivedere le -ce a qcn.*** = to examine sb.'s work fussily and very carefully; ***scivolare su una ~ di banana*** to slip on a banana skin.

buccina /'buttʃina/ f. *(antico strumento)* trumpet, bugle.

buccinatore /buttʃina'tore/ m. (anche **muscolo ~**) buccinator.

buccino /'buttʃino/ m. whelk.

buccola /'bukkola/ f. **1** *(orecchino)* earring **2** *(ricciolo)* lock, curl.

bucefalo /bu'tʃɛfalo/ m. SCHERZ. nag, hack.

bucero /'butʃero/ m. hornbill.

bucherellare /bukerel'lare/ [1] tr. to pit, to riddle with holes.

bucherellato /bukerel'lato/ **I** p.pass. → **bucherellare II** agg. pitted, riddled with holes.

▷ **1.buco**, pl. **-chi** /'buko, ki/ m. **1** *(foro)* hole; ***fare un ~ in qcs.*** to make a hole in sth.; *(perforando)* to pierce a hole in sth.; *(col martello, battendo)* to knock a hole in sth.; *(bruciando)* to burn a hole in sth.; *(con l'esplosivo)* to blast a hole in sth.; *(strofinando)* to rub a hole in sth.; *(in capo d'abbigliamento, tirando i fili)* to pick a hole in sth.; *(con il becco)* to peck a hole in sth.; ***fare un ~ con il trapano*** to drill a hole; ***un ~ profondo 5 cm*** a hole 5 cm deep, a 5 cm deep hole; ***tappare un ~*** to fill a hole, to plug a gap; FIG. to step into the breach; ***i topi hanno fatto un ~ nel sacco*** the mice have gnawed a hole in the sack; ***avere un ~ nella calza*** to have a hole in one's sock; ***-chi al naso*** nose piercing; ***farsi fare i -chi alle orecchie*** to have one's ears pierced; ***avere un ~ allo stomaco*** FIG. to have the munchies *o* to feel peckish BE **2** *(di scolapasta, rete, serbatoio, di cintura, di cinghia)* hole; ***stringere la cintura di un ~*** to tighten one's belt by one notch **3** ECON. GERG. *(passivo)* deficit, shortfall; ***c'è un ~ da 10.000 euro nel nostro bilancio*** there's a shortfall of 10,000 euros in our budget; ***sanare un ~ (nel bilancio)*** to bridge a gap (in the budget) **4** COLLOQ. *(tempo libero da impegni)* gap, slot, window; SCOL. free period; ***ho un ~ dalle 10 alle 10.30*** I can slot you in between 10 and 10.30; ***ho un ~ nell'orario (settimanale)*** I have a gap in my timetable **5** COLLOQ. *(luogo angusto, squallido)* hole, dump, mousehole; *(paesino)* dump, dullsville, jerkwater town AE **6** GERG. *(iniezione di eroina)* fix, hit, shot, skin-popping; ***farsi un ~*** to shoot up (**di** with) ◆ ***fare un ~ nell'acqua*** to draw a blank, to go off at half cock; ***non è mai uscito dal proprio ~*** he's never been out of his own backyard; ***non cavare un ragno da un ~*** = to get nowhere; ***cercare qcs. in tutti i -chi*** to look for sth. everywhere; ***non tutte le ciambelle riescono col ~*** PROV. = win some, lose some ◆◆ ***~ del culo*** arsehole BE, asshole AE; ***~ nero*** black hole; ***~ nell'ozono*** ozone hole, hole in the ozone layer; ***~ della serratura*** keyhole; ***guardare attraverso il*** o ***dal ~ della serratura*** to look through the keyhole.

2.buco, pl. **-chi** /'buko, ki/ agg. REGION. SCOL. GERG. ***ora -a*** free period.

bucolica, pl. **-che** /bu'kɔlika, ke/ f. bucolic.

bucolico, pl. **-ci**, **-che** /bu'kɔliko, tʃi, ke/ agg. bucolic.

Budapest /'budapest/ ➧ ***2*** n.pr.f. Budapest.

Budda /'budda/ **I** n.pr.m. Buddha **II budda** m. *(immagine)* Buddha.

buddismo /bud'dizmo/ m. Buddhism.

buddista, m.pl. **-i**, f.pl. **-e** /bud'dista/ **I** agg. Buddhist **II** m. e f. Buddhist.

buddistico, pl. **-ci**, **-che** /bud'distiko, tʃi, ke/ agg. Buddhistic.

budello /bu'dɛllo/ **I** m. **1** *(per corde, racchette)* gut, catgut **2** *(tubo lungo e stretto)* narrow tube **3** *(viuzza tortuosa)* alley **II budella** f.pl. COLLOQ. *(intestino)* bowels, guts; ***riempirsi le -a*** to stuff one's face; ***cavare le -a a qcn.*** to disembowel sb.; ***vomitare anche le -a*** to spew up absolutely everything; ***sentirsi torcere le -a*** to have *o* get the collywobbles.

budget /'baddʒet/ m.inv. budget; ***superare, stare dentro al ~*** to go over, to stay within budget; ***avere, agire in base a un ~*** to be, operate on a tight budget; ***limitazioni al ~*** budgetary limitations; ***fuori ~*** non-budgetary ◆◆ ***~ operativo*** operating budget.

budgetario, pl. **-ri**, **-rie** /baddʒe'tarjo, ri, rje/ agg. budgetary.

▷ **budino** /bu'dino/ m. pudding; ***~ al cioccolato*** chocolate pudding; ***~ di riso, di mele*** rice, apple pudding.

▶ **bue**, pl. **buoi** /'bue, 'bwɔi/ m. **1** ox*; ***carne di ~*** beef; ***quarto di ~*** quarter of beef; ***~ da lavoro*** draft ox; ***occhio di ~*** ARCH. bull's eye; FOT. snoot; ***all'occhio di ~*** GASTR. [*uovo*] sunny side up **2** COLLOQ. FIG. blockhead ◆ ***mangiare come un ~*** to eat like a horse; ***mettere il carro davanti ai buoi*** PROV. to put the cart before the horse; ***chiudere la stalla quando i buoi sono scappati*** to close the stable door when the horse has bolted ◆◆ ***~ muschiato*** musk ox.

Buenos Aires /'bwenos'ajres/ ➧ ***2*** n.pr.f. Buenos Aires.

bufala /'bufala/ f. **1** ZOOL. cow buffalo* **2** GERG. *(notizia infondata)* false rumour BE, false rumor AE, hoax, spoof **3** SCHERZ. *(errore madornale)* blunder **4** SCHERZ. *(fregatura)* rip-off, lemon AE.

▷ **bufalo** /'bufalo/ m. buffalo*; ***pelle di ~*** buff.

▷ **bufera** /bu'fɛra/ f. **1** *(tempesta)* storm; ***~ di neve*** snowstorm, blizzard; ***~ di vento*** gale; ***sta soffiando una ~*** it's blowing a gale; ***la ~ si scatena*** o ***infuria*** the storm rages, is raging; ***la ~ si placa*** the storm slackens off **2** FIG. storm, upheaval; ***~ sui mercati finanziari*** a rush on the stock markets.

buffa /'buffa/ f. **1** ARM. visor **2** *(cappuccio)* hood.

buffè, buffet /buf'fɛ/ m.inv. **1** *(credenza)* buffet, sideboard **2** *(rinfresco)* buffet; ***~ freddo*** cold buffet; ***pranzo, cena a ~*** lunch, supper buffet **3** *(in stazioni, aeroporti ecc.)* buffet, refreshment bar.

1.buffetteria /buffette'ria/ f. buffet service.

2.buffetteria /buffette'ria/ f. MIL. accoutrements pl.

buffetto /buf'fetto/ m. pat; ***dare un ~ (sulla guancia) a qcn.*** to pat sb. (on the cheek).

▷ **1.buffo** /'buffo/ **I** agg. **1** *(che suscita il riso)* [*spettacolo, storia, volto, persona*] funny, amusing, droll **2** *(strano)* funny, odd **3** TEATR. MUS. comic; ***opera -a*** comic opera **II** m. **1** TEATR. MUS. singer in comic opera, buffo **2** *(lato divertente)* funny thing; ***il ~ della situazione*** the funny side of the situation.

2.buffo /'buffo/ m. **1** *(folata)* gust **2** *(sbuffo di fumo, vapore)* puff, whiff.

buffonaggine /buffo'naddʒine/ f. waggishness, buffoonery.

buffonata /buffo'nata/ f. buffoonery, antics pl.

▷ **buffone** /buf'fone/ m. **1** STOR. *(giullare)* fool, jester; ***~ di corte*** court jester **2** *(chi fa ridere)* clown, buffoon; ***fare il ~*** to play the clown *o* the fool **3** *(persona inaffidabile)* fool, clown, unreliable person.

buffoneria /buffone'ria/ f. drollness, buffoonery.

buffonesco, pl. **-schi**, **-sche** /buffo'nesko, ski, ske/ agg. clownish.

buganvillea /bugan'villea/ f. bougainvillea.

buggerare /buddʒe'rare/ [1] tr. COLLOQ. to swindle, to con, to bamboozle.

buggeratura /buddʒera'tura/ f. swindle, con, bamboozlement.

▶ **1.bugia** /bu'dʒia/ f. **1** *(menzogna)* lie; ***una grossa ~*** a big lie; ***una ~ pietosa*** a white lie; ***un mucchio*** o ***sacco di -e*** a parcel of lies; ***dire*** o ***raccontare -e*** to tell lies; ***è una ~ bell'e buona*** that's a downright lie **2** COLLOQ. *(macchietta sull'unghia)* = white spot on the finger-nail **3** REGION. GASTR. = fried and sugared slice of pastry typical at Carnival time ◆ ***le -e hanno le gambe corte*** PROV. a lie has no legs.

2.bugia /bu'dʒia/ f. *(candeliere)* candlestick, candle-holder.

bugiardaggine /budʒar'daddʒine/ f. deceitfulness, dishonesty.

bugiardino /budʒar'dino/ m. COLLOQ. = information leaflet in medicine boxes.

▷ **bugiardo** /bu'dʒardo/ **I** agg. **1** *(che mente)* lying, untruthful **2** *(falso)* false, deceitful; ***promesse -e*** empty promises **II** m. (f. **-a**) liar; ***dare del ~ a qcn.*** to call sb. a liar; ***un ~ patentato*** a downright liar; ***sporco ~!*** you dirty liar! ***un ~ della peggior razza*** a liar of the worst sort ◆ ***chi per ~ è conosciuto, anche quando dice il ver non è creduto*** PROV. = once a liar always a liar.

bugigattolo /budʒi'gattolo/ m. **1** *(ripostiglio)* cubby-hole **2** *(stanza angusta)* hole, poky room.

bugliolo /buʎ'ʎɔlo/ m. **1** MAR. pail, bucket **2** *(in carcere)* slop bucket.

buglossa /bu'glɔssa/ f. bugloss.

bugna /'buɲɲa/ f. **1** ARCH. ashlar, boss **2** MAR. clew.

bugnato /buɲ'ɲato/ m. ashlar(-work).

bugno /'buɲɲo/ m. beehive.

▶ **buio**, pl. **bui**, **buie** /'bujo, 'bui, 'buje/ **I** agg. **1** *(oscuro)* [*stanza, via, notte, cielo*] dark **2** FIG. *(accigliato)* frowning, gloomy; ***farsi, essere ~ in volto*** to turn, be gloomy **3** *(incerto, preoccupante, triste)* [*avvenire, periodo, tempi*] dark, black; ***secoli bui*** dark ages **II** m. dark, darkness; ***fare, diventare ~*** to get, grow dark; ***è ~ pesto*** it's pitch black *o* pitch dark; ***avere paura del ~*** to be afraid of the dark; ***al ~*** in the dark; ***prima del ~*** before dark; ***il ~ cala in fretta a dicembre*** it gets dark early in December; ***brancolare nel ~*** FIG. to grope in the dark; ***essere immerso nel ~*** to be in the dark (anche FIG.); ***fare un salto nel ~*** FIG. to take a leap *o* a shot in the dark; ***tenere qcn. al ~ di qcs.*** FIG. to keep sb. in the dark about sth.

bulbare /bul'bare/ agg. bulbar.

bulbifero /bul'bifero/ agg. bulbiferous.

bulbiforme /bulbi'forme/ agg. bulbiform.

bulbillo /bul'billo/ m. bulbil.

bulbo /'bulbo/ m. **1** BOT. bulb; ***~ di cipolla, giacinto, tulipano*** onion, hyacinth, tulip bulb **2** TECN. *(di termometro, lampadina)* bulb **3** ANAT. bulb **4** ARCH. ***cupola a ~*** onion dome; ***chiesa con cupola a ~*** onion-domed church ◆◆ ***~ dentale*** root of tooth; ***~ oculare*** eyeball; ***~ pilifero*** hair bulb; ***~ rachidiano*** medulla (oblongata).

bulbocastano /bulbo'kastano/ m. earth-nut.

bulboso /bul'boso/ agg. [*pianta*] bulbous.

Bulgaria /bulga'ria/ ➧ ***33*** n.pr.f. Bulgaria.

bulgaro /'bulgaro/ ➧ ***25, 16*** **I** agg. Bulgar, Bulgarian **II** m. (f. **-a**) **1** *(persona)* Bulgarian **2** *(lingua)* Bulgarian.

bulimia /buli'mia/ ➧ ***7*** f. bulimia.

bulimico, pl. **-ci**, **-che** /bu'limiko, tʃi, ke/ **I** agg. bulimic **II** m. (f. **-a**) bulimic.

bulinare /buli'nare/ [1] tr. to engrave with a burin.

bulinatore /bulina'tore/ ➧ ***18*** m. (f. **-trice** /tritʃe/) burinist.

bulinatura /bulina'tura/ f. engraving with a burin.

bulino /bu'lino/ m. burin.

bulldog /bul'dɔg/ m.inv. bulldog.

bulldozer /bul'dɔddzer/ m.inv. **1** *(macchina)* bulldozer; ***spianare con un ~*** to bulldoze [*muro, foresta*] **2** FIG. *(persona)* bulldozer.

bulletta /bul'letta/ f. **1** *(in tappezzeria)* tack **2** *(per le scarpe)* hobnail.

bullionismo /bulljo'nizmo/ m. bullionism.

bullo /'bullo/ m. COLLOQ. bully, roughneck; ***il ~ della classe*** the class bully; ***-i e pupe*** guys and dolls.

bullonare /bullo'nare/ [1] tr. to bolt.

bullone /bul'lone/ m. bolt; ***testa di ~*** bolt head; ***stringere un ~*** to screw in *o* fasten a bolt ◆◆ ***~ di fondazione*** ragbolt; ***~ a occhio*** eyebolt; ***~ prigioniero*** stud; ***~ a staffa*** strap-bolt.

bum /'bum/ **I** inter. *(esplosione)* boom, bang **II** m.inv. ***fare (un) ~*** to go boom, to boom.

bumerang → **boomerang.**

bungalow /'bungalov/ m.inv. **1** *(nell'India coloniale)* bungalow **2** *(in campeggio ecc.)* cabin, chalet.

bunker /'bunker/ m.inv. **1** MIL. bunker, blockhouse **2** MAR. bunker **3** SPORT *(nel golf)* bunker, sandtrap AE; ***tirare in ~*** to (play into a) bunker [*palla*] ◆◆ ***~ antiatomico*** nuclear *o* fallout shelter; ***~ di comando*** command bunker.

buoi /'bwɔi/ → **bue.**

buon → **1.buono.**

buonafede /bwona'fede/ f. bona fides, good faith; ***in ~*** in good faith; [*errore, violazione*] innocent; [*suggerimento, consiglio, gesto*] well-meaning; [*accordo, contratto*] bona fide; ***agire in ~*** to act in good faith; ***fare qcs. in ~*** to do sth. with the best intentions; ***credo che Silvia sia in ~*** I think Silvia is genuine; ***possessore in ~*** DIR. person in bona fide possession, bona fide holder; ***occupante in ~*** DIR. occupier (without a lease).

buonanima /bwo'nanima/ **I** f. ***il figlio della ~ del Sig. Rossi*** the son of the late lamented Mr Rossi; ***la ~ di mio zio*** my uncle, of blessed memory **II** agg.inv. late; ***mia nonna ~*** my grandmother, of blessed memory.

▷ **buonanotte** /bwona'notte/ **I** inter. goodnight **II** f.inv. goodnight; ***dare*** o ***augurare la ~ a qcn.*** to say goodnight to sb., to bid sb. goodnight; ***dare il bacio della ~*** to give sb. a goodnight kiss, to kiss sb. goodnight ◆ ***e ~! ~ (ai) suonatori!*** and that's that! that's the end of it!

▷ **buonasera** /bwona'sera/ **I** inter. good evening; ***signore e signori, ~!*** good evening, ladies and gentlemen! **II** f.inv. good evening; ***dare, augurare la ~ a qcn.*** to say good evening to sb., to bid sb. good evening.

buoncostume /bwonkos'tume/ **I** f.inv. *(squadra di polizia)* vice squad **II** m. *(moralità di costumi)* public morals pl.

buondì /bwon'di/ → **buongiorno.**

buonentrata /bwonen'trata/ f. premium, foregift.

▶ **buongiorno** /bwon'dʒorno/ **I** inter. good morning **II** m.inv. good morning; ***dare*** o ***augurare il ~ a qcn.*** to say good morning to sb., to bid sb. good morning.

buongrado: **di buongrado** /dibwon'grado/ avv. [*accettare, fare, partire*] with (a) good grace, happily; [*lavorare*] willingly.

buongustaio, pl. **-ai** /bwongus'tajo, ai/ m. (f. **-a**) gourmet, foodie COLLOQ.; ***~ raffinato*** connoisseur, gourmand; ***una squisitezza per i -ai*** a feast for the gourmets.

▷ **buongusto** /bwon'gusto/ m. **1** *(finezza)* tastefulness, good taste; ***una persona di ~*** a tasteful person; ***avere ~ in qcs.*** to have good taste *o* a nice taste in sth.; ***tu non hai l'esclusività del ~*** you don't have a monopoly on good taste; ***vestirsi con ~*** to dress tastefully; ***non è stato il massimo del ~*** it was not in the best of taste **2** *(tatto)* (good) taste; ***avere il ~ di fare qcs.*** to have the decency to do.

▶ **1.buono** /'bwɔno/ **I** agg. (**buon**, **buona**, **buon'**; *buono* becomes *buon* before a vowel or a consonant followed by a vowel, *l* or *r*; compar. *più buono*, *migliore*, superl. *buonissimo*, *ottimo*) **1** *(gradevole)* [*pasto, profumo, sapore*] good, nice; ***quella torta ha l'aria di essere -a*** that pie looks good; ***c'è un*** o ***che buon odore!*** it smells good! what a good smell! ***avere un buon sapore*** to taste good; ***avere un buon odore*** o ***profumo*** to smell good **2** *(benevolo, caritatevole, gentile)* [*persona, azione, sentimento, intenzione, parola*] good, kind (**con**, **verso** with, to); ***il buon Dio*** the good Lord; ***un'anima -a*** a kindly soul; ***opere -e*** good works *o* deeds; ***i miei -i propositi per il nuovo anno*** my New Year's resolutions; ***avere buon cuore*** to be all heart *o* good-hearted; ***oggi mi sento ~*** SCHERZ. I'm feeling generous today; ***essere molto ~ riguardo a*** to be very good about [*errore, incomprensione*]; ***è ~ con gli animali*** he's kind to animals; ***sei troppo ~ con lui*** you're too good to him; ***lei è troppo ~!*** you're too kind! that's really good of you! ***dare, ricevere una -a accoglienza*** to give, receive a warm welcome **3** *(caro)* good, close; ***il buon vecchio Davide*** good old Davide; ***un suo buon amico*** a good friend of his; ***essere in -i rapporti con qcn.*** to be on friendly terms with sb. **4** *(di buona qualità)* [*consiglio, lavoro, salute, vista, memoria*] good; [*hotel, libro, vino, scarpe, merce, aria, tempo*] good, fine; ***vino di una -a annata*** wine of vintage year; ***una -a preparazione culturale*** a good cultural baggage; ***il suo compito è ~*** her homework is good; ***un buon tempo*** SPORT a fast time; ***in ~ stato*** [*casa, auto*] in good condition *o* state; [*edificio, macchina*] in safe condition, in good order; ***conservare in ~ stato qcs.*** to keep sth. in good condition; ***a 80 anni, mio nonno ha ancora delle -e gambe*** at 80, my grandfather still has good legs; ***il vestito ~*** *(elegante)* Sunday's dress **5** *(giusto)* [*momento, giorno*] good, right; ***è, non è il momento ~*** it's a good, not a good time; ***verrà anche per te il momento ~*** your time will come too; ***andare a buon fine*** to turn out well; ***in -a fede*** in good faith; ***sulla -a strada*** on the right road, in the right direction (anche FIG.) **6** COLLOQ. *(commestibile, bevibile)* [*carne, formaggio, latte*] good; ***il latte non sarà più ~ domani*** the milk will have gone off by tomorrow; ***~ da bere*** fit to drink, drinkable; ***~ da mangiare*** fit to eat, eatable; ***questo vino non è ancora ~ da bere*** the wine isn't ready to drink yet; ***è ~ solo per la pattumiera*** it's only fit for the bin **7** *(bravo)* [*medico, padre, nuotatore, allievo*] good; ***da buon marito, cittadino, ecologo*** like a good husband, citizen, ecologist **8** *(utile, efficace)* [*rimedio, clima, metodo, esempio, idea, scelta*] good (**per**, **contro** for); ***prendi questo, è ~ per*** o ***contro la tosse*** take this, it's good for coughs; ***la concorrenza può essere una -a cosa*** competiton can be (a) good (thing); ***-a idea!*** good thinking! good idea! ***la vita da single, ai tropici ha il suo lato ~*** being single, in the tropics has its advantages; ***prendere*** o ***vedere le cose dal lato ~*** to look on the bright *o* sunny side of things; ***fare un buon uso di qcs.*** to put sth. to good use; ***è -a norma rispondere*** it is customary to reply; ***avere una -a parlantina*** to have a silver tongue, to be silver-tongued; ***dare il buon esempio a qcn.*** to set a good example to sb. **9** *(vantaggioso)* [*prezzo, affare, incasso*] good; *(affezionato)* [*cliente*] good; ***avere un buon rapporto qualità-prezzo*** to be good value; ***ed ecco due chili di arance, buon peso!*** here's two good kilos of oranges for you! ***sarebbe una -a cosa*** it would be a good thing; ***~ a sapersi*** that's handy to know *o* worth remembering; ***essere a buon punto (nel fare)*** to be partway through (doing); ***buon per te che...*** good for you if..., just as well you...; ***essere secondo è già ~*** even to come second is pretty good **10** *(favorevole)* [*segno, impressione, opportunità*] good; ***essere di buon auspicio per qcn., qcs.*** to augur well for sb., sth., to be auspicious for sb., sth.; *(a carte)* ***una -a mano*** a good hand; ***avere un buon gioco*** to have a good hand; ***hanno buon gioco a criticarmi*** FIG. it's easy for them to criticize me; ***avere una -a opinione di*** to think kindly *o* much of, to have a high opinion of **11** *(rispettabile, dignitoso)* [*famiglia, matrimonio, indirizzo*] good, decent; ***di -a famiglia*** well-connected, well-bred; ***-a società*** polite society; ***un buon partito*** an eligible bachelor, a good catch; ***sposare un buon partito*** to make a good match, to marry into money; ***avere una -a reputazione*** to have a good reputation *o* name **12** *(tranquillo, calmo)* [*bambino, animale*] good, quiet; [*comportamento, maniere*] good; ***stai ~*** (be) quiet; ***una ragazza di -e maniere*** a girl of good manners *o* breeding, an accomplished young lady; ***-a condotta*** DIR. good behaviour *o* conduct; ***~! ~!*** *(a un bambino per calmarlo)* there there! ***~!*** *(a un animale)* easy! **13** *(sereno)* [*umore*] good **14** *(valido)* good (anche FIG.); ***questo abbonamento è ~ per altri due mesi*** this season ticket is good for two more months; ***ho un buon motivo per non farlo*** I have a good excuse for not doing it; ***avere -e ragioni per pensare...*** to have grounds *o* good reason(s) to think...; ***ogni scusa è -a per lui*** any excuse is good for him, he's always making excuses; ***la palla è, non è -a*** the ball is in, out of play **15** *(abbondante)* good; ***un buon numero di...*** a fair number of, quite a few...; ***ci ho messo due ore -e*** it took me a good two hours; ***un buon centinaio di fogli*** a good hundred sheets; ***Marco ha bevuto tre bicchieri -i*** Marco drank three good *o* big glasses; ***un'ora -a*** a full hour, at least an hour; ***una -a dose*** a good strong dose; ***-a parte del loro lavoro*** much of their work; ***di buon passo*** at a smart pace **16** *(presto)* ***di buon mattino*** in the early morning **17** *(in frasi di augurio)* [*fortuna, notte*] good; [*compleanno, Pasqua*] happy; [*Natale*] merry; ***buon rientro!*** have a safe journey back! ***-a giornata, serata!*** have a good day, a nice evening! ***-a permanenza!*** enjoy your stay! ***buon week-end! -e vacanze!*** have a nice week-end, holiday! ***buon appetito!*** enjoy your meal! ***buon giorno! buon dì!*** good morning! ***-a sera!*** good evening! ***-a notte!*** goodnight! ***buon divertimento!*** have fun! enjoy yourself! ***buon viaggio!*** (have a) safe journey! **18 una buona volta** once and for all; ***posso parlare anch'io una -a volta?*** can I speak for a change? ***smettila una -a volta!*** have done with it! ***sta' zitto una -a volta!*** (why don't you) shut up once and for all! **19 alla**

buona *(semplice)* [*persona*] informal, simple, plain; [*pasto*] homely, informal, plain; [*hotel*] homely, homey; [*chiacchierata*] informal; *(semplicemente)* [*parlare, comportarsi*] familiarly; ***vestirsi alla -a*** to dress down *o* casually; ***vivere alla -a*** to rough it; *(alla bell'e meglio)* ***lavorare alla -a*** to bungle a job, to work carelessly **20 a buon mercato** [*merce*] cheap, inexpensive; [*comprare, vendere*] cheap(ly), inexpensively, low; ***cavarsela a buon mercato*** to get off lightly **21 a buon rendere** I owe you one **22 a buon diritto** with good reason **23 a ogni buon conto** in any case, at any rate **24 di buon grado** [*accettare, fare, partire*] with (a) good grace, happily; [*lavorare*] willingly **25 di buona lena** [*lavorare*] at speed **26 di buon occhio** [*vedere*] with favour, favourably **27 buono a** *(capace)* ***non è ~ a nulla*** he's good for nothing; ***sei ~ solo a criticare*** all you can do is criticize; ***non essere ~ a fare qcs.*** to be unable to do sth. **II** m. (f. **-a**) **1** *(persona buona)* good person; ***i -i e i cattivi*** the good and the bad; *(nei film)* the good guys and the villains; ***ha la faccia da ~*** COLLOQ. he looks a good person, he looks kind **2** *(cosa buona, lato buono)* good thing; ***c'è del ~ in questo articolo*** there's some good stuff in this article; ***c'è del ~ e del cattivo in lui*** he has good points and bad points; ***(non avere) niente di ~*** (to have) no redeeming features; ***non ne uscirà niente di ~*** no good can *o* will come of it; ***non promette nulla di ~*** it looks bad, it doesn't look good, it doesn't promise well, it doesn't look very promising (**per** for); ***cucinarsi qcs. di ~*** to cook something good for oneself; ***la via ha questo di ~, è tranquilla*** the good thing about this road is that it is quiet **3** SCOL. *(giudizio)* good; ***dare, prendere (un) ~ in matematica*** to give, get a good mark in maths ◆ ***prendere qcn. con le -e*** to deal gently with sb.; ***con le -e o con le cattive*** by hook or by crook, by fair means or foul; ***condurre a buon fine*** to bring [sth.] to a satisfactory conclusion [*questione*]; to pull off [*affare, impresa*]; ***tenersi ~ qcn.*** to keep sb. sweet, to sweeten sb. up, to sweeten up sb.; ***essere ~ come il pane*** to be as good as gold; ***un poco di ~*** an ugly customer; ***fare buon viso a cattivo gioco*** to make the best of a bad bargain, to put a brave face on things; ***i -i padroni fanno i -i servitori*** = one leads by example; ***il buon giorno si vede dal mattino*** PROV. a good beginning bodes well; ***essere in -e mani*** to be in good *o* safe hands; ***che Dio ce la mandi -a!*** may God help us! ***buon pro gli faccia!*** much good may it do him! ***buon per lui*** good for him, that's all very well for him; ***questa è (proprio) -a!*** that's a (very) good one! ◆◆ ***buon costume*** → **buoncostume**; ***un buon diavolo*** a good fellow *o* soul; ***buon gusto*** → **buongusto**; ***buon'ora*** → **buonora**; ***buon selvaggio*** noble savage; ***buon senso*** → **buonsenso**; ***buon tempo*** → **buontempo**; ***buon umore*** → **buonumore**; ***buon uomo*** → **buonuomo**; ***~ a nulla*** good-for-nothing, fit for nothing; ***-a donna*** COLLOQ. SPREG. loose woman; ***-a stella*** lucky star; ***-a volontà*** goodwill; ***-i uffici*** POL. good offices; ***la Buona Novella*** the Word, the Gospel.

▶ **2.buono** /ˈbwɔno/ m. **1** COMM. token, voucher; ***omaggio con 50 -i e due francobolli*** free gift with 50 tokens and two stamps; ***~ valido per l'acquisto di libri, dischi*** book, record token; ***scambiare un ~ con*** to redeem a voucher for **2** ECON. bond; ***~ indicizzato, convertibile*** indexed, convertible bond ◆◆ ***~ d'acquisto*** token, voucher; ***~ (di) benzina*** petrol coupon; ***~ di cassa*** cash voucher; ***~ di consegna*** delivery order; ***~ di garanzia*** guarantee slip; ***~ mensa*** luncheon voucher; ***~ omaggio*** gift token *o* voucher; ***~ pasto*** meal ticket; ***~ di risparmio*** savings bond; ***~ sconto*** discount voucher *o* coupon; ***~ del Tesoro*** Treasury bill *o* bond; ***~ viaggio*** travel voucher.

buonora /bwoˈnora/ f. ***di ~*** (bright and) early, at an early hour, in good time; ***alla ~!*** about time too!

buonsenso /bwonˈsɛnso/ m. common sense, level-headedness, (good) sense, mother wit; ***avere ~*** to have common sense; ***avere il ~ di fare*** to have the (good) sense to do; ***essere una persona di ~*** to be level-headed *o* sensible.

buontempo /bwonˈtɛmpo/ m. good time; ***darsi al ~*** to have a good time, to have fun, to live it up.

buontempone /bwontemˈpone/ m. (f. **-a**) fun-loving person, good-time person, good-time charlie AE; ***mio nonno è un ~*** my grandad is a fun person.

buonumore /bwonuˈmore/ m. good mood, high spirits pl.; ***conservare, perdere, ridare il ~*** to keep, lose, restore one's good humour; ***mettere qcn. di ~*** to put sb. in a good mood; ***essere di ~*** to be in a good mood *o* in good humour *o* good-humoured *o* in high spirits.

buonuomo, pl. **buonuomini** /bwoˈnwɔmo, bwoˈnwɔmini/ m. good man*, good sort; ***senta, ~!*** excuse me, my good man!

buonuscita /bwonuʃˈʃita/ f. **1** *(liquidazione)* gratuity **2** *(di affittuario)* = sum of money offered to tenants to encourage them to leave before their lease is up.

burattinaio, pl. **-ai** /burattiˈnajo, ai/ ◗ ***18*** m. (f. **-a**) **1** *(chi muove i burattini)* puppeteer, puppet master **2** FIG. puppet master, manipulator.

burattinata /burattiˈnata/ f. puppet show.

burattinesco, pl. **-schi**, **-sche** /burattiˈnesko, ski, ske/ agg. farcical.

▷ **burattino** /buratˈtino/ m. **1** (glove) puppet; ***teatro dei -i*** puppet theatre; ***spettacolo di -i*** puppet show, Punch-and-Judy show **2** FIG. puppet, tool; ***essere un ~ nelle mani di qcn.*** to be a puppet *o* a mere tool in the hands of sb. ◆ ***piantare baracca e -i*** to pack it all in, to up sticks and leave.

buratto /buˈratto/ m. **1** TECN. sifter **2** TESS. cheesecloth.

burba /ˈburba/ f. MIL. COLLOQ. rookie, sprog, yardbird AE.

burbanza /burˈbantsa/ f. haughtiness, arrogance.

burbanzoso /burbanˈtsoso/ agg. haughty, arrogant.

burberamente /burberaˈmente/ avv. gruffly, grumpily.

burbero /ˈburbero/ **I** agg. gruff, grumpish **II** m. (f. **-a**) grump.

burchiello /burˈkjɛllo/ m. REGION. barge.

bure /ˈbure/ f. (plough)beam.

bureau /buˈro/ m.inv. **1** *(scrivania)* bureau*, writing desk **2** *(in albergo)* reception desk.

buretta /buˈretta/ f. burette.

burgravio, pl. **-vi** /burˈgravjo, vi/ m. burgrave.

burgundo /burˈgundo/ **I** agg. Burgundian **II** m. (f. **-a**) Burgundian.

buriana /buˈrjana/ f. REGION. **1** *(bufera)* shower, flaw **2** *(trambusto)* fuss, commotion, bustle; *(chiasso)* fuss, row.

Buridano /buriˈdano/ n.pr.m. ***essere come l'asino di ~*** to fall between two stools.

burino /buˈrino/ **I** agg. REGION. boorish, loutish **II** m. REGION. (f. **-a**) boor, lout.

Burkina Faso /burkinaˈfaso/ m. Burkina Faso.

burla /ˈburla/ f. **1** *(scherzo)* joke, jest, prank; ***fare qcs. per ~*** to do sth. as a joke *o* in jest; ***mettere qcn., qcs. in ~*** to joke about sb., sth., to make a joke of sb., sth.; ***volgere qcs. in ~*** to turn sth. into a joke; ***personaggio da ~*** farcical character **2** *(inezia)* joke, trifle.

burlare /burˈlare/ [1] **I** tr. to chaff, to banter, to joke (**per**, **su** about) **II burlarsi** pronom. to laugh (**di** at); to make fun (**di** of).

burlescamente /burleskaˈmente/ avv. comicly.

burlesco, pl. **-schi**, **-sche** /burˈlesko, ski, ske/ **I** agg. **1** *(comico)* [*discorso, carattere, stile*] burlesque **2** LETT. burlesque **II** m. burlesque; ***cadere nel ~*** to turn into a joke.

burletta /burˈletta/ f. jest, joke; ***mettere qcn., qcs. in ~*** to burlesque *o* parody sb., sth.

burlone /burˈlone/ **I** agg. jesting, jocular **II** m. (f. **-a**) comedian, jester, (practical) joker.

burocrate /buˈrɔkrate/ m. e f. bureaucrat, apparatchik, functionary.

burocratese /burokraˈtese/ m. officialese.

burocraticamente /burokratikaˈmente/ avv. bureaucratically.

▷ **burocratico**, pl. **-ci**, **-che** /buroˈkratiko, tʃi, ke/ agg. bureaucratic.

burocratismo /burokraˈtizmo/ m. bureaucratism.

burocratizzare /burokratidˈdzare/ [1] **I** tr. to bureaucratize **II burocratizzarsi** pronom. ***il partito si è burocratizzato in poco tempo*** it wasn't long before the party was bureaucratized.

burocratizzazione /burokratiddzatˈtsjone/ f. bureaucratization.

▷ **burocrazia** /burokratˈtsia/ f. bureaucracy, officialdom, red tape (anche FIG.); ***finire negli ingranaggi della ~*** to be caught up in the wheels of bureaucracy; ***senza essere ostacolato dalla ~*** unhampered by red tape.

burotica /buˈrɔtika/ f. bureautics + verbo sing., office automation, office technology.

▷ **burrasca**, pl. **-sche** /burˈraska, ske/ f. storm (anche FIG.); *(in mare)* squall; *(di vento)* gale; ***mare in ~*** rough *o* stormy *o* wild sea; ***c'è ~*** it's blowing a gale, there's a storm; ***la ~ si scatena, si placa*** the storm rages, blows itself out; ***avviso di ~*** gale *o* storm warning ◆ ***c'è aria di ~*** there's trouble brewing *o* in the air.

burrascosamente /burraskozaˈmente/ avv. stormily (anche FIG.).

burrascoso /burrasˈkoso/ agg. rough, stormy (anche FIG.); [*riunione, dibattito, discussione, atmosfera*] stormy, tempestuous, turbulent; [*vita*] wild, turbulent; ***dei tempi -i*** turbulent times.

burrata /burˈrata/ f. = typical Southern Italian soft cheese filled with butter.

burriera /burˈrjɛra/ f. butter dish.

burrificare /burrifiˈkare/ [1] tr. to churn.

burrificazione /burrifikatˈtsjone/ f. churning.

burrificio, pl. **-ci** /burriˈfitʃo, tʃi/ m. (butter) creamery, (butter) dairy.

burrino /burˈrino/ m. GASTR. INTRAD. (small provola or caciocavallo filled with butter).

▷ **burro** /'burro/ m. **1** butter; ***pane e ~*** bread and butter; ***biscotto al ~*** butter biscuit; ***crema al ~*** butter cream; ***ricciolo di ~*** butterball; ***noce di ~*** knob of butter; ***coltello da ~*** butter knife; ***albero del ~*** shea, butter-tree; ***cucinare al ~*** to cook with butter; ***fare il ~*** to churn butter; ***spalmare di ~*** to butter [*pane, tartina*]; ***condire con ~*** to butter [*verdura*]; ***spalmare ~ sul pane*** to spread butter on bread **2** COLLOQ. FIG. ***questa bistecca è (un) ~*** o ***di ~*** this steak is very tender *o* melts in your mouth ◆ ***tenero*** o ***morbido come il ~*** as soft as butter; ***avere le mani di ~*** to be butterfingered ◆◆ ***~ di arachidi*** peanut butter; ***~ di cacao*** *(sostanza)* cocoa butter; *(cosmetico)* lipsalve; ***~ chiarificato*** clarified butter, ghee; ***~ di karité*** shea butter; ***~ salato*** salted butter; ***~ non salato*** unsalted butter.

burrocacao /burroka'kao/ m. → **burro di cacao**.

burrone /bur'rone/ m. ravine, gorge; ***cadere in un ~*** to fall *o* topple into the ravine; ***rotolare giù per un ~*** [*persona, veicolo*] to roll down into the ravine.

burroso /bur'roso/ agg. **1** *(ricco di burro)* buttery **2** *(morbido)* tender, soft; ***una pera -a*** a mellow pear.

Burundi /bu'rundi/ ▸ ***33*** m. Burundi.

bus /bus/ m.inv. **1** → **autobus 2** INFORM. bus; ***~ di ingresso, di uscita*** input, output bus.

buscare /bus'kare/ [1] **I** tr. COLLOQ. to catch* [*malanno*]; to get* [*botte*] **II buscarsi** pronom. COLLOQ. [*persona*] to catch* [*malattia, virus*]; ***mi sono buscato l'influenza*** I've caught the flu ◆ ***buscarle*** o ***buscarne (di santa ragione)*** to get a beating *o* a thrashing.

buscherare /buske'rare/ [1] tr. REGION. to swindle, to take* in, to sucker [*persona*].

busillis /bu'zillis/ m.inv. COLLOQ. ***qui sta il ~*** that's the snag.

▷ **bussare** /bus'sare/ [1] intr. (aus. *avere*) to knock, to rap, to tap (**a** at, on); ***~ alla porta*** to knock on *o* at the door; ***~ alla porta di qcn., da qcn.*** to knock at sb.'s door *o* to give sb. a knock; ***bussano (alla porta)*** there's a knock at the door; ***"entrate senza ~"*** "come straight in"; ***~ a tutte le porte*** to knock on everybody's door (anche FIG.); ***la fortuna bussa alla porta!*** FIG. opportunity knocks! ◆ ***~ a quattrini*** to pass the hat.

bussata /bus'sata/ f. knock(ing), tap (at, on the door).

▷ **1.bussola** /'bussola/ f. AER. MAR. compass; ***rotta di ~*** compass course; ***rilevamento ~*** compass bearing; ***rosa della ~*** compass card; ***orientarsi consultando la ~*** to take *o* get one's bearings (by compass); ***navigare seguendo la ~*** to navigate by compass ◆ ***perdere la ~*** to lose one's bearings; ***far perdere la ~ a qcn.*** to throw sb. off course ◆◆ ***~ giroscopica*** gyro(compass); ***~ magnetica*** magnetic compass; ***~ prismatica*** prismatic compass.

2.bussola /'bussola/ f. **1** *(portantina)* sedan chair **2** *(porta interna)* inner door **3** *(urna elettorale)* ballot box **4** *(cassetta per le elemosine)* alms box.

bussolotto /busso'lɔtto/ m. *(per i dadi)* dice box, shaker; ***gioco dei -i*** thimblerig, shell game (anche FIG.).

▷ **busta** /'busta/ f. **1** *(per la corrispondenza)* envelope; ***in ~ chiusa, aperta*** in a sealed, an unsealed envelope; ***in ~ non intestata*** under plain cover; ***mettere, infilare una lettera nella ~*** to put, slide a letter into an envelope; ***la ~ reca il timbro del 5 maggio*** the envelope bears the postmark of May 5th; ***incollare un francobollo su una ~*** to stamp an envelope; ***inumidire il lato gommato di una ~*** to moisten an envelope **2** *(custodia) (per documenti)* folder; *(di disco)* cover, sleeve; *(per occhiali)* case **3** *(sacchetto)* bag, packet; ***minestra in ~*** packet soup **4** *(borsetta)* pochette, pocketbook AE ◆◆ ***~ non affrancata*** unstamped envelope; ***~ autoadesiva*** self-sealing envelope; ***~ a*** o ***con finestra*** window envelope; ***~ indirizzata a se stessi*** self-addressed envelope; ***~ imbottita*** padded envelope, Jiffy bag®; ***~ intestata*** headed envelope; ***~ paga*** pay-packet, pay-sheet, wage packet; ***~ per posta aerea*** airmail envelope; ***~ preaffrancata*** prepaid envelope; ***~ preaffrancata per la risposta*** business reply envelope; ***~ preaffrancata e preindirizzata*** stamped addressed envelope; ***~ sigillata*** sealed envelope.

bustaio, pl. **-ai** /bus'tajo, ai/ ▸ ***18*** m. (f. **-a**) corset maker.

bustarella /busta'rɛlla/ f. backhander, backsheesh, bribe, kickback; ***dare, offrire, ricevere, intascare -e*** to give, offer, receive, take bribes.

bustina /bus'tina/ f. **1** *(sacchettino) (di zucchero, lievito, shampoo)* sachet; *(di fiammiferi)* (match)book; *(di caffè, tè)* bag **2** *(berretto)* cap; MIL. forage cap.

bustino /bus'tino/ m. *(corsetto)* bustier, bodice, corset; ***allacciare il ~*** to lace one's corset; ***abito a ~*** bustier dress.

▷ **busto** /'busto/ m. **1** ANAT. bust; ***ruotare il ~*** to swivel *o* pivot one's bust; ***flettere il ~*** to flex one's bust, to lean forward; ***tenere il ~ eretto*** to hold one's bust erect, to have an upright bearing; ***portare il ~ in avanti*** to bend forward, to throw one's chest out; ***torsione del ~*** torsion of the bust **2** ART. bust; ***ritratto a mezzo ~*** half-length portrait; ***~ di marmo*** marble bust **3** *(corsetto)* corset (anche MED.), girdle; *(nei costumi regionali)* corselet; ***stringersi in un ~*** to lace oneself into a corset ◆◆ ***~ ortopedico*** (surgical) corset.

butadiene /butadi'ɛne/ m. butadiene.

butano /bu'tano/ m. butane.

butene /bu'tɛne/ m. butene.

butile /bu'tile/ m. butyl.

butilene /buti'lɛne/ m. butylene.

butilico, pl. **-ci, -che** /bu'tiliko, tʃi, ke/ agg. butyl; ***alcol ~*** butyl alcohol.

butirrato /butir'rato/ m. butyrate.

butirrico /bu'tirriko/ agg. butyric.

butirrina /butir'rina/ f. butyrin(e).

butirrometro /butir'rɔmetro/ m. butyrometer.

butirroso /butir'roso/ agg. butyraceous.

buttafuori /butta'fwɔri/ ▸ ***18*** m.inv. **1** *(in un locale pubblico)* bouncer, chucker-out BE **2** MAR. bumkin **3** TEATR. call boy.

▶ **buttare** /but'tare/ [1] **I** tr. **1** *(lanciare)* to throw*; ***~ qcs. per terra, in aria, nell'acqua*** to throw sth. to the ground, up into the air, into the water; ***buttò il cappotto su una sedia*** he threw his coat on a chair; ***mi buttò le braccia al collo*** she threw her arms around my neck **2** *(sbarazzarsi)* ***~ (via)*** to throw away *o* out, to toss out [*cose vecchie, rifiuti*]; to clear *o* toss out [*vestiti usati, giornali*]; ***~ qcs. nell'immondizia*** to throw sth. in the bin BE, in the garbage AE; ***è ormai da ~ (via)*** it's ready for the slag heap; ***non è da buttar via!*** FIG. it's not to be sneezed at **3** *(sprecare)* to throw* away, to squander [*opportunità, occasione, denaro*]; to fritter away, to waste [*tempo*]; ***avere dei soldi da ~ (via)*** to have money to burn **4** *(far cadere)* ***~ (giù) qcs. dalla finestra*** to throw sth. out of the window; ***~ qcn. (giù) dalla scala, da un ponte, in un precipizio*** to throw sb. down a staircase, off a bridge, in *o* down a crevice **5** *(stendere)* to throw* (**in** in; **su** on); ***~ una coperta su (di) un materasso*** to throw a blanket over a mattress **6** *(emettere)* [*camino*] to spew, to eject [*fumo*]; [*vulcano*] to spew, to eject [*lava, lapilli*]; ***~ sangue*** [*ferita*] to bleed, to pour blood **7 buttare giù** *(rovesciare)* to cast* down, to knock off, to knock down, to topple [*vaso, sedia*]; to bring* down, to topple [*governo*]; *(demolire)* to throw* down, to pull down [*edificio, costruzione*]; *(abbattere)* to knock down [*albero*]; [*vento*] to blow* down [*albero, camino*]; *(sfondare)* to smash down [*muro, porta*]; *(ingoiare)* to swallow, to dispatch [*cibo, bevanda*]; to swallow, to pop COLLOQ. [*pastiglia*]; *(avvilire)* to bring* down COLLOQ., to get* down COLLOQ. [*persona*]; *(debilitare)* [*malattia*] to weaken, to knock the stuffing out of COLLOQ. [*persona*]; *(abbozzare)* to dash off, to throw off, to toss off [*lettera, appunti, testo*]; to write* down, to scribble down, to transfer onto paper [*idea, suggerimento*]; *(tollerare)* to swallow [*offesa, insulto*]; *(giocare)* to throw* down, to play [*carta*]; ***lo trovo difficile da ~ giù*** I find that hard to swallow; ***~ qcn. giù dal letto*** to get sb. out of bed; ***~ giù di morale qcn.*** to lower sb.'s morale; ***non lasciarti ~ giù*** don't let it get you down **8 buttare fuori** *(allontanare, espellere)* to throw* out, to fling* out, to eject [*importuno, intruso*]; to throw* out, to kick out, to sack COLLOQ., to bounce COLLOQ. [*dipendente*]; to spew [*monete, carta*]; ***~ fuori qcn.*** to throw *o* toss sb. out (**da** of); ***~ fuori di casa*** *(sfrattare)* to put out *o* dishouse [*inquilino*]; *(mettere alla porta)* to turn out into the street [*coniuge, figli, amante*]; ***~ fuori qcn. di peso*** to throw sb. out bodily; ***~ fuori qcn. a calci in culo*** to give sb. the bum's rush; ***farsi ~ fuori*** COLLOQ. to get thrown out; ***farsi ~ fuori da scuola*** to manage to be thrown out of school **9 buttare indietro** *(spostare)* [*persona*] to fling* back [*testa, capelli*] **10 buttare là, buttare lì** to throw* out [*frase, proposta, idea*] **II** intr. (aus. *avere*) **1** *(volgere)* to turn; ***il tempo butta al freddo, bello*** the weather is turning cold, fine; ***~ al peggio*** [*situazione*] to take a turn for the worse **2** *(germogliare)* to bud, to come* up, to sprout; ***le patate buttano*** the potatoes are sprouting **III buttarsi** pronom. **1** *(gettarsi)* to throw* oneself; ***-rsi sul letto, su una sedia*** to throw oneself onto *o* to fall into bed, a chair; ***-rsi (giù) da un palazzo, dalla finestra, sotto un treno, nel fiume*** to throw oneself off a building, out of the window, in front of a train, into the river; ***-rsi (giù) da un ponte*** to fling oneself off a bridge; ***-rsi (giù) dalla finestra*** to throw oneself *o* jump out of the window; ***-rsi in acqua*** to go for a dip, to jump into the water; ***-rsi addosso a qcn.*** to thrust oneself on(to) sb.; ***-rsi al collo di qcn.*** to fall on sb.'s neck; ***-rsi ai piedi di qcn.*** to throw oneself *o* fall at sb.'s feet **2** FIG. to fall* (**su** on), to pitch (**su** into), to tack (**su** into) [*cibo*]; to pounce (**su** on) [*giornale*]; to leap (**su** at) [*opportunità, offerta*] **3** *(dedicarsi)* to pitch (**in** into) [*lavoro*]; ***-rsi a capofitto in*** to rush headlong into [*lavoro, impresa*]; ***-rsi anima e corpo in qcs.*** to throw oneself into sth. heart and soul **4** *(osare)* to go* for it, to give* it a go; ***mi butto!*** here goes! ***non pensarci, buttati!*** don't think about it, go for it! just do it! **5** *(indossare)* ***-rsi una sciarpa sulle spalle*** to fling *o* sling a scarf around one's shoulders **6** *(sfociare)* [*corso d'acqua*] to empty (out), to open (out) (**in** into); ***il Po si butta nell'Adriatico*** the River Po flows into *o* joins the Adriatic Sea **7** **buttarsi addosso** *(infilare)* to fling* on, to slip on, into [*vestito, cappotto*] **8** **buttarsi giù** *(coricarsi)* to bed down, to lie* down; *(avvilirsi)* to get* dejected; ***non ti buttare giù*** don't do yourself down **9** **buttarsi via** to throw* oneself away, to cheapen oneself (**con qcn.** on sb.); ***non ti ~ via così*** don't sell yourself short ◆ ***~ la pasta*** to put the pasta (into the boiling water); ***~ qcs. in faccia a qcn.*** to throw sth. into sb.'s teeth, to cast sth. up at sb.; ***~ all'aria*** to jumble, to muss up [*documenti, lenzuola*]; to rummage about *o* around [*casa, stanza, ufficio*]; to bungle, to foul up, to muck up, to screw up [*progetto*]; ***~ a mare qcs.*** to throw sth. out the window; ***-rsi nella mischia*** to join the fray, to get into a fight; ***-rsi nel fuoco per qcn.*** to go through fire and water for sb.; ***~ un occhio su*** to cast a glance *o* look at; ***~ uno sguardo su qcs.*** to cast one's eyes over sth.; ***~, -rsi alle spalle*** to leave behind, to turn one's back on [*preoccupazioni, passato*]; ***~ al vento*** to dish, to bungle [*piani*]; to chuck, to fool, to fritter away COLLOQ. [*patrimonio*]; ***~ (le) perle ai porci*** PROV. to cast pearls before swine; ***~ via il bambino con l'acqua sporca*** PROV. to throw the baby out with the bathwater.

buttata /but'tata/ f. **1** *(il germogliare)* budding **2** *(germoglio)* bud, shoot.

butterare /butte'rare/ [1] tr. to pit, to scar.

butterato /butte'rato/ **I** p.pass. → **butterare II** agg. [*viso, pelle*] pitted (**da** with), pockmarked (**da** with), scarred (**da** by).

1.buttero /'buttero/ m. pockmark, variole.

2.buttero /'buttero/ m. = herdsman of the Maremma area.

buzzo /'buddzo/ m. COLLOQ. belly, gut ◆ ***mettersi di ~ buono a fare qcs.*** to set (down) to do sth., to knuckle down to do sth.

buzzurro /bud'dzurro/ m. boor, lout, peasant.

by-pass /bai'pass/ m.inv. MED. TECN. bypass; ***intervento di ~*** bypass operation, surgery.

bypassare /baipas'sare/ [1] tr. **1** EL. to bypass [*corrente elettrica*] **2** IDR. to bypass [*fiume, fluido*] **3** FIG. to bypass [*intermediario, difficoltà*].

C

c, **C** /tʃi/ **I** m. e f.inv. *(lettera)* c, C **II C** f. SPORT ***(serie) C*** = in Italy, division of the football league corresponding to the Second Division.
c' → **1.ci**.
ca. ⇒ circa circa (c); approximately (approx).
c.a. 1 ⇒ corrente anno current year **2** ⇒ corrente alternata alternating current (AC) **3** ⇒ (alla) cortese attenzione for the attention of (FAO).
CAAF /'kaaf/ m.inv. (⇒ Centro Autorizzato di Assistenza Fiscale) = centre officially recognized by the State, usually run by trade unionists, accountancy practices, etc, which provides workers and retired people with help in completing their tax returns.
CAB /kab/ m. (⇒ codice di avviamento bancario) = bank code.
cabala /'kabala/ f. **1** RELIG. cabbala **2** FIG. cabal, intrigue; ***ordire -e*** to cabal, to weave intrigues **3** *(arte divinatoria)* cabbala, soothsaying.
cabaletta /kaba'letta/ f. cabaletta.
cabalista, m.pl. **-i**, f.pl. **-e** /kaba'lista/ m. e f. **1** RELIG. cabbalist **2** *(indovino)* cabbalist, soothsayer.
cabalistico, pl. **-ci**, **-che** /kaba'listiko, tʃi, ke/ agg. cabbalistic; ***segno ~*** cabbalistic sign.
cabaret /kaba're/ m.inv. **1** *(locale)* cabaret; ***andare al ~*** to go to a cabaret **2** *(spettacolo)* cabaret, stand-up (comedy); ***fare ~*** to do cabaret.
cabarettista, m.pl. **-i**, f.pl. **-e** /kabaret'tista/ ♦ ***18*** m. e f. cabaret performer, stand-up comedian.
cabarettistico, pl. **-ci**, **-che** /kabaret'tistiko, tʃi, ke/ agg. [*spettacolo, numero*] cabaret attrib.
cabestano /cabes'tano/ m. capstan.
cabilo /ka'bilo/ **I** agg. Kabyle attrib. **II** m. (f. **-a**) **1** *(persona)* Kabyle **2** *(lingua)* Kabyle.
▷ **cabina** /ka'bina/ f. *(di nave, aereo, navicella spaziale)* cabin, cuddy; *(di auto, treno, camion, gru)* cab; *(di ascensore)* car, liftcage BE; *(di funivia, teleferica)* cable car, gondola, telpher; *(di laboratorio linguistico, del telefono)* booth; *(di piscina, biblioteca)* cubicle; *(sulla spiaggia)* hut; *(per cambiarsi)* cabin ◆◆ ***~ armadio*** walk-in wardrobe; ***~ balneare*** beach hut, bathing cabin; ***~ di blocco*** FERR. signal box *o* cabin BE; ***~ dei comandi*** gatehouse; ***~ di controllo*** RAD. control room; ***~ del cronista*** RAD. TELEV. commentary box; ***~ da*** o ***della doccia*** shower cubicle, stall; ***~ elettorale*** polling *o* voting booth; ***~ per le fotografie*** photo booth; ***~ di guida*** cab, driver's cab; ***~ di lettura*** carrel(l); ***~ di manovra*** → ***~ di blocco***; ***~ di pilotaggio*** AER. cabin, cockpit, flight deck; ***~ pressurizzata*** pressure *o* pressurized cabin; ***~ di proiezione*** CINEM. projection *o* screening room; ***~ di prova*** fitting room, changing room AE; ***~ di prua*** MAR. forecabin; ***~ del radiotelegrafo*** wireless room; ***~ di regia*** RAD. TELEV. control room; ***~ telefonica*** phone booth *o* box; ***~ di trasformazione*** ELETTRON. transformer station.
cabinato /kabi'nato/ **I** agg. [*barca*] with a cabin; [*camion*] with a cab **II** m. (cabin) cruiser.
cabinovia /kabino'via/ f. cableway.
cablaggio, pl. **-gi** /ka'bladdʒo, dʒi/ m. **1** *(connessione, installazione)* connection, wiring **2** TELEV. cabling.
cablare /ka'blare/ [1] tr. **1** EL. to connect, to wire **2** TELEV. *(dotare di rete per TV via cavo)* to cable [*città, zona*] **3** *(telegrafare)* to cable, to wire.
cablografare /kablogra'fare/ [1] tr. to cable; ***~ qcs. a qcn.*** to cable sb. sth. *o* sth. to sb.
cablogramma /kablo'gramma/ m. cable(gram).
cabotaggio, pl. **-gi** /kabo'taddʒo, dʒi/ m. cabotage, coasting; ***nave da ~*** coaster; ***essere di piccolo ~*** FIG. to be of little account *o* of no (great) importance.
cabotare /kabo'tare/ [1] intr. (aus. *avere*) MAR. to coast.
cabotiero /kabo'tjɛro/ agg. ***nave -a*** coaster, coasting vessel; ***traffico ~*** coasting traffic.
cabrare /ka'brare/ [1] **I** tr. to nose up, to zoom [*aereo*] **II** intr. (aus. *avere*) [*aereo*] to nose up, to zoom.
cabrata /ka'brata/ f. zoom.
cabrio /'kabrjo/ f.inv. (accorc. cabriolet) *(decappottabile)* cabriolet, convertible, soft-top.
cabriolet /kabrio'le/ m.inv. **1** *(carrozza)* cabriolet **2** *(decappottabile)* cabriolet, convertible, soft-top.
cacacazzo /kaka'kattso/ m. e f.inv. VOLG. smartarse BE, smartass AE; ***non fare il ~*** don't fuck up with me.
cacadubbi /kaka'dubbi/ m. e f.inv. COLLOQ. SPREG. ditherer, waverer.
cacao /ka'kao/ m.inv. **1** *(pianta)* cacao (tree); ***seme di ~*** cacao *o* cocoa bean; ***piantagione di ~*** cacao trees **2** *(polvere)* cocoa; ***burro di ~*** *(sostanza)* cocoa *o* cacao butter; *(cosmetico)* lipsalve; ***spolverare una torta di ~*** to dust a cake with cocoa ◆◆ ***~ in polvere*** cocoa powder; ***~ solubile*** soluble cocoa.
cacare /ka'kare/ [1] **I** tr. VOLG. **1** to shit* **2** FIG. ***non ~ qcn.*** to pooh-pooh sb., to cold shoulder sb. **II** intr. VOLG. (aus. *avere*) to shit, to crap; ***avere voglia di ~*** to need a shit; ***va' a ~!*** fuck off! piss off! ***mandare a ~ qcn.*** to tell sb. to bugger, to sod sb.; ***fare ~ sotto qcn. dalla paura*** to scare the shit out of sb., to scare sb. shitless; ***questo film fa ~*** this film is crap **III cacarsi** pronom. ***-rsi addosso*** to shit oneself; ***-rsi nei pantaloni*** to shit oneself *o* one's pants; ***-rsi sotto dalla paura*** to be scared shitless, to shit bricks ◆ ***~ il cazzo a qcn.*** to piss the shit out of sb.
cacarella /kaka'rɛlla/ f. COLLOQ. shits pl., runs pl.; ***avere la ~*** to have the shits; FIG. to shit bricks.
cacasenno /kaka'senno/ m. e f.inv. COLLOQ. smart alec(k).
cacasotto /kaka'sotto/ m. e f.inv. COLLOQ. chickenshit.
cacata /ka'kata/ f. VOLG. **1** *(azione)* shit; ***fare una ~*** to have *o* take a shit **2** *(feci)* crap, shit **3** FIG. crap, (bull)shit; ***quel film è una gran ~*** that film is crap *o* a piece of piss.
cacatoa /kaka'tɔa/, **cacatua** /kaka'tua/ m.inv. cockatoo.
cacatoio, pl. **-oi** /kaka'tojo, oi/ m. POP. shithouse.
cacatura /kaka'tura/ f. *(di insetto)* droppings pl.
cacca, pl. **-che** /'kakka, ke/ f. COLLOQ. shit; INFANT. pooh, poop; EUFEM. dirt, mess; *(di animale)* shit, muck; *(di insetto, uccello)* droppings pl.; ***fare la ~*** to take a dump, to have a crap, to poop; INFANT. to do number two; ***farsi la ~ addosso*** to shit *o* poop in one's pants; ***pestare una ~*** to step on a shit *o* turd; ***essere nella ~*** FIG. to be in the shit *o* in deep shit; ***~ di cane, gatto, uccello*** dog, cat, bird muck.

cacchio, pl. **-chi** /'kakkjo, ki/ **I** inter. POP. *(di sorpresa)* blimey BE, gee AE; *(di ira)* damn, shucks **II cacchi** m.pl. POP. *(casi, fatti)* ***farsi i -chi propri*** to mind one's own business; ***sono -chi miei!*** that's none of your business! ◆◆ ***(e) che ~!*** what the hell! balls! ***"vieni con noi?" - "col ~!"*** "will you come with us?" - "like hell I will!", "no way!", "fat chance!"; ***non capisce un ~*** he doesn't understand a thing; ***non fare un ~*** to screw around; ***questo ~ di computer non funziona*** this damn computer doesn't work; ***non me ne frega un ~*** I don't give a damn; ***ma che ~ fai?*** what the hell are you doing?

▶ **1.caccia**, pl. **-ce** /'kattʃa, tʃe/ f. **1** *(attività)* hunting, shooting; ***andare a ~*** to go hunting, to hunt, to shoot; ***andare a ~ di conigli, foche*** to go rabbiting, sealing; ***~ al cinghiale, alla volpe*** boar, fox hunting; ***~ al leone*** lion hunt; ***~ alla lepre*** hare coursing; ***~ al cervo*** deerstalking, stag hunting; ***~ alle anatre, al fagiano*** duck, pheasant shooting; ***~ agli uccelli*** fowling; ***~ alle balene*** whale-fishing, whaling; ***cane da ~*** hound, hunting dog, hunter; ***fucile da ~*** shotgun, rifle, fowling piece; ***coltello da ~*** hunting knife, bowie-knife; ***battuta di ~*** battue; ***partita di ~*** hunting expedition, shooting party; ***bottino di ~*** (hunting) take, catch; ***terreno, padiglione di ~*** hunting ground, lodge; ***capanno di ~*** shooting box; ***riserva di ~*** *(luogo)* preserve, game reserve; *(divieto)* preserve (anche FIG.); ***la (stagione di) ~ è aperta, chiusa*** the hunting season is open, closed, it's open, closed season; ***fare buona ~*** to get a good bag; ***buona ~!*** happy hunting! **2** *(inseguimento, ricerca)* chase, hunt; ***~ all'assassino*** hunt for the killer, murder hunt; ***dare la ~ a*** to be after, to give chase to, to hunt down [*trafficanti, criminali di guerra, terroristi*]; to wage war on [*ragni, formiche*]; to search out [*abusi, frodi*]; ***dare la ~ ai topi*** [*gatto*] to mouse, to go ratting; ***andare a ~ di*** FIG. to hunt for, to be after, to chase [*impiego, onori, successo*]; to angle, to hunt for [*cliente, soldi, complimenti*]; ***~ agli autografi*** autograph hunting; ***andare a ~ (di donne)*** to chase after women, to tomcat AE; ***essere a ~ di*** to be hunting for [*soldi, lavoro*]; to look out for [*affare, offerte speciali*]; to look out, to scout for [*talenti*]; ***è aperta la ~ al miglior cuoco in Gran Bretagna*** the hunt is on for the best cook in Britain **3** MIL. *(aerei)* ***la ~ aerea*** fighter planes; ***l'aviazione da ~*** aerial hunting; ***aereo da ~*** fighter (plane); ***pilota da*** o ***di ~*** fighter pilot ◆◆ ***~ in appostamento*** stalk; ***~ all'errore*** spot the mistake; ***~ col falco*** hawking; ***~ di frodo*** poaching; ***~ grossa*** big game hunting; ***~ con levrieri*** coursing; ***~ alle streghe*** witch-hunt(ing); FIG. witch-hunt; ***~ subacquea*** underwater fishing; ***~ al tesoro*** treasure hunt, scavenger hunt; ***~ all'uomo*** manhunt.

2.caccia /'kattʃa/ m.inv. **1** *(aereo)* fighter (plane), pursuit (plane) **2** *(cacciatorpediniere)* destroyer.

cacciabombardiere /kattʃabombar'djɛre/ m. fighter bomber.

cacciachiodi /kattʃa'kjɔdi/ m.inv. claw hammer.

cacciadiavoli /kattʃa'djavoli/ m.inv. devil-dodger.

cacciagione /kattʃa'dʒone/ f. **1** *(selvaggina)* game; *(animali uccisi)* take, catch **2** GASTR. game; *(di daino, cinghiale)* venison; ***cucinare, mangiare ~*** to cook, eat game.

cacciamine /kattʃa'mine/ m.inv. minesweeper, minehunter.

cacciapietre /kattʃa'pjetre/ m.inv. cowcatcher AE.

▶ **cacciare** /kat'tʃare/ [1] **I** tr. **1** *(dare la caccia)* [*animale, persona*] to hunt, to chase [*preda*]; ***~ di frodo*** to poach; ***~ con i cani*** to hunt with *o* to follow the hounds; ***~ con la rete*** to net; ***~ (il coniglio) con il furetto*** to ferret (out a rabbit); ***~ col falco*** to hawk **2** *(allontanare)* [*persona*] to chase (away) [*visitatori, animale*]; to turn away [*mendicante*]; *(espellere)* to expel, to deport [*immigrante*]; to expel, to purge [*estremista, traditore, dissidente*]; to drive* out, to expel, to hound out [*intruso, ospite indesiderato*]; *(congedare)* to sack, to give* [sb.] the sack [*domestico, impiegato*]; ***~ qcn. da qcs.*** to hunt sb. out of *o* off sth.; ***i miei genitori mi hanno cacciato di casa*** my parents have turned me out (into the street); ***~ (via) un insetto*** to knock off an insect; ***~ via qcn.*** to send sb. packing; ***essere cacciato (via) dal posto di lavoro*** to be thrown out of work; ***~ qcn. dalla propria terra, da casa propria*** to drive sb. off one's land, out of one's home; ***~ (via) qcn. da un locale*** to see sb. off the premises **3** *(dissipare)* to dispel, to lay*, to remove [*dubbio, preoccupazione, timori*]; ***~ un'idea dalla mente*** to banish a thought from one's mind **4** COLLOQ.*(mettere)* to shove, to stick*, to stuff (**in** into); ***~ qcs. in mano a qcn.*** to push sth. into sb.'s hand; ***~ la roba in valigia, qcs. sotto il letto*** to stuff the clothes into a suitcase, sth. under the bed; ***~ qcs. in testa a qcn.*** FIG. to din *o* drill sth. into sb.; ***~ il naso in qcs.*** FIG. to poke *o* stick one's nose *o* to pry into sth. **5** COLLOQ. *(coinvolgere)* ***~ qcn. nei guai*** to get sb. into trouble *o* into a scrape **6** COLLOQ. *(emettere)* to utter, to throw*, to let* out [*urlo*] **7** COLLOQ. *(tirare fuori)* ***~ (fuori)*** to fish out [*soldi*]; to stick, to put, to poke out [*lingua*] **II cacciarsi** pronom. COLLOQ. **1** *(ficcarsi)* ***-rsi in un angolo*** to get into a corner; ***-rsi a letto, sotto le coperte*** to climb into bed, to get under the blanket; ***-rsi dietro a qcs.*** to duck behind sth.; ***-rsi le mani in tasca*** to stick *o* stuff one's hands in one's pockets; ***-rsi in*** to let oneself in for [*problema, guai*]; ***-rsi in un (bel) pasticcio, nei guai*** to get oneself into a hole, to get into hot water; ***-rsi in testa di*** to fasten on the idea of **2** *(andare a finire)* ***andare a -rsi in, sotto*** [*oggetto*] to get itself stuck in, under; ***dove si sono cacciati i miei occhiali?*** where did my glasses get to?

cacciareattore /kattʃareat'tore/ m. jet fighter.

cacciasommergibili /kattʃasommer'dʒibili/ m.inv. subchaser.

cacciata /kat'tʃata/ f. ***la ~ del tiranno*** the expulsion *o* toppling of the tyrant; ***la ~ dal paradiso terrestre*** BIBL. the expulsion from the Garden of Eden.

cacciatora: **alla cacciatora** /allakattʃa'tɔra/ agg. **1** GASTR. ***pollo, coniglio alla ~*** = chicken, rabbit stewed in a tomato, wine and herb sauce **2** SART. ***giacca alla ~*** shooting jacket.

▷ **cacciatore** /kattʃa'tore/ m. (f. **-trice** /tritʃe/) **1** *(persona che va a caccia)* hunter, huntsman*, stalker; ***~ di volpi, leoni*** fox, lion hunter; ***~ di balene, foche*** whaler, sealer; ***~ di cervi*** deerstalker; ***~ di cinghiali*** pig-sticker; ***~ di uccelli*** fowler; ***~ di talpe*** mole-catcher; ***~ di topi*** mouser, ratcatcher, ratter; ***essere un buon ~*** to be a good hunter **2** MIL. STOR. *(soldato)* infantryman ◆◆ ***~ di autografi*** autograph hunter; ***~ a cavallo*** MIL. light horseman; ***~ di caccia grossa*** big game hunter; ***~ di dote*** FIG. fortune hunter; ***~ di frodo*** poacher; ***~ a piedi*** MIL. light infantryman; ***~ di scalpi*** scalp-hunter; ***~ di taglie*** bounty hunter; ***~ di teste*** head-hunter (anche FIG.); ***Cacciatori delle Alpi*** STOR. = an infantry unit led by Garibaldi.

cacciatorino /kattʃato'rino/ m. GASTR. = small, hard salami.

cacciatorpediniere /kattʃatorpedi'njɛre/ m.inv. destroyer.

cacciatrice → **cacciatore**.

▷ **cacciavite** /kattʃa'vite/ m. screwdriver, turnscrew ◆◆ ***~ elettrico*** power screwdriver; ***~ a croce*** o ***a stella*** Phillips screwdriver®.

caccola /'kakkola/ f. COLLOQ. **1** *(di naso)* bogey BE; *(di occhi)* gum, goo, sleep(y) dust **2** *(escremento di animale)* mess; *(di insetto)* droppings.

cachemire /'kaʃmir/ m.inv. *(lana, tessuto)* cashmere; ***di*** o ***in ~*** [*capo d'abbigliamento*] cashmere; ***tessuto a motivi ~*** paisley; ***motivo ~*** paisley pattern.

cachessia /kakes'sia/ f. cachexy.

cachet /kaʃ'ʃe/ m.inv. **1** FARM. *(capsula)* cachet, pill; *(analgesico)* painkiller **2** *(per capelli)* dye, colouring; ***fare un ~*** to dye one's hair **3** *(prestazione professionale, spec. di artisti)* fee; ***lavorare, pagare a ~*** to work, pay on a fee basis.

cachettico, pl. **-ci**, **-che** /ka'kɛttiko/ agg. cachectic.

1.cachi /'kaki/ m.inv. **1** *(albero)* kaki, persimmon **2** *(frutto)* persimmon.

2.cachi /'kaki/ ➧ **3 I** agg.inv. *(colore)* khaki; ***giacca ~*** khaki jacket; ***tela ~*** khaki **II** m.inv. *(colore)* khaki.

cachinno /ka'kinno/ m. LETT. cachinnation.

caciara /ka'tʃara/ f. REGION. skylarking, hubbub, racket.

caciarone /katʃa'rone/ m. (f. **-a**) REGION. rowdy, roisterer.

cacicco, pl. **-chi** /ka'tʃikko, ki/ m. STOR. cacique.

cacio, pl. **-ci** /'katʃo, tʃi/ m. REGION. cheese ◆ ***essere (alto come) un soldo di ~*** to be kneehigh (to a grasshopper); ***essere come il ~ sui maccheroni*** to be just the job; ***essere pane e ~ (con qcn.)*** to be hand in glove (with sb.), to be as thick as thieves.

caciocavallo /katʃoka'vallo/ m. INTRAD. (hard smooth or strong pear shaped cheese from the South of Italy).

caciotta /ka'tʃɔtta/ f. INTRAD. (small flat, soft, either fresh or matured cheese from central Italy).

cacodemone /kako'dɛmone/ m. cacodemon.

cacodile /kako'dile/ m. cacodyl.

cacofonia /kakofo'nia/ f. cacophony.

cacofonicamente /kakofonika'mente/ avv. cacophonously.

cacofonico, pl. **-ci**, **-che** /kako'fɔniko, tʃi, ke/ agg. cacophonous.

cacografia /kakogra'fia/ f. cacography.

cacologia /kakolo'dʒia/ f. cacology.

cactus /'kaktus/ m.inv. cactus*.

cacuminale /kakumi'nale/ agg. cacuminal, retroflex.

cad. ⇒ cadauno, caduno each.

cadauno /kada'uno/ agg. e pron. indef.inv. apiece, each; ***i meloni costano un euro ~*** the melons cost one euro apiece.

▶ **cadavere** /ka'davere/ m. (dead) body, corpse; MED. cadaver; ***rimuovere il ~*** to remove the body; ***arrivò già ~ all'ospedale*** he was dead on arrival (at the hospital); ***trafugatore, trafugamento di -i*** body snatcher, snatching ◆ ***pallido come un ~*** deathly pale; ***passare sul ~ di qcn. per fare qcs.*** FIG. to do sth. over sb.'s dead body; ***un ~ ambulante*** COLLOQ. death warmed up, a walking skeleton.

cadaverico, pl. **-ci**, **-che** /kada'vɛriko, tʃi, ke/ agg. [*colorito, pallore*] cadaverous, deathlike, deadly; [*odore, rigidità*] cadaverous, cadaveric, deathly; [*viso*] cadaverous, deadly pale; ***rigidità -a*** rigor mortis.

cadaverina /kadave'rina/ f. cadaverin.

cadente /ka'dɛnte/ agg. **1** *(decrepito)* [*vecchio*] doddering **2** *(fatiscente)* [*edificio*] crumbling, derelict, tumbledown **3** *(cascante)* [*guance, seno*] pendulous, sagging; [*spalle*] sloping; [*tratti, viso*] pendulous, flabby **4** ***stella ~*** falling *o* shooting star.

cadenza /ka'dɛntsa/ f. **1** *(di suoni, voce, poesia)* cadence, lilt, measure; *(di movimenti, passi)* rhythm, cadence, measure; ***tenere, perdere la ~*** to keep, lose the pace; ***una ~ sostenuta*** a cracking pace; *(per remare)* ***dare la ~*** to set the stroke **2** *(di produzione)* rate; ***a*** o ***con ~ bimestrale, trimestrale, settimanale*** bimonthly, quarterly, weekly; ***la rivista esce con ~ di quattro numeri all'anno*** the magazine comes out at the rate of four issues a year **3** MIL. ***~ di tiro*** rate of fire **4** MUS. cadence, cadenza; ***~ perfetta, imperfetta*** perfect, imperfect cadence **5** *(inflessione)* cadence, inflection, lilt; ***parla con una ~ piemontese*** he speaks with a Piedmontese lilt **6** CINEM. frame frequency.

cadenzare /kaden'tsare/ [1] **I** tr. to pattern [*passo, marcia*]; to pitch [*frase, stile*] **II** intr. (aus. *avere*) to cadence.

cadenzato /kaden'tsato/ **I** p.pass. → **cadenzare II** agg. [*passo*] measured; [*frase, ritmo*] cadenced, lilted.

▶ **cadere** /ka'dere/ [26] intr. (aus. *essere*) **1** *(fare una caduta)* [*persona*] to fall* (down), to drop; [*cosa*] to fall*; ***si è fatta male alla spalla cadendo*** she hurt her shoulder when she fell; ***~ a*** o ***per terra*** to fall to the floor *o* ground; ***~ in*** to fall in *o* into [*mare, fiume, vasca, lavandino*]; to fall down [*buco, pozzo*]; ***~ da*** to fall off *o* from [*sedia, tavolo, albero, tetto, bicicletta, cavallo*]; to fall out of *o* from [*barca, nido, borsa, mani*]; ***~ su*** to fall on [*persona, città*]; ***mi è caduto sulla testa*** it fell on my head; ***~ sulla schiena*** to fall on one's back; ***~ giù da*** to fall down [*scale*]; ***~ sotto*** to fall under [*tavolo, treno*]; ***~ attraverso*** to fall through [*soffitto, buco*]; ***~ per 10 metri*** to fall 10 metres; ***~ lungo disteso*** to fall flat on one's face; ***~ in ginocchio*** to fall on *o* sink to one's knees; ***~ a terra svenuto*** to fall to the floor in a faint; ***~ dal letto*** to fall *o* tumble out of bed; ***~ nel vuoto*** to fall through the air, to topple over the edge; ***~ in una trappola, un'imboscata*** to fall *o* walk into a trap, an ambush; ***il piatto mi è caduto dalle mani*** the plate fell out of my hands; ***stai attento, mi fai ~!*** be careful, you'll make me fall! ***sta attento a non farlo ~*** mind you don't drop it; ***fare ~ qcs. da qcs.*** to knock sth. off sth.; ***fare ~ qcn.*** to knock sb. off, to bowl sb. over (**da** off, from); ***ha fatto ~ il suo avversario*** he knocked his opponent down; ***fare ~ qcn. dalla sedia*** to tip sb. off his, her chair; ***fare ~ da cavallo*** to unhorse [*cavaliere*]; ***fare ~ le briciole sul pavimento, giù dal tavolo*** to sweep the crumbs onto the floor, off the table; ***lasciarsi ~ sul letto, su una poltrona, nelle braccia di qcn.*** to fall *o* drop *o* collapse into bed, an armchair, sb.'s arms; ***~ di testa*** to take a header; ***è morta cadendo*** she fell to her death **2** *(crollare)* [*muro, albero, tetto*] to fall*, to come* down; ***il vento ha fatto ~ un albero sulle automobili*** the wind brought a tree down on the cars; ***~ a*** o ***in pezzi*** to fall apart, to fall to bits *o* pieces **3** *(staccarsi)* [*maniglia, foglia*] to fall* off, to drop off, to come* off; [*fazzoletto, pagina, lente a contatto, chiodo*] to fall* out, to drop out, to come* out; [*capelli, denti*] to fall* out; ***gli cadono i capelli*** his hair is falling out **4** *(discendere)* [*pioggia, neve*] to fall*, to come* down; ***sono caduti 5 centimetri di neve*** five centimetres of snow fell; ***cadono delle gocce*** it's spotting; ***il fulmine è caduto su una casa*** lightning struck a house; ***~ a picco*** to fall abruptly, to plunge, to plummet; ***la scogliera cade a picco sul mare*** the cliff drops into the sea; ***cade la notte*** night is falling; ***cadde il silenzio*** silence fell **5** *(abbassarsi)* [*valore, prezzo, temperatura*] to fall*, to drop (**da** from; **a** to); ***far ~*** to bring down, to lower, to reduce [*prezzo, temperatura*] **6** *(essere rovesciato)* [*dittatore, regime, governo*] to fall*, to collapse, to topple; *(capitolare)* [*città*] to fall*; *(venire meno)* [*ostacolo, obiezione, pregiudizio*] to fall* (away); ***fare ~ le barriere*** to break down barriers; ***fare ~*** *(rovesciare)* to cast down, to topple [*tiranno, dittatore, leader*] **7** *(pendere)* [*seno*] to sag; [*spalle*] to slope, to droop **8** *(ricadere)* [*capigliatura*] to fall*; [*indumento, tenda*] to fall*, to hang*, to sit*; ***i capelli le cadevono dritti sulle spalle*** her hair fell straight to her shoulders; ***la gonna cade bene, male*** the skirt falls *o* hangs well, doesn't fall *o* hang well **9** FIG. ***~ in disgrazia*** to fall into disgrace *o* disfavour, to fall out of grace (**di** with); ***~ in rovina*** [*persona, edificio*] to fall into ruin; [*edificio, macchina*] to fall into disrepair; ***~ in miseria*** to fall on hard times; ***~ in basso*** to go down in the world, to sink low; ***è caduto così in basso da fare*** he descended so low as to do; ***~ in (un) errore*** to commit an error; ***~ in contraddizione*** to be self-contradictory, to get tied up in knots; ***fare ~ in contraddizione*** to trip up [*testimone*]; ***lasciar ~*** to drop [*argomento, progetto, proposta, accuse, parola, frase*]; to brush aside [*discussione*]; to lay aside [*dubbio, inibizione*]; ***~ ai piedi di qcn.*** to fall at sb.'s feet; ***tutte (le donne) cadono ai suoi piedi*** they all fall for him; ***~ nelle mani di qcn.*** [*documento, potere*] to fall into sb.'s hands *o* lap; ***~ nelle mani di*** to fall to [*nemico*]; ***~ nelle grinfie di qcn.*** [*persona*] to fall into sb.'s clutches; ***fare ~ qcn. nelle proprie grinfie*** to get one's claws *o* clutches *o* hooks into sb.; ***~ in disuso*** [*parola*] to become dated; [*usanza, moda*] to fall into disuse; ***~ nell'oblio*** to sink into oblivion; ***~ nel volgare, nel sentimentalismo*** to descend into vulgarity, sentimentality; ***non cadiamo nel volgare*** keep it *o* the conversation clean! ***~ nel paradosso*** to be paradoxical; ***~ nel caos*** to collapse in chaos; ***~ nel vuoto*** [*parole, consiglio*] to fall on dead ears; [*barzelletta*] to fall flat; ***~ a pezzi*** to fall apart; ***~ ammalato*** to fall ill; ***~ addormentato*** to fall asleep; ***~ in un sonno profondo*** to sink into a deep sleep; ***~ in delirio*** to become delirious; ***~ in coma*** to lapse *o* sink into a coma **10** *(collocarsi)* [*sguardo, scelta*] to fall* (**su** on) [*persona*]; [*accento*] to fall* (**su** on); ***il suo sguardo cadde su di lei*** his gaze *o* eyes fell on her; ***l'accento cade sulla prima sillaba*** the stress falls on the first syllable **11** *(abbattersi)* [*colpa, sospetto, responsabilità*] to fall* (**su** on) [*persona*]; ***fare ~*** to place [*colpa*] (**su** on); to fix [*sospetto*] (**su** on) **12** *(ricorrere)* [*data, compleanno, festa*] to fall* on [*giorno*]; ***cade di mercoledì*** it falls on a Wednesday **13** EUFEM. *(morire)* [*soldato*] to fall*; ***~ sotto il fuoco del nemico*** to fall under enemy fire; ***~ sul campo di battaglia*** to fall on the battlefield; ***~ a terra morto*** to drop (down) dead; ***~ sulla breccia*** to die in harness; ***~ come mosche*** FIG. to drop like flies *o* ninepins **14** TEL. ***è caduta la linea*** the line went dead **15** RELIG. ***~ (nel peccato)*** to fall*, to stray ◆ ***~ dalla padella alla*** o ***nella brace*** to jump out of the frying pan into the fire; ***mi cadono le braccia*** I'm absolutely speechless; ***mi fece ~ le braccia*** it was very off-putting for me; ***~ dalle nuvole*** to be flabbergasted; ***~ in piedi*** to fall *o* land on one's feet; ***lasciar ~ qcs. dall'alto*** = to do sth. condescendingly; ***~ a proposito*** to be welcome, to come at the right time.

cadetto /ka'detto/ **I** agg. **1** *(più giovane)* [*figlio*] younger **2** *(collaterale)* ***il ramo ~*** the collateral *o* younger branch of a family **3** SPORT ***campionato ~*** first division championship **II** m. MIL. cadet.

Cadice /'kaditʃe/ ♦ **2** n.pr.f. Cadiz.

caditoia /kadi'toja/ f. **1** STOR. machicolation **2** ING. manhole.

cadmeo /kad'mɛo/ agg. Cadmean.

cadmiatura /kadmja'tura/ f. cadmium plating.

cadmio /'kadmjo/ m. cadmium; ***pila a ~*** cadmium cell.

caduceo /ka'dutʃeo, kadu'tʃɛo/ m. caduceus*.

caducità /kadutʃi'ta/ f.inv. LETT. caducity; ***la ~ della vita*** the frailty of life; ***la ~ delle cose di questo mondo*** the transience of the things of the world.

caduco, pl. **-chi**, **-che** /ka'duko, ki, ke/ agg. **1** BOT. [*foglie*] caducous, deciduous; ***albero a foglie -che*** deciduous tree **2** ANAT. ZOOL. [*corna, denti*] deciduous **3** COLLOQ. MED. ***mal ~*** grand mal, epilepsy **4** LETT. *(effimero)* caducous, ephemeral, fleeting.

caduno /ka'duno/ → **cadauno**.

▷ **caduta** /ka'duta/ f. **1** *(azione di cadere)* fall, tumble; *(da bicicletta, moto, cavallo)* fall, spill; *(di pioggia, neve)* (down)fall; ***fare una ~*** [*persona*] to have a fall, to fall; ***una brutta ~*** a nasty fall; ***una ~ di 5 metri*** a fall of 5 metres, a 5-metre fall; ***una ~ da cavallo*** a fall *o* spill from a horse; ***una ~ pericolosa*** a dangerous fall; ***~ all'indietro*** backfall; ***attutire la ~*** to break *o* cushion the fall; ***non si è mai più ripreso dalla ~*** he's never recovered from the fall; ***l'alpinista ha fatto una ~ mortale di 1.000 metri*** the mountaineer fell 1,000 metres to his death; ***scendere in ~ libera*** [*paracadutista, aereo*] to be in freefall; ***in ~ libera*** in freefall (anche FIG.) **2** *(azione di staccarsi) (di foglie, petali)* fall, shedding; *(di massi)* fall; *(di capelli)* (hair) loss; ***attenzione, ~ massi*** beware of falling rocks **3** *(abbassamento) (di temperatura, pressione, prezzi)* fall, drop, slump (**di** in); ***la ~ dell'Euro*** ECON. the fall in the Euro; ***in ~ libera*** [*economia, prezzi, azioni*] tumbling; ***scendere in ~ libera*** FIG. [*economia, prezzi, popolarità*] to plummet **4** *(fallimento) (di ministro, governo, regime, impero)* fall, downfall; *(di opera teatrale)* flop; ***la ~ dell'Impero Romano*** the fall of the Roman Empire **5** MIL. *(resa) (di città, fortezza)* fall **6** *(dislivello di corso d'acqua)* drop; ***la cascata ha una ~ (d'acqua) di 50 m*** the falls have a 50-metre drop **7** RELIG. ***la Caduta di Adamo*** the Fall **8** SPORT *(in judo)* fall ◆◆ ***~ dei gravi*** FIS. fall of bodies; ***~ libera*** freefall; ***la ~ del muro (di Berlino)*** STOR. the fall of the (Berlin) Wall; ***~ di tensione*** ELETTRON. voltage drop.

caduto /ka'duto/ **I** p.pass. → **cadere II** agg. [*soldato*] fallen, dead, slain; [*angelo*] fallen; ***~ in guerra, sotto il fuoco nemico*** killed in battle, by enemy action **III** m. *(soldato)* fallen soldier; *(sul* *lavoro)* dead person; ***i -i*** the fallen, the dead, the slain; ***i -i della prima guerra mondiale*** the soldiers fallen during the First World War; ***monumento ai -i*** monument to the dead; *(in guerra)* war memorial; ***elenco dei -i*** death roll.

CAF /kaf/ m.inv. (⇒ Centro di Assistenza Fiscale) = tax assistance centre.

Cafarnao /ka'farnao/ n.pr.f. Capernaum.

▶ **caffè** /kaf'fɛ/ ❥ *3* **I** m.inv. **1** *(sostanza)* coffee; ***tostare, macinare il ~*** to roast, grind coffee; ***chicco di ~*** coffee bean; ***macinino da ~*** coffee grinder *o* mill **2** *(bevanda)* ***fare il ~*** to make coffee; ***~ appena fatto*** freshly brewed coffee; ***una tazza di ~*** a cup of coffee; ***una tazza da ~*** a coffee cup; ***prendere un ~*** to have a coffee; ***gelato, dolce al ~*** coffee ice cream, dessert; ***fondi di ~*** coffee grounds; ***bevitore di ~*** coffee drinker **3** *(locale)* café, coffee bar, coffee shop; ***~ con dehors*** pavement café BE, sidewalk café AE **4** *(pianta)* coffee tree **II** agg.inv. *(colore)* coffee-coloured BE, coffee-colored AE ◆◆ ***~ amaro*** unsweetened coffee, coffee without sugar; ***~ americano*** filter coffee; ***~ di cicoria*** chicory (coffee); ***~ concerto*** cabaret, café with live music; ***~ corretto*** coffee laced (with); ***~ decaffeinato*** decaffeinated *o* caffeine-free coffee; ***~ doppio*** double espresso; ***~ espresso*** espresso; ***~ forte*** strong coffee; ***~ freddo*** iced coffee; ***~ in grani*** coffee beans; ***~ istantaneo*** instant coffee; ***~ lungo*** = weak coffee; ***~ macchiato*** = espresso coffee with a spot of milk; ***~ macinato*** ground coffee; ***~ nero*** black coffee; ***~ d'orzo*** = hot malt drink resembling coffee; ***~ in polvere*** powdered coffee; ***~ ristretto*** (extra-)strong coffee; ***~ solubile*** instant coffee; ***~ tostato*** roasted coffee; ***~ alla turca*** o ***turco*** Turkish coffee.

caffeina /kaffe'ina/ f. caffein(e); ***senza ~*** caffeine-free.

▷ **caffe(l)latte** /kaffe(l)'latte/ **I** agg.inv. coffee-coloured BE, coffee-colored AE; ***pelle color ~*** coffee-coloured skin **II** m.inv. white, milky coffee.

caffettano /kaffet'tano/ m. caftan, kaftan.

caffetteria /kaffette'ria/ f. *(locale)* cafeteria; *(in un albergo)* breakfast room.

caffettiera /kaffet'tjɛra/ f. **1** *(macchina)* percolator, coffee maker; *(bricco)* coffee pot **2** FIG. *(auto)* banger, crate; *(persona)* coffee addict.

cafonaggine /kafo'naddʒine/ f. **1** *(l'essere cafone)* boorishness, loutishness, grossness; ***è stato di una ~ incredibile*** he was incredibly boorish *o* gross **2** *(azione)* boorish action.

cafonata /kafo'nata/ f. *(azione)* boorish action, thing; *(frase)* boorish words.

▷ **cafone** /ka'fone/ **I** agg. [*gente*] gross, boorish, loutish **II** m. (f. **-a**) **1** REGION. peasant, villein **2** *(zotico)* boor, lout, tyke; ***comportarsi da ~*** to behave grossly *o* boorishly; ***lei è proprio un ~!*** you are so rude!

cafoneria /kafone'ria/ f. → **cafonaggine.**

cafonesco, pl. **-schi, -sche** /kafo'nesko, ski, ske/ agg. boorish, gross.

cafro /'kafro/ **I** agg. Kaffir **II** m. (f. **-a**) Kaffir.

caftan /kaf'tan/ m.inv., **caftano** /kaf'tano/ m. → **caffettano.**

cagare /ka'gare/ REGION. → **cacare**.

cagata /ka'gata/ REGION. → **cacata**.

cagionare /kadʒo'nare/ [1] tr. to cause, to provoke [*dolore, amarezza, problemi*].

cagione /ka'dʒone/ f. LETT. cause, motive, reason; ***essere ~ di sventura per qcn.*** to be occasion of misadventure for sb.

cagionevole /kadʒo'nevole/ agg. [*salute*] poor, weak, frail; [*bambino, persona*] sickly; ***essere ~ di salute*** to be frail *o* delicate.

cagionevolezza /kadʒonevo'lettsa/ f. sickliness, frailty.

cagliare /kaʎ'ʎare/ [1] **I** tr. to curdle, to congeal [*latte*] **II** intr. (aus. *essere*) [*latte*] to curdle, to congeal.

cagliaritano /kaʎʎari'tano/ ❥ *2* **I** agg. from, of Cagliari **II** m. (f. **-a**) native, inhabitant of Cagliari.

cagliata /kaʎ'ʎata/ f. curd; ***~ di pecora*** sheep's milk curd.

cagliato /kaʎ'ʎato/ **I** p.pass. → **cagliare II** agg. [*latte*] curdy.

cagliatura /kaʎʎa'tura/ f. curdling, congealment.

caglio, pl. **-gli** /'kaʎʎo, ʎi/ m. **1** *(per il latte)* (cheese) rennet **2** BOT. bedstraw, (cheese) rennet.

cagna /'kaɲɲa/ f. **1** *(animale)* bitch, she-dog **2** SPREG. *(donnaccia)* bitch.

cagnaccio, pl. **-ci** /kaɲ'ɲattʃo, tʃi/ m. SPREG. bad dog, cur; ***via, brutto ~!*** = go away, you nasty dog! ***l'ho vista con quel suo ~!*** I saw her with that dog of hers!

cagnara /kaɲ'ɲara/ f. **1** RAR. barking of several dogs together **2** COLLOQ. hubbub, row, racket, skylarking; ***fare ~*** [*persona*] to skylark, to make a racket.

cagnesco, pl. **-schi, -sche** /kaɲ'ɲesko, ski, ske/ agg. ***guardarsi in ~*** to look daggers at each other; ***guardare qcn. in ~*** to look daggers at sb.

cagnetto /kaɲ'ɲetto/ → **cagnolino**.

cagnolino /kaɲɲo'lino/ m. *(piccolo cane)* doggie, doggy, lapdog; *(cucciolo di cane)* pup(py), whelp, whiffet (dog); ***un bel ~*** = a cute, little dog; ***il mio ~*** my pet dog; ***la segue come un ~*** he's her lapdog; ***nuoto a ~*** dog paddle; ***nuotare a ~*** to swim doggy fashion, to dog paddle.

CAI /'kai/ m. (⇒ club alpino italiano) = Italian Alpine Club.

caia /'kaja/ f. tiger moth.

caicco, pl. **-chi** /ka'ikko, ki/ m. caique.

Caienna /ka'jɛnna/ ❥ *2* n.pr.f. Cayenne; ***pepe di ~*** cayenne pepper.

Caifa /'kaifa/ n.pr.m. Caiaphas.

caimano /kai'mano/ m. cayman, caiman.

cainite /kai'nite/ f. kainite.

caino /ka'ino/ m. *(fratricida)* Cain, fratricide; *(traditore)* Cain, traitor; ***essere un ~*** to be a Cain.

Caino /ka'ino/ n.pr.m. Cain; ***il segno di ~*** = the mark of Cain.

Caio /'kajo/ n.pr.m. Gaius; ***Tizio, ~ e Sempronio*** every Tom, Dick and Harry.

cairn /kejrn/ m. cairn.

Cairo /'kairo/ ❥ *2* n.pr.m. ***il ~*** Cairo.

cairota /kai'rɔta/ ❥ *2* **I** agg. from, of Cairo **II** m. e f. native, inhabitant of Cairo.

cala /'kala/ f. creek.

calabrese /kala'brese/ ❥ *30* **I** agg. Calabrian **II** m. e f. Calabrian **III** m. LING. Calabrian dialect.

calabro /'kalabro/ agg. Calabrian.

▷ **calabrone** /kala'brone/ m. **1** hornet **2** FIG. pain (in the neck), nuisance.

calafataggio, pl. **-gi** /kalafa'taddʒo, dʒi/ m. caulking; ***materiale per ~*** caulk.

calafatare /kalafa'tare/ [1] tr. to caulk.

calafato /kala'fato/ [1] m. caulker.

calafatura /kalafa'tura/ f. → **calafataggio.**

calamaio, pl. **-ai** /kala'majo, ai/ m. inkpot, inkwell; ***intingere la penna nel ~*** to dip the quill in the inkpot.

calamandra /kala'mandra/ f. calamander.

calamaretto /kalama'retto/ m. small squid.

calamaro /kala'maro/ m. squid, calamary.

calamina /kala'mina/ f. MIN. calamine; ***lozione alla ~*** calamine lotion.

calaminta /kala'minta/ f. calamint.

▷ **calamita** /kala'mita/ f. magnet (anche FIG.).

calamità /kalami'ta/ f.inv. **1** *(disgrazia)* calamity, disaster; ***~ naturale*** natural disaster, act of God; ***~ sociale*** blight on society; ***rischio di ~ naturale*** risk of natural disaster; ***dichiarare lo stato di ~ (naturale)*** to declare a state of natural disaster **2** FIG. *(persona, cosa insopportabile)* pain **3** FIG. SCHERZ. *(chi è molto maldestro)* (walking) disaster; ***tuo fratello è una vera ~!*** your brother is a walking disaster!

calamitare /kalami'tare/ [1] tr. **1** to magnetize **2** FIG. to magnetize; ***~ l'attenzione di qcn.*** to attract *o* magnetize sb.'s attention.

calamitato /kalami'tato/ **I** p.pass. → **calamitare II** agg. magnetic; ***ago ~*** magnetic needle.

calamitoso /kalami'toso/ agg. LETT. [*tempi*] calamitous, disastrous.

calamo /'kalamo/ m. **1** ZOOL. *(penna d'uccello)* quill **2** BOT. calamus*; *(stelo)* haulm, stalk **3** STOR. *(canna per scrivere)* quill (pen) ◆◆ ***~ aromatico*** (sweet) calamus.

calanco, pl. **-chi** /ka'lanko, ki/ m. GEOL. erosion furrow; ***i -chi di Volterra*** the erosion furrows in Volterra.

1.calandra /ka'landra/ f. **1** ENTOM. weevil; ***~ del grano*** o ***granaria*** grain weevil **2** ZOOL. calandra lark.

2.calandra /ka'landra/ f. **1** TECN. calender, rolling press; ***~ a più rulli*** supercalender **2** *(nelle auto)* grille.

calandrare /kalan'drare/ [1] tr. TECN. TESS. to calender.

calandratura /kalandra'tura/ f. calendering; ***~ a più rulli*** supercalendering.

calante /ka'lante/ agg. **1** *(che diminuisce)* [*notte*] descending, falling; [*marea*] outgoing, on the ebb; [*nota*] descending **2** ASTR. [*sole*] setting, sinking; [*luna*] decrescent, waning; ***essere in fase ~*** [*luna*] to be waning; FIG. [*persona*] to be on the wane.

calappio, pl. **-pi** /ka'lappjo, pi/ m. snare (anche FIG.).

calapranzi /kala'prandzi/ m.inv. dumbwaiter.

▶ **1.calare** /ka'lare/ [1] **I** tr. **1** *(abbassare)* to lower, to drop, to ring* down [*sipario*]; to let* down, to lower [*secchio, cestino, ponte levatoio, bara*]; to take* down, to pull down, to drop [*pantaloni*]; to pull down, to tilt [*visiera, cappello*]; ***~ qcn., qcs.*** to lower sb., sth. (**in** in; **su** onto); ***~ [qcs.] su qcn., qcs.*** to bring [sth.] down on sb., sth. [*bastone, martello*]; ***~ il secchio nel pozzo*** to lower a bucket into the well **2** *(ammainare)* to haul down, to lower [*vele, bandiera*]; *(fare scendere)* to lower, to run* down [*scialuppa*]; to cast* [*reti, lenza*]; to drop, to cast* [*ancora*] **3** *(diminuire)* to pull down, to lower [*prezzi, tassi*] **4** *(nei giochi di carte)* to put* down [*asso, atout*] **5** *(nel lavoro a maglia)* to decrease [*maglie*] **II** intr. (aus. *essere*) **1** *(scendere)* [*sole*] to sink*, to set*; [*notte, nebbia, buio*] to close in, to fall*; ***il silenzio calò sulla folla*** a hush fell over the crowd **2** *(abbassarsi)* [*febbre*] to abate, to go* down; [*volume sonoro*] to fall*; [*acque*] to abate, to subside; [*morale, ottimismo, entusiasmo*] to wane; [*melanconia, stanchezza*] to descend (**su** on); [*livello*] to go* down; ***~ nei sondaggi*** [*candidato*] to go down in the polls **3** *(diminuire)* [*prezzo, produzione, temperatura*] to come* down, to drop, to sink* (**di** by); [*pressione, velocità, attività*] to ease off, to slack; [*presenze, domanda, interesse*] to drop off, to fall* away; [*fatturato, salari, azioni*] to fall* (**di** by); [*popolarità*] to decrease, to wane; [*vento*] to abate; [*marea*] to ebb, to go* out; [*luna*] to wane; [*vista, udito*] to fail; [*attenzione, concentrazione*] to wane, to drop away; ***i tassi d'interesse non sono calati di molto*** interest rates haven't come down very far; ***la produttività è calata del 10%*** productivity fell *o* dropped by 10%; ***gli è calata la voce*** he has lost his voice; *(di peso)* ***~ di tre chili a settimana*** to lose three kilos per week **4** TEATR. *(venire giù)* [*sipario*] to fall*, to come* down **5** *(discendere)* ***~ a valle*** [*acqua*] to flow downstream; [*barca*] to go downstream; [*mandria*] to descend to valley **6** *(invadere)* ***i barbari calarono in Italia*** the barbarians invaded Italy; *(abbattersi)* ***~ sul nemico*** to descend *o* fall on the enemy **7** *(decadere)* ***~ nella considerazione di qcn.*** to go down in sb.'s esteem **8** MUS. to descend **III calarsi** pronom. **1** *(scendere)* to let* oneself down; ***-rsi lungo*** o ***da*** to shin down [*albero, grondaia*]; ***-rsi da una scaletta*** MAR. to slide down a ladder; ***-rsi a corda doppia*** ALP. to abseil BE (**da** from) **2** *(immedesimarsi)* ***-rsi in una parte, in un personaggio*** to get inside one's part, character ◆ ***~ le brache*** to chicken out; ***~ di tono*** [*voce, strumento*] to fall in pitch; [*persona*] to go off; [*spettacolo*] to weaken.

2.calare /ka'lare/ m. **1** *(lo scendere)* ***al ~ del sole*** at sunset; ***il ~ del sipario*** TEATR. curtain fall **2** *(il sopraggiungere)* ***al ~ della notte, delle tenebre*** at nightfall, as night was falling.

calata /ka'lata/ f. **1** *(il calare)* descent; *(di sipario)* fall **2** *(invasione)* invasion; ***la ~ dei barbari*** the barbarian invasion **3** ALP. descent; ***~ a corda doppia*** rappel, abseil BE.

calato /ka'lato/ **I** p.pass. → **1.calare II** agg. GERG. *(impasticcato)* loved-up.

calaverite /kalave'rite/ f. calaverite.

calaverna /kala'vɛrna/ f. hoarfrost.

calca /'kalka/ f. cram, crush, crowd, mob; ***farsi largo tra la ~*** to force one's way *o* push (oneself) through the crowd; ***fare ~*** to crowd around *o* in *o* together.

calcagno, m.pl. **-gni**, f.pl. **-gna** /kal'kaɲɲo, ɲi, ɲa/ ➧ **4** m. **1** ANAT. (pl. **-gni**) heel; *(osso)* calcaneum*, calcaneus*; ***un cucciolo alle -gna*** a puppy at his heel(s); ***sedersi sui -gni*** to squat; ***si sedette sui -gni*** she tucked her feet up under her **2** *(di calza)* heel(piece) ◆◆ ***essere alle -gna di qcn.*** to be on sb.'s tail, to be hard *o* close on sb.'s heels; ***stare, mettersi alle -gna di qcn.*** to come, follow hard on sb.'s heels; [*polizia*] to tag after [*sospetto*]; ***avere qcn. alle -gna*** to have sb. hot on one's heels.

calcagnolo /kalkaɲ'ɲɔlo/ m. MAR. skeg.

calcaneare /kalkane'are/ agg. calcaneal.

calcara /kal'kara/ f. calcar.

1.calcare /kal'kare/ [1] tr. **1** *(calpestare)* to tread [*uva, terra*] **2** RAR. *(percorrere a piedi)* to tread [*strada, sentiero*] **3** COLLOQ. *(premere)* to jam, to ram, to squash; ***~ il cappello fino agli occhi, alle orecchie*** to pull one's hat down over one's eyes, ears; ***~ il cappello in testa*** to jam one's hat on **4** *(accentuare)* to emphasize [*parola*]; to exaggerate [*tinte*] **5** *(ricalcare)* to trace out [*tratto, disegno*]; ***~ la mano con*** to be heavy on [*colore, profumo*]; to press [*matita*]; ***~ la mano*** FIG. to overdo it *o* things; ***hai calcato un po' la mano*** you laid it on a bit (thick) ◆ ***~ le orme di qcn.*** to tread the same path as sb.; ***~ le scene*** o ***le tavole*** to tread the boards.

2.calcare /kal'kare/ m. *(roccia)* limestone; *(deposito)* (lime)scale; ***incrostazione di ~*** (calcareous) furring, incrustation, scaling; ***togliere il ~ da*** to scale [*bollitore, tubi*] ◆◆ ***~ conchilifero*** shell-limestone.

calcareo /kal'kareo/ agg. [*sale, minerale, terreno, roccia*] calcareous; [*acqua*] hard; ***deposito ~*** scale; ***crostone ~*** calcrete.

calcatoio, pl. **-oi** /kalka'tojo, oi/ m. **1** TIP. planer **2** MIL. ramrod, rammer.

▷ **1.calce** /'kaltʃe/ f. lime; ***acqua di ~*** MED. lime water; ***latte di ~*** EDIL. limewash, whitewash; ***colore a ~*** colour-wash; ***tinta a ~*** cal-cimine; ***tinteggiare a ~*** to limewash, to whitewash; ***fornace da ~*** lime kiln ◆◆ ***~ idraulica*** hydraulic lime; ***~ spenta*** slaked lime; ***~ viva*** quicklime.

2.calce /'kaltʃe/ f. BUROCR. ***in ~*** [*firma*] below; ***in ~ alla pagina*** at the bottom of the page; ***apporre il proprio nome in ~ a qcs.*** to subscribe one's name to sth.

calcedonio, pl. **-ni** /kaltʃe'dɔnjo, ni/ m. chalcedony.

calcemia /kaltʃe'mia/ f. calcium blood count.

calceolaria /kaltʃeo'larja/ f. calceolaria, slipperwort.

calceolato /kaltʃeo'lato/ agg. calceolate.

calcestruzzo /kaltʃes'truttso/ m. concrete; ***preparare il ~*** to mix concrete; ***gettare il ~*** to cast concrete; ***blocco di ~*** concrete block; ***costruzione in ~*** concreting; ***rivestire*** o ***ricoprire di ~*** to concrete over [*muro, strada*] ◆◆ ***~ battuto*** tamped concrete; ***~ pronto*** ready-mix.

calcetto /kal'tʃetto/ ➧ **10** m. **1** *(calcio-balilla)* table football **2** SPORT five-a-side (football).

▷ **calciare** /kal'tʃare/ [1] **I** tr. **1** *(tirare un calcio a)* ***~ qcs.*** to kick sth., to give sth. a kick **2** SPORT to kick, to shoot*; ***~ (la palla) in porta*** o ***in rete*** to kick a goal; ***~ un corner, un rigore*** to take a corner, a penalty **II** intr. (aus. *avere*) *(tirare calci)* [*persona, animale*] to kick (out).

▷ **calciatore** /kaltʃa'tore/ ➧ **18** m. (f. **-trice** /tritʃe/) football player, soccer player, footballer BE; ***un ~ ambidestro*** an ambidextrous football player; ***ingaggiare, comprare, vendere un ~*** to sign (up), buy, sell a football player.

calcico, pl. **-ci**, **-che** /'kaltʃiko, tʃi, ke/ agg. calcic.

calcicolo /kal'tʃikolo/ agg. calcicolous; ***organismo ~*** calcicole.

calcifero /kal'tʃifero/ agg. calciferous.

calciferolo /kaltʃife'rɔlo/ m. calciferol.

calcificare /kaltʃifi'kare/ [1] **I** tr. [*acqua dura*] to calcify [*tubature*] **II calcificarsi** pronom. MED. [*arterie*] to calcify.

calcificazione /kaltʃifikat'tsjone/ f. calcification.

calcifico, pl. **-ci**, **-che** /kal'tʃifiko, tʃi, ke/ agg. calcific.

calcifugo, m.pl. **-ghi**, f.pl. **-ghe** /kal'tʃifugo, gi, ge/ agg. calcifuge; ***pianta -a*** calcifuge.

calcina /kal'tʃina/ f. **1** *(malta)* (lime) mortar **2** *(calce spenta)* slaked lime.

calcinabile /kaltʃi'nabile/ agg. calcinable.

▷ **calcinaccio**, pl. **-ci** /kaltʃi'nattʃo, tʃi/ **I** m. rubble **II calcinacci** m.pl. *(rovine)* rubble sing., rubbish sing.

calcinaio, pl. **-ai** /kaltʃi'najo, ai/ m. **1** EDIL. CONC. lime pit **2** *(operaio)* mortar plasterer.

calcinare /kaltʃi'nare/ [1] **I** tr. **1** CHIM. to calcine **2** CONC. AGR. to lime **II calcinarsi** pronom. CHIM. to calcine.

calcinatura /kaltʃina'tura/ f. **1** CONC. AGR. liming **2** *(di muro)* lime-washing.

calcinazione /kaltʃinat'tsjone/ f. CHIM. calcination.

calcinculo /kaltʃin'kulo/ m.inv. COLLOQ. chairoplane.

▶ **1.calcio**, pl. **-ci** /'kaltʃo, tʃi/ ➧ **10** m. **1** *(pedata)* kick; ***dare, ricevere*** o ***prendersi un ~*** to give, get a kick; ***prendere a -ci qcn., qcs.*** to kick sb., sth.; ***un ~ negli stinchi*** a kick in the shins; SPORT a hack; ***un ~ nel sedere*** a kick in the ass *o* pants *o* up the backside; ***gli ho dato un ~ in quel posto*** EUFEM. I kicked him you know where; ***prendere qcn. a -ci in culo*** POP. to give sb. a kick in the ass *o* up the backside; ***aprire la porta con un ~*** to kick the door open; ***buttare giù a -ci*** to kick down [*porta*]; ***sfondare a -ci*** to kick in [*porta, scatola*]; ***togliersi con un calcio*** to kick off [*scarpe*]; ***dare un ~ a*** COLLOQ. FIG. to turn one's back on [*passato*]; to chuck away, to miss out on [*occasione, fortuna*] **2** *(di cavallo)* kick; ***tirare un ~*** [*cavallo*] to give a kick, to kick **3** SPORT *(gioco)* football, soccer; ***giocare a ~*** to play football *o* soccer; ***campionato, partita di ~*** football *o* soccer championship, match; ***campo di ~*** football field *o* pitch; ***squadra di ~*** football *o* soccer team; ***allenamento di ~*** football *o* soccer practice; ***tifoso, appassionato di ~*** football supporter, fan; ***fanatico*** o ***maniaco del ~*** football fiend; ***fuoriclasse del ~*** football *o* soccer world-beater; ***dare il ~ d'inizio*** to kick off; ***tirare un ~ piazzato*** to placekick the ball; ***rinviare con un ~*** to kick back [*palla*] ◆◆ ***~ d'angolo*** corner; ***~ a cinque*** five-a-side (football); ***~ femminile*** women's football; ***~ d'inizio*** kick-off; ***~ piazzato*** → ***~ di punizione***; ***~ di punizione*** placekick, free kick; ***~ di punizione a due*** indirect free kick; ***~ di rigore*** penalty (kick); ***~ di rimbalzo*** *(nel rugby)* drop kick; ***~ di rinvio*** goal kick; ***~ di trasformazione*** *(nel rugby)* conversion; ***~ al volo*** *(nel rugby)* fly kick; ***-ci di rigore*** *(a fine partita)* penalty shoot-out.

2.calcio, pl. **-ci** /'kaltʃo, tʃi/ m. **1** *(di pistola)* stock, pistol grip; *(di fucile)* stock, butt; ***colpire qcn. con il ~ della pistola*** to pistol-whip sb. **2** *(manico di lancia)* shaft.

3.calcio /'kaltʃo/ m. CHIM. calcium; ***carenza di ~*** calcium deficiency; ***fare una cura di ~*** to take a course of calcium; ***cloruro, fosfato di ~*** calcium chloride, phosphate.

calcio-balilla /kaltʃoba'lilla/ ◗ *10* m.inv. *(gioco)* table football, foosball AE; *(tavolo)* football table, foosball table AE.

calcio-mercato /kaltʃomer'kato/ m.inv. transfer market.

calcisticamente /kaltʃistika'mente/ avv. in football speak.

calcistico, pl. **-ci, -che** /kal'tʃistiko, tʃi, ke/ agg. [*incontro, torneo*] football; [*squadra, società*] football, soccer; ***la stagione -a*** the football season.

calcite /kal'tʃite/ f. calcite, calcspar.

calcitonina /kaltʃito'nina/ f. calcitonin.

calco, pl. **-chi** /'kalko, ki/ m. **1** *(riproduzione)* cast, mould; ***~ in cera, in gesso*** wax, plaster cast; ***~ del viso*** life mask; ***fare il ~ di*** to take the cast of [*busto, viso, mano*]; to take an impression of [*chiave, fossile*] **2** *(ricalco su carta)* tracing **3** TIP. plate **4** LING. loan translation, calque.

calcocite /kalko'tʃite/ f. copper glance.

calcografia /kalkogra'fia/ f. chalcography, copperplate.

calcografico, pl. **-ci, -che** /kalko'grafiko, tʃi, ke/ agg. chalcographic.

calcografo /kal'kɔgrafo/ m. copperplate engraver.

calcolabile /kalko'labile/ agg. [*grandezza, conseguenza*] calculable; [*perdite, danni*] calculable, appraisable; [*persone, oggetti*] numerable, computable; ***i danni sono difficilmente -i*** the damage is difficult to calculate.

calcolabilità /kalkolabili'ta/ f.inv. numerability.

▷ **calcolare** /kalko'lare/ [1] **I** tr. **1** *(determinare mediante un calcolo)* to calculate [*superficie, volume, logaritmo, integrale*]; to calculate, to reckon, to work out [*traiettoria, percentuale, media*]; ***~ gli interessi al 10%*** to calculate interest at 10%; ***~ l'area di un triangolo*** to calculate the area of a triangle; ***~ la posizione della nave*** to take the ship's bearings; ***~ al centesimo*** to work things out to the last penny; ***se dovessi ~ il tempo che ci metto!*** if I had to count up how many hours I spend on it! ***ho calcolato che mi costerebbe meno prendere l'aereo*** I worked out that it would be cheaper for me to go by plane; ***~ quanto si è speso*** to count how much one has spent; ***~ la durata di*** to time [*discorso, viaggio*]; ***si calcola che i lavoratori part-time siano due milioni*** the number of part-time workers is reckoned at two million; ***~ a occhio e croce*** to calculate roughly, to guess [*lunghezza, dimensioni*]; ***~ male*** to miscalculate [*quantità, distanza*]; to mistime [*durata*] **2** *(preventivare)* to allow; ***bisogna ~ circa 1.000 euro*** you should reckon on paying about 1,000 euros; ***ho calcolato una bottiglia ogni tre persone*** I've allowed a bottle every three people; ***~ due giorni per (fare) il lavoro*** to allow two days for the job **3** *(valutare)* to calculate, to allow for, to weigh [*vantaggi, possibilità, sforzi*]; to calculate, to assess [*spese, perdite*]; to estimate [*distanza, posizione*]; to calculate, to count, to weigh [*conseguenze, rischi, importanza*]; to count (up) [*costo*]; to allow for [*ritardi, cambiamenti, imprevisti*]; ***~ male*** to miscalculate [*rischi*]; to misjudge [*velocità, distanza*]; SPORT ***~ la rincorsa*** o ***lo slancio*** to judge one's run-up; ***~ che*** to calculate that **4** *(soppesare)* to weigh; ***~ i pro e i contro*** to weigh the pros and cons; ***~ ogni parola*** to choose one's words carefully, to weigh every word **5** *(includere)* ***~ tra i presenti*** to count in, to count among those present; ***non calcolatemi*** count me out! **II** intr. (aus. *avere*) [*persona*] to calculate, to reckon; [*macchina*] to calculate.

▷ **calcolatore** /kalkola'tore/ **I** agg. **1** [*strumento*] calculating; ***regolo ~*** TECN. slide rule BE, slide ruler AE **2** FIG. [*persona, spirito*] calculating **II** m. (f. **-trice** /tritʃe/) **1** *(persona)* calculating person; ***è un ~, fa tutto per interesse*** he's very calculating, he does everything out of self-interest **2** INFORM. computer; ***accendere, spegnere il ~*** to switch the computer on, off.

▷ **calcolatrice** /kalkola'tritʃe/ f. calculator, calculating machine ◆◆ ***~ tascabile*** pocket calculator; ***~ da tavolo*** desk calculator.

▷ **1.calcolo** /'kalkolo/ m. **1** *(operazione)* calculation, computation; *(conteggio dettagliato)* reckoning, count; ***fare dei -i*** to make *o* do calculations; ***errore di ~*** miscalculation; ***fare un errore di ~*** to miscalculate, to make a mistake *o* slip in one's calculations; ***fare il ~ di*** to calculate [*prezzo di costo, margine di profitto*]; to count up, reckon [*voti, punti*]; ***"quanto mi verrà a costare?" - "aspetta, devo fare il ~"*** "how much will it come to?" - "wait, I'll have to work it out"; ***essere bravo nei -i*** o ***a fare i -i*** to be good at sums **2** *(valutazione)* calculation, reckoning, estimate; ***fare il ~ di*** to calculate, to assess [*spese, costi*]; ***~ approssimativo*** projection, rough calculation; ***secondo i miei -i, i -i del presidente*** by my, the president's calculations *o* reckoning; ***far bene i (propri) -i*** FIG. to do one's sums; ***fare male*** o ***sbagliare i (propri) -i*** FIG. to get one's calculations wrong; ***non tenere conto di qcs. nei propri -i*** FIG. to leave sth. out of one's calculations **3** MAT. *(metodo teorico)* calculus* **4** *(tattica)* calculation; ***agire per ~*** to act out of self-interest ◆◆ ***~ algebrico*** algebraic calculation; ***~ differenziale*** differential calculus; ***~ integrale*** integral calculus; ***~ mentale*** mental calculation; ***~ numerico*** numerical calculation; ***~ delle probabilità*** theory of probability, probability theory; ***~ delle proposizioni*** predicate calculus; ***~ vettoriale*** vectorial calculus.

2.calcolo /'kalkolo/ m. MED. stone, calculus* ◆◆ ***~ biliare*** bilestone, gallstone; ***~ renale*** kidney stone; ***~ urinario*** urinary stone, stone in the bladder.

calcolosi /kalko'lɔzi/ ◗ *7* f.inv. MED. calculosis*, lithiasis*; ***~ renale, biliare*** renal, biliary lithiasis.

calcoloso /kalko'loso/ agg. MED. calculous.

calcomania /kalkoma'nia/ f. → **decalcomania.**

calcopirite /kalkopi'rite/ f. chalcopyrite.

calcostigma /kalkos'tigma/ m. thornbill.

calcotipia /kalkoti'pia/ f. chalcography.

Calcutta /kal'kutta/ ◗ *2* n.pr.f. Calcutta.

caldaia /kal'daja/ f. boiler; ***sala -e*** boiler room; ***alimentare una ~ a nafta*** to feed a boiler with oil ◆◆ ***~ a gas*** gas-fired boiler; ***~ a nafta*** oil-burning boiler; ***~ a vapore*** steam boiler.

caldaista /kalda'ista/ ◗ *18* m. e f. boilerman, heating engineer.

caldallessa /kaldal'lessa/ f. boiled chestnut.

caldamente /kalda'mente/ avv. **1** *(vivamente)* [*raccomandare*] highly, thoroughly, warmly; [*appoggiare*] highly, heartily, avidly; [*pregare*] earnestly; ***Valentina è ~ raccomandata*** Valentina comes highly recommended; ***la mia candidatura è ~ appoggiata dal direttore*** my application has the strong support of the director **2** *(cordialmente)* [*accogliere*] warmly, heartily.

caldana /kal'dana/ f. hot flush BE, hot flash AE, flushing; ***avere le -e*** to have hot flushes.

caldarrosta /kaldar'rɔsta/ f. roast chestnut.

caldarrostaio, pl. **-ai** /kaldarros'tajo, ai/ m. (f. **-a**) roast chestnut vendor.

Caldea /kal'dɛa/ n.pr.f. Chaldea.

caldeggiare /kalded'dʒare/ [1] tr. to support warmly [*proposta, promozione*].

caldeo /kal'dɛo/ **I** agg. Chaldean **II** m. (f. **-a**) **1** *(persona)* Chaldean **2** *(lingua)* Chaldean.

calderaio, pl. **-ai** /kalde'rajo, ai/ ◗ *18* m. (f. **-a**) boilermaker; ***attività del ~*** boilermaking.

calderina /kalde'rina/ f. TECN. donkey boiler.

calderone /kalde'rone/ m. **1** *(recipiente)* cauldron **2** FIG. mishmash, hotchpotch; ***mettere tutto in un*** o ***nello stesso ~*** FIG. = to lump everything together.

calderugia /kalde'rudʒa/ f. groundsel.

▶ **caldo** /'kaldo/ Tra le varie accezioni dell'aggettivo *caldo* e dei suoi equivalenti inglesi, vanno messi in evidenza i seguenti casi: *caldo* si traduce hot quando si vuole indicare una temperatura tanto alta da essere poco gradevole o sopportabile; se non ci sono queste implicazioni negative, l'equivalente è *warm*; come mostrano gli esempi qui sotto elencati, sia *hot* sia *warm* si usano anche in senso figurato (con un'implicazione tendenzialmente negativa il primo, e positiva il secondo), come pure *heated*. - Si noti che all'aggettivo *caldo* = *hot, warm* può corrispondere in italiano il sostantivo *il caldo*, ma non un identico sostantivo inglese, bensì i derivati *heat, hotness* e *warmth*. **I** agg. **1** *(a temperatura elevata)* [*luogo, giornata, clima, cibo, bevanda, bagno, sole, aria, acqua, mani, piedi*] warm, hot; [*paese, pasto, piatto, cioccolata*] hot; ***stagione -a*** hot season *o* weather; ***nel momento più ~ della giornata*** in the heat of the day; ***acqua -a e fredda*** hot and cold water; ***fronte ~*** warm front; ***tavola -a*** coffee bar, snack bar, diner AE, luncheonette AE; ***a forno ~*** in a warm oven; ***bello ~*** nice and warm; ***ci hanno servito dei croissant belli -i*** we were served piping hot croissants; ***fare un bagno ~*** to have a warm bath; ***hai la fronte -a*** your forehead feels hot; ***mangiare, bere qcs. di ~*** to have hot food, a hot drink *o* something hot to eat, to drink; ***"da bere, mangiare ~"*** "to be drunk, eaten hot"; ***non mi piacciono le bevande troppo -e*** I don't like very hot drinks; ***"servire ~, ben ~"*** "serve warm *o* hot, very warm *o* hot"; ***animale a sangue ~*** warm-blooded animal **2** *(che protegge dal freddo)* [*locale, stanza, vestiti*] warm; ***portatevi dei vestiti -i*** take warm clothing with you; ***~ e comodo*** [*letto, vestito*] snug; ***essere bello ~*** [*persona, letto, stanza*] to be as warm as a toast; ***stavamo belli -i nei nostri cappotti nuovi*** we were snug in our new coats **3** *(caloroso)* [*felicitazioni, applauso, sorriso, ringraziamento*] warm; [*atmosfera*] friendly; ***riservare una -a accoglienza a qcn.*** to reserve a warm welcome for sb., to give sb. a warm welcome; ***stringere qcn. in un ~ abbraccio*** to hold sb. in a warm embrace **4** *(critico)* [*zona, periodo*] hot; ***punto ~*** hot spot, trouble spot **5** *(intenso)* [*luce, colore, tinta, tono, voce*] warm **6** *(focoso)* [*uomo*] full-blooded, red-blooded, ardent; [*donna*] full-blooded, passionate, ardent **7** *(recente)* ***notizie -e -e*** hot news, news hot from the press **II** m. **1** *(calore)* heat, warmth; *(stagione calda)* hot weather; ***il ~ della stufa, del sole*** the heat of the stove, sun; ***ondata di ~*** heatwave, wave of heat, warm spell; ***i primi -i*** METEOR. the first days of the hot season; ***~ umido, opprimente, soffocante*** steamy, oppressive, suffocating heat; ***sentire, avere ~*** to feel, be warm *o* hot; ***fare ~*** to be warm *o* hot; ***patire, soffrire (per) il ~*** to suffer from the heat; ***faceva un ~ infernale*** COLLOQ. it was devilishly hot; ***fa un ~ boia!*** COLLOQ. it's boiling hot! ***qui si scoppia*** o ***muore dal ~!*** COLLOQ. it's boiling (hot) *o* sweltering here! ***sto morendo dal ~!*** COLLOQ. I'm baking *o* roasting in here! ***con questo ~ nessuno ha fame*** in this heat nobody feels hungry; ***fa ~ nella stanza*** the room feels hot; ***fare venire ~*** to be hot work; ***tenere ~ a qcn.*** [*cappotto, coperta*] to keep sb. warm; ***tenere al ~*** to keep [sb.] warm [*persona, malato*]; ***tenere in ~*** to keep [sth.] warm *o* hot [*piatto, bevanda*]; FIG. to have [sth.] on standby [*progetto, rimedio*] **2** FIG. *(ardore)* heat, warmth **3 a caldo** *(senza riflettere)* [*commentare, analizzare*] off the top of one's head, on the spot, in the heat of the moment; [*reagire*] hot-headedly; [*decidere*] on the spur of the moment, in the heat of the moment; ***operare a ~*** MED. to carry out an emergency operation; *(impulsivo)* [*reazione*] hot-headed; [*decisione, idea*] spur-of-the-moment; *(ad alta temperatura)* [*stampa, lavorazione*] under heat; ***solubile a ~*** CHIM. FARM. heat-soluble ◆ ***essere una testa -a*** to be hot-headed *o* a hothead; ***prendersela -a per qcn., qcs.*** to take sb., sth. to heart; ***avere il sangue ~*** to be hot-blooded, to have a warm *o* hot temper; ***versare*** o ***piangere -e lacrime*** to cry one's eyes *o* heart out; ***non mi fa né ~ né freddo*** it leaves me cold; ***battere il ferro finché è ~*** PROV. to strike while the iron is hot, to make hay while the sun shines.

calduccio /kal'duttʃo/ m. warm; ***stare al ~*** to be as snug as a bug in a rug; ***starsene al ~ nel letto*** to be snug in bed.

caldura /kal'dura/ f. → **calura.**

caledone /ka'lɛdone/ **I** agg. Caledonian **II** m. e f. Caledonian.

Caledonia /kale'dɔnja/ n.pr.f. Caledonia; ***Nuova ~*** New Caledonia.

caledoniano /kaledo'njano/ agg. [*periodo, corrugamento, catena*] Caledonian.

calefaciente /kalefa'tʃɛnte/ agg. calefacient, calefactory.

calefazione /kalefat'tsjone/ f. *(riscaldamento)* calefaction.

caleidoscopico, pl. **-ci, -che** /kaleidos'kɔpiko, tʃi, ke/ agg. kaleidoscopic; ***effetto ~*** FIG. kaleidoskopic effect.

caleidoscopio, pl. **-pi** /kaleidos'kɔpjo, pi/ m. kaleidoscope (anche FIG.); ***un ~ di colori*** a kaleidoscope of colours.

calembour /kalam'bur/ m.inv. ANT. pun.

▷ **calendario**, pl. **-ri** /kalen'darjo, ri/ m. **1** *(sistema)* calendar; ***~ perpetuo*** perpetual calendar **2** *(stampato)* calendar; ***blocchetto del ~*** calendar pad; ***segnare una scadenza sul ~*** to enter an expiry date in the calendar; ***questa è da segnare sul ~*** FIG. here's one for the book(s) **3** *(programma)* calendar, schedule, time-frame; *(di incontri, negoziazioni)* timetable; ***il ~ delle manifestazioni*** the schedule of events; ***stabilire il ~ delle negoziazioni*** to set up a timetable of negotiations; ***incontro di ~*** BE SPORT fixture **4** *(date)* ***il ~ delle lezioni*** the dates of the lessons, lesson schedule; ***il ~ delle vacanze scolastiche*** the dates of school holidays ◆◆ ***~ dell'Avvento*** Advent calendar; ***~ a blocco*** tear-off calendar; ***~ calcistico*** calendar of the football matches, football calender; ***~ ebraico*** Hebrew *o* Jewish calendar; ***~ giuliano*** Julian calendar; ***~ gregoriano*** Gregorian calendar, New Style; ***~ illustrato*** picture *o* pictorial calendar; ***~ musulmano*** Hegira calendar; ***~ romano*** Roman calendar; ***~ scolastico*** school calendar; ***~ sportivo*** sporting calendar, fixture list; ***~ da tavolo*** desk calendar.

calende /ka'lɛnde/ f.pl. ANT. calends, kalends; ***le ~ di marzo*** the calends of march ◆ ***(fino) alle ~ greche*** till the cows come home; ***rinviare qcs. alle ~ greche*** to be a case of jam tomorrow.

calendimaggio /kalendi'maddʒo/ m.inv. STOR. May Day.

calendola /ka'lɛndola/, **calendula** /ka'lɛndula/ f. calendula, pot marigold.

calenzuola /kalen'tswɔla/ f. wart grass.

calere /ka'lere/ impers. (used almost exclusively in the 3rd person singular of the present indicative) LETT. to matter; ***questo non mi cale*** it matters not to me, I care not; ***tenere*** o ***mettere in non cale qcs.*** to attach no importance to sth.

calesse /ka'lesse/ m. cart, calash, gig, trap.

calessino /kales'sino/ m. chaise, dog cart, shay; ***~ monoposto*** carriole.

caletta /ka'letta/ f. mortise, socket.

calettare /kalet'tare/ [1] **I** tr. to fit together, to mortise [*pezzi*] **II** intr. (aus. *avere*) to fit together.

calettatura /kaletta'tura/ f. fitment.

Calibano /kali'bano/ m. Caliban.

calibrare /kali'brare/ [1] tr. **1** *(dare il calibro adatto)* to calibrate, to gauge [*arma, proiettile, tubo*] **2** *(tarare)* to calibrate [*macchina, strumento*] **3** *(classificare)* to size [*frutta, verdura, uova*] **4** FIG. *(soppesare)* ***~ le proprie parole*** to weigh one's words.

calibrato /kali'brato/ **I** p.pass. → **calibrare II** agg. **1** *(tagliato su misura)* ***taglia -a*** made-to-measure **2** *(ponderato)* [*discorso, parole*] weighed, pondered **3** *(classificato)* [*frutta, verdura, uova*] sized.

calibratore /kalibra'tore/ ➧ **18** m. *(strumento)* calibrator; *(operaio)* = worker who operates a calibrator.

calibratura /kalibra'tura/ f. **1** TECN. *(di pezzo, macchina, strumenti di misura)* calibration, graduation **2** *(di frutta, verdura, uova)* sizing.

calibro /'kalibro/ m. **1** *(di arma da fuoco, tubo, pallottola)* calibre BE, caliber AE, bore, gauge; ***arma, pallottola ~ 7.65 (mm)*** 7,65 mm bore gun, bullet; ***una ~ 22*** a .22; ***arma di grosso ~*** large-calibre *o* large-bore gun; ***granata di grosso ~*** large-calibre shell; ***fucile ~ 12, di piccolo ~*** 12-bore, small-bore rifle **2** *(di uova)* grade, size; *(di frutta, verdura)* size; ***uova di ~ piccolo, grande*** small-grade, large-grade eggs **3** MECC. gauge, calliper BE, caliper AE **4** *(di persona)* calibre BE, caliber AE; ***essere di tutt'altro ~*** [*persona*] to be of a different calibre altogether, to be in a different class altogether; [*opera*] to be in a different class altogether; ***un poeta del ~ di Montale*** a poet of Montale's calibre; ***i grossi -i della finanza*** the big shots *o* heavyweights in the business world; ***essere un grosso ~*** to carry *o* hold the big guns; ***essere dello stesso ~*** to be in the same class (**di** as) ◆◆ ***~ ad anello*** ring-gauge; ***~ a corsoio*** sliding calliper; ***~ per fili metallici*** wire gauge; ***~ micrometrico*** micrometer calliper; ***~ di profondità*** depth gauge; ***~ di spessore*** feeler gauge, outside calliper; ***~ a tampone*** plug gauge.

calicanto /kali'kanto/ m. calycanthus.

1.calice, pl. **-ci** /'kalitʃe, tʃi/ m. **1** *(bicchiere)* goblet, chalice, stem glass; ***un ~ da spumante*** a champagne glass; ***a ~*** [*gonna*] flared, bell-shaped, bell-mouthed; ***levare i -ci*** to raise one's glasses **2** RELIG. (Communion) cup, chalice; ***il mio ~ trabocca*** BIBL. my cup runneth over **3** ANAT. calyx; ***-ci renali*** renal calyces ◆ ***amaro ~*** LETT. bitter cup; ***il ~ del dolore*** the cup of grief; ***bere*** o ***vuotare il ~ fino alla feccia*** to see it through to the bitter end.

2.calice, pl. **-ci** /'kalitʃe, tʃi/ m. BOT. calyx*, flower cup.

calicetto /kali'tʃetto/ m. BOT. calycle; *(di fragola)* hull.

caliche /ka'liʃe/ m. caliche.

caliciforme /kalitʃi'forme/ agg. [*fiore*] caliched.

calicò /kali'ko/ m.inv. calico*.

caliemia /kalie'mia/ f. kalaemia BE, kalemia AE.

califfato /kalif'fato/ m. caliphate.

califfo /ka'liffo/ m. caliph, calif, khalif.

California /kali'fɔrnja/ ➧ **30** n.pr.f. California; ***golfo di ~*** Gulf of California.

californiano /kalifor'njano/ ➧ **30 I** agg. Californian **II** m. (f. **-a**) Californian.

californio /kali'fɔrnjo/ m. californium.

caligine /ka'lidʒine/ f. *(pulviscolo)* soot; *(nebbia)* fog, mist.

caliginoso /kalidʒi'noso/ agg. **1** fuliginous, sooty **2** FIG. [*mente*] clouded, dim.

calipso /ka'lipso/ m.inv. *(ballo)* calypso.

caliptra /ka'liptra/ f. BOT. calyptra.

calla /'kalla/ f. calla; ***~ dei fioristi*** calla (lily).

calle /'kalle/ **I** f. typical alley or lane in Venice **II** m. LETT. path.

callifugo, pl. **-ghi, -ghe** /kal'lifugo, gi, ge/ **I** agg. corn attrib. **II** m. *(cerotto)* corn plaster.

▷ **calligrafia** /kalligra'fia/ f. **1** *(scrittura)* handwriting, hand, script; ***avere una bella ~*** to have a good *o* neat *o* beautiful handwriting; ***avere una brutta ~, una ~ illeggibile*** to have a bad, unclear *o* unreadable handwriting; ***quaderno di ~*** writing book; ***esercizio di ~*** writing exercise **2** *(arte)* calligraphy, penmanship.

calligrafico, pl. **-ci, -che** /kalli'grafiko, tʃi, ke/ agg. **1** *(di calligrafia)* [*esercizio*] calligraphic, writing; ***perizia -a*** DIR. handwriting analysis, expert opinion on a sample of handwriting **2** TIP. *(simile a calligrafia)* [*carattere*] script **3** LETT. [*stile, scrittore*] precious, contrived, overrefined.

calligrafo /kal'ligrafo/ ➧ **18** m. (f. **-a**) calligrapher, calligraphist, penman; ***perito ~*** DIR. handwriting expert.

callista, m.pl. **-i**, f.pl. **-e** /kal'lista/ ➧ **18** m. e f. chiropodist.

callitrice /kal'litritʃe/ f. ZOOL. marmoset.

▷ **callo** /'kallo/ m. 1 *(delle mani)* callus; *(dei piedi)* callus, corn; ***avere, farsi venire i -i alle mani*** to have, get callused hands, to have, get calluses on one's hands; ***avere un ~ al piede*** to have a corn *o* a corny foot; ***pestare i -i a qcn.*** to tread on sb.'s corns 2 BOT. callus 3 ZOOL. splint-bone ◆ ***fare il ~ a qcs.*** to get used to sth.; ***ci ho fatto il ~*** I'm used to it ◆◆ ***~ osseo*** ANAT. callus.

callosio /kal'lɔzjo/ m. callose.

callosità /kallosi'ta/ f.inv. callosity.

calloso /kal'loso/ agg. 1 [*mani*] callous, callused, horny; [*piedi*] callous, callused, corny; [*pelle*] callous, horny 2 ANAT. ***corpo ~*** corpus callosum.

▶ **calma** /'kalma/ f. 1 *(quiete)* calm(ness), quiet(ness); ***con ~*** calmly, unhurriedly; ***ho bisogno di ~*** I need peace and quiet (**per fare** to do); ***non avere un attimo di ~*** not to have a bit of peace; ***la ~ della notte, del mare*** the still(ness) of the night, of the sea; ***la ~ della campagna*** the quiet of the countryside; ***lanciare un appello alla ~*** to launch an appeal for order; ***nei periodi di ~*** in periods of calm, during lulls; ***è tornata la ~*** peace again; ***il ritiro dei militari è avvenuto nella ~*** the soldiers withdrew peacefully *o* during a lull; ***ristabilire la ~*** to restore peace; ***~ piatta*** o ***mortale*** dead *o* deathly calm; *(in affari)* ***è ~ piatta*** it's dead quiet; ***nella mia vita sentimentale è ~ piatta*** my love life is nonexistent 2 *(comodo, agio)* ***leggete questo dossier in tutta ~*** read this file in your own good time; ***prendersela con ~*** to take it *o* things easy; ***alla tua età dovresti prendertela più ~*** at your age you should slow down; ***con ~!*** not so fast! ***fa' con ~!*** don't rush! 3 *(padronanza di sé)* calm, composure, evenness; ***con ~*** calmly, composedly, evenly; ***perdere la ~*** to lose one's head *o* composure *o* temper; ***mantenere la ~*** to keep one's calm *o* head, to stay *o* keep cool; ***ritrovare la ~*** to recover *o* regain one's composure; ***ci ha stupiti con la sua ~*** he amazed us by his composure; ***con la massima ~*** with the greatest composure; ***di una ~ impressionante*** unnervingly calm; ***in ogni situazione conservava una ~ assoluta*** he remained perfectly calm *o* composed in all circumstances; ***è la ~ in persona*** calm *o* cool is her middle name; ***manteniamo la ~!*** let's keep calm! ***~!*** chill out! keep calm! ***~! non ho detto questo!*** take it easy! that's not what I said! 4 METEOR. MAR. calm(ness); ***zona delle -e equatoriali*** doldrums ◆ ***~ e sangue freddo!*** don't panic! keep calm! keep cool (calm and controlled)! ◆◆ ***~ olimpica*** Olympian calm.

calmante /kal'mante/ I agg. [*farmaco*] analgesic, sedative; [*lozione, crema*] soothing; ***avere un effetto ~ su qcs., qcn.*** to have a soothing effect on sth., sb. II m. calmative, sedative, tranquillizer BE, tranquilizer AE; ***prendere un ~*** to be on tranquillizers, to take sedatives.

▶ **calmare** /kal'mare/ [1] I tr. 1 *(tranquillizzare)* to calm (down), to quieten, to soothe [*persona, folla*]; to hush, to quieten [*bambino*]; to calm, to settle [*situazione, nervi*]; to cool, to soothe [*collera, ardore, passione*]; ***~ gli animi*** to cool tempers, to calm people down; ***~ i bollenti spiriti di qcn.*** to cool sb.'s ardour 2 *(alleviare)* to alleviate, to dull, to kill [*dolore*]; to reduce, to bring* down [*febbre*]; to quench [*sete*]; to alleviate, to ease, to assuage [*fame, appetito*]; ***per ~ il bruciore della rasatura*** to soothe shaving burn II **calmarsi** pronom. 1 [*persona*] *(tranquillizzarsi)* to calm down, to cool down, to mellow; *(ricomporsi)* to compose oneself; [*folla*] to calm down, to let* up; [*situazione*] to calm down, to cool down; ***aspetta che gli animi, le cose si calmino*** wait until tempers have cooled, for things to quieten down; ***calmati!*** calm down! 2 *(attenuarsi)* [*dolore, febbre, tosse, fame, sete*] to abate, to subside; [*rabbia*] to subside, to blow* over; [*nervi*] to steady; [*protesta, malcontento*] to blow* over; [*burrasca, tempesta, vento*] to die down, to blow* oneself out, to go* down, to abate; MAR. [*mare*] to subside ◆ ***~ le acque*** to smooth ruffled feathers; ***lasciare ~ le acque*** to allow the dust to settle.

calmieramento /kalmjera'mento/ m. price control.

calmierare /kalmje'rare/ [1] tr. *(limitare)* to control [*prezzi*]; *(fissare il prezzo)* to subject [sth.] to price control [*prodotto*].

calmieratore /kalmjera'tore/ agg. price controlling.

calmiere /kal'mjɛre/ m. ceiling price; ***prezzo di ~*** controlled price; ***listino dei prezzi di ~*** ceiling price list.

▶ **calmo** /'kalmo/ agg. 1 *(tranquillo)* [*persona, sitauzione*] calm, quiet; [*approccio*] cool; [*folla, discussione*] orderly; [*mare, acqua*] still, untroubled; [*notte, giornata*] quiet, still; ***l'aria è -a*** the air is still 2 *(controllato)* [*persona*] collected, composed; [*sguardo*] calm, steady; [*voce*] calm, even, unhurried; ***restare, mantenersi ~*** to keep, stay calm.

calmucco, pl. **-chi, -che** /kal'mukko, ki/ I agg. Kalmuck II m. (f. **-a**) 1 *(persona)* Kalmuck 2 *(lingua)* Kalmuck.

▷ **calo** /'kalo/ m. 1 *(abbassamento)* drop (**di** in), fall (**di** in), lowering (**di** of); ***un ~ di 10°, di pressione*** a fall *o* drop of 10°, in pressure; ***~ della vista*** weakening of eyesight 2 ECON. STATIST. *(flessione)* decrease, drop, downturn (**di** in); decline (**di** in, of); ***un ~ del 5% in qcs.*** a 5% drop *o* a drop of 5% in sth.; ***~ del rendimento*** drop in performance; ***~ delle vendite*** decline *o* fall in sales; ***~ della domanda, dell'offerta*** drop in demand, supply; ***~ delle esportazioni, di produzione*** drop in exports, production; ***~ dell'occupazione*** decline in employment; ***essere in ~*** [*produzione, esportazioni, importazioni*] to be falling; [*economia, vendite*] to shrink; [*prezzi*] to be decreasing *o* falling; [*domanda*] to be flagging; [*risorse, spettatori*] to be dwindling; ***subire un ~*** to suffer a drop; ***la natalità è in ~*** the birthrate is declining; ***i cinema registrano un ~ di spettatori*** cinemas are recording a drop in audiences 3 FIG. *(perdita)* ***~ di popolarità*** slump in popularity; ***~ di prestigio*** loss of prestige; ***il ~ di interesse per qcs.*** the declining interest in sth.; ***~ di peso*** weight loss.

calomelano /kalome'lano/ m. calomel.

▷ **calore** /ka'lore/ m. 1 *(caldo)* heat, warmth; ***il ~ della stufa, del sole*** the heat of the stove, sun; ***ondata di ~*** heatwave, wave of heat, warm spell; ***colpo di ~*** heat stroke, heat exhaustion; ***~ opprimente, soffocante*** oppressive, suffocating heat 2 *(cordialità)* warmth, warm-heartedness; ***~ umano*** human touch; ***il ~ della famiglia*** the warmth of one's family 3 *(fervore, entusiasmo)* heat, ardour, vigour; ***nel ~ della discussione*** in the heat of the discussion; ***parlare con ~*** to talk heatedly *o* warmly; ***difendere qcs., qcn. con ~*** to defend sth., sb. heatedly 4 ZOOL. heat, rutting; ***essere in ~*** [*animale*] to be on heat, to be in heat, to rut, to be in season 5 FIS. heat; ***fonte di ~*** source of heat; ***dispersione di ~*** heat loss; ***pompa, scambiatore di ~*** heat pump, exchanger; ***irradiare ~*** to give off *o* radiate *o* send out heat; ***resistente al ~*** [*materiale*] heat-proof, heat-resistant; ***esporre qcs. al ~*** to subject *o* expose sth. to heat; ***"tenere lontano da fonti di ~"*** "keep away from direct heat" ◆◆ ***~ animale*** animal heat; ***~ bianco*** white heat; ***~ di combustione*** combustion heat; ***~ corporeo*** body heat; ***~ latente*** latent heat; ***~ residuo*** NUCL. afterheat; ***~ rosso*** red heat; ***~ specifico*** specific heat; ***~ terrestre*** earth's heat.

caloria /kalo'ria/ f. calorie; ***ricco di -e*** high in calories; ***consumo di -e*** calorie intake; ***contare le -e*** to count calories; ***bruciare le -e*** to burn up calories; *(sudando)* to sweat off calories; ***fare attenzione alle -e*** to be calorie-conscious.

calorico, pl. **-ci, -che** /ka'lɔriko, tʃi, ke/ agg. [*razione, contenuto, apporto*] caloric, calorie; ***fabbisogno ~*** calorie requirements; ***a basso, alto contenuto ~*** low-, high-calorie.

calorifero /kalo'rifero/ m. heater, radiator.

calorifico, pl. **-ci, -che** /kalo'rifiko, tʃi, ke/ agg. calorific; ***potere ~*** calorific value.

calorimetria /kalorime'tria/ f. calorimetry.

calorimetrico, pl. **-ci, -che** /kalori'metriko, tʃi, ke/ agg. calorimetric(al); ***unità di misura -a*** thermal unit.

calorimetro /kalo'rimetro/ m. calorimeter.

calorosamente /kalorosa'mente/ avv. 1 *(con cordialità)* [*accogliere, ringraziare*] effusively, heartily, warmly; [*salutare*] brightly, heartily 2 *(con entusiasmo, fervore)* [*applaudire*] loudly, warmly; [*difendere, sostenere*] heatedly.

calorosità /kalorosi'ta/ f.inv. effusiveness, warmth.

caloroso /kalo'roso/ agg. 1 [*cibi, bevande*] warming, invigorating 2 *(che non soffre il freddo)* ***è ~*** he doesn't feel the cold 3 FIG. [*persona*] warm, warm-hearted; [*accoglienza*] warm, effusive, rousing; [*voce, parole*] warm; [*saluto*] bright; *(pieno di entusiasmo)* [*pubblico, applauso, sostegno, appoggio*] warm; [*ringraziamento*] warm, effusive; ***una -a stretta di mano*** a warm handshake.

caloscia, pl. **-sce** /ka'lɔʃʃa, ʃe/ f. → **galoche.**

calotta /ka'lɔtta/ f. 1 ABBIGL. crown; ***la ~ di un cappello*** the crown of a hat 2 *(papalina)* calotte, skull cap 3 ARCH. calotte; ***la ~ di una volta*** the calotte of a vault 4 MECC. *(copertura di un meccanismo)* cap 5 AER. *(di paracadute)* canopy ◆◆ ***~ cranica*** ANAT. skull vault; ***~ glaciale*** GEOGR. icecap, ice sheet; ***~ polare*** GEOGR. polar icecap; ***~ sferica*** MAT. spherical cap; ***~ dello spinterogeno*** MECC. distributor cap.

▷ **calpestare** /kalpes'tare/ [1] tr. 1 *(pestare coi piedi)* to trample (on), to tread* (down) [*erba, fiori*]; to stamp on, to tread* on [*giocattolo*]; to stand* on [*insetto*]; ***"vietato ~ le aiuole"*** "keep off the grass" 2 FIG. *(offendere)* to trample (on) [*sentimenti*]; to infringe on, to infringe upon, to trample (on) [*diritti, principi*]; to hurt*, to wound [*amor proprio*].

calpestatore /kalpesta'tore/ m. (f. **-trice** /tritʃe/) trampler.

calpestio, pl. **-ii** /kalpes'tio, ii/ m. tramp(le), trampling.

calta /'kalta/ f. (anche **~ palustre**) kingcup, marsh marigold.

calumet /kalu'met/ m.inv. calumet; ***il ~ della pace*** peace pipe, the pipe of peace ◆ ***fumare il ~ della pace*** to smoke the pipe of peace (anche FIG.).

▷ **calunnia** /ka'lunnja/ f. **1** calumny, libel, slander **C**, smear; ***diffondere -e contro qcn.*** to spread slanders against sb. **2** DIR. slander **U**; ***intentare causa a qcn. per ~*** to sue sb. for slander.

calunniare /kalun'njare/ [1] tr. to calumniate, to traduce, to smear, to slander (anche DIR.); ***~ qcn. alle spalle*** to backbite sb.

calunniatore /kalunnja'tore/ m. (f. **-trice** /tritʃe/) calumniator, traducer, slanderer (anche DIR.).

calunniosamente /kalunnjosa'mente/ avv. slanderously.

calunnioso /kalun'njoso/ agg. [*frase, scritto*] calumnious, slanderous (anche DIR.).

calura /ka'lura/ f. heat, mugginess; ***la ~ estiva*** the summer heat.

calvario, pl. **-ri** /kal'varjo, ri/ m. calvary, ordeal, living death.

Calvario /kal'varjo/ n.pr.m. Calvary; ***la salita al ~*** the road to Calvary.

calvinismo /kalvi'nizmo/ m. Calvinism.

calvinista, m.pl. **-i**, f.pl. **-e** /kalvi'nista/ **I** agg. Calvinist **II** m. e f. Calvinist.

calvinistico, pl. **-ci**, **-che** /kalvi'nistiko, tʃi, ke/ agg. Calvinistic.

Calvino /kal'vino/ n.pr.m. Calvin.

calvizie /kal'vittsje/ f.inv. baldness; ***~ incipiente, precoce*** incipient, premature baldness; ***avere una ~ incipiente*** to be balding *o* going bald; ***un uomo dalla ~ incipiente*** a balding man.

▷ **calvo** /'kalvo/ **I** agg. **1** [*persona*] bald(-headed), hairless; [*testa*] bald, hairless; ***essere, diventare ~*** to be, go bald *o* thin on top **2** *(brullo)* [*montagna, cima, terreno*] bald **II** m. (f. **-a**) baldhead, baldpate.

▶ **calza** /kal'tsa/ ◗ ***35*** f. **1** *(da donna)* stocking; ***-e*** *(collant)* tights BE, pantie hose AE; ***~ di seta, di nylon*** silk, nylon stocking; ***-e venti denari*** 20 denier stockings; ***ho smagliato le -e*** I've laddered my stockings; ***mettere*** o ***infilare, togliere*** o ***sfilare le -e*** to put on *o* draw on, to take off *o* pull off one's socks **2** *(calzino da uomo)* sock; ***avere un buco nella ~*** to have a hole in one's sock; ***rammendare le -e*** to darn socks; ***rammendare la punta di una ~*** to toe a sock; ***ho bucato la ~ sul tallone*** I've torn into the heel of my sock **3** *(lavoro a maglia)* ***fare la ~*** to knit; ***ferri da ~*** knitting needles; ***punto ~*** stocking stitch ◆◆ ***~ autoreggente*** self-supporting stocking, hose; ***la ~ della Befana*** = stocking to be filled with presents which is hanged by children at Epiphany, corresponding to the Christmas stocking; ***~ contenitiva*** surgical stocking, support hose; ***~ con cucitura*** seamed stocking; ***~ senza cucitura*** seamless stocking; ***~ traforata*** openwork stocking; ***~ velata*** sheer stocking; ***-e elastiche*** support stockings *o* tights; ***-e di nylon*** nylons; ***-e a rete*** fishnet stockings.

calzabraca, pl. **calzebrache** /kaltsa'braka, kaltse'brake/ f. STOR. hose.

calzamaglia, pl. **calzemaglie** /kaltsa'maʎʎa, kaltse'maʎʎe/ f. **1** *(collant)* tights **2** *(per danza, teatro)* maillot; *(di color carne)* fleshings **3** STOR. hose.

calzante /kal'tsante/ **I** agg. **1** *(che calza bene)* [*cappello, scarpa*] well-fitting **2** FIG. *(appropriato)* [*termine, espressione*] apt, proper, fitting; ***un esempio ~*** a case in point **II** m. shoehorn.

▷ **1.calzare** /kal'tsare/ [1] **I** tr. **1** *(portare)* to wear* [*scarpe, stivali*]; ***calzava un paio di scarpe marroni*** he was wearing a pair of brown shoes **2** *(fornire di calzature)* to shoe, to provide with shoes [*persona, gruppo*] **II** intr. **1** (aus. *avere*) *(essere adatto)* [*scarpe, stivali, cappello*] to fit*; ***queste scarpe ti calzano perfettamente*** these shoes fit you perfectly *o* are a perfect fit; ***~ a pennello, come un guanto*** [*indumento, calzatura, cappello*] to fit like a glove, to be a good fit **2** (aus. *essere*) FIG. [*esempio, termine, espressione*] to be* apt, proper, fitting.

2.calzare /kal'tsare/ m. LETT. shoe.

calzascarpe /kaltsas'karpe/ m.inv. shoehorn.

calzato /kal'tsato/ **I** p.pass. → **1.calzare II** agg. shod; ***essere ben, mal ~*** to be well, poorly shod ◆ ***un asino ~ e vestito*** an unmitigated fool; ***è un cretino ~ e vestito*** he's a perfect fool.

calzatoia /kaltsa'toja/ f. *(cuneo d'arresto)* chock, trig; ***fermare una ruota con una ~*** to trig a wheel.

calzatoio, pl. **-oi** /kaltsa'tojo, oi/ m. → **calzascarpe**.

▷ **calzatura** /kaltsa'tura/ f. shoe; ***-e*** footwear; ***negozio di -e*** shoe shop; ***l'industria delle -e*** shoe industry, footwear trade; ***lavorare nel settore delle -e*** to be in footwear.

calzaturiere /kaltsatu'rjɛre/ m. shoe manufacturer.

calzaturiero /kaltsatu'rjɛro/ **I** agg. ***produzione -a*** shoe, footwear production; ***industria -a*** shoe factory *o* manufacture **II** m. worker in a shoe factory.

calzaturificio, pl. **-ci** /kaltsaturi'fitʃo, tʃi/ m. shoe factory.

calzerotto /kaltse'rɔtto/ m. ankle sock, anklet AE; ***~ di lana*** woollen ankle sock.

calzetta /kal'tsetta/ f. ankle sock; ***è una mezza ~*** he's a lightweight *o* a small-timer *o* a little squirt.

calzetteria /kaltsette'ria/ f. hosiery.

calzettone /kaltset'tone/ m. knee-length sock.

calzificio, pl. **-ci** /kaltsi'fitʃo, tʃi/ m. stocking factory, sock factory.

calzino /kal'tsino/ ◗ ***35*** m. ankle sock, anklet AE; ***-i corti*** bobby socks *o* sox, short socks; ***-i lunghi*** long socks; ***rammendare i -i*** to darn socks.

calzolaio, pl. **-ai** /kaltso'lajo, ai/ ◗ ***18*** m. (f. **-a**) shoemaker, shoe repairer, cobbler; ***andare dal ~*** to go to the shoemaker's; ***attrezzi del ~*** grindery.

▷ **calzoleria** /kaltsole'ria/ ◗ ***18*** f. shoemaking, shoe repairs pl., shoe repair shop.

calzoncini /kaltson'tʃini/ ◗ ***35*** m.pl. shorts, short trousers; ***in ~*** in shorts ◆◆ ***~ da bagno*** bathing *o* swimming trunks; ***~ sportivi*** sports shorts; ***~ da tennis*** tennis shorts.

calzone /kal'tsone/ m. GASTR. = type of stuffed pizza with a mozzarella cheese, ham and tomato filling inside.

▷ **calzoni** /kal'tsoni/ ◗ ***35*** m.pl. trousers BE, pants AE; ***un paio di ~*** a pair of trousers; ***~ lunghi, stretti, di lana*** long, narrow, woollen trousers; ***~ al ginocchio*** knee-breeches; ***infilarsi i ~*** to slip into one's trousers, to slip one's trousers on; ***portare i ~*** FIG. to wear the trousers BE, the pants AE; ***farsela nei ~*** FIG. to wet one's pants, to shit in one's pants, to be scared shitless ◆◆ ***~ alla cavallerizza*** (riding) breeches; ***~ da sci*** ski trousers BE, pants AE; ***~ alla zuava*** plus-fours, knickerbockers.

Cam /kam/ n.pr.m. Ham.

camaldolese /kamaldo'lese/ **I** agg. Camaldolese, Camaldolite **II** m. e f. Camaldolese, Camaldolite.

camaleonte /kamale'onte/ m. chameleon (anche FIG.).

camaleontico, pl. **-ci**, **-che** /kamale'ɔntiko, tʃi, ke/ agg. FIG. chameleonic, chameleon-like.

camaleontismo /kamaleon'tizmo/ m. opportunism.

cambiabile /kam'bjabile/ agg. changeable.

cambiadischi /kambja'diski/ m.inv. record changer.

▷ **cambiale** /kam'bjale/ f. bill of exchange, bill; ***~ a breve, a lunga scadenza*** short(-dated), long-dated bill; ***una serie di -i*** a set of bills; ***pagare con una ~*** to pay by bill of exchange; ***girare, inviare una ~*** to endorse, remit a bill; ***protestare una ~*** to protest a bill; ***emettere, spiccare una ~*** to draw, issue a bill; ***domiciliare una ~*** to domicile a bill; ***avallare una ~*** to guarantee *o* back a bill; ***regolare, pagare una ~*** to settle, pay a bill; ***riscuotere una ~*** to cash a bill ◆◆ ***~ bancaria*** bank bill BE, bank note AE; ***~ di comodo*** → ***~ di favore***; ***~ documentaria*** o ***documentata*** documentary bill; ***~ domiciliata*** domiciled bill; ***~ di favore*** accommodation bill; ***~ interna*** inland bill BE; ***~ non onorata*** dishonoured bill; ***~ di primissimo ordine*** prime bill; ***~ propria*** promissory note; ***~ su piazza*** town bill; ***~ protestata*** protested bill; ***~ di rivalsa*** redraft; ***~ in scadenza*** due bill AE; ***~ allo sconto*** bill for discount; ***~ in sofferenza*** pending bill; ***~ a vista*** sight bill, demand note AE; ***~ a tempo*** time bill; ***~ trasferibile*** negotiable bill.

▷ **cambiamento** /kambja'mento/ m. *(variazione)* change (**di** in); *(sostituzione)* change (**di** of); ***apportare, fare, determinare un ~*** to bring about, make, produce a change (**in** in); ***subire dei -i*** to undergo changes; ***in continuo ~*** ever-changing; ***~ in meglio, peggio*** a change for the better, worse; ***salvo -i*** barring changes; ***-i imprevisti*** unexpected *o* unforeseen changes; ***~ di programma*** change of plan; ***~ d'opinione*** reversal of opinion, turnround; ***~ di tempo*** change *o* switch in the weather; ***~ di direzione*** change of direction; ***~ di stagione*** seasonal change; ***~ di tono*** change of key (anche FIG.); ***~ di sesso*** sex change; ***~ di politica*** shift *o* switch of policy; ***il ~ d'aria ti farà bene*** the change of air will do you good; ***un brusco ~ di temperatura*** a sharp *o* sudden temperature change; ***un ~ improvviso dell'opinione pubblica*** a sudden shift *o* swing in public opinion; ***un brusco ~ d'umore*** a sharp mood swing; ***è un bel ~*** *(piacevole)* that makes a nice *o* refreshing change; *(notevole)* that's quite a change; ***sarebbe un bel ~ dalla solita routine*** it would be a nice break from routine; ***aria di ~*** wind of change ◆◆ ***~ di rotta*** MAR. sheer, turnabout; FIG. sea change, turnabout; ***~ di costume, scena*** TEATR. CINEM. scene, costume change.

cambiamonete /kambjamo'nete/ **I** m. e f.inv. ANT. → **cambiavalute II** m.inv. change machine.

▶ **cambiare** /kam'bjare/ [1] **I** tr. **1** *(mutare)* to change [*lavoro, professione, lato, direzione, posizione, mano, piede, dottore, fornitore, auto, gusti*]; ***~ idea*** to change one's mind; ***far ~ idea a qcn.*** to change sb.'s mind; ~ ***(di) posto*** [*persona, oggetto*] to change places (**con** with); ***al ritorno abbiamo cambiato strada*** we came back by a different route; ~ ***indirizzo*** to change (one's) address; ***avere bisogno di ~ aria*** to need a change of air; ***cambia amante, domestica tutti i mesi*** she has a new lover, maid every month; ~ ***opinione, parere*** to change one's mind (**su** about), to revise one's opinion (**su** of); ~ ***colore*** [*persona, capelli, alberi, soluzione chimica*] to change colour; ~ ***partito*** [*politico*] to change sides, to switch parties, to cross the floor; ***nell'udire questa notizia ha cambiato colore, faccia*** at this news he changed colour *o* his expression changed; ***cambiamo argomento*** let's change the subject; ~ ***proprietario*** [*casa, immobile*] to change hands; ***ha cambiato carattere*** his character has changed; ~ ***sesso*** to have a sex change; ~ ***treno, aereo*** to change trains, planes; ~ ***campo*** SPORT to change ends **2** *(scambiare)* to change, to exchange [*vestiti, posti*] (**con qcn.** with sb.); to change, to exchange [*vestiti, auto, nome*] (**con qcs.** for sth.); ***hanno cambiato la loro macchina con una più piccola*** they changed their car for a smaller one; ~ ***una banconota da 10 euro in monete da un euro*** to change a 10 euro note into one-euro coins; ***mi scusi, ha da ~ 50 euro?*** excuse me, have you got change for 50 euros? ~ ***il posto con qcn.*** to change *o* swap places with sb. **3** *(convertire)* to change [*denaro, assegno, traveller's cheque*] (**in** into, for); ~ ***dei soldi*** to change some money; ***potete ~ fino a 500 euro*** you can change up to 500 euros; ~ ***euro in dollari*** to change euros into dollars, to exchange euros for dollars **4** *(sostituire)* to change, to replace [*pile, lampadina, biancheria*]; ~ ***una gomma a un'automobile*** to change a wheel on a car; ~ ***le lenzuola*** to change a bed *o* the sheets; ~ ***l'aria*** to clear *o* change the air **5** *(spostare)* ~ ***di posto qcs.*** o ~ ***posto a qcs.*** to change round sth., to change sth. round, to shift *o* move sth.; ~ ***le mansioni ad un impiegato*** to change *o* move an employee round; ***hanno cambiato posto ai libri*** they changed the books round **6** *(modificare)* to change [*vita, piano, atteggiamento, abitudini, testo*]; to alter, to change [*stile di vita, orario, aspetto*]; ***(ma) questo cambia tutto!*** that makes all the *o* a world of difference! that changes everything *o* things entirely! ***questo che cosa cambia?*** what difference does that make? ***niente può ~ il fatto che*** nothing can alter the fact that; ***non ~ qcs. (neppure) di una virgola*** to change sth. not one jot *o* tittle; ***hai cambiato qcs. nella tua pettinatura*** you've done something different with your hair; ~ ***pettinatura*** to change hairstyle; ~ ***la (propria) voce*** to disguise one's voice; ~ ***rotta*** [*nave, aereo*] to change course; ~ ***corsia*** AUT. to change *o* switch lanes; ~ ***marcia*** AUT. to change *o* to shift AE gear; ~ ***canale*** to change *o* switch channels **7** *(trasformare)* ~ ***qcs., qcn. in*** to change *o* turn sth., sb. into; ***voler ~ il mondo, qcn.*** to want to change the world, sb.; ***non si cambia la propria natura*** people don't change; ***il bambino mi ha cambiato la vita*** the baby has changed my life **8** *(di abito, biancheria, pannolino)* to change [*bebè*] **II** intr. (aus. *essere*) **1** *(modificarsi, trasformarsi)* [*persona, situazione, salute, tempo*] to change; *(cambiare direzione)* [*vento*] to change, to shift; ***i tempi sono cambiati*** times have changed; ***non cambierà mai, è sempre lo stesso*** he will never change, he's the same as ever *o* always the same; ***non è cambiato neanche un po'*** he hasn't changed one iota *o* a bit; ***molte cose erano cambiate, nulla era cambiato*** a lot, nothing had changed; ~ ***in meglio, in peggio*** to take a turn *o* change for the better, the worse; ***è cambiato qcs. qui, nel loro comportamento*** there's something different here, about their behaviour; ~ ***del tutto*** o ***completamente*** to change totally *o* completely *o* entirely **2** *(prendere una coincidenza)* to change; ***devo ~?*** do I have to change? ***deve ~ a Sheffield*** you have to change at Sheffield **3** *(rompere la monotonia)* ***per ~ (un po') ho cucinato l'anatra*** I've cooked duck for (a bit of) a change *o* to make a change; ***per ~ (un po') quest'estate andiamo in Spagna*** for a bit of a change we are going to Spain this summer; ***tanto per ~*** IRON. for a change; ***tanto per ~, il treno era in ritardo*** the train was late, for a change **III cambiarsi** pronom. **1** *(d'abito)* to change; ***-rsi per la cena*** to change for dinner; ***vado a cambiarmi e arrivo*** I'm just going to get changed and I'll be with you; ***fila a cambiarti!*** hurry up and get changed! ***-rsi le scarpe, i vestiti*** to change one's shoes, clothes **2** *(trasformarsi)* ***-rsi in*** [*persona, animale*] to change into, to turn into ◆ ~ ***aria*** *(sparire)* to clear out; ~ ***le carte in tavola*** to change *o* shift one's ground, to turn the tables; ~ ***casa*** to move (house); ~ ***disco*** COLLOQ. to change the record; ~ ***musica*** COLLOQ. to change one's tune, to sing a different tune; ~ ***vita*** to change one's ways *o* life, to start a new life.

cambiario, pl. **-ri, -rie** /kam'bjarjo, ri, rje/ agg. ***vaglia ~*** promissory note; ***protesto ~*** protest of bills.

cambiavalute /kambjava'lute/ ♦ ***18*** m. e f.inv. (money-)changer, foreign exchange dealer ◆◆ ~ ***automatico*** currency exchange dispenser.

▶ **cambio**, pl. **-bi** /'kambjo, bi/ m. **1** *(sostituzione, scambio)* change, exchange (**di** of); ***60 euro per il ~ di una ruota*** 60 euros for a wheel change; ***in questo negozio non si effettuano -bi di merce*** we don't exchange goods in this shop; ***fare (a) ~ di qcs.*** to swap sth.; ***facciamo (a) ~?*** shall we swap? ***fare ~ di posto con qcn.*** to change *o* trade places with sb.; ***guadagnarci, perderci nel ~*** to gain, lose on the deal; *(ricambio)* ***portare un ~ di vestiti*** to take a change of clothes **2** *(avvicendamento)* relief; ***il ~ di qcn.*** relieving sb.; ***il ~ si dà*** o ***viene dato alle 20*** the changeover takes place *o* the relief arrives at 8 pm; ***il ~ della guardia*** *(azione)* the changing of the guard (anche FIG.); *(sostituto)* relief guard; ***fare il ~ della guardia*** to relieve the guard; ***dare il ~ a*** to relieve [*operaio, sentinella*]; ***dare il ~ alla guida*** to have a turn at driving; ***farsi dare il ~ da qcn.*** to get sb. to take over; ***darsi il ~*** to take turns (**per fare** at doing); ***si danno il ~ ogni ora*** they change over every hour **3** ECON. *(tasso)* exchange rate; *(operazione)* exchange; ~ ***fisso, fluttuante*** fixed, floating (exchange) rate; ~ ***ufficiale, libero*** official, unofficial *o* free exchange rate; ***il corso del ~*** exchange (rate); ***mercato dei -bi*** foreign exchange market; ***tasso di ~*** rate of exchange, exchange rate, conversion rate; ***oscillazione del ~*** floating *o* fluctuation of the exchange rate; ***perdita sul ~*** losing out in the exchange; ~ ***alla pari*** par of exchange; ***sistema monetario a ~ aureo*** gold exchange standard; ***aumento, abbassamento del ~*** rise, fall in the exchange rate; ***prima, seconda, terza di ~*** first, second, third of exchange; ***il ~ ci è sfavorevole*** the exchange rate is not in our favour; ***guadagnare al ~, perdere nel ~*** to make, lose money on the exchange; ***agente di ~*** exchange broker **4** MECC. *(di bici)* derailleur gears; *(di auto, moto)* gears pl.; ~ ***di marcia*** gear change, gearshift AE; ***scatola del ~*** gearbox; ~ ***a 5 velocità*** five-speed gearbox; ***leva del ~*** gear lever, stick BE, gearshift AE **5** SPORT ~ ***di campo*** changeover; *(nel tennis)* ~ ***di battuta*** change of service **6 in cambio** in exchange, in return (**di** for); ***dare qcs. in ~ di qcs.*** to swap sth. for sth.; ***dare qcs. in ~*** to give sth. in return; ***in ~ di un buono della compagnia aerea*** against a voucher from the airline; ***in ~, il ministro ha concesso un aiuto finanziario*** in return, the minister has granted financial aid; ***in ~, dobbiamo occuparci della manutenzione della casa*** in return we must see to the upkeep of the house ◆◆ ~ ***automatico*** AUT. automatic transmission; ***auto con ~ automatico*** automatic (car); ~ ***di frequenza*** frequency hopping; ~ ***di gestione*** COMM. under new management; ~ ***di indirizzo*** change of address; ~ ***di moltiplica*** derailleur gears; ~ ***d'olio*** AUT. oil change; ~ ***di proprietà*** conveyance.

cambista, m.pl. **-i**, f.pl. **-e** /kam'bista/ ♦ ***18*** m. e f. ECON. (money-)changer, exchanger.

Cambogia /kam'bɔdʒa/ ♦ ***33*** n.pr.f. Cambodia.

cambogiano /kambo'dʒano/ ♦ ***25, 16*** **I** agg. Cambodian **II** m. (f. **-a**) **1** *(persona)* Cambodian **2** *(lingua)* Cambodian.

cambretta /kam'bretta/ f. staple.

cambrì /kam'bri/ m.inv. cambric, chambray.

cambriano /kam'brjano/, **cambrico**, pl. **-ci, -che** /'kambriko, tʃi, ke/ **I** agg. Cambrian **II** m. ***il ~*** the Cambrian.

cambusa /kam'buza/ f. glory hole, cuddy, storeroom.

cambusiere /kambu'zjɛre/ m. storeman*.

camelia /ka'mɛlja/ f. camellia, camelia.

camepizio, pl. **-zi** /kame'pittsjo, tsi/ m. groundpine.

▶ **camera** /'kamera/ f. **1** *(stanza)* room; ~ ***d'albergo, d'ospedale*** hotel, hospital room; ~ ***con bagno*** room with private bath *o* with en suite bathroom; ~ ***singola*** o ***a un letto*** single room; ~ ***a due letti*** twin(-bedded) room; ***affittasi ~ ammobiliata*** furnished room to let; ***affittare una ~*** *(dare in affitto)* to rent out *o* let a room; *(prendere in affitto)* to rent a room; ***affittare -e*** to rent out rooms; ***prenotare una ~*** to book *o* reserve a room; ***dormire in, avere -e separate*** to sleep in, have separate rooms; ***avete una ~ libera?*** have you got a vacancy? ***servizio in ~*** room service; ***veste da ~*** dressing gown, wrap(per); ***giacca da ~*** smoking jacket; ***bicicletta da ~*** exercise bicycle **2** MUS. ***musica, orchestra da ~*** chamber music, orchestra **3** POL. *(assemblea parlamentare)* chamber, house **4** AMM. *(organo professionale)* chamber **5** TECN. *(spazio chiuso)* chamber **6** ANAT. chamber ◆◆ ~ ***ardente*** *(in ospedale ecc.)* mortuary chapel; *(in pompe funebri)* funeral parlour, chapel of rest; ~ ***d'aria*** air chamber, inner tube; ~ ***blindata*** strongroom; ~ ***a bolle*** FIS. NUCL. bubble chamber; ~ ***di combustione*** combustion chamber; ~ ***di commercio*** Chamber of Commerce; ~ ***di compensazione*** ECON. clearing house; ~ ***di decompressione*** decompression chamber; ~ ***doppia*** double room; ~ ***di equilibrio*** airlock, man lock; ~ ***a gas*** gas chamber; ~ ***del lavoro*** trade union offices, local trade union offices; ~ ***da letto*** bedroom; ~ ***matrimoniale*** double room with a double bed; ~ ***mortuaria*** mortuary; ~ ***a nebbia*** → ~ **di Wilson**; ~ ***operatoria*** operating theatre BE, operating room AE; ~ ***degli orrori*** Chamber of Horrors; ~ ***oscura*** FOT. darkroom, camera obscura; ~ ***degli ospiti*** guest *o* spare room; ~ ***da pranzo*** dining room; ~ ***di riverberazione*** RAD. TELEV. echo chamber; ~ ***di sicurezza*** MIL. guardhouse, guardroom; ~ ***singola*** single room; ~ ***sterile*** MED. germ-free chamber; ~ ***di tortura*** torture chamber; ~ ***di Wilson*** cloud chamber; ***Camera Alta*** BE POL. upper chamber; ***Camera Bassa*** BE POL. lower chamber; ***Camera dei Comuni*** BE POL. House of Commons; ***Camera di Consiglio*** council chamber; ***Camera dei deputati*** POL. Chamber of Deputies; ***Camera dei Lord, Camera dei Pari*** BE POL. House of Lords; ***Camera dei rappresentanti*** POL. House of Representatives.

> **Camera dei Deputati** The legislative assembly that, along with the Senate, makes up the Italian Parliament. Recent reform has reduced the number of deputies from 630 to 518. They are elected by universal direct suffrage by citizens over 18 years of age.

cameralismo /kamera'lizmo/ m. ECON. cameralism.

1.camerata /kame'rata/ f. *(di caserma)* barrack room, sleeping quarters; *(di collegio)* sleeping quarters, dormitory; ***compagno di*** ~ roommate, comrade.

2.camerata, m.pl. **-i**, f.pl. **-e** /kame'rata/ m. e f. **1** *(compagno d'armi, di collegio)* comrade, companion **2** STOR. = form of address used by members of the Italian Fascist movement.

cameratesco, pl. **-schi**, **-sche** /kamera'tesko, ski, ske/ agg. comradely.

cameratismo /kamera'tizmo/ m. camaraderie, comradeship, fellowship, male bonding; ***spirito di*** ~ spirit of comradeship.

cameriera /kame'rjɛra/ ➧ **18** f. **1** *(in un locale)* waitress; ~ ***di bar*** barmaid, bartender; ***chiedere il conto alla*** ~ to ask the waitress for the bill **2** *(in albergo)* chambermaid, maid **3** *(domestica)* (house)maid; ~ ***personale*** personal maid; *(di signora)* lady's maid; ***fa la*** ~ ***presso il sig. Rossi*** she works as a maid for Mr Rossi.

▶ **cameriere** /kame'rjɛre/ ➧ **18** m. **1** *(in un locale)* waiter; ~ ***di bar*** barman, bartender; ~***, un caffè!*** waiter, a coffee please! **2** *(in un albergo)* ~ ***(ai piani)*** floor boy **3** *(domestico)* (man)servant; ~ ***personale*** valet.

camerino /kame'rino/ m. **1** TEATR. dressing room, greenroom **2** *(in un negozio d'abbigliamento)* ~ ***(di prova)*** fitting room, changing room **3** MIL. MAR. cabin.

camerista /kame'rista/ f. ANT. lady's maid.

cameristico, pl. **-ci**, **-che** /kame'ristiko, tʃi, ke/ agg. [*concerto, musica*] chamber.

camerlengo, pl. **-ghi** /kamer'lengo, gi/ m. camerlingo*.

Camerun /'kamerun/ ➧ **33** n.pr.m. Cameroon.

camerunese /kameru'nese/ ➧ **25 I** agg. Cameroonian **II** m. e f. Cameroonian.

▷ **camice**, pl. **-ci** /'kamitʃe, tʃi/ m. **1** *(da lavoro)* overall, smock; *(di chirurgo, paziente)* gown; ~ ***del dottore*** white coat; ***-ci bianchi*** FIG. *(medici)* whitecoats; *(ricercatori)* lab coats **2** RELIG. *(alba)* alb.

camiceria /kamitʃe'ria/ f. *(fabbrica)* shirt factory; *(negozio)* shirt shop.

camicetta /kami'tʃetta/ ➧ **35** f. blouse; *(di foggia machile)* shirt; ***abbottonarsi, sbottonarsi la*** ~ to button (up), unbutton one's blouse; ~ ***a maniche lunghe, corte*** long-, short-sleeved blouse; ***una*** ~ ***scollata, senza maniche, ricamata*** a low-necked, sleeveless, embroidered blouse; ~ ***di mussola, di seta*** muslin, silk blouse.

▶ **camicia**, pl. **-cie**, **-ce** /ka'mitʃa, tʃe/ ➧ **35** f. **1** *(da uomo)* shirt; *(da donna)* blouse; ~ ***a maniche lunghe, corte*** long-, short-sleeved shirt; ~ ***di cotone, di seta*** cotton, silk shirt *o* blouse; ***una*** ~ ***a quadretti, a righe*** a checked, striped shirt *o* blouse; ***essere in maniche di*** ~ to be in one's shirt-sleeves (anche FIG.); ***lavare, stirare -cie*** to wash, iron shirts; ***mettere*** o ***mettersi*** o ***indossare la*** ~ to put on *o* wear a shirt *o* blouse; ***togliersi la*** ~ to take off one's shirt *o* blouse; ***infilarsi la*** ~ ***nei pantaloni*** to tuck one's shirt into one's trousers; ***portare la*** ~ ***fuori dai pantaloni*** to wear one's shirt outside one's trousers **2** *(cartellina per documenti)* folder **3** TECN. ING. jacket, liner **4** GASTR. ***uova in*** ~ poached eggs ◆ ***essere nato con la*** ~ to be born with a silver spoon in one's mouth; ***rimetterci la*** o ***ridursi in*** ~ to lose one's shirt; ***giocarsi la*** ~ to put one's shirt (**su** on); ***vendersi la*** ~ to sell the shirt off one's back; ***essere culo e*** ~ to be hand in glove, to be pally BE (**con** with); ***sudare sette -cie*** to sweat blood ◆◆ ~ ***d'acqua*** TECN. AUT. water jacket; ~ ***di forza*** MED. straitjacket; ~ ***da notte*** nightdress, nightshirt, nightgown AE; ***-cie brune*** STOR. Brownshirts; ***-cie nere*** STOR. Blackshirts; ***-cie rosse*** STOR. Red shirts.

camiciaio, pl. **-ai** /kami'tʃajo, ai/ ➧ **18** m. (f. **-a**) shirt maker.

camiciola /kami'tʃɔla/ f. = light short-sleeved summer blouse.

camiciotto /kami'tʃɔtto/ ➧ **35** m. **1** *(camicia estiva da uomo)* short-sleeved shirt **2** *(camice da lavoro)* work shirt.

▷ **caminetto** /kami'netto/ m. fireplace; ***sul*** ~ on the mantelpiece; ***un fuoco ardeva nel*** ~ a fire was blazing in the hearth; ***sedere davanti al*** ~ to sit by the fire(place); ***arnesi per il*** ~ fire irons.

caminiera /kami'njɛra/ f. **1** *(mensola)* overmantel, mantelpiece **2** *(parafuoco)* fireguard.

▷ **camino** /ka'mino/ m. **1** *(focolare)* fireplace; ~ ***di pietra, marmo*** stone, marble fireplace; ***accendere il (fuoco nel)*** ~ to make a fire in the fireplace; ***sedere accanto al*** ~ to sit by the fire(place); ***gettare un ceppo nel*** ~ to put *o* throw a log into the fire; ***cappa del*** ~ (chimney) hood **2** *(canna fumaria)* *(di abitazione)* chimneypot; *(di nave, locomotiva)* chimney; *(di fabbrica)* chimneystack, smokestack **3** GEOL. *(di vulcano)* vent, neck **4** *(in montagna)* chimney; ***scalare un*** ~ to climb a chimney.

▷ **camion** /'kamjon/ m.inv. (motor) truck, lorry BE; *(per trasporto pesante)* heavy truck; ~ ***a pieno carico*** fully loaded truck ◆◆ ~ ***a cassone (ribaltabile)*** dumper (truck), tipper (truck); ~ ***coperto*** covered truck; ~ ***delle nettezza urbana*** refuse lorry BE, dust cart BE, garbage truck AE; ~ ***con rimorchio*** truck with trailer; ~ ***per traslochi*** removal van, furniture van.

camionabile /kamjo'nabile/, **camionale** /kamjo'nale/ agg. ***strada*** ~ truckway.

camionata /kamjo'nata/ f. truckload, lorry load BE (anche FIG.); *(di camioncino)* vanload.

camioncino /kamjon'tʃino/ m. (transit) van; ~ ***dei gelati*** ice-cream van BE, ice-cream truck AE.

camionetta /kamjo'netta/ f. jeep®.

camionista, m.pl. **-i**, f.pl. **-e** /kamjo'nista/ ➧ **18** m. e f. truck driver, lorry driver BE, haulier; ***ristorante per -i*** truck stop, transport café BE.

camisaccio, pl. **-ci** /kami'zattʃo, tʃi/ m. pea jacket.

camita, m.pl. **-i**, f.pl. **-e** /ka'mita/ m. e f. Hamite.

camitico, pl. **-ci**, **-che** /ka'mitiko, tʃi, ke/ **I** agg. Hamitic; ***lingue -che*** Hamitic languages **II** m. Hamitic.

camma /'kamma/ f. cam; ***albero a -e*** AUT. camshaft; ***albero a -e in testa*** AUT. overhead camshaft.

cammellato /kammel'lato/ agg. ***truppe -e*** camel corps.

cammelliere /kammel'ljɛre/ m. cameleer, camel driver.

▷ **cammello** /kam'mɛllo/ ➧ **3 I** m. **1** *(animale)* (Bactrian) camel; ***il*** ~ ***ha due gobbe*** camels have two humps; ***carovana di -i*** camel train **2** *(tessuto)* camel hair; ***coperta, cappotto di*** ~ camel hair blanket, coat **II** agg.inv. ***(color)*** ~ [*cappotto, vestito*] camel ◆ ***è più facile che un*** ~ ***passi per la cruna di un ago, che un ricco entri nel regno dei cieli*** PROV. it is easier for a camel to go through the eye of a needle, than for a rich man to enter into the kingdom of God.

cammellotto /kammel'lɔtto/ m. camlet.

cammeo /kam'mɛo/ m. **1** *(in oreficeria)* cameo*; ***spilla con*** ~ cameo brooch **2** TEATR. CINEM. cameo role.

camminamento /kammina'mento/ m. MIL. communication trench.

▶ **camminare** /kammi'nare/ [1] intr. (aus. *avere*) **1** *(andare a piedi)* [*persona, animale*] to walk; ~ ***a piedi nudi*** to walk with bare feet *o* barefoot; ~ ***all'indietro*** to walk backwards; ~ ***avanti e indietro, su e giù*** to walk *o* pace up and down; ~ ***a quattro zampe*** to walk on all fours; ~ ***carponi*** o ***gattoni*** to crawl; ~ ***a papera*** to waddle; ~ ***con passo pesante*** to stamp, to trudge, to thump (along); ~ ***con passo leggero*** to trip along; ~ ***con passo incerto, sicuro*** to walk falteringly *o* shakily, without faltering; ~ ***con passo felpato*** to pad *o* glide along, to be soft-footed; ~ ***in punta di piedi*** to tiptoe, to walk on tiptoe; ~ ***in fila indiana*** to walk in single file; ***imparare a*** ~ to learn to walk; ***tuo fratello cammina velocemente*** your brother is a fast walker; ***ho camminato per tre ore*** I walked for three hours; ~ ***senza meta*** to wander aimlessly; ~ ***per i campi*** to walk through the fields; ~ ***lungo la spiaggia, la strada*** to walk along the beach, the road; ~ ***con i tacchi, con le scarpe basse*** to walk in high heels, flat shoes; ~ ***con le stampelle*** to walk on crutches; ~ ***col bastone*** to walk with a stick; ~ ***sui trampoli*** to walk on stilts; ~ ***sulla fune*** to walk the tightrope; ~ ***sulle mani*** [*ginnasta*] to walk on one's hands; ~ ***nel sonno*** to sleepwalk, to walk in one's sleep; ~ ***a testa alta*** to walk tall; ~ ***(tutto) impettito*** to strut along, to swagger, to prance; ***cammina!*** *(vattene)* go away! *(affrettati)* come along! ***cammina cammina...*** *(nei racconti)* on and on and on he walked **2** COLLOQ. *(funzionare)* [*meccanismo, dispositivo*] to work; ***il mio orologio non cammina più*** my watch has stopped working; ***la macchina non cammina*** the car doesn't go; ***una vecchia macchina che cammina a fatica*** an old car that wheezes along **3** *(fare* *passeggiate)* ~ ***in montagna*** to hike in the mountains ◆ ~ ***con le proprie gambe*** to find one's feet, to stand on one's own feet; ~ ***sul sicuro*** to walk on safe ground; ~ ***sulle uova*** to tread on eggs *o* eggshells.

camminata /kammi'nata/ f. **1** *(passeggiata)* walk, wander, stroll; *(gita)* hike, ramble; ***andare a fare una*** ~ ***nel parco*** to go for a walk in the park, a wander round the park; ***fare una breve*** ~ to have *o* take a short walk; ***andare a fare una*** ~ ***in montagna*** to go on a hike in the mountains **2** *(passo, andatura)* walk, gait; ***una*** ~ ***sciolta*** a brisk walk, gait; ***la disinvoltura della tua*** ~ the ease with which you walk; ***la riconosco dalla*** ~ I know her by her walk.

camminatore /kammina'tore/ m. (f. **-trice** /tritʃe/) walker, hiker; ***essere un buon, cattivo*** ~ to be a great, poor walker.

▶ **cammino** /kam'mino/ m. **1** *(camminata)* walk; ***dopo un lungo*** ~ after a long walk; ***mettersi in*** ~ to hit the road, to set off (**verso** for); ***rimettersi in*** ~ to get back on the road; ***a dieci minuti di*** ~ at ten minutes' walk **2** *(strada, tragitto)* way, road; ***essere in*** ~ to be on the road; ***proseguire il proprio*** ~ to continue on one's way; ***cammin facendo*** along the way; ***incontrare sul proprio*** ~ to come across; ***indugiare lungo il*** ~ to linger on one's way; ***trovare un ostacolo sul proprio*** ~ to find an obstacle in one's way *o* path (anche FIG.); ***distruggere tutto sul proprio*** ~ [*valanga, frana*] to destroy everything in one's path **3** *(corso)* path, course; ***il*** ~ ***del sole, di un fiume*** the path of the sun, of a river **4** FIG. *(condotta morale)* ***il retto*** ~ the straight and narrow; ***deviare dal retto*** ~ to wander from the straight and narrow **5** FIG. *(il procedere)* march, progress; ***il*** ~ ***del progresso, della civiltà*** the march of progress, the progress of civilization; ***il*** ~ ***della scienza*** the progress of science; ***il*** ~ ***del Paese verso la democrazia*** the country's march towards democracy; ***questo saggio descrive il*** ~ ***personale dell'autore*** this essay describes the author's personal development ◆◆ ~ ***di ronda*** MIL. path round the battlements.

camola /'kamola/ f. REGION. *(tarma)* moth; *(tarlo)* woodworm.

camomilla /kamo'milla/ f. *(pianta)* chamomile; *(bevanda)* chamomile tea; ◆◆ ~ ***fetida*** o ***mezzana*** dog-fennel.

camorra /ka'mɔrra/ f. **1** *(mafia napoletana)* Camorra **2** *(associazione criminale in genere)* racket, mafia.

> **i** **Camorra** Widespread in Naples and Campania, this is not a single criminal organization, but a collection of groups (families) which often fight each other for control of criminal activities. It goes back to the 16th century and has practised extortion for centuries, blackmailing small businesses in Naples. After World War II, and above all in the 1980s, it began to control drug dealing and arms trafficking, prostitution and the allocation of public contracts, developing links with politicians and gaining ever-increasing control over the Naples area.

camorrista, m.pl. **-i**, f.pl. **-e** /kamor'rista/ m. e f. = member of the Camorra.

camorristico, pl. **-ci**, **-che** /kamor'ristiko, tʃi, ke/ agg. = pertaining to the Camorra.

camoscio, pl. **-sci** /ka'mɔʃʃo, ka'moʃʃo, ʃi/ m. **1** ZOOL. chamois* **2** *(pelle)* chamois (leather), shammy COLLOQ.; *(pelle scamosciata)* suede; ***guanti, scarpe di*** ~ suede gloves, shoes.

▶ **campagna** /kam'paɲɲa/ f. **1** *(zona rurale)* country, countryside U; ***la*** ~ ***toscana*** the Tuscan countryside; ***abitare in*** ~ to live in the country; ***aperta*** ~ open countryside; ***strada, casa di*** ~ country road, cottage; ***gente di*** ~ country folk; ***l'esodo dalle -e*** the drift from the land; ***la vita di*** ~ country life **2** *(terra coltivata)* farmland, land; ***una*** ~ ***fertile*** (a) fertile *o* rich land; ***i prodotti della*** ~ country products **3** *(operazione)* campaign; ***condurre*** o ***fare una*** ~ ***per, contro*** to conduct a campaign for, against; ***lanciare una*** ~ to launch a campaign; ***questa*** ~ ***è rivolta ai giovani*** this campaign is aimed at young people **4** *(periodo di attività)* ~ ***viticola*** winegrowing season **5** MIL. campaign; ***la*** ~ ***d'Egitto, di Russia*** the Egyptian, Russian campaign ◆◆ ~ ***acquisti*** SPORT transfer season; ~ ***diffamatoria*** dirty tricks campaign, smear campaign; ~ ***per i diritti dell'uomo*** human rights campaign; ~ ***elettorale*** election campaign; ~ ***di propaganda*** propaganda campaign; ~ ***pubblicitaria*** advertising campaign; ~ ***di risparmio*** economy drive; ~ ***di sensibilizzazione*** awareness campaign; ~ ***di stampa*** press campaign; ~ ***di vendita*** sales drive, marketing campaign.

campagnola /kampaɲ'ɲɔla/ f. countrywoman*.

campagnolo /kampaɲ'ɲɔlo/ **I** agg. **1** ***abitudini -e*** country habits; ***abiti -i*** folksy clothes; ***accento*** ~ country accent **2** ZOOL. ***topo*** ~ vole **II** m. **1** countryman*, peasant **2** SPREG. peasant, country bumpkin; ***comportarsi come un*** ~ to behave like a country bumpkin.

campale /kam'pale/ agg. **1** MIL. ***artiglieria*** ~ field artillery; ***battaglia*** ~ open field battle; **2** FIG. ***una giornata*** ~ an exhausting day; ***una battaglia*** ~ a pitched battle, a battle royal.

▷ **campana** /kam'pana/ f. **1** *(strumento)* bell; ***suonare le campane*** to ring the bells; ***udimmo dieci rintocchi di*** ~ we heard the bell ring ten times; ***la*** ~ ***suonava a morto*** the bell tolled **2** *(forma)* ***a*** ~ [*oggetto, gonna*] bell-shaped; ***curva a*** ~ MAT. bell-shaped *o* Gaussian curve **3** *(come protezione)* ~ ***di vetro*** bell jar, glass case, cloche **4** GIOC. *(settimana)* hopscotch; ***giocare a*** ~ to play hopscotch **5** *(contenitore per il vetro)* bottle bank **6** MUS. bell **7** ARCH. bell ◆ ***crescere qcn. sotto una*** ~ ***di vetro*** = to mollycoddle sb.; ***sentire un'altra*** ~ = to hear another opinion; ***essere sordo come una*** ~ to be as deaf as a post; ***essere stonato come una*** ~ = to sing atrociously; ***stare in*** ~ to be on one's toes ◆◆ ~ ***subacquea, da palombaro*** MAR. diving bell; ~ ***pneumatica*** ING. pneumatic caisson.

campanaccio, pl. **-ci** /kampa'nattʃo, tʃi/ m. cowbell; *(di capra, montone)* bell.

campanario, pl. **-ri**, **-rie** /kampa'narjo, ri, rje/ agg. ***torre -a*** bell tower, belfry; ***cella -a*** belfry.

campanaro /kampa'naro/ ♦ ***18*** m. bell-ringer.

campanella /kampa'nɛlla/ f. **1** bell; *(azionata a mano)* handbell; ~ ***della scuola*** school bell **2** BOT. bell.

campanellino /kampanel'lino/ m. tintinnabulum*, bell.

▷ **campanello** /kampa'nɛllo/ **I** m. *(di abitazione)* doorbell; *(di bicicletta)* bell; ***suonare il*** ~ to ring the bell **II campanelli** m.pl. MUS. chimes ◆◆ ~ ***d'allarme*** alarm bell (anche FIG.); ~ ***elettrico*** electric bell; ~ ***da messa*** bells pl.

campaniforme /kampani'forme/ agg. bell-shaped.

▷ **campanile** /kampa'nile/ m. **1** bell tower, belfry, steeple **2** *(paese natale)* home town **3** SPORT *(nel calcio)* ***alzare una palla a*** ~ to loft a ball.

campanilismo /kampani'lizmo/ m. = exaggerated attachment to the customs and traditions of one's own town.

campanilista, m.pl. **-i**, f.pl. **-e** /kampani'lista/ **I** agg. [*spirito, interesse*] sectional **II** m. e f. = person who shows exaggerated attachment to his or her town.

campanilistico, pl. **-ci**, **-che** /kampani'listiko, tʃi, ke/ agg. [*atteggiamento, mentalità*] parochial.

campano /kam'pano/ ♦ ***30*** **I** agg. Campanian **II** m. (f. **-a**) **1** Campanian **2** LING. dialect of Campania.

campanone /kampa'none/ m. great bell.

campanula /kam'panula/ f. campanula, bellflower.

campanulato /kampanu'lato/ agg. BOT. campanulate.

▷ **1.campare** /kam'pare/ [1] intr. (aus. *essere*) COLLOQ. *(vivere)* to live; *(tirare avanti)* to struggle along; ~ ***con qcs.*** to scrape a living with sth.; ~ ***del proprio lavoro*** to earn a *o* one's living; ~ ***alle spalle di qcn.*** to live off sb.'s back; ***neanche se campassi cent'anni*** not (even) if I lived to be a hundred ◆ ~ ***alla giornata*** to live from hand to mouth; ~ ***d'aria*** to live on air; ***tirare a*** ~ to get by; ***campa cavallo!*** that'll be the day!

2.campare /kam'pare/ [1] tr. SCULT. PITT. to set* off, to bring* into relief [*figura*].

campata /kam'pata/ f. EDIL. *(di ponte, arco)* span; *(di navata)* bay.

campato /kam'pato/ **I** p.pass. → **2.campare II** agg. ~ ***in aria*** [*progetto, idea*] impracticable, airy-fairy COLLOQ.

campeggiare /kamped'dʒare/ [1] intr. (aus. *avere)* **1** to camp; ~ ***sulle rive di un lago*** to camp by the lakeside **2** *(risaltare nettamente)* [*oggetto*] to stand* out (**su** against); [*argomento, questione, motivo*] to dominate; ***una croce azzurra campeggia su sfondo argento*** ARALD. a cross azure upon a field argent.

campeggiatore /kampeddʒa'tore/ m. (f. **-trice** /tritʃe/) camper.

▷ **1.campeggio**, pl. **-gi** /kam'peddʒo, dʒi/ m. **1** *(attività)* camping; ***fare, andare in*** ~ to go camping; ***attrezzatura da*** ~ camping equipment; ***"~ libero vietato"*** "camping is strictly prohibited" **2** *(luogo)* campsite, camping ground.

2.campeggio, pl. **-gi** /kam'peddʒo, dʒi/ m. BOT. logwood.

camper /'kamper/ m.inv. camper (van), motor home.

campestre /kam'pɛstre/ agg. **1** ***fiore*** ~ wild flower **2** [*ballo, scena, festa*] country; [*paesaggio, vita*] rural, country **3** SPORT ***corsa*** ~ cross-country race.

campicchiare /kampik'kjare/ [1] intr. (aus. *avere*) to live from hand to mouth.

Campidoglio /kampi'dɔʎʎo/ m. STOR. Capitol.

campiello /kam'pjɛllo/ m. *(a Venezia)* = small square.

campionamento /kampjona'mento/ m. **1** *(campionatura)* sampling **2** STATIST. sampling **3** MUS. sampling.

campionare /kampjo'nare/ [1] tr. **1** to sample **2** STATIST. to sample **3** MUS. to sample.

campionario, pl. **-ri**, **-rie** /kampjo'narjo, ri, rje/ **I** agg. **1** ***fiera -a*** trade fair **2** STAT. ***indagine -a*** sample survey **II** m. **1** *(raccolta)* selection; *(di tessuti, tappezzerie)* pattern book; *(di colori)* colour chart **2** FIG. ***un ~ di razze, lingue*** a wide range of races, languages.

▷ **campionato** /kampjo'nato/ m. championship; ***disputare, vincere un ~*** to compete for, win a championship; ***la squadra in testa al ~*** the leading team in the championship; ***~ di calcio*** football championship; ***~ di nuoto*** swimming championship; ***~ mondiale*** world cup *o* championship; ***~ europeo di scherma*** European fencing champonship; ***gara*** o ***partita di ~*** league match *o* game.

> **Campionato di calcio** Football is definitely the sport that Italians love most; it is the sport with the most supporters and also the most people who actually play at some level. And of course it is a sport in which Italian teams have always excelled. The national league (*campionato*) is divided into *Serie A*, *Serie B*, and *Serie C*. Some of the most famous Italian teams are Juventus (in Turin), Milan, Inter (also in Milan), Roma, and Lazio (also in Rome).

campionatore /kampjona'tore/ m. (f. **-trice** /tritʃe/) **1** *(addetto alla campionatura)* sampler **2** *(macchina)* sampler.

campionatura /kampjona'tura/ f. sampling.

campioncino /kampjon'tʃino/ m. sample; ***un ~ di profumo*** a perfume sample.

▶ **campione** /kam'pjone/ **I** m. (f. **-essa** /essa/) **1** *(vincitore, sportivo di alto livello)* champion; ***~ del mondo*** world champion; ***~ olimpico*** olympic champion; ***~ di pugilato*** champion boxer, boxing champion; ***~ dello sci*** ace skier, top skier; ***in carica, uscente*** reigning, outgoing champion; ***essere considerato un ~*** to rank among *o* with the champions **2** *(chi eccelle)* ***essere un ~*** [*persona*] to be an ace; ***quando si tratta di fare delle sciocchezze, sei un ~*** when it comes to doing stupid things, you're in a class of your own; ***essere ~ d'incassi*** CINEM. TEATR. [*film, spettacolo*] to be a box-office hit **3** *(difensore)* champion; ***un ~ della fede, della virtù*** a champion of faith, virtue; ***farsi ~ di una causa*** to champion a cause **4** *(modello convenzionale di riferimento)* standard; ***~ di lunghezza*** standard of length **5** MED. MIN. TECN. *(di tessuto, feci, urina, roccia)* sample, specimen; ***prelevare un ~ di sangue, di roccia*** to take a blood, rock sample **6** STATIST. sample, cross-section; ***un ~ rappresentativo, ristretto*** a representative, limited sample **7** COMM. sample; *(di rivista, libro)* specimen; *(di carta da parati)* pattern; *(di tessuto)* swatch; COSMET. tester; ***come da ~*** as per sample; ***~ gratuito*** o ***omaggio*** free sample; ***essere conforme al ~*** to correspond to sample **II** agg.inv. **1** SPORT ***la squadra ~*** the champion team, the champions **2** STATIST. ***gruppo ~*** sample; ***indagine ~*** *(di persone)* sample survey; ***controllo (qualità) a ~*** *(di prodotti)* spot-check **3** *(unità di riferimento)* ***chilogrammo, metro ~*** standard kilogram, metre.

campionissimo /kampjo'nissimo/ m. SPORT champion of champions.

campire /kam'pire/ [102] tr. PITT. = to paint in the background.

▶ **campo** /'kampo/ m. **1** *(terreno coltivabile)* field; ***un ~ di grano*** a wheat field AE *o* cornfield BE; ***-i di orzo, di cotone*** barley, cotton fields; ***passeggiare per i -i*** to walk *o* stroll through the fields; ***tagliare*** o ***prendere per*** o ***attraverso i -i*** to cut through the fields; ***fiori di ~*** wild flowers **2** *(accampamento)* camp (anche MIL.); ***piantare il ~*** to make *o* pitch camp; ***levare il ~*** to break *o* strike camp; ***fare un*** o ***partecipare a un ~*** [*scout*] to go to camp; ***fornello da ~*** camping stove **3** MIL. *(luogo di operazioni)* field; ***aiutante di ~*** aide-de-camp; ***ospedale da ~*** field hospital; ***letto da ~*** camp bed, cot AE; ***comandante di ~*** camp commandant; ***cucina da ~*** cookhouse, field kitchen; ***mettere in ~*** to order up [*truppe*]; ***tenere il ~*** to hold the field; ***passare nel ~ nemico*** to defect *o* desert to the enemy camp; ***sgombrare il ~*** to abandon the field; ***combattere in ~ aperto*** to fight a field battle; ***cadere sul ~*** to die in the field; ***invadere il ~ di qcn.*** FIG. to encroach on sb.'s territory *o* turf **4** POL. *(prigione)* camp; ***~ di prigionia*** prison camp **5** SPORT *(terreno di gioco)* ground; *(da calcio)* pitch, field; *(da tennis, pallacanestro)* court; *(da golf)* course, (playing) field; *(nel rugby)* pitch, field; ***cambiare ~*** to change ends FIG. to go over to the other camp; ***linea di ~, di metà ~*** boundary, halfway line; ***uscire dal ~*** [*giocatore*] to go off the field; [*palla*] to go out of play; ***abbandonare il ~*** to abandon the match; ***scendere in ~*** to take to the field; FIG. POL. [*uomo politico*] to enter the lists; ***invasione di ~*** pitch invasion; ***avere ~ libero*** FIG. to have a free hand; ***lasciare il ~ libero a qcn.*** FIG. to give sb. a clear run; ***fare una scelta di ~*** FIG. POL. to choose one's side **6** *(ambito, sfera di attività)* field, area, domain; ***~ di ricerca*** research field, field of research; ***lavora nel ~ delle assicurazioni*** he is in the insurance business; ***questo non è il mio ~*** that's not my field; ***imparare sul ~*** to learn on the job; ***rientrare nel ~ d'indagine*** to fall within the scope of the survey **7** ***angolo di ~*** FOT. CINEM. camera angle; ***profondità di ~*** FOT. CINEM. depth field; ***intensità di ~*** RAD. TELEV. field strength; ***entrare in, uscire di ~*** CINEM. to be in, out of shot; ***essere fuori ~*** TELEV. CINEM. [*personaggio*] to be off camera *o* screen; ***voce fuori ~*** CINEM. voice-over, off-screen voice; ***rumori fuori ~*** TEATR. noises offstage **8** FIS. MAT. INFORM. field **9** TEL. ***non avere ~*** [*cellulare*] to be out of range **10** LING. field **11** ARALD. NUMISM. field ◆◆ ***~ di addestramento*** training camp; ***~ d'atterraggio*** landing field; ***~ d'aviazione*** airfield; ***~ base*** base camp (anche FIG.); ***~ di battaglia*** MIL. battlefield (anche FIG.); ***~ di concentramento*** concentration camp; ***~ elettrico*** electric field; ***~ di forza*** field of force; ***~ gravitazionale*** gravitational field; ***~ di lavoro*** work field; ***~ lungo*** CINEM. long shot; ***~ magnetico*** magnetic field; ***~ minato*** minefield (anche FIG.); ***~ petrolifero*** oil field; ***~ profughi*** refugee camp; ***~ semantico*** semantic field; ***~ sportivo*** sports ground *o* field; ***~ di sterminio*** death camp; ***~ tensoriale*** MAT. tensor field; ***~ di tiro*** field of fire; ***~ vettoriale*** MAT. vector field; ***~ visivo*** visual field; ***~ di volo*** airfield.

camporella /kampo'rɛlla/ f. REGION. ***andare in ~*** to have a roll in the hay.

▷ **camposanto** /kampo'santo/ m. graveyard, cemetery; *(di chiesa)* churchyard; ***andare al ~*** FIG. to (go to) meet one's Maker; ***mandare qcn. al ~*** FIG. to do sb. in.

camuffamento /kamuffa'mento/ m. **1** *(travestimento)* disguise; *(mimetizzazione)* camouflage **2** FIG. *(dissimulazione)* concealment.

camuffare /kamuf'fare/ [1] **I** tr. **1** *(mascherare)* to disguise; *(mimetizzare)* to camouflage **2** FIG. *(nascondere)* to conceal, to disguise [*errore, verità, intenzioni*] **II camuffarsi** pronom. *(travestirsi)* to disguise oneself, to dress up; ***-rsi da prete*** to disguise oneself as a priest.

camuno /ka'muno/ **I** agg. from, of Val Camonica **II** m. (f. **-a**) **1** *(persona)* native, inhabitant of Val Camonica **2** LING. dialect of Val Camonica.

camuso /ka'muzo/ agg. [*naso*] flat.

Cana /'kana/ n.pr.f. ***le nozze di ~*** the wedding at Cana.

Canada /'kanada/ ◗ ***33*** n.pr.m. Canada; ***oca del ~*** Canada goose; ***renetta del ~*** BOT. russet; ***vite del ~*** Virginia creeper, woodbine AE, woodbind AE.

canadese /kana'dese/ ◗ ***25*** **I** agg. Canadian **II** m. e f. Canadian **III** f. *(tenda)* ridge tent, pup tent.

▷ **canaglia** /ka'naʎʎa/ f. *(persona malvagia)* scoundrel, rogue; *(bambino)* rascal; ***una simpatica ~*** SCHERZ. a handsome rogue; ***piccola ~!*** little blighter!

canagliata /kanaʎ'ʎata/ f. dirty trick.

canagliesco, pl. **-schi**, **-sche** /kanaʎ'ʎesko, ski, ske/ agg. [*comportamento, modi*] scoundrelly.

▶ **canale** /ka'nale/ m. **1** *(corso d'acqua)* canal; *(per liquidi)* channel; *(sotterraneo)* culvert; *(per uso industriale)* flume; *(di chiusa)* sluice; ***scavare un ~*** to cut a channel; ***una rete di -i*** a network of canals **2** *(via, tramite)* channel; ***~ commerciale, diplomatico*** commercial, diplomatic channel **3** GEOGR. *(braccio di mare) (naturale)* channel; *(artificiale)* canal; *(di fiume navigabile)* fairway; ***il ~ della Manica*** the (English) Channel; ***il Canal Grande*** the Grand Canal; ***il ~ di Suez*** the Suez Canal; ***il ~ di Panama*** the Panama Canal **4** TELEV. RAD. channel; ***~ televisivo*** television channel; ***~ radiofonico*** radio station; ***sul quarto ~*** on channel four; ***sintonizzarsi sul terzo ~*** to tune in to channel 3; ***potresti cambiare ~?*** could you switch the TV over? **5** ANAT. *(tubo)* duct, canal **6** TECN. *(frequenza)* channel **7** INFORM. channel ◆◆ ***~ biliare*** ANAT. bile duct; ***~ di colata*** METALL. gate, sprue, runner; ***~ criptato*** TELEV. coded channel; ***~ deferente*** deferent duct; ***~ di diffusione*** o ***distribuzione*** distribution channel; ***~ d'irrigazione*** o ***irriguo*** irrigation channel; ***~ linguistico*** linguistic channel; ***~ midollare*** medullary canal; ***~ navigabile*** ship canal; ***~ di scolo*** drain, drainpipe, gutter; ***~ tematico*** TELEV. theme channel, dedicated channel; ***~ vertebrale*** central *o* spinal canal.

canalina /kana'lina/ f. cable tray.

canalizzare /kanalid'dzare/ [1] tr. **1** *(dotare di canali)* to canalize [*zona*] **2** *(far defluire)* to channel [*corso d'acqua, gas, petrolio, traffico*] **3** FIG. *(convogliare, indirizzare)* to canalize, to channel [*energie*].

canalizzazione /kanaliddzat'tsjone/ f. **1** *(azione)* canalization **2** *(condotto, rete)* duct.

canalone /kana'lone/ m. GEOGR. gully, canyon.
cananeo /kana'nɛo/ **I** agg. Canaanitic **II** m. Canaanite.
▷ **canapa** /'kanapa/ f. hemp; ***tela di ~*** hemp cloth ◆◆ ***~ di Calcutta*** sunn(-hemp) ***~ indiana*** Indian hemp, cannabis; ***~ di Manila*** Manila hemp.
canapè /kana'pɛ/ m.inv. **1** *(sofà)* sofa **2** *(tartina)* canapé.
canapicolo /kana'pikolo/ agg. ***produzione -a*** hemp production.
canapicoltura /kanapikol'tura/ f. hemp growing.
canapiero /kana'pjero/ agg. ***industria -a*** hemp industry.
canapificio, pl. **-ci** /kanapi'fitʃo, tʃi/ m. hemp mill.
canapiglia /kana'piʎʎa/ f. gadwall.
canapino /kana'pino/ **I** agg. **1** ***tela -a*** hemp cloth **2** *(colore)* [*capelli*] dirty blond **II** m. (f. **-a**) *(operaio)* hemp worker.
canapo /'kanapo/ m. hemp rope.
canapuccia, pl. **-ce** /kana'puttʃa, tʃe/ f. hempseed.
Canarie /ka'narje/ ➧ ***14*** n.pr.f.pl. Canaries; ***le isole ~*** Canary Islands; ***vino delle ~*** Canary wine.
▷ **canarino** /kana'rino/ ➧ ***3*** **I** m. **1** ZOOL. canary **2** COLLOQ. *(informatore)* squealer **II** m.inv. canary yellow **III** agg.inv. canary yellow ◆ ***mangiare come un ~*** to eat like a bird.
canario, pl. **-ri, -rie** /ka'narjo, ri, rje/ **I** agg. from, of the Canaries **II** m. (f. **-a**) native, inhabitant of the Canaries.
canasta /ka'nasta/ ➧ ***10*** f. canasta; ***giocare a ~*** to play canasta.
canato /ka'nato/ m. khanate.
1.cancan /kan'kan/ m.inv. *(ballo)* cancan.
2.cancan /kan'kan/ m.inv. **1** *(chiasso)* racket; ***fare un gran ~ per qcs.*** to kick up a fuss over sth. **2** *(scompiglio)* uproar, fuss; ***destare un gran ~*** to cause havoc.
cancellabile /kantʃel'labile/ agg. [*cassetta, videocassetta, memoria*] erasable; [*macchia*] removable.
▶ **cancellare** /kantʃel'lare/ [1] **I** tr. **1** *(eliminare)* to delete [*nome*]; to erase [*traccia*]; to obliterate, to blot out [*scritta*]; to strike* out [*paragrafo*]; *(con una riga)* to black out [*frase, parola*]; *(con una croce)* to cross off, to cross out [*frase, parola*]; *(con una gomma)* to rub out BE, to erase AE [*parola, frase, disegno*]; *(con il bianchetto)* to white out [*frase, parola*]; *(strofinando)* to wipe off [*macchia*]; INFORM. to delete [*carattere, file*]; to efface [*iscrizione*]; to blank out, to blot out [*memoria, ricordo*]; to wash away [*peccato*]; [*pioggia, neve*] to erase [*tracce, passi*]; [*crema*] to remove [*rughe*]; ***~ qcs. con la penna*** to run one's pen through sth.; ***~ un nome da una lista*** to score sb.'s name off a list; ***~ ogni traccia del proprio passaggio*** to remove every trace of one's presence; ***"~ la voce che non interessa"*** "delete as appropriate"; ***~ un'immagine dalla propria memoria*** to blot out an image from one's mind; ***non si può ~ il passato*** nothing can erase the past **2** *(disdire, annullare)* to cancel [*prenotazione, volo, appuntamento*]; ***~ un ordine*** COMM. to cancel an order **3** *(svuotare del contenuto)* to erase [*nastro magnetico, cassetta*]; to clean [*lavagna*]; INFORM. to clear [*video*] **4** ECON. to cancel, to wipe out, to write* off [*debito*] **II cancellarsi** pronom. **1** *(svanire)* [*scritta, firma*] to wear* off; [*iscrizione*] to wear* away; [*colore, disegno*] to fade; ***il mio disegno a gessetto si è cancellato*** my chalk drawing has got rubbed out **2** *(scomparire dalla memoria)* [*ricordo, immagine*] to fade.
▷ **cancellata** /kantʃel'lata/ f. railing, railings pl.; ***legare la bici alla ~*** to chain one's bike to the railings.
▷ **cancellatura** /kantʃella'tura/ f. crossing-out*, erasure, deletion; ***senza -e né parole aggiunte*** AMM. without deletions or alterations.
cancellazione /kantʃellat'tsjone/ f. **1** deletion; *(di registrazione)* erasure; ***tasto di ~*** INFORM. delete key; ***testina di ~*** erase head **2** *(di evento, appuntamento, volo)* cancellation **3** COMM. *(di ordine, debito)* cancellation; *(da un registro)* deregistration; ***~ del debito*** *(ai paesi poveri)* debt cancellation, debt relief.
cancelleresco, pl. **-schi, -sche** /kantʃelle'resko, ski, ske/ agg. ***stile ~*** pedantic *o* bureaucratic style; ***scrittura ~*** chancery (writing).
cancelleria /kantʃelle'ria/ f. **1** *(in un'ambasciata, diocesi)* chancellery (anche STOR.) **2** DIR. records office; *(in un tribunale)* office of the Clerk of the Court **3** *(materiale per scrivere)* stationery; ***articoli di ~*** office stationery.
cancelletto /kantʃel'letto/ m. **1** SPORT ***~ di partenza*** starting gate **2** *(simbolo)* hash (sign) BE, pound sign AE, number sign AE; *(tasto)* hash (key) BE, pound key AE.
cancellierato /kantʃellje'rato/ m. chancellorship.
cancelliere /kantʃel'ljɛre/ ➧ ***1, 18*** m. **1** *(in un'ambasciata, diocesi)* chancellor; *(in Germania, Austria)* Chancellor **2** *(funzionario)* clerk ◆◆ ***~ dello Scacchiere*** Chancellor of the Exchequer; ***~ di tribunale*** DIR. clerk of the court BE, court clerk AE.
cancellino /kantʃel'lino/ m. **1** *(di lavagna)* board rubber BE, eraser AE **2** *(correttore)* white-out, liquid paper.
▷ **cancello** /kan'tʃello/ m. **1** gate; *(di aeroporto)* gate; ***~ a quattro, cinque sbarre*** four-, five-barred gate; ***sprangare il ~*** to bar the gate; ***si prega di chiudere il ~ all'uscita*** please shut the gate after you **2** ARALD. fret.
cancerizzarsi /kantʃerid'dzarsi/ [1] pronom. to become* cancerous.
cancerizzazione /kantʃeriddzat'tsjone/ f. cancerization.
cancerogeno /kantʃe'rɔdʒeno/ agg. cancer-causing, carcinogenic; ***sostanza -a*** carcinogen.
cancerologia /kantʃerolo'dʒia/ f. cancerology.
cancerologo, m.pl. **-gi**, f.pl. **-ghe** /kantʃe'rɔlogo, dʒi, ge/ ➧ ***18*** m. (f. **-a**) cancerologist, cancer specialist.
canceroso /kantʃe'roso/ **I** agg. [*tumore*] cancerous; [*cellula*] cancer **II** m. (f. **-a**) cancer patient.
cancrena /kan'krɛna/ f. **1** MED. VETER. gangrene; ***in ~*** [*arto*] gangrenous; ***andare in ~*** to gangrene **2** FIG. *(corruzione)* canker.
cancrenoso /kankre'noso/ agg. gangrenous.
▷ **cancro** /'kankro/ ➧ ***7*** m. **1** MED. cancer; ***avere un ~*** to have cancer; ***provocare il ~*** to cause cancer; ***sviluppare un ~*** to develop cancer; ***la ricerca sul ~*** cancer research **2** FIG. canker, cancer; ***il ~ della gelosia*** the canker of jealousy **3** BOT. canker ◆◆ ***~ del collo dell'utero*** cervical cancer; ***~ all'esofago*** cancer of the oesophagus; ***~ al fegato*** liver cancer ***~ della pelle*** skin cancer; ***~ al polmone, ai polmoni*** lung cancer; ***~ al seno*** breast cancer; ***~ allo stomaco*** stomach cancer.
Cancro /'kankro/ ➧ ***38*** m.inv. **1** ASTROL. Cancer, the Crab; ***essere del ~*** o ***un ~*** to be (a) Cancer **2** GEOGR. ***tropico del ~*** Tropic of Cancer.
candeggiante /kanded'dʒante/ agg. bleaching, whitening.
candeggiare /kanded'dʒare/ [1] tr. to bleach, to whiten.
candeggina /kanded'dʒina/ f. bleach, whitener.
candeggio, pl. **-gi** /kan'deddʒo, dʒi/ m. *(di tessuto)* bleaching.
▷ **candela** /kan'dela/ f. **1** candle; ***accendere una ~ a*** to light a candle to [*Madonna, santo*]; ***spegnere una ~*** to blow out, put out, snuff out a candle; ***a lume di ~*** [*leggere, cenare*] by candlelight; ***moccolo di ~*** candle-end; ***~ di sego, cera*** tallow, wax candle **2** SPORT ***fare la ~*** to do a shoulder stand; ***fare un tiro a ~*** to loft a ball **3** AUT. spark plug **4** FIS. candela, (new)candle **5** AER. ***salire, scendere a ~*** to zoom, nose-dive ◆ ***tenere la ~ (a qcn.)*** to be a *o* play gooseberry BE; ***il gioco non vale la ~*** the game's not worth the candle; ***avere la ~ al naso*** to have a runny nose ◆◆ ***~ romana*** Roman candle.
candelabro /kande'labro/ m. branched candlestick, candelabra*.
candelaggio, pl. **-gi** /kande'laddʒo, dʒi/ m. FIS. candlepower.
candelaio, pl. **-ai** /kande'lajo, ai/ m. chandler.
candeletta /kande'letta/ f. FARM. vaginal suppository.
candeliere /kande'ljɛre/ m. **1** candlestick, candle-holder; *(a più bracci)* branched candlestick **2** MAR. stanchion.
candelina /kande'lina/ f. birthday candle; ***spegnere le -e in un soffio solo*** to blow out the birthday candles in one puff.
Candelora /kande'lɔra/ f. Candlemas.
candelotto /kande'lɔtto/ m. ***~ di dinamite*** stick of dynamite; ***~ fumogeno*** smoke bomb; ***~ lacrimogeno*** tear gas canister.
candida /'kandida/ ➧ ***7*** f. MED. thrush, yeast infection.
candidamente /kandida'mente/ avv. ingenuously.
candidare /kandi'dare/ [1] **I** tr. to nominate; ***~ qcn. per*** to put sb. in for [*lavoro, promozione*] **II candidarsi** pronom. to stand* (as a candidate), to run*; ***-rsi per*** to put oneself in for [*lavoro, promozione, aumento*]; to apply for [*posto*]; ***-rsi al parlamento*** to stand BE *o* run AE for parliament; ***-rsi alla presidenza*** to run for president.
▷ **candidato** /kandi'dato/ m. (f. **-a**) **1** POL. candidate; ***scegliere qcn. come ~*** to select *o* choose sb. as candidate; ***essere*** o ***presentarsi come ~ alle elezioni*** to stand for election BE, to run for office AE; ***~ a sindaco*** candidate for mayor; ***~ designato, ufficiale*** nominee **2** UNIV. examinee **3** AMM. SCOL. applicant, candidate; ***i -i all'esame per la patente*** the people taking the driving test; ***il ~ prescelto*** the successful applicant; ***esaminare un ~*** to interview a candidate ◆◆ ***~ civetta*** POL. stalking horse.
▷ **candidatura** /kandida'tura/ f. candidacy, nomination; ***presentare la propria ~*** to put oneself forward as a candidate; ***ritirare la ~*** to stand down.
▷ **candido** /'kandido/ agg. **1** *(di colore bianco)* snow-white, lily-white LETT. **2** *(innocente, puro)* innocent, pure; ***coscienza -a*** spotless conscience; *(semplice)* naive, ingenuous, guileless.
candire /kan'dire/ [102] tr. to candy.
candito /kan'dito/ **I** p.pass. → **candire II** agg. candied; ***zucchero ~*** (sugar) candy, rock candy AE; ***frutta -a*** candied fruit **III** m. candied fruit.

candore /kan'dore/ m. **1** *(bianchezza)* whiteness; *(di carnagione)* fairness **2** *(innocenza, purezza)* innocence, purity, spotlessness **3** *(ingenuità)* naïvety, ingenuosness, guilelessness.

▶ **cane** /'kane/ **I** m. **1** *(animale)* dog; ~ ***rabbioso*** rabid dog; ~ ***randagio*** stray dog; ~ ***a pelo corto, lungo*** short-, long-haired dog; ***aizzare, sguinzagliare un ~ contro qcn.*** to set a dog on sb., to let a dog loose on sb.; ***tenere il ~ al guinzaglio*** to keep one's dog on a leash *o* lead BE; ***"attenti al ~"*** "beware of dog"; ***"vietato l'ingresso ai -i"*** "dogs not admitted", "no dogs allowed"; ***cibo per -i*** dog food; ***pensione per (i) -i*** kennels BE, kennel AE; ***le corse dei -i*** dog races, the dogs BE COLLOQ. **2** FIG. *(persona crudele)* brute **3** FIG. *(persona incapace)* ***quell'attore è un ~*** that actor is a terrible ham **4** *(insulto)* ***figlio d'un ~*** son of a bitch; ***quel ~ traditore!*** that dirty traitor! **5** *(di fucile)* hammer, cock **II** agg.inv. ***fa un freddo ~*** it's brass monkey weather outside, it's freezing cold; ***avere un freddo ~*** to be freezing, to be perishing (with cold); ***mi fa un male ~*** it hurts like hell ◆ ***essere solo come un ~*** to be all alone; ***stare da -i*** to feel wretched *o* rotten; ***sembrare un ~ bastonato*** to look like a hangdog; ***fa un tempo da -i stasera!*** you wouldn't put a dog out on a night like this! ***vita da ~!*** dog's life! ***trattare qcn. come un ~*** to treat sb. like a dog; ***essere come ~ e gatto*** to fight like cat and dog, to be at each other's *o* one another's throat; ***essere trattato come un ~ in chiesa*** to be given a very unfriendly welcome; ***(a) -i e porci*** (to) all and sundry; ***non*** o ***neanche un ~*** not a soul; ***menare il can per l'aia*** to beat about the bush; ***raddrizzare le gambe ai -i*** to milk the bull *o* the ram; ***can che abbaia non morde*** PROV. one's bark is worse than one's bite; ~ ***non mangia*** ~ PROV. there is honour among thieves; ***non svegliare il can che dorme*** PROV. let sleeping dogs lie; ~ ***scottato dall'acqua calda ha paura dell'acqua fredda*** PROV. once bitten twice shy ◆◆ ~ ***ammaestrato*** trained dog; ~ ***antidroga*** sniffer dog; ~ ***barbone*** poodle; ~ ***da caccia*** hound, hunter; ~ ***da corsa*** racer; ~ ***da ferma*** pointer; ~ ***da guardia*** watchdog; ~ ***guida*** guide dog; ~ ***lupo*** German shepherd, Alsatian BE; ~ ***maggiore*** ASTR. Great dog, Canis Major; ~ ***minore*** ASTR. Little Dog, Canis Minor; ~ ***da pastore*** sheep dog; ~ ***da penna*** bird dog; ~ ***poliziotto*** police dog; ~ ***delle praterie*** prairie dog; ~ ***da punta*** pointer; ~ ***di razza*** pedigree; ~ ***da riporto*** retriever; ~ ***da salotto*** toy dog; ~ ***sciolto*** POL. maverick; ~ ***da slitta*** sled dog; ~ ***da tartufi*** truffle dog.

canea /ka'nɛa/ f. **1** *(abbaiare di cani)* barking, baying **2** *(muta)* pack of hounds **3** FIG. *(schiamazzo)* uproar, racket.

canefora /ka'nɛfora/ f. canephora*.

canestra /ka'nɛstra/ f. RAR. basket.

canestraio, pl. **-ai** /kanes'trajo, ai/ ▸ ***18*** m. (f. **-a**) *(fabbricante)* basket maker; *(venditore)* basket seller.

canestrata /kanes'trata/ f. basketful.

canestro /ka'nɛstro/ m. **1** *(cesto)* basket; *(contenuto)* basketful; ***intrecciare -i*** to weave baskets **2** SPORT basket; ***segnare*** o ***realizzare un ~*** to score a basket.

canfora /'kanfora/ f. camphor.

canforare /kanfo'rare/ [1] tr. to camphorate.

1.canforato /kanfo'rato/ m. camphorate.

2.canforato /kanfo'rato/ **I** p.pass. → **canforare II** agg. [*olio, alcol*] camphorated.

canforico /kan'fɔriko/ agg. ***acido ~*** camphoric acid.

canforo /'kanforo/ m. camphor tree.

cangiare /kan'dʃare/ [1] intr. LETT. (aus. *essere*) to change.

cangiante /kan'dʒante/ agg. [*tessuto*] versicoloured; [*seta*] shot; [*gioiello, colore*] iridescent.

▷ **canguro** /kan'guro/ m. kangaroo.

canicola /ka'nikola/ f. ***i giorni della ~*** the dog days.

canicolare /kaniko'lare/ agg. [*calore, giornata*] scorching.

canide /'kanide/ m. canine.

canile /ka'nile/ m. **1** *(cuccia)* doghouse, dog kennel **2** *(allevamento)* kennels + verbo sing. BE, kennel AE ◆◆ ~ ***municipale*** dog pound.

▷ **canino** /ka'nino/ **I** agg. **1** canine; ***mostra -a*** dogshow; ***tosse -a*** COLLOQ. whooping cough **2** ***dente ~*** canine (tooth) **3** BOT. ***rosa -a*** dog *o* wild rose **II** m. *(dente)* canine (tooth).

canizie /ka'nittsje/ f.inv. **1** *(capigliatura bianca)* white hair **2** *(vecchiaia)* old age.

canizza /ka'nittsa/ f. → **canea.**

▷ **canna** /'kanna/ f. **1** *(vegetale)* reed **2** *(da pesca)* fishing rod; ***pescare con la ~*** to angle **3** *(bastone da passeggio)* cane, stick **4** *(per annaffiare)* hose **5** *(della bicicletta)* crossbar **6** *(di arma da fuoco)* barrel; ~ ***di fucile*** gun barrel; ***a due -e*** double-barrelled; ***a -e mozze*** sawn-off BE, sawed off AE; ***a ~ liscia, rigata*** smooth-bore, rifled **7** *(dell'organo)* pipe **8** SPORT *(manico)* shank **9** COLLOQ. *(spinello)* joint, reefer; ***farsi le -e*** to smoke pot ◆ ***bere a ~*** COLLOQ. to swing down; ***essere povero in ~*** to be as poor as a church mouse; ***essere come una ~ al vento*** to blow hot and cold; ***tremare come una ~*** to shake like a leaf ◆◆ ~ ***fumaria*** flue; ~ ***d'India*** rattan; ~ ***metrica*** surveyor's chain; ~ ***da zucchero*** sugar cane.

cannabis /'kannabis/ f.inv. cannabis.

cannaiola /kanna'jɔla/ f. ORNIT. reed warbler.

cannare /kan'nare/ [1] tr. **1** SCOL. COLLOQ. to fail, to flunk AE; ~ ***un esame*** to blow an exam **2** COLLOQ. *(andare veloce)* to go* barrelling along BE, to go* barreling along AE.

1.cannella /kan'nɛlla/ f. **1** *(tubo)* spout **2** *(della botte)* spigot.

2.cannella /kan'nɛlla/ ▸ ***3*** **I** f. **1** *(frutto, spezia)* cinnamon; ***bastoncino di ~*** cinnamon stick **2** *(albero)* cinnamon (tree) **II** m.inv. *(colore)* cinnamon **III** agg.inv. *(colore)* cinnamon.

cannello /kan'nɛllo/ m. **1** *(tubetto, cannuccia)* small pipe; ~ ***da soffiatore*** blowpipe **2** *(della pipa)* stem **3** *(della penna)* penholder **4** *(della chiave)* stem ◆◆ ~ ***ferruminatorio*** blowpipe; ~ ***ossiacetilenico*** oxyacetylene torch *o* burner; ~ ***per saldatura*** welding torch blowpipe.

cannelloni /kannel'loni/ m.pl. cannelloni **U**.

canneto /kan'neto/ m. cane thicket, canebrake AE.

▷ **cannibale** /kan'nibale/ m. e f. cannibal.

cannibalesco, pl. **-schi, -sche** /kanniba'lesko, ski, ske/ agg. cannibalistic.

cannibalismo /kanniba'lizmo/ m. cannibalism.

cannibalizzare /kannibalid'dzare/ [1] tr. to cannibalize [*veicolo*].

cannibalizzazione /kannibalit'tsjone/ f. cannibalization.

cannicciata /kannit'tʃata/ f. lattice work, trelliswork.

canniccio, pl. **-ci** /kan'nittʃo, tʃi/ m. wattle.

▷ **cannocchiale** /kannok'kjale/ m. telescope, spy glass; ***fucile a ~*** gun with telescopic sight ◆◆ ~ ***di mira*** o ***puntamento*** telescopic sight.

cannolicchio, pl. **-chi** /kanno'likkjo, ki/ m. ZOOL. razor-shell BE, razor-clam AE, solen.

cannolo /kan'nɔlo/ m. GASTR. INTRAD. (baked puff pastry roll with a cream filling); ~ ***siciliano*** = typical Sicilian fried thin pastry roll with sweet ricotta cheese, candied fruit and pieces of chocolate.

cannonata /kanno'nata/ f. **1** *(colpo di cannone)* cannon shot, gunshot; *(rimbombo)* report (of gunshot); ***sparare una ~*** to fire a gun; **2** COLLOQ. FIG. *(cosa formidabile)* knockout; ***una ~!*** that's the goods! **3** GERG. SPORT cannonball ◆ ***non si sveglia neanche con le -e, non lo svegliano neanche le -e*** an earthquake wouldn't wake him.

cannoncino /kannon'tʃino/ m. MIL. light gun, cannon.

▷ **cannone** /kan'none/ m. **1** MIL. gun, cannon*; ***caricare, puntare un ~*** to load, to aim a gun; ***scaricare il, fare fuoco col ~*** to fire a gun; ***palla di ~*** cannonball; ***colpo di ~*** gunshot; ***salutare con 21 colpi di ~*** to fire a 21 gun salute; ***carne da ~*** FIG. cannon fodder **2** FIG. ***essere un ~*** to be an ace *o* a wizard; ***è un ~ in matematica*** she is brilliant at maths; ***la donna ~*** the fat lady **3** *(oggetto cilindrico, tubo)* ~ ***della stufa*** stovepipe **4** SART. box pleat **5** GERG. *(grosso spinello)* joint, reefer ◆◆ ~ ***antiaereo*** antiaircraft gun; ~ ***anticarro*** antitank gun; ~ ***da campagna*** field gun; ~ ***elettronico*** ELETTRON. electron gun; ~ ***semovente*** self-propelled gun.

cannoneggiamento /kannoneddʒa'mento/ m. cannonnade, gunfire **U**.

cannoneggiare /kannoned'dʒare/ [1] **I** tr. to cannonnade; [*artiglieria*] to pound [*città*] **II** intr. (aus. *avere*) to cannonade.

cannoniera /kanno'njɛra/ f. **1** *(feritoia)* embrasure **2** *(nave)* gunboat; ***diplomazia delle -e*** gunboat diplomacy.

cannoniere /kanno'njɛre/ m. **1** MIL. gunner **2** SPORT goalscorer BE, scorer AE.

cannuccia, pl. **-ce** /kan'nuttʃa, tʃe/ f. **1** *(per bere)* straw **2** *(di palude)* reed **3** *(cannello) (di pipa)* stem; *(di penna)* pen holder.

cannula /'kannula/ f. cannula* ◆◆ ~ ***da tracheotomia*** tracheotomy tube.

canoa /ka'nɔa/ f. canoe; ***andare in ~*** to canoe, to go canoeing.

canoismo /kano'izmo/ ▸ ***10*** m. canoeing.

canoista, m.pl. **-i**, f.pl. **-e** /kano'ista/ m. e f. canoeist.

canone /'kanone/ m. **1** MUS. RELIG. ART. canon; ***cantare a ~*** to troll; ***i -i della bellezza*** the canons of beauty **2** *(norma)* norm, rule; ***secondo i -i*** according to the rules **3** *(tassa)* fee; ~ ***di manutenzione*** maintenance fees; *(di radio e televisione)* = licence fee BE, license fee AE **4** *(affitto)* rent; ***affitto ad equo ~*** fair rent; ~ ***del telefono*** line rental.

canonica, pl. **-che** /ka'nɔnika, ke/ f. parsonage, vicarage.

canonicamente /kanonika'mente/ avv. according to the rules.

canonicato /kanoni'kato/ m. **1** canonicate, canonry **2** FIG. SCHERZ. *(sinecura)* sinecure.

canonichessa /kanoni'kessa/ f. canoness.

1.canonico, pl. **-ci**, **-che** /ka'nɔniko, tʃi, ke/ agg. **1** *(conforme alla norma)* canonical, standard **2** RELIG. canonical; ***libri -ci*** canonical books; ***diritto ~*** canon law; ***ora -a*** canonical hour **3** LING. MAT. [*frase, forma, equazione, matrice*] canonical.

2.canonico, pl. **-ci** /ka'nɔniko, tʃi/ m. canon.

canonista, m.pl. **-i**, f.pl. **-e** /kano'nista/ m. e f. canonist.

canonizzabile /kanonid'dzabile/ agg. canonizable.

canonizzare /kanonid'dzare/ [1] tr. **1** RELIG. to canonize **2** *(sancire)* to sanction.

canonizzazione /kanoniddzat'tsjone/ f. canonization.

canopo /ka'nɔpo/ m. canopic jar, urn, vase.

canoro /ka'nɔro/ agg. ***uccello ~*** songbird; ***dote -a*** singing talent; ***concorso ~*** singing competition; ***cigno ~*** ZOOL. whooping swan.

Canossa /ka'nɔssa/ n.pr.f. ***andare a ~*** to eat humble pie.

canottaggio /kanot'taddʒo/ ➧ ***10*** m. rowing; ***fare ~*** to row; ***gara di ~*** rowing race.

canottiera /kanot'tjɛra/ ➧ ***35*** f. *(maglietta intima)* vest BE, undervest, singlet BE, undershirt AE; ***~ a rete*** string vest.

canottiere /kanot'tjɛre/ m. (f. **-a**) rower; ***società -i*** rowing club.

canotto /ka'nɔtto/ m. dinghy ◆◆ ***~ pneumatico*** inflatable dinghy; ***~ di salvataggio*** life raft, inflatable lifeboat.

canovaccio, pl. **-ci** /kano'vattʃo, tʃi/ m. **1** *(strofinaccio)* dishcloth **2** *(abbozzo)* draft; *(trama)* plot **3** TESS. scrim, canvas **4** TEATR. scenario*; ***recitazione su ~*** = stage-managed improvisation.

cantabile /kan'tabile/ **I** agg. **1** singable **2** MUS. cantabile **II** m. cantabile **III** avv. cantabile.

cantalupo /kanta'lupo/ m. cantaloup, cantalupe AE.

cantambanco, pl. **-chi** /kantam'banko, ki/ m. **1** STOR. (strolling) minstrel **2** *(ciarlatano)* mountebank, charlatan.

▷ **cantante** /kan'tante/ ➧ ***18*** m. e f. singer; ***~ lirico, di gospel*** opera, gospel singer; ***~ di musica pop*** pop singer; ***~ rock*** rocker, rock singer; ***~ di strada*** busker BE, street singer; ***~ confidenziale*** crooner.

▶ **1.cantare** /kan'tare/ [1] **I** tr. **1** to sing* [*canzone, aria*]; ***~ il ritornello*** to sing the chorus **2** *(celebrare in versi)* to sing* of; ***~ qcn.*** to sing of sb. **II** intr. (aus. *avere*) **1** [*persona*] to sing*; ***~ a orecchio*** to sing by ear; ***~ a squarciagola*** to belt out; ***~ a pieni polmoni*** to sing one's heart out; ***~ in maniera intonata, stonata*** to sing in tune, out of tune *o* off-key; ***~ in play back*** to lip-sync, to sing in playback; ***~ da basso, da contralto*** to sing bass, alto; ***~ in coro*** to sing in chorus; ***~ insieme a qcn.*** to sing along with sb.; ***~ come un usignolo, un fringuello*** to sing like a bird, lark **2** [*uccello*] to sing*; [*grillo*] to chirp; [*gallo*] to crow **3** COLLOQ. FIG. *(parlare sotto interrogatorio)* to squeal, to sing*; ***far ~ qcn.*** to make sb. talk *o* start singing ◆ ***sapere qcs. cantando*** FIG. to have sth. off BE *o* down AE pat; ***~ vittoria*** to crow over a victory; ***cantarle chiare*** to speak one's mind; ***canta che ti passa*** PROV. = cheer up you'll get over it; ***~ le lodi di qcn.*** to sing sb.'s praises; ***carta canta*** = it's always better to put things down in writing.

2.cantare /kan'tare/ m. **1** singing **2** LETTER. epic poem ◆ ***al cantar del gallo*** at cockcrow.

cantaride /kan'taride/ f. **1** ZOOL. Spanish fly **2** *(droga)* cantharides pl.

cantaro /'kantaro/ m. ARCHEOL. cantharus*.

cantastorie /kantas'tɔrje/ m.inv. storyteller, bard STOR.

cantata /kan'tata/ f. **1** singing; ***farsi una (bella) ~*** to have a singsong **2** MUS. cantata.

cantato /kan'tato/ **I** p.pass. → **1.cantare II** agg. [*parte, ruolo*] singing; RELIG. ***messa -a*** sung mass.

cantautore /kantau'tore/ ➧ ***18*** m. (f. **-trice** /tritʃe/) singer-songwriter.

canterano /kante'rano/ m. commode, chest of drawers, bureau*, AE.

canterellare /kanterel'lare/ [1] tr. → **canticchiare.**

canterino /kante'rino/ agg. **1** ***uccello ~*** songbird; ***grillo ~*** chirping cricket **2** *(che ama cantare)* ***un bambino ~*** a child who loves to sing.

cantica, pl. **-che** /'kantika, ke/ f. LETTER. = religious or narrative poem; *(della Divina Commedia)* ***le tre -che*** the three parts (of the Divine Comedy).

canticchiare /kantik'kjare/ [1] **I** tr. to sing* softly; *(a bocca chiusa)* to hum **II** intr. (aus. *avere*) to sing* softly; *(a bocca chiusa)* to hum; ***~ (fra sé e sé)*** to hum to oneself.

cantico, pl. **-ci** /'kantiko, tʃi/ m. canticle; ***Cantico dei Cantici*** BIBL. Song of Songs, Song of Solomon, Canticle of Canticles.

▷ **cantiere** /kan'tjɛre/ m. **1** (construction) site, yard; ***ufficio di ~*** site office; ***lavorare nel ~ di una scuola in costruzione*** to work on the building site of a school; ***mettere in ~*** FIG. to get [sth.] going [*riforma, progetto, legge*]; ***abbiamo vari progetti in ~ in questo momento*** FIG. we have several different projects on the go at the moment; ***ha un nuovo romanzo in ~*** FIG. she's got a new novel in the pipeline **2** MAR. shipyard, boatyard, dockyard ◆◆ ***~ di abbattaggio*** MIN. stope; ***~ di coltivazione*** MIN. mine workings; ***~ di demolizione*** demolition site; ***~ edile*** building site.

cantieristica /kantje'ristika/ f. shipbuilding industry.

cantieristico, pl. **-ci**, **-che** /kantje'ristiko, tʃi, ke/ agg. **1** ***personale ~*** MAR. shipyard workers **2** ***personale ~*** EDIL. building *o* construction workers.

▷ **cantilena** /kanti'lɛna/ f. **1** *(filastrocca)* jingle; *(ninnananna)* lullaby **2** *(intonazione)* singsong, monotone **3** FIG. *(lagna)* dirge; ***è sempre la stessa ~*** it's always the same old song.

cantilenante /kantile'nante/ agg. [*voce, tono, discorso*] singsong.

cantilenare /kantile'nare/ [1] intr. (aus. *avere*) to croon, to singsong.

▷ **cantina** /kan'tina/ f. **1** cellar; *(per vini)* wine cellar; *(a volta)* vault; ***andare*** o ***scendere in ~*** to go down to the cellar; ***avere una ~ ben fornita*** [*persona*] to have a good cellar; [*ristorante*] to have a good wine list **2** *(osteria)* tavern, wine bar ◆◆ ***~ sociale*** winegrowers' cooperative.

cantiniere /kanti'njɛre/ m. **1** *(addetto alla cantina)* cellarman* **2** *(vinaio)* wine shop keeper.

▶ **1.canto** /'kanto/ m. **1** *(attività)* singing; ***mi piace il ~*** I love singing; ***lezione di ~*** singing lesson; ***numero di ~ e ballo*** song and dance act *o* routine **2** *(suoni caratteristici) (di uccello, balena)* song; *(di vento, strumento)* sound; ***al ~ del gallo*** at cockcrow **3** *(composizione musicale)* song; ***-i profani, sacri*** profane, sacred songs **4** *(poesia)* poem; *(divisione)* canto ◆◆ ***~ del cigno*** swansong; ***~ corale*** community singing; ***~ gregoriano*** Gregorian chant; ***~ di guerra*** war-song; ***~ liturgico*** hymn; ***~ natalizio*** Christmas carol; ***~ polifonico*** part song; ***~ popolare*** folk song; ***~ delle sirene*** siren song.

2.canto /'kanto/ m. **1** *(angolo)* corner; ***mettere qcs. in un ~*** to throw sth. in the corner, to cast sth. aside; ***mettersi in un ~*** to stay in a corner **2** *(parte)* side; ***da un ~*** on the one hand; ***d'altro ~*** on the other hand; ***dal ~ mio*** *(per parte mia)* for my part; *(in quanto a me)* as for me.

cantonale /kanto'nale/ agg. [*consiglio, elezioni, governo*] cantonal.

cantonata /kanto'nata/ f. **1** *(di edificio)* (street) corner **2** FIG. *(errore grossolano)* blunder; ***prendere una ~*** to drop a clanger.

1.cantone /kan'tone/ m. corner; ***i quattro -i*** GIOC. puss in the corner.

2.cantone /kan'tone/ m. *(in Svizzera)* canton; ***il lago dei Quattro Cantoni*** the Lake of the Four Forest Cantons; ***Canton Ticino*** (the canton of) Ticino.

> **Canton Ticino** This is the only canton of the Swiss Confederation which has Italian as its official language. It is also the only Swiss region located south of the Alps. It has been Swiss since the 15th century and became a canton at the beginning of the 19th century. The culture and language of this area are intermingled with those of the neighbouring Italian regions.

cantonese /kanto'nese/ ➧ ***2, 16*** **I** agg. [*persona, prodotto, cibo*] Cantonese **II** m. e f. Cantonese* **III** m. LING. Cantonese.

cantoniera /kanto'njɛra/ f. **1** *(mobile)* corner cupboard **2** *(casa)* roadman's house.

cantoniere /kanto'njɛre/ ➧ ***18*** m. roadman*.

cantore /kan'tore/ **I** agg. STOR. ***i maestri -i*** Meistersinger **II** m. (f. **-a**) **1** RELIG. cantor, precentor; *(di coro)* singer, chorister **2** FIG. *(poeta)* poet, bard STOR.; ***Virgilio, il ~ di Enea*** Virgil, the bard who sang of Aeneas.

cantoria /kanto'ria/ f. **1** *(palco)* choirstall, choir **2** *(coro)* choir, choir loft AE.

cantuccio, pl. **-ci** /kan'tuttʃo, tʃi/ m. **1** *(angolo)* corner **2** *(luogo appartato)* nook; ***(re)stare in un ~*** to stand apart (anche FIG.) **3** REGION. *(pezzetto di pane)* heel **4** GASTR. = dry almond biscuits typical of Tuscany.

canuto /ka'nuto/ agg. [*persona, testa, capelli, barba*] hoary; ***uomo dai capelli -i*** white-haired man; ***uomo ~*** white-headed man.

canzonare /kantso'nare/ [1] tr. to tease, to laugh at, to make* fun of, [*persona*]; ***~ qcn. (per qcs.)*** to tease sb. (about sth.).

canzonatore /kantsona'tore/ **I** agg. [*tono, intenzione*] mocking; [*sorriso, commento*] sneering; [*sguardo*] teasing **II** m. (f. **-trice** /tritʃe/) mocker.

canzonatorio, pl. **-ri**, **-rie** /kantsona'tɔrjo, ri, rje/ agg. [*tono, intenzione*] mocking; [*sorriso, commento*] sneering; [*sguardo*] teasing; [*modi*] bantering.

canzonatura /kantsona'tura/ f. mockery **U**, banter **U**, jeering **U**, teasing **U**; ***essere oggetto di*** ~ to be a laughing stock; ***essere il bersaglio delle -e di qcn.*** to be the butt of sb.'s jokes.

▶ **canzone** /kan'tsone/ f. **1** song; ***comporre una*** ~ to write a song; ***accompagnare una*** ~ to play along with a song; ***festival della*** ~ song contest; ~ ***sdolcinata*** schmal(t)zy lovesong; ~ ***di successo*** hit; ***come fa la*** ~***?*** how does the song go? ***il motivo, il ritmo di una*** ~ the tune, rhythm of a song; ***divo della*** ~ popstar; ***è sempre la solita*** ~ FIG. it's always the same old story **2** LETTER. *(componimento lirico)* song; *(della letteratura italiana medievale)* canzone*; *(componimento epico)* epic poem ◆◆ ~ ***d'amore*** lovesong; ~ ***di gesta*** chanson de geste; ~ ***marinara*** shanty; ~ ***da osteria*** drinking song; ~ ***pop*** pop song; ~ ***popolare*** folk song.

canzonetta /kantso'netta/ f. pop song.

canzonettista, m.pl. **-i**, f.pl. **-e** /kantsonet'tista/ ♦ ***18*** m. e f. **1** pop singer **2** ANT. music hall singer.

canzonettistico, pl. **-ci**, **-che** /kantsonet'tistico, tʃi, ke/ agg. pertaining to pop music.

canzoniere /kantso'njɛre/ ♦ ***18*** m. **1** LETTER. collection of poems **2** *(raccolta di canzoni)* songbook **3** *(compositore)* lyricist, songwriter.

caolinite /kaoli'nite/ f. kaolinite.

caolinizzazione /kaoliniddzat'tsjone/ f. kaolinization.

caolino /kao'lino/ m. kaolin, china clay, porcelain clay.

▷ **caos** /'kaos/ m.inv. **1** chaos; ***teoria del*** ~ chaos theory **2** FIG. *(disordine)* chaos, confusion, disarray; ***cadere nel*** ~ to collapse in chaos; ***mettere ordine al*** o ***nel*** ~ to produce order out of chaos; ***creare*** o ***provocare*** ~ to cause chaos; ***la casa, la stanza era un*** ~ the house, room was in a state of chaos; ***gettare qcn., qcs. nel*** ~ to throw sb., sth. into confusion; ***nulla potrebbe evitare che il paese piombi nel*** ~ nothing could prevent the country's plunge into chaos.

caotico, pl. **-ci**, **-che** /ka'ɔtiko, tʃi, ke/ agg. [*vita, luogo*] chaotic; [*folla, dimostrazione*] disorderly.

CAP /kap/ m. (⇒ Codice di Avviamento Postale) = post code BE, zip code AE.

cap. 1 ⇒ capitolo chapter (chap., ch.) **2** ⇒ capitano captain (capt.).

▶ **capace** /ka'patʃe/ v. la voce **1.potere**. agg. **1** *(in grado di fare qcs.)* [*persona, macchina, test*] capable (**di qcs.** of sth.; **di fare** of doing); ***non fu*** ~ ***di resistere*** he was unable to resist; ***non essere*** ~ ***a contare*** to be innumerate; ***gli mostrerò di cosa sono*** ~***!*** I will show him what I'm capable of! ***è*** ~ ***di tutto pur di mantenere la sua posizione*** he would do anything to keep his job; ***non sono*** ~ ***a cantare*** I'm no good at singing; ***sarebbe, non sarebbe mai*** ~ ***di fare*** she has, doesn't have it in her to do; ***ne sarebbe*** ~***, sarebbe*** ~ ***di tutto!*** I wouldn't put it, anything past him! he's capable of doing it, anything! ***fai meglio se ne sei*** ~***!*** beat that if you can! **2** *(abile)* [*insegnante*] good; [*avvocato, lavoratore*] competent, clever, skilful BE, skillful AE; [*nuotatore, giocatore*] talented; [*politico, manager*] dexterous **3** *(atto a contenere)* ***uno stadio*** ~ ***di ottantamila persone*** a stadium holding *o* accommodating eighty thousand people **4** *(capiente)* [*tasca, borsa, armadio, bagagliaio*] capacious; [*casa*] roomy ◆ ***essere*** ~ ***di intendere e di volere*** DIR. to be compos mentis to be of sound mind.

▷ **capacità** /kapatʃi'ta/ f.inv. **1** *(attitudine)* ability, capacity, skill; ~ ***di qcn., qcs. di fare*** capacity of sb., sth. to do; ***avere le*** ~ ***per fare qcs., bene*** to have the capacity to do sth., well; ***sfruttare al massimo, mettere a frutto le proprie*** ~ to maximize, fulfil one's potential; ***non sfrutta le sue*** ~ he doesn't play to his own strengths; ***per questo lavoro sono richieste buone*** ~ ***di elaborazione testi*** competence in word-processing is necessary for this job; ~ ***di concentrazione, osservazione, ragionamento, resistenza*** powers of concentration, observation, reasoning, endurance; ~ ***di calcolo*** numeracy; ~ ***intellettuale*** mental ability, intellectual capability; ~ ***comunicative, decisionali, manageriali*** communication, decision-making, managerial skills; ***mettere in dubbio le*** ~ ***di qcn.*** to query sb.'s abilities; ***al di là delle, nelle mie*** ~ outside, within my capabilities; ***essere al di sopra delle proprie*** ~ [*attività, compito*] to be beyond one's ability *o* competence **2** *(capienza)* capacity; *(possibilità di carico)* load capacity; *(di stadio, teatro, cinema)* seating capacity; ***misura di*** ~ measure of capacity; ~ ***ricettiva*** *(di albergo, ospedale)* bedspace ◆◆ ~ ***di acquisto*** ECON. buying *o* purchasing power; ~ ***di agire*** DIR. legal capacity; ~ ***contributiva*** ECON. abilility to pay; ~ ***elettrica*** FIS. capacitance; ~ ***di intendere e di volere*** DIR. compos mentis, sound mind; ~ ***di memoria*** INFORM. storage capacity; ~ ***produttiva*** ECON. production *o* manufacturing capacity; ~ ***respiratoria*** MED. vital capacity; ~ ***di ripresa*** ECON. resilience; ~ ***termica*** FIS. heat capacity; ~ ***di trattamento*** INFORM. throughput.

capacitare /kapatʃi'tare/ [1] **I** tr. to convince, to persuade [*persona*] **II capacitarsi** pronom. to get* over, to realize, to understand*; ***non -rsi di qcs.*** *(rendersi conto)* to be unable to understand *o* realize sth.; *(rassegnarsi)* to be unable to get over sth.

▷ **capanna** /ka'panna/ f. **1** hut, cabin; ~ ***di fango*** mud hut; ~ ***di tronchi*** log cabin; ***due cuori e una*** ~ love in a cottage; ***festa delle -e*** RELIG. feast of Tabernacles, Sukkoth; ***tetto a*** ~ saddleback, saddle roof **2** *(abitazione umile)* hovel, shack ◆ ***pancia mia fatti*** ~***!*** tuck in!

capannello /kapan'nɛllo/ m. small crowd, knot of people; ***fare*** ~ ***intorno a qcn.*** to gather round sb.

capanno /ka'panno/ m. **1** *(piccola capanna)* shed, hut **2** *(balneare)* bathing hut **3** *(pergolato)* arbour BE, arbor AE ◆◆ ~ ***degli attrezzi*** tool shed; ~ ***di caccia*** shooting box.

capannone /kapan'none/ m. **1** *(di fabbrica)* warehouse, shed **2** *(per aerei)* hangar.

caparbietà /kaparbje'ta/ f.inv. stubbornness, obstinacy, doggedness.

caparbio, pl. **-bi**, **-bie** /ka'parbjo, bi, bje/ agg. [*persona, temperamento*] stubborn, obstinate, dogged.

▷ **caparra** /ka'parra/ f. deposit, down payment, earnest; *(per avere le chiavi)* key money BE, security deposit AE; ***versare una*** ~ to put down *o* pay a deposit.

capasanta, pl. **capesante** /kapa'santa, kape'sante/ f. scallop.

capata /ka'pata/ f. COLLOQ. **1** *(testata)* butt; ***dare una*** ~ ***a qcn.*** to headbutt sb.; ***dare una*** ~ ***sul tavolo*** to bang one's head on the table **2** *(breve visita)* brief visit.

capatina /kapa'tina/ f. COLLOQ. ***fare una*** ~ ***da qcn.*** to pop in and see sb.

capecchio, pl. **-chi** /ka'pekkjo, ki/ m. tow.

capeggiare /kaped'dʒare/ [1] tr. to lead* [*esercito, delegazione, spedizione*]; to head [*rivolta*]; to front [*banda, gruppo, gang*].

▶ **capello** /ka'pello/ **I** m. hair; ***avere due -i bianchi*** to have two white hairs; ***avere molti -i*** to have a full head of hair **II capelli** m.pl. *(capigliatura)* hair **U**; ***avere i -i chiari, scuri*** to have fair, dark hair; ***-i grassi, secchi*** greasy, dry hair; ***-i lisci, ricci, mossi, crespi*** straight, curly, wavy, frizzy hair; ***portare i -i corti, raccolti*** to wear one's hair short, in a bun; ***tagliarsi, farsi tagliare i -i*** to have, get one's hair cut; ***spuntare i -i a qcn.*** to give sb.'s hair a trim; ***taglio (di -i)*** haircut; ***taglio di -i a spazzola*** crewcut; ***ho i -i a posto?*** is my hair all right? ***decolorarsi i -i*** to bleach one's hair; ***asciugarsi i -i*** *(con il fon)* to blow-dry one's hair; *(con l'asciugamano)* to towel one's hair; ***fare la tinta ai -i*** to get, have one's hair dyed; ***far(si) i -i*** COLLOQ. to get, have one's hair done; ***passarsi un pettine tra i -i*** to run a comb through one's hair; ***rasarsi i -i a zero*** to shave one's head; ***ciocca di -i*** tuft of hair; ***cominciano a cadergli i -i*** he is losing his hair; ***spazzola, forcina, retina per -i*** hairbrush, hairpin, hairnet; ***tintura per -i*** hair-dye; ***strapparsi i -i*** to tear one's hair out (anche FIG.); ***essere tirato per i -i*** to be pulled by the hair (anche FIG.) ◆ ***far rizzare i -i (in testa)*** to make sb.'s hair stand on end; ***prendersi per i -i*** to grab each other by the hair; ***spaccare il*** ~ ***in quattro*** to split hairs; ***avere un diavolo per*** ~ to be like a bear with a sore head; ***mettersi le mani nei -i*** to tear one's hair out; ***far venire i -i bianchi a qcn.*** to make sb. old before his, her time, to turn sb.'s hair grey; ***per un*** ~ by a hair's breadth; ***fin sopra i -i*** up to one's ears *o* eyes; ***averne fin sopra i -i di qcn., qcs.*** to be tired *o* sick to death of sb., sth.; ***non torcere un*** ~ not to touch a hair of sb.'s head ◆◆ ***-i d'angelo*** GASTR. angel's hair AE.

capellone /kapel'lone/ **I** agg. COLLOQ. hippy, hippie **II** m. (f. **-a**) **1** hippy, hippie **2** COLLOQ. mophead, longhair AE.

capelluto /kapel'luto/ agg. [*persona*] mopheaded; [*uccello*] tufted; ***cuoio*** ~ scalp.

capelvenere /kapel'vɛnere/ m. Venus's hair, maidenhair.

capestro /ka'pɛstro/ **I** m. *(per impiccagione)* noose; *(per animale)* halter; ***condannare qcn. al*** ~ to sentence sb. to be hanged **II** agg.inv. ***contratto*** ~ one-sided contract.

capetingio, pl. **-gi**, **-ge** e **-gie** /kape'tindʒo, dʒi, dʒe/ agg. e m. STOR. Capetian.

capetto /ka'petto/ m. bossy person.

capezzale /kapet'tsale/ m. **1** *(parte del letto)* bolster **2** FIG. *(letto di un malato)* sickbed; ***essere, rimanere al*** ~ ***di qcn.*** to be, stay at sb.'s bedside.

capezziera /kapet'tsjɛra/ f. antimacassar.

capezzolo /ka'pettsolo/ m. *(di essere umano)* nipple; *(di mammifero)* teat, mammilla*.

capibara /kapi'bara/ m.inv. capybara.

capidoglio /kapi'dɔʎʎo/ → **capodoglio.**

capiente /ka'pjɛnte/ agg. [*tasca, borsa, armadio, bagagliaio*] capacious; [*casa*] roomy; [*valigia*] large.

capienza /ka'pjɛntsa/ f. capacity; ***il teatro ha una ~ di 500 posti*** the theatre has a capacity of 500, the theatre can hold 500 people; ***~ di magazzino*** storage capacity.

capigliatura /kapiʎʎa'tura/ f. hair U; ***avere una bella ~*** to have a fine head of hair; ***una ~ fluente*** long flowing hair.

capillare /kapil'lare/ **I** agg. **1** capillary **2** FIG. [*distribuzione, propaganda*] widespread; [*indagine, analisi*] thorough **II** m. capillary.

capillarità /kapillari'ta/ f.inv. **1** FIG. *(di ricerca, analisi)* thoroughness; *(di organizzazione)* diffuseness **2** FIS. capillarity.

capillarmente /kapillar'mente/ avv. **1** *(in modo ramificato)* diffusely **2** *(minuziosamente)* thoroughly.

capinera /kapi'nera/ f. blackcap.

capintesta /kapin'tɛsta/ m.e f.inv. **1** SPREG. leader; ***il ~ di una banda*** ringleader **2** SPORT leader.

▶ **capire** /ka'pire/ [102] **I** tr. **1** *(cogliere il senso)* to understand*, to comprehend; ***se capisco bene*** if I understand correctly; ***non capisco nulla di ciò che racconta*** o ***dice*** I don't understand a word of what he's saying; ***non ne capisce un'acca di matematica*** he hasn't got a clue about mathematics; ***non sono certo di aver capito bene*** I'm not sure I got it right, I'm not sure I have understood properly; ***~ qcs. al contrario*** to get sth. backwards [*istruzioni, messaggio*]; ***non ti immischiare in questa faccenda, (hai) capito?*** keep out of it, do you hear? *o* got it? COLLOQ.; ***non riesco a ~ perché*** I can't understand why; ***riesci a ~ quello che voglio dire?*** do you catch my meaning? ***come avrete capito*** as you will have gathered; ***non ~ molto di...*** to make little of... [*discorso, relazione*]; ***~ male qcn., qcs.*** to misunderstand sb., sth.; ***farsi ~*** to make oneself understood; ***non riesco a ~ questa frase*** I can't make sense of this sentence; *(decifrare)* I can't make out this sentence; ***hai proprio capito tutto!*** IRON. you've got it all backwards! ***non ha mai capito nulla delle donne*** women are a closed book to him, he has never understood anything about women **2** *(rendersi conto)* to realize; ***fare ~ qcs. a qcn.*** to make sth. clear to sb., to make sb. realize sth.; ***fare ~ a qcn. che*** to make it clear to sb. that; ***non è facile, lo capisco*** it's not easy, I realize that; ***non ho tempo, capisci*** you see, I haven't got time; ***stai cominciando a ~ come funziona*** you're getting the hang of it; ***stiamo ancora cercando di ~ cosa sia successo*** we're still trying to sort out what happened **3** *(giustificare, comprendere)* to understand* [*comportamento, sentimento, persona*]; ***capisco che sia sconvolta*** I can understand her being upset; ***cerca di capirmi*** try to understand; ***capisco!*** I see! **II capirsi** pronom. to understand* each other ◆ ***~ l'antifona*** to get the message, to take the hint; ***~ al volo*** to be quick on the uptake; ***si capisce!*** of course! naturally! ***non ~ un accidente*** o ***fico secco*** to be thick as a brick.

▶ **1.capitale** /kapi'tale/ agg. **1** *(relativo alla morte)* [*sentenza, delitto*] capital; ***pena ~*** capital punishment; ***essere condannato alla pena ~*** to be under sentence of death; ***i sette peccati*** o ***vizi -i*** RELIG. the seven deadly sins **2** FIG. *(fondamentale)* [*ruolo, incontro, testimonianza, opera*] crucial; [*importanza*] major, fundamental; ***problema, fatto di ~ importanza*** a crucial problem, fact; ***una scoperta ~ nella ricerca sul cancro*** a major breakthrough in cancer research **3** TIP. [*lettera*] capital.

▶ **2.capitale** /kapi'tale/ f. **1** *(di un paese)* capital (city); ***le -i europee*** the European capitals **2** *(centro)* capital; ***una ~ finanziaria, culturale*** a financial, cultural capital.

▶ **3.capitale** /kapi'tale/ m. **1** *(risorsa)* ***il ~ umano, industriale*** human, industrial resources **2** ECON. *(fondo, patrimonio)* capital; ***aver bisogno, mancare di ~*** to need, lack capital; ***~ straniero*** foreign capital; ***imposta sui trasferimenti di ~*** capital transfer tax; ***dotazione in ~*** capital endowment; ***riserve di ~*** currency reserves; ***investire il ~*** to invest capital; ***conto ~*** capital account; ***spese in conto ~*** capital outlay; ***apporto, conferimento di ~*** bringing in of capital; ***afflusso, deflusso di -i*** capital inflow, outflow; ***una richiesta di aumento di ~*** a call for capital; ***partecipazione al ~ di una società*** share ownership; ***immobilizzazione di -i*** locking up; ***fuga di -i*** flight of capital **3** *(capitalisti)* ***il ~ e il lavoro*** capital and labour **4** *(somma ingente)* fortune; ***costare un ~*** to cost a fortune ◆◆ ***~ azionario*** equity capital; ***~ azionario annacquato*** watered stock; ***~ circolante*** fluid assets; ***~ d'esercizio*** working capital; ***~ forfettario*** lump sum; ***~ fisso*** capital assets, fixed capital; ***~ fluttuante*** floating capital; ***~ iniziale*** seed money; ***~ netto*** shareholders' equity, stockholders' equity AE; ***~ obbligazionario*** loan capital *o* stock; ***~ di rischio*** risk *o* venture capital; ***~ sociale*** (capital) stock.

capitalismo /kapita'lizmo/ m. capitalism ◆◆ ***~ monopolistico*** monopoly capitalism; ***~ di stato*** state capitalism.

capitalista, m.pl. **-i**, f.pl. **-e** /kapita'lista/ **I** agg. [*società, regime*] capitalist **II** m. e f. capitalist.

capitalistico, pl. **-ci**, **-che** /kapita'listiko, tʃi, ke/ agg. capitalistic.

capitalizzabile /kapitalid'dzabile/ agg. capitalizable.

capitalizzare /kapitalid'dzare/ [1] tr. to capitalize.

capitalizzazione /kapitaliddzat'tsjone/ f. capitalization; ***titoli di ~*** capital bonds; ***~ di mercato*** market capitalization.

capitanare /kapita'nare/ [1] tr. **1** *(comandare, guidare)* to captain [*nave, plotone*]; to head (up) [*impresa, partito*]; ***~ una squadra*** SPORT to captain a team **2** *(capeggiare)* to head, to spearhead [*rivolta*].

capitaneria /kapitane'ria/ f. ***~ di porto*** port authority.

▶ **capitano** /kapi'tano/ ♦ **12** m. *(grado) (di esercito, aviazione, marina, squadra sportiva)* captain; ***sotto il comando del ~ X*** under the captaincy of X; ***essere designato come ~*** SPORT to get captaincy of the side, to be named captain; ***è il ~ che vi parla*** AER. this is your captain speaking ◆◆ ***~ di corvetta*** lieutenant commander; ***~ di fregata*** commander; ***~ d'industria*** FIG. captain of industry; ***~ di lungo corso*** master mariner; ***~ di porto*** harbour master; ***~ in seconda*** ship's mate; ***~ di vascello*** naval captain; ***~ di ventura*** STOR. = a commander of mercenary troops.

▶ **capitare** /kapi'tare/ [1] **I** intr. (aus. *essere*) **1** *(arrivare)* to come*, to arrive, to end up; ***se capiti a Torino...*** if you ever come to Turin...; ***~ a Roma*** to end up in Rome, to fetch up in Rome BE COLLOQ.; ***se per caso capiti dalle nostre parti*** if you're ever down our way; ***capiti in un brutto momento*** you've hit on a bad time; ***~ a proposito*** to come *o* arrive just at the right moment ***~ sulla pagina giusta, sul numero giusto*** to hit on the right page, number **2** *(presentarsi)* [*opportunità, lavoro*] to turn up; [*problema*] to come* about; ***mi è capitato un buon affare*** I came across a bargain, I got a good deal; ***prendere la prima cosa che capita sottomano*** to grab the first thing that comes to hand; ***mi è capitato un esaminatore severo*** I got a harsh examiner; ***mi sono capitate delle carte bruttissime*** the run of the cards was against me, I was dealt a bad hand; ***dormire dove capita*** to sleep rough; ***se ti capita l'occasione...*** if you get a chance... **3** *(succedere)* to happen, to befall*; ***se non capita nulla*** if nothing happens; ***capita molto spesso*** it happens quite a lot; ***son cose che capitano!*** it is just one of those things! these things happen! ***capitano tutte a me!*** that's the story of my life! ***capita di peggio!*** worse things can happen! **II** impers. ***ti capita di usare il computer?*** do you get to use a computer? ***se ti capita di dimenticare il codice*** if you should ever forget the code; ***ci capita raramente di incontrare casi di...*** we rarely come across cases of...; ***può ~ a tutti di fare un errore*** anybody can make a mistake; ***se ti capita di vederla salutala*** if you happen to see her say hello; ***non capita tutti i giorni che...*** it's not every day that... ◆ ***~ bene, male*** to be lucky, unlucky; ***~ fra capo e collo*** to come unexpectedly; ***~ a fagiolo*** o ***come il cacio sui maccheroni*** to turn up at the right moment; ***capita anche nelle migliori famiglie*** it happens to the best of us; ***come, dove ~*** in whatever way, no matter where.

capitazione /kapitat'tsjone/ f. capitation, poll tax.

capitello /kapi'tɛllo/ m. **1** ARCH. capital, chapiter; ***~ dorico, ionico, corinzio*** Doric, Ionic, Corinthian capital **2** ANAT. capitulum*.

1.capitolare /kapito'lare/ [1] intr. (aus. *essere*) to capitulate (anche FIG.) (**di fronte a** to); [*nazione*] to surrender (**di fronte a** to).

2.capitolare /kapito'lare/ agg. RELIG. capitular.

3.capitolare /kapito'lare/ m. STOR. capitulary.

capitolato /kapito'lato/ m. ***~ d'appalto*** specification.

capitolazione /kapitolat'tsjone/ f. capitulation; *(di città, guarnigione)* surrender.

capitolino /kapito'lino/ agg. **1** Capitoline; ***colle ~*** Capitoline **2** *(romano)* ***città -a*** = Rome; ***il sindaco ~*** the mayor of Rome.

capitolo /ka'pitolo/ m. **1** *(di libro)* chapter (anche FIG.); ***nel terzo ~*** in chapter three; ***fino al secondo ~*** up to chapter two; ***un ~ dedicato a...*** a chapter devoted to... **2** AMM. section, item; ***votare il bilancio per -i*** to vote on the budget section by section **3** RELIG. chapter ◆ ***avere, non avere voce in ~*** to have a say, no say in the matter ◆◆ ***~ delle entrate*** section on revenue; ***~ di spesa*** section on expenditure.

capitombolante /kapitombo'lante/ m. tumbler (pigeon).

capitombolare /kapitombo'lare/ [1] intr. (aus. *essere*) to tumble; ***~ dalle scale*** to tumble down the stairs.

capitombolo /kapi'tombolo/ m. tumble, fall, spill; ***fare un ~*** to take a tumble, to go head over heels; *(dalla bicicletta)* to have *o* take a spill.

capitone /kapi'tone/ m. = large female eel usually cooked for Christmas.

capitozzare /kapitot'tsare/ [1] tr. to poll, to pollard [*albero*].

▶ **capo** /'kapo/ ♦ **4 I** m. **1** *(testa)* head; ***muovere il ~*** to move one's head; ***stare a ~ chino*** to keep *o* have one's head down (anche FIG.); ***abbassare*** o ***chinare il ~*** to bow one's head; FIG. to bow the knee; ***a***

~ scoperto bareheaded; **mal di ~** headache; **scuotere il ~** to shake one's head; **fare un cenno** o **annuire con il ~** to nod; **alzare il ~** FIG. to hold one's head high **2** *(mente, spirito)* mind, head; **mettersi in ~ di fare qcs.** to set one's mind on doing something; **frullare** o **passare per il ~** to go through one's mind **3** *(chi comanda, dirige)* boss, chief, head, leader; *(dei giurati) (uomo)* foreman*; *(donna)* forewoman*; **~ del personale** personnel manager; **~ di una Chiesa** church leader; **comandante in ~** MIL. commander-in-chief; **grande ~** COLLOQ. Mr Big, head honcho AE; **~ di una banda, di un'organizzazione criminale** ringleader; **il ~ di una tribù** the chief of a tribe; **avere la stoffa del ~** to be a born *o* natural leader; **un ~ più risoluto** a more decisive leader; **riconoscere qcn. come ~** to acknowledge sb. as leader; **a casa è lei il ~** COLLOQ. she's the boss in the house **4** COLLOQ. **salve ~!** hi, there! **ehi, ~, hai da accendere?** hey, pal, have you got a light? **5** *(singolo elemento)* article, item; **un ~ d'abbigliamento** o **di vestiario** an article of clothing; **"lavare i -i colorati separatamente"** "wash coloureds separately"; **~ su misura** tailored garment **6** *(di bestiame)* head*; **30 -i di bestiame** 30 head of cattle **7** *(estremità) (di fune)* end; *(di letto, chiodo)* head; **da un ~ all'altro** from one end to another; **da un ~ all'altro del mondo** across the world; **all'altro ~ (del telefono) nessuno parlava** there was silence at the other end (of the line); **da ~ a fondo** from top to bottom; **l'altro ~** the farther end; **in ~ alla pagina** at the top *o* head of the page; **in ~ a un anno, a un mese** within a year, a month; **tremare da ~ a piedi** to be trembling all over, to be trembling from head to foot **8** *(promontorio)* cape, headland; **Capo di Buona Speranza** Cape of Good Hope; **Capo Horn** Cape Horn; **doppiare un ~** to double *o* circumnavigate a cape, to round a headland **9** *(in un libro)* chapter **10** *(filo)* strand; **lana a due -i** two-ply wool **11** MAR. MIL. **~ di prima, seconda, terza classe** = chief petty officer; **secondo ~** petty officer **12 da capo** afresh, anew; MUS. da capo; **ricominciare da ~** to start afresh, to begin anew **13 a capo** *(al comando)* **essere a ~ di...** to head (up)...; *(in un nuovo paragrafo)* **andare a ~** to start a new line; *(nella dettatura)* new paragraph; **venire a ~ di un problema** *(risolvere)* to thrash out *o* work out a problem **14 fare capo a** *(sboccare)* [*strada*] to end up; *(appoggiarsi)* [*persona*] to refer to; *(dipendere)* [*organizzazione, filiale, movimento*] to depend on **II** agg.inv. **architetto ~** master architect; **ispettore ~** chief inspector; **redattore, redattrice ~** editor-in-chief ◆ **essere senza ~ né coda** to be without rhyme or reason; [*discorso*] to be all over the place; **cadere fra ~ e collo** to come unexpectedly; **lavata di ~** scolding, lecture; **rompersi il ~ su qcs.** to puzzle over sth.; **in ~ al mondo** [*abitare*] at the back of beyond; [*andare*] to the ends of the earth; **cosa fatta ~ ha** PROV. what is done is done; **non fasciarti il ~ prima di rompertelo** don't cross your bridges before you come to them; **cospargersi il ~ di cenere** to be in *o* wear sackcloth and ashes; **per sommi -i** in short, briefly ◆◆ **~ d'accusa** DIR. count; **~ del governo** premier; **~ d'imputazione** criminal charge; **~ di istituto** principal; **~ di Stato** head of State; **~ di stato maggiore** Chief of Staff; **~ storico** founding father; **~ villaggio** headman.

capoarea, pl. **capiarea** /kapo'area, kapi'area/ m. e f. area manager.

capobanda, pl. **capibanda** /kapo'banda, kapi'banda/ m. e f. **1** gang leader, ringleader **2** MUS. bandmaster.

capobarca, pl. **capibarca** /kapo'barka, kapi'barka/ m. skipper.

capobranco, pl. **capibranco** /kapo'branko, kapi'branko/ m. e f. leader of the pack, leader of the herd.

capoc /ka'pɔk/ m.inv. kapok (tree).

capocameriere, pl. **capocamerieri** /kapokame'rjɛre, kapokame'rjɛri/ ➧ **18** m. (f. **-a**) head waiter.

capocannoniere, pl. **capicannonnieri** /kapokanno'njɛre, kapikanno'njɛri/ m. SPORT top goalscorer.

capocantiere, pl. **capicantiere** /kapokan'tjɛre, kapikan'tjɛre/ ➧ **18** m. e f. site supervisor.

capocarro, pl. **capicarro** /kapo'karro, kapi'karro/ m. tank commander.

capocchia /ka'pɔkkja/ f. head; **la ~ dello spillo** pinhead.

1.capoccia /ka'pɔttʃa, / m.inv. **1** ANT. *(capo di una famiglia contadina)* householder **2** *(sorvegliante)* foreman* **3** SCHERZ. *(capo)* boss.

2.capoccia, pl. **-ce** /ka'pɔttʃa, tʃe/ f. REGION. *(testa)* head.

capocciata /kapot'tʃata/ f. butt, bang with the head; **dare una ~ a qcn.** to nut sb., to (head)butt sb.

capoccione /kapot'tʃone/ m. **1** *(chi capisce poco)* slow-witted person, blockhead COLLOQ. **2** SCHERZ. *(persona intelligente)* brain **3** *(personaggio influente)* heavyweight, bigwig, big shot.

capoclasse, pl. **capiclasse** /kapo'klasse, kapi'klasse/ m. e f. monitor.

capocollo, pl. **capocolli** /kapo'kɔllo, kapo'kɔlli/ m. INTRAD. (salted and smoked pork meat taken from the neck).

capocomico, pl. **capocomici** /kapo'kɔmiko, kapo'kɔmitʃi/ m. ANT. theatre manager BE, theater manager AE.

capocorda, pl. **capicorda** /kapo'kɔrda, kapi'kɔrda/ m. **~ di batteria** battery-lead connection.

capocordata, pl. **capicordata** /kapokor'data, kapikor'data/ m. e f. ALP. leader.

capocronaca, pl. **capicronaca** /kapo'krɔnaka, kapi'krɔnaka/ m. = in a newspaper, leading article of local news.

capocronista, m.pl. **capicronisti**, f.pl. **capocroniste** /kapokro'nista, kapikro'nisti, kapokro'niste/ ➧ **18** m. e f. local news editor.

capocuoco, pl. **capocuochi, capicuochi** /kapo'kwɔko, kapo'kwɔki, kapi'kwɔki/ ➧ **18** m. (f. **-a**) head cook, chef.

▷ **capodanno**, pl. **capodanni** /kapo'danno, kapo'danni/ m. *(primo gennaio)* New Year's Day; **festa di ~** New Year's Eve party.

capodipartimento, pl. **capidipartimento** /kapodiparti'mento, kapidiparti'mento/ m. e f. department head.

capodivisione, pl. **capidivisione** /kapodivi'zjone, kapidivi'zjone/ m. e f. *(nella pubblica amministrazione)* department head.

capodoglio, pl. **-gli** /kapo'doʎʎo, ʎi/ m. sperm whale.

capodopera, pl. **capidopera** /kapo'dɔpera, kapi'dɔpera/ ANT. → **capolavoro.**

capofamiglia, pl. **capifamiglia** /kapofa'miʎʎa, kapifa'miʎʎa/ m. e f. head of the household, householder, breadwinner.

capofficina, pl. **capiofficina** /kapoffi'tʃina, kapioffi'tʃina/ m. e f. *(uomo)* shop foreman*; *(donna)* shop forewoman*.

capofila, pl. **capifila** /kapo'fila, kapi'fila/ m. e f. leader (anche FIG.).

capofitto: **a capofitto** /akapo'fitto/ avv. headlong; **buttarsi a ~ in qcs.** FIG. to rush headlong into sth., to throw oneself into sth.

capogabinetto, pl. **capigabinetto** /kapogabi'netto, kapigabi'netto/ m. e f. secretary.

▷ **capogiro** /kapo'dʒiro/ m. dizziness; **essere colto da un ~** to feel dizzy *o* giddy; **far venire** o **dare** o **provocare il ~ a qcn.** to make sb. dizzy *o* giddy; **saldi da ~** suicidal sales; **cifra da ~** staggering figure; **bellezza da ~** breathtaking beauty.

capogruppo, pl. **capigruppo** /kapo'gruppo, kapi'gruppo/ m. e f. **1** (group) leader **2** POL. *(parlamentare)* leader (of a parliamentary group), floor leader AE.

▷ **capolavoro** /kapola'voro/ m. masterpiece (anche FIG.); **questo edificio è un ~ di design** this building is a marvel *o* masterpiece of design.

capolettera, pl. **capilettera** /kapo'lɛttera, kapi'lɛttera/ m. TIP. initial letter.

capolinea /kapo'linea/ m.inv. terminus*; end of the line (anche FIG.); **scendere, arrivare al ~** to get off at, to reach the end of the line.

capolino /kapo'lino/ m. BOT. (flower) head ◆ **fare ~ dalla porta** to peep round the door; **fare ~ dalla finestra** to poke one's head out the window; **il sole fece ~ fra le nuvole** the sun peeped out from behind the clouds.

capolista, pl. **capilista** /kapo'lista, kapi'lista/ m. e f. **1** POL. frontrunner **2** SPORT leading team.

▷ **capoluogo**, pl. **-ghi** /kapo'lwɔgo, gi/ m. chief city, chief town; **~ di regione** regional capital; **~ di provincia** provincial capital.

capomacchinista, m.pl. **-i**, f.pl. **-e** /kapomakki'nista/ ➧ **18** m. e f. chief engineer.

capomafia, pl. **capimafia** /kapo'mafja, kapi'mafja/ m. mob boss, mafia boss.

capomastro, pl. **capimastri**, **capomastri** /kapo'mastro, kapi'mastri, kapo'mastri/ m. master mason.

capomovimento, pl. **capimovimento** /kapomovi'mento, kapimovi'mento/ m. e f. FERR. railway traffic manager.

caponaggine /kapo'naddʒine/ f. stubbornness, obstinacy.

capoofficina /kapooffi'tʃina/ → **capofficina.**

capopartito, pl. **capipartito** /kapopar'tito, kapipar'tito/ m. e f. party leader.

capopattuglia, pl. **capipattuglia** /kapopat'tuʎʎa, kapipat'tuʎʎa/ m. patrol commander.

capopezzo, pl. **capipezzo** /kapo'pɛttso, kapi'pɛttso/ m. MIL. gun commander.

capopopolo, pl. **capipopolo** /kapo'pɔpolo, kapi'pɔpolo/ m. e f. rabble-rouser.

capoposto, pl. **capiposto** /kapo'posto, kapi'posto/ m. MIL. commander of the guard.

caporalato /kapo'ralato/ m. = in Southern Italy, system by which agricultural workers are illegally hired and paid below the national minimum wage.

▷ **caporale** /kapo'rale/ ➧ **12** m. **1** MIL. lance corporal, one-striper COLLOQ.; *(in artiglieria)* lance bombardier **2** = in Southern Italy, person who illegally hires agricultural workers.

caporalesco, pl. **-schi**, **-sche** /kapora'lesko, ski, ske/ agg. [*atteggiamento, tono*] commanding, bossy, overbearing.
caporalmaggiore /kaporalmad'dʒore/ ➧ *12* m. MIL. corporal, two-striper COLLOQ.
caporedattore, pl. **caporedattori** /kaporedat'tore, kaporedat'tori/ ➧ *18* m. (f. **-trice**) editor-in-chief.
caporeparto, pl. **capireparto** /kapore'parto, kapire'parto/ ➧ *18* m. e f. **1** *(di fabbrica)* factory supervisor; *(uomo)* foreman*; *(donna)* forewoman* **2** *(di grandi magazzini)* floor manager, shopwalker, floorwalker AE.
caporetto /kapo'retto/ f.inv. FIG. defeat.

> **Caporetto** During World War I, on 24th October 1917, Austrian and German troops unleashed a violent attack on the Italian front-line, near to the small town of *Caporetto* (nowadays known as *Kobarid*, in Slovenia), and broke through it. The Italian retreat was disorganized and frantic, with terrible losses. The place-name has entered into the collective memory and into Italian to mean a rout or total failure.

caporione, pl. **caporioni** /kapo'rjone, kapo'rjoni/ m. SPREG. ringleader.
caposala, pl. **capisala** /kapo'sala, kapi'sala/ ➧ *18* m. e f. **1** *(di ufficio)* head clerk; *(di stabilimento) (uomo)* foreman*; *(donna)* forewoman* **2** *(di ospedale)* charge nurse BE, head nurse AE.
caposaldo, pl. **capisaldi** /kapo'saldo, kapi'saldi/ m. **1** TOPOGR. benchmark **2** MIL. strong point, stronghold **3** FIG. foundation.
caposcala, pl. **capiscala** /kapos'kala, kapis'kala/ m. EDIL. stairhead.
caposcuola, pl. **capiscuola** /kapos'kwɔla, kapis'kwɔla/ m. e f. leader of an artistic or literary movement.
caposervizio, pl. **capiservizio** /kaposer'vittsjo, kapiser'vittsjo/ m. e f. **1** department manager **2** *(di giornali, agenzie d'informazioni)* senior editor.
caposezione, pl. **capisezione** /kaposet'tsjone, kapiset'tsjone/ m. e f. section head.
▷ **caposquadra**, pl. **capisquadra** /kapos'kwadra, kapis'kwadra/ ➧ *18* m. e f. **1** *(uomo)* foreman*; *(donna)* forewoman* **2** MIL. squad leader **3** SPORT team captain.
capostazione, pl. **capistazione** /kapostat'tsjone, kapistat'tsjone/ m. e f. stationmaster.
capostipite /kapos'tipite/ m. e f. **1** progenitor **2** FIG. founder, forefather, father **3** DIR. stirps*.
capostorno /kapos'torno/ m. megrims pl., staggers pl.
capotasto, pl. **capotasti** /kapo'tasto, kapo'tasti/ m. nut.
▷ **capotavola**, pl. **capitavola** /kapo'tavola, kapi'tavola/ **I** m. *(posto)* head of the table **II** m. e f. *(persona)* (person at the) head of the table.
capote /ka'pɔt/ f.inv. folding top, hood BE; ***aprire, chiudere la ~*** to put the hood BE *o* top AE down, up.
capotreno, pl. **capitreno** /kapo'trɛno, kapi'trɛno/ ➧ *18* m. e f. guard BE, conductor AE.
capotribù, pl. **capitribù** /kapotri'bu, kapitri'bu/ m. e f. chieftain, chief.
capotta /ka'pɔtta/ f. → **capote.**
capottamento /kapotta'mento/ m. overturning.
capottare /kapot'tare/ [1] intr. (aus. *avere*) [*veicolo*] to overturn, to roll over.
▷ **capoufficio**, pl. **capiufficio** /kapouf'fitʃo, kapiuf'fitʃo/ m. e f. head.
capoverso, pl. **capoversi** /kapo'vɛrso, kapo'vɛrsi/ m. **1** *(di prosa)* = beginning of a paragraph; *(di poesia)* = beginning of a line; ***far rientrare un ~*** TIP. to indent **2** *(periodo)* paragraph (anche DIR.).
capovoga, pl. **capivoga** /kapo'voga, kapi'voga/ m. e f. stroke.
▷ **capovolgere** /kapo'vɔldʒere/ [101] **I** tr. to capsize, to overturn [*imbarcazione*]; to invert [*posizione*]; to reverse [*tendenza, ruoli*]; to turn [sth.] upside down [*clessidra, flacone, recipiente*]; ***non ~!*** keep upright! ***~ il corso della storia*** FIG. to turn the tide of history; ***~ completamente un argomento, una teoria*** to stand an argument, theory on its head **II capovolgersi** pronom. [*imbarcazione*] to capsize, to overturn; [*oggetto*] to fall* over; [*aeroplano*] to flip over; ***la situazione si è capovolta*** FIG. the boot BE *o* shoe AE is on the other foot.
capovolgimento /capovoldʒi'mento/ m. overturning, reversal (anche FIG.).
1.cappa /'kappa/ m. e f.inv. **1** *(lettera dell'alfabeto)* k, K **2** *(lettera greca)* kappa.
2.cappa /'kappa/ f. **1** *(mantello)* cape, cloak; ***romanzo di ~ e spada*** cloak-and-dagger novel **2** FIG. *(coltre)* blanket, pall **3** *(di focolare, camino, cucina)* hood **4** MAR. ***diritto di ~*** primage; ***navigare alla ~*** to lie to ◆◆ ***per un punto Martin perse la ~*** PROV. = a miss is as good as a mile.
▷ **1. cappella** /kap'pɛlla/ f. **1** chapel; ***~ della Madonna*** Lady Chapel; ***~ laterale*** side chapel; ***la ~ Sistina*** the Sistine Chapel **2** *(tabernacolo votivo)* shrine **3** MUS. ***a ~*** a cappella; ***maestro di ~*** choirmaster, Kapellmeister ◆◆ ***~ mortuaria*** mortuary chapel.
2.cappella /kap'pɛlla/ f. **1** *(di fungo)* cap **2** COLLOQ. MIL. *(giovane recluta)* sprog BE, rookie AE **3** COLLOQ. *(grosso errore)* bungle, clanger BE.
cappellaccio, pl. **-ci** /kappel'lattʃo, tʃi/ m. GEOL. gossan.
cappellaio, pl. **-ai** /kappel'lajo, ai/ ➧ *18* m. (f. **-a**) hatter, hat designer.
cappellanato /kappella'nato/ m. chaplaincy.
cappellano /kappel'lano/ m. chaplain; ***~ militare*** army chaplain, padre.
cappellata /kapel'lata/ f. **1** *(colpo dato col cappello)* blow given with a hat **2** COLLOQ. *(sbaglio madornale)* slip-up, bloomer BE, clinker AE **3** *(quantità)* hatful, capful; ***a -e*** aplenty.
cappelleria /kappelle'ria/ f. hatshop.
cappelletto /kappel'letto/ **I** m. **1** *(cappuccio)* screw-cap **2** *(della calza)* toe **II cappelletti** m.pl. GASTR. = small stuffed hat-shaped pasta typical of Emilia-Romagna.
cappelliera /kappel'ljɛra/ f. **1** hatbox, bandbox **2** AUT. parcel shelf.
cappellificio, pl. **-ci** /kappelli'fitʃo, tʃi/ m. hat factory.
cappellina /kappel'lina/ f. picture hat.
cappellino /kappel'lino/ m. *(da donna)* hat, bonnet; *(berretto con visiera)* cap.
▶ **cappello** /kap'pɛllo/ m. **1** ABBIGL. hat; ***un ~ a tesa larga*** a wide-brimmed hat, a broad brim; ***~ di feltro*** felt hat; ***~ di paglia*** straw hat; ***~ floscio*** homburg; ***~ con pompon*** bobble hat; ***portare la mano al ~*** to touch one's hat; ***mettersi, levarsi il ~*** to put on, take off one's hat; ***calcarsi il ~ in testa*** to jam one's hat on; ***giù il ~!*** hats off! ***levarsi il ~ davanti a qcn.*** FIG. to raise one's hat to sb. **2** *(di lampada)* top, lampshade **3** *(capocchia di chiodo)* head **4** *(premessa)* preamble, introductory paragraph **5** BOT. *(di fungo)* cap **6** GEOL. capping ◆ ***tanto di ~!*** congratulations! ***portare il ~ sulle ventitré*** to cock one's hat ◆◆ ***~ cardinalizio*** red *o* scarlet hat; ***~ a cilindro*** silk *o* top hat; ***~ da cow-boy*** Stetson, ten-gallon hat; ***~ da sole*** sun hat.
▷ **cappero** /'kappero/ m. **1** caper; ***salsa di -i*** caper sauce **2** *(pianta)* caper ◆ ***-i!*** my word! gosh!
cappio, pl. **-pi** /'kappjo, pi/ m. **1** *(laccio)* loop knot, noose; ***fare, stringere un ~*** to loop, noose; ***avere il ~ al collo*** FIG. to have one's hands tied **2** *(capestro)* noose.
capponare /kappo'nare/ [1] tr. *(castrare)* to castrate, to caponize RAR.
cappone /kap'pone/ m. **1** *(gallo castrato)* capon **2** ITTIOL. gurnard.
cappotta /kap'pɔtta/ f. → **capote.**
cappottatura /kappotta'tura/ f. AER. cowling.
▷ **1.cappotto** /kap'pɔtto/ ➧ *35* m. (over)coat.
2.cappotto /kap'pɔtto/ m. **1** GIOC. *(nelle carte)* capot; ***dare*** o ***fare ~*** to capot **2** SPORT shutout, whitewash COLLOQ.; ***dare, fare ~*** to shut out.
Cappuccetto Rosso /kapput'tʃetto'rosso/ n.pr.f. (Little) Red Riding Hood.
cappuccina /kapput'tʃina/ f. BOT. tropaeolum*.
1.cappuccino /kapput'tʃino/ **I** agg. [*frate, ordine, monastero*] Capuchin **II** m. Capuchin.
▷ **2.cappuccino** /kapput'tʃino/ m. *(bevanda)* cappuccino*.
▷ **cappuccio**, pl. **-ci** /kap'puttʃo, tʃi/ m. **1** *(di giacca, abito)* hood; *(ecclesiastico)* cowl **2** *(di penna)* cap, top **3** TECN. cap **4** VENAT. *(per falconi)* hood **5** COLLOQ. cappuccino*.
▷ **capra** /'kapra/ f. **1** *(animale)* goat; ***pelle di ~*** goatskin **2** COLLOQ. FIG. *(persona ignorante)* dunce, blockhead ◆ ***salvare ~ e cavoli*** to have it both ways ◆◆ ***~ d'angora*** angora goat; ***~ delle nevi, montagne*** mountain goat.
capraio, pl. **-ai** /ka'prajo, ai/ m. (f. **-a**) goatherd.
caprese /ka'prese/ ➧ *2* **I** agg. from, of Capri **II** m. e f. native, inhabitant of Capri **III** f. GASTR. = fresh mozzarella cheese, tomato and basil salad.
capretto /ka'pretto/ m. **1** kid, goatling **2** CONC. kid; ***guanti di ~*** kid gloves.
capriata /kapri'ata/ f. truss.
▷ **capriccio**, pl. **-ci** /ka'prittʃo, tʃi/ m. **1** whim, caprice; ***per ~*** on a whim; ***soddisfare un ~*** to indulge one's whim; ***togliersi un ~ facendo*** to indulge oneself by doing; ***fare i -ci*** to throw *o* have a

temper tantrum; ***un ~ passeggero*** a passing fancy **2** *(instabilità di tempo, fortuna)* quirk; ***i -ci della fortuna*** the quirks of Fate **3** *(infatuazione passeggera)* fancy **4** MUS. capriccio*, caprice.
capricciosamente /kaprittʃosa'mente/ avv. [*comportarsi, decidere*] whimsically, capriciously.
capricciosità /kapprittʃosi'ta/ f.inv. capriciousness, whimsicality.
capriccioso /kaprit'tʃoso/ agg. **1** [*persona*] capricious, whimsical; [*amico, tempo*] fickle **2** *(bizzarro)* capricious, unpredictable, bizarre; ***essere ~*** [*persona*] to be fanciful.
caprico, pl. **-ci**, **-che** /'kapriko, tʃi, ke/ agg. goat-like, goatish, capric.
Capricorno /kapri'kɔrno/ ➧ ***38*** m.inv. **1** ASTROL. Capricorn, the Goat; ***essere del ~*** o ***un ~*** to be (a) Capricorn **2** GEOGR. ***tropico del ~*** Tropic of Capricorn.
caprifico, pl. **-chi** /kappri'fiko, ki/ m. caprifig.
caprifoglio, pl. **-gli** /kapri'fɔʎʎo, ʎi/ m. honeysuckle, woodbine.
caprimulgo, pl. **-gi** /kapri'mulgo, dʒi/ m. nightjar.
caprino /ka'prino/ **I** agg. goat-like, goatish, caprine; ***latte ~*** goat's milk; ***barba -a*** goatee; ***piede ~*** cloven foot *o* hoof **II** m. **1** *(concime)* goat manure **2** GASTR. goat's cheese ◆ ***questione di lana -a*** captious remark.
▷ **1.capriola** /kapri'ɔla/ f. **1** *(evoluzione)* roll, somersault, caper; ***fare una ~*** to cut a caper **2** SPORT *(nella ginnastica)* roll; ***~ in avanti, all'indietro*** forward, backward roll **3** *(nella danza, nell'equitazione)* capriole.
2.capriola /kapri'ɔla/ f. ZOOL. roe (deer).
capriolo /kapri'ɔlo/ m. ZOOL. roe (deer); *(maschio)* roe buck.
capro /'kapro/ m. he-goat ◆◆ ***~ espiatorio*** scapegoat.
caproico /ka'prɔiko/ agg. ***acido ~*** caproic acid.
caprolattame /kaprolat'tame/ m. caprolactam.
caprone /ka'prone/ m. **1** *(animale)* billy goat, he-goat **2** FIG. SPREG. ***è un ~*** he's a brute; ***puzzare come un ~*** to stink like a pig.
capruggine /ka'pruddʒine/ f. chime.
capsico, pl. **-ci** /'kapsiko, tʃi/ m. capsicum.
capsula /'kapsula/ f. **1** capsule **2** *(dentaria)* crown **3** FARM. capsule **4** ANAT. BOT. capsule; *(di lino, cotone)* boll; *(di vaniglia)* pod ◆◆ ***~ d'innesco*** percussion cap; ***~ microfonica*** transmitter; ***~ spaziale*** space capsule.
capsulare /kapsu'lare/ agg. capsular.
captare /kap'tare/ [1] tr. **1** RAD. TECN. TELEV. *(intercettare)* to pick up [*radio, S.O.S., segnale, radiazioni*]; *(ricevere)* to receive **2** *(cogliere)* to capture [*atmosfera, spirito, espressione, immagine*] **3** *(attirare, cercare di ottenere)* to catch*, to win* [*attenzione*] **4** FIS. to capture [*fotoni, particelle*] **5** *(derivare)* to collect [*acque*].
captazione /kaptat'tsjone/ f. **1** TECN. *(derivazione di acqua)* catchment **2** DIR. ***~ (di eredità)*** illegal securement.
Capuleti /kapu'leti/ n.pr.pl. Capulets.
capziosamente /kaptsjosa'mente/ avv. captiously.
capziosità /kaptsjosi'ta/ f.inv. captiousness, carping **U**.
capzioso /kap'tsjoso/ agg. [*argomento, domanda, ragionamento*] captious, specious, sophistic(al); [*critica*] carping.
CAR /kar/ m. (⇒ Centro Addestramento Reclute) = recruit training center.
carabattola /kara'battola/ **I** f. *(inezia)* triviality **II carabattole** f.pl. odds and ends.
carabina /kara'bina/ f. carbine, rifle; ***~ calibro 22*** 22 rifle; ***~ ad aria compressa*** air rifle BE *o* gun AE.
▶ **carabiniere** /karabi'njɛre/ m. **1** *(militare dell'esercito italiano)* = member of the Italian military corps which has civil police duties **2** STOR. *(soldato con carabina)* carabineer **3** *(persona autoritaria)* bossy person.

> **i** **Carabinieri** A corps of the Italian army, founded in 1814, with the tasks of guaranteeing the safety of citizens and their property and ensuring that State laws are observed. Because of their proverbial faithfulness to the State, the body is called the *Fedelissima* (ie the most faithful part of the armed forces). As well as being a military police force and responsible for public safety, the *carabinieri* also function as judiciary police. They are much more widespread throughout Italian territory (even having a presence in small villages) than the Police (see ***Polizia di Stato***).

caracal /kara'kal/ m.inv. caracal.
caracollare /karakol'lare/ [1] intr. (aus. *avere*) **1** [*cavallo*] to caracole **2** COLLOQ. *(camminare ondeggiando)* to totter; [*bambino*] to toddle.
caracollo /kara'kɔllo/ m. caracole.
caraffa /ka'raffa/ f. carafe, jug BE; *(per il vino)* decanter.
Caraibi /ka'raibi/ n.pr.m.pl. ***i ~*** the Caribbean(s); ***mare dei ~*** Caribbean (Sea).
caraibico, pl. **-ci**, **che** /kara'ibiko, tʃi, ke/ → **caribico.**
caraibo /kara'ibo/ → **caribo.**
caramba /ka'ramba/ m.inv. COLLOQ. SPREG. carabiniere.
1.carambola /ka'rambola/ f. BOT. carambole.
2.carambola /ka'rambola/ f. **1** *(colpo del billiardo)* cannon BE, carom AE **2** GIOC. *(gioco del biliardo) (all'italiana)* = carom (billiards); *(all'americana)* eight-ball **3** *(scontro di auto)* pile-up.
carambolare /karambo'lare/ [1] intr. (aus. *avere*) [*palla da biliardo*] to cannon BE, to carom AE.
▷ **caramella** /kara'mɛlla/ f. sweet BE, candy AE ◆◆ ***~ agli agrumi*** acid drop; ***~ alla frutta*** fruit drop; ***~ mou*** toffee.
caramellaio, pl. **-ai** /karamel'lajo, ai/ ➧ ***18*** m. (f. **-a**) confectioner.
caramellare /karamel'lare/ [1] **I** tr. to caramelize [*zucchero, frutta*] **II caramellarsi** pronom. [*zucchero, frutta*] to caramelize.
caramello /kara'mɛllo/ m. caramel.
caramelloso /karamel'loso/ agg. [*sapore, parole, tono*] sugary, sweet.
caramente /kara'mente/ avv. **1** *(affettuosamente)* ***ti saluto ~*** *(al fondo delle lettere)* affectionately yours, yours fondly **2** *(a caro prezzo)* ***ho pagato ~ tutti i miei sbagli*** I've paid dearly for all my mistakes.
carampana /karam'pana/ f. SPREG. crone, old bag.
carapace /kara'patʃe/ m. ZOOL. carapace.
carassio, pl. **-si** /ka'rassjo, si/ m. crucian, carp.
caratare /kara'tare/ [1] tr. to weigh [sth.] in carats [*perla, pietra preziosa*].
caratello /kara'tɛllo/ m. keg.
carato /ka'rato/ m. carat; ***oro a 18 -i*** 18-carat gold.
▶ **carattere** /ka'rattere/ m. **1** *(qualità psicologiche)* character, personality, nature, temper; ***non abbiamo lo stesso ~*** we haven't got the same character; ***avere un bel ~*** to have a pleasant character, to be good-natured; ***avere un brutto ~*** to be bad-tempered, to have a bad temper; ***avere un pessimo ~*** to have a nasty temper; ***avere un ~ mite, semplice*** to be simple-natured, to have an even temper; ***avere un ~ dolce*** to be smooth-tempered, to have a sweet disposition; ***avere un ~ allegro*** to have a cheerful disposition; ***avere un ~ irascibile*** to have a quick, hot temper; ***c'era un'incompatibilità di ~ tra di loro*** they were temperamentally unsuited, their personality didn't match; ***il lato maschile del suo ~*** the masculine side of her personality; ***difetto di ~*** character flaw; ***criticare è, non è nel suo ~*** it's in, it's not in her nature to criticize; ***essere tipico del ~ di qcn.*** to be in sb.'s make-up **2** *(fermezza nel volere, nell'agire)* character, backbone, spine; ***avere ~*** to have character; ***forza di ~*** strength of character; ***uomo, donna di ~*** forceful man, woman; ***mancare di ~*** to be characterless, to lack character; ***debole di ~*** feeble-minded, weak-kneed **3** *(segno grafico)* TIP. INFORM. character; *(segno grafico stampato)* print **U**, type **U**; ***-i in rilevo*** embossed lettering; ***set di -i*** INFORM. character set **4** *(qualità)* nature; *(di una musica)* texture; ***il ~ provvisorio, anormale, complesso, ufficiale di qcs.*** the provisional, abnormal, complex, official nature of sth.; ***la manifestazione ha un ~ politico*** the demonstration is political in nature; ***osservazione di ~ generale*** general remark; ***questioni di ~ personale, medico*** matters of a personal, medical nature **5** BIOL. character ◆◆ ***~ acquisito*** BIOL. acquired characteristic; ***~ corsivo*** TIP. italics; ***~ dominante*** BIOL. dominant character; ***~ italico*** → ***~ corsivo; ~ jolly*** INFORM. wild card; ***~ neretto*** TIP. bold; ***~ recessivo*** BIOL. recessive character; ***~ sessuale*** BIOL. sexual characteristic; ***~ di stampa*** TIP. type; ***-i alfanumerici*** INFORM. alphanumerics; ***-i cirillici*** Cyrillic script; ***-i numerici*** INFORM. numerics.
caratteriale /karatte'rjale/ agg. **1** *(del carattere)* [*differenze*] temperamental; [*problemi*] emotional **2** PSIC. [*bambino*] disturbed.
caratterialmente /karatterjal'mente/ avv. temperamentally.
caratterino /karatte'rino/ m. nasty temper, difficult character.
caratterista, m.pl. **-i**, f.pl. **-e** /karatte'rista/ ➧ ***18*** m. e f. *(uomo)* character actor; *(donna)* character actress.
caratteristica, pl. **-che** /karatte'ristika, ke/ f. **1** *(tratto distintivo)* feature, trait, characteristic; *(di un prodotto)* design, feature; ***~ di famiglia*** family trait *o* characteristic; ***una ~ tipica di quel periodo*** a typical feature of those times **2** MAT. characteristic.
▶ **caratteristico**, pl. **-ci**, **-che** /karatte'ristiko, tʃi, ke/ agg. **1** [*stile, qualità, curva, atteggiamento, reazione*] characteristic; ***essere ~ di qcn., qcs.*** to be peculiar to sb., sth. **2** *(tipico di un luogo)* [*costume, piatto*] typical.

caratterizzante /karatterid'dzante/ agg. [*segno, tratto*] distinguishing, distinctive.

caratterizzare /karatterid'dzare/ [1] **I** tr. **1** *(essere tipico di)* to characterize, to typify [*persona, società, genere, situazione, conflitto*] **2** *(descrivere, rappresentare)* to characterize; [*autore, drammaturgo, attore*] to portray [*personaggio*] **II caratterizzarsi** pronom. to be* distinguished (**per** by); to be* marked (**per** by).

caratterizzazione /karatteriddzat'tsjone/ f. CINEM. TEATR. characterization.

caratterologia /karatterolo'dʒia/ f. PSIC. characterology.

caratterologico, pl. **-ci**, **-che** /karattero'lɔdʒiko, tʃi, ke/ agg. PSIC. characterological; ***tipo*** ~ character type.

caratura /kara'tura/ f. **1** *(misurazione)* weighing in carats **2** FIG. *(valore)* calibre BE, caliber AE.

caravanserraglio, pl. **-gli** /karavanser'raʎʎo, ʎi/ m. **1** caravanserai **2** COLLOQ. *(luogo caotico)* madhouse, bedlam **U**.

caravella /kara'vɛlla/ f. caravel ◆◆ ~ ***portoghese*** ZOOL. Portuguese man-of-war.

carbammato /karbam'mato/ m. carbamate.

carbammico /kar'bammiko/ agg. ***acido*** ~ carbamic acid.

carbammide /karbam'mide/ f. carbamide.

carboidrato /karboi'drato/ m. CHIM. carbohydrate; ***dieta ricca, povera di -i*** high-, low-carbohydrate diet.

carbonaceo /karbo'natʃeo/ agg. carbonaceous.

carbonaia /karbo'naja/ f. **1** *(per produrre carbone)* charcoal kiln **2** *(deposito)* coal hole BE, coal cellar AE.

carbonaio, pl. **-ai** /karbo'najo, ai/ ♦ ***18*** m. *(chi produce)* charcoal burner; *(chi vende)* coalman*.

carbonara: **alla carbonara** /allakarbo'nara/ agg. e avv. GASTR. = served with a dressing made of eggs, small pieces of bacon and pecorino cheese.

carbonaro /karbo'naro/ **I** agg. STOR. = pertaining to carboneria **II** m. STOR. = member of carboneria.

carbonatazione /karbonatat'tsjone/ f. carbonation.

carbonato /karbo'nato/ m. carbonate ◆◆ ~ ***di ammonio*** ammonium carbonate; ~ ***di ferro*** chalybite; ~ ***di potassio*** potassium carbonate, potash; ~ ***di sodio*** sodium carbonate, soda.

carbonchio, pl. **-chi** /kar'bonkjo, ki/ ♦ ***7*** m. **1** MED. carbuncle **2** MINER. carbuncle.

carboncino /karbon'tʃino/ m. charcoal; ***disegno, ritratto a*** ~ charcoal drawing, portrait.

▶ **carbone** /kar'bone/ m. **1** *(minerale)* coal; ***un pezzo di*** ~ a lump of coal; ***stufa a*** ~ charcoal burner; ***carta*** ~ carbon paper **2** BOT. smut ◆ ***nero come il*** ~ as black as coal, soot; ***essere*** o ***stare sui carboni ardenti*** to be on tenterhooks ◆◆ ~ ***animale*** boneblack; ~ ***attivo*** o ***attivato*** activated carbon; ~ ***azzurro*** wind power; ~ ***bianco*** hydroelectric power; ***carbon fossile*** fossil carbon; ~ ***giallo*** solar power; ~ ***grasso*** bituminous coal; ~ ***magro*** lean coal; ~ ***rosso*** geothermal power.

carbonella /karbo'nɛlla/ f. slack; ***pista di*** ~ SPORT cinder track.

carboneria /karbone'ria/ f. STOR. = nineteenth century Italian secret republican organization.

carbonico, pl. **-ci**, **-che** /kar'bɔniko, tʃi, ke/ agg. carbonic; ***anidride -a*** carbon dioxide; ***neve -a*** dry ice.

carboniera /karbo'njɛra/ f. *(nave)* coaler, collier.

carboniero /karbo'njɛro/ agg. ***industria -a*** coal industry; ***nave -a*** coaler.

carbonifero /karbo'nifero/ **I** agg. **1** ***strato*** ~ coal seam; ***bacino*** ~ coal basin, coalfield **2** GEOL. carboniferous **II** m. GEOL. ***il*** ~ the Carboniferous.

1.carbonile /karbo'nile/ m. coal bunker.

2.carbonile /karbo'nile/ m. CHIM. carbonyl.

carbonio /kar'bɔnjo/ m. carbon; ***freni al*** ~ AUT. carbon brakes; ***fibra di*** ~ carbon fibre BE *o* fiber AE; ***datare qcs. al*** ~ ***14*** to carbon-date sth.; ***(mon)ossido di*** ~ carbon monoxide.

carbonioso /karbo'njoso/ agg. carbonaceous.

carbonite /karbo'nite/ f. carbonite.

carbonizzare /karbonid'dzare/ [1] **I** tr. **1** *(trasformare in carbone)* to carbonize, to char **2** *(bruciare completamente)* to burn* down [*foresta, casa*]; to char [*oggetto, albero*]; to burn* [sth.] to a crisp [*cibo*] **II carbonizzarsi** pronom. to char, to burn*.

carbonizzato /karbonid'dzato/ **I** p.pass. → **carbonizzare II** agg. [*veicolo, albero, resti*] burnt, burned, charred; ***morire*** ~ to be burned to death; ***essere*** ~ [*cibo*] to be burnt to a crisp COLLOQ.

carbonizzazione /karboniddzat'tsjone/ f. carbonization.

carbossile /karbos'sile/ m. carboxyl.

carbossilico, pl. **-ci**, **-che** /karbos'siliko, tʃi, ke/ agg. carboxylic.

▷ **carburante** /karbu'rante/ m. fuel; ~ ***solido, liquido, gassoso*** solid, liquid, gas fuel; ***rifornirsi di*** ~ to refuel.

carburare /karbu'rare/ [1] **I** tr. **1** CHIM. AUT. to carburet **2** *(termicamente)* to carbonize, to carburize [*ferro*] **II** intr. (aus. *avere*) **1** ~ ***bene, male*** [*motore a scoppio*] to be well, badly tuned **2** COLLOQ. FIG. to get* going; ***al mattino ho difficoltà a*** ~ it's hard for me to get going in the morning.

carburatore /karbura'tore/ m. carburettor BE, carburetor AE.

carburazione /karburat'tsjone/ f. **1** carburation **2** *(di metalli)* carburization.

carburo /kar'buro/ m. carbide.

carcame /kar'kame/ m. LETT. **1** *(di animale)* carcass **2** *(di nave)* hulk.

carcassa /kar'kassa/ f. **1** *(scheletro di animale)* carcass **2** FIG. *(persona magra, sfinita)* wreck **3** *(struttura portante)* frame, skeleton **4** *(resti di macchina, nave)* shell, hulk **5** SPREG. *(veicolo)* wreck, jalopy.

carcerare /kartʃe'rare/ [1] tr. ANT. to imprison.

carcerario, pl. **-ri**, **-rie** /kartʃe'rarjo, ri, rje/ agg. prison attrib.; ***guardia -a*** prison guard AE *o* officer BE; ***riforma, amministrazione -a*** prison reform, administration; ***complesso*** ~ prison compound.

▷ **carcerato** /kartʃe'rato/ **I** p.pass. ANT. → **carcerare II** m. (f. **-a**) convict, inmate.

carcerazione /kartʃerat'tsjone/ f. **1** *(l'incarcerare)* imprisonment, incarceration FORM.; ***ordine di*** ~ DIR. committal; ~ ***preventiva*** preventive detention **2** *(periodo)* detention.

▶ **carcere**, pl.f. **-i** /'kartʃere, 'kartʃeri/ m. prison, jail, gaol BE; ***andare in*** ~ to go to prison, jail; ***mettere qcn. in*** ~ to put sb. in prison; ***essere condannato a tre mesi di*** ~ to be sentenced to three months' imprisonment ◆◆ ~ ***femminile*** women's prison; ~ ***di massima sicurezza*** maximum security prison; ~ ***militare*** stockade AE; ~ ***minorile*** remand home BE, detention home AE; ~ ***preventivo*** preventive detention.

carceriere /kartʃe'rjɛre/ m. (f. **-a**) prison officer BE, prison guard AE, warder BE.

carcino /'kartʃino/ m. shore-crab.

carcinoma /kartʃi'nɔma/ m. carcinoma* ◆◆ ~ ***basocellulare*** basal cell carcinoma.

carcinomatoso /kartʃinoma'toso/ agg. carcinomatous.

carcinosi /kartʃi'nɔzi/ f.inv. carcinosis*.

carciofaia /kartʃo'faja/ f. artichoke bed.

carciofino /kartʃo'fino/ m. ***-i (sott'olio)*** artichokes in oil.

carciofo /kar'tʃɔfo/ m. (globe) artichoke.

Card. ⇒ cardinale cardinal.

carda /'karda/ f. card.

cardamine /karda'mine/ f. cuckoo flower.

cardamomo /karda'mɔmo/ m. cardamom.

cardanico, pl. **-ci**, **-che** /kar'daniko, tʃi, ke/ agg. ***sospensione -a*** gimbals; ***giunto*** ~ cardan joint.

cardano /kar'dano/ m. cardan joint.

cardare /kar'dare/ [1] tr. to card, to tease [*lana*].

cardatore /karda'tore/ ♦ ***18*** m. (f. **-trice** /tritʃe/) carder.

cardatrice /karda'tritʃe/ f. *(macchina)* carder, carding machine.

cardatura /karda'tura/ f. carding; ~ ***della lana*** wool carding.

cardellino /kardel'lino/ m. goldfinch.

cardiaco, pl. **-ci**, **-che** /kar'diako, tʃi, ke/ agg. [*malformazione, aritmia, stimolazione, attività*] cardiac; ***attacco*** ~ heart attack; ***pulsazione -a*** heartbeat; ***collasso*** o ***infarto*** ~ stroke; ***arresto*** ~ heart failure; ***valvola -a*** heart valve; ***trapianto*** ~ heart transplant; ***disturbi -ci*** heart trouble.

cardialgia /kardjal'dʒia/ f. heartburn, cardialgia.

cardias /'kardjas/ m.inv. cardia.

cardinalato /kardina'lato/ m. cardinalate.

▷ **1.cardinale** /kardi'nale/ agg. cardinal; ***numero*** ~ cardinal number; ***punti -i*** cardinal *o* compass points; ***virtù -i*** cardinal virtues; ***vocale*** ~ LING. cardinal vowel.

2.cardinale /kardi'nale/ m. ORNIT. cardinal.

▷ **3.cardinale** /kardi'nale/ ♦ ***1*** **I** m. cardinal; ***è stato ordinato*** ~ he was made a cardinal **II** agg.inv. ***rosso*** ~ cardinal red.

cardinalizio, pl. **-zi**, **-zie** /kardina'littsjo, tsi, tsje/ agg. ***cappello*** ~ red *o* scarlet hat.

cardine /'kardine/ **I** m. **1** hinge; ***uscire dai -i*** [*porta*] to come off its hinges **2** FIG. cornerstone **II** agg.inv. ***argomento, ruolo, decisione*** ~ pivotal issue, role, decision.

cardiochirurgia /kardjokirur'dʒia/ f. heart surgery.

cardiochirurgico, pl. **-ci**, **-che** /kardjoki'rurdʒiko, tʃi, ke/ agg. ***sottoporsi a un intervento*** ~ to undergo heart surgery.

cardiochirurgo, m. pl. **-ghi**, f.pl. **-ghe** /kardjoki'rurgo, gi, ge/ ♦ ***18*** m. (f. **-a**) heart surgeon.

cardiocircolatorio, pl. **-ri**, **-rie** /kardjotʃirkola'tɔrjo, ri, rje/ agg. [*malattia*] cardiovascular.
cardiofrequenzimetro /kardjofrekwen'tsimetro/ m. heart rate monitor.
cardiografia /kardjogra'fia/ f. cardiography.
cardiografo /kar'djɔgrafo/ m. cardiograph.
cardiogramma /kardjo'gramma/ m. cardiogram.
cardioide /kar'djɔide/ f. cardioid.
cardiologia /kardjolo'dʒia/ f. cardiology.
cardiologico, pl. **-ci**, **-che** /kardjo'lɔdʒiko, tʃi, ke/ agg. cardiological.
cardiologo, m.pl. **-gi**, f.pl.**-ghe** /kar'djɔlogo, dʒi, ge/ ➧ ***18*** m. (f. **-a**) cardiologist, heart specialist.
cardiopalma /kardjo'palma/, **cardiopalmo** /kardjo'palmo/ m. ***al*** *o* ***da*** ~ [*partita, finale*] heart-stopping, thrilling.
cardiopatia /kardjopa'tia/ ➧ ***7*** f. cardiopathy.
cardiopatico, pl. **-ci**, **-che** /kardjo'patiko, tʃi, ke/ **I** agg. ***paziente*** ~ heart patient **II** m. (f. **-a**) heart patient.
cardiopolmonare /kardjopolmo'nare/ agg. cardiopulmonary.
cardioscopia /kardjosko'pia/ f. cardioscopy.
cardioscopio, pl. **-pi** /kardjos'kɔpjo, pi/ m. cardioscope.
cardiospasmo /kardjos'pazmo/ m. cardiospasm.
cardiotomia /kardjoto'mia/ f. cardiotomy.
cardiotonico, pl. **-ci**, **-che** /karjo'tɔniko, tʃi, ke/ **I** agg. cardiotonic **II** m. cardiotonic.
cardiovascolare /kardjovasko'lare/ agg. cardiovascular.
cardite /kar'dite/ f. carditis.
cardo /'kardo/ m. **1** BOT. *(commestibile)* cardoon; *(selvatico)* thistle **2** TESS. teasel ◆◆ ~ ***asinino*** Scotch thistle; ~ ***dei lanaioli*** teasel.
carena /ka'rɛna/ f. **1** MAR. bottom; ***mettere in*** ~ ***una nave*** to careen a boat *o* vessel **2** BOT. carina*.
carenaggio, pl. **-gi** /kare'naddʒo, dʒi/ m. careenage; ***bacino di*** ~ dry *o* graving dock.
carenare /kare'nare/ [1] tr. to careen.
carenato /kare'nato/ **I** p.pass. → **carenare II** agg. [*uccello*] carinate; ***sterno*** ~ pigeon breast.
carenatura /karena'tura/ f. AER. fairing.
carente /ka'rɛnte/ agg. lacking (in); ~ ***di qcs.*** deficient *o* lacking in sth; ***la legislazione è del tutto*** ~ ***in questo settore*** the law is hopelessly inadequate on this subject.
carenza /ka'rɛntsa/ f. **1** MED. deficiency; ***malattia per*** o ***da*** ~ deficiency disease; ~ ***di ferro, vitamine*** iron, vitamin deficiency **2** *(mancanza)* lack; *(di fondi, risorse)* deficiency; *(di educazione)* poorness; *(di personale, cibo, alloggi)* shortage; ***le -e della legge*** the shortcomings of law; ***il paese soffre di una*** ~ ***cronica di...*** the country is chronically short of...; ***le sue -e come poeta*** his deficiencies as a poet; ~ ***di dollari*** dollar gap ◆◆ ~ ***affettiva*** PSIC. emotional deprivation; ~ ***proteica*** protein deficiency.
▷ **carestia** /kares'tia/ f. famine; ***colpito dalla*** ~ struck by famine.
caretta /ka'retta/ f. loggerhead (turtle).
▷ **carezza** /ka'rettsa/ f. stroke; *(a persona)* caress; ***fare una*** ~ ***a qcn.*** to caress sb.; ***fare una*** ~ ***a qcs.*** to stroke *o* pet sth.
carezzare /karet'tsare/ [1] **I** tr. **1** [*persona*] to stroke; *(affettuosamente)* to caress [*guancia, mano, capelli*]; to caress, to fondle [*amante*]; ~ ***il gatto, il cane*** to stroke *o* pet the cat, dog; ~ ***qcn. con lo sguardo*** to look at sb. lovingly **2** *(sfiorare)* LETT. [*sole, vento, aria, luce*] to caress [*guancia, capelli*] **3** *(nutrire)* to entertain [*sogno, speranza, idea*]; to toy with [*progetto*]; ***carezzava la speranza di poter tornare al suo paese*** he entertained the hope that he would be able to return to his country **II carezzarsi** pronom. ***-rsi la barba, il mento*** to stroke one's beard, one's chin.
carezzevole /karet'tsevole/ agg. [*voce*] gentle; [*brezza, vento*] soft; [*modi*] caressing.
carezzevolmente /karettsevol'mente/ avv. softly.
carfologia /karfolo'dʒia/ f. carphology.
cargo /'kargo/ m.inv. **1** MAR. cargo ship, freighter **2** AER. cargo plane, freighter.
cariare /ka'rjare/ [1] **I** tr. to decay, to cause [sth.] to decay [*dente*] **II cariarsi** pronom. [*dente*] to decay.
cariatide /ka'rjatide/ f. **1** ARCH. caryatid*; ***fare la*** ~ FIG. to be a stick in the mud **2** *(persona dalle idee sorpassate)* ***essere una vecchia*** ~ to be an old fogey.
cariato /ka'rjato/ **I** p.pass. → **cariare II** agg. ***un dente*** ~ a cavity; ***avere denti -i*** to have cavities *o* bad teeth.
caribico, pl. **-ci**, **-che** /ka'ribiko, tʃi, ke/ agg. [*mare, fauna, musica*] Caribbean; [*lingua, parola*] Carib.
caribo /ka'ribo/ **I** agg. Carib **II** m. (f. **-a**) **1** *(persona)* Carib* **2** *(gruppo di lingue)* Carib.
caribù /kari'bu/ m.inv. caribou*.
▶ **carica**, pl. **-che** /'karika, ke/ f. **1** *(funzione)* office, post; *(posizione)* position; ~ ***vacante*** empty office; ***il presidente in*** ~ the incumbent president, the president in office; ***occupare delle alte -che*** to hold high office; ***essere in*** ~ to be in office, to hold office; ***entrare in*** ~ to take *o* come into office; ***rivestire una*** ~ to have *o* fill a post; ***assumere una*** ~ to take up a post; ***dimettersi da una*** ~ to resign from office; ***restare in*** ~ to remain in office, to stay on; ***restare in*** ~ ***per un mandato*** to serve a term; ***lasciare la, uscire di*** ~ to leave office; ***destituire qcn. da una*** ~ to remove sb. from office; ***confermare qcn. alla*** ~ ***di*** to confirm sb. as [*direttore*]; ***la sua*** ~ ***di leader del partito*** her position as party leader **2** TECN. EL. FIS. charge; ***essere sotto*** ~ to be charging up; ***mettere sotto*** ~ to put [sth.] on charge [*batteria, accumulatore*]; ***conduttore sotto*** ~ live conductor **3** *(meccanismo)* ***dare la*** ~ ***a*** to wind [*orologio, giocattolo*]; ***esaurire la*** ~ to wind down **4** FIG. charge, drive; ***il testo ha una forte*** ~ ***emotiva*** the text is charged with emotion; ***dare la*** ~ ***a qcn.*** to encourage sb., to give sb. a lift *o* a boost; ***dare una*** ~ ***di legnate a qcn.*** to give sb. a hiding **5** MIL. *(assalto)* charge, attack (**contro** against); ***suonare la*** ~ to sound the charge; ***(alla)*** ~***!*** charge! ~ ***alla baionetta*** bayonet charge; ~ ***di cavalleria*** cavalry charge; ***a passo di*** ~ at the charge; ***andare alla*** ~ to charge; ***(ri)tornare alla*** ~ to return to the charge; FIG. to try again, to persist, to insist **6** SPORT ***il campione in*** ~ the reigning champion ◆◆ ~ ***elettiva*** elective *o* elected office; ~ ***elettrica*** electric charge; ~ ***emotiva*** emotional charge; ~ ***esplosiva*** explosive charge; *(di missile)* payload; ~ ***negativa*** negative charge; ~ ***onorifica*** honorary position *o* appointment; ~ ***positiva*** positive charge; ~ ***simbolica*** symbolic content.
caricabatteria /karikabatte'ria/ m.inv. charger, battery charger, trickle charger.
caricamento /karika'mento/ m. **1** *(di veicolo)* loading; *(di nave)* loading, lading; ***piano di*** ~ loading platform; ***stazione di*** ~ loading station; ***piattaforma di*** ~ loading bay **2** *(di arma da fuoco)* loading, priming; ***a*** ~ ***automatico*** with automatic loading; ***pacchetto di*** ~ (cartridge) clip **3** INFORM. *(di dati, programmi)* loading **4** *(nelle assicurazioni)* ~ ***iniziale*** front-end load.
▷ **caricare** /kari'kare/ [1] **I** tr. **1** to load [*mercanzia*] (**in** into; **su** onto); to load (up) [*veicolo, nave, aereo, carriola, animale, lavatrice*] (**di**, **con** with); ~ ***dei bagagli in una macchina*** to pile *o* load *o* put luggage into a car **2** *(gravare)* to cram, to overload, to load down; ~ ***lo scaffale di libri*** to overload the shelf with books; ~ ***lo stomaco*** to load one's stomach with food **3** FIG. ~ ***qcn. di*** to (over)burden sb. with, to load sb. down with [*responsabilità, lavoro*]; ~ ***qcn. di regali*** to rain gifts on sb., to weigh sb. down with gifts; ~ ***qcn. di insulti*** to heap sb. with abuse *o* insults **4** *(fare salire, imbarcare)* [*pullman, nave*] to take* (on), to take* aboard [*passeggero*]; ~ ***un cliente*** [*taxi*] to pick up a passenger *o* fare; ~ ***qcn. sulla propria macchina*** to get sb. into one's car; ~ ***un autostoppista*** to pick up a hitch-hiker **5** COMM. *(addebitare)* to debit; ~ ***un importo sul conto di qcn.*** to debit a sum to sb.'s account, to debit sb.'s account with a sum **6** *(attaccare)* to charge at [*folla, manifestanti*]; to charge (at), to attack [*nemico, avversario*]; [*toro*] to charge [*persona*] **7** *(disporre a funzionare)* to prime, to load [*arma*]; to load [*apparecchio fotografico, cinepresa*]; to fill [*stufa*]; ~ ***la pipa*** to fill one's pipe **8** INFORM. to load [*programma*] (**su** onto; **in** into) **9** EL. to charge [*batteria, accumulatore*] **10** *(esagerare)* to exaggerate, to overdraw* [*descrizione, aspetto*]; ~ ***le tinte*** to deepen the colours; FIG. to exaggerate; ~ ***la dose*** to overdo it, to lay it on thick AE COLLOQ.; ***attore che carica un ruolo*** actor who hams it up COLLOQ. **11** *(dare la carica)* to wind* (up), to give* [sth.] a wind [*orologio, sveglia, carillon*] **12** COLLOQ. *(rimorchiare)* to pick up [*ragazza*] **II caricarsi** pronom. **1** *(gravarsi eccessivamente)* ***-rsi di*** to burden oneself with, to weigh oneself down with, to take on too much [*lavoro*]; ***non caricarti troppo*** don't weigh yourself down too much; ***-rsi di debiti*** to plunge into debt **2** *(concentrarsi)* ***-rsi per qcs.*** to psych oneself up for sth.
caricato /kari'kato/ **I** p.pass. → **caricare II** agg. **1** [*aereo, camion, carro*] loaded (**di** with) **2** *(appesantito, aggravato)* burdened, overloaded, laden (**di** with) **3** *(affettato)* [*stile, modi*] affected; *(esagerato)* exaggerated, overdrawn **4** *(concentrato, pronto)* psyched up, ready, jazzed AE COLLOQ.
caricatore /karika'tore/ **I** m. (f. **-trice** /tritʃe/) **1** *(addetto al carico)* loader; MIL. *(servente di artiglieria)* loader **2** *(attrezzatura per carico e scarico)* loader **3** MIL. *(di un'arma)* magazine; ***ha svuotato il*** ~ ***addosso al cassiere*** he fired a full round of bullets at the cashier; ***nastro*** ~ ammunition belt **4** FOT. *(di macchina fotografica, cinepresa)* magazine; *(di proiettore per diapositive)* carousel, slide tray **5** EL. charger **6** CINEM. film magazine **7** INFORM. loader; ~ ***di***

bootstrap bootstrap loader **II** agg. ***piano, ponte ~*** (loading) platform.

caricatrice /karika'tritʃe/ f. *(macchina)* loader.

caricatura /karika'tura/ f. **1** ART. *(genere)* caricature **2** *(disegno)* caricature, cartoon; ***disegnare, fare una ~*** to caricature, to draw a caricature *o* cartoon **3** *(rappresentazione deformata)* caricature, parody, spoof COLLOQ.; ***è una ~ della realtà*** it's a caricature of reality; ***nei suoi romanzi fa una ~ della società*** his novels caricature society.

caricaturale /karikatu'rale/ agg. [*disegno, ritratto, maschera*] caricatural, burlesque; [*numero*] caricatural.

caricaturalmente /karikatural'mente/ avv. grotesquely.

caricaturare /karikatu'rare/ [1] tr. to caricature.

caricaturista, m.pl. **-i**, f.pl. **-e** /karikatu'rista/ ♦ ***18*** m. e f. caricaturist, cartoonist.

carice /'karitʃe/ f. sedge.

▶ **1.carico**, pl. **-chi**, **-che** /'kariko, ki, ke/ agg. **1** [*aereo, camion, carro*] loaded (**di** with), laden (**di** with); ***aria -a di profumi primaverili*** air heavy with the scents of spring; ***personaggio ~ di onori*** FIG. person loaded *o* laden with honours; ***essere ~ di gloria*** FIG. to be covered in glory **2** FIG. *(oberato, oppresso)* burdened (**di** with), weighed down (**di** with), loaded down (**di** with); [*programmi scolastici, orari*] heavy; [*giornata*] busy; ***~ di debiti*** burdened *o* weighed down with debt(s); ***sono ~ di lavoro*** I'm up to my ears in work **3** *(fornito di carica)* [*fucile, pistola*] loaded, charged; [*orologio*] wound up **4** FIS. [*particella, pila*] charged **5** [*colore*] deep, intense; ***rosa ~*** hot pink **6** *(denso, forte)* [*caffè, tè*] strong **7** *(concentrato, eccitato)* psyched up, ready, jazzed AE COLLOQ.

▷ **2.carico**, pl. **-chi** /'kariko, ki/ m. **1** *(caricamento)* loading, lading; ***il ~ della merce*** the loading of goods; ***ci sono voluti tre giorni per il ~*** the loading took three days; ***zona per il ~ delle merci*** loading bay, (loading) dock AE; ***~ e scarico*** turnround BE, turnaround AE **2** *(materiale, merci caricate) (di aereo, nave)* cargo*; *(di camion, treno)* load; ***un ~ di legname*** a load of timber; ***nave da ~*** cargo ship, freighter, bottom; ***aereo da ~*** cargo plane, freighter; ***un ~ di legnate*** FIG. a sound thrashing **3** *(fardello, peso)* load; ***il mulo faticava sotto il ~*** the mule laboured under its load; ***questa trave ha un ~ di 10 tonnellate*** this beam has a load of 10 tons **4** *(onere)* ***~ di lavoro*** workload; ***il ~ della responsabilità*** FIG. the burden of responsibility **5** ARCH. ING. load **6** EL. load **7 a carico** ***avere tre figli a ~*** to have three dependent children; ***famiglia a ~*** dependent relatives; ***persone a ~*** DIR. dependent people, dependants; ***testimone a ~*** DIR. witness for the prosecution, prosecution witness **8 a carico di** charged to, chargeable to, to be paid by; ***le spese di trasferta sono a ~ della società*** business travel is chargeable to the company; ***le spese postali sono a ~ del cliente*** we charge postage to the customer; ***telefonata a ~ del destinatario*** reverse *o* transferred charge call, collect call AE; ***essere*** o ***vivere a ~ di qcn.*** to depend on sb., to be dependent on *o* upon sb.; ***processo a ~ di qcn.*** action against sb. ♦ ***farsi ~ di*** [*tutore*] to take charge of [*bambino*]; [*servizi sociali*] to take [sb.] into care [*bambino*]; [*persona*] to take on [*spese*]; ***farsi ~ di fare*** to take it upon oneself to do ♦♦ ***~ di base*** → ***~ minimo***; ***~ fiscale*** tax expenses *o* burden; ***~ fisso*** EDIL. dead load; ***~ fittizio*** EL. dummy load; ***~ massimo*** maximum load; EL. peak load *o* demand; ***~ massimo consentito*** maximum permissible load; ***~ minimo*** EL. base load; ***~ remunerativo*** payload; ***~ di ritorno*** COMM. back load; ***~ di rottura*** ING. breaking load, ultimate tensile stress; ***~ tributario*** → ***~ fiscale***; ***~ utile*** AER. disposable load.

Cariddi /ka'riddi/ n.pr.f. Charybdis; ***essere tra Scilla e ~*** to be between Scylla and Charybdis, to be between a rock and a hard place.

carie /'karje/ f.inv. **1** MED. cavity, caries*, decay; ***avere la ~*** to have decay; ***avere una ~*** to have a cavity; ***prevenire la ~*** to prevent tooth decay; ***fare curare una ~*** to have a cavity treated **2** BOT. rot ♦♦ ***~ dentaria*** tooth decay; ***~ del grano*** bunt, cockle; ***~ del legno*** dry rot; ***~ rossa*** wet rot.

carillon /kari'jɔn/ m.inv. **1** *(di campane)* carillon, peal **2** *(scatola armonica)* musical box BE, music box AE.

▷ **carino** /ka'rino/ agg. **1** *(grazioso, piacevole)* [*ragazza, donna, viso*] pretty; [*ragazzo, uomo*] handsome, good-looking; [*oggetto, casa, abito*] lovely, pretty, cute AE COLLOQ.; ***che -a che sei!*** how nice you look! **2** *(gentile)* kind, nice (**con** to); ***è stato ~ da parte sua fare*** it was nice of her to do; ***non è ~ quello che hai appena fatto*** what you've just done wasn't very nice.

Carinzia /ka'rintsja/ ♦ ***30*** n.pr.f. Carinthia.

carinziano /karin'tsjano/ ♦ ***30, 16*** **I** agg. Carinthian **II** m. (f. **-a**) **1** *(persona)* Carinthian **2** *(lingua)* Carinthian.

cariocinesi /karjotʃi'nɛzi, karjo'tʃinezi/ f.inv. karyokinesis, mitosis*.

cariofillata /karjofil'lata/ f. (herb) bennet, geum.

cariogenesi /karjo'dʒɛnezi/ f.inv. karyogenesis.

cariolisi /karjo'lizi/ f.inv. karyolysis.

carioplasma /kario'plazma/ m. nuclear sap.

cariosside /ka'rjɔsside/ f. caryopsis*.

cariotipo /karjo'tipo, ka'rjɔtipo/ m. karyotype.

carisma /ka'rizma/ m. RELIG. charisma* (anche FIG.).

carismatico, pl. **-ci**, **-che** /kariz'matiko, tʃi, ke/ **I** agg. RELIG. charismatic (anche FIG.) **II** m. RELIG. (f. **-a**) charismatic.

▶ **carità** /kari'ta/ f.inv. **1** RELIG. charity; ***fede, speranza e ~*** Faith, Hope and Charity; ***~ cristiana*** Christian charity **2** *(misericordia)* charity, generosity; ***opera di ~*** *(istituto)* charitable institution, charity; *(azione caritatevole)* good work *o* deed; ***per (puro) spirito di ~*** out of the kindness of one's heart; ***un appello alla ~ pubblica*** a charity appeal **3** *(elemosina)* charity; ***fare la ~ a qcn.*** to give sb. charity *o* alms; ***chiedere la ~ a qcn.*** to ask sb. for charity (anche FIG.); ***vivere di ~*** to live on charity; ***non voglio la ~*** I don't want charity; ***fate la ~!*** spare me some change, please! give generously, please! **4** *(favore)* ***fammi la ~ di spegnere la sigaretta!*** (be so kind as to) put out your cigarette! do me a favour and put out your cigarette! ***per ~!*** for God's *o* goodness *o* heaven's sake! *(per indicare negazione)* God forbid! good heavens, no! *(in formule di cortesia: nessun disturbo)* it's no trouble at all! ***per ~, sta' un po' zitto*** for pity's sake, be quiet! ♦ ***la prima ~ comincia da se stessi*** PROV. charity begins at home ♦♦ ***~ pelosa*** interested *o* self-seeking charity.

caritatevole /karita'tevole/ agg. [*persona, pensiero, bontà, atto, atteggiamento*] charitable (**verso** to).

caritatevolmente /karitatevol'mente/ avv. charitably.

caritativo /karita'tivo/ agg. charitable; ***un'associazione*** o ***organizzazione -a*** a charity.

carlina /kar'lina/ f. BOT. ***~ comune*** carline.

carlinga, pl. **-ghe** /kar'linga, ge/ f. AER. cockpit.

carlino /kar'lino/ m. *(cane)* pug(dog).

carlismo /kar'lizmo/ m. Carlism.

carlista, m.pl. **-i**, f.pl. **-e** /kar'lista/ m. e f. STOR. Carlist.

Carlo /'karlo/ n.pr.m. Charles; ***il principe ~*** Prince Charles ♦♦ ***~ il Bello*** Charles the Fair; ***~ il Calvo*** Charles the Bald; ***~ Magno*** Charlemagne, Charles the Great; ***~ Martello*** Charles Martel; ***~ Quinto*** Charles the Fifth; ***~ il Temerario*** Charles the Bold.

carlona: **alla carlona** /allakar'lona/ avv. in a slapdash way, carelessly; ***un lavoro fatto alla ~*** a rush *o* sloppy job.

Carlotta /kar'lotta/ n.pr.f. Charlotte.

carme /'karme/ m. **1** LETT. poem **2** LETTER. solemn lyrical composition.

carmelitano /karmeli'tano/ **I** agg. ***monastero ~*** Carmelite monastery; ***ordine ~*** Carmelite order; ***frate ~*** White Friar, Carmelite (friar) **II** m. (f. **-a**) Carmelite; ***-i scalzi*** Discalced *o* Barefooted Carmelites.

Carmiana /kar'mjana/ n.pr.f. Charmian.

carminativo /karmina'tivo/ agg. e m. carminative.

carminio, pl. **-ni** /kar'minjo, ni/ ♦ ***3*** **I** agg.inv. carmine **II** m. carmine.

carnagione /karna'dʒone/ f. complexion, skin; ***dalla ~ chiara*** light-skinned, light-complexioned; ***dalla ~ scura*** dark-skinned, dark-complexioned; ***dalla ~ olivastra*** olive-skinned; ***avere una ~ chiara, scura*** to have a fair, dark complexion; ***avere una ~ delicata*** to have a delicate complexion.

carnaio, pl. **-ai** /kar'najo, -ai/ m. **1** *(ammasso di cadaveri)* charnel (house), heap of corpses; *(strage)* massacre, carnage, slaughter **2** SPREG. *(folla)* ***la spiaggia è un ~*** the beach is jam-packed, is swarming with people.

carnale /kar'nale/ agg. **1** [*piacere, amore, desiderio*] carnal; ***i piaceri, peccati -i*** the pleasures, sins of the flesh; ***violenza ~*** rape (**a** on); ***commettere violenza ~ su qcn.*** to rape sb. **2** *(consanguineo)* ***fratello ~*** blood brother; ***cugino ~*** first cousin.

carnalità /karnali'ta/ f.inv. carnality, sensuality.

carnalmente /karnal'mente/ avv. carnally.

carnario, pl. **-ri**, **-rie** /kar'narjo, ri, rje/ agg. ***mosca -a*** meat-fly, flesh-fly.

carnasciale /karnaʃ'ʃale/ m. ANT. → **carnevale.**

carnascialesco, pl. **-schi**, **-sche** /karnaʃʃa'lesko, ski, ske/ agg. LETTER. ***canto ~*** carnival song.

▶ **carne** /'karne/ ♦ ***3*** **I** f. **1** *(massa muscolare dell'uomo, degli animali)* flesh (anche FIG.); ***essere ben in ~*** to be plump *o* stout *o* well-padded COLLOQ. SCHERZ.; ***rimettersi in ~*** to put on flesh *o* weight again, to fill out **2** *(corporeità)* flesh; ***i piaceri, i peccati della ~*** the pleasures, sins of the flesh; ***sono fatto di ~ e ossa*** FIG. I'm only flesh and blood, I'm only human; ***farsi ~*** BIBL. to be made flesh; ***mortificare la ~*** to mortify the flesh; ***la resurrezione della ~*** the resurrection of the body; ***lo spirito è forte ma la ~ è debole*** the spirit is willing but the flesh is weak; ***il mondo, la ~, il diavolo*** the world, the flesh and the devil **3** *(cibo)* meat; ***~ di pollo*** chicken; ***~ di manzo*** o ***bovina*** beef; ***~ di manzo tritata*** minced beef BE, beef mince BE, ground beef AE, hamburger AE; ***~ di cavallo*** o ***equina*** horsemeat, horseflesh; ***~ di maiale*** o ***suina*** pork; ***~ di agnello*** lamb; ***~ di montone*** mutton; ***~ di vitello*** veal; ***~ di cervo*** venison; ***~ magra*** lean meat; ***~ filacciosa*** stringy meat; ***taglio di ~*** cut of meat; ***~ di seconda scelta*** cheap cuts; ***~ con contorno di verdura*** meat and vegetables, meat with a side dish of vegetables; ***brodo di ~*** meat broth *o* stock **4** *(polpa)* flesh, pulp **II** agg.inv. ***(color) ~*** flesh-coloured BE, flesh-colored AE; ***collant color ~*** flesh-coloured tights ◆ ***mettere*** o ***avere troppa ~ al fuoco*** to have several irons in the fire; ***in ~ e ossa*** in the flesh, real live, as large as life; ***non essere né ~ né pesce*** to be neither fish nor fowl; ***~ della mia ~*** my own flesh and blood ◆◆ ***~ affumicata*** smoked meat; ***~ bianca*** white meat; ***~ da cannone*** cannon fodder; ***~ essicata*** dried meat; ***~ da macello*** → **~ da cannone**; ***~ macinata*** minced meat BE, mince BE, ground meat AE; ***~ rossa*** red meat; ***~ salata*** salt meat; ***~ in scatola*** tinned BE *o* canned AE meat, bully (beef) MIL. COLLOQ.; ***~ tritata*** → **~ macinata.**

carneade /kar'nεade/ m. unknown (person).

carnefice /kar'nefitʃe/ m. **1** *(boia)* executioner; *(nelle impiccagioni)* hangman*; *(nelle decapitazioni)* headsman* **2** FIG. torturer, tormentor.

carneficina /karnefi'tʃina/ f. carnage, massacre, slaughter; ***fare una ~*** to go on a killing spree, to massacre a lot of people.

carneo /'karneo/ agg. ***dieta, alimentazione -a*** meat diet.

carnet /kar'nε/ m.inv. **1** book; ***~ di biglietti*** book of tickets; ***~ di assegni*** chequebook BE, checkbook AE; ***~ di ballo*** dance-card, dance programme **2** COMM. order book.

carnevalata /karneva'lata/ f. **1** *(divertimento sfrenato)* carnival merrymaking **2** *(pagliacciata)* buffoonery, clownery, farce.

▷ **carnevale** /karne'vale/ m. carnival; ***il ~ di Rio*** the Rio carnival; ***il ~ di Venezia*** the Venice *o* Venetian carnival; ***costume di ~*** carnival costume, masquerade, fancy dress BE; ***maschera, carro di ~*** carnival mask, float; ***re del ~*** King Carnival; ***corteo*** o ***sfilata di ~*** carnival parade; ***ballo di ~*** masked ball, carnival masquerade ◆ ***a ~ ogni scherzo vale*** PROV. when it's carnival time anything *o* every prank goes.

> **Carnevale** This is the period before Lent running from Twelfth Night to Ash Wednesday. It is celebrated with fancy dress parties, confetti, and streamers, especially during the weekend running from *giovedì grasso* (the last Thursday) to *martedì grasso* (Shrove Tuesday), which is the final day. The Venice carnival is very famous, with its open-air shows and fancy-dress balls, and so is the Viareggio carnival with its parade.

carnevalesco, pl. **-schi**, **-sche** /karneva'lesko, ski, ske/ agg. carnival attrib.; ***carro ~*** carnival float; ***corteo ~*** carnival parade.

Carniche /'karnike/ n.pr.f.pl. (anche **Alpi ~**) Carnic Alps.

carnicino /karni'tʃino/ ➧ **3 I** agg. carnation pink, flesh-coloured BE, flesh-colored AE **II** m. carnation pink, flesh colour BE, flesh-color AE.

carnico, pl. **-ci**, **-che** /'karniko/ agg. Carnic.

carniere /kar'njεre/ m. **1** *(borsa)* game bag, shooting pocket **2** *(selvaggina cacciata)* game; ***riportare un buon ~*** to get a good bag.

carnificazione /karnifikat'tsjone/ f. carnification.

carnivoro /kar'nivoro/ **I** agg. [*animale*] carnivorous, flesh-eating, meat-eating; ***pianta -a*** carnivorous plant **II** m. (f. **-a**) carnivore, meat-eater.

carnosità /karnosi'ta/ f.inv. **1** *(consistenza carnosa) (di corpo)* fleshiness, plumpness; *(di frutto)* fleshiness, pulpiness; *(di labbra)* fullness **2** MED. fleshy growth **3** *(morbidezza)* softness.

carnoso /kar'noso/ agg. [*braccio, mano, pollo*] plump, meaty; [*foglia*] fleshy; [*labbra*] full; [*frutto*] fleshy.

▶ **1.caro** /'karo/ **I** agg. **1** *(amato)* [*persona, oggetto*] dear; ***una mia -a amica*** a dear friend of mine; ***il mio più ~ amico*** my best *o* dearest friend; ***lo considero uno dei miei amici più -i*** I count him among my closest friends; ***la morte di una persona -a*** the death of a loved one; ***essere ~ a qcn.*** to be dear to sb.; ***aver ~ qcn.*** to love sb., to be fond of sb.; ***la sua umanità lo ha reso ~ a tutto il paese*** his humanity endeared him to the nation **2** *(nella corrispondenza)* ***~ signor Martini*** Dear Mr Martini; ***~ Gianni*** Dear Gianni; ***~ signore, -a signora*** Dear Sir, Dear Madam; ***mia -a Carla*** My dear Carla; ***carissimo Mauro*** Dearest Mauro; ***miei -i*** Dear all; ***i miei più -i auguri*** all the best, best wishes; ***un ~ saluto, carissimi saluti a*** give my love, regards to; ***(i miei più) -i saluti, Alberto*** best wishes, (all my) love, Alberto **3** *(come appellativo affettuoso)* dear, darling, sweetheart, honey AE; ***-a, dove sei?*** dear, where are you? ***che cosa desidera, mia -a?*** what would you like, my dear? ***ah -a mia, se tu mi avessi visto*** well, my dear, you should have seen me! ***ah -a signora mia, se sapesse!*** well, dear, if you only knew! **4** IRON. dear; ***~ amico, signore, lei ha perfettamente ragione*** my dear friend, sir, you're absolutely right; ***ah, ma è il ~ Smith!*** well, if it isn't our dear old Smith! **5** *(importante, prezioso)* dear; ***~ a qcn.*** [*tema, principio, idea*] dear to sb.; ***in base a un principio che gli è ~*** according to a principle that he holds dear; ***un'immagine -a all'artista*** a favourite image of the artist; ***un luogo ~ al poeta, a Byron*** a place the poet, Byron was fond of; ***questo libro mi è molto ~*** this book is an old friend *o* is very dear to me **6** *(gentile)* lovable, kind, sweet; ***è stata molto -a con me*** she was very kind *o* sweet to me; ***è una -a ragazza*** she's a sweet *o* lovable girl **7** *(gradito)* (be)loved **8** *(costoso, oneroso)* expensive, dear; ***per niente ~*** [*ristorante, abito*] cheap, inexpensive; ***spaventosamente ~*** astronomically *o* incredibly *o* terribly expensive; ***hanno dei vestiti per niente -i*** they've got some very cheap *o* reasonably priced clothes; ***la vita è più -a*** the cost of living is higher; ***le merci in vendita erano -e*** the goods on offer were expensive; ***non è poi così ~*** it's really not *o* after all it's not that expensive; ***due volte più ~ di*** twice as expensive as, twice as much as; ***è un po' ~*** it's a bit *o* a little expensive; ***a ~ prezzo*** [*comprare, vendere*] at a high price, dear(ly) BE **II** m. (f. **-a**) ***i miei -i*** my loved ones; ***trascorrerà il Natale con i suoi -i*** he will spend Christmas with his family *o* with his loved ones; ***perdere uno dei propri -i*** to lose a loved one; ***i -i estinti*** our dear departed **III** avv. **1** *(in denaro)* dear, dearly, a lot; ***costare ~*** to cost a lot *o* dear, to be expensive; ***costare più, meno ~ di*** to cost more, less than; ***l'ho pagato molto ~*** I paid a lot for it; ***il procedimento costa (troppo) ~*** the process is (too) expensive **2** FIG. *(in importanza)* dearly; ***ci è costato ~*** it cost us dearly, we paid a high price; ***gli hanno fatto pagare -a la sua negligenza*** they made him pay dearly for his negligence; ***il blocco è costato ~ alla nostra economia, alla collettività*** our economy, the community paid a high price for the blockade; ***ti costerà -a! la pagherai -a!*** FIG. you'll pay a lot for it! you'll pay dearly for it! ***me la pagherai -a!*** I'll make you pay for this! ◆ ***vendere -a la pelle*** to sell one's life dearly.

2.caro /'karo/ m. high cost, high price; ***il ~ (degli) affitti*** the high cost of rents.

▶ **carogna** /ka'roɲɲa, ka'rɔɲɲa/ f. **1** *(di animale)* carcass, carrion (flesh) **2** FIG. bastard, swine, schmuck AE POP.; ***~!*** you bastard! ***lurida ~!*** you dirty rat! ***che -e, sono partite senza di me!*** the bastards, they've gone without me!

carognata /karoɲ'ɲata/ f. COLLOQ. dirty trick, mean trick; ***fare una ~ a qcn.*** to pull a dirty trick on sb.; ***è stata una ~!*** that was a rotten thing to do!

carognesco, pl. **-schi**, **-sche** /karoɲ'ɲesko, ski, ske/ agg. COLLOQ. mean, rotten, dirty.

carola /ka'rɔla/ f. **1** STOR. MUS. carol **2** LETT. carol.

Carola /'karola/ n.pr.f. Carol.

Carolina /karo'lina/ n.pr.f. Caroline.

carolingio, pl. **-gi**, **-gie** e **-ge** /karo'lindʒo, dʒi, dʒe/ agg. Carlovingian, Carolingian; ***ciclo ~*** the Charlemagne cycle.

carolino /karo'lino/ agg. STOR. Caroline.

caroncola /ka'ronkola/ ANT. → **caruncola.**

Caronte /ka'ronte/ n.pr.m. Charon.

carosello /karo'zεllo/ m. **1** STOR. carousel **2** *(movimento rapido, continuo)* whirl **3** *(parata)* horse parade **4** *(giostra)* merry-go-round, whirligig, carousel AE **5** FIG. swirl, whirl.

▷ **carota** /ka'rɔta/ ➧ **3 I** f. **1** carrot; ***succo di ~*** carrot juice; ***torta di -e*** carrot cake; ***-e grattugiate*** grated carrots; ***-e (cotte) al vapore*** steamed carrots **2** MIN. core (sample) **II** m.inv. *(colore)* carrot colour BE, carrot color AE **III** agg.inv. carrot-coloured BE, carrot-colored AE; ***capelli color ~*** carroty hair COLLOQ. ◆ ***usare il bastone e la ~*** to use carrot and stick tactics; ***pel di ~*** SPREG. carrot top, ginger ◆◆ ***~ selvatica*** wild carrot, Queen Anne's lace AE.

carotaggio, pl. **-gi** /karo'taddʒo, dʒi/ m. core sampling.

carotene /karo'tεne/ m. carotene.

carotide /ka'rɔtide/ f. carotid.

carotideo /karoti'dεo/ agg. [*seno, ghiandola*] carotid.

carovana /karo'vana/ f. caravan, convoy; ***~ del deserto*** desert caravan; ***~ di cammelli*** camel train; ***~ dei pionieri*** wagon train.

carovaniera /karova'njεra/ f. caravan route.

carovaniere /karova'njɛre/ m. (f. **-a**) caravan guide.
carovaniero /karova'njɛro/ agg. caravan attrib.
carovita /karo'vita/ m.inv. high cost of living; ***indennità di ~*** cost of living bonus.
carpa /'karpa/ f. carp*.
carpaccio, pl. **-ci** /kar'pattʃo, tʃi/ m. INTRAD. (dish of thin slices of raw meat dressed with olive oil, lemon and Parmesan cheese).
carpale /kar'pale/ agg. [*ossa*] carpal.
Carpazi /kar'pattsi/ n.pr.m.pl. ***i ~*** the Carpathians.
carpellare /karpel'lare/ agg. carpellary.
carpello /kar'pɛllo/ m. BOT. carpel.
Carpentaria /karpen'tarja/ n.pr.f. ***golfo di ~*** Gulf of Carpentaria.
carpenteria /karpente'ria/ f. **1** *(lavoro di carpentiere)* carpentry, woodwork; ***legname da ~*** roof timbers *o* timber **2** *(officina)* carpenter's shop ◆◆ ***~ metallica*** steel structure.
carpentiere /karpen'tjɛre/ ♦ *18* m. carpenter ◆◆ ***~ navale*** ship's carpenter.
carpiato /kar'pjato/ agg. ***salto, tuffo ~*** jackknife (dive), pike.
carpine /'karpine/, **carpino** /'karpino/ m. hornbeam.
carpione /kar'pjone/ m. **1** ZOOL. large carp **2** GASTR. ***in ~*** soused.
carpire /kar'pire/ [102] tr. **1** *(sottrarre)* to steal*, to extract, to worm out [*segreto*]; to extract, to wangle COLLOQ. [*promessa*]; to extort, to wangle COLLOQ. [*denaro*]; to extract, to wring*, to winkle out COLLOQ. [*confessione*]; ***~ qcs. a qcn.*** to pry sth. out of sb.; ***sono riuscito a ~ dieci euro a papà*** I squeezed ten euros out of dad **2** *(strappare)* ***~ di mano*** to snatch sth. out of sb.'s hand.
carpo /'karpo/ m. carpus*.
carpologia /karpolo'dʒia/ f. carpology.
carponi /kar'poni/ avv. on all fours, on one's hands and knees; ***camminare ~*** to crawl, to walk on all fours, to walk on hands and knees.
carrabile /kar'rabile/ agg. *(carreggiabile)* suitable for vehicles, carriageable; ***passo ~*** driveway; *(nella segnaletica)* "keep clear, vehicle entrance".
carradore /karra'dore/ ♦ *18* m. wheelwright.
carraio, pl. **-ai**, **-aie** /kar'rajo, ai, aje/ **I** agg. ***porta -a*** carriage entrance; ***passo ~*** driveway; *(nella segnaletica)* "keep clear, vehicle entrance" **II** ♦ *18* m. *(costruttore, riparatore di carri)* wheelwright.
carrareccia, pl. **-ce** /karra'rettʃa, tʃe/ f. **1** *(strada)* cart road, cart-track **2** *(solco delle ruote)* rut.
carrarese /karra'rese/ ♦ *2* **I** agg. from, of Carrara **II** m. e f. native, inhabitant of Carrara **III** m. LING. dialect of Carrara.
carrata /kar'rata/ f. cartful, cartload; ***una ~ di carbone*** a cartload of coal; ***a -e*** FIG. aplenty, galore, in abundance.
carré /kar're/ **I** m.inv. **1** *(taglio di carne)* loin; ***~ di maiale*** fatback AE; ***~ d'agnello*** rack of lamb **2** *(tipo di acconciatura)* bob, blunt cut AE **3** SART. *(sprone)* yoke **II** agg.inv. ***pan ~*** → **pancarré.**
carreggiabile /karred'dʒabile/ **I** agg. *(percorribile da carri)* passable by carts; *(percorribile da veicoli)* suitable for vehicles, carriageable **II** f. *(strada percorribile da carri)* cart road, cart-track; *(percorribile da veicoli)* carriageable road.
carreggiata /karred'dʒata/ f. **1** *(parte di strada)* roadway, carriageway, pavement AE; ***strada a due -e*** o ***a doppia ~*** dual carriageway BE, divided highway AE; ***il pullman uscì dalla ~*** the bus ran off the road **2** FIG. *(retta via)* ***uscire di ~*** to go off the rails, to stray from the straight and narrow; ***rimettere qcs. in ~*** to put sth. back on the rails; ***rimettersi in ~*** to get back on the right track **3** *(solco delle ruote)* rut **4** *(distanza fra ruote)* track.
carreggio, pl. **-gi** /kar'reddʒo, dʒi/ m. **1** *(trasporto)* cartage **2** MIN. tramming.
carrellata /karrel'lata/ f. **1** CINEM. TELEV. tracking shot, dolly shot; ***fare una ~*** to dolly, to track **2** FIG. *(rapida esposizione)* roundup, summary; ***una ~ sulle notizie del giorno*** a roundup of *o* a brief look at the day's news.
carrellista, m.pl. **-i**, f.pl. **-e** /karrel'lista/ ♦ *18* m. e f. **1** *(nelle stazioni)* station vendor, platform vendor **2** CINEM. TELEV. dolly operator; *(uomo)* dollyman*.
▷ **carrello** /kar'rɛllo/ m. **1** *(per la spesa)* (shopping) trolley BE, cart AE; *(per i bagagli)* luggage trolley BE, luggage cart AE; *(portavivande)* food trolley BE, food cart AE; ***~ dei dolci*** *(al ristorante)* sweet *o* dessert trolley BE, dessert cart AE **2** FERR. bogie BE **3** MIN. corf BE **4** *(della macchina da scrivere)* carriage **5** AER. undercarriage BE, landing gear AE; ***ritirare il ~*** to draw up *o* pull in the undercarriage **6** CINEM. TELEV. dolly **7** SPORT *(nel golf)* caddie car(t) ◆◆ ***~ elevatore*** forklift truck; ***~ motore cingolato*** half-track; ***~ di servizio*** FERR. handcar; ***~ da tè*** tea-trolley BE, tea-cart AE, tea wagon AE; ***~ tenda*** camper AE; ***~ trasbordatore*** FERR. traverser.
carretta /kar'retta/ f. **1** *(piccolo carro)* cart **2** SPREG. *(vecchia auto)* wreck, banger; ***una vecchia ~*** an old banger **3** *(nave da carico)* tramp ◆ ***tirare la ~*** to plod along, to slave away.
carrettata /karret'tata/ f. cartful, cartload; ***a -e*** by the cartload; FIG. aplenty, galore, in abundance.
carrettiere /karret'tjɛre/ ♦ *18* m. carter, wagoner, waggoner BE, carman*, drayman*; ***bestemmiare come un ~*** to swear like a trooper; ***avere modi da ~*** to have rough *o* coarse manners.
carrettino /karret'tino/ m. *(giocattolo)* go-cart AE, wagon AE.
▷ **carretto** /kar'retto/ m. cart ◆◆ ***~ a mano*** handcart, pushcart, barrow BE; ***~ ribaltabile*** dumper, tumbrel, tumbril.
carriaggi /karri'addʒi/ m.pl. *(salmerie)* baggage **U**; *(veicoli)* baggage train sing.
▶ **carriera** /kar'rjɛra/ f. **1** *(professione)* career; ***intraprendere la ~ di attore*** to take up a career as an actor; ***militare, ufficiale di ~*** career soldier, officer; ***una ~ di scrittore*** a career as a writer; ***una ~ in televisione, nell'insegnamento*** a career in television, in teaching; ***fare ~*** to advance one's career, to work one's way up *o* to the top, to get ahead; ***a inizio, fine ~*** at the start, end of one's career; ***essere all'apice della ~*** to be at the top of one's profession; ***prospettive di ~*** career prospects; ***donna in ~*** career woman **2** EQUIT. *(andatura)* gallop; ***di gran ~*** at full gallop *o* speed; ***andare di (gran) ~*** FIG. to run at full speed, to go in full career.
carrierismo /karrje'rizmo/ m. careerism.
carrierista, m.pl. **-i**, f.pl. **-e** /karrje'rista/ m. e f. careerist.
carrieristico, pl. **-ci**, **-che** /karrje'ristiko, tʃi, ke/ agg. ***ambizioni -che*** career-oriented ambitions.
carriola /kar'rjɔla/ f. (wheel)barrow; ***fare la ~*** SPORT to play wheelbarrows.
carrista, m.pl. **-i**, f.pl. **-e** /kar'rista/ **I** agg. fighting on tanks **II** m. = in the Italian Army, soldier who fights on tanks.
▷ **carro** /'karro/ m. **1** *(a due ruote)* cart; *(a quattro ruote)* cart, wagon, waggon BE; ***~ trainato da buoi*** ox *o* bullock cart; ***~ senza sponde*** flatcar AE **2** *(carico trasportato)* ***un ~ di fieno*** a cartload of hay **3** ASTR. ***il Piccolo Carro*** the Little Bear BE *o* Dipper AE, Ursa Minor; ***il Grande Carro*** the Great Bear BE, the Plough BE, the Plow AE, the Big Dipper AE, Ursa Major ◆ ***mettere il ~ davanti ai buoi*** to put the cart before the horse; ***essere l'ultima ruota del ~*** to be the fifth wheel, to be at the bottom of the heap; ***saltare sul ~ del vincitore*** to jump *o* climb on the bandwagon ◆◆ ***~ allegorico*** carnival float; ***~ armato*** tank; ***~ armato anfibio*** amphibian; ***~ attrezzi*** breakdown truck *o* lorry BE, tow truck AE, wrecker AE; ***~ bestiame*** AUT. cattle truck; FERR. stock car AE; ***~ botte*** o ***cisterna*** tanker; ***~ coperto*** freight car; ***~ ferroviario*** truck; ***~ frigorifero*** refrigerated wagon; ***~ funebre*** hearse; ***~ da guerra*** STOR. war chariot; ***~ merci*** freight car, wagon BE; ***~ scorta*** FERR. tender; ***~ di Tespi*** travelling theatre, fit-up; ***~ a tramoggia*** hopper (car); ***~ trionfale*** triumphal chariot.
carroccio, pl. **-ci** /kar'rɔttʃo, tʃi/ m. **1** STOR. = large vehicle bearing the city standard and used in medieval times by Italian free cities **2** POL. = the Italian political party Lega Nord.
carronata /karro'nata/ f. carronade.
carroponte, pl. **carriponte** /karro'ponte, karri'ponte/ m. gantry crane.
▶ **carrozza** /kar'rɔttsa/ f. **1** *(veicolo trainato da cavalli)* carriage, coach, rig AE; ***andare in ~*** to ride in a carriage; ***~ a due cavalli*** coach and pair; ***~ a quattro cavalli*** coach and four **2** FERR. car, carriage BE, coach BE, railroad car AE; ***~ di prima, seconda classe*** first, second class car; ***staccare una ~ dal treno*** to uncouple a carriage from a train; ***in ~!*** on board! all aboard! ◆◆ ***~ belvedere*** observation car; ***~ (con) cuccette*** sleeping car, sleeper, wagon-lit; ***~ (per) fumatori*** smoking compartment; ***~ letto*** sleeping car, sleeper, wagon-lit; ***~ di lusso*** parlour car; ***~ da nolo*** (hackney) cab; ***~ passeggeri*** passenger coach BE; ***~ di piazza*** → ***~*** **da nolo**; ***~ postale*** mail coach *o* van BE, mail car AE; ***~ ristorante*** dining car, restaurant car BE; ***~ viaggiatori*** → ***~*** **passeggeri.**
carrozzabile /karrot'tsabile/ **I** agg. carriage attrib., carriageable; ***strada ~*** carriageable road **II** f. carriageable road.
carrozzaio, pl. **-ai** /karrot'tsajo, ai/ ♦ *18* m. coachbuilder.
carrozzare /karrot'tsare/ [1] tr. to fit* the bodywork onto [*automobile*].
carrozzato /karrot'tsato/ **I** p.pass. → **carrozzare II** agg. COLLOQ. [*ragazza, donna*] buxom, busty, well-stacked.
carrozzella /karrot'tsɛlla/ f. **1** *(carrozza)* (hackney) cab **2** *(sedia a rotelle)* wheelchair, Bath chair; ***essere costretto su una ~*** to be chairbound, wheelchair-bound **3** *(per bambini)* pram BE, baby carriage AE, buggy AE.
▷ **carrozzeria** /karrottse'ria/ f. **1** *(parte di autoveicolo)* bodywork, body, body shell, coachwork BE; ***ammaccare, rigare la ~*** to dent,

scratch the bodywork; ***danni alla ~*** damage to the bodywork **2** *(officina)* body (repair) shop **3** COLLOQ. *(di donna formosa)* ***ha una bella ~!*** she's got quite a chassis! ◆◆ ***~ portante*** monocoque.

carrozziere /karrot'tsjɛre/ ♦ ***18*** m. *(riparatore)* panel beater; *(costruttore)* body-maker, coachbuilder BE; ***portare l'auto dal ~*** to take the car to the body shop.

carrozzina /karrot'tsina/ f. pram BE, baby carriage AE, buggy AE; ***spingere un bambino nella ~*** to wheel a child in a pram.

carrozzino /karrot'tsino/ m. **1** *(piccola carrozza elegante)* buggy, cabriolet **2** *(carrozzina)* pram BE, baby carriage AE, buggy AE **3** *(sidecar)* sidecar.

carrozzone /karrot'tsone/ m. **1** *(grosso veicolo)* caravan BE, trailer AE **2** REGION. *(carro funebre)* hearse **3** ANT. *(cellulare della polizia)* police van, prison van, patrol wagon AE **4** FIG. SPREG. *(ente pubblico inefficiente e clientelare)* inefficient, mismanaged public office.

carruba /kar'ruba/ f. carob, locust bean.

carrubo /kar'rubo/ m. carob (tree), locust tree.

carrucola /kar'rukola/ f. pulley; ***pozzo a ~*** draw-well.

carsico, pl. **-ci**, **-che** /'karsiko, tʃi, ke/ ♦ ***30*** agg. [*terreno, paesaggio*] karstic.

Carso /'karso/ ♦ ***30*** n.pr.m. ***il ~*** the Karst.

▶ **carta** /'karta/ **I** f. **1** *(materiale)* paper; ***della ~ bianca, colorata*** some white, coloured paper; ***pezzo di ~*** scrap *o* piece *o* slip of paper; ***foglio di ~*** sheet *o* piece of paper; ***una risma di ~*** a ream of paper; ***non ho né ~ né penna*** I haven't got pen or paper; ***mettere qcs. su(lla) ~*** to put sth. down on paper; ***bicchiere, piatto, tovagliolo di ~*** paper cup, plate, napkin; ***fazzoletto di ~*** paper handkerchief, tissue; ***fiori di ~*** paper flowers; ***festone di ~*** paper chain, streamer; ***"raccolta ~"*** "paper bin"; ***industria della ~*** paper manufacture **2** FIG. ***la macchina esiste solo sulla ~*** the car only exists on paper; ***sulla ~ è una buona idea*** it's a good idea on paper **3** *(dichiarazione programmatica)* charter; ***la Magna Carta*** the Magna Carta; ***~ dei diritti sociali*** social charter; ***la ~ dei diritti dell'uomo*** the Charter of Human Rights **4** *(cartina, pianta)* map, plan; ***la ~ d'Italia*** the map of Italy **5** *(da gioco)* (playing) card; ***una ~ di cuori, quadri, fiori, picche*** a heart, diamond, club, spade; ***giocare una ~ di quadri*** to play a diamond; ***un mazzo di -e*** a deck *o* pack of cards; ***giocare a -e*** to play cards; ***fare una partita a -e*** to have *o* play a game of cards; ***fare*** o ***dare le -e*** to deal (the cards); ***alzare le -e*** to cut the cards; ***mescolare le -e*** to shuffle the cards; ***scartare una ~*** to discard; ***pescare, prendere una ~*** to pick, take a card; ***truccare le -e*** to mark the cards; ***fare*** o ***leggere le -e a qcn.*** *(cartomanzia)* to read sb.'s fortune in the cards **6** *(menu)* menu, list; ***pasto alla ~*** à la carte meal; ***mangiare alla ~*** to eat *o* dine à la carte **7** GERG. *(banconota da 1.000 vecchie lire)* ***mi è costato 100 -e*** I paid a ton for it **II carte** f.pl. **1** *(scritti)* ***mettere in ordine le proprie -e*** to file *o* sort one's papers; ***frugare fra le -e di qcn.*** to rummage *o* go through sb.'s papers; ***gettare vecchie -e in pattumiera*** to throw out some old papers **2** *(documenti)* papers, documents; ***fare le -e necessarie*** to get the necessary papers, to do the necessary paperwork; ***avere le -e in regola*** to have one's papers in order; ***il giudice studia le -e*** *(atti processuali)* the judge is reading *o* going through the documents ◆ ***avere ~ bianca per fare*** to have got a blank check to do, to have *o* be given carte blanche to do; ***dare ~ bianca a qcn.*** to give *o* write sb. a blank cheque, to give sb. a free hand; ***avere le -e in regola*** to have got what it takes COLLOQ.; ***mettere le -e in tavola*** to lay *o* put one's cards on the table; ***cambiare le -e in tavola*** to shift one's ground; ***fare -e false per...*** to go to any lengths to...; ***giocare bene le proprie -e*** to play one's cards right; ***giocare la propria ~ migliore*** to play one's ace; ***tentare l'ultima ~*** to play one's final trump; ***giocare a -e scoperte*** to act above board, to play fair; ***scoprire le proprie -e*** to show one's hand; ***puntare tutto su una ~ sola*** to put all one's eggs in one basket; ***è una tigre di ~*** it's a paper tiger; ***carta canta*** = it's always better to put things down in writing ◆◆ ***~ aeronautica*** aeronautical chart; ***~ annonaria*** ration book *o* card, food stamps AE; ***~ d'argento*** FERR. senior citizen's railcard; ***~ d'Armenia*** incense paper; ***~ assegni*** banker's *o* cheque card BE, check card AE; ***~ assorbente*** *(da casa)* kitchen paper *o* towel BE, paper towel AE; *(per la scuola)* blotting paper; ***~ astronomica*** star map; ***~ automobilistica*** road map; ***~ bibbia*** India paper; ***~ bollata*** o ***da bollo*** bonded *o* stamped paper; ***~ da brutta*** rough *o* scrap paper; ***~ calandrata*** glossy *o* shiny paper; ***~ carbone*** carbon paper; ***~ catramata*** roofing felt, tar paper; ***~ celeste*** star chart; ***~ cerata*** wax paper; ***~ di circolazione*** registration document, log book; ***~ copiativa*** → **~ carbone**; ***~ costituzionale*** constitution, bill of rights; ***~ di credito*** credit *o* charge card; ***~ crespata*** crepe paper; ***~ da disegno*** drawing paper; ***~ ecologica*** → **~ riciclata**; ***~ filtrante*** o ***da filtro*** filter paper; ***~ da forno*** baking paper; ***~ fotogrammetrica*** photomap; ***~ fotosensibile*** FOT. photographic paper; ***~ geografica*** map; ***~ geografica reticolata*** grid map; ***~ giapponese*** Japanese paper; ***~ da gioco*** playing card; ***~ di*** o ***da giornale*** newsprint; ***~ d'identità*** identity *o* ID card; ***~ d'identità genetica*** genetic ID card; ***~ igienica*** toilet paper *o* tissue, lavatory paper, bog roll BE POP.; ***~ d'imbarco*** AER. MAR. boarding card *o* pass; ***~ India*** → **~ bibbia**; ***~ intestata*** letterhead, headed notepaper; ***~ legale*** → **~ bollata**; ***~ da lettere*** writing paper, notepaper, stationery; ***~ libera*** plain *o* unstamped paper; ***~ lucida*** gloss paper; → **~ da lucido**; ***~ da lucido*** transparency; ***~ da macero*** wastepaper; ***~ marmorizzata*** marble paper; ***~ meteorologica*** weather map *o* chart; ***~ millimetrata*** graph paper; ***~ moneta*** paper currency *o* money; ***~ moschicida*** flypaper; ***~ da musica*** music paper; ***~ muta*** unmarked *o* blank map; ***~ nautica*** sea *o* marine chart; ***~ nitrata*** touchpaper; ***~ oleata*** greaseproof paper; ***~ orografica*** relief map; ***~ da pacchi*** brown paper, manila; ***~ da parati*** wallpaper; ***~ da parati rugosa*** flock wallpaper; ***~ patinata*** glossy paper; ***~ perforata*** punch card; ***~ pergamena*** parchment; ***~ pluviometrica*** rain chart; ***~ per posta aerea*** airmail paper; ***~ protocollo*** foolscap (paper) BE; ***~ a quadretti*** graph *o* squared paper; ***~ reattiva*** CHIM. test paper; ***~ (da) regalo*** gift wrap(ping), wrapping paper; ***~ riciclata*** recycled paper; ***~ a righe*** lined paper; ***~ di riso*** ART. rice paper; ***~ satinata*** → **~ calandrata**; ***~ di sbarco*** AER. MAR. landing card; ***~ scottex***® kitchen paper *o* towel BE, paper towel AE; ***~ semplice*** → **~ libera**; ***~ smerigliata*** emery paper; ***~ stagnola*** (kitchen) foil, tin foil, silver *o* aluminium foil BE, aluminum foil AE; ***~ da stampa*** printing paper; ***~ stampata*** printed paper; ***~ per stampe a colori*** colour printing paper; ***~ straccia*** scrap paper, wastepaper; ***~ stradale*** → **~ automobilistica**; ***~ dello studente*** student ID card AE; ***~ telefonica*** phone card BE; ***~ topografica*** topographic map; ***~ da trasporto*** FOT. transfer paper; ***~ velina*** *(per imballaggio)* tissue (paper); *(per copie)* onionskin (paper); ***~ verde*** AUT. green card BE; FERR. young person's railcard; ***~ vergata*** o ***vergatina*** laid paper; ***~ vetrata*** glass paper, sandpaper; ***la ~ dei vini*** wine list; ***~ da zucchero*** *(colore)* dark blue; ***-e francesi*** playing cards.

> **Carta d'identità** An identity document issued to all citizens and residents aged 15 and over. It is valid for foreign travel within the countries of the European Union and to others with which there are individual international agreements. The card is renewed every five years at the town hall. It has a photo and various details such as the bearer's address, height, and colour of eyes and hair, and you can choose whether to include your marital status and profession. An electronic card, the same size as a credit card, can be issued on request.

cartacarbone, pl. **cartecarbone** /kartakar'bone, kartekar'bone/ f. carbon paper.

cartaccia, pl. **-ce** /kar'tattʃa, tʃe/ f. *(carta inutile)* wastepaper **U**, scrap paper **U**.

cartaceo /kar'tatʃeo/ agg. paper attrib.; [*consistenza*] papery; ***codice ~*** paper codex; ***moneta -a*** paper currency *o* money.

Cartagine /kar'tadʒine/ n.pr.f. Carthage.

cartaginese /kartadʒi'nese/ **I** agg. Carthaginian **II** m. e f. Carthaginian.

cartaio, pl. **-ai** /kar'tajo, ai/ ♦ ***18*** m. (f. **-a**) **1** *(chi fabbrica)* paper maker **2** *(chi vende)* paper seller.

cartamo /'kartamo/ m. safflower.

cartamodello /kartamo'dɛllo/ m. (paper) pattern.

cartamoneta, pl. **cartemonete** /kartamo'neta, kartemo'nete/ f. paper currency **U**, paper money **U**.

cartapecora /karta'pɛkora/ f. parchment.

cartapesta, pl. **cartapeste**, **cartepeste** /karta'pesta, karta'peste, karte'peste/ f. papier mâché; ***un eroe di ~*** FIG. a tin god.

cartario, pl. **-ri**, **-rie** /kar'tarjo, ri, rje/ agg. [*industria*] paper attrib.

> **CartaSi**® /karta'si/ Nowadays this is the most widely used Italian credit card and hundreds of banks belong to its network. Since the 1980s it has helped to spread the use of credit cards throughout Italy, across the social strata, whereas before that date they were exclusively used by the upper classes.

cartastraccia, pl. **cartestracce** /kartas'trattʃa, kartes'trattʃe/ f. scrap paper **U**, wastepaper **U**; ***questo accordo è solo ~*** FIG. this agreement has no value.

cartavetrare /kartave'trare/ [1] tr. to sandpaper, to sand.
carteggiare /karted'dʒare/ [1] tr. to sandpaper, to sand.
carteggio, pl. **-gi** /kar'teddʒo, dʒi/ m. correspondence (**tra** between); ***avere*** o ***tenere un ~ con qcn.*** to correspond with sb.; ***il ~ Machiavelli-Guicciardini*** the correspondence between Machiavelli and Guicciardini.
▷ **cartella** /kar'tɛlla/ f. **1** *(borsa)* briefcase; *(dello scolaro)* schoolbag, satchel ANT. **2** *(custodia)* folder, file **3** *(scheda)* ***~ della tombola*** bingo card, scorecard; ***~ di uno schedario*** file **4** *(pagina scritta)* typewritten page, typewritten sheet; ***un articolo di otto -e*** an article in eight typewritten pages; ***lavorare a ~*** to do freelance work **5** INFORM. folder ◆◆ ***~ azionaria*** share certificate; ***~ clinica*** medical records pl.; ***~ dattiloscritta*** typewritten page; ***~ fondiaria*** ECON. mortgage bond; ***~ d'imposta*** tax form *o* levy; ***~ della lotteria*** lottery ticket; ***~ personale*** personal file; ***~ portadocumenti*** attaché case, briefcase; ***~ di rendita*** annuity *o* irredeemable bond; ***~ delle tasse*** → **~ d'imposta.**
cartellina /kartel'lina/ f. *(per i fogli)* folder; *(per i documenti)* document holder; *(per i disegni)* portfolio*; ***~ di cartone, di plastica*** cardboard folder, plastic folder.
cartellino /kartel'lino/ m. **1** *(cartoncino)* label, tag, ticket; ***~ del prezzo*** price label *o* tag **2** *(di presenza)* time-sheet, time-card AE; ***timbrare il ~*** *(all'entrata)* to clock in BE, to check in AE; *(all'uscita)* to clock out BE, to check out AE **3** *(scheda)* card; ***~ segnaletico*** fingerprint card **4** SPORT ***firmare il ~*** to sign on ◆◆ ***~ giallo*** SPORT yellow card; ***~ rosso*** SPORT red card.
cartellista, m.pl. **-i**, f.pl. **-e** /kartel'lista/ m. e f. ECON. cartel member, trust member.
▷ **1.cartello** /kar'tɛllo/ m. **1** *(manifesto)* sign, notice; *(in un corteo, in una manifestazione)* placard; *(stampato)* poster; *(in legno, metallo)* sign; ***affiggere, appendere i -i*** to stick, post bills; ***c'è un ~ all'ingresso*** there's a sign at the entrance; ***essere un cantante di ~*** to be a top-billing singer **2** *(insegna di negozio)* shop sign ◆◆ ***~ elettorale*** election signboard; ***~ di precedenza*** give way sign BE, yield sign AE; ***~ pubblicitario*** signboard, poster; ***~ stradale*** roadsign, signpost.
2.cartello /kar'tɛllo/ m. **1** ECON. cartel, syndicate; ***~ bancario*** banker's syndicate, cartel of banks; ***~ della droga*** drug cartel, drug(s) syndicate; ***~ di prezzi*** price cartel **2** POL. *(alleanza)* alliance, coalition.
cartellone /kartel'lone/ m. **1** *(di teatro)* (play)bill; ***essere in ~*** [*spettacolo, film*] to be on the bill; ***tenere il*** o ***restare per molto tempo in ~*** to have a long run, to be a hit; ***lasciare il ~*** to fold, to end its run; ***essere tolto dal ~*** to come off; ***essere in testa al ~*** to be top of the bill, to get top billing; ***mettere in ~*** to put [sth.] on [*spettacolo, film*]; ***tenere in ~*** to hold over **2** *(manifesto)* wall chart, poster, bill; ***attaccare, affiggere i -i*** to stick, post bills ◆◆ ***~ pubblicitario*** board, poster, placard.
cartellonista, m.pl. **-i**, f.pl. **-e** /kartello'nista/ ♦ **18** m. e f. commercial artist, poster artist, poster designer.
cartellonistica /kartello'nistika/ f. commercial art, poster art, poster designing.
carter /'karter/ m.inv. **1** MECC. crankcase **2** *(copricatena)* chain guard **3** AUT. oil sump.
cartesianismo /kartezia'nizmo/ m. Cartesianism.
cartesiano /karte'zjano/ agg. Cartesian; ***coordinate -e*** Cartesian coordinates.
Cartesio /kar'tɛzjo/ n.pr.m. Descartes.
cartevalori /karteva'lori/ f.pl. ECON. paper money **U**.
cartiera /kar'tjɛra/ f. paper mill, paper factory.
cartiglio, pl. **-gli** /kar'tiʎʎo, ʎi/ m. ART. cartouche.
cartilagine /karti'ladʒine/ f. cartilage; GASTR. gristle.
cartilagineo /kartila'dʒineo/, **cartilaginoso** /kartiladʒi'noso/ agg. cartilaginous; GASTR. gristly.
cartina /kar'tina/ f. **1** *(geografica, piantina di città)* map (**di** of); ***~ stradale, turistica*** road, tourist map; ***~ pieghevole*** pull-out map **2** *(bustina)* bag, sachet **3** *(di sigaretta)* cigarette paper ◆◆ ***~ di aghi*** book *o* packet of needles; ***~ di tornasole*** CHIM. litmus paper; FIG. litmus test.
cartismo /kar'tizmo/ m. Chartism.
cartista, m.pl. **-i**, f.pl. **-e** /kar'tista/ m. e f. Chartist.
cartocciata /kartot'tʃata/ f. paper cone, cornet BE.
cartoccio, pl. **-ci** /kar'tɔttʃo, tʃi/ m. **1** *(foglio di carta ravvolta)* paper cone, cornet BE; ***vino in ~*** *(contenitore per alimenti)* wine box **2** BOT. cornhusk, shuck AE **3** ARM. cartouche **4** GASTR. ***al ~*** in foil, in a foil parcel **5** ARCH. cartouche; *(dei capitelli corinzi)* Vitruvian scroll.
cartografia /kartogra'fia/ f. cartography, chartography.
cartografico, pl. **-ci**, **-che** /karto'grafiko, tʃi, ke/ agg. cartographic(al).
cartografo /kar'tɔgrafo/ ♦ **18** m. (f. **-a**) cartographer, map maker.
cartogramma /karto'gramma/ m. cartogram.
cartolaio, pl. **-ai** /karto'lajo, ai/ ♦ **18** m. (f. **-a**) stationer; ***andare dal ~*** to go to the stationer's, to go to the stationery shop BE *o* store AE.
▷ **cartoleria** /kartole'ria/ ♦ **18** f. stationer's (shop), stationery shop BE, stationery store AE; ***articoli di ~*** stationery.
cartolibreria /kartolibre'ria/ ♦ **18** f. stationer's and bookshop BE, stationer's and bookstore AE.
▶ **cartolina** /karto'lina/ f. **1** *(mezzo di corrispondenza)* (post)card; ***scrivere, spedire una ~ a qcn.*** to write, send sb. a (post)card **2** REGION. *(cartellino)* time-sheet, time-card AE; ***bollare*** o ***timbrare la ~*** *(all'entrata)* to clock in BE, to check in AE; *(all'uscita)* to clock out BE, to check out AE ◆◆ ***~ illustrata*** picture postcard; ***~ postale*** (post)card; ***~ precetto*** MIL. call-up papers, draft card AE; ***~ rosa*** MIL. → **~ precetto**.
cartomante /karto'mante/ ♦ **18** m. e f. fortune-teller.
cartomanzia /kartoman'tsia/ f. cartomancy, fortune-telling.
cartonaggio, pl. **-gi** /karto'naddʒo, dʒi/ m. *(tecnica)* cardboard and pasteboard working; *(prodotti)* cardboard and pasteboard products.
cartonare /karto'nare/ [1] tr. to bind* [sth.] in paperboard.
cartonato /karto'nato/ **I** p.pass. → **cartonare II** agg. bound in paperboard, pasteboard-covered; ***copertina -a*** case-cover; ***rilegatura -a*** case-binding, board binding.
cartoncino /karton'tʃino/ m. **1** *(cartone)* cardboard, boards pl., pasteboard **2** *(biglietto)* card ◆◆ ***~ d'auguri*** greetings BE *o* greeting AE card; ***~ bristol*** Bristol board; ***~ d'invito*** invitation card.
▷ **cartone** /kar'tone/ m. **1** *(materiale)* cardboard, paperboard, pasteboard; ***scatola, cartellina di ~*** cardboard box, cardboard folder; ***rilegatura in ~*** case-binding, board binding **2** *(imballaggio)* carton, box; *(di succhi di frutta, latte)* carton; ***imballare della merce in -i*** to box goods; ***~ di vino*** wine box, carton of wine **3** PITT. cartoon **4** *(animato)* cartoon, toon COLLOQ.; ***guardare i -i*** to watch cartoons **5** COLLOQ. REGION. *(cazzotto)* wallop, sock; ***gli ha mollato un ~*** he landed *o* socked him one ◆◆ ***~ animato*** cartoon, toon COLLOQ.; ***~ catramato*** roofing felt, tar paper; ***~ da imballaggio*** boxboard; ***~ ondulato*** corrugated paper *o* cardboard; ***~ di pasta di paglia*** strawboard; ***~ pressato*** mill board.
cartonfeltro /karton'feltro/ m. felt.
cartongesso /karton'dʒɛsso/ m. plasterboard.
cartonista, m.pl. **-i**, f.pl. **-e** /karto'nista/ ♦ **18** m. e f. cartoonist.
cartoon /kar'tun/ m.inv. cartoon.
cartoonist /kar'tunist/ ♦ **18** m. e f.inv. → **cartonista.**
cartoteca, pl. **-che** /karto'tɛka, ke/ f. collection of maps.
cartotecnica /karto'tɛknika/ f. paper industry, paper-making.
cartotecnico, pl. **-ci**, **-che** /karto'tɛkniko, tʃi, ke/ **I** agg. ***l'industria ~*** the paper industry **II** ♦ **18** m. (f. **-a**) worker in the paper industry.
▷ **cartuccia**, pl. **-ce** /kar'tuttʃa, tʃe/ f. **1** *(di arma, artiglieria pesante)* cartridge, shell **2** *(di inchiostro)* cartridge; *(per stilografiche)* refill, cartridge **3** INFORM. cartridge; ***unità per -ce*** cartridge drive ◆ ***mezza ~*** lightweight, pipsqueak; ***sparare l'ultima ~*** to play one's final trump ◆◆ ***~ a salve*** blank (cartridge); ***~ tracciante*** tracer (cartridge).
cartucciera /kartut'tʃɛra/ f. cartridge belt, pouch.
cartulario, pl. **-ri** /kartu'larjo, ri/ m. STOR. cartulary.
caruncola /ka'runkola/ f. caruncle.
carvi /'karvi/ m.inv. caraway.
▶ **casa** /'kasa/ Tra i due principali equivalenti inglesi dell'italiano *casa*, *house* e *home*, il primo indica innanzitutto l'edificio in cui si abita (e in tal caso è talvolta sostituito da *place*), mentre il secondo è spesso connotato affettivamente (e quindi è usato come sinonimo di *family*). Negli anni recenti, soprattutto nelle pubblicità immobiliari, si è sviluppata la tendenza a usare *home*, con tutte le sue connotazioni positive, anche in riferimento alla casa come edificio. Tuttavia, un esempio come il seguente esplicita la distinzione d'uso: *domani starò a casa* = I'll be at home tomorrow; *se il tempo è bello, non starò in casa, ma prenderò il sole in giardino* = if the weather is fine, I wont' stay in the house but will sunbathe in the garden. - Si usa *house* quando si vuol dire che si va o si è a casa di qualcuno, anche se solitamente tale parola viene sottintesa: *ieri sera abbiamo cenato a casa della sig.ra Fletcher* = yesterday evening we dined at Mrs Fletcher's (house), *è andato a casa di Laura* = he's gone to Laura's (house). - Anche se in italiano si usa comunemente la parola *casa* per indicare un appartamento (*flat, apartment*), in inglese *house* designa in senso proprio un edificio a sé stante, una casa

indipendente (*detached house*) o almeno semi-indipendente (*semi-detached house*). f. **1** *(edificio)* building; *(adibito ad abitazione)* house; ***una ~ a cinque piani*** a five-storey house; ***costruire, demolire una ~*** to build, demolish a house; ***comprare, vendere una ~*** to buy, sell a house; ***il padrone di ~*** the landlord; ***la padrona di ~*** the landlady **2** *(abitazione)* house; *(appartamento)* flat BE, apartment AE; *(luogo in cui si abita)* home; ***affittare*** o ***prendere in affitto una ~*** to rent a house *o* flat; ***dare in affitto una ~*** to rent out *o* lease *o* let a house; ***cercare ~*** to look for a house, to house-hunt; ***cambiare ~*** to move (house); ***seconda ~*** second *o* holiday home; ***stare a ~*** to stay (at) home, to stay in; ***entrare in ~*** to go in; ***uscire di ~*** to go out; ***andare, arrivare a ~*** to go, get home; ***essere a*** o ***in ~*** to be at home, to be indoors, to be in; ***essere fuori ~, non essere in ~*** to be out; ***mamma è già a ~?*** is mummy home yet? ***essere via da*** o ***di ~*** to be away from home; ***è bello essere di nuovo a ~*** it's good to be back home; ***troviamoci a ~ mia*** let's meet at my place; ***Silvia è a ~ di Vittorio*** Silvia is at Vittorio's (house); ***hai una bella ~*** you have a beautiful home; ***una ~ propria*** a home of one's own; ***sentirsi (come) a ~ propria*** to feel at home; ***è una ~ di matti!*** it's a madhouse! **3** *(famiglia)* ***una ~ ospitale*** a hospitable family; ***scrivere a ~*** to write home; ***andarsene di ~*** to leave home; ***~ Bianchi*** the Bianchi family, the Bianchis; ***lei si occupa della ~*** she runs the house; ***donna di ~*** *(casalinga)* housewife; ***metter su ~ (con qcn.)*** to set up home *o* house (with sb.); *(sposarsi)* to get married (to sb.); ***gestire il bilancio della ~*** to manage the household budget; ***fare gli onori di ~*** to do the honours, to play host; ***essere (tutta) ~ e chiesa*** to be a homebody and a churchgoer; ***essere di ~*** to be one of the family; ***fatto in ~*** homemade **4** *(dinastia)* ***la ~ reale*** the Royal Family; ***~ Savoia*** the house of Savoy; ***la ~ regnante*** the ruling house **5** COMM. ***avere la merce in ~*** to have goods in stock; ***offre la ~*** it's on the house; ***vino della ~*** house wine; ***specialità della ~*** speciality of the house, house specialty AE **6** RELIG. ***la ~ di Dio, del Signore*** the House of God, of the Lord **7** ASTROL. house **8** GIOC. *(casella)* square **9** SPORT ***partita in ~, fuori ~*** home match, away match; ***giocare fuori ~, in ~*** to play away, at home; ***vincere fuori ~*** to win away, to win an away match ◆ ***a ~ del diavolo*** in the back of beyond, right in the middle of nowhere, in the sticks COLLOQ., in Outer Mongolia; ***avere un cuore grande come una ~*** to be very big-hearted; ***è grosso come una ~*** he's like the side of a house, it sticks out a mile; ***in ~ sua ciascuno è re*** an Englishman's BE *o* a man's AE home is his castle; ***~ dolce ~*** PROV. home sweet home; ***~ mia, ~ mia, per piccina che tu sia, tu mi sembri una badia*** there's no place like home ◆◆ ***~ albergo*** residential hotel; ***~ di appuntamenti*** brothel; ***~ della bambola*** o ***delle bambole*** doll's house BE, dollhouse AE; ***~ base*** SPORT home plate; ***~ di campagna*** cottage; *(più grande e con parco)* country house; ***~ chiusa*** brothel, knocking shop POP., disorderly house DIR.; ***~ circondariale*** = prison for people awaiting trial or serving a sentence of no more than three years; ***~ di correzione*** reformatory, house of correction, reform school AE; ***~ di cura*** nursing home; ***~ discografica*** label, record company; ***~ di distribuzione*** CINEM. distributor; ***~ editrice*** publishing house, publisher; ***~ farmaceutica*** pharmaceutical company; ***~ da gioco*** gambling house, casino; ***Casa delle Libertà*** POL. = centre-right coalition; ***~ madre*** COMM. main branch, parent (company), head office; RELIG. mother house; ***~ di moda*** fashion house; ***~ di pena*** → ***~ circondariale***; ***~ di piacere*** → ***~ chiusa***; ***~ popolare*** tenement, council house; *(singolo appartamento)* council flat; ***~ del popolo*** = meeting place for all members of the Communist Party; ***~ di produzione*** CINEM. studio; ***~ di riposo*** retirement home, nursing home, old people's home, rest home; ***~ dello studente*** hall of residence BE, residence (hall) AE; ***~ di tolleranza*** (licensed) brothel; ***-e a schiera*** terrace(d) houses; ***la Casa Bianca*** the White House.

casacca, pl. **-che** /ka'zakka, ke/ f. **1** *(giacca)* coat, jacket **2** MIL. ANT. blouse **3** SPORT *(del fantino)* jacket ◆ ***mutare*** o ***voltare ~*** to cross the floor, to turn one's coat.

casaccio: a casaccio /aka'zattʃo/ avv. at random, haphazardly, willy-nilly; ***fanno le cose a ~*** the way they run things is pretty hit-and-miss; ***scegliere a ~*** to take pot luck.

casale /ka'sale/ m. **1** *(gruppo di case)* hamlet **2** *(casolare)* farmhouse.

▷ **casalinga**, pl. **-ghe** /kasa'linga, ge/ f. housewife*; ***fare la ~*** to be a housewife.

▷ **casalingo**, pl. **-ghi, -ghe** /kasa'lingo, gi, ge/ **I** agg. **1** [*vita, lavori*] domestic; [*persona*] homeloving; [*piatto*] homemade, home baked; [*articoli*] household attrib.; ***cucina -a*** plain *o* home *o* homely BE cooking; ***marito ~*** house husband **2** SPORT ***incontro ~*** home match; ***vittoria -a*** home win **II casalinghi** m.pl. *(articoli)* housewares, household items, household commodities; ***negozio di -ghi*** home centre.

casamatta, pl. **casematte** /kasa'matta, kase'matte/ f. casemate, pillbox.

casamento /kasa'mento/ m. **1** *(casa popolare)* tenement, council house **2** *(persone)* tenants pl.

casanova /kasa'nɔva/ m.inv. seducer, womanizer, Don Juan.

casara /ka'zara/ f. REGION. dairymaid.

casareccio, pl. **-ci, -ce** /kasa'rettʃo, tʃi, tʃe/ → **casereccio.**

casaro /ka'zaro/ m. REGION. dairyman*.

casata /ka'sata/ f. lineage, stock, family; ***di nobile ~*** of noble lineage *o* birth.

casato /ka'sato/ m. **1** ANT. (family) name, surname **2** *(casata)* lineage, stock, family.

cascame /kas'kame/ m. *(scarto)* waste **U**, waste materials pl.; ***~ di cotone*** cotton waste; ***~ di seta*** silk waste.

cascamorto /kaska'mɔrto/ m. flirt, philanderer; ***fare il ~*** to play the lovesick Romeo.

cascante /kas'kante/ agg. [*seno*] sagging; [*palpebre*] drooping; [*guance*] flabby; [*pelle*] flabby, sagging.

▶ **cascare** /kas'kare/ [1] intr. (aus. *essere*) **1** *(cadere)* [*persona, cosa*] to fall*, to drop; *(cadere a terra)* to fall* down; ***~ dalle scale*** to tumble *o* fall down the stairs; ***~ dal letto*** to tumble *o* fall out of bed **2** FIG. *(crollare)* ***~ dalla fatica*** to be fit to drop; ***~ dal sonno*** to be falling asleep on one's feet ◆ ***~ dalle nuvole*** to be flabbergasted, to look very surprised; ***qui casca l'asino*** there's the rub, here's the stumbling block; ***caschi male*** you've hit on a bad time, you're unlucky; ***caschi bene*** you've hit on a good time, you're lucky; ***ci sei cascato!*** you fell for it! ***mi fece ~ le braccia*** it was very off-putting; ***caschi*** o ***cascasse il mondo*** come what may, even if the heavens were to fall; ***non casca il mondo*** it's not the end of the world; ***~ a pezzi*** to fall apart.

▷ **cascata** /kas'kata/ f. **1** GEOGR. waterfall, cascade, falls pl.; ***-e del Niagara*** Niagara Falls **2** *(di fiori, di capelli)* cascade **3** ***collegamento in ~*** TECN. EL. cascade connection **4** INFORM. cascade; ***menu a ~*** cascading menu ◆◆ ***~ di ghiaccio*** ice-fall.

cascatore /kaska'tore/ ◗ ***18*** m. stuntman*.

cascatrice /kaska'tritʃe/ ◗ ***18*** f. stuntwoman*.

cascer → **kasher.**

caschetto /kas'ketto/ m. bob; ***mi ha tagliato i capelli a ~*** he shaped my hair into a bob, he gave me a bob.

▷ **cascina** /kaʃ'ʃina/ f. farm, farmhouse.

cascinaio, pl. **-ai** /kaʃʃi'najo, ai/ m. (f. **-a**) farmer.

cascinale /kaʃʃi'nale/ m. **1** *(gruppo di case)* hamlet **2** *(cascina)* farm, farmhouse.

casciolongo, pl. **-ghi** /kaʃʃo'longo, gi/ m. cacholong.

▷ **1.casco**, pl. **-schi** /'kasko, ski/ m. **1** *(copricapo)* (crash) helmet; ***l'uso del ~ è obbligatorio*** crash *o* safety helmets must be worn **2** *(da parrucchiere)* (hair)drier, (hair)dryer; ***essere sotto il ~*** to be under the drier **3** *(infruttescenza)* ***~ di banane*** bunch *o* hand of bananas ◆◆ ***~ coloniale*** pith helmet, safari hat; ***~ integrale*** SPORT full-face crash helmet; ***~ da pompiere*** fireman's helmet; ***~ protettivo*** o ***di protezione*** safety helmet, head protection, hard hat; ***~ di sicurezza*** hard hat, safety helmet; ***~ spaziale*** space helmet; ***-schi blu*** Blue Berets.

2.casco /'kasko/ agg.inv. ***assicurazione*** o ***polizza ~*** comprehensive insurance *o* coverage *o* policy.

caseario, pl. **-ri, -rie** /kaze'arjo, ri, rje/ agg. dairy attrib.; ***prodotti -ri*** dairy products; ***industria -a*** dairy farming, dairying.

caseggiato /kased'dʒato/ m. **1** *(edificio)* block of flats BE, apartment block AE **2** *(insieme di case)* block of houses.

caseificazione /kazeifikat'tsjone/ f. curdling, coagulation of milk.

caseificio, pl. **-ci** /kazei'fitʃo, tʃi/ m. dairy, creamery.

caseina /kaze'ina/ f. casein.

casella /ka'sɛlla/ f. **1** *(scomparto)* compartment; ***le -e di un armadio*** the compartments of a wardrobe **2** *(riquadro)* box, square; ***una lettera per ~*** one letter per box; ***barrate la ~ corrispondente*** tick the appropriate box; ***"segnate la ~ con una crocetta"*** "put a cross in the box"; ***barrare le -e che interessano*** tick BE *o* check AE where applicable; ***le -e di un cruciverba*** the squares of a crossword puzzle **3** *(di scacchiera, giochi da tavolo)* square; ***muovere*** o ***avanzare di due -e*** to go forward two spaces; ***saltare una ~*** to jump a square; ***retrocedere di una ~*** to move *o* go back one space **4** *(per la posta)* box, pigeonhole BE, mail box AE; ***ho messo la lettera nella tua ~*** I put the letter in your pigeonhole; ***numero di ~ postale*** P.O. box number ◆◆ ***~ postale*** (Post Office) Box, P.O. Box; ***~ postale elettronica*** electronic mailbox; ***~ vocale*** TEL. voice mail.

casellante /kasel'lante/ ◗ ***18*** m. e f. **1** FERR. (level) crossing keeper **2** *(in un'autostrada)* toll collector; *(uomo)* tollman*.

casellario, pl. **-ri** /kasel'larjo, ri/ m. **1** *(mobile)* filing cabinet **2** *(schedario)* casebook ◆◆ ***~ giudiziale*** o ***giudiziario*** *(ufficio)* Criminal Records Office GB; *(registro)* police records pl., rap sheet AE COLLOQ.; ***~ postale*** post office boxes.

casello /ka'sɛllo/ m. **1** *(di ferrovia)* signal box, tower **2** *(di autostrada)* tollbooth, toll gate ◆◆ ***~ automatico*** electronic pay point.

caseoso /kaze'oso/ agg. caseous.

casereccio, pl. **-ci**, **-ce** /kase'rettʃo, tʃi, tʃe/ agg. **1** *(fatto in casa)* homemade; [*pane*] homemade, home baked; ***cucina -a*** home *o* plain cooking **2** *(nostrano)* ***usanze -ce*** local customs.

▷ **caserma** /ka'sɛrma, ka'zɛrma/ f. barracks + verbo sing. o pl.; ***in ~*** in (the) barracks; ***essere consegnato in ~*** to be confined to quarters; ***linguaggio da ~*** SPREG. barrack room language; ***~ dei vigili del fuoco*** fire station, firehouse AE.

casermaggio, pl. **-gi** /kaser'maddʒo, kazer'maddʒo, dʒi/ m. barrack equipment.

casermone /kaser'mone, kazer'mone/ m. **1** SPREG. *(grossa caserma)* barracks + verbo sing. o pl. **2** *(grosso edificio popolare)* ***crescere nei -i*** to grow up in the projects.

casertano /kaser'tano, kazer'tano/ ♦ ***2*** **I** agg. from, of Caserta **II** m. (f. **-a**) **1** *(persona)* native, inhabitant of Caserta **2** LING. dialect of Caserta.

casetta /ka'setta/ f. little house, cottage.

cashmere → **cachemire.**

casigliano /kasiʎ'ʎano/ m. (f. **-a**) REGION. neighbour BE, neighbor AE.

Casimiro /kazi'miro/ n.pr.m. Casimir.

casinaro /kasi'naro/ m. REGION. → **casinista.**

casinista, m.pl. **-i**, f.pl. **-e** /kasi'nista/ m. e f. **1** *(persona chiassosa)* rowdy person **2** *(persona disordinata)* messy person **3** *(pasticcione)* botcher, bungler, screw-up AE.

casino /ka'sino/ m. **1** COLLOQ. *(postribolo)* brothel, whorehouse, cathouse AE **2** COLLOQ. FIG. *(chiasso, confusione)* racket, row; ***fare ~*** to make a racket *o* row **3** *(disordine)* mess; ***che ~!*** what a mess! **4** *(scenata)* fuss; ***fare*** o ***piantare ~ per qcs.*** to kick up a fuss *o* a stink about sth., to raise hell about sth. **5** *(pasticcio, guaio)* ***è un bel ~ parcheggiare a Torino*** it's a real pain in the ass parking in Turin; ***essere in un bel ~*** to be in a proper mess *o* jam, to be up the pole; ***mettere qcn. nei -i*** to get sb. into a mess *o* jam; ***scoppierà un bel ~*** there will be hell to pay, there'll be a (hell of a) stink; ***che ~!*** what a cock-up! BE COLLOQ.; ***combinare un ~*** to make a mess *o* bungle *o* cock-up BE POP. **6** COLLOQ. *(mucchio, sacco)* ***un ~ di*** loads *o* tons of, a load *o* ton of; ***guadagna un ~ (di soldi)*** he earns a hell of a lot; ***metterci un ~ per fare*** to take years *o* an incredibly long time to do; ***mi piace un ~ Luca*** I like Luca an awful lot; ***siamo un ~ di persone*** there are a ton of us **7** ANT. *(circolo)* club ◆◆ ***~ di caccia*** shooting lodge *o* box.

casinò /kasi'nɔ, kazi'nɔ/ m.inv. (gambling) casino.

casista, m.pl. **-i**, f.pl. **-e** /ka'zista/ m. e f. TEOL. casuist.

casistica, pl. **-che** /ka'zistika, ke/ f. **1** *(elenco dei casi)* case study, case record, survey **2** TEOL. casuistry.

casistico, pl. **-ci**, **-che** /ka'zistiko, tʃi, ke/ agg. RELIG. casuistic(al).

▶ **caso** /'kazo/ m. **1** *(circostanza)* case; ***in questo, quel ~*** in this, that case *o* event; ***in questi -i*** in such *o* these cases; ***in certi -i*** in some *o* certain cases, under certain circumstances; ***in tal ~*** in that case, if so; ***nel qual ~*** in which case; ***in ~ contrario...*** should it not be the case..., otherwise..., if not...; ***nel primo, secondo ~*** in the first, second case; ***è il ~*** it is the case; ***non è questo il ~*** that's not the case; ***in entrambi i -i*** either way, in either case, one way or the other; ***nel migliore, nel peggiore dei -i*** at best, at worst; ***in ogni ~*** at any rate, in any case; ***non devi telefonarmi in nessun ~*** in no case *o* under no circumstances, should you phone me; ***a seconda dei -i, se-condo il ~*** depending on the circumstances, as the case may be; ***facciamo il 10% o il 20% di sconto secondo i -i*** we give a discount of 10% or 20%, as the case may be; ***sapere essere severo o meno a seconda dei -i*** to know how to be strict or not, as circumstances dictate; ***in ~ di emergenza, di guasto*** in case of emergency, of breakdown; ***in ~ di bisogno*** if necessary, if need be; ***in ~ di morte, di invalidità, di incidente*** in the event of death, of disability, of an accident; ***disturbare solo in ~ di emergenza*** do not disturb except in an emergency; ***in ~ di incendio, rompere il vetro*** in case of fire, break the glass; ***è il ~ di dirlo!*** you can say that again! ***si dà il ~ che lo conosca*** I happen to know him; ***poniamo*** o ***mettiamo il ~ che...*** suppose (that)..., let's assume that...; ***~ mai*** o ***in ~ piovesse*** in case it rains; ***i -i sono due*** there are two possibilities; ***in ~ contrario, voi dovrete...*** should the opposite occur, you will have to...; ***in ~ affermativo*** if so, if the answer is yes, should that be the case; ***nel ~ in cui venisse, decidesse*** in case he comes, decides, should he come, decide; ***se fosse il ~*** if that were the case **2** *(sorte)* chance, fate; ***il ~ volle che...*** as luck would have it,...; ***il ~ ci ha fatto scoprire che...*** we discovered by chance that...; ***è il ~ che ci ha riuniti*** we were brought together by chance; ***è dovuto al ~*** it's due to chance; ***affidarsi al ~*** to trust to luck; ***niente è stato lasciato al ~*** nothing was left to chance; ***non è un ~ se...*** it's no accident that...; ***lasciai fare al ~*** I left the matter to chance; ***questi sono i -i della vita*** that's life **3** **per caso** by chance, by coincidence, by accident; ***assolutamente per ~*** quite by chance; ***mi trovavo lì per ~*** I (just) happened to be there; ***incontrare qcn. per ~*** to come across *o* run into sb.; ***se per ~*** if by any chance; ***hai per ~ visto il mio cane?*** have you seen my dog by any chance? you wouldn't by any chance have seen my dog? ***hai per ~ il suo indirizzo?*** do you have his address by any chance? do you happen to have his address? ***se per ~ capiti dalle nostre parti*** if you're ever down our way; ***per un puro ~*** by sheer *o* pure chance; ***per un ~ fortunato*** by a lucky chance, by a happy coincidence **4** **a caso** at random; ***prendiamo un esempio a ~*** let's take an example at random; ***non è a ~ che*** it's not without reason that, it's not for nothing that **5** *(situazione particolare)* case; ***nel mio, tuo ~*** in my, your case; ***studiare il ~ di qcn.*** to look into sb.'s case; ***il ~ di Michela è speciale*** Michela's is a special case; ***tua sorella è un ~ più unico che raro!*** SCHERZ. your sister is a real case! ***un ~ disperato*** a hopeless case (anche FIG. SCHERZ.); ***~ per ~*** (on a) case by case (basis), one case at a time; ***le precauzioni del ~*** the necessary precautions **6** DIR. case; ***lavorare a, indagare su un ~*** to work on, to investigate a case; ***il ~ Rossi*** the Rossi case; ***un ~ politico, di corruzione*** a political, corruption scandal; ***un ~ di omicidio*** a murder case; ***il ~ delle fatture false*** the scandal of the bogus invoices; ***è stato condannato per un ~ di droga*** he was convicted in a drug case **7** *(evento)* case; ***un ~ raro*** a rare occurrence; ***diversi -i di suicidio*** several cases of suicide; ***diversi -i di rabbia, rosolia*** MED. several cases of rabies, of German measles **8** LING. case; ***-i obliqui*** oblique cases; ***~ nominativo*** nominative case; ***il sistema dei -i*** the case system ◆ ***fare ~ a qcn., qcs.*** to notice *o* pay attention to sb., sth.; ***scusa, non ci avevo fatto ~*** sorry, I hadn't noticed; ***fare al ~ di qcn.*** [*lavoro*] to suit sb.; ***questo fa al ~ mio*** this is exactly what I need; ***farà al ~ nostro*** it will serve our purpose; ***è il ~ di dirglielo?*** should we tell him? ***era (proprio) il ~?*** was it really necessary? ***non è il ~ di preoccuparsi*** there's no need to worry; ***no, grazie, non è il ~*** no, thanks, there's no need; ***non è il ~ di ridere*** it's no occasion for laughter; ***non farci ~!*** never mind! take no notice! forget it! ***guarda ~*** IRON. as chance would have it, strangely enough ◆◆ ***~ clinico*** MED. clinical case; ***~ di coscienza*** moral dilemma; ***~ limite*** borderline case; ***~ patologico*** pathological case; FIG. nutcase, hopeless case.

casolare /kaso'lare/ m. = small, isolated house in the country or in the mountains.

casomai /kazo'mai/ cong. in case, if; ***~ dovessi uscire, comprami il pane*** if you (happen to) go out *o* if by chance you go out, buy me some bread.

casotto /ka'sɔtto/ m. **1** *(piccola costruzione)* cabin, hut; *(cabina da spiaggia)* bathing hut **2** *(di sentinella)* sentry box; *(di doganiere, cantiere)* hut; *(di nave)* cabin; ***~ del timone*** wheelhouse, pilothouse **3** COLLOQ. FIG. *(chiasso, confusione)* racket, row, din; *(pasticcio)* mess; ***fare ~*** to make a racket *o* row.

Caspio /'kaspjo/ ♦ ***27*** n.pr.m. ***il (mar) ~*** the Caspian Sea.

caspita /'kaspita/ inter. *(di meraviglia)* gosh, good heavens, my word, gee, blimey; *(di irritazione)* for heaven's sake.

▷ **cassa** /'kassa/ f. **1** *(contenitore rigido)* crate, chest; *(per il vino)* case, crate; ***comprare il vino a -e*** to buy wine by the case; ***imballare qcs. in -e*** to crate sth.; ***~ da tè*** tea chest **2** *(bara)* coffin, casket, pall **3** *(di orologio, di pianoforte)* case; *(di violino, chitarra)* body **4** *(di supermercato)* checkout (counter); *(di negozio)* cash desk, cash register, counter; *(di banca)* cashier's desk; *(di cinema, teatro)* box office; ***"~"*** "pay here"; ***andare*** o ***passare alla ~*** to go to the cashier *o* cash desk; ***pagare alla ~*** to pay at the counter *o* cash desk; ***stare alla ~*** to be the cashier; *(temporaneamente)* to be on the cash desk; ***registratore di ~*** cash register, register AE; ***battere qcs. alla ~*** to ring sth. up on the cash register; ***non avere denaro in ~*** not to have money on hand; ***mettere il denaro in ~*** *(scomparto)* to put the money in the till; ***tenere la ~*** to be the cashier; FIG. to hold the purse-strings; ***libro di ~*** cash book; ***fare ~ comune*** to keep a kitty; ***ammanco di ~*** cash deficit; ***fondo (di) ~*** reserve fund; ***pagamento pronta ~*** cash-down payment; ***sconto di ~*** discount for cash; ***flusso di ~*** cash flow **5** TIP. case ◆ ***battere ~ da qcn.*** to ask sb. for money ◆◆ ***~ acustica*** loudspeaker; ***~ ammortamenti*** sinking fund; ***~ d'aria*** airlock; ***~ armonica*** → ***~ di risonanza***; ***~ degli attrezzi*** tool chest, toolbox; ~ ***automatica*** cash dispenser, automatic teller machine; ~ ***comune*** kitty, pool; ~ ***continua*** night safe BE; ~ ***da imballaggio*** packing case, crate; ~ ***integrazione*** redundancy payment; ~ ***malattia*** sickness fund; ~ ***per il Mezzogiorno*** = between 1950 and 1993, government body formed to revive the economy in Southern Italy; ~ ***da morto*** coffin, casket, pall; ~ ***mutua*** → ~ **malattia**; ~ ***di risonanza*** sound box, sounding-board (anche FIG.); ~ ***di risparmio*** savings bank; ~ ***rurale*** agricultural credit bank, credit institution for farmers; ~ ***toracica*** ANAT. rib cage; ***-e dello Stato*** State *o* nation's coffers.

> **Cassa integrazione** (or *Cassa integrazione guadagni*) is the system of assistance for employees who are temporarily suspended from work because of a crisis situation in the company which employs them. It is run by the INPS, which pays them 80% of their normal salary for a period of one or even two years (see also ***INPS***).

cassaforma, pl. **casseforme** /kassa'forma, kasse'forme/ f. formwork.

▷ **cassaforte**, pl. **casseforti** /kassa'fɔrte, kasse'fɔrti/ f. safe, strongbox; ***forzare, fare saltare una*** ~ to crack, blow a safe; ***mettere*** o ***chiudere in*** ~ to lock [sth.] away *o* up [*documenti, gioielli*].

cassaintegrato /kassainte'grato/ m. (f. **-a**) redundancy payment recipient.

cassandra /kas'sandra/ f. Cassandra; ***fare la*** ~ to be a prophet of doom.

Cassandra /kas'sandra/ n.pr.f. Cassandra.

cassapanca, pl. **cassepanche** /kassa'panka, kasse'panke/ f. chest.

cassare /kas'sare/ [1] tr. **1** *(cancellare)* to delete, to cross out [*frase, parola, lemma*] **2** DIR. to overturn, to rescind, to reverse [*sentenza*].

cassata /kas'sata/ f. GASTR. INTRAD. *(gelato)* (cream and chocolate ice cream with candied fruit); *(dolce siciliano)* (typical Sicilian dome-shaped cake filled with ricotta cheese, chocolate, candied fruit and liqueur).

cassava /kas'sava/ f. GASTR. cassava.

cassazione /kassat'tsjone/ f. DIR. **1** *(annullamento)* cassation, rescission **2** *(organo giurisdizionale)* ***Corte di*** ~ = supreme court entitled to quash a judgement; ***andare in*** ~ to file an appeal to the Supreme Court.

cassero /'kassero/ m. **1** MAR. *(sulle navi moderne)* forward superstructure; ~ ***di poppa*** STOR. poop (deck), quarterdeck; ~ ***di prua*** STOR. forecastle **2** EDIL. → **cassaforma.**

casseruola /kasse'rwɔla/ f. *(con un manico)* saucepan; *(con due manici)* casserole, stewpan.

cassetta /kas'setta/ f. **1** *(per frutta, verdura)* crate; *(di bottiglie)* case, crate; ***comprare una ~ di arance*** to buy a crate *o* box of oranges; ***vendere le mele a -e*** to sell apples by the box; ***una ~ di birra*** a case of beer; ***pane a*** ~ → **pancarré 2** *(audiocassetta)* tape (cassette), cassette (tape), audio cassette; *(videocassetta)* video (cassette), (video)tape; ~ ***vergine*** blank cassette *o* tape; ***registrare*** o ***incidere qcs. su*** ~ to record sth. on cassette, to put sth. on tape; ***registrazione su*** ~ cassette recording; ***registratore a -e*** cassette recorder *o* player; ***cancellare, duplicare una*** ~ to erase, duplicate a cassette; ***riavvolgere, fare uscire una*** ~ to rewind, eject a tape; ***mettere una*** ~ to run *o* play a tape; ***film in*** o ***su*** ~ film on video; ***essere disponibile su*** ~ to be available on cassette *o* tape **3** FIG. *(incassi)* ***film di*** ~ blockbuster; ***essere un successo di*** ~ [*spettacolo, film*] to be good box office, a box office hit **4** ANT. *(nelle carrozze)* coachman's seat; ***stare*** o ***sedere a*** ~ to sit on the box **5** TIP. case ◆◆ ~ ***degli attrezzi*** tool chest, toolbox, kit; ~ ***audio*** audio cassette; ~ ***per augnature*** mitre BE *o* miter AE box; ~ ***di cacciata*** IDR. flush tank; ~ ***del cucito*** sewing box; ~ ***delle elemosine*** → ~ **per le offerte**; ~ ***per le*** o ***delle lettere*** letter box, postbox BE, mailbox AE; *(a colonna)* pillar box BE; ~ ***per le offerte*** alms *o* charity *o* poor box; ~ ***pirata*** pirated tape, bootleg cassette; ~ ***del pronto soccorso*** first aid kit, medicine box; ~ ***di sicurezza*** safe-deposit box.

cassettiera /kasset'tjɛra/ f. **1** *(mobile a cassetti)* chest of drawers **2** *(cassetti dentro un mobile)* drawers pl.

cassettina /kasset'tina/ f. small case, small box; *(per la frutta)* crate.

▷ **cassetto** /kas'setto/ m. drawer; ~ ***delle posate, della scrivania*** cutlery drawer, desk drawer; ***ultimo*** ~ bottom drawer; ***in fondo al*** ~ at *o* in the back of the drawer; ***prendere qcs. dal*** ~ to take sth. out of a drawer; ***mettere*** o ***chiudere qcs. in un*** ~ FIG. to put sth. on the back burner ◆ ***avere un sogno nel*** ~ to have a secret wish ◆◆ ~ ***di distribuzione*** MECC. slide valve.

cassettone /kasset'tone/ m. **1** *(mobile)* chest of drawers, bureau* AE **2** ARCH. coffer, lacunar*; ***soffitto a -i*** coffered ceiling, lacunar (ceiling).

cassia /'kassja/ f. cassia.

▷ **cassiere** /kas'sjɛre/ ♦ ***18*** m. (f. **-a**) cashier, cash clerk, checker AE; *(di supermercato)* checkout assistant BE, checkout clerk; *(di banca)* cashier, (bank) teller; *(di una ditta)* treasurer, purse-bearer; ***capo*** ~ head cashier.

cassintegrato /kassinte'grato/ → **cassaintegrato.**

Cassio /'kassjo/ n.pr.m. Cassius.

Cassiopea /kassjo'pɛa/ n.pr.f. Cassiopeia.

cassiterite /kassite'rite/ f. cassiterite, tinstone.

cassone /kas'sone/ m. **1** *(grande cassa)* large case; *(per i rifiuti)* skip BE **2** EDIL. caisson **3** *(mobile)* chest; ~ ***della legna*** wood *o* log chest; ~ ***della biancheria*** linen chest, blanket chest *o* box; ~ ***dei giocattoli*** toy box *o* chest **4** AGR. *(per piante, fiori)* cold frame **5** *(di camion)* box, body, bed; ***camion a ~ ribaltabile*** tipper lorry BE, tipper *o* dump truck AE **6** MIL. caisson **7** MED. ***malattia dei -i*** decompression sickness, bends ◆◆ ~ ***pneumatico*** caisson, cofferdam.

cassonetto /kasso'netto/ m. **1** *(per immondizia)* dustbin BE, refuse bin BE, skip BE, trashcan AE; *(con le ruote)* wheelie (bin) COLLOQ.; *(per la raccolta delle lattine)* can bank **2** EDIL. *(di persiana avvolgibile)* box.

cast /kast/ m.inv. CINEM. TEATR. cast.

casta /'kasta/ f. **1** SOCIOL. caste; ***il sistema delle -e*** the caste system **2** SPREG. *(gruppo sociale)* class; ***la ~ dei governanti, degli ufficiali*** the ruling, officer class; ***orgoglio, spirito di*** ~ caste pride, caste spirit.

▷ **castagna** /kas'taɲɲa/ f. **1** *(frutto)* (sweet *o* Spanish) chestnut; ***-e arrosto, bollite*** roast chestnuts, boiled chestnuts **2** COLLOQ. *(pugno violento)* biff, wallop, clout; ***tirare una ~ a qcn.*** to biff sb., to give sb. a wallop ◆ ***cavare*** o ***levare*** o ***togliere le -e dal fuoco per qcn.*** to pull sb.'s chestnuts out of the fire; ***prendere qcn. in*** ~ to catch sb. red-handed ◆◆ ~ ***d'acqua*** water chestnut, caltrop; ~ ***d'India*** horse chestnut, buckeye, conker BE COLLOQ.; ~ ***di terra*** earth-nut.

castagnaccio, pl. **-ci** /kastaɲ'ɲattʃo, tʃi/ m. GASTR. INTRAD. (cake made from chestnuts, pine kernels and raisins).

castagneto /kastaɲ'ɲeto/ m. chestnut wood.

castagnetta /kastaɲ'ɲetta/ f. *(nacchere)* castanets pl., finger cymbal.

▷ **castagno** /kas'taɲɲo/ m. *(albero)* chestnut (tree), sweet chestnut, Spanish chestnut; *(legno)* chestnut (wood); ***un tavolo di*** o ***in*** ~ a chestnut table ◆◆ ~ ***d'India*** horse chestnut, buckeye.

castagnola /kastaɲ'ɲɔla/ f. **1** *(petardo)* (fire)cracker, banger **2** GASTR. INTRAD. (fried cake typical of Romagna).

castaldo /kas'taldo/ m. **1** STOR. = during the Longobardic period, the administrator of the Royal Court **2** land agent.

castalio, pl. **-li**, **-lie** /ka'staljo, li, lje/ agg. LETT. ***la fonte -a*** Castalia spring; ***dee -e*** Castalian Muses.

castamente /kasta'mente/ avv. chastely, maidenly.

castano /kas'tano/ ♦ ***3*** agg. *(chiaro)* [*capelli, occhi*] light brown; *(scuro)* (nut-)brown, chestnut; ***Adriano è*** ~ Adriano has brown hair; ***una ragazza dagli occhi -i*** a brown-eyed girl.

castellana /kastel'lana/ f. chatelaine, lady of a castle; *(di maniero)* Lady of the manor.

castellano /kastel'lano / m. castellan, lord of a castle; *(di maniero)* Lord of the manor.

castellatura /kastella'tura/ f. frame.

castelletto /kastel'letto/ m. **1** *(piccolo castello)* small castle **2** EDIL. *(impalcatura)* scaffold **3** BANC. credit line ◆◆ ~ ***di estrazione*** MIN. headframe.

▷ **castello** /kas'tɛllo/ m. **1** *(fortezza)* castle; ~ ***medievale*** medieval castle; *(maniero)* manor (house); ***i -i della Loira*** the Châteaux of the Loire **2** ***letto a*** ~ bunk (bed) **3** MAR. forecastle ◆ ***fare -i in aria*** to build castles in the air *o* in Spain AE; ~ ***di carte*** house of cards ◆◆ ~ ***di poppa*** MAR. sterncastle, quarterdeck; ~ ***di sabbia*** sand castle.

castigamatti /kastiga'matti/ m. e f.inv. COLLOQ. = a rigid disciplinarian.

castigare /kasti'gare/ [1] tr. to punish, to chasten, to castigate FORM., to chastise FORM.

castigatezza /kastiga'tettsa/ f. chastity, purity, sobriety.

castigato /kasti'gato/ **I** p.pass. → **castigare II** agg. chaste, pure, sober; ***stile*** ~ sober style.

castigatore /kastiga'tore/ m. (f. **-trice** /tritʃe/) punisher, chastener, chastiser FORM., castigator FORM.

Castiglia /kas'tiʎʎa/ ♦ ***30*** n.pr.f. Castile.

castigliano /kasti'ʎano/ ➧ ***30, 16*** **I** agg. Castilian **II** m. (f. **-a**) **1** *(persona)* Castilian **2** *(lingua)* Castilian.

▷ **castigo**, pl. **-ghi** /kas'tigo, gi/ m. punishment, castigation FORM.; ***~ esemplare, immeritato*** exemplary, undeserved punishment; ***infliggere un ~ a qcn.*** to punish sb., to inflict a punishment on sb.; ***per ~*** as punishment; ***non può venire perché è in ~*** he can't come because he's being punished; ***mettere in ~*** to punish; SCOL. to put [sb.] in a corner [*bambino*]; ***sono stato in ~ due ore*** SCOL. I got two hours' detention; ***~ di Dio*** calamity *o* scourge of God.

casting /'kasting/ m.inv. casting.

castità /kasti'ta/ f.inv. chastity, celibacy; ***un voto di ~*** a vow of celibacy; ***cintura di ~*** chastity belt.

casto /'kasto/ agg. **1** [*persona*] chaste, pure, lily-white; [*amore, bacio, vestito*] chaste **2** [*stile*] sober, chaste.

castone /kas'tone/ m. collet.

Castore /'kastore/ n.pr.m. Castor.

castoreo /kas'tɔreo/ m. FARM. COSMET. castor(eum).

castorino /kasto'rino/ m. nutria, coypu*; ***(pelliccia di) ~*** nutria.

castorio, pl. **-ri** /kas'tɔrjo, ri/ → **castoreo.**

castoro /kas'tɔro/ m. beaver; ***(pelliccia di) ~*** beaver; ***giacca di ~*** beaver jacket; ***è ~*** it's beaver ◆◆ ***~ di montagna*** boomer, mountain beaver.

castrare /kas'trare/ [1] tr. to castrate, to unsex [*uomo, animale*]; to geld* [*cavallo*]; to neuter [*gatto, cane*]; ***fare ~ un gatto*** to have a cat neutered.

castrato /kas'trato/ **I** p.pass. → **castrare II** agg. [*uomo, animale*] castrated, unsexed; [*cavallo*] gelded; [*gatto, cane*] neutered; ***maiale ~*** castrated pig, barrow, hog BE; ***gatto maschio ~*** gib **III** m. **1** *(evirato)* eunuch **2** *(agnello castrato)* wether; ***carne di ~*** mutton **3** *(cavallo)* gelding **4** MUS. castrato*.

castratura /kastra'tura/ f. castration.

castrazione /kastrat'tsjone/ f. castration; *(di cavallo)* gelding; ***complesso di ~*** PSIC. castration complex.

castrense /kas'trɛnse/ agg. of a military camp.

castrismo /kas'trizmo/ m. Castroism.

castrone /kas'trone/ m. **1** *(agnello castrato)* wether; *(puledro castrato)* gelding **2** COLLOQ. *(stupido)* blockhead, simpleton.

castroneria /kastrone'ria/ f. nonsense, foolery; ***dire -e*** to talk nonsense.

casual /'keʒwal/ **I** agg.inv. [*giacca, scarpe*] casual; ***abiti ~*** casuals, casual wear; ***in tenuta ~*** in a state of undress **II** avv. ***vestire ~*** to dress casual, casually, to wear casual clothes.

▷ **casuale** /kazu'ale/ agg. **1** *(fortuito)* accidental, coincidental, chance attrib., fortuitous FORM.; [*eroismo*] incidental; [*testimone, intermediario*] unwitting; ***"ogni riferimento a fatti o persone è puramente ~"*** "any similarity to actual persons or events is entirely coincidental (and unintentional)"; ***non è ~ che...*** it's no coincidence that... **2** *(fatto a caso)* random, haphazard; ***controllo ~*** spot check; ***accesso ~*** INFORM. random access.

casualismo /kazua'lizmo/ m. casualism, fortuitism.

casualista, m.pl. **-i**, f.pl. **-e** /kazua'lista/ m. e f. casualist.

casualità /kazuali'ta/ f.inv. **1** *(l'essere casuale)* casualness, randomness, fortuitousness **2** *(avvenimento casuale)* fortuity; ***la ~ di un incontro*** the coincidence of an encounter.

casualmente /kazual'mente/ avv. by chance, accidentally, fortuitously; ***ritrovarsi ~*** to meet by chance; ***~ durante i nostri incontri ho scoperto che...*** it emerged by chance from our meetings that...

casuario, pl. **-ri** /kazu'arjo, ri/ m. cassowary.

casuista, m.pl. **-i**, f.pl. **-e** /kazu'ista/ → **casista.**

casula /'kazula/ f. RELIG. chasuble.

casupola /ka'supola/ f. hovel.

cat. 1 ⇒ catalogo catalogue (cat.) **2** ⇒ categoria category.

catabolico, pl. **-ci**, **-che** /kata'bɔliko, tʃi, ke/ agg. catabolic.

catabolismo /katabo'lizmo/ m. catabolism.

catabolito /kata'bɔlito/ m. catabolite.

catabolizzare /katabolid'dzare/ [1] tr. to catabolize.

cataclasi /ka'taklazi/ f.inv. cataclasis*.

cataclisma /kata'klizma/ m. cataclysm (anche FIG.).

cataclismico, pl. **-ci**, **-che** /kata'klizmiko, tʃi, ke/ agg. cataclysmic.

catacomba /kata'komba/ f. catacomb.

catacombale /katakom'bale/ agg. ***pitture -i*** catacomb paintings.

catacresi /kata'krɛzi, ka'takrezi/ f.inv. catachresis*.

catadiottrico, pl. **-ci**, **-che** /katadi'ɔttriko, tʃi, ke/ agg. catadioptric.

catadiottro /katadi'ɔttro/ m. *(di bicicletta)* wheel reflector.

catafalco, pl. **-chi** /kata'falko, ki/ m. catafalque, bier.

catafascio: **a catafascio** /akata'faʃʃo/ avv. **1** *(in disordine)* topsy-turvy, upside down **2** ***andare a ~*** to go to the dogs, to go to rack and ruin; ***lasciare andare tutto a ~*** to let things get into a complete mess.

catafora /ka'tafora/ f. LING. cataphora.

cataforesi /katafo'rɛzi/ f.inv. cataphoresis*.

cataforico, pl. **-ci**, **-che** /kata'fɔriko, tʃi, ke/ agg. cataphoric.

Catai /ka'tai/ n.pr.m. Cathay.

catalano /kata'lano/ ➧ ***30, 16*** **I** agg. Catalan **II** m. (f. **-a**) **1** *(persona)* Catalan **2** *(lingua)* Catalan.

1.catalessi /kata'lɛssi/ f.inv. MED. catalepsy; ***essere in ~*** FIG. to be in a trance-like state.

2.catalessi /kata'lɛssi/ f.inv. METR. catalexis*.

catalessia /katales'sia/ f. → **1.catalessi.**

1.catalettico, pl. **-ci**, **-che** /kata'lɛttiko, tʃi, ke/ agg. MED. cataleptic.

2.catalettico, pl. **-ci**, **-che** /kata'lɛttiko, tʃi, ke/ agg. METR. catalectic.

cataletto /kata'lɛtto/ m. ANT. **1** *(barella)* stretcher **2** *(bara)* coffin, casket, pall.

catalisi /ka'talizi/ f.inv. catalysis*.

catalitico, pl. **-ci**, **-che** /kata'litiko, tʃi, ke/ agg. catalytic; ***marmitta -a*** catalytic converter, cat COLLOQ.; ***cracker ~*** catalytic cracker.

catalizzare /katalid'dzare/ [1] tr. CHIM. to catalyze (anche FIG.).

catalizzato /katalid'dzato/ **I** p.pass. → **catalizzare II** agg. ***auto -a*** = car fitted with a catalytic converter.

catalizzatore /kataliddza'tore/ **I** agg. catalytic **II** m. (f. **-trice** /tritʃe/) **1** CHIM. catalyst, catalyzer **2** FIG. ***fare da ~*** to act as *o* be a catalyst **3** AUT. catalytic converter, catalyst ◆◆ ***~ negativo*** anticatalyst, depressor.

catalogabile /katalo'gabile/ agg. classifiable.

catalogare /katalo'gare/ [1] tr. **1** *(ordinare)* to catalogue BE, to catalog AE, to classify, to index; ***la filosofia viene catalogata sotto le discipline umanistiche*** philosophy comes under the heading of humanities **2** *(elencare)* to list, to enumerate **3** *(giudicare)* to label, to peg AE, to pigeonhole BE [*persona, attività*] (**come** as).

catalogatore /kataloga'tore/ m. (f. **-trice** /tritʃe/) cataloguer BE, cataloger AE.

catalogazione /katalogat'tsjone/ f. cataloguing BE, cataloging AE.

Catalogna /kata'loɲɲa/ ➧ ***30*** n.pr.f. Catalonia.

catalogo, pl. **-ghi** /ka'talogo, gi/ m. **1** *(pubblicazione)* catalogue BE, catalog AE; ***~ della mostra*** exhibition catalogue; ***~ di cartamodelli*** pattern book; ***consultare un ~*** to consult a catalogue, to look [sth.] up in a catalogue; ***~ di vendita per corrispondenza*** mail order catalogue; ***comprare, vendere su ~*** to buy, sell sth. by mail order; ***vendita su ~*** selling by mail order; ***numero, prezzo di ~*** catalogue number, catalogue price; ***perché non ordinare ora il ~*** why not send off now for our catalogue? **2** *(di lista)* catalogue BE, catalog AE; ***redigere*** o ***compilare il ~ di*** to catalogue ◆◆ ***~ alfabetico*** alphabetic index; ***~ per autori*** author index; ***~ generale*** general index; ***~ per materie*** subject index; ***~ delle opere disponibili*** backlist; ***~ per soggetti*** → ***~ per materie.***

catamarano /katama'rano/ m. catamaran.

catanese /kata'nese/ ➧ ***2*** **I** agg. from, of Catania **II** m. e f. native, inhabitant of Catania **III** m. LING. dialect of Catania.

catanzarese /katandza'rese/ ➧ ***2*** **I** agg. from, of Catanzaro **II** m. e f. native, inhabitant of Catanzaro **III** m. LING. dialect of Catanzaro.

catapecchia /kata'pekkja/ f. hovel, hole.

cataplasma /kata'plazma/ m. MED. cataplasm, poultice ◆◆ ***~ senapato*** mustard plaster *o* poultice.

cataplessia /kataples'sia/ f. cataplexy.

catapletico, pl. **-ci**, **-che** /kata'plɛttiko, tʃi, ke/ agg. cataplectic.

catapulta /kata'pulta/ f. MIL. catapult, sling(shot).

catapultare /katapul'tare/ [1] **I** tr. to catapult; ***essere catapultato verso*** FIG. to be catapulted to [*successo*] **II catapultarsi** pronom. to rush, to throw* oneself.

cataratta /kata'ratta/ **1** MED. cataract; ***farsi operare di ~*** to have one's cataract removed **2** → **cateratta.**

catarifrangente /katarifran'dʒɛnte/ **I** agg. reflecting **II** m. *(su veicoli)* reflector; *(lungo le strade)* stud, Catseye® BE.

catarismo /kata'rizmo/ m. STOR. RELIG. Catharism.

cataro /'kataro/ **I** agg. STOR. RELIG. Cathar **II** m. (f. **-a**) STOR. RELIG. Cathar.

catarrale /katar'rale/ agg. catarrhal.

catarrina /katar'rina/ f. catar(r)hine.

▷ **catarro** /ka'tarro/ m. mucus, phlegm.

catarroso /katar'roso/ agg. catarrhous, phlegmy.

catarsi /ka'tarsi/ f.inv. catharsis*.

catartico, pl. **-ci**, **-che** /ka'tartiko, tʃi, ke/ agg. cathartic.

▷ **catasta** /ka'tasta/ f. *(mucchio)* stack, pile; ***~ di legna*** log pile, woodpile, rick AE; ***una ~ di libri*** a pile of books.

catastale /katas'tale/ agg. [*mappa, progetto, rendita, valore, registro*] cadastral.

catasto /ka'tasto/ m. land registry, cadastre; ***mettere al ~*** to register (with the land registry); ***ufficio del ~*** land office ◆◆ ***~ fondiario*** STOR. DIR. terrier.

▷ **catastrofe** /ka'tastrofe/ f. disaster, catastrophe (anche FIG.); ***provocare, evitare una ~*** to bring about, prevent disaster; ***sfiorare la ~*** to come close to disaster; ***la ~ è stata evitata per un pelo*** we only just avoided disaster; ***andare incontro alla ~*** to be heading *o* to head for disaster; ***si sta preparando una ~*** a disaster is in the making; ***teoria delle -i*** MAT. FIS. catastrophe theory ◆◆ ***~ aerea*** air disaster; ***~ ecologica*** ecocatastrophe; ***~ naturale*** natural disaster.

catastrofico, pl. **-ci**, **-che** /katas'trɔfiko, tʃi, ke/ agg. **1** *(rovinoso)* catastrophic, disastrous (anche FIG.) **2** *(che prevede il peggio)* pessimistic **3** CINEM. ***film ~*** disaster movie.

catastrofismo /katastro'fizmo/ m. catastrophism.

catastrofista, m.pl. **-i**, f.pl. **-e** /katastro'fista/ m. e f. catastrophist.

catatonia /katato'nia/ f. catatonia.

catatonico, pl. **-ci**, **-che** /kata'tɔniko, tʃi, ke/ agg. catatonic.

catch /kɛtʃ/ m.inv. all-in wrestling.

catechesi /kate'kɛzi/ f.inv. catechesis*.

catechetica /kate'kɛtika/ f. catechetics + verbo sing.

catechetico, pl. **-ci**, **-che** /kate'kɛtiko, tʃi, ke/ agg. catechetic(al).

catechismo /kate'kizmo/ m. **1** RELIG. catechism **2** *(dogma)* tenets pl., fundamental principles pl.

catechista, m.pl. **-i**, f.pl. **-e** /kate'kista/ m. e f. catechist.

catechistico, pl. **-ci**, **-che** /kate'kistiko, tʃi, ke/ agg. **1** RELIG. catechistic(al) **2** *(di insegnamento)* catechetical.

catechizzare /katekid'dzare/ [1] tr. **1** *(evangelizzare)* to catechize **2** *(indottrinare)* to indoctrinate.

catechizzatore /katekiddza'tore/ m. (f. **-trice** /tritʃe/) catechizer.

catecù /kate'ku/ m.inv. catechu, cachou.

catecumeno /kate'kumeno/ m. (f. **-a**) catechumen.

▷ **categoria** /katego'ria/ f. **1** *(tipo)* category; ***albergo di prima, seconda ~*** first class, second class hotel, first-rate, second-rate hotel; ***è un bugiardo di prima ~*** he's a liar of the first water **2** SOCIOL. category, group; ***rientrare, non rientrare in una ~*** to fall into, outside a category; ***la ~ degli insegnanti*** the teaching profession, teachers; ***associazione di ~*** trade association; ***sindacato di ~*** craft union; ***~ di contribuenti*** income bracket **3** SPORT class; ***campione, campionato di ~*** league champion, league championship; ***~ juniores, seniores*** junior league, senior league; ***fuori ~*** in a class of one's own **4** FILOS. category, predicament ◆◆ ***~ grammaticale*** LING. grammatical category; ***~ professionale*** professional category; ***~ protetta*** = category of workers protected by special laws because of invalidity, disability, etc.

categoriale /katego'rjale/ agg. category-specific; [*rivendicazione, organizzazione*] professional.

categoricamente /kategorika'mente/ avv. [*rifiutare*] categorically, flatly, outright, point blank; [*proibire*] categorically, expressly; [*rispondere*] categorically, uncompromisingly; ***opporsi ~ a*** to object strongly to.

categoricità /kategoritʃi'ta/ f.inv. imperativeness, categorical nature.

categorico, pl. **-ci**, **-che** /kate'gɔriko, tʃi, ke/ agg. [*rifiuto*] categoric(al), flat, outright; [*ordine*] strict; [*risposta*] categoric(al), uncompromising; ***essere ~ su*** [*persona*] to be adamant, emphatic about; ***un no ~*** an emphatic no; ***imperativo ~*** FILOS. categorical imperative.

categorizzare /kategorid'dzare/ [1] tr. to categorize.

▶ **catena** /ka'tena/ **I** f. **1** *(di anelli)* chain; ***mettere la ~ (alla porta)*** to put the chain on (the door), to slip the door chain into place; ***mettere qcn. in -e*** to put sb. in chains, to chain sb.; ***tenere qcn. in -e*** to keep sb. in chains *o* in fetters; ***legare un cane alla ~*** to put a dog on a chain, to chain (up) a dog; ***tenere il proprio cane alla ~*** to keep one's dog on a chain **2** FIG. *(legame)* ***rompere*** o ***spezzare le -e*** to cast off one's chains, to break the bonds; ***liberarsi dalle -e*** to break free of *o* from one's chains; ***le -e della routine*** the bonds of routine **3** MECC. chain; ***~ della bicicletta*** bicycle chain **4** IND. assembly line; ***produrre qcs. a ~*** to mass-produce sth.; ***produzione a ~*** mass production; ***essere, lavorare alla ~ di montaggio*** to be, work on the assembly line **5** EDIL. tie-beam **6** *(gioiello)* chain; ***~ d'oro*** gold chain **7** *(successione)* chain; ***catastrofi a ~*** a series of disasters; ***reazione a ~*** chain reaction; ***effetto a ~*** domino effect, ripple effect, knock-on effect; ***tamponamento a ~*** AUT. multiple pile-up, multiple collision, pileup COLLOQ.; ***è solo un anello della ~*** it's only a link in the chain **8** *(organizzazione)* ***~ di solidarietà*** support network; ***fare una ~*** to make *o* form a chain **9** GEOGR. chain, range; ***~ dei Pirenei*** Pyrenean chain **10** COMM. chain, string (**di** of); ***~ di negozi*** chain of stores; ***~ di supermercati, di alberghi*** supermarket chain, hotel chain **11** CHIM. chain **II catene** f.pl. AUT. *(da neve)* snow chains, skid chains, tyre chains BE, tire chains AE; ***mettere le -e*** to put the snow chains on ◆◆ ***~ di aggancio*** FERR. drag chain; ***~ alimentare*** food chain; ***~ di assemblaggio*** assembly line; ***~ di distribuzione*** chain of distribution; ***~ del freddo*** cold chain; ***~ laterale*** CHIM. branched chain; ***~ di lavorazione*** IND. production line; ***~ di montaggio*** IND. assembly line, production line; ***~ montuosa*** mountain range, mountain chain; ***~ degli ossicini*** ANAT. (chain of) bonelets; ***~ parlata*** LING. speech chain; ***~ radar*** DEW line; ***~ di sant'Antonio*** chain letter; ***~ umana*** human chain.

▷ **catenaccio**, pl. **-ci** /kate'nattʃo, tʃi/ m. **1** *(chiavistello)* bolt, lock, safety chain; ***mettere il ~ alla porta*** to bolt the door; ***chiudere col ~*** to lock with a bolt, to bolt; ***levare il ~*** to draw the bolt **2** SPORT defensive tactics pl., defensive game; ***fare (il) ~*** to play in defence; *(cricket)* to stonewall **3** COLLOQ. *(auto)* wreck, banger, crock.

catenaria /kate'narja/ f. catenary.

catenella /kate'nɛlla/ f. **1** *(piccola catena)* chainlet; *(per orologio da tasca)* watch chain, fob **2** *(all'uncinetto, nel ricamo)* ***punto (a) ~*** chain stitch.

catenina /kate'nina/ f. chain; ***~ d'oro, d'argento*** gold chain, silver chain.

cateratta /kate'ratta/ f. **1** *(chiusa)* sluice gate, floodgate, penstock; ***aprire, alzare le -e*** to open, raise the sluice gates *o* floodgates; ***chiudere, abbassare le -e*** to close, lower the sluice gates *o* floodgates; ***si aprirono le -e del cielo*** FIG. the heavens opened **2** GEOGR. cataract.

Caterina /kate'rina/ n.pr.f. Catherine, Catharine, Katharine, Katherine, Katharina ◆◆ ***~ la Grande*** Catherine the Great.

caterva /ka'tɛrva/ f. *(di persone)* crowd, horde, loads pl.; *(di cose)* heap, pile, loads pl.; ***una ~ di gente*** lots *o* loads of people.

catetere /kate'tɛre, ka'tɛtere/ m. catheter, cannula*.

cateterismo /catete'rizmo/ m. catheterization.

cateterizzare /kateterid'dzare/ [1] tr. to catheterize.

cateto /ka'tɛto/ m. cathetus*; ***i -i di un triangolo*** the sides of a triangle.

catetometro /kate'tɔmetro/ m. cathetometer.

catinella /kati'nɛlla/ f. basin ◆ ***piovere a -e*** to rain *o* be raining cats and dogs, to pour *o* pelt with rain, to rain *o* pour buckets COLLOQ., to bucket (down) BE COLLOQ.; ***cielo a pecorelle, acqua a -e*** PROV. a mackerel sky is never long dry.

▷ **catino** /ka'tino/ m. **1** *(recipiente)* basin, bowl; *(per lavare i piatti)* washing-up bowl BE, dishpan AE **2** *(contenuto)* basinful, bowlful; ***un ~ d'acqua*** a bowlful of water **3** GEOGR. *(depressione del terreno)* basin.

catione /ka'tjone/ m. cation.

catocala /ka'tɔkala/ f. underwing.

catodico, pl. **-ci**, **-che** /ka'tɔdiko, tʃi, ke/ agg. ***raggio ~*** cathode ray; ***tubo ~*** TELEV. cathode-ray tube.

catodo /'katodo/ m. cathode.

Catone /ka'tone/ n.pr.m. Cato ◆◆ ***~ il Censore, ~ maggiore*** Cato the Censor, Cato the Elder; ***~ l'Uticense*** Cato the Younger.

catoniano /kato'njano/ agg. catonian, austere.

catoptrica /ka'tɔptrika/ → **catottrica.**

catoptrico, pl. **-ci**, **-che** /ka'tɔptriko, tʃi, ke/ → **catottrico.**

catorcio, pl. **-ci** /ka'tɔrtʃo, tʃi/ m. SCHERZ. COLLOQ. **1** *(auto mal ridotta)* wreck, crock, clunker AE **2** *(persona malandata)* wreck, crock; ***sono proprio un ~*** I'm a real old crock.

catottrica /ka'tɔttrika/ f. catoptrics + verbo sing.

catottrico, pl. **-ci**, **-che** /ka'tɔttriko, tʃi, ke/ agg. catoptric.

catramare /katra'mare/ [1] tr. to tar [*strada*].

catramato /katra'mato/ **I** p.pass. → **catramare II** agg. tarred; ***carta -a*** roofing felt, tar paper.

catramatrice /katrama'tritʃe/ f. tarring machine.

catramatura /katrama'tura/ f. tarring.

▷ **catrame** /ka'trame/ m. tar (anche CHIM.); ***contenuto di ~*** tar content; ***sigaretta a basso, ad alto contenuto di ~*** low-tar, high-tar cigarette ◆◆ ***~ di carbone*** coal tar; ***~ vegetale*** wood-tar.

catramoso /katra'moso/ agg. tarry.

▷ **cattedra** /'kattedra/ f. **1** *(scrivania)* (teacher's) desk **2** *(insegnamento) (nella scuola)* teaching post; *(all'università)* chair (**di** of, in), professorship (**di** in); ***richiedere una ~*** to apply for a professorship; ***ottenere*** o ***vincere una ~*** to obtain a professorship; ***essere titolare della ~ di...*** to hold the chair of *o* a chair in...; ***diventare titolare di una ~*** to get tenure; ***dare la ~ a*** to confirm [sb.] in a post [*professore*]; ***concorso a -e*** = competitive entry test for school or university post with tenure ◆ ***montare*** o ***salire in ~*** to pontificate, to get on one's high horse ◆◆ ~ ***papale*** papal see; ~ ***di san Pietro*** St. Peter's throne; ~ ***vescovile*** bishop's throne, episcopal see.

cattedrale /katte'drale/ **I** agg. *(di una sede vescovile)* cathedral attrib.; ***chiesa*** ~ cathedral church **II** f. cathedral; ***una ~ nel deserto*** FIG. a white elephant.

cattedraticamente /kattedratika'mente/ avv. SPREG. pedantically.

cattedratico, pl. **-ci, -che** /katte'dratiko, tʃi, ke/ **I** agg. **1** UNIV. ***corso*** ~ university course **2** FIG. SPREG. [*tono*] pedantic, professorial **II** m. (f. **-a**) university professor.

cattivarsi /katti'varsi/ [1] pronom. ANT. to gain, to win* [*stima, favori*]; ***ha saputo ~ alcuni oppositori*** he managed to win over a few dissenters.

cattiveria /katti'vɛrja/ f. **1** *(malvagità)* wickedness, nastiness, malice, meanness; ***per pura*** ~ out of pure spite *o* sheer malice; ***con*** ~ [*parlare*] maliciously, spitefully, nastily; ***senza*** ~ without malice; ***trattare qcn. con*** ~ to treat sb. badly **2** *(azione, frase malvagia)* ***dire, fare -e*** to say, do malicious *o* nasty things.

cattività /kattivi'ta/ f.inv. captivity; ***in*** ~ in captivity ◆◆ ~ ***babilonese*** Babylonian Captivity.

▶ **cattivo** /kat'tivo/ **I** agg. **1** *(malvagio, maligno)* [*persona, sguardo*] bad, mean, unkind, nasty, malevolent, evil; [*osservazione, sorriso*] malicious, nasty, unfriendly; ***di natura -a*** evil-natured; ***non è una donna -a*** she's not such a bad woman; ***avere un'aria -a*** to look mean; ***essere ~ con qcn.*** to be horrible *o* mean to sb.; ***il lupo*** ~ the Big Bad Wolf **2** *(riprovevole)* [*padre, figlio, cittadino, esempio, abitudine*] bad; [*azione, pensiero, intenzioni, proposito*] bad, evil, wicked **3** *(disubbidiente)* [*bambino*] naughty, bad **4** *(scontroso)* ***essere di ~ umore*** to be in a (bad) mood *o* in a bad temper *o* in poor spirits, to have the sulks; ***avere un ~ carattere*** to be ill-tempered **5** *(pericoloso)* [*persona, animale*] vicious; ***quando ha bevuto diventa*** ~ he gets *o* turns nasty when he's been drinking; ***frequentare -e compagnie*** to keep bad company; ***essere sulla -a strada*** FIG. *(in un lavoro, ricerca)* to be on the wrong track, to be barking up the wrong tree; *(in senso morale)* to stray down the wrong path, to be on the slippery slope **6** *(negativo, brutto)* [*notizie*] bad; [*risultato, pubblicità*] bad, negative; ***avere -e maniere*** to have bad manners; ***fare -a impressione su*** to make a bad impression on; ***avere una -a opinione di qcn., qcs.*** to have a low opinion of sb., sth.; ***vedere qcs. sotto una -a luce*** to see sth. in a bad light; ***vedere di ~ occhio qcs.*** to take a dim view of sth.; ***avere una -a reputazione*** to have a bad name *o* reputation; ***essere in -i rapporti con qcn.*** to be on bad terms with sb.; ***in ~ stato*** in bad condition, in (a state of) bad repair, in disrepair **7** *(perturbato)* [*tempo*] bad, poor, severe; [*mare*] rough **8** *(sfavorevole)* ***-a sorte*** hard luck, bad luck; ***essere di ~ auspicio*** to be bad omen; ***nella buona e nella -a sorte*** for better or for worse, through thick and thin **9** *(svogliato, incapace)* [*scolaro, manager, insegnante*] bad, poor **10** *(scorretto)* [*pronuncia*] bad; ***parlare un ~ inglese*** to speak poor English **11** *(scadente)* [*ristorante*] bad; [*scuola, biblioteca, dizionario*] poor; [*cibo, pasto, caffè, bevanda, gusto*] nasty, bad, horrible; [*opera, spettacolo*] terrible; ***il latte è*** ~ COLLOQ. *(andato a male)* the milk is off *o* has gone bad **12** *(sgradevole)* ***mandare*** o ***avere un ~ odore*** to smell bad, to have a foul smell **13** *(grossolano, volgare)* ***di ~ gusto*** [*barzelletta, battuta*] bad, dirty, vulgar; [*osservazione*] distasteful; [*mobili, casa, abito*] tacky, flashy **14** *(sbagliato, inadeguato)* [*consiglio, idea*] bad; [*decisione, gestione, funzionamento, educazione*] bad, poor **15** *(non sano)* [*igiene, alimentazione*] bad, poor, unhealty; [*alito*] bad, foul; ***-a digestione*** indigestion **16** *(scarso)* [*rendimento, stipendio, raccolto*] poor; *(insufficiente)* [*memoria*] bad; [*vista*] bad, poor **II** m. (f. **-a**) **1** *(persona malvagia)* bad person; ***il*** ~ *(nei film, nei libri)* the bad guy, the villain; ***i buoni e i -i*** the good and the bad; ***fa sempre la parte del*** ~ he is typecast as the bad guy, he always plays the bad guy; ***Carlo ha fatto il*** ~ Carlo's been a bad boy **2** *(cosa cattiva, lato cattivo)* ***c'è del buono e del ~ in ognuno di noi*** there's good and bad in everyone ◆ ***essere in -e mani*** to be in bad hands; ***essere in -e acque*** to be in deep waters; ***farsi (il) sangue*** ~ to get in a state; ***con le buone o con le -e*** by hook or by crook, by fair means or foul; ***fare buon viso a -a sorte*** to make the best of a bad bargain, to put a brave face on things; ***nato sotto una -a stella*** born under an unlucky star.

cattolicesimo /kattoli'tʃezimo/ m. (Roman) Catholicism.

cattolicità /kattolitʃi'ta/ f.inv. **1** *(universalità)* catholicity **2** *(i cattolici)* the (Roman) Catholics pl.

cattolicizzare /kattolitʃid'dzare/ [1] tr. to catholicize.

▶ **cattolico**, pl. **-ci, -che** /kat'tɔliko, tʃi, ke/ **I** agg. Catholic; ***la chiesa -a*** the (Roman) Catholic Church; ~ ***romano*** Roman Catholic, Romanist SPREG., Romish SPREG. **II** m. (f. **-a**) Catholic.

▷ **cattura** /kat'tura/ f. **1** *(di un criminale)* capture, seizure; *(di un animale)* capture; ***mandato di*** ~ arrest warrant, bench warrant; ~ ***di ostaggi*** hostage-taking; ~ ***di una pantera con la rete*** catching a panther in a net **2** FIS. capture **3** GEOGR. capture.

▷ **catturare** /kattu'rare/ [1] tr. **1** *(fare prigioniero)* to capture, to catch*, to seize, to bag AE COLLOQ. [*criminale*]; to capture, to catch* [*animale*]; [*animale*] to seize [*preda*] **2** FIS. to capture [*luce, fotoni, particelle*] **3** FIG. *(attirare, conquistare)* [*titolo, immagine, pubblicità*] to capture, to catch* [*attenzione*]; to gain [*fiducia*]; ***un titolo che cattura lo sguardo*** an eye-catching title **4** GEOGR. to capture.

Catullo /ka'tullo/ n.pr.m. Catullus.

caucasico, pl. **-ci, -che** /kau'kaziko, tʃi, ke/ ➧ ***30*** **I** agg. Caucasian, Caucasic **II** m. (f. **-a**) **1** *(persona)* Caucasian **2** *(gruppo linguistico)* Caucasian.

Caucaso /'kaukazo/ ➧ ***30*** n.pr.m. ***il*** ~ the Caucasus.

caucciù /kaut'tʃu/ m.inv. (india) rubber; ***piantagione di*** ~ rubber plantation.

caudale /kau'dale/ agg. caudal; ***pinna*** ~ tail fin, caudal fin.

caudato /kau'dato/ agg. **1** BIOL. ANAT. caudate(d) **2** LETTER. ***sonetto*** ~ tailed sonnet.

caudino /kau'dino/ agg. ***forche -e*** Caudine Forks ◆ ***passare sotto le forche -e*** = to suffer a humiliating defeat.

caule /'kaule/ m. stalk, stem.

▶ **causa** /'kauza/ f. **1** *(origine)* cause (**di** of); ***un rapporto*** o ***una relazione di ~ ed effetto tra...*** a relation of cause and effect between...; ***non c'è effetto senza*** ~ there's no smoke without fire, where there's smoke there's fire; ***una piccola ~ può produrre grandi effetti*** minor causes can bring about major results **2** *(motivo)* reason, cause; ***trovare, determinare la ~ di qcs.*** to find out, establish the cause of sth.; ***ignoro la ~ della loro collera, della loro partenza*** I don't know the reason for their anger, departure; ***per -e ancora da definire*** for reasons yet unknown; ***a ~ di*** because of, due to, owing to, on account of; ***a ~ mia, sua*** on my, his account; ***licenziamento senza giusta*** ~ unfair *o* wrongful dismissal **3** *(ideale)* cause; ***difendere una*** ~ to defend a cause; ***battersi per la*** ~ to fight for the cause; ***lottare per una giusta*** ~ to fight the good fight; ***abbracciare*** o ***sposare la ~ della libertà*** to embrace the cause of liberty; ***aderire alla ~ di qcn.*** to be won over to sb.'s cause, to rally to sb.'s cause; ***fare ~ comune con qcn.*** to make common cause with sb.; ***tradire la*** ~ to betray the cause; ***per necessità di*** ~ for the sake of the cause; ***per una buona*** ~ for a good cause; ***una ~ persa*** a lost cause; ***la ~ degli oppressi*** *(diritti)* the rights of the oppressed; ***dedicarsi alla ~ comune*** to work for the common good **4** DIR. *(controversia)* case, (law)suit; ***fare*** o ***muovere ~ a qcn., intentare una ~ contro qcn.*** to bring charges *o* an action *o* a (law)suit against sb., to sue sb., to file a (law)suit against sb.; ***vincere, perdere una*** ~ to win, lose a case; ***perorare*** o ***difendere la ~ di qcn., la propria*** ~ to plead sb.'s, one's own case; ***le -e celebri*** the causes célèbres, the famous cases; ***la ~ contro Rossi*** the case against Rossi; ***essere in*** ~ [*sistema, fatto, organismo*] to be at issue *o* at law; [*persona*] to be involved, to be at law; ***mettere*** o ***chiamare qcn., qcs. in*** ~ to implicate sb., sth.; ***chiamata in*** ~ implication; ***mettere qcn., qcs. fuori*** ~ to clear sb., sth.; ***richiamare, rimettere in*** ~ to call [sth.] into question, to bring [sth.] up again, to challenge [*diritto, principio, decisione*]; ***avere ~ vinta*** to win one's case; ***essere parte in*** ~ to be a party to the suit, to be an interested party; ***processo senza giusta*** ~ malicious prosecution **5** LING. cause; ***complemento di*** ~ complement of cause ◆ ***con cognizione di*** ~ [*parlare*] with authority, knowledgeably, with full knowledge of the facts ◆◆ ~ ***civile*** civil case, civil suit; ~ ***efficiente*** efficient cause; ~ ***finale*** FILOS. final cause; ~ ***penale*** criminal case; ~ ***pendente*** pending case; ~ ***prima*** FILOS. primary cause, first cause; TEOL. First Cause.

causale /kau'zale/ **I** agg. **1** causative, causal; ***rapporto*** ~ causal relation **2** LING. [*congiunzione, proposizione*] causal **II** f. **1** BUROCR. ~ ***di*** o ***del versamento*** reason for payment **2** LING. causal.

causalità /kauzali'ta/ f.inv. causality, causation.

causalmente /kauzal'mente/ avv. causally.

▷ **causare** /kau'zare/ [1] tr. to cause [*danni, disoccupazione, distruzioni, ritardi, disagi*]; to create [*disordini, problemi, ripercussioni*]; to bring* about [*guerra, morte*]; to bring* on [*bronchite, reumatismi, polmonite*].

causativo /kauza'tivo/ **I** agg. [*verbo, funzione*] causative **II** m. LING. causative.

caustica /'kaustika/ f. caustic (surface).

causticamente /kaustika'mente/ avv. [*rispondere*] caustically, abrasively, scathingly.

causticità /kaustitʃi'ta/ f.inv. causticity; FIG. causticity, abrasiveness.
caustico, pl. **-ci, -che** /'kaustiko, tʃi, ke/ agg. **1** caustic; ***soda -a*** caustic soda; ***potassa -a*** (caustic) potash **2** FIG. [*spirito, umore*] scathing, caustic; [*tono*] abrasive; [*risposta, osservazione*] acid, scathing, cutting.
cautamente /kauta'mente/ avv. [*avanzare, camminare*] *(prudentemente)* with caution, cautiously; *(con diffidenza)* warily; [*reagire, rispondere*] cautiously; ***~ ottimista*** cautiously optimistic.
cautela /kau'tɛla/ f. **1** *(prudenza)* caution, cautiousness, carefulness, prudence; ***agire con ~*** to play (it) safe, to act cautiously; ***considerare con ~*** to be circumspect about [*possibilità*]; ***maneggiare qcs. con la dovuta*** o ***con estrema ~*** to handle sth. with extreme caution *o* care **2** *(precauzione)* ***per ~*** as a precaution; ***prendere le -e necessarie*** to take the necessary precautions.
1.cautelare /kaute'lare/ agg. precautionary, protective; ***provvedimento ~*** precautionary measure; ***arresto ~*** custody; ***essere in custodia ~*** to be held *o* remanded in custody, to be on remand.
2.cautelare /kaute'lare/ [1] **I** tr. to protect, to defend, to safeguard; ***~ gli interessi di qcn.*** to protect sb.'s interests, to stick up for sb. **II cautelarsi** pronom. to take* precautions, to protect oneself (**contro** against); ***-rsi contro (eventuali) ritardi, carenze*** to insure against delay, shortages.
cautelativo /kautela'tivo/ agg. ***misure -e*** preventive measures.
cauterio, pl. **-ri** /kau'tɛrjo, ri/ m. cautery.
cauterizzare /kauterid'dzare/ [1] tr. to cauterize, to sear [*ferita*]; to burn* off [*verruca*].
cauterizzazione /kauteriddzat'tsjone/ f. cauterization.
cauto /'kauto/ agg. [*persona, atteggiamento*] cautious, careful, prudent; [*ottimismo, riserbo*] cautious; ***andar*** o ***andarci ~*** to be cautious, to act with caution, to tread carefully; ***essere ~ nei rapporti con qcn.*** to be cautious in one's dealings with sb.; ***essere ~ nel fare previsioni*** to be circumspect about predicting.
cauzionale /kauttsjo'nale/ agg. ***deposito ~*** (security) deposit.
cauzione /kaut'tsjone/ f. **1** *(per alloggio in affitto ecc.)* deposit, earnest; ***dare, lasciare qcs. come ~*** to give *o* leave sth. as a guarantee; ***ho versato un mese di ~ per il mio appartamento*** I paid a deposit of one month's rent on my apartment **2** *(per ottenere la scarcerazione)* bail, bail bond AE; ***essere libero su ~*** to be out on bail, to be on remand; ***pagare la ~ a qcn.*** to put up *o* stand bail for sb.; ***chiedere, concedere la libertà su ~*** to request, grant bail; ***rilasciare qcn. dietro una ~ di 2.500 dollari*** to release sb. on bail of 2,500 dollars ◆◆ ***~ doganale*** customs bond.
Cav. ⇒ Cavaliere knight (Kt.).
▷ **cava** /'kava/ f. quarry; ***~ di gesso*** chalk quarry, chalkpit; ***~ di argilla*** clay pit; ***~ di sabbia*** sandpit; ***~ di ghiaia*** gravel pit.
cavadenti /kava'dɛnti/ m. e f.inv. SCHERZ. SPREG. quack.
▷ **cavalcare** /kaval'kare/ [1] **I** tr. **1** *(montare un animale)* [*persona*] to ride* [*cavallo, asino, elefante*] **2** *(stare a cavalcioni su)* to sit* astride **3** *(attraversare passando sopra)* ***il ponte cavalca il fiume*** the bridge spans the river **II** intr. (aus. *avere*) to ride*; ***~ all'amazzone*** to ride side saddle; ***~ al galoppo*** to gallop; ***~ al trotto*** to trot along; ***~ al passo*** to walk, to hack BE; ***~ senza sella*** to ride bareback ◆ ***~ la tigre*** to ride the tiger.
cavalcata /kaval'kata/ f. ride, hack BE; ***fare una ~*** to go for a ride.
cavalcatura /kavalka'tura/ f. mount.
cavalcavia /kavalka'via/ m.inv. flyover BE, overpass AE.
cavalcioni: **a cavalcioni** /akaval'tʃoni/ avv. astride; ***stare a ~ su*** to straddle, to sit astride [*sedia, muro*]; ***mettersi a ~*** to straddle.
cavalierato /kavalje'rato/ m. knighthood.

> **Cavaliere** Since 1901 titles of *cavaliere al merito del lavoro* (Knight for Merit at Work) have been awarded, first by the King of Italy, then by the President of the Republic, to reward contributions to the development of economic activities. So, successful businessmen often used the title of *cavaliere* in front of their surname in the past, and some still do so today. Another widely used title is *commendatore*, which until recently has been used in common parlance as a generic title for wealthy people.

▶ **cavaliere** /kava'ljɛre/ m. **1** *(chi va a cavallo)* rider; *(uomo)* horseman*; ***i quattro -i dell'Apocalisse*** BIBL. the four horsemen of the Apocalypse **2** STOR. knight; ***i -i della Tavola Rotonda*** the Knights of the Round Table; ***armare qcn. ~*** to dub sb. knight, to knight sb.; ***il ~ senza macchia e senza paura*** the pure and fearless knight; ***sei il mio prode ~!*** IRON. you're my knight in shining armour! **3** *(soldato a cavallo)* cavalryman*, mounted soldier, trooper **4** *(uomo galante)* gentleman* **5** *(chi accompagna una signora)* escort; *(al ballo)* partner, escort; ***cambiare ~*** to change partners **6** *(della bilancia)* rider ◆◆ ***~ errante*** knight errant; ***~ d'Italia*** ZOOL. stilt-bird, stilt-plover, stilt-walker; ***~ della Legion d'onore*** chevalier of the Legion of Honour; ***~ di Malta*** Knight of Malta; ***~ dell'ordine della giarrettiera*** Knight of the Garter; ***cavalier servente*** gallant; SCHERZ. devoted admirer; ***~ teutonico*** Teutonic Knight; ***~ di ventura*** → **~ errante.**
cavalierino /kavalje'rino/ m. **1** *(della bilancia)* rider **2** *(dello schedario)* card index tab, card index tag.
cavalla /ka'valla/ f. mare; *(da riproduzione)* brood mare, stud mare.
cavallaio, pl. **-ai** /kaval'lajo, ai/ m. **1** *(custode di cavalli)* groom, stable boy, stableman* **2** *(mercante)* horse dealer, horse trader.
cavalleggero /kavalled'dʒɛro/ m. light cavalryman*.
cavallerescamente /kavallereska'mente/ avv. chivalrously (anche FIG.).
cavalleresco, pl. **-schi, -sche** /kavalle'resko, ski, ske/ agg. **1** LETTER. ***poema ~*** poem of chivalry; ***romanzo ~*** romance **2** *(della cavalleria)* ***ordine ~*** order of knighthood *o* of chivalry **3** *(da gentiluomo)* [*gesto, comportamento*] chivalrous, gallant, courtly.
cavalleria /kavalle'ria/ f. **1** MIL. cavalry; ***carica di ~*** cavalry charge; ***reggimento di ~*** cavalry regiment; ***soldato di ~*** trooper; ***assegnare qcn. alla ~*** to assign sb. to the cavalry **2** *(istituzione feudale)* chivalry **3** *(modi cortesi e galanti)* chivalry, courtliness, gallantry ANT.; ***la ~ non è morta*** SCHERZ. the age of chivalry is not dead ◆ ***passare in ~*** = to be missing or forgotten ◆◆ ***~ leggera*** light cavalry; ***~ pesante*** heavy cavalry.
cavallerizza /kavalle'rittsa/ f. **1** *(maneggio)* riding school, manège, riding stables pl. **2** *(donna che va a cavallo)* rider, horsewoman* **3** *(acrobata a cavallo)* equestrienne.
cavallerizzo /kavalle'rittso/ m. **1** *(uomo che va a cavallo)* rider, horseman*; ***stivali da ~*** riding boots; ***tenuta da ~*** riding clothes, riding habit; ***pantaloni alla -a*** (riding) breeches **2** *(maestro di equitazione)* riding instructor **3** *(acrobata a cavallo)* equestrian.
▷ **cavalletta** /kaval'letta/ f. grasshopper, locust; ***uno sciame di -e*** a swarm of locusts; ***siete peggio delle -e!*** FIG. you're a pain in the neck! ◆◆ ***~ del deserto*** desert locust; ***~ migratrice*** migratory locust.
cavalletto /kaval'letto/ m. **1** *(sostegno)* trestle; *(da pittore)* easel; ***~ per segare*** sawhorse, sawbuck AE; ***stendibiancheria a ~*** airer, clothes horse **2** FOT. CINEM. tripod **3** *(di motocicletta, bicicletta)* kick-stand **4** *(di funivie, sciovie)* tower, pylon **5** STOR. rack.
cavallina /kaval'lina/ f. **1** *(cavalla giovane)* young mare, filly **2** *(gioco)* leapfrog; ***giocare alla ~*** to play leapfrog **3** SPORT *(attrezzo)* horse ◆ ***correre la ~*** to play the field, to sow one's wild oats.
cavallino /kaval'lino/ **I** agg. **1** ZOOL. ***mosca -a*** horsefly; ***scombro ~*** cavalla **2** FIG. [*faccia, dentatura*] horse attrib.; ***tosse -a*** MED. whooping cough, pertussis **II** m. **1** *(cavallo giovane)* colt, foal **2** *(a dondolo)* rocking horse **3** *(pelle)* horsehide **4** TECN. donkey pump.

> **Cavallino rampante** Enzo Ferrari inherited the "prancing horse" from the coat of arms painted on a World War I flying ace's plane. He first used it for the Alfa Romeo cars in his racing stable, then on the cars he began to produce at Maranello (near Modena) in 1947. Nowadays it is synonymous with Ferrari both as a motor manufacturer and as a Formula 1 team.

▶ **cavallo** /ka'vallo/ m. **1** ZOOL. horse; ***~ purosangue*** thoroughbred, purebred; ***~ sauro*** chestnut (horse), sorrel (horse); ***~ di razza*** purebred, thoroughbred (anche FIG.); ***~ da corsa*** racehorse; ***~ da maneggio*** riding school horse; ***~ da tiro*** carthorse, draught-horse, plough horse; ***~ arabo*** Arab; ***~ da sella*** saddle horse, hack; ***~ da soma*** pack horse; ***~ da lavoro*** workhorse, carthorse, draught-horse; ***a (dorso di) ~*** on horseback; ***passeggiata a ~*** (horse) ride; ***sai andare a ~?*** can you ride? ***Elisa va a ~ due volte alla settimana*** Elisa goes (horseback) riding twice a week; ***montare a ~*** to saddle, to mount; ***scendere da ~*** to dismount, to get off a horse; ***a ~!*** mount! ***cadere da ~*** to fall off *o* from a horse, to take a spill; ***ferro di ~*** horseshoe; ***medicina, cura da ~*** FIG. strong medicine, strong treatment; ***febbre da ~*** raging fever; ***corsa di -i*** horse race; ***scommettere su un ~*** to gamble, to (have a) bet on a horse; ***puntare sul ~ perdente*** to back the wrong horse (anche FIG.); ***puntare sul ~ vincente*** to be on to a winner (anche FIG.) **2** *(carne)* horsemeat, horseflesh; ***bistecca di ~*** horsemeat steak **3** SPORT *(da ginnastica)* (vaulting) horse **4** *(di scacchi)* knight **5** *(di pantaloni)* crotch, crutch; ***troppo stretto di ~*** too tight in the crotch **6** *(acconciatura)* ***coda di ~*** ponytail **7** *(cavallo vapore)* ***un motore da 100 -i*** a 100 horsepower engine **8** FIG. ***essere a ~ di due secoli*** to bridge *o* straddle two centuries; ***a ~ fra due paesi*** spanning two countries ◆ ***essere a ~*** to be sitting pretty, to be home and dry; ***col caval di san Francesco*** SCHERZ. by shanks' pony *o* mare; ***a caval donato non si guarda in bocca*** PROV. don't look a gift horse in the mouth; ***campa ~!*** that'll be the day! ***la superbia va a ~ e torna a piedi*** PROV. pride comes before a fall ◆◆ ***~ di battaglia*** FIG. strong point, big number; TEATR. speciality act BE, specialty number AE ***~ a dondolo*** rocking horse; ***~ di Frisia*** MIL. cheval-de-frise; ***~ con maniglie*** SPORT pommel horse; ***~ di Troia*** Trojan horse (anche FIG.); ***~ vapore*** horsepower.

cavallona /kaval'lona/ f. SCHERZ. heifer.

cavallone /kaval'lone/ m. **1** *(onda)* roller **2** SCHERZ. *(persona grande e sgraziata)* clumsy person, klutz AE COLLOQ.

cavallotto /kaval'lɔtto/ m. ING. staple.

cavalluccio, pl. **-ci** /kaval'luttʃo, tʃi/ m. **1** *(cavallo)* small horse **2** *(ippocampo)* ***~ marino*** sea horse **3** *(di legno)* hobby horse **4** GIOC. ***portare qcn. a ~*** to give sb. a piggyback.

cavapietre /kava'pjɛtre/ ➧ ***18*** m. e f.inv. → **cavatore**.

cavare /ka'vare/ [1] **I** tr. **1** *(estrarre)* to dig* (up), to pull (up) [*patate, carote*]; to extract, to knock out, to pull out [*dente*]; to quarry (out) [*marmo, pietra*]; to draw* [*sangue*] **2** *(levare)* to take* off [*vestiti, cappello*] **3** FIG. ***~ gli occhi a qcn.*** to claw *o* gouge *o* scratch sb.'s eyes out; ***non sono riuscito a cavarle di bocca una sola parola*** I couldn't get a (single) word out of her **II cavarsi** pronom. **1** *(togliersi)* to take* off [*indumento*]; ***-rsi il cappello*** to take off one's hat; ***-rsi d'impaccio*** FIG. to get out of trouble; ***-rsi gli occhi*** FIG. *(affaticarsi la vista)* to strain one's eyes, to ruin one's eyesight **2** *(soddisfare)* ***-rsi la sete*** to drink one's fill, to quench *o* slake one's thirst; ***-rsi la voglia (di qcs.)*** to satisfy one's wish for sth., to indulge one's fancy for sth. **3 cavarsela** *(farcela, sbrigarsela)* to cope, to make* do, to manage (**con** with); *(sopravvivere)* to pull through, to come* through; ***come te la cavi?*** *(procedere)* how are you getting on? ***se la cava bene a*** o ***in*** he's no slouch at; ***cavarsela con i computer, i motori*** to know one's way around a computer, an engine; ***cavarsela con uno spavento, un raffreddore*** *(evitare il peggio)* to get off with a fright, a cold; ***me la sono cavata con qualche graffio*** I escaped *o* came out of it with only a few scratches; ***cavarsela alla meno peggio*** to muddle *o* struggle through; ***cavarsela per il rotto della cuffia*** to have a narrow escape, to get through by the skin of one's teeth; ***cavarsela a buon prezzo*** o ***a buon mercato*** o ***con poco*** to get off lightly *o* cheaply; ***se l'è cavata bene*** she came off well ◆ ***è come ~ sangue da una rapa*** it's like getting blood out of a stone; ***non si cava sangue da una rapa*** PROV. you can't make a silk purse out of a sow's ear.

cavastivali /kavasti'vali/ m.inv. bootjack.

cavata /ka'vata/ f. **1** *(estrazione)* extraction **2** MUS. *(negli strumenti a corde)* touch ◆◆ ***~ di sangue*** bloodletting, bleeding.

▷ **cavatappi** /kava'tappi/ m.inv. corkscrew; ***codino a ~*** curly tail.

cavatina /kava'tina/ f. MUS. cavatina.

cavatore /kava'tore/ ➧ ***18*** m. (f. **-trice** /tritʃe/) quarrier; *(uomo)* quarryman*.

cavaturaccioli /kavatu'rattʃoli/ → **cavatappi.**

cavea /'kavea/ f. cavea*.

caveau /ka'vo/ m.inv. vault.

cavedano /ka'vedano/ m. chub*.

▷ **caverna** /ka'vɛrna/ f. **1** *(grotta)* cave, cavern; ***uomo delle -e*** cave dweller, caveman; FIG. brute, savage **2** *(casa misera)* hovel **3** ANAT. cavity.

cavernicolo /kaver'nikolo/ **I** agg. of caverns **II** m. cave dweller; *(uomo)* caveman*; FIG. brute, savage.

cavernosità /kavernosi'ta/ f.inv. **1** *(parte cava)* cavity **2** MED. cavity.

cavernoso /kaver'noso/ agg. **1** *(con caverne)* cavernous **2** *(simile a caverna)* cavernous **3** ANAT. ***corpo ~*** corpus cavernosum **4** FIG. *(cupo)* [*voce, suono*] cavernous, hollow, deep.

cavetto /ka'vetto/ m. cablet, small cable.

cavezza /ka'vettsa/ f. halter, hackamore AE; ***fare lavorare un cavallo alla ~*** to lunge a horse; ***mettere la ~ a*** to halter [*cavallo*].

cavezzone /kavet'tsone/ m. caves(s)on.

cavia /'kavja/ f. **1** *(roditore)* guinea-pig, cavy **2** FIG. ***fare da ~ (per qcs.)*** to act as *o* to be a guinea-pig (for sth.).

caviale /ka'vjale/ m. caviar(e).

cavicchio, pl. **-chi** /ka'vikkjo, ki/ m. **1** *(di legno)* wooden pin, peg **2** *(foraterra)* dibble.

▷ **caviglia** /ka'viʎʎa/ f. **1** ANAT. ankle; ***avere le -e sottili, ben tornite*** to have slim, well-turned ankles; ***legamento, articolazione della ~*** ankle ligament, ankle joint; ***ho la ~ gonfia*** I have a swollen ankle; ***rompersi, slogarsi, storcersi una ~*** to break, sprain, twist one's ankle; ***ha preso una brutta storta alla ~*** he gave his ankle a nasty twist; ***un vestito (lungo fino) alla ~*** an ankle-length dress; ***scarpe alla ~*** ankle boots; ***la neve ci arrivava alle -e*** the snow was ankle-deep, we were ankle-deep in snow; ***affondare in qcs. fino alle -e*** to be ankle-deep in sth. **2** *(cavicchio)* peg **3** MAR. belaying pin; *(di legno)* treenail; *(per impiombare)* marlinspike **4** *(di strumento musicale)* ***una ~ per accordare*** a tuning peg.

cavigliera /kaviʎ'ʎɛra/ f. **1** *(fascia elastica)* ankle band, ankle support **2** *(braccialetto)* anklet **3** MAR. belaying rack.

cavillare /kavil'lare/ [1] intr. (aus. *avere*) **1** to quibble (**su** about, over), to cavil (**su** about, at), to split* hairs (**su** over) **2** [*ceramica*] to crackle.

cavillato /kavil'lato/ **I** p.pass. → **cavillare II** agg. ***ceramica -a*** cracklechina, crackleware.

cavillatore /kavilla'tore/ m. (f. **-trice** /tritʃe/) quibbler.

cavillatura /kavilla'tura/ f. crackle.

cavillo /ka'villo/ m. cavil, quibble, quillet, technicality; ***cercare -i*** to quibble, to cavil.

cavillosamente /kavillosa'mente/ avv. captiously.

cavillosità /kavillosi'ta/ f.inv. captiousness, hair splitting.

cavilloso /kavil'loso/ agg. [*persona*] captious, cavilling, quibbling; [*spirito*] fussy.

cavità /kavi'ta/ f.inv. **1** *(infossamento)* cavity **2** *(parte cava)* hollow, pit; ***la ~ di un albero, una roccia*** the hollow of a tree, of a rock **3** MED. cavity; *(del cuore)* chamber ◆◆ ***~ articolare*** socket; ***~ corporea*** body cavity; ***~ nasale*** nasal cavity; ***~ orale*** oral cavity; ***~ pelvica*** pelvic cavity; ***~ pulpare*** pulp cavity; ***~ toracica*** chest cavity.

cavitazione /kavitat'tsjone/ f. TECN. cavitation.

▷ **1.cavo** /'kavo/ **I** agg. hollow; ***vena -a*** vena cava **II** m. hollow, cavity (anche ANAT.); ***nel ~ della mano*** in the hollow of one's hand; ***il ~ dell'onda*** the trough of the wave.

▷ **2.cavo** /'kavo/ m. **1** *(grossa fune) (metallico, sintetico)* cable; *(di teleferica, gru)* carrying cable; ***posare un ~*** EL. to lay a cable; ***~ d'acciaio, in fibra ottica*** steel cable, fibre-optic cable; ***~ sottomarino, sotterraneo, sospeso*** submarine cable, underground cable, suspension cable; ***~ dell'acceleratore, del freno, della frizione*** accelerator cable, brake cable, clutch linkage **2** TELEV. cable; ***televisione via ~*** cable TV, cable television; ***trasmissione televisiva via ~*** cablecast ◆◆ ***~ di alaggio*** MAR. towrope; ***~ ad alta tensione*** high-voltage cable; ***~ di appontaggio*** AER. arrester; ***~ armato*** armoured cable; ***~ coassiale*** coaxial cable; ***~ elettrico*** power cable, electric cable; ***~ isolato*** insulated cable; ***~ d'ormeggio*** MAR. shore fast, mooring rope; ***~ ottico*** optical cable; ***~ di rimorchio*** MAR. steam cable; ***~ di traino*** towline; ***~ di trasmissione*** transmission cable.

cavolaia /kavo'laja/ f. **1** *(farfalla)* garden-white, cabbage white (butterfly) **2** *(campo)* cabbage patch.

cavolata /kavo'lata/ f. **1** GASTR. cabbage soup **2** COLLOQ. *(stupidaggine)* rubbish **U**, trash **U**; ***dire -e*** to talk a load of rubbish, to talk nonsense; ***quante -e!*** (what a load of) rubbish! ***fare -e*** to do stupid things, to mess about *o* around.

cavoletto /kavo'letto/ m. → **cavolino.**

cavolfiore /kavol'fjore/ m. cauliflower; ***avere un orecchio a ~*** [*pugile*] to have a cauliflower ear.

cavolino /kavo'lino/ m. ***~ di Bruxelles*** (Brussels) sprout.

▷ **cavolo** /'kavolo/ **I** m. **1** *(verdura)* cabbage; ***involtino di ~*** stuffed cabbage roll; ***zuppa di -i*** cabbage soup; ***~ ripieno*** stuffed cabbage **2** *(niente, nulla)* ***non capisce un ~*** he doesn't understand a thing; ***non sa un ~ di niente*** he doesn't know what is what, he doesn't know a damn thing; ***non fare un ~ tutto il giorno*** not to do a stroke of work all day; ***non me ne frega un ~*** I don't give a damn; ***non vale un ~*** it's not worth a bean *o* a damn **II** inter. *(di sorpresa)* my, gee AE; *(di ira)* damn, shucks; ***-i!*** goodness me! **III cavoli** m.pl. COLLOQ. *(casi, fatti)* ***farsi i -i propri*** to mind one's own business; ***fatti i -i tuoi!*** mind your own business! butt out! AE COLLOQ.; ***sono -i miei!*** that's none of your business! ***sono -i tuoi*** that's your problem *o* your headache; ***saranno -i amari*** there'll be trouble ◆ ***"vieni con noi?" - "col ~!"*** "will you come with us?" - "like hell I will!" *o* "no way!" *o* "fat chance!"; ***col ~ che pago!*** (I'll be) damned if I'm going to pay! ***testa di ~*** cabbage(head), pinhead; ***spegni 'sto ~ di stereo*** switch off that bloody stereo; ***salvare capra e -i*** to have it both ways; ***c'entra come i -i a merenda!*** that's got nothing to do with it! that's completely beside the point! ◆◆ ***~ cappuccio*** (head) cabbage; ***~ marittimo*** seakale; ***~ rapa*** kohlrabi; ***~ rosso*** red cabbage; ***~ verde*** (curly) kale.

cazza /'kattsa/ f. **1** METALL. melting pot, crucible **2** *(mestolo)* ladle.

cazzare /kat'tsare/ [1] tr. MAR. to frap.

cazzata /kat'tsata/ f. VOLG. crap **U**, bullshit **U**; ***quel film è una ~*** that film is bullshit *o* a load of crap; ***dire*** o ***sparare -e*** to (talk) bullshit, to (talk) crap; ***fare -e*** to fuck up; ***non dire -e*** don't talk bullshit; ***che ~!*** what (a bunch of) crap! ***sono tutte -e!*** bullshit! ***per ogni ~ viene da me*** he comes to me for any fucking thing.

cazzeggiare /kattsed'dʒare/ [1] intr. (aus. *avere*) VOLG. **1** *(dire stupidaggini)* to (talk) bullshit, to (talk) crap **2** *(gingillarsi)* to fuck about, to fuck around, to piss about, to piss around, to arse about BE, to screw around AE.

cazziata /kattsi'ata/ f. → **cazziatone**.

cazziatone /kattsia'tone/ m. POP. mouthful, bollocking BE; ***fare un ~ a qcn.*** to give sb. a mouthful *o* a bollocking BE; ***prendersi un ~*** to get a mouthful *o* a bollocking BE.

cazzo /'kattso/ **I** m. VOLG. **1** *(pene)* dick, cock, prick **2** *(nulla, niente)* ***non ho fatto un ~*** I haven't done a fucking thing, I've been pissing about; ***non ne so un ~ (di niente)*** I know fuck-all *o* shit about it; ***non capire un ~ di*** to understand fuck-all of [*discorso, argomento*]; ***non me ne frega un ~*** I don't give a fuck *o* a shit (**di** of) **3** *(schifezza)* ***questo ~ di computer non funziona*** this fucking computer doesn't work; ***ma che ~ di lavoro!*** what a shitty job! ***del ~*** *(di pessima qualità)* [*auto, serata, amico, aiuto*] shitty **II** inter. VOLG. shit, fuck, fucking hell, sod ◆ ***cacare il ~ a qcn.*** to piss the shit out of sb.; ***alla ~ (di cane)*** [*lavorare*] in a crappy *o* piss poor way; ***testa di ~*** dick(head), asshole, prick; ***col ~!*** no fucking way! my arse! fuck that! ***col ~ che lo faccio!*** no fucking way am I going to do it! like hell I'm doing it! buggered if I'll do it! ***ma che ~ fai?*** what the fuck are you doing? ***fatti i -i tuoi!*** mind your own fucking business! ***che ~ te ne frega?*** what the fuck is it to you? ***(e) grazie al ~!*** thanks for nothing! ***(sono) -i tuoi!*** that's your fucking problem! ***mi sta sul ~*** he always pisses me off; ***che ~ vuoi?*** what the fuck do you want? ***che ~ ci fa qui?*** what the fuck is he doing here? ***che ~ di sfiga!*** tough shit!

cazzone /kat'tsone/ m. (f. **-a**) VOLG. dick(head), asshole, prick; ***fare il ~*** to fuck up.

cazzottare /kattsot'tare/ → **scazzottare.**

cazzottata /kattsot'tata/ → **scazzottata.**

cazzottatura /kattsotta'tura/ → **scazzottatura.**

cazzotto /kat'tsɔtto/ m. COLLOQ. sock, punch; ***mollare un ~ a qcn.*** to sock sb., to give sb. a clout *o* a punch; ***mi ha mollato un ~*** he landed me one; ***tiragli un ~!*** sock him one! ***fare a -i*** to have a punch-up (**con** with).

cazzuola /kat'tswɔla/ f. trowel.

cazzuto /kat'tsuto/ agg. VOLG. *(furbo, in gamba)* ***essere ~*** to be on the ball, to be a tough cookie.

CB /tʃib'bi/ m.inv. (⇒ Citizens' Band banda cittadina) CB.

cc ⇒ copia carbone carbon copy (CC).

1.CC ⇒ Corte di Cassazione = Court of Cassation.

2.CC /tʃit'tʃi/ m.pl. (⇒ Carabinieri) = Italian military corps which has civil police duties.

c.c. **1** ⇒ conto corrente current account BE, checking account AE (C/A) **2** ⇒ corrente continua direct current (c.c.).

CCD /tʃittʃid'di/ m. (⇒ Centro Cristiano Democratico) = Christian Democratic Centre.

ccn ⇒ copia carbone nascosta blind carbon copy (BCC).

c.c.p. ⇒ conto corrente postale post office account.

CCT /tʃittʃit'ti/ m.inv. (⇒ certificato di credito del tesoro) = Treasury bond.

CD /tʃid'di/ m.inv. (⇒ compact disc compact disc) CD; ***lettore (di) ~*** CD player, compact disc player.

Cda /tʃidi'a/ m.inv. (⇒ consiglio di amministrazione) = board of directors, directorate.

CdF /tʃidi'effe/ m.inv. (⇒ consiglio di fabbrica) = works committee, works council BE.

CdL /tʃidi'ɛlle/ f. POL. (⇒ Casa delle Libertà) = centre-right coalition.

Cd-Rom, CD-ROM /sidi'rɔm/ m.inv. (⇒ compact disc reading only memory compact disc reading only memory) CD-ROM.

CdS /tʃidi'ɛsse/ m. **1** (⇒ Codice della strada) = Highway Code **2** (⇒ Consiglio di sicurezza) = Security Council **3** (⇒ Consiglio di Stato) = the main legal, administrative juridical and judicial body.

CDU /tʃiddi'u/ m. (⇒ Cristiano Democratici Uniti) = United Christian Democrats.

▶ **ce** /tʃe/ v. la nota della voce **io**. **I** pron.pers. ***~ l'ha dato*** he gave it to us; ***~ ne siamo accorti troppo tardi*** we realized it when it was too late; ***~ ne andremo il più presto possibile*** we'll leave as soon as possible; ***~ l'ho fatta!*** I did it! *(enclitico)* ***diccelo!*** tell us! ***parlacene!*** tell us about it! **II** avv. ***non ~ l'ho trovato*** I couldn't find it there; ***~ l'hai una biro?*** have you got a pen? ***non ~ ne sono altri*** there aren't any others; ***~ ne sono tre*** there are three (of them).

CE /tʃe/ f. **1** (⇒ Consiglio d'Europa Council of Europe) CE **2** (⇒ Comitato Esecutivo) = executive committee.

cebo /'tʃɛbo/ m. ***~ cappuccino*** capuchin (monkey).

ceca, pl. **-che** /'tʃɛka, ke/ f. ITTIOL. elver.

CECA /'tʃɛka/ f. (⇒ Comunità Europea del Carbone e dell'Acciaio European Coal and Steel Community) ECSC.

cecale /tʃe'kale/ agg. ANAT. caecal.

cecchinaggio, pl. **-gi** /tʃekki'naddʒo, dʒi/ m. sniping **U**.

cecchino /tʃek'kino/ m. **1** MIL. sniper; ***fuoco di -i*** sniper fire **2** POL. = someone who votes against his own party in a secret ballot.

▷ **cece** /'tʃetʃe/ m. **1** BOT. chickpea **2** *(escrescenza)* wart.

Cecenia /tʃe'tʃɛnja/ ♦ ***33*** n.pr.f. Chechnya.

ceceno /tʃe'tʃɛno/ ♦ ***25, 16*** **I** agg. Chechen **II** m. (f. **-a**) **1** *(persona)* Chechen **2** *(lingua)* Chechen.

cecidomia /tʃetʃido'mia/ f. ***~ del grano*** Hessian fly.

Cecilia /tʃe'tʃilja/ n.pr.f. Cecilia, Cecily.

Cecilio /tʃe'tʃiljo/ n.pr.m. Cecil.

cecità /tʃetʃi'ta/ f.inv. blindness (anche FIG.) ◆◆ ***~ crepuscolare*** day blindness; ***~ cromatica*** colour blindness; ***~ dei fiumi*** river blindness; ***~ notturna*** night blindness; ***~ verbale*** word blindness.

ceco, pl. **-chi, -che** /'tʃɛko, ki, ke/ ♦ ***25, 16*** **I** agg. Czech; ***Repubblica Ceca*** Czech Republic **II** m. (f. **-a**) **1** *(persona)* Czech **2** *(lingua)* Czech.

Cecoslovacchia /tʃekozlo'vakkja/ ♦ ***33*** n.pr.f. STOR. Czechoslovakia.

cecoslovacco, pl. **-chi, -che** /tʃekozlo'vakko, ki, ke/ ♦ ***25*** **I** agg. STOR. Czechoslovak(ian) **II** m. (f. **-a**) STOR. Czechoslovak(ian).

cedente /tʃe'dɛnte/ m. e f. *(di diritti)* assignor, releasor; *(di beni)* transferor.

▶ **cedere** /'tʃɛdere/ [2] **I** tr. **1** *(lasciare)* to give* (up) [*turno, posto*]; to yield, to surrender [*potere*] (**a qcn.** to sb.); ***mi ha ceduto il posto*** he let me have his place; ***~ il passo a qcn.*** to give way to sb., to move over for sb. (anche FIG.); ***~ terreno*** to yield ground (**a** to) (anche FIG.); ***cedo la parola al mio collega*** I'll hand over to my colleague **2** *(vendere)* [*azienda*] to sell* out, to hive off [*azioni*]; ***mi ha ceduto il suo monolocale per 20.000 euro*** he let me have *o* sold me his studio for 20,000 euros **3** DIR. ECON. to cede, to remise [*diritti, proprietà*]; to make* over [*bene*]; to transfer [*cambiale*] (**a** to); ***~ i diritti (d'autore)*** to surrender *o* waive one's copyright **4** SPORT *(passare)* to hand over, to pass (on) [*palla*] **II** intr. (aus. *avere*) **1** *(arrendersi)* to yield, to surrender, to give* way, to give* in (**a** to); ***~ alla tentazione, alle minacce*** to give in to temptation, threats; ***~ alla pressione*** to bow to pressure; ***~ sotto tortura, interrogatorio*** to break (down) *o* crack under torture, interrogation; ***non dobbiamo cedere*** we must hang on; ***non cede mai*** he never gives up **2** *(piegarsi)* [*gambe, ginocchia*] to buckle; ***quando sentì la notizia gli cedettero le gambe*** his legs gave way (under the weight) when he heard the news **3** *(rompersi, non reggere)* [*tavolo, sedia, ponte*] to give* way (**sotto** under); [*ramo, serratura, porta*] to yield; [*soffitto, tetto*] to fall* in, to cave in; [*diga*] to burst; [*corda*] to give* way **4** *(allentarsi, allungarsi)* [*elastico*] to loosen, to slacken; [*stoffa*] to stretch **5** *(strapparsi)* [*cucitura*] to tear* **6** ECON. [*prezzi, mercato*] to sag; [*azioni*] to slip ◆ ***~ le armi*** = to surrender, to give up.

cedevole /tʃe'devole/ agg. **1** yielding; [*metallo*] pliable; ***terreno ~*** soft ground, loose soil **2** FIG. [*carattere*] compliant, docile.

cedevolezza /tʃedevo'lettsa/ f. **1** yieldingness; *(di metallo)* pliability **2** FIG. *(di carattere)* compliancy, docility.

cedevolmente /tʃedevol'mente/ avv. yieldingly.

cedibile /tʃe'dibile/ agg. transferable; [*azioni*] assignable; [*proprietà, titolo*] conveyable; [*diritto*] transferable; ***biglietto non ~*** non-transferable ticket.

cedibilità /tʃedibili'ta/ f.inv. transferability.

cediglia /tʃe'diʎʎa/ f. cedilla.

cedimento /tʃedi'mento/ m. **1** *(indebolimento)* ***~ fisico*** physical breakdown; ***avere un cedimento (di nervi)*** to crack up; ***mostrare i primi segni di ~*** to show the first signs of weakness; ***ha avuto un ~ a 100 metri dall'arrivo*** he flagged 100 metres from the line **2** *(di tetto, soffitto)* cave-in, sag; *(di terreno)* sinking, subsiding **3** ECON. fall, slide.

cedola /'tʃɛdola/ f. **1** ECON. coupon **2** FERR. = document describing components and route of a train ◆◆ ***~ di commissione libraria*** bookseller's order form; ***~ di dividendo*** dividend coupon; ***~ degli interessi*** interest coupon.

cedolare /tʃedo'lare/ agg. coupon attrib.; ***imposta ~*** tax on dividends; *(delle obbligazioni)* coupon tax.

cedolino /tʃedo'lino/ m. COLLOQ. ~ ***dello stipendio*** pay-sheet, wage-sheet, (pay-)slip.
cedracca /tʃe'drakka/ f. ceterach, finger fern.
cedrata /tʃe'drata/ f. **1** *(bibita)* citron juice **2** GASTR. INTRAD. (Sicilian cake flavoured with citron peel).
cedrato /tʃe'drato/ agg. citron (flavoured) attrib.; ***menta -a*** bergamot mint.
cedrina /tʃe'drina/ f. lemon balm.
cedrino /tʃe'drino/ agg. cedarn LETT.; ***legno*** ~ cedar(wood).
▷ **1.cedro** /'tʃedro/ m. **1** *(frutto)* citron; ~ ***candito*** (candied) citron **2** *(albero)* citron tree.
2.cedro /'tʃedro/ m. *(conifera)* cedar; ***legno di*** ~ cedar(wood) ◆◆ ~ ***bianco*** white cedar; ~ ***del Libano*** cedar of Lebanon.
cedrone /tʃe'drone/ agg. ***gallo*** ~ capercaillie, capercailzie.
cedronella /tʃedro'nɛlla/ f. **1** BOT. → **cedrina 2** *(farfalla)* brimstone.
ceduo /'tʃɛduo/ agg. ***bosco*** ~ coppice, copse.
CEE /'tʃɛe/ (⇒ Comunità Economica Europea European Economic Community) EEC.
CEEA /tʃee'a/ (⇒ Comunità Europea dell'Energia Atomica) = European atomic energy community.
cefalea /tʃefa'lɛa/ ➧ **7** f. cephalalgia; ~ ***tensiva*** tension headache.
cefalgia /tʃefal'dʒia/ ➧ **7** → **cefalea.**
cefalico, pl. **-ci**, **-che** /tʃe'faliko, tʃi, ke/ agg. [*indice, presentazione*] cephalic.
cefalo /'tʃɛfalo/ m. grey mullet.
cefalocordato /tʃefalokor'dato/ m. cephalocordate.
cefalofo /tʃe'falofo/ m. duiker*.
cefalometria /tʃefalome'tria/ f. craniometry.
cefalopode /tʃefa'lɔpode/ m. cephalopod.
cefalorachidiano /tʃefaloraki'djano/ agg. cerebrospinal; ***liquido*** ~ spinal fluid.
ceffo /'tʃɛffo/ m. SPREG. *(faccia)* mug, ugly face; ***che brutto ~!*** what an ugly mug!
ceffone /tʃef'fone/ m. slap (in the face), box on the ear; ***prendere un bel paio di -i*** to get a clip around the ears; ***rifilare*** o ***mollare un ~ a qcn.*** to slap sb. across the face.
CEI /'tʃɛi/ (⇒ Conferenza Episcopale Italiana) = Italian Episcopal Conference.
ceko → **ceco.**
celacanto /tʃela'kanto/ m. coelacanth.
celare /tʃe'lare/ [1] **I** tr. to hide*, to conceal [*sentimenti, fatti*]; to cover up [*errore, verità*]; to keep* back, to suppress [*informazione, dettaglio*] **II celarsi** pronom. to hide*, to conceal oneself (**dietro** behind); [*pericolo, sospetto*] to lurk.
celastro /tʃe'lastro/ m. BOT. waxwork.
celata /tʃe'lata/ f. sallet.
celeberrimo /tʃele'bɛrrimo/ superl. → **celebre.**
celebrante /tʃele'brante/ m. celebrant.
▷ **celebrare** /tʃele'brare/ [1] tr. **1** *(festeggiare)* to celebrate, to commemorate [*anniversario, ricorrenza*] **2** *(esaltare)* to celebrate [*persona, amore*]; to praise, to extol BE, to extoll AE [*coraggio, intelligenza*] (**di** of) **3** *(officiare)* to celebrate, to conduct [*messa*]; to perform [*rito*]; ~ ***il matrimonio di qcn.*** to officiate at sb.'s wedding **4** DIR. ~ ***un processo*** to conduct a trial.
celebrativo /tʃelebra'tivo/ agg. [*scritto, discorso*] celebratory; [*cerimonia, rito*] celebration attrib.; [*francobollo, pubblicazione*] commemorative.
celebrato /tʃele'brato/ **I** p.pass. → **celebrare II** agg. *(famoso)* celebrated, renowned, famed (**come** as; **for** per).
celebrazione /tʃelebrat'tsjone/ f. **1** *(festeggiamento)* celebration **2** *(di messa, matrimonio)* celebration, ceremony **3** DIR. ~ ***di un processo*** trial hearing.
▶ **celebre** /'tʃɛlebre/ agg. (superl. *celeberrimo*) celebrated, renowned, famous, famed (**come** as; per **for**); ***è una persona*** ~ he'a a celebrity; ***la sua frase*** ~ his famous words.
celebrità /tʃelebri'ta/ f.inv. **1** *(gloria)* celebrity, fame; ***giungere alla*** ~ to rise to fame **2** *(persona celebre)* celebrity, big name, celeb AE COLLOQ.
celenterato /tʃelente'rato/ m. coelenterate.
celere /'tʃɛlere/ **I** agg. (superl. *celerissimo, celerrimo*) [*polso*] fast; [*decisione, passo*] swift, quick; ***posta*** ~ express post; ***francobollo di posta*** ~ express post stamp **II Celere** f. riot police.
celerino /tʃele'rino/ m. COLLOQ. = member of the riot police.
celerità /tʃeleri'ta/ f.inv. swiftness, speed, celerity FORM.; ***con*** ~ with haste.
celerrimo /tʃe'lɛrrimo/ superl. → **celere.**
celesta /tʃe'lɛsta/ ➧ **34** f. MUS. celeste.
▷ **celeste** /tʃe'lɛste/ ➧ **3 I** agg. **1** ASTR. [*fenomeno, meridiano, equatore*] celestial; ***corpo*** ~ heavenly *o* celestial body; ***carta*** ~ star chart; ***la volta*** ~ the vault of heavens **2** *(divino)* [*gloria, spirito*] celestial; ***le potenze -i*** the powers above; ***Padre Celeste*** Heavenly Father **3** MUS. [*voce*] celeste **4** *(azzurro)* baby-blue, sky-blue **II** m. *(azzurro)* baby-blue, sky-blue **III celesti** m.pl. *(dei)* gods ◆◆ ***il ~ impero*** the Celestial Empire.
celestiale /tʃeles'tjale/ agg. celestial, heavenly (anche FIG.).
celestina /tʃeles'tina/ f. MINER. celestine.
Celestina /tʃeles'tina/ n.pr.f. Celestine.
celestino /tʃeles'tino/ **I** agg. pale blue **II** m. **1** *(colore)* pale blue **2** RELIG. Celestine.
Celestino /tʃeles'tino/ n.pr.m. Celestine.
celestite /tʃeles'tite/ → **celestina.**
celetto /tʃe'letto/ m. TEATR. borders pl.
celia /'tʃɛlja/ f. LETT. jest; ***per*** ~ in jest; ***mettere in ~ qcn.*** to make sport of sb.
celiaco, pl. **-ci**, **-che** /tʃe'liako, tʃi, ke/ **I** agg. coeliac, celiac AE; ***morbo*** ~ coeliac disease **II** m. (f. **-a**) coeliac, celiac AE.
celiare /tʃe'ljare/ [1] intr. (aus. *avere*) to jest.
celibato /tʃeli'bato/ m. **1** *(stato)* bachelorhood, celibacy; ***addio al*** ~ stag night, stag party BE, bachelor party AE **2** RELIG. (ecclesiastical) celibacy.
celibe /'tʃɛlibe/ **I** agg. celibate, unmarried, single; ***rimanere*** ~ to remain a bachelor **II** m. bachelor, celibate.
celidonia /tʃeli'dɔnja/ f. greater celandine.
celioscopia /tʃeljosko'pia/ f. coelioscopy.
▷ **cella** /'tʃɛlla/ f. **1** *(di carcere, convento)* cell; *(di commissariato)* police cell; *(nel braccio della morte)* death cell; ***sbattere qcn. in*** ~ COLLOQ. to throw sb. into a cell; ***portare qcn. nella sua*** ~ to lead sb. to his cell **2** *(di alveare)* cell **3** EL. cell **4** ARCHEOL. cella* ◆◆ ~ ***campanaria*** belfry; ~ ***a combustibile*** fuel cell; ~ ***elettrolitica*** electrolytic cell; ~ ***di detenzione*** guard house; ~ ***frigorifera*** cold room, cold store, refrigerator; ~ ***di isolamento*** solitary (confinement cell), bullpen; ~ ***di memoria*** INFORM. storage cell; ~ ***di rigore*** → ~ **di isolamento**; ~ ***solare*** solar cell.
cellerario, pl. **-ri** /tʃelle'rarjo, ri/ m. (f. **-a**) cellarer.
celletta /tʃel'letta/ f. cubicle.
cellofan /'tʃɛllofan/ m.inv. Cellophane®, film; ***avvolgere qcs. nel*** ~ to wrap sth. in Cellophane ◆◆ ~ ***termoretraibile*** shrink wrap.
cellofanare /tʃellofa'nare/ [1] tr. to wrap in Cellophane®.
▶ **cellula** /'tʃɛllula/ f. **1** BIOL. cell **2** POL. *(di partito)* cell, cadre; ***-e comuniste*** communist cells **3** AER. airframe ◆◆ ~ ***cancerosa*** cancerous cell; ~ ***cerebrale*** brain cell; ~ ***ematica*** blood cell; ~ ***figlia*** daughter cell; ~ ***fotoelettrica*** photocell, electronic eye; ~ ***generativa*** generative cell; ~ ***germinale*** germ cell; ~ ***nervosa*** nerve cell; ~ ***somatica*** soma cell; ~ ***staminale*** stem cell.
cellulare /tʃellu'lare/ **I** agg. BIOL. [*struttura, tessuto*] cellular; [*nucleo, teoria*] cell attrib.; ***divisione, parete*** ~ cell division, cell wall **II** m. **1** *(telefonino)* mobile (phone), cellphone, cellular (tele)phone **2** *(furgone)* police van, prison van, wagon BE, patrol wagon AE, paddy wagon AE COLLOQ.
cellulite /tʃellu'lite/ ➧ **7** f. *(inestetismo)* cellulite; *(infiammazione)* cellulitis.
celluloide /tʃellu'lɔide/ f. celluloid®; ***il mondo della*** ~ FIG. the celluloid world.
cellulosa /tʃellu'losa/ f. cellulose.
cellulosico, pl. **-ci**, **-che** /tʃellu'lɔziko, tʃi, ke/ agg. cellulosic, cellulose attrib.
celluloso /tʃellu'loso/ agg. **1** *(formato da cellule)* cellular **2** *(spugnoso)* [*roccia*] spongy.
celoma /tʃe'lɔma/ m. c(o)elom, coeloma*.
celostato /tʃe'lɔstato/ m. coelostat.
celta, m.pl. **-i**, f.pl. **-e** /'tʃɛlta/ m. e f. Celt; ***i Celti*** the Celts.
celtico, pl. **-ci**, **-che** /'tʃɛltiko, tʃi, ke/ **I** agg. [*popolazione, croce, lingue*] Celtic **II** m. Celtic.
celtismo /tʃel'tizmo/ m. LING. Celticism.
cembalista, m.pl. **-i**, f.pl. **-e** /tʃemba'lista/ ➧ **34, 18** m. e f. **1** *(suonatore di clavicembalo)* harpsicordist **2** *(suonatore di cembali)* cymbalist.
cembalo /'tʃembalo/ ➧ **34** m. **1** *(clavicembalo)* cembalo*, harpsichord **2** *(piatto)* cymbal.
cembro /'tʃembro/ m. (Swiss) stone-pine.
cementare /tʃemen'tare/ [1] **I** tr. **1** EDIL. to cement [*muro, mattoni*] **2** METALL. to case-harden [*acciaio*]; to carburize [*ferro*] **3** FIG. to cement [*amicizia*] **II cementarsi** pronom. **1** EDIL. to cement **2** FIG. [*amicizia*] to reinforce.

cementazione /tʃementat'tsjone/ f. **1** EDIL. cementation **2** METALL. *(di acciaio)* case-hardening; *(di ferro)* carburization **3** FIG. reinforcement.
cementiero /tʃemen'tjɛro/ **I** agg. → **cementizio** **II** m. cement industry worker.
cementificare /tʃementifi'kare/ [1] tr. to concrete (over) [*area verde*].
cementificazione /tʃementifikat'tsjone/ f. concreting.
cementificio, pl. **-ci** /tʃementi'fitʃo, tʃi/ m. cement factory.
cementite /tʃemen'tite/ f. cementite.
cementizio, pl. **-zi**, **-zie** /tʃemen'tittsjo, tsi, tsje/ agg. cement attrib.; ***industria -a*** cement industry.
▷ **cemento** /tʃe'mento/ m. **1** *(mescola per costruzione)* cement **2** FIG. cement, bond; ***il ~ dell'amicizia, dell'amore*** the bond of friendship, of love **3** MED. cement **4** ANAT. cementum ◆◆ ***~ armato*** reinforced concrete, ferroconcrete; ***~ idraulico*** hydraulic cement; ***~ a presa rapida*** quick drying cement.
▶ **cena** /'tʃena/ f. dinner, supper; ***l'Ultima Cena*** RELIG. the Last Supper; ***prima di, dopo ~*** before, after dinner; ***preparare la ~*** to get dinner ready; ***è ora di ~*** it's dinner *o* supper time; ***che cosa c'è per ~?*** what's for supper *o* dinner? ***andare a ~ fuori*** to dine out; ***portare qcn. fuori a ~*** to take sb. out to dinner; ***avere amici a ~*** to have friends to dinner; ***essere invitato a ~ da qcn.*** to be invited to dinner at sb.'s ◆◆ ***~ eucaristica*** RELIG. = Communion; ***~ in piedi*** fork supper.
cenacolo /tʃe'nakolo/ m. **1** STOR. RELIG. cenacle **2** FIG. *(gruppo ristretto)* club, cenacle, coterie **3** ART. ***il ~ di Leonardo*** Leonardo's Last Supper ◆◆ ***~ letterario*** literary coterie.
▷ **cenare** /tʃe'nare/ [1] intr. (aus. *avere*) to dine, to have* dinner, to eat* (one's) dinner, to sup AE; ***~ con una minestra, con un uovo*** to have soup, an egg for supper, to dine on a soup, an egg; ***~ a casa*** to dine in, to have dinner at home; ***~ fuori, al ristorante*** to dine out, to have dinner at the restaurant; ***ceni con noi?*** won't you join us for dinner?
cenciaio, pl. **-ai** /tʃen'tʃajo, ai/, **cenciaiolo** /tʃentʃa'jɔlo/ m. (f. **-a**) rag picker; *(uomo)* ragman*.
cencio, pl. **-ci** /'tʃentʃo, tʃi/ m. **1** *(pezzo di stoffa)* rag; *(per spolverare)* duster; *(per pavimenti)* floor cloth; ***cappello a ~*** soft felt hat **2** *(vestito logoro)* ***coperto di -ci*** in rags, in tatters **3** REGION. GASTR. = fried and sugared slice of pastry typical at Carnival time ◆ ***bianco*** o ***pallido come un ~*** as white as chalk *o* as a sheet; ***essere ridotto (a) un ~*** to be the shadow of one's former self; ***sentirsi un ~*** to feel like a wet rag.
cenciosità /tʃentʃosi'ta/ f.inv. tattiness, raggedness.
cencioso /tʃen'tʃoso/ **I** agg. [*persona*] in rags, in tatters, ragged, tattered; [*abito*] ragged, tattered **II** m. (f. **-a**) pauper, beggar.
ceneratoio, pl. **-oi** /tʃenera'tojo, oi/ m. ash pan.
▷ **cenere** /'tʃenere/ ➧ **3** **I** f. ash, cinder; ***~ di sigaretta*** cigarette ash; ***-i ardenti*** embers; ***andare*** o ***ridursi in ~*** to be reduced *o* burned to ashes; ***ridurre in ~ qcs.*** to reduce sth. to ashes, to burn sth. down *o* to a cinder *o* to a frazzle; ***covare sotto la ~*** to smoulder (anche FIG.); ***mercoledì delle Ceneri*** RELIG. Ash Wednesday; ***pista di ~*** SPORT dirt-track **II** **ceneri** f.pl. *(resti mortali)* ashes **III** agg.inv. [*biondo, grigio*] ash attrib. ◆ ***risorgere dalle -i (come l'araba fenice)*** to rise from one's ashes (like a phoenix); ***cospargersi il capo di ~*** to be in *o* wear sackcloth and ashes.
cenerentola /tʃene'rɛntola/ f. Cinderella.
Cenerentola /tʃene'rɛntola/ n.pr.f. Cinderella.
cenerino /tʃene'rino/ agg. ashy.
cenerognolo /tʃene'roɲɲolo/ agg. ash grey.
cenetta /tʃe'nɛtta/ f. ***una ~ a lume di candela*** a dinner by candlelight, a candlelit supper.
cenestesi /tʃenes'tɛzi/ f.inv. coenestesis.
cenestesia /tʃeneste'zia/ f. coenesthesia.
cengia, pl. **-ge** /'tʃendʒa, dʒe/ f. *(in montagna)* ledge.
cennamella /tʃenna'mɛlla/ f. STOR. = old musical instrument similar to bagpipes.
▷ **cenno** /'tʃenno/ m. **1** *(movimento)* gesture, sign; *(del capo)* nod; *(della mano)* wave; *(degli occhi)* wink; ***-i d'intesa*** knowing looks; ***comunicare a -i*** to communicate in gestures; ***fare (un) ~*** to beckon; ***fare ~ di sì*** o ***di assenso*** to gesture one's assent; *(con il capo)* to nod (in agreement); ***fare ~ di no*** to shake one's head (in disagreement); ***fare (un) ~ col capo*** to nod *o* bob one's head; ***gli fece un ~ di saluto dal bus*** she waved at him from the bus; ***fare ~ a qcn. di entrare*** to beckon sb. in; ***fare ~ a qcn. di fare*** to beckon *o* sign to sb. to do; ***fare ~ a qcn. di allontanarsi*** to motion *o* wave sb. away; ***fece loro un ~ con la mano*** he acknowledged them with a wave; ***fare ~ a un taxi di fermarsi*** to flag down *o* hail a taxi **2** *(riferimento)* mention; *(allusione)* hint; ***fare ~ a*** o ***di qcs.*** to mention sth., to hint at sth.; ***non fare ~ a qcs.*** to make no mention of sth. **3** *(manifestazione)* sign; ***al primo ~*** at the fist sign; ***dare -i di stanchezza*** to show signs of tiredness; ***non dare -i di vita*** to give no signs of life; ***i primi -i di rivolta*** the first signs of revolt; ***un minimo ~ di*** a breath of **4** *(breve trattato)* outline, account; ***un ~ introduttivo*** an introduction; ***-i di letteratura inglese*** notes on English literature.
cenobio, pl. **-bi** /tʃe'nɔbjo, bi/ m. **1** RELIG. c(o)enoby **2** BIOL. c(o)enoby, c(o)enobium*.
cenobita, pl. **-i** /tʃeno'bita/ m. c(o)enobite; ***fare una vita da ~*** FIG. = to lead a life of meditation.
cenobitico, pl. **-ci**, **-che** /tʃeno'bitiko, tʃi, ke/ agg. c(o)enobitical.
cenone /tʃe'none/ m. *(di Natale)* Christmas Eve dinner; *(di Capodanno)* New Year's Eve dinner.
cenosi /tʃe'nɔzi/ f.inv. coenosis*.
cenotafio, pl. **-fi** /tʃeno'tafjo, fi/ m. cenotaph.
cenozoico, pl. **-ci**, **-che** /tʃenod'dzɔiko, tʃi, ke/ **I** agg. Cainozoic, Cenozoic **II** m. Cainozoic, Cenozoic, Tertiary.
censimento /tʃensi'mento/ m. census; ***~ del traffico*** traffic census; ***fare un ~ della popolazione*** to conduct a (population) census.
censire /tʃen'sire/ [102] tr. **1** ***~ la popolazione*** to conduct a (population) census **2** AMM. *(registrare)* to register [sth.] in the land registry [*immobile*].
CENSIS /'tʃɛnsis/ m. (⇒ Centro Studi Investimenti Sociali) = Italian centre for social investment studies.
censo /'tʃɛnso/ m. **1** *(ricchezza)* wealth; ***una persona di alto ~*** a well-off person **2** STOR. census ◆◆ ***~ elettorale*** = tax quota for voting rights.
censorato /tʃenso'rato/ m. censorship.
censore /tʃen'sore/ m. **1** censor (anche STOR.) **2** FIG. critic, censor.
censorio, pl. **-ri**, **-rie** /tʃen'sɔrjo, ri, rje/ agg. **1** censorial **2** FIG. *(ipercritico)* censorious.
censura /tʃen'sura/ f. **1** censorship (anche STOR.); ***la ~ ha giudicato il film adatto a un pubblico adulto*** the censors passed the film as suitable for adults; ***i tagli della ~*** censors' cuts; ***sottoporre qcs. a ~*** to submit sth. to the board of censors; ***passare la ~*** to obtain the censors' certificate **2** FIG. censure, stricture **3** DIR. censure, reprimand.
censurabile /tʃensu'rabile/ agg. censurable.
censurare /tʃensu'rare/ [1] tr. **1** to censor, to blue-pencil [*film, lettera, opera*] **2** FIG. *(biasimare)* to censure, to blame [*comportamento*].
centaurea /tʃentau'rɛa, tʃen'taurea/ f. centaury, knapweed.
centauro /tʃen'tauro/ m. **1** MITOL. centaur **2** FIG. *(motociclista)* motorcyclist.
centellinare /tʃentelli'nare/ [1] tr. **1** to sip, to nurse [*vino, liquore*] **2** FIG. *(gustarsi)* to savour BE, to savor AE **3** *(dosare)* to ration [*forze, denaro*].
centenario, pl. **-ri** /tʃente'narjo, ri/ **I** agg. **1** *(di cento anni)* [*persona*] centenarian, hundred-year-old attrib.; *(secolare)* [*albero*] ancient; ***mio nonno è ~*** my granfather is a hundred (years old) **2** *(che ricorre ogni cento anni)* [*celebrazione*] centennial **II** m. (f. **-a**) **1** *(persona)* centenarian **2** *(anniversario)* centenary, centennial AE; ***terzo ~*** tercentenary, tercentennial, tricentenary, tricentennial; ***quarto, quinto ~*** quatercentenary, quincentenary.
centennale /tʃenten'nale/ agg. **1** *(di cento anni)* [*istituzione*] centennial; *(secolare)* [*tradizione*] ancient, centuries old **2** *(che ricorre ogni cento anni)* centennial.
centenne /tʃen'tɛnne/ m. e f. centenarian.
centennio, pl. **-ni** /tʃen'tɛnnjo, ni/ m. century, (period of) a hundred years.
centerbe /tʃen'tɛrbe/ m.inv. = typical liqueur of Abruzzi made from aromatic herbs.
centesimale /tʃentezi'male/ agg. [*scala, grado, frazione*] centesimal.
centesimo /tʃen'tɛzimo/ ➧ ***26, 6*** **I** agg. hundredth **II** m. (f. **-a**) **1** hundredth **2** *(frazione)* hundredth **3** *(moneta)* penny, farthing, dump; *(di dollaro)* cent ◆ ***non ho un ~*** I haven't got a cent *o* a farthing *o* a red cent AE; ***calcolare qcs. al ~*** to work things out, to count sth. down to the last penny; ***spendere fino all'ultimo ~*** to spend every last penny; ***non vale un ~*** it isn't worth a brass farthing *o* a dime AE; ***lesinare*** o ***contare il ~*** to count the pennies, to be careful with money; ***pagare fino all'ultimo ~*** to pay up, to pay to the last penny.
centiara /tʃenti'ara/ f. cent(i)are.
centifoglia /tʃenti'fɔʎʎa/ **I** agg. ***rosa ~*** cabbage rose **II** f. cabbage rose.
centigrado /tʃen'tigrado/ agg. [*scala, termometro*] centigrade; ***in gradi -i*** in (degrees) centigrade.

centigrammo /tʃenti'grammo/ ➧ *22* m. centigram(me).
centilitro /tʃen'tilitro/ ➧ *20* m. centilitre BE, centiliter AE.
centimetrato /tʃentime'trato/ agg. [*righello, asta*] divided into centimetres; ***nastro* ~** tape measure.
▷ **centimetro** /tʃen'timetro/ ➧ *21, 23, 24* m. **1** *(unità di misura)* centimetre BE, centimeter AE; ***~ più, ~ meno*** give or take an inch or two **2** *(nastro)* tape measure ◆◆ ***~ cubo*** cubic centimetre; ***~ quadrato*** square centimetre.
centina /'tʃɛntina/ f. **1** EDIL. ARCH. centring **2** AER. rib.
▶ **centinaio**, pl.f. **-a** /tʃenti'najo/ **I** m. **1** *(cento)* (a) hundred; *(circa cento)* about a hundred; ***un ~ di persone, metri*** about a hundred people, metres; ***qualche ~, parecchie -a di tonnellate*** a few, several hundred tons; ***venduto a -a*** sold by the hundred *o* in hundreds **2** *(grande numero)* ***te l'ho detto un ~*** o ***-a di volte*** I've told you hundreds of times *o* a hundred times; ***le lettere arrivano a -a*** letters are arriving in hundreds; ***morirono a -a*** they died in hundreds **II** **centinaia** f.pl. MAT. ***unità, decine, -a*** units, tens, hundreds.
centinare /tʃenti'nare/ [1] tr. to camber [*porta, galleria*].
centinatura /tʃentina'tura/ f. camber.
centista, m.pl. **-i**, f.pl. **-e** /tʃen'tista/ → **centometrista.**
▶ **cento** /'tʃɛnto/ ➧ *26, 8* **I** agg.inv. **1** hundred; ***una banconota da ~ sterline*** a one hundred pound note; ***ti ho già detto ~ volte di non farlo!*** I've already told you a hundred times not to do it! ***~ volte tanto*** a hundredfold; ***i Cento Giorni*** the Hundred Days; ***guerra dei Cent'anni*** Hundred Years' War; ***~ di questi giorni!*** *(come augurio)* many happy returns! **2** **per cento** per cent; ***un prestito al sette per ~*** a loan at seven per cent; ***tra il dieci e il venti per ~ degli insegnanti*** between ten and twenty per cent of teachers; ***una gonna ~ per ~ cotone*** a hundred per cent cotton skirt; ***una produzione italiana al ~ per ~*** a hundred per cent Italian production; ***avere ragione al ~ per ~*** to be a hundred per cent correct; ***sono con te al ~ per ~!*** I'm with you all the way! I'm a hundred per cent with you! **II** m.inv. hundred **III** m.pl. SPORT ***correre i ~*** to run in the hundred metres; ***fare i ~ stile libero*** to swim the hundred metres free-style.
centocchi /tʃen'tɔkki/ m.inv. → **centonchio.**
centometrista, m.pl. **-i**, f.pl. **-e** /tʃentome'trista/ m. e f. hundred-metre sprinter, hundred-metre runner.
centomila /tʃento'mila/ ➧ *26* **I** agg.inv. a hundred-thousand, one hundred-thousand **II** m.inv. **1** *(numero)* hundred thousand **2** *(100.000 vecchie lire)* one-hundred-thousand lira note.
centonchio, pl. **-chi** /tʃen'tonkjo, ki/ m. chickweed.
centone /tʃen'tone/ m. **1** LETTER. MUS. cento* **2** SPREG. hotchpotch **3** *(100.000 vecchie lire)* one-hundred-thousand lira note.
centopelle /tʃento'pelle/ m.inv. omasum*.
centopiedi /tʃento'pjɛdi/ m.inv. centipede.
centrafricano /tʃentrafri'kano/ ➧ *33* agg. Central African; ***Repubblica Centrafricana*** Central African Republic.
centraggio, pl. **-gi** /tʃen'traddʒo, dʒi/ m. TECN. centring.
▶ **centrale** /tʃen'trale/ **I** agg. **1** *(nel mezzo)* [*stazione, pilastro, zona, quartiere*] central; [*navata, corsia, sezione*] centre BE, center AE; [*scaffale, casa, cuccetta*] middle; ***punto ~*** midpoint, central point; ***zona ~*** *(di paese, regione)* heartland; *(di città)* city centre; ***campo ~*** *(nel tennis)* Centre Court; ***do ~*** MUS. middle C; ***sistema nervoso ~*** central nervous system; ***computer*** o ***elaboratore ~*** host computer; ***memoria ~*** INFORM. main memory, core; ***le vie -i*** the streets in the centre of town; ***l'arteria ~ della città*** the main road through the town; ***abitare in un quartiere ~*** to live near the centre of a town; ***cercare qualcosa di più ~*** to look for somewhere more central **2** *(principale)* [*ufficio, autorità, commissariato, banca*] central; [*punto, argomento, tema*] central, focal; [*problema*] central, main; [*ruolo, fattore, decisione*] central, key, pivotal; ***sede ~*** head office, main office, headquarters; ***posta ~*** main post office, general post office; ***occupa un posto ~ nell'azienda*** she holds a key position within the company **3** GEOGR. central; ***l'Italia, l'Europa, l'Asia, l'Africa ~*** Central Italy, Europe, Asia, Africa **4** FON. [*vocale*] central **II** f. **1** plant; ***la ~ telefonica*** o ***dei telefoni*** the (telephone) exchange **2** *(sede principale)* ***la ~ di una banca*** the head office of a bank **3** EL. power station ◆◆ ***~ atomica*** atomic power station; ***~ elettrica*** power station, powerhouse, generating station; ***~ eolica*** wind power station; ***~ idraulica*** o ***idrica*** waterworks; ***~ idroelettrica*** hydroelectric power station; ***~ eolica*** wind power station; ***~ di marea*** tidal power station; ***~ nucleare*** nuclear power station, nuclear plant; ***~ operativa*** operations centre; ***~ di polizia*** police station, police headquarters; ***~ (di energia) solare*** solar power station; ***~ termica*** thermal power station; ***~ termoelettrica*** thermoelectric(al) power station.
centralina /tʃentra'lina/ f. **1** *(centrale periferica)* TEL. local exchange; ELETTRON. local plant **2** *(scatola comandi)* control unit.
centralinista, m.pl. **-i**, f.pl. **-e** /tʃentrali'nista/ ➧ *18* m. e f. (switchboard) operator, telephonist BE.
▷ **centralino** /tʃentra'lino/ m. *(di albergo, azienda, istituto)* switchboard; *(di società telefonica)* (telephone) exchange; ***dovete chiamare il ~*** you have to go through the switchboard.
centralismo /tʃentra'lizmo/ m. centralism.
centralista, m.pl. **-i**, f.pl. **-e** /tʃentra'lista/ **I** agg. centralist **II** m. e f. **1** POL. centralist **2** *(in una centrale elettrica)* power station worker.
centralità /tʃentrali'ta/ f.inv. centrality.
centralizzare /tʃentralid'dzare/ [1] tr. to centralize.
centralizzato /tʃentralid'dzato/ **I** p.pass. → **centralizzare** **II** agg. ***chiusura -a*** AUT. central locking; ***chiusura -a a distanza*** remote central locking; ***riscaldamento ~*** central heating.
centralizzazione /tʃentraliddzat'tsjone/ f. centralization.
centralmente /tʃentral'mente/ avv. [*disporre, mettere*] centrally, in the middle.
centramericano /tʃentrameri'kano/ agg. Central American.
centrare /tʃen'trare/ [1] tr. **1** *(colpire)* to hit*, to strike* [*bersaglio*]; ***~ l'obiettivo*** to be right on target (anche FIG.); MIL. to make a direct hit; ***~ in pieno qcn., qcs. (con qcs.)*** to hit sb., sth. squarely *o* on the nose AE (with sth.); ***~ il canestro*** SPORT to score a basket **2** FIG. *(cogliere esattamente)* to pinpoint [*problema, questione*]; ***~ un personaggio*** TEATR. [*attore*] to capture the spirit of one's character **3** TECN. *(equilibrare)* to balance, to true (up) [*ruota*] **4** *(mettere al centro)* to centre BE, to center AE; ***~ una fotografia nella cornice*** to centre a picture in the frame; ***~ (il pallone)*** SPORT to centre *o* middle the ball.
centrato /tʃen'trato/ **I** p.pass. → **centrare** **II** agg. **1** *(colpito)* hit (squarely) **2** TECN. true, (well-)balanced **3** *(assestato)* ***un pugno ben ~*** a well-aimed blow **4** *(pertinente)* ***un'osservazione -a*** a shrewd *o* clever observation.
centrattacco, pl. **-chi** /tʃentrat'takko, ki/ m. → **centravanti.**
centratura /tʃentra'tura/ f. MECC. true.
centravanti /tʃentra'vanti/ m.inv. *(nel calcio)* centre(-forward) BE, center(-forward) AE.
centreuropeo /tʃentreuro'pɛo/ → **centroeuropeo.**
centrico, pl. **-ci**, **-che** /'tʃɛntriko, tʃi, ke/ agg. BOT. [*foglia*] centric(al).
centrifuga, pl. **-ghe** /tʃen'trifuga, ge/ f. **1** *(macchina)* centrifuge **2** *(della lavatrice)* spin-drier, spin-dryer; *(per insalata)* salad shaker, salad spinner.
centrifugare /tʃentrifu'gare/ [1] tr. **1** to centrifuge **2** *(per asciugare)* to spin(-dry) [*biancheria*]; to spin [*insalata*].
centrifugato /tʃentrifu'gato/ **I** p.pass. → **centrifugare** **II** agg. ***latte ~*** separated milk **III** m. ***~ di mela, di carota*** apple, carrot juice.
centrifugazione /tʃentrifugat'tsjone/ f. centrifugation.
centrifugo, pl. **-ghi**, **-ghe** /tʃen'trifugo, gi, ge/ agg. [*forza, pompa*] centrifugal.
centrino /tʃen'trino/ m. doily; *(da vassoio)* traycloth.
centripeto /tʃen'tripeto/ agg. [*forza*] centripetal.
centrismo /tʃen'trizmo/ m. centrism.
centrista, m.pl. **-i**, f.pl. **-e** /tʃen'trista/ **I** agg. centrist **II** m. e f. centrist.
▶ **centro** /'tʃɛntro/ m. **1** *(punto mediano)* centre BE, center AE, middle, midpoint (**di** of); ***al*** o ***nel ~ di qcs.*** in the centre *o* in the middle of sth.; ***al ~ (della) strada*** in the middle of the road; ***essere a ~ classifica*** SPORT to be in the middle *o* at the centre of the league table; ***palla al ~*** SPORT ball on the centre spot; ***passare al ~*** SPORT to middle; ***il ~ del bersaglio*** the bull's eye; ***colpì il ~ del bersaglio*** she hit the target in the dead centre **2** *(colpo centrato)* ***fare ~*** [*persona*] to be right *o* dead on target, to hit the bull's eye; MIL. to make a direct hit; SPORT to score a hit; [*freccia*] to find its mark **3** FIG. *(punto fondamentale)* centre BE, center AE; ***il ~ nevralgico*** the nerve centre; ***il ~ di un problema, di una questione*** the heart *o* core of a problem, of an issue; ***è al ~ delle discussioni*** it's at the centre of the discussions; ***pensa di essere al ~ dell'universo*** he thinks the whole world revolves around him; ***essere al ~ dell'attenzione, degli avvenimenti*** to be at the centre of attention, of action **4** POL. centre BE, center AE; ***il ~*** the centre; ***i partiti di*** o ***del ~*** the centre parties, the parties of the centre; ***una politica di ~*** a middle-of-the-road policy **5** *(della città)* ***~ (città)*** town centre, city centre, central city AE, midtown AE; ***in ~*** in the city centre, downtown AE; ***in pieno ~ città*** right in the centre of town; ***abitare in ~*** to live in the (town) centre; ***nel ~ di Londra*** in central London; ***il ~ di New York*** downtown New York; ***un'area degradata del ~ storico*** an inner city area **6** *(aggregato urbano)* town; ***trasferirsi in un piccolo ~*** to move to a small town; ***un grande ~ industriale*** a big industrial town **7** GEOGR. ***~ Europa*** Central Europe; ***~ (dell') Italia*** Central

Italy **8** ANAT. centre BE, center AE; *~ respiratorio* respiratory centre; *i -i vitali* the vital organs **9** SPORT *(giocatore di hockey, di pallacanestro)* centre BE, center AE ◆◆ *~ abitato* buit-up area; *~ di accoglienza* emergency centre, reception centre *o* camp, resettlement house AE; *~ di animazione* community centre; *~ antiveleni* poison unit; *~ artistico* arts centre; *~ di assistenza* crisis centre; *~ balneare* seaside resort; *~ benessere* wellness centre BE, wellness center AE; *~ commerciale* shopping centre, shopping arcade, (shopping) mall; *~ congressi* convention centre; *~ culturale* cultural centre; *~ di detenzione* detention centre; *~ diagnostico* MED. diagnostic unit; *~ direzionale* business centre; *~ elaborazione dati* INFORM. data processing (centre); *~ espositivo* o *esposizioni* exhibition centre; *~ di formazione* training centre; *~ di gestione informatica* administrative data processing centre; *~ di gravità* centre of gravity; *~ di lavorazione* production centre; *~ medico* health centre; *~ nervoso* ANAT. nerve centre; *~ operativo* operations centre; *~ di orientamento* SCOL. vocational guidance centre; *~ ospedaliero* hospital complex; *~ di prevenzione* screening unit, centre; *~ di riabilitazione* MED. rehabilitation centre; *~ (di) ricerche* research establishment *o* centre; *~ ricreativo* leisure centre; *~ di smistamento (postale)* sorting office; *~ sociale* community *o* social work centre; *~ di sperimentazione* test centre; *~ di spinta idrostatica* centre of pressure; *~ sportivo* sports centre, field house; *~ stampa* press room; *~ storico* old town, historic centre; *~ di talassoterapia* thalassotherapy centre; *~ trasfusionale* blood transfusion centre; *~ traumatologico* trauma centre; *~ vacanze* holiday *o* vacation centre.

centroafricano /tʃentroafri'kano/ → **centrafricano.**

centroamericano /tʃentroameri'kano/ → **centramericano.**

centroattacco /tʃentroat'takko/ → **centrattacco.**

centrocampista, m.pl. **-i**, f.pl. **-e** /tʃentrokam'pista/ m. e f. midfielder, midfield player.

centrocampo /tʃentro'kampo/ m. **1** *(nel calcio)* midfield; *(nel baseball)* centre-field; *a ~* in midfield; *giocare a ~* to play midfield **2** *(centrocampisti) avere un forte ~* to have strong midfielders.

centrodestra, **centro-destra** /tʃentro'dɛstra/ m.inv. *(coalizione di) ~* centre-right coalition.

centroeuropeo /tʃentroeuro'pɛo/ agg. Central European.

centromediano /tʃentrome'djano/ m. centre-half.

centropagina /tʃentro'padʒina/ m.inv. = in a newspaper, article or headline prominently placed in the centre of the page.

centropomide /tʃentro'pɔmide/ m. *(pesce)* snook.

centrosfera /tʃentro'sfɛra/ f. centrosphere.

centrosinistra, **centro-sinistra** /tʃentrosi'nistra/ m.inv. *(coalizione di) ~* centre-left coalition.

centrosoma /tʃentro'sɔma/ m. centrosome.

centrotavola /tʃentro'tavola/ m.inv. centre-piece.

centumviro /tʃen'tumviro/ m. centumvir*.

centuplicare /tʃentupli'kare/ [1] tr. **1** *(moltiplicare per cento)* to centuple, to centuplicate, to increase hundredfold **2** *(accrescere fortemente)* to multiply [*sforzi*].

centuplicato /tʃentupli'kato/ **I** p.pass. → **centuplicare II** agg. centuplicate.

centuplo /'tʃentuplo/ **I** agg. centuple, hundredfold **II** m. centuple, centuplicate.

centuria /tʃen'turja/ f. STOR. century.

centuriato /tʃentu'rjato/ m. STOR. centurial.

centurione /tʃentu'rjone/ m. STOR. centurion.

ceppaia /tʃep'paja/ f. **1** *(ceppo di albero tagliato)* stool, (tree) stump **2** *(terreno coperto di ceppi)* = area where the trees have been cut, leaving the stumps.

ceppo /'tʃeppo/ **I** m. **1** *(di albero tagliato)* stool, (tree) stump; *(d'innesto)* understock **2** *(ciocco)* billet, log, chump, chunk **3** *(del macellaio)* (chopping) block; *(per coltelli)* knife block **4** *(del patibolo)* block; *posare la testa sul ~* to put *o* lay one's head on the block (anche FIG.) **5** *(discendenza, stirpe, origine)* stock; *~ indoeuropeo* Indo-European stock **6** *(dell'ancora)* anchor stock **7** *(dell'aratro)* plough stock BE, plow stock AE **8** ANT. *(cassetta delle elemosine)* alms box **9** TECN. *(del freno)* brake block **10** *(bloccaruota)* (wheel)clamp, boot AE **11** BIOL. MED. strain **II ceppi** m.pl. *(dei prigionieri)* bonds, fetters, (leg) irons, shackles; *mettere qcn. in -i* to (en)fetter sb., to shackle sb., to put sb. in irons; *liberarsi dai* o *spezzare i -i* FIG. to break the shackles *o* the bond ◆ *~ batterico* bacterial strain; *~ di Natale* Yule log; *~ virale* viral strain.

▷ **1.cera** /'tʃera/ f. wax; *(per lucidare pavimenti, auto, mobili ecc.)* polish; *bambola, candela di ~* wax doll, wax candle; *statua di ~* waxwork; *museo delle -e* wax museum, waxworks; *palma della cera* waxpalm; *albero della ~* candletree; *dare la ~ (al pavimento), passare la ~ (sul pavimento)* to wax *o* polish the floor; *fusione a ~ persa* lost-wax fusion ◆◆ *~ d'api* beeswax; *~ da* o *per pavimenti* floor polish *o* wax; *~ da scarpe* shoe polish; *~ vegetale* vegetable wax; *~ vergine* → **~ d'api.**

2.cera /'tʃera/ f. *(aspetto) avere una bella* o *buona ~* to look very well; *avere una brutta* o *cattiva ~* to be off colour, to look rough; *ha una ~ che non mi piace, chiama il dottore* I don't like the look of her, call the doctor.

ceralacca, pl. **-che** /tʃera'lakka, ke/ f. (sealing) wax.

▷ **ceramica**, pl. **-che** /tʃe'ramika, ke/ f. **1** *(materiale)* ceramic; *piatto in* o *di ~* ceramic plate; *pittura su ~* ceramic-painting **2** *(oggetto) una ~* a piece of pottery; *-che* ceramics, pottery **3** *(arte e tecnica)* ceramics + verbo sing., pottery; *seguire un corso di ~* to attend a pottery class ◆◆ *~ cavillata* cracklechina, crackleware.

ceramico, pl. **-ci**, **-che** /tʃe'ramiko, tʃi, ke/ agg. [*prodotto*] ceramic.

ceramista, m.pl. **-i**, f.pl. **-e** /tʃera'mista/ ▸ *18* m. e f. cerami(ci)st, potter.

ceraste /tʃe'raste/ m. cerastes*.

cerata /tʃe'rata/ f. **1** *(casacca)* oilskins pl., shiny mac BE, waxed jacket BE, oilers pl. AE **2** *(tela cerata)* oilcloth, wax-cloth, oilskin, waterproof sheet, tarpaulin.

cerato /tʃe'rato/ **I** agg. waxed; *carta -a* wax paper; *(impermeabilizzato) tela -a* oilcloth, wax-cloth, oilskin, waterproof sheet, tarpaulin **II** m. FARM. cerate.

ceratore /tʃera'tore/ ▸ *18* m. (f. **-trice** /tritʃe/) waxer.

ceratura /tʃera'tura/ f. waxing.

cerbero /'tʃɛrbero/ m. = stern custodian.

Cerbero /'tʃɛrbero/ n.pr.m. Cerberus.

cerbiatta /tʃer'bjatta/ f. doe.

cerbiatto /tʃer'bjatto/ m. *(sotto i due anni)* fawn; *(di due anni)* pricket; *di* o *da ~* fawn-like; *con gli occhi da ~* doe-eyed.

cerbottana /tʃerbot'tana/ f. **1** *(arma)* blowpipe BE, blowgun AE **2** *(giocattolo)* pea shooter.

cerca /'tʃerka/ f. **1** *(ricerca) in ~ di qcn., qcs.* in search of sb., sth.; *essere, andare in ~ di qcs.* to be, go looking for sth. **2** *(questua)* collection of alms; *fare la* o *andare alla ~* to collect alms **3** VENAT. tracking, scenting.

cercafase /tʃerka'faze/ m.inv. phase detector.

cercamine /tʃerka'mine/ m.inv. mine detector.

cercapersone /tʃerkaper'sone/ m.inv. **1** *(sistema)* pager **2** *(ricevitore)* beep(er), bleeper BE.

▶ **cercare** /tʃer'kare/ [1] **I** tr. **1** *(tentare di trovare)* to look for, to seek* [*persona, oggetto*]; to look for, to try to find [*impiego, alloggio*]; *andare a ~ qcn., qcs.* to go looking for sb., sth.; *~ qcs. a tentoni* o *a tastoni* to grope for sth.; *~ con lo sguardo qcn. tra la folla* to look about *o* around for sb. in the crowd; *~ un fazzoletto nella borsa* to search *o* rummage for a tissue in one's bag; *"cercasi commessa"* "sales assistant wanted"; *è da un'ora che ti cerco* I've been looking for you for the last hour; *i suoi occhi cercarono quelli della moglie* he sought his wife's eyes; *sta cercando la sua strada* FIG. he's trying to find his way; *~ di dormire* to try to get some sleep; *~ l'avventura* to look for *o* seek adventure; *~ fortuna* to seek one's fortune; *~ vendetta* to seek revenge; *~ da mangiare, da bere* to look for something to drink, to eat; *~ da dormire* to look for somewhere to sleep; *~ casa* to look for a house; *~ una parola sul dizionario* to look up a word in the dictionary **2** *(pensare a)* to try* to find [*risposta, soluzione*]; to look for [*pretesto, scusa*]; *~ le parole giuste* to fumble for words; *~ il modo di fare qcs.* to try to find a way to do sth.; *non è il caso di ~ molto lontano, è lui il colpevole* you don't have to look too far, he's the guilty one **3** *(chiedere di) chi cerca?* are *o* were you looking for anybody? who are you looking for? *c'è un signore che la cerca* there's a man looking for you; *(al telefono) mi ha cercato qualcuno?* did anybody call me? did I get any calls? **4** *(tentare di ottenere)* to seek* [*sicurezza, felicità, pace, alleanze, sostegno, consiglio, aiuto, soluzione*]; to pursue [*fama, gloria*] **5** *(andare incontro a)* to look for [*complicazioni, problemi, grane*]; *ti ha preso a schiaffi, ma te lo sei proprio cercato* he slapped you, but you asked for it; *se l'è proprio cercata!* he was asking for it! **II** intr. (aus. *avere*) *(provare, tentare) ~ di fare* to try to do, to try and do; *non cerco più di capire* I've given up trying to understand; *cercò di farsi capire* he tried to make himself understood; *cosa cerchi di dimostrare?* what are you trying to prove? *cerco di rintracciarla da questa mattina* I've been trying to contact you since this morning; *(fare in modo di) cercherò di raggiungerlo prima di mezzogiorno* I'll try and contact him before noon; *cercate di arrivare in tempo* try and come on time; *cerca di sbrigarti!* try to hurry (up)! ◆ *è come ~ un ago in un pagliaio* it's like looking for a needle in a haystack; *~ il pelo nel-*

l'uovo to split hairs; ***andarsi a ~ qcs. (con il lanternino)*** to be asking for sth.; ***chi cerca trova*** PROV. whoever seeks will find.

cercatore /tʃerka'tore/ m. (f. **-trice** /tritʃe/) **1** searcher; ***~ di funghi*** mushroom picker; ***~ d'oro*** gold digger, gold prospector; *(nei fiumi)* gold washer **2** RELIG. ***(frate) ~*** mendicant friar **3** *(cannocchiale)* finder.

cerchia /'tʃerkja/ f. **1** *(struttura circolare)* circle, ring; ***~ di mura*** circle of walls **2** *(di persone)* circle; ***la sua ~ di amici*** his circle of friends; ***~ ristretta*** inner circle, coterie; ***~ familiare*** family circle; ***nella sua ~ si dice che*** people close to him say that; ***mantenere*** o ***conservare la ~ delle proprie conoscenze*** to keep in touch with one's circle of acquaintances **3** FIG. *(ambito)* range; ***allargare la ~ dei propri affari*** to widen *o* extend the range of one's business ◆◆ ***~ annuale*** tree ring.

cerchiaggio, pl. **-gi** /tʃer'kjaddʒo, dʒi/ m. **1** *(di botte)* hooping **2** MED. cerclage; ***~ del collo dell'utero*** uterine cerclage.

cerchiare /tʃer'kjare/ [1] tr. **1** *(stringere, serrare con cerchi)* to hoop [*botte*]; to rim [*ruota*] **2** *(cingere, circondare)* to encircle, to surround, to ring; ***~ la città di mura*** to surround the town with walls **3** *(evidenziare con un cerchio)* to (en)circle, to put* a ring round [*parola, numero, risposta*].

cerchiato /tʃer'kjato/ **I** p.pass. → **cerchiare II** agg. ***avere gli occhi -i*** to have circles *o* rings *o* shadows under one's eyes; *(evidenziato)* ***i nomi -i in rosso*** the names circled in red.

cerchiatura /tʃerkja'tura/ f. **1** *(di botte)* hooping; *(di ruota)* rimming **2** *(cerchi di una botte)* hoops pl.

cerchietto /tʃer'kjetto/ m. **1** *(piccolo cerchio)* circlet **2** *(per capelli)* hairband, headband, Alice band BE; *(orecchino)* hoop earring.

▷ **cerchio**, pl. **-chi** /'tʃerkjo, ki/ m. **1** *(figura geometrica)* circle; ***un ~ di 2 metri di diametro*** a circle with a diameter of 2 metres **2** *(circolo)* circle, ring; ***formare un ~, stare in ~ attorno a*** to form a circle *o* a ring around; ***fare ~ attorno a qcn.*** to gather around sb.; ***danzare, sedere in ~*** to dance, to sit in a circle; ***descrivere dei -chi*** [*aereo, uccello*] to circle (overhead); ***descrivere dei piccoli ~ con le braccia, le gambe*** [*persona*] to move one's arms, legs in a small circular motion **3** *(anello)* ring; ***un ~ di metallo*** a metal ring *o* hoop; ***-chi, orecchini a ~*** hoop earrings; *(attrezzo)* hoop; ***fare un esercizio col ~*** to do an exercise with a hoop **4** *(di ruota)* rim **5** *(di botte)* hoop **6** FIG. *(mal di testa)* ***avere un ~ alla testa*** to have a headache ◆ ***dare un colpo al ~ e uno alla botte*** to run with the hare and hunt with the hounds; ***il ~ si è chiuso*** the wheel has come *o* turned full circle; ***cercare la quadratura del ~*** to square the circle ◆◆ ***-chi in lega*** AUT. alloy rims *o* wheels; ***~ circoscritto*** circumcircle; ***~ exinscritto*** escribed circle; ***~ inscritto*** in-circle; ***~ magico*** magic circle; ***~ massimo*** great circle; ***~ meridiano*** meridian circle; ***~ della morte*** AER. loop.

cerchione /tʃer'kjone/ m. rim.

cercinare /tʃertʃi'nare/ [1] tr. BOT. to ring, to girdle [*albero*].

cercine /'tʃertʃine/ m. **1** = pad placed on one's head for carrying loads **2** BOT. ring.

cercopiteco, pl. **-ci, -chi** /tʃerkopi'tɛko, tʃi, ki/ m. cercopithecoid (monkey) ◆◆ ***~ grigioverde*** vervet.

cereale /tʃere'ale/ **I** m. cereal **II cereali** m.pl. grain **U**, cereal **U**, corn **U**; *(per panificazione)* breadstuffs; *(per la prima colazione)* (breakfast) cereal; ***i prezzi dei -i*** grain prices; ***biscotti ai -i*** = biscuits made with meal; ***una colazione a base di -i*** a breakfast of cereal; ***-i foraggeri*** feed grains **III** agg. cereal.

cerealicolo /tʃerea'likolo/ agg. [*coltivazione, produzione, regione*] cereal attrib.

cerealicoltore /tʃerealikol'tore/ ♦ ***18*** m. (f. **-trice** /tritʃe/) cereal grower, cereal farmer.

cerealicoltura /tʃerealikol'tura/ f. cereal growing, cereal farming.

cerebellare /tʃerebel'lare/ agg. cerebellar.

cerebrale /tʃere'brale/ agg. **1** MED. [*paralisi*] cerebral; [*emorragia, lesioni, attività, morte*] brain attrib.; ***commozione ~*** concussion; ***avere una commozione ~*** to be concussed; ***embolo ~*** clot on the brain; ***onda ~*** brainwave; ***rammollimento ~*** softening of the brain **2** FIG. *(intellettualistico)* [*persona, scrittore, film, musica*] cerebral **3** LING. retroflex.

cerebralismo /tʃerebra'lizmo/ m. cerebralism.

cerebralità /tʃerebrali'ta/ f.inv. → **cerebralismo.**

cerebroleso /tʃerebro'leso/ **I** agg. brain-damaged **II** m. (f. **-a**) brain-damaged person.

cerebropatia /tʃerebropa'tia/ f. cerebropathy.

cerebrospinale /tʃerebrospi'nale/ agg. cerebrospinal.

1.cereo /'tʃɛreo/ agg. **1** *(di cera)* wax attrib. **2** *(con la consistenza della cera)* waxy **3** *(pallidissimo)* wan, waxen LETT.

2.cereo /'tʃɛreo/ m. BOT. cereus.

Cerere /'tʃɛrere/ n.pr.f. Ceres.

cereria /tʃere'ria/ f. **1** *(fabbrica)* wax factory, candle factory **2** *(negozio)* candle and wax shop.

ceretta /tʃe'retta/ f. **1** *(per depilarsi)* (depilatory) wax; ***farsi la ~ alle gambe*** to wax one's legs; ***~ a caldo*** hot wax; ***~ a freddo*** cold wax **2** *(per scarpe)* shoe polish.

cerfoglio, pl. **-gli** /tʃer'fɔʎʎo, ʎi/ m. chervil.

cerico, pl. **-ci, -che** /'tʃɛriko, tʃi, ke/ agg. ceric.

cerifero /tʃe'rifero/ agg. wax-producing.

▶ **cerimonia** /tʃeri'mɔnja/ **I** f. ceremony, ceremonial occasion; ***~ d'apertura*** opening ceremony, opening exercises AE; ***~ commemorativa*** remembrance ceremony; ***~ funebre*** funeral service; ***~ d'investitura*** induction ceremony, investiture ceremony, swearing-in ceremony; ***~ nuziale*** marriage service *o* ceremony; ***~ di premiazione*** award ceremony; ***~ religiosa*** religious ceremony *o* rite; ***-e solenni*** solemnities; ***abito da ~*** ceremonial dress *o* robe, formal *o* full dress; *(da uomo)* dress suit; ***maestro di -e*** master of ceremonies; ***partecipare*** o ***presenziare a una ~*** to attend a ceremony **II cerimonie** f.pl. *(formalità)* ceremony **U**; ***fare -e*** to stand on ceremony; ***senza -e*** unceremoniously, without ceremony, informally; ***vuole essere ricevuta senza -e*** she doesn't want any fuss.

cerimoniale /tʃerimo'njale/ **I** agg. ceremonial **II** m. **1** ceremonial, ritual; ***attenersi al*** o ***rispettare*** o ***seguire il ~*** to observe the rites **2** *(libro)* ceremonial.

cerimonialmente /tʃerimonjal'mente/ avv. ceremonially.

cerimoniere /tʃerimo'njɛre/ m. master of ceremonies, emcee AE COLLOQ.

cerimoniosamente /tʃerimonjosa'mente/ avv. ceremoniously.

cerimoniosità /tʃerimonjosi'ta/ f.inv. ceremoniousness.

cerimonioso /tʃerimo'njoso/ agg. [*tono, persona*] ceremonious; ***non fare tanto il ~!*** don't be so ceremonious!

▷ **cerino** /tʃe'rino/ m. (wax) match.

cerio /'tʃɛrjo/ m. cerium.

cernere /'tʃɛrnere/ [2] tr. (forms not attested: past participle and compound tenses) LETT. *(distinguere)* to sort out; ***~ il buono dal cattivo*** to tell right from wrong.

cernia /'tʃɛrnja/ f. grouper*.

▷ **cerniera** /tʃer'njɛra/ f. **1** *(chiusura lampo)* zip (fastener), zipper AE, slide fastener AE; ***aprire, chiudere una ~*** to do up, undo a zip **2** *(di porta, sportello)* hinge; ***a ~*** [*coperchio, giuntura*] hinged **3** *(di valve di mollusco)* hinge **4** FIG. ***fare da ~ tra*** to be a bridge between ◆◆ ***~ lampo*** zip (fastener), zipper AE, slide fastener AE.

cernita /'tʃɛrnita/ f. sorting, selection, choice; ***fare una ~ di qcn., qcs.*** to winnow sb., sth. down.

cernitore /tʃerni'tore/ ♦ ***18*** m. (f. **-trice** /tritʃe/) *(persona)* grader; *(macchina)* grader, grading machine.

▷ **cero** /'tʃero/ m. candle, taper; ***accendere un ~ a*** to light a candle to [*Madonna, santo*]; ***accendere un ~ (a sant'Antonio)*** FIG. to thank one's lucky stars ◆◆ ***~ pasquale*** Paschal candle.

cerone /tʃe'rone/ m. TEATR. greasepaint; SCHERZ. heavy make-up.

ceroplastica, pl. **-che** /tʃero'plastika, ke/ f. ceroplastics + verbo sing.

ceroplastico, pl. **-ci, che** /tʃero'plastiko, tʃi, ke/ agg. ceroplastic.

1.ceroso /tʃe'roso/ agg. **1** *(che contiene cera)* containing wax **2** *(simile alla cera)* waxy, waxlike.

2.ceroso /tʃe'roso/ agg. CHIM. *(composto di cerio)* cerous.

▷ **cerotto** /tʃe'rɔtto/ m. *(da mettere sulla ferita)* (sticking) plaster, Band-Aid®, patch; *(contenente medicinali)* medicated plaster; ***~ alla nicotina*** nicotine patch; ***mettere un ~ su una ferita, sul braccio*** to put a plaster on a cut, on one's arm.

cerreto /tʃer'reto/ m. wood of Turkey oaks.

cerro /'tʃɛrro/ m. Turkey oak.

certame /tʃer'tame/ m. LETT. **1** ANT. *(combattimento)* fight, combat **2** *(competizione letteraria)* literary contest; ***~ poetico*** poetry contest.

certamente /tʃerta'mente/ avv. certainly, undoubtedly; ***avete ~ rilevato, notato che*** you've certainly, most probably noticed that; ***il comitato approverà ~ il provvedimento*** the committee is certain to approve the measure; ***~ non verrà*** he definitely won't come; ***e ~ saranno in ritardo!*** and sure enough they'll be late! ***"vieni al cinema stasera?" - "(sì,) ~!"*** "are you coming to the cinema tonight?" - "of course! you bet! definitely!"; ***"posso usare il (tuo) telefono?" - "(ma) ~!"*** "may I use your phone?" - "feel free! of course!"; ***~ no!*** certainly not! of course not!

▷ **certezza** /tʃer'tettsa/ f. **1** *(sicurezza)* certainty; ***sappiamo con ~ che*** we know for certain *o* for a certainty that; ***chiamami solo quando lo saprai con ~*** don't ring me until you know for sure; ***non***

possiamo dire con ~ se si riprenderà we cannot say with any certainty whether he will recover; ***avere la ~ che*** to be certain *o* confident that; ***avere la ~ di fare*** to be certain of doing, to be confident to do; ***posso affermare con ~ che*** I can say with confidence that **2** *(fatto certo)* ***adesso è una ~*** it's now a certainty; *(convinzione)* ***-e morali*** moral certainties; ***niente può far vacillare le sue -e*** nothing can shake his certitudes ◆◆ ***~ matematica*** mathematical certainty.

certificare /tʃertifi'kare/ [1] tr. to certify, to certificate; ***~ che qualcosa è conforme all'originale*** to certify sth. a true copy; ***~ che qcn. è idoneo a*** to certify sb. (as) fit for [*attività sportiva*]; ***~ qcs. davanti a un notaio*** to notarize sth.

▷ **certificato** /tʃertifi'kato/ m. certificate; ***~ attestante che*** certificate showing that; ***richiedere, rilasciare, presentare un ~*** to request, issue, present a certificate; ***~ provvisorio*** scrip ◆◆ ***~ di assicurazione*** insurance certificate; ***~ di autenticità*** certificate of authenticity; ***~ di buona condotta*** = character reference; ***~ di deposito*** certificate of deposit; ***~ elettorale*** polling card BE, voter registration card AE; ***~ di garanzia*** certificate of guarantee; ***~ genealogico*** pedigree registration certificate; ***~ d'ispezione*** inspection certificate; ***~ di lavoro*** = document from a previous employer giving dates and nature of the employement; ***~ di matrimonio*** marriage certificate, marriage lines BE COLLOQ.; ***~ medico*** medical certificate, doctor's note; *(per malattia)* sick note; ***~ di morte*** death certificate; ***~ di nascita*** birth certificate; ***~ di origine*** certificate of origin; ***~ di prestito*** loan certificate; ***~ di proprietà*** proof of ownership; ***~ di rendita*** annuity bond; ***~ di residenza*** proof of residence; ***~ di risparmio*** savings certificate; ***~ di sana e robusta costituzione*** health certificate.

certificazione /tʃertifikat'tsjone/ f. certification; ***~ notarile*** notarization; ***~ di un documento*** authentication *o* certification of a document; ***~ linguistica*** language certification; ***~ (della) qualità*** quality certification.

▶ **1.certo** /'tʃɛrto/ **I** agg. **1** *(persuaso, convinto)* [*persona*] certain, sure (**di** of, about); ***ne sono ~*** I'm certain *o* sure (of it); ***ne sono più che ~*** I'm absolutely sure *o* certain about it; ***essere ~ di qcs., di fare qcs.*** to be sure *o* certain of sth., of doing sth.; ***sarà puntuale, puoi starne ~!*** he'll be on time, of that you can be sure! ***sono ~ che lei verrà*** I feel certain that she'll come **2** *(indubitabile)* certain, sure; [*prova*] firm; [*vittoria*] certain; [*notizia*] reliable; [*data*] fixed; *(efficace)* [*rimedio*] sure; ***una cosa è -a, (che) ti sei fatto fregare*** one thing is certain, for sure you've been had; ***una cosa è -a, non avremo scelta*** this much is certain, we'll have no choice; ***la cosa non è -a*** it's not certain *o* sure; ***sapere qcs. per ~*** to know sth. for certain *o* for sure; ***dare*** o ***tenere qcs. per ~*** to be certain of sth.; ***non è affatto ~*** it's by no means a certainty; ***è tutt'altro che ~*** it's far from certain, nothing is less certain; ***non è così ~*** it's not that certain; ***è più che ~*** it's more than certain; ***è ~ che lei accetterà*** it's certain that she'll accept, she's certain to accept; ***è cosa -a che suonerà al concerto della prossima settimana*** he is a certainty to play at next week's concert; ***vinceranno, è ~!*** they're sure, bound to win! ***andare incontro a morte -a*** to head for a certain death **II** m. ***abbandonare*** o ***lasciare il ~ per l'incerto*** to take a chance, to plunge into the unknown **III** avv. **1** certainly, surely; ***ma ~!*** of course! sure! ***"vieni al cinema stasera?" - "(sì,) ~!"*** "are you coming to the cinema tonight?" - "of course! definitely! you bet!"; ***"posso usare il (tuo) telefono?" - "(ma) ~ che sì!"*** "may I use your phone?" - "feel free! of course!"; ***"non viene, vero?" - "~ che viene!"*** "he's not coming, is he?" - "indeed he is!"; ***ma ~ che vi aiuterò*** of course I'll help you; ***~ che no!*** certainly not! of course not! ***non sarà ~ facile, ma...*** admittedly it won't be easy, but...; ***il copione non è ~ ricco di battute divertenti*** the script isn't exactly full of laughs; ***~ ha mentito, ma...*** admittedly he did lie, but...; ***è molto seducente, ~, ma è troppo pretenzioso*** he is certainly a very charming man, but he is too conceited; ***"ti piace?" - "~, ma..."*** "do you like it?" - "sure, but..."; ***non avrei ~ immaginato che avrebbe reagito così*** I never expected he'd react that way; ***~ (che) è una situazione difficile*** it's a difficult situation indeed; ***~ (che) hai una bella faccia tosta!*** I must say you've got (a bit of) a cheek *o* a nerve; ***non possono ~ rifiutarsi di ascoltare*** they can hardly refuse to listen **2 di certo** for certain, for sure; ***so di ~ che lui...*** to my certain knowledge, he...; ***no di ~*** certainly not, of course not; ***se posso evitarlo, no di ~!*** not if I can help it! ***le occasioni non mancano di ~*** there is definitely no shortage of opportunity; ***se non sta bene, (di) ~ non verrà*** if he's not well, he definitely won't come.

▶ **2.certo** /'tʃɛrto/ **I** agg. indef. **1** *(indefinito, non precisato)* certain; ***una -a quantità di*** some *o* a certain measure of; ***una -a confusione*** a certain amount of confusion; ***resterà a casa per un ~ periodo*** she'll stay at home for some time *o* for a while; ***c'è ancora un ~ numero di errori nel testo*** there are still a certain number of mistakes in the text; ***rappresenta una -a immagine dell'Italia*** he represents a certain image of Italy; ***ho, nonostante tutto, una -a ammirazione per lui*** in spite of everything I've got a certain admiration for him; ***in una -a (qual) misura*** to a certain extent *o* degree; ***in un ~ (qual) modo*** in a way; ***fino a un ~ punto*** up to a (certain) point; ***sotto -i aspetti*** o ***per -i versi sono d'accordo*** in some ways, I agree; ***"è possibile?" - "sì, entro ~ limiti"*** "is it possible?" - "yes, within limits"; ***ha un ~ non so che*** he has a certain something *o* air *o* je ne sais quoi about him; ***sono uscito con -i miei amici*** I went out with some friends of mine **2** *(tale)* ***un ~ signor Bianchi*** a (certain) Mr Bianchi **3** *(di tal genere)* such; ***non sopporto -i comportamenti*** I can't stand such behaviour; ***ho fatto -i sogni stanotte!*** I had such dreams last night! ***ha detto -e cose su di lui*** he said such things about him; ***hai -e idee!*** you have some funny ideas! ***non sopporto -a gente!*** SPREG. I can't stand such people **4** *(discreto)* some; ***avere un ~ appetito*** to be rather *o* quite hungry; ***mi ci è voluto un ~ tempo per capire*** it took me a while *o* some time to understand; ***la cosa richiederà un ~ impegno*** it will take some doing; ***godo di un ~ grado di autonomia*** I enjoy a *o* some degree of independence *o* autonomy; ***danni di una -a entità*** a certain amount of damage; ***un uomo di una -a età*** a man of a distinct age **II certi** pron.indef.pl. *(alcuni)* some; ***-i sono d'accordo, altri no*** some (people) agree, others don't.

certosa /tʃer'toza/ f. charterhouse, Carthusian monastery.

certosino /tʃerto'zino/ **I** agg. [*monaco, convento, regola, ordine*] Carthusian **II** m. **1** *(religioso)* Carthusian **2** *(liquore)* → **chartreuse 3** GASTR. *(formaggio)* = soft fat cheese produced in Lombardy; *(dolce)* = small candied doughnut typical of Bologna ◆ ***pazienza da ~*** patience of Job; ***lavoro da ~*** painstaking work.

certuno /tʃer'tuno/ **I** agg. RAR. ***-e persone lo sostengono*** some people support him **II certuni** pron.indef.pl. ***-i non furono d'accordo*** some people didn't agree; ***-i sono tornati, cert'altri no*** some (of them) came back, others didn't.

ceruleo /tʃe'ruleo/ agg. LETT. cerulean.

cerume /tʃe'rume/ m. (ear)wax, cerumen MED.; ***tappo di ~*** cerumen blockage.

ceruminoso /tʃerumi'noso/ agg. ceruminous.

cerusico, pl. **-ci** e **-chi** /tʃe'ruziko, tʃi, ki/ m. **1** ANT. surgeon **2** SPREG. SCHERZ. sawbones.

cerva /'tʃɛrva/ f. hind*.

cervellata /tʃervel'lata/ f. = kind of cervelat.

cervelletto /tʃervel'letto/ m. cerebellum.

cervellino /tʃervel'lino/ m. *(persona poco intelligente)* bird-brain, featherbrain, peabrain.

▶ **cervello** /tʃer'vɛllo/ m. **1** *(organo)* brain, cerebrum MED.; *(materia grigia)* (anche pl.f. **-a**) brain(s) (anche GASTR.); ***~ di vitello, di agnello*** calves', lambs' brains; ***~ fritto, al burro*** fried brains, brains cooked in butter; ***bruciarsi*** o ***farsi saltare le -a*** to blow one's brains out; ***tumore al ~*** brain tumor, tumor of the brain **2** *(testa, mente)* brain, head, mind; ***avere ~*** to have brains *o* a good brain, to be brainy; ***essere senza ~, non avere niente nel ~*** to be brainless, to have no brains; ***avere un ~ fino*** to be sharp witted; ***~ di gallina*** FIG. bird-brain, featherbrain, peabrain; ***usare*** o ***far lavorare il ~*** to use one's brains; ***pensare col proprio ~*** to think with one own's mind; ***lambiccarsi*** o ***spremersi il ~*** to beat one's brain out, to rack one's brains; ***non avere il ~ a posto, essere tocco nel ~*** to be nutty *o* crazy; ***non mi è nemmeno passato per l'anticamera del ~*** it didn't even cross my mind; ***gli ha dato di volta il ~*** he has gone off his head *o* out of his mind; ***lavaggio del ~*** brainwashing; ***gli hanno fatto il lavaggio del ~ per fargli credere che...*** they brainwashed him into thinking that... **3** *(persona intelligente)* brain; ***importare, attrarre i migliori -i*** to import, attract the best brains; ***esodo*** o ***fuga dei -i*** brain drain **4** *(ideatore, organizzatore)* brains, mastermind; ***essere il ~ dell'associazione, della compagnia*** to be the brains of the association, of the company; ***essere il ~ di una truffa, un complotto*** to mastermind a swindle, a plot; ***era lei il ~ dell'operazione*** she was the brains behind the operation ◆ ***avere il ~ in fondo ai piedi, avere la segatura nel ~*** to be thick as a brick, not to understand a thing; ***scarpe grosse, ~ fino*** PROV. = he's not as green as his cabbage-looking ◆◆ ***~ elettronico*** INFORM. electronic brain.

cervellone /tʃervel'lone/ m. **1** *(persona intelligente)* brain(box) **2** SCHERZ. *(cervello elettronico)* electronic brain.

cervellotico, pl. **-ci, -che** /tʃervel'lɔtiko, tʃi, ke/ agg. [*ragionamento*] tortuous, bizarre.

cervicale /tʃervi'kale/ **I** agg. ANAT. [*nervo, vertebra, artrosi*] cervical; *(della cervice uterina)* [*muco*] cervical **II** f. COLLOQ. ***soffrire di*** o ***avere la ~*** to suffer from cervical arthrosis.

cervicapra /tʃervi'kapra/ f. nagor; ***antilope*** **~** sasin.
cervice /tʃer'vitʃe/ f. **1** LETT. cervix* **2** ANAT. **~** ***uterina*** cervix.
cervicite /tʃervi'tʃite/ f. cervicitis.
cervide /'tʃɛrvide/ m. cervid; ***la famiglia dei -i*** the deer family.
cervino /tʃer'vino/ agg. cervine, deer attrib.
Cervino /tʃer'vino/ n.pr.m. ***il*** **~** the Matterhorn.
▷ **cervo** /'tʃɛrvo/ m. (red) deer*; *(maschio adulto)* stag, hart; ***carne di*** **~** venison; ***caccia al*** **~** deerstalking, stag hunting ◆◆ **~** ***virginiano*** white-tailed deer; **~** ***volante*** stag beetle.
Cesare /'tʃɛzare/ **I** n.pr.m. Caesar; ***Giulio*** **~** Julius Caesar **II** m. *(imperatore)* Caesar ◆ ***date a*** **~** ***quel che è di*** **~** render unto Caesar what is Caesar's.
1.cesareo /tʃe'zareo/ agg. STOR. Caesaerean, Caesaerian.
2.cesareo /tʃe'zareo/ **I** agg. MED. [*parto*] C(a)esarean, C(a)esarian; ***taglio*** **~** C(a)esarean section *o* C-section **II** m. ***le hanno fatto, ha avuto un*** **~** she had a Caesarean.
cesariano /tʃeza'rjano/ agg. *(di Giulio Cesare)* Caesaerean, Caesaerian.
cesarismo /tʃeza'rizmo/ m. Caesarism.
cesellare /tʃezel'lare/ [1] tr. **1** to chisel, to chase, to shear through [*metallo*] **2** FIG. to polish [*stile, discorso*].
cesellato /tʃezel'lato/ **I** p.pass. → **cesellare II** agg. [*argento*] chiselled BE, chiseled AE; FIG. [*versi*] chiselled BE, chiseled AE, polished.
cesellatore /tʃezella'tore/ ♦ ***18*** m. (f. **-trice** /tritʃe/) chaser, chiseller BE, chiseler AE.
cesellatura /tʃezella'tura/ f. chasing, chiselling (metal).
cesello /tʃe'zɛllo/ m. **1** *(arte)* (art of) chasing, chiselling **2** *(strumento)* chaser, chisel; ***lavorare di*** **~** to chisel, to chase; FIG. to polish.
cesena /tʃe'zɛna/ f. fieldfare.
cesenate /tʃeze'nate/ ♦ ***2*** **I** agg. from, of Cesena **II** m. e f. native, inhabitant of Cesena.
cesio /'tʃɛzjo/ m. caesium BE, cesium AE.
cesoia /tʃe'zoja/ **I** f. TECN. MED. guillotine **II cesoie** f.pl. shears, secateurs BE ◆◆ **~** ***per lamiera*** *(macchina)* guillotine; *(utensile)* shears; ***-e da giardinaggio*** garden shears; ***-e da siepe*** hedging *o* pruning shears.
cespite /'tʃɛspite/ m. **1** *(fonte di guadagno)* source of income, capital asset **2** LETT. *(cespo)* tuft, clump.
cespo /'tʃespo/ m. tuft, clump, cluster; ***un*** **~** ***di lattuga*** a head of lettuce.
▷ **cespuglio**, pl. **-gli** /tʃes'puʎʎo, ʎi/ m. **1** bush, shrub; **~** ***spinoso*** thornbush **2** FIG. SCHERZ. ***un*** **~** ***di capelli*** a bush *o* thatch of hair.
cespuglioso /tʃespuʎ'ʎoso/ agg. **1** [*terreno, regione, giardino*] bushy, shrubby **2** FIG. SCHERZ. [*sopracciglia*] bushy; [*barba, capelli*] bushy, straggly.
▶ **cessare** /tʃes'sare/ [1] **I** tr. to cease, to stop [*attività, ostilità*]; **~** ***ogni attività*** [*impresa*] to cease trading; ***essere costretto a*** **~** ***l'attività*** to be driven out of business; **~** ***il fuoco*** to cease fire, to hold one's fire; ***ordinare il cessate il fuoco*** to order cease-fire; **~** ***di fare*** to cease to do, to stop doing; **~** ***di esistere*** to cease to exist; ***hanno cessato di essere nostri clienti un paio di anni fa*** they ceased to be our clients a couple of years ago; ***i tassi di interesse non cessano di aumentare, calare*** interest rates keep on rising, falling **II** intr. (aus. *essere, avere*) [*attività*] to cease, to stop; [*combattimenti*] to die down, to stop; [*vento*] to blow* over; [*pioggia*] to stop, to leave* off, to die away, out; [*conversazione*] to let* up; ***far*** **~** to end, to stop, to kill COLLOQ.
cessazione /tʃessat'tsjone/ f. *(di aiuti, ostilità)* suspension, cessation FORM.; *(di lavoro)* stoppage ◆◆ **~** ***d'attività*** COMM. suspension of business; **~** ***di commercio*** COMM. closing down.
cessionario, pl. **-ri** /tʃessjo'narjo, ri/ m. (f. **-a**) cessionary, alienee, assignee, transferee.
cessione /tʃes'sjone/ f. DIR. ECON. cession; *(di debito)* transfer; *(di diritti)* assignment; *(di proprietà)* remise, conveyance, disposal; *(di titolo)* conveyance; *(di territorio)* handover, surrender; ***atto di*** **~** (deed of) conveyance; **~** ***di credito*** bank lending; **~** ***di noleggio*** charter party; ***valore di*** **~** disposal value.
cesso /'tʃɛsso/ m. COLLOQ. **1** *(gabinetto)* can, bog BE, loo BE, flusher AE, john AE, shitter AE **2** FIG. *(luogo sporco, malsano)* pigsty, shit-hole; *(cosa brutta, malfatta)* shit; *(persona brutta)* ***è un vero*** **~*!*** he's really gross! *(donna)* she's a dog!
▷ **cesta** /'tʃesta/ f. **1** *(paniere, canestro)* basket; *(contenuto)* basket(ful) (**di** of) **2** AER. nacelle ◆◆ **~** ***del pane*** breadbasket; **~** ***portabiancheria*** laundry basket, linen basket, hamper; **~** ***della*** o ***per la spesa*** shopping basket.
cestaio, pl. **-ai** /tʃes'tajo, ai/ ♦ ***18*** m. (f. **-a**) basket maker.
cestella /tʃes'tɛlla/ f. *(dell'ape)* honey sac.
cestello /tʃes'tɛllo/ m. **1** *(piccolo cesto)* small basket, punnet BE **2** *(di lavatrice)* drum; *(di lavastoviglie)* rack; *(di friggitrice)* chip basket.
cestinare /tʃesti'nare/ [1] tr. **1** to throw* into the wastepaper basket [*foglio, carta*] **2** FIG. *(rifiutare)* to throw* out, to reject [*articolo, proposta*].
cestino /tʃes'tino/ m. basket; *(dei rifiuti)* ***gettare qcs. nel*** **~** to throw sth. in the bin; ***finire nel*** **~** to end up in the bin ◆◆ **~** ***della carta*** wastepaper basket; **~** ***da lavoro*** work *o* sewing basket; **~** ***del pane*** breadbasket; **~** ***da picnic*** (picnic) hamper; **~** ***della posta*** letter tray; **~** ***dei rifiuti*** litter basket, litter bin; **~** ***da viaggio*** packed meal *o* lunch.
cestista, m.pl. **-i**, f.pl. **-e** /tʃes'tista/ m. e f. basketball player.
▷ **1.cesto** /'tʃesto/ m. *(paniere)* basket; *(contenuto)* basket(ful) (**di** of).
2.cesto /'tʃesto/ → **cespo.**
cestode /tʃes'tɔde/ m. cestode, cestoid.
cesura /tʃe'zura/ f. **1** METR. MUS. caesura* **2** FIG. pause.
cetaceo /tʃe'taʃeo/ m. cetacean.
cetano /tʃe'tano/ m. cetane.
cetera /'tʃetera/ f. gittern.
cetina /tʃe'tina/ f. cetin.
ceto /'tʃɛto/ m. (social) class, rank; ***i -i alti*** o ***superiori*** the upper class(es) *o* reaches; ***i -i bassi*** o ***inferiori*** the lower class(es) *o* reaches; ***gente di ogni*** **~** people from all walks of life *o* ranks ◆◆ **~** ***medio*** middle class; **~** ***operaio*** working class.
cetonia /tʃe'tɔnja/ f. chafer; **~** ***dorata*** gold beetle, rose-chafer.
cetra /'tʃetra/ ♦ ***34*** f. **1** ANT. cithara **2** cither, cithern.
cetrangolo /tʃe'trangolo/ m. bitter orange.
cetriolino /tʃetrjo'lino/ m. gherkin; ***-i sottaceto*** pickles.
▷ **cetriolo** /tʃetri'ɔlo/ m. **1** *(frutto, pianta)* cucumber **2** ZOOL. **~** ***di mare*** bêche-de-mer* **3** FIG. *(persona sciocca)* nitwit.
cf., cfr. ⇒ confer, confronta compare (cfr.).
CFS /tʃieffe'ɛsse/ m. (⇒ Corpo Forestale dello Stato) = Italian state forestry corps.
CG ⇒ Console Generale Consul General (CG).
CGE /tʃiddʒi'ɛ/ f. (⇒ Corte di Giustizia Europea European Court of Justice) ECJ.
CGIL /tʃiddʒi'ɛlle/ f. (⇒ Confederazione Generale Italiana del Lavoro) = left-wing federation of Italian trade unions.
cha-cha-cha /tʃattʃat'tʃa/ m.inv. cha-cha; ***ballare il*** **~** to cha-cha.
chador /tʃa'dɔr/ m.inv. chador, chadar.
chalet /ʃa'le/ m.inv. (mountain) chalet.
champagne /ʃam'paɲ/ **I** m.inv. champagne, champers BE COLLOQ.; **~** ***brut, secco, rosé*** extra-dry, dry, pink champagne; ***coppa*** o ***flûte da*** **~** champagne glass **II** agg.inv. champagne; ***color*** **~** champagne-coloured.
champignon /ʃampiɲ'ɲɔn/ m.inv. champignon.
chance /ʃans/ f.inv. chance; ***avere ancora un'ultima*** **~** to have one last chance; ***non avere nessuna*** **~** ***(con qcn.)*** not to have *o* stand a chance (with sb.); ***dare*** o ***lasciare una*** **~** ***a qcn.*** to give sb. the chance to do; ***sfruttare, sprecare una*** **~** to take, lose one's chance.
chantilly /ʃanti'ji/ **I** agg.inv. **1** ***pizzo*** **~** Chantilly lace **2** ***crema*** **~** Chantilly cream, crème Chantilly **II** m.inv. **1** *(stivali)* = shiny knee-high leather boots **2** *(pasticcino)* = pastry filled with crème Chantilly **III** f.inv. *(crema)* Chantilly cream, crème Chantilly.
charlotte /ʃar'lɔt/ f.inv. GASTR. charlotte; **~** ***di fragole*** strawberry charlotte.
charme /ʃarm/ m.inv. charm.
charter /'tʃarter/ **I** agg.inv. [*volo, tariffa, compagnia, biglietto*] charter **II** m.inv. *(aereo)* charter plane.
chartreuse /ʃar'trœz/ f.inv. chartreuse.
chassis /ʃas'si/ m.inv. **1** AUT. RAD. TELEV. chassis **2** FOT. plate holder.
chattare /tʃat'tare/ [1] intr. (aus. *avere*) to chat.
▶ **1.che** /ke/ **I** pron.rel. **1** *(soggetto)* *(persona)* who, that; *(cosa, animale di sesso imprecisato)* that, which; ***il governo*** **~** ***è stato formato da*** the government (which was) formed by; ***il cane,*** **~** ***mi aveva riconosciuto, si avvicinò*** the dog, which had recognized me, came up; ***a lui*** **~** ***si interessa di armi da fuoco dovrebbe piacere questa mostra*** since he's so interested in firearms he should enjoy this exhibition; ***e tu*** **~** ***pensavi di risparmiare!*** you were the one who thought (you were going) to save money! ***c'è qualcuno*** **~** ***le vuole parlare*** there's someone who wants to speak to you; ***è lei*** **~** ***ha appena chiamato?*** was it you who called just now? ***comparve un uomo*** **~** ***portava un cappello*** a man appeared, wearing a hat; ***è lui*** **~** ***me lo ha detto*** it was him who told me; ***lo sentii*** **~** ***parlava con Marco*** I heard him speaking to Marco **2** *(oggetto)*

1.che

Pronome relativo

- *Che* pronome relativo soggetto si traduce con *who* quando si riferisce a persone, e con *which* quando si riferisce ad animali o cose:

mia cugina, che ha più di cinquant'anni, è ancora una bellissima donna	=	my cousin, who is over fifty, is still a very nice woman
ho incontrato Luisa e Pietro, che mi hanno parlato di te	=	I met Luisa and Pietro, who talked to me about you
ecco i miei cavalli, che hanno vinto molte corse	=	here are my horses, which won many races
la loro casa, che è molto costosa, venne costruita nel 1870	=	their house, which is very expensive, was built in 1870.

- *Che* pronome relativo complemento oggetto si traduce con *who* oppure *whom* quando si riferisce a persone, e con *which* quando si riferisce ad animali o cose:

mio zio, che non vedevo da anni, è venuto a trovarmi ieri	=	my uncle, who / whom I had not seen for years, came to visit me yesterday
il suo cane, che mi piace molto, abbaia sempre agli estranei	=	her dog, which I like very much, always barks at strangers
questo romanzo, che ho appena finito di leggere, è molto divertente	=	this novel, which I've just finished reading, is very amusing.

Va ricordato che l'uso di *whom* è formale e di solito limitato alla lingua scritta; inoltre, il relativo complemento oggetto può sempre essere sottinteso in inglese (my uncle, I had not seen for years, came to visit me yesterday).

- In funzione di pronome relativo soggetto e oggetto, con riferimento sia alle persone sia alle cose, *che* non va sempre tradotto con *who, whom* e *which*; infatti, quando la frase relativa ha valore restrittivo e distintivo, *che* si traduce con *that*, come dimostrano i seguenti due esempi contrapposti:

ho una sorella, che abita a Roma	=	I have a sister, who lives in Rome
mia sorella che abita a Roma fa la guida turistica	=	my sister that lives in Rome is a tour guide

Nel primo esempio, la frase relativa dà semplicemente un'informazione in più: "ho una sorella", "mia sorella vive a Roma"; nel secondo, ha valore restrittivo e distintivo perché qualifica "mia sorella che abita a Roma" (distinguendola dalle altre mie sorelle ecc.); il relativo *that* non è mai preceduto dalla virgola e, come gli altri pronomi relativi, può essere sottinteso quando è usato in funzione di oggetto:

riconobbi l'uomo che aveva rubato l'auto	=	I recognized the man that had stolen the car
il film che ho visto ieri venne girato in Galles	=	the film (that) I saw yesterday was shot in Wales.

- *Che* si traduce sempre con *that* in altri casi particolari:
  a) quando il relativo si riferisce contemporaneamente a persone e cose o animali: *quell'uomo e il suo cane, che stanno correndo sotto la pioggia, sono entrambi molto vecchi* = both that man and his dog, that are running in the rain, are very old;
  b) quando che segue un superlativo: *è la ragazza più carina che abbia mai frequentato questa scuola* = she is the nicest girl that has ever attended this school;
  c) quando segue *all, last, little, much*: *questo è tutto quello che si può fare* = that's all that can be done; *questo è l'ultimo bambino che avrà un regalo da me* = this is the last child that will get a present from me; *il poco che avevamo visto fu sufficiente* = the little that we had seen was enough; *non c'è molto che si possa fare*: there is not much that can be done.

- Va notato che, quando a un verbo transitivo italiano corrisponde in inglese un verbo seguito da preposizione o particella avverbiale, *che* va tradotto in modo appropriato con *which, who, that* o con l'omissione del pronome:

il libro che stai cercando è qui	=	the book (which / that) you are looking for is here
l'uomo che stavi guardando è il mio capo	=	the man (who / that) you were looking at is my boss.

- Il pronome e il verbo ausiliare della frase relativa vengono spesso omessi in inglese, specie nella lingua parlata:

i ragazzi che stanno studiando in biblioteca sono i miei alunni	=	the boys (that are) studying in the library are my pupils.

- Sebbene come pronomi relativi nei casi indiretti si usino di solito *cui* o *il quale* preceduti da una preposizione (*a cui, dal quale* ecc.), si può talvolta impiegare anche *che*, in alcune espressioni idiomatiche (si veda la voce **1.che I.3**) o quando ha valore temporale:

l'estate che ci siamo conosciuti	=	the summer when / in which we met
il giorno che morì	=	the day on which he died
l'anno che sei nato	=	the year you were born.

- *Che* usato come correlativo di *stesso* o *medesimo* si traduce solitamente con *as*:

avrò lo stesso regalo che hai avuto tu	=	I'll get the same present as you had.

- Il pronome relativo *che* può infine comparire dopo avverbi di luogo e tempo, nel qual caso si traduce *that*, e nella forma particolare *il che*, da rendere con *which*:

fu allora che ti vidi	=	it was then that I saw you
fu là che l'incontrai per la prima volta	=	it was there that I first met her
disse che era stato malato, il che non era vero	=	he said he had been ill, which wasn't true.

Aggettivo e pronome interrogativo

- Come aggettivo interrogativo *che*, sinonimo di *quale*, è sempre seguito da un sostantivo e si traduce con *what* oppure *which* se la scelta è limitata:

che lavoro fa Tina?	=	what's Tina's job?
che film vuoi vedere stasera?	=	which film do you want to see tonight?
che libri hai letto di recente?	=	which books have you recently read?

- Le frasi interrogative dirette e indirette possono essere introdotte dal pronome interrogativo *che* o dall'aggettivo interrogativo *che* nella forma *che cosa* (spesso ridotta a *cosa* nell'uso colloquiale); l'equivalente inglese è sempre *what*:

che / che cosa / cosa fa?	=	what is he doing?
che / che cosa / cosa le ha detto?	=	what did he tell her?
non so che / che cosa / cosa sta / stia fa facendo	=	I don't know what he is doing
non so che / che cosa / cosa le ha / abbia detto	=	I don't know what he told her.

Solo raramente *what* è sostituito da *how*:

dicci con che cosa hai pagato questa macchina	=	tell us how you paid for this car
e che ne so?	=	how should I know that?

Si noti che la frase interrogativa indiretta in inglese non richiede l'ausiliare e l'inversione con il soggetto.

Aggettivo e pronome esclamativo

- Come aggettivo esclamativo *che*, sinonimo *di quale*, può essere seguito da un sostantivo, da aggettivo + sostantivo oppure da un aggettivo; gli equivalenti inglesi sono *what a / what an* davanti a un sostantivo singolare con o senza aggettivo, *what* davanti a un sostantivo plurale o non numerabile con o senza aggettivo, e *how* davanti a un aggettivo:

che coincidenza!	=	what a coincidence!
che onore!	=	what an honour!
che idea brillante	=	what an interesting discovery!
che donne!	=	what women!
che bei vestiti hai!	=	what nice dresses you have!
che fortuna!	=	what luck!
che begli occhi!	=	what lovely eyes!
che strano!	=	how odd!

- Come pronome esclamativo *che*, sinonimo di *quale cosa* e talvolta rafforzato o addirittura sostituito da *cosa*, si rende in inglese con *what*:

ma che / che cosa / cosa mi tocca sentire!	=	what I have to listen to!

Pronome indefinito

- Come pronome indefinito che si rende con *something*, o in altro modo per particolari espressioni idiomatiche:

aveva un che di strano	=	there was something weird about him
questo film non mi pare un gran che	=	I don't think much of this film.

Per altri esempi, si veda la voce **1.che VI**.

2.che

- La congiunzione *che*, quando introduce una frase dichiarativa, si rende in inglese con *that* il quale, soprattutto nell'inglese parlato, è spesso sottinteso; non si può omettere *that* quando il verbo della frase principale è al passivo o quando la frase secondaria introdotta da *that* non segue immediatamente il verbo principale:

disse che l'avrebbe fatto lei	=	she said (that) she would do it
penso che arriveremo in ritardo per la cena	=	I think (that) we'll be late for dinner
le dissero che Jane la stava aspettando	=	she was told that Jane was waiting for her
gli dissero due volte che non sarebbe venuto nessuno	=	they told him twice that nobody would come.

- Dopo verbi che esprimono desiderio, volontà o comando come *to want, to like* (al presente indicativo e al condizionale), *to wish* (alla prima persona) e *will have*, la struttura volere *che* + congiuntivo non va riprodotta letteralmente:

voglio che vengano anche loro	=	I want them to come too
voleva che venissero anche loro	=	he wanted them to come too
vorrebbero che lo facessi io	=	they would like me to do it
vorrei che fosse qui	=	I wish he were here
vorrei che fosse già arrivato	=	I wish he had already arrived
vorrei che avessimo più tempo	=	I wish we had more time
vorrei saperlo fare	=	I wish I could do it
vorremmo sapere parlare l'inglese correntemente	=	we wish we could speak English fluently
vorrei che me lo portasse	=	I wish he would bring it to me
voglio che me lo porti subito	=	I will have him bring it to me at once

Un'analoga struttura infinitiva sostituisce *che* + congiuntivo nelle frase introdotte in italiano dal verbo *essere* + aggettivo:

è impossibile che lei ci trovi	=	it's impossible for her to find us
è probabile che venga	=	he is likely to come.

- Negli altri tipi di frase secondaria, la congiunzione *che* si traduce in modi diversi:
  a) *so (that)* e *that* nella frase consecutiva e finale: *era così felice che me lo regalò* = he was so happy that he gave it to me; *fa' attenzione che i bambini non si facciano male* = be careful that the children don't hurt themselves;
  b) *that o because*, che possono essere sottintesi, nella frase causale: *sono felice che lei abbia vinto* = I'm happy (that) she has won; *prepara la cena, che ho molta fame* = get dinner ready, (because) I'm very hungry;
  c) con *as far as* o nessun equivalente preciso nella frase concessiva: *che io sappia, è ancora all'estero* = as far as I know, he is still abroad; *non che sia difficile ma...* = it's not difficult but...;
  d) *that, when, after, as soon as, for* o *since* nella frase temporale: *aveva appena superato l'esame che partì per una lunga vacanza* = no sooner had he passed his exam that he left for a long holiday; *letto che ebbe il contratto, consultò l'avvocato* = when he finished reading the contract, he consulted his lawyer; *passata che fu la tempesta* = when / as soon as the storm was over; *sono secoli che non lo vedo* = I haven't seen him for ages / it's ages since I last saw him;
  e) con l'imperativo, *let* o *may* nella frase imperativa, ottativa o concessiva: *che tu sia benedetto!* = bless you! / may you be blessed! *che entri!* = let him in!;
  f) *but, only* o altre forme nella frase limitativa: *non fa altro che sorridere* = he does nothing but smile; *non posso fare altro che ascoltarti* = I can only / but listen to you;
  g) con *both ... and* o *whether ... or* nella frase correlativa: *tanto lui che sua moglie / sia lui che sua moglie* = both he and his wife; *che ti piaccia o no* = whether you like it or not;
  h) con un avverbio o un'interrogativa nella frase interrogativa: *che mi abbia visto?* = maybe she saw me; *che siano già andati via?* = have they already gone?
  i) con *than* nella frase comparativa di maggioranza e minoranza e *as* in quella di uguaglianza: *preferisco farlo tutto da solo che chiedere il suo aiuto* = I'd rather do it all by myself than ask for his help; *meno che mai* = less than ever; *non sono quello stupido che credi tu* = I'm not as stupid as you think.
- Aggiunta a preposizioni o avverbi, la congiunzione che forma nuove congiunzioni o locuzioni congiuntive, come *affinché, a meno che, benché, dopo che, finché, nonostante che, prima che, sempre che, senza che, tranne che ecc.*, per le quali si veda la corrispondente voce del dizionario.

(persona) who, whom FORM., that; *(cosa, animale di sesso impreciato)* that, which; ***mio zio, ~ non vedevo da anni, è venuto a trovarmi ieri*** my uncle, who(m) I hadn't seen for a long time, came to visit me yesterday; ***è la donna più bella ~ (io) abbia mai visto*** she's the most beautiful woman (that) I've ever seen; ***non mi piace la macchina ~ hai comprato*** I don't like the car (that) you've bought; ***sa parlare russo, cosa ~ ignoravo*** he can speak Russian, which I didn't know; ***da brava ragazzina ~ era è diventata una piccola peste*** from the good little girl that she was she's changed into a real pest; ***stupido ~ sei!*** you silly thing! you fool! **3** *(complemento indiretto)* ***ha di ~ essere soddisfatto*** he can be satisfied; ***non ha neanche di ~ mangiare*** he doesn't even have enough for food; ***non avere (nulla, niente) a ~ fare*** to have nothing to do with; ***non c'è di ~!*** *(formula di cortesia)* you're welcome! don't mention it! *(con valore temporale)* ***l'estate ~ ci siamo conosciuti*** the summer when *o* in which we met **4** *(con avverbi di luogo, di tempo)* ***fu allora ~ ti scrissi*** it was then that I wrote you; ***è qui ~ si rilasciano i pas-saporti?*** is it here that they issue passports? ***è là ~ abita mia sorella*** my sister lives down there **5 colui, colei che, coloro che** ***colui ~ ha preso il libro avrebbe potuto dirlo*** whoever took the book could have said so; ***coloro ~ non hanno finito potranno tornare domani*** those who haven't finished can come back tomorrow **6 ciò che** *(soggetto)* ***ciò ~ mi piace di*** o ***in lui è il suo senso dell'umorismo*** what I like about him is his sense of humour; ***tutto ciò ~ mi riguarda*** all the things which concern me; *(oggetto)* ***ciò ~ ho letto è molto interessante*** what I read is very interesting **7 il che** *(cosa che)* ***disse di non averlo fatto lui, il ~ può essere vero*** he said he hadn't done it, which may be true; ***il ~ mi ricorda...*** which reminds me... **8 al che** ***al ~ si alzò e se ne andò*** with that he got up and left **II** agg.interr. **1** *(quale)* what; ***di ~ colore è la tua macchina?*** what colour is your car? ***~ ora è*** o ***~ ore sono?*** what time is it? ***a ~ ora comincia il film?*** what time does the film start? ***a ~ pagina?*** what page? ***~ lavoro fa?*** what's his job? *(entro un gruppo ristretto)* ***~ errore ho fatto?*** which mistake have I made? ***~ medaglie ha vinto?*** which medals did he win? **2 che cosa** what; ***~ cosa fai?*** what are you doing? ***~ cosa vuoi per il tuo compleanno?*** what do you want for your birthday? ***~ cosa succede?*** what's going on? ***~ cosa c'è?*** what's up? ***~ cosa ne pensi?*** what do you think about it? ***~ cos'è questo?*** what's this? ***(ma) ~ cosa dici?*** what are you saying? ***~ cosa ti è preso?*** what's come over you? ***~ cosa? non ho sentito*** what? I didn't hear; ***a ~ cosa stai pensando?*** what are you thinking of *o* about? ***con ~ cosa possiamo buttare giù questa porta?*** what can we knock this door down with? ***~ cosa prende per cominciare?*** what would you like to start with? *(nelle interrogative indirette)* ***non so ~ cosa dire*** I don't know what to say; ***non so ~ cosa ha detto*** I don't know what he said; ***dicci con ~ cosa hai pagato questa macchina*** tell us how you paid for this car; *(nelle relative)* ***ecco su ~ cosa fondo le mie accuse*** here's what I base my accusations on **III** pron.interr. ***~ fai?*** what are you doing? ***~ dire?*** what shall I say? ***~ fare?*** what is to be done? ***~ importa?*** what does it matter? ***~ succede?*** what's going on? ***~ c'è?*** what's up? ***~ c'è di nuovo*** what's new? ***~ ne pensi?*** what do you think about it? ***~ è questo?*** what's this? ***(ma) ~ dici?*** what are you saying? ***~ ti è preso?*** what's come over you? ***a ~ pro?*** what for? what's the point? ***a ~ serve ricominciare?*** what's the point of starting again? ***e ~ ne so?*** how should I know that? ***~ vuoi?*** what do you want? ***di ~ si tratta?*** what is it about? ***di ~ parli?*** what are you talking about? *(nelle interrogative indirette)* ***non so ~ dire*** I don't know what to say; ***non so ~ ha detto*** I don't know what he said; ***dimmi ~ hai*** tell me what's the matter with you; ***dimmi a ~ pensi*** tell me what you're thinking of *o* about **IV** agg.esclam. ***~ strano, bello!*** how odd, lovely! ***è il mio unico amico, ma ~ amico!*** he's my only friend, but what a friend! ***~ uomo!*** what a man! ***~ imbecille!*** what a fool! ***~ scemo (sono)!*** how silly of me! silly me! ***~ strana idea!*** what a funny idea! ***~ coincidenza!*** what a coincidence! ***~ coraggio!*** what courage! ***~ piacere vederli di nuovo insieme!*** it's such a pleasure to see them together again! ***~ onore!*** what an honour! **V** pron.esclam. ***ma ~ mi tocca***

sentire! what I have to listen to! ***~! vai già via?*** what? are you off already? **VI** pron.indef. ***un certo non so ~*** a certain something *o* air; ***aveva un ~ di strano*** there was something weird about him; ***si crede un gran ~, chissà ~*** he thinks he's something; ***non ha fatto un gran ~*** he didn't do a great deal.

▶ **2.che** /ke/ cong. **1** *(dichiarativa)* that; ***so ~ è vero*** I know it's true; ***temo ~ tu faccia una stupidaggine*** I'm worried that you might do something silly; ***penso ~ dovrebbe cambiare mestiere*** I think (that) he should do another job; ***è probabile ~ venga*** he is likely to come; ***~ sia il migliore, ce ne siamo già resi conto*** we were already well aware that he's the best; ***resta sempre il fatto ~*** the fact remains that; ***il fatto ~ sia fuggito prova la sua colpevolezza*** the fact (that) he fled proves he's guilty; ***pretende di sapere tutto, è qui ~ si sbaglia*** he thinks he knows everything, and that's where he is wrong; *(dopo verbi di volontà o comando)* ***papà vuole ~ andiamo con lui*** dad wants us to go with him; ***vorrei ~ fossi qui*** I wish you were here **2** *(consecutiva)* ***parlagli in modo ~ capisca*** talk to him so that he can understand; ***la musica era così forte ~ tutti i vicini si lamentarono*** the music was so loud that all the neighbours complained **3** *(causale)* ***vestiti, ~ usciamo*** get dressed, (because) we're going out; ***copriti, ~ fuori fa freddo*** wrap up warm, (because) it's cold outside **4** *(concessiva)* ***non ~ non fosse contento, ma*** he wasn't unhappy, but; ***non ~ sia difficile ma*** it's not difficult but; ***a patto ~*** only if; ***posto ~*** provided that **5** *(finale)* ***avvicinati ~ possa guardarti*** come closer, so (that) I can look at you; ***sta' attento ~ non cada*** mind that it doesn't fall **6** *(temporale)* ***era appena partito ~ lei chiamava la polizia*** no sooner had he left that she called the police; ***passata ~ fu la tempesta*** when *o* as soon as the storm was over; ***sono dieci anni ~ ci frequentiamo*** we've known each other for ten years; ***ogni volta ~ (tu) vieni*** every time you come; ***ho finito ~ era mezzanotte*** it was midnight when I finished; ***dopo ~*** after; ***prima ~*** before; *(finché)* ***aspetto ~ parta*** I'm waiting for him to leave **7** *(imperativa, ottativa)* ***~ non se ne parli più*** let's hear no more about this; ***~ stia zitto!*** he should be quiet! ***~ Dio abbia misericordia di noi!*** (may) God have mercy on us! **8** *(limitativa)* ***non hanno il diritto, ~ io sappia, di intervenire*** they have no right, as far as I know, to intervene **9** *(eccettuativa)* ***non fa (altro) ~ lamentarsi*** he does nothing but complain **10** *(correlativa)* ***~ vi piaccia o meno*** whether you like it or not; ***~ venga o no*** whether he comes or not; ***sia ~..., sia ~...*** either...or...; ***sia io ~ mio marito siamo vegetariani*** both myself and my husband are vegetarians **11** *(interrogativa)* ***~ mi sia ingannato?*** maybe I got it wrong; ***~ siano già andati via?*** have they already gone? **12** *(nelle comparative)* ***è andata meglio ~ non credessi*** it went better than I thought; ***è più diligente ~ dotato*** he's more diligent than gifted; ***ha più metodo ~ intelligenza*** he's got more method than intelligence; ***studio più ~ posso*** I study as much as I can.

ché /ke/ cong. LETT. **1** *(causale)* because, since, for; ***dobbiamo andare, ~ è tardi*** we must leave, (because) it's late **2** *(di fine)* so as, so that; ***camminavano in punta di piedi, ~ nessuno li sentisse*** they were walking on tiptoe, (so as) not to be heard by anybody.

checca, pl. **-che** /'kekka, ke/ f. SPREG. nancy(-boy), fairy, sissy.

checché /kek'ke/ pron.rel.indef.inv. whatever; ***~ se ne dica*** whatever one may say.

checchessia /kekkes'sia/ pron.indef. LETT. *(qualunque cosa)* anything, whatever; *(niente, in frasi negative)* anything.

check-in /tʃek'in/ m.inv. *(operazione)* check-in; *(banco)* check-in (desk); ***fare il ~*** to check in.

check-up /tʃek'ap/ m.inv. MED. TECN. checkup; ***fare un ~*** to go for *o* have a checkup; ***fare un ~ a qcn.*** to give sb. a checkup.

chela /'kɛla/ f. ZOOL. chela*; *(più comunemente)* claw, nipper, pincer.

chelato /ke'lato/ **I** agg. chelate **II** m. chelate.

cheliforme /keli'forme/ agg. cheliform.

cheloide /ke'lɔjde/ agg. cheloid.

chemiluminescenza /kemiluminеʃ'ʃɛntsa/ f. chemiluminescence.

chemio /'kɛmjo/ f.inv. COLLOQ. (accorc. chemioterapia) chemotherapy.

chemiosintesi /kemjo'sintezi/ f.inv. chemosynthesis*.

chemiotassi /kemjo'tassi/ f.inv. chemotaxis.

chemioterapeutico, pl. **-ci, -che** /kemjotera'pɛutiko, tʃi, ke/ agg. → **chemioterapico.**

chemioterapia /kemjotera'pia/ f. *(scienza)* chemotherapeutics + verbo sing.; *(cura)* chemotherapy; ***un ciclo di ~*** a course of chemotherapy.

chemioterapico, pl. **-ci, -che** /kemjote'rapiko, tʃi, ke/ agg. chemotherapeutic(al).

chemioterapista, m.pl. **-i**, f.pl. **-e** /kemjotera'pista/ ➧ **18** m. e f. chemotherapist.

chemiotropismo /kemjotro'pizmo/ m. chemotropism.

chemisier /ʃemi'zje/ m.inv. shift, shirtwaist(er).

chemosfera /kemos'fɛra/ f. chemosphere.

chenopodio, pl. **-di** /keno'pɔdjo, di/ m. goosefoot*.

Cheope /'keope/ n.pr.m. Cheops.

chepì /ke'pi/ m.inv. kepi.

cheppia /'keppja/ f. allis shad.

cheque /ʃɛk/ m.inv. cheque, check AE.

cheratina /kera'tina/ f. keratin.

cheratinizzazione /keratiniddzat'tsjone/ f. keratinization.

cheratite /kera'tite/ ➧ **7** f. keratitis.

cheratoplastica /kerato'plastika/ f. keratoplasty.

cheratosi /kera'tɔzi/ f.inv. keratosis.

chermes /'kɛrmes/ m.inv. kermes.

cherosene /kero'zɛne/ m. kerosene, kerosine, paraffin BE, coal oil AE.

cherubino /keru'bino/ m. cherub (anche FIG.).

chetare /ke'tare/ [1] **I** tr. to appease, to calm **II chetarsi** pronom. to quiet down.

chetene /ke'tɛne/ m. ketene.

chetichella: **alla chetichella** /allaketi'kɛlla/ avv. on the sly; ***andarsene alla ~*** to do a (moonlight) flit.

cheto /'keto/ agg. calm, quiet; ***acqua -a*** FIG. = sly person who does things behind people's back ◆ ***l'acqua -a rompe i ponti*** PROV. still waters run deep.

chetogenesi /keto'dʒɛnezi/ f.inv. ketogenesis.

chetogenico, pl. **-ci, -che** /keto'dʒɛniko, tʃi, ke/ agg. ketogenic.

chetolisi /keto'lizi/ f.inv. ketolysis.

chetone /ke'tone/ m. ketone.

chetosi /ke'tɔzi/ f.inv. ketosis.

chetosteroide /ketoste'rɔide/ m. ketosteroid.

chevreau /ʃe'vro/ m.inv. kid leather.

▶ **chi** /ki/ **I** pron.rel. *(la persona che)* the person who, the one who; *(colui che)* the man who(m), he who(m) FORM.; *(colei che)* the woman who(m), she who(m) FORM.; *(coloro che)* the people who(m), those who(m), they who(m) FORM.; ***~ è d'accordo, alzi la mano*** those who agree raise your hand; ***~ intende partecipare deve...*** those who wish to participate should...; ***~ sa qualcosa deve dirlo*** those who know something should speak; ***~ ti ha telefonato non sapeva nulla*** the person who phoned you didn't know anything; ***conosco ~ ha scritto quel libro*** I know the person who wrote that book; ***fanno a ~ grida più forte*** each (one) is trying to shout louder than the other; ***~ ho visto è Silvia, non Sara*** the girl I met is Silvia, not Sara; ***~ dei due finirà per primo*** the first one to finish; ***~ di voi vuole partire*** those of you who want to leave; ***lo chiederò a ~ verrà per primo*** I'll ask the one who comes first; ***molti amano ballare, ma c'è a ~ non piace*** many people like dancing, but there are some who don't; ***~ si aspetta troppo resta sempre deluso*** those *o* people who have too high expectations are always disappointed; ***ride bene ~ ride ultimo*** he laughs best who laughs last; ***~ vivrà vedrà*** time (alone) will tell **II** pron.rel.indef. **1** *(qualcuno che)* someone who, somebody who; ***ho trovato ~ può farlo*** I've found someone who can do it; ***ho visto ~ sai tu*** I saw you know who; *(in frasi negative)* ***non trova ~ lo possa aiutare*** he can't find anyone to help him; ***non c'è ~ gli creda*** nobody believes him; ***non fidarti di ~ non conosci*** don't trust people you don't know **2** *(chiunque)* whoever, anybody (who), anyone (who); ***dallo a ~ vuoi*** give it to whoever you want; ***porta ~ vuoi*** bring who you like; ***vieni con ~ vuoi*** come with whoever you want; ***~ vuole entrare può farlo, l'ingresso è libero*** anyone is welcome, admittance is free **3** *(correlativo)* ***i bambini erano travestiti ~ da indiano, ~ da pirata, ~ da principe*** the children were dressed up one as an Indian, one as a pirate, one as a prince; ***~ legge, ~ dorme*** some people are reading, others sleeping **III** pron.interr. **1** *(nelle interrogative dirette)* *(soggetto)* who; *(oggetto e complemento indiretto)* who, whom FORM.; ***~ sa la risposta?*** who knows the answer? ***"~ è stato?" - "~ lo sa"*** "who did it?" - "who knows"; ***"è lui!" "lui, ~?"*** "it's him!" "who's him?"; ***~ è?*** who is it? ***~ va là?*** who's there? ***~ mi dice che...?*** who can tell me that...? ***~ hai invitato?*** who did you invite? ***~ vuole vedere?*** who(m) would you like to see? ***con ~ esci?*** who(m) are you going out with? ***con ~ era?*** who was he with? ***per ~ l'hai comprato?*** who did you buy it for? ***da ~ l'hai preso?*** who did you get it from? ***"l'ho regalato" - "a ~?"*** "I gave it away" - "who to?" ***~ stiamo aspettando?*** who are we waiting for? ***~ ti ha detto una cosa simile?*** who told you such a thing? ***~ me lo fa fare?*** why should I do this? ***a ~ si riferisce?*** to whom are you referring?

chi

Pronome relativo

- *Chi* pronome relativo dimostrativo, che si può usare in funzione di soggetto o complemento diretto o indiretto, si traduce in inglese in vari modi:
  a) quando significa *colui che*, con *the person / the one / the man / he + who(m)*:
  chi ti ha telefonato non sapeva nulla = the person who phoned you didn't know anything
  ride bene chi ride ultimo = he laughs best who laughs last
  conosco chi ha scritto quel libro = I know the man who wrote that book
  non so con chi stesse parlando = I don't know the one who she was talking with;
  b) quando significa *colei che*, con *the person / the one / the woman / she + who(m)*:
  riporta la borsetta a chi l'hai presa = take the handbag back to the woman you took it from
  chi l'ha cucinato è mia moglie = my wife is the one who cooked it;
  c) quando significa *coloro che*, con *the people / those / they + who(m)*:
  sii gentile con chi è gentile con te = be kind to the people who are kind to you
  chi sa qualcosa deve dirlo = those who know something should speak.
- *Chi* pronome relativo indefinito, sinonimo di *qualcuno che / uno che*, si traduce solitamente con *someone who / somebody who*:
  ci sarà sempre chi sappia aiutarti = there will always be someone who can help you
  devo trovare chi la conosca = I've got to find somebody who knows her.
- *Chi* pronome relativo indefinito, sinonimo di *chiunque*, si traduce con *whoever*, *whichever* (se ci si riferisce a un gruppo limitato), *anybody (who)* o *anyone (who)*:
  dallo a chi vuoi = give it to whoever you want
  non m'importa chi di loro l'abbia fatto = I don't care whichever of them did it
  ditelo a chi volete = tell anyone you want
  chi volesse venire, per favore lo faccia = if anybody wants to come, please do.
- Chi pronome relativo indefinito in funzione correlativa, sinonimo di *l'uno ... l'altro / alcuni ... altri*, si traduce con *one ... one, some... some* oppure *some ... others*:
  chi era triste, chi era arrabbiato, chi era stanco – che bella serata! = one was sad, one was angry, one was tired – what a pleasant evening!
  chi più, chi meno = some more, some less
  c'è a chi piace il vino, e chi preferisce la birra = some like wine, others like beer better.
- *Chi* pronome relativo indefinito è anche usato per introdurre un'ipotetica (= *se qualcuno*) o una condizionale (= *purché qualcuno*) con il verbo al congiuntivo:
  per chi non lo sapesse, siamo molto in ritardo = in case you don't know it / if you don't know, we're very late
  chi l'abbia studiata per bene, questa poesia non è difficile da capire = provided / if you have studied it well, this poem is not difficult to understand.

Pronome interrogativo ed esclamativo

- *Chi* pronome interrogativo soggetto, sinonimo di *quale persona*, si traduce *who*:
  "chi è?" "io" = "who is it?" "it's me"
  pronto, chi parla? = hello, who's calling?
  "chi ha scritto Oliver Twist?" "Charles Dickens" = "who wrote Oliver Twist?" "it was Charles Dickens" / "Charles Dickens did"
  chi ha rotto il vetro della finestra? = who broke the window pane?
  chi ti ha incontrato? = who met you?
  non so chi mi abbia visto = I don't know who saw me
  ti ha detto chi sarebbe arrivato il giorno dopo? = did he tell you who would arrive the next day?

  Si noti anche il caso particolare di *Chi è Lei?* (= *Lei come si chiama?*) = who are you? contrapposto a *Che cos'è Lei?* (= *Lei che cosa fa di mestiere?*) = what are you?
- *Chi* pronome interrogativo oggetto (diretto o indiretto), sinonimo di *quale persona*, si traduce *who* o *whom:*
  chi hai incontrato? = who / whom did you meet?
  chi avete intenzione di invitare? = who / whom are you going to invite?
  a chi vuole parlare? = who does she want to speak to? / to whom does she want to speak?
  per chi hai comprato quell'orologio? = who did you buy that watch for? / for whom did you buy that watch?

  L'uso di *whom* è più formale e di solito limitato alla lingua scritta.

  Si noti che la frase interrogativa indiretta in inglese non richiede l'ausiliare e l'inversione con il soggetto:
  lo sai chi ho incontrato? = do you know who / whom I met?
  speravo mi dicessi per chi hai comprato quell'orologio = I hoped you would tell me who you bought that watch for.
- *Chi* pronome interrogativo soggetto e oggetto, sinonimo di *quale persona*, si traduce con *which* se ci si riferisce a un gruppo limitato:
  chi di loro preferisci? = which of them do you like best?
  non so chi dei due parla inglese = I do not know which of the two can speak English.
- L'interrogativo *di chi?* si rende in inglese con *whose* se si vuole indicare il possesso e con altre preposizioni (come *about, by o of*) + *whom / who* per esprimere altri significati:
  di chi è quell'auto? = whose is that car? / whose car is that?
  sai di chi è l'auto che è stata rubata? = do you know whose car was stolen?
  di chi parla l'articolo? = who(m) is the article about?
- *Chi* pronome esclamativo si traduce con *who* o con altre forme idiomatiche:
  chi lo sa! = who knows!
  senti chi parla! = look who's talking!
  a chi lo dici! = don't I know it! / you tell me!

(al telefono) ***~ parla, con ~ sto parlando?*** (may I ask) who's calling? *(in domande retoriche)* ***~ altri può averlo fatto?*** who else could have done it? ***~ altri (se non lui)?*** who else (if not him)? ***~ è lui per dirmi quel che devo fare?*** who's he to tell me what to do? ***~ ti credi di essere?*** who(ever) do you think you are? ***~ l'avrebbe detto?*** who would ever have guessed it? *(nelle interrogative indirette)* ***mi faccia sapere ~ desidera incontrare*** let me know who you would like to meet; ***mi chiedo ~ sia quel tipo*** I wonder who that guy is; ***mi dica con ~ vuole un appuntamento*** tell me who you wish to book an appointment with; ***vuole sapere ~ ha mangiato il suo panino*** he wants to know who ate his sandwich; ***chissà ~*** who knows who; ***non so ~*** I don't know who **2** *(entro un gruppo ristretto)* ***~ di voi...?*** which of you; ***~ delle due preferisci, la bionda o la bruna?*** which (one) do you prefer, the blonde or the brunette? **3 di chi *di ~ è (questo)?*** whose is this? ***di ~ è quella penna?*** whose pen is that? ***con il permesso di ~?*** with whose permission? ***sai di ~ è l'auto che è stata rubata?*** do you know whose car was stolen? ***di ~ è l'articolo, il romanzo?*** the article, novel is by whom? who is the article, novel by? **IV** pron.esclam. ***a ~ lo dici!*** don't I know it! you tell me! ***senti ~ parla!*** look who's talking! ***(toh) ~ si vede!*** look who's here!

▷ **chiacchiera** /'kjakkjera/ **I** f. **1** *(pettegolezzo, maldicenza)* gossip, rumour, tale, ear-duster COLLOQ.; ***sono solo -e*** it's just talk; ***le -e girano*** tongues are wagging **2** *(parlantina)* gab, patter; ***ha una ~!*** he's got the gift of gab! **3** REGION. GASTR. = fried and sugared slice of pastry typical at Carnival time **II chiacchiere** f.pl. **1** *(conversazione)* chatter, small talk; ***fare*** o ***scambiare due*** o ***quattro -e*** to have a chat *o* a jaw (**con qcn.** with sb.) **2** *(discorso futile)* blather, flannel, tittle-tattle; ***perdersi in -e*** to waste time in idle chatter; ***un uomo che non si perde in -e*** a man of few words; ***fare solo -e*** to be all talk (and no action); ***basta con le -e!*** stop the cackle! cut the chatter!

▷ **chiacchierare** /kjakkje'rare/ [1] intr. (aus. *avere*) **1** *(conversare)* to chat, to jaw (**con** with, to; **su** about, on); ***~ del più e del meno*** to have a casual chat, to pass the time of day **2** *(spettegolare)* to gossip, to tattle; ***la gente chiacchiera*** tongues are wagging **3** *(parlare molto)* to chatter (away, on), to jabber, to jaw, to gab (on).

chiacchierata /kjakkje'rata/ f. chat, chinwag, natter; ***fare una (bella) ~*** *(chiacchierare)* to have a good chat *o* a nice chat *o* a good jaw; *(spettegolare)* to have a good gossip.

chiacchierato /kjakkje'rato/ **I** p.pass. → **chiacchierare II** agg. ***essere una persona (molto) -a*** to be (much) talked about *o* much-maligned.

chiacchiericcio, pl. **-ci** /kjakkje'rittʃo, tʃi/ m. chatter(ing), babbling.

chiacchierino /kjakkie'rino/ **I** agg. talkative, talky **II** m. ARTIG. tatting.

chiacchierio, pl. **-rii** /kjakkje'rio, rii/ → **chiacchiericcio.**

chiacchierone /kjakkie'rone/ **I** agg. talkative, talky **II** m. (f. **-a**) **1** chatterbox, gabber, motormouth **2** SPREG. babbler(mouth); *(pettegolo)* gossip(er), gossipmonger, tattler; ***essere un ~*** to have a bigmouth.

chiama /'kjama/ f. roll-call; ***fare la ~*** to call the roll.

▶ **chiamare** /kja'mare/ [1] **I** tr. **1** *(attirare l'attenzione)* to call; *(a gran voce)* to call out, to cry out; *(con un gesto)* to beckon; ***~ i propri figli per la cena*** to call one's children to dinner; ***~ qcn. con l'interfono*** to call sb. on the intercom; ***~ qcn. con il cercapersone*** to beep *o* buzz sb.; ***~ qcn. con gli altoparlanti*** to page sb.; ***piangendo, chiamava la mamma*** he was crying for his mother; ***chiamò il cane con un fischio*** he whistled for the dog; *(via radio)* ***Red Fox chiama Black Wolf*** Red Fox calling Black Wolf **2** *(telefonare)* to call (up), to ring, to phone [*persona, numero, città, paese*]; ***~ qcn. (per telefono)*** to give sb. a call; ***~ il 113*** to dial 113; ***ti chiamo domani*** I'll phone *o* call you tomorrow **3** *(fare venire)* to call, to summon [*persona*]; to call [*ascensore*]; to call, to get*, to order [*taxi*]; to call (out), to have* in [*dottore, ambulanza, pompieri, prete, polizia*]; to bring* in, to call [*consulente, esperto, esercito*]; ***mandare a ~*** to send for [*impiegato, allievo, rinforzi*]; ***andare a ~ qcn.*** to go and fetch sb.; ***l'insegnante mi ha chiamato alla cattedra*** the teacher called me out to the front of the class; ***la chiamano al telefono*** you're wanted on the phone; ***il dovere (mi) chiama!*** duty calls! ***~ qcn. a rapporto*** to debrief sb., to ask sb. to report; ***~ a raccolta*** to gather, to muster (up) [*sostenitori, forze, coraggio*]; ***~ (un attore) alla ribalta*** TEATR. to call to the footlights, to ask for a curtain call; ***~ in causa qcn.*** FIG. to involve *o* draw sb. in **4** DIR. ***~ qcn. come testimone*** to call sb. to witness *o* give evidence; ***~ qcn. a comparire (davanti al giudice, al tribunale)*** to summon sb. to appear before the court, the judge, to subpoena sb. (ad testificandum); ***~ qcn. in giudizio*** to summon *o* arraign sb. before the court **5** MIL. ***~ alle armi*** to call up, to call to the colours **6** GIOC. to call, to declare [*carta*] **7** *(dare nome, denominare)* to call, to name [*persona, cosa, animale*]; ***come hanno chiamato la figlia?*** what did they call their daughter? ***l'hanno chiamata Lucy, come la mamma*** they named her Lucy after BE, for AE her mother; ***hanno chiamato il cane Max*** they christened the dog Max; ***preferisce essere chiamata con il suo nome da ragazza*** she prefers to be called by her maiden name; ***mi sono rivolto a lei chiamandola per nome*** I adressed her by her first name; *(con un nome, un titolo)* ***si fa ~ Ringo*** he calls himself *o* he goes under the name of Ringo; ***lei lo chiama Ciccio*** she refers to him as Ciccio; ***si faceva ~ dottore*** he gave himself the title of doctor, he went by the title of doctor; ***~ un re "Vostra Maestà"*** to call a king "Your Majesty" **8** *(invocare)* to call on, to invoke; ***~ (in) aiuto*** to call *o* cry *o* shout for help **9** *(definire)* to call, to term; ***questo, per me, si chiama furto*** in my opinion, this is called theft; ***se questo tu lo chiami un buon lavoro, uno scherzo...*** if that's your idea of good work, of a joke...; ***e lo chiami giardino!*** call that a garden! **10** *(designare)* ***~ qcn. a*** to assign *o* appoint sb. to [*incarico, funzione, posto*]; ***è stato chiamato a ricoprire un incarico importante*** he was called to high office **11** *(produrre, portare a)* ***violenza chiama altra violenza*** violence begets violence; ***un errore chiama l'altro*** one mistake leads to another **II chiamarsi** pronom. **1** *(avere nome)* [*oggetto, fiore, uccello*] to be* called; ***come si chiama questo in inglese?*** what's that (called) in English? ***come ti chiami?*** what's your name? ***si chiama John*** his name is *o* he's called John **2** *(essere)* ***questo sì che si chiama giocare, cucinare, fare una gaffe!*** now that's what I call playing, cooking, making a blunder! **3** *(dichiararsi)* ***-rsi vinto*** to admit defeat, to declare oneself beaten; ***-rsi fuori*** to withdraw ◆ ***~ le cose con il loro nome*** to call a spade a spade.

▷ **chiamata** /kja'mata/ f. **1** call; *(imperativa)* summons (anche DIR.); ***"ultima ~ per (il volo per) Berlino"*** AER. "last call for passengers to Berlin"; ***la ~ della campana alla domenica*** the ringing of the church bell on Sundays **2** *(alla ribalta)* TEATR. curtain call **3** MIL. ***~ alle armi*** call-up **4** *(telefonica)* (tele)phone call, call; ***avviso di ~*** call waiting; ***costo della ~*** call charge; ***numero di ~*** number calling; ***una ~ da Londra per lei*** a call from London for you; ***prendere, ricevere, passare una ~*** to take, get, put through a call; ***fare un trasferimento di ~*** to patch a call through **5** INFORM. call; ***di ~*** [*programma, stazione, sequenza*] calling attrib. **6** RAD. TEL. ***segnale di ~*** call sign **7** *(vocazione)* calling; ***la ~ al sacerdozio*** a calling to priesthood **8** TIP. *(richiamo)* cross-reference mark ◆◆ ***~ a carico del destinatario*** reverse charge call, transferred charge call, collect call AE; ***~ d'emergenza*** emergency call; ***~ interurbana*** trunk call; ***~ a raccolta*** rallying call; ***~ via radio*** radio call.

chianti /'kjanti/ m.inv. Chianti.

chiappa /'kjappa/ f. POP. buttock, cheek; ***le -e*** buttocks, cheeks, buns AE, butt sing.; ***muovi, alza le -e!*** get off your ass *o* butt! get your ass in gear!

chiapparello /kjappa'rɛllo/ m.inv. tag, tig; ***giocare a ~*** to play tag.

chiara /'kjara/ f. **1** *(albume)* (egg) white; ***montare le -e a neve ben ferma*** to beat the egg white until it forms stiff peaks **2** *(birra)* lager.

Chiara /'kjara/ n.pr.f. Claire, Clare.

chiaramente /kjara'mente/ avv. **1** *(distintamente)* [*vedere, sentire, ricordare*] clearly, plainly, distinctly; [*apparire*] clearly **2** *(in modo comprensibile)* [*scrivere, esprimersi, definire*] clearly, neatly **3** *(apertamente)* [*parlare*] openly, frankly, plainly; *(esplicitamente)* [*ordinare, promettere*] explicitly; ***fare capire ~ a qcn. che*** to make it plain to sb. that; ***te lo dirò ~*** I'll tell you straight **4** *(evidentemente)* [*felice, preoccupato, ubriaco, giusto, sbagliato*] clearly, evidently, obviously.

chiaretto /kja'retto/ m. *(vino)* = light red wine.

▷ **chiarezza** /kja'rettsa/ f. **1** *(limpidezza) (di cielo, aria, vetro)* clearness, clarity; *(di acqua)* clarity, transparency, limpidness **2** FIG. *(di ragionamento, spiegazione)* clarity, clearness, lucidity; *(di risultato, correlazione, affermazione)* clarity, coherence; *(di scrittura, testo, stile)* clarity, readability; ***bisogno, mancanza di ~*** need for, lack of clarity; ***~ d'idee*** clarity of ideas; ***fare (la massima) ~ su una faccenda*** to bring the truth about a matter to light; ***spiegare qcs. con ~*** to explain sth. clearly.

chiarificare /kjarifi'kare/ [1] tr. **1** GASTR. ENOL. *(rendere chiaro)* to clarify [*miscuglio, burro*]; to clarify, to clear [*vino*] **2** FIG. *(spiegare, chiarire)* to clarify [*situazione, idea, concetto*]; to solve [*enigma, mistero*].

chiarificatore /kjarifika'tore/ **I** agg. [*esempio, spiegazione*] clarifying **II** m. *(recipiente)* clarifier.

chiarificazione /kjarifikat'tsjone/ f. **1** *(depurazione) (delle acque)* clarification, purification **2** GASTR. *(di burro, vino)* clarification **3** FIG. *(chiarimento)* clarification.

chiarimento /kjari'mento/ m. **1** *(il chiarire)* ***è stato sospeso dalle sue funzioni fino al ~ della questione*** he was suspended from office tili the matter was cleared up; ***avere un ~ con qcn.*** to clear things up with sb. **2** *(spiegazione)* clarification, explication, enlightenment; ***chiedere -i a qcn. su qcs.*** to ask sb. for an explanation of sth.; ***per vostro ~*** for your enlightment *o* information; ***l'inchiesta non ha portato nessun ~ alla faccenda*** the inquiry shed no light on the matter.

chiarina /kja'rina/ f. clarion.

chiarire /kja'rire/ [102] **I** tr. **1** *(rendere comprensibile, spiegare)* to clarify, to explain [*testo, questione, concetto*]; ***~ il proprio punto di vista, le proprie intenzioni*** to make one's views, intentions clear *o* plain; ***~ la situazione*** to clear the air; ***vorrei ~ che*** I wish to make it clear that; ***lascia che lo chiarisca completamente*** let me make it crystal clear **2** *(far luce su)* to solve, to unravel [*enigma, mistero*]; to clear up, to sort out, to straighten up [*equivoco*]; to resolve [*dubbio*]; ***~ un malinteso*** to sort out a misunderstanding **3** *(mettere in chiaro)* ***~ le cose*** to set matters straight; ***chiariamo bene una cosa*** now let's get one thing straight; ***~ la propria posizione*** to make one's position clear **4** *(definire)* to define, to make* clear [*idee, programma, criterio*] **II chiarirsi** pronom. **1** *(diventar chiaro, comprensibile)* [*situazione, faccenda*] to become* clear **2** *(darsi spiegazioni)* ***-rsi con qcn.*** to clear things up with sb.; ***-rsi le idee*** to think things through.

chiarissimo /kja'rissimo/ ♦ *1* agg. *(illustrissimo)* illustrious; **~ professor Rossi, Università di Padova** Prof. Rossi, University of Padua.

chiarità /kjari'ta/ f.inv. ANT. clarity, brightness.

▶ **chiaro** /'kjaro/ **I** agg. **1** *(luminoso)* [*cielo*] clear, bright; **fare ~** to get *o* grow light; **si fa già ~** it's already getting light; **è ~ fino a tardi** it stays light very late **2** *(non nuvoloso)* [*giorno, cielo, tempo*] clear, bright **3** *(trasparente, limpido)* [*acqua*] clear **4** *(che si sente distintamente)* [*suono, voce, tono*] clear **5** *(tenue, pallido)* [*colore, tinta*] light, pale; [*carnagione*] fair; **avere gli occhi -i** to have (pale) blue *o* grey eyes; **castano ~** light brown **6** *(netto, preciso)* [*programma, criterio, motivo, regolamento*] clear(-cut); **avere le idee -e** to have a clear head **7** *(comprensibile)* [*testo, idea, termine, spiegazione*] clear, plain; [*linguaggio*] plain, straightforward; **in termini più -i** in clearer terms; **una scrittura -a** a clear *o* neat handwriting; **spiegare qcs. in modo molto ~** to explain sth. very clearly; **è ~? sono stato ~?** is that clear? did I make myself clear? **8** *(esplicito)* [*intenzioni*] clear; [*allusione*] clear, broad; **occorre che le cose siano (ben) -e** let's get things straight; **è stato molto ~ su questo punto** he was very clear on this point **9** *(evidente, palese)* clear, plain, obvious; **è** o **sembra ~ che** it's clear that; **secondo me è ~ che mente** it's clear to me that he's lying; **ma è ~!** but it's clear *o* obvious! **10** *(illustre)* **un ~ ingegno** a distinguished mind; **un professore di -a fama** an eminent professor **11** *(franco)* [*sguardo, discorso*] clear, frank; **sarò ~ con lui** I'll be frank with him **12** LING. [*vocale*] clear, front **II** m. **1** *(chiarore)* **al ~ di luna** by the light of the moon, in *o* by the moonlight; **con questi -i di luna** FIG. the way things are at present **2** *(tonalità di colore)* **vestirsi di ~** to dress in light colours; **i -i in un dipinto** the lights in a painting **3** TELEV. MIL. INFORM. **in ~** in clear **III** avv. **1** clearly; **vederci ~** to see clearly; FIG. to see daylight, clearly; **mi piacerebbe vederci ~ in questa faccenda** I'd like to get to the bottom of this story; **scrivere ~** to write clearly *o* neatly; **ti ricevo forte e ~** I'm receiving you loud and clear **2** *(con franchezza)* **parlare ~** to speak one's mind, to speak clearly; **parliamoci ~** let's speak clearly ♦ **è ~ come il sole** it's as clear as daylight *o* crystal clear; **cantarle -e a qcn.** to speak one's mind to sb.; **dire qcs. a -e lettere, forte e ~** to say sth. flat, straight (out); **mettere in ~ una faccenda** to get to the bottom of things; **mettere le cose in ~** to make sth. clear; **~ e tondo** outright, flat, plain, straight ♦♦ **~ di luna** moonlight.

chiarore /kja'rore/ m. glimmer, (faint) light; **il ~ delle stelle** the gleam of the stars; **il ~ dell'alba** the first light of dawn; **al ~ di una candela, lampada** by candlelight, lamplight.

chiaroscurare /kjarosku'rare/ [1] tr. PITT. to shade (in).

chiaroscuro /kjaros'kuro/ m. **1** chiaroscuro*; **effetti di ~** light and shade effects, chiaroscuro **2** FIG. **i -i della vita** the ups and downs of life.

chiaroveggente /kjaroved'dʒɛnte/ **I** agg. clairvoyant **II** m. e f. clairvoyant.

chiaroveggenza /kjaroved'dʒɛntsa/ f. clairvoyance.

chiasma /'kjazma/, **chiasmo** /'kjazmo/ m. **1** ANAT. chiasma* **2** LING. chiasmus*.

chiassata /kjas'sata/ f. **1** *(schiamazzo)* din, hubbub **2** *(scenata)* scene, row; **fare una ~** to make a scene.

chiassile /kjas'sile/ m. window frame.

▷ **chiasso** /'kjasso/ m. **1** din, racket, row, fuss; **fare un ~ infernale** to make the hell of a racket *o* a row, to bang around; **smettila di fare ~** cut out the din! pipe down! **2** FIG. *(scalpore)* row, stink, kerfuffle BE COLLOQ.; **fare ~** to cause a stir *o* an uproar.

chiassone /kjas'sone/ **I** agg. noisy, rowdy **II** m. (f. **-a**) noisy, rowdy person.

chiassosamente /kjassosa'mente/ avv. [*ridere, protestare*] boisterously; [*entrare, uscire*] noisily.

chiassosità /kjassosi'ta/ f.inv. rowdiness, noisiness.

chiassoso /kjas'soso/ agg. **1** *(rumoroso)* [*persona, folla, strada*] boisterous, clamourous, noisy; [*bambino*] rowdy; [*musica, festa*] loud **2** *(sgargiante)* [*colori, vestito*] loud, gaudy, noisy.

chiastico, pl. **-ci**, **-che** /'kjastiko, tʃi, ke/ agg. chiastic.

chiastolite /kjasto'lite/ f. macle.

chiatta /'kjatta/ f. barge.

chiattaiolo /kjatta'jɔlo/ m. (f. **-a**) bargee.

chiavarda /kja'varda/ f. fishbolt.

chiavare /kja'vare/ [1] **I** tr. VOLG. to screw, to shag, to fuck **II** intr. (aus. *avere*) VOLG. to screw, to shag, to fuck.

chiavata /kja'vata/ f. VOLG. screw, fuck, lay.

▶ **chiave** /'kjave/ **I** f. **1** *(di serratura, meccanismo)* key; **~ della porta d'ingresso, del garage, della macchina** front-door key, garage key, car key; **la ~ della mia camera** the key to my bedroom; **le -i di casa** the house keys; **la ~ che apre la serratura, la scatola** the key that fits the lock, the box; **un mazzo di -i** a set *o* bunch of keys; **le -i di s. Pietro** St Peter's keys; **infilare la ~ nella serratura** to put the key in the lock; **girare la ~ nella toppa, togliere la ~ dalla toppa** to turn the key in the lock, to remove the key from the lock; **lasciare la ~ nella toppa** to leave the key in the door; **dare due giri di ~** to turn the key twice; **chiudere a ~** to lock [*porta, valigia, cassetto*]; **si chiude a ~?** does it lock? **sotto ~** under lock and key; **mettere** o **tenere qcs. sotto ~** to keep sth. under lock and key, to lock sth. away, up; **mettere** o **tenere qcn. sotto ~** to turn the key on sb., to shut sb.; **-i in mano** [*contratto, progetto, sistema*] turnkey; [*soluzione*] ready made; AUT. [*prezzo*] on the road **2** TECN. *(attrezzo)* spanner, wrench **3** MUS. *(segno)* clef; **in ~ di sol** in the treble clef; **~ di basso, contralto** bass, alto clef; **alterazione in ~** key signature; *(congegno) (di flauto, clarinetto)* key; *(di corno, tromba)* valve; *(di tamburo)* tuning screw **4** METR. = in old Italian songs, rhyme which links one stanza to another **5** ARALD. key **6** FIG. *(soluzione)* key, clue; **nel suo diario c'è la ~ del mistero** his diary holds the key to the mystery; **la ~ di un libro di esercizi** the key to exercises; *(cifrario)* **decifrare qcs. valendosi di una ~** to decipher sth. with a key; **scoprire la ~ di un codice** to break a code **7** FIG. *(elemento fondamentale, segreto)* **l'istruzione è la ~ del successo** education is the key to success; **la ~ per il successo negli affari** the recipe for business success *o* for succeeding in business **8** FIG. *(sistema interpretativo)* **in ~ politica** from a political viewpoint *o* slant; **romanzo a ~** roman à clef **II** agg.inv. [*posto, documento, elemento, ruolo, punto, problema, uomo, figura*] key attrib.; **parola ~** keyword ♦♦ **~ di accensione** AUT. ignition key; **~ di accesso elettronico** TECN. digital security coding; **~ da accordatore** MUS. tuning hammer; **~ a barra esagonale** → **~ a brugola**; **~ di braccio** SPORT armlock; **~ a brugola** Allen *o* hexagonal key; **~ per candele** AUT. plug spanner, spark-plug wrench AE; **~ per caricare** winding key; **~ dinamometrica** torque wrench; **~ femmina** hollow key; **~ fissa doppia** open end spanner; *(di serratura)* cylinder key; **~ a forcella** fork spanner; **~ inglese** monkey wrench; **~ di lettura** key to the reading; **~ magnetica** key card; **~ per mandrino** chuck key; **~ maschio** solid-shafted key, male key; **~ multipla** → **~ a tubo**; **~ (a pinza) regolabile** adjustable spanner; **~ a pipa** → **~ a tubo**; **~ poligonale** → **~ a stella**; **~ registrabile** → **~ (a pinza) regolabile**; **~ a rollino** → **~ inglese**; **~ a stella** ring spanner BE; **~ a tubo** box spanner BE, socket wrench; **~ universale** skeleton key; **~ di volta** ARCH. keystone (anche FIG.).

chiavetta /kja'vetta/ f. **1** *(piccola chiave)* small key **2** MECC. cotter, key **3** *(interruttore)* switch **4** *(rubinetto)* stopcock ♦♦ **~ d'accensione** ignition key; **~ del gas** gas tap.

chiavica, pl. **-che** /'kjavika, ke/ f. *(fogna)* drain, sewer.

chiavistello /kjavis'tɛllo/ m. latch(lock), bolt; **chiudere qcs. con il ~** to latch sth.; **mettere il ~** to drop the latch, to bolt; **togliere il ~** to lift the latch, to unbolt.

chiazza /'kjattsa/ f. stain, spot, dapple; *(di muffa, umidità, ruggine)* patch; *(di luce)* fleck; **a -e** in patches; [*pelle, mani*] mottled, blotchy; [*piumaggio, pelo*] speckled, mottled, spotted; **~ di petrolio, di nafta** (oil) slick; **~ d'unto** grease *o* oil stain; **~ di inchiostro** blotch *o* splodge of ink.

chiazzare /kjat'tsare/ [1] **I** tr. to stain, to speckle, to spot **II chiazzarsi** pronom. to get* stained, to become* stained, to dapple.

chiazzato /kjat'tsato/ **I** p.pass. → **chiazzare II** agg. [*pelle, mani*] mottled, blotchy; [*piumaggio, pelo*] speckled, mottled, spotted; [*uova, pesce*] speckled, freckled.

chic /ʃik/ **I** agg.inv. [*persona, vestito*] chic, smart; [*ristorante, locale*] fashionable, smart, swell, ritzy COLLOQ.; **essere ~** to be chic, to look smart; **è ~ fare qcs.** it's fashionable to do sth. **II** m. chic; **è il massimo dello ~** it's the height of sophistication.

chicano /tʃi'kano/ m. (f. **-a**) Chicano*.

chicca, pl. **-che** /'kikka, ke/ f. **1** *(caramella)* sweet, candy AE **2** FIG. *(rarità)* gem, rarity.

chicchera /'kikkera/ f. **1** *(recipiente)* cup **2** *(contenuto)* cupful.

chicchessia /kikkes'sia/ pron.indef. anyone, anybody; **lo direbbe a ~** he would tell anybody; **non fidarti di ~** don't trust anyone.

chicchirichì /kikkiri'ki/ **I** inter. cock-a-doodle-doo **II** m.inv. cock-a-doodle-doo.

chicco, pl. **-chi** /'kikko, ki/ m. **1** *(di cereali o altre piante)* corn, grain; **~ di grano** kernel, grain of wheat; **~ di riso** grain of rice; **~ di caffè** coffee bean; **~ d'uva** grape; **~ d'orzo** barleycorn **2** *(granello)* grain; **~ di grandine** hailstone; **i -chi del rosario** the rosary beads.

▶ **chiedere** /'kjɛdere/ [27] **I** tr. **1** *(per avere)* to ask for; *(supplicando)* to beg [*denaro, permesso, favore*]; to beg for [*aiuto*]; **~ il conto** to ask for the bill; **~ le dimissioni di qcn.** to ask for sb.'s resignation; ~ ***la parola*** to ask for permission to speak; ~ ***dei soldi a qcn.*** to ask sb. for money; ~ ***rinforzi*** MIL. to ask for reinforcements; FIG. to ask for support; ~ ***l'autorizzazione*** o ***il permesso a qcn.*** to ask sb.'s permission (**di, per fare** to do); ~ ***consiglio a qcn.*** to ask sb.'s advice; ~ ***il rinvio, l'annullamento della riunione*** o ~ ***che la riunione sia rinviata, annullata*** to request that the meeting be postponed, cancelled; ~ ***asilo politico*** to apply for political asylum; ~ ***la liberazione, la condanna di qcn.*** to call for sb.'s release, conviction; ~ ***la mano di qcn.*** to ask for sb.'s hand; ~ ***in sposa*** to propose to sb.; ~ ***scusa a qcn.*** to apologize to sb.; ***chiedo scusa!*** *(per ottenere l'attenzione)* excuse me! *(per scusarsi)* I'm sorry; ***chiedo scusa, come ha detto?*** I beg your pardon, what did you say? ***ha chiesto che tutti assistessero alla riunione*** he asked everybody to attend the meeting; ***chiedono un prolungamento delle trattative*** they are calling for talks to be extended; ~ ***che il lavoro sia portato a termine*** to ask for the work to be completed; ~ ***a qcn. di fare*** to ask sb. to do; ~ ***di incontrare qcn.*** to ask to meet sb.; ***ha chiesto di restare, di uscire*** he asked if he could stay, leave; ***te lo chiedo per favore, puoi stare zitto?*** would you please be quiet? ***chiedete e vi sarà dato*** ask and you shall receive **2** *(per sapere)* to ask; ~ ***qcs. a qcn.*** to ask sb. sth.; ~ ***la strada (a qcn.)*** to ask (sb.) the way; ~ ***l'ora*** to ask the time; ~ ***(a qcn.) se*** to ask (sb.) whether *o* if; ~ ***a qcn. perché, chi*** to ask (sb.) why, who; ***mi ha chiesto tue notizie*** he asked me how you were getting on; ***chiedigli il suo nome*** o ***come si chiama*** ask him his name; ***ho chiesto a Franco se sarebbe venuto*** I asked Franco if he was coming; ***chiedigli come ha fatto*** ask him how he did it; ***scusi se glielo chiedo, ma...*** excuse me for asking, but...; ***"come?" chiese*** "how?" he asked; ***ma chi ti ha chiesto qualcosa!*** COLLOQ. I wasn't asking you! ***questo genere di cose non si chiede*** it's not the kind of thing you ask **3** *(con forza, ingiungere)* ~ ***a qcn. di fare*** to ask *o* demand sb. to do; ***è stato chiesto agli spettatori di rimanere calmi*** the audience was told to stay calm; ***fa' quello che ti si chiede!*** do what you're told! ***il poliziotto mi ha chiesto i documenti*** the policeman asked *o* demanded to see my papers; ***chiedo di sapere la verità*** I demand to know the truth **4** *(augurarsi, aspettarsi)* ***non chiedeva tanto*** he didn't expect that much; ***non chiedo di meglio che partire*** there's nothing I would like better than to leave; ***non chiedono di meglio di fare*** they'd like nothing more than to do; ***andare a teatro? non chiedo di meglio!*** go to the theatre? I'd love to! ***non chiedeva altro che aiutarmi*** he was only too glad to help me; ***non chiedo che questo! non chiedo altro!*** that's exactly what I want! I ask for nothing else! ***non bisogna chiedergli troppo*** you mustn't expect *o* exact too much of him; ***è*** ~ ***troppo*** it's too much to ask; ***sta chiedendo un po' troppo*** he's asking a bit too much; ***tutto ciò che ti chiedo è di essere leale*** all I ask from you is loyalty, to be fair **5** DIR. [*tribunale*] to call for [*pena, perizia*]; [*persona*] to sue for [*danni*]; to ask for [*divorzio*] **6** *(fare pagare)* to ask, to charge; ***quanto chiede per quello?*** what price is he asking for it? **II** intr. (aus. *avere*) *(domandare)* ***avresti potuto*** ~ you could have asked; ***hai solo da*** ~ you only have to ask; ***chiedi a chi vuoi*** ask who you will; *(informarsi)* ***mi ha chiesto di te*** he asked after you **III chiedersi** pronom. *(interrogarsi)* to ask oneself [*ragione, motivo*]; ***-rsi se*** to wonder *o* query whether *o* if; ***-rsi perché, come, dove, ciò che, chi*** to be puzzled as to *o* to wonder why, how, where, what, who; ***mi chiedo cosa ne sia di lei, cosa stia cercando*** I wonder what became of her, what she's after; ***"credi che l'abbia fatto apposta?" - "me lo chiedo"*** "do you think he did it on purpose?" - "I wonder"; ***c'è da -rsi perché la polizia non ne fosse informata*** one might wonder why the police were not informed; ***ci si chiede se sia la persona adatta*** there is a question mark about his suitability; ***ci si chiede cosa stia tentando di ottenere*** one wonders what he is trying to achieve; ***non ti sei mai chiesto perché?*** have you ever wondered why?

chierica, pl. **-che** /'kjerika, ke/ f. **1** RELIG. tonsure **2** SCHERZ. bald patch.

chiericato /kjeri'kato/ m. **1** *(stato di ecclesiastico)* clerical status, priesthood **2** *(clero)* clergy.

chierichetto /kjeri'ketto/ m. altar boy, server.

chierico, pl. **-ci** /'kjeriko, tʃi/ m. **1** *(ecclesiastico)* clergyman*, churchman* **2** *(assistente nelle funzioni liturgiche)* altar boy, server **3** *(seminarista)* seminarist.

▶ **chiesa** /'kjɛza/ f. **1** *(edificio)* church; ***una*** ~ ***romanica, gotica*** a Romanesque, Gothic church; ***andare in*** ~ to go to church; ***sposarsi in*** ~ to get married in church; ***uomo di*** ~ *(ecclesiastico)* churchman, man of God, clergyman; *(praticante)* churchgoer, churchman; ***gente di*** ~ churchgoers, religious people **2** *(istituzione)* ***la Chiesa anglicana*** the Church of England, the Anglican Church; ***la Chiesa cattolica*** the (Roman) Catholic Church; ***la Chiesa episcopale*** the Episcopal Church; ***la Chiesa ortodossa*** the Orthodox Church; ***la Chiesa orientale*** the Eastern Church; ***le Chiesa riformata, protestante*** the Reformed, Protestant Church; ***Padri della Chiesa*** Church Fathers; ***Santa Madre Chiesa*** Mother Church; ***Stato della*** ~ Vatican State ◆◆ ~ ***abbaziale*** abbey church, minster; ~ ***parrocchiale*** parochial *o* parish church.

chiesastico, pl. **-ci, -che** /kje'zastiko, tʃi, ke/ agg. **1** ecclesial, church attrib. **2** SPREG. *(pretesco)* churchy, Bible-thumping.

chiesuola /kje'zwɔla/ f. MAR. binnacle.

chietino /kje'tino/ ◗ **2 I** agg. from, of Chieti **II** m. (f. **-a**) native, inhabitant of Chieti.

chiffon /ʃif'fon/ m.inv. chiffon.

chiglia /'kiʎʎa/ f. keel ◆◆ ~ ***di deriva*** centreboard; ~ ***di rollio*** bilge keel.

chignon /ʃiɲ'ɲɔn/ m.inv. bun, chignon; ~ ***alto*** top knot; ***raccogliere i capelli a*** o ***farsi uno*** ~ to put *o* wear *o* gather up one's hair in a bun.

chili /'tʃili/ m.inv. ~ ***con carne*** chilli, chili (con carne).

chiliasmo /ki'ljazmo/ m. chiliasm.

chilifero /ki'lifero/ agg. chyliferous.

chilificare /kilifi'kare/ [1] tr. to chylify.

chilificazione /kilifikat'tsjone/ f. chylification.

▷ **1.chilo** /'kilo/ ◗ ***22*** m. (accorc. chilogrammo) kilo; ***un*** ~ ***di mele*** a kilo of apples; ***mezzo*** ~ half a kilo; ***il prezzo al*** ~ the price per kilo; ***pesare 60 -i*** to weigh 60 kilos; ***prendere dei -i*** to gain weight; ***avere qualche*** ~ ***di troppo*** to be overweight by a few kilos, to be a few kilos overweight.

2.chilo /'kilo/ m. BIOL. chyle.

chiloampere /kiloam'pɛr/ m.inv. kiloampere.

chilocaloria /kilokalo'ria/ f. kilocalorie.

chilociclo /kilo'tʃiklo/ m. kilocycle.

chilogrammetro /kilo'grammetro/ m. kilogrammetre.

▶ **chilogrammo** /kilo'grammo/ ◗ ***22*** m. kilogram(me).

chilohertz /kilo'ɛrts/ m.inv. kilohertz.

chilolitro /ki'lɔlitro/ ◗ ***19*** m. kilolitre BE, kiloliter AE.

chilometraggio, pl. **-gi** /kilome'traddʒo, dʒi/ m. AUT. *(chilometri percorsi)* kilometres, mileage ◆◆ ~ ***illimitato*** unlimited mileage.

chilometrare /kilome'trare/ [1] tr. to measure [sth.] in kilometres [*tragitto, distanza*].

chilometrico, pl. **-ci, -che** /kilo'mɛtriko, tʃi, ke/ agg. **1** kilometric; [*distanza*] in kilometres; [*prezzo, costo, tariffa*] per kilometre **2** SCHERZ. *(lunghissimo)* [*coda*] endless; [*discorso*] interminable.

▶ **chilometro** /ki'lɔmetro/ ◗ ***21, 23, 37*** m. kilometre BE, kilometer AE; ***50 -i orari*** o ***all'ora*** 50 kilometres per *o* an hour; ***costo al*** ~ cost per kilometre; ***fare dei -i*** *(a piedi)* to walk for miles; ***distare*** o ***essere a 20 -i*** to be 20 kilometres away; ***la spiaggia è a 2 -i da qui*** the beach is 2 kilometres from here; ***una coda lunga 5 -i*** a 5 kilometre long queue; ***il luogo dell'incidente è al*** ~ ***120 (dal casello, dall'ingresso dell'autostrada)*** the accident happened at km 120 (from the toll, from the start of the motorway); ***fare 100 -i per vedere*** to come 100 kilometres to see; ***si vedeva lontano un*** ~ ***che era un poliziotto*** he had "policeman" written all over him ◆◆ ~ ***quadrato*** square kilometre.

chiloton /'kiloton/ m.inv. kiloton.

chilotone /kilo'tone/ m. → **chiloton.**

chilovolt /kilo'vɔlt/ m.inv. kilovolt.

chilowatt /'kilovat/ m.inv. kilowatt.

chilowattora /kilovat'tora/ m.inv. kilowatt-hour.

chimera /ki'mɛra/ f. **1** MITOL. chimaera **2** FIG. pipe-dream, chimera; ***cullarsi nelle -e*** to live in a dream world; ***inseguire delle -e*** to chase rainbows, to chase after an illusion; ***folli, vane -e*** crazy, vague fantasies **3** ITTIOL. chimaera.

chimerico, pl. **-ci, -che** /ki'mɛriko, tʃi, ke/ agg. **1** *(irrealizzabile)* [*progetto, speranza*] chimeric(al) **2** *(irreale)* [*animale*] imaginary.

▷ **chimica** /'kimika/ f. **1** *(scienza)* chemistry; ***esperimento, laboratorio, corso di*** ~ chemistry experiment, laboratory, course **2** SCOL. UNIV. chemistry ◆◆ ~ ***inorganica*** inorganic chemistry; ~ ***organica*** organic chemistry.

chimicamente /kimika'mente/ avv. chemically.

▷ **chimico**, pl. **-ci, -che** /'kimiko, tʃi, ke/ **I** agg. [*analisi, reazione, industria, sostanza, ingegneria, ingegnere*] chemical; ***prodotto*** ~ chemical; ***arma -a*** chemical weapon; ***guerra -a*** chemical warfare; ***settore*** ~ chemicals division **II** ◗ ***18*** m. (f. **-a**) chemist; ***il piccolo*** ~ *(gioco)* chemistry set.

chimificare /kimifi'kare/ [1] tr. to chymify.

chimificazione /kimifikat'tsjone/ f. chymification.

chimismo /ki'mizmo/ m. chemism.

chimo /'kimo/ m. chyme.

chimografo /ki'mɔgrafo/ m. kymograph.
chimono /ki'mɔno/ m.inv. kimono*; ***manica a ~*** kimono sleeve.
chimosina /kimo'zina/ f. chymosin.
1.china /'kina/ f. slope ◆ ***essere sulla ~ degli anni*** to be over the hill; ***essere su una brutta ~*** to be on a slippery slope, to tread a dangerous path; ***risalire la ~*** to get back on one's feet.
2.china /'kina/ f. **1** BOT. chinchona, cinchona; ***corteccia di ~*** china bark **2** *(liquore)* = cordial made from china bark.
3.china /'kina/ f. **1** ***(inchiostro di) ~*** Indian ink BE, India ink AE; ***disegno a ~*** pen-and-ink drawing **2** *(disegno)* pen-and-ink drawing.
▷ **chinare** /ki'nare/ [1] **I** tr. **1** *(piegare)* to bend*, to bow [*corpo, parti del corpo*]; to hunch [*spalle*]; to bend* [*schiena*]; ***~ il capo*** to bow one's head (anche FIG.) **2** *(abbassare)* to lower; ***~ lo sguardo, gli occhi*** to lower one's eyes **II chinarsi** pronom. to squat (down); *(in avanti)* to bend* down, to bend* over, to lean over, to stoop.
chinasi /ki'nazi/ f.inv. kinase.
1.chinato /ki'nato/ **I** p.pass. → **chinare II** agg. *(incurvato)* bent, bowed.
2.chinato /ki'nato/ agg. ***vino ~*** = wine flavoured with china bark.
chincagliere /kinkaʎ'ʎɛre/ ➧ ***18*** m. (f. **-a**) fancy goods seller, knick-knacks seller.
chincaglieria /kinkaʎʎe'ria/ f. **1** *(negozio)* fancy goods shop **2** *(insieme di oggettini)* trinkets pl., knick-knacks pl.; *(bigiotteria)* costume jewellery.
chinesiterapia /kinesitera'pia/ f. kinesitherapy, kinesiatrics + verbo sing.
chinetosi /kine'tɔzi/ ➧ ***7*** f.inv. motion sickness, travel sickness.
chinidina /kini'dina/ f. quinidine.
chinina /ki'nina/ f. quinine.
chinino /ki'nino/ m. quinine; ***erba ~*** centaury.
chino /'kino/ agg. [*capo*] bowed, bent; ***era ~ su un libro*** his head was bent over a book; ***stare a capo ~*** to get *o* keep *o* have one's head down; ***a capo ~*** FIG. with one's head bowed.
chinolina /kino'lina/ f. quinoline.
chinone /ki'none/ m. quinone.
chinotto /ki'nɔtto/ m. **1** BOT. *(albero, frutto)* myrtle-leaved sour orange **2** *(bibita)* = soft drink flavoured with sour orange.
chintz /tʃints/ m.inv. chintz; ***tende di ~*** chintzy curtains.
chioccia, pl. **-ce** /'kjɔttʃa, tʃe/ f. **1** *(gallina)* broody hen, mother hen, sitting hen **2** FIG. *(donna)* mother hen.
chiocciare /kjot'tʃare/ [1] intr. (aus. *avere*) **1** *(emettere il verso)* [*gallina*] to chuck, to cluck **2** *(covare)* [*gallina*] to brood **3** FIG. *(stare accoccolato)* to crouch, to squat.
chioccio, pl. **-ci, -ce** /'kjɔttʃo, tʃi, tʃe/ agg. [*voce*] croaky.
chiocciola /'kjɔttʃola/ f. **1** ZOOL. (garden) snail; ***scala a ~*** spiral staircase, winding stairs **2** ANAT. cochlea* **3** MUS. scroll **4** INFORM. *(in Internet)* at (sign); ***Silvia ~ xyz punto it*** *(comunicando a voce un indirizzo di posta elettronica)* Silvia at xyz dot it.
chioccolare /kjokko'lare/ [1] intr. (aus. *avere*) **1** [*merlo*] to whistle **2** *(fischiare con il chioccolo)* [*cacciatore*] to blow* a bird call **3** *(gorgogliare)* [*acqua*] to gurgle.
chioccolio, pl. **-ii** /kjokko'lio, ii/ m. **1** *(di uccelli)* whistling **2** *(gorgoglio)* gurgling.
chioccolo /'kjɔkkolo/ m. **1** *(di merlo)* whistle **2** *(fischietto)* bird call **3** *(gorgoglio)* gurgle.
chiodame /kjo'dame/ m. nails pl.
chiodare /kjo'dare/ [1] tr. **1** to stud [*ruota, scarpe*] **2** *(inchiodare)* to nail **3** ALP. to nail, to spike [*parete*].
chiodato /kjo'dato/ **I** p.pass. → **chiodare II** agg. **1** [*scarpe*] studded, hobnail(ed); [*pneumatici*] studded; ***scarpette -e (da corsa)*** spikes, track shoes **2** ZOOL. ***razza -a*** thornback; ***rombo ~*** turbot.
chiodatrice /kjoda'tritʃe/ f. riveter.
chiodatura /kjoda'tura/ f. MECC. riveting.
chioderia /kjode'ria/ f. **1** *(officina)* nail factory **2** *(chiodame)* nails pl.
chiodino /kjo'dino/ m. **1** *(piccolo chiodo)* small pin; *(da legno)* panel pin **2** BOT. honey mushroom.
▷ **chiodo** /'kjɔdo/ m. **1** TECN. nail; ***appendere qcs. a un ~*** to hang sth. on a nail; ***piantare un ~ in qcs.*** to drive *o* knock a nail into sth.; ***piantare un ~ (col martello)*** to hammer in a nail **2** ALP. *(da ghiaccio, roccia)* piton, peg, wedge **3** MED. pin **4** *(giubbotto)* studded jacket ◆ ***battere sullo stesso ~*** = to insist, to harp on; ***magro come un ~*** as thin as a rake *o* lath; ***appendere i guantoni, le scarpe al ~*** to hang up one's gloves, spikes; ***avere un ~ fisso*** to have a bee in one's bonnet, to have a one-track mind; ***roba da -i!*** it's unbelievable *o* incredible! ***~ scaccia ~*** PROV. one pain *o* worry drives out another ◆◆ ***~ a espansione*** (expansion) bolt; ***~ di garofano*** clove; ***~ da scarpe*** shoe tack, stud; ***~ senza testa*** sparable; ***~ con testa a scomparsa*** brad.
chioma /'kjɔma/ f. **1** (head of) hair; ***una folta ~ di riccioli*** a luxuriant head of curly hair **2** *(criniera)* mane **3** BOT. *(di albero)* foliage, crown **4** ASTR. *(di cometa)* coma*.
chiomato /kjo'mato/ agg. **1** [*persona*] long-haired, with long thick hair **2** *(frondoso)* [*albero*] leafy **3** *(con pennacchio)* [*elmo*] feathered.
chiosa /'kjɔza/ f. gloss; ***fare una ~*** to gloss.
chiosare /kjo'zare/ [1] tr. to gloss [*testo*].
chiosatore /kjoza'tore/ m. (f. **-trice** /tritʃe/) glossator.
chiosco, pl. **-schi** /'kjɔsko, ski/ m. **1** kiosk, stand, stall; ***~ dei giornali*** newsstand, newspaper stand; ***il ~ dei fiori, degli hamburger*** the flower, hamburger stall **2** *(pergolato)* summerhouse, pavilion.
chiostro /'kjɔstro/ m. **1** ARCH. garth **2** *(convento)* cloister; ***lasciare il ~*** FIG. to give up one's vocation.
chiotto /'kjɔtto/ agg. COLLOQ. quiet; ***starsene ~*** to keep quiet.
chip /tʃip/ m.inv. **1** INFORM. (silicon) chip **2** *(gettone)* chip.
chips /tʃips/ f.pl. (potato) crisps, chips AE.
chirghiso /kir'gizo/ ➧ ***25*** **I** agg. Kirghiz **II** m. (f. **-a**) Kirghiz.
chirografario, pl. **-ri, -rie** /kirogra'farjo, ri, rje/ **I** agg. chirographary, chirographic; [*credito*] unsecured **II** m. (f. **-a**) unsecured creditor.
chirografo /ki'rɔgrafo/ m. **1** *(documento autografo)* = document handwritten by the author **2** DIR. chirograph.
chiromante /kiro'mante/ ➧ ***18*** m. e f. chiromancer, palmist, fortune-teller.
chiromantico, pl. **-ci, -che** /kiro'mantiko, tʃi, ke/ agg. chiromantic.
chiromanzia /kiroman'tsia/ f. chiromancy, palmistry, fortune-telling.
chiropratica /kiro'pratika/ f. chiropractic.
chiropratico, m.pl. **-ci**, f.pl. **-che** /kiro'pratiko, tʃi, ke/ ➧ ***18*** m. (f. **-a**) chiropractor.
chirospasmo /kiros'pazmo/ ➧ ***7*** m. graphospasm.
chiroterapia /kirotera'pia/ f. → **chiropratica.**
chirottero /ki'rɔttero/ m. chiropteran.
chirurgia /kirur'dʒia/ f. surgery; *(reparto)* surgical ward ◆◆ ***~ correttiva*** corrective surgery; ***~ dentaria*** dental surgery; ***~ endoscopica*** keyhole surgery; ***~ estetica*** cosmetic surgery; ***~ finanziaria*** ECON. asset stripping; ***~ plastica*** plastic surgery, anaplasty; ***~ sostitutiva*** spare part surgery; ***~ d'urgenza*** emergency surgery.
chirurgicamente /kirurdʒika'mente/ avv. [*asportare*] surgically.
chirurgico, pl. **-ci, -che** /ki'rurdʒiko, tʃi, ke/ agg. [*caso, ago, filo*] surgical; ***leva -a*** levator; ***reparto ~*** surgical ward; ***scalpello ~*** dissector; ***intervento ~*** surgical operation; ***sottoporsi a un intervento ~*** to undergo surgery; ***con precisione -a*** FIG. with surgical precision.
▷ **chirurgo**, m.pl. **-ghi**, f.pl. **-ghe** /ki'rurgo, gi, ge/ ➧ ***18*** m. (f. **-a**) **1** *(medico)* surgeon **2** ITTIOL. ***pesce ~*** surgeon-fish ◆◆ ***~ plastico*** plastic surgeon.
▶ **chissà** /kis'sa/ avv. **1** *(esprime dubbio, incertezza)* who knows; ***~ chi è*** who knows who it is; ***~ dove, quando*** who knows where, when; ***~ se*** who knows whether, if; ***ha mentito, e ~ cos'altro*** he lied, and God knows what else (he did); ***~ cosa ci riserva il futuro?*** who knows what lies ahead? ***"credi che ci riusciranno?" - "~!"*** "do you think they'll succeed?" - "it's anyone's guess! who knows!"; *(enfatico)* ***sei rimasto chiuso fuori? ~ che nervi!*** you locked yourself out? how frustrating! ***~ che divertimento!*** it must have been great fun! ***~ come sei stanco, arrabbiato!*** God knows you must be very tired, angry! **2** *(può darsi)* maybe, perhaps; ***~ che non venga domani*** maybe he will come tomorrow; ***"ritorni domani?" - "~!"*** "will you be back tomorrow?" - "maybe!" ◆ ***credersi ~ chi*** to think one is something *o* someone *o* the bee's knees.
▷ **chitarra** /ki'tarra/ ➧ ***34*** f. **1** MUS. guitar; ***Jimmy Page alla ~*** Jimmy Page on guitar; ***accompagnare alla ~*** to accompany on the guitar; ***suonare la ~*** to play the guitar **2** ITTIOL. ***pesce ~*** guitarfish **3** GASTR. ***spaghetti alla ~*** = kind of spaghetti typical of the Abruzzi ◆◆ ***~ acustica*** acoustic guitar; ***~ classica*** Spanish guitar, classical guitar; ***~ elettrica*** electric guitar; ***~ folk*** folk guitar; ***~ hawaiana*** (pedal) steel guitar, Hawaiian guitar; ***~ ritmica*** rhythm guitar.
chitarrista, m.pl. **-i**, f.pl. **-e** /kitar'rista/ ➧ ***18*** m. e f. guitarist, guitar player.
chitina /ki'tina/ f. chitin.
chitinoso /kiti'noso/ agg. chitinous.
chitone /ki'tone/ m. chiton.
▶ **chiudere** /'kjudere/ [11] **I** tr. **1** to close, to shut* [*occhi, bocca, finestra, scatola, cassetto, libro*]; to fasten [*valigia*]; to seal [*busta, lettera*]; *(tirando)* to draw*, to pull, to close [*tende, saracinesca, porta*]; *(piegando)* to fold [*tavolo, sedia, sdraio, ventaglio, ombrello, coltellino, ali*]; *(abbottonando, allacciando)* to fasten, to do* up

[*vestito, cappotto*]; to tie up [*scarpe*]; *(ermeticamente)* to secure [*coperchio*]; to seal (up) [*barattolo*]; **~ *il sipario*** to drop, to bring down the curtain; **~ *le virgolette*** to unquote; **~ *il pugno*** to clench one's fist; **~ *i boccaporti*** MAR. to batten down the hatches; ***mi chiudi la lampo, per favore?*** can you zip me up, please? ***l'angoscia gli chiudeva lo stomaco*** FIG. anguish was tying his stomach up in knots; **~ *a chiave*** to lock [*casa, appartamento, auto, valigia, cassetto*]; **~ *a doppia mandata*** to double-lock [*porta, casa*]; **~ *con il chiavistello*** to bolt, to latch [*porta*]; **~ *con il lucchetto*** to padlock [*porta, cancello, bicicletta*]; **~ *la porta con un calcio, con un colpo della mano*** to kick, clap the door shut; **~ *la porta alle spalle di qcn.*** to close the door behind sb.; **~ *la porta in faccia a qcn.*** to slam the door in sb.'s face (anche FIG.); **~ *in una morsa*** to vice; **~ *di scatto*** to snap; **~ *con violenza*** to bang, to slam **2** *(spegnere)* to turn off [*rubinetto, gas, acqua*]; to switch off [*elettricità, luce, radio*] **3** ELETTRON. to complete, to make*, to close [*circuito*] **4** *(sbarrare)* to close (off), to bar, to block [*condotto, passaggio, accesso, frontiera*]; [*polizia*] to cordon off, to seal off [*area, zona*]; **~ *con un muro*** to wall; **~ *una strada al traffico*** to close a road to traffic; **~ *fuori qcn.*** to lock sb. out, to turn the key on sb. (anche FIG.) **5** *(rinchiudere)* to shut* (up), to lock [*persona, animale*] (**in** in); **~ *qcn. in*** o ***dentro (a) una stanza*** to lock sb. in a room; **~ *qcn. in carcere*** to lock sb. up in jail; **~ *qcs. in cassaforte*** to lock sth. away *o* up **6** *(recingere)* to surround, to enclose, to fence [*giardino, terreno*] **7** *(sospendendo un'attività) (temporaneamente)* to close, to shut*; *(definitivamente)* to close (down), to shut* (down) [*fabbrica, negozio, impresa, succursale, sede*]; ***"si chiude!"*** "closing time!"; *(nei pub)* "time please!" **8** *(terminare, concludere)* [*persona*] to close, to conclude, to wind* up [*dibattito, discussione*]; to close, to end, to bring* [sth.] to a close, to bring* [sth.] to an end [*udienza, festival, giornata*]; to sign off [*lettera*]; to complete [*stagione, progetto, edizione*]; to close, to sign [*accordo*]; [*frase*] to bring* to an end [*discorso, capitolo*]; *(venendo per ultimo)* to bring* up the rear of [*marcia, corteo, processione*]; **~ *il caso*** DIR. to rest one's case; ***l'inchiesta è stata chiusa in un mese*** the enquiry was completed in one month; ***il giornale è stato chiuso alle 19*** we put the paper to bed at 7 pm **9** *(tappare)* to plug (up), to stop (up) [*falla, buco*]; to stop [*bottiglia*]; **~ *una breccia*** MIL. to seal a gap **10** BANC. COMM. to close [*conto bancario*]; **~ *i conti*** to balance **11** INFORM. to close [*file*] **12** *(nel gioco delle carte)* **~ *la mano*** to win the hand **13** SPORT to box in [*avversario*]; ***lasciarsi ~*** to get boxed in **II** intr. (aus. *avere*) **1** [*fabbrica, negozio, teatro*] *(temporaneamente)* to close, to shut*; *(definitivamente)* to close (down), to shut* (down); ***il negozio chiude alle cinque*** the shop shuts at five **2** *(stare chiuso)* **~ *bene, non ~ bene*** [*porta, valigia*] to close, not to close properly; ***il coperchio non chiude bene*** the lid won't go on properly **3** ECON. [*mercato, azione*] to close; **~ *a 45,50 euro*** to close at 45.50 euros; **~ *in rialzo, ribasso*** to close up, down; **~ *in pareggio*** to break even; **~ *in attivo*** to show a profit; ***il mercato ha chiuso con un guadagno di 10 punti*** trading closed on a gain of 10 points **4** FIG. **~ *con qcn., qcs.*** to have done with sb., sth.; **~ *con il passato*** to turn over a new leaf; ***con te ho chiuso*** I'm through with you **III** **chiudersi** pronom. **1** [*porta, finestra, scatola, occhi, bocca*] to close, to shut*; [*fiore*] to close up; [*cappotto, braccialetto, valigia*] to fasten; [*tavolo, sedia, ombrello*] to fold (up); ***la sua gonna si chiude sul fianco*** her skirt fastens at the side; ***si chiude in camera sua per lavorare*** he shuts himself in his room to work; ***-rsi dentro*** to lock oneself in [*stanza, auto*]; ***-rsi fuori*** to lock oneself out of [*casa*]; ***stavo per*** o ***ho rischiato di chiudermi in cantina*** I nearly got locked in the cellar; ***-rsi in un convento*** to retire to a convent; ***-rsi in casa*** to shut oneself up at home; ***-rsi nel silenzio*** to close up *o* retreat into silence; ***-rsi nelle proprie abitudini*** to become set in one's ways; ***-rsi in se stesso*** to become withdrawn, to withdraw into oneself **2** *(concludersi)* [*serata, festival, discorso*] to end, to finish (**con** with) **3** *(rimarginarsi)* [*ferita*] to heal over, to heal up **4** *(annuvolarsi)* [*cielo*] to cloud over, to get* cloudy **5** COLLOQ. *(schiacciarsi)* ***-rsi un dito nella porta*** to get one's finger caught *o* trapped in the door ◆ **~ *i battenti*** to shut up shop, to close down; **~ *in bellezza*** to go out with a bang, to end with a flourish; **~ *bottega*** to shut up shop, to put up the shutters; **~ *la bocca, il becco*** to shut one's mouth, trap; ***chiudi il becco!*** shut up! **~ *la bocca a qcn.*** to shut sb. up; ***non ~ mai bocca*** never stop talking; **~ *il cerchio*** to make a full circle; **~ *un occhio su qcs.*** to turn a blind eye to sth., to blink *o* wink at sth.; ***non ~ occhio tutta la notte*** not to get a wink of sleep all night.

chiudiporta /kjudi'pɔrta/ m.inv. = spring device to automatically close a door.

▶ **chiunque** /ki'unkwe/ Quando *chiunque* è usato come pronome indefinito, si traduce con *anybody* o *anyone*: *l'ha fatto meglio di chiunque altro* = he did it better than anybody else. - Quando invece *chiunque* è usato come pronome relativo indefinito, si traduce per lo più con *whoever* o *whichever* (in quest'ultimo caso se ci si riferisce a un numero indefinito ma ristretto di persone): *chiunque rifiuti di ubbidire sarà punito* = whoever refuses to obey will be punished; *chiunque di voi abbia rubato il libro sarà punito* = whichever of you stole the book will be punished. - *Chiunque* e i suoi equivalenti inglesi sono usati solo al singolare; si noti però che, proprio per il valore indefinito di *anyone / anybody*, questo pronome può essere correlato a *they* (impiegato al posto di *he* o *she*): *chiunque è in grado di passare l'esame purché abbia letto questi libri* = anyone can pass the exam as long as they have read these books. - Come risulta dagli esempi, nelle frasi introdotte da *chiunque* si usa il congiuntivo, anche se può comparire anche l'indicativo (*chiunque rifiuta di ubbidire*...) **I** pron.indef. anybody, anyone; **~ *potrebbe farlo*** anybody could do it, any fool could do that COLLOQ.; ***~, a parte te, glielo avrebbe dato*** anybody but you would have given it to her; ***non lo darei a ~*** I wouldn't give it to just anybody; **~ *altro andrebbe a letto presto, ma tu...*** anyone else would go to bed early, but you...; ***di ~ altro si fosse trattato, l'avrei aiutato*** if it had been anyone else, I would have helped them; ***può capitare a ~ di fare un errore*** anybody can make a mistake; ***non è né più, né meno onesto di ~ altro*** he's as honest as the next person; ***amo la natura come ~ altro*** I enjoy nature as much as the next person **II** pron.rel.indef. whoever, anyone who, anybody who; *(entro un gruppo ristretto)* whichever; ***venite fuori ~ voi siate*** come out whoever you are; **~ *lo desideri, può andare*** anybody who wants to, can go; **~ *abbia visto l'incidente deve contattare la polizia*** whoever saw the accident should contact the police; ***mettono a disposizione delle auto per ~ arrivi*** they're providing cars for whoever comes; **~ *vincerà le elezioni dovrà affrontare il problema*** whoever wins the election will have to deal with the problem; **~ *abbia visto, non fa alcuna differenza*** whoever he saw, it makes no difference; ***lo darò a ~ lo voglia*** I will give it to whoever wants it; **~ *di voi abbia rubato il libro sarà punito*** whichever of you has stolen the book will be punished.

chiurlare /kjur'lare/ [1] intr. (aus. *avere*) to hoot.

chiurlo /'kjurlo/ m. curlew.

chiusa /'kjusa/ f. **1** *(sbarramento di un corso d'acqua)* lock, penstock, sluice gate **2** GEOL. transverse valley **3** *(recinto)* enclosure **4** *(conclusione)* ending, conclusion; *(di una lettera)* closing phrase, complimentary close AE ◆◆ **~ *a paratoia scorrevole*** slide gate.

chiusino /kju'sino/ m. *(di tombino, fogna)* manhole cover.

▶ **chiuso** /'kjuso/ **I** p.pass. → **chiudere II** agg. **1** [*porta, libro, bocca*] closed, shut; *(a chiave)* locked; [*scarpe*] closed; [*ferita*] closed, healed; ***"~ al pubblico, al traffico"*** "closed to the public, to traffic"; ***"~ per inventario, per malattia"*** "closed for stocktaking, due to illness"; **~ *di venerdì*** closed on Fridays; **~ *per nebbia*** fogbound; ***tutte le vie di accesso alla città sono state -e*** all the approaches to the city have been sealed off; ***in busta -a*** sealed; ***a occhi -i*** with one's eyes shut *o* closed; FIG. *(con facilità)* with one's eyes closed; *(con fiducia)* ***firmare a occhi -i*** to sign on the dotted line; ***avere il naso ~*** to have a blocked *o* stuffy nose, to have the sniffles; ***casa -a*** EUFEM. knocking shop; ***mare ~*** enclosed *o* inland sea; ***mischia -a*** *(nel rugby)* set scrum; ***era rimasto ~ fuori perché aveva dimenticato la chiave*** he was locked out because he'd forgotten his key; **~ *in casa*** housebound; ***a porte -e*** DIR. in camera, in chambers, in closed court; ***televisione a circuito ~*** closed-circuit television **2** *(ottuso)* ***mentalità -a*** closed mind; *(riservato)* [*persona, carattere*] buttoned up, reserved **3** *(ristretto)* ***circolo, club ~*** exclusive club; ***un universo ~*** a closeted world; ***numero ~*** fixed number, restricted entry; UNIV. numerus clausus; ***mercato ~*** closed market; ***domanda a risposta -a*** yes-no question **4** MAT. [*insieme*] closed **5** LING. [*vocale*] closed; ***vocale in sillaba -a*** checked vowel **6** *(concluso)* ***la questione è -a!*** the matter is closed! that's the end of the matter! ***il caso è ~*** DIR. the case is closed (anche FIG.); ***dichiaro -a la seduta*** I declare the meeting closed; ***l'attività sta per essere -a*** COMM. the business is being wound down; ***capitolo ~*** it is over and done with **7** *(accollato)* [*abito*] high-necked **III** m. ***al ~*** [*sport, competizione, attività*] indoor; ***odore di ~*** musty *o* stuffy smell, mustiness; ***puzzare di ~*** [*casa, stanza*] to smell stale *o* musty ◆ ***tenere la bocca -a*** to hold one's tongue, to keep one's mouth shut; ***comprare a scatola -a*** to buy a pig in a poke; ***avere lo stomaco ~*** *(per l'agitazione)* to have butterflies in one's stomach, to have one's stomach churning.

▷ **chiusura** /kju'sura/ f. **1** *(di negozio, biblioteca, fabbrica) (temporanea)* closing; *(definitiva)* closedown; *(di strada, sentiero)* clo-

1.ci

Ci pronome dimostrativo

- Come pronome dimostrativo riferito a cosa, *ci* equivale a preposizione + *ciò*, e così va reso in inglese; bisogna però ricordare che spesso la preposizione inglese non è il diretto equivalente di quella italiana, e talvolta a un complemento indiretto italiano corrisponde un complemento diretto inglese o viceversa:

pensaci! (= *pensa a questa cosa!*)	= think about it!
non ci credo (= *non credo nulla di ciò*)	= I don't believe it
non ci abbiamo fatto caso (= *non abbiamo fatto caso a quella cosa*)	= we didn't notice.

- Nell'uso colloquiale e semi-colto, *ci* è usato come pronome dimostrativo anche in riferimento alle persone:

ci ho litigato ieri sera	= I quarrelled with him / her / them yesterday evening
ci ho parlato ieri sera	= I've spoken to her yesterday evening

Il parlante colto tende a preferire le corrispondenti forme con i pronomi personali (*ho litigato con lei ieri sera, le ho parlato ieri sera*).

Ci avverbio

- Ci è anche avverbio di luogo in italiano, e come tale va tradotto in inglese:

"Conosci già Sassari?"	= "Do you know Sassari already?"
"Sì, ci ho lavorato nel 1993"	"Yes, I worked here in 1993"
ci arriverò in poche ore	= I'll get there in a few hours
l'armadio non ci passa	= the wardrobe doesn't go through

In quest'uso *ci* non si traduce in inglese davanti al futuro e al condizionale di *to go*:

ci andrà?	= will she go?
non ci andrei neanche se me lo ordinasse	= I wouldn't go even if she ordered me to.

- Usato con il verbo *essere*, l'avverbio *ci* è usato in riferimento a persone o cose (anche in senso figurato e in forma idiomatica):

c'è qualcuno?	= is anyone there?
c'è il dottore?	= is the doctor in?
ci sei?	= are you ready?
ci sono molte auto in garage	= there are many cars in the garage.

Uso pleonastico di *ci*

- Come pronome personale e dimostrativo e come avverbio, *ci* ha talvolta un uso pleonastico, che in inglese non va tradotto in alcun modo:

ci vedi senza occhiali da sole?	= can you see without sunglasses?
con te non ci parlo più!	= I will not speak to you any more!
in questa casa non ci abita nessuno	= nobody lives in this house.

sure; ***orario*** o ***ora di ~*** closing time; ***~ domenicale, estiva*** Sunday, summer closure; ***non posso servire da bere dopo l'orario di ~*** I can't serve drinks after hours; *(al traffico)* ***la ~ del ponte ha provocato degli ingorghi*** the closing of the bridge caused traffic jams; ***"attenzione alla ~ delle porte"*** "mind the doors please"; ***a ~ automatica*** [*porte*] self-closing; *(bloccaggio)* ***dispositivo di ~*** locking mechanism **2** *(dispositivo per chiudere) (di borsa, spilla)* catch; *(di contenitori ermetici)* clamp; *(di busta, sacchetto)* seal; ***~ a tenuta d'aria, d'acqua*** airtight, watertight seal **3** *(termine)* ***discorso di ~*** closing speech; ***~ delle iscrizioni il 3 maggio alle dodici*** closing date for registration, noon on 3 May; ***la ~ delle scuole*** the closing of the schools **4** BANC. COMM. *(di conto bancario)* closure; ***bilancio di ~*** closing balance; ***~ di cassa*** closing of accounts; *(in borsa)* ***alla ~*** at the close; ***indebolirsi in ~*** to weaken at the close; ***prezzo di ~*** closing price; ***~ in pareggio*** break-even; ***~ della borsa*** close of the Exchange **5** LING. closure ◆◆ ***~ a baionetta*** bayonet clutch; ***~ centralizzata*** AUT. central locking; ***~ con chiavistello*** bolting; ***~ ermetica*** hermetic seal; ***~ lampo*** zip BE, zipper AE; ***~ magnetica*** TECN. magnetic lock; ***~ mentale*** narrow-mindedness; ***~ a scatto*** latch; ***~ di sicurezza*** *(per gioielli)* safety chain.

choc /ʃɔk/ → **shock.**

▶ **1.ci** /tʃi/ **I** pron.pers. **1** *(complemento oggetto)* us; ***~ chiamò*** he called us; ***~ ha fatto riavvicinare*** it brought us closer together; ***perdonateci*** forgive us; ***non disturbarci*** please, don't disturb us **2** *(complemento di termine)* us; ***~ ha dato la notizia*** she told us the news; ***dicci quanto hai vinto*** tell us how much you won; ***~ parlò*** he talked to us **3** *(con verbi riflessivi e pronominali)* ***~ siamo fatti male*** we've hurt ourselves; ***d'estate ~ laviamo nel torrente*** in summer we wash in the stream; ***non ~ vediamo da mesi*** we haven't seen each other for months; ***~ incontriamo alle dieci*** we're meeting at ten; ***~ baciammo*** we kissed **4** *(pleonastico: non si traduce)* ***~ siamo fatti una bella risata*** we had a good laugh; ***non ~ siamo fatti prendere dal panico*** we didn't panic; ***~ togliemmo le scarpe*** we took off our shoes **5** *(in costruzioni impersonali)* ***non ~ si rendeva conto dell'enormità di quanto era appena successo*** the enormity of what had happened just didn't register; ***di lui non ~ si può fidare*** he can't be relied (up)on; ***un'abitudine che ~ si porta dietro dall'infanzia*** a habit that is carried over from childhood; ***~ si gioca il tutto per tutto*** it's a win or lose situation **II** pron.dimostr. **1** *(a ciò, in ciò)* ***non ~ credo*** I don't believe it; ***~ rinuncio, non ~ capisco niente*** I give up, I can't make anything of it; ***~ penserò*** I'll think about it; ***non riesco ad abituarmici*** I can't get used to it; ***puoi scommetterci*** you can bet on it; ***~ vuole molto tempo per organizzarlo*** that takes a long time to organize; ***non ~ ho fatto caso fino al giorno dopo*** I thought nothing of it until the next day **2** COLLOQ. *(con lui, con lei, con loro)* ***~ ho fatto un viaggio (insieme)*** I went on a trip with him, her, them; ***~ ho appena parlato*** I've just spoken to him, her, them, I've spoken to him, her, them right now **3** *(pleonastico)* ***a me non ~ pensi?*** well, what about me? ***con te non ~ parlo più!*** I won't speak to you! I refuse to speak to you any more! **III** avv. **1** *(di luogo)* ***non ~ sono mai venuto*** I never came here, I've never been here before; ***~ si sta stretti qui*** we are very cramped in here; ***~ passo tutti i giorni*** I go that way every day; ***potresti venirci anche tu*** you could come (here) as well; ***l'armadio non ~ passa*** the wardrobe doesn't go through; *(pleonastico)* ***in questa casa non ~ abita nessuno*** nobody lives in this house **2** **esserci** → **1.essere.**

2.ci /tʃi/ m. e f.inv. c, C.

ciabatta /tʃa'batta/ f. **1** *(pantofola)* slipper **2** *(vecchia scarpa)* worn-out shoe **3** SPREG. *(persona malandata)* wreck **4** EL. *(presa multipla)* multi-plug adaptor **5** *(pane)* = long, small, flat loaf of white bread.

ciabattare /tʃabat'tare/ [1] intr. (aus. *avere*) to shuffle around (in slippers).

ciabattata /tʃabat'tata/ f. spank with a slipper.

ciabattino /tʃabat'tino/ ♦ ***18*** m. cobbler.

ciabattone /tʃabat'tone/ m. (f. **-a**) **1** SPREG. *(chi cammina strascicando i piedi)* shuffler **2** FIG. *(persona sciatta)* sloven, slob **3** FIG. *(arruffone)* bungler.

ciac /tʃak/ **I** inter. splat; ***fare cic ~ nel fango*** to squish round in the mud **II** m.inv. CINEM. clapperboard BE, clapper boards AE ◆ ***~, si gira!*** action!

ciacchete /'tʃakkete/ inter. → **ciac.**

ciaccona /tʃak'kona/ f. chaconne.

Ciad /tSad/ ♦ ***33*** n.pr.m. Chad; ***il lago ~*** Lake Chad.

ciadiano /tʃa'djano/ ♦ ***25*** **I** agg. Chadian **II** m. (f. **-a**) Chadian.

ciaf /'tʃaf/ inter. **1** *(rumore di caduta)* splash **2** *(rumore di uno schiaffo)* thwack, smack.

ciak /tʃak/ → **ciac.**

cialda /'tʃalda/ f. **1** GASTR. wafer, waffle **2** FARM. wafer.

cialdone /tʃal'done/ m. cornet.

cialtronata /tʃaltro'nata/ f. shabby trick, rotten trick.

cialtrone /tʃal'trone/ m. (f. **-a**) **1** *(individuo spregevole)* scoundrel, rascal **2** *(persona sciatta)* sloven, slob.

cialtroneria /tʃaltrone'ria/ f. **1** *(comportamento)* shabby behaviour **2** *(atto)* shabby trick, rotten trick.

▷ **ciambella** /tʃam'bɛlla/ f. **1** GASTR. *(pane, dolce)* = circular shaped bread or cake with a hole in the middle; *(piccolo dolce fritto)* doughnut **2** *(oggetto tondo bucato)* ring, hoop; ***~ di salvataggio*** lifebelt, lifebuoy **3** EQUIT. piaffe ◆ ***non tutte le -e***

riescono col buco PROV. you can't win them all, you win some, you lose some.
ciambellano /tʃambel'lano/ m. chamberlain.
cianammide /tʃanam'mide/ f. cyanamide.
cianato /tʃa'nato/ m. cyanate.
ciancia, pl. **-ce** /'tʃantʃa, tʃe/ f. **1** *(chiacchiera futile)* chatter, prattle, palaver; ***bando alle -ce!*** stop the cackle! cut the chatter! **2** *(fandonia)* fib, tale, fable.
cianciare /tʃan'tʃare/ [1] intr. (aus. *avere*) **1** *(blaterare, fare discorsi inutili)* to chatter, to prattle, to palaver **2** *(spettegolare)* to gossip, to chitchat.
ciancione /tʃan'tʃone/ m. (f. **-a**) windbag, gasbag.
cianfrino /tʃan'frino/ m. caulking iron.
cianfrusaglia /tʃanfru'zaʎʎa/ **I** f. *(oggetto di scarso valore)* bric-à-brac, knick-knack, gimcrack **II cianfrusaglie** f.pl. knick-knacks, junk, odd and ends.
ciangottare /tʃangot'tare/ [1] intr. (aus. *avere*) **1** [*bambino*] to chatter, to prattle; [*adulto*] to mumble **2** *(cinguettare)* [*uccello*] to twitter, to chirp **3** *(gorgogliare)* [*acqua*] to gurgle.
ciangottio, pl. **-ii** /tʃangot'tio, ii/ m. **1** *(di bambino)* chatter **2** *(di acqua)* gurgle, tinkle.
cianico, pl. **-ci, -che** /'tʃaniko, tʃi, ke/ agg. cyanic.
cianidrico /tʃa'nidriko/ agg. ***acido ~*** hydrocyanic acid.
cianina /tʃa'nina/ f. cyanine.
cianite /tʃa'nite/ f. cyanite.
1.ciano /'tʃano/ m. **1** LETT. cornflower **2** *(colore)* cyan, blue.
2.ciano /'tʃano/ m. CHIM. (accorc. cianogeno) cyanogen.
3.ciano /'tʃano/ f.inv. (accorc. cianografica) blueprint.
cianogeno /tʃa'nɔdʒeno/ m. cyanogen.
cianografia /tʃanogra'fia/ f. blueprint process.
cianografica, pl. **-che** /tʃano'grafika, ke/ f. blueprint.
cianografico, pl. **-ci, -che** /tʃano'grafiko, tʃi, ke/ agg. blueprint attrib.
cianosi /tʃa'nɔzi/ f.inv. cyanosis*; **~ *congenita*** blue baby syndrome.
cianotico, pl. **-ci, -che** /tʃa'nɔtiko, tʃi, ke/ agg. cyanotic; ***avere il viso ~*** to be blue in the face.
cianotipia /tʃanɔti'pia/ → **cianografia.**
cianurare /tʃanu'rare/ [1] tr. to cyanide.
cianurato /tʃanu'rato/ m. cyanurate.
cianurico /tʃa'nuriko/ agg. cyanuric; ***acido ~*** cyanuric acid.
cianurazione /tʃanurat'tsjone/ f. **1** METALL. cyanidation **2** CHIM. cyanide process.
cianuro /tʃa'nuro/ m. cyanide.
▶ **ciao** /'tʃao/ inter. **1** *(incontrandosi)* hi, hello **2** *(di commiato)* goodbye, bye(-bye) COLLOQ., cheerio BE, ta ta BE; ***~, ~!*** INFANT. ta-ta; ***fare ~ (~) con la mano*** to wave bye-bye.
ciappola /'tʃappola/ f. TECN. *(per metalli)* burin.
ciaramella /tʃara'mɛlla/ f. → **cennamella.**
ciarda /'tʃarda/ f. czardas.
ciarla /'tʃarla/ f. **1** → **ciancia 2** *(parlantina)* gab, chatter.
ciarlare /tʃar'lare/ [1] intr. → **cianciare.**
ciarlatanata /tʃarlata'nata/ f. humbug, sham.
ciarlataneria /tʃarlatane'ria/ f. **1** *(dell'imbroglione)* charlatanism **2** *(del guaritore)* quackery.
ciarlatanesco, pl. **-schi, -sche** /tʃarlata'nesko, ski, ske/ agg. charlatanic, quackish.
ciarlatano /tʃarla'tano/ m. **1** *(imbroglione)* charlatan **2** *(falso medico, guaritore)* quack, horse doctor.
ciarliero /tʃar'ljɛro/ agg. chatty, talkative; ***essere ~ come una gazza*** to be a chatterbox.
ciarlone /tʃar'lone/ m. (f. **-a**) gabber, chatterbox.
ciarpame /tʃar'pame/ m. rubbish **U**, junk **U**.
ciascheduno /tʃaske'duno/ RAR. → **ciascuno.**
▶ **ciascuno** /tʃas'kuno/ **I** agg.indef. (for the alternation with *ciascun* it follows the rules of the article *uno*) every; *(distributivo)* each; **~ *studente*** every student; ***diedi un cioccolatino a ciascun bambino*** I gave each child a chocolate **II** pron.indef. (f. **-a**) everybody, everyone, every person; *(distributivo)* each (one); **~ *di noi*** each of us; **~ *di noi vuole qualcosa di diverso*** we each want something different; **~ *ha i suoi difetti*** everyone has their faults; ***a ~ il suo mestiere*** every man to his own trade; ***questi libri costano due sterline ~*** these books cost two pounds each.
cibare /tʃi'bare/ [1] **I** tr. to feed* **II cibarsi** pronom. [*persona*] to eat*; [*animale, pianta*] to feed*; ***-rsi di*** to live on; ***-rsi di sogni*** FIG. to live *o* cheerish on dreams.
cibarie /tʃi'barje/ f.pl. **1** *(generi alimentari)* food sing. **2** *(viveri, scorte alimentari)* supplies, provisions.
cibernauta, m.pl. **-i**, f.pl. **-e** /tʃiber'nauta/ m. e f. cybernaut.
cibernetica /tʃiber'nɛtika/ f. cybernetics + verbo sing.
cibernetico, pl. **-ci, -che** /tʃiber'nɛtiko, tʃi, ke/ **I** agg. cybernetic **II** ◗ ***18*** m. (f. **-a**) cybernetician.
ciberspazio, pl. **-zi** /tʃibers'pattsjo, tsi/ m. cyberspace.
▶ **cibo** /'tʃibo/ m. **1** food; ***-i e bevande*** food and drink; ***resti di ~*** (food) scraps; ***-i nutrienti, indigesti, digeribili*** nourishing, indigestible, digestible food; ***rifiutare il ~*** to refuse to eat; ***non ha toccato ~*** she left the meal untasted; ***buttarsi sul ~*** to dig *o* pitch *o* tuck in; **~ *per animali*** pet food; **~ *per cani, gatti*** dog, cat food **2** FIG. food; **~ *per lo spirito, la mente*** food for the soul, mind ◆◆ ***-i conservati*** → ***-i in scatola***; ***-i precotti*** ready meals, ready-cooked food, cook-chill foods BE; ***-i in scatola*** canned food, tinned food BE; ***-i solidi*** solids; ***-i surgelati*** frozen food.
ciborio, pl. **-ri** /tʃi'bɔrjo, ri/ m. ciborium*.
cic /'tʃik/ inter. ***fare ~ ciac nel fango*** to squish round in the mud.
cicadacea /tʃika'datʃea/ f. cycad.
cicala /tʃi'kala/ f. **1** balm-cricket, cicada* **2** *(dell'ancora)* ring.
cicalare /tʃika'lare/ [1] intr. (aus. *avere*) [*chiacchierone*] to chatter, to blabber (on).
cicaleccio, pl. **-ci** /tʃika'lettʃo, tʃi/ m. prattle, chatter, yackety-yak.
cicalino /tʃika'lino/ m. buzzer.
▷ **cicatrice** /tʃika'tritʃe/ f. scar (anche FIG.), cicatrix* MED.; ***la ~ che gli solca il volto*** the scar across his face; ***l'aggressione le procurò una ~*** the attack left her with a scar; ***ha una ~ lungo tutto il braccio*** a scar runs down her arm.
cicatricola /tʃika'trikola/ f. cicatricle.
cicatriziale /tʃikatrit'tsjale/ agg. cicatricial; ***tessuto ~*** scar tissue.
cicatrizzante /tʃikatrid'dzante/ **I** agg. [*pomata, polvere, sostanza*] healing **II** m. healing.
cicatrizzare /tʃikatrid'dzare/ [1] **I** tr. to heal, to cicatrize **II cicatrizzarsi** pronom. to heal, to cicatrize.
cicatrizzazione /tʃikatriddzat'tsjone/ f. cicatrization.
1.cicca, pl. **-che** /'tʃikka, ke/ f. **1** *(mozzicone)* stub, dog-end BE, fag end BE, cigarette butt AE **2** COLLOQ. *(sigaretta)* fag, snout ◆ ***non vale una ~*** it's not worth a brass farthing.
2.cicca, pl. **-che** /'tʃikka, ke/ f. REGION. **1** *(gomma da masticare)* chewing-gum; ***una ~*** a piece of chewing-gum **2** *(tabacco da masticare)* chew, quid, wad, plug AE; ***una ~ di tabacco*** a plug of tobacco.
ciccare /tʃik'kare/ [1] **I** tr. REGION. to muff, to bungle [*palla, colpo*] **II** intr. (aus. *avere*) **1** *(masticare tabacco)* to chew tobacco **2** REGION. *(stizzirsi)* to go* into a huff, to get* into a huff.
cicchetto /tʃik'ketto/ m. POP. **1** *(liquore)* bracer, short, shot, snifter BE; ***farsi*** o ***bersi un ~*** to have a tipple *o* a quick snorter **2** *(rimprovero)* dressing-down, telling-off.
ciccia /'tʃittʃa/ **I** f. COLLOQ. **1** *(grasso)* fat; ***mettere su ~*** to put on weight *o* flesh **2** *(carne)* meat **II** inter. ***~!*** no way! ◆ ***essere pappa e ~*** to be hand in glove.
cicciolo /'tʃittʃolo/ m. ***-i*** cracklings, scratchings BE, pork rinds AE.
ciccione /tʃit'tʃone/ **I** agg. fatty **II** m. (f. **-a**) fatty, fatso SPREG.
cicciottello /tʃittʃot'tɛllo/ agg. chubby, plump.
cicciotto /tʃit'tʃɔtto/ agg. chubby, plump.
cicciuto /tʃit'tʃuto/ agg. chubby, plump.
cicerbita /tʃi'tʃerbita/ f. sow-thistle.
cicerchia /tʃi'tʃerkja/ f. chickling.
cicerone /tʃitʃe'rone/ m. SCHERZ. cicerone*; ***fare da ~ a qcn.*** to show sb. around, to show sb. the sights.
Cicerone /tʃitʃe'rone/ n.pr.m. Cicero.
ciceroniano /tʃitʃero'njano/ **I** agg. Ciceronian **II** m. (f. **-a**) Ciceronian.
ciciliana /tʃitʃi'ljana/ f. BOT. tutsan.
cicindela /tʃitʃin'dɛla/ f. tiger beetle.
cicisbeo /tʃitʃiz'bɛo/ m. **1** ANT. STOR. *(cavalier servente)* squire **2** IRON. *(damerino)* lady's man*, gallant.
ciclabile /tʃi'klabile/ agg. ***pista ~*** (bi)cycle lane, bikelane, bikeway AE; ***percorso ~*** (bi)cycle track.
Cicladi /'tʃikladi/ ◗ ***14*** n.pr.f.pl. Cyclades.
ciclamino /tʃikla'mino/ ◗ ***3*** **I** m. BOT. cyclamen **II** m.inv. *(colore)* cyclamen **III** agg.inv. ***un vestito ~*** a cyclamen-coloured dress.
ciclammato /tʃiklam'mato/ m. cyclamate.
ciclicità /tʃiklitʃi'ta/ f.inv. cyclicity.
ciclico, pl. **-ci, -che** /'tʃikliko, tʃi, ke/ agg. **1** cyclic(al); ***fasi -che*** cyclical phases **2** LETTER. ***poema ~*** cyclic poem **3** BOT. [*petali*] whorled.
ciclismo /tʃi'klizmo/ ◗ ***10*** m. cycling; **~ *su strada*** road racing; **~ *su pista*** track racing.
ciclista, m.pl. **-i**, f.pl. **-e** /tʃi'klista/ m. e f. **1** *(chi va in bicicletta)* cyclist; *(corridore)* racing cyclist, rider; **~ *su strada*** road racer; **~ *su pista*** track racer; **~ *acrobata*** trick cyclist **2** *(chi ripara o vende biciclette)* bicycle repairer, bicycle dealer.

ciclistico, pl. **-ci**, **-che** /tʃi'klistiko, tʃi, ke/ agg. ***gara*** o ***corsa -a*** (bi)cycle race.
ciclizzazione /tʃikliddzat'tsjone/ f. cyclization.
1.ciclo /'tʃiklo/ m. **1** *(di fenomeni, cambiamenti periodici)* cycle; ***~ lunare, solare*** lunar, solar cycle; ***~ vitale*** life cycle; ***~ riproduttivo*** reproductive cycle; ***~ di lavaggio, risciacquo*** washing, rinse cycle; ***~ produttivo*** production cycle; ***~ di lavorazione*** working schedule; ***~ economico*** business *o* trade cycle; ***~ del carbonio*** carbon cycle **2** *(serie)* cycle, series, course; ***~ di lezioni*** course of lectures, set of lessons; ***~ di conferenze*** speaking tour; ***due -i di dieci sessioni*** two series of ten sessions; ***due -i di dieci settimane*** two ten-week courses; ***~ di chemioterapia, di cure*** course of chemotherapy, treatment **3** LETTER. cycle; ***~ della Tavola Rotonda*** Arthurian cycle; ***~ bretone*** Breton cycle; ***~ carolingio*** Carolingian cycle; ***~ di canzoni*** song cycle **4** SCOL. ***~ di studi*** period of study; ***primo, secondo ~*** = first two years, last three years of primary and high school **5** FISIOL. ***~ mestruale*** period, menstrual cycle; ***avere il ~*** to have one's period; ***~ ovarico*** ovarian cycle; ***~ del sonno*** sleeping cycle **6** INFORM. loop.
2.ciclo /'tʃiklo/ m. bike, cycle; ***-i e motocicli*** bikes and motorbikes.
ciclocampestre /tʃiklokam'pɛstre/ **I** agg. ***corsa ~*** cross-country cycle race **II** f. cross-country cycle race.
ciclocross /tʃiklo'krɔs/ ♦ ***10*** m.inv. cyclo-cross.
cicloidale /tʃikloj'dale/ agg. cycloidal.
cicloide /tʃi'klɔjde/ f. cycloid.
ciclomotore /tʃiklomo'tore/ m. moped.
ciclone /tʃi'klone/ m. **1** METEOR. cyclone; ***l'occhio del ~*** the eye of the storm (anche FIG.) **2** FIG. *(evento travolgente)* whirlwind (event); *(persona)* fireball **3** TECN. cyclone.
ciclonico, pl. **-ci**, **-che** /tʃi'klɔnico, tʃi, ke/ agg. cyclonic.
ciclonite /tʃiklo'nite/ f. cyclonite.
ciclope /tʃi'klɔpe/ m. Cyclops*.
ciclopia /tʃiklo'pia/ f. cyclopia.
ciclopico, pl. **-ci**, **-che** /tʃi'klɔpico, tʃi, ke/ agg. Cyclopean, Cyclopian (anche FIG.).
ciclopismo /tʃiklo'pizmo/ m. → **ciclopia.**
ciclopista /tʃiklo'pista/ f. bicycle lane, cycle lane, bicycle path.
ciclostilare /tʃiklosti'lare/ [1] tr. to cyclostyle, to mimeograph AE.
ciclostilato /tʃiklosti'lato/ **I** p.pass. → **ciclostilare II** agg. duplicated **III** m. duplicate copy.
ciclostile /tʃiklos'tile/ m. *(macchina)* cyclostyle, mimeograph AE.
ciclotimia /tʃikloti'mia/ ♦ ***7*** f. PSIC. cyclothymia.
ciclotimico, pl. **-ci**, **-che** /tʃiklo'timiko, tʃi, ke/ agg. cyclothymic.
ciclotomia /tʃikloto'mia/ f. cyclotomy.
ciclotrone /tʃiklo'trone/ m. cyclotron.
cicloturismo /tʃiklotu'rizmo/ m. bicycle touring, cycling holiday BE; ***fare ~*** to go on a cycling holiday; ***bicicletta da ~*** tourer.
cicloturista, m.pl. **-i**, f.pl. **-e** /tʃiklotu'rista/ m. e f. cycling tourist.
▷ **cicogna** /tʃi'koɲɲa/ f. **1** ZOOL. stork **2** FIG. ***è arrivata la ~*** the stork paid a visit *o* came **3** EDIL. *(di una grondaia)* gutter bracket ♦♦ ***~ gozzuta*** adjutant stork.
cicoria /tʃi'kɔrja/ f. chicory; ***caffè di ~*** chicory coffee; ***~ belga*** endive.
cicuta /tʃi'kuta/ f. hemlock ♦♦ ***~ acquatica*** cowbane.
ciecamente /tʃeka'mente/ avv. [*obbedire, affidarsi*] blindly, sightlessly; ***mi fido ~ di te*** I would trust you with my life.
▶ **cieco**, pl. **-chi**, **-che** /'tʃɛko, ki, ke/ **I** agg. **1** *(privo della vista)* blind, unsighted; ***diventare ~*** to go blind; ***~ da un occhio*** to be blind in one eye; ***essere ~ dalla nascita*** to be blind from birth, to be born blind; ***atterraggio ~*** AER. blind landing **2** *(non lucido)* [*persona*] blind; ***essere ~ di rabbia*** to be blind with rage *o* anger **3** *(smisurato)* [*furore, passione, ambizione*] blind; [*odio, violenza*] indiscriminate; [*gelosia*] smouldering **4** *(incondizionato)* [*obbedienza*] unconditional, unquestioning; ***avere una fede -a in qcn.*** to have blind faith in sb. **5** *(senza apertura)* [*arco, facciata, corridoio, finestra*] blank; ***vicolo ~*** cul-de-sac, dead end (anche FIG.), blind alley (anche FIG.); *(privo di finestre)* [*bagno, stanza*] windowless **6** ANAT. ***intestino ~*** caecum; ***punto ~*** blind spot **7** MECC. ***foro ~*** dead hole **8 alla cieca** *(a caso)* [*lanciarsi, picchiare, sparare*] blindly, wildly; *(a tastoni)* [*procedere*] gropingly; *(negli scacchi)* ***giocare alla -a*** to play blind **II** m. (f. **-a**) blind person; ***scuola per -chi*** school for the blind; ***cane (guida) per -chi*** guide dog, seeing eye dog AE ♦ ***nel regno dei -chi anche un guercio è re*** PROV. in the country of the blind, the one-eyed man is king; ***la fortuna è -a*** PROV. fortune is blind; ***l'amore è ~*** PROV. love is blind; ***essere ~ come una talpa*** to be blind as a bat. ⚠ Come al posto di *cieco* si usa spesso in italiano l'espressione *non vedente*, anche l'equivalente inglese *blind* può essere sostituito da *visually handicapped* o *visually impaired*.

▶ **cielo** /'tʃɛlo/ m. **1** METEOR. sky; ***~ sereno, nuvoloso*** clear, cloudy sky; ***i -i assolati d'Italia*** the sunny skies of Italy; ***blu ~*** sky-blue; ***veduta del ~*** skyscape; ***un fulmine a ciel sereno*** a bolt from *o* out of the blue **2** *(firmamento)* ***il ~*** the blue; ***i -i stellati*** the starry skies *o* heavens; ***essere sospeso fra ~ e terra*** to be hanging in midair; ***a ~ aperto*** [*miniera, canale, fogna*] open; ***coltivazione a ~ aperto*** open pit mining **3** LETT. *(regione)* ***sotto altri -i*** in other climes; ***sotto -i più miti*** in kinder climes; ***vivere sotto il ~ di Toscana*** to live in Tuscany **4** RELIG. *(paradiso)* heaven; ***andare, essere in ~*** to go to, be in heaven; ***gloria a Dio nell'alto dei -i*** glory to God in the highest; ***il regno dei -i*** the kingdom of heaven; ***in ~*** on high; ***Padre Nostro, che sei nei -i*** our Father which art in heaven; ***re del ~*** King of Heaven, Father in Heaven, Heavenly Father; ***regina dei -i*** Queen of Heaven **5** LETT. *(Dio, la Provvidenza)* ***dono del ~*** gift from the gods, godsend; ***che il ~ ci aiuti!*** heaven help us! ***il ~ mi è testimone che*** as God is my witness; ***è il ~ che ti manda, ti manda il ~*** you are heavensent *o* a godsend; ***essere una benedizione dal ~*** to be (like) manna from heaven; ***volesse il ~ che...*** FIG. I wish to goodness that..., would to God that...; ***il ~ non voglia*** FORM. heaven forbid! ***il ~ ce ne scampi!*** SCHERZ. heaven *o* the saints preserve us from that! ***lo sa il ~!*** heaven only knows! ***ringraziare il ~*** to be grateful to, to thank God; ***(santo) ~!*** (good) heavens! glory be! heavens (above)! ***in nome del ~!*** in heaven's name! for crying out loud! COLLOQ. ***grazie al ~! sia lodato il ~!*** thank heaven(s)! ***per amor del ~!*** for goodness sake! for the love of God *o* Mike! ***~, mio marito!*** God, my husband! ♦ ***~ a pecorelle, acqua a catinelle*** PROV. a mackerel sky is never long dry; ***si aprirono le cateratte del ~*** the heavens opened; ***non stare né in ~ né in terra*** to have neither rhyme nor reason, to be neither here nor there; ***muovere ~ e terra*** to move heaven and earth (**per fare** to do); ***essere al settimo ~, toccare il ~ con un dito*** to be on cloud nine *o* in seventh heaven *o* walking on air; ***portare qcn. al settimo ~*** to praise sb. to the skies; ***aiutati che il ciel t'aiuta*** PROV. God helps those who help themselves; ***piovuto*** o ***caduto dal ~*** [*opportunità, salvezza*] heaven-sent, unexpected ♦♦ ***~ a pecorelle*** mackerel sky, woolly cloud.
cifosi /tʃi'fɔzi/ ♦ ***7*** f.inv. kyphosis*.
▶ **cifra** /'tʃifra/ f. **1** *(numero)* figure, digit; ***un numero a tre -e*** a three-digit number; ***in -e tonde*** in round figures; ***fare ~ tonda*** to round off **2** *(somma di denaro)* amount; ***una ~ esorbitante*** a king's ransom, an exorbitant price; ***pagherei qualsiasi ~ pur di averlo*** I'd pay any price to get it; ***per la bella ~ di*** COLLOQ. to the tune of; ***una bella ~*** COLLOQ. a pretty penny **3** *(risultato, bilancio)* figures pl.; ***le -e di questo mese sono negative*** this month's figures are bad **4** *(statistica)* figure; ***la ~ ufficiale era 3 milioni di disoccupati*** the official count was three million unemployed **5** MIL. *(codice)* code, cipher; ***ufficio ~*** cipher room, coding office **6** *(combinazione)* combination **7** *(monogramma)* cipher, initials pl., monogram; ***le sue cravatte con le -e*** his monogrammed ties ♦♦ ***~ araba*** cipher, Arabic numeral; ***in -e arabe*** in Arabic numerals; ***~ romana*** Roman numeral.
cifrare /tʃi'frare/ [1] tr. **1** *(contrassegnare con monogramma)* to monogram [*biancheria, abbigliamento*] **2** *(tradurre secondo un codice)* to encipher, to cipher, to encode [*messaggio*].
cifrario, pl. **-ri** /tʃi'frario, ri/ m. code book.
cifrato /tʃi'frato/ **I** p.pass. → **cifrare II** agg. **1** *(contrassegnato con cifre)* [*biancheria*] monogrammed **2** *(scritto in codice)* [*messaggio, scrittura*] coded, ciphered.
cifratura /tʃifra'tura/ f. **1** *(il contraddistinguere con cifre)* monogramming **2** *(codifica)* coding, ciphering; ***sistema di ~*** coding system.
cigliato /tʃiʎ'ʎato/ → **ciliato.**
▷ **ciglio**, pl. **cigli**, pl.f. **ciglia** /'tʃiʎʎo, 'tʃiʎʎi, 'tʃiʎʎa/ m. **1** (pl. *ciglia*) ANAT. eyelash, lash, cilium*; BIOL. BOT. cilium*; ***-a lunghe, finte*** long, false eyelashes **2** *(sopracciglio)* brow; ***aggrottare le -a*** to scowl *o* furrow one's brows; ***sollevare le -a*** to raise one's eyebrows **3** (pl. *cigli*) *(di strada)* edge, roadside, verge BE; ***sul ~ della strada*** at *o* by *o* on the roadside; ***sul ~ del precipizio*** on the edge of the cliff; ***~ di un fosso*** edge of a ditch ♦ ***a ~ asciutto*** dry-eyed; ***senza battere ~*** without flinching; ***non battere ~*** to keep a stiff upper lip, not to bat an eye.
ciglione /tʃiʎ'ʎone/ m. **1** *(di terreno rilevato)* bank **2** *(di precipizio)* edge, brink.
▷ **cigno** /'tʃiɲɲo/ m. swan; ***~ maschio*** cob; ***~ femmina*** pen; ***~ giovane*** cygnet; ***con un collo di ~*** FIG. [*persona*] swan-necked; ***a collo di ~*** FIG. [*oggetto*] swan-necked ♦ ***candido come un ~*** snowy-white; ***canto del ~*** swansong ♦♦ ***~ canoro*** whooper swan; ***~ nero*** black swan; ***~ reale*** mute swan; ***~ trombetta*** trumpeter swan.
cigolare /tʃigo'lare/ [1] intr. (aus. *avere*) [*cancello, cardine, porta*] to creak, to squeak; [*ruota, meccanismo*] to squeak.

cigolio, pl. **-ii** /tʃigo'lio, ii/ m. *(di cancello, cardine, porta)* creak, squeak; *(di ruota, meccanismo)* squeak.

Cile /'tʃile/ ➧ *33* n.pr.m. Chile; ***nitro del ~*** Chile nitre.

cilecca /tʃi'lekka/: **far(e) cilecca** [*arma, progetto*] to misfire; [*petardo, spoletta*] to fizzle out.

cileno /tʃi'leno/ ➧ *25* **I** agg. Chilean **II** m. (f. **-a**) Chilean.

cilestrino /tʃiles'trino/ agg. LETT. pale blue.

ciliare /tʃi'liare/ agg. ciliary.

ciliato /tʃi'liato/ **I** agg. ZOOL. ciliate(d) **II** m. ZOOL. ciliate.

cilicio, pl. **-ci** /tʃi'litʃo, tʃi/ m. **1** cilice, hair shirt; ***portare il ~*** to wear a hair shirt **2** FIG. torture.

ciliegeto /tʃilje'dʒeto/ m. cherry orchard.

▷ **ciliegia**, pl. **-gie, -ge** /tʃi'ljɛdʒa, dʒe/ ➧ *3* **I** f. *(frutto)* cherry; ***~ al maraschino*** maraschino cherry; ***torta di -gie*** cherry pie; ***confettura di -gie*** cherry preserves *o* jam **II** m.inv. *(colore)* cherry red, cerise **III** agg.inv. ***rosso ~*** cherry red, cerise ◆ ***una ~ tira l'altra*** one thing leads to another ◆◆ ***~ duracina*** bigaroon; ***~ selvatica*** wild cherry.

ciliegina /tʃiljɛ'dʒina/ f. cherry ◆ ***essere la ~ sulla torta*** to be the icing on the cake.

▷ **ciliegio**, pl. **-gi** /tʃi'ljɛdʒo, dʒi/ m. *(albero)* cherry (tree); *(legno)* cherry; ***fiori di ~*** cherry blossoms ◆◆ ***~ selvatico*** wild cherry.

cilindrare /tʃilin'drare/ [1] tr. TECN. *(spianare)* to roll [*fondo stradale*]; to calender [*carta*].

cilindrata /tʃilin'drata/ f. MECC. *(volume)* (cubic) capacity; ***~ di 1200 cc*** 1200 cc engine, engine capacity of 1200 cc; ***auto di piccola, grossa ~*** car with a small, powerful engine.

cilindratura /tʃilindra'tura/ f. *(di fondo stradale)* rolling; *(di carta)* calendary.

cilindrico, pl. **-ci, -che** /tʃi'lindriko, tʃi, ke/ agg. cylindrical.

▷ **cilindro** /tʃi'lindro/ m. **1** *(oggetto cilindrico)* cylinder; ***~ di legno*** rundle **2** IND. TECN. roller; ***~ pressatore*** squeeze roller **3** MAT. cylinder; ***~ retto, obliquo*** right, oblique cylinder **4** AUT. MECC. cylinder; ***motore a quattro -i*** four-cylinder engine; ***testa di ~*** cylinder head **5** *(cappello)* top *o* silk hat, stovepipe (hat) AE ◆◆ ***~ graduato*** CHIM. graduate cylinder; ***~ di rivoluzione*** MAT. cylinder of revolution.

cilindroide /tʃilin'drɔjde/ m. cylindroid.

▶ **cima** /'tʃima/ f. **1** *(vetta)* top; *(di collina)* hilltop; *(di montagna)* peak, summit; ***arrivare fino in ~*** to get (up) to the top; ***è stata una bella tirata arrivare in ~*** it was hard to pull to the summit; ***è un bel salto dalla ~ della scogliera, torre*** it's quite a drop from the top of the cliff, tower; ***le -e innevate, boscose*** snowy, wooded heights **2** *(di albero)* treetop **3** SPORT *(parte alta della classifica)* ***essere in ~ alla classifica*** to be at the top of the (league) table **4** COLLOQ. *(genio)* genius, ace; ***non è una ~*** he isn't exactly a genius **5** MAR. *(fune)* rope **6** BOT. ***~ di rapa*** turnip tops **7** GASTR. INTRAD. ***~ genovese*** (boiled veal meat stuffed with mince meat, vegetables and eggs) **8 in cima a** ***in ~ a*** at the top of [*pagina, scale, strada, edificio*]; ***in ~ all'armadio, alla collina*** up on the wardrobe, the hill; ***è in ~ ai miei pensieri*** it's in the forefront of my mind *o* foremost in my thoughts; ***una lettere con il suo indirizzo in ~ al foglio*** a letter with his address at the head ◆ ***da ~ a fondo*** from top to bottom, from beginning to end; ***leggere un libro da ~ a fondo*** to read a book from cover to cover; ***sentirsi in ~ al mondo*** to feel on top of the world.

cimare /tʃi'mare/ [1] tr. **1** BOT. to top [*vigna*]; to prune, to poll [*albero*]; to pinch out [*germogli*] **2** TESS. to clip.

cimasa /tʃi'maza/ f. ARCH. coping; ***pietra per ~*** copestone, coping stone.

cimato /tʃi'mato/ **I** p.pass. → **cimare II** agg. [*albero*] pruned.

cimatura /tʃima'tura/ f. **1** BOT. *(di albero)* pruning, polling; *(di vigna)* topping; *(di germogli)* pinching out **2** TESS. clipping.

cimbalaria /tʃimba'larja/ f. mother-of-thousands + verbo sing.

cimbalo /'tʃimbalo/ m. cymbal.

cimbro /'tʃimbro/ **I** agg. Cimbrian, Cimbric **II** m. (f. **-a**) Cimbrian.

cimelio, pl. **-li** /tʃi'mɛljo, li/ m. relic, heirloom; ***~ di famiglia*** family heirloom; SCHERZ. *(oggetto vecchio)* old junk **U**; *(persona vecchia)* old fogey.

cimentare /tʃimen'tare/ [1] **I** tr. ANT. **1** *(rischiare)* to risk **2** *(provocare)* ***~ la pazienza di qcn.*** to try *o* test sb.'s patience **II cimentarsi** pronom. *(avventurarsi)* ***-rsi in qcs.*** to try one's hand at sth.; ***-rsi nella pittura, alla guida*** to try one's hand at painting, at driving.

cimento /tʃi'mento/ m. ANT. test; ***mettere a ~*** to put [sth.] to the test.

▷ **cimice** /'tʃimitʃe/ f. **1** ZOOL. bug; ***~ (puzzolente)*** stink bug AE **2** *(microspia)* bug; ***mettere una ~ in un telefono*** to put a tap on a phone ◆◆ ***~ dei letti*** bedbug.

cimiciaio, pl. **-ai** /tʃimi'tʃajo, ai/ m. **1** *(luogo pieno di cimici)* bug-infested place, bug-ridden place **2** *(luogo lurido)* pigsty.

cimicioso /tʃimi'tʃoso/ agg. bug-ridden.

cimiero /tʃi'mjɛro/ m. crest.

▷ **ciminiera** /tʃimi'njɛra/ f. *(di fabbrica)* chimney, chimneystack, smokestack, stack; *(di nave)* funnel ◆ ***fumare come una ~*** to smoke like a chimney.

cimiteriale /tʃimite'rjale/ agg. [*pace, silenzio*] graveyard attrib.

▶ **cimitero** /tʃimi'tɛro/ m. **1** cemetery, graveyard, burial ground; *(presso una chiesa)* churchyard; ***~ di guerra*** o ***dei caduti*** war cemetery; ***~ degli elefanti*** elephants' graveyard; ***~ delle auto*** COLLOQ. junkyard, scrapyard **2** FIG. *(luogo deserto e triste)* graveyard; ***la città è un ~*** the city is dead.

cimmerio, pl. **-ri, -rie** /tʃim'mɛrjo, ri, rje/ **I** agg. Cimmerian **II** m. (f. **-a**) Cimmerian.

cimosa /tʃi'mosa/ f. **1** *(cancellino)* blackboard duster BE, (blackboard) eraser AE **2** TESS. *(vivagno)* selvage, selvedge, list(ing).

cimoso /tʃi'moso/ agg. cymose.

cimrico, pl. **-ci, -che** /'tʃimriko, tʃi, ke/ agg. Cymric.

cimurro /tʃi'murro/ m. **1** VETER. ZOOL. distemper **2** SCHERZ. nasty cold.

Cina /'tʃina/ ➧ *33* n.pr.f. China.

cinabro /tʃi'nabro/ ➧ *3* m. **1** MINER. cinnabar **2** *(colore)* vermilion.

cincia, pl. **-ce** /'tʃintʃa, tʃe/ f. titmouse*, tomtit BE, chickadee AE ◆◆ ***~ bigia*** marsh tit; ***~ mora*** coalmouse.

cinciallegra /tʃintʃal'legra/ f. great tit.

cinciarella /tʃintʃa'rɛlla/ f. blue tit.

cincillà /tʃintʃil'la/ m.inv. *(animale, pelliccia)* chinchilla.

▷ **cincin, cin cin** /tʃin'tʃin/ inter. cheers, chin-chin, down the hatch! COLLOQ.

cincischiamento /tʃintʃiskja'mento/ m. **1** *(il perdere tempo)* dawdling **2** *(lo spiegazzare)* wrinkling.

cincischiare /tʃintʃis'kjare/ [1] **I** tr. **1** *(tagliuzzare)* to cut* unevenly **2** *(spiegazzare)* to wrinkle **II** intr. (aus. *avere*) COLLOQ. *(perdere tempo)* to dandle, to loaf about.

cincona /tʃin'kona/ f. cinchona.

cinconina /tʃinko'nina/ f. cinchonine.

cine /'tʃine/ m.inv. COLLOQ. (accorc. cinema) pix.

cineamatore /tʃineama'tore/ m. (f. **-trice** /tritʃe/) amateur film-maker.

cineasta, m.pl. **-i**, f.pl. **-e** /tʃine'asta/ ➧ *18* m. e f. film-maker, movie-maker.

cinecamera /tʃine'kamera/ f. camera, cinecamera, film camera, movie camera AE.

cineclub /tʃine'klab/ m.inv. cine club, film club.

cinedo /tʃi'nɛdo/ m. LETT. catamite.

cinefilia /tʃinɛfi'lia/ f. love for the cinema.

cinefilo /tʃi'nefilo/ m. (f. **-a**) filmgoer, cinemagoer, film buff COLLOQ., movie buff AE COLLOQ.

cineforum /tʃine'fɔrum/ m.inv. **1** debate (after a film), discussion of a film **2** *(rassegna)* film show **3** *(cineclub)* cine club, film club.

cinegetica /tʃine'dʒɛtika/ f. hunting (with dogs).

cinegetico, pl. **-ci, -che** /tʃine'dʒɛtiko, tʃi, ke/ agg. hunting.

cinegiornale /tʃinedʒor'nale/ m. STOR. newsreel.

cinelandia /tʃine'landja/ f. movieland.

▶ **cinema** /'tʃinema/ m.inv. **1** cinema; ***fare parte del mondo del ~*** to be in the movies; ***lavorare nel ~*** to be *o* work in films; ***stella del ~*** film *o* movie star AE **2** *(locale)* cinema, movie theater AE; ***andare al ~*** to go to the cinema *o* movies; ***invitare qcn. al ~*** to ask sb. to the cinema; ***cosa danno al ~?*** what's on at the cinema? **3** FIG. *(persona bizzarra)* ***quel tuo amico è un vero ~*** your friend is a riot ◆◆ ***~ all'aperto*** outdoor cinema; ***~ d'essai*** art cinema *o* house cinematheque; ***~ multisala*** cinema complex; ***~ muto*** silent screen; ***~ sonoro*** talkies; ***~-verità*** cinema-vérité.

cinemascope® /tʃinemas'kope/ m.inv. Cinemascope®.

cinemateatro /tʃinemate'atro/ m. = cinema that can also be used for live performances.

cinematica /tʃine'matika/ f. kinematics + verbo sing.

cinematico, pl. **-ci, -che** /tʃine'matiko, tʃi, ke/ agg. kinematic(al).

cinematografare /tʃinematogra'fare/ [1] tr. to film, to shoot*.

cinematografaro /tʃinematogra'faro/ m. SPREG. second-rate film-maker.

cinematografia /tʃinematogra'fia/ f. cinematography, film-making; *(di un autore)* films pl.

cinematograficamente /tʃinematografika'mente/ avv. cinematographically.

▷ **cinematografico**, pl. **-ci, -che** /tʃinemato'grafiko, tʃi, ke/ agg. [*attore, copione, laboratorio, studio*] film attrib.; [*regista, produttore*] film attrib., movie attrib.; [*tecnica, lavoro*] cinematic, cinematographic; ***colosso della produzione -a*** movie mogul; ***diritti -ci*** film *o* screen rights; ***festival ~, rassegna -a*** film festival; ***pellicola -a*** movie film; ***riduzione -a*** dramatized version; ***riprese -che*** camera-work; ***set ~*** filmset; ***successo ~*** box office hit.

cinematografo /tʃinema'tɔgrafo/ m. ANT. picture house, picture place, cinematograph BE.

cineoperatore /tʃineopera'tore/ ➧ ***18*** m. cameraman*, cinematographer.

cinepresa /tʃine'presa/ f. camera, film camera, cinecamera BE, movie camera AE.

cineraria /tʃine'rarja/ f. BOT. cineraria.

cinerario, pl. **-ri**, **-rie** /tʃine'rarjo, ri, rje/ agg. cinerary; ***urna -a*** cinerary urn.

cinereo /tʃi'nɛreo/ agg. **1** *(grigio cenere)* cinereous, ash-grey BE, ash-gray AE; [*carnagione, viso*] ashen, ash-coloured BE, ash-colored AE; [*capelli*] ashy; ***dal volto ~*** ashen faced **2** *(molto pallido)* [*luce*] earthshine.

cinescopio, pl. **-pi** /tʃines'kɔpjo, pi/ m. television tube, kinescope AE.

▷ **cinese** /tʃi'nese/ ➧ ***25, 16*** **I** agg. Chinese; ***tè ~*** China tea; ***Grande Muraglia Cinese*** Great Wall of China; ***Repubblica Popolare Cinese*** People's Republic of China; ***cucina ~*** Chinese food; ***alla ~*** in the Chinese fashion, Chinese-style **II** m. e f. Chinese* **III** m. *(lingua)* Chinese; ***~ cantonese*** Cantonese; ***~ mandarino*** Mandarin Chinese.

cineseria /tʃinese'ria/ **I** f. *(oggetto di gusto cinese)* chinoiserie **II** **cineserie** f.pl. FIG. *(cerimoniosità)* ceremony sing., ceremoniousness sing.

cinesiterapia /tʃinezitera'pia/ → **chinesiterapia.**

cinestesia /tʃineste'zia/ f. kinaesthesia BE, kinesthesia AE.

cineteca, pl. **-che** /tʃine'tɛka, ke/ f. film library.

cinetica /tʃi'nɛtika/ f. kinetics + verbo sing.

cinetico, pl. **-ci**, **-che** /tʃi'nɛtiko, tʃi, ke/ agg. kinetic; ***energia -a*** kinetic energy; ***arte -a*** kinetic art.

cinetosi /tʃine'tɔzi/ → **chinetosi.**

cingalese /tʃinga'lese/ → **singalese.**

cingere /'tʃindʒere/ [24] **I** tr. **1** *(attorniare, circondare)* [*recinto, mura*] to encircle, to enclose, to surround, to encompass [*giardino, città*]; [*alberi, edifici*] to ring, to encircle; [*fossato*] to moat [*castello*]; *(con palizzata)* to stockade; ***~ d'assedio*** to lay siege **2** *(abbracciare)* ***~ qcn. alla vita, con un braccio*** to put *o* have one's arm around sb.'s waist **3** *(indossare)* to buckle on [*spada*]; ***~ la fascia tricolore*** to put on the mayoral sash; FIG. to become mayor; ***~ la corona*** FIG. to assume the crown; ***~ qcn. d'alloro*** to crown sb. with laurel **II** **cingersi** pronom. ***-rsi con un perizoma*** to put a loincloth on; ***-rsi la testa con una benda*** to put a headband on; ***-rsi le reni*** to gird (up) one's loins.

cinghia /'tʃingja/ f. **1** *(per legare)* strap; *(di sella di cavallo)* girth; ***le -e dello zaino*** the shoulder straps of a rucksack BE *o* backpack AE; ***legare qcs. con -e*** to strap sth.; ***allentare la ~*** to loosen the strap **2** *(dei pantaloni)* belt **3** TECN. belt; *(di gomma)* band **4** *(punizione)* ***assaggiare la ~*** to get the strap ◆ ***stringere*** o ***tirare la ~*** to pinch and scrape, to tighten one's belt ◆◆ ***~ trapezoidale*** fan belt; ***~ di trasmissione*** driving *o* transmission belt.

▷ **cinghiale** /tʃin'gjale/ m. **1** (wild) boar; ***caccia al ~*** boar hunting; ***femmina del ~*** wild sow **2** *(pelle)* pigskin.

cinghialetto /tʃingja'letto/ m. young (wild) boar.

cinghiare /tʃin'gjare/ [1] tr. EQUIT. to girth [*sella, cavallo*].

cinghiata /tʃin'gjata/ f. blow with a strap, lash with a strap; ***prendere qcn. a -e*** to belt sb., to leather sb. COLLOQ.

cinghietto /tʃin'gjetto/ m. ***~ dell'orologio*** watchstrap BE, watchband AE.

cingolato /tʃingo'lato/ **I** agg. [*bulldozer, carro*] tracked; ***mezzo ~*** tracklaying vehicle **II** m. Caterpillar®; ***~ anfibio*** amphibious tractor.

cingolo /'tʃingolo/ m. caterpillar track.

cinguettamento /tʃingwetta'mento/ m. RAR. → **cinguettio.**

cinguettare /tʃingwet'tare/ [1] intr. (aus. *avere*) **1** [*uccello*] to chirp, to chirrup, to tweet, to twitter **2** FIG. [*persona*] to chatter, to pipe, to prattle, to babble.

cinguettio, pl. **-ii** /tʃingwet'tio, ii/ m. **1** *(di uccelli)* chirp, chirrup, tweet, twitter **2** FIG. *(di bambini)* prattle, babble.

cinicamente /tʃinika'mente/ avv. cynically.

▷ **cinico**, pl. **-ci**, **-che** /'tʃiniko, tʃi, ke/ **I** agg. **1** *(indifferente)* cynical, jaundiced **2** FILOS. Cynic **II** m. (f. **-a**) **1** *(indifferente)* cynic **2** FILOS. Cynic.

ciniglia /tʃi'niʎʎa/ f. chenille, candlewick; ***copriletto di ~*** candlewick bedspread.

cinipe /tʃi'nipe/ m. gall-fly.

▷ **cinismo** /tʃi'nizmo/ m. **1** *(indifferenza)* cynicism; ***una vena di ~*** a savour, touch of cynicism **2** FILOS. Cynicism.

cinnamico, pl. **-ci**, **-che** /tʃin'namiko, tʃi, ke/ agg. cinnamic.

cinnamomo /tʃinna'mɔmo/ m. cinnamon.

cinocefalo /tʃino'tʃɛfalo/ **I** agg. dog-headed **II** m. cynocephalus*.

cinodromo /tʃi'nɔdromo/ m. dogtrack, greyhound track.

cinofilia /tʃinofi'lia/ f. love of dogs.

cinofilo /tʃi'nɔfilo/ **I** agg. [*associazione*] dog attrib.; ***unità -a (della polizia)*** canine unit; ***poliziotto di unità -a*** dog handler **II** m. (f. **-a**) dog-fancier, dog-lover.

cinoglossa /tʃino'glossa/ f. dog's tongue.

cinorrodo /tʃi'nɔrrodo/ m. hip, rosehip.

▶ **cinquanta** /tʃin'kwanta/ ➧ ***26, 5, 8, 13*** **I** agg.inv. fifty; ***cinquant'anni di matrimonio*** fifty years of marriage **II** m.inv. fifty **III** m.pl. *(anni di età)* ***entra nei ~*** he is entering his fiftieth year; ***aver superato i ~, essere sui ~*** to be in one's fifties, to be over fifty.

cinquantamila /tʃinkwanta'mila/ ➧ ***26*** **I** agg.inv. fifty thousand **II** m.inv. **1** *(numero)* fifty thousand **2** *(50.000 vecchie lire)* fifty thousand lira note.

cinquantenario, pl. **-ri**, **-rie** /tʃinkwante'narjo, ri, rje/ **I** agg. semi centennial, semicentenary **II** m. semicentenary, semi centennial, fiftieth anniversary celebration.

cinquantennale /tʃinkwanten'nale/ **I** agg. **1** *(che dura cinquant'anni)* [*contratto*] fifty-year-long attrib. **2** *(che ricorre ogni cinquant'anni)* [*avvenimento, fenomeno*] that occurs every fifty years **II** m. semicentenary, semicentennial, fiftieth anniversary celebration.

cinquantenne /tʃinkwan'tɛnne/ **I** agg. fifty-year-old attrib., quinquagenarian, quinquagenary **II** m. e f. fifty-year-old, quinquagenarian, quinquagenary; ***un ~*** a man in his fifties.

cinquantennio, pl. **-ni** /tʃinkwan'tɛnnjo, ni/ m. fifty-year period.

cinquantesimo /tʃinkwan'tɛzimo/ ➧ ***26*** **I** agg. fiftieth; ***~ anniversario (di matrimonio)*** fiftieth *o* golden anniversary, golden jubilee **II** m. (f. **-a**) **1** fiftieth **2** *(frazione)* fiftieth.

cinquantina /tʃinkwan'tina/ f. **1** *(circa cinquanta)* about fifty; ***una ~ di studenti manifestavano*** fifty or so students *o* about fifty students were demonstrating; ***dimostrare una ~ d'anni*** to look about fifty; ***una ~ d'anni fa*** about fifty years ago **2** *(età)* ***avvicinarsi alla ~*** to be getting on for fifty BE; ***essere sulla ~*** to be about fifty.

▶ **cinque** /'tʃinkwe/ ➧ ***26, 5, 8, 13*** **I** agg.inv. five; ***i ~ sensi*** the five senses **II** m.inv. **1** *(numero)* five **2** *(giorno del mese)* fifth **3** SCOL. *(voto)* = narrow fail **III** f.pl. *(ore) (del mattino)* five am; *(del pomeriggio)* five pm; ***sono le ~*** it's five o'clock; ***alle ~*** at five o'clock ◆ ***dammi*** o ***batti il ~*** gimme five AE.

cinquecentesco, pl. **-schi**, **-sche** /tʃinkwetʃen'tesko, ski, ske/ agg. [*poesia, pittura*] sixteenth-century attrib.; ART. *(in Italia)* cinquecento attrib.

cinquecentesimo /tʃinkwetʃen'tɛzimo/ ➧ ***26*** **I** agg. five-hundredth **II** m. (f. **-a**) **1** five hundredth **2** *(frazione)* five hundredth.

cinquecentista, m.pl. **-i**, f.pl. **-e** /tʃinkwetʃen'tista/ m. e f. **1** *(scrittore)* sixteenth-century writer; *(artista)* sixteenth-century artist; *(in Italia)* cinquecentist **2** *(studioso)* scholar of the art or literature of the sixteenth century.

cinquecento /tʃinkwe'tʃɛnto/ ➧ ***26*** **I** agg.inv. five hundred **II** m.inv. five hundred.

Cinquecento /tʃinkwe'tʃɛnto/ m. **1** *(epoca)* sixteenth century **2** ART. *(in Italia)* cinquecento.

cinquemila /tʃinkwe'mila/ ➧ ***26*** **I** agg.inv. five-thousand **II** m.inv. *(numero)* five thousand **III** m.pl. ALP. SPORT five thousand metres; ***correre i ~*** to run in the five thousand; ***salire oltre i ~*** to go above five thousand metres.

cinquennio, pl. **-ni** /tʃin'kwɛnnjo, ni/ → **quinquennio.**

cinquina /tʃin'kwina/ f. **1** *(gioco) (nella tombola)* five-number row, bingo; *(nel lotto)* five (winning) numbers played **2** MIL. five days' pay.

▷ **cinta** /'tʃinta/ f. **1** *(di mura)* city walls pl.; ***mura di ~*** bailey; ***muro di ~*** perimeter fence, boundary wall **2** *(perimetro di città)* boundary **3** *(cintura)* belt ◆◆ ***~ daziaria*** STOR. town customs barrier.

cintare /tʃin'tare/ [1] tr. to enclose; *(con recinzione)* to fence (in) [*campo, proprietà*].

cinto /'tʃinto/ **I** p.pass. → **cingere** **II** agg. ***essere ~ dalle scogliere*** to be ringed by cliffs **III** m. LETT. girdle ◆◆ ***~ erniario*** MED. truss; ***~ di Venere*** cestus; BOT. Venus's girdle.

cintola /'tʃintola/ f. waist, middle; ***nudo fino alla ~*** bare to the waist; ***portare una pistola alla ~*** to have a pistol strapped to one's waist; ***avere l'acqua fino alla ~*** to be waist-deep in water ◆ ***starsene con le mani alla ~*** to be idle, to loaf about.

▷ **cintura** /tʃin'tura/ f. **1** *(accessorio d'abbigliamento)* belt, band, girdle, waistband; *(di vestaglia)* cord; *(di abito talare)* surcingle; ***tenere le chiavi alla ~*** to carry keys on one's belt; ***portare una pistola alla ~*** to have a pistol strapped to one's waist **2** *(vita)* waist;

avere l'acqua fino alla ~ to be waist-deep in water; ***colpo sotto la ~*** blow below the belt **3** *(zona attorno a una grande città)* ***una ~ industriale*** a belt of industry; ***una ~ di povertà attorno al centro della città*** a belt of poverty around the inner city *o* city centre **4** SPORT *(nel judo, nella box)* belt; ***essere ~ nera*** to be a black belt; *(nel wrestling)* ***~ frontale*** bear hug ◆◆ ***~ di castità*** chastity belt; ***~ pelvica*** pelvic girdle; ***~ portadenaro*** moneybelt; ***~ di salvataggio*** lifebelt; ***~ di sicurezza*** safety belt, seatbelt; ***allacciare le -e (di sicurezza)*** to fasten one's seatbelts; AUT. to belt up.

cinturare /tʃintu'rare/ [1] tr. SPORT to hold* [sb.] by the waist [*avversario*].

cinturato /tʃintu'rato/ **I** p.pass. → **cinturare II** agg. ***pneumatico ~*** radial-ply tyre BE *o* tire AE.

cinturino /tʃintu'rino/ m. ***~ dell'orologio*** watchstrap BE, watchband AE; ***~ della scarpa*** shoestrap.

cinturone /tʃintu'rone/ m. belt; ***~ da ufficiale*** Sam Browne belt; ***~ per la spada*** sword belt.

cinz → **chintz.**

Cinzia /'tʃintsja/ n.pr.f. Cynthia.

CIO /'tʃio/ m. (⇒ Comitato Internazionale Olimpico International Olympic Committee) IOC.

▶ **ciò** /tʃo/ v. la nota della voce **questo**. pron.dimostr. **1** that, this; ***~ è molto strano*** that is really strange; ***non abbiamo discusso di ~*** we didn't discuss *o* talk about that; ***~ conferma i nostri sospetti*** that confirms our suspicions; ***cosa intendi dire con ~?*** what do you mean by that remark? ***detto ~, ~ detto*** having said that, that said **2** *(seguito da un pronome relativo)* ***non approvo ~ che stanno facendo*** I don't agree with what they're doing; ***fa' ~ che preferisci*** do what you like; ***~ di cui hai bisogno*** what you need; ***~ che mi piace di lei*** what I like about her; ***è tutto ~ che posso dire al momento*** that's all I can say at this moment; ***~ che dispiace è che...*** the pity (of it) is that...; ***poco di ~ che dice è vero*** little of what he says is true; ***dopo tutto ~ che è successo*** after all that has happened **3** *(in locuzioni)* ***a ~*** *(a tal fine)* to this end, for that purpose; ***a ~ che*** *(acciocché)* so that, in order that; ***con ~*** *(allora)* therefore, so; ***e con ~?*** so what? ***con tutto ~*** *(nonostante tutto)* for all that, in spite of all that; ***~ nondimeno, nonostante*** nevertheless, nonetheless; ***oltre a ~*** *(inoltre)* what's more, moreover, furthermore, besides; ***per ~*** *(perciò)* therefore.

▷ **ciocca**, pl. **-che** /'tʃɔkka, ke/ f. lock, wisp; ***una ~ di capelli*** a strand of hair.

ciocco, pl. **-chi** /'tʃɔkko, ki/ m. log ◆ ***dormire come un ~*** to sleep like a log; ***rimanere come un ~*** to be rooted to the spot.

▷ **cioccolata** /tʃokko'lata/ f. **1** → **cioccolato 2** *(bevanda)* chocolate; ***fare, bere una ~ calda*** to prepare, drink a (cup of) hot chocolate.

cioccolataio, pl. **-ai** /tʃokkola'tajo, ai/ ♦ *18* m. (f. **-a**) *(produttore)* chocolate manufacturer; *(venditore)* chocolate seller ◆ ***fare una figura da ~*** REGION. to make a fool of oneself.

cioccolatiera /tʃokkola'tjera/ f. chocolate pot.

▷ **cioccolatino** /tʃokkola'tino/ m. chocolate; ***una scatola di -i*** a box of chocolates; ***~ ripieno*** cream; ***~ al liquore*** liqueur chocolate; ***~ alla menta*** after-dinner mint.

▷ **cioccolato** /tʃokko'lato/ ♦ *3* **I** m. chocolate; ***~ fondente*** o ***amaro*** plain BE *o* dark chocolate AE; ***~ fondente per dolci*** cooking *o* baking chocolate; ***~ al latte*** milk chocolate; ***~ bianco*** white chocolate; ***~ ripieno*** soft centre; ***una tavoletta di ~*** a bar of chocolate; ***pastiglie di ~*** chocolate buttons; ***ricoperto di ~*** chocolate-coated, chocolate-covered; ***glassa al ~*** chocolate icing; ***bevanda al ~*** drinking chocolate; ***un uovo di ~*** a chocolate egg; ***gelato, torta al ~*** chocolate ice cream, cake **II** agg.inv. *(colore)* chocolate.

ciocia, pl. **-cie**, **-ce** /'tʃɔtʃa, tʃe/ f. INTRAD. (footwear typical of the Ciociaria peasants, consisting of a leather or cloth sole tied to the legs by plaited straps).

ciociaro /tʃo'tʃaro/ ♦ *30* **I** agg. from, of Ciociaria **II** m. (f. **-a**) **1** *(persona)* native, inhabitant of Ciociaria **2** LING. dialect of Ciociaria.

▶ **cioè** /tʃo'ɛ/ avv. **1** *(vale a dire)* that is (to say) (abbr. i.e.), namely; ***ci vediamo fra quattro giorni, ~ martedì*** we'll meet in four days, that is on Tuesday; ***due paesi, ~ Italia e Spagna*** two countries, namely Italy and Spain; ***"so una cosa interessante su di lei" "~?"*** "I know an interesting thing about her" "what do you mean?" **2** *(anzi, o meglio)* or rather, I mean; ***l'ho visto l'anno scorso, ~ due anni fa*** I saw him last year, I mean two years ago; ***verrò a trovarti, ~ ti telefonerò*** I'll come to see you, or rather I'll phone you.

ciondolamento /tʃondola'mento/ m. **1** *(oscillazione)* swaying **2** *(il bighellonare)* lounging about.

ciondolare /tʃondo'lare/ [1] **I** tr. to dangle, to swing* [*braccia, gambe*] **II** intr. (aus. *avere*) **1** *(pendere)* [*parte del corpo*] to dangle, to swing*, to loll (back), to lop; ***faceva ~ il braccio lungo il fianco della barca*** she hung her arm over the side of the boat **2** *(barcollare)* to stagger **3** *(bighellonare)* to dawdle, to hang* about, to hang* around, to lounge about.

ciondolo /'tʃondolo/ m. charm, pendant, lavalier AE; ***~ portafortuna*** lucky charm.

ciondolone /tʃondo'lone/ m. (f. **-a**) loafer.

ciondoloni /tʃondo'loni/ avv. dangling; ***con le gambe, braccia ~*** with legs, arms dangling ◆ ***andare ~*** to loaf about.

ciononostante /tʃononos'tante/ avv. nevertheless, nonetheless, however, in spite of this, despite this; ***~, penso che dovresti andarci*** nevertheless, I think you should go.

ciotola /'tʃɔtola/ f. **1** *(recipiente)* basin, bowl; ***~ di legno*** wooden bowl; ***una ~ di latte*** a bowl of milk **2** *(per animali domestici)* dish.

ciottolato /tʃotto'lato/ → **acciottolato.**

ciottolo /'tʃɔttolo/ m. pebble.

ciottoloso /tʃotto'loso/ agg. [*suolo, strada*] pebbly.

1.cip /tʃip/ inter. e m.inv. ***~ ~!*** tweet tweet! ***fare ~ ~*** to tweet.

2.cip /tʃip/ m.inv. *(nel poker)* ***fare un ~*** to ante one chip.

CIP /tʃip/ m. (⇒ Comitato Interministeriale Prezzi) = price committee constituted from several ministers.

CIPE /'tʃipe/ m. (⇒ Comitato Interministeriale per la Programmazione Economica) = committee for economic planning constituted from several ministers.

cipiglio, pl. **-gli** /tʃi'piʎʎo, ʎi/ m. frown, scrowl; ***guardare qcn. con ~*** to frown at sb.

▷ **cipolla** /tʃi'polla/ f. **1** BOT. GASTR. onion; ***sbucciare, soffriggere le -e*** to peel, brown the onions; ***la ~ le ha fatto lacrimare gli occhi*** the onion made her eyes water; ***zuppa di -e*** onion soup; ***treccia di -e*** string of onions **2** *(bulbo)* bulb; ***-e dei tulipani*** tulip bulbs **3** *(dell'annaffiatoio)* rose **4** COLLOQ. ANT. *(orologio da taschino)* turnip **5** COLLOQ. *(acconciatura)* bun, chignon **6** MED. bunion ◆ ***mangiare pane e ~*** to pinch and scrape.

cipolletta /tʃipol'letta/ f. green onion AE.

cipollina /tʃipol'lina/ **I** agg. ***erba ~*** chive, shallot AE **II** f. spring onion BE, scallion AE; ***-e sott'aceto*** pickled onions.

cipollino /tʃipol'lino/ m. *(calcare, marmo)* cipolin.

cipollone /tʃipol'lone/ m. **1** BOT. ***~ bianco*** starflower **2** COLLOQ. *(orologio)* turnip.

cippo /'tʃippo/ m. stone; ***~ chilometrico*** milestone ◆◆ ***~ di confine*** boundary stone; ***~ funerario*** o ***sepolcrale*** gravestone, tombstone.

ciprea /tʃi'prɛa/ f. cowrie, cowry.

cipressaia /tʃipres'saja/ f. → **cipresseto.**

cipresseto /tʃipres'seto/ m. cypress grove.

▷ **cipresso** /tʃi'prɛsso/ m. *(albero, legno)* cypress.

▷ **cipria** /'tʃiprja/ f. COSMET. *(per il viso)* face powder; *(per i capelli)* hair-powder; ***aveva uno spesso strato di ~ sul viso*** her face was smothered in powder ◆◆ ***~ compatta*** pressed powder; ***~ in polvere*** loose powder.

ciprinide /tʃi'prinide/ m. cyprinoid, cyprinid.

cipriota, m.pl. **-i**, f.pl. **-e** /tʃipri'ɔta/ **I** agg. Cypriot, Cyprian **II** m. e f. Cypriot, Cyprian.

cipripedio, pl. **-di** /tʃipri'pɛdjo, di/ m. cypripedium*.

Cipro /'tʃipro/ ♦ *14* n.pr.m. Cyprus.

▶ **circa** /'tʃirka/ *Circa* può precedere o seguire le espressioni numeriche con le quali viene usato, mentre l'equivalente inglese *about* precede sempre il numero o la misura: *circa 20 studenti* / *20 studenti circa* = about 20 students. Si noti che in italiano un'espressione numerica come *circa venti* può essere sostituita da *una ventina*; la traduzione inglese è sempre *about twenty.* **I** prep. *(riguardo a)* about, concerning, regarding, as to; ***ci sono alcuni dubbi ~ la sua autenticità*** there is some doubt about its authenticity; ***si fanno congetture ~ la data delle elezioni*** there is speculation about the timing of the election **II** avv. *(quasi)* about, approximately, around; ***~ 20 studenti*** o ***20 studenti ~*** about 20 students; ***alle 18 ~*** at about 6 pm; ***contiene ~ dieci litri*** it holds approximately 10 litres; ***questo si vende a 200 sterline ~*** it sells for around £200; ***costa ~ 20 sterline*** it costs something like £20; ***c'erano ~ cinquanta persone*** there were fifty-odd people; ***~ una settimana dopo*** nearly a week later; ***in una settimana ~*** in a week or so **III** m.inv. ECON. *(in borsa)* near order.

circadiano /tʃirka'djano/ agg. circadian.

circasso /tʃir'kasso/ ♦ *30, 16* **I** agg. Circassian **II** m. (f. **-a**) **1** *(persona)* Circassian **2** *(lingua)* Circassian.

Circe /'tʃirtʃe/ **I** n.pr.f. Circe **II** f. *(seduttrice)* Circe, enchantress.

circense /tʃir'tʃɛnse/ agg. *(nell'antica Roma)* circensian; ***giochi -i*** circus games.
circinato /tʃirtʃi'nato/ agg. circinate, gyrate.
▷ **circo**, pl. **-chi** /'tʃirko, ki/ m. circus; ***andare al ~*** to go to the circus; ***direttore di ~*** ringmaster; ***artista di ~*** circus perfomer; ***numero da ~*** circus act; ***parata del ~*** circus parade; ***pista da ~*** circus ring; ***tendone da ~*** big top ◆◆ ***~ ambulante*** travelling circus; ***~ a tre piste*** three-ring circus; ***~ equestre*** circus; ***~ glaciale*** GEOL. cirque.
circocentro /tʃirko'tʃɛntro/ m. circumcentre BE, circumcenter AE.
circolante /tʃirko'lante/ **I** agg. circulating; ***biblioteca ~*** lending library, rental library AE; ***capitale ~ netto*** working capital; ***moneta ~*** currency **II** m. ECON. circulating medium, currency.
▷ **1.circolare** /tʃirko'lare/ **I** agg. **1** *(che ha forma di circolo)* circular; ***moto ~*** circular motion; ***pista ~*** SPORT circular track; ***edificio a pianta ~*** round building; ***sega ~*** buzz, circular saw **2** MAT. ***corona ~*** annulus **3** BANC. ***assegno ~*** = a cheque issued by a bank with which a certain sum is payable on sight **II** f. **1** *(lettera)* circular (letter), newsletter **2** *(linea di tram o bus)* circular bus route.
▷ **2.circolare** /tʃirko'lare/ [1] intr. (aus. *essere, avere*) **1** *(fluire, diffondersi)* [*acqua, riviste, banconote*] to circulate; ***il sangue circola nelle vene*** the blood pulses *o* flows through the veins; ***lasciare ~ l'aria*** to allow air to circulate **2** *(su strada)* [*mezzi di trasporto, persone*] to circulate; ***domani gli autobus non circoleranno*** buses will not run tomorrow; ***i pedoni possono ~ liberamente*** pedestrians can move about freely; ***~!*** come away! **3** *(passare di mano in mano)* to circulate, to pass from hand to hand; ***far ~ qcs.*** to circulate *o* pass round sth. **4** *(essere diffuso)* ***ne circola molto*** there is a lot of it about; ***in città circolano banconote false*** counterfeit money is around in the city **5** FIG. *(diffondersi)* [*idea, diceria*] to float about, to float around, to go around; [*notizie*] to travel; ***circola voce che...*** rumours are circulating that..., rumour has it that...
circolarità /tʃirkolari'ta/ f.inv. circularity.
circolatorio, pl. **-ri, -rie** /tʃirkola'tɔrjo, ri, rje/ agg. [*disturbo, complicazione, sistema, apparato*] circulatory.
▷ **circolazione** /tʃirkolat'tsjone/ f. **1** *(di veicoli)* traffic; ***~ aerea, stradale, ferroviaria, marittima*** air, road, rail, maritime traffic; ***rete di ~*** traffic system; ***bloccare la ~*** to hold up the traffic; ***"~ a doppio senso di marcia"*** "beware of oncoming traffic"; ***libretto di ~*** log book BE, registration (document) AE; ***"divieto di ~"*** "no vehicular traffic"; ***bollo di ~*** road tax disc; ***tassa di ~*** road tax **2** *(di persone, merci, denaro)* circulation; ***nell'Unione Europea c'è la libera ~ dei lavoratori e delle merci*** in the European Union there is free movement of workers and of goods; ***essere in ~*** [*banconote, prodotto*] to be in circulation; ***essere di nuovo in ~*** [*persona*] FIG. to be back in circulation; ***mettere in ~*** to put [sth.] into circulation [*banconote, prodotto*]; to issue [*moneta*]; to pass, to utter [*merce rubata, banconote false*]; ***ritirare dalla ~*** to withdraw from circulation, to call in [*banconota, prodotto*]; ***sparire dalla ~*** [*persona, prodotto*] to disappear from circulation; ***è sparito dalla ~*** FIG. I haven't seen hide nor hair of him; ***è il miglior regista in ~*** he's the best film-maker going; ***ci sono molti meno soldi in ~*** there is far less money around **3** *(di informazioni, libri, documenti)* circulation; ***questa idea è in ~ da anni*** that idea's been kicking around *o* about for years **4** *(di sangue, aria, acqua)* circulation; ***la ~ sanguigna*** o ***del sangue*** blood circulation; ***avere una buona, cattiva ~*** to have good, poor circulation ◆◆ ***~ extracorporea*** MED. extracorporeal circulation; ***~ sistemica*** MED. systemic circulation.
▷ **circolo** /'tʃirkolo/ m. **1** *(cerchio)* circle; ***tracciare*** o ***disegnare un ~*** to draw a circle; ***formare un ~ intorno a qcn.*** to form a circle around sb. **2** *(del sangue)* ***entrare in ~*** [*medicina*] to go *o* enter into the circulation **3** *(associazione)* club, society; ***~ nautico*** yacht club; ***~ sportivo*** sports club; ***far parte di un ~*** to be in *o* to belong to a club; ***~ scacchistico, tennistico*** chess, tennis club; ***frequentare i -i più esclusivi*** to move in the fashionable circles **4** *(ambiente)* circle; ***-i politici*** political circles **5** BUROCR. *(circoscrizione)* ***~ didattico*** = elementary school district **6** GEOGR. ***Circolo Polare Artico*** Arctic Circle; ***Circolo Polare Antartico*** Antarctic Circle ◆◆ ***~ letterario*** literary circle; ***~ ufficiali*** officer's club; ***~ vizioso*** FIG. vicious circle, catch-22 situation.
circoncidere /tʃirkon'tʃidere/ [35] tr. to circumcise.
circoncisione /tʃirkontʃi'zjone/ f. circumcision.
circonciso /tʃirkon'tʃizo/ **I** p.pass. → **circoncidere II** agg. circumcised **III** m. circumcised person.
circondabile /tʃirkon'dabile/ agg. compassable.
▶ **circondare** /tʃirkon'dare/ [1] **I** tr. **1** *(attorniare)* [*edifici, recinzione*] to surround, to encircle, to enclose, to ring; [*persone*] to surround, to encircle; [*montagne*] to rim, to wall in [*valle*]; [*folla*] to mob, to crowd around [*divo, campione*]; to seal off [*area, edificio*]; ***~ con una siepe*** to hedge; ***la città è circondata dalle colline*** the town is surrounded by hills; ***le persone, gli oggetti che ci circondano*** the people, the objects around us; ***si sentì ~ dalle sue braccia*** he felt her arms close tightly around him; ***arrendetevi, siete circondati!*** give yourselves up, you are surrounded! **2** MIL. *(accerchiare)* [*truppe, polizia*] to encircle, to ring, to surround [*edificio*]; to hem in [*persone, truppe*]; to close in on [*città, nemico*] **3** FIG. ***~ qcs. di*** to surround sth. with [*mistero*]; ***~ qcn. di attenzioni*** to lavish attentions on sb. **II circondarsi** pronom. *(riunire intorno a sé)* ***-rsi di*** to surround oneself with [*amici, oggetti, mistero*].
circondariale /tʃirkonda'rjale/ agg. ***casa ~*** = a prison for people who are waiting trial or serving a sentence of no more than 3 years.
circondario, pl. **-ri** /tʃirkon'darjo, ri/ m. **1** AMM. (administrative) district **2** *(dintorni)* surroundings pl., vicinity, neighbourhood BE, neighborhood AE; ***abitare nel ~*** to live in the surroundings *o* area.
circondurre /tʃirkon'durre/ [13] tr. ***~ le braccia*** to rotate one's arms.
circonduzione /tʃirkondut'tsjone/ f. ***~ delle braccia*** arm rotation.
circonferenza /tʃirkonfe'rɛntsa/ f. **1** MAT. circumference; ***tracciare*** o ***descrivere una ~ con il compasso*** to draw a circumference with a compass **2** *(di albero, pilastro)* circumference, girth; ***un tronco di tre metri di ~*** a trunk three metres round **3** SART. *(misura)* measurement; ***~ toracica*** chest measurement; ***~ del petto*** bust size.
circonflesso /tʃirkon'flɛsso/ **I** p.pass. → **circonflettere II** agg. **1** LING. circumflex; ***e con accento ~*** circumflex e **2** *(arcuato)* curved; ***una linea -a*** a curved line.
circonflettere /tʃirkon'flɛttere/ [59] tr. **1** LING. to circumflex **2** *(incurvare)* to curve.
circonfondere /tʃirkon'fondere/ [51] tr. LETT. to suffuse (**di** with).
circonlocuzione /tʃirkonlokut'tsjone/ f. circumlocution; ***esprimersi con*** o ***mediante -i*** to say sth. in a roundabout way, to have a roundabout way of saying things.
circonvallare /tʃirkonval'lare/ [1] tr. to circumvallate.
circonvallazione /tʃirkonvallat'tsjone/ f. **1** *(strada)* bypass, orbital road, relief road BE, ringroad BE, beltway AE; ***"~"*** *(nei segnali stradali)* "through traffic" **2** *(linea fortificata)* circumvallation.
circonvenire /tʃirkonve'nire/ [107] tr. FORM. to circumvent [*persona*].
circonvenzione /tʃirkonven'tsjone/ f. circumvention.
circonvicino /tʃirkonvi'tʃino/ agg. surrounding, neighbouring BE, neighboring AE.
circonvoluto /tʃirkonvo'luto/ agg. [*disegno, motivo*] convoluted.
circonvoluzione /tʃirkonvolut'tsjone/ f. **1** circumvolution **2** ANAT. convolution, volution.
circoscritto /tʃirkos'kritto/ **I** p.pass. → **circoscrivere II** agg. **1** MAT. circumscribed; ***cerchio ~*** circumcircle, circumscribed circle **2** *(limitato)* [*danno, dolore, problema*] localized; [*epidemia, incendio*] contained.
circoscrivere /tʃirkos'krivere/ [87] tr. **1** MAT. to circumscribe **2** *(limitare)* to circumscribe [*area, campo*]; to limit [*argomento, ambito*]; to control, to keep* [sth.] under control, to contain [*incendio, epidemia*]; to localize [*danni, effetti*]; ***circoscriviamo il problema*** let's get a fix on the problem.
circoscrivibile /tʃirkoskri'vibile/ agg. circumscribable.
circoscrizione /tʃirkoskrit'tsjone/ f. AMM. circumscription, precint AE; ***biblioteca di ~*** local library ◆◆ ***~ amministrativa*** administrative district; ***~ elettorale*** constituency, electoral district, voting precint AE; ***~ giudiziaria*** area of jurisdiction.
circospetto /tʃirko'spɛtto/ agg. [*persona, comportamento*] cautious, guarded, circumspect FORM.
circospezione /tʃirkospet'tsjone/ f. caution, cautiousness, guardedness, wariness, circumspection FORM.; ***con ~*** [*agire, procedere*] cautiously, guardedly.
circostante /tʃirkos'tante/ agg. [*aria, calore, umidità*] circumambient; [*luogo, territorio, edifici, bosco, zona*] surrounding.
▶ **circostanza** /tʃirkos'tantsa/ f. **1** *(condizione, situazione)* circumstances pl., situation; ***~ favorevole, avversa*** favourable, unfavourable situation; ***date le -e*** given the circumstances; ***se le -e lo permettono*** if circumstances permit; ***per -e al di là del nostro controllo*** due to circumstances beyond our control; ***~ grave*** serious situation; ***è difficile anche nelle migliori -e*** I find it difficult to do at the best of times; ***concorso di -e*** concurrence of events; ***in -e normali*** under normal circumstances; ***le -e hanno reso necessario che io faccia*** circumstances make it necessary for me to do; ***combattere contro le -e avverse*** to fight against odds **2 di circostanza**

[*discorso, sorriso, comportamento*] forced; [*inchino, saluto*] perfunctory; [*poesia, musica*] occasional FORM.; ***assumere un'espressione di*** ~ to assume a fitting expression ◆◆ ~ ***aggravante*** DIR. aggravating circumstance; ***-e attenuanti*** DIR. mitigating circumstances *o* factors.

circostanziale /tʃirkostan'tsjale/ agg. circumstantial.

circostanziare /tʃirkostan'tsjare/ [1] tr. to circumstantiate [*progetto, evento*]; ~ ***un fatto*** to describe an event in detail.

circostanziatamente /tʃirkostantsjata'mente/ avv. circumstantially; ***descrivere*** ~ to describe [sth.] in detail.

circostanziato /tʃirkostan'tsjato/ **I** p.pass. → **circostanziare II** agg. circumstantiated.

circuire /tʃirku'ire/ [102] tr. FIG. to deceive, to trick [*persona*]; ~ ***qcn. con belle parole*** to win sb. with fine words.

circuitale /tʃirkui'tale/ agg. ***schema*** ~ circuit diagram.

circuiteria /tʃirkuite'ria/ f. circuitry; ~ ***miniaturizzata*** microcircuitry.

▷ **circuito** /tʃir'kuito/ m. **1** SPORT *(percorso chiuso)* circuit; *(per veicoli)* racetrack, raceway AE; *(per atleti, cavalli)* course; ~ ***di allenamento*** circuit training; ***fare 15 giri del*** ~ to do 15 circuits of the track; ***il*** ~ ***di Monza*** the Monza racetrack **2** *(di attività commerciale)* circuit; ~ ***bancario, finanziario*** banking, financial circuit; ~ ***economico*** economic process **3** EL. ELETTRON. *(sistema)* circuit; ~ ***elettrico*** wiring; ***corto*** ~ short-circuit; ~ ***separatore di frequenza*** crossover network; ~ ***elettrico principale*** ring main; ***il*** ~ ***elettrico del forno è difettoso*** the wiring in the oven is faulty ◆◆ ~ ***aperto*** EL. open circuit; ~ ***d'attesa*** AER. holding pattern, stacking; ~ ***chiuso*** EL. closed circuit; ***impianto televisivo a*** ~ ***chiuso*** closed-circuit television; ~ ***completo*** EL. loop; ~ ***derivato*** EL. derived circuit; ~ ***di distribuzione*** COMM. distribution chain; ~ ***idraulico*** hydraulic system; ~ ***integrato*** ELETTRON. integrated circuit, IC; ~ ***logico*** ELETTRON. logic circuit; ~ ***monetario*** money circulation; ~ ***di raffreddamento*** NUCL. coolant circuit; ~ ***stampato*** ELETTRON. circuit board; ~ ***di vendita*** COMM. → ~ **di distribuzione**.

circumlunare /tʃirkumlu'nare/ agg. circumlunar.

circumnavigare /tʃirkumnavi'gare/ [1] tr. to circumnavigate [*mondo, continente*].

circumnavigatore /tʃirkumnaviga'tore/ m. (f. **-trice** /tritʃe/) circumnavigator.

circumnavigazione /tʃirkumnavigat'tsjone/ f. circumnavigation.

circumpolare /tʃirkumpo'lare/ agg. circumpolar.

Cirenaica /tʃire'naika/ n.pr.f. Cyrenaica.

cirenaico, pl. **-ci, -che** /tʃire'naiko, tʃi, ke/ **I** agg. Cyrenaic **II** m. (f. **-a**) Cyrenaic.

Cirene /tʃi'rene/ n.pr.f. Cyrene.

cirillico, pl. **-ci, -che** /tʃi'rilliko, tʃi, ke/ agg. [*alfabeto, caratteri*] Cyrillic.

Cirillo /tʃi'rillo/ n.pr.m. Cyril.

ciriola /tʃi'rjɔla/ f. GASTR. INTRAD. (typical Roman long-shaped bread with a puffed centre).

Ciro /'tʃiro/ n.pr.m. Cyrus.

cirriforme /tʃirri'forme/ agg. METEOR. BOT. cirriform.

cirripede /tʃir'ripede/ m. barnacle, cirriped.

cirro /'tʃirro/ m. METEOR. BOT. ZOOL. cirrus*.

cirrocumulo /tʃirro'kumulo/ m. cirrocumulus*.

cirrosi /tʃir'rɔzi/ ➧ ***7*** f.inv. cirrhosis*; ~ ***epatica*** cirrhosis of the liver.

cirroso /tʃir'roso/ agg. METEOR. BOT. cirrose, cirrous.

cirrostrato /tʃirros'trato/ m. cirrostratus*.

cirrotico, pl. **-ci, -che** /tʃir'rɔtiko, tʃi, ke/ agg. cirrhotic.

CISAL /tʃi'zal/ f. (⇒ Confederazione Italiana Sindacati Autonomi dei Lavoratori) = Italian confederation of autonomous workers union.

cisalpino /tʃizal'pino/ agg. [*regione, Gallia*] cisalpine.

Cisgiordania /tʃizdʒor'danja/ ➧ ***30*** n.pr.f. West Bank.

CISL /'tʃizl/ f. (⇒ Confederazione Italiana Sindacati Lavoratori) = Italian confederation of workers union.

cismontano /tʃizmon'tano/ agg. cismontane.

CISNAL /'tʃiznal/ f. (⇒ Confederazione Italiana Sindacati Nazionali dei Lavoratori) = Italian confederation of national workers union.

cispa /'tʃispa/ f. (eye) gum, rheum.

cispadano /tʃispa'dano/ agg. cispadane.

cisposo /tʃis'poso/ agg. rheumy, gummy, bleary.

cisso /'tʃisso/ m. BOT. ~ ***rombifoglia*** grape ivy.

cissoide /tʃis'sɔide/ f. MAT. cissoid.

cista /'tʃista/ f. cist.

ciste /'tʃiste/ f. → **cisti.**

cistectomia /tʃistekto'mia/ f. cystectomy.

cisterc(i)ense /tʃister'tʃɛnse/ agg. e m. Cistercian.

▷ **cisterna** /tʃis'tɛrna/ f. **1** *(serbatoio per acqua)* tank, cistern; *(per acqua piovana)* storage tank, water butt **2** *(grande serbatoio)* tank; ~ ***di petrolio*** oil tank; ***aereo*** ~ tanker aircraft; ***nave*** ~ supply ship, tanker; ***vagone*** ~ tank car.

cisti /'tʃisti/ f.inv. MED. cyst; ~ ***sebacea*** wen.

cisticerco, pl. **-chi** /tʃisti'tʃɛrko, ki/ m. cysticercus*.

cistico, pl. **-ci, -che** /'tʃistiko, tʃi, ke/ agg. ANAT. MED. [*dotto*] cystic.

cistifellea /tʃisti'fɛllea/ f. gall bladder.

cistina /tʃis'tina/ f. cystine.

cistite /tʃis'tite/ ➧ ***7*** f. cystitis; ***avere la*** ~ to have cystitis *o* a bladder infection.

cisto /'tʃisto/ m. cistus*; ~ ***eliantemo*** rockrose.

cistocarpo /tʃisti'karpo/ m. cystocarp.

cistocele /tʃisto'tʃɛle/ m. cystocele.

cistopielite /tʃistopie'lite/ f. cystopyelitis.

cistoscopia /tʃistosko'pia/ f. cystoscopy.

cistoscopio, pl. **-pi** /tʃistos'kɔpjo, pi/ m. cystoscope.

cistotomia /tʃistoto'mia/ f. cystotomy.

citabile /tʃi'tabile/ agg. **1** DIR. adducible, citable **2** *(testo)* citable, quotable.

citante /tʃi'tante/ m. e f. DIR. plaintiff.

▷ **citare** /tʃi'tare/ [1] tr. **1** *(riportare esattamente)* to cite, to quote [*opera, persona, esempio, frase, brano*]; to name [*paese, titolo, nome, pianeta*]; ~ ***Shakespeare, la Bibbia*** to quote Shakespeare, the Bible; ~ ***le proprie fonti*** to acknowledge one's sources; ~ ***male*** to misquote; ~ ***come esempio*** to instance **2** to mention, to work in [*nome, persona, fatto*] **3** DIR. *(in giudizio)* ~ ***in giudizio*** to implead, to summons [*testimone*]; ***essere citato in un procedimento di divorzio*** to be cited in divorce proceedings; *(denunciare)* ~ ***qcn. in giudizio*** to file a lawsuit against sb., to take sb. to court; ~ ***qcn. per danni, diffamazione*** to sue sb. for damages, libel **4** MIL. to commend, to cite [*soldato, generale, unità*]; ~ ***qcn. all'ordine del giorno*** to mention sb. in dispatches.

citaredo /tʃita'rɛdo/ m. STOR. cithara player.

citarista, m.pl. **-i**, f.pl. **-e** /tʃita'rista/ m. e f. citharist.

citato /tʃi'tato/ **I** p.pass. → **citare II** agg. quoted, cited; ***spesso*** ~ oft-quoted; ***sopra*** ~ aforesaid; ~ ***sotto*** undermentioned.

citazione /tʃitat'tsjone/ f. **1** *(riproduzione testuale)* quotation, citation, quote; ***una*** ~ ***da*** a line from [*poesia*]; ~ ***classica*** locus classicus; ***una*** ~ ***latina*** a Latin tag; ***inizio*** ~... ***fine*** ~ quote...unquote **2** DIR. *(di testimoni)* monition, summons; ~ ***a comparire*** judicial process, writ of subpoena, writ of summons; ~ ***in giudizio*** process, summons **3** MIL. *(ricompensa)* mention ◆◆ ~ ***all'ordine del giorno*** mention in dispatches.

citello /tʃi'tɛllo/ m. ZOOL. gopher, ground-squirrel.

citeriore /tʃite'rjore/ agg. STOR. hither.

citiso /'tʃitizo/ m. BOT. cytisus.

citobiologia /tʃitobiolo'dʒia/ f. BIOL. cytobiology.

citocromo /tʃito'krɔmo/ m. cytochrome.

citofonare /tʃitofo'nare/ [1] intr. (aus. *avere*) to call [sb.] on the entry phone, to buzz COLLOQ.

▷ **citofono** /tʃi'tɔfono/ m. entry phone.

citogenetica /tsitodʒe'nɛtika/ f. cytogenetics + verbo sing.

citogenetico, pl. **-ci, -che** /tsitodʒe'nɛtiko, tʃi, ke/ agg. cytogenetic.

citologia /tʃitolo'dʒia/ f. cytology.

citologico, pl. **-ci, -che** /tʃito'lɔdʒiko, tʃi, ke/ agg. cytological.

citologo, m.pl. **-gi**, f.pl. **-ghe** /tʃi'tɔlogo, dʒi, ge/ ➧ ***18*** m. (f. **-a**) cytologist.

citoplasma /tʃito'plazma/ m. cytoplasm.

citoplasmatico, pl. **-ci, -che** /tʃitoplaz'matiko, tʃi, ke/ agg. cytoplasmic.

citosina /tʃito'zina/ f. cytosine.

citosoma /tʃito'zɔma/ m. cytosome.

citostatico, pl. **-ci, -che** /tʃitos'tatiko, tʃi, ke/ agg. cytostatic.

citostoma /tʃitos'tɔma/ m. cytostome.

citotossico, pl. **-ci, -che** /tʃito'tɔssiko, tʃi, ke/ agg. cytotoxic.

citrato /tʃi'trato/ m. citrate.

citrico, pl. **-ci, -che** /'tʃitriko, tʃi, ke/ agg. citric; ***acido*** ~ citric acid.

citrino /tʃi'trino/ **I** agg. LETT. citrine **II** m. MINER. citrine.

citronella /tʃitro'nɛlla/ f. BOT. citronella.

citrullaggine /tʃitrul'laddʒine/ f. stupidity, foolishness.

citrullo /tʃi'trullo/ m. silly billy, stupid.

▶ **città** /tʃit'ta/ Dei due equivalenti inglesi dell'italiano *città*, il termine *city* designa una città che è sede vescovile o con diritto di autogoverno e, per estensione, una città genericamente grande e importante; *town*, invece, definisce le località di dimensioni inferiori: *Canterbury è forse la città più importante nel sud est dell'Inghilterra* = Canterbury is perhaps the most important city in the south-est of England; *Mestre è una piccola città vicino a*

Venezia = Mestre is a small town near Venice. - *City* designa anche il centro commerciale e finanziario di Londra: *l'ufficio di mio padre è nella City* = my father's office is in the City. - Quando si contrappone la città alla campagna, la parola da usare in inglese è *town*: *viviamo in campagna ma andiamo in città almeno due volte alla settimana* = we live in the country but go into town at least twice a week. - Per altri usi ed esempi si veda la voce qui sotto. f.inv. **1** *(agglomerato urbano)* city, town; ***fare un giro per la ~*** to walk around the town; ***tutte le vie di accesso alla ~ sono state chiuse*** all the approaches to the city have been sealed off; ***che ne diresti di andare in ~?*** how about going into town? ***una cintura di povertà attorno al centro della ~*** a belt of poverty around the inner city *o* city centre; ***l'albergo migliore della ~*** the best hotel in town; ***oltre, dentro le mura della ~*** beyond, within the city walls; ***nel cuore della ~*** in the heart of the city; ***le luci della ~*** the bright lights, the city lights; ***~ industriale, olimpica*** industrial, Olympic city; ***~ portuale*** port city; ***~ universitaria*** university town; ***~ costiera, di provincia, di frontiera*** coastal, provincial, frontier town; ***una ~ d'arte*** a town of artistic interest; ***~ fortificata*** walled city; ***la gente di ~*** city folk; ***da ~*** [*vestiti, scarpe*] town attrib.; ***in, fuori ~*** [*vivere, abitare*] in town, out of town; ***la vita di ~*** urban life; ***all'estrema periferia della ~*** on the edge *o* outer fringe of the city **2** *(quartiere)* ***~ alta*** upper city; ***~ bassa*** lower city; ***la ~ vecchia*** the old town; ***centro ~*** town, city centre **3** GEOGR. ***Città del Capo*** Cape Town; ***Città del Messico*** Mexico City; ***Città del Vaticano*** Vatican City **4** *(insieme dei cittadini)* ***tutta la ~ ne parla*** the whole city is talking about it ◆◆ ***~ di adozione*** adoptive town; ***~ aperta*** open city; ***~ dormitorio*** dormitory town; ***~ fantasma*** ghost town; ***~ franca*** free city; ***~ gemellata*** twin town; ***~ giardino*** garden city; ***~ libera*** free city; ***~ natale*** home *o* native town; ***~ satellite*** satellite town, overspill town; ***~ termale*** spa town; ***~ vescovile*** cathedral city; ***la ~ dei Cesari*** = Rome; ***la ~ eterna*** the eternal city; ***la ~ del giglio*** = Florence; ***la ~ della laguna*** = Venice; ***la ~ della lanterna*** = Genoa; ***la ~ della Madonnina*** = Milan; ***la ~ della Mole*** = Turin; ***la ~ dei Papi*** = Avignon; ***~ santa*** holy city; ***la ~ del Santo*** = Padua.

cittadella /tʃitta'dɛlla/ f. citadel.

cittadina /tʃitta'dina/ f. *(piccola città)* small town, townlet.

▷ **cittadinanza** /tʃittadi'nantsa/ f. **1** *(insieme dei cittadini)* (city) inhabitants pl., city dwellers pl., townspeople pl.; ***tutta la ~ partecipò all'iniziativa*** the whole town took part in the initiative **2** DIR. citizenship; ***avere la ~ italiana*** to have Italian citizenship, to be an Italian citizen; ***assumere, prendere la ~ italiana*** to acquire Italian citizenship; ***privare della ~*** to denaturalize; ***diritto di ~*** right of citizenship; ***doppia ~*** dual nationality; ***dare, ricevere la ~ onoraria*** to give, receive the freedom of a city.

cittadinesco, pl. **-schi**, **-sche** /tʃittadi'nesko, ski, ske/ agg. ANT. → **cittadino.**

▶ **cittadino** /tʃitta'dino/ **I** agg. [*gente, vie, vita*] city attrib.; [*orgoglio*] civic; ***traffico ~*** urban traffic; ***centro ~*** civic centre; ***acquisire modi -i*** to become urbanized **II** m. (f. **-a**) *(di città)* city dweller; *(di nazione)* citizen, national; ***essere ~ italiano*** to be an Italian citizen; ***essere un ~ straniero*** to be a foreign national; ***~ comunitario*** EU national; ***un ~ medio*** an ordinary member of the public; ***primo ~*** = mayor; ***privato ~*** private citizen ◆◆ ***~ del mondo*** citizen of the world; ***~ onorario*** freeman.

ciucca, pl. **-che** /'tʃukka, ke/ f. POP. ***prendersi una (bella) ~*** to get plastered *o* sloshed *o* smashed.

ciucciare /tʃut'tʃare/ [1] **I** tr. COLLOQ. **1** *(succhiare)* to suck [*caramella*] **2** [*neonati*] to suck, to suckle [*latte*] **II ciucciarsi** pronom. COLLOQ. ***-rsi il dito*** to suck one's thumb.

1.ciuccio, pl. **-ci** /'tʃuttʃo, tʃi/ m. dummy BE, pacifier AE.

2.ciuccio, m.pl. **-ci**, f.pl. **-ce** /'tʃuttʃo, tʃi, tʃe/ m. (f. **-a**) REGION. **1** *(animale)* donkey **2** FIG. *(persona stupida, alunno)* donkey, dunce.

ciucciotto /tʃiut'tʃɔtto/ m. → **1.ciuccio.**

ciucco, pl. **-chi**, **-che** /'tʃukko, ki, ke/ agg. POP. plastered, smashed COLLOQ.

ciuco, pl. **-chi** /'tʃuko, ki/ m. donkey, ass.

ciuf /tʃuf/ inter. *(di treno)* chug; **~ ~** INFANT. choo-choo.

▷ **ciuffo** /'tʃuffo/ m. **1** *(di capelli)* forelock, peak, wisp; *(di erba)* clump, tuft, tussock **2** ZOOL. *(di piume)* tuft; *(di gufo)* horn **3** BOT. *(di semi)* ***~ di peli*** coma.

ciuffolotto /tʃuffo'lɔtto/ m. bullfinch.

ciurlare /tʃur'lare/ [1] intr. (aus. *avere*) COLLOQ. ***~ nel manico*** to be unreliable, to wriggle out of a promise.

ciurma /'tʃurma/ f. **1** MAR. STOR. galley slaves pl.; *(equipaggio)* crew **2** FIG. SPREG. mob, riff-raff.

ciurmadore /tʃurma'dore/ → **ciurmatore.**

ciurmaglia /tʃur'maʎʎa/ f. mob, riff-raff.

ciurmatore /tʃurma'tore/ m. (f. **-trice** /tritʃe/) imposter, trickster.

civetta /tʃi'vetta/ **I** f. **1** ZOOL. owl, owlet **2** FIG. *(donna leggera)* coquette, flirt; ***fare la ~*** to flirt, (to play the) coquette **3** *(manifesto all'esterno delle edicole)* poster **4** *(titolo in copertina)* headline **II** agg.inv. **1** *(in incognito)* ***auto ~*** decoy, unmarked police car; ***nave ~*** Q-boat **2** COMM. ***articolo ~*** loss leader **3** POL. ***candidato ~*** stalking horse ◆◆ ***~ indiana minore*** rasse; ***~ zibetto*** civet.

civettare /tʃivet'tare/ [1] intr. (aus. *avere*) to coquette; ***~ con un collega*** to flirt with a colleague.

civetteria /tʃivette'ria/ f. coquetry.

civettone /tʃivet'tone/ m. flirt.

civettuolo /tʃivet'twɔlo/ agg. [*persona, sorriso, comportamento*] coquettish, coy; [*sguardo, risata*] flirtatious; ***in modo ~*** coquettishly.

civico, pl. **-ci**, **-che** /'tʃiviko, tʃi, ke/ agg. **1** *(del cittadino)* civic, public; ***senso ~*** civic pride, public spirit, civism; ***educazione -a*** civics **2** *(della città)* municipal, city attrib., town attrib.; ***biblioteca -a*** municipal library; ***numero ~*** street number **3** AMM. ***difensore ~*** *(uomo)* ombudsman; *(donna)* ombudswoman; *(in GB)* Parliamentary Commissioner GB.

▶ **civile** /tʃi'vile/ **I** agg. **1** *(non militare)* [*vita, autorità, abiti, popolazione*] civilian; *(non religioso)* [*matrimonio, sepoltura*] civil; *(non penale)* [*causa, diritto, codice, procedura*] civil; ***stato ~*** marital status, civil state; ***giorno, mese, anno ~*** calendar day, month, year; ***ingegnere ~*** civil engineer; ***responsabilità ~*** DIR. civil liability; ***servizio ~*** DIR. community service; ***difesa ~*** civil defence **2** *(del cittadino)* [*diritti*] civil **3** *(educato, cortese)* [*persona, comportamento*] civil, civilized; ***non conosce assolutamente le norme del vivere ~*** he has no sense of decency **4** *(civilizzato)* [*popolo, società*] civilized **II** m. *(persona)* civilian.

civilista, m.pl. **-i**, f.pl. **-e** /tʃivi'lista/ m. e f. civil lawyer.

civilistico, pl. **-ci**, **-che** /tʃivi'listiko, tʃi, ke/ agg. civil law attrib.

civilizzare /tʃivilid'dzare/ [1] tr. to civilize.

civilizzato /tʃivilid'dzato/ **I** p.pass. → **civilizzare II** agg. civilized; ***paesi -i*** civilized nations.

civilizzatore /tʃiviliddza'tore/ **I** agg. civilizing **II** m. (f. **-trice** /tritʃe/) civilizer.

civilizzazione /tʃiviliddzat'tsjone/ f. civilization.

civilmente /tʃivil'mente/ avv. **1** *(laicamente)* ***sposarsi ~*** to get married in a registry office, to have a civil ceremony **2** DIR. [*citare, responsabile*] civilly **3** *(educatamente)* civilly.

▶ **civiltà** /tʃivil'ta/ f.inv. **1** *(cultura, società)* civilization; ***la sconfitta significò la fine di una ~*** the defeat spelt the end of a civilization **2** *(civilizzazione)* civilization; ***le comodità della ~*** the comforts of civilization **3** *(buona creanza)* civility, politeness ◆◆ ***~ industriale*** industrialized society.

civismo /tʃi'vizmo/ m. civism, public spirit, civic pride.

clacchista, m.pl. **-i**, f.pl. **-e** /klak'kista/ m. e f. member of the claque, clapper.

clacson /'klakson/ m.inv. AUT. Klaxon®, horn; ***suonare il ~*** to beep, to honk (one's horn).

clacsonare /klakso'nare/ [1] intr. (aus. *avere*) COLLOQ. to beep, to honk (one's horn).

clamide /'klamide/ f. chlamys*.

clamore /kla'more/ m. **1** *(di protesta, entusiasmo)* outcry, roar, clamour BE, clamor AE **2** *(scalpore)* ***suscitare ~*** to cause raised eyebrows *o* an uproar *o* a sensation.

clamorosamente /klamorosa'mente/ avv. **1** *(fragorosamente)* loudly; ***applaudire ~*** to cheer to the echo, to applaud wildly **2** *(in modo clamoroso)* ***fallire ~*** to fail signally; ***sconfiggere qcn. ~*** SPORT GERG. to beat sb. hollow.

clamoroso /klamo'roso/ agg. **1** *(fragoroso)* [*protesta*] clamorous, wild; ***applausi -i*** loud applause **2** *(sensazionale)* [*vittoria, fallimento*] resounding; [*successo*] resounding, sellout; [*sconfitta, notizia*] crushing, resounding; [*dettaglio*] lurid; ***la risposta fu un ~ "no"*** the answer was a resounding "no".

clan /klan/ m.inv. **1** ETNOL. clan **2** *(gruppo di persone con interessi comuni)* clan, clique; ***spirito di ~*** clan mentality.

clandestinamente /klandestina'mente/ avv. *(illegalmente, in segreto)* illegally, illicitly, underground; ***i due amanti si incontravano ~*** the two lovers met secretly *o* furtively; ***fare entrare ~ qcn. in uno stato*** to smuggle sb. into a country.

clandestinità /klandestini'ta/ f.inv. **1** *(di attività, organizzazione)* ***darsi alla, restare nella ~*** to go, stay underground; ***obbligare qcn. a entrare nella ~*** to drive sb. underground; ***in ~*** [*passare, rifugiarsi*] underground; [*vivere*] in hiding; [*operare*] in secret; ***uscire dalla ~*** to come out in the open; ***atmosfera di ~*** atmosphere of secrecy **2** *(situazione illegale)* ***lavorare in ~*** to work illegally.

▷ **clandestino** /klandes'tino/ **I** agg. [*attività, organizzazione, giornale*] underground, secret; [*immigrazione, traffico, lavoro*] illegal; ***passeggero ~*** stowaway; ***aborto ~*** back-street abortion; ***bisca -a*** illegal gambling house; ***fabbrica -a di bombe, laboratorio ~ di stupefacenti*** bomb, drugs factory; ***matrimonio ~*** hedge-marriage, clandestine marriage **II** m. (f. **-a**) *(immigrato)* illegal alien; *(passeggero)* stowaway.
clangore /klan'gore/ m. LETT. clangour BE, clangor AE.
clap /klap/ inter. *(di applauso)* clap; *(di schiaffo, pacca)* slap.
claque /klak/ f.inv. claque.
Clara /'klara/ n.pr.f. Clare, Clara.
Clarabella /klara'bɛlla/ n.pr.f. Clarabelle.
clarinettista, m.pl. **-i**, f.pl. **-e** /klarinet'tista/ m. e f. clarinet(t)ist.
clarinetto /klari'netto/ m. clarinet; ***suonare il ~*** to play the clarinet.
clarinista, m.pl. **-i**, f.pl. **-e** /klari'nista/ → **clarinettista.**
clarino /kla'rino/ → **clarinetto.**
clarissa /kla'rissa/ f. (Poor) Clare, Clarisse.
Clarissa /kla'rissa/ n.pr.f. Clarissa.
▶ **classe** /'klasse/ f. **1** SCOL. *(gruppo di studenti)* class; *(anno di corso)* form BE, grade AE; *(aula)* schoolroom; ***passare alla ~ successiva*** to go up a class; ***essere il primo, l'ultimo della ~*** to be top, bottom of the class; ***che ~ fai?*** which form are you in? ***~ mista*** mixed class; ***compagno di ~*** classmate; ***il bullo della ~*** the class bully; ***si è fatto sbattere fuori dalla ~*** he was sent out of the classroom **2** SOCIOL. POL. class; ***le -i sociali*** the social classes; ***le -i agiate*** the leisured classes; ***la ~ operaia*** the working class; ***~ contadina*** peasantry; ***la ~ dominante*** the master class; ***entrare a far parte della ~ dirigente*** to join *o* become part of the Establishment; ***una società senza -i*** a classless society; ***oltrepassare le barriere di ~*** to cross the class divide; ***~ politica*** political class; ***lotta di ~*** class struggle; ***coscienza di ~*** class consciousness; ***rivalità di ~*** class antagonism **3** BOT. ZOOL. class, classification; ***la ~ dei mammiferi*** the class of mammals **4** *(qualità)* class; ***prodotti, champagne di prima ~*** first-class products, champagne; ***un albergo di (prima) ~*** a high-class hotel **5** *(stile, eleganza)* class, style; ***avere ~*** to have class *o* style; ***aggiungere un tocco di ~*** to add a touch of class; ***di ~*** [*persona, rappresentazione*] stylish, classy COLLOQ.; ***ha della ~*** there is a touch of class about her, she's got style **6** *(nei transporti)* class; ***biglietto di prima, seconda ~*** first, second class ticket; ***~ turistica*** AER. economy *o* tourist class; ***viaggiare in prima ~*** AER. to travel in business *o* first class **7** MIL. ***la ~ 1980*** the 1980 levy **8** *(anno di nascita)* year; ***di che ~ sei?*** what year where you born? **9** MAT. set.
classica, pl. **-che** /'klassika, ke/ f. SPORT *(gara)* classic.
classicamente /klassika'mente/ avv. classically.
classicheggiante /klassiked'dʒante/ agg. classical, in the classical style.
classicheggiare /klassiked'dʒare/ [1] intr. (aus. *avere*) to classicize.
classicismo /klassi'tʃizmo/ m. classicism.
classicista, m.pl. **-i**, f.pl. **-e** /klassi'tʃista/ m. e f. *(fautore, studioso del classicismo)* classicist.
classicistico, pl. **-ci**, **-che** /klassi'tʃistiko, tʃi, ke/ agg. [*autore, poetica*] classicistic; [*movimento*] classical.
classicità /klassitʃi'ta/ f.inv. *(di stile letterario o artistico)* classicality.
classicizzare /klassitʃid'dzare/ [1] tr. to classicize.
▷ **classico**, pl. **-ci**, **-che** /'klassiko, tʃi, ke/ **I** agg. **1** *(greco, latino)* [*autore, opera, cultura, studi*] classical; ***la letteratura -a greca*** classical Greek literature; ***fare studi -ci*** SCOL. to study Latin and Greek, to do classics **2** LING. [*lingua*] classical **3** *(per indicare, distinguere un'epoca, un genere)* [*epoca, musica, repertorio*] classical; ***una mescolanza di ~ e moderno*** a mix of traditional and modern; ***danza classica*** ballet **4** *(riconosciuto come modello)* [*autore, opera, rappresentazione, commedia*] classic; ***citazione -a*** locus classicus **5** *(armonioso, sobrio)* [*bellezza, stile, abbigliamento*] classic, conservative; ***di taglio ~*** of classic cut; ***le linee -che dell'edificio*** the classical lines of the building **6** *(tradizionale)* [*cura, metodo*] traditional; *(tipico)* [*sintomo, reazione*] classic; [*conseguenza*] typical; ***un ~ esempio*** a classic *o* prize example; ***è il ~ triangolo*** it's the eternal triangle; ***~!*** COLLOQ. that's typical! **II** m. **1** *(autore)* classic; ***fare citazioni dai -i*** to quote from the classics **2** *(libro, opera, film)* classic, old favourite; ***un ~ dello schermo*** a screen classic; ***un ~ di musica jazz*** a jazz classic; ***un ~ del rock*** a rock standard; ***-ci degli anni '60*** classic cuts from the 60's **3** *(scuola superiore)* → **liceo classico.**
▷ **classifica**, pl. **-che** /klas'sifika, ke/ f. **1** SPORT (league) table, ranking; ***essere in cima, in fondo alla ~*** to be at the top, bottom of the table; ***le squadre dopo di loro nella ~*** the teams below them in the table sport; ***la squadra in testa alla ~*** the leading team; ***leader delle -che mondiali*** world leader **2** MUS. *(hit-parade)* (pop) charts pl.; ***perdere posizioni in ~*** to fall in the charts; ***questo disco è in cima alle -che da due settimane*** this record has been on the top spot for two weeks.
classificabile /klassifi'kabile/ agg. classifiable.
classificare /klassifi'kare/ [1] **I** tr. **1** *(suddividere in classi)* to classify [*animali*]; to categorize, to classify [*documenti, libri*]; *(per qualità, dimensione)* to grade; *(per grandezza)* to size [*uova, frutta*]; ***~ in ordine alfabetico*** to classify in alphabetical order; ***~ dei numeri in ordine crescente, decrescente*** to sort numbers in ascending, descending order **2** *(catalogare)* to index, to classify [*articoli, libri, dati, informazioni, argomenti*]; to order, to sort [*file*] **3** SCOL. *(assegnare un voto)* to grade **4** *(valutare)* to assess [*persona*] (**come** as) **II classificarsi** pronom. to rank; ***-rsi primo, ultimo*** to be placed first, last.
classificatore /klassifika'tore/ m. (f. **-trice** /tritʃe/) **1** *(persona)* classifier **2** LING. classifier.
classificazione /klassifikat'tsjone/ f. **1** *(distribuzione in classi)* classification, grading, sorting; ***~ botanica*** botanical classification **2** *(catalogazione)* filing; ***metodo di ~*** filing system **3** *(graduatoria)* ranking **4** *(giudizio)* grading.
classismo /klas'sizmo/ m. **1** *(teoria)* = class struggle theory **2** *(difesa degli interessi di classe)* classism.
classista, m.pl. **-i**, f.pl. **-e** /klas'sista/ **I** agg. class attrib.; ***sistema ~*** class system **II** m. e f. class system supporter.
classistico, pl. **-ci**, **-che** /klas'sistiko, tʃi, ke/ agg. class attrib., class-based.
clastico, pl. **-ci**, **-che** /'klastiko, tʃi, ke/ agg. clastic.
Claudia /'klaudja/ n.pr.f. Claudia.
claudicante /klaudi'kante/ agg. **1** *(che zoppica)* [*persona, andatura*] limping, hobbling **2** *(esitante)* [*stile*] halting.
claudicare /klaudi'kare/ [1] intr. (aus. *avere*) to limp, to hobble.
Claudio /'klaudjo/ n.pr.m. Claude.
claunesco → **clownesco.**
clausola /'klauzola/ f. clause, provision, stipulation; ***introdurre una ~ in un contratto*** to add a clause to a contract ◆◆ ***~ condizionale*** proviso; ***~ di indicizzazione*** escalator clause; ***~ penale*** penalty clause; ***~ di recesso*** escape clause; ***~ restrittiva*** small print condition; ***~ di riserva morale*** conscience clause; ***~ risolutiva*** let-out clause; ***~ di salvaguardia*** safeguard clause; ***~ d'uso*** standard formula; ***~ vessatoria*** restrictive covenant.
claustrale /klaus'trale/ agg. claustral, cloistral, cloistered.
claustrofobia /klaustrofo'bia/ f. claustrophobia.
claustrofobico, pl. **-ci**, **-che** /klaustro'fɔbiko, tʃi, ke/ **I** agg. [*persona, sentimento*] claustrophobic; ***c'è un'atmosfera -a*** it's claustrophobic in here **II** m. (f. **-a**) claustrophobic.
claustrofobo /klaus'trɔfobo/ **I** agg. [*persona*] claustrophobic **II** m. (f. **-a**) claustrophobic.
clausura /klau'zura/ f. seclusion; ***convento di ~*** cloister; ***ordine di ~*** enclosed *o* closed order.
clava /'klava/ f. club; *(da ginnastica)* Indian club.
clavicembalista, m.pl. **-i**, f.pl. **-e** /klavitʃemba'lista/ m. e f. harpsichordist.
clavicembalistico, pl. **-ci**, **-che** /klavitʃemba'listiko, tʃi, ke/ agg. harpsichord attrib.
clavicembalo /klavi'tʃembalo/ m. harpsichord.
clavicola /kla'vikola/ f. clavicle, collarbone.
clavicolare /klaviko'lare/ agg. clavicular.
clavicordo /klavi'kɔrdo/ m. clavichord.
claxon → **clacson.**
cleistogamia /kleistoga'mia/ f. cleistogamy.
cleistogamo /kleis'tɔgamo/ agg. cleistogamic, cleistogamous.
clematide /kle'matide/ f. clematis.
clemente /kle'mɛnte/ agg. **1** [*giudice*] clement; [*sentenza*] merciful (**verso** o **nei confronti di** to, towards); [*atteggiamento, persona*] forgiving; [*cura, valutazione, punizione*] lenient (**con** with; **verso** towards); ***essere ~ (con qcn.) per*** to be gracious (to sb.) about, to let sb. off lightly for [*errore, insuccesso*] **2** [*temperatura, inverno*] clement, mild.
Clemente /kle'mɛnte/ n.pr.m. Clement.
clementina /klemen'tina/ f. clementine.
Clementina /klemen'tina/ n.pr.f. Clementine.
clemenza /kle'mɛntsa/ f. **1** *(indulgenza)* clemency, lenience, leniency (**con** with; **verso** towards), mercy (**verso** to, towards); ***implorare ~*** to beg for mercy; ***raccomandarsi alla ~ di qcn.*** to throw oneself on sb.'s mercy **2** *(di clima)* clemency **3** DIR. ***un invito alla ~*** a recommendation to mercy.

Clemenza /kle'mɛntsa/ n.pr.f. Clemence.
Cleopatra /kleo'patra/ n.pr.f. Cleopatra.
cleptomane /klep'tɔmane/ agg., m. e f. kleptomaniac.
cleptomania /kleptoma'nia/ ♦ 7 f. kleptomania, cleptomania.
clergyman /'klɛrdʒimen/ m.inv. clergyman's suit.
clericale /kleri'kale/ **I** agg. **1** [*vita, funzione*] clerical **2** *(favorevole al clero)* [*partito, stampa*] that supports the Church **II** m. e f. clericalist.
clericalismo /klerika'lizmo/ m. clericalism.
clericalizzare /klerikalid'dzare/ [1] tr. to clericalize.
clericato /kleri'kato/ m. → **clero.**
▷ **clero** /'klɛro/ m. clergy + verbo pl., priesthood; ***appartenere al ~*** to be in Holy order; ***alto, basso ~*** upper, lower clergy ♦♦ ***~ regolare*** regular clergy; ***~ secolare*** secular clergy.
clessidra /kles'sidra/ f. hourglass; ***~ ad acqua*** water clock, clepsydra.
clic /klik/ **I** inter. click **II** m. **1** *(di macchina fotografica, tacchi alti)* click **2** INFORM. ***fare ~ sul pulsante*** to click the button.
cliccabile /klik'kabile/ agg. [*immagine*] clickable.
cliccare /klik'kare/ [1] intr. (aus. *avere*) INFORM. GERG. to click (**su** on).
clicchettio, pl. **-ii** /klikket'tio, ii/ m. *(di telescrivente)* click.
cliché /kliʃ'ʃe/ m.inv. **1** TIP. stereotype, block, cut, plate **2** *(luogo comune)* cliché, commonplace; ***l'inseguimento in auto è un ~ cinematografico*** the car chase is a cinema cliché.
▶ **cliente** /kli'ɛnte/ m. e f. **1** *(acquirente)* customer, patron; *(di ristorante)* customer, diner; *(di bar)* customer, drinker; *(di albergo)* guest; *(di professionista)* client; ***essere ~ abituale di un negozio*** to patronize a shop, to be a regular customer at shop; ***~ potenziale*** prospect; ***~ abituale, fisso*** regular; ***attento alle esigenze dei -i*** customer-friendly; ***"servizio -i"*** "customer services"; ***il ~ Fiat*** AMM. the Fiat account; ***in nessun caso i -i verranno rimborsati*** in no case will customers be refunded **2** STOR. client.
clientela /klien'tɛla/ f. **1** clientele, clientage; *(di avvocato, medico)* caseload; ***fascia di ~*** client group; ***la ~ d'affari*** business customers; ***avere una vasta ~*** [*negozio, ristorante*] to have a lot of customers; [*avvocato, medico*] to have a large practice; ***ampliare la ~*** to extend clients; ***perdere la ~*** to lose business **2** STOR. clients pl. ♦♦ ***~ elettorale*** POL. supporters.
clientelare /kliente'lare/ agg. ***politica ~*** practice of favouritism.
clientelismo /kliente'lizmo/ m. POL. SPREG. ***~ politico*** political patronage.
▶ **clima** /'klima/ m. **1** METEOR. GEOGR. climate; ***in altri -i*** LETT. in other climes **2** *(atmosfera)* climate, atmosphere; ***in un ~ di violenza*** against a background of violence; ***~ vacanziero*** holiday atmosphere ♦♦ ***~ continentale*** continental climate; ***~ oceanico*** oceanic climate.
climaterico, pl. **-ci, -che** /klima'tɛriko, tʃi, ke/ agg. **1** MED. climacteric **2** FIG. critical, crucial.
climaterio, pl. **-ri** /klima'tɛrjo, ri/ m. climacteric.
climaticamente /klimatika'mente/ avv. climatically.
climatico, pl. **-ci, -che** /kli'matiko, tʃi, ke/ agg. climatic; ***stazione -a*** health resort; ***condizioni -che*** weather patterns *o* conditions.
climatizzare /klimatid'dzare/ [1] tr. *(rinfrescare)* to air-condition; *(installare un condizionatore)* to install an air-conditioning system.
climatizzato /klimatid'dzato/ **I** p.pass. → **climatizzare II** agg. air-conditioned.
climatizzatore /klimatiddza'tore/ m. air-conditioner.
climatizzazione /klimatiddzat'tsjone/ f. air-conditioning, climate control.
climatologia /klimatolo'dʒia/ f. climatology.
climatologico, pl. **-ci, -che** /klimato'lɔdʒiko, tʃi, ke/ agg. climatologic(al).
climatologo, m.pl. **-gi**, f.pl. **-ghe** /klima'tɔlogo, dʒi, ge/ m. (f. **-a**) climatologist.
climatoterapia /klimatotera'pia/ f. climatotherapy.
climax /'klimaks/ m. e f.inv. climax.
cline /'kline/ m. cline.
▷ **clinica**, pl. **-che** /'klinika, ke/ f. *(disciplina)* clinical medicine; *(edificio)* clinic ♦♦ ***~ delle bambole*** doll's hospital; ***~ di maternità*** maternity hospital; ***~ odontoiatrica*** dental clinic; ***~ ostetrica*** maternity hospital, nursing home; ***~ psichiatrica*** mental home; ***~ veterinaria*** veterinary surgery BE, animal hospital AE.
clinicamente /klinika'mente/ avv. clinically; ***~ morto*** clinically dead, brain dead.
clinico, pl. **-ci, -che** /'kliniko, tʃi, ke/ **I** agg. [*ricerca, test, diagnosi*] clinical; ***termometro ~*** clinical thermometer; ***psicologo ~*** clinical psychologist; ***un occhio ~*** an expert eye (anche FIG.) **II** m. (f. **-a**) clinician.
clinker /'klinker/ m.inv. clinker.
clinometro /kli'nɔmetro/ m. clinometer.
1.clip /klip/ m. e f.inv. **1** COLLOQ. (accorc. videoclip) video clip **2** TELEV. CINEM. *(spezzone)* clip.
2.clip /klip/ f.inv. **1** *(orecchino)* clip, clip-on **2** *(fermaglio per fogli)* paperclip **3** *(fermaglio della penna)* clip.
clipeato /klipe'ato/ agg. clypeate.
clipeo /'klipeo/ m. ZOOL. clypeus*.
clisma /'klizma/ m. clysma*, enema*.
clistere /klis'tɛre/ m. enema*; ***fare un ~ a qcn.*** to give sb. an enema.
Clitennestra /kliten'nɛstra/ n.pr.f. Clyt(a)emnestra.
clitoride /kli'tɔride/ m. e f. clitoris*.
clitoridectomia /klitoridekto'mia/ f. clitoridectomy.
clitorideo /klitori'dɛo/ agg. clitoral, clitoric.
clivia /'klivja/ f. clivia.
clivo /'klivo/ m. LETT. **1** *(pendio)* slope **2** *(collinetta)* hillock.
CLN /tʃiɛlle'ɛnne/ m. STOR. (⇒ Comitato di Liberazione Nazionale) = Italian national liberation committee.
cloaca, pl. **-che** /klo'aka, ke/ f. **1** *(fogna)* cloaca*, sewer **2** FIG. cesspit, cesspool **3** ZOOL. cloaca*.
clochard /klɔʃ'ʃard/ m.inv. tramp, bum AE.
cloche /klɔʃ/ f.inv. **1** AER. control column, joystick, control stick **2** AUT. ***cambio a ~*** gear lever **3** *(cappello)* cloche.
Cloe /'klɔe/ n.pr.f. Chloe.
clonale /klo'nale/ agg. clonal.
clonare /klo'nare/ [1] tr. to clone.
clonazione /klonat'tsjone/ f. cloning.
clone /'klone/ m. BIOL. INFORM. clone (anche FIG.).
clonico, pl. **-ci, -che** /'klɔniko, tʃi, ke/ agg. clonic.
clono /'klɔno/ m. clonus.
clop /klɔp/, **cloppete** /'klɔppete/ inter. *(di passi di cavallo)* clop, clip-clop.
cloracne /klo'rakne/ f. chloracne.
cloralio, pl. **-li** /klo'raljo, li/ m. chloral.
cloramfenicolo /kloramfeni'kɔlo/ m. chloramphenicol.
clorare /klo'rare/ [1] tr. to chlorinate [*acqua, piscina*].
clorato /klo'rato/ **I** p.pass. → **clorare II** agg. chlorinated **III** m. chlorate; ***~ di potassio*** potassium chlorate.
clorazione /klorat'tsjone/ f. *(disinfezione)* chlorination.
clorico, pl. **-ci, -che** /'klɔriko, tʃi, ke/ agg. chloric; ***acido ~*** chloric acid.
cloridrato /klori'drato/ m. hydrochloride.
cloridrico /klo'ridriko/ agg. ***acido ~*** hydrochloric acid.
clorite /klo'rite/ f. MIN. chlorite.
clorito /klo'rito/ m. chlorite.
cloro /'klɔro/ m. chlorine.
clorocalcite /klorokal'tʃite/ f. hydrophilite, chlorocalcite.
clorofilla /kloro'filla/ f. chlorophyl(l); ***dentifricio, chewing-gum alla ~*** chlorophyll toothpaste, chewing gum.
clorofilliano /klorofil'ljano/ agg. [*fotosintesi*] chlorophyllous.
clorofluorocarburo /klorofluɔrokar'buro/ m. chlorofluorocarbon.
cloroformio /kloro'fɔrmjo/ m. chloroform.
cloroformizzare /kloroformid'dzare/ [1] tr. to chloroform.
clorosi /klo'rɔzi, 'klɔrozi/ f.inv. chlorosis*, greensickness.
cloroso /klo'roso/ agg. chlorous.
clorotico, pl. **-ci, -che** /klo'rɔtiko, tʃi, ke/ agg. MED. BOT. chlorotic.
clorurare /kloru'rare/ [1] tr. CHIM. to chlorinate.
clorurazione /klorurat'tsjone/ f. CHIM. chlorination.
cloruro /klo'ruro/ m. chloride; ***~ di sodio, potassio, di calcio*** sodium, potassium, calcium chloride.
Clotilde /klo'tilde/ n.pr.f. Clothilda.
clou /klu/ m.inv. *(punto culminante) (di spettacolo, avvenimento, settimana, serata)* highlight, high point, climax.
clown /klaun/ m.inv. clown; ***mascherato da ~*** disguised as a clown.
clownesco, pl. **-schi, -sche** /klau'nesko, ski, ske/ agg. [*mimica*] exaggerated; [*personaggio*] clown-like.
club /klab/ m.inv. club; ***~ del libro*** book club; ***fare parte di un ~*** to be in a club.
cluniacense /klunja'tʃɛnse/ **I** agg. Cluniac **II** m. Cluniac.
cluster /'klaster/ m.inv. ASTR. STATIST. INFORM. cluster.
c.m. ⇒ corrente mese instant (inst.).
cmq ⇒ centimetro quadrato square centimeter (cm^2).
CNR /tʃiɛnne'ɛrre/ m. (⇒ Consiglio Nazionale delle Ricerche) = Italian national research council.
co' /ko/ ANT. → **coi.**
coabitare /koabi'tare/ [1] intr. (aus. *avere*) to cohabit, to live together (**con** with).

CNR The *Consiglio Nazionale delle Ricerche* (National Research Council) is a national public body, established in 1923, which carries out and promotes research activities for the scientific, technological, economic and social development of the country.

coabitazione /koabitat'tsjone/ f. cohabitation.
coacervato /koatʃer'vato/ m. coacervate.
coacervo /koa'tʃɛrvo/ m. **1** *(cumulo)* pile, heap, accumulation **2** ECON. *(di interessi)* accumulation, accruement, accrual.
coach /kotʃ/ m.inv. SPORT coach.
coadiutore /koadju'tore/ m. (f. **-trice** /tritʃe/) **1** *(assistente)* adjuvant, coadjutor, assistant **2** RELIG. coadjutor.
coadiuvante /koadju'vante/ **I** agg. coadjutant **II** m. CHIM. MED. adjuvant.
coadiuvare /koadju'vare/ [1] tr. *~ **qcn.*** to help sb., to collaborate with sb.
coagulabile /koagu'labile/ agg. [*sangue*] coagulable, congealable.
coagulabilità /koagulabili'ta/ f.inv. coagulability.
coagulamento /koagula'mento/ m. RAR. → **coagulazione.**
coagulante /koagu'lante/ **I** agg. coagulant; ***agente ~ del sangue*** blood clotting agent **II** m. coagulant.
coagulare /koagu'lare/ [1] **I** tr. to clot, to coagulate [*sangue*] **II** intr. (aus. *essere*), **coagularsi** pronom. [*sangue*] to clot, to coagulate.
coagulativo /koagula'tivo/ agg. coagulative.
coagulazione /koagulat'tsjone/ f. coagulation, clotting; ***~ del sangue*** blood coagulation, congealment of blood; ***tempo di ~*** clotting time.
coagulo /ko'agulo/ m. **1** *(di sangue)* clot, grume **2** *(di latte, liquido)* curd, clot, coagulum*.
coalescenza /koaleʃ'ʃɛntsa/ f. FIS. MED. coalescence.
coalizione /koalit'tsjone/ f. coalition (**tra** between; **con** with); ***voto di ~*** block vote; ***governo di ~*** coalition government.
coalizzare /koalid'dzare/ [1] **I** tr. to unite [sb.] in a coalition; ***~ un gruppo*** to unite a group (**contro** against) **II coalizzarsi** pronom. [*gruppi di persone*] to join forces, to unite, to gang up (**contro** against; **per fare** to do); ***-rsi nella lotta contro la miseria, l'inquinamento*** to join forces in the fight against poverty, pollution.
coalizzato /koalid'dzato/ **I** p.pass. → **coalizzare II** agg. MIL. POL. [*forze, paesi, partiti*] united, allied.
coana /ko'ana/ f. choana*.
coartare /koar'tare/ [1] tr. to force, to coerce, to compel.
coartazione /koartat'tsjone/ f. MED. coarctation; ***~ dell'aorta*** coarctation of the aorta.
coassiale /koas'sjale/ agg. coaxial.
coassicurazione /koassikurat'tsjone/ f. coinsurance.
coattivo /koat'tivo/ agg. DIR. coactive, coercive.
coatto /ko'atto/ **I** agg. coercive, forced; ***liquidazione -a*** compulsory liquidation; ***domicilio ~*** forced *o* compulsory residence **II** m. (f. **-a**) **1** DIR. = person held in custody **2** *(detenuto)* convict **3** GERG. = young urban working class person with vulgar and sometimes violent behaviour.
coautore /koau'tore/ m. co-author, joint author.
coautrice /koau'tritʃe/ f. co-authoress.
coazione /koat'tsjone/ f. DIR. coaction.
cobaltico, pl. **-ci**, **-che** /ko'baltiko, tʃi, ke/ agg. cobaltic.
cobalto /ko'balto/ ➧ **3 I** m. cobalt; ***~ 60*** cobalt 60; ***bomba al ~*** MED. MIL. cobalt bomb **II** m.inv. *(colore)* cobalt blue **III** agg.inv. ***blu ~*** cobalt blue.
cobaltoterapia /kobaltotera'pia/ f. = cancer treatment involving radioactive cobalt.
COBAS /'kɔbas/ m. = Base Committee.
cobelligerante /kobellidʒe'rante/ agg., m. e f. cobelligerent.
cobelligeranza /kobellidʒe'rantsa/ f. cobelligerency.
cobite /ko'bite/ m. loach.
COBOL /'kɔbol/ m.inv. COBOL.
coboldo /ko'bɔldo/ m. kobold.
▷ **cobra** /'kɔbra/ m.inv. cobra; ***~ reale*** king cobra, hamadryad; ***~ dagli occhiali*** spectacled *o* Indian cobra; ***~ sputatore*** o ***collonero*** spitting snake.
1.coca, pl. **-che** /'kɔka, ke/ f. BOT. coca.
2.coca /'kɔka/ f. COLLOQ. (accorc. cocaina) *(droga)* coke, blow, snow; ***sniffare la ~*** to sniff coke.
3.coca, pl. **-che** /'kɔka, ke/ f. COLLOQ. (accorc. coca-cola) *(bevanda)* Coke®, cola.
coca-cola® /koka'kɔla/ f. Coca-cola®.
cocaina /koka'ina/ f. cocaine; ***sniffare ~*** to sniff cocaine.
cocainismo /kokai'nizmo/ m. cocainism.
cocainizzare /kokainid'dzare/ [1] tr. to cocainize.
cocainizzazione /kokainiddzat'tsjone/ f. cocainization.
cocainomane /kokai'nɔmane/ m. e f. cocaine addict, cocaine user.
cocainomania /kokainoma'nia/ f. cocaine addiction.
1.cocca, pl. **-che** /'kɔkka, 'kokka/ f. **1** *(di freccia)* nock **2** *(angolo, estremità) (di fazzoletto, tessuto)* corner.
2.cocca, pl. **-che** /'kɔkka, ke/ f. **1** *(termine affettuoso)* baby, darling, honey AE **2** POP. *(gallina)* hen.
coccarda /kok'karda/ f. cockade; *(per sostenitore, vincitore)* rosette; ***~ tricolore*** STOR. rosette.
cocchiere /kok'kjɛre/ m. STOR. cab-driver, coachman*.
cocchio, pl. **-chi** /'kɔkkjo, ki/ m. coach, carriage; STOR. chariot.
cocchiume /kok'kjume/ m. bunghole.
coccia, pl. **-ce** /'kɔttʃa, tʃe/ f. **1** REGION. *(buccia) (di legumi)* pod; *(di frutta, vegetali)* peel; *(di grano)* husk **2** *(del fioretto)* sword-guard **3** REGION. head; ***avere la ~ dura*** to be strongheaded.
coccidiosi /kottʃi'djɔzi/ f.inv. coccidiosis*.
coccige /kot'tʃidʒe, 'kɔttʃidʒe/ m. coccyx*, tailbone.
coccigeo /kot'tʃidʒeo/ agg. coccygeal.
▷ **coccinella** /kottʃi'nɛlla/ f. ladybird, ladybug.
coccinello /kottʃi'nɛllo/ m. MAR. toggle.
cocciniglia /kottʃi'niʎʎa/ f. **1** *(insetto)* cochineal, scale insect **2** CHIM. *(colorante)* cochineal.
▷ **coccio**, pl. **-ci** /'kɔttʃo, tʃi/ m. **1** *(terracotta)* earthenware; *(stoviglie in terracotta)* crockery, earthenware, pottery **2** *(oggetto di coccio)* crock, pot **3** *(pezzo, frammento)* fragment, shard; ***-ci di vetro*** pieces of glass ◆ ***chi rompe paga e i -ci sono suoi*** PROV. = all breakages must be paid for.
cocciutaggine /kottʃu'taddʒine/ f. pigheadedness, stubbornness, obstinancy.
cocciutamente /kottʃuta'mente/ avv. obstinately, stubbornly.
▷ **cocciuto** /kot'tʃuto/ agg. stubborn, pigheaded; ***essere ~ come un mulo*** to be as stubborn as a mule.
▷ **1.cocco**, pl. **-chi** /'kɔkko, ki/ m. **1** BOT. *(palma)* coconut palm **2** *(frutto)* ***(noce di) ~*** coconut; ***~ disidratato*** desiccated *o* dried coconut; ***crema di ~*** creamed coconut; ***latte, olio, burro di ~*** coconut milk, oil, butter; ***dolce, gelato, yogurt al ~*** coconut cake, ice cream, yogurt; ***sorbetto al ~*** coconut ice; ***fibra di ~*** coir; ***stuoia di fibra di ~*** coconut *o* coir matting.
2.cocco, m.pl. **-chi**, f.pl. **-che** /'kɔkko, ki, ke/ m. (f. **-a**) COLLOQ. *(termine affettuoso) (di famiglia, parenti)* darling; *(rivolto a un bambino)* sweetie; ***~ di mamma*** mollycoddle (anche SPREG.); ***il ~ del professore*** SPREG. the teacher's pet.
3.cocco, pl. **-chi** /'kɔkko, ki/ m. BIOL. coccus*.
coccodè /kokko'dɛ/ **I** inter. cluck, cackle; ***fare ~*** to cluck, cackle; ***la gallina fa ~*** the hen goes cluck! cluck! **II** m.inv. cluck, cackling.
▷ **coccodrillo** /kokko'drillo/ m. **1** *(animale, pelle)* crocodile; ***borsa, scarpe di ~*** crocodile bag, shoes **2** EL. ***pinza ~*** crocodile clip **3** FERR. *(carrello per il trasporto di carri ferroviari)* railway truck ◆ ***versare*** o ***piangere lacrime di ~*** to shed crocodile tears.
1.coccola /'kɔkkola/ f. BOT. berry; ***~ di ginepro*** juniper berry.
2.coccola /'kɔkkola/ f. COLLOQ. cuddle; ***fare una ~ a qcn.*** to cuddle sb.
coccolare /kokko'lare/ [1] tr. COLLOQ. *(vezzeggiare, accarezzare)* to cuddle [*persona, bambino*]; to pet [*animale*]; *(viziare)* to mollycoddle, to pamper.
1.coccolone /kokko'lone/ m. (f. **-a**) COLLOQ. ***è un ~*** he's very cuddly.
2.coccolone /kokko'lone/ m. COLLOQ. *(colpo)* = heart attack.
coccoloni /kokko'loni/ avv. ***stare, mettersi ~*** to squat, crouch down.
cocente /ko'tʃɛnte/ agg. **1** *(molto caldo)* [*sole*] blazing, blistering, burning; [*asfalto*] blistering, burning **2** FIG. *(intenso)* [*critica, rimprovero, sconfitta*] bitter, painful; [*passione, lacrime*] burning.
cocker /'kɔker/ m.inv. cocker (spaniel), spaniel.
cocktail /'kɔkteil/ m.inv. **1** *(bevanda)* cocktail; ***preparare un ~*** to mix a cocktail; ***~ di gamberetti*** *(antipasto)* prawn cocktail **2** *(ricevimento)* ***essere invitato a un ~*** to be invited to a cocktail (party); ***abito da ~*** cocktail dress; ***ora del ~*** cocktail hour **3** FIG. *(miscela) (di elementi, idee, droghe)* cocktail.
cocktail party /kɔkteil'parti/ m.inv. cocktail party.
coclea /'kɔklea/ f. **1** ANAT. cochlea* **2** TECN. ***trasportatore a ~*** Archimedean screw.
cocleare /kokle'are/ agg. cochlear.

coclearia /kokle'arja/ f. scurvy-grass.

co.co.co /koko'kɔ/ **I** f.inv. (⇒ collaborazione coordinata continuativa) = type of freelance work for a fixed period on a client's behalf **II** m.inv. *(contratto)* = contract for this type of work **III** m. e f.inv. *(persona)* = someone who works in this way.

cocomeraio, pl. **-ai** /kokome'rajo, ai/ m. **1** watermelon seller **2** *(campo di cocomeri)* watermelon patch, watermelon bed.

▷ **cocomero** /ko'komero/ m. watermelon; ~ ***asinino*** squirting cucumber.

cocorita /koko'rita/ f. small parrot, parakeet.

1.cocotte /ko'kɔt/ f.inv. *(recipiente)* pot; ***in*** ~ [*uova*] shirred; ***pollo in*** ~ chicken casserole.

2.cocotte /ko'kɔt/ f.inv. *(mantenuta)* cocotte; *(sgualdrina)* prostitute.

cocuzza /ko'kuttsa/ **I** f. REGION. **1** *(zucca)* pumpkin, squash **2** SCHERZ. *(testa)* noddle, noggin, nut **II cocuzze** f.pl. SCHERZ. *(soldi)* bread sing., dough sing.

cocuzzolo /ko'kuttsolo/ m. **1** *(di monte)* top, peak **2** *(di testa, cappello)* crown.

▶ **coda** /'koda/ f. **1** ZOOL. tail; *(di coniglio, lepre, cervo)* scut; ~ ***di volpe*** brush, foxtail; ~ ***mozza*** bob, bobtail; ***dalla*** ~ ***mozza*** [*cavallo*] cocktailed; ***dalla*** ~ ***lunga, corta*** long-, short-tailed; ***senza*** ~ rumpless, tailless; ~ ***vestigiale*** vestigial tail; ***agitare la*** ~ to wag one's tail; ***mozzare la*** ~ ***a*** to dock [*cane, cavallo*]; ***colpo di*** ~ whisk of one's tail; FIG. sudden reversal **2** *(parte terminale) (di aereo, treno)* tail; *(di corteo, processione)* tail, end; ***in*** ~ ***al treno*** at the rear of the train; ***vagoni di*** ~ end *o* rearmost carriages; ***fanalino di*** ~ rear-light, taillight (anche FIG.) **3** ASTR. ***la*** ~ ***di una cometa*** the comet's tail **4** *(fila di persone)* line, queue BE; *(di auto)* tailback BE, backup AE; ***in*** ~ [*veicoli*] bumper to bumper; [*gente*] queu(e)ing; ***fare la*** ~, ***essere*** o ***stare in*** ~ to stand in a queue, to queue up, to stand *o* to wait in line; ***fare la*** ~, ***mettersi in*** ~ to join the line *o* queue BE, to line up AE; ***saltare la*** ~ to jump the queue; ***essere in*** ~ ***lungo*** [*automobili, gruppi*] to be strung out along; ***dietro ci sono 100 metri di*** ~ the queue stretches *o* tails back for 100 metres **5** *(acconciatura)* ***a*** ~ ***di cavallo*** in a ponytail **6** ABBIGL. ***abito a*** ~ *(da donna)* dress with a train; *(da uomo)* cerimonial dress; ***giacca a*** ~ ***di rondine*** morning coat **7** MUS. *(di brano)* coda; *(di strumento)* ***pianoforte a*** ~, ***a mezza*** ~ grand piano, baby grand **8** *(effetto, strascico)* repercussion, echo **9** ANAT. *(appendice)* tail; ~ ***equina*** cauda equina **10** CINEM. TELEV. ***far scorrere i titoli di*** ~ to roll the credits ◆ ***essere senza capo né*** ~ to be without rhyme or reason; ***a noi la sua risposta è sembrata senza capo né*** ~ we couldn't make head or tail of his reply; ***è un gatto che si morde la*** ~ things go round and round; ***andarsene con la*** ~ ***tra le gambe*** to go off with one's tail between one's legs; ***il diavolo ci aveva messo la*** ~ the devil had a finger in the pie; ***guardare qcn. con la*** ~ ***dell'occhio*** to watch *o* see sb. out of, from the corner of one's eye; ***avere la*** ~ ***di paglia*** to have a guilty conscience ◆◆ ~ ***dei lavori*** INFORM. job queue; ***a*** ~ ***di pesce*** fish-tail; ~ ***di rondine*** ABBIGL. swallowtailed coat; ***incastro a*** ~ ***di rondine*** ING. dovetail; ~ ***di rospo*** angler fish; ~ ***di stampa*** INFORM. print queue; ~ ***di topo*** rat-tail(-file).

codardia /kodar'dia/ f. cowardice, cowardliness; ***per*** ~ out of cowardice.

codardo /ko'dardo/ **I** agg. [*persona*] cowardly, lily-livered, pigeon-hearted, white-livered, yellow-bellied **II** m. (f. **-a**) coward, faint-heart.

codazzo /ko'dattso/ m. mob, train (of people); ***un*** ~ ***di ammiratori*** a cortege of admirers; ***seguito da un*** ~ ***di bambini*** followed by a troop of children.

Cod.Civ. ⇒ codice civile civil code.

Cod.Comm. ⇒ codice di commercio code of commerce.

Cod.Dir.Can. ⇒ codice di diritto canonico canon law code.

codeina /kode'ina/ f. FARM. codeine.

codesto /ko'desto/ v. la nota della voce **questo**. **I** agg. ANT. REGION. that **II** pron.dimostr. ANT. REGION. that one.

codetta /ko'detta/ f. **1** *(segno grafico)* tail **2** BUROCR. addressee's name and address **3** GASTR. ***-e*** hundreds and thousands, nonpareils AE.

codibugnolo /kodi'buɲɲolo/ m. long-tailed tit.

▷ **codice** /'kɔditʃe/ m. **1** *(libro manoscritto)* codex*, manuscript; ***un*** ~ ***del XII secolo*** a manuscript from the 12th century; ***un*** ~ ***miniato, autografo*** an illuminated, autographic(al) manuscript **2** DIR. *(raccolta di norme)* code; ***violare il*** ~ to break the law, the rules; ***infrazione al*** ~ ***stradale*** traffic offence *o* violation **3** INFORM. code; ~ ***macchina*** computer *o* machine code; ~ ***mnemonico*** mnemonic code; ~ ***sorgente*** source code; ~ ***di controllo di errore*** control error code; ***tradurre in un determinato*** ~ to transfer into a specific code; ~ ***alfanumerico, binario*** alphanumeric, binary code **4** FIG. *(insieme di norme non scritte)* code; ~ ***cavalleresco*** code of chivalry **5** *(scrittura cifrata)* code, cipher; ***decifrare un*** ~ to break *o* crack a code; ***messaggio in*** ~ coded message; ***nome in*** ~ code name, codeword ◆◆ ~ ***amministrativo*** administrative code; ~ ***di avviamento postale*** post code BE, zip (code) AE; ~ ***bancario*** sort code; ~ ***a barre*** bar code, Universal Product Code AE; ~ ***cifrato*** code, cipher; ~ ***civile*** civil code; ~ ***di comportamento*** code; ~ ***deontologico*** ethical code; ~ ***di etica professionale*** code of conduct; ~ ***fiscale*** = series of letters and numbers which every individual has referring to their fiscal position; ~ ***genetico*** genetic code; ~ ***Morse*** Morse code; ~ ***di navigazione*** navigation laws; ~ ***d'onore*** code of honour; ~ ***penale*** penal *o* criminal code; ~ ***di procedura civile*** code of civil procedure; ~ ***di procedura penale*** code of criminal procedure; ~ ***segreto*** secret code; ~ ***della strada*** Highway code BE, rules of the road AE; ~ ***tributario*** tax code.

> **Codice civile e penale** The Italian civil and penal codes, like those of the other countries in continental Europe, took as their model the French *Napoleonic Code* (civil code) of 1804 and subsequent codes enacted by Napoleon. These went beyond the common rights which had emerged in medieval times from Roman law and reworked them according to the enlightened principles of the French Revolution. In the newly unified Italian state, born in 1861, the codes of the various former states were brought together in 1865 to make up the civil code, the code of civil procedure and the code of penal procedure (on the French model) and in 1889 for the penal code. The new codes of the 20th century followed this trend, with some modifications.

> **Codice fiscale** This is the combination of letters and numbers, taken from the holder's particulars, that identifies every citizen or resident in Italy to the tax authorities and in general to public bodies and organizations. It is a prerequisite if you want to work, open a bank account, make use of the public health service, etc. The same term, *codice fiscale* is also loosely used to describe the plastic card, the same size as a credit card, that everyone receives from the Ministry of the Economy and Finance and which has printed on it this code together with personal details.

codicillare /koditʃil'lare/ agg. DIR. codicillary.

codicillo /kodi'tʃillo/ m. DIR. codicil.

codifica, pl. **-che**/ ko'difika, ke/ f. **1** DIR. *(delle leggi)* codification **2** INFORM. coding, encoding; ***area di*** ~ code area **3** ARALD. escallop **4** RAD. TEL. ~ ***di messaggi*** scrambling.

codificare /kodifi'kare/ [1] tr. **1** DIR. to codify [*legge, consuetudine*] **2** INFORM. to code, to encode [*informazione*] **3** FIG. to encode [*messaggio*] **4** RAD. TEL. to scramble [*segnale*].

codificato /kodifi'kato/ **I** p.pass. → **codificare II** agg. **1** INFORM. coded, encoded **2** DIR. [*norma, legge*] codified.

codificatore /kodifika'tore/ m. (f. **-trice** /tritʃe/) **1** codifier **2** INFORM. *(dispositivo)* encoder, coder (anche ELETTRON.).

codificazione /kodifikat'tsjone/ f. **1** DIR. codification **2** INFORM. coding, encoding.

codinismo /kodi'nizmo/ m. conservatism.

codino /ko'dino/ **I** agg. [*mentalità, governo*] reactionary **II** m. **1** *(pettinatura)* pigtail; ***portare i -i*** to wear one's hair in pigtails *o* bunches BE **2** *(nel Settecento)* queue **3** COLLOQ. SPREG. fogey.

codione /kodi'one/ → **codrione.**

codirosso /kodi'rosso/ m. ZOOL. redstart.

codolo /'kodolo/ m. *(di lima, coltello)* shank, tang; *(di violino)* scroll.

codominio, pl. **-ni** /kodo'minjo, ni/ m. codomain.

codone /ko'done/ m. **1** *(in genetica)* codon **2** ZOOL. pintail.

Cod.Pen. ⇒ codice penale penal code.

Cod.Proc.Civ. ⇒ codice di procedura civile code of civil procedure.

Cod.Proc.Pen. ⇒ codice di procedura penale code of criminal procedure.

codrione /kodri'one/ m. rump.

coeditare /koedi'tare/ [1] tr. to coedit, to co-publish.

coeditore /koedi'tore/ m. (f. **-trice** /tritʃe/) coeditor, co-publisher, joint publisher.

coedizione /koedit'tsjone/ f. co-edition, joint edition.

coeducazione /koedukat'tsjone/ f. coeducation.

coeff. ⇒ coefficiente coefficient.
coefficiente /koeffi'tʃɛnte/ m. **1** MAT. *(proporzione)* coefficient **2** STATIST. FIS. coefficient ◆◆ ~ ***di attrito*** FIS. friction coefficient; ~ ***di carico*** AER. load factor; ~ ***di dilatazione*** FIS. expansivity; ~ ***di liquidità*** ECON. cash ratio, liquidity ratio; ~ ***di perdita*** loss ratio; ~ ***di resistenza*** AER. AUT. drag coefficient; ~ ***di sicurezza*** TECN. factor of safety.
coercibile /koer'tʃibile/ agg. coercible, compellable.
coercitivo /koertʃi'tivo/ agg. coercive, coactive; [*poteri, autorità*] coercive; [*norme*] compulsory.
coercizione /koertʃit'tsjone/ f. coercion, compulsion, coaction; ***fare qcs. sotto*** ~ to do sth. under duress.
coerede /koe'rɛde/ m. e f. (co)parcener; *(uomo)* coheir, joint heir; *(donna)* coheiress, joint heiress.
coerente /koe'rɛnte/ agg. **1** *(logico)* [*ragionamento, argomentazione*] coherent, consistent, logical **2** FIG. *(senza contraddizioni)* [*comportamento, atteggiamento, programma*] consistent; ***è*** ~ ***nella sua follia*** there is method in his madness; ***essere*** ~ ***con se stesso*** to be consistent **3** FIS. [*luce*] coherent.
coerentemente /koerente'mente/ avv. [*comportarsi*] coherently, consistently; [*ragionare, pensare*] soundly.
coerenza /koe'rɛntsa/ f. **1** *(logicità) (di discorso, ragionamento)* coherence, cohesion **2** *(fedeltà ai principi)* consistence, consistency; ***privo di*** ~ inconsistent; ***mancare di*** ~ to lack consistency **3** FIS. coherence.
coesione /koe'zjone/ f. **1** FIS. LING. cohesion **2** FIG. cohesion, cohesiveness.
coesistente /koezis'tɛnte/ agg. coexistent.
coesistenza /koezis'tɛntsa/ f. coexistence; ~ ***pacifica*** peaceful coexistence.
coesistere /koe'zistere/ [21] intr. (aus. *essere*) to coexist (**con** with).
coesivo /koe'zivo/ agg. cohesive.
coeso /ko'ɛzo/ agg. [*gruppo*] cohesive; ***non*** ~ incohesive.
coesore /koe'zore/ m. TECN. coherer.
coetaneo /koe'taneo/ **I** agg. contemporary, coetaneous; ***essere*** ~ ***di qcn.*** to be as old as sb.; ***Michael e John sono -i*** Michael and John are the same age **II** m. (f. **-a**) peer, contemporary; ***i nostri -i*** our contemporaries.
coevo /ko'ɛvo/ agg. coeval, contemporary.
cofanetto /kofa'netto/ m. **1** *(per gioielli)* casket, jewel box, jewel case **2** *(per libri)* slipcase; *(per dischi)* boxed set.
▷ **cofano** /'kɔfano/ m. **1** *(di auto)* bonnet BE, hood AE **2** *(cassa)* chest **3** MIL. ANT. *(cassa per munizioni)* ammunition chest.
coffa /'kɔffa/ f. MAR. *(di maestra)* maintop; *(di trinchetto)* foretop.
cofirmatario, pl. **-ri** /kofirma'tarjo, ri/ m. (f. **-a**) cosignatory (**di** to, of).
cogente /ko'dʒɛnte/ agg. DIR. coactive, coercive.
cogestione /kodʒes'tjone/ f. joint management ◆◆ ~ ***aziendale*** worker participation.
cogestire /kodʒes'tire/ [102] tr. to manage jointly.
cogitabondo /kodʒita'bondo/ agg. LETT. musing, pensive, thoughtful.
cogitare /kodʒi'tare/ [1] intr. (aus. *avere*) to cogitate (**su** about, on).
cogitativo /kodʒita'tivo/ agg. cogitative.
cogitazione /kodʒitat'tsjone/ f. cogitation.
cogli /'koʎʎi/ → **con.**
▶ **cogliere** /'kɔʎʎere/ [28] tr. **1** to pick, to pluck, to gather [*fiori, frutti*]; ~ ***il frutto di 20 anni di lavoro*** FIG. to reap the fruit of 20 years of labour **2** FIG. *(capire)* ~ ***il senso di ciò che qcn. dice*** to catch the drift of sb.'s argument; ~ ***il nocciolo della questione*** to see *o* get the point; ***non ha colto il senso dell'osservazione*** he lost *o* missed the point of the remark; ***ha colto l'allusione*** this allusion was not lost on him, he caught the hint **3** FIG. *(afferrare)* to capture, to catch* [*atmosfera, spirito, sentimento, sguardo*]; to capture, to seize [*momento*] **4** *(sorprendere)* to catch* [*delinquente*]; [*emozione, terrore*] to overtake* [*persona*]; ***essere colto da un temporale*** to get caught in a storm; ~ ***qcn. impreparato*** to catch sb. off balance *o* off guard; ***la notizia mi coglie impreparato*** the news takes me by surprise **5** *(colpire)* ~ ***nel segno*** [*freccia, tiro*] to find its mark; FIG. [*critica, osservazione*] to be right on target, to find its mark; ***hai colto nel segno!*** that was a good guess! ◆ ~ ***la palla al balzo*** = to seize the opportunity; ~ ***qcn. in fallo*** to catch sb. on the wrong foot, to catch sb. out; ***mi hai colto in fallo!*** you've got me there! ~ ***qcn. in flagrante*** o ***sul fatto*** to catch sb. red-handed *o* in the act *o* at it COLLOQ.; ~ ***l'occasione*** to take one's chance; ***cogli l'attimo*** seize the day; ~ ***qcn. alla sprovvista*** o ***di sorpresa*** to catch *o* take sb. unawares, to take sb. aback *o* by surprise; ~ ***al volo*** to grab, to seize, to jump at [*opportunità*]; to seize on [*suggerimento, offerta*].
coglionata /koʎʎo'nata/ f. VOLG. **1** *(sciocchezza)* bullshit, crap **U**; ***dire -e*** to talk shit, bullshit **2** *(errore, sproposito)* balls-up, cock-up.
coglione /koʎ'ʎone/ **I** m. (f. **-a**) VOLG. *(stupido)* dickhead, twat, arsehole BE, asshole AE; ***fare il*** ~ to arse about BE, to play silly buggers BE; ***(pezzo di)*** ~***!*** you fucking idiot! you stupid sod! **II** **coglioni** m.pl. VOLG. *(testicoli)* balls, nuts, bollocks ◆ ***rompe sempre i -i*** he's a pain in the arse BE, in the ass AE; ***levarsi dai -i*** to fuck off *o* to jerk off *o* to sod off; ***avere i -i per fare*** to have the balls to do.
coglioneria /koʎʎone'ria/ f. → **coglionata.**
cognac /koɲ'ɲak/ m.inv. cognac.
▷ **cognata** /koɲ'ɲata/ f. sister-in-law*.
▷ **cognato** /koɲ'ɲato/ m. brother-in-law*.
cognitivismo /koɲɲiti'vizmo/ m. cognitive science.
cognitivo /koɲɲi'tivo/ agg. [*processo*] cognitive.
cognito /'kɔɲɲito/ agg. LETT. known.
cognizione /koɲɲit'tsjone/ f. **1** FILOS. PSIC. *(conoscenza)* cognition **2** *(nozione)* knowledge; ***avere vaste -i*** to have extensive knowledge; ***perdere la*** ~ ***del tempo*** to lose all sense of time, to lose track of (the) time **3** DIR. *(competenza)* cognizance; ***con*** ~ ***di causa*** [*giudicare*] with full knowledge of the facts; [*parlare*] knowledgeably, advisedly, with authority, by the book.
▶ **cognome** /koɲ'ɲome/ m. surname, family name, last name; ***nome e*** ~ (Christian) name and surname; ~ ***doppio*** double-barrelled name; ~ ***da nubile, da ragazza*** maiden name; ~ ***da sposata*** married name.
coguaro /ko'gwaro/ m. cougar.
coi /koi/ → **con.**
coibentare /koiben'tare/ [1] tr. to insulate.
coibentazione /koibentat'tsjone/ f. insulation.
coibente /koi'bɛnte/ **I** agg. [*materiale*] nonconducting **II** m. nonconductor.
coiffeur /kwaf'fœr/ ♦ ***18*** m.inv. hairdresser.
coimputato /koimpu'tato/ m. (f. **-a**) co-defendant.
coincidente /kointʃi'dɛnte/ agg. **1** *(concomitante)* coinciding, coincident FORM. **2** *(corrispondente)* coinciding, matching.
▷ **coincidenza** /kointʃi'dɛntsa/ f. **1** *(combinazione)* coincidence; ***una fortunata*** ~ a happy coincidence; ***per pura*** ~ by sheer coincidence, coincidentally **2** *(di treno, aereo)* connection; *(treno)* connecting train; *(aereo)* connecting flight; ***perdere la*** ~ to miss one's connection; ***i voli fanno*** ~***?*** do the flights connect? **3** FIG. *(corrispondenza) (di idee, opinioni)* correspondence, concurrence.
▷ **coincidere** /koin'tʃidere/ [35] intr. (aus. *avere*) **1** *(corrispondere)* [*cifre, risultati, idee, opinioni*] to coincide, to concur, to tally (**con** with); ***i fatti coincidono perfettamente*** the facts fit together neatly; ***i nostri prezzi non coincidono con quelli dei nostri concorrenti*** our prices are out of line with those of our competitors **2** *(avvenire contemporaneamente)* [*avvenimenti*] to coincide; [*impegni*] to clash, to conflict, to overlap (**con** with).
coinquilino /koinkwi'lino/ m. (f. **-a**) joint tenant, cotenant.
cointeressenza /kointeres'sɛntsa/ f. (economic) interest, share (**in qcs.** in sth.).
coinvolgente /koinvold'ʒɛnte/ agg. [*spettacolo, trasmissione*] absorbing, engrossing, involving; [*gara, partita*] exhilarating.
▷ **coinvolgere** /koin'vɔldʒere/ [101] tr. **1** *(implicare)* ~ ***qcn. in*** to involve *o* implicate sb. in, to draw* *o* drag sb. into [*scandalo, crimine, lite*] **2** *(fare partecipare)* ***mi hanno coinvolto nell'affare*** they cut me in on the deal **3** *(appassionare)* [*film, libro*] to involve, to engross [*spettatore, lettore*]; ***il film mi ha coinvolto totalmente*** I was totally engrossed in the film.
coinvolgimento /koinvoldʒi'mento/ m. involvement, participation.
coinvolto /koin'vɔlto/ **I** p.pass. → **coinvolgere** **II** agg. **1** involved; ***tutte le persone -e*** all (those) concerned; ***essere*** ~ ***in*** to get mixed up, to get caught up in, to be concerned in [*scandalo, discussione*]; ***tre persone rimasero -e nell'incidente*** three people were involved in the accident; ***non voglio essere*** ~***!*** leave me out of it! I don't want to get involved! ***ha negato di essere*** ~ ***nello scandalo*** he denied any involvement in the scandal, he issued a denial of his involvement in the scandal; ***siamo tutti -i*** everyone of us is implicated **2** *(emotivamente)* involved; ***sentirsi*** ~ to feel involved; ***essere intimamente*** ~ ***in qcs.*** to be intimately involved in *o* with sth.; ***sei troppo*** ~ ***per dare un giudizio*** you're too involved to make a judgment.
coito /'kɔito/ m. coitus; ~ ***interrotto*** coitus interruptus.
coke /kɔk/ m.inv. *(carbone)* coke.

1.col /kol/ → **con.**
2.col /kɔl/ → **1.colle.**
col. 1 ⇒ colonnello Colonel (Col) 2 TIP. ⇒ colonna column.
cola /ˈkɔla/ f. cola; ***noce di ~*** cola nut.
colà /koˈla/ avv. LETT. there, over there.
colabrodo /kolaˈbrɔdo/ m.inv. colander, cullender, strainer ◆ ***essere un ~*** to leak like a sieve; ***ridurre qcn., qcs. come un ~*** to riddle *o* spray sb., sth. with bullets.
colaggio, pl. **-gi** /koˈladdʒo, dʒi/ m. COMM. ullage.
colagogo, pl. **-ghi, -ghe** /kolaˈgɔgo, gi, ge/ agg. e m. cholagogue.
colangiografia /kolandʒograˈfia/ f. cholangiography.
colapasta /kolaˈpasta/ m.inv. colander.
▷ **colare** /koˈlare/ [1] I tr. 1 *(filtrare)* to strain [*brodo, tè*] 2 *(scolare)* to strain, to drain [*pasta, riso, verdura*] 3 METALL. to cast*, to pour [*metallo fuso*] 4 *(stillare)* ***la ferita colava sangue*** the wound oozed blood II intr. (aus. *essere, avere*) 1 (aus. *essere*) *(gocciolare)* [*liquido*] to drip, to pour, to trickle, to seep; ***il sangue gli colava dalla benda*** the blood seeped through the bandages; ***il sudore gli colava dalla fronte*** sweat was running down his forehead; ***le lacrime colavano sul suo viso*** the tears coursed down her face; ***l'acqua colava giù dai muri*** water was streaming down the walls 2 (aus. *essere*) *(sciogliersi)* [*candela*] to melt 3 (aus. *avere*) *(perdere liquido)* [*recipiente, contenitore*] to leak; [*naso*] to run*, to stream; ***avere il naso che cola*** to have a runny nose 4 (aus. *essere*) *(affondare)* ***~ a picco*** [*nave*] to sink, to go to the bottom, to go down.
colascione /kolaʃˈʃone/ m. = XVI-XVII century Neapolitan long-necked lute.
colata /koˈlata/ f. 1 GEOL. flow; ***~ lavica*** lava flow; ***~ di fango*** mudslide 2 METALL. casting; ***foro di ~*** taphole; ***secchione di ~*** (casting) ladle.
colaticcio, pl. **-ci** /kolaˈtittʃo, tʃi/ m. 1 *(materiale fuso)* drippings pl. 2 AGR. *(liquame)* dung water 3 METALL. dross.
colatitudine /kɔlatiˈtudine/ f. colatitude.
colato /koˈlato/ I p.pass. → **colare** II agg. METALL. ***oro ~*** refined gold ◆ ***prendere qcs. per oro ~*** to take sth. as gospel (truth).
colatoio, pl. **-oi** /kolaˈtojo, oi/ m. ALP. *(canalone)* couloir.
colatore /kolaˈtore/ ♦ *18* m. (f. **-trice** /tritʃe/) METALL. caster.
colatura /kolaˈtura/ f. *(il filtrare)* filtering, straining; *(il gocciolare)* dripping, trickling.
▶ **colazione** /kolatˈtsjone/ f. 1 *(del mattino)* breakfast; ***preparare la ~*** to get breakfast ready; ***fare (la prima) ~*** to have *o* eat (one's) breakfast, to breakfast; ***~ continentale, all'inglese*** continental, English breakfast 2 *(di mezzogiorno)* lunch ◆◆ ***~ di lavoro*** business *o* working lunch; ***~ al sacco*** packed *o* picnic lunch.
colbacco, pl. **-chi** /kolˈbakko, ki/ m. bearskin, busby.
colchicina /kolkiˈtʃina/ f. colchicine.
colchico, pl. **-ci** /ˈkɔlkiko, tʃi/ m. colchicum.
colcos → **kolchoz.**
colcosiano → **kolchoziano.**
Coldiretti /koldiˈrɛtti/ f. (⇒ Confederazione nazionale coltivatori diretti) = Italian association of farmers.
colecistectomia /koletʃistektoˈmia/ f. cholecystectomy.
colecisti /koleˈtʃisti/ f.inv. cholecyst.
colecistite /koletʃisˈtite/ ♦ *7* f. cholecystitis*.
coledoco, pl. **-chi** /koˈlɛdoko, ki/ m. choledochus*.
colei /koˈlɛi/ pron.dimostr.f. → **colui.**
coleottero /koleˈɔttero/ m. beetle, chafer, coleopteron*.
coleottile /koleˈɔttile/ m. coleoptile.
▷ **colera** /koˈlɛra/ ♦ *7* m.inv. cholera.
coleretico, pl. **-ci, -che** /koleˈrɛtiko, tʃi, ke/ agg. e m. choleretic.
colerico, pl. **-ci, -che** /koˈlɛriko, tʃi, ke/ agg. [*febbre*] choleraic.
colerina /koleˈrina/ f. cholerine.
coleroso /koleˈroso/ I agg. = affected with cholera II m. (f. **-a**) cholera patient.
colesterina /kolesteˈrina/ f. → **colesterolo.**
colesterolemia /kolesteroleˈmia/ f. cholesterol count, cholesterol level, blood-cholesterol.
colesterolo /kolesteˈrɔlo/ m. cholesterol; ***avere il ~ alto*** to have a high cholesterol level.
colf /ˈkɔlf/ ♦ *18* f.inv. (⇒ collaboratrice familiare) = domestic help, home helper.
coliambico, pl. **-ci, -che** /koˈljambiko, tʃi, ke/ agg. choliambic.
coliambo /koˈljambo/ m. choliamb.
colibacillo /kolibaˈtʃillo/ m. colibacillus*, E. coli.
colibacillosi /kolibatʃilˈlɔzi/ f.inv. colibacillosis*.
colibatterio, pl. **-ri** /kolibatˈtɛrjo, ri/ → **colibacillo.**
colibrì /koliˈbri/ m.inv. colibri, humming bird.
▷ **colica**, pl. **-che** /ˈkɔlika, ke/ ♦ *7* f. colic U; ***un bambino che soffre di -che*** a colicky baby; ***avere le -che addominali*** to have griping pains, the gripes ◆◆ ***~ epatica, renale*** biliary, renal colic; ***~ saturnina*** painter's colic.
colino /koˈlino/ m. colander, cullender; *(per il tè)* tea strainer.
colite /koˈlite/ ♦ *7* f. colitis.
▷ **1.colla** /ˈkɔlla/ f. glue, gum; *(per carta da parati)* paste; ***un tubetto, barattolo di ~*** a tube, pot of glue; ***~ (in) stick*** gluestick; ***mettere della ~ su qcs.*** to put *o* squeeze glue onto sth.; ***stendere la ~ sulla carta da parati*** to paste the wallpaper ◆◆ ***~ d'amido*** starch paste; ***~ di farina*** paste; ***~ di pesce*** GASTR. fish-glue, isinglass.
2.colla /ˈkolla/ → **con.**
▷ **collaborare** /kollaboˈrare/ [1] intr. (aus. *avere*) 1 *(partecipare)* to collaborate (**a** on, in; **con** with); to cooperate (**con** with; **in** in; **a fare** in doing); to join forces (**con** with) 2 ***~ a*** to contribute to [*giornale, rivista, libro*]; ***collaborarono con lui alla produzione del film*** they collaborated with him in producing the film 3 *(cooperare)* to pull together, to team up (**con** with; **contro** against); ***essere disposto a ~ con*** to be cooperative with; ***lo si deve fare ~*** he must be made to cooperate; ***~ con la polizia*** to cooperate with the police.
collaborativo /kollaboraˈtivo/ agg. [*rapporto*] collaborative, cooperative.
▷ **collaboratore** /kollaboraˈtore/ m. (f. **-trice** /tritʃe/) 1 collaborator, aide, coadjutant 2 *(di giornale, rivista, libro)* contributing editor, contributor ◆◆ ***~ esterno*** consultant, freelancer; ***~ della*** o ***di giustizia*** = cooperator with the police; ***collaboratrice domestica*** o ***familiare*** domestic help.
▷ **collaborazione** /kollaboratˈtsjone/ f. 1 *(contributo)* collaboration (**tra** between; **con** with; **a qcs.** in sth.); ***~ temporanea*** temporary collaboration; ***~ continuativa*** = collaboration offered by a consultant on a regular basis; ***il lavoro viene fatto con contratto di ~ esterna*** the work is done on a contract basis; ***offrire la propria ~*** to offer one's services 2 *(a giornale, rivista, libro)* contribution; ***con la ~ di*** with contributions from 3 *(cooperazione)* collaboration, cooperation, joint effort; ***lavorare in stretta ~*** to work in close collaboration *o* closely together; ***scrissero l'articolo in ~*** they wrote the article between them; ***ho bisogno della tua ~*** I need your help; ***in ~ con*** in alliance with.
collaborazionismo /kollaborattsjoˈnizmo/ m. POL. collaboration.
collaborazionista, m.pl. **-i**, f.pl. **-e** /kollaborattsjoˈnista/ m. e f. POL. collaborationist, quisling SPREG.
collage /kolˈlaʒ/ m.inv. collage; FIG. collage, patchwork.
collagene /kolˈladʒene/ m. collagen.
▷ **collana** /kolˈlana/ f. 1 *(catenina)* necklace; ***~ di perle*** pearl necklace, string of pearls; ***portare una ~*** to wear a necklace; ***una ~ di fiori*** a garland (of flowers) 2 *(nell'editoria)* ***una ~ di libri*** a series of books.
collant /kolˈlan(t)/ m.inv. tights pl. BE, panty hose AE; ***~ color carne*** flesh-coloured tights; ***~ velato*** sheer tights BE, panty hose AE; ***~ 15 denari*** 15 denier tights BE *o* panty hose AE.
collante /kolˈlante/ I agg. [*sostanza*] adhesive II m. adhesive, glue.
▷ **collare** /kolˈlare/ m. 1 *(di animali)* collar; *(finimento)* horse collar 2 RELIG. clerical collar, dog collar COLLOQ. SCHERZ. 3 *(ampio colletto)* collar 4 ANT. *(di ordini cavallereschi)* collar 5 ZOOL. *(fascia di pelo o piume)* ruff; *(di uccelli)* ring, gorget; ***biscia dal ~*** grass snake, ring-snake; ***merlo dal ~*** ring ouzel ◆◆ ***~ antipulci*** flea collar.
collarino /kollaˈrino/ m. 1 small collar 2 RELIG. clerical collar, dog collar COLLOQ. SCHERZ.
collassare /kollasˈsare/ [1] intr. (aus. *essere*) [*persona*] to collapse; FIG. [*economia, sistema*] to collapse, to founder.
collassato /kollasˈsato/ I p.pass. → **collassare** II agg. MED. ***un polmone ~*** a collapsed lung.
▷ **collasso** /kolˈlasso/ m. 1 MED. collapse; ***essere sull'orlo del ~*** to be on the verge *o* brink *o* point of collapse 2 FIG. *(di economia, sistema, mercato)* collapse; ***essere sull'orlo del ~*** to be on the point *o* brink of collapse ◆◆ ***~ cardiaco*** heart failure; ***~ cardiovascolare*** circulatory collapse; ***~ nervoso*** nervous breakdown; ***~ polmonare*** collapse of the lung.
collaterale /kollateˈrale/ I agg. 1 DIR. [*linea, successione*] collateral 2 BOT. FARM. collateral; ***effetti -i*** side effects 3 *(secondario)* ***attività ~*** fringe activity II m. e f. *(parente)* collateral.
collaudare /kollauˈdare/ [1] tr. 1 to test, to try out [*impianto, motore, veicolo*]; ***~ in volo*** to flight-test [*aereo*] 2 FIG. ***~ un'amicizia*** to put a friendship to the test.
collaudato /kollauˈdato/ I p.pass. → **collaudare** II agg. [*coppia, unione*] secure, stable; ***un metodo ~*** a proven *o* well-tested *o* well-tried *o* tried and tested method.

collaudatore /kollauda'tore/ ◗ *18* m. (f. **-trice** /tritʃe/) tester; *(di auto)* test driver; ***pilota ~*** test pilot.

collaudo /kol'laudo/ m. test, testing U, trial; ***~ periodico*** AUT. tune-up; ***volo di ~*** test flight; ***certificato di ~*** test certificate; ***passare il ~*** to pass a test; ***la nuova apparecchiatura è stata interamente sottoposta a ~*** all the new equipment has been tested for faults.

collazionamento /kollattsjona'mento/ m. → **collazione.**

collazionare /kollattsjo'nare/ [1] tr. to collate [*testo, manoscritti, liste*]; ***~ qcs. con*** to check sth. against [*documento originale*].

collazione /kollat'tsjone/ f. **1** *(di manoscritto, prove)* collation **2** DIR. hotchpotch.

▷ **1.colle** /'kɔlle/ m. *(rilievo)* hill; ***i sette -i di Roma*** the seven hills of Rome; ***il Colle*** = the presidency of the Italian Republic.

2.colle /'kɔlle/ m. *(valico)* col.

3.colle /'kolle/ → **con.**

▶ **collega**, m.pl. **-ghi**, f.pl. **-ghe** /kol'lɛga, gi, ge/ m. e f. colleague, co-worker, workmate; ***il nostro stimatissimo ~*** our estimable *o* highly esteemed colleague FORM.; ***uscire insieme ai -ghi dell'ufficio*** to go on an office outing.

collegamento /kollega'mento/ m. **1** *(contatto)* link; ***~ aereo, ferroviario, marittimo, stradale*** air, rail, sea, road link; ***avere dei buoni -i con*** to have good communications with [*porto, città*] **2** TECN. *(di elettricità, gas)* connection **3** RAD. TELEV. link(-up), hook-up; ***~ via satellite*** satellite link-up; ***essere in ~ con*** TELEV. to be live from; ***-i telefonici, radio(fonici)*** telephone, radio communications; ***mettere qcn. in ~ con*** TEL. to connect sb. to [*reception, ufficio*]; ***il ~ è disturbato*** TEL. the connection is bad; ***stabilire un ~*** to establish contact **4** INFORM. link; ***redattore di -i*** linkage editor, linker; ***~ in rete*** networking; ***~ (a) Internet*** Internet connection **5** FIG. *(connessione)* connection, connexion BE, link, linkage; ***tra i due avvenimenti non c'è alcun ~*** the two events are unconnected; ***è possibile che ci siano dei -i con l'esplosione*** there are possible links with the explosion; ***stabilire un ~ tra qcs. e*** to link sth. to *o* with [*fatto, crimine, malattia*] **6** MIL. liaison; ***ufficiale di ~*** liaison officer ◆◆ ***~ in parallelo*** EL. parallel connection; ***~ in serie*** EL. series connection; ***~ a stella*** EL. star connection.

colleganza /kolle'gantsa/ f. **1** *(l'essere colleghi)* working relationship **2** LETT. *(connessione)* connection.

▷ **collegare** /kolle'gare/ [1] **I** tr. **1** *(mettere in comunicazione)* [*ponte, strada*] to connect, to link, to join [*città, luoghi*] **2** TECN. *(alla rete)* to connect (up) [*acqua, gas, elettricità*]; *(alla presa)* to connect, to hook up, to plug in [*televisione, telefono*]; ***il forno non è stato collegato in modo corretto*** the oven had been incorrectly wired **3** INFORM. to link [*terminali, computer*]; ***~ qcs. a*** to link sth. to *o* with [*mainframe, terminale*]; ***~ in rete*** to network [*computer*]; ***~ due macchine*** to connect two machines up **4** FIG. *(associare)* to associate, to connect (**a** with), to link (**a** to, with), to relate, to tie (**a** to); ***il suo nome è stato collegato a*** his name has been linked with [*azione, name*]; ***~ qcn. a un crimine*** to connect sb. with a crime; ***la polizia crede che i delitti siano collegati*** police think the crimes are linked *o* related **II collegarsi** pronom. **1** *(mettersi in contatto)* to communicate, to get* in touch (**con** with); ***-rsi telefonicamente con qcn.*** to get through to sb., to reach sb. by telephone **2** RAD. TELEV. ***ci colleghiamo con i nostri studi di Londra*** over to our London studios; ***-rsi via satellite*** to link by satellite **3** INFORM. ***-rsi a*** to plug into [*computer*]; to connect to [*Internet*] **4** FIG. *(riferirsi, allacciarsi)* to refer (**a** to); *(essere in connessione)* to tie together, to interlink; ***i due concetti non si collegano*** the two concepts are not connected.

collegato /kolle'gato/ **I** p.pass. → **collegare II** agg. **1** *(connesso)* [*concetti, fatti, eventi*] associated, linked, connected, related; ***il progetto e i problemi ad esso -i*** the plan and its associated issues **2** INFORM. linked; ***un computer ~ in rete*** a networked computer.

collegiale /kolle'dʒale/ **I** agg. **1** collective, joint; ***decisione, responsabilità ~*** corporate decision, responsibility **2** *(di, da convitto)* ***vita ~*** college *o* collegiate life **II** m. e f. boarder ◆ ***arrossire come una ~*** to blush like a schoolgirl.

collegialità /kolledʒali'ta/ f.inv. collective nature, joint nature.

collegialmente /kolledʒal'mente/ avv. corporately.

collegiata /kolle'dʒata/ f. *(chiesa)* minster.

collegiato /kolle'dʒato/ agg. [*chiesa*] collegiate.

▷ **collegio**, pl. **-gi** /kol'lɛdʒo, dʒi/ m. **1** *(di medici, chirurghi)* college; ***~ degli avvocati*** the Bar; ***Sacro Collegio*** *(di cardinali)* Sacred College **2** *(convitto)* boarding school; ***~ universitario*** hall, residence, dormitory AE, hall of residence AE ◆◆ ***~ elettorale*** electoral college, constituency.

▷ **collera** /'kɔllera/ f. anger, rage, wrath LETT.; ***un impeto di ~*** a burst of anger, a fit of temper; ***la ~ divina*** o ***di Dio*** the wrath of God; ***gridare per la ~*** to shout with anger; ***sfogare la propria ~ su qcn.*** to vent one's anger on sb.; ***essere in ~ con qcn.*** to feel anger towards sb., to be angry at *o* with sb.; ***far andare in ~ qcn.*** to make sb. angry, to enrage sb.; ***montare*** o ***andare in ~*** to fly into a rage *o* temper, to work oneself into a rage; ***andare facilmente in ~*** to be easily angered, to have a temper; ***suscitare la ~ di qcn.*** to rouse sb. to anger.

collericamente /kollerika'mente/ avv. angrily.

collerico, pl. **-ci**, **-che** /kol'lɛriko, tʃi, ke/ **I** agg. [*persona*] choleric, irascible, hot-tempered, quick-tempered, short-tempered; [*temperamento*] explosive **II** m. (f. **-a**) choleric, irascible person.

▷ **colletta** /kol'lɛtta/ f. **1** collection; ***fare una ~*** to make *o* organize a collection, to collect (**per** for) **2** RELIG. *(orazione)* collect.

collettame /kollet'tame/ m. packages pl.; ***~ di merci*** bulking of merchandise; ***trasporto a ~*** collective shipment.

collettivamente /kollettiva'mente/ avv. [*gestire, negoziare*] collectively.

collettivismo /kolletti'vizmo/ m. collectivism.

collettivista, m.pl. **-i**, f.pl. **-e** /kolletti'vista/ **I** agg. [*regime, economia*] collectivist **II** m. e f. collectivist.

collettivistico, pl. **-ci**, **-che** /kolletti'vistiko, tʃi, ke/ agg. collectivist.

collettività /kollettivi'ta/ f.inv. collectivity, community; ***agire nell'interesse della ~*** to act for the common good.

collettivizzare /kollettivid'dzare/ [1] tr. to collectivize.

collettivizzazione /kollettividdzat'tsjone/ f. collectivization.

▷ **collettivo** /kollet'tivo/ **I** agg. [*lavoro, contratto*] collective; ***fattoria -a*** collective farm; ***coscienza -a, isterismo ~*** mass consciousness, mass hysteria; ***inconscio ~*** collective unconscious; ***memoria -a*** folk memory; ***prenotazione -a*** group booking; ***nome ~*** LING. collective noun **II** m. SOCIOL. POL. collective; ***~ femminista, di operai*** feminist collective, workers' collective.

▷ **colletto** /kol'letto/ m. **1** collar, neck; ***~ di camicia*** shirt collar; ***~ inamidato*** starched collar; ***bottone del ~*** collar stud; ***misura del ~*** collar size **2** ANAT. *(del dente)* neck ◆◆ ***~ bianco*** white-collar worker; ***~ blu*** blue-collar worker.

collettore /kollet'tore/ **I** agg. [*sbarra, conduttura, binario*] collecting **II** m. (f. **-trice** /tritʃe/) **1** *(di fondi, imposte)* collector **2** ELETTRON. collector **3** TECN. *(di caldaia)* header (tank); *(nei motori)* manifold **4** *(di acque di scarico)* main, trunk; *(di acque pluviali)* storm drain ◆◆ ***~ di aspirazione*** AUT. induction manifold; ***~ di scarico*** AUT. exhaust induction; ***~ solare*** solar collector.

collezionare /kollettsjo'nare/ [1] tr. to collect, to save (up) [*francobolli, monete*]; ***~ errori, gaffe*** FIG. to make one mistake *o* blunder after another; ***~ mariti*** IRON. to go through one husband after the other.

collezione /kollet'tsjone/ f. **1** *(di francobolli, foto)* collection; ***pezzo da ~*** collector's item; ***oggetti da ~*** collectables; ***fare ~ di qcs.*** to collect *o* save (up) sth. **2** *(collana editoriale)* series*, collection; ***la ~ completa di*** the whole set of **3** SART. ABBIGL. collection; ***~ autunnale, primaverile*** autumn, spring collection.

collezionismo /kollettsjo'nizmo/ m. collecting.

collezionista, m.pl. **-i**, f.pl. **-e** /kollettsjo'nista/ m. e f. collector; ***~ di francobolli*** stamp collector.

collezionistico, pl. **-ci**, **-che** /kollettsjo'nistiko, tʃi, ke/ agg. ***interesse ~*** collector's interest.

collidere /kol'lidere/ [35] intr. (aus. *avere*) to collide (**con** with).

collie /'kɔlli/ m.inv. collie.

collier /kol'lje/ m.inv. necklace.

collimare /kolli'mare/ [1] **I** tr. ASTR. to collimate **II** intr. (aus. *avere*) **1** *(combaciare)* to coincide **2** FIG. to agree, to correspond, to tally; ***le mie opinioni non collimano con le sue*** my views are at variance with his.

collimatore /kollima'tore/ m. collimator ◆◆ ***~ di volo*** AER. head-up display.

collimazione /kollimat'tsjone/ f. collimation.

▶ **collina** /kol'lina/ f. hill; ***sul fianco della ~*** on the hillside; ***cima della ~*** hilltop, top of the hill; ***-e pedemontane*** foothills.

collinare /kolli'nare/ agg. hilly; ***zona ~*** hilly area *o* region.

collineare /kolline'are/ agg. collinear.

collineazione /kollineat'tsjone/ f. collineation.

collinetta /kolli'netta/ f. hillock, hurst; ***una ~ di terra*** a hummock, a hump.

collinoso /kolli'noso/ agg. [*terreno, regione*] hilly.

collirio, pl. **-ri** /kol'lirjo, ri/ m. collyrium*, eyedrops pl.

collisione /kolli'zjone/ f. **1** *(urto)* collision; ***entrare in ~ con*** to come into collision with, to collide with; MAR. to foul [*nave*]; ***essere in rotta di ~*** to be on a collision course **2** *(conflitto, contrasto)* collision, clash ◆ ***~ frontale*** head-on collision.

▶ **1.collo** /ˈkɔllo/ m. **1** ANAT. neck; ***portare qcs. (attorno) al ~*** to wear sth. round one's neck; ***un animale dal ~ lungo*** a long-necked animal; ***buttare le braccia al ~ di qcn.*** to fling *o* throw one's arms around sb.'s neck; ***tirare il ~ a un pollo*** to wring a chicken's neck; ***prendere qcn. per il ~*** to take sb. by the throat; ***a ~ di cigno*** TECN. [*tubo*] with a swan neck **2** *(di bottiglia, strumento musicale)* neck **3** *(di maglia, abito)* neck, collar; ***~ alto*** rollneck, turtle neck; ***maglione a ~ alto*** high-necked *o* turtle-necked *o* polo neck sweater; ***camicia a ~ aperto*** open-necked shirt **4** MECC. ***~ d'oca*** gooseneck **5** **a rotta di collo** at breakneck pace, at breakneck speed; ***correre a rotta di ~*** to run a blue streak ◆ ***rompersi l'osso del ~*** to break one's neck; ***rischiare l'osso del ~*** to risk one's neck; ***mettersi la corda al ~*** to put a noose around one's neck; ***allungare il ~*** to crane one's neck; ***è indebitato fino al ~*** he's up to his neck in debt; ***c'è dentro fino al ~*** he's up to his neck in it, he's deep in it; ***cadere tra capo e ~*** to come unexpectedly; ***tirare il ~ a una bottiglia*** to crack a bottle open ◆◆ ***~ di bottiglia*** *(strettoia)* bottleneck; ***~ a cappuccio*** cowl neck; ***~ a lupetto*** mock turtle neck; ***~ del piede*** instep; ***~ a scialle*** shawl collar; ***~ taurino*** bull neck; ***~ dell'utero*** cervix, neck of the womb; ***~ a zip*** zipped roll neck.

2.collo /ˈkɔllo/ m. parcel, package, packet.

3.collo /ˈkollo/ → **con.**

collocabile /kolloˈkabile/ agg. placeable.

collocamento /kollokaˈmento/ m. **1** *(sistemazione)* arrangement, placement **2** *(impiego)* employment; ***agenzia di ~*** employment agency; ***ufficio di ~*** employment exchange; ***iscriversi al ~*** to sign up BE **3** COMM. ECON. placement, placing; ***contratto di ~*** underwriting contract; ***sindacato di ~*** underwriting syndicate.

▷ **collocare** /kolloˈkare/ [1] **I** tr. **1** *(porre)* to place, to position, to put*; *(disporre)* to arrange, to lay*, to place; ***collocò il vaso al centro della tavola*** she placed the vase in the middle of the table; ***erano collocati a intervalli di 100 metri*** they were positioned at intervals of 100 metres **2** FIG. *(inquadrare)* ***~ un poeta tra i Romantici*** to consider a poet as one of the Romantics; ***~ un fatto nel suo contesto*** to set *o* situate an event in its context **3** *(impiegare)* to place, to find* a job for [*persona*]; ***la scuola colloca i suoi allievi*** the school finds employment for its students; ***~ qcn. a riposo*** o ***in pensione*** to retire, superannuate sb. **4** COMM. *(vendere)* to sell*, to place [*merce, prodotto*] **5** ECON. *(investire)* to invest [*capitali*] **II** **collocarsi** pronom. **1** *(disporsi)* to place oneself; ***dove mi colloco rispetto a lei?*** where do I rank *o* rate compared to her? **2** *(impiegarsi)* ***-rsi in un buon posto*** to find a good job.

collocatore /kollokaˈtore/ m. LING. collocate; ***essere un ~ di qcs.*** to collocate with sth.

collocazione /kollokatˈtsjone/ f. **1** *(posizione)* placement, position; *(disposizione)* arrangement, disposal, disposition; ***ho cambiato la ~ dei mobili*** I've switched the furniture round **2** BIBLIOT. *(di libri)* classification; ***numero di ~*** accession number, pressmark BE **3** FIG. position, side; ***cambiare ~*** to change sides **4** LING. collocation.

collodio, pl. **-di** /kolˈlɔdjo, di/ m. collodion.

colloidale /kolloiˈdale/ agg. [*reazione*] colloidal.

colloide /kolˈlɔide/ m. colloid.

colloquiale /kolloˈkwjale/ agg. colloquial, informal; ***in tono ~*** in a conversational tone, conversationally.

colloquialismo /kollokwjaˈlizmo/ m. LING. colloquialism.

colloquialità /kollokwjaliˈta/ f.inv. *(di stile)* conversational tone.

colloquialmente /kollokwjalˈmente/ avv. colloquially.

colloquiare /kolloˈkwjare/ [1] intr. (aus. *avere*) to converse (**con qcn.** with sb.); to speak (**con** to, with).

▷ **colloquio**, pl. **-qui** /kolˈlɔkwjo, kwi/ m. **1** *(di lavoro)* (job) interview; ***essere chiamato per un ~*** to be called *o* invited for (an) interview; ***avere un ~*** to have an interview; ***andare bene a un ~*** to interview well **2** *(conversazione)* conversation, talk, colloquy FORM.; ***~ telefonico*** telephone conversation; ***avere un ~ su qcn., qcs.*** to have a talk about sb., sth. (**con** with); ***avere un ~ privato con qcn.*** to be closeted with sb. **3** SCOL. UNIV. oral exam **4** *(trattativa)* talks pl., negotiations pl.

collosità /kollosiˈta/ f.inv. stickiness, tackiness, viscosity.

colloso /kolˈloso/ agg. *(appiccicoso)* sticky, tacky, gluey, gluish, viscous.

collotorto, pl. **collitorti** /kolloˈtɔrto, kolliˈtɔrti/ m. **1** *(bigotto)* bigot, religionist **2** ZOOL. wryneck.

collottola /kolˈlɔttola/ f. nape, scruff; ***afferrare*** o ***prendere qcn. per la ~*** to seize by the scruff of the neck.

colludere /kolˈludere/ [11] intr. (aus. *avere*) to collude (**con** with).

collusione /kolluˈzjone/ f. collusion **U**; ***agire in ~ con qcn. per fare qcs.*** to act in collusion with sb. to do sth.

collusivo /kolluˈzivo/ agg. collusive.

colluso /kolˈluzo/ m. = person who has made secret and illicit agreements for illegal purposes.

collutorio, pl. **-ri** /kolluˈtɔrjo, ri/ m. mouthwash.

colluttare /kollutˈtare/ [1] intr. (aus. *avere*) LETT. to come* to blows, to scuffle.

colluttazione /kolluttatˈtsjone/ f. *(rissa)* fight, brawl, scuffle; ***entrare in ~ con qcn.*** to get into a scrap with sb. COLLOQ.

colluvie /kolˈluvje/ f.inv. **1** LETT. *(acque putride)* sewage **2** FIG. SPREG. mass, heap (**di** of).

colma /ˈkolma/ f. high water.

colmabile /kolˈmabile/ agg. ***le lacune sono -i*** the gaps can be closed *o* plugged.

▷ **colmare** /kolˈmare/ [1] **I** tr. **1** *(fino al bordo)* to fill (to the brim), to fill up; ***~ un bicchiere*** to fill a glass to the brim **2** *(di terra)* to fill in [*terreno, fossa*] **3** FIG. ***~ una lacuna*** to plug a gap; ***~ una lacuna in qcs.*** to bridge a gap in sth., to close the gaps in sth; ***~ il vuoto*** to fill the void; ***ha colmato la misura!*** he's gone too far! **4** ECON. to cover, to make* up [*deficit, disavanzo, perdite*] **5** FIG. *(riempire)* ***~ qcn. di gioia*** to fill sb. with joy; ***~ qcn. di doni, onori*** to load *o* shower sb. with gifts, honours; ***~ qcn. di elogi*** to heap *o* lavish praise on sb., to shower sb. with praise **II** **colmarsi** pronom. to fill; ***gli occhi le si colmarono di lacrime*** tears filled her eyes.

colmata /kolˈmata/ f. **1** *(bonifica)* reclamation; *(terreno)* reclaimed land **2** *(banco di sabbia)* sandbank.

colmatura /kolmaˈtura/ f. **1** *(il colmare)* filling up **2** ENOL. = consistant adding of wine in barrels to replace evaporated wine.

1.colmo /ˈkolmo/ m. **1** *(cima)* top, summit, pitch **2** FIG. ***il ~ di*** the height of [*sfortuna, stupidità, assurdità, sfacciataggine*]; ***la violenza era al ~*** the violence was at its height; ***questo (proprio) è il ~!*** it's the limit! that beats everything! that takes the biscuit *o* the cake! ***sei (davvero) il ~!*** you're the limit! you're the (absolute) end! ***essere al ~ della gioia*** to be overjoyed; ***raggiungere il ~ di*** to plumb the depths of [*disperazione, cattivo gusto*]; ***per ~ di sventura, ho perso l'aereo*** to crown it all *o* as if that wasn't enough, I missed my plane **3** EDIL. *(di tetto)* ridge; ***tegola, trave di ~*** ridge tile, ridge pole.

2.colmo /ˈkolmo/ agg. *(pieno)* full, brimful, overflowing; ***~ fino all'orlo*** filled *o* full to the brim; ***essere ~ di*** FIG. to overflow with [*amore, gratitudine*] ◆ ***la misura è -a!*** that's the limit! that's the last straw!

colofone /koloˈfone/ m. → **colophon**.

colofonia /koloˈfɔnja/ f. colophony, rosin.

cologaritmo /kologaˈritmo/ m. cologarithm.

▷ **colomba** /koˈlomba/ f. **1** *(femmina del colombo)* dove; ***la ~ è il simbolo della pace*** the dove is emblematic of peace **2** POL. ***i falchi e le -e*** hawks and doves **3** GASTR. = Easter cake baked in the shape of a dove.

colombaccio, pl. **-ci** /kolomˈbattʃo, tʃi/ m. ringdove, wood pigeon.

colombaia /kolomˈbaja/ f. dovecot(e), pigeon house, pigeon loft.

Colombano /kolomˈbano/ n.pr.m. Columba.

colombario, pl. **-ri** /kolomˈbarjo, ri/ m. *(nei cimiteri)* colombarium*.

colombella /kolomˈbɛlla/ f. **1** ZOOL. stock-dove, wood pigeon **2** FIG. *(ragazza ingenua)* = ingenuous, guileless girl.

Colombia /koˈlombja/ ➧ ***33*** n.pr.f. Colombia.

colombiano /kolomˈbjano/ ➧ ***25*** **I** agg. Colombian **II** m. (f. **-a**) Colombian.

colombicoltore /kolombikolˈtore/ ➧ ***18*** m. (f. **-trice** /tritʃe/) pigeon breeder, pigeon fancier.

colombicoltura /kolombikolˈtura/ f. pigeon breeding.

colombiere /kolomˈbjɛre/ m. MAR. masthead.

colombina /kolomˈbina/ f. **1** small dove **2** FIG. = ingenuous, guileless woman.

Colombina /kolomˈbina/ n.pr.f. TEATR. Columbine.

colombo /koˈlombo/ **I** m. pigeon **II** **colombi** m.pl. FIG. *(innamorati)* lovebirds ◆◆ ***~ cappuccino*** jacobin; ***~ gozzuto*** cropper; ***~ selvatico*** o ***torraiolo*** rock-dove; ***~ viaggiatore*** carrier pigeon, homing pigeon.

Colombo /koˈlombo/ n.pr. Columbus; ***l'uovo di ~*** = obvious but brilliant solution to a problem.

colombofilo /colomˈbɔfilo/ m. (f. **-a**) pigeon fancier.

colon /ˈkɔlon/ m.inv. ANAT. colon.

▷ **1.colonia** /koˈlɔnja/ f. **1** *(possedimento)* colony; ***un'ex ~*** a former colony **2** *(comunità)* community **3** BIOL. ZOOL. colony; ***~ di babbuini, cigni, corvi*** baboonery, swannery, rookery **4** *(di vacanza)* holiday camp BE, summer camp AE ◆◆ ***~ penale*** penal colony.

2.colonia /kɔ'lɔnja/ f. *(acqua di Colonia)* cologne.

3.colonia /kolo'nia/ f. DIR. farming contract.

Colonia /ko'lɔnja/ ▸ *2* n.pr.f. Cologne; ***acqua di ~*** (eau de) Cologne.

coloniale /kolo'njale/ **I** agg. [*dominio, guerra, impero, territorio, potenza*] colonial; ***casco ~*** pith helmet, safari hat **II** m. e f. colonial **III coloniali** m.pl. groceries.

colonialismo /kolonja'lizmo/ m. colonialism.

colonialista, m.pl. **-i**, f.pl. **-e** /kolonja'lista/ **I** agg. colonialist **II** m. e f. colonialist.

colonialistico, pl. **-ci**, **-che** /kolonja'listiko, tʃi, ke/ agg. colonialist.

colonico, pl. **-ci**, **-che** /ko'lɔniko, tʃi, ke/ agg. farm attrib.; ***casa -a*** farmhouse.

colonizzabile /kolonid'dzabile/ agg. = that can be colonized.

colonizzare /kolonid'dzare/ [1] tr. to colonize, to settle [*regione, paese*].

colonizzatore /koloniddza'tore/ **I** agg. colonizing **II** m. (f. **-trice** /tritʃe/) colonist, colonizer.

colonizzazione /koloniddzat'tsjone/ f. colonization, settlement.

▷ **colonna** /ko'lɔnna/ f. **1** ARCH. column, pillar; ***una ~ dorica, ionica, corinzia*** a Doric, Ionic, Corinthian column **2** FIG. pillar, mainstay, prop; ***essere la ~ di*** to be the backbone *o* linchpin of [*società, progetto, organizzazione*]; ***quinta ~*** POL. FIG. fifth column **3** *(di fumo, fuoco)* pillar; ***~ di mercurio, d'acqua*** column of mercury, water; ***~ d'aria*** METEOR. air stream **4** *(fila) (di persone)* line; *(di schiavi, animali)* coffle; *(di veicoli)* line, train, queue; *(di numeri)* column; *(di carri armati)* tank; ***viaggiare in ~*** to travel nose to tail *o* bumper to bumper; ***mettere in ~*** to put in a column; ***ci fecero disporre in -e*** they lined us up in columns; ***marciare in ~*** to march in a column **5** TIP. INFORM. column; ***testo disposto in -e*** columnar text; ***un articolo a tre -e*** a three-column spread; ***bozza in ~*** galley (proof) **6** *(negli scacchi)* file ◆◆ ***~ montante*** ING. riser; ***~ sonora*** CINEM. sound-track, score; ***~ vertebrale*** ANAT. spinal, vertebral column, spine; ***le Colonne d'Ercole*** GEOGR. MITOL. the pillars of Hercules.

colonnare /kolon'nare/ agg. columnar.

colonnato /kolon'nato/ **I** agg. [*edificio, portico*] columned, colonnaded, pillared **II** m. colonnade, arcade.

colonnella /kolon'nɛlla/ f. **1** SCHERZ. colonel's wife* **2** FIG. ***quella donna è una ~*** that woman is a martinet.

▷ **colonnello** /kolon'nɛllo/ ▸ *12* m. colonel; *(nella RAF)* group captain; ***tenente ~*** lieutenant colonel; *(nella RAF)* wing commander.

colonnina /kolon'nina/ f. **1** small column; ***~ di mercurio*** column of mercury, thermometer; ***~ spartitraffico*** bollard BE **2** *(del distributore di benzina)* petrol pump BE ◆◆ ***~ di soccorso*** emergency telephone.

colonnino /kolon'nino/ m. **1** *(balaustro)* baluster **2** TIP. GIORN. single column.

colono /ko'lɔno/ m. (f. **-a**) **1** *(contadino)* farmer **2** STOR. *(abitante di una colonia)* colonist, (pioneer) settler.

colophon /'kɔlofon/ m.inv. colophon.

coloquintide /kolo'kwintide/ f. BOT. colocynth.

colorabile /kolo'rabile/ agg. colourable BE, colorable AE.

colorante /kolo'rante/ **I** agg. [*sostanza*] colouring BE, coloring AE **II** m. colourant BE, colorant AE, dye(stuff), stainer; *(per alimenti)* colour(ing) **U** BE, color(ing) **U** AE; ***~ artificiale*** GASTR. artificial colouring; ***~ di contrasto*** CHIM. counterstain; ***~ sintetico, vegetale*** vegetable, synthetic dye.

▷ **colorare** /kolo'rare/ [1] **I** tr. **1** to colour BE, to color AE; *(con pennelli)* to paint; *(con matite, pastelli)* to crayon [*disegno*]; ***album da ~*** colouring *o* painting book; ***~ qcs. a matita, di rosso*** to fill sth. in with pencil, in red **2** *(tingere)* to colour BE, to color AE [*oggetto*]; to dye [*tessuto*]; ***~ qcs. di blu*** to colour sth. blue **3** FIG. to colour BE, to color AE, to embellish [*racconto*] **II colorarsi** pronom. **1** to colour BE, to color AE; ***-rsi di rosso*** [*cielo*] to become flushed with red; ***-rsi di malinconia*** FIG. to become tinged with nostalgia **2** *(arrossire)* to colour BE (up), to color AE (up), to flush.

colorato /kolo'rato/ **I** p.pass. → **colorare II** agg. [*oggetto, carta*] coloured BE, colored AE; ***vetro ~*** stained glass; ***capi -i*** coloureds; ***filtro ~*** FOT. colour filter.

coloratura /kolora'tura/ f. **1** → **colorazione 2** MUS. coloratura; ***soprano (di) ~*** coloratura, light soprano.

colorazione /kolorat'tsjone/ f. coloration, colouring BE, coloring AE.

▶ **colore** /ko'lore/ ▸ *3* **I** m. **1** colour BE, color AE, hue; ***di che ~ è la tua auto?*** what colour is your car? ***~ primario, secondario*** primary, secondary colour; ***di ~ scuro, chiaro*** darkly coloured, light-coloured; ***di ~ simile*** similar in colour; ***una giacca di ~ marrone*** a brown jacket; ***una camicia a -i vivaci*** a brightly coloured shirt; ***avere il ~ di qcs.*** to be the colour of sth.; ***una stoffa a -i*** a colourful fabric **2** *(sostanza) (tintura)* dye; *(per dipingere)* colour BE, color AE, paint; ***questo ~ non stinge?*** is this dye fast? ***-i ad olio*** oil colours, oils; ***scatola di -i*** paintbox **3** COSMET. *(tinta)* colour(ing) BE, color(ing) AE, hair dye; ***fare il ~ ai capelli*** to get one's hair tinted **4** *(del viso)* colour(ing) BE, color(ing) AE; ***avere un bel ~*** to have a good colour; ***sta riprendendo ~*** he's getting his colour back; ***cambiare ~*** to change colour; ***questo dovrebbe farle tornare un po' di ~ sulle guance*** that should put a bit of colour into her cheeks **5** *(della pelle)* ***un uomo di ~*** a black *o* coloured SPREG. man; ***persona di ~*** coloured SPREG. **6** CINEM. TELEV. ***a -i*** in colour; ***film, foto, televisione a -i*** colour film, photo, television **7** GIOC. *(a poker)* flush; *(a bridge)* suit **8** *(tendenza politica)* hue, leanings pl., orientation, political colour; ***cambiare ~*** FIG. to change allegiance *o* sides **9** *(aspetto)* ***~ locale*** local colour **10** FIG. *(vivacità, espressività)* colour BE, color AE, vividness; ***una descrizione ricca di ~*** a colourful *o* highly-coloured *o* vivid description; ***dare ~ a un racconto*** to colour a story **II colori** m.pl. *(di stato, partito, squadra)* colours; ***gioca per i -i dell'Inghilterra*** he's playing in England's colours ◆ ***ne vediamo di tutti i -i qui*** *(riferito a persone)* we see all sorts here; *(riferito a cose)* all kinds of things go on around here; ***gliene hai fatte vedere di tutti i -i*** you really put her through it; ***passarne di tutti i -i*** to go through the mill; ***farne passare di tutti i -i a qcn.*** to put sb. through the mill; ***combinarne*** o ***farne di tutti i -i*** [*bambino*] to be a bundle of mischief; ***me ne ha dette di tutti i -i*** he called me all sorts of names.

colorificio, pl. **-ci** /kolori'fitʃo, tʃi/ m. **1** *(fabbrica)* paint factory **2** *(negozio)* paint shop.

colorimetria /kolorime'tria/ f. colorimetry.

colorimetrico, pl. **-ci**, **-che** /kolori'mɛtriko, tʃi, ke/ agg. colorimetric(al).

colorimetro /kolo'rimetro/ m. colorimeter.

colorire /kolo'rire/ [102] **I** tr. **1** PITT. to colour BE, to color AE, to paint **2** FIG. to colour BE, to color AE, to embellish [*racconto*] **II colorirsi** pronom. *(arrossire)* to colour BE (up), to color AE (up), to flush.

colorismo /kolo'rizmo/ m. PITT. = the tendency to use colour as the fundamental aspect.

colorista, m.pl. **-i**, f.pl. **-e** /kolo'rista/ ▸ *18* m. e f. colourist.

coloristico, pl. **-ci**, **-che** /kolo'ristiko, tʃi, ke/ agg. ***effetto ~*** colour effect.

colorito /kolo'rito/ **I** agg. **1** [*viso, guance*] high-coloured, ruddy **2** FIG. [*racconto, descrizione*] colourful BE, colorful AE, highly-coloured BE, highly-colored AE, vivid **II** m. colour(ing) BE, color(ing) AE, complexion; ***avere un ~ acceso*** to have a high colour; ***avere un bel ~*** to have a good colour.

coloritura /kolori'tura/ f. **1** *(azione)* colouring BE, coloring AE, painting **2** *(tendenza)* hue, leanings pl., orientation, political colour.

colorizzare /kolorid'dzare/ [1] tr. CINEM. to colorize.

coloro /ko'loro/ pron.dimostr.m. e f.pl. → **colui.**

colossal → **kolossal.**

▷ **colossale** /kolos'sale/ agg. **1** [*forza, fortuna, successo*] colossal, huge **2** *(madornale)* [*errore*] gross, massive.

Colosseo /kolos'sɛo/ n.pr.m. ***il ~*** the Colosseum *o* Coliseum.

Colossesi /kolos'sesi/ n.pr.m.pl. ***Lettera ai ~*** BIBL. Colossians.

▷ **colosso** /ko'lɔsso/ m. **1** colossus*; ***il ~ di Rodi*** the colossus of Rhodes **2** *(persona molto alta)* colossus*, giant **3** FIG. ***un ~ della letteratura*** a literary giant; ***un ~ dell'industria*** an industrial giant; ***un ~ dai piedi d'argilla*** an idol with feet of clay.

colostro /ko'lɔstro/ m. colostrum; *(di vacca)* beestings pl.

▶ **colpa** /'kolpa/ f. **1** *(errore, fallo)* fault, wrong **U**; *(peccato)* sin, trespass; ***macchiarsi di una ~*** to do something wrong; ***una ~ grave, lieve*** a serious, small offence; ***riconoscere la propria ~*** to admit one's guilt; ***scontare una ~*** to atone for *o* expiate a guilt; ***scagionarsi da una ~*** to purge oneself of a charge **2** DIR. *(dolo, reato)* negligence, offence; ***~ grave*** gross negligence; ***concorso di ~*** contributory negligence; ***senza ~, privo di -e*** offenceless **3** PSIC. *(sentimento)* ***senso di ~*** sense of guilt; ***non provare sensi di ~*** to feel no guilt; ***era sopraffatto dal senso di ~*** he was overburdened with guilt; ***tormentato dai sensi di ~*** guilt-ridden, guilt-stricken, wracked with *o* by guilt; ***soffrire di sensi di ~*** to suffer qualms of guilt **4** *(responsabilità)* blame, fault; ***è tutta ~ mia*** my fault entirely, it's my own fault; ***di chi era la ~?*** whose fault was it? ***non dare la ~ a me*** don't blame me, don't put the blame on me; ***la ~ è***

solo tua you've only yourself to blame; ***la ~ è sua*** it's his fault, the fault lies with him; ***siamo in ritardo per ~ tua!*** because of you we're late! ***non per ~ sua*** through no fault of his own; ***assumersi*** o ***prendersi la ~*** to take *o* bear the blame; ***attribuire*** o ***addossare la ~ di qcs. a qcn.*** to attach blame to sb. for sth., to lay the blame for sth. on sb.; ***scaricare la ~ su qcn.*** to off-load the blame onto sb.; ***sentirsi in ~ per qcs.*** to feel guilty *o* terrible about sth.; ***il governo non è completamente esente da -e*** the government is not entirely blameless.

colpetto /kol'petto/ m. *(con un dito)* flick, flip, tap; *(con la mano)* pat, tap; *(con il gomito)* nudge, jog.

▷ **colpevole** /kol'pevole/ **I** agg. **1** DIR. [*persona*] guilty (**di** of; **di aver fatto** of doing), culpable (**di** for); ***~ di negligenza, di inadempienza professionale*** guilty of negligence, of professional misconduct; ***presunto ~*** presumed guilty; ***dichiarare qcn. ~*** to declare *o* find *o* pronounce sb. guilty; ***la corte lo dichiarò ~*** the court adjudged him (to be) guilty; ***essere dichiarato ~ per il reato di*** to be convicted on a charge of; ***fu giudicato ~ di tre capi d'accusa*** he was convicted on three counts; ***dichiararsi*** o ***professarsi ~*** to plead guilty, to enter a plea of guilty **2** [*sguardo*] guilty; ***con aria ~*** [*dire, guardare*] guiltily **3** *(riprovevole)* [*azione, comportamento*] shameful **II** m. e f. culprit, offender; ***il ~*** the guilty party.

colpevolezza /kolpevo'lettsa/ f. guilt, culpability; ***stabilire, dimostrare la ~ di qcn.*** to establish, prove sb.'s guilt; ***ammettere la propria ~*** to make *o* enter a plea of guilty, to admit guilt; ***verdetto di ~*** verdict of guilty; ***verdetto di non ~*** verdict of not guilty.

colpevolismo /kolpevo'lizmo/ m. = the position of someone who holds the accused to be guilty.

colpevolista, m.pl. **-i**, f.pl. **-e** /kolpevo'lista/ m. e f. = someone who holds the accused to be guilty.

colpevolizzare /kolpevolid'dzare/ [1] **I** tr. to make* sb. feel guilty **II colpevolizzarsi** pronom. to feel* guilty.

colpevolmente /kolpevol'mente/ avv. guiltily.

▶ **colpire** /kol'pire/ [102] **I** tr. **1** *(percuotere)* to hit*, to strike*, to knock; ***~ qcn. a colpi di manganello*** to club sb. with a truncheon; ***~ qcn. alla mascella, allo stomaco*** to thump sb. in the jaw, stomach; ***~ qcs., qcn. con dei pugni*** to punch sth., sb.; ***colpì alla cieca*** he struck out blindly **2** *(centrare)* [*proiettile, tiratore*] to hit*, to shoot* [*persona, bersaglio*]; ***~ qcn., qcs. con*** to get sb., sth. with [*pietra, freccia, palla*]; ***~ la palla*** to hit *o* strike the ball; *(con il piede)* to kick the ball; ***essere colpito da un fulmine*** [*albero, casa, persona*] to be struck by lightning **3** *(ferire)* ***~ a morte qcn.*** to strike sb. dead; *(con arma da fuoco)* to shoot sb. dead; ***~ qcn. alla testa*** to knock *o* strike sb. on the head; ***essere colpito da una pallottola*** to get hit by a bullet, to stop a bullet, to stop one COLLOQ.; ***~ qcn. nel vivo*** FIG. to cut *o* sting sb. to the quick **4** *(danneggiare)* [*inflazione, tassa*] to hit* [*gruppo, classe*]; ***l'inflazione non ha colpito i benestanti*** inflation has not touched the well-off; ***le più colpite saranno le piccole imprese*** hardest *o* worst hit will be small businesses **5** *(impressionare)* [*avvenimento, notizia, immagine*] to strike*, to impress, to affect [*persona, pubblico*]; [*somiglianza*] to strike* [*persona*]; [*critiche*] to sting*; ***colpisce l'immaginazione*** it boggles the mind; ***mi colpisce il fatto che*** it strikes me that; ***discorso, contrasto che colpisce*** effective speech, contrast; ***non (ne) è rimasta particolarmente colpita*** she wasn't very struck with it COLLOQ.; ***mi ha colpito*** I was struck with him COLLOQ.; ***sono rimasto davvero colpito dalla sua bellezza*** I was really struck by her beauty **6** *(affliggere)* [*malattia*] to affect, to attack, to strike* [*persona*]; to affect, to attack [*cuore, fegato*]; [*calamità, disastro, intemperie*] to strike* [*paese, regione, città*]; ***essere colpito da*** to be struck down by [*malattia*]; ***colpito dalla siccità, dalla carestia*** drought-stricken, famine-stricken; ***fu colpito dalla sventura*** he met with misfortune **II** intr. (aus. *avere*) ***~ al cuore*** FIG. to put the knife in; ***~ nel segno*** to hit the bull's-eye (anche FIG.); [*critiche*] to be right on target; ***hai proprio colpito nel segno!*** you've got something there! ***i terroristi hanno colpito ancora*** the terrorists have struck again; ***~ di striscio*** to sideswipe; ***~ di testa*** SPORT to head.

colpite /kol'pite/ ♦ **7** f. → **vaginite.**

▶ **colpo** /'kolpo/ m. **1** *(urto)* blow, hit, stroke; ***dare un ~ a qcn.*** to catch sb. (with) a blow, to strike sb. a blow; ***un ~ alla nuca*** a blow to the back of the head; ***ricevere un ~ in testa*** to get a bang *o* knock on the head; ***assestare un bel ~ a qcn.*** to deal sb. a savage blow; ***tempestare qcn. di -i*** to rain blows on sb.; ***ho preso un brutto ~ al ginocchio*** my knee got a nasty bang; ***rendere ~ su ~*** to give as good as one gets **2** *(d'ascia)* stroke, chop, fall; *(di spada)* stroke, slash, thrust; ***un ~ di martello*** a hammer blow, a knock with a hammer **3** *(sparo)* shot; ***~ d'arma da fuoco*** gunshot; ***sparare un ~ di*** to let off [*fucile, pistola*]; ***sparare un ~ su*** o ***contro qcn., qcs.*** to fire *o* take a shot at sb., sth.; ***sparare un ~ dopo l'altro*** to fire round after round; ***-i di mitragliatrice*** rounds of machine-gun fire **4** *(rumore)* bang, bump, thud, thump; ***~ di tamburo*** drumbeat; ***un ~ alla porta*** a knock *o* rap at the door **5** *(movimento rapido)* ***dare un ~ di ferro a qcs.*** to run the iron over sth., to give sth. an iron; ***~ di clacson*** beep, blast, honk, hoot, peep; ***dare un ~ di clacson a qcn.*** to hoot one's horn at sb., to toot one's horn at sb.; ***~ di pennello*** (brush)stroke **6** *(choc, batosta)* blow, knock; ***essere un duro ~, un ~ terribile*** to be a blow (**per qcs.** to sth.; **per qcn.** to, for sb.); ***ricevere un brutto ~*** to take a knock; ***il risultato fu un duro ~*** o ***per il partito*** the result was a bitter blow to the party; ***è stato un duro ~ per loro*** it was tough on them; ***reggere il ~*** to tough it out; ***ho ricevuto -i peggiori di questo*** I've had worse knocks; ***devi imparare a incassare i -i*** you must learn to take the knocks **7** SPORT *(nel calcio)* shot; *(nel tennis, golf)* shot, stroke; *(nel karate)* chop; *(di remi)* pull, stroke; ***un ~ mancato*** a duff shot, a mishit; ***~ di testa*** *(nel calcio)* header; ***fare un ~ di testa*** to head the ball; FIG. to have a rush of blood to the head; ***~ di rovescio*** *(nel tennis)* backhand drive; ***~ passante*** *(nel tennis)* passing shot **8** COLLOQ. *(rapina)* job; ***fare un ~ in banca*** to do a bank job **9** COLLOQ. → ***~ apoplettico***; ***(che) mi prenda un ~ se lo so!*** hanged if I know! ***mi ha fatto venire un ~!*** it gave me quite a turn, it gave me a nasty turn; ***gli è venuto un ~*** he had a heart attack; ***a mamma piglierà un ~*** my mum's going to have a cow SCHERZ. **10 di colpo** all of a sudden, suddenly; ***fermarsi di ~*** to come to a dead stop, to stop dead *o* sharply; ***frenare di ~*** to hit the brakes; ***tornare di ~ con i piedi per terra*** to come down to earth with a bump **11 tutto d'un colpo** ***quel ragazzo è cresciuto tutto d'un ~!*** that boy has really shot up! ***l'ho letto tutto d'un ~*** I read it at one sitting; ***stavo passeggiando quando tutto d'un ~...*** I was strolling along when all of a sudden... **12 in un colpo (solo)** at one stroke, at a single stroke, in one (go) **13 sul colpo** [*morire*] instantly; ***ucciso sul ~*** killed outright ♦ ***senza esclusione di -i*** [*lotta*] with the gloves off; ***la battaglia per il divorzio fu senza esclusioni di -i*** it was a divorce battle with no holds barred; ***senza ~ ferire*** without striking a blow; ***fare ~ su qcn.*** to make a hit with sb., to make an impression on sb.; ***ha passato l'esame di guida al primo ~*** she passed her driving test first time round; ***a ~ sicuro*** without fail; ***perdere -i*** [*motore*] to miss; ***stai perdendo -i!*** you're slipping! ***dare un ~ al cerchio e uno alla botte*** to run with the hare and hunt with the hounds ♦♦ ***~ apoplettico*** MED. stroke; ***~ d'aria*** chill; ***~ d'ariete*** water-hammer; ***~ basso*** *(nella boxe)* blow *o* punch below the belt; FIG. blow below the belt, cheap shot, dirty trick; ***tirare un ~ basso a qcn.*** to hit sb. below the belt; ***~ di calore*** heat exhaustion, heat stroke; ***~ di coda*** whisk of one's tail; FIG. sudden reversal; ***~ di fortuna*** FIG. lucky break, lucky strike, stroke of luck; ***~ di frusta*** whiplash; MED. whiplash (injury); ***~ di fulmine*** coup de foudre, love at first sight; ***~ di genio*** stroke of genius, masterstroke; ***~ di glottide*** LING. glottal stop; ***~ gobbo*** underhand trick; ***~ di grazia*** coup de grâce, death blow; ***~ da maestro*** masterstroke, coup; ***~ d'occhio*** glance; ***distinguere qcs. a ~ d'occhio*** to tell sth. at a glance; ***~ a salve*** blank shot; ***~ di scena*** twist, turnup for the books BE; ***~ di sole*** sunstroke, insolation; ***~ di Stato*** coup (d'état); ***~ della strega*** back strain; ***~ di telefono*** buzz, ring; ***dare a qcn. un ~ di telefono*** to give sb. a buzz *o* ring; ***-i di sole*** COSMET. highlights.

colposcopia /kolposko'pia/ f. colposcopy.

colposo /kol'poso/ agg. ***omicidio ~*** culpable *o* justifiable homicide, manslaughter.

colt® /'kɔlt/ f.inv. *(pistola)* Colt®.

coltellaccio, pl. **-ci** /koltel'lattʃo, tʃi/ m. **1** large knife **2** MAR. bonnet, studding-sail.

coltellame /koltel'lame/ m. = set of knives.

▷ **coltellata** /koltel'lata/ f. **1** stab; ***dare una ~ a qcn.*** to knife sb., to take a knife to sb.; ***uccidere qcn. a -e*** to stab sb. to death; ***~ alla*** o ***nella schiena*** a stab in the back **2** FIG. stab, terrible blow; ***le sue parole furono una vera ~ per me*** his words cut me to the quick, his words were a real poke in the eye.

coltelleria /koltelle'ria/ f. **1** *(coltellame)* = set of knives **2** *(fabbrica)* knives factory; *(negozio)* cutler's shop.

coltelliera /koltel'ljɛra/ f. *(astuccio)* knife box.

coltellinaio, pl. **-ai** /koltelli'najo, ai/ ♦ **18** m. (f. **-a**) cutler.

coltellino /koltel'lino/ m. *(temperino)* penknife*, pocketknife*.

▶ **coltello** /kol'tɛllo/ m. knife*; ***questo ~ non taglia*** this knife is blunt; ***piantare*** o ***conficcare un ~ in qcs.*** to stick *o* plunge a knife into sth.; ***sotto la minaccia di un ~*** at knife-point; ***una nebbia che si tagliava con il ~*** a fog so thick you could cut it with a knife ♦ ***avere, tenere il ~ per il*** o ***dalla parte del manico*** to have the whip hand; ***rigirare il ~ nella piaga*** to twist the knife in the wound, to rub salt into the wound; ***puntare il ~ alla gola di qcn.*** to hold a knife to sb.'s throat ◆◆ ~ ***americano*** spokeshave; ~ ***da burro*** butter knife; ~ ***da caccia*** hunting knife; ~ ***chirurgico*** bistoury; ~ ***da cucina*** paring knife; ~ ***da frutta*** fruit knife; ~ ***multiuso*** general-purpose knife; ~ ***da pane*** breadknife; ~ ***a scatto*** flick knife BE, switchblade AE; ~ ***a serramanico*** jackknife, clasp knife; ~ ***da tavola*** dinner knife.

coltivabile /kolti'vabile/ agg. [*terreno, superficie*] cultivable, farmable, tillable, workable; [*pianta*] growable.

coltivabilità /koltivabili'ta/ f.inv. cultivability.

▶ **coltivare** /kolti'vare/ [1] **I** tr. **1** to crop, to farm, to cultivate, to till [*campo, terra*]; to crop, to grow* [*cereali, grano*]; ~ ***un terreno a vigna*** to plant a field with vines; ~ ***qcs. in serra*** to grow sth. in a greenhouse **2** MIN. *(sfruttare)* to exploit, to work [*miniera*] **3** FIG. *(praticare)* to cultivate [*arti, tradizione, scienze, hobby*] **4** *(sviluppare)* to cultivate [*amicizia, relazione*]; to nurture [*dono, talento*]; to cherish, to foster, to nurse, to nourish [*speranza, sogno*]; ~ ***la propria immagine, memoria*** to cultivate one's image, memory; ~ ***la mente*** to improve one's mind; ***l'economia ha bisogno di essere coltivata*** the economy needs nursing **II coltivarsi** pronom. to improve one's culture.

coltivato /kolti'vato/ **I** p.pass. → **coltivare II** agg. **1** [*terreno*] cultivated, tilled, under cultivation; ***non*** ~ uncropped, untilled; ***una regione -a a frutteti*** a fruit-growing area **2** *(prodotto artificialmente)* ***fungo*** ~ champignon; ***perla -a*** cultured pearl.

coltivatore /koltiva'tore/ ◗ ***18*** m. (f. **-trice** /tritʃe/) **1** *(agricoltore)* cultivator, grower **2** *(macchina agricola)* cultivator ◆◆ ~ ***diretto*** farmer.

▷ **coltivazione** /koltivat'tsjone/ f. **1** cultivation, farming, growing, tillage, tilling; ~ ***delle olive*** olive culture; ~ ***delle rose*** rose growing **2** MIN. ***cantiere di*** ~ mine workings; ~ ***a cielo aperto*** open pit mining, strip mining ◆◆ ~ ***a gradini*** MIN. benching; ~ ***in serra*** greenhouse cultivation; ~ ***a terrazze*** terrace cultivation.

coltivo /kol'tivo/ **I** agg. **1** *(coltivato)* cultivated, tilled **2** *(coltivabile)* cultivable **II** m. cultivated land, farmland.

colto /'kolto/ agg. [*persona*] cultured, (well-)educated, learned, well-read; ***la gente -a*** the educated; ***non è molto -a*** she has had little education.

coltre /'koltre/ f. **1** *(coperta)* blanket **2** FIG. *(di fumo, nebbia)* blanket; *(di neve)* sheet; ***i campi erano coperti da una*** ~ ***di nebbia*** the fields were blanketed in fog; ***c'era una spessa*** ~ ***di neve sul terreno*** the snow lay thick on the ground; ~ ***di nubi*** cloud cover **3** *(drappo funebre)* pall.

coltro /'koltro/ m. coulter.

coltrone /kol'trone/ m. **1** *(coperta)* quilt **2** *(tenda)* quilted curtain.

▷ **coltura** /kol'tura/ f. **1** *(coltivazione)* cultivation, crop, tillage, tilling; ~ ***cerealicola*** cereal crop; ***-e per uso alimentare*** food crops; ***rotazione di*** o ***delle -e*** crop rotation **2** *(piante coltivate)* crops pl.; ***le -e andranno perdute*** the crops will fail **3** *(allevamento)* breeding; ~ ***dei bachi da seta*** silkworm breeding **4** BIOL. culture; ***brodo, terreno di*** ~ culture medium ◆◆ ~ ***batterica*** culture of bacteria; ~ ***intercalare*** AGR. catch crop; ~ ***dei tessuti***, ~ ***in vitro*** BIOL. tissue culture, cell culture.

colubrina /kolu'brina/ f. culverin.

colubro /'kolubro/ m. coluber.

▶ **colui** /ko'lui/ v. la nota della voce **questo**. pron.dimostr.m. (f. **colei**, pl. **coloro**) ~ ***che*** the man who *o* whom, the person who *o* whom, the one who *o* whom, he who *o* whom FORM.; ***colei che*** the woman who *o* whom, the person who *o* whom, the one who *o* whom, she who *o* whom FORM.; ***coloro i quali*** o ***che*** the people who *o* whom, those who *o* whom, they who *o* whom FORM.; ~, ***colei che vede*** he, she who sees; ~ ***che parlava*** the one who was talking; ***coloro che hanno meno possibilità di pagare*** those less able to afford to pay; ***coloro che hanno la fortuna di avere un lavoro*** those who are lucky enough to have a job.

columbio /ko'lumbjo/ m. columbium.

columbite /kolum'bite/ f. columbite.

columnist /'kolumnist/ m. e f.inv. columnist.

coluro /ko'luro/ m. colure.

colza /'kɔltsa/ f. colza, rape; ***seme di*** ~ rapeseed; ***olio di*** ~ rape(seed) oil.

coma /'kɔma/ m. **1** MED. coma; ***in*** ~ in a coma; ***andare*** o ***entrare in*** ~ to go *o* sink *o* slip into a coma **2** FIG. ***essere in*** ~ [*affari*] to be in a state of suspended animation; [*persona*] to be exhausted ◆◆ ~ ***diabetico*** diabetic coma; ~ ***etilico*** ethylic coma; ~ ***irreversibile*** irreversible coma; ~ ***profondo*** deep coma.

comandamento /komanda'mento/ m. RELIG. commandment; ***i dieci -i*** the Ten Commandments; ***osservare i -i*** to keep the commandments.

▷ **comandante** /koman'dante/ ◗ ***12*** m. MIL. commander, commanding officer ◆◆ ~ ***in capo*** commander-in-chief; ~ ***di compagnia*** company commander; ~ ***in seconda*** second in command; ~ ***supremo*** Supreme Commander.

▶ **comandare** /koman'dare/ [1] **I** tr. **1** *(ordinare)* to command, to order; ~ ***a qcn. di fare*** to command *o* order sb. to do; ~ ***che*** to command that **2** MIL. *(esercitare il comando)* to captain [*truppe, flotta*]; to command [*reggimento*] **3** FIG. *(esigere)* to command, to enjoin, to require [*obbedienza*]; to enjoin [*discrezione, silenzio*]; ***la situazione comanda prudenza*** the circumstances call for caution **4** MECC. *(azionare)* to control, to operate [*meccanismo, impianto*]; ~ ***qcs. a distanza*** to operate sth. by remote control **5** BUROCR. *(destinare)* to second **II** intr. (aus. *avere*) [*persona, capo*] to command, to be* in charge, to be* in command; ***chi comanda qui?*** who's in charge here? ***gli faremo vedere chi è che comanda*** we'll show him who's boss; ***qui comando io!*** I call the shots here! ***è lei che comanda qui*** she's (the) queen bee around here; ***comanda solo lei*** she runs the whole show ◆ ~ ***qcn. a bacchetta*** to boss sb. around, to lord it over sb.; ***farsi*** ~ ***a bacchetta*** to dance to sb.'s tune; ***lo comanda a bacchetta*** she's got him under her thumb; ***come Dio comanda*** properly, to perfection.

comandato /koman'dato/ **I** p.pass. → **comandare II** agg. **1** RELIG. ***festa -a*** = feast day of obligation **2** BUROCR. seconded **3** MIL. detailed **4** MECC. *(azionato)* controlled, operated; ~ ***a distanza*** remotely operated, remote-controlled.

▶ **comando** /ko'mando/ m. **1** MIL. *(direzione)* command; ***essere sotto il*** ~ ***di*** to be under the command of; ***avere il*** ~ ***di*** o ***essere al*** ~ ***di*** to be in command of [*esercito, operazione*]; to command [*nave*]; ***affidare a qcn. il*** ~ ***di qcs.*** to give sb. command of sth.; ***prendere il*** ~ ***di un reggimento*** to have *o* take command of a regiment; ***sollevare qcn. dal*** ~ to relieve sb. of command **2** *(ordine)* order, command, word; ***eseguire, impartire un*** ~ to carry out, to give a command; ***al*** ~ ***"fuoco" sparate al nemico!*** at the command "shoot" fire the enemy! ***al*** ~, ***presentate le armi*** at *o* on the word of command, present arms **3** *(autorità militari)* command; ~ ***aereo*** air command; ***alto*** ~ high command; ~ ***supremo delle forze alleate in Europa*** Supreme Headquarters of the Allied Powers in Europe; ~ ***di compagnia, polizia*** company, police headquarters; ~ ***della guardia costiera*** coastguard station; ***posto di*** ~ command post **4** *(autorità, potere)* ***mio padre mi ha lasciato il*** ~ ***degli affari*** my father left me to run the business; ***prendere il*** ~ ***di un'azienda*** to assume control of a business; ***avere il*** ~ to be at the controls; ***ha ambizioni di*** ~ she has leadership ambitions; ***le sue capacità di*** ~ his skilful leadership **5** TECN. *(azionamento)* control; ***pannello, sala di*** ~ control panel, control room; ***a*** ~ ***automatico*** mechanically-operated; ***doppi -i*** dual controls; ~ ***a distanza*** remote control; ***essere ai*** o ***tenere i -i*** to be at the controls; ***prendere i -i*** *(di un aereo)* to take control; ***passare*** o ***cedere i -i a qcn.*** to hand over the controls to sb.; ***la macchina risponde, non risponde ai -i*** the car handles well, badly; ***inserire i -i manuali*** to set the controls to manual **6** INFORM. command, instruction; ~ ***di stampa*** print instruction **7** SPORT ***essere al*** ~ [*squadra, atleta*] to lead; ***passare al*** ~ to go into the lead, to take the lead; ***il corridore al*** ~ the leading runner **8** BUROCR. secondment.

comare /ko'mare/ f. **1** REGION. *(madrina)* godmother **2** COLLOQ. *(vicina di casa)* neighbour **3** *(donna pettegola)* gossip.

comasco, pl. **-schi**, **-sche** /ko'masko, ski, ske/ ◗ **2 I** agg. from, of Como **II** m. (f. **-a**) **1** *(persona)* native, inhabitant of Como **2** LING. dialect of Como.

comatoso /koma'toso/ agg. [*stato*] comatose.

comba /'komba/ f. coomb(e) BE, combe BE.

combaciamento /kombatʃa'mento/ m. fitting together.

▷ **combaciare** /komba'tʃare/ [1] intr. (aus. *avere*) **1** [*pezzi, elementi*] to fit, to match; ***fare*** ~ ***A con B*** to fit A to B, to fit A and B together; ***le due estremità non combaciano*** the two ends don't fit together **2** FIG. *(coincidere)* to tally, to coincide, to dovetail (together) (**con** with); ~ ***con*** to fit with [*fatti, storia*]; ***combacia con quello che abbiamo detto*** it all ties in with what we've been saying; ***la sua storia non combacia*** his story doesn't fit.

▷ **combattente** /kombat'tɛnte/ **I** agg. combatant; ***non*** ~ noncombatant **II** m. e f. **1** MIL. combatant; ***ex*** ~ ex-serviceman **2** FIG. *(persona combattiva)* fighter **III** m. ZOOL. ruff.

combattentismo /kombatten'tizmo/ m. = nationalist political movement founded by ex-servicemen after the First World War.

combattentistico, pl. **-ci**, **-che** /kombatten'tistiko, tʃi, ke/ agg. ***associazione -a*** ex-servicemen's association.

▶ **combattere** /kom'battere/ [2] **I** tr. **1** MIL. POL. to fight* [*avversario, nemico*]; to fight* [*guerra, battaglia*] (**contro** against) **2** *(contrastare)* to combat, to fight* [*razzismo, criminalità, ingiustizia, pregiudizio, malattia, inflazione*] **3** FARM. COSMET. to counteract, to fight* [*disidratazione, stress, invecchiamento*] **II** intr. (aus. *avere*) **1** *(in guerra)* to fight*, to battle (**con, contro qcn.** with sb.); ***morire combattendo*** to go down fighting; ***si combatterà fino all'ultimo*** it will be a fight to the finish; ***~ slealmente*** to fight dirty **2** FIG. to fight* (**con, contro** against; **per** for; **per fare** to do); to wrestle (**con** with; **per fare** to do); ***~ le proprie battaglie*** to fight one's own battles; ***~ per una giusta causa*** to fight the good fight; ***la ditta ha dovuto ~ per sopravvivere*** the firm has had to struggle to survive **III combattersi** pronom. to fight* each other ◆ ***~ contro i mulini a vento*** to tilt at windmills; ***~ ad armi pari*** to fight on equal terms, to compete on a level playing field; ***~ una battaglia persa*** to fight a losing battle.

combattibile /kombat'tibile/ agg. combatable.

▷ **combattimento** /kombatti'mento/ m. **1** MIL. fight(ing), battle, combat, action; ***un ~ all'ultimo sangue*** a fight to the death; ***formazione da ~*** battle formation; ***zona di ~*** battle *o* combat zone; ***posti di ~*** battle *o* general quarters; ***~ ravvicinato*** close combat; ***dare inizio a un ~*** to join battle; ***essere ucciso in ~*** to be killed *o* to die in action; ***~ corpo a corpo*** hand-to-hand fight **2** *(tra animali)* ***~ di galli, di cani*** cockfight, dogfight; ***gallo da ~*** figthing *o* game cock **3** SPORT match, bout; ***essere fuori ~*** FIG. to be out of action; ***l'incidente lo ha messo fuori ~ per tre mesi*** FIG. his accident put him out of action for three months ◆ ***ai posti di ~!*** action stations!

combattività /kombattivi'ta/ f.inv. fighting spirit.

combattivo /kombat'tivo/ agg. [*spirito, carattere*] combative, fighting, pugnacious.

combattuto /kombat'tuto/ **I** p.pass. → **combattere II** agg. **1** SPORT [*match*] hard-fought, hard-won, tight; ***è stata una partita molto -a*** the race was hotly contested **2** FIG. *(incerto)* ***essere ~ tra*** to be torn between [*alternative, persone*]; ***sono ~ tra la famiglia e il lavoro*** I'm walking the tightrope between my family and my job.

combinabile /kombi'nabile/ agg. combinative.

▶ **combinare** /kombi'nare/ [1] **I** tr. **1** *(armonizzare)* to combine, to match, to mix [*colori, stili*] (**con** with); to wed* [*qualità*]; to combine, to mix [*suoni*]; to mix [*metodi, sistemi*] (**con** with) **2** FIG. *(mettere d'accordo)* to reconcile [*idee, opinioni*] (**con** with); ***~ fantasia e realismo*** to combine imagination with realism; ***~ famiglia e carriera*** to combine motherhood with a career **3** *(fissare)* to arrange [*incontro*]; ***abbiamo combinato di uscire, di vederci questa sera*** we've arranged to go out *o* to meet this evening; ***dovremmo ~ di vederci*** we ought to have a get-together, why don't we see about getting together **4** *(concertare)* to plan [*viaggio*]; to arrange [*matrimonio*]; ***~ un affare*** to make *o* strike *o* clinch *o* do a deal; ***divertirsi a ~ i matrimoni*** to enjoy matchmaking **5** COLLOQ. *(fare)* ***~ un pasticcio*** to make a mess of the job; ***non so che cosa sta combinando*** I don't know what he's up to *o* where he's at; ***sta combinando qualche guaio*** he's up to no good, he's up to his tricks, he's up to something; ***-rne di tutti i colori*** [*bambino*] to be a bundle of mischief; ***non stiamo combinando nulla*** we're getting nowhere fast, we're not getting anything done; ***non riesco a ~ niente*** I can't get anything done, I can't settle to anything **6** CHIM. to combine (**con** with) **II combinarsi** pronom. **1** *(armonizzarsi)* to harmonize, to go* together; ***-rsi bene con*** to combine well with **2** *(conciarsi)* to get* oneself up; ***sarebbe carina se non si combinasse in quel modo*** she would be pretty if only she didn't get herself up like that **3** CHIM. to combine (**con** with).

combinata /kombi'nata/ f. SPORT combined; ***~ nordica*** Nordic combined.

combinato /kombi'nato/ **I** p.pass. → **combinare II** agg. **1** *(deciso a tavolino)* [*matrimonio*] arranged; [*partita*] rigged; ***era (tutto) ~*** it was a fix **2** MIL. ***operazione -a*** combined operation **3** *(conciato)* ***ma come sei ~!*** you're a sight! ***sei proprio ~ male*** you look a mess! BE you look like a mess! AE **4** CHIM. combined.

combinatore /kombina'tore/ agg. ***disco ~*** dial.

combinatorio, pl. **-ri**, **-rie** /kombina'tɔrjo, ri, rje/ agg. combinative; MAT. combinatorial; ***analisi -a*** combinatorics.

▷ **combinazione** /kombinat'tsjone/ f. **1** *(unione) (di circostanze, fattori)* combination; *(di colori)* colourway **2** *(caso, coincidenza)* coincidence; ***per pura ~*** by sheer coincidence; ***che ~ vederti qui!*** fancy seeing you here! **3** *(di cassaforte)* combination; ***serratura con ~*** combination lock **4** MAT. CHIM. combination **5** *(sottoveste)* slip.

combine /kom'bin/ f.inv. SPORT fraud, rigging.

combino /kom'bino/ m. ***fare un ~ (tra qcn. e qcn.)*** to fix sb. up with sb.

combo /'kombo/ m.inv. MUS. combo*.

combriccola /kom'brikkola/ f. **1** *(di malviventi)* gang, mob **2** SCHERZ. *(di amici)* band, crowd, mob COLLOQ., crew COLLOQ. SPREG. o SCHERZ.; ***una simpatica ~*** a friendly crowd.

combustibile /kombus'tibile/ **I** agg. [*materiale*] combustible; ***olio ~*** fuel oil, heating oil **II** m. fuel; ***~ solido*** solid fuel; ***rifornire di ~*** to fuel [*aereo, veicolo*] ◆◆ ***~ fossile*** fossil fuel; ***~ nucleare*** nuclear fuel.

combustibilità /kombustibili'ta/ f.inv. combustibility.

combustione /kombus'tjone/ f. combustion; ***camera di ~*** combustion chamber; ***gas di ~*** flue gas; ***motore a ~ interna*** internal combustion engine ◆◆ ***~ lenta*** slow combustion; ***~ spontanea*** spontaneous combustion.

combusto /kom'busto/ agg. [*gas*] = that has undergone combustion.

combustore /kombus'tore/ m. combustion chamber.

combutta /kom'butta/ f. ***essere in ~ con qcn.*** to be in cahoots with sb. COLLOQ.; ***fare ~ con qcn.*** to be hand in glove with sb.; ***agire in ~ con qcn.*** to connive with sb., to act in collusion with sb.

▶ **come** /'kome/ **I** avv. **1** *(nelle interrogative)* how; ***~ si scrive?*** how do you spell it? ***~ ci sei riuscito?*** how did you manage? ***~ stai?*** how are you? ***~ va (la vita)?*** how are things (going)? how's it going? how's life? ***~ si fa?*** how do I do it? ***~ ci si sente a essere papà?*** how does it feel *o* what does it feel like to be a dad? ***~ sei messo a soldi?*** how are you situated for money? how's your money situation? ***~ ti chiami?*** what's your name? ***~ si chiama, dice questo in inglese?*** what's this called in English? what's the English for this? how do you say this in English? ***sapere ~ fare*** to know how to do; ***non so ~ tu faccia a sopportarlo*** I don't know how you put up with him; ***non riesco a capire ~ possa farcela*** it's beyond me how she manages; ***fammi vedere ~*** show me how **2** *(per chiedere una descrizione)* ***com'è John?*** what is John like? ***com'era il tempo?*** what was the weather like? ***com'è la casa?*** what does the house look like? **3** *(per fare ripetere)* ***~?*** excuse me? pardon? sorry? ***~ hai detto?*** what did you say? ***Laura ~?*** Laura what? **4** *(per esprimere indignazione, sorpresa)* ***(ma) ~!*** what! ***~ osi!*** how dare you! ***~ è possibile*** o ***~ può essere che...?*** how does *o* can it happen that...? ***~ no!*** of course! sure! I'll bet! IRON. **5 come mai, com'è che** COLLOQ. how come, how so; ***~ mai riesci sempre ad arrivare per primo?*** how come you always manage to arrive first? ***com'è che hai perso?*** how come you lost? **6** *(nelle esclamative)* ***~ sei perspicace!*** how perceptive of you! ***~ sei cresciuto!*** haven't you grown! how you've grown! ***~ mi sono sbagliato!*** how wrong I was! ***~ ha potuto trattarmi così male!*** how could he treat me so badly! that she should treat me so badly! ***~ ci siamo divertiti!*** what a great time we had! **7** *(simile a, similmente a)* ***~ la maggior parte delle persone*** like most people; ***diventò medico ~ sua madre*** she became a doctor, like her mother before her; ***~ un matto*** like hell, like mad; ***in una situazione ~ questa*** in such a situation; ***aspettavo proprio un'occasione ~ questa*** I've been waiting for just such an opportunity; ***un cappello ~ quello (là)*** a hat like that one; ***vorrei un cappotto ~ il tuo*** I'd like a coat like yours **8** *(nel modo in cui, allo stesso modo di)* as; ***fai ~ me*** do as I do; ***ha fatto ~ gli ho detto*** he did it the way I told him; ***l'abbiamo fatto ~ te*** we did it the same way as you; ***è morto ~ ha vissuto*** as he lived, so did he die; ***(fai) ~ vuoi, ~ preferisci*** do as you like, have it your (own) way; ***~ avevamo deciso*** as we had agreed; ***gli piace leggere, ~ a me*** he likes reading as I do; ***~ sempre*** as ever, the same as always; ***~ al solito*** as usual; ***~ detto sopra*** as stated above; ***~ d'accordo*** as agreed; ***~ richiesto*** as requested; ***~ segue*** as follows; ***~ ho detto prima*** as I said earlier **9** *(il modo in cui)* ***ecco ~ è successo*** it happened like this, this is what happened; ***da ~ vanno le cose...*** the way things are going...; ***dipende da ~ si mettono le cose*** it depends on how things turn out; ***bada a ~ parli!*** mind your language! watch your tongue! ***per ~ la vedo io*** as I see it **10** *(in paragoni)* as...as; ***liscio ~ la seta*** as smooth as silk; ***nero ~ il carbone*** as black as coal; ***è intelligente ~ te*** he is as intelligent as you; ***non è intelligente ~ te*** he is not as *o* so intelligent as you; ***non riesce più a camminare così velocemente ~ faceva un tempo*** she can't walk as fast as she used to; ***non magro, alto ~ Henry*** not so thin, tall as Henry; ***non è un padre severo ~ il tuo*** he's not so stern a father as yours; ***~ ieri*** the same as yesterday; ***il suo udito non è buono ~ dovrebbe essere*** his hearing is not as good as it should be; ***gli ho parlato proprio ~ ora parlo a te*** I spoke to him just like I'm speaking to you now; ***trattare qcn. ~ un bambino*** to treat sb. like a child; ***è più difficile di ~ pensavo*** it's more difficult than I thought; ***ci è voluto meno tempo di ~ pensassimo*** it took less time than we expected **11** *(quanto)* both...and, as well as; ***di giorno ~ di notte*** by day as well as by night; ***tanto qui ~ all'estero*** both here and abroad **12** *(quale)* such as, like; ***in un paese ~ l'Austria*** in a country like Austria; ***città ~ Manchester e Birmingham*** such cities as *o* cities such as Manchester and Birmingham **13** *(in qualità di, con la funzione di)* as;

come

- La corretta traduzione inglese dell'italiano *come* dipende dal suo uso in funzione di avverbio o di congiunzione.

Come avverbio

- Quando significa *in quale modo*, ed è usato nelle frasi interrogative dirette e indirette, *come* si traduce solitamente con *how*:

come vai al lavoro?	= how do you get to work?
come hai fatto ad arrivare prima di me?	= how did you manage to get here before me?
non capisco come hai potuto perderti	= I don't understand how you managed to get lost
dimmi come ha reagito	= tell me how she reacted
come si può risolvere questo problema?	= how can this problem be solved?
non sa nemmeno come cucinare un uovo fritto	= he doesn't even know how to fry an egg.

- In altri tipi di interrogative, tuttavia, con alcuni verbi come *chiamare*, *nominare* o *essere*, *come* si traduce *what*:

come si chiama questa cosa?	= what do you call this object?
come ti chiami?	= what's your name?
come si dice libreria in inglese?	= what's the English for libreria?
com'è il tuo ragazzo? (di aspetto)	= what does your boyfriend look like?
com'è il tuo ragazzo? (di carattere)	= what is your boyfriend like?
com'è stato il tempo?	= what was the weather like?

- Nelle similitudini, cioè quando *come* significa *simile a* o *similmente a*, la traduzione inglese è *like*:

i miei occhiali sono come i tuoi	= my glasses are like yours
lavoro come uno schiavo tutto il giorno	= I work as a slave all day long
si è comportato come una persona onesta	= he acted like an honest man.

- Quando *come* significa *in qualità di*, *nel ruolo di* o *con la funzione di*, si rende in inglese con *as*:

te lo dico come amico	= I'm telling you as a friend
ha recitato come Amleto	= he appeared as Hamlet
usare qualcosa come attrezzo	= to use something as a tool

Nell'esempio seguente, tuttavia, *come* si traduce con *for* perché significa *al posto di*: *perché usi un coltello come cacciavite?* = why are you using a knife for a screwdriver?

- Quando *come* introduce il lavoro o la professione di qualcuno, si rende in inglese con *as*:

lavora come impiegato	= he works as a clerk

Si noti la sottile differenza tra due frasi quali *parlò come medico* e *parlò come un medico*: la prima significa *parlò in qualità di medico*, e va quindi tradotta *he spoke as a doctor*; la seconda significa *parlò come se fosse un medico*, e va quindi resa con *he spoke like a doctor*.

- Mentre *like* sviluppa la similitudine mettendo a confronto due nomi o pronomi, *as* si usa per tradurre *come* quando si confrontano due verbi, cioè due azioni:

fai come me	= do as I do
era vestita esattamente come le avevo chiesto io	= she was dressed exactly as I had asked her to.

- *Come* nel complemento di uguaglianza si traduce con *as*:

duro come l'acciaio	= as hard as steel

- Quando *come* serve a esprimere indignazione o sorpresa, si traduce con *how* o *what*:

come osi!	= how dare you!
come? è sposato?	= what? he's married?

- Quando *come?* si usa per farsi ripetere un'informazione, si traduce con *pardon?* oppure, più comunemente, *sorry?* o *excuse me?*:

come? che cosa hai detto?	= pardon? what did you say?

- Quando *come* introduce un'esclamazione, si traduce solitamente con *how*:

com'è carina!	= how nice she is!

- Per altri casi e ulteriori esempi, si veda la voce.

Come congiunzione

- In funzione di congiunzione a introdurre una frase secondaria, *come* si rende in inglese con *as though*, *as if* o *as / as soon as*:

si comportava come (se) fosse il capo	= he acted as if he were the boss
mi sento come se non mangiassi da tre giorni	= I feel as though I haven't eaten for three days
come mi vide, impallidì	= as soon as she saw me, she turned pale.

- Per altri casi e ulteriori esempi, si veda la voce.

lavorare ~ insegnante, ingegnere to work as a teacher, an engineer; ***cosa pensi di lui ~ attore?*** how do you rate him as an actor? ***parlando ~ suo migliore amico, io...*** speaking as his closest friend, I...; ***mi piace ~ persona, ma non ~ artista*** I like her as a person, but not as an artist; ***presentarsi ~ candidato*** to stand as a candidate; ***~ esempio di*** as an instance *o* example of; ***ce lo hanno dato ~ regalo*** they gave it to us as a gift; ***cosa c'è ~ dessert?*** what's for dessert? **14** *(in proposizioni incidentali)* ***~ ben sai*** as you know full well, as you well know; ***~ potete vedere*** as you can see; ***~ dice Platone*** as Plato says **15** *(nello spelling)* ***T ~ Tom*** T for Tom **16** COLLOQ. *(per così dire)* ***ha avuto ~ un mancamento*** she sort of fainted, she had a kind of fainting fit; ***mi sentivo, ~ dire, imbarazzato*** I felt embarrassed, like BE *o* I felt, like, embarrassed AE; ***mi fa pensare un po' a, ~ dire, un ospedale*** it reminds me a bit, like, of a hospital **17** *(intensivo)* ***avaro com'è, non ti darà nulla*** he's so mean, he won't give you anything; ***magra com'è*** she's so thin **18** MAT. ***due sta a quattro ~ quattro sta a otto*** two is to four as four is to eight **19 come da** as per; ***~ da istruzioni*** as requested, as per your instructions; ***~ da programma*** according to schedule **II** cong. **1** *(quasi)* ***rispettala ~ fosse tua madre*** respect her as though she were your mother; ***mi guardò ~ per dire "te l'avevo detto"*** he looked at me as if to say "I told you so"; ***ha fatto un gesto ~ per proteggersi*** she moved as if to protect herself **2 come se** as if; ***si comporta ~ se fosse a casa sua*** he acts like he owns the place; ***~ se me ne importasse qualcosa!*** as if I cared! ***mi sento stanco ~ se non avessi chiuso occhio*** I feel as if *o* as though I haven't slept a wink; ***si sono comportati ~ se niente fosse*** they behaved as if nothing had happened **3** *(non appena)* as, as soon as; ***~ si è fatto buio sono tornato a casa*** as it went dark I came back home; ***~ le parole le furono uscite di bocca...*** as soon as the words left her lips...; ***~ giro le spalle*** as soon as my back is turned **4** *(man mano che)* ***~ arrivavamo, ci indicavano il nostro posto*** as we arrived, we were shown our seats **5** *(che)* how, that; ***mi ha detto ~ l'ha trovato sull'autobus*** he told me how he had found it on the bus **III** m. ***il ~ e il perché di qcs.*** the how and the why of sth. ◆ ***~ non detto*** forget it, never mind; ***~ minimo*** at the very least; ***~ niente*** = very easily.

comedone /kome'done/ m. comedo*.

comense /ko'mɛnse/ agg., m. e f. → **comasco.**

▷ **cometa** /ko'meta/ f. comet; ***la coda di una ~*** the tail of a comet.

comfort /'kɔmfort/ m.inv. comfort; ***"ogni ~"*** "modern conveniences"; ***tutti i moderni ~*** every modern comfort, all modern conveniences.

▷ **comica**, pl. **-che** /'kɔmika, ke/ f. **1** *(cortometraggio)* silent comedy **2** FIG. joke, farce.

comicamente /komika'mente/ avv. comically.

comicità /komitʃi'ta/ f.inv. comedy, comicality, funny side; ***momenti di grande ~*** moments of high comedy.

▷ **comico**, pl. **-ci**, **-che** /'kɔmiko, tʃi, ke/ **I** agg. **1** *(buffo, divertente)* [*situazione, espressione*] comical, funny; ***il lato ~ di una situazione*** the funny side of a situation; ***un numero ~*** a comic turn; ***una vena -a*** comic undertones **2** TEATR. CINEM. [*scrittore, attore, opera*] comic; ***attrice -a*** comedienne **II** ♦ **18** m. (f. **-a**) **1** comedian, comic (artist) **2** *(comicità)* comicality, funny side; ***il ~ è che...*** the funny thing is that...; ***è di un ~!*** it's so funny!

comignolo /ko'miɲɲolo/ m. **1** chimneypot **2** EDIL. *(colmo)* ridge.

▶ **cominciare** /komin'tʃare/ [1] **I** tr. **1** *(iniziare)* to begin*, to start [*lavoro, viaggio, seduta, attività, giornata, esercizio, scuola*]; to strike* up, to break* off [*conversazione*]; to start, to break* into [*bottiglia, pacchetto*]; to commence FORM. [*storia*]; to begin*, to launch [*carriera*]; to kick off COLLOQ. [*spettacolo, concerto, stagione*]; ***cominci bene l'anno, la giornata!*** that's a good start to the year, the day! **2** *(iniziare a)* ***~ a fare qcs.*** to begin *o* start doing *o* to do sth.; ~ ***a preparare la cena*** to make a start on the dinner; ***cominciammo a parlare*** we got to talking; ~ ***a fare effetto*** [*medicinale*] to (start to) take effect; ~ ***a scarseggiare*** to become scarce, to get short; ~ ***a drogarsi*** to turn to drugs; ***cominciano a cadergli i capelli*** his hair is beginning to fall out; ***ho cominciato a pensare che*** I got to thinking that **II** intr. (aus. *essere*) **1** *(avere inizio)* [*lezione, film, processo, anno*] to begin*, to start; [*spettacolo, concerto*] to kick off COLLOQ.; ***che la festa cominci!*** let the party begin! ***e, per ~, una canzone*** and, to start with, a song; ***non ~!*** *(in una lite)* don't start on me! ***cominciamo!*** let's begin! let's get started! let's get going! here goes! ***un nome che comincia con la C*** a name beginning with C; ***cominciate dall'alto e proseguite verso il basso*** start at the top and work your way down; ~ ***col fare*** to begin *o* start off by doing; ~ ***di nuovo*** to make a fresh start; ~ ***da*** o ***come segretaria*** to start (off) as a secretary; ***la giornata è cominciata male*** it was a bad start to the day; ***cominciamo bene*** IRON. that's a good start; ~ ***da zero*** to start from scratch; ***di qui comincia un sentiero*** a path starts here **2** ***a cominciare da a ~ da oggi*** from this day on *o* forth; ***siete tutti colpevoli a ~ da te*** you're all guilty starting with you **III** impers. (aus. *essere, avere*) ***comincia a piovere*** it's beginning to rain; ***cominciava a farsi buio, a fare giorno*** it was getting *o* growing dark, light ◆ ***tanto per ~*** for a start, for starters COLLOQ., for openers COLLOQ.; ***tanto per ~ non avrei dovuto dirle niente*** I should never have told her to start *o* begin with; ***chi ben comincia è a metà dell'opera*** PROV. well begun is half done.

comino /ko'mino/ → **cumino.**

comitale /komi'tale/ agg. = pertaining to a count or earl.

comitato /komi'tato/ m. committee; ~ ***consultivo, esecutivo*** advisory committee, executive committee; ~ ***misto*** joint committee; ~ ***direttivo*** management *o* steering committee; ***riunione di ~*** committee meeting; ***fare parte di un ~*** to serve *o* sit on a committee ◆◆ ~ ***d'accoglienza*** reception *o* welcoming committee; ~ ***d'azione*** action committee; ~ ***di base*** rank committee; ~ ***centrale*** Central Committee; ~ ***elettorale*** elective committee; ~ ***di redazione*** board of editors; ~ ***di revisione*** review board, review body; ~ ***di sciopero*** strike committee; ~ ***di vigilanza*** vigilance committee.

comitiva /komi'tiva/ f. **1** *(di turisti)* party, group; ***viaggiare in ~*** to travel in a group; ***sconti per -e*** group discount **2** *(compagnia)* band, company, party.

comiziante /komit'tsjante/ m. e f. **1** = speaker at a political meeting **2** SPREG. speechifier, tub-thumper.

▷ **comizio**, pl. **-zi** /ko'mittsjo, tsi/ m. **1** meeting, rally; ~ ***elettorale*** electoral meeting; ***partecipare a un ~*** to take part in a meeting; ***tenere un ~*** to hold a meeting **2** FIG. *(discorso acceso)* harangue.

comma /'kɔmma/ m. **1** DIR. paragraph; ***articolo 49, ~ 3 della Costituzione*** article 49, paragraph 3 of the Constitution **2** MUS. comma.

1.commando /kom'mando/ m.inv. **1** *(gruppo armato)* commando*; ***due membri del ~ sono stati arrestati*** two members of the commando unit were arrested **2** *(di terroristi)* terrorist group.

2.commando /kom'mando/ m. MAR. spun yarn.

▷ **commedia** /kom'mɛdja/ f. **1** *(genere teatrale)* comedy; *(opera teatrale)* comedy, play; *(film)* comedy, frolic; ***rappresentare una ~*** to enact *o* perform *o* present *o* put on *o* stage a play; ***una ~ a puntate*** a comedy series **2** FIG. *(finzione)* farce; ***era tutta una ~!*** it was just a sham! ***fare*** o ***recitare la ~*** to act, to fake it, to put on an act; ***smettila di fare la ~!*** stop your play-acting! ◆◆ ~ ***brillante*** high comedy; ~ ***di costume*** comedy of manners; ~ ***d'intreccio*** situation comedy; ~ ***musicale*** musical (comedy); ~ ***sentimentale*** romantic comedy.

commediante /komme'djante/ m. e f. **1** *(attore di commedie)* player; *(uomo)* actor; *(donna)* actress **2** FIG. SPREG. shammer; ***è un ~*** he puts it on.

commediografo /komme'djɔgrafo/ ♦ **18** m. (f. **-a**) playwright.

commemorare /kommemo'rare/ [1] tr. to commemorate [*vittoria, avvenimento*]; to remember [*battaglia, caduti*]; to celebrate [*ricorrenza*].

commemorativo /kommemora'tivo/ agg. commemorative; ***cerimonia -a*** commemoration service *o* ceremony, remembrance ceremony; ***monumento ~*** memorial; ***targa -a*** tablet; *(in una chiesa)* brass.

commemorazione /kommemorat'tsjone/ f. **1** remembrance; *(cerimonia)* commemoration, remembrance ceremony; ***in ~ di*** in commemoration of **2** RELIG. *(dei defunti)* commemoration; ***messa di ~*** memorial service.

commenda /kom'mɛnda/ f. **1** STOR. RELIG. commendam **2** STOR. *(di ordini cavallereschi)* commandery **3** *(onorificenza)* = title of commendatore.

commendare /kommen'dare/ [1] tr. **1** LETT. *(lodare)* to commend, to praise **2** ANT. *(raccomandare)* ~ ***la propria anima a Dio*** to commend one's soul to God.

commendatizio, pl. **-zi**, **-zie** /kommenda'tittsjo, tsi, tsje/ agg. ***lettera -a*** letter of recommendation.

commendatore /kommenda'tore/ ♦ **1** m. **1** STOR. RELIG. commendator **2** STOR. commander **3** = civilian awarded an honour by the President of the Republic in recognition of his or her merit.

commendevole /kommen'devole/ agg. LETT. commendable, laudable, praiseworthy.

commensale /kommen'sale/ **I** m. e f. commensal, banqueter **II** m. BIOL. commensal **III** agg. BIOL. commensal.

commensalismo /kommensa'lizmo/ m. BIOL. commensalism.

commensurabile /kommensu'rabile/ agg. **1** commensurable **2** MAT. commensurable, commensurate.

commensurabilità /kommensurabili'ta/ f.inv. commensurability, commensurableness (anche MAT.).

commensurare /kommensu'rare/ [1] tr. LETT. to compare.

▷ **commentare** /kommen'tare/ [1] tr. **1** *(dire la propria opinione)* to comment on [*avvenimento, notizia*]; ***i fatti si commentano da soli*** the facts speak for themselves *o* tell their own tale **2** *(spiegare)* to comment on [*film, testo, passaggio*] **3** *(annotare)* to annotate, to edit, to commentate [*testo*]; ***edizione commentata*** annotated edition **4** RAD. TELEV. *(descrivere)* to commentate on [*partita, incontro, avvenimento*].

commentario, pl. **-ri** /kommen'tarjo, ri/ m. LETTER. STOR. commentary.

commentatore /kommenta'tore/ ♦ **18** m. (f. **-trice** /tritʃe/) **1** *(cronista)* commentator; ~ ***sportivo*** sports commentator; ~ ***politico*** political analyst *o* commentator **2** *(annotatore)* commentator, annotator.

▷ **commento** /kom'mento/ m. **1** *(osservazione)* comment (**su** on); remark (**su** about); ***non avere bisogno di -i*** to need no comment; ***fare dei -i su*** to make comments about; ***senza fare -i*** without comment; ***astenersi da ogni ~*** to refrain from comment; ***nessun ~!*** no comment! ***lasciarsi scappare un ~*** to let slip a remark; ***suscitare -i*** to draw comments forth; ***fare dei -i su qcs., qcn.*** to comment on sth., sb. **2** RAD. TELEV. commentary (**di**, **su** on); ***fare il ~ di*** to commentate on [*evento sportivo*] **3** *(insieme di note, glosse)* commentary; ***"note e -i a cura di..."*** "notes and commentary by..."; ***fare il ~ di un testo*** to do *o* write a commentary (on a text); ~ ***critico*** critical commentary.

commerciabile /kommer'tʃabile/ agg. [*prodotto*] marketable, merchantable; ***titolo ~*** negotiable instrument, negotiable security; ***qualità ~*** marketable *o* merchantable quality; ***valuta ~*** tradable currency; ***non ~*** unmarketable.

commerciabilità /kommertʃabili'ta/ f.inv. *(di un prodotto)* marketability, merchantability.

▶ **commerciale** /kommer'tʃale/ **I** agg. **1** ***attività ~*** business; ***lettera ~*** business letter; ***marchio ~*** own label, own brand; ***nome ~*** proprietary name, trade name; ***direttore ~*** sales manager *o* executive; ***carta ~*** commercial paper; ***banca ~*** commercial bank; ***zona ~*** shopping precinct; ***centro ~*** shopping centre, shopping arcade **2** ECON. ***accordo, embargo ~*** trade agreement, trade embargo **3** DIR. ***diritto ~*** commercial *o* mercantile law **4** SPREG. [*film, televisione*] commercial **II** m. *(ufficio vendite)* ***il ~*** sales and marketing people.

commercialista, m.pl. **-i**, f.pl. **-e** /kommertʃa'lista/ ♦ **18** m. e f. **1** *(avvocato)* = lawyer specialised in commercial law **2** *(in materia fiscale)* *(dottore)* = accountant who is a graduate in economics; *(ragioniere)* = accountant technician.

commercialità /kommertʃali'ta/ f.inv. commerciality.

commercializzare /kommertʃalid'dzare/ [1] tr. to commercialize (anche SPREG.).

commercializzazione /kommertʃaliddzat'tsjone/ f. marketing; commercialization SPREG.; ***strategia di ~*** marketing strategy.

commercialmente /kommertʃal'mente/ avv. commercially.

▷ **commerciante** /kommer'tʃante/ ♦ **18** m. e f. dealer, trader; *(all'ingrosso)* wholesale merchant, trader; *(al dettaglio)* retailer, retail dealer; *(negoziante)* shopkeeper, storekeeper AE; ~ ***in stoffe, di vini*** textile merchant, wine merchant; ~ ***d'arte, di tappeti*** art dealer, carpet dealer; ~ ***di cavalli*** horse dealer *o* trader.

commerciare /kommer'tʃare/ [1] **I** intr. (aus. *avere*) to trade (**con** with; **in** in, at AE); to deal* (**in** in); ~ ***con qcn.*** to do trade with sb.; ~ ***in qcs. con qcn.*** to trade in sth. with sb.; ~ ***in tessuti*** to deal in textiles **II** tr. ~ ***qcs.*** to sell *o* merchandise sth.

▶ **commercio**, pl. **-ci** /kom'mɛrtʃo, tʃi/ m. commerce, trade, trading, dealing, traffic SPREG.; ***esercitare il*** o ***essere nel ~*** to be in business; ***mettersi nel ~*** to go into business; ***in ~*** [*prodotto*] commercially available; [*libro*] in print; ***fuori ~*** not for sale; [*libro*] out of print; ***mettere qcs. in ~*** to put sth. on the market; ***togliere qcs. dal ~*** to withdraw a product from sale, to recall a product ◆◆ ~ ***al***

dettaglio retail trade; ~ ***equo e solidale*** fair trade; ~ ***estero*** foreign trade; ~ ***all'ingrosso*** wholesale trade; ~ ***internazionale*** international trade; ~ ***interno*** inland *o* internal trade; ~ ***marittimo*** seaborne trade; ~ ***al minuto*** → ~ **al dettaglio**; ~ ***mondiale*** world trade.

1.commessa /kom'messa/ f. *(ordinativo)* order, job; ***fare una ~ di qcs.*** to put in *o* place an order for sth.; ***su ~*** to order.

2.commessa /kom'messa/ ➧ ***18*** f. *(di negozio)* saleswoman*, salesgirl, sales lady, shop girl BE, sales assistant BE, shop assistant BE, (sales)clerk AE.

▶ **commesso** /kom'messo/ ➧ ***18*** m. **1** *(di negozio)* salesman*, shopman*, shop boy, sales assistant BE, shop assistant BE, (sales)clerk AE **2** *(impiegato subalterno)* clerical assistant ◆◆ ~ ***viaggiatore*** commercial traveller, travelling salesman.

commessura /kommes'sura/ f. commissure.

commestibile /kommes'tibile/ **I** agg. [*alimento*] edible, eatable, comestible FORM.; ***non ~*** inedible, nonedible, unfit for human consumption, unfit to eat; ***non c'è nulla di ~ qui*** nothing here is safe to eat **II commestibili** m.pl. edibles, foodstuff sing., comestibles FORM.

commestibilità /kommestibili'ta/ f.inv. edibility.

▶ **commettere** /kom'mettere/ [60] **I** tr. **1** *(fare)* to make* [*errore*]; to commit [*reato, peccato, adulterio*]; ~ ***un'ingiustizia verso qcn.*** to do sb. an injustice; ***il regime ha commesso degli eccessi*** the regime is guilty of excesses; ~ ***un fallo su un giocatore*** SPORT to foul a player **2** TECN. *(congiungere facendo combaciare)* to fit* together, to join [*pezzi*] **3** ANT. *(affidare)* to entrust, to commit (**a** to) **4** *(commissionare)* to order, to commission **II** intr. (aus. *essere*) to fit together.

commettitura /kommetti'tura/ f. **1** TECN. fitting, joining **2** *(punto di unione)* joint, juncture.

commiato /kom'mjato/ m. **1** *(permesso di andarsene)* leave; ***dare ~ a qcn.*** to dismiss sb.; ***prendere ~ da qcn.*** to take one's leave of sb. **2** *(saluto)* leave-taking, parting, send-off, valediction FORM.; ***discorso di ~*** farewell speech, valedictory speech **3** LETTER. envoy.

commilitone /kommili'tone/ m. comrade, brother in arms, companion in arms.

comminare /kommi'nare/ [1] tr. DIR. to threaten [*sanzione*]; to inflict, to impose [*pena*].

comminatoria /kommina'tɔrja/ f. DIR. = mandatory injunction.

comminatorio, pl. **-ri**, **-rie** /kommina'tɔrjo, ri, rje/ agg. DIR. comminatory, inflicting a penalty.

comminuto /kommi'nuto/ agg. [*frattura*] comminuted.

comminuzione /komminut'tsjone/ f. comminution.

commiserabile /kommize'rabile/ agg. commiserable, pitiable.

commiserare /kommize'rare/ [1] **I** tr. to pity, to commiserate [*persona*] **II commiserarsi** pronom. to feel* sorry for oneself.

commiserazione /kommizerat'tsjone/ f. commiseration, pity; ***provare ~*** to commiserate (**per qcn.** with, about, over sb.; **per qcs.** about, over sth.); ***guardare qcn. con ~*** to give sb. a pitying look.

commiserevole /kommize'revole/ agg. → **commiserabile**.

commissariale /kommissa'rjale/ agg. commissarial.

commissariamento /kommissarja'mento/ m. = compulsory administration; temporary receivership.

commissariare /kommissa'rjare/ [1] tr. = to put under temporary receivership.

▷ **commissariato** /kommissa'rjato/ m. **1** MIL. commissariat **2** *(carica)* commissaryship, commissionership **3** *(edificio)* ~ ***di polizia*** police station.

▷ **commissario**, pl. **-ri** /kommis'sarjo, ri/ ➧ ***18*** m. **1** *(funzionario)* commissioner, administrator **2** *(membro di una commissione)* commissioner, member of a board **3** *(di polizia)* police chief **4** SPORT *(ufficiale di gara)* umpire, commissioner AE ◆◆ ~ ***di bordo*** MAR. paymaster, purser; ~ ***europeo*** European Commissioner; ~ ***governativo*** AMM. POL. government Commissioner; ~ ***tecnico*** SPORT team manager.

commissionare /kommissjo'nare/ [1] tr. to commission [*ritratto, opera, sondaggio*] (**a** from); ~ ***un romanzo a uno scrittore*** to commission an author to write a novel.

commissionario, pl. **-ri**, **-rie** /kommissjo'narjo, ri, rje/ **I** agg. ***agente ~*** commission merchant, commission agent BE **II** m. (f. **-a**) commission merchant, commission agent BE; ~ ***di borsa*** commission agent BE, commission broker AE.

▷ **commissione** /kommis'sjone/ f. **1** AMM. DIR. *(gruppo di lavoro)* commission, committee, board, panel; ***il disegno di legge è all'esame della ~*** the bill is in committee; ***fare parte di una ~*** to be on a panel; ***i membri della ~*** the members of the board **2** COMM. ECON. BANC. commission, fee, charge; ***-i bancarie*** bank charges; ***prendiamo l'1% di ~ sui travellers' cheque*** we charge 1% commission on traveller's cheques **3** *(incarico)* commission; ***vendita su ~*** commission sale; ***lavorare su ~*** to work on commission; ***un ritratto su ~*** a commissioned portrait; ***dare una ~ a un pittore*** to give a painter a commission **4** *(acquisto)* errand, shopping U; ***fare delle -i*** to do some *o* the shopping; ***(andare a) fare una ~ per qcn.*** to go on *o* run an errand for sb.; ***mandare qcn. a fare una ~*** to send sb. on an errand ◆◆ ~ ***disciplinare*** disciplinary body; ~ ***d'esame*** SCOL. examination, examining board, examining body; ***Commissione Europea*** European Commission; ~ ***d'inchiesta*** board, commission, court of inquiry, select committee POL.; ~ ***interna*** shop committee; ~ ***medica*** medical board MIL.; ~ ***parlamentare*** Parliamentary committee; ~ ***permanente*** standing committee; ~ ***temporanea*** temporary committee.

commistione /kommis'tjone/ f. LETT. commixture, mixture.

commisto /kom'misto/ agg. LETT. mixed, mingled.

commisurare /kommizu'rare/ [1] tr. to proportion, to adapt; ***la pena dovrebbe essere commisurata al reato*** the punishment should fit the crime.

commisurato /kommizu'rato/ **I** p.pass. → **commisurare II** agg. proportional, commensurate FORM. (**a** with).

commisurazione /kommizurat'tsjone/ f. commensuration; ~ ***della pena*** DIR. sentencing.

committente /kommit'tɛnte/ m. e f. **1** COMM. purchaser, buyer, customer **2** *(di opere d'arte)* ***un re che fu un grande ~ di opere pubbliche*** a king who commissioned a great number of buildings.

commodoro /kommo'dɔro/ ➧ ***12*** m. commodore.

commorienza /kommo'rjɛnza/ f. DIR. simultaneous death.

commosso /kom'mɔsso/ **I** p.pass. → **commuovere II** agg. affected, moved, touched (**da** by); ***fui ~ dalla sua storia*** I was stirred by her story; ~ ***di sentire, di ricevere*** touched to hear, receive; ***profondamente ~ da*** deeply affected by; ~ ***fino alle lacrime*** moved to tears.

commovente /kommo'vɛnte/ agg. *(toccante)* [*storia, scena*] moving, touching, affecting; [*discorso*] emotional, moving; [*musica*] stirring, soul-stirring; *(pietoso)* [*scena, vista*] piteous, pitiable, pitiful; ***di un'onestà ~*** endearingly honest; ***in modo ~*** movingly, touchingly.

▷ **commozione** /kommot'tsjone/ f. **1** *(emozione)* emotion; ***lasciar trasparire la propria ~*** to show one's emotion; ***piangere dalla*** o ***per la ~*** to be moved to tears; ***non lasciamoci prendere dalla ~!*** let's not get emotional! **2** MED. ~ ***cerebrale*** concussion; ***avere una ~ cerebrale*** to be concussed.

▶ **commuovere** /kom'mwɔvere/ [62] **I** tr. *(emozionare)* to move, to touch, to stir, to affect; ~ ***qcn. (fino) alle lacrime*** to move sb. to tears; ***lasciarsi ~ dalle lacrime, dalle preghiere di qcn.*** to be swayed by sb.'s tears, pleas **II commuoversi** pronom. *(intenerirsi)* [*persona*] to be* moved, to be* affected, to be* touched; ***-rsi alla vista, al ricordo di qcn., qcs.*** to be touched by the sight, memory of sb., sth.; ***-rsi per qcs.*** to be moved by sth.; ***si commuove piuttosto facilmente*** he's easily moved, he gets rather emotional.

commutabile /kommu'tabile/ agg. commutable (**in** into).

commutabilità /kommutabili'ta/ f.inv. commutability.

commutare /kommu'tare/ [1] **I** tr. **1** DIR. to commute [*pena*] (**in** to) **2** EL. to switch [*corrente*] **II commutarsi** pronom. to be* inverted.

commutatività /kommutativi'ta/ f.inv. commutativity.

commutativo /kommuta'tivo/ agg. MAT. commutative; ***proprietà -a*** commutative law.

commutatore /kommuta'tore/ m. EL. TECN. commutator, switch; ~ ***delle luci*** AUT. dip switch.

commutazione /kommutat'tsjone/ f. **1** DIR. commutation (**di** of; **in** to) **2** EL. TEL. switching **3** LING. commutation.

comò /ko'mɔ/ m.inv. chest of drawers.

comoda /'kɔmoda/ f. commode, closestool STOR.

comodamente /komoda'mente/ avv. **1** *(in modo comodo)* [*sistemato, seduto*] comfortably, cosily; ***era ~ adagiato sul divano*** he was stretched out on the sofa; ***è ~ vicino alla spiaggia*** it's conveniently near the beach **2** *(senza fretta)* easily, leisurely, unhurriedly.

comodatario, pl. **-ri** /komoda'tarjo, ri/ m. DIR. = bailee in a commodation.

comodato /komo'dato/ m. DIR. commodatum*.

1.comodino /komo'dino/ m. bedside table, night table.

2.comodino /komo'dino/ m. TEATR. *(sostituto)* understudy (**di** to).

▶ **comodità** /komodi'ta/ f.inv. **1** *(confortevolezza)* comfort; *(di stanza, abito, sedia)* cosiness **2** *(agio)* comfort, convenience, amenity; ***ho bisogno delle mie ~*** I must have my creature comforts; ***le ~ moderne*** modern comforts *o* conveniences, mod cons BE; ***con tutta ~*** *(senza fretta)* at one's convenience **3** *(vantaggio)* convenience; ***la ~ di abitare vicino all'ufficio*** the convenience of living near the office; ***per ~*** for (the sake of) convenience; ***per ~ di*** for ease of; ***per maggior ~*** for greater convenience.

▶ **comodo** /'kɔmodo/ **I** agg. **1** *(confortevole)* [*letto, poltrona, scarpe, casa, stanza, viaggio*] comfortable, comfy COLLOQ.; [*abiti*] comfortable, cosy, loose-fitting **2** *(a proprio agio)* [*persona*] comfortable; ***mettersi ~*** to make oneself comfortable, to settle back *o* down; ***essere*** o ***stare ~*** to be comfortable; ***stai ~ su quella sedia?*** are you comfortable in that chair? **3** *(agiato)* [*vita*] easy, soft; ***fare una vita -a*** to live a life of ease **4** *(pratico)* [*luogo, orario*] convenient; [*negozio, servizi*] convenient, handy; [*borsa*] handy; ***essere ~ per qcn.*** to be convenient for sb.; ***se è più ~ per lei fare*** if its more convenient for her to do; ***in -e rate*** by easy instalments; ***quando le sarebbe ~ venire?*** when would it be convenient for you to come? ***essere ~ per*** to be convenient for BE *o* to AE [*stazione, negozi*]; ***essere ~ per fare*** to be handy for doing; ***tornare ~*** to come in handy; ***l'hotel è ~ per i negozi*** the hotel is handy for the shops; ***in posizione -a*** conveniently located *o* situated; ***lo farà quando gli tornerà ~*** he'll do it in his own sweet time **5** IRON. *(facile)* [*scusa, spiegazione*] convenient; ***troppo ~!*** how *o* very convenient! ***è ~ per te!*** it's all right for you! **6** *(che ama gli agi)* ***è un tipo ~*** he likes his comfort **II** m. **1** *(vantaggio, utilità)* ***a vostro ~*** at your convenience; ***mi farebbe ~ che tu venissi più presto*** it would suit me better if you came earlier; ***vieni alle 2 o alle 2.30, come ti fa più ~*** come at 2 or 2.30, whichever suits you best; ***è tollerante quando le fa ~*** she's liberal when it suits her; ***manipolano i fatti come fa ~ a loro*** they twist the facts to suit themselves; ***gli fa ~ ignorare i fatti*** it's convenient for him to ignore the facts; ***fare i propri -i*** o ***il proprio ~*** to do as one likes **2 di comodo** ***soluzione di ~*** convenient arrangement; ***società di ~*** dummy company; ***bandiera di ~*** MAR. flag of convenience **3 con comodo** at one's convenience, at one's leisure, leisurely; ***prendersela con ~*** to take one's time, to take it easy; ***fare qcs. con ~*** to do sth. at (one's) leisure; ***fallo con ~!*** take your time over it!

comodone /komo'done/ m. (f. **-a**) SCHERZ. slowcoach BE, slowpoke AE.

Comore /ko'more/ ➧ ***14*** n.pr.f.pl. ***le (isole) ~*** the Comoros.

compact disc, **compact disk** /'kompaktdisk/ m.inv. compact disc; ***lettore di ~*** compact disc player.

compaesana /kompae'zana/ f. **1** *(conterranea)* (fellow) countrywoman* **2** *(dello stesso paese)* ***è una mia ~*** she comes from the same town *o* village as I do.

compaesano /kompae'zano/ m. **1** *(conterraneo)* (fellow) countryman* **2** *(dello stesso paese)* ***è un mio ~*** he comes from the same town *o* village as I do.

compagine /kom'padʒine/ f. **1** *(struttura)* structure, whole; ***la ~ governativa*** the body of the government **2** SPORT team; ***la ~ italiana*** the Italian team.

▶ **compagnia** /kompaɲ'ɲia/ f. **1** *(presenza)* company, companionship, fellowship, society FORM.; ***tenere*** o ***fare ~ a qcn.*** to keep sb. company; ***essere visto in ~ di qcn.*** to be seen in sb.'s company; ***gradire la ~ di qcn.*** to enjoy sb.'s company; ***ricercare la ~ di qcn.*** to seek sb.'s company; ***essere di ~*** to be good company; ***essere in allegra ~*** to be in merry company; ***non saper stare in ~*** to be bad company; ***essere una buona ~ per*** to be fit company for; ***in ~ di uomini e donne*** in mixed company; ***ama bere in ~*** he's a social drinker; ***ho un gatto che mi fa ~*** I have a cat for company *o* companionship; ***dama di ~*** lady-in-waiting, (paid) companion **2** *(gruppo)* company, band, party, set, crowd COLLOQ.; ***tutta la ~*** the whole lot; ***una bella ~*** a great bunch; ***avere cattive -e*** to keep bad company; ***frequenta una cattiva ~*** he is mixed up in a fast crowd **3** COMM. company; ***~ aerea*** airline (company), airway; ***~ assicurativa*** o ***di assicurazioni*** insurance company; ***~ petrolifera*** oil company; ***~ di navigazione*** shipping company *o* line; ***~ di bandiera*** flag carrier **4** MIL. company; ***comandante di ~*** company commander; ***~ comando*** company headquarters **5** TEATR. company; ***~ teatrale*** theatre company *o* group, drama society; ***~ itinerante*** travelling company; ***~ di repertorio*** repertory company, rep ◆ ***...e ~ bella*** ...and company, ...and Co., and all that jazz *o* mob COLLOQ. ◆◆ ***Compagnia di Gesù*** RELIG. Society of Jesus.

▶ **compagno** /kom'paɲɲo/ m. (f. **-a**) **1** companion, mate, fellow, comrade, buddy COLLOQ., chum COLLOQ., pal COLLOQ.; ***~ di classe*** classmate; ***~ di scuola*** schoolfriend, schoolmate; ***~ di camera*** roommate; ***~ d'appartamento*** flatmate BE, roommate AE; ***~ di squadra*** team-mate; ***~ di giochi*** playfellow, playmate; ***~ di lavoro*** workmate; ***~ di cella*** cellmate; ***~ di studi*** fellow student; ***~ di viaggio*** fellow traveller; ***~ d'armi*** brother-in-arms, companion in arms **2** *(convivente)* partner **3** *(di animali)* mate **4** SPORT GIOC. partner; ***~ di ballo*** dancing partner **5** *(in un paio di oggetti)* companion (*di* to) **6** POL. *(comunista)* comrade **7** COMM. ***Bianchi e -i*** Bianchi and company.

compagnone /kompaɲ'ɲone/ m. (f. **-a**) COLLOQ. jolly fellow.

companatico, pl. **-ci** /kompa'natiko, tʃi/ m. = something to eat with bread.

comparabile /kompa'rabile/ agg. comparable (**a**, **con** to, with).

comparabilità /komparabili'ta/ f.inv. comparability.

comparare /kompa'rare/ [1] tr. to compare (**a**, **con** to, with).

comparatico, pl. **-ci** /kompa'ratiko, tʃi/ m. = relationship between godparents and godchildren.

comparatista, f.pl. **-e** /kompara'tista/ m. e f. **1** *(in lingui-stica)* = specialist in comparative linguistics **2** *(in letteratura)* = specialist in comparative literature.

comparatistica /kompara'tistika/ f. comparative studies pl.

comparativamente /komparativa'mente/ avv. comparatively.

comparativo /kompara'tivo/ **I** agg. [*studio, metodo, pubblicità*] comparative; LING. comparative **II** m. LING. comparative; ***al ~*** in the comparative; ***fare il ~ di*** to compare [*avverbio, aggettivo*] ◆◆ ***~ di maggioranza*** higher comparative; ***~ di minoranza*** lower comparative; ***~ di uguaglianza*** same degree comparative.

comparato /kompa'rato/ **I** p.pass. → **comparare II** agg. [*letteratura, linguistica*] comparative.

comparatore /kompara'tore/ m. TECN. comparator.

comparazione /komparat'tsjone/ f. **1** comparison (**tra** between); ***a ~ di*** in *o* by comparison with **2** LING. comparison; ***i gradi di ~*** the degrees of comparison.

compare /kom'pare/ m. **1** REGION. *(padrino)* godfather, sponsor; ***fare da ~ a qcn.*** to stand as godfather for sb. **2** *(compagno)* comrade **3** SPREG. SCHERZ. *(complice)* accomplice, stall ◆◆ ***~ d'anello*** *(testimone)* best man.

comparente /kompa'rɛnte/ m. e f. DIR. appearer.

▶ **comparire** /kompa'rire/ [47] intr. (aus. *essere*) **1** *(mostrarsi)* [*persona, veicolo, nave, fantasma*] to appear; [*sintomo*] to appear, to occur; [*eruzione cutanea*] to come* out, to break* out; [*malattia*] to supervene; *(all'improvviso)* [*persona*] to turn up, to show up, to pop up BE COLLOQ.; ***~ a qcn. in una visione*** to appear to sb. in a vision; ***~ all'orizzonte*** to appear on the horizon; ***~ sulla scena*** to appear on stage *o* the scene; ***non compare in scena fino al secondo atto*** he's not on until Act II; ***~ in televisione*** to appear on TV; ***~ per la prima volta sullo schermo*** to make one's first screen appearance; ***~ in pubblico*** to make a public appearance; ***il sole è comparso tra le nuvole*** the sun burst through the clouds **2** DIR. *(presentarsi)* to appear (**davanti a** before; **per** for); ***~ in tribunale*** to appear *o* come before a court, to appear in court; ***non ~ in tribunale*** to fail to appear in court; ***~ davanti a un giudice*** to go *o* be up before a judge; ***~ come testimone*** to appear as a witness; ***~ in giudizio*** to come to the bar, to come up for trial; ***fare ~ qcn. in giudizio*** to bring sb. for trial; ***essere chiamato a ~ davanti alla corte*** to be summoned (to appear) before the court **3** *(figurare)* [*nome*] to appear (**su** on; **in** in); ***~ in un romanzo, rapporto*** to figure in a novel, report **4** *(essere pubblicato)* [*opera, giornale*] to appear, to come* out, to be published **5** *(mettersi in mostra)* to show* off, to put* on a show.

comparizione /komparit'tsjone/ f. DIR. (court) appearance (**in** in; **davanti a** before); ***mandato di ~*** writ of subpoena *o* of summons, summons to appear; ***presentare un mandato di ~*** to serve a summons; ***intimare a qcn. un mandato di ~*** to serve a subpoena *o* summons on sb., to serve sb. with a summons; ***mancata ~*** nonappearance, failure to appear.

comparsa /kom'parsa/ f. **1** *(di persona, veicolo, sintomo)* appearance; *(di fenomeno, personaggio)* arrival; *(di movimento politico)* eruption; *(di malattia)* supervention, occurrence; *(di specie)* occurrence; ***la sua ~ in scena*** her arrival on the scene; ***fare una breve ~*** [*persona*] to put in an appearance **2** TEATR. CINEM. extra, figurant, supernumerary, walk-on; ***ruolo di ~*** walk-on role; ***fare la ~*** to walk on; ***fare solo da ~*** FIG. to have a token role **3** DIR. pleadings pl.

comparsata /kompar'sata/ f. CINEM. GERG. = part as an extra.

compartecipare /kompartetʃi'pare/ [1] intr. (aus. *avere*) to participate (**a** in).

compartecipazione /kompartetʃipat'tsjone/ f. sharing, copartnership; ***~ agli utili*** profit sharing; ***piano di ~ agli utili*** profit sharing scheme.

compartecipe /kompar'tetʃipe/ **I** agg. sharing, participating; ***essere ~ in un'impresa*** to participate in an enterprise **II** m. e f. sharer.

compartimentale /kompartimen'tale/ agg. departmental.

compartimentazione /kompartimentat'tsjone/ f. = division into compartments.

compartimento /komparti'mento/ m. **1** AMM. district, area **2** *(settore)* compartment, division, section; ~ ***stagno*** MAR. watertight compartment **3** *(scomparto)* compartment **4** FERR. *(scompartimento)* compartment.

compartire /kompar'tire/ [102] tr. LETT. to compart, to distribute, to apportion.

comparto /kom'parto/ m. **1** *(scomparto)* compartment; ~ ***del ghiaccio*** icebox BE **2** ECON. *(settore di attività)* section.

compassato /kompas'sato/ agg. [*persona, atteggiamento*] stuffy, stiff; [*discorso*] measured; [*aspetto, modi*] prim.

compassionare /kompassjo'nare/ [1] tr. LETT. to sympathize with, to pity [*persona*].

▷ **compassione** /kompas'sjone/ f. **1** compassion, pity, sympathy (**per** for); ***avere ~ di qcn.*** to have *o* take pity on sb.; ***provare ~ per qcn.*** to feel pity *o* sympathy for sb., to feel for sb.; ***suscitare*** o ***destare ~ in qcn.*** to stir sb. to compassion; ***per ~*** out of pity; ***fare qcs. per ~ di qcn.*** to do sth. out of sympathy for sb.; ***muovere qcn. a ~*** to move sb. to pity **2** FIG. *(pena)* ***fare ~*** to be painful *o* pathetic *o* miserable.

compassionevole /kompassio'nevole/ agg. **1** *(pieno di compassione)* [*persona*] compassionate, humane, sympathetic, pitying; [*gesto*] compassionate, feeling **2** *(che suscita compassione)* [*scena*] piteous, pitiful, pathetic, sad.

compassionevolmente /kompassjonevol'mente/ avv. compassionately, humanely, pityingly, sympathetically.

▷ **compasso** /kom'passo/ m. **1** *(per disegnare)* compasses pl., pair of compasses; *(per misurare)* callipers BE, calipers AE **2** MAR. AER. *(bussola)* compass ◆◆ ~ ***a punte fisse*** dividers; ~ ***per spessori*** outside calliper; ~ ***a verga*** beam *o* beau compass.

compatibile /kompa'tibile/ agg. **1** *(conciliabile)* compatible, consistent (**con** with); [*idee, opinioni*] reconcilable; ***le nostre idee non sono -i*** our ideas are irreconcilable **2** INFORM. [*computer*] compatible; ***X compatibile*** X-compatible; ***non ~*** [*computer*] incompatible **3** RAR. *(perdonabile)* pardonable, forgivable.

compatibilità /kompatibili'ta/ f.inv. **1** compatibility, reconcilability; ~ ***ematica*** MED. compatibility of blood types **2** INFORM. compatibility.

compatibilmente /kompatibil'mente/ avv. ~ ***con i miei impegni*** engagements permitting.

compatimento /kompati'mento/ m. **1** *(pietà)* → **compassione 2** *(indulgenza)* tolerance, indulgence, forbearance FORM.

▷ **compatire** /kompa'tire/ [102] tr. **1** *(commiserare)* to pity, to sympathize with, to feel* for [*persona*]; ***ama farsi ~*** she likes to be pitied; ***bisogna compatirlo*** he's to be pitied; ***non è proprio da ~*** *(se lo merita)* he got what he deserved; *(è ricco)* he's nothing to complain about **2** *(perdonare)* to forgive*, to make* allowance(s) for [*persona*].

▷ **compatriota**, m.pl. **-i**, f.pl. **-e** /kompatri'ɔta/ m. e f. compatriot FORM.; *(uomo)* (fellow) countryman*; *(donna)* (fellow) countrywoman*; ***un ~ inglese*** a fellow Englishman.

compattamento /kompatta'mento/ m. → **compattazione**.

compattare /kompat'tare/ [1] tr. **1** *(comprimere)* to compact [*neve, terreno*] **2** FIG. *(consolidare)* to consolidate.

compattatore /kompatta'tore/ m. compactor AE.

compattazione /kompattat'tsjone/ f. compaction.

compattezza /kompat'tettsa/ f. **1** *(coesione)* compactness, solidity; *(di crema, salsa)* stiffness **2** *(di gruppo)* cohesion, unity.

▷ **compatto** /kom'patto/ **I** agg. **1** *(denso)* [*terreno, neve*] compact; [*consistenza, trama*] close, close-grained; [*nebbia*] thick; [*folla*] solid, solidly packed; ***cipria -a*** pressed powder **2** *(poco ingombrante)* [*mobile, stereo*] compact **3** *(solido)* [*gruppo, famiglia*] close-knit, united; [*opposizione*] undivided; ***una zona che vota -a repubblicano*** a solid Republican area **II** m. *(impianto hi-fi)* compact stereo system.

compendiare /kompen'djare/ [1] tr. *(riassumere)* to summarize, to sum up.

compendiatore /kompendja'tore/ m. (f. **-trice** /tritʃe/) abridger, summarizer.

compendio, pl. **-di** /kom'pɛndjo, di/ m. **1** *(opera)* concise handbook, compendium*; ***un ~ di botanica*** a concise handbook of botany **2** *(riassunto)* abstract, summary, digest **3** FIG. *(sintesi)* sum, synthesis*.

compendiosità /kompendjosi'ta/ f.inv. conciseness, concision.

compendioso /kompen'djoso/ agg. [*testo, trattato*] compendious, concise.

compenetrabile /kompene'trabile/ agg. penetrable.

compenetrabilità /kompenetrabili'ta/ f.inv. penetrability.

compenetrare /kompene'trare/ [1] **I** tr. **1** to penetrate, to interpenetrate **2** FIG. *(pervadere)* to penetrate, to permeate; ***essere compenetrato da un sentimento di riconoscenza*** to be filled with gratitude **II compenetrarsi** pronom. FIG. *(essere pervaso)* to be* filled (**di** with).

compenetrazione /kompenetrat'tsjone/ f. permeation, interpenetration.

▷ **compensare** /kompen'sare/ [1] **I** tr. **1** *(bilanciare)* to balance (out), to make* good, to make* up (for), to offset* [*perdite, deficit*]; to compensate [*squilibrio*]; ***le perdite sono compensate dai profitti*** the losses are balanced by the profits; ~ ***qcs. con qcs.*** to offset sth. against sth.; ***la sua gentilezza compensa la sua timidezza*** he's very shy but his kindness makes up for it **2** *(risarcire)* to compensate [*persona, danno*]; ***nessuna somma di denaro potrebbe ~ questa perdita*** no amount could compensate this loss **3** *(ricompensare)* to reward (**di**, **per** for; **con** with); ***il risultato compenserà il tuo sforzo*** your result will be its own reward **II compensarsi** pronom. [*benefici, qualità, difetti*] to balance (out); *(annullarsi)* to cancel out.

compensativo /kompensa'tivo/ agg. compensatory, compensative, compensating ECON. COMM.

compensato /kompen'sato/ **I** p.pass. → **compensare II** agg. ***legno ~*** plywood **III** m. plywood; ***foglio di ~*** plywood sheet.

compensatore /kompensa'tore/ **I** agg. compensatory **II** m. **1** EL. MECC. OTT. compensator **2** AER. tab **3** ELETTRON. trimmer.

compensatorio, pl. **-ri**, **-rie** /kompensa'tɔrjo, ri, rje/ agg. compensatory.

compensazione /kompensat'tsjone/ f. **1** *(bilanciamento)* compensation, offset **2** BANC. ECON. clearance, clearing; ***camera di ~*** clearing house **3** DIR. *(annullamento di crediti e debiti)* setoff **4** AER. ***aletta di ~*** tab.

▶ **compenso** /kom'pɛnso/ m. **1** *(azione di compensare)* compensation, offset; ***in*** o ***come ~ per*** in compensation for, as an offset to **2** *(retribuzione)* pay, payment; *(onorario)* fee; ***come ~*** in payment (**per** of); ***dietro ~*** for a consideration; ~ ***all'ora*** hourly rate; ***il loro ~ medio è di 15 euro all'ora*** their pay averages out at about 15 euros an hour **3** *(ricompensa)* reward, payoff, recompense FORM.; ***come ~*** as a reward (**per**, **di** for); ***offrire un ~*** to offer a reward **4** *(indennizzo)* compensation **5 in compenso** *(in cambio)* in exchange, in return; ***è noioso, ma in ~ è utile*** it's boring but at least it's useful.

compera /'kompera/ f. buy, purchase; ***andare a far (le) -e*** to go shopping; ***è uscita a fare -e*** she's out shopping *o* at the shops.

comperare /kompe'rare/ → **comprare.**

▷ **competente** /kompe'tɛnte/ **I** agg. **1** *(qualificato)* [*professionista, insegnante*] capable, competent, proficient, qualified; ***essere ~ in materia*** to be expert on the subject; ***essere ~ per fare*** to be competent *o* qualified to do *o* proficient at doing **2** DIR. BUROCR. [*autorità, ufficio*] appropriate, authorized; [*corte*] competent, cognizant; ***deve rivolgersi alle autorità -i*** you have to go through the appropriate *o* right *o* relevant authorities; ***essere ~ per*** [*autorità, ufficio*] to cover [*area, regione*] **3** *(adeguato)* ***una mancia ~*** a suitable reward **II** m. e f. expert, specialist.

competentemente /kompetente'mente/ avv. competently, expertly, proficiently.

competenza /kompe'tɛntsa/ f. **1** *(conoscenza)* competence, expertise, authority, proficiency; ***avere la ~ per fare*** to have the competence *o* expertise to do; ***dubito che abbia la ~ sufficente per fare il lavoro*** I doubt his competence to do the work; ***la sua ~ di costruttore*** his expertise as a builder; ~ ***in qcs.*** skill at *o* in sth., expertise in sth.; ***con ~*** ably, capably; ***mostrare ~*** to show proficiency; ***non avere la ~ per fare*** to lack the expertise to do, to be incompetent to do; ***area di ~*** area of expertise **2** DIR. BUROCR. competence, jurisdiction; *(di tribunale)* competence, cognizance; ***rientrare nella ~ del tribunale*** to be within the competence of the court; ***diventare di ~ di qcn.*** to come within *o* under sb.'s jurisdiction; ***esulare dalla ~ di qcn.*** to be outside sb.'s jurisdiction; ***conflitto di -e*** demarcation dispute **3** *(pertinenza)* scope, province; ***rientrare, non rientrare nelle -e di qcn.*** to be within, beyond the scope of sb.; ***essere al di fuori delle -e di qcn.*** to exceed one's remit; ***il problema esula dalla nostra sfera di ~*** the question is not within our terms of reference **4** LING. competence **5** *(onorario)* fee, commission.

competere /kom'pɛtere/ [2] intr. (forms not attested: past participle and compound tenses) **1** *(gareggiare)* to compete (**con** with, against; **per** for); to vie (**con** with; **per** for); ***~ con qcn. per*** to rival sb. in; ***non possiamo ~ con le multinazionali*** we can't compete with multinationals; ***~ ad armi pari*** to compete on a level playing; ***non poter ~ con qcn.*** to be no match for sb. **2** *(spettare)* [*caso*] to be* within the jurisdiction of [*tribunale*]; ***non compete a te giudicare*** it is not up to you to judge; ***non compete a lui dirci che fare*** it's not for him to tell us what to do; ***non compete a me fare*** it's not

my place to do **3** *(essere dovuto)* to be* due; ***dovrebbero pagargli quello che gli compete*** they should pay him what is due to him.
competitivamente /kompetitiva'mente/ avv. competitively.
competitività /kompetitivi'ta/ f.inv. *(concorrenzialità) (di prezzo, prodotto, impresa)* competitiveness.
competitivo /kompeti'tivo/ agg. **1** *(che implica competizione)* [*sport*] competitive; ***spirito ~*** competitiveness **2** *(concorrenziale)* [*prodotto, impresa*] competitive; [*prezzo*] competitive, keen; ***a prezzo ~*** competitively priced.
competitore /kompeti'tore/ m. (f. **-trice** /tritʃe/) competitor, rival.
competizione /kompetit'tsjone/ f. **1** *(rivalità)* competition **U** (**tra** between); ***essere in ~*** to be in competition *o* contention; ***in ~ per*** competing for **2** *(gara sportiva)* competition **C**, contest; ***vettura da ~*** racing car.
compiacente /kompja'tʃɛnte/ agg. *(amabile)* [*persona*] acquiescent, complaisant (anche SPREG.), accommodating (anche SPREG.).
compiacenza /kompja'tʃɛntsa/ f. **1** *(cortesia)* compliance; ***fare qcs. per ~*** to do sth. out of kindness; ***abbia la ~ di ascoltarmi*** be so kind as to listen to me, be kind enough to listen to me **2** *(compiacimento)* complacence, complaisance.
compiacere /kompja'tʃere/ [54] **I** tr. to gratify, to humour BE, to humor AE [*persona*]; to satisfy [*desiderio*]; ***fare di tutto per ~ gli altri*** to be eager *o* anxious to please **II** intr. (aus. *avere*) ***~ a qcn.*** to please sb. **III compiacersi** pronom. **1** to flatter oneself; ***-rsi di qcs.*** to be delighted with *o* at sth., to be very pleased about sth.; ***-rsi di se stesso*** to give oneself a pat on the back; ***non compiacerti troppo!*** don't be so smug! don't be so pleased with yourself! ***non è il caso di -rsi*** there is no room for complacence **2** *(congratularsi)* ***-rsi con qcn. per la sua vittoria*** to congratulate sb. *o* to be happy for sb. on their victory.
compiacimento /kompjatʃi'mento/ m. complacence, complacency, smugness, satisfaction; ***~ di sé*** self-satisfaction; ***motivo di ~*** reason to feel satisfied; ***si ascolta con ~*** he likes the sound of his own voice.
compiaciuto /kompja'tʃuto/ **I** p.pass. → **compiacere II** agg. complacent, gratified, pleased, smug; ***sorriso ~*** smirk; ***~ di sé*** self-satisfied SPREG.; ***aveva un'aria -a*** she looked smug *o* pleased with herself, her face wore a smug expression; ***l'aria -a dell'intervistatore*** the smug face of the interviewer.
compiangere /kom'pjandʒere/ [70] **I** tr. to pity, to sympathize with [*persona*] **II compiangersi** pronom. to feel* sorry for oneself.
compianto /kom'pjanto/ **I** p.pass. → **compiangere II** agg. *(defunto)* late, lamented FORM.; ***il ~ signor Hill*** the late Mr Hill **III** m. **1** *(cordoglio)* mourning, sorrow, grief, plaint LETT. **2** *(componimento poetico)* lament, dirge.
▶ **compiere** /'kompjere/ [45] **I** tr. **1** *(fare, realizzare)* to do*, to perform [*buona azione*]; to perform, to accomplish [*miracolo*]; to conduct, to carry out [*esperimento*]; to make* [*sforzo*]; *(commettere)* to commit [*bassezze, delitto*]; ***~ grandi cose*** to achieve great things; ***~ ogni sforzo per fare*** to make every effort to do, to give your all to do; ***spronare qcn. a ~ sforzi maggiori*** to spur *o* encourage sb. on to greater efforts; ***~ il proprio dovere*** to fulfil one's obligations, to carry out one's duty **2** *(portare a termine)* to accomplish, to finish, to complete [*studi, lavoro*]; to carry out [*missione*] **3** *(di età)* ***quando compi gli anni?*** when is your birthday? ***ha appena compiuto trent'anni*** she has just turned thirty; ***quanti anni compi?*** how old are you? ***domani compio vent'anni*** tomorrow I'll be twenty **II compiersi** pronom. *(avverarsi)* [*evento*] to take* place.
compieta /kom'pjɛta/ f. RELIG. compline.
compilare /kompi'lare/ [1] tr. to fill in, to fill out, to complete [*questionario, modulo, formulario*]; to compile, to draw* up [*inventario, lista, elenco*]; to make* out, to write* [*assegno*]; ***~ un assegno all'ordine di*** to make out a cheque to; ***~ la dichiarazione dei redditi*** to file a tax return; ***"da ~ e spedire a..."*** "complete and send to...".
compilation /kompi'lɛʃʃon/ f.inv. *(raccolta)* compilation.
compilativo /kompila'tivo/ agg. ***tesi -a*** = a dissertation, a thesis which is not an original research.
compilatore /kompila'tore/ m. (f. **-trice** /tritʃe/) **1** *(chi compila)* compiler; *(di glossari)* glossarist; *(di indici, cataloghi)* indexer **2** INFORM. compiler; ***~ incrociato*** cross-compiler.
compilatorio, pl. **-ri, -rie** /kompila'tɔrjo, ri, rje/ agg. → **compilativo.**
compilazione /kompilat'tsjone/ f. **1** *(di testo)* compilation **2** *(testo compilato)* compilation, collection **3** INFORM. compilation.
▷ **compimento** /kompi'mento/ m. **1** *(attuazione, adempimento) (di attività, missione)* accomplishment; *(di compito)* performance; ***nel ~ del proprio dovere*** in the prosecution of one's duties **2** *(termine)* ***portare qcs. a ~*** to bring sth. to fruition, to see sth. through to completion; ***portato a ~*** [*opera, film, progetto*] accomplished; ***al ~ del ventesimo anno di età*** on reaching one's twentieth birthday.
compire /kom'pire/ [111] → **compiere.**
compitamente /kompita'mente/ avv. primly, politely.
compitare /kompi'tare/ [1] tr. to spell* (out) [*parola*].
compitazione /kompitat'tsjone/ f. spelling.
compitezza /kompi'tettsa/ f. primness, politeness.
1.compito /kom'pito/ agg. *(garbato, cortese)* [*persona*] polite, courteous; [*espressione*] prim; ***tutto ~*** prim and proper.
▶ **2.compito** /'kompito/ m. **1** *(incarico)* task, assignment; *(dovere, funzione)* brief BE, duty; ***avere il ~ di fare*** to have the job *o* task of doing; ***assegnare un ~ a qcn.*** to assign a task to sb., to assign sb. a task; ***affidare a qcn. il ~ di fare*** to entrust sb. with the task of doing; ***il ~ assegnatogli*** his allotted task; ***furono assegnati loro alcuni -i*** they were assigned certain duties; ***il ~ che abbiamo di fronte*** the task before us; ***assumersi il ~ di scoprire*** to make it one's business to find out; ***dover affrontare il ~ di fare*** to be faced with the task of doing; ***non fu un ~ facile*** it was not an easy task; ***~ specifico*** specific duty; ***essere all'altezza del proprio ~*** to be up to the job; ***è tuo ~ fare*** it is your brief to do; ***rientrare nei, essere al di fuori dei -i di qcn.*** to fall within, to exceed sb.'s brief; ***rispondere al telefono rientra nei tuoi -i*** your duties include answering the phone; ***non è ~ mio*** it is not my duty, business, it is no concern of mine; ***è ~ dei genitori...*** it is up to parents... **2** SCOL. *(a scuola)* schoolwork; *(a casa)* homework **U**, prep(aration) BE COLLOQ.; ***~ in classe*** (written) test; ***~ di un esaminando*** examination script; ***fare i -i*** to do one's homework; ***devo fare il ~ di matematica*** I have to do my maths exercises; ***correggere i -i degli studenti*** to mark students' works; ***-i delle vacanze*** holiday homework.
compiutamente /kompjuta'mente/ avv. *(completamente)* completely, fully.
compiutezza /kompju'tettsa/ f. completeness, perfection.
compiuto /kom'pjuto/ **I** p.pass. → **compiere II** agg. [*opera, azione*] complete(d); ***a vent'anni -i*** at 20 (years of age), at age 20; ***missione -a!*** mission accomplished! (anche SCHERZ.); ***un fatto ~*** an accomplished fact; ***mettere qcn. di fronte al fatto ~*** to present sb. with a fait accompli.
complanare /kompla'nare/ agg. MAT. coplanar.
▷ **compleanno** /komple'anno/ m. birthday; ***buon ~!*** happy birthday! ***biglietto, torta, regalo, festa di ~*** birthday card, cake, present, party; ***festeggiare il ~ di qcn.*** to celebrate sb.'s birthday; ***fare gli auguri di*** o ***augurare buon ~ a qcn.*** to wish sb. a happy birthday; ***tanti*** o ***sinceri auguri di buon ~*** best wishes on your birthday; ***quand'è il tuo ~?*** what date *o* when is your birthday? ***(per) il giorno del mio ~*** for my birthday.
complementare /komplemen'tare/ agg. **1** *(suppletivo)* complementary; ***beni -i*** ECON. complementary goods; ***imposta ~*** surtax; ***prestito ~*** top-up loan; ***materia*** o ***corso ~*** UNIV. subsidiary *o* minor AE subject, option BE; ***letture -i*** background reading **2** *(che completa)* [*persona, qualità, equipaggiamento*] complementary (**a** to); ***essere ~ l'uno all'altro*** to complement each other **3** MAT. [*archi, angoli*] complementary **4** FIS. ***colori -i*** complementary colours **5** LING. ***di-stribuzione ~*** complementary distribution; ***proposizione ~*** object clause.
complementarità /komplementari'ta/ f.inv. complementarity, complementariness.
complementarmente /komplementar'mente/ avv. complementarily.
complementazione /komplementat'tsjone/ f. complementation.
complemento /komple'mento/ m. **1** *(completamento)* complement, supplement; ***a ~*** as a supplement (**di** to); ***fare da ~ a qcs.*** to complement, complete sth. **2** MIL. ***ufficiale di ~*** reserve officer **3** MAT. complement **4** LING. complement ◆◆ ***~ d'agente*** agent; ***~ indiretto*** indirect object; ***~ di luogo*** adverbial of place; ***~ di mezzo*** adverbial of means; ***~ oggetto*** direct object; ***~ predicativo dell'oggetto*** object complement; ***~ predicativo del soggetto*** subject complement; ***~ di specificazione*** possessive phrase; ***~ di termine*** indirect object.
complessato /komples'sato/ **I** agg. ***è molto ~*** he has a lot of hang-ups; ***essere ~ per*** to have a hang-up about **II** m. (f. **-a**) person with a lot of complexes, full of hang-ups.
complessione /komples'sjone/ f. frame, complexion, constitution; ***di ~ esile*** slenderly built; ***di ~ debole, robusta*** with a frail, strong constitution.
complessità /komplessi'ta/ f.inv. complexity, complicacy, elaborateness; ***di una ~ stimolante, sconcertante*** interestingly, bewilderingly complex.

complessivamente /komplessiva'mente/ avv. extensively, overall, as a whole, on the whole, altogether; ***un bilancio ~ positivo*** an assessment that is, on the whole, positive.

▷ **complessivo** /komples'sivo/ agg. [*salario, età, popolazione*] combined; [*costo, misura, tendenza*] overall; ***l'impressione -a*** the overall effect; ***visione -a*** overview.

▶ **complesso** /kom'plɛsso/ **I** agg. **1** MAT. [*numero*] complex **2** *(complicato)* [*problema, questione*] complex, difficult, elaborate, messy, subtle; ***essere ~ da far funzionare*** to be tricky to operate **3** *(composito)* [*frase*] compound; [*personalità, fenomeno*] many-sided **II** m. **1** *(insieme di questioni, circostanze)* entirety, sum, whole; ***nel suo ~*** in its entirety; ***nel paese considerato nel suo ~*** in the country at large **2** *(insieme di edifici)* complex; ***~ residenziale*** housing complex *o* estate BE, residential block; ***~ sportivo*** sports complex; ***~ diplomatico*** diplomatic compound; ***~ carcerario*** prison compound; ***~ edilizio commerciale*** commercial development; ***~ industriale*** manifacturing facility; ***~ ospedaliero, scolastico, turistico*** hospital, school, tourist complex; ***~ di lancio*** launch complex **3** PSIC. complex, hang-up COLLOQ.; ***il suo peso gli crea dei -i*** he's got a complex about his weight; ***ha il ~ di avere il naso grosso*** she has a hang-up about her big nose; ***non devi farti dei -i*** there's no need to feel inferior *o* self-conscious **4** *(formazione musicale)* band, group; ***un ~ strumentale, vocale, d'archi*** an instrumental, vocal, string ensemble **5** MAT. complex **6** FIS. CHIM. complex **7 in, nel complesso** *(nell'insieme, in generale)* by and large, on the whole; ***nel ~, sono d'accordo*** on the whole I agree; ***nel ~ è stato molto movimentato*** one way and another it's been rather eventful ◆◆ ***~ di castrazione*** PSIC. castration complex; ***~ di colpa*** guilt complex; ***~ di Edipo*** PSIC. Oedipus complex; ***~ di Elettra*** PSIC. Electra complex; ***~ d'inferiorità*** PSIC. inferiority complex; ***~ di superiorità*** PSIC. superiority complex.

completamente /kompleta'mente/ avv. totally, altogether, completely, entirely, fully, thoroughly.

completamento /kompleta'mento/ m. completion (**di** of), follow-through, impletion; ***in via di*** o ***vicino al ~*** [*lavori, progetto*] nearing completion; ***al ~ dei lavori*** on completion (of the works); ***i programmi prevedono il ~ della stazione nel 2006*** the station is scheduled for completion in 2006.

▶ **completare** /komple'tare/ [1] **I** tr. **1** *(rendere completo)* to complete [*collezione, raccolta, inchiesta, frase, esercizio*]; to fill in [*formulario, scheda*]; ***quanto ti manca per ~...?*** how close are you to completing...? ***~ seguendo il modello*** do the exercise following the example; ***per ~ il quadro*** FIG. to cap it all **2** *(essere complementare)* [*persona*] to complement [*persona*] **3** *(portare a termine)* to finalize, to round off, to top [*edificio*] **II completarsi** pronom. [*elementi, persona*] to complement one another.

completezza /komple'tettsa/ f. completeness, comprehensiveness, thoroughness.

completivo /komple'tivo/ agg. ***proposizione -a*** object clause.

▶ **completo** /kom'plɛto/ **I** agg. **1** *(privo di lacune)* [*opere, lista, collezione, gamma*] complete; [*categoria, lista*] catch-all, comprehensive, exhaustive; [*educazione*] well-rounded; *(per esteso)* [*nome, indirizzo*] full; [*testo*] unabridged; ***la raccolta -a delle poesie di W. B. Yeats*** the collected poems of W. B. Yeats; ***questo non dà un quadro ~ della situazione*** this doesn't give the whole picture; ***~ di pile*** complete with batteries; ***pasto ~*** square meal; ***pensione -a*** American plan, bed and board, full board **2** *(pieno)* [*albergo, parcheggio, volo*] full; ***"~"*** "no vacancies" **3** *(totale)* [*fiducia, affidamento*] complete, absolute; [*disastro*] utter; ***buio ~*** complete *o* pitch *o* utter darkness; ***un fiasco ~*** an utter fiasco **4** *(versatile)* [*attore, atleta, servizio*] all-round; [*artista, star*] well-rounded **II** m. **1** ABBIGL. ensemble, outfit, suit; *(da uomo, donna)* (business) suit; ***~ da tennis*** tennis whites; ***~ a due, tre pezzi*** two-, three-piece suit **2** *(accessori)* ***~ da scrivania*** desk set *o* accessories **3** EQUIT. ***~ di equitazione*** three-day event **4 al (gran) completo** [*albergo, ristorante, sala*] full; [*cinema, teatro*] sold out; ***essere al ~*** to be booked up *o* fully booked; ***con il personale al ~*** with a full complement of staff; ***con equipaggio al ~*** fully manned; ***la manodopera è al ~*** the workforce is at full strength; ***essere (riunito) al (gran) ~*** [*commissione, assemblea, famiglia*] to be all present.

▶ **complicare** /kompli'kare/ [1] **I** tr. to complicate, to ravel; ***~ le cose*** to complicate matters, to make complications, to confuse *o* obscure the issue; ***complichi sempre tutto*** you always complicate things *o* make things (more) complicated; ***~ la vita*** o ***l'esistenza a qcn.*** to make life awkward *o* difficult for sb.; ***per ~ il tutto, ha piovuto tutto il giorno!*** to cap it all, it rained all day! **II complicarsi** pronom. **1** *(diventare complesso)* to become* more complicated, to ravel; ***le cose si complicano!*** things are getting complicated! **2** MED. to lead* to complications, to become* worse **3** *(rendere più complesso)* ***-rsi la vita*** to do things the hard way; ***non complicarti la vita!*** don't make life so difficult for yourself!

▶ **complicato** /kompli'kato/ **I** p.pass. → **complicare II** agg. [*persona, calcolo*] complicated; [*situazione, faccenda, argomento, problema*] awkward, intricate, difficult; [*soluzione, spiegazione, gioco, domanda*] elaborate; [*metodo*] devious, complicated, tricky; ***è troppo ~*** it's too much bother; ***è meno ~ di quanto pensi*** it's less complicated than you think; ***la faccenda è molto più -a di quanto non possa sembrare*** it's wheels within wheels.

▷ **complicazione** /komplikat'tsjone/ f. complication (anche MED.); ***c'è un'ulteriore ~*** there is a further complication; ***per paura delle -i*** for fear of complications; ***cerchi le -i dove non ci sono*** you're trying to create problems where there aren't any; ***salvo -i*** if no complications set in *o* arise.

▷ **complice** /'komplitʃe/ **I** agg. *(che rivela complicità)* [*silenzio, sguardo*] knowing; ***~ il vino, la fatica*** wine, tiredness playing its part **II** m. e f. DIR. *(connivente)* accessory (**di** to), accomplice (**di** to, in), associate (in crime); ***essere -i*** to be partners; ***essere (il) ~ di qcn.*** to be sb.'s accomplice; ***rendersi ~ di*** to abet [*crimine, fuorilegge*].

▷ **complicità** /komplitʃi'ta/ f.inv. **1** DIR. *(connivenza)* complicity; ***reato di ~*** accessorial crime; ***accusato di concorso in reato e ~*** charged with aiding and abetting; ***essere accusato di ~ per*** o ***in un furto, rapimento*** to be accused of complicity in a robbery, kidnapping; ***agire in ~ con qcn.*** to act in complicity with sb.; ***essere arrestato per ~ in un omicidio*** to be arrested for complicity in a murder **2** *(intesa)* bond; ***li univa una tenera ~*** they shared a deep affection for each other; ***uno sguardo di ~*** a conniving glance.

complimentare /komplimen'tare/ [1] **I** tr. RAR. to compliment, to pay* a compliment to **II complimentarsi** pronom. ***-rsi con qcn. per qcs.*** to compliment sb. on sth.; ***mi sono complimentato con lei solo per educazione*** when I complimented her I was only being polite; ***-rsi con i giovani sposi, la famiglia*** to congratulate the newlyweds, the family.

▶ **complimento** /kompli'mento/ **I** m. *(parola di cortesia, di felicitazione)* compliment; ***un ~ ambiguo*** a dubious *o* backhanded compliment; ***un ~ maldestro*** a heavy-handed compliment; ***fare un ~ a qcn.*** to pay sb. a compliment; ***è un bel ~!*** that is high praise! ***ciò che mi dici non è certo un ~!*** that's not very complimentary! ***detto da lei è un ~*** that's praise indeed coming from her; ***ricambiare il ~*** to return *o* reciprocate the compliment (anche SCHERZ.) **II complimenti** m.pl. **1** *(congratulazioni)* compliments; ***fare i (propri) -i a qcn.*** to give sb. one's compliments; ***essere avaro di -i*** to be grudging in one's thanks; ***riempire qcn. di -i*** to rain *o* shower compliments on sb.; ***andare a caccia di -i*** to angle *o* fish for compliments; ***i miei -i allo chef*** my compliments to the chef; ***"-i!"*** "congratulations!", "congrats" COLLOQ., "charming!" IRON. **2** *(convenevoli, cerimonie)* ***fare -i*** to stand on ceremony; ***non fare -i!*** COLLOQ. be my guest! ***prendere qcs., servirsi di qcs. senza (troppi) -i*** to make free with sth.; ***liquidare qcn.*** o ***qcs. senza tanti -i*** to give sb., sth. short shrift; ***non faccia -i!*** don't stand on ceremony *o* you don't have to be so formal! ***"posso fare una telefonata?" "prego, senza -i"*** "can I use your phone?" "feel free" ◆ ***l'imitazione è la più bella forma di ~*** PROV. imitation is the sincerest form of flattery.

complimentoso /komplimen'toso/ agg. [*persona*] cerimonious, formal; [*lettera, commento*] complimentary.

complottare /komplot'tare/ [1] **I** tr. *(ordire)* to plot, to hatch, to machinate [*attentato, brutto tiro*] **II** intr. (aus. *avere*) to conspire, to machinate, to plot, to scheme (**contro** against; **con** with); ***ma che cosa state complottando?*** SCHERZ. what are you cooking up?

complottatore /komplotta'tore/ m. (f. **-trice** /tritʃe/) schemer.

▷ **complotto** /kom'plɔtto/ m. *(macchinazione, intrigo)* (criminal) conspiracy, plot(ting), scheme (**contro** against); ***un ~ per organizzare un assassinio*** an assassination plot; ***sono accusati di ~ in omicidio*** they are charged with conspiracy to murder; ***ha tutta l'aria di essere un ~*** it looks suspiciously like a plot; ***ordire*** o ***tramare un ~*** to hatch a plot; ***essere immischiato in un ~*** to be embroiled *o* mixed up in a conspiracy; ***sventare un ~*** to discover *o* uncover *o* foil a plot; ***è un ~!*** it's a set up!

compluvio, pl. **-vi** /kom'pluvjo, vi/ m. **1** EDIL. valley **2** ARCH. STOR. compluvium*.

▷ **componente** /kompo'nɛnte/ **I** agg. component, constituent; ***forze -i*** FIS. component forces **II** m. e f. **1** *(membro)* ***~ delle forze armate*** member of the armed forces; ***i -i della famiglia*** the members of the family **2** *(in un composto)* component, constituent; ***-i dell'acqua*** constituents of water **3** TECN. *(elemento)* component part, section; EL. element; *(parte di una macchina)* unit; ***~ elettronico*** electronic component; ***smembrare qcs. nei propri -i*** to split sth. up into its component parts; ***-i per auto*** car parts **III** f. **1** *(fattore)* element, factor; ***una ~ di rischio, pericolo*** an element of risk, danger; ***la ~ umana*** the human element *o* factor; ***la ~ violenta del pubblico*** the violent part in the public; ***le -i del pensiero moderno*** the constituents of modern thought **2** FIS. component; ***~ di un vettore*** component of a vector **IV** m. MAT. LING. component.

componentistica /komponen'tistika/ f. components factory, parts production.

componenziale /komponen'tsjale/ agg. componential; ***analisi ~*** LING. componential analysis.

componibile /kompo'nibile/ agg. *(conciliabile)* compoundable; *(su misura)* self-assembly; [*camera*] fitted; [*libreria, divano*] sectional; ***cucina ~*** fully fitted kitchen, kitchen units; ***mobili -i*** unit furniture, modular *o* fitted furniture; ***comprare mobili -i*** to buy furniture in units.

componimento /komponi'mento/ m. **1** *(tema scolastico)* composition, essay **2** *(opera letteraria)* work; ***~ poetico*** short poem, poetic work, poem; ***~ in versi*** rhyme **3** MUS. composition **4** DIR. arrangement, agreement, settlement.

▶ **comporre** /kom'porre/ [73] **I** tr. **1** *(costituire)* to compose; [*elementi, persone*] to make* up; to form, to arrange [*giuria, delegazione*]; ***undici giocatori compongono la squadra*** eleven players make up the team; ***l'appartamento è composto di...*** the apartment comprises... **2** *(realizzare)* to make* up, to arrange [*mazzo di fiori*] **3** LETT. MUS. to compose, to write* [*canzone, sinfonia*]; ***~ musica*** to write music; ***~ versi*** to write poetry *o* verse; ***~ la colonna sonora di*** CINEM. to score **4** *(digitare)* to dial [*numero*]; ***~ il 12*** to dial 12; ***~ il proprio codice segreto*** to enter one's secret code **5** TIP. to compose, to make* up, to set* (up), to typeset* [*pagina, testo*]; ***~ qcs. in neretto*** to set sth. in bold **6** DIR. *(conciliare)* to adjudicate, to settle [*disputa*]; to heal, to patch up [*lite*]; to compose, to compromise AE [*disaccordo*]; ***~ qcs. in via amichevole*** to settle sth. out of court **7** *(mettere in ordine)* to tidy [*capelli, pettinatura*] **8** *(per un funerale)* to lay* out [*corpo*] **II comporsi** pronom. **1** *(essere costituito)* ***-rsi di*** to be made up of [*elementi, persone*] **2** *(sistemare)* ***-rsi gli abiti*** to fix one's clothes **3** *(mettersi composto)* ***componiti!*** decorum! behave yourself!

comportamentale /komportamen'tale/ agg. [*modello, disturbo, psicologia*] behavioural BE, behavioral AE; ***terapia ~*** behaviour therapy; ***codice ~*** code of behaviour.

comportamentismo /komportamen'tizmo/ m. behaviourism BE, behaviorism AE.

comportamentista, m.pl. **-i**, f.pl. **-e** /komportamen'tista/ **I** agg. behaviourist BE, behaviorist AE **II** m. e f. behaviourist BE, behaviorist AE.

comportamentistico, pl. **-ci**, **-che** /komportamen'tistiko, tʃi, ke/ agg. behaviourist BE, behaviorist AE.

▷ **comportamento** /komporta'mento/ m. **1** *(atteggiamento)* behaviour BE, behavior AE, conduct, manner, goings-on pl. COLLOQ. (**nei confronti di** towards); ***~ irreprensibile, ineccepibile*** perfect, unobjectionable behaviour; ***~ riprovevole*** misbehaviour; ***un ~ violento*** a loutish, violent behaviour; ***codice di ~*** code of behaviour; ***avere uno strano ~*** to behave oddly; ***è al di sopra di un ~ così meschino*** she's above such petty behaviour; ***non c'è scusante per un simile ~*** there's no excuse for such behaviour; ***il suo ~ mutevole*** o ***discontinuo*** the inconsistency of her behaviour **2** PSIC. behaviour BE, behavior AE; ***~ animale*** animal behaviour; ***psicologia del ~*** behavioural psychology; ***scienza del ~*** behavioural science; ***modello*** o ***schema di ~*** behaviour pattern, pattern of behaviour, role model; ***disturbi del ~*** behaviour(al) disorder; ***~ antisociale, disgregatore, modello*** antisocial, disruptive, model behaviour; *(di gruppi sociali)* ***-i*** attitudes **3** *(di cose)* ***il ~ di un corpo in assenza di gravità*** the behaviour of a body in absence of gravity; ***~ dei prezzi, del mercato*** price, market behaviour; ***~ su strada*** AUT. road holding.

▶ **comportare** /kompor'tare/ [1] **I** tr. *(implicare, determinare)* to entail [*viaggio, azione, lavoro, cambiamento, sviluppo, spesa, responsabilità, studio*]; to carry [*rischio, pericolo, responsabilità*]; to involve [*pericolo, problemi*]; to spell* [*pericolo*]; [*sciopero, legge*] to mean* [*riduzioni, cambiamenti*]; ***~ che*** to entail that; ***comporta partire presto*** it involves leaving early; ***comporterà una spesa ingente per loro*** it will involve them in heavy expenditure; ***il guasto ha comportato l'arresto della produzione*** the breakdown brought production to a standstill **II comportarsi** pronom. [*persona*] to act, to bear* oneself, to behave (oneself), to carry oneself, to carry on COLLOQ., to conduct oneself; ***si è comportato coraggiosamente*** he bore himself bravely; ***si è comportato da uomo*** he took it *o* acted like a man; ***-rsi da adulto*** to behave in a grown-up manner; ***-rsi da martire, sciocco*** to act the martyr, the fool; ***si sta comportando come un*** o ***da idiota*** he's behaving like an idiot; ***che modo di -rsi!*** what a way to behave! is that a way to behave? ***-rsi in modo aggressivo nei confronti di qcn.*** to act aggressively towards sb.; ***non è questo il modo di -rsi*** that's no way to carry on; ***non so mai come comportarmi in queste occasioni*** I never know the form at these ceremonies; ***sapere come -rsi con i bambini, clienti*** to know how to handle children, clients; ***si comporta come se fosse a casa sua*** he acts like he owns the place; ***non sa -rsi in società*** he doesn't know how to behave in company; ***-rsi bene*** to behave oneself; SPORT [*squadra*] to perform well; ***-rsi male*** to misbehave, to misconduct oneself, to act up COLLOQ.; [*bambino*] to behave naughtily; SPORT [*squadra*] to perform badly; ***cercate di comportarvi bene*** try to be good, to behave; ***comportati come si deve!*** behave properly! ***comportatevi bene ragazzi!*** be polite, boys!

comporto /kom'pɔrto/ m. **1** BUROCR. grace, respite **2** FERR. maximum waiting time, delay allowed for a connection.

composita /kom'pɔzita/ f. BOT. composite.

compositivo /kompozi'tivo/ agg. **1** *(che entra nella composizione)* component, constituent; ***elemento ~*** component **2** *(della composizione)* compositive; ***tecnica -a*** composition technique.

composito /kom'pɔzito/ agg. **1** *(eterogeneo)* [*pubblico*] motley, heterogeneous; [*oggetti, materiali*] miscellaneous; TECN. [*materiale, vetro*] composite **2** ARCH. [*capitello, ordine*] composite.

compositoio, pl. **-oi** /kompozi'tojo, oi/ m. composing stick.

compositore /kompozi'tore/ ➧ ***18*** m. (f. **-trice** /tritʃe/) **1** *(di musica)* composer; ***~ di fughe, monodie, canzoni*** fuguist, monodist, songwriter **2** TIP. compositor, typesetter.

compositrice /kompozi'tritʃe/ f. TIP. typesetting machine, typesetter.

▷ **composizione** /kompozit'tsjone/ f. **1** *(elementi constitutivi)* make-up, composition; ***di ~ metallica, simile*** metallic, similar in composition; ***la ~ etnica, religiosa di una giuria*** the racial, religious composition of a jury; ***entrare per il 40% nella ~ di*** to make up 40% of [*gas, sale*]; ***la ~ di*** the texture of [*crema, vernice*]; ***la ~ della dirigenza*** the management line-up; ***qualunque sia la ~ del nuovo governo*** whatever the shape of the new government may be **2** *(realizzazione)* composing; ***di mia ~*** of my composition **3** ART. LETT. MUS. *(tecnica, opera)* composition; ***studiare ~*** to study composition; ***questa ~ è opera mia*** this is my own composition; ***~ floreale*** flower arrangement **4** *(tema scolastico)* composition, essay **5** TIP. composing, composition, (type)setting; ***l'articolo è in ~*** the article is being typeset; ***riga di ~*** type-bar **6** LING. MAT. FIS. composition **7** DIR. composition; ***~ amichevole*** amicable settlement; ***venire a ~*** to compose, to come to composition.

compost /'kɔmpost/ m.inv. compost.

composta /kom'posta/ f. **1** *(di frutta)* compote, preserve, sauce AE; ***~ di pesche, ciliegie*** peach, cherry preserve; ***~ di mele*** stewed apples **2** AGR. compost.

compostaggio, pl. **-gi** /kompos'taddʒo, dʒi/ m. AGR. composting.

compostamente /komposta'mente/ avv. [*agire, reagire, parlare*] composedly.

compostezza /kompos'tettsa/ f. **1** *(contegno)* composure; ***atteggiare a ~*** to prim [*viso, bocca*] **2** *(ordine)* tidiness.

compostiera /kompos'tjɛra/ f. fruit dish, compote.

▶ **composto** /kom'posto/ **I** p.pass. → **comporre II** agg. **1** *(costituito)* ***~ di*** composed *o* compounded *o* made up of; ***interesse ~*** compound interest; ***un gruppo ~ per il 90% da donne*** a group of which 90% are women; ***spettacolo ~ di*** o ***da tre parti*** show made up of three parts; *(da più elementi)* [*foglia, fiore, occhio, sostanza, microscopio*] compound; ***sostantivo, tempo ~*** compound noun, tense; ***frattura -a*** impacted fracture **2** *(in ordine)* [*capelli, abito*] tidy **3** *(decoroso, educato)* [*persona, atteggiamento*] composed; ***sedere ~ a tavola*** to have good table manners; ***stai ~!*** sit up straight! ***stare fermo e ~*** to sit still; ***mantenere un'aria -a*** to maintain a semblance of composure **III** m. **1** *(unione di più cose)* composite, compound, mix; ***un ~ ceramico, metallico*** a ceramic, metallic composite; ***mescolare bene fino a quando il ~ non è omogeneo*** stir mixture until (it is) smooth **2** CHIM. compound; ***~ organico*** organic compound; ***~ aromatico*** aromatic compound; ***i -i del carbonio*** carbon compounds **3** LING. composite, compound.

comprabile /kom'prabile/ agg. buyable, purchasable.

▶ **comprare** /kom'prare/ [1] **I** tr. **1** *(acquistare)* to buy*, to get*, to purchase COMM. [*cibo, automobile, titolo, casa*] (**da** from); ***~ qcs. per*** o ***a qcn.*** to buy sth. for sb., to buy sb. sth.; ***quanto di meglio il denaro può ~*** the best that money can buy; ***~ qcs. in contanti*** to buy sth. for cash; ***~ qcs. a credito*** to buy sth. on credit; ***~ qcs. a rate*** to buy sth. on the installment plan; ~ ***qcs. in sconto*** to buy sth. at a discount; ~ ***per corrispondenza*** to buy (by) mail order; ~ ***in quantità superiore, inferiore alle necessità*** to overbuy, to underbuy; ~ ***al miglior prezzo*** to buy at a premium (price); ~ ***a buon mercato*** to buy low *o* cheap COLLOQ., to get the best buy; ~ ***a caro prezzo*** to buy at a great cost *o* dearly; ~ ***qcs. al dettaglio, al minuto*** to buy retail; ~ ***qcs. all'ingrosso*** to (buy in) bulk, to wholesale COMM.; ~ ***a termine*** ECON. to buy forward; ~ ***in blocco*** to buy up [*proprietà*]; ***fare un salto a ~ qcs.*** to nip out to the shops; ***come fa a ~ dei vestiti così cari?*** how can he afford to buy such expensive clothes? **2** *(corrompere)* to bribe, to buy* (off), to square [*persona, testimone, votante*]; ~ ***il silenzio di qcn.*** to pay sb. hush money, to buy sb.'s silence, to pay off sb. COLLOQ. **II comprarsi** pronom. ***-rsi qcs.*** to buy oneself sth. ◆ ~ ***a scatola chiusa*** to buy a pig in a poke; ~ ***tutta la baracca*** to buy sth. lock, stock and barrel.

compratore /kompra'tore/ m. (f. **-trice** /tritʃe/) buyer, emptor, purchaser, vendee; ***mercato favorevole ai -i*** buyer's market; ***è stato acquistato da un ~ anonimo*** it was bought anonymously; ***"da ritirare a cura del ~"*** "buyer collects".

compravendita /kompra'vendita/ f. sale; ~ ***di titoli*** share dealing; ~ ***di opzioni*** option trading; ***contratto di ~*** sales contract.

▶ **comprendere** /kom'prɛndere/ [10] **I** tr. **1** *(includere)* to comprise, to include, to cover [*significato, aspetto*]; to embrace [*campi, aree*]; to encompass [*aspetti, territori, distretti*]; to take* in [*luogo*]; ***un gruppo che comprende ragazzi fra i 10 e i 14 anni*** a group spanning the age range 10 to 14; ***la squadra comprende diversi giocatori stranieri*** the team includes several foreign players **2** *(capire)* to understand*, to catch*, to apprehend FORM., to grasp [*significato, concetto*]; to latch on to COLLOQ. [*verità, fatto*]; to take* in [*situazione*]; ***fu difficile per me ~ la sua scelta*** his choice was hard for me to understand; ***non comprende affatto la vera natura della politica*** he has no comprehension of the real nature of politics **3** *(dar prova di comprensione)* to understand* [*persona, atteggiamento, sentimento*] **II comprendersi** pronom. [*persone*] to understand* each other; ***-rsi a meraviglia*** to get on *o* along famously.

comprendonio /kompren'dɔnjo/ m. SCHERZ. wits pl., brains pl.; ***duro di ~*** slow-witted, uncomprehending, dense; ***è (un po') duro di ~*** he's a bit slow on the uptake *o* slow off the mark, he's a button short COLLOQ.

comprensibile /kompren'sibile/ agg. **1** *(intellegibile)* [*linguaggio, termine, spiegazione*] comprehensible, understandable; ***in modo ~*** [*illustrare, descrivere, formulare*] clearly, understandably; ***puoi parlare in modo ~?*** can't you speak in plain English? **2** *(giustificabile)* [*errore, reazione, atteggiamento*] understandable; ***è (del tutto) ~ che*** it is (quite) understandable that.

comprensibilità /komprensibili'ta/ f.inv. comprehensibility.

comprensibilmente /komprensibil'mente/ avv. **1** *(in modo intellegibile)* understandably, comprehensibly **2** *(giustificatamente)* ***è ~ deluso*** he is understandably, justifiably disappointed.

▷ **comprensione** /kompren'sjone/ f. **1** *(facoltà, attitudine)* comprehension **2** *(atto di comprendere)* comprehension, understanding, grasp; ***la sua ~ dell'italiano scritto è buona*** her reading knowledge of Italian is good; ***non ho problemi di ~ con il tedesco*** I have no problems understanding German; ***di facile ~*** easy to understand, easily understandable; ***necessario alla corretta ~ del testo*** necessary for a complete understanding of the text; ~ ***orale, scritta*** oral, reading comprehension; ***esercizio di ~*** comprehension; ***la sua mancata ~ del problema*** his failure to understand the problem; ***la sua notevole ~ della psicologia maschile*** her remarkable insight into male psychology; ***questo supera la mia ~!*** it's beyond my comprehension, my ken! ***essere al di là dell'umana ~*** to be past understanding, to pass human understanding **3** *(indulgenza)* understanding, fellow feeling, responsiveness, tolerance; ***mostrare ~*** to show understanding; ***potrebbe avere un po' più di ~!*** she could show a bit more sympathy! ***un atteggiamento pieno di ~*** a sympathetic attitude; ***non aspettarti nessuna ~ da parte mia!*** don't expect any sympathy from me! ***confidiamo nella Vostra ~*** *(nella corrispondenza)* we trust you will understand.

▷ **comprensivo** /kompren'sivo/ agg. **1** *(indulgente)* [*persona*] sympathetic, responsive, understanding (**verso**, **con** towards); ***fare la parte dell'amico ~*** to play the sympathetic friend **2** COMM. ***~, non ~ di IVA*** including, not including VAT; ***il prezzo è ~ della consegna*** the price is inclusive of delivery.

comprensorio, pl. **-ri** /kompren'sɔrjo, ri/ m. district, territory, area; ~ ***di bonifica*** reclamation district.

compresente /kompre'zɛnte/ agg. coexistent.

compresenza /kompre'zɛntsa/ f. coexistence.

compreso /kom'preso/ **I** p.pass. → **comprendere II** agg. **1** *(incluso)* included, inclusive; ~ ***luglio*** including July, July included; ***fino a lunedì ~*** up to and including Monday; ***aperto da aprile a settembre ~*** open April through September AE; ***le persone dai 17 ai 24 anni -i*** those aged 17-24 inclusive; ***di età -a tra i 20 e i 25 anni*** aged between 20 and 25; ***le persone nella fascia di età -a tra i 25 e i 30 anni*** people in the 25-30 age range; ***la maggior parte delle persone, bambini -i*** most people, children included; ***la colazione è -a nel prezzo*** breakfast is included in the price; ***la radio è -a nel prezzo*** the radio is part of the package; ***"corso di formazione ~"*** "training provided"; ***è tutto ~*** it's all part of the service; ***servizio ~*** includes *o* including service **2** *(capito)* understood **3** LETT. *(dominato)* overcome (**di** by, with); ~ ***di pietà, di meraviglia*** filled with pity, wonder **4** *(intento)* concentrated; ***essere tutto ~ dei propri pensieri*** to be lost *o* engrossed in one's thoughts **5 tutto compreso** [*tariffa, prezzo*] all-inclusive; ***viaggio tutto ~*** package tour *o* holiday BE *o* vacation AE; ***prenotate da noi le vostre vacanze tutto ~*** book an inclusive holiday with us BE.

compressa /kom'prɛssa/ f. **1** FARM. pill, tablet, lozenge; ~ ***effervescente, solubile*** effervescent, soluble tablet; ~ ***masticabile*** chewable tablet **2** *(medicazione)* compress, pack.

compressibile /kompres'sibile/ → **comprimibile.**

compressibilità /kompressibili'ta/ → **comprimibilità.**

compressione /kompres'sjone/ f. TECN. FIS. INFORM. compression.

compressivo /kompres'sivo/ agg. compressive.

compresso /kom'prɛsso/ **I** p.pass. → **comprimere II** agg. **1** *(sottoposto a pressione)* compressed; ***aria -a*** compressed air; ***gas ~*** pressurized gas **2** FIG. *(represso)* [*desiderio*] repressed.

compressore /kompres'sore/ **I** agg. compressing; ***rullo ~*** roadroller, steamroller; FIG. steamroller, juggernaut **II** m. (air) compressor; ~ ***a spruzzo*** spray compressor.

comprimario, pl. **-ri** /kompri'marjo, ri/ m. (f. **-a**) TEATR. supporting actor; ***avere un ruolo da ~*** to play a supporting role (anche FIG.).

comprimere /kom'primere/ [29] tr. **1** *(premere, schiacciare)* to compress [*oggetto, sostanza*]; to squeeze [*bottiglia, borsa, pacco*]; MED. to constrict [*arteria, organo*] **2** *(sottoporre a pressione)* TECN. to compress [*liquido, gas*] **3** INFORM. to zip [*file*] **4** FIG. *(reprimere)* to repress.

comprimibile /kompri'mibile/ agg. FIS. CHIM. [*gas*] compressible.

comprimibilità /komprimibili'ta/ f.inv. compressibility.

1.compromesso /kompro'messo/ **I** p.pass. → **compromettere II** agg. [*possibilità*] blighted; [*salute*] at risk mai attrib., impaired; [*persona*] compromised; [*carriera, relazione*] damaged, compromised; ***il progetto è ~*** the project is in jeopardy; ***qcs. è stato (seriamente) ~*** (a lot of) damage was done to sth.

▷ **2.compromesso** /kompro'messo/ m. **1** *(accomodamento)* compromise, give-and-take, halfway house, trade-off; ***-i*** half-measures; ***soluzione di ~*** compromise solution; ***cercare un ~*** to do a balancing act; ***fare un ~*** to give and take; ***accettare un ~*** to agree to a compromise; ***arrivare, giungere a un ~*** to come to *o* reach a compromise, to split the difference; ***trovare un ~ su qcs.*** to compromise on sth.; ***siamo giunti a un ~*** I met him halfway; ***scendere*** o ***venire a -i con la propria coscienza*** to come to terms with one's conscience; ***essere incline al ~*** to have a liking for compromise; ***scenderanno a -i solo fino a un certo punto*** they will only compromise so far **2** DIR. ***proposta di ~*** submission; ***firmare il ~*** to sign the preliminary contract ◆◆ ~ ***storico*** POL. historic compromise.

compromettente /kompromet'tɛnte/ agg. [*scritto, situazione, passato, presenza*] compromising, damaging (**per** to); ***non ci vada, è ~*** don't go, it will compromise you.

▷ **compromettere** /kompro'mettere/ [60] **I** tr. to compromise, to damage [*reputazione, carriera, relazione*]; to impair [*salute, relazione*]; to jeopardize [*carriera, piani*]; to blight [*possibilità*]; ***~ la propria reputazione*** to compromise one's reputation **II compromettersi** pronom. to compromise oneself, to give* a hostage to fortune; ***-rsi con persone losche*** to discredit oneself *o* get involved with shady characters.

comproprietà /komproprje'ta/ f.inv. collective ownership, co-ownership, co-property, joint ownership, shared ownership; ***in ~*** collectively *o* jointly owned; ***essere (messo) in ~*** to go coop AE; ***alloggio in ~*** cooperative AE, co-op AE; ***comprare qcs. in ~*** to buy sth. jointly with someone; ***la ~ di una strada, di un muro*** the joint ownership of a road, wall.

comproprietario, pl. **-ri** /komproprje'tarjo, ri/ m. (f. **-a**) co-owner, joint owner, part owner.

comprova /kom'prɔva/ f. confirmation, proof, evidence; ***a*** o ***in ~*** in confirmation, as a proof (**di** of).

comprovabile /kompro'vabile/ agg. provable, demonstrable, undeniable.
comprovare /kompro'vare/ [1] tr. to prove (**che** that).
compulsare /kompul'sare/ [1] tr. **1** DIR. to summon **2** *(consultare)* to peruse, to read* thoroughly, to study thoroughly [*dizionario, documenti*].
compulsione /kompul'sjone/ f. PSIC. compulsion.
compulsivo /kompul'sivo/ agg. PSIC. compulsive.
compunto /kom'punto/ agg. [*persona*] compunctious; [*atteggiamento*] contrite; ***assumere un atteggiamento*** ~ to look contrite.
compunzione /kompun'tsjone/ f. compunction.
computabile /kompu'tabile/ agg. computable, calculable; ***anni -i ai fini pensionistici*** = span of working years counted for retirement.
computabilità /komputabili'ta/ f.inv. computability.
computare /kompu'tare/ [1] tr. **1** to compute, to calculate [*costi, interessi*] **2** *(addebitare)* to debit, to charge.
computazionale /komputattsjo'nale/ agg. computational; ***linguistica*** ~ computational linguistics.
computazione /komputat'tsjone/ f. → **computo.**
▷ **computer** /kom'pjuter/ m.inv. computer; ***fare qcs. con un, su*** o ***al*** ~ to do sth. by, on a computer; ***avere qcs. su*** ~ to have sth. on computer; ***mettere qcs. su*** ~ to put sth. on computer, to feed sth. into computer; ***il ~ funziona, è fuori uso*** the computer is up, down; ***errore di*** ~ computer error; ***controllato dal*** ~ computer-controlled; ***simulato al*** ~ computer-simulated; ***installazione di un*** ~ computer installation; ***immettere (dei) dati in un*** ~ to input *o* tap data into a computer ◆◆ ~ ***palmare*** hand-held *o* palmtop computer; ~ ***portatile*** laptop, notebook, transportable.
computerese /kompjute'rese/ m. computerese.
computeristico, pl. **-ci**, **-che** /kompute'ristiko, tʃi, ke/ agg. computer attrib.; ***industria -a*** computer industry.
computerizzabile /kompjuterid'dzabile/ agg. computerizable.
computerizzare /kompjuterid'dzare/ [1] tr. to computerize.
computerizzato /kompjuterid'dzato/ **I** p.pass. → **computerizzare II** agg. computerized, computer-aided; ***elenco*** ~ electronic directory; ***grafica -a*** computer graphics; ***tomografia assiale -a*** MED. computerized axial tomography.
computerizzazione /kompjuteriddzat'tsjone/ f. computerization.
computista, m.pl. **-i**, f.pl. **-e** /kompu'tista/ ♦ ***18*** m. e f. reckoner, bookkeeper.
computisteria /komputiste'ria/ f. **1** *(concetto, disciplina)* business mathematics **2** *(professione, attività)* bookkeeping, accountancy.
computo /'komputo/ m. **1** *(conteggio)* calculation, computation, reckoning **2** *(addebito)* debit.
▷ **comunale** /komu'nale/ agg. **1** [*amministrazione*] local; [*piscina, biblioteca*] town attrib., city attrib.; ***impiegato*** ~ council BE *o* town AE worker; ***imposta*** ~ local *o* council BE tax; ***le elezioni -i*** the local elections; ***palazzo*** ~ town hall; ***consiglio*** ~ city *o* town BE council; ***consigliere*** ~ city *o* town councillor BE; *(uomo)* (city) councilman AE; *(donna)* (city) councilwoman AE **2** STOR. ***l'età*** ~ the age of the (Italian) city states.
comunanza /komu'nantsa/ f. intercommunity, community; ~ ***dei beni, d'interessi*** community of goods, interests; ~ ***di vedute, gusti, valori*** shared views, tastes, values.
comunardo /komu'nardo/ m. (f. **-a**) STOR. Communard.
▶ **1.comune** /ko'mune/ **I** agg. **1** *(relativo a più persone)* common; ***il nostro ~ amico*** our mutual friend; ***per il bene*** ~ for the common good; ***è nel loro ~ interesse*** it is to their mutual advantage; ***fare causa ~ con qcn.*** to make common cause with sb., to throw *o* cast in one's lot with sb.; ***di ~ accordo*** with one accord, by common accord *o* agreement *o* consent, by mutual agreement *o* consent; ***cassa, fondo*** ~ kitty; ***fare cassa*** ~ FIG. to share the expenses; ***mozione, sforzo*** ~ joint resolution, effort; ***mercato*** ~ common market, Common Market; ***nel mercato ~ europeo*** in the Euromarket **2** *(simile)* [*caratteristiche, interessi, tratti*] shared; ***una politica ~ ai due partiti*** a policy common to both parties **3** *(corrente)* [*atteggiamento, opinione, errore, malattia*] common; [*espressione, parola*] everyday; ***essere ~ fra*** to be common among; ***l'inglese*** ~ everyday English; ***nel senso più ~ del termine*** in the most widely used sense of the word; ***è cosa ~ fare*** it's common to do; ***è opinione ~ che*** it is a popularly held belief that; ***non è un nome molto*** ~ that's a rather unusual name; ***luogo*** ~ FIG. commonplace; ***diventare un luogo*** ~ to become a cliché; ***di uso*** ~ in current use; ***rendere qcs. di uso*** ~ to make sth. common currency; ***diventare di uso*** ~ [*espressione, parola*] to enter current usage; ***è di una bellezza non*** ~ she is uncommonly beautiful **4** *(ordinario)* [*persona, vita*] ordinary; ***essere, diventare*** ~ to be, become commonplace; ***l'uomo*** ~ the man in the street; ***la gente*** ~ common *o* ordinary people, the commonalty, the commons; ***i -i mortali*** ordinary *o* common mortals **5** MAT. common; ***minimo comun denominatore*** lowest common denominator; ***massimo comun divisore*** greatest common divisor *o* factor, highest common factor; ***minimo ~ multiplo*** lowest *o* least common multiple **6** LING. ***nome*** ~ appellative *o* common noun **II** m. **1** ***uscire dal*** ~ to be out of the ordinary; ***fuori dal*** ~ uncommon, out of the way *o* the common run; ***persona fuori dal*** ~ stand-out; ***di un'intelligenza fuori dal*** ~ of unusual intelligence **2 in comune** *(condiviso)* shared; *(collettivamente)* in common, communally; ***proprietà in*** ~ communal ownership; ***dopo dieci anni di vita in*** ~ after living together for ten years; ***hanno molto in*** ~ they have lots, a great deal in common; ***gli inquilini hanno la cucina in*** ~ the kitchen is shared by the tenants; ***mettere in*** ~ to pool [*informazioni, risorse, esperienze*]; ***mettere soldi in*** ~ to club together; ***noi mettiamo tutto in*** ~ we share everything ◆ ***mal ~ mezzo gaudio*** PROV. a trouble shared is a trouble halved.
▶ **2.comune** /ko'mune/ **I** m. **1** *(paese, cittadina)* village; *(città)* town, city; ***un ~ di circa 3000 abitanti*** a town of 3,000 inhabitants on the average; ***il ~ di Milano*** the city of Milan; ~ ***rurale*** parish BE **2** AMM. *(organo amministrativo)* township, municipality; *(uffici, sede)* town hall, city hall AE; ***manifestazione organizzata dal ~ di Torino*** event organized by the City of Turin; ***essere eletto al ~ di*** to be elected mayor of; ***recarsi*** o ***andare in*** ~ to go to the city hall (offices); ***sposarsi in*** ~ to get married in the registry office *o* town hall **3** STOR. Commune, city-state; ***l'età dei Comuni*** the age of the (Italian) city-states **4** POL. *(in Inghilterra)* ***i Comuni*** the Commons; ***la Camera dei Comuni*** the House of Commons **II** f. **1** *(comunità)* commune; ***vivere in una ~ femminile*** to live in a women's commune **2** *(in Cina)* commune ◆◆ ***la Comune di Parigi*** STOR. the Paris Commune.

> **Comune** Each province is subdivided into municipalities (*comuni*), each of which is run by a council and municipal committee headed by a mayor (*sindaco*). The functions of the comune are mainly administrative.

comunella /komu'nɛlla/ f. **1** ***fare ~ con qcn.*** COLLOQ. to be in cahoots with sb., to gang up with sb., to train with sb. AE **2** *(chiave)* master key, passe-partout, passkey, skeleton key.
comunemente /komune'mente/ avv. commonly, popularly; ~ ***conosciuto come*** commonly known as; ***si ammette*** o ***accetta ~ che*** it is generally *o* widely accepted that; ***è un fatto ~ accettato che*** there is general agreement that.
comunicabile /komuni'kabile/ agg. **1** *(disponibile)* [*informazione, ordini*] conveyable; ***dati -i per telefono*** data which can be given over the telephone **2** *(esprimibile)* [*concetto, emozione, idea*] communicable, conveyable.
comunicabilità /komunikabili'ta/ f.inv. communicability.
comunicando /komuni'kando/ m. (f. **-a**) = a person about to receive Communion for the first time.
comunicante /komuni'kante/ agg. **1** EDIL. [*stanze*] communicating, connecting **2** MED. [*arteria*] communicating **3** FIS. ***vasi -i*** communicating vessels.
▶ **comunicare** /komuni'kare/ [1] **I** tr. **1** *(far conoscere)* [*persona*] to communicate, to impart, to pass on [*informazioni, notizie*] (**a** to); to convey [*ordini, messaggi*] (**a** to); to put* across [*idea, messaggio, concetto, punto di vista*] (**a** to); ~ ***la notizia a qcn.*** to break the news to sb.; ~ ***per telefono*** to phone in [*informazioni, risposte*] **2** *(notificare)* to inform, to notify [*decisione, rifiuto*]; ~ ***a un impiegato il suo licenziamento*** to inform an employee of his dismissal **3** *(trasmettere)* [*parole, immagini, gesti, musica*] to communicate, to convey [*emozioni, impressioni*] (**a** to); ~ ***il proprio entusiasmo a qcn.*** to pass on one's enthusiasm to sb. **4** MECC. FIS. to transmit [*movimento*] **5** RELIG. to administer Holy Communion to, to communicate [*fedeli*] **II** intr. (aus. *avere*) **1** to communicate (**con** with); ~ ***per*** o ***via radio*** to communicate by radio; ~ ***a gesti*** to communicate by gestures; ~ ***con la lingua dei segni*** to talk in sign, to sign; ~ ***per mezzo di un interprete*** to speak through an interpreter; ~ ***per mezzo della danza*** to communicate through dance **2** *(essere in collegamento)* [*stanze, appartamenti*] to (inter)communicate, to (inter)connect (**con** with) **III comunicarsi** pronom. **1** *(trasmettersi)* [*persone*] to pass on to each other [*informazione, notizia*] **2** *(ripercuotersi)* ***-rsi a*** [*fenomeno*] to affect **3** RELIG. [*persona*] to communicate; ***andare a -rsi*** to go up for communion.
comunicativa /komunika'tiva/ f. communicativeness, communication skills; ***avere una buona*** ~ to be a good communicator.

comunicativo /komunika'tivo/ agg. **1** *(relativo alla comunicazione)* communicative **2** *(espansivo)* [*persona, natura*] communicative **3** *(contagioso)* ***una risata -a*** an infectious laugh.

comunicato /komuni'kato/ m. statement; *(di partito, governo)* communiqué, statement, announcement; *(annuncio)* announcement; **~ *ufficiale*** official statement *o* bulletin; **~ *congiunto, finale*** common, final statement; **~ *pubblicato ieri*** statement issued yesterday ◆◆ **~ *commerciale*** spot; **~ *stampa*** press release.

comunicatore /komunika'tore/ m. (f. **-trice** /tritʃe/) communicator.

▶ **comunicazione** /komunikat'tsjone/ f. **1** TECN. communication; **~ *via radio*** radio communication; ***un mezzo, sistema di* ~** a means, system of communication; ***essere in* ~ *con qcn.*** to be in communication with sb.; ***le passo la* ~** I'll transfer the call to you, I'll put the call through to you; ***mettere in* ~ *con*** TEL. to put on; ***costo della* ~** cost of a call; **~ *a più voci*** TECN. conference call; ***interruzione delle -i*** a breakdown in communications; ***interrompere le -i*** to bring the lines down; ***interfaccia di* ~** communication interface **2** *(relazioni sociali)* communication; ***strategia di* ~** communications strategy; **~ *interpersonale*** interpersonal communications; ***avere una buona attitudine per le -i telefoniche*** to have a good telephone manner; ***migliorare la* ~** to promote better communications **3** *(materia di studio)* ***scienze della* ~** communication science; ***studi in scienze della* ~** communication *o* media studies **4** *(messaggio)* message, note, notification; **~ *alla stampa*** handout, news release; ***fare una* ~ *su*** to give a paper on; **~ *radiotelevisiva di qcn. alla nazione*** sb's broadcast to the nation **5** *(nei media)* communication; ***compagnia, industria, rete di -i*** communications company, industry, network; ***mezzi di* ~ *di massa*** mass media **6** *(collegamenti)* ***mezzi, vie di* ~** communications; ***linee di* ~** communication lines, lines of communication; ***le -i sono state interrotte*** communications have been cut off **7** LING. communication.

▷ **comunione** /komu'njone/ f. **1** *(comunanza)* communion, sharing; **~ *di affetti, di idee*** sharing of the same feelings, ideas **2** DIR. community; **~ *dei beni*** community of goods, community property AE; ***sposarsi in (regime di)* ~ *dei beni*** to marry on terms of joint ownership of property **3** RELIG. (Holy) Communion; ***dare*** o ***amministrare la* ~ *a qcn.*** to administer Communion to sb.; ***(andare a) fare, ricevere la* ~** to go to, take Communion, to receive the Sacrament; ***fare la prima* ~** to make one's First (Holy) Communion ◆◆ ***la* ~ *dei Santi*** RELIG. the communion of saints.

comunismo /komu'nizmo/ m. Communism, communism.

▶ **comunista**, m.pl. **-i**, f.pl. **-e** /komu'nista/ **I** agg. Communist, communist, commie COLLOQ.; ***partito* ~** Communist Party; ***Cina* ~** Red China **II** m. e f. Communist, communist, commie COLLOQ.

comunistizzare /komunistid'dzare/ [1] tr. to communize.

comunistoide /comunis'tɔide/ m. e f. commie COLLOQ., red COLLOQ.

▷ **comunità** /komuni'ta/ f.inv. **1** *(gruppo di persone)* community; ***la* ~ *studentesca, italiana*** the student, Italian community; ***una* ~ *insulare*** an island community; ***la* ~ *dei ricercatori*** research community; ***la* ~ *scientifica, politica*** the scientific, political community **2** *(collettività)* community, commonalty; ***spirito di* ~** sense of community; ***vivere in* ~** to live in a commune; ***la vita in* ~** communal life; ***a spese della* ~** at public expense; ***una vita al servizio della* ~** a lifetime service to the community; ***nell'interesse della* ~** in the community interest; ***violenza all'interno della* ~** communal violence; ***essere in seno alla* ~** to be in the bosom of the community; ***le relazioni tra la polizia e la* ~** relations between the police and the community **3** *(per fini sociali)* **~ *per disabili*** residential home; **~ *per tossicodipendenti*** drug rehabilitation centre **4** RELIG. communion, (religious) community; **~ *dei fedeli*** holy community ◆◆ **~ *culturale*** cultural community; **~ *etnica*** ethnic community; **~ *linguistica*** speech community; **~ *montana*** = territorial association in a mountain region; **~ *terapeutica*** therapeutic community; ***Comunità Economica Europea*** European Economic Community; ***Comunità Europea del Carbone e dell'Acciaio*** European Coal and Steel Community; ***Comunità Europea dell'Energia Atomica*** European Atomic Energy Community; ***Comunità degli Stati Indipendenti*** Commonwealth of Independent States.

comunitario, pl. **-ri**, **-rie** /komuni'tarjo, ri, rje/ agg. **1** POL. *(dell'Unione Europea)* [*norma, diritto, paese*] community attrib. **2** *(di una collettività)* [*vita, regole*] community attrib., communal; ***spirito* ~** sense of community, community spirit.

▶ **comunque** /ko'munkwe/ L'avverbio *comunque*, quando significa *in ogni caso / modo*, si traduce *anyway*, *anyhow*, *in any case* o *however*, sostituibili in contesti formali da *nevertheless* e in contesti d'uso colloquiale da *all the same* o *though* (che va in fondo alla frase): *non mi piace molto, ma lo prendo comunque* = I don't like it very much - anyway / in any case / however / nevertheless / all the same, I'll take it (*oppure* I'll take it all the same /, though). - Quando *comunque* si usa per concludere una frase ed equivale a *insomma, per farla breve*, si rende con *anyway*: *quando uscii di casa ero molto in ritardo e c'era molto traffico; comunque, sono riuscito a prendere il treno* = when I left home I was very late and there was a lot of traffic; anyway, I succeeded in catching the train. - Quando *comunque* è usato come congiunzione con il significato di *in qualunque modo*, si rende solitamente in inglese con *however* o *whatever*. La frase *comunque stiano le cose, non posso farlo senza aiuto da parte tua* va tradotta con: however matters stand, I can't do that with no help from you (perché presuppone la domanda *how do matters stand?*); invece la frase *comunque la pensi, non l'aiuterò* va resa con: whatever she thinks, I won't help her (perché presuppone la domanda *what does she think?*). - Per altri traducenti ed esempi, si veda la voce qui sotto. **I** avv. **1** anyway, though, however, just the same, in any case; ***intendevo farlo* ~** I was planning to do that anyway; ***perché vuoi saperlo, ~?*** why do you want to know, anyway? ***non possiamo uscire, ~ non per ora*** we can't go out, not yet anyway; **~ *è stato interessante*** it was interesting even so; ***puoi gridare quanto ti pare, tanto vado ~!*** you can shout until you're blue in the face, I'm going anyway! ***"viaggiare all'estero è costoso" - "ne vale ~ la pena"*** "travelling abroad's expensive" - "it's worth it, though"; ***beh, ~ è una consolazione!*** well, that's some consolation anyway! ***~, ha detto che esaminerà a fondo la facenda*** however, he did say that he would look into the matter; ***per quanto la casa sia comoda, è ~ troppo cara*** comfortable as the house is, it's still very expensive; ***l'effetto della recessione, o ~ dell'elevata inflazione, è che...*** the effect of the recession, or in any case of high inflation, is that... **2** *(per concludere)* **~ *è strano che*** it's quite strange that; ***~, arrivammo alla stazione*** anyway, we arrived at the station **II** cong. however; **~ *sia*** be that as it may; **~ *vada*** for better (or) for worse, whatever may happen; **~ *la metti*** no matter how, any way you slice it AE COLLOQ.; **~ *stiano le cose*** however that may be, however things are, however matters stand; **~ *vada a finire, la discussione è stata proficua*** win or lose, whatever the outcome the discussions have been valuable.

▶ **con** /kon/ La preposizione *con* si traduce quasi sempre con *with* quando indica: unione (*ballare con qualcuno* = to dance with somebody; *con la mia famiglia* = with my family; *caffè con una goccia di latte* = coffee with a drop of milk), possesso (*la signora con il cappello nero* = the lady with the black hat; *una camicia con un grande colletto* = a shirt with a large collar), relazione (*essere d'accordo con qualcuno* = to agree with somebody; *parlare con qualcuno* = to talk with somebody), simultaneità (*alzarsi con il sole* = to get up with the sun), opposizione (*battersi con qualcuno* = to fight with somebody; *essere in concorrenza con qualcuno* = to be in competition with somebody) e mezzo (*con la forchetta* = with a fork; *con un bastone* = with a stick). - Quando *con* ha valore di modo o maniera, si traduce spesso in inglese con l'avverbio corrispondente: *con passione* (= *appassionatamente*) = passionately; si noti tuttavia che *con grande passione* si traduce: with a lot of passion. Questo genere di espressioni, e altre quali *con l'età, con gli anni* etc., si trovano nel dizionario sotto il sostantivo in questione. - Quando *con* introduce mezzi di trasporto, si rende con *by* davanti a un mezzo generico (*con la macchina* = by car; *con il treno* = by train; *con l'autobus* = by bus), mentre si usa *in* oppure *on* se il mezzo di trasporto è in qualche modo specificato (*con la mia macchina* = in my car; *con un autobus molto vecchio* = in a very old bus; *con l'elicottero del Presidente* = in the President's helicopter; *con il treno delle 9.45* = on the 9.45 train; *con la mia moto* = on my motor-bike). - Si notino espressioni idiomatiche quali *con ogni probabilità* = in all likelihood; *con mia sorpresa* = to my surprise; *sposarsi con qualcuno* = to get married to somebody. - Per altri esempi, usi particolari ed eccezioni, si veda la voce qui sotto. Sarà spesso utile consultare la voce relativa alla parola introdotta dalla preposizione; inoltre, la consultazione delle note lessicali poste in coda alla sezione italiano-inglese potrà risolvere particolari dubbi d'uso e di traduzione. prep. (artcl. **col**, **collo**, **colla**, **coll'**; pl. **coi**, **cogli**, **colle**) **1** *(in compagnia, presenza di)* ***viaggiare, ballare, uscire, vivere* ~ *qcn.*** to travel, dance, go out, live with sb.; ***porta un amico* ~ *te*** bring a friend with you; ***portare* ~ *sé*** to bring with oneself [*oggetto personale, denaro, documenti*] **2** *(in descrizioni)* with; ***una ragazza* ~ *i capelli neri*** a girl with black hair, a black-haired girl; ***un bambino* ~ *gli occhi blu*** a child with blue eyes, a blue-eyed child; ***il ragazzo* ~ *la gamba rotta*** the boy with the broken leg; ***una casa ~ vista sul mare*** a room with a sea view; ***un televisore ~ telecomando*** a TV with remote control; ***un abito ~ un ampio colletto*** a dress with a large collar; ***arredato ~ mobili antichi*** furnished with antiques **3** *(che coinvolge, riguarda)* ***una discussione, un incontro, un trattato ~ qcn.*** a discussion, a meeting, a treaty with sb.; ***sposarsi ~ qcn.*** to get married to sb., to marry sb.; ***il confine ~ il Belgio*** the frontier *o* border with Belgium; ***litigare ~ qcn.*** to quarrel with sb.; ***avere pazienza ~ qcn.*** to be patient with sb.; ***la guerra ~ la Germania*** the war with Germany **4** *(indicando un mezzo, un agente)* with; ***colpire qcn. ~ qcs.*** to hit sb. with sth.; ***camminare ~ il bastone*** to walk with a stick; ***tagliare qcs. ~ un temperino*** to cut sth. with a penknife; ***pagare ~ carta di credito*** to pay by credit card; ***arrivare ~ il treno*** to arrive by train; ***tirare ~ tutte le proprie forze*** to pull with all one's might; ***ha risposto ~ un gesto osceno*** he answered with an obscene gesture; ***spingere qcs. ~ il piede*** to push sth. with one's foot; ***sollevare qcs. ~ una mano*** to lift sth. with one hand; ***appeso ~ le due mani*** hanging by two hands **5** *(indicando il modo)* with; ***~ difficoltà, piacere, cura*** with difficulty, pleasure, care; ***~ mia grande gioia*** to my great joy; ***parlare ~ un tono piatto*** o ***monotono*** to speak in a monotone; ***~ uno spirito di vendetta*** in a spirit of revenge; ***~ il pretesto di...*** on the pretext of... **6** *(in relazione a)* ***aumentare ~ il tempo*** to increase with time; ***migliorare ~ gli anni*** to improve with age **7** *(indicando simultaneità)* ***sono arrivato ~ la pioggia*** it started raining when I arrived; ***alzarsi ~ il (primo) sole*** to get up with the sun *o* at sunrise **8** *(interpretato da)* ***Casablanca ~ Humphrey Bogart*** Casablanca with Humphrey Bogart; ***un film ~ Robert De Niro*** a film featuring Robert De Niro **9** *(indicando la condizione)* with; ***~ questa nebbia ci saranno degli incidenti*** there are going to be some accidents with this fog; ***~ questo caldo*** in *o* with this heat; ***escono anche ~ 40° sotto zero*** they go outdoors even when it's minus 40° C **10** *(seguito da un infinito)* ***cominciò col dire che*** he started (off) by saying that; ***finì ~ l'ammettere il proprio torto*** he ended up admitting he was wrong **11 con tutto ciò** ***faccio tutto il suo lavoro e ~ tutto ciò non è contento!*** I do all his work and he's still not happy! **12 e con ciò** o **e con questo?** so what? **13 con tutto che** although, though.

conativo /kona'tivo/ agg. LING. conative; ***funzione -a*** conative function.

conato /ko'nato/ m. *(tentativo)* effort, conatus*; ***~ di vomito*** retch, vomiturition; ***avere -i di vomito*** to retch, to suffer bouts of sickness, to gag COLLOQ.

conazione /konat'tsjone/ f. PSIC. conation.

conca, pl. **-che** /'konka, ke/ f. **1** *(recipiente)* (earthenware) bowl, tub; ***mettere le mani a ~*** to cup one's hands **2** *(bacino naturale o artificiale)* basin **3** GEOGR. hollow **4** ANAT. *(dell'orecchio)* concha* ◆◆ ***~ absidale*** ARCH. conch; ***~ di navigazione*** MAR. lock; ***~ oceanica*** GEOGR. deep sea floor.

concata /kon'kata/ f. **1** *(quantità di liquido)* basinful **2** *(in canali)* lockage.

concatenamento /konkatena'mento/ m. *(di eventi)* chain, concatenation, linking; INFORM. concatenation.

concatenare /konkate'nare/ [1] **I** tr. to link together [*eventi, idee, parole*] **II concatenarsi** pronom. [*eventi, sequenze, capitoli*] to be linked.

concatenazione /konkatenat'tsjone/ f. *(di eventi, idee)* concatenation, link, train; ***~ delle cause e degli effetti*** chain of cause and effect.

concausa /kon'kauza/ f. concause.

concavità /konkavi'ta/ f.inv. concavity.

concavo /'konkavo/ agg. concave, dished; ***lenti -e*** concave lenses; ***specchio ~*** concave mirror; ***angolo ~*** MAT. reentrant angle.

concedente /kontʃe'dɛnte/ m. e f. DIR. grantor.

▶ **concedere** /kon'tʃɛdere/ [30] **I** tr. **1** *(accordare)* to grant, to give* [*autorizzazione, intervista, licenza, prestito, privilegio, cittadinanza, asilo*]; to give*, to allocate [*tempo, periodo*]; to accord, to allow [*scelta, libertà, sconto*]; to concede [*libertà, voto*]; to bestow FORM. [*onore, favore*]; SPORT to cede [*goal, partita, punto*]; ***~ attenuanti a qcn.*** to make allowance(s) for sb.; ***~ la libertà provvisoria dietro cauzione*** to grant bail; ***~ a qcn. il beneficio del dubbio*** to give sb. the benefit of the doubt; ***~ la vittoria elettorale a*** POL. to concede an election to; ***~ a qcn. il rinvio del servizio militare*** to defer sb.'s military service; ***~ il divorzio*** DIR. to grant a divorce; ***~ prestiti con la garanzia di qcs.*** ECON. to lend against sth.; ***~ a qcn. una dilazione di due giorni*** to give sb. two days' grace; ***~ a qcn. un vantaggio su*** to give sb. the edge over, to give sb. a head start on *o* over; ***~ un bis*** to give, play an encore; ***gli concedo ancora un'ora, poi chiamo la polizia*** I'll give him another hour, then I'm calling the police; ***~ un rigore*** SPORT to award a penalty **2** *(ammettere)* ***è originale, te lo concedo*** it's original, I'll give you that **II concedersi** pronom. **1** *(regalarsi)* to allow oneself, to permit oneself [*drink*]; to indulge in [*cibo, vino, sigaro*]; ***-rsi il piacere, il lusso di fare*** to have *o* enjoy the luxury of doing; ***-rsi un momento di respiro*** to give oneself a breathing space; ***-rsi qualche minuto di riposo, di pace*** to steal a few minutes' peace; ***-rsi un piccolo piacere*** to treat oneself; ***mi concedo solo una tazza di caffè al giorno*** I only allow myself one cup of coffee per day; ***possiamo concederci questo lusso*** we can afford this luxury **2** *(darsi)* [*persona*] to give* oneself (**a qcn.** to sb.) **3** *(essere disponibile)* ***non si concede mai ai giornalisti*** he doesn't give interviews.

concedibile /kontʃe'dibile/ agg. concessible, grantable, allowable.

concelebrante /kontʃele'brante/ m. concelebrating priest, concelebrant.

concelebrare /kontʃele'brare/ [1] tr. to concelebrate.

concelebrazione /kontʃelebrat'tsjone/ f. concelebration.

concentramento /kontʃentra'mento/ m. concentration (**di** of); ***un ~ di capitali*** concentration of capital; ***~ di truppe ai confini del Paese*** a build-up of troops on the country's borders; ***campo di ~*** concentration camp.

▷ **concentrare** /kontʃen'trare/ [1] **I** tr. **1** *(riunire)* to concentrate; ***~ le truppe*** to mass *o* concentrate troops **2** *(indirizzare)* to concentrate [*sforzo*] (**su** on); to focus [*sguardo, mente*] (**su** on); ***~ la propria attenzione su qcs.*** to concentrate *o* keep one's mind on sth., to focus *o* fix one's attention on sth.; ***~ tutti i propri sforzi nel fare*** to put all one's effort(s) into doing; ***~ tutte le proprie energie nel lavoro*** to pour one's energies into one's work **3** CHIM. GASTR. to concentrate [*soluzione*] **II concentrarsi** pronom. **1** *(essere attento)* to concentrate (**su** on); ***non riesce a -rsi molto a lungo*** he can't concentrate for any length of time **2** *(convergere)* ***-rsi su*** [*attività, sentimenti, pensieri, lavoro*] to centre on *o* upon [*persona, problema*]; [*sguardo, attenzione*] to focus on [*persona, studio*]; ***-rsi sui fatti importanti*** to get down to basics; ***-rsi nelle mani di qcn.*** [*potere, influenza*] to accrue to sb. **3** *(riunirsi)* [*animali, persone*] to concentrate; ***~ attorno a*** [*persone, industrie*] to centre around [*città*]; ***gli scioperanti si sono concentrati davanti alla fabbrica*** the strikers gathered outside the factory.

concentrato /kontʃen'trato/ **I** p.pass. → **concentrare II** agg. **1** *(attento)* concentrated, focused, absorbed; ***un'aria -a*** a look of concentration; ***essere -issimo per*** to be all psyched up for **2** *(condensato)* CHIM. GASTR. concentrated; ***soluzione -a*** concentrated solution; ***succo ~*** squash; ***il potere è ~ nelle mani dei ricchi*** power is concentrated in the hands of the wealthy **III** m. **1** CHIM. GASTR. concentrate; ***~ di arance, di pomodoro*** orange, tomato concentrate, tomato puree BE *o* paste AE **2** FIG. ***è un ~ di stupidità*** it's the essence of stupidity.

concentratore /kontʃentra'tore/ m. TECN. concentrator.

concentrazionario, pl. **-ri**, **-rie** /kontʃentrattsjo'narjo, ri, rje/ agg. [*vita, disciplina*] concentration camp attrib.

concentrazione /kontʃentrat'tsjone/ f. **1** *(attenzione)* concentration; ***capacità di ~*** power(s) of concentration; ***perdere la ~*** to lose one's concentration; ***far perdere la ~ a qcn.*** to break sb.'s concentration; ***avere una ~ di breve durata*** to have a short concentration span **2** *(raggruppamento)* concentration (**di** of); ***una ~ di truppe*** a military build-up, a concentration of troops **3** CHIM. concentration; *(di dose, medicina)* strength; ***alta, bassa ~*** high, low concentration; ***in una ~ del 3%*** in a concentration of 30,000 parts per million **4** ECON. concentration.

concentricità /kontʃentritʃi'ta/ f.inv. concentricity.

concentrico, pl. **-ci**, **-che** /kon'tʃɛntriko, tʃi, ke/ agg. concentric.

concepibile /kontʃe'pibile/ agg. *(ammissibile)* conceivable, imaginable; ***è ~ che*** it is conceivable that.

concepibilità /kontʃepibili'ta/ f.inv. conceivability.

concepimento /kontʃepi'mento/ m. MED. conception (anche FIG.).

▷ **concepire** /kontʃe'pire/ [102] tr. **1** *(sviluppare)* to conceive [*idea, passione*]; to conceive, to devise [*metodo*]; ***~ un odio per qcn.*** to conceive a hatred for sb.; ***questo romanzo è stato inizialmente concepito come un racconto*** this novel began life as a short story **2** *(ideare)* to design, to devise [*schema*]; ***essere concepito per qcs., per fare*** to be designed for sth., to do; ***concepito e realizzato da*** designed and produced by; ***concepito in questi termini*** phrased in these terms **3** *(procreare)* to conceive [*bambino*] **4** *(capire, immaginare)* to conceive, to understand* [*atteggiamento, reazione*]; ***non concepisco (il fatto) che*** I cannot conceive *o* imagine that, it's inconceivable to me that; ***non riesco a ~ che parta senza salutare*** I cannot conceive that he would leave without saying goodbye **5** *(intendere)* to see* [*fenomeno, attività, concetto*] (**come** as); ***~ la politica come un mestiere*** to see politics as a job.

conceria /kontʃe'ria/ f. tannery.
concernente /kontʃer'nɛnte/ agg. [*informazioni, documenti*] concerning [*caso, processo*]; ***il decreto ~ l'elezione*** the decree concerning the election.
concernere /kon'tʃɛrnere/ [2] tr. (forms not attested: past participle and compound tenses) to concern; [*legge, decisione, evento*] to affect [*persona, gruppo, regione*]; ***questa cosa non ti concerne*** this does not concern you; ***per quanto mi concerne*** as far as I am concerned; ***si interessa di astrologia e di tutto ciò che la concerne*** he's interested in astrology and all related fields, and everything related to it.
concertare /kontʃer'tare/ [1] tr. **1** to concert, to arrange in concert [*azione, progetto, decisione*] (**con** with) **2** MUS. to orchestrate; ***~ una sinfonia*** to rehearse a symphony.
concertato /kontʃer'tato/ **I** p.pass. → **concertare II** agg. **1** [*campagna, azione*] concerted **2** MUS. concerted **III** m. concerted piece.
concertatore /kontʃerta'tore/ agg. e m. ***(maestro) ~*** conductor.
concertazione /kontʃertat'tsjone/ f. consultation; ***senza ~ preliminare*** without preliminary consultation.
concertina /kontʃer'tina/ f. concertina.
concertista, m.pl. **-i**, f.pl. **-e** /kontʃer'tista/ m. e f. concert performer.
concertistico, pl. **-ci**, **-che** /kontʃer'tistiko, tʃi, ke/ agg. concert attrib.; ***stagione -a*** concert season.
▷ **concerto** /kon'tʃɛrto/ m. **1** MUS. *(composizione)* concerto*; ***un ~ per piano, violino*** a piano, violin concerto **2** MUS. *(esecuzione, esibizione)* concert, performance, recital, gig COLLOQ.; ***un ~ rock, (di) jazz*** a rock, jazz concert; ***Radiohead in ~ stasera*** Radiohead in concert tonight; ***dare un ~*** to hold a concert; ***tenere un ~ all'aperto*** to give an open-air concert; ***sala da -i*** concert hall; auditorium **3** SCHERZ. *(rumorio prolungato)* ***un ~ di clacson*** a blaring of horns **4** *(intesa)* ***il ~ delle nazioni*** the alliance of nations **5 di concerto** in concert (**con** with); ***agire di ~*** to act in concert.
concessionario, pl. **-ri**, **-rie** /kontʃessjo'narjo, ri, rje/ **I** agg. COMM. ECON. AMM. ***società -a*** concessionary company; *(per lavori, servizi pubblici)* ***azienda -a*** contract-holder **II** m. (f. **-a**) **1** COMM. concessionaire, dealer; AUT. tied agent; ***~ in esclusiva di*** sole distributor for; ***~ autorizzato*** recognized *o* authorized dealer; ***essere ~ Ferrari*** to have the Ferrari agency BE; ***essere ~ di profumeria*** to run a perfume concession **2** DIR. feoffee.
▷ **concessione** /kontʃes'sjone/ f. **1** *(compromesso)* concession (**su** on); ***a titolo di ~*** as a concession; ***fare delle -i*** to make concessions (**a** to); ***la sua unica ~ alla moda*** her sole concession to fashion **2** *(attribuzione)* concession, granting; *(di onori, favori)* bestowal FORM.; ***~ di credito*** authorization of credit; ***~ del diritto di voto*** POL. enfranchisement; ***le procedure, condizioni per la ~ di qcs.*** the procedures, conditions for granting sth.; ***ottenere una ~*** to be granted a charter **3** *(permesso)* ***per gentile ~ di*** (by) courtesy of, by gracious permission of [*legittimo proprietario*]; ***per gentile ~ della direzione*** by kind permission of the management **4** DIR. *(diritto di sfruttamento)* franchise, grant; *(di miniera, territorio, terreno)* concession; *(di prodotti)* dealership; ***~ mineraria*** mining claim *o* concession; ***~ petrolifera*** oil concession; ***diritto di ~*** royalties **5** AMM. *(territorio)* claim; *(in un cimitero)* ***~ in perpetuo*** burial plot in perpetuity **6** *(per lavori)* ***~ dei lavori*** works contract ◆◆ ***~ d'appalto*** contract authorization; ***~ edilizia*** building permit.
concessivo /kontʃes'sivo/ agg. [*frase, proposizione*] concessive.
concesso /kon'tʃɛsso/ **I** p.pass. → **concedere II** agg. ***ammesso e non ~ che...*** let's say just for argument's sake that..., supposing for argument's sake that...
concettismo /kontʃet'tizmo/ m. concettism.
concettivo /kontʃet'tivo/ agg. RAR. conceptive.
▷ **concetto** /kon'tʃɛtto/ m. **1** *(idea, nozione)* concept, idea, notion; ***il ~ di giustizia, del bello*** the concept of justice, beauty; ***capisci*** o ***afferri il ~?*** do you get the idea? ***afferrare il ~*** to twig COLLOQ.; ***il ~ è al di fuori della portata della maggior parte delle persone*** the concept is beyond the compass of most minds **2** *(concezione)* concept, idea; ***hai uno strano ~ di lealtà*** you've got a funny idea of loyalty; ***farsi un ~ sbagliato di qcs.*** to form a wrong idea of sth.; ***avere un alto ~ di sé*** to think a lot of oneself; ***avere un buon ~ di qcn.*** to have a high opinion of sb. **3 di concetto** [*impiegato*] executive, managerial; ***lavoro di ~*** brainwork.
concettosità /kontʃettosi'ta/ f.inv. **1** *(densità di concetti)* pithiness **2** *(eccesso di retorica)* abstruseness.
concettoso /kontʃet'toso/ agg. **1** *(denso di concetti)* pithy, full of substance **2** *(eccessivamente retorico)* [*stile*] convoluted, abstruse; [*esposizione*] tortuous.
concettuale /kontʃettu'ale/ agg. conceptual; ***arte ~*** conceptual art.
concettualismo /kontʃettua'lizmo/ m. conceptualism.
concettualista, m.pl. **-i**, f.pl. **-e** /kontʃettua'lista/ m. e f. conceptualist.
concettualizzare /kontʃettualid'dzare/ [1] tr. to conceptualize.
concettualmente /kontʃettual'mente/ avv. conceptually [*semplice, difficile*].
concezionale /kontʃettsjo'nale/ agg. conceptional RAR.
concezione /kontʃet'tsjone/ f. **1** *(formulazione, elaborazione)* conception, design; ***automobile di ~ rivoluzionaria*** car with a revolutionary design **2** *(modo di vedere)* conception, idea; ***ha una ~ bizzarra della fedeltà*** he has a pretty odd conception *o* idea of fidelity; ***secondo la ~ marxista, keynesiana*** in the Marxist, Keynesian scheme; ***nella mia, sua ~ delle cose*** in my, his scheme of things **3** RELIG. ***l'Immacolata Concezione*** the Immaculate Conception.
conchifero /kon'kifero/ agg. conchiferous.
▷ **conchiglia** /kon'kiʎʎa/ **I** f. **1** ZOOL. seashell, (sea) shell; *(di ostrica)* shuck; *(tortile)* conch; ***a forma di ~*** shell-like; ***~ di pettine*** scallop shell **2** ARCH. conch **3** SPORT box BE; *(nella scherma)* basket **4** TECN. ***fusione in ~*** chill casting **II conchiglie** f.pl. GASTR. = short, shell-shaped pasta.
conchilifero /konki'lifero/ agg. ***calcare ~*** shell-limestone.
conchiliforme /konkili'forme/ agg. shell-shaped, shell-like.
conchiliologia /konkiljolo'dʒia/ f. conchology.
conchiliologo, m.pl. **-gi**, f.pl. **-ghe** /konkil'jɔlogo, dʒi, ge/ m. (f. **-a**) conchologist.
conchiudere /kon'kjudere/ → **concludere.**
concia, pl. **-ce** /'kontʃa, tʃe/ f. **1** *(per le pelli)* tannage, tanning, dressing; ***~ all'allume*** tawing **2** *(di tabacco, sementi)* curing **3** *(sostanza)* tan.
conciante /kon'tʃante/ **I** agg. [*prodotto*] tanning **II** m. tan, tanning liquor.
conciaossa /kontʃa'ɔssa/ m. e f.inv. bonesetter.
conciapelli /kontʃa'pɛlli/ ♦ ***18*** m.inv. tanner.
▷ **conciare** /kon'tʃare/ [1] **I** tr. **1** to tan, to cure, to dress, [*pelle*]; *(con l'allume)* to taw [*pelle*]; to cure [*tabacco*] **2** COLLOQ. FIG. *(malmenare)* ***~ male qcn.*** to give sb. a bloody nose; *(ridurre male)* ***hai conciato le scarpe da buttare via!*** you completely ruined your shoes! *(vestire male)* ***ma come l'hai conciata!*** what have you dressed her up like? what have you dressed her in? **II conciarsi** pronom. *(vestirsi male)* ***ma come ti sei conciato?*** what have you done to yourself? ***sarebbe carina se non si conciasse in quel modo*** she would be pretty if only she didn't get herself up like that; *(ridursi)* ***guarda come ti sei conciato!*** look what an awful state you're in! ◆ ***~ qcn. per le feste*** to give sb. a good tanning, to give sb. a thrashing, to beat sb. black and blue.
conciario, pl. **-ri**, **-rie** /kon'tʃarjo, ri, rje/ **I** agg. [*tecnica*] tanning; [*industria*] leather attrib. **II** m. (f. **-a**) tanner.
conciatore /kontʃa'tore/ ♦ ***18*** m. (f. **-trice** /tritʃe/) *(di pelli)* tanner, skinner; *(di tabacco)* curer.
conciatura /kontʃa'tura/ f. **1** *(di pelli)* tanning, tannage, tannery, dressing **2** *(di tabacco)* curing.
conciliabile /kontʃi'ljabile/ agg. [*differenze, punti di vista*] reconcilable, compatible; ***essere difficilmente ~ con*** to be difficult to reconcile with.
conciliabilità /kontʃiljabili'ta/ f.inv. reconcilability, compatibility.
conciliabolo /kontʃi'ljabolo/ m. conventicle; ***tenere un ~*** to hold a consultation.
conciliante /kontʃi'ljante/ agg. [*atteggiamento, termini, modo di fare*] conciliatory; [*sorriso*] propitiatory; ***con tono ~*** accommodatingly.
▷ **1.conciliare** /kontʃi'ljare/ [1] **I** tr. **1** *(armonizzare)* to conciliate, to accommodate, to reconcile [*idee, opinioni*] (**con** with); ***~ fra loro*** to mesh (together) [*idee politiche*]; ***~ famiglia e carriera*** to combine motherhood with a career; ***non riesco a ~ tutto questo con la mia coscienza, con i miei principi*** I have problems squaring this with my conscience, my beliefs **2** DIR. *(riconciliare)* [*compagnia di assicurazioni*] to adjust [*richiesta di risarcimento*]; to reconcile [*avversari*] **3** BUROCR. ***~ una contravvenzione*** to pay a fine on the spot; *(detto da un vigile)* ***"concilia?"*** "will you pay (the fine) now?"; ***multa conciliata*** (on-the-)spot fine **4** *(conquistare)* ***il suo carattere gli ha conciliato la simpatia di tutti*** his personality won him many friends **5** *(favorire)* ***~ il sonno*** to induce sleep, to be conductive to sleep; ***questo film mi concilia il sonno*** this film makes me sleepy **II conciliarsi** pronom. **1** *(riconciliarsi)* to make* up, to become* reconciled **2** *(adattarsi, corrispondere)* ***i loro caratteri si conciliano*** they are well matched.
2.conciliare /kontʃi'ljare/ agg. [*assemblea, decisione*] conciliar; ***padre ~*** Council Father.
conciliativo /kontʃilja'tivo/ agg. conciliative.

conciliatore /kontʃilja'tore/ **I** agg. peacemaking; ***giudice ~*** Justice of the Peace **II** m. (f. **-trice** /tritʃe/) **1** accommodator, conciliator; *(di dispute)* compounder **2** DIR. Justice of the Peace.

conciliatorio, pl. **-ri, -rie** /kontʃilja'tɔrjo, ri, rje/ agg. conciliatory.

conciliazione /kontʃiljat'tsjone/ f. **1** conciliation; *(in dispute coniugali)* mediation; ***procedura di ~*** conciliation procedure; ***ufficio di ~*** small claims court; ***commissione di ~*** conciliation service; ***~ di conflitti industriali*** settlement of industrial disputes **2** *(di idee)* reconcilement; ***uno spirito di ~*** a spirit of reconciliation.

concilio, pl. **-li** /kon'tʃiljo, li/ m. RELIG. council ◆◆ ***~ ecumenico*** ecumenical council; ***il Concilio di Trento*** the Council of Trent; ***Concilio Vaticano II*** Second Vatican Council.

concimaia /kontʃi'maja/ f. dunghill, dung heap, manure heap, muckheap.

concimare /kontʃi'mare/ [1] tr. to fertilize, to nourish, to dress; *(con letame)* to dung, to manure, to muck.

concimazione /kontʃimat'tsjone/ f. fertilizing, topdressing; *(con letame)* manuring.

concime /kon'tʃime/ m. manure, fertilizer, (top)dressing; ***~ organico, chimico*** organic, chemical fertilizer.

1.concio, pl. **-ci** /'kontʃo, tʃi/ m. *(pietra)* ashlar; ***~ d'angolo*** quoin.

2.concio, pl. **-ci, -ce** /'kontʃo, tʃi, tʃe/ agg. **1** [*pelle*] tanned **2** REGION. *(malconcio)* [*persona*] battered, scroungy.

concionare /kontʃo'nare/ [1] intr. (aus. *avere*) to harangue, to rant; to speechify IRON.

concione /kon'tʃone/ f. *(discorso pubblico)* harangue (anche IRON.); ***tenere (una) ~*** IRON. to deliver a tirade.

concisamente /kontʃiza'mente/ avv. concisely, pithily.

concisione /kontʃi'zjone/ f. concision, conciseness, brevity, pithiness, succinctness.

conciso /kon'tʃizo/ agg. [*stile, frase*] concise, contracted, pithy; [*scrittore*] economical, concise; [*spiegazione, formula, riassunto*] neat; [*romanzo, affermazione*] terse.

concistoriale /kontʃisto'rjale/ agg. consistorial.

concistoro /kontʃis'tɔro/ m. consistory; ***in ~ segreto*** in private consistory.

concitatamente /kontʃitata'mente/ avv. [*gesticolare*] wildly.

concitato /kontʃi'tato/ agg. excited, keyed-up, wild; ***parlare in modo ~*** to speak excitedly.

concitazione /kontʃitat'tsjone/ f. white heat, excitement.

concittadino /kontʃitta'dino/ m. (f. **-a**) fellow citizen, fellow townsperson.

conclamare /konkla'mare/ [1] tr. LETT. to acclaim, to cheer, to hail.

conclamato /konkla'mato/ **I** p.pass. → **conclamare II** agg. **1** *(evidente)* self-evident, clear **2** MED. [*malattia*] full-blown; ***avere l'AIDS in fase -a*** to have full-blown Aids.

conclave /kon'klave/ m. RELIG. conclave.

concludente /konklu'dɛnte/ agg. **1** [*argomentazione, risposta*] conclusive, decisive; ***poco ~*** rather inconclusive **2** ***essere poco ~*** [*persona*] to be rather unproductive.

▶ **concludere** /kon'kludere/ [11] **I** tr. **1** *(dedurre)* to conclude (**che** that); ***non bisogna essere frettolosi nel ~ che*** you mustn't jump to the conclusion that; ***~ che qcn. è innocente*** to conclude that sb. is innocent **2** *(portare a compimento)* to close [*accordo, transazione, trattato*]; to enter into, to finalize [*contratto*]; ***~ una vendita*** to make a sale; ***~ un affare*** to make *o* strike a bargain; ***~ un accordo*** to bring off, tie up, clinch, swing, transact a deal; ***riuscire a ~ un affare*** to pull off a deal; ***~ un affare sottobanco*** to do a deal under the counter; ***non ~ nulla*** to get nowhere fast; ***non ha concluso molto*** his achievements added up to very little; ***oggi abbiamo concluso poco*** we didn't get much done today **3** *(terminare)* to conclude, to end [*incontro, dibattito, programma, partita*] (**con** with); to round off [*pasto, serata, visita, stagione*] (**con** with); to finish [*discorso*] (**con** with); [*attore*] to get* through [*performance*]; ***per ~*** to conclude; ***concluse dicendo che*** he concluded by saying that; ***per ~ la riunione abbiamo...*** to close the meeting, we have...; ***conclusero la giornata in un ristorante*** they ended the day in a restaurant; ***che ne dite di ~ la serata con un bicchiere di champagne?*** shall we top off our evening with a glass of champagne? **II concludersi** pronom. **1** *(terminare)* [*scena, evento, canzone*] to close, to conclude (**con** with); ***-rsi con*** to end in [*fallimento, divorzio, tragedia*]; ***il processo si è concluso con un non luogo a procedere*** the trial ended in the dismissal of the charge **2** *(essere portato a compimento)* ***-rsi felicemente*** [*affare*] to go through.

▷ **conclusione** /konklu'zjone/ **I** f. **1** *(deduzione)* conclusion; ***in ~*** last of all, in conclusion, finally; ***una ~ scontata*** a foregone conclusion; ***giungere alla ~*** to reach a conclusion; ***trarre una ~ da*** to make a deduction from, to draw an inference *o* a conclusion from; ***hanno tratto le seguenti -i*** they made the following findings; ***saltare alle -i*** to jump *o* leap to conclusions; ***spingere a una ~*** to force the issue **2** *(stipulazione di trattato, affare)* conclusion **3** *(finale)* *(di sessione, avventura)* conclusion, completion; *(di discorso)* closing remarks; ***avviarsi, arrivare alla ~*** to come, draw to a close *o* an end; ***portare qcs. a ~*** to bring sth. to a conclusion *o* an end *o* a close; ***la ~ di un romanzo*** the ending of a novel **II conclusioni** f.pl. **1** *(risultati)* *(di analisi, autopsia, inchiesta, rapporto)* results **2** DIR. pleadings; ***depositare delle -i presso un tribunale*** to file submissions with a court.

conclusivo /konklu'zivo/ agg. [*fase*] concluding; [*tocco, colpo*] finishing; [*considerazione, prova, testimonianza*] conclusive; [*argomento*] decisive; ***in modo ~*** conclusively.

concluso /kon'kluzo/ **I** p.pass. → **concludere II** agg. concluded, settled; [*pratica*] defunct; ***non c'è ancora nulla di ~*** nothing is settled yet; ***consideralo un affare ~*** consider it a deal.

concoide /kon'kɔide/ **I** agg. conchoidal **II** f. conchoid.

concomitante /konkomi'tante/ agg. [*cambiamento, problema*] concomitant; [*sintomo*] attendant; ***un fattore ~*** a contributory factor.

concomitanza /konkomi'tantsa/ f. concomitance, concomitancy, conjunction; ***in ~ con*** in conjunction with.

concordante /konkor'dante/ agg. **1** concordant, consilient **2** GEOL. accordant.

concordanza /konkor'dantsa/ f. **1** *(accordo)* concordance, concurrence FORM.; ***la perfetta ~ delle loro testimonianze*** the fact that their accounts agree in every respect; ***se c'è ~ tra i risultati*** if the results tally **2** LING. agreement **3** *(indice)* concordance; ***programma di -e*** concordancing programme **4** GEOL. concordance.

concordare /konkor'dare/ [1] **I** tr. **1** *(stabilire d'accordo)* ***~ qcs. con qcn.*** to agree with sb. on *o* about sth.; ***~ un prestito, un prezzo, un'ipoteca*** to arrange a loan, a price, a mortgage; ***~ le modalità di pagamento*** to fix the forms, terms of payment; ***~ una data*** to set *o* fix a date; ***~ la pace*** to negotiate a peace treaty; ***i paesi industriali hanno concordato di sostenere le riforme sociali*** the industrial nations have agreed to support social reforms **2** LING. ***~ l'aggettivo con il sostantivo*** to make the adjective agree with the noun **II** intr. (aus. *avere*) **1** *(coincidere)* [*storie, totali, cifre, affermazioni*] to agree, to tally (**con** with); [*dati, risultati, opinioni*] to concur (**con** with); [*idee*] to conform; *(essere d'accordo)* [*persone*] to agree (**su** about, on) **2** DIR. [*debitore*] to compound (**con** with) **3** LING. to agree (**con** with); ***~ in numero*** to agree in number.

concordatario, pl. **-ri, -rie** /konkorda'tarjo, ri, rje/ agg. **1** DIR. pertaining to a composition; ***procedura -a*** composition proceedings **2** STOR. RELIG. ***matrimonio ~*** = religious marriage with civil effects according to the Concordat.

concordato /konkor'dato/ **I** p.pass. → **concordare II** agg. agreed; ***risarcimento danni ~*** agreed damages; ***salvo diversamente ~*** unless otherwise agreed; ***le condizioni -e con i sindacati*** conditions agreed with the union **III** m. **1** RELIG. concordat **2** DIR. composition.

concorde /kon'kɔrde/ agg. **1** *(unanime)* [*giudizio*] unanimous; ***la giuria fu ~ nel condannare l'imputato*** the jury was unanimous in convicting the accused **2** *(in accordo)* [*opinioni*] concordant; ***essere ~ con qcn.*** to agree with sb.

concordemente /konkorde'mente/ avv. unanimously, with one accord.

concordia /kon'kɔrdja/ f. harmony, concord FORM.; ***la ~ regna fra loro*** they live in harmony.

▷ **concorrente** /konkor'rɛnte/ **I** agg. **1** COMM. ECON. [*ditta*] competing; [*prodotto*] rival, competing **2** *(concomitante)* ***causa ~*** contributory cause; ***essere condannato a due sentenze -i di sei mesi*** DIR. to be given two concurrent sentences of six months **3** MAT. [*rette*] concurrent **II** m. e f. **1** *(rivale)* competitor **2** COMM. competitor, rival; ***un ~ temibile*** a serious *o* formidable rival **3** SPORT contender, contestant, entrant, starter; ***tre -i si contendono il primo posto*** there are three contenders for first place.

▷ **concorrenza** /konkor'rɛntsa/ f. **1** *(rivalità)* rivalry, competition (**tra, fra** between; **con** with); ***~ spietata*** keen *o* cut-throat competition; ***~ sleale*** unfair competition; ***negozi in ~*** competing shops; ***in ~ con qcn.*** in competition with sb.; ***farsi ~*** [*negozi*] to compete; ***fare ~ a qcn. per*** to compete against *o* with sb. for; ***il gioco della libera ~*** free play of competition **2** *(concorrenti)* ***la ~*** business rivals *o* competitors; ***vantaggio sulla ~*** competitive advantage; ***com'è la ~?*** what's the competition like? ***allinearsi con i prezzi della ~*** to bring one's prices into line with the competition ones; ***battere, sbaragliare la ~*** to beat competition; ***passare alla ~*** to join competitors *o* rivals; ***la ~ ci sta facendo perdere molti clienti*** we are losing a lot of business to our competitors.

concorrenziale /konkorren'tsjale/ agg. competitive; ***prezzi -i*** competitive prices.

concorrenzialità /konkorrentsjali'ta/ f.inv. competitiveness.

concorrere /kon'korrere/ [32] intr. (aus. *avere*) **1** *(partecipare)* [*atleta, candidato, libro, film*] to compete (**a**, **per** for); ***~ alle elezioni*** POL. to run; ***~ a un appalto*** to tender; ***~ per un posto, a un premio*** to compete for a job, a prize **2** *(competere)* to compete; ***non si può ~ con quella ditta*** one cannot compete with that firm **3** *(collaborare, contribuire)* ***~ a*** to concur in, to contribute to *o* towards [*azione, misura, decisione*]; ***~ a fare*** to concur to do; ***~ con qcn. nel condannare*** to concur with sb. in condemning; ***~ al buon esito di un'impresa*** to contribute to the success of a company **4** MAT. *(convergere)* to converge (**verso** towards).

▷ **concorso** /kon'korso/ m. **1** *(gioco, competizione)* competition, contest; ***partecipare a, organizzare un ~*** to enter, hold a contest; ***essere fuori ~*** to be ineligible to compete; ***~ per giovani talenti*** talent contest; ***c'è stata un'ampia partecipazione al ~*** there was a large entry for the contest **2** AMM. SCOL. competitive examination; ***mediante ~*** by competitive examination; ***~ per assunzioni*** competitive entrance examination; ***bando di ~*** announcement *o* notice of a competition; ***bandire, indire un ~*** to announce, advertise a competition **3** *(collaborazione, partecipazione)* cooperation, contribution; ***con il ~ dello Stato*** with aid from the government; ***~ alle spese*** sharing in the expense; ***rendersi colpevole di ~ in reato e favoreggiamento*** DIR. to aid and abet **4** *(coincidenza)* ***~ di circostanze*** concurrence *o* conjunction of events, combination of circumstances **5** *(affluenza)* ***~ di folla*** mob scene ◆◆ ***~ di bellezza*** beauty contest; ***~ di colpa*** DIR. contributory negligence; ***~ di creditori*** DIR. concurrence of creditors; ***~ ippico*** horseshow, race meeting; ***~ a premi*** competition.

concorsuale /konkorsu'ale/ agg. *(di pubblico concorso)* ***iter ~*** examination path.

concrescenza /konkreʃ'ʃɛntsa/ f. BOT. concrescence.

concrescere /kon'kreʃʃere/ [33] intr. (aus. *essere*) to accrete RAR.

concretamente /konkreta'mente/ avv. concretely, positively, in practical terms, in practice; ***sperimentare qcs. ~*** to actually live through *o* experience sth.

concretare /konkre'tare/ → **concretizzare.**

concretezza /konkre'tettsa/ f. concreteness.

concretizzare /konkretid'dzare/ [1] **I** tr. to put* [sth.] into action [*progetto, idea*]; to carry out, to follow through [*minaccia*] **II concretizzarsi** pronom. [*speranza, offerta, idea*] to materialize; ***la minaccia non si è concretizzata*** the threat failed to materialize; ***le mie peggiori paure si concretizzarono*** my worst fears were realized.

concretizzazione /konkretiddzat'tsjone/ f. actualization, execution.

▷ **concreto** /kon'krɛto/ **I** agg. **1** *(materiale, reale)* concrete; ***un'azione, una misura -a*** a positive action, measure; ***arte -a*** concretism, concrete art **2** *(pragmatico)* [*persona, approccio*] down-to-earth, practical **3** LING. ***nome ~*** concrete noun **II** m. **1** ***il ~ e l'astratto*** the concrete and the abstract; ***veniamo al ~!*** let's get to the point! let's get down to brass tacks! **2 in concreto** in concrete terms, actually; ***in ~, che cosa proponete?*** in concrete terms, what are you proposing? ***in ~, come pensi di cavartela?*** practically speaking, what are you planning to do?

concrezionale /konkrettsjo'nale/ agg. GEOL. concretionary.

concrezione /konkret'tsjone/ f. **1** GEOL. MED. concretion **2** *(di sostanza)* accretion.

concubina /konku'bina/ f. **1** *(convivente)* common-law wife* **2** *(di un sovrano)* concubine.

concubinaggio, pl. **-gi** /konkubi'naddʒo, dʒi/ → **concubinato.**

concubinario, pl. **-ri**, **-rie** /konkubi'narjo, ri, rje/ agg. concubinary.

concubinato /konkubi'nato/ m. concubinage; ***vivono in ~*** they live together.

concubino /konku'bino/ m. common-law husband.

conculcare /konkul'kare/ [1] tr. LETT. to infringe [*leggi*]; to impinge on, to infringe [*diritti*].

concupire /konku'pire/ [102] tr. to lust for, to lust after, to covet.

concupiscente /konkupiʃ'ʃɛnte/ agg. concupiscent.

concupiscenza /konkupiʃ'ʃɛntsa/ f. concupiscence.

concussionario, pl. **-ri** /konkussjo'narjo, ri/ m. (f. **-a**) extortioner, extortionist.

concussione /konkus'sjone/ f. exaction.

concussore /konkus'sore/ → **concussionario.**

▷ **condanna** /kon'danna/ f. **1** DIR. (criminal) conviction, sentence; ***~ per frode*** conviction on fraud charges; ***~ a dieci anni di prigione*** ten-year prison sentence; ***scontare una ~*** to serve a sentence; ***ottenere, annullare, confermare una ~*** to obtain, quash, uphold a conviction **2** FIG. *(biasimo)* condemnation; ***essere esposto, sfuggire alla pubblica ~*** to be exposed to, escape public condemnation; ***l'opinione della gente oscillava tra l'indifferenza e la ~*** opinion swung between indifference and condemnation ◆◆ ***~ all'ergastolo*** life sentence; ***~ a morte*** death sentence; ***pronunciare una ~ a morte*** to pass a death sentence; ***firmare la propria ~ a morte*** FIG. to sign one's own death warrant; ***~ alla reclusione*** jail sentence.

condannabile /kondan'nabile/ agg. condemnable.

▶ **condannare** /kondan'nare/ [1] tr. **1** DIR. *(infliggere una pena a)* to condemn, to convict, to sentence; ***~ qcn. a morte*** to condemn, sentence sb. to death; ***~ qcn. all'ergastolo*** to condemn sb. to life imprisonment, to sentence sb. to life; ***~ qcn. alla reclusione*** to send sb. to prison, to sentence sb. to jail; ***~ qcn. a due anni con la condizionale*** to give sb. a two-year suspended sentence; ***~ qcn. per furto*** to convict sb. of theft; ***~ qcn. al pagamento di una multa*** to fine sb. **2** *(vietare)* [*legge, articolo*] to punish, to condemn [*furto, traffico*]; ***la legislazione condanna il razzismo, la bigamia*** the law punishes racism, bigamy **3** *(disapprovare)* to condemn; ***~ l'opportunismo di qcn.*** to condemn sb. as an opportunist **4** *(costringere)* to doom, to condemn; ***essere condannato al silenzio*** to be condemned *o* doomed to silence; ***~ qcn. a fare*** to compel sb. to do; ***è condannato ad aspettare*** he is obliged to wait **5** *(dichiarare incurabile)* ***i medici lo hanno condannato*** the doctors have given up hope of saving him.

condannato /kondan'nato/ **I** p.pass. → **condannare II** agg. condemned, convicted, sentenced; *(destinato)* fated, doomed **III** m. (f. **-a**) ***~ a morte*** condemned person.

condebitore /kondebi'tore/ m. (f. **-trice** /tritʃe/) joint debtor.

condensa /kon'dɛnsa/ f. *(su vetri, finestre)* condensation, moisture.

condensabile /konden'sabile/ agg. **1** condensable **2** FIG. that can be summed up.

condensabilità /kondensabili'ta/ f.inv. condensability.

condensamento /kondensa'mento/ m. condensation.

▷ **condensare** /konden'sare/ [1] **I** tr. **1** *(rendere più denso)* to boil down, to concentrate [*liquido, salsa*] **2** FIG. *(sintetizzare)* to compress [*testo, stile*]; to summarize, to telescope [*contenuto, serie*] **3** CHIM. to concentrate, to condense **II condensarsi** pronom. **1** *(diventare denso)* GASTR. to boil down **2** CHIM. to condense.

condensato /konden'sato/ **I** p.pass. → **condensare II** agg. condensed attrib.; ***latte ~*** condensed milk **III** m. **1** FIS. condensate **2** FIG. *(concentrato)* essence **3** *(di libro)* condensation.

condensatore /kondensa'tore/ m. CHIM. EL. FIS. OTT condenser ◆◆ ***~ ad aria*** air condenser, ***~ in serie*** padder; ***~ di vapore*** steam condenser; ***~ variabile*** variable condenser.

condensazione /kondensat'tsjone/ f. **1** FIS. CHIM. condensation; ***scia di ~*** contrail, vapour trail **2** PSIC. condensation.

condilo /'kɔndilo/ m. condyle.

condiloide /kondi'lɔide/ agg. condyloid.

condiloma /kondi'lɔma/ m. condyloma*.

condimento /kondi'mento/ m. **1** GASTR. condiment, seasoner, seasoning; *(salsa)* dressing, relish; ***~ per l'insalata*** salad dressing; ***un ~ a base di olio e aceto*** an oil and vinegar dressing **2** FIG. spice.

▷ **condire** /kon'dire/ [102] tr. **1** to season; *(con condimento liquido)* to dress [*insalata*] **2** *(con spezie)* to spice; *(con curry)* to curry [*pollo, carne*] **3** *(con burro)* to butter [*verdure*] **4** FIG. to flavour BE, to flavor AE (**con** with); ***~ un racconto di, con particolari divertenti*** to enliven a tale with amusing details.

condirettore /kondiret'tore/ ➧ ***18*** m. (f. **-trice** /tritʃe/) codirector; ***~ di giornale*** associate editor.

condiscendente /kondiʃʃen'dɛnte/ agg. **1** *(indulgente)* acquiescent, compliant, indulgent **2** *(di degnazione)* patronizing, superior, condescending.

condiscendenza /kondiʃʃen'dɛntsa/ f. condescendence, condescension; ***trattare con ~*** to treat indulgently, to patronize SPREG.

condiscendere /kondiʃ'ʃendere/ [10] intr. (aus. *avere*) to comply (**a** with); ***~ ai desideri di qcn.*** to agree *o* comply with sb.'s wishes.

condiscepolo /kondiʃ'ʃepolo/ m. (f. **-a**) **1** fellow disciple **2** LETT. fellow student.

condito /kon'dito/ **I** p.pass. → **condire II** agg. GASTR. [*piatto*] seasoned; ***molto ~*** highly seasoned; ***un'insalata poco -a*** a lightly dressed salad.

▷ **condividere** /kondi'videre/ [35] tr. **1** *(spartire)* to share [*soldi, cibo, casa, problema*] (**con** with); ***~ il primo posto*** to share the lead; ***~ la sorte di qcn.*** to throw in one's lot with sb.; ***i bambini devono imparare a ~ le loro cose con gli altri*** children must learn to share **2** FIG. to share [*gusti, opinioni, idee, responsabilità, emozione, ango-*

scia]; to underwrite* [*decisione*]; ***condivido i loro obiettivi*** I am in sympathy with their aims; ~ ***gli stessi valori*** to have common *o* share values; ***condivido la tua opinione*** I agree with you, I'm of the same opinion; ***condivido il tuo dolore, la tua pena*** my heart goes out to you; ***condividiamo gioie e dolori*** we share each other's joys and sorrows.

condivisibile /kondivi'zibile/ agg. shareable, that can be shared; ***nelle circostanze attuali il tuo ottimismo non è affatto*** ~ I can hardly share your optimism in the present circumstances.

condivisione /kondivi'sjone/ f. sharing; ~ ***delle risorse*** INFORM. resource sharing.

condizionale /kondittsjo'nale/ **I** agg. **1** LING. [*proposizione, modo*] conditional **2** DIR. ***in libertà*** ~ on parole; ***mettere in libertà*** ~ to parole; ***gli è stata concessa, rifiutata la libertà*** ~ he was granted, refused parole; ***libertà con sospensione*** ~ ***della pena*** BE conditional discharge **II** m. LING. conditional; ***al*** ~ in the conditional (tense) **III** f. DIR. parole; ***rilasciare qcn. con la*** ~ to release sb. on parole; ***è stato condannato a 18 mesi con un anno di*** ~ he was given an 18 month sentence suspended for 12 months ◆ ***il*** ~ ***è d'obbligo*** GIORN. and here I must use the conditional.

condizionamento /kondittsjona'mento/ m. **1** *(influsso)* impact, influence; ***i*** ~ ***storici, sociali*** social, historical conditioning *o* influence **2** PSIC. conditioning; ***rifiutare ogni*** ~ to refuse to be conditioned **3** TECN. *(dell'aria)* air-conditioning; ***impianto di*** ~ ***(dell'aria)*** air-conditioner, conditioning plant.

condizionare /kondittsjo'nare/ [1] tr. **1** *(influenzare, vincolare)* [*ambiente, media*] to influence, to condition, to bias [*persona*] **2** PSIC. to condition **3** *(imballare)* to prepare for packing [*pacchi, merci*]; to treat [*cuoio, fibre*].

condizionatamente /kondittsjonata'mente/ avv. [*essere d'accordo, accettare, proporre*] conditionally.

condizionato /kondittsjo'nato/ **I** p.pass. → **condizionare II** agg. **1** *(limitato)* [*approvazione, lode, successo*] qualified **2** DIR. ***libertà -a*** conditional discharge BE **3** PSIC. ***riflesso*** ~ conditioned reflex *o* response **4** TECN. ***aria -a*** air-conditioning.

condizionatore /kondittsjona'tore/ m. ~ ***(d'aria)*** air-conditioner.

condizionatura /kondittsjona'tura/ f. TECN. conditioning.

▶ **condizione** /kondit'tsjone/ **I** f. **1** *(circostanza)* condition; ***le -i non ci sono favorevoli*** the conditions are against us; ~ ***necessaria e sufficiente*** MAT. necessary and sufficient condition **2** *(regola)* condition; ***a*** ~ ***che*** on condition that; ***a determinate -i*** on certain conditions; ***a una*** ~ on one condition; ***senza -i*** without strings, with no strings attached; ***accettare senza -i*** to accept without qualification; ***porre una*** ~ to set a condition (**per** for); ***soddisfare le -i*** to fulfil *o* meet *o* satisfy the conditions; ***dettate le vostre -i*** name your own terms; ***l'offerta era soggetta a numerose -i*** the offer had several conditions attached to it; ***lo venderò solo a determinate -i*** I'll sell it exclusively under certain conditions; ***quali sono le -i del contratto, del prestito?*** what are the conditions of the contract, loan? ***-i concordate con i sindacati, tra i due partiti*** conditions agreed with the union, between the two parties **3** *(stato psicologico, posizione)* ***non essere in*** ~ ***di fare*** to be in no condition to do, to be in no (fit) state to do; ***essere in*** ~ ***di guidare*** to be fit to drive; ***essere nella*** ~ ***ideale per fare*** to be in the ideal position to do; ***non si trova nella*** ~ ***di potere giudicare*** he is not well placed to judge **4** DIR. clause, stipulation; ~ ***generale*** blanket clause; ~ ***risolutiva, sospensiva*** condition subsequent, precedent; ***-i di pace, di resa*** POL. peace terms, terms of surrender POL.; ***-i di divorzio*** divorce settlement **5** *(situazione sociale)* condition, position; ***la*** ~ ***delle donne, dell'umanità*** the feminine, human condition; ***la*** ~ ***dei senzatetto*** the plight of the homeless; ***migliorare la propria*** ~ to improve one's lot; ***persone di ogni*** ~ people from all walks of life **6** LING. condition; ***"se" esprime la*** ~ "if" expresses conditionality **7 a condizione che** provided that, with the provision *o* proviso that; ***soltanto a*** ~ ***che*** on the strict understanding that; ***andrò a*** ~ ***che qcs. venga fatto*** I'll go provided (that) sth. is done; ***a*** ~ ***che tu mi tenga informato*** as long as you keep me informed **8 a condizione di** ***prendo questo modello a*** ~ ***di poterlo cambiare*** I'll take this model on condition that I can exchange it **II condizioni** f.pl. **1** *(salute)* ***-i fisiche*** form; ***buone -i*** soundness; ***in buone -i di salute*** medically fit *o* sound; ***essere in -i stabili, critiche, gravi*** to be in stable, critical, serious condition; ***essere in perfette -i*** to be sound in mind and limb; ***le -i del malato sono state dichiarate buone*** the patient's condition is described as satisfactory; ***essere ridotto in -i disperate*** to be reduced to extremities; ***le sue -i stanno migliorando*** MED. he's improving; *(forma)* ***essere in buone -i*** to be fit; ***essere in cattive -i*** to be out of condition, to be unfit **2** *(situazione)* conditions; ***-i atmosferiche*** o ***climatiche*** weather conditions *o* patterns; ***di modeste -i economiche*** of moderate means; ***in -i agiate, di povertà*** in easy, poor circumstances; ***-i di lavoro, di vita, abitative*** working, living, housing conditions; ***lavorare in -i difficili*** to work under difficult conditions; ***le -i di vita all'interno del campo profughi*** conditions inside the refugee camp; *(stato)* ***in ottime -i*** [*macchina*] in prime condition; ***in buone, cattive -i*** in a good, bad state of repair; ***mantenere qcs. in buone -i*** to keep sth. in good condition, repair; ***essere in perfette -i*** [*oggetto*] to be as sound as a bell; ***"se il prodotto non dovesse arrivarvi in perfette -i..."*** COMM. "if this product does not reach you in a satisfactory condition..." **3** COMM. *(modalità)* terms; ~ ***di vendita, di credito*** terms of sale, credit terms; ***-i generali*** general conditions; ***-i di pagamento*** COMM. terms of payment; ***-i di finanziamento*** methods of financing; ***hanno*** o ***propongono delle -i molto vantaggiose*** they offer very favourable terms.

▷ **condoglianze** /kondoʎ'ʎantse/ f.pl. condolences; ***"sentite*** ~***"*** "my *o* with deepest sympathy"; ***porgere*** o ***fare le (proprie)*** ~ ***a qcn.*** to condole with sb., to give one's condolences *o* sympathy to sb.; ***biglietto, lettera di*** ~ letter of condolence; ***sono passati per fare le*** ~ ***alla vedova*** they called to sympathize with the widow, they called on the widow to pay their sympathy.

condolersi /kondo'lersi/ [42] pronom. *(partecipare al dolore altrui)* ~ ***con qcn.*** to condole *o* to grieve with sb.

condominiale /kondomi'njale/ m. ***regolamento*** ~ condominium regulations pl.

condominio, pl. **-ni** /kondo'minjo, ni/ m. **1** *(immobile)* block of flats, apartment block, apartment house AE, condominium AE; ***amministrare un*** ~ to administer *o* to run a block of owner-occupied flats; ***assemblea di*** ~ condominium meeting, joint owners meeting **2** DIR. joint ownership.

condomino /kon'dɔmino/ m. (f. **-a**) flat owner, joint owner.

condonabile /kondo'nabile/ agg. condonable.

condonare /kondo'nare/ [1] tr. **1** to condone [*comportamento, sfruttamento*]; to forgive* [*debito, crimine*]; to remit [*sanzione, tasse*]; ~ ***un debito a qcn.*** to let sb. off a debt; ~ ***una pena a qcn.*** to give sb. remission **2** LETT. to forgive*, to excuse.

condono /kon'dono/ m. condonation; *(di debito)* forgiveness; *(di sentenza)* remission; ***richiesta di*** ~ application for review ◆◆ ~ ***edilizio*** = amnesty for infringement of local building regulations; ~ ***fiscale*** tax amnesty; ~ ***della pena*** remission.

condor /'kɔndor/ m.inv. condor.

▷ **condotta** /kon'dotta/ f. **1** *(modo di comportarsi)* behaviour BE, behavior AE, conduct; ~ ***leale*** fair dealing; ~ ***irreprensibile*** unobjectionable *o* irreproachable conduct; ~ ***indecorosa per un soldato*** conduct unbecoming to a soldier; ***linea di*** ~ course of action; ***mantenere una buona*** ~ [*cittadino*] to keep the peace **2** SCOL. conduct; ***voto di*** ~ conduct mark; ***cattiva*** ~ misbehaviour; ***Nicola ha preso zero in*** ~ Nicola got a black mark for bad behaviour **3** DIR. ***per buona, cattiva*** ~ for good, bad behaviour; ***ottenere una riduzione della pena per buona*** ~ to get time off for good behaviour; ***fu sottoposto a vincolo di buona*** ~ he was bound over to keep the peace; ***farsi garante della buona*** ~ ***di qcn.*** to give a guarantee of sb.'s good behaviour, to guarantee sb.'s good conduct **4** *(conduzione)* ~ ***di gioco*** play **5** TECN. *(tubazione)* penstock; *(di camino)* flue; ~ ***dell'acqua*** water pipe *o* main ◆◆ ~ ***forzata*** IDR. pressure pipeline, penstock.

condottiero /kondot'tjɛro/ m. **1** STOR. *(capo di mercenari)* condottiere*, leader of mercenaries **2** LETT. *(capo di un popolo)* leader, captain, head.

1.condotto /kon'dotto/ **I** p.pass. → **condurre II** agg. ***medico*** ~ district municipal doctor, medical officer.

2.condotto /kon'dotto/ m. **1** TECN. *(per liquidi)* channel, conduit, pipeline; *(per aria o acqua)* duct, trunk **2** ANAT. duct, passage ◆◆ ~ ***dell'aria*** ventiduct; ~ ***dell'aria calda*** hot-air duct; ~ ***lacrimale*** tear duct; ~ ***della pattumiera*** (refuse *o* rubbish) chute BE, garbage chute AE; ~ ***uditivo*** ear passage *o* canal; ~ ***di ventilazione*** uptake.

condrale /kon'drale/ agg. chondral.

condrite /kon'drite/ ➧ ***7*** f. **1** GEOL. chondrite **2** MED. chondritis*.

condroma /kon'drɔma/ m. chondroma*.

conducente /kondu'tʃɛnte/ ➧ ***18*** m. e f. **1** *(chi guida un veicolo)* driver; ~ ***invalido*** disabled driver; ***essere un buon, pessimo*** ~ to be a good, bad driver; ***è vietato parlare al*** ~ do not speak to the driver **2** DIR. *(locatario)* lessee, renter, tenant ◆◆ ~ ***d'autobus*** bus driver; ~ ***di furgone*** van driver.

conducibile /kondu'tʃibile/ agg. *(che può essere condotto)* conductible, that can be carried.

conducibilità /kondutʃibili'ta/ f.inv. FIS. conductivity.

▶ **condurre** /kon'durre/ [13] **I** tr. **1** *(accompagnare)* to guide, to lead* [*persona*]; to accompany, to lead* [*gruppo, visitatori*]; *(in automobile)* to drive* [*persona*] (**a** to); **~ *qcn. in casa, in cucina*** to lead sb. into the house, the kitchen; **~ *via qcn.*** to lead sb. away; **~ *qcn. all'altare*** to lead sb. to the altar; ***vi condurrò all'ospedale*** I'll take *o* drive you to the hospital **2** *(portare)* ***un autobus ti condurrà in albergo*** a bus will take you to the hotel; **~ *qcn. al patibolo*** to lead sb. to the scaffold **3** FIG. *(fare giungere)* **~ *una questione a buon fine*** to bring a matter to a satisfactory conclusion; *(trascinare)* **~ *qcn. alla follia, alla disperazione, al suicidio*** to drive sb. to madness, despair, suicide **4** *(guidare)* to drive*, to steer [*automobile*]; to drive* [*autobus, treno, gregge*]; ***è illegale ~ un veicolo in stato di ubriachezza*** it is illegal to be drunk in charge of a motor vehicle DIR., it is illegal to drive under the influence (of alcohol) **5** *(essere a capo)* to direct, to manage, to run* [*azienda, reparto*]; to handle [*negoziati*]; **~ *il dibattito*** to lead the debate; **~ *una campagna*** to campaign (**per, a favore di** for; **contro** against) **6** *(trascorrere)* to conduct, to lead* [*vita*]; **~ *una vita onesta*** to live an honest life, to keep to the straight and narrow; **~ *un'esistenza dissipata*** to lead a dissipated *o* dissolute *o* fast life; **~ *una vita disordinata, sregolata*** to lead an irregular life, to live seedily; **~ *una vita in isolamento*** to lead a cloistered existence; **~ *un'esistenza povera ma dignitosa*** to live in genteel poverty **7** EL. FIS. to conduct [*elettricità*] **8** *(eseguire)* to conduct [*esperimento, ricerca*]; **~ *un'indagine*** to carry out *o* conduct *o* do a survey; **~ *un'inchiesta*** to conduct *o* hold an inquiry; **~ *un sondaggio, un processo*** to conduct a poll, a trial **9** SPORT *(essere in vantaggio)* to lead*; **~ *la corsa*** to be in the lead; **~ *la gara*** to lead the competition; **~ *per 4 a 2 sul Liverpool*** to be leading Liverpool 4-2 **10** MAT. *(tracciare)* **~ *una linea*** to draw a line; **~ *la perpendicolare a una retta*** to draw the perpendicular to the straight line **11** RAD. TELEV. *(presentare)* to host, to anchor AE **II** intr. (aus. *avere*) *(portare)* **~ *a*** [*sentiero, strada, scala*] to go* *o* take* *o* lead* to [*casa, mare, fiume*]; ***il sentiero conduce alla chiesa*** the path brings you to the church; ***le tracce degli pneumatici conducevano a una radura*** the tyre tracks led to a clearing **III condursi** pronom. ***-rsi bene, male*** to behave well, badly.

conduttanza /kondut'tantsa/ f. conductance.

conduttività /konduttivi'ta/ f.inv. → **conducibilità.**

conduttivo /kondut'tivo/ agg. conductive.

conduttore /kondut'tore/ **I** agg. **1** FIS. conductive, conducting; ***un materiale cattivo ~*** a poor conductor **2** *(che guida)* [*principio, motivo*] guiding; ***filo ~*** FIG. central thread, main theme **II** m. **1** *(di mezzi di trasporto, macchine)* driver **2** FERR. *(controllore)* (ticket) inspector **3** RAD. TELEV. anchorman*, anchorperson, host, linkman*; *(di notiziario)* newscaster, newsreader BE; *(di giochi a quiz)* question master, quiz master; *(di talk show)* talk show host **4** *(locatario)* lessee DIR. **5** EL. FIS. conductor, feeder; ***essere ~ di*** to conduct; ***essere un buon, cattivo ~ di calore, di elettricità*** to be a good, poor conductor of heat, electricity.

conduttrice /kondut'tritʃe/ f. RAD. TELEV. anchorwoman*, linkwoman*; *(di talk show)* hostess.

conduttura /kondut'tura/ f. duct, pipeline ◆◆ **~ *dell'acqua*** water main; **~ *d'aria*** air duct; **~ *del gas*** gas main; ***-e dell'aria*** trunking.

conduzione /kondut'tsjone/ f. **1** conduct, conduction; *(di inchiesta, di lavori)* supervision; *(di impresa)* management; ***la ~ della casa*** the running of the house; ***impresa a ~ familiare*** family owned business **2** *(locazione)* lease, leasehold; ***dare qcs. in ~*** to rent sth. out **3** RAD. TELEV. ***la ~ del programma è affidata a*** the programme is hosted by **4** FIS. conduction.

conestabile /kones'tabile/ m. STOR. constable.

confabulare /konfabu'lare/ [1] intr. (aus. *avere*) to plot SCHERZ.; ***cosa avete voi due da ~?*** what are you two getting up to?

confabulazione /konfabulat'tsjone/ f. **1** *(il parlottare)* plotting, private talk, confab COLLOQ. **2** PSIC. confabulation.

confacente /konfa'tʃɛnte/ agg. **1** *(adatto)* beseeming, becoming, fitting; ***un incarico ~ alle sue capacità*** a job suited to his talents **2** *(che giova)* congenial; ***un clima ~ agli asmatici*** a climate suitable for asthmatics.

Confagricoltura /konfagrikol'tura/ f. = general confederation of Italian agricolture.

confarsi /kon'farsi/ [8] pronom. **1** *(addirsi)* to become*, to befit FORM., to beseem ANT.; ***è stata la fine che si confaceva a un uomo simile*** it was a fitting end for such a man; ***posti di lavoro che non si confanno alle loro capacità*** posts unsuited to their talents; ***un linguaggio che non le si confà*** a manner of speaking that does not become her; ***un vestito che si confà alla circostanza*** a dress suitable for the occasion **2** *(giovare)* [*clima, tempo*] to agree with; ***questo clima non mi si confà*** this climate doesn't suit me *o* doesn't agree with me.

Confartigianato /konfartidʒa'nato/ f. = general confederation of Italian crafts.

Confcommercio /konfkom'mɛrtʃo/ f. = general confederation of Italian commerce and tourism.

confederale /konfede'rale/ agg. confederal; ***sindacati -i*** unions.

confederare /konfede'rare/ [1] **I** tr. to confederate **II confederarsi** pronom. to confederate (**con** with).

confederativo /konfedera'tivo/ agg. confederative.

confederato /konfede'rato/ **I** p.pass. → **confederare II** agg. **1** confederate **2** STOR. ***gli Stati Confederati (sudisti)*** the (Southern) Confederacy, the Confederate States **III** m. (f. **-a**) **1** confederate **2** STOR. ***i Confederati*** the (Southern) Confederacy, the Confederate States.

confederazione /konfederat'tsjone/ f. **1** POL. confederacy **2** *(unione di persone o enti)* confederation ◆◆ **~ *sindacale*** federation of trade unions, Trade Union Congress; ***Confederazione Elvetica*** Switzerland; ***Confederazione Generale Italiana del lavoro*** = left-wing federation of Italian trade unions; ***Confederazione Svizzera*** → **Confederazione Elvetica.**

> **Confederazioni sindacali** These are the three large Italian trade unions which represent all categories and sectors of workers. The CGIL (*Confederazione Generale Italiana del Lavoro*), once Communist in orientation, the CISL (*Confederazione Italiana Sindacati Lavoratori*), Christian in orientation, and the UIL (*Unione Italiana del Lavoro*), Social-Democrat in orientation, have played a central role, especially during the 1970s and 1980s, in Italian politics and the Italian economy, by forging alliances and working together. Following recent transformations of the economy and the job market, their unity of action has been damaged and their role downsized with the rise in autonomous trade unions for particular sectors.

Confedilizia /konfedi'littsja/ f. = Italian confederation of building property.

▷ **conferenza** /konfe'rɛntsa/ f. **1** *(discorso, corso)* lecture, prelection, talk (**su** on); **~ *di apertura*** keynote lecture; ***tenere una ~*** to lecture, to give a lecture; ***ciclo di -e*** speaking tour; UNIV. lecture tour **2** *(riunione, congresso)* conference, convention (**su** on); ***Conferenza sulla*** o ***per la sicurezza e la cooperazione in Europa*** Conference on Security and Cooperation in Europe; ***una ~ sul disarmo, sulla pace*** a disarmament, peace conference; ***riunirsi in ~*** to hold a conference; ***essere in ~*** to be in conference; ***sala (delle) -e*** lyceum, auditorium US, lecture hall AE ◆◆ **~ *episcopale*** Bishops' Conference; ***la ~ di Ginevra*** the Geneva Conference; **~ *stampa*** news *o* press conference; **~ *al vertice*** summit meeting.

conferenziere /konferen'tsjɛre/ m. (f. **-a**) lecturer, prelector, speaker.

conferibile /konfe'ribile/ agg. conferrable.

conferimento /konferi'mento/ m. **1** *(assegnazione di un incarico)* assignment; AMM. POL. appointment; *(di un premio)* awarding; *(di un titolo)* conferment, bestowal FORM.; *(di asilo, cittadinanza)* granting **2** DIR. ECON. contribution; **~ *di capitali*** capital contribution, contribution of capital.

conferire /konfe'rire/ [102] **I** tr. **1** *(accordare)* to vest, to invest [*autorità, potere*]; **~ *una procura a qcn.*** to give sb. power of attorney; ***in virtù dei poteri a noi conferiti...*** by reason *o* in exercise of the powers invested in us... **2** *(aggiudicare)* to confer [*diritto, onore, laurea, diploma*] (**a** on, upon); to award [*premio*]; to confer, to bestow [*titolo*]; **~ *il titolo di lord a qcn.*** to lord sb.; **~ *un grado onorario a*** MIL. to brevet; **~ *a qcn. il titolo di pari*** to raise sb. to the peerage; ***gli hanno conferito l'Ordine della Giarrettiera*** he was awarded the Order of the Garter **3** *(infondere)* to lend* [*qualità, carattere, credibilità*]; to impart [*sapore, consistenza*]; **~ *prestigio a qcn.*** to give sb. stature **4** *(apportare)* **~ *denaro a una società*** to contribute money to a company **II** intr. (aus. *avere*) **~ *con qcn. di qcs.*** to confer *o* have a consultation with sb. about sth.

▷ **conferma** /kon'ferma/ f. **1** *(ratifica)* confirmation (**di** of; **che** that); ***a ~*** in confirmation (**di** of); ***esigere una lettera di ~*** to demand written confirmation; ***attendere ~ di un ordine*** to await confirmation of an order; ***la ~ di una sentenza*** the confirmation *o* affirmation o upholding of a judgement **2** *(rafforzamento, dimostrazione)* confirmation, corroboration, validation; ***la ~ di un sospetto*** the confirmation of a suspicion; ***questo conferma ciò che ho detto*** this proves my point.

▶ **confermare** /konfer'mare/ [1] **I** tr. **1** *(convalidare)* to confirm [*ordine, fatto, giudizio, decisione*]; **~ che** to confirm that; **~ qcn. nella carica di** to confirm sb. as; **~ una condanna** DIR. to uphold a conviction; **sulla base di voci non confermate...** on the basis of anecdotal evidence... **2** *(ripetere)* **hanno confermato che sono morte due persone** two people were confirmed dead **3** *(rafforzare, dimostrare)* [*fatti, prove*] to back up, to support [*caso, teoria*]; to bear* out [*storia*] **4** *(rinsaldare)* to affirm [*sostegno, popolarità*]; to seal [*tendenza, regime*]; **~ l'opinione di qcn.** to confirm sb.'s opinion **5** RELIG. to confirm **II confermarsi** pronom. **1** *(rafforzarsi)* [*voce, notizia*] to prove founded **2** *(affermarsi)* **si conferma come uno dei nostri migliori attori** he's established himself as one of our best actors.

confermativo /konferma'tivo/ agg. confermative, confirmatory.

confermazione /konfermat'tsjone/ f. RELIG. confirmation.

Confesercenti /konfezer'tʃɛnti/ f. = Italian confederation of traders and hotel owners.

▶ **confessare** /konfes'sare/ [1] **I** tr. **1** *(dichiarare apertamente)* to admit, to confess [*crimine, atto illecito, colpa*]; to confess [*verità, errore, debolezza, desiderio*]; **~ il delitto, il crimine** to own up to the murder, crime; **~ (di avere commesso) un crimine** to confess to a crime; **~ la propria colpa** to admit one's guilt; **~ di avere un debole per qcs.** to confess to a liking for sth.; **confessa(lo), hai barato** admit it, you cheated; **~ di avere fatto qcs.** to admit *o* confess having done sth. **2** *(riconoscere)* to confess; **devo ~ che non mi piace** I must confess I don't like him; **confessa di non lavorare** she admits she isn't working **3** RELIG. to confess; **~ i propri peccati** to confess one's sins; **~ qcn.** *(ascoltare in confessione)* to hear sb.'s confession **II confessarsi** pronom. **1** *(dichiararsi)* **-rsi colpevole** to admit one's guilt, to plead guilty; RELIG. to confess, to make one's confession; **-rsi da un prete** to make one's confession to a priest **2** *(confidarsi)* **-rsi con un amico** to confide in a friend ◆ **peccato confessato è mezzo perdonato** PROV. a fault confessed is half redressed.

confessionale /konfessjo'nale/ **I** agg. **1** *(relativo a una confessione religiosa)* confessional; **scuola ~** denominational school **2** *(relativo al sacramento della confessione)* **il segreto ~** the seal of the confessional **II** m. confessional.

confessionalismo /konfessjona'lizmo/ m. denominationalism, confessionnalism.

▶ **confessione** /konfes'sjone/ **I** f. **1** *(dichiarazione)* admission, confession DIR., avowal FORM.; **fare una ~ a** to make a confession to; **rendere piena ~** to make a full confession; **strappare una ~ a qcn.** to squeeze a confession out of sb. **2** RELIG. *(sacramento)* confession; **fare la ~** to make one's confession; **ascoltare qcn. in ~** to hear sb.'s confession; **ammettere qcs. durante la ~** to confess sth. to a priest; **il segreto della ~** the seal of the confessional **3** *(confidenza)* **devo farti una ~** I must confess something to you **4** RELIG. *(culto professato)* denomination; **essere di ~ ebraica** to be of the Jewish faith; **gente di tutte le -i** people of all faiths **II confessioni** f.pl. LETT. confessions.

confessionista, m.pl. **-i**, f.pl. **-e** /konfessjo'nista/ m. e f. confessionist.

confesso /kon'fɛsso/ agg. self-confessed; **essere reo ~** to have pleaded guilty; **reo ~** = self convicted offender.

confessore /konfes'sore/ m. confessor.

confettato /konfet'tato/ agg. [*pillola*] coated.

confetteria /konfette'ria/ f. **1** *(negozio)* confectioner's (shop) **2** *(prodotti)* confection, confectionery.

confettiera /konfet'tjɛra/ f. sweet box, bonbonnière.

▷ **confetto** /kon'fɛtto/ **I** m. **1** *(dolce)* comfit, dragée, candy AE; **~ alla mandorla** sugared almond **2** FARM. *(pillola)* dragée **II** agg.inv. **rosa ~** candy pink; **a righe rosa ~** candy striped ◆ **mangiare i -i** = to celebrate a wedding.

confettura /konfet'tura/ f. GASTR. jam, preserve(s); **~ di pesche, di ciliegie** peach, cherry preserve.

confezionamento /konfettsjona'mento/ m. packaging, wrapping; **impresa di ~** packing house, packing plant.

confezionare /konfettsjo'nare/ [1] tr. **1** *(tagliare, cucire)* to tailor [*vestito*]; to run* up [*vestito, tende*]; **~ un vestito su misura** to make a suit to measure **2** *(imballare, impacchettare)* to package [*prodotto*]; to do* up, to wrap up [*pacco*]; **~ in blister** to blister pack; **~ sottovuoto** to vacuum pack.

confezionato /konfettsjo'nato/ **I** p.pass. → **confezionare II** agg. **1** *(preparato)* [*abito*] ready-to-wear, off-the-peg, off-the-rack; [*vestito, giacca, tende*] ready-made; **abiti -i** slops; **~ su misura** made-to-measure, tailor-made **2** *(imballato)* [*merce*] packed, wrapped; **~ sottovuoto** vacuum packed; **~ nella stagnola, nella plastica** foil-wrapped, plastic-wrapped; **si vende ~ in scatole** it comes in a box.

▷ **confezione** /konfet'tsjone/ **I** f. **1** *(produzione di abiti)* making, tailoring **2** *(processo)* confection; *(involucro)* packaging; *(di latte, succo, gelato, panna)* carton; *(di cassette, di birre)* **una ~ da due, da quattro** a two-, four-pack; **~ per torte** cake tin; **una ~ di cornflakes** a pack of cornflakes; **~ famiglia** economy pack, economic size; **~ risparmio** COMM. value pack; **li vendono in -i da 10** they're sold in sets of 10 **II confezioni** f.pl. ABBIGL. clothes, garments; **-i per uomo, per donna** menswear, ladies wear ◆◆ **~ regalo** gift wrapping, presentation box; **~ sottovuoto** vacuum pack.

▷ **conficcare** /konfik'kare/ [1] **I** tr. **1** *(piantare)* to knock, to tap in [*paletto, piolo*]; **~ qcs. in** to press sth. into [*fango, terreno*]; **~ un chiodo in** to drive a nail in(to); **~ pali** to pile; **~ un palo nella terra** to pound *o* sink a stake into the ground; **~ a colpi di martello** to hammer in; *(con le dita)* **~ una puntina da disegno in qcs.** to push a drawing pin in sth. **2** *(affondare)* to stick* [*puntina, spada, coltello*] (**in** into); **~ un coltello in** to sink a knife into [*torta*]; **conficcò la forchetta nella carne** she stuck her fork into the meat, she stabbed the meat with her fork; **~ un coltello, una spada in qcs.** to plant a knife, a spade in sth.; **le conficcò il coltello nel cuore** he plunged *o* stuck *o* thrust the knife into her heart; **mi stai conficcando le unghie nel braccio!** you're digging your nails into my arm! **II conficcarsi** pronom. **1** *(penetrare)* [*spina*] to dig* into [*parti del corpo*]; [*pallottola*] to lodge; [*coltello*] to rip into; **-rsi una spina nel dito** to get a thorn in one's finger; **una scheggia gli si conficcò nell'occhio** a splinter flew into his eye; **la pallottola è andata a -rsi nella parete** the bullet lodged in the wall **2** FIG. *(imprimersi)* **-rsi nella memoria di qcn.** to be engraved in one's memory.

conficcato /konfik'kato/ **I** p.pass. → **conficcare II** agg. **essere ~ in** [*spina, unghia, vite, scheggia, pianta*] to be embedded in [*zampa, carne, legno, muro, terreno*]; **essere ~ nell'occhio di qcn.** to be embedded in sb.'s eye; **avere una spina -a nel piede** to have a thorn (lodged *o* embedded) in one's foot.

confidare /konfi'dare/ [1] **I** tr. to confide [*segreto, speranza, paura*]; **gli ho confidato la mia paura che** I told him my fears that **II** intr. (aus. *avere*) to rely on, to count on; **~ in** to trust in [*Dio, persona, fortuna*]; **~ in qcs.** to hope for sth.; **confido nell'avvenire** I feel confident about the future; **~ nell'aiuto di qcn.** to count on sb.'s help; *(sperare)* **confido che il dottore verrà presto** I hope the doctor will come soon **III confidarsi** pronom. **-rsi con qcn.** to confide in sb., to take sb. into one's confidence, to unburden oneself FORM.; **-rsi con qcn. senza riserve** to confide in sb. totally.

confidente /konfi'dɛnte/ **I** agg. hopeful, trusting **II** m. e f. **1** *(amico fidato) (uomo)* confidant, *(donna)* confidante; *(di speranze, paure)* repository **2** *(informatore)* informant; *(alla polizia)* informer, stool pigeon COLLOQ.

▷ **confidenza** /konfi'dɛntsa/ **I** f. **1** *(rivelazione)* confidence; **fare una ~ a qcn.** to tell sb. a secret, to confide sth. to sb., to let sb. in on a secret; **è una ~** it's a secret **2** *(familiarità)* intimacy, familiarity; **eccessiva ~** undue familiarity; **essere in ~ con qcn.** to be on familiar terms with sb.; **siamo entrati in ~** he became very confidential with me; **si prende troppa ~** he's too free in his manner; **fra di loro c'è una certa ~** there's a certain intimacy between them; **prendere ~ con qcn., qcs.** to make oneself *o* become familiar with sb., sth.; **non avere ~ con l'acqua** FIG. not to feel comfortable in water **3** *(in segreto)* **in ~** confidentially, under the rose; **detto in ~** between you, me and the lamppost; **dire qcs. a qcn. in ~** to tell sb. sth. in (strict) confidence, to say sth. in confidence **4** STAT. **intervallo, livello di ~** confidence interval, level; **limiti di ~** fiducial limits **II confidenze** f.pl. *(libertà)* **niente -e** don't be too familiar! don't take too many liberties! ◆ **la ~ genera irriverenza** PROV. familiarity breeds contempt.

confidenziale /konfiden'tsjale/ agg. [*accordo, documento, informazione, rapporto*] confidential; [*stile*] chatty; **personale e ~** private and confidential; **urgente e ~** urgent and confidential; **informazione ~** privileged information; **devo parlarvi a titolo ~** I must speak to you privately *o* in private; **in via strettamente, del tutto ~** in strict confidence, confidentially.

confidenzialmente /konfidentsjal'mente/ avv. confidentially.

configgere /kon'fiddʒere/ [15] LETT. → **conficcare.**

configurare /konfigu'rare/ [1] **I** tr. to configure; INFORM. to configure, to set* up **II configurarsi** pronom. **il caso si configura interessante** the case is beginning to look interesting.

configurazione /konfigurat'tsjone/ f. **1** *(aspetto)* configuration; **~ geografica** geography; **la ~ del terreno** the lie BE, lay AE of the land **2** *(disposizione, situazione)* configuration; **la ~ amministrativa, politica** the administrative, political set-up; **la ~ dei luoghi** the layout of the premises **3** INFORM. configuration **4** CHIM. configuration.

confinante /konfi'nante/ **I** agg. *(limitrofo)* [*terra, provincia, stanza, costruzione, ufficio*] adjoining, adjacent; conterminal FORM.; ***stati -i*** neighbour states **II** m. e f. DIR. abutter.

▷ **confinare** /konfi'nare/ [1] **I** intr. (aus. *avere*) ***~ con qcs.*** [*paese*] to border (on), to neighbour BE, neighbor AE on sth.; [*edificio*] to abut *o* adjoin sth.; [*terreno*] to border *o* adjoin sth.; ***l'Italia confina con la Francia*** Italy borders France; ***~ con quattro paesi*** to have borders with four countries; ***le due case confinano*** the two houses are adjacent *o* adjoining **II** tr. **1** *(mandare al confino)* to intern **2** *(relegare)* to confine; ***~ qcn. in una camera*** to confine sb. to a room; ***~ qcn. ad un compito, un posto*** to restrict sb. to a task, post **III confinarsi** pronom. to shut* oneself away, to retire, to withdraw*.

confinario, pl. **-ri, -rie** /konfi'narjo, ri, rje/ agg. border attrib.; ***polizia -a*** border police, customs border patrol.

confinato /konfi'nato/ **I** p.pass. → **confinare II** agg. ***~ in una stanza*** confined to a room; ***si sentono -i nella loro cittadina*** they feel confined *o* like captives in their small town **III** m. (f. **-a**) internee; ***~ politico*** political internee.

Confindustria /konfin'dustrja/ f. = general confederation of Italian industry corresponding to the British CBI.

▶ **confine** /kon'fine/ m. **1** *(linea di demarcazione)* border, boundary; *(di città)* fringe; *(di terreno)* border; *(di territorio, dell'universo)* limit; ***sul ~ svizzero*** on the Swiss border; ***-i della città*** city boundary *o* limits; ***a nord del ~*** north of the border; ***il ~ tra l'Italia e la Francia*** Italy's border with France, the frontier between Italy and France; ***nei -i della proprietà*** within the boundaries of the estate; ***linea di ~*** borderline, (boundary) line; ***lite di ~*** border dispute; ***guardia di ~*** border guard; ***zona di ~*** borderland; ***aprire, chiudere il ~*** to open, close the border; ***passare il ~*** to cross the border; ***passare il ~ di stato*** to cross the state line; ***scappare oltre il ~*** to escape over *o* across the border; ***fuggì oltre ~*** he fled across the border **2** *(cippo)* (boundary) stone, post; ***collocare i -i*** to set the boundaries **3** FIG. pale; ***senza -i*** boundless, endless; ***un ~ immaginario tra*** an imaginary line between; ***i -i del sapere*** the frontiers of knowledge; ***il ~ tra il bene e il male*** the border(line) between good and evil; ***ai -i del mondo*** to the ends of the earth ◆◆ ***~ naturale*** natural boundary; ***~ di stato*** national boundary, state line.

confino /kon'fino/ m. internment; ***mandare qcn. al ~*** to intern sb.

confisca, pl. **-sche** /kon'fiska, ske/ f. confiscation, forfeit(ure), seizing; ***~ dei beni*** seizure, forfeiture of property.

confiscabile /konfis'kabile/ agg. confiscable, forfeitable, seizable.

confiscare /konfis'kare/ [1] tr. **1** DIR. to confiscate, to seize [*patrimonio*]; ***~ i beni di qcn.*** to distrain upon sb.'s goods **2** *(sequestrare)* to seize [*armi*]; [*insegnante, genitore*] to take* away, to confiscate [*sigarette, giornale*].

conflagrazione /konflagrat'tsjone/ f. **1** *(esplosione)* conflagration **2** FIG. *(scoppio di un conflitto)* ***~ bellica*** eruption, outbreak of hostilities.

▷ **conflitto** /kon'flitto/ m. **1** *(scontro)* conflict, collision (**tra** between); *(guerra)* conflict, war; ***~ etnico, industriale*** ethnic, industrial strife; ***il ~ in Medio Oriente*** the Middle East conflict; ***essere, entrare in ~ con qcn.*** to be in *o* at odds swith sb., to come into conflict with sb. (anche FIG.); ***intervenire in un ~*** to intervene in a dispute **2** FIG. *(contrasto)* clash, conflict, dispute; ***in ~ con*** contradictory to, in contrast with; ***un ~ di credenze, culture*** a clash of beliefs, cultures; ***un ~ di interessi*** a clash *o* conflict of interests; ***un ~ di personalità*** a personality clash; ***essere in ~*** [*interessi, desideri, credenze*] to clash *o* to conflict, to be in dispute, to jar, to be at odds (**con** with) ◆◆ ***~ armato*** MIL. armed conflict; ***~ atomico*** nuclear *o* atomic war; ***~ di classe*** class struggle; ***~ di competenza*** DIR. demarcation dispute; ***~ a fuoco*** gunfight; ***~ generazionale*** generation gap; ***~ mondiale*** world war.

conflittuale /konflittu'ale/ agg. [*argomento, tendenze, rapporto*] conflicting, controversial; ***è una situazione ~*** it's a source of conflict.

conflittualità /konflittuali'ta/ f.inv. dispute, unrest; ***~ sindacale*** industrial unrest.

confluente /konflu'ɛnte/ m. confluent.

confluenza /konflu'ɛntsa/ f. **1** *(di idee, persone)* confluence, agreement, convergence **2** *(di corsi d'acqua)* confluence.

confluire /konflu'ire/ [102] intr. (aus. *essere*) **1** ***~ in*** [*fiume*] to join, to merge with, to flow into; ***qui confluiscono tre fiumi*** three rivers flow into each other here; ***la Dora confluisce nel Po*** the Dora flows into the Po **2** *(congiungersi)* [*strade*] to join (up), to merge; ***~ con*** [*strada*] to join, to merge with [*autostrada*] **3** *(radunarsi)* ***~ in*** [*persone*] to converge to, to flood into, to stream in **4** FIG. *(convergere)* ***tutti gli sforzi confluiscono verso lo stesso scopo*** all efforts are directed towards the same goal.

confocale /konfo'kale/ agg. confocal.

▶ **confondere** /kon'fondere/ [51] **I** tr. **1** *(scambiare)* to confuse, to mistake* (**con** with); to mix [sth.] up [*date, nomi, biglietti*]; *(mescolare)* to jumble up [*forme, immagini*]; ***~ qcn. con qualcun altro*** to mistake sb. for sb. else; ***~ due cose*** to get two things mixed up; ***ti ho confuso con Francesca*** I got you muddled up with Francesca; ***~ il sale con lo zucchero*** to mistake the salt for the sugar; ***stai confondendo la scienza con la tecnologia*** you are confusing science with technology; ***confondi tutto!*** you're getting it all mixed up! ***~ la questione*** FIG. to fog *o* obscure the issue **2** *(scompigliare)* [*persona*] to scramble (up) [*carte*] **3** *(turbare)* to fluster; [*favori, attenzioni*] to overwhelm; *(disorientare)* to baffle, to bewilder, to confound, to confuse; ***~ il nemico*** to confuse the enemy troops, to throw the enemy into confusion; ***~ le idee a qcn.*** to muddle sb. up; ***le sue attenzioni mi confondono*** his kindness overwhelms me **II confondersi** pronom. **1** *(mescolarsi)* [*alberi, colori*] to merge into each, one another; [*avvenimenti, fatti*] to merge, to become* confused; ***-rsi con qcs.*** to merge with sth.; ***-rsi con lo sfondo*** to fade *o* melt into the background; ***il mare e il cielo si confondono all'orizzonte*** sea and sky merge on the horizon; ***le due date si sono confuse nella mia mente*** I mixed up the two dates; ***il nostro futuro si confonde con quello dell'Europa*** our future is bound up with that of Europe; ***la sua vita si confonde, non si confonde con la sua opera*** his life and his works are one, separate **2** *(smarrirsi, contraddirsi)* to get* confused, to go* muzzy, to get* lost.

confondibile /konfon'dibile/ agg. mistakable.

conformare /konfor'mare/ [1] **I** tr. **1** *(dare una forma)* to shape, to mould **2** *(adeguare)* to conform (**a** to); ***~ qcs. a*** to bring sth. into compliance with; ***~ le condizioni di lavoro agli standard europei*** to bring working conditions into line with European standards; ***~ le proprie azioni alle circostanze*** to adapt one's actions to the circumstances **II conformarsi** pronom. to comply (anche DIR.); to fall* into line with [*punto di vista*]; ***-rsi a*** to comply *o* conform with, to abide by [*direttiva, istruzioni, regole, criteri, standard*]; ***-rsi alla norma*** to conform to type; ***-rsi alle norme*** [*persona, compagnia*] to meet the regulations; ***-rsi alla volontà di qcn.*** to be conformable to sb.'s will.

conformato /konfor'mato/ **I** p.pass. → **conformare II** agg. ***taglie -e*** outsizes.

conformazione /konformat'tsjone/ f. conformation (anche ANAT. CHIM.); GEOL. conformation, texture; ***~ del terreno*** the lie BE, lay AE of the land; ***~ del cranio*** the shape *o* structure of the skull.

conforme /kon'forme/ agg. **1** *(adeguato)* ***essere ~ a*** [*modello, macchina*] to conform to; to fall in with [*aspettative*]; to satisfy [*criteri, domanda, regole, esigenze, definizione*]; ***~ a*** in keeping with [*status, legge, regole, tradizione*]; in line with [*approccio, tendenza, insegnamento*]; DIR. pursuant to; ***radiatore ~ (alle norme di sicurezza)*** radiator which complies with safety standards; ***i prodotti devono essere -i alle norme europee*** products must comply with EU standards; ***rendere qcs. ~ a*** to bring sth. into compliance with; ***essere ~ alla regolamentazione*** [*equipaggiamento, condizioni*] to meet the regulations; ***essere ~ alle specificazioni*** to comply with specifications; ***copia ~*** DIR. tenor, certified *o* true copy; ***certificare qcs. per copia ~*** to certify sth. a true copy **2** *(identico)* ***essere ~ ad un modello, all'originale*** to conform to a model, the original; ***essere ~ al campione*** COMM. to correspond to sample, to be up to the sample.

conformemente /konforme'mente/ avv. according, conformably; ***~ a*** [*agire*] in accordance *o* conformity with [*regole, desideri*]; DIR. in pursuance of [*istruzioni, clausole*]; ***~ alla procedura*** in compliance with procedure; ***~ alla legge*** by law, in compliance with the law; ***~ alle vostre istruzioni, ho...*** in accordance with your instructions, I have...

conformismo /konfor'mizmo/ m. **1** conventionality, conformism **2** RELIG. conformity.

conformista, m.pl. **-i**, f.pl. **-e** /konfor'mista/ agg., m. e f. conformist (anche RELIG.).

conformistico, pl. **-ci, -che** /konfor'mistiko, tʃi, ke/ agg. conformist, conventional; [*stile, produzione*] unadventurous, conventional.

conformità /konformi'ta/ f.inv. **1** *(corrispondenza)* conformance, conformity; ***~ alla legge, alle norme di sicurezza*** compliance with the law, safety standards; ***mettere qcs. in ~ con qcs.*** to make sth. comply with sth. **2** *(di due oggetti)* similarity, correspondence; ***verificare la ~ della traduzione all'originale*** to check that the translation corresponds to the original **3 in conformità con** in accord(ance), compliance, conformity with; DIR. pursuant to.

confortante /konfor'tante/ agg. [*notizia, parole*] comforting, cheerful, reassuring; ***è ~ sapere che...*** it is comforting to know that...

▷ **confortare** /konfor'tare/ [1] **I** tr. **1** *(consolare)* to comfort, to console; ***la notizia la confortò*** she was comforted by the news **2** FIG. *(avvalorare)* to support; ***~ qcn. in un'opinione*** to confirm sb. in their opinion **II confortarsi** pronom. to take* comfort, to console oneself.

confortatore /konforta'tore/ **I** agg. comforting **II** m. (f. **-trice** /tritʃe/) comforter.

▷ **confortevole** /konfor'tevole/ agg. **1** *(che conforta)* comforting, consoling **2** *(comodo)* [*letto*] comfortable **3** *(che offre comodità)* [*albergo, appartamento*] comfortable.

confortevolmente /konfortevol'mente/ avv. comfortably.

▷ **conforto** /kon'fɔrto/ m. **1** *(consolazione)* comfort, solace; ***dare, portare, recare ~ a qcn.*** to give, bring comfort to sb.; ***mi è stato di grande ~*** he was a great comfort *o* solace to me; ***trovare ~ in qcn., qcs.*** to take comfort *o* find solace in sb., sth.; ***aver bisogno di ~*** to need comforting **2** *(sostegno)* ***prove a ~ di una tesi*** evidence to support a thesis ◆◆ ***i -i religiosi*** the extreme unction.

confratello /konfra'tɛllo/ m. RELIG. brother*.

confraternita /konfra'tɛrnita/ f. brotherhood, confraternity.

confrontabile /konfron'tabile/ agg. comparable.

▷ **confrontare** /konfron'tare/ [1] **I** tr. **1** *(raffrontare)* to compare (**con** with; **a** to); ***devi ~ la sua testimonianza con ciò che già sai*** you have to set his evidence against what you already know **2** *(paragonare)* to compare [*esperienze, testi, oggetti, prezzi, caratteristiche, prestazioni*]; to match up [*pezzi, lati, parti*]; ***confrontate prima di comprare*** shop around before you buy **II confrontarsi** pronom. **1** *(affrontare)* ***-rsi con qcn., qcs.*** to be confronted with, to confront sb., sth.; ***-rsi con la realtà*** to face reality; ***il presidente ha accettato di -rsi con la stampa*** the president has agreed to face *o* confront the press **2** *(gareggiare, scontrarsi)* [*squadre, concorrenti*] to compete; [*avversari politici*] to meet*.

▶ **confronto** /kon'fronto/ m. **1** *(comparazione)* comparison (**tra, fra** between; **con** with); ***mettere a ~ qcs. con qcs.*** to compare sth. with sth.; ***se fai il ~*** if you compare them; ***reggere (bene) il ~ con qcs.*** to stand comparison, to compare favourably with sth.; ***non reggere il ~ con qcs.*** to compare unfavourably with sth.; ***Max non regge il ~ con lui*** he's more than a match for Max; ***il film non regge il ~ con il libro*** the film doesn't live up to the book, the film isn't a patch on the book BE; ***non temere -i*** to be able to stand comparison; ***senza ~*** beyond comparison, by far; ***non c'è ~ tra lei e Mary*** she's in a different class from Mary **2** *(dibattito)* confrontation, face-off AE **3** DIR. *(di testimoni)* confrontation; ***porre a ~ il testimone con l'imputato*** to confront the witness with the accused **4** SPORT *(match)* contest, match **5 in confronto a** in, by comparison with, compared with; ***i miei problemi sembrano piuttosto insignificanti in ~ ai tuoi*** my problems seem rather insignificant next to yours **6 nei confronti di** to, towards; ***provava solo risentimento nei suoi -i*** he bore her nothing but resentment ◆◆ ***~ all'americana*** identification parade BE, identity parade BE, lineup AE.

confucianesimo /konfutʃa'nezimo/ m. Confucianism.

confuciano /konfu'tʃano/ **I** agg. Confucian **II** m. (f. **-a**) Confucian.

Confucio /kon'futʃo/ n.pr.m. Confucius.

confusamente /konfuza'mente/ avv. **1** *(in maniera poco chiara)* [*spiegare, capire*] confusedly; [*ricordare*] vaguely **2** *(alla rinfusa)* haphazardly, higgledy-piggledy, pell-mell.

confusionale /konfuzjo'nale/ agg. ***essere in stato ~*** to be in a confused state of mind.

confusionario, pl. **-ri, -rie** /konfuzjo'narjo, ri, rje/ **I** agg. [*persona*] muddle-headed, woolly-headed **II** m. (f. **-a**) blunderer, bungler, muddlehead.

▷ **confusione** /konfu'zjone/ f. **1** *(caos)* confusion, chaos; ***regna la più grande ~ in...*** complete confusion reigns in...; ***che ~!*** what a mess! ***finire nella ~ generale, nella più totale ~*** to end in general *o* complete and utter chaos; ***gettare ~ in qcs.*** to throw sth. into confusion **2** *(mescolanza) (di persone)* bustle, stir; ***una gran ~ di voci*** a hubbub **3** FIG. confusion; ***creare ~*** to create confusion; ***ho una gran ~ in testa*** I am so confused **4** *(imbarazzo, turbamento)* confusion, embarrassment, abashment; ***mettere, mandare qcn. in ~*** to make sb. feel awkward **5** *(scambio)* confusion, mix-up; ***c'è stata una ~ di nomi*** there has been a mix-up with the names; ***in seguito ad una spiacevole ~*** owing to an unfortunate mix-up; ***fare ~ tra A e B*** to mix up A and B ◆◆ ***~ mentale*** PSIC. disorientation.

confusionismo /konfuzjo'nizmo/ m. = tendency towards creating confusion.

confusionista, m.pl **-i**, f.pl. **-e** /konfuzjo'nista/ m. e f. blunderer, bungler, muddlehead.

▷ **confuso** /kon'fuzo/ **I** p.pass. → **confondere II** agg. **1** *(disordinato)* ***un mucchio ~ di carte, di libri*** a messy heap of papers, books **2** *(mescolato)* [*suoni, voci*] confused; ***restare ~ tra la folla*** to remain hidden in the crowd **3** *(non lucido)* [*persona*] confused; *(non preciso)* [*situazione*] confusing; [*sentimenti*] mixed up; [*ricordi*] confused, vague; ***avere le idee -e*** to be muddle-headed *o* mixed up **4** *(turbato, imbarazzato)* abashed, embarrassed.

confutabile /konfu'tabile/ agg. refutable, confutable, rebuttable.

confutabilità /konfutabili'ta/ f.inv. refutability.

confutare /konfu'tare/ [1] tr. to refute, to confute [*ipotesi, teoria*].

confutativo /konfuta'tivo/ agg. confutative.

confutatore /konfuta'tore/ **I** agg. refuting **II** m. (f. **-trice** /tritʃe/) refuter.

confutatorio, pl. **-ri, -rie** /konfuta'tɔrjo, ri, rje/ → **confutativo**.

confutazione /konfutat'tsjone/ f. confutation, refutal.

conga /'kɔnga/ f. MUS. conga.

congedabile /kondʒe'dabile/ agg. **1** [*persona, classe*] dismissable **2** MIL. [*soldato*] dischargeable.

▷ **congedare** /kondʒe'dare/ [1] **I** tr. **1** *(con un saluto)* to say* goodbye to [*ospite*]; *(mandare via)* to send* away [*ospite*]; *(dare il permesso di uscire)* to dismiss [*persona, classe*] **2** MIL. to discharge, to muster out AE [*soldato*] **II congedarsi** pronom. **1** ***-rsi da qcn.*** to take leave of sb. **2** MIL. ***-rsi*** to be discharged.

congedato /kondʒe'dato/ **I** p.pass. → **congedare II** agg. MIL. discharged **III** m. discharged soldier.

▷ **congedo** /kon'dʒɛdo/ m. **1** *(commiato)* leave-taking; ***prendere ~ da qcn.*** to take leave of sb. **2** MIL. discharge; ***soldato in ~*** discharged soldier; ***foglio di ~*** discharge papers **3** AMM. *(aspettativa)* leave (of absence); *(per mancanza di lavoro)* furlough; ***prendere un ~*** to take a leave (of absence); ***essere in congedo*** to be on leave **4** UNIV. ***anno di ~*** sabbatical (year); ***professore in ~*** professor on sabbatical; ***mettersi in ~ dall'attività didattica*** to take time off from teaching ◆◆ ***~ illimitato*** honourable discharge; ***~ di maternità*** maternity leave; ***~ di paternità*** paternity leave; ***~ di studio*** study leave.

congegnare /kondʒeɲ'ɲare/ [1] tr. **1** *(assemblare)* to put* together, to assemble [*meccanismo*] **2** FIG. *(ideare)* to devise, to contrive [*apparecchio, dispositivo*]; to think* up, to concoct [*beffa, truffa*].

congegno /kon'dʒeɲɲo/ m. apparatus*, device, contraption COLLOQ. ◆◆ ***~ di mira*** gun-sight.

congelamento /kondʒela'mento/ m. **1** *(il congelare)* freezing, gelation; ***punto di ~*** freezing (point) **2** FIG. *(di prezzi, crediti)* freeze; ***~ dei salari*** wage freeze **3** MED. frostbite.

▷ **congelare** /kondʒe'lare/ [1] **I** tr. **1** to freeze* [*cibo*]; [*freddo*] to freeze* [*acqua*]; ***il freddo mi congelò le mani*** the cold froze my hands **2** FIG. *(bloccare)* to freeze* [*prezzi, stipendi*] **II congelarsi** pronom. [*acqua, cibo*] to freeze*; ***sto congelando*** I'm freezing.

congelato /kondʒe'lato/ **I** p.pass. → **congelare II** agg. **1** [*cibo*] frozen; ***sono ~*** I'm frozen **2** FIG. *(bloccato)* [*prezzi, stipendi, capitali*] frozen **3** MED. frostbitten.

congelatore /kondʒela'tore/ **I** agg. freezing **II** m. **1** *(elettrodomestico)* deep-freeze, freezer **2** *(parte del frigorifero)* freezer ◆◆ ***~ a pozzo*** chest freezer; ***~ verticale*** upright freezer.

congenere /kon'dʒɛnere/ **I** agg. congeneric, congenerous (anche BIOL.) **II** m. BIOL. congener.

congeniale /kondʒe'njale/ agg. [*persona, compagnia, sistemazione*] congenial; ***mi è ~*** I find it congenial.

congenialità /kondʒenjali'ta/ f.inv. congeniality.

congenito /kon'dʒɛnito/ agg. **1** MED. [*carattere, malattia, malformazione*] congenital; [*deficienza*] inborn **2** [*paura, avversione*] innate.

congerie /kon'dʒɛrje/ f.inv. heap, clutter.

congestionamento /kondʒestjona'mento/ m. *(di traffico)* build-up.

congestionare /kondʒestjo'nare/ [1] **I** tr. **1** MED. to congest, to engorge [*polmone*]; ***~ il viso*** to cause the face to flush **2** *(intasare)* to congest, to overcrowd [*strada, città, incrocio*] **II congestionarsi** pronom. [*polmone*] to congest; [*persona, viso*] to flush.

congestionato /kondʒestjo'nato/ **I** p.pass. → **congestionare II** agg. **1** MED. [*polmone*] congested; ***un viso ~*** a flushed face **2** *(intasato)* [*strada*] congested; [*burocrazia, settore*] bloated.

congestione /kondʒes'tjone/ f. **1** MED. congestion, engorgement **2** *(di traffico)* (traffic) congestion ◆◆ ***~ polmonare*** congestion of the lungs.

congestizio, pl. **-zi, -zie** /kondʒes'tittsjo, tsi, tsje/ agg. congestive.

congettura /kondʒet'tura/ f. conjecture; ~ ***azzardata*** wild guess; ***perdersi in -e*** to lose oneself in conjecture; ***fare delle -e*** to conjecture; ***non sono che -e*** it's pure guesswork.

congetturabile /kondʒettu'rabile/ agg. conjecturable.

congetturale /kondʒettu'rale/ agg. conjectural.

congetturare /kondʒettu'rare/ [1] tr. to conjecture (**che** that); ~ ***che qcn., qcs. sia*** to conjecture sb., sth. to be.

congiungere /kon'dʒundʒere/ [55] **I** tr. **1** *(unire)* to combine [*forze, sforzi*]; to join [*bordi, estremità, parti*]; to join [*tubi*]; to fold [*mani*] **2** *(collegare)* to join, to link [*punti*]; [*strada*] to link [*luoghi*]; ~ ***qcs. con qcs.*** to link sth. with *o* to *o* and sth. **II congiungersi** pronom. **1** *(venire a contatto)* [*mani*] to join, to meet*; *(combaciare)* [*tubi*] to join **2** *(unirsi)* [*strade, fiumi*] to join (up), to merge; ***-rsi in matrimonio*** to be joined in matrimony.

congiungimento /kondʒundʒi'mento/ m. **1** joining; *(punto di incontro)* junction **2** LETT. *(sessuale)* coupling, sexual intercourse.

congiuntamente /kondʒunta'mente/ avv. conjunctively, (con)jointly; ~ ***a*** in conjunction with; ***firmare*** ~ to cosign.

congiuntiva /kondʒun'tiva/ f. conjunctiva*.

congiuntivite /kondʒunti'vite/ ➧ **7** f. conjunctivitis.

congiuntivo /kondʒun'tivo/ **I** agg. [*particella*] conjunctive; [*modo*] subjunctive **II** m. subjunctive; ***al*** ~ in the subjunctive.

congiunto /kon'dʒunto/ **I** p.pass. → **congiungere II** agg. [*mani*] joined; [*operazione, elementi, fattori*] combined; [*azione, intervento, programma, dichiarazione, lascito, conto, beneficiario*] joint; [*sforzi, forze*] combined, united **III** m. (f. **-a**) kin **U**; ***i miei -i*** my kin.

congiuntura /kondʒun'tura/ f. **1** *(situazione, circostanza)* (con)juncture; ***la*** ~ ***attuale*** the present circumstances; ~ ***politica, economica*** political, economic situation **2** ECON. trend; ***alta*** ~ boom; ***bassa*** ~ slump **3** ANAT. *(giuntura)* joint, articulation **4** TECN. *(giunzione)* joint, join, junction.

congiunturale /kondʒuntu'rale/ agg. [*deficit, politica, situazione, fluttuazioni*] short-term, economic; ***evoluzione*** ~ current trends; ***politica*** ~ ***adattata alla situazione*** economic policy in line with the situation.

congiunzionale /kondʒuntsjo'nale/ agg. conjunctional.

congiunzione /kondʒun'tsjone/ f. **1** *(unione)* junction; *(il congiungere)* joining; ***punto di*** ~ meeting point, (point of) junction; ***anello di*** ~ FIG. conjunction **2** LING. conjunction, conjunctive **3** ASTR. conjunction; ***in*** ~ [*pianeti*] in conjunction ◆◆ ~ ***coordinante, coordinativa*** coordinating conjunction; ~ ***disgiuntiva*** disjunctive; ~ ***subordinativa, subordinante*** subordinating conjunction.

▷ **congiura** /kon'dʒura/ f. conspiracy, plot; ***ordire una*** ~ ***contro qcn.*** to conspire *o* plot against sb.; ***sventare una*** ~ to foil a plot ◆◆ ~ ***del silenzio*** conspiracy of silence; ~ ***di palazzo*** palace revolution.

congiurare /kondʒu'rare/ [1] intr. (aus. *avere*) to conspire, to plot (**contro**, **ai danni di** against); ***tutto congiura contro di me*** FIG. everything is working against me.

congiurato /kondʒu'rato/ **I** p.pass. → **congiurare II** agg. conspiring, plotting **III** m. (f. **-a**) conspirator, plotter.

conglobamento /kongloba'mento/ m. conglobation, conglomeration.

conglobare /konglo'bare/ [1] tr. *(riunire insieme)* to combine, to conglobate.

conglomerare /konglome'rare/ [1] **I** tr. to conglomerate **II conglomerarsi** pronom. to conglomerate.

conglomerato /konglome'rato/ **I** p.pass. → **conglomerare II** agg. conglomerate **III** m. **1** *(unione di cose)* conglomerate, conglomeration **2** GEOL. conglomerate **3** EDIL. concrete **4** COMM. conglomerate.

conglomerazione /konglomerat'tsjone/ f. conglomeration.

conglutinare /kongluti'nare/ [1] **I** tr. **1** *(agglutinare)* to conglutinate **2** *(unire saldamente)* to blend **II conglutinarsi** pronom. RAR. to blend.

conglutinativo /konglutina'tivo/ agg. RAR. conglutinant.

conglutinazione /konglutinat'tsjone/ f. conglutination.

Congo /'kɔngo/ ➧ ***33, 9*** n.pr.m. the Congo.

congolese /kongo'lese/ ➧ ***25*** **I** agg. Congolese **II** m. e f. Congolese*.

▷ **congratularsi** /kongratu'larsi/ [1] pronom. ~ ***con qcn.*** to congratulate sb., to offer one's congratulations to sb. (**per** on); ~ ***con se stesso*** to congratulate oneself.

congratulatorio, pl. **-ri**, **-rie** /kongratula'tɔrjo, ri, rje/ agg. [*lettera, discorso*] congratulatory.

congratulazione /kongratulat'tsjone/ f. congratulation, felicitation (**per** on); ***fare le proprie -i a qcn.*** to offer one's congratulations to sb.; ***-i!*** congratulations! ***merita le -i per il suo coraggio*** she should be congratulated for her courage, she deserves full marks for courage BE; ***lettera di*** ~ letter of congratulation.

congrega, pl. **-ghe** /kon'grɛga, ge/ f. **1** *(congregazione)* congregation **2** SPREG. *(gruppo)* band, clique, gang.

congregare /kongre'gare/ [1] **I** tr. to congregate **II congregarsi** pronom. to congregate.

congregazionalismo /kongregattsjona'lizmo/ m. Congregationalism.

congregazionalista, m.pl. **-i**, f.pl. **-e** /kongregattsjona'lista/ agg., m. e f. Congregationalist.

congregazione /kongregat'tsjone/ f. congregation.

congregazionista, m.pl. **-i**, f.pl. **-e** /kongregattsjo'nista/ m. e f. member of a congregation.

congressista, m.pl. **-i**, f.pl. **-e** /kongres'sista/ m. e f. = one who attends a congress, convention or conference.

▷ **congresso** /kon'grɛsso/ m. **1** *(di studiosi, politici ecc.)* conference, congress, convention; ***un*** ~ ***medico, di medici*** a medical congress; ~ ***di partito*** party conference; ***centro -i*** convention centre **2** STOR. POL. congress; ***il*** ~ ***di Vienna*** the Congress of Vienna.

Congresso /kon'grɛsso/ m. *(negli Stati Uniti)* Congress; ***al*** ~ in Congress; ***membro del*** ~ Congressperson; *(uomo)* Congressman; *(donna)* Congresswoman.

congressuale /kongressu'ale/ agg. [*lavori, atti*] of a congress, conference, convention.

congrua /'kɔngrua/ f. stipend.

congruamente /kongrua'mente/ avv. congruously.

congruente /kongru'ɛnte/ agg. **1** [*idea, proposito*] congruent (**a**, **con** with); appropriate (**a**, **con** for) **2** MAT. congruent.

congruenza /kongru'ɛntsa/ f. **1** *(conformità)* congruence, congruency, congruity **2** MAT. congruence, congruency.

congruità /kongrui'ta/ f.inv. congruity.

congruo /'kɔngruo/ agg. **1** *(adeguato)* congruous **2** MAT. congruent.

conguagliare /kongwaʎ'ʎare/ [1] tr. to adjust, to balance [*conto*].

conguaglio, pl. **-gli** /kon'gwaʎʎo, ʎi/ m. ECON. adjustment.

CONI /'kɔni/ m. (⇒ Comitato Olimpico Nazionale Italiano) = Italian National Olympic Committee.

coniare /ko'njare/ [1] tr. **1** to coin, to mint [*moneta*] **2** FIG. to coin, to mint [*parola*]; ~ ***neologismi*** to neologize.

coniatore /konja'tore/ m. (f. **-trice** /tritʃe/) coiner, minter (anche FIG.).

coniatura /konja'tura/, **coniazione** /konjat'tsjone/ f. coinage, mintage (anche FIG.).

conicità /konitʃi'ta/ f.inv. conicalness.

conico, pl. **-ci**, **-che** /'kɔniko, tʃi, ke/ agg. conic(al).

conidio, pl. **-di** /ko'nidjo, di/ m. conidium*.

conidiospora /konidjos'pɔra/ f. conidiospore, conidium*.

conifera /ko'nifera/ f. conifer; ***di -e*** [*bosco*] coniferous.

conifero /ko'nifero/ agg. [*albero*] coniferous.

conigliaia /koniʎ'ʎaja/, **conigliera** /koniʎ'ʎɛra/ f. (rabbit) hutch.

conigliesco, pl. **-schi**, **-sche** /koniʎ'ʎesko, ski, ske/ agg. **1** rabbity, rabbit-like **2** FIG. [*comportamento*] cowardly.

coniglietta /koniʎ'ʎetta/ f. *(ragazza)* bunny (girl).

coniglietto /koniʎ'ʎetto/ m. INFANT. bunny (rabbit).

▷ **coniglio**, pl. **-gli** /ko'niʎʎo, ʎi/ m. **1** *(animale, carne)* rabbit; ***femmina di*** ~, ~ ***femmina*** doe; ***tana di*** ~ rabbit burrow; ***stufato di*** ~ rabbit stew **2** *(pelliccia)* rabbit, cony; ***giacca di*** ~ rabbit jacket **3** FIG. *(vigliacco)* chicken; ***un cuore di*** ~ a hen-hearted man, a coward ◆ ***riprodursi come -gli*** to breed like rabbits ◆◆ ~ ***d'angora*** angora rabbit; ~ ***coda di cotone*** cottontail AE; ~ ***selvatico*** wild rabbit.

conio, pl. **-ni** /'kɔnjo, ni/ m. **1** *(punzone)* die **2** *(marchio)* mint mark **3** *(coniazione)* coinage, mintage; ***moneta nuova di*** ~ coin in mint condition; ***un vocabolo di nuovo*** ~ FIG. a recent coinage ◆◆ ***di basso*** ~ of little worth.

coniugabile /konju'gabile/ agg. conjugable.

coniugale /konju'gale/ agg. [*amore, fedeltà*] conjugal; [*dramma*] marital; [*vita*] married.

coniugare /konju'gare/ [1] **I** tr. **1** LING. to conjugate [*verbo*] **2** FIG. *(fare coesistere)* to combine **II coniugarsi** pronom. **1** *(sposarsi)* to marry, to wed **2** LING. [*verbo*] to conjugate **3** FIG. *(coesistere)* to combine.

▷ **coniugato** /konju'gato/ **I** p.pass. → **coniugare II** agg. **1** *(sposato)* married (**con** to) **2** LING. [*verb*] conjugated **III** m. (f. **-a**) married person.

coniugazione /konjugat'tsjone/ f. LING. BIOL. conjugation.

coniuge /'kɔnjudʒe/ **I** m. e f. spouse **II coniugi** m.pl. married couple sing., husband and wife; ***i -i Rossi*** Mr and Mrs Rossi.

connaturale /konnatu'rale/ agg. connatural.

connaturato /konnatu'rato/ agg. [*tendenza*] connate, innate; [*vizio*] inveterate, congenital; *(radicato)* [*credenza*] deeply-rooted.

connazionale /konnattsjo'nale/ **I** agg. ***sono -i*** they come from the same country **II** m. e f. *(uomo)* (fellow) countryman*; *(donna)* (fellow) countrywoman*.

connessione /konnes'sjone/ f. **1** *(unione, legame)* link (**tra, fra** between; **con** with) **2** *(nesso)* link, connection, connexion BE; ***mancanza di ~ tra le idee*** lack of connection between the ideas **3** DIR. ***~ di reati*** aggregation of punishments; ***~ di responsabilità*** joinder of charges, aggregation of liabilities **4** EL. connection, connexion BE ◆◆ ***~ a stella*** EL. star connection; ***~ a triangolo*** mesh connection.

connesso /kon'nɛsso, kon'nesso/ **I** p.pass. → **connettere II** agg. *(in relazione)* [*idea, evento*] connected, linked, related (**a** to); ***strettamente ~ con qcs.*** closely related to sth. **III connessi** m.pl. ***gli annessi e -i*** the etceteras, the ins and outs; ***un matrimonio in chiesa con tutti gli annessi e -i*** COLLOQ. SCHERZ. a church wedding with all the trimmings.

connettere /kon'nɛttere, kon'nettere/ [17] **I** tr. **1** *(collegare)* to link [*fatti, fenomeni*] **2** TECN. to (inter)connect **II** intr. *(ragionare)* to think* straight; ***non connette più*** he can't think straight **III connettersi** pronom. to be* connected, linked (**a** to).

connettivo /konnet'tivo/ **I** agg. **1** *(che unisce)* conjunctive **2** BIOL. [*tessuto*] connective **II** m. **1** *(elemento che unisce)* link **2** BIOL. connective **3** LING. connective, linker.

connettore /konnet'tore/ m. connector.

connivente /konni'vɛnte/ **I** agg. [*persona*] conniving; ***essere ~ in*** to connive at [*furto, tradimento*]; ***essere ~ (con qcn.) per fare qcs.*** to connive (with sb.) to do sth. **II** m. e f. conniver.

connivenza /konni'vɛntsa/ f. connivance; ***in ~ con*** in connivance with; ***uno sguardo di ~*** a conniving glance.

connotare /konno'tare/ [1] tr. to connote.

connotativo /konnota'tivo/ agg. connotative.

connotato /konno'tato/ m. ***i -i*** the description ◆ ***cambiare i -i a qcn.*** to beat sb. black and blue.

connotazione /konnotat'tsjone/ f. connotation (**di** of).

connubio, pl. **-bi** /kon'nubjo, bi/ m. **1** LETT. *(matrimonio)* marriage **2** FIG. *(unione, accordo)* marriage, union; ***il ~ di arte e scienza*** the marriage of art and science.

▷ **cono** /'kɔno/ m. **1** cone (anche MAT.); ***tronco di ~*** truncated cone; ***a forma di ~*** cone-shaped; ***dare forma di ~ a*** to cone; ***~ di carta*** paper cone **2** *(cialda)* cone, cornet; ***un ~ (gelato)*** an ice-cream cone **3** BOT. cone **4** ANAT. cone ◆◆ ***~ di luce*** pool of light; ***~ d'ombra*** ASTR. umbra.

conocchia /ko'nɔkkja/ f. **1** *(rocca)* distaff **2** *(la fibra avvolta alla rocca)* = quantity of wool, flax etc. that can be wound around the distaff.

conoidale /konoi'dale/ agg. conoid(al).

conoide /ko'nɔide/ m. e f. conoid.

▷ **conoscente** /konoʃ'ʃɛnte/ m. e f. acquaintance.

▶ **conoscenza** /konoʃ'ʃɛntsa/ f. **1** *(il sapere)* knowledge (**di** of); ***~ astratta, pratica, sensoriale*** abstract, practical, sensory knowledge; ***avere una buona ~ dello spagnolo, della musica*** to have a good knowledge of Spanish, of music; ***ha una profonda ~ della psicologia umana*** he has a deep understanding of the way the human mind works; ***-e informatiche*** computer knowledge; ***un bagaglio di -e*** a stock of knowledge **2** *(informazione)* ***venire a ~ di qcs.*** to learn of sth., to find out about sth.; ***siamo venuti, giunti a ~ (del fatto) che*** it has come to our knowledge that; ***essere a ~ di qcs.*** to know of sth.; ***portare, mettere qcn. a ~ di qcs.*** to acquaint sb. with sth., to bring sth. to sb.'s knowledge, to let sb. know of sth.; ***sono a ~ delle nostre intenzioni*** they know of our intentions; ***"confermo di essere a ~ delle condizioni generali di vendita"*** COMM. "I confirm that I have read the conditions of the sale"; ***per ~*** BUROCR. copy to **3** *(coscienza)* consciousness; ***perdere ~*** to lose consciousness, to fall unconscious, to lapse into unconsciousness; ***riprendere ~*** to regain *o* recover consciousness, to come to; ***privo di ~*** senseless, unconscious **4** *(di una persona)* acquaintance; ***fare la ~ di qcn.*** to make sb.'s acquaintance, to get *o* become acquainted with sb., to meet sb.; *(in modo casuale)* to strike up an acquaintance with sb.; ***(sono) lieto di fare la sua ~*** (I'm) pleased to meet you; ***fare nuove -e*** to make new acquaintances; ***un architetto di mia ~*** an architect I know, an architect of my acquaintance FORM. **5** *(persona conosciuta)* ***una mia ~*** an acquaintance of mine; ***è una vecchia ~ della polizia*** he's well known to the police; ***avere delle -e importanti, altolocate*** to know important people, to have connections in high places **6** FILOS. cognition.

▶ **conoscere** /ko'noʃʃere/ [31] **I** tr. **1** *(avere cognizione di)* to know* [*fatto, nome, verità, risultato*]; ***~ qcn. di nome, vista*** to know sb. by name, sight; ***voi conoscete il seguito*** you know the rest; ***conosco le ragioni della tua collera*** I know why you're angry; ***ci ha fatto ~ il suo parere, le sue intenzioni*** he made his opinion, his intentions known to us; ***le conosciamo, le tue promesse!*** we know all about your promises! ***non ~ né il perché, né il percome di qcs.*** not to know the whys or the wherefores of sth. **2** *(per avere letto o studia-to)* to know* [*soggetto, metodo, autore*]; ***fare ~ a qcn.*** to introduce sb. to [*musica, pittura barocca*]; ***mi ha fatto ~ Mozart, la cucina francese*** she introduced me to Mozart, French cooking **3** *(essere pratico di)* ***~ la città*** to know one's way around the city **4** *(sperimentare)* to know*, to experience [*fame, freddo, povertà, amore*]; ***~ le donne, gli uomini*** to know something about women, men; ***conosce l'umiliazione della sconfitta*** he knows *o* has experienced the humiliation of defeat; ***non conosce pietà, vergogna*** he knows no pity, shame; ***~ una rapida crescita*** to show a rapid growth; ***la città ha conosciuto una nuova vitalità*** the city has been given a new lease of *o* on life **5** *(personalmente)* to know* [*parente, vicino*]; ***lo conosco da molto tempo*** I've known him for a long time; ***lei non mi conosce*** you don't know me; ***crescendo ho imparato a ~ mio padre*** I got to know my father as I grew up; ***mi piacerebbe molto conoscerla*** I'd really like to get to know her; ***mi ha detto che ti ha conosciuto a Roma nel 1983*** he told me he met you in Rome in 1983; ***conosci Frank, è sempre in ritardo*** you know Frank, he's always late; ***far ~ qcn. a qcn.*** to introduce sb. to sb.; ***i miei genitori? conoscendoli, saranno entusiasti!*** my parents? knowing them, they'll be delighted! ***fa finta di non conoscermi da quando è diventato ufficiale*** he pretends not to know me now that he's an officer **6** *(di fama)* to know* of [*persona, attore*]; ***lo conosco di fama, ma non l'ho mai incontrato*** I know *o* I've heard of him but I've never met him **7** *(riconoscere)* to know*; ***la conosco dall'andatura, dalla voce*** I know *o* recognize her by her walk, by her voice; ***farsi ~*** to make oneself known; *(diventare noto)* to be *o* come to the fore **8** BIBL. *(avere rapporti carnali)* to know* **II** intr. DIR. ***~ di*** to be* cognizant of [*affare, causa*] **III conoscersi** pronom. **1** *(se stesso)* to know* oneself; ***si conosce poco*** he doesn't know himself very well; ***"conosci te stesso"*** "know thyself" **2** *(reciprocamente)* to know* each other; ***ci siamo conosciuti a casa di amici comuni*** we met at the home of some mutual friends; ***non ci siamo già conosciuti?*** surely we've met before? haven't we met before? ◆ ***~ i propri polli*** = to know who one is dealing with; ***~ qcs. come le proprie tasche*** to know sth. like the back of one's hand, to know sth. through and through; ***~ qcs. per filo e per segno*** to know sth. backwards and forwards; ***non l'ho mai né visto, né conosciuto*** I don't know him from Adam; ***avere conosciuto tempi migliori*** to have seen better days; ***non ~ limiti*** to know no limits.

conoscibile /konoʃ'ʃibile/ **I** agg. knowable **II** m. ***il ~*** the knowable.

conoscitivo /konoʃʃi'tivo/ agg. [*facoltà*] cognitive.

conoscitore /konoʃʃi'tore/ m. (f. **-trice** /tritʃe/) knower; ***essere un buon ~ di oggetti d'antiquariato*** to have a good eye for antiques; ***non essere un ~ di vino*** to be no judge of wine.

conosciuto /konoʃ'ʃuto/ **I** p.pass. → **conoscere II** agg. *(noto)* known; ***un romanzo molto ~, poco ~*** a well-known, little-known novel; ***Edward, meglio ~ come Ted*** Edward, better known as Ted.

conquibus /kon'kwibus/ m.inv. RAR. COLLOQ. SCHERZ. bread, dough, lolly BE.

▷ **conquista** /kon'kwista/ f. **1** conquest; ***andare alla ~ di*** to set out to conquer [*paese, vetta, potere*]; ***la ~ dello spazio*** the conquest of space **2** FIG. *(miglioramento)* achievement; ***~ sindacale*** trade union victory; ***le -e scientifiche*** the achievements of science **3** FIG. *(seduzione, persona sedotta)* conquest; ***la sua nuova, ultima ~*** his new, latest conquest; ***farai -e con quel vestito*** you are going to be a hit in that dress.

conquistabile /konkwis'tabile/ agg. conquerable.

▶ **conquistare** /konkwis'tare/ [1] **I** tr. **1** *(impadronirsi di)* to conquer [*paese, roccaforte*] **2** FIG. *(ottenere)* to gain [*potere, libertà*]; to win* [*amicizia, successo, cuore*]; POL. to carry [*stato, regione*]; ***~ il mercato*** to capture the market; ***conquistò il pubblico*** he carried the audience with him; ***il loro talento, fascino ha conquistato Parigi*** they captivated Paris with their talent, charm **3** *(fare innamorare)* to conquer; ***il modo per ~ qcn.*** the way to sb.'s heart **II conquistarsi** pronom. ***-rsi l'amore, il rispetto di qcn.*** to gain *o* win sb.'s love, respect.

conquistatore /konkwista'tore/ **I** agg. [*popolo*] conquering; [*fascino*] seductive **II** m. (f. **-trice** /tritʃe/) **1** *(chi conquista)* conqueror **2** FIG. *(seduttore)* ***un gran ~*** a ladies' man.

cons. **1** ⇒ consiglio council **2** ⇒ consigliere councillor (Cllr BE).

▷ **consacrare** /konsa'krare/ [1] **I** tr. **1** RELIG. *(rendere sacro)* to consecrate [*chiesa, vescovo*]; to anoint, to ordain [*sacerdote*]; to anoint [*monarca*]; *(dedicare)* to dedicate [*chiesa*] (**a** to); **~ *il pane e il vino*** to consecrate bread and wine **2** FIG. *(dedicare)* to dedicate, to devote [*vita, tempo*] (**a** to) **3** *(rendere degno d'onore)* ***fu consacrata migliore attrice della sua generazione*** she was hailed as the best actress of her generation; ***essere consacrato campione di sci*** to be crowned ski champion **4** *(sancire)* ***la parola è stata consacrata dall'uso*** the word has gained acceptance through use **II consacrarsi** pronom. **1** *(votarsi)* ***-rsi a Dio*** to consecrate oneself to God **2** FIG. *(dedicarsi)* ***-rsi a*** to devote oneself to [*studio, famiglia*].

consacratore /konsakra'tore/ m. (f. **-trice** /tritʃe/) RAR. consecrator.

consacrazione /konsakrat'tsjone/ f. **1** RELIG. *(il rendere sacro) (di chiesa, vescovo)* consecration; *(di sacerdote)* anointing, anointment, ordering, ordination; *(di monarca)* anointing, anointment; *(il dedicare) (di chiesa)* dedication **2** RELIG. *(di pane e vino)* ***la Consacrazione*** the Consecration **3** *(riconoscimento pubblico)* accolade.

consanguineità /konsangwinei'ta/ f.inv. consanguinity.

consanguineo /konsan'gwineo/ **I** agg. consanguineous **II** m. (f. **-a**) blood relation, blood relative; ***matrimonio tra -i*** intermarriage.

▷ **consapevole** /konsa'pevole/ agg. **1** *(conscio)* [*persona*] aware, conscious, mindful (**di** of); *(cosciente)* [*atteggiamento*] conscious (**di** of); ***non ero ~ di aver ferito i loro sentimenti*** I wasn't aware of having hurt their feelings; **~ *dei problemi ambientali*** eco-aware, environmentally aware **2** *(informato)* aware (**di** of; **che**, **del fatto che** that).

consapevolezza /konsapevo'lettsa/ f. awareness, consciousness; ***fare qcs. in tutta ~*** to do sth. with one's eyes open; ***con la piena ~ da parte di qcn.*** with the full knowledge of sb.

consapevolmente /konsapevol'mente/ avv. [*agire*] consciously.

consciamente /konʃa'mente/ avv. consciously.

conscio, pl. **-sci**, **-sce** /'kɔnʃo, ʃi, ʃe/ **I** agg. conscious, aware (**di** of); ***essere ~ del proprio valore*** to be aware of what one is worth **II** m. ***il ~*** the conscious (self).

consecutio temporum /konse'kuttsjo'tɛmporum/ f.inv. = sequence of tenses.

consecutivamente /konsekutiva'mente/ avv. consecutively, successively.

consecutivo /konseku'tivo/ agg. **1** *(che segue)* consecutive, successive; ***la sua decima vittoria -a*** her tenth consecutive win; ***per cinque anni -i*** for five successive *o* consecutive years **2** *(che viene dopo)* [*giorno, anno*] following attrib., next attrib. **3** LING. [*proposizione*] consecutive.

▷ **consegna** /kon'seɲɲa/ f. **1** *(di giornale, posta)* delivery; *(di regalo, assegno, premio)* presentation; *(di prigioniero, riscatto)* handover; ***aspettare la ~ delle chiavi, del materiale*** to wait for the keys, material to be handed over; ***la scadenza della ~ dei rapporti è fissata per il 15 giugno*** the deadline for handing in the reports is 15 June **2** COMM. *(di merce)* delivery; ***alla ~*** on delivery; ***fare le -e*** to deliver, to make deliveries; ***"~ a domicilio"*** "delivered to your door"; ***"~ gratuita per tutte le destinazioni"*** "free delivery, distance no object"; ***merce in pronta ~*** off-the-shelf goods; ***disponibile in pronta ~*** available off the shelf; ***prezzi per ~ differita*** forward price; ***mancata ~*** nondelivery; ***pagamento alla ~*** cash on delivery; ***spese di ~*** delivery charge; ***servizio di ~*** delivery service, deliverer; ***ricevuta di ~*** proof of delivery; ***tempo di ~*** delivery time, lead time; ***camion delle -e*** delivery lorry; ***addetto alla ~*** deliverer **3** *(custodia)* ***prendere in ~*** [*guardarobiere*] to take in, to hold [*cappotto*]; ***lasciare in ~ qcs. a qcn.*** to deposit sth. with sb. **4** MIL. confinement to barracks **5** *(ordine)* order ◆ ***passare le -e a qcn.*** to hand over to sb. ◆◆ **~ *per espresso*** special delivery; **~ *immediata*** spot delivery.

consegnabile /konseɲ'ɲabile/ agg. deliverable.

▶ **consegnare** /konseɲ'ɲare/ [1] **I** tr. **1** to deliver [*giornale, posta*] (**a** to); to present [*regalo, assegno, premio*] (**a** to); to hand in [*compito*] (**a** to); to hand over [*prigioniero*] (**a** to); to turn over [*fuggiasco*] (**a** to); to hand over, to surrender [*arma*] (**a** to); **~ *qcn. alla polizia*** to hand sb. over to the police; **~ *le spoglie di qcn. alle acque*** to commit sb.'s body to the deep; **~ *qcs. alle fiamme*** to consign sth. to the flames **2** COMM. *(recapitare)* to deliver [*merce*]; ***farsi ~ qcs.*** to have sth. delivered **3** MIL. to confine to barracks [*soldato*] **II consegnarsi** pronom. ***-rsi a*** [*terroristi, banditi*] to give oneself over to, to give oneself up to [*polizia*].

consegnatario, pl. **-ri** /konseɲɲa'tarjo, ri/ m. (f. **-a**) deliveree, consignee.

consegnato /konseɲ'ɲato/ **I** p.pass. → **consegnare II** agg. MIL. ***essere ~*** to be confined to barracks.

consegnatore /konseɲɲa'tore/ m. (f. **-trice** /tritʃe/) consignor.

conseguente /konse'gwɛnte/ agg. **1** *(che segue)* consequent; ***lo sciopero e i -i licenziamenti*** the strike and the consequent redundancies; **~ *a qcs.*** consequent upon sth. **2** *(coerente)* consistent (**con** with).

conseguentemente /konsegwente'mente/ avv. consequently.

▶ **conseguenza** /konse'gwɛntsa/ f. **1** *(risultato)* consequence; ***come ~ di*** as a consequence of, as a follow-on from; ***di ~*** in consequence, consequently; ***agire di ~*** to act accordingly; ***trarre le -e da qcs.*** to deduce the consequences of sth.; ***essere la ~ di qcs.*** to be consequent upon sth., to follow on sth. **2** *(ripercussione)* consequence, ripercussion; ***le -e di una guerra*** the aftermath of a war; ***senza -e*** without consequences; ***quali sono le -e sul bambino?*** how is it affecting the baby? ***avere come ~ la disoccupazione, il rialzo dei prezzi*** to result in unemployment, an increase in prices; ***subire le -e*** to suffer the consequences; ***pagare le -e*** to pay the consequences, to reap a bitter harvest.

conseguibile /konse'gwibile/ agg. attainable, achievable.

conseguibilità /konsegwibili'ta/ f.inv. attainability.

conseguimento /konsegwi'mento/ m. **1** *(ottenimento)* attainment; ***prima del ~ di un diploma*** before getting a diploma **2** *(raggiungimento)* ***al ~ della maggiore età*** upon adulthood.

▷ **conseguire** /konse'gwire/ [3] **I** tr. to get*, to obtain, to receive [*titolo di studio*]; to win*, to achieve [*vittoria*]; to achieve [*celebrità, gloria, successo, risultato*]; to attain [*scopo*] **II** intr. (aus. *essere*) to follow, to ensue (**da** from); ***ne consegue che*** it follows that.

▶ **consenso** /kon'sɛnso/ m. **1** *(assenso)* consensus (**su** on; **relativo a** about, as to; **tra** among); ***dare il proprio ~ a qcs.*** to give one's assent to sth.; ***dare a qcn. il ~ di fare qcs.*** to consent to sb. doing sth. **2** *(giudizio favorevole)* approval; ***incontrare, trovare il ~*** to meet with *o* find acceptance; ***la decisione ha ricevuto il ~ generale*** the decision met with general approval **3** *(accordo)* consensus; ***si è raggiunto un ~*** a consensus *o* an agreement has been reached; ***tacito ~*** acquiescence; ***politica del ~*** consensual politics.

consensuale /konsensu'ale/ agg. [*atto*] consensual; ***divorzio ~*** no-fault divorce, consensual divorce; ***separazione ~*** separation by mutual consent.

consensualmente /konsensual'mente/ avv. [*separarsi*] by mutual consent.

consentaneità /konsentanei'ta/ f.inv. consentaneity.

consentaneo /konsen'taneo/ agg. consentaneous.

▶ **consentire** /konsen'tire/ [3] **I** tr. *(permettere)* [*persona*] to allow [*visita*]; [*situazione, condizioni*] to permit [*realizzazione, innovazione*]; ***i suoi mezzi non glielo consentono*** he can't afford it; ***mi consenta!*** allow me! ***la salute cagionevole non gli consente di praticare sport*** his poor health prohibits him from playing sports; ***ai condomini non è consentito tenere animali domestici*** tenants may not keep pets **II** intr. (aus. *avere*) **1** *(concordare)* **~ *con*** to agree with [*opinione*] **2** *(accondiscendere)* **~ *a*** to comply with [*desiderio*].

consentito /konsen'tito/ **I** p.pass. → **consentire II** agg. [*limiti*] permitted; ***la mia valigia supera di 10 chili il peso ~*** my suitcase is 10 kilos overweight.

consenziente /konsen'tsjɛnte/ agg. [*persona*] consenting.

consequenziale /konsekwen'tsjale/ agg. consequential, consistent.

consequenzialità /konsekwentsjali'ta/ f.inv. consistency, consistence.

conserto /kon'sɛrto/ agg. ***a braccia -e*** with one's arms folded *o* crossed.

▷ **1.conserva** /kon'sɛrva/ f. *(di frutta)* conserve; *(di pomodoro)* tomato sauce; ***in ~*** [*alimento*] preserved.

2.conserva: **di conserva** /dikon'sɛrva/ avv. in convoy; ***navigare di ~*** to sail in convoy; ***agire di ~*** FIG. to act in concert.

conservabile /konser'vabile/ agg. preservable, conservable.

conservante /konser'vante/ m. *(per alimenti)* preservative; ***"senza -i"*** "no preservatives".

▶ **conservare** /konser'vare/ [1] **I** tr. **1** GASTR. to preserve [*alimento*]; *(sotto vetro)* to bottle; *(in barattolo)* to pot; *(in scatola, lattina)* to tin BE, to can AE; **~ *qcs. sott'aceto*** to preserve sth. in vinegar; **~ *sotto sale*** to corn; **~ *qcs. sotto pressione*** to store sth. under pressure; ***"~ in frigorifero"*** "keep refrigerated" **2** *(mantenere)* to retain, to maintain [*autocontrollo*]; to keep* alive [*amicizia*]; to keep* alive, to continue [*tradizione*]; to hold* (on to) [*titolo*]; to hold* on to [*potere*]; to conserve [*risorse naturali*]; **~ *la calma*** to keep one's calm *o* head; **~ *la propria lucidità*** to keep one's thoughts clear, to stay lucid; ~ ***la virtù*** to preserve one's virtue **3** *(serbare, custodire)* to retain, to cherish, to preserve [*ricordo*]; to keep*, to hold* on to [*libro, lettera, biglietto*] **4** LETT. *(proteggere)* ***Dio ti conservi!*** God keep you! **II conservarsi** pronom. **1** *(rimanere inalterato)* [*alimento*] to keep* **2** *(mantenersi in forze, in salute)* ***-rsi in salute*** to keep oneself healthy.

conservativo /konserva'tivo/ agg. **1** *(che serve a conservare)* preservative **2** DIR. protective.

conservato /konser'vato/ **I** p.pass. → **conservare II** agg. **1** GASTR. [*alimento*] preserved **2** *(preservato)* ***ben*** ~ [*macchina, edificio*] well-preserved, well-maintained.

▷ **conservatore** /konserva'tore/ **I** agg. POL. SOCIOL. conservative; POL. *(in Gran Bretagna)* Conservative **II** m. (f. **-trice** /tritʃe/) **1** POL. conservative; *(in Gran Bretagna)* Conservative **2** *(di opere d'arte)* curator.

conservatoria /konservato'ria/ f. curatorship.

conservatorio, pl. **-ri** /konserva'tɔrjo, ri/ m. academy of music; *(in Europa continentale)* conservatoire, conservatory AE.

conservatorismo /konservato'rizmo/ m. conservatism.

▷ **conservazione** /konservat'tsjone/ f. **1** *(di alimenti)* preservation; *(in barattolo)* potting; *(in scatola, lattina)* canning; ~ ***in cella frigorifera*** cold storage; ***latte, panna a lunga*** ~ long-life milk, cream **2** *(della specie)* preservation; *(di risorse naturali)* conservation; *(di sperma, embrione)* preservation; ***l'istinto di*** ~ the instinct of survival **3** *(di un'opera d'arte)* preservation; ***stato di*** ~ state of preservation ◆◆ ~ ***della specie*** species preservation.

conserviero /konser'vjɛro/ agg. ***l'industria -a*** the food processing industry.

conservificio, pl. **-ci** /konservi'fitʃo, tʃi/ m. canning factory.

consesso /kon'sɛsso/ m. assembly, meeting.

considerabile /konside'rabile/ ANT. → **considerevole.**

▶ **considerare** /konside'rare/ [1] **I** tr. **1** *(ritenere, giudicare)* to consider (**che** that); ***lo considero un amico*** I consider him (to be) a friend, I think of him as a friend; ***essere considerato il successore di Sterne*** to be seen as Sterne's successor; ***essere considerato un grande compositore*** to rank as a great composer; ~ ***qcs. sacro*** to hold sth. sacred **2** *(prendere, tenere in considerazione)* to regard, to consider [*persona, cosa*]; to consider [*suggerimento, ipotesi, situazione, problema, possibilità*]; to calculate [*conseguenze, effetto*]; ~ ***le cose sotto una diversa angolazione*** to look at *o* consider things from a different angle; ~ ***un problema sotto tutti gli aspetti*** to consider a matter from every angle **3** *(stimare)* to think* highly of [*persona, professione*] **4** *(contemplare)* [*legge*] to envisage [*possibilità*] **5** *(guardare con attenzione)* to have*, take* a good look at [*quadro, foto*] **II considerarsi** pronom. ***-rsi uno scrittore, un genio*** to consider oneself (to be) a writer, a genius; ***-rsi fortunato*** to count *o* consider oneself lucky, fortunate; ***considerati fortunato che hai preso solo una multa*** count yourself lucky (that) you only got a fine; ***si considera uno specialista*** he thinks of himself as an expert.

considerato /konside'rato/ **I** p.pass. → **considerare II** agg. **1** *(stimato)* ***è una persona molto ben -a*** she is very highly thought of **2** RAR. *(prudente)* cautious, careful **3** *(visto)* considering, in view of; ***non male,*** ~ ***il prezzo*** not bad, considering the price; ***non è male,*** ~ ***quanto costava poco*** it's not bad, considering how cheap it was; ***tutto*** ~ all things considered, considering COLLOQ.; ***tutto*** ~, ***avete fatto bene*** you did well, considering **4 considerato che** considering (that); ~ ***che era stanco, è andato bene*** he did well, considering (that) he was tired.

▷ **considerazione** /konsiderat'tsjone/ f. **1** *(riflessione, esame)* consideration; ***in*** ~ ***di*** in consideration of, considering; ***prendere qcs. in*** ~ to take sth. into consideration *o* account, to take account of sth., to consider sth.; ***si sta prendendo in*** ~... consideration is being given to...; ***la prima cosa da prendere in*** ~ ***è*** the first thing we must consider is; ***la stanno prendendo in*** ~ ***per il lavoro*** she's under consideration, she's being considered for the job; ***essere degno di*** ~ to be worth considering; ***prima di ogni altra*** ~ before any other consideration **2** *(stima, riguardo)* consideration (**per, nei confronti di** for); ***godere di grande, scarsa*** ~ to be of high, low repute; ***mostrare*** ~ to show consideration; ***avere scarsa*** ~ ***per*** to be dismissive of [*persona*]; to have little regard for [*soldi*] **3** *(osservazione)* remark (**su** about); comment (**su** on); ***fare una*** ~ to make a point **4** *(prudenza)* caution; ***agire con*** ~ to act carefully *o* cautiously.

▷ **considerevole** /konside'revole/ agg. [*somma, quantità*] considerable, substantial; [*difficoltà, ritardo*] considerable; [*danno, perdita*] extensive.

considerevolmente /konsiderevol'mente/ avv. considerably.

consigliabile /konsiʎ'ʎabile/ agg. advisable.

▶ **consigliare** /konsiʎ'ʎare/ [1] **I** tr. **1** *(fornire di consigli)* [*amico, persona*] to advise [*persona*] (**su** on); [*avvocato, consigliere*] to counsel [*persona*] (**su** on, about); ~ ***male*** to misadvise; ***farsi*** ~ ***da qcn.*** to seek advice from sb. **2** *(suggerire, raccomandare)* to recommend [*luogo, attività, provvedimento, persona*] (**a** to); ~ ***a qcn. di fare*** to advise sb. to do; ~ ***prudenza*** to recommend caution **II consigliarsi** pronom. ***-rsi con*** to take* counsel with, to consult with [*medico, avvocato*].

▷ **consigliere** /konsiʎ'ʎɛre/ m. (f. **-a**) **1** *(chi dà consigli)* adviser, advisor, counsellor, counselor AE; ***buon, cattivo, saggio*** ~ good, bad, wise counsellor **2** *(membro di un consiglio)* councillor BE, councilor AE ◆ ***la fretta è una cattiva -a*** haste makes waste ◆◆ ~ ***comunale*** city *o* town councillor BE; *(uomo)* (city) councilman AE; *(donna)* (city) councilwoman AE; POL. ~ ***provinciale*** = member of a province council; ~ ***regionale*** = member of a region council; ~ ***di Stato*** = member of the Consiglio di Stato.

▶ **consiglio**, pl. **-gli** /kon'siʎʎo, ʎi/ m. **1** *(suggerimento)* advice **U** (**su, riguardo a** on, about); guideline (**su, riguardo a** on); suggestion (**su** about; **riguardo a** as to); ***un*** ~ a word *o* piece of advice; ***un buon*** ~ sound advice, a piece of good advice; ***un*** ~ ***da amico*** a piece of friendly advice; ***i -gli del medico*** medical advice; ***dare un*** ~ ***a qcn.*** to give sb. advice; ***se posso darle un*** ~ if I may make a suggestion; ***chiedere*** ~ ***a qcn.*** to ask (for) sb.'s advice; ***ascoltare, seguire i -gli di qcn.*** to listen to *o* follow *o* take sb.'s advice; ***dietro, su*** ~ ***di qcn.*** on sb.'s advice, at, on sb.'s suggestion **2** *(riunione, consulto)* council, meeting; ***tenere*** ~ to hold a meeting **3** *(organo collegiale)* council, board; ***riunire il*** ~ to convene the council **4** LETT. *(parere)* ***mutar*** ~ to revise one's opinions ◆ ***la notte porta*** ~ PROV. the night brings good counsel ◆◆ ~ ***di amministrazione*** board of directors, directorate; ~ ***di classe*** = meeting between teachers and the parent and student representatives of a given class; ~ ***comunale*** city *o* town BE council; ~ ***direttivo*** executive board, executive council; ~ ***disciplinare*** disciplinary board; ***Consiglio d'Europa*** Council of Europe; ~ ***di facoltà*** Faculty Board BE, faculty meeting AE; ~ ***di fabbrica*** works committee, council BE; ~ ***di famiglia*** family council; ~ ***di guerra*** council of war, war cabinet BE; ~ ***d'istituto*** school council; ***Consiglio dei Ministri*** = council of ministers; ~ ***provinciale*** = province council; ~ ***regionale*** = region council; ***Consiglio di Sicurezza*** Security Council; ***Consiglio di Stato*** = in Italy, the main legal, administrative and judiciary body; ***Consiglio superiore della Magistratura*** = in Italy, superior council of judges.

> **i** **Consiglio dei Ministri** A body composed of ministers and headed by the prime minister: it forms the Italian government (see also ***Presidente del Consiglio, Palazzo Chigi***).

consiliare /konsi'ljare/ agg. of the council; ***sala*** ~ boardroom.

consimile /kon'simile/ agg. LETT. similar.

consistente /konsis'tɛnte/ agg. **1** *(compatto)* [*composto*] stiff; [*salsa, vernice*] thick **2** *(resistente)* [*tessuto*] durable, resistant **3** *(copioso)* [*pasto, aumento, investimento*] substantial **4** *(rilevante)* [*somma*] considerable; [*partecipazione*] significant **5** RAR. *(valido, fondato)* sound, valid.

consistenza /konsis'tɛntsa/ f. **1** *(compattezza)* consistence, consistency **2** *(densità) (di composto)* stiffness; *(di salsa, vernice)* thickness; ***avere, mancare di*** ~ [*salsa, vernice*] to be quite thick, too runny; ***prendere*** ~ to thicken **3** *(entità)* ***una somma di una certa*** ~ a rather considerable sum **4** *(fondatezza)* substance; ***prendere*** ~ [*voce, teoria*] to gain weight.

▶ **consistere** /kon'sistere/ [21] intr. (aus. *essere*) **1** *(risiedere)* ~ ***in qcs.*** to consist in sth., to lie *o* in sth.; ~ ***nel fare*** to consist *o* lie in doing **2** *(essere composto)* ~ ***di, in*** to consist of, to be composed of [*elementi, parti*]; ***l'esame consiste in, di due prove scritte*** the examination consists of two papers; ***in che cosa consiste questo aiuto?*** what form does this aid take?

CONSOB /'kɔnsob/ f. (⇒ Commissione Nazionale per le Società e la Borsa) = national commission for companies and the stock exchange, corresponding to the British SIB and the American SEC.

consociare /konso'tʃare/ [1] **I** tr. to consociate **II consociarsi** pronom. to consociate.

consociata /konso'tʃata/ f. subsidiary (company).

consociativismo /konsotʃati'vizmo/ m. POL. = the practice of involving the opposition in government through a series of compromises.

consociato /konso'tʃato/ **I** p.pass. → **consociare** **II** agg. consociate **III** m. (f. **-a**) partner, associate.
consociazione /konsotʃat'tsjone/ f. **1** *(associazione)* association, consociation **2** AGR. intercropping.
consocio, pl. **-ci** /kon'sɔtʃo, tʃi/ m. (f. **-a**) associate, copartner.
consolabile /konso'labile/ agg. consolable.
consolante /konso'lante/ agg. consoling; ***notizie -i*** comforting *o* cheering *o* cheerful news.
▶ **1.consolare** /konso'lare/ [1] **I** tr. **1** *(confortare)* to console, to comfort [*persona*]; ***se ti può ~*** if it's any comfort to you **2** LETT. *(alleviare)* ***~ il dolore di qcn.*** to ease sb.'s sorrow **3** *(rallegrare)* to cheer up [*persona*] **II consolarsi** pronom. to console oneself; ***-rsi all'idea di*** to be comforted by the thought of.
2.consolare /konso'lare/ agg. **1** *(del console)* [*agente, corpo*] consular **2** *(nell'antica Roma)* consular.
1.consolato /konso'lato/ **I** p.pass. → **1.consolare** **II** agg. comforted, consoled.
2.consolato /konso'lato/ m. **1** *(dignità di console)* consulship **2** *(sede del console)* consulate; ***il ~ italiano a Londra*** the Italian consulate in London.
consolatore /konsola'tore/ **I** agg. consoling, comforting **II** m. (f. **-trice** /tritʃe/) consoler, comforter.
consolatorio, pl. **-ri**, **-rie** /konsola'tɔrjo, ri, rje/ agg. consolatory.
▷ **consolazione** /konsolat'tsjone/ f. consolation, comfort; ***come ~*** as consolation; ***magra ~*** cold comfort; ***essere una misera ~ per qcn.*** to be small consolation *o* comfort for sb.; ***non è una gran ~!*** that's not much of a consolation! ***premio di ~*** consolation prize.
1.console /'kɔnsole/ ▸ **1** m. DIPL. STOR. consul; ***il ~ francese*** the French consul ◆◆ ***~ generale*** consul general.
2.console /kon'sɔl/ f.inv. **1** *(mobile)* console (table) **2** EL. ELETTRON. INFORM. console ◆◆ ***~ di videogioco*** games console.
consolida /kon'sɔlida/ f. comfrey.
consolidamento /konsolida'mento/ m. **1** *(rafforzamento)* *(di edificio)* strengthening; FIG. *(di conoscenza, posizione, potere)* consolidation **2** ECON. *(di debito)* funding.
consolidare /konsoli'dare/ [1] **I** tr. **1** *(rinforzare)* to strengthen [*muro, edificio*]; FIG. to consolidate [*conoscenza, posizione, potere*] **2** ECON. to fund [*debito*] **II consolidarsi** pronom. *(rinforzarsi)* [*economia, relazione*] to consolidate, to strengthen.
consolidato /konsoli'dato/ **I** p.pass. → **consolidare** **II** agg. **1** *(rafforzato)* strengthened **2** ECON. [*fondo, titolo*] consolidated.
consolidatore /konsolida'tore/ m. (f. **-trice** /tritʃe/) consolidator.
consolle /kon'sɔlle/ f.inv. → **2.console.**
consommé /konsom'me/ m.inv. consommé, clear soup.
▷ **1.consonante** /konso'nante/ f. consonant ◆◆ ***~ doppia*** double consonant; ***~ geminata*** geminate; ***~ occlusiva*** occlusive.
2.consonante /konso'nante/ agg. consonant; ***accordo ~*** concord.
consonantico, pl. **-ci**, **-che** /konso'nantiko, tʃi, ke/ agg. consonantal; ***gruppo ~*** (consonant) cluster; ***rotazione -a*** consonant shift.
consonantismo /konsonan'tizmo/ m. consonantism, consonant system.
consonanza /konso'nantsa/ f. **1** MUS. METR. consonance **2** FIG. *(armonia)* harmony, consonance.
consono /'kɔnsono/ agg. ***~ a*** consonant *o* in keeping with.
consorella /konso'rɛlla/ **I** agg.f. ***nazione ~*** sister nation; ***società ~*** sister company **II** f. **1** RELIG. sister **2** COMM. sister company.
consorte /kon'sɔrte/ m. e f. consort, spouse; ***il principe ~*** the prince consort.
consorteria /konsorte'ria/ f. **1** STOR. = during the Middle Ages, a group of noble families united to protect their common interests **2** FIG. SPREG. faction.
consortile /konsor'tile/, **consorziale** /konsor'tsjale/ agg. [*prestito, azioni*] syndicated.
consorziare /konsor'tsjare/ [1] **I** tr. to syndicate **II consorziarsi** pronom. to form a consortium.
consorziato /konsor'tsjato/ **I** p.pass. → **consorziare** **II** agg. ***industrie -e*** syndicated companies.
consorzio, pl. **-zi** /kon'sɔrtsjo, tsi/ m. **1** *(associazione)* ECON. syndicate, consortium* **2** *(gruppo)* group, crowd ◆◆ ***~ agrario*** farmers' cooperative; ***~ bancario*** banking syndicate; ***il ~ umano*** LETT. human society.
constare /kon'stare/ [1] intr. (aus. *essere*) **1** *(essere costituito)* ***~ di*** to consist of, to be composed of [*elementi, parti*] **2** *(risultare)* ***per quanto, a quanto mi consta*** to my (certain) knowledge; ***non mi consta che siano già partiti*** they haven't left yet, as far as I know.
constatabile /konsta'tabile/ agg. verifiable.
▷ **constatare** /konsta'tare/ [1] tr. **1** *(accertare)* to certify [*decesso*] **2** *(osservare)* to note, to notice [*fatto*]; to notice, to see* [*difetto, differenza*]; ***~ un miglioramento, che qcs. è migliorato*** to note an improvement, that sth. has improved; ***~ da sé, da solo*** to see for oneself; ***come puoi ~*** as you can see.
constatazione /konstatat'tsjone/ f. **1** *(accertamento)* ***procedere alla ~ delle perdite*** to assess losses **2** *(osservazione)* observation; ***fare la seguente ~*** to observe the following (fact); ***non è un'accusa, è una semplice ~*** it's not an accusation, it's simply a statement of fact ◆◆ ***~ amichevole*** agreed statement.
consueto /konsu'ɛto/ **I** agg. [*ora, modo*] usual; [*comportamento, reazione*] usual, habitual **II** m. ***come di ~*** as usual; *(nel presente)* as is customary; *(nel passato)* as was customary.
consuetudinario, pl. **-ri**, **-rie** /konsuetudi'narjo, ri, rje/ **I** agg. consuetudinary, customary; ***diritto ~*** customary *o* common law **II** m. (f. **-a**) creature of habit.
consuetudine /konsue'tudine/ f. **1** *(abitudine)* custom, habit; ***avere la ~ di fare qcs.*** to be in the habit of doing sth. **2** *(costume, usanza)* custom, tradition; ***secondo la ~*** according to custom; ***la ~ vuole che*** custom has it that **3** LETT. *(dimestichezza)* conversance, conversancy, acquaintance **4** DIR. custom, consuetude.
consulente /konsu'lɛnte/ ▸ **18** m. e f. consultant, adviser, advisor; ***è stata impiegata in veste di ~*** she was employed in an advisory capacity ◆◆ ***~ aziendale*** management consultant; ***~ commerciale*** business consultant; ***~ finanziario*** financial adviser *o* advisor; ***~ fiscale*** tax consultant, fiscal adviser *o* advisor; ***~ legale*** legal consultant, counsel; ***~ matrimoniale*** marriage guidance counsellor.
consulenza /konsu'lɛntsa/ f. advice; ***società di ~*** consultancy; ***servizio di ~*** advisory *o* consulting service; ***dopo la ~ degli esperti*** after consulting the experts ◆◆ ***~ genetica*** genetic counselling; ***~ matrimoniale*** marriage guidance.
consulta /kon'sulta/ f. council.
consultabile /konsul'tabile/ agg. ***il manoscritto è ~ in biblioteca*** the manuscript can be consulted in the library.
consultare /konsul'tare/ [1] **I** tr. **1** *(interpellare)* to consult [*esperto*]; ***~ un medico, un avvocato*** to seek *o* get medical, legal advice; ***~ l'oracolo*** to consult the oracle **2** *(esaminare)* to consult [*documento, dizionario, elenco, banca dati*]; to look through [*archivio, file*]; to refer to [*articolo, appunti*] **II consultarsi** pronom. [*genitori, specialisti*] to consult (together); ***-rsi con qcn.*** [*genitore, specialista*] to consult with sb.
consultazione /konsultat'tsjone/ f. **1** *(di esperto)* consultation; ***essere favorevole a una ~ popolare*** to be in favour of consulting the people; ***gruppo di ~*** advisory group **2** *(di documento, libro, dizionario, elenco, banca dati)* consultation; ***"solo per ~"*** "for reference only"; ***opera di ~*** reference book; ***scheda di ~*** call slip ◆◆ ***~ elettorale*** balloting.
consultivo /konsul'tivo/ agg. [*organo*] advisory; [*comitato*] advisory, consultative.
consulto /kon'sulto/ m. **1** *(di medici)* consultation; ***chiedere un ~*** to seek *o* get a second opinion **2** *(colloquio consultivo)* consultation ◆◆ ***~ giuridico*** legal consultation; ***~ gratuito*** free consultation.
consultorio, pl. **-ri** /konsul'tɔrjo, ri/ m. = centre providing low-cost health and social services ◆◆ ***~ familiare*** family planning clinic.
consumabile /konsu'mabile/ agg. [*cibo*] consumable.
▶ **1.consumare** /konsu'mare/ [1] **I** tr. **1** *(logorare)* [*persona, tempo, uso*] to wear* out [*vestito, scarpe, oggetto*]; ***~ il colletto della camicia*** to wear out the shirt collar; ***ho consumato i gomiti della giacca*** I've gone through the elbows of my jacket; ***~ la frizione*** to wear the clutch; ***consumo due block notes alla settimana*** I get through *o* use up two notebooks a week **2** FIG. [*malattia*] to consume [*persona*]; *(esaurire)* [*persona*] to spend* [*forze*]; *(dissipare)* [*persona*] to waste [*tempo, vita*] **3** *(utilizzare)* [*persona, paese*] to consume [*prodotto, energia*]; [*motore, macchina*] to consume, to use (up) [*carburante, olio*]; ***~ poca benzina*** to be economical on petrol; ***la mia macchina consuma moltissimo*** my car devours fuel **4** *(mangiare)* to consume, to eat* [*carne, formaggio*]; *(bere)* to consume, to drink* [*alcol, caffè, tè*]; ***~ un pasto*** to eat a meal; ***un piatto che può essere consumato freddo*** a dish that can be eaten cold; ***"da -rsi preferibilmente entro il 2005"*** "best before 2005" **II consumarsi** pronom. **1** *(logorarsi)* [*vestito, scarpe*] to wear* (out); [*tacco, scalino*] to wear* down; ***i pantaloni dei bimbi si consumano tantissimo*** a toddler's trousers get heavy wear **2** *(esaurirsi)* [*candela, ceppo*] to burn* down **3** FIG. ***-rsi nel dolore*** [*persona*] to pine away.
2.consumare /konsu'mare/ [1] tr. LETT. to commit [*delitto*]; to consummate [*matrimonio*].
1.consumato /konsu'mato/ **I** p.pass. → **1.consumare** **II** agg. **1** *(logorato)* [*vestito, scarpe, pneumatico, scalini*] worn; [*freno*] worn-out; *(esaurito)* [*batteria*] flat BE, dead AE; *(usato)* [*fiammi-*

fero] spent; ***le mie scarpe hanno già i tacchi un po' -i*** the heels of my shoes are already slightly worn (down); ***~ fino alla trama*** *[vestito, tappeto]* threadbare **2** FIG. ***~ dalla malattia*** *[persona]* wasted by disease; ***essere ~ dall'odio, dall'invidia*** *[persona]* to be burned up with hatred, with envy.

2.consumato /konsu'mato/ **I** p.pass. → **2.consumare II** agg. *(esperto) [persona]* consummate; *[politico]* seasoned.

consumatore /konsuma'tore/ m. (f. **-trice** /tritʃe/) consumer; ***grande ~*** large-scale consumer; ***difesa dei -i*** consumer protection; ***servizio per la tutela del ~*** consumer watchdog; ***dal produttore al ~*** from the manufacturer to the consumer ◆◆ ***~ finale*** end-consumer.

▷ **1.consumazione** /konsumat'tsjone/ f. **1** *(spuntino)* snack; *(bevanda)* drink; ***pagare le -i*** to pay for what one has had; ***ingresso con ~*** drinks included in the ticket **2** *(consumo)* consumption.

2.consumazione /konsumat'tsjone/ f. *(compimento) (di matrimonio)* consummation; ***la ~ di un delitto*** the committing of a crime; ***fino alla ~ dei secoli*** BIBL. till the end of time.

consumismo /konsu'mizmo/ m. consumerism.

consumista, m.pl. **-i**, f.pl. **-e** /konsu'mista/ **I** agg. *[società, cultura]* consumer attrib., consumerist **II** m. e f. consumerist.

consumistico, pl. **-ci, -che** /konsu'mistiko, tʃi, ke/ agg. *[società]* consumer attrib., consumerist.

▷ **consumo** /kon'sumo/ m. **1** *(di cibo, alcol, carburante, merci)* consumption; ***~ di elettricità*** electricity consumption, consumption of electricity; ***un alto ~ di zucchero*** a high sugar intake; ***fare un grande, forte ~ di*** to go through, use a lot of; ***ridurre il ~ di alcol*** to cut down on alcohol; ***il ~ di un'auto*** the mile, the fuel consumption of a car; ***una riduzione del ~ di sodio*** a reduction in sodium intake **2** ECON. *(fruizione)* ***bene di ~*** consumable; ***beni di ~*** consumer goods; ***generi di ~*** consumer products; ***articoli di largo ~*** articles of wide consumption; ***prezzi al ~*** consumer prices **3** ***letteratura di ~*** entertainment literature ◆◆ ***~ domestico*** household consumption; ***~ pro capite*** per capita consumption.

consuntivo /konsun'tivo/ **I** agg. *[bilancio]* final **II** m. **1** AMM. ECON. final balance **2** FIG. balance, survey; ***fare il ~*** to draw up the balance.

consunto /kon'sunto/ agg. **1** *(logoro) [tappeto]* worn(-out); *[scalini, vestiti]* worn **2** *(emaciato)* haggard.

consunzione /konsun'tsjone/ f. MED. consumption.

consuocera /kon'swɔtʃera/ f. son's mother-in-law, daughter's mother-in-law.

consuocero /kon'swɔtʃero/ m. son's father-in-law, daughter's father-in-law; ***i miei -i*** my son's, daughter's in-laws.

consustanziale /konsustan'tsjale/ agg. consubstantial (**a** with).

consustanzialità /konsustantsjali'ta/ f.inv. consubstantiality.

consustanziare /konsustan'tsjare/ tr. to consubstantiate.

consustanziazione /konsustantsjat'tsjone/ f. consubstantiation.

conta /'konta/ f. **1** *(conteggio)* count(ing); ***la ~ dei voti*** the vote count **2** *(nei giochi infantili)* counting rhyme; ***fare la ~*** = to do eeny, meeny, miney, mo.

contaballe /konta'balle/ m. e f.inv. POP. bullshitter.

contabile /kon'tabile/ **I** agg. AMM. *[documento, anno]* accounting; ***la situazione ~ di un'attività commerciale*** the estate of accounts of a business; ***la loro situazione ~*** the estate of their accounts; ***revisione ~*** audit; ***revisore ~*** auditor; ***ufficio ~*** accounts office; ***macchina ~ per ufficio*** business machine; ***falso ~*** falsification of accounts; ***libri -i*** (account) books; ***scritture -i*** accounts; ***valore ~*** book value **II** ♦ ***18*** m. e f. *(in un'azienda)* accountant, bookkeeper; ***capo ~*** chief accountant.

contabilità /kontabili'ta/ f.inv. **1** *(disciplina)* accountancy, accounting AE **2** *(gestione dei libri contabili)* bookkeeping; ***tenere la ~*** to keep the accounts, to do the bookkeeping **3** *(insieme dei conti)* accounts pl., accounting; ***la loro ~ è tenuta molto male*** their accounts are very badly kept **3** *(ufficio, reparto)* accounts pl., accounts department, accountancy department, accounting department AE ◆◆ ***~ analitica*** management accounting; ***~ industriale*** cost-accounting, costing; ***~ in partita semplice*** single-entry bookkeeping; ***~ in partita doppia*** double-entry bookkeeping.

contabilizzare /kontabilid'dzare/ [1] tr. **1** AMM. *(registrare)* to enter, to record **2** *(computare)* to compute.

contabilizzazione /kontabiliddzat'tsjone/ f. AMM. computation.

▷ **contachilometri** /kontaki'lɔmetri/ m.inv. AUT. mileometer, odometer AE, clock COLLOQ.; *(per biciclette)* cyclometer; ***~ parziale*** trip meter; ***il ~ segna 50.000 Km*** the car has 50,000 Km on the clock; ***azzerare il ~*** to reset *o* zero the clock.

contadina /konta'dina/ ♦ ***18*** f. **1** *(coltivatrice)* farmer, peasant, rustic **2** *(campagnola)* countrywoman*.

contadinesco, pl. **-schi, -sche** /kontadi'nesko, ski, ske/ agg. **1** *(da contadino)* ***danza -a*** country dance **2** SPREG. *(grossolano) [comportamento]* oafish, rough.

▶ **contadino** /konta'dino/ **I** agg. **1** *(agricolo) [ceto, ambiente, famiglia]* peasant; ***comunità -a*** farming community; ***classe -a*** peasantry **2** *(della campagna) [mondo, vita, tradizione]* peasant, rural **II** ♦ ***18*** m. **1** *(agricoltore)* farmer, peasant, rustic **2** *(campagnolo)* countryman* **3** COLLOQ. SPREG. *(zotico)* peasant, yokel ◆ ***~, scarpe grosse e cervello fino*** PROV. he's not as green as his cabbage-looking.

contado /kon'tado/ m. **1** *(luogo)* countryside (around a town) **2** *(popolazione)* = population of the countryside around a town.

contafili /konta'fili/ m.inv. counting glass.

contafotogrammi /kontafoto'grammi/ m.inv. frame counter.

contafrottole /konta'frɔttole/ m. e f.inv. COLLOQ. fibber.

▷ **contagiare** /konta'dʒare/ [1] **I** tr. **1** MED. *(infettare)* to infect *[persona]* (**con** with) **2** FIG. to infect; ***~ qcn. il proprio entusiasmo*** to infect sb. with one's enthusiasm **II contagiarsi** pronom. to be* infected (**da** by).

▷ **contagio**, pl. **-gi** /kon'tadʒo, dʒi/ m. **1** MED. *(trasmissione)* infection, contagion; ***diffondere il ~*** to spread infection; ***tasso di ~*** infection rate **2** FIG. contagion; ***temere il ~ di certe idee*** to fear the spread of certain ideas.

contagiosamente /kontadʒosa'mente/ avv. contagiously, infectiously.

contagiosità /kontadʒosi'ta/ f.inv. contagiousness, infectiousness; ***fino a scomparsa della ~*** until the end of the contagious stage.

contagioso /konta'dʒoso/ agg. **1** MED. *(infettivo) [malato, malattia]* contagious, infectious; ***malattia non -a*** uninfectious illness **2** FIG. *[risata, entusiasmo, gaiezza, dinamismo, passione]* infectious, contagious; ***uno sbadiglio ~*** a contagious yawn; ***la paura è -a*** fear is catching.

contagiri /konta'dʒiri/ m.inv. tachometer, revolution counter, rev counter BE COLLOQ.

contagocce /konta'gottʃe/ m.inv. (medicine) dropper ◆ ***distribuire col ~*** to dribble out *[denaro, fondi]*.

container /kon'tɛiner, kon'tainer/ m.inv. *(per trasporto)* container; ***deposito (dei) ~*** container depot; ***trasporto con ~*** container transport.

containerizzare /konteinerid'dzare, kontainerid'dzare/ [1] tr. to containerize.

containerizzazione /konteineriddzat'tsjone, kontaineriddzat'tsjone/ f. containerization.

contaminabile /kontami'nabile/ agg. contaminable.

contaminante /kontami'nante/ agg. contaminating, polluting.

contaminare /kontami'nare/ [1] tr. **1** MED. *(infettare) [virus, persona]* to infect *[persona, animale]* **2** *(inquinare)* to taint, to pollute *[aria, acqua]*; *(con radiazioni)* to contaminate *[persona, animale, terreno]* **3** FIG. to defile, to infect *[spirito, persona]* **4** LING. to contaminate *[lingua]* **5** LETT. *(rendere impuro)* to soil, to contaminate *[luogo]*.

contaminato /kontami'nato/ **I** p.pass. → **contaminare II** agg. **1** MED. *(infetto) [persona, animale]* infected **2** *(inquinato) [aria, acqua]* tainted, polluted; *(con radiazioni) [persona, animale, terreno]* contaminated.

contaminazione /kontaminat'tsjone/ f. **1** contamination; ***~ degli alimenti*** food contamination; ***~ dell'atmosfera*** contamination of the atmosphere **2** FIG. defilement **3** LING. contamination ◆◆ ***~ radioattiva*** radioactive contamination.

contaminuti /kontami'nuti/ m.inv. timer.

contante /kon'tante/ **I** agg. ***denaro ~*** cash, spot money **II** m. **1** cash; ***-i*** (hard) cash; ***~ netto*** net cash; ***senza -i*** cashless; ***portare -i con sé*** to carry cash **2 in contanti**, **per contanti** in cash; ***300 euro in ~*** 300 euros (in) cash; ***anticipo in -i*** cash advance; ***pagare in -i*** to pay (in) cash; ***pagamento in -i*** cash (payment); ***sconto per pagamento in -i*** discount for cash; ***vendita in, per -i*** cash sale.

contapassi /konta'passi/ m.inv. pedometer.

▶ **contare** /kon'tare/ [1] **I** tr. **1** *(computare, conteggiare, calcolare)* to count *[persone, parole, errori, punti, oggetti]*; ***~ uno a uno*** to count out *[soldi, carte]*; ***conto i giorni che mancano a Natale*** I'm counting the days until Christmas; ***"ho contato cinque rintocchi di campana" - "io ne ho contati sei"*** "I counted five strokes of the clock" - "I counted six"; ***un'ora dopo l'inizio dell'attacco si contavano già 40 morti*** an hour after the attack started 40 deaths had already been recorded; ***le sue vittorie non si contano più*** she has had countless victories; ***hai contato quante uova avanzano?*** have you counted how many eggs are left? ***~ una bottiglia ogni tre persone*** to allow a bottle between three people; ***per andare a Parigi***

bisogna ~ cinque ore you must allow five hours to get to Paris; ***bisogna ~ circa 100 euro*** you should count on paying about 100 euros **2** *(includere)* to count; ***vi ho contato nel numero dei partecipanti*** I've counted you as one of *o* among the participants; ***ti abbiamo già contato per il pranzo della settimana prossima*** we've already counted you (in) for the lunch next week; ***55 persone contando i bambini*** 55 people, counting the children *o* children included; ***contando Sara, senza ~ Sara saremo in sei*** including Sara, not including Sara we'll be six; ***non avevo contato l'IVA*** I hadn't taken the VAT into account; ***2.000 euro al mese senza ~ i premi*** 2,000 euros a month not counting commission; ***senza ~ le preoccupazioni*** not to mention the worry **3** *(avere, annoverare)* to have* [*abitanti, disoccupati, alleati*]; ***il reggimento contava 1.000 uomini*** the regiment numbered 1,000 men; ***si contano due milioni di disoccupati, 3.000 casi di malaria*** there is a total of two million unemployed, 3,000 cases of malaria **4** *(progettare)* ***~ di fare*** to reckon to do, to figure *o* count on doing; ***"conta di andarci?" - "sì, ci conto proprio"*** "do you intend to go?" - "yes, I certainly do"; ***contiamo di arrivare a Londra per mezzogiorno*** we reckon to reach London by midday **5** *(controllare severamente)* FIG. ***~ i bocconi a qcn.*** to stint sb. **6** COLLOQ. *(dire, raccontare)* to tell*; ***contarla grossa*** to talk big, to shoot a line; ***contala giusta!*** a likely tale! ***~ balle*** to tell fibs, to fib **II** intr. (aus. *avere*) **1** *(calcolare)* to count; ***sa ~ molto bene, conta molto bene*** he's very good at counting; ***fa 59 e non 62, non sai ~!*** that makes 59 not 62, you can't count! ***~ sulle dita*** to count on one's fingers; ***~ a mente*** to count in one's head **2** *(pronunciare i numeri)* to count; ***~ fino a 50*** to count (up) to 50; ***~ di cinque in cinque*** to count in fives; ***non sa ~*** he can't count; ***ha tre anni ma sa già ~ bene*** he's three but he's already good at counting **3** *(essere importante)* [*consiglio, diploma, apparenza*] to matter (**per qcn.** to sb.); ***quel che conta è che si sono riconciliati*** what matters is that they have made up; ***tutto il mio lavoro non conta nulla*** all my work counts for nothing; ***è il pensiero che conta*** it's the thought that counts; ***~ per qcn.*** [*persona*] to matter to sb.; ***per lei conto meno del suo cane*** I mean no more to her than her dog; ***è da molto tempo che non conto più niente per te*** it's been a long time since I meant anything to you, I haven't meant anything to you for a long time now; ***ciò che conta per loro è...*** what counts for them is..., what matters to them is...; ***è veramente una che conta nell'industria cinematografica*** she's really somebody in the film industry; ***tutte le persone che contano*** everybody who is anybody; ***lo stipendio conta molto nella scelta di una carriera*** pay is an important factor when choosing a career; ***la cosa ha contato molto sul fallimento della sua ditta*** it was a major factor in his bankruptcy; ***i fatti contano più delle parole*** acts speak louder than words **4** *(avere valore)* [*prova, errore*] to count; ***~ il doppio, il triplo*** to count double, triple; ***non conta, ha barato*** it doesn't count, he cheated; ***questo conta per il tuo voto finale*** this counts towards your final mark **5** *(fare affidamento)* ***~ su*** to count (up)on [*persona, aiuto*]; ***~ su qcn. per fare*** to depend *o* rely on sb. to do; ***~ (sul fatto) che qcn. faccia*** to rely on sb. *o* sb.'s doing; ***conto sul tuo aiuto*** I'm counting on you to help me; ***puoi ~ su di me!*** you can rely on me! ***puoi ~ sulla mia presenza*** you can count on me *o* on my being there; ***non ~ sulla loro puntualità*** don't rely on their being on time; ***non contate su di me, non mi interessa*** count me out, I'm not interested; ***se state organizzando una gita, contate su di me!*** if you're organizing an outing, count me in! ***non ~ su di me per pagare i tuoi debiti*** don't rely on me to pay your debts; ***il paese può ~ sulle sue scorte di grano*** the country can rely on its stock of wheat; ***posso ~ solo sulle mie forze*** I can only rely on myself; ***ci puoi ~!*** you can depend on it! ***gli dirò cosa ne penso, puoi contarci!*** I'll tell them what I think, you can be sure of that! ***ci conto*** I'm counting *o* relying on it; ***non ci ~!*** don't bank *o* count on it! ◆ ***~ le pecore*** to count sheep; ***~ il centesimo*** to count the pennies; ***~ qcs. sulla punta delle dita, sulle dita di una mano*** to count sth. on the fingers of one hand.

contascatti /kontas'katti/ m.inv. telephone meter.

contastorie /konta'stɔrje/ m. e f.inv. fibber.

contato /kon'tato/ **I** p.pass. → **contare II** agg. ***avere il denaro ~*** to have little money to spend ◆ ***ha giorni -i, le ore -e, i minuti -i*** *(avere poco tempo)* he, she has little time; *(stare per morire)* he, she is living on borrowed time, his, her days are numbered.

contatore /konta'tore/ m. *(per misurare il numero di movimenti, oggetti)* counter; *(per misurare i flussi)* meter; ***leggere il ~*** to read the counter; ***~ della luce, del gas, dell'acqua*** electricity, gas, water counter *o* meter ◆◆ ***~ Geiger*** Geiger counter.

contattare /kontat'tare/ [1] tr. to contact [*giornale, organismo*]; to contact, to get* hold of [*persona*]; ***~ telefonicamente*** to reach sb. by telephone.

▶ **contatto** /kon'tatto/ m. **1** *(accostamento)* contact; ***in ~*** in contact; ***venire a ~ con*** to come in(to) contact with; ***"evitare ogni ~ con gli occhi, la pelle"*** "avoid any contact with eyes, skin"; ***esplodere al ~ con*** to explode on contact with; ***indurire a ~ dell'aria*** to set in (the) air; ***lente a ~*** contact (lens); ***punto di ~*** point of contact; ***sport di ~*** contact sport **2** *(relazione)* contact (**con** with); ***in stretto ~ con qcn.*** in close contact with sb.; ***avere (dei) -i diretti con qcn.*** to have direct contact with sb.; ***essere in ~ con*** to be in contact with; ***mettersi in ~ con*** to make contact with, to get in touch with, to contact; ***entrare in ~ con*** to come in(to) contact with; ***mantenere i -i, rimanere in ~*** to maintain contact, to keep in touch; ***mantenere i -i con qcn.*** to keep *o* stay in touch with sb.; ***perdere i -i con qcn.*** to lose contact *o* touch with sb.; ***riprendere i -i con qcn.*** to get back in touch with sb.; ***il ~ iniziale è stato incoraggiante*** initial contact was encouraging; ***mettere qcn. in ~ con*** to bring sb. into contact with, to put sb. in touch with; ***ha perso il ~ con la realtà*** he's out of touch with reality, he lost his grip on reality; ***lavorare a ~ con il pubblico*** to work with the public; ***vivere a ~ con la natura*** to live close to nature **3** TECN. RAD. TEL. contact; ***essere in ~*** to be in contact; ***stabilire, perdere il ~ con*** to make, lose contact with; ***copia per ~*** FOT. contact copy **4** EL. contact; ***fa, non fa ~*** there is, there isn't a contact; ***stabilire il ~*** to make contact, to switch on; ***togliere il ~*** to break contact, to switch off **5** *(persona)* contact; ***incontrare il proprio ~*** to meet one's contact; ***avere dei -i nel governo*** to have contacts in the government ◆ ***essere a ~ di gomito con qcn.*** to rub shoulders with sb. ◆◆ ***~ fisico*** physical contact; ***~ radio*** radio contact; ***~ a terra*** EL. contact to earth.

contattologo, m.pl. **-gi**, f.pl. **-ghe** /kontat'tɔlogo, dʒi, ge/ ♦ ***18*** m. (f. **-a**) specialist in contact lenses.

contattore /kontat'tore/ m. contactor.

▶ **conte** /'konte/ ♦ ***1*** m. count; *(in Gran Bretagna)* earl; ***(il) signor ~*** your excellency ◆◆ ***~ palatino*** palatine, palsgrave.

contea /kon'tɛa/ f. **1** STOR. *(territorio)* county; *(in Gran Bretagna)* earldom **2** *(titolo)* countship; *(in Gran Bretagna)* earldom **3** *(divisione amministrativa)* county.

conteggiare /konted'dʒare/ [1] **I** tr. **1** *(addebitare)* to charge, to include [*spese*]; ***~ a qcn. le telefonate*** to charge sb. for one's calls **2** *(calcolare)* to count **II** intr. (aus. *avere*) to count.

conteggio, pl. **-gi** /kon'teddʒo, dʒi/ m. **1** *(computo, calcolo)* tally, count; ***fare il ~ di*** to calculate [*spese*]; ***sistema di ~*** calculating system **2** SPORT *(nella boxe)* ***~ (dei dieci secondi)*** count out ◆◆ ***~ alla rovescia*** countdown.

contegno /kon'teɲɲo/ m. **1** *(comportamento)* behaviour BE, behavior AE, demeanour BE, demeanor AE; ***un ~ corretto, ineccepibile*** a correct, perfect behaviour **2** *(atteggiamento dignitoso)* dignity, grace, composure; ***darsi un ~*** to try to show dignity; ***un po' di ~!*** remember where you are!

contegnosamente /konteɲɲosa'mente/ avv. **1** *(dignitosamente)* staidly **2** *(altezzosamente)* haughtily.

contegnoso /konteɲ'ɲoso/ agg. **1** *(dignitoso)* dignified, composed, staid **2** *(altezzoso)* haughty.

contemperare /kontempe'rare/ [1] tr. **1** *(adattare)* to adapt **2** *(mitigare)* to mitigate, to moderate, to temper.

contemplare /kontem'plare/ [1] tr. **1** *(con lo sguardo)* to contemplate [*paesaggio, monumento*]; ***~ un'opera d'arte*** to admire a work of art **2** RELIG. to contemplate **3** *(prevedere)* [*legge, testo, regolamento*] to envisage [*caso, infrazione, possibilità*]; ***~ qcs. in un piano*** to provide for sth. in a plan.

contemplativo /kontempla'tivo/ **I** agg. [*persona, spirito, vita*] contemplative **II** m. contemplative.

contemplatore /kontempla'tore/ **I** agg. contemplating **II** m. (f. **-trice** /tritʃe/) contemplator.

contemplazione /kontemplat'tsjone/ f. contemplation (anche RELIG.); ***essere immerso nella ~ di qcs.*** to be deep in contemplation of sth.; ***perdersi nella ~ di qcs.*** to lose oneself *o* be lost in contemplation over sth.; ***restare in ~ davanti a un paesaggio*** to remain contemplating a landscape.

contempo: **nel contempo** /nelkon'tɛmpo/ avv. at the same time, (in the) meanwhile.

contemporaneamente /kontemporanea'mente/ avv. at the same time, contemporaneously; ***essere in due posti ~*** to be in two places at once.

contemporaneità /kontemporanei'ta/ f.inv. contemporaneity.

▷ **contemporaneo** /kontempo'raneo/ **I** agg. **1** *(del presente)* [*arte, storia*] contemporary **2** *(della stessa epoca)* [*persona*] contemporaneous, coetaneous (**di** with); ***romanzo, avvenimento ~ di*** novel, event contemporaneous with **3** *(nello stesso tempo)* concurrent **II** m. (f. **-a**) contemporary (**di** of).

contendente /konten'dɛnte/ **I** agg. contending; ***le parti -i in un processo*** the litigants in a trial **II** m. e f. adversary, opponent, contender.

▷ **contendere** /kon'tɛndere/ [10] **I** tr. to contend, to dispute; ***~ qcs. a qcn.*** to contend with sb. for sth. **II** intr. (aus. *avere*) **1** *(gareggiare)* to compete, to contend **2** *(litigare)* to dispute, to quarrel; ***oggetto del ~*** bone of contention **III contendersi** pronom. to contend for, to compete for [*seggio, primo posto*]; ***-rsi l'eredità*** to fight over an inheritance.

contenente /konte'nɛnte/ **I** agg. containing; ***~ caffeina*** containing caffeine **II** m. container.

▶ **contenere** /konte'nere/ [93] **I** tr. **1** *(racchiudere)* to contain [*sostanza, informazioni, errori*]; [*rivista*] to feature [*storia, foto*]; ***la bottiglia contiene acqua minerale*** the bottle contains mineral water; ***il discorso contiene gravi accuse*** the speech wages heavy accusations **2** *(avere una capienza)* [*veicolo, stanza, edificio*] to accommodate [*persone*]; [*teatro*] to hold* [*persone*]; [*scatola, cisterna*] to hold* [*oggetti, quantità*]; ***quante auto può ~ il parcheggio?*** how many cars will the car park accommodate? **3** FIG. *(frenare)* to hold* back, to restrain [*folla*]; to control, to hold* down [*disoccupazione, inflazione*]; to hold* down, to keep* down [*prezzi*]; to contain, to hold* down [*costi*]; to hold* back, to check [*emozioni, lacrime*]; ***~ la propria collera*** to hold back one's anger **II contenersi** pronom. **1** *(dominarsi)* to control oneself **2** *(limitarsi)* ***-rsi nelle spese*** to cut down on spending.

contenibile /konte'nibile/ agg. containable.

contenimento /konteni'mento/ m. control, restraint; ***~ dell'inflazione*** curb of inflation; ***~ dei prezzi*** price control; ***~ dei costi*** containment of costs.

contenitore /konteni'tore/ m. **1** *(recipiente)* container, holder, receptacle **2** TELEV. magazine.

contentabile /konten'tabile/ agg. satisfiable.

contentamento /kontenta'mento/ m. RAR. contentment, satisfaction.

▷ **contentare** /konten'tare/ [1] **I** tr. to content; ***non si possono ~ tutti*** you can't please everybody **II contentarsi** pronom. to be* content (**di qcs.** with sth.; **di fare** to do); to content oneself (**di qcs.** with sth.; **di fare** with doing) ◆ ***chi si contenta gode*** PROV. enough is as good as a feast.

contentezza /konten'tettsa/ f. contentment, contentedness, happiness; ***provare ~ per qcs.*** to feel contentment for sth.; ***non stare nella pelle dalla ~*** to be beside oneself from joy.

contentino /konten'tino/ m. sop, sweetener; ***dare un ~ a qcn.*** to throw a sop to sb.; ***offrire qcs. come ~ a qcn.*** to offer sth. as a sop to sb.

▶ **1.contento** /kon'tɛnto/ agg. **1** *(felice)* glad, pleased (**di qcs.** about sth.; **di fare** to do; **che** that); happy (**di qcs.** about, with sth.; **di fare** to do; **che** that); content, contented (**di qcs.** with sth.; **di fare** with doing); ***ti piace? sei ~?*** do you like it? are you pleased? ***non sembrare molto ~*** not to look very happy; ***sono ~ che tu sia qui*** I'm glad you are here; ***hai tutte le ragioni di essere ~*** you have every reason to be pleased; ***sono ~ per te!*** good for you! ***un viso ~*** a happy face; ***fare ~ qcn.*** to make sb. happy; ***essere tutto ~*** to be all smiles, to be bucked BE COLLOQ. **2** *(soddisfatto)* pleased, satisfied (**di** with); ***essere ~ di sé*** to be pleased with oneself; ***hai rotto tutto, sei ~ adesso?*** you've broken everything, are you happy now? ***non ~ di (fare)*** not content with (doing) ◆ ***~ come una pasqua*** to be as happy as a lark *o* clam AE.

2.contento /kon'tɛnto/ m. LETT. *(soddisfazione)* contentment, contentedness.

contenutismo /kontenu'tizmo/ m. ART. LETTER. = tendency to place the emphasis on content rather than on formal aspects.

contenutistico, pl. **-ci**, **-che** /kontenu'tistiko, tʃi, ke/ agg. = placing the emphasis on the content rather than on the formal aspect.

1.contenuto /konte'nuto/ **I** p.pass. → **contenere II** agg. **1** *(controllato, sobrio)* [*sentimento*] contained, restrained; ***entusiasmo ~*** restrained enthusiasm **2** *(limitato)* [*prezzi*] held down, kept down; ***spese -e*** contained spending.

▷ **2.contenuto** /konte'nuto/ m. **1** *(di recipiente)* contents pl.; ***il ~ di un pacco*** the contents of a package; ***ha svuotato il cassetto del suo ~*** he emptied the drawer of its contents **2** *(tenore, quantità)* content; ***~ di grassi, di nicotina*** fat, nicotine content; ***~ alcolico*** alcohol content; ***~ proteico, vitaminico*** protein, vitamin content; ***a basso ~ calorico*** low-calorie; ***avere un alto, basso ~ vitaminico*** to have a high, low vitamin content **3** *(significato) (di saggio, articolo)* content; *(argomento) (di libro, file)* contents pl., subject matter; ***forma e ~*** form and content; ***essere d'accordo sul ~*** to agree on the content; ***un libro di ~ politico*** a book with a political content; ***qual era il ~ della lettera?*** what were the contents of the letter? ***privo di ~*** lacking content.

contenzione /konten'tsjone/ f. *(immobilizzazione)* immobilization; ***camicia di ~*** straitjacket.

contenziosamente /kontentsjosa'mente/ avv. contentiously.

contenziosità /kontentsjosi'ta/ f.inv. RAR. contentiousness.

contenzioso /konten'tsjoso/ **I** agg. DIR. contentious, disputed **II** m. DIR. **1** *(insieme delle cause)* cases pl.; ***~ amministrativo, tributario*** administrative, fiscal cases **2** *(ufficio)* legal department.

conterie /konte'rie/ f.pl. glass beads.

conterranea /konter'ranea/ f. (fellow) countrywoman*.

conterraneo /konter'raneo/ **I** agg. of the same country **II** m. (fellow) countryman*.

contesa /kon'tesa/ f. **1** *(controversia)* dispute, altercation, quarrel (**tra** between); ***venire a ~*** to clash; ***~ giudiziaria*** judicial contention **2** *(gara)* contest, competition.

conteso /kon'teso/ **I** p.pass. → **contendere II** agg. **1** *(combattuto)* [*prova, vittoria, titolo*] disputed, contested; ***una partita molto -a*** a keenly contested match **2** *(desiderato)* [*persona, mercato, luogo*] sought-after (**da** by).

▷ **contessa** /kon'tessa/ ♦ ***1*** f. countess; ***(la) signora ~*** your excellency.

contessina /kontes'sina/ ♦ ***1*** f. count's daughter; *(in Gran Bretagna)* earl's daughter.

contestabile /kontes'tabile/ agg. contestable, challengeable.

▷ **contestare** /kontes'tare/ [1] **I** tr. **1** *(discutere)* to question [*autenticità, fondatezza, necessità*]; *(criticare)* to challenge [*autorità*]; to contest [*decisione, punto*]; to contest, to dispute [*risultato*]; ***~ la veridicità dei fatti*** to contest the accuracy of the facts; ***~ la società*** to be against society **2** *(negare)* to deny, to contest; ***~ a qcn. il diritto di fare*** to contest sb.'s right to do **3** DIR. *(notificare formalmente)* to notify; ***~ un reato a qcn.*** to charge sb. with an offence; ***~ una contravvenzione a qcn.*** to fine sb. **II** intr. (aus. *avere*) to protest.

contestatario, pl. **-ri**, **-rie** /kontesta'tarjo, ri, rje/ **I** agg. protesting **II** m. (f. **-a**) protester, protestor.

contestato /kontes'tato/ **I** p.pass. → **contestare II** agg. [*fallo, territorio*] disputed.

contestatore /kontesta'tore/ **I** agg. protesting; ***studente ~*** student protester; ***movimento ~*** protest movement **II** m. (f. **-trice** /tritʃe/) protester, protestor.

▷ **contestazione** /kontestat'tsjone/ f. **1** POL. *(critica, protesta)* protest (**contro** against); ***la ~ studentesca*** student protest **2** *(confutazione, obiezione)* challenge (**di** to); ***essere soggetto*** o ***prestarsi a ~*** to be questionable; ***oggetto di ~*** object of controversy; ***in caso di ~*** in case of dispute **3** DIR. *(notifica)* notification; ***~ di una multa*** intimation of a fine.

contestimone /kontesti'mɔne/ m. e f. fellow witness.

contesto /kon'tɛsto/ m. **1** LING. context; ***nel (proprio) ~*** in context; ***fuori ~*** out of context; ***isolare una frase dal ~*** to isolate a sentence from its context; ***il significato si desume dal ~*** the meaning can be deduced from the context **2** FIG. context, background; ***~ politico, economico*** political, economic background; ***nel più vasto ~ europeo*** in the wider European context.

contestuale /kontestu'ale/ agg. **1** LING. contextual (anche FIG.) **2** BUROCR. DIR. [*atto, firma*] concomitant.

contestualità /kontestuali'ta/ f.inv. **1** LING. being contextual (anche FIG.) **2** *(contemporaneità)* concomitance, concomitancy.

contestualizzare /kontestualid'dzare/ [1] tr. to contextualize.

contestualmente /kontestual'mente/ avv. at the same time, simultaneously.

contiguità /kontigui'ta/ f.inv. contiguity.

contiguo /kon'tiguo/ agg. [*edificio, ufficio, stanze, giardini*] adjoining; ***~ a qcs.*** contiguous to *o* with sth.

▷ **continentale** /kontinen'tale/ **I** agg. GEOGR. GEOL. continental; *(in contrapposizione a insulare)* mainland; ***piattaforma ~*** continental shelf; ***clima ~*** continental climate; ***Europa ~*** Continental Europe, mainland Europe **II** m. e f. continental; *(in contrapposizione a isolano)* mainlander.

▶ **1.continente** /konti'nɛnte/ m. GEOGR. **1** *(parte del mondo)* continent; ***il vecchio, il nuovo ~*** the Old, New World; ***deriva dei -i*** continental drift **2** *(in contrapposizione a un'isola)* mainland ◆◆ ***~ nero*** Dark Continent.

2.continente /konti'nɛnte/ agg. **1** *(casto)* continent; *(moderato)* temperate **2** MED. continent.

continenza /konti'nɛntsa/ f. continence.

contingentamento /kontindʒenta'mento/ m. ECON. = application of quotas.

contingentare /kontindʒen'tare/ [1] tr. to curtail.
contingente /kontin'dʒɛnte/ **I** agg. **1** *(accessorio)* contingent, incidental **2** FILOS. contingent **II** m. **1** COMM. ECON. quota **2** MIL. contingent; ~ ***di leva*** conscript soldiers; ~ ***di pace*** peacekeeping contingent **3** FILOS. contingent.
contingentemente /kontindʒente'mente/ avv. contingently.
contingenza /kontin'dʒɛntsa/ f. **1** *(circostanza, congiuntura)* contingence, contingency, occasion **2** FILOS. contingence, contingency; ***la ~ del mondo*** the contingent nature of the world **3** ECON. ***indennità di ~*** cost of living allowance *o* living bonus.
continuamente /kontinua'mente/ v. la voce **continuo**. avv. **1** *(senza interruzione)* continuously, ceaselessly, constantly; ***controllare ~*** to monitor continuously *o* constantly **2** *(invariabilmente)* ***vince ~*** he always wins **3** *(molto spesso)* [*tossire, interrompere, viaggiare*] constantly, continually; ***è ~ malato*** he's constantly ill; ***vengo ~ disturbato*** I'm continually being disturbed; ***lamentarsi ~*** to be constantly moaning; ***devo ripeterti ~ la stessa cosa*** I have to tell you the same thing over and over again.
▶ **continuare** /kontinu'are/ [1] **I** tr. to carry on, to continue [*combattimento, conversazione*]; to keep* up [*attacco, bombardamento*]; to continue [*viaggio, passeggiata, racconto, tradizione*]; to continue, to keep* up [*studi*]; ~ ***l'opera di qcn.*** to carry on sb.'s work; ~ ***a fare*** to continue doing *o* to do, to keep (on) doing; ~ ***a lavorare, a giocare*** to work on, to play on; ~ ***a stirare*** to continue with the ironing **II** intr. (aus. *avere* when referring to a person, *essere* or *avere* when referring to a thing) **1** *(durare, persistere)* [*rumore, dibattito, sciopero, film*] to continue, to go* on (**fino a** until); *(proseguire)* [*persona*] to continue, to go* on, to carry on (**fino a** until); ***la vita continua*** life has to go on, life goes on; ***così non può ~*** it can't go on like this; ~ ***sulla, per la propria strada*** to continue on one's way; ***"continua"*** *(nei racconti a puntate)* "to be continued"; ***"continua alla pagina seguente"*** "continued overleaf"; ***continua!*** *(in un'attività)* carry on! go on! *(a parlare)* go ahead! ***"inoltre," continuò*** "what's more," she continued *o* proceeded **2** *(estendersi, prolungarsi)* [*strada*] to continue, to stretch **III** impers. (aus. *essere, avere*) [*bel tempo, maltempo*] to continue (**fino a** until); ***continuò a piovere*** it continued raining *o* to rain; ***continuò a fare bello*** it stayed fine; ***se continua a piovere non ci vado*** if the rain keeps up I'm not going.
continuatamente /kontinuata'mente/ avv. continuously, ceaselessly.
continuativamente /kontinuativa'mente/ avv. in a continuative way.
continuativo /kontinua'tivo/ agg. continuative.
continuato /kontinu'ato/ **I** p.pass. → **continuare II** agg. continuous; ***orario ~*** *(di negozio)* all-day opening; *(di lavoro)* continuous working day; ***"orario ~"*** *(su un cartello)* "open all day" **III** m. ***fare il ~*** [*negozio*] to be open all day; [*lavoratore*] = to work with a short break or no break for lunch, so as to finish earlier.
continuatore /kontinua'tore/ m. (f. **-trice** /tritʃe/) continuator; *(successore)* follower.
▷ **continuazione** /kontinuat'tsjone/ f. **1** *(di situazione, processo)* continuation; *(di guerra)* continuance; *(seguito)* continuation, sequel; ***la ~ di un lavoro*** the carrying on of a work; ***la ~ di un romanzo*** the sequel of a novel **2** **in continuazione** [*parlare, cantare, discutere, litigare, fare commenti*] continuously, endlessly; ***si lamenta in ~*** he's forever moaning, he keeps (on) moaning.
continuità /kontinui'ta/ f.inv. continuity; ***la ~ della specie*** the continuance of the species; ***assicurare la ~ dei servizi*** to provide continuity of services; ***senza soluzione di ~*** without interruption.
▶ **continuo** /kon'tinuo/ L'inglese standard distingue le due accezioni dell'aggettivo italiano *continuo*; quando significa *ininterrotto*, cioè descrive cose o azioni che non hanno sosta, si usa *continuous*; quando invece *continuo* descrive una serie di azioni ripetute ma distinte (e spesso viste come negative e irritanti), si usa *continual*: *crescita continua* = continuous growth; *interruzioni continue* = continual interruptions. - La medesima differenza vale per il corrispondente avverbio *continuamente* (v. la voce relativa), che è *continuously* o *continually*. - Nell'inglese popolare si sta sviluppando la tendenza a trascurare questa distinzione, e pertanto *continuous/ly* è d'uso molto più frequente di *continual/ly*. **I** agg. **1** *(ininterrotto)* [*produzione, lavoro*] continuous, nonstop; [*rumore, flusso, crescita, declino*] continuous, uninterrupted; [*tendenza, avanzata, sforzo*] continuing; [*linea*] continuous, unbroken; ***un ~ viavai di visitatori*** a steady stream of callers; ***in ~ aumento*** ever-growing, ever-increasing; ***in modo ~*** continuously; ***a getto ~*** [*parlare, scrivere*] nonstop, without stopping; ***cassa -a*** night safe BE *o* depository AE; ***basso ~*** MUS. continuo, thorough-bass; ***corrente -a*** EL. direct current **2** *(frequente)* [*critiche, liti, richieste, domande, tentativi, cambiamenti*] constant, continual **3** **di continuo** continually, for evermore **II** m. continuum* ◆◆ ~ ***spaziotemporale*** space-time (continuum).
continuum /kon'tinuum/ m.inv. continuum* ◆◆ ~ ***spaziotemporale*** space-time (continuum).
contitolare /kontito'lare/ m. e f. joint owner.
▶ **1.conto** /'konto/ m. **1** *(calcolo)* count, calculation; ***far di ~*** to count; ***fare il ~ di qcs.*** to work out [*spese*]; to count (up) [*persone, oggetti*]; ***sbagliare il ~*** to make a mistake in one's calculation; ***rifare i -i*** to re-count; ***se faccio il ~ di tutto quello che mi deve!*** if I work out what he owes me! ***ho fatto il ~ dei cioccolatini che restavano*** I counted up how many chocolates were left; ***tenere il ~ di qcs.*** to keep (a) count of sth.; ***tiene con precisione il ~ delle (sue) ore di straordinario*** she keeps an exact count of her extra hours; ***perdere il ~*** to lose count; ***il ~ è giusto, i -i tornano*** *(di soldi)* that's the right amount; *(di oggetti, persone)* that's the right number; FIG. it all adds up; ***i -i non tornano*** FIG. it doesn't add up; ***dovrebbero rimanere 4 barattoli di marmellata, il ~ non torna*** there should be 4 jars of jam left, but they're not all there; ***in fin dei -i, a -i fatti*** after all, all things considered; ***a ogni buon ~*** in any case **2** AMM. ***i -i indicano un profitto*** the accounts show a profit; ***fare i -i*** *(a fine giornata)* to cash up; ***fare quadrare i -i*** to get the accounts square; ***resa dei -i*** rendering of accounts; FIG. showdown; ***tenere i -i*** to keep accounts; ***falsificazione dei -i*** falsification of accounts **3** *(somma da pagare)* amount; *(fattura)* bill, check AE, tab AE; ***avere un ~ aperto presso un negozio*** to have an account at a shop; ***mettere qcs. sul ~ di qcn.*** to charge sth. to *o* put sth. on sb.'s account; ***lo metta sul ~, per favore*** put it on the bill, please; ***pagare il ~*** to pay *o* settle a bill, to pick up the check *o* tab; ***saldare un ~*** to settle an account; ***mandare il ~ di qcs. a qcn.*** to bill sb. for sth.; ***chiedere il ~*** to ask for the bill; ***il ~, per favore!*** could I have the bill, please? ***ecco il suo ~*** here is your bill; ***un ~ salato*** a huge bill **4** ECON. BANC. account (**presso** with); ***un ~ intestato a...*** an account in the name of...; ***sul ~ di qcn.*** in sb's account; ***aprire, chiudere un ~*** to open, close an account; ***avere un ~ in Svizzera*** to have a Swiss bank account; ***avere 3.000 euro sul proprio ~*** to have 3,000 euros in one's account; ***versare dei soldi su un ~*** to pay money into an account; ***prelevare dei soldi dal proprio ~*** to withdraw (some) money from one's account; ***numero di ~*** account number; ***titolare di un ~*** account holder; ***estratto ~*** bank statement; ***spese di gestione del ~*** service charge **5** *(considerazione)* ***tenere ~ di qcs.*** to take account of sth., to reckon with sth., to consider sth.; ***mettere qcs. in ~*** to take sth. into account; ***tenere qcs. in gran ~*** to set great store by sth.; ***tenere qcs. in poco ~*** not to set great store by sth., to set little store by sth.; ***una questione di poco ~*** a small affair; ***essere di poco ~*** to be of little account; ***tenuto ~ di*** in consideration of, considering **6** *(affidamento)* ***fare ~ su qcn., qcs.*** to rely *o* depend on sb., sth. **7** *(spiegazione)* ***rendere ~ di qcs. a qcn.*** to account for sth. to sb., to be accountable to sb. for sth.; ***non devono rendere ~ a nessuno*** they are answerable to no-one; ***chiedere ~ a qcn.*** to ask for an explanation from sb., to ask sb. for an explanation **8** **per conto di per ~ di qcn.** *(da parte di)* on behalf of sb., in behalf of sb. AE; ***parlare per ~ di qcn.*** to speak for sb.; ***ha viaggiato molto per ~ della sua azienda*** he travelled a lot in the service of his firm; ***per ~ proprio*** *(da solo)* on one's own, by oneself, alone; ***stare per ~ proprio*** to keep to oneself; ***ognuno decida per ~ suo*** let everyone make up his own mind; ***mettersi per ~ proprio*** to set (oneself) up in business, to set up one's own business; ***per ~ mio*** *(secondo me)* in my opinion, to my mind COLLOQ. **9** **sul conto di** *(riguardo a)* ***sul ~ di qcn.*** about sb.; ***non so nulla sul suo ~*** I don't know anything about him ◆ ***fare bene i propri -i*** to do one's sums; ***fare i -i con qcn., qcs.*** to reckon with sb., sth.; ***regolare i -i con qcn., chiudere i -i con qcn.*** to settle a score with sb., to square one's account(s) with sb.; ***regolamento di -i*** settling of scores; ***fare i -i addosso a qcn., fare i -i in tasca a qcn.*** = to reckon sb.'s worth; ***fare i -i senza l'oste*** = to make a decision without consulting the person in charge; ***fare ~*** *(immaginare)* to imagine (**di fare** doing; **che** that); *(prefiggersi)* to reckon (**di fare** to do; **che** that); ***fa' ~ di essere a casa tua*** make yourself at home; ***mettere in ~*** to reckon with; ***rendersi ~ di*** to appreciate, to realize; ***rendersi ~ che*** to be *o* become aware that, to come to the realization that, to realize that; ***saldare un vecchio ~ (con qcn.)*** to settle old scores (with sb.); ***avere un ~ aperto con qcn.*** to have a score to settle with sb. ◆◆ ~ ***bancario, in banca*** bank account; ~ ***capitale*** capital account; ~ ***congelato*** frozen account; ~ ***congiunto*** joint account; ~ ***corrente*** current account BE, checking account AE; ~ ***corrente postale*** post office account; ~ ***di deposito*** deposit account BE; ~ ***economico*** →

~ **profitti e perdite**; ~ ***di esercizio*** working account; ~ ***fruttifero*** interest-bearing account; ~ ***d'ordine*** suspense account; ~ ***profitti e perdite*** profit and loss account; ~ ***di risparmio*** savings account; ~ ***alla rovescia*** countdown (anche FIG.); ~ ***scoperto*** overdrawn account.

2.conto /'konto/ m. ANT. tale.

contorcere /kon'tɔrtʃere/ [94] **I** tr. to contort, to twist **II contorcersi** pronom. [*persona*] to writhe (about), to contort one's body; [*viso, bocca*] to contort; [*serpente, verme*] to wriggle (about); ***-rsi dal dolore*** to squirm *o* writhe in agony; ***-rsi dalle risa*** to curl *o* rock with laughter.

contorcimento /kontortʃi'mento/ m. contortion, writhing, squirming.

contornare /kontor'nare/ [1] **I** tr. **1** *(cingere tutt'intorno)* [*alberi*] to surround, to encircle, to fringe [*campo*]; [*spiaggia, isole*] to skirt [*costa*] **2** FIG. *(attorniare)* to surround **II contornarsi** pronom. to surround oneself (**di** with).

▷ **contorno** /kon'torno/ m. **1** *(di oggetto, disegno, paesaggio)* outline, contour; *(di viso, corpo)* contour; ***-i sfocati, precisi*** hazy, clear-cut outlines; ***tracciare il ~ di*** to outline [*occhio, figura*]; ***ricalcare il ~*** to trace out the outline **2** *(cerchia)* crowd, circle; ***~ di curiosi*** a crowd of onlookers **3** GASTR. side dish, side order; ***come ~ per*** o ***di*** as an accompaniment to; ***una bistecca con ~ di insalata*** a steak with salad on the side; ***essere servito con contorno di*** to come with [*patatine*]; ***fare da ~*** FIG. to stay in the background **4** NUMISM. edge.

contorsione /kontor'sjone/ f. **1** *(contorcimento)* contortion, writhing, squirming **2** FIG. *(di frase, stile)* contortion, intricacy.

contorsionismo /kontorsjo'nizmo/ m. art of contortion (anche FIG.).

contorsionista, m.pl. **-i**, f.pl. **-e** /kontorsjo'nista/ ♦ ***18*** m. e f. contorsionist.

contorto /kon'tɔrto/ **I** p.pass. → **contorcere II** agg. **1** *(storto, deformato)* [*ramo, tronco*] twisted **2** FIG. *(tortuoso)* [*ragionamento, logica, idea*] contorted, twisted; [*spirito*] tortuous; [*stile*] convoluted.

contrabbandare /kontrabban'dare/ [1] tr. **1** *(fare contrabbando)* to smuggle [*sigarette*]; to smuggle, to bootleg [*alcolici*] **2** FIG. *(spacciare)* to pass off (**per** as).

▷ **contrabbandiere** /kontrabban'djɛre/ **I** m. (f. **-a**) smuggler, contrabandist; *(di alcolici)* bootlegger; *(di armi)* gunrunner **II** agg. ***nave -a*** smuggler.

▷ **contrabbando** /kontrab'bando/ m. **1** *(attività)* smuggling, contraband; ***~ d'armi*** gunrunning; ***introdurre di ~*** to run [*armi*]; ***fare entrare, uscire qcs. di ~*** to smuggle sth. in, out; ***sigarette di ~*** smuggled cigarettes; ***alcolico di ~*** bootleg; ***merci di ~*** smuggled goods; ***fare qcs. di ~*** FIG. to do sth. on the quiet COLLOQ. **2** *(merci)* smuggled goods pl.

contrabbassista, m.pl. **-i**, f.pl. **-e** /kontrabas'sista/ ♦ ***34, 18*** m. e f. double bass player, bassist.

contrabbasso /kontrab'basso/ ♦ ***34*** m. double bass, string bass, contrabass.

▷ **contraccambiare** /kontrakkam'bjare/ [1] tr. **1** *(ricambiare)* to return, to reciprocate; ***~ un favore*** to return a favour; ***~ il saluto*** to return the greeting; ***~ l'amore di qcn.*** to reciprocate sb.'s love **2** *(ricompensare)* ***~ qcn.*** to repay sb. (in kind).

contraccambio, pl. **-bi** /kontrak'kambjo, bi/ m. reciprocation; ***in ~ di qcs.*** in return for sth.

contraccettivo /kontrattʃet'tivo/ **I** agg. contraceptive; ***metodo ~*** contraceptive *o* birth control method; ***metodo ~ locale*** barrier method **II** m. contraceptive; ***~ orale*** oral contraceptive.

contraccezione /kontrattʃet'tsjone/ f. contraception, birth control; ***~ orale*** oral contraception.

contraccolpo /kontrak'kolpo/ m. **1** *(colpo di rimbalzo)* counterstroke; *(di arma da fuoco)* kick, recoil; ***dare un ~*** [*arma da fuoco*] to kick back **2** FIG. *(ripercussione)* repercussion, backlash.

contraccusa /kontrak'kuza/ → **controaccusa.**

contrada /kon'trada/ f. **1** LETT. *(paese)* land; ***-e lontane*** far-off lands **2** ANT. *(quartiere, rione)* quarter.

contraddanza /kontrad'dantsa/ f. contredanse.

▷ **contraddire** /kontrad'dire/ [37] **I** tr. **1** *(dire il contrario di)* to contradict [*persona*]; ***non contraddirmi!*** don't contradict! **2** *(smentire)* to contradict [*affermazione*] **II** intr. (aus. *avere*) ***~ a qcs.*** to be in contrast to *o* with sth. **III contraddirsi** pronom. to contradict oneself; ***tutti i rapporti si contraddicono (a vicenda)*** all the reports contradict each other.

contraddistinguere /kontraddis'tingwere/ [40] **I** tr. to mark [*stile, comportamento, epoca*]; ***la professionalità che lo contraddistingue*** the professionalism which is his trademark **II contraddistinguersi** pronom. to be* distinguished (**da** from; **per** by).

contradditore /kontradit'tore/ m. opposer.

contraddittoriamente /kontraddittorja'mente/ avv. contradictorily.

contraddittorietà /kontraddittorje'ta/ f.inv. contradictoriness.

contraddittorio, pl. **-ri, -rie** /kontraddit'tɔrjo, ri, rje/ **I** agg. [*idee, opinioni, testimonianze, ragionamento*] contradictory, conflicting **II** m. debate, discussion; ***interrogare in ~*** to cross-question.

▷ **contraddizione** /kontraddit'tsjone/ f. **1** *(mancanza di logica)* contradiction; ***risolvere una ~*** to resolve a contradiction; ***un ragionamento pieno di -i*** an argument full of contradictions; ***essere in ~ con*** to be in contradiction with; ***cadere in ~*** to contradict oneself **2** *(contestazione)* ***spirito di ~*** spirit of contradiction **3** FILOS. contradiction; ***~ in termini*** self-contradiction, contradiction in terms; ***principio di non ~*** law of contradiction.

contraddote /kontrad'dɔte/ → **controdote.**

contraente /kontra'ɛnte/ **I** agg. contracting; ***le parti -i*** the contracting parties **II** m. e f. contractor.

contraerea /kontra'ɛrea/ f. antiaircraft artillery.

contraereo /kontra'ɛreo/ agg. [*missile, difesa, artiglieria*] antiaircraft.

contraffare /kontraf'fare/ [8] tr. **1** COMM. DIR. *(falsificare)* to forge, to fake [*firma*]; to forge [*carta di credito, passaporto, oggetti di marca*]; to counterfeit [*banconota*] **2** *(mascherare)* to disguise [*voce*].

contraffatto /kontraf'fatto/ **I** p.pass. → **contraffare II** agg. **1** *(falsificato)* [*firma*] forged; [*banconota*] counterfeit; [*documento, passaporto*] forged, fake **2** *(alterato)* ***con voce -a*** in a disguised voice.

contraffattore /kontraffat'tore/ m. (f. **-trice** /tritʃe/) *(di banconote, monete)* counterfeiter; *(di documenti)* forger.

contraffazione /kontraffat'tsjone/ f. **1** *(azione) (di firma, banconota, carta di credito)* forgery, counterfeiting; ***perseguire per ~*** *(di invenzione brevettata)* to sue for infringement **2** *(risultato) (firma, banconota, moneta, documento)* forgery.

contrafforte /kontraf'fɔrte/ m. **1** ARCH. counterfort, buttress **2** GEOGR. *(di montagna)* spur **3** *(di scarpa)* counter.

contraibile /kontra'ibile/ agg. [*malattia*] contractable; [*muscolo*] contractible, contractile.

contralbero /kon'tralbero/ m. countershaft.

contraltare /kontral'tare/ m. **1** *(altare)* opposite altar **2** FIG. counter-attraction.

contralto /kon'tralto/ m. **1** *(voce, cantante)* (contr)alto; ***voce di ~*** (contr)alto voice; ***parte del ~*** (contr)alto part; ***chiave di ~*** alto clef; ***cantare da ~*** to sing alto **2** ***sassofono ~*** alto saxophone; ***corno ~*** althorn, alto horn.

contrammiraglio, pl. **-gli** /kontrammi'raʎʎo, ʎi/ ♦ ***12*** m. rear admiral.

contrappasso /kontrap'passo/ m. STOR. talion; ***legge del ~*** law of retaliation.

contrappello /kontrap'pɛllo/ m. second roll-call.

contrappesare /kontrappe'sare/ [1] **I** tr. **1** *(fare da contrappeso)* to counterweigh, to counterpoise, to (counter)balance **2** FIG. *(soppesare)* to weigh (up), to balance; ***~ i pro e i contro*** to weigh *o* balance the pros and cons **II contrappesarsi** pronom. to counterbalance.

contrappeso /kontrap'peso/ m. **1** MECC. counterweight, counterpoise, counterbalance **2** FIG. counterbalance, counterpoise; ***fare da ~ a qcs.*** to counterbalance *o* counterpoise sth.

contrapporre /kontrap'porre/ [73] **I** tr. **1** *(opporre)* to contrast, to counterpoint **2** *(confrontare)* ***~ due esempi*** to contrast two points *o* examples; ***sarebbe ridicolo ~ Einstein a Newton*** it would be ridiculous to set Einstein beside Newton **II contrapporsi** pronom. [*idee, opinioni*] to contrast, to conflict; [*persone*] to disagree; ***-rsi a qcn., a qcs.*** to be in contrast to sb., sth.

contrapposizione /kontrappozit'tsjone/ f. **1** FILOS. contraposition **2** *(opposizione)* contraposition, contrast, antithesis*; ***essere in ~ con qcn.*** to be in contrast with sb.

contrapposto /kontrap'posto/ **I** p.pass. → **contrapporre II** agg. opposing, opposed; ***interessi -i*** opposing interests **III** m. opposite.

contrappuntare /kontrappun'tare/ [1] tr. to counterpoint.

contrappuntista, m.pl. **-i**, f.pl. **-e** /kontrappun'tista/ m. e f. contrapuntist.

contrappuntistico, pl. **-ci, -che** /kontrappun'tistiko, tʃi, ke/ agg. [*stile, composizione*] contrapuntal.

contrappunto /kontrap'punto/ m. MUS. LETTER. CINEM. counterpoint (anche FIG.); ***scritto in ~*** written in counterpoint.

contrare /kon'trare/ [1] tr. **1** GIOC. *(a carte)* to double **2** *(nel pugilato)* to counter **3** *(nel calcio)* to block.

contrariamente /kontrarja'mente/ avv. ~ **a** contrary to; ~ ***a ciò che si potrebbe pensare, a ciò che sostiene*** contrary to what one might think, to what he claims; ~ ***a quanto si crede*** contrary to popular belief; ~ ***a me, gli piace lo sport*** unlike me, he likes sport.

contrariare /kontra'rjare/ [1] tr. **1** *(irritare)* to annoy, to put* out, to vex [*persona*] **2** *(ostacolare)* to oppose, to thwart.

contrariato /kontra'rjato/ **I** p.pass. → **contrariare II** agg. annoyed, put-out, vexed.

contrarietà /kontrarje'ta/ f.inv. **1** *(disapprovazione)* aversion, averseness, contrariety; ***esprimere la propria ~ a una proposta*** to express one's opposition to a proposal; ***provare forte ~ per qcs.*** to feel great aversion for sth. **2** *(avversità)* adversity, misfortune.

▶ **contrario**, pl. **-ri**, **-rie** /kon'trarjo, ri, rje/ **I** agg. **1** *(inverso)* [*effetto, senso, decisione, atteggiamento, direzione, movimento*] opposite; [*vento*] contrary; ***in senso ~*** contrariwise; ***in senso ~ a quello di marcia*** facing backwards; ***attenzione alle auto che arrivano in senso ~*** beware of oncoming traffic **2** *(contrastante)* [*opinione, interesse, teoria*] contrary (**a** to); conflicting (**a** with); [*forze*] opposite (**a** to); ***essere ~ alla legge, agli usi, al regolamento*** to be against the law, against tradition, against the rules; ***in caso ~*** failing this *o* that, otherwise; ***nonostante posizioni -e*** despite views to the contrary; ***fino a prova -a*** until proved otherwise; ***salvo caso ~*** unless otherwise informed **3** *(sfavorevole)* opposed (**a** to); ***essere ~ a qcs., a fare*** to be opposed to sth., to doing; ***essere ~ al fatto che qcn. faccia qcs.*** to be opposed to sb., sb.'s doing sth.; ***non sono ~ a che lui venga*** I am not opposed to his coming; ***essere ~ all'idea*** to be against the idea; ***"cosa pensi del progetto?" - "sono ~"*** "what do you think of the plan?" - "I'm against it" **II** m. **1** *(inverso)* contrary, opposite; ***penso (tutto) il ~*** I take the opposite view; ***essere tutto il ~ di qcn., qcs.*** to be the complete opposite of sb., sth.; ***non dica il ~*** don't deny it; ***dire tutto e il ~ di tutto*** to keep contradicting oneself; ***hai capito tutto il ~!*** you've got it all back to front *o* all backwards! ***tu sei Chiara e tu Cristina, o il ~?*** you're Chiara and you're Cristina, is that the right way around? **2** LING. antonym; ***(dizionario dei) sinonimi e -i*** (dictionary of) synonyms and antonyms **3 al contrario** *(all'opposto, invece)* contrariwise, on the contrary; *(a ritroso)* backwards; *(col davanti dietro)* the wrong way round, back to front; *(con l'interno all'esterno)* inside out; *(capovolto)* upside down; ***al ~!*** quite the reverse! ***non sono stanco, al ~!*** I'm not tired, far from it! ***tenere il binocolo al ~*** to hold the binoculars back to front; ***mettere la gonna al ~*** to put one's skirt back to front *o* on the wrong way around; ***mettere le scarpe al ~*** to put one's shoes on the wrong feet **4 al contrario di** as opposed to; ***al ~ dei tuoi amici*** *(diversamente da)* unlike your friends; ***al ~ dei miei fratelli*** *(contrariamente a)* in contrast to my brothers; ***al ~ di quello che credeva*** contrary to what he thought **5 in contrario** to the contrary; ***nessuno ha detto nulla in ~*** no-one said anything to the contrary; ***non ho niente in ~*** I have nothing against it; ***se lei non ha niente in ~*** if you don't object, if you have no objection(s).

contrarre /kon'trarre/ [95] **I** tr. **1** *(tendere, corrugare)* to contract, to flex, to tense [*muscolo*]; ~ ***le labbra*** to purse one's lips; ***una smorfia gli contrasse la bocca, i tratti*** he, she grimaced **2** *(assumere su di sé)* to contract [*obbligazione, debito, prestito*]; *(stipulare)* to contract [*matrimonio, alleanza*]; ~ ***un'assicurazione contro l'incendio*** to take out fire insurance **3** *(prendere)* to contract [*malattia, virus*] (**da** from); ~ ***un'abitudine*** to develop a habit **4** *(ridurre)* to reduce, to cut* **II contrarsi** pronom. **1** *(tendersi, corrugarsi)* [*muscolo*] to contract, to tighten; [*tratti del viso, bocca*] to contort, to twitch **2** LING. [*forma, parola*] to contract.

contrassegnare /kontrasseɲ'ɲare/ [1] tr. to (counter)mark; ~ ***la merce*** to mark the goods; ~ ***con colori diversi*** to colour code BE, to color code AE.

contrassegnato /kontrasseɲ'ɲato/ **I** p.pass. → **contrassegnare II** agg. marked (**da** with); ~ ***da un colore*** colour-coded BE, color-coded AE; ***un periodo ~ dalla crisi economica*** a period marked by recession.

1.contrassegno /kontras'seɲɲo/ m. **1** AMM. COMM. countermark **2** *(di aereo)* marking.

2.contrassegno /kontras'seɲɲo/ avv. COMM. ***spedizione (in) ~*** cash on delivery.

contrastabile /kontras'tabile/ agg. contestable, disputable, questionable.

contrastante /kontras'tante/ agg. [*interessi, risultati*] conflicting; [*sentimenti, reazioni*] mixed; [*esempi, colori, materiali*] contrasting; ***opinioni -i*** contrasting views; ***mostrare sentimenti -i riguardo a*** to display ambivalence about *o* towards, to have mixed feelings about.

▷ **contrastare** /kontras'tare/ [1] **I** tr. **1** *(ostacolare, opporsi a)* to cross, to foil [*persona*]; to thwart [*progetto, volontà*]; to oppose [*candidatura, nomina*]; to hinder [*movimento, progressione*]; to counter [*offensiva, esercito, minaccia, accusa*]; to curb [*inflazione, disoccupazione*]; ~ ***l'avanzata delle truppe nemiche*** to block the enemy's advance **2** SPORT to tackle [*avversario*] **3** FOT. to give* contrast to [*fotografia*] **II** intr. (aus. *avere*) **1** *(essere male assortiti)* [*colori, dettagli*] to clash, to jar **2** *(essere in contrasto)* [*idee, opinioni, commenti*] to jar, to contrast, to be* at odds (**con** with) **III contrastarsi** pronom. to fight* over, to contend for.

contrastato /kontras'tato/ **I** p.pass. → **contrastare II** agg. **1** *(ostacolato)* [*amore, ambizione, progetto*] thwarted **2** *(combattuto)* [*vittoria*] hard-won **3** FOT. contrasty.

contrastivo /kontras'tivo/ agg. contrastive; ***linguistica -a*** contrastive linguistics.

▷ **contrasto** /kon'trasto/ m. **1** *(contrapposizione)* contrast; *(conflitto, scontro)* clash, conflict (**tra qcs. e qcs.** between sth. and sth.); *(litigio)* quarrel; ***c'è stato ~ tra i membri della commissione*** there was a clash of wills among the members of the board; ***avere un ~*** *(litigare)* to quarrel; ***risolvere un ~*** to settle a dispute **2** FOT. TELEV. contrast; ***fare ~ con*** to contrast with; ***attenuare i -i*** to soften the contrast; ***regolare il ~*** to adjust the contrast **3** SPORT tackle **4** MED. ***mezzo di ~*** contrast medium **5** LETTER. dialogue poem **6 in contrasto** in contrast (**con qcs., qcn.** to sth., sb.); ***essere in ~ con*** to be a contrast to *o* with [*cosa, evento*]; ***mettere in ~*** to contrast (**con** with) **7 per contrasto** by contrast, in contrast.

contrattabile /kontrat'tabile/ agg. contractable, negotiatable.

contrattaccare /kontrattak'kare/ [1] tr. to counter-attack, to fight* back, to retaliate.

contrattacco, pl. **-chi** /kontrat'takko, ki/ m. counter-attack (anche FIG.); ***muovere*** o ***passare al ~*** to make a counterattack.

contrattare /kontrat'tare/ [1] **I** tr. to bargain, negotiate [*acquisto, titolo*]; to bargain over, to haggle over [*merce, prezzo*]; to bargain for, to haggle for [*sconto*]; ***pagare senza ~*** to pay without haggling **II** intr. (aus. *avere*) to bargain, to haggle; ~ ***sul prezzo*** to haggle over the price.

contrattazione /kontrattat'tsjone/ **I** f. bargaining, negotiation; *(mercanteggiamento)* bargaining, haggling **II contrattazioni** f.pl. *(in borsa)* trading; ***al termine delle -i*** at the end of trading; ***giornata di -i*** trading day; ***sala -i*** dealing room ◆◆ ~ ***collettiva*** collective bargaining; ~ ***salariale*** wage bargaining.

contrattempo /kontrat'tɛmpo/ m. **1** mishap, setback, contretemps*; ***un piccolo ~*** a slight contretemps *o* setback **2** MUS. syncopation.

contrattile /kon'trattile/ agg. contractible, contractile.

contrattilità /kontrattili'ta/ f.inv. contractibility, contractility.

contrattista, m.pl. **-i**, f.pl. **-e** /kontrat'tista/ m. e f. **1** *(chi è vincolato da un contratto)* contract worker **2** UNIV. contract lecturer.

▶ **1.contratto** /kon'tratto/ m. **1** *(accordo)* contract, agreement (**tra**, **fra** between; **con** with); *(documento)* contract; ***i lavoratori a ~*** contract workers; ***professore a ~*** temporary chair; ***stipulare un ~ con qcn.*** to enter into a contract with sb.; ***essere sotto ~ con*** o ***per*** to be under contract to; ***firmare, rompere un ~*** to sign, break a contract; ***rescindere un ~*** to resile from a contract; ***ottenere, strappare un grosso ~*** COLLOQ. to land a large contract; ***il ~ prevede...*** the contract provides for...; ***impegnarsi per ~ a fare qcs.*** to contract to do sth.; ***essere obbligato*** o ***tenuto per ~ a fare*** to be contractually bound to do; ***violazione di ~*** breach of contract; ***alla scadenza del ~*** when the contract expires **2** *(nel bridge)* ***mantenere il ~*** to make one's contract ◆◆ ~ ***di affitto*** rent *o* rental *o* tenancy agreement; ~ ***di assicurazione*** contract of insurance, policy; ~ ***di assistenza*** service contract; ~ ***di categoria*** national contract; ~ ***collettivo di lavoro*** ECON. collective agreement; ~ ***finanziario*** ECON. financial covenant; ~ ***di lavoro*** employment contract, contract of employment; ~ ***di locazione*** → ~ **d'affitto**; ~ ***di manutenzione*** maintenance contract; ~ ***di matrimonio*** marriage contract *o* settlement; ~ ***di noleggio*** hire contract; ~ ***a premio*** option; ~ ***a pronti*** spot contract; ~ ***di società*** partnership agreement; ~ ***sociale*** social contract; ~ ***a tempo determinato*** fixed term contract; ~ ***a tempo indeterminato*** permanent contract; ~ ***a termine*** terminable contract; ~ ***di vendita*** sale contract.

2.contratto /kon'tratto/ **I** p.pass. → **contrarre II** agg. **1** [*dita, mascelle, muscoli*] contracted (**da** with); ***aveva il viso ~ per il dolore*** his face was contorted *o* drawn with pain **2** LING. contracted; ***forma -a*** short form.

contrattuale /kontrattu'ale/ agg. **1** DIR. *(di contratto)* contractual, contract attrib.; ***accordo ~*** contract agreement; ***inadempienza ~*** breach of contract; ***clausola ~*** contractual clause; ***obbligo ~*** contract obligation; ***rinnovo ~*** contract renewal **2** *(di contrattazione)* bargaining, negotiating; ***controversia ~*** bargaining dispute; ***forza ~*** bargaining power.

contrattualismo /kontrattua'lizmo/ m. = legal doctrine based on the principles of the social contract.

contrattualmente /kontrattual'mente/ avv. contractually.

contrattura /kontrat'tura/ f. contracture.

contravveleno /kontravve'leno/ m. antivenin, antidote (anche FIG.).

contravvenire /kontravve'nire/ [107] intr. (aus. *avere*) **~ a** to contravene, to violate, to infringe, to transgress [*legge, regola, accordo*]; to contravene [*ordine*].

contravventore /kontravven'tore/ m. (f. **-trice** /tritʃe/) *(alla legge, al codice della strada)* trangressor.

contravvenzione /kontravven'tsjone/ f. **1** AUT. *(multa)* fine, ticket; ***elevare una ~ a qcn.*** to fine sb.; ***ricevere una ~ per eccesso di velocità*** to be booked *o* fined for speeding; ***pagare una*** to pay a fine; ***conciliare una ~*** to settle a fine (out of court) **2** DIR. *(infrazione)* contravention, transgression, offence; ***essere in ~*** to be in breach of the law.

contrazione /kontrat'tsjone/ f. **1** FISIOL. *(spasmo)* contraction; *(di muscolo, viso)* tensing; *(di mascella, mano)* clenching; *(di pupilla)* contraction **2** FIS. *(di legno, metallo)* contraction, shrinkage **3** LING. contraction **4** ECON. *(di mercato, impiego)* contraction; ***la ~ della domanda, dell'offerta*** reduced demand, supplies, drop in demand, in supply; ***~ dei corsi*** drop in (stock market) prices.

contre /'kɔntr/ m.inv. *(nel bridge)* double.

contribuente /kontribu'ɛnte/ m. e f. taxpayer, ratepayer BE; ***a spese dei -i*** at public expense.

contribuire /kontribu'ire/ [102] intr. (aus. *avere*) **1** *(con denaro)* **~ a** to contribute to [*spese*]; to subscribe to [*fondo*]; **~ con** to contribute, to put* in [*somma, percentuale dello stipendio*]; ***~ a qcs. con il*** o ***al 10 %*** to make a 10% contribution; ***contribuì con 5 euro*** she chipped in 5 euros COLLOQ. **2** *(favorire, partecipare)* **~ a** to contribute to *o* towards [*cambiamento, benessere, declino*]; to contribute to, to play a part in [*successo, fallimento*]; [*fattore*] to add up to [*risultato*]; **~ con** to contribute [*idee, esperienza*]; ***~ a fare qcs.*** to concur *o* help to do sth.; ***~ fattivamente a fare*** to be instrumental in doing; ***~ con il proprio talento a qcs.*** to bring one's talent to sth.

contributivo /kontribu'tivo/ agg. DIR. contributory.

▷ **contributo** /kontri'buto/ **I** m. **1** *(partecipazione)* contribution, input; ***dare*** o ***recare*** o ***fornire il proprio ~ a*** o ***per qcs.*** to make one's contribution to sth.; ***dare un ~ decisivo a qcs.*** to be instrumental in doing; ***il tuo ~ è importante*** you have a contribution to make; ***il suo notevole ~ alla politica*** his outstanding contribution to politics **2** *(donazione)* contribution, donation; ***~ in denaro*** financial contribution; ***un ~ molto consistente*** a very sizable contribution; ***~ minimo*** minimal contribution; ***~ spese*** contribution (towards the costs); ***accetti il mio modesto ~*** accept my modest contribution **3** *(sovvenzione)* aid, grant; ***-i statali*** grant aid **II contributi** m.pl. *(versamenti contributivi)* contributions; ***un aumento dei -i*** a raise in contributions; ***-i per gli assegni familiari*** = contributions to a family allowance fund; ***-i per l'indennità di disoccupazione*** = national insurance contributions against unemployment; ***-i a carico del datore di lavoro*** employer contributions; ***-i sociali*** social security contributions; ***-i previdenziali*** National Insurance contributions; ***-i sindacali*** union dues; ***versare*** o ***pagare i -i*** to pay contributions.

contribuzione /kontribut'tsjone/ f. contribution.

contristare /kontris'tare/ [1] **I** tr. to sadden, to grieve **II contristarsi** pronom. to be* distressed (**di**, **per** about).

contritamente /kontrita'mente/ avv. contritely.

contrito /kon'trito/ agg. **1** *(pentito)* [*persona, atto*] contrite, apologetic; ***con aria -a, con un tono ~*** contritely, apologetically; ***avere un'espressione -a*** to look apologetic *o* contrite **2** RELIG. *(penitente)* contrite, repentant.

contrizione /kontrit'tsjone/ f. contrition (anche RELIG.); ***atto di ~*** act of contriction.

▶ **contro** /'kontro/ **I** prep. **1** *(per indicare opposizione, contrasto)* against; ***andare ~ la decisione di qcn.*** to go against sb.'s decision; ***non andrò ~ ciò che hai detto, fatto*** I won't go against what you have said, done; ***andare, essere ~*** to go, be against [*tradizione, politica, tendenza*]; ***sono tutti ~ di lui*** everyone is against him; ***tutto è ~ di me*** everything is against me; ***essere solo ~ tutti*** to stand alone against everyone else; ***hai qualche cosa ~ di lui?*** have you got anything against him? ***non si può fare niente ~ questo genere di cose*** there's nothing one can do for that kind of thing; ***una cura ~ l'AIDS*** a cure for Aids; ***~ natura*** contrary to nature, against nature; ***ricerca ~ il cancro*** cancer research: ***~ ogni aspettativa*** contrary to all expectations; ***una corsa ~ il tempo*** a race against time; ***la mozione è stata approvata per 20 voti ~ 13*** the motion was carried by 20 votes to 13; ***cento ~ uno*** *(in una scommessa)* a hundred to one **2** *(per indicare una difesa, protezione)* against; ***assicurarsi ~ qcs.*** to take out insurance against sth.; ***tutelarsi ~ un rischio*** to protect oneself from a risk; ***stare in guardia ~ qcs.*** to be on one's guard against sth. **3** *(per indicare direzione o movimento) (verso)* to; *(in modo ostile)* at; ***tirare una pietra ~ qcn.*** to throw a stone at sb.; ***puntare il dito ~ qcn.*** to point the finger at sb.; ***puntare il fucile ~ qcn.*** to aim one's rifle at sb.; ***aprire il fuoco ~ qcn.*** to open fire on sb.; ***mi ha sguinzagliato i cani ~*** he let the dogs loose on me **4** *(in direzione opposta a)* against; ***pedalare ~ vento*** to pedal against the wind; ***navigare ~ vento*** to sail to windward; ***nuotare ~ corrente*** to swim against the current **5** *(per indicare un contatto)* against; ***~ il muro*** against the wall; ***andò a sbattere con l'auto ~ un muro*** he drove his car into a wall; ***schiantarsi con la macchina ~ un autobus*** to crash the car into a bus; ***erano coricati l'uno ~ l'altro*** they were lying side by side; ***premere un tampone, un panno ~ qcs.*** to press a cloth onto sth., to tampon sth.; ***finire ~ gli scogli*** to drift onto the rocks **6** *(rispetto a)* (as) against; ***il 75% quest'anno ~ il 35% l'anno scorso*** 75% this year as against 35% last year; ***la sterlina ha perso ~ l'euro*** the pound fell against the euro **7** *(sullo sfondo di)* against; ***stagliarsi ~ il cielo*** to stand out *o* to be outlined against the sky **8** DIR. SPORT ***Crane ~ Conroy*** Crane versus Conroy; ***la causa ~ Foster*** the case against Foster; ***Brasile ~ Argentina*** Brazil versus Argentina; ***hanno perso ~ la squadra spagnola*** they lost to the Spanish team **9** COMM. ***~ pagamento di 30 euro*** on payment of 30 euros; ***~ assegno*** cash on delivery **II** avv. **1** *(per indicare opposizione)* against; ***la maggioranza ha votato ~*** the majority voted against it; ***"cosa pensi del progetto?" - "sono ~"*** "what do you think of the plan?" - "I'm against it" **2 per contro** on the other hand **3 di contro** opposite; ***casa di ~*** the house opposite **III** m.inv. ***i pro e i ~*** the pros and cons ◆ ***dare ~ a qcn.*** to go for sb.

controaccusa /kontroak'kuza/ f. DIR. counter-charge.

controalisei /kontroali'zɛi/ m.pl. antitrades.

controbattere /kontro'battere/ [2] tr. **1** *(contrattaccare)* to counter [*offensiva, attacco*] **2** FIG. *(confutare)* to counter, to rebut [*accusa*]; to meet* [*critica*] **3** *(replicare)* to counter, to answer.

controbilanciare /kontrobilan'tʃare/ [1] **I** tr. **1** *(equilibrare)* to counterbalance, to balance [*peso, forza*] **2** *(compensare)* to counterbalance, to offset* [*importanza*]; to offset*, to make* up for [*inconveniente, influenza*]; to countervail [*tendenza*]; ***~ l'influenza della televisione*** to offset the influence of television **II controbilanciarsi** pronom. *(equilibrarsi)* to (counter)balance each other.

controcampo /kontro'kampo/ m. CINEM. reverse shot.

controcanto /kontro'kanto/ m. counterpoint; ***voce di ~*** counterpoint voice.

controcarro /kontro'karro/ agg.inv. MIL. antitank, armour-piercing.

controcatena /kontroka'tena/ f. collar beam.

controchiave /kontro'kjave/ f. **1** *(seconda chiave)* duplicate key **2** *(seconda mandata)* second turn (of a key)

controchiglia /kontro'kiʎʎa/ f. keelson.

controcorrente /kontrokor'rɛnte/ **I** f. counter-current **II** agg.inv. **1** *(contrario)* ***flusso ~*** counter-current flow **2** FIG. *(alternativo)* ***assumere un atteggiamento ~*** to go against the mainstream **III** avv. against the current; ***nuotare ~*** to swim against the current; ***andare ~*** FIG. to go against the tide; ***andare ~ rispetto alla moda*** to go against the fashion.

controcultura /kontrokul'tura/ f. counter-culture.

controcurva /kontro'kurva/ f. *(di strada)* = curve in the opposite direction; ***strada tutta curve e -e*** a road full of twists and turns.

controdado /kontro'dado/ m. locknut.

controdata /kontro'data/ f. *(data posteriore)* new date; *(data di registrazione)* date of registration.

controdatare /kontroda'tare/ [1] tr. *(mettere una nuova data)* to put* a new date to; *(mettere la data di registrazione)* to put* the date of registration to.

controdecreto /kontrode'kreto/ m. counter decree.

controdichiarazione /kontrodikjarat'tsjone/ f. counter-statement.

controdote /kontro'dɔte/ f. STOR. = dowry given by the groom to the bride.

controelettromotrice /kontroelettromo'tritʃe/ agg. ***forza ~*** back electromotive force.

controesempio, pl. **-pi** /kontroe'zɛmpjo, pi/ m. counter-example.

controesodo /kontro'ɛzodo/ m. = return in mass from the (summer) holidays.

controfagottista /kontrogot'tista/ ♦ *34, 18* m. e f. double bassoon player.

controfagotto /kontrofa'gɔtto/ ♦ *34* m. contrabassoon, double bassoon.

controffensiva /kontroffen'siva/ f. counter-offensive, counter-charge; ***passare alla, lanciare una ~*** to counter-charge the enemy.

controffensivo /kontroffen'sivo/ agg. counter-offensive attrib., counter-charge attrib.

controfferta /kontrof'fɛrta/ f. counter-offer; *(in un'asta)* counter-bid.

controfigura /kontrofi'gura/ f. **1** CINEM. double, stand-in; ***fare*** o ***essere la ~ di qcn.*** to double for sb., to stand in for sb. **2** FIG. SPREG. apology, poor substitute.

controfiletto /kontrofi'letto/ m. **1** GASTR. sirloin **2** MIL. *(nelle divise)* second stripe.

controfilo /kontro'filo/ m. cross-grain **U**; ***legno che presenta dei -i*** cross-grained wood; ***a ~*** [*tagliare, incidere*] against the grain.

controfinestra /kontrofi'nɛstra/ f. storm window.

controfiocco, pl. **-chi** /kontro'fjɔkko, ki/ m. flying jib.

controfirma /kontro'firma/ f. counter signature; ***apporre una ~ su qcs.*** to countersign sth.

controfirmare /kontrofir'mare/ [1] tr. to countersign.

controfodera /kontro'fɔdera/ f. interfacing.

controfuoco, pl. **-chi** /kontro'fwɔko, ki/ m. backfire.

controgirello /kontrodʒi'rɛllo/ m. topside.

controguerriglia /kontrogwer'riʎʎa/ f. counter-insurgency.

controinchiesta /kontroin'kjɛsta/ f. second enquiry BE, second inquiry AE.

controindicare /kontroindi'kare/ [1] tr. MED. contraindicate.

controindicato /kontroindi'kato/ **I** p.pass. → **controindicare II** agg. **1** MED. [*medicinale*] contraindicated **2** *(inadatto)* [*attività*] inadvisable.

controindicazione /kontroindikat'tsjone/ f. contraindication; ***le -i di un medicinale*** the contraindications of a medicine.

controinformazione /kontroinformat'tsjone/ f. alternative information.

controinsurrezione /kontroinsurret'tsjone/ f. counter-insurgency.

controinterrogatorio, pl. **-ri** /kontrointerroga'tɔrjo, ri/ m. DIR. cross-examination; ***sottoporre qcn. a un ~*** to cross-examine sb.

controllabile /kontrol'labile/ agg. **1** *(sotto controllo)* [*situazione, costo, malattia, effetto*] controllable; [*veicolo*] manageable; ***non ~*** out of control, uncontrollable **2** *(che può essere verificato)* [*dati, documenti, alibi*] verifiable, certifiable; ***essere facilmente, difficilmente ~*** to be easy, difficult to check.

controllabilità /kontrollabili'ta/ f.inv. controllability.

▶ **controllare** /kontrol'lare/ [1] **I** tr. **1** *(dominare)* to control, to rule [*paese, partito, impresa, mercato, territorio, città*]; *(padroneggiare)* to control, to master [*situazione*]; *(supervisionare)* to control, to manage [*traffico, operazione, progetto*] **2** *(tenere sotto controllo)* to control [*persona, animale, folla*]; to control, to master, to restrain [*emozioni, impulso*]; to control [*prezzi*]; MED. to watch [*dieta, peso, alimentazione*]; to check [*vista*]; ***~ da vicino l'evolversi degli avvenimenti*** to keep a close eye on how things develop; ***farsi ~ qcs.*** MED. to have sth. examined **3** *(manovrare)* to control [*veicolo*]; ***~ una sbandata*** to correct a skid **4** *(verificare)* to check [*identità, documenti, biglietto, auto, banconota, firma*]; to inspect [*bagaglio*]; to inspect, to examine [*conti*]; to test [*apparecchio, qualità*]; *(guardare)* to check [*orologio, mappa, portafoglio*]; ***~ il livello dell'olio*** to check the oil; ***~ continuamente*** to monitor continuously *o* constantly; ***controlla che*** make sure that **5** SPORT to control [*pallone*]; to mark [*giocatore*] **II controllarsi** pronom. *(dominarsi)* to control oneself; ***controllati!*** get *o* take a grip on yourself!

controllato /kontrol'lato/ **I** p.pass. → **controllare II** agg. **1** *(sotto controllo)* [*esplosione, sbandata*] controlled; ***~ dal computer*** computer controlled **2** *(regolamentato)* [*economia, prezzo*] controlled; ***amministrazione -a*** DIR. receivership; ***non ~*** uncontrolled **3** *(misurato)* [*persona, modi*] (self-)controlled; [*espressione, voce*] controlled; [*protesta*] restrained.

controller /kon'trɔller/ m.inv. *(di tram, treno)* controller.

▷ **controllo** /kon'trɔllo/ m. **1** *(dominio) (di folla, paese, organizzazione, situazione, bambino, animale)* control (**di** of; **su** over); *(supervisione) (di progetto, operazione)* control; ***~ statale*** state control; ***essere sotto ~*** [*incendio, problema, situazione*] to be under control; ***è tutto sotto ~*** everything's under control; ***avere sotto ~*** to be in control of [*problema, situazione*]; ***assumere*** o ***prendere il ~ di*** to take control of [*territorio, città, operazione*]; ***ottenere il ~ di*** to gain control of; ***essere sotto il ~ di qcn.*** [*persona, esercito, organizzazione*] to be under sb.'s control *o* under the control of sb.; ***passare sotto il ~ americano*** to come under American control; ***tenere sotto ~*** to bring *o* get *o* keep [sth.] under control [*animale, folla, incendio*]; ***la situazione è fuori ~*** the situation is out of control; ***perdere il ~ di qcs.*** to lose control of sth.; ***sfuggire al ~*** [*bambino, animale*] to be beyond control; [*situazione*] to get out of hand **2** *(padronanza) (di emozione, desiderio)* control, command; ***~ di sé*** self-control; ***perdere il ~*** to lose control, to get carried away COLLOQ. **3** *(sorveglianza)* control; ***tenere sotto ~*** to watch [*edificio, persona sospetta, movimenti*]; ***sfuggire al ~ di*** to slip out of the control of; ***mettere sotto ~ il telefono di una casa*** to tap the telephone of a house **4** *(abilità fisica)* control; ***mantenere, perdere il ~ di un'automobile*** to keep, lose control of a car; ***ha perso il ~ della sua automobile*** his car went out of control; ***~ di palla*** SPORT ball control **5** *(verifica) (di qualità, sicurezza)* check; *(di passaporto, biglietto)* inspection; *(di fatti, affermazioni)* verification; ***~ di polizia, di sicurezza*** police, security check; ***~ doganale*** customs inspection; ***~ incrociato*** cross-check; ***fare dei -i*** to carry out checks; ***lista di ~*** checklist; ***posto di ~*** checkpoint; ***strumento di ~*** means of checking **6** AMM. ECON. *(regolamentazione)* control; ***~ dei costi, dell'immigrazione*** cost, immigration control; ***~ dei salari*** wage restraints pl. **7** MED. check-up, examination; ***visita di ~*** check-up; ***~ odontoiatrico*** dental check-up; ***~ medico*** medical *o* health check; ***sotto ~ medico*** under medical supervision; ***~ della vista, del seno*** eye, breast control; ***in seguito a ~*** on examination; ***sottoporsi a un ~*** to have an examination **8** SCOL. UNIV. ***test di ~*** assessment, progress test **9** TECN. control ◆◆ ***~ d'accesso*** access control; ***~ d'altitudine*** altitude control; ***~ antidoping*** dope test; ***sottoporre qcn. a ~ antidoping*** to dope-test sb.; ***~ degli armamenti*** arms control; ***~ dei cambi*** ECON. exchange control; ***~ delle esportazioni*** export control; ***~ fiscale*** tax investigation; ***~ fitosanitario*** plant inspection; ***~ di gestione*** management control; ***~ giudiziario*** legal restrictions pending trial; ***~ delle nascite*** birth *o* population control; ***~ numerico*** IND. numerical control; ***~ passaporti*** passport control; ***~ dei prezzi*** ECON. price control; ***~ di processo*** process control; ***~ (di) qualità*** IND. quality control; ***~ radar*** AER. MIL. radar control; ***~ sanitario*** AMM. sanitary inspection; ***~ del traffico aereo*** AER. air-traffic control; ***~ veterinario*** vet examination.

▷ **controllore** /kontrol'lore/ ♦ *18* m. **1** *(chi controlla)* AMM. controller, inspector **2** *(su treni, mezzi pubblici)* ticket inspector ◆◆ ***~ di gestione*** management controller; ***~ del traffico aereo*** o ***di volo*** air-traffic controller.

controluce /kontro'lutʃe/ **I** m. e f. FOT. CINEM. back-lighting **II** avv. ***(in) ~*** against the light; ***guardare*** o ***tenere qcs. in ~*** to hold sth. up against the light; ***fare una foto in ~*** to take a photograph against the light *o* with backlighting.

contromanifestante /kontromanifes'tante/ m. e f. counter demonstrator.

contromanifestazione /kontromanifestat'tsjone/ f. counter demonstration.

contromano /kontro'mano/ avv. [*guidare, procedere*] on the wrong side of the road; *(in un senso unico)* the wrong way down, up the street; ***essere*** o ***andare (in) ~*** to go against the flow of traffic.

contromanovra /kontroma'nɔvra/ f. countermanoeuvre BE, countermaneuver AE.

contromarca, pl. **-che** /kontro'marka, ke/ f. **1** *(biglietto)* ticket, token **2** *(del guardaroba)* cloackroom ticket.

contromarcia /kontro'martʃa/ f. **1** MIL. countermarch; ***fare una ~*** to countermarch **2** RAR. *(retromarcia)* reverse gear.

contromina /kontro'mina/ f. countermine.

controminare /kontromi'nare/ [1] tr. to countermine.

contromisura /kontromi'zura/ f. counter-measure; ***prendere -e*** to take counter-measures ◆◆ ***~ elettronica*** MIL. electronic counter-measure.

contromossa /kontro'mɔssa/ f. **1** GIOC. counter-move **2** *(contrattacco)* counter-attack.

contropalo /kontro'palo/ m. strut.

controparte /kontro'parte/ f. **1** *(l'altra parte)* adversary, opposite party **2** DIR. opposing party.

contropartita /kontropar'tita/ f. **1** *(compenso)* quid pro quo, compensation; ***la ~ è che il salario è alto*** it is offset by the high salary; ***in ~*** in compensation (**di** for) **2** AMM. contra, set-off; ***in ~*** per contra.

contropedale /kontrope'dale/ m. back-pedal; ***freno a ~*** back-pedal *o* coaster brake.

contropelo /kontro'pelo/ avv. the wrong way; ***accarezzare un gatto ~*** to stroke a cat's fur the wrong way; ***spazzolare qcs. ~*** to brush sth. against the pile [*tappeto*]; to brush sth. against the nap [*velluto*]; ***prendere qcn. (di) ~*** FIG. to rub sb. up the wrong way ◆ ***fare pelo e ~ a qcn.*** to tear sb. apart.

contropendenza /kontropen'dɛntsa/ f. opposite slope.

controperizia /kontrope'rittsja/ f. = expert report for the opposing party.

contropiede /kontro'pjɛde/ m. SPORT ***azione di ~*** counter-attack; ***fare un ~*** to break back; ***prendere qcn. in ~*** to wrongfoot sb.; FIG. to catch sb. on the wrong foot *o* flat-footed.

controplancia, pl. **-ce** /kontro'plantʃa, tʃe/ f. MAR. flying bridge.

controporta /kontro'pɔrta/ f. storm door.

contropotere /kontropo'tere/ m. opposing forces.

contropressione /kontropres'sjone/ f. back pressure, counter-pressure.

controproducente /kontroprodu'tʃɛnte/ agg. counter-productive, self-defeating; ***risultare ~*** to backfire.

controprogetto /kontropro'dʒɛtto/ m. counter-proposal, alternative plan.

contropropaganda /kontropropa'ganda/ f. counter-propaganda.

controproposta /kontropro'posta/ f. counter-proposal.

controprova /kontro'prɔva/ f. **1** DIR. rebutting evidence, counter evidence **2** *(verifica)* verification, counter-check **3** *(votazione)* second vote.

contropunta /kontro'punta/ f. TECN. tailstock.

controquerela /kontrokwe'rɛla/ f. countercharge.

controquerelare /kontrokwere'lare/ [1] tr. to countercharge.

controrrdine /kon'trordine/ m. *(ordine contrario)* countermand, counter command (anche MIL.); ***salvo ~*** unless otherwise communicated, unless countermanded; ***c'è un ~*** there has been a change of plan; ***ricevere un ~*** MIL. to receive a counter command.

controreazione /kontroreat'tsjone/ f. ELETTRON. negative feedback.

controrelatore /kontrorela'tore/ m. (f. **-trice** /tritʃe/) UNIV. = member of the graduation examining board who challenges the graduate's dissertation.

controrelazione /kontrorelat'tsjone/ f. contrary, minority report.

controreplica, pl. **-che** /kontro'rɛplika, ke/ f. DIR. rejoinder.

controreplicare /kontrorepli'kare/ [1] intr. (aus. *avere*) to rejoin.

controricorso /kontrori'korso/ m. counterclaim.

controriforma /kontrori'forma/ f. STOR. Counter-Reformation.

controriformista, m.pl. **-i**, f.pl. **-e** /kontrorifor'mista/ **I** agg. Counter-Reformation attrib. **II** m. e f. = supporter of the Counter-Reformation.

controriformistico, pl. **-ci, -che** /kontrorifor'mistiko, tʃi, ke/ agg. Counter-Reformation attrib.

controriva /kontro'riva/ f. opposite bank.

controrivoluzionario, pl. **-ri, -rie** /kontrorivoluttsjo'narjo, ri, rje/ **I** agg. counter-revolutionary **II** m. (f. **-a**) counter-revolutionary.

controrivoluzione /kontrorivolut'tsjone/ f. counter-revolution.

controrotaia /kontroro'taja/ f. guard rail.

controscarpa /kontros'karpa/ f. counterscarp.

controscena /kontroʃ'ʃɛna/ f. byplay.

controsenso /kontro'sɛnso/ m. **1** *(contraddizione)* contradiction, incongruency; ***è un ~ chiedergli di uscire dopo averlo insultato*** it's absurd to ask him out after insulting him **2** *(assurdità)* nonsense, absurdity; ***quello che stai dicendo è un ~*** what you're saying doesn't make sense.

controsoffittatura /kontrosoffitta'tura/ f. **1** *(azione)* installation of a false ceiling **2** *(controsoffitto)* false ceiling.

controsoffitto /kontrosof'fitto/ m. false ceiling.

controsoggetto /kontrosod'dʒɛtto/ m. countersubject.

controspallina /kontrospal'lina/ f. shoulder piece.

controspionaggio, pl. **-gi** /kontrospio'naddʒo, dʒi/ m. counter-espionage, counter-intelligence.

controstallia /kontrostal'lia/ f. DIR. MAR. demurrage.

controstampa /kontros'tampa/ f. setoff, reproduction proof.

controstampare /kontrostam'pare/ [1] tr. to set* off.

controstampo /kontros'tampo/ m. dolly.

controsterzare /kontroster'tsare/ [1] intr. (aus. *avere*) to steer the wheel in the opposite direction; *(in una sbandata)* to steer into a skid.

controsterzata /kontroster'tsata/ f. steering the wheel in the opposite direction.

controtaglio, pl. **-gli** /kontro'taʎʎo, ʎi/ m. **1** *(incisione)* intersecting line **2** *(di sciabola)* back edge.

controtempo /kontro'tɛmpo/ **I** m. **1** MUS. syncopation; ***in ~*** [*suonare*] on the offbeat **2** SPORT ***cogliere l'avversario (in) ~*** to wrongfoot the opponent **II** avv. out of time.

controtendenza /kontroten'dɛntsa/ f. opposing trend; ***in ~*** [*approcci, gusti*] offbeat.

controtenore /kontrote'nore/ m. counter-tenor.

controtipo /kontro'tipo/ m. FOT. CINEM. duplicate.

controvalore /kontrova'lore/ m. **1** *(valore corrispondente)* equivalent **2** ECON. exchange value.

controvelaccino /kontrovelat'tʃino/ m. fore royal sail.

controvelaccio, pl. **-ci** /kontrove'lattʃo, tʃi/ m. main royal sail, skysail.

controveleno /kontrove'leno/ → **contravveleno.**

controventare /kontroven'tare/ [1] tr. **1** TECN. to brace, to guy **2** MAR. to brace.

controvento /kontro'vɛnto/ **I** m. EDIL. brace, strut **II** avv. ***navigare ~*** to sail into the wind ◆ ***andare ~*** to go against the tide.

controversia /kontro'vɛrsja/ f. **1** *(disputa)* controversy, dispute (**su** about, over); ***sollevare*** o ***dar luogo ad una ~*** to give rise to a dispute; ***ha rilanciato*** o ***riaperto la ~ sul problema di...*** he has stirred up controversy about the problem of...; ***appianare*** o ***dirimere una ~*** to settle a dispute **2** DIR. dispute, litigation; ***deliberare su una ~*** to give a ruling on a case; ***le parti in ~*** the litigants; ***~ commerciale, industriale*** trade, industrial dispute; ***~ sindacale*** labour dispute.

controversista, m.pl. **-i**, f.pl. **-e** /kontrover'sista/ m. controversialist.

controverso /kontro'vɛrso/ agg. [*personaggio, decisione, progetto, legge, film*] controversial; *(discusso)* [*tema, questione*] disputed; ***una questione molto -a*** a much debated question.

controvertibile /kontrover'tibile/ agg. RAR. controvertible, questionable.

controviale /kontrovi'ale/ m. service road.

controvisita /kontro'vizita/ f. second examination, second inspection.

controvoglia /kontro'vɔʎʎa/ avv. [*dare, prestare, lavorare*] reluctantly, unwillingly; [*ammettere, accettare, tollerare*] grudgingly; ***fare qcs. ~*** to do sth. unwillingly, to grudge doing sth.; ***mangiare ~*** to pick one's food.

contumace /kontu'matʃe/ **I** agg. DIR. contumacious, defaulting; ***testimone ~*** missing witness; ***essere ~*** to default **II** m. e f. DIR. defaulter.

contumacia /kontu'matʃa/ f. DIR. default, contumacy; ***procedimento in ~*** proceeding in the absence of the accused; ***processare qcn. in ~*** to try sb. in his, her absence; ***condannare qcn. in ~*** to sentence sb. in absentia *o* by default; ***sentenza in ~*** judgement by default.

contumaciale /kontuma'tʃale/ agg. **1** DIR. ***giudizio ~*** judgement by default **2** MED. ***ospedale ~*** isolation, quarantine hospital.

contumelia /kontu'mɛlja/ f. contumely, insult; ***coprire qcn. di -e*** to heap abuse on sb.

contundente /kontun'dɛnte/ agg. [*arma, strumento*] contusive, blunt; ***corpo ~*** blunt instrument.

contundere /kon'tundere/ [51] **I** tr. to contuse, to bruise [*persona, corpo*] **II contundersi** pronom. RAR. to get* contused, to get* bruised; ***~ una spalla*** to contuse *o* bruise one's shoulder.

conturbante /kontur'bante/ agg. exciting, provocative.

conturbare /kontur'bare/ [1] **I** tr. to upset*, to disturb **II conturbarsi** pronom. to get* upset, to be* disturbed.

contusione /kontu'zjone/ f. contusion, bruise; ***riportare*** o ***procurarsi -i*** to bruise oneself, to get bruises; ***procurare una ~ a*** to contuse [*persona, corpo*].

contuso /kon'tuzo/ **I** p.pass. → **contundere II** agg. contused, bruised; ***avere il viso ~*** to have a bruised face; ***tessuti -i*** bruised tissue **III** m. (f. **-a**) ***nell'incidente ci furono 3 -i*** three people were slightly injured in the accident.

conurbazione /konurbat'tsjone/ f. conurbation.

convalescente /konvaleʃ'ʃɛnte/ **I** agg. [*persona*] convalescent **II** m. e f. convalescent.

convalescenza /konvaleʃ'ʃɛntsa/ f. convalescence; ***essere in ~*** to be convalescing; ***periodo di ~*** period of convalescence; ***entrare in ~*** to convalesce; ***uscire dalla ~*** to finish convalescing; ***durante la sua ~*** during his convalescing stay; ***licenza di ~*** MIL. convalescent *o* sick leave.

convalescenziario, pl. **-ri** /konvaleʃʃen'tsjarjo, ri/ m. convalescent home.

convalida /kon'valida/ f. **1** *(di documento)* validation; *(ratifica)* ratification; ***la ~ di un gol, un punto*** SPORT the validation of a goal, a point **2** *(obliterazione) (di biglietto)* stamping, punching **3** *(conferma)* confirmation.

convalidare /konvali'dare/ [1] tr. **1** DIR. to validate [*atto, contratto, nomina*]; ***~ un gol*** SPORT to ratify a goal **2** *(obliterare)* to stamp, to punch [*biglietto*] **3** *(confermare)* to confirm, to corroborate [*dubbio, tesi*]; to endorse [*richiesta*].

convallaria /konval'laria/ f. → **mughetto.**

▷ **convegno** /kon'veɲɲo/ m. **1** *(conferenza)* meeting, conference, convention; *(congresso)* congress; ***partecipare a un ~*** to take part in a conference **2** *(appuntamento)* appointment, meeting; ***~ amoroso*** LETT. assignation; ***darsi ~*** to arrange a meeting **3** *(luogo di ritrovo)* meeting place.

convenevoli /konve'nevoli/ m.pl. civilities, compliments, ceremony **U**; ***si è profuso in ~*** he was effusive in his courtesies; ***fare i ~*** to pay one's respects; ***scambiarsi ~*** to make polite conversation, to exchange pleasantries; ***bando ai ~! niente ~!*** let's not stand on ceremony!

conveniente /konve'njɛnte/ agg. **1** *(vantaggioso)* [*tasso, prezzo, prodotto*] attractive, good, good value (for money); *(poco costoso)* cheap; ***un affare ~*** a paying proposition; ***a un prezzo ~*** at a cheap rate; ***il pacchetto grande è più ~*** the large packet is more economical **2** *(adatto)* convenient, suitable; *(decoroso)* beseeming, proper, seemly FORM.

convenientemente /konvenjente'mente/ avv. conveniently, properly.

convenienza /konve'njɛntsa/ **I** f. **1** *(vantaggio)* advantage, expediency; *(tornaconto, interesse)* (self-)interest; ***fare qcs. per ~*** to do sth. out of self-interest; ***matrimonio di ~*** marriage of convenience **2** *(di prezzo, prodotto)* value for money **3** *(opportunità)* convenience, opportuneness, suitability; ***visita di ~*** courtesy call **II convenienze** f.pl. *(creanza)* (common) decency sing., conventions; ***rispettare, sfidare le -e*** to respect, defy convention *o* the conventions; ***nel disprezzo delle -e*** in defiance of convention; ***per rispetto delle -e*** for propriety's sake, for the sake of etiquette; ***dare un calcio alle -e*** to let one's hair down.

▶ **convenire** /konve'nire/ [107] **I** intr. (aus. *essere, avere*) **1** (aus. *essere*) *(essere vantaggioso)* to be* worthwhile; *(costare poco)* to be* cheap(er); ***~ a*** *(addirsi)* to be suitable for, to suit [*persona*]; ***~ a qcn. fare*** to be convenient for sb. to do; ***non conviene fare*** it doesn't pay to do; ***conviene più il pollo che il maiale*** chicken is better value than pork **2** (aus. *avere*) *(ammettere)* to admit, to acknowledge, to agree; *(concordare)* to agree; ***convengo di aver avuto torto*** I admit I was wrong; ***ne convengo*** I accept that; ***~ con qcn. su qcs.*** to agree with sb. about sth.; ***~ su*** *(accordarsi)* to agree on [*data, prezzo*]; ***~ di fare*** to agree to do **3** (aus. *essere*) *(riunirsi)* to gather, to meet* **II** tr. **1** *(concordare)* to agree (on) [*prezzo*] **2** *(ammettere)* to admit, to acknowledge [*errore*]; to acknowledge [*qualità*] **3** DIR. *(citare in giudizio)* to summon, to take* [sb.] to court **III convenirsi** pronom. to suit, to become*, to befit; ***comportati come si conviene!*** behave properly! **IV** impers. **1** (aus. *essere*) *(essere opportuno)* ***conviene fare*** one ought to *o* should do; ***conviene partire oggi*** we'd better leave today; ***conviene che voi facciate*** you should *o* ought to do; ***non mi conviene accettare*** it's not worth my while accepting; ***conviene comprare la verdura al mercato*** it's better to buy vegetables at the market; ***dire cose del genere non conviene*** it's better not to say such things **2** (aus. *essere*) *(essere inteso)* ***è stato, è convenuto che*** it has been, it is agreed that; ***era convenuto da tempo che*** it had long been agreed that; ***si è convenuto ciò che segue*** it has been agreed as follows.

conventicola /konven'tikola/ f. conventicle, clandestine, secret meeting.

▶ **convento** /kon'vɛnto/ m. convent; *(di suore)* nunnery; *(di frati)* friary; *(monastero)* monastery; ***entrare in ~*** to enter a convent; ***rinchiudere in ~*** to cloister; ***~ di benedettine*** Benedectine convent ◆ ***accontentarsi di*** o ***prendere*** o ***mangiare quel che passa il ~*** to take pot luck (for meal).

conventuale /konventu'ale/ **I** agg. [*vita, regola*] conventual, convent attrib. **II** m. e f. conventual.

convenuto /konve'nuto/ **I** p.pass. → **convenire II** agg. *(stabilito)* [*data, prezzo, termini*] agreed (upon); ***all'ora -a*** at the agreed time; ***resta ~ che...*** it is understood that...; ***come ~*** as arranged **III** m. (f. **-a**) **1** *(invitato)* ***i -i*** those present, the participants **2** DIR. defendant; ***~ in appello*** respondent.

convenzionale /konventsjo'nale/ agg. **1** *(convenuto)* [*segni, linguaggio*] conventional **2** *(tradizionale, conformista)* [*persona, idea, metodo*] conventional; ***non ~*** unorthodox, nonconformist **3** *(formale)* [*saluti, stile*] formal **4** [*arma, guerra*] conventional.

convenzionalismo /konventsjona'lizmo/ m. conventionalism.

convenzionalista, m.pl. **-i**, f.pl. **-e** /konventsjona'lista/ m. e f. conventionalist.

convenzionalità /konventsjonali'ta/ f.inv. conventionality.

convenzionalmente /konventsjonal'mente/ avv. conventionally.

convenzionare /konventsjo'nare/ [1] **I** tr. to agree on, to reach an agreement on [*tariffe, prezzi*] **II convenzionarsi** pronom. to reach an agreement.

convenzionato /konventsjo'nato/ **I** p.pass. → **convenzionare II** agg. **1** AMM. [*clinica, medico*] = operating within the national health service **2** [*prezzi, tariffe*] agreed; *(che ha una convenzione)* [*negozio, ristorante, officina*] that has an agreement; ***merci a prezzi -i*** goods at concurred prices.

convenzione /konven'tsjone/ **I** f. **1** *(accordo, contratto)* agreement; *(ufficiale)* covenant; ***stipulare una ~*** to draw up an agreement; ***~ internazionale*** international agreement **2** *(abitudine)* convention; ***è per ~ che...*** it is a convention that... **3** POL. *(assemblea)* convention **II convenzioni** f.pl. *(convenienze)* convention **U**; ***sfidare le -i*** to defy *o* flout convention ◆◆ ***Convenzione di Ginevra*** Geneva Convention; ***Convenzione nazionale*** STOR. National Convention.

convergente /konver'dʒɛnte/ agg. **1** FIS. convergent; ***lente ~*** convergent *o* converging lens; ***strabismo ~*** convergent strabismus **2** FIG. [*sforzi, interessi*] convergent, converging.

convergenza /konver'dʒɛntsa/ f. **1** *(di idee, interessi)* convergence; ***la ~ di sforzi*** the combined efforts, the pooling of efforts **2** *(di fasci luminosi, lente, strade)* convergence **3** MAT. convergence **4** AUT. toe-in, wheel alignment.

convergere /kon'vɛrdʒere/ [19] intr. (aus. *essere*) **1** *(nello spazio)* [*strade, veicoli, persone*] to converge (**su** on); ***tutti gli sguardi convergevano su di lei*** all eyes turned toward(s) her **2** FIG. ***le nostre riflessioni convergono sulle stesse conclusioni*** our thoughts are leading us to the same conclusions; ***tutti i nostri sforzi devono ~ su un solo obiettivo*** all our efforts should be focused on one goal; ***le nostre opinioni convergono*** we're of the same opinion; ***fare ~*** to channel [*inchiesta, fondi pubblici*] **3** MAT. FIS. to converge; ***fare ~*** to focus [*raggio*].

1.conversa /kon'vɛrsa/ f. RELIG. lay sister.

2.conversa /kon'vɛrsa/ f. EDIL. flashing.

conversare /konver'sare/ [1] intr. (aus. *avere*) to converse, to talk, to chat (**con** with; **su** about).

conversatore /konversa'tore/ m. (f. **-trice** /tritʃe/) talker; ***essere un buon ~*** to be a good talker *o* a (good) conversationalist; ***non è un gran ~*** he's not a great talker.

conversazionale /konversattsjo'nale/ agg. **1** INFORM. [*funzionamento, modo*] conversational **2** LING. conversational, conversation attrib.

▷ **conversazione** /konversat'tsjone/ f. conversation (**con** with); ***una ~ privata, telefonica, davanti al fuoco*** a private, telephone, fireside conversation; ***~ mondana*** o ***da salotto*** polite conversation; ***~ radiofonica*** radio talk; ***fare ~*** to make conversation; ***fare una ~*** to hold *o* have a conversation; ***cominciare, interrompere una ~*** to strike up *o* break off a conversation; ***portare la ~ su*** to bring the conversation around to, to lead the conversation onto; ***intromettersi in una ~*** to butt in on a conversation; ***essere oggetto di ~*** to be a conversation piece; ***argomento di ~*** talking point; ***essere nel pieno della ~*** to be (deep) in conversation; ***essere di piacevole ~*** to be a good conversionalist ◆◆ ***~ a tre*** TEL. three-way calling.

conversione /konver'sjone/ f. **1** RELIG. conversion (**a** to); ***~ al cristianesimo*** conversion to Christianity **2** *(trasformazione) (di terreno, energia, materia prima)* conversion **3** *(di gradi, misure, pesi)* conversion (**in** into); ***la ~ di miglia in chilometri*** the conversion of miles into kilometres; ***tabella di ~*** conversion table **4** ECON. commutation; *(di moneta)* conversion; *(di debito pubblico)* refunding; ***tasso di ~*** conversion rate **5** INFORM. conversion; ***la ~ di un file di testo in ASCII*** the conversion of a text file into ASCII **6** *(svolta)* wheel, wheeling movement; ***fare una ~ (a destra)*** to wheel (to right) ◆◆ ***~ a U*** AUT. U-turn.

1.converso /kon'vɛrso/ m. RELIG. lay brother.

2.converso: **per converso** /perkon'vɛrso/ avv. conversely.

convertibile /konver'tibile/ **I** agg. **1** ECON. [*valuta, capitale*] convertible (**in** into) **2** MAT. INFORM. convertible (**in** into) **3** *(trasformabile)* convertible; ***vettura ~*** convertible (car) **II** f. AUT. convertible.

convertibilità /konvertibili'ta/ f.inv. convertibility (**in** into) (anche ECON.).

convertiplano /konverti'plano/ m. convertiplane.

convertire /konver'tire/ [108] **I** tr. **1** *(far cambiare idea)* to convert [*persona, partito, governo*] (**a** to); ***~ qcn. al cristianesimo*** to convert sb. to Christianity; ***~ qcn. all'ecologismo, al vegetarianismo*** to convert sb. to ecological ideas, to vegetarianism **2** *(trasformare)* to convert (**in** into); ***~ l'acqua in vapore*** to turn water into steam **3** ECON. to convert [*valuta, prestito, debito*] (**in** into); ***~ in denaro*** to convert [sth.] into cash; ***~ titoli in denaro*** to redeem securities **4** MAT. INFORM. to convert [*frazioni, testo*] (**in** into) **5** DIR. ***~ un decreto in legge*** = to tranform a decree into a law **II convertirsi** pronom. [*persona*] to convert, to become* a convert, to undergo* a conversion; [*industria*] to change line of products; ***-rsi all'Islam*** to convert to Islam, to turn Muslim; ***il paese deve -rsi al liberalismo*** the country must go over to liberalism.

convertito /konver'tito/ **I** p.pass. → **convertire II** agg. converted; ***ebreo ~ (al cristianesimo)*** converted Jew **III** m. (f. **-a**) converted.

convertitore /konverti'tore/ m. converter, convertor ◆◆ ***~ analogico-digitale*** INFORM. analogue-digital convertor; ***~ Bessemer*** Bessemer converter; ***~ di coppia*** torque converter; ***~ di frequenza*** frequency changer; ***~ d'immagine*** image converter.

convessità /konvessi'ta/ f.inv. convexity.

convesso /kon'vɛsso/ agg. convex; ***angolo ~*** MAT. salient angle.

convettivo /konvet'tivo/ agg. convective.

convettore /konvet'tore/ m. convector.

convezione /konvet'tsjone/ f. convection; ***corrente di ~*** convective current; ***radiatore a ~*** convector heater.

convincente /konvin'tʃɛnte/ agg. *(persuasivo)* [*persona*] convincing, persuasive; [*prova, argomento*] convincing, persuasive, forceful; [*prestazione*] convincing; ***sa essere molto ~*** he can be very persuasive; ***in modo ~*** convincingly; ***poco ~*** unconvincing; ***in modo poco ~*** unconvincingly; ***il libro, film è poco ~*** the book, film fails to convince.

▶ **convincere** /kon'vintʃere/ [98] **I** tr. **1** *(persuadere)* to convince, to persuade (**di** of; **che** that; **a fare** to do); to satisfy [*critici, opinione pubblica*]; *(con l'inganno)* to fool, to deceive (**a fare** into doing); *(con pazienza)* to coax (**a fare** to do, into doing); *(con le maniere forti)* to strong-arm (**a fare** into doing); ***cerca di convincerla!*** try and persuade her! ***abbiamo finito con il convincerlo a rimanere*** we managed to persuade him to stay; ***non sono convinto da*** I remain to be convinced by; ***lasciarsi ~*** to let oneself be persuaded; ***essere disposto a farsi ~*** to be open to persuasion; ***la storia non convince*** the story doesn't carry conviction **2** DIR. to prove [sb.] guilty (**di** of) **II convincersi** pronom. to convince oneself (**di** of); ***-rsi a torto che*** to deceive oneself into believing that.

convincimento /konvintʃi'mento/ m. conviction, convincement; ***senza grande ~, con ~*** without much, with conviction; ***è mio (fermo) ~ che*** it is my (firm) belief that.

convinto /kon'vinto/ **I** p.pass. → **convincere II** agg. **1** *(persuaso)* convinced, persuaded; ***ne sono profondamente ~*** I am utterly convinced of it **2** *(fervente)* [*militante, sostenitore*] staunch, earnest **3** *(di provata colpevolezza)* ***reo ~*** self-confessed offender.

▷ **convinzione** /konvin'tsjone/ **I** f. **1** *(certezza)* conviction, belief; ***avere la ~ che*** to be convinced that; ***ho la profonda ~ che*** I'm utterly convinced that, it is my belief that; ***agire per ~*** to act on the strength of one's convictions; ***nella ~ che*** in the belief that; ***si aggrappa ostinatamente alla ~ che*** he obstinately clings to the belief that **2** *(impegno)* conviction; ***senza grande ~, con ~*** without much, with conviction; ***mancare di ~*** to lack conviction; ***senza ~*** without conviction **II convinzioni** f.pl. *(opinioni)* beliefs, convictions; ***-i politiche, religiose*** political, religious convictions; ***andare contro le ~ di qcn.*** to go against sb.'s beliefs.

convitato /konvi'tato/ m. (f. **-a**) guest, banqueter, feaster ◆ ***~ di pietra*** = unwanted person or situation that makes people uncomfortable.

convito /kon'vito/ m. feast, banquet.

convitto /kon'vitto/ m. SCOL. **1** *(istituto)* boarding school **2** *(insieme dei convittori)* boarders pl.

convittore /konvit'tore/ m. (f. **-trice** /tritʃe/) boarder.

convivente /konvi'vɛnte/ **I** agg. cohabiting, living together **II** m. e f. cohabitee; *(uomo)* common-law husband; *(donna)* common-law wife.

▷ **convivenza** /konvi'vɛntsa/ f. **1** *(vita in comune)* life in common, living together; ***la ~ con i suoceri*** living with one's in-laws; ***~ sociale*** o ***umana*** human society **2** *(tra partner non sposati)* cohabitation, common-law marriage ◆◆ ***~ dichiarata*** DIR. cohabitation agreement.

▷ **convivere** /kon'vivere/ [99] intr. (aus. *avere*) **1** *(maritalmente)* to live together, to live as husband and wife, to cohabit DIR. **2** *(coabitare)* to live (anche FIG.); ***~ con i genitori*** to live at home *o* with one's parents; ***imparare a ~ con qcn., qcs.*** to learn to live with sb., sth. **3** FIG. *(coesistere)* to coexist.

conviviale /konvi'vjale/ agg. [*pranzo, atmosfera, riunione*] convivial.

convivialità /konvivjali'ta/ f.inv. conviviality.

convivio, pl. **-vi** /kon'vivjo, vi/ m. ANT. LETT. feast, banquet.

convocare /konvo'kare/ [1] tr. **1** *(riunire)* to call, to convene [*assemblea, consiglio, collaboratori*]; to summon [*parlamento*]; ***la riunione è convocata per il 12 giugno*** the meeting has been called *o* convened for 12 June **2** *(richiedere la presenza di)* to send* for, to summon [*allievo*]; DIR. to summon [*difensore, testimone*]; MIL. to call up [*soldato, ufficiale*]; ***il ministro li ha convocati nel suo ufficio*** the minister has summoned them to his office; ***essere convocato a un esame*** to be asked to sit an exam; ***essere convocato per un colloquio*** to be called for an interview; ***è stato convocato davanti alla commissione*** he was called before the committee; ***~ qcn. in giudizio*** to summon sb. to appear before the court **3** SPORT ***~ in nazionale*** to cap BE; ***essere convocato nella nazionale italiana*** to be capped Italy BE.

convocatore /konvoka'tore/ m. (f. **-trice** /tritʃe/) convocator, convener, summoner.

convocazione /konvokat'tsjone/ f. **1** *(di assemblea)* convocation, convening; *(di individuo)* summoning; *(invito)* invitation; ***lettera di ~*** convocational letter; ***non c'è stata la ~ di tutti i partecipanti*** not all participants were invited to attend; ***~ agli esami*** notification of examination timetables; ***presentarsi a una ~*** DIR. to obey a summons; ***presentarsi in un ufficio su ~*** AMM. to report to an office after being requested to do so **2** SPORT ***vantare 20 -i in nazionale*** to have been capped 20 times for the national team BE.

convogliare /konvoʎ'ʎare/ [1] tr. **1** *(trasportare)* to carry, to tranport [*oro, merci, soccorso*]; to channel [*acqua, liquido*] (**verso** to; **in** into; **attraverso** through); ***~ l' acqua in una casa*** to pipe water into a house **2** FIG. to channel [*sforzi, energie*] (**verso** to; **in** into; **nel fare** into doing); ***~ fondi in qcs., nel fare qcs.*** to funnel funds into sth., into doing sth. **3** *(scortare)* to escort [*nave, aereo*].

convogliatore /konvoʎʎa'tore/ m. IND. conveyor.

convoglio, pl. **-gli** /kon'vɔʎʎo, ʎi/ m. **1** *(di veicoli, truppe)* convoy, column; ***un ~ militare*** a military convoy; ***un ~ di approvvigionamento*** a supply convoy; ***in ~*** in convoy **2** FERR. train; ***un ~ della metropolitana*** an underground BE *o* a subway AE train; ***un ~ merci*** a goods train; ***un ~ di prigionieri*** a convoy of prisoners ◆◆ ***~ funebre*** funeral procession.

convolare /konvo'lare/ [1] intr. (aus. *essere*) ***~ a (giuste) nozze*** to get married.

convoluto /konvo'luto/ agg. [*foglia*] convolute.

convolvolo /kon'vɔlvolo/ m. convolvulus*, bindweed.

convulsamente /konvulsa'mente/ avv. convulsively.

convulsionario, pl. **-ri, -rie** /konvulsjo'narjo, ri, rje/ agg. convulsionary.

convulsione /konvul'sjone/ f. MED. convulsion, fit; ***avere le -i*** to have convulsions *o* fits, to go into convulsions; ***essere in preda a*** o ***colto da -i*** to be seized by convulsions.

convulsivamente /konvulsiva'mente/ avv. convulsively.

convulsivante /konvulsi'vante/ agg. e m. convulsant.

convulsivo /konvul'sivo/ agg. [*tosse, malattia*] convulsive; ***crisi -a*** convulsive fit.

convulso /kon'vulso/ agg. **1** *(brusco)* [*pianto, moto*] convulsive; [*riso*] nervous **2** MED. ***tosse -a*** whooping cough **3** *(scomposto, disordinato)* [*discorso, stile*] jerky, confused **4** *(febbrile)* [*attività, ritmo*] frantic, feverish.

coobbligato /koobbli'gato/ m. (f. **-a**) joint liable.

cooccorrenza /kookkor'rɛntsa/ f. co-occurrence.

coop /'kɔop/ f.inv. (accorc. cooperativa) co-op, cooperative.

coop. ⇒ cooperativa cooperative.

cooperante /koope'rante/ m. e f. *(operatore umanitario)* aid worker.

cooperare /koope'rare/ [1] intr. (aus. *avere*) to cooperate, to collaborate (**con** with; **in** in; **a fare** in doing); ***~ con qcn. a qcs., a fare qcs.*** to cooperate with sb. in sth., in doing sth.; ***~ al successo di qcs.*** to contribute to the success of sth.

▷ **cooperativa** /koopera'tiva/ f. *(società)* cooperative; *(negozio)* cooperative store, co-op COLLOQ.; ***~ dei lavoratori*** workers' cooperative ◆◆ ***~ agricola*** farmers' cooperative; ***~ di consumo*** consumers' cooperative; ***~ di credito*** credit union, cooperative bank AE; ***~ edilizia*** housing association BE.

cooperativismo /kooperati'vizmo/ m. cooperation, cooperative movement.

cooperativistico, pl. **-ci, -che** /kooperati'vistiko, tʃi, ke/ agg. cooperative.

cooperativo /koopera'tivo/ agg. cooperative; ***non ~*** uncooperative; ***essere poco ~*** to behave uncooperatively; ***società -a*** cooperative society.

cooperatore /koopera'tore/ **I** agg. cooperating **II** m. (f. **-trice** /tritʃe/) **1** cooperator **2** *(membro di una cooperativa)* member of a cooperative.

cooperazione /kooperat'tsjone/ f. **1** *(collaborazione)* cooperation, collaboration **2** ECON. POL. cooperation.

cooptare /koop'tare/ [1] tr. to co-opt (**in** onto).

cooptazione /kooptat'tsjone/ f. co-optation; ***un membro nominato per*** ~ a co-opted member; ***è stato ammesso per*** ~ he was co-opted.
coordinamento /koordina'mento/ m. **1** *(organizzazione)* coordination **2** *(autorità)* coordinating authority, committee.
coordinante /koordi'nante/ agg. → **coordinativo.**
coordinare /koordi'nare/ [1] **I** tr. **1** *(organizzare, dirigere)* to coordinate [*dibattito, gruppo, cerimonia, sforzi, politiche, movimenti*]; ***~ le idee*** to coordinate ideas, to straighten out one's ideas **2** LING. to coordinate **II coordinarsi** pronom. SPORT to coordinate (one's body); ***-rsi per calciare la palla*** to coordinate (one's body) to kick the ball.
coordinata /koordi'nata/ f. **1** MAT. GEOGR. coordinate; ***-e cartesiane*** Cartesian coordinates; ***-e geografiche*** terrestrial coordinates; ***~ sferica*** spherical coordinate **2** LING. coordinate clause **3** BANC. ***-e bancarie*** bank details.
coordinativo /koordina'tivo/ agg. coordinative; ***congiunzione -a*** coordinative conjunction.
coordinato /koordi'nato/ **I** p.pass. → **coordinare II** agg. **1** *(armonizzato)* [*gesti, lavoro*] coordinated; [*tessuto, accessorio, abito*] coordinated, coordinating attrib.; ***essere ~*** *(nei movimenti)* to be coordinated; ***con guanti -i*** with gloves to match, with matching gloves **2** LING. [*proposizione*] coordinate **III** m. *(abbigliamento)* coordinates pl., ensemble.
coordinatore /koordina'tore/ **I** agg. [*ufficio, servizio*] coordinating **II** m. (f. **-trice** /tritʃe/) coordinator.
coordinazione /koordinat'tsjone/ f. **1** *(organizzazione)* coordination (anche MED. FISIOL.); ***~ di attività, di movimenti*** coordination of activities, movements; ***difficoltà di ~*** difficulty in coordinating oneself; ***avere una buona, cattiva ~*** to have good, bad coordination; ***mancanza di ~*** incoordination **2** LING. coordination.
coorganizzatore /koorganiddza'tore/ m. (f. **-trice** /tritʃe/) co-organizer.
coorte /ko'ɔrte/ f. **1** STOR. MIL. cohort (anche SCHERZ. FIG.); ***~ pretoria*** praetorian guard **2** STATIST. cohort.
copaive /ko'paive/ f.inv. copaiba.
copale /ko'pale/ m. e f. **1** *(resina)* copal **2** *(pelle)* patent leather.
copeco, pl. **-chi** /ko'pɛko, ki/ ➧ ***6*** m. kopeck.
Copenaghen /kope'nagen/ ➧ ***2*** n.pr.f. Copenhagen.
▷ **coperchio**, pl. **-chi** /ko'pɛrkjo, ki/ m. *(di scatola, vaso, pentola)* lid, cover; *(a vite)* screw top; ***~ della pattumiera, della casseruola*** dustbin, saucepan lid; ***mettere, togliere il ~*** to put on, take off the lid; ***c'è il ~?*** is the lid in place?
copernicano /koperni'kano/ agg. Copernican; ***il sistema ~*** the Copernican system; ***è una rivoluzione -a*** FIG. it's a Copernican revolution.
Copernico /ko'pɛrniko/ n.pr.m. Copernicus.
▷ **coperta** /ko'pɛrta/ f. **1** blanket, cover; *(copriletto)* bedspread, bedcover; *(trapunta)* quilt; ***~ da viaggio*** travelling rug BE, lap robe AE; ***~ termica*** electric blanket; ***mettersi*** o ***infilarsi*** o ***ficcarsi sotto le -e*** to get under the blankets; ***tirare su le -e fino al mento*** to pull one's blanket up to one's chin; ***rimboccare le -e a qcn.*** to tuck in *o* up sb. **2** MAR. deck; ***ponte di ~*** upper deck; ***in, sotto ~*** on, below deck; ***equipaggio in ~!*** all hands on deck!
copertamente /koperta'mente/ avv. [*agire*] covertly, secretly.
▷ **copertina** /koper'tina/ f. *(di libro, quaderno, rivista)* cover; *(di disco)* cover, sleeve; ***~ rigida*** hardback, hardcover AE; ***in ~*** on the cover; ***prezzo di ~*** retail price; ***ragazza ~*** cover girl; ***è apparsa sulla ~ di*** she's made the cover of; ***prima di ~*** front cover; ***quarta di ~*** back cover.
▶ **coperto** /ko'pɛrto/ **I** p.pass. → **coprire II** agg. **1** *(ricoperto)* covered; ***~ di lividi, sudore, grasso*** covered in bruises, sweat, grease; ***~ di polvere*** thick with dust; ***~ di neve, di arbusti*** snow-, scrub-covered; ***campi -i di papaveri*** fields thick with poppies; ***ho le braccia -e di macchie*** I have spots all over my arms; ***~ di medaglie, di onori*** loaded *o* showered with medals, honours; ***~ di debiti*** debt-laden **2** *(interno)* [*piscina, campo da tennis*] indoor, covered; [*mercato, stadio*] covered; [*passaggio*] covered, enclosed; *(chiuso)* [*vettura, vagone*] covered **3** *(vestito)* dressed; ***non sei abbastanza ~*** you're not properly dressed; ***sono troppo ~*** *(per uscire)* I've got too many clothes on; *(a letto)* I've got too many blankets on **4** *(nascosto)* hidden, concealed; [*carta da gioco*] face down; FIG. *(velato)* [*minaccia*] veiled; *(soffocato)* smothered; ***allineati e -i*** in line abreast **5** METEOR. [*cielo, tempo*] overcast, clouded, cloudy **6** ECON. [*assegno*] covered **7** *(assicurato)* covered **III** m. **1** *(accessori per il pasto)* cover, place setting; ***mettere in tavola quattro -i*** to lay the table for four; ***togliere un ~*** to take away a place setting; ***aggiungere un ~*** to set another *o* lay an extra place; ***una tavola per sei -i*** a table set, laid for six; ***preparare tre -i*** to lay out *o* set the table for three **2** COMM. *(al ristorante)* cover charge; ***non fanno pagare il ~*** there's no cover charge **3 al coperto** under cover; ***mettersi al ~*** to take cover; ***giocare al ~*** SPORT to play indoors.
copertone /koper'tone/ m. **1** *(telone)* tarpaulin **2** *(di pneumatico)* (outer) casing, tyre BE, tire AE.
▷ **copertura** /koper'tura/ f. **1** *(il coprire)* covering **2** ING. EDIL. cover, roofing; ***~ di ardesia, di paglia*** slate, thatched roofing; ***~ con tegole*** tiling; ***occorre cambiare tutta la ~*** the whole roof needs replacing; ***~ del tetto*** roofing **3** *(rivestimento)* covering, sheeting; *(di filo elettrico)* insulation; *(di tubo)* casing; *(di strada, pista)* surface; *(con cemento, vernice)* coating **4** FIG. *(mascheramento)* cover, covering; ***società di ~*** dummy company; ***sotto ~*** under cover; ***servire da ~ per, a*** to be a cloak *o* front for **5** ECON. *(di spese)* covering, coverage; *(di conto)* cover, covering; *(in borsa)* averaging; ***garantire la ~ di*** to guarantee [*assegno*]; ***mancata ~*** no *o* insufficient funds **6** *(assicurativa)* coverage, cover BE (**per** for; **contro** against); ***offrire una ~ assicurativa contro*** to give *o* provide cover against; ***ha una ~ assicurativa contro l'incendio e il furto*** she's covered for fire and theft **7** GIORN. coverage; ***garantire la ~ di*** to cover [*caso, avvenimento*] **8** MIL. cover; ***~ aerea*** air cover; ***fuoco di ~*** covering fire **9** SPORT ***gioco di ~*** defensive play ◆◆ ***~ assistenziale*** social security cover; ***~ aurea*** ECON. gold coverage *o* backing; ***~ finanziaria*** financial backing *o* coverage; ***~ radio*** radio coverage.
▷ **1.copia** /'kɔpja/ f. **1** *(riproduzione) (di documento, prodotto, software)* copy; *(di quadro, cassetta, video)* copy, duplicate; ***fare una ~*** to make a copy; ***far fare la ~ di qcs.*** to have sth. copied; ***in duplice ~*** in duplicate; ***bella ~*** fair copy; ***brutta ~*** rough (copy); ***mettere qcs. in bella ~*** to make a fair copy of sth.; ***essere una brutta ~ di qcs.*** FIG. to be an apology for sth.; ***essere la ~ esatta di qcs.*** to be the exact copy of sth.; ***essere la ~ esatta di qcn.*** to be the spitting image of sb. **2** *(calco, imitazione)* copy, imitation; *(riproduzione)* reproduction **3** *(esemplare) (di libro, giornale)* copy; ***~ con dedica*** inscribed copy; ***sono state stampate più di 1000 -e del libro*** over 1000 copies of the book have been printed **4** FOT. print ◆◆ ***~ d'archivio*** file copy; ***~ autenticata*** DIR. certified true copy; ***~ di back-up*** INFORM. back-up copy; ***~ carbone*** carbon copy; ***~ conforme*** DIR. certified copy, tenor; ***~ fotostatica*** Photostat®; ***~ madre*** CINEM. master print; ***~ omaggio*** complimentary *o* presentation copy; ***~ pirata*** pirate copy; ***~ per recensione*** review copy; ***~ saggio*** examination copy; ***~ staffetta*** advance copy; ***~ in visione*** inspection copy.
2.copia /'kɔpja/ f. LETT. abundance, plenty.
copiacommissione /kopjacommis'sjone/ m.inv. order book.
copiafatture /kopjafat'ture/ m.inv. invoice book.
▷ **copiare** /ko'pjare/ [1] tr. **1** *(trascrivere)* to copy, to copy out [*lettera, testo*]; ***l'ha copiato da un libro*** he copied it from *o* out of a book; ***~ qcs. in bella*** to make a fair copy of sth. **2** *(riprodurre, duplicare)* to copy [*quadro, documento, vidocassetta*]; ***~ dal vero*** to copy from life **3** *(imitare)* to imitate, to mimic **4** SCOL. to copy, crib (**da** from); ***~ in una prova*** to cheat in a test.
copiativo /kopja'tivo/ agg. copying attrib.; ***carta -a*** carbon paper; ***inchiostro ~*** copying ink; ***matita -a*** indelible pencil.
copiatore /kopia'tore/ m. (f. **-trice** /tritʃe/) copier.
copiatrice /kopja'tritʃe/ f. copying machine.
copiatura /kopja'tura/ f. **1** *(riproduzione)* copying, transcribing (**da** from) **2** SCOL. crib (**da** from).
copiglia /ko'piʎʎa/ f. cotter (pin), split pin.
copilota /kopi'lɔta/ m. e f. co-pilot; ***pilotaggio con due -i*** AER. flying with two co-pilots.
1.copione /ko'pjone/ m. **1** TEATR. script; *(di suggeritore)* prompt book **2** CINEM. (film) script ◆ ***come da ~*** as expected.
2.copione /ko'pjone/ m. (f. **-a**) **1** COLLOQ. *(imitatore)* copycat **2** SCOL. cheat.
copiosamente /kopjosa'mente/ avv. [*mangiare*] copiously, abundantly; [*sanguinare, sudare*] profusely.
copiosità /kopjosi'ta/ f.inv. copiousness, abundance.
copioso /ko'pjoso/ agg. [*pasto*] substantial, hearty; [*porzione*] generous; [*raccolto, lacrime*] copious, abundant; [*stile, oratore*] copious; ***le lacrime scendevano -e sul suo volto*** tears were streaming down her face.
copista, m.pl. **-i**, f.pl. **-e** /ko'pista/ ➧ ***18*** m. e f. copyist, scrivener.
copisteria /kopiste'ria/ f. **1** *(negozio)* photocopy shop **2** *(di dattilografia)* typing agency.
copolimero /kopo'limero/ m. copolymer.
▷ **1.coppa** /'kɔppa, 'koppa/ **I** f. **1** *(per bevande)* cup, goblet, glass; *(per frutta, macedonia)* bowl; ***~ da champagne*** champagne glass; ***~ da gelato*** compote, ice-cream bowl **2** *(contenuto)* cupful, cup, bowl; ***una ~ di spumante*** a glass of sparkling wine **3** *(trofeo)* cup;

vincitore della o ***di*** ~ cup winner; ***disputare*** o ***contendersi una*** ~ to contend for a cup; ***essere eliminato dalla*** ~ to be knocked out *o* eliminated from the cup; ***finale di*** ~ cup final; ***partita di*** ~ cup match *o* tie BE **4** MECC. ~ ***dell'olio*** sump BE, oil pan AE **5** *(di reggiseno)* cup **6** *(della bilancia)* scale pan **II coppe** f.pl. GIOC. = one of the four suits in a pack of typical Italian cards ◆◆ ~ ***coprimozzo*** AUT. hubcap; ***Coppa America*** America's Cup; ***Coppa (dei) Campioni*** European Cup, European Champion Clubs' Cup; ***Coppa delle Coppe*** Cup Winners' Cup; ***Coppa Davis*** Davis Cup; ~ ***del mondo*** World Cup; ~ ***UEFA*** UEFA Cup.

2.coppa /'kɔppa, 'koppa/ f. **1** REGION. *(taglio di carne)* = cut of meat from the neck **2** GASTR. = seasoned pork shoulder.

coppale /kop'pale/ → **copale**.

coppella /kop'pɛlla/ f. METALL. cupel.

coppellare /koppel'lare/ [1] tr. METALL. to cupel.

coppellazione /koppellat'tsjone/ f. METALL. cupellation.

coppetta /cop'petta/ f. **1** *(piccolo contenitore)* small bowl **2** MED. cupping glass ◆◆ ~ ***assorbilatte*** breast pad.

▷ **coppia** /'kɔppja, 'koppja/ f. **1** *(insieme di due unità)* couple, pair; ***formare una*** ~ to pair up; ***fare*** ~ ***con*** to partner [*giocatore*]; ***una strana*** ~ an odd couple **2** *(con un legame affettivo)* couple; ***una*** ~ ***di innamorati*** o ***di fidanzati*** a courting couple; ***giovane*** ~ young couple; ***una*** ~ ***di anziani*** an elderly couple; ***una*** ~ ***di sposi*** a married couple; ***una*** ~ ***di sposi novelli*** a couple of newlyweds; ~ ***di fatto*** de facto couple; ***la nostra vita di*** ~ our relationship, our life together (as a couple); ***fare*** o ***formare una bella*** ~ to be very well suited, to make a fine-looking couple; ***fare*** ~ ***fissa con qcn.*** to go steady with sb.; ***scambio di -e*** partner-swapping **3** *(di animali)* pair; *(aggiogati)* yoke; *(di uccelli, selvaggina)* brace **4** FIS. MECC. couple, torque; ***convertitore di*** ~ torque converter **5** MAT. dyad **6** GIOC. pair; ***una*** ~ ***di dieci*** a pair of tens **7 a coppie** in pairs, in twos; ***mettere, disporre a -e*** to put, arrange sth. in pairs; ***mettersi a -e*** to pair off; ***lavorare a -e*** to work in pairs ◆◆ ~ ***minima*** LING. minimal pair; ~ ***motrice*** engine torque; ~ ***termoelettrica*** thermoelectric couple.

coppiere /kop'pjɛre/ m. (f. **-a**) cupbearer.

coppietta /kop'pjetta/ f. couple (of lovers), courting couple.

coppiglia /kop'piʎʎa/ → **copiglia**.

coppo /'koppo/ m. **1** *(di olio)* (oil) jar **2** *(tegola)* curved tile, pantile.

coppola /'kɔppola/ f. REGION. = typically Sicilian cloth cap with a peak.

copra /'kɔpra/ f. copra.

coprente /ko'prɛnte/ agg. [*prodotto di bellezza*] which provides a good cover; [*vernice*] coating.

copresidente /kopresi'dɛnte/ m. e f. co-president, cochair.

copresidenza /kopresi'dɛntsa/ f. co-presidency, cochairmanship.

copribusto /kopri'busto/ m. camisole, bodice.

copricalorifero /koprikalo'rifero/ m. radiator cover.

copricanna /kopri'kanna/ m.inv. handguard.

copricapo /kopri'kapo/ m. head gear, headcloth.

copricatena /koprika'tena/ m.inv. chain guard.

copricostume /koprikos'tume/ m.inv. beachrobe.

copricuscino /koprikuʃ'ʃino/ m. cushion cover.

copridivano /kopridi'vano/ m. sofa cover.

coprifuoco /kopri'fwɔko/ m. curfew; ***imporre il*** ~ to impose a curfew; ***togliere il*** ~ to lift the curfew.

coprigiunto /kopri'dʒunto/ m. MECC. butt strap.

copriletto /kopri'lɛtto/ m. bedspread, bedcover, coverlet.

coprimaterasso /koprimate'rasso/ m. mattress cover.

coprimozzo /kopri'mɔddzo/ m. hubcap.

copripiatti /kopri'pjatti/ m.inv. dishcover.

copripiedi /kopri'pjɛdi/ m.inv. foot coverlet.

copripiumino /kopripju'mino/ m. duvet cover.

▶ **coprire** /ko'prire/ [91] **I** tr. **1** *(ricoprire)* to cover [*mobile, muro, oggetto, ferito*] (**con** with); ***si copra un occhio e legga*** cover one eye and read; ***tutto fu coperto dalla sabbia*** everything got covered with *o* in sand; ~ ***un tetto di ardesia, di tegole, di paglia*** to slate, tile, thatch a roof; ***una vernice che copre bene*** a paint that gives a good coat *o* coats well **2** *(chiudere)* to cover, to put* the lid on [*pentola*] **3** *(avvolgere, ammantare)* [*nebbia, neve, strato*] to cover, to envelop [*città, superficie*] **4** *(nascondere alla vista)* to hide*, to cover up; ~ ***la vista a qcn.*** to block sb.'s view **5** *(dare in grande quantità)* ~ ***qcn. di qcs.*** to shower sb. with sth., to shower sth. on sb. [*doni, complimenti*]; ~ ***qcn. d'oro*** to make sb. wealthy; ~ ***qcn. di baci*** to cover sb. with kisses **6** *(contro il freddo) (con abiti)* to wrap [sb.] up; *(a letto)* to cover [sb.] up; ***non l'ho coperto abbastanza*** *(vestito)* I haven't dressed him warmly enough; *(a letto)* I haven't put enough blankets on his bed **7** *(essere più forte di)* to drown (out), to cover [*suono, musica*]; to cover [*odore*] **8** *(proteggere) (nascondendo la verità)* to cover up for [*amico, collega*]; MIL. SPORT to cover [*soldato, ritirata, uscita, zona del campo*]; ~ ***qcn. con il proprio corpo*** to shield sb. with one's body; ***ti copro io!*** I'll cover you! ~ ***le spalle a qcn.*** to cover sb.'s back; ***arrivo tardi, coprimi!*** I'm going to be late, cover for me! **9** *(occupare, esercitare)* to hold*, to fill [*carica*] **10** *(percorrere)* [*corridore, veicolo*] to cover [*distanza*] **11** *(servire)* [*trasmettitore, radio, ispettore*] to cover [*area*] **12** *(provvedere a)* ~ ***i bisogni di qcn.*** to meet* sb.'s needs **13** ECON. [*somma*] to cover [*spese, costi*] **14** ECON. *(garantire)* to cover [*danno, rischio, persona*]; to make* up for [*ammanco, deficit*]; ~ ***contro l'incendio e il furto*** to cover for fire and theft **15** ALLEV. [*maschio*] to cover [*femmina*] **16** GIOC. *(negli scacchi)* to guard [*regina*]; *(nelle carte)* to cover **II coprirsi** pronom. **1** *(vestirsi)* to wrap up, to cover oneself up; ***non ti copri abbastanza*** you don't wrap up well enough; ***si coprì le spalle con uno scialle nero*** she covered her shoulders with a black shawl **2** METEOR. [*cielo*] to become* cloudy, overcast; ***il tempo si coprirà un po' questo pomeriggio*** it will cloud over in the afternoon **3** *(riempirsi)* ***-rsi di*** to become covered with; ***in primavera il prato si copre di fiori*** in spring the meadow becomes a carpet of flowers; ***l'albero si copre di fiori, di foglie*** the tree comes into bloom, leaf; ***il suo volto si coprì di sudore, lacrime*** sweat, tears poured down his face; ***-rsi di gloria, di vergogna*** to cover oneself with glory, shame **4** *(proteggersi)* to protect oneself (**contro** against; **facendo** by doing) **5** SPORT *(nel pugilato, nella scherma)* to be* on one's guard **6** ECON. ***-rsi contro*** to cover oneself against.

copriruota /kopri'rwɔta/ m.inv. wheel cover.

coprisedile /koprise'dile/ m. seat cover.

copritavolo /kopri'tavolo/ m. cover, table carpet.

copriteiera /koprite'jɛra/ m.inv. tea cosy BE, tea cozy AE.

copritermosifone /kopritermosi'fone/ m. radiator cover.

copritetto /kopri'tetto/ m. roofer, tiler.

coprivivande /koprivi'vande/ m.inv. dishcover.

coprocessore /koprotʃes'sore/ m. coprocessor.

coproduttore /koprodut'tore/ m. (f. **-trice** /tritʃe/) coproducer.

coproduzione /koprodut'tsjone/ f. coproduction.

coprofagia /koprofa'dʒia/ f. coprophagy.

coprofago, pl. **-gi, -ghe** /ko'prɔfago, dʒi, ge/ **I** agg. coprophagous **II** m. (f. **-a**) coprophagist.

coprofilia /koprofi'lia/ f. coprophilia.

coprolalia /koprola'lia/ f. coprolalia.

coprolito /ko'prɔlito/ m. coprolite.

coprologia /koprolo'dʒia/ f. coprology.

coprostasi /kopros'tazi, ko'prɔstazi/ f.inv. retention of faeces.

copto /'kɔpto/ **I** agg. Coptic **II** m. (f. **-a**) **1** *(persona)* Copt **2** *(lingua)* Coptic.

copula /'kɔpula/ f. **1** LING. *(verbo)* copula*; *(congiunzione)* copulative (conjunction) **2** *(accoppiamento)* copulation.

copulare /kopu'lare/ [1] **I** tr. ANT. **1** *(accoppiare, unire)* to join together, to couple **2** *(unire in matrimonio)* to marry **II** intr. (aus. *avere*) RAR. SCHERZ. to copulate **III copularsi** pronom. RAR. to copulate.

copulativo /kopula'tivo/ agg. LING. copulative; ***congiunzione -a*** copulative (conjunction).

copulatore /kopula'tore/ agg. copulating.

copulazione /kopulat'tsjone/ f. copulation.

copy /'kɔpi/ m. e f. inv. COLLOQ. (accorc. copywriter) copywriter.

copywriter /kɔpi'raiter/ ➧ ***18*** m. e f.inv. copywriter.

coque: **alla coque** /alla'kɔk/ agg. e avv. ***uovo alla*** ~ soft-boiled egg.

▶ **coraggio** /ko'raddʒo/ **I** m. **1** courage; *(valore)* bravery, gallantry; *(audacia)* boldness; ***con*** ~ courageously, with courage, bravely; ***avere*** ~ to be courageous *o* brave; ***avere il*** ~ ***di fare*** to be courageous *o* brave enough to do, to have the courage to do; ***avere*** ~ ***da vendere*** to have courage to spare; ***bisogna avere*** o ***ci vuole*** ~ ***per fare questo*** it takes courage *o* guts COLLOQ. to do this; ***trovare il*** ~ ***di fare*** to pluck up the courage to do; ***dare prova di*** ~ to show courage; ***armarsi di*** ~ to summon up one's courage, to steel oneself; ***dare*** ~ ***a qcn.*** to give sb. courage; ***avere, non avere il*** ~ ***delle proprie opinioni, azioni*** to have, to lack the courage of one's convictions, to lack the courage to back up one's actions; ***il*** ~ ***gli è venuto meno*** o ***mancato*** his courage failed him; ***prendere il*** ~ ***a due mani*** to take one's courage in both hands, to screw up one's courage; ***ripeti, vieni fuori se ne hai il*** ~***!*** say that again, come out if you dare! ***non ne avresti il*** ~***!*** you wouldn't dare! **2** *(forza)* heart, energy; ***non ho avuto il*** ~ ***di dire di no*** I didn't have the heart to say no; ***perdersi di*** o ***perdere*** ~ to lose heart; ***continuò a parlare senza perdersi di*** ~ undismayed, she continued to speak; ***prendere*** o ***farsi***

~ to take heart; ***riprendere ~*** to take fresh heart **3** *(sfrontatezza)* nerve COLLOQ., cheeck COLLOQ.; ***non avrà il ~ di farsi vedere qui!*** he wouldn't dare show his face here! ***ci vuole un bel ~ a comportarsi così!*** it really takes some cheek to behave like that! ***con che ~ ti presenti dopo quello che è successo?*** and you dare turn up after what has happened! **II** inter. **1** *(per consolare)* ***~!*** cheer up, come on! ***~, le cose si sistemeranno!*** cheer up, things will come around! **2** *(avanti, forza)* ***~, andiamo!*** come on, let's go! ***~, provaci!*** come on, have a go! ***su, ~!*** back up! chin up! ◆ ***avere un ~ da leoni*** to be as brave as a lion.

coraggiosamente /koraddʒosa'mente/ avv. bravely, courageously.

▷ **coraggioso** /korad'dʒoso/ agg. courageous, brave, fearless; *(audace)* bold, daring; *(valoroso)* valiant; ***è stata -a a farlo*** it was brave *o* courageous of her to do it.

corale /ko'rale/ **I** agg. **1** *(per coro)* [*canto, musica, partitura*] choral; ***società ~*** choral society **2** FIG. ***un romanzo ~*** = a harmoniously blended novel with many different characters and situations **3** SPORT [*gioco, azione*] team attrib. **4** FIG. *(collettivo)* [*approvazione, protesta*] unanimous **II** m. **1** MUS. chorale; ***i -i di Bach*** Bach's chorales **2** RELIG. *(libro corale)* anthem book **III** f. choir.

coralità /korali'ta/ f.inv. = the harmonious quality of different characters and events in a given situation.

corallaio, pl. **-ai** /koral'lajo, ai/ ➧ **18** m. (f. **-a**) *(chi fabbrica)* coral cutter; *(chi vende)* coral dealer.

corallifero /koral'lifero/ agg. coralliferous.

coralliforme /koralli'forme/ agg. coralliform.

corallina /koral'lina/ f. BOT. coralline.

corallino /koral'lino/ agg. **1** *(di coralli)* coralline, coral attrib.; ***barriera -a*** coral *o* barrier reef; ***isola -a*** coral island **2** LETT. *(color corallo)* coral.

▷ **corallo** /ko'rallo/ ➧ **3** **I** m. coral; ***una collana di ~*** a coral necklace **II** m.inv. *(colore)* coral red; ***labbra di ~*** LETT. coral lips **III** agg.inv. coral.

coralmente /koral'mente/ avv. chorally.

corame /ko'rame/ m. stamped leather, dressed leather.

coramella /kora'mɛlla/ f. razor-strop.

coram populo /'kɔram'pɔpulo/ avv. in public, coram populo.

coranico, pl. **-ci, -che** /ko'raniko, tʃi, ke/ agg. [*legge, testo, precetti*] Koranic.

Corano /ko'rano/ m. Koran.

corata /ko'rata/, **coratella** /kora'tɛlla/ f. pluck.

▷ **corazza** /ko'rattsa/ f. **1** STOR. armour BE, armor AE, cuirass **2** ZOOL. armour BE, armor AE; *(di granchio, tartaruga ecc.)* shell **3** *(di navi, mezzi corazzati)* armour BE, armor AE **4** SPORT chest protector **5** FIG. *(difesa, protezione)* armour BE, armor AE, shell; ***costruirsi una ~*** to develop a hard shell.

corazzare /korat'tsare/ [1] **I** tr. **1** MIL. to armour BE, to armor AE **2** FIG. *(proteggere)* to protect, to harden (**contro** against) **II corazzarsi** pronom. to harden oneself (**contro** against).

corazzata /korat'tsata/ f. battleship; ***~ tascabile*** pocket battleship; ***la ~ Potemkin*** Battleship Potemkin.

corazzato /korat'tsato/ **I** p.pass. → **corazzare** **II** agg. **1** [*unità, corpo, divisione*] armoured BE, armored AE; [*veicolo, nave*] armoured BE, armored AE, armour-clad; ***un mezzo ~ leggero*** an armoured car **2** FIG. *(ben protetto, difeso)* hardened (**contro** against).

corazzatura /korattsa'tura/ f. armour plating.

corazziere /korat'tsjɛre/ m. **1** STOR. cuirassier **2** MIL. = carabiniere member of the presidential guard of honour **3** FIG. *(persona imponente)* grenadier, strapping fellow.

corba /'kɔrba/ f. large (wicker) basket.

corbeille /kɔr'bɛj/ f.inv. **1** *(di fiori)* basket of flowers **2** *(alla borsa)* (trading) floor, pit.

corbellare /korbel'lare/ [1] tr. **1** *(schernire)* to mock, to poke fun at **2** *(imbrogliare)* to take* in, to cheat.

corbelleria /korbelle'ria/ f. **1** *(stupidaggine)* nonsense **U**, rubbish **U**; ***dire -e*** to talk nonsense **2** *(sbaglio grossolano)* howler COLLOQ., boob BE.

1.corbello /kor'bɛllo/ m. *(cesto)* basket.

2.corbello /kor'bɛllo/ **I** m. *(persona sciocca)* fool, blockhead **II corbelli** m.pl. EUFEM. nuts POP., balls POP.

corbezzoli /kor'bettsoli/ inter. gosh.

corbezzolo /kor'bettsolo/ m. arbutus, strawberry tree.

▶ **corda** /'kɔrda/ f. **1** *(fune)* rope; *(cordino)* string; ***~ di canapa*** hemp (rope); ***un gomitolo, un pezzo di ~*** a ball, piece of string; ***tendere una ~*** to stretch a rope; ***allentare una ~*** to loosen *o* slacken a rope; ***afferrare una ~*** to catch *o* grasp a rope; ***mollare una ~*** to lose one's grip on *o* let go a rope; ***assicurare una ~*** to make a rope secure; ***la ~ tiene*** the rope holds; ***scarpe con suole di ~*** rope-soled shoes; ***scala di ~*** rope ladder **2** *(di arco, racchetta da tennis)* string; ***si sono allentate le -e della racchetta*** the racket came unstrung; ***rompere una ~*** to break a string; ***~ per saltare*** SPORT skipping *o* jump AE rope; ***saltare la ~*** SPORT to skip; ***arrampicarsi sulla ~*** to climb the rope **3** MUS. *(di strumenti)* string; *(di arpa)* cord; ***strumento a ~*** stringed insrument; ***a -e incrociate*** [*piano*] overstrung; ***pizzicare le -e di uno strumento*** to pluck the strings of an instrument **4** *(nell'atletica, nella boxe)* rope; ***correre alla ~*** [*corridore*] to be on the inside; [*cavallo*] to be on the rail; ***partire alla ~*** [*corridore*] to start in the inside lane; ***essere alle corde*** to be on the ropes; ***stringere*** o ***mettere qcn. alle -e*** to put sb. against the ropes **5** ALP. rope; ***~ doppia*** abseiling rope; ***discesa a ~ doppia*** abseiling, rappel; ***calarsi a ~ doppia*** to abseil (**da** from) **6** *(per stendere)* washing line, clothes line; ***stendere il bucato su una ~*** to put the washing on a line **7** ***dare la ~ a un orologio*** to wind up a clock *o* watch **8** MAT. chord **9** ANAT. cord **10** STOR. *(supplizio)* strappado* **11** AER. ***~ alare*** wing chord ◆ ***tirare troppo la ~*** to stretch to the limit, to go too far; ***non tirare troppo la ~*** don't push me; ***essere giù di ~*** to be on a downer, to be down-in-the-mouth; ***tagliare la ~*** to clear off BE, to flake off COLLOQ., to scarper BE; ***dare ~ a qcn.*** to give sb. plenty of rope; ***quando la ~ è troppo tesa si spezza*** = if you push a situation too far, something's got to give; ***mettere la ~ al collo a qcn.*** to make sb. eat dirt; ***avere la ~ al collo*** to have one's back against the wall; ***mettersi la ~ al collo*** to hang oneself with one's own hands; ***toccare la ~ giusta con qcn.*** to touch on sth. close to sb.'s heart, to strike the right note in sb., to pluck sb.'s heartstrings; ***toccare le -e del sentimento*** to pluck sb.'s heartstrings; ***parlare di ~ in casa dell'impiccato*** = to make a tactless remark; ***tenere*** o ***lasciare sulla ~*** to keep sb. dangling *o* guessing; ***essere teso come la ~ di un violino*** to be like a coiled spring ◆◆ ***~ dorsale*** spinal cord; ***~ liscia*** SPORT climbing rope; ***~ a nodi*** SPORT knotted (climbing) rope; ***-e del timpano*** chorda tympany; ***-e vocali*** vocal c(h)ords.

cordaio, pl. **-ai** /kor'dajo, ai/ ➧ **18** m. (f. **-a**) *(chi fabbrica)* ropemaker; *(chi vende)* rope seller.

cordame /kor'dame/ m. **1** *(assortimento di corde)* cordage, ropes pl. **2** MAR. cordage.

cordata /kor'data/ f. **1** *(di alpinisti)* roped party; ***legare*** o ***mettere in ~*** to rope; ***mettersi*** o ***disporsi in ~*** to rope up; ***primo di ~*** leader; ***staccarsi dalla ~*** to unrope **2** FIG. ECON. consortium*, cartel ◆◆ ***~ di soccorso*** roped rescue party.

cordati /kor'dati/ m.pl. chordates.

cordato /kor'dato/ agg. BOT. ZOOL. cordate.

cordatrice /korda'tritʃe/ f. rope-making, rope-laying machine.

cordatura /korda'tura/ f. rope-making.

corderia /korde'ria/ f. rope factory, rope-works pl.

cordiale /kor'djale/ **I** agg. **1** *(amichevole, gentile)* [*persona, atteggiamento, modi*] cordial, friendly, affable; [*accoglienza, relazioni, sentimenti*] cordial, friendly, warm; ***essere ~ con qcn.*** to be cordial to o with sb.; ***-i saluti*** *(nelle lettere)* kindest regards, best wishes, Yours sincerely FORM. **2** *(profondo)* [*sentimento*] hearty, deep **II** m. cordial, reviver.

cordialità /kordjali'ta/ **I** f.inv. *(amichevolezza, gentilezza)* cordiality, friendliness, heartiness; ***accogliere qcn. con ~*** to give sb. a friendly *o* warm welcome; ***trattare qcn. con ~*** to treat sb. cordially *o* warmly **II cordialità** f.pl. *(formula di saluto)* regards, best wishes; ***tante ~ alla Sua famiglia*** my best wishes to your family.

cordialmente /kordjal'mente/ avv. **1** *(amichevolmente, gentilmente)* cordially, warmly; ***~ suo*** *(in una lettera)* Yours sincerely **2** *(decisamente)* intensely, heartily; ***detestare qcn. ~*** to dislike sb. intensely; ***mi è ~ antipatico*** I heartily *o* deeply dislike him.

cordialone /kordja'lone/ m. (f. **-a**) COLLOQ. hearty person, backslapper.

cordicella /kordi'tʃɛlla/ f. thin rope, cord.

cordiera /kor'djɛra/ f. MUS. tailpiece.

cordigliera /kordiʎ'ʎɛra/ f. cordillera; ***la Cordigliera delle Ande*** the Cordillera of the Andes.

cordiglio, pl. **-gli** /kor'diʎʎo, ʎi/ m. **1** RELIG. *(di prete)* girdle, cord **2** *(del saio dei monaci)* knotted cord.

cordino /kor'dino/ m. **1** *(corda sottile)* string; ***legare qcs. con un ~*** to tie sth. up with string **2** ALP. spare rope.

cordite /kor'dite/ f. CHIM. MIL. cordite.

cordless /'kɔrdles/ m.inv. cordless telephone.

cordofono /kor'dɔfono/ m. chordophone.

cordoglio /kor'dɔʎʎo/ m. (deep) sorrow, grief; *(condoglianze)* condolences pl.; ***esprimere il proprio ~ per*** to express one's sorrow at; ***partecipare al ~ di qcn.*** to share (in) sb.'s grief *o* sorrow; ***messaggio di ~*** message of condolence.

cordolo /'kɔrdolo/ m. **1** *(di marciapiede)* kerb BE, curb AE **2** EDIL. *(marcapiano)* stringcourse.

cordonare /kordo'nare/ [1] tr. *(cingere con cordone di pietre)* to border with stones.

cordonata /kordo'nata/ f. **1** *(rampa, strada)* graded ramp **2** *(di aiuola)* border.

cordonato /kordo'nato/ **I** p.pass. → **cordonare II** agg. *(a coste)* ribbed.

cordonatura /kordona'tura/ f. **1** *(su cartoncini, cartoni)* creasing **2** *(decorazione)* cable decoration.

cordoncino /kordon'tʃino/ m. string; *(di cappuccio, borsa)* drawstring.

cordone /kor'done/ m. **1** *(di tende)* cord; *(di borsa, sacco ecc.)* string; ***tenere, allargare, stringere i -i della borsa*** FIG. to hold, loosen, tighten the purse-strings **2** *(del saio)* girdle, cord **3** *(di marciapiede)* kerb BE, curb AE; *(di aiuola)* stone border **4** *(di apparecchio elettrico)* flex BE, cord AE **5** *(di persone, polizia, truppe)* cordon; ***~ di polizia*** police cordon; ***~ di dimostranti*** picket line; ***fare ~ intorno a*** to cordon off **6** ANAT. cord **7** ARALD. *(decorazione) (nastro)* ribbon, cordon **8** AGR. cordon **9** ARCH. (string)course ◆◆ ***~ litoraneo*** offshore bar; ***~ midollare*** spinal cord; ***~ ombelicale*** umbilical cord; ***tagliare il ~ ombelicale*** to cut the umbilical cord (anche FIG.); ***~ sanitario*** cordon sanitaire.

cordonetto /kordo'netto/ m. SART. twist.

cordovano /kordo'vano/ ◗ *2* **I** agg. Cordovan, from, of Cordoba **II** m. **1** *(cuoio)* cordovan **2** *(persona)* Cordovan.

core /'kɔre/ m. LETT. REGION. → **cuore.**

corea /ko'rɛa, 'kɔrea/ f. chorea ◆◆ ***~ di Huntington*** Huntington's chorea; ***~ di Sydenham*** Sydenham's chorea.

Corea /ko'rɛa/ ◗ *33* n.pr.f. Korea; ***~ del Nord*** North Korea; ***~ del Sud*** South Korea; ***la guerra in ~*** the Korean War.

coreano /kore'ano/ ◗ *25, 16* **I** agg. Korean; ***colletto alla -a*** mandarin collar **II** m. (f. **-a**) **1** Korean **2** *(lingua)* Korean.

coregone /kore'gone/, **coregono** /ko'rɛgono/ m. white fish*.

coreico, pl. **-ci, -che** /ko'rɛiko, tʃi, ke/ agg. LETT. dance attrib., dancing attrib.

coreo /ko'rɛo/ m. ANT. choree.

coreografia /koreogra'fia/ f. choreography.

coreograficamente /koreografika'mente/ avv. choreographically.

coreografico, pl. **-ci, -che** /koreo'grafiko, tʃi, ke/ agg. **1** *(relativo alla coreografia)* choreographic **2** FIG. *(fastoso, spettacolare)* spectacular.

coreografo /kore'ɔgrafo/ ◗ *18* m. (f. **-a**) choreographer.

coreopside /kore'ɔpside/ f. coreopsis*.

coreuta, m.pl. **-i**, f.pl. **-e** /ko'rɛuta/ m. e f. **1** STOR. member of the chorus **2** LETT. *(corista)* choralist.

coreutica /ko'rɛutika/ f. (art of) dancing.

coriaceo /ko'rjatʃeo/ agg. **1** *(che ha la durezza del cuoio)* [*carne*] coriaceous, leathery **2** FIG. [*persona*] tough, hard.

coriambico, pl. **-ci, -che** /ko'rjambiko, tʃi, ke/ agg. choriambic.

coriambo /ko'rjambo/ m. choriambus*.

coriandolo /ko'rjandolo/ m. **1** BOT. coriander **2** *(di carnevale)* ***-i*** confetti **U**.

coribante /kori'bante/ m. Corybant.

coribantico, pl. **-ci, -che** /kori'bantiko, tʃi, ke/ agg. Corybantian, Corybantic.

▷ **coricare** /kori'kare/ [1] **I** tr. **1** *(adagiare)* to lay* (down) [*malato, persona*]; *(mettere a letto)* to put* to bed **2** *(piegare)* [*pioggia, vento*] to beat* down, to flatten [*grano, erba*] **II coricarsi** pronom. to lie* down; *(andare a letto)* to go* to bed, to turn in COLLOQ.

coricato /kori'kato/ **I** p.pass. → **coricare II** agg. **1** *(a letto)* bedded; ***l'uomo ~ su un fianco*** the man lying on his side **2** [*raccolto, erba*] flattened **3** ARALD. couchant.

corifa /'kɔrifa/ f. talipot.

corifena /kori'fɛna/ f. dorado*.

corifeo /kori'fɛo/ m. **1** *(di coro greco)* coryphaeus* **2** FIG. *(capo)* coryphaeus*, leader.

corimbo /ko'rimbo/ m. corymb.

corindone /korin'done/ m. corundum.

Corinna /ko'rinna/ n.pr.f. Corinne.

Corinto /ko'rinto/ ◗ *2* n.pr.f. Corinth; ***Canale di ~*** Corinth Canal; ***Golfo di ~*** Gulf of Corinth.

corinzio, pl. **-zi, -zie** /ko'rintsjo, tsi, tsje/ **I** agg. [*colonna, tempio, ordine*] Corinthian **II** m. (f. **-a**) **1** Corinthian; ***Lettere ai Corinzi*** Corinthians + verbo sing. **2** *(stile)* Corinthian.

corion /'kɔrjon/ m.inv. chorion.

corista, m.pl. **-i**, f.pl. **-e** /ko'rista/ ◗ *18* **I** m. e f. choralist; *(in chiesa)* chorister **II** m. *(diapason)* diapason, tuning fork.

coriza /'kɔriddza/ f. coryza.

cormo /'kɔrmo/ m. corm.

cormofita /kor'mɔfita/ f. cormophyte.

cormorano /kormo'rano/ m. cormorant.

▷ **cornacchia** /kor'nakkja/ f. **1** *(uccello)* crow **2** FIG. *(persona pettegola)* gossip, magpie AE **3** FIG. *(iettatore)* doomster ◆◆ ***~ grigia*** greycrow, hooded crow; ***~ nera*** carrion crow.

cornalina /korna'lina/ f. → **2.corniola.**

cornamusa /korna'muza/ ◗ *34* f. bagpipes pl.; ***suonatore di ~*** (bag)piper.

cornata /kor'nata/ f. butt; ***dare una ~ a*** to butt; *(trafiggendo)* to gore.

cornea /'kɔrnea/ f. cornea*.

corneale /korne'ale/ agg. corneal; ***lenti -i*** contact *o* microcorneal lenses.

corneificazione /korneifikat'tsjone/ f. cornification.

Cornelio /kor'nɛljo/ n.pr.m. Cornelius.

corneo /'kɔrneo/ agg. [*tessuto, strato*] corneous, horny.

corner /'kɔrner/ m.inv. corner; ***battere*** o ***calciare un ~*** to take a corner; ***salvarsi in ~*** FIG. to have a narrow squeak, to escape by the skin of one's teeth.

1.cornetta /kor'netta/ ◗ *34* f. **1** *(strumento musicale)* cornet **2** *(suonatore)* cornet(t)ist **3** *(ricevitore del telefono)* receiver; ***alzare la ~*** to pick up the receiver; ***staccare la ~*** to take the phone off the hook.

2.cornetta /kor'netta/ f. *(di suora)* cornet.

cornettista, m.pl. **-i**, f.pl. **-e** /kornet'tista/ ◗ *34, 18* m. e f. cornet(t)ist.

▷ **cornetto** /kor'netto/ m. **1** *(amuleto)* = horn-shaped amulet **2** *(brioche)* croissant **3** *(cono gelato)* cone, cornet BE **4** MUS. cornet ◆◆ ***~ acustico*** ear trumpet.

▷ **cornice** /kor'nitʃe/ f. **1** *(di quadri, specchi)* frame; ***~ di quadro*** picture frame; ***mettere un quadro nella*** o ***in ~*** to set a picture in the frame, to frame a picture **2** FIG. frame, framework; ***fare da ~ a qcs.*** to be the setting of sth., to set sth. off; ***nella spendida ~ di*** in the marvellous setting of **3** LETT. ***la ~ del "Decameron"*** the frame story of "Decameron" **4** ARCH. cornice **5** GEOGR. ledge.

cornicetta /korni'tʃetta/ f. = little drawing made by schoolchildren to decorate the pages of their exercise books.

corniciaio, pl. **-ai** /korni'tʃajo, ai/ ◗ *18* m. (f. **-a**) **1** *(chi fabbrica)* framer, frame maker **2** *(chi vende)* frame seller.

cornicina /korni'tʃina/ f. → **cornicetta**.

cornicione /korni'tʃone/ m. cornice; *(modanatura)* moulding.

cornico, pl. **-ci, -che** /'kɔrniko, tʃi, ke/ **I** agg. Cornish **II** m. LING. Cornish.

cornificare /kornifi'kare/ [1] tr. SCHERZ. to two-time, to cheat on AE, to cuckold ANT.

1.corniola /'kɔrnjola, kor'njɔla/ f. *(frutto)* cornelian cherry.

2.corniola /kor'njɔla/ f. MIN. carnelian, cornelian.

corniolo /'kɔrnjolo, kor'njɔlo/ m. *(albero, legno)* cornelian cherry (tree).

cornista /kor'nista/ ◗ *34, 18* m. e f. horn player.

▶ **corno**, pl. **-i**, pl.f. **-a** /'kɔrno/ ◗ *34* m. **1** (pl. *-a*) *(di mucca, toro, rinoceronte, lumaca)* horn; *(di cervo, renna, daino)* antler; ***animale con le -a*** horned animal; ***privare delle -a*** to dehorn, to dishorn **2** (pl. *-i*) *(materiale)* horn; ***pettine di ~*** horn comb **3** (pl. *-i*) MUS. *(strumento)* horn; ***suonare il ~*** to play the horn; ***fare risuonare il ~*** *(durante la caccia)* to blow the horn **4** (pl. *-i*) *(amuleto)* = horn-shaped amulet **5** (pl. *-i*) *(di cappello, luna, incudine)* horn **6** COLLOQ. *(niente)* ***non capire un ~*** to be thick as a brick; ***non vale un ~*** it's not worth a toss; ***un ~!*** my foot! no way! ***"domani dovrai alzarti presto" "un ~!"*** "tomorrow you'll have to get up early" "no way!" **7** GEOGR. ***Corno d'Africa*** Horn of Africa; ***Corno d'Oro*** Golden Horn ◆ ***fare le -a*** *(per scaramanzia)* = to touch wood; ***fare le -a a qcn.*** *(gesto)* = to jeer at sb. (with a gesture of the hand); ***avere*** o ***portare le -a*** to wear horns, to be a cuckold ANT.; ***mettere*** o ***fare le -a a qcn.*** to two-time sb.; ***prendere il toro per le -a*** to take the bull by the horns; ***dire peste e -a di qcn.*** to do sb. down BE COLLOQ.; ***rompersi le -a*** to get the worst of it; ***si parla del diavolo e spuntano le -a*** speak of the devil (and he's bound to appear); ***avere qcn. sulle -a*** to have no stomach for sb.; ***rompere le -a a qcn.*** *(picchiare)* to give sb. a good thrashing *o* beating ◆◆ ***~ dell'abbondanza*** *(cornucopia)* horn of plenty; ***~ di bassetto*** basset horn; ***~ da caccia*** hunting horn; ***~ francese*** French horn; ***~ inglese*** cor anglais, English horn; ***~ naturale*** natural horn; ***~ a pistoni*** valve horn; ***~ da scarpe*** shoehorn.

Cornovaglia /korno'vaʎʎa/ ❥ *30* n.pr.f. Cornwall.
cornubianite /kornubja'nite/ f. hornfels.
cornucopia /kornu'kɔpja/ f. cornucopia, horn of plenty.
cornuto /kor'nuto/ **I** agg. **1** *(dotato di corna)* horned, cornute **2** FIG. *(tradito)* cuckolded ANT. **II** m. (f. **-a**) **1** cuckold ANT. **2** *(come insulto)* bastard.
▷ **coro** /'kɔro/ m. **1** *(gruppo di persone)* chorus, chorale AE; *(specialmente religioso)* choir; *(di opera, canto)* chorus; ***cantare nel ~ della chiesa, della scuola ~*** to be *o* sing in the church, school choir; ***cantare in ~*** to sing in chorus; ***cantare in ~ il ritornello*** to sing the chorus all together, to join in the chorus; ***"adesso tutti in ~"*** "all together now"; ***maestro del ~*** choirmaster **2** *(di angeli)* choir **3** ARCH. chancel, choir **4** FIG. chorus (**di** of); ***un ~ di proteste, lodi*** a chorus of protests, praise; ***in ~*** [*dire, rispondere, affermare*] in unison, all together; ***far ~ a qcn.*** to echo sb.'s opinions; ***fuori dal ~*** [*essere*] dissenting, out of line; [*pensare*] out of the box; ***cantare fuori dal ~*** = to strike a discordant note ◆◆ ***~ femminile*** female voice choir; ***~ maschile*** male voice choir; ***~ di voci bianche*** boys' choir.
corografia /korogra'fia/ f. chorography.
corografico, pl. **-ci**, **-che** /koro'grafiko, tʃi, ke/ agg. chorographic(al).
corografo /ko'rɔgrafo/ m. (f. **-a**) chorographer.
coroide /ko'rɔide/ f. choroid.
coroideo /koroi'dɛo/ agg. choroid.
coroidite /koroi'dite/ ❥ *7* f. choroiditis.
corolla /ko'rɔlla/ f. corolla.
corollato /korol'lato/ agg. corollate(d).
corollario, pl. **-ri** /korol'larjo, ri/ m. **1** MAT. corollary **2** *(conseguenza)* corollary, consequence; ***ciò non può che avere come ~...*** this can only result in...
corologia /korolo'dʒia/ f. chorology.
▷ **corona** /ko'rona/ f. **1** *(di monarca)* crown; *(di nobile)* coronet; ***cingere la ~*** to ascend the throne; ***portare una ~*** to wear a crown; ***~ di spine*** crown of thorns **2** *(potere regale, regno)* crown; ***aspirare alla ~*** to lay claim to the crown; ***rinunciare alla ~*** to renounce the crown; ***la Corona*** *(lo Stato)* the Crown; ***la Corona contro Jones*** DIR. Rex v. Jones; ***i gioielli della Corona*** the Crown jewels **3** *(ghirlanda)* wreath, garland; ***~ di fiori d'arancio*** garland of orange blossom; ***~ d'alloro*** laurel *o* bay wreath; ***~ di fiori*** wreath; ***~ di rose*** wreath of roses; ***~ funebre*** funeral wreath; ***deporre una ~*** to lay a wreath **4** *(del rosario)* rosary beads pl. **5** MED. *(dentaria)* crown; ***mettere una ~*** to crown a tooth **6** FIG. *(cerchio)* ring, circle; ***far ~ intorno a qcn., qcs.*** to gather around sb., sth.; ***una ~ di colli*** a ring of hills; ***tappo a ~*** crown cap **7** *(moneta)* crown GB STOR.; ***~ svedese*** krona; ***~ norvegese*** krone; ***~ danese*** krone **8** ASTR. ANAT. ARCH. BOT. corona*; ***effetto ~*** FIS. corona discharge **9** MECC. crown wheel **10** MUS. fermata **11** MAT. ***~ (circolare)*** annulus* **12** *(di sveglia, orologio)* winder.
coronale /koro'nale/ agg. ANAT. ASTR. BOT. coronal.
coronamento /korona'mento/ m. **1** RAR. *(incoronazione)* coronation, crowning **2** FIG. ***fu il ~ della sua carriera*** it was the crowning achievement of her career, it crowned her career; ***il ~ di un sogno*** the realization of a dream **3** ARCH. crowning **4** MAR. taffrail.
coronare /koro'nare/ [1] tr. **1** *(con una corona)* to crown; ***~ d'alloro qcn.*** to crown sb. with a laurel wreath, to laurel sb. **2** *(circondare)* to surround, to ring **3** FIG. *(realizzare)* to realize [*sogno*]; to achieve [*impresa*] **4** *(premiare degnamente)* to crown; ***questo successo corona dieci anni di ricerche*** this is the crowning achievement of ten years' research.
1.coronaria /koro'narja/ f. MED. coronary artery.
2.coronaria /koro'narja/ f. BOT. rose-campion.
coronarico, pl. **-ci**, **-che** /koro'nariko, tʃi, ke/ agg. coronary; ***trombosi -a*** coronary (thrombosis); ***unità -a*** coronary care unit.
coronario, pl. **-ri**, **-rie** /koro'narjo, ri, rje/ agg. [*arteria, vena*] coronary.
coronato /koro'nato/ **I** p.pass. → **coronare** **II** agg. **1** *(con corona)* crowned; ***teste -e*** crowned heads **2** FIG. ***~ dal successo*** crowned with success **3** BOT. ZOOL. coronate(d).
coronografo /koro'nɔgrafo/ m. coronograph.
coronoide /koro'nɔide/ agg. coronoid.
corozo /ko'rɔddzo/ m. corozo.
corpacciuto /korpat'tʃuto/ agg. stout, corpulent.
corpetto /kor'petto/ m. **1** *(corpino)* bodice **2** *(panciotto)* waistcoat **3** *(di neonato)* baby's smock.
corpino /kor'pino/ m. bodice.
▶ **corpo** /'kɔrpo/ m. **1** body; ***~ umano*** human body; ***movimento, forma del ~*** body movement, shape; ***lozione per il ~*** body lotion; ***linguaggio del ~*** body language; ***che cos'ha in ~?*** FIG. what has got GB, gotten US into her? ***lotta ~ a ~*** hand-to-hand fight, grapple; ***lottare ~ a ~*** to fight hand to hand, to grapple; ***sano di ~ e di mente*** sound in body and mind **2** *(cadavere)* (dead) body, corpse; ***passare sul ~ di qcn.*** FIG. to do sth. over sb.'s dead body **3** SOCIOL. *(gruppo)* body; *(professione)* profession; ***~ professionale*** professional body; ***~ medico*** medical profession; ***~ insegnante*** teaching staff; ***il ~ studenti*** the student body; ***il ~ elettorale*** the electorate; ***spirito di ~*** team spirit, esprit de corps **4** MIL. corps*; ***~ d'armata*** army corps; ***~ blindato*** armoured corps; ***~ d'artiglieria, di fanteria, scelto*** artillery, infantry, élite corps; ***~ di polizia*** police force; ***~ di spedizione*** expeditionary force; ***~ dei pompieri*** fire service, fire brigade **5** *(di dottrina, testo)* body; ***un ~ di leggi*** a body of laws **6** TECN. *(parte principale) (di strumento musicale, macchina)* body; *(di edificio)* (main) body **7** *(consistenza)* body; ***avere, dare ~*** to have, give body; ***prendere ~*** to take shape **8** *(oggetto)* object; ***~ contundente*** blunt instrument **9** CHIM. substance; FIS. body **10** TIP. *(di carattere)* type size, point size; ***~ 9*** bourgeois; ***~ 10*** long primer ◆ ***andare di ~*** to have a bowel movement *o* a motion; ***vendere il proprio ~*** to sell one's body; ***~ di mille fulmini!*** ANT. blast it! ***~ di Bacco!*** ANT. by Jove! ***darsi anima e ~ a*** to give oneself body and soul to, to give one's all for; ***lanciarsi anima e ~ in qcs.*** to throw oneself in sth. heart and soul; ***appartenere anima e ~ a qcn.*** to belong to sb. body and soul; ***avere il diavolo in ~*** to be like someone possessed; ***buttarsi a ~ morto in qcs.*** to fling oneself into sth.; ***cadere a ~ morto*** to fall heavily ◆◆ ***~ adiposo*** adipose body; ***~ di ballo*** ballet company, corps de ballet; ***~ calloso*** corpus callosum; ***~ cavernoso*** corpus cavernosum; ***~ celeste*** celestial *o* heavenly body; ***~ consolare*** consular service; ***~ costituito*** constituent body; ***~ di Cristo*** body of Christ; ***~ diplomatico*** diplomatic corps; ***~ estraneo*** foreign body; ***~ gassoso*** gas; ***~ di guardia*** *(guardie)* guards pl.; *(luogo)* guardhouse; ***~ luteo*** ANAT. corpus luteum, luteum corpus; ***~ macchina*** FOT. case, body; ***~ morto*** MAR. anchor log; ***~ nero*** FIS. black body; ***~ del reato*** DIR. corpus delicti; ***~ spugnoso*** corpus spongiosum; ***~ striato*** corpus striatum; ***~ vitreo*** vitreous body.
1.corporale /korpo'rale/ agg. [*bisogno, ferita, funzione*] bodily; ***punizione ~*** corporal punishment.
2.corporale /korpo'rale/ m. RELIG. Communion cloth.
corporalità /korporali'ta/ f.inv. corporality.
corporalmente /korporal'mente/ avv. ***punire qcn. ~*** to give sb. a flogging, to administer corporal punishment to sb.
corporativismo /korporati'vizmo/ m. corporatism.
corporativista /korporati'vista/ agg., m. e f. corporatist.
corporativistico, pl. **-ci**, **-che** /korporati'vistiko, tʃi, ke/ agg. corporatist.
corporativo /korpora'tivo/ agg. corporative; ***stato ~*** corporative state.
▷ **corporatura** /korpora'tura/ f. build, physique; ***essere di ~ tozza, massiccia, media*** to be of stocky, compact, average build; ***ha una ~ esile*** she's slightly built.
corporazione /korporat'tsjone/ f. **1** STOR. guild **2** SPREG. *(categoria che difende i propri interessi)* establishment, caste; ***la ~ dei medici*** the medical establishment **3** *(in Italia, durante il fascismo)* = organ of state acting as a link between unions and employers **4** DIR. *(associazione)* corporation.
corporeità /korporei'ta/ f.inv. corporeity.
corporeo /kor'pɔreo/ agg. **1** *(relativo al corpo)* [*funzione, temperatura, schema, peso*] body attrib. **2** *(materiale)* corporeal.
corposità /korposi'ta/ f.inv. *(di vino, cibo)* body.
corposo /kor'poso/ agg. [*colore*] dense; [*vino*] full-bodied.
corpulento /korpu'lɛnto/ agg. **1** *(robusto)* corpulent, stout, portly; *(panciuto)* paunchy; ***poco, molto, mediamente ~*** of slight, stout, medium build **2** FIG. *(grossolano, grezzo)* gross, coarse.
corpulenza /korpu'lɛntsa/ f. corpulence, portliness; *(obesità)* pursiness.
corpus /'kɔrpus/ m.inv. corpus* (anche LING.).
corpuscolare /korpusko'lare/ agg. corpuscolar; ***teoria ~*** FIS. corpuscolar theory.
corpuscolo /kor'puskolo/ m. **1** ANAT. FIS. corpuscle **2** *(di polvere)* particle.
Corpus Domini /'kɔrpus'dɔmini/ m.inv. Corpus Christi.
corradicale /korradi'kale/ agg. LING. having the same root.
Corrado /kor'rado/ n.pr.m. Conrad, Konrad.
corrasione /korra'zjone/ f. corrasion.
corredare /korre'dare/ [1] **I** tr. to equip, to supply, to furnish; ***~ di libri una biblioteca*** to supply a library with books; ***una domanda corredata di documenti*** an application complete with documents,

with documents attached; **~ un testo di note** to annotate a text **II corredarsi** pronom. to supply oneself (**di** with).

corredino /korre'dino/ m. layette.

▷ **corredo** /kor'rɛdo/ m. **1** *(di sposa)* trousseau*, bottom drawer; *(di neonato)* layette; **fare** o **preparare il ~ a qcn.** to get sb.'s trousseau ready **2** *(attrezzatura)* outfit, equipment, set, tools pl. **3** FIG. *(bagaglio) (di cognizioni)* stock, store; **~ di note** critical apparatus, notes ◆◆ **~ cromosomico** BIOL. chromosome complement; **~ nuziale** trousseau, bottom drawer, hope chest AE.

▷ **correggere** /kor'rɛddʒere/ [59] **I** tr. **1** *(eliminare gli errori)* to correct [*testo*]; *(nell'editoria)* to proofread* [*manoscritto, testo*]; to read*, to check [*bozze*] **2** *(modificare)* to correct, to rectify [*errore, difetto, giudizio, osservazione, traiettoria*]; to improve [*maniere*]; *(adattare)* to adjust [*posizione, cifre*]; **~ qcn. da un difetto, da un vizio** to cure *o* rid sb. of a fault, vice; **~ il tiro** MIL. to alter *o* adjust one's aim; FIG. to adjust *o* modify one's tactics; **correggimi se sbaglio, ma...** correct me if I'm wrong but... **3** SCOL. to mark BE, to grade AE [*copia, esame*] **4** *(curare)* to polish, to refine [*stile*] **5** *(aggiungere)* to lace, to spike [*cocktail, caffè*] (**con** with) **II correggersi** pronom. **1** *(parlando)* to correct oneself **2** *(migliorarsi)* to improve oneself, to mend one's ways; **-rsi da un difetto** to cure oneself of a fault.

correggia, pl. **-ge** /kor'reddʒa, dʒe/ f. (leather) strap.

correggiato /korred'dʒato/ m. flail; **battere con il ~** to flail.

correggibile /korred'dʒibile/ agg. correctable.

corregionale /korredʒo'nale/ **I** agg. of, from the same region, district **II** m. e f. person of, from the same region, district.

correità /korrei'ta/ f.inv. complicity.

correlare /korre'lare/ [1] tr. to correlate.

correlativo /korrela'tivo/ agg. correlative (anche LING.).

correlato /korre'lato/ **I** p.pass. → **correlare II** agg. correlated.

correlatore /korrela'tore/ m. (f. **-trice** /tritʃe/) UNIV. = supporting supervisor.

correlazione /korrelat'tsjone/ f. **1** correlation (**tra** between; **con** with); **una stretta, debole ~** a high, poor correlation; **essere in ~ con** to be correlated with; **mettere in ~** to correlate **2** LING. *(di tempi verbali)* sequence of tenses.

correligionario, pl. **-ri, -rie** /korrelidʒo'narjo, ri, rje/ **I** agg. of the same religion **II** m. (f. **-a**) co-religionist, fellow believer.

▶ **1.corrente** /kor'rɛnte/ agg. **1** *(diffuso, frequente)* [*pratica, errore, mentalità, parola, termine*] common, current; **di uso ~** in current *o* common *o* everyday use; **è pratica ~ fare** it is common *o* current practice to do **2** *(ordinario)* [*lingua*] everyday; [*procedura, funzionamento*] usual, ordinary; [*prezzo, tariffa, tasso*] going; **moneta ~** currency; **prendere qcs. per moneta ~** FIG. to take sth. at face value; **attività -i** current assets; **costi -i** running costs **3** *(con riferimento temporale)* [*settimana, mese, anno*] current; **il 15 del mese ~** the 15th of this month, the 15th inst.; **beneficio ~** profit for the year **4** *(che scorre)* [*acqua*] running, flowing **5** TIP. **titolo ~** running head, catchword **6** BANC. **conto ~** drawing *o* current BE *o* checking AE account; **conto ~ postale** post office account; **aprire un conto ~** to open a current account **7 al corrente essere al ~** to be in the know (**di qcs.** about sth.); to be aware (**di qcs.** of sth.); **eri al ~ e non hai detto nulla!** you knew and you didn't say anything! **non sono assolutamente al ~ di quello che mio fratello vuol fare** I really don't know what my brother wants to do; **mettere qcn. al ~** to put sb. in the picture, to fill sb. in (**di qcs.** about sth.); **sarebbe meglio metterli al ~** it would be better to put them in the picture; **tenere qcn. al ~** to keep sb. posted, to let sb. know (**di qcs.** about sth.); **tienimi al ~ della questione, mi interessa** keep me posted about the case I'm interested in; **tenersi al ~** to keep up to date (**di qcs.** on sth.).

▶ **2.corrente** /kor'rɛnte/ f. **1** *(movimento dell'acqua)* current; **una forte, debole ~** a strong, weak current; **c'è molta ~** there's a strong current; **essere spinto a valle dalla ~** to be carried downstream by (the drift) of the current; **nuotare, remare contro ~** to swim, row against the current *o* tide; **andare contro ~** FIG. to go against the tide *o* trend; **seguire la ~** to go *o* swim with the tide, to go with the current, to go downstream; FIG. to go with the flow, to go *o* move *o* follow with the crowd; **risalire la ~** [*salmone*] to swim upstream; [*imbarcazione*] to sail against the current **2** *(d'aria)* draught BE, draft AE; **far ~** to make a draught (**con** with); **ero seduto in un posto in mezzo alla ~** I was sitting in draughty seat **3** AER. METEOR. current; **~ aerea** air current **4** EL. current; **~ elettrica** electric current; **~ a alta, bassa tensione** low, high voltage current; **presa di ~** socket, outlet AE; **amplificatore di ~** current amplifier; **attaccare, staccare la ~** to switch *o* turn on, off the power *o* electricity; **manca, è saltata la ~** there's no power, the power has failed; **riattaccare la ~** to switch the power back on; **c'è (la) ~** the power's on; **interruzione, taglio della ~** power failure, power cut; **la ~ è tornata alle 11** the power came on again at 11; **andare a ~** to go on electricity **5** *(tendenza, movimento culturale, politico)* trend, current; **una ~ culturale, politica, religiosa** a cultural, political, religious trend; **una ~ di pensiero, d'opinione** a current of thought, of opinion **6** *(spostamento)* movement; **le -i migratorie, di popolazione** migratory, population movements **7** MUS. COREOGR. courant(e) ◆◆ **~ alternata** alternating current; **~ ascensionale** updraught BE, updraft AE; **~ atmosferica** AER. air flow; METEOR. airstream; **~ continua** direct current; **~ di convezione** convective current; **~ discendente** AER. downdraught; **~ a getto** jet stream; **~ del Golfo** Gulf Stream; **~ indotta** EL. induction current; **~ di marea** riptide; **~ marina** drift; **~ portante** carrier current.

3.corrente /kor'rɛnte/ m. EDIL. batten.

correntemente /korrente'mente/ avv. **1** *(speditamente)* fluently; **parlare ~ lo spagnolo** to speak Spanish fluently, to be fluent in Spanish **2** *(comunemente)* [*praticarsi, utilizzare*] usually, commonly; **un termine ~ usato** a term in common *o* current use.

correntista, m.pl. **-i**, f.pl. **-e** /korren'tista/ m. e f. drawing, current account holder.

correo /kor'rɛo/ m. (f. **-a**) DIR. accomplice (**di qcs.** in, to sth.).

▶ **correre** /'korrere/ [32] **I** tr. **1** SPORT [*atleta*] to run* (in) [*maratona*]; [*ciclista*] to ride* in [*corsa*]; [*pilota*] to drive* in [*rally, corsa*]; [*cavallo*] to run* in; **~ la staffetta, i cento metri** to run in the relay, 100 metres **2** *(esporsi a)* **~ un (grande) pericolo** to be in (great) danger; **far ~ un (grande) pericolo a qcn., qcs.** to put sb., sth. in (serious) danger; **~ un (grosso) rischio** to run *o* take a (big) risk; **~ il rischio di fare** to run the risk of doing; **far ~ un rischio a qcn.** to put *o* place sb. at risk; **è un rischio che voglio ~** it's a chance I'm willing to take; **per non ~ rischi** to be on the safe side **II** intr. (aus. *avere, essere*) **1** (aus. *avere*) [*persona, animale*] to run*; **~ nel corridoio, per le scale** to run in the corridor, on the stairs; **~ per i campi, per i boschi** to run across the fields, through the woods; **~ giù per, su per** to run up, down; **~ veloce(mente)** *(in un'occasione)* to run fast; *(solitamente)* to be a fast runner; **uscire correndo** to run out; **mettersi a ~** to start running, to break into a run; **~ a gambe levate** to run as fast as one's legs can carry one; **~ a rotta di collo** to run a blue streak; **~ per prendere il treno** to make a dash for the train, to run to catch the train; **~ come un fulmine** o **una furia** to run like blazes; **~ come il vento** to run like the wind; **~ come un matto** o **forsennato** to run like mad *o* hell; **abbiamo dovuto ~ come matti per essere qui** it has been a mad dash to be here; **ho corso tutto il giorno** *(sono stato indaffarato)* I've been rushing all day **2** (aus. *essere*) *(accorrere, precipitarsi)* [*persona*] to rush; **~ in difesa di qcn.** to leap to sb.'s defence; **~ incontro a qcn.** to run to meet sb.; **~ in aiuto di qcn.** to rush to sb.'s aid, to run to help sb.; **~ dalla polizia, dai genitori** to go running to the police, to one's parents; **corri a cercare aiuto, tuo padre** run and get help, your father; **corro a dire loro, ad avvisarli** I'll run and tell them, warn them; **"vai a cercare tuo fratello" - "corro"** "go and get your brother" - "I'm going"; **tutti corrono a vedere il loro spettacolo** everybody is rushing to see their show **3** (aus. *avere*) *(con veicoli)* to drive* (too fast), to speed* (along); **~ a** o **ai duecento all'ora** to drive at 200 kilometres per hour **4** (aus. *avere*) SPORT *(nell'atletica)* to run*; *(nel ciclismo)* to ride*, to race; *(in macchina, moto)* to race; *(nell'equitazione)* to run*; **~ per** [*pilota*] to race with *o* for [*marca, scuderia*]; **~ su** [*pilota*] to race on [*auto, moto*]; **~ al gran premio del Giappone** to race in the Japanese Grand Prix; **questo pomeriggio si corre a Monza** they're racing at Monza this afternoon; **andiamo a ~?** *(fare jogging)* shall we go jogging? **5 correre dietro** (aus. *essere*) *(inseguire)* to run* after; **~ dietro a qcn., qcs.** to run *o* chase after sb., sth.; **il tuo cane mi è corso dietro** your dog chased after me; **~ dietro a un ladro** to chase after a thief; **se non vuole ve-dermi, io non gli correrò dietro** FIG. if he doesn't want to see me I'm not going to go chasing after him; **~ dietro a una chimera** to chase rainbows; *(cercare di ottenere)* **~ dietro agli onori, al successo, alla gloria** to chase after honour, success, glory; COLLOQ. *(corteggiare)* **~ dietro alle ragazze, ai ragazzi** to chase after girls, boys **6** (aus. *essere*) *(muoversi rapidamente)* **le sue dita corrono sulla tastiera** his fingers fly over the keyboard; **la mia penna corre sul foglio** my pen is racing across the page **7** (aus. *essere*) *(prolungarsi, estendersi)* **~ lungo** [*sentiero, muro*] to run along [*bosco, prato*]; [*vena, varice*] to run down [*gamba*]; **le linee che corrono sul palmo della mano** the lines that run across the palm; **il tubo corre su per la facciata** the pipe runs up the front of the house; **un brivido mi corse lungo la schiena** a shiver ran down my spine **8** (aus. *essere*) *(diffondersi, propagarsi)* [*pettegolezzo,* *diceria, voce*] to go* around; ***corrono voci su di loro*** there's a rumour going around about them; ***corre voce che*** rumour has it that, the story goes that, there's a rumour going around that; ***è una voce che corre*** it's a rumour that's going around; ***far ~ voce che*** to set it about that; ***~ di bocca in bocca*** to go from mouth to mouth; ***un mormorio corse tra la folla*** a whisper ran through the crowd **9** (aus. *essere*) *(trascorrere velocemente)* ***il tempo corre*** time is running out **10** (aus. *essere*) *(fluire)* to flow; ***il sangue corre nelle vene*** blood flows through veins **11** (aus. *essere*) *(intercorrere)* ***tra i due fratelli corrono due anni*** there's a difference of two years between the two brothers **12** (aus. *essere*) *(dirigersi repentinamente)* ***la mano gli corse alla pistola*** his hand made for the gun **III correrṡi** pronom. COLLOQ. *(cercare di raggiungersi, cercarsi)* ***-rsi dietro*** to run round looking for each other ◆ ***lasciar ~*** to let things ride; ***correva l'anno...*** it was in the year...; ***~ la cavallina*** to play the field; ***~ dietro alle sottane*** o ***alle gonnelle*** to chase petticoats *o* skirts; ***tra loro non corre buon sangue*** there is bad blood between them; ***mi corre l'obbligo di informarvi che*** ANT. it is my duty to point out that; ***ce ne corre!*** there's no comparison; ***con i tempi che corrono*** with things as they are, the way things are at present; ***~ ai ripari*** to batten down the hatches, to take measures.

corresponsabile /korrespon'sabile/ agg. jointly responsible, jointly liable (**di** for).

corresponsabilità /korresponsabili'ta/ f.inv. joint responsability, joint liability.

corresponsione /korrespon'sjone/ f. **1** *(pagamento)* payment; ***la ~ di una somma*** the remittance of a sum **2** *(di affetti)* correspondence, reciprocation.

correttamente /korretta'mente/ avv. **1** *(esattamente)* [*scrivere, rispondere*] correctly; [*funzionare, esprimersi*] properly, correctly; ***ha risposto ~ a tutte le domande*** she got all the answers right **2** *(educatamente, lealmente)* [*comportarsi*] properly.

correttezza /korret'tettsa/ f. **1** *(esattezza, precisione)* correctness, accuracy; ***parlare con ~*** to speak properly **2** *(decenza) (di abbigliamento)* propriety, correctness; *(di comportamento)* propriety, decency; *(onestà)* fairness; ***il giocatore è stato di una grande ~*** the player showed his sportsmanship.

correttivo /korret'tivo/ **I** agg. [*scarpa, lente, chirurgia*] corrective; ***ginnastica -a*** remedial exercises **II** m. corrective.

corretto /kor'rɛtto/ **I** p.pass. → **correggere II** agg. **1** *(senza errori)* [*calcolo, risposta, interpretazione, previsione, risultato, pronuncia*] correct; [*copia*] accurate; ***grammaticalmente ~*** grammatical **2** *(adeguato)* [*abbigliamento, atteggiamento*] proper; ***non sarebbe ~ andarci*** it wouldn't be right *o* proper to go; ***sarebbe ~ rispondere*** it would be polite to answer **3** *(onesto, ineccepibile)* [*persona*] fair, correct; SPORT [*giocatore*] sportsmanlike, clean; ***essere ~ nei confronti di qcn.*** to be fair to *o* with sb.; ***non è stato ~ con noi*** he didn't deal fairly with us **4** *(con liquore)* [*caffè*] laced, spiked (**con** with) **5** *(che ha subito correzioni)* corrected, revised; ***edizione riveduta e -a*** revised edition.

correttore /korret'tore/ ➧ **18** m. (f. **-trice** /tritʃe/) **1** *(di bozze)* proofreader, press corrector **2** *(liquido)* correcting fluid **3** TECN. control **4** COSMET. concealer ◆◆ ***~ di acidità*** CHIM. acidity regulator; ***~ grammaticale*** INFORM. grammar checker; ***~ ortografico*** INFORM. spellchecker; ***~ di tono*** tone control.

correzionale /korrettsjo'nale/ **I** agg. correctional **II** m. *(riformatorio)* reformatory, house of correction.

▷ **correzione** /korret'tsjone/ f. **1** *(azione di correggere, segno)* correction; TIP. *(di manoscritto)* correction; ***~ di bozze*** proofreading **2** SCOL. UNIV. *(di esame)* marking BE, grading AE **3** *(modifica)* correction, amendment; ***fare una ~*** to make a correction: ***apportare una ~ a qcs.*** to correct sth.; ***-i d'autore*** TIP. author's emendations **4** *(della vista)* correction **5** *(punizione)* correction; ***casa di ~*** house of correction ◆◆ ***~ di rotta*** righting the course; FIG. getting back on track.

corri corri /korri'korri/ m.inv. running here, there and everyplace.

corrida /kor'rida/ f. corrida, bullfight.

▷ **corridoio**, pl. **-oi** /korri'dojo, oi/ m. **1** *(in una costruzione, casa)* corridor; *(di treno)* corridor, aisle; *(di aereo, cinema)* aisle; *(tra una fila di sedie)* aisle; ***i -oi del potere*** the corridors of power; ***voci di ~*** FIG. rumours, backstairs gossip **2** GEOGR. POL. corridor; ***il ~ di Danzica*** the Polish Corridor **3** SPORT *(nel tennis)* tramlines pl., alley AE ◆◆ ***~ aereo*** AER. air corridor *o* lane; ***~ di atterraggio*** landing strip; ***~ di lancio*** launching corridor; ***~ di navigazione*** shipping lane.

▷ **corridore** /korri'dore/ **I** agg. **1** running; SPORT racing; ***cavallo ~*** racehorse **2** ZOOL. [*uccello*] cursorial **II** m. (f. **-trice** /tritʃe/) **1** *(a piedi)* runner **2** *(in auto, moto, bicicletta)* racer ◆◆ ***~ automobilistico*** racing driver; ***~ ciclista*** racing cyclist; ***~ motociclista*** motorcycle racer.

▷ **corriera** /kor'rjɛra/ f. **1** *(autoveicolo)* coach **2** *(diligenza)* mail coach.

corriere /kor'rjɛre/ ➧ **18** m. **1** *(trasportatore di merci, ditta di trasporti)* carrier, courier; *(spedizioniere)* forwarding agent; ***spedire qcs. con*** o ***tramite ~*** to send sth. by carrier **2** *(posta)* mail, post BE; ***a volta di ~*** by return mail, by return (of post) BE **3** ORNIT. ***~ grosso*** ringed plower ◆◆ ***~ diplomatico*** diplomatic courier; ***~ della droga*** courier, drug mule.

corrimano /korri'mano/ m.inv. handrail.

corrispettivo /korrispet'tivo/ **I** agg. [*obbligo, somma*] corresponding **II** m. consideration; *(compenso)* compensation; ***~ in denaro*** financial compensation.

corrispondente /korrispon'dɛnte/ **I** agg. **1** corresponding **2** ***socio ~*** honorary member (of an academy) **3** *(commisurato)* proportionate, commensurate; ***una somma ~ al lavoro svolto*** a sum corresponding to *o* matching the work done **II** m. e f. **1** *(chi scrive lettere)* correspondent **2** GIORN. correspondent; ***~ di guerra, dall'estero*** war, foreign correspondent **3** AMM. COMM. agent, correspondent.

▷ **corrispondenza** /korrispon'dɛntsa/ f. **1** *(scambio di lettere)* correspondence (**tra**, **fra** between); *(posta)* mail, post BE; *(carteggio)* letters pl.; ***la ~ Leopardi-Ranieri*** the Leopardi-Ranieri correspondence; ***essere in ~ con*** to correspond *o* be in correspondence with; ***sbrigare la propria ~*** to deal with *o* answer one's post; ***avere una lunga ~*** to have been corresponding for a long time; ***comprare, vendere qcs. per ~*** to buy, sell sth. (by) mail order; ***essere venduto per ~*** to be available by mail order; ***prenotazione, informazioni per ~*** booking, information by mail; ***fare un corso per ~*** to do a correspondence course; ***voto per ~*** absentee *o* postal BE ballot **2** GIORN. correspondence; ***~ da Londra*** correspondence from London **3** *(legame, concordanza)* correspondence (**tra**, **fra** between); ***~ tra suoni e lettere*** correspondence between sounds and letters **4** MAT. ***~ biunivoca*** bijection **5** *(reciprocità di affetti)* reciprocity, return (of feeling) **6** *(di mezzi di trasporto)* ***autobus in ~ con il treno*** bus service connecting with the train **7 in corrispondenza di** by, next to; ***l'edicola si trova in ~ dell'incrocio*** the newsstand is right by the cross ◆◆ ***~ commerciale*** business correspondence.

▶ **corrispondere** /korris'pondere/ [64] **I** tr. **1** *(pagare)* to pay* (over), to pay* out [*importo, onorario*]; to give* [*utili, alimenti*] **2** *(ricambiare)* to return, to reciprocate; ***il suo amore non era corrisposto*** his love was not returned *o* requited **II** intr. (aus. *avere*) **1** *(coincidere con)* to correspond (**a** to); [*resoconto, storia, fatti*] to tally (**a** to); ***~ alla descrizione*** to answer to *o* match the description; ***ciò che mi ha detto in proposito non corrisponde affatto alla realtà*** what he told me about it bears no relation to reality; ***la sua descrizione corrisponde quasi perfettamente a quella del ladro*** her description closely fits that of the thief **2** *(equivalere a)* ***~ a*** to correspond *o* be equivalent to [*valore, cifra, lavoro*] **3** *(essere all'altezza)* ***~ a*** to meet, to answer to [*necessità, desideri, richieste*]; ***il suo lavoro corrisponde perfettamente ai suoi gusti*** his job ideally matches his interests; ***~ alle aspettative*** to live up to expectations **4** *(combaciare)* ***~ a*** to correspond to [*avvenimento, caratteristica*] **5** *(scrivere)* to correspond (**con** with); ***corrisponde con una ragazza spagnola*** he has a Spanish pen friend **6** *(ricambiare)* ***~ all'amore di qcn.*** to return sb.'s love **III corrispondersi** pronom. [*elementi*] to agree, to match.

corrisposto /korris'posto/ **I** p.pass. → **corrispondere II** agg. **1** *(ricambiato)* ***amore ~*** requited love; ***non ~*** unrequited **2** *(pagato)* paid (over), paid out.

corrività /korrivi'ta/ f.inv. **1** *(avventatezza)* rashness, hastiness **2** *(condiscendenza)* lenience, leniency, indulgence.

corrivo /kor'rivo/ agg. **1** *(avventato)* rash, hasty **2** *(condiscendente)* lenient, (over)indulgent.

corroborante /korrobo'rante/ **I** agg. **1** [*bevanda, tonico, rimedio, cibo*] restorative; [*effetto*] invigorating, strengthening **2** DIR. ***prova ~*** support evidence **II** m. tonic, pick-me-up; ***ho bisogno di un piccolo ~*** I need a pick-me-up.

corroborare /korrobo'rare/ [1] **I** tr. **1** *(fortificare)* to strengthen, to fortify, to invigorate **2** FIG. *(confermare)* to corroborate, to support [*teoria, tesi*] **II corroborarsi** pronom. to fortify oneself.

corroborazione /korroborat'tsjone/ f. **1** *(rinvigorimento)* strengthening **2** FIG. *(conferma)* corroboration, support.

corrodere /kor'rodere/ [80] **I** tr. **1** [*acido, ruggine*] to corrode, to eat* (into, away) [*metallo, superficie*]; [*pioggia*] to wear* away, to eat* away, to erode [*pietra*]; [*insetto, verme*] to eat* (into), to fret [*legno, mobile*] **2** FIG. to corrode; ***la gelosia lo corrode*** jealousy is eating him up **II corrodersi** pronom. to corrode.

corrodibile /korro'dibile/ agg. corrodible, corrosible.

▷ **corrompere** /kor'rompere/ [81] **I** tr. **1** *(guastare)* to corrupt [*sentimento, virtù, stile*]; *(contaminare)* to contaminate, to adulterate [*aria, alimenti*] **2** *(moralmente)* to corrupt, to pervert, to canker [*gioventù, costumi, bambino, innocenza*]; [*lusso, successo*] to spoil* [*persona*]; **~ *l'anima di qcn.*** to poison sb.'s mind **3** *(con denaro)* to corrupt, to bribe, to buy* (off) [*poliziotto, giudice*]; **~ *qcn. perché faccia qcs.*** to bribe sb. to do sth. **II corrompersi** pronom. **1** *(putrefarsi)* to rot, to spoil* **2** *(moralmente)* [*gioventù, costumi*] to be* corrupted, to become* corrupted.

corrompimento /korrompi'mento/ m. ANT. corruption.

corrosione /korro'zjone/ f. corrosion.

corrosivamente /korroziva'mente/ avv. corrosively (anche FIG.).

corrosività /korrozivi'ta/ f.inv. **1** *(degli acidi, della ruggine)* corrosiveness, erosion, fret **2** *(causticità)* corrosiveness, causticity.

corrosivo /korro'zivo/ **I** agg. **1** *(che corrode)* corrosive; [*prodotto, sostanza chimica*] harsh **2** FIG. [*spirito, humor, ironia, critica*] corrosive, caustic **II** m. corrosive.

corroso /kor'rozo/ **I** p.pass. → **corrodere II** agg. corroded (**da** by); **~ *dai tarli*** [*mobile, legno*] worm-eaten; **~ *dalla ruggine*** [*metallo*] rust eaten.

▷ **corrotto** /kor'rotto/ **I** p.pass. → **corrompere II** agg. **1** *(disonesto)* [*giudice, governo*] corrupt, bent **2** *(alterato)* [*linguaggio*] corrupt, bastard; [*manoscritto*] corrupt **3** *(moralmente)* [*società, ambiente, persona*] corrupt, rotten, depraved.

corrucciare /korrut'tʃare/ [1] **I** tr. to grieve, to worry **II corrucciarsi** pronom. to frown, to glower.

corrucciato /korrut'tʃato/ **I** p.pass. → **corrucciare II** agg. [*faccia*] frowning, glowering; ***con sguardo* ~** with a scowl; ***avere uno sguardo* ~** to have a sour look on one's face.

corruccio, pl. **-ci** /kor'ruttʃo, tʃi/ m. vexation, annoyance.

corrugamento /korruga'mento/ m. **1** *(di sopracciglia)* frowning; *(di pelle, fronte)* wrinkling **2** GEOL. plication ◆◆ **~ *alpino*** Alpine orogeny; **~ *ercinico*** Hercynian orogeny.

corrugare /korru'gare/ [1] **I** tr. **1** to furrow, to knit* [*sopracciglia*]; **~ *la fronte*** to wrinkle one's forehead, to frown **2** GEOL. to fold **II corrugarsi** pronom. **1** [*fronte*] to wrinkle **2** GEOL. to fold.

corrugato /korru'gato/ **I** p.pass. → **corrugare II** agg. [*sopracciglia*] knitted, furrowed; [*fronte*] wrinkled.

corrugatore /korruga'tore/ m. (anche **muscolo ~**) corrugator.

corruscare /korrus'kare/ [1] intr. (aus. *avere*) LETT. to coruscate, to sparkle, to glitter.

corruscazione /korruskat'tsjone/ f. LETT. coruscation.

corrusco, pl. **-schi**, **-sche** /kor'rusko, ski, ske/ agg. LETT. coruscating, glittering, sparkling.

corruttela /korrut'tɛla/ f. corruption.

corruttibile /korrut'tibile/ agg. **1** *(deperibile)* corruptible **2** FIG. [*persona*] bribable; ***essere (un individuo) facilmente* ~** to be open to bribery, to be easily bought.

corruttibilità /korruttibili'ta/ f.inv. **1** *(deperibilità)* corruptibility **2** FIG. *(di persona)* bribability.

corruttivo /korrut'tivo/ agg. corruptive.

corruttore /korrut'tore/ **I** agg. corruptive **II** m. (f. **-trice** /tritʃe/) **1** corrupter, perverter **2** *(con denaro)* briber, fixer.

corruzione /korrut'tsjone/ f. **1** *(decomposizione)* corruption, decomposition **2** *(depravazione)* corruption, degeneracy, vice; **~ *morale, dei costumi*** corruption of morals **3** *(disonestà)* corruption, bribery, graft COLLOQ.; ***tentativo di* ~** attempted bribery; ***condannare qcn. per* ~** to sentence sb. for bribery **4** FIG. *(di lingua, testo)* corruption, deterioration ◆◆ **~ *di minore(nne)*** DIR. corruption of a minor.

▶ **corsa** /'korsa/ ▸ **10** f. **1** *(il correre)* running; *(singola corsa)* run; ***una* ~ *verso la porta*** a rush for the door; ***una* ~ *di due miglia*** a two-mile run; ***dopo una* ~ *sfrenata*** after a mad dash; ***andare a fare una* ~** to go for a run; ***fare una* ~ *con qcn. fino a qcs.*** to race sb. *o* have a race with sb. to sth.; ***fare una* ~ *per prendere l'autobus*** to run *o* dash to catch the bus; ***fare una* ~ *dal panettiere*** to pop in at the baker's BE, to duck out to the bakery AE; ***il nuoto ti fa meglio della* ~** swimming is better for you than running; ***essere nel bel mezzo di una* ~** to be right in the middle of a race; ***essere veloce nella* ~** to be a fast runner; ***passo di* ~** MIL. double march, double time AE; ***a passo di* ~** MIL. on *o* at the double, in double time AE **2** *(tragitto) (di veicolo pubblico)* ride; ***prezzo della* ~** fare; ***7 euro per la* ~** the fare is 7 euros; ***biglietto di* ~ *semplice*** one-way ticket; ***perdere l'ultima* ~ *del treno*** to miss the last train; ***quand'è la prossima* ~ *dell'autobus?*** when does the next bus leave? ***fine della* ~*! termine* ~*!*** all change! **3** *(il procedere di un mezzo)* ***la* ~ *del treno è stata intralciata*** the progress of the train was hampered; ***prendere un autobus in* ~** to jump on *o* climb aboard a moving bus **4** *(competizione)* race, rush, chase (**a** for); ***la* ~ *al premio, all'impiego*** the chase for the prize, jobs; ***la* ~ *al profitto, al potere*** the race for profit, power; ***la* ~ *alla Casa Bianca, alla presidenza*** the precidency *o* presidential contest, the race for the White House; ***una* ~ *agli acquisti*** a flurry of buying; ***la* ~ *ai posti migliori*** the scramble for the best seats; ***lanciarsi nella* ~ *ai voti, allo sviluppo*** to throw oneself into the race for votes, development; ***una* ~ *alla sterlina, al dollaro*** ECON. a run on sterling, the dollar **5** *(gara)* race; *(attività)* racing; ***fare*** o ***disputare una bella* ~** to run a good race; EQUIT. to ride a good race; ***giocare*** o ***scommettere alle -e dei cavalli*** to bet on the horses; ***hai visto le -e?*** did you see the racing? **6** MECC. *(movimento)* travel, stroke; **~ *a vuoto*** idle stroke; **~ *di ritorno*** return stroke; ***a fine* ~** at full stroke **7** LETT. *(passaggio)* ***la* ~ *del tempo, degli anni*** the passing of time, of years **8** STOR. MAR. privateering; ***nave da* ~** privateer **9 da corsa** ***auto da* ~** competition car, racer, racing car AE; ***bicicletta da* ~** racer; ***manubrio da* ~** drop handlebars; ***cane da* ~** courser, racer; ***cavallo da* ~** racehorse, racer; ***scarpe da* ~** running shoes; ***scuderia da* ~** racing stable **10 di corsa** *(correndo)* ***salire le scale di* ~** to run *o* go running up the stairs, to dash up the steps; ***attraversare una stanza di* ~** to run across a room; ***arrivare di* ~** to come running; ***entrare, uscire di* ~** to run *o* rush in, out; ***scese le scale, fece la strada di* ~** he came gallopping down the stairs, street; ***entrò di* ~ *nel cortile*** he came tearing into the yard; *(in fretta)* ***andare via di* ~** to rush off; ***venire di* ~** to come quickly *o* right away; ***scappare di* ~** to make a run for it; ***fare un lavoro di* ~** to gallop through one's work; ***fare qcs. di* ~** to do sth. in a hurry *o* in haste; ***portare qcs. di* ~ *a*** to rush sth. to; ***e di* ~*!*** quick march! ***vacci di* ~*!*** hurry up about it! ◆ ***andare*** o ***essere di* ~** to be in a hurry; ***una* ~ *contro il tempo*** a race against the clock *o* against time; ***essere (ancora) in* ~** to (still) be in the running ◆◆ **~ *agli armamenti*** POL. arms race; **~ *automobilistica*** motor race BE, car race AE; **~ *campestre*** cross-country; **~ *di cani*** *(gara)* greyhound race; *(attività)* greyhound racing, the dogs COLLOQ.; **~ *di cavalli*** *(gara)* horse race; *(attività)* (horse)racing, the horses COLLOQ.; **~ *ciclistica*** (bi)cycle race; **~ *a cronometro*** time trial; **~ *a handicap*** handicap (race); **~ *all'oro*** gold rush; **~ *a ostacoli*** EQUIT. *(gara)* hurdle race; *(su tracciato fisso)* point-to-point; *(attività)* hurdling; *(in atletica)* obstacle race; FIG. obstacle course; **~ *piana*** EQUIT. flat race, flat course AE; **~ *su pista*** track, road race; **~ *al rialzo*** ECON. bull run; **~ *nei sacchi*** sack race; **~ *in salita*** hill ride; **~ *a siepi*** EQUIT. steeplechase; *(attività)* steeplechasing; **~ *a staffetta*** relay (race); **~ *su strada*** road race; **~ *a tempo*** race against the clock; **~ *al trotto*** EQUIT. harness race, trotting race; **~ *veloce*** o ***di velocità*** dash.

corsaletto /korsa'letto/ m. ZOOL. corselet.

corsaro /kor'saro/ **I** agg. [*bandiera*] pirate attrib.; ***nave -a*** privateer, corsair, raider **II** m. privateer, corsair.

corseggiare /korsed'dʒare/ [1] **I** tr. ANT. to plunder **II** intr. (aus. *avere*) ANT. to privateer.

corsetteria /korsette'ria/ f. **1** *(articoli di abbigliamento intimo)* lingerie **2** *(negozio)* lingerie shop.

corsetto /kor'setto/ m. **1** *(indumento intimo femminile)* corset **2** MED. corset, girdle ◆◆ **~ *ortopedico*** orthopaedic *o* surgical corset.

corsia /kor'sia/ f. **1** *(della carreggiata)* lane; ***strada a una* ~*, a tre -e*** a single-lane, three-lane road; ***mettiti nella* ~ *di sinistra*** get in the left-hand lane; ***invadere la* ~ *opposta*** to cross over *o* encroach into the oncoming traffic lane; ***cambiare* ~** to change *o* switch lanes **2** SPORT *(di pista, di piscina)* lane; ***piscina a cinque -e*** five-lane swimming pool; ***essere sulla* ~ *interna*** *(in atletica)* to be on the inshore **3** *(negli ospedali)* ward; ***è in terza* ~** he's in ward three **4** *(di supermercato)* aisle **5** *(passaggio)* passage, aisle **6** MAR. STOR. *(nelle galee)* = gangway ◆◆ **~ *di accelerazione*** acceleration lane; **~ *di decelerazione*** deceleration lane, escape road; **~ *di emergenza*** hard shoulder BE; **~ *esterna*** outside lane; **~ *interna*** inside lane; **~ *preferenziale*** *(di autobus)* bus lane; FIG. fast-track; **~ *di sorpasso*** fast lane, passing lane; **~ *per veicoli lenti*** slow lane, crawler lane BE.

corsiero /kor'sjɛro/ m. ANT. LETT. courser.

corsista, m.pl. **-i**, f.pl. **-e** /kor'sista/ m. e f. = person who attends a graduate or post-graduate course.

corsivista, m.pl. **-i**, f.pl. **-e** /korsi'vista/ m. e f. GIORN. = writer of short polemical articles.

corsivo /kor'sivo/ **I** agg. **1** [*scrittura*] cursive **2** TIP. [*carattere*] italic **II** m. **1** *(scrittura)* cursive, joined-up writing; ***in* ~** in cursive (script) **2** TIP. italics pl., italic script, type; ***questa parola è in* ~** this word is italicized *o* in italics; ***"~ mio"*** "my italics" **3** GIORN. = short polemical article (usually printed in italics).

▶ **1.corso** /'korso/ m. **1** *(andamento, svolgimento) (di racconto, conflitto, carriera, malattia)* course; ***seguire il proprio* ~** to take *o* run *o* follow one's own course; ***cambiare il ~ di qcs.*** to change the course of sth.; ***le cose seguono tranquillamente il loro ~*** things are quietly taking their course; ***lascia che la natura faccia il suo ~*** let nature take its course; ***il ~ degli eventi*** the course of events; ***riprendere il proprio ~*** to resume; ***la vita riprende il suo ~*** life returns to normal; ***la campanella interruppe il ~ dei miei pensieri*** the bell interrupted my train of thought; ***dare libero ~ a*** to give free rein *o* free expression to [*immaginazione, fantasia*]; ***dare ~ a*** to start, to commence [*progetto*]; *(orientamento)* ***prendere, seguire un nuovo ~ (politico)*** POL. to take, follow a new (political) direction; ***cambiare ~*** [*partito, ministro*] to change course **2** *(ciclo di lezioni)* course, class; *(manuale)* course (book), textbook; ***~ di arte, di inglese, di storia*** art, English, history course; ***seguire*** o ***fare un ~*** to do *o* follow *o* take a course, to take a class AE; ***tenere*** o ***fare un ~ su qcs.*** to give *o* teach a course in sth.; ***seguire*** o ***frequentare un ~*** to go *o* be on a course; ***seguo un ~ di cucina, letteratura*** I'm doing *o* taking a cooking class, a literature course; ***seguo i -i del professor Bianchi*** I'm attending Professor Bianchi's lessons; ***il prossimo trimestre, terrà un ~ su Dewey*** next term he'll be lecturing on Dewey; ***il professor Rossi ha pubblicato il suo ~ sulla traduzione*** Professor Rossi has published his course of lectures on translation; ***lo chef ci ha tenuto un vero e proprio ~ sulla gastronomia*** the chef gave us a real lecture on cuisine; ***intraprendere un ~ di studi*** to undertake a course of study; ***studente fuori ~*** UNIV. = in Italy, a university student who hasn't finished his studies in the prescribed time **3** ECON. *(andamento)* course; *(di valute)* rate; *(prezzo)* price; ***il ~ del cambio*** the exchange rate; ***il ~ del dollaro*** the price of the dollar; ***~ legale*** official exchange rate; ***i -i della borsa*** Stock Exchange prices; ***~ di apertura, di chiusura*** opening, closing price; ***essere in ~, fuori ~*** [*moneta*] to be, not to be legal tender *o* in circulation; ***mettere fuori ~*** to withdraw [sth.] from circulation [*moneta*] **4** *(di fiume) (percorso)* course, path; *(lo scorrere)* flow; ***deviare il ~ di un fiume*** to divert the course of a river; ***avere un ~ lento, veloce*** to flow slowly, quickly; ***fiume dal ~ veloce*** fast flowing river; ***scendere, risalire il ~ di un fiume*** to go down, up a river **5** *(via principale)* high street BE, main street AE; *(viale alberato)* avenue **6** *(sfilata)* parade; ***un ~ mascherato*** fancy dress parade **7** ASTR. course, path; ***il ~ degli astri*** the course *o* path of the stars **8** ING. *(di mattoni, tegole)* course **9** MAR. *(di fasciame)* stake; ***capitano di lungo ~*** master mariner; ***nave da lungo ~*** ocean-going ship **10 in corso** *(attuale)* [*mese, settimana, anno*] current, present; *(in svolgimento)* [*trattative, cambiamenti, lavoro, processo, progetto*] in progress, underway; [*battaglia, guerra*] on, ongoing; ***avere qcs. in ~*** to have sth. underway; ***"lavori in ~"*** *(su pannello stradale)* "men at work", "road under repair", "road works"; ***in ~ di fabbricazione*** under construction, in the process of being manufactured; ***il libro è in ~ di stampa*** TIP. the book is being printed *o* is with the printers; ***la partita è ancora in ~?*** is the match still on? ***mentre la riunione è in ~*** while the meeting is on; ***c'è una guerra in ~*** there's a war on; ***le ricerche sono in ~*** research is ongoing; ***abbiamo diversi progetti in ~ al momento*** we have several projects going at the moment; ***l'indagine sul crimine è ancora in ~*** the crime is still under investigation **11 nel corso di** in the course of, during; ***nel ~ del prossimo mese*** (during) next month; ***nel ~ della giornata, stagione, seduta*** in the course of *o* during the day, season, session; ***nel ~ del tempo*** in the course of time; ***nel ~ della riunione*** at the meeting; ***nel ~ degli anni*** over the years; ***nel ~ dei secoli, dei tempi*** down the centuries, ages; ***nel ~ della serata, si fece via via più animato*** as the evening went on, he became more animated; ***arrestato nel ~ di un blitz*** arrested in a swoop ◆◆ ***~ accelerato*** crash course; ***~ d'acqua*** stream, waterway, water course; ***~ di aggiornamento*** refresher course; ***~ avanzato*** advanced course; ***~ azionario*** share price; ***~ cattedratico*** lecture; ***~ a contanti*** spot price; ***~ per corrispondenza*** correspondence course; ***~ estivo*** summer school; ***~ di formazione*** training course; ***~ di formazione professionale*** vocational course; ***~ forzoso*** ECON. forced currency; ***~ intensivo*** intensive course; ***~ introduttivo*** introductory course, induction course BE; ***~ di laurea*** degree course; ***~ di perfezionamento*** specialization course; ***~ per principianti*** beginner's class; ***~ di recupero*** remedial course; ***~ serale*** evening class; ***~ di studi*** course of study; ***~ universitario*** academic course.

2.corso /'kɔrso/ ◗ *30, 16* **I** agg. *(della Corsica)* Corsican **II** m. (f. **-a**) **1** *(persona)* Corsican **2** *(lingua)* Corsican.

corsoio, pl. **-oi** /kor'sojo, oi/ **I** agg. RAR. [*nodo*] running **II** m. MECC. slider.

▶ **corte** /'korte/ f. **1** *(di sovrano)* (royal) court; ***la ~ d'Inghilterra, di Spagna*** the English, Spanish court; ***abito di ~*** court dress; ***il re e la sua ~*** the king and his court(iers); ***uomo di ~*** courtier; ***poeta di ~*** court poet; ***ballo di ~*** court ball; ***essere presentato a ~*** to be presented at court **2** *(a una ragazza)* courtship; ***fare la ~ a qcn.*** to court sb. **3** DIR. (law) court; *(giudici)* bench; ***davanti alla ~*** before the court; ***"in piedi, entra la ~"*** "all rise"; ***oltraggio alla ~*** contempt of court; ***ringraziare la ~*** to thank the bench; ***mandare qcn. alla ~ marziale*** to court-martial sb. **4** ANT. *(cortile)* court(yard); *(di castello)* ***~ interna*** bailey ◆ ***tenere ~*** to hold court ◆◆ ***~ d'appello*** DIR. appeal court; *(in GB)* Court of Appeal; *(negli USA)* Court of Appeals, Appellate Court; ***~ d'assise*** DIR. criminal court, Crown court GB; ***Corte di cassazione*** = supreme court entitled to quash a judgement; ***Corte dei conti*** Court of Auditors; ***Corte costituzionale*** AMM. constitutional court; ***Corte europea dei diritti dell'uomo*** European Court of Human Rights; ***~ di giustizia*** law court, court of law, justice; ***Corte di Giustizia (dell'Unione) Europea*** European Court of Justice; ***Corte internazionale di giustizia*** International Court of Justice; ***~ marziale*** MIL. court-martial; ***~ dei Miracoli*** = area of a city frequented by beggars and thieves; ***~ d'onore*** main courtyard; ***~ pontificia*** papal court; ***~ suprema*** high court; *(negli USA)* Supreme Court.

> **Corte costituzionale** In operation since 1955, this has the task of ensuring that the laws enacted by parliament do not conflict with the constitution of the Republic, and of settling conflicts between regional and state powers. It is made up of judges and legal experts chosen by parliament and by the President of the Republic. It is based in Rome, in the Palazzo della Consulta (the name of a papal institution), next to the Palazzo del Quirinale. In the media *la Consulta* is used to mean the *Corte Costituzionale*.

▷ **corteccia**, pl. **-ce** /kor'tettʃa, tʃe/ f. **1** BOT. *(dell'albero)* bark, cortex* **2** ANAT. cortex* **3** FIG. ***sotto una ~ ruvida nasconde un cuore d'oro*** under a rough exterior he hides a heart of gold ◆◆ ***~ cerebrale*** cerebral cortex; ***~ surrenale*** adrenal cortex.

corteggiamento /korteddʒa'mento/ m. **1** *(tra persone)* courtship, courting, wooing ANT. **2** ZOOL. courtship.

corteggiare /korted'dʒare/ [1] tr. **1** to court, to woo ANT. [*donna*] **2** FIG. to court, to woo [*elettori, azienda, potenti*].

corteggiatore /korteddʒa'tore/ m. suitor, wooer, beau*, admirer.

▷ **corteo** /kor'tɛo/ m. **1** *(manifestazione)* demonstration; *(processione)* procession, parade, march; ***il ~ degli scioperanti*** the procession of strikers; ***~ di auto*** procession of cars, motorcade; ***camminare, sfilare in ~*** to walk, march in procession; ***fare ~*** to form a procession **2** *(seguito, codazzo)* train, cortege, stream; ***seguito da un ~ di bambini, di cani*** followed by a troop of children, dogs ◆◆ ***~ funebre*** funeral procession; ***~ nuziale*** wedding *o* bridal procession.

cortese /kor'teze/ agg. **1** [*persona*] *(gentile)* kind, gracious; *(educato)* polite, courteous, well-mannered; [*parola, lettera, offerta*] kind; [*tono, maniere, modi*] polite, obliging; [*accoglienza*] warm; [*domanda, rifiuto*] polite; ***era un modo ~ di rifiutare*** it was a polite way to say no; ***sarebbe così ~ da fare*** would you be so kind as to do; ***è ~ da parte loro fare*** it is obliging of them to do; ***alla ~ attenzione del sig. Ferri*** COMM. for the attention of Mr. Ferri; ***con ~ sollecitudine*** at your earliest convenience **2** LETTER. [*poesia, romanzo, genere, tradizione*] courtly; ***amor ~*** courtly love.

cortesemente /korteze'mente/ avv. [*offrire, accogliere, rispondere*] kindly, courteously, politely; [*accettare, concedere*] gracefully.

cortesia /korte'zia/ f. **1** *(gentilezza)* kindness, graciousness; *(educazione)* politeness; ***le regole elementari della ~*** the basic rules of good manners; ***con la loro abituale ~*** with their usual kindness **2** *(atto di gentilezza)* courtesy, kindness; ***avere la ~ di fare*** to have the courtesy to do, to be kind enough to do; ***abbia*** o ***voglia farmi*** o ***mi faccia la ~ di stare zitto*** would you mind shutting up? ***scambiarsi -e*** to exchange courtesies **3 di cortesia** ***auto di ~*** courtesy car; ***formula di ~*** polite phrase; *(in una lettera)* polite ending; ***appellativo di ~*** courtesy title; ***luce di ~*** courtesy light; ***specchietto di ~*** vanity mirror; ***visita di ~*** courtesy call, social visit **4 per cortesia** *(per favore)* please; *(come atto di educazione, gentilezza)* out of courtesy, kindness; ***attenda, per ~!*** please wait! ***fare qcs. per ~*** to do sth. out of kindness.

corticale /korti'kale/ agg. cortical.

corticosteroide /kortikoste'rɔide/ m. corticosteroid.

corticosterone /kortikoste'rone/ m. corticosterone.

corticosurrenale /kortikosurre'nale/ agg. adrenocortical.

corticotropina /kortikotro'pina/ f. corticotropin.

cortigiana /korti'dʒana/ f. **1** STOR. (female) courtier **2** LETT. *(prostituta)* courtesan.

cortigianeria /kortidʒane'ria/ f. **1** *(condizione di cortigiano)* courtier's art **2** *(piaggeria, servilismo)* fawningness, flattery.

cortigianesco, pl. **-schi, -sche** /kortidʒa'nesko, ski, ske/ agg. SPREG. *(servile)* fawning.

cortigiano /korti'dʒano/ **I** agg. courtly, court attrib. **II** m. **1** STOR. courtier **2** SPREG. sycophant, fawner; ***atteggiamento da ~*** fawning behaviour.

▷ **cortile** /kor'tile/ m. **1** *(di casa, edificio)* court, courtyard, yard; *(sul retro della casa)* backyard; *(di scuola)* (school) playground; ***una camera che dà sul ~*** a room overlooking the courtyard **2** *(aia)* yard, barnyard, farmyard; ***animali da ~*** farmyard animals ◆◆ ***~ interno*** inner courtyard.

cortina /kor'tina/ f. **1** *(tenda)* curtain; ***le -e del letto*** bed curtains **2** *(di nebbia, fumo)* sheet, veil, curtain; ***una ~ di segretezza, di mistero*** a veil of secrecy, mystery; ***creare una ~ fumogena*** (anche FIG.) to create *o* throw up a smoke screen **3** *(tra due bastioni)* curtain (wall) ◆◆ ***~ di bambù*** STOR. Bamboo Curtain; ***~ di ferro*** STOR. Iron Curtain; ***~ fumogena*** smoke screen.

cortinaggio, pl. **-gi** /korti'naddʒo, dʒi/ m. bed curtains pl.

cortisone /korti'zone/ m. cortisone.

cortisonico, pl. **-ci, -che** /korti'zɔniko, tʃi, ke/ agg. cortisone-based, cortisone attrib.

▶ **corto** /'korto/ **I** agg. **1** *(non lungo)* [*abito, gonna, capelli, pelo, maniche, onde*] short; [*giacca, top*] cropped; ***calzini -i*** bobby socks; ***dai capelli (tagliati) -i*** short-haired; ***dalle zampe -e*** [*animale*] short-legged; ***a pelo ~*** [*cane*] short-haired; ***a ~ raggio*** [*arma, aereo, missile*] short-range; ***portare i capelli -i*** to wear one's hair short; ***tirare palle -e*** SPORT to play short balls; ***prendere la via più -a*** to take the shortest way; ***avere il fiato ~*** to be short of breath; ***avere la vista -a*** to be short-sighted (anche FIG.) **2** *(breve)* [*periodo, riunione*] short, brief; ***il giorno più ~ dell'anno*** the shortest day of the year; ***settimana -a*** AMM. five-day week; ***prestito a ~ termine*** short-term loan **3** *(scarso)* ***avere la memoria -a*** to have a short *o* poor memory; ***essere ~ di cervello, comprendonio*** to be short of brains, to be a button short COLLOQ.; ***essere a ~ di*** to be short of *o* hard up for [*denaro*]; to be short on, to be pressed *o* pushed *o* badly off for [*spazio, vestiti, munizioni, idee, argomenti, ispirazione*]; ***essere a ~ di personale*** [*compagnia, azienda*] to be short-staffed *o* understaffed *o* short-handed **4** *(agli scacchi)* ***arroccamento ~*** castling short **II** m. **1** ABBIGL. ***il ~*** short skirts; ***la moda tende al ~*** short skirts are in; ***vestirsi in ~*** to wear short skirts **2** COLLOQ. *(cortocircuito)* short (circuit) ◆ ***essere ai ferri -i con qcn.*** to be at daggers drawn with sb., to be eyeball to eyeball with sb., to be at loggerheads with sb.; ***tagliare ~*** to cut short, to make it short and sweet; ***falla -a!*** get to the point! ***per farla -a*** in short.

cortocircuitare /kortotʃirkui'tare/ [1] tr. to short-circuit.

cortocircuito /kortotʃir'kuito/ m. short (circuit); ***fare*** o ***andare in ~*** to short-circuit (anche FIG.).

cortometraggio, pl. **-gi** /kortome'traddʒo, dʒi/ m. short (film), one-reeler.

corvè, corvée /kor've/ f.inv. **1** MIL. fatigue; ***essere di ~*** to be on fatigues **2** STOR. corvée **3** FIG. fatigue, corvée; ***traslocare è una vera ~!*** moving is sheer drudgery! ***essere di ~ per fare*** to be roped into doing; ***sei di ~ per le patate*** COLLOQ. it's your turn to peel the potatoes; ***sono sempre io di ~!*** it's always me who has to do the chores!

1.corvetta /kor'vetta/ f. EQUIT. curvet, gambado*.

2.corvetta /kor'vetta/ f. MAR. corvette; ***capitano di ~*** lieutenant commander.

corvino /kor'vino/ ♦ *3* agg. **1** *(di corvo)* corvine **2** *(nero)* jet-black, jetty; ***avere i capelli -i*** to be raven-haired.

▷ **corvo** /'kɔrvo/ m. **1** ZOOL. crow, raven, rook **2** COLLOQ. *(autore di lettere anonime)* = poison-pen letter writer **3** FIG. *(iettatore)* jinx **4** MAR. STOR. grappling iron ◆ ***essere nero come un ~*** to be as black as a crow ◆◆ ***~ comune*** rook; ***~ imperiale*** raven.

▶ **cosa** /'kɔsa/ **I** f. **1** *(oggetto)* thing; ***quale altra ~ potrei comprargli?*** what else could I buy him? ***scegli una delle due -e*** choose one of these two (things) **2** *(cibo, bevanda)* thing; ***gli piacciono le -e buone*** he likes good things; ***hanno comprato molte -e per cena*** they've bought a lot of things for dinner; ***"una birra" - "(per me) la stessa ~"*** *(in un'ordinazione)* "a beer" - "the same (for me)" **3** *(opera)* thing, work; ***il nostro professore ha scritto molte -e interessanti*** our professor has written many interesting things **4** *(idea, contenuto)* thing; ***ci sono delle buone -e in questo libro*** there are some good points in this book **5** *(argomento, questione)* thing; ***mio marito si interessa soltanto di una ~*** my husband is only interested in one thing; ***interessarsi alle -e della politica, dell'economia*** to take an interest in politics, economy; ***penso, ho pensato a una ~*** I'm thinking, I've been thinking about sth.; ***è un'altra ~*** that's another thing; ***un'altra ~, avete pensato a fare...?*** another thing, have you thought about doing...? ***ho una ~, due o tre -e da dirvi*** I've got something, two or three things to tell you; ***fra le altre -e*** by the way **6** *(fatto, evento)* ***è una buona, una cattiva ~ (di per sé)*** it's a good, bad thing (in itself); ***e, ~ incredibile, assurda, lui ha detto sì*** and the incredible, absurd thing is that he said yes; ***qui succede la stessa ~*** the same thing is happening here; ***qui, con lui è sempre la stessa ~*** it's always the same here, with him; ***una ~ è rincasare tardi, un'altra sparire per tre giorni*** it's one thing to come home late, quite another to disappear for three days; ***più di ogni altra ~*** more than any other thing; ***la ~ peggiore che possa capitarmi*** the worst thing that could happen to me; ***sono -e che succedono*** these things happen, it's just one of those things; ***sono -e che si vedono tutti i giorni*** these things happen every day; ***la ~ contro cui si battono*** what they're fighting against; ***da questa ~ possiamo concludere che*** from this (thing) we can presume that; ***è arrivato a casa ieri, ~ che ignoravo*** he arrived home yesterday, which I didn't know; ***gran brutta ~ la miseria*** poverty is an ugly thing; ***è successa una ~ terribile*** something terrible has happened **7** *(azione)* ***era l'unica ~ da non dire, fare*** that was the last thing to say, do; ***non si fanno queste -e*** this is something you just don't do; ***compiere grandi -e*** to accomplish great things **8** *(augurio)* ***tante -e alla sua famiglia, alla signora Bianchi*** (give) my best regards to your family, to Mrs Bianchi **9** *(faccenda)* thing, matter; ***ho due o tre -e da fare in città*** I've got one or two things to do in town; ***non sono -e che ti riguardano*** these matters don't concern you; ***è ~ da uomini, da donne*** it's a man's, woman's thing; ***non è una ~ da ridere*** it's no laughing matter; ***vedremo in seguito, ogni ~ a suo tempo*** we'll cross that bridge when we come to it; ***è ~ usuale fare*** it's common to do; ***ecco una ~ sbrigata, una ~ in meno da fare*** that's that out of the way; ***sembra una ~ di poco conto ma...*** it looks like a trifling matter but...; ***la ~ in questione*** the matter at hand; ***la ~ è di estrema importanza*** the matter is of some importance; ***la ~ più difficile da accettare per loro*** the most difficult thing for them to accept; ***Maria ha preso la ~ con spirito*** Maria took it with a bit of humour; ***la ~ mi ha procurato solo dei fastidi*** it *o* the thing gave me nothing but troubles; ***la ~ ha acquistato importanza*** it has become important; ***la ~ non finisce qui!*** you haven't heard the last of this! **10** *(oggetto personale)* ***metti in ordine le tue -e nell'armadio*** put your things in the wardrobe; ***le mie -e di scuola*** my school things **11** *(situazione)* ***le -e sono andate così*** things went this way, this is what happened; ***stando così le -e*** things being what they are; ***guardare le -e più da vicino*** to take a closer look at things; ***comunque stiano le -e*** whatever the situation may be; ***se le -e stanno così*** o ***stando così le -e*** on this basis, such being the case; ***le -e si complicano!*** things are getting complicated! ***così come stanno le -e*** as things stand; ***le -e si stanno mettendo male per noi*** things are looking black for us; ***dire, vedere le -e come stanno*** to talk plainly, to see things as they really are; ***le -e stanno precipitando*** things are coming to a head; *(condizione)* ***le -e di quaggiù, di questo mondo*** the things of this world; ***le -e della vita*** the little things in life **12** COLLOQ. *(persona di sesso femminile di cui non si ricorda il nome)* ***ho incontrato ~ ... Cristina*** I met what's-her-name... Cristina **13** EUFEM. *(mestruazione)* ***ha le sue -e*** it's her time of the month **14** EUFEM. *(sesso)* ***gli piace fare quella ~*** he likes doing the thing **15** *(con valore indefinito)* ***questa salsa è una ~ deliziosa*** this sauce is delicious; ***beve tantissimo, è una ~ incredibile!*** it's amazing how much he can drink! ***mi ha detto una ~ incredibile*** he told me something incredible **16** *(con indefiniti)* ***qualunque ~ tua madre possa dire in proposito*** whatever your mother might say about it; ***qualunque*** o ***qualsiasi ~ andrà bene*** anything at all will do; ***qualunque ~ accada*** o ***qualsiasi ~ succeda*** whatever happens; ***qualunque ~ abbia fatto*** no matter what he did; ***dipende da lei per qualunque ~*** he relies on her for everything; ***Giovanna farebbe qualunque ~ pur di diventare famosa*** Giovanna would do anything to become famous; ***il tuo ragazzo farebbe qualsiasi ~ per te*** your boyfriend would do anything for you; ***prendi una ~ qualunque*** take whatever you want **17** *(in frasi interrogative) (complemento diretto)* ***(che) ~? non ho sentito*** what? I didn't hear; ***certo che voglio incontrarlo, ma per dirgli (che) ~?*** I don't mind meeting him, but what shall I tell him? ***~ c'è di nuovo?*** what's new? ***~ c'è ancora?*** what now? ***~ c'è di più bello, difficile (di)?*** what is more beautiful, difficult (than...)? ***cos'è quella roba laggiù?*** what's that thing over there? ***~ c'è d'altro?*** what else? ***(che) ~ fai?*** what are you doing? ***~ dire?*** what can I say? ***~ fare?*** what shall *o* am I to do? ***(che) ~ vuoi per il tuo compleanno?*** what do you want for your birthday? ***~ importa?*** who cares? what does it matter? ~ ***succede?*** what's going on? ***(che)*** ~ ***c'è?*** what's up? ***(che)*** ~ ***ne pensi?*** what do you think? ~ ***sono quelle impronte?*** what are those tracks? ***(che) cos'è questo?*** what is this? ***ma*** ~ ***dici?*** but what are you saying? ***(che)*** ~ ***ti è preso?*** what brought that on? ~ ***c'è che non va?*** what's wrong? ~ ***diavolo vuoi?*** what the hell do you want? ***per fare*** ~***?*** what for? ***non so che*** ~ ***dire*** I don't know what to say; ***non so che*** ~ ***ha detto*** I don't know what he said; ***che*** ~ ***prende per cominciare?*** *(a tavola)* what would you like to start with? *(complemento indiretto)* ***a*** ~ ***stai pensando?*** what are you thinking about? ***dimmi a*** ~ ***pensi*** tell me what you're thinking; ***a*** ~ ***serve ricominciare?*** what's the point of starting over? ***da*** ~ ***vuole cominciare?*** where would you like to begin? ***con (che)*** ~ ***possiamo buttare giù questo muro?*** what can we knock this wall down with? ***dicci con (che)*** ~ ***hai pagato questa macchina*** tell us how you paid this car; ***ecco su (che)*** ~ ***fondo le mie accuse*** here's what I base my accusations on **18** *(in frasi esclamative)* ***non è bello? ma*** ~ ***dici!*** what do you mean it's not nice? ~ ***mi tocca sentire!*** ~ ***sentono le mie orecchie!*** I can't believe my ears! ~ ***vuoi, non possiamo farci nulla!*** too bad, we can't do anything about it! ~ ***vuoi che ti dica!*** what can I say? ~ ***vuoi che me ne importi!*** what the hell do I care? **II** avv. COLLOQ. *(quanto)* ~ ***costa questa borsa?*** how much is this bag? ◆ ***bisogna prendere le -e come vengono*** you should take thing as they come; ~ ***fatta capo ha*** what is done is done; ***a -e fatte*** when all is said and done; ***mettere le -e in chiaro*** to clear things up; ***fare le -e in grande*** to do things in a big way; ***è*** ~ ***fatta*** it's in the bag *o* can; ***-e da pazzi*** o ***dell'altro mondo!*** it's the tail wagging the dog! it's absurd! ***per prima*** ~ first (of all); ***non è*** ~ ***da poco!*** that's no light matter *o* no mean accomplishment! ***da*** ~ ***nasce*** ~ one thing leads to another; ***chiamare le -e con il loro nome*** to call a spade a spade; ***non è*** ~ ***da tutti*** it's not for everybody ◆◆ ~ ***giudicata*** DIR. res judicata; ***la*** ~ ***pubblica*** res publica; ~ ***in sé*** FILOS. thing-in-itself; ***Cosa Nostra*** = the Mafia.

cosà /ko'sa/ avv. ***così e*** ~ *o* ***così o*** ~ (either) this way and that way.

cosacco, pl. **-chi, -che** /ko'zakko, ki, ke/ **I** agg. Cossack **II** m. Cossack.

cosca, pl. **-sche** /'kɔska, ske/ f. ~ ***mafiosa*** Mafia gang.

▷ **coscia**, pl. **-sce** /'kɔʃʃa, ʃe/ ♦ 4 f. **1** thigh; ***avere l'acqua fino a metà*** ~ to be thigh deep **2** GASTR. ~ ***di pollo*** chicken thigh, leg, drumstick; ***-sce di rana*** frogs legs; ~ ***di cervo*** haunch of venison.

cosciale /koʃ'ʃale/ m. **1** *(di scala)* stringer **2** *(di armatura)* thigh-piece, cuish, cuisse **3** *(indumento)* thigh protector.

▷ **cosciente** /koʃ'ʃɛnte/ agg. **1** *(consapevole)* conscious, aware (**di** of; **che** that); ***essere*** ~ ***di qcs., di fare*** to be conscious *o* aware of sth., of doing; ***in modo*** o ***maniera*** ~ consciously **2** *(ponderato)* [*decisione*] conscious **3** *(lucido)* conscious; ***non ero del tutto*** ~ I wasn't fully conscious **4** PSIC. conscious.

coscientemente /koʃʃente'mente/ avv. consciously.

▶ **coscienza** /koʃ'ʃɛntsa/ f. **1** *(morale)* conscience; ***secondo*** o ***con*** ~ according to one's conscience; ***in tutta*** ~ in all conscience *o* fairness; ***obiezione di*** ~ conscientious objection; ***obiettore di*** ~ conscientious objector; ***esame di*** ~ heart-searching, self-examination; ***ascoltare (la voce del)la propria*** ~ to follow (the dictates of) one's conscience; ***avere la*** ~ ***pulita*** o ***tranquilla*** o ***a posto*** to have a clear conscience; ***essere in pace con la propria*** ~ to be at peace with one's conscience; ***avere la*** ~ ***sporca*** to have a bad *o* guilty conscience; ***fare qcs. per mettersi la*** ~ ***in pace*** o ***a posto, fare tacere la propria*** ~ to do sth. to ease *o* salve one's conscience; ***avere qcn., qcs. sulla*** ~ to have sb., sth. on one's conscience; ***mettersi una mano sulla*** ~ to put a hand on one's heart; ***avere una crisi di*** ~ to be pricked by one's conscience; ***farsi un esame di*** ~ to search one's soul; ***gli rimordeva la*** ~ his conscience pricked him; ***devi decidere secondo*** o ***con*** ~ it's a matter for your own conscience; ***dovranno vivere con un peso sulla*** ~ they'll have to live with their conscience **2** *(consapevolezza)* consciousness, awareness; ***presa di*** ~ consciousness raising, realization; ***avere*** ~ ***di qcs., di essere*** to be aware of sth., of being; ***avere*** ~ ***del fatto che*** to know that; ***prendere*** ~ ***di*** to become aware of, to develop an awareness of, to awake(n) to [*fatto, dovere*] **3** *(sede dei sentimenti)* ***scrutare le -e*** to read people's thoughts **4** *(lucidità)* consciousness; ***perdere, riprendere*** ~ to lose, regain consciousness ◆◆ ~ ***civica*** civic responsibility; ~ ***di classe*** class consciousness; ~ ***collettiva*** collective consciousness; ~ ***ecologica*** ecological awareness, greenness; ~ ***nazionale*** national consciousness; ~ ***politica*** political awareness; ~ ***di sé*** self-consciousness.

coscienziosamente /koʃʃentsjosa'mente/ avv. conscientiously.

coscienziosità /koʃʃentsjosi'ta/ f.inv. conscientiousness.

coscienzioso /koʃʃen'tsjoso/ agg. [*bambino, sposo, lavoro*] conscientious.

coscio, pl. **-sci** /'kɔʃʃo, ʃi/ m. → **cosciotto**.

cosciotto /koʃ'ʃɔtto/ m. GASTR. leg; *(di capriolo, montone)* haunch.

coscritto /kos'kritto/ **I** agg. STOR. ***padri -i*** conscript fathers **II** m. MIL. conscript (soldier), recruit, draftee AE.

coscrivere /koskri'vere/ [87] tr. to conscript, to recruit [*soldato*].

coscrivibile /koskri'vibile/ agg. = eligible for military service.

coscrizione /koskrit'tsjone/ f. conscription, draft AE.

cosecante /kose'kante/ f. cosecant.

coseno /ko'seno/ m. cosine.

cosentino /kosen'tino, kozen'tino/ ♦ 2 **I** agg. from, of Cosenza **II** m. (f. **-a**) native, inhabitant of Cosenza.

cosetta /ko'setta/, **cosettina** /koset'tina/ f. **1** *(piccola cosa)* trifle, triviality; ***gli ho comprato una*** ~ I bought him a little something **2** *(da dire, da raccontare)* ***potrei raccontarvi un paio di -e su di lei!*** I could tell you a thing or two about her!

▶ **così** /ko'si/ **I** avv. **1** *(in questo modo)* ***è*** ~ ***che si faceva il burro*** that's how *o* the way they used to make butter; ***è*** ~ ***che parli a tua madre?*** is that how *o* the way you speak to your mother? ***pettinata*** ~***, sembra sua madre*** with that hairstyle, she looks like her mother; ***il miscuglio*** ~ ***ottenuto*** the mixture obtained in this way; ***ti immaginavo*** ~ that's how I pictured you; ***lei è (fatta)*** ~ that's the way she is; ***dato che è*** ~ since that's the way it is; ***prova a fare*** ~ try doing it this way; ***non fare*** ~***!*** don't (do that)! ***io la vedo*** ~ that's what I think, that's the way I see it; ***Lele, è*** ~ ***che mi chiamavano*** Lele, that's what they used to call me; ***se le cose stanno*** ~ if that's the way it is; ***non è*** ~ ***per tutti i nostri amici*** this is not the case with all our friends; ***i mesi sono passati*** ~ thus the months went by; ~ ***parlava il profeta*** thus spoke the prophet; ***la giuria è*** ~ ***composta*** the panel is made up as follows; ***la frase dovrebbe suonare*** ~ the sentence should read as follows; ~ ***fu fatto*** that's what was done; ***ha detto proprio*** ~ that's exactly what he said; ~ ***facendo rovinerai tutto***? by doing so, you'll spoil everything; ~ ***dicendo, si allontanò*** with those words, he left; ~ ***sia*** RELIG. amen; ***e*** ~ ***via*** and so on; ***è*** ~ ***e basta!*** and that's that! ~ ***va la vita,*** ~ ***vanno le cose*** such is life, that's the way it goes; ~ ***va il mondo*** that's the way of the world; ~ ***andavano le cose in Italia*** this was the state of affairs in Italy; ***questa parola si scrive*** ~ that word is spelled like this; ***è*** ~***, non è vero?*** it's like that, isn't it? ~ ***pare*** so it seems; ***non è*** ~ ***che si fa!*** that's not fair! ***basta*** ~ *(smettila)* that'll do, enough's enough, just drop it; *(non ne voglio più)* that's enough, that will do; ***va bene*** ~ it's ok (like that); ***va anche bene*** ~ it's ok this way too; ***lasciare tutto*** ~ ***com'è*** to leave everything as it is **2** *(tanto, talmente, a tal punto)* ***non ho mai visto nulla di*** ~ ***bello*** I've never seen anything so beautiful; ***lui ti ama*** ~ ***tanto*** he loves you so much; ***è*** ~ ***lontana l'Australia*** Australia is so far away; ***è rimasto*** ~ ***poco vino*** there's so little wine left; ***fa*** ~ ***caldo,*** ~ ***freddo*** it's so hot, so cold; ***non ho mai visto*** ~ ***tanta gente*** I've never seen such a crowd *o* so many people; ***è successo tutto*** ~ ***in fretta!*** all happened so fast! ***non sapevo che fosse*** ~ ***vecchio*** I didn't know he was so *o* that old; ***ottenere risultati*** ~ ***buoni*** to get such good results; ***lei abita in un paese*** ~ ***bello*** you live in such a lovely country; ~ ***di buon mattino, di buon'ora*** so early (in the morning) **3** *(pure, anche)* ***lui è bugiardo, e*** ~ ***tu*** he's a liar and so are you; ***punirò te e*** ~ ***pure lui*** I'll punish you and I'll do the same with him **4** *(con riferimento a dimensione o quantità)* ***il pesce era grande*** ~ the fish was this big; ***tua madre ha un cuore grande*** ~ FIG. your mother is big-hearted; ***perché ne prendi solo*** ~***?*** why are you having so little? ***più di*** ~ ***non posso dartene*** I can't give you more than this **II** agg. ***di gente*** ~ ***non ci si può fidare!*** you can't trust people like that *o* such people! ***quanto può costare un'auto*** ~***?*** how much can a car like that cost? ***non ho mai visto una cosa*** ~ I've never seen such a thing **III** cong. **1** *(quindi, perciò)* so; ***la sua macchina non è partita,*** ~ ***è arrivata in ritardo*** her car wouldn't start, so she was late; ***Nicola ha studiato moltissimo,*** ~ ***ha superato l'esame*** Nicola studied hard, so he passed the exam; ***c'era lo sciopero della metropolitana,*** ~ ***ho preso un taxi*** there was a tube strike, so I took a taxi **2** *(sebbene)* ~ ***povera, è generosa*** she's poor, but generous **3** *(in questo modo)* so, thus; ~***, dal 1969...*** thus, since 1969...; ***il bambino imparerà*** ~ ***a essere indipendente*** the child will thus learn to be independent; ***partite presto,*** ~ ***eviterete gli ingorghi*** leave early, that way you'll avoid the traffic jams; ***lei finse di essere occupata, e*** ~ ***non dovette parlargli*** she pretended to be busy, that way she didn't have to speak to him **4** *(dunque)* ~ ***ci lasci?*** so you're leaving us, then? ~ ***negate i fatti*** so you deny the fact, then; ~ ***tu hai deciso di partire!*** so you've decided to leave! ***e*** ~ ***tu vai già a scuola!*** and so you've already started going to school! **5** *(allo stesso modo)* ***come un rombo di tuono,*** ~ ***si diffuse la notizia*** like a bolt from the blue, the news spread **6 così... che, così... da** *(in proposizioni consecutive)* so... that; ***ho avuto ~ paura che non riuscivo a parlare*** o ***da non riuscire a parlare*** I was so afraid (that) I couldn't speak; ***fa ~ caldo che non si riesce a dormire*** it's so hot (that) I can't sleep; ***ci sono ~ tanti libri che non so quale scegliere*** there are so many books (that) I don't know which to choose; ***mi piace ~ tanto che*** I like it so much that; ***c'era ~ tanto sale nella minestra che era immangiabile*** the soup was so salty you couldn't eat it; ***fu ~ fortunato da scamparla*** he was lucky enough to survive **7 così che** ***il bambino si agitava in tutte le direzioni ~ che ha finito col cadere*** the child was flapping about all over the place, so much so that he fell over **8 così come** ***la questione riguardava la vita dell'autore ~ come le sue influenze letterarie*** the question concerned the life of the author as well as his literary influences; ***l'Italia, ~ come altri quattro paesi europei, partecipa a questo progetto*** Italy, along with four other European countries, is taking part in this project; ***~ come la prima impresa è fallita, la seconda non è durata a lungo*** just as the first business went bankrupt, the second one didn't last very long either; ***il prezzo della benzina, ~ come quello delle sigarette, è aumentato del 10%*** the price of petrol, as well as that of tobacco, has risen by 10%; ***non è ~ come me lo immaginavo*** it's not like I thought it would be; ***~ come tu hai bisogno di lui, lui ha bisogno di te*** just as you need him, so he needs you; ***~ come stanno le cose*** as things stand **9 così... come** as... as, so.... as; ***il film non era ~ terribile come me l'ero aspettato*** the film wasn't as awful as I had expected; ***non c'è niente di ~ bello come un tramonto*** there's nothing so beautiful as a sunset; ***non è ~ stupido come vuole fare credere di essere*** he's not as stupid as he makes out ◆ ***meglio ~*** it's all for the best; ***meglio di ~!*** what more can you ask for? ***~ impari!*** that'll teach you! ***~ ~*** so-so; ***per ~ dire*** so to speak, as it were, in a manner of speaking; ***ah, è ~!*** it's like this, is it? ***mi ha fatto una testa ~*** he talked my head off.

cosicché /kosik'ke/ cong. *(perciò)* therefore, so; ***non rispondeva nessuno, ~ ce ne andammo*** nobody answered, so we left.

▷ **cosiddetto** /kosid'detto/ agg. [*democrazia, libertà, miracolo, buona società*] so-called.

cosiffatto /kosif'fatto/ agg.dimostr. ANT. ***un uomo ~*** such a man.

Cosimo /'kɔsimo/ n.pr.m. Cosme.

cosina /ko'sina/ f. COLLOQ. **1** *(piccola cosa)* trifle, triviality; ***gli ho comprato una ~*** I bought him a little something **2** *(bimba, donna minuta)* little thing.

cosino /ko'sino/ m. COLLOQ. *(bimbo, persona minuta)* little thing; ***è un ~ delizioso*** he's a nice little thing.

cosmea /koz'mɛa/ f. BOT. cosmos*.

cosmeceutico, pl. **–ci** /kozme'tʃɛutiko, tʃi/ m. cosmeceutical.

cosmesi /koz'mɛzi/ f.inv., **cosmetica** /koz'mɛtika/ f. cosmetics + verbo sing.

cosmetico, pl. **-ci**, **-che** /koz'mɛtiko, tʃi, ke/ **I** agg. cosmetic **II** m. cosmetic.

cosmetista, m.pl. **-i**, f.pl. **-e** /kozme'tista/ ➧ ***18*** m. e f. cosmetician.

cosmetologia /kozmetolo'dʒia/ f. cosmetology.

cosmicamente /kozmika'mente/ avv. cosmically.

cosmico, pl. **-ci**, **-che** /'kɔzmiko, tʃi, ke/ agg. cosmic (anche FIG.); ***spazio ~*** outer space; ***anima -a*** FILOS. oversoul.

cosmo /'kɔzmo/ m. cosmos.

cosmodromo /koz'mɔdromo/ m. cosmodrome.

cosmogonia /kozmogo'nia/ f. cosmogony.

cosmogonico, pl. **-ci**, **-che** /kozmo'gɔniko, tʃi, ke/ agg. cosmogonical.

cosmografia /kozmogra'fia/ f. cosmography.

cosmografico, pl. **-ci**, **-che** /kozmo'grafiko, tʃi, ke/ agg. cosmographical.

cosmografo /koz'mɔgrafo/ m. (f. **-a**) cosmographer.

cosmologia /kozmolo'dʒia/ f. cosmology.

cosmologico, pl. **-ci**, **-che** /kozmo'lɔdʒiko, tʃi, ke/ agg. cosmological.

cosmologo, m.pl. **-gi**, f.pl. **-ghe** /koz'mɔlogo, dZi, ge/ m. (f. **-a**) cosmologist.

cosmonauta, m.pl. **-i**, f.pl. **-e** /kozmo'nauta/ ➧ ***18*** m. e f. cosmonaut, astronaut.

cosmonautica /kozmo'nautika/ f. astronautics + verbo sing., cosmonautics + verbo sing.

cosmonautico, pl. **-ci**, **-che** /kozmo'nautiko, tʃi, ke/ agg. astronautic(al), cosmonautic(al).

cosmonave /kozmo'nave/ f. spaceship, spacecraft*.

cosmopolita, m.pl. **-i**, f.pl. **-e** /kozmopo'lita/ **I** agg. **1** [*persona, mentalità, esperienza*] cosmopolitan, cosmopolite; ***città ~*** cosmopolis, cosmopolitan city **2** BOT. ZOOL. amphigean **II** m. e f. cosmopolitan, cosmopolite.

cosmopolitico, pl. **-ci**, **-che** /kozmopo'litiko, tʃi, ke/ agg. cosmopolitical.

cosmopolitismo /kozmopoli'tizmo/ m. cosmopolitism, cosmopolitanism.

cosmorama /kozmo'rama/ m. cosmorama.

▷ **coso** /'kɔso/ m. **1** COLLOQ. *(oggetto di cui non si ricorda il nome)* thing, whatsit, what-d'yer-call-it, thingamabob, thingumabob, gizmo, doings pl. BE, doodad AE; ***passami il ~ che è sulla tavola*** pass me that thingummy that's on the table; ***che cavolo è quel ~?*** what on earth is that thing there? ***è meglio non toccare quei -i*** it's best to keep away from that sort of stuff **2** COLLOQ. *(persona di sesso maschile di cui non si ricorda il nome)* ***ho incontrato ~... Fabrizio*** I met what's-his-name... Fabrizio.

cospargere /kos'pardʒere/ [19] **I** tr. **1** *(disseminare)* to sprinkle, to scatter, to strew* (**di** with); ***~ di sabbia*** to sand [*strada*]; ***~ di sale*** to salt, to grit BE [*strada*]; ***~ qcs. di fiori*** to intersperse sth. with flowers; ***cospargetela di prezzemolo tritato*** sprinkle some chopped parsley over it; ***il sentiero era stato cosparso di ghiaia*** the path had been spread with gravel **2** *(spruzzare)* to sprinkle, to dot; *(spolverizzare) (di zucchero, farina)* to sprinkle, to dust [*dolce*] (**di** with); ***~ di talco*** to put talcum powder on **II cospargersi** pronom. to cover oneself (**di** with, in) ◆ ***-rsi il capo di cenere*** to be in *o* wear sackcloth and ashes.

cosparso /kos'parso/ **I** p.pass. → **cospargere II** agg. *(coperto)* sprinkled, strewn (**di** with); ***un prato ~ di fiori*** a field dotted with flowers; ***un viso ~ di lentiggini*** a face dotted with freckles; ***biancheria -a di macchie di ruggine*** linen spotted with rust marks; ***strada -a di sabbia*** road covered with sand, sand-covered road.

cospetto /kos'pɛtto/ m. presence, sight; ***al ~ di qcn., qcs.*** in the presence of *o* in front of sb., sth.; ***al ~ di Dio*** in the sight of God, before God.

cospicuità /kospikui'ta/ f.inv. conspicuity, conspicuousness.

cospicuo /kos'pikuo/ agg. [*patrimonio*] substantial, remarkable, conspicuous.

cospirare /kospi'rare/ [1] intr. (aus. *avere*) **1** *(tramare)* to conspire, to plot, confederate (**contro** against); ***~ per fare*** to conspire to do **2** *(concorrere a danneggiare)* to conspire; ***~ a fare*** to conspire to do; ***tutto sembrava ~ contro di lui*** all evidence was against him.

cospirativo /kospira'tivo/ agg. conspiratorial.

cospiratore /kospira'tore/ m. plotter, conspirator, confederate; ***da ~*** [*aria, attività*] conspiratorial.

cospiratorio, pl. **-ri**, **-rie** /kospira'tɔrjo, ri, rje/ agg. → **cospirativo.**

cospiratrice /kospira'tritʃe/ f. conspiratress, plotter.

cospirazione /kospirat'tsjone/ f. conspiracy; ***sventare una ~*** to foil a conspiracy.

cossovaro /kosso'varo/ → **kosovaro**.

▶ **costa** /'kɔsta/ f. **1** GEOGR. *(litorale)* coast, seacoast, seabord; ***~ a ~*** *(via terra)* coast to coast; *(via mare)* shore to shore; ***la ~ adriatica*** the Adriatic coast; ***Costa d'Avorio*** Côte d'Ivoire, Ivory Coast; ***Costa Azzurra*** French Riviera; ***Costa Rica*** Costa Rica; ***pescare vicino alla ~*** to fish inshore; ***l'innalzamento del livello del mare minaccia la ~*** the rising sea level threatens the coastline; ***a due miglia dalla ~*** two miles off the coast **2** GEOGR. *(pendio)* (hill)side, slope; ***a mezza ~*** halfway up, down the hill(side) **3** ANAT. rib **4** GASTR. rib **5** *(di tessuto)* rib; ***collo a -e*** ribbed collar; ***velluto a -e*** cord, corduroy; ***-e semplici, doppie*** single, double rib; ***lavorare qcs. a -e*** to knit sth. in rib **6** BOT. rib **7** *(di nave)* rib; ***~ di sottovento*** lee shore **8** *(di libro)* spine.

costà /kos'ta/ avv. LETT. REGION. over here.

costale /kos'tale/ agg. ANAT. costal.

costantana /kostan'tana/ f. constantan.

▷ **costante** /kos'tante/ **I** agg. **1** *(permanente, molto frequente)* constant, persistent **2** *(stabile)* [*velocità, clima, temperatura*] constant, uniform, even; *(negli affetti)* [*persona*] constant, steadfast **3** *(continuo)* [*evoluzione, progressione, progresso, aumento, produzione, domanda*] constant, continuous, steady; [*sforzo*] continuous, tireless, dogged; ***essere in aumento, in ribasso ~*** to be steadily rising, falling; ***fare -i progressi*** to make steady progress; ***c'è stato un ~ miglioramento*** progress has been steady **4** *(perseverante)* [*persona*] steadfast, firm **II** f. **1** MAT. FIS. constant **2** FIG. *(caratteristica)* constant ◆◆ ***~ di tempo*** ELETTRON. time constant; ***~ termica*** heat constant.

costantemente /kostante'mente/ avv. **1** *(invariabilmente, sempre)* always **2** *(senza interruzione)* [*aumentare, mantenere*] continuously, consistently; ***quella ragazza ha dato ~ prova di coraggio*** that girl consistently showed courage **3** *(molto sovente)* [*dire, lamentarsi*] constantly.

costantiniano /kostanti'njano/ agg. Constantinian.

Costantino /kostan'tino/ n.pr.m. Constantine.

Costantinopoli /kostanti'nɔpoli/ n.pr.f. Constantinople.

▷ **costanza** /kos'tantsa/ f. **1** *(stabilità) (di sentimento, fenomeno)* constancy; *(di opinione)* consistency, consistence **2** *(perseveranza, fedeltà)* constancy, steadfastness, fidelity; ***amare con ~*** to love with constancy; ***studiare, lavorare con ~*** to study, work consistently **3** LETT. *(fermezza)* constancy, firmness.

Costanza /kos'tantsa/ ➧ ***2, 15*** n.pr.f. **1** *(città)* Constance; ***il lago di ~*** Lake Constance **2** *(persona)* Constance.

costardella /kostar'dɛlla/ f. ITTIOL. skipper, saury.

▶ **costare** /kos'tare/ [1] intr. (aus. *essere*) **1** to cost*; ***~ 5 euro*** to cost 5 euros; ***mi costa 3 euro*** it costs me 3 euros; ***questo libro è costato 15 euro a Grazia*** this books cost Grazia 15 euros; ***questo non ti costerà nulla*** it won't cost you a penny; ***quanto costa?*** how much does it cost *o* is it? ***~ caro*** to be expensive dear; ***non ~ caro*** to be cheap, not to be expensive; ***questo cane ci costa caro*** this dog costs us a lot; ***mi è costato la bellezza di 2.000 dollari*** it set me back 2,000 dollars; ***ti deve essere costato una bella cifra*** it must have cost you a pretty penny *o* fortune **2** FIG. to cost*; ***~ caro*** [*errore, azione*] to cost dear(ly), to be dear; ***quella decisione gli è costata l'impiego*** that decision cost him his job; ***~ a qcn. la vita*** to cost sb. one's life; ***non costa nulla essere gentili*** politeness costs nothing; ***mi costa molto andarlo a trovare*** it's hard for me *o* it pains me to go and see him; ***ti costerà cara*** you'll pay for this ◆ ***~ un occhio della testa*** to cost an arm and a leg, to cost the earth; ***costi quel che costi*** whatever the cost, come hell or high water.

costaricano /kostari'kano/ ➧ ***25*** **I** agg. Costa Rican **II** m. (f. **-a**) Costa Rican.

costata /kos'tata/ f. chop, rib; ***~ di maiale, d'agnello*** pork, lamb chop; ***~ di vitello, di manzo*** rib of veal, beef.

costato /kos'tato/ m. side, chest, ribs pl.

costeggiare /kosted'dʒare/ [1] tr. **1** *(procedere lungo)* [*persona*] to walk, to go* along [*foresta, recinto, fiume, canale*]; [*nave*] to sail along [*costa*]; [*auto, treno*] to run* along [*foresta, recinto*]; to follow [*fiume, canale*] **2** *(fiancheggiare, estendersi lungo)* [*giardino, strada, sentiero*] to run* along, to skirt, to border, to flank [*lago, foresta, campo*].

costei /kos'tɛi/ pron.dimostr.f. → **costui.**

costellare /kostel'lare/ [1] tr. **1** *(ornare di stelle)* [*astri*] to constellate [*cielo*] **2** FIG. [*fiori*] to star, to stud, to spangle, to constellate [*prato*]; [*successi, avvenimenti, sconfitte*] to fill [*vita, carriera, storia*].

costellato /kostel'lato/ **I** p.pass. → **costellare II** agg. ***~ di*** studded *o* sprinkled with [*stelle, fiori*]; ***un discorso ~ di aneddoti*** a speech sparkling with anecdotes.

costellazione /kostellat'tsjone/ f. **1** ASTR. constellation **2** FIG. galaxy, constellation LETT.

costernare /koster'nare/ [1] tr. to consternate, to dismay.

costernato /koster'nato/ **I** p.pass. → **costernare II** agg. [*aspetto*] dismayed; ***sono ~*** I'm speechless.

costernazione /kosternat'tsjone/ f. consternation, dismay; ***suscitare la ~*** to cause consternation; ***ero in preda alla ~*** I was filled with dismay; ***nella ~ generale*** to everyone's dismay; ***gettare qcn. nella ~*** to fill sb. with consternation.

costì /kos'ti/ avv. LETT. REGION. over there.

costiera /kos'tjɛra/ f. **1** (stretch of) coast; ***la ~ amalfitana*** the Amalfi coast **2** *(di monte)* (hill)side, slope.

costiero /kos'tjɛro/ agg. [*città, strada*] coastal, coast attrib.; [*pesca, corrente, area*] inshore; ***barra -a*** trestle tree; ***guardia -a*** shore patrol, coastguard; ***linea -a*** coastline; ***nave -a*** coaster; ***navigazione -a*** coasting.

costipamento /kostipa'mento/ m. → **costipazione.**

costipare /kosti'pare/ [1] **I** tr. **1** *(comprimere)* to tamp down [*terreno*] **2** MED. *(provocare stitichezza)* to constipate; *(provocare raffreddore)* to give* [sb.] a cold **II costiparsi** pronom. *(diventare stitico)* to become* constipated; *(raffreddarsi)* to catch* a cold.

costipato /kosti'pato/ **I** p.pass. → **costipare II** agg. **1** *(stitico)* constipated **2** *(raffreddato)* ***sono ~*** I'm all stuffed up.

costipazione /kostipat'tsjone/ f. **1** MED. *(stipsi)* constipation; *(raffreddore)* cold **2** *(del terreno)* tamping.

costituente /kostitu'ɛnte/ **I** agg. [*parte, elemento*] constituent **II** m. **1** *(elemento costitutivo)* constituent (**di** of); ***-i della materia*** constituents of matter **2** LING. constituent; ***l'analisi dei -i*** constituent analysis **3** DIR. *(di vendita, procura)* mandant **4** *(membro di un'assemblea costituente)* = member of a constituent assembly **III** f. constituent assembly ◆◆ ***~ immediato*** LING. immediate constituent; ***~ ultimo*** LING. ultimate constituent.

▶ **costituire** /kostitu'ire/ [102] **I** tr. **1** *(essere)* to be*, to constitute; ***~ un precedente*** to constitute a precedent; ***il furto costituisce reato*** theft constitutes an offence; ***~ una pesante sconfitta*** to represent a heavy defeat; ***~ una minaccia*** to pose a threat **2** *(mettere in piedi)* [*persona, gruppo*] to constitute, to form, to set* up, to build* (up) [*squadra, commissione, alleanza*]; to empanel, to constitute [*giuria*]; *(fondare)* to establish [*stato*]; to incorporate, to institute [*società*] **3** *(comporre)* [*elementi*] to make* up, to constitute [*insieme*]; ***i disoccupati costituiscono il 10% della popolazione attiva*** unemployed people make up 10% of the active population **4** DIR. to settle [*dote, rendita*] (**a, per** on); *(nominare)* ***~ qcn. come erede*** to appoint sb. as an heir **II costituirsi** pronom. **1** *(consegnarsi alla giustizia)* to turn oneself in, to give* oneself up **2** *(organizzarsi)* [*partito, rete, collezione*] to be* formed **3** *(crearsi)* to build* up [*clientela, rete, riserva*] **4** *(raggrupparsi)* ***-rsi in*** to form [*partito, società, sindacato*] **5** DIR. ***-rsi parte civile*** to institute a civil action, to sue for damages in a civil proceeding; ***-rsi in giudizio*** to enter an appearance, to appear before the court.

costituito /kostitu'ito/ **I** p.pass. → **costituire II** agg. **1** *(composto)* constituted; ***gruppo ~ da militanti*** group made up of militants **2** POL. [*autorità, potere*] established.

costitutivo /kostitu'tivo/ agg. **1** *(di base)* [*elemento*] constituent, constitutive **2** POL. [*assemblea, riunione, documento, testo*] constituent **3** DIR. COMM. ***atto ~*** Certificate of Incorporation, deed of partnership, memorandum of association **4** BIOL. [*gene, mutazione*] constitutive.

costituzionale /kostituttsjo'nale/ agg. **1** [*monarchia, diritto, carta, corte*] constitutional **2** MED. [*malattie*] constitutional.

costituzionalismo /kostituttsjona'lizmo/ m. constitutionalism.

costituzionalista, m.pl. **-i**, f.pl. **-e** /kostituttsjona'lista/ m. e f. constitutionalist.

costituzionalità /kostituttsjonali'ta/ f.inv. constitutionality.

costituzionalmente /kostituttsjonal'mente/ avv. constitutionally.

▷ **costituzione** /kostitut'tsjone/ f. **1** *(creazione)* formation, establishment; ***in via di ~*** currently being set up; ***~ di società*** incorporation; ***~ in sindacato*** syndication; ***~ di capitale*** capital accumulation; ***~ di riserve*** stockpiling **2** POL. constitution; ***concedere, promulgare, abrogare la ~*** to grant, proclaim, repeal the constitution; ***una ~ monarchica, repubblicana*** a monarchic, republican constitution **3** FISIOL. constitution, frame; ***sana (e robusta) ~*** sound constitution; ***di sana (e robusta) ~*** able-bodied **4** DIR. ***~ in giudizio*** court appearing; ***~ di parte civile*** institution of civil action proceedings **5** *(struttura)* constitution, composition; ***la ~ di una squadra*** the make-up of a team; ***~ di un terreno*** composition of a piece of land ◆◆ ***-i apostoliche*** = Apostolic Constitutions.

Costituzione This fundamental body of laws of the Italian Republic (also called the *Carta costituzionale*) has been in force since 1st January 1948. It was drawn up between 1946 and 1947 by a Constituent Assembly elected by the people, on the basis of the principles of liberty, equality and democracy. The compliance of individual laws with the constitution is controlled by a special body (see ***Corte costituzionale***).

▶ **costo** /'kɔsto/ m. **1** *(prezzo)* cost, price (**di** of); *(per un servizio)* fee, charge; *(spesa)* cost, expense; ***~ elevato, totale*** high, total cost; ***prezzo di ~*** cost price; ***a prezzo di ~*** [*vendere*] at cost (price); ***a basso ~*** [*vendere, comprare*] on the cheap; ***a basso, alto ~*** [*film, produzione*] low-budget *o* low-cost, high-budget *o* high-cost; ***sotto ~*** [*vendere, comprare*] below cost, under price; ***~ della chiamata*** call charge; ***il ~ della radiografia*** the fee for the x-rays; ***bisogna tener conto del ~ del biglietto*** there's the fare to consider; ***qual è il ~ attuale di un Picasso?*** what's the going rate for a Picasso? **2** FIG. ***~ politico, sociale*** political, social cost; ***il ~ in vite umane è stato alto*** the cost in human life was great **3 a costo di *a ~ della propria vita*** at the cost of one's (own) life; ***difendere qcn. a ~ della propria vita*** to guard sb. with one's life; ***a ~ di molti sacrifici*** by making many sacrifices; ***troverò la chiave, a ~ di dover mettere sottosopra tutta la casa!*** I'll find the key, I don't care if *o* even if I have to pull the house apart! ◆ ***a qualunque*** o ***ogni ~, a tutti i -i*** at all costs, at any cost *o* price; ***a nessun ~*** on no account, by no means ◆◆ ***~ di capitale*** capital cost; ***~ del denaro*** cost of money; ***~ economico*** economic cost; ***~ del lavoro*** labour costs; ***~ marginale*** incremental cost; ***~ e nolo*** cost and freight; ***~ originario*** original cost; ***~ di produzione*** production cost; ***-i salariali*** wage costs; ***~ di sostituzione*** opportunity cost; ***~ del trasporto*** haulage; ***~ unitario*** unit cost; ***~ variabile*** prime cost; ***~ della vita*** cost of living.

▷ **costola** /ˈkɔstola/ f. 1 ANAT. rib; ***dare una gomitata nelle -e a qcn.*** to give sb. a dig *o* poke in the ribs 2 GASTR. rib 3 *(di libro)* spine; *(di coltello)* back 4 MAR. *(di imbarcazione)* rib ◆ ***rompere le -e a qcn.*** to break sb.'s bones; ***gli si contano le -e*** he's nothing but skin and bone, he's so thin you can see his ribs; ***stare, mettersi alle -e di qcn.*** *(stare vicino)* to stick to sb.'s side; *(pedinare)* to tail *o* to chase sb., to dog sb.'s footsteps; ***avere qcn. alle -e*** to be tailed by sb.; ***la polizia gli sta alle -e*** the police are onto him *o* are hot on his heels ◆◆ ~ ***fluttuante*** false *o* floating rib.

costolatura /kostolaˈtura/ f. 1 ANAT. rib structure 2 ARCH. ribs pl.

costoletta /kostoˈletta/ f. chop, cutlet, rib; ~ ***di montone, vitello*** mutton, veal chop; ~ ***di manzo*** rib roast; ~ ***di maiale*** pork chop, spare rib.

costolone /kostoˈlone/ m. 1 ARCH. rib, groin; ***a costoloni*** [*soffitto, volta*] ribbed 2 *(di montagna)* long slope.

costone /kosˈtone/ m. ridge, rib.

costoro /kosˈtoro/ pron.dimostr.m. e f.pl. → **costui.**

costosamente /kostosaˈmente/ avv. [*vivere*] expensively.

▷ **costoso** /kosˈtoso/ agg. 1 [*acquisto, oggetto*] expensive, costly, dear, high priced 2 FIG. *(gravoso)* [*impegno, lavoro*] burdensome, hard.

costretto /kosˈtretto/ I p.pass. → **costringere** II agg. forced, compelled; ~ ***con la forza*** constrained by force; ~ ***a letto*** bedridden; ~ ***sulla sedia a rotelle*** chairbound, confined to a wheelchair.

▶ **costringere** /kosˈtrindʒere/ [36] I tr. 1 *(obbligare)* to force, to compel, to constrain (**a fare** to do); ~ ***qcn. a letto*** [*malattia*] to lay sb. up, to keep sb. in bed; [*persona*] to force sb. to stay in bed; ***essere costretto al riposo*** to be forced *o* compelled to rest; ***mi vedo*** o ***sono costretto a dare le dimissioni*** I have no option but to resign; ***mi vedo*** o ***sono costretto a dissentire con te*** I must take issue with you that; ***sono costretto a chiedervi di fare*** I am constrained to ask you to do; ***essere costretto a cessare l'attività*** to be driven out of business; ***essere costretto a restare a casa*** to be confined to the house, to be housebound; ***la Francia era costretta nella propria metà campo*** France were pinned in their own half 2 LETT. *(stringere insieme)* to press, to compress II **costringersi** pronom. ***-rsi a fare*** to force oneself to do; ***-rsi a degli esercizi, ad una vita austera*** to force oneself to exercise, to lead an austere life.

costrittivo /kostritˈtivo/ agg. 1 [*misure, orari, metodi*] constrictive, coercive 2 MED. [*fasciatura*] pressing 3 LING. [*consonante*] constrictive, fricative.

costrittore /kostritˈtore/ I agg. constringent; ***muscolo*** ~ constrictor; ***boa*** ~ boa constrictor II m. constrictor.

costrizione /kostritˈtsjone/ f. 1 compulsion, constraint, pressure, duress DIR.; ***(agire) per*** ~ to act under compulsion *o* constraint *o* pressure 2 MED. constriction.

costruibile /kostruˈibile/ agg. constructible.

▶ **costruire** /kostruˈire/ [102] I tr. 1 *(edificare)* to build*, to construct [*edificio, casa, ponte, diga*]; to build*, to lay* (down) [*ferrovia, strada*]; ~ ***un ponte su un fiume*** to bridge *o* span a river, to throw a bridge over a river; ~ ***una diga su un fiume*** to dam a river; ~ ***in muratura*** to mason; ~ ***una casa per qcn.*** to build sb. a house, to build a house for sb.; ~ ***un muro di mattoni*** to build a wall out of *o* from bricks; ***farsi ~ la casa da qcn.*** to have one's house built by sb. 2 TECN. *(assemblare)* to build*, to assemble [*automobile, motore, radio*] 3 FIG. *(creare)* to build* [*Europa, fortuna, avvenire, reputazione*]; to shape [*personalità, immagine*] 4 LING. to build*, to construct [*frase, periodo, modello*] 5 MAT. to construct [*triangolo*] II intr. to build*; ***hanno costruito molto nel centro città*** the centre of the town has become very built-up III **costruirsi** pronom. 1 *(edificare per sé)* ***-rsi una casa*** to build oneself a house; *(creare per sé)* ***-rsi un futuro*** to shape one's future, to make a future to oneself 2 *(basarsi)* ***il nostro rapporto si costruisce sulla fiducia reciproca*** our relationship is built on mutual trust ◆ ~ ***castelli in aria*** to build castles in the air *o* in Spain AE; ~ ***sulla sabbia*** to build on sand.

costruito /kostruˈito/ I p.pass. → **costruire** II agg. 1 SPREG. *(artificioso)* [*atteggiamento, stile*] artificial, unnatural 2 *(edificato)* [*area, costa*] built-up.

costruttivo /kostrutˈtivo/ agg. 1 *(relativo alla costruzione)* [*sistema, elemento*] building attrib.; ***disegno*** ~ working drawing 2 FIG. [*critica*] constructive, positive; [*discussione, dialogo*] constructive, meaningful; ***in modo*** ~ constructively, positively.

costrutto /kosˈtrutto/ m. 1 LING. construct, construction 2 *(coerenza, senso)* sense, meaning; ***discorsi privi di*** ~ empty *o* meaningless talk 3 *(utilità)* profit; ***senza*** ~ pointless, inconclusive.

costruttore /kostrutˈtore/ I agg. 1 *(creatore)* [*forza, azione*] creative 2 EDIL. [*società, impresa*] building attrib. II ❖ 18 m. (f. **-trice** /tritʃe/) 1 IND. builder, maker, constructor, manufacturer; ~ ***aeronautico, informatico, di attrezzature*** aircraft, computer, equipment manufacturer; ~ ***navale*** shipbuilder; ~ ***stradale*** road builder; ~ ***di automobili*** car manufacturer 2 EDIL. builder; ***progettisti e -i*** planners and builders; ~ ***edile*** building contractor.

▶ **costruzione** /kostrutˈtsjone/ f. 1 *(edificio)* building, construction; ***le -i rovinano il paesaggio*** the buildings spoil the landscape 2 *(edificazione)* building, construction; *(di ferrovia)* laying; ***la ~ di nuove case*** the building of new homes; ***edificio di ~ antica, recente*** old, new building; ***materiali da*** ~ building materials; ***licenza di*** ~ planning permission, building permit 3 IND. construction, building, manufacture; ~ ***meccanica*** engineering; ~ ***di auto*** car manufacturing; ~ ***navale*** shipbuilding; ***in*** ~ under *o* in the course of construction 4 POL. construction; ~ ***dell'Europa, del socialismo*** construction of Europe, of socialism 5 LING. MAT. construction; ~ ***della frase*** word order 6 *(gioco)* ***una scatola di -i*** a set of building blocks; ***il bambino sta giocando con le -i*** the child is playing with his bricks.

▶ **costui** /kosˈtui/ v. la nota della voce **questo**. pron.dimostr.m. (f. **costei**, pl. **costoro**) LETT. *(soggetto)* this, that man*, he; *(oggetto)* this, that man*, him; ***entrò, seguito dal padre e dal fratello, ~ portava un pacco*** he came in followed by his father and his brother, who was carrying a package; ***chi ha detto a costei di chiudere la porta?*** who told her to shut the door? ***chi sono costoro?*** who are they *o* these people?

costumanza /kostuˈmantsa/ f. ANT. custom.

costumatezza /kostumaˈtettsa/ f. ANT. propriety, politeness.

costumato /kostuˈmato/ agg. ANT. [*giovane*] polite, well-mannered.

▷ **costume** /kosˈtume/ m. 1 *(abito per festa, sfilata in maschera)* costume, masquerade, fancy dress BE; ***in*** ~ in costume *o* fancy dress BE; ***ballo in*** ~ costume *o* fancy dress BE ball 2 TEATR. CINEM. COREOGR. costume; ~ ***di scena*** stage costume; ***dramma*** o ***opera teatrale in*** ~ costume drama; ***prova in*** ~ dress rehearsal 3 *(abito tipico di un certo luogo o periodo)* costume; ***i -i nazionali, regionali*** national, regional costumes; ***un ~ del diciassettesimo secolo*** a seventeenth-century costume; ~ ***d'epoca*** period costume 4 *(consuetudine)* custom, tradition; *(abitudine personale)* custom, habit; ***il ~ vuole che*** it is the custom that; ***il ~ lo esige*** custom has it that; ***è mio ~...*** I'm in the habit of... 5 *(insieme di usanze)* custom, mores pl.; ***bisogna adeguarsi ai -i del proprio tempo*** you've got to move with the times; ***usi e -i di un popolo*** the costumes and traditions of a country; ***l'evoluzione dei -i*** the change in attitudes; ***storia del*** ~ history of custom; ***articolo di*** ~ society piece *o* article 6 *(moralità)* morality, morals pl.; ~ ***rilassati*** o ***dissoluti*** loose morals; ***una persona di buoni*** o ***sani, cattivi -i*** a person of irreproachable, loose morals; ***una donna di facili -i*** a woman of easy virtue; ***(squadra del) buon*** ~ vice squad 7 LETT. ***romanzo, commedia di*** ~ novel, comedy of manners ◆ ***in ~ adamitico*** in one's birthday suit ◆◆ ~ ***da bagno*** *(da donna)* swimsuit, bathing suit, bathing costume; *(da uomo)* (swimming) trunks; ~ ***di carnevale*** carnival costume *o* fancy dress BE, maillot; ~ ***due pezzi*** two-piece (swimsuit); ~ ***intero*** one-piece (swimsuit), maillot; ~ ***olimpionico*** olympic swimsuit.

costumista, m.pl. **-i**, f.pl. **-e** /kostuˈmista/ ❖ ***18*** m. e f. costum(i)er, costume designer.

costura /kosˈtura/ f. seam.

cotale /koˈtale/ agg. ANT. such; ***in ~ luogo*** in such a place.

cotangente /kotanˈdʒɛnte/ f. cotangent.

cotanto /koˈtanto/ I agg. ANT. LETT. 1 *(così grande)* so great a; ***-a beltà*** such beauty 2 *(così numeroso)* ***-i nemici*** so many enemies II avv. ANT. LETT. so much.

cote /ˈkote, ˈkɔte/ f. hone, whetstone, oilstone.

cotechino /koteˈkino/ m. GASTR. INTRAD. (large boiled pork sausage).

cotenna /koˈtenna/ f. 1 *(di maiale)* (pork) rind 2 SCHERZ. *(di persona)* skin; ***avere la ~ dura*** to have thick skin (anche FIG.).

cotennoso /kotenˈnoso/ agg. with a thick rind.

cotesto /koˈtesto/ → **codesto**.

cotica, pl. **-che** /ˈkotika, ke/ f. 1 REGION. (pork) rind 2 AGR. ~ ***(erbosa)*** turf.

cotidale /kotiˈdale/ agg. cotidal.

cotiledonare /kotiledoˈnare/ agg. cotyledonouos.

cotiledone /kotiˈlɛdone/ m. cotyledon, seed leaf*.

cotillon /kotiˈjɔn/ m.inv. 1 *(regalo)* favour BE, favor AE 2 MUS. cotillion.

cotiloide /kotiˈlɔjde/ agg. cotyloid.

cotogna /koˈtoɲɲa/ f. ***(mela)*** ~ quince.

cotognata /kotoɲˈɲata/ f. = quince jam.

cotogno /ko'toɲɲo/ m. quince ◆◆ ***~ del Giappone*** japonica, Japanese quince.

cotoletta /koto'letta/ f. cutlet; ***~ impanata*** breaded cutlet; ***~ di maiale, di agnello*** *(con l'osso)* pork, lamb chop ◆◆ ***~ alla milanese*** = breaded veal cutlet; ***~ alla viennese*** Wiener schnitzel.

cotonare /koto'nare/ [1] **I** tr. to backcomb, to tease [*capelli*] **II cotonarsi** pronom. ***-rsi i capelli*** to backcomb one's hair.

cotonato /koto'nato/ **I** p.pass. → **cotonare II** agg. [*capelli*] backcombed **III** m. cotton and silk fabric.

cotonatura /kotona'tura/ f. back-combing.

▷ **cotone** /ko'tone/ m. **1** *(pianta, fibra)* cotton; ***la raccolta del ~*** cotton picking; ***lenzuolo, camicia di*** o ***in ~*** cotton sheet, shirt; ***filare il ~*** to spin cotton into thread; ***olio di ~*** cottonseed oil; ***velluto di ~*** velveteen; ***cascami di ~*** cotton waste **2** *(ovatta)* cotton (wool); ***batuffolo di ~*** cotton wool ball BE, cotton ball AE; ***avere del ~ nelle orecchie*** to have cotton wool in one's ears; FIG. to be cloth-eared; ***un batuffolo di ~ imbevuto d'acqua*** a piece of cotton wool soaked in water ◆◆ ***~ idrofilo*** cotton wool BE *o* batting AE, absorbent cotton AE; ***~ da ricamo*** SART. embroidery thread *o* cotton.

cotonicoltura /kotonicol'tura/ f. cotton growing.

cotoniere /koto'njɛre/ ➧ ***18*** m. (f. **-a**) **1** *(industriale del cotone)* = cotton manufacturer **2** *(operaio)* cotton mill worker.

cotoniero /koto'njɛro/ agg. [*industria, produzione, città*] cotton attrib.

cotonificio, pl. **-ci** /kotoni'fitʃo, tʃi/ m. cotton mill.

cotonina /koto'nina/ f. calico*.

cotonizzare /kotonid'dzare/ [1] tr. to cottonize.

cotonoso /koto'noso/ agg. [*frutto*] cottony.

1.cotta /'kɔtta/ f. **1** *(cottura)* cooking; *(in forno)* baking **2** *(infornata)* batch; ***~ di mattoni*** kilnful of bricks **3** FIG. SCHERZ. *(ubriacatura)* drunkenness, jag AE **4** COLLOQ. FIG. *(innamoramento)* crush, infatuation; ***avere una ~ per qcn.*** to have a crush on sb.; ***prendersi una ~ per qcn.*** to take a shine to sb., to fall for sb.; ***ha preso una bella ~*** he's got it bad **5** SPORT crack-up, collapse, breakdown ◆ ***furbo di tre -e*** crafty devil; ***furfante di tre -e*** diehard swindler.

2.cotta /'kɔtta/ f. **1** *(indumento liturgico)* surplice, cotta **2** STOR. *(tunica)* robe; ***~ d'arme*** tabard, surcoat **3** *(armatura)* ***~ di maglia*** chain mail, coat of mail.

cottimista, m.pl. **-i**, f.pl. **-e** /kotti'mista/ ➧ ***18*** m. e f. pieceworker, jobber.

cottimo /'kɔttimo/ m. jobbing; ***lavoro a ~*** piecework; *(in agricoltura)* tut; ***lavorare a ~*** to do piecework, to job; *(in agricoltura)* to tut; ***essere pagato a ~*** to be paid by the piece, to be on piecework.

▶ **cotto** /'kɔtto/ **I** p.pass. → **cuocere II** agg. **1** *(cucinato)* [*alimento*] cooked; [*carne, pesce*] cooked, done mai attrib.; [*frutta*] stewed; *(al forno)* baked; ***ben ~*** well cooked; [*carne*] well *o* nice done; ***poco ~*** undercooked; [*carne*] (medium-)rare; [*uova*] runny; ***~ a puntino*** done to a turn, cooked to perfection; ***~ e stracotto*** overdone, overcooked; ***prosciutto ~*** boiled *o* cooked ham **2** FIG. *(bruciato)* [*pelle*] (sun)burned, scorched; ***mi sono ~ al sole tutta la mattina*** I spent the morning roasting in the sun **3** TECN. [*argilla, ceramica*] fired **4** FIG. *(innamorato)* smitten, infatuated; ***essere (innamorato) ~ di qcn.*** to be head over heels in love with sb.; ***questa volta è proprio ~*** he's really smitten this time **5** COLLOQ. *(sfinito)* zonked (out), broken, dead tired **III** m. baked clay, terracotta; ***~ fiorentino*** Florentine terracotta, earthenware; ***pavimento in*** o ***di ~*** floor in terracotta tiles ◆ ***combinarne*** o ***farne di -e e di crude*** to get *o* be up to all kinds of tricks *o* mischief; ***dirne di -e e di crude*** to cut loose; ***averne passate di -e e di crude*** to have been through a lot; ***ne ha passate di -e e di crude per lei*** he went through fire and water for her.

cotton-fioc® /'kɔtton'fjɔk/ m.inv. cotton bud, Q-tip®.

▷ **cottura** /kot'tura/ f. **1** cooking; *(al forno)* baking; ***~ a vapore*** steam cooking; ***raggiungere il punto di ~*** to reach the cooking point; ***tempo di ~*** cooking time; ***piano ~*** hob, cooktop AE; ***angolo ~*** kitchen area, kitchenette **2** TECN. *(di materiali)* firing; ***mettere qcs. a ~*** to fire sth.

coturnice /kotur'nitʃe/ f. Greek partridge.

coturno /ko'turno/ m. cothurnus*, buskin.

coulisse /ku'lis/ f.inv. **1** FAL. ***porta a ~*** sliding door **2** TEATR. *(quinta scorrevole)* coulisse **3** ECON. *(in borsa)* coulisse **4** SART. casing **5** MUS. *(di trombone)* slide.

coulombmeter /kulomb'miter/, **coulombometro** /kulom'bɔmetro/ m. coulometer, coulombmeter.

coupé /ku'pe/ m.inv. coupé, fastback BE.

coupon /ku'pɔn/ m.inv. coupon.

coutente /kou'tɛnte/ m. e f. co-user.

cova /'kova/ f. sitting, brooding.

covalente /cova'lɛnte/ agg. covalent.

covalenza /kova'lɛntsa/ f. covalence.

▷ **covare** /ko'vare/ [1] **I** tr. **1** ZOOL. to brood, to hatch, to incubate, to sit* on [*uova*]; ***~ tre uova*** to sit on three eggs; ***la gallina cova*** the hen is brooding **2** FIG. *(proteggere)* [*mamma*] to overprotect [*figli*]; ***~ qcn., qcs. con gli occhi*** to look fondly at sb., sth. **3** *(essere colpito da)* to come* down with [*malattia*] **4** *(nutrire dentro di sé)* to nurse, to harbour BE, to harbor AE [*risentimento, vendetta*]; to harbour BE, to harbor AE [*sospetto*] **II** intr. (aus. *avere*) [*rivolta, gelosia, odio, fanatismo*] to smoulder BE, to smolder AE; ***il fuoco cova sotto la cenere*** fire is smouldering under the ashes; FIG. trouble is brewing ◆ ***qui gatta ci cova*** there is something fishy going on here.

covata /ko'vata/ f. **1** *(di uccelli, pulcini)* brood, clutch, hatch **2** *(di api e insetti)* brood **3** ETNOL. couvade.

covaticcia /kova'tittʃa/ agg.f. [*gallina*] broody.

covatura /kova'tura/ → **cova.**

covile /ko'vile/ m. **1** *(tana)* den, lair **2** FIG. *(tugurio)* hovel.

▷ **covo** /'kovo/ m. **1** *(tana)* den, lair; ***il ~ della volpe*** the fox den **2** FIG. *(rifugio segreto) (di briganti, ladri)* den, lair, hideout ◆ ***un ~ di vipere*** a nest of vipers.

covone /ko'vone/ m. sheaf*, mow; ***~ di grano*** corn shock BE.

cowboy /kau'bɔi/ ➧ ***18*** m.inv. cowboy; ***costume, cappello da ~*** cowboy costume, hat.

coxalgia /koksal'dʒia/ ➧ ***7*** f. coxalgia, coxalgy.

coxite /kok'site/ ➧ ***7*** f. coxitis*.

coyote /ko'jote/ m.inv. coyote*, prairie wolf* AE.

Cozie /'kɔttsie/ n.pr.f.pl. (anche **Alpi ~**) Cottian Alps.

cozza /'kɔttsa/ f. **1** ZOOL. mussel **2** FIG. SPREG. *(racchia)* dog **3** FIG. *(persona pigra)* ***fare la ~*** to be a stick in the mud.

cozzare /kot'tsare/ [1] **I** intr. (aus. *avere*) **1** *(incornare)* to butt **2** *(sbattere, scontrarsi)* to hit*; ***~ contro qcn., qcs.*** to bang into *o* to collide with sb., sth.; ***le due auto hanno cozzato frontalmente*** the two cars crashed head-on; ***la barca cozzò contro il pontile*** the boat rammed the wharf **3** FIG. *(essere in contrasto)* ***~ con il buon senso*** to go against common sense; ***le mie opinioni cozzano con le loro*** my views clash with theirs **II cozzarsi** pronom. **1** *(incornarsi)* to butt each other **2** RAR. *(scontrarsi)* to quarrel.

cozzo /'kɔttso/ m. **1** *(cornata)* butt **2** *(urto, scontro)* crash, collision.

c.p. ⇒ cartolina postale postcard (pc).

CP 1 ⇒ Casella Postale Post Office Box (P.O. BOX) **2** ⇒ Codice Penale Penal Code.

CPC ⇒ Codice di Procedura Civile code of civil procedure.

CPP ⇒ Codice di Procedura Penale code of criminal procedure.

crac /krak/ **I** inter. crack **II** m.inv. **1** *(rumore)* crack, creak; ***sentire un ~*** to hear a creak **2** ECON. *(crollo)* crash, smash, bankruptcy; ***il ~ della borsa*** the stock market crash.

crack /krak/ m.inv. *(droga)* crack.

cracker /'krɛker/ m.inv. **1** (salted) cracker, saltine AE **2** CHIM. ***~ catalitico*** catalytic cracker.

cracking /'krɛking/ m.inv. CHIM. cracking.

Cracovia /kra'kovja/ ➧ ***2*** n.pr.f. Cracow.

cra cra /'kra'kra/ **I** inter. *(di rane)* ribbit ribbit; *(di corvo)* caw caw **II** m.inv. **1** *(di rane)* croak **2** *(di corvi)* caw; ***fare ~*** to caw.

crafen /'krafen/ → **krapfen.**

CRAL /kral/ m. (⇒ circolo ricreativo assistenziale lavoratori) = recreational and welfare centre for workers.

crampo /'krampo/ m. cramp; ***avere un ~*** to have cramp BE *o* a cramp AE; ***~ alla gamba*** a cramp in one's leg; ***avere i -i allo stomaco*** to have stomach cramps; *(per l'agitazione)* to have butterflies in one's stomach; ***~ dello scrivano*** writer's cramp.

craniale /kra'njale/ → **cranico.**

cranico, pl. **-ci, -che** /'kraniko, tʃi, ke/ agg. [*nervo, indice*] cranial; ***scatola -a*** cranium; ***trauma ~*** head injury.

craniectomia /kranjekto'mia/ f. craniectomy.

cranio, pl. **-ni** /'kranjo, ni/ m. **1** ANAT. skull, cranium* **2** *(testa)* head; ***spaccare il ~ a qcn.*** to bust sb.'s head; ***avere il ~ duro*** FIG. to be thick-skulled **3 a cranio** COLLOQ. ***abbiamo pagato 10 sterline a ~*** we paid 10 pounds a head.

cranioleso /kranjo'lezo/ **I** agg. = having a cranial lesion **II** m. (f. **-a**) = person having a cranial lesion.

craniologia /kranjolo'dʒia/ f. craniology.

craniologo, m.pl. **-gi**, f.pl. **-ghe** /kranjologo, dʒi, ge/ m. (f. **-a**) craniologist.

craniometria /kranjome'tria/ f. craniometry.

cranioscopia /kranjosko'pia/ f. cranioscopy.

craniotomia /kranjoto'mia/ f. craniotomy.
crapula /'krapula/ f. crapulence, binge.
crapulone /krapu'lone/ m. guzzler.
crasi /'krazi/ f.inv. crasis*.
crasso /'krasso/ agg. **1** LETT. dense, thick **2** FIG. *(grossolano)* [*ignoranza*] crass, gross; [*stupidità*] crass **3** ANAT. ***intestino ~*** large intestine.
▷ **cratere** /kra'tɛre/ m. **1** ARCHEOL. GEOGR. crater **2** *(di bomba, granata)* (bomb) crater, shellhole ◆◆ ***~ avventizio*** side crater; ***~ lunare*** lunar crater; ***~ meteorico*** meteorite crater.
crauti /'krauti/ m.pl. sauerkraut sing.
▷ **cravatta** /kra'vatta/ f. **1** *(per camicia)* tie, necktie AE; ***un nodo di ~*** a (tie) knot; ***spilla da ~*** tie pin, scarf-pin, stick pin AE; ***fare il nodo alla ~*** to knot one's tie; ***allentare la ~*** to loosen one's tie; ***puntare la ~*** to put a tie pin on; ***essere in giacca e ~*** to be wearing a suit and tie; ***obbligo della ~*** neckties are required; ***indennità di ~*** clothing allowance; *(sugli inviti)* ***"~ bianca"*** "white tie and tail"; ***"~ nera"*** black tie **2** SPORT *(presa di testa)* headlock, stranglehold **3** MAR. sling **4** TECN. clamp ◆◆ ***~ a farfalla*** bow tie.
cravattaio, pl. **-ai** /kravat'tajo, ai/ ♦ ***18*** m. (f. **-a**) **1** *(chi fabbrica)* tie manufacturer; *(chi vende)* tie seller **2** COLLOQ. *(usuraio)* loan shark.
cravattino /kravat'tino/ m. bow tie ◆ ***afferrare, prendere qcn. per il ~*** to grab sb. by the collar.
crawl /krol/ m.inv. crawl; ***nuotare a ~*** to swim the crawl.
crawlista, m.pl. **-i**, f.pl. **-e** /kro'lista/ m. e f. crawl swimmer.
creanza /kre'antsa/ f. ***(buona) ~*** good manners pl., politeness; ***mala ~*** bad manners; ***senza ~*** rude, impolite; ***avere ~*** to have good manners, to be polite; ***avere la ~ di fare qcs.*** to have the decency to do sth.; ***offendere la buona ~*** to lack common decency.
▶ **creare** /kre'are/ [1] **I** tr. **1** *(produrre)* to create [*opera, modello, programma*]; to build* [*impero, opera, teoria*]; ***il piacere di ~*** the pleasure of creating; ***Dio creò l'uomo*** God created man; ***~ dei posti di lavoro*** to create new jobs **2** *(costituire)* to set* up [*compagnia, comitato*]; to establish [*precedente*] **3** FIG. *(causare, provocare)* to create [*scandalo*]; to cause [*imbarazzo*]; to give* rise to [*panico, malintesi*]; ***~ confusione*** to make a mess; ***~ una discendenza*** to establish a line **II crearsi** pronom. ***-rsi dei problemi*** to store up troubles for oneself.
creatina /krea'tina/ f. creatine.
creatinina /kreati'nina/ f. creatinine.
creatività /kreativi'ta/ f.inv. creativity, inventiveness.
creativo /krea'tivo/ **I** agg. **1** *(inventivo)* [*persona, soluzione, uso*] creative, inventive; ***scrittura -a*** creative writing **2** *(della creazione)* [*atto, processo*] creative **II** ♦ ***18*** m. (f. **-a**) *(nella pubblicità)* copywriter.
creato /kre'ato/ **I** p.pass. → **creare II** agg. created, invented **III** m. creation; ***le meraviglie del ~*** the wonders of creation.
creatore /krea'tore/ **I** agg. [*soffio, potenza*] creative; ***un dio ~*** a god of creation **II** m. creator, maker; ***il Creatore*** RELIG. the Creator, the Maker ◆ ***mandare qcn. al Creatore*** to send sb. to the other world; ***andare al Creatore*** to (go to) meet one's Maker ◆◆ ***~ di moda*** (fashion) designer.
creatrice /krea'trice/ f. creator, creatress.
▶ **creatura** /krea'tura/ f. **1** *(essere vivente)* creature, being; ***una ~ affascinante*** *(donna)* a charming creature **2** *(bambino)* baby, thing; ***povera ~!*** COLLOQ. poor (little) thing! **3** FIG. ***essere la ~ di qcn.*** [*persona*] to be sb.'s creature; ***il progetto, lo spettacolo è la sua ~*** the project, the show is his baby ◆◆ ***~ angelica*** angel.
creaturale /kreatu'rale/ agg. LETT. creatural.
▷ **creazione** /kreat'tsjone/ f. **1** *(invenzione)* creation, invention; *(di nuove parole)* coinage; ***è una ~ degli anni novanta*** it's a product of the nineties **2** *(costituzione)* *(di comitato, programma, impresa)* creation, establishment; ***~ di posti di lavoro*** job creation; ***ha avuto un ruolo fondamentale nella ~ della società*** he played an important role in creating the company **3** BIBL. *(atto)* ***la Creazione*** the Creation; *(creato)* ***in ogni angolo della ~*** in every corner of creation **4** ABBIGL. design, creation; ***una ~ originale di Valentino*** an exclusive design by Valentino; ***le ultime -i dell'alta moda italiana*** the latest of Italian haute couture.
creazionismo /kreattsjo'nizmo/ m. creationism.
creazionista, m.pl. **-i**, f.pl. **-e** /kreattsjo'nista/ m. e f. creationist.
credente /kre'dɛnte/ **I** agg. believing; ***essere ~*** to believe in God, to be a believer; ***non sono ~*** I don't believe in God, I'm a non believer; ***è ~, ma non praticante*** he believes in God, but he doesn't go to church **II** m. e f. believer; ***non ~*** nonbeliever.
1.credenza /kre'dɛntsa/ f. **1** belief; ***~ religiosa*** religious belief *o* faith; ***falsa ~*** fallacy, misbelief; ***-e popolari*** popular belief **2** *(opinione)* ***è mia ferma ~ che...*** it is my firm belief that...
▷ **2.credenza** /kre'dɛntsa/ f. **1** *(mobile)* *(in cucina)* cupboard, dresser; *(in sala da pranzo)* sideboard **2** *(in chiesa)* ambry.
credenziale /kreden'tsjale/ **I** agg. DIPL. ***lettere -i*** letters of credence **II credenziali** f.pl. **1** credentials; ***presentare le -i*** to present one's credentials **2** BANC. bank, banker's draft **3** FIG. ***avere buone -i presso qcn.*** to be held in high esteem by sb.
▶ **1.credere** /'kredere/ [2] **I** tr. *(ritenere, pensare)* to believe, to think*, to suppose; ***è assurdo ~ che*** it's absurd to think that; ***credo che venga*** I think he's coming; ***~ che sia necessario, bene fare*** to think it's necessary, a good thing to do; ***non crede che bisognerebbe avvisarlo?*** don't you think he should be told *o* we should warn him? ***credo che fossero circa le tre*** I suppose it was *o* it would have been about three o'clock; ***lo credevo malato, sincero*** I thought he was sick, true; ***la credevo in Africa!*** I thought she was in Africa! ***credo di sì*** I believe *o* think so; ***credo di no*** I don't think so, I believe not; ***"non puoi esserne sicuro" - "credo di no"*** "you can't be sure" - "I guess not"; ***credo di sapere di cosa sto parlando*** I think I know what I'm talking about; ***chi l'avrebbe mai creduto!*** who would have thought such a thing? ***crede che tutto le sia permesso*** she thinks she can do anything she wants; ***lo credi sul serio?*** do you really think so? ***se crede*** if you like; ***lo faccia, se crede*** do it, if you think it's right **II** intr. (aus. *avere*) **1** *(ammettere come vero)* ***~ a*** to believe, to swallow [*storia, bugia*]; to believe in [*fantasmi*]; ***nessuno ha creduto al suicidio*** nobody believed it was suicide; ***è da non ~!*** it's unbelievable! it's beyond *o* past belief! ***fare ~ qcs. a qcn.*** to make *o* have sb. believe sth. **2** *(avere fiducia, confidare)* ***~ in, a*** to believe in, to trust; ***~ nella medicina*** to have faith in doctors; ***~ nell'amore, nel progresso, nella felicità*** to believe in love, progress, happiness; ***devi credermi sulla parola*** you'll have to take my word for it; ***abbiamo creduto nella vittoria*** we believed we could win, we thought we'd win **3** *(avere fede)* ***~ in*** to believe in [*Dio, santo, spirito*] **4** *(prestare fede)* ***non credevo ai miei occhi, alle mie orecchie*** I couldn't believe my eyes, ears **III credersi** pronom. ***si crede bella*** she thinks she's beautiful; ***si crede qualcuno*** he thinks he's someone *o* something; ***si credono chissà chi*** they think they're somebody *o* the cat's whiskers ◆ ***fa' come credi*** do as you think best, do as you wish; ***ci credo! lo credo bene!*** I can well *o* quite believe it! I'll bet! ***chi credi di essere?*** who do you think you are?
2.credere /'kredere/ m. **1** ***a mio ~*** in my opinion; ***oltre ogni ~*** beyond all belief **2** DIR. ***star del ~*** del credere.
credibile /kre'dibile/ agg. **1** *(plausibile)* [*scusa*] credible, believable, plausible; ***mi sembra ~*** it seems plausible **2** [*persona*] credible, trustworthy, truthful; ***un testimone ~*** a reliable witness.
credibilità /kredibili'ta/ f.inv. **1** *(di cosa)* credibility; ***verificare la ~ dei fatti*** to verify *o* assess the credibility of the facts; ***dare ~ a qcs.*** to give credence to sth. **2** *(fiducia, credito)* credibility; ***guadagnare, perdere (in) ~*** to gain, lose credibility (**presso** with); *(prestigio)* ***gode di ~*** people trust in him.
creditizio, pl. **-zi**, **-zie** /kredi'tittsjo, tsi, tsje/ agg. [*sistema, mercato, volume, politica, posizione*] credit attrib.; ***stretta -a*** credit freeze *o* crunch *o* squeeze.
▷ **credito** /'kredito/ m. **1** AMM. COMM. credit; ***condizioni di ~*** credit terms; ***-i a lungo, breve termine*** long, short term credits; ***società, istituto di ~*** credit institution, (loan) bank; ***carta di ~*** credit *o* charge card; ***un'offerta di ~*** a credit offer; ***lettera di ~*** letter of credit; ***saldo a ~*** credit balance; ***vendita a ~*** credit deal; ***fare ~ a qcn.*** to give sb. credit; ***"non si fa ~"*** "no credit given"; ***concedere un ~ a qcn.*** to grant credit terms to sb.; ***comprare qcs. a ~*** to buy sth. on credit; ***essere in ~ con qcn.*** to be sb.'s creditor; ***il suo conto è in ~*** your account is in credit; ***essere in ~*** to be in the black; ***avere un conto a ~ presso un negoziante*** to have a credit account at a shop; ***il vostro ~ è di 1000 euro*** you are 1000 euros in credit; ***essere in ~ di 25 sterline*** to be 25 pounds in credit *o* to the good BE **2** *(considerazione, reputazione)* credit, credence, credibility; ***avere molto ~*** to have a lot of credibility, to be held in high esteem; ***non avere più alcun ~*** to no longer have any credibility **3** *(il credere)* ***dare ~ a qcn., qcs.*** to place credit on sb., sth., to give credence to sb., sth. **4** SCOL. UNIV. credit ◆◆ ***~ bancario*** bank credit; ***~ di cassa*** cash credit; ***~ al consumo*** consumer credit; ***~ contabile*** book claim; ***~ documentario*** documentary credit; ***~ edilizio*** → ***~ immobiliare***; ***-i esigibili*** outstanding debts; ***~ di fornitura*** trade credit; ***~ illimitato*** unsecured credit; ***~ immobiliare*** homebuyer's loan; ***~ d'imposta*** tax credit; ***~ inesigibile*** bad debt; ***~ ipotecario*** mortgage credit; ***~ ponte*** bridging BE *o* bridge AE loan; ***~ pubblico*** public credit; ***~ rateale*** instalment credit; ***~ rinnovabile*** rollover credit; ***~ rotativo*** revolving credit.
creditore /kredi'tore/ **I** agg. [*società*] credit attrib.; [*nazione*] creditor attrib. **II** m. (f. **-trice** /tritʃe/) creditor; ***dar pegno a un ~*** to give a

creditor security; ***liquidare*** o ***tacitare i -i*** to pay off the creditors ◆◆ ***~ ipotecario*** mortgagee; ***~ pignoratizio*** pledgee; ***~ privilegiato*** preferred creditor.

credo /'krɛdo/ m.inv. **1** *(principi)* creed, credo; ***~ politico*** political creed; ***sono dello stesso ~*** they share the same beliefs **2** RELIG. *(fede)* creed, faith, persuasion; *(simbolo apostolico)* (Apostles') Creed, credo; ***cantare il ~*** to sing the credo ◆◆ ***~ atanasiano*** Athanasian Creed.

credulità /kreduli'ta/ f.inv. credulity, gullibility, simple-mindedness.

credulo /'krɛdulo/ agg. credulous, gullible, simple-minded.

credulone /kredu'lone/ **I** agg. credulous, gullible, simple-minded **II** m. (f. **-a**) dupe; ***essere un ~*** to be easily taken in, to be a pushover.

▷ **crema** /'krɛma/ ➧ *3* **I** f. **1** GASTR. cream; ***~ al cioccolato*** chocolate cream; ***torta alla ~*** cream cake; ***bignè alla ~*** cream puff; ***~ di asparagi, di funghi*** *(zuppa vellutata)* cream of asparagus, mushroom soup; ***~ di pollo*** chicken soup; ***~ alla menta, al ribes nero*** *(liquore)* peppermint, blackcurrant liqueur **2** *(gusto di gelato)* = ice cream flavour made with milk, sugar and eggs **3** COSMET. cream; ***~ per le mani, il viso*** hand, face cream; ***~ per pelli secche*** dry skin cream; ***il prodotto esiste anche in ~*** the product also comes in a cream **4** FIG. *(élite)* cream, upper crust; ***la ~ (della ~) della società*** the cream *o* pick of society **II** m.inv. cream (colour BE *o* color AE) **III** agg.inv. ***(color) ~*** [*pittura, superficie, tessuto*] cream, creamy ◆◆ ***~ antirughe*** anti-wrinkle cream; ***~ da barba*** shaving cream; ***~ di bellezza*** beauty cream; ***~ depilatoria*** hair remover; ***~ detergente*** cream cleaner; ***~ da giorno*** day *o* vanishing cream; ***~ idratante*** moisturizer; ***~ da notte*** night cream; ***~ nutritiva*** skin food; ***~ pasticciera*** GASTR. custard cream; ***~ protettiva*** barrier cream; ***~ solare*** sun cream *o* block, suntan cream.

cremagliera /kremaʎ'ʎɛra/ f. rack; ***ferrovia a ~*** cog *o* rack railway; ***sterzo a ~*** rack-and-pinion steering.

cremare /kre'mare/ [1] tr. to cremate [*cadavere*].

crematistica /krema'tistica/ [1] f. chrematistics + verbo sing.

crematorio, pl. **-ri, -rie** /krema'tɔrjo, ri, rje/ **I** agg. crematory; ***forno ~*** incinerator, crematorium BE, crematory AE **II** m. *(edificio)* crematorium* BE, crematory AE.

cremazione /kremat'tsjone/ f. cremation.

crème /'krɛm/ f.inv. *(élite)* ***la ~ della società*** the cream *o* pick of society.

crème caramel /krɛmkara'mɛl/ m. e f.inv. crème caramel, caramel cream.

cremeria /kreme'ria/ f. REGION. milk bar, ice-cream parlour BE, ice-cream parlor AE.

cremino /kre'mino/ m. = chocolate consisting of one or more layers of cream between two layers of chocolate.

cremisi /'krɛmizi/ ➧ *3* **I** m.inv. crimson **II** agg.inv. crimson.

Cremlino /krem'lino/ n.pr.m. Kremlin.

cremlinologo, m.pl. **-gi**, f.pl. **-ghe** /kremli'nɔlogo, dʒi, ge/ m. (f. **-a**) Kremlinologist.

cremonese /kremo'nese/ ➧ *2* **I** agg. from, of Cremona **II** m. e f. native, inhabitant of Cremona **III** f. *(chiusura di finestre e porte)* cremone bolt.

cremore /kre'more/ m. ***~ di tartaro*** cream of tartar.

cremosità /kremosi'ta/ f.inv. *(di yogurt, gelato, crema)* creaminess.

cremortartaro /kremor'tartaro/ m. cream of tartar.

cremoso /kre'moso/ agg. [*salsa, gelato*] creamy.

cren /'krɛn/ m.inv. horseradish.

crenato /kre'nato/ agg. [*foglia*] crenate(d).

crenatura /krena'tura/ f. crenation.

creolina /kreo'lina/ f. creoline.

creolo /'krɛolo/ ➧ *16* **I** agg. Creole **II** m. (f. **-a**) **1** *(persona)* Creole **2** *(lingua)* Creole.

creosolo /kreo'zɔlo/ m. creosol.

creosoto /kreo'zɔto/ m. creosote.

crepa /'krɛpa/ f. **1** *(fenditura)* crack, slit, chink, crevice, fissure; *(in contenitore, serbatoio)* leak; ***una ~ nel muro*** a crack in the wall **2** FIG. crack, rift; ***la loro amicizia mostra qualche ~*** there are some rifts in their friendship.

crepaccio, pl. **-ci** /kre'pattʃo, tʃi/ m. *(di ghiacciaio)* crevasse; *(nelle rocce)* cleft, rift, slit ◆◆ ***~ terminale*** bergschrund.

crepacuore /krɛpa'kwɔre/ m. heartbreak; ***morire di ~*** to die of a broken heart.

crepapelle: **a crepapelle** /akrɛpa'pɛlle/ avv. ***ridere a ~*** to laugh till one's sides ache, to laugh fit to burst, to hoot *o* scream with laughter, to laugh oneself silly; ***fare ridere qcn. a ~*** to have sb. in fits *o* stitches; ***mangiare a ~*** to eat till one bursts.

▷ **crepare** /kre'pare/ [1] **I** intr. (aus. *essere*) **1** COLLOQ. *(scoppiare)* to burst*; ***~ dal caldo, dal freddo*** to stew, to freeze (to death); ***~ di fame*** to starve; ***~ di sete*** to be dying of thirst; ***~ di invidia, gelosia*** to be eaten up *o* consumed with envy, jealousy; ***~ dalla voglia di fare*** to be dying to do; ***si crepa dal caldo*** o ***dal freddo in questa casa*** the hot, cold in this house is killing us; ***~ dalle risate*** to kill oneself laughing, to laugh fit to burst; ***c'è da ~ dal ridere*** it's hysterically funny **2** POP. *(morire)* to croak, to pop off, to kick the bucket, to peg out, to snuff it; ***che crepi!*** he can go to hell! he can die, for all I care! ***crepa!*** drop dead! ***meglio ~ (piuttosto che...)*** I'd rather die (than...); ***lasciare*** o ***fare ~ qcn. di fame, freddo*** to let sb. starve, freeze to death; ***(tu) ci vuoi far ~!*** are you trying to finish us off? **3** *(spaccarsi, riempirsi di crepe)* to crack; ***in seguito al terremoto le pareti sono crepate*** the walls were all cracked after the earthquake **II creparsi** pronom. [*terra, muro*] to crack, to split*; [*labbra*] to chap, to crack; [*vetro*] to crack ◆ ***crepi l'avarizia!*** to hell with the expence! hang the expence! ***~ di salute*** to be bursting with health.

crepato /kre'pato/ **I** p.pass. → **crepare II** agg. [*muro, vaso*] cracked.

crepatura /krepa'tura/ f. crack, fissure.

1.crêpe /krɛp/ f.inv. GASTR. crepe, crêpe, pancake.

2.crêpe /krɛp/ m.inv. TESS. crepe, crêpe.

crepitare /krepi'tare/ [1] intr. (aus. *avere*) [*fuoco*] to crackle, to pop; [*radio*] to crackle; [*fuoco d'artificio*] to fizz, to pop; [*foglie*] to rustle.

crepitazione /krepitat'tsjone/ f. MED. crepitation.

crepitio, pl. **-ii** /krepi'tio, ii/ m. *(di fuoco)* crackle, crackling, popping; *(di armi da fuoco)* rattle, rattling; *(di fuochi d'artificio)* pop, fizz; *(di foglie)* rustle, rustling.

crepon /kre'pɔn/ m.inv. crepon.

crepuscolare /krepusko'lare/ **I** agg. **1** [*visione*] crepuscular, twilight attrib.; ***luce ~*** twilight, half-light **2** MED. PSIC. ***stato ~*** twilight state; ***cecità ~*** day blindness; ***sonno ~*** twilight sleep **3** ZOOL. [*farfalla*] crepuscular **4** RAR. FIG. *(incerto, vago)* [*sentimento*] shadowy, obscure **5** LETTER. ***poeta ~*** = poet belonging to "crepuscolarismo" **II** m. → **poeta crepuscolare**.

crepuscolarismo /krepuskola'rismo/ m. = early 20th century Italian literary movement.

crepuscolo /kre'puskolo/ m. twilight, dusk; ***al ~*** in the *o* at twilight; ***il ~ della vita*** FIG. the twilight years.

crescendo /kreʃ'ʃɛndo/ **I** m.inv. **1** MUS. crescendo* **2** FIG. ***un ~ di insulti*** a crescendo *o* a growing wave of insults **II** avv. MUS. crescendo.

crescente /kreʃ'ʃɛnte/ agg. growing, mounting, increasing; [*oscurità, mistero, confusione*] deepening; [*possibilità*] expanding; [*ottimismo, preoccupazione, scontento*] rising; ***in maniera ~*** growingly, increasingly; ***in ordine ~*** in ascending order; ***luna ~*** waxing moon; ***marea ~*** rising tide; ***la ~ ondata di scontento*** the rising tide of discontent; ***il ~ numero degli oppositori*** the growing number of opposers; ***la situazione peggiora a ritmo ~*** the situation is worsening at an increasingly fast rate.

1.crescenza /kreʃ'ʃɛntsa/ → **crescita.**

2.crescenza /kreʃ'ʃɛntsa/ f. GASTR. INTRAD. (kind of soft cheese typical of Lombardy).

▶ **crescere** /'kreʃʃere/ [33] **I** intr. (aus. *essere*) **1** FISIOL. BOT. *(svilupparsi)* [*animale, persona, unghie, capelli, barba*] to grow*; [*pianta*] to grow*, to come* (up); ***lasciarsi*** o ***farsi ~ i capelli, la barba, i baffi*** to grow one's hair, a beard, a moustache, to let one's hair beard, moustache grow; ***~ di 5 cm*** [*persona, pianta*] to grow 5 cm; ***~ a dismisura*** to grow uncontrollably; ***~ in altezza*** to grow taller; ***come sei cresciuto!*** haven't you grown! my, how you've grown! ***crescete e moltiplicatevi*** BIBL. be fruitful and multiply **2** *(aumentare) (di numero, importanza, intensità)* [*temperatura, livello, prezzo*] to go* up, to rise*, to increase; [*profitti, vendite, produzione*] to increase, to turn up; [*rumore*] to grow*, to increase; [*sentimento, inquietudine, speranza*] to rise*, to grow*, to increase; [*tensione*] to grow*, to mount; ***la famiglia è cresciuta*** FIG. the family is growing; ***il livello dell'acqua cresce a vista d'occhio*** the water level is rising before our very eyes; ***~ del 3%*** [*tasso*] to increase by 3%; ***l'economia è cresciuta del 2%*** the economy has grown 2%; ***~ di volume, in intelligenza*** to grow in volume, intelligence; ***~ di 2 chili*** *(ingrassare)* to gain *o* put on 2 kilos; ***~ nella stima di qcn.*** *(essere più apprezzato)* to go up *o* rise in sb.'s esteem **3** *(trascorrere l'infanzia)* to grow* up; ***siamo cresciuti insieme, in campagna*** we grew up together, in the country; ***è cresciuto in collegio*** he was brought up in a boarding school **4** FIG. *(maturare)* ***~ come genitori*** to mature as parents; ***quando ti deciderai a ~?*** when will you grow up? **5** COLLOQ. *(essere in eccedenza)* ***mi cresce un quaderno*** I've got an extra notebook **6** MAT. [*valore, funzione*] to increase **7** ASTR. [*luna*] to wax **II** tr. **1** *(allevare)* to raise, to bring* up [*figli*]; ***essere cresciuto dai nonni*** to be raised by one's grandparents **2** *(nel lavoro a maglia)* to increase [*maglia*].

crescione /kreʃ'ʃone/ m. cress ◆◆ ~ ***inglese*** garden cress; ~ ***d'acqua*** watercress.

▷ **crescita** /'kreʃʃita/ f. **1** FISIOL. BOT. *(di bambini, piante)* growth; ***durante la*** ~ while growing; ***dolori della*** ~ growing pains; ***ormone della*** ~ growth hormone; ***la*** ~ ***delle unghie, dei capelli*** nail, hair growth **2** ECON. growth; ~ ***annuale, economica, demografica*** annual, economic, population growth; ~ ***del 7%*** 7% increase; ***in*** ~ [*prezzi, costi*] rising; ***in piena*** ~ [*economia*] fast-growing, soaring **3** *(aumento) (di prezzi, temperatura, acque, violenza, intolleranza)* rise, increase; *(di costi, tassi delle spese)* increase; ***in*** ~ ***del 10% rispetto al 1999*** up 10% compared with 1999; ***essere in*** ~ [*valuta, quotazioni*] to be rising; [*risultato, tendenza*] to be on the increase; ***in forte*** ~ [*moneta*] rapidly growing; ***si osserva una netta*** ~ ***del livello dell'oceano*** you can see quite clearly that the sea level is rising; ***niente può fermare la*** ~ ***del partito*** nothing can stop the party's progress; ***tasso di*** ~ rate of expansion ◆◆ ~ ***esponenziale*** exponential growth; ~ ***zero*** zero population growth.

cresciuto /kreʃ'ʃuto/ **I** p.pass. → **crescere II** agg. [*bambino*] grown.

cresima /'krɛzima, 'kresima/ f. confirmation; ***ricevere*** o ***fare la*** ~ to be confirmed.

cresimale /krezi'male/ m. RELIG. confirmatory.

cresimando /krezi'mando/ m. (f. **-a**) confirmand.

cresimare /krezi'mare/ [1] tr. to confirm.

cresimato /krezi'mato/ m. (f. **-a**) confirmee.

creso /'krɛzo/ m. ***essere (ricco come) un*** ~ to be as rich as Croesus.

Creso /'krɛzo/ n.pr.m. Croesus.

cresolo /kre'zɔlo/ m. cresol.

crespa /'krespa/ f. **1** *(di pelle)* wrinkle, crinkle; *(di tessuto)* gather, crinkle **2** *(delle acque)* ripple.

crespare /kres'pare/ [1] tr. LETT. to curl, to wrinkle.

crespato /kres'pato/ **I** p.pass. → **crespare II** agg. [*carta, gomma*] crepe.

crespatura /krespa'tura/ f. crimping.

crespella /kres'pɛlla/ f. GASTR. crepe, crêpe.

crespino /kres'pino/ m. barberry, berberry.

crespo /'krespo/ **I** agg. **1** *(riccio)* [*capelli*] frizzy, kinky, crimped; ***dai capelli -i*** [*persona*] frizzy-haired; ***lattuga -a*** curly lettuce **2** *(increspato)* [*tessuto*] crinkled **II** m. crepe, crêpe; ~ ***di lana, seta*** wool, silk crêpe ◆◆ ~ ***di Cina*** crêpe de Chine.

▷ **1.cresta** /'kresta, 'krɛsta/ f. **1** *(di animale)* crest, comb **2** *(di elmo)* crest, plume **3** *(dell'onda)* crest **4** GEOGR. *(di monte)* ridge; ***linea di*** ~ ALP. crest line; ***in*** ~ on the ridge *o* crest **5** *(crestina)* white starched cap **6** ANAT. crest ◆ ***essere sulla*** ~ ***dell'onda*** to be on the crest of a wave; ***alzare la*** ~ to get on one's high horse; ***abbassare la*** ~ to come off one's high horse, to vail one's pride; ***fare abbassare la*** ~ ***a qcn.*** to take sb. down a peg or two, to take the wind down of sb.'s sail ◆◆ ~ ***di gallo*** BOT. cockscomb.

2.cresta /'kresta, 'krɛsta/ f. ***fare la*** ~ ***(sulla spesa)*** to chisel a bit on the shopping.

crestato /kres'tato/ agg. cristate(d).

crestina /kres'tina/ f. white starched cap.

crestomazia /krestomat'tsia/ f. chrestomathy.

creta /'kreta, 'krɛta/ f. **1** *(materiale)* clay; ***vaso di*** ~ clay pot **2** *(oggetto)* clay object.

Creta /'kreta/ ➧ **14** n.pr.f. Crete; ***a*** ~ in *o* on Crete.

cretaceo /kre'tatʃeo/ **I** agg. [*roccia, terra*] cretaceous, chalky; [*periodo*] Cretaceous **II** m. ***il*** ~ the Cretaceous period.

cretese /kre'tese/ **I** agg. Cretan **II** m. e f. Cretan.

cretico, pl. **-ci, -che** /'krɛtiko, tʃi, ke/ agg. **1** METR. cretic **2** BOT. ***dittamo*** ~ dittany.

cretinata /kreti'nata/ f. COLLOQ. **1** *(azione, parola da cretino)* ***fare, dire -e*** to do, say stupid things; ***che*** ~ ***di film!*** what a stupid film! ***non dire -e!*** don't talk nonsense! **2** *(cosa da nulla)* trifle; ***non vorrai prendertela per quelle -e!*** you can't get angry for silly things like that! ***l'ho pagato*** o ***mi è costato una*** ~ I got it for next to nothing.

cretineria /kretine'ria/ f. stupidity, foolishness.

cretinismo /kreti'nizmo/ ➧ **7** m. MED. cretinism.

▶ **cretino** /kre'tino/ **I** agg. [*persona*] stupid, foolish; [*film, ragionamento*] stupid, dumb; [*domanda*] stupid, silly **II** m. (f. **-a**) **1** COLLOQ. SPREG. fool, idiot; ***è un*** ~ ***calzato e vestito*** he's a perfect idiot; ***fare il*** o ***comportarsi da*** ~ to fool around, to act like a fool; ***(pezzo di)*** ~***!*** you stupid fool! **2** MED. cretin, cretinous.

cretinoide /kreti'nɔide/ agg. MED. cretinoid.

cretonne /kre'tɔn/ m.inv. cretonne.

cretoso /kre'toso/ agg. [*terreno*] clayey.

CRI ⇒ Croce Rossa Italiana Italian Red Cross.

cribbio /'kribbjo/ inter. blast, damn.

cribroso /kri'broso/ agg. BOT. [*cellula, tubo*] cribriform.

1.cric /krik/ m.inv. *(martinetto)* jack; ***sollevare qcs. con il*** ~ to jack sth. up ◆◆ ~ ***idraulico*** hydraulic jack.

2.cric /krik/ **I** inter. crack **II** m.inv. crack, creak; ***sentire un*** ~ to hear a creak.

cricca, pl. **-che** /'krikka, ke/ f. gang, band, bunch, clique SPREG.; ***una*** ~ ***di amici*** a bunch of friends.

cricchetto /krik'ketto/ m. pawl.

cricchiare /krik'kjare/ [1] intr. (aus. *avere*) to crack, to creak.

cricchio, pl. **-chi** /'krikkjo, ki/ m. cracking (sound).

cricco, pl. **-chi** /'krikko, ki/ m. → **1.cric.**

criceto /kri'tʃɛto/ m. hamster.

cricket /'kriket/ ➧ **10** m.inv. cricket; ***campo da*** ~ cricket ground.

cri cri /'krikri/ **I** inter. chirp chirp **II** m.inv. chirr, chirp; ***il*** ~ ***dei grilli*** the chirr of the crickets; ***fare*** ~ to chirr, to chirp.

Crimea /kri'mɛa/ n.pr.f. Crimea; ***guerra di*** ~ Crimean War; ***penisola di*** ~ Crimea, Crimean peninsula.

▷ **criminale** /krimi'nale/ **I** agg. [*atto, regime, comportamento, tendenza, metodi*] criminal; ***antropologia*** ~ criminal anthropology; ***indagine*** ~ murder inquiry, criminal investigation; ***un passato*** ~ a crime-ridden past **II** m. e f. criminal, felon STOR. DIR.; ***ha un'aria da*** ~ he's a murderous-looking individual; ***guidare come un*** ~ to drive like a maniac ◆◆ ~ ***di guerra*** war criminal.

criminalista, m.pl. **-i**, f.pl. **-e** /krimina'lista/ m. e f. criminal lawyer.

criminalità /kriminali'ta/ f.inv. criminality, crime; ***grande, piccola*** ~ serious, petty crime; ***la lotta alla*** ~ the fight against crime, the detection of crime; ***combattere*** o ***arginare la*** ~ to fight crime ◆◆ ~ ***minorile*** youth crime; ~ ***organizzata*** organized crime; ~ ***informatica*** computer crime.

criminalizzare /kriminalid'dzare/ [1] tr. to portrait as a criminal.

criminalizzazione /kriminaliddzat'tsjone/ f. ***la*** ~ ***di un individuo*** portraying a person as a criminal.

Criminalpol /kriminal'pɔl/ f.inv. = crime squad.

▷ **crimine** /'krimine/ m. crime, criminal act, criminal offense, felony DIR. (**contro** against); ***commettere un*** ~ to commit a crime ◆ ***il*** ~ ***non paga*** crime doesn't pay ◆◆ ~ ***di guerra*** war crime; ~ ***di Stato*** crime against the state; ~ ***contro l'umanità*** crime against humanity.

criminologia /kriminolo'dʒia/ f. criminology.

criminologo, m.pl. **-gi**, f.pl. **-ghe** /krimi'nɔlogo, dʒi, ge/ ➧ **18** m. (f. **-a**) criminologist.

criminosità /kriminosi'ta/ f.inv. criminality.

criminoso /krimi'noso/ agg. [*comportamento, atto, attività*] criminal.

crinale /kri'nale/ m. GEOGR. *(di montagna)* ridge; *(di collina)* crest, spine.

crine /'krine/ m. **1** *(di cavallo)* horsehair; ***materasso di*** ~ horsehair mattress; ***guanto di*** ~ massage glove **2** LETT. *(capigliatura)* hair ◆◆ ~ ***vegetale*** vegetable fibre.

criniera /kri'njɛra/ f. mane (anche FIG.); ***il vento arruffava la*** ~ ***del cavallo*** the wind swept back the mane of the horse; ***una*** ~ ***di capelli rossi, di ricci*** a mop of red, curly hair.

crinito /kri'nito/ agg. LETT. [*persona*] long-haired.

crinoide /kri'nɔjde/ agg. crinoid; ***a -i*** crinoidal.

crinolina /krino'lina/ f. crinoline; ***un vestito di*** o ***con*** ~ a hoop dress.

criobiologia /kriobiolo'dʒia/ f. cryobiology.

criochirurgia /kriokirur'dʒia/ f. cryosurgery.

crioelettronica, pl. **-che** /krioelet'trɔnika, ke/ f. cryoelectronics + verbo sing.

criogenia /kriodʒe'nia/ f. cryogenics + verbo sing.

criogenico, pl. **-ci, che** /krio'dʒɛniko, tʃi, ke/ agg. cryogenic; ***fluido*** ~ cryogen; ***conservazione -a*** cold storage.

crioidrato /krioi'drato/ m. cryohydrate.

criolite /krio'lite/ f. cryolite.

criologia /kriolo'dʒia/ f. cryology.

criometro /kri'ɔmetro/ m. cryometer.

crioscopia /kriosko'pia/ f. cryoscopy.

criosonda /krio'sonda/ f. cryoprobe.

criostato /kri'ɔstato/ m. cryostat.

crioterapia /kriotera'pia/ f. cryotherapy.

cripta /'kripta/ f. **1** ARCH. crypt, vault, undercroft **2** ANAT. crypt.

criptare /krip'tare/ [1] tr. to scramble [*segnale*]; to encrypt [*dati*].

criptato /krip'tato/ **I** p.pass. → **criptare II** agg. coded; TELEV. scrambled.

criptestesia /kripteste'zia/ f. cryptaesthesia.
cripticamente /kriptika'mente/ avv. cryptically.
criptico, pl. **-ci**, **-che** /'kriptiko, tʃi, ke/ agg. cryptic.
cripto /'kripto/ m. krypton.
criptofita /krip'tɔfita/ f. cryptophyte.
criptonimo /kri'ptɔnimo/ m. cryptonym.
criptoportico, pl. **-ci** /kripto'pɔrtiko, tʃi/ m. cryptoporticus*.
crisalide /kri'zalide/ f. chrysalis*, chrysalid*.
▷ **crisantemo** /krizan'tɛmo/ m. chrysanthemum, mum, chrysant COLLOQ.
▶ **crisi** /'krizi/ f.inv. **1** *(difficoltà)* crisis*; **~ coniugale, adolescenziale** marital, adolescent crisis; **essere in ~** [*coppia, educazione*] to be in crisis; **attraversare un periodo di ~** to undergo *o* go through a crisis; **in tempo di ~** in times of emergency; **in piena ~** crisis-ridden; **mettere qcn. in ~** to put sb. in a difficult position **2** POL. ECON. crisis*; **~ bancaria, petrolifera** banking, oil crisis; **~ interna** domestic crisis; **in (piena) ~** [*settore, paese*] in (the middle of a) crisis; **essere sull'orlo della ~** to be on the verge of a crisis; **risentire degli effetti della ~** to feel the effects of the crisis; **la grande ~, la ~ del 1929** STOR. the Great Depression, the Slump **3** *(penuria)* shortage, crisis*; **~ della manodopera** shortage of labour; **~ occupazionale** job shortage; **~ degli alloggi** housing crisis *o* crunch **4** MED. attack, fit, outburst; **avere una ~** to have a crisis *o* a seizure; **~ d'asma** asthma attack; **in caso di ~** in case of an attack **5** *(accesso)* fit, (out)burst; **~ di pianto** burst of weeping, fit of crying; **avere una ~ di nervi** to throw a blue fit, to go into hysterics; **avere una ~ di depressione** to have a bout of depression ◆◆ **~ d'astinenza** withdrawal symptoms, cold turkey COLLOQ.; **~ cardiaca** heart attack; **~ emotiva** personal *o* emotional crisis; **~ energetica** energy crunch *o* crisis; **~ epilettica** epileptic fit; **~ di governo** government crisis; **~ d'identità** identity crisis; **~ isterica** hysterics; **~ del mercato** ECON. slump in the stock exchange; **~ monetaria** ECON. cash crisis; **~ di panico** panic attack; **~ di rigetto** rejection (crisis).
crisma /'krizma/ m. **1** RELIG. chrism **2** FIG. *(approvazione)* blessing; **il ~ dell'ufficialità** official approval ◆ **con tutti i -i** in strict accordance with the rules.
crisoberillo /krizobe'rillo/ m. chrysoberyl.
crisolito /kri'zɔlito/ m. chrysolite.
crisopazio, pl. **-zi** /krizo'pattsjo, tsi/, **crisopras(i)o** /krizo'praz(j)o/ m. chrysoprase.
crisotilo /kri'zɔtilo/ m. chrysotile.
Crispino /kris'pino/ n.pr.m. Crispin.
cristadelfiano /kristadel'fjano/ **I** agg. Christadelphian **II** m. (f. **-a**) Christadelphian.
cristalleria /kristalle'ria/ f. **1** *(negozio)* crystal shop **2** *(fabbrica)* crystal work, crystal factory, glassworks + verbo sing. o pl. **3** *(oggetti di cristallo)* glass(ware), crystal(ware).
cristalliera /kristal'ljɛra/ f. glass (display) cabinet.
cristallifero /kristal'lifero/ agg. crystalliferous.
cristallino /kristal'lino/ **I** agg. **1** GEOL. [*roccia*] crystalline **2** CHIM. FIS. [*struttura, reticolo*] crystal attrib. **3** *(di, simile al cristallo)* [*vaso*] crystal attrib. **4** FIG. *(limpido, puro)* [*acqua, voce, riso, coscienza*] crystal (clear), crystalline **II** m. crystalline lens.
cristallite /kristal'lite/ f. crystallite.
cristallizzabile /kristallid'dʒabile/ agg. crystallizable.
cristallizzare /kristallid'dzare/ [1] **I** tr. to crystallize [*sostanza*] **II** intr. (aus. *essere*) [*roccia*] to crystallize **III cristallizzarsi** pronom. **1** [*sale, zucchero*] to crystallize; [*miele*] to solidify **2** FIG. [*abitudini, comportamenti*] to crystallize.
cristallizzazione /kristalliddzat'tsjone/ f. crystallization (anche FIG.).
▷ **cristallo** /kris'tallo/ m. **1** CHIM. MINER. crystal; **~ di zolfo, ghiaccio, neve** sulphur, ice, snow crystal **2** *(materiale)* crystal; **~ di Boemia, baccarat** Bohemian, Baccarat glass; **di ~** [*vaso, statua*] crystal attrib., made of crystal **3** *(oggetto)* **i -i** crystalware; **i -i del lampadario** the crystal droplets of the chandelier **4** *(lastra di vetro)* (plate) glass; *(dell'auto)* (car) window; *(di negozio)* shop window; **notte dei -i** STOR. kristallnacht ◆◆ **~ laminato** Triplex®; **~ liquido** liquid crystal; **~ di piombo** lead crystal; **~ di quarzo** quartz (rock) crystal; **~ di rocca** rock crystal, pebble.
cristallochimica /kristallo'kimika/ f. chemical crystallography.
cristallografia /kristallogra'fia/ f. crystallography.
cristallografico, pl. **-ci**, **-che** /kristallo'grafiko, tʃi, ke/ agg. crystallographical.
cristalloide /kristal'lɔide/ **I** agg. crystalloid **II** m. crystalloid.
cristalloterapia /kristallotera'pia/ f. crystal therapy.
cristianamente /kristjana'mente/ avv. [*vivere*] like a good Christian, in a Christian way, christianly; *(umanamente)* **trattare qcn. ~** to treat sb. humanely.
cristianesimo /kristja'nezimo/ m. Christianity; **convertire qcn. al ~** to convert sb. to Christianity.
cristiania /kris'tjanja/ m.inv. SPORT christiania; **~ parallelo** parallel turn.
cristianità /kristjani'ta/ f.inv. **1** *(carattere cristiano)* Christianity **2** *(mondo cristiano)* Christendom.
cristianizzare /kristjanid'dzare/ [1] tr. to Christianize.
cristianizzazione /kristjaniddzat'tsjone/ f. Christianization.
▶ **cristiano** /kris'tjano/ **I** agg. **1** [*carità, fede, dottrina, comunità, chiesa*] Christian **2** COLLOQ. *(umano)* human; **trattare qcn. in modo ~** to treat sb. humanely **II** m. (f. **-a**) **1** Christian; **diventare** o **farsi ~** to become a Christian; **professarsi ~** to proclaim oneself a Christian **2** *(essere umano)* **non c'era un ~** there wasn't a soul; *(brav'uomo)* **un povero ~** a poor man *o* soul **3 da cristiano** *(decente)* decent, proper; *(umano)* human; **comportarsi da ~** to act in a civilized manner.
Cristiano /kris'tjano/ n.pr.m. Christian.
cristiano-sociale /kristjanoso'tʃale/ agg. Christian-socialist.
Cristina /kris'tina/ n.pr.f. Christina.
▶ **Cristo** /'kristo/ m. **1** **(il) ~** Christ; **Gesù ~** Jesus Christ; **(il) ~ in croce** o **crocifisso** the crucifix; **un ~ in bronzo** a bronze crucifix; **avanti ~** before Christ; **dopo ~** Anno Domini, AD; **nell'anno di ~ 500** ANT. in 500 AD **2** COLLOQ. **povero cristo!** poor devil! **3** *(come bestemmia)* **~!** Christ!
Cristoforo /kris'tɔforo/ n.pr.m. Christopher; **~ Colombo** Christopher Columbus.
cristologia /kristolo'dʒia/ f. Christology.
cristologico, pl. **-ci**, **-che** /kristo'lɔdʒiko, tʃi, ke/ agg. Christological.
cristologo, pl. **-gi**, f.pl. **-ghe** /kris'tologo, dʒi, ge/ m. (f. **-a**) Christologist.
criterio, pl. **-ri** /kri'tɛrjo, ri/ m. **1** *(parametro)* criterion*, standard; **adottare un ~** to follow a criterion, to adopt a standard; **un ~ di massima** a rough guide; **giudicare tutti con lo stesso ~** to measure all people by the same yardstick; **scegliere qcn., qcs. secondo determinati -ri** to choose sb., sth. following certain criteria; **rispondere a un ~** to meet a criterion; **secondo i -i attuali** by today's standards **2** *(senno)* common sense, good sense; **agire senza ~** to act recklessly; **è una persona senza ~** he lacks common sense; **con ~** [*giudicare, agire*] sensibly.
criterium /kri'tɛrjum/ m.inv. SPORT = restricted competition.
▷ **critica**, pl. **-che** /'kritika, ke/ f. **1** *(giudizio negativo)* criticism (**nei confronti, nei riguardi di** towards); **subissare qcn. di -che** to heap criticism on sb.; **le tue continue -che** your constant criticism; **essere (l')oggetto di -che** to be the butt of criticism; **muovere** o **fare una ~ a qcn.** to criticize sb.; **esporsi alle -che** to lay *o* leave oneself open to criticism *o* attack; **andare incontro a, ricevere -che** to come in for, to receive criticism; **suscitare molte -che** to draw *o* receive much criticism; **devo farti** o **rivolgerti una ~** there is one thing I would criticize you for **2** *(recensione)* review(al), critique; *(saggio critico)* critical essay **3** *(attività intellettuale)* **la ~ storica, letteraria, musicale, testuale** historical, literary, music, textual criticism **4** *(insieme dei critici)* **la ~ è unanime: è un capolavoro** the critics all agree that it's a masterpiece; **essere acclamato dalla ~** to be acclaimed by the critics; **il film ebbe un successo di ~** the film had *o* was a critical success; **essere stroncato dalla ~** to be badly reviewed, to be struck down by the critics.
criticabile /kriti'kabile/ agg. criticizable.
criticamente /kritika'mente/ avv. critically.
▷ **criticare** /kriti'kare/ [1] tr. **1** *(giudicare negativamente)* to criticize; **non fa altro che ~** he criticizes everything, he finds fault with everything; **farsi ~ per qcs.** to be criticized for sth. **2** *(recensire)* to review [*opera, libro*].
criticismo /kriti'tʃizmo/ m. FILOS. criticism.
criticità /krititʃi'ta/ f.inv. NUCL. FIS. criticality.
▷ **critico**, pl. **-ci**, **-che** /'kritiko, tʃi, ke/ **I** agg. **1** *(difficile, decisivo)* [*situazione, età*] critical; **il paese attraversa un momento ~** the country is going through a crucial period; **raggiungere un punto ~** to reach a crisis point; **la fase -a di una malattia** the critical *o* crucial stage of a malady **2** *(di disapprovazione)* [*spirito*] critical; *(che giudica, critica)* [*commento*] critical; **guardare** o **osservare con occhio ~** to take a critical look at sth.; **mancare di** o **avere poco senso ~** to lack critical judgement **3** *(analitico)* [*studio, analisi, saggio*] critical **4** CHIM. FIS. [*temperatura, massa*] critical **II** ➧ **18** m. (f. **-a**) critic, reviewer; **un ~ letterario, musicale, teatrale, cinematografico, d'arte** a literary, music, drama, film, art critic.
criticone /kriti'kone/ m. (f. **-a**) COLLOQ. fault-finder, critic.
crittogama /krit'tɔgama/ f. cryptogam.
crittogamia /krittoga'mia/ f. cryptogamy.

crittogamico, pl. **-ci**, **-che** /kritto'gamiko, tʃi, ke/ agg. cryptogamic, cryptogamous.
crittografato /krittogra'fato/ agg. [*parole crociate*] cryptic.
crittografia /krittogra'fia/ f. cryptography.
crittografico, pl. **-ci**, **-che** /kritto'grafiko, tʃi, ke/ agg. cryptographic(al).
crittografo /krit'tɔgrafo/ m. (f. **-a**) cryptographer.
crittogramma /kritto'gramma/ m. cryptogram.
crivellare /krivel'lare/ [1] tr. to riddle; ***~ qcn., qcs. di pallottole*** to riddle *o* spray sb., sth. with bullets.
crivello /kri'vɛllo/ m. *(setaccio)* riddle, screen, sieve.
croato /kro'ato/ ➧ ***25, 16*** **I** agg. Croatian **II** m. **1** (f. **-a**) *(persona)* Croat, Croatian **2** *(lingua)* Croatian.
Croazia /kro'atsja/ ➧ ***33*** n.pr.f. Croatia.
croccante /krok'kante/ **I** agg. [*biscotto, pane, toast*] crisp, crispy, crunchy; ***diventare ~*** to crisp up **II** m. brittle.
croccantino /krokkan'tino/ m. brittle.
crocchetta /krok'ketta/ f. croquette; ***-e di patate*** potato croquettes, croquette potatoes.
crocchia /'krɔkkja/ f. bun, coil; ***legare*** o ***raccogliere i capelli in una ~*** to do one's hair up into a bun.
crocchiare /krok'kjare/ [1] intr. (aus. *avere*) **1** *(scricchiolare)* to crack **2** *(chiocciare)* [*gallina*] to cluck.
crocchio, pl. **-chi** /'krɔkkjo, ki/ m. group, circle, knot; ***far ~ (attorno a qcn.)*** to form a group *o* to gather (around sb.).
▶ **croce** /'krotʃe/ f. **1** *(oggetto)* cross; ***in ~*** crosswise, in the shape of a cross; ***essere disposto*** o ***sistemato a mo' di ~*** to form a cross, to be arranged crosswise; ***a (forma di) ~*** cross-shaped, cruciform; ***essere messo in ~*** *(essere crocifisso)* to be crucified; ***la morte di Cristo sulla ~*** Christ's death on the cross **2** *(segno)* cross; ***segnare un nome con una ~*** to put a cross against a name; ***firmare con una ~*** to make one's mark, o sign one's name with a cross; ***punto ~*** cross-stitch **3** *(tormento)* cross, trial; ***essere una ~ per qcn.*** to be a trial to sb.; ***questo bambino è una vera ~*** this child is a cross I have to bear; ***portare la propria ~*** to have a one's cross to bear **4** *(cristianesimo)* ***credere alla*** o ***predicare la ~*** to believe in Christ, to preach the Christian faith; ***abbracciare la ~*** to embrace Christianity, to convert to Christianity **5** RELIG. ***segno della ~*** sign of the cross; ***farsi il segno della ~*** to bless *o* cross oneself, to make the sign of the cross **6** TIP. dagger, obelisk; ***doppia ~*** double daggers **7** **a occhio e croce** roughly (speaking); ***a occhio e ~ avrà 30 anni*** at a rough guess I would say he is about 30 **8** **testa o croce** heads or tails; ***fare a testa o ~*** to call heads or tails, to spin *o* flip a coin, to toss up; ***decidere qcs. facendo a testa o ~*** to decide sth. on the toss of a coin ◆ ***~ e delizia*** source of joy and torment; ***sui tuoi soldi, puoi farci*** o ***tirarci*** o ***metterci una ~ sopra*** you can kiss your money goodbye; ***mettici una ~ sopra!*** just forget about it! ***tirare una ~ sul passato*** to leave the past behind; ***gettare la ~ addosso a qcn.*** to put the blame on sb.; ***mettere in ~ qcn.*** to rag sb. to death; ***dire tre parole in ~*** to mumble a few words ◆◆ ***~ ansata*** ansate cross, ankh; ***~ celtica*** Celtic cross; ***~ egizia*** → ***~ ansata***; ***~ di ferro*** MIL. Iron cross; ***~ di Gerusalemme*** cross of Jerusalem; ***~ greca*** Greek cross; ***~ di guerra*** MIL. Croix de guerre; ***~ di Lorena*** cross of Lorraine; ***~ di Malta*** Maltese cross; ***~ pettorale*** pectoral; ***~ potenziata*** → **~ di Gerusalemme**; ***Croce Rossa*** Red Cross; ***~ di sant'Andrea*** saltire, St. Andrew's cross; ***~ di san Pietro*** Peter's cross; ***~ del Santo Sepolcro*** → **~ di Gerusalemme**; ***Croce del Sud*** Crux, Southern Cross; ***~ a tau*** tau cross; ***~ uncinata*** swastica, fylfot; ***Croce Verde*** = health association offering emergency first aid assistance in accidents, disasters etc.
crocefiggere /krotʃe'fiddʒere/ → **crocifiggere.**
crocefissione /krotʃefis'sjone/ → **crocifissione.**
croceo /'krɔtʃeo/ agg. LETT. saffron yellow.
crocerista, m.pl. **-i**, f.pl. **-e** /krotʃe'rista/ m. e f. = cruise passenger.
crocerossina /krotʃeros'sina/ f. Red Cross nurse.
crocetta /kro'tʃetta/ f. **1** *(piccola croce)* small cross **2** ARALD. crosslet **3** MAR. crosstree **4** BOT. crockshead, sainfoin.
crocevia /krotʃe'via/ m.inv. **1** *(di strade)* crossroads* + verbo sing., junction; ***l'aeroporto è un ~ internazionale*** the airport is an international meeting place **2** FIG. ***un ~ di culture diverse*** a crossroads of different cultures.
crochet /kroʃ'ʃe/ m.inv. **1** *(uncinetto)* crochet hook; *(lavoro all'uncinetto)* crochet (work) **2** SPORT *(gancio)* hook.
crociata /kro'tʃata/ f. **1** STOR. crusade; ***partire per le -e*** to go on the Crusades; ***bandire una ~*** to proclaim a crusade; ***la ~ contro gli albigesi*** the crusade against the Albigenses **2** FIG. crusade (**contro** against; **per, a favore di** for); ***fare una ~ contro l'AIDS*** to lead a crusade against Aids.
crociato /kro'tʃato/ **I** agg. cross-shaped; ***parole -e*** crosswords; ***erba -a*** BOT. sainfoin, crockshead; ***ragno ~*** ZOOL. diademed spider; ***reazione -a*** BIOL.cross-reaction **II** m. STOR. crusader.
crocicchio, pl. **-chi** /kro'tʃikkjo, ki/ m. crossroads*; ***al ~, girate a destra*** turn right at the intersection.
crocidare /krotʃi'dare/ [1] intr. (aus. *avere*) LETT. to caw.
1.crociera /kro'tʃɛra/ f. **1** MAR. cruise; *(di piacere)* (pleasure) cruise; ***nave da ~*** cruise liner; ***essere in ~*** to be on a cruise; ***partire per, fare una ~*** to go on a cruise; ***velocità di ~*** cruising speed; ***procedere a una velocità di ~ di 80 km/***h to coast along at 80 km/h **2** AER. cruise; ***autonomia di ~*** cruising range; ***volare a un'altitudine di ~ di 10.000 metri*** to cruise at 10,000 metres.
2.crociera /kro'tʃɛra/ f. **1** *(di finestra)* cross; ***finestra a ~*** cross window **2** ARCH. *(di chiesa, volta)* crossing, transept; ***~ ogivale*** ribbed vault; ***~ del transetto*** transept crossing; ***volta a ~*** cross vault.
crociere /kro'tʃɛre/ m. ZOOL. crossbill.
crocifera /kro'tʃifera/ f. BOT. crucifer.
crocifero /kro'tʃifero/ **I** agg. [*asta, colonna*] processional; [*persona*] cruciferous **II** m. crucifer, cross-bearer.
crocifiggere /krotʃi'fiddʒere/ [14] tr. to crucify.
crocifissione /krotʃifis'sjone/ f. crucifixion (anche ART.).
crocifisso /krotʃi'fisso/ **I** p.pass. → **crocifiggere II** agg. [*Cristo*] crucified **III** m. crucifix.
Crocifisso /krotʃi'fisso/ m. ***il ~*** the Crucified, Christ Crucified.
crocifissore /krotʃifis'sore/ m. crucifier.
croco, pl. **-chi** /'krɔko, ki/ m. **1** BOT. crocus* **2** CHIM. colcothar.
crocoite /kroko'ite/ f. crocoite.
croda /'krɔda/ f. crag.
crogiolare /krodʒo'lare/ [1] **I** tr. **1** *(cuocere a fuoco lento)* to simmer **2** TECN. to anneal [*vetro*] **II crogiolarsi** pronom. *(godersi, compiacersi)* ***-rsi in qcs.*** to bask *o* revel in sth.; ***-rsi al sole*** to bask in sunshine; ***-rsi nel vizio, nella nostalgia*** to wallow in debauchery, nostalgia.
crogiolo /kro'dʒɔlo/ m. **1** *(recipiente)* crucible, melting pot **2** FIG. *(misto di culture, influenze)* melting pot; ***passare attraverso il ~ del tempo, della sofferenza*** to pass through the crucible of time, of suffering.
crogiuolo /kro'dʒwɔlo/ m. LETT. → **crogiolo.**
croissant /krwas'san/ m.inv. croissant.
▷ **crollare** /krol'lare/ [1] intr. (aus. *essere*) **1** [*muro, edificio*] to collapse, to come* (tumbling) down, to fall* down, in; [*soffitto, tetto*] to cave in; [*pila di libri*] to topple; ***~ sotto il peso di*** [*mobile, scaffale, tavolo*] to give way under the weight of **2** *(andare in rovina)* [*impero, paese, regime*] to break* up, to crumble, to collapse **3** *(lasciarsi cadere)* ***~ sul letto*** [*persona*] to fall *o* flop down on the bed; ***~ su una poltrona*** to collapse into an armchair **4** *(stramazzare)* [*persona*] to fall* down, to collapse; ***quando sentì la notizia crollò a terra svenuta*** when she heard the news, she fell to the ground senseless; ***~ per la stanchezza, per la fatica*** to collapse with exhaustion, to flake out; ***~ al tappeto*** SPORT to go down **5** *(cedere)* [*persona*] to break* (down), to crack, to fall* apart; ***essere sul punto di ~*** to be close to breaking point; ***~ sotto interrogatorio, tortura*** to break (down), crack under interrogation, torture; ***è crollato per lo sforzo*** he broke down under the strain **6** FIG. [*prezzi, valute, azioni*] to plummet, to tumble, to fall*, to plunge; ***fare ~ i prezzi*** COMM. to slash prices **7** *(essere annientato)* [*sogno, popolarità, illusione*] to founder, to crumble; ***fare ~*** to deflate, to shatter [*speranze, sogni*]; to break* down [*difese*]; to nail [*mito*]; ***improvvisamente il loro universo crollò*** all of a sudden their world collapsed around them *o* the bottom fell out of their world ◆ ***~ dal sonno*** to be dead, asleep on one's feet; ***verrei anche se crollasse il mondo*** I'll come, no matter what happens; ***gli crollò il mondo addosso*** the world fell apart around him; ***non crolla certo il mondo per questo*** it's not the end of the world.
▷ **crollo** /'krɔllo/ m. **1** *(di costruzione)* collapse; *(di soffitto, tetto)* cave-in **2** *(forte calo)* collapse, fall; *(di borsa, mercato azionario)* crash; ***subire un ~*** [*economia, mercato*] to experience a slump; ***le azioni hanno avuto un ~ di 50 punti*** shares took a 50-point tumble; ***subire un ~ nei sondaggi*** to slump in the opinion polls; ***il partito ha subito un ~ alle ultime elezioni*** the party slumped in the last elections **3** FIG. *(improvviso collasso)* collapse, breakdown; ***avere un ~*** to crack up; ***~ fisico, nervoso*** physical, nervous breakdown; ***l'atleta ha avuto un ~ poco prima del traguardo*** the athlete collapsed just before the finish **4** *(improvvisa caduta)* *(di impero)* fall; *(di regime, sistema politico)* breakdown, (down)fall **5** FIG. *(di ideali, rovina)* collapse, crumble; ***abbiamo dovuto assistere al ~ di tutte le nostre speranze*** we had to watch the collapse of all our hopes; ***il ~ degli ideali, di un mito*** the shattering, crumbling of

one's ideals, of a myth ◆◆ *~ demografico* population drop, decline.

croma /'krɔma/ f. MUS. quaver BE, eighth note AE.

cromare /kro'mare/ [1] tr. to chromium plate, to chrome.

cromaticità /kromatitʃi'ta/ f.inv. colour BE range, color AE range.

cromatico, pl. **-ci**, **-che** /kro'matiko, tʃi, ke/ agg. **1** *(relativo ai colori)* [*contrasto, spettro, aberrazione*] chromatic; ***cecità -a*** MED. colour blindness **2** MUS. [*scala, intervallo*] chromatic; ***scala -a*** chromatic *o* semitonic scale.

cromatidio, pl. **-di** /kroma'tidjo, di/ m. chromatid.

cromatina /kroma'tina/ f. chromatine.

cromatismo /kroma'tizmo/ m. **1** OTT. chromatism **2** MUS. chromatic alteration.

1.cromato /kro'mato/ **I** p.pass. → **cromare II** agg. [*oggetto*] chromium-plated.

2.cromato /kro'mato/ m. CHIM. chromate.

cromatoforo /kroma'tɔforo/ m. chromatophore.

cromatografia /kromatogra'fia/ f. chromatography.

cromatografo /kroma'tɔgrafo/ m. chromatograph.

cromatura /kroma'tura/ f. chromium plating.

cromia /kro'mia/ f. tone of colour, shade of colour.

cromico /'krɔmiko/ agg. CHIM. chromic.

cromite /kro'mite/ f. chromite.

cromo /'krɔmo/ **I** agg.inv. ***giallo ~*** chrome yellow **II** m. chrome, chromium; ***acciaio al ~*** chrome steel.

cromoforo /kro'mɔforo/ m. chromophore.

cromolitografia /kromolitogra'fia/ f. *(procedimento)* chromolithography; *(riproduzione)* chromolithograph, chromo* COLLOQ.

cromorno /kro'mɔrno/ m. cromorne, cremona.

cromosfera /kromos'fɛra/ f. chromosphere.

cromoso /kro'moso/ agg. chromous.

cromosoma /kromo'sɔma/ m. chromosome.

cromosomico, pl. **-ci**, **-che** /kromo'sɔmiko, tʃi, ke/ agg. chromosomal, chromosome attrib.

cromoterapeuta, m.pl. **-i**, f.pl. **-e** /kromotera'pɛuta/ ➧ ***18*** m. e f. colour BE therapist, color AE therapist.

cromoterapia /kromotera'pia/ f. colour BE therapy, color AE therapy.

cronaca, pl. **-che** /'kronaka, ke/ f. **1** *(nella stampa)* column, page, news **U**; ***la ~ economica, politica*** business, political column; ***rubrica di ~ mondana*** social *o* society column; ***fatto, episodio di ~*** news item; ***notizia di ~*** news story; ***essere al centro della ~*** to be the talk of the town; ***salire agli onori della ~*** to hit the headlines **2** RAD. TELEV. commentary; ***~ in diretta*** running commentary; ***fare la ~ di*** to commentate on [*evento sportivo*] **3** COLLOQ. *(narrazione)* account, description; ***fare la ~ di qcs.*** to give an account of sth. **4** STOR. LETT. chronicle; ***il libro delle Cronache*** BIBL. the (Book of) Chronicles ◆ ***per la, a titolo di ~*** for the record ◆◆ ***~ cittadina*** local news, city desk AE; ***~ nera*** crime news; ***~ rosa*** gossip column; ***~ sportiva*** sports diary, sportscast AE.

cronachista, m.pl. **-i**, f.pl. **-e** /krona'kista/ m. e f. chronicler.

cronachistica /krona'kistika/ f. *(complesso di cronache)* chronicles pl.

cronicamente /kronika'mente/ avv. chronically.

cronicario, pl. **-ri** /kroni'karjo, ri/ m. = longstay clinic for the chronically ill patients.

cronicità /kronitʃi'ta/ f.inv. chronicity.

cronicizzarsi /kronitʃid'dzarsi/ [1] pronom. [*malattia*] to become* chronic.

cronico, pl. **-ci**, **-che** /'krɔniko, tʃi, ke/ **I** agg. **1** [*malato, malattia*] chronic; ***avere una malattia -a*** to be chronically ill; ***i malati -ci*** the chronically sick *o* ill **2** FIG. [*problema, situazione, carenza*] chronic; [*bugiardo*] chronic, inveterate; ***il paese soffre di una carenza -a di...*** the country is chronically short of... **II** m. (f. **-a**) incurable invalid, chronic invalid.

▷ **cronista**, m.pl. **-i**, f.pl. **-e** /kro'nista/ ➧ ***18*** m. e f. **1** STOR. LETT. chronicler **2** GIORN. reporter; *(uomo)* pressman* BE; *(donna)* presswoman* BE; ***~ di cronaca nera*** crime correspondent; ***~ d'assalto*** newshawk, newshound AE COLLOQ. **3** RAD. TELEV. commentator ◆◆ ***~ politico*** political commentator; ***~ sportivo*** sports reporter.

cronistoria /kronis'tɔrja/ f. **1** chronicle; ***fare la ~ di*** to trace the history of **2** *(descrizione)* detailed account, description.

cronografia /kronogra'fia/ f. STOR. chronography.

cronografo /kro'nɔgrafo/ m. chronograph, stopwatch.

cronologia /kronolo'dʒia/ f. chronology.

cronologicamente /kronolodʒika'mente/ avv. chronologically.

cronologico, pl. **-ci**, **-che** /krono'lɔdʒiko, tʃi, ke/ agg. chronological; ***in ordine ~*** in chronological order *o* sequence; ***mettere qcs. in ordine ~*** to chronologize sth.

cronologista, m.pl. **-i**, f.pl. **-e** /kronolo'dʒista/ m. e f. chronologist.

cronometraggio, pl. **-gi** /kronome'traddʒo, dʒi/ m. time-keeping.

cronometrare /kronome'trare/ [1] **I** tr. to time [*atleta, ciclista*]; ***~ qcn. sui 100 metri*** to time sb. over 100 metres **II cronometrarsi** pronom. to time oneself.

cronometria /kronome'tria/ f. chronometry.

cronometricamente /kronometrika'mente/ avv. chronometrically.

cronometrico, pl. **-ci**, **-che** /krono'mɛtriko, tʃi, ke/ agg. **1** [*osservazione*] chronometric(al) **2** FIG. [*precisione, puntualità*] absolute; ***essere di una puntualità -a*** to be a stickler for punctuality.

cronometrista, m.pl. **-i**, f.pl. **-e** /kronome'trista/ ➧ ***18*** m. e f. timekeeper.

▷ **cronometro** /kro'nɔmetro/ **I** m. **1** *(cronografo)* timer, clock, stopwatch (anche SPORT) **2** *(orologio di alta precisione)* chronometer **3** SPORT ***gara a ~*** time trial **II** f.inv. SPORT time trial ◆◆ ***~ da marina*** marine chronometer.

cronoscalata /kronoska'lata/ f. SPORT = timed uphill cycle race.

cronotappa /krono'tappa/ f. SPORT time trial.

cronotopo /kro'nɔtopo/ m. time-space.

croquet /'krɔket/ m.inv. croquet.

1.cross /krɔs/ m.inv. *(nel calcio)* cross; ***fare, effettuare un ~*** to centre *o* cross the ball.

2.cross /krɔs/ m.inv. *(gara campestre)* cross-country.

3.cross /krɔs/ m.inv. **1** *(ciclocross)* cyclo-cross; ***bici da ~*** cyclo-cross bike **2** *(motocross)* motocross, scrambling.

crossare /kros'sare/ [1] intr. (aus. *avere*) *(nel calcio)* to cross the ball.

1.crossista, m.pl. **-i**, f.pl. **-e** /kros'sista/ m. e f. cross-country runner.

2.crossista, m.pl. **-i**, f.pl. **-e** /kros'sista/ m. e f. *(motociclista)* scrambler BE.

▷ **crosta** /'krɔsta/ f. **1** *(di pane)* crust; *(di formaggio)* rind **2** *(strato) (di fango, ghiaccio)* crust; ***formare una ~*** to form a crust **3** MED. crust, scab **4** COLLOQ. SPREG. *(quadro privo di valore)* dauby painting, daub **5** *(guscio di crostacei)* shell **6** GASTR. ***agnello, filetto, pâté in ~*** lamb, fillet, pâté in pastry ◆◆ ***~ continentale*** continental crust; ***~ lattea*** MED. crusta lactea, cradle cap; ***~ oceanica*** oceanic crust; ***~ terrestre*** GEOL. earth's crust.

crostaceo /kros'tatʃeo/ m. crustacean, shellfish*.

crostale /kros'tale/ agg. crustal.

crostare /kros'tare/ [1] tr. to brown [*pesce, carne, verdura*].

crostata /kros'tata/ f. jam tart; ***~ alla crema*** custard pie, tart.

crostino /kros'tino/ m. GASTR. **1** = slice of toast spread with butter and various ingredients **2** *(per zuppe, minestre)* crouton.

crostone /kros'tone/ m. **1** GASTR. = large crouton **2** GEOL. *(d'argilla)* hardpan; ***~ calcareo*** calcrete; ***~ desertico*** duricrust.

crostoso /kros'toso/ agg. crusted; [*pane*] crusty.

crotalo /'krɔtalo/ m. ZOOL. rattlesnake; ***~ ceraste*** sidewinder.

croton /'krɔton/ m.inv. croton.

crotonese /kroto'nese/ ➧ ***2*** **I** agg. from, of Crotone **II** m. e f. native, inhabitant of Crotone.

crotontiglio, pl. **-gli** /kroton'tiʎʎo, ʎi/ m. croton.

croupier /kru'pje/ ➧ ***18*** m.inv. croupier.

crucciare /krut'tʃare/ [1] **I** tr. to trouble, to worry, to distress **II crucciarsi** pronom. to fret (**per** over, about); to worry oneself (**per** about); to grieve (**per** for, over).

cruccio, pl. **-ci** /'kruttʃo, tʃi/ m. worry, torment, anxiety; ***darsi ~ per qcs.*** to worry about sth.; ***essere un ~ per qcn.*** to be a trial to sb.

crucco, pl. **-chi** /'krukko, ki/ m. (f. **-a**) SPREG. Kraut, Hun; ***i -chi*** the Boche, the Jerry BE.

cruciale /kru'tʃale/ agg. [*ruolo, importanza*] crucial; [*momento*] crucial, critical, climactic, pivotal; ***di ~ importanza*** critically *o* crucially important.

crucifera /kru'tʃifera/ → **crocifera.**

cruciforme /krutʃi'forme/ agg. **1** cruciform, cross-shaped **2** BOT. ANAT. cruciate.

cruciverba /krutʃi'vɛrba/ m.inv. crossword (puzzle); ***fare un ~*** to do the crossword.

cruciverbista, m.pl. **-i**, f.pl. **-e** /krutʃiver'bista/ m. e f. = person who sets or does crossword puzzles.

crudamente /kruda'mente/ avv. harshly, severely.

▶ **crudele** /kru'dɛle/ agg. **1** [*persona*] cruel (**con**, **nei confronti di** to); merciless, ruthless, pitiless; (**con**, **nei confronti di** to, towards); ***come hai potuto essere così ~!*** how could you be so heartless! **2** [*destino, morte, mondo, ironia*] cruel; [*verità*] bitter; ***un ~ scherzo***

del destino a cruel twist of fate; ***è stato ~ fare*** that was a wicked thing to do.

crudelmente /krudel'mente/ avv. cruelly, mercilessly, pitilessly.

▷ **crudeltà** /krudel'ta/ f.inv. **1** *(l'essere crudele)* cruelty (**nei confronti di, verso** to); ruthlessness, pitilessness, wickedness; ***di una ~ diabolica*** devilishly *o* diabolically cruel; ***trattare qcn. con ~*** to treat sb. cruelly **2** *(atto crudele)* (act of) cruelty, barbarity ◆◆ ***~ mentale*** mental cruelty.

crudezza /kru'dettsa/ f. **1** *(del clima)* harshness, severity **2** FIG. *(asprezza, ruvidezza) (di stile, linguaggio)* rawness, crudity; *(volgarità)* coarseness **3** RAR. *(di cibi)* rawness.

crudità /krudi'ta/ f.inv. **1** *(di cibi)* rawness **2** *(verdure crude)* ***le ~*** raw vegetables **3** FIG. LETT. *(rozzezza)* crudity, coarseness.

crudités /krudi'te/ f.pl. raw vegetables.

▷ **crudo** /'krudo/ agg. **1** *(non cotto)* [*carne, verdure, pesce*] raw, uncooked; *(poco cotto)* [*carne*] medium-rare, underdone, undercooked; *(non lavorato)* [*seta*] raw; [*metallo*] crude, raw; ***mattone ~*** unbaked brick, cob BE **2** *(diretto)* [*descrizione, realismo, rappresentazione*] raw **3** *(violento)* [*luce*] violent, stark ◆ ***averne passate di cotte e di -e*** to have been through a lot; ***ne ha passate di cotte e di -e a causa sua*** he went through fire and water for her; ***la verità nuda e -a*** the naked *o* plain truth; ***la realtà nuda e -a*** the hard facts, the bald *o* stark reality.

cruento /kru'ɛnto/ agg. [*battaglia, scontro*] bloody; [*film*] bloodthirsty; ***sport ~*** blood sport.

cruise /kruiz/ m.inv. cruise (missile).

cruiser /'kruizer/ m.inv. (cabin) cruiser.

crumiraggio, pl. **-gi** /krumi'raddʒo, dʒi/ m. strikebreaking.

crumiro /kru'miro/ m. (f. **-a**) SPREG. strikebreaker, scab, blackleg BE; ***fare il ~*** to scab, blackleg BE.

cruna /'kruna/ f. *(di ago)* eye ◆ ***è più facile che un cammello passi per la ~ di un ago che un ricco entri nel regno dei cieli*** it is easier for a camel to go through the eye of a needle, than for a rich man to enter into the kingdom of God.

crup /krup/ m.inv. croup.

crurale /kru'rale/ agg. crural.

crusca /'kruska/ f. **1** *(buccia di grano)* bran; ***pane di ~*** bran loaf **2** LETT. ***(Accademia della) Crusca*** = literary academy established in Florence in the XVI century to preserve the Italian language **3** COLLOQ. *(lentiggini)* freckles pl. ◆ ***la farina del diavolo va tutta in ~*** PROV. cheats never prosper.

cruscante /krus'kante/ **I** m. e f. *(accademico)* = member of the (Accademia della) Crusca **II** m. e f. *(purista)* purist.

cruschello /krus'kɛllo/ m. fine bran.

cruscoso /krus'koso/ agg. = containing bran.

cruscotto /krus'kɔtto/ m. *(di auto)* dashboard, dasher AE, fascia* BE, dash COLLOQ.; *(di aereo)* instrument panel.

c.s. ⇒ come sopra ditto (co.).

C.S. 1 ⇒ Codice della Strada = Highway Code BE, rules of the road AE **2** ⇒ Consiglio di Sicurezza Security Council.

CSI /tʃiɛsse'i/ f. (⇒ Comunità degli Stati Indipendenti Commonwealth of Independent States) CIS.

CSM /tʃiesse'ɛmme/ m. (⇒ Consiglio Superiore della Magistratura) = in Italy, superior council of judges.

c.so ⇒ corso avenue, high street BE, main street AE.

C.T. /tʃit'ti/ m. (⇒ commissario tecnico) = team manager.

ctenoforo /kte'nɔforo/ m. ctenophore.

Cuba /'kuba/ ➧ ***14, 33*** n.pr.f. Cuba.

cubano /ku'bano/ ➧ ***25*** **I** agg. Cuban **II** m. (f. **-a**) Cuban.

cubatura /kuba'tura/ f. *(misurazione)* cubage, cubature.

cubetto /ku'betto/ m. *(di ghiaccio)* ice-cube; *(mattoncino)* building block; ***tagliare qcs. a -i*** to cube *o* dice *o* chop sth. into cubes.

cubia /ku'bia/ f. MAR. hawse.

cubico, pl. **-ci, -che** /'kubiko, tʃi, ke/ agg. **1** [*forma*] cubic(al) **2** MAT. [*equazione*] cubic; ***radice -a*** cube root.

cubicolo /ku'bikolo/ m. STOR. = in ancient Roman houses, a bedroom.

cubiforme /kubi'forme/ agg. cubiform.

cubilotto /kubi'lɔtto/ m. IND. cupola.

cubismo /ku'bizmo/ m. cubism, Cubism.

cubista, m.pl. **-i**, f.pl. **-e** /ku'bista/ **I** agg. ART. cubist **II** m. e f. **1** ART. cubist **2** = person who dances on a raised platform in a discotheque.

cubistico, pl. **-ci, che** /ku'bistiko, tʃi, ke/ agg. ART. cubist.

cubitale /kubi'tale/ agg. **1** ANAT. cubital **2** ***caratteri -i*** block capitals; ***titolo a caratteri -i*** GIORN. banner headline.

cubito /'kubito/ m. **1** LETT. *(gomito)* elbow **2** ANAT. *(ulna)* cubitus **3** METROL. STOR. cubit.

▷ **cubo** /'kubo/ ➧ ***24*** **I** m. **1** *(poliedro)* cube **2** *(oggetto cubico)* cube, block **3** MAT. *(potenza)* cube; ***elevare un numero al ~*** to cube a number; ***qual è il ~ di 5?*** what is five cubed? **II** agg.inv. ***metro, centimetro ~*** cubic metre, centimetre.

cubo-flash /kubo'flɛʃ/ m.inv. flash cube.

cuboide /ku'bɔide/ agg. cuboid.

cuccagna /kuk'kaɲɲa/ f. **1** *(luogo immaginario)* ***paese della ~*** Cockaigne **2** *(copiosità)* abundance, plenty; ***albero della ~*** = greasy pole ◆ ***che ~!*** what a feast! ***è finita la ~!*** the party's over!

cuccare /kuk'kare/ [1] **I** tr. COLLOQ. **1** *(acciuffare)* to catch*, to take* **2** *(rimorchiare)* ***hai cuccato ieri sera!*** you scored last night! ***~ le ragazze*** to pull the birds **3** *(imbrogliare)* to trick, to cheat, to take* in, to con **II cuccarsi** pronom. **1** *(dover sopportare)* ***-rsi qcn.*** to put up with sb. **2** *(buscarsi)* to get*, to catch* [*malattia*].

cuccetta /kut'tʃetta/ f. *(su treni)* (sleeping) berth, couchette, sleeper; *(su navi)* (sleeping) berth, bunk, cot; ***una barca con quattro -e*** a four-berth boat; ***~ inferiore, centrale, superiore*** lower, middle, upper berth; ***treno con -e*** sleeper.

cuccettista /kuttʃet'tista/ m. e f. FERR. porter.

cucchiaia /kuk'kjaja/ f. **1** big spoon **2** EDIL. *(cazzuola)* trowel **3** *(di draghe, escavatrici)* bucket, shovel.

cucchiaiata /kukkja'jata/ f. spoonful*.

cucchiaino /kukkja'ino/ m. **1** *(oggetto)* spoon, teaspoon; *(contenuto)* spoon, teaspoonful; ***due -i di zucchero*** two spoons of sugar **2** PESC. spinner; ***pescare col ~*** to spin ◆ ***essere da raccogliere, da raccattare col ~*** to be knackered POP., to be pooped COLLOQ. ◆◆ ***~ da dessert*** dessertspoon.

▷ **cucchiaio**, pl. **-ai** /kuk'kjajo, ai/ m. **1** *(oggetto)* spoon; *(contenuto)* spoon, spoonful; ***~ di legno*** wooden spoon; ***servire qcs. con il ~*** to spoon sth. out **2** MED. ***~ chirurgico*** curette **3** *(di escavatrici)* bucket; ***escavatore a ~*** shovel ◆◆ ***~ da minestra*** soupspoon; ***~ di portata*** serving spoon; ***~ da tavola*** tablespoon.

cucchiaione /kukkja'jone/ m. *(mestolo)* ladle.

cuccia, pl. **-ce** /'kuttʃa, tʃe/ f. **1** *(di cane)* (dog) kennel, dog basket, doghouse AE; ***il cane ha la ~ nell'atrio*** the dog makes his bed in the hall; ***(fai la) ~! (va') a ~!*** down! **2** COLLOQ. *(letto)* ***andare, mettersi a ~*** to hit the hay *o* sack, to shake down, to sack out AE.

cucciolata /kuttʃo'lata/ f. **1** *(di animali)* litter **2** COLLOQ. *(di bambini)* brood.

cucciolo /'kuttʃolo/ m. **1** *(di cane)* pup, puppy; *(di gatto)* kitten; *(di balena, squalo)* puppy; *(di foca, lontra, ecc.)* pup; ***~ di scimmia, giraffa*** baby monkey, giraffe; ***~ di leopardo, leone, tigre, orso, lupo, volpe*** leopard, lion, tiger, bear, wolf, fox cub **2** COLLOQ. *(figlioletto)* baby, pet, darling **3** FIG. *(giovane inesperto)* pup, novice.

Cucciolo /'kuttʃolo/ n.pr.m. Dopey.

cucco, pl. **-chi** /'kukko, ki/ m. **1** → **cuculo 2** FIG. *(babbeo)* fool, dupe, simpleton ◆ ***essere vecchio come il ~*** to be out of the ark, to be as old as the hills; ***quello scherzo è vecchio come il ~*** that joke has been done to death.

cuccù /kuk'ku/ → **cucù.**

cuccuma /'kukkuma/ f. *(bricco)* (coffee) pot.

▶ **cucina** /ku'tʃina/ f. **1** *(stanza)* kitchen, cookroom AE; *(di navi, aerei)* galley; ***~ sul retro*** back kitchen; ***utensili da ~*** cookware, kitchenware **2** *(mobilio)* kitchen units pl., kitchen fittings **3** *(fornello)* stove, cooker BE; ***~ a gas*** gas cooker *o* range *o* stove; ***~ elettrica*** electric cooker *o* stove; ***~ a carbone*** charcoal burner **4** *(arte culinaria)* cuisine, cooking, cookery BE; ***l'alta ~*** haute cuisine; ***essere bravo in ~*** to be good at cooking; ***libro di ~*** cookbook, cookery book; ***aiutare in ~*** to help with the cooking **5** *(tradizione culinaria, cibo)* cooking, food; ***~ italiana, cinese*** Italian, Chinese cooking *o* food; ***~ casalinga*** plain *o* home cooking; ***essere un amante della buona ~*** to be a lover of good food ◆◆ ***~ abitabile*** kitchen-diner; ***~ da campo*** MIL. cookhouse, field kitchen; ***~ componibile*** fitted kitchen.

▷ **cucinare** /kutʃi'nare/ [1] tr. **1** *(preparare un alimento)* to cook [*pasto, carne, pesce*]; to cook up COLLOQ. [*piatto*]; ***~ al vapore*** to steam [*verdure*]; ***~ al forno*** to bake; ***essere bravo a ~*** to be good at cooking; ***dovrò ~ per dieci*** I'll have ten to feed, I'll have to cook for ten **2** COLLOQ. FIG. *(sistemare)* to fix.

cuciniere /kutʃi'njɛre/ ➧ ***18*** m. (f. **-a**) *(in ospedali, caserme)* cook.

cucinino /kutʃi'nino/, **cucinotto** /kutʃi'nɔtto/ m. kitchenette.

▷ **cucire** /ku'tʃire/ [108] tr. **1** *(unire)* to sew* on, to stitch on, onto [*bottone, manica*]; to sew* (up) [*orlo*]; *(confezionare)* to tailor [*vestito*]; ***~ qcs. a qcs.*** to sew sth. on to sth.; ***macchina da ~*** sewing machine; ***~ a macchina*** to machine(-stitch); ***filo per ~*** sewing thread; ***~ a sottopunto*** to slip stitch; ***~ a sopraggitto*** to overcast *o* whip **2** MED. to stitch, to sew* up [*ferita*] **3** FIG. *(mettere insieme)* to string* together [*parole, frasi*] ◆ ***~ la bocca a qcn.*** to hush sb. up, to shut sb.'s mouth; ***-rsi la bocca*** to clam up, to keep under one's hat; ***cuciti la bocca!*** button (up) your lip!

cucirino /kutʃi'rino/ m. sewing thread.

cucita /ku'tʃita/ f. stitching; ***dare una ~ (veloce) a qcs.*** to put a few stitches in sth.

cucito /ku'tʃito/ **I** p.pass. → **cucire II** agg. sewn, stitched; ***~ a mano, a macchina*** hand-stitched, machine-stitched **III** m. *(attività)* sewing, needlecraft; *(lavoro)* sewing, needlework; ***corso di taglio e ~*** dressmaking course; ***cestino, astuccio per il ~*** sewing basket; ***forbici da ~*** sewing scissors ◆ ***ho la bocca cucita!*** my lips are sealed!

cucitore /kutʃi'tore/ m. stitcher, machiner.

cucitrice /kutʃi'tritʃe/ ▶ ***18*** f. **1** *(donna)* seamstress, sempstress, needlewoman* RAR. **2** *(pinzatrice)* stapler, staple gun, stapling machine **3** *(per libri)* stitcher.

▷ **cucitura** /kutʃi'tura/ f. **1** *(attività)* stitching, sewing; *(bordo cucito)* seam, seaming, stitching; ***~ a macchina*** machine stitching; ***senza ~*** seamless; ***con -e*** seamed **2** *(di fogli)* stapling.

cucù /ku'ku/ **I** m.inv. **1** *(cuculo)* cuckoo **2** ***orologio a ~*** cuckoo clock **II** inter. peekaboo, bopeep; ***giocare a fare ~*** to play peekaboo.

cuculo /ku'kulo, 'kukulo/ m. cuckoo, gowk.

cucurbita /ku'kurbita/ f. **1** LETT. *(zucca)* cucurbit, gourd **2** CHIM. *(nell'alambicco)* retort.

cucurbitacea /kukurbi'tatʃea/ f. cucurbitaceous plant.

cucuzza /ku'kuttsa/ → **cocuzza.**

cucuzzolo /ku'kuttsolo/ → **cocuzzolo.**

▷ **cuffia** /'kuffja/ f. **1** *(copricapo)* bonnet; *(da infermiera)* cap **2** *(d'ascolto)* headphones pl., earphones pl., headset **3** BOT. root-cap ◆ ***cavarsela, salvarsi per il rotto della ~*** to escape by the skin of one's teeth, to have a hair's breadth escape, to have a narrow *o* lucky escape ◆◆ ***~ da bagno*** bathing cap, swimming cap BE; ***~ da doccia*** shower cap; ***~ da notte*** nightcap.

cufico, pl. **-ci, -che** /'kufiko, tʃi, ke/ agg. Kufic, Cufic.

cuginanza /kudʒi'nantsa/ f. cousinhood, cousinship.

▷ **cugino** /ku'dʒino/ m. (f. **-a**) cousin; ***~ di primo grado*** first cousin; ***~ di secondo grado*** second cousin, cousin once removed; ***~ di terzo grado*** cousin twice removed.

▶ **cui** /kui/ Come pronome relativo per i casi indiretti, *cui* è solitamente preceduto da una preposizione (solo la preposizione *a* può essere sottintesa): *il libro di cui ti ho parlato, la persona (a) cui stavo mostrando l'uscita.* Le corrispondenti frasi inglesi si possono costruire in due modi: "the book I told you about" oppure "the book about which I told you", "the person I was showing the way out to" oppure "the person to whom I was showing the way out". La prima costruzione è utilizzata nella lingua corrente, parlata e scritta, la seconda è limitata all'uso formale, soprattutto scritto. Gli esempi mostrano che *cui* si rende con *whom* quando è riferito a persone e con *which* quando è riferito a cose o animali. - Quando *cui* è usato per indicare possesso si traduce con *whose*: *l'uomo la cui auto, il cui portafoglio...* the man whose car, wallet... - *In cui* può essere usato con valore locativo o temporale, ed è reso rispettivamente da *where* e *when*: *la discoteca / il giorno in cui ci siamo conosciuti* = the disco where / the day when we met. v. anche la nota della voce **1.che** pron.rel.inv. **1** *(riferito a persone)* whom; ***la persona di ~ parlavo*** the person of whom I spoke, the person who I told you about; ***mia madre, (a) ~ devo così tanto*** my mother, to whom I owe so much; ***la ragazza (a) ~ ho dato un bacio*** the girl who(m) I gave a kiss to, the girl to whom I gave a kiss; ***non avevo nessuno con ~ parlare*** I didn't have anybody to talk to; ***l'uomo da ~ ha ricevuto un invito*** the man she received an invitation from, the man from whom she received an invitation **2** *(riferito a cose e animali)* which; ***il contratto di ~ ha parlato*** the contract which he's spoken about, about which he's spoken; ***il tavolo su ~ hai posato la tazza*** the table (which) you put the cup on, the table on which you put the cup; ***il modo in ~ sono stati trattati*** the way they were treated, the manner in which they were treated; ***nel Messico, di ~ parleremo maggiormente più avanti*** in Mexico, which we will talk about later, in Mexico, of which more later; ***non ho nulla con ~ scrivere*** I have nothing to write with; ***una spalla su ~ piangere*** a shoulder to cry on; ***la ragione per ~*** the reason why *o* that; ***la nazione da ~ provengo*** the country I come from, the country from which I come **3** *(per indicare possesso) (riferito a persone)* whose; *(riferito a cose e animali)* whose, of which; ***il ragazzo il ~ cane, i ~ libri ecc.*** the boy whose dog, books etc.; ***la persona il ~ nome è estratto per primo*** the one whose name is drawn out first; ***l'uomo con la ~ figlia era sposato*** the man whose daughter he was married to **4 in cui** *(dove)* where; ***il paese in ~ viviamo*** the village where we live; ***la casa in ~ vivono*** the house (that) they live in; ***il passo in ~ Amleto muore*** the bit where Hamlet dies; ***questa è proprio la stanza in ~ lavorò Shakespeare*** this is the actual room that Shakespeare worked in; *(quando)* when; ***il giorno in ~*** the day when *o* that; ***ci sono momenti in ~*** there are times when; ***ai tempi in ~*** back in the days when; ***nel momento in ~ l'abbiamo visto*** the instant we saw him **5 per cui** *(quindi)* so, thus, therefore; ***era stanca per ~ andò a dormire*** she was tired and so went to bed **6 tra cui** ***molti soldati disertarono, tra ~ Tom*** many of the soldiers deserted, among them Tom *o* including Tom **7 nella misura in cui** to the extent that, inasmuch as, insofar as.

culaccio, pl. **-ci** /ku'lattʃo, tʃi/ m. *(in macelleria)* rump (steak).

culata /ku'lata/ f. ***battere una ~ per terra*** to fall on one's ass.

culatello /kula'tɛllo/ m. GASTR. INTRAD. (cured pork salame made from the lean part of a ham, typical of Emilia).

culatta /ku'latta/ f. **1** MIL. breech **2** GASTR. → **culaccio 3** *(fondo di pantaloni)* seat.

culattone /kulat'tone/ m. VOLG. queer, poof BE, faggot AE.

culbianco, pl. **-chi** /kul'bjanko, ki/ m. wheatear.

cul-de-sac /kulde'sak/, **culdisacco** /kuldi'sakko/ m.inv. cul-de-sac, blind alley.

culinaria /kuli'narja/ f. cooking, cookery BE, gastronomy FORM.

culinario, pl. **-ri, -rie** /kuli'narjo, ri, rje/ agg. culinary; ***arte -a*** cooking, cookery; ***dimostrazione -a*** cookery demonstration.

▷ **culla** /'kulla/ f. **1** *(di neonato)* cradle, crib, cot BE; *(in vimini)* bassinet, Moses basket; ***~ portatile*** carrycot; ***dalla ~*** from the cradle; ***dalla ~ alla tomba*** from the cradle to the grave **2** FIG. *(luogo d'origine) (di religione, civiltà, popolo)* cradle, birthplace (**di** of).

▷ **cullare** /kul'lare/ [1] **I** tr. **1** *(dondolare)* to rock, to cradle [*bambino*]; ***cullai il bambino per farlo addormentare*** I rocked *o* lulled the baby to sleep **2** [*onde*] to rock [*barca*] **3** FIG. *(nutrire)* to cherish, to foster, to nurse [*speranza*]; to entertain, to harbour BE, to harbor AE [*illusione*] **4** *(illudere)* to delude; ***farsi ~ da un falso senso di sicurezza*** to be lulled into a false sense of security **II cullarsi** pronom. ***~ in*** to delude oneself in [*illusione, speranza*].

culminante /kulmi'nante/ agg. culminant; ***punto ~*** climax, high point; ***raggiungere il punto ~*** to reach a high point, to climax; ***il momento ~ del torneo*** the exciting climax of the tournament.

culminare /kulmi'nare/ [1] intr. (aus. *essere*) **1** GEOGR. [*sommità, massiccio*] to culminate (**in** in); ***l'Everest culmina a 8.848 metri*** Everest reaches 8,848 metres at its peak **2** FIG. [*inflazione, disoccupazione*] to reach its peak, to peak; [*serata, festival*] to reach its climax; ***~ in tragedia*** to end in tragedy **3** ASTR. [*astro*] to reach culmination.

culminazione /kulminat'tsjone/ f. ASTR. culmination.

culmine /'kulmine/ m. **1** *(punto più alto) (di montagna)* peak, summit, top **2** FIG. *(apice, momento di maggior intensità)* height, peak, climax, acme; ***è al ~ del successo*** her success is at its peak, she is at the peak of her success; ***al ~ della stagione*** at the height of the season; ***raggiungere il ~*** [*crisi*] to reach its climax; [*carriera*] to peak; ***si era arrivati al ~ della frustrazione*** a pitch of frustration had been reached.

culmo /'kulmo/ m. BOT. culm.

▷ **culo** /'kulo/ m. POP. **1** *(posteriore)* bottom, buttocks pl., bum BE, arse BE VOLG., ass AE VOLG.; ***l'ho preso a calci nel ~*** I kicked him in the arse **2** *(ano)* shithole, arsehole BE VOLG., asshole AE VOLG. **3** *(fondo) (di bottiglia ecc.)* bottom **4** VOLG. *(omosessuale)* queer, poof BE, faggot AE **5** *(fortuna)* luck; ***avere ~*** to be lucky; ***una botta di ~*** a stroke of luck; ***che ~ (che hai)!*** you lucky bastard! you lucky dog! what a fluke! ***vincere per puro ~*** to be a fluk(e)y winner ◆ ***essere ~ e camicia con qcn.*** to be hand in glove with sb., to be pally with sb. BE; ***prendersela nel ~*** to be fucked (up) *o* buggered; ***muovere, alzare il ~*** *(sbrigarsi)* to move one's *o* haul ass; ***muovi il ~!*** get off *o* shift your arse! ***leccare il ~ a qcn.*** to lick sb.'s boots *o* arse, to kiss sb.'s ass, to brown-nose sb.; ***in ~ alla balena!*** *(per augurare buona fortuna)* break a leg! ***va' a dar via il ~, va' a fare in ~!*** VOLG. fuck you! fuck off! kiss my ass! ***ficcatelo su per il ~!*** stick it up your ass! ***avere una faccia da, di ~*** *(essere sfrontato)* to have a cheek *o* a nerve; ***fare il ~ a qcn.*** *(sgridare)* to give sb. a bollocking BE; *(sconfiggere)* to piss on sb. BE; ***farsi il ~, un ~ così*** to work one's ass off, guts out; ***farsi il ~ a fare*** to bust one's ass doing sth., to break one's balls to do; ***metterla nel ~ a qcn.*** VOLG. to con sb.; ***prendere per il ~ qcn.*** to take the piss out of sb., to bull(shit) sb., to fuck sb. about *o* around; ***mi stai prendendo per il ~?*** are you shitting? ***essere col ~ per terra*** to be broke *o* penniless; ***stare sul ~ a qcn.*** to get up sb.'s nose; ***mi sta sul ~*** I hate his guts; ***in ~ ai lupi*** [*casa*] in the back of beyond.

culone /ku'lone/ m. (f. **-a**) *(persona)* fat-ass AE.

culottes /ku'lɔt/ f.pl. (French) knickers BE.

cultivar /'kultivar, kulti'var/ f.inv. cultivar.

▶ **1.culto** /'kulto/ m. **1** *(adorazione)* cult, worship; *~ della natura, degli avi* nature, ancestor worship; *~ dell'eroe* hero-worship **2** *(fede religiosa)* faith, religion; *il ~ cattolico, musulmano* the Catholic, Muslim religion; *luogo di ~* place of worship; *ministro del ~* minister of religion; *libertà di ~* freedom of worship *o* religion **3** *(venerazione)* cult; *avere il ~ di qcs.* to worship sth.; *essere oggetto di ~* FIG. to be an object of worship; *è diventato un personaggio ~* he has achieved cult status **4 (di) culto** *un gruppo, film (di) ~* a cult band, film ◆◆ *~ della personalità* cult of personality, personality cult.

2.culto /'kulto/ agg. ANT. → **colto.**

cultore /kul'tore/ m. (f. **-trice** /tritʃe/) *(appassionato)* enthusiast, lover, buff COLLOQ.; *è un grande ~ della cucina giapponese* he's a great lover of Japanese cooking.

cultuale /kultu'ale/ agg. [*associazione, oggetti*] religious, cult attrib.

▶ **cultura** /kul'tura/ f. **1** *(civiltà)* culture, civilization; *~ occidentale* Western culture; *-e di minoranza, dominanti* minority, dominant cultures; *~ giovanile* youth culture; *~ di strada* street culture; *~ d'impresa* corporate culture **2** *(insieme delle conoscenze, formazione)* culture U, education, knowledge, learning; *di grande ~* of vast knowledge; *~ libresca* book-learning; *alta ~* high culture; *un uomo senza ~* an uncultured man; *fare sfoggio della propria ~* to air one's knowledge; *non fare pesare la propria ~* to wear one's learning lightly; *centro di ~* centre of scholarship; *farsi una ~ su qcs.* to get to know about sth., to study sth. **3** *(agricoltura)* culture, cultivation, crop ◆◆ *~ classica* classical education; *~ fisica* physical exercise; *~ generale* general knowledge; *~ di massa* mass culture; *~ popolare* popular culture.

▷ **culturale** /kultu'rale/ agg. [*centro, manifestazione*] cultural; *addetto ~* cultural attaché; *rivoluzione ~* STOR. Cultural Revolution; *gap ~* culture gap.

culturalismo /kultura'lizmo/ m. = ostentation of culture.

culturalistico, pl. **-ci, -che** /kultura'listiko, tʃi, ke/ agg. = pertaining to the ostentation of culture.

culturalmente /kultural'mente/ avv. culturally.

culturismo /kultu'rizmo/ ➧ *10* m. body-building, physical culture.

culturista, m.pl. **-i**, f.pl. **-e** /kultu'rista/ m. e f. bodybuilder, physical culturist.

cumarina /kuma'rina/ f. coumarin.

cumino /ku'mino/ m. cumin; *semi di ~* caraway seeds ◆◆ *~ dei prati, ~ tedesco* caraway.

cumulabile /kumu'labile/ agg. [*funzioni, mandati*] = which can be held concurrently; [*redditi*] = which can be drawn concurrently.

cumulare /kumu'lare/ [1] tr. to hold* concurrently [*cariche*]; to draw* concurrently [*stipendi*]; *cumula la funzione amministrativa a quella di progettista* he combines the post of manager with that of designer.

cumulativamente /cumulativa'mente/ avv. cumulatively.

cumulativo /kumula'tivo/ agg. cumulative; [*prezzo*] inclusive; [*effetto*] accumulative; *biglietto ~ (per più destinazioni)* through ticket, *(per più persone)* group ticket; *azione -a* MED. cumulative action.

▷ **cumulo** /'kumulo/ m. **1** *(mucchio)* heap, pile, mound; *(di terra, fango)* bank; *(di foglie, sabbia)* drift; *~ di neve* snowdrift, snowbank AE; *la casa era ridotta a un ~ di macerie* the house was reduced to a pile of rubble **2** FIG. *è un ~ di sciocchezze* that's a load of old rubbish; *un ~ di ordinativi inevasi* a backlog of orders **3** *(accumulazione)* accumulation; *~ degli stipendi* = drawing several salaries concurrently **4** METEOR. cumulus* **5** DIR. *~ di pene* = consecutive sentence; *~ di infrazioni* = multiple counts.

cumulonembo /kumulo'nembo/ m. cumulonimbus*.

cumulostrato /kumulo'strato/ m. → **stratocumulo.**

cuna /'kuna/ f. LETT. cradle.

cuneato /kune'ato/ agg. cuneate(d).

cuneese /kune'ese, kune'eze/, **cuneense** /kune'ɛnse/ ➧ *2* **I** agg. from, of Cuneo **II** m. e f. native, inhabitant of Cuneo.

cuneiforme /kunei'forme/ agg. **1** cuneiform, wedge-shaped **2** [*carattere, scrittura*] cuneiform.

cuneo /'kuneo/ m. **1** *(prisma)* wedge; *la porta è chiusa con un ~* the door is wedged shut **2** *(calzatoia)* chock; *bloccare una ruota con un ~* to chock a wheel **3** ARCH. wedge.

cunetta /ku'netta/ f. **1** *(canaletto di scolo)* gutter, gully-drain **2** *(di strada)* dip.

cunicolo /ku'nikolo/ m. **1** *(galleria)* tunnel, underground passage **2** *(tana)* burrow.

cunicoltore /kunikol'tore/ ➧ *18* m. (f. **-trice** /tritʃe/) rabbit breeder.

cunicoltura /kunikol'tura/ f. rabbit breeding.

cunnilingio, pl. **-gi** /kunni'lindʒo, dʒi/ m. cunnilingus.

▶ **cuocere** /'kwɔtʃere/ [34] **I** tr. **1** to cook [*alimento*]; *(al forno)* to bake [*pane, torta, verdure*]; to roast [*carne, patate*]; *(alla griglia)* to grill [*carne, pesce*]; *(al vapore)* to steam [*verdure*]; *(in umido)* to stew [*carne*]; *~ a bagnomaria* to cook in a bain-marie; *~ nel forno a microonde* to microwave; *~ a fuoco lento* to cook at a low heat, to simmer; *~ a fuoco vivo* to cook on a high heat; *non fare ~ troppo le carote* don't overcook *o* overdo the carrots; *da ~* [*verdura, frutta*] stewing; *mela da ~* cooking apple, codling, cooker COLLOQ. **2** TECN. to fire [*porcellana, mattoni, smalto, argilla*] **3** FIG. *(scottare)* [*sole*] to bake [*pelle*] **II** intr. (aus. *essere*) **1** [*alimento*] to cook; *(al forno)* [*pane, torta*] to bake; [*carne, patate*] to roast; *(alla griglia)* [*carne, pesce*] to grill; *(in umido)* [*carne*] to stew; *le carote stanno cuocendo* the carrots are cooking; *fare, lasciare ~ per 10 minuti* cook for ten minutes **2** FIG. *la sconfitta gli cuoce ancora* they are still smarting over *o* from their defeat **III cuocersi** pronom. **1** to cook **2** FIG. *-rsi al sole* to bake ◆ *~ nel proprio brodo* to stew in one's own juice.

▷ **cuoco**, pl. **-chi, -che** /'kwɔko, ki, ke/ ➧ *18* m. (f. **-a**) cook; *primo ~* head cook, chef ◆ *troppi -chi guastano la cucina* PROV. too many cooks spoil the broth.

cuoiaio, pl. **-ai** /kwo'jajo, ai/ ➧ *18* m. (f. **-a**) *(conciatore)* tanner; *(commerciante)* = dealer in leather goods.

cuoiame /kwo'jame/ m. **1** *(pelli)* tanned hides pl. **2** *(oggetti in cuoio)* leather goods pl.

cuoieria /kwoje'ria/ f. = leather goods shop.

▷ **cuoio**, m.pl. **cuoi** /'kwɔjo, 'kwɔj/ **I** m. leather, hide; *~ scamosciato* wash leather; *~ grezzo* rawhide; *borsa di, in ~* leather bag; *"vero ~"* "genuine *o* real leather" **II cuoia** f.pl. ANT. *(pelle umana)* skin sing. ◆ *avere le cuoia dure* to have a thick skin; *tirare le cuoia (morire)* to kick the bucket, to croak, to snuff it ◆◆ *~ capelluto* scalp; *~ marocchino* morocco (leather).

cuorcontento /kworkon'tɛnto/ m. e f.inv. *essere un ~* to be easy-going.

▶ **cuore** /'kwɔre/ ➧ *4* **I** m. **1** *(organo) (di uomo, animale)* heart; *le batteva forte il ~* her heart was thudding; *soffrire di ~* to have heart trouble, to have a heart condition *o* complaint; *essere debole di ~* to have a bad heart; *attacco di ~* heart attack; *trapianto di ~* heart transplant; *intervento a ~ aperto* MED. open-heart surgery; *macchina ~-polmoni* MED. heart-lung machine; *soffio al ~* MED. heart murmur; *a forma di ~* heart-shaped, in the shape of a heart; *Sacro Cuore* RELIG. Sacred Heart **2** *(petto)* heart, breast; *stringere qcn. al, sul ~* to clasp sb. to one's heart; *mettendosi la mano sul ~* hand on heart, with their hand on their heart **3** *(sede delle emozioni, dei sentimenti)* heart; *amico del ~* bosom friend; *seguire il proprio ~* to follow one's heart; *avere un ~ puro* to be pure-hearted; *avere buon, un gran ~* to be all heart *o* great-hearted, to have a big heart; *aprire il proprio ~ a qcn.* to open one's heart to sb.; *dal profondo del ~* from the bottom of one's heart; *dal profondo del mio ~* deep in my heart, in the deepest recesses of my heart; *dire qcs. col ~* to say sth. heartily; *amare qcn. con tutto il ~* to love sb. dearly *o* with all one's heart; *desiderare con tutto il ~ che* to wish with all one's heart that; *in cuor mio* in my heart (of hearts); *ebbe un tuffo al ~* his heart missed *o* skipped a beat, his heart gave a lurch; *avere il ~ infranto, a pezzi* to be heartbroken *o* broken-hearted, to have a broken heart; *toccare il ~ a qcn.* to touch sb.'s heartstrings, to strike a chord in *o* with sb.; *toccare i -i di* to touch the hearts of; *affari di ~* affairs of the heart **4** *(persona) un ~ generoso* a good-hearted person; *un ~ di coniglio* a hen-hearted person; *un cuor di leone* a lion-hearted person; *~ solitario* lonely heart **5** *(coraggio)* heart; *prendere ~, perdersi di ~* to take, lose heart; *non ho avuto il ~ di rifiutare* I didn't have the heart to refuse **6** *(centro, parte centrale) (di carciofo, lattuga, ecc.)* heart; *(di problema, questione)* core, heart; *(di luogo, città)* heart, centre BE, center AE; *nel ~ della notte* in the middle of the night, in the *o* at dead of night; *nel ~ dell'inverno* in the depths of winter; *nel ~ della giungla* in the heart of the jungle, deep in the jungle; *il ~ di un paese* the innermost part of a country; *arrivò direttamente al ~ del problema* he went straight to the heart of the matter; *questo mira al ~ del sistema democratico* this strikes at the heart of the democratic system **7** *(oggetto a forma di cuore)* heart, heart-shaped object **8 a cuore** *prendere a ~ qcs.* to take sth. to heart; *prendere a ~ qcn.* to take sb. to one's bosom; *il progetto gli sta a ~* the project is dear to his heart; *i tuoi interessi mi stanno a ~* I have your interests at heart **9 di cuore** *una persona di ~* a kind-hearted person; *ridere di ~* to laugh heartily; *una risata di ~* a hearty laugh **II cuori** m.pl. GIOC. *(seme)* hearts + verbo sing. o pl.; *carta di -i* heart; *giocare -i* to play a heart; *il due di -i* the two of hearts; *regina di -i* queen of hearts ◆ *avere un ~ di pietra, granito* to have a heart of stone, of granite, to be stony-hearted *o* hard-hearted *o* iron-hearted; ***avere il ~ di ghiaccio*** to be cold-hearted, to have a cold heart; ***avere il ~ tenero*** to be soft-hearted *o* tenderhearted; ***aveva un ~ d'oro*** to have a heart of gold; ***non avere, essere senza ~*** to have no heart, to be heartless; ***aveva il ~ in gola*** his heart was in his mouth; ***avere il ~ gonfio*** to be heavy-hearted; ***aveva il ~ gonfio d'orgoglio*** her heart swelled with pride; ***parlare a ~ aperto, con il ~ in mano*** to have a heart-to-heart, to wear one's heart on one's sleeve; ***mi si stringe il ~ quando...*** I feel a pang when...; ***riscaldare il ~ di qcn.*** to warm sb.'s heart; ***a cuor leggero*** with a light heart, light-heartedly, carelessly; ***avere la morte nel ~*** to be sick at heart; ***togliersi un peso dal ~*** to take a load off sb.'s mind; ***mettersi il ~ in pace*** = to resign oneself; ***spezzare il ~ a, di qcn.*** to break sb.'s heart; ***mi spezza il ~ vedere*** it is heartbreaking to see; ***conquistare, rubare il ~ di qcn.*** to win, steal sb.'s heart; ***fare appello al buon ~ di qcn.*** to appeal to sb.'s better nature; ***due -i e una capanna*** love in a cottage; ***avere un cuor di leone*** to be lion-hearted; ***mani fredde, ~ caldo*** PROV. cold hands, warm heart; ***lontano dagli occhi, lontano dal ~*** PROV. out of sight, out of mind; ***occhio non vede, ~ non duole*** PROV. what the eye doesn't see the heart doesn't grieve over ◆◆ ***~ del legno*** BOT. heartwood; ***~ di Maria*** BOT. bleeding heart; ***~ da tabacco*** MED. tobacco heart.

cuoriforme /kwori'forme/ agg. heart-shaped.

cupamente /kupa'mente/ avv. darkly, hollowly.

cupezza /ku'pettsa/ f. **1** *(oscurità)* darkness, gloominess, obscurity **2** *(di persona) (tristezza)* gloom, gloominess, glumness.

cupidamente /kupida'mente/ avv. greedily.

cupidigia, pl. **-ge**, **-gie** /kupi'didʒa, dʒe/ f. cupidity, greed, greediness, covetousness.

cupidità /kupidi'ta/ f.inv. LETT. → **cupidigia.**

cupido /'kupido/ agg. LETT. greedy, covetous.

Cupido /ku'pido/ n.pr.m. Cupid; ***le frecce, gli strali di ~*** Cupid's darts *o* arrows *o* love-shaft.

▷ **cupo** /'kupo/ agg. **1** *(oscuro)* [*cielo*] dark, sullen, sombre BE, somber AE; [*nuvole, notte*] black; [*tempo*] gloomy; [*paesaggio*] dreary **2** *(molto scuro)* ***rosso ~*** deep *o* dark red; ***dipingere qcs. a tinte -e*** FIG. to paint a bleak *o* gloomy picture of sth. **3** *(profondo)* [*voce*] hollow, cavernous **4** FIG. [*stato d'animo, disperazione*] black, dark, gloomy **5** FIG. [*avvenire, prospettive*] bleak, dim; ***il suo futuro appare ~*** her future looks grim.

cupola /'kupola/ f. **1** ARCH. dome, cupola; ***~ a bulbo*** onion dome; ***~ geodetica*** geodesic dome **2** *(di cappello)* crown; ***elmo a ~*** domed helmet **3** BOT. cupule; *(di ghianda)* cup **4** GEOL. dome **5** GERG. *(nella mafia)* = head of an organized crime mafia body.

cuprammonio /kupram'mɔnjo/ m. cuprammonium.

cupreo /'kupreo/ agg. LETT. cupreous.

cuprico, pl. **-ci**, **-che** /'kupriko, tʃi, ke/ agg. copper attrib., cupreous.

cuprifero /ku'prifero/ agg. cupriferous.

cuprite /ku'prite/ f. cuprite.

cupula /'kupula/ f. BOT. cupule.

▶ **cura** /'kura/ f. **1** *(medica)* care, cure; ***essere in ~ per*** to be on medication for; ***ricevere -e mediche per qcs.*** to receive treatment for sth.; ***fare sospendere una ~ a qcn.*** to take sb. off medication; ***prescrivere una ~ a qcn.*** to give sb. treatment; ***avere in ~ qcn.*** to take care of sb.; ***-e mediche*** health *o* medical care, doctoring; ***-e d'urgenza*** acute care; ***-e postoperatorie*** aftercare; ***-e intensive, preventive, geriatriche*** intensive, preventive, geriatric care; ***casa di ~*** nursing home *o* institution; ***fare una ~ termale*** to take the waters; ***~ della pelle, dei capelli*** skin, hair care **2** *(terapia, trattamento)* treatment; ***un ciclo di -e*** a course of treatment; ***~ ormonale*** hormone treatment; ***sta seguendo una ~ per la depressione*** she's being treated for depression; ***fare una ~*** to have treatment **3** *(impegno, accuratezza)* care, carefulness; ***con (grande) ~*** [*preparare, lavorare*] with (great) care; ***con la massima ~*** with the utmost care; ***scegliere qcs. con ~*** to choose sth. carefully; ***radersi con ~*** to shave closely; ***esaminare con ~*** to have *o* take a good look at [*auto, contratto*]; ***il pacco non era stato trattato con ~*** the package had been subjected to rough handling; ***maneggiare qcs. con ~*** to handle sth. gently; ***"maneggiare con ~"*** "handle with care" **4** *(sollecitudine, premura)* ***prendersi ~ di*** to look after, to take care of, to care for [*persona, bambino, animale*]; to be in attendance of, to tend (to) [*paziente*]; ***prendersi ~ di se stesso*** to take care of oneself; ***prendersi ~ di qcn. durante una malattia*** to nurse sb. through an illness; ***"abbi ~ di te!"*** "take care!"; ***abbiamo avuto ~ di evitare ogni confronto*** we were careful to avoid any confrontation; ***affidare, lasciare qcs., qcn. alle -e di qcn.*** to deliver *o* leave *o* confide sth., sb. into sb.'s care, to put sth., sb. in sb.'s keeping; ***-e amorevoli*** tender care; ***~ parentale*** parenting; ***-e materne*** mothering, motherly care **5** *(gestione)* ***la ~ della casa*** domestic *o* household tasks **6** RELIG. cure (of souls) **7** LETT. *(preoccupazione)* care, worry **8** **a cura di** [*edizione, testo*] edited by; ***note e commenti a ~ di*** notes and commentary by ◆◆ ***~ di bellezza*** beauty treatment; ***~ dimagrante*** slimming course, reducing treatment; ***~ disintossicante*** detoxi(fi)cation; ***~ del sonno*** sleep therapy.

curabile /ku'rabile/ agg. curable, treatable.

curabilità /kurabili'ta/ f.inv. curability.

curaçao /kura'so/ m.inv. curaçao.

curante /ku'rante/ agg. ***medico ~*** doctor, general practitioner.

curapipe /kura'pipe/ m.inv. pipe cleaner.

▶ **curare** /ku'rare/ [1] **I** tr. **1** *(cercare di guarire)* to treat, to nurse [*paziente, ferito, malattia*]; *(guarire)* to cure [*malattia, paziente*] (**da** of); *(assistere)* to attend, to nurse, to tend (to) [*persona*]; ***fatti ~!*** COLLOQ. SCHERZ. you should have your head examined! **2** *(occuparsi di)* to look after, to care for [*bambino, animale, casa, giardino*]; to take* care of [*abbigliamento, dettaglio*] **3** *(preparare)* to edit [*testo, libro*]; to curate [*mostra*] **II curarsi** pronom. **1** *(cercare di guarire)* to treat oneself; ***curati!*** look after yourself! **2** *(poter essere guarito)* [*malattia*] to be* treatable **3** *(avere cura del proprio aspetto)* ***non -rsi del proprio aspetto*** to be careless of one's appearance **4** *(interessarsi)* ***non -rsi delle critiche*** to ignore criticism ◆ ***meglio prevenire che ~*** PROV. prevention is better than cure, better safe than sorry.

curarina /kura'rina/ f. curarine.

curarizzare /kurarid'dzare/ tr. to curarize.

curaro /ku'raro/ m. curare.

curatela /kura'tɛla/ f. DIR. trusteeship, guardianship, administration; ***~ testamentaria*** administratorship.

curativo /kura'tivo/ agg. curative; [*proprietà, effetto*] healing; [*potere*] restorative, healing; [*trattamento*] remedial.

1.curato /ku'rato/ **I** p.pass. → **curare II** agg. [*persona*] neat, trim; [*lavoro, aspetto*] tidy, trim; [*giardino*] neat, spruce; ***ha un aspetto molto ~*** he's very well-groomed; ***le sue unghie -e*** her manicured nails.

2.curato /ku'rato/ m. *(sacerdote)* curate.

curatore /kura'tore/ m. (f. **-trice** /tritʃe/) **1** DIR. *(di persona)* guardian; *(di eredità)* administrator; ***~ fallimentare*** *(di azienda)* receiver, insolvency expert **2** *(di un testo)* editor.

curatrice /kura'tritʃe/ f. *(di un testo)* editress.

curculione /kurku'ljone/ m. snout beetle, weevil.

curcuma /'kurkuma/ f. curcuma, turmeric.

curdo /'kurdo/ ♦ ***16*** **I** agg. Kurdish **II** m. (f. **-a**) **1** *(persona)* Kurd **2** *(lingua)* Kurdish.

curia /'kurja/ f. **1** *(in Roma antica)* curia **2** RELIG. curia, Curia **3** *(complesso di magistrati)* = the Bar.

curiale /ku'rjale/ **I** agg. **1** RELIG. curial **2** LETT. *(di corte)* courtly **3** *(solenne)* aulic, solemn **II** m. RELIG. = member of a curia.

curialesco, pl. **-schi**, **-sche** /kurja'lesko, ski, ske/ agg. SPREG. *(cavilloso)* quibbling, cavilling.

curialismo /kurja'lizmo/ m. curialism.

curiato /ku'rjato/ agg. = pertaining to a Roman curia.

curie /ky'ri, ku'ri/ m.inv. curie.

curio /'kurjo/ m. curium.

curiosaggine /kurjo'saddʒine/ f. COLLOQ. → **curiosità.**

curiosamente /kurjosa'mente/ avv. **1** *(con curiosità)* curiously, inquisitively **2** *(stranamente)* curiously, oddly, queerly; ***ha un'aria ~ familiare*** she looks strangely familiar; ***~ mi hanno fatto entrare*** curiously *o* oddly enough, I was let in.

curiosare /kurjo'sare/ [1] intr. (aus. *avere*) **1** *(osservare con curiosità)* to look about, around; ***hanno passato la mattinata a ~ nei negozi*** they spent the morning looking around the shops; ***~ tra le pagine di un libro*** to have a browse *o* to browse through a book; ***~ in libreria*** to have a browse in a bookshop **2** *(ficcare il naso)* to snoop around, to nose about, around; ***~ negli affari altrui*** to poke one's nose into sb.'s business **3** *(frugare)* to feel* around in, to go* through [*borsa, cassetto*]; to rake among, through [*documenti, carte*].

▶ **curiosità** /kurjosi'ta/ f.inv. **1** *(interesse, desiderio di conoscenza)* curiosity, inquisitiveness; ***per pura, semplice ~*** out of idle *o* pure curiosity; ***suscitare, soddisfare la ~ di qcn.*** to arouse, satisfy sb.'s curiosity; ***domandare con ~*** to ask curiously; ***è di una ~ morbosa, insaziabile*** he is insatiably curious; ***morire di ~*** to be burning with curiosity; ***provare ~ per qcs.*** to be curious about sth. **2** *(oggetto)* curiosity, curiousness, curio*; ***negozio di ~*** curiosity shop.

▶ **curioso** /ku'rjoso/ **I** agg. **1** *(desideroso di sapere)* [*persona*] curious; [*mente*] inquisitive; ***essere ~ d'imparare*** to be keen to learn; ***~ di sapere come, perché*** curious *o* intrigued to know how, why **2** *(indiscreto)* [*persona*] curious, inquisitive, nosy, prying; [*gente, folla*] staring **3** *(strano)* curious, odd, strange, queer; ***individuo dall'aspetto ~*** strange-looking *o* odd-looking individual; ***per una -a coincidenza*** by a strange coincidence; ***e, cosa -a, lei era sola*** and, curiously *o* oddly enough, she was alone; ***è ~ quanto la gente cambi*** it's funny how people change; ***camminare, parlare in modo ~*** to walk, talk funnily; ***dalla forma -a*** curiously shaped **4** *(interessante)* interesting; ***sarebbe ~ da vedere*** it would be interesting to see **II** m. (f. **-a**) **1** *(persona indiscreta)* curious person, inquisitive person, nosy parker SPREG.; *(passante, spettatore)* onlooker, sightseer, bystander **2** *(cosa strana)* ***il ~ di questa storia è che*** the funny *o* curious thing about this story is that.

curiosone /kurjo'sone/ m. (f. **-a**) COLLOQ. prier, rubberneck.

curricolare /kurriko'lare/ agg. curricular.

curricolo /kur'rikolo/, **curriculum** /kur'rikulum/ m. **1** *(biografia)* curriculum* vitae, CV, cv, résumé AE **2** *(programma di insegnamento)* curriculum*.

curriculare /kurriku'lare/ → **curricolare.**

curry /'karri/ m.inv. curry (powder); ***pollo al ~*** chicken curry, curried chicken.

cursore /kur'sore/ m. **1** MECC. INFORM. cursor **2** EL. slider **3** *(di cerniera)* zip (fastener), zipper AE.

curule /ku'rule/ agg. curule.

▶ **curva** /'kurva/ f. **1** *(linea ad arco)* curve; ***il ruscello descrive una ~ attraverso la valle*** the stream curves through the valley; ***il fiume descrive un'ampia ~ intorno alla città*** the river sweeps around the town **2** *(di strada)* bend, corner; ***~ stretta, pericolosa*** sharp, dangerous bend; ***~ a destra, sinistra*** right-hand, left-hand bend, bend to the right, to the left; ***tenuta in ~*** cornering; ***questa macchina tiene bene in ~*** this car corners well, handles bends well, handles well on bends; ***prendere una ~*** to go around a bend; ***entrare in ~*** to go into the turn; ***uscire da una ~*** to come around a bend; ***sorpassare in ~*** to overtake on a bend; ***la macchina ha fatto la curva troppo velocemente*** the car took the corner too fast; ***prendere male una ~*** to fail to negotiate a bend; ***la strada è tutta -e*** the road is full of twists and turns; ***una strada piena di -e*** a bendy road **3** *(di grafico)* curve; ***una ~ ascendente, discendente*** a rising, falling graph; ***~ di rendimento*** yield curve **4** MAT. curve; ***tracciare una ~*** to plot a curve **5** *(forme)* ***tutta -e*** [*donna*] curvy, curvaceous SCHERZ. **6** SPORT = in a stadium, the places behind the goals; the fans who usually sit behind the goals ◆◆ ***~ a gomito*** AUT. hairpin bend, dogleg, U-bend; ***~ di livello*** GEOGR. contour line; ***~ dei prezzi*** ECON. price curve; ***~ a S*** AUT. double bend, S-bend.

curvabile /kur'vabile/ agg. = that can be bent.

curvamento /kurva'mento/ m. → **curvatura.**

curvare /kur'vare/ [1] **I** tr. **1** *(piegare)* to bend* [*braccio, sbarra*]; to bend* (down), to bow [*ramo*]; to crook [*dito, braccio*] **2** *(incurvare, chinare)* to hump [*schiena*] **II** intr. (aus. *avere*) **1** *(essere curvo)* [*strada*] to bend*, to curve **2** *(girare)* [*auto*] to corner, to turn **III curvarsi** pronom. *(diventare curvo, abbassarsi)* [*anziano*] = to become bent with age; [*ramo*] to bend* ◆ ***~ il capo, la testa*** to bow down.

curvatrice /kurva'tritʃe/ f. bending machine.

curvatura /kurva'tura/ f. **1** *(piegatura)* curvature, bending **2** *(di volta, arco)* arching **3** MAT. flexure **4** MECC. camber.

curvilineo /kurvi'lineo/ **I** agg. curvilinear **II** m. *(strumento)* (drawing) curve.

▷ **curvo** /'kurvo/ agg. **1** *(che descrive una curva)* [*linea*] curved, crooked **2** *(incurvato)* [*persona*] bent, stooping; [*schiena*] bowed; ***avere le spalle -e*** to have round *o* stooping shoulders, to be round-shouldered; ***essere ~ per*** to be bowed down by [*peso*]; ***stare ~*** to slouch forward; ***camminare ~*** to walk with a stoop.

cuscinata /kuʃʃi'nata/ f. = blow with a pillow.

cuscinetto /kuʃʃi'netto/ **I** m. **1** *(piccolo cuscino)* small cushion; *(per timbri)* pad; *(puntaspilli)* pincushion **2** TECN. bearing **3** *(rigonfiamento)* ***~ di grasso, adiposo*** roll of fat **4** FIG. buffer **II** agg.inv. *(interposto)* ***stato ~*** buffer state; ***zona ~*** buffer zone ◆ ***fare da ~*** to act as a buffer ◆◆ ***~ plantare*** ZOOL. pad; ***~ portante*** journal (bearing); ***~ reggispinta*** collar *o* thrust bearing, thrust block; ***~ a sfere*** ball bearing.

▷ **cuscino** /kuʃ'ʃino/ m. **1** *(guanciale)* pillow; ***~ di piume*** feather *o* downy pillow; ***ha appoggiato la testa sul ~*** she lay back on the pillow; ***lotta coi -i*** pillow fight **2** *(di divano)* cushion; *(di inginocchiatoio)* hassock; ***coperto di -i*** cushioned **3** TECN. *(per proteggere)* padding ◆◆ ***~ d'aria*** TECN. air cushion.

cusco /'kusko/ m. ***~ (macchiato)*** cuscus.

cuscus /kus'kus/ m.inv. couscous.

cuscuta /'kuskuta, kus'kuta/ f. BOT. dodder.

cuspidale /kuspi'dale/ agg. cuspidal.

cuspidato /kuspi'dato/ agg. cuspidate (anche BOT.).

cuspide /'kuspide/ f. **1** ANAT. cusp **2** *(punta) (di freccia, lancia)* head; *(di monte)* peak, top **3** ARCH. spire, cusp **4** MAT. *(di curva)* cusp **5** ASTR. cusp.

▶ **custode** /kus'tɔde/ ➧ ***18*** **I** m. e f. **1** keeper, custodian; *(di museo, parcheggio)* attendant; *(di scuola)* porter, caretaker BE **2** *(portinaio)* doorkeeper, door porter **3** *(protettore)* guardian, defender; ***farsi ~ delle tradizioni*** to set oneself up as a guardian of tradition **II** agg. ***angelo ~*** guardian angel, ministering angel (anche FIG.); ***non sono il suo angelo ~*** FIG. I'm not his keeper.

custodia /kus'tɔdja/ f. **1** *(atto del custodire)* keeping, custody FORM.; ***in ~ di qcn.*** in sb.'s (safe)keeping, in the keeping of sb.; ***dare, affidare qcs. in ~ a qcn.*** to put sth. in sb.'s keeping, to entrust sth. to sb. for safekeeping; ***agente di ~*** prison officer BE, prison guard AE **2** DIR. custody, guardianship, wardship; ***ha ottenuto la ~ dei figli*** she was granted custody of her children; ***~ congiunta*** joint custody; ***essere in ~ cautelare*** [*imputato*] to be on remand, to be remanded in custody **3** *(astuccio, fodero) (di binocolo, occhiali, strumento)* case; *(di macchina fotografica)* camera bag, camera case; *(di disco)* sleeve, jacket AE; *(di libro)* slipcase.

▶ **custodire** /kusto'dire/ [102] tr. **1** *(conservare, preservare)* to guard, to take* care of [*oggetto*]; to keep* [*libro, lettera, denaro*]; to keep*, to guard [*segreto*]; ***~ gelosamente*** to treasure, to enshrine [*ricordo*]; ***un segreto ben custodito*** a closely *o* jealously guarded secret **2** *(sorvegliare, proteggere)* [*persona, poliziotto*] to guard [*luogo, prigioniero*]; [*persona*] to look after, to watch [*bambino, malato*]; [*pastore*] to shepherd [*animali*]; ***parcheggio custodito*** supervised *o* attended car park.

cutaneo /ku'taneo/ agg. cutaneous; ***affezione, malattia -a*** skin disorder, disease; ***eruzione -a*** rash; ***innesto ~*** skin graft.

cute /'kute/ f. cutis*, skin.

cuticagna /kuti'kaɲɲa/ f. SCHERZ. nape, scruff; ***afferrare, prendere qcn. per la ~*** to seize sb. by the scruff of the neck.

cuticola /ku'tikola/ f. ANAT. BOT. cuticle.

cuticolare /kutiko'lare/ agg. cuticular.

cutireazione /kutireat'tsjone/ f. cutireaction.

cutrettola /ku'trettola/ f. (yellow) wagtail.

cutter /'katter/ m.inv. **1** *(taglierina)* cutter **2** MAR. cutter.

CV, C.V. ⇒ cavallo vapore horsepower (hp).

c.v.d. ⇒ (come volevasi dimostrare quod erat demonstrandum) QED.

cyberspace /saibers'peis/ → **ciberspazio.**

cyberterrorismo /tʃiberterro'rizmo/ m. cyberterrorism.

cyclette® /si'klɛt/ f.inv. exercise bicycle.

czar → **zar.**

czarda /'tʃarda/ f. → **ciarda.**

d

d, **D** /di/ m. e f.inv. *(lettera)* d, D.

▶ **da** /da/ prep. (artcl. **dal, dallo, dalla, dall'**; pl. **dai, da'** ANT., **dagli, dalle**) **1** *(moto da luogo, origine, provenienza)* from; ***il treno ~ Roma*** the train from Rome; ***da dove vieni?*** where are you from? ***viene, arriva ~ Taiwan*** she's from Taiwan; ***dalla finestra si scorge...*** from the window, one can see...; ***osservare dall'alto*** to watch from above; ***un vino che viene dalla Grecia*** a wine from Greece, a Greek wine; ***è arrivata ~ destra*** she came from the right; ***un bambino dal mio primo marito*** a child from my first husband; ***rumori che provengono dal piano di sopra*** noises from upstairs; ***tirare fuori qcs. dalla borsa*** to take sth. from one's bag; ***~ diffidente è diventato paranoico*** he went from being suspicious to being paranoid **2** *(distanza, separazione, allontanamento)* from; ***non è lontano ~ qui*** it's not far from here; ***a 20 metri ~ là*** 20 metres from there; ***a dieci chilometri dal mare*** ten kilometres from the seaside; ***niente potrebbe essere più lontano dalla verità*** nothing could be farther from the truth **3** *(moto per luogo)* through; ***entra dal garage, dalla porta del garage*** come in through the garage, by the garage door; ***siamo passati ~ Milano*** we passed through Milan; ***per andare a Roma passo ~ Firenze*** to get to Rome, I go via *o* by *o* through Florence; ***i ladri sono passati dalla finestra*** the burglars passed through the window **4** *(stato in luogo)* at; ***~ qcn.*** *(a casa di)* at sb.'s place; ***~ Guido*** at Guido's (place); ***dal dottore, dal dentista, dal barbiere*** at the doctor's, at the dentist's, at the barber's; ***puoi dormire, restare ~ me*** you can sleep, stay at my place; ***~ noi, dalle nostre parti*** where I come from *o* I live; ***se capiti dalle nostre parti*** if you're ever down our way; ***"~ Mario"*** *(su un'insegna)* "Mario's" **5** *(moto a luogo)* ***andare dal dottore, dal dentista*** to go to the doctor's, dentist's; ***fare un salto dal panettiere*** to drop in at the baker's; ***fare un salto dai vicini*** to pop (in) next door; ***vado ~ Claudia*** I'm going to Claudia's; ***sono subito ~ lei*** *(a disposizione di)* I'll be with you immediately **6** *(tempo) (inizio)* since; ***~ allora*** since then; ***sono qui ~ lunedì*** I've been here since Monday; ***scrivo lettere dalle 9 del mattino*** I've been writing letters since 9 am; ***abito qui dal 1° luglio*** I've been living here since 1st July; ***~ allora non l'ho più visto*** I haven't seen him since then; ***~ quando siamo arrivati*** ever since we arrived; ***da quando apri la posta degli altri?*** since when do you open other people's mail? **7** *(tempo) (durata)* for; ***~ due ore, dieci anni*** for two hours, ten years; ***fa la collezione di francobolli ~ due anni*** he's been collecting stamps for two years; ***stiamo insieme ~ due anni*** we've been together for two years; ***questo dura ~ giorni*** it's been going on for days; ***studio inglese ~ due anni*** I've studied English for two years; ***non dorme ~ una settimana*** she hasn't slept for a week; ***non si vedevano ~ 10 anni*** they hadn't seen each other for 10 years; ***lo sapevo ~ molto*** I had known (it) for a long time **8** **da...a** from...to; ***~ destra a sinistra*** from right to left; ***~ Lisbona a Berlino*** from Lisbon to Berlin; ***tutti i lavori, dal cassiere all'infermiere*** every job from cashier to nurse; ***tremare ~ capo a piedi*** to be trembling all over; ***sono interessati ~ cinque a sette milioni di persone*** between five and seven million people *o* five to seven million people are concerned; ***~ martedì a sabato*** from Tuesday to Saturday; ***~ qui al prossimo anno*** between now and next year; ***vissero a Roma dal 1970 al 1988*** they lived in Rome from 1970 to 1988; ***lavorare dalle 9 alle 5*** to work from 9 till *o* to 5; ***dal tramonto all'alba*** from dawn till dusk **9** *(complemento d'agente, di causa efficiente)* by; ***scritto ~ Orwell*** written by Orwell; ***rispettato ~ tutti*** respected by all; ***essere preso dal lavoro*** to be taken up with one's work; ***fu ucciso ~ John*** he was killed by John; ***la città fu distrutta dagli attacchi aerei*** the town was destroyed by the air raids **10** *(mezzo)* ***la riconosco dalla camminata*** I know her by her walk; ***il cane lo riconosce dal passo*** the dog can tell him from his footsteps **11** *(causa)* with, for; ***tremare dal freddo*** to shiver with cold; ***sbellicarsi dalle risa*** to scream with laughter; ***saltare dalla gioia*** to jump for joy; ***non sono riuscita a dormire dal dolore*** I was unable to sleep for the pain **12** *(fine, scopo, utilizzo)* ***sala ~ pranzo*** dining room; ***stanza ~ letto*** bedroom; ***cibo ~ asporto*** take-away food; ***cappello ~ cowboy*** cowboy hat; ***abito ~ sera*** evening dress; ***carta ~ bollo*** bonded paper **13** *(valore, misura)* ***un francobollo ~ 25 penny*** a 25 pence stamp; ***un'offerta ~ un milione*** a million dollar bid; ***un vestito ~ 500 euro*** a 500 euro dress; ***una banconota ~ dieci sterline*** a ten-pound note; ***una lampadina ~ 100 watt*** a 100-watt light bulb **14** *(qualità)* ***un ragazzo dai capelli scuri*** a dark-haired boy; ***una ragazza dagli occhi verdi*** a girl with green eyes, a green-eyed girl; ***una donna dalla pelle scura, chiara*** a dark-skinned, light-skinned woman; ***un uomo dal nome incomprensibile*** a man with an unintelligible name **15** *(come)* like; *(nella funzione di, con il ruolo di)* as; ***te lo dico ~ amico*** I'll tell you as a friend; ***ci siamo lasciati ~ amici*** we parted friends; ***travestirsi ~ pirata*** to dress up as a pirate; ***comportarsi ~ vigliacco*** to act like a coward; ***non è ~ lui*** it's not like him, it's unlike him; ***non è ~ lui essere in ritardo*** it's not typical of him to be late; ***~ bambino giocavo tutti i giorni a calcio*** when I was a child I used to play football everyday; ***cosa vuoi fare ~ grande?*** what do you want to do when you're grown-up? **16** *(limitazione)* ***cieco ~ un occhio*** blind in one eye; ***sordo ~ un orecchio*** deaf in one ear **17** *(fonte)* ***un quadro dipinto ~ una foto*** a painting made from a photograph; ***un film ~ un romanzo di Forster*** a film based on a novel by Forster **18** *(davanti a verbo all'infinito)* ***non ho più niente ~ dire*** I have nothing more to say; ***non ho nulla ~ aggiungere*** I've nothing to add; ***c'è ancora molto ~ fare*** a lot remains to be done; ***la casa è ~ affittare*** the house is to let; ***c'è poco ~ ridere*** it's no laughing matter; ***dare ~ bere a qcn.*** to give sb. a drink **19** *(con valore consecutivo)* ***essere così ingenuo ~ fare*** to be foolish enough to do; ***saresti così gentile ~ fare*** would you be so kind as to do; ***essere tanto sfortunato ~ fare*** to be unlucky enough to do.

da' ANT. → **da.**

dabbasso /dab'basso/ avv. down below, downstairs; ***scendi ~*** come downstairs.

dabbenaggine /dabbe'naddʒine/ f. *(credulità)* credulity, gullibility, foolishness.

dabbene /dab'bɛne/ agg.inv. decent, honest, respectable.

Dacca /'dakka/ ♦ **2** n.pr.f. Dacca.

daccapo /dak'kapo/ avv. *(di nuovo)* over again; *(da principio)* from the beginning; ***ricominciare ~*** to start afresh, to begin

da

- La preposizione *da* può avere in inglese equivalenti diversi quali *at, by, for, from, in, like, since, through, to* e *with*; per scegliere la forma corretta è pertanto necessario stabilire innanzitutto se *da* si riferisce allo spazio, al tempo o ad altro, e se è inteso in senso proprio o figurato. La struttura della voce e gli esempi aiuteranno nella scelta, anche se bisogna tenere presente che:
  a) come preposizione di luogo, *da* si traduce in inglese in modi diversi in quanto può introdurre il moto da luogo (*la pioggia che cade dal cielo* = rain falling from the sky), lo stato in luogo (*è da Sheila* = he's at Sheila's) e il moto a luogo (*vado da Sheila* = I'm going to Sheila's);
  b) come preposizione di tempo, *da* si traduce in inglese in modi diversi in quanto può introdurre un momento preciso nel tempo (*dalle 2 del mattino* = since 2 am) o un periodo di tempo (*da due ore* = for two hours) (si veda sotto la sezione *Da* e la forma di durata);
  c) la medesima espressione *da... a...* = from... to... può dare un'indicazione di spazio oppure di tempo: *da Milano a Torino* = from Milan to Turin, *dalle 9 alle 11* = from 9 to 11.

_Da_ e la forma di durata

- *Da* introduce le espressioni di tempo nella cosiddetta forma di durata (*duration form*), e si traduce con *since* quando si indica un momento preciso nel tempo e con *for* quando si indica un periodo di tempo:

la conosco dal 1997	=	I have known her since 1997
la conosco da cinque anni	=	I have known her for five years.

Si noti che la forma di durata non è contraddistinta solo dall'uso della preposizione di tempo ma anche dalla forma verbale, che in italiano è semplice mentre in inglese è composta:

sta piovendo da un'ora / dalle 3	=	it has been raining for an hour / since 3 o'clock
lavorava con noi dal 1975	=	he had worked with us since 1975.

- Il momento preciso nel tempo introdotto dalla preposizione *da* e reso in inglese con *since* può essere espresso mediante espressioni avverbiali o frasi:

dal 1901	=	since 1901
dal 15 dicembre	=	since December 15th
dall'inizio di marzo	=	since the beginning of March
da quando siamo arrivati	=	ever since we arrived.

- Il periodo di tempo introdotto dalla preposizione *da* è reso in inglese con *for* può essere espresso mediante espressioni avverbiali:

da cent'anni	=	for a hundred years
da tre mesi	=	for three months
da alcune ore	=	for a few hours.

Ricordando che la forma di durata richiede in inglese un verbo composto, e che la preposizione *for* può esprimere il valore temporale di *da* ma anche quello di *per*, si noti che una frase come *I've studied English for seven years* è la traduzione di *studio l'inglese da sette anni* (e lo sto studiando ancora), mentre *I studied English for seven years* traduce *ho studiato l'inglese per sette anni* (e adesso non lo studio più).

- *Da* introduce gli interrogativi con valore temporale *da quando?* e *da quanto (tempo)?*, che si traducono rispettivamente con *since when?* (perché si chiede il momento preciso di tempo) e *how long?* (perché si chiede il periodo di tempo):

"da quando vai all'università?" "dallo scorso ottobre"	=	"since when have you attended university?" "since last October"
"da quanto (tempo) abita all'estero?" "da sei mesi"	=	"how long has he lived . abroad?" "for six months".

_Da_ in unità lessicali

- La preposizione *da* viene usata in italiano davanti a verbi all'infinito o a sostantivi per creare espressioni che hanno funzione aggettivale e accompagnano dei nomi; gli equivalenti inglesi di tali unità lessicali complesse sono il più delle volte nomi composti, spesso costituiti da una forma in *-ing*:

gomma da masticare	=	chewing gum
macchina da cucire	=	sewing machine
macchina da scrivere	=	typewriter
bastone da passeggio	=	walking stick
ferro da calza	=	knitting needle
rete da pesca	=	fishing net
sala da pranzo	=	dining room
armi da fuoco	=	fire arms
asciugacapelli da viaggio	=	travel hairdrier
camera da letto	=	bedroom
cavallo da corsa	=	racehorse / racing horse
cibo da asporto	=	take-away food
ferro da stiro	=	iron
occhiali da sole	=	sunglasses
vestito da sera	=	evening dress.

- Un'analoga costruzione aggettivale viene utilizzata in inglese per rendere espressioni italiane con *da* che introducono un valore numerico o una caratteristica:

una banconota da 20 euro	=	a twenty-euro note
un assegno da 1000 dollari	=	a 1000-dollar cheque
una ragazza dagli occhi verdi	=	a green-eyed girl
una bambina dai capelli rossi	=	a red-haired child.

_Da_ dopo altre preposizioni, aggettivi o verbi

- La preposizione *da* può seguire altre preposizioni, aggettivi o verbi; come mostrano gli esempi qui sotto, anche se il più delle volte *da* si rende con *from*, è opportuno verificarne la traduzione consultando le corrispondenti voci:

fuori dalla gabbia	=	out of the cage
lontano da casa	=	far from home
diverso dal mio	=	different from mine
libero da obblighi	=	free from obligations
astenersi dall'alcol	=	to abstain from alcohol
cominciare dall'inizio	=	to start from the beginning
esonerare dal servizio militare	=	to exempt from military service
guardarsi dai falsi amici	=	to beware of false friends
nascere da genitori poveri	=	to be born of poor parents
trattenersi dal fare qualcosa	=	to keep / stop oneself from doing something.

anew, to start all over again; ***(ci) siamo ~*** COLLOQ. there you go again.

dacché /dak'ke/ cong. LETT. **1** *(da quando)* since; ***~ sa nuotare, adora l'acqua*** he has loved the water ever since he learned to swim **2** *(poiché)* since, as.

dacia, pl. **-cie, -ce** /'datʃa, tʃe/ f. dacha.

Dacia /'datʃa/ n.pr.f. Dacia.

dacite /da'tʃite/ f. dacite.

dacron® /'dakron/ m.inv. Dacron®.

dada /da'da/ **I** agg.inv. Dada **II** m.inv. Dada, dadaism.

dadaismo /dada'izmo/ m. dadaism.

dadaista, m.pl. **-i**, f.pl **-e** /dada'ista/ agg., m. e f. dadaist.

▷ **dado** /'dado/ m. **1** *(da gioco)* dice*, die*; ***giocare a -i*** to dice, to shoot craps; ***tirare, lanciare i -i*** to throw, roll the dice, to shoot dice; ***i -i sono truccati*** the dice are loaded **2** GASTR. cube; ***~ da, per brodo*** stock-cube; ***tagliare a -i*** to cube, to dice **3** TECN. nut; ***~ autobloccante*** locknut ◆ ***il ~ è tratto*** the die is cast ◆◆ ***~ ad alette*** butterfly nut.

daffare /daf'fare/ m.inv. activity, work; ***abbiamo avuto un bel ~!*** we had a real job on there! ***avere un gran ~*** to be very busy, to have a lot on one's plate; ***avere il proprio (bel) ~*** to have one's work cut out to do; ***darsi un gran ~*** to get busy.

dafne /'dafne/ f. BOT. daphne.

Dafne /'dafne/ n.pr.f. Daphne.

dafnia /'dafnja/ f. ZOOL. daphnia.

daga, pl. **-ghe** /'daga, ge/ f. *(spada)* dagger.

dagherrotipia /dagerroti'pia/ f. daguerreotypy.

dagherrotipo /dager'rɔtipo/ m. daguerreotype.

Daghestan /dages'tan/ n.pr.m. Dagestan.

1.dagli /'daʎʎi/ → **da.**

2.dagli /'daʎʎi/ inter. ***~ al ladro*** stop thief! ***e ~!*** not again!

1.dai /dai/ → **da.**

2.dai /dai/ inter. **1** *(esortazione, incitazione)* come on; ***~, sbrigati!*** come on, hurry up! **2** *(incredulità)* ***ma ~, non aspetterai (mica) che ci creda!*** come on, you don't expect me to believe that! ◆ ***~ e ~*** by dint of insisting.

daino /'daino/ m. fallow deer*; *(maschio)* buck; *(femmina)* doe; *(pelame)* deerskin, doeskin; ***guanti di*** ~ buckskin *o* doeskin gloves.

dal /dal/ → **da.**

dalai lama /dalai'lama/ m.inv. Dalai Lama.

dalia /'dalja/ f. dahlia.

dall' /dal/, **dalla** /'dalla/, **dalle** /'dalle/ → **da.**

dalli /'dalli/ → **2.dagli.**

dallo /'dallo/ → **da.**

dalmata, m.pl. **-i**, f.pl. **-e** /'dalmata/ ➧ ***30*** **I** agg. dalmatian, Dalmatian **II** m. e f. *(persona)* dalmatian, Dalmatian **III** m.inv. *(cane)* dalmatian, Dalmatian.

dalmatica, pl. **-che** /dal'matika, ke/ f. RELIG. dalmatic.

dalmatico, pl. **-ci**, **-che** /dal'matiko, tʃi, ke/ **I** agg. dalmatian, Dalmatian **II** m. LING. = Romance language formerly spoken by Dalmatians.

Dalmazia /dal'mattsja/ ➧ ***30*** n.pr.f. Dalmatia.

daltonico, pl. **-ci**, **-che** /dal'tɔniko, tʃi, ke/ **I** agg. colour BE blind, color AE blind **II** m. (f. **-a**) daltonian.

daltonismo /dalto'nizmo/ ➧ ***7*** m. daltonism, colour BE blindness, color AE blindness.

d'altronde → **altronde.**

▷ **dama** /'dama/ ➧ ***10*** f. **1** *(nobildonna)* lady; ***~ di corte*** lady-in-waiting; ***si dà arie da gran ~*** she thinks she's very grand **2** *(nel ballo)* partner **3** GIOC. draughts BE + verbo sing., chequers BE, checkers AE + verbo sing.; *(pedina)* king; ***giocare a ~*** to play draughts *o* chequers; ***andare a ~*** to crown a king **4** GASTR. ***bacio di ~*** = a round biscuit made up of two hazelnut dome-shaped halves with chocolate cream in the middle ◆◆ ***~ di compagnia*** (paid) companion.

damare /da'mare/ [1] tr. to crown [*pedina*].

damascare /damas'kare/ [1] tr. TESS. to damask.

damascato /damas'kato/ **I** p.pass. → **damascare II** agg. ***tessuto ~*** damask cloth.

damascatura /damaska'tura/ f. TESS. damasking.

damasceno /damaʃ'ʃɛno/ **I** agg. Damascene; ***rosa -a*** damask rose **II** m. (f. **-a**) Damascene.

damaschinare /damaski'nare/ [1] tr. to damascene, to damask [*metallo*]; to inlay [*spada*].

damaschinatore /damaskina'tore/ ➧ ***18*** m. (f. **-trice** /tritʃe/) damascener, inlayer.

damaschinatura /damaskina'tura/ f. damascene, inlay(ing).

damaschino /damas'kino/ **I** agg. LETT. Damascene **II** m. LETT. (f. **-a**) Damascene.

damasco, pl. **-schi** /da'masko, ski/ m. **1** TESS. damask **2** TECN. damask.

Damasco /da'masko/ ➧ ***2*** n.pr.f. Damascus ◆ ***la via di ~*** the road to Damascus.

damerino /dame'rino/ m. dandy, beau* ANT., coxcomb ANT., fop SPREG.

Damiano /da'mjano/ n.pr.m. Damian, Damien.

damiera /da'mjɛra/ f. → **damiere.**

damiere /da'mjɛre/ m. draughtboard BE, checkerboard AE.

damigella /dami'dʒɛlla/ f. damsel ◆◆ ***~ d'onore*** bridesmaid, maid of honour, attendant.

▷ **damigiana** /dami'dʒana/ f. **1** demijohn **2** *(per liquidi corrosivi)* carboy.

Damocle /'damokle/ n.pr.m. Damocles; ***la spada di ~*** the Sword of Damocles.

DAMS /dams/ m. UNIV. (⇒ Discipline delle Arti, della Musica, dello Spettacolo) = in Italy, faculty of arts, music and performing arts.

danaro /da'naro/ → **denaro.**

danaroso /dana'roso/ agg. moneyed, wealthy, rich.

dancing /'dɛnsing/ m.inv. ballroom, dance hall.

danda /'danda/ f. *(per bambini)* leading strings pl., harness.

dandy /'dɛndi/ m.inv. dandy.

dandismo /dan'dizmo/ m. dandyism.

danese /da'nese/ ➧ ***25, 16*** **I** agg. Danish **II** m. e f. Dane **III** m. **1** *(lingua)* Danish **2** *(cane)* Great Dane.

Daniele /da'njɛle/ n.pr.m. Daniel.

Danimarca /dani'marka/ ➧ ***33*** n.pr.f. Denmark.

▷ **dannare** /dan'nare/ [1] **I** tr. LETT. *(condannare)* to damn **II dannarsi** pronom. **1** LETT. to be* damned **2** COLLOQ. *(affaticarsi)* to strive* (**per** for) ◆ ***-rsi l'anima per qcn., qcs.*** to sell one's soul for sb., sth.; ***fare ~ qcn.*** COLLOQ. to drive sb. mad, to try sb.'s patience.

dannatamente /dannata'mente/ avv. devilishly, damned; ***è ~ difficile*** it's damn hard.

dannato /dan'nato/ **I** p.pass. → **dannare II** agg. **1** *(condannato)* damned; ***anime -e*** lost souls **2** COLLOQ. *(maledetto)* damn, damned; ***avere una -a paura*** to be terribly frightened; ***dov'è quel ~ cacciavite?*** where's the blasted screwdriver? ***questa -a macchina!*** this bloody car! BE POP.; ***che io sia ~ se pago!*** I'll be blowed if I'll pay! **3** *(terribile)* [*tempo*] dreadful, rotten, beastly; ***faceva un caldo ~*** it was devilishly hot **III** m. (f. **-a**) RELIG. damned soul; ***i -i*** the damned ◆ ***soffrire come un ~*** to suffer horribly; ***lavorare come un ~*** to work like the devil.

dannazione /dannat'tsjone/ **I** f. **1** RELIG. damnation **2** *(disgrazia)* trial, curse; ***quei bambini sono la mia ~*** those children will be the death of me **II** inter. damnation, damn, blast.

danneggiamento /dannedd͡ʒa'mento/ m. **1** *(danno)* damage; *(il danneggiare)* damaging **2** DIR. damnification.

danneggiare /danned'dʒare/ [1] **I** tr. *(ledere)* to damage [*oggetto, edificio, ambiente*]; to cripple [*veicolo*]; to damage, to harm, to spoil* [*raccolto*]; to injure, to harm [*persona*]; to damage, to endanger, to injure [*reputazione*]; *(nuocere a)* to damage, to impair, to cause damage to [*salute*] **II danneggiarsi** pronom. *(subire un danno)* to suffer damage.

danneggiato /danned'dʒato/ **I** p.pass. → **danneggiare II** agg. [*oggetto, edificio*] damaged; [*veicolo*] crippled **III** m. (f. **-a**) injured party.

danneggiatore /dannedd͡ʒa'tore/ m. (f. **-trice** /tritʃe/) injurer.

▶ **danno** /'danno/ **I** m. **1** *(a oggetto, edificio, ambiente ecc.)* damage **U**; *(a persona)* harm, injury; ***fare, causare -i*** to do, cause damage; ***subire un ~*** to come to harm; ***subire gravi -i*** to sustain severe damage; ***stimare i -i*** to assess the damage; ***la reale entità del ~*** the full extent of the damage; ***l'auto non ha subito molti -i*** little *o* not much damage was done to the car; ***i -i del gelo, dell'acqua*** frost, water damage; ***i -i dell'alcol, della droga*** the evils of drink, drugs **2** DIR. *(lesione)* damage **U II danni** m.pl. *(indennizzo)* damages; ***rispondere dei -i*** to be liable for damages; ***intentare causa per -i*** to file a suit for damages; ***citare per -i*** to sue for damages; ***chiedere il ri-sarcimento dei -i*** to claim for damages; ***ottenere il risarcimento dei -i*** to recover damages; ***ha pagato 700 sterline di risarcimento -i*** he paid £700 (in) damages; ***una richiesta di risarcimento -i*** a claim for damages; ***risarcimento -i concordato*** agreed damages ◆ ***aggiungere la beffa al ~*** to add insult to injury ◆◆ ***~ indiretto*** remote damage; ***~ materiale*** damage to property; ***~ morale*** moral damages; ***~ patrimoniale*** → ***~*** **materiale**; ***-i collaterali*** MIL. collateral damage.

dannosamente /dannosa'mente/ avv. damagingly, harmfully.

dannosità /dannosi'ta/ f.inv. harmfulness.

dannoso /dan'noso/ agg. [*effetti, conseguenze*] harmful, damaging; [*sostanza*] noxious; [*dieta*] unhealthy, unwholesome; ***essere ~ per*** to be detrimental to, to have a detrimental effect on [*persona, ambiente*]; to be injurious to [*salute, economia*]; ***fumare è ~ per la salute*** smoking is bad for your health.

dannunziano /dannun'tsjano/ **I** agg. [*poesia, opere*] of D'Annunzio **II** m. (f. **-a**) follower, imitator of D'Annunzio.

dante causa /dante'kauza/ m. DIR. = assignor, grantor, transferor.

dantesco, pl. **-schi**, **-sche** /dan'tesko, ski, ske/ agg. Dantean, Dantesque; ***studi -schi*** Dante studies.

dantista, m.pl. **-i**, f.pl. **-e** /dan'tista/ m. e f. = Dante scholar.

danubiano /danu'bjano/ agg. Danubian.

Danubio /da'nubjo/ ➧ ***9*** n.pr.m. Danube.

▷ **danza** /'dantsa/ f. *(attività)* dancing; *(singolo ballo)* dance; ***studiare ~*** to take dancing classes; ***compagnia, passo di ~*** dance company, step; ***aprire le -e*** to lead the dancing; ***unirsi alle -e*** to join in the dancing ◆◆ ***~ classica*** ballet; ***~ folkloristica*** country dance; ***~ di guerra*** war dance; ***~ macabra*** Dance of Death; ***~ moderna*** modern dance; ***~ della pioggia*** rain dance; ***~ della spada*** sword dance; ***~ del ventre*** belly dance.

danzante /dan'tsante/ agg. ***serata ~*** dance; ***cena, tè ~*** dinner, tea dance.

▷ **danzare** /dan'tsare/ [1] **I** intr. (aus. *avere*) *(ballare)* to dance (**con** with); ***~ su un ritmo, una musica*** to dance to a rhythm, a tune; ***abbiamo danzato fino all'alba*** we danced the night away **II** tr. to dance [*valzer*].

danzatore /dantsa'tore/ ➧ ***18*** m. (f. **-trice** /tritʃe/) dancer.

Danzica /'dantsika/ ➧ ***2*** n.pr.f. Dantzig, Gdansk; ***il corridoio di ~*** STOR. the Polish Corridor.

▶ **dappertutto** /dapper'tutto/ avv. everywhere, all over the place; ***avere male ~*** to ache all over; ***l'acqua gocciola ~*** water drips all over the place.

dappocaggine /dappo'kaddʒine/ f. ANT. worthlessness, ineptitude, ineptness.

dappoco /dap'pɔko/ agg.inv. ANT. [*persona*] worthless, inept, useless; [*cosa*] worthless, trivial.

dappresso /dap'prɛsso/ avv. ANT. **1** *(vicino)* near, nearby **2** *(da vicino)* closely; ***seguire ~*** to follow close behind.

▶ **dapprima** /dap'prima/ avv. at first.

Dardanelli /darda'nɛlli/ n.pr.m.pl. ***i ~*** the Dardanelles.

dardeggiare /darded'dʒare/ [1] **I** tr. ***~ qcn. con lo sguardo*** to shoot *o* dart piercing glances at sb. **II** intr. (aus. *avere*) *(bruciare)* ***il sole dardeggiava*** the sun was darting its rays.

dardo /'dardo/ m. **1** *(arma)* dart, arrow **2** FIG. ***i -i del sole*** the sun's burning rays; ***i - di Cupido*** Cupid's darts *o* arrows **3** BOT. dard.

▶ **1.dare** /'dare/ [7] **I** tr. **1** *(consegnare)* to give*; ***~ qcs. a qcn.*** to give sth. to sb., to give sb. sth.; ***dallo a me!*** give it (to) me! give me it! ***non ci è stato dato alcun preavviso*** we were given no advance warning; ***darei qualsiasi cosa per, per fare*** I'd give anything for, to do; ***~ le carte*** *(distribuire)* to deal (out) cards; ***tocca a me ~ le carte*** it's my deal; ***~ il posto a qcn.*** *(cedere)* to give up one's seat to sb. **2** *(impartire)* to issue, to lay* down [*ordini*]; to give*, to issue [*istruzioni*]; to give* [*lezioni*]; ***~ consigli a qcn.*** to give sb. advice, to advise sb.; ***~ il buon, il cattivo esempio a qcn.*** to set a good, bad example to sb. **3** *(infliggere)* ***gli hanno dato sei anni*** he got six years **4** *(pagare)* to give*, to pay*; ***quanto mi dai per questo?*** how much *o* what will you give me for this? ***quanto ti danno alla settimana?*** how much do you make a week? **5** *(attribuire)* ***quanti anni mi dai?*** how old do you think I am? ***le danno 40 anni*** she passes for 40; ***non si riesce a dargli un'età*** you can't tell how old he is **6** *(assegnare, conferire)* to give*, to present [*premio*]; to set* [*compiti*]; ***~ lavoro a qcn.*** to give sb. a job; ***~ un nome a un bimbo*** to name a baby, to give a baby a name **7** *(causare, provocare)* ***~ il mal di testa a qcn.*** to give sb. headache, to give headache to sb.; ***~ un dispiacere a qcn.*** to displease sb.; ***~ piacere a qcn.*** to give sb. pleasure **8** *(infondere)* ***~ speranza a qcn.*** to raise sb.'s hope; ***~ coraggio a qcn.*** to inspire sb. with courage **9** *(porgere)* ***~ il braccio a qcn.*** to give sb. one's arm; ***~ la mano a qcn.*** to shake hands with sb., to shake sb.'s hand; ***dammi il tuo piatto*** pass me your plate **10** *(concedere)* to grant [*permesso*]; ***~ a qcn. il permesso di fare*** to give permission for sb. to do, to give sb. permission to do; ***~ la precedenza*** to give way BE, to yield AE **11** CINEM. TEATR. *(rappresentare)* [*sala, cinema*] to show* [*film*]; [*teatro*] to put* on [*rappresentazione*]; ***lo danno al Rex*** it's on at the Rex; ***a che ora danno la partita?*** *(in TV)* what time is the match on? **12** *(organizzare)* to give* [*cena, ricevimento, galà*] (**per qcn., in onore di** for sb.); ***~ una festa*** to give *o* have *o* throw COLLOQ. a party **13** *(augurare)* ***~ il benvenuto a qcn.*** to welcome sb., to bid sb. welcome; ***~ il buongiorno a qcn.*** to bid sb. good morning **14** *(considerare)* ***i sondaggi danno il partito laburista in testa*** the polls give Labour a lead; ***~ qcn. per spacciato*** to give sb. up for dead; ***~ qcs. per scontato*** to take sth. for granted **15** *(produrre)* [*pianta, terreno*] to bear*, to yield [*frutti, raccolto*]; ECON. to bear*, to yield, to return [*profitto, guadagno*]; ***il suo duro lavoro ha dato buoni risultati*** his hard work has paid off **16** *(rivolgersi)* ***~ del tu a qcn.*** to be on first name terms with sb., to use "tu" with sb.; ***~ del lei*** to use polite form, to use "lei" with sb.; ***~ dello stupido, del bugiardo a qcn.*** to call sb. stupid, a liar **17** **dare da** *(con verbo all'infinito)* ***~ da bere a qcn.*** to give sb. a drink; ***~ da mangiare a qcn.*** to feed sb.; ***~ da accendere a qcn.*** to give sb. a light **18** **dare a** *(con verbo all'infinito)* ***mi fu dato a intendere, a credere che*** I was given to understand, believe that; ***non diede a intendere che sapeva*** he gave no hint of knowing, he didn't let on that he knew **19** **darle** *(picchiare)* ***darle di santa ragione a qcn.*** to thrash the living daylights out of sb., to give sb. a good thrashing, to thump sb. **II** intr. (aus. *avere*) **1** *(affacciarsi)* ***~ su*** [*camera, finestra*] to overlook, to look onto [*mare, strada*]; ***~ sul corridoio*** [*porta*] to lead off the corridor; ***~ sulla strada, sull'interno*** [*stanza*] to face outwards, inwards; ***il nostro balcone dà sul mare*** we overlook the sea from the balcony **2** *(tendere)* ***~ sul verde, giallo*** to be greenish, yellowish **3** *(urtare)* to hit*, to bump; ***~ con la testa contro*** to bump one's head on **III** **darsi** pronom. **1** *(dedicarsi)* to devote oneself, to give* oneself; ***-rsi alla politica*** to go in for politics; ***-rsi al bere*** *(abbandonarsi)* to take to drink **2** *(concedersi)* ***-rsi a un uomo*** to give oneself to a man **3** *(scambiarsi)* ***-rsi dei baci*** to kiss one another; ***-rsi dei colpi*** to exchange blows; ***-rsi appuntamento*** to arrange to meet **4** *(prefissarsi)* ***-rsi come obiettivo, missione di fare*** to make it one's aim, mission to do; ***mi do tre giorni per finire*** I'll give myself three days to finish ◆ ***~ addosso a qcn.*** to go on *o* get at sb., to come down on sb.; ***darci dentro*** to put one's back into it; ***darsela a gambe*** to cut and run, to take to one's heels; ***darla via a tutti*** POP. SPREG. to put it about a bit, to put out AE; ***può -rsi*** maybe, perhaps; ***può -rsi che non venga*** he may *o* might not come; ***-rsi da fare*** *(sbrigarsi)* to get a move on, to get cracking; *(adoperarsi)* to try hard, to get busy COLLOQ.; ***-rsi malato*** to report sick; ***-rsi pace*** to resign oneself; ***-rsi per vinto*** to give up.

2.dare /'dare/ m. debit; ***il ~ e l'avere*** debit and credit; ***nella colonna del ~*** on the debit side.

Dario /'darjo/ n.pr.m. Darius.

darsena /'darsena/ f. basin, wet dock.

darviniano, **darwiniano** /darvi'njano/ agg. Darwinian.

darvinismo, **darwinismo** /darvi'nizmo/ m. Darwinism.

darvinista, **darwinista**, m.pl. **-i**, f.pl. **-e** /darvi'nista/ **I** agg. Darwinian **II** m. e f. Darwinist.

▷ **data** /'data/ f. **1** *(indicazione cronologica)* date; ***fissare*** o ***stabilire una ~*** to fix *o* set a date; ***fissare la ~ delle nozze*** to name the day; ***apporre la ~ a una lettera*** to date a letter; ***cambiare la ~ di*** to reschedule [*partita, spettacolo*]; ***in ~ futura*** at a *o* some future date, at a later date; ***entro la ~ stabilita*** by the given *o* required date; ***"fa fede la ~ del timbro postale"*** "date as postmark"; ***timbro a ~*** date stamp; ***~ ultima*** *(scadenza)* cut-off date, deadline; ***stabilire una ~ limite per*** to set a time-limit for; ***una ~ importante nella storia*** an important date in history; ***~ di nascita, di morte*** date of birth, death; ***~ di consegna*** date of delivery; ***~ di scadenza*** use-by date, expiry date BE, expiration date AE; *(di alimenti)* sell-by date; ***~ di arrivo*** day of arrival; ***~ di chiusura*** closing date; ***~ di partenza*** departure date; ***~ di pubblicazione*** date of publication; ***~ di valuta*** ECON. value date **2** *(epoca)* time, date; ***di vecchia*** o ***lunga ~*** of long standing; ***è un amico di vecchia ~*** a friend of long standing, an old friend.

data base, **database** /data'beiz/ m.inv. database; ***~ relazionale*** relational database.

databile /da'tabile/ agg. datable.

datare /da'tare/ [1] **I** tr. **1** *(apporre una data a)* to date [*documento, lettera*]; ***la lettera non è datata*** there's no date on the letter, the letter is undated; ***un assegno datato datato 21 marzo*** a cheque dated March 21st **2** *(attribuire una data a)* to date [*oggetto, opera*]; ***gli scienziati hanno datato lo scheletro intorno al 300 a.C.*** scientists have dated the skeleton at 300 BC **II** intr. (forms not attested: compound tenses) to date from, to date back; ***a ~ da oggi*** as from *o* of today, (beginning) from today.

datario, pl. **-ri** /da'tarjo, ri/ m. **1** *(timbro)* dater, date stamp **2** *(di orologi)* calendar.

datato /da'tato/ **I** p.pass. → **datare II** agg. *(sorpassato, fuori moda)* [*vestito, modello*] dated; [*metodo, teoria*] outworn.

datazione /datat'tsjone/ f. dating; ***~ al carbonio (14)*** (radio)carbon dating; ***~ alla termoluminescenza*** thermoluminescence dating.

dativo /da'tivo/ **I** agg. dative **II** m. dative; ***al ~*** in the dative.

1.dato /'dato/ **I** p.pass. → **1.dare II** agg. **1** *(determinato)* [*quantità, numero, situazione*] given, certain; ***a un ~ momento*** at any given moment; ***un ~ giorno*** a certain day **2** *(visto, considerato)* ***-e le circostanze*** in *o* under the circumstances; ***-a la natura del fenomeno*** given the nature of the phenomenon **3** *(possibile)* ***non a tutti è ~ di fare*** not everyone can do *o* is capable of doing; ***~ e non concesso che...*** even supposing that... **4** **dato che** seeing that, given that, since, as; ***~ che eri uscito, ti ho lasciato un biglietto*** as you were out, I left a note; ***~ che ha già vinto due volte, è uno dei grandi favoriti*** having already won twice, he's a great favourite; ***~ che non sanno nuotare...*** seeing that *o* as they can't swim; ***~ che me lo chiedi, sto bene*** since you ask, I'm fine **5** MAT. ***~ un triangolo ABC*** given a triangle ABC; ***~ x = 2*** given that x = 2; ***-a la retta AB che interseca CD*** let the line AB intersect CD.

▷ **2.dato** /'dato/ m. **1** *(elemento noto, informazione)* datum*, fact, element; ***è uno dei tanti -i del problema*** this is one element of the problem among many; ***-i demografici, statistici*** demographic, statistical data **2** INFORM. datum*, data item; ***scaricare, inserire, immagazzinare, elaborare -i*** to download, enter, store, process data; ***trasferimento, trasmissione -i*** data communications, data transmission; ***inserimento -i*** data entry *o* input; ***acquisizione di -i*** data acquisition *o* capture; ***centro elaborazione -i*** data processing; ***banca -i*** data bank ◆◆ ***~ di fatto*** fact; ***-i anagrafici*** personal data; ***-i sensibili*** sensitive data.

datore /da'tore/ m. (f. **-trice** /tritʃe/) ***~ di lavoro*** employer.

dattero /'dattero/ m. date; ***palma da -i*** date (palm).

dattilico, pl. **-ci**, **-che** /dat'tiliko, tʃi, ke/ agg. dactylic.

1.dattilo /'dattilo/ m. METR. dactyl.

2.dattilo /'dattilo/ f.inv. COLLOQ. (accorc. dattilografia) typewriting, typing.

dattilografare /dattilogra'fare/ [1] tr. to type, to typewrite* FORM.

dattilografia /dattilogra'fia/ f. typewriting, typing.

dattilografico, pl. **-ci**, **-che** /dattilo'grafiko, tʃi, ke/ agg. typewriting attrib., typing attrib.

dattilografo /datti'lɔgrafo/ ◗ *18* m. (f. **-a**) typist.
dattilogramma /dattilo'gramma/ m. fingerprint.
dattilologia /dattilolo'dʒia/ f. = communicating by signs made with the fingers.
dattiloscopia /dattilosko'pia/ f. fingerprinting.
dattiloscopico, pl. **-ci**, **-che** /dattilos'kɔpiko, tʃi, ke / agg. ***esame ~*** fingerprinting.
dattiloscritto /dattilos'kritto/ **I** agg. typewritten, typed **II** m. typescript.
dattiloscrivere /dattilos'krivere/ [87] → **dattilografare.**
dattorno /dat'torno/ avv. around, about; ***avere gente ~*** to be surrounded by people; ***guardarsi ~*** to look (a)round; ***togliti ~!*** get out of the way! move yourself! ***togliersi qcn. ~*** to get rid of sb.
▶ **davanti** /da'vanti/ **I** avv. **1** in front; *(di fronte, dall'altra parte)* opposite; *(più avanti)* ahead; ***l'insegnante camminava ~*** the teacher walked in front; ***"dov'è la posta?" - "ci sei proprio ~"*** "where's the post office?" - "you're right in front of it"; ***la nostra casa ha la biblioteca ~*** the library is opposite *o* in front of our house, our house has the library opposite; ***guardate ~!*** face the front! ***toglimelo da ~*** get him out of my sight **2** *(nella parte anteriore)* ***proprio ~*** at the very front; ***al cinema non mi piace sedere ~*** at the cinema I don't like sitting at the front; ***in macchina mi siedo sempre ~*** I always sit in the front of the car **3 davanti a** *(di fronte a)* in front of, before; *(fuori da)* outside; ***la macchina è parcheggiata ~ a casa*** the car is parked in front of the house; ***è seduto ~ alla finestra*** he's sitting at the window; ***sedeva ~ a me*** *(dando le spalle)* she was sitting in front of me; *(di fronte)* she was sitting opposite me; ***ci sono passati ~ in macchina*** they passed us by in their car; ***passare ~ a qcn.*** to go past sb.; *(in una coda)* to cut in front of sb.; ***guardare, camminare dritto ~ a sé*** to look, walk straight ahead; ***troviamoci ~ al teatro*** let's meet outside the theatre; ***proprio ~ ai nostri occhi*** in front of *o* before our very eyes; ***hai tutta la vita ~ a te*** you have a whole lifetime ahead of you; ***non ~ ai bambini!*** not in front of the children! ***l'ha detto ~ a me*** he said it in front of me; ***comparire ~ alla Corte Suprema*** to appear before the High Court; ***giuro ~ a Dio*** I swear to God; ***~ al notaio*** before a notary **II** agg.inv. [*denti*] front; [*ruote, posti*] front; ***zampe ~*** front paws, forepaws **III** m.inv. *(parte anteriore)* front; ***sul ~ della casa*** at the front of the house; ***mettere qcs. col ~ dietro*** to put sth. on backwards; ***il vestito si abbottona sul ~*** the dress buttons at the front.
davantino /davan'tino/ m. dick(e)y.
▷ **davanzale** /davan'tsale/ m. windowsill, window ledge.
David /'david/, **Davide** /'davide/ n.pr.m. David ◆ ***la stella di ~*** the Star of David.
▶ **davvero** /dav'vero/ avv. **1** *(veramente, proprio)* really, indeed, truly; ***una casa ~ bella*** a really nice house; ***faceva ~ molto caldo*** it was very hot indeed; ***mi ha reso ~ triste sapere...*** I was truly very sad to hear...; ***siamo ~ grati per...*** we are very grateful indeed for...; ***è ~ un peccato!*** it's really a terrible shame! ***questa stanza è ~ un forno*** this room is a real oven; ***mi dispiace ~ molto*** I'm terribly sorry; ***sembrava ~ seccato*** he looked really put out; ***non è ~ portato per l'università*** he is not really university material; ***questa volta l'hai ~ fatta grossa!*** you've really gone and done it now! ***no ~!*** not at all! ***questo è ~ troppo!*** that's really too much! **2** *(sul serio)* really; ***pensi ~ che si scuserà?*** do you really think he'll apologize? ***"l'ha ~ lasciato?" - "~!"*** "did she really leave him?" - "she did indeed!" ***esiste ~*** it really does exist; ***l'ha fatto ~!*** he really did do it! ***"Ho baciato Cecilia" - "~?"*** "I kissed Cecilia" - "did you really?"; ***questa volta è per ~*** this time it's the real thing.
day-hospital /dei'ɔspital/ m.inv. outpatients' clinic, ambulatory care AE.
dazebao /daddze'bao/ m.inv. = big handwritten wall poster popular in the western countries in the years of the student's protest.
daziario, pl. **-ri**, **-rie** /dat'tsjarjo, ri, rje/ agg. toll attrib.; ***barriera -a*** toll-bar, toll gate.
daziere /dat'tsjɛre/ m. exciseman*; STOR. toll keeper, tollman*.
▷ **dazio**, pl. **-zi** /'dattsjo, tsi/ m. **1** *(imposta)* duty, toll; ***pagare il ~ su qcs.*** to pay duty on sth.; ***mettere un ~ su qcs.*** to put duty on sth.; ***riscuotere i -zi*** to collect tolls; ***soggetto a ~*** customable, dutiable, tollable, subject to duty; ***esente da ~*** duty-free **2** *(ufficio)* customs house, tollhouse ◆◆ ***~ doganale*** customs duty; ***~ di esportazione*** export duty; ***~ di importazione*** import duty, impost AE.
dazione /dat'tsjone/ f. dation.
d.C. ⇒ dopo Cristo Anno Domini (AD).
DC /dit'tʃi/ f. STOR. (⇒ Democrazia Cristiana) = Christian Democrat Party.
d.d.l., **D.D.L.** ⇒ disegno di legge bill.

dea /'dɛa/ f. **1** *(divinità)* goddess; ***la ~ dell'amore, della bellezza*** the goddess of love, of beauty; ***la ~ Venere*** the goddess Venus **2** *(donna bellissima)* beautiful woman* ◆◆ ***la ~ bendata*** o ***la ~ Fortuna*** = Fortune.
deadsorbimento /deadsorbi'mento/ m. desorption.
deadsorbire /deadsor'bire/ [102] tr. to desorb.
deaerare /deae'rare/ [1] tr. to de-aerate.
deambulante /deambu'lante/ agg. [*paziente*] ambulant, walking.
deambulare /deambu'lare/ [1] intr. (aus. *avere*) SCHERZ. o LETT. to walk around, to perambulate.
deambulatore /deambula'tore/ m. walker, walking frame.
1.deambulatorio, pl. **-ri** /deambula'tɔrjo, ri/ m. *(corridoio)* ambulatory.
2.deambulatorio, pl. **-ri**, **-rie** /deambula'tɔrjo, ri, rje/ agg. deambulatory.
deambulazione /deambulat'tsjone/ f. deambulation.
debbiare /deb'bjare/ [1] tr. = to improve using the slash-and-burn method.
debbiatura /debbja'tura/ f. slash-and-burn method.
debellare /debel'lare/ [1] tr. to defeat, to crush down [*nemico*]; to eradicate [*malattia*].
debilitante /debili'tante/ agg. [*malattia*] debilitating, wasting.
debilitare /debili'tare/ [1] **I** tr. to debilitate, to enfeeble, to weaken **II debilitarsi** pronom. to weaken, to grow* weak, to become* weak.
debilitazione /debilitat'tsjone/ f. debilitation, enfeeblement.
debitamente /debita'mente/ avv. duly; ***ti ho ~ avvertito*** I gave you due warning; ***un modulo ~ compilato*** a form properly *o* correctly filled in.
▶ **1.debito** /'debito/ m. **1** *(importo dovuto)* debt; ***avere un ~ di 100 euro*** to be 100 euros in debt; ***essere in ~*** to be in debt, to have debts; ***avere un ~ con qcn.*** to be in debt to sb.; ***contrarre un ~, fare -i*** to run up a debt, debts; ***pagare*** o ***saldare*** o ***estinguere un ~*** to cancel *o* pay off a debt, to get out of debt; ***accollarsi*** o ***addossarsi un ~*** to take over a debt; ***il ~ del Terzo Mondo*** the Third World debt; ***essere coperto*** o ***oberato di -i*** to be debt-laden *o* debt-ridden, to be deep in debt; ***una montagna di -i*** a mountain of debts **2** AMM. ECON. debit; ***saldo a ~*** debit balance; ***segnare una somma a ~ di un conto*** to debit a bank account with a sum **3** *(obbligo morale)* debt, obligation (**verso**, **con** to); ***essere in ~ con qcn. per qcs.*** to be under obligation to sb. for sth.; ***onorare i propri -i*** to meet one's obligations; ***avere un ~ di riconoscenza verso qcn.*** to owe sb. a debt of gratitude; ***saldare il proprio ~ con la società*** to pay one's debt to society ◆ ***ogni promessa è ~*** PROV. promise is debt ◆◆ ***~ estero*** ECON. foreign debt; ***~ fluttuante*** ECON. floating debt; ***~ di gioco*** gaming debt; ***~ ipotecario*** mortgage debt; ***~ nazionale*** national debt; ***~ d'onore*** debt of honour; ***~ pubblico*** ECON. public debt.
2.debito /'debito/ agg. *(dovuto, opportuno)* due, proper, right; ***con i -i onori*** with due honour; ***a tempo ~*** duly, in due time; ***riceverà una lettera a tempo ~*** you will receive a letter in due course; ***prendere le -e precauzioni*** to exercise due *o* proper care.
▷ **debitore** /debi'tore/ **I** agg. *(che ha debiti)* [*nazione, paese*] debtor; ***essere ~ di qcs. a qcn.*** to owe sth. to sb. (anche FIG.); ***ti sarò per sempre ~*** I'm forever in your debt **II** m. (f. **-trice** /tritʃe/) *(chi ha debiti)* debtor; ***~ in solido*** codebtor; ***~ ipotecario*** mortgager, mortgagor; ***~ pignoratizio*** pawner, pledger, pledgor.
debitorio, pl. **-ri**, **-rie** /debi'tɔrjo, ri, rje/ agg. debt attrib.; ***interessi -ri*** debit interest; ***posizione -a*** indebtedness.
▶ **debole** /'debole/ **I** agg. **1** *(privo di forza)* [*persona, gambe, braccia*] weak, feeble; *(delicato)* [*stomaco, salute*] delicate, weak; *(scarso)* [*vista*] weak, dim, poor; ***sentirsi ~*** to feel weak *o* faint *o* fragile; ***diventare ~*** to grow weak; ***ho la vista ~*** my eyes are weak, I am weak-sighted *o* weak-eyed; ***essere ~ di cuore*** to have a bad *o* weak heart; ***essere ~ di mente*** EUFEM. to be weak-minded *o* feeble-minded; ***il sesso ~*** IRON. SCHERZ. the weaker sex **2** ECON. [*economia, mercati*] weak, soft; ***moneta ~*** soft currency, token money **3** *(privo di resistenza)* [*struttura, costruzione*] weak, frail **4** *(privo di intensità)* [*luce*] weak, dim, dull, feeble; [*fiamma*] dim; [*voce*] faint; [*suono*] weak, feeble, small; [*polso*] weak, thready **5** *(poco convincente)* [*scuse, argomentazioni, logica, teoria*] weak, feeble, flabby, unsound; [*protesta*] faint; *(poco incisivo)* [*romanzo*] weak; [*trama*] thin **6** *(carente, scarso)* ***è ~ in francese*** he's weak in *o* at French, his French is weak; ***punto ~*** weak link *o* point *o* spot; ***trovare i punti -i di un ragionamento*** to pick holes in an argument **7** *(privo di autorità, forza)* [*governo, squadra*] weak; [*regime, democrazia*] shaky; [*istituzione*] feeble **8** *(privo di fermezza)* [*volontà*] weak; ***essere ~ di carattere*** to have a weak character, to be weak-kneed; ***essere ~ con qcn.*** to be soft on sb. **9** LING. weak **II**

m. e f. **1** *(persona priva di fermezza e autorità)* weak person, weakling **2** *(persona senza mezzi)* ***i -i*** the weak **III** m. *(inclinazione, simpatia)* liking, partiality, weakness; ***avere un ~ per qcs.*** to be partial for sth.; ***avere un ~ per qcn.*** to be partial to sb., to have a soft spot for sb.; ***confessare di avere un ~ per qcs.*** to confess to a liking for sth. ◆ ***la carne è ~*** the flesh is weak.

▷ **debolezza** /debo'lettsa/ f. **1** *(di persona, gambe, braccia)* weakness, feebleness; *(di salute)* delicacy, debility; *(di vista)* weakness, poorness **2** ECON. *(di economia, mercato)* weakness, sickness **3** *(mancanza di resistenza) (di struttura, costruzione)* weakness, frailty **4** *(mancanza di intensità) (di luce)* weakness, dimness; *(di suono)* weakness, faintness **5** *(incosistenza) (di logica, argomentazioni)* weakness, deficiency, tenuousness; *(di romanzo, trama, protesta)* weakness **6** *(di carattere, governo, esercito)* weakness **7** *(difetto)* weakness, failing, defect, vice SCHERZ. ◆ ***in un momento di ~*** in a moment of weakness, in a weak *o* an unguarded moment; ***è la mia unica ~*** it is my one indulgence; ***le umane -e*** human weaknesses.

debolmente /debol'mente/ avv. *(senza energia)* [*difendersi, protestare*] weakly; [*sorridere*] faintly, feebly, wanly; *(con poca intensità)* [*illuminare*] dimly, faintly.

Debora(h) /'dɛbora/ n.pr.f. Deborah.

debordare /debor'dare/ [1] intr. (aus. *avere*) [*liquido*] to overflow.

debosciato /deboʃ'ʃato/ **I** agg. debauched **II** m. (f. **-a**) debauchee.

debraiata /debra'jata/ f. declutching; ***fare una doppia ~*** to double-declutch.

debuttante /debut'tante/ **I** m. e f. beginner, novice **II** f. debutante, deb COLLOQ.; ***il ballo delle -i*** the debutantes' ball.

debuttare /debut'tare/ [1] intr. (aus. *avere*) [*attore, cantante*] to make* one's debut; ***~ sullo schermo*** to make one's screen debut; ***~ in società*** [*ragazza*] to come* out.

debutto /de'butto/ m. **1** *(esordio)* debut; ***fare un ~ come*** to debut *o* make one's debut as **2** *(ingresso)* ***~ in società*** coming-out, debut.

1.deca, pl. **-che** /'dɛka, ke/ f. LETTER. decade.

2.deca /'dɛka/ m.inv. COLLOQ. *(10.000 vecchie lire)* = ten-thousand lire note.

decacordo /deka'kɔrdo/ m. decachord.

decade /'dɛkade/ f. **1** *(periodo)* 10-day period; ***la prima ~ del mese*** the first ten days of the month **2** MIL. *(paga)* ten days' pay.

decadente /deka'dɛnte/ **I** agg. **1** *(in declino)* decadent **2** LETTER. decadent, Decadent **II** m. e f. Decadent.

decadentismo /dekaden'tizmo/ m. = decadent movement in art, literature etc.

decadentista, m.pl. **-i**, f.pl. **-e** /dekaden'tista/ m. e f. Decadent.

decadenza /deka'dɛntsa/ f. **1** *(degradazione, declino)* decadence; *(di civiltà, nazione)* decay, decline; ***la ~ dell'Impero Romano*** the decline of the Roman Empire **2** DIR. *(di diritto)* forfeiture; ***~ della patria potestà*** loss of parental rights.

▷ **decadere** /deka'dere/ [26] intr. (aus. *essere*) **1** *(declinare)* [*civiltà, impero, nazione*] to decay, to decline **2** DIR. [*diritto, legge*] to lapse; ***~ da un diritto*** to forfeit a right.

decadimento /dekadi'mento/ m. **1** *(declino) (di civiltà, impero, nazione)* decay, decline **2** FIS. decay ◆◆ ***~ multiplo*** FIS. branching.

decaduto /deka'duto/ **I** p.pass. → **decadere II** agg. [*nobile*] faded; [*famiglia*] decayed.

decaedrico, pl. **-ci**, **-che** /deka'ɛdriko, tʃi, ke/ agg. decahedral.

decaedro /deka'ɛdro/ m. decahedron*.

decaffeinare /dekaffei'nare/ [1] tr. to decaffeinate.

decaffeinato /dekaffei'nato/ **I** p.pass. → **decaffeinare II** agg. [*caffè*] decaffeinated, caffein(e)-free **III** m. decaffeinated coffee, decaf COLLOQ.

decagonale /dekago'nale/ agg. decagonal.

decagono /de'kagono/ m. decagon.

decagrammo /deka'grammo/ ➧ ***22*** m. decagram(me).

decalcare /dekal'kare/ [1] tr. to calk.

decalcificare /dekaltʃifi'kare/ [1] **I** tr. to decalcify **II decalcificarsi** pronom. to become* decalcified.

decalcificazione /dekaltʃifikat'tsjone/ f. decalcification.

decalcomania /dekalkoma'nia/ f. decalcomania, transfer, decal AE.

decalitro /de'kalitro/ ➧ ***20*** m. decalitre BE, decaliter AE.

decalogo, pl. **-ghi** /de'kalogo, gi/ m. **1** *(comandamenti)* Decalogue **2** FIG. *(precetti)* set of rules; *(guida)* vade mecum, handbook, manual.

decametro /de'kametro/ ➧ ***21*** m. decametre BE, decameter AE.

decana /de'kana/ f. *(donna più anziana)* doyenne FORM.

decanato /deka'nato/ m. *(grado, funzione)* deanery, deanship.

1.decano /de'kano/ m. (f. **-a**) **1** RELIG. dean **2** *(preside di facoltà)* dean **3** *(persona più anziana)* senior member, doyen FORM.

2.decano /de'kano/ m. CHIM. decane.

1.decantare /dekan'tare/ [1] tr. to extol BE, to extoll AE [*qualità, virtù, meriti*].

2.decantare /dekan'tare/ [1] **I** tr. CHIM. *(depurare)* to purify [*liquido*]; ENOL. to decant [*vino*] **II** intr. (aus. *avere*) **1** *(sedimentare)* [*liquido*] to settle **2** FIG. ***lasciar ~ la situazione*** to let the dust to settle.

decantatore /dekanta'tore/ m. sedimentation tank, settling tank.

decantazione /dekantat'tsjone/ f. CHIM. decantation.

decapaggio, pl. **-gi** /deka'paddʒo, dʒi/ m. pickling.

decapare /deka'pare/ [1] tr. to pickle [*metallo*].

decapitare /dekapi'tare/ [1] tr. to behead, to decapitate [*persona*]; [*vento, tempesta*] to cut* the top of [*albero*].

decapitazione /dekapitat'tsjone/ f. beheading, decapitation.

decapode /de'kapode/ m. decapod.

decappottabile /dekappot'tabile/ **I** agg. [*auto*] convertible **II** f. convertible, soft-top, ragtop AE COLLOQ.

decappottare /dekappot'tare/ [1] tr. ***~ l'auto*** to put the top of the car down.

decarbossilare /dekarbossi'lare/ [1] tr. to decarboxylate.

decarbossilazione /dekarbossilat'tsjone/ f. decarboxylation.

decarburare /dekarbu'rare/ [1] tr. to decarbonize, to decarburize.

decarburazione /dekarburat'tsjone/ f. decarbonization, decarburization.

decasillabo /deka'sillabo/ **I** agg. decasyllabic **II** m. decasyllable.

decathlon /'dɛkatlon/ m.inv. decathlon.

decatissaggio, pl. **-gi** /dekatis'saddʒo, -dʒi/ m. decatizing.

decatizzare /dekatid'dzare/ [1] tr. to decatize.

decatleta, m.pl. **-i**, f.pl. **-e** /deka'tlɛta/ m. e f. decathlete.

decatlon → **decathlon.**

decedere /de'tʃɛdere/ [2] intr. (aus. *essere*) to die.

deceduto /detʃe'duto/ **I** p.pass. → **decedere II** agg. dead, deceased **III** m. (f. **-a**) deceased.

decelerare /detʃele'rare/ [1] tr. e intr. (aus. *avere*) to decelerate.

decelerazione /detʃelerat'tsjone/ f. deceleration; ***corsia di ~*** escape road.

decemvirato /detʃemvi'rato/ m. decemvirate.

decemviro /de'tʃɛmviro/ m. decemvir*.

decennale /detʃen'nale/ **I** agg. **1** *(che dura dieci anni)* decennial, ten-year attrib.; ***piano ~*** ten-year plan **2** *(che ricorre ogni dieci anni)* decennial **II** m. decennial.

decennio, pl. **-ni** /de'tʃɛnnjo, ni/ m. decade, decennium*.

decente /de'tʃɛnte/ agg. **1** *(decoroso)* [*abbigliamento*] decent, seemly; [*condotta*] decent, decorous, fitting **2** *(accettabile, adeguato)* [*stipendio*] decent, adequate, reasonable; ***non ho niente di ~ da mettermi*** I've nothing decent to wear.

decentemente /detʃente'mente/ avv. **1** *(con decenza)* [*vestire, comportarsi*] decently, properly, decorously **2** *(in maniera accettabile)* [*pagato*] decently, adequately.

decentralizzare /detʃentralid'dzare/ → **decentrare.**

decentralizzazione /detʃentraliddzat'tsjone/ f. decentralization.

decentramento /detʃentra'mento/ m. decentralization; POL. devolution.

decentrare /detʃen'trare/ [1] tr. to decentralize; AMM. to localize.

decenvirato /detʃenvi'rato/ → **decemvirato.**

decenviro /de'tʃɛnviro/ → **decemviro.**

decenza /de'tʃɛntsa/ f. *(decoro)* decency, propriety, decorum; ***avrebbero potuto avere la ~ di ringraziarci*** they might have had the decency to thank us; ***superare i limiti della ~*** to cross the bounds of decency.

decespugliatore /detʃespuʎʎa'tore/ m. hedge trimmer.

decesso /de'tʃɛsso/ m. death, decease; ***le cause del ~*** the cause of death; ***il cancro è una delle principali cause di ~*** cancer is a major killer.

decibel /'dɛtʃibel, detʃi'bɛl/ m.inv. decibel.

▶ **decidere** /de'tʃidere/ [35] **I** tr. **1** *(stabilire, fissare)* to decide on, to determine [*data*]; to fix, to determine [*prezzo*]; to elect [*metodo, sistema*]; *(scegliere)* to choose* [*modello, colore*]; ***dovete deciderlo fra voi*** you must settle it between yourselves; ***~ qcs. lanciando la moneta*** to decide sth. by the flip of a coin *o* on the toss of a coin; ***~ di fare*** to decide *o* determine to do; ***~ di non fare*** to decide against doing; ***~ come, dove, quando*** to decide how, where, when **2** *(risolvere)* to decide, to settle [*questione*]; SPORT to settle [*partita*] **3** DIR. to decide on [*assoluzione*]; ***~ a favore di qcn.*** to decide in sb.'s favour **II** intr. (aus. *avere*) **1** *(prendere una decisione)* to decide, to determine; ***sarà difficile ~*** it will be difficult to decide; ***dovremo ~ in fretta*** we'll have to make a quick decision; ***tocca a noi ~*** that's for us to decide; ***ci hanno messo molto a ~***

they've been a long time making up their minds; ***la sorte ha deciso diversamente*** fate decided otherwise **2** *(essere determinante)* ***l'avvenimento avrebbe deciso del loro avvenire*** the event would decide their future; ***~ della sorte di qcn.*** to seal sb.'s fate **III decidersi** pronom. *(prendere una decisione)* to decide, to make* up one's mind (**a fare** to do); to determine (**a fare** on, upon doing); to reach, to come* to a decision; ***non riesco a decidermi*** I can't make up my mind; ***ti decidi a parlare?*** are you going to speak? ***bisogna che mi decida a leggere il suo articolo*** I must get around to reading his article.

decidua /de'tʃidua/ f. decidua*.

deciduo /de'tʃiduo/ agg. [*foglia, denti, corna*] deciduous.

decifrabile /detʃi'frabile/ agg. decipherable.

deciframento /detʃifra'mento/ m. → **decifrazione.**

decifrare /detʃi'frare/ [1] tr. **1** *(interpretare)* to decipher, to decode [*testo*]; to decipher, to decode, to make* out, to read* [*scrittura*]; to decipher, to decode, to break*, to crack [*codice*] **2** *(riuscire a capire)* to make* out, to work out; ***~ le intenzioni di qcn.*** to make out sb.'s intentions.

decifratore /detʃifra'tore/ m. (f. **-trice** /tritʃe/) decipherer.

decifrazione /detʃifrat'tsjone/ f. dechiphering.

decigrammo /detʃi'grammo/ ♦ ***22*** m. decigram(me).

decile /de'tʃile/ m. decile.

decilitro /de'tʃilitro/ ♦ ***20*** m. decilitre BE, deciliter AE.

decima /'dɛtʃima/ f. **1** STOR. tithe **2** MUS. tenth.

decimale /detʃi'male/ **I** agg. **1** MAT. [*cifra, sistema, frazione*] decimal; ***numero ~ periodico*** recurring decimal **2** ***classificazione ~*** BIBLIOT. Dewey decimal system **II** m. decimal.

decimalizzare /detʃimalid'dzare/ [1] tr. to decimalize.

decimare /detʃi'mare/ [1] tr. to decimate (anche FIG.).

decimazione /detʃimat'tsjone/ f. decimation (anche FIG.).

decimetro /de'tʃimetro/ ♦ ***21*** m. **1** *(unità)* decimetre BE, decimeter AE **2** *(strumento)* ruler.

decimillesimo /detʃimil'lɛzimo/ ♦ ***26*** **I** agg. ten thousandth **II** m. (f. **-a**) **1** ten thousandth **2** *(frazione)* ten thousandth.

▷ **decimo** /'dɛtʃimo/ ♦ ***26, 5*** **I** agg. tenth **II** m. (f. **-a**) **1** tenth **2** *(frazione)* tenth **3** MED. *(di acuità visiva)* ***ha dieci -i*** he has twenty twenty vision.

decimoprimo /detʃimo'primo/ agg. LETT. [*papa, re, capitolo*] eleventh; ***il secolo ~*** the eleventh century.

decimosecondo /detʃimose'kondo/ agg. LETT. [*papa, re, capitolo*] twelfth; ***il secolo ~*** the twelfth century.

▶ **decina** /de'tʃina/ **I** f. *(dieci)* ten; *(circa dieci)* about ten; ***una ~ di chilometri*** about ten kilometres; ***ha una ~ d'anni*** he's about ten; ***eravamo una ~*** there were about ten of us; ***ci saranno una ~ di persone che abitano in quel palazzo*** there are, at a guess, ten families living in that building; ***-e di persone*** dozens of people **II decine** f.pl. MAT. ***unità, -e, centinaia*** units, tens, hundreds; ***la colonna delle -e*** the tens column.

decisamente /detʃiza'mente/ avv. **1** *(indubbiamente)* [*possibile, imbarazzante, strano, meglio, peggio*] definitely; [*piccolo, violento*] decidedly; [*sopravvalutato, sovraccaricato*] greatly; ***~ troppa gente*** far too many people; ***è ~ il film più noioso che abbia mai visto*** it's just about the most boring film I've seen; ***ho trovato il film ~ brutto*** I positively hated the film; ***essere ~ a favore, contro qcs.*** to be strongly in favour of, against sth.; ***siamo andati ~ oltre il budget*** we went way over budget; ***ha un aspetto ~ migliore*** he looks a whole lot better **2** *(risolutamente)* [*dire, affermare*] decisively; [*rifiutarsi, contraddire*] resolutely, flatly; [*reagire*] strongly.

decisionale /detʃizjo'nale/ agg. ***processi -i*** decision-making processes; ***avere capacità ~*** to have decision-making skills; ***comitato ~*** AMM. COMM. adjudication panel.

▶ **decisione** /detʃi'zjone/ f. **1** *(risoluzione)* decision (**di fare** to do); DIR. deliberation; ***prendere una ~*** to make *o* take a decision; ***ho preso la mia ~, resto!*** my mind's made up, I'm staying! ***una ~ a mente fredda*** a cool-headed decision; ***prendere una ~ frettolosa*** to rush into a decision; ***fu obbligato ad accettare la ~*** the decision was forced on him; ***rinviare la ~*** to defer *o* hold off making a decision **2** *(determinazione)* strong-mindedness, decision; ***mancanza di ~*** lack of purpose *o* resolution; ***agire con ~*** to act decisively; ***dar prova di ~*** to show resolve.

decisionismo /detʃizjo'nizmo/ m. decision-making tendency.

decisionista, pl. **-i**, **-e** /detʃizjo'nista/ **I** agg. decision-making **II** m. e f. decision-maker.

▷ **decisivo** /detʃi'zivo/ agg. *(risolutivo)* [*battaglia, fattore*] decisive; [*ruolo, testimone, momento, elemento*] crucial; [*prova, partita, punto*] deciding, conclusive; [*voto*] casting; ***una scoperta -a*** a landmark discovery.

▷ **deciso** /de'tʃizo/ **I** p.pass. → **decidere II** agg. **1** *(risoluto)* [*persona*] determined; [*maniera, aria, tono*] decided, forceful; [*opinione*] firm; [*rifiuto*] flat; [*volontà, politica*] strong; ***essere fermamente ~ a*** to be determined to **2** *(netto, marcato)* [*colore, tratto, pennellata*] bold; [*sapore*] strong; [*crescita, miglioramento*] marked; [*strattone*] forceful; [*taglio*] clean ◆ ***andarci giù ~*** not to mince matters.

decisorio, pl. **-ri**, **-rie** /detʃi'zɔrjo, ri, rje/ agg. DIR. [*giuramento*] decisive.

declamare /dekla'mare/ [1] tr. to declaim, to recite [*poesia*].

declamatore /deklama'tore/ m. (f. **-trice** /tritʃe/) elocutionist.

declamatorio, pl. **-ri**, **-rie** /deklama'tɔrjo, ri, rje/ agg. declamatory, ranting SPREG.

declamazione /deklamat'tsjone/ f. declamation.

declaratoria /deklara'tɔrja/ f. declaratory judgement.

declaratorio, pl. **-ri**, **-rie** /deklara'tɔrjo, ri, rje/ agg. declaratory.

declassamento /deklassa'mento/ m. *(di hotel, ristorante)* downgrading.

declassare /deklas'sare/ [1] tr. to downgrade; ***l'hotel è stato declassato a pensione*** the hotel has been downgraded to a guest house.

declinabile /dekli'nabile/ agg. **1** LING. [*sostantivo*] declinable **2** *(che si può rifiutare)* [*invito*] refusable.

declinare /dekli'nare/ [1] **I** tr. **1** *(rifiutare)* to decline, to refuse [*invito, offerta*]; ***~ ogni responsabilità per*** to deny liability for **2** LING. to decline, to inflect [*sostantivo, aggettivo*] **3** BUROCR. *(comunicare)* to give* [*generalità*] **II** intr. (aus. *avere*) **1** *(scendere verso il basso)* [*monti, colline*] to slope down **2** *(volgere al termine)* [*giorno*] to draw* to an end; *(calare)* [*sole*] to go* down **3** FIG. *(venir meno)* [*talento*] to fade; [*forza*] to ebb away; [*autorità*] to decline.

declinatorio, pl. **-ri**, **-rie** /deklina'tɔrjo, ri, rje/ agg. declinatory.

declinazione /deklinat'tsjone/ f. **1** LING. declension **2** ASTR. declination ◆◆ ***~ magnetica*** GEOGR. magnetic declination.

declino /de'klino/ m. decline (**di** of); ***~ morale*** moral decay; ***~ di una regione, civiltà*** decline of a region, civilization; ***domanda, economia in ~*** faltering *o* falling demand, economy; ***essere in ~*** [*civiltà, industria*] to be in decline; [*persona, partito*] to go into eclipse; [*talento, personalità*] to be on the wane.

declinometro /dekli'nɔmetro/ m. declinometer.

declive /de'klive/ agg. LETT. declivitous.

declivio, pl. **-vi** /de'klivjo, vi/ m. declivity, downward slope; ***un dolce ~*** a gentle *o* gradual slope; ***in ~*** sloping downward.

declorare /deklo'rare/ [1] tr. to dechlorinate.

decodifica, pl. **-che** /deko'difika, ke/ f. decoding.

decodificare /dekodifi'kare/ [1] tr. to decode [*testo, messaggio in codice*]; RAD. TEL. to descramble.

decodificatore /dekodifika'tore/ m. (f. **-trice** /tritʃe/) **1** *(persona)* decoder **2** RAD. TELEV. *(apparecchio)* descrambler, decoder, set-top box.

decodificazione /dekodifikat'tsjone/ f. INFORM. decoding; RAD. TEL. descrambling.

1.decollare /dekol'lare/ [1] intr. (aus. *essere*) **1** *(alzarsi in volo)* [*aereo*] to take* off; [*razzo*] to blast off; [*elicottero*] to lift off **2** FIG. [*industria*] to get* going; [*idea*] to get* off the ground; [*prodotto*] to take* off.

2.decollare /dekol'lare/ [1] tr. *(decapitare)* to decollate.

decollazione /dekollat'tsjone/ f. ***la ~ di san Giovanni Battista*** RELIG. ART. the Decollation of St. John the Baptist.

décolleté /dekol'te/ **I** m.inv. décolletage; ***un ~ generoso*** o ***profondo*** a plunging neckline **II** agg.inv. [*abito*] décolleté, low-cut; ***scarpa ~*** court shoe, pump AE.

decollo /de'kɔllo/ m. **1** *(di aereo)* take-off; ***"prepararsi al ~"*** "stand by for take-off"; ***ritardo nel ~*** delay in taking off; ***avere l'autorizzazione al ~*** to have clearance for take-off; ***ponte di ~*** MAR. flight deck **2** FIG. ***~ economico*** economic take-off ◆◆ ***~ rapido*** AER. MIL. scramble; ***~ verticale*** vertical take-off.

decolonizzare /dekolonid'dzare/ [1] tr. to decolonize.

decolonizzazione /dekoloniddzat'tsjone/ f. decolonization.

decolorante /dekolo'rante/ **I** agg. decolourant BE, decolorant AE **II** m. decolourant BE, decolorant AE; *(per capelli)* bleach.

decolorare /dekolo'rare/ [1] tr. to decolourize BE, to decolorize AE; [*sostanza*] to discolour BE, to discolor AE [*tessuto*]; to bleach [*capelli*].

decolorazione /dekolorat'tsjone/ f. decolourization BE, decolorization AE.

decombente /dekom'bɛnte/ agg. BOT. decumbent.

decomponibile /dekompo'nibile/ agg. [*sostanza*] decomposable.

▷ **decomporre** /dekom'porre/ [73] **I** tr. **1** CHIM. FIS. *(scomporre)* to decompose (**in** into); to break* down [*acqua, gas*] **2** *(putrefare)* [*aria*] to decompose [*materia organica*] **II decomporsi** pronom. **1** CHIM. FIS. to decompose **2** *(putrefarsi)* [*materia organica*] to decompose, to decay, to rot.

decomposizione /dekompozit'tsjone/ f. **1** CHIM. FIS. *(di acqua)* decomposition **2** *(putrefazione)* decay, decomposition; ***in stato di avanzata*** ~ in an advanced state of decay.

decompressione /dekompres'sjone/ f. decompression; ***camera di*** ~ decompression chamber.

decomprimere /dekom'primere/ [2] tr. **1** to decompress **2** INFORM. to unzip [*file*].

deconcentrare /dekontʃen'trare/ [1] **I** tr. *(distrarre)* ~ ***qcn.*** [*persona, avvenimento*] to break sb.'s concentration, to distract sb. **II deconcentrarsi** pronom. [*persona*] to lose* one's concentration.

deconcentrazione /dekontʃentrat'tsjone/ f. **1** *(mancanza di attenzione)* lack of concentration **2** ECON. redistribution.

decondizionamento /dekondittsjona'mento/ m. deconditioning.

decondizionare /dekondittsjo'nare/ [1] **I** tr. to decondition [*persona, opinione pubblica*] **II decondizionarsi** pronom. = to free oneself from conditioning.

decongelare /dekondʒe'lare/ [1] tr. *(scongelare)* to defrost.

decongestionamento /dekondʒestjona'mento/ m. MED. decongestion.

decongestionante /dekondʒestjo'nante/ **I** agg. decongestive, decongestant **II** m. decongestant ◆ ~ ***nasale*** (nasal) decongestant.

decongestionare /dekondʒestjo'nare/ [1] **I** tr. **1** MED. [*farmaco*] to decongest [*organo*] **2** FIG. *(rendere scorrevole)* [*deviazione, autostrada*] to decongest [*strada, città*]; ~ ***il traffico*** to relieve traffic congestion **II decongestionarsi** pronom. **1** MED. [*naso, polmoni*] to clear **2** FIG. *(diventare scorrevole)* [*strada, incrocio*] to clear.

decontaminare /dekontami'nare/ [1] tr. to decontaminate [*persona, acqua, materiale, zona*].

decontaminazione /dekontaminat'tsjone/ f. decontamination.

decontrarre /dekon'trarre/ [95] tr. to relax [*muscolo*].

decontrazione /dekontrat'tsjone/ f. relaxation.

▷ **decorare** /deko'rare/ [1] tr. **1** *(abbellire)* to decorate [*stanza, casa, strada, albero di Natale, torta*] (**con** with); to dress [*vetrina*] **2** *(insignire di decorazione)* to decorate [*soldato*]; ***il soldato è stato decorato al valore*** the soldier was decorated for bravery.

decorativismo /dekorati'vizmo/ m. = predominance of ornamental motifs in a style or work of art.

decorativo /dekora'tivo/ agg. [*vaso, piatto, mobili, motivo*] ornamental, decorative; ***arti -e*** decorative arts.

decorato /deko'rato/ **I** p.pass. → **decorare II** agg. **1** *(ornato)* decorated **2** *(insignito di decorazione)* [*soldato*] decorated; *(con medaglie)* medalled **III** m. (f. **-a**) = person decorated for his, her service.

decoratore /dekora'tore/ ▸ ***18*** m. (f. **-trice** /tritʃe/) decorator; ~ ***d'interni*** interior designer.

decorazione /dekorat'tsjone/ f. **1** *(il decorare)* decoration **2** *(ornamento, addobbo)* decoration; *(di torte)* cake decoration, piping **3** *(onorificenza)* distinction; MIL. decoration.

decoro /de'kɔro/ m. **1** *(contegno)* propriety, decency, decorum; ***rispettare le regole del*** ~ to observe the proprieties; ***mancanza di*** ~ indecorum **2** FIG. *(vanto)* ***essere il*** ~ ***della famiglia*** to be a credit to one's family **3** *(decorazione)* decoration.

decorosamente /dekorosa'mente/ avv. [*comportarsi*] decorously; [*vestirsi*] properly.

▷ **decoroso** /deko'roso/ agg. [*linguaggio, condotta, modi*] fitting, well-suited; [*salario, lavoro*] befitting; ***non sarebbe*** ~ ***chiedergli di pagare*** you can't in all decency ask him to pay; ***voleva che il suo funerale fosse*** ~ she wanted to give him a decent burial.

decorrenza /dekor'rɛntsa/ f. *(inizio)* starting date; ***i contributi aumenteranno del 5% con*** ~ ***dal primo gennaio*** with effect from January 1, contributions will increase by 5%; ***le nuove tariffe entreranno in vigore con*** ~ ***27 agosto*** the new rates will be effective from August 27.

decorrere /de'korrere/ [32] intr. (aus. *essere*) **1** *(trascorrere)* [*periodo di tempo*] to pass, to elapse **2** *(cominciare)* [*canone, contratto*] to start, to run*; ***gli interessi decorrono dall'inizio dell'anno*** interest accrues from the beginning of the year; ***a*** ~ ***da domani, oggi*** as from tomorrow, today.

1.decorso /de'korso/ **I** p.pass. → **decorrere II** agg. **1** *(trascorso)* ***il periodo*** ~ the time elapsed **2** *(maturato)* [*interesse*] accrued.

2.decorso /de'korso/ m. **1** MED. *(di malattia)* progress, course **2** *(trascorrere)* ***il*** ~ ***dei secoli*** the passing of centuries ◆◆ ~ ***postoperatorio*** post-operative period.

decorticare /dekorti'kare/ [1] tr. to decorticate, to bark [*albero*]; to hull [*riso, semi*].

decorticazione /dekortikat'tsjone/ f. decortication (anche MED.).

1.decotto /de'kɔtto/ m. decoction.

2.decotto /de'kɔtto/ agg. DIR. [*azienda, persona*] insolvent.

decozione /dekot'tsjone/ f. DIR. insolvency.

decremento /dekre'mento/ m. **1** *(diminuzione)* decrease, decrement, fall, drop; ~ ***delle nascite*** decrease in the birthrate **2** FIS. MAT. decrement.

decrepitare /dekrepi'tare/ [1] intr. (aus. *avere*) [*sale*] to decrepitate.

decrepitazione /dekrepitat'tsjone/ f. decrepitation.

decrepitezza /dekrepi'tettsa/ f. decrepitude.

decrepito /de'krɛpito/ agg. **1** *(vecchio)* [*edificio*] decrepit, dilapidated; [*persona*] decrepit, doddering; ***un vecchio*** ~ COLLOQ. an old fossil; SPREG. a crumbly **2** FIG. *(antiquato)* [*istituzioni*] antiquated, superannuated.

decrescendo /dekreʃ'ʃɛndo/ **I** m.inv. decrescendo, diminuendo **II** avv. decrescendo, diminuendo.

decrescente /dekreʃ'ʃɛnte/ agg. [*quantità, velocità, misura*] decreasing, waning; [*ordine*] descending; [*potere, tasso*] declining; [*numero*] diminishing.

decrescenza /dekreʃ'ʃɛntsa/ f. AMM. ECON. decline, degression.

decrescere /de'kreʃʃere/ [33] intr. (aus. *essere*) **1** GEOGR. *(abbassarsi)* [*livello, fiume*] to subside **2** *(diminuire)* [*inflazione, disoccupazione*] to go* down, to fall*; [*tasso, prezzo*] to decrease, to drop; [*curva di un grafico*] to fall* off.

decretale /dekre'tale/ f. decretal.

decretare /dekre'tare/ [1] tr. **1** POL. *(ordinare con decreto, stabilire d'autorità)* to order, to decree [*amnistia*]; ~ ***la mobilitazione generale*** to order general mobilization **2** *(dire con autorità)* to decree (**che** that); [*tribunale, corte, giudice*] to rule (**che** that); ~ ***l'inammissibilità di qcs.*** DIR. to rule sth. out of court.

decretazione /dekretat'tsjone/ f. ordaining, decreeing.

decreto /de'kreto/ m. **1** DIR. *(di legge)* decree, order (**su** on); *(di disposizione giudiziaria)* ruling; ***legiferare, governare tramite -i*** to legislate, rule by decree; ***emanare*** o ***promulgare un*** ~ to issue a decree; ***regio*** ~ royal decree **2** LETT. *(decisione divina)* ***i -i della Provvidenza*** the decrees of Providence ◆◆ ~ ***ingiuntivo*** injunction; ~ ***legge*** = decree passed by the Italian Government as an urgent measure, which has to be approved by the Parliament within 60 days in order to become law; ~ ***legislativo*** Order in Council BE; ~ ***ministeriale*** Ministerial Decree.

decriminalizzare /dekriminalid'dzare/ [1] tr. to decriminalize.

decriminalizzazione /dekriminaliddzat'tsjone/ f. decriminalization.

decriptare /dekrip'tare/ [1] tr. to decipher, to decode, to decrypt [*dichiarazione, messaggio*].

decriptazione /dekriptat'tsjone/ f. cryptanalysis*, decryption.

decrittare /dekrit'tare/ → **decriptare.**

decrittazione /dekrittat'tsjone/ → **decriptazione.**

decubito /de'kubito/ m. decubitus*; ***piaga da*** ~ bedsore.

decumano /deku'mano/ agg. [*onda*] decuman.

decuplicare /dekupli'kare/ [1] tr. **1** MAT. to multiply tenfold, to decuple **2** FIG. to increase tenfold [*forze, energie*].

decuplo /'dɛkuplo/ **I** agg. tenfold, decuple **II** m. decuple.

decuria /de'kurja/ f. decury.

decurione /deku'rjone/ m. decurion.

decurtare /dekur'tare/ [1] tr. to reduce, to dock [*salario*]; to reduce [*debito*]; to curtail, to cut* down [*spese*].

decurtazione /dekurtat'tsjone/ f. *(di spese)* curtailment; *(di debito)* reduction; *(di salario)* cut.

decussare /dekus'sare/ [1] tr. to decussate.

decussato /dekus'sato/ **I** p.pass. → **decussare II** agg. decussate; ***croce -a*** saltire.

decussazione /dekussat'tsjone/ f. decussation.

dedalo /'dɛdalo/ m. **1** *(di strade, vie)* maze **2** FIG. *(intrico di concetti)* labyrinth.

Dedalo /'dɛdalo/ n.pr.m. Daedalus.

dedica, pl. **-che** /'dɛdika, ke/ f. dedication; *(scritta su foto, libro)* inscription; ***chiedere una*** ~ ***a un autore*** to ask an author to sign a book; ***scrivere una*** ~ ***su un libro, una fotografia*** to inscribe a book, photograph; ***copia con*** ~ inscribed copy.

dedicare /dedi'kare/ [1] **I** tr. **1** *(offrire in omaggio)* to dedicate [*romanzo, performance, film, pensieri*] (**a** to) **2** RELIG. *(consacrare)* to consecrate, to dedicate [*cappella, tempio, altare*] (**a** to) **3** *(offrire)* to dedicate, to devote, to give* over [*tempo, vita*] (**a** to); to expend [*sforzi*] (**a** in); ~ ***tutta la propria energia a qcs., a fare*** to devote all one's energy to sth., to doing; ***il resto della giornata fu dedicata a...*** the rest of the day was given over to...; ~ ***molto lavoro*** o ***impegno a...*** to put a lot of work into... **4** *(intitolare)* ~ ***una strada a qcn.*** to name a street after sb. **II dedicarsi** pronom. *(applicarsi)* ***-rsi a*** to devote *o* apply *o* dedicate oneself to [*studio, lavoro, arte, passatempo*]; to address oneself to [*argomento, problema*]; ***-rsi all'insegnamento*** to go into *o* enter teaching; ***-rsi anima e corpo a*** to give one's all to.

dedicatario, pl. **-ri** /dedika'tarjo, ri/ m. (f. **-a**) dedicatee.

dedicato /dedi'kato/ **I** p.pass. → **dedicare II** agg. INFORM. ELETTRON. dedicated.

dedicatoria /dedika'tɔrja/ f. dedicatory inscription, address.

dedicatorio, pl. **-ri**, **-rie** /dedika'tɔrjo, ri, rje/ agg. dedicative, dedicatory.

dedicazione /dedikat'tsjone/ f. RELIG. dedication.

dedito /'dɛdito/ agg. **1** *(votato)* devoted, committed (**a** to) [*famiglia, studio*] **2** *(incline)* ~ ***alle droghe, al gioco, al bere*** addicted to drugs, gambling, alcohol.

dedizione /dedit'tsjone/ f. *(attaccamento)* devotion, dedication, commitment; ~ ***al dovere*** dedication to duty; ~ ***agli studi*** bookishness; ***il lavoro esige una ~ totale*** the job demands complete commitment.

deducibile /dedu'tʃibile/ agg. **1** *(desumibile)* deducible, inferable **2** *(detraibile)* deductible, allowable; ***spese -i dalle imposte*** o ***tasse*** tax-deductible expenses; ***non ~*** nondeductible.

deducibilità /dedutʃibili'ta/ f.inv. deductibility ◆◆ ~ ***fiscale*** tax deductibility.

dedurre /de'durre/ [13] tr. **1** *(desumere)* to deduce, to infer (**da** from; **che** that); ***ha dato le dimissioni, da ciò dobbiamo ~ che...*** he's resigned, from which we must assume that...; ***ne deduco che fosse là*** I gather (that) he was there **2** COMM. *(sottrarre)* to deduct [*somma, spese, contributo*] (**da** from).

deduttivamente /deduttiva'mente/ avv. deductively, inferentially.

deduttivo /dedut'tivo/ agg. deductive, inferential; ***metodo ~*** deductive method.

deduzione /dedut'tsjone/ f. **1** deduction, inference; ***per ~*** by deduction *o* inference **2** *(detrazione)* allowance.

défaillance /defa'jans/ f.inv. blackout, breakdown, collapse.

defalcare /defal'kare/ [1] tr. to deduct; ~ ***una somma da qcs.*** to deduct an amount from sth.

defalcazione /defalkat'tsjone/ f. deduction, cut.

defalco, pl. **-chi** /de'falko, ki/ m. → **defalcazione.**

defatigante /defati'gante/ agg. tiring, wearying.

defecare /defe'kare/ [1] intr. (aus. *avere*) FISIOL. to have* a motion, to defecate; [*uccelli*] to mute.

defecazione /defekat'tsjone/ f. FISIOL. motion, defecation.

defenestrare /defenes'trare/ [1] tr. **1** *(buttare dalla finestra)* to throw* (sb.) out of a window **2** FIG. *(destituire)* to oust, to dismiss abruptly.

defenestrazione /defenestrat'tsjone/ f. **1** defenestration; ***la ~ di Praga*** STOR. the defenestration of Prague **2** *(estromissione)* abrupt removal.

defensionale /defensjo'nale/ agg. ***testimone ~*** defence witness.

1.deferente /defe'rɛnte/ agg. *(ossequioso)* [*persona*] deferential, dutiful; [*comportamento*] deferential; ***mostrarsi ~*** to show respect (**verso** for).

2.deferente /defe'rɛnte/ agg. ANAT. ***canale ~*** deferent duct.

deferentemente /deferente'mente/ avv. deferentially.

deferenza /defe'rɛntsa/ f. deference (**per, verso** to); ***mostrare la dovuta ~ verso qcn.*** to show due respect for sb.; ***segni di ~*** marks of respect.

deferimento /deferi'mento/ m. submission.

deferire /defe'rire/ [102] tr. DIR. **1** to refer, to submit [*causa*] (**a** to) **2** *(denunciare)* ~ ***qcn. all'autorità giudiziaria*** to prefer charges against sb.

defezionare /defettsjo'nare/ [1] intr. (aus. *avere*) to defect.

defezione /defet'tsjone/ f. defection (**da** from).

defibrillatore /defibrilla'tore/ m. defibrillator.

defibrillazione /defibrillat'tsjone/ f. defibrillation.

deficiente /defi'tʃɛnte/ **I** agg. **1** *(carente)* ***una stanza ~ di aerazione*** a room lacking ventilation; ***una dieta ~ di ferro*** a diet deficient in iron **2** MED. retarded **3** COLLOQ. SPREG. *(stupido)* feeble-minded, retarded AE **II** m. e f. **1** MED. retarded person **2** COLLOQ. SPREG. moron, halfwit, idiot.

deficienza /defi'tʃɛntsa/ f. **1** *(carenza)* deficiency, lack (**di** of); *(di manodopera, di acqua)* shortage (**di** of) **2** *(lacuna)* gap; ***avere -e di base*** to have gaps in one's education *o* general knowledge ◆◆ ~ ***mentale*** MED. mental deficiency.

deficit /'dɛfitʃit/ m.inv. **1** COMM. ECON. deficit; ~ ***di bilancio*** budget deficit; ***coprire un ~*** to make up a deficit; ***essere in ~*** to show a deficit **2** MED. deficiency; ~ ***ormonale*** hormone deficiency **3** FIG. *(carenza)* ~ ***culturale*** cultural shortcoming.

deficitario, pl. **-ri**, **-rie** /defitʃi'tarjo, ri, rje/ agg. **1** COMM. ECON. [*budget, conto*] showing a deficit mai attrib.; ***bilancio ~*** debit balance **2** FIG. *(carente)* [*raccolto*] insufficient, scant; [*alimentazione*] inadequate, insubstantial.

defilamento /defila'mento/ m. *(tecnica di camuffamento)* defilade.

defilare /defi'lare/ [1] **I** tr. MIL. *(sottrarre al fuoco del nemico)* to defilade [*truppe*] **II defilarsi** pronom. FIG. *(sottrarsi a un obbligo, impegno)* to shirk, to wimp (out); *(sottrarsi alla vista altrui)* to dodge, to sneak away.

defilato /defi'lato/ **I** p.pass. → **defilare II** agg. FIG. [*ristorante, strada, piazza*] out-of-the-way.

défilé /defi'le/ m.inv. fashion show.

definibile /defi'nibile/ agg. definable; ***facilmente, difficilmente ~*** easy, difficult to define.

▷ **definire** /defi'nire/ [102] **I** tr. **1** *(spiegare)* to define [*parola, vocabolo, concetto*]; to pin down [*personalità, emozioni*] **2** *(fissare)* to define, to specify [*compito, ruolo*]; to fix, to set* down [*condizioni, dettagli, prezzo*]; to finalize [*percorso, schema*]; to plan out [*strategia, politica*] **3** *(reputare)* to call, to describe, to term; ***non lo definirei un artista*** I wouldn't describe him as an artist; ~ ***qcn. un idiota*** to describe sb. as an idiot; ***fu definito un poeta d'avanguardia*** he was typed as an avant-garde poet; ***la sua situazione fu definita soddisfacente*** MED. her situation was said to be satisfactory **4** *(delimitare)* ~ ***i confini di una proprietà*** to determine *o* fix the boundaries of an estate **5** *(risolvere)* to settle [*lite, controversia*] **II definirsi** pronom. *(dire di sé)* [*persona*] to consider oneself; ***si definisce un buon avvocato*** he sees himself as a good lawyer.

definitezza /defini'tettsa/ f. definiteness.

definitivamente /definitiva'mente/ avv. [*chiudere, perdere, cambiare, cessare*] forever, permanently; [*abbandonare, decidere, risolvere, sistemare, scartare*] definitively, once and for all.

definitività /definitivi'ta/ f.inv. finality.

▷ **definitivo** /defini'tivo/ agg. **1** [*traduzione, edizione, scelta, accordo, piano*] definitive; [*cessate il fuoco*] permanent; [*successo, vittoria*] ultimate, crowning; [*risposta, risultato, decisione*] final, conclusive; [*soluzione, idea, opinione*] cut-and-dried; ***nulla di ~*** nothing definite; ***sentenza -a*** DIR. final judgement; *(di divorzio)* decree absolute; ***redazione -a*** DIR. engrossment; ***dividendo ~*** ECON. final dividend; ***fattura -a*** COMM. final invoice **2 in definitiva** ultimately; ***in -a il film delude*** ultimately the film doesn't deliver *o* disappoints.

definito /defi'nito/ **I** p.pass. → **definire II** agg. [*risultato, criterio, somma, confine*] definite; [*peso, quantità*] known; [*categoria*] defined, well-defined; ***mal, ben ~*** [*immagine, contorno, forma, ruolo, confine*] ill-defined, well-defined; ***mi piace che tutto sia ben ~*** I like everything to be cut-and-dried; ***non c'è ancora nulla di ~*** there's nothing definite yet *o* nothing is definite yet.

definitorio, pl. **-ri**, **-rie** /defini'tɔrjo, ri, rje/ agg. ***qualità -a dell'aggettivo*** defining quality of the adjective.

▷ **definizione** /definit'tsjone/ f. **1** LING. FILOS. definition; *(di parole crociate)* clue; ***per ~*** by definition **2** *(risoluzione)* settlement **3** FOT. ELETTRON. definition; ***televisione, immagine, schermo ad alta ~*** high-definition television, image, screen.

defiscalizzare /defiskalid'dzare/ [1] tr. to derate, to make* [sth.] tax exempt.

defiscalizzazione /defiskaliddzat'tsjone/ f. exemption from taxation.

deflagrare /defla'grare/ [1] intr. (aus. *avere*) **1** CHIM. to deflagrate; [*ordigno*] to blow* up **2** FIG. *(divampare)* [*conflitto, insurrezione, passione*] to flare up.

deflagratore /deflagra'tore/ m. deflagrator.

deflagrazione /deflagrat'tsjone/ f. **1** CHIM. deflagration, explosion **2** FIG. outburst, flare-up.

deflativo /defla'tivo/ agg. [*sistema, misura*] deflationary.

deflatore /defla'tore/ m. deflator.

deflatorio, pl. **-ri**, **-rie** /defla'tɔrjo, ri, rje/ agg. [*sistema, misura*] deflationary.

deflazionare /deflattsjo'nare/ [1] tr. to deflate [*prezzi*].

deflazione /deflat'tsjone/ f. ECON. deflation.

deflazionista, m.pl. **-i**, f.pl. **-e** /deflattsjo'nista/ **I** agg. deflationist **II** m. e f. deflationist.

deflazionistico, pl. **-ci**, **-che** /deflattsjo'nistiko, tʃi, ke/ agg. [*teoria, sistema*] deflationary; ***praticare una politica -a*** to deflate the economy.

deflessione /defles'sjone/ f. MED. FIS. TECN. deflection; *(di un raggio di elettroni)* sweep.
deflettere /de'flɛttere/ [50] intr. (aus. *avere*) **1** *(deviare)* to deviate, to deflect (**da** from); ~ ***dalla rotta*** to go off course **2** FIG. *(cedere)* to yield.
deflettometro /deflet'tɔmetro/ m. deflectometer.
deflettore /deflet'tore/ m. deflector; MECC. *(per i fluidi)* baffle; AER. flap; AUT. quarter light, vent AE.
deflorare /deflo'rare/ [1] tr. LETT. to deflower.
deflorazione /deflorat'tsjone/ f. LETT. defloration.
defluire /deflu'ire/ [102] intr. (aus. *essere*) **1** *(scorrere)* [*acqua, liquido*] to drain (away) (**da** from; **in** into); [*fiume*] to flow (**in** into) **2** FIG. [*gente, macchine, traffico*] to stream; ~ ***in strada*** [*folla, gente*] to spill (out) into *o* onto the street.
deflusso /de'flusso/ m. **1** *(di liquido)* outflow; *(di acqua piovana, di acqua nei tubi)* draining; *(di marea)* ebb **2** *(di persone)* stream, flow; ~ ***di capitali*** cash outflow.
defo(g)liante /defoʎ'ʎante, defo'ljante/ m. defoliant.
defo(g)liare /defoʎ'ʎare, defo'ljare/ [1] tr. to defoliate.
defo(g)liazione /defoʎʎat'tsjone, defoljat'tsjone/ f. defoliation.
deforestazione /deforestat'tsjone/ f. deforestation.
deformabile /defor'mabile/ agg. deformable.
deformabilità /deformabili'ta/ f.inv. deformability.
deformante /defor'mante/ agg. **1** *(che deforma)* ***specchio*** ~ distorting mirror **2** MED. ***artrite*** ~ rheumatoid arthritis.
▷ **deformare** /defor'mare/ [1] **I** tr. **1** *(alterare nella forma)* to deform; to buckle, to warp [*metallo*]; to warp [*materiale, superficie*]; to distort [*immagine*] **2** FIG. *(distorcere)* to distort [*suono, visione*]; to warp [*concetto*]; to distort [*verità*] **II deformarsi** pronom. [*viso, corpo*] to get* deformed, to get* twisted, to contort; [*personalità*] to become* warped; [*superficie, materiale, metallo*] to warp, to buckle.
deformato /defor'mato/ **I** p.pass. → **deformare II** agg. [*struttura, metallo*] deformed, warped; [*viso, tratti, corpo, immagine*] distorted, contorted; [*disco*] warped; ***essere completamente*** ~ [*scatola, giocattolo*] to be knocked out of shape.
deformazione /deformat'tsjone/ f. **1** distortion; *(di struttura)* deformation, contortion; *(di metallo)* warpage **2** *(deformità)* deformity; ~ ***della colonna vertebrale*** spinal deformity **3** FIS. deformation ◆◆ ~ ***professionale*** professional bias.
▷ **deforme** /de'forme/ agg. [*persona*] deformed; [*corpo*] deformed, twisted; [*parte del corpo*] misshapen; [*arto, naso*] malformed; [*schiena*] crooked.
deformità /deformi'ta/ f.inv. deformity.
defraudare /defrau'dare/ [1] tr. ~ ***qcn. di qcs.*** to defraud sb. of sth.; ~ ***qcn. dei propri diritti*** to deprive sb. of their rights.
defraudazione /defraudat'tʃjone/ f. defraudation.
defungere /de'fundʒere/ [55] intr. (aus. *essere*) LETT. to die.
▷ **defunto** /de'funto/ **I** p.pass. → **defungere II** agg. **1** [*persona*] deceased, defunct; ***il mio*** ~ ***marito*** my late husband **2** SCHERZ. [*auto*] knackered **III** m. (f. **-a**) deceased, departed EUFEM; **i -i** the deceased, the departed EUFEM.; RELIG. the dead.
degassamento /degassa'mento/ m. **1** *(il togliere gas)* degassing **2** *(il perdere gas)* outgassing.
degassare /degas'sare/ [1] tr. to degas.
degassarsi /degas'sarsi/ [1] intr. (aus. *essere*) to outgas.
degassificare /degassifi'kare/ [1] tr. to degas.
degenerare /dedʒene'rare/ [1] intr. (aus. *avere, essere*) **1** *(cambiare in peggio)* [*rissa, manifestazione*] to get* out of hand; [*rabbia, tensione*] to boil over; ~ ***in*** [*discussione, dibattito*] to deteriorate *o* degenerate into [*caos*]; ***i dissensi sono degenerati in crisi politica*** the disagreements *o* conflicts degenerated into a political crisis **2** BIOL. to devolve, to degenerate.
degenerativo /dedʒenera'tivo/ agg. degenerative.
degenerato /dedʒene'rato/ **I** p.pass. → **degenerare II** agg. **1** *(di abitudini immorali)* [*società, persona, vita*] degenerate **2** BIOL. FIS. degenerate **III** m. (f. **-a**) degenerate.
degenerazione /dedʒenerat'tsjone/ f. **1** *(della società, dei costumi)* degeneracy; *(della qualità della vita, della salute)* degeneration, deterioration **2** BIOL. degeneration.
degenere /de'dʒɛnere/ agg. [*persona*] degenerate, depraved.
degente /de'dʒɛnte/ **I** agg. bedridden **II** m. e f. patient; *(in ospedale)* in-patient, inmate.
degenza /de'dʒɛntsa/ f. ***una breve*** ~ ***in ospedale*** o ***ospedaliera*** a short stay in hospital.
degli /'deʎʎi/ → **1.di.**
deglutire /deglu'tire/ [102] tr. to swallow.
deglutizione /deglutit'tsjone/ f. swallowing; MED. deglutition.

degnamente /deɲɲa'mente/ avv. **1** *(con dignità)* [*comportarsi*] properly; [*morire*] worthily; ***uscire*** ~ ***di scena*** FIG. to make a graceful exit **2** *(adeguatamente)* [*accogliere, festeggiare*] fittingly; ***essere pagato*** ~ to be paid adequately.
▷ **degnare** /deɲ'ɲare/ [1] **I** tr. *(ritenere degno)* ~ ***qcn. della propria attenzione*** to consider sb. worthy of attention; ***non mi ha degnato di una risposta*** he did not bother answering me **II degnarsi** pronom. *(avere la compiacenza)* to condescend, to deign (**di fare** to do); ***non ti sei neanche degnato di farti vedere!*** you just couldn't be bothered to turn up! ***si è degnato di venire*** he graciously agreed to come IRON.
degnazione /deɲɲat'tsjone/ f. condescendence.
▶ **degno** /'deɲɲo/ agg. **1** *(meritevole)* ~ ***di fiducia*** o ***di fede*** trustworthy; ~ ***di lode*** worthy of praise; ~ ***di nota*** noteworthy; ~ ***di questo nome*** [*giornalista, insegnante*] worthy of that name **2** *(all'altezza)* [*rappresentante, successore*] worthy; ***ha trovato in lei una -a avversaria*** he's met his match in her; ~ ***di*** worthy of [*persona, incarico*]; ***essere*** ~ ***di*** to live up to [*nome, posizione sociale*] **3** *(che si addice)* ***è stata la -a fine di un uomo simile*** it was a fitting end for such a man; ***non è*** ~ ***di te!*** [*comportamento*] it doesn't become you! [*cosa*] it is below *o* beneath you! ***una terra -a degli eroi*** a land fit for heroes ◆ ***non è*** ~ ***di allacciargli le scarpe*** he can't hold a candle to him.
degradabile /degra'dabile/ agg. CHIM. degradable.
degradante /degra'dante/ agg. [*attività, lavoro*] demeaning, degrading.
degradare /degra'dare/ [1] **I** tr. **1** MIL. to break* [*ufficiale*]; MAR. to disrate [*ufficiale*]; ***essere degradato a soldato semplice*** to be reduced to the ranks **2** *(umiliare)* [*vizio*] to debase [*persona*] **3** *(deteriorare)* to degrade [*ambiente*] **II degradarsi** pronom. **1** *(abbrutirsi)* to become* degraded **2** *(deteriorarsi)* [*quartiere, edificio, situazione*] to deteriorate **3** GEOL. to degrade.
degradazione /degradat'tsjone/ f. **1** MIL. reduction, demotion **2** *(morale)* debasement, abasement **3** CHIM. GEOL. degradation.
degrado /de'grado/ m. *(di società, cultura)* decay, decline; *(di ambiente)* degradation; *(di edificio, area)* deterioration ◆◆ ~ ***urbano*** urban blight *o* decay.
degustare /degus'tare/ [1] tr. to taste [*vini, liquori, cibi*].
degustatore /degusta'tore/ ♦ ***18*** m. (f. **-trice** /tritʃe/) taster; *(di vino)* wine taster.
degustazione /degustat'tsjone/ f. sampling, tasting; ~ ***di vini, formaggi*** cheese, wine tasting; ~ ***gratuita*** sample free.
dehors /de'ɔr/ m.inv. ***caffè con*** ~ pavement café; ***sediamoci nel*** ~ let's sit outside.
1.dei /dei/ → **1.di.**
2.dei /'dɛi/ → **dio.**
deicida, m.pl **-i**, f.pl. **-e** /dei'tʃida/ **I** agg. deicidal **II** m. e f. deicide.
deicidio, pl. **-di** /dei'tʃidjo, di/ m. deicide.
deidrogenare /deidrodʒe'nare/ [1] tr. to dehydrogenate.
deidrogenazione /deidrodʒenat'tsjone/ f. dehydrogenation.
deiezione /dejet'tsjone/ **I** f. **1** FISIOL. *(evacuazione)* dejection **2** GEOL. detritus **U II deiezioni** f.pl. FISIOL. *(escrementi)* dejection sing.
deificare /deifi'kare/ [1] tr. **1** to deify [*persona, animale*] **2** FIG. to exalt, to apotheosize.
deificazione /deifikat'tsjone/ f. deification.
deindicizzare /deinditʃid'dzare/ [1] tr. to de-index.
deindicizzazione /deinditʃiddzat'tsjone/ f. de-indexation (**di** of).
deindustrializzare /deindustrjalid'dzare/ [1] tr. to deindustrialize.
deindustrializzazione /deindustrjaliddzat'tsjone/ f. deindustrialization.
deionizzare /dejonid'dzare/ [1] tr. to deionize [*acqua, aria*].
deiscente /deiʃ'ʃɛnte/ agg. dehiscent.
deiscenza /deiʃ'ʃɛntsa/ f. dehiscence.
deismo /de'izmo/ m. deism.
deissi /de'issi/ f.inv. deixis.
deista, m.pl. **-i**, f.pl. **-e** /de'ista/ m. e f. deist.
deistico, pl. **-ci**, **-che** /de'istiko, tʃi, ke/ agg. [*persona, ideologia*] deistic.
deità /dei'ta/ f.inv. LETT. deity.
deittico, pl. **-ci**, **-che** /de'ittiko, tʃi, ke/ **I** agg. deictic **II** m. deictic.
déjà vu /deʒa'vu/ m.inv. déjà-vu.
del /del/ → **1.di.**
delatore /dela'tore/ m. (f. **-trice** /tritʃe/) informer, spy.
delatorio, pl. **-ri**, **-rie** /dela'tɔrjo, ri, rje/ agg. ***lettera -a*** poison-pen letter.
delazione /delat'tsjone/ f. ***incitamenti alla*** ~ encouragement to inform on others; ***vivere in un clima di*** ~ to live in constant fear of informers.

delebile /de'lɛbile/ agg. [*inchiostro*] erasable, delible.
delega, pl. **-ghe** /'dɛlega, ge/ f. **1** *(procura)* proxy; ***fare una ~ a qcn.*** to delegate sb., to give sb. a proxy; ***agire in virtù di una ~*** to act on sb.'s authority; ***firmare per*** o ***tramite ~*** to sign on sb.'s authority **2** *(il delegare)* delegation, delegacy (**a qcn.** to sb.); ***~ di funzioni, poteri*** delegation of duties, power.
delegante /dele'gante/ m. e f. = person who delegates.
▷ **delegare** /dele'gare/ [1] tr. **1** *(incaricare)* **~ *qcn.*** to delegate sb., to appoint sb. as delegate; ***~ qcn. a un congresso*** to appoint sb. as a delegate for a congress **2** *(trasmettere)* to delegate [*autorità, compito, responsabilità*] (**a qcn.** to sb.).
delegatario, pl. **-ri** /delega'tarjo, ri/ m. (f. **-a**) delegatee.
delegato /dele'gato/ **I** p.pass. → **delegare II** agg. ***amministratore*** ~ managing director **III** m. (f. **-a**) *(a una conferenza, una riunione)* delegate, conventioneer AE ◆◆ ***~ sindacale*** union representative.
delegazione /delegat'tsjone/ f. delegation (**presso** to); ***~ di studenti*** student delegation ◆◆ DIR. ***~ di titolo di credito*** assignment of debt.
delegittimare /deledʒitti'mare/ [1] tr. DIR. to delegitimize; *(ridurre il prestigio o il potere di)* **~ *qcn.*** to undermine sb.'s authority.
deleterio, pl. **-ri**, **-rie** /dele'tɛrjo, ri, rje/ agg. *(nocivo)* [*gas, fumi*] toxic; [*comportamento*] harmful, dangerous; [*effetto, conseguenze*] damaging; [*influenza*] bad, dangerous.
delezione /delet'tsjone/ f. MED. deletion (**di** of).
Delfi /'dɛlfi/ n.pr.f. Delphi; ***l'oracolo di ~*** the Delphian oracle.
delfico, pl. **-ci**, **-che** /'dɛlfiko, tʃi, ke/ agg. Delphian, Delphic.
delfinario, pl. **-ri** /delfi'narjo, ri/ m. dolphinarium*.
delfinattero /delfi'nattero/ m. ~ ***bianco*** white whale.
delfinio, pl. **-ni** /del'finjo, ni/ m. delphinium*.
delfino /del'fino/ m. **1** ZOOL. dolphin **2** *(nuoto)* ***nuoto a ~*** butterfly stroke **3** *(successore)* heir apparent; ***il presidente ha scelto il suo ~*** the president chose his heir apparent **4** STOR. Dauphin ◆◆ ***~ di Risso*** grampus.
Delfo /'dɛlfo/ → **Delfi.**
delibare /deli'bare/ [1] tr. LETT. to savour BE, to savor AE.
delibera /de'libera/ f. **1** resolution; DIR. deliberation; ***per*** o ***su ~ di*** after deliberation by; ***essere in (fase di) ~*** [*giuria*] to be deliberating **2** *(assegnazione)* adjudication.
deliberante /delibe'rante/ agg. [*assemblea, comitato*] deliberative.
deliberare /delibe'rare/ [1] **I** tr. *(decidere)* to resolve; *(nelle aste)* to knock down **II** intr. (aus. *avere*) **1** *(discutere su)* to deliberate (**su** about, over) **2** *(tenere consiglio)* [*giurati, assemblea*] to deliberate.
deliberatamente /deliberata'mente/ avv. [*ignorare, ferire, provocare*] deliberately; [*offendere, fuorviare*] knowingly; [*evitare*] on purpose; ***~ vago, ambiguo*** intentionally vague, ambiguous; ***l'ha fatto ~*** he did it on purpose; ***hanno ~ disobbedito agli ordini*** they went flat against their orders.
deliberativo /delibera'tivo/ agg. [*potere, voto*] decisional.
deliberato /delibe'rato/ **I** p.pass. → **deliberare II** agg. **1** *(risoluto)* resolved **2** *(intenzionale)* [*azione, scelta*] deliberate; [*tentativo, insulto*] calculated; [*decisione*] deliberate, conscious, calculated.
deliberazione /deliberat'tsjone/ f. resolution.
delicatamente /delikata'mente/ avv. [*maneggiare*] delicately; [*appoggiare, accarezzare, strizzare*] gently; [*scrollare, toccare*] lightly; [*chiudere*] softly.
delicatezza /delika'tettsa/ f. **1** *(di profumo)* subtleness; *(di sapore)* mildness, delicacy; *(di sentimenti)* refinement **2** *(fragilità)* fragility; *(debolezza di costituzione)* frailty **3** *(tatto)* delicacy, consideration; ***comportarsi con ~ nei confronti di qcn.*** to behave considerately towards sb.; ***mancare di ~*** to be heavy-handed; ***annunciare la notizia con ~*** to break the news gently; ***ebbe la ~ di pronunciare le parole adatte (alla circostanza)*** he was careful to say all the right things **4** *(complessità, difficoltà) (di caso, situazione, operazione)* awkwardness; ***una situazione di grande*** o ***estrema ~*** a delicate *o* ticklish situation **5** *(cibo raffinato)* delicacy, dainty ◆ ***avere la ~ di un elefante*** to be like a bull in a china shop.
▷ **delicato** /deli'kato/ **I** agg. **1** *(che può rompersi, deteriorarsi)* [*oggetto, meccanismo, dispositivo, strumento*] delicate, fragile; [*tessuto*] delicate, fine **2** *(debole, cagionevole)* [*persona, salute*] frail; [*pelle*] tender; ***essere ~ di stomaco*** to have a queasy stomach **3** *(gradevole ai sensi)* [*sapore, aroma*] dainty, mellow; [*profumo*] subtle; *(lieve)* [*tocco, massaggio*] gentle; *(tenue)* [*colore, tinta*] subtle **4** *(sensibile, gentile)* [*animo*] sensitive; ***che pensiero ~!*** what a kind thought! **5** *(complesso, difficile)* [*missione, punto, momento, operazione*] ticklish, tricky **6** *(scabroso, imbarazzante)* [*argomento, questione, situazione*] tricky, awkward **7** COSM. *(non aggressivo)* [*sapone, detergente, crema*] mild; [*shampoo*] gentle **8** *(esigente)* ***avere un palato ~*** to have a discriminating palate **II delicati** m.pl. ***(indumenti) -i*** delicates.
delimitare /delimi'tare/ [1] tr. **1** *(determinare i limiti di)* to delimit [*terreno*]; to mark off [*area*]; [*montagne*] to form the boundary of [*paese*] **2** *(definire)* [*trattato*] to set out [*frontiera*] (**fra, tra** between); to define [*ruolo, compiti, argomento, questione, campo d'azione*].
delimitazione /delimitat'tsjone/ f. **1** *(il delimitare)* demarcation (**di** of) **2** *(frontiera)* boundary, demarcation (**fra, tra** between).
delineare /deline'are/ [1] **I** tr. **1** *(tracciare il contorno di)* to sketch (out); ***~ una figura, un paesaggio*** to sketch *o* trace the outline of a figure, landscape **2** FIG. to outline, to sketch out, to delineate; ***~ la storia di...*** to trace the history of...; ***~ un progetto a grandi linee, in poche parole*** to give a general, brief outline of a plan; ***~ il profilo di una proposta*** to describe the outlines of a proposal **II delinearsi** pronom. ***la torre si delineava nella nebbia*** the tower loomed up through the mist; ***si delinea una nuova politica*** a new policy is taking shape.
delineato /deline'ato/ **I** p.pass. → **delineare II** agg. [*problema, situazione, tratti*] clear-cut.
delineatore /delinea'tore/ m. (f. **-trice** / tritʃe/) *(persona)* delineator.
delineazione /delineat'tsjone/ f. delineation.
▶ **delinquente** /delin'kwɛnte/ m. e f. **1** *(criminale)* delinquent, criminal, lawbreaker; ***piccolo ~*** petty criminal **2** *(mascalzone)* crook.
delinquenza /delin'kwɛntsa/ f. delinquency; ***la piccola ~*** petty crime ◆◆ ***~ minorile*** juvenile deliquency.
delinquenziale /delinkwen'tsjale/ agg. [*comportamento*] delinquent.
delinquere /de'linkwere/ [2] intr. (attested forms: present indicative, present infinitive, present participle) ***associazione per*** o ***a ~*** criminal conspiracy, syndicate AE; ***istigare a ~*** to encourage lawbreaking; ***istigazione a ~*** DIR. solicitation.
deliquescente /delikweʃ'ʃɛnte/ agg. CHIM. deliquescent.
deliquescenza /delikweʃ'ʃɛntsa/ f. deliquescence.
deliquio, pl. **-qui** /de'likwjo, kwi/ m. swoon; ***in ~*** in a swoon.
delirante /deli'rante/ agg. **1** MED. [*persona, stato*] delirious; [*sogni*] feverish **2** FIG. [*entusiasmo, folla*] delirious **3** FIG. *(folle)* [*idea, discorso, progetto*] wild, outlandish.
▷ **delirare** /deli'rare/ [1] intr. (aus. *avere*) **1** MED. to be* delirious; ***la febbre lo fa ~*** the fever is making him delirious **2** *(vaneggiare)* to rave; ***tu stai delirando!*** you're raving!
▷ **delirio**, pl. **-ri** /de'lirjo, ri/ m. **1** MED. delirium*; PSIC. delusion; ***aveva la febbre accompagnata da ~*** she was delirious with fever; ***in preda al ~*** suffering from delirium; ***cadere in ~*** to become delirious **2** *(vaneggiamento)* ravings pl.; ***i -ri di un pazzo*** the ravings of a lunatic **3** COLLOQ. *(follia)* madness; ***pretendere simili cose è un ~*** expecting things like that is sheer lunacy **4** *(entusiasmo fanatico)* frenzy; ***al terzo goal fu un ~*** at the third goal the crowd went wild; ***andare in ~*** [*folla*] to go mad **5** *(frenesia)* frenzy; ***~ verbale*** verbal excess.
delirium tremens /de'lirjum'trɛmens/ m.inv. delirium tremens.
delitescenza /deliteʃ'ʃɛntsa/ f. MED. delitescence.
▶ **delitto** /de'litto/ m. **1** crime, criminal offence; ***macchiarsi di un atroce ~*** to commit a dreadful crime; ***l'arma del ~*** murder weapon; ***ora, luogo del ~*** time, scene of the crime **2** FIG. *(colpa, peccato)* crime, sin; ***è un ~ sprecare il cibo*** it's a crime to waste food; ***è un ~ fare...*** it's criminal to do... ◆◆ ***~ passionale*** crime of passion; ***~ perfetto*** perfect crime; ***~ di stato*** crime against the state; ***~ contro l'umanità*** crime against humanity.
delittuoso /delittu'oso/ agg. [*comportamento*] delinquent; ***intento*** ~ DIR. loitering.
▷ **delizia** /de'littsja/ f. **1** *(cosa prelibata)* dainty, tidbit; ***il tuo pollo è una vera ~*** your chicken is quite delicious **2** *(piacere)* delight; ***che ~ vivere qui!*** what a delight to live here! ***una ~ per gli occhi*** a pleasure to the eye **3** *(persona)* ***è la ~ di sua madre*** he is his mother's delight *o* the apple of his mother's eye.
deliziare /delit'tsjare/ [1] **I** tr. to delight, to regale [*ospiti*]; ***li deliziava con la storia della sua vita*** IRON. he buttonholed them with the story of his life **II deliziarsi** pronom. ***-rsi con*** o ***in qcs., nel fare*** to delight in sth., in doing.
deliziosamente /delittsjosa'mente/ avv. [*fresco, caldo, tranquillo*] deliciously, delightfully; [*vestire*] delightfully.
▷ **delizioso** /delit'tsjoso/ agg. [*casa, festa, idea, luogo, vestito, espressione*] delightful; [*pranzo, sapore, piatto*] delicious; [*famiglia, persona*] lovely.
dell' /del/, **della** /'della/, **delle** /'delle/, **dello** /'dello/ → **1.di.**

delocalizzazione /delokaliddzat'tsjone/ f. ECON. offshoring.

1.delta /'dɛlta/ m.inv. GEOGR. delta; ***il ~ del Po*** the Po delta.

2.delta /'dɛlta/ m. e f.inv. MAT. LING. delta; ***un aereo con ali a ~*** a delta-wing plane.

deltaplano /delta'plano/ m. **1** *(velivolo)* hang-glider **2** *(sport)* hang-gliding; ***fare del ~*** to go hang-gliding.

deltizio, pl. **-zi, -zie** /del'tittsjo, tsi, tsje/ agg. deltaic.

deltoide /del'tɔide/ **I** agg. deltoid **II** m. deltoid.

1.delucidare /delutʃi'dare/ [1] tr. *(spiegare)* to elucidate [*concetto, mistero, problema*].

2.delucidare /delutʃi'dare/ [1] tr. TESS. = to remove the shine from a cloth by means of steam.

delucidazione /delutʃidat'tsjone/ f. elucidation, explanation.

deludente /delu'dɛnte/ agg. disappointing; [*risultato, prestazione, esperienza*] unsatisfying.

▶ **deludere** /de'ludere/ [11] tr. to disappoint [*persona*]; to crush [*sogni*]; to belie [*aspettative*]; to defeat [*ambizioni*]; ***mi deludi (molto)*** I am disappointed in you; ***non deludermi!*** don't let me down! ***non ti ho mai deluso finora!*** I've never failed you yet!

▷ **delusione** /delu'zjone/ f. disappointment; ***una grande, profonda ~*** a great, heartbreaking disappointment; ***è stato un po' una ~*** [*film, pranzo, performance*] it was a disappointment *o* bit of a letdown; ***è stata un po' una ~ per lei*** it was rather a comedown for her; ***con sua grande ~*** to his chagrin; ***che ~!*** how disappointing! ***la ~ di tutte le mie speranze*** the frustration of all my hopes.

deluso /de'luzo/ **I** p.pass. → **deludere II** agg. [*persona*] disappointed (**da** by); [*speranza*] frustrated; ***essere ~ nelle proprie aspettative*** to feel let down.

demagogia /demago'dʒia/ f. demagogy.

demagogico, pl. **-ci, -che** /dema'gɔdʒiko, tʃi, ke/ agg. [*persona, discorso*] demagogic.

demagogo, m.pl. **-ghi**, pl. **-ghe** /dema'gɔgo, gi, ge/ m. (f. **-a**) demagogue.

demandare /deman'dare/ [1] tr. to refer (***a*** to).

demaniale /dema'njale/ agg. [*foresta, terreno*] state-owned.

demanio, pl. **-ni** /de'manjo, ni/ m. **1** state property; ***appartenere al ~*** to be owned by the state **2** *(amministrazione dei beni demaniali)* = government department which manages state-owned land and property.

demarcare /demar'kare/ [1] tr. to mark out, to determine, to demarcate [*confine, limite*].

demarcativo /demarka'tivo/ agg. LING. demarcative.

demarcazione /demarkat'tsjone/ f. demarcation (**di** of; **fra** between); ***linea di ~*** boundary, dividing line.

demente /de'mɛnte/ **I** agg. **1** PSIC. insane, demented **2** COLLOQ. *(cretino)* stupid **II** m. e f. **1** PSIC. insane person, demented person **2** COLLOQ. idiot.

demenza /de'mɛntsa/ f. **1** dementia (anche PSIC.) **2** *(cretineria)* idiocy ◆◆ ***~ senile*** senile dementia.

demenziale /demen'tsjale/ agg. **1** COLLOQ. [*discorsi*] crazy, off-the-wall; [*comicità, film*] screwball **2** PSIC. insane.

demeritare /demeri'tare/ [1] **I** tr. ***~ la stima, fiducia di qcn.*** to lose sb.'s esteem, faith **II** intr. (aus. *avere*) ***~ della patria*** to be no longer worthy of one's country.

demerito /de'mɛrito/ m. demerit; ***nota di ~*** demerit (mark).

Demetrio /de'mɛtrjo/ n.pr.m. Demetrius.

demilitarizzare /demilitarid'dzare/ [1] tr. to demilitarize.

demilitarizzazione /demilitariddzat'tsjone/ f. demilitarization.

demineralizzare /demineralid'dzare/ [1] **I** tr. to remove mineral salts from [*acqua*] **II demineralizzarsi** pronom. [*organismo*] to lose* essential body salts.

demineralizzazione /demineraliddzat'tsjone/ f. MED. loss of salts from the body.

demi-sec /demi'sɛk/ agg.inv. [*vino*] medium-dry.

demistificare /demistifi'kare/ [1] tr. demystify.

demistificazione /demistifikat'tsjone/ f. demystification.

demitizzare /demitid'dzare/ [1] tr. demythologize.

demitizzazione /demitiddzat'tsjone/ f. demythologization.

demiurgico, pl. **-ci, -che** /de'mjurdʒiko, tʃi, ke/ agg. FILOS. LETTER. demiurgic.

demiurgo, pl. **-ghi** /de'mjurgo, gi/ m. demiurge.

democraticamente /demokratika'mente/ avv. democratically.

democraticità /demokratitʃi'ta/ f.inv. democratic nature.

▷ **democratico**, pl. **-ci, -che** /demo'kratiko, tʃi, ke/ **I** agg. **1** POL. [*paese, regime, partito, istituzione*] democratic **2** *(uguale per tutti)* [*trattamento*] egalitarian; [*principi*] democratic, egalitarian **II** m. (f. **-a**) democrat.

democratizzare /demokratid'dzare/ [1] **I** tr. to democratize [*regime*] **II democratizzarsi** pronom. [*regime*] to become* more democratic.

democratizzazione /demokratiddzat'tsjone/ f. democratization.

▷ **democrazia** /demokrat'tsia/ f. democracy; ***una prova di ~*** an exercise in democracy; ***~ parlamentare, popolare*** parliamentary, popular democracy ◆◆ ***~ Cristiana*** STOR. Christian Democrat Party.

democristiano /demokris'tjano/ **I** agg. STOR. Christian Democrat **II** m. STOR. (f. **-a**) Christian Democrat.

Democrito /de'mɔkrito/ n.pr.m. Democritus.

demodulare /demodu'lare/ [1] tr. to demodulate [*onda, segnale*].

demodulatore /demodula'tore/ m. demodulator.

demodulazione /demodulat'tsjone/ f. demodulation.

demografia /demogra'fia/ f. demography.

demografico, pl. **-ci, -che** /demo'grafiko, tʃi, ke/ agg. demographic; ***crescita -a*** population increase; ***controllo ~*** population control.

demografo /de'mɔgrafo/ ▶ **18** m. (f. **-a**) demographer.

demolire /demo'lire/ [102] tr. **1** *(abbattere)* to knock down [*muro*]; to tear* down, to pull down, to demolish [*quartiere, edificio*] **2** *(rovinare)* to smash [*apparecchio, giocattolo*] **3** *(smantellare)* to dismantle, to scrap [*macchinario, auto*] **4** *(confutare radicalmente)* to destroy, to explode [*sistema, dottrina*]; to destroy [*valori*]; [*critica*] to demolish, to tear* to shreds [*argomentazione*] **5** *(discreditare)* to demolish [*politico*]; to trash [*persona*]; ***questa storia ha demolito la sua carriera*** the affair wrecked his, her career **6** SPORT COLLOQ. *(stracciare)* to demolish, to wipe out [*avversario*].

demolitore /demoli'tore/ ▶ **18 I** agg. ***operaio ~*** demolition worker, wrecker AE **II** m. (f. **-trice** /tritʃe/) **1** *(di edifici)* housebreaker BE, housewrecker AE; *(di navi)* shipbreaker; *(di auto)* scrapyard worker; ***portare dal ~*** to junk *o* scrap [*auto*] **2** *(di dottrine, idee)* demolisher.

demolizione /demolit'tsjone/ f. **1** *(abbattimento) (di casa, costruzione)* demolition, clearance; ***ordine di ~*** clearance order; ***lavori, cantiere, impresa di ~*** demolition works, site, contractor; ***edificio in via*** o ***fase di ~*** building under demolition **2** *(smantellamento) (di macchinario, auto)* scrapping **3** *(confutazione radicale) (di teoria)* demolition; *(di alibi)* breaking **4** *(di reputazione)* destruction.

demologia /demolo'dʒia/ f. folklore.

demologico, pl. **-ci, -che** /demo'lɔdʒiko, tʃi, ke/ agg. folkloric.

demologo, m.pl. **-gi**, f.pl. **-ghe** /de'mɔlogo, dʒi, ge/ m. (f. **-a**) folklorist.

demoltiplica, pl. **-che** /demol'tiplika, ke/ f. reduction gear.

demoltiplicare /demoltipli'kare/ [1] tr. MECC. to gear down.

demoltiplicatore /demoltiplika'tore/ m. ELETTRON. prescaler; *(di frequenza)* frequency changer, converter.

demone /'dɛmone/ m. **1** *(spirito)* spirit, demon **2** *(passione)* demon; ***il ~ dell'inflazione*** the demon of inflation; ***il ~ dell'alcol*** the demon drink **3** *(demonio)* devil, fiend.

demonetizzare /demonetid'dzare/ [1] tr. to demonetize.

demonetizzazione /demonetiddzat'tsjone/ f. demonetization.

demoniaco, pl. **-ci, -che** /demo'niako, tʃi, ke/ agg. [*aspetto, persona, potere*] demonic; [*riso, orgoglio*] satanic; ***ha un fascino ~*** he is satanically charming.

demonietto /demo'njetto/ m. *(bambino vivace)* little imp, devil; ***è un vero ~*** she is a little imp.

demonio, pl. **-ni** /de'mɔnjo, ni/ m. **1** (anche **Demonio**) RELIG. ***il ~*** the Devil; ***posseduto dal ~*** possessed by the devil; ***le arti del ~*** the work of the devil **2** *(persona cattiva)* fiend; *(donna)* she-devil SCHERZ.; *(bambino vivace)* imp, devil ◆ ***essere brutto come il ~*** to be as ugly as sin.

demonismo /demo'nizmo/ m. demonism.

demonizzare /demonid'dzare/ [1] tr. to demonize [*persona, opera, pensiero*].

demonizzazione /demoniddzat'tsjone/ f. demonization.

demonologia /demonolo'dʒia/ f. demonology.

demoralizzante /demoralid'dzante/ agg. demoralizing, disheartening.

▷ **demoralizzare** /demoralid'dzare/ [1] **I** tr. ***~ qcn.*** to demoralize *o* dishearten sb., to lower sb.'s morale **II demoralizzarsi** pronom. to become* demoralized.

demoralizzazione /demoraliddzat'tsjone/ f. demoralization.

demordere /de'mɔrdere/ [61] intr. (aus. *avere*) ***non ~!*** don't give up! ***non bisogna ~*** one must hold one's own.

demoscopia /demosko'pia/ f. opinion research.

demoscopico, pl. **-ci, -che** /demos'kɔpiko, tʃi, ke/ agg. ***indagine -a*** opinion poll, public opinion survey.

Demostene /de'mɔstene/ n.pr.m. Demosthenes.
demotico, pl. **-ci**, **-che** /de'mɔtiko, tʃi, ke/ **I** agg. **1** LING. demotic **2** *(popolare)* demotic **II** m. demotic.
demotivare /demoti'vare/ [1] **I** tr. to demotivate **II demotivarsi** pronom. [*persona*] to lose* heart, to lose* motivation.
demotivato /demoti'vato/ **I** p.pass. → **demotivare II** agg. [*persona*] unmotivated.
demotivazione /demotivat'tsjone/ f. demotivation.
▶ **denaro** /de'naro/ **I** m. **1** *(soldi)* money **U**; ~ ***facile, sporco*** easy, dirty money; ***indennità in*** ~ cash bonus; ***essere attaccato al*** ~ COLLOQ. to be tight with one's money; ***per*** ~ for money; ***fare a qcn. un dono in*** ~ to give sb. a gift of money *o* a cash gift; ~ ***che scotta*** hot money **2** STOR. *(moneta)* denarius* **3** TESS. *(unità di spessore per calze e collant)* denier; ***collant (da) 20 -i*** 20 denier tights **II denari** m.pl. GIOC. *(nelle carte)* = one of the four suits in a pack of typical Italian cards ◆ ***il tempo è*** ~ PROV. time is money; ***il*** ~ ***non fa la felicità*** PROV. money doesn't buy happiness; ***buttare il*** ~ ***dalla finestra*** to play ducks and drakes; ***il*** ~ ***non puzza*** PROV. money has no smell; ***il*** ~ ***è la causa di tutti i mali*** money is the root of all evil; ***il*** ~ ***apre tutte le porte*** money talks; ***guadagnare*** ~ ***a palate*** to make money hand over fist ◆◆ ~ ***contante*** o ***in contanti*** (spot) cash; ~ ***fresco*** fresh money; ~ ***liquido*** hard cash; ~ ***pubblico*** public funds; ~ ***spicciolo*** change.
denasalizzare /denasalid'dzare/ [1] **I** tr. to denasalize **II denasalizzarsi** pronom. [*vocale*] to become* denasalized.
denasalizzazione /denasaliddzat'tsjone/ f. denasalization.
denatalità /denatali'ta/ f.inv. drop in the birthrate.
denaturante /denatu'rante/ **I** agg. [*prodotto*] denaturating **II** m. denaturant.
denaturare /denatu'rare/ [1] tr. TECN. IND. to denature.
denaturato /denatu'rato/ **I** p.pass. → **denaturare II** agg. ***alcol*** ~ methylated spirit(s).
denaturazione /denaturat'tsjone/ f. TECN. IND. denaturation.
denazificare /denattsifi'kare, denaddzi-/ [1] tr. to denazify.
denazionalizzare /denattsjonalid'dzare/ [1] tr. to denationalize.
denazionalizzazione /denattsjonaliddzat'tsjone/ f. denationalization.
1.dendrite /den'drite/ m. MED. dendrite.
2.dendrite /den'drite/ f. GEOL. dendrite.
dendritico, pl. **-ci**, **-che** /den'dritiko, tʃi, ke/ agg. dendritic.
dendrocronologia /dendrokronolo'dʒia/ f. dendrochronology.
dendrologia /dendrolo'dʒia/ f. dendrology.
denegazione /denegat'tsjone/ f. PSIC. denial.
dengue /'dengwe/ f.inv. dengue.
denigrare /deni'grare/ [1] tr. to denigrate, to run* down, to disparage [*persona*]; to blacken [*reputazione, nome*].
denigratore /denigra'tore/ **I** agg. denigratory, detracting **II** m. (f. **-trice** /tritʃe/) denigrator.
denigratorio, pl. **-ri**, **-rie** /denigra'tɔrjo, ri, rje/ agg. detractive; [*commento*] disparaging; [*recensione*] derogatory (**verso** about).
denigrazione /denigrat'tsjone/ f. detraction, denigration.
denitrare /deni'trare/ [1] tr. to denitrate.
denitrazione /denitrat'tsjone/ f. denitration.
denitrificare /denitrifi'kare/ [1] tr. to denitrify.
denocciolare /denottʃo'lare/ [1] tr. to stone, to pit AE.
denocciolato /denottʃo'lato/ **I** p.pass. → **denocciolare II** agg. [*oliva*] pitted.
denominale /denomi'nale/ agg. ***verbo*** ~ denominative.
denominare /denomi'nare/ [1] **I** tr. *(dare un nome a)* to name, to call, to denominate **II denominarsi** pronom. to be* named, to be* called.
denominativo /denomina'tivo/ agg. LING. denominative.
denominatore /denomina'tore/ m. MAT. denominator; ***minimo comun*** ~ lowest common denominator (anche FIG.).
denominazione /denominat'tsjone/ f. *(nome)* denomination, appellation FORM. ◆◆ ~ ***commerciale*** trade name; ~ ***comune*** FARM. generic name; ~ ***di origine controllata*** GASTR. ENOL. guarantee of origin; ~ ***di origine protetta*** protected designation of origin.

> **Denominazione di origine controllata** This is the state certification of quality (DOC) given to Italian wines with particular characteristics that have been verified, such as provenance from defined areas of production, derivation from particular grape varieties and soils, the ratio between the amount of grapes used and the quantity of wine produced, the methods of production. The certification DOCG (*Denominazione di origine controllata e garantita*), which involves even stricter checks, has been introduced for DOC wines that are particularly famous for their special qualities.

denotare /deno'tare/ [1] tr. to denote; [*azione, comportamento*] to argue.
denotativo /denota'tivo/ agg. LING. denotative.
denotazione /denotat'tsjone/ f. LING. denotation.
densamente /densa'mente/ avv. densely, thickly ***un paese*** ~ ***popolato*** a highly, densely populated country.
densimetro /den'simetro/ m. densimeter.
densità /densi'ta/ f.inv. **1** GEOGR. density; ~ ***rurale, urbana*** rural, urban population density; ~ ***demografica*** density of population **2** *(di vegetazione, nebbia)* thickness **3** FIS. INFORM. ELETTRON. density ◆◆ ~ ***di flusso*** FIS. flux density.
densitometro /densi'tɔmetro/ m. FOT. densitometer.
▷ **denso** /'dɛnso/ agg. **1** *(fitto)* [*nebbia, vegetazione*] thick **2** *(spesso)* [*liquido, miele, marmellata, yogurt*] thick **3** FIG. ***un discorso*** ~ ***di concetti*** a speech packed with ideas; ***un programma*** ~ ***d'impegni*** a full *o* packed schedule **4** FIS. [*corpo*] dense.
dentale /den'tale/ **I** agg. **1** *(dei denti)* [*igiene, corona*] dental **2** FON. [*consonante*] dental **II** f. FON. dental.
dentalio, pl. **-li** /den'taljo, li/ m. toothshell.
dentario, pl. **-ri**, **-rie** /den'tarjo, ri, rje/ agg. [*chirurgia, carie, amalgama*] dental; ***protesi -a*** denture.
dentaruolo /denta'rwɔlo/ m. teether, teething ring.
dentata /den'tata/ f. **1** *(morso)* bite, snap **2** *(impronta)* tooth-mark.
dentato /den'tato/ agg. **1** ZOOL. dentate **2** TECN. [*ruota*] toothed.
dentatura /denta'tura/ f. **1** *(totalità dei denti)* set of teeth; ***avere una bella, brutta*** ~ to have good, bad teeth **2** TECN. toothing.
▶ **dente** /'dɛnte/ ➧ **4** m. **1** tooth*; *(di serpente)* fang; ***-i anteriori, posteriori*** front, back teeth; ~ ***cariato*** decayed tooth; ~ ***d'oro*** gold tooth; ***-i da cavallo*** SPREG. buck teeth; ***gli manca un*** ~ he's minus a tooth; ~ ***che balla*** loose tooth; ***lavarsi i -i*** to clean *o* brush one's teeth; ***rompersi un*** ~ to break a tooth; ***scheggiarsi un*** ~ to chip a tooth; ***il dentista mi ha piombato, otturato un*** ~ the dentist plugged, filled a hole in my tooth; ***incapsulare un*** ~ to crown a tooth; ***farsi estrarre un*** ~ to have an extraction; ***mal di -i*** toothache; ***digrignare i -i*** [*persona*] to gnash *o* grind one's teeth; [*cane*] to curl one's lip; ***mostrare i -i*** to bare *o* show one's teeth (anche FIG.); ***mettere un*** ~***, i -i*** to teeth, to cut a tooth, one's teeth; ***parlare, borbottare fra i -i*** to mutter between one's teeth; ***essere armato fino ai -i*** to be armed to the teeth; ***non aver niente da mettere sotto i -i*** FIG. to have nothing to eat; ***stringere i -i*** to grit one's teeth (anche FIG.); ***batteva i -i*** her teeth were chattering **2** *(di pettine, sega, ruota d'ingranaggio, rastrello)* tooth; *(di forchetta, forcone)* prong; *(di ingranaggio)* cog **3 al dente** [*pasta*] (still) firm, slightly underdone ◆ ***avere il*** ~ ***avvelenato contro qcn.*** to bear a grudge against sb.; ***occhio per occhio*** ~ ***per*** ~ PROV. an eye for an eye, a tooth for a tooth; ***parlare fuori dai -i*** to speak one's mind; ***questo lavoro è pane per i suoi -i*** it's a job she can get her teeth into; ***difendere qcs. con le unghie e coi -i*** to fight tooth and nail for sth.; ***aggrapparsi a qcn. con le unghie e con i -i*** to hold onto sb. like grim; ***ridere a -i stretti*** to force a smile; ***la lingua batte dove il*** ~ ***duole*** PROV. the tongue always turns to the aching tooth ◆◆ ~ ***del giudizio*** wisdom tooth; ~ ***da latte*** milk tooth; ~ ***di leone*** BOT. dandelion.
dentellare /dentel'lare/ [1] tr. to engrail, to indent, to tooth [*bastone*].
dentellato /dentel'lato/ **I** p.pass. → **dentellare II** agg. [*francobollo*] perforated; BOT. toothed.
dentellatura /dentella'tura/ f. *(di francobollo)* perforation; MECC. toothing.
dentello /den'tɛllo/ m. ARCH. dentil; ZOOL. denticle.
dentice /'dɛntitʃe/ m. dentex*.
▷ **dentiera** /den'tjɛra/ f. **1** *(protesi)* dentures pl., false teeth pl.; ***mettersi, togliersi la dentiera*** to put in, take out one's false teeth **2** MECC. rack; ***ferrovia a*** ~ rack railway.
dentiforme /denti'forme/ agg. dentiform.
▷ **dentifricio**, pl. **-ci**, **-cie** /denti'fritʃo, tʃi, tʃe/ **I** agg. ***pasta -a*** toothpaste **II** m. toothpaste; ***tubetto di*** ~ tube of toothpaste.
dentina /den'tina/ f. dentin(e).
▷ **dentista**, m.pl. **-i**, f.pl. **-e** /den'tista/ ➧ ***18*** m. e f. dentist; ***andare dal*** ~ to go to the dentist's; ***appuntamento dal*** ~ dental appointment.
dentistico, pl. **-ci**, **-che** /den'tistiko, tʃi, ke/ agg. ***studio*** ~ dental practice, dentist's surgery BE.
dentizione /dentit'tsjone/ f. teething, dentition.
▶ **dentro** /'dentro/ Come preposizione, *dentro* si rende con *in* per il valore di stato in luogo, con *into* per il moto a luogo, e con *inside* se si vuole sottolineare lo stato o il moto in relazione a un luogo chiuso: *la collana era chiusa dentro la cassaforte* = the necklace was locked in the safe; *l'insegnante sta entrando den-*

tro la nostra aula = the teacher is going into our classroom; *è dentro la chiesa* = he is inside the church; *è appena andato dentro al garage* = he's just driven inside the garage. - Per altri usi ed esempi, si veda la voce qui sotto. **I** avv. **1** *(all'interno)* in, inside; ***è meglio pranzare ~*** it would be better to eat indoors; ***ho perso la mia borsa e le chiavi erano ~*** I have lost my bag and my keys were in it; ***c'è qcs. ~*** there's sth. in it; ***si bolle qui ~!*** it's boiling in here! ***vieni ~!*** come in! ***guardare ~*** to look inside; ***metti i libri lì ~*** put the books in there **2** COLLOQ. *(in prigione)* ***essere ~ per omicidio*** to be in for murder; ***mettere ~ qcn.*** to put away sb. **3** FIG. *(nell'animo)* ***guardare ~ se stesso*** to look inwards; ***portarsi ~ un ricordo*** to carry a memory in one's mind; ***non dovresti tenerti tutto ~*** you shoudn't bottle things *o* your feelings up **4 in ~** ***tirare in ~ lo stomaco*** to suck in one's stomach **5 da ~** ***la porta è chiusa da ~*** the door is locked from the inside **II** prep. **1** *(stato)* in, inside; *(moto)* into, inside; ***~ la scatola, casa*** inside the box, house; ***mettere qcs. ~ un contenitore*** to put sth. into a container; ***mettete la scodella piccola ~ (a) quella più grande*** place the smaller bowl inside the larger one; ***infilare le mani ~ le maniche*** to tucks one's hands into one's sleeves ***~ le mura della città*** within the city walls; ***~ il cassetto*** in the drawer **2** *(entro)* ***il lavoro sarà fatto ~ il mese*** the work will be done within the month *o* by the end of the month **3 dentro di** ***sospirare, rabbrividire ~ di sé*** to give an inward sigh, shudder **III** m. *(l'interno)* ***il ~ è vuoto*** the inside is empty ◆ ***dar ~ a qcs.*** to bang into sth.; ***darci ~ con qcs.*** to have a blitz on sth.; ***darci ~ con il lavoro*** to get on with *o* cracking on a job; ***ci siamo ~ tutti quanti*** we're all in this together; ***esserci ~ fino al collo*** to be in it up to one's eyes.

denuclearizzare /denuklearid'dzare/ [1] tr. to denuclearize.

denuclearizzato /denuklearid'dzato/ **I** p.pass. → **denuclearizzare II** agg. nuclear-free; ***zona -a*** nuclear-free zone.

denuclearizzazione /denukleariddzat'tsjone/ f. denuclearization.

denudamento /denuda'mento/ m. denudation.

denudare /denu'dare/ [1] **I** tr. to bare, to strip [*corpo, persona*] **II denudarsi** pronom. [*persona*] to strip off; ***-rsi fino alla vita*** to strip down to the waist.

denudazione /denudat'tsjone/ f. GEOL. denudation.

▷ **denuncia**, pl. **-ce** /de'nuntʃa, tʃe/ f. **1** DIR. *(dichiarazione richiesta dalla legge)* notification; *(di nascita, morte)* registration **2** DIR. *(di reato)* complaint; ***sporgere ~ contro qcn.*** to lodge a complaint against sb. (**presso** with); ***ritirare una ~*** to withdraw a complaint; ***sporgere ~ alla polizia*** to report (sb., sth.) to the police **3** *(pubblica accusa)* denunciation; ***minacciare qcn. di ~*** to threaten sb. with exposure **4** DIR. *(abbandono)* *(di contratto, accordo, armistizio)* denunciation ◆◆ ***~ di furto*** report of theft; ***~ di nascita*** registration of birth; ***~ dei redditi*** tax return statement; ***fare*** o ***compilare la ~ dei redditi*** to file a tax return; ***~ di sinistro*** notification of an accident.

denunciante /denun'tʃante/ m. e f. *(di reato)* relator.

▶ **denunciare** /denun'tʃare/ [1] **I** tr. **1** to denounce, to report [*persona, colpevole, reato*] (**a** to); ***è stato denunciato dai suoi amici*** he was denounced *o* reported by his friends; ***~ qcn.*** to prefer *o* press charges against sb., to inform on *o* against sb.; ***~ qcn. alla polizia*** to report sb. to the police **2** *(rendere pubblico, noto)* to denounce [*abuso, repressione*]; to expose [*scandalo, ingiustizia*] **3** FIG. *(rivelare)* to reveal, to betray; ***le sue parole denunciano la sua malafede*** her words reveal her bad faith **4** *(dichiarare)* to report [*morte, nascita, smarrimento, furto*]; to declare [*redditi*]; to license [*arma*] **5** DIR. *(dichiarare nullo)* to declare null and void [*trattato, contratto*] **II denunciarsi** pronom. to confess a crime.

denunciatore /denuntʃa'tore/ m. (f. **-trice** /tritʃe/) denouncer, informer.

denunzia /de'nuntsja/ → **denuncia.**

denunziare /denunt'sjare/ → **denunciare.**

denutrito /denu'trito/ agg. undernourished.

denutrizione /denutrit'tsjone/ f. undernourishment.

deodara /deo'dara/ m.inv. deodar.

deodorante /deodo'rante/ **I** agg. [*stick, sapone, lozione*] deodorant **II** m. deodorant, deodorizer; ***un ~ spray*** spray deodorant; ***~ per ambienti*** air-freshener; ***~ antitraspirante*** antiperspirant deodorant.

deodorare /deodo'rare/ [1] tr. to deodorize.

deo gratias /dɛo'grattsjas/ inter. thank God, thank goodness; ***~ sei qui!*** thank God you are here! ***~ ecco il pullman*** there's the bus thank goodness.

deontologia /deontolo'dʒia/ f. professional ethics pl.; FILOS. deontology; ***codice di ~ medica*** code of practice, medical ethics pl.

deontologico, pl. **-ci, -che** /deonto'lɔdʒiko, tʃi, ke/ agg. FILOS. deontological; ***codice ~*** ethical code.

deossiribonucleico /deossiribonu'klɛiko/ → **desossiribonucleico.**

deostruire /deostru'ire/ [102] tr. to unblock, to clear of obstruction (anche MED.).

depauperamento /depaupera'mento/ m. impoverishment.

depauperare /depaupe'rare/ [1] tr. to impoverish.

depenalizzare /depenalid'dzare/ [1] tr. to decriminalize.

depenalizzazione /depenaliddzat'tsjone/ f. decriminalization (**di** of).

dépendance /depan'dans/ f.inv. outbuilding, annex.

depennamento /depenna'mento/ m. crossing-out*.

depennare /depen'nare/ [1] tr. to cross out; *(da una lista, da un elenco)* to cross off, to strike* off [*nome, cosa*].

deperibile /depe'ribile/ agg. perishable; ***merce ~*** perishable goods, soft goods; ***non -i*** [*derrate*] nonperishable.

deperibilità /deperibili'ta/ f.inv. perishability.

deperimento /deperi'mento/ m. *(di persona)* wasting away, wearing out; *(di merci)* deterioration, decay.

deperire /depe'rire/ [102] intr. (aus. *essere*) **1** [*persona, animale*] to waste away, to go* into decline, to fail; [*pianta*] to wither, to wilt; [*persona malata*] to fade away **2** [*merci*] to perish.

deperito /depe'rito/ **I** p.pass. → **deperire II** agg. [*persona, fisico*] emaciated, shrunken.

depersonalizzazione /depersonaliddzat'tsjone/ f. depersonalization (anche PSIC.).

depigmentazione /depigmentat'tsjone/ f. MED. ZOOL. BOT. loss of pigmentation.

depilare /depi'lare/ [1] **I** tr. *(eliminare i peli)* to remove unwanted hair from sb.'s body; *(con ceretta)* to wax; *(con rasoio)* to shave; *(con pinzetta)* to pluck **II depilarsi** pronom. to remove unwanted hair from one's body; *(con ceretta)* to wax; *(con rasoio)* to shave; *(con pinzetta)* to pluck.

depilatore /depila'tore/ m. = electric shaver used to remove unwanted hair.

depilatorio, pl. **-ri, -rie** /depila'tɔrjo, ri, rje/ **I** agg. [*prodotto*] depilatory; ***crema -a*** hair remover **II** m. depilatory.

depilazione /depilat'tsjone/ f. *(eliminazione di peli)* removal of unwanted hair, depilation.

dépistage /depis'taʒ/ m.inv. MED. ***~ del colesterolo*** cholesterol screening.

depistare /depis'tare/ [1] tr. ***~ qcn.*** to set sb. on the wrong track, to lead sb. on a wild-goose chase.

dépliant /depli'an/ m.inv. leaflet, brochure.

deplorabile /deplo'rabile/ → **deplorevole.**

deplorabilmente /deplorabil'mente/ avv. [*trattare, comportarsi*] deplorably.

deplorare /deplo'rare/ [1] tr. **1** *(biasimare)* to deplore; ***deploro il fatto che ci siano così poche donne nei posti che contano*** I deplore the fact that there are so few women in top jobs **2** *(mostrare dispiacere)* RAR. to grieve over, to deplore.

deplorazione /deplorat'tsjone/ f. disapproval, blame.

deplorevole /deplo'revole/ agg. *(degno di biasimo)* [*condotta, esempio, voto*] deplorable; [*avvenimento, incidente*] regrettable; [*risultato, performance*] lamentable; [*abitudine*] objectionable; [*stato*] pitiable; [*spreco*] shameful; [*mancanza*] woeful.

depolarizzare /depolarid'dzare/ [1] tr. to depolarize.

depolarizzatore /depolariddza'tore/ m. depolarizer.

depolarizzazione /depolariddzat'tsjone/ f. depolarization.

depolimerizzare /depolimerid'dzare/ [1] tr. to depolymerize.

depolimerizzazione /depolimeriddzat'tsjone/ f. depolymerization.

depoliticizzare /depolititʃid'dzare/ [1] tr. to depoliticize [*conflitto, dibattito, persona, gruppo*].

deponente /depo'nɛnte/ **I** agg. LING. deponent **II** m. LING. deponent **III** m. e f. *(testimone)* deponent.

▷ **deporre** /de'porre/ [73] **I** tr. **1** *(mettere giù, posare)* [*persona*] to put* down [*carico, pacco*]; to lay* [*fiori*] (**su** on); *(nella bara)* to coffin [*morto*]; FIG. to lay* down, to cast* down [*armi*] **2** *(destituire)* to dethrone [*sovrano*]; to upset*, to overthrow* [*dirigente*] **3** FIG. *(rinunciare a)* to give* up [*idea, progetto*]; to set* aside [*orgoglio, pregiudizio*]; ***~ il lutto*** to come out of mourning; ***~ l'abito (talare)*** to unfrock oneself **4** *(depositare)* [*uccelli, rettili*] to lay* [*uova*] **5** *(testimoniare)* ***~ il falso*** to give false testimony **II** intr. (aus. *avere*) **1** DIR. *(testimoniare davanti a un giudice, al commissariato)* to testify (**davanti a** before); ***~ su qcs.*** to bear witness to sth.; ***~ a favore di, contro qcn.*** to testify for, against sb., to give evidence for, against sb. **2** FIG. ***ciò non depone molto a suo favore*** it says very little for her *o* in her favour.

deportare /depor'tare/ [1] tr. to deport; STOR. to transport.
deportato /depor'tato/ **I** p.pass. → **deportare II** m. (f. **-a**) deportee.
deportazione /deportat'tsjone/ f. deportation; STOR. transportation.
deporto /de'pɔrto/ m. ECON. backwardation.
depositante /depozi'tante/ m. e f. **1** ECON. depositor **2** DIR. *(di beni)* bailor; *(di merci)* consignor.
depositare /depozi'tare/ [1] **I** tr. **1** *(lasciare, consegnare)* to leave* [*oggetto, lettera, bagagli*]; to drop off [*pacco*]; to check (in) AE [*bagagli*] **2** ECON. *(versare)* to bank, to deposit [*denaro*]; *(dare in custodia)* to lodge [*titolo, oggetti di valore, gioielli*] **3** *(far registrare)* to register [*brevetto, nome*]; to register, to trademark [*marchio*]; to file [*istanza, richiesta*]; to lodge [*appello, protesta*]; **~ *la propria firma in banca*** to give the bank a specimen signature **4** *(lasciare un deposito, un sedimento)* [*fiume*] to deposit [*sabbia*] **II** intr. (aus. *avere*) *(lasciare un deposito, un sedimento)* [*liquido, vino*] to leave* a sediment **III depositarsi** pronom. [*polvere, detriti*] to settle (**su** on); [*sali, calcare, sabbia*] to collect.
depositario, pl. **-ri** /depozi'tarjo, ri/ m. (f. **-a**) **1** COMM. **~ *esclusivo*** (sole) agent (**di** for); **~ *autorizzato*** authorized dealer **2** DIR. *(custode) (d'oggetti, di beni)* depositary; FIG. *(di segreto)* repository (**di** of).
depositato /depozi'tato/ **I** p.pass. → **depositare II** agg. ***marchio* ~** registered trademark, proprietary brand.
▷ **deposito** /de'pɔzito/ m. **1** *(immagazzinamento)* storing, storage **2** *(magazzino)* store, storage area, warehouse, storehouse; ***mettere qcs. in* ~** to put sth. in(to) storage; **~ *frigorifero*** cold-storage facility **3** *(rimessa)* **~ *degli autobus*** bus depot; **~ *per locomotive*** locomotive shed, roundhouse **4** *(custodia)* ***dare, lasciare qcs. in* ~** to entrust sb. with sth.; ***ricevere*** o ***tenere qcs. in* ~** to be given sth. in trust; ***cassetta di* ~ *per bagagli*** baggage locker **5** *(luogo di raccolta)* **~ *di rifiuti*** waste depository; **~ *di legname*** timber yard; *(all'aperto)* lumberyard AE; **~ *di scorie radioattive*** store for nuclear waste **6** BANC. *(somma depositata, operazione di deposito)* deposit, consignation, lodgement; ***fare un* ~** to make a deposit; ***in conto* ~** on consignment; ***libretto di* ~** passbook; ***certificato di* ~** Certificate of Deposit AE; ***versare una somma in* ~** *(cauzione)* to put down a deposit **7** *(sedimento)* deposit; *(di calcare)* scale; *(di vino)* sediment; ***materiale di* ~** driftage **8** BUROCR. *(di brevetto)* registration; **~ *della firma*** signature specimen ◆◆ **~ *alluvionale*** GEOL. alluvium; **~ *di armi*** arms dump; **~ *(dei) bagagli*** baggage room, checkroom AE, left-luggage BE; **~ *di carbone*** coal depot *o* yard; **~ *franco*** bonded warehouse; **~ *glaciale*** till; **~ *di materiale*** EDIL. builder's yard, MIL. ordnance depot; **~ *merci*** FERR. goods depot BE, freight depot AE; **~ *di munizioni*** ammunition dump; **~ *a termine*** term deposit; **~ *a vista*** demand deposit.
deposizione /depozit'tsjone/ f. **1** DIR. *(testimonianza)* testimony, evidence; ***ascoltare la* ~ *di qcn.*** to take *o* hear sb.'s evidence; ***secondo la* ~ *di qcn.*** on the evidence of sb. **2** *(destituzione) (di dirigente)* removal; *(dal trono)* deposition **3** RELIG. ART. ***la* ~ *dalla croce*** the Deposition (from the Cross) **4** ZOOL. *(delle uova)* laying; *(di pesci, rane)* spawning.
depotenziare /depoten'tsjare/ [1] tr. to weaken, to take* away the strength.
depravare /depra'vare/ [1] **I** tr. RAR. to deprave, to corrupt **II depravarsi** pronom. RAR. to become* depraved, to become* corrupt.
depravato /depra'vato/ **I** p.pass. → **depravare II** agg. [*persona*] depraved; [*comportamento, sistema*] corrupt **III** m. (f. **-a**) depraved person; ***è un* ~** he's depraved.
depravazione /depravat'tsjone/ f. depravity, corruption, depravation.
deprecabile /depre'kabile/ agg. **1** *(riprovevole)* [*atteggiamento*] deplorable **2** *(malaugurato, spiacevole)* [*evento, incidente*] regrettable.
deprecare /depre'kare/ [1] tr. **1** *(disapprovare)* to disapprove of [*atteggiamento, comportamento*] **2** LETT. *(scongiurare)* to deprecate ANT.
deprecazione /deprekat'tsjone/ f. **1** *(disapprovazione)* disapproval, blame **2** LETT. *(scongiuro)* deprecation ANT.
depredare /depre'dare/ [1] tr. [*soldati*] to pillage, to plunder [*città, regione*]; [*persona*] to loot [*casa, negozio*].
depredatore /depreda'tore/ **I** agg. depredatory **II** m. (f. **-trice** /tritʃe/) depredator.
depredazione /depredat'tsjone/ f. depredation.
depressionario, pl. **-ri, -rie** /depressjo'narjo, ri, rje/ agg. ***zona -a*** area of low pressure.
▷ **depressione** /depres'sjone/ ♦ **7** f. **1** MED. PSIC. depression; ***soffrire di* ~** to suffer from depression; ***avere una crisi di* ~** to have a bout *o* fit of depression **2** METEOR. depression; ***una* ~ *sul nord dell'Italia*** a depression over northern Italy **3** ECON. depression; ***la grande* ~** the (Great) Depression **4** GEOGR. depression.
depressivo /depres'sivo/ agg. **1** depressive; ***stato* ~** depressive state **2** ECON. [*conseguenze, effetto, politica*] depressive.
depresso /de'prɛsso/ **I** p.pass. → **deprimere II** agg. **1** [*persona*] depressed, dejected; [*espressione, voce*] gloomy; ***essere* ~** to be *o* get depressed, to be in low spirits; ***avere un'aria -a*** to look dejected; ***è talmente* ~ *che potrebbe suicidarsi*** he's suicidally depressed **2** ECON. [*economia, industria, regione, mercato*] depressed **III** m. (f. **-a**) depressive.
depressore /depres'sore/ agg. [*muscolo, nervo*] depressor.
depressurizzare /depressurid'dzare/ [1] tr. to depressurize.
depressurizzazione /depressuriddzat'tsjone/ m. depressurization.
deprezzamento /deprettsa'mento/ m. depreciation, fall in value.
deprezzare /depret'tsare/ [1] **I** tr. **1** to debase [*oro*] **2** *(stimare meno)* to downgrade [*lavoro*]; to cheapen [*vita, libertà, persona*] **II deprezzarsi** pronom. to depreciate (**rispetto a** against).
deprimente /depri'mɛnte/ agg. depressing; [*notizia, prospettiva*] gloomy; [*risultato*] dispiriting; ***ecco ciò che trovo* ~** that's what I find depressing; ***dipingere un quadro* ~ *di...*** to paint a bleak picture of...; ***che pomeriggio* ~!** what a miserable afternoon!
▷ **deprimere** /de'primere/ [29] **I** tr. *(scoraggiare)* to depress, to deject; ***questo tempo mi deprime*** this weather depresses me **II deprimersi** pronom. to get* depressed.
deprivazione /deprivat'tsjone/ f. deprivation; **~ *sensoriale*** sensory deprivation.
deprogrammare /deprogram'mare/ [1] tr. to deprogramme.
depurare /depu'rare/ [1] **I** tr. **1** *(purificare)* to cleanse, to depurate [*sangue*] **2** CHIM. to purify [*aria, acqua*] **3** FIG. to polish [*stile*]; to refine [*linguaggio*] **II depurarsi** pronom. *(diventare puro)* [*acqua*] to become* pure.
depurativo /depura'tivo/ **I** agg. depurant **II** m. depurant.
depuratore /depura'tore/ **I** agg. ***filtro* ~** cleaning filter **II** m. **1** purifier; **~ *d'aria*** air filter **2** *(impianto)* purification plant.
depurazione /depurat'tsjone/ f. *(di gas, liquido)* purification; ***impianto di* ~** purification plant; **~ *delle acque di scolo*** sewage treatment.
deputare /depu'tare/ [1] tr. **1** *(delegare)* **~ *qcn. a fare qcs.*** to delegate sb. to do sth. **2** *(destinare, riservare)* to assign [*somma*] (**a** to).
▷ **deputato** /depu'tato/ **I** p.pass. → **deputare II** agg. ***l'occhio è l'organo* ~ *alla vista negli uomini e negli animali*** the eye is the organ of sight in humans and animals; ***una persona -a alla sovrintendenza ai lavori di costruzione e riparazione delle strade*** a person in charge of supervising road construction and repair **III** m. POL. deputy; *(in Gran Bretagna)* Member of Parliament (MP); *(negli Stati Uniti)* representative; *(uomo)* congressman*; *(donna)* congresswoman*; ***Camera dei -i*** Chamber of Deputies; ***il* ~ *eletto a Oxford*** the MP *o* Member (of Parliament) for Oxford; **~ *al Parlamento europeo*** Member of the European Parliament.
deputazione /deputat'tsjone/ f. deputation.
dequalificare /dekwalifi'kare/ [1] tr. to discredit [*istituzione, organizzazione*]; to deskill [*persona, lavoro*].
dequalificazione /dekwalifikat'tsjone/ f. deskilling.
deragliamento /deraʎʎa'mento/ m. derailment.
deragliare /deraʎ'ʎare/ [1] intr. (aus. *avere*) [*treno*] to go* off the rail, to jump the rails, to leave* the track; ***far* ~ *un treno*** to derail a train.
dérapage /dera'paʒ/ m.inv. *(di veicolo, aereo)* sideslip; *(sugli sci)* sideslip; ***fare un* ~** to sideslip.
derapare /dera'pare/ [1] intr. (aus. *avere*) [*macchina, aereo*] to sideslip; *(con gli sci)* to sideslip.
derapata /dera'pata/ f. *(di veicolo, aereo)* sideslip; *(sugli sci)* sideslip.
derattizzante /derattid'dzante/ m. rat poison.
derattizzare /derattid'dzare/ [1] tr. **~ *la casa, l'edificio*** to rid* the house, building of rats.
derattizzazione /deratiddzat'tsjone/ f. deratization, pest control.
derby /'dɛrbi/ m.inv. SPORT *(di calcio, ecc.)* (local) derby; EQUIT. derby.
deregolamentare /deregolamen'tare/ [1] tr. ECON. DIR. to deregulate.
deregolamentazione /deregolamentat'tsjone/ f. ECON. DIR. deregulation.
derelitto /dere'litto/ **I** agg. [*edificio*] derelict; [*bambino*] forlorn **II** m. (f. **-a**) derelict.

derequisire /derekwi'zire/ [102] tr. to derequisition.
derequisizione /derekwizit'tsjone/ f. derequisitioning.
deresponsabilizzare /deresponsabilid'dzare/ [1] **I** tr. to relieve of responsibilities **II deresponsabilizzarsi** pronom. to ease any sense of responsibility, to throw* off any sense of responsibility.
deresponsabilizzazione /deresponsabiliddzat'tsjone/ f. lack of any sense of responsibility.
deretano /dere'tano/ m. backside, bum, rear (end).
deridere /de'ridere/ [35] tr. to laugh at, to deride, to scorn, to mock [*persona, tentativo*].
derisione /deri'zjone/ f. mockery, scorn; ***essere oggetto di ~*** to be an object of ridicule.
derisore /deri'zore/ m. scorner, mocker.
derisorio, pl. **-ri**, **-rie** /deri'zɔrjo, ri, rje/ agg. [*tono*] scoffing; ***parlare, scrivere in tono ~*** to speak, write derisively.
deriva /de'riva/ f. MAR. AER. *(spostamento laterale)* drift; ***ancora di ~*** drift anchor; ***piano di ~*** AER. vertical stabilizer; **alla ~** [*nave*] adrift; ***andare alla ~*** [*nave*] to float off; [*progetti*] to go adrift; ***lasciarsi andare alla ~*** FIG. [*persona*] to drift through life, to let oneself go; ***essere alla ~*** [*nave*] to be adrift; ***lasciare andare qcs. alla ~*** to let sth. slide ◆◆ ***~ dei continenti*** GEOGR. continental drift; ***~ mobile*** centreboard.
derivabile /deri'vabile/ agg. derivable.
▷ **1.derivare** /deri'vare/ [1] **I** tr. **1** *(deviare)* to divert [*fiume*] **2** MAT. to differentiate **II** intr. (aus. *essere*) **1** *(avere origine)* [*diritto, idea, usanza, potere*] to derive, to come*, to stem (**da** from) **2** *(conseguire)* to ensue, to follow on, to result (**da** from) **3** *(scaturire)* [*fiume*] to rise* (**da** in) [*monte*] **4** LING. ***~ da*** to be derived from.
2.derivare /deri'vare/ [1] intr. (aus. *essere, avere*) MAR. AER. to drift off course.
derivata /deri'vata/ f. MAT. derivative; ***~ logaritmica, parziale*** logarithmic, partial derivative.
derivativo /deriva'tivo/ **I** agg. LING. derivative **II** m. MED. derivative.
derivato /deri'vato/ **I** p.pass. → **1.derivare II** m. **1** IND. CHIM. by-product (**di** of); ***-i del petrolio*** oil by-products **2** LING. derivative (**da** of); ***essere un ~ di*** [*nome, parola*] to be derived from.
derivatore /deriva'tore/ agg. ***canale ~*** penstock.
derivazione /derivat'tsjone/ f. **1** derivation, origin **2** MED. *(in chirurgia)* derivation **3** EL. bypass, shunt; ***in ~*** in parallel **4** LING. derivation **5** MAT. differentiation.
derma /'dɛrma/ m. dermis*, corium*.
dermatite /derma'tite/ ♦ **7** f. dermatitis.
dermatologia /dermatolo'dʒia/ f. dermatology.
dermatologico, pl. **-ci**, **-che** /dermato'lɔdʒiko, tʃi, ke/ agg. ***test ~*** skin test.
dermatologo, m.pl. **-gi**, f.pl. **-ghe** /derma'tɔlogo, dʒi, ge/ ♦ **18** m. (f. **-a**) dermatologist.
dermatoplastica /dɛrmato'plastika/ f. dermatoplasty.
dermatosi /derma'tɔzi/ ♦ **7** f.inv. dermatosis*.
dermeste /der'mɛste/ m. dermestid ◆◆ ***~ del lardo*** larder *o* bacon beetle.
dermico, pl. **-ci**, **-che** /'dɛrmiko, tʃi, ke/ agg. dermal.
dermoabrasione /dermoabra'zjone/ f. dermabrasion.
dermografia /dermogra'fia/ f. dermographia.
dermografismo /dermogra'fizmo/ m. dermographism.
dermoprotettivo /dermoprotet'tivo/ agg. skin-care attrib.
dermottero /der'mɔttero/ m. dermopteran.
deroga, pl. **-ghe** /'dɛroga, ge/ f. **1** departure (**a** from); DIR. derogation; ***in ~ ai nostri accordi*** waivering previous agreement; ***in ~ all'articolo 1*** contrary to article 1 **2** *(eccezione)* dispensation; ***ottenere per ~*** to get by dispensation; ***potranno essere concordate*** o ***concesse -ghe*** dispensations may be granted.
derogare /dero'gare/ [1] intr. (aus. *avere*) ***~ a*** to infringe [*legge, regola, diritto, obbligo*]; to depart from [*principi, politica*]; to break with [*tradizione, uso*]; to breach [*etichetta*].
derogativo /deroga'tivo/ agg. → **derogatorio.**
derogatorio, pl. **-ri**, **-rie** /deroga'tɔrjo, ri, rje/ agg. [*misura, provvedimento*] derogatory (**a** from); [*regime, caso*] special; ***clausola -ria*** derogatory clause.
derogazione /derogat'tsjone/ f. derogation.
derrata /der'rata/ f. **1** *(prodotto alimentare)* ***~ di base*** staple; ***-e alimentari*** foodstuffs; ***-e deperibili*** perishable foodstuffs **2** *(merce)* commodity.
▷ **derubare** /deru'bare/ [1] tr. to rob [*persona*]; ***essere derubato di qcs.*** to be robbed of sth.
derubato /deru'bato/ **I** p.pass. → **derubare II** m. (f. **-a**) victim of a robbery.
derubricare /derubri'kare/ [1] tr. DIR. ***~ un reato*** to reduce a charge.
derubricazione /derubrikat'tsjone/ f. DIR. reduction of a charge.
derviscio, pl. **-sci** /der'viʃʃo, ʃi/ m. dervish; ***~ danzante*** whirling dervish.
desacralizzare /desakralid'dzare/ [1] tr. to desacralize [*valore, pratica*].
desalatore /desala'tore/ m. desalinator.
desalinizzare /desalinid'dzare/ [1] tr. to desalinate.
desalinizzazione /desaliniddzat'tsjone/ f. desalination.
deschetto /des'ketto/ m. shoemaker's bench.
desco, pl. **-schi** /'desko, ski/ m. LETT. dinner table; ***discutere riuniti intorno al ~*** to discuss at the dinner table.
descrittivismo /deskritti'vizmo/ m. descriptivism.
descrittivista /deskritti'vista/ agg. descriptivist.
descrittivo /deskrit'tivo/ agg. descriptive; ***geometria -a*** descriptive geometry; ***linguistica -a*** descriptive linguistics.
▶ **descrivere** /des'krivere/ [87] tr. **1** *(rappresentare, illustrare)* to describe, to depict [*persona, avvenimento, oggetto*]; *(graficamente)* to image; ***~ dettagliatamente*** to detail [*progetto, cambiamento*]; ***~ qcs. a grandi linee*** to describe sth. in broad outline; ***~ qcs. in modo esauriente*** to describe sth. in full **2** *(tracciare)* to describe [*circonferenza, curva*] (**attorno a** around); ***~ un'orbita*** to orbit.
descrivibile /deskri'vibile/ agg. describable; ***non essere ~*** to be beyond description.
descrizione /deskrit'tsjone/ f. description; *(sommaria)* sketch; ***fare una ~ di qcs.*** to give a description of sth.; ***corrispondente alla ~ di*** o ***fatta da qcn.*** [*persona*] answering to sb.'s description; ***la sua ~ della vita di campagna*** his portayal of country life.
Desdemona /dez'dɛmona/ n.pr.f. Desdemona.
desegregare /desegre'gare/ [1] tr. to desegregate.
desegregazione /desegregat'tsjone/ f. desegregation.
deselezionare /deselettsjo'nare/ [1] tr. INFORM. to deselect.
desensibilizzare /desensibilid'dzare/ [1] tr. FOT. MED. to desensitize (**a** to).
desensibilizzatore /desensibiliddza'tore/ m. desensitizer.
desensibilizzazione /desensibiliddzat'tsjone/ f. MED. FOT. desensitization.
desertico, pl. **-ci**, **-che** /de'zɛrtiko, tʃi, ke/ agg. ***paesaggio, clima, regione -a*** desert landscape, climate, region.
deserticolo /dezer'tikolo/ agg. [*fauna*] inhabiting the desert; [*flora*] native to desert areas.
desertificazione /dezertifikat'tsjone/ f. desertification.
▷ **deserto** /de'zɛrto/ **I** agg. **1** *(disabitato)* [*isola*] desert **2** *(vuoto)* [*città*] deserted; [*edificio, strada*] empty, deserted **3** DIR. ***udienza -a*** = hearing at which the interested parties failed to appear; ***l'asta andò -a*** there were no bids at the auction sale **II** m. **1** desert; ***~ del Sahara*** Sahara Desert; ***~ culturale*** cultural desert **2** FIG. *(luogo desolato)* desert ◆ ***predicare nel ~, essere una voce nel ~*** to be a voice crying in the wilderness.
déshabillé /desabi'je/ m.inv. ***essere in ~*** to be in a state of undress.
desiare /dezi'are/ [1] tr. LETT. → **desiderare.**
desiderabile /deside'rabile/ agg. **1** [*persona*] desirable **2** *(auspicabile)* ***è ~ che...*** it is desirable that...
desiderabilità /desiderabili'ta/ f.inv. desirability.
▷ **desiderare** /deside'rare/ [1] tr. **1** *(volere)* to wish, to want, to desire (**fare** to do); *(ardentemente)* to long for, to crave [*affetto, fama*]; ***cosa desidera?*** what would you like? ***cos'altro si potrebbe ~?*** what more could one wish for? ***lasciar(e) molto a ~*** to leave a lot to be desired; [*servizio*] not to be all (that) it should be; [*lavoro*] to be far from satisfactory; ***farsi ~*** to play hard to get; ***vieni quando lo desideri*** come whenever you like **2** *(sessualmente)* to desire, to want **3** *(richiedere)* ***essere desiderato al telefono*** to be wanted on the phone ◆ ***non ~ la roba d'altri*** thou shalt not covet thy neighbour's house; ***non ~ la donna d'altri*** thou shalt not covet thy neighbour's wife.
desiderata /deside'rata/ m.pl. desiderata.
desiderativo /desidera'tivo/ agg. LING. volitive.
▷ **desiderio**, pl. **-ri** /desi'dɛrjo, ri/ m. **1** wish, desire (**di** for; **di fare** to do); ***~ comprensibile, naturale*** understandable, natural desire; ***formulare, esprimere un ~*** to express, make a wish; ***ogni suo ~ è un ordine*** your wish is my command; ***il suo più grande ~*** her dearest wish; ***ogni tuo minimo ~*** your every wish; ***nutrire un ~*** to cherish a wish; ***esaudire un ~*** [*fata, genio*] to grant sb.'s wish; ***l'ultimo ~ del condannato a morte, moribondo*** the condemned, dying man's wish; ***pio ~*** wishful thinking; ***ardere dal ~*** to be burning with desire **2** *(sessuale)* lust, urge.

desiderosamente /desiderosa'mente/ avv. wishfully.
desideroso /deside'roso/ agg. [*persona*] wishful; [*sguardo*] longing, wishful; [*espressione*] yearning **~ di fare** eager to do, anxious to do.
designare /desiɲ'ɲare/ [1] tr. **1** *(definire)* [*parola, espressione*] to denote, to designate; ***questo termine designa due oggetti diversi*** this word designates two separate objects **2** *(indicare)* to designate (**come, a** as); to name [*successore, erede*]; ***designare qcn. a*** o ***per fare*** to assign *o* designate sb. to do; ***~ qcn. a un posto*** to nominate sb. to a position; ***è stato designato come direttore*** he has been appointed director; ***essere designato come capitano*** SPORT to get captaincy of the side **3** *(indicare con precisione)* to set*, to fix [*data, scadenza*].
designato /desiɲ'ɲato/ **I** p.pass. → **designare II** agg. [*presidente, direttore*] designate; [*luogo*] appointed; ***persona -a*** appointee; ***essere una vittima -a*** to be an intended victim.
designatore /desiɲɲa'tore/ m. (f. **-trice** /tritʃe/) nominator.
designazione /desiɲɲat'tsjone/ f. designation, nomination.
1.desinare /dezi'nare/ m. REGION. *(pranzo)* lunch.
2.desinare /dezi'nare/ [1] intr. (aus. *avere*) REGION. *(pranzare)* to have* lunch.
desinenza /desi'nɛntsa/ f. LING. ending, termination.
desio, pl. **-ii** /de'zio, ii/ m. LETT. → **desiderio.**
desistere /de'sistere/ [21] intr. (aus. *avere*) **1 *~ da qcs., dal fare qcs.*** *(prima di cominciare)* to desist from sth., from doing sth.; *(nel mentre)* to give* up sth., doing sth. **2** DIR. ***~ da*** to abandon [*azione legale*].
desolante /dezo'lante/ agg. [*vista, notizia, storia*] upsetting, distressing.
desolare /dezo'lare/ [1] tr. **1** *(affliggere)* [*notizia*] to upset* **2** LETT. *(devastare)* to lay* waste, to desolate.
desolatamente /dezolata'mente/ avv. [*parlare, guardare*] desolately.
▷ **desolato** /dezo'lato/ **I** p.pass. → **desolare II** agg. **1** *(afflitto)* ***sono ~!*** I'm very sorry! ***sono molto ~ di essere in ritardo!*** I'm terribly sorry I'm late! ***è ~ di non poter venire*** he's sorry he can't come **2** *(di luoghi)* [*paesaggio, paese, distesa*] desolate, bleak, stark.
desolazione /desolat'tsjone/ f. **1** *(afflizione)* grief, loneliness, misery **2** *(devastazione)* devastation, desolation.
desolforare /desolfo'rare/ [1] tr. to desulphurize.
desolforazione /desolforat'tsjone/ f. desulphurization.
desonorizzazione /desonoriddzat'tsjone/ f. **1** LING. devoicing, devocalization **2** *(insonorizzazione)* sound-proofing.
desorbimento /desorbi'mento/ m. FIS. CHIM. desorption.
desossiribonucleico /dezossiribonu'klɛiko/ agg. ***acido ~*** deoxyribonucleic acid.
despota /'dɛspota/ m. despot (anche FIG.); ***comportarsi da ~*** to act *o* behave despotically.
desquamarsi /deskwa'marsi/ [1] pronom. [*pelle*] to flake off, to desquamate.
desquamazione /deskwamat'tsjone/ f. *(di pelle)* desquamation; *(di pesce)* scaling.
dessert /des'sɛrt/ m.inv. **1** *(piatto)* dessert, sweet, pudding COLLOQ.; ***per*** o ***come ~*** for dessert **2** *(fase del pasto)* ***al ~*** at dessert; ***servire un vino dolce al ~*** to serve a sweet wine at dessert.
destabilizzante /destabilid'dzante/ agg. destabilizing.
destabilizzare /destabilid'dzare/ [1] tr. to destabilize [*situazione, paese*].
destabilizzatore /destabiliddza'tore/ **I** agg. → **destabilizzante II** m. = person or organization that makes a country or area politically unstable.
destabilizzazione /destabiliddzat'tsjone/ f. destabilization.
destagionalizzazione /destadʒonaliddzat'tsjone/ f. deseasonalization.
destalinizzare /destalinid'dzare/ [1] tr. to destalinize.
destalinizzazione /destaliniddzat'tsjone/ f. destalinization.
▷ **destare** /des'tare/ [1] **I** tr. **1** *(dal sonno, da una fantasticheria, dall'ipnosi)* to wake* [*persona*] (**da** from) **2** *(suscitare)* to arouse [*interesse, rabbia, gelosia, sospetti*]; to cause [*sorpresa*]; ***~ preoccupazione*** to give rise to *o* cause concern **II destarsi** pronom. *(da un sonno)* to wake* up; *(da ipnosi, fantasticheria)* to awaken (**da** from).
▶ **destinare** /desti'nare/ [1] tr. **1** *(concepire per)* ***~ qcs. a qcn.*** to design sth. for sb.; ***essere destinato a fare*** [*oggetto, sistema*] to be designed *o* intended to do; ***provvedimenti destinati a fare*** measures aimed at doing **2** *(riservare)* ***~ due ore allo studio*** to schedule two hours for studying; ***~ fondi per fare*** to channel funds into doing; ***il denaro che ho destinato ai miei figli*** the money I intend to leave to my children; ***la somma (di denaro) che destinavo alle vacanze*** the money I had set aside for my holiday; ***destinalo all'acquisto di alcuni abiti nuovi*** put it towards some new clothes **3** *(rivolgere, indirizzare)* ***la lettera non era destinata a loro*** the letter wasn't for them *o* meant for them; ***lettera destinata a mia sorella*** letter for my sister; ***la bomba era destinata a qualcun altro*** the bomb was meant *o* intended for somebody else **4** *(predestinare)* ***essere destinato a qcs., a fare*** [*persona*] to be destined for sth., to do; ***il suo talento l'ha destinata a un grande avvenire*** with her talent she's destined for a great future **5** *(assegnare)* to assign (**a** to); MIL. to post (**a** to) **6** *(stabilire)* ***~ una data*** to appoint *o* fix a date; ***rinviare qcs. a data da -rsi*** to postpone sth. to a date to be arranged.
destinatario, pl. **-ri** /destina'tarjo, ri/ m. (f. **-a**) **1** *(di lettera, mandato)* addressee; COMM. consignee; AMM. receiver; ***chiamata a carico del ~*** reverse charge call, collect call AE; ***spese postali a carico del ~*** freepost BE, business reply mail BE **2** LING. addressee.
destinato /desti'nato/ **I** p.pass. → **destinare II** agg. **1** *(concepito per)* ***~ a fare*** intended to do, designed to do; ***una strategia -a a incoraggiare gli investimenti*** a strategy intended *o* meant to encourage investment; ***~ esclusivamente all'esportazione*** for exportation only **2** *(predestinato)* ***~ a una bella carriera, grandi cose*** destined for a succesful career, higher things; ***essere ~ a fare qcs.*** to be bound to do sth.; ***essere ~ a fallire*** to be doomed to failure; ***il settore è ~ alla ristrutturazione*** the sector is a candidate for restructoring **3** *(assegnato)* ***essere ~ a*** [*militare, funzionario*] to be on assignment to **4** *(rivolto, indirizzato)* ***essere ~ a qcn.*** [*bomba*] to be meant for sb.; ***letture -e ai bambini*** reading material designed for children; ***la lettera è -a a lui*** the letter is addressed to him.
destinazione /destinat'tsjone/ f. **1** *(punto di arrivo)* destination; ***arrivare*** o ***giungere a ~*** [*persona*] to reach one's destination; [*lettera, treno*] to reach its destination; ***~ sconosciuta, ultima*** unknown, final destination; ***-i esotiche, europee*** exotic, European destinations; ***con ~*** [*aereo, nave, treno*] bound for [*luogo*] **2** *(residenza assegnata)* posting (anche MIL.); ***~ in patria*** MIL. home posting **3** *(uso o fine stabilito) (di fondi)* assignment; ***~ di qcs. a...*** [*zona, area*] the designation of sth. as...
▶ **destino** /des'tino/ **I** m. *(fatalità)* fate; *(avvenire)* destiny; ***il ~ ha deciso altrimenti*** fate decided *o* decreed otherwise; ***è il ~!*** that's life! ***uno scherzo del ~*** a twist of fate; ***essere padrone del proprio ~*** to be (the) master of one's fate; ***piangere il proprio ~*** to bemoan one's fate; ***nessuno conosce il proprio ~*** nobody knows her, his destiny; ***sfuggire al proprio ~*** to escape one's fate; ***era ~ che succedesse*** it was destined *o* meant *o* bound to happen; ***essere rassegnato, abbandonato al proprio ~*** to be resigned, left to one's fate; ***sfidare il ~*** to tempt fate *o* providence; ***il suo ~ è segnato*** he's a marked man **II destini** m.pl. *(vicende storiche)* ***i -i di un paese*** the fortunes of a country.
destituire /destitu'ire/ [102] tr. to remove, to dimiss [*responsabile*]; *(con votazione)* to vote out; MIL. to cashier [*ufficiale*]; ***~ qcn. dall'incarico*** to remove sb. from office.
destituzione /destitut'tsjone/ f. *(di ufficiale, politico)* dismissal, removal.
desto /'desto/ agg. awake; LETT. FIG. alert; ***star ~*** to keep on one's toes; ***tenere -a l'attenzione, l'interesse di qcn.*** to hold sb.'s attention, interest; ***sogno o son ~?*** am I dreaming?
destoricizzare /destoritʃid'dzare/ [1] tr. = to study or treat sth. or sb. in isolation from its historical context.
destr /dɛstr/ inter. MIL. ***"attenti a ~!"*** "eyes right!"; ***"fianco ~!"*** "right turn!"; ***"fronte a ~!"*** "right face!".
▶ **destra** /'dɛstra/ f. **1** *(lato destro)* right, right(-hand) side; ***sulla ~*** on the right; ***alla*** o ***sulla tua ~*** on your right; ***la seconda traversa a ~*** the second turning on the right; ***guida a ~*** right-hand drive; ***curva a ~*** right-hand bend; ***girare a ~*** to turn right; ***tenere*** o ***mantenere la ~*** to keep (to the) right; ***a ~ di*** to the right of; ***il camion accostò a ~*** the lorry drew over to the right-hand side of the road; ***di ~*** [*fila, pagina*] right(-hand); ***non distingue la ~ dalla sinistra*** he doesn't know his left from his right; ***a ~ e a manca*** FIG. left, right and center **2** *(mano)* right hand; ***la mano sinistra non sappia quello che fa la ~*** the left hand doesn't know what the right hand is doing **3** POL. right (wing); ***votare a ~*** to vote for the right; ***di ~*** [*partito, persona, governo*] right-wing.
destramente /destra'mente/ avv. dexterously.
destreggiarsi /destred'dʒarsi/ [1] pronom. to navigate one's way (**tra** through) [*folla, difficoltà, ostacoli*].
destrezza /des'trettsa/ f. *(abilità fisica, manuale)* dexterity, skill; ***la sua ~ nel cavalcare*** her skill at riding; ***esercitare la propria ~ nel tiro*** to practise one's shooting; ***gioco di ~*** juggling.

destriero /des'trjɛro/ m. LETT. steed, war horse.
destrimano /des'trimano/ **I** agg. [*persona*] right-handed **II** m. (f. **-a**) right-hander; ***forbici per -i*** right-handed scissors.
destrina /des'trina/ f. dextrin(e).
destrismo /des'trizmo/ m. **1** FISIOL. dextrality **2** POL. rightism.
▷ **destro** /'dɛstro/ **I** agg. **1** *(che sta a destra)* [*mano, occhio*] right; [*porta, pagina, lato*] right-hand; ***sul lato ~*** on the right-hand side **2** *(abile, svelto)* [*giocatore, lavoratore*] clever, dexterous **II** m. **1** SPORT *(nella boxe)* right(-hand blow); *(nel calcio)* right(-foot shot); ***lo colpì con un ~ alla mascella*** he hit him a right to the jaw; ***attaccare di ~*** to lead with one's right **2** *(occasione)* ***mi si offrì il ~ di parlare*** I was given a chance to speak.
destrocardia /destrokar'dia/ f. dextrocardia.
destrogiro /destro'dʒiro/ agg. CHIM. dextrotatory.
destroide /des'trɔide/ **I** agg. POL. right wing **II** m. e f. POL. right wing.
destrorso /des'trɔrso/ agg. **1** *(che va o ruota in senso orario)* FISIOL. ZOOL. dextral; BOT. dextrorsal; TECN. [*vite*] right-handed **2** *(politicamente)* right wing.
destrosio /des'trɔzjo/ m. dextrose, grapesugar.
destrutturare /destruttu'rare/ [1] tr. to dismantle, to take* apart.
destrutturazione /destrutturat'tsjone/ f. falling apart.
desueto /desu'ɛto/ agg. [*maniera, usanza, stile*] outdated, disused; [*parola, espressione*] obsolete.
desuetudine /desue'tudine/ f. desuetude; ***cadere in ~*** to fall into disuse.
desumere /de'sumere/ [23] tr. **1** *(dedurre)* to deduce (**da** from; **che** that); to infer, to gather (**da** from; **che** that); ***dalle tue parole desumo che non sei convinto*** I gather from what you say that you are not convinced **2** *(trarre)* to get*, to gather; ***~ le proprie informazioni da qcs.*** to gather information from sth.; ***il film è desunto dal romanzo*** the film is based on the novel.
desumibile /desu'mibile/ agg. [*conclusione, teoria*] deducible.
detartrasi /detar'trazi/ f.inv. MED. scaling.
detassare /detas'sare/ [1] tr. to exempt from taxation.
detassazione /detassat'tsjone/ f. tax exemption.
deteinato /detei'nato/ agg. ***tè ~*** decaffeinated tea.
detenere /dete'nere/ [93] tr. **1** *(possedere)* to hold* [*potere, coppa, titolo, record*]; to possess, to be* in possession of [*armi, droga*] **2** DIR. *(tenere in prigione)* to detain [*criminale, sospetto*]; ***~ qcn. abusivamente*** to falsely imprison sb.
detentivo /deten'tivo/ agg. ***pena (non) -a*** (non-)custodial sentence; ***essere condannato a una pena -a*** to get (a) detention; ***una pena -a di due anni*** a two-year prison *o* jail sentence.
detentore /deten'tore/ m. (f. **-trice** /tritʃe/) *(di record, biglietto, obbligazioni, potere)* holder; ***il ~ del titolo*** the defending champion.
▷ **detenuto** /dete'nuto/ **I** p.pass. → **detenere II** m. (f. **-a**) convict; ***~ per omicidio, traffico di droga*** an imprisoned *o* jailed murderer, drug dealer; ***~ politico*** prisoner of conscience.
detenzione /deten'tsjone/ f. **1** *(di record, azioni)* holding; *(di armi)* possession; ***~ illegale*** illegal possession **2** DIR. custody; ***~ preventiva*** committal.
detergente /deter'dʒɛnte/ **I** agg. detergent; [*prodotto*] cleaning; [*latte*] cleansing; ***crema ~*** cream cleanser **II** m. detergent, cleanser.
detergere /de'tɛrdʒere/ [19] tr. **1** to cleanse [*pelle, ferita*] **2** *(asciugare)* to wipe away [*sudore*].
deteriorabile /deterjo'rabile/ agg. [*cibi, merci*] perishable.
deteriorabilità /deterjorabili'ta/ f.inv. perishability.
deterioramento /deterjora'mento/ m. deterioration (**di** in).
deteriorare /deterjo'rare/ [1] **I** tr. to damage; ***l'umidità deteriora gli affreschi*** damp damages the frescoes **II deteriorarsi** pronom. [*cibo*] to perish, to go* bad; [*rapporto, situazione*] to deteriorate.
deteriore /dete'rjore/ agg. ***di qualità ~*** [*merce, materiale*] of inferior quality; ***nel senso ~ del termine*** in the worst sense of the word.
determinabile /determi'nabile/ agg. determinable.
determinante /determi'nante/ **I** agg. [*fattore, elemento*] decisive; ***ruolo ~*** vital *o* key *o* leading role; ***fornire una prova ~*** to provide crucial evidence **II** m. **1** LING. determiner **2** MAT. determinant.
▷ **determinare** /determi'nare/ [1] **I** tr. **1** *(accertare, stabilire)* to determine [*ragione, responsabilità*]; to establish [*causa, significato*]; ***~ le cause del decesso*** to establish the causes of death **2** *(fissare)* to determine, to fix [*prezzo*]; to mark out [*confini*]; to delineate [*strategia*]; [*fattore*] to determine [*risultato*] **3** *(causare)* to determine [*comportamento, decisione, scelta*]; to lead* to [*avvenimento, fenomeno*]; to bring* about [*cambiamento, successo, fallimento*] **4** *(calcolare)* ***~ l'esatta posizione di qcs.*** AER. MAR. to take a fix *o* reading on sth.; ***~ una distanza*** to calculate a distance; ***~ il va-lore di qcs.*** to estimate the value of sth. **II determinarsi** pronom. *(decidersi)* ***-rsi a fare qcs.*** to determine (up)on doing sth.
determinatezza /determina'tettsa/ f. definiteness.
determinativo /determina'tivo/ agg. determinative; ***articolo ~*** LING. definite article.
determinato /determi'nato/ **I** p.pass. → **determinare II** agg. **1** *(risoluto)* [*persona*] determined, resolute; ***~ a fare*** determined to do **2** *(specifico)* [*situazione, caso*] certain, well-defined; ***appartenere a una religione (ben) -a*** to belong to a well-defined religion **3** *(prefissato, stabilito)* [*durata, obiettivo*] given; [*prezzo, data*] fixed.
determinazione /determinat'tsjone/ f. **1** *(risolutezza)* determination (**a fare** to do); ***mostrare ~*** to show resolve **2** *(decisione)* determination, decision **3** *(accertamento)* determination; ***~ delle cause*** determination of the causes; ***la ~ del sesso*** sex determination **4** *(il fissare) (data, quantità)* determination; ***~ del prezzo*** pricing; ***~ dei costi*** costing.
determinismo /determi'nizmo/ m. determinism; ***~ psichico*** psychic determinism.
determinista, m.pl. **-i**, f.pl. **-e** /determi'nista/ **I** agg. determinist, necessitarian **II** m. e f. determinist, necessitarian.
deterministico, pl. **-ci**, **-che** /determi'nistiko, tʃi, ke/ agg. determinist, necessitarian.
deterrente /deter'rɛnte/ **I** agg. [*effetto, misura*] deterrent **II** m. MIL. POL. deterrent; ***fungere da ~*** to act as a deterrent; ***~ nucleare*** nuclear deterrent.
deterrenza /deter'rɛntsa/ f. deterrence.
detersione /deter'sjone/ f. abstersion, act of cleansing.
detersivo /deter'sivo/ **I** agg. detergent, detersive **II** m. detergent, cleaner, cleanser ◆◆ ***~ per lavastoviglie*** dishwasher detergent; ***~ liquido*** liquid cleaner, cleaning fluid; ***~ per (i) piatti*** washing-up liquid; ***~ in polvere*** washing powder.
detestabile /detes'tabile/ agg. [*persona*] awful, obnoxious; [*modi*] appalling; [*abitudine*] objectionable.
detestabilmente /detestabil'mente/ avv. detestably, hatefully.
▷ **detestare** /detes'tare/ [1] **I** tr. to detest, to loathe [*persona*]; to abominate [*compito, cibo*]; ***farsi ~ da qcn.*** to arouse sb.'s hatred; ***detesto fare i compiti*** I hate doing my homework; ***~ che qcn. faccia*** to hate sb. doing **II detestarsi** pronom. to detest each other, to hate each other.
detestazione /detestat'tsjone/ f. detestation, hatred.
detonante /deto'nante/ **I** agg. detonating **II** m. (detonating) explosive.
detonare /deto'nare/ [1] intr. (aus. *avere*) to detonate.
detonatore /detona'tore/ m. fuse, detonator; *(a percussione)* percussion cap.
detonazione /detonat'tsjone/ f. **1** detonation **2** MECC. knocking.
detraibile /detra'ibile/ agg. deductible (**da** from); ***~ dalle tasse*** tax-deductible.
detrarre /de'trarre/ [95] tr. to deduct [*somma, spese*]; to take* out [*contributi, tasse*]; ***~ qcs. dai profitti*** to set sth. off against profits.
detrattore /detrat'tore/ m. (f. **-trice** /tritʃe/) detractor.
detrazione /detrat'tsjone/ f. ECON. deduction; *(riduzione)* allowance; ***~ dallo stipendio*** attachment of earnings ◆◆ ***~ fiscale*** tax allowance *o* relief.
detrimento: **a detrimento** /adetri'mento/ avv. ***a ~*** to the detriment (**di** of); ***a loro ~*** to their detriment.
detritico, pl. **-ci**, **-che** /de'tritiko, tʃi, ke/ agg. detrital ◆◆ ***falda -a*** scree.
▷ **detrito** /de'trito/ m. **1** GEOL. debris **U**, detritus **U**; ***~ glaciale*** drift **2** *(frammento, scoria)* fragment, scrap.
detronizzare /detronid'dzare/ [1] tr. **1** STOR. POL. to dethrone [*sovrano*] **2** FIG. to depose.
detronizzazione /detroniddzat'tsjone/ f. dethronement.
detta: **a detta** /a'detta/ avv. according (**di** to); ***a ~ degli esperti*** according to the experts; ***a ~ di molti è un'esperta nel suo campo*** she's widely regarded as an expert in her field.
dettagliante /dettaʎ'ʎante/ m. e f. retailer, merchant.
dettagliare /dettaʎ'ʎare/ [1] tr. to detail, to itemize.
dettagliatamente /dettaʎʎata'mente/ avv. [*esaminare*] in detail, fully, at length; [*elencare, esporre*] exhaustively; [*spiegare, descrivere*] fully.
dettagliato /dettaʎ'ʎato/ **I** p.pass. → **dettagliare II** agg. [*analisi, lista, resoconto, descrizione*] detailed, comprehensive, exhaustive, thorough; [*piano*] detailed, thorough; [*fattura*] itemized; [*guida*] in-depth, step-by-step.

▷ **dettaglio**, pl. **-gli** /det'taʎʎo, ʎi/ m. **1** *(particolare)* detail, particular; **~ *preciso, significativo, trascurabile, intimo*** exact, telling, trifling, intimate detail; **~ *senza alcuna importanza*** unimportant detail; ***-gli tecnici*** nuts and bolts; ***-gli pratici*** practicalities; ***curare ogni minimo ~*** to pay attention to every single detail; ***il minimo ~*** the least detail; ***nei minimi -gli*** [*studiare, dipingere, immaginare*] in great *o* minute detail; ***in ~*** o ***nei -gli*** in detail; ***prestare attenzione ai -gli*** to pay attention to detail; ***entrare nei -gli*** to enter into details; ***avere un occhio attento ai -gli*** to have an eye for detail; ***ti risparmierò i -gli*** I will spare you the details **2** COMM. *(piccola quantità)* retail; ***prezzo, vendite al ~*** retail price, sales; ***comprare (qcs.) al ~*** to buy (sth.) retail; ***vendere (qcs.) al ~*** to retail (sth.), to sell (sth.) retail.

dettame /det'tame/ m. dictate; ***i -i della moda, buona educazione*** the dictates of fashion, etiquette; ***seguire i -i della propria coscienza*** to follow the dictates of one's conscience.

▷ **dettare** /det'tare/ [1] tr. **1** *(ad alta voce)* to dictate [*testo, lettera*]; **~ *qcs. a qcn.*** to dictate sth. to sb. **2** *(motivare, suggerire)* to motivate, to suggest; ***il suo comportamento fu dettato dalla gelosia, dall'esperienza*** his behaviour sprang from jealousy, experience **3** *(imporre)* to dictate, to set* out [*condizioni*] (**a** to); ***i rapitori hanno dettato le loro condizioni alla polizia*** the kidnappers dictated their terms to the police; **~ *la moda*** FIG. to set the fashion *o* trend ◆ ***dettar legge*** to lay down the law, to call the shots; **~ *le regole del gioco*** to set the rules of the game.

▷ **dettato** /det'tato/ **I** p.pass. → **dettare II** agg. **1** *(ad alta voce)* dictated **2** *(motivato)* **~ *dalle circostanze, dai sentimenti*** motivated by circumstances, feelings **3** *(imposto)* dictated, set **III** m. SCOL. *(esercizio)* dictation; ***fare un ~*** to get down a dictation; ***far fare un ~ a qcn.*** to give sb. a dictation ◆◆ **~ *musicale*** aural.

dettatura /detta'tura/ f. dictation; ***scrivere sotto (la) ~ (di qcn.)*** [*allievo, segretaria*] to take down (sb.'s) dictation.

detto /'detto/ **I** p.pass. → **1.dire II** agg. **1** *(soprannominato)* known as, called; ***Luigi XIV ~ il Re Sole*** Louis XIV called the Sun King; ***altrimenti ~*** also known as, a.k.a. **2** *(già nominato)* said; ***la -a persona, casa*** the said person, house; **~ *e ridetto*** twice-told **3** *(fissato)* ***nel giorno ~*** on the said day **III** m. **1** *(motto)* saying, dictum*; ***un ~ popolare*** a common saying **2** TEATR. *(nelle didascalie)* ***Amleto e -i*** Hamlet and the same.

detumefazione /detumefat'tsjone/, **detumescenza** /detumeʃ'ʃɛntsa/ f. detumescence.

deturpamento /deturpa'mento/ m. → **deturpazione.**

deturpare /detur'pare/ [1] tr. **1** to disfigure, to scar [*viso*]; to disfigure, to desecrate, to scar [*zona, paesaggio*]; to deface [*monumento, dipinto*]; ***la costa è deturpata dalle costruzioni*** the seafront is disfigured *o* spoilt by the buildings; ***il suo viso è deturpato dall'acne*** his face is scarred by acne **2** FIG. *(guastare moralmente)* to disfigure, to scar; ***il vizio deturpa l'animo*** vice poisons the mind.

deturpazione /deturpat'tsjone/ f. *(di viso)* disfigurement; *(di zona, paesaggio)* desecration; *(di dipinto, monumento)* defacement.

deumidificare /deumidifi'kare/ [1] tr. to dehumidify.

deumidificatore /deumidifika'tore/ m. dehumidifier.

deumidificazione /deumidifikat'tsjone/ m. dehumidification.

deuteragonista, m.pl. **-i**, f.pl. **-e** /deuterago'nista/ m.e f. *(attore)* deuteragonist.

deuterio /deu'tɛrjo/ m. deuterium*.

deuterone /deute'rone/ m. → **deutone.**

Deuteronomio /deutero'nɔmjo/ m. Deuteronomy.

deutone /deu'tone/ m. deuteron.

deutoplasma /deuto'plazma/ m. vitellus*.

devastante /devas'tante/ agg. [*effetto, potere*] devastating; [*esperienza, notizia*] devastating, shattering; [*epidemia*] full-blown; ***avere un effetto ~ (su qcn., qcs.)*** to have a devastating effect (on sb., sth.).

devastare /devas'tare/ [1] tr. **1** *(distruggere)* [*esercito*] to devastate, to desolate, to ravage [*paese*]; [*temporale, fuoco*] to batter, to devastate, to ravage, to wreck [*raccolto, edificio*]; [*ladri*] to devastate, to wreck [*abitazione*] **2** *(alterare)* [*passione, sofferenza*] to devastate [*persona, cuore*] **3** *(deturpare)* to devastate, to ravage [*viso, paesaggio*].

devastato /devas'tato/ **I** p.pass. → **devastare II** agg. **1** [*edificio, città*] desolate, devastated; ***un paese ~ dall'alluvione*** a country destroyed by flooding **2** *(deturpato)* [*viso, paesaggio*] devastated, ravaged.

devastatore /devasta'tore/ **I** agg. [*insetto, animale*] devastating, ravaging; [*temporale, incendio*] devastating, destructive; [*furia*] devastating **II** m. (f. **-trice** /tritʃe/) devastator.

devastazione /devastat'tsjone/ f. devastation, desolation, havoc.

deverbale /dever'bale/, **deverbativo** /deverba'tivo/ agg. e m. deverbal, deverbative.

devetrificazione /devetrifikat'tsjone/ f. devitrification.

deviabile /devi'abile/ agg. deviable.

deviante /devi'ante/ **I** agg. **1** *(che svia, distoglie)* deviant **2** PSIC. SOCIOL. deviant **II** m. e f. deviant.

devianza /devi'antsa/ f. PSIC. SOCIOL. deviance; **~ *sessuale*** (sexual) perversion.

▷ **deviare** /devi'are/ [1] **I** tr. **1** *(far cambiare direzione a)* to divert, to deflect [*acqua, aria, luce, fiume*] (**su** onto; **per** through); to divert, to redirect, to reroute [*traffico*] (**su** onto; **per** through); to divert [*traiettoria*] (**su** onto; **per** through); FERR. **~ *un treno*** to switch a train **2** *(modificare la destinazione di)* to divert, to reroute [*volo, nave, truppe*] (**su, verso** to); to divert, to redirect [*risorse*] (**su, verso** to) **3** *(sviare)* to deflect, to divert [*attenzione, sospetti, indagini*] (**su, verso** to); **~ *il discorso su un altro argomento*** to turn the conversation towards *o* onto another subject **4** SPORT to deflect [*palla*]; **~ *la palla in corner*** to deflect the ball for a corner; ***la palla fu deviata in rete*** the ball was deflected into the goal **II** intr. (aus. *avere*) **1** *(cambiare direzione, svoltare)* [*pallottola, palla*] to deflect; [*veicolo, nave*] to skew, to swerve, to veer; [*guidatore*] to turn, to fork; [*strada, ferrovia*] to fork, to veer, to branch off; [*missile*] to deflect, to deviate; ***la strada devia verso sinistra*** the road veers *o* turns left *o* forks to the left; **~ *per evitare un incidente*** to swerve to avoid an accident; **~ *dalla rotta*** to deviate from one's course, to veer off course; **~ *dalla perpendicolare*** to lean from the perpendicular **2** FIG. **~ *da*** to deviate *o* diverge from [*intenzioni, norma*]; to deviate *o* depart from [*progetto, piano*]; **~ *dai propri propositi*** to deviate from one's principles; **~ *dalla retta via*** to wander from the straight and narrow, to go astray **3** *(divagare)* **~ *da*** to turn *o* drift from [*tema*]; **~ *dal filo del discorso*** to move away from the subject, to go off the track FIG.

deviato /devi'ato/ **I** p.pass. → **deviare II** agg. **1** [*traffico*] diverted, rerouted **2** FIG. ***servizi (segreti) -i*** deviated secret services.

deviatoio, pl. **-oi** /devia'tojo, oi/ m. switch, points BE.

deviatore /devia'tore/ m. **1** deviator **2** FERR. signalman*, switchman*, pointsman* BE.

▷ **deviazione** /deviat'tsjone/ f. **1** *(di un tragitto)* deviation (anche FIG.), detour, diversion; *(di traffico)* deviation, diversion; *(di strada)* turning, diversion; *(di corso d'acqua, luce)* deflection, diversion; *(di missile, proiettile)* deflection, drift; ***fare una ~*** to make a detour, to detour; ***predisporre una ~*** to set up a diversion; ***c'è una ~ del traffico a causa dei lavori*** traffic is being diverted because of repairs; ***uno sbarramento, un canale di ~*** a diversion dam, channel; ***una ~ dalla strada principale*** a turning off the main street; ***senza -i*** [*strada, percorso*] undeviating **2** *(alterazione)* deviation, departure; **~ *dalla*** o ***rispetto alla norma*** deviation *o* departure *o* divergence from the norm; **~ *dalla verità*** departure from the truth; **~ *standard*** standard deviation **3** *(di bussola)* deviation, deflection **4** FIS. *(ottica)* deviation **5** PSIC. SOCIOL. deviance; **~ *sessuale*** perversion ◆◆ **~ *della colonna vertebrale*** MED. curvature of the spine.

deviazionismo /deviattsjo'nizmo/ m. deviationism.

deviazionista, m.pl. **-i**, f.pl. **-e** /deviattsjo'nista/ m. e f. deviationist.

deviazionistico, pl. **-ci**, **-che** /deviattsjo'nistiko, tʃi, ke/ agg. deviationist.

deviscerare /deviʃʃe'rare/ [1] tr. → **eviscerare.**

devitalizzare /devitalid'dzare/ [1] tr. MED. to do root canal work on [*dente*].

devitalizzazione /devitaliddzat'tsjone/ f. root canal treatment, root canal work.

devoltare /devol'tare/ [1] tr. to step down.

devoluto /devo'luto/ **I** p.pass. → **devolvere II** agg. **1** *(trasmesso)* [*diritto*] devoluted (**a** to) **2** *(destinato)* ***una somma -a in beneficenza*** a sum of money given to charity.

devoluzione /devolut'tsjone/ f. **1** *(donazione)* donation, gift **2** DIR. devolution; ***guerra di ~*** STOR. Dutch war of succession.

devolvere /de'vɔlvere/ [2] tr. to devolute [*diritto*]; to donate, to give* [*somma di denaro*] (**a, per** to); **~ *in beneficenza una somma di denaro*** to give an amount of money to charity.

devoniano /devo'njano/ agg. e m. GEOL. Devonian.

devotamente /devota'mente/ avv. **1** *(con abnegazione)* devotedly, devotionally **2** *(religiosamente)* devoutly.

▷ **devoto** /de'vɔto/ **I** agg. **1** *(affezionato, fedele)* [*genitore*] committed, dedicated, loving; [*amico*] devoted, loyal, steadfast; [*servitore, parente*] devoted, loyal; [*innamorato, marito*] loving, devoted; ***essere ~ a qcn.*** to be devoted to sb. **2** *(ossequioso)* [*silenzio*] reverent, obsequious; [*affetto*] devout, reverent; ***avere un ~ rispetto per*** *qcn.* to have a healthy respect for sb. **3** *(religioso, pio)* [*persona, famiglia*] devout, godly, pious, prayerful **4** ANT. *(formula conclusiva di lettera)* ***suo ~, suo devotissimo*** Your obedient; ***Suo devotissimo servo*** Your obedient servant **II** m. (f. **-a**) **1** *(pio)* devotee, votary; ***~ di Maria Vergine*** Marian **2** *(fedele)* stalwart, loyal supporter; ***i -i del presidente*** the president's loyal supporters.

devozionale /devottsjo'nale/ agg. devotional.

devozione /devot'tsjone/ **I** f. **1** *(fervore religioso)* devotion (**a** to); *(culto)* worship; *(venerazione)* devoutness, godliness; ***la ~ alla Vergine*** devotion to *o* worship of the Virgin Mary; ***con ~*** [*pregare*] devoutly; [*adorare*] piously; ***luogo, atto di ~*** place, act of worship; ***libro di ~*** prayer book **2** *(dedizione)* devotion, devoutness, loyalty (**a, verso** to); ***con ~*** [*ascoltare*] devotedly, devotionally; ***mostrare un'ammirevole ~*** to show admirable devotion; ***~ verso i (ai) genitori, alla patria*** devotion to one's parents, homeland **II devozioni** f.pl. *(preghiere)* devotions.

▶ **1.di** /di/ prep. (artcl. **del, dello, della, dell'**; pl. **dei, de'** ANT., **degli, delle**) **1** *(appartenenza, possesso)* ***i cappelli ~ Paolo, ~ tuo fratello, dei miei genitori*** Paolo's, your brother's, my parents' hats; ***il cappello è ~ Paolo, ~ mio fratello*** the hat is Paolo's, my brother's, the hat belongs to Paolo, to my brother; ***~ chi è quest'orologio?*** whose watch is this? ***le orecchie dell'orso, del mio gatto*** the bear's, my cat's ears; ***la politica del loro governo, dell'Italia*** their government's, Italy's policy; ***un allievo del professor Bianchi*** one of Mr Bianchi's students **2** *(specificazione)* ***due metri ~ tessuto*** two metres of cloth; ***tre litri ~ vino*** three litres of wine; ***una tazza ~ caffè*** a cup of coffee; ***una minestra ~ cipolle*** (an) onion soup; ***un sacco ~ carbone*** a sack of coal; ***la porta della camera*** the door to the bedroom, the bedroom door; ***le tende della cucina sono sporche*** the kitchen curtains are dirty; ***il mese ~ maggio*** the month of May; ***la città ~ Singapore*** the city of Singapore; ***un biglietto del treno*** a train ticket; ***un libro ~ geografia*** a geography book; ***un professore ~ inglese*** an English teacher; ***uno studente ~ legge*** a law student; ***un giocatore ~ tennis*** a tennis player; ***l'immensità dello spazio, del mare*** the immensity of space, of the sea; ***un minuto ~ silenzio*** one minute of silence, a minute's silence; ***un quarto dei miei risparmi*** a quarter of my savings; ***la totalità*** o ***l'insieme delle loro opere*** the whole of their works, their works as a whole; ***la teoria della relatività*** the theory of relativity; ***mercato dei fiori, delle pulci*** flower market, flea market; ***le piramidi d'Egitto*** the pyramids of Egypt; ***il re del Brunei*** the king of Brunei; ***il Primo Ministro del Giappone*** the Japanese Prime Minister, the Prime Minister of Japan; ***il titolo ~ Duca*** the title of duke; ***il nome ~ Davide*** the name David; ***la guerra dei Trent'Anni*** the Thirty Years' War; ***i computer ~ domani*** the computers of tomorrow; ***un bicchiere pieno ~ vino*** a glass full of wine; ***un paese ricco ~ petrolio, ~ materie prime*** an oil-rich country, a country rich in raw material; ***scherzo ~ dubbio gusto*** joke in dubious taste; ***un prodotto, un lavoro ~ qualità*** a quality product, work; ***un uomo ~ buon senso*** a man of common sense; ***il 20 del mese*** the 20th of the month; ***la riunione ~ sabato, del 16 gennaio*** Saturday's meeting, the meeting on the 16th of January; ***il treno delle sei*** the six o'clock train; ***"~ che segno sei?" - "del Toro"*** "what's your (birth) sign?" *o* "what sign are you?" - "I'm (a) Taurus *o* Bull" **3** *(autore)* by; ***un romanzo ~ Roddy Doyle*** a novel by Roddy Doyle; ***una canzone dei Subsonica*** a song by Subsonica; ***le opere di Shakespeare*** Shakespeare's works, the works of Shakespeare; ***di chi è?*** [*libro, film, ecc.*] who is it by? **4** *(causa)* with, for; ***morire ~*** to die of *o* from [*fame, sete, crepacuore, polmonite*]; ***essere malato ~ cuore*** to have a heart condition; ***lacrime ~*** tears of [*gioia, rabbia*]; ***urlare ~*** to scream with [*paura, dolore, rabbia*]; ***piangere ~*** to cry for [*gioia, rabbia*]; ***tremare ~*** to shake *o* tremble with [*freddo*] **5** *(materia)* of, in; ***~ che cosa è fatto?*** what is it made (out) of? ***è d'oro, ~ legno*** it's made (out) of gold, wood, it's golden, wooden; ***un piatto di porcellana*** a china plate; ***un vestito ~ cotone*** a cotton dress; ***una giacca ~ lana*** a wool(len) jacket; ***una bolla d'aria*** an air bubble, a bubble of air **6** *(misura)* ***un libro ~ 200 pagine*** a 200-page book, a book 200 pages long *o* in length; ***uno spettacolo ~ due ore*** a two-hour show; ***una gru ~ 50 tonnellate*** a 50-ton crane; ***un interesse del 5%*** a 5% interest; ***misurare 20 metri ~ lunghezza*** to be 20 metres long *o* in length; ***incinta ~ otto mesi*** eight months pregnant; ***un corso ~ sei mesi*** a six month course; ***un viaggio ~ tre giorni*** a three day journey; ***avremo due ore d'attesa, di ritardo*** we'll have a two-hour wait, delay; ***più, meno ~ tre*** more, less than three; ***un bambino ~ dieci anni*** a ten-year-old boy; ***è più grande, giovane ~ due anni*** she's two years older, younger, she's older, younger by two years **7** *(origine)* from; ***è ~ Taiwan*** he's from Taiwan; ***un amico ~ Toronto*** a friend from Toronto; ***è ~ padre cubano e ~ madre italiana*** his father is Cuban and his mother is Italian; *(figlio, figlia di)* ***Cecilia Verdi ~ Giulio*** Cecilia Verdi, daughter of Giulio **8** *(argomento)* about; ***parlare ~ qcn., qcs.*** to talk about sb., sth.; ***~ che cosa parla il libro?*** what's the book about? ***parla ~...*** it's about...; ***parlare ~ politica, d'affari*** to talk politics, business; ***ridere ~ qcn.*** to laugh at sb. **9** *(limitazione)* ***debole d'udito*** hard of hearing; ***alto ~ statura*** tall of *o* in stature **10** *(in espressioni di modo)* ***~ nascosto*** out of sight, secretly; ***~ recente*** recently; ***alzarsi ~ scatto*** to spring up, to jerk upright; ***essere ~ fretta*** to be in a hurry; ***essere ~ cattivo umore*** to be cross *o* out of humour *o* in a bad mood **11** *(in espressioni di mezzo)* ***scrivere qcs. ~ propria mano*** o ***~ proprio pugno*** to write sth. in one's own hand; ***vivere d'aria*** to live on fresh air; ***sporcare ~ caffè*** to stain with coffee **12** *(in espressioni di tempo)* ***~ notte*** at night, by night; ***~ giorno*** by day(light), during the day; ***~ lunedì, martedì*** on Mondays, Tuesdays; ***accadde ~ settembre*** it happened in September; ***d'estate, d'inverno*** in summer, winter; ***~ qui a tre giorni*** three days hence, in three days' time; ***dopo ~ che*** after which, and after that **13** *(in espressioni di moto, stato)* ***è ~ sotto, ~ là*** he's downstairs, in the next room; ***al ~ là ~*** beyond; ***vado ~ sopra, ~ là*** I'm going upstairs, into the other room; ***si passa ~ qui per andare alla stazione?*** is this the way to the station? ***si esce ~ qui, ~ là?*** is this, that the way out? **14** *(con valore predicativo)* ***quell'imbecille ~ tuo fratello*** that stupid brother of yours; ***qualche cosa, niente ~ nuovo*** something, nothing new; ***qualcosa ~ vero*** some truth; ***non ho mai visto niente ~ simile*** I've never seen anything like it! **15** *(con un infinito)* ***essere contento ~ fare*** to be happy to do; ***è ora ~ andare*** it's time to go; ***non merita ~ essere ricordato*** [*persona*] he doesn't deserve to be remembered; [*evento*] it's not worth remembering; ***tentare, cercare ~ fare*** to attempt, try to do; ***aspettarsi ~*** to expect to; ***credo ~ sì, no*** I think, don't think so; ***dire ~ sì, no*** to say yes, no; ***spero ~ vederti presto*** I hope to see you soon; ***penso ~ poter venire*** I think I can come; ***mi sembra ~ aver dimenticato tutto*** I seem to have forgotten everything **16** *(nel comparativo)* than; ***è più, meno alto ~ me*** he's taller, shorter than I *o* me; ***spende più ~ quanto guadagni*** he spends more than he earns **17** *(nel superlativo)* ***il più giovane dei tre fratelli*** the youngest of the three brothers; ***il più grande ristorante della città*** the biggest restaurant in town; ***il più vecchio della classe, famiglia*** the oldest in the class, family **18** *(con valore indefinito)* ***vuole della birra o del vino?*** would you like beer or wine? ***ci sono (delle) domande?*** are there any questions? ***mangiare (della) carne, (delle) uova*** to eat meat, eggs **19** *(con valore partitivo)* ***molti ~ loro non erano d'accordo*** many of them didn't agree; ***la somiglianza tra ~ loro è impressionante*** the resemblance between them is remarkable, they bear an incredible resemblance; ***chi ~ voi lo conosce?*** which of you knows him? who here knows him? **20 di... in** from... to; ***~ città in città*** from town to town; ***~ giorno in giorno*** day by *o* after day; ***~ ora in ora*** from hour to hour; ***~ tanto in tanto*** every now and again, every now and then, every so often, every once in a while; ***~ delusione in delusione*** from disappointment to disillusion.

2.di /di/ m. e f. inv. *(lettera)* d, D.

dì /di/ m.inv. LETT. ***notte e ~*** night and day; *(nelle prescrizioni)* ***20 gocce tre volte al ~*** MED. twenty drops three times per day *o* daily.

DIA /'dia/ f. (⇒ Direzione Investigativa Antimafia) = Italian antimafia investigations department.

diabase /dia'baze/ m. diabase.

diabete /dia'bɛte/ ➧ **7** m. diabetes; ***avere il ~*** to have diabetes ◆◆ ***~ mellito*** sugar diabetes.

diabetico, m.pl. **-ci**, f.pl. **-che** /dia'bɛtiko, tʃi, ke/ **I** agg. diabetic **II** m. (f. **-a**) diabetic; ***per -i*** [*cioccolato, marmellata*] diabetic.

diabolicamente /djabolika'mente/ avv. diabolically, fiendishly.

diabolicità /djabolitʃi'ta/ f.inv. fiendishness.

diabolico, pl. **-ci, -che** /dja'bɔliko, tʃi, ke/ agg. **1** RELIG. [*ispirazione, potere*] diabolic, devilish **2** *(malvagio)* [*persona, aspetto*] diabolic, demonic, fiendish; [*sorriso, fascino, macchinazione*] devilish, fiendish; [*idea, invenzione*] fiendish; [*crudeltà, crimine*] diabolical, fiendish, infernal **3** *(estremo)* [*abilità*] diabolic.

diabolo /'djabolo/ m. diabolo.

diacciare /djat'tʃare/ REGION. → **ghiacciare.**

diaccio /'djattʃo/ REGION. → **ghiaccio.**

diaconato /diako'nato/ m. deaconry.

diaconessa /diako'nessa/ f. deaconess.

diacono /di'akono/ m. deacon.

diacritico, pl. **-ci, -che** /dia'kritiko, tʃi, ke/ agg. diacritic(al); ***segno ~*** diacritical mark, diacritic, tittle.

diacronia /diakro'nia/ f. diachrony.

diacronicamente /diakronika'mente/ avv. diachronically.

1.di

- La preposizione *di* può avere in inglese equivalenti diversi quali *about, at, by, for, from, in, of* e *with*; per scegliere la forma corretta è pertanto necessario stabilire il valore semantico convogliato da *di* e se tale preposizione è intesa in senso proprio o figurato. La struttura della voce e gli esempi aiuteranno nella scelta, anche se bisogna tenere presente che:
  a) quando indica possesso, la preposizione *di* non ha equivalente diretto in inglese ma viene resa attraverso il cosiddetto genitivo sassone: *la camicetta di Sheila* = Sheila's blouse, *la casa dei miei genitori* = my parents' house;
  b) quando indica specificazione, materia o misura, la preposizione *di* può non avere un corrispondente diretto in inglese e il suo valore può essere reso mediante una costruzione attributiva: *la porta della camera* = the bedroom door, *le tende della cucina* = the kitchen curtains, *l'orario dei treni* = the train timetable, *l'ora del tè* = tea time, *una miniera d'oro* = a gold mine, *cravatte di seta* = silk ties, *una statua di marmo* = a marble statue, *un vassoio d'argento* = a silver tray, *un libro di 200 pagine* = a 200-page book, *una donna di trent'anni* = a thirty-year-old woman, *una corda di due metri* = a two-metre rope;
  c) in molti casi la specificazione introdotta da *di* ha portato alla creazione di unità lessicali autonome, che hanno un preciso equivalente in inglese (e che vanno reperite nel dizionario sotto l'apposita voce): *luna di miele* = honeymoon, *cintura di sicurezza* = safety belt, *lente d'ingrandimento* = magnifying glass;
  d) talvolta la specificazione introdotta da *di* viene resa in inglese mediante un aggettivo: *un professore d'inglese* = an English teacher, *l'Ambasciata d'Italia* = the Italian Embassy;
  e) quando *di* compare in espressioni avverbiali, queste possono essere rese in inglese mediante semplici avverbi oppure con corrispondenti espressioni avverbiali che tuttavia possono far uso di diverse preposizioni (*di buon'ora* = early / at an early hour, *di certo* = for sure / for certain, *di colpo* = suddenly, *di nuovo* = again, *di recente* = recently, *di solito* = usually, *di notte* = at / by night, *di venerdì* = on Fridays);
  f) quando *di* compare nelle forme di comparativo o superlativo dell'aggettivo, viene tradotto rispettivamente con *than* e *of* oppure *in*: *è più vecchio di me* = he's older than me, *il migliore di tutti* = the best of all, *il migliore della classe* = the best in the class;
  g) quando *di* + articolo ha valore indefinito, si rende con i corrispondenti aggettivi indefiniti inglesi *some, any* e *no* (v. la nota della voce **alcuno**).

_Di_ dopo altre preposizioni, aggettivi o verbi

- La preposizione *di* può seguire altre preposizioni, aggettivi o verbi; come mostrano gli esempi qui sotto, poiché la preposizione *di* ha equivalenti vari in inglese oppure non ne ha alcuno, è opportuno verificarne la traduzione consultando le corrispondenti voci (ossia quelle relative alle preposizioni, agli aggettivi o ai verbi reggenti):

fuori di sé	= beside oneself
invece di andare via	= instead of going away / rather than going away
prima di decidere, telefonami!	= before you decide, give me a ring!
fra / tra di noi	= between us
senza di me	= without me
verso di me	= towards me
avido di denaro	= greedy for money
è capace di tutto	= she's capable of anything
sarò lieto di accettare	= I'll be glad to accept
convinto della propria scelta	= convinced of one's choice
degno di rispetto	= worthy of respect
sono grato per il vostro aiuto	= I'm grateful for all your help
innamorato di Rose	= in love with Rose
sono orgoglioso di te!	= I'm proud of you!
sei sicuro di ciò che dici?	= are you sure about / of what you're saying?
soddisfatto di	= content with / pleased with / satisfied with
stanco di	= tired of
stufo di	= fed up with
ammalarsi di epatite	= to fall / be taken ill with hepatitis
morire di meningite	= to die of meningitis
parlare di qualcuno	= to speak of somebody
ridere di qualcuno	= to laugh at somebody
tremare di freddo	= to tremble with cold
urlare di dolore	= to scream with pain
vergognarsi di qualcosa	= to be ashamed of something.

- Dopo un aggettivo, un nome o un verbo, la preposizione *di* può introdurre in italiano un verbo all'infinito, e in tal caso *di* si rende per lo più con la preposizione *to* dell'infinito:

sarei felice di accompagnarti a casa	= I'd be happy to drive you home
è ora di andare	= it's time to go
il sergente ci ordinò di sparare	= the sergeant ordered us to shoot.

- Quando la preposizione *di* è retta da un verbo, tuttavia, non sempre la traduzione inglese prevede *to* + infinito a fronte dell'infinito italiano:
  a) alcuni verbi inglesi reggono la forma in *-ing*: *ho dimenticato di dirglielo* = I forgot telling him, *smettila di piangere!* = stop crying! *ricordo di averla incontrata al cinema* = I remember meeting her at the cinema;
  b) il verbo *to try* può essere seguito da *and* + verbo coniugato al suo stesso tempo: *cerca di finire per le 9* = try and finish by 9 o'clock;
  c) alcuni verbi inglesi come *to admit*, *to realize* e *to think* reggono una frase secondaria e un verbo finito: *ammise di aver fatto un grave errore* = he admitted (that) he had made a serious mistake, *si rese conto di avere meno soldi di sua sorella* = she realized she had less money than her sister, *credo di avere ragione* = I think I am right, *penso di saperlo fare* = I think I can do it, *pensa di vincere* = she thinks she'll win.

Casi particolari

- Quando la preposizione *di* entra a formare un interrogativo o un relativo, si possono avere i seguenti casi:
  a) *di chi* interrogativo con significato di possesso si traduce whose: *di chi è quest'auto?* = whose car is this? *non so di chi sia quest'auto* = I don't know whose car this is;
  b) *di chi* interrogativo con altri significati (argomento, specificazione ecc.) si traduce con *who(m)* accompagnato dalla preposizione necessaria: *di chi stai parlando?* = who are you talking about? (non più d'uso comune: about whom are you talking?), *di chi hai paura?* = who are you afraid of? (non più d'uso comune: of whom are you afraid?), *non ho capito di chi stia parlando Laura* = I did not understand whom Laura is talking about;
  c) *di (che) cosa* interrogativo si traduce con *what* accompagnato dalla preposizione necessaria: *di cosa stai parlando?* = what are you talking about? (non più d'uso comune: about what are you talking?), *di che cosa hai paura?* = what are you afraid of? (non più d'uso comune: of what are you afraid?), *non ho capito di che cosa stia parlando Laura* = I did not understand what Laura is talking about;
  d) *di cui* relativo, e le varianti *del quale / della quale / dei quali / delle quali*, con significato di possesso si traducono *whose*: *questo è l'uomo l'auto del quale è stata rubata* = this is the man whose car was stolen;
  e) *di cui* relativo, e le varianti *del quale / della quale / dei quali / delle quali*, con altri significati (argomento, specificazione ecc.) si traducono con *whom*, se il riferimento è a persone, o con *which*, se il riferimento è a cose, accompagnati dalla preposizione necessaria che, se è posta in fondo alla frase, permette di sottintendere il relativo: *la ragazza di cui ti ho parlato* = the girl I talked to you about (meglio di: the girl about whom I talked to you), *il film di cui ti ho parlato* = the film I talked to you about (meglio di: the film about which I talked to you), *il club di cui sono membro* = the club I'm a member of.
- In alcuni casi ed espressioni idiomatiche la preposizione *di* non ha alcun equivalente in inglese:

c'è qualcosa d'interessante alla TV?	= is there anything interesting on TV?
niente di nuovo	= nothing new
qualcosa di forte	= something strong
dire di sì / no	= to say yes / no
parlare di politica / d'affari	= to talk politics / business.

diacronico, pl. **-ci, -che** /dia'krɔniko, tʃi, ke/ agg. diachronic; ***alterazione -a*** drift.
diade /'diade/ f. dyad.
diadelfo /dia'dɛlfo/ agg. diadelphous.
diadema /dia'dɛma/ m. **1** *(parure)* diadem, coronet, tiara; ***cinto di ~*** diademed **2** STOR. diadem.
diademato /diade'mato/ agg. diademed.
diadico, pl. **-ci, -che** /di'adiko, tʃi, ke/ agg. dyadic.
diafano /di'afano/ agg. **1** *(traslucido)* diaphanous **2** LETT. *(pallido)* [*pelle*] very pale.
diafisi /di'afizi/ f.inv. shaft.
diaforesi /diafo'rɛzi/ f.inv. diaphoresis*.
diaforetico, pl. **-ci, -che** /diafo'rɛtiko, tʃi, ke/ agg. e m. diaphoretic.
diaframma /dia'framma/ m. **1** *(barriera)* barrier, wall; ***un ~ d'incomprensione*** FIG. a wall of incomprehension **2** ANAT. BOT. diaphragm **3** *(contraccettivo)* diaphragm, Dutch cap; ***farsi applicare il ~*** to be fitted for a diaphragm *o* a Dutch cap **4** RAD. *(di apparecchio acustico)* diaphragm **5** FOT. diaphragm ◆◆ ***~ a iride*** FOT. iris diaphragm.
diaframmare /diafram'mare/ [1] **I** tr. to diaphragm **II** intr. (aus. *avere*) FOT. to diaphragm down, to stop down.
diaframmatico, pl. **-ci, -che** /diafram'matiko, tʃi, ke/ agg. [*arteria, vena, ernia*] diaphragmatic.
diagenesi /dia'dʒɛnezi/ f.inv. diagenesis*.
diagnosi /di'aɲɲozi/ f.inv. **1** MED. BOT. diagnosis*; ***~ esatta, errata*** accurate, wrong diagnosis; ***~ psichiatrica*** psychiatric diagnosis; ***fare*** o ***formulare una ~*** to make *o* give a diagnosis, to diagnose **2** *(valutazione)* diagnosis*, analysis*; ***~ di un esperto*** expert opinion ◆◆ ***~ precoce*** early detection; ***~ prenatale*** antenatal BE *o* prenatal AE diagnosis.
diagnosta, m.pl. **-i**, f.pl. **-e** /diaɲ'ɲɔsta/ m. e f. diagnostician; ***essere un buon ~*** to be good at making diagnoses.
diagnostica /diaɲ'ɲɔstika/ f. diagnostics + verbo sing.; ***~ per immagini*** medical imaging.
diagnosticare /diaɲɲosti'kare/ [1] tr. to diagnose (anche FIG.); ***gli diagnosticarono il diabete, l'AIDS*** he was diagnosed with diabetes, Aids; ***non essere diagnosticato*** [*disease*] to be *o* go undiagnosed.
diagnostico, pl. **-ci, -che** /diaɲ'ɲɔstiko, tʃi, ke/ **I** agg. diagnostic; ***errore ~*** error in diagnosis; ***esame ~*** scan, screen; ***tampone ~*** swab; ***programma ~*** INFORM. diagnostics + verbo pl. **II** m. (f. **-a**) diagnostician.
diagonale /diago'nale/ **I** agg. **1** *(obliquo)* diagonal, crosswise; ***linea ~*** diagonal line; ***fare un tiro ~*** SPORT *(nel calcio)* to make an angle shot **2** **in diagonale** [*attraversare, disporre*] diagonally, at an angle; ***piegare qcs. in ~*** to fold sth. from corner to corner; *(negli scacchi)* ***l'alfiere si muove in ~*** the bishop moves diagonally **II** f. MAT. diagonal; ***tracciare, calcolare la ~ di un rettangolo*** to draw, calculate the diagonal of a rectangle **III** m. **1** SPORT diagonal cross, transverse pass; ***effettuare un ~*** *(nel calcio)* to make an angle shot **2** TESS. diagonal, twill.
diagonalmente /diagonal'mente/ avv. diagonally, obliquely, crosswise.
diagramma /dia'gramma/ m. *(curva grafica)* diagram, chart, graph; ***fare un ~*** to draw a diagram; ***mediante un ~*** diagrammatically ◆◆ ***~ ad albero*** tree diagram; ***~ a barre*** bar chart; ***~ a blocchi*** block diagram; ***~ cartesiano*** Cartesian graph; ***~ a colonne*** bar chart; ***~ a dispersione*** scatter diagram; ***~ entropico*** entropy diagram; ***~ di flusso*** INFORM. flowchart; ***~ a torta*** pie chart; ***~ di Venn*** Venn diagram.
diagrammare /diagram'mare/ tr. to chart, to diagram AE.
diagrammatico, pl. **-ci, -che** /diagram'matiko, tʃi, ke/ agg. diagrammatic.
dialettale /dialet'tale/ agg. [*espressione, poesia*] dialectal; [*inflessione*] regional; [*termine, forma*] dialect; [*romanzo, proverbio*] in dialect, in the vernacular.
dialettalismo /dialetta'lizmo/ m. *(termine)* dialect word; *(forma)* dialect form.
dialettica /dia'lɛttika/ f. **1** *(eloquenza)* dialectic(s) + verbo sing.; ***un uomo di grande ~*** a man with excellent dialectical skills **2** FILOS. dialectic(s); ***la ~ hegeliana*** Hegelian dialectic(s).
dialetticamente /dialettika'mente/ avv. dialectically.
dialettico, pl. **-ci, -che** /dia'lɛttiko, tʃi, ke/ **I** agg. dialectic(al); ***avere una grande abilità -a*** to have excellent dialectical skills; ***metodo ~*** FILOS. dialectical method; ***materialismo ~*** FILOS. dialectical materialism **II** m. dialectician.
dialettismo /dialet'tizmo/ m. → **dialettalismo.**
▷ **dialetto** /dia'lɛtto/ m. dialect; ***parlare (in) ~*** to speak dialect.
dialettofono /dialet'tɔfono/ **I** agg. dialect-speaking **II** m. (f. **-a**) dialect speaker.
dialettologia /dialettolo'dʒia/ f. dialectology.
dialettologo, m.pl. **-gi**, f.pl. **-ghe** /dialet'tɔlogo, dʒi, ge/ m. (f. **-a**) dialectologist.
dialipetalo /diali'pɛtalo/ agg. dialypetalous.
dialisepalo /diali'sɛpalo/ agg. dialysispalous.
dialisi /di'alizi/ f.inv. **1** MED. dialysis*; ***essere in ~*** to be on a dialysis machine; ***sottoporsi a ~*** to undergo dialysis; ***sottoporre qcn. a ~*** to dialyze sb. **2** CHIM. dialysis* ◆◆ ***~ extracorporea*** kidney dialysis, haemodialysis BE, hemodialysis AE.
dialitico, pl. **-ci, -che** /dia'litiko, tʃi, ke/ agg. dialytic.
dializzare /dialid'dzare/ [1] tr. **1** MED. to dialyze [*malato*] **2** CHIM. to dialyze [*composto*].
dializzato /dialid'dzato/ **I** p.pass. → **dializzare II** agg. [*malato*] in dialysis **III** m. (f. **-a**) person in dialysis.
dializzatore /dialiddza'tore/ m. dialyser BE, dialyser AE.
diallagio, pl. **-gi** /dial'ladʒo, dʒi/ m. diallage.
▷ **dialogare** /dialo'gare/ [1] **I** tr. *(ridurre in forma di dialogo)* to dialogue, to dialog AE [*romanzo, scena*] **II** intr. (aus. *avere*) **1** *(parlare)* to dialogue, to dialog AE, to hold* talks (**con** with); ***accettare di ~ con il nemico*** to agree to have talks with the enemy; ***due persone che dialogano poco*** two people that don't talk much **2** INFORM. [*computer, utenti*] to interact.
dialogato /dialo'gato/ **I** p.pass. → **dialogare II** agg. ***una scena -a*** a conversational scene; ***le parti -e di un romanzo*** the dialogues in a novel **III** m. *(di opera lirica, di film)* dialogue, conversational part.
dialoghista, m.pl. **-i**, f.pl. **-e** /dialo'gista/ ♦ ***18*** m. e f. dialogist.
dialogico, pl. **-ci, -che** /dia'lɔdʒiko, tʃi, ke/ agg. dialogic; ***in forma -a*** in form of a dialogue, in dialogue form.
dialogismo /dialo'dʒizmo/ m. dialogism.
dialogista, m.pl. **-i**, f.pl. **-e** /dialo'dʒista/ m. e f. → **dialoghista.**
dialogistico, pl. **-ci, -che** /dialo'dʒistiko, tʃi, ke/ agg. dialogistic.
dialogizzare /dialodʒid'dzare/ [1] tr. to dialogue, to dialog AE [*testo*].
▷ **dialogo**, pl. **-ghi** /di'alogo, gi/ m. **1** *(colloquio)* dialogue, dialog AE, conversation, interlocution (**fra, tra** between; **con** with); ***avere, sostenere un ~ con qcn.*** to have, hold a dialogue *o* a conversation with sb. **2** POL. dialogue, dialog AE; ***l'interruzione del ~ tra*** the breakdown in the talks; ***mantenere vivo il ~*** to keep dialogue alive **3** *(comunicazione)* dialogue, dialog AE, communication; ***essere disponibile al ~*** to be open to dialogue; ***~ fra sordi*** dialogue of the deaf; ***tra me e mia madre non c'è ~*** my mother and I don't communicate; ***aprire vie di ~*** to open channels of communication **4** TEATR. CINEM. TELEV. dialogue, dialog AE; ***~ a due*** duologue ◆◆ ***i -i di Platone*** LETTER. Plato's dialogues.
diamagnetico, pl. **-ci, -che** /diamaɲ'ɲɛtiko, tʃi, ke/ agg. diamagnetic.
diamagnetismo /diamaɲɲe'tizmo/ m. diamagnetism.
▷ **diamante** /dia'mante/ m. **1** MINER. diamond; ***un ~ di 20 carati*** a 20-carat diamond; ***un anello, un collier di -i*** a diamond ring, necklace; ***tempestato di -i*** studded with diamonds; ***tagliare, levigare un ~*** to cut, grind a diamond; ***tagliatore di -i*** diamond cutter; ***duro come un ~*** FIG. as hard as a rock **2** TECN. diamond; ***punta di ~*** diamond point; ***a punta di ~*** ARCH. cut into diamond points; ***essere la punta di ~ di qcs.*** FIG. [*prodotto, persona*] to be the jewel in the crown of sth. **3** MAR. crown **4** SPORT *(nel baseball)* diamond, infield ◆◆ ***~ grezzo*** rough diamond; ***~ nero*** black diamond; ***~ sintetico*** industrial diamond; ***~ tagliavetro*** glass-cutter diamond.
diamantifero /diaman'tifero/ agg. diamond-bearing, diamondiferous.
diametrale /diame'trale/ agg. diametral, diametric(al).
diametralmente /diametral'mente/ avv. diametrically; ***essere ~ opposto*** to be diametrically opposed (**a** to) (anche FIG.); [*opinioni, metodi*] to be poles apart (**a** from).
diametro /di'ametro/ m. **1** MAT. diameter; ***~ esterno, interno*** external, inside diameter; ***tracciare il ~ di un cerchio*** to draw the diameter of a circle; ***il cerchio ha un ~ di 2 metri*** the circle is 2 m in diameter **2** *(di ago, vite)* gauge.
diamine /'djamine/ inter. damn, darn, heck; ***come, dove, chi, che ~...?*** how, where, who, what darn *o* on earth *o* the heck...? ***fate uno sforzo, (che) ~!*** make an effort, darn it! ***~!*** for heaven's sake! ***che ~ vuoi dire?*** what on earth do you mean? ***che ~ sta succedendo?*** what the heck is going on?
diammina /diam'mina/ f. CHIM. diamine.
diana /'djana, di'ana/ f. **1** MIL. reveille; ***battere, suonare la ~*** to beat, sound the reveille; FIG. to give encouragement to sb. **2** MAR. morning watch.

Diana /'djana, di'ana/ n.pr.f. Diana (anche MITOL.) ◆◆ ~ ***cacciatrice*** Diana (the Huntress).
dianto /di'anto/ m. dianthus*.
dianzi /'djantsi/ avv. LETT. a little while ago.
diapason /di'apazon/ m.inv. **1** *(strumento)* ~ ***(a forcella)*** tuning fork; ~ ***ad ancia*** pitch pipe; ~ ***elettronico*** tuner **2** *(estensione di suono)* diapason, concert pitch; ~ ***largo, stretto*** open, stopped diapason ◆ ***raggiungere il*** ~ FIG. to reach one's climax *o* pitch.
diapositiva /diapozi'tiva/ f. slide, transparency; ~ ***a colori*** colour transparency; ***-e delle vacanze*** holiday slides; ***proiettore per -e*** slide projector.
diaproiettore /diaprojet'tore/ m. slide projector.
diarchia /diar'kia/ f. diarchy.
diaria /di'arja/ f. travel allowance.
diario, pl. **-ri** /di'arjo, ri/ m. **1** *(privato)* diary, journal; ***tenere un*** ~ to keep a diary **2** SCOL. *(per i compiti)* diary; ***scrivere una nota sul*** ~ to write a reprimand in sb.'s diary **3** *(calendario)* timetable ◆◆ ~ ***di bordo*** MAR. log (book); ~ ***di viaggio*** journal.
diarista, m.pl. **-i**, f.pl. **-e** /dia'rista/ m. e f. diarist.
diarrea /diar'rɛa/ ♦ **7** f. diarrhoea BE, diarrhea AE, looseness of the bowels; ***avere la*** ~ to have diarrhoea *o* loose bowels.
diarroico, pl. **-ci**, **-che** /diar'rɔiko, tʃi, ke/ agg. diarrhoeal BE, diarrheal AE.
diartrosi /diar'trɔzi/ f.inv. diarthrosis*.
diascopia /diasko'pia/ f. diascopy.
diascopio, pl. **-pi** /dias'kɔpjo, pi/ m. diascope.
diaspora /di'aspora/ f. STOR. diaspora; ***la*** ~ ***ebraica*** the Diaspora.
diasporo /di'asporo/ m. diaspore.
diaspro /di'aspro/ m. jasper; ***gioiello di*** ~ piece of jasper jewellery.
diastasi /dias'tazi/ f.inv. **1** BIOL. diastase **2** MED. diastasis*.
diastema /dias'tɛma/ m. **1** MED. diastema **2** GEOL. diastem.
diastole /di'astole/ f. diastole.
diastolico, pl. **-ci**, **-che** /dias'tɔliko, tʃi, ke/ agg. diastolic.
diastrofismo /diastro'fizmo/ m. diastrophism.
diatermano /diater'mano/ agg. diathermanous, diathermic.
diatermia /diater'mia/ f. diathermy.
diatermico, pl. **-ci**, **-che** /dia'tɛrmiko, tʃi, ke/ agg. diathermal, diathermic.
diatesi /di'atezi/ f.inv. diathesis*.
diatomea /diato'mɛa/ f. diatom; ***di*** ~ diatomaceous.
diatomico, pl. **-ci**, **-che** /dia'tɔmiko, tʃi, ke/ agg. diatomic.
diatomite /diato'mite/ f. diatomite.
diatonico, pl. **-ci**, **-che** /dia'tɔniko, tʃi, ke/ agg. diatonic.
diatriba /dia'triba, di'atriba/ f. diatribe, declamation (**contro** against); ***lanciarsi in una*** ~ to launch into a diatribe.
diavola: **alla diavola** /alla'djavola/ agg. [*salsa*] devilled BE, deviled AE; ***pollo alla*** ~ spatchcock.
diavoleria /djavole'ria/ f. **1** *(azione diabolica)* devilment, devil(t)ry **2** *(furberia)* devilment, mischief **3** *(cosa strana)* devilment, oddity.
diavolesco, pl. **-schi**, **-sche** /djavo'lesko, ski, ske/ agg. devilish.
diavolessa /djavo'lessa/ f. she-devil.
diavoletto /djavo'letto/ m. **1** SCHERZ. *(bambino)* little devil, imp; ***da*** ~ impish **2** *(bigodino)* (hair) curler.
▶ **diavolo** /'djavolo/ **I** m. **1** *(demonio)* devil, fiend; ***il*** ~ ***incarnato*** the devil incarnate; ***fare un patto col*** ~ to make a pact with the devil; ***vendere l'anima al*** ~ to sell one's soul to the devil; ***del*** ~ [*coraggio, paura, male*] terrific; ***un mestiere del*** ~ a devil of a job; ***avere una fretta del*** ~ to be in a tearing hurry; ***avere una fortuna del*** ~ to have the luck of the devil BE COLLOQ.; ***fa un freddo del*** ~ it's cold as hell; ***mettere una paura del*** ~ ***in corpo a qcn.*** to put the fear of God into sb.; ***è furbo come il*** ~ he's a tricky devil; ***mandare al*** ~ ***qcn.*** to let sb. go hang, to tell sb. to go to hell; ***fare l'avvocato del*** ~ FIG. to play devil's advocate; ***questo*** ~ ***di ragazza ha proprio un gran coraggio*** what a fantastic girl - she really is brave; ***quel*** ~ ***di Alex!*** that (devil) Alex! ***brutto come il*** ~ as ugly as sin **2** *(persona)* ***un povero*** ~ a poor devil *o* beggar *o* wretch; ***un*** ~ ***d'uomo*** a (cheeky) devil; ***un buon*** ~ a good sort; ***i tuoi bambini sono -i scatenati*** your children are little pests **II** inter. ***(che)*** ~***!*** what the heck! the hell with it! ***perché, come, chi, dove*** ~***...?*** why, how, who, where the devil *o* the hell...? ***perché*** ~ ***credi che l'abbia invitata?*** why the devil do you think I invited her? ***che*** ~ ***stai facendo qui?*** what the hell are you doing here? ***come*** ~ ***faccio a saperlo?*** how the devil should I know? ***al*** ~ ***gli scrupoli!*** to hell with scruples! ***va' al*** ~***!*** go to the devil *o* to hell *o* to blazes! ***vada al*** ~***!*** blow him! let him go hang! ~***, come piove!*** COLLOQ. bloody hell, it's pouring (with rain)! ◆ ***abitare a casa del*** ~ to live in the back of beyond *o* in the middle of nowhere *o* in Outer Mongolia SCHERZ.; ***(che) il*** ~ ***ti porti!*** may you rot in hell! ***il*** ~ ***mi porti se mi sbaglio*** I'll eat my hat if I'm wrong; ***a meno che il*** ~ ***non ci metta la coda*** unless something weird occurs; ***avere il*** ~ ***in corpo*** to be like someone possessed; ***fare il*** ~ ***a quattro*** to raise the devil, to kick up a rumpus; ***essere come il*** ~ ***e l'acqua-santa*** to be (like) oil and water; ***avere un*** ~ ***per capello*** to be like a bear with a sore head; ***saperne una più del*** ~ to have more than one trick up one's sleeve; ***la farina del*** ~ ***va tutta in crusca*** PROV. cheats never prosper; ***si parla del*** ~***, (spuntano le corna)*** PROV. speak of the devil (and he is bound to appear); ***il*** ~ ***non è brutto quanto lo si dipinge*** PROV. the devil is not so black as he is painted; ***il*** ~ ***fa le pentole ma non i coperchi*** PROV. = truth will out ◆◆ ~ ***di mare*** ITTIOL. devilfish; ~ ***della Tasmania*** ZOOL. Tasmanian devil.
diazocolorante /diaddzokolo'rante/ m. diazo dye.
diazocomposto /diaddzokom'posto/ m. diazo compound.
diazonio, pl. **-ni** /diad'dzɔnjo, ni/ m. diazonium.
dibasico, pl. **-ci**, **-che** /di'baziko, tʃi, ke/ m. dibasic.
dibattere /di'battere/ [2] **I** tr. **1** *(discutere)* to debate, to argue [*questione*] **2** DIR. ~ ***una causa contro qcn. per qcs.*** to hear a case against sb. for sth. **II dibattersi** pronom. **1** *(dimenarsi)* [*persona, animale*] to flounder (about, around), to thrash (about, around) (**in** in) **2** FIG. to torment oneself, to worry; ***-rsi nel dubbio*** to be torn by doubts.
dibattimentale /dibattimen'tale/ agg. of (a) hearing.
dibattimento /dibatti'mento/ m. **1** *(discussione)* debate, dispute **2** DIR. *(processo)* hearing; ***avviare il*** ~ to open *o* initiate the hearing; ***rinvio, aggiornamento del*** ~ staying, adjournment of hearing.
dibattito /di'battito/ m. **1** *(discussione)* debate (**su** about, on), discussion (**su** about, on), argument (**su** about); ***un*** ~ ***animato, vivace, burrascoso*** a heated, lively, stormy debate; ***entrare nel vivo*** o ***nel cuore del*** ~ to get to the heart of the debate; ***organizzare*** o ***fare un*** ~ to hold a debate; ***partecipare al*** ~ to be engaged in *o* to join in the debate; ***moderare, condurre un*** ~ to chair, lead a debate; ~ ***televisivo*** panel discussion **2** POL. debate; ~ ***parlamentare*** parliamentary debate.
dibattuto /dibat'tuto/ **I** p.pass. → **dibattere II** agg. **1** *(controverso)* [*questione, problema*] controversial, talked about, disputed **2** DIR. ***essere*** ~ ***(davanti a)*** [*caso*] to come up for trial (before).
diboscamento /diboska'mento/ → **disboscamento.**
diboscare /dibos'kare/ → **disboscare.**
dic. ⇒ dicembre December (Dec).
dicastero /dikas'tɛro/ m. POL. department, ministry; ***il*** ~ ***degli Affari esteri*** Foreign Office.
dicco /'dikko/ m. GEOL. dyke.
▶ **dicembre** /di'tʃɛmbre/ ♦ **17** m. December; ***in, a*** ~ in December; ***nel*** ~ ***scorso, nello scorso*** ~ last December; ***nel*** ~ ***prossimo, nel prossimo*** ~ next December; ***a metà*** ~ in the middle of December, in mid-December; ***nel mese di*** ~ in the month of December; ***è il 10 (di)*** ~ it's the 10th of December.
diceria /ditʃe'ria/ f. rumour BE, rumor AE, hearsay **U**, (piece of) gossip, story, tale (**su** on, about); ***diffondere -e su qcs., qcn.*** to put out *o* start a rumour about sb., sth., to spread tales about sb., sth.; ***mettere a tacere una*** ~ to check *o* lay *o* spike a rumour; ***sul suo conto corrono molte -e*** all sorts of stories are going round about him; ***basato su -e*** based on hearsay.
dichiarabile /dikja'rabile/ agg. declarable, reportable.
dichiarante /dikja'rante/ m. e f. **1** AMM. declarant **2** GIOC. *(nelle carte)* bidder; *(nel bridge)* contractor.
▶ **dichiarare** /dikja'rare/ [1] **I** tr. **1** *(dire, proclamare)* to declare [*indipendenza, intenzioni*]; to state [*posizione*]; ~ ***il proprio amore, la propria passione*** to declare *o* tell one's love, passion; ~ ***lo stato di emergenza*** to declare a state of emergency; ~ ***guerra a qcn., qcs.*** to declare war on sb., sth. (anche FIG.); ***il presidente ha dichiarato*** the president declared *o* stated; ***la transazione è stata dichiarata illegale*** the deal was ruled unlawful; ~ ***qcn. responsabile*** to hold sb. responsible; ~ ***qcn. vincitore*** to declare sb. the winner; ~ ***morto qcn.*** to pronounce sb. dead; ~ ***qcn. innocente*** [*giudice, giuria*] to find sb. not guilty; ***è stato dichiarato colpevole*** he was declared guilty; ~ ***il falso*** to make a false declaration *o* statement; ~ ***aperta la seduta*** to call the meeting to order, to declare the meeting open; ***ha dichiarato di voler partecipare, di aver lavorato*** he declared that he wanted to take part, that he had worked; ~ ***a qcn. che*** to tell sb. that; ***ha dichiarato alla stampa che non era affatto responsabile*** he told the press that he was in no way responsible; ***"in nome della legge, la dichiaro in arresto!"*** "in the name of the law, I put you under arrest!"; *(formula di matrimonio)* ***Vi dichiaro marito e moglie*** I now pronounce you man and wife **2** AMM. to declare [*merce, reddito, dipendente*]; to register [*nascita, matrimonio, arma*

da fuoco]; ***assume delle persone senza dichiararle*** she employs people without declaring them; ~ ***bancarotta*** to declare bankruptcy; *(alla dogana)* ***(ha) qcs. da ~?*** (have you got) anything to declare? ***niente da*** ~ nothing to declare **3** *(nel bridge)* to bid, to declare [*carte, colore*]; ~ ***tre senza*** to bid three no trumps **II** **dichiararsi** pronom. **1** *(proclamarsi)* to declare oneself, to pronounce oneself; ***-rsi fiducioso, soddisfatto, annoiato*** to declare *o* pronounce oneself confident, satisfied, bored; ***-rsi sorpreso che*** to express surprise that; ***-rsi vinto*** o ***sconfitto*** to admit defeat; ***si è dichiarata pronta a raccogliere la sfida*** she declared herself ready to take up the challenge; ***-rsi a favore di, contro qcs.*** to declare *o* pronounce (oneself) for, against sth. **2** *(in un processo)* ***-rsi innocente, (non) colpevole*** to claim innocence, to plead (not) guilty **3** *(confessare il proprio amore)* to tell* one's love (**a** to), to declare oneself.

dichiaratamente /dikjarata'mente/ avv. expressly, declaredly.

dichiarativo /dikjara'tivo/ agg. **1** DIR. [*atto, sentenza*] declaratory; ***sentenza -a di fallimento*** adjudication of bankruptcy **2** LING. [*verbo, frase*] declarative.

dichiarato /dikja'rato/ **I** p.pass. → **dichiarare II** agg. **1** *(manifesto)* [*nemico, reddito, ambizione, intenzione*] declared, avowed; [*obiettivo, sostegno, opposizione*] explicit, outspoken; [*promessa, impegno*] express; [*sostenitore, femminista, ateo*] professed; ***(non)*** ~ [*amore, ambizione*] (un)declared; ***il movente ~ del crimine*** the motive given for the crime **2** *(registrato)* [*arma da fuoco*] licensed, registered; ***(non) ~*** [*somma*] (un)declared; [*nascita, matrimonio*] (un)registered; ~ ***idoneo a*** declared fit for.

▷ **dichiarazione** /dikjarat'tsjone/ f. **1** *(comunicazione pubblica, ufficiale)* declaration, statement, pronouncement, allegation (**su** on, about); ***fare una ~*** to make a statement; ***rilasciare una ~ alla stampa*** to issue *o* release a statement to the press; ***(non) intendere rilasciare -i*** to be (un)available for comment; ***firmare una ~ congiunta*** to sign a common declaration *o* statement; ~ ***solenne*** solemn statement; ~ ***d'amore*** declaration (of love); ***fare la ~ a qcn.*** to tell one's love to sb. **2** AMM. declaration, registration, notification; ~ ***del reddito*** declaration of income; ~ ***di una malattia*** notification of a disease **3** DIR. ~ ***sotto giuramento*** o ***giurata*** sworn statement; ~ ***di innocenza*** declaration *o* claim of innocence; ***raccogliere una ~*** [*poliziotto*] to take a statement **4** *(nei giochi di carte)* declaration; *(nel bridge)* bid; ***-i*** bidding **U**; ***fare una ~*** to make a bid ◆◆ ~ ***di aggiudicazione*** declaration of adjudication; ~ ***di associazione*** declaration of association; ~ ***senza atout*** GIOC. no trumps; ~ ***di autenticità*** DIR. proving; ~ ***doganale (di merci)*** customs declaration; ~ ***di fallimento*** declaration of bankruptcy; ~ ***falsa*** false declaration, misrepresentation, misstatement; ~ ***di guerra*** declaration of war; ~ ***d'indipendenza*** declaration of independence; ~ ***d'intenti*** declaration *o* statement of intent; ~ ***di invalidità*** declaration of invalidity; ~ ***di morte presunta*** declaration of presumptive death; ~ ***di principi*** statement of principle; ~ ***dei redditi*** income tax return; ~ ***di solvibilità*** declaration of solvency; ***Dichiarazione universale dei diritti dell'uomo*** Universal Declaration of Human Rights.

▷ **diciannove** /ditʃan'nɔve/ ➧ ***26, 5, 8, 13*** **I** agg.inv. nineteen **II** m.inv. **1** *(numero)* nineteen **2** *(giorno del mese)* nineteenth **III** f.pl. *(ore)* seven pm; ***sono le*** ~ it's seven o'clock (in the evening); ***alle*** ~ at seven o'clock (pm).

diciannovenne /ditʃanno'vɛnne/ **I** agg. nineteen-year-old **II** m. e f. nineteen-year-old; *(ragazzo)* nineteen-year-old boy; *(ragazza)* nineteen-year-old girl.

diciannovesimo /ditʃanno'vɛzimo/ ➧ ***26, 5*** **I** agg. nineteenth **II** m. (f. **-a**) **1** nineteenth **2** *(frazione)* nineteenth.

▷ **diciassette** /ditʃas'sɛtte/ ➧ ***26, 5, 8, 13*** **I** agg.inv. seventeen **II** m.inv. **1** *(numero)* seventeen **2** *(giorno del mese)* seventeenth **III** f.pl. *(ore)* five pm; ***sono le*** ~ it's five o'clock (in the afternoon); ***alle*** ~ at five o'clock (pm).

diciassettenne /ditʃasset'tɛnne/ **I** agg. seventeen-year-old **II** m. e f. seventeen-year-old; *(ragazzo)* seventeen-year-old boy; *(ragazza)* seventeen-year-old girl.

diciassettesimo /ditʃasset'tɛzimo/ ➧ ***26, 5*** **I** agg. seventeenth **II** m. (f. **-a**) **1** seventeenth **2** *(frazione)* seventeenth.

diciottenne /ditʃot'tɛnne/ **I** agg. eighteen-year-old **II** m. e f. eighteen-year-old; *(ragazzo)* eighteen-year-old boy; *(ragazza)* eighteen-year-old girl.

diciottesimo /ditʃot'tɛzimo/ ➧ ***26, 5*** **I** agg. eighteenth **II** m. (f. **-a**) **1** eighteenth **2** *(frazione)* eighteenth.

▷ **diciotto** /di'tʃɔtto/ ➧ ***26, 5, 8, 13*** **I** agg.inv. eighteen **II** m.inv. **1** *(numero)* eighteen **2** *(giorno del mese)* eighteenth **3** UNIV. = pass mark **III** f.pl. *(ore)* six pm; ***sono le*** ~ it's six o'clock (in the evening); ***alle*** ~ at six o'clock (pm).

dicitore /ditʃi'tore/ m. (f. **-trice** /tritʃe/) speaker, elocutionist; ***un fine ~*** *(chi declama)* a refined speaker; IRON. an affected speaker.

dicitura /ditʃi'tura/ f. **1** *(indicazione) (su lettura, atto)* caption **2** *(scritta)* caption; ***dossier che reca la ~ "segreto"*** file marked "secret"; ***il cartello reca una ~*** the sign has a caption.

dickensiano /diken'sjano/ agg. Dickensian.

dicloruro /diklo'ruro/ m. dichloride.

dicordo /di'kɔrdo/ m. MUS. dichord.

dicotiledone /dikoti'lɛdone/ **I** agg. dicotyledonous **II** f. dicotyledon.

dicotomia /dikoto'mia/ f. dichotomy.

dicotomico, pl. **-ci**, **-che** /diko'tɔmiko, tʃi, ke/ agg. dichotomous.

dicroismo /dikro'izmo/ m. dichroism.

dicromatico, pl. **-ci**, **-che** /dikro'matiko, tʃi/ agg. dichromatic.

dicromatismo /dikroma'tizmo/ ➧ **7** m. dichromatism.

dicromato /dikro'mato/ m. dichromate.

didascalia /didaska'lia/ f. **1** *(di illustrazione)* caption; ***mettere la ~ a una foto*** to caption a photo **2** CINEM. caption, subtitle; ***-e iniziali, finali*** opening, closing credits **3** TEATR. stage direction.

didascalicamente /didaskalika'mente/ avv. didactically.

didascalico, pl. **-ci**, **-che** /didas'kaliko, tʃi, ke/ agg. [*opera, tono*] didactic; ***poesia -a*** didactic poetry; ***parlare in modo ~*** to speak pedantically.

didattica, pl. **-che** /di'dattika, ke/ f. didactics + verbo sing.

didatticamente /didattika'mente/ avv. didactically.

didattico, pl. **-ci**, **-che** /di'dattiko, tʃi, ke/ agg. **1** [*metodo, materiale, programma*] didactic, teaching; ***strumento ~*** teaching tool; ***supporto ~*** study aid; ***sussidio ~*** teaching aid; ***uscita -a*** field day *o* trip; ***direttore ~*** director of studies; ***software ~*** teachware, courseware **2** FIG. [*tono*] didactic.

didentro /di'dentro/ **I** agg.inv. interior, inner, inside; ***la parte ~*** the inner part **II** m.inv. interior, inside; ***il ~ di una scatola*** the inside of a box; ***guardare qcs. dal ~*** to look at sth. from the inside.

didietro /di'djɛtro/ **I** agg.inv. [*zampe*] hind, back; *(in un veicolo)* [*posti, ruote*] rear, back; *(in una sala)* [*posti*] back **II** m.inv. **1** *(parte posteriore)* back, rear (**di** of) **2** COLLOQ. *(sedere)* backside, behind, posterior, rear (end).

Didone /di'dɔne/ n.pr.f. Dido.

▶ **dieci** /'djɛtʃi/ ➧ ***26, 5, 8, 13*** **I** agg.inv. ten **II** m.inv. **1** *(numero)* ten; ***lavorare per ~*** to work like a beaver **2** *(giorno del mese)* tenth **3** SCOL. *(voto)* = top mark **III** f.pl. *(ore) (del mattino)* ten am; *(della sera)* ten pm; ***sono le ~*** it's ten o'clock; ***alle ~*** at ten o'clock.

diecimila /djetʃi'mila/ ➧ ***26*** **I** agg.inv. ten thousand **II** m.inv. **1** *(numero)* ten thousand **2** *(10.000 vecchie lire)* a ten thousand lire note.

diecina /dje'tʃina/ → **decina.**

diedrale /die'drale/ agg. MAT. dihedral.

diedro /di'ɛdro/ m. dihedral.

dielettrico, pl. **-ci**, **-che** /die'lɛttriko, tʃi, ke/ **I** agg. dielectric **II** m. dielectric.

diencefalo /dien'tʃɛfalo/ m. diencephalon.

dieresi /di'ɛrezi/ f.inv. FON. diaeresis* BE, dieresis* AE.

diesel /'dizel/ **I** agg.inv. [*motore, furgone, automobile, treno*] diesel **II** m.inv. *(veicolo)* diesel (car).

diesel-elettrico, pl. **-ci**, **-che** /dizele'lɛttriko, tʃi, ke/ agg. diesel-electric.

diesis /di'ɛzis/ m.inv. sharp; ***fa, do ~*** F, C sharp; ***doppio ~*** double sharp.

diesizzare /diezid'dzare/ [1] tr. to sharp.

diessino /dies'sino/ **I** agg. = of the Italian party "DS" **II** m. (f. **-a**) = member of the Italian party "DS".

▷ **1.dieta** /'djɛta/ f. *(alimentazione)* diet (**a base di** of); *(astinenza dal cibo o da alcuni cibi)* diet; ~ ***dimagrante*** slimming diet; ~ ***priva di zucchero, di grassi*** sugar-free, fat-free diet; ~ ***povera di grassi*** low-fat diet; ~ ***ricca di fibre, di carboidrati*** high-fibre, high-carbohydrate diet; ~ ***ferrea*** strict diet; ~ ***rigidissima*** starvation diet; ~ ***equilibrata*** balanced diet; ***mettere qcn. a ~*** to put sb. on a diet; ***essere, mettersi a ~*** to be, go on a diet; ***fare, seguire una ~*** to diet, to follow a diet; ***stare a ~*** to stick to a diet; ***sono a ~*** I'm slimming, I'm on a diet; ***chi segue una ~*** dieter, weightwatcher ◆◆ ~ ***aclorurata*** salt free diet; ~ ***basale*** staple diet; ~ ***ipercalorica*** high-calorie diet; ~ ***ipocalorica*** low-calorie diet; ~ ***lattea*** milk(y) diet; ~ ***liquida*** liquid diet; ~ ***vegetariana*** meat-free, vegetarian diet.

2.dieta /'djɛta/ f. STOR. diet.

dietetica /dje'tɛtika/ f. dietetics.

dietetico, pl. **-ci**, **-che** /dje'tɛtiko, tʃi, ke/ agg. [*alimentazione, cucina*] dietetic; [*bevanda, biscotto*] diet attrib.; [*prodotto, metodo*] dietary; ***negozio di prodotti -i*** health food shop.

dietista, m.pl. **-i**, f.pl. **-e** /dje'tista/ ♦ *18* m. e f. dietician, dietitian.

dietologia /djetolo'dʒia/ f. dietetics.

dietologo, m.pl. **-gi**, f.pl. **-ghe** /dje'tɔlogo, dʒi, ge/ ♦ *18* m. (f. **-a**) diet doctor.

▶ **dietro** /'djɛtro/ **I** avv. behind; *(nella parte posteriore)* at, in the back; ***mettili ~*** put them in the back; ***abita qui, lì, là ~*** he lives just around the corner, round there, over there; ***silenzio, là ~!*** silence at the back! ***il motore è ~*** the engine is at the rear; ***sedersi ~*** AUT. to sit in the back; ***cosa c'è ~?*** FIG. what's behind this *o* it? ***la porta di ~*** the back door; ***non spingete di*** *o* ***da ~!*** stop pushing back there *o* at the back! ***passare di*** o ***da ~*** to go round the back; ***entrare da ~*** to come in round the back; ***mi hanno attaccato da ~*** they attacked me from behind; ***ho sempre ~ l'ombrello*** I always have my umbrella with me **II** prep. **1** ***~ (a, di)*** behind; *(nella parte posteriore)* at the back *o* rear (of); ***le montagne ~ alla città*** the mountains behind the town; ***~ l'angolo*** (a)round the corner; ***~ le quinte*** behind the scenes; ***~ le sbarre*** FIG. behind bars; ***appendere il cappotto ~ (al)la porta*** to hang one's coat on the back of the door; ***erano seduti ~ (di) me*** they were sitting behind me; ***guardò ~ di sé*** she looked behind her; ***le chiavi si erano infilate ~ lo schienale del divano*** the keys were down the back of the sofa; ***tenere le mani ~ la schiena*** to keep one's hands behind one's back; ***da ~ (a)*** from behind, from the rear; ***andare ~ a qcs.*** FIG. to strive for sth., to go after sth.; ***andare ~ a qcn.*** to go after sb. (anche FIG.); ***correre ~ a qcn., qcs.*** to run o chase after sb., sth. (anche FIG.); ***correre ~ alle gonnelle, alle sottane*** COLLOQ. to chase skirts, petticoats; ***lasciarsi ~ qcn., qcs.*** to leave sb., sth. behind; ***portarsi ~*** to bring along [*persona*]; to carry over, to take round [*oggetto*]; ***stare ~ a qcs.*** to be in step with sth.; ***stare ~ a qcn.*** *(seguire)* to follow sb. close behind, to tag along behind *o* after sb.; *(accudire)* to look *o* keep after sb.; *(importunare)* to go on at sb.; *(fare la corte)* to follow sb.; *(supervisionare)* to stand over sb.; ***non fa nulla da solo, bisogna sempre stargli ~*** he never gets anything done unless you keep after him; ***morire ~ a qcn.*** to die for sb.; ***tenere ~ a qcn., qcs.*** to keep up with sb., sth.; ***tirarsi ~ qcs.*** to bring sth. (down) on, upon oneself; ***tirarsi*** o ***trascinarsi ~ qcn.*** COLLOQ. FIG. to bring sb. along; ***ripararsi ~ qcn.*** to hide behind sb.; FIG. to hide behind sb.'s skirt; ***ridere ~ a qcn.*** to laugh behind sb.'s back *o* at sb.; ***urlare ~ a qcn.*** to scream at sb. **2** *(dopo)* behind, after; ***esci e chiudi la porta ~ di te, chiuditi ~ la porta*** go out and close the door after you; ***uno ~ l'altro*** one after another *o* the other, one behind the other; ***un disastro ~ l'altro*** one disaster after another; ***mettersi in fila ~ agli altri*** to line up behind the others **3** *(sotto)* behind, beneath; ***nascose il suo disappunto ~ un sorriso garbato*** he hid his disappointment beneath *o* behind a polite smile; ***~ le apparenze*** behind the façade; ***~ il suo aspetto calmo*** beneath his calm exterior **4** COMM. BUROCR. on, against; ***~ pagamento (di)*** on payment (of); ***~ richiesta*** on demand; ***~ ricevuta*** on receipt; ***~ compenso*** for a consideration; ***~ esibizione del passaporto*** on production of *o* subject to producing one's passport **5** *(secondo)* ***agire ~ l'esempio di qcn.*** to follow sb.'s example *o* lead; ***~ consiglio di qcn.*** on sb.'s advise *o* suggestion **III** agg.inv. [*zampe*] hind, back; *(in un veicolo)* [*posti, ruote*] rear, back; *(in una sala, a teatro)* [*posti*] back **IV** m.inv. *(parte posteriore)* back, rear; ***il ~ della casa*** the back *o* rear of the house; ***il ~ della camicia, dei pantaloni*** the back of the shirt, trousers.

dietrofront /djetro'front/ **I** inter. about face, about turn **II** m.inv. about-face, about-turn, right-about face, right-about turn (anche FIG.); ***fare ~*** to do an about-face *o* about-turn, to about-face, to about-turn (anche FIG.).

dietrologia /djetrolo'dʒia/ f. POL. GIORN. = obsessive search for supposedly hidden motives behind events or behind people's actions and words.

difasico, pl. **-ci**, **-che** /di'faziko, tʃi, ke/ agg. diphasic.

▷ **difatti** /di'fatti/ → **infatti**.

▶ **difendere** /di'fɛndere/ [100] **I** tr. **1** *(lottare per)* to defend, to stand* up for [*persona, paese, diritto, interessi, libertà*] (**contro** against; **da** from); SPORT to defend [*titolo, vantaggio*]; ***~ qcn., qcs. a costo della propria vita*** to guard sb., sth. with one's life; ***~ i deboli e gli oppressi*** to side with the underdog **2** *(preservare)* to defend [*ambiente, territorio, beni, democrazia, pace, interessi*] (**contro** against; **da** from); to defend, to guard [*persona, reputazione*] **3** *(sostenere)* to defend, to uphold* [*idea, teoria, opinione, principio*]; to champion [*causa*] **4** DIR. to defend [*imputato*]; to fight* [*caso*] **5** *(riparare)* to defend, to protect (**da** from, against); ***questo maglione ti difenderà dal freddo*** this pullover will keep out the cold *o* protect you against the cold **II difendersi** pronom. **1** *(opporsi)* to defend oneself (**da** from, against); ***-rsi (in giudizio)*** DIR. to conduct one's own defence, to defend oneself **2** *(resistere alle critiche)* [*persona*] to defend oneself, to stand* up for oneself, to stick* up for oneself COLLOQ. (**da** from, against) **3** *(ripararsi)* to defend oneself, to protect oneself (**da** from, against); ***-rsi dal freddo*** to protect oneself against the cold **4** COLLOQ. *(cavarsela)* to take* care of oneself, to get* by; ***-rsi bene*** [*studente, squadra, concorrente*] to put up a good performance; [*persona, società*] to be still going strong; ***si difende bene a tennis*** he plays tennis very respectably; ***a pallavolo non sono un campione, ma mi difendo*** I'm not a champion at volleyball, but I get by ♦ ***~ qcn., qcs. a spada tratta*** to take up the cudgels for sb., sth.; ***~ qcn., qcs. con le unghie e con i denti*** to fight tooth and nail for sb., sth.

difendibile /difen'dibile/ agg. [*città, persona*] defensible; [*tesi, posizione*] defensible, tenable; ***non ~*** [*città, persona*] indefensible; [*tesi, posizione*] indefensible, untenable; ***l'imputato non è ~*** the accused permits of no defence.

difendibilità /difendibili'ta/ f.inv. defensibility, tenability.

difensiva /difen'siva/ f. defensive (anche SPORT MIL.); ***essere*** o ***stare sulla ~*** to be on the defensive (anche FIG.); ***mettere qcn. sulla ~*** to put sb. on the defensive; ***mettersi*** o ***porsi sulla ~*** FIG. to square up, to keep one's head down, to take up a defensive position; ***stare sulla ~*** SPORT to play a defensive game; *(in cricket)* to stonewall; ***essere sempre sulla ~*** to suffer from *o* have a siege mentality.

difensivismo /difensi'vizmo/ m. **1** *(atteggiamento)* defensive attitude **2** SPORT defensive play.

difensivo /difen'sivo/ agg. [*alleanza, arma, reazione, comportamento*] defensive; [*linea, guerra, posizione, patto*] defence; ***gioco ~*** SPORT defensive game.

difensore /difen'sore/ m. (f. **difenditrice** /difendi'tritʃe/) **1** defender, guardian; MIL. defender (**di** of); SPORT defender, back; *(di causa)* defender, champion; *(dei diritti)* defender, protector, upholder; ***~ della patria*** defender of one's country; ***~ della Fede*** Defender of the Faith; ***ergersi a ~ dei deboli*** to defend the weak, to stand up in defence of the weak; ***~ sinistro*** SPORT left back **2** DIR. counsel for the defence, defending counsel, pleader ♦♦ ***~ civico*** Parliamentary Commissioner; *(uomo)* ombudsman; *(donna)* ombudswoman; ***~ di fiducia*** family solicitor, hired counsel; ***~ d'ufficio*** *(avvocato)* duty solicitor BE, public defender AE.

▶ **difesa** /di'fesa/ f. **1** *(da un aggressore)* defence BE, defense AE (**da** from; **contro** against) (anche MIL.); *(mezzi, opere)* ***-e, opere di ~*** defences (anche MIL.); ***~ avanzata*** forward defence; ***in posizione di ~*** in defensive position; ***arma da*** o ***di ~*** defensive weapon; ***linea, mezzo di ~*** line, means of defence; ***in ~ di*** in the defence of [*libertà, patria*]; ***accorrere in ~ di qcn.*** to jump *o* leap *o* spring to sb.'s defence; ***opporre una ~ coraggiosa*** to put up a spirited defence; ***assicurare la ~ del territorio*** to defend the country **2** POL. ***ministro della Difesa*** *(in GB)* Secretary of State for Defence; *(negli USA)* Defense Secretary; ***Ministero della Difesa*** *(in GB)* Ministry of Defence; *(negli USA)* Department of Defense; ***il bilancio della Difesa*** defence budget; ***responsabile della ~*** defence chief; ***fornitore della ~*** defence contractor **3** *(tutela)* protection, shelter; ***la ~ dell'ambiente*** environmental protection; ***associazione per la ~ dei consumatori, dei diritti dell'uomo, delle libertà*** consumer protection, human rights, civil liberties organization; ***prendere le -e di qcn.*** to come to sb.'s defence, to stand *o* stick up for sb.; ***cercare ~ dal vento*** to seek refuge *o* shelter from the wind **4** SPORT *(azione)* defence BE, defense AE; *(insieme dei difensori) (nel rugby, calcio)* defence BE, defense AE; *(nel football americano)* backfield; ***giocare in ~*** to play in defence, to defend; ***chiudersi in ~*** to play a defensive game **5** FISIOL. PSIC. ***le -e dell'organismo*** the body's defences; ***-e immunitarie*** defence mechanisms; ***meccanismo di ~*** means of defence, defence mechanism; ***privo di ~*** defenceless; ***reazione di ~*** defensive reaction; ***fare crollare le -e di qcn.*** to break down sb.'s defences **6** *(giustificazione, arringa)* defence BE, defense AE; ***a*** o ***in mia ~, devo dire che...*** in my own defence I must say that...; ***assumere la ~ di qcn.*** to conduct sb.'s defence; ***accettare la ~ di qcn.*** to take *o* accept sb.'s brief; ***(per) legittima ~*** (in) self-defence; ***omicidio per legittima ~*** justifiable homicide; ***~ accanita*** ardent *o* heated *o* stout defence **7** DIR. *(parte che difende, difensore)* defence BE, defense AE; ***avvocato della ~*** counsel for the defence, defending counsel; ***rappresentare la ~*** to put the case for the defence; ***replica della ~*** answer of the defence; ***la tesi della ~*** the case for the defence; ***la parola (passa) alla ~*** the defence may now speak; ***prendere la parola per la ~*** to open for the defence ♦ ***la miglior ~ è l'attacco*** PROV. attack is the best form of defence ♦♦ ***~ aerea*** air defences; ***~ antiaerea*** antiaircraft defence; ***~ civile*** civil defence; ***~ passiva*** passive defence; ***~ a uomo*** SPORT man-to-man defence; ***~ a zona*** SPORT zone defence.

difettare /difet'tare/ [1] intr. (aus. *avere*) **1** to be* wanting, to be* lacking (**di** in); ***a qcn. difetta qcs., qcn. difetta di qcs.*** sb. is wanting *o* lacking in sth., sb. lacks sth. **2** RAR. *(presentare difetti)* to be* defective (**in** in); ***~ nella pronuncia*** to have speech defects.

difettivo /difet'tivo/ agg. defective; ***verbi -i*** defective verbs.

▶ **difetto** /di'fɛtto/ m. **1** *(morale) (di persona)* fault, imperfection, defect, failing; *(di carattere)* flaw, defect; ***la pigrizia è un brutto ~*** laziness is a bad fault; ***questo è il suo minor ~!*** that's his minor fault *o* defect! that's the least of his faults! ***nonostante tutti i suoi -i*** for all his faults; ***non avere nessun ~*** to be faultless *o* flawless **2** *(imperfezione fisica) (di persona)* blemish, defect; *(di macchina, sistema)* defect, fault; *(di tessuto, opera)* defect, imperfection; *(di pietra preziosa, teoria, ragionamento)* defect, flaw; ***~ meccanico, strutturale*** mechanical, structural defect *o* fault; ***~ dell'udito, della vista*** hearing, sight defect; ***-i tecnici*** technical defects; ***avere*** o ***presentare dei -i*** [*macchina, costruzione*] to be faulty; [*romanzo, pietra preziosa*] to be flawed, to have flaws; ***senza -i*** [*sistema, macchina*] faultless; [*pietra preziosa*] flawless, unflawed; ***fare ~*** *(mancare)* [*dote, virtù*] to lack; *(di abito)* to bag; ***il talento, il coraggio gli fa ~*** he lacks talent, courage **3 per difetto** [*stima*] conservative; ***arrotondare (un numero) per ~*** MAT. to round (a figure) down **4 in difetto** ***essere, sentirsi in ~*** to be, feel at fault ◆ ***chi è in ~ è in sospetto*** PROV. = those who carry out bad practices think others do the same ◆◆ ***~ di costruzione*** structural defect, constructional fault; ***~ di fabbricazione*** design *o* manufacturing fault; ***~ di massa*** FIS. mass defect; ***~ di nascita*** birth *o* congenital defect; ***~ di pronuncia*** speech defect *o* impediment; ***-i di fabbricazione*** defective workmanship.

difettosamente /difettsa'mente/ avv. defectively.

difettosità /difettosi'ta/ f.inv. defectiveness, faultiness.

difettoso /difet'toso/ agg. [*struttura, metodo, pezzo, vista, udito*] defective, imperfect; [*motore, prodotto, macchina*] faulty; [*pietra preziosa*] flawed; [*pronuncia*] impaired.

diffamante /diffa'mante/ → **diffamatorio.**

diffamare /diffa'mare/ [1] tr. to libel (anche DIR.), to defame (anche DIR.), to smear, to vilify.

diffamatore /diffama'tore/ m. (f. **-trice** /tritʃe/) libel(l)er, defamer, vilifier.

diffamatorio, pl. **-ri, -rie** /diffama'tɔrjo, ri, rje/ agg. [*scritti, parole*] defamatory, libellous BE, libelous AE; ***campagna -a*** smear campaign, whispering campaign, dirty tricks campaign; ***tattica -a*** smear tactics.

diffamazione /diffamat'tsjone/ f. libel (anche DIR.), defamation (anche DIR.), vilification, mud-slinging, smear; ***causa, querela, danni per ~*** libel suit, action, damages; ***dar querela a*** o ***fare causa a, citare qcn. per ~*** to bring an action for libel against sb., to sue sb. for libel.

▷ **differente** /diffe'rɛnte/ agg. different (**da** from, to BE, than AE); ***avere caratteri, gusti, opinioni -i*** to have different characters, tastes, opinions; ***essere (del tutto) -i l'uno dall'altro*** to be (totally) different *o* unlike (in every way).

differentemente /differente'mente/ avv. differently (**da** from); ***pensarla ~ dagli altri*** to think *o* to see things differently from the others.

▶ **differenza** /diffe'rɛntsa/ f. **1** *(scarto)* difference, gap (**tra, fra** between; **di** in, of); ***~ d'età*** age difference, gap; ***c'è troppa ~ di età fra loro*** there's too much of an age gap between them, there's a huge difference in age between them; ***~ di statura*** difference in height; ***~ di trattamento economico*** wage difference; ***con qualche piccola ~*** with one or two little differences; ***quanti anni di ~ ci sono tra loro?*** how close *o* near are they in age? **2** *(distinzione)* difference, distinction (**tra, fra** between); ***qual è la ~ tra i due?*** what's the difference between the two? ***che ~ fa?*** what's the difference? what difference does it make? ***fare la ~*** to make a difference; ***non fare nessuna ~*** to make no difference (**per** to); ***non ci vedo, trovo nessuna ~*** I can't tell *o* see any difference; ***c'è una bella ~!*** there's quite a difference! ***c'è una bella ~ rispetto a...*** it's a far cry from...; ***a ~ di*** unlike; ***con la ~ che*** with the difference that **3** *(discriminazione)* difference (**tra, fra** between); ***fare -e fra i propri figli*** to treat one's children differently **4** *(rimanente)* difference, remainder (anche MAT.); ***pagare*** o ***versare la ~*** to pay the difference ◆◆ ***~ di fase*** FIS. phase angle; ***~ di fuso orario*** time difference; ***~ di potenziale*** FIS. potential difference.

differenziale /differen'tsjale/ **I** agg. ECON. MAT. differential; ***calcolo ~*** differential calculus **II** m. **1** ECON. MAT. differential **2** AUT. differential (gear) ◆ ***~ salariale*** wage *o* pay differential, wage split AE.

differenziamento /differentsja'mento/ m. **1** differentiation, distinction **2** BIOL. differentiation.

differenziare /differen'tsjare/ [1] **I** tr. **1** *(distinguere)* to differentiate, to distinguish (**da** from); ***nulla li differenzia*** there's no way of telling them apart **2** *(creare una differenza)* to differentiate (**da** from) **3** *(diversificare)* to diversify [*investimenti*] **4** MAT. to differentiate **II differenziarsi** pronom. **1** *(distinguersi)* [*persona, partito, organizzazione*] to distinguish oneself (**da** from) **2** *(presentare differenze)* to be* differentiated (**da** by).

differenziato /differen'tsjato/ **I** p.pass. → **differenziare II** agg. **1** *(diverso)* [*situazione, evoluzione*] diverse **2** COMM. *(specifico)* [*prodotto, servizio*] differentiated **3** *(di rifiuti urbani)* ***raccolta -a*** separate refuse collection, waste separation **4** BIOL. [*tessuti, organi*] differentiated.

differenziazione /differentsjat'tsjone/ f. **1** *(distinzione)* differentiation, distinction; ***fare delle -i*** to differentiate; ***~ dei prodotti*** COMM. product differentiation; ***~ dei prezzi*** COMM. differential pricing **2** MAT. differentiation **3** GEOL. FON. differentiation, dissimilation.

differibile /diffe'ribile/ agg. postponable.

differimento /differi'mento/ m. deferment, postponement; ***il ~ di una decisione*** the deferment of a decision.

differire /diffe'rire/ [102] **I** tr. *(rinviare)* to defer, to delay, to put* back [*partenza, decisione, data, scadenza*]; to defer, to adjourn [*riunione, dibattimento*]; to defer, to hold* back, to remit [*pagamento*] **II** intr. (aus. *avere, essere*) *(essere differente)* to differ, to diverge, to vary (**da** from; **per** in); ***~ di poco, molto*** to differ little, widely; ***non ~ in nulla*** not to differ at all; ***~ nel carattere*** they are different in their characters.

differita /diffe'rita/ f. recording; ***incontro Italia-Olanda in ~*** recording of the Italy-Holland match; ***il discorso del presidente sarà trasmesso in ~*** the broadcast of the president's speech will be a recording *o* is prerecorded.

differito /diffe'rito/ **I** p.pass. → **differire II** agg. **1** *(rinviato)* [*partenza, acquisto*] deferred **2** ECON. [*rendita, pagamento*] deferred; [*consegna*] forward.

▶ **difficile** /dif'fitʃile/ **I** agg. **1** *(disagevole, arduo)* [*compito, percorso*] difficult, hard, tough; [*periodo, condizioni, atterraggio*] difficult, hard; [*momento, scelta*] difficult, awkward, tough; ***è ~ fare, a farsi, a dirsi*** it's difficult *o* hard to do, to tell; ***è ~ per qcn. fare qcs.*** it's hard for sb. to do sth.; ***questo è troppo ~ per me*** that's too difficult for me *o* above my head *o* beyond me; ***trovare ~ fare*** to find it difficult *o* hard to do; ***rendere la vita ~ a qcn.*** to make life difficult for sb., to give sb. a hard time, a rough ride; ***non dovrebbe essere ~ convincerli*** it shouldn't be difficult to convince them; ***è ~ viverci, andarci d'accordo*** he's difficult to live with, to get on with **2** *(complicato)* [*lingua, problema, ruolo, testo, autore*] difficult, hard; [*domanda, questione*] difficult, tricky **3** *(poco probabile)* unlikely, improbable; ***è ~ che ci riescano*** they are unlikely to succeed; ***sarà ~ che io venga*** it's unlikely that I will come **4** *(intrattabile)* [*persona, carattere, umore*] difficult; ***un bambino ~*** a problem child **5** *(esigente)* [*persona*] choosy, particular, hard to please, fussy, fastidious (**in** about); [*gusti*] fastidious; ***essere ~*** o ***di gusti -i in, nel*** [*persona*] to be particular *o* fussy about [*scelta, cibo, bevanda*]; ***non ti compro più niente, sei troppo ~!*** I won't buy you anything else, you're too fussy! ***lo trovi bello? non sei di gusti -i!*** do you think he's good-looking? you're not hard to please! **II** m. e f. *(persona)* ***fare il ~, la ~*** to be choosy *o* fussy *o* particular **III** m. *(difficoltà)* difficulty, difficult part; ***qui sta il ~*** here lies the difficulty; ***il ~ sta nel*** o ***è fare*** the difficulty lies in doing.

difficilmente /diffitʃil'mente/ avv. **1** *(con difficoltà)* [*alzarsi, raggiungere*] with difficulty; [*immaginare, ammettere*] hardly; ***~ potevo dire di no*** I could hardly say no; ***il caldo, il dolore è ~ sopportabile*** the heat, pain is hard to bear; ***~ comprensibile*** hard to understand, hardly understandable; *(in modo difficile)* ***esprimersi, parlare ~*** to express oneself, speak obscurely **2** *(improbabilmente)* ***~ arriverà oggi*** he is unlikely to arrive today.

▶ **difficoltà** /diffikol'ta/ f.inv. **1** *(complessità)* difficulty; ***la ~ di una lingua, di una operazione (chirurgica)*** the difficulty of a language, an operation; ***la ~ di fare*** the difficulty of doing; ***la ~ è, sta tutta lì*** the difficulty is, lies there; ***avere, trovare ~ a fare*** to have, find difficulty (in) doing, to find it difficult to do; ***faccio ~ ad accettare quest'idea*** I have difficulty with that idea, I find it difficult to accept that idea; ***con ~*** with difficulty **2** *(situazione difficile)* difficulty, trouble; ***in ~*** [*persona, amico*] in difficulty, in trouble; [*aereo, nave, famiglia*] in difficulty; [*settore, ditta*] floundering, in trouble; [*governo, organizzazione*] embattled, in trouble; ***mettere [qcn.] in ~*** to give [sb.] trouble, to place [sb.] in a difficult situation, to make things difficult for [sb.]; ***mettersi in ~*** to get into trouble **3** *(ostacolo)* difficulty, problem; ***incontrare (delle) ~*** to run into *o* meet with *o* encounter difficulties; ***creare ~*** to give trouble;

essere in ~ finanziarie to be in financial straits, to have financial difficulties; ***non presentare ~ alcuna*** to present no difficulty; ***(non) senza ~*** with no (little) difficulty, (not) without difficulty *o* difficulties; ***fare qcs. senza (alcuna) ~*** to do sth. without problems; ***avere (delle) ~ a scuola*** to have problems at school; ***avere ~ in francese, algebra*** to have difficulties *o* problems with French, algebra **4** *(obiezione)* difficulty; ***fare delle ~*** to be awkward, to cause problems (**nel fare** about doing); ***mia madre non ha fatto alcuna ~*** my mother didn't raise a single objection.

difficoltoso /diffikol'toso/ agg. *(arduo)* [*compito, impresa*] difficult, hard, tough; [*parto*] difficult; [*movimento*] laboured BE, labored AE; [*scalata, allenamento*] hard; [*respiro*] heavy, laboured BE, labored AE, difficult.

diffida /dif'fida/ f. DIR. caution, warning; SPORT caution; ***dare, impartire una ~ a qcn.*** to issue, administer a caution to sb.; ***cavarsela con una ~*** to get off *o* to be let off with a caution.

diffidare /diffi'dare/ [1] **I** tr. DIR. ***~ qcn. dal fare qcs.*** to caution sb. against doing sth. **II** intr. (aus. *avere*) **1** *(non fidarsi)* ***~ di*** to distrust *o* mistrust, to view with suspicion [*persona, governo*]; ***~ delle novità*** to be wary *o* suspicious of anything new; ***diffidate delle imitazioni!*** beware of imitations! **2** DIR. to issue a caution, to admnister a caution.

▷ **diffidente** /diffi'dɛnte/ agg. [*persona, carattere, sguardo, aria*] cautious, wary, distrustful, mistrustful, suspicious.

▷ **diffidenza** /diffi'dɛntsa/ f. wariness, distrust, mistrust (**per, nei confronti di, verso** of); ***provare ~ per qcn.*** o ***nei confronti di qcn.*** to be distrustful *o* wary of sb.; ***suscitare la ~ di qcn.*** to arouse sb.'s suspicions; ***avvicinarsi con ~*** to approach cautiously *o* mistrustfully *o* warily; ***guardare qcn. con ~*** to eye sb. with caution.

▶ **diffondere** /dif'fondere/ [51] **I** tr. **1** *(emanare)* to diffuse, to emanate, to send* out [*luce, calore*]; to diffuse, to give* off [*profumo*]; to emanate, to radiate [*sicurezza, serenità*] **2** *(propagare)* to spread, to diffuse [*infezione, panico*]; to carry, to spread* [*malattia*]; to pipe [*musica*]; ***si sta diffondendo la sensazione che...*** there is a growing feeling, perception that... **3** *(divulgare)* to spread*, to release [*notizia, comunicato, idee*]; to leak [*rapporto, documento*]; to spread* [*vangelo, religione*]; to put* out, to spread* [*pettegolezzi*]; to spread*, to popularize [*moda*]; ***~ la cultura*** to bring culture to the masses; ***la polizia ha diffuso i dati segnaletici del ladro*** the police has put out the description of the thief **4** COMM. *(distribuire)* to spread*, to distribute [*articolo, prodotto, giornale*] **5** RAD. TELEV. to broadcast, to network [*programma*] **II diffondersi** pronom. **1** *(propagarsi)* [*notizia, informazione, pettegolezzo*] to spread*, to get* about; [*malattia, dolore*] to spread*, to take* hold; [*insegnamento, religione, uso, abitudine*] to spread, to become* popular; [*calore, luce*] to diffuse, to emanate, to pour; [*profumo*] to diffuse **2** *(prendere piede, affermarsi)* [*prodotto*] to penetrate; [*moda, sistema*] to catch* on, to sweep through; [*idea*] to catch* on, to take* hold **3** FIG. *(dilungarsi)* to dwell, to expand, to enlarge, to expatiate (**su** on); ***-rsi (a lungo) su un argomento*** to dilate on a subject.

difforme /dif'forme/ agg. [*giudizio, parere*] different, dissimilar; [*copia*] unconformable; ***~ dall'originale*** unconformable to the original.

difformemente /difforme'mente/ avv. unconformably.

difformità /difformi'ta/ f.inv. difference, dissimilarity, unconformableness.

diffrangere /dif'frandʒere/ [52] tr. to diffract.

diffrattometro /diffrat'tɔmetro/ m. diffractometer.

diffrazione /diffrat'tsjone/ f. diffraction; ***reticolo di ~*** diffraction grating.

diffusamente /diffuza'mente/ avv. expansively, diffusely, extensively, at length; ***l'avvenimento fu ~ ripreso dalla carta stampata*** the event was commented on at considerable length in the press; ***l'autore più ~ conosciuto all'estero*** the author most widely known abroad, the most popular author abroad; ***intrattenersi ~ su un argomento*** to talk about a matter at length, to dilate on a subject.

diffusibile /diffu'zibile/ agg. diffusible.

diffusibilità /diffuzibili'ta/ f.inv. diffusibility.

▷ **diffusione** /diffu'zjone/ f. **1** *(di conoscenze)* diffusion; *(di scritti, notizia)* diffusion, circulation; *(di moda)* diffusion, popularization; *(di lingua, moda)* diffusion, circulation; *(di informazioni, idee)* diffusion, circulation, dissemination, spread; *(di specie)* distribution, introduction; *(di malattia, infezione)* spread; *(di civiltà)* diffusion, spread; *(di religione)* spread **2** COMM. *(distribuzione)* distribution **3** *(nell'editoria)* circulation; ***a larga ~*** [*quotidiano*] widely-circulated **4** RAD. TELEV. broadcast; ***programma a ~ regionale*** = regional TV or radio broadcast **5** FIS. *(di luce, calore)* diffusion.

diffusivo /diffu'zivo/ agg. diffusive.

diffuso /dif'fuzo/ **I** p.pass. → **diffondere II** agg. **1** [*luce, calore*] diffused; MED. [*dolore*] distributed **2** *(comune)* [*credenza, pratica, uso*] frequent, popular, widespread; [*sentimento, impressione*] broad; [*usanza, opinione, idea, abitudine*] prevailing **3** RAR. SPREG. [*stile*] diffuse, diffusive.

diffusore /diffu'zore/ m. **1** *(di luce)* diffuser (anche TECN.) **2** *(altoparlante)* (loud)speaker ◆◆ ***~ di aromi*** aromatherapy lamp; ***~ di profumo*** *(per ambienti)* pomander, perfume burner.

difilato /difi'lato/ avv. **1** *(senza fermarsi)* straight; ***correre ~ a casa, a letto*** to run straight home, to bed; ***andare ~ a*** to make a beeline for **2** *(di seguito)* in a row; ***parlare per tre ore ~*** to talk for three hours at a stretch, to talk nonstop for three hours.

difterico, pl. **-ci, -che** /dif'tɛriko, tʃi, ke/ agg. diphtherial, diphtheric, diphtheritic.

difterite /difte'rite/ ➧ **7** f. diphtheria; ***~ aviaria*** roup.

difteroide /difte'rɔide/ agg. diphtheroid.

▷ **diga**, pl. **-ghe** /'diga, ge/ f. **1** *(per trattenere l'acqua)* dam, barrage, weir; *(argine)* embankment, dyke, dike AE; *(marittima)* sea wall; ***~ di terra*** earth-dam; ***costruire -ghe*** o ***una ~ su un fiume*** to dam a river **2** FIG. *(barriera morale)* barrier; ***(op)porre una ~ a*** to put up a barrier against; ***rompere (tutte) le -ghe*** to break down (all) barriers ◆◆ ***~ a basso invaso*** low-capacity dam; ***~ idroelettrica*** hydroelectric dam; ***~ di ritenuta*** o ***di sbarramento*** retaining dam.

digastrico, pl. **-ci, -che** /di'gastriko, tʃi, ke/ **I** agg. [*muscolo*] digastric **II** m. digastric (muscle).

digerente /didʒe'rɛnte/ agg. [*apparato, tubo, canale*] alimentary, digestive.

digeribile /didʒe'ribile/ agg. [*piatto, alimento*] digestible; ***poco ~*** FIG. [*offesa, torto*] indigestible.

digeribilità /didʒeribili'ta/ f.inv. digestibility.

▷ **digerire** /didʒe'rire/ [102] tr. **1** *(assimilare)* to digest, to stomach [*cibo*]; ***~ bene*** to have a good digestion; ***~ male*** to suffer from indigestion, to have a bad digestion; ***essere difficile da ~*** to be strong meat *o* difficult to digest; ***ho mangiato qualcosa che non ho digerito*** I ate something that didn't agree with me **2** FIG. *(sopportare)* to stomach [*persona, comportamento, atteggiamento*]; to digest, to swallow [*insulto, affronto*]; to come* to terms with [*sconfitta*]; ***non ha digerito il fatto che se ne sia andata*** he couldn't come to terms with her leaving **3** COLLOQ. FIG. *(assimilare)* to digest [*lettura, concetto*] **4** FIG. *(dominare)* to swallow [*rabbia, collera*] ◆ ***~ anche i chiodi*** o ***i sassi*** to have a cast-iron stomach.

▷ **digestione** /didʒes'tjone/ f. digestion (anche CHIM.); ***cattiva ~*** indigestion; ***facilitare*** o ***aiutare la ~*** to aid digestion; ***problemi, disturbi di ~*** digestive problems, troubles; ***avere una cattiva ~*** o ***una ~ difficile*** to suffer from indigestion, to have a weak digestion.

digestivo /didʒes'tivo/ **I** agg. [*processo, liquore, enzima*] digestive **II** m. *(liquore)* after-dinner drink.

digestore /didʒes'tore/ m. CHIM. digester.

1.digitale /didʒi'tale/ agg. *(relativo alle dita)* [*arterie, vene, nervi*] digital; ***impronte -i*** fingerprints.

2.digitale /didʒi'tale/ agg. TECN. [*lettura, orologio, computer, registrazione*] digital; ***(a display) ~*** [*sveglia*] digital (display); ***(televisione) ~ terrestre*** digital terrestrial television, DTT.

3.digitale /didʒi'tale/ f. BOT. digitalis*, foxglove.

digitalina /didʒita'lina/ f. FARM. digitalis.

digitalizzare /didʒitalid'dzare/ [1] tr. to digitize.

digitalizzatore /didʒitaliddza'tore/ f. TECN. digitizer.

digitalizzazione /didʒitaliddzat'tsjone/ f. TECN. MED. digitalization.

digitare /didʒi'tare/ [1] tr. *(su una tastiera)* to type [*testo*]; INFORM. to key (in) [*dati, testo*]; ***~ un numero telefonico*** to dial a phone number; ***~ il proprio codice*** to key in one's code.

digitato /didʒi'tato/ **I** p.pass. → **digitare II** agg. BOT. ZOOL. digitate; ***foglia -a*** fingered leaf.

digitazione /didʒitat'tsjone/ f. **1** BOT. ZOOL. ANAT. digitation **2** *(su tastiera)* typing; INFORM. keying.

digitigrado /didʒi'tigrado/ agg. e m. digitigrade.

digitopressione /didʒitopres'sjone/ f. acupressure.

digitossina /didʒitos'sina/ f. CHIM. digitalin.

▷ **digiunare** /didʒu'nare/ [1] intr. (aus. *avere*) to fast, to go* hungry; ***piuttosto di mangiare questa roba digiuno!*** I'd rather go hungry than eat that! ***~ per protesta*** to go on hunger strike.

digiunatore /didʒuna'tore/ m. (f. **-trice** /tritʃe/) faster.

1.digiuno /di'dʒuno/ agg. **1** foodless; ***sono ~ da ieri*** I haven't eaten since yesterday; ***rimanere ~ per un prelievo di sangue*** to have nothing to eat or drink before a blood test **2** FIG. *(privo)* ***essere ~ di notizie*** to have no news, to be starved for news; *(senza cognizioni)* ***sono ~ di cultura italiana*** I'm strange to Italian culture, I know nothing about Italian culture; ***essere (completamente) ~ di chimica*** to know no chemistry (at all).

▷ **2.digiuno** /di'dʒuno/ m. **1** *(astinenza)* abstinence from food, fast, fasting; ***fare ~*** to fast, to go without food; ***osservare, rompere il ~*** to observe, break one's fast; ***giorno di ~*** fast day **2** *(periodo)* fast; ***un ~ di 40 giorni*** a 40-day fast **3** FIG. *(totale mancanza, assenza)* lack; ***~ di informazioni*** lack of information **4 a digiuno** [*partire, bere, fumare*] on an empty stomach; ***essere a ~ per un prelievo di sangue, un'operazione*** to have had nothing to eat or drink before a blood test, an operation; ***venga a ~*** don't eat anything before coming here; ***prendere una medicina a ~*** to take a medicine on an empty stomach; ***tenere qcn. a ~ di notizie*** FIG. to starve sb. of news.

3.digiuno /di'dʒuno/ m. ANAT. jejunum.

diglossia /diglos'sia/ f. diglossia.

▷ **dignità** /diɲɲi'ta/ f.inv. **1** *(onorabilità)* dignity, worthiness; ***senso della ~*** sense of decorum; ***morire con ~*** to die with dignity; ***la ~ dell'uomo*** human dignity; ***la ~ dei lavoratori*** the dignity of workers; ***la nostra ~ di donne*** our dignity as women; ***avere la propria ~*** to have one's pride; ***tutelare la propria ~*** to preserve one's dignity; ***comportarsi con ~*** to behave honourably; ***accettare la sconfitta con ~*** to be gracious in defeat; ***una persona senza ~*** an undignified person **2** *(gravità)* graveness **3** *(carica)* dignity; ***innalzare, promuovere alla ~ di*** to raise, promote to the dignity of; ***~ di regina*** queenship, queenliness; ***~ papale, cardinalizia, vescovile*** papacy, cardinalate, bishopric.

dignitario, m.pl. **-ri** /diɲɲi'tarjo, ri/ m. (f. **-a**) dignitary; ***gli alti -i dello Stato*** the leading state dignitaries.

dignitosamente /diɲɲitosa'mente/ avv. [*comportarsi, vestirsi*] decorously, properly; [*vivere*] decently; [*accettare*] graciously.

dignitoso /diɲɲi'toso/ agg. **1** *(pieno di dignità)* [*persona, gesto, contegno*] dignified, gracious, portly **2** *(decoroso)* [*vestito, comportamento*] decorous, decent, proper **3** *(accettabile)* [*lavoro, abitazione*] decent, respectable.

DIGOS /'digos/ f. (⇒ Divisione Investigazioni Generali e Operazioni Speciali) = General Investigative and Special Operations Division, anti-terrorist division of the Italian police.

digradante /digra'dante/ agg. ***~ verso il mare*** sloping towards the sea.

digradare /digra'dare/ [1] intr. (aus. *essere*) **1** *(scendere)* to slope, to shelve, to fall* (away); ***~ dolcemente*** [*terreno, strada*] to shelve gently **2** *(perdere intensità)* [*suoni*] to die* away, to fade away, to dull; [*colori*] to dim, to dull, to fade.

digradazione /digradat'tsjone/ f. **1** *(di colori)* gradation **2** *(di suoni)* fading (away).

digramma /di'gramma/ m. digraph.

digressione /digres'sjone/ f. **1** *(l'andare fuori dall'argomento)* digression, excursion (**su** on); ***non fate troppe -i*** don't digress too much; ***fare una ~*** to digress, to excurse **2** ASTR. digression.

digressivo /digres'sivo/ agg. [*discorso, testo, stile*] *(ricco di digressioni)* digressive, excursive; *(che costituisce una digressione)* digressive.

digrignare /digriɲ'ɲare/ [1] tr. ***~ i denti*** to grind *o* gnash one's teeth.

digrossare /digros'sare/ [1] tr. **1** to rough off, to rough-hew [*materiale*]; to rough-hew [*diamante*] **2** FIG. *(istruire)* ***~ qcn. in*** to teach sb. the basics of **3** *(affinare)* to refine [*persona*].

diguazzare /digwat'tsare/ [1] intr. (aus. *avere*) *(nell'acqua)* to paddle, to splash; *(nel fango)* to puddle.

diktat /dik'tat, 'diktat/ m.inv. diktat.

dilacerare /dilatʃe'rare/ [1] tr. to dilacerate.

dilagante /dila'gante/ agg. [*crimine, malcostume, diceria*] rampant; [*epidemia*] widespread.

dilagare /dila'gare/ [1] intr. (aus. *avere*) **1** *(straripare)* to flood, to overflow **2** *(estendersi rapidamente)* [*epidemia, malattia*] to flare up, to spread*; [*diceria*] to spread*; [*violenza, proteste, delinquenza*] to be* rife; ***un'ondata di razzismo dilaga in Germania*** a wave of racism is sweeping through Germany **3** SPORT *(dominare largamente)* [*squadra, atleta*] to dominate (the match).

dilaniare /dila'njare/ [1] tr. **1** [*animale*] to maul, to tear* (apart) [*preda*]; [*macchina*] to mangle, to tear* [sb.] to pieces [*vittima*]; [*esplosione*] to blow* [sb.] to pieces [*vittima*] **2** FIG. *(tormentare)* [*rimorso, odio*] to tear* [sb.] apart, to rack [*persona*]; [*dubbio*] to nag [*persona*]; ***essere dilaniato dalla guerra*** to be torn by war *o* strife-ridden.

dilapidare /dilapi'dare/ [1] tr. to dissipate, to squander [*denaro, fortuna, patrimonio*].

dilapidatore /dilapida'tore/ **I** agg. squandering **II** m. (f. **-trice** /tritʃe/) squanderer.

dilapidazione /dilapidat'tsjone/ f. *(di denaro, ricchezze)* dilapidation, squandering.

dilatabile /dila'tabile/ agg. dilatable, distensible.

dilatabilità /dilatabili'ta/ f.inv. dilatability.

dilatamento /dilata'mento/ m. → **dilatazione.**

▷ **dilatare** /dila'tare/ [1] **I** tr. **1** *(allargare)* to dilate, to distend, to enlarge [*orifizio, pupilla*]; to dilate, to distend [*vaso sanguigno*]; to dilate, to distend, to inflate [*polmoni, stomaco*]; to dilate, to flare [*narici*] **2** FIS. to dilate, to expand [*corpo, gas*] **3** FIG. *(ampliare)* to expand [*attività, sfera d'interessi*] **II dilatarsi** pronom. **1** *(allargarsi)* [*pupilla, orifizio*] to dilate, to distend, to enlarge; [*vaso sanguigno, polmoni, stomaco*] to dilate, to distend **2** FIS. [*corpo, gas*] to dilate, to expand; ***-rsi per effetto del calore*** to expand with heat **3** FIG. *(ampliarsi)* [*attività, sfera d'interessi*] to expand; *(estendersi)* ***la sua fama si dilatò per tutta l'Europa*** his fame spread throughout Europe.

dilatato /dila'tato/ **I** p.pass. → **dilatare II** agg. MED. [*pori, vasi, pupille*] dilated, enlarged; [*stomaco*] distended; [*polmone*] inflated.

dilatatore /dilata'tore/ **I** agg. ***muscolo ~*** dilator **II** m. MED. dilator.

dilatazione /dilatat'tsjone/ f. **1** *(di corpo, gas)* dilatation, dilation, expansion; ***coefficiente di ~*** expansivity **2** ANAT. MED. *(di pupilla, di orifizio)* dilatation, dilation, distension, enlargement; *(di vaso sanguigno)* dilatation, dilation, distension; *(di polmone)* dilatation, inflation; ***avere una ~ di 5 cm*** *(durante il parto)* to be 5 cm dilated ◆◆ ***~ termica*** FIS. thermal expansion.

dilatometria /dilatome'tria/ f. dilatometry.

dilatometro /dila'tɔmetro/ m. dilatometer.

dilatorio, pl. **-ri**, **-rie** /dila'tɔrjo, ri, rje/ agg. **1** *(per guadagnare tempo)* [*tattica, azione*] delaying; [*misura, risposta, comportamento*] dilatory **2** DIR. dilatory; ***eccezione -a*** dilatory plea.

dilavamento /dilava'mento/ m. *(erosione)* scour.

dilavare /dila'vare/ [1] tr. **1** *(erodere)* to wash away, to scour [*roccia*] **2** *(scolorire)* to wash out [*tessuto*].

dilavato /dila'vato/ **I** p.pass. → **dilavare II** agg. *(eroso)* [*roccia*] scoured, washed away.

dilazionabile /dilattsjo'nabile/ agg. [*scadenza*] that can be delayed; [*pagamento*] that can be deferred; [*debito*] extendible.

dilazionare /dilattsjo'nare/ [1] tr. to extend, to respite [*debito*]; to defer, to respite, to remit [*pagamento*]; to delay, to defer [*scadenza*].

dilazionato /dilattsjo'nato/ **I** p.pass. → **dilazionare II** agg. [*pagamento*] deferred; [*scadenza*] delayed, deferred.

dilazione /dilat'tsjone/ f. *(di scadenza)* delay; *(di pagamento)* deferment, respite; ***concedere una ~*** [*creditore*] to hold off; ***concedere una ~ di tre giorni*** to give *o* grant three days' respite *o* grace.

dileggiamento /dileddʒa'mento/ m. → **dileggio.**

dileggiare /diled'dʒare/ [1] tr. to mock, to jeer, to scoff at, to fleer at [*persona*].

dileggiatore /dileddʒa'tore/ **I** agg. jeering, scoffing **II** m. (f. **-trice** /tritʃe/) mocker, scoffer.

dileggio, pl. **-gi** /di'leddʒo, dʒi/ m. mockery, jeer, scoff(ing); ***esporsi al ~ della folla*** to leave oneself open to the crowd's jeer *o* mockery.

dileguare /dile'gware/ [1] **I** tr. **1** LETT. to disperse, to dispel, to dissipate; ***il vento dileguò le nubi*** the wind dispelled the clouds **2** FIG. to dispel, to dissipate [*sospetti, timori*] **II** intr. (aus. *essere*) LETT. to disperse, to dissipate **III dileguarsi** pronom. **1** *(svanire)* [*fumo, nebbia*] to disperse, to dissipate; [*persona*] to vanish, to disappear; [*speranza*] to dissolve, to fade, to vanish; ***-rsi in*** [*persona, sagoma*] to melt into [*oscurità, folla, gente*]; ***-rsi nella nebbia, nel nulla*** to vanish *o* disappear into the fog, the blue **2** *(fuggire)* [*ladro*] to vanish, to disappear, to make* off; *(disperdersi)* [*folla, dimostranti*] to melt away.

dilemma /di'lɛmma/ m. dilemma; ***di fronte a un ~*** in a dilemma; ***trovarsi di fronte a un ~*** to be on the horns of a dilemma, to be presented with a dilemma; ***mettere qualcuno di fronte a un ~*** to place sb. in a dilemma.

▷ **dilettante** /dilet'tante/ **I** agg. *(non professionista)* [*fotografo, poeta, attore*] amateur, dilettante; SPORT [*pugile, ciclista*] amateur **II** m. e f. **1** *(amatore, non professionista)* amateur; ***gara fra -i*** amateur match **2** SPREG. amateur, dabbler, dilettante*; ***dipingere, scrivere da ~*** to be an amateur painter, writer *o* to dabble in painting, writing; ***è un lavoro da -i*** it's amateur work.

dilettantesco, pl. **-schi**, **-sche** /dilettan'tesko, ski, ske/ agg. **1** [*sport*] amateur **2** SPREG. [*lavoro, atteggiamento*] amateurish, dilettantish.

dilettantismo /dilettan'tizmo/ m. dilettantism, amateurism (anche SPREG.).

dilettantisticamente /dilettantistika'mente/ avv. **1** as an amateur **2** SPREG. as a dabbler.

dilettantistico, pl. **-ci**, **-che** /dilettan'tistiko, tʃi, ke/ agg. [*lavoro, atteggiamento*] amateurish, dilettantish; [*sport, gara*] amateur.

dilettare /dilet'tare/ [1] **I** tr. to delight [*sguardo, orecchie*]; **~ *qcn. con qcs.*** to delight sb. with sth. **II dilettarsi** pronom. **1** *(divertirsi)* ***-rsi a fare*** o ***facendo*** to delight in *o* to enjoy doing **2** *(fare qualcosa per diletto)* ***-rsi di musica, pittura*** to dabble in music, painting; ***-rsi a fare*** o ***facendo*** to dabble in doing.

dilettevole /dilet'tevole/ agg. [*lettura, occupazione*] delighful, pleasant ◆ ***unire l'utile al ~*** to mix business with pleasure.

1.diletto /di'lɛtto/ **I** agg. beloved, dearest; ***figlio mio ~*** my dearly beloved son; ***mia -a sposa*** my beloved wife; ***amico ~*** dearest friend **II** m. (f. **-a**) beloved; ***il mio ~, la mia -a*** my beloved.

2.diletto /di'lɛtto/ m. delectation, delight, enjoyment, pleasure; ***fare qcs. per ~*** to do sth. for enjoyment *o* pleasure; ***procurare ~ a*** to give delight *o* pleasure to [*persona, spirito*]; ***trarre ~ da qcs., dal fare*** to take delight *o* pleasure in sth., in doing.

dilettoso /dilet'toso/ agg. LETT. agreeable, delightful.

diligente /dili'dʒɛnte/ agg. [*scolaro*] diligent, studious; [*impiegato*] careful, diligent; *(accurato)* [*lavoro, ricerca*] careful, thorough; ***è stato (molto) ~ nel suo lavoro*** he took (great) care over *o* with his work.

diligentemente /dilidʒente'mente/ avv. carefully, diligently, conscientiously.

1.diligenza /dili'dʒɛntsa/ f. carefulness, diligence; *(nello studio)* studiousness; ***studiare con ~*** to study diligently.

2.diligenza /dili'dʒɛntsa/ f. *(veicolo)* (stage)coach, diligence, post chaise; *(postale)* mail coach, post chaise; ***l'assalto alla ~*** stagecoach hold-up.

diliscare /dilis'kare/ [1] tr. to bone [*pesce*].

diluente /dilu'ɛnte/ **I** agg. diluent **II** m. diluent, diluter; MED. diluent; CHIM. extender.

diluire /dilu'ire/ [102] tr. **1** *(diminuire la concentrazione di)* to dilute [*alcol, soluzione*]; to water down [*vino*] (**con** with; **in** in); to thin [*salsa*] **2** *(rendere più liquido)* to dilute, to thin [*vernice*] (**con** with).

diluito /dilu'ito/ **I** p.pass → **diluire II** agg. [*liquido*] dilute, thin; [*vino*] watered-down; [*alcol, soluzione*] dilute.

diluizione /diluit'tsjone/ f. dilution.

dilungarsi /dilun'garsi/ [1] pronom. [*oratore*] to dilate, to dwell, to enlarge, to expand (**su** on) [*tema, argomento*]; [*autore*] to enlarge, to expand (**su** on) [*descrizione, argomento, punto*].

diluviale /dilu'vjale/ agg. **1** *(torrenziale)* [*pioggia*] torrential **2** GEOL. BIBL. diluvial.

diluviano /dilu'vjano/ agg. diluvian.

diluviare /dilu'vjare/ [1] **I** impers. (aus. *essere, avere*) to pour down, to teem down; ***diluvia*** it's pouring *o* teeming (with rain), the rain is pouring *o* teeming down **II** intr. (aus. *essere, avere*) FIG. [*colpi, insulti*] to rain.

▷ **diluvio**, pl. **-vi** /di'luvjo, vi/ m. **1** *(pioggia)* deluge, soaker; ***è venuto giù il ~*** it rained in torrents; ***il ~ universale*** BIBL. the Flood, the Deluge **2** *(profusione) (di parole, di proteste)* flurry, deluge, torrent; ***rovesciare un ~ di improperi*** to let fly a stream of abuse.

diluvium /di'luvjum/ m.inv. diluvium*.

dima /'dima/ f. TECN. template.

dimagrante /dima'grante/ agg. [*dieta, prodotto*] slimming; [*pillola*] diet attrib.

dimagrare /dima'grare/ → **dimagrire.**

dimagrimento /dimagri'mento/ m. weight loss; ***prodotto che favorisce il ~*** slimming product.

▷ **dimagrire** /dima'grire/ [102] intr. (aus. *essere*) [*persona*] *(perdere peso)* to become* thin(ner), to lose* weight; *(snellirsi)* to slim down, to get* slim; ***~ molto*** to lose a lot of weight; ***~ di tre chili*** to lose three kilos; ***ti trovo dimagrito*** you look thinner; ***~ nelle anche, nelle cosce*** to lose weight around one's hips, from one's thighs; ***è dimagrito di*** o ***in viso*** his face has got thinner; ***fare ~ qcn.*** [*esercizio, dieta*] to make sb. lose weight; ***per ~*** [*crema, esercizio, cachet*] slimming; ***come ~ senza fatica*** slimming without tears.

dimandare /diman'dare/ ANT. → **domandare.**

dimenare /dime'nare/ [1] **I** tr. [*persona*] to flail, to jig [*braccia, gambe*]; to sway [*fianchi*]; [*animale*] to wag(gle) [*coda*] **II dimenarsi** pronom. *(agitarsi)* to flail (about), to flounce (about), to jig (about), to waggle (about), to wriggle (about); ***-rsi come un ossesso*** to thrash about ◆ ***chi va a letto senza cena tutta la notte si dimena*** PROV. = he who goes to bed on an empty stomach will have a restless night.

dimenio, pl. **-ii** /dime'nio, ii/ m. *(di braccia, gambe)* flailing; *(di fianchi)* swaying; *(di coda)* wagging.

▶ **dimensione** /dimen'sjone/ f. **1** MAT. FIS. dimension; ***quarta ~*** fourth dimension; ***spazio, oggetto a tre -i*** three-dimensional space, object **2** *(realtà, mondo)* ***appartenere a*** o ***essere di un'altra ~*** to be on another planet **3** *(grandezza, misura)* size; ***che -i ha?*** what size is it? ***di tutte le -i*** of all sizes; ***scatole di diverse -i*** boxes of different sizes; ***di piccole, grandi -i*** small-sized, large-sized; ***un materasso di -i standard*** a standard-size mattress; ***a ~ d'uomo*** FIG. man-scale **4** *(aspetto, carattere)* dimension, aspect; ***la ~ umana, spirituale, politica di qcs.*** the human, spiritual, political aspect *o* dimension of sth.; ***dare, conferire una nuova ~ a qcs.*** to bring, add a new dimension to sth.; ***perdere la ~ umana*** to lose the human touch **5** *(importanza, ampiezza)* dimensions pl., extent; ***un'impresa di -i internazionali*** a company of international dimensions; ***l'esatta ~ della catastrofe*** the real extent of the disaster; ***prendere le -i di*** [*problema, situazione*] to take the measure of.

dimenticabile /dimenti'kabile/ agg. forgettable.

dimenticanza /dimenti'kantsa/ f. *(il dimenticare)* forgetfulness; *(svista)* omission, oversight; ***questa opera contiene delle deplorevoli -e*** there are some regrettable omissions in this work; ***è una semplice ~*** it's just an oversight; ***per (pura) ~*** due to *o* through a sheer oversight, an oversight.

▶ **dimenticare** /dimenti'kare/ [1] Sul verbo *to forget*, equivalente italiano di *dimenticare / dimenticarsi*, vanno notati due usi particolari. - Quando si precisa il luogo dove qualcosa è stato dimenticato, il verbo *to forget* va sostituito dal verbo *to leave*: *"hai dimenticato le chiavi un'altra volta!" "sì, mi spiace, devo averle dimenticate sul tavolo della cucina"* = "you have forgotten your keys again!" "yes, I'm sorry, I must have left them on the kitchen table". - Si noti anche che *to forget to do something* significa *dimenticarsi di fare qualcosa*, mentre *to forget doing something* significa *dimenticarsi di avere fatto qualcosa*: *accidenti, ho dimenticato di imbucare la lettera* = gosh, I forgot to post the letter; *come posso dimenticare di avere sentito le sue osservazioni sgarbate?* = how can I forget hearing her rude remarks? **I** tr. **1** *(non ricordarsi)* to forget* [*nome, data, fatto*]; *(non pensare a)* to forget* [*preoccupazioni, famiglia, incidente, passato, litigio*]; ***~ di fare*** to forget to do; ***~ che, perché, come*** to forget that, why, how; ***ah, dimenticavo, ha telefonato Nadia*** oh, I nearly forgot, Nadia phoned; ***ho dimenticato ciò che volevo dire*** I've forgotten *o* I can't remember what I wanted to say; ***non ~ di fare*** don't forget to do *o* make sure you do; ***nulla potrà farmi ~ questo momento*** I shall never live that moment down *o* I shall never forget that moment; ***sono cose che non si dimenticano*** these things can't be forgotten; ***non riesco a dimenticarlo*** I can't get him out of my mind *o* get over him; ***bere per ~*** to drink to forget **2** *(non prendere)* to forget*, to leave* (behind) [*ombrello, cappello, passaporto*]; ***nella fretta, ho dimenticato le chiavi, l'ombrello a casa sua*** in my hurry, I've left my keys, umbrella at her house **3** *(omettere)* to forget*, to leave* out [*persona, particolare, virgola*]; ***~ di dire che...*** to fail to mention that... **4** *(trascurare)* to neglect [*dovere, amico*]; ***~ i propri doveri*** to neglect one's duties *o* to be forgetful of one's duties **II dimenticarsi** pronom. ***-rsi (di) qcs.*** to forget sth.; ***-rsi di fare qcs.*** to forget to do sth.; ***l'idraulico si è dimenticato di noi*** the plumber has forgotten about us; ***prima che mi, me ne dimentichi...*** before I forget (it)...; ***me ne ero completamente dimenticato*** I had completely forgotten (it).

dimenticatoio /dimentika'tojo/ m. ***cadere*** o ***finire nel ~*** [*persona, progetto*] to sink into oblivion; [*idea, modo*] to fall *o* go out of favour; ***mettere qcn., qcs. nel ~*** to consign sb., sth. to oblivion, to consign sb., sth. to the scrap heap.

dimentico, pl. **-chi**, **-che** /di'mentiko, ki, ke/ agg. **1** *(immemore)* forgetful, oblivious; ***~ del passato*** [*persona*] forgetful of one's past **2** *(noncurante)* forgetful, oblivious, unmindful, heedless; ***~ dei propri doveri, del pericolo*** forgetful of one's duties, of the danger.

dimero /'dimero/ **I** agg. BOT. dimerous **II** m. CHIM. dimer.

dimessamente /dimessa'mente/ avv. **1** *(modestamente)* [*vivere, comportarsi*] demurely, modestly, humbly **2** *(in modo trasandato)* [*vestirsi*] seedily, sloppily.

dimesso /di'messo/ **I** p.pass. → **dimettere II** agg. **1** *(umile, modesto)* [*modi, tono*] demure, humble, modest; *(assai semplice)* ***vestire con abiti -i*** to dress modestly **2** *(trasandato)* [*aspetto, abiti*] seedy, sloppy.

dimestichezza /dimesti'kettsa/ f. *(confidenza)* familiarity, experience (**con** with); ***avere ~ con qcs.*** to be conversant with sth., to have experience with sth., to be acquainted with sth.; ***prendere ~ con qcs.*** to make oneself familiar with sth.; ***prendere ~ con l'am-***

biente circostante to familiarize oneself with one's environment; ***ha poca ~ con i computer*** he is not very familiar with computing; ***far acquistare ad un impiegato ~ con il computer*** to introduce an employee to computing.

dimetro /'dimetro/ m. dimeter.

dimettere /di'mettere/ [60] **I** tr. **1** *(destituire)* to discharge, to dismiss [*ministro, ambasciatore*] **2** *(fare uscire)* to discharge [*paziente*] **II dimettersi** pronom. [*ministro, funzionario, impiegato*] to resign, to quit* (**dal posto di** as); ***-rsi dalla propria carica*** to resign one's seat; ***si è dimesso dal suo incarico di presidente*** he quit *o* stepped down as chairman.

dimezzamento /dimeddza'mento/ m. halving; ***periodo di ~*** FIS. half-life.

▷ **dimezzare** /dimed'dzare/ [1] **I** tr. *(dividere)* to halve, to cut* [sth.] by half; *(ridurre)* to halve **II dimezzarsi** pronom. *(ridursi)* to halve; ***il PIL si è dimezzato*** the GDP is down by half.

diminuendo /diminu'ɛndo/ **I** m.inv. MUS. diminuendo* **II** avv. MUS. diminuendo.

diminuibile /diminu'ibile/ agg. diminishable.

▷ **diminuire** /diminu'ire/ [102] **I** tr. **1** *(ridurre)* to decrease, to diminish, to reduce, to fall*, to cut* [*quantità, intensità, durata, livello, possibilità*] (**a** to; **di** by); to reduce, to cut*, to lower [*prezzi, tassi, salari*] (**a** to; **di** by); to reduce, to cut*, to lessen [*costi, produzione*] (**a** to; **di** by); to cut* [*imposte*] (**a** to; **di** by); to lower, to slacken [*pressione*]; to drop [*velocità*] (**a** to; **di** by); to detract from [*felicità, piacere*]; to mitigate [*perdite, rischi*]; ***~ i costi*** to cheapen; ***~ l'età pensionabile*** to lower the retirement age; ***fare ~*** to bring down [*prezzi, tassi, livello*] **2** *(nel lavoro a maglia)* to decrease [*maglie*]; ***~ due maglie a*** o ***per ogni giro*** to decrease (by) two stitches on every row **II** intr. (aus. *essere*) **1** *(ridursi)* [*fattura, somma, disoccupazione, tasso, prezzo*] to decrease, to decline, to drop, to go* down, to fall* (**di** by); [*riserve, consumi, quantità*] to decrease, to diminish (**di** by); [*crescita, volume, deficit, differenza*] to decrease; [*produzione, vendite, domanda*] to fall* (off), to decline (**di** by); ***il nostro potere d'acquisto, il nostro salario è diminuito*** our purchasing power, our salary has gone down; ***le vendite sono diminuite (del 5%)*** sales are down (by 5%) **2** *(calare)* [*interesse, richiesta, entusiasmo*] to drop off, to fall* off, to dwindle; [*tensione, violenza*] to de-escalate; [*collera*] to subside; [*criminalità, delinquenza*] to decline; [*pressione*] to ease, to slacken; [*dolore*] to die* down, to ease; [*temperatura, luce*] to drop; [*febbre, rumore*] to drop, to subside, to abate; [*forze, capacità*] to diminish; [*potere, popolarità*] to decrease, to diminish, to contract; [*pioggia, neve*] to ease (off), to let* up, to slacken (off); ***~ nella stima di qcn.*** to go down in sb.'s esteem.

diminuito /diminu'ito/ **I** p.pass. → **diminuire II** agg. MUS. [*intervallo*] diminished.

diminutivo /diminu'tivo/ **I** agg. diminutival; LING. [*suffisso*] diminutive **II** m. LING. diminutive; ***Lauretta è il ~ di Laura*** Lauretta is the diminutive of *o* nickname for Laura.

diminuzione /diminut'tsjone/ f. **1** *(riduzione, calo) (di produzione, attività commerciali)* fall, diminution, decline (**di** in); *(di prezzi, tassi, salari)* decrease, reduction, diminution, drop (**di** in); *(di imposte)* cut (**di** in); *(di potere, forze, facoltà)* decrease, reduction, decline (**di** in); *(di risorse)* shrinkage, reduction (**di** in); *(di livello)* fall (**di** in); *(di popolarità, quantità)* reduction, decrease; *(di febbre, rumore)* abatement, drop; ***~ del personale*** shrinkage in staff; ***~ del reddito*** loss of income; ***~ della natalità*** drop in birthrate; ***constatare una ~ del numero degli incidenti*** to notice a decrease in the number of accidents; ***essere in ~*** [*temperatura, quantità*] to be decreasing; [*produzione, esportazioni*] to be falling; [*popolazione, pubblico*] to be shrinking; [*fondi, risorse*] to be diminishing; ***le temperature sono in ~*** temperatures are decreasing; ***essere in netta ~*** [*razzismo, tendenza*] to be definitely on the decline **2** *(nel lavoro a maglia)* ***fate due -i a*** o ***per ogni giro*** decrease two at the end of each row **3** MUS. diminution ◆◆ ***~ di pena*** DIR. time off.

dimissionare /dimissjo'nare/ [1] tr. BUROCR. to dismiss [*impiegato, funzionario*].

dimissionario, pl. **-ri, -rie** /dimissjo'narjo, ri, rje/ agg. resigning.

dimissione /dimis'sjone/ **I** f. *(dall'ospedale)* discharge **II dimissioni** f.pl. demission sing.; ***dare le -i*** to resign; ***presentare*** o ***rassegnare le -i*** to send in *o* hand in one's resignation; ***offrire le -i*** to offer *o* tender one's resignation; ***lettera di -i*** resignation letter.

dimissorio, pl. **-ri, -rie** /dimis'sɔrjo, ri, rje/ agg. dimissory.

dimodoché /dimodo'ke/ cong. → **di modo che.**

dimora /di'mɔra/ f. **1** *(domicilio)* dwelling place, place of abode, residence; ***prendere ~*** o ***fissare la propria ~*** to take up residence (**in** in); ***senza fissa ~*** of non fixed address *o* abode **2** *(abitazione)* home, habitation, abode; ***una bella ~ del XIX secolo*** a beautiful 19th century residence; ***la mia umile ~*** SCHERZ. my humble abode; ***la ~ avita*** the ancestral home; ***l'estrema*** o ***ultima ~*** his last resting place **3** AGR. ***mettere a ~*** to bed (out) [*piante*].

dimorare /dimo'rare/ [1] intr. (aus. *avere*) **1** *(risiedere)* to dwell, to reside **2** FIG. ***~ in*** [*sentimento*] to dwell in [*persona, cuore, anima*].

dimorfismo /dimor'fizmo/ m. dimorphism.

dimorfo /di'mɔrfo/ agg. dimorphic, dimorphous.

dimostrabile /dimos'trabile/ agg. demonstrable, provable.

dimostrabilità /dimostrabili'ta/ f.inv. demonstrability, provableness.

dimostrante /dimos'trante/ m. e f. demonstrator, protester, marcher; ***un corteo di -i*** a procession of demonstrators.

▶ **dimostrare** /dimos'trare/ [1] **I** tr. **1** *(mostrare, far vedere)* to demonstrate, to display, to show* [*interesse, entusiasmo, abilità*] (**per** for); to demonstrate, to show* [*sentimento, amicizia*] (**per** for); ***~ la propria età*** to look *o* show one's age; ***~ più, meno della propria età*** to look older, younger *o* to look old, young for one's age **2** *(provare)* to demonstrate, to prove, to show* [*teoria, principio, verità*]; to prove, to establish [*innocenza, colpevolezza, paternità*]; ***~ a qcn. che*** to show sb. that, to prove to sb. that; ***ciò dimostra quanto è pericoloso*** this is a measure of how dangerous it is; ***~ che qcn. ha torto*** to prove sb. wrong; ***ho cercato di dimostrargli che si sbagliava*** I tried to show him that he was wrong; ***la tua ipotesi è tutta da ~*** your hypothesis remains *o* is yet to be proved; ***~ un teorema*** MAT. to prove a theorem; ***~ qcs. per assurdo*** to prove sth. by reductio ad absurdum; ***~ senza ombra di*** o ***oltre ogni dubbio*** to prove beyond doubt *o* question; ***come volevasi ~*** it just goes to show; ***come volevasi ~, era in ritardo*** and sure enough, he was late; ***come dovevasi ~*** MAT. quod erat demonstrandum **3** *(illustrare)* to demonstrate; ***~ il funzionamento di una macchina*** to demonstrate a machine, to demonstrate how a machine works **II** intr. (aus. *avere*) *(partecipare a una manifestazione)* to demonstrate (**contro** against; **per, a favore di** for) **III dimostrarsi** pronom. *(rivelarsi)* [*persona, gruppo*] to prove (oneself), to show* (oneself); [*ipotesi, ragionamento, rimedio*] to prove (oneself), to turn out; ***-rsi difficile, vero*** to prove to be *o* to turn out to be difficult, true; ***-rsi utile per qcn., qcs., per fare*** to come in handy for sb., sth., for doing; ***il governo si è dimostrato fiducioso*** the government was clearly confident; ***si è dimostrata all'altezza della situazione*** she rose up to the situation, she showed she was up to it; ***i suoi sospetti si dimostrarono fondati, infondati*** her suspicions proved correct, groundless.

dimostrativamente /dimostrativa'mente/ avv. demonstratively.

dimostrativo /dimostra'tivo/ **I** agg. **1** *(rivelatore)* [*argomentazione, esperienza*] demonstrative **2** *(per dimostrazione)* [*materiale, apparecchio*] illustrative, demonstrative, demonstration **3** *(esemplare)* ***un'azione -a*** a demonstration **4** LING. [*aggettivo, pronome*] demonstrative **II** m. LING. demonstrative.

dimostratore /dimostra'tore/ m. (f. **-trice** /tritʃe/) demonstrator; ***essere dimostratrice di prodotti di bellezza*** to demonstrate beauty products.

▷ **dimostrazione** /dimostrat'tsjone/ f. **1** *(segno esteriore)* demonstration, proof, show; ***dar ~ di amicizia a qcn.*** to make a show of friendship towards sb. **2** *(illustrazione, prova) (di legge, teoria, verità, problema, capacità, sentimenti)* demonstration, display; ***questa è la ~ del fatto che*** this is demonstration that; ***ne è stata data la ~*** this has been proved *o* proven; ***~ per assurdo*** indirect proof, reductio ab asburdum; ***essere la ~ vivente di*** [*persona*] to be living proof of **3** *(manifestazione) (di forza, solidarietà, coraggio)* display, show; ***una ~ di unità*** a show of unity; ***~ aerea, navale*** MIL. air, naval display **4** *(lezione pratica)* demonstration, object lesson; ***~ culinaria, di judo*** cookery, judo demonstration; ***dare una ~ a qcn.*** to give sb. a demonstration; ***fare la ~ di un elettrodomestico*** to demonstrate an appliance **5** *(raduno) (di protesta, sostegno)* demonstration, manifestation (**contro** against; **per, a favore di** for); ***partecipare ad una ~*** to join in *o* attend a demonstration; ***organizzare una ~*** to stage a demonstration.

din /din/ inter. ding(dong); ***fare ~ (don)*** to ding.

dina /'dina/ f. dyne.

Dina /'dina/ f. Dinah.

dinamica, pl. **-che** /di'namika, ke/ f. **1** PSIC. SOCIOL. dynamics; ***~ di gruppo*** group dynamics **2** *(evoluzione)* dynamics, trend; ***le -e sociali, economiche*** social, economical dynamics; ***~ degli investimenti*** investment trends; ***ricostruire la ~ dei fatti*** to piece facts together **3** FIS. dynamics + verbo sing. **4** MUS. dynamics.

dinamicamente /dinamika'mente/ avv. dynamically.

dinamicità /dinamitʃi'ta/ f.inv. *(energia)* dynamism, energy; *(di movimenti)* briskness.

dinamico, pl. **-ci**, **-che** /di'namiko, tʃi, ke/ agg. **1** *(energico, vivace)* [*persona*] dynamic(al), energetic, bouncy, peppy; [*partita*] dynamic; [*passo, movimenti*] brisk; [*mercato, settore*] resilient, high-powered; ***essere molto ~*** to be very dynamic *o* a live wire **2** FIS. MUS. dynamic.

dinamismo /dina'mizmo/ m. **1** *(vivacità, operosità)* dynamism, pep; ***il ~ della vita moderna*** the fast pace of modern life; ***"qualità richieste: serietà, ~"*** "candidates should be committed and dynamic" **2** FILOS. dynamism.

dinamitardo /dinami'tardo/ **I** agg. ***attentato ~*** bomb attack, bomb outrage, bombing **II** m. (f. **-a**) bomber, dynamitard RAR.

dinamite /dina'mite/ f. dynamite (anche FIG.); ***un candelotto di ~*** a stick of dynamite; ***far saltare con la ~*** to dynamite.

dinamizzare /dinamid'dzare/ [1] tr. to dynamize.

dinamizzazione /dinamiddzat'tsjone/ f. dynamization.

dinamo /'dinamo/ f.inv. dynamo.

dinamoelettrico, pl. **-ci**, **-che** /dinamoe'lɛttriko, tʃi, ke/ agg. dynamoelectric.

dinamometrico, pl. **-ci**, **-che** /dinamo'mɛtriko, tʃi, ke/ agg. dynamometric(al); ***chiave -a*** torque wrench.

dinamometro /dina'mɔmetro/ m. dynamometer.

▶ **dinanzi** /di'nantsi/ **I** avv. **1** in front **2** ***~ a*** in front of, before; ***gli si spezza il cuore ~ a tanta povertà*** it breaks his heart to see such poverty; ***si inchinò ~ a lei*** he bowed down before her; ***fu condotto ~ al re*** he was brought before the king; ***comparire ~ a un tribunale*** to appear before a court **II** agg.inv. ANT. *(di fronte)* opposite, in front; ***la casa ~*** the house in front.

dinaro /'dinaro/ ♦ **6** m. dinar.

dinasta /di'nasta/ m. dynast.

dinastia /dinas'tia/ f. dynasty, house; ***la ~ dei Tudor*** the Tudor dynasty; ***la ~ dei Windsor*** the House of Windsor.

dinastico, pl. **-ci**, **-che** /di'nastiko, tʃi, ke/ agg. dynastic.

dinghy /'dingi/ m.inv. dinghy.

1.dingo, pl. **-ghi** /'dingo, gi/ m. → **dinghy.**

2.dingo /'dingo/ m.inv. ZOOL. dingo, wild dog.

diniego, pl. **-ghi** /di'njɛgo, gi/ m. denial, negation, refusal; ***opporre un secco ~*** to refuse flatly.

dinnanzi /din'nantsi/ → **dinanzi.**

dinoccolato /dinokko'lato/ agg. [*persona*] shambling; ***andatura -a*** shamble; ***camminare con passo ~*** to shamble.

dinosauro /dino'sauro/ m. dinosaur.

dinotare /dino'tare/ ANT. → **denotare.**

dintorni /din'torni/ m.pl. surroundings, neighbourhood sing.; ***nei ~*** somewhere about, in the vicinity; ***nei ~ di...*** somewhere around..., in the environs of..., in the vicinity of...; ***i ~ della fattoria, città*** the vicinity *o* surroundings of the farm, town; ***abito qui nei ~*** I live nearby *o* in this neighbourhood.

dintorno, **d'intorno** /din'torno/ avv. → **intorno.**

▶ **dio**, pl. **dei** /'dio, 'dɛi/ m. **1** *(divinità politeistica)* god; ***il ~ del mare, della guerra*** the god of the sea, of war; ***~ Sole*** sun-god; ***gli dei egizi*** the Egyptian gods; ***nelle mani degli dei*** in the lap of the gods **2** FIG. *(persona di talento)* wizard, ace; ***in campo è un ~*** he's an ace on the sports field; ***in fisica è un ~*** he's a wizard at physics; ***da ~*** [*nuotare, sciare, giocare*] divinely, superbly, beautifully; ***cucinare, scopare da ~*** to be a great cook, fuck **3** FIG. *(idolo)* god, idol; ***fare di qcn., qcs. il proprio ~*** to make an idol of sb., sth., to idolize *o* worship sb., sth.; ***essere il ~ di qcn.*** o ***un ~ per qcn.*** to be sb.'s god *o* idol, to be a god *o* an idol for sb. ◆ ***essere bello come un ~*** to look like a Greek god.

▶ **Dio** /'dio/ m. God; ***~ padre*** God the Father; ***l'Agnello di ~*** the Lamb of God; ***il regno di ~*** the kingdom of God; ***la casa di ~*** the House of God; ***la parola di ~*** the Word of God; ***il timor di ~*** the fear of God; ***l'ira di ~*** the wrath of God; ***credere in ~*** to believe in God; ***pregare ~ per qcs.*** to pray (to) God for sth.; ***pronunciare il nome di ~ invano*** to take God's name in vain; ***giuro davanti a ~*** I swear to God; ***al cospetto di ~*** in the sight of God; ***il buon ~*** the good Lord; ***per grazia di ~*** by the grace of God; ***mio ~!*** my God! ***~ del cielo! ~ santo!*** God in heaven! ***~ onnipotente!*** God Almighty! ***per l'amor di ~!*** for God's sake! ***in nome di ~!*** in the name of God! ***~ buono!*** POP. good God *o* Lord! ***grazie a ~!*** thank God! ***~ ti benedica!*** God bless you! ***~ mi perdoni!*** God forgive me! ***~ vi ascolti!*** may God hear your prayer! ***va' con ~!*** Godspeed! ***~ sia lodato!*** Praise be to God! ***~ vi protegga!*** may God protect you! God be with you! Godspeed! ***(che) ~ mi assista*** God help me; ***~ me ne guardi!*** God forbid! ***~ me ne scampi e liberi!*** God *o* Lord preserve me! ***per ~!*** by God! ***che ~ te ne renda merito*** (God) bless your heart; ***che ~ l'abbia in grazia*** o ***in gloria!*** God rest his soul! ***a ~ piacendo*** God willing; ***~ solo lo sa!*** God (only) knows! ***~ solo sa se ci ho provato!*** God knows I've tried! ***se ~ vuole*** would to God that, God willing; ***~ non voglia!*** God forbid! ***che ~ ce la mandi buona!*** let's hope for the best! let's keep our fingers crossed! ***che ~ mi fulmini se...*** God strikes me dead if...; ***com'è vero ~*** as God is my witness; ***dimenticato da ~*** FIG. [*luogo*] godforsaken; ***timorato di ~*** God-fearing ◆ ***credersi ~ in terra*** to think one is God Almighty; ***(nudo) come ~ l'ha fatto*** mother-naked, in one's birthday suit; ***ogni ben di ~*** all sorts of good things; ***avere ogni ben di ~*** to live like fighting cocks; ***essere fuori dalla grazia di ~*** to be furiously angry *o* hopping mad; ***costare l'ira di ~*** [*prodotto*] to cost a king's ransom, to be ruinously expensive; ***ognuno per sé, ~ per tutti*** every man for himself and God for us all; ***viene giù*** o ***piove come ~ la manda*** it's raining buckets *o* cats and dogs, it's pouring; ***fatto come ~ comanda*** done properly; ***~ li fa e poi li accoppia*** PROV. birds of a feather (flock together); ***l'uomo propone e ~ dispone*** PROV. Man proposes, God disposes; ***chi dà ai poveri presta a ~*** PROV. he who gives to the poor will be rewarded in heaven; ***aiutati che ~ t'aiuta*** PROV. God helps those who help themselves; ***~ riconoscerà i suoi*** the Lord looks after his own; ***ciò che donna vuole, ~ lo vuole*** what a woman wants, a woman gets.

diocesano /diotʃe'zano/ **I** agg. diocesan **II** m. (f. **-a**) diocesan.

diocesi /di'ɔtʃezi/ f.inv. diocese.

Diocleziano /dioklet'tsjano/ n.pr.m. Diocletian.

diodo /'diodo/ m. diode; ***~ fotoemittente*** light-emitting diode.

Diogene /di'ɔdʒene/ n.pr.m. Diogenes.

dioico, pl. **-ci**, **-che** /di'ɔiko, tʃi, ke/ agg. dioecious.

dionea /dio'nɛa/ f. Venus flytrap.

Dionigi /dio'nidʒi/ n.pr.m. Denis.

Dionisia /dio'nizja/ n.pr.f. Denise.

dionisiaco, pl. **-ci**, **-che** /dioni'ziako, tʃi, ke/ agg. Dionysiac, Dionysian; ***culto ~*** Dionysian cult.

Dionisio /dio'nizjo/ n.pr.m. Denis.

Dioniso /di'ɔnizo/ n.pr.m. Dionysus.

diopside /di'ɔpside/ m. diopside.

diorama /dio'rama/ m. diorama.

diorite /dio'rite/ f. diorite.

diossido /di'ɔssido/ m. dioxide.

diossina /dios'sina/ f. dioxin.

diottra /di'ɔttra/ f. alidad.

diottria /diot'tria/ f. dioptre, diopter AE.

diottrica /di'ɔttrika/ f. dioptrics + verbo sing.

diottrico, pl. **-ci**, **-che** /di'ɔttriko, tʃi, ke/ agg. dioptric; ***telescopio ~*** refracting telescope.

dipanare /dipa'nare/ [1] **I** tr. **1** to reel off, to reel out, to wind off, to unravel, to untwist [*fili, fune*]; ***~ la matassa*** to wind a skein into a ball **2** FIG. to unravel, to disentangle, to sort out [*intrigo, faccenda, questione*]; ***~ la matassa, i fili di un intrigo*** to unravel the mystery, the threads of a plot **II dipanarsi** pronom. **1** *(districarsi)* [*filo, fune*] to unravel; [*matassa*] to unreel **2** FIG. [*intrigo, faccenda, questione*] to unravel, to get* sorted out.

dipartimentale /dipartimen'tale/ agg. departmental.

dipartimento /diparti'mento/ m. **1** *(circoscrizione)* district, department **2** *(ministero negli USA)* bureau*, department; ***~ di Stato*** State department **3** *(di università)* department; ***~ di italianistica*** Italian department; ***direttore di ~*** department head **4** *(di organismo, amministrazione)* department, service; ***~ dei servizi sociali*** social services department.

dipartirsi /dipar'tirsi/ [102] pronom. **1** *(diramarsi)* [*linee, strade*] to branch (off) (**da** from); ***le strade che si dipartono dalla piazza*** the roads which radiate out from the square **2** LETT. ***~ da qcn.*** to depart from sb. **3** FIG. LETT. *(morire)* to pass away, to depart this life, to go*.

dipartita /dipar'tita/ f. LETT. **1** *(partenza)* departure **2** FIG. *(morte)* passing, departure.

▷ **dipendente** /dipen'dɛnte/ **I** agg. **1** *(che dipende)* dependent, reliant (**da** on); *(da alcol, droghe)* addicted (**da** to); ***essere (psicologicamente) ~ da qcn., qcs.*** to be (psychologically) dependent on sb., sth.; ***organizzazione ~ dal ministero*** organization under the authority of the ministry; ***territorio ~*** dependency **2** MAT. [*variabile*] dependent **3** LING. [*proposizione*] subordinate, dependent **4** *(non autonomo)* [*lavoratore*] employed; [*lavoro*] salaried; ***i lavoratori -i*** the employees; ***reddito da lavoro ~*** earned income **II** m. e f. *(lavoratore subordinato)* employee, subordinate; ***~ comunale*** municipal employee; ***~ pubblico*** o ***statale*** government employee, public servant; ***i -i*** the staff, the personnel, the payroll; ***i -i di una fabbrica, di un'azienda*** the workers of a factory, the employees of a firm **III** f. *(proposizione)* subordinate clause.

▷ **dipendenza** /dipen'dɛntsa/ **I** f. **1** *(di individuo, paese, economia)* dependence, dependance AE, dependency, reliance (**da** on);

la sua ~ dalla madre his dependency on his mother; ***~ economica, amministrativa, finanziaria*** economic, administrative, financial dependence **2** *(assuefazione) (di malato, drogato)* addiction (**da** to), dependence, dependance AE, dependency (**da** on); ***~ dall'alcol*** addiction to *o* dependence on alcohol; ***dare ~*** [*droga, tabacco*] to be addictive **3** *(edificio adiacente)* annex, outhouse, outbuilding **4** LING. valency, dependency; ***grammatica della ~*** valency *o* dependency grammar **II dipendenze** f.pl. ***lavorare alle -e di qcn.*** to work in sb.'s employ *o* under sb., to be employed by sb.; ***assumere qcn. alle proprie -e*** to take sb. on, to hire sb.; ***ha 30 persone alle sue -e*** she has 30 workers in her employ, she has 30 people (working) under her.

▶ **dipendere** /di'pɛndere/ [10] intr. (aus. *essere*) **1** *(derivare da)* to depend, to hang* (**da** on); ***dipende da te*** it depends on you, it's up to you, it lies in your hands (**se** whether; **fare** to do); ***il fatto che venga non dipende da te*** it's not up to you whether he comes or not; ***se dipendesse da me*** if it were up to me; ***dipende da come si mettono le cose*** it depends (on) how things turn out; ***il prezzo della merce dipende dalla qualità*** the price of the merchandise depends on the quality; ***il suo comportamento dipende dalla sua educazione*** his behaviour results from his upbringing; ***dipende*** that depends; ***fare ~ qcs. da qcs.*** to make sth. conditional (up)on sth. **2** *(fare affidamento)* **~ da** [*persona, paese, economia*] to depend on, to be dependent on, to rely on; ***~ finanziariamente da qcn.*** to depend financially on sb., to be financially dependent on sb.; ***non ~ da nessuno*** to be one's own master; ***~ l'uno dall'altro*** to interdepend, to depend on each other; ***dipende completamente dal marito*** she relies on her husband for everything, she's entirely dependent on her husband **3** *(essere sotto l'autorità di)* **~ da** [*organismo, comitato, regione*] to come under the control of, to be under the authority of; [*persona*] to be employed by, to be subjected to, to be responsible to; ***quante persone dipendono dal ministero?*** how many people are employed by the ministry? ***il nostro dipartimento dipende dal Ministero della Difesa*** our department comes under the Ministry of Defence **4** LING. [*proposizione*] to depend (**da** on).

▶ **dipingere** /di'pindʒere/ [24] **I** tr. **1** ART. to paint [*motivo, paesaggio, quadro*]; ***~ qcs. su*** to paint sth. in [*sfondo*] **2** FIG. *(con le parole)* to paint, to depict, to portray [*personaggio, situazione, epoca*] (**come** as); ***~ qcs. a tinte fosche*** to paint a gloomy picture of sth.; ***~ qcs. a tinte vivaci*** to paint sth. in glowing colours **3** *(tinteggiare)* to paint [*parete*]; ***~ qcs. di bianco, verde*** to paint sth. white, green **II** intr. (aus. *avere*) to paint; ***~ ad acquerello, ad olio*** to paint *o* work in watercolours, in oils; ***~ a tempera*** to distemper; ***~ su tela, legno, seta, vetro*** to paint on canvas, wood, silk, glass; ***~ dal vero*** to paint from nature; ***~ con il pennello, con la spatola, a rullo*** to paint with a (paint)brush, a palette knife, a paint roll; ***~ con le dita*** to finger-paint; ***~ da dilettante*** to be an amateur painter, to dabble in painting **III dipingersi** pronom. **1** [*pittore*] to paint a self-portrait; [*autore*] to depict oneself (**come** as) **2** *(apparire)* ***-rsi sul volto di qcn.*** [*imbarazzo, gioia*] to be written all over sb.'s face **3** *(truccarsi)* to make* oneself up, to wear* make-up; ***-rsi le unghie*** to paint one's nails; ***-rsi gli occhi*** to make up one's eyes.

▶ **dipinto** /di'pinto/ **I** p.pass. → **dipingere II** agg. painted; ***un murales ~ a colori vivaci*** a brightly painted mural; ***~ a mano*** hand-painted; ***sembrare ~*** to look (like) *o* be a picture; ***una cravatta in seta -a*** a painted silk tie; ***non posso vederlo neanche ~*** COLLOQ. I can't stand the sight of him; ***ha la gioia, la paura -a sul volto*** happiness, fear is written all over her face **III** m. painting, picture; ***~ a olio*** oil painting; ***~ a pastello*** pastel.

diplegia /diple'dʒia/ f. diplegia.

diplococco, pl. **-chi** /diplo'kɔkko, ki/ m. diplococcus*.

diplodoco, pl. **-chi** /di'plɔdoko, ki/ m. diplodocus.

diploe /'diploe/ f. diploe.

diploide /di'plɔide/ **I** agg. diploid **II** m. diploid.

▷ **diploma** /di'plɔma/ m. **1** SCOL. diploma*, qualification; UNIV. degree, qualification; ***~ di maturità*** = high school leaving qualifications; ***~ di laurea*** degree certificate BE; ***non ha alcun ~*** he doesn't hold a diploma; *(di laurea)* he has no degree; ***un anno di studi convalidato da un ~*** a one-year course leading to a diploma; ***~ di infermiera*** nursing qualification; ***~ di studi professionali*** professional qualification **2** *(attestazione)* diploma*, certificate.

diplomare /diplo'mare/ [1] **I** tr. to award a diploma to [*studente*] **II diplomarsi** pronom. [*studente*] to obtain a diploma.

diplomatica /diplo'matica/ f. **1** *(studio di documenti)* diplomatics + verbo sing. **2** *(valigetta)* diplomatic bag BE, diplomatic pouch AE.

diplomaticamente /diplomatika'mente/ avv. diplomatically.

▷ **1.diplomatico**, pl. **-ci**, **-che** /diplo'matiko, tʃi, ke/ **I** agg. **1** *(relativo alla diplomazia)* [*corpo, valigia, missione, immunità, incidente, passaporto*] diplomatic; *(accorto)* [*persona, modi*] diplomatic, tactful; ***poco ~*** [*risposta, parole*] tactless; ***avviare qcn. alla carriera -a*** to groom sb. for a diplomatic career; ***per via -a*** through diplomatic channels; ***corriere ~*** envoy **2** *(relativo ai diplomi)* [*edizione*] diplomatic **II** ➧ ***18*** m. (f. **-a**) diplomat, diplomatist.

2.diplomatico, pl. **-ci** /diplo'matiko, tʃi/ m. GASTR. = cake consisting of layers of puff pastry, cream and liquor.

diplomato /diplo'mato/ **I** p.pass. → **diplomare II** agg. holding a diploma, certificated, graduated AE; ***essere ~ al Conservatorio*** to have a diploma from the conservatory; ***infermiera, ostetrica -a*** qualified nurse, midwife **III** m. (f. **-a**) holder of a diploma.

▷ **diplomazia** /diplomat'tsia/ f. **1** *(corpo diplomatico)* diplomatics + verbo sing., diplomacy; ***entrare in ~*** to go *o* get into diplomatics **2** *(tatto)* diplomacy, tact; ***dar prova di*** o ***dimostrare ~ in*** to show diplomacy in; ***usare ~*** to be diplomatic, to diplomatize; ***agire con ~*** to act diplomatically *o* tactfully, to diplomatize; ***mancare di ~*** to be undiplomatic *o* tactless.

diplomificio, pl. **-ci** /diplomi'fitʃo, tʃi/ m. SPREG. diploma mill AE.

diplopia /diplo'pia/ ➧ ***7*** f. diplopia, double vision; ***soffrire di ~*** to have double vision.

diplotassi /diplo'tassi/ f.inv. stinkweed.

dipnoo /'dipnoo, dip'nɔo/ m. dipnoan, lungfish*.

dipodia /dipo'dia/ f. dipody.

dipolo /di'pɔlo/ m. **1** FIS. dipole **2** TEL. ***antenna a ~*** dipole (aerial).

diportismo /dipor'tizmo/ m. yachtsmanship.

diportista, m.pl. **-i**, f.pl. **-e** /dipor'tista/ m. e f. *(uomo)* yachtsman*; *(donna)* yachtswoman*.

diporto /di'pɔrto/ m. **1** ANT. pastime, recreation, diversion; ***per ~*** [*viaggiare, passeggiare*] for recreation, for pleasure; ***andare a ~*** *(passeggiare)* ANT. to walk around, to stroll **2** *(sport)* ***da ~*** [*imbarcazione, marina*] pleasure; ***navigazione da ~*** yachting.

dipresso: **a un dipresso** /aundi'prɛsso/ avv. ANT. approximately, roughly.

dipsomane /dip'sɔmane/ m. e f. dipsomaniac.

dipsomania /dipsoma'nia/ ➧ **7** f. dipsomania.

diptero /'diptero/ agg. ARCH. dipteral.

diradamento /dirada'mento/ m. *(di alberi, colture)* thinning out; *(di rami)* pruning; *(di nebbia)* dissipation, dispersal; *(di nuvole)* scattering; *(di visite)* spacing out.

diradare /dira'dare/ [1] **I** tr. **1** *(rendere meno fitto)* to thin out [*bosco, alberi, colture*]; to prune [*bosco, alberi, colture*] **2** *(disperdere)* [*vento*] to clear, to disperse, to dissipate [*fumo*]; to scatter [*nuvole*] **3** *(ridurre)* to space out, to spread* (out) [*visite, chiamate*] **II diradarsi** pronom. **1** *(disperdersi)* [*nebbia*] to ease (off), to thin, to disperse; [*nuvole*] to clear; FIG. [*folla, pubblico*] to thin, to disperse **2** *(diventare meno folto)* [*capelli, bosco, foresta*] to thin (out) **3** *(diventare meno frequente)* [*visite, chiamate*] to become* less frequent.

diramare /dira'mare/ [1] **I** tr. *(diffondere)* to put* out, to release [*circolare, comunicato*]; *(per radio, TV)* to broadcast*; ***la notizia è stata diramata per radio*** the news was broadcast on the radio **II diramarsi** pronom. **1** *(ramificarsi)* [*strada, fiume, binari*] to branch (off); ***dal tronco si diramano cinque rami principali*** five branches grow out from the trunk; ***dalla piazza si diramano cinque vie*** five roads radiate out from the square **2** FIG. *(diffondersi)* to spread*; ***la notizia di diramò rapidamente*** the news spread rapidly.

diramazione /diramat'tsjone/ f. **1** *(ramificazione) (di strade, fiumi)* embranchment, ramification; *(di rami)* offshoot **2** *(ramo, braccio) (di strade, tubazioni, fiume)* branch, ramification; *(di albero)* offshoot; FERR. branch line; ***stazione di ~*** (railway) junction **3** *(succursale, filiale)* branch, offshoot; ***una banca con -i all'estero*** a bank with branches abroad; ***una società con molte -i all'estero*** a company with several offshoots *o* subsidiaries abroad **4** *(diffusione)* diffusion; *(per radio, TV)* broadcasting.

diraspare /diras'pare/ [1] tr. = to pick grapes from the bunch.

▶ **1.dire** /'dire/ [37] **I** tr. **1** *(proferire, pronunciare)* to say*; ***~ (di) sì, (di) no*** to say yes, no; ***"entrate" disse*** "come in" he said; ***~ che*** to say (that); ***dice che Luca è malato*** she says Luca is ill; ***dice di essere malata*** she says she's ill; ***disse che era pronto*** he said it was ready; ***disse che ci sarebbe stato un incidente*** she said there would be an accident; ***disse che dovevamo aspettare*** she said we were to wait; ***come dice?*** *(per fare ripetere)* excuse me? pardon? sorry? ***come hai detto?*** what did you say? ***non sono riuscito a ~ una parola*** *(non sono stato in grado)* I couldn't utter a word; *(non ho avuto la possibilità)* I couldn't get in even a single word; ***non è una cosa da ~*** you shouldn't say that sort of thing; ***non***

1.dire

To say e *to tell*

La scelta fra i due equivalenti inglesi del verbo *dire*, ossia *to say* e *to tell*, è regolata da fattori formali e semantici, che si possono riassumere come segue.

- *Dire* si traduce con *to say* quando:
  - a) significa *proferire, pronunciare* (l'eventuale riferimento alla persona deve allora essere, in inglese, introdotto da *to*): *non dissi nulla* = I said nothing; *ho detto arrivederci ai miei compagni* = I said goodbye to my classmates;
  - b) non si può o non si vuole esprimere la persona a cui si dice qualcosa: *chiamaci per dire quando arriverai* = call us to say when you'll arrive, *non ha detto quando sarebbe arrivato* = he didn't say when he would arrive;
  - c) il verbo dire regge una frase subordinata: *disse: "Sì, resto a casa"* = he said: "Yes, I stay at home"; *"smettetela!", disse Jim* = "stop it!", said Jim; *dice che sua moglie ha sempre ragione* = he says (that) his wife is always right; *dico sempre quello che penso* = I always say what I think;
  - d) *dire* è usato in particolari espressioni idiomatiche: *a dir poco* = to say the least, *dire le preghiere* = to say one's prayers, *dimmi basta* = say when, *vale a dire* = that's to say, ecc.
- *Dire* si traduce con *to tell* quando:
  - a) viene espressa la persona, in forma di nome o pronome, a cui si dice qualcosa: *non vuole dirmi come si chiama sua sorella* = he doesn't want to tell me what his sister's name is; *gli studenti stanno dicendo all'insegnante il proprio nome* = the students are telling their names to the teacher / the students are telling the teacher their names;
  - b) *dire* significa *ordinare*, ossia quando si riportano dei comandi (e l'imperativo del discorso diretto appare come infinito nel discorso indiretto): *gli disse di finirlo per le quattro* = he told him to finish it by 4 o'clock, *mi ha detto di chiudere la finestra* = he told me to shut the window;
  - c) *dire* significa *rendersi conto, capire* (e *to tell* è preceduto da *can / could*): *non so dire la differenza tra di loro* = I can't tell the difference between them, *non saprei dire se era felice o meno* = I couldn't tell whether she was happy or not;
  - d) quando *dire* è seguito da un complemento di argomento introdotto da *di*: *ci ha detto di John* = he told us about John; *ti ho detto della nostra gita?* = did I tell you about our trip?;
  - e) *dire* è usato in particolari espressioni idiomatiche: *dire la verità* = to tell the truth, *dire una bugia* = to tell a lie, *dire l'ora* = to tell the time, ecc.
- Si noti che *dire* è spesso reso in inglese con verbi più specifici:

dissi: "dov'è?"	= I asked: "where is it?"
dissi quello che avevo fatto	= I explained what I had done
smettila di dire che sei stanco, lo siamo tutti!	= stop repeating you're tired, we all are!
ti ha detto la sua opinione?	= did he give you his opinion?

- In molti casi, il verbo *dire* è accompagnato in italiano da un avverbio o da una locuzione avverbiale, mentre l'inglese concentra il medesimo significato in un semplice verbo:

dire meccanicamente	= to patter
dire ridacchiando	= to titter, to giggle
dire singhiozzando	= to sob (out)
dire sogghignando	= to sneer
dire sussurrando	= to whisper.

Si dice che / dicono che

- L'espressione *si dice che...* o *dicono che...* può essere resa in inglese mediante un'analoga forma impersonale *(it is said that... / they say that... / rumour has it that...)* oppure mediante il passivo di *dire* in forma personale:

si dice che abbiano deciso di divorziare	= it is said that they have decided to get divorced
si dice che abbia fatto amicizia con il nostro capo	= they say he made friends with our boss
si dice che saranno licenziati in venti	= rumour has it that twenty people will be sacked
si dice che sia un brillante oratore	= he is said to be a brilliant speaker
si dice che abbia più di settant'anni	= she is said to be over seventy
mi si dice che Lei è la miglior dattilografa della ditta	= I am told that you're the best typist in the firm.

Dire e il discorso indiretto

- Quando il verbo *dire* (o un altro analogo verbo come *chiedere, ordinare, rispondere* ecc.) introduce il discorso indiretto, si verificano nella frase delle modifiche, rispetto alla formulazione nel discorso diretto, che possono riguardare i tempi dei verbi, le forme dei pronomi personali e degli aggettivi possessivi e dimostrativi, e quelle degli avverbi.
- Per quanto riguarda i mutamenti dei tempi verbali, si verificano i seguenti casi:
  - a) l'imperativo nel discorso diretto diventa infinito nel discorso indiretto:

"John, lavati le mani"	= "John, wash your hands"
- la mamma ha detto a John di lavarsi le mani	= mum told John to wash his hands
"non aprite la finestra"	= "do not open the window"
- ho detto loro di non aprire la finestra	= I told them not to open the window;

  - b) quando il verbo *dire* è al presente, al passato prossimo o al futuro, non c'è mutamento di tempo nei verbi riportati nel discorso indiretto:

"stava piovendo"	= "it was raining"
- dico / ho appena detto / dirò che stava piovendo	= I say / I've just said / I'll say it was raining
"non ho più soldi"	= "I have got no money left"
- dico / ho appena detto / dirò che non ho più soldi	= I say / I've just said / I'll say that I have got no money left;

  - c) quando il verbo *dire* è al passato, al trapassato o al condizionale, i verbi riportati nel discorso indiretto mutano arretrando nel tempo (il presente diventa passato, il passato diventa trapassato, il trapassato resta uguale a se stesso non potendo arretrare ulteriormente):

"vado spesso al cinema"	= "I often go to the cinema"
- dissi / avevo detto / direi che andavo spesso al cinema	= I said / I had said / I would say that I often went to the cinema
"ho appena finito"	= "I have just finished"
- dissi / avevo detto / direi che avevo appena finito	= I said / I had said / I would say that I had just finished
"abitai a Londra per due anni"	= "I lived in London for two years"
- dissi / avevo detto / direi che avevo abitato a Londra per due anni	= I said / I had said / I would say that I had lived in London for two years
"le avevo già parlato"	= "I had already talked to her"
- dissi / avevo detto / direi che le avevo già parlato	= I said / I had said / I would say that I had already talked to her;

  - d) mentre in tutti i casi precedenti l'italiano e l'inglese si comportano allo stesso modo, quando il verbo *dire* è al passato, al trapassato o al condizionale e il verbo nel discorso diretto è al futuro, l'italiano nel discorso indiretto ha un condizionale composto e l'inglese un condizionale semplice:

"ci incontreremo il 6 aprile"	= "we will meet on April 6th"
- dissi che ci saremmo incontrati il 6 aprile	= I said we would meet on April 6th
"lo farò io"	= "I will do it"
- avevo detto che l'avrei fatto io	= I had said I would do it.

- Per quanto riguarda i mutamenti nelle forme dei pronomi personali e degli aggettivi possessivi e dimostrativi, le frasi seguenti esemplificano dei casi rappresentativi:

"io non sono stanco"	= "I am not tired"
- George ha detto che lui non è stanco	= George said he is not tired
"mia moglie e io non bisticciamo mai"	= "my wife and I never squabble"

- dice che sua moglie e lui non bisticciano mai	= he says that he and his wife never squabble
"questo libro è sempre stato nella nostra biblioteca"	= "this book has always been in our library"
- ha detto che questo libro sempre stato nella loro biblioteca	= he said (that) that book had always been in their library.

• Per quanto riguarda i mutamenti nelle forme avverbiali, le frasi seguenti esemplificano dei casi rappresentativi:

"abito qui"	= "I live here"
- disse che abitava là	= he said he lived there
"non ho più fame adesso"	= "I am no longer hungry now"
- disse che allora non aveva più fame	= he said he was no longer hungry then
"lo farò domani"	= "I will do it tomorrow"
- dissi che l'avrei fatto l'indomani	= I said I would do it thFe next day
"mi sono laureata l'anno scorso"	= "I graduated last year"
- disse che si era laureata l'anno prima	= she said she had graduated the year before
"abitavo a Londra tre anni fa"	= "I lived in London three years ago"
- mi disse che aveva abitato a Londra tre anni prima	= he told me he had lived in London three years before.

saper più cosa ~ to be at a loss for words; ~ ***sciocchezze*** to talk nonsense **2** *(parlare)* ***dica pure!*** tell me! *(a un cliente)* can I help you? ***ehi, dico a te!*** hey, you! I say! ***dir bene, male di qcn.*** to speak well, ill of sb. **3** *(celebrare)* ~ ***(la) messa*** to say mass; *(recitare)* to say* [*preghiera*]; to recite [*poesia*]; *(ripetere)* ~ ***la lezione*** to recite one's lesson **4** *(far sapere)* to say*; *(indicando a chi si parla)* to tell*; ***volevo solo ~ che mi dispiace*** I just wanted to say I'm sorry; ~ ***qcs. a qcn.*** to tell sb. sth., to tell sth. to sb.; ~ ***a qcn. che*** to tell sb. (that); ***dillo a tuo fratello*** tell your brother; ***glielo si dovrebbe*** ~ he ought to be told; ***(mi) dica, le piace l'opera?*** tell me, do you like opera? ***così mi è stato detto*** so I've been told; ***non (ti) dico altro*** I'll say no more; ***lasciatelo ~, lascia che te lo dica...*** let me tell you...; ***ti dico che è vero!*** it's true, I tell you! ***non mi dici niente di nuovo*** you're not telling me anything new **5** *(suggerire)* ***il cuore mi dice che...*** my heart tells me...; ***qualcosa mi dice che non verrà*** something tells me he won't come **6** *(raccontare)* ~ ***bugie, la verità*** to tell lies, the truth; ~ ***una barzelletta*** to tell a joke **7** *(affermare, sostenere)* to say*; ~ ***che*** to say (that); ***direi perfino che*** I'd go so far as to say that; ***è il minimo che si possa*** ~ that's the least one can say; ***se così si può*** ~ if one might say so; ***tanto vale ~ che*** you might as well say (that); ***c'è da ~ che*** one should say that, it should be said that; ***oserei ~ che*** I venture to say that; ***non sta a me dirlo*** it's not for me to say; ***non farmi ~ cose che non ho detto*** don't put words in my mouth; ***non dico di essere un esperto*** I don't claim to be an expert; ***ho sentito ~ che*** I heard that; ***questo lo dici tu!*** that's what you say! ***so quel che dico*** I know what I'm talking about; ***quindi abbiamo due, cosa dico, tre scelte*** so we have two, sorry, three options; ***ma cosa dici?*** what kind of talk is that? ***non farci caso, non sa quel che dice*** don't mind him, he doesn't know what he's talking about; ***checché se ne dica*** whatever one may say; ***la radio, il regolamento dice che*** it says on the radio, in the rules that; ***qui dice che*** it says here that; ***stando a quel che dicono i giornali...*** from what the newspapers tell us; ~ ***sotto giuramento*** to swear on *o* under oath **8** *(ammettere)* ***bisogna dirlo*** o ***diciamolo pure, la situazione è difficile*** one must admit, the situation is difficult **9** *(dimostrare)* ***questo ti dice quanto ti vuole bene*** this tells you how much he loves you **10** *(esprimere)* ~ ***ciò che si pensa*** to say what one thinks; ***è difficile a -rsi*** it's hard to tell; ***questa musica non mi dice nulla*** this music doesn't say anything to me; ***non dice granché*** that doesn't say much *o* isn't saying much COLLOQ. **11** *(formulare)* ***ben detto!*** well said! ***come (posso) ~?*** how shall I put it? ***era scontento, per non ~ furioso*** he was displeased, not to say furious; ***diciamo che sono preoccupato*** let's say I'm worried; ***un libro, diciamo piuttosto un "testo", come direbbe Adam*** a book, or let's say a "text", as Adam would have it **12** *(significare)* ***vale a ~*** that is to say; ***vale a ~ che...?*** does that mean that...? is that to say that...? ***sarebbe a ~ che*** this means that; ***come sarebbe a ~?*** what's the meaning of this? **13** *(esortare, ordinare, chiedere)* ~ ***a qcn. di fare*** to tell sb. to do; ***chi vi ha detto di andare?*** who told you to go? ***fa' ciò che ti si dice!*** do as you're told! **14** *(obiettare, criticare)* ***avrà certamente qualcosa da ~ al riguardo!*** she'll certainly have something to say about that! ***trovare da*** ~ to find fault (**su** with); ***niente da*** ~ no comment; ***non c'è che ~, è bella*** you have to admit, she's beautiful; ***non c'è niente da ~, è tutto a posto*** nothing to report, everything's fine **15** *(pensare, giudicare)* ***che cosa ne dite?*** what do you think of it? ***che ne diresti di fare quattro passi?*** how about a little walk? what would you say to a little walk? ***e ~ che una volta lo trovavo affascinante*** and to think that I once thought him charming! **16** *(definire)* ***non lo direi bello*** I wouldn't call it beautiful **17** *(come rafforzativo)* ***costa 5.000 euro, dico, 5.000 euro!*** it costs 5,000 euros, just think, 5,000 euros! **18** COLLOQ. *(per richiamare l'attenzione di qcn.)* ***di' un po', mi credi?*** tell me, do you believe me? what do you think, do you believe me? ***di' un po', dove credi di essere?*** hey, where do you think you are? **19** *(in costruzioni impersonali) (raccontare)* ***dicono*** o ***si dice sia sposato*** they say he is married; *(sembrare)* ***si direbbe che stia per piovere*** it looks as if it's going to rain; ***si direbbe Bach*** it sounds like Bach **20** *(designare, formulare in una lingua)* ***come si dice "automobile" in spagnolo?*** how do you say "car" in Spanish? ***non si dice più*** people don't say it any more **II dirsi** pronom. **1** *(pensare fra sé e sé)* to tell* oneself, to say* to oneself (**che** that) **2** *(raccontarsi l'un l'altro)* ***-rsi tutto*** to tell each other everything; *(rivolgersi l'un l'altro)* ***-rsi parole dolci*** to exchange sweet nothings; ***-rsi addio*** to say goodbye (to each other) **3** *(ritenersi)* ***possiamo dirci fortunati se arriveremo in tempo*** we'll be doing well if we get there on time; *(definirsi)* ***si diceva mio amico*** he claimed to be my friend; *(spacciarsi)* ***si diceva medico*** he claimed to be a doctor, he called himself a doctor **4** *(dichiararsi)* ***si è detto pronto a prendere parte alla conferenza*** he said that he was prepared to take part in the conference **5** *(chiamarsi)* ***questo sì che si dice giocare!*** now that's what I call playing! ◆ ***dimmi con chi vai e ti dirò chi sei*** PROV. you can tell a man by the company he keeps; ***questo la dice lunga*** it says a lot *o* it speaks volumes (**su** about); ***dobbiamo ~ grazie a Giovanni per questo*** IRON. we've got Giovanni to thank for that; ***non se l'è fatto ~ due volte!*** he didn't need telling twice! he didn't need to be told twice! ***non me l'ha mandato a*** ~ and he told me in no uncertain terms; ***avere a che ~ con qcn.*** = to quarrel with sb.; ***devo dirgli due paroline*** I must tell him a thing or two; ***dirne quattro a qcn.*** to give sb. a piece of one's mind; ~ ***la propria*** to say one's piece; ~ ***le cose come stanno*** = to speak plainly; ~ ***qcs. chiaro e tondo*** to say sth. straight (out); ~ ***pane al pane (e vino al vino)*** to call a spade a spade; ~ ***peste e corna di qcn.*** to do down with sb.; ***l'avevo detto io!*** I told you so! ***te lo dico io*** *(ti assicuro)* I can tell you; ***(e) direi!*** of course! you bet(cha)! ***puoi dirlo forte!*** you can say that again! ***l'hai detto!*** you said it! ***si fa per*** ~ it's only in a manner of speaking; ***andare a ~ qcs. in giro*** to tell the world about sth.; ***volevo ben ~!*** I thought so! I guessed as much! ***come non detto!*** (let's) forget (about) it! ***detto fra noi*** between you and me; ***tienilo per detto*** I don't want to tell you again; ***per sentito*** ~ by hearsay; ***detto per inciso*** incidentally; ***così*** o ***tanto per*** ~ let's just say; ***per così*** ~ so to say; ***come si suol*** ~ as they say; ***a ~ il vero*** actually; ***non (faccio) per ~, ma*** I don't want to make a big deal of it, but; ***per dirla tutta*** to put it bluntly, not to put too fine a point on it; ***per dirla in breve*** to be brief, to cut a long story short; ***detto fatto*** no sooner said than done; ***è presto detto*** that's easier said than done; *(sembra facile)* it's easy for you to say; ***non è detto*** I'm not that sure; ***non è detto che costi carissimo*** it needn't cost a fortune; ***non è detta l'ultima parola*** the last word has not been said; ***era a dir poco sorpresa*** she was surprised, to say the least (of it); ***è a dir poco testardo*** he's nothing if not stubborn; ***(il che) è tutto ~!*** need I say more? ***e chi lo dice?*** says who! who says? ***e chi mi, ti dice che...*** how do I, you know...; ***(ma) dico (io)!*** well, I must say! ***(ma) non mi ~!*** you don't tell *o* say! ***non mi ~ che piove di nuovo!*** don't tell me *o* say it's raining again! ***non si può mai*** ~ you never can tell; ***mai ~ mai*** PROV. never say never; ***non dico di no*** *(non lo nego)* I won't deny it; *(accetto)* I wouldn't say no; ***un uccellino mi ha detto che...*** a little bird told me that...; ***a chi lo dici!*** you tell me! don't I know it! ***ho avuto una paura che non ti dico*** o ***da non -rsi*** I was frightened to death; ***i piedi mi fanno un male che non ti dico*** my feet are killing me; ***è più facile a -rsi che a farsi*** that's easier said than done; ***in men che non si dica*** in (less than) no time *o* before you could say Jack Robinson; ***e via dicendo*** and so on, and so forth.

2.dire /'dire/ m. ***a ~ di tutti*** by *o* from all accounts; ***a suo*** ~ according to him; ***l'arte del*** ~ rhetoric; ***avere un bel ~*** to be easy for someone to say ◆ ***tra il ~ e il fare c'è di mezzo il mare*** PROV. there's many a slip 'twixt cup and lip.

directory /di'rɛktori, dai'rɛktori/ f.inv. INFORM. directory.

diretta /di'rɛtta/ f. RAD. TELEV. live broadcast; ***in ~*** live; ***in ~ televisiva*** live on television; ***trasmissione in ~*** live broadcast, live show; ***cronaca in ~*** running commentary; ***~ via satellite*** direct broadcasting by satellite; ***in ~ dalla Scala*** live from the stage of La Scala; ***il concerto verrà trasmesso in ~ da Milano*** the concert will be brought to you live from Milan; ***la partita sarà trasmessa in ~ dalla BBC1*** the game will be covered live on BBC1.

direttamente /diretta'mente/ avv. **1** *(senza deviazioni, ostacoli)* [*andare, tornare, venire*] direct(ly), right, straight; ***sono venuto ~*** I came straight here; ***andare ~ a casa*** to go right *o* straight home; ***è andato ~ verso il bar*** he headed straight for the bar; ***torna ~ a casa da scuola*** go straight home from school; ***vi raggiungerò ~ in piscina*** I'll meet you at the swimming pool; ***la casa si affaccia ~ sulla strada*** the house gives right onto the street; ***una strada che va ~ alla stazione*** a through route to the station **2** *(personalmente)* ***ti interessa ~*** it concerns you directly *o* personally; ***essere ~ interessato a qcs.*** to have a vested interest in sth.; ***non dipende ~ da lui*** it's not entirely up to him **3** *(senza intermediari)* [*contattare, negoziare, parlare, scrivere*] direct(ly); ***~ disponibile presso il produttore*** available direct from the manifacturer; ***~ dal produttore al consumatore*** straight from the producer to the consumer; ***rivolgetevi ~ al gestore*** go straight to the manager; ***essere ~ proporzionale*** to be directly proportional *o* in direct ratio to.

direttissima /diret'tissima/ f. **1** FERR. direct line **2** ALP. direct ascent, most direct route **3** DIR. ***per ~*** with a summary judgment; ***processo, giudizio per ~*** = trial for serious criminal offences when the offender has been caught in the act of the crime; ***intentare un'azione contro qcn. per ~*** to apply for a immediate judgment to be heard against sb.

direttissimo /diret'tissimo/ **I** agg. DIR. [*giudizio*] summary attrib. **II** m. FERR. express train.

direttiva /diret'tiva/ f. **1** AMM. POL. directive, guideline; ***una ~ UE*** ***an EU directive; applicare le -e*** to put policies into effect; ***costruito secondo le -e di qcn.*** built to sb.'s specifications **2** DIR. directive, regulation.

direttivo /diret'tivo/ **I** agg. **1** *(che dirige)* directive, managing; ***consiglio ~*** executive board, executive council, governing body; ***comitato ~*** management committee, steering committee **2** TECN. *(direzionale)* [*antenna*] directional **II** m. board of directors; ***far parte del ~*** to sit on a management committee.

▷ **diretto** /di'rɛtto/ **I** p.pass. → **dirigere II** agg. **1** *(senza intermediario)* [*aiuto, controllo, legame, partecipazione*] direct; ***a ~ contatto con*** in direct contact with; ***non esporre alla -a luce del sole*** keep away from direct sunlight; ***essere un discendente ~*** o ***in linea -a di*** to be a direct descendant of; ***il mio ~ superiore*** my immediate superior **2** *(senza deviazioni)* [*strada, via, accesso*] direct, through; [*sentiero*] undeviating; ***fare un volo ~*** to fly direct; ***treno ~*** FERR. nonstop train, through train **3** *(volto)* ***~ a*** [*persona, autobus, treno*] bound for; ***~ a casa*** homeward bound; ***essere ~ a Londra*** to be London-bound; ***una lettera -a a me*** *(indirizzato)* a letter addressed to me **4** *(schietto, franco)* [*approccio, domanda, risposta, persona*] direct, forthright, straightforward, straight-out; ***essere troppo ~ nei confronti di qcn.*** to be blatant about sb. **5** LING. [*discorso, complemento, interrogativa*] direct **III** avv. ***andare ~ allo scopo*** o ***al punto*** to go straight to the point **IV** m. SPORT *(nella boxe)* direct; ***~ destro*** straight right; ***~ sinistro*** straight left, jab.

▷ **direttore** /diret'tore/ **I** ◗ *18* m. **1** AMM. COMM. director; *(di banca, hotel, teatro, progetto)* manager; *(di giornale)* editor; *(di prigione)* governor **2** SCOL. headmaster, principal; *(di istituto)* housefather, houseparent **II** agg. ***idea -trice*** guiding principle ◆◆ ***~ artistico*** artistic director; TELEV. floor manager; ***~ commerciale*** sales manager; ***~ editoriale*** managing editor, publishing director; ***~ esecutivo*** executive director; ***~ generale*** AMM. COMM. general manager, chief executive, company director, director general; ***~ d'orchestra*** MUS. conductor, director; ***~ del personale*** personnel manager; ***~ di produzione*** production manager; ***~ responsabile*** GIORN. editorial director; ***~ di scena*** stage-manager; ***~ di stabilimento*** works manager; ***~ tecnico*** SPORT (team) manager; ***~ delle vendite*** sales administrator, sales director.

direttoriale /diretto'rjale/ agg. [*doveri*] directorial.

direttorio, pl. **-ri** /diret'tɔrjo, ri/ m. **1** *(organo collegiale)* executive board **2** STOR. Directory.

▷ **direttrice** /diret'tritʃe/ f. ◗ *18* **1** AMM. COMM. directress; *(di banca, hotel, teatro, progetto)* manageress; *(di giornale)* editress **2** SCOL. headmistress, principal; *(di istituto)* housemother, houseparent **3** MAT. directrix*.

direzionale /direttsjo'nale/ agg. **1** directional (anche EL.) **2** ***freccia ~*** *(segnale stradale)* finger post, guide post; *(negli autoveicoli)* indicator, blinker AE; *(di semaforo)* filter BE **3** *(che dirige)* [*uffici*] executive; ***centro ~*** office district.

▶ **direzione** /diret'tsjone/ f. **1** *(senso, verso)* direction, way (anche FIG.); ***in*** o ***nella ~ di*** in the direction of; ***in ~ est*** in an eastward direction, eastbound; ***da ogni ~*** from all directions; ***cambio di ~*** change of direction; ***nella ~ giusta, sbagliata*** in the right, wrong direction; ***in che ~ punta la freccia?*** which way is the arrow pointing? ***cambiare ~*** to change course; ***andare nella ~ opposta*** to go in the opposite direction; ***sbagliare ~*** to go in the wrong direction, to go the wrong way; ***un passo nella giusta ~*** FIG. a step in the right direction; ***indicare a qcn. la ~ giusta*** to point sb. in the right direction; ***le cose vanno verso quella ~*** things are tending in that direction; ***fare avanzare qcs. nella giusta ~*** FIG. to give sth. a push in the right direction; ***navigare in ~ sud*** to sail due south; ***la ~ della corrente, del vento*** the set of the tide, wind; ***occorre orientare le nostre ricerche in un'altra ~*** we must take a new direction in our research; ***indicatore di ~*** *(freccia)* indicator, blinker; *(cartello)* finger post, guide post, turn signal **2** *(gestione, guida)* direction, running; *(di giornale)* editing, editorship; SCOL. headship; ***~ di scena*** stage management, stage direction; ***~ d'orchestra*** MUS. conductorship; ***sotto la ~ di*** MUS. under the direction *o* baton of; ***è stata loro affidata la ~ del progetto, dell'impresa, dei lavori*** they've been put in charge of the project, company, work; ***assumere la ~*** to take over the management **3** *(dirigenza, vertici)* direction, (senior) management; ***la ~ del partito*** the party leadership; ***la ~ e gli operai*** management and workers; ***la ~ rifiuta di negoziare*** the management refuses to negotiate; ***in caso di reclamo contattare la ~*** in case of complaint, contact the management; ***"la ~ declina ogni responsabilità"*** "management accepts no responsibility" **4** *(ufficio)* direction; ***andate a lamentarvi in ~*** go and complain to the management; ***gli scioperanti hanno occupato la ~ dello stabilimento*** the strikers took over the factory manager's office ◆◆ ***~ commerciale*** sales department; ***~ del personale*** personnel department.

▷ **dirigente** /diri'dʒɛnte/ **I** agg. [*classe*] governing; [*corpo, gruppo*] ruling **II** ◗ *18* m. e f. executive, manager; *(in un comitato, club)* officer; ***è un ~ Fiat*** he's an executive with Fiat ◆◆ ***~ d'azienda*** business manager; ***~ di partito*** POL. party chief; ***~ sindacale*** union leader.

dirigenza /diri'dʒɛntsa/ f. leadership, management, managership; ***alta ~*** top management; ***la composizione della ~*** the management line-up.

dirigenziale /diridʒen'tsjale/ agg. [*status, posto*] executive, managerial; ***staff, carriera ~*** management staff, management career; ***a livello ~*** at managerial level.

▶ **dirigere** /di'ridʒere/ [38] **I** tr. **1** *(gestire, essere a capo di)* to direct, to head [*compagnia*]; to run* [*hotel, scuola*]; to edit [*giornale, rivista*]; to operate [*servizio, stazione radio*]; to run*, to take* over [*affare*]; to control, to supervise [*operazione, investigazione, progetto*] **2** *(regolare)* ***~ il traffico*** to direct *o* control the traffic, to be on traffic duty **3** *(orientare, volgere)* to head, to point [*veicolo*] (**verso** towards); to direct [*luce, sguardo, sforzo, risorsa, attacco*] (**verso** to, towards); ***ho diretto l'auto verso il mare*** I headed the car for the sea; ***~ i propri passi verso*** to turn one's steps towards; ***~ qcs. contro qcn.*** FIG. to turn [*rabbia disprezzo*] (**contro** towards); ***~ la propria attenzione su*** o ***verso qcs.*** to direct one's attention to sth.; ***~ la conversazione su qcs.*** to turn the conversation towards, onto sth. **4** MUS. to conduct [*orchestra, coro, concerto*] **5** CINEM. TEATR. to direct [*attore, cameraman, film, opera teatrale*] **6** SPORT ***ha diretto bene la partita*** he refereed the match fairly **II dirigersi** pronom. ***-rsi verso*** to head for, to make for *o* towards, to make one's way towards, to steer towards; ***-rsi a nord, verso l'interno*** to strike north, inland; ***-rsi verso sud*** MAR. to head south; ***-rsi lentamente verso la porta*** to inch towards the door; ***per favore -rsi verso l'uscita 12*** please proceed to gate 12; ***il ciclone si dirige verso il Messico*** the cyclone is heading for *o* towards Mexico.

dirigibile /diri'dʒibile/ m. airship, blimp, dirigible, navigable balloon.

dirigibilità /diridʒibili'ta/ f.inv. dirigibility.

dirigismo /diri'dʒizmo/ m. dirigisme.

dirigista /diri'dʒista/ agg. ***economia ~*** command economy.

dirigistico, pl. **-ci, -che** /diri'dʒistiko, tʃi, ke/ agg. government-controlled, command attrib.

dirimente /diri'mɛnte/ agg. DIR. diriment.

dirimere /di'rimere/ [2] tr (forms not attested: past participle and compound tenses) to settle, to resolve [*controversia*].

dirimpettaio, pl. **-ai** /dirimpet'tajo, ai/ m. (f. **-a**) = the person, neighbour living opposite.

dirimpetto /dirim'pɛtto/ **I** agg.inv. opposite, facing; ***la casa ~ alla nostra*** the house opposite *o* facing ours **II** avv. [*vivere, abitare*] opposite; ***proprio ~*** directly opposite.

diritta /di'ritta/ → **dritta.**

▶ **1.diritto** /di'ritto/ **I** agg. **1** *(che segue una linea retta)* [*bordo, linea, strada, taglio*] straight; [*capelli*] lank, straight; ***avere la schiena -a*** to have a straight back **2** *(in posizione eretta, verticale)* [*muro, palo, tronco*] straight; [*coda, orecchie*] erect; ***tenere qcs. ~*** to hold sth. straight; ***stare ~*** to hold oneself, to stand erect, to stay upright; ***ha i capelli -i sulla testa*** his hair sticks up **3** ABBIGL. [*gonna*] straight **4** ANT. *(destro)* [*mano, piede*] right **5** ANT. FIG. *(retto)* ***un uomo ~*** a straight man **II** avv. **1** *(in linea retta)* ***andare sempre ~*** to go straight ahead; ***guardare ~ davanti a sé*** to look straight ahead; ***stava fissando ~ davanti a sé*** he was staring dead ahead; ***mi ha guardato ~ negli occhi*** she looked me square in the eye *o* full in the face; ***~ nel bersaglio*** bang on target **2** *(direttamente)* directly; ***andare ~ a casa*** to walk straight home; ***andare ~ verso*** to make a beeline for; ***fila ~ a casa!*** go straight home! **III** m. **1** SART. ***il ~ di*** [*stoffa*] the right side of **2** *(in maglieria)* ***maglia -a*** plain stitch **3** *(di medaglia, moneta)* obverse **4** SPORT forehand; ***tirare un ~ vincente*** to play a winning forehand ◆ ***~ come un fuso*** o ***un palo*** bolt upright, straight as a ramrod; ***rigare ~*** FIG. to toe, to shape up; ***fare rigare*** o ***filare ~*** to keep sb. in straight lines, to knock sb. into shape; ***venire ~ al punto*** to come straight to the point; ***andare*** o ***tirare ~ per la propria strada*** to continue on one's way, to go one's own way.

▶ **2.diritto** /di'ritto/ **I** m. **1** *(facoltà, pretesa)* right; *(a pensione, premio)* eligibility; ***dichiarazione dei -i*** bill of rights; ***membro di ~*** member ex officio; ***avere ~ a qcs.*** to have a right to sth.; ***i candidati aventi ~*** the eligible candidates; ***conoscere, far valere i propri -i*** to know one's rights; ***decidere se qcn. ha ~ a*** to determine sb.'s eligibility for; ***conferire un ~ a qcn.*** to vest a right in sb.; ***rivendicare il ~ su qcs.*** to claim sth. as a right, to claim the right to sth.; ***accampare i, rinunciare ai propri -i su*** to stake, waive one's claim to; ***sentirsi in ~ di fare*** to feel justified in doing; ***ho il ~ di fare*** it is legitimate for me to do; ***la proprietà appartiene, spetta a lui di ~*** the property belongs to him as of right; ***è assolutamente un tuo ~*** you have every right to do so, you're perfectly entitled to do so; ***ha lo stesso tuo ~ a ricevere un visto*** she is as much entitled to a visa as you; ***avere ~ a*** to be eligible for, to be (legally) entitled to [*beneficio, nazionalità, indennità*]; ***ho ~ a un po' di rispetto*** I'm entitled to a certain amount of respect; ***per ~ divino*** by divine right; ***è contessa per ~ di nascita*** she is a countess in her own right; ***avete ~ a una bevanda a testa*** you're allowed one drink each; ***ho il ~ di sapere*** I've got a right to know; ***non aveva alcun ~ di dirglielo!*** he had no business telling her! ***con quale ~ mi giudichi?*** what gives you the right to judge me? ***a buon ~*** [*lamentarsi, protestare*] with good reason **2** DIR. *(complesso di norme)* right, law; *(scienza giuridica)* law; ***materia di ~*** point of law; ***secondo il ~ italiano*** under Italian law; ***secondo il ~ vigente*** under the law in force; ***condannato per violazione dei -i dell'uomo*** condemned for human right abuses; ***filosofia del ~*** jurisprudence, Philosophy of Law **3** *(materia di studio)* law; ***studiare ~*** to study law, to go to law school **II diritti** m.pl. COMM. DIR. *(tassa)* rights, dues ◆◆ ***~ d'accesso*** import duty; ***~ aeronautico*** DIR. air law; ***~ amministrativo*** administrative law; ***~ d'antenna*** broadcasting right; ***~ d'appello*** right to appeal; ***~ d'asilo*** POL. right of asylum; ***~ sui beni immobili*** DIR. property law; ***~ canonico*** DIR. canon law; ***~ di chiamata*** call-out charge; ***~ di cittadinanza*** DIR. (right of) citizenship; ***~ civile*** DIR. civil law; ***~ commerciale*** commercial law, business law; ***~ di conio*** brassage; ***~ consuetudinario*** DIR. common law; ***~ costituzionale*** DIR. constitutional law; ***~ di domicilio*** right of abode; ***~ fallimentare*** bankruptcy law; ***~ giurisprudenziale*** case law; ***~ di grazia*** DIR. right of reprieve; ***~ internazionale*** DIR. international law; ***~ di ispezione*** DIR. right to inspect; ***~ del lavoro*** DIR. labour law; ***~ marittimo*** DIR. maritime law; ***~ di nascita*** birthright; ***~ di pascolo*** commonage, pasturage; ***~ di passaggio*** DIR. right of way, easement; ***~ penale*** DIR. criminal law, crown law; ***~ di perquisizione*** DIR. MAR. right of search; ***~ di prelazione*** right of preemption; ***~ privato*** private law; ***~ processuale*** adjective law; ***~ di proprietà*** right of possession; ***~ pubblico*** public law; ***~ di replica*** DIR. repleader; ***~ di ricorso*** DIR. right of appeal; ***~ di ritenzione*** DIR. lien; ***~ romano*** Roman law; ***~ di sciopero*** POL. right to strike; ***~ scritto*** DIR. statute law; ***~ sociale*** DIR. labour law; ***~ di successione*** succession; ***~ tributario*** DIR. tax law; ***~ di uscita*** DIR. right of egress; ***~ d'uso*** DIR. customary right; ***~ di veto*** veto; ***~ di visita*** DIR. right of access; ***~ di voto*** POL. entitlement to vote, franchise, suffrage; ***-i d'autore*** copyright, royalties; ***-i di banchina*** ECON. pierage, quayage, wharfage; ***-i cinematografici*** screen rights; ***-i civili*** POL. civil rights; ***-i consolari*** consulage; ***-i minerari*** mineral *o* mining right; ***-i reversibili*** DIR. reversionary rights; ***-i di riproduzione*** reproduction rights; ***-i riservati*** all rights reserved; ***-i dell'uomo*** human rights.

dirittura /dirit'tura/ f. **1** SPORT ***~ d'arrivo*** home straight; ***essere in ~ d'arrivo*** to be on the home *o* finishing stretch **2** *(rettitudine)* (up)rightness, rectitude.

dirizzone /dirit'tsone/ m. ***prendere*** o ***pigliare un ~*** to make a blunder.

diroccare /dirok'kare/ [1] tr. RAR. to demolish [*muro, casa*].

diroccato /dirok'kato/ **I** p.pass. → **diroccare II** agg. [*castello*] crumbling, decayed, ruined, tumbledown.

dirompente /dirom'pɛnte/ agg. **1** *(che frantuma)* ***bomba ~*** MIL. fragmentation bomb **2** FIG. *(sconvolgente)* [*notizia*] devastating, shattering.

dirottamento /dirotta'mento/ m. **1** *(cambiamento di rotta)* change of course **2** *(atto di pirateria)* hijack(ing).

dirottare /dirot'tare/ [1] **I** tr. to divert, to reroute [*traffico, aereo*]; *(per pirateria)* [*dirottatore*] to hijack [*aereo*]; ***a causa della nebbia il volo è stato dirottato su Genova*** due to fog the flight has been rerouted, diverted to Genoa **II** intr. (aus. *avere*) **1** *(deviare dalla rotta)* to change course **2** *(cambiare direzione)* to deviate.

dirottatore /dirotta'tore/ m. (f. **-trice** /tritʃe/) hijacker; ***~ di un aereo*** skyjacker.

dirotto /di'rotto/ agg. **1** *(irrefrenabile, scrosciante)* ***pianto ~*** flood of tears **2 a dirotto** ***piangere a ~*** to weep copiously, to blubber COLLOQ.; ***piovere a ~*** to rain hard, to pour down, to piss with rain BE; ***piove a ~*** it's pouring (with rain), it's pelting with rain, it's chucking it down COLLOQ.; ***la pioggia cadeva a ~*** the rain was coming down in sheets *o* was teeming down.

dirozzare /dirod'dzare/ [1] **I** tr. **1** *(raffinare)* to rough-hew, to shape out [*marmo, metallo*]; to rough-hew, to smooth [*legno*] **2** FIG. *(affinare, incivilire)* [*persona, avvenimento*] to refine [*persona*] **II dirozzarsi** pronom. to become* civilized, to rarefy, to become* more sophisticated.

dirugginire /diruddʒi'nire/ [102] tr. **1** *(liberare dalla ruggine)* RAR. to remove the rust from, to derust **2** FIG. *(sgranchire)* ***~ le gambe*** to loosen up one's legs.

dirupato /diru'pato/ agg. [*pendio*] cliffy, cragged, craggy, steep.

dirupo /di'rupo/ m. cliff, crag, scar.

diruttore /dirut'tore/ m. AER. spoiler.

disabile /di'zabile/ **I** agg. disabled MED. **II** m. e f. invalid; ***i -i*** the disabled, the handicapped; ***~ fisico, psichico*** physically, mentally disabled; ***accesso facilitato per -i*** wheelchair access, disabled access; ***"posto riservato ai -i"*** "please leave *o* keep this parking space free for disabled drivers".

disabilità /dizabili'ta/ f.inv. MED. disability, handicap.

disabilitare /dizabili'tare/ [1] tr. **1** *(inabilitare)* MED. to disable; ***~ qcn. a qcs.*** to declare sb. unfit for sth. **2** INFORM. to disable [*funzione, accesso*].

disabilitato /dizabili'tato/ **I** p.pass. → **disabilitare II** agg. *(fuori servizio)* [*aereoporto, stazione*] disabled; [*accesso, funzione, comando*] disabled INFORM.

disabitato /dizabi'tato/ agg. [*casa, regione*] deserted, uninhabited; [*posto, paesaggio*] desolate, unpopulated.

disabituare /dizabitu'are/ [1] **I** tr. to disaccustom, to dishabituate; ***~ qcn. a qcs.*** to wean sb. away from *o* off sth. FIG. **II disabituarsi** pronom. ***-rsi a qcs.*** to wean oneself off sth.

disaccaride /disak'karide/ m. disaccharide.

disaccoppiare /dizakkop'pjare/ [1] tr. TECN. EL. *(separare)* to uncouple.

disaccordo /dizak'kɔrdo/ m. disaccord, disagreement, division, quarrel; ***punti di ~*** areas of disagreement; ***essere*** o ***trovarsi in ~ con qcn. su qcs.*** to clash *o* disagree with sb. over sth., to take issue with sb. over *o* about sth.; ***questo è in ~ con quello che hai detto ieri*** that is at variance *o* this does not agree with what you said yesterday.

disadattamento /dizadatta'mento/ m. maladjustment; ***~ affettivo, sociale*** social, emotional maladjustment.

disadattato /dizadat'tato/ **I** agg. maladjusted **II** m. (f. **-a**) (social) misfit.

disadatto /diza'datto/ agg. unfit, unsuitable; ***essere ~ a*** o ***per qcs.*** to be unfit for.

disadorno /diza'dorno/ agg. [*muro, stanza*] bare, unadorned, stark, austere; [*stile*] unadorned, austere.

disaffezionare /dizaffettsjo'nare/ [1] **I** tr. to disaffect **II disaffezionarsi** pronom. ***-rsi da qcn., qcs.*** to lose one's affection *o* interest for sb., sth.

disaffezione /dizaffet'tsjone/ f. disaffection (**verso** with).
disagevole /diza'dʒevole/ agg. [*condizioni, posizione, viaggio*] uncomfortable.
disaggio, pl. **-gi** /di'zaddʒo, dʒi/ m. ECON. disagio.
disaggregare /dizaggre'gare/ → **disgregare.**
disaggregazione /dizaggregat'tsjone/ → **disgregazione.**
disagiato /diza'dʒato/ agg. **1** *(scomodo)* uncomfortable **2** *(povero)* needy, destitute; ***vivere in condizioni -e*** to live in poor *o* needy circumstances; ***condurre una vita -a*** to live in poverty, to live a hard *o* needy life.
▷ **disagio**, pl. **-gi** /di'zadʒo, dʒi/ m. **1** *(mancanza di agi)* uncomfortableness; *(difficoltà)* unease, uneasiness; ***trovarsi in condizioni di ~*** to live in poverty; ***~ sociale*** social unease *o* unrest; ***causare ~ a qcn.*** to cause a nuisance to sb., to bother *o* inconvenience sb.; ***il ~ arrecato dallo sciopero*** the inconvenience caused by the strike **2** *(imbarazzo)* discomfort, embarrassment, unease, uneasiness; ***a ~*** uneasily, ill at ease; ***sentirsi a ~*** to feel awkward *o* uncomfortable; ***mi fa sentire a ~*** she makes me feel nervous; ***mettere qcn. a ~*** to embarrass *o* discomfort sb.; ***essere motivo di ~ per qcn.*** to be an embarrassment to sb., to be cause for embarrassement to sb.
disalberare /dizalbe'rare/ [1] tr. MAR. to dismast [*nave*].
disambientato /dizambjen'tato/ agg. out of place.
disambiguare /dizambi'gware/ [1] tr. to disambiguate, to tease out.
disamina /di'zamina/ f. careful examination.
disamorare /dizamo'rare/ [1] **I** tr. to disaffect **II disamorarsi** pronom. ***-rsi di*** to fall out of love with.
disamorato /dizamo'rato/ **I** p.pass. → **disamorare II** agg. *(indifferente)* disaffected.
disamore /diza'more/ m. **1** *(mancanza di amore)* disaffection, neglect **2** *(avversione)* dislike; ***provare ~ per la vita*** to be discontent with life.
disancorare /dizanko'rare/ [1] **I** tr. **1** MAR. to unanchor [*nave*] **2** ECON. to unpeg [*valuta, moneta*] **II disancorarsi** pronom. **1** MAR. to weigh anchor, to up-anchor, to unanchor **2** FIG. ***-rsi da qcs.*** to break away from sth.
disanimato /dizani'mato/ agg. LETT. dispirited, daunted, dejected.
disappannare /dizappan'nare/ [1] tr. to demist.
disappetenza /dizappe'tɛntsa/ f. FORM. inappetence.
disapprovare /dizappro'vare/ [1] tr. ***~ qcn., qcs.*** to disapprove of sb.,sth. [*progetto, persona, comportamento*]; ***disapprovo che tu fumi*** I disapprove of you *o* your smoking.
disapprovazione /dizapprovat'tsjone/ f. disapproval, disfavour BE, disfavor AE, disapprobation FORM.; ***esprimere la propria ~ per qcs.*** to express one's disapproval for sth.; ***di ~*** [*sguardo, gesto*] disapproving; [*sorriso*] deprecating; ***con (aria di) ~*** critically, deprecatingly, disapprovingly; ***un'espressione di leggera ~ le attraversò il volto*** a slight frown crossed her features.
disappunto /dizap'punto/ m. disappointment, displeasure; ***con ~ di qcn.*** to sb.'s disappointment; ***con suo grande ~*** much to her annoyance, to her great displeasure; ***suscitare il ~ di più di una persona*** to raise a few eyebrows.
disarcionare /dizartʃo'nare/ [1] tr. to buck, to toss, to unsaddle, to unseat [*cavaliere*].
disargentare /dizardzen'tare/ [1] tr. to desilverize [*piombo*].
disarmante /dizar'mante/ agg. [*sorriso, franchezza*] disarming; ***di un'onestà ~*** scathingly honest.
disarmare /dizar'mare/ [1] **I** tr. **1** *(rendere inoffensivo)* to disarm, to unarm [*criminale*]; to dispose of [*bomba*] **2** *(sconcertare)* to disarm [*critica, oppositore*] **3** MAR. to cripple, to lay* up, to unrig [*nave*] **II** intr. (aus. *avere*) **1** MIL. to disarm **2** FIG. *(cedere)* [*persona*] to back down, to give* in.
disarmato /dizar'mato/ **I** p.pass. → **disarmare II** agg. **1** *(privato delle armi)* armless, unarmed **2** FIG. *(inerme)* [*persona*] ***con tono ~*** helplessly; ***di fronte a lei si sente ~*** he feels hepless faced with her.
disarmo /di'zarmo/ m. **1** *(il disarmare)* disarming **2** *(riduzione degli armamenti)* disarmament; ***conferenza per il ~*** disarmament conference; ***negoziati sul ~*** arms talks; ***sostenere il ~*** to argue the case for disarmament **3** *(di nave)* ***essere in ~*** to be out of commission.
disarmonia /dizarmo'nia/ f. disharmony, inharmoniousness, inconsonance.
disarmonicamente /dizarmonika'mente/ avv. inharmoniously.
disarmonico, pl. **-ci, -che** /dizar'mɔniko, tʃi, ke/ agg. disharmonious, inconsonant, inharmonious, inharmonic; MUS. tuneless, unmusical.
disarmonizzare /dizarmonid'dzare/ [1] tr. to disharmonize.
disarticolare /dizartiko'lare/ [1] **I** tr. *(slogare)* to disarticulate, to dislocate, to disjoint **II disarticolarsi** pronom. *(slogarsi)* to get* dislocated.
disarticolato /dizartiko'lato/ **I** p.pass. → **disarticolare II** agg. **1** *(slogato)* disjunct, dislocated, disarticulated **2** *(sconnesso)* [*programma, sforzo*] disjointed, unarticulated.
disarticolazione /dizartikolat'tsjone/ f. disjointing, disarticulation, dislocation.
disassimilazione /dizassimila'tsjone/ f. catabolism, katabolism.
disassuefare /dizassue'fare/ [8] **I** tr. to disaccustom, to dishabituate; ***~ qcn. alla droga*** to wean sb. from drugs **II disassuefarsi** pronom. (form not attested: imperative) ***-rsi a qcs.*** to wean oneself off sth.
disastrato /dizas'trato/ **I** agg. [*persona*] stricken; [*cosa*] heavily demaged, disaster struck; ***zona -a*** disaster area, stricken area **II** m. (f. **-a**) disaster victim.
▷ **disastro** /di'zastro/ m. **1** *(calamità, grave incidente)* disaster, calamity; ***misurare l'ampiezza*** o ***l'entità del ~*** to assess the extent of the disaster; ***annunciare -i*** to spread *o* preach doom and gloom **2** FIG. *(disordine, confusione)* ***ho combinato un ~ con la teiera*** I had an accident with the teapot **3** FIG. *(persona inetta)* ***essere un ~ a*** to be terrible *o* useless at; ***il prof di matematica è un (vero) ~*** COLLOQ. the maths teacher is a disaster; ***come cantante era un ~*** he was a failure as a singer; *(pasticcio)* ***questa relazione è un ~!*** this report is a mess! ***il suo lavoro è un vero ~*** his work is shockingly bad **4** *(fallimento)* ***ero sull'orlo del ~*** disaster was staring at me in the face, I was on the way to disaster; ***l'affare si è rivelato un ~*** the business ended up in a fiasco ◆◆ ***~ aereo*** air disaster, air crash; ***~ ecologico*** environmental disaster; ***~ ferroviario*** rail disaster, train crash.
disastrosamente /dizastrosa'mente/ avv. [*fallire*] disastrously.
disastroso /dizas'troso/ agg. **1** *(che causa disastri)* disastrous, calamitous; [*tempesta*] devastating; [*situazione*] dire; [*guerra, dipendenza, azione*] ruinous **2** *(pessimo)* [*persona*] hopeless (**come** as; **con** with).
disattendere /dizat'tɛndere/ [10] tr. **1** *(non applicare)* to disregard [*legge, istruzioni*]; ***~ il consiglio di qcn.*** to ignore sb.'s advice **2** *(deludere)* ***~ le aspettative di qcn.*** not to come up to sb.'s expectations.
▷ **disattento** /dizat'tɛnto/ agg. **1** *(non attento)* heedless, inadvertent, inobservant, unheedful; [*persona, guida*] careless, thoughtless **2** *(superficiale)* [*lettura*] superficial.
▷ **disattenzione** /dizatten'tsjone/ f. carelessness, distraction, inadvertence, inattention, inattentiveness, inobservance; ***un momento di ~*** a moment's distraction; ***errore di ~*** careless mistake.
disatteso /dizat'teso/ **I** p.pass. → **disattendere II** agg. disregarded.
disattivare /dizatti'vare/ [1] tr. **1** *(rendere inattivo)* to disconnect; INFORM. to disable **2** *(disinnescare)* to deactivate, to defuse [*bomb*].
disautorare /dizauto'rare/ [1] tr. LETT. to deprive of authority.
disavanzo /diza'vantso/ m. COMM. ECON. deficit, gap; ***spesa in ~*** deficit spending; ***finanziamento in ~*** gap financing; ***coprire*** o ***colmare un ~*** to make up a deficit ◆◆ ***~ di bilancio*** budget deficit; ***~ commerciale*** trade gap; ***~ pubblico*** public deficit.
disavveduto /dizavve'duto/ agg. heedless, thoughtless, unheedful.
disavventura /dizavven'tura/ f. **1** *(contrarietà)* annoyance, misadventure; ***una giornata piena di -e*** a day full of accidents *o* mishaps; ***le -e di un giovane viaggiatore*** the misadventures of a young traveller; ***avere*** o ***conoscere una ~*** to have an unfortunate experience **2** *(disgrazia)* mishap; ***per ~*** as ill luck would have it.
disavvertenza /dizavver'tɛntsa/ f. inadvertence.
disavvezzare /dizavvet'tsare/ [1] → **disabituare.**
disavvezzo /disav'vettso/ agg. disaccustomed; ***~ a fare qcs.*** unaccustomed to doing sth.
disboscamento /dizboska'mento/ m. clearance, deforestation; ***~ del terreno*** land clearance, site clearance; ***il ~ della collina*** the clearing of the hill.
disboscare /dizbos'kare/ [1] tr. to deforest, to clear.
disbrigare /dizbri'gare/ [1] tr. ANT. to polish off, to finish off, to dispose of.
disbrigo, pl. **-ghi** /diz'brigo, gi/ m. handling; ***~ di una pratica*** disposing of a paperwork, dealing with (an item of) business.
discacciare /diskat'tʃare/ [1] tr. ANT. to chase away, to chase off, to drive* away.
discantare /diskan'tare/ [1] tr. to descant.
discanto /dis'kanto/ m. descant.
discapito: **a discapito di** /adis'kapito di/ prep. to the detriment of.
discarica, pl. **-che** /dis'karika, ke/ f. **1** (waste) dump, rubbish dump BE, garbage dump AE, tip BE, dumping ground (anche FIG.); ***"divieto di ~"*** "no dumping", "dumping prohibited" **2** MAR. discharge

◆◆ ~ ***abusiva*** unauthorized rubbish dump; ~ ***municipale*** municipal dump; ~ ***pubblica*** (public) dump, refuse dump BE, rubbish tip BE.

discarico: **a discarico** /adis'kariko/ avv. ***a mio*** ~ in my defence; ***testimone a*** ~ witness for the defence, defence witness.

discendente /diʃʃen'dɛnte/ **I** agg. descending; ***linea*** ~ descending line; ***una curva*** ~ MAT. a falling graph; ***scala*** ~ MUS. descending scale **II** m. e f. descendant.

discendenza /diʃʃen'dɛntsa/ f. **1** *(rapporto di parentela)* descendance; ***linea di*** ~ ***maschile, femminile*** spear side, spindle side; ~ ***da parte di padre*** paternal stock; ~ ***in linea diretta da*** lineal descent from **2** *(discendenti)* offspring, issue; ***una*** ~ ***numerosa*** many descendants; ***morire senza*** ~ to die without issue **3** *(origine, stirpe)* (line of) descent, line, side; ***di*** ~ ***irlandese*** of Irish descent; ***di nobile*** ~ of noble stock *o* descent; ***essere l'ultimo di una lunga*** ~ ***di re*** to be the last in a long line of kings.

▶ **discendere** /diʃ'ʃendere/ [10] **I** tr. **1** *(scendere)* to go* down [*scala*] **2** *(percorrere)* to come* down [*strada, fiume*]; to run* [*rapids*] **II** intr. (aus. *essere, avere*) **1** *(avere origine)* ~ ***da*** to descend from; ~ ***da una lunga stirpe di artisti*** to come from a long line of artists; ***sostenere di*** ~ ***da*** to claim descent from; ~ ***in linea diretta da*** to be a direct descendant of, to be directly descended from **2** *(derivare)* ***ne discende che...*** it follows that... **3** *(scendere)* to get* off; ~ ***dal treno*** to get off the train; ~ ***da cavallo*** to dismount **4** *(digradare)* to descend, to slope down; [*sentiero*] to descend; ***la collina discende fino al fiume*** the hill slopes down to the river.

discenderia /diʃʃende'ria/ f. MIN. winze.

discensore /diʃʃen'sore/ m. abseil device BE.

discente /diʃ'ʃɛnte/ m. e f. learner, pupil.

discepolo /diʃ'ʃepolo/ m. (f. **-a**) **1** BIBL. disciple **2** *(di leader religioso, pensatore, artista)* follower, disciple.

discernere /diʃ'ʃɛrnere/ [85] tr. (forms not attested: past participle and compound tenses) **1** *(vedere distintamente)* FORM. to discern, to perceive **2** *(distinguere)* ~ ***il vero dal falso*** to discriminate between truth and untruth.

discernimento /diʃʃerni'mento/ m. discernment, discrimination, judgment; ***pieno di*** ~ [*frase*] well-judged, full of insight; ***dar prova di*** ~ to display judgment; ***mancare di*** ~ to be undiscriminating, to be lacking in judgment *o* wisdom; ***avere*** ~ ***in*** to be discerning in; ***agire con, senza*** ~ to act with, without judgment *o* insight; ***scegliere con, senza*** ~ to be discriminating, undiscriminating in one's choice.

▷ **discesa** /diʃ'ʃesa/ f. **1** *(percorso di un veicolo, una persona)* descent; AER. letdown; ***l'aereo iniziò la sua*** ~ the aircraft began its descent; ***fare una*** ~ ***in bicicletta*** to pedal down *o* downhill; ***per la*** ~ ***c'è voluta un'ora*** it took an hour to come down; ***la*** ~ ***è stata più difficile della salita*** the climb down *o* descent was more difficult than the climb up **2** *(di prezzi)* fall, drop; ***la sterlina era in*** ~ sterling was down **3** *(il discendere un fiume)* ***la*** ~ ***del fiume è stata molto piacevole*** the trip down the river was most pleasant **4** *(pendio)* downhill slope, downgrade AE; ***a metà della*** ~ halfway down the slope; ***in fondo alla*** ~ at the bottom of the hill; ***la*** ~ ***è ghiacciata, pericolosa*** it's icy, dangerous on the way down; ***essere in*** ~ [*sentiero, strada*] to go downhill, to be downward; ***rallentare, avere paura in*** ~ to go slower, be scared on the way down; ***d'ora in poi è tutta*** ~ FIG. from now on it's downhill all the way **5** SPORT *(nello sci)* ~ ***libera*** downhill; ***gara di*** ~ ***(libera)*** downhill race; ~ ***femminile*** women's downhill; ~ ***maschile*** men's downhill; ***sci da*** ~ downhill skis; ***fare una*** ~ to make a run; ***è la mia terza*** ~ ***da questa mattina*** it's my third run (since) this morning ◆◆ ~ ***in caduta libera*** free fall; ~ ***a corda doppia*** ALP. abseiling, rappel; ~ ***agli inferi*** MITOL. descent into hell.

discesista, m.pl. **-i**, f.pl. **-e** /diʃʃe'sista/ m. e f. *(nello sci)* downhiller, downhill skier; *(nel ciclismo)* downhill racer.

discettare /diʃʃet'tare/ [1] **I** tr. RAR. to dissertate **II** intr. (aus. *avere*) ~ ***di*** o ***su qcs.*** to debate upon.

discettazione /diʃʃettat'tsjone/ f. RAR. disquisition.

dischetto /dis'ketto/ m. **1** INFORM. disk(ette), flexi disc, floppy disk; ~ ***di sistema*** systems diskette **2** SPORT ~ ***del rigore*** (penalty) spot.

dischiudere /dis'kjudere/ [11] **I** tr. to unclose, to open (slightly) **II dischiudersi** pronom. [*labbra*] to part; [*fiore*] to open up, to come* into flower, to unfold, to bloom; [*uovo*] to hatch.

discinesia /diʃʃine'zia/ f. dyskinesia.

discingere /diʃ'ʃindʒere/ [24] tr. LETT. to ungird, to undo*, to unfasten.

discinto /diʃ'ʃinto/ **I** p.pass. → **discingere II** agg. **1** *(seminudo)* scantily dressed **2** LETT. *(trasandato)* shabbily dressed.

disciogliere /diʃ'ʃɔʎʎere/ [28] **I** tr. **1** [*acqua, acido*] to dissolve [*grasso, sporco, polvere*]; [*sole*] to melt, to thaw [*neve*] **2** LETT. to let* down, to loosen, to unbraid [*capelli*]; to loosen [*nodo, cintura*] **II disciogliersi** pronom. *(sciogliersi, liquefarsi)* [*neve*] to melt.

▷ **disciplina** /diʃʃi'plina/ f. **1** *(complesso di norme)* discipline, order; ~ ***ferrea*** iron discipline; ***una rigida*** ~ ***di vita*** a strictly disciplined way of life; ***mantenere la*** ~ [*insegnante*] to keep order; ***essere ferreo in materia di*** ~ to be a disciplinarian **2** *(specialità)* discipline; ***ricercatori di tutte le -e*** researchers of all disciplines; ***le -e artistiche*** the artistic disciplines, the arts **3** SCOL. *(materia d'insegnamento)* subject; ***una*** ~ ***secondaria*** a subsidiary subject **4** SPORT sport; ~ ***olimpica*** Olympic sport **5** MIL. ~ ***militare*** military discipline **6** ANT. *(flagello)* scourge.

disciplinabile /diʃʃipli'nabile/ agg. disciplinable.

1.disciplinare /diʃʃipli'nare/ agg. [*provvedimento, sanzione, procedimento, misura*] disciplinary; ***consiglio*** ~ disciplinary board; ***commissione*** ~ disciplinary body.

2.disciplinare /diʃʃipli'nare/ [1] **I** tr. **1** *(sottoporre a una disciplina)* to discipline [*persona, gruppo*] **2** *(regolare con norme)* to discipline, to regulate, to control; ~ ***il traffico*** to regulate the traffic **II disciplinarsi** pronom. to discipline oneself.

disciplinatamente /diʃʃiplinata'mente/ avv. [*uscire*] in an orderly fashion, manner.

disciplinatezza /diʃʃiplina'tettsa/ f. being disciplined.

disciplinato /diʃʃipli'nato/ **I** p.pass. → **2.disciplinare II** agg. **1** *(che osserva la disciplina)* [*persona, maniera*] (self-)disciplined **2** *(ordinato)* [*traffico*] regulated, orderly.

disc jockey /disk'dʒɔkei/ ◗ *18* m. e f.inv. disc jockey.

▶ **1.disco**, pl. **-schi** /'disko, ski/ m. **1** MUS. record, disc; ~ ***a richiesta*** request; ***fare, incidere un*** ~ to make, cut a record; ***mettere, suonare un*** ~ to put on, play a record; ***un*** ~ ***di musica pop, jazz*** a pop, jazz record; ***essere*** ~ ***d'oro*** COLLOQ. to go gold; ***cambia*** ~***!*** COLLOQ. FIG. change the record! **2** SPORT discus*; *(nell'hockey su ghiaccio)* puck; ***lancio del*** ~ discus; ***lanciatore di*** ~ discus thrower **3** *(oggetto di forma circolare)* disc **4** INFORM. disk; ***unità*** ~ disk drive, drive unit **5** MED. ***ernia del*** ~ herniated *o* slipped disc; ***avere un'ernia del*** ~ to have a slipped disc **6** *(segnale ferroviario)* ~ ***verde, rosso*** red, green light ◆◆ ~ ***combinatore*** dial; ~ ***digitale*** digital audio disk; ~ ***fisso*** INFORM. hard disk; ~ ***del freno*** brake disk; ~ ***della frizione*** AUT. clutch disk; ~ ***intervertebrale*** ANAT. intervertebral disc; ~ ***orario*** AUT. parking disc; ~ ***originale*** INFORM. master disk; ~ ***d'oro*** gold disc; ~ ***ottico*** optical disk; ~ ***rigido*** INFORM. → ~ **fisso**; ~ ***volante*** flying saucer.

2.disco /'disko/ f.inv. COLLOQ. (accorc. discoteca) disco.

discobolo /dis'kɔbolo/ m. discobolus*, discus thrower.

discofilo /dis'kɔfilo/ m. (f. **-a**) discophile.

discografia /diskogra'fia/ f. **1** *(industria)* record industry **2** *(elenco delle incisioni)* discography.

discografico, pl. **-ci**, **-che** /disko'grafiko, tʃi, ke/ **I** agg. [*compagnia, industria, produttore*] record attrib.; ***casa -a*** record label; ***etichetta -a indipendente*** independent, indie COLLOQ. **II** ◗ *18* m. (f. **-a**) *(proprietario)* record company owner; *(tecnico)* record company worker.

discoidale /diskoi'dale/ agg. discoidal.

discoide /dis'kɔide/ agg. e m. discoid.

discolo /'diskolo/ **I** agg. mischievous, naughty **II** m. (f. **-a**) brat, rascal, mischief, pest.

discolpa /dis'kolpa/ f. exculpation, exoneration, vindication; ***a sua*** ~ in her defence; ***a*** ~ ***di qcs.*** in justification of sth.; ***dire qcs. a*** ~ ***di qcn.*** to say sth. in mitigation of sb.'s actions.

discolpare /diskol'pare/ [1] **I** tr. to exculpate, to exonerate (**da** from); ~ ***qcn.*** to exonerate sb. from blame **II discolparsi** pronom. DIR. to purge oneself of a charge; ***-rsi agli occhi di qcn.*** to vindicate oneself in sb.'s eyes.

disconnessione /diskonnes'sjone/ f. disconnection.

disconnettere /diskon'nɛttere/ [17] **I** tr. TECN. INFORM. to disconnect **II disconnettersi** pronom. INFORM. to disconnect.

disconoscere /disko'noʃʃere/ [31] tr. *(non voler riconoscere)* to disown, to repudiate, to reject [*bambino*]; to disown [*documento, articolo*]; ~ ***una firma*** COMM. to deny a signature; ~ ***la paternità di un bambino*** to disclaim *o* disown the paternity of a child.

disconoscimento /diskonoʃʃi'mento/ m. disavowal, disownment; *(di una nazione)* derecognition; ~ ***di paternità*** DIR. disownment *o* disclaimer of paternity.

discontinuamente /diskontinua'mente/ avv. erratically; [*dormire*] fitfully, discontinuously FORM.

discontinuità /diskontinui'ta/ f.inv. **1** *(di amicizia)* desultoriness; *(di sonno, pioggia)* fitfulness, discontinuity FORM.; *(mancanza di costanza)* irregularity **2** MAT. discontinuity.

discontinuo /diskon'tinuo/ agg. **1** *(non continuo)* [*linea, cerchio*] broken; [*amicizia*] desultory; [*sonno*] fitful; [*atteggiamento*] inconsistent; [*attività*] snatchy **2** *(incostante)* [*performance*] patchy, ragged, uneven; [*saggio, racconto, qualità, risultati*] patchy; [*gara*] ragged; [*pressione*] irregular **3** MAT. ***funzione -a*** discontinuous function.

discordante /diskor'dante/ agg. **1** *(contrastante)* discordant, contrasting **2** *(che non armonizza)* [*colori*] clashing, jarring; [*suono*] jarring **3** GEOL. discordant.

discordanza /diskor'dantsa/ f. **1** *(di opinioni, idee)* disagreement, inconsonance **2** *(di suoni, colori)* discordance, dissonance FORM. **3** GEOL. disconformity, unconformity.

discordare /diskor'dare/ [1] intr. (aus. *avere*) [*idee, opinioni, commenti, critiche*] to jar, to disagree; [*colori*] to clash, to jar.

discorde /dis'kɔrde/ agg. **1** *(in contrasto)* [*interessi*] divided **2** *(dissimile)* [*notizie*] discordant; ***i pareri sono -i*** opinion is divided.

discordia /dis'kɔrdja/ f. **1** *(mancanza di armonia)* discord, discordance, dissension (**tra** among); ***una nota di ~*** a note of discord; ***~ tra familiari*** familiar *o* domestic strife **2** *(divario)* disagreement ◆ ***seminare ~*** to sow dissension; ***seminatore di ~*** firebrand; ***pomo della ~*** apple of discord, bone of contention.

discorrere /dis'korrere/ [32] intr. (aus. *avere*) to speak* (**di** about, of; **a** to; **con** with); ***~ a lungo su qcs.*** to talk at great length about sth., to hold forth about sth. ◆ ***~ del più e del meno*** to have a casual chat, to talk about nothing much *o* about this and that, to shoot the breeze AE; ***e via discorrendo*** and so on.

discorsivo /diskor'sivo/ agg. **1** *(scorrevole)* [*stile*] easy, flowing, fluent, conversational **2** RAR. *(loquace)* talkative **3** FILOS. discursive.

▶ **discorso** /dis'korso/ **I** m. **1** *(conferenza, orazione)* speech, talk (**su** on, about); ***fare, tenere, pronunciare un ~*** to give, make, deliver a speech *o* an address; ***improvvisare un ~*** to speak off the cuff; ***pronunciare un ~ impappinandosi*** to flounder through a speech; ***come è stato accolto il suo ~?*** how did his speech go over? ***il suo ~ è piaciuto molto*** his speech went over well; ***infarcire un ~ di citazioni*** to sprinkle a speech with quotations **2** *(breve discorso formale)* ***dover pronunciare un ~*** to have a speaking engagement; ***pronunciare un ~ televisivo*** to make a televised address; ***il ~ di fine anno del presidente alla nazione*** the President's New Year's speech; ***~, ~!*** speech, speech! ***il Discorso della Montagna*** the Sermon on the Mount **3** *(conversazione)* ***un ~ elettrizzante*** an electrifying speech; ***un ~ confuso, sconclusionato*** a rambling, disconnected speech; ***~ ipocrita*** canting talk; ***~ contorto, oscuro*** SPREG. double talk; ***il succo del ~ è che loro...*** the long and short of it is that they...; ***lei mi ha fatto un ~ del tutto diverso*** she said something completely different to me; ***far cadere*** o ***portare il ~ su*** to bring up [*questione, argomento*]; ***nel bel mezzo del ~*** FIG. [*fermare, interrompere*] midstream; ***essere nel bel mezzo del ~*** FIG. to be in full flow; ***il suo ~ ha mordente*** his speech has bite; ***considerate il ~ chiuso*** consider the matter closed; ***il ~ non aveva né capo né coda*** COLLOQ. the speech was all over the place **4** *(argomento)* subject; ***un ~ scottante*** a burning issue; ***cambia ~!*** don't go on about it! ***il ~ è chiuso*** that's the end of the matter **5** *(proposta, iniziativa politica)* ***portare avanti un ~*** to be active in promoting **6** LING. discourse; ***parte del ~*** part of speech, word class; ***analisi del ~*** discourse analysis **II discorsi** m.pl. *(affermazioni)* ***-i a vanvera*** loose talk; ***fare -i volgari*** to make vulgar comments; ***pochi -i!*** no nonsense! ***che -i!*** what nonsense! ***che -i sono (questi)?*** what nonsense is that? ***i -i sono belli ma*** speeches are all very well but; ***continuare a fare -i noiosi su*** SPREG. to drone on about; ***sono solo -i campati in aria!*** it's just so much hot air! ***i bei -i non servono a nulla*** fine words butter no parsnips ◆ ***attaccare ~ (con qcn.)*** to engage sb. in conversation, to strike up a conversation with sb.; ***perdere, trovare il filo del ~*** to lose, find one's place ◆◆ ***~ d'addio*** farewell speech, valediction; ***~ di apertura*** opening speech; ***~ di chiusura*** closing speech; ***~ della corona*** GB POL. Speech from the Throne; ***~ diretto*** LING. direct speech; ***~ inaugurale*** inaugural (speech); ***~ indiretto*** LING. indirect *o* reported speech; ***~ d'investitura*** investiture speech; ***~ programmatico*** keynote speech; ***~ di ringraziamento*** vote of thanks.

discostare /diskos'tare/ [1] **I** tr. LETT. to draw* aside, to draw* back **II discostarsi** pronom. FIG. ***-rsi da*** to distance oneself from, to depart from, to drift away from [*posizione, verità*]; ***-rsi dalla tradizione*** to break with tradition; ***una tendenza a -rsi da*** a trend away from.

discosto /dis'kɔsto/ **I** agg. ***la casa è ben -a dalla strada*** the house is situated well back from the road **II** avv. ***starsene*** o ***sedersi ~ dal gruppo*** to stand apart from the group.

discoteca, pl. **-che** /disko'tɛka, ke/ f. **1** *(locale)* discotheque, disco; ***musica da ~*** disco music **2** *(raccolta)* record library.

discotecario, pl. **-ri** /diskote'karjo, ri/ m. (f. **-a**) record librarian.

discount /dis'kaunt/ m.inv. discount store.

discrasia /diskra'zia/ f. dyscrasia.

discreditare /diskredi'tare/ [1] tr. to discredit [*persona, istituzione*]; ***~ qcn. agli occhi di qcn.*** to discredit sb. in sb.'s eyes.

discredito /dis'kredito/ m. discredit; ***a suo ~*** to his discredit; ***gettare il ~ su qcn.*** to bring discredit on sb.; ***cadere in ~*** to be brought into disrepute; ***tornare a ~ di qcn.*** to reflect badly on sb.

discrepante /diskre'pante/ agg. contradictory, discrepant, divergent.

discrepanza /diskre'pantsa/ f. discrepancy, mismatch, contrariety.

discretamente /diskreta'mente/ avv. **1** *(abbastanza)* ***è ~ simpatico*** he is rather nice **2** *(abbastanza bene)* moderately well; ***"come stai?" - "~"*** "how are you?" - "pretty *o* reasonably well, not too bad" **3** *(in modo accettabile)* passably, tolerably; ***gioco a tennis ~*** I play tennis moderately well, I'm quite good at tennis; ***essere retribuito ~*** to be reasonably well paid; ***guadagnare ~*** to make a decent living **4** *(con discrezione)* [*agire, comportarsi*] discreetly; [*tossire*] quietly.

discretezza /diskre'tettsa/ f. discretion.

▶ **discreto** /dis'kreto/ agg. **1** *(apprezzabile, soddisfacente)* [*risultato, pasto, punteggio, vacanza*] decent; [*dimensione, numero, somma*] fair, respectable **2** *(abbastanza buono, bravo)* [*film, casa, partita, viaggio*] all right, alright; [*condizione, performance, capacità*] fair; [*attore, nuotatore*] respectable, goodish COLLOQ. **3** *(accettabile)* [*livello, salario, standard*] decent; [*automobile, festa, lavoro, vacanza*] okay; [*conoscenza, qualità, cibo*] passable **4** *(riservato, fidato)* [*azione, comportamento, persona*] discreet, unobtrusive; [*indagine*] tactful **5** *(moderato, sobrio)* [*profumo, colore*] subtle, quiet; [*cravatta, completo*] sober; [*fascino*] understated **6** *(misurato)* [*accenno, avviso, sollecito*] tactful, delicate; [*colpo di tosse, risata*] quiet **7** SCOL. *(voto)* fair **8** MAT. FIS. LING. discrete.

discrezionale /diskrettsjo'nale/ agg. discretionary; ***potere ~*** discretionary power.

discrezionalità /diskrettsjonali'ta/ f.inv. discretionary power.

▷ **discrezione** /diskret'tsjone/ f. **1** *(riservatezza)* discretion, unobtrusiveness; ***usare ~*** to be tactful, to use discretion; ***lui è la ~ in persona*** he is the soul of discretion *o* discretion himself; ***con ~ encomiabile*** commendably restrained; ***contare sulla ~ di qcn.*** to rely on sb.'s discretion **2** *(arbitrio, giudizio)* discretion; ***a mia, sua ~*** in *o* at my, his discretion; ***agire, decidere a propria ~*** to use one's discretion; ***valuta a tua ~*** use your own judgment; ***quella decisione sta alla mia ~*** I have discretion over that decision **3 a discrezione** [*pane, vino*] unlimited, at will.

discriminante /diskrimi'nante/ **I** agg. **1** *(che opera una distinzione)* [*carattere, fattore*] discriminant, discriminating **2** DIR. *(che annulla la pena)* ***circostanza ~*** extenuating circumstance **II** f. **1** DIR. *(causa estintiva)* mitigating circumstance **2** MAT. discriminant.

discriminare /diskrimi'nare/ [1] tr. **1** *(operare una discriminazione)* to discriminate **2** *(discernere)* to distinguish.

discriminativo /diskrimina'tivo/ agg. discriminative.

discriminatorio, pl. **-ri, -rie** /diskrimina'tɔrjo, ri, rje/ agg. discriminatory; ***provvedimenti -ri*** discriminatory measures.

discriminazione /diskriminat'tsjone/ f. **1** *(distinzione)* discrimination, bias (**nei confronti di, verso** against); ***~ razziale*** racial bias, racial discrimination, colour bar BE, color line AE; ***~ sessuale*** sex(ual) bias *o* discrimination; ***~ positiva, al contrario*** positive, reverse discrimination; ***~ dei prezzi*** price discrimination; ***senza -i razziali o religiose*** without racial or religious discrimination **2** *(atto)* discrimination; ***subire -i*** to suffer discrimination.

▷ **discussione** /diskus'sjone/ f. **1** *(dibattito)* debate, argument, discussion, session (**su** about); ***senza -i*** without argument *o* dispute; ***un aspetto della ~*** one side of the argument; ***argomento di ~*** debating point; ***gruppo di ~*** discussion group; ***~ accesa*** FIG. battle royal; ***~ di gruppo*** skull session; ***una ~ improvvisata*** an off the cuff discussion; ***essere in ~*** to be under discussion; ***sottoporre qcs. a ~*** to bring *o* put sth. up for discussion; ***prendere parte alle -i*** to be engaged in discussions; ***partecipare alla ~*** to take part in the discussion; ***rilanciare la ~*** to revive the debate; ***una riforma in fase di ~*** a reform being discussed; ***il progetto è ancora in ~*** the plan is still unfinished *o* under debate; ***essere aperto alla ~*** to be open to comment; ***-i finalizzate a superare questo impasse*** discussions which aim to break this deadlock **2** *(litigio)* argument, dispute; ***avere una ~ con*** to have a dispute with; ***per evitare -i*** in order to avoid unpleasantness; ***basta -i!*** there's been enough talking! ***fare delle -i***

per questioni di soldi to argue about *o* over money; ***il dibattito è degenerato in un'aspra ~*** the debate degenerated into a bitter argument **3** *(contestazione)* contention; ***l'argomento, il punto in ~*** the matter, point of contention *o* at issue; ***mettere qcs. in ~*** to challenge *o* query sth., to call *o* bring sth. into question, to table sth. for discussion; ***si può mettere in ~*** it's open to question; ***le sue convinzioni non sono in ~*** her beliefs are not at issue; ***qui è in ~ il nostro futuro*** our future is at issue here **4** UNIV. *(della tesi)* defence **5 fuori discussione** ***essere fuori ~*** to be beyond argument *o* dispute; ***è assolutamente fuori ~*** it's quite out of the question; ***è fuori ~ che lui parta*** it's out of the question for him to leave.

discusso /dis'kusso/ **I** p.pass. → **discutere II** agg. *(controverso)* [*persona, gruppo*] controversial; [*fatto, teoria*] disputed; ***una questione molto -a*** a vexed question.

▶ **discutere** /dis'kutere/ [39] **I** tr. **1** *(esaminare)* to discuss, to debate; ***~ una proposta di legge*** to debate a bill; ***~ il bilancio*** POL. to debate the budget; ***~ la tesi (di laurea)*** UNIV. to defend a thesis; ***~ una causa a porte chiuse*** DIR. to hear a case in chambers **2** *(contestare)* to challenge, to argue [*decisione, ordine, provvedimento*]; ***la sua abilità di contabile non si discute*** her competence as an accountant is not in question **II** intr. (aus. *avere*) **1** *(parlare di)* to debate (**di** about); ***~ a fondo*** to argue out, to talk through; ***~ animatamente*** to slog, to spar; ***sono pronto a ~*** I'm open to argument; ***~ di politica*** to talk politics; ***per il gusto di ~*** for argument's sake; ***non c'è nulla di cui ~*** there's nothing to discuss; ***se ci mettiamo tutti insieme a discuterne*** if we all put our heads together; ***ci sono delle questioni importanti di cui vorrei ~*** I have important matters to discuss; ***~ tutta la notte*** to talk all night; ***possiamo discuterne*** we can talk about it; ***se tu volessi discuterne in qualunque momento*** if you should want to discuss this at any time; ***~ sull'utilità, sulla fondatezza di qcs.*** to discuss whether sth. is useful, well-founded; ***~ sul prezzo*** *(trattare)* to haggle over the price, to bargain **2** *(litigare)* to argue, to have* an argument, to dispute (**con** with); ***è inutile ~ con lui*** there's no use arguing with him; ***non intendo ~ con te!*** I'm not going to bandy words with you! ***discutono sempre*** they're always arguing (with each other); ***discutevamo per decidere chi dovesse pagare*** we were arguing about who should pay; ***non essere in vena di ~*** to be in no humour for arguing **3** *(protestare)* ***non si discute!*** there's no discussing it! ***non ~ con me!*** don't argue (with me)! ***fate ciò che vi si dice senza ~!*** do what you're told without arguing! ***ha detto tre ore e non c'è da ~*** he said three hours and that's all there is to it.

discutibile /disku'tibile/ agg. arguable, controversial, disputable; [*azione, condotta*] blameworthy; [*decisione, motivo*] questionable; ***metodi -i*** questionable tactics; ***è ~*** it's open to argument *o* debate; ***questo è ~!*** that's debatable! ***avere opinioni -i su qcs.*** to hold contentious views on sth.

discutibilità /diskutibili'ta/ f.inv. dubiousness, questionableness.

discutibilmente /diskutibil'mente/ avv. questionably.

disdegnare /dizdeɲ'ɲare/ [1] tr. to disdain, to scorn; ***non disdegna i piaceri della buona tavola*** he's not averse to good food.

disdegno /diz'deɲɲo/ m. disdain, scorn (**per** for).

disdegnosamente /dizdeɲɲosa'mente/ avv. scornfully.

disdegnoso /dizdeɲ'ɲoso/ agg. disdainful, scornful.

disdetta /diz'detta/ f. **1** *(scioglimento di contratto)* notice of cancellation; *(di merce)* cancellation; ***~ con, senza preavviso*** notice with, without warning; ***lettera di ~*** letter of cancellation; ***~ di un ordine*** cancellation of an order; ***dare la ~ a un inquilino*** to give a tenant a notice of termination **2** *(sfortuna)* mischance; ***che ~!*** too bad! what rotten luck!

disdettare /dizdet'tare/ [1] tr. DIR. ***~ un contratto*** to terminate a contract.

disdetto /diz'detto/ **I** p. pass. → **disdire II** agg. cancelled.

disdicevole /dizdi'tʃevole/ agg. [*comportamento*] disgraceful, discreditable, disreputable, uncommendable; [*fatto, avvenimento*] uncommendable.

disdicevolezza /dizditʃevo'lettsa/ f. impropriety, indecorousness.

disdire /diz'dire/ [37] tr. **1** *(ritrattare)* to retract, to deny; ***~ le accuse*** to deny the allegations **2** *(annullare)* to call off, to cancel [*incontro, matrimonio, spettacolo*]; ***~ un impegno scusandosi*** to beg off; ***il presidente ha dovuto ~ l'appuntamento*** the president had to cancel the meeting **3** *(rescindere)* to cancel [*abbonamento*]; to terminate [*contratto*]; ***~ un abbonamento a una rivista*** to discontinue a subscription to a magazine.

disdoro /diz'dɔro/ m. LETT. attaint, disgrace, dishonour BE, dishonor AE, shame.

diseconomia /dizekono'mia/ f. diseconomy.

diseducare /dizedu'kare/ [1] tr. to educate badly, to educate wrongly, to miseducate.

diseducativo /dizeduka'tivo/ agg. [*programma*] harmful; ***questo spettacolo è ~*** this show is harmful.

diseducazione /dizedukat'tsjone/ f. miseducation.

▷ **disegnare** /diseɲ'ɲare/ [1] **I** tr. **1** *(rappresentare)* to draw* [*piantina, ritratto, diagramma*]; ***~ una barca, un cane*** to draw a boat, a dog; ***~ qcs. dal vero*** to draw sth. from life; ***~ in scala*** to draw to scale; ***~ a mano libera*** to draw freehand; ***~ a pastello*** to crayon, to work in pastels; ***~ al carboncino*** to draw in charcoal; ***~ a matita, a penna*** to draw in pencil, ink; ***~ a puntini*** TECN. to stipple; ***~ cartoni animati, vignette*** to cartoon **2** *(progettare)* to design, to plan [*costruzione, ponte, giardino*]; to style [*automobile, cucina*]; ***la casa è stata disegnata da un architetto*** the house was designed by an architect **3** *(formare)* ***l'ombra delle foglie disegna un ricamo*** the shadow of the leaves makes a lacy pattern **4** FIG. *(elaborare)* to design, to style [*abiti*] **5** FIG. *(descrivere, delineare)* to outline **II** intr. (aus. *avere*) ***disegna molto bene*** he draws very well; ***chi è il più bravo a ~?*** who's the best at drawing?

disegnatore /diseɲɲa'tore/ ♦ ***18*** m. (f. **-trice** /tritʃe/) **1** ART. drawer, designer, illustrator **2** IND. designer ◆◆ ***~ di cartoni animati*** CINEM. cartoonist; ***~ di fumetti*** (strip) cartoonist; ***~ di moda*** fashion illustrator; ***~ pubblicitario*** commercial artist; ***~ di schizzi*** sketcher; ***~ tecnico*** draughtsman BE, draftsman AE.

▶ **disegno** /di'seɲɲo/ m. **1** *(il disegnare)* drawing; ***~ a matita, a carboncino*** pencil, charcoal drawing; ***~ di un paesaggio, di un nudo*** landscape, nude drawing; ***album da ~*** drawing book *o* folder; ***cartellina da ~*** portfolio; ***corso di ~*** drawing class; ***concorso di ~*** drawing competition; ***corso di ~ dal vero*** life class; ***corsi di ~*** classes in drawing; ***vado male in ~*** I'm bad at art; ***scuola, professore di ~*** art school, teacher; ***carta, tavolo da ~*** drawing paper, drawing table; ***aula di ~*** art room **2** *(il risultato)* drawing, picture; *(progetto)* design, scheme; ***~ a penna e acquerello*** pen and wash drawing; ***fare un ~*** to do a drawing; ***la maggior parte dei -i è stata fatta da Tom*** most of the drawing was done by Tom **3** ART. *(motivo ornamentale)* pattern; ***~ a fiorami, a puntini*** sprig, stipple; ***~ a righe*** striped pattern; ***~ a scacchi*** chequer-work **4** FIG. *(piano)* plan, design; ***le cose non sono andate secondo i miei -i*** things didn't go according to my plans ◆◆ ***~ animato*** CINEM. cartoon; ***~ architettonico*** architectural drawing; ***~ costruttivo (in scala)*** working drawing; ***~ di legge*** POL. bill; ***promuovere un ~ di legge*** to promote a bill; ***~ a mano libera*** freehand drawing; ***~ pubblicitario*** commercial art; ***~ in scala*** scale drawing; ***~ tecnico*** technical drawing.

diseguaglianza /dizegwaʎ'ʎantsa/ → **disuguaglianza.**

diseguale /dize'gwale/ → **disuguale.**

disequazione /dizekwat'tsjone/ f. inequality.

disequilibrio, pl. **-bri** /dizekwi'librjo, bri/ m. disequilibrium*.

diserbante /dizer'bante/ m. weedkiller.

diseredamento /dizereda'mento/ m. disinheritance.

diseredare /dizere'dare/ [1] tr. to disinherit, to cut* off.

diseredato /dizere'dato/ **I** p.pass. → **diseredare II** agg. [*figlio*] dispossessed; ***un popolo ~*** a dispossessed people **III** m. ***i -i*** the disadvantaged, the dispossessed.

disertare /dizer'tare/ [1] **I** tr. **1** *(abbandonare)* to desert, to abandon; ***~ le campagne*** to abandon the countryside, to leave the fields **2** *(non prendere parte a)* to fail to attend [*riunione*] **II** intr. (aus. *avere*) **1** MIL. [*soldato*] to desert **2** FIG. *(defezionare)* ***~ da*** to defect from [*partito*].

disertore /dizer'tore/ m. MIL. deserter (**da** from) (anche FIG.).

diserzione /dizer'tsjone/ f. **1** MIL. desertion **2** FIG. defection, desertion.

disfacimento /disfatʃi'mento/ m. **1** *(di corpi)* decay, decomposition; *(di stoffa, legno)* disintegration **2** FIG. *(di famiglia, gruppo, partito)* break-up; ***società in ~*** decaying society **3** GEOL. degradation.

disfagia /disfa'dzia/ f. dysphagia.

▷ **disfare** /dis'fare/ [8] **I** tr. **1** *(smantellare, smontare)* to unmake*; *(sciogliere)* to split*, to undo* [*cucitura*]; to unpick [*orlo*]; to unravel [*lavoro a maglia*]; to untie, to unknit* [*nodo*]; to unplait [*treccia*]; to unwind* [*bendaggio*]; ***~ il letto*** to strip (down) the bed; ***~ i bagagli*** to do the unpacking; ***tutto quello che faccio io lui lo disfa*** he undoes everything I do **2** *(distruggere)* to spoil [*opera, progetto*] **3** *(liquefare)* to melt **II disfarsi** pronom. **1** *(sbarazzarsi)* ***-rsi di*** to cast aside [*oggetto*]; to cast off [*indumento*]; to clear out [*abiti vecchi, giornali*]; to ditch [*amico, alleato, automobile, beni rubati*]; to part with [*soldi*]; ***-rsi di qcn., qcs.*** FIG. to throw sb., sth. on the trash heap **2** *(consumarsi)* [*tessuto, carta, legno*] to disintegrate; [*cucitura*] to split* (open); [*lavoro a maglia*] to unravel **3** *(sciogliersi)* [*nodo*] to unknit*; *(liquefarsi)* to melt **4** FIG. *(andare in rovina, decadere)* to decay, to fall* into ruin ◆ ***-rsi in lacrime*** to dissolve *o* melt into tears; ***fare e ~ (a proprio piacimento)*** to have everything one's own way.

disfasia /disfa'zia/ ♦ **7** f. dysphasia.

disfatta /dis'fatta/ f. defeat, rout (anche FIG.).

disfattismo /disfat'tizmo/ m. defeatism.

disfattista, m.pl. **-i**, f.pl. **-e** /disfat'tista/ **I** agg. defeatist **II** m. e f. defeatist; ***non essere così ~!*** don't be such a defeatist!

disfatto /dis'fatto/ **I** p.pass. → **disfare II** agg. **1** [*letto*] unmade; [*cucitura*] split **2** FIG. *(sfinito)* [*volto*] exhausted, haggard.

disfemia /disfe'mia/ f. dysphemia.

disfida /dis'fida/ f. LETT. challenge.

disfonia /disfo'nia/ f. dysphonia.

disforia /disfo'ria/ f. dysphoria.

disfunzionale /disfuntsjo'nale/ agg. dysfunctional.

disfunzione /disfun'tsjone/ f. dysfunction, malfunction (anche MED.).

disgelare /dizdʒe'lare/ [1] **I** tr. to melt **II disgelarsi** pronom. to thaw out.

disgelo /diz'dʒɛlo/ m. **1** METEOR. *(di neve, ghiaccio)* melt, thaw **2** FIG. *(distensione)* thaw, detente; ***il ~ tra i due paesi*** the thaw *o* detente between the two nations.

disgenico, pl. **-ci**, **-che** /diz'dʒɛniko, tʃi, ke/ agg. dysgenic.

disgiungere /diz'dʒundʒere/ [55] **I** tr. to disjoin(t); ***~ le mani*** to unclasp one's hands **II disgiungersi** pronom. to disjoin.

disgiuntamente /dizdʒunta'mente/ avv. separately, severally.

disgiuntivo /dizdʒun'tivo/ agg. LING. FILOS. disjunctive.

disgiunto /diz'dʒunto/ **I** p.pass. → **disgiungere II** agg. *(separato)* disjoint, separate.

disgiunzione /dizdʒun'tsjone/ f. **1** *(separazione)* disconnection, disconnexion, disjunction FORM. **2** FILOS. disjunction, alternation.

▶ **disgrazia** /diz'grattsja/ f. **1** *(perdita del favore altrui)* disgrace; ***essere in ~*** to be under a cloud *o* in disfavour *o* in disgrace; ***cadere in ~*** to fall into disfavour, to fall out of *o* from favour; ***cadere in ~ di qcn.*** COLLOQ. to be in the doghouse with sb., to be in Dutch with sb.; ***è stato in ~ per dieci anni*** he spent ten years in the wilderness **2** *(sciagura)* accident; ***raccontare le proprie -e*** to tell a tale of woe; ***è successa una ~*** there has been an accident; ***nella ~ hanno perso la vita sei persone*** six people died in the accident; ***non l'ho fatto apposta, è stata una ~*** I didn't do it on purpose, it was an accident **3** *(sorte avversa)* adversity, curse, disgrace, misfortune, unluckiness; ***per ~*** accidentally, by accident; ***una serie di -e*** a series of misfortunes; ***avere la ~ di*** to be cursed with; ***è successo per pura ~*** it happened through sheer bad luck; ***se per ~ scoppiasse la guerra*** if war should break out, (which) God forbid ◆ ***le -e non vengono mai sole*** PROV. it never rains but it pours.

disgraziatamente /dizgrattsjata'mente/ avv. unluckily (**per** for); ***è ~ vero*** unfortunately, it's only too true; ***~ per me, per lui*** SCHERZ. for my, his sins.

▶ **disgraziato** /dizgrat'tsjato/ **I** agg. **1** *(miserabile)* unblessed, wretched, miserable **2** *(sfortunato)* [*persona, situazione*] unfortunate; [*destino*] evil **II** m. (f. **-a**) **1** *(miserabile)* wretch; ***quei poveri -i!*** those poor wretched! ***è solo un povero ~!*** he's just a poor wretch *o* idiot! **2** *(persona vile, malvagia)* wretch, scoundrel; ***quel ~ se n'è andato senza dire niente*** that idiot went off without saying anything; ***~, guarda cos'hai combinato!*** look what you've done, you wretch! **3** COLLOQ. *(minorato)* freak.

disgregabile /dizgre'gabile/ agg. decomposable, breakable, separable.

disgregamento /dizgrega'mento/ m. → **disgregazione.**

disgregare /dizgre'gare/ [1] **I** tr. **1** *(frantumare)* to disgregate, to disjoint **2** FIG. to dismember [*paese, organizzazione*]; to split* up [*gruppo*]; to break* up [*famiglia, impero, partito politico*] **3** CHIM. to break* down **II disgregarsi** pronom. **1** *(frantumarsi)* [*roccia, muro, edificio*] to crumble, to moulder away BE, to molder away AE **2** FIG. [*gruppo, società*] to divide; [*famiglia*] to break* up; [*organizzazione*] to disintegrate; [*alleanza, partito*] to split* off, to split* up, to splinter.

disgregatore /dizgrega'tore/ agg. disruptive, disintegrating; ***comportamento, influsso ~*** disruptive behaviour, influence.

disgregazione /dizgregat'tsjone/ f. **1** *(frantumazione)* disgregation, disjointing **2** FIG. *(di gruppo, famiglia, partito)* break-up; *(di organizzazione)* disintegration; ***in ~*** [*società*] decaying.

disguido /diz'gwido/ m. **1** *(postale)* misdelivery **2** *(contrattempo)* hitch, snag.

disgustare /dizgus'tare/ [1] **I** tr. to disgust, to repel, to revolt, to turn off COLLOQ.; [*odore, colore*] to put* off; ***mi disgusta vedere che...*** it makes me sick to see that...; ***~ qcn.*** to make sb.'s gorge rise, to be repugnant to sb. **II disgustarsi** pronom. *(nausearsi)* ***-rsi di qcs.*** to become disgusted by *o* with sth.

disgustato /dizgus'tato/ **I** p.pass. → **disgustare II** agg. in disgust, disgusted, repulsed, sick; ***essere ~ da qcs.*** to be repelled by sth; ***sono ~ dal suo tradimento*** I am disgusted with him for cheating.

disgusto /diz'gusto/ m. disgust, loathing, revulsion (**verso**, **per** at); ***provare ~ per qcs., nel dover fare*** to feel revulsion at sth., at having to do; ***avere un brivido di ~*** to shudder in revulsion; ***raccapricciare di ~*** to wince with disgust; ***fare una smorfia di ~*** to make a wry *o* face.

disgustosamente /dizgustosa'mente/ avv. disgustedly, disgustingly, repulsively, revoltingly, sickeningly.

▷ **disgustoso** /dizgus'toso/ agg. disgusting, distasteful, loathsome, revolting; [*gusto*] foul, nasty, nauseous; [*odore*] obnoxious, disgusting, unsavoury BE, unsavory AE; [*vista*] sickening; [*cibo*] disgusting, abominable, beastly, foul-tasting; ***è una persona -a*** he's a creep; ***il caffè è ~!*** the coffee's absolutely poisonous! ***il suo senso dell'umorismo è veramente ~*** he has a really sick sense of humour.

disidratare /dizidra'tare/ [1] **I** tr. to dehydrate **II disidratarsi** pronom. to dehydrate, to become* dehydrated.

disidratato /dizidra'tato/ **I** p.pass. → **disidratare II** agg. [*persona, cibo*] dehydrated; ***cocco ~*** desiccated *o* dried *o* dehydrated coconut; ***sentirsi ~*** to feel dehydrated.

disidratatore /dizidrata'tore/ m. dehydrator.

disidratazione /dizidratat'tsjone/ f. dehydration (anche MED.).

disillabico, pl. **-ci**, **-che** /disil'labiko, tʃi, ke/ agg. LING. disyllabic.

disillabo /di'sillabo/ m. LING. disyllable.

disilludere /dizil'ludere/ [11] **I** tr. to disenchant; ***mi spiace disilluderti, ma...*** I hate to disillusion you, but... **II disilludersi** pronom. ***-rsi su qcs.*** to become disenchanted with sth., to be disillusioned with sth.

disillusione /dizillu'zjone/ f. disenchantment, disillusion, disillusionment.

disilluso /dizil'luzo/ **I** p.pass. → **disilludere II** agg. [*persona*] disenchanted, disillusioned.

disimballare /dizimbal'lare/ [1] tr. to unpack [*libri, effetti personali*].

disimparare /dizimpa'rare/ [1] tr. to unlearn* [*abitudine*].

disimpegnare /dizimpeɲ'ɲare/ [1] **I** tr. **1** *(liberare da un impegno)* to disengage; ***~ qcn. da una promessa*** to release sb. from a promise **2** *(riscattare da pegno)* ***~ qcs.*** to get sth. out of hock *o* pawn, to take sth. out of pledge; ***~ un orologio al monte di pietà*** to redeem a watch from the pawnbroker **3** *(rendere indipendente)* to make* [sth.] independent [*stanza*] **4** SPORT to free (sb.) from a marker **5** MIL. to disengage **II disimpegnarsi** pronom. **1** *(liberarsi da un impegno)* to free oneself; ***-rsi da un obbligo*** to free oneself from an obligation **2** *(cavarsela)* to manage; ***-rsi bene a fare qcs.*** to be well able to cope with sth., to manage sth. well **3** SPORT to free oneself **4** AER. MAR. to take* evasive action.

disimpegnato /dizimpeɲ'ɲato/ **I** p.pass. → **disimpegnare II** agg. *(non impegnato)* POL. disengaged, uncommitted.

disimpegno /dizim'peɲɲo/ m. **1** *(libertà da un obbligo)* disengagement **2** *(riscatto da pegno)* redemption **3** *(locale che dà accesso ad altri locali)* ***stanza di ~*** box *o* access room **4** SPORT clearance **5** MIL. disengagement **6** *(mancanza di impegno)* noncommitment, lack of commitment.

disincagliare /dizinkaʎ'ʎare/ [1] **I** tr. **1** MAR. ***~ una barca*** to get a boat afloat **2** FIG. *(sbloccare)* to free, to get* [sth.] going again **II disincagliarsi** pronom. **1** MAR. to float (off) **2** FIG. to break* out, to get* under way again.

disincantare /dizinkan'tare/ [1] tr. **1** *(disilludere)* to disenchant, to disillusion **2** *(liberare da incantesimo)* to disenchant.

disincantato /dizinkan'tato/ **I** p.pass. → **disincantare II** agg. [*aria, tono, aspetto*] disenchanted.

disincanto /dizin'kanto/ m. disenchantment.

disincentivare /dizintʃenti'vare/ [1] tr. to discourage, to deter [*risparmio, iniziativa*]; ***~ le importazioni con provvedimenti legislativi*** = to limit imports with legislative measures, actions.

disincentivo /dizintʃen'tivo/ m. disincentive; ***è, fa da ~ per il lavoro, gli investimenti*** it is, acts as a disincentive to work, to investment.

disincrostante /dizinkros'tante/ m. descaler.

disincrostare /dizinkros'tare/ [1] tr. to descale [*caldaia, bollitore*].

disinfestante /dizinfes'tante/ **I** agg. disinfesting **II** m. exterminator, disinfestant.

disinfestare /dizinfes'tare/ [1] tr. *(liberare da insetti, parassiti)* to disinfest; ~ ***la casa dai topi*** to rid the house of mice.

disinfestatore /dizinfesta'tore/ ♦ *18* m. (f. **-trice** /tritʃe/) pest control officer, exterminator AE.

disinfestazione /dizinfestat'tsjone/ f. *(da insetti, parassiti)* disinfestation, extermination, pest control.

▷ **disinfettante** /dizinfet'tante/ agg. e m. disinfectant.

▷ **disinfettare** /dizinfet'tare/ [1] tr. to disinfect, to sanitize.

disinfettore /dizinfet'tore/ ♦ *18* m. (f. **-trice** /tritʃe/) → **disinfestatore.**

disinfezione /dizinfet'tsjone/ f. disinfection.

disinflazionare /dizinflattzjo'nare/ [1] tr. ECON. to disinflate.

disinflazione /dizinflat'tsjone/ f. ECON. disinflation.

disinflazionistico, pl. **-ci**, **-che** /dizinflattsjo'nistiko, tʃi, ke/ agg. ECON. disinflationary.

disinformato /dizinfor'mato/ **I** agg. misinformed, uninformed (**su** about); ***il lettore*** ~ the uninformed reader **II** m. ***i -i*** the uninformed.

disinformazione /dizinformat'tsjone/ f. disinformation, misinformation; ***c'è una ~ del pubblico su questo punto*** the public is being deliberately misinformed on this matter.

disingannare /dizingan'nare/ [1] **I** tr. **1** *(togliere dall'errore)* to undeceive LETT. **2** *(disilludere)* to disenchant, to disillusion **II disingannarsi** pronom. to become* disenchanted, to become* disillusioned.

disinganno /dizin'ganno/ m. disenchantment, disillusion(ment).

disinibire /dizini'bire/ [102] **I** tr. to disinhibit **II disinibirsi** pronom. to get* rid of one's inhibitions.

disinibito /dizini'bito/ **I** p.pass. → **disinibire II** agg. *(spregiudicato)* [*atteggiamento, persona, sessualità*] uninhibited.

disinibizione /dizinibit'tsjone/ f. disinhibition, uninhibitedness.

disinnamorare /dizinnamo'rare/ [1] **I** tr. ANT. to disaffect, to estrange, to alienate **II disinnamorarsi** pronom. ***-rsi di qcn.*** to fall out of love with sb.

disinnescare /dizinnes'kare/ [1] tr. to deactivate, to defuse (anche FIG.).

disinnesco, pl. **-schi** /dizin'nesko, ski/ m. defusing; ~ ***di una bomba*** bomb disposal.

disinnestare /disinnes'tare/ [1] **I** tr. **1** AUT. ~ ***la frizione*** to let out *o* disengage the clutch **2** MECC. *(disinserire)* to disconnect, to unplug [*spina*] **II disinnestarsi** pronom. MECC. to become* disengaged, to become* disconnected.

disinnesto /dizin'nɛsto/ m. **1** AUT. *(della frizione)* declutching **2** EL. MECC. *(disinserimento)* disconnection, disconnexion, disengagement.

disinquinamento /dizinkwina'mento/ m. depollution.

disinquinare /dizinkwi'nare/ [1] tr. to depollute [*fiume, lago*].

disinserire /dizinse'rire/ [102] tr. EL. TECN. to disconnect, to unplug.

disinserito /dizinse'rito/ **I** p.pass. → **disinserire II** agg. **1** ELETTRON. TEL. *(non collegato)* disconnected, unplugged **2** *(disadattato)* [*persona*] maladjusted.

disinserzione /dizinsert'tsjone/ f. ~ ***graduale*** RAD. fade-out.

disinstallare /disinstal'lare/ [1] tr. INFORM. to uninstal(l).

disintasare /dizinta'sare/ [1] tr. to unblock, to unclog [*conduttura, lavandino*].

disintegrare /dizinte'grare/ [1] **I** tr. **1** FIS. to split* [*atomo*] **2** *(distruggere)* to disintegrate (anche FIG.); ***la bomba ha disintegrato l'auto*** the bomb disintegrated the car **II disintegrarsi** pronom. **1** FIS. to disintegrate **2** *(distruggersi)* [*aeroplano*] to disintegrate (anche FIG.).

disintegratore /dizintegra'tore/ m. disintegrator.

disintegrazione /dizintegrat'tsjone/ f. disintegration (anche FIG.) ◆◆ ~ ***multipla*** NUCL. branching.

disinteressamento /dizinteressa'mento/ m. disinterestedness, neglect.

disinteressare /dizinteres'sare/ [1] **I** tr. to disinterest; ~ ***qcn. a qcs.*** to make sb. lose interest in sth. **II disinteressarsi** pronom. to disinterest oneself; ***-rsi di*** [*governo*] to neglect [*economia, industria, settore*]; ***-rsi della famiglia*** to take no interest in the family.

disinteressatamente /dizinteressata'mente/ avv. unconcernedly, unselfishly; [*dare, donare*] selflessly.

▷ **disinteressato** /dizinteres'sato/ **I** p.pass. → **disinteressare II** agg. **1** *(imparziale)* [*atteggiamento, consiglio, osservatore*] disinterested; ***l'opinione di qualcuno ~*** an outside opinion **2** *(altruista)* [*persona*] unselfish; [*azione, dedizione*] selfless; ***il suo impegno non è completamente ~*** his commitment is not wholly disinterested **3** *(non interessato)* unconcerned (**a** with), uninterested (**a** in).

▷ **disinteresse** /dizinte'rɛsse/ m. **1** *(indifferenza, distacco)* disinterestedness, neglect, unconcern; ***il ~ del governo nei confronti dell'agricoltura*** the government's neglect of agriculture **2** *(altruismo) (di azione, dedizione)* selflessness; *(di persona)* unselfishness.

disintossicante /dizintossi'kante/ **I** agg. *(depurativo)* [*cura*] detoxicating, detoxifying **II** m. detoxicant.

disintossicare /dizintossi'kare/ [1] **I** tr. to detoxicate, to detoxify, to disintoxicate [*organismo*] **II disintossicarsi** pronom. [*alcolizzato*] to disintoxicate, to dry* out COLLOQ.; ***-rsi dalla droga, dall'alcol*** to come off drugs, alcohol.

disintossicazione /dizintossikat'tsjone/ f. detoxi(fi)cation; ***essere in cura di ~*** to be in detoxi(fi)cation; ***centro, trattamento di ~*** detoxi(fi)cation centre, treatment.

disinvestimento /dizinvesti'mento/ m. disinvestment.

disinvestire /dizinves'tire/ [3] tr. to disinvest.

disinvoltamente /dizinvolta'mente/ avv. [*parlare*] easily; [*annunciare, domandare*] coolly.

▷ **disinvolto** /dizin'vɔlto/ agg. **1** *(disinibito)* [*approccio, atteggiamento, persona, stile*] uninhibited, relaxed, casual; [*tono, eleganza, sorriso*] easy, self-assured; [*gesto, tono*] casual; [*performance*] self-assured, self-confident; ***brillante e ~*** bright and breezy; ***avere un'andatura -a*** to have a jaunty *o* carefree step **2** *(spregiudicato)* [*modi, persona*] impertinent, cheeky; ***il suo trattamento ~ nei miei confronti*** her casual treatment of me.

▷ **disinvoltura** /dizinvol'tura/ f. **1** *(spigliatezza)* ease, jauntiness, self-assurance; ***con ~*** [*annunciare, domandare*] coolly, impertinently; [*parlare*] easily; ***mostrare ~*** to be self-confident; ***mancare di ~*** [*persone, modi*] to lack ease *o* self-confidence; ***entrare, uscire con ~*** to breeze in, out; ***con grande ~*** with great aplomb **2** *(sfrontatezza)* cheekiness; ***apprezza poco la tua ~*** he doesn't like your impudence **3** *(leggerezza, spregiudicatezza)* flippancy; ***spendere con ~*** to spend freely.

disio /di'zio/ → **desio.**

disistima /dizis'tima/ f. low regard; ***nutrire una profonda ~ nei confronti di qcn.*** to have a low opinion of sb.

disistimare /dizisti'mare/ [1] tr. to underrate, to underestimate [*artista, opera, collaboratore*].

dislalia /dizla'lia/ f. dyslalia.

disleale /dizle'ale/ agg. ANT. disloyal.

dislessia /disles'sia/ ♦ *7* f. dyslexia, word blindness.

dislessico, pl. **-ci**, **-che** /dis'lɛssiko, tʃi, ke/ **I** agg. dyslexic **II** m. (f. **-a**) dyslexic.

dislivello /dizli'vɛllo/ m. **1** *(verso il basso)* drop; *(verso l'alto)* rise; ***1000 metri di ~*** a difference in altitude of 1000 metres; ***un ripido ~ fino alle rocce in basso*** a sheer drop to the rocks below **2** FIG. *(differenza di condizione)* gap, inequality; ~ ***culturale*** cultural gap; ***ridurre il ~*** to bridge *o* close *o* narrow the gap.

dislocamento /dizloka'mento/ m. **1** MIL. deployment **2** MAR. displacement.

dislocare /dizlo'kare/ [1] tr. **1** MIL. to deploy, to spread* (around) [*truppe*] **2** *(collocare)* to deploy [*personale*] **3** MAR. to displace.

dislocazione /dizlokat'tsjone/ f. **1** MIL. dislocation **2** GEOL. slip **3** MED. dislocation, luxation.

dismenorrea /dizmenor'rɛa/ ♦ *7* f. dysmenorrhea.

dismesso /diz'messo/ **I** p.pass. → **dismettere II** agg. *(abbandonato)* desolate, disused.

dismetria /dizme'tria/ f. dysmetria.

dismettere /diz'mettere/ [60] tr. **1** *(smettere di usare)* to abandon, to discard, to cast* off [*abito*] **2** ECON. *(cedere)* to divest oneself of [*attività*].

dismisura /dizmi'sura/ f. **1** *(eccesso)* excess **2 a dismisura** [*crescere*] out of all proportion; ***la storia è stata gonfiata a ~*** the story has been blown (up) out of all proportion.

disobbediente /dizobbe'djɛnte/ → **disubbidiente.**

disobbedienza /dizobbe'djɛntsa/ → **disubbidienza.**

disobbedire /dizobbe'dire/ → **disubbidire.**

disobbligare /dizobbli'gare/ [1] **I** tr. to disengage, to release **II disobbligarsi** pronom. to repay* a kindness.

▷ **disoccupato** /dizokku'pato/ **I** agg. **1** *(senza lavoro)* unemployed, jobless, out-of-work; ***essere ~*** to be out of a job *o* of work; ***100 uomini rimasti momentaneamente -i*** 100 men made idle **2** LETT. *(ozioso)* idle **II** m. (f. **-a**) ***i -i*** the jobless, the unemployed, the unwaged; ***tre milioni di -i*** three million unemployed.

▷ **disoccupazione** /dizokkupat'tsjone/ f. unemployment, joblessness; ***sussidio di ~*** unemployment benefit BE *o* compensation AE, pogey AE, dole BE COLLOQ.; ***area ad alta ~*** unemployment blackspot; ~ ***tra i giovani*** unemployment among young people;

fare calare la ~ to force down unemployment; ***iscriversi nelle liste di*** ~ to register oneself as unemployed, to go on the dole BE COLLOQ.; ***il tasso di ~ è spaventosamente alto*** the unemployment figures are *o* the unemployment rate is appallingly high ◆◆ ***~ ciclica*** cyclical unemployment; ***~ giovanile*** youth unemployment; ***~ strutturale*** structural unemployment.

disolfato /disol'fato/ m. CHIM. disulphate.

disolfuro /disol'furo/ m. CHIM. disulphide.

disomogeneità /dizomodʒenei'ta/ f.inv. lack of homogeneity.

disomogeneo /dizomo'dʒɛneo/ agg. [*colore*] patchy; [*approccio, teoria*] patchwork.

disonestà /dizones'ta/ f.inv. dishonesty, crookedness.

disonestamente /dizonesta'mente/ avv. dishonestly.

▷ **disonesto** /dizo'nɛsto/ **I** agg. [*persona, comportamento*] deceitful, dishonest, crooked COLLOQ.; [*condotta, utilizzo*] improper; [*commerciante, costruttore, padrone, uomo d'affari*] shady; ***metodi -i*** corrupt practices; ***è stato ~ da parte sua*** it was deceitful of him **II** m. (f. **-a**) dishonest person, cheat.

disonorante /dizono'rante/ agg. → **disonorevole.**

▷ **disonorare** /dizono'rare/ [1] **I** tr. **1** *(privare dell'onore)* to disgrace [*squadra, famiglia*]; to dishonour BE, to dishonor AE [*ricordo, memoria, persona*]; to shame [*famiglia, paese*]; ***~ qcn.*** to bring disgrace *o* dishonour *o* shame on sb. **2** ANT. *(sedurre)* to seduce [*donna, ragazza*] **II disonorarsi** pronom. to disgrace oneself, to dishonour BE oneself, to dishonor AE oneself.

disonore /dizo'nore/ m. **1** *(perdita dell'onore)* disgrace, dishonour BE, dishonor AE; ***portare ~ a qcn.*** to bring disgrace on sb.; ***salvare una ragazza dal ~*** EUFEM. to do the proper thing by a girl **2** *(onta, vergogna)* shame; ***con mio grande ~*** to my eternal shame; ***essere un ~ per qcn., qcs.*** to be a slur on sb., sth.; ***essere il ~ della famiglia*** to be a disgrace to one's family; ***sono stati il ~ della nazione*** they shamed the nation.

disonorevole /dizono'revole/ agg. [*comportamento*] discreditable, dishonourable BE, dishonorable AE, shameful; ***non c'è niente di ~ nel fare*** there is nothing dishonourable in doing.

disonorevolmente /dizonorevol'mente/ avv. [*comportarsi, agire*] dishonourably BE, dishonorably AE, shamefully.

disopra /di'sopra/ → **sopra.**

disordinare /dizordi'nare/ [1] tr. *(mettere in disordine)* to disorganize, to disarrange, to discompose [*libri, carte, cassetti*].

disordinatamente /dizordinata'mente/ avv. confusedly, discomposedly, messily; ***scrive ~*** he's a messy writer; ***ritirarsi ~*** MIL. to retreat in disorder.

▷ **disordinato** /dizordi'nato/ **I** p.pass. → **disordinare II** agg. **1** *(privo di ordine)* disarranged, unarranged, unordered; [*casa, persona, stanza*] disorderly, untidy, messy; [*grafia*] messy; [*lettura*] desultory; ***fuga -a*** stampede; ***cerchi di essere meno ~*** try to be less untidy **2** *(sregolato)* [*vita*] chaotic; ***condurre una vita -a*** to lead an irregular life, to live seedily **3** *(confuso)* haphazard, systemless; [*ritirata*] disorderly MIL.; ***lavorare in maniera -a*** to work in a disjointed *o* chaotic way.

▶ **disordine** /di'zordine/ **I** m. **1** *(scompiglio)* clutter, dishevelment, disorder(liness), mess(iness), untidiness; *(di carte)* muddle; ***che ~!*** what a mess! ***in ~*** [*abiti*] dishevelled; [*capelli*] bedraggled, messy, straggly, straggling; [*stanza*] disorderly, messy, untidy; [*carte, effetti personali*] in disorder, mussy; ***ho i capelli tutti in ~!*** my hair is a mess! **2** *(confusione)* disorganization, chaos **3** PSIC. disorder **II disordini** m.pl. *(tumulti)* disorder **U**, disturbance sing., trouble sing., turbulence **U**, unrest **U**; ***al termine della manifestazione si sono verificati -i*** the march ended in disorder ◆◆ ***-i politici*** political disturbance; ***-i sociali*** social disorder.

disorganicità /dizorganitʃi'ta/ f.inv. disjointedness.

disorganico, pl. **-ci, -che** /dizor'ganiko, tʃi, ke/ agg. disorganic.

disorganizzare /dizorganid'dzare/ [1] **I** tr. to disorganize **II disorganizzarsi** pronom. to become* disorganized.

disorganizzato /dizorganid'dzato/ **I** p.pass. → **disorganizzare II** agg. disorganized; [*servizio, struttura*] uncoordinated; [*gruppo*] unorganized.

disorganizzazione /dizorganiddzat'tsjone/ f. disorganization.

disorientamento /dizorjenta'mento/ m. disorientation; *(di persona)* mystification.

disorientante /dizorjen'tante/ agg. confusing, disorientating, disconcerting.

disorientare /dizorjen'tare/ [1] tr. **1** *(far perdere l'orientamento)* to disorient, to disorientate; ***sono stati disorientati dalla tempesta*** they lost their bearings in the storm **2** FIG. *(confondere)* to confuse, to mystify [*persona*]; [*mistero*] to beat* [*persona*].

disorientato /dizorjen'tato/ **I** p.pass. → **disorientare II** agg. **1** *(che ha perso l'orientamento)* disorientated **2** FIG. *(confuso, sconcertato)* confused; ***un po' ~, lui...*** in some mystification, he...

disossare /dizos'sare/ [1] tr. GASTR. to bone [*pollo*].

disossato /dizos'sato/ **I** p.pass. → **disossare II** agg. *(privato delle ossa)* boned; ***pollo ~*** chicken off the bone.

disossidante /dizossi'dante/ **I** agg. deoxidizing **II** m. deoxidizer.

disossidare /dizossi'dare/ [1] tr. to deoxidize.

disossidazione /dizossidat'tsjone/ f. deoxidization.

disostruire /dizostru'ire/ [102] tr. to unclog, to open, to clear, to unblock.

disotto /di'sotto/ → **sotto.**

dispaccio, pl. **-ci** /dis'pattʃo, tʃi/ m. dispatch ◆◆ ***~ di agenzia*** agency dispatch; ***~ telegrafico*** telegram.

disparato /dispa'rato/ agg. [*gruppo, comunità*] varied, disparate.

▷ **dispari** /'dispari/ agg.inv. [*numero*] odd; ***giocare a pari o ~*** to play odds and evens; ***puntare sul ~*** to play the odd numbers, to bet on an odd number.

disparità /dispari'ta/ f.inv. disparity, inequality (**tra** between); *(di gara, incontro)* one-sidedness, unevenness; ***~ sociale tra ricchi e poveri*** the gap between the rich and the poor; ***una ~ di idee*** a difference of opinion.

disparte: **in disparte** /indis'parte/ avv. ***rimanere, tenersi in ~*** to remain, stand aloof *o* aside; ***prendere qcn. in ~*** to take sb. aside; ***era seduta in ~*** she was sitting by herself.

dispendio, pl. **-di** /dis'pɛndjo, di/ m. *(di energia, soldi, tempo)* expenditure; ***è un enorme ~ di tempo*** it's a huge waste of time.

dispendiosamente /dispendjosa'mente/ avv. [*vivere*] expensively.

dispendiosità /dispendjosi'ta/ f.inv. expensiveness.

dispendioso /dispen'djoso/ agg. [*gusti, stile di vita*] extravagant, lavish; [*abitudini, condotta*] spendthrift; [*metodo, processo, prodotto*] wasteful; ***il nostro tenore di vita è così ~*** our way of life is so lavish.

▷ **dispensa** /dis'pɛnsa/ f. **1** *(mobile)* store cupboard; *(stanza)* buttery, buttery, larder, pantry, still-room; ***una ~ poco fornita*** a skimpily stocked larder; ***svuotare la a qcn.*** ~ to eat sb. out of house and home **2** *(esenzione, esonero)* exemption; ***~ dal servizio militare*** exemption from military service; ***~ dalle tasse*** tax exemption **3** DIR. RELIG. dispensation; ***sposarsi con ~*** to be married by special licence **4** *(nell'editoria)* ***un'enciclopedia a -e*** an encyclopaedia that comes out in parts *o* instalments **5** SCOL. UNIV. lecture notes pl.

dispensabile /dispen'sabile/ agg. DIR. dispensable.

dispensare /dispen'sare/ [1] **I** tr. **1** *(esonerare)* to dispense (**da** from) (anche RELIG.); ***~ qcn. da qcs., dal fare*** to excuse *o* exempt sb. from sth., from doing; ***essere dispensato dall'esame scritto di lingua inglese*** to be excused *o* exempt from the written English exam **2** *(dare)* to dispense [*carità, consiglio*]; to hand out SPREG. [*consigli*] **II dispensarsi** pronom. to exempt oneself.

dispensario, pl. **-ri, -rie** /dispen'sarjo, ri, rje/ m. dispensary.

dispensatore /dispensa'tore/ **I** agg. dispensing **II** m. (f. **-trice** /tritʃe/) contributor.

dispenser /dis'penser/ m.inv. dispenser.

dispensiere /dispen'sjɛre/ m. **1** MAR. steward **2** LETT. bestower.

dispepsia /dispep'sia/ ♦ **7** f. dyspepsia.

dispeptico, pl. **-ci, -che** /dis'pɛptiko, tʃi, ke/ agg. dyspeptic.

▶ **disperare** /dispe'rare/ [1] **I** intr. (aus. *avere*) to despair (**di** of; **di fare** of doing); ***non (bisogna) ~!*** don't despair! ***~ del proprio figlio, dell'avvenire*** to despair of one's son, the future; ***non dispera di salvarlo*** he hasn't given up hope of saving him; ***fare ~ qcn.*** to drive sb. crazy **II disperarsi** pronom. to agonize (**per** over, about), to become* dejected; ***non è il caso di -rsi*** there's no need to despair, lose heart.

disperatamente /disperata'mente/ avv. **1** *(con disperazione)* [*guardare, parlare, piangere*] despairingly, desperately, hopelessly **2** *(furiosamente)* [*tentare, cercare, lottare*] desperately, frantically, helplessy; ***avere ~ bisogno di qcs.*** to need sth. desperately.

▶ **disperato** /dispe'rato/ **I** p.pass. → **disperare II** agg. **1** *(sconsolato, desolato)* despairing; [*persona*] desperate; [*espressione*] helpless; ***essere ~ per qcs.*** to be in despair about *o* over sth. **2** *(estremo)* [*misura, appello, gesto, situazione*] desperate; [*sforzo, ricerca*] frantic, frenzied; [*tentativo*] desperate, forlorn, last; ***avere un ~ bisogno di*** to be in dire need of, to be desperate for [*aiuto, affetto, soldi*]; to crave (for) [*droga*]; ***c'è un ~ bisogno di volontari*** volounteers are sorely needed **3** *(senza speranza)* [*situazione*] desperate, hopeless; [*condizione*] beyond cure; ***in una situazione -a*** in dire straits; ***un caso ~*** a hopeless *o* desperate case (anche IRON.), a dead loss COLLOQ. SPREG.; ***essere ridotto in condizioni -e*** to be reduced to extremities **III** m. (f. **-a**) COLLOQ. *(poveraccio)* wretch ◆ ***correre come un*** ~ to run like anything *o* like hell *o* like the devil COLLOQ.; ***lavorare come un*** ~ to work like anything *o* like mad *o* like nobody's business BE COLLOQ.

▶ **disperazione** /disperat'tsjone/ f. despair, desperation, hopelessness; ***con mia grande*** ~ to my utter despair; ***agire per*** ~ to act out of desperation; ***fare qcs. per*** ~ to do sth. in *o* out of despair; ***spingere qcn. alla*** ~ to drive sb. to despair *o* desperation; ***gettare qcn. nella*** ~ to cast *o* plunge sb. into despair; ***lasciarsi andare alla*** ~ to sink into despair; ***in preda alla*** ~ ***le telefonò*** in despair he phoned her; ***il coraggio della*** ~ the courage born of despair; ***essere la*** ~ ***di qcn.*** [*persona*] to be the despair of sb. ◆ ***toccare il fondo della*** ~ to be in the depths of despair.

disperdente /disper'dɛnte/ m. dispersant.

▷ **disperdere** /dis'pɛrdere/ [68] **I** tr. **1** *(sparpagliare)* to clear, to disperse [*ceneri, fumo*]; to disband [*gruppo*]; to clear, to disperse, to scatter [*folla*]; to dislocate [*popolazione*]; to break* up [*dimostranti*]; to dispel [*nebbia, nuvola*]; to scatter [*animali, macerie*] **2** FIG. ~ ***le proprie forze*** to spread oneself too thinly **3** to disperse [*calore, energia*] **4** *(consumare)* to blow* [*soldi*] **II disperdersi** pronom. *(sparpagliarsi)* [*persone, animali*] to scatter; [*folla*] to break* up; *(dissiparsi)* [*fumo, nebbia*] to disperse ◆ ***"non ~ nell'ambiente"*** "please, dispose of properly".

dispersione /disper'sjone/ f. **1** *(di persona, fumo)* dispersal; *(di popolazione)* dislocation; *(di un gruppo)* disbanding; *(di studenti)* natural wastage **2** *(di forze, energie)* waste, wastage **3** CHIM. FIS. *(di radiazioni)* dispersion; EL. creepage, leak; ~ ***della luce*** dispersion of light; ~ ***di calore*** heat loss **4** STATIST. dispersion, scatter; ***diagramma a*** ~ scatter diagram; ***indice di*** ~ SOCIOL. ECON. wastage rate.

dispermo /dis'pɛrmo/ agg. BOT. dispermous.

dispersività /dispersivi'ta/ f.inv. *(carattere dispersivo)* dispersiveness; FIS. dispersivity.

dispersivo /disper'sivo/ agg. *(disorganico, disordinato)* dispersive, unorganized; ***essere*** ~ to lack concentration.

disperso /dis'pɛrso/ **I** p.pass. → **disperdere II** agg. **1** *(scomparso, presunto morto)* [*persona*] missing; ~ ***(in azione)*** MIL. missing in action; ~ ***presunto morto*** missing presumed dead; ***dare per*** ~ ***qcn.*** to report sb. missing; ***essere*** ~ ***in mare*** to be lost at sea; ***tre persone sono state dichiarate -e in seguito all'esplosione*** three people were reported missing after the explosion; ***ti avevo dato per*** ~***!*** SCHERZ. I'd given you up! **2** *(sparpagliato)* scattered **III** m. (f. **-a**) missing person; ***nove morti, un*** ~ nine dead, one missing; ***essere nella lista dei -i*** MIL. to be posted missing (in action).

▷ **dispetto** /dis'pɛtto/ m. **1** *(azione irritante)* pique; ***per*** ~ teasingly; [*spingere, stuzzicare*] playfully; ***fare i -i a qcn.*** to play tricks on sb.; ***fare qcs. per*** ~ to do sth. in pique, to do sth. out of pique *o* spite **2** *(disappunto)* pique; ***con mio grande*** ~ much to my annoyance **3 a dispetto di** in defiance of, in spite of, despite [*avviso, consiglio*]; ***a*** ~ ***della legge*** regardless of the law; ***a*** ~ ***delle apparenze*** despite every indication to the contrary; ***a*** ~ ***di tutti, tutto*** in spite of everyone, everything.

dispettoso /dispet'toso/ **I** agg. *(che fa dispetti)* [*persona*] teasing, vexatious; [*bambino*] naughty; *(fastidioso)* [*tempo*] irritating; ***è molto*** ~ he's a great tease **II** m. (f. **-a**) teaser.

▶ **1.dispiacere** /dispja'tʃere/ v. la voce **1.piacere** [54] **I** intr. (aus. *essere*) **1** *(essere sgradito)* ***a qcn. dispiace qcs.*** sb. dislikes sth.; ***non mi dispiace la vita di città*** I don't dislike city life; ***non mi dispia-cerebbe un'altra fetta di torta*** I wouldn't mind another slice of cake; ***la cosa non mi dispiace*** this situation quite suits me; ***il vino non mi dispiace*** I rather like wine; ~ ***all'occhio*** o ***alla vista*** to be unpleasant to see **2** *(rincrescere)* ***mi dispiace sentire che*** I'm sorry to hear that; ***mi dispiacerebbe vedervi partire*** I should be sorry to see you go; ***mi dispiace disturbarla*** sorry to trouble you; ***mi dispiace dover dire che*** I regret *o* hate to say that; ***mi dispiace interromperti, ma...*** I hate to interrupt you but...; ***mi dispiace, non sono d'accordo*** I'm afraid I don't agree **3** *(come formula di cortesia)* ***vi dispiacerebbe accompagnarmi?*** would you mind coming with me? ***se non ti dispiace*** if you don't mind; ***mi dispiace, non c'è*** I'm sorry but he is not here; ***ti dispiace se fumo?*** does it bother you if I smoke? do you mind my smoking *o* if I smoke? do you object to my smoking? ***le dispiacerebbe mandarmelo a casa?*** would you mind delivering it to my house? ***ti dispiace tenermi il posto?*** would you mind keeping my seat for me? ***ti dispiace smetterla?*** would you kindly stop it? **II dispiacersi** pronom. *(rammaricarsi)* to be* sorry; ***mi dispiaccio di quanto è accaduto*** I am sorry for what has happened.

▷ **2.dispiacere** /dispja'tʃere/ m. **1** *(pena, afflizione)* sorrow, chagrin, pain; ***dare dei -i a qcn.*** to cause *o* give sb. pain, to make sb. sorry; ***oppresso dal*** ~ grief-stricken; ***con grande*** ~ ***di*** much to the displeasure of; ***morire dal*** o ***di*** ~ to die of a broken heart; ***ha notato con*** ~ ***che*** he observed with regret that; ***ha smesso di studiare, con grande*** ~ ***dei suoi genitori*** he gave up his studies, much to his parents' regret; ***è con*** ~ ***che apprendo la notizia delle tue dimissioni*** I am sorry to hear of your resignation **2** *(preoccupazione)* sorrow; ***ha avuto molti -i*** she's had many sorrows; ***annegare i propri -i (nell'alcol)*** to drown one's sorrows.

dispiaciuto /dispja'tʃuto/ **I** p.pass. → **1.dispiacere II** agg. sorry; ***con un tono*** ~ sadly; ***sono molto*** ~ ***per te*** I'm terribly sorry for you; ***non sembrava minimamente*** ~ he didn't look the slightest bit sorry; ***siamo -i per l'incidente*** we are sad about *o* at the accident.

dispiegamento /dispjega'mento/ m. *(di truppe, persone)* deployment.

dispiegare /dispje'gare/ [1] **I** tr. to extend, to unfold, to spread*, to stretch [*ali*]; to fold out, lay* out, to open (out) [*mappa, giornale*]; to unroll [*tappeto*] **II dispiegarsi** pronom. to unfold.

displasia /displa'zia/ f. dysplasia.

display /dis'plɛi/ m.inv. *(schermo)* AUT. AER. INFORM. display ◆◆ ~ ***a cristalli liquidi*** liquid crystal display; ~ ***digitale*** digital display.

displuvio, pl. **-vi** /dis'pluvjo, vi/ m. **1** EDIL. *(del tetto)* ridge **2** GEOGR. ***linea di*** ~ divide.

dispnea /disp'nɛa/ f. dyspn(o)ea.

▷ **disponibile** /dispo'nibile/ agg. **1** *(aperto)* [*persona*] accessible, helpful, willing; ***mostrarsi*** ~ to be clearly willing (to help); ***è sempre molto*** ~ nothing is too much trouble for him, he's always willing to help out; ***vorrei che tu fossi più*** ~ I wish you were around more **2** *(libero, non occupato)* available; [*stanza, posto*] vacant; ***essere*** ~ [*persona*] to be on hand; ***diventare*** ~ [*posto, lavoro*] to become *o* fall vacant; ***rendersi*** ~ to make oneself available; ~ ***solo su appuntamento*** available by appointment only **3** COMM. *(a disposizione)* [*prodotto, soldi, credito*] available (**per** for; **a** to), disposable; *(in magazzino)* off-the-shelf; ~ ***sul mercato*** commercially available; ~ ***su vasta scala*** generally available; ~ ***nelle migliori librerie*** obtainable *o* available in all good bookstores; ***essere*** ~ ***su cassetta*** to be available on cassette; ***catalogo delle opere -i*** backlist; ***essere*** ~ ***in*** to come in [*taglie, colori*]; ~ ***anche in rosso*** also available in red **4** ECON. [*liquidi, fondi*] loose; ***rendere*** ~ to free [*capitali, soldi, risorse*]; ***reddito*** ~ disposable income; ***quota*** ~ disposable portion; ***il prestito non era*** ~ the loan was not forthcoming **5** FIG. EUFEM. *(spregiudicato)* available, easy SPREG.; ***è davvero una ragazza*** ~***!*** she's a real goer!

▷ **disponibilità** /disponibili'ta/ f.inv. **1** *(di servizio, opzione)* availability; ~ ***di credito*** availability of credit; ~ ***di magazzino*** stock availability; ***"in base alla*** ~***"*** "subject to availability"; ***una grande*** ~ ***di lavoratori*** a plentiful supply of workers **2** *(di persona)* helpfulness, readiness, willingness; ***la sua*** ~ ***a trattare questioni di una certa importanza*** her readiness to address major issues **3** ECON. fund, floating assets pl., fluid assets pl. AE; ~ ***finanziarie, immobiliari*** capital, property asset.

▶ **disporre** /dis'porre/ [73] **I** tr. **1** *(collocare)* to lay*, to place [*oggetti*]; to lay* out [*carte, cibo, costruzioni*]; to arrange, to set* out [*cibo, fiori, libri, sedie*]; to compose [*quadro, natura morta*]; to dispose, to arrange [*mobilio, ornamenti*]; [*capo, capitano*] to marshal, to station [*truppe, navi*]; ING. to bond [*mattoni, legname*]; ~ ***qcs. in*** to form sth. into [*classi, gruppi, squadre*]; ~ ***a strati*** to layer; ~ ***qcs. a coppie*** to put *o* arrange sth. in pairs; ~ ***in serie*** to seriate; ~ ***in ordine alfabetico*** to alphabetize; ~ ***sopra le fettine di mela*** lay the slices of apple on top **2** *(stabilire)* ~ ***che*** to decide that **3** *(preparare)* to prepare, to arrange **II** intr. (aus. *avere*) **1** *(possedere)* ~ ***di*** to be able to afford [*spazio, tempo*]; to command [*fondi, maggioranza, risorse, supporto*]; ~ ***di mezzi*** to be well set up COLLOQ.; ***la zona dispone di molti negozi*** the area is well served with shops; ***le macchine di cui disponiamo*** the machines we have at our disposal **2** *(servirsi)* ~ ***di*** to use; ***potrete*** ~ ***del nostro appartamento quest'estate*** you can use our apartment this summer **3** *(essere padrone)* ~ ***della vita, della sorte di qcn.*** to have sb.'s life, fate in one's hands **III disporsi** pronom. **1** *(prepararsi)* ***-rsi a fare*** to be about to do; ***mi disponevo a scriverle quando ha chiamato*** I was about to write her when she called **2** *(collocarsi)* [*polizia*] to fan out; ***-rsi in*** [*persone*] to string out across [*campo, zona*]; ***-rsi per gradi*** to gradate; ***-rsi in file*** to line up in rows; ***-rsi in cerchio*** to form a ring; ***-rsi sulla linea di partenza*** SPORT [*atleti*] to toe the line ◆ ***l'uomo propone e Dio dispone*** PROV. Man proposes, God disposes.

1.dispositivo /dispozi'tivo/ m. **1** *(apparecchio, meccanismo)* appliance, device, equipment; ***questo*** ~ ***va maneggiato con cura*** this equipment needs careful handling **2** *(insieme di misure)* ***il*** ~ ***di***

sicurezza organizzato per la visita del presidente the security operation for the president's visit **3** DIR. *(di legge, giudizio)* purview ◆◆ ~ ***di allarme*** warning device; ~ ***antighiaccio*** AER. de-icer; ~ ***di blocco*** INFORM. interlock; ~ ***elettronico*** electronic device; ~ ***di inizializzazione*** INFORM. boot device; ~ ***ottico*** optical device; ~ ***di scatto*** ELETTRON. trip; ~ ***di sfogo*** blowoff; ~ ***di sicurezza*** security device, safety catch.

2.dispositivo /dispozi'tivo/ agg. regulating, operative; DIR. directory.

▶ **disposizione** /dispozit'tsjone/ f. **1** *(sistemazione)* disposal, disposition, lie; *(di appartamento, stanze, carte)* layout; *(di oggetti)* arrangement; *(di giocatori)* placing; *(di colori, motivi, elementi)* setting out; ~ ***dei colori*** colour scheme; ~ ***dei posti a sedere*** seating arrangements; ***che bella ~ di fiori*** what a lovely display of flowers *o* flower arrangement; ***ho cambiato la ~ dei mobili*** I've switched the furniture round **2** *(possibilità di utilizzare)* ***essere a ~*** [*persona*] to be on hand; ***tutti i mezzi a mia ~*** all the means at my disposal; ***avere qcs. a propria ~*** to have sth. at one's command *o* disposal; ***tenersi*** o ***essere a ~ di qualcuno*** to be at sb.'s disposal; ***sono a sua completa ~*** I'm ready, willing and able; ***mettere a ~*** to provide [*cibo, servizio, riparo*]; to run [*treno, autobus*]; ***mettere qcs. a ~ di qcn.*** to make sth. available to sb., to put *o* place sth. at sb.'s disposal *o* service, to give sb. the run of sth.; ***hanno messo la loro casa a nostra ~ quando erano via*** they gave us the freedom *o* run of their house while they were away; ***lo farò quando avrò un po' di tempo a ~*** I'll do it when I have some time in hand; ***quanto tempo, quanti soldi abbiamo a ~?*** how much time, money do we have to play around with? **3** *(provvedimento)* ordering, regulation; ***secondo le nuove -i*** under the new regulations; ***-i fiscali, legislative*** tax, legal measures; ***-i vigenti*** current measures **4** *(predisposizione)* bent, disposition, proneness; ***una ~ a fare*** a capacity for doing; ***avere ~ per la matematica*** to have a bent for maths; ***avere ~ per l'arte*** to have artistic leanings; ***una ~ al perdono*** a spirit of forgiveness **5** DIR. POL. *(clausola)* clause, provision; ***-i testamentarie*** last will and testament; ***secondo le -i del defunto*** under the terms of the will **6** *(stato d'animo)* mode, mood; ~ ***d'animo*** frame *o* state *o* turn of mind.

disposto /dis'posto/ **I** p.pass. → **disporre II** agg. **1** *(sistemato)* arranged, laid out, set out **2** *(pronto)* ready, willing; ~ ***a farsi convincere*** open to persuasion; ***essere ~ a qcs., a fare*** to be disposed to sth., to do; ***essere ~ a tutto pur di fare*** to be desperate to do, to be willing to go to any lengths to do; ***non era ~ ad aiutare*** he was not inclined to help; ***io non sarei ~ a tollerare tutto ciò*** I wouldn't stand for that; ***non era ~ a rilasciare dichiarazioni*** he was unavailable for comment **3** *(favorevole)* ***mal, ben ~*** ill-, well-disposed; ***essere ben ~ verso qcs., qcn.*** to be friendly, favourably disposed to sth., sb. **4** *(stabilito)* ***secondo quanto ~ dalla legge*** under the terms of the law **III** m. DIR. provisions pl.

dispoticamente /dispotika'mente/ avv. [*agire, comportarsi*] despotically, high-handedly.

dispotico, pl. **-ci, -che** /dis'pɔtiko, tʃi, ke/ agg. despotic, domineering, overbearing.

dispotismo /dispo'tizmo/ m. despotism (anche FIG.); ~ ***illuminato*** enlightened despotism.

disprassia /dispras'sia/ ➧ **7** f. dyspraxia.

dispregiativo /dispredʒa'tivo/ agg. **1** *(sprezzante)* depreciative, derogatory; ***in senso ~*** disparagingly **2** LING. *(peggiorativo)* pejorative.

disprezzabile /dispret'tsabile/ agg. contemptible; ***non è ~*** it is not to be sneezed at *o* despised.

▷ **disprezzare** /dispret'tsare/ [1] tr. *(detestare)* to condemn, to despise, to disdain (**per** for; **per aver fatto** for doing); *(non tenere in alcun conto)* to disregard [*pericolo*]; *(disdegnare)* to look down on [*stile di vita*]; to scorn [*azione, moda*]; to spurn [*aiuto, consiglio, offerta*]; ~ ***qcn., qcs.*** to hold sb., sth. in contempt, to be contemptuous of sb., sth.; ***un aumento dello stipendio del 10% non è da ~*** a 10% pay rise is not to be sniffed at.

▷ **disprezzo** /dis'prɛttso/ m. *(disdegno)* contempt, defiance, disdain, scorn (**per** for); *(per il pericolo, la vita umana, la legge)* disregard; ~ ***di sé*** self-contempt, self-disgust; ***un gesto, un atto di ~*** a gesture, act of defiance; ***sorridere con ~*** to smile contemptuously *o* despisingly, to sneer; ***nutrire*** o ***provare ~ per qcn.*** to feel contempt for sb.; ***trattare qcn. con ~*** to pour *o* heap scorn on sb.; ***non meritare neppure il ~*** to be beneath contempt; ***rise con ~*** he gave a scornful laugh.

disprosio /dis'prɔzjo/ m. dysprosium.

disputa /'disputa/ f. **1** *(discussione)* dispute, debate, disputation; ***una ~ letteraria, scientifica*** a literary, scientific debate; ***una ~ di ingegni*** a battle of wits **2** *(litigio)* argument, dispute, controversy; ***comporre una ~*** to settle an argument; ***ci sono motivi di ~*** there are grounds for dispute *o* contestation **3** SPORT ***la ~ di una corsa*** the running of a race; ***la ~ dell'incontro è stata rinviata*** the match has been postponed.

disputabile /dispu'tabile/ agg. disputable.

disputante /dispu'tante/ m. e f. FORM. disputant.

disputare /dispu'tare/ [1] **I** tr. **1** *(partecipare a)* to compete for, to contest; SPORT to run* [*gara*]; ~ ***una partita*** to play a match; ~ ***una gara*** to vie in a competition; ***la finale sarà disputata a Roma*** the final will be played *o* disputed in Rome **2** *(contendere)* ~ ***qcs. a qcn.*** to compete with sb. for sth. [*onore, premio, posto, titolo, potere*] **II** intr. (aus. *avere*) ~ ***con qcn. di*** o ***su*** to dispute *o* argue with sb. about **III disputarsi** pronom. **1** *(contendersi)* to fight* over [*possedimenti, terra*] **2** *(avere luogo)* [*gara, torneo*] to take* place; ***il campionato si disputa a squadre*** it's a team championship; ***la gara si disputa su 10 vasche*** the race is swum over 10 lengths.

disquisire /diskwi'zire/ [102] intr. (aus. *avere*) ~ ***su qcs.*** to dissertate *o* discourse *o* expatiate on sth.

disquisizione /diskwizit'tsjone/ f. disquisition FORM.

dissacrante /dissa'krante/ agg. scoffing, debunking; ***linguaggio ~*** desecrating language.

dissacrare /dissa'krare/ [1] tr. **1** *(sconsacrare)* to desecrate, to deconsecrate [*chiesa*] **2** FIG. to debunk, to deflate, to desecrate [*valore, pratica*].

dissacratore /dissakra'tore/ **I** agg. scoffing, defiling, desecrating **II** m. (f. **-trice** /tritʃe/) defiler, desecrator.

dissacratorio, pl. **-ri, -rie** /dissakra'tɔrjo, ri, rje/ agg. desecratory, debunking.

dissacrazione /dissakrat'tsjone/ f. **1** *(sconsacrazione)* deconsecration **2** FIG. *(di un mito)* debunking.

dissalare /dissa'lare/ [1] tr. **1** *(eliminare la salinità)* to desalt, to desalinate; ~ ***le acque marine*** to desalinate seawater **2** *(togliere il sale in eccesso)* to desalt, to get* the salt out of; ~ ***il pesce*** to remove the salt from fish.

dissalamento /dissala'mento/ m. desalination.

dissalatore /dissala'tore/ m. desalinator.

dissalazione /dissalat'tsjone/ f. → **desalinizzazione.**

dissaldare /dissal'dare/ [1] **I** tr. MECC. to unsolder [*tubi, pezzi*] **II dissaldarsi** pronom. to come* unsoldered.

dissanguamento /dissangwa'mento/ m. **1** *(emorragia)* bleeding; ***morire per ~*** to bleed to death **2** FIG. drain.

dissanguare /dissan'gware/ [1] **I** tr. **1** *(levare molto sangue)* to bleed* **2** FIG. ~ ***qcn.*** to bleed sb. white *o* dry, to leech sb.; ***la guerra ha dissanguato il paese*** the war has bled the country dry **II dissanguarsi** pronom. **1** *(perdere molto sangue)* to bleed* to death **2** FIG. *(economicamente)* to go* bankrupt; ***-rsi per qcn.*** to bleed oneself dry *o* give one's all for sb.

dissanguato /dissan'gwato/ **I** p.pass. → **dissanguare II** agg. **1** *(esangue)* drained of blood; ***stava morendo ~*** he was bleeding to death **2** FIG. [*paese, economia*] drained, bled white.

dissapore /dissa'pore/ m. misunderstanding; ***-i coniugali*** marital o matrimonial squabbles.

disseccare /dissek'kare/ [1] **I** tr. to sear; [*sole*] to scorch [*erba, prato*]; to wither, to shrivel [*pianta*] **II disseccarsi** pronom. **1** *(seccarsi)* [*vegetazione*] to dry out, to shrivel (up); [*erba, prato*] to wither **2** FIG. *(esaurirsi)* [*ispirazione*] to wither away, to dry up.

disseccato /dissek'kato/ **I** p.pass. → **disseccare II** agg. *(secco)* [*pianta, foglia*] shrivelled, shriveled AE.

disselciare /dissel'tʃare/ [1] tr. to unpave [*strada, piazza*].

dissellare /dissel'lare/ [1] tr. to unsaddle [*cavallo*].

disseminare /dissemi'nare/ [1] tr. **1** *(seminare intorno)* to disperse, to scatter around, to scatter about [*semi*]; *(spargere)* to disperse [*agenti, truppe, fabbriche*]; to scatter [*libri, abiti, giornali*]; ~ ***qcs. per tutta la casa*** to litter a house with sth. [*vestiti, giornali*] **2** FIG. *(diffondere)* to disseminate [*idee, informazioni*]; to spread*, to sow* [*confusione, panico*].

disseminato /dissemi'nato/ **I** p.pass. → **disseminare II** agg. *(sparso)* ~ ***qua e là*** [*costruzioni, persone, libri*] scattered around *o* about; *(cosparso)* ~ ***di qcs.*** scattered *o* strewn with sth.; ***testo ~ di errori*** a text strewn with errors; ***c'erano rifugi -i lungo il fianco della montagna*** huts straggled down the mountainside.

disseminatore /dissemina'tore/ m. (f. **-trice** /tritʃe/) disseminator.

disseminazione /disseminat'tsjone/ f. **1** BOT. *(di semi)* dispersal **2** FIG. dissemination.

dissennatezza /dissenna'tettsa/ f. madness, hastiness, recklessness.

dissennato /dissen'nato/ **I** agg. insane, mad, foolish **II** m. (f. **-a**) foolish person, lunatic.

▷ **dissenso** /dis'sɛnso/ m. **1** *(disapprovazione)* disapproval; ***dar segni di ~, manifestare il proprio ~*** to express one's disagreement, to show one's disapproval; ***suscitare il ~ generale*** to meet general disapproval **2** *(disaccordo)* discord, discordance, dissension; ***essere oggetto di ~*** to be the subject of dissension; ***~ di opinioni*** divergence of opinions **3** POL. RELIG. dissent; **~ *da*** dissent from [*decisione, opinione, linea politica*]; ***scrittore del ~*** dissident writer **4** *(dissidenti)* dissidence, dissent **U**.

dissenteria /dissente'ria/ ➧ **7** f. dysentery, looseness of bowels; ***avere la ~*** to have loose bowels.

dissenterico, pl. **-ci, -che** /dissen'tɛriko, tʃi, ke/ **I** agg. dysenteric **II** m. (f. **-a**) dysenteric patient.

dissentire /dissen'tire/ [3] intr. (aus. *avere*) to disagree; DIR. RELIG. to dissent; **~ *da qcn. su qcs.*** to differ from *o* with sb. on sth.; ***mi vedo costretto a dissentire con te su questo argomento*** I must take issue with you on that.

dissenziente /dissen'tsjɛnte/ **I** agg. [*gruppo, opinione, voce*] dissenting **II** m. e f. dissenter; POL. dissentient FORM.

disseppellimento /disseppelli'mento/ m. disinterment, exhumation.

disseppellire /disseppel'lire/ [102] tr. **1** *(dissotterrare)* to dig* out, to dig* up (anche FIG.); to disentomb, to disinter [*cadavere*] **2** *(riportare alla luce)* to unearth [*rovine, vasellame*] (anche FIG.).

dissequestrare /dissekwes'trare/ [1] tr. DIR. to release [sth.] from seizure.

dissequestro /disse'kwɛstro/ m. DIR. release from seizure.

dissertare /disser'tare/ [1] intr. (aus. *avere*) to expatiate (**su** on, upon).

dissertazione /dissertat'tsjone/ f. **1** essay, treatise; UNIV. dissertation; ***fare*** o ***scrivere una ~*** to write a dissertation; ***argomento di ~*** dissertation subject **2** *(discorso)* discourse.

disservizio, pl. **-zi** /disser'vittsjo, tsi/ m. malfunction, inefficiency; ***reclamare contro i -zi postali*** to complain about the inefficiency of the postal service.

dissestare /disses'tare/ [1] tr. **1** *(sconnettere)* to tear* up [*marciapiede, strada*]; [*automobile, persona*] to plough up [*terreno*]; ***la pioggia ha dissestato il terreno*** the rain has churned up the ground **2** FIG. to dislocate [*economia, struttura sociale*]; **~ *le finanze*** to upset the finances.

dissestato /disses'tato/ **I** p.pass. → **dissestare II** agg. **1** [*strada, marciapiede*] uneven; ***strada -a*** uneven road surface **2** FIG. [*azienda*] shaky, in difficulties.

dissesto /dis'sɛsto/ m. *(di economia, struttura sociale)* dislocation; *(di disciplina, ordine)* breakdown; **~ *geologico*** geological instability.

dissetante /disse'tante/ **I** agg. [*bevanda*] refreshing, thirst quenching **II** m. thirst quencher.

dissetare /disse'tare/ [1] **I** tr. to refresh, to quench thirst, to slake thirst; **~ *qcn.*** to quench sb.'s thirst; ***i cocomeri dissetano*** watermelons are thirst-quenching **II dissetarsi** pronom. to refresh oneself, to quench one's thirst, to slake one's thirst.

dissettore /disset'tore/ m. (f. **-trice**) **1** *(persona)* dissector **2** *(strumento)* dissector.

dissezionare /dissettsjo'nare/ [1] tr. to dissect [*cadavere, animale, pianta*] (anche FIG.).

dissezione /disset'tsjone/ f. MED. BIOL. dissection; ***strumenti, tavolo di ~*** dissecting instruments, table.

dissidente /dissi'dɛnte/ **I** agg. **1** POL. [*fazione, gruppo*] dissident, breakaway attrib.; ***uno scrittore ~*** a dissident writer **2** RELIG. ***essere ~*** to dissent **II** m. e f. RELIG. dissenter; POL. dissident, dissentient; ***gruppo dei -i*** POL. splinter group.

dissidenza /dissi'dɛntsa/ f. **1** *(opposizione)* dissidence, dissent **U** **2** *(insieme dei dissidenti)* ***la ~*** the dissidents *o* dissenters.

dissidio, pl. **-di** /dis'sidjo, di/ m. quarrel; ***avere un ~ con qcn.*** to have a quarrel with sb.; ***il ~ sta diventando insanabile*** there is a widening *o* deepening rift; ***i suoi -i con la legge*** his frequent encounters with the law.

dissigillare /dissidʒil'lare/ [1] tr. to unseal [*busta, contenitore, lettera, pacco*].

1.dissimilare /dissimi'lare/ agg. → **dissimile.**

2.dissimilare /dissimi'lare/ [1] **I** tr. to dissimilate (anche FON.) **II dissimilarsi** pronom. to dissimilate.

dissimilarità /dissimilari'ta/ f.inv. dissimilarity.

dissimilazione /dissimilat'tsjone/ f. FON. dissimilation.

dissimile /dis'simile/ agg. dissimilar (**da** to); ***un pittore non ~ nello stile da...*** a painter not dissimilar in style to...

dissimilitudine /dissimili'tudine/ f. dissimilitude.

dissimmetria /dissimme'tria/ f. dissymmetry.

dissimmetrico, pl. **-ci, -che** /dissim'mɛtriko, tʃi, ke/ agg. dissymmetric.

dissimulabile /dissimu'labile/ agg. concealable.

dissimulare /dissimu'lare/ [1] **I** tr. *(nascondere)* to cover (up), to hide*, to mask, to veil [*emozione, sentimento*]; to suppress [*verità*] **II** intr. (aus. *avere*) *(fingere)* to cover; ***mal ~*** to conceal badly.

dissimulato /dissimu'lato/ **I** p.pass. → **dissimulare II** agg. hidden, concealed; [*rancore*] quiet; ***mal ~*** ill-concealed; ***ostilità appena -a*** barely concealed hostility.

dissimulatore /dissimula'tore/ **I** agg. dissembling **II** m. (f. **-trice** /tritʃe/) hider, dissimulator, dissembler FORM.

dissimulazione /dissimulat'tsjone/ f. *(di sentimento)* concealment, dissembling, dissimulation FORM.; *(della verità)* suppression.

dissipare /dissi'pare/ [1] **I** tr. **1** *(disperdere)* to dispel, to dissipate FORM. [*nebbia, nuvole*] **2** FIG. *(dissolvere, fugare)* to quieten, to allay FORM., to dissipate FORM., to dispel [*dubbio*]; to dispel, to quieten, to remove [*paura*]; to remove [*noia*]; to remove, to quieten, to dissipate FORM. [*sospetto*] **3** *(dilapidare)* to dissipate FORM. [*fortuna, patrimonio*] **II dissiparsi** pronom. **1** *(scomparire)* [*fumo, inquinamento*] to disperse; [*nebbia*] to lift, to disperse **2** FIG. [*minaccia, dubbio, sospetto, malinteso*] to dissipate.

dissipatamente /dissipata'mente/ avv. profligately.

dissipatezza /dissipa'tettsa/ f. FORM. profligacy.

dissipativo /dissipa'tivo/ agg. dissipative (anche FIS.).

dissipato /dissi'pato/ **I** p.pass. → **dissipare II** agg. [*persona, comportamento*] dissipated, raffish LETT.; [*uso*] uneconomical; ***condurre una vita -a*** to lead a dissipated life.

dissipatore /dissipa'tore/ m. (f. **-trice** /tritʃe/) **1** squanderer, spendthrift **2** FIS. dissipator.

dissipazione /dissipat'tsjone/ f. **1** *(di energia, ricchezza)* dissipation, squandering **2** METEOR. *(dissolvimento)* clearing **3** *(sregolatezza)* dissipation.

dissociabile /disso'tʃabile/ agg. dissociable (anche CHIM.); ***le due cause non sono -i*** the two causes can't be separated.

dissociale /disso'tʃale/ agg. dissociable.

dissociare /disso'tʃare/ [1] **I** tr. *(separare)* to dissociate (**da** from) (anche CHIM.) **II dissociarsi** pronom. **1** *(negare il consenso)* ***-rsi da qcn., qcs.*** to dissociate oneself from sb., sth. **2** CHIM. to dissociate.

dissociativo /dissotʃa'tivo/ agg. dissociative.

dissociato /disso'tʃato/ **I** p.pass. → **dissociare II** agg. *(separato)* dissociated (anche PSIC.); ***dieta -a*** dissociated diet; ***non ~*** CHIM. undissociated **III** m. (f. **-a**) **1** PSIC. sufferer from dissociation **2** POL. = a terrorist who denies his ideology but refuses to collaborate with the law.

dissociazione /dissotʃat'tsjone/ f. **1** *(separazione)* dissociation (**da** from) (anche CHIM.) **2** PSIC. dissociation ◆◆ **~ *elettrolitica*** electrolytic dissociation; **~ *termica*** thermal dissociation.

dissodamento /dissoda'mento/ m. *(di terra)* tillage.

dissodare /disso'dare/ [1] tr. to dig* up, to loosen [*suolo, terreno*].

dissolubile /disso'lubile/ agg. *(annullabile)* dissoluble (anche CHIM.).

dissolubilità /dissolubili'ta/ f.inv. dissolubility.

dissolutezza /dissolu'tettsa/ f. *(depravazione)* debauch, debauchery, dissolution, fast living, looseness; ***vivere nella ~*** to live a dissolute life; ***è stata accusata di ~*** she was denounced as dissolute.

dissoluto /disso'luto/ **I** agg. [*persona*] dissipated; [*comportamento*] abandoned, dissipated; [*stile di vita*] dissolute, riotous; [*moralità*] loose; [*festa, serata*] riotous; ***una vita -a*** a debauched *o* dissolute *o* fast life, a loose living **II** m. (f. **-a**) debauchee, rip, wanton ANT.; ***un ~*** a fast liver.

dissoluzione /dissolut'tsjone/ f. **1** CHIM. FARM. solution **2** FIG. break up, disintegration.

dissolvente /dissol'vɛnte/ agg. e m. dissolvent.

dissolvenza /dissol'vɛntsa/ f. CINEM. fading, dissolve, fade; *(in apertura)* fade-in; *(in chiusura)* fade-out; ***le scene si susseguono per ~*** CINEM. one scene dissolves into another; ***fare apparire in ~*** to fade in [*immagine*]; ***svanire in ~*** [*speaker, scena*] to fade out ◆◆ **~ *incrociata*** cross fading.

▷ **dissolvere** /dis'sɔlvere/ [22] **I** tr. **1** *(sciogliere)* to clear [*fumo, nebbia*]; to dispel, to dissipate FORM. [*nebbia, paura, rabbia, speranza*] **2** CHIM. [*acqua, acido*] to dissolve [*polvere, sostanza, sporco*] **II dissolversi** pronom. **1** *(sparire)* [*nuvola*] to break* up; [*fumo, nebbia*] to disperse, to clear **2** FIG. to fade away; [*immagine, speranza, sensazione*] to dissolve; ***-rsi nel nulla*** to disappear *o* vanish into thin air, to vanish into the blue **3** CHIM. [*sostanza, compressa*] to dissolve (**in** in).

dissolvimento /dissolvi'mento/ m. → **dissoluzione.**

dissomiglianza /dissomiʎ'ʎantsa/ f. unlikeness.

dissonante /disso'nante/ agg. **1** MUS. discordant, dissonant; ***accordo* ~** dissonant chord; ***produrre una nota* ~** to strike a discordant **2** *(discordante)* [*convinzioni, colori, suoni*] dissonant FORM.; ***delle voci -i si facevano sentire all'interno del partito*** dissenting voices were heard within the party.

dissonanza /disso'nantsa/ f. **1** MUS. discord, dissonance **2** *(di convinzioni, colori, suoni)* dissonance; ***~ di opinioni*** clash of opinions.

dissonare /disso'nare/ [1] intr. (aus. *avere*) **1** MUS. to discord **2** *(stonare)* to disagree, to clash.

dissotterramento /dissotterra'mento/ m. disinterment.

dissotterrare /dissotter'rare/ [1] tr. to disentomb, to disinter [*cadavere*]; to unearth [*tesoro, rovine*] ◆ ***~ l'ascia di guerra*** to dig up *o* take up the hatchet.

dissuadere /dissua'dere/ [69] tr. to deter, to discourage, to dissuade; ***~ qcn. dal fare qcs.*** to argue *o* talk sb. out of doing sth.; ***~ il nemico*** to deter the enemy; ***niente potrà dissuaderla*** nothing will deter her.

dissuasione /dissua'zjone/ f. **1** MIL. POL. deterrence; ***strategia, forza di* ~** deterrent strategy, force **2** *(il dissuadere)* determent, dissuasion; ***fare opera di* ~** to make efforts to dissuade, to try to dissuade.

dissuasivo /dissua'zivo/ agg. dissuasive; ***avere un effetto ~ su qcn.*** to act as a deterrent to sb.

dissuasore /dissua'zore/ m. TECN. ***~ di velocità*** road hump, sleeping policeman BE COLLOQ.

dissuggellare /dissuddʒel'lare/ [1] → **dissigillare.**

distaccamento /distakka'mento/ m. **1** *(separazione)* detachment **2** MIL. detachment, detail, draft, party.

▷ **distaccare** /distak'kare/ [1] **I** tr. **1** *(separare, staccare)* to detach; [*vento*] to blow* off [*foglie*]; ***~ un francobollo dalla busta*** to peel off a stamp from an envelope; ***~ un manifesto dal muro*** to remove a poster from a wall; ***~ un vagone da un treno*** to uncouple a carriage from a train **2** FIG. *(allontanare)* ***~ qcn. da*** to turn *o* drive sb. away from [*persona, famiglia*]; ***~ un figlio dalla madre*** to take a boy away from his mother **3** SPORT *(distanziare)* to (out)distance, to leave* behind **4** BUROCR. *(trasferire)* to draft BE [*personale*]; MIL. COMM. to second (**a, in, presso** to; **da** from); ***è stato distaccato in India*** he's been drafted to India; ***farsi* ~** to be seconded **5** MIL. to detach, to detail **II distaccarsi** pronom. **1** *(separarsi)* to detach oneself (**da** from); [*coupon, foglio*] to come* out; *(scollarsi)* [*carta da parati, manifesto*] to come* off; ***i frutti si distaccano facilmente dai rami*** the fruits come off the branches easily **2** FIG. *(allontanarsi spiritualmente)* to drift away; ***-rsi da*** to lose interest in [*vita, attività, mondo, persona*] **3** FIG. *(distinguersi)* [*allievo, candidato, artista, opera*] to stand* out; ***questa tecnica si distacca completamente dai metodi tradizionali*** this technique is a total departure from traditional methods; ***distaccandosi dalla prassi...*** in a departure from standard practice...

distaccato /distak'kato/ **I** p.pass. → **distaccare II** agg. **1** *(scollato)* detached **2** *(separato)* ***la sede -a della scuola, del municipio*** the school, town hall annex; ***sede -a (della biblioteca)*** branch; ***~ dalla realtà*** divorced from reality; ***i leader sono troppo -i dalla gente*** the leaders are too remote *o* far removed from the people **3** AMM. [*militare, diplomatico*] seconded **4** FIG. *(riservato, freddo, indifferente)* [*persona*] aloof; [*atteggiamento, persona, punto di vista*] detached, distant, clinical SPREG.; [*colloquio*] bland; [*accoglienza, benvenuto*] cool, unfriendly; [*approccio, stile*] hands-off, unemotional; [*resoconto*] passionless; ***fare in modo che una domanda sembri -a*** to make a question sound casual; ***disse lei con tono* ~** she said indifferently.

▷ **distacco**, pl. **-chi** /dis'takko, ki/ m. **1** *(di etichetta, manifesto)* detachment, removal **2** *(allontanamento)* departure, detachedness, detachment; ***il momento del* ~** the moment of parting; ***il suo ~ dall'elettorato*** his remoteness from the electorate; ***prendere un certo* ~** to distance oneself slightly; ***~ dal mondo terreno*** otherworldliness; ***con il ~ che l'età permette di acquisire*** with the distance conferred by age **3** SPORT *(di tempo, distanza)* start, lead, gap; ***vincere con un ~ minimo*** to win by a neck; ***infliggere del ~ a qcn.*** to walk away from sb.; ***infliggere un notevole ~ a qcn.*** to leave sb. standing; ***si è piazzato secondo con un ~ minimo*** he finished the race a strong second **4** *(indifferenza)* aloofness, detachment; ***vedere qcs. con* ~** to view sth. with detachment; ***considerare una situazione con* ~** to look at a situation objectively; ***ostenta un totale ~ nei confronti del denaro*** she seems completely indifferent to money matters; ***guardando le cose con ~ è facile vedere che ho commesso degli errori*** at a distance it's easy to see that I made mistakes ◆◆ ***~ della retina*** MED. detachment of the retina.

distale /dis'tale/ agg. distal.

▷ **distante** /dis'tante/ **I** agg. **1** *(lontano nello spazio)* [*luogo, rumore, bagliore*] distant; ***un villaggio ~ tre chilometri*** a village three kilometres away; ***è troppo ~ per andarci questa sera*** it's too far away to go there this evening; ***~ dalla città, dalla strada*** away from the town, the road; ***un quartiere ~ dal centro*** an outlying quarter; ***la scuola è (molto) ~ dal centro*** the school is (quite) some distance *o* a long way away from the town centre **2** *(distanziato)* [*occhi*] widely set **3** *(riservato, distaccato)* [*persona, atteggiamento*] detached, aloof, stand-offish; [*sguardo*] distant, detached; ***essere*** o ***mostrarsi ~ verso qcn.*** to be distant with *o* toward(s) sb. **4** *(diverso)* [*posizioni, opinioni*] poles apart, different; ***essere -i per opinioni*** to differ in opinion; ***il suo punto di vista è molto ~ dal mio*** his point of view is far removed from mine; ***molto ~ dalla realtà*** [*dichiarazione, stima, racconto*] far removed from reality **5** *(lontano nel tempo)* ***un avvenimento ~ nel tempo*** an event remote in time; ***in un'epoca ~ dalla nostra*** in the distant past; ***eventi -i (tra loro) molti anni*** events that are several years apart **II** avv. far, far off, far away, a long way; ***abitare* ~** to live far away.

▶ **distanza** /dis'tantsa/ f. **1** *(nello spazio)* distance (**da** from; **tra** between); ***qual è la ~ fra Torino e Roma?*** how far is it from Turin to Rome? what is the distance between Turin and Rome? ***a che ~ è?*** how far *o* what distance is it? ***a breve* ~** at a short distance, within easy reach; ***a una certa* ~** at a *o* some distance; ***a media*** o ***mezza ~ da*** at a reasonable distance (away) from; ***a uguale ~ da*** at an equal distance from, equidistant from; ***a ~ di sicurezza*** at a safe distance; ***percorrere lunghe -e in poco tempo*** to cover long distances in a short time; ***non posso correre su lunghe -e*** I can't run long distances; ***ho corso su una ~ di due chilometri*** I ran for two kilometres; ***a 100 metri di ~, a una ~ di 100 metri*** 100 metres away *o* off; ***a tre miglia di ~ dalla costa*** three miles off the coast; ***i due fratelli vivono a 500 chilometri di* ~** the two brothers live 500 kilometres apart; ***la nostra abitazione è a breve ~ dal centro*** our house isn't far (away) from *o* is close to the centre; ***~ di un punto da un piano*** MAT. distance from a point to a plane; ***mantenete le -e (di sicurezza)*** AUT. keep your distance; ***non reggere sulla* ~** [*sportivo*] not to stay the course; ***accorciare le -e*** [*corridore*] to narrow the gap; ***chiamata a lunga* ~** TEL. long-distance call; ***elaborazione a* ~** INFORM. teleprocessing; ***a* ~** [*agire, comunicare, osservare*] from a distance; [*comando, manipolazione*] remote attrib.; ***sparare a qcn. a ~ ravvicinata*** to shoot sb. at close range; ***alla stessa ~ da*** at the same distance from; ***i filari sono a una ~ di due metri*** the rows are (set) two metres apart; ***a causa della ~ si vedono raramente*** since they live so far apart, they seldom see each other **2** FIG. distance; ***prendere le -e da qcs., qcn.*** to distance oneself from sth., sb.; ***tenere*** o ***mantenere qcn., qcs. a (debita)* ~** to keep sb., sth. at a distance *o* at bay; ***tenere*** o ***mantenere le -e*** [*superiore*] to stand aloof; [*inferiore*] to know one's place; ***restare a ~, a giusta ~, a rispettosa* ~** to keep one's distance, at a good distance, at a respectful distance **3** *(nel tempo)* gap; ***a una settimana, due secoli di* ~** one week, two centuries apart; ***sono morti a una settimana di* ~** their deaths were a week apart, they died within a week of each other; ***a ~ di tempo, questi avvenimenti sono più facili da comprendere*** with hindsight *o* now that time has passed, those events are easier to understand **4** *(divario, differenza)* gap, difference; ***aumentare le -e*** to widen the gap; ***li separa una considerevole ~ culturale*** there is a considerable cultural gap between them ◆◆ ***~ focale*** focal length, depth of focus; ***~ polare*** codeclination, polar distance; ***~ di sicurezza*** safety distance; ***~ visiva*** optical range.

distanziamento /distantsja'mento/ m. *(di eventi, oggetti)* spacing (out).

distanziare /distan'tsjare/ [1] tr. **1** *(allontanare)* to space (out) [*oggetti*]; to space out, to spread* (out) [*visite, incontri*] **2** *(in una competizione sportiva)* to (out)distance, to leave* behind [*avversario*] **3** FIG. *(superare in bravura)* ***ha abbondantemente distanziato il suo rivale*** he left his rival standing, he outstripped his rival; ***farsi*** o ***lasciarsi* ~** to get left behind.

distanziatore /distantsja'tore/ **I** m. MECC. spacer **II** agg. ***anello* ~** FOT. extension ring, spacer ring; ***tubo* ~** FOT. extension tube.

distare /dis'tare/ [1] intr. (forms not attested: past participle and compound tenses) **1** *(essere lontano)* ***il paese dista circa 50 chilometri da Torino*** the town is about 50 kilometres from Turin; ***"quanto dista la stazione di qui?" - "non dista molto"*** "how far is the station from here?" - "it's not very far" **2** FIG. *(discordare)* to differ, to be* distant, to jar; ***le loro opinioni distano molto*** their opinions differ greatly.

▷ **distendere** /dis'tendere/ [10] **I** tr. **1** *(allungare, stirare)* to stretch (out) [*braccia, gambe, collo*] **2** *(spiegare)* to spread* (out) [*tovaglia*]; to stretch [*vela*]; ***~ le ali*** to stretch one's wings; ***~ la voce*** FIG. to sing out **3** *(mettere a giacere)* to lay*; ***~ qcn. su una barella, su un letto*** to lay sb. on a stretcher, on a bed **4** *(mettere ad asciugare)* ***~ la biancheria*** to hang out the washing **5** *(spalmare)* to spread* [*vernice*] **6** *(calmare, rilassare)* to relax [*muscoli*]; to calm [*atmosfera*]; ***~ i nervi*** to relax; ***questa musica mi distende*** this music relaxes me **II distendersi** pronom. **1** *(stendersi)* to lie* down, to stretch out (**su** on); ***è salito a -rsi*** he went upstairs to lie down; ***-rsi sulla schiena, sul fianco*** to lie on one's back, on one's side **2** *(estendersi)* to spread*, to stretch; ***la pianura si distende fino al mare*** the plain stretches (out) to *o* extends as far as the sea **3** *(rilassarsi)* [*persona, volto, tratti*] to relax; POL. [*situazione, relazioni*] to thaw, to ease up.

distensione /disten'sjone/ f. **1** *(il distendere)* stretching **2** *(rilassamento, riposo)* relaxation; ***un clima di ~*** a relaxed atmosphere **3** POL. detente, thaw; ***politica di*** o ***della ~*** policy of appeasement; ***~ in Europa*** detente in Europe **4** SPORT *(nel sollevamento pesi)* press.

distensivo /disten'sivo/ agg. **1** *(rilassante)* [*persona, film, lettura, serata*] relaxing, entertaining; [*occupazione, attività*] relaxing, restful; [*musica*] soothing, relaxing **2** POL. [*politica*] conciliatory.

▷ **distesa** /dis'tesa/ f. **1** *(superficie) (di terra, boschi)* expanse, stretch, sweep, tract; *(di acqua)* expanse; *(di fiori)* blanket; ***la ~ del mare*** the expanse of the sea; ***la ~ dei campi*** the sweep of the fields; ***~ di ghiaccio, lava, neve*** ice, lava, snow field; ***delle vaste -e desertiche*** large areas *o* expanses of desert; ***le -e di ghiaccio dell'Artide*** the frozen wastes of the Arctic **2** *(grande quantità)* line, row, range; ***una ~ di panni stesi*** a line of washing ◆ ***cantare a ~*** to sing out; ***suonare a ~*** [*campane*] to peal (out).

distesamente /distesa'mente/ avv. extensively.

disteso /dis'teso/ **I** p.pass. → **distendere II** agg. **1** *(allungato)* [*corpo*] flat; [*braccia, gambe*] outstretched, outspread; ***era ~ sul letto, sul divano*** he was lying on the bed, on the sofa; ***stare ~ sulla schiena*** to lie *o* be flat on one's back; ***"fare asciugare ~"*** "dry flat" **2** *(rilassato)* [*persona, viso, clima*] relaxed **3 per disteso** in full, in detail, diffusely ◆ ***cadere lungo e ~ (per terra)*** to fall flat on one's face.

distico, pl. **-ci** /'distiko, tʃi/ m. couplet, distich ◆◆ ***~ elegiaco*** elegiac couplet; ***~ rimato*** rhyming couplet.

distillabile /distil'labile/ agg. distillable.

distillare /distil'lare/ [1] **I** tr. **1** CHIM. to distil BE, to distill AE; ***~ abusivamente*** to bootleg [*liquore*] **2** FIG. *(infondere)* to distil BE, to distill AE [*sapere*] **II** intr. (aus. *essere*) to distil BE, to distill AE.

distillato /distil'lato/ **I** p.pass. → **distillare II** agg. distilled; ***non ~*** undistilled **III** m. distillate; FIG. distillation, concentration, quintessence.

distillatore /distilla'tore/ m. (f. **-trice** /tritʃe/) **1** *(persona)* distiller; ***~ in proprio*** home distiller; ***~ abusivo*** illegal distiller, bootlegger AE, moonshiner AE COLLOQ. **2** *(apparecchio)* still, distiller.

distillazione /distillat'tsjone/ f. IND. ENOL. distillation; ***per ~*** by distillation ◆◆ ***~ frazionata*** fractional distillation.

distilleria /distille'ria/ f. distillery, still(-house); ***lavora nel settore della ~*** he works in distilling.

▶ **distinguere** /dis'tingwere/ [40] **I** tr. **1** *(separare)* [*persona, mente*] to distinguish (**tra** between; **da** from); ***bisogna ~ due campi ben separati*** we must distinguish between two very different fields; ***~ A e B*** to distinguish between A and B; ***distinguerei tre punti*** I would like to bring out three main points; ***è difficile ~ i gemelli*** it's difficult to tell the twins apart; ***~ il vero dal falso*** to tell *o* sort out truth from falsehood; ***~ il bene dal male*** to know *o* tell right from wrong **2** *(percepire le differenze)* to distinguish, to discern [*colori, sfumature*]; to make* out [*contorni*]; to catch* [*suoni, odori*] **3** *(differenziare)* [*dettaglio, qualità, tratto*] to set* [sb., sth.] apart [*persone, animali, oggetti*] (**da** from); ***ciò che distingue Parigi da Roma*** what makes Paris different from Rome, what distinguishes Paris from Rome; ***la loro educazione li ha distinti l'uno dall'altro*** their education has made them different from each other; ***a parte la loro altezza, niente li distingue*** apart from their size, there's nothing that sets them apart **4** *(caratterizzare)* to characterize [*epoca, secolo, azienda*] **II** intr. (aus. *avere*) ***bisogna saper ~*** you have to be able to tell the difference; ***~ tra A e B*** to discriminate *o* distinguish between A and B, to draw a distinction between A and B **III distinguersi** pronom. **1** *(differire)* [*persona, partito, organizzazione*] to differ (**da** from) **2** *(farsi notare)* [*ricercatore, sportivo, candidato*] to stand* out, to distinguish oneself; ***-rsi come scrittore*** to come to prominence as a writer; ***si è distinto in fisica teorica*** he distinguished himself in theoretical physics; ***l'autore si distingue per la sua originalità*** the author is noted for his originality; ***-rsi dal gruppo*** to rise above the group **3** *(essere percepito)* to be* distinguishable; ***-rsi appena nella nebbia*** to be barely distinguishable in the fog **4** SPREG. *(farsi notare)* to distinguish oneself (**come** as; **in** in; **facendo** by doing); ***deve sempre -rsi!*** she always has to be different! she always wants to stand out!

distinguibile /distin'gwibile/ agg. **1** *(riconoscibile)* distinguishable; ***è facilmente ~ per la sua statura*** his height makes him easily stand out **2** *(visibile)* visible, detectable.

distinguo /dis'tingwo/ m.inv. fine distinction, subtle distinction; ***fare un ~ tra*** to make a fine distinction between.

distinta /dis'tinta/ f. **1** *(resoconto)* ***~ dei prezzi*** price list; ***~ delle spese*** expense account **2** *(modulo)* schedule ◆◆ ***~ di accompagnamento*** remittance advice; ***~ di versamento*** paying-in slip BE, paying-in deposit slip AE.

distintamente /distinta'mente/ avv. **1** *(chiaramente)* [*vedere*] clearly; [*sentire, pronunciare*] distinctly **2** *(separatamente)* separately **3** *(elegantemente)* [*vestire*] elegantly; ***comportarsi ~*** to have refined manners.

▷ **distintivo** /distin'tivo/ **I** agg. **1** *(particolare)* [*segno, carattere, tratto*] distinguishing, distinctive **2** LING. distinctive, diacritic **II** m. *(sull'uniforme)* cockade; *(di club, movimento)* badge, button AE; *(di poliziotto)* shield, badge; ***mostrare il ~*** to show one's badge; ***sfoggiare un ~*** to sport a badge.

▷ **distinto** /dis'tinto/ **I** p.pass. → **distinguere II** agg. **1** *(diverso)* distinct (**da** from); ***due cose -e*** two distinct *o* different things **2** *(separato)* distinct, separate; ***famiglia e lavoro vanno tenuti ben -i*** family and work must be kept apart **3** *(signorile)* [*persona, maniere*] distinguished, refined; [*aspetto, portamento*] distinguished; ***una donna molto -a*** a woman of great distinction; ***dall'aria -a*** distinguished-looking **4** *(che si percepisce chiaramente)* [*forma, suono, odore*] distinct; [*voce, immagine*] clear; ***in modo ~*** [*pronunciare, esprimersi*] clearly **5** *(nella corrispondenza formale)* ***-i saluti*** yours faithfully, yours sincerely **III distinti** m.pl. *(settore dello stadio)* stands, stalls.

▷ **distinzione** /distin'tsjone/ f. **1** *(differenza)* distinction; ***una sottile ~*** a fine distinction *o* line; ***la ~ tra A e B*** the distinction of A from B; ***fare, stabilire una ~ tra A e B*** to make, draw a distinction between A and B; ***c'è una netta ~ tra i due concetti*** there is a clear(-cut) difference between the two concepts; ***senza ~*** [*agire, ricompensare*] without discrimination, without making any distinctions; [*colpire*] indiscriminately; ***senza ~ d'origine o di religione*** *(discriminazione)* irrespective of colour or creed **2** *(ricompensa)* distinction, honour BE, honor AE; ***conferire una ~ a*** [*persona, giuria*] to confer a distinction on **3** *(eleganza)* distinction; ***~ nei modi*** distinction of manner, distinguished manners; ***una donna di grande ~*** a woman of great distinction.

distogliere /dis'tɔʎʎere/ [28] **I** tr. **1** *(volgere altrove)* ***~ l'attenzione da*** to divert *o* distract attention from; ***~ gli occhi*** o ***lo sguardo da qcs.*** to avert one's eyes *o* gaze from sth., to take one's eye off sth.; ***~ i propri pensieri da qcs.*** to turn one's thoughts away from sth. **2** *(distrarre)* ***~ qcn. da*** to distract sb. from, to take sb. away from [*obiettivo, studi, dovere, lavoro*] **3** *(dissuadere)* to dissuade, to deter [*persona*]; ***~ un bambino dal fare*** to distract a child from doing **II distogliersi** pronom. ***-rsi da*** to neglect [*obbligo*].

distoma /'distoma/ m. liver fluke.

distomatosi /distoma'tɔzi/ ♦ **7** f.inv. distomatosis*.

distonia /disto'nia/ f. dystonia.

distonico, pl. **-ci, -che** /dis'tɔniko, tʃi, ke/ agg. dystonic.

distorcere /dis'tɔrtʃere/ [94] **I** tr. **1** *(deformare)* to distort [*suono, immagine*]; [*paura, dolore*] to contort, to twist [*viso*] **2** FIG. *(stravolgere)* to distort, to bend*, to twist [*fatti, storia, notizia, pensiero*]; *(rendere infedele)* [*traduttore, regista, parole*] to misrepresent [*testo*]; ***stai cercando di ~ il senso delle mie parole*** you're trying to twist my meaning **3** RAR. *(piegare a forza)* to twist; ***~ il braccio a qcn.*** to twist sb.'s arm **II distorcersi** pronom. **1** *(deformarsi)* [*immagine, suono*] to become* distorted **2** *(storcersi)* ***-rsi la caviglia, il polso*** to twist *o* sprain one's ankle, wrist.

distorsione /distor'sjone/ f. **1** *(di suono, immagine)* distortion **2** *(stravolgimento)* distortion, falsification (**di** of) **3** MED. sprain, strain; ***procurarsi una ~ alla caviglia, al polso*** to twist *o* sprain one's ankle, wrist; ***avere una ~ alla caviglia*** to have a sprained ankle **4** STATIST. bias.

distorto /dis'tɔrto/ **I** p.pass. → **distorcere II** agg. **1** *(storto)* [*immagine, suono*] distorted **2** FIG. [*fatti, pensiero, verità, messaggio, interpretazione*] distorted, twisted; ***avere una visione -a della realtà*** to have a distorted view *o* vision of reality **3** MED. sprained.

▶ **distrarre** /dis'trarre/ [95] **I** tr. **1** *(deconcentrare)* to distract [*persona*] (**da** from; **con** with); ***mi sono lasciata ~*** I let myself be *o* get distracted; ***~ l'attenzione di qcn.*** to distract *o* divert sb.'s attention; ***per ~ l'attenzione, offrì del caffè*** she created a diversion by serving coffee **2** *(divertire)* to amuse, to distract; ***la cosa mi ha distratto per un po'*** it kept me amused for a while; ***fare ~ qcn.*** to take sb. out of himself **3** *(allontanare)* ***~ qcn. da*** to take sb.'s mind off [*problema, preoccupazione*] **4** DIR. *(sottrarre)* to misappropriate [*denaro, fondi*] **II distrarsi** pronom. **1** *(divertirsi)* to amuse oneself; ***che cosa fai per distrarti?*** what do you do for entertainment *o* amusement? **2** *(svagarsi)* ***ho bisogno di distrarmi*** I need to take my mind off things; ***-rsi dai problemi*** to take one's mind off one's problems; ***ti aiuterà a distrarti*** it will help you to take your mind off things **3** *(sviare la propria attenzione)* to divert one's mind, to divert one's attention.

distrattamente /distratta'mente/ avv. [*entrare, versare, spostare*] absent-mindedly; [*dire*] absently; [*salutare*] casually; ***guardare ~ qcs.*** to look vaguely at sth.; ***ascoltare ~*** to half-listen, to listen with half an ear; ***leggeva ~ il giornale*** he was reading the newspaper with half an eye, he was half-reading the newspaper.

distratto /dis'tratto/ **I** p.pass. → **distrarre II** agg. *(sbadato)* [*persona*] absent-minded, careless; [*sguardo, sorriso, gesto*] vague, casual, cursory; *(disattento)* [*persona*] inattentive; ***mi scusi, ero ~*** I'm sorry, I wasn't paying attention **III** m. (f. **-a**) scatterbrain, absent-minded person.

▷ **distrazione** /distrat'tsjone/ f. **1** *(attività)* leisure **U**, entertainment **U**, amusement; ***è la sua unica ~*** it's her only entertainment *o* form of leisure; ***questa città manca di -i*** there's not much in the way of entertainment in this town; ***le -i sono rare qui*** there's not much to do around here **2** *(svago)* diversion, recreation; ***ho bisogno di ~*** I need some form of diversion **3** *(sbadataggine)* carelessness, absent-mindedness, vagueness; *(disattenzione)* inattention, distraction; ***per ~*** due to *o* through an oversight, inadvertently, through absent-mindedness; ***con ~*** absent-mindedly; ***attimo*** o ***momento di ~*** lapse of concentration; ***errore di ~*** careless mistake, slip, oversight **4** DIR. *(di fondi, beni)* misappropriation, misapplication **5** MED. pulled muscle, sprain, strain; ***provocarsi una ~ al polpaccio*** to pull a calf muscle.

distretto /dis'tretto/ m. **1** AMM. MIL. district, precinct AE; ***~ elettorale*** borough BE, voting district AE; ***~ di corte d'appello*** district of a court of appeals, circuit AE; ***~ esattoriale*** collectorship; ***~ scolastico*** school district **2** *(zona)* area, zone ◆◆ ***~ industriale*** industrial zone; ***~ militare*** recruiting office, recruiting centre.

distrettuale /distrettu'ale/ agg. district attrib.; ***procuratore ~*** district attorney AE; ***consiglio ~*** district council BE.

distribuibile /distribu'ibile/ agg. distributable, apportionable (**tra** among, between).

▶ **distribuire** /distribu'ire/ [102] **I** tr. **1** *(dare)* to distribute, to give* out, to hand out [*volantini, medicinali, regali*] (**a** to; **tra** among); *(dispensare)* to dish out [*elogi*] (**a** to); to deal* out [*strette di mano*] (**a** to); ***~ le carte*** GIOC. to deal (out the cards); ***~ la posta*** to deliver the mail; ***~ premi*** to award prizes **2** *(ripartire)* to share, to divide [*somma, beni, lavoro, oggetti*] (**tra** among, between); ***essere ben distribuito*** [*denaro, capitali, compiti*] to be shared out evenly; [*peso*] to be evenly distributed; ***~ un programma su due anni*** to spread a plan over two years **3** *(spargere)* to spread* [*prodotto, crema*] **4** COMM. *(vendere)* [*persona*] to distribute, to release [*prodotto, film*]; [*macchina*] to dispense [*biglietti, bevande*] **5** ECON. to pay* out [*dividendi*] (**a** to) **6** ING. to supply [*acqua, calore*] **7** TEATR. *(assegnare)* ***~ le parti di un'opera teatrale*** to cast a play **8** *(disporre)* to put*, to arrange; ***~ i libri sugli scaffali*** to place the books on the shelves **II distribuirsi** pronom. **1** *(ripartirsi)* to be* distributed; ***-rsi equamente*** [*opportunità*] to be evenly distributed **2** *(durare)* to stretch (**su** over).

distributività /distributivi'ta/ f.inv. MAT. distributivity.

distributivo /distribu'tivo/ agg. MAT. DIR. LING. distributive.

▷ **distributore** /distribu'tore/ **I** m. (f. **-trice** /tritʃe/) **1** COMM. distributor (**di qcs.** for sth.); ***~ cinematografico*** film distributor; ***~ esclusivo*** sole distributor **2** *(persona) (per strada)* distributor, vendor; ***~ di volantini pubblicitari*** leaflet distributor **3** *(macchina automatica)* dispenser; ***~ di biglietti*** ticket machine; ***~ automatico*** dispenser, vending machine; ***~ (automatico) di caffè*** coffee machine; ***~ automatico di bevande*** drinks dispenser *o* machine; ***~ automatico di francobolli*** stamp machine; ***~ automatico di preservativi, di sigarette*** condom, cigarette vending machine **4** AUT. EL. TECN. *(dispositivo)* distributor **5** *(stazione di servizio)* ***~ (di benzina)*** petrol station BE, gas station AE, filling station **II** agg. distributing; ***società distributrice*** distributing firm.

distribuzionale /distributtsjo'nale/ agg. LING. distributional.

▷ **distribuzione** /distribut'tsjone/ f. **1** ECON. *(settore)* retailing; ***settore della ~ alimentare*** food retailing sector; ***gigante della ~*** retailing giant; ***catena di ~*** retailing chain **2** COMM. *(commercializzazione)* distribution; ***ramo di ~*** distribution branch; ***costi di ~*** distribution costs; ***riservarsi l'esclusiva della ~*** to keep exclusive distribution rights (**per** for) **3** *(il distribuire)* distribution; *(erogazione)* supply; ***~ di volantini pubblicitari*** distribution of leaflets; ***~ della posta*** postal *o* mail delivery; ***~ di un giornale*** distribution of a newspaper; ***~ gratuita di latte agli scolari*** distribution of free milk to schoolchildren; ***~ delle carte*** GIOC. deal; ***errata ~ delle carte*** GIOC. misdeal; ***~ dell'elettricità, dell'acqua, dell'energia*** electricity, water, energy supply; ***rete di ~*** distribution system **4** *(disposizione)* distribution; ***~ geografica*** geographical distribution **5** CINEM. TEATR. *(scelta effettuata)* ***~ delle parti*** casting **6** MECC. distribution; ***albero di ~*** valve gear; ***cassetto di ~*** slide valve **7** MAT. distribution ◆◆ ***~ automatica*** COMM. automatic dispensing; ***~ complementare*** LING. complementary distribution; ***~ dei dividendi*** ECON. payment of dividends, dividend distribution.

districabile /distri'kabile/ agg. extricable.

districamento /distrika'mento/ m. **1** *(di fili, matassa)* disentanglement, unravelling BE, unraveling AE; *(di capelli)* untangling **2** *(di testo, problema)* unravelling BE, unraveling AE.

districante /distri'kante/ agg. [*balsamo, shampoo*] detangling.

districare /distri'kare/ [1] **I** tr. **1** *(dipanare)* to disentangle, to unravel, to untangle, to untwist [*fili, matassa*]; to untangle, to comb out [*capelli*] **2** FIG. *(chiarire)* to sort out, to untangle [*affare, situazione*]; to solve, to unravel [*enigma*] **II districarsi** pronom. [*intrigo, affare, situazione*] to unravel; ***-rsi per ottenere qcs.*** to manage to get sth.

distrofia /distro'fia/ ➧ **7** f. dystrophy ◆◆ ***~ muscolare*** muscular dystrophy.

distrofico, pl. **-ci**, **-che** /di'strɔfiko, tʃi, ke/ agg. dystrophic.

▶ **distruggere** /dis'truddʒere/ [41] **I** tr. **1** *(demolire, rovinare)* to destroy, to demolish, to wreck [*edificio*]; to wipe out, to blast, to kill off [*raccolto*]; *(con le bombe)* to bomb [*edificio*]; *(con il fuoco)* to burn* down, to burn* up [*casa*]; ***~ qcs. con l'esplosivo*** to blow sth. up **2** *(sbaragliare)* to destroy [*nemico, esercito*] **3** FIG. *(prostrare)* [*notizia, dolore*] to destroy, to devastate, to shatter, to knock out COLLOQ. [*persona*]; *(sfiancare)* [*sforzo, fatica*] to exhaust, to wear* out [*persona*]; ***il dramma l'ha completamente distrutto*** the tragedy has completely destroyed him; ***i bambini mi hanno distrutta questa mattina*** the children wore me out this morning **4** *(togliere completamente)* to destroy, to crush, to shatter [*speranze*]; *(fare crollare)* to destroy [*mito*]; ***un imprevisto distrusse i nostri piani*** an unforeseen snag shattered *o* wrecked our plans **5** *(screditare)* ***~ la reputazione di qcn.*** to destroy *o* ruin sb.'s reputation **6** SPORT COLLOQ. *(stracciare)* to destroy, to murder [*avversario*] **II distruggersi** pronom. to destroy oneself, to ruin oneself; ***-rsi la salute con l'alcol*** to ruin one's health with alcohol.

distruggibile /distrud'dʒibile/ agg. destroyable, destructible.

distruggidocumenti /distruddʒidoku'menti/ m.inv. (paper) shredder; ***mettere i documenti nel ~*** to put papers through the shredder.

distruttibile /distrut'tibile/ agg. destructible, destroyable.

distruttività /distruttivi'ta/ f.inv. destructiveness, destructivity.

distruttivo /distrut'tivo/ agg. [*critica, atteggiamento, potere*] destructive.

▶ **distrutto** /dis'trutto/ **I** p.pass. → **distruggere II** agg. **1** *(demolito, devastato)* [*edificio*] destroyed (**da** by); [*auto*] wrecked (**da** by); [*raccolto*] blasted; *(con il fuoco)* [*casa*] burnt-out; ***~ dalla, durante la guerra*** destroyed by, during the war **2** FIG. *(prostrato)* [*persona*] destroyed, devastated, shattered; ***un uomo ~ dalla malattia*** a man consumed by illness; ***viso ~ dal dolore*** face ravaged by grief **3** *(sfinito)* exhausted, destroyed; ***~ dalla fatica*** utterly exhausted; ***sentirsi ~*** to feel worn-out.

distruttore /distrut'tore/ **I** agg. → **distruttivo II** m. (f. **-trice** /tritʃe/) destroyer, annihilator.

▷ **distruzione** /distrut'tsjone/ f. destruction, ruin; ***~ parziale, totale, di massa*** partial, total, mass destruction; ***istinto di ~*** destructive instinct ◆ ***seminare ovunque morte e ~*** to sow death and destruction everywhere.

▶ **disturbare** /distur'bare/ [1] **I** tr. **1** *(infastidire, molestare)* [*visitatore, telefono*] to disturb, to bother [*persona*]; ***disturbo?*** may I? am I disturbing you? ***"si prega di non ~"*** "please do not disturb"; ***entri, non mi disturba affatto*** come in, you're not disturbing me in the least; ***scusi se la disturbo*** (I'm) sorry to bother *o* trouble you; ***non voglio ~*** I don't wish to intrude; ***disturbo se fumo?*** do you mind if I smoke? **2** *(provocare malessere)* [*alimento*] to upset* [*fegato, stomaco*]; [*rumore, fumo*] to bother [*persona*]; ***il viaggio in mare l'ha disturbata*** the sea voyage upset her **3** *(turbare, portare scompiglio)* ***non fa altro che ~ i compagni*** he does nothing but disturb his classmates, all he does is disturb his classmates; ***smettila di disturbarmi!*** stop bothering me! stop trying to put me off! BE; ***~ l'ordine pubblico*** [*individuo*] to cause a breach of the peace; [*rivoltosi*] to disturb *o* violate the peace **4** RAD. TELEV. to interfere with [*ricezione*]; to jam [*segnali, trasmissione*] **5** *(scomodare)* to disturb, to make* [sb.] stand up [*spettatori seduti*]; *(fare venire, chiamare)* to call [*medico*]; to call (out) [*idraulico*]; ***lo abbiamo disturbato tre volte questa notte*** we called him three times last night **II disturbarsi** pronom. *(incomodarsi)* [*medico*] to come*; [*idraulico*] to come* round; ***non si disturbi, glielo porto*** don't come out, I'll bring it over; ***non si disturbi!*** please don't bother! please don't put yourself out! ***non disturbarti troppo!*** don't go to too much bother! ***la prego di non -rsi per me*** please don't go to any trouble *o* please don't put yourself out on my account; ***non si disturberebbe per aiutarmi*** he wouldn't lift a finger to help me.

disturbato /distur'bato/ **I** p.pass. → **disturbare II** agg. **1** *(infastidito)* [*persona*] bothered, annoyed **2** RAD. TELEV. [*ricezione*] jammed; ***linea -a*** bad connection *o* line; ***il collegamento è ~, la sento male*** the connection is bad, I can't hear you properly **3** *(indisposto)* [*persona*] unwell; [*stomaco*] upset; ***sentirsi ~*** to feel unwell *o* queasy; ***avere l'intestino ~*** to have upset bowels **4** PSIC. *(affetto da turbe psichiche)* [*persona*] disturbed **III** m. (f. **-a**) PSIC. *(bambino)* disturbed child*; *(adulto)* disturbed person.

disturbatore /disturba'tore/ **I** agg. [*elemento*] disruptive **II** m. (f. **-trice** /tritʃe/) **1** *(persona)* disturber, troublemaker; ***~ della quiete pubblica*** disturber of the peace **2** RAD. TEL. jammer.

▶ **disturbo** /dis'turbo/ ◗ **7** m. **1** *(fastidio)* trouble, inconvenience; ***è troppo ~*** it's too much trouble; ***scusi il ~*** (I'm) sorry to bother you; ***essere di ~ (a qcn.)*** to disturb *o* trouble (sb.), to cause inconvenience (to sb.); ***prendersi il ~ di fare*** to go to the bother of doing, to take the trouble to do; ***togliere il ~*** to go, to be off, to be on one's way; ***pagare*** o ***ricompensare qcn. per il (suo) ~*** to pay sb. for his trouble; ***~ della quiete pubblica*** breach of the peace, disturbance, nuisance **2** MED. PSIC. disorder, trouble **U**; ***-i mentali, nervosi*** mental, nervous disorders; ***un ragazzo con -i psichici*** an emotionally disturbed boy; ***leggeri -i gastrici*** minor stomach problems; ***~ dell'alimentazione*** eating disorder; ***-i della vista, della memoria*** visual disorders, memory problems; ***-i della personalità, comportamentali, del linguaggio*** personality, behavioural, speech disorders; ***~ funzionale*** functional disorder; ***-i di stomaco*** stomach upset; ***-i cardiaci*** heart trouble; ***dare (dei) -i a*** to upset [*digestione*] **3** RAD. TELEV. interference, noise; *(intenzionale)* jamming; ***ci sono -i nella ricezione dell'immagine*** the picture is not coming through clearly; ***eliminare i -i*** to eliminate interference; ***-i atmosferici*** atmospherics, static; ***trasmettitore di ~*** MIL. (noise) jammer.

disubbidiente /dizubbi'djɛnte/ agg. [*bambino*] disobedient, naughty.

▷ **disubbidienza** /dizubbi'djɛntsa/ f. disobedience ◆◆ ***~ civile*** civil disobedience.

▷ **disubbidire** /dizubbi'dire/ [102] intr. (aus. *avere*) to disobey; ***~ a qcn., a un ordine*** to disobey sb., an order.

disuguaglianza /dizugwaʎ'ʎantsa/ f. **1** *(disparità)* disparity (**tra**, **fra** between; **di** in); ***~ d'età*** disparity in age; ***la ~ delle risorse, dei mezzi*** the disparity in resources, means **2** *(iniquità)* inequality (**di fronte a** as regards); ***le -e sociali*** social inequalities; ***ridurre le -e*** to reduce inequalities; ***lottare contro le -e*** to attack *o* fight inequality **3** *(irregolarità del terreno, della superficie)* unevenness **4** MAT. inequality.

disuguale /dizu'gwale/ agg. **1** *(dissimile)* unequal; ***tagliare una torta in tre parti -i*** to cut a cake into three unequal parts; ***di statura, forza ~*** of unequal size, strength; ***avvenimenti di importanza ~*** events of varying importance **2** *(squilibrato)* [*divisione, chance*] unequal; [*lotta*] unfair, unbalanced **3** *(irregolare)* [*polso, ritmo*] irregular, uneven; [*strada, superficie*] uneven **4** FIG. *(incostante)* inconsistent; ***rendimento ~*** erratic performance.

disugualmente /dizugwal'mente/ avv. *(dissimilmente)* unequally; *(irregolarmente)* unevenly.

disumanamente /dizumana'mente/ avv. inhumanly.

disumanità /dizumani'ta/ f.inv. inhumanity.

disumanizzare /dizumanid'dzare/ [1] **I** tr. to dehumanize [*società, persona*]; ***la guerra può ~ gli uomini*** war can turn men into beasts **II disumanizzarsi** pronom. [*società, lavoro*] to become* dehumanized.

disumanizzazione /dizumaniddzat'tsjone/ f. dehumanization.

disumano /dizu'mano/ agg. **1** *(inumano)* inhuman(e), callous; ***lavorare in condizioni -e*** to work in inhumane conditions **2** FIG. *(eccessivo)* inhuman, terrible; ***caldo ~*** unbearable heat.

disuniforme /dizuni'forme/ agg. uneven, irregular.

disuniformità /dizuniformi'ta/ f.inv. unevenness.

disunione /dizu'njone/ f. division, dissension, disunion FORM.; ***la ~ del*** o ***nel partito*** the discord within the party.

disunire /dizu'nire/ [102] **I** tr. **1** *(separare)* to separate, to split* [sth.] apart [*due pezzi*] **2** FIG. [*litigio*] to divide, to break* up [*famiglia, gruppo, partito*] **II disunirsi** pronom. *(scoordinarsi)* [*atleta*] to be* out of one's stride.

disunito /dizu'nito/ **I** p.pass. → **disunire II** agg. **1** *(in disaccordo)* [*famiglia*] divided **2** SPORT *(scoordinato)* [*atleta*] uncoordinated, off one's stride mai attrib. **3** EQUIT. [*cavallo, galoppo*] disunited.

disuria /di'zurja, dizu'ria/ f. dysuria.

disusato /dizu'zato/ agg. [*parola, espressione*] obsolete.

disuso /di'zuzo/ m. disuse; ***in ~*** [*installazione, edificio*] in disuse, no longer in use; [*parola, espressione*] dated, old-fashioned, obsolete, no longer in use; ***cadere in ~*** [*parola, espressione*] to become dated *o* obsolete; [*tradizione*] to fall into disuse.

disutile /di'zutile/ agg. **1** *(di cosa)* useless **2** *(di persona)* good-for-nothing.

disutilità /dizutili'ta/ f.inv. ECON. disutility.

disvelare /dizve'lare/ [1] tr. LETT. → **svelare.**

disviare /dizvi'are/ [1] **I** tr. LETT. *(sviare)* to lead* [sb.] astray (anche FIG.) **II** intr. LETT. (aus. *avere*) to deviate, to go* astray.

ditale /di'tale/ **I** m. **1** *(da cucito)* thimble **2** *(di protezione)* finger-stall, finger cot; ***~ di gomma*** rubber finger-stall **II ditali** m.pl. GASTR. = lined or smooth tube-shaped pasta for soup ◆ ***svuotare il mare con un ~*** = to do a useless and endless job.

ditalini /dita'lini/ m.pl. GASTR. = small lined or smooth tube-shaped pasta for soup.

ditata /di'tata/ f. **1** *(colpo con le dita)* poke; ***dare una ~ in un occhio a qcn.*** to give sb. a poke in the eye **2** *(segno, impronta)* finger mark; ***lasciare una ~ sullo specchio*** to leave a finger mark on the mirror.

diteggiare /dited'dʒare/ [1] tr. to finger.

diteggiato /dited'dzato/ **I** p.pass. → **diteggiare II** agg. fingered.

diteggiatura /diteddʒa'tura/ f. MUS. *(digitazione)* fingering; ***esercizi di ~*** finger exercises.

diteismo /dite'izmo/ m. RELIG. ditheism.

ditionico /diti'ɔniko/ agg. ***acido ~*** dithionic acid.

ditirambico, pl. **-ci, -che** /diti'rambiko, tʃi, ke/ agg. **1** *(celebrativo)* [*discorso, articolo, lode, intenzione*] dithyrambic **2** LETTER. dithyrambic.

ditirambo /diti'rambo/ m. **1** *(elogio)* dithyramb **2** LETTER. *(poesia)* dithyramb.

▶ **dito** /'dito/ ◗ **4** m. (in the plural, the feminine form *dita* is generally used; the masculine form *diti* is used when the name of each finger is specified) **1** *(della mano)* finger; *(del piede)* toe; ***~ indice*** forefinger, index finger; ***~ medio*** second finger, middle finger; ***~ anulare*** ring finger; ***~ mignolo*** little finger, pinkie AE; ***i -i mignoli*** the little fingers, the pinkies AE; ***con la punta delle -a*** with one's fingertips; ***indicare col ~*** o ***mostrare a ~ qcn., qcs.*** to point one's finger at sb., sth.; ***contare sulle -a*** to count on one's fingers; ***le mise un anello al ~*** he put a ring on her finger; ***mettersi le -a nel naso*** to pick one's nose, to poke one's finger up one's nose **2** ABBIGL. *(di guanto)* finger **3** *(misura)* finger; ***allungare l'orlo di quattro -a*** to lower the hem a couple of inches; ***sui mobili c'è un ~ di polvere*** the dust is an inch thick on the furniture; ***largo, lungo un ~*** one finger wide, long; ***mi dia due -a di vodka*** pour me two fingers of vodka; ***un ~ d'acqua*** an inch of water ◆ ***si contano sulle -a di una mano*** they can be counted on the fingers of one hand; ***incrociamo le -a!*** fingers crossed! ***incrociare le -a*** to keep one's fingers crossed; ***non muovere un ~*** not to lift a finger (**per qcn.** for sb.; **per fare** to do); ***non ha mosso un ~ per aiutarmi*** he didn't lift a finger to help me; ***mordersi le -a*** to kick oneself; ***leccarsi le -a*** to lick one's lips; ***prendersi delle bacchettate sulle -a*** to get *o* have one's knuckles rapped; ***se le dai un ~ si prende il braccio*** give her an inch and she'll take a yard *o* mile; ***toccare il cielo con un ~*** to be in the seventh heaven, to be on cloud nine COLLOQ., to be thrilled to bits COLLOQ.; ***questa me la lego al ~!*** I won't forget that! ***il mio ~ mignolo mi dice che...*** a little bird tells me that...; ***avere l'anello al ~*** to be married; ***puntare il ~ contro qcn.*** to point the finger at sb.; ***toccare con le -a*** to experience at first hand; ***mettere il ~ nella piaga*** to touch on a sore point; ***sapere*** o ***avere qcs. sulla punta delle -a*** to have sth. at one's fingertips, to know sth. like the back of one's hand.

ditone /di'tone/ m. COLLOQ. *(del piede)* big toe.

▷ **ditta** /'ditta/ f. firm; *(impresa)* business, company, concern, house; ***una ~ ben avviata*** a going concern; ***~ di elettronica, di trasporti*** electronics, haulage firm; ***~ individuale*** *(gestita da un uomo)* one-man company; *(gestita da una donna)* one-woman company; ***~ commerciale*** business firm; ***~ costruttrice*** building firm, construction company; ***~ all'ingrosso*** wholesale company, wholesalers; ***è lei che manda avanti la ~*** she runs the whole business; ***lavorare in*** o ***presso*** o ***per una ~*** to work for a company; ***viaggiare per una ~*** to travel for a company; ***il movimento di personale in una ~*** staff changes in a company; ***gli insediamenti della ~ all'estero*** the firm's sites abroad; ***in tutti i cinquanta anni di storia della ~*** in all the firm's 50-year history; ***offre la ~*** it's on the house; ***avere 15 anni di anzianità nella ~*** to have been with the firm for 15 years; ***Spettabile Ditta*** *(all'inizio di una lettera)* Dear Sirs BE *o* Gentlemen AE ◆◆ ***~ affiliata*** affiliate; ***~ fittizia*** dummy company.

dittafono® /dit'tafono/ m. Dictaphone®, Dictograph®.

dittamo /'dittamo/ m. BOT. dittany.

▷ **dittatore** /ditta'tore/ m. (f. **-trice** /tritʃe/) dictator; FIG. dictator, tyrant, despot; ***liberare un paese da un ~*** to rid a country of a dictator; ***a morte il ~! morte al ~!*** death to the dictator! ***fare il ~*** FIG. to be a despot, to behave like a dictator; ***un piccolo ~*** FIG. a little Hitler.

dittatoriale /dittato'rjale/ agg. [*regime*] dictatorial; FIG. dictatorial, despotic, imperious.

dittatorio, pl. **-ri**, **-rie** /ditta'tɔrjo, ri, rje/ agg. dictatorial.

dittatura /ditta'tura/ f. dictatorship (anche FIG.); ***vivere sotto (una) ~*** to live under *o* in a dictatorship; ***instaurare, abbattere una ~*** to set up, overthrow a dictatorship ◆◆ ***~ del proletariato*** dictatorship of the proletariat.

dittero /'dittero/ **I** agg. ARCH. dipteral **II** m. ZOOL. dipteran.

dittico, pl. **-ci** /'dittiko, tʃi/ m. STOR. ART. diptych.

dittografia /dittogra'fia/ f. LING. dittography.

dittologia /dittolo'dʒia/ f. LING. dittology.

dittongare /ditton'gare/ [1] **I** tr. to diphthongize **II** intr. (aus. *avere*) to diphthongize.

dittongazione /dittongat'tsjone/ f. diphthongization, breaking.

dittongo, pl. **-ghi** /dit'tɔngo, gi/ m. diphthong, broken vowel.

diuresi /diu'rɛzi, di'urezi/ f.inv. diuresis*.

diuretico, pl. **-ci**, **-che** /diu'rɛtiko, tʃi, ke/ agg. e m. diuretic.

diurno /di'urno/ agg. **1** *(di giorno)* [*attività, illuminazione, programmazione*] daytime; [*bombardamento, attacco*] daylight; ***ore -e*** daytime (hours); ***scuola -a*** day school **2** ZOOL. [*animale, fiore*] diurnal **3 in diurna** ***lo spettacolo sarà dato in -a*** there'll be an afternoon performance.

diuturno /diu'turno/ agg. LETT. diuturnal.

diva /'diva/ f. **1** *(dea)* goddess **2** *(attrice, cantante)* star; ***~ cinematografica*** film star BE, movie star AE; ***~ dell'opera*** diva, opera star.

divagare /diva'gare/ [1] **I** intr. (aus. *avere*) [*pensieri, persona, mente*] to stray, to wander, to ramble on; ***~ dal tema*** to stray *o* wander from the topic **II divagarsi** pronom. *(divertirsi)* to amuse oneself.

divagazione /divagat'tsjone/ f. digression.

divalente /diva'lɛnte/ agg. CHIM. divalent.

divampare /divam'pare/ [1] intr. (aus. *essere*) **1** *(ardere)* [*incendio*] to blaze (up), to burn* up, to flare up **2** FIG. ***è la scintilla che ha fatto ~ l'incendio*** it's what sparked off the crisis, that was the straw that broke the camel's back; ***nei suoi occhi divampa l'ira*** his eyes are burning *o* blazing with rage; ***la passione divampava nel suo cuore*** the passion in his heart set him on fire **3** *(diffondersi impetuosamente)* [*violenza, guerra*] to flare (up), to spread* like wildfire; ***la rivolta divampò in tutto il paese*** the revolt spread like wildfire throughout the country.

divanetto /diva'netto/ m. small sofa; *(in ristoranti, bar)* banquette.

▷ **divano** /di'vano/ m. **1** *(sedile)* sofa, couch, settee; ***allunga le gambe sul ~*** stretch your legs out on the sofa; ***un ~ sfoderabile*** sofa with detachable *o* removable covers; ***si sdraiò sul ~*** he lay down on the sofa **2** STOR. *(sala)* divan ◆◆ ***~ letto*** sofa bed, convertible sofa, bed-settee, put-you-up BE.

divaricamento /divarika'mento/ m. RAR. → **divaricazione.**

divaricare /divari'kare/ [1] **I** tr. to open, to splay [*braccia, gambe*] **II divaricarsi** pronom. to open.

divaricato /divari'kato/ **I** p.pass. → **divaricare II** agg. [*braccia, gambe*] spread, open, splayed; [*ginocchia*] wide apart mai attrib.; ***a gambe -e*** with one's legs wide apart.

divaricatore /divarika'tore/ m. MED. retractor.

divaricazione /divarikat'tsjone/ f. divarication.

divario, pl. **-ri** /di'varjo, ri/ m. gap, divide, difference (**tra** between); ***il ~ tra i ricchi e i poveri*** the gap between the rich and the poor; ***aumentare, colmare il ~ tra*** to widen, narrow the gap between; ***il ~ nord-sud*** the North-South divide; ***~ culturale, tecnologico*** cultural, technological gap.

divellere /di'vɛllere/ [92] tr. LETT. [*uragano*] to uproot, to unroot [*albero, pali*].

▶ **divenire** /dive'nire/ [107] **I** intr. (aus. *essere*) → **diventare II** m. becoming; ***l'essere e il ~*** being and becoming.

▶ **diventare** /diven'tare/ [1] Tra i diversi verbi inglesi che rendono l'italiano *diventare*, i più comuni sono *to become* e *to get*, il primo usato soprattutto nella lingua scritta, il secondo in quella parlata, specialmente se si fa riferimento a un cambiamento rapido e improvviso: *diventò famoso dopo aver pubblicato il suo secondo romanzo* = he became famous after publishing his second novel; *diventerà ricca quando erediterà i beni di suo zio* = she will get rich when she inherits her uncle's possessions. - Altri equivalenti inglesi possono essere: *to grow*, che non implica necessariamente una crescita (*diventare più sofisticato* = to grow more sophisticated; *to grow weak* = diventare debole); *to turn*, che si usa in particolare per indicare cambiamenti di colore (*diventò nero per lo sporco* = it turned black because of the dirt); con lo stesso significato, ma se il cambiamento è temporaneo, si può usare *to go* (*diventai rosso dalla rabbia, quando sentii la notizia* = I went red with anger, when I heard the news); *to go* si usa anche per descrivere un mutamento in peggio nel corpo o nella mente di qualcuno: *mio nonno sta diventando sordo* = my grandpa is going deaf; *to turn* e *to go* + aggettivo possono essere riferiti anche a cose: *il latte è diventato acido* = the milk has turned / gone sour. - Si noti che le espressioni *diventare* + aggettivo sono spesso sostituite in italiano da un apposito verbo, il che avviene talvolta anche in inglese: *diventare vecchio* o *invecchiare* = to grow old, *diventare nuvoloso* o *rannuvolarsi* = to get cloudy, *diventare vero* o *avverarsi* = to come true, *diventare duro* o *indurire* = to become hard / to harden, *diventare debole* o *indebolirsi* = to grow weak / to weaken, etc. intr. (aus. *essere*) *(seguito da aggettivo)* to become*, to get*; *(seguito da sostantivo)* to become*; *(gradatamente)* to grow*; *(rapidamente e con peggioramento)* to turn; *(con colori)* to turn, to go*; *(essere eletto, nominato)* to be* made, to be* elected; ***~ vecchio*** to get *o* grow old; ***~ calvo, sordo, cieco, matto*** to go bald, deaf, blind, mad; ***~ famoso*** to become famous, to rise to fame; ***vuole ~ dottore*** she wants to become *o* be a doctor; ***~ di dominio pubblico*** to fall into the public domain; ***questo vino è diventato aceto*** this wine has turned into vinegar; ***l'acqua è diventata ghiaccio*** the water has turned into ice; ***sta per ~ buio*** it's getting dark; ***la sua voce divenne aspra*** her voice hardened *o* became hard; ***~ una leggenda vivente*** to become legendary, to become a living legend; ***~ rosso*** [*foglie, semaforo*] to go *o* turn red; *(arrossire)* [*persona*] to go *o* turn red, to blush; ***~ rosso dalla rabbia*** to become *o* get *o* go red with anger ◆ ***c'è da ~ matto!*** it's enough to drive you mad *o* crazy! ***fare ~ matto qcn.*** to drive sb. mad *o* crazy.

diverbio, pl. **-bi** /di'vɛrbjo, bi/ m. disagreement, quarrel, argument, wrangle (**su** over, on; **con** with); ***ha avuto un ~ con il suo vicino*** he had a quarrel *o* wrangle with his neighbour.

divergente /diver'dʒɛnte/ agg. **1** *(che si allontana)* divergent **2** FIG. *(lontano spiritualmente)* [*opinioni, punti di vista*] differing, divided; ***abbiamo posizioni molto -i sul tema dell'immigrazione*** we are very far apart on the subject of immigration **3** FIS. divergent; ***lente ~*** diverging lens.

divergenza /diver'dʒɛntsa/ f. **1** *(d'opinioni, di punti di vista)* difference (**tra** between; **su** over; **con** with), disagreement (**su** about, on; **con** with); ***-e d'interessi*** clashing interest; ***-e politiche, ideologiche*** political, ideological differences; ***~ di gusti, all'interno di un partito*** differences in taste, within a party; ***appianare le -e tra*** to settle the differences between **2** FIS. divergence.

divergere /di'vɛrdʒere/ [19] intr. (forms not attested: past participle and compound tenses) **1** *(essere discordi)* [*idee, interessi*] to diverge (**da** from); [*leggi, gusti*] to differ (**da** from; **su** on); ***le mie opinioni divergono dalle sue*** my views are at variance with his, my views differ from his; ***i regolamenti divergono da un paese all'altro*** regulations differ from one country to another; ***le testimonianze divergono sull'ora in cui il sospetto è stato visto*** testimonies differ as to the time when the suspect was seen **2** *(separarsi)* [*linee, binari, raggi, strade*] to diverge.

diversamente /diversa'mente/ avv. **1** *(in modo diverso)* [*fare, vedere, agire*] differently, in a different way; ***quando sarai più***

grande la penserai ~ when you're older you'll think differently; ***la cosa non si spiega*** ~ there's no other explanation for it; ***non si può fare*** ~ there's no other way; ~ ***da*** *(a differenza di)* unlikely; ***le cose si sono svolte ~ dal previsto*** things did not turn out *o* go as expected; ~ ***abile*** EUFEM. differently abled **2** *(altrimenti)* otherwise, or else; ***devi studiare, ~ non passerai gli esami*** you must study, otherwise you'll fail the exams.

diversificare /diversifi'kare/ [1] **I** tr. *(variare)* [*persona*] to vary [*occupazioni, letture, interessi*]; [*impresa*] to diversify [*investimenti, produzione*]; to widen [*clientela*]; to widen the range of [*prodotti, servizi*] **II diversificarsi** pronom. [*impresa, prodotti, attività*] to diversify; *(distinguersi)* to be* different, to differ (**da** from; **per** in; **per il fatto che** in that).

diversificazione /diversifikat'tsjone/ f. diversification; ***una politica di*** ~ a policy of diversification; ***un'azienda in via di*** ~ a company in the process of diversifying; ~ ***delle esportazioni, dei prodotti, degli investimenti*** export, product, investment diversification; ~ ***della clientela*** targeting a wider clientele; ***la ~ delle attività ha consentito all'impresa di svilupparsi*** by diversifying its activities, the company has been able to develop.

diversione /diver'sjone/ f. **1** *(deviazione)* deflection, deviation; FIG. digression **2** MIL. diversion; ***una manovra di*** ~ a diversionary manoeuvre; ***un tentativo di*** ~ an attempt at diversion; ***fare una*** ~ to create a diversion.

diversità /diversi'ta/ f.inv. **1** *(discordanza) (di persone, paesaggi)* diversity, difference; *(di colori, prodotti, culture)* diversity, variety; *(di opinioni, gusti, interessi)* variety, diversity, range **2** *(differenza)* diversity, difference; ***le ~ etniche, culturali*** ethnic, cultural diversity; ***traggono forza dalla loro*** ~ their strength lies in their diversity; ~ ***d'età*** disparity in age, age difference **3** *(varietà)* variety; ***la ~ delle risposte, dei compiti*** the variety of replies, of tasks.

diversivo /diver'sivo/ **I** agg. diversionary; ***manovra -a*** diversionary manoeuvre **II** m. distraction, diversion, change; ***essere un piacevole ~ a*** to come as a welcome distraction from, to be a pleasant change from; ***trovare un ~ alla noia*** to find something to take one's mind off one's boredom.

▶ **diverso** /di'vɛrso/ v. la nota della voce **alcuno**. **I** agg. **1** *(differente)* different (**da** from, to); ***di ~ colore, tipo*** of a different colour, type, different in colour, type; ***una concezione del tutto -a*** a completely different design; ***l'effetto ottenuto è completamente*** ~ the effect produced is completely *o* entirely different; ***in circostanze -e*** in *o* under other circumstances; ***a ore -e della giornata*** at different times of the day; ***la tua opinione è -a dalla mia*** your opinion is different from mine; ***un prodotto ~ dall'etere*** a product other than ether; ***essere di parere*** ~ to have differing opinions, to disagree **2** *(vario, eterogeneo)* various, diverse; ***per ragioni molto -e*** for very diverse reasons; ***sotto forme -e*** in various forms; ***sotto -i aspetti*** in various respects; ***degli stili, dei materiali -i*** diverse styles, materials; ***conosce le persone più -e*** she knows all sorts of people **3** *(svariato)* several, various; ***-e volte*** several times; ***per -e ragioni*** for various *o* a number of reasons; ***secondo -e fonti*** according to various *o* several sources; ***in -i luoghi*** in various places; ***in -e taglie*** in assorted sizes; ***parlare -e lingue straniere*** to speak several foreign languages **II** m. **1** *(socialmente)* outsider, dropout **2** EUFEM. *(omosessuale)* gay, homosexual **III diversi** pron.indef.pl. *(parecchi)* many (people), several (people); ***-i sono già andati via*** many *o* several have already left; ***me l'hanno detto (in) -i*** several people told me, I've been told by many ◆ ***siamo su due pianeti -i*** there's a world of difference between us, we live on two different planets, we are as different as chalk and cheese.

▶ **divertente** /diver'tɛnte/ agg. **1** *(piacevole)* [*gioco, serata, film, sport*] amusing, entertaining, enjoyable; ***trovare ~ fare qcs.*** to find it entertaining to do sth., to enjoy doing sth.; ***leggere è*** ~ reading is fun **2** *(buffo)* [*persona, storia, film, libro*] funny, amusing; ***che cosa c'è di tanto ~?*** what's so funny? ***un tipo*** ~ a funny guy, an old bird COLLOQ.; ***quant'è ~!*** it's good *o* great fun! ***non è affatto*** ~ there is nothing funny about that; ***la cosa più ~ è che...*** IRON. the funniest thing *o* the best of it is that...

diverticolite /divertiko'lite/ ♦ **7** f. MED. diverticulitis*.

diverticolo /diver'tikolo/ m. ANAT. diverticulum*.

diverticolosi /divertiko'lɔzi/ ♦ **7** f.inv. MED. diverticulosis*.

▷ **divertimento** /diverti'mento/ m. **1** *(il divertirsi)* amusement **U**, fun **U**; ***ascoltare, guardare qcn. con*** ~ to listen to, look at sb. with amusement; ***buon ~!*** have fun! have a good time! enjoy yourself! ***l'ho fatto per*** ~ I did it for fun; ***con grande ~ di tutti*** to everyone's amusement *o* delight; ***mi hanno estratto un dente, (sai) che ~!*** IRON. I had a tooth pulled, what fun! **2** *(svago)* entertainment **U**; ***prendere qcs. come un*** ~ to do sth. for fun; ***quali -i ci sono qui?*** what do you do for entertainment here? ***è il suo unico*** ~ it is her only pleasure; ***parco dei -i*** amusement park, (fun) fair, carnival **3** MUS. divertimento*.

▶ **divertire** /diver'tire/ [3] **I** tr. **1** *(procurare divertimento)* to amuse [*persona*]; ***se questo lo diverte, lasciaglielo fare!*** let him do it, if it makes him happy! ***i tuoi scherzi non mi divertono più*** your jokes no longer amuse me; ***ciò che mi diverte è che...*** what I find amusing is that... **2** *(intrattenere)* to entertain [*persona, pubblico, classe*] **II divertirsi** pronom. **1** *(provare divertimento)* [*bambino, adulto*] to enjoy oneself, to have* a good time, to have* fun; ***divertiti!*** have fun! enjoy yourself! have a good time! ***ci siamo proprio divertiti*** we had a great time, we really enjoyed ourselves, we had a real laugh COLLOQ.; ***ci sarà da -rsi!*** IRON. it'll be great fun! ***si divertono a fare*** they enjoy doing; ***credi che mi diverta a fare la spesa tutti i giorni?*** IRON. do you think I enjoy doing the shopping every day? ***pensi che mi diverta a farlo?*** IRON. do you think I'm doing this for the good of my health? ***si diverte a prendersi gioco di lei*** he takes pleasure in making a fool of her; ***si diverte a farci paura*** he gets a kick out of scaring us; ***si diverte con poco*** she doesn't need much to have a good time; ***-rsi alle spalle di qcn.*** to have fun at sb.'s expense, to make fun of sb. behind their back **2** *(giocare)* [*bambino, animale*] to play; ***per -rsi*** for fun ◆ ***-rsi come*** o***da matti, -rsi un mondo*** to have great fun, to have a great *o* swell time.

divertito /diver'tito/ **I** p.pass. → **divertire II** agg. [*sorriso, sguardo, aspetto*] amused, of amusement mai attrib.; ***ha sorriso -a*** she smiled in amusement, she gave an amused smile; ***lo guardava -a*** she was looking at him with an amused look; ***un'aria -a*** a look of amusement.

divezzamento /divettsa'mento/ m. *(svezzamento)* weaning.

divezzare /divet'tsare/ [1] **I** tr. **1** ~ ***qcn. a*** to cure sb.'s addiction to [*tabacco, alcol*] **2** *(svezzare)* to wean [*bambino, animale*] **II divezzarsi** pronom. ***-rsi da*** to break one's dependence on [*tabacco, alcol*].

dividendo /divi'dɛndo/ m. **1** ECON. *(utile)* dividend; ***i -i delle azioni*** dividends from shares; ***versare, percepire dei -i*** to pay out, receive dividends; ~ ***finale*** o ***di fine anno*** final dividend; ~ ***provvisorio*** interim dividend; ~ ***in azioni*** stock dividend **2** MAT. dividend.

▶ **dividere** /di'videre/ [35] **I** tr. **1** *(separare)* to divide, to separate [*paese, stanza*] (**in** into); ***una tenda divide la stanza in due*** a curtain divides the room in two; ~ ***i tuorli dagli albumi*** GASTR. to separate the whites from the yolks; ~ ***le patate buone da quelle cattive*** to sort the good potatoes from the bad; ~ ***i litiganti*** to separate *o* part the quarrellers; ***nulla poteva ~ gli amanti*** nothing could come between the lovers; ***solo pochi giorni ci dividono dalle vacanze*** FIG. just a few days before the holidays start **2** *(opporre)* [*problema, questione*] to divide, to split* [*popolazione, politici, opinione pubblica*] (**in** into) **3** *(spartire)* to divide, to split*, to share (out) [*torta, compiti, ricchezze, eredità, terre*] (**tra** between, among; **in** into); ***ha diviso i suoi beni fra i tre figli*** he divided (up) *o* split his belongings among his three children; ***divido il mio tempo fra la lettura e la musica*** I divide my time between reading and music **4** *(condividere)* to share [*appartamento, cibo*] (**con** with); ~ ***la vita con qcn.*** to share one's life with sb.; ***mi piacerebbe ~ con lei la mia gioia*** I'd like to let her share in my happiness; ~ ***il letto con qcn.*** to share the bed with sb.; ~ ***le spese con qcn.*** to go halves with sb., to share the expenses with sb. **5** *(ripartire)* to divide [*utili, spese*] **6** *(scomporre, distinguere in parti)* ~ ***qcs. a metà*** to halve sth., to divide sth. in half, to split sth. down the middle; ~ ***la classe in tre gruppi*** to divide the class *o* to split the class up into three groups; ~ ***un libro in capitoli*** to organize a book into chapters; ~ ***in lotti*** to lot [*terreno*]; ~ ***una parola in sillabe*** to break a word down *o* up into syllables, to syllabify a word **7** MAT. to divide [*numero*] (**per** by); ~ ***15 per 3*** to divide 3 into 15, to divide 15 by 3 **II dividersi** pronom. **1** *(ramificarsi)* [*cellula, ramo, fiume, strada*] to divide **2** *(separarsi)* to separate, to part, to leave* (**da** from); ***-rsi dal marito*** to separate from one's husband **3** *(suddividersi)* [*persone, oggetti, esempi*] to be* divided, to be* split (**in** into); ***-rsi in due, dieci parti*** to be divided into two, ten parts; ***il movimento si divide in due grandi tendenze*** the movement is divided *o* split into two broad tendencies; ***il dizionario si divide in due parti*** the dictionary is divided into two parts **4** MAT. *(essere divisibile)* to divide, to be* divisible (**per** by); ***trenta si divide per cinque*** thirty is divisible by five **5** *(ripartirsi)* to share, to spread* [*lavoro, responsabilità, compiti*]; ***-rsi le caramelle*** to share out the sweets; ***due argomenti si dividono la prima pagina dei giornali*** two topics share the front page ◆ ***non posso dividermi in due*** I can't be in two places at once, I've only got two hands; ***divide et impera*** divide and rule.

divieto /di'vjɛto/ m. 1 *(proibizione)* prohibition, ban; ***questa decisione è in contrasto con il ~ del lavoro minorile*** the decision contravenes the ban on child labour 2 *(cosa vietata)* ban; ***mantenere, revocare un ~*** to maintain, lift a ban; ***tutti i -i di importare carne...*** all bans on meat imports...; ***tre mesi di ~ d'uscita dal territorio*** a three-month ban on leaving the country; ***il ~ non sarà più in vigore a partire da marzo*** the ban ceases to apply from March ◆◆ ***"~ di accesso"*** "no access", "no entry", "no trespassing"; ***"~ d'affissione"*** "stick *o* post no bills"; ***"~ di balneazione"*** "bathing *o* swimming prohibited"; ***"~ di caccia"*** "hunting prohibited"; ***"~ di circolazione"*** "no vehicular traffic *o* access"; ***"~ di fermata"*** "no stopping"; ***"~ di fumare"*** "no smoking"; ***"~ di pesca"*** "fishing prohibited"; ***"~ di scarico"*** "no dumping", "dumping prohibited"; ***"~ di sorpasso"*** "no overtaking" BE, "no passing" AE; ***"~ di sosta"*** "no parking"; ***"~ di svolta a destra, a sinistra"*** "no right, left turn"; ***"~ di transito"*** "no thoroughfare".

divinamente /divina'mente/ avv. 1 *(in modo divino)* [*cantare, recitare*] divinely 2 FIG. ***è ~ bella*** she's divinely beautiful.

divinare /divi'nare/ [1] tr. LETT. 1 *(indovinare, intuire)* to sense, to foresee* 2 *(predire)* to foretell* [*futuro*].

divinatore /divina'tore/ m. (f. **-trice** /tritʃe/) diviner, soothsayer.

divinatorio, pl. **-ri**, **-rie** /divina'tɔrjo, ri, rje/ agg. 1 divinatory; ***arte -a*** art of divination 2 *(profetico)* ***istinto ~*** prophetic instinct.

divinazione /divinat'tsjone/ f. divination, soothsaying.

divincolarsi /divinko'larsi/ [1] pronom. to wriggle, to struggle; ***~ da qcs.*** to wriggle (one's way) out of sth.

divinità /divini'ta/ f.inv. 1 *(essere divino, dio)* deity, divinity, godhead 2 RELIG. *(natura divina)* divinity, godhead; ***la ~ del Cristo*** the divinity of Christ.

divinizzare /divinid'dzare/ [1] tr. to deify, to divinize; ***~ la ricchezza*** to glorify wealth.

divinizzazione /diviniddzat'tsjone/ f. divinization.

▷ **divino** /di'vino/ **I** agg. 1 *(di Dio)* [*collera, messaggio, intervento, ispirazione*] divine; ***giudizio ~*** Divine Judgment; ***il ~ architetto*** the great architect; ***per diritto ~*** [*monarchia, monarca*] by divine right; ***bontà -a!*** good heavens! goodness (gracious)! 2 *(meraviglioso)* [*tempo, scrittura, vestito, vino*] splendid, divine; ***sei -a così*** you look divine; ***c'è qualcosa di ~ nella sua musica*** there's something divine about his music; ***il ~ Mozart*** the divine Mozart; ***la Divina Commedia*** the Divine Comedy **II** m. ***il ~*** the divine; ***l'umano e il ~*** FILOS. the human and the divine ◆◆ ***il Divin Fanciullo*** the Holy Child; ***la -a Provvidenza*** divine providence; ***il ~ salvatore*** the divine Saviour.

▷ **1.divisa** /di'viza/ f. 1 *(uniforme militare)* uniform; ***portare la ~*** to wear a uniform; ***essere in ~*** to be in uniform; ***poliziotto in ~*** uniformed policeman; ***una ~ da poliziotto*** a police uniform; ***~ da campo*** o ***da lavoro*** MIL. fatigues 2 *(di categoria, squadra, associazione)* uniform; ***il personale in ~*** uniformed staff; ***~ calcistica*** football kit BE, soccer uniform AE; ***~ da infermiera*** nurse's uniform 3 ARALD. device.

2.divisa /di'viza/ f. ECON. currency; ***~ pregiata*** hard currency; ***la ~ americana*** the US dollar ◆◆ ***~ a breve*** short exchange; ***~ estera*** foreign currency *o* exchange.

divisibile /divi'zibile/ agg. 1 *(suddivisibile)* [*terreno, territorio, spese*] that can be divided (up); [*compressa*] divisible 2 MAT. FIS. [*numero, elemento*] divisible; ***~ per tre*** divisible by three.

divisibilità /divizibili'ta/ f.inv. divisibility.

divisionale /divizjo'nale/ agg. 1 MIL. [*comando*] divisional 2 NUMISM. ***moneta ~*** divisional coin, fractional currency.

▶ **divisione** /divi'zjone/ f. 1 *(suddivisione)* division, partition (**in** into); ***la ~ di un territorio in due*** the division *o* partition of a territory in two 2 *(separazione)* separation; ***~ dei poteri*** separation of powers 3 FIG. *(disaccordo)* division (**su** over); ***~ del paese sulle questioni sociali*** division *o* split in the country over social issues; ***-i interne*** internal divisions 4 *(ripartizione)* division (**in** into; **tra** between); ***~ in classi*** division into classrooms; ***~ dell'eredità*** distribution of the estate 5 MAT. division (**per** by); ***imparare a fare le -i*** to learn to do division; ***fare un errore di ~*** to make a mistake in the division; ***~ in riga*** short division 6 AMM. *(reparto)* division; ***~ ambientale*** environmental division; ***~ di radiologia*** MED. X-ray unit, radiology 7 SPORT division; ***una squadra di seconda ~*** a second division club 8 LING. boundary; ***~ in sillabe*** syllable boundary, syllabic division ◆◆ ***~ armonica*** MUS. harmonic division; ***~ dei beni*** matrimonial division of property, division of assets; ***~ blindata*** armoured division; ***~ cellulare*** BIOL. cell division; ***~ di fanteria*** MIL. infantry division; ***~ giudiziaria*** judicial separation; ***~ del lavoro*** ECON. division of labour; ***~ leggera blindata*** MIL. light armoured division; ***~ militare territoriale*** MIL. military region.

divisionismo /divizjo'nizmo/ m. PITT. pointillism.

divisionista, m.pl. **-i**, f.pl. **-e** /divizjo'nista/ agg., m. e f. pointillist(e).

divisionistico, pl. **-ci**, **-che** /divizjo'nistiko, tʃi, ke/ agg. PITT. pointillistic.

divismo /di'vizmo/ m. 1 *(comportamento da divo)* = behaviour typical of a star 2 SPREG. *(infatuazione)* hero worship, star worship.

diviso /di'vizo/ **I** p.pass. → **dividere II** agg. 1 *(suddiviso)* divided (**in** into); ***l'esposizione è -a in due parti*** the exhibition is divided into two parts 2 *(separato)* [*affari, mondi, gruppi*] separate; *(discorde)* [*opinioni, stampa, sindacato*] divided (**su** on); ***l'azienda sembra profondamente -a al proprio interno sulla strategia finanziaria*** the company seems deeply divided *o* split over its financial strategy; ***i medici restano -i*** the doctors remain divided 3 *(indeciso)* ***essere ~*** [*persona*] to be torn (**tra**, **fra** between) 4 MAT. divided; ***12 ~ 3 fa 4*** 12 divided by 3 makes *o* is 4 5 ZOOL. BOT. partite.

divisore /divi'zore/ m. 1 MAT. divisor; ***massimo comune ~*** greatest *o* highest common factor, greatest common divisor 2 EL. ***~ di frequenza*** frequency divider.

divisorio, pl. **-ri**, **-rie** /divi'zɔrjo, ri, rje/ **I** agg. dividing; ***parete -a, muro ~*** partition wall, party wall; ***parete -a a soffietto*** folding room divider **II** m. divider, partition; ***~ allungabile*** folding room divider.

divistico, pl. **-ci**, **-che** /di'vistiko, tʃi, ke/ agg. ***atteggiamenti -ci*** = attitudes, behaviour typical of stars.

divo /'divo/ m. star; ***~ del cinema*** film BE *o* movie AE star; ***~ della canzone*** popstar; ***~ della televisione*** television star; ***piccolo ~*** child star.

divorante /divo'rante/ agg. [*passione*] (all-)consuming, devouring.

divorare /divo'rare/ [1] **I** tr. 1 *(mangiare voracemente)* [*persona*] to devour, to demolish COLLOQ. [*cibo*]; [*animale*] to devour, to gobble up COLLOQ. [*preda*]; ***ha divorato il dolce in un sol boccone*** he wolfed the cake down; ***essere divorato dalle zanzare*** to be eaten alive by mosquitoes 2 FIG. to devour [*libro*]; [*industria*] to swallow up [*piccola impresa*]; ***~ qcn. di baci*** to smother sb. with kisses; ***~ qcn. con gli occhi*** o ***con lo sguardo*** to devour sb. with one's eyes; ***sembra che la voglia ~*** it looks as if he's going to strangle her 3 *(percorrere)* [*auto*] to eat* up, to clock up [*chilometri*] 4 *(consumare)* [*malattia, ossessione, sentimento*] to consume [*persona*]; ***essere divorato dall'ambizione, dal dispiacere, dall'invidia, dalla gelosia*** to be consumed *o* eaten up with ambition, sorrow, envy, jealousy 5 *(dilapidare)* to go* through [*eredità*] 6 *(distruggere)* [*fuoco*] to devour, to engulf [*foresta*] **II divorarsi** pronom. ***-rsi di passione*** to be consumed with passion.

divoratore /divora'tore/ m. (f. **-trice** /tritʃe/) devourer (anche FIG.); ***un ~ di libri*** FIG. a voracious *o* an avid reader.

▷ **divorziare** /divor'tsjare/ [1] intr. (aus. *avere*) to divorce; ***ha divorziato dalla moglie*** he has divorced his wife; ***vuole ~*** she wants (to get) a divorce; ***i Wilson stanno divorziando*** the Wilsons are getting divorced.

divorziato /divor'tsjato/ **I** p.pass. → **divorziare II** agg. divorced; ***i suoi genitori sono -i*** his parents are divorced **III** m. (f. **-a**) divorced person, divorcee.

▷ **divorzio**, pl. **-zi** /di'vɔrtsjo, tsi/ m. 1 DIR. divorce (**da** from); ***pronunciare il ~ tra due coniugi*** to grant a divorce to a couple; ***chiedere, ottenere, concedere il ~*** to ask for, obtain, grant a divorce; ***fare domanda di ~*** to file for (a) divorce; ***~ consensuale*** divorce by mutual agreement, no-fault divorce; ***~ per colpe di uno dei due coniugi*** divorce pronounced against one party; ***vincere la causa di ~*** to win a divorce suit; ***essere in istanza*** o ***in attesa di ~*** to be getting divorced *o* a divorce 2 FIG. *(rottura)* divorce (**tra** between).

divorzista, m.pl. **-i**, f.pl. **-e** /divor'tsista/ m. e f. 1 *(avvocato)* divorce lawyer 2 *(favorevole al divorzio)* supporter of divorce.

divulgamento /divulga'mento/ m. divulgement, divulgence.

divulgare /divul'gare/ [1] **I** tr. 1 *(diffondere)* to divulge, to disclose [*notizia, segreto*]; to spread* (around) [*notizie false, pettegolezzi*]; *(per radio, televisione)* to broadcast* [*notizia*] 2 *(rendere comprensibile)* to popularize [*scienza, scoperta*] **II divulgarsi** pronom. [*tecnologia, espressione, scandalo, pettegolezzo*] to spread* ◆ ***~ qcs. ai quattro venti*** to disclose *o* spread sth. far and wide.

divulgativo /divulga'tivo/ agg. [*opere, conferenze*] popular.

divulgatore /divulga'tore/ m. (f. **-trice** /tritʃe/) 1 *(propagatore)* popularizer, disseminator; ***~ di notizie false*** spreader of lies 2 *(di nozioni scientifiche)* popularizer.

divulgazione /divulgat'tsjone/ f. **1** *(comunicazione) (di notizie, idee)* disclosure, spread, dissemination, divulgation **2** *(di nozioni scientifiche)* popularization; ***libro di ~ scientifica*** popular scientific book; ***fare opera di ~*** to popularize; ***rivista di ~ scientifica*** scientific review for the general public.

divulsione /divul'sjone/ f. MED. divulsion.

divulsore /divul'sore/ m. MED. divulsor.

dizigotico, pl. **-ci**, **-che** /diddzi'gɔtiko, tʃi, ke/ agg. dizygotic; ***fratelli -ci*** fraternal twins.

dizionarietto /dittsjona'rjɛtto/ m. pocket dictionary.

▷ **dizionario**, pl. **-ri** /dittsjo'narjo, ri/ m. dictionary; ***~ inglese-italiano*** English-Italian dictionary; ***cercare qcs. in un ~*** to look sth. up in a dictionary ◆ ***è un ~ ambulante*** she's a walking dictionary ◆◆ ***~ analogico*** thesaurus; ***~ bilingue*** bilingual dictionary; ***~ elettronico*** electronic dictionary; ***~ enciclopedico*** encyclopedic dictionary; ***~ geografico*** geographical dictionary, gazetteer; ***~ illustrato*** pictorial dictionary; ***~ inverso*** reverse dictionary; ***~ monolingue*** monolingual dictionary; ***~ di pronuncia*** pronouncing dictionary; ***~ dei sinonimi*** o ***sinonimico*** dictionary of synonyms; ***~ specialistico*** specialized dictionary; ***~ tascabile*** pocket dictionary; ***~ tecnico*** technical dictionary; ***~ toponomastico*** o ***dei toponimi*** dictionary of place-names.

dizionarista, m.pl. **-i**, f.pl. **-e** /dittsjona'rista/ m. e f. dictionary maker, lexicographer.

dizione /dit'tsjone/ f. **1** *(elocuzione)* diction; ***avere una buona, cattiva ~*** to have good, poor diction **2** CINEM. TEATR. elocution; ***professore, corso di ~*** elocution teacher, lesson.

D.L. ⇒ Decreto Legge = decree passed by the Italian Government as an urgent measure, which has to be approved by the Parliament within 60 days in order to become law.

D.M. ⇒ Decreto Ministeriale Ministerial Decree.

Dna, **DNA** /diɛnne'a/ m.inv. (⇒ deoxyribonucleic acid acido desossiribonucleico) DNA; ***~ ricombinante*** recombinant DNA.

do /dɔ/ m.inv. C, do(h); ***~ maggiore, minore*** C major, minor; ***~ diesis*** C sharp; ***corda di ~*** C-string ◆◆ ***~ centrale*** middle C; ***~ di petto*** high C.

dobermann /'dɔberman/ m.inv. Doberman (pinscher).

doblone /do'blone/ m. doubloon.

doc, **DOC** /dɔk/ **I** f.inv. (⇒ denominazione di origine controllata appellation d'origine contrôlée) AOC **II** agg.inv. **1** ENOL. ***vino ~*** quality *o* fine wine **2** SCHERZ. *(autentico)* ***un toscano ~*** a Tuscan born and bred, a genuine Tuscan.

▷ **doccia**, pl. **-ce** /'dottʃa, tʃe/ f. **1** shower; ***fare*** o ***farsi una*** o ***la ~*** to have BE *o* take AE a shower, to shower; ***essere sotto la ~*** to be in the shower; ***fare la ~ a qcn.*** to shower sb., to give sb. a shower; ***~ a telefono*** hand-held shower, shower head; ***una ~ non ti farebbe male!*** SCHERZ. you could use *o* do with a shower! ***la notizia è stata una ~ fredda per me*** the news came as a terrible letdown to me **2** COLLOQ. *(scroscio di pioggia addosso)* ***ci siamo fatti una bella ~!*** we got a real soaking! **3** MED. *(ingessatura)* splint **4** *(grondaia)* gutter; *(di scarico)* drainpipe ◆◆ ***~ fredda*** cold shower; FIG. bucket of cold water; ***~ scozzese*** alternating hot and cold shower; FIG. seesaw of good and bad events; ***~ a trogolo*** GEOGR. U-shaped valley; ***~ vertebrale*** vertebral groove.

docciatura /dottʃa'tura/ f. showers pl.

doccione /dot'tʃone/ m. **1** ARCH. gargoyle **2** *(tubo)* drainpipe.

docente /do'tʃɛnte/ **I** agg. teaching; ***corpo*** o ***personale ~*** teaching staff, teachers **II** m. e f. teacher; ***~ universitario*** university professor, lecturer, reader BE, don BE; ***libero ~*** = person holding approved higher education teaching qualification.

docenza /do'tʃɛntsa/ f. teaching; ***libera ~*** = former qualification for teaching at higher education levels.

D.O.C.G. /diɔttʃid'dʒi/ f.inv. (⇒ Denominazione d'Origine Controllata e Garantita appellation d'origine contrôlée et garantie) AOCG.

▷ **docile** /'dɔtʃile/ agg. **1** *(arrendevole)* [*persona*] mild, compliant, malleable; [*animale*] docile, meek; ***ha un carattere ~*** he's docile **2** *(di materiali)* [*legno, marmo*] easy to work, soft; [*metallo*] malleable **3** *(facile da pettinare)* manageable; ***capelli -i al pettine*** manageable hair ◆ ***essere ~ come un agnello*** o ***un agnellino*** to be as meek as a lamb.

docilità /dotʃili'ta/ f.inv. **1** *(mitezza)* docility **2** *(malleabilità)* softness, malleability.

docilmente /dotʃil'mente/ avv. [*ascoltare*] obediently; [*sorridere, ubbidire*] meekly.

documentale /dokumen'tale/ agg. ***prova ~*** documentary *o* primary evidence.

documentalista, m.pl. **-i**, f.pl. **-e** /dokumenta'lista/ m. e f. documentalist.

documentare /dokumen'tare/ [1] **I** tr. **1** DIR. BUROCR. to document [*caso*] **2** *(comprovare)* to prove [*fatto*]; ***tale reazione documenta la mancanza d'interesse per il problema*** such a reaction demonstrates the lack of interest in the problem **3** *(fornire dati a)* to provide [sb.] with information [*ricercatore*] **II documentarsi** pronom. ***-rsi su qcs.*** to read up (on) sth., to research sth., to gather information *o* material on sth.

documentario, pl. **-ri**, **-rie** /dokumen'tarjo, ri, rje/ **I** agg. **1** *(relativo a documenti)* [*carattere, interesse*] documentary; ***credito ~*** documentary credit; ***cambiale -a*** documentary bill **2** *(informativo)* ***materiale ~*** documentation **II** m. documentary (**su** about, on); ***~ televisivo, radiofonico*** television, radio documentary.

documentarista, m.pl. **-i**, f.pl. **-e** /dokumenta'rista/ ♦ ***18*** m. e f. documentarist.

documentaristico, pl. **-ci**, **-che** /dokumenta'ristiko, tʃi, ke/ agg. documentary; ***un film di genere ~*** a film documentary.

documentato /dokumen'tato/ **I** p.pass. → **documentare II** agg. **1** *(provato con documenti)* documented, grounded, researched; ***una tesi ben -a*** a well researched thesis **2** *(informato)* informed; ***un giornalista ben ~*** a well-informed journalist; ***è mal -a su questo argomento*** she hasn't got much information on that subject.

documentazione /dokumentat'tsjone/ f. **1** *(ricerca)* documentation **U** **2** *(documenti)* material, information **U** (**su** about, on); ***~ d'archivio*** archive material; ***ricca ~*** extensive documentation; ***produrre la ~*** DIR. BUROCR. to produce documentation; ***ho preso della ~ per le vacanze*** I picked up some holiday BE *o* travel AE brochures **3** *(informazioni)* research; ***la loro analisi è basata su una solida ~*** their analysis is based on solid research.

▶ **documento** /doku'mento/ m. **1** BUROCR. document; *(personale)* identification, document, papers pl.; ***apporre*** o ***mettere una firma su un ~*** to sign a document; ***provare qcs. (con) -i alla mano*** to prove sth. by means of documentary evidence; ***allegare un ~ a una pratica*** to attach a document to a file; ***-i allegati*** enclosures; ***-i probatori*** o ***probanti*** muniments, supporting documents; ***autenticare un ~*** to certify a document; ***ha un ~?*** have you got any identification? do you have some identification? ***-i falsi*** false documents *o* papers; ***esibire i -i*** to produce one's identity papers; ***"favorisca i -i, per favore"*** "(show me) your papers, please"; ***avere i -i in regola*** to have one's papers in order **2** *(per informazione, testimonianza)* document (**su** on); ***-i scritti, fotografici*** written, photographic documents; ***la mostra è un ~ straordinario sulla nostra epoca*** the exhibition is an extraordinary record *o* chronicle of our times; ***-i segreti, d'archivio*** secret, archive documents; ***~ sonoro, video*** audio, video material; ***~ riassuntivo*** summary ◆◆ ***~ olografo*** DIR. holograph (document); ***~ di viaggio*** travel documents; ***-i di bordo*** MAR. ship's papers *o* documents; ***-i contabili*** accounting records; ***-i d'identità, di riconoscimento*** identity papers, identification papers.

dodecaedro /dodeka'ɛdro/ m. dodecahedron*.

dodecafonia /dodekafo'nia/ f. dodecaphony.

dodecafonico, pl. **-ci**, **-che** /dodeka'fɔniko, tʃi, ke/ agg. twelve tone attrib.; ***musica -a*** twelve tone music.

dodecagono /dode'kagono/ m. dodecagon.

Dodecaneso /dodeka'nɛzo/ n.pr.m. ***il ~*** the Dodecanese.

dodicenne /dodi'tʃɛnne/ **I** agg. twelve-year-old **II** m. e f. twelve-year-old; *(ragazzo)* twelve-year-old boy; *(ragazza)* twelve-year-old girl.

dodicesimo /dodi'tʃɛzimo/ ♦ ***26, 5*** **I** agg. twelfth; ***Shakespeare ha scritto "La -a notte"*** Shakespeare wrote "Twelfth Night" **II** m. (f. **-a**) **1** twelfth **2** *(frazione)* twelfth **3** *(nell'editoria)* ***in ~*** in duodecimo.

▶ **dodici** /'doditʃi/ ♦ ***26, 5, 8, 13*** **I** agg.inv. twelve; ***i ~ apostoli*** the Twelve, the Twelve Apostles; ***legge delle ~ tavole*** law of the twelve Tables; ***i ~ mesi dell'anno*** the twelve months of the year; ***una garanzia di ~ mesi*** a 12-month warranty; ***dormire ~ ore di fila*** to sleep around the clock **II** m.inv. **1** *(numero)* twelve **2** *(giorno del mese)* twelfth **III** f.pl. *(ore) (mezzogiorno)* twelve (o'clock), (twelve) noon, midday; *(mezzanotte)* twelve (o'clock), midnight; ***sono le ~*** it's twelve o'clock, it's midday, it's noon, it's midnight; ***alle ~*** at twelve (o'clock), at midday, at noon, at midnight.

dodo /'dɔdo/ m. dodo*.

doga, pl. **-ghe** /'doga, 'dɔga, ge/ f. *(di barile)* stave; *(di parquet)* floorboard; *(di rete, sedile)* slat.

dogale /do'gale/ agg. ***corno ~*** = typical headgear of the Venetian doges.

▷ **dogana** /do'gana/ f. customs + verbo sing. o pl.; *(edificio)* customs house; ***funzionario della ~*** customs officer *o* official; ***merci confiscate dalla ~*** goods seized *o* confiscated by (the) customs;

zona, porto sotto il controllo della **~** zone, port under the authority of the Customs and Excise; ***posto di*** **~** customs post *o* shed; ***aspettare alla*** **~** to wait at customs; ***passare la*** **~** to go through customs, to clear customs; ***fare passare delle merci in*** **~** to clear goods through customs; ***merci depositate in*** **~** bonded goods; ***franco (di)*** **~** duty free, franco frontier; ***"Alt ~!"*** "Halt Customs!".

doganale /doga'nale/ agg. **1** *(alla frontiera)* [*controllo, formalità, limiti*] customs attrib.; ***deposito*** o ***magazzino*** **~** bonded warehouse; ***barriera*** **~** trade *o* customs barrier; ***ufficiale*** **~** customs officer *o* official; ***ufficio*** **~** customs (house); ***dichiarazione*** **~** customs declaration **2** *(di importazione)* ***pagare la tassa ~, pagare i diritti -i su qcs.*** to pay (customs) duty *o* customs dues on sth.; ***unione*** **~** ECON. customs union; ***dazi -i*** customs duties; ***soggetto a dazio*** o ***diritto*** **~** customable, dutiable.

doganiere /doga'njɛre/ ➧ ***18*** m. customs officer, customs official.

dogaressa /doga'ressa/ f. STOR. dogaressa.

dogato /do'gato/ m. STOR. dogate.

doge, pl. **-gi** /'dɔdʒe, dʒi/ m. STOR. doge.

doglia /'dɔʎʎa/ f. labour pains pl., labour BE, labor AE; ***avere le -e*** to be in labour; ***avere le prime -e*** to go into labour.

doglianza /doʎ'ʎantsa/ f. LETT. pain, sorrow, grief.

doglio, pl. **-gli** /'dɔʎʎo, 'doʎʎo, ʎi/ m. (earthenware) jar.

dogma /'dɔgma/ m. dogma*, tenet.

dogmatica, pl. **-che** /dog'matika, ke/ f. dogmatics + verbo sing.

dogmaticamente /dogmatika'mente/ avv. dogmatically.

dogmatico, pl. **-ci, -che** /dog'matiko, tʃi, ke/ **I** agg. dogmatic **II** m. (f. **-a**) dogmatist.

dogmatismo /dogma'tizmo/ m. dogmatism.

dogmatista, m.pl. **-i**, f.pl. **-e** /dogma'tista/ m. e f. dogmatist.

dogmatizzare /dogmatid'dzare/ [1] intr. to dogmatize (**su** about).

▶ **dolce** /'doltʃe/ **I** agg. **1** *(ai sensi)* [*frutto, gusto, biscotto, miele, vino, liquore*] sweet; [*tabacco*] mild; [*musica*] soft; [*profumo*] sweet, pleasant; ***patata*** **~** sweet potato, yam AE; ***farina*** **~** chestnut flour; ***flauto*** **~** MUS. recorder **2** *(malleabile)* [*legno, ferro*] soft; ***acqua*** **~** *(povera di sali)* fresh water **3** *(mite)* [*clima*] mild; *(non ripido)* [*rilievo, pendenza*] gentle, gradual; ***una ~ brezza increspava la superficie dello stagno*** a gentle breeze ruffled the surface of the pond; ***la strada degrada in ~ pendio*** the road slopes gently; ***atterraggio*** **~** smooth landing; ***morte*** **~** *(non doloroso)* painless *o* peaceful death **4** *(piacevole)* [*sorpresa, ricordo, pensiero*] pleasant; ***sussurrare paroline -i all'orecchio di qcn.*** to whisper sweet nothings into sb.'s ear; ***come è ~ essere amato!*** how sweet it is to be loved! **5** *(gentile)* [*sguardo, viso*] kind; [*sorriso, voce*] sweet; *(affettuoso)* [*baci, carezze*] sweet, gentle; [*persona, carattere*] sweet, kind; ***usare le maniere -i*** to use kid gloves **6** LING. *(sonoro)* [*consonante*] soft **7** *(alternativo)* [*energia*] soft **II** m. **1** *(gusto dolce)* sweet (taste), sweetness; ***preferisco il ~ al salato*** I prefer sweet things to savoury *o* salty food; ***non amo il*** **~** I don't like sweet things **2** *(torta)* cake; ***fare dei -i*** to do some baking; ***~ al cioccolato*** chocolate cake; ***essere goloso di -i*** to have a sweet tooth **3** *(portata)* dessert, sweet BE, pudding BE; ***che cosa c'è come ~?*** what's for dessert *o* pudding BE? ***al*** **~** *(momento)* at dessert (time) ◆ ***essere ~ come un angelo*** to be sweet-natured; ***~ far niente*** dolce far niente, delightful idleness; ***la ~ vita*** the *o* la dolce vita; ***fare gli occhi -i a qcn.*** to make (sheep's) eyes at sb., to give sb. the eye.

> **La dolce vita** The famous film by Federico Fellini (1960) depicted the emptiness and bleakness of the pleasures and pastimes of wealthy society and the show business world in Rome, in the luxurious settings of the Via Veneto and the large villas outside the city. But its title soon became a cliché about a worldly Italian life-style, perhaps one that never existed, until it was reduced to a trite slogan for mass tourism.

dolceamaro /doltʃea'maro/ agg. bittersweet.

dolcemente /doltʃe'mente/ avv. **1** *(con dolcezza)* [*parlare, cantare, sorridere*] sweetly; *(misuratamente)* [*partire, frenare*] gently, smoothly **2** *(progressivamente)* gently; ***la collina degrada ~ verso il fiume*** the hill slopes gently down to the river; ***la strada sale ~ verso il paese*** the road climbs gently toward(s) the village.

dolcetta /dol'tʃetta/ f. corn salad.

dolcetto /dol'tʃetto/ m. ENOL. INTRAD. (dry slightly bitter red wine from the Langhe region of Piedmont).

dolcevita /doltʃe'vita/ **I** m. e f.inv. polo neck sweater, polo (neck) BE, turtle neck AE **II** agg.inv. ***maglione*** **~** polo neck sweater, polo (neck) BE, turtle neck AE.

▷ **dolcezza** /dol'tʃettsa/ **I** f. **1** *(di frutta, miele)* mellowness, sweetness; *(di musica, suono)* softness, sweetness **2** *(di clima)* mildness **3** *(di viso, parole, voce, carattere)* gentleness, sweetness; ***è di un'estrema ~ con i bambini*** he's very gentle with children; ***conquistare qcn. con la*** **~** to win sb. over with kindness; ***con*** **~** [*parlare, rispondere, agire*] gently, kindly, endearingly; ***trattare qcn. con*** **~** to treat sb. gently **4** *(di rilievo, paesaggio)* gentleness **II dolcezze** f.pl. ***le -e dell'amore*** FIG. love's sweetness ◆ **~** ***(mia)!*** *(come appellativo)* darling! sweetheart! honey! AE COLLOQ., sugar! AE COLLOQ.; ***con la ~ si ottiene tutto*** PROV. it doesn't pay to take a hard line.

dolciario, pl. **-ri, -rie** /dol'tʃarjo, ri, rje/ agg. confectionery, sweet attrib.; ***industria -a*** confectionery industry; ***settore*** **~** confectionery business.

dolciastro /dol'tʃastro/ agg. **1** *(sgradevolmente dolce)* [*sapore, profumo, odore*] sickly sweet, sweetish **2** FIG. SPREG. mellifluous, sugary, mawkish.

dolcificante /doltʃifi'kante/ **I** agg. sweetening; ***sostanza*** **~** sweetener **II** m. sweetener, sugar substitute; ***~ in pastiglie*** (artificial) sweetener, tablets.

dolcificare /doltʃifi'kare/ [1] tr. **1** *(zuccherare)* [*miele, saccarina*] to sweeten [*bevanda, medicinale*] **2** CHIM. to soften [*acqua*].

dolcificatore /doltʃifika'tore/ m. water softener.

dolcificazione /doltʃifikat'tsjone/ f. sweetening.

dolciume /dol'tʃume/ m. **-i** sweets, candy **U**, confectionery **U**; ***esagerare con i -i*** to eat too many sweets; ***negozio di -i*** confectionery, candy store AE.

dolente /do'lɛnte/ agg. **1** *(in modo continuo)* [*dente, testa, ventre*] aching **2** *(rammaricato)* sorry, regretful; ***sono ~ di annunciarle che...*** I deeply regret *o* it grieves me to inform you that...; ***sono ~ per quanto è successo*** I am very sorry for what has happened **3** *(triste)* [*espressione, sorriso*] sorrowful, mournful, woeful; [*aspetto, voce*] doleful; ***con aria*** **~** dolefully, woefully ◆ ***è quello il suo punto*** **~** that's where the shoe pinches; ***toccare un tasto*** **~** to touch on a sore point.

dolere /do'lere/ [42] **I** intr. (aus. *essere*) **1** *(fare male)* [*schiena, braccio*] to ache; ***ogni tanto mi duole il braccio*** my arm aches now and again, I get a pain in my arm now and again **2** *(rincrescere)* ***me ne duole, ma non posso farci nulla*** I'm sorry but I can't do anything about it **II dolersi** pronom. **1** *(dispiacersi)* to regret, to be* sorry; ***-rsi di*** o ***per qcs.*** to be sorry for *o* about sth.; ***mi dolgo di quanto è accaduto*** I'm sorry for *o* I regret what has happened **2** *(lamentarsi)* to complain (**di** about) ◆ ***occhio non vede cuore non duole*** PROV. what the eye doesn't see the heart doesn't grieve over.

dolerite /dole'rite/ f. dolerite.

dolicocefalia /dolikotʃefa'lia/ f. dolichocephaly, dolichocephalism.

dolicocefalo /doliko'tʃɛfalo/ agg. dolichocephalic, long-headed.

doliconice /doli'kɔnitʃe/ m. bobolink.

dolina /do'lina/ f. GEOL. dolina, doline ◆◆ ***~ a inghiottitoio*** sink(hole).

dollaro /'dɔllaro/ ➧ ***6*** m. dollar, buck AE COLLOQ., clam AE COLLOQ.; ***biglietto da un*** **~** dollar bill, one AE COLLOQ.; ***biglietto da dieci -i*** ten dollar bill, ten AE COLLOQ.; ***biglietto da cinque -i*** five dollar bill, five(r) AE COLLOQ.; ***cambiare franchi in -i*** to change francs into dollars; ***il ~ si è impennato*** the dollar has shot up in value; ***a suon di -i*** by forking out dollars; ***la sterlina è scesa rispetto al*** **~** the pound fell against the dollar; ***la domanda da un milione di -i*** the million dollar question.

dolmen /'dɔlmen/ m.inv. dolmen.

dolo /'dɔlo/ m. DIR. criminal intent, malice; ***con*** **~** with malicious intent.

dolomia /do'lɔmja/ f. dolomite, dolostone.

dolomite /dolo'mite/ f. MINER. dolomite.

Dolomiti /dolo'miti/ n.pr.f.pl. ***le*** **~** the Dolomites.

dolomitico, pl. **-ci, -che** /dolo'mitiko, tʃi, ke/ agg. **1** *(di dolomite)* [*calcare, roccia*] dolomitic **2** *(delle Dolomiti)* ***paesaggio*** **~** landscape of the Dolomites.

dolorante /dolo'rante/ agg. **1** *(che fa male)* [*dente, testa, ventre*] aching; [*ferita*] sore, painful; ***avere i piedi -i*** to have aching *o* sore feet; ***essere di nuovo*** **~** to hurt *o* start hurting again **2** *(che sente dolore)* ***era tutto*** **~** he was aching all over.

dolorare /dolo'rare/ [1] intr. (aus. *avere*) LETT. to ache, to suffer.

▶ **dolore** /do'lore/ m. **1** *(fisico)* pain, ache; ***un ~ acuto, sordo*** a sharp, dull pain; ***torcersi dal*** **~** to writhe in pain; ***un urlo di*** **~** a cry *o* howl of pain; ***gridare dal*** o ***di*** **~** to cry out in pain, to roar with pain; ***ho dei -i*** o ***un ~ alla gamba*** I've got pains *o* a pain in my leg; ***avere un ~ alla schiena, all'orecchio*** to have (a) backache, (an) earache;

-i mestruali period *o* menstrual pains; ***avere un ~ intercostale*** to have a stitch in one's side; ***~ lancinante*** agonizing pain; ***alleviare*** o ***calmare il ~*** to ease *o* kill the pain; ***essere piegato in due dal ~*** to be bent double *o* doubled up with pain; ***se perdi la carta di credito, son -i!*** FIG. you'll be in a mess if you lose your credit card **2** *(morale)* sorrow, pain, ache; *(per la morte di qcn.)* grief; ***essere prostrato*** o ***distrutto dal ~*** to be grief-stricken; ***è con grande ~ che vi rendiamo partecipi del decesso di*** it is with great sorrow that we have to inform you of the death of; ***partecipare al ~ di qcn.*** to share sb.'s grief *o* sorrow; ***il suo volto era sfigurato dal ~*** his face was twisted with pain; ***arrecare ~ a qcn.*** to cause sb. grief; ***partorirai nel ~*** BIBL. in sorrow thou shalt bring forth children; ***atto di ~*** act of contrition.

doloretto /dolo'retto/, **dolorino** /dolo'rino/ m. small pain.

dolorifico, pl. **-ci**, **-che** /dolo'rifiko, tʃi, ke/ agg. painful.

dolorosamente /dolorosa'mente/ avv. *(con dolore)* painfully; *(con tristezza)* sorrowfully, sadly.

dolorosità /dolorosi'ta/ f.inv. painfulness, woefulness.

▷ **doloroso** /dolo'roso/ agg. **1** *(che dà dolore fisico)* [*operazione, ferita*] painful **2** *(triste, penoso)* [*avvenimento, decisione*] distressing; [*perdita*] painful, sad; ***affrontare la -a questione della disoccupazione*** to tackle the painful issue of unemployment **3** *(pieno di dolore)* [*vita*] painful, hard, sad.

dolosamente /dolosa'mente/ avv. maliciously.

dolosità /dolosi'ta/ f.inv. wilfulness BE, willfulness AE, malice.

doloso /do'loso/ agg. **1** DIR. ***un reato ~*** a criminally motivated act; ***incendio ~*** arson **2** *(fraudolento)* fraudulent.

dom. ⇒ domenica Sunday (Sun).

domabile /do'mabile/ agg. **1** *(addestrabile)* [*animale*] tameable, tamable **2** *(che si può soggiogare)* manageable, subduable.

domabilità /domabili'ta/ f.inv. tameability, tamability.

▶ **domanda** /do'manda/ f. **1** *(interrogazione)* question (**su** about, on); ***porre*** o ***fare una ~ (a qcn.)*** to ask (sb.) a question; ***rispondere a una ~*** to answer a question; ***rispondere alla ~ di qcn.*** to answer sb.'s question; ***è una bella ~ e la ringrazio per averla posta*** that is a good question and I thank you for asking it; ***le -e fatte all'esame*** the questions asked in the exam; ***che ~!*** what a question! ***bella ~!*** that's a good question! ***senza porsi troppe -e*** unthinkingly; ***tempestare qcn. di -e*** to fire *o* shoot questions at sb., to rain questions on sb. **2** *(pratica, formulario)* application (**di** for); ***le -e di abbonamento sono numerose*** there are many applications for subscriptions; ***la loro ~ di adozione è stata respinta*** their adoption application has been turned down; ***le -e d'adesione possono farsi qui*** applications for membership can be made here; ***fare ~ di trasferimento*** to apply for a transfer; ***rimborso su semplice ~ scritta*** refund on written application; ***una ~ per il passaporto, d'iscrizione*** a passport application, a registration form; ***spedire la ~ per la borsa prima del 10 maggio*** send your grant application before 10th May; ***fare ~ di estradizione*** to request extradition; ***fare ~ di lavoro*** to apply for a job; ***fare una ~ di matrimonio a qcn.*** to propose to sb.; ***"lavoro -e"*** *(rubrica nei giornali)* "situations wanted" **3** ECON. demand; ***l'offerta e la ~*** supply and demand ◆◆ ***~ aperta*** open-ended question; ***~ di assunzione*** (letter of) application; ***~ di estradizione*** extradition request; ***~ di grazia*** petition for reprieve; ***~ di lavoro*** job application; ***~ di matrimonio*** marriage proposal; ***~ pilotata*** leading question; ***~ riconvenzionale*** counter-claim, cross-claim; ***~ trabocchetto*** trick question.

▶ **domandare** /doman'dare/ [1] **I** tr. **1** *(chiedere) (per sapere)* to ask [*ora, strada*]; *(per ottenere)* to ask for [*denaro, aiuto, perdono, consiglio*]; ***~ l'autorizzazione*** o ***il permesso a qcn.*** to ask (for) sb.'s permission (**per fare** to do); ***~ la parola*** to ask for permission to speak, to ask leave to speak; ***~ scusa a qcn.*** to apologize to sb.; ***e me lo domandi!*** you're asking me? **2** *(interrogare)* ***~ qcs. a qcn.*** to ask sb. sth.; ***domandagli come si chiama*** ask him his name; ***~ a qcn. come, perché, se*** to ask sb. how, why, whether; ***Alessia domandò a Fabio se sarebbe venuto*** Alessia asked Fabio if he was coming; ***domandagli come ha fatto*** ask him how he did it; ***"è partita?" domandò*** "has she left?" he asked; ***~ a bruciapelo*** o ***di punto in bianco*** to ask point-blank; ***domando e dico se questa è la maniera di comportarsi*** COLLOQ. I ask you, is this the way to behave? **3** *(come prezzo)* ***quanto domandano per quel quadro?*** what (price) are they asking for that painting? **II** intr. (aus. *avere*) to ask; ***Gianni ha domandato di te*** Gianni asked after you, Gianni asked how you were getting on **III domandarsi** pronom. *(interrogarsi)* ***-rsi se, perché, come, dove, ciò che*** to wonder whether, why, how, where, what; ***mi domando quale sarà il mio prossimo lavoro*** I wonder what my next job will be; ***"credi che l'abbia fatto apposta?" - "me lo domando"*** "do you think she did it on purpose?" - "I wonder"; ***non ti sei mai domandato perché?*** haven't you ever wondered why *o* asked yourself why?

▶ **domani** /do'mani/ **I** avv. tomorrow; ***~ mattina, sera*** tomorrow morning, tomorrow evening; ***~ l'altro*** o ***dopo ~*** the day after tomorrow; ***a ~!*** see you tomorrow! ***~ tutto il giorno*** all day tomorrow; ***~ a quest'ora*** this time tomorrow; ***~ sul presto*** early tomorrow; ***~ sul tardi*** late tomorrow; ***otto, quindici giorni a partire da ~*** a week, two weeks starting *o* from tomorrow; ***a partire, a decorrere da ~*** as from tomorrow, starting tomorrow; ***sarà fatto fin da ~*** it will be done first thing tomorrow; ***~ tutto può succedere*** anything could happen tomorrow; ***da qui a ~ tutto può cambiare*** by tomorrow things might look very different, everything could change between now and tomorrow **II** m.inv. **1** tomorrow; *(giorno successivo)* the following day, the next day; ***sul giornale di ~*** in tomorrow's newspaper; ***~ sarà*** o ***è venerdì*** tomorrow's Friday **2** *(avvenire)* future; ***un ~*** one day, in future BE, in the future AE; ***pensare al ~*** to think of the future; ***vivere nella paura del ~*** to live in fear of what the future may bring; ***chi sa che cosa ci porterà il ~?*** who knows what tomorrow may bring? ***non ci sarà un ~ per loro*** there will be no future *o* tomorrow for them; ***il mondo, i cittadini di ~*** tomorrow's world, citizens; ***di ~*** [*mestieri, tecnica, scienza*] of the future ◆ ***~ è un altro giorno*** tomorrow is another day; ***dall'oggi al ~*** from one day to the next, overnight; ***non rimandare a ~ quel che si può fare oggi*** PROV. never put off till tomorrow what can be done today, procrastination is the thief of time; ***meglio un uovo oggi che una gallina ~*** PROV. a bird in the hand is worth two in the bush, half a loaf is better than no bread; ***oggi qui, ~ là*** here today, gone tomorrow; ***dagli oggi, dagli ~*** in the long run; ***oggi a me, ~ a te*** every dog has his day; ***sì, ~!*** IRON. you must be joking! pigs will fly!

▷ **domare** /do'mare/ [1] tr. **1** *(rendere docile)* to tame [*belva*]; to break* (in), to bust* AE [*cavallo*] **2** FIG. *(sedare)* to crush, to put* down, to squash [*insurrezione, rivolta, insorti*]; to put* out, to bring* under control [*incendio*]; to smother, to contain [*fiamme*]; *(frenare)* to control, to overcome*, to master [*passioni, orgoglio*]; to curb [*inflazione*].

domatore /doma'tore/ ♦ ***18*** m. (f. **-trice** /tritʃe/) tamer; *(di leoni)* lion tamer; *(di cavalli)* horsebreaker, roughrider.

▶ **domattina** /domat'tina/ avv. tomorrow morning.

domatura /doma'tura/ f. taming (**di** of); *(di cavalli)* breaking (in).

▶ **domenica**, pl. **-che** /do'menika, ke/ ♦ ***11*** f. Sunday; ***oggi è ~*** today is Sunday; ***~ andrò in montagna*** I'm going to the mountains on Sunday; ***di*** o ***la ~ vado in montagna*** I go to the mountains on Sundays; ***~ scorsa*** last Sunday; ***~ prossima*** next Sunday, Sunday next; ***tutte le -che*** every Sunday; ***~ mattina, pomeriggio, sera*** Sunday morning, Sunday afternoon, Sunday evening; ***sono nato di ~*** I was born on a Sunday; ***osservare la ~*** RELIG. to observe *o* keep the Sabbath ◆ ***autista della ~*** Sunday driver; ***pittore, poeta, meccanico della ~*** weekend *o* Sunday *o* amateur painter, poet, mechanic; ***con il vestito della ~*** in one's Sunday best; ***non tutti i giorni è ~*** not every day is a holiday; ***chi ride il venerdì, piange la ~*** he who laughs last laughs longest ◆◆ ***~ in albis*** Low Sunday; ***~ delle Palme*** Palm Sunday; ***~ di Pasqua*** Easter Sunday; ***~ di Passione*** Passion Sunday; ***~ di Pentecoste*** Whit Sunday; ***~ della Santissima Trinità*** Trinity Sunday.

Domenica /do'menika/ n.pr.f. Dominique.

▷ **domenicale** /domeni'kale/ agg. ***messa ~*** Sunday service *o* Mass; ***passeggiata ~*** Sunday walk; ***chiusura ~*** Sunday closing; ***apertura ~*** Sunday opening *o* trading BE.

domenicano /domeni'kano/ **I** agg. Dominican **II** m. Dominican, Black Friar.

Domenico /do'meniko/ n.pr.m. Dominic(k).

domestica, pl. **-che** /do'mɛstica, ke/ f. (house)maid.

domesticare /domesti'kare/ [1] tr. BIOL. to domesticate [*animale, specie*].

domesticazione /domestikat'tsjone/ f. BIOL. domestication.

domestichezza /domesti'kettsa/ → **dimestichezza.**

domesticità /domestitʃi'ta/ f.inv. *(di pianta, animale)* domesticity.

▷ **domestico**, pl. **-ci**, **-che** /do'mɛstiko, tʃi, ke/ **I** agg. **1** *(che riguarda la casa)* [*vita, problemi, occupazioni*] domestic; ***focolare ~*** home; ***rifiuti -ci*** household *o* kitchen waste; ***economia -a*** home economics, domestic science BE; ***lavori -ci, faccende -che*** household chores, housework, domesticities; ***incidenti -ci*** accidents in the home; ***tra le mura -che*** at home; ***di uso ~*** for household use; ***collaboratrice -a*** cleaning lady **2** *(addomesticato)* ***animale ~*** domestic animal, pet **II** ♦ ***18*** m. (f. **-a**) servant, domestic ANT.

1.domiciliare /domitʃi'ljare/ agg. ***visita ~*** house call, domiciliary visit FORM.; ***assistente ~*** care attendant BE, carer BE, home help BE, care giver AE; ***assistenza ~*** home care, day-care; ***perqui-***

sizione ~ house search; ***essere agli arresti -i*** to be under house arrest.

2.domiciliare /domitʃi'ljare/ [1] **I** tr. to domicile; ***fare ~ le proprie fatture*** to have one's bills paid by banker's order; ***fare ~ i propri titoli*** to have one bills of exchange domiciled **II domiciliarsi** pronom. to domicile, to reside.

domiciliato /domitʃi'ljato/ **I** p.pass. → **2.domiciliare II** agg. **1** BUROCR. domiciled, resident; ***Sig. Rossi, ~ in via Garibaldi 14*** Mr. Rossi, currently residing at 14 via Garibaldi; ***abito a Roma, ma sono ~ a Milano*** I live in Rome, but my official address is in Milan **2** COMM. [*cambiale*] domiciled.

domiciliazione /domitʃiljat'tsjone/ f. direct debit, domiciliation.

▷ **domicilio**, pl. **-li** /domi'tʃiljo, li/ m. **1** *(di una persona)* (place of) residence, domicile, (place of) abode; *(di società)* registered address; ***prendere ~*** to take up residence; ***cambiare ~*** to move (house); ***ultimo ~ conosciuto*** last known address; ***violazione di ~*** forcible entry, housebreaking, burglary; ***franco ~*** COMM. franco domicile, carriage free **2 a domicilio** ***lavoro a ~*** working at *o* from home, cottage industry, homeworking, outwork BE; ***lavorare a ~*** to work at home; ***vendita a ~*** cold selling *o* calling, door-to-door selling; ***visita a ~*** house call, domiciliary visit FORM.; ***prestare cure a ~*** to give home care; ***"consegne a ~"*** "home deliveries", "delivered to your door"; ***consegnare a ~*** to do home deliveries ◆◆ ***~ fiscale*** fiscal domicile; ***~ legale*** permanent *o* legal residence.

dominabile /domi'nabile/ agg. [*problema, sentimento*] containable, controllable.

dominante /domi'nante/ **I** agg. **1** *(prevalente)* [*colore, tonalità, ideologia, ruolo*] dominant; [*vento, tendenza*] prevailing; [*tema, impressione*] main; *(sovrastante)* [*posizione*] prevailing, commanding **2** *(al potere)* ***classe ~*** ruling class **3** BIOL. [*carattere, gene*] dominant **4** MUS. [*nota*] dominant **II** f. **1** *(tratto caratteristico)* dominant feature **2** *(colore)* main colour BE, main color AE; ***a ~ blu*** mainly blue **3** MUS. *(nota)* dominant (note); ***accordo di settima ~*** dominant seventh (chord).

dominanza /domi'nantsa/ f. BIOL. ZOOL. dominance.

▷ **dominare** /domi'nare/ [1] **I** tr. **1** *(sovrastare)* [*casa*] to overlook; [*montagna*] to dominate, to tower above [*città, valle*]; [*grattacielo, cima*] to tower above [*quartiere, montagne*]; ***dall'alto della torre si domina tutta la città*** from the top of the tower, you get a view of the whole town **2** *(imporsi in, su)* to dominate, to command [*partita*]; to dominate [*dibattito, sport, avversario, squadra*]; ***ha dominato il ciclismo mondiale per dieci anni*** he dominated world cycling for ten years; ***sono stati dominati durante il primo tempo*** they were outplayed in the first half **3** *(prevalere in)* [*idea, tema, problema*] to dominate [*opera, dibattito, discussione*] **4** *(padroneggiare)* to master [*lingua, tecnica, argomento*]; *(controllare)* to overcome*, to control, to master [*paura, timidezza, emozione*]; to control [*collera*]; ***~ la situazione*** to be in control of the situation; ***si lascia ~ dalle passioni*** his heart rules his head **5** *(avere potere su)* to dominate [*mercato, settore, economia*]; ***è dominato da suo fratello*** he's dominated by his brother; ***si lascia ~ da sua moglie*** he's hen-pecked **6** POL. *(governare)* to rule [*paese*]; ***il loro sogno era ~ il mondo*** their dream was to rule the world **II** intr. (aus. *avere*) **1** *(esercitare il proprio potere)* [*paese, popolo*] to rule **2** *(essere in testa, cima)* [*squadra, sportivo, concorrente*] to be* in the lead, to lead*; ***ha dominato durante tutta la gara*** she was in the lead throughout the race; ***ha dominato durante i primi due set*** she led during the first two sets **3** *(prevalere)* [*impressione, idea*] to prevail **III dominarsi** pronom. [*persona*] to (be* in) control (of) oneself, to check oneself.

dominatore /domina'tore/ **I** agg. [*persona*] domineering; [*carattere, maniere, atteggiamento*] overbearing **II** m. (f. **-trice** /tritʃe/) ruler, dominator.

dominazione /dominat'tsjone/ **I** f. domination (**di** of; **da parte di** by); ***essere sotto la ~ di*** to be dominated by, to be under the rule of; ***paese sotto la ~ straniera*** country dominated by a foreign power; ***la ~ dell'Europa da parte dei Romani*** the Roman domination of Europe; ***un tempo il paese era sotto la ~ turca*** the country was formerly under Turkish rule **II dominazioni** f.pl. TEOL. dominions.

domineddio /domined'dio/ m.inv. the (good) Lord.

dominicale /domini'kale/ agg. ***i diritti -i*** the landlord's rights.

dominicano /domini'kano/ ➧ **25 I** agg. Dominican; ***Repubblica Dominicana*** Dominican Republic **II** m. (f. **-a**) Dominican.

▷ **dominio**, pl. **-ni** /do'minjo, ni/ m. **1** *(egemonia)* supremacy, rule, dominion; ***avere il ~ dei mari*** to have command of the seas, to rule over the seas; ***sotto il ~ del nemico*** under the heel of the enemy; ***assumere il ~ di qcs.*** to gain control over sth.; ***imporre il proprio ~ su qcs.*** to impose one's rule on sth. **2** *(territorio)* dominion; ***~ coloniale*** colonial rule **3** FIG. *(controllo)* control (**su** over, of); ***un ottimo ~ della materia*** an excellent command of the subject; ***~ di una lingua*** mastery of a language; ***~ di sé*** self-control **4** DIR. *(proprietà)* property, ownership; ***~ pubblico*** DIR. public domain; ***diventare di ~ pubblico*** [*opere d'arte, invenzione, opera letteraria*] to fall into the public domain; FIG. [*notizia, fatto*] to be common knowledge; ***rendere qcs. di ~ pubblico*** to bring sth. into the open, to take the wraps off sth. **5** FIG. *(settore)* domain; ***il ~ letterario*** the field *o* realm of literature **6** MAT. INFORM. domain **7** LING. scope.

1.domino /'dɔmino/ m.inv. ABBIGL. domino*.

2.domino /'dɔmino/ ➧ **10** m.inv. GIOC. dominoes + verbo sing.; ***giocare a ~*** to play dominoes.

Domiziano /domit'tsjano/ n.pr.m. Domitian.

domo /'dɔmo/ agg. LETT. subdued.

domotica /do'mɔtika/ f. domotics + verbo sing.

▶ **1.don** /dɔn/ ➧ **1** m.inv. **1** *(di sacerdoti)* Father; *(di alcuni ordini monastici)* Dom **2** STOR. *(titolo d'onore)* ***Don Chisciotte*** Don Quixote; ***Don Giovanni*** Don Juan.

2.don /dɔn/ inter. (ding)dong; ***fare ~*** to dong.

▷ **donare** /do'nare/ [1] **I** tr. **1** *(regalare)* to give*, to donate; ***~ qcs. a qcn.*** to give sth. to sb., to give sb. sth. **2** FIG. *(conferire)* to give* [*gioia, forza*] **3** *(sacrificare)* ***~ la vita per la patria*** to die for one's country; ***~ tutto se stesso*** to give one's all **4** MED. to donate [*organo*]; ***~ il sangue*** to give blood **II** intr. (aus. *avere*) **1** DIR. to donate **2** FIG. ***~ a*** [*abito*] to suit, to flatter, to become [*persona*]; ***il rosso dona alle brune*** dark-haired women look good in red; ***ha un vestito che le dona*** she looks good *o* lovely in that dress; ***il giallo non le dona*** yellow doesn't suit her **III donarsi** pronom. **1** *(dedicarsi)* to devote oneself (**a** to), to give* oneself (**a** to) **2** *(concedersi)* to give* oneself; ***-rsi a un uomo*** to give oneself to a man.

donatario, pl. **-ri** /dona'tarjo, ri/ m. (f. **-a**) DIR. donee, grantee.

donativo /dona'tivo/ m. donative.

donato /do'nato/ **I** p.pass. → **donare II** agg. donated ◆ ***a caval ~ non si guarda in bocca*** PROV. don't look a gift horse in the mouth.

donatore /dona'tore/ m. (f. **-trice** /tritʃe/) **1** *(chi regala)* donator, contributor, giver **2** MED. donor **3** DIR. donor ◆◆ ***~ di midollo (osseo)*** (bone) marrow donor; ***~ di organi*** MED. organ donor; ***~ di reni*** kidney donor; ***~ di sangue*** MED. blood donor; ***~ di sperma*** MED. sperm donor; ***~ universale*** MED. universal donor.

donazione /donat'tsjone/ f. **1** *(il donare)* donation (**di** of; **a** to), gift (**da** from; **a** to); ***-i in denaro*** cash donations; ***-i da parte dei privati*** private donations **2** MED. donation **3** DIR. donation; ***fare*** o ***registrare una ~*** to make a donation, to donate ◆◆ ***~ di organi*** organ donation; ***~ di sangue*** blood donation; ***~ di sperma*** sperm donation.

donchisciotte /donkiʃ'ʃɔtte/ m.inv. FIG. Quixote; ***fare il ~*** to behave quixotically, to be quixotic.

Don Chisciotte /donkiʃ'ʃɔtte/ n.pr.m. Don Quixote.

donchisciottesco, pl. **-schi**, **-sche** /donkiʃot'tesko, ski, ske/ agg. quixotic.

donchisciottismo /donkiʃot'tizmo/ m. quixotism.

donde /'donde/ **I** avv. LETT. *(da dove)* from where, whence ANT.; ***~ vieni?*** where do you come from? whence do you come? ***tornate ~ siete venuti*** go back from whence you came **II** cong. LETT. *(quindi)* whence, hence; ***~ si deduce che...*** hence it can be assumed that... ◆ ***averne ben ~*** to have good reason.

dondolamento /dondola'mento/ m. *(di braccia, gambe, anche, corda)* swinging **U**.

▷ **dondolare** /dondo'lare/ [1] **I** tr. **1** *(cullare)* to rock, to lull [*bambino*] **2** *(fare oscillare)* ***~ le braccia, le gambe*** to swing one's arms, legs **II** intr. (aus. *avere*) [*corda, trapezio*] to swing*; [*barca*] to rock **III dondolarsi** pronom. [*persona, animale*] to sway; [*barca*] to rock; ***si dondola al ritmo della musica*** she is swaying to the rhythm of the music; ***-rsi da un piede all'altro*** to shift from one foot to the other; ***-rsi a destra e a sinistra*** to sway from left to right; ***-rsi su un trapezio*** to swing on a trapeze; ***-rsi sulla sedia*** to rock on one's chair; ***smettila di dondolarti (sulla sedia)!*** stop rocking on your chair!

dondolio, pl. **-lii** /dondo'lio, lii/ m. *(del corpo, di rami)* swaying; *(di barca)* rocking.

dondolo /'dondolo/ m. **1** *(divano da giardino)* lawn swing, swing seat, glider AE **2 a dondolo** ***cavallo a ~*** rocking horse; ***sedia a ~*** rocking chair, rocker AE.

dondoloni /dondo'loni/ avv. **1** *(in modo scomposto)* ***camminare ~*** to sway about (as one walks) **2** *(oziosamente)* ***andare ~*** to loaf about; ***con le gambe ~*** (with) one's legs dangling.

dongiovannesco, pl. **-schi**, **-sche** /dondʒovan'nesko, ski, ske/ agg. [*espedienti*] donjuanesque.

dongiovanni /dondʒo'vanni/ m.inv. Don Juan, Romeo, philanderer; ***è proprio un ~*** he's one of the Don Juans of this world, he's a real Casanova; ***fare il ~*** to be a Casanova.

Don Giovanni /dondʒo'vanni/ n.pr.m. LETTER. MUS. Don Juan.

dongiovannismo /dondʒovan'nizmo/ m. Don Juanism.

▶ **donna** /'dɔnna/ f. **1** *(individuo adulto di sesso femminile)* woman*; ***~ sposata*** married woman; ***buona ~*** SPREG. loose woman, female; ***voce da, di ~*** woman's voice, female voice; ***scarpe, abbigliamento da ~*** women's shoes, women's clothes; ***bicicletta da ~*** woman's *o* lady's bicycle; ***lavoro da ~*** woman's job; ***essere da ~*** [*abito*] to look womanly; ***essere vestito da ~*** to be dressed like a girl; ***è la ~ della sua vita*** she's the love of his life; ***è la ~ dei miei sogni*** she's the woman of my dreams; ***possedere una ~*** to take a woman COLLOQ., to make it with a woman COLLOQ.; ***la ~ degli anni '90*** the woman of the '90s; ***liberazione della ~*** women's liberation; ***emancipazione della ~*** female emancipation; ***diritti della ~*** women's rights; ***il fatto di essere ~*** the fact of being a woman; ***diventare ~*** to become a woman, to reach womanhood; ***sembra già una ~*** [*ragazza*] she looks quite grown-up; ***"prima le -e e i bambini"*** "women and children first" **2** COLLOQ. *(domestica)* cleaning lady, cleaner, (domestic) help; ***avere una ~*** to have a cleaning lady **3** *(alle carte, agli scacchi)* queen; ***~ di fiori*** queen of clubs **4** *(titolo italiano di riguardo)* donna ◆ ***ciò che ~ vuole, Dio lo vuole*** PROV. what a woman wants, a woman gets; ***la ~ è mobile*** woman is fickle ◆◆ ***~ d'affari*** businesswoman; ***~ d'azione*** woman of action; ***~ cannone*** fat lady; ***~ in carriera*** career woman; ***~ di casa*** housewife, homemaker; *(che fa vita di casa)* stay-at-home woman; ***~ facile*** SPREG. easy lay, loose woman; ***~ di facili costumi*** woman of easy virtue; ***~ lavoratrice*** working woman; ***~ di malaffare*** → ***~ di vita***; ***~ di mondo*** woman of the world, well-bred lady; ***~ oggetto*** sex object; ***~ poliziotto*** policewoman; ***~ di polso*** woman of nerve, resolute woman; ***~ delle pulizie*** cleaning lady, cleaner, housekeeper, (domestic) help; ***~ di servizio*** maid; ***~ soldato*** woman soldier; ***~ di strada*** streetwalker; ***~ di vita*** loose woman.

donnaccia, pl. **-ce** /don'nattʃa, tʃe/ f. **1** *(donna cattiva)* bad woman* **2** *(prostituta)* whore, scrubber BE AUSTRAL. POP. SPREG., slut POP. SPREG.

donnaiolo /donna'jɔlo/ m. womanizer, philanderer, skirt chaser COLLOQ.

donnesco, pl. **-schi, -sche** /don'nesko, ski, ske/ agg. ***lavori -schi*** *(di casa)* housework; *(di cucito)* needlework.

donnetta /don'netta/ f. *(donna semplice)* humble woman*; *(donna meschina)* mean woman*.

donnicciola /donnit'tʃɔla/ f. SPREG. **1** *(donna pettegola)* gossip **2** *(uomo debole)* sissy COLLOQ.

donnina /don'nina/ f. **1** *(donna piccola e graziosa)* (pretty) little woman*, tiddler BE COLLOQ. SCHERZ., titch COLLOQ. **2** *(bambina assennata)* sensible little girl **3** SPREG. good-time girl, loose woman*, slut POP. SPREG.

donnino /don'nino/ m. (pretty) little woman*.

donnola /'dɔnnola/ f. weasel.

donnone /don'none/ m. COLLOQ. big woman*, stout woman*.

▷ **dono** /'dono/ m. **1** *(regalo)* gift, present; *(donazione)* donation; ***fare ~ di qcs. a qcn.*** to make a gift of sth. to sb.; ***~ di Natale*** Christmas present; ***fare ~ di*** to give [*amore, corpo, opera*] (**a** to); ***~ di sé*** self-sacrifice; ***è un ~ del cielo*** o ***di Dio*** FIG. it's a godsend **2** *(talento)* gift; ***avere il ~ di*** to be blessed *o* graced with [*salute, intelligenza, bellezza*]; ***avere un ~ per le lingue*** to have a gift for languages; ***avere il ~ di fare*** to have a talent for doing; ***avere il ~ di dire sempre la cosa sbagliata*** IRON. to be a genius for saying the wrong thing.

donzella /don'dzɛlla/ f. LETT. *(fanciulla)* maiden; *(damigella)* damsel.

DOP /dɔp/ f. (⇒ denominazione di origine protetta Protected Designation of Origin) PDO.

dopamina /dopa'mina/ f. dopamine.

dopante /do'pante/ agg. ***sostanza ~*** performance-enhancing drug.

dopare /do'pare/ [1] **I** tr. to dope [*cavallo, sportivo*] **II doparsi** pronom. to be* on drugs, to take* drugs.

▶ **dopo** /'dopo/ *Dopo*, che in italiano ha valore temporale e spaziale come i suoi equivalenti inglesi, si rende solitamente con *afterwards* quando funziona come avverbio, e con *after* negli altri usi: unica eccezione significativa è l'uso di *dopo* come preposizione di luogo nel significato di *al di là, oltre*, che si traduce per lo più con *beyond* o *past* (*il pub è subito dopo la stazione* = the pub is just beyond / past the station). - Analogamente all'italiano *dopo*, *after* precede il nome in "after lunch" (= *dopo pranzo*), ma lo segue nelle espressioni temporali come *il giorno dopo* = the day after. - Si noti che *dopo che...* si rende con *after* (non *after that*), e che espressioni come *dopo (avere) mangiato* si traducono con il gerundio (after eating / having eaten) o rendendo esplicita la frase (after I have eaten, after he had eaten ecc.). **I** avv. **1** *(nel tempo)* afterwards; ***vieni a mangiare, finirai ~*** come and eat, you can finish afterwards; ***subito ~ si è messo a piovere*** straight after that *o* straight afterwards it started raining; ***solo ~ il mio vicino ha chiamato i pompieri*** only afterwards did my neighbour call the fire brigade; ***ho capito molto tempo ~*** I understood a long time after(wards); ***ha mangiato al ristorante e ~ è andato al cinema*** he ate in a restaurant and afterwards went to the cinema; ***te lo dirò ~*** I'll tell you later *o* afterwards; ***e che cosa è successo ~?*** and then what happened? and what happened next? ***poco ~, molto tempo ~*** shortly after(wards), long after(wards); ***un'ora, due giorni, quattro anni ~*** one hour, two days, four years later; ***il giorno ~*** the day after, the next *o* following day; ***un momento ~ aveva già dimenticato*** a moment later he had already forgotten; ***a ~!*** see you later! ***prima o ~*** sooner or later **2** *(nello spazio)* ***hai presente l'incrocio, io abito subito ~ a destra*** do you know the crossroads? I live just past *o* beyond it on the right; ***"è ~ il villaggio?" - "sì, subito ~"*** "is it after the village?" - "yes, right after" **3** *(in una gerarchia)* ***~ c'è la S, poi la T*** after that there's S and then T **II** prep. **1** *(nel tempo)* after; ***uscire, passare ~ qcn.*** to go out, go after sb.; ***~ le 22*** after 10 pm; ***~ 12 giorni*** after 12 days, 12 days later; ***~ la mia partenza*** after I left; ***~ alcuni anni si sono rivisti*** a few years later they saw each other again; ***la riunione è stata rinviata a ~ Pasqua*** the meeting has been postponed till after Easter; ***~ una crescita spettacolare*** after spectacular growth; ***~ detrazione, ritenuta d'acconto*** after deductions, after tax; ***~ ciò*** after that; ***giorno ~ giorno*** day after day, day in day out; ***libro ~ libro*** book after book; ***uno ~ l'altro*** one after the other, one after another; ***poco ~ mezzanotte*** shortly after midnight; ***~ (tutto) quello che ha fatto per te*** after all (that) she's done for you **2** *(nello spazio)* after; ***~ la chiesa, il parco*** past the church, the park; ***molto, appena ~ la fabbrica*** well after, just after *o* beyond the factory; ***circa 400 metri ~ l'incrocio*** about 400 metres after the crossroads; ***~ l'uscita dalla città*** after you come out of the town; ***sono ~ di te sulla lista*** I'm after you *o* my name comes after yours on the list; ***~ di lei!*** *(per gentilezza, cortesia)* after you! **3** *(in una gerarchia)* after; ***la regina viene ~ il re*** the Queen comes after the King; ***è il grado più importante ~ quello di generale*** it's the highest rank after that of general; ***fare passare qcn., qcs. ~ qcn., qcs.*** to put sb., sth. after sb., sth. **4 dopo di che** after which, and after that, and then; ***fece colazione come al solito, ~ di che uscì*** he had breakfast as usual, after which he left **5 dopo tutto** *(alla fin fine)* after all; ***~ tutto è un loro problema*** after all it's their problem **III** cong. **1** after; ***andrò ~ aver fatto un pisolino*** I'll go after I've had a nap; ***~ aver preso la parola il presidente si rimise a sedere*** after he had spoken the president sat down again; ***si consiglia di bere molto ~ aver corso*** it is advisable to drink a lot after you have been running **2 dopo che** *(una volta che)* after; ***~ che ho annunciato loro la notizia*** after I told them the news; ***~ che ebbe parlato*** after he had spoken; ***~ aver letto l'avviso*** after reading *o* having read the notice; ***~ che è rimasta vedova*** *(da quando)* since she became a widow, since she was widowed; ***~ che tuo zio si è ritirato dagli affari*** since your uncle stopped doing business **IV** agg.inv. **1** *(nel tempo)* after; ***la settimana, il mese, l'anno ~*** the week, month, year after, the following week, month, year; ***non questo week-end ma quello ~*** not this weekend, the one after *o* the next; ***la volta ~ ci siamo persi*** the next time we got lost; ***il bus, treno ~*** the next bus, train; ***ho guardato il film ma non ho visto la trasmissione ~*** I watched the film but I didn't watch the programme after it **2** *(nello spazio)* next; ***la pagina, il capitolo ~*** the next page, chapter **V** m.inv. ***il ~*** the future; ***non ci sarà un ~*** there won't be an afterwards *o* any future.

dopobarba /dopo'barba/ **I** agg.inv. [*lozione*] after-shave **II** m.inv. after-shave.

dopoborsa /dopo'borsa/ m.inv. after hours, kerb market.

dopocena /dopo'tʃena/ m.inv. evening, after dinner.

dopoché /dopo'ke/ cong. **1** *(una volta che)* after; ***~ ho annunciato loro la notizia*** after I told them the news; ***~ hai spiegato la situazione, hanno chiamato la polizia*** after you explained the situation they called the police **2** *(da quando)* ***~ è rimasta vedova*** since she became a widow, since she was widowed; ***~ è diventato ufficiale*** since he became an officer.

dopodiché /dopodi'ke/ avv. after which, after that, and then; ***venne per sei mesi, ~ non lo vedemmo più*** he came for six months, after which we didn't see him any more.

▷ **dopodomani** /dopodo'mani/ **I** avv. the day after tomorrow **II** m.inv. the day after tomorrow.

▷ **dopoguerra** /dopo'gwɛrra/ m.inv. ***il ~*** the postwar period, the postwar years; ***le generazioni del ~*** postwar generations.

dopolavoro /dopola'voro/ m.inv. = club which organizes recreational and cultural activities for workers in their free time.

dopolistino /dopolis'tino/ m.inv. → **dopoborsa.**

dopopranzo /dopo'prandzo/ m.inv. afternoon, after lunch.

doposcì /dopoʃ'ʃi/ **I** agg.inv. [*pantaloni, scarpe*] après-ski **II** m.inv. **1** *(calzatura)* snowboot, moon boot **2** *(abbigliamento)* après-ski wear.

doposcuola /dopos'kwɔla/ m.inv. = school club which organizes extra-curricular activities for school students.

doposole /dopo'sole/ **I** agg.inv. [*latte, crema*] after-sun **II** m.inv. after-sun lotion.

▶ **dopotutto** /dopo'tutto/ avv. after all; ***~ è un loro problema*** after all it's their problem.

doppia /'doppja/ f. **1** *(camera doppia)* double(-bedded) room **2** *(consonante)* double consonant.

doppiaggio, pl. **-gi** /dop'pjaddʒo, dʒi/ m. CINEM. dubbing; ***~ in italiano*** dubbing into Italian.

doppiamente /doppja'mente/ avv. **1** *(per doppio motivo)* doubly; ***questo ladro è ~ colpevole*** this thief is doubly guilty *o* is guilty on two counts **2** *(con doppiezza)* deceitfully.

doppiare /dop'pjare/ [1] tr. **1** CINEM. to dub [*film, attore*] **2** MAR. to double, to circumnavigate, to round [*capo*] **3** SPORT to lap.

doppiato /dop'pjato/ **I** p.pass. → **doppiare II** agg. CINEM. ***un film ~ in italiano*** a film dubbed into Italian **III** m. CINEM. dubbing.

doppiatore /doppja'tore/ ♦ ***18*** m. (f. **-trice** /tritʃe/) dubber.

doppiere /dop'pjɛre/ m. two-branched candlestick.

doppietta /dop'pjetta/ f. **1** *(fucile)* double-barrelled gun BE, double-barreled gun AE; *(doppio sparo)* double shot **2** SPORT *(nel calcio)* two goals; ***mettere a segno*** o ***realizzare una ~*** to score twice **3** EL. dipole **4** *(di automobile)* double-declutching BE, double-clutching AE; ***fare la ~*** to double-declutch BE, to double-clutch AE.

doppiezza /dop'pjettsa/ f. doubleness, double-dealing, duplicity.

doppino /dop'pino/ m. **1** MAR. bight **2** EL. TEL. twisted pair.

▶ **doppio**, pl. **-pi, -pie** /'doppjo, pi, pje/ **I** agg. **1** *(duplice)* [*quantità, somma, dose, spessore, consonante, stella*] double; ***una vodka -a*** a double vodka; ***camera -a*** double(-bedded) room; ***condurre una -a vita*** to lead a double life; ***utensile a ~ uso*** dual-purpose tool; ***automobile a -pi comandi*** car with dual controls; ***frase a ~ senso*** sentence with a double meaning; ***strada a ~ senso*** two-way street; ***fazzoletti a ~ velo*** two-ply tissues; ***-a nazionalità*** dual citizenship *o* nationality; ***parcheggiare in -a fila*** to double-park; ***~ fallo*** SPORT double fault; ***capelli con le -pie punte*** hair with split ends; ***essere un'arma a ~ taglio*** to be a double-edged, two-edged sword (anche FIG.); ***-a "m"*** *(facendo lo spelling)* double "m"; ***ho scambiato le figurine che avevo -pie*** *(uguale)* I swapped the stickers I had copies of; ***prendi questo libro, l'ho ~*** take this book, I've got two copies of it **2** *(falso, ambiguo)* [*persona*] two-faced **II** m. **1** *(due volte di più)* double; ***è il ~ di quello che ho pagato!*** that's double *o* twice what I paid! ***guadagna il ~ di me*** he earns twice as much as I do, she earns double what I earn; ***l'ho pagato il ~ del prezzo normale*** I paid twice the usual price for it; ***è alto il ~ (di me)*** he's twice as tall (as me); ***30 è il ~ di 15*** 30 is twice 15; ***la loro piscina è il ~ della nostra*** their swimming pool is twice as big as ours *o* is twice the size of ours; ***mio fratello ci ha messo il ~ per fare*** my brother took twice as long *o* double the time to do **2** *(esemplare supplementare)* *(di cose)* copy; *(di persona)* double; ***era veramente il suo ~!*** she really was his double! **3** SPORT *(nel tennis)* doubles pl.; ***giocare un ~*** to play a doubles match *o* a game of doubles **III** avv. ***vedere ~*** to see double ◆◆ ***~ binario*** double track; ***~ clic*** double click; ***~ femminile*** SPORT ladies' doubles; ***~ fondo*** → **doppiofondo**; ***~ gioco*** → **doppiogioco**; ***~ maschile*** SPORT men's doubles; ***~ mento*** double chin; ***~ misto*** SPORT mixed doubles; ***~ petto*** → **doppiopetto**; ***-a coppia*** *(nel poker)* two pairs; ***-a finestra*** double-window; ***-a mandata*** double lock; ***-pi vetri*** double *o* secondary glazing.

doppiofondo, pl. **doppifondi** /doppjo'fondo, doppi'fondi/ m. false bottom; ***valigia a ~*** suitcase with a false bottom.

doppiogiochista, m.pl. **-i**, f.pl. **-e** /doppjodʒo'kista/ m. e f. double-dealer, double-crosser COLLOQ.

doppiogioco, pl. **doppigiochi** /doppjo'dʒɔko, doppi'dʒɔki/ m. double-dealing, double-cross COLLOQ.; ***fare il ~ con qcn.*** to double-cross sb.

doppione /dop'pjone/ m. **1** *(esemplare supplementare)* copy; ***gli ho dato un ~ delle chiavi*** I gave him a spare set of keys **2** TIP. double, doublet.

doppiopetto /doppjo'pɛtto/ **I** agg.inv. [*giacca, abito*] double-breasted **II** m.inv. *(giacca)* double-breasted jacket; *(cappotto)* double-breasted coat.

doppler /'dɔppler/ agg.inv. Doppler; ***effetto ~*** Doppler effect; ***esame ~*** Doppler ultrasound examination.

dorare /do'rare/ [1] tr. **1** *(rivestire d'oro)* to gild* [*cornice*]; ***~ qcs. con oro fino*** to gild sth. with gold leaf **2** GASTR. *(rosolare)* to brown [*salsa, caramello, burro, cipolle, carne*]; ***lasciate ~*** cook until golden brown **3** *(cambiare il colore di)* ***la sua pelle è dorata dal sole*** her skin has turned golden brown in the sun ◆ ***~ la pillola a qcn.*** to sugar BE *o* sugarcoat AE the pill for sb.

▷ **dorato** /do'rato/ **I** p.pass. → **dorare II** agg. **1** *(di color oro)* [*scarpe, vernice, carta*] gold attrib.; [*luce, spiagge*] golden; [*pelle*] tanned, bronzed; [*pane, pollo*] golden brown; ***con l'estremità*** o ***la punta -a*** gold-tipped attrib. **2** *(rivestito d'oro)* [*cupola*] gilded; [*bronzo*] gold plated; [*cornice, sedia*] gilt; ***~ con oro fine*** gilded; ***con il taglio ~*** [*libro*] gilt-edged; ***gioventù -a*** FIG. gilded youth; ***vivere in una prigione, gabbia -a*** FIG. to be a bird in a gilded cage **3** *(biondo ramato)* [*capelli*] golden **4** *(nella ricchezza)* [*esilio*] luxurious.

doratore /dora'tore/ ♦ ***18*** m. (f. **-trice** /tritʃe/) gilder.

doratura /dora'tura/ f. **1** *(azione del dorare, risultato)* gilding; ***~ elettrolitica*** gold plate **2** *(rivestimento)* gilt; ***una cornice piena di -e*** a heavily gilded frame **3** *(tecnica)* gilding; ***~ per placcatura*** gilding with gold leaf **4** GASTR. browning.

Dorian /'dorjan/, **Doriano** /do'rjano/ n.pr.m. Dorian.

dorico, pl. **-ci, -che** /'dɔriko, tʃi, ke/ **I** agg. **1** [*dialetto, modo*] Doric **2** ARCH. [*ordine, colonna*] Doric **II** m. *(lingua)* Doric.

dorifora /do'rifora/ f. Colorado beetle, potato beetle.

Dorina /do'rina/ n.pr.f. Doreen.

dormicchiare /dormik'kjare/ [1] intr. (aus. *avere*) to doze, to drowse, to snooze.

dormiente /dor'mjɛnte/ **I** agg. **1** *(che dorme)* [*persona*] sleeping **2** *(con gli occhi chiusi)* [*orso, bambola*] sleeping **3** BOT. dormant **4** MAR. ***manovre -i*** standing rigging **II** m. e f. sleeper.

dormienza /dor'mjɛntsa/ f. BOT. dormancy.

dormiglione /dormiʎ'ʎone/ m. (f. **-a**) COLLOQ. sleepyhead; ***è un gran ~!*** he sure sleeps a lot!

▶ **dormire** /dor'mire/ [3] **I** tr. ***~ un sonno profondo*** to be fast *o* sound asleep, to be in a deep sleep, to sleep soundly; ***~ tutto un sonno*** to sleep the whole night through **II** intr. (aus. *avere*) **1** *(riposare)* to sleep*, to be* asleep; *(coricarsi)* to go* to bed; ***il bambino dorme*** the child is sleeping *o* is asleep; ***~ profondamente, sodo*** to be fast *o* sound asleep, to be in a deep sleep, to sleep soundly; ***~ bocconi, sulla pancia*** to sleep on one's stomach; ***~ supino, sulla schiena*** to sleep on one's back; ***~ sul fianco*** to sleep on one's side; ***~ tutto il giorno*** to sleep all day (long); ***~ fino a tardi*** to sleep in; ***~ dodici ore di fila*** to sleep around the clock; ***andare a ~ presto, tardi*** to go to bed early, late; ***è ora di andare a ~*** it's time for bed, it's bedtime; ***vai a ~!*** go to bed! ***mettere a ~*** to put [sb.] to bed [*bambini*]; ***~ in un letto, per terra, tra le lenzuola, in un sacco a pelo*** to sleep in a bed, on the floor, in sheets, in a sleeping bag; ***non ho dormito tutta la notte*** I didn't (get a wink of) sleep all night; ***avere voglia di ~*** to be sleepy; ***dormirei volentieri un po'*** I feel like a nap; ***~ con qcn.*** to sleep with sb. (anche EUFEM.); ***~ a casa propria, presso qcn.*** to sleep at home, at sb.'s (house); ***Paola ha dormito da Silvia*** Paola slept at Silvia's; ***~ bene, male*** to have a good, bad night('s sleep); ***dormi bene!*** sleep tight! sleep well! ***~ in albergo, hotel*** to sleep at a hotel; ***~ in tenda*** to sleep in a tent *o* under canvas, to camp out; ***~ sotto i ponti*** FIG. to sleep out in the open, to sleep rough BE; ***è tornato a ~*** he went back to bed, he got back to sleep; ***a causa di tutto questo non riesco più a ~*** I'm losing sleep over all this; ***il caffè non mi fa ~*** coffee keeps me awake *o* up; ***cercare da ~*** to look for a place to sleep; ***non ho trovato da ~*** I found nowhere to sleep; ***dare da ~ a*** to put [sb.] up [*amico*]; to accommodate [*turisti*]; ***qui si dorme invece di lavorare!*** are you here to sleep or to work? ***scolaro che dorme in classe*** FIG. pupil who pays no attention in class; ***un film, libro che fa ~*** FIG. a boring *o* soporific film, book **2** *(essere silenzioso, tranquillo)* ***d'inverno, la natura dorme*** in winter, the whole of nature is dormant *o* sleeps; ***la città dormiva sotto le stelle*** the town slumbered *o* lay asleep under the stars **3** *(lasciarsi andare)* to sit* back; ***non è il momento di ~*** we shouldn't sit back now **4** FIG. *(essere fermo, dimenticato)* ***la pratica dorme da mesi in qualche cassetto*** the file has been lying in a drawer for months now ◆ ***~ della grossa*** to be sound *o* fast asleep, to be in a deep sleep *o* to sleep soundly; ***~ con un occhio solo*** to sleep with one eye open; ***~ con gli occhi aperti*** to be dropping with sleep; ***~ in piedi*** to sleep *o* be asleep on one's feet; ***~ tra***

due guanciali to rest easy, to set one's mind at rest; **~ come un ghiro** o **una marmotta** o **un sasso** to sleep like a log; **~ il sonno del giusto** to sleep the sleep of the just; **~ il sonno dei giusti** to sleep one's last *o* final sleep; **~ sonni tranquilli** to rest easy, to sleep peacefully; **~ sugli allori** to rest on one's laurels; **~ in pace** EUFEM. to rest in peace, to be at peace; **dormici sopra! dormici su!** sleep on it! **(ma) va' a ~!** push off! **chi dorme non piglia pesci** PROV. it's the early bird that catches the worm; **non svegliare il can che dorme** let sleeping dogs lie.

dormita /dor'mita/ f. sleep; **farsi una bella ~** to have a good sleep.

dormitina /dormi'tina/ f. nap, snooze COLLOQ., zizz BE COLLOQ.; **fare** o **farsi una ~** to have *o* take a nap, to have a snooze COLLOQ.

dormitorio, pl. **-ri** /dormi'tɔrjo, ri/ **I** agg. **quartiere ~** dormitory BE *o* bedroom AE suburb; **città ~** dormitory town **II** m. dormitory ◆◆ **~ pubblico** night shelter.

dormiveglia /dormi'veʎʎa/ m.inv. **essere nel ~** to be half asleep, to be between sleeping and waking.

Dorotea /doro'tɛa/ n.pr.f. Dorothea.

▷ **dorsale** /dor'sale/ **I** agg. **1** *(della schiena)* [*dolore, muscolo*] back attrib.; [*vertebra, pinna*] dorsal; **spina ~** backbone, spine **2** FON. dorsal **3** SPORT **salto ~** flop **II** m. **1** *(schienale)* back **2** *(testata del letto)* head **III** f. **1** GEOGR. ridge **2** FON. dorsal consonant ◆◆ **~ barometrica** METEOR. ridge, wedge of high pressure; **~ oceanica** ocean ridge.

dorsista, m.pl. **-i**, f.pl. **-e** /dor'sista/ m. e f. backstroke swimmer.

▷ **dorso** /'dɔrso, 'dorso/ m. **1** *(di uomo, animale, mano)* back; *(di lama)* blunt edge; *(di libro)* spine; *(di monte)* crest; **essere sul ~** to be (lying) on one's back; **viaggiare a ~ d'asino** to travel on the back of a donkey; **tutto il materiale è stato trasportato a ~ di mulo** all the equipment was carried by mules **2** *(stile di nuoto)* backstroke; **nuotare a ~** to do *o* swim the backstroke, to swim on one's back.

dorsosacrale /dorsosa'krale/ agg. dorsosacral.

dosabile /do'zabile/ agg. measurable.

dosaggio, pl. **-gi** /do'zaddʒo, dʒi/ m. CHIM. FARM. *(quantità)* dosage.

dosare /do'zare/ [1] tr. **1** *(determinare la quantità)* to measure (out), to weigh out [*ingredienti, medicina*] **2** FIG. *(calibrare)* **~ i propri sforzi** to pace oneself; **~ le forze** to husband one's forces; **~ le parole** to weigh one's words.

dosato /do'zato/ **I** p.pass. → **dosare II** agg. **1** *(misurato)* **~ a 100 mg** containing 100 mg (**per** per) **2** *(calibrato)* **-i rimproveri** measured criticism.

dosatore /doza'tore/ **I** agg. measuring; **cucchiaio ~** measuring spoon **II** m. **1** *(per il latte)* measuring jug, measuring cup AE; *(per zucchero, caffè)* scoop **2** *(apparecchio)* batcher.

▷ **dose** /'dɔse/ f. **1** FARM. dose (anche FIG.); **~ mortale** o **fatale** lethal dose; **~ eccessiva, insufficiente** overdose, underdose; **~ da cavallo** very strong dose; **aumentare le -i** to increase the dose *o* dosage; **a piccole -i** in small doses, in moderation; **non superare le -i consigliate** do not exceed the stated dose **2** *(quantità)* amount; **possedere una buona ~ di stupidità, d'egoismo** not to be short on stupidity, selfishness; **una ~ di originalità, di ottimismo** a dose of originality, optimism; **è sopportabile a piccole -i** he's all right in small doses **3** *(misura)* **due -i per litro** two measures per litre **4** *(nelle ricette)* **le -i per un dolce** the ingredients for a cake; **"-i per quattro persone"** "(recipe) for four people" **5** *(di droga)* fix POP.; **farsi una ~** GERG. to shoot up, to get a fix; **procurarsi una ~** to get a dose ◆ **rincarare la ~** to add to it, to exaggerate, to pile it on COLLOQ., to lay it on thick AE COLLOQ.

dosimetria /dozime'tria/ f. dosimetry.

dosimetrico, pl. **-ci**, **-che** /dozi'mɛtriko, tʃi, ke/ agg. **pellicola -a** film badge.

dosimetro /do'zimetro/ m. dosimeter.

dossale /dos'sale/ m. dossal, reredos, superaltar.

dossier /dos'sje/ m.inv. dossier, file (**on** su); **~ personale** personal file; **redigere, raccogliere un ~ su qcn., qcs.** [*detective, poliziotto, studente*] to draw up a file on sb., sth.; **aprire, tenere un ~ su qcn., qcs.** to open, to keep a file on sb., sth.

▷ **dosso** /'dɔsso/ m. **1** *(piccola altura)* hillock, rise **2** *(di strada)* *(naturale)* bump; *(artificiale)* road hump, speed bump, ramp BE, sleeping policeman* BE COLLOQ.; **rallentare prima di un ~** to slow down before humps **3** LETT. *(dorso)* back **4 di dosso togliersi** o **levarsi i vestiti di ~** to take off one's clothes; **non riusciva a togliergli gli occhi di ~** she couldn't take her eyes off him; **mi hai tolto un gran peso di ~** FIG. you have taken a great weight off my shoulders *o* my mind; **scuotersi la polvere di ~** to dust oneself off; **strappare i vestiti di ~ a qcn.** to tear sb.'s clothes off; **toglimi le mani di ~!** get your hands off me! COLLOQ.

dossologia /dossolo'dʒia/ f. doxology.

dotale /do'tale/ agg. dotal.

▷ **dotare** /do'tare/ [1] **I** tr. **1** *(fornire di dote)* to give* a dowry to [*figlia*] **2** *(equipaggiare)* **~ qcn., qcs. di** to equip *o* provide sb., sth. with; **~ di segnaletica** to signpost [*strada, itinerario, canale, ferrovia*]; **~ di armatura** to dress [sb.] in armour [*cavaliere*] **3** FIG. *(accordare)* **~ qcn., qcs. di** to endow sb., sth. with; **la natura l'ha dotato di un grande talento** he is naturally endowed, nature blessed him with great talent **II dotarsi** pronom. **-rsi di** to create, to set* up [*servizio*].

dotato /do'tato/ **I** p.pass. → **dotare II** agg. **1** *(munito)* equipped (**di** with), provided (**di** with); **~ di alzacristalli elettrico** equipped with power windows; **essere ~ di cucina e lavanderia** to have cooking and washing facilities; **ben ~** *(fisicamente)* well-endowed; **essere ~ di** [*persona*] to be endowed with [*qualità*]; **essere ~ per la musica** to have a talent for music **2** FIG. *(capace)* gifted, talented; **uno dei musicisti più -i del momento** one of the most gifted musicians around.

dotazione /dotat'tsjone/ f. **1** ECON. AMM. *(fondi)* allocation; **~ di funzionamento** allocation for running; **~ in capitale** capital endowment **2** *(rendita)* endowment, dotation **3** *(equipaggiamento)* equipment, supply; MIL. issue; **avere qcs. in ~** to be equipped *o* supplied with sth.; **dare qcs. in ~ a qcn.** to issue sb. with sth; **in ~ all'esercito, alla polizia** [*armi, uniformi*] army-issue attrib., police-issue attrib.

▶ **dote** /'dɔte/ f. **1** *(di ragazza, suora)* dowry; **in ~** as a dowry; **portare qcs. in ~** to bring a dowry of sth.; **ragazza con una ricca ~** girl with a large dowry; **cacciatore di ~** fortune hunter; **sposare la ~** SCHERZ. to marry for money **2** *(dono, talento)* gift, talent; **esercitare le proprie -i di linguista** to use one's talents as a linguist.

dott. 1 *(medico, dottore di ricerca)* ⇒ dottore doctor (Dr) **2** *(laureato)* ⇒ dottore graduate.

dottamente /dotta'mente/ avv. learnedly.

1.dotto /'dɔtto/ **I** agg. [*persona, riflessioni, libro, articolo*] learned, erudite; [*assemblea, discorso*] learned **II** m. (f. **-a**) learned person, scholar.

2.dotto /'dotto/ m. ANAT. duct ◆◆ **~ biliare** bile duct; **~ deferente** deferent duct; **~ galattoforo** milk duct; **~ sudoriparo** sweat duct.

Dotto /'dɔtto/ n.pr.m. Doc.

dottorale /dotto'rale/ agg. **1** *(da dottore)* **toga ~** academic gown **2** SPREG. *(pedante)* **tono ~** donnish tone; **aria ~** learned airs.

dottorando /dotto'rando/ m. (f. **-a**) doctoral student.

dottorato /dotto'rato/ m. *(di ricerca)* doctorate (**in** in); **tesi di ~** doctoral thesis; **conseguire il ~** to take one's doctorate.

▶ **dottore** /dot'tore/ ◆ **1, 18** m. **1** *(laureato)* graduate; **~ di ricerca** doctor; **~ in lettere, scienze** arts, science graduate; **~ in medicina** medical doctor; **dottor Rossi** *(laureato)* Mr Rossi; *(dottore di ricerca)* Dr. Rossi **2** *(medico)* doctor; **il dottor Verdi** Doctor Verdi; **andare dal ~** to go to the doctor('s); **giocare al ~** to play doctors and nurses ◆◆ **i Dottori della Chiesa** the Doctors of the Church; **~ honoris causa** honorary doctor.

> **i** **Dottore** This title can legally be used in Italy by anyone who has been awarded a degree after a course of at least 4 years of study. It is widely used in writing (on letters, printed on business cards) and as a form of address, when speaking formally to any graduate, not only doctors of medicine. There is a saying in Italy that "nobody is denied a *doctor*", to mean that whoever holds a position with even a modicum of power or a public office, albeit a modest one, regardless of whether they are graduates, is always called "doctor" by those who wish to be deferential (typically secretaries, waiters, parking attendants).

▷ **dottoressa** /dotto'ressa/ ◆ **1, 18** f. **1** *(laureata)* graduate; **~ Bianchi** *(laureata)* Ms Bianchi; *(dottore di ricerca)* Dr. Bianchi **2** *(medico)* (lady) doctor, woman doctor.

dottorino /dotto'rino/ m. SCHERZ. young doctor.

dottrina /dot'trina/ f. **1** *(sapere, erudizione)* scholarship, learning, erudition; **uomo di grande ~** a vastly learned man **2** *(teoria)* doctrine (anche POL.); **~ di Monroe** Monroe doctrine **3** RELIG. doctrine; *(catechismo)* catechism **4** DIR. law.

dottrinale /dottri'nale/ agg. **1** *(riferito a una dottrina)* [*capovolgimento, riferimento, disputa*] doctrinal **2** SPREG. [*atteggiamento, tono, discussione*] pedantic.

dottrinario, pl. **-ri**, **-rie** /dottri'narjo, ri, rje/ **I** agg. [*atteggiamento*] doctrinaire **II** m. (f. **-a**) doctrinaire.

dottrinarismo /dottrina'rizmo/ m. doctrinarianism.

1.dovere

- Gli equivalenti inglesi del verbo modale italiano *dovere* sono *must* (al negativo *must not* o *mustn't*), *to have* (*got*) *to*, *to be to*, *shall* (in forma contratta *'ll*, al negativo *shall not* o *shan't*), *should* (in forma contratta *'d*, al negativo *should not o shouldn't*) e *ought to* (al negativo *ought not to* o *oughtn't to*). Ciò significa che un'unica forma italiana esprime molte sfumature di significato, rese in inglese da forme diverse.
- Le forme inglesi di *dovere* condividono con tutti gli altri modali inglesi alcune caratteristiche: non prendono la terminazione *-s* alla terza persona singolare del presente; con poche eccezioni, non sono mai preceduti da un ausiliare e sono sempre seguiti da un verbo all'infinito senza *to*.

Dovere = must

- L'italiano *dovere* si traduce con *must* quando, al tempo presente, si vuole indicare:
  a) un obbligo imposto da chi parla, spesso un dovere interiore: *devo finirlo per domani al più tardi* = I must finish it by tomorrow at the latest; *dobbiamo alzarci, sono le 7* = we must get up, it's 7 o'clock;
  b) un consiglio pressante: *devi davvero smettere di fumare!* = you really must stop smoking! *devi senz'altro leggere Dubliners, è bellissimo!* = you must read Dubliners, it's beautiful!;
  c) una necessità o un'esigenza oggettiva: *devi / si deve studiare sodo per passare questo esame* = you must study hard to pass this exam;
  d) una proposta riluttante (alla prima persona, in frase interrogativa): *devo farlo proprio io?* = must I do it?
  e) una deduzione logica o una supposizione: *è arrivata prima: dev'essere felice* = she came in first: she must be happy; d*eve avere venticinque anni* = he must be twenty-five.
- *Must* è una forma di presente; se il dovere va espresso al passato, *must* si può usare come tale nel discorso indiretto, e seguito dall'infinito composto per esprimere eventualità o supposizioni:

disse che ci dovevamo alzare alle 7	=	he said we must get up at 7
doveva essere una bellissima donna molti anni fa	=	she must have been a beautiful woman many years ago.

Dovere = mustn't *o* needn't

- Quando *dovere* al presente è usato in forma negativa può indicare un divieto oppure che non è necessario fare qualcosa; questi due significati vengono resi in inglese, rispettivamente, da *must not* e *need not*:

non devi farlo (= ti è vietato farlo)	=	you mustn't do it
non devi farlo (= non è necessario che tu lo faccia)	=	you needn't do it
non dovete dirlo a nessuno!	=	you mustn't tell anybody!
non devi venire se non vuoi	=	you needn't come if you don't want to.

Dovere = to have (got) to

- L'italiano *dovere* si traduce spesso con *to have to*, sia perché questa forma può essere usata in molti tempi verbali (presente, passato, futuro, tempi composti, infinito e forma in *-ing*), sia perché esprime un obbligo imposto dall'esterno, dalle circostanze, e pertanto, essendo semanticamente meno forte di *must*, è usato più spesso:

dobbiamo andare a scuola fino alla fine di giugno	=	we have to go to school until the end of June
ho dovuto farlo da solo	=	I had to do it by myself
dovranno partire senza le valigie	=	they will have to leave without their suitcases
detesto dovertelo dire io, ma...	=	I hate to have to tell you myself, but...
dovendo arrivare a Roma per le tre, sono partito alle dieci.	=	having to get to Rome by 3 o'clock, I left at 10.

- La variante *to have got to* si usa spesso nel linguaggio corrente, ed esprime un obbligo immediato, contrapponendosi a *to have to*, che esprime un obbligo costante o abituale:

dobbiamo alzarci o perderemo il treno	=	we have got to get up or we'll miss the train
si devono alzare alle sette tutti i giorni.	=	every day they have to get up at seven.

- To *have to*, diversamente da *to have got to*, richiede l'uso dell'ausiliare *do / did* in frase negativa e interrogativa:

a che ora dovete andare a scuola?	=	what time do you have to go to school?
non devo fare i compiti al sabato	=	I don't have to do my homework on Saturdays
a che ora dovete andare al cinema?	=	what time have you got to go to the cinema?
non dobbiamo fare i compiti.	=	we haven't got to do our homework.

Gli esempi in frase negativa mostrano che *to have (got) to* al negativo ha valore di mancanza d'obbligo, e non di divieto, ed è pertanto equivalente di *needn't*.

Dovere = to be to

- L'italiano *dovere* si traduce con *to be to* quando si vuole indicare:
  a) un divieto categorico (espresso in una forma più impersonale di *mustn't*): *nessuno deve aprire questa porta quando è accesa la luce rossa* = no one is to open this door when the red light is on; *non devi / non si deve ribattere a quel modo* = you are not to answer back like that;
  b) una richiesta di informazioni o istruzioni, in frase interrogativa: *che cosa devo fare?* = what am I to do? *a chi dobbiamo dare i soldi?* = who are we to give the money to?
  c) una decisione presa, qualcosa di programmato per il futuro: *la devo vedere domattina nel suo ufficio* = I am to meet her in her office tomorrow morning; *stasera il professore deve / dovrà correggere i test* = the teacher is to mark the tests tonight. Se però il fatto programmato non si verifica, all'imperfetto o condizionale composto di dovere corrisponde *to be to* al passato + infinito composto: *il professore doveva correggere i compiti, e invece guardò la TV* = the teacher was to have marked the tests, but he watched TV instead.

Dovere = shall

- L'italiano *dovere* si traduce con *shall* quando, al presente, si vuole indicare:
  a) un ordine categorico, in frase affermativa: *devi andarci, che ti piaccia o no* = you shall go there, whether you like it or not;
  b) un divieto categorico, in frase negativa: *non devi usare la mia macchina!* = you shan't drive my car!;
  c) la richiesta di un consiglio, in frase interrogativa: *dobbiamo aspettare fuori?* = shall we wait outside?;
  d) l'espressione di una proposta, in frase interrogativa: *devo copiartelo io?* = shall I copy it for you? *devo preparare la cena?* = shall I cook dinner?

Dovere = should

- L'italiano *dovere* si traduce con *should* quando, al condizionale e al congiuntivo passato, si vuole indicare:
  a) un obbligo, un dovere morale: *dovresti farlo tu* = you should do it (si noti che quest'uso di *should* è più forte del corrispondente condizionale italiano, e potrebbe equivalere a un più deciso presente: *devi farlo tu*).
  b) un consiglio: *dovresti fare la pace con loro, e non pensarci più* = you should make up with them, and forget about it.
  c) la probabilità circa un dato fatto: *dovrebbe essere in casa, prova a telefonargli* = he should be at home, try and give him a ring.
  d) una supposizione (al condizionale composto): *avrebbe dovuto vincere lei* = she should have won.
  e) un'ipotesi remota: *se dovessi incontrarlo tu, dagli 100 euro* = if you should meet him, give him 100 euros.

Dovere = ought to

- L'italiano *dovere* si traduce con *ought to* quando, al condizionale, si vuole indicare:
  a) un obbligo: *dovresti studiare di più* = you ought to study harder,

b) un consiglio: *dovresti smettere di bere alcolici* = you ought to stop drinking alcohol;

c) la probabilità circa un dato fatto: *dovrebbe affittarla Mr Jones, se non cambia idea* = Mr Jones ought to rent it, unless he changes his mind;

d) una lamentela per qualcosa che non è stato fatto (al condizionale composto): *avrebbe dovuto dirtelo (ma non l'ha fatto)* = he ought to have told you (but he didn't).

***Dovere* = to be obliged / compelled to**

- L'italiano *dovere* si può anche rendere con *to be obliged to* o *to be compelled to* (letteralmente, *essere costretto a*), che si usano in tutti i tempi, ma non nel congiuntivo e condizionale:

dovremo riordinare la nostra stanza	= we'll be obliged to tidy up our room
hanno dovuto studiare moltissimo	= they were compelled to study very hard.

Casi particolari

- Nell'inglese colloquiale, quando *dovere* indica l'intenzione o il progetto di fare qualcosa può essere reso dalla forma *to be going to*:

devo vedere gli amici stasera	= I'm going to meet my friends tonight.

- Si notino le diverse traduzioni, in rapporto ai diversi significati, della forma italiana *doveva*:

a) supposizione: *doveva essere mezzanotte* = it must have been midnight;

b) obbligo: *doveva fare i compiti* = he had to do his homework;

c) recriminazione: *doveva portare del vino* = he ought to have brought some wine;

d) azione programmata, e forse non realizzata: *doveva telefonarle lui* = he was to give her a ring;

e) azione programmata: *doveva cenare con loro* = he was going to have dinner with them.

- Per gli usi lessicali del verbo *dovere* (*dovere dei soldi* ecc.) si veda la voce **1.dovere**.

dott.ssa **1** *(medico, dottore di ricerca)* ⇒ dottoressa doctor (Dr) **2** *(laureata)* ⇒ dottoressa graduate.

double-face /duble'fas/ **I** agg.inv. [*tessuto*] double-faced, two-sided; [*giacca*] reversible **II** m.inv. *(capo di abbigliamento)* reversible item of clothing; *(tessuto)* double-faced material.

▶ **dove** /'dove/ *Dove* avverbio di luogo si traduce solitamente *where* nelle frasi interrogative dirette e indirette: *dove sei?* = where are you? *sai dov'è?* = do you know where he is? *non mi ha detto dove sarebbe andato* = he didn't tell me where he would go. - Se *dove* introduce una frase relativa e il verbo in inglese è un verbo frasale, sono possibili diverse traduzioni: *la città dove siamo passati* = the town we passed through / the town that we passed through / the town which we passed through / the town through which we passed; le prime tre traduzioni sono utiliz-zabili nella lingua corrente, parlata e scritta, mentre l'ultima è limitata a un uso formale soprattutto scritto. **I** avv. **1** where; **~ *lavori, vai?*** where do you work, are you going? ***mi domando, mi piacerebbe sapere ~...*** I wonder, I'd like to know where...; ***e ~ questo?*** where's that? ***ma ~?*** where on earth? ***da ~ vieni?*** where are you from? ***non so da ~ venga*** I don't know where she comes from; ***non so da ~ cominciare*** I don't know where to begin *o* start; ***da ~ siete passati per venire?*** which way did you come? ***fin ~ arriva l'occhio*** as far as the eye can see; ***fino a ~ arriva la coda?*** how far does the queue stretch? ***per ~ si passa?*** which way do you go? ***l'ho perso non so ~*** I've lost it somewhere; ***l'ha incontrato non so ~*** God knows where she met him; ***è partito per andare ~?*** where has he left for? where was he headed? ***(verso) ~ si è diretto?*** which way did he go? **2** FIG. where; ***~ ero rimasto?*** where was I? ***capisci ~ voglio arrivare?*** you see what I'm getting at? ***da ~ viene quest'abitudine?*** where does this habit come from? where did you get this habit from? **II** cong. **1** *(con valore relativo)* where; ***il quartiere ~ abitiamo*** the area *o* neighbourhood where we live; ***un luogo*** o ***posto ~ fare*** a place *o* somewhere to do; ***trovare un posto ~ dormire*** to find a place *o* somewhere to sleep; ***la regione da ~ sono fuggiti*** the area they escaped from; ***siamo saliti fin sulla vetta, da ~ si ha una magnifica vista*** we went all the way to the summit, where there was a magnificent view; ***da ~ si alzava del fumo*** where smoke was rising from; ***è andato ~ gli avete detto*** he went where you told him to; ***ho deciso di restare ~ sono*** I've decided to stay where I am **2** RAR. *(con valore ipotetico)* lest; ***~ ciò non vi dovesse piacere...*** lest you should not like it... **3** ANT. *(con valore avversativo)* whereas; ***l'imputato rifiuta, ~ dovrebbe accettare*** the indictee refuses, whilst he should accept **III** m.inv. ***il ~ e il quando*** where and when; ***non so né il ~ né il quando*** I don't know where or when; ***da ogni ~*** from everywhere.

▶ **1.dovere** /do'vere/ [43] (when it is modal verb the use of the auxiliary *essere* or *avere* depends on the verb in the infinitive that follows) **I** mod. **1** *(per esprimere un obbligo)* must, to have* to; ***si deve guardare nello specchietto prima di mettere la freccia*** you must check your rearview mirror before putting on your blinker *o* indicator; ***i biberon devono essere sterilizzati*** the feeding bottles must be sterilized; ***dobbiamo veramente alzarci alle 7?*** must we really be up at 7 am? ***non devi farne parola con nessuno*** you mustn't mention this to anyone; ***il prestito deve essere rimborsato in un anno*** the loan must be repaid in one year; ***devo andare a prendere i bambini da scuola*** I have to collect the children from school; ***devi passare per il centralino*** you have to go through the switchboard; ***fai quello che devi*** do what you have to **2** *(per esprimere una necessità, un'esigenza, una convenienza)* to have* (got) to; ***i candidati dovranno essere cittadini comunitari*** candidates must be EU nationals; ***per ottenere il brevetto devi avere fatto 40 ore di volo*** to gain a licence you must spend 40 hours in the air; ***l'azienda dovrà chiudere*** the company will have to close, the company is going to have to close; ***i bambini devono essere avvisati dei pericoli che possono correre*** children must be alerted to the dangers that they might encounter; ***si doveva fare qualcosa*** something had to be done; ***devi metterti a dieta se vuoi dimagrire*** you have to diet if you want to slim down; ***devi renderti conto che*** you've got to realize that; ***dobbiamo proprio discuterne adesso?*** need we discuss it now? ***devo prendere un ombrello?*** should I take an umbrella? do I need to take an umbrella? ***che (cosa) devo fare?*** what am I to do? **3** *(per esprimere un consiglio, una raccomandazione)* should, ought to; ***dovresti riflettere prima di parlare*** you should think before you speak; ***non dovrebbe guidare così veloce*** she oughtn't to, shouldn't drive so fast; ***dovrebbe consultare un medico*** she ought to see a doctor; ***qualcuno avrebbe dovuto accompagnarla*** someone ought to have accompanied her **4** *(per esprimere una probabilità)* ***deve avere passato la quarantina*** she must be well over 40; ***doveva essere lui*** it must have been him; ***dev'esserci qualche errore!*** there must be some mistake! ***devi essere impazzito!*** you must be out of your mind! ***ormai la cena dovrebbe essere pronta*** dinner should be ready by now **5** *(per esprimere una previsione)* ***dovremmo arrivare per le sei*** we should be there by six o'clock; ***non dovrebbe essere difficile convincerli*** it shouldn't be difficult to convince them; ***devo vederlo domani*** I'll be seeing him tomorrow; ***devono arrivare da un momento all'altro*** they're due to arrive any minute; ***quando deve*** o ***dovrebbe nascere il bambino di Cristina?*** when's Cristina's baby due? ***dovevamo partire ma si è messo a piovere*** we should have left but it started raining **6** *(per esprimere un'offerta di cortesia o una richiesta di istruzioni)* shall; ***dobbiamo aspettarti?*** shall we wait for you? **7** *(usato enfaticamente)* ***perché dev'essere sempre così cinica?*** why must she always be so cynical? ***deve sempre distinguersi*** he always has to be different **II** tr. **1** *(avere da pagare)* to owe [*denaro, cena*] (**a qcn.** to sb.); ***quanto le devo?*** *(per un servizio)* how much do I owe you? *(per un acquisto)* how much is it? ***ci deve ancora dei soldi per il biglietto*** he still owes us for the ticket **2** *(essere debitore di)* **~ *qcs. a qcn.*** to owe sth. to sb., to owe sb. sth.; ***deve tutto a sua moglie*** he owes it all to his wife; ***devo a te la mia vittoria*** it's thanks to you that I won; ***mi deve un favore*** he owes me a favour; ***lo si deve solo a te*** it's all due to you; ***a che cosa devo l'onore della sua visita?*** SCHERZ. to what do I owe the honour (of your visit)? **3** *(avere un obbligo morale)* **~ *qcs. a qcn.*** to owe sb. sth.; **~ *una spiegazione a qcn.*** to owe sb. an explanation; ***il tuo amico mi deve delle scuse*** your friend owes me an apology **4 come si deve** [*comportarsi, agire*] properly; ***parlare come si deve*** to keep a civil tongue in one's head; ***se vuoi fare del surf come si deve...*** if you want to do some serious surfing... ***un uomo come si deve*** a decent man.

▶ **2.dovere** /do'vere/ **I** m. **1** *(obbligo)* duty (**nei confronti di, verso** to); ***avere il ~ di fare*** to have the duty to do; ***avere il senso del ~*** to have a sense of duty; ***agire per senso del ~*** to act out of a sense of duty; ***fare il proprio ~*** to do one's duty (**verso qcn.** by sb.); ***considerare un proprio ~ fare*** to make it one's duty to do; ***è mio ~ fare*** it is my duty to do; ***sentirsi in ~ di fare*** to feel duty bound to do; ***venir meno ai propri -i*** to neglect one's duties, to be neglectful of one's duties, to fail in one's duty; ***adempimento del proprio ~*** fulfilment BE, fulfillment AE of one's duty; ***il ~ chiama!*** duty calls! ***votare è un diritto, ma è anche un ~*** voting is not only a right, but also a duty; ***essere ligio al ~*** to be dutiful; ***visita di ~*** duty call; ***a chi di ~*** the person *o* people concerned; ***~!*** *(formula di cortesia)* you are welcome! **2 a dovere** properly, in the right way; ***fare qcs. a ~*** to do sth. properly **II doveri** m.pl. ANT. *(omaggi)* respects; ***presentare i propri -i a qcn.*** to pay one's respects to sb. ◆ ***prima il ~, poi il piacere*** PROV. = duty comes first ◆◆ ***~ di ufficio*** official duty; ***-i coniugali*** conjugal *o* marital duties.

doverosamente /doverosa'mente/ avv. duly, properly.

doveroso /dove'roso/ agg. ***ritenere ~ fare qcs.*** to make a point of doing; ***è ~ ricordare che...*** it must be remembered that...

dovizia /do'vittsja/ f. abundance; ***con ~ di particolari*** with a wealth of details; ***a ~*** in abundance *o* plenty.

dovizioso /dovit'tsjoso/ agg. **1** *(abbondante)* abundant (**di** in) **2** *(ricco)* [*persona*] wealthy, rich.

doviziosamente /dovittsjosa'mente/ avv. abundantly.

dovunque /do'vunkwe/ **I** avv. ***è stata ~*** she's been everywhere; ***~ eccetto in Australia*** anywhere but Australia **II** cong. ***~ lei vada, lui la segue*** anywhere she goes, he goes; ***la seguirò ~ vada*** wherever she goes I'll go.

dovutamente /dovuta'mente/ avv. duly.

dovuto /do'vuto/ **I** p.pass. → **1.dovere II** agg. **1** *(da pagare)* due (**a** to); ***la somma -a*** the amount *o* sum owing *o* due; ***gli interessi -i*** the interest due **2** *(imputabile)* ***~ a*** due to; ***questo incidente è ~ all'imprudenza*** this accident was due to carelessness; ***il mio ritardo è ~ agli ingorghi stradali*** I'm late due to *o* because of traffic jams **3** *(che si deve)* due (**a** to); ***rispetto ~ a qcn., qcs.*** respect due to sb., sth.; ***con il ~ rispetto*** with all due respect; ***con la -a solennità*** with due solemnity **III** m. due; ***reclamare il ~*** to claim one's due; ***più del ~*** more than one's due.

down /'daun/ **I** agg.inv. ***un bambino ~*** Down('s syndrome) child **II** m. e f.inv. Down's syndrome person.

▷ **dozzina** /dod'dzina/ f. **1** *(dodici esemplari)* dozen; ***due -e di uova, di bicchieri*** two dozen eggs, glasses; ***3 euro la ~*** 3 euros a dozen; ***a -e*** by the dozen; ***mezza ~*** half-dozen **2** *(circa dodici)* ***una ~ di giorni*** = a couple of weeks; ***ce ne sono a -e*** there are dozens of them **3** ANT. *(pensione)* ***essere*** o ***stare a ~ presso qcn.*** to board with sb.

dozzinale /doddzi'nale/ agg. [*persona*] ordinary; [*libro, attore*] second-rate.

dozzinante /doddzi'nante/ m. e f. ANT. boarder.

D.P. /dip'pi/ m. (⇒ Decreto Presidenziale) = presidential decree.

D.P.R. /dippi'ɛrre/ m. (⇒ Decreto del Presidente della Repubblica) = decree of the President of the Republic.

dr. 1 *(medico, dottore di ricerca)* ⇒ dottore doctor (Dr) **2** *(laureato)* ⇒ dottore graduate.

dracena /dra'tʃɛna/ f. dracaena, dragon tree.

dracma /'drakma/ ➧ ***6*** f. drachma*.

draconiano /drako'njano/ agg. [*legge, provvedimento*] draconian.

draga, pl. **-ghe** /'draga, ge/ f. **1** TECN. *(macchina, chiatta)* dredge **2** MAR. sea anchor **3** PESC. trawl ◆◆ ***~ a norie*** bucket dredge(r).

dragaggio, pl. **-gi** /dra'gaddʒo, dʒi/ m. dredging; ***~ di mine*** minesweeping.

dragamine /draga'mine/ m.inv. *(nave)* minesweeper.

dragare /dra'gare/ [1] tr. **1** TECN. *(per pulire)* to dredge [*fiume, canale*]; *(per cercare)* to drag [*fiume, canale*]; ***~ un canale alla ricerca di un corpo*** to drag a canal for a body **2** MIL. ***~ qcs. alla ricerca di mine*** to sweep sth. for mines **3** COLLOQ. *(abbordare, rimorchiare)* to cruise.

dragatore /draga'tore/ ➧ ***18*** m. (f. **-trice** /tritʃe/) *(persona)* dredger.

draghista, m.pl. **-i**, f.pl. **-e** /dra'gista/ ➧ ***18*** m. e f. *(persona)* dredger.

▷ **drago**, pl. **-ghi** /'drago, gi/ m. **1** *(animale favoloso)* dragon **2** COLLOQ. *(persona molto abile)* ace (**in** at) **3** (anche **~ volante**) *(aquilone)* kite ◆◆ ***~ di Komodo*** Komodo dragon.

dragomanno /drago'manno/ m. dragoman*.

dragona /dra'gona/ f. sword knot.

dragoncello /dragon'tʃɛllo/ m. terragon; ***salsa al ~*** terragon sauce.

dragone /dra'gone/ m. **1** *(animale favoloso)* dragon **2** STOR. MIL. dragoon.

dragonessa /drago'nessa/ f. dragoness.

▷ **1.dramma** /'dramma/ m. **1** *(avvenimento tragico)* drama, tragedy; ***un ~ familiare*** a family tragedy; ***se parte non è mica un ~*** if he leaves it's not the end of the world; ***ogni volta che arrivo tardi ne fa un ~*** every time I'm late it's a major tragedy for him **2** TEATR. CINEM. LETTER. drama, play; ***~ in tre atti*** three-act play ◆◆ ***~ psicologico*** psychological drama.

2.dramma /'dramma/ f. ANT. → **dracma.**

drammaticamente /drammatika'mente/ avv. dramatically.

drammaticità /drammatitʃi'ta/ f.inv. **1** *(di opera d'arte)* dramatic power **2** *(di una situazione)* drama.

drammatico, pl. **-ci**, **-che** /dram'matiko, tʃi, ke/ agg. **1** TEATR. LETTER. [*creazione, effetto*] dramatic; ***arte -a*** drama, dramatic art, dramatics; ***scrittore ~*** dramatist **2** *(tragico)* [*problema, situazione*] dramatic; ***prendere una piega -a*** to take a tragic turn.

drammatizzare /drammatid'dzare/ [1] tr. **1** TEATR. LETTER. to dramatize **2** FIG. to dramatize; ***drammatizzi sempre tutto*** you always dramatize everything.

drammatizzazione /drammatiddzat'tsjone/ f. dramatization.

drammaturgia /drammatur'dʒia/ f. **1** *(arte)* dramaturgy **2** ANT. *(trattato)* treatise on dramatic art.

drammaturgico, pl. **-ci**, **-che** /dramma'turdʒiko, tʃi, ke/ agg. dramaturgic.

drammaturgo, m.pl. **-ghi**, f.pl. **-ghe** /dramma'turgo, gi, ge/ ➧ ***18*** m. (f. **-a**) dramatist, dramaturgist, playwright.

drammone /dram'mone/ m. *(opera di grande impatto emotivo)* melodrama.

drappeggiamento /drappeddʒa'mento/ m. draping.

drappeggiare /drapped'dʒare/ [1] **I** tr. *(panneggiare)* to drape [*tessuto, tende*]; *(avvolgere)* to drape [*corpo, statua*] **II drappeggiarsi** pronom. to drape oneself.

drappeggio, pl. **-gi** /drap'peddʒo, dʒi/ m. drape; ***il ~ di un vestito*** the drape of a dress.

drappello /drap'pɛllo/ m. **1** MIL. squad **2** *(gruppetto)* group, platoon.

drapperia /drappe'ria/ f. *(drappi)* drapery.

drappo /'drappo/ m. cloth ◆◆ ***~ funebre*** pall.

drasticamente /drastika'mente/ avv. drastically.

drasticità /drastitʃi'ta/ f.inv. being drastic.

drastico, pl. **-ci**, **-che** /'drastiko, tʃi, ke/ agg. [*provvedimento, condizione, riduzione, taglio*] drastic.

dravidico, pl. **-ci**, **-che** /dra'vidiko, tʃi, ke/ agg. Dravidian.

drenaggio, pl. **-gi** /dre'naddʒo, dʒi/ m. **1** TECN. AGR. drainage **2** MED. drainage, drain; ***tubo di ~*** drainage tube ◆◆ ***~ fiscale*** clawback BE.

drenare /dre'nare/ [1] tr. **1** AGR. to drain [*terreno*] **2** MED. to drain [*ferita*] **3** FIG. *(attirare)* to siphon off [*capitali*] (**verso** to).

Dresda /'drɛzda/ ➧ ***2*** n.pr.f. Dresden.

dressage /dres'saʒ/ m.inv. EQUIT. dressage.

dressaggio, pl. **-gi** /dres'saddʒo, dʒi/ m. RAR. → **dressage**.

driade /'driade/ f. MITOL. dryad.

dribblare /drib'blare/ [1] **I** tr. **1** SPORT ***ha dribblato due difensori*** he dribbled (the ball) past two defenders **2** FIG. *(evitare, scansare)* to get* around [*problema, ostacolo*] **II** intr. (aus. *avere*) to dribble.

dribblatore /dribbla'tore/ m. (f. **-trice** /tritʃe/) SPORT dribbler.

dribbling /'dribbling/ m.inv. SPORT dribble; ***fare un ~*** to dribble.

drillo /'drillo/ m. ZOOL. drill.

drin /drin/ **I** inter. **~ ~** dingaling **II** m.inv. ***la bimba sentì il ~ del campanello*** the kid heard the bell ring.

drink /drink/ m.inv. drink.

dritta /'dritta/ f. **1** *(mano destra)* right hand **2** MAR. *(tribordo)* starboard; ***virare a ~*** to turn to starboard; ***tutta a ~!*** hard a-starboard **3** COLLOQ. *(istruzione)* tip (**su** about); ***non avresti una ~ da darmi?*** do you have any tips for me? ***dare una ~ a qcn.*** to give sb. a tip ◆ ***a ~ e a manca*** left, right and centre.

▶ **dritto** /'dritto/ **I** agg. **1** → **1. diritto 2** COLLOQ. *(scaltro)* smart **II** avv. → **1.diritto III** m. (f. **-a**) **1** SART. SPORT → **1.diritto 2** MAR. post; ***~ di poppa*** sternpost **3** *(persona scaltra)* smart one; ***fare il ~*** to be smarty.

drittofilo /dritto'filo/ m.inv. straight grain.

drive /draiv/ m.inv. **1** SPORT *(nel golf)* drive **2** INFORM. drive.

drive-in /drai'vin/ m.inv. drive-in.

driver /'draiver/ m.inv. *(nel golf)* driver.

drizza /'drittsa/ f. halyard.

▷ **drizzare** /drit'tsare/ [1] **I** tr. **1** *(mettere diritto)* to stand* upright [*palo*] **2** *(raddrizzare)* to straighten, to put* straight, to set* straight **3** RAR. *(rivolgere)* ***~ lo sguardo a qcs.*** to look towards sth. **4** ***il cane cominciò a ~ il pelo*** the dog's hackles began to rise; ***il***

gatto ha drizzato il pelo the cat's fur bristled; ***il cane drizzò le orecchie*** the dog pricked (up) its ears **II drizzarsi** pronom. **1** *(alzarsi)* to stand* up, to rise*; ***-rsi in piedi*** to rise to one's feet **2** *(rizzarsi)* [*pelo, capelli*] to prickle ◆ ***~ le orecchie*** to prick (up) one's ears; ***~ le antenne*** to put out feelers.

▷ **droga**, pl. **-ghe** /'drɔga, ge/ f. **1** GASTR. spice **2** *(stupefacente)* drug; ***traffico di ~*** drugs dealing; ***fare uso di ~*** to be on drugs, to take drugs; ***spacciatore di ~*** drug peddler, drug pusher COLLOQ., dealer; ***trafficante di ~*** drug smuggler **3** FIG. drug; ***essere una ~*** [*cioccolato, potere*] to be addictive; ***è diventato una ~*** it has become an addiction **4** ANT. *(farmaco)* drug ◆◆ ***~ party*** drug party; ***~ di passaggio*** gateway drug; ***~ sintetica*** designer drug; ***-ghe leggere*** soft drugs; ***-ghe pesanti*** heavy drugs.

drogaggio, pl. **-gi** /dro'gaddʒo, dʒi/ m. doping (anche TECN.); ***agente di ~*** dopant.

▷ **drogare** /dro'gare/ [1] **I** tr. **1** GASTR. to spice **2** *(trattare con droghe)* to dope, to drug [*cibo, bevanda*] **3** *(fare assumere stupefacenti)* to dope, to drug [*persona*]; SPORT *(per migliorare le prestazioni)* to dope [*sportivo*]; to dope, to drug [*animale*] **II drogarsi** pronom. to take* drugs, to be* on drugs.

drogato /dro'gato/ **I** p.pass. → **drogare II** agg. **1** GASTR. spiced **2** *(trattato con droghe)* [*cibo, bevanda*] drugged **3** *(che assume stupefacenti)* [*persona*] doped; SPORT [*sportivo, animale*] doped **III** m. (f. **-a**) drug abuser, (drug) user, dope fiend COLLOQ., druggy COLLOQ., junkie COLLOQ.

drogheria /droge'ria/ ➧ **18** f. grocer's (shop), grocery (store), grocery shop BE; ***prodotti di ~*** grocery products, groceries.

droghiere /dro'gjɛre/ ➧ **18** m. (f. **-a**) grocer.

dromedario, pl. **-ri** /drome'darjo, ri/ m. dromedary.

dromo /'drɔmo/ m. seamark.

drosera /'drɔzera/ f. drosera, sundrew.

drosofila /dro'zɔfila/ f. drosophila*, fruit fly.

drosometro /dro'zɔmetro/ m. drosometer.

dr.ssa 1 *(medico, dottore di ricerca)* ⇒ dottoressa doctor (Dr) **2** *(laureato)* ⇒ dottoressa graduate.

drudo /'drudo/ m. LETT. paramour.

druida /'druida/ m. e f. *(uomo)* druid; *(donna)* druidess.

druidessa /drui'dessa/ f. druidess.

druidico, pl. **-ci**, **-che** /dru'idiko, tʃi, ke/ agg. druidical.

druidismo /drui'dizmo/ m. druidism.

druido /'druido/ m. druid.

drupa /'drupa/ f. drupe.

drupaceo /dru'patʃeo/ agg. drupaceous.

drusa /'druza/ f. MINER. druse.

DS /di'ɛsse/ m.pl. (⇒ Democratici di Sinistra) = Italian left-wing Democrats.

DSP /diessep'pi/ m.pl. (⇒ Diritti speciali di prelievo special drawing rights) SDR.

duale /du'ale/ **I** agg. dual **II** m. LING. dual.

dualismo /dua'lizmo/ m. dualism.

dualista, m.pl. **-i**, f.pl. **-e** /dua'lista/ m. e f. dualist.

dualistico, pl. **-ci**, **-che** /dua'listiko, tʃi, ke/ agg. dualistic.

dualità /duali'ta/ f.inv. duality.

Dubai /du'bai/ ➧ **33, 2 I** n.pr.m. *(emirato)* Dubai **II** n.pr.f. *(città)* Dubai.

▶ **dubbio**, pl. **-bi**, **-bie** /'dubbjo, bi, bje/ **I** agg. **1** *(poco certo)* [*risultato*] doubtful; [*successo*] uncertain; ***è ~ che si possa arrivare in tempo*** it is doubtful that we could arrive in time **2** *(ambiguo)* [*significato, risposta*] ambiguous **3** *(inattendibile)* [*autenticità*] questionable; ***essere ~*** [*onestà, innocenza*] to be in doubt **4** *(sospetto, discutibile)* [*persona, reputazione*] dubious; [*affare*] shady; ***dal sapore ~*** [*piatto, carne*] odd-tasting; ***cravatta di ~ gusto*** tie in rather bad taste; ***scherzo di ~ gusto*** joke in rather bad taste **II** m. **1** *(incertezza)* doubt; ***senza ~*** no *o* without doubt; ***senza alcun ~*** beyond (all) doubt, without (a) doubt; ***senza il minimo ~*** without the slightest doubt; ***senza ombra di ~*** without *o* beyond the shadow of a doubt; ***non c'è alcun ~ (che)*** there is no doubt (that); ***non ci sono -bi su qcs.*** there is no doubt about sth.; ***non avere -bi (che)*** to have no doubt (that); ***non lasciare a qcn. alcun ~ riguardo qcs.*** to leave sb. in no doubt about sth., to leave sb. no room for doubt about sth.; ***lasciare qcn. nel ~*** to leave sb. in a state of uncertainty; ***dare adito a -bi*** [*prova, testimonianza*] to be open to doubt; ***essere in preda ai -bi*** to be beset by doubt; ***il ~ mi assale*** I'm overcome by doubt; ***mettere in ~ qcs.*** to put sth. in doubt, to cast doubt on sth., to doubt sth.; ***essere in*** o ***nel ~*** [*persona*] to be doubtful, to have misgivings (**riguardo**, **in merito a** about); ***sono in ~ se accettare o meno*** I am dubious about accepting, I'm in two minds whether to accept it or not; ***nel ~*** if *o* when in doubt; ***i risultati dell'elezione non sono in ~*** the election result is not in any doubt; ***nel ~, ho preferito non dire nulla*** not being sure I preferred not to say anything; ***concedere a qcn. il beneficio del ~*** to give sb. the benefit of the doubt **2** *(sospetto)* doubt; ***avere*** o ***nutrire -bi su qcs., sul fare*** to have one's doubts about sth., about doing; ***ho dei*** o ***i miei -bi!*** I have my doubts! ***in materia rimane un ~*** there is still some doubt about it; ***non c'è alcun ~ sulla sua*** o ***circa la sua colpevolezza*** there is no doubt about her guilt, that she is guilty **3** FILOS. RELIG. doubt ◆ ***nel ~, astieniti*** PROV. when in doubt, do nowt.

dubbiosamente /dubbjosa'mente/ avv. dubiously.

dubbioso /dub'bjoso/ agg. **1** *(che ha dubbi)* [*persona*] doubtful, dubious; *(che esprime dubbi)* [*risposta*] dubious; [*espressione, sguardo*] doubtful, questioning; ***parlare con tono ~*** to speak doubtfully **2** *(incerto)* [*esito*] uncertain.

dubitabile /dubi'tabile/ agg. doubtable, dubitable RAR.

▷ **dubitare** /dubi'tare/ [1] intr.(aus. *avere*) **1** ***~ di*** to doubt [*fatto, onestà, persona*]; ***~ che*** to doubt that, to have one's doubts (about) whether, to be doubtful that *o* whether; ***~ dell'innocenza di qcn.*** to have doubts about sb.'s innocence; ***~ di se stesso*** to have feelings of self-doubt; ***non ho mai dubitato di te, del tuo talento*** I have never doubted you, your talent; ***non dubito che tu dica la verità*** I don't doubt that you're telling the truth; ***dubito che questa sera venga*** I doubt (whether) she'll come tonight; ***Margherita sostiene che sia vero, ma io ne dubito*** Margherita says it's true but I have my doubts; ***ne dubito (molto)!*** I doubt it (very much)! **2** FILOS. RELIG. to doubt **3** *(temere)* to suspect, to be* afraid; ***non dubiti, Le telefonerò presto*** don't worry, I'll phone you soon.

dubitativamente /dubitativa'mente/ avv. in a dubitative way.

dubitativo /dubita'tivo/ agg. **1** *(dubbioso)* doubting, dubitative **2** LING. [*modo*] dubitative.

dublinese /dubli'nese/ ➧ **2 I** agg. from, of Dublin **II** m. e f. Dubliner.

Dublino /du'blino/ ➧ **2** n.pr.f. Dublin.

duca, pl. **-chi** /'duka, ki/ ➧ **1** m. duke; ***il ~ di York*** the Duke of York.

ducale /du'kale/ agg. **1** *(relativo al duca)* ducal **2** *(relativo al doge)* ***il Palazzo Ducale di Venezia*** the Doge's Palace in Venice.

1.ducato /du'kato/ m. *(titolo)* dukedom; *(territorio)* dukedom, duchy.

2.ducato /du'kato/ m. NUMISM. ducat.

duce /'dutʃe/ m. **1** LETT. chief **2** STOR. *(nel fascismo)* duce.

duchessa /du'kessa/ ➧ **1** f. duchess.

▶ **due** /'due/ ➧ **26, 5, 8, 13 I** agg.inv. **1** two; ***~ volte*** twice; ***~ punti*** *(punteggiatura)* colon; ***prendere qcs. con tutt'e ~ le mani*** to take sth. with both hands; ***andare*** o ***procedere ~ a ~*** to go two by two; ***mettersi in fila per ~*** to line up in two; ***lavorare per ~*** to work like a beaver; ***mangiare per ~*** to eat like a horse; ***delle ~ l'una*** one of the two things; ***a noi ~*** *(parlando con un amico)* let's talk; *(affrontando un nemico)* it's just you and me now **2** *(con valore generico)* ***~ dita di whisky*** two fingers of whisky; ***ho ~ o tre cose da dirle*** I've got a couple of things to tell her; ***ci scriva ~ righe*** drop us a few *o* couple of lines; ***è a ~ minuti da qui*** it's a couple of *o* two minutes from here; ***la fermata dell'autobus è a ~ passi*** the bus stop is a stone's throw away; ***fare ~ chiacchiere con qcn.*** to exchange a few words with sb.; ***vendere qcs. per ~ lire*** = to sell sth. really cheap **II** m.inv. **1** *(numero)* two **2** *(giorno del mese)* second **3** SCOL. *(voto)* = very low fail **4** SPORT *(nel canottaggio)* ***~ con*** coxed pair; ***~ senza*** coxwainless pair, pair oar **III** f.pl. *(ore)* *(del mattino)* two am; *(del pomeriggio)* two pm; ***sono le ~*** it's two o'clock; ***alle ~*** at two o'clock ◆ ***usare ~ pesi, ~ misure*** to have double standards; ***sicuro come ~ più ~ fa quattro*** as sure as eggs is eggs, as sure as I'm standing; ***fare ~ più ~*** to put two and two together; ***non se l'è fatto dire ~ volte!*** he needed no second bidding! he didn't need to be told twice! he didn't need telling twice! BE; ***fare qcs. senza pensarci ~ volte*** to do sth. without (giving it) a second thought; ***non c'è il ~ senza il tre*** PROV. = things always come in three; ***piegarsi in ~ dal male, dalle risate*** to be bent double with pain, laughter; ***quattro occhi vedono meglio di ~*** PROV. two heads are better than one; ***contare come il ~ a briscola*** o ***di picche*** = to count for nothing; ***su ~ piedi*** off the top of one's head, on-the-spot ◆◆ ***~ alberi*** MAR. two-master; ***~ pezzi*** *(bikini)* two-piece (swimsuit); *(tailleur)* two-piece (suit); ***~ ruote*** *(veicolo)* two-wheeler; ***~ tempi*** *(motore)* two-stroke engine; *(motocicletta)* two-stroke cycle.

duecentesco, pl. **-schi**, **-sche** /duetʃen'tesko, ski, ske/ agg. ***pittura, poesia -a*** thirteenth-century painting, poetry.

duecentesimo /duetʃen'tɛzimo/ ➧ **26 I** agg. two-hundredth **II** m. (f. **-a**) **1** two hundredth **2** *(frazione)* two hundredth.

duecentista, m.pl. **-i**, f.pl. **-e** /duetʃen'tista/ m. e f. **1** *(scrittore)* thirteenth-century writer; *(artista)* thirteenth-century artist **2** *(stu-*

dioso) = scholar of the art or literature of the thirteenth century **3** SPORT two-hundred-metre runner BE, two-hundred-meter sprinter AE.

duecento /due'tʃɛnto/ ♦ *26* **I** agg.inv. two hundred **II** m.inv. two hundred **III** m.pl. SPORT ***correre i ~*** to run in the two hundred metres.

Duecento /due'tʃɛnto/ m. thirteenth century.

> **2 giugno** (or *Festa della Repubblica*) Public holiday – a civil festival to commemorate the referendum of 2nd June 1946 which led to the proclamation of the Italian Republic (see also ***Repubblica***).

duellante /duel'lante/ m. e f. duellist, dueller.

duellare /duel'lare/ [1] intr. (aus. *avere*) to duel.

duellista /duel'lista/ m. e f. → **duellante.**

▷ **duello** /du'ɛllo/ m. **1** *(con armi)* duel (**con** with); ***~ all'ultimo sangue*** duel to the death; ***battersi in ~*** to fight a duel; ***sfidare qcn. a ~*** to challenge sb. to a duel **2** *(verbale)* duel; ***~ oratorio*** duel of wits.

duemila /due'mila/ ♦ *26* **I** agg.inv. two thousand **II** m.inv. two thousand; ***il Duemila*** the year two thousand; ***nel Duemila*** *(anno)* in the year two thousand; *(secolo)* in the twenty-first century.

duepezzi /due'pɛttsi/ m.inv. *(bikini)* two-piece (swimsuit); *(tailleur)* two-piece (suit).

duetto /du'etto/ m. **1** *(composizione)* duet; ***un ~ per chitarra*** a guitar duet **2** COLLOQ. *(coppia)* duo*.

dugento /du'dʒɛnto/ LETT. → **duecento.**

duglia /'duʎʎa/ f. MAR. fake.

dugongo, pl. **-ghi** /du'gɔngo, gi/ m. dugong, cowfish*.

dulcamara /dulka'mara/ f. dulcamara, bittersweet.

dulcimer /'dultʃimer/ m.inv. dulcimer.

dulcinea /dultʃi'nɛa/ f. SCHERZ. ladylove.

dulia /du'lia/ f. dulia.

dumdum /dum'dum/ **I** agg.inv. ***proiettile ~*** dumdum (bullet) **II** m.inv. ARM. dumdum.

dumper /'damper/ m.inv. dumper (truck), dump truck.

dumping /'damping/ m.inv. dumping; ***fare del ~*** to dump goods.

duna /'duna/ f. dune; ***~ di sabbia*** sand dune.

▶ **dunque** /'dunkwe/ **I** cong. **1** *(per indicare una conseguenza)* so, therefore; ***c'era una riunione, ~ il presidente non è potuto venire*** the chairman had a meeting, so he was unable to come; ***l'azienda era in perdita, Giovanni ha ~ deciso di vendere*** the company was losing money, so Giovanni decided to sell up; ***penso, ~ sono*** I think, therefore I am **2** *(per sottolineare lo stupore)* so; ***~ è per questo che non è venuto!*** so that's why he didn't come! **3** *(dopo un'interruzione, una digressione)* so; ***~ dove eravamo rimasti?*** so, where were we? ***~, per tornare all'argomento che ci interessa,...*** so, to come back to the subject we're dealing with... **4** *(per sottolineare un'affermazione)* ***~ è là che abiti!*** so, that's where you live then! **II** m.inv. ***veniamo al ~*** let's get down to business *o* essentials, let's come *o* get to the point; ***eccoci al ~*** finally we are at the turning point.

duo /'duo/ m.inv. **1** *(formazione)* duo*; ***un ~ di chitarristi*** a guitar duo; ***cantare in ~*** to sing as a duo **2** *(coppia)* duo*.

duodecimale /duodetʃi'male/ agg. duodecimal.

duodecimo /duo'dɛtʃimo/ agg. LETT. twelfth.

duodenale /duode'nale/ agg. [*ulcera*] duodenal.

duodenite /duode'nite/ f. duodenitis.

duodeno /duo'dɛno/ m. duodenum*.

duolo /'dwɔlo/ m. LETT. dole.

1.duomo /'dwɔmo/ m. *(chiesa)* cathedral.

2.duomo /'dwɔmo/ m. TECN. dome.

duopolio, pl. **-li** /duo'pɔljo, li/ m. duopoly.

duopsonio, pl. **-ni** /duop'sɔnjo, ni/ m. duopsony.

duplex /'dupleks/ **I** agg.inv. [*collegamento*] duplex **II** m.inv. **1** *(appartamento)* duplex **2** TECN. TELEV. RAD. duplex **3** TEL. party line.

duplicare /dupli'kare/ [1] **I** tr. **1** AMM. DIR. to duplicate [*documento*] **2** *(fare una copia di)* to duplicate [*disco, cassetta*]; to copy [*chiave*] **II duplicarsi** pronom. to duplicate.

duplicato /dupli'kato/ **I** p.pass. → **duplicare II** agg. *(raddoppiato)* [*guadagno*] doubled **III** m. **1** AMM. DIR. *(di documento)* duplicate; ***richiedere il ~ di un documento*** to ask for a duplicate of a document **2** *(copia, doppione)* copy; ***gli ho dato un ~ delle chiavi*** I gave him a spare set of keys.

duplicatore /duplika'tore/ m. duplicating machine, duplicator.

duplicazione /duplikat'tsjone/ f. **1** AMM. DIR. *(di documento)* duplication **2** *(di nastro, cassetta)* duplication; *(di chiavi)* copying.

duplice, pl. **-ci** /'duplitʃe, tʃi/ **I** agg. double, twofold; ***~ vantaggio, scopo*** double advantage, purpose; ***~ omicidio*** double murder; ***in ~ copia*** in duplicate **II** f. *(nell'ippica)* double.

duplicità /duplitʃi'ta/ f.inv. **1** *(essere doppio)* duplicity **2** FIG. *(falsità)* duplicity, double-dealing.

dura /'dura/ f. BOT. durra.

durabilità /durabili'ta/ f.inv. durability.

duracina /du'ratʃina/ f. bigaroon, bigarreau.

duracino /du'ratʃino/ agg. ***ciliegia -a*** bigaroon, bigarreau; ***pesca -a*** cling peach BE, clingstone peach AE.

duralluminio /durallu'minjo/ m. Duralumin®.

duramadre, pl. **duremadri** /dura'madre, dure'madri/ f. dura mater.

durame /du'rame/ m. duramen.

duramente /dura'mente/ avv. **1** *(con durezza)* [*trattare, giudicare, reagire*] harshly; [*punire*] harshly, severely; [*parlare*] harshly, sharply, sternly; [*rispondere, criticare, accusare, contrastare*] sharply; [*attaccare, picchiare*] severely **2** *(dolorosamente)* ***essere ~ provato*** to be deeply affected **3** *(con impegno)* [*lavorare*] hard.

▶ **durante** /du'rante/ prep. **1** *(per esprimere una durata)* for, during; ***~ tutto il viaggio*** for the whole journey, throughout the journey; ***l'albergo è aperto solo ~ il periodo estivo*** the hotel is only open in summer *o* during the summer; ***~ i primi tre anni*** for the first three years; ***~ tutta l'estate*** all summer long, right through the summer; ***~ tutta la vita*** throughout one's life, for one's whole life **2** *(per esprimere contemporaneità)* during; ***~ il 2000*** during the year 2000; ***~ la cerimonia, la partita*** during the ceremony, the match; ***la temperatura si è abbassata ~ la notte*** it got colder during the night; ***prima e ~ la guerra*** before and during the war; ***~ tutto il periodo in cui mio padre era malato, andavo a trovarlo tutti i giorni*** all the time my father was ill I visited him every day, I visited my father every day during his illness; ***tre ore ~ le quali non ha smesso di piovere*** three hours during which it rained solidly.

▶ **durare** /du'rare/ [1] intr. (aus. *essere, avere*) **1** *(avere una durata di)* to last; ***~ dieci giorni*** to last ten days; ***la guerra è durata tre anni*** the war lasted three years; ***il corso dura due mesi*** the course extends *o* stretches over two months, the course lasts two months **2** *(continuare)* to last (**fino** until); ***~ fino al 1930 circa, fino a lunedì, fino alla loro morte*** to last until about 1930, until Monday, until their death; ***~ tutta la notte*** to go on all night; ***~ all'infinito*** to go on forever; ***lo sciopero dura da tre settimane*** the strike has been going on for three weeks; ***è da un anno che dura questa storia*** this business has been going on for a year; ***~ dal sei al dieci maggio*** to run from the sixth to the tenth of May; ***~ più a lungo di qcs.*** to outlast sth.; ***finché dura...*** as long as it lasts...; ***è troppo bello perché possa ~!*** it's too good to last! ***così non può ~*** things can't go on like this **3** *(essere duraturo, durevole)* [*matrimonio*] to last; [*stoffa, abito*] to wear*; ***far ~ i propri vestiti*** to make one's clothes last; ***speriamo che duri! purché duri!*** long may it last! ***duri quel che duri*** it may or may not last, for as long as it lasts; ***queste scarpe dureranno una vita*** these shoes will last and last **4** *(persistere)* [*pioggia*] to go* on for long **5** *(rimanere)* ***~ in carica*** to remain in office **6** *(conservarsi)* [*alimento, fiori*] to keep*, to last **7** *(bastare)* (aus. *essere*) [*scorte*] to last out ◆ ***~ da Natale a Santo Stefano*** = to last a very short time; ***un bel gioco dura poco*** PROV. = the shortest jokes are the best; ***chi la dura la vince*** slow and steady wins the race.

▷ **durata** /du'rata/ f. **1** *(periodo) (di evento, attività)* duration, length; *(di contratto)* term; *(di video, cassetta)* running time; ***per (tutta) la ~ di*** for the duration of, throughout; ***soggiorno, contratto della ~ di tre mesi*** three-month stay, contract; ***il soggiorno, della ~ di tre mesi, comprende un corso intensivo*** the three-month stay includes an intensive course; ***non hanno precisato la ~ del progetto*** they didn't specify how long the project would last; ***di breve ~*** [*amicizia, pace, ripresa economica*] short-lived; [*assenza*] brief; ***di lunga ~*** [*fenomeno*] long-lived; [*assenza*] long; ***~ del viaggio*** journey time; ***~ della vita*** life span **2** *(longevità)* life; ***~ di conservazione*** shelf-life; ***a lunga ~*** [*pila, lampadina*] long-life **3** MUS. *(di nota)* value **4** FILOS. duration **5** LING. duration.

durativo /dura'tivo/ agg. **1** LING. durative **2** RAR. *(durevole)* durable.

duraturo /dura'turo/ agg. *(stabile)* [*amicizia, tradizione*] durable; [*amore*] abiding; [*effetto*] lasting; [*influenza, fama*] enduring; [*ricordo*] long lasting.

durevole /du'revole/ agg. **1** *(stabile)* [*amore*] abiding; [*amicizia, sentimento*] durable; [*pace, relazione, impressione*] lasting; ***nuocere in maniera ~ a qcs.*** to do lasting damage to sth. **2** *(resistente)* [*materiale*] durable **3** ECON. ***beni -i*** durables.

durevolezza /durevo'lettsa/ f. durability, durableness.

durevolmente /durevol'mente/ avv. durably.

▷ **durezza** /du'rettsa/ f. **1** *(di materiale)* hardness; *(di carne)* toughness; *(di cartone, pennello, materasso)* stiffness; ***di grande* ~** very hard **2** *(di tratti, volto)* hardness **3** *(di espressioni, parole, sguardo)* harshness; *(di condizione, punizione)* toughness, harshness; *(di tono)* hardness, harshness; ***con* ~** [*punire, giudicare, trattare, rispondere*] harshly; **~ *d'animo*** o ***di cuore*** hard-heartedness **4** *(di clima)* hardness, harshness **5** *(dell'acqua)* hardness.

durio, pl. **-ri** /'durjo, ri/ m. durian.

▶ **duro** /'duro/ **I** agg. **1** *(difficile da scalfire)* [*materiale, suolo, pietra, grafite*] hard; *(difficile da masticare)* [*pane*] hard; [*carne*] tough; *(acerbo)* [*frutto*] firm; ***essere* ~ *come un sasso*** to be as hard as stone **2** *(rigido)* [*cartone, pennello*] stiff; [*materasso*] firm, stiff; [*setole, panchina, sedia, letto*] hard **3** *(difficile da manipolare)* [*chiusura, maniglia, cambio*] stiff; [*volante*] stiff, heavy; **~ *da aprire, da girare*** hard to open, to turn **4** *(spigoloso)* [*tratti, volto, contorni*] hard; *(poco armonioso)* [*suono*] hard; ***dai lineamenti -i*** [*persona*] hard-faced **5** *(ostile)* [*espressioni, parole, voce*] harsh; [*tono*] harsh, hard; ***gli ha lanciato uno sguardo* ~** she gave him a severe look **6** *(intransigente)* [*datore di lavoro*] hard; *(inflessibile)* [*regime*] harsh, hard, strict; [*legge naturale, punizione*] harsh; *(severo)* [*scuola*] tough; ***questo insegnante è molto* ~ *con i suoi allievi*** this teacher is very hard on his pupils; ***adottare una linea -a con qcn.*** to take a tough line with sb. **7** *(inclemente, freddo)* [*clima*] hard, harsh; [*inverno*] harsh, severe **8** *(difficile)* [*esame, problema*] hard, difficult; *(faticoso)* [*lavoro*] hard; *(pesante)* [*concorrenza*] heavy, hard, tough; [*condizioni*] harsh; [*partita*] tough; [*sport*] tough, rough; ***ho avuto una giornata -a*** I've had a hard day; ***una -a giornata di lavoro*** a hard day's work; ***fare il gioco* ~** SPORT to play hard (anche FIG.); ***è -a alzarsi così presto*** it's hard to get up so early; ***è stata -a convincerla a vendere*** it was hard work persuading her to sell; ***è stata -a, ma ne valeva la pena*** it was a struggle but it was worth it; ***fu molto* ~ *per lui fare*** it was very hard for him to do; ***quando il gioco si fa* ~** FIG. when the going gets tough; ***mettere qcn., qcs. a -a prova*** to put sb., sth. to a severe test; ***la sua pazienza fu messa a -a prova*** her patience was severely tested; ***è stata una -a prova*** it was quite an ordeal; ***è la -a realtà*** it's the grim reality; ***sono tempi -i*** times are hard; ***-a la vita!*** IRON. it's a hard life! ***avere la vita -a*** to have a rough life; ***rendere la vita -a a qcn.*** to make life difficult for sb., to give sb. a rough ride *o* a hard time COLLOQ., to make sb.'s life a burden; ***il risultato fu un* ~ *colpo per il partito*** the result was a bitter blow to the party; ***infliggere un* ~ *colpo a qcn.*** to give sb. a hard blow **9** *(crudo)* [*film, racconto, reportage*] hard-hitting **10** *(calcareo)* [*acqua*] hard **11** FIS. hard **12** FON. [*consonante*] hard **II** m. (f. **-a**) **1** *(oggetto rigido)* ***dormire sul* ~** to sleep on a hard bed **2** COLLOQ. *(persona)* hard person, tough; ***fare il* ~ *con qcn.*** to bully sb.; ***credi di essere un* ~*, vero?*** so you think you're hard *o* tough, do you? **III** avv. [*lavorare, colpire, picchiare*] hard ◆ ***avere la pelle -a*** to have a thick skin; ***essere* ~ *di cuore*** to be hard-hearted; ***essere un osso* ~** to be a hard *o* tough nut to crack; ***a muso* ~** resolutely; ***essere* ~ *d'orecchi(o)*** to be hard of hearing; ***avere la testa -a*** to be strongheaded; ***essere* ~ *di comprendonio*** to be slow on the uptake, to be slow-witted; ***essere* ~ *a morire*** to die hard; ***tenere* ~** to hold out, to stay the course, to stand fast, to hold *o* stand (one's) ground; ***è proprio -a da mandar giù*** that's pretty strong medicine; ***averlo*** o ***avercelo* ~** VOLG. to have *o* get a hard-on, to have a boner, to get it up.

durone /du'rone/ m. corn.

durra /'durra/ f. → **dura.**

duttile /'duttile/ agg. **1** TECN. [*metallo*] ductile, tensile **2** FIG. *(adattabile)* [*carattere*] adaptable, flexible **3** FIG. *(versatile)* [*mente*] supple.

duttilità /duttili'ta/ f.inv. **1** TECN. ductility **2** FIG. *(adattabilità)* adaptability **3** FIG. *(versatilità)* suppleness.

duumvirato /duumvi'rato/ m. duumvirate.

duumviro /du'umviro/ m. duumvir*.

duunvirato /duunvi'rato/ → **duumvirato.**

duunviro /du'unviro/ → **duumviro.**

DVD /divud'di, divid'di/ m.inv. **1** *(disco)* DVD **2** *(lettore)* DVD player.

e

e, **E** /e/ m. e f.inv. e, E.

▶ **e** /e/ Come *e* in italiano, anche *and* in inglese funziona essenzialmente da connettivo con valore coordinativo; la connessione stabilita da *e* / *and* può essere all'interno della frase (*Bill e Mark sono amici* = Bill and Mark are friends) oppure tra frasi (*Bill è in ritardo e Mark lo sta aspettando da mezz'ora* = Bill is late and Mark has been waiting for him for half an hour). - Si noti che, quando *e* unisce due aggettivi che si riferiscono a un unico sostantivo, tale congiunzione non si traduce in inglese: *un uomo alto e robusto* = a tall strong man. ➧ ***13, 20, 21, 22, 26*** cong. (also **ed** before a vowel sound) **1** *(con valore coordinativo)* and; ***mio padre ~ mia madre*** my father and my mother; ***una sciarpa rossa ~ bianca*** a red and white scarf; ***Gianni è alto ~ forte*** Gianni is tall and strong; ***un uomo alto ~ robusto*** a tall strong man; ***una vecchia brutta ~ bisbetica*** an ugly cantankerous old woman; ***tutti ~ due*** both; ***abbiamo sì ~ no due ore di tempo*** we have roughly *o* just about two hours; ***tre ~ due fa cinque*** three and two makes five; ***Alberto è caduto ~ si è rotto la gamba*** Alberto fell and broke his leg; ***mio cognato non è venuto, ~ va bene così*** my brother-in-law didn't come, and it's just as well; ***andate a cercare un dottore, ~ fate presto*** go and get a doctor, and be quick; ***ed ecco che tira fuori dalla tasca un coltello!*** and next thing he whips a knife out of his pocket! ***c'è esperto ed esperto*** there are experts and experts; ***~ tu ne sei fiero?*** and you're proud of it? ***~ i bambini giù a ridere*** and the children laughed; ***~ io risposi, replicai...*** so I replied...; ***~ la mancia (allora)?*** (and) what about the tip? ***~ se andassimo al cinema?*** how, what about going to the cinema? ***~ io allora?*** what about me, then? ***io non li conosco, ~ tu?*** I don't know them, do you? ***io ci vado, ~ tu?*** I'm going, are you? ***~ allora?, ~ poi?*** so what? ***~ pensare che gli ho creduto!*** and to think that I believed him! **2** *(nelle ore, unità di misura)* ***le tre ~ un quarto*** (a) quarter past three BE, three fifteen; ***le otto ~ mezza*** half past eight BE, eight thirty; ***tre chili ~ mezzo*** three and a half kilos; ***un metro ~ settanta*** one metre seventy **3** *(con valore correlativo)* ***~... ~...*** both... and...; ***~ Francesca ~ sua sorella sono partite per Venezia*** both Francesca and her sister left for Venice **4** *(con valore enfatico)* ***~ muoviti!*** get moving, then! ***~ smettetela!*** do stop it! **5** *(con valore avversativo)* ***Luca avrebbe dovuto studiare ~ non l'ha fatto*** Luca should have studied but he didn't.

EA /e'a/ f. (⇒ Ente Autonomo) = autonomous board.

ebanista, m.pl. **-i**, f.pl. **-e** /eba'nista/ ➧ ***18*** m. e f. cabinetmaker.

ebanisteria /ebaniste'ria/ f. cabinetmaking, cabinetwork.

ebanite /eba'nite/ f. ebonite, vulcanite, hard rubber.

ebano /'ɛbano/ ➧ ***3*** **I** m. **1** *(albero, legno)* ebony; ***un cofanetto in ~*** an ebony casket; ***questo tavolo è in ~*** this table is made of ebony **2** *(colore)* ebony; ***occhi d'~*** ebony eyes **II** agg.inv. ***nero ~*** ebony.

▶ **ebbene** /eb'bɛne/ cong. **1** *(con valore conclusivo)* well (then); ***~ dica!*** well, tell us! ***~, come stavo dicendo*** well, as I was saying; ***~ vecchio mio, sei fortunato*** hey man, you're lucky; ***~ sì*** that's it; ***~ sì, ho barato, e allora?*** ok, I cheated, so what? ***~ me ne vado*** well then, I'm leaving **2** *(nelle interrogative)* ***~, qual è il problema?*** well then, what's the problem?

ebbrezza /eb'brettsa/ f. **1** *(ubriachezza)* drunkenness, intoxication; ***essere in stato di ~*** to be under the influence of drink, to be in a state (of drunkenness); ***guida in stato di ~*** driving while intoxicated, drink-driving BE **2** FIG. *(euforia)* intoxication; ***l'~ della velocità*** the thrill of speed; ***l'~ del successo*** the exhilaration of success; ***nell'~ del successo, della vittoria*** in the first flush of success, of victory.

ebbro /'ɛbbro/ agg. **1** *(ubriaco)* ebrious, intoxicated, inebriate FORM.; ***~ di vino*** drunk on wine, intoxicated with wine **2** *(euforico)* ***~ di potere*** power-crazed, drunk with power; ***~ di passione*** drunk with passion; ***~ di gioia*** beside oneself with joy; ***~ di collera*** mad with anger.

ebdomada /eb'dɔmada/ f. RAR. hebdomad.

ebdomadario, pl. **-ri**, **-rie** /ebdoma'darjo, ri, rje/ **I** agg. LETT. [*visita, rivista*] hebdomadal **II** m. *(pubblicazione settimanale)* hebdomadal magazine.

ebefrenia /ebefre'nia/ ➧ ***7*** f. hebephrenia.

ebetaggine /ebe'taddʒine/ f. → **ebetismo.**

ebete /'ɛbete/ **I** agg. [*sguardo*] foolish, stupid; [*sorriso*] idiotic; ***la guardava con aria ~*** he stared at her stupidly, he gawked at her **II** m. e f. idiot, halfwit.

ebetismo /ebe'tizmo/ m. → **ebetudine.**

ebetudine /ebe'tudine/ ➧ ***7*** f. hebetude.

ebollizione /ebollit'tsjone/ f. **1** *(di liquido)* ebullience, ebullition; ***in ~*** boiling, ebullient, on the boil BE; ***al momento dell'~*** when boiling point is reached; ***portare qcs. a ~*** to bring sth. to the boil; ***entrare in ~*** to come to the boil; ***punto di ~*** boiling point **2** FIG. ***essere in ~*** [*paese, cervello*] to be in a ferment.

ebraicità /ebraitʃi'ta/ f.inv. Jewishness.

ebraico, pl. **-ci**, **-che** /e'braiko, tʃi, ke/ **I** agg. [*religione, comunità, questione*] Jewish; [*calendario*] Jewish, Hebrew; [*lingua, letteratura, studi, alfabeto, civiltà*] Hebrew, Hebraic **II** m. LING. Hebrew.

ebraismo /ebra'izmo/ m. **1** *(religione)* Hebraism, Judaism; *(cultura)* Hebraism **2** LING. Hebraism.

ebraista, m.pl. **-i**, f.pl. **-e** /ebra'ista/ m. e f. Hebraist.

ebraizzare /ebraid'dzare/ [1] tr. e intr. (aus. *avere*) to Hebraize.

ebrea /e'brɛa/ f. Hebrew, Jewess.

▷ **ebreo** /e'brɛo/ **I** agg. [*persona*] Hebrew **II** m. *(persona)* Hebrew, Jew (anche SPREG.); ***gli -i*** the Hebrew people; ***persecuzioni degli -i*** Jew-baiting ◆◆ ***l'~ errante*** the wandering Jew.

Ebridi /'ɛbridi/ ➧ ***14*** n.pr.f.pl. ***le ~*** the Hebrides.

ebrietà /ebrje'ta/ f.inv. LETT. ebriety.

ebro /'ɛbro/ agg. LETT. → **ebbro.**

ebulliometria /ebulljome'tria/ f. ebulliometry.

ebulliometro /ebul'ljɔmetro/ m. ebulliometer.

ebullioscopia /ebulljosko'pia/ f. ebullioscopy.

ebullioscopio, pl. **-pi** /ebulljos'kɔpjo, pi/ m. ebullioscope.

eburneo /e'burneo/ agg. LETT. **1** *(di avorio)* ivory **2** FIG. *(bianchissimo)* [*braccia, pelle*] ivory.

Ecate /'ɛkate/ n.pr.f. Hecate.

ecatombe /eka'tombe/ f. **1** *(nella Grecia antica)* hecatomb **2** *(strage)* hecatomb (anche FIG.); ***l'esame è stato un'~*** the exam was a slaughter.

ecc. ⇒ eccetera et cetera (etc.).
Ecc. ⇒ Eccellenza Excellency, Excellence.
eccedentario, pl. **-ri**, **-rie** /ettʃeden'tarjo, ri, rje/ agg. [*denaro, lavoro*] surplus.
eccedente /ettʃe'dɛnte/ **I** agg. **1** *(che supera)* [*produzione, somma*] surplus; ***l'offerta ~*** the excess of supply (over demand); ***bagaglio ~*** excess baggage *o* luggage; ***peso ~*** excess weight **2** *(superfluo)* [*grasso*] in excess **II** m. excess, surplus*.
eccedenza /ettʃe'dɛntsa/ f. **1** *(eccesso)* surplus*, excess (**su** over); ***le -e agricole*** agricultural surpluses; ***~ di peso*** excess weight; ***~ di prezzo*** overcharge; ***~ di produzione*** overproduction **2** ECON. surplus*; ***l'~ delle uscite sulle entrate*** the excess of expenditure over receipts; ***avere un'~ di 200 euro*** to have 200 euros in excess; ***chiudere con un'~*** to close on a surplus **3 in eccedenza** in excess; ***essere in ~*** to be in surplus; ***avere qcs. in ~*** to have sth. in surplus; ***denaro, cibo in ~*** surplus money, food; ***bagaglio in ~*** excess baggage ◆◆ ***~ di cassa*** cash surplus; ***~ di personale*** overmanning.
eccedere /et'tʃɛdere/ [2] **I** tr. *(andare oltre)* to exceed [*quantità, durata*] (**di** by); ***il costo del progetto ha ecceduto la spesa prevista del 13%*** the cost of the project exceeded the predicted figure by 13% **II** intr. (aus. *avere*) *(esagerare)* to go* too far; ***ieri sera hai proprio ecceduto*** last night you really went too far *o* you really overdid it; ***~ nel bere, nel mangiare*** to drink, eat too much.
ecce homo /ettʃe'ɔmo/ m.inv. ART. Ecce Homo.
▷ **eccellente** /ettʃel'lɛnte/ agg. **1** *(ottimo)* excellent, first-rate **2** GIORN. GERG. ***arresti -i*** *(di personaggi importanti)* = arrests of very important people **3** *(come appellativo)* ***eccellentissimo*** Most Excellent.
eccellentemente /ettʃellente'mente/ avv. excellently.
▶ **eccellenza** /ettʃel'lɛntsa/ f. excellence; ***il filosofo per ~*** the philosopher par excellence.
Eccellenza /ettʃel'lɛntsa/ ♦ **1** f. *(titolo)* Excellency, Excellence; ***Vostra ~*** Your Excellency; ***Sua ~ l'ambasciatore d'Italia*** His Excellency, the Italian Ambassador.
eccellere /et'tʃɛllere/ [44] intr. (aus. *avere*, *essere*) to excel (**in** at, in; **nel fare** at, in doing); ***mia sorella eccelle nella matematica*** my sister excels *o* is outstanding in maths.
eccelso /et'tʃɛlso/ agg. **1** LETT. very high **2** *(sublime)* sublime; ***un sentimento ~*** a noble sentiment **3** *(eccellente)* [*vino*] excellent **4** *(Dio)* ***l'Eccelso*** the Most High.
eccentricamente /ettʃentrika'mente/ avv. eccentrically.
eccentricità /ettʃentritʃi'ta/ f.inv. eccentricity.
eccentrico, pl. **-ci**, **-che** /et'tʃɛntriko, tʃi, ke/ **I** agg. **1** *(stravagante)* [*persona, comportamento, idea*] eccentric, odd, bizarre **2** *(distante dal centro)* [*quartiere*] outlying **3** MAT. [*curva*] eccentric **II** m. (f. **-a**) **1** *(persona)* eccentric **2** MECC. *(camma)* eccentric.
ecceomo → **ecce homo**.
eccepibile /ettʃe'pibile/ agg. objectionable.
eccepire /ettʃe'pire/ [102] tr. **1** *(obiettare)* to object; ***non ho*** o ***non c'è nulla da ~*** I have no objection **2** DIR. to plead; ***~ il giudicato*** to plead res judicata.
eccessivamente /ettʃessiva'mente/ avv. excessively, exorbitantly; ***~ cauto*** overcautious; ***mangiare ~*** to eat excessively.
eccessività /ettʃessivi'ta/ f.inv. excessiveness, exorbitance.
▷ **eccessivo** /ettʃes'sivo/ agg. **1** *(che oltrepassa la misura)* [*entusiasmo, lentezza, ritardo, consumo, tariffa*] excessive; [*importanza*] inflated; ***semplificazione -a*** oversimplification; ***questo negozio ha dei prezzi -i*** the goods in this shop are overpriced; ***con ~ entusiasmo*** overenthusiastically; ***guidare a velocità -a*** to speed **2** *(che manca di moderazione)* [*persona, carattere, temperamento*] extreme; ***reazione -a*** overreaction.
▷ **eccesso** /et'tʃɛsso/ m. **1** *(surplus)* excess, surplus*; ***togliere l'~ di colla*** remove the excess glue; ***l'~ della domanda sull'offerta*** the excess of demand over supply; ***~ di colesterolo*** excess of cholesterol; ***~ di capacità produttiva*** overcapacity; ***in ~*** [*oggetti, sostanza*] excess; [*domanda*] surplus; ***arrotondare per ~*** to round up **2** *(abuso)* excess; ***commettere degli -i*** to go too far; ***i tuoi -i nel bere*** your excessive drinking; ***~ nel mangiare*** overeating; ***all'~*** to excess; ***~ di fiducia*** overconfidence; ***~ di prudenza*** excessive caution; ***peccare per ~ di prudenza*** to err on the side of caution; ***~ di velocità*** speeding, excess speed; ***~ di potere*** DIR. ultra vires; ***commettere un ~ di potere*** to be ultra vires; ***~ di difesa*** DIR. = disproportionate use of force in self-defence **3** *(estremo)* ***cadere nell'~*** to go too far; ***cadere nell'~ opposto*** to go to the opposite extreme; ***portato all'~*** carried to excess; ***essere generoso all'~*** to be generous to a fault.
▶ **eccetera** /et'tʃɛtera/ avv. et cetera, etcetera.
eccetto /et'tʃɛtto/ prep. **1** except, but; ***tutti i bambini sono qui ~ Giulia*** all the children are here except Giulia; ***tutti i giorni, ~ il giovedì*** every day except Thursday; ***mangio di tutto ~ le cipolle*** I eat everything but onions; ***tutti i paesi ~ la Spagna*** all countries other than Spain; ***avevano tutte le misure ~ la mia*** they had every size but *o* except mine; ***il venerdì mangiamo fuori, ~ quando uno di noi lavora fino a tardi*** we eat out on Fridays unless one of us is working late **2 eccetto che** *(tranne)* except, but; *(a meno che)* unless; ***lo ha detto a tutti ~ che a me*** he told everybody except me; ***è andato tutto bene, ~ che la sera ha piovuto*** everything went very well except that it rained in the evening; ***mangeremo fuori ~ che piova*** we're eating outdoors unless it rains.
eccettuare /ettʃettu'are/ [1] tr. to except; ***se si eccettua*** except for, apart from; ***senza ~ nessuno*** without exception.
eccettuativo /ettʃettua'tivo/ agg. [*proposizione*] exceptive.
eccettuato /ettʃettu'ato/ **I** p.pass. → **eccettuare II** agg. excepted; ***non c'è nessuno, -i loro*** there is nobody, bar them.
▶ **eccezionale** /ettʃettsjo'nale/ agg. **1** *(che costituisce un'eccezione)* [*favore, sovvenzione*] exceptional; ***leggi -i*** special laws; ***tribunale ~*** emergency court; ***sono state prese delle misure -i*** special measures have been taken; ***in via ~*** exceptionally, as an exception **2** *(fuori dal comune)* [*circostanze, intelligenza, persona*] exceptional, extraordinary; ***un'annata ~*** a bumper year (**per** for).
eccezionalità /ettʃettsjonali'ta/ f.inv. exceptionality.
eccezionalmente /ettʃettsjonal'mente/ avv. **1** *(in via eccezionale)* exceptionally, as an exception **2** *(notevolmente)* exceptionally, unusually; ***~ ricco*** exceptionally rich.
▷ **eccezione** /ettʃet'tsjone/ f. **1** exception (anche LING.); ***senza ~*** without exception; ***fare un'~*** to make an exception (**per** for); ***fare ~*** to be an exception; ***fatta ~ per*** except for; ***un'~ alla regola*** an exception to the rule; ***con qualche rara ~*** with a few rare exceptions; ***salvo -i*** with the occasional exception; ***un cast d'~*** a strong cast **2** DIR. plea; ***sollevare*** o ***avanzare un'~*** to raise an objection **3 a eccezione di** the only exception being; ***devo studiare tutti i romantici a ~ di Shelley*** I have to study all the Romantics with the exception of Shelley ◆ ***l'~ conferma la regola*** PROV. the exception proves the rule ◆◆ ***~ di annullamento*** plea in abatement; ***~ dilatoria*** dilatory plea; ***~ infondata*** groundless objection; ***~ di merito*** substantive plea; ***~ perentoria*** special plea.
ecchimosi /ek'kimozi/ f.inv. ecchymosis*; bruise.
ecchimotico, pl. **-ci**, **-che** /ekki'mɔtiko, tʃi, ke/ agg. ecchymotic.
eccì /et'tʃi/ inter. atishoo.
eccidio, pl. **-di** /et'tʃidjo, di/ m. slaughter, massacre.
eccipiente /ettʃi'pjɛnte/ agg. e m. excipient.
eccitabile /ettʃi'tabile/ agg. excitable (anche FISIOL.).
eccitabilità /ettʃitabili'ta/ f.inv. excitability; ***~ neuromuscolare*** neuromuscular excitability.
eccitamento /ettʃita'mento/ m. **1** *(eccitazione)* excitement, excitation; ***stato di ~*** state of excitement **2** *(stimolo)* incentive **3** DIR. *(incitamento)* incitement; ***~ alla violenza*** incitement to violence.
eccitante /ettʃi'tante/ **I** agg. **1** *(stimolante)* [*sostanza*] stimulating; ***il caffè è ~*** coffee is a stimulant **2** *(elettrizzante)* [*idea, esperienza, film*] exciting; [*avventura, lettura*] thrilling; ***una prospettiva che non ha nulla di ~*** a completely unexciting prospect **3** *(sensuale)* [*persona, abito, scena*] sexy **II** m. FARM. exciter, stimulant.
▷ **eccitare** /ettʃi'tare/ [1] **I** tr. **1** *(provocare, accendere)* to excite [*immaginazione*]; to whet [*appetito*]; to arouse [*interesse*]; *(entusiasmare)* to excite [*persona*] **2** *(stimolare)* [*stimolo*] to arouse [*persona*]; [*alcol*] to excite, to work up [*persona*]; *(rendere nervoso)* [*caffè*] to make* [sb.] nervous [*persona*] **3** *(suscitare stimoli sessuali)* to excite, to arouse **4** FISIOL. to excite [*zona erogena, nervo, tessuto*] **5** FIS. to excite [*atomo*] **II eccitarsi** pronom. to get* excited.
eccitativo /ettʃita'tivo/ agg. excitative.
eccitato /ettʃi'tato/ **I** p.pass. → **eccitare II** agg. **1** *(agitato, scatenato)* [*folla, atmosfera, persona*] excited **2** *(entusiasta)* [*persona*] excited, thrilled; ***~ all'idea di partire*** thrilled at the idea of leaving; ***~ come un bambino*** as excited as a child; ***non hai l'aria molto -a*** you don't seem very thrilled **3** *(stimolato sessualmente)* [*persona, sensi*] excited, aroused **4** FIS. excited.
eccitatore /ettʃita'tore/ m. *(circuito)* exciter.
eccitatrice /ettʃita'tritʃe/ f. *(dinamo)* exciter.
eccitazione /ettʃitat'tsjone/ f. **1** *(entusiasmo)* excitement; ***~ generale*** general excitement **2** *(desiderio sessuale)* excitement, arousal **3** ELETTRON. EL. FIS. excitation ◆◆ ***~ psicomotoria*** psychomotor excitation.
eccitone /ettʃi'tone/ m. exciton.
ecciù /et'tʃu/ inter. → **eccì**.
ecclesia /ek'klɛzja/ f. STOR. ecclesia*.
ecclesiale /ekkle'zjale/ agg. ecclesiastical.

ecclesiaste /ekkle'zjaste/ m. ecclesiast.
Ecclesiaste /ekkle'zjaste/ n.pr.m. Ecclesiastes.
ecclesiastico, pl. **-ci**, **-che** /ekkle'zjastiko, tʃi, ke/ **I** agg. [*ordine, stato, diritto*] ecclesiastical **II** m. ecclesiastic, clergyman*, cleric.
ecclesiologia /ekklezjolo'dʒia/ f. ecclesiology.
▶ **ecco** /'ɛkko/ **I** avv. **1** *(per indicare cosa o persona vicina)* here; *(per indicare cosa o persona lontana)* there; ***~ (qui) la mia chiave*** here is my key; ***~ che arriva il dottore*** here comes the doctor; ***vuoi delle fragole? eccone*** would you like some strawberries? here you are (then); ***eccomi*** *(sono qui)* here I am; *(arrivo)* I'm coming; ***cercavi la tua borsa? eccola*** were you looking for your bag? here it is; ***eccolo, è lui*** there he is, it's him! ***eccolo che si rimette a ridere!*** there he goes laughing again! ***~ che ricominciano!*** they're at it again! COLLOQ.; ***quand'~*** when all of a sudden **2** *(per introdurre o concludere un fatto)* ***~ il programma, la soluzione*** the programme, the answer is as follows; ***~ qualcosa che vi stupirà*** here *o* this is something that'll surprise you; ***~ quello che devi fare*** that's what you have *o* need to do; ***~ come, perché, dove*** this is how, why, where; ***~ tutto*** that's all; ***~ fatto!*** that's that! that's done! ***~ il punto a cui volevo arrivare*** that's the point I wanted to make *o* I was getting to; ***Sandro sta male, ~ cosa lo angustia*** Sandro is ill, that's what's worrying him; ***"perché?" - "perché sei testardo, ~ perché!"*** "why?" - "because you're stubborn, that's why!" **II** inter. **1** *(con valore rafforzativo)* ***~, te lo avevo detto!*** there, I told you so! ***~, hai svegliato il bimbo!*** there, you've woken the baby! ***ah! ~!*** *(capisco)* oh! that's it! I see! **2** *(per esprimere esitazione)* well; ***~, non ne sono sicuro*** well, I'm not sure.
▷ **eccome** /ek'kome/ avv. and how; ***"era buono?" - "~!"*** "was it nice?" - "it certainly was!"; ***"non gliene ha parlato?" - "sì, ~"*** "haven't you spoken to him about it?" - "of course I have!"; ***~ se c'era del vino!*** there was wine, and plenty of it!
ecdisi /'ɛkdizi/ f.inv. ecdysis*.
ECG /ettʃid'dʒi/ m. (⇒ elettrocardiogramma electrocardiogram) ECG.
echeggiante /eked'dʒante/ agg. [*voce, urlo, rumore*] resounding.
echeggiare /eked'dʒare/ [1] **I** tr. RAR. to echo **II** intr. (aus. *avere, essere*) to echo, to resonate; ***il teatro echeggiava di applausi*** the theatre echoed with applause; ***i suoi passi echeggiavano nel corridoio*** his steps rang down the corridor.
echidna /e'kidna/ f. echidna* ◆◆ ***~ istrice*** spiny anteater.
echinato /eki'nato/ agg. echinate.
echino /e'kino/ m. **1** ZOOL. echinus* **2** ARCH. echinus*.
echinococco, pl. **-chi** /ekino'kɔkko, ki/ m. echinococcus*.
echinococcosi /ekinokok'kɔzi/ ♦ **7** f.inv. echinococcosis*.
echinoderma /ekino'dɛrma/ m. echinoderm.
eclampsia /eklamp'sia/ ♦ **7** f. eclampsia.
eclatante /ekla'tante/ agg. [*vittoria, successo*] resounding; [*prova, dimostrazione, illustrazione*] striking.
eclettic ismo /ekletti'tʃizmo/ → **eclettismo.**
eclletticità /eklettitʃi'ta/ f.inv. RAR. eclecticism.
eclettico, m.pl. **-ci**, f.pl. **-che** /e'klɛttiko, tʃi, ke/ **I** agg. **1** FILOS. eclectic **2** *(poliedrico)* [*ingegno*] versatile; *(eterogeneo)* [*opera*] eclectic **II** m. (f. **-a**) eclectic.
eclettismo /eklet'tizmo/ m. eclecticism.
eclissare /eklis'sare/ [1] **I** tr. **1** ASTR. to eclipse **2** FIG. to eclipse, to outshine*, to overshadow; ***sua moglie lo eclissa completamente*** he is completely eclipsed by his wife **II eclissarsi** pronom. **1** ASTR. to be* eclipsed **2** FIG. *(sparire)* to disappear, to slide* away.
eclisse /e'klisse/ f., **eclissi** /e'klissi/ f.inv. **1** ASTR. eclipse; ***~ totale, parziale*** total, partial eclipse; ***~ di sole, di luna*** solar, lunar eclipse; ***c'è un'~ di luna*** the moon is in eclipse **2** FIG. eclipse; ***dopo una lunga ~*** after a long period of eclipse; ***la sua popolarità ha conosciuto un'~*** his popularity has waned.
eclittica, pl. **-che** /e'klittika, ke/ f. ecliptic.
eclittico, pl. **-ci**, **-che** /e'klittiko, tʃi, ke/ agg. ecliptic.
ecloga /'ɛkloga/ → **egloga.**
▷ **eco**, pl.m. **echi** /'ɛko, 'ɛki/ f.inv. e m. **1** *(di suono)* echo* (anche TECN. TELEV.); ***effetto (d') ~*** echo effect; ***c'è l'~*** there is an echo; ***privo d'~*** echoless **2** FIG. ***fare ~ a*** to echo [*artista*] **3** *(informazione)* ***non ci è giunta alcuna ~ delle trattative*** we have heard nothing about the talks **4** *(risonanza)* echo*, comment; ***destare una vasta ~*** to cause quite a stir ◆◆ ***~ multipla*** multiple echo; ***~ radar*** echo radar.
ecocardiografia /ekokardjogra'fia/ f. ecocardiography.
ecocatastrofe /ekoka'tastrofe/ f. ecocatastrophe.
ecocidio, pl. **-di** /eko'tʃidjo, di/ m. ecocide.
ecocompatibile /ekokompa'tibile/ agg. environmentally compatible.
ecoetichetta /ekoeti'ketta/ f. eco-label.
ecogenetica /ekodʒe'nɛtika/ f. genecology.
ecogoniometro /ekogo'njɔmetro/ m. sonar, asdic BE.
ecografia /ekogra'fia/ f. echography, (body) scan, ultrasound scan, ultrasonography; ***sottoporsi a un'~*** to have a scan.
ecografico, pl. **-ci**, **-che** /eko'grafiko, tʃi, ke/ agg. ***esame ~*** ultrasound scan.
ecografista, m.pl. **-i**, f.pl. **-e** /ekogra'fista/ ♦ **18** m. e f. MED. ultrasound technician.
ecografo /e'kɔgrafo/ ♦ **18** m. (f. **–a**) **1** MAR. echograph **2** MED. *(strumento)* ultrasound scanner; *(persona)* ultrasound technician.
ecoincentivo /ekointʃen'tivo/ m. = a financial incentive to buy products which do not harm the environment, especially cars.
ecolalia /ekola'lia/ f. echolalia.
ecolocazione /ekolokat'tsjone/ f. echolocation.
ecologia /ekolo'dʒia/ f. ecology ◆◆ ***~ umana*** human ecology.
ecologicamente /ekolodʒika'mente/ avv. ecologically.
ecologico, pl. **-ci**, **-che** /eko'lɔdʒiko, tʃi, ke/ agg. **1** *(relativo all'ambiente)* [*equilibrio*] ecological; [*disastro*] environmental; ***catastrofe -a*** ecocatastrophe; ***operatore ~*** street cleaner, sanitation worker AE, sanitary engineer AE; ***avere una coscienza -a*** to be environmentally conscious **2** *(non inquinante)* [*carta*] recycled; [*prodotto*] eco-friendly; ***detersivo ~*** biological powder, green washing powder; ***auto -a*** = car which runs on electricity, gas or other types of clean fuel; ***non è molto ~ (fare)*** it is not environmentally sound (to do).
ecologismo /ekolo'dʒizmo/ m. environmentalism.
ecologista, m.pl. **-i**, f.pl. **-e** /ekolo'dʒista/ **I** agg. ecologist; ***gruppo ~*** eco *o* environmental group; ***movimento ~*** ecology movement **II** m. e f. **1** *(ecologo)* ecologist **2** *(ambientalista, verde)* environmentalist.
ecologistico, pl. **-ci**, **-che** /ekolo'dʒistiko, tʃi, ke/ agg. → **ecologista.**
ecologo, m.pl. **-gi**, f.pl. **-ghe** /e'kɔlogo, dʒi, ge/ m. (f. **-a**) ecologist, environmental scientist.
ecomafia /eko'mafja/ f. = a criminal Mafia organization that operates in the waste-disposal sector, especially that of toxic or radioactive waste.
ecometro /e'kɔmetro/ m. MAR. echo sounder.
ecomostro /eko'mostro/ m. = a construction, especially a large one, which spoils the landscape and is a blight on its surroundings.
economato /ekono'mato/ m. **1** *(carica)* stewardship; SCOL. UNIV. bursarship **2** *(ufficio)* steward's office; SCOL. UNIV. bursary.
econometria /ekonome'tria/ f. econometrics + verbo sing.
econometrico, pl. **-ci**, **-che** /ekono'mɛtriko, tʃi, ke/ agg. econometric.
econometrista, m.pl. **-i**, f.pl. **-e** /ekonome'trista/ m. e f. econometrician.
▷ **economia** /ekono'mia/ **I** f. **1** *(di paese, regione)* economy; ***un'~ in espansione*** a buoyant *o* developing economy; ***consolidare l'~*** to strengthen the economy; ***rilanciare l'~*** to revitalize the economy; ***provocare un blocco dell'~*** to cause the economy to grind to a halt; ***una netta ripresa dell'~*** a clear upturn *o* recovery in the economy **2** *(scienza)* economics + verbo sing. **3** *(facoltà)* economics; ***studente di ~*** economics student **4** *(parsimonia, risparmio)* economy; ***fare ~*** to make economies; ***fare ~ di*** to save on [*energia*]; ***fare ~ su*** to economize on [*benzina, acqua, riscaldamento*]; ***con una grande ~ di mezzi*** with very few means; ***senza ~*** freely, liberally; ***con ~ di spazio*** in limited space; ***con ~ di tempo*** in a limited amount of time; ***fare qcs. in ~*** to do sth. on the cheap; ***lavori fatti in ~*** works done cheaply **5** *(di un'opera letteraria)* structure, economy **II economie** f.pl. ***fare -e*** to save (up) ◆◆ ***~ agraria*** agricultural economics; ***~ aziendale*** business economics; ***~ di controllo*** controlled economy; ***~ dirigista*** command economy; ***~ domestica*** *(insieme di regole)* housekeeping; *(materia)* home economics, domestic science BE; ***~ di guerra*** wartime economy; ***~ di mercato*** market economy; ***~ mista*** mixed economy; ***~ mondiale*** world economy; ***~ pianificata*** planned economy; ***~ politica*** political economy; ***~ di scambio*** exchange economy; ***~ sommersa*** black *o* grey economy; ***-e di scala*** economies of scale.
economicamente /ekonomika'mente/ avv. **1** *(dal punto di vista economico)* economically; ***~ debole*** economically weak; ***un progetto ~ valido*** an economically viable project; ***dipendere ~ da qcn.*** to depend financially on sb.; ***stare bene ~*** to be well provided for **2** *(con risparmio)* economically, sparingly.
economicità /ekonomitʃi'ta/ f.inv. inexpensiveness.
▶ **economico**, pl. **-ci**, **-che** /eko'nɔmiko, tʃi, ke/ agg. **1** ECON. [*politica, sistema, vertice, crisi, problemi, aiuto, pianificazione, sanzione, miracolo, indicatore*] economic; ***bene ~*** commodity; ***ciclo***

~ business *o* trade cycle; ***geografia -a*** economic geography, geonomics + verbo sing.; ***scienze -che*** economics + verbo sing.; ***annuncio ~*** classified ad, small BE *o* want AE ad; ***pagina -a*** financial page; ***lo sviluppo ~ di un paese*** the economic development of a country; ***la Comunità Economica Europea*** the European Economic Community **2** *(finanziario)* [*difficoltà*] financial **3** *(conveniente)* cheap, economical, inexpensive; ***edizione -a*** paperback (edition), softback (edition); ***classe -a*** economy class.

economismo /ekono'mizmo/ m. economism.

economista, m.pl. **-i**, f.pl. **-e** /ekono'mista/ ➧ ***18*** m. e f. economist.

economizzare /ekonomid'dzare/ [1] **I** tr. to economize, to save [*benzina, cibo, acqua, energia*]; to save on [*riscaldamento*]; ***~ il tempo, le forze*** FIG. to save time, one's energy **II** intr. (aus. *avere*) to economize (**su** on).

economizzatore /ekonomiddza'tore/ m. economizer.

economo /e'kɔnomo/ **I** agg. economical, thrifty **II** ➧ ***18*** m. (f. **-a**) steward; SCOL. UNIV. bursar.

ecoscandaglio, pl. **-gli** /ekoskan'daʎʎo, ʎi/ m. echo sounder, sonic depth finder.

ecosfera /ekos'fɛra/ f. ecosphere.

ecosistema /ekosis'tɛma/ m. ecosystem.

ecotassa /eko'tassa/ f. = carbon tax, pollution tax.

ecoterrorista, m.pl. **-i**, f.pl. **-e** /ekoterro'rista/ m. e f. eco-terrorist.

ecotipo /eko'tipo/ m. ecotype.

ecotono /eko'tɔno/ m. ecotone.

ecoturismo /ekotu'rizmo/ m. ecotourism.

écru /e'kru/ agg. e m.inv. ecru.

ecstasy /'ɛkstazi/ f.inv. ecstasy, Ecstasy.

ectocisti /ekto'tʃisti/ f.inv. ectocyst.

ectoderma /ekto'dɛrma/ m. ectoderm.

ectodermico, pl. **-ci**, **-che** /ekto'dɛrmiko, tʃi, ke/ agg. ectodermal.

ectopia /ekto'pia/ f. ectopia.

ectoplasma /ekto'plazma/ m. ectoplasm.

ectoplasmatico, pl. **-ci**, **-che** /ektopla'zmatiko, tʃi, ke/ agg. ectoplasmic.

ecu, **ECU** /'ɛku/ ➧ ***6*** m.inv. STOR. ecu, ECU; ***valuta in ~*** ecu currency.

Ecuador /ekwa'dor/ ➧ ***33*** n.pr.m. Ecuador.

ecuadoriano /ekwado'rjano/ ➧ ***25*** **I** agg. Ecuadorian **II** m. (f. **-a**) Ecuadorian.

ecumene /eku'mɛne/ f. oecumene.

ecumenicità /ekumenitʃi'ta/ f.inv. ecumenicity.

ecumenico, pl. **-ci**, **-che** /eku'mɛniko, tʃi, ke/ agg. ecumenical; ***Consiglio Ecumenico delle Chiese*** World Council of Churches.

ecumenismo /ekume'nizmo/ m. ecumenism.

eczema /ek'dzɛma/ ➧ ***7*** m. eczema; ***avere un ~*** to suffer from eczema.

eczematico, pl. **-ci**, **-che** /ekdze'matiko, tʃi, ke/, **eczematoso** /ekdzema'toso/ **I** agg. [*affezione, eruzione*] eczematous **II** m. (f. **-a**) eczema sufferer.

ed /ed/ → **e.**

ed. 1 ⇒ editore publisher **2** ⇒ edizione edition.

edace /e'datʃe/ agg. RAR. edacious LETT.

edafico, pl. **-ci**, **-che** /e'dafiko, tʃi, ke/ agg. edaphic.

edafologia /edafolo'dʒia/ f. edaphology.

edelweiss /edel'vais, 'edelvais/ m.inv. edelweiss*.

edema /e'dɛma, 'ɛdema/ m. oedema* BE, edema* AE.

edematoso /edema'toso/ agg. edematous.

eden /'ɛden/ m.inv. **1 Eden** BIBL. Eden; ***il giardino dell'Eden*** the garden of Eden **2** FIG. Eden.

edenico, pl. **-ci**, **-che** /e'dɛniko, tʃi, ke/ agg. Edenic (anche FIG.).

▷ **edera** /'edera/ f. ivy ◆◆ ***~ terrestre*** ground ivy, robin-run-the-hedge BE.

Edgardo /ed'gardo/ n.pr.m. Edgar.

▷ **edicola** /e'dikola/ f. **1** *(di giornali)* (newspaper) kiosk, newsstand; *(in aeroporto, stazione)* bookstall BE **2** ARCH. aedicule.

edicolante /ediko'lante/ m. e f. news vendor, newsagent BE, newsdealer AE.

edificabile /edifi'kabile/ agg. ***terreno ~*** building land; ***lotto ~*** (building) plot.

edificabilità /edifikabili'ta/ f.inv. suitability for building.

edificante /edifi'kante/ agg. [*atto, pensiero, libro, lettura*] edifying; [*letteratura*] uplifting; ***spettacolo non ~*** not an edifying sight.

edificare /edifi'kare/ [1] tr. **1** *(costruire)* to build*, to construct [*edificio, città*]; *(occupare con edifici)* to develop [*terreno, lotto*] **2** FIG. to build* [*stato, impero, opera, teoria*] **3** FIG. *(indurre al bene)* to edify ◆ ***~ sulla sabbia*** to build on sand.

edificatore /edifika'tore/ m. (f. **-trice** /tritʃe/) RAR. edifier.

edificatorio, pl. **-ri**, **-rie** /edifika'tɔrjo, ri, rje/ agg. RAR. edificatory.

edificazione /edifikat'tsjone/ f. **1** *(di edificio, paese)* building, construction; *(di terreno)* development **2** *(di impero, opera, teoria)* building **3** FIG. edification; ***l'~ dei fedeli*** the edification of the faithful.

▷ **edificio**, pl. **-ci** /edi'fitʃo, tʃi/ m. **1** *(costruzione)* building, edifice; ***~ pubblico, privato, storico*** public, private, historic building; ***~ scolastico*** school building, schoolhouse **2** FIG. structure; ***l'~ sociale*** the structure of society, the social order; ***l'~ di un'opera*** the structure of a work.

edile /e'dile, 'ɛdile/ ➧ ***18*** **I** agg. ***impresa ~*** firm of builders, construction company; ***industria ~*** construction industry; ***operaio ~*** builder, builder's labourer, construction *o* building BE worker; ***perito ~*** building surveyor; ***imprenditore, costruttore ~*** builder, building contractor, property *o* real estate AE developer; ***cantiere ~*** building site; ***lavorare nel settore ~*** to work in construction **II** m. **1** builder, builder's labourer, building worker BE **2** STOR. aedile.

▷ **edilizia** /edi'littsja/ f. building, construction, building trade; ***lavorare nell'~*** to work in construction *o* in the building trade; ***incentivo per l'~*** building incentive ◆◆ ***~ abitativa*** housing; ***~ industriale*** construction of industrial buildings; ***~ popolare*** public housing; ***~ scolastica*** construction of schools.

edilizio, pl. **-zi**, **-zie** /edi'littsjo, tsi, tsje/ agg. ***concessione -a*** building licence; ***licenza -a*** building permit; ***regolamento ~*** building regulation; ***complesso ~*** development; ***settore ~*** construction; ***piano ~*** area plan for building; ***cooperativa -a*** housing association BE; ***associazione di credito ~*** = building and loan association; ***condono ~*** = amnesty for infringement of local building regulations.

Edimburgo /edim'burgo/ ➧ ***2*** n.pr.f. Edinburgh.

edipico, pl. **-ci**, **-che** /e'dipiko, tʃi, ke/ agg. oedipal, Oedipal; ***complesso ~*** Oedipus complex; ***fase -a*** Oedipal phase.

Edipo /e'dipo/ n.pr.m. Oedipus; ***complesso di ~*** Oedipus complex.

editare /edi'tare/ [1] tr. INFORM. to edit.

editing /'ɛditing/ m.inv. INFORM. editing.

edito /'ɛdito/ agg. published (**da** by); ***scritti -i e inediti*** published and unpublished writings.

editore /edi'tore/ **I** agg. publishing; ***casa -trice*** publishing house *o* outfit, publisher, press **II** ➧ ***18*** m. (f. **-trice** /tritʃe/) **1** *(imprenditore)* publisher **2** *(curatore di un'edizione)* editor; ***nota dell'~*** editor's note.

editoria /edito'ria/ f. publishing; ***lavorare nell'~*** to work in publishing ◆◆ ***~ elettronica*** electronic publishing; ***~ da tavolo*** desktop publishing.

editoriale /edito'rjale/ **I** agg. [*politica, servizio*] editorial; ***direttore ~*** managing editor, publishing director; *(nella pubblicità)* commissioning editor; ***gruppo ~*** publishing group; ***programma ~*** publishing programme; ***fascetta ~*** blurb **II** m. *(articolo)* editorial, leading article, leader.

editorialista, m.pl. **-i**, f.pl. **-e** /editorja'lista/ ➧ ***18*** m. e f. leader writer, editorialist AE.

editto /e'ditto/ m. **1** STOR. edict; ***emanare un ~*** to issue an edict **2** RAR. *(legge)* edict, decree.

edizione /edit'tsjone/ f. **1** *(pubblicazione e diffusione)* publication; ***un'~ di 5.000 copie*** an edition of 5,000 copies; ***prima ~*** first edition; ***prefazione alla prima ~*** preface to the first edition **2** *(testo, libro, giornale)* edition; ***una nuova ~ riveduta e ampliata*** a new revised and enlarged edition; ***un'~ in tre volumi*** a three-volume edition **3** TELEV. RAD. edition; ***~ del mattino, della sera*** morning, evening edition; ***l'~ delle (ore) 20 del telegiornale*** the eight o'clock (edition of the) news **4** ART. SPORT ***la terza ~ del festival di Cannes*** the third Cannes (film) festival; ***l'~ 2004 dei giochi olimpici*** the 2004 Olympic Games ◆◆ ***~ apocrifa*** apocryphal edition; ***~ bilingue*** bilingual edition; ***~ in brossura*** paperbound edition; ***~ critica*** critical edition; ***~ commentata*** annotated edition; ***~ completa*** complete edition; ***~ a dispense*** part work BE; ***~ economica*** paperback (edition), softback (edition); ***~ in folio*** folio edition; ***~ fuori commercio*** out of print edition; ***~ integrale*** unabridged edition; ***~ limitata*** limited edition; ***~ di lusso*** library edition; ***~ ridotta*** abridged edition; ***~ rilegata*** hardback; ***~ riveduta e corretta*** revised edition; ***~ speciale*** → **~ straordinaria**; ***~ spuria*** → **~ apocrifa**; ***~ straordinaria*** bumper edition, extra; ***~ tascabile*** pocket *o* pocket-size(d) edition, paperback; ***~ con testo a fronte*** parallel text edition; ***~ a tiratura limitata*** limited edition.

Edmondo /ed'mondo/ n.pr.m. Edmund.

edoardiano /edoar'djano/ agg. Edwardian.

Edoardo /edo'ardo/ n.pr.m. Edward.

edonico, pl. **-ci**, **-che** /e'dɔniko, tʃi, ke/ agg. hedonic.

edonismo /edo'nizmo/ m. hedonism.

edonista, m.pl. **-i**, f.pl **-e** /edo'nista/ m. e f. hedonist.
edonistico, pl. **-ci**, **-che** /edo'nistiko, tʃi, ke/ agg. hedonistic.
edotto /e'dɔtto/ agg. informed (**su** about), acquainted (**su** with); ***rendere qcn. ~ su qcs.*** to acquaint sb. with sth.
edredone /edre'done/ m. eider.
educabile /edu'kabile/ agg. educable, educatable, teachable.
educanda /edu'kanda/ f. **1** *(ragazza educata in convento)* convent school girl **2** FIG. SCHERZ. shy girl; ***arrossire come un'~*** to blush like a schoolgirl; ***linguaggio da ~*** IRON. choice language; ***non è uno spettacolo da -e*** it's no sight for a schoolgirl.
educandato /edukan'dato/ m. RAR. *(istituto)* convent school.
▶ **educare** /edu'kare/ [1] tr. **1** *(allevare)* to bring* up, to raise [*figlio*]; ***ho educato i miei figli in modo spartano*** I raised my children strictly; ***~ cristianamente i propri figli*** to bring up one's children as Christians; ***~ qcn. al rispetto degli altri, alla tolleranza*** to bring up sb. to respect other people, to be tolerant **2** *(formare)* to educate, to form [*persona*]; *(addestrare)* to train [*animale*]; ***~ qcn. all'arte, alla musica*** to educate sb. in art, in music **3** *(allenare con l'esercizio)* to train [*orecchio*]; to educate [*palato*]; to form [*gusto*]; to develop [*intelligenza*]; ***~ la volontà*** to develop one's willpower; ***~ i sensi*** to train one's senses; ***~ il corpo alle fatiche*** to train the body to endure hardships.
educatamente /edukata'mente/ avv. politely.
educativo /eduka'tivo/ agg. [*attività, gioco, programma, valore, metodi*] educational; [*libro*] instructive; ***sistema ~*** education(al) system.
▶ **educato** /edu'kato/ **I** p.pass. → **educare II** agg. **1** *(che ha buone maniere)* [*ragazzo*] well-bred, well brought up, well-mannered, well-behaved, polite; ***un uomo ~*** a man of breeding; ***ben educato*** well-bred, well brought up, well-mannered; ***non è ~ fare*** it is bad form *o* rude to do; ***comportati da persona -a!*** be polite! **2** *(cortese)* polite; ***non sei stato molto ~ con loro*** you were not very polite to them!
educatore /eduka'tore/ m. (f. **-trice** /tritʃe/) educator, rearer, youth worker; *(in prigione)* instructor.
▶ **educazione** /edukat'tsjone/ f. **1** *(l'allevare)* upbringing, education; ***impartire un'~ permissiva, severa*** to give sb. a permissive, strict upbringing; ***ricevere un'~ cattolica*** to be brought up as a Catholic **2** *(buone maniere)* (good) breeding, (good) manners pl., politeness; ***avere la buona ~ di fare*** to have the manners to do; ***le regole*** o ***i dettami della buona ~*** the rules of polite society; ***l'~ vuole che lei ci vada*** politeness requires you to go; ***mancanza di ~*** lack of manners; ***per ~*** out of politeness; ***insegnare l'~ a qcn.*** to teach sb. (their) manners; ***chi ti ha insegnato l'~?*** where are your manners? ***gliela insegno io l'~!*** I'll teach him some manners! **3** *(formazione scolastica)* education; ***ricevere un'~ classica*** to get a classical education; ***qui i bambini ricevono un'ottima ~*** here, children get a very high education **4** *(allenamento) (di palato)* education; *(di gusto)* formation; ***~ della voce*** vocal *o* voice training; ***~ della memoria*** memory training; ***~ della volontà*** development of willpower ◆◆ ***~ alimentare*** nutrition education; ***~ ambientale*** environmental education; ***~ artistica*** art education; ***~ civica*** civics; ***~ fisica*** physical education, gymnastics; ***~ linguistica*** language education *o* instruction; ***~ musicale*** musical education; ***~ permanente*** Adult Education; ***~ sessuale*** sex education; ***~ stradale*** road safety; ***~ tecnica*** arts and crafts, handicrafts.
edulcorante /edulko'rante/ **I** agg. ***prodotto ~*** sweetening product **II** m. sweetener.
edulcorare /edulko'rare/ [1] tr. **1** *(dolcificare)* to sweeten, to edulcorate ANT. [*bibita, medicina*] **2** FIG. *(attenuare)* to mitigate [*notizia, verità*].
edulcorazione /edulkorat'tsjone/ f. sweetening, edulcoration ANT.
edule /e'dule/ agg. RAR. comestible, edible; ***funghi -i*** edible mushrooms.
efebico, pl. **-ci**, **-che** /e'fɛbiko, tʃi, ke/ agg. ephebic.
efebo /e'fɛbo, 'ɛfebo/ m. **1** STOR. ephebe **2** *(adolescente)* youth; SPREG. effete youth.
efedrina /efe'drina/ f. ephedrine.
efelide /e'fɛlide/ f. freckle, lentigo*.
efemera /e'fɛmera/ f. ephemera*, mayfly, drake.
efemeroideo /efemeroi'dɛo/ m. ephemerid.
efesino /efe'zino/ **I** agg. Ephesian **II** m. (f. **-a**) Ephesian; ***Lettere agli Efesini*** Ephesians + verbo sing.
Efeso /'ɛfezo/ n.pr.f. Ephesus.
Efesto /e'fɛsto/ n.pr.m. Haphaestus.
effe /'ɛffe/ m. e f.inv. **1** *(lettera)* f, F **2** MUS. sound hole.
effemeride /effe'mɛride/ f. ASTR. ephemeris*.
effeminare /effemi'nare/ [1] **I** tr. RAR. to effeminate **II effeminarsi** pronom. to effeminate.
effeminatamente /effeminata'mente/ avv. womanishly.
effeminatezza /effemina'tettsa/ f. effeminacy, effeteness, womanishness.
effeminato /effemi'nato/ **I** p.pass. → **effeminare II** agg. [*uomo*] effeminate, effete, womanish **III** m. effeminate.
efferatamente /efferata'mente/ avv. cruelly, mercilessly, ferociously.
efferatezza /effera'tettsa/ f. cruelty, mercilessness.
efferato /effe'rato/ agg. [*omicidio*] heinous, ferocious.
efferente /effe'rɛnte/ agg. efferent.
effervescente /efferveʃ'ʃɛnte/ agg. **1** [*compressa*] effervescent; [*acqua, bevanda*] effervescent, fizzy; ***essere ~*** [*bevanda*] to be fizzy **2** FIG. [*città, atmosfera*] bubbling; [*persona, carattere*] effervescent; ***essere ~*** [*persona*] to effervesce.
effervescenza /efferveʃ'ʃɛntsa/ f. **1** *(di liquidi)* effervescence, fizz, fizziness; ***essere in ~*** [*liquido*] to effervesce **2** FIG. *(di persona, carattere)* effervescence ◆◆ ***~ naturale*** natural effervescence.
effettivamente /effettiva'mente/ avv. **1** *(veramente)* actually, really; ***calcolare quanto si è ~ speso*** to count how much was actually spent **2** *(in effetti)* indeed, in effect, effectively; ***il problema è ~ complesso*** the problem is indeed complex; ***la polizia è ~ intervenuta troppo tardi*** the police did (indeed) intervene too late; ***~ avevi ragione*** actually, you were right.
▷ **effettivo** /effet'tivo/ **I** agg. **1** *(reale)* [*aiuto, potere, reddito, guadagno*] real; [*controllo, tasso*] effective; [*vantaggio*] concrete; ***durata -a del lavoro*** actual working time; ***diventare ~*** [*provvedimento, cessate il fuoco*] to come into effect; ***essere alla ricerca -a di un impiego*** to be actively looking for a job; ***tempo ~ di gioco*** SPORT played time **2** *(tale a tutti gli effetti)* [*personale*] permanent; [*docente*] tenured; [*ufficiale*] fully-fledged, regular BE; ***socio ~*** active member; ***servizio permanente ~*** active service **II** m. **1** *(persona con ruolo effettivo)* ***gli -i*** *(di una società)* the numbers, the staff; *(di una scuola)* the school staff; *(di una squadra)* the strength; MIL. the fighting strength, the numbers; ***ridurre gli -i di una società*** to reduce a company's workforce **2** *(organico) (di una società)* staff; MIL. manning **3** ECON. sum total.
▶ **effetto** /ef'fɛtto/ **I** m. **1** *(conseguenza)* effect; ***tra i due fenomeni c'è un rapporto di causa-~*** there is a relation of cause and effect between the two phenomena; ***-i negativi di qcs. su qcs., qcn.*** adverse *o* ill effects of sth. on sth., sb.; ***-i positivi di qcs. su qcs., qcn.*** beneficial effects of sth. on sth., sb.; ***gli -i della guerra, della carestia*** the effects of war, of famine; ***subire, risentire degli -i di qcs.*** to suffer from, to feel the effects of sth.; ***avere un ~ positivo, negativo, catastrofico*** to have a positive, negative, disastrous effect; ***la mia osservazione ha avuto l'~ contrario rispetto a quello che volevo*** my remark had the opposite effect from the one I intended; ***non avere alcun ~*** [*critica, campagna*] to have no effect; ***le loro osservazioni non hanno avuto alcun ~ su di me*** their remarks didn't affect me at all; ***fare ~*** [*medicinale, cura*] to work, to act; ***sotto l'~ dell'alcol*** under the influence of alcohol; ***per ~ della svalutazione*** under the impact of devaluation **2** *(impressione)* effect, impression; ***che ~ ti fa essere padre?*** how does it feel to be a father? ***provocare uno strano ~*** [*velocità, alcol, incontro*] to make one feel strange; ***fa un certo ~ arrivare con una gamba ingessata*** arriving with one's leg in plaster makes an impression; ***un ~ sorpresa*** an element of surprise **3** *(procedimento)* effect; ***~ comico, stilistico*** comic, stylistic effect; ***un bell'~ marmorizzato*** a beautiful marbled effect; ***cercare l'~*** to strive for effect; ***non riesce mai a raggiungere l'~ voluto*** he tries but he never comes off **4** *(finalità)* ***a tale ~*** for that purpose; ***a tutti gli -i*** to all intents and purposes, for all practical purposes **5** *(efficacia, esecuzione)* ***avere ~*** [*provvedimento, legge*] to take effect; ***entrare in vigore con ~ immediato*** to become effective forthwith; ***un aumento di stipendio con ~ retroattivo al 1 gennaio*** a pay rise backdated to 1 January; ***mandare qcs. a ~*** to bring sth. to effect; ***mettere qcs. a ~*** to carry out sth. **6** *(fenomeno)* ***l'~ Maastricht*** the Maastricht effect **7** SPORT spin; ***dare ~ a una palla*** to put spin on a ball; ***tiro a*** o ***con ~*** spin shot **8** ECON. bill **9 a effetto, d'effetto** ***frase a ~*** o ***d'~*** words meant for effect; ***scena a ~*** o ***d'~*** sensational scene **II effetti** m.pl. **1** BUROCR. effects, belongings **2 in effetti** in fact, as a matter of fact; ***sembrano più vicini di quanto in -i non siano*** they look closer than they really are; ***in -i erano 100 euro, non 50*** it was really 100 euros not 50 euros; ***"non eri a casa ieri sera?" - "in -i, no"*** "you weren't home last night, were you?" - "no, in fact I wasn't" ◆◆ ***~ acustico*** acoustic effect; ***~ boomerang*** boomerang effect; ***~ collaterale*** side effect; ***~ commerciale*** paper, commercial bill; ***~ corona*** corona (discharge); ***~ Doppler*** Doppler effect; ***~ flou*** soft focus; ***~ Joule*** Joule effect; ***~ moltiplicatore*** multiplier effect; ***~ neve*** snow effect; ***~ pelle*** skin effect;

~ placebo placebo effect; *~ serra* greenhouse effect; *~ sonoro* sound effect; *~ speciale* special effect; *~ suolo* ground effect; *~ tunnel* tunnel effect; *-i attivi* bills receivable; *-i all'incasso* bills for collection; *-i passivi* bills payable; *-i personali* personal belongings *o* effects.

effettuabile /effettu'abile/ agg. practible, effectible, performable.

effettuale /effettu'ale/ agg. LETT. real, actual.

effettuare /effettu'are/ [1] **I** tr. to make* [*pagamento, versamento, cambiamento, scelta, investimento, valutazione, atterraggio*]; to conduct [*sondaggio*]; to carry out [*attacco, operazione*]; to effect [*riduzione, riparazione*]; *~ una spedizione* to go on an expedition; *~ la revisione dei veicoli* to check the vehicles; *~ un sorpasso* to overhaul, to pass, to overtake BE; *~ una fermata* to make a stop, to stop; *~ un cross* to centre *o* cross the ball; *~ un tiro in porta* to have *o* take a shot at goal; *~ una fuga* SPORT to break away **II effettuarsi** pronom. to take* place.

effettuazione /effettuat'tsjone/ f. effectuation, realization; *~ di pagamento* payment.

▷ **efficace** /effi'katʃe/ agg. **1** *(adatto)* [*azione, metodo, misura*] effective; [*rimedio*] effective, efficacious; [*esempio*] good **2** *(espressivo)* [*discorso*] forceful, hard-hitting; [*frase*] neat.

efficacemente /effikatʃe'mente/ avv. [*lavorare, funzionare, intervenire, curare*] effectively.

efficacia /effi'katʃa/ f. **1** *(potere, effetto) (di azione, metodo, misura)* effectiveness; *(di rimedio)* effectiveness, efficacy; *il trattamento perde la sua ~ col tempo* the treatment loses effect over time **2** *(capacità espressiva) (di discorso)* forcefulness; *un'opera di grande ~ pittorica* a work with great pictorial vigour; *scrivere con ~* to write with incisiveness.

efficiente /effi'tʃɛnte/ agg. **1** [*persona, macchina, dipositivo*] efficient; *causa ~* efficient cause **2** *(funzionante) il motore è ancora ~* the engine is still in working order.

efficientismo /effitʃen'tizmo/ m. = high degree of efficiency; SPREG. = ostentation of efficiency.

efficientista, m.pl. **-i**, f.pl. **-e** /effitʃen'tista/ **I** agg. *società ~* = society based on a high degree of efficiency **II** m. e f. = efficiency maniac.

▷ **efficienza** /effi'tʃɛntsa/ f. *(di persona, macchina, dispositivo)* efficiency; *dimostrare grande ~* to show great efficiency; *essere in piena ~* [*industria*] to be stretched at full capacity; [*persona, atleta*] to be in good form; [*battaglione, esercito*] to be fully operational; *un motore in perfetta ~* an engine in perfect working order; *grado di ~* degree of efficiency.

effigiare /effi'dʒare/ [1] tr. LETT. **1** *(raffigurare)* to depict, to portray **2** *(ornare con effigi)* to ornament with effigies.

effigie, pl. **-gie, -gi** /ef'fidʒe, dʒe, dʒi/ f. **1** *(immagine)* effigy; *in ~* in effigy; *una banconota con l'~ di Alessandro Volta* a banknote bearing the image of Alessandro Volta **2** *(sembianze)* semblance ◆ *bruciare qcn. in ~* to burn an effigy of sb.

effimera /ef'fimera/ f. ephemera*, mayfly, day-fly, green-drake.

effimero /ef'fimero/ **I** agg. [*felicità, amore*] fleeting, ephemeral; [*successo, gloria*] short-lived, ephemeral; [*insetto*] ephemeral; [*pianta*] fugacious; *febbre -a* ephemeral fever **II** m. *cultura dell'~* ephemeral culture.

efflorescente /efflorеʃ'ʃɛnte/ agg. efflorescent.

efflorescenza /effloreʃ'ʃɛntsa/ f. efflorescence.

effluente /efflu'ɛnte/ m. effluvium*, effluent.

efflusso /ef'flusso/ m. efflux, effluence; *tubo di ~* adjutage.

effluvio, pl. **-vi** /ef'fluvjo, vi/ m. **1** *(di odore gradevole)* scent, fragrance; *(di odori sgradevoli)* effluvium* **2** *(emanazione)* emanation; *un ~ di luce* a beam of light.

effondere /ef'fondere/ [51] **I** tr. LETT. **1** *(emanare)* to effuse [*fumo*] **2** *(versare)* to shed* [*lacrime*] **3** FIG. *(manifestare)* to outpour [*emozione*]; *~ il proprio animo* to open one's heart; *~ il proprio dolore* to give vent to one's grief **II effondersi** pronom. LETT. **1** *(propagarsi)* to effuse **2** FIG. to spread* oneself.

effrazione /effrat'tsjone/ f. breaking and entering; *sono entrati in casa compiendo un'~* they broke into the house; *c'è stata un'~* the premises have been broken into.

effusione /effu'zjone/ **I** f. **1** GEOL. extravasation, effusion **2** *(di liquido, sangue)* effusion **3** FIG. effusion; *con ~* [*ringraziare, parlare*] effusively; *senza ~* [*parlare, reagire*] unemotionally **II effusioni** f.pl. effusions; *scambiarsi tenere -i* to have a kiss and a cuddle; *-i di gioia* gushes of joy.

effusivo /effu'zivo/ agg. [*roccia*] effusive.

effusore /effu'zore/ m. jet nozzle.

eforo /'ɛforo/ m. ephor*.

Egadi /'ɛgadi/ ♦ **14** n.pr.f.pl. *le isole ~* the Egadi Islands.

egagropilo /egagro'pilo/ m. VETER. hair ball.

egalitario /egali'tarjo/ → **egualitario.**

egalitarismo /egalita'rizmo/ → **egualitarismo.**

egemone /e'dʒɛmone/ agg. dominant, leading; *stato ~* leading state.

egemonia /edʒemo'nia/ f. hegemony.

egemonico, pl. **-ci, -che** /edʒe'mɔniko, tʃi, ke/ agg. hegemonic.

egemonismo /edʒemo'nizmo/ m. hegemony.

egemonizzare /edʒemonid'dzare/ [1] tr. to dominate [*stato, classe*]; to control [*cultura*].

egeo /e'dʒɛo/ agg. Aegean.

Egeo /e'dʒɛo/ ♦ **27** n.pr.m. *l'~, il mar ~* the Aegean (sea).

egida /'ɛdʒida/ f. *sotto l'~ di qcn., qcs.* under the aegis of sb., sth.

Egidio /e'dʒidjo/ n.pr.m. Giles.

egira /'ɛdʒira/ f.inv. *l'~* the Hegira.

Egitto /e'dʒitto/ ♦ **33** n.pr.m. Egypt; *Alto ~* Upper Egypt; *antico ~* ancient Egypt.

egittologia /edʒittolo'dʒia/ f. Egyptology.

egittologo, m.pl. **-gi**, f.pl. **-ghe** /edʒit'tɔlogo, dʒi, ge/ m. (f. **-a**) Egyptologist.

egiziano /edʒit'tsjano/ ♦ **25, 16 I** agg. Egyptian **II** m. (f. **-a**) **1** *(persona)* Egyptian **2** LING. Egyptian.

egizio, pl. **-zi, -zie** /e'dʒittsjo, tsi, tsje/ **I** agg. STOR. Egyptian; *museo ~* Egyptian museum **II** m. STOR. (f. **-a**) Egyptian; *gli antichi -zi* the ancient Egyptians.

eglantina /eglan'tina/ f. eglantine, sweetbriar, sweetbrier.

eglefino /egle'fino/ m. haddock.

▶ **egli** /'eʎʎi/ v. la nota della voce io. pron.pers.m. he *(in inglese va sempre espresso)*; *(~) non disse nemmeno una parola* he didn't say even one word; *~ stesso* he himself; *chiunque ~ sia* whoever he is.

egloga, pl. **-ghe** /'ɛgloga, ge/ f. eclogue.

ego /'ɛgo/ m.inv. ego.

egocentricità /egotʃentritʃi'ta/ f.inv. egocentricity.

egocentrico, pl. **-ci, -che** /ego'tʃɛntriko, tʃi, ke/ **I** agg. egocentric, self-centred BE, self-centered AE, egomaniac, self-absorbed, self-involved **II** m. (f. **-a**) egocentric person, egomaniac.

egocentrismo /egotʃen'trizmo/ m. egocentrism, egomania.

▷ **egoismo** /ego'izmo/ m. selfishness, egoism.

▷ **egoista**, m.pl. **-i**, f.pl. **-e** /ego'ista/ **I** agg. selfish, self-seeking; *il suo comportamento ~* the selfishness of his behaviour **II** m. e f. selfish person, egoist; *sei un grande ~* you are completely selfish.

egoisticamente /egoistika'mente/ avv. selfishly.

egoistico, pl. **-ci, -che** /ego'istiko, tʃi, ke/ agg. selfish, egoistic(al), self-interested.

egotismo /ego'tizmo/ m. egotism.

egotista, m.pl. **-i**, f.pl. **-e** /ego'tista/ m. e f. egotist.

egotistico, pl. **-ci, -che** /ego'tistiko, tʃi, ke/ agg. egotistic(al).

egotizzare /egotid'dzare/ [1] intr. (aus. *avere*) to egotize.

Egr. ⇒ egregio; *~ sig. Giorgio Bianchi (in un indirizzo)* Mr Giorgio Bianchi.

egregiamente /egredʒa'mente/ avv. excellently; *se l'è cavata ~* he managed very well.

egregio, pl. **-gi, -gie** /e'grɛdʒo, dʒi, dʒe/ agg. **1** *(eccellente)* excellent, remarkable **2** *(nelle lettere) (nell'intestazione) Egregio signor Ferri* Dear Mr Ferri; *(nell'indirizzo) ~ signor Mario Ferri* Mr Mario Ferri.

egressivo /egres'sivo/ agg. egressive.

egresso /e'grɛsso/ m. RAR. egress, egression.

egretta /e'gretta/ f. egret.

egro /'ɛgro/ agg. ill.

eguagliare /egwaʎ'ʎare/ [1] tr. **1** *(rendere eguale)* to equalize [*persone*]; to level out [*prezzi, redditi, tasse*]; *~ i diritti, le opportunità* to give people equal rights, opportunities **2** *(essere pari)* to equal, to match; *in generosità non lo eguaglia nessuno* he has no equal in generosity **3** *(raggiungere)* to equalize, to match [*record, tempo*]; *~ i migliori* to rank with the best.

eguale /e'gwale/ **I** agg. equal; *piantati a ~ distanza* planted at an equal distance from one another; *tagliare una torta in parti -i* to cut a cake into equal portions; *li disprezzava e li invidiava in ~ misura* she despised them and envied them in equal measures **II** m. e f. equal; *non avere -i* to have no equal.

egualitario, pl. **-ri, -rie** /egwali'tarjo, ri, rje/ **I** agg. egalitarian, equalitarian **II** m. (f. **-a**) egalitarian, equalitarian.

egualitarismo /egwalita'rizmo/ m. egalitarianism.

▶ **eh** /ɛ/ inter. **1** *(rimprovero)* eh, now (then); *~, così non va!* eh, that's not nice! *~, cos'è tutto questo rumore?* now then, what's all this noise? **2** *(rassegnazione) ~ sì, oggigiorno è tutto più difficile* oh yes, everything is more difficult nowadays; *~ sì, è (proprio) così!* oh yes, that's just the way it is! **3** *(stupore)* phew; *~? che*

cosa hai fatto? what? what did you do? **4** *(in domande retoriche)* ***ti ha stupito, ~?*** that's surprised you, hasn't it? ***simpatico, ~?*** nice, isn't he? **5** *(come risposta)* what; ***"Marco!" - "~?"*** "Marco!" - "what?".

▶ **ehi** /'ei/ inter. COLLOQ. **1** *(per richiamare l'attenzione)* hey; ***~, cosa succede?*** hey, what's going on *o* happening? ***~ tu, vieni qua!*** hey you (there), come here! ***~, di bordo!*** ship ahoy! ***~, sto parlando con te!*** hey, I'm talking to you! ***~, aspetta un minuto!*** here hang on a minute! **2** *(apprezzamento)* ***~, che eleganza!*** wow! you're so smart!

ehilà /ei'la/ inter. **1** hey; ***~, che ci fai qui?*** hey, what are you doing here? **2** *(apprezzamento)* ***~, che salto!*** wow! what a jump!

ehm /ɛm/ inter. hem, hum, ahem.

E.I. ⇒ Esercito Italiano Italian Army.

eiaculare /ejaku'lare/ [1] intr. (aus. *avere*) to ejaculate.

eiaculatore /ejakula'tore/ agg. [*dotto*] ejaculatory.

eiaculatorio, pl. **-ri**, **-rie** /ejakula'tɔrjo, ri, rje/ agg. [*funzione*] ejaculatory.

eiaculazione /ejakulat'tsjone/ f. ejaculation; ***~ precoce*** premature ejaculation.

eidetico, pl. **-ci**, **-che** /ei'dɛtiko, tʃi, ke/ agg. eidetic.

eiettabile /ejet'tabile/ agg. ***seggiolino ~*** ejector *o* ejection AE seat.

eiettare /ejet'tare/ [1] tr. to eject.

eiettore /ejet'tore/ m. ejector.

eiezione /ejet'tsjone/ f. ejection.

einsteinio /ains'tainjo/ m. einstenium.

elaborare /elabo'rare/ [1] tr. **1** *(esaminare, concepire)* to elaborate [*teoria, ipotesi, schema*]; to work out, to devise [*soluzione*]; to work out, to devise, to frame [*piano, progetto*]; to develop [*strategia*]; to frame [*legge*] **2** *(sviluppare)* to process [*dati*]; ***~ i risultati di un'inchiesta*** to process the results of an inquiry **3** INFORM. to process [*dati, informazioni, immagini*] **4** BOT. FISIOL. to elaborate **5** *(truccare)* to modify, to soup up [*motore*].

elaboratezza /elabora'tettsa/ f. elaborateness.

elaborato /elabo'rato/ **I** p.pass. → **elaborare II** agg. **1** *(complicato)* [*progetto, piatto*] elaborate; *(ricercato)* [*stile*] florid, ornate **2** MOT. [*motore*] modified, souped-up **III** m. **1** BUROCR. script **2** SCOL. script, paper.

elaboratore /elabora'tore/ **I** agg. elaborating, processing **II** m. INFORM. processor; ***assistito dall'~*** computer-aided; ***~ di dati*** data processor.

elaborazione /elaborat'tsjone/ f. **1** *(di teoria, schema)* elaboration; *(di progetto, soluzione)* working-out **2** *(di dati, risultati)* processing **3** INFORM. processing; ***~ (elettronica dei) dati*** data processing; ***centro ~ dati*** data processing centre **4** BOT. FISIOL. elaboration.

elargire /elar'dʒire/ [102] tr. to bestow, to lavish [*onori, complimenti, regali*] (**a** on, upon); to lavish, to donate [*denaro, premio, aiuti*] (**a** on).

elargitore /elardʒi'tore/ m. (f. **-trice** /tritʃe/) bestower.

elargizione /elardʒit'tsjone/ f. **1** *(il dare) (di onori, complimenti)* bestowal; *(di denaro)* donation **2** *(dono)* donation, gift.

elasticamente /elastika'mente/ avv. flexibly.

elasticità /elastitʃi'ta/ f.inv. **1** elasticity; ***l'~ delle arterie, dei muscoli*** the elasticity of the arteries, of the muscles; ***limite di ~*** elastic limit; ***modulo di ~*** modulus of elasticity **2** *(di movimenti)* agility, nimbleness **3** FIG. *(di regolamento)* flexibility; ***~ di mente*** quickness of mind.

elasticizzare /elastitʃid'dzare/ [1] tr. to make* [sth.] elastic.

elasticizzato /elastitʃid'dzato/ **I** p.pass. → **elasticizzare II** agg. [*fascia*] elasticated; [*tessuto, jeans*] stretch attrib.

▷ **elastico**, pl. **-ci**, **-che** /e'lastiko, tʃi, ke/ **I** agg. **1** *(dotato di elasticità)* [*metallo, forza, fibra*] elastic; [*fascia, bretella*] elasticated; ***calze -che*** support stockings *o* tights **2** *(molleggiante)* springy **3** *(agile)* [*corpo*] agile, nimble **4** FIG. *(adattabile)* [*regolamento, orario*] flexible; [*budget*] elastic; ***una mente -a*** a quick mind; ***avere una coscienza -a*** to have an elastic *o* accommodating conscience **II** m. **1** rubber band, elastic (band BE); ***tendere un ~*** to stretch an elastic **2** *(tessuto)* elastic **3** *(gioco)* Chinese jump rope.

elastina /elas'tina/ f. elastin.

elastomerico, pl. **-ci**, **-che** /elasto'mɛriko, tʃi, ke/ agg. elastomeric.

elastomero /elas'tɔmero/ m. elastomer.

elaterio, pl. **-ri** /ela'tɛrjo, ri/ m. ZOOL. elater.

elaterite /elate'rite/ f. elaterite.

elativo /ela'tivo/ agg. elative.

Elba /'elba/ ➧ **14** n.pr.f. ***isola d'~*** Elba.

elbano /el'bano/ **I** agg. from, of Elba **II** m. (f. **-a**) native, inhabitant of Elba.

elce /'eltʃe/ m.e f. ilex, holm oak.

eldorado /eldo'rado/ m. El Dorado.

eleagno /ele'aɲɲo/ m. oleaster.

eleatico, pl. **-ci**, **-che** /ele'atiko, tʃi, ke/ **I** agg. Eleatic **II** m. Eleatic.

electron /e'lɛktron/ m.inv. elektron.

▷ **elefante** /ele'fante/ m. **1** ZOOL. elephant **2** ABBIGL. ***pantaloni a zampa d'~*** bell-bottoms, bell-bottomed trousers, flares ◆ ***avere la memoria di un ~*** to have a memory like an elephant; ***come un ~ in un negozio di porcellane*** like a bull in a china shop; ***fare di una mosca un ~*** to make a mountain out of a molehill; ***avere la delicatezza di un ~*** = to be totally tactless ◆◆ ***~ africano*** African elephant; ***~ indiano*** Indian elephant; ***~ marino*** sea elephant, elephant seal.

elefantesco, pl. **-schi**, **-sche** /elefan'tesko, ski, ske/ agg. elephantine.

elefantessa /elefan'tessa/ f. cow elephant.

elefantiaco, pl. **-ci**, **-che** /elefan'tiako, tʃi, ke/ agg. **1** MED. of the elephantiasis **2** FIG. elephantine.

elefantiasi /elefan'tiazi/ ➧ **7** f.inv. elephantiasis*.

elefantino /elefan'tino/ **I** agg. elephantine **II** m. baby elephant.

▶ **elegante** /ele'gante/ agg. **1** *(ben vestito)* [*persona*] elegant, smart, well-dressed, natty; ***sei molto ~ oggi*** you're looking very smart today **2** *(raffinato, distinto)* [*persona*] polished, refined; [*maniere*] elegant, fine; [*aspetto, andatura*] distinguished; [*vestito, cappotto*] elegant, smart, stylish; [*ristorante*] elegant, stylish; ***un comportamento poco ~*** an uncivilized behaviour; ***non è molto ~ da parte tua*** it's not very decent of you **3** *(semplice e efficace)* [*soluzione*] elegant; ***venire fuori in modo ~ da una situazione*** to get out of a situation with style.

elegantemente /elegante'mente/ avv. **1** *(con raffinatezza)* [*vestirsi*] elegantly, smartly, finely, nattily; [*arredare*] elegantly, finely **2** *(con acume)* ***se l'è cavata ~*** he got along with style.

elegantone /elegan'tone/ m. (f. **-a**) SCHERZ. clothes horse; ***essere un ~*** to be a sharp dresser.

▷ **eleganza** /ele'gantsa/ f. **1** *(di persona, abito)* elegance, smartness; ***di grande ~*** [*persona*] extremely elegant; ***con ~*** [*vestirsi*] elegantly; ***mancare di ~*** to lack elegance; ***fare sfoggio d'~*** to make a show of elegance **2** *(di comportamento)* grace; ***con ~*** [*perdere*] gracefully; ***mancare di ~*** to behave shabbily.

▶ **eleggere** /e'lɛddʒere/ [59] tr. **1** to elect [*presidente, sindaco, rappresentante*]; ***essere eletto alla presidenza*** to be elected to the presidency; ***~ qcn. presidente*** to elect sb. (as) president; ***essere eletto per acclamazione, all'unanimità*** to be elected by acclamation, unanimously; ***essere eletta Miss Mondo*** to be voted Miss World **2** DIR. ***~ il proprio domicilio*** to elect domicile; ***~ il proprio domicilio a Torino*** to fix one's domicile in Turin.

eleggibile /eled'dʒibile/ agg. electable.

eleggibilità /eleddʒibili'ta/ f.inv. electability.

elegia /ele'dʒia/ f. elegy.

elegiaco, pl. **-ci**, **-che** /ele'dʒiako, tʃi, ke/ **I** agg. [*poeta, tono, distico*] elegiac **II** m. elegiac poet.

▷ **elementare** /elemen'tare/ **I** agg. **1** *(di base)* [*principio, bisogno, nozioni, forze*] basic, elementary; ***è ~!*** it's elementary! **2** FIS. CHIM. elementary; ***particella ~*** elementary particle **3** SCOL. [*corso, livello*] elementary; ***istruzione ~*** primary education; ***scuola ~*** primary *o* elementary *o* grade AE school; ***maestro ~*** primary *o* elementary (school) *o* grade school AE teacher **II elementari** f.pl. SCOL. ***le -i*** primary *o* elementary *o* grade AE school; ***alunni delle -i*** primary *o* elementary school children.

elementarità /elementari'ta/ f.inv. being elementary.

▶ **elemento** /ele'mento/ **I** m. **1** *(componente) (di struttura, insieme, problema)* element, part; *(di miscuglio)* ingredient; *(di mobilia)* element, component, part; *(di apparecchio)* component; *(di termosifone)* section; *(di batteria)* element, cell; ***~ costitutivo*** essential element; ***~ architettonico, stilistico*** architectonic, stylistic element; ***~ probatorio*** evidential matter; ***~ di supporto*** TECN. support member; ***~ di sorpresa*** element of surprise; ***un ~ importante della loro filosofia*** an important element in their philosophy; ***l'~ chiave del loro successo*** the key element *o* factor in their success **2** *(fatto)* fact, element; ***disporre di tutti gli -i*** to have all the facts *o* information; ***nessun nuovo ~ è emerso nell'inchiesta*** nothing new has emerged during the inquiry; ***l'~ scatenante della rivolta*** the factor which triggered the rebellion; ***non abbiamo alcun ~ su questo problema*** we have no information on this issue **3** *(individuo)* ***essere un buon ~*** [*allievo*] to be a good pupil; [*lavoratore*] to be a good worker; [*giocatore*] to be a good player; ***-i indesiderabili, ribelli*** undesirable, rebel elements; ***che ~!*** COLLOQ. SCHERZ. what a character! ***è un bell'~!*** he is a good one! **4** *(ambiente)* ***l'acqua è l'~ naturale dei pesci*** water is a fish's natural element **5** MAT. ASTROL.

CHIM. element **6** LING. element; ~ ***determinativo*** determinative; ~ ***vuoto*** dummy (element) **II elementi** m.pl. **1** *(rudimenti)* ***-i di matematica*** element(s) of mathematics **2** *(forze della natura)* elements; ***affrontare la furia degli -i*** to brave the elements; ***lottare contro gli -i*** to struggle against the elements **3** FILOS. ***i quattro -i*** the four elements ◆ ***trovarsi nel, fuori del proprio ~*** to be in, out of one's element.

▷ **elemosina** /ele'mɔzina/ f. alms pl., handout; FIG. charity; ***chiedere l'~*** to ask for charity, to beg; ***chiedere l'~ a qcn.*** to beg from sb.; ***fare l'~ a qcn.*** to give alms to sb.; ***cassetta delle -e*** alms *o* charity *o* poor box; ***vivere d'~*** to live off *o* rely on handouts.

elemosinare /elemozi'nare/ [1] **I** tr. **1** to beg for [*soldi, cibo*]; ~ ***qcs. da qcn.*** to beg sb. for sth., to beg sth. from sb. **2** FIG. *(chiedere umiliandosi)* to beg (for) [*favore*] **II** intr. (aus. *avere*) ~ ***per la strada*** to beg on the street.

elemosiniere /elemozi'njɛre/ m. STOR. almoner BE.

Elena /'ɛlena/ n.pr.f. Helen, Helena; ~ ***di Troia*** Helen of Troy; ***Sant'~*** *(isola)* St Helena.

▷ **elencare** /elen'kare/ [1] tr. **1** *(redigere un elenco di)* to list; ~ ***i nomi dei partecipanti*** to draw up a list of the partecipants **2** *(enumerare)* to count, to enumerate [*ragioni, cause*].

elencazione /elenkat'tsjone/ f. **1** *(elenco)* list **2** *(enumerazione)* enumeration FORM.

▷ **elenco**, pl. **-chi** /e'lɛnko, ki/ m. **1** list; ***redigere un ~*** to draw up a list; ***fare un ~ di*** to make a list of, to list; ***andare ad allungare l'~ di*** to add to the list of; ***depennare qcs., qcn. da un ~*** to cross sth., sb.'s name off a list; ***scorrere un ~*** to go through *o* look down *o* look through a list; ~ ***nominativo*** list of names; ~ ***delle vittime*** death list **2** TEL. (telephone) directory, book; ***un numero non (più) in ~*** an ex-directory *o* unlisted number; ***cercare un numero nell'~ (telefonico)*** to look up a number in the phone book; ***farsi togliere dall'~*** to go ex-directory **3** DIR. list, calendar ◆◆ ~ ***abbonati*** subscribers' list; ~ ***telefonico*** o ***del telefono*** telephone directory *o* book.

Eleonora /eleo'nɔra/ n.pr.f. Eleanor.

elettività /elettivi'ta/ f.inv. electivity.

elettivo /elet'tivo/ agg. [*mandato, sistema*] elective; [*carica*] elected, elective; ***affinità -e*** elective affinities.

eletto /e'lɛtto/ **I** p.pass. → **eleggere II** agg. **1** *(prescelto)* elect(ed); [*governo, rappresentante*] elected; ***il popolo ~*** BIBL. the Chosen People **2** *(nobile)* [*spirito*] elect, noble **III** m. (f. **-a**) **1** POL. elected person; ***un ~ di destra*** a right-wing representative; ***gli -i al secondo turno*** the winners of the second round **2** *(prescelto)* ***l'Eletto*** BIBL. the Chosen One; ***gli -i*** RELIG. the elect; ***per pochi -i*** for the privileged *o* happy few; ***molti sono i chiamati, ma pochi gli -i*** BIBL. many are called, but few are chosen.

▷ **elettorale** /eletto'rale/ agg. [*circoscrizione, lista, programma, riforma, legge*] electoral; [*manifesto, campagna*] election attrib.; [*vittoria, sconfitta*] election attrib., electoral; ***propaganda ~*** electioneering; ***collegio ~*** constituency, electoral college; ***certificato ~*** polling BE *o* voter registration AE card; ***seggio ~*** polling station; ***scheda ~*** ballot (paper), voting paper; ***cabina ~*** polling *o* voting booth; ***urna ~*** ballot box; ***la mappa ~ del paese*** the electoral map of the country.

elettoralistico, pl. **-ci**, **-che** /elettora'listiko, tʃi, ke/ agg. [*operazione, manovra*] electioneering.

elettorato /eletto'rato/ m. *(di un paese)* electorate, voters pl.; *(di una circoscrizione)* electorate; ***l'~ tradizionale*** traditional voters; ***l'~ del partito*** the party voters ◆◆ ~ ***attivo*** the electorate; ~ ***passivo*** the candidates.

▷ **elettore** /elet'tore/ m. voter, elector; *(di un determinato collegio)* constituent; ***gli -i di Roma*** the electorate *o* voters of Rome.

Elettra /e'lɛttra/ n.pr.f. Electra; ***complesso di ~*** Electra complex.

elettrauto /elet'trauto/ m.inv. **1** *(tecnico)* car electrician **2** *(officina)* car electrical repairs.

elettrete /elet'trɛte/ m. electret.

elettricamente /elettrika'mente/ avv. electrically; ***funzionare ~*** to run on electricity; ***particelle ~ neutre*** electrically neutral particles.

elettrice /elet'tritʃe/ f. voter, electress RAR.; *(di un determinato collegio)* constituent.

▷ **elettricista**, m.pl. **-i**, f.pl. **-e** /elettri'tʃista/ ❥ ***18*** m. e f. electrician.

▷ **elettricità** /elettritʃi'ta/ f.inv. **1** electricity; ***funzionare a ~*** to run on electricity; ***funzionare soltanto a ~*** to be all-electric; ***portare l'~ in un luogo*** to bring electricity to a place **2** FIG. *(eccitazione)* electricity, tension; ***c'è ~ nell'aria*** there's tension in the air; ***l'atmosfera era satura di ~*** the atmosphere was very tense ◆◆ ~ ***atmosferica*** atmospheric electricity; ~ ***dinamica*** dynamic electricity; ~ ***statica*** static (electricity).

▶ **elettrico**, pl. **-ci**, **-che** /e'lɛttriko, tʃi, ke/ agg. **1** TECN. [*energia, corrente, scossa, filo, apparecchio, motore, forno*] electric; [*impianto*] electrical; [*alimentazione, rete*] electricity attrib.; ***centrale -a*** power station; ***linea -a*** power line; ***arco ~*** electric arc **2** FIG. *(teso)* [*atmosfera*] electric, tense.

elettrificare /elettrifi'kare/ [1] tr. to electrify [*linea ferroviaria*].

elettrificazione /elettrifikat'tsjone/ f. electrification.

elettrizzabile /elettrid'dzabile/ agg. electrifiable.

elettrizzante /elettrid'dzante/ agg. electrifying (anche FIG.); ***un incontro ~*** a thrilling match.

elettrizzare /elettrid'dzare/ [1] **I** tr. **1** FIS. to electrify [*tessuto, superficie, pelo*] **2** FIG. *(esaltare)* to electrify **II elettrizzarsi** pronom. **1** FIS. to become* electrified **2** FIG. *(esaltarsi)* to be* electrified.

elettrizzato /elettrid'dzato/ **I** p.pass. → **elettrizzare II** agg. **1** FIS. electrified **2** FIG. *(esaltato)* [*persona*] electrified; [*ambiente, atmosfera*] highly charged.

elettrizzazione /elettriddzat'tsjone/ f. FIS. electrification (anche FIG.).

elettro /e'lɛttro/ m. electrum.

elettroacustica /elettroa'kustika/ f. electroacoustics + verbo sing.

elettroacustico, pl. **-ci**, **-che** /elettroa'kustiko, tʃi, ke/ agg. electroacoustic.

elettroanalisi /elettroa'nalizi/ f.inv. electroanalysis*.

elettrobisturi /elettro'bisturi/ m.inv. electrosurgical knife*.

elettrocalamita /elettrokala'mita/ f. → **elettromagnete.**

elettrocardiografia /elettrokardjogra'fia/ f. electrocardiography.

elettrocardiografo /elettrokar'djɔgrafo/ m. electrocardiograph.

elettrocardiogramma /elettrokardjo'gramma/ m. electrocardiogram.

elettrocatalisi /elettroka'talizi/ f.inv. electrocatalysis*.

elettrochimica /elettro'kimika/ f. electrochemistry.

elettrochimico, pl. **-ci**, **-che** /elettro'kimiko, tʃi, ke/ agg. electrochemical.

elettrochirurgia /elettrokirur'dʒia/ f. electrosurgery.

elettrochoc → **elettroshock.**

elettrocinetica /elettrotʃi'nɛtika/ f. electrokinetics + verbo sing.

elettrocoagulazione /elettrokoagulat'tsjone/ f. electrocoagulation.

elettrocromatografia /elettrokromatogra'fia/ f. electrochromatography.

elettrocuzione /elettrokut'tsjone/ f. electrocution.

elettrodialisi /elettrodi'alizi/ f.inv. electrodialysis*.

elettrodinamica /elettrodi'namika/ f. electrodynamics + verbo sing.

elettrodinamico, pl. **-ci**, **-che** /elettrodi'namiko, tʃi, ke/ agg. electrodynamic.

elettrodo /e'lɛttrodo/ m. electrode ◆◆ ~ ***negativo*** negative electrode; ~ ***positivo*** positive electrode.

elettrodomestico, pl. **-ci** /elettrodo'mɛstiko, tʃi/ m. household appliance, domestic appliance, labour-saving device ◆◆ ***-i bianchi*** white goods; ***-i bruni*** brown goods.

elettrodotto /elettro'dotto/ m. long-distance power line.

elettroencefalografia /elettroentʃefalogra'fia/ f. electroencephalography.

elettroencefalografo /elettroentʃefa'lɔgrafo/ m. electroencephalograph.

elettroencefalogramma /elettroentʃefalo'gramma/ m. electroencephalogram.

elettroesecuzione /elettroezekut'tsjone/ f. → **elettrocuzione.**

elettrofilo /elet'trɔfilo/ agg. electrophilic.

elettrofisica /elettro'fizika/ f. electrophysics + verbo sing.

elettrofisiologia /elettrofizjolo'dʒia/ f. electrophysiology.

elettroforesi /elettrofo'rɛzi/ f.inv. electrophoresis.

elettroforetico, pl. **-ci**, **-che** /elettrofo'rɛtiko, tʃi, ke/ agg. electrophoretic.

elettroforo /elet'trɔforo/ m. electrophorus*.

elettrogeno /elet'trɔdʒeno/ agg. generating electricity; ***gruppo ~*** generator, generating set.

elettrolisi /elet'trɔlizi, elettro'lizi/ f.inv. electrolysis.

elettrolita /elet'trɔlita/ m. electrolyte.

elettrolitico, pl. **-ci**, **-che** /elettro'litiko, tʃi, ke/ agg. electrolytic.

elettrolito /elet'trɔlito, elettro'lito/ m. → **elettrolita.**

elettrolizzare /elettrolid'dzare/ [1] tr. to electrolyse.

elettrologia /elettrolo'dʒia/ f. electrology.

elettroluminescente /elettrolumineʃ'ʃɛnte/ agg. electroluminescent.

elettroluminescenza /elettrolumineʃ'ʃɛntsa/ f. electroluminescence.

elettromagnete /elettromaɲ'ɲɛte/ m. electromagnet.
elettromagnetico, pl. **-ci**, **-che** /elettromaɲ'ɲɛtiko, tʃi, ke/ agg. [*campo, onde*] electromagnetic.
elettromagnetismo /elettromaɲɲe'tizmo/ m. electromagnetism.
elettromeccanica /elettromek'kanika/ f. electromechanics + verbo sing.
elettromeccanico, pl. **-ci**, **-che** /elettromek'kaniko, tʃi, ke/ **I** agg. electromechanical **II** m. electrician.
elettrometallurgia /elettrometallur'dʒia/ f. electrometallurgy.
elettrometria /elettrome'tria/ f. electrometry.
elettrometro /elet'trɔmetro/ m. electrometer.
elettromotore /elettromo'tore/ **I** agg. electromotive; ***forza -trice*** electromotive force **II** m. electromotor.
elettromotrice /elettromo'tritʃe/ f.inv. electric locomotive.
elettrone /elet'trone/ m. electron; ***fascio di -i*** electron beam; ***acceleratore di -i*** electron accelerator.
elettronegatività /elettronegativi'ta/ f.inv. electronegativity.
elettronegativo /elettronega'tivo/ agg. electronegative.
elettronica /elet'trɔnika/ f. electronics + verbo sing. ◆◆ ***~ di consumo*** consumer electronics.
elettronicamente /elettronika'mente/ avv. electronically.
▷ **elettronico**, pl. **-ci**, **-che** /elet'trɔniko, tʃi, ke/ agg. **1** ELETTRON. [*circuito, componente, calcolatore*] electronic; ***cervello ~*** electronic brain; ***microscopio ~*** electron microscope; ***posta -a*** electronic mail, e-mail; ***giochi -ci*** computer games; ***ingegnere ~*** electronic engineer **2** FIS. [*carica, flusso*] electron attrib.
elettronVolt /elettron'vɔlt/ m.inv. electron volt.
elettroottica /elettro'ɔttika/ f. electro-optics + verbo sing.
elettropompa /elettro'pompa/ f. motor-driven pump, electric pump.
elettropositività /elettropozitivi'ta/ f.inv. electropositivity.
elettropositivo /elettropozi'tivo/ agg. electropositive.
elettroraffinazione /elettroraffinat'tsjone/ f. electrorefining.
elettroscopio, pl. **-pi** /elettros'kɔpjo, pi/ m. electroscope.
elettroshock /elettroʃ'ʃɔk/ m.inv. electroshock.
elettroshockterapia /elettroʃʃoktera'pia/ f. (electro)shock therapy, (electro)shock treatment.
elettrosincrotrone /elettrosinkro'trone/ m. electrosynchrotron.
elettrosintesi /elettro'sintezi/ f.inv. electrosynthesis.
elettrosmog /elettroz'mɔg/ m.inv. electromagnetic pollution, electrosmog.
elettrosmosi /elettroz'mɔzi/ f.inv. electro-osmosis*.
elettrostatica /elettros'tatika/ f. electrostatics + verbo sing.
elettrostatico, pl. **-ci**, **-che** /elettros'tatiko, tʃi, ke/ agg. [*scarica, campo*] electrostatic.
elettrostrizione /elettrostrit'tsjone/ f. electrostriction.
elettrotecnica /elettro'tɛknika/ f. electrotechnics + verbo sing., electrotechnology, electrical engineering.
elettrotecnico, pl. **-ci**, **-che** /elettro'tɛkniko, tʃi, ke/ **I** agg. electrotechnic(al) **II** m. (f. **-a**) electrical engineer.
elettroterapia /elettrotera'pia/ f. electrotherapeutics + verbo sing., electrotherapy.
elettroterapista, m.pl. **-i**, f.pl. **-e** /elettrotera'pista/ ➧ ***18*** m. e f. electrotherapist.
elettrotermia /elettroter'mia/ f. electrothermics + verbo sing., electrothermancy.
elettrotermico, pl. **-ci**, **-che** /elettro'tɛrmiko, tʃi, ke/ agg. electrothermal.
elettrotrazione /elettrotrat'tsjone/ f. electric traction.
elettrotreno /elettro'trɛno/ m. electric train.
elettrotropismo /elettrotro'pizmo/ m. electrotropism.
elettrovalente /elettrova'lɛnte/ agg. electrovalent.
elettrovalenza /elettrova'lɛntsa/ f. electrovalence, electrovalency.
elettuario, pl. **-ri** /elettu'arjo, ri/ m. electuary.
Eleusi /e'lɛuzi/ n.pr.f. Eleusis.
eleusino /eleu'zino/ agg. Eleusinian; ***misteri -i*** Eleusinian mysteries.
elevamento /eleva'mento/ m. elevation, raising.
▶ **elevare** /ele'vare/ [1] **I** tr. **1** *(aumentare in altezza)* to raise (the height of) [*casa*]; *(costruire)* to put* up [*barriera, muro, statua*]; to erect [*tempio*] **2** *(innalzare, sollevare)* to raise, to lift (up) [*oggetto*]; ***~ l'ostia*** to elevate the Host; ***~ lo sguardo, la voce*** to raise one's eyes, voice **3** *(innalzare di intensità)* to raise [*temperatura, tasso, livello*] **4** *(promuovere)* to promote, to raise; ***~ qcn., qcs. al rango di*** to raise sb., sth. to the rank of; ***~ qcn. a eroe nazionale*** to elevate sb. to the status of national hero; ***~ qcs. al rango di una religione*** to elevate sth. to (the status of) a religion **5** *(migliorare)* to raise [*tenore di vita, livello culturale*] **6** *(nobilitare)* to elevate [*animo, spirito*] **7** DIR. BUROCR. ***~ una contravvenzione a qcn.*** to impose a fine on sb., to fine sb. **8** MAT. to raise; ***~ un numero al quadrato, al cubo*** to square, to cube a number; ***~ un numero alla terza, quarta (potenza)*** to raise a number to the power (of) three, four **II elevarsi** pronom. **1** *(ergersi)* [*edificio, montagna*] to rise* (**al di sopra di** above) **2** *(alzarsi, sollevarsi)* to rise*; ***-rsi al di sopra degli interessi personali*** to set aside personal considerations **3** *(migliorarsi)* ***-rsi con il proprio lavoro*** to gain self-worth through one's work **4** *(nobilitarsi)* [*anima, spirito*] to be* uplifted.
elevatezza /eleva'tettsa/ f. **1** *(nobiltà)* nobility, greatness; ***l'~ dei loro sentimenti*** their fine feelings; ***l'~ dei loro ideali*** their lofty ideals **2** *(di stile)* loftiness.
elevato /ele'vato/ **I** p.pass. → **elevare II** agg. **1** *(alto)* [*edificio, vetta*] high, lofty; [*tasso, livello, prezzo, frequenza, rischio, grado, velocità*] high; ***tenore di vita ~*** high living *o* lifestyle; ***un ~ numero di vittime*** heavy casualties **2** *(importante)* [*grado, rango*] high, elevated; ***posto ~ nella gerarchia*** high-level position **3** *(nobile)* [*sentimento*] noble; [*principio*] high; [*ideale*] lofty; [*linguaggio, stile*] elevated.
elevatore /eleva'tore/ **I** agg. **1** TECN. [*dispositivo*] elevating **2** ANAT. ***muscolo ~*** levator **II** m. TECN. elevator ◆◆ ***~ a tazze*** bucket elevator.
elevazione /elevat'tsjone/ f. **1** *(sollevamento)* elevation, raising; ***~ laterale, della facciata*** ARCH. side, front elevation; ***l'~ dell'anima*** FIG. the uplifting of the soul **2** GEOL. *(di crosta terrestre)* rise, elevation **3** SPORT lift; COREOGR. elevation **4** RELIG. Elevation (of the Host) **5** ASTR. altitude **6** *(di fucile)* elevation **7** MAT. raising; ***~ a potenza*** raising to a power.
elevone /ele'vone/ m. elevon.
▷ **elezione** /elet'tsjone/ f. **1** POL. election; ***alle -i*** in *o* at the elections; ***presentarsi*** o ***candidarsi alle -i*** to run *o* stand BE in the elections, to run for office AE; ***indire le -i*** to call elections *o* an election; ***vincere, perdere le -i*** to win, lose the election(s); ***libere -i*** free elections **2** *(scelta)* choice; ***il mio paese d'~*** my chosen *o* adopted country ◆◆ ***~ diretta*** direct election; ***~ di domicilio*** DIR. choice of domicile; ***~ indiretta*** indirect election; ***-i amministrative*** local elections; ***-i anticipate*** early elections; ***-i comunali*** city council elections; ***-i generali*** general election; ***-i locali*** local elections; ***-i parziali*** by-elections; ***-i politiche*** → **-i generali**; ***-i presidenziali*** presidential election; ***-i primarie*** primary elections, primaries.
elfo /'ɛlfo/ m. elf*.
Elia /e'lia/ n.pr.m. Elias; *(nella Bibbia)* Elijah.
eliambulanza /eliambu'lantsa/ f. helicopter ambulance.
eliantemo /e'ljantemo/ m. rockrose.
elianto /e'ljanto/ m. helianthus.
eliapprodo /eliap'prɔdo/ m. emergency helipad.
elibus /'ɛlibus/ m.inv. helibus.
▷ **elica**, pl. **-che** /'ɛlika, ke/ f. **1** MAR. propeller, screw; AER. (screw) propeller; *(di elicottero)* rotor; ***pala di ~*** propeller blade; ***motore a ~*** prop-engine **2** BIOL. MAT. BOT. helix*; ***doppia ~*** double helix ◆◆ ***~ a passo variabile*** variable pitch propeller; ***~ spingente*** pusher.
elice /'ɛlitʃe/ f. ANAT. ARCH. helix*.
elicicoltura /elitʃikol'tura/ f. snail farming.
elicoidale /elikoi'dale/ agg. **1** MAT. helicoidal **2** MECC. helical.
elicoide /eli'kɔide/ agg. e m. helicoid.
Elicona /eli'kona/ n.pr.m. Helicon.
elicone /eli'kone/ m. helicon, sousaphone.
eliconio, pl. **-ni**, **-nie** /eli'kɔnjo, ni, nje/ agg. LETT. Heliconian.
elicotterista, m.pl. **-i**, f.pl. **-e** /elikotte'rista/ ➧ ***18*** m. e f. helicopter pilot.
▷ **elicottero** /eli'kɔttero/ m. helicopter, copter COLLOQ., chopper COLLOQ.; ***in ~*** by helicopter ◆◆ ***~ armato*** armed helicopter; ***~ d'assalto*** o ***da combattimento*** attack helicopter, gunship.
elidere /e'lidere/ [35] **I** tr. **1** *(annullare)* to annul; MAT. to cancel **2** LING. to elide [*vocale*] **II elidersi** pronom. **1** *(annullarsi)* to annul each other, to cancel each other (out) **2** LING. to be* elided.
eliminabile /elimi'nabile/ agg. eliminable.
▷ **eliminare** /elimi'nare/ [1] tr. **1** *(togliere, espellere)* to eliminate, to remove [*rifiuto, ostacolo, difficoltà, errore*]; to remove, to get* rid of [*macchia*]; to remove, to cut* out [*parola, frase, brano*]; to cut* out, to kill [*rumore*]; to cancel out [*effetto, tendenza*]; to erase [*fame, povertà*]; FISIOL. to eliminate [*tossine*] **2** *(escludere)* to eliminate [*candidato*]; to rule out [*ipotesi, possibilità*] **3** SPORT to eliminate, to knock out [*squadra, avversario*]; ***è stata eliminata nella prima fase della gara*** she went out in the early stages of the competition **4** *(uccidere)* to eliminate, to kill, to do* away with COLLOQ. [*persona, avversario, testimone*] **5** MAT. to eliminate.
eliminatoria /elimina'tɔrja/ f. preliminary (heat).

eliminatorio, pl. **-ri**, **-rie** /elimina'tɔrjo, ri, rje/ agg. [*incontro, girone*] preliminary.
eliminazione /eliminat'tsjone/ f. **1** elimination (anche SPORT); *(rimozione)* removal; ***per ~*** by a process of elimination; ***gara a ~*** knock-out competition **2** FISIOL. *(di tossine)* elimination, clearing **3** *(uccisione)* elimination **4** MAT. elimination.
elio /'ɛljo/ m. helium.
eliocentrico, pl. **-ci**, **-che** /eljo'tʃɛntriko, tʃi, ke/ agg. [*sistema*] heliocentric.
eliocentrismo /eljotʃen'trizmo/ m. heliocentrism.
eliofilo /e'ljɔfilo/ agg. heliophilous.
eliofobia /eljofo'bia/ f. heliophobia.
eliofobo /e'ljɔfobo/ agg. heliophobe.
Eliogabalo /eljo'gabalo/ n.pr.m. Elagabalus, Heliogabalus.
eliografia /eljogra'fia/ f. heliography.
eliografico, pl. **-ci**, **-che** /eljo'grafiko, tʃi, ke/ agg. heliographic.
eliografo /e'ljɔgrafo/ m. heliograph.
eliometro /e'ljɔmetro/ m. heliometer.
elioscopio, pl. **-pi** /eljos'kɔpio, pi/ m. helioscope.
eliosfera /eljos'fɛra/ f. heliosphere.
eliostato /e'ljɔstato/ m. heliostat.
elioterapia /eljotera'pia/ f. heliotherapy.
elioterapico, pl. **-ci**, **-che** /eljote'rapiko, tʃi, ke/ agg. ***cura -a*** sun(ray) treatment.
eliotipia /eljoti'pia/ f. heliotypy.
eliotropia /eljotro'pia/ f. → **eliotropismo.**
eliotropico, pl. **-ci**, **-che** /eljo'trɔpiko, tʃi, ke/ agg. heliotropic.
eliotropio, pl. **-pi** /eljo'trɔpjo, pi/ m. **1** BOT. heliotrope **2** MINER. heliotrope, bloodstone.
eliotropismo /eljotro'pizmo/ m. heliotropism.
eliporto /eli'pɔrto/ m. heliport.
Elisa /e'liza/ n.pr.f. Eliza, Elisa.
Elisabetta /eliza'betta/ n.pr.f. Elisabeth, Elizabeth.
elisabettiano /elizabet'tjano/ agg. Elizabethan; ***l'età -a*** the Elizabethan Age; ***teatro ~*** Elizabethan drama.
eliscalo /elis'kalo/ m. → **eliporto.**
Eliseo /eli'zɛo/ n.pr.m. Elisha.
elisio, pl. **-si**, **-sie** /e'lizjo, zi, zje/ **I** agg. Elysian; ***i campi -si*** the Elysian fields **II** m. MITOL. Elysium.
elisione /eli'zjone/ f. elision.
elisir /eli'zir/ m.inv. elixir; ***l'~ di lunga vita*** the elixir of life.
Eliso /e'lizo/ n.pr.m. Elysium.
elisoccorso /elisok'korso/ m. helicopter rescue.
elitario, pl. **-ri**, **-rie** /eli'tarjo, ri, rje/ agg. élite attrib., élitist.
elitarismo /elita'rizmo/ m. élitism.
elitaxi /eli'taksi/ m.inv. helibus.
élite /e'lit/ f.inv. élite, elite.
elitista, m.pl. **-i**, f.pl. **-e** /eli'tista/ **I** agg. élitist **II** m. e. f. élitist.
elitistico, pl. **-ci**, **-che** /eli'tistiko, tʃi, ke/ agg. élitist.
elitra /'ɛlitra/ f. elytron*, wing case.
elitrasportare /elitraspor'tare/ [1] tr. to helicopter.
elitrasportato /elitraspor'tato/ agg. heliborne.
ella /'ella/ v. la nota della voce io. pron.pers.f. ANT. LETT. **1** *(in inglese va sempre espresso)* she; ~ ***stessa*** she herself **2** *(come pronome di cortesia riferito a uomo o donna)* you; ***credo che Ella non sappia tutto*** I do not think you know everything; ***saremmo onorati se Ella vorrà essere nostra ospite*** we would be honoured to have you as our guest.
Ellade /'ɛllade/ n.pr.f. Hellas.
elle /'ɛlle/ m. e f.inv. *(lettera)* l, L.
elleboro /el'lɛboro/ m. hellebore.
ellenico, pl. **-ci**, **-che** /el'lɛniko, tʃi, ke/ agg. Hellenic.
ellenismo /elle'nizmo/ m. Hellenism.
ellenista, m.pl. **-i**, f.pl. **-e** /elle'nista/ m. e f. Hellenist.
ellenistico, pl. **-ci**, **-che** /elle'nistiko, tʃi, ke/ agg. Hellenistic.
ellenizzante /ellenid'dzante/ agg. Hellenizing.
ellenizzare /ellenid'dzare/ [1] tr. to Hellenize.
elleno /el'lɛno/ m. STOR. Hellene.
ellepì /elle'pi, ellep'pi/ m.inv. LP, (long-playing) record; ***incidere un ~*** to make *o* cut a record.
Ellesponto /elle'sponto/ n.pr.m. Hellespont.
ellisse /el'lisse/ f. MAT. ellipse.
ellissi /el'lissi/ f.inv. LING. ellipsis*.
ellissografo /ellis'sɔgrafo/ m. trammel.
ellissoidale /ellissoi'dale/ agg. ellipsoid(al).
ellissoide /ellis'sɔide/ m. ellipsoid.
ellitticamente /ellittika'mente/ avv. MAT. LING. elliptically.
ellitticità /ellittitsi'ta/ f.inv. ellipticity.
1.ellittico, pl. **-ci**, **-che** /el'littiko, tʃi, ke/ agg. MAT. [*orbita, forma*] elliptic(al).
2.ellittico, pl. **-ci**, **-che** /el'littiko, tʃi, ke/ agg. LING. [*frase, stile*] elliptic(al).
elmetto /el'metto/ m. helmet; *(di lavoratore)* safety helmet, hard hat.
elminti /el'minti/ m.pl. helminths.
elmintiasi /elmin'tiazi/ ➧ **7** f.inv. helminthiasis*.
elmintico, pl. **-ci**, **-che** /elmin'tiko, tʃi, ke/ agg. helminthic.
elmintologia /elmintolo'dʒia/ f. helminthology.
elmo /'elmo/ m. **1** *(elmetto militare)* helmet (anche STOR.) **2** *(casco protettivo)* hard hat, safety helmet ◆◆ ~ ***da pompiere*** fireman's helmet.
Elmo /'elmo/ n.pr.m. Elmo; ***fuoco di sant'~*** St Elmo's Fire.
elocutorio, pl. **-ri**, **-rie** /eloku'tɔrjo, ri, rje/ agg. elocutionary.
elocuzione /elokut'tsjone/ f. elocution.
elodea /e'lɔdea/ f. (Canadian) waterweed.
eloderma /elo'dɛrma/ m. Gila monster.
elogiare /elo'dʒare/ [1] tr. to praise, to commend, to eulogize.
elogiativamente /elodʒativa'mente/ avv. appreciatively, commendably.
elogiativo /elodʒa'tivo/ agg. complimentary, appreciative; ***parlare di qcn. in termini -i*** to speak of sb. in eulogistic terms, to speak highly of sb.
elogiatore /elodʒa'tore/ m. (f. **-trice** /tritʃe/) praiser.
elogio, pl. **-gi** /e'lɔdʒo, dʒi/ m. **1** *(lode)* praise; ***fare l'~ di qcn., qcs.*** to praise sb., sth.; ***ricevere molti -gi*** to be highly praised; ***profondersi in -gi a qcn.*** to sing sb.'s praises, to lavish praise on sb.; ***essere degno di -gi*** [*persona*] to deserve praise; [*azione*] to be praiseworthy **2** *(discorso)* eulogy; ***scrivere l'~ di qcn.*** to write a eulogy to sb.; ***pronunciare l'~ di qcn.*** to deliver a eulogy for sb. ◆◆ ~ ***funebre*** funeral oration, eulogy.
Eloisa /elo'iza/ n.pr.f. Eloise.
elongazione /elongat'tsjone/ f. **1** ASTR. elongation **2** FIS. displacement.
eloquente /elo'kwɛnte/ agg. **1** [*persona*] eloquent **2** *(significativo)* [*prova, cifra, risultato, fatto*] meaningful; ***uno sguardo, un gesto, un silenzio ~*** an eloquent look, gesture, silence; ***le statistiche dimostrano in modo ~ che...*** the statistics effectively demonstrate that... **3** *(rivelatore)* [*macchia, segno*] telltale.
eloquentemente /elokwente'mente/ avv. eloquently.
eloquenza /elo'kwɛntsa/ f. eloquence; ***l'~ di uno sguardo*** the eloquence *o* meaningfulness of a look; ***con ~*** eloquently.
eloquio, pl. **-qui** /e'lɔkwjo, kwi/ m. speech, language.
elsa /'elsa, 'ɛlsa/ f. hilt.
elson /'ɛlson/ f.inv. *(nella lotta)* nelson.
elucubrare /eluku'brare/ [1] tr. SCHERZ. SPREG. to dream* up [*teoria, piano*].
elucubrazione /elukubrat'tsjone/ f. SCHERZ. SPREG. lucubration.
eludere /e'ludere/ [11] tr. to elude, to dodge [*inseguitore, sorveglianza, controllo*]; to evade, to circumvent FORM. [*legge, sanzioni, embargo*]; to evade, to fend off, to sidestep [*domanda, problema, discussione*].
eludibile /elu'dibile/ agg. [*legge, sorveglianza, controllo*] that can be eluded; [*problema, questione*] evadable.
eluire /elu'ire/ [102] tr. to elute.
eluito /elu'ito/ m. eluate.
eluizione /eluit'tsjone/ f. elution.
elusione /elu'zjone/ f. elusion ◆◆ ~ ***fiscale*** tax avoidance.
elusivamente /eluziva'mente/ avv. elusively.
elusività /eluzivi'ta/ f.inv. elusiveness, evasiveness.
elusivo /elu'zivo/ agg. elusive, evasive.
elutriatore /elutrja'tore/ m. elutriator.
elutriazione /elutriat'tsjone/ f. elutriation.
eluviale /elu'vjale/ agg. eluvial.
eluvio, pl. **-vi** /e'luvjo, vi/ m. eluvium*.
elvella /el'vɛlla/ f. helvella.
elvetico, pl. **-ci**, **-che** /el'vɛtiko, tʃi, ke/ **I** agg. **1** *(svizzero)* Swiss; ***Confederazione -a*** Switzerland **2** STOR. Helvetian **II** m. (f. **-a**) **1** *(svizzero)* Swiss **2** STOR. Helvetian.
elvezi /el'vɛttsi/ m.pl. ***gli ~*** the Helvetians.
Elvezia /el'vɛttsja/ n.pr.f. Helvetia.
elzevirista, m.pl. **-i**, f.pl. **-e** /eldzevi'rista/ m. e f. = literary contributor.
elzeviro /eldze'viro/ **I** agg. Elzevir **II** m. **1** *(libro antico)* Elzevir **2** *(articolo)* literary article.
emaciamento /ematʃa'mento/ m. emaciation.
emaciare /ema'tʃare/ [1] **I** tr. to emaciate **II emaciarsi** pronom. to become* emaciated, to emaciate.

emaciato /ema'tʃato/ **I** p.pass. → **emaciare II** agg. [*viso*] emaciated, wasted.

emaciazione /ematʃat'tsjone/ f. emaciation.

e-mail /i'mɛil/ **I** f.inv. e-mail; ***avere l'~*** to be on e-mail; ***mandare per ~ qcs. a qcn.*** to e-mail sb. sth., to e-mail sth. to sb **II** m. e f.inv. *(messaggio)* e-mail; ***mandare una*** o ***un ~ a qcn.*** to send sb. an e-mail **III** agg.inv. ***indirizzo ~*** e-mail address.

emanare /ema'nare/ [1] **I** tr. **1** *(diffondere)* to give* off, to send* out [*calore, vapore, odore*]; to send* out [*luce*]; to emanate [*radiazioni*]; FIG. to exude [*fascino*]; to radiate [*felicità, salute, fiducia*] **2** *(promulgare)* to issue, to enact [*legge, norma, statuto*] **II** intr. (aus. *essere*) [*calore, odore, luce*] to emanate.

emanazione /emanat'tsjone/ f. **1** *(effluvio)* emanation; *(esalazione)* exhalation **2** *(promulgazione) (di legge, decreto)* enacting, issuing **3** *(espressione)* expression **4** CHIM. FIS. emanation **5** FILOS. RELIG. emanation.

emancipare /emantʃi'pare/ [1] **I** tr. **1** to emancipate [*popolo, persona, colonia, paese*]; ***~ qcn. dalla schiavitù*** to free sb. from slavery **2** DIR. to emancipate [*minore, bambino*] **3** FIG. to emancipate, to set* [sb., sth.] free **II emanciparsi** pronom. [*persona, paese, colonia*] to become* emancipated.

emancipato /emantʃi'pato/ **I** p.pass. → **emancipare II** agg. *(libero da soggezione)* emancipated, liberated.

emancipatore /emantʃipa'tore/ **I** agg. [*teoria, influenza*] emancipating, liberating, emancipatory **II** m. (f. **-trice** /tritʃe/) emancipator.

emancipazione /emantʃipat'tsjone/ f. **1** emancipation; ***~ femminile*** o ***della donna*** women's liberation **2** DIR. *(di minore)* emancipation.

emangioma /eman'dʒɔma/ m. hemangioma*.

Emanuele /emanu'ɛle/ n.pr.m. Em(m)anuel.

emarginare /emardʒi'nare/ [1] tr. **1** to marginalize, to isolate [*persona, comunità*] **2** BUROCR. *(annotare a margine)* to margin, to make* marginal notes on [*documento, circolare*].

emarginato /emardʒi'nato/ **I** p.pass. → **emarginare II** agg. [*persona, classe*] ostracized, segregated, socially excluded **III** m. (f. **-a**) outcast; ***un ~ sociale*** a social outcast.

emarginazione /emardʒinat'tsjone/ f. marginalization, isolation.

emasculazione /emaskulat'tsjone/ f. emasculation.

emateina /emate'ina/ f. haematein BE, hematein AE.

ematemesi /ema'tɛmezi/ f.inv. haematemesis BE, hematemesis AE.

ematico, pl. **-ci**, **-che** /e'matiko, tʃi, ke/ agg. haematic BE, hematic AE; ***cellule -che*** blood cells.

ematina /ema'tina/ f. haematin BE, hematin AE.

ematite /ema'tite/ f. haematite BE, hematite AE.

ematocrito /ema'tɔkrito/ m. haematocrit BE, hematocrit AE.

ematologia /ematolo'dʒia/ f. haematology BE, hematology AE.

ematologico, pl. **-ci**, **-che** /emato'lɔdʒiko, tʃi, ke/ agg. haematological BE, hematological AE.

ematologo, m.pl. **-gi**, f.pl. **-ghe** /ema'tɔlogo, dʒi, ge/ ➧ ***18*** m. (f. **-a**) haematologist BE, hematologist AE.

ematoma /ema'tɔma/ m. haematoma* BE, hematoma* AE.

ematopoiesi /ematopo'jɛzi/ f.inv. haematopoiesis BE, hematopoiesis AE.

ematopoietico, pl. **-ci**, **-che** /ematopo'jɛtiko, tʃi, ke/ agg. haematopoietic BE, hematopoietic AE

ematossilina /ematossi'lina/ f. haematoxylin BE, hematoxylin AE.

ematuria /ema'turja/ f. haematuria BE, hematuria AE.

emazia /e'mattsja/ f. → **eritrocita.**

embargo, pl. **-ghi** /em'bargo, gi/ m. embargo* (**contro** against); ***~ aereo, commerciale, petrolifero*** air, trade, oil embargo; ***imporre l'~ contro qcn., su qcs.*** to impose an embargo on sb., on sth.; ***essere sottoposto a ~*** to be under embargo; ***togliere un ~*** to lift an embargo.

emblema /em'blɛma/ m. **1** *(insegna)* emblem, badge; ARALD. emblem, device **2** FIG. *(simbolo)* emblem, symbol; ***la colomba è l'~ della pace*** the dove is emblematic of peace, the dove is a symbol of peace.

emblematicamente /emblematika'mente/ avv. emblematically, typically.

emblematico, pl. **-ci**, **-che** /emble'matiko, tʃi, ke/ agg. **1** [*disegno, decorazione, personaggio, figura*] emblematic(al) **2** *(esemplare, tipico)* emblematic, typical.

embolia /embo'lia/ f. embolism ◆◆ ***~ gassosa*** aeroembolism.

embolo /'ɛmbolo/ m. embolus*.

embricare /embri'kare/ [1] tr. to imbricate, to overlap.

embricato /embri'kato/ **I** p.pass. → **embricare II** agg. [*tegole, scaglie*] imbricate.

embricatura /embrika'tura/ f. imbrication.

embrice /'embritʃe/ m. = flat roof tile.

embriogenesi /embrjo'dʒɛnezi/ f.inv. embryogenesis.

embriogenetico, pl. **-ci**, **-che** /embrjodʒe'nɛtiko, tʃi, ke/ agg. embryogenetic.

embriologia /embrjolo'dʒia/ f. embryology.

embriologico, pl. **-ci**, **-che** /embrjo'lɔdʒiko, tʃi, ke/ agg. embryological.

embriologo, m.pl. **-gi**, f.pl. **-ghe** /embri'ɔlogo, dʒi, ge/ m. (f. **-a**) embryologist.

embrionale /embrjo'nale/ agg. **1** embryonal, embryonic **2** FIG. embryonic; ***in fase, allo stato ~*** in the embryonic stages.

embrionario, pl. **-ri**, **-rie** /embrjo'narjo, ri, rje/ agg. embryonal, embryonic.

embrione /embri'one/ m. **1** BIOL. MED. embryo* **2** FIG. ***l'idea è ancora in ~*** the idea is still in its embryonic stages.

embrocare /embro'kare/ [1] tr. to embrocate.

embrocazione /embrokat'tsjone/ f. embrocation.

emendabile /emen'dabile/ agg. [*errore*] amendable.

emendamento /emenda'mento/ m. DIR. POL. amendment; ***proporre un ~ (a un progetto di legge)*** to propose *o* move an amendment (to a bill).

emendare /emen'dare/ [1] **I** tr. **1** DIR. to amend, to revise [*legge*] **2** FILOL. to emend, to correct [*testo*] **3** AGR. to improve [*terreno*] **II emendarsi** pronom. to mend one's way, to amend.

emendativo /emenda'tivo/ agg. emendatory.

emendatore /emenda'tore/ m. (f. **-trice** /tritʃe/) emendator.

emendazione /emendat'tsjone/ f. *(correzione)* emendation.

emeralopia /emeralo'pia/ f. hemeralopia.

emergente /emer'dʒɛnte/ agg. [*industria, classe, paese*] emergent, emerging; [*attore*] budding; ***danno ~*** DIR. consequential damage.

▷ **1.emergenza** /emer'dʒɛntsa/ f. **1** emergency; ***in caso di ~*** in case of emergency; ***stato di ~*** state of emergency; ***dichiarare lo stato di ~*** to declare a state of emergency; ***piano, misure, freno, uscita di ~*** emergency plan, measures, brake, exit **2** *(situazione)* ***~ droga, occupazione*** the drug, unemployment problem.

2.emergenza /emer'dʒɛntsa/ f. BIOL. emergence.

emergenziale /emergen'tsjale/ agg. emergency attrib.

▷ **emergere** /e'mɛrdʒere/ [19] intr. (aus. *essere*) **1** *(salire alla superficie)* [*sottomarino*] to surface, to emerge; [*scoglio, oggetto*] to emerge, to appear **2** *(rendersi visibile)* to emerge, to come* out; ***~ dal buio, dalla nebbia*** to come out of the dark, of the fog; ***~ tra*** *(ergersi)* [*edificio*] to tower above *o* over **3** FIG. *(risultare)* [*verità, problema, scandalo*] to surface, to emerge; ***è emerso che*** it emerged that; ***dal rapporto emerge che*** the report brings out the fact that; ***sono emersi fatti nuovi*** new facts have emerged **4** FIG. *(distinguersi)* [*allievo, candidato, artista, opera*] to stand* out, to distinguish oneself.

emerito /e'mɛrito/ agg. **1** *(titolo)* [*professore*] emeritus **2** *(insigne)* distinguished, renowned **3** SCHERZ. ***un ~ imbecille*** a first-class idiot.

emerocallide /emero'kallide/ f. day lily.

emeroteca, pl. **-che** /emero'tɛka, ke/ f. newspaper library.

emersione /emer'sjone/ f. **1** *(di sottomarino, oggetto)* emersion, surfacing **2** ASTR. emersion.

emerso /e'mɛrso/ **I** p.pass. → **emergere II** agg. surfaced, above sea level; ***terre -e*** lands above sea level.

emesso /e'messo/ **I** p.pass. → **emettere II** agg. [*prestito*] issued.

emetico, pl. **-ci** , **-che** /e'mɛtiko, tʃi, ke/ agg. e m. emetic.

emetina /eme'tina/ f. emetine.

▷ **emettere** /e'mettere/ [60] tr. **1** *(mandar fuori)* to let* out, to emit [*urlo, suono*]; ***~ un grido*** to cry out *o* to let out a scream **2** *(diffondere, irradiare)* to emit, to give* off, to send* out [*gas, calore, vibrazioni, radiazioni, segnali*] **3** AMM. to issue [*documento, francobollo, banconote*] **4** ECON. to issue, to float [*azioni*]; to draw* [*assegno, cambiale*]; ***~ una fattura a qcn.*** to invoice sb. **5** *(emanare)* to promulgate, to pass [*decreto, legge*] **6** DIR. *(esprimere)* to pass [*sentenza*]; to pass, to return [*verdetto*]; ***~ un mandato*** to issue a warrant.

emettitore /emetti'tore/ m. emitter.

emettitrice /emetti'tritʃe/ f. *(di biglietti, documenti di viaggio)* ticket machine.

emicellulosa /emitʃellu'losa/ f. hemicellulose.

emiciclo /emi'tʃiklo/ m. hemicycle; ***l'~ della Camera dei Deputati*** the floor of the House of Deputies.

emicrania /emi'kranja/ ➧ **7** f. migraine; ***soffrire di ~*** to suffer from migraine; ***mi dà*** o ***mi fa venire l'~*** it gives me migraine.

emigrante /emi'grante/ **I** agg. emigrant **II** m. e f. emigrant.

▷ **emigrare** /emi'grare/ [1] intr. (aus. *essere, avere*) **1** to emigrate (**da** from; **in** to) **2** ZOOL. *(migrare)* to migrate.
emigrato /emi'grato/ **I** p.pass. → **emigrare II** agg. emigrant, emigrating; ***lavoratore ~*** emigrant worker **III** m. (f. **-a**) emigrant.
emigratorio, pl. **-ri**, **-rie** /emigra'tɔrjo, ri, rje/ agg. migratory.
▷ **emigrazione** /emigrat'tsjone/ f. **1** *(di persona)* emigration; ***~ interna*** internal emigration; ***~ stagionale*** seasonal emigration **2** ECON. ***~ di capitali all'estero*** flight of capital abroad **3** ZOOL. migration.
Emilia /e'milja/ n.pr.f. Emily.
emiliano /emi'ljano/ ◗ ***30*** **I** agg. Emilian **II** m. (f. **-a**) **1** Emilian **2** LING. Emilian.
Emilio /e'miljo/ n.pr.m. Emil.
emina /e'mina/ f. haemin BE, hemin AE.
eminente /emi'nɛnte/ agg. **1** FIG. [*personalità, studioso*] eminent, distinguished, outstanding **2** RAR. LETT. *(che sovrasta in altezza)* high, prominent.
eminentemente /eminente'mente/ avv. eminently.
eminentissimo /eminen'tissimo/ agg. *(titolo spettante ai cardinali)* His Eminence; *(vocativo)* Your Eminence.
eminenza /emi'nɛntsa/ ◗ ***1*** f. **1** *(elevatezza, eccellenza)* eminence, excellence **2** ANT. *(rilievo, altura)* eminence **3** ANAT. *(sporgenza)* protuberance **4** *(titolo)* Eminence; ***Vostra, Sua Eminenza*** Your Eminence ◆◆ ***~ grigia*** éminence grise, grey BE *o* gray AE eminence.
emiparassita m.pl. **-i**, f.pl. **-e** /emiparas'sita/ m. e f. hemiparasite.
emiparesi /emipa'rɛzi/ f.inv. hemiparesis.
emiplegia /emiple'dʒia/ f. hemiplegia.
emiplegico, pl. **-ci**, **-che** /emi'plɛdʒiko, tʃi, ke/ **I** agg. hemiplegic **II** m. (f. **-a**) hemiplegic.
emirato /emi'rato/ m. emirate; ***Emirati Arabi Uniti*** United Arab Emirates.
emiro /e'miro/ m. emir.
emisferico, pl. **-ci**, **-che** /emis'fɛriko, tʃi, ke/ agg. hemispheric(al).
emisfero /emis'fɛro/ m. **1** ANAT. hemisphere; ***~ cerebrale*** cerebral hemisphere **2** GEOGR. hemisphere; ***l'~ boreale, australe*** northern, southern hemisphere.
1.emissario, pl. **-ri** /emis'sarjo, ri/ m. *(fiume)* distributary, effluent.
2.emissario, pl. **-ri** /emis'sarjo, ri/ m. *(persona)* emissary.
emissione /emis'sjone/ f. **1** emission (anche FIS.); *(di gas di scarico)* emission, ejection; ***~ di luce, suoni, calore*** emission of light, sound, heat; ***veicolo a ~ zero*** zero-emission vehicle **2** AMM. ECON. *(di documento, banconote, francobolli)* issue; *(di azioni)* issue, flotation; ***~ di azioni gratuite*** scrip *o* bonus BE issue; ***~ di un assegno*** drawing *o* issue of a cheque; ***banca, data di ~*** issuing bank, date **3** RAD. TELEV. output, impulse, emission **4** MED. emission ◆◆ ***~ secondaria*** secondary emission; ***~ speciale*** special issue.
emissività /emissivi'ta/ f.inv. emissivity.
emissivo /emis'sivo/ agg. emissive.
emistichio, pl. **-chi** /emis'tikjo, ki/ m. hemistich.
emittente /emit'tɛnte/ **I** agg. **1** RAD. TELEV. [*stazione*] broadcasting, transmitting **2** ECON. issuing; ***banca ~*** issuing bank **II** f. **1** RAD. TELEV. (broacasting) station; ***~ radiofonica, televisiva*** radio, television station; ***~ privata, nazionale, locale*** private, national, local station **2** ECON. *(di titoli di credito)* issuer **III** m. e f. **1** ECON. *(di cambiale, assegno)* drawer **2** LING. sender.
emittenza /emit'tɛntsa/ f. **1** broadcasting; ***~ televisiva, radiofonica*** television, radio broadcasting **2** *(emittenti)* (broadcasting) stations pl., networks pl.; ***~ pubblica, privata*** public, private stations.
emittero /e'mittero/ m. hemipteran, hemipteron.
emme /'ɛmme/ m. e f.inv. *(lettera)* m, M.
emmenagogo, pl. **-ghi**, **-ghe** /emmena'gɔgo, gi, ge/ **I** agg. emmenagocic, emmenagogue **II** m. emmenagogue.
emment(h)al /'ɛmmental/ m.inv. Emment(h)al (cheese), Emment(h)aler.
emmetrope /em'mɛtrope/ agg. emmetropic.
emmetropia /emmetro'pia/ f. emmetropia.
emmetropico, pl. **-ci**, **-che** /emme'trɔpiko, tʃi, ke/ agg. → **emmetrope.**
emocito /emo'tʃito/ m. haemocyte BE, hemocyte AE.
1.emocromo /emo'krɔmo/ m. *(sostanza)* haemochrome BE, hemochrome AE.
2.emocromo /emo'krɔmo/ m.inv. *(esame)* blood count.
emocromocitometrico, pl. **-ci**, **-che** /emokromotʃito'mɛtriko, tʃi, ke/ agg. ***esame ~*** blood count.
emoderivato /emoderi'vato/ m. blood product.
emodialisi /emodi'alizi/ f.inv. renal, kidney dialysis, haemodialysis BE, hemodialysis AE.
emodializzato /emodjalid'dzato/ **I** agg. undergoing hemodialysis **II** m. (f. **-a**) person undergoing haemodialysis.
emofilia /emofi'lia/ ◗ ***7*** f. haemophilia BE, hemophilia AE.
emofiliaco, pl. **-ci**, **-che** /emofi'liako, tʃi, ke/ **I** agg. haemophili(a)c BE, hemophili(a)c AE **II** m. (f. **-a**) haemophiliac BE, hemophiliac AE.
emofilico pl. **-ci**, **-che** /emo'filiko, tʃi, ke/ → **emofiliaco.**
emoglobina /emoglo'bina/ f. haemoglobin BE, hemoglobin AE.
emoglobinuria /emoglobi'nurja/ f. haemoglobinuria BE, hemoglobinuria AE.
emolinfa /emo'linfa/ f.inv. haemolymph BE, hemolymph AE.
emolisi /emo'lizi/ f.inv. haemolysis BE, hemolysis AE.
emolitico, pl. **-ci**, **-che** /emo'litiko, tʃi, ke/ agg. haemolytic BE, hemolytic AE.
emolliente /emol'ljɛnte/ agg. e m. emollient.
emolumenti /emolu'menti/ m.pl. emoluments.
emopoiesi /emopo'jɛzi/ f.inv. haemopoiesis BE, hemopoiesis AE.
emopoietico, pl. **-ci**, **-che** /emopo'jɛtiko, tʃi, ke/ agg. → **ematopoietico.**
emoproteina /emoprote'ina/ f. haemoprotein BE, hemoprotein AE.
emorragia /emorra'dʒia/ f. **1** MED. haemorrhage BE, hemorrhage AE; ***~ cerebrale, interna*** brain, internal haemorrhage; ***per fermare l'~*** to stop the bleeding **2** *(fuga) (di capitali)* flight, haemorrhage BE, hemorrhage AE.
emorragico, pl. **-ci**, **-che** /emor'radʒiko, tʃi, ke/ agg. haemorrhagic BE, hemorrhagic AE.
emorroidale /emorroi'dale/ agg. haemorrhoidal BE, hemorrhoidal AE.
emorroidi /emor'rɔidi/ f.pl. haemorrhoids BE, hemorrhoids AE.
emostasi /e'mɔstazi, emo'stazi/ f.inv. haemostasis BE, hemostasis AE.
emostatico, pl. **-ci**, **-che** /emos'tatiko, tʃi, ke/ **I** agg. haemostatic BE, hemostatic AE; ***matita -a*** styptic pencil **II** m. haemostat BE, hemostat AE.
emoteca, pl. **-che** /emo'tɛka, ke/ f. blood bank.
emotivamente /emotiva'mente/ avv. [*reagire, essere coinvolto*] emotionally; ***un ragazzo ~ fragile*** an emotionally fragile boy.
emotività /emotivi'ta/ f.inv. emotionality; ***un bambino di grande ~*** a highly emotional child.
emotivo /emo'tivo/ **I** agg. [*persona, sviluppo, impatto, carica, reazione, risposta, trauma*] emotional; ***un enorme impegno a livello ~*** a huge emotional investment **II** m. (f. **-a**) emotional person.
emotorace /emoto'ratʃe/ m. haemothorax BE, hemothorax AE.
emottisi /emot'tizi/ f.inv. haemoptysis BE, hemoptysis AE.
emozionabile /emottsjo'nabile/ agg. emotional, excitable.
emozionale /emottsjo'nale/ agg. emotional.
emozionante /emottsjo'nante/ agg. **1** *(commovente, toccante)* [*cerimonia, film*] moving, touching **2** *(eccitante)* [*storia, vita, ambiente, giornata*] exciting; ***una partita ~*** an enthralling match.
▷ **emozionare** /emottsjo'nare/ [1] **I** tr. **1** *(commuovere)* to move, to touch **2** *(eccitare)* to excite **II emozionarsi** pronom. **1** *(commuoversi)* to be* moved; ***si emoziona facilmente*** she's rather emotional **2** *(eccitarsi)* to get* excited, to get* worked up.
emozionato /emottsjo'nato/ **I** p.pass. → **emozionare II** agg. **1** *(commosso)* moved, touched **2** *(eccitato)* excited, thrilled; *(agitato)* worked up.
▶ **emozione** /emot'tsjone/ f. **1** emotion; ***arrossire, tremare per l'~*** to blush, tremble with emotion; ***(con) la voce soffocata dall'~*** in a choked voice; ***non mostrare alcuna ~*** to show no emotion; ***essere incapace di provare -i*** to be incapable of any emotion; ***lasciarsi trasportare dalle proprie -i*** to let one's emotions run away with one; ***in tribunale l'~ era al massimo*** o ***culmine*** the atmosphere in the courtroom was extremely emotional **2** *(eccitazione)* excitement, thrill; ***facili -i*** cheap thrills; ***amare le -i forti*** to love a thrill; ***che ~!*** what excitement! what a thrill!
empatia /empa'tia/ f. empathy.
empatico, pl. **-ci**, **-che** /em'patiko, tʃi, ke/ agg. empathic, empathetic.
empetro /'ɛmpetro/ m. crowberry.
empiamente /empja'mente/ avv. impiously.
empiema /em'pjɛma/ m. empyema*.
empiere /'empjere/ [45] → **riempire.**
empietà /empje'ta/ f.inv. **1** *(sacrilegio)* impiety, ungodliness; *(atto)* impiety, impious act **2** *(malvagità)* wickedness; *(atto)* wickedness, wicked act.
empio, pl. **-pi**, **-pie** /'empjo, pi, pje/ agg. **1** *(sacrilego)* [*parole, atti, vita*] impious, unholy, ungodly **2** *(malvagio)* wicked.

empire /em'pire/ → **riempire.**
empireo /em'pireo/ **I** agg. empyreal, empyrean **II** m. empyrean.
empiria /empi'ria/ f. empirics + verbo sing.
empiricamente /empirika'mente/ avv. empirically.
empirico, pl. **-ci**, **-che** /em'piriko, tʃi, ke/ **I** agg. [*fatto, mondo, valore, metodo*] empiric(al); ***con mezzi -ci, in modo ~*** empirically **II** m. (f. **-a**) empiric.
empirismo /empi'rizmo/ m. empiricism.
empirista, m.pl. **-i**, f.pl. **-e** /empi'rista/ m. e f. empiricist.
empiristico, pl. **-ci**, **-che** /empi'ristiko, tʃi, ke/ agg. [*teoria*] empiricist.
empito /'empito/ m. LETT. → **impeto.**
emporio, pl. **-ri** /em'pɔrjo, ri/ m. **1** *(centro di commercio)* emporium*, trading centre **2** *(negozio di merci varie)* emporium*, (general) store; *(grande magazzino)* department store.
emù /e'mu/ m.inv. emu.
emulare /emu'lare/ [1] tr. **1** *(imitare)* to emulate [*maestro, eroe*] **2** INFORM. to emulate.
emulativo /emula'tivo/ agg. emulative.
emulatore /emula'tore/ m. INFORM. emulator.
emulazione /emulat'tsjone/ f. **1** *(imitazione)* emulation; ***per ~ di*** in emulation of **2** INFORM. emulation.
emulo /'ɛmulo/ **I** agg. emulous **II** m. (f. **-a**) emulator, imitator; ***ha molti -i*** many people model themselves on him.
emulsificazione /emulsifikat'tsjone/ f. emulsification.
emulsionante /emulsjo'nante/ **I** agg. emulsifying **II** m. emulsifier.
emulsionare /emulsjo'nare/ [1] tr. to emulsify.
emulsione /emul'sjone/ f. emulsion.
emulsivo /emul'sivo/ m. emulsive.
emuntore /emun'tore/ **I** agg. emunctory **II** m. → **emuntorio.**
emuntorio, pl. **-ri** /emun'tɔrjo, ri/ m. emunctory.
ENAL /'ɛnal/ m. (⇒ Ente Nazionale Assistenza Lavoratori) = national agency for worker assistance.
enallage /e'nalladʒe/ f. enallage.
Enalotto /ena'lɔtto/ m.inv. INTRAD. (lottery based on the lotto).
enantiomero /enan'tjɔmero/ m. enantiomer.
enantiomorfismo /enantjomor'fizmo/ m. enantiomorphism.
enantiotropia /enantjotro'pia/ f. enantiotropy.
enarmonico, pl. **-ci**, **-che** /enar'mɔniko, tʃi, ke/ agg. enharmonic.
enartrosi /enar'trɔzi/ f.inv. enarthrosis*, ball-and-socket joint.
encaustica /en'kaustika/ f. encaustic.
encausto /en'kausto/ m. encaustic.
encefalico, pl. **-ci**, **-che** /entʃe'faliko, tʃi, ke/ agg. encephalic.
encefalite /entʃefa'lite/ ➧ **7** f. encephalitis*.
encefalitico, pl. **-ci**, **-che** /entʃefa'litiko, tʃi, ke/ **I** agg. encephalitic **II** m. (f. **-a**) = person who suffers from encephalitis.
encefalo /en'tʃɛfalo/ m. encephalon*.
encefalografia /entʃefalogra'fia/ f. encephalography.
encefalogramma /entʃefalo'gramma/ m. encephalogram.
encefalomielite /entʃefalomie'lite/ ➧ **7** f. ~ ***mialgica*** myalgic encephalomyelitis.
encefalopatia /entʃefalopa'tia/ ➧ **7** f. encephalopathy; ~ ***spongiforme bovina*** bovine spongiform encephalopathy.
enciclica, pl. **-che** /en'tʃiklika, ke/ f. encyclical.
enciclico, pl. **-ci**, **-che** /en'tʃikliko, tʃi, ke/ agg. encyclical.
▷ **enciclopedia** /entʃiklope'dia/ f. encyclop(a)edia; ***un'~ vivente*** o ***ambulante*** SCHERZ. a walking encyclopaedia.
enciclopedico, pl. **-ci**, **-che** /entʃiklo'pɛdiko, tʃi, ke/agg. encyclop(a)edic; ***dizionario ~*** encyclop(a)edic dictionary.
enciclopedismo /entʃiklope'dizmo/ m. encyclop(a)edism.
eniclopedista, m.pl. **-i**, f.pl. **-e** /entʃiklope'dista/ m. encyclop(a)edist.
enclave /en'klave/ f.inv. enclave.
enclisi /'ɛnklizi/ f.inv. enclisis.
enclitica, pl. **-che** /en'klitika, ke/ f. enclitic.
enclitico, pl. **-ci**, **-che** /en'klitiko, tʃi, ke/ agg. enclitic.
encomiabile /enko'mjabile/ agg. commendable, praiseworthy.
encomiabilmente /enkomiabil'mente/ avv. commendably.
encomiare /enko'mjare/ [1] tr. to commend, to praise.
encomiasta /enko'mjasta/ m. encomiast.
encomiastico, pl. **-ci**, **-che** /enko'mjastiko, tʃi, ke/ agg. encomiastic(al).
encomio, pl. **-mi** /en'kɔmjo, mi/ m. encomium*, tribute; *(lode)* praise, commendation; ***tributare un ~ a qcn.*** to pay tribute to sb.; ***avere parole di ~ per qcn.*** to speak highly of sb.
endecagono /ende'kagono/ m. hendecagon.
endecasillabo /endeka'sillabo/ **I** agg. hendecasyllabic **II** m. hendecasyllable.
endemia /ende'mia/ f. endemic.
endemicità /endemitʃi'ta/ f.inv. endemicity.
endemico, pl. **-ci**, **-che** /en'dɛmiko, tʃi, ke/ agg. [*malattia, disoccupazione*] endemic.
endemismo /ende'mizmo/ m. endemism.
endermico, pl. **-ci**, **-che** /en'dɛrmiko, tʃi, ke/ agg. endermic.
endiadi /en'diadi/ f.inv. hendiadys.
Endimione /endi'mjone/ n.pr.m. Endymion.
endocardico, pl. **-ci**, **-che** /endo'kardiko, tʃi, ke/ agg. endocardial.
endocardio, pl. **-di** /endo'kardjo, di/ m. endocardium*.
endocardite /endokar'dite/ ➧ **7** f. endocarditis.
endocarp(i)o, pl. **-pi** /endo'karp(j)o, pi/ m. endocarp.
endocellulare /endotʃellu'lare/ agg. intracellular.
endocranico, pl. **ci**, **che** /endo'kraniko, tʃi, ke/ agg. endocranial.
endocranio, pl. **-ni** /endo'kranjo, ni/ m. endocranium*.
endocrino /en'dɔkrino/ agg. [*sistema, ghiandola*] endocrine.
endocrinologia /endokrinolo'dʒia/ f. endocrinology.
endocrinologo, m.pl. **-gi**, f.pl. **-ghe** /endokri'nɔlogo, dʒi, ge/ ➧ ***18*** m. (f. **-a**) endocrinologist.
endoderma /endo'dɛrma/ m. **1** BIOL. endoderm **2** BOT. endodermis.
endogamia /endoga'mia/ f. endogamy.
endogamico, pl. **-ci**, **-che** /endo'gamiko, tʃi, ke/ agg. endogamic.
endogamo /en'dɔgamo/ agg. endogamous.
endogenesi /endo'dʒɛnezi/ f.inv. endogeny, endogenesis.
endogeno /en'dɔdʒeno/ agg. endogenous; GEOL. endogenic.
endolinfa /endo'linfa/ f. endolymph.
endometrio, pl. **-tri** /endo'mɛtrjo, tri/ m. endometrium*.
endometriosi /endome'trjɔzi/ f.inv. endometriosis.
endomorfo /endo'mɔrfo/ agg. endomorphic.
endooculare /endooku'lare/ agg. intraocular.
endoplasma /endo'plazma/ m. endoplasm.
endoplasmatico, pl. **-ci**, **-che** /endoplaz'matiko, tʃi, ke/ agg. endoplasmic.
endoreattore /endoreat'tore/ m. rocket engine.
endorfina /endor'fina/ f. endorphin.
endoscheletro /endos'kɛletro/ m. endoskeleton.
endoscopia /endosko'pia/ f. endoscopy.
endoscopico, pl. **-ci**, **-che** /endos'kɔpiko, tʃi, ke/ agg. endoscopic; ***chirurgia -a*** keyhole surgery.
endoscopio, pl. **-pi** /endos'kɔpjo, pi/ m. endoscope.
endosmometro /endoz'mɔmetro/ m. endosmometer.
endosmosi /endoz'mɔzi/ f.inv. endosmosis.
endosperma /endos'pɛrma/ m. endosperm.
endospora /endos'pɔra/ f. endospore.
endotelio, pl. **-li** /endo'tɛljo, li/ m. endothelium*.
endotermico, pl. **-ci**, **-che** /endo'tɛrmiko, tʃi, ke/ agg. CHIM.FIS. endothermic.
endotossina /endotos'sina/ f. endotoxin.
endotracheale /enotrake'ale/ agg. endotracheal, intratracheal.
endovena /endo'vena/ f. intravenous injection; ***fare*** o ***praticare un'~ a qcn.*** to give sb. an intravenous injection.
endovenoso /endove'noso/ agg. intravenous; ***iniezione -a*** intravenous injection; ***per via -a*** intravenously.
enduro /en'duro/ m.inv. *(gara)* enduro; *(moto)* enduro motorcycle, dirtbike.
Enea /e'nɛa/ n.pr.m. Aeneas.
ENEA /e'nɛa/ m. (⇒ Comitato nazionale per la ricerca e lo sviluppo dell'Energia Nucleare e delle Energie Alternative) = Italian agency for research and development involving nuclear and alternative energies.
Eneide /e'nɛide/ n.pr.f. Aeneid.
ENEL /'ɛnel/ m. (⇒ Ente Nazionale per l'Energia Elettrica) = national electricity board.
eneolitico, pl. **-ci**, **-che** /eneo'litiko, tʃi, ke/ agg. Aeneolithic, Eneolithic.
energetica /ener'dʒɛtika/ f. energetics + verbo sing.
energetico, pl. **-ci**, **-che** /ener'dʒɛtiko, tʃi, ke/ **I** agg. **1** ECON. energy attrib.; ***fabbisogno ~*** energy requirements; ***risorse -che*** energy resources; ***politica, crisi -a*** energy policy, crisis **2** FISIOL. [*alimento, prodotto*] high-calorie; [*contenuto, valore*] energy attrib. **3** FIS. energy attrib.; ***bilancio ~*** energy balance **II** m. tonic.
energetismo /enerdʒe'tizmo/ m. energism.
▶ **energia** /ener'dʒia/ f. **1** ECON. energy; ***consumo, produzione di ~*** energy consumption, production; ***risparmiare ~*** to save energy; ***incoraggiare il risparmio di ~*** to encourage energy efficiency **2** FIS. energy; TECN. energy, power; ***fonte di ~*** power source; ***-e nuove, rinnovabili*** new, renewable energy sources; ***principio di conservazione dell'~*** energy-saving principle **3** *(forza)* energy, strength,

vigour BE, vigor AE; ***pieno di ~*** full of energy; ***spendere le proprie -e per*** o ***nel fare*** to use up one's energy doing; ***avere, trovare l'~ per fare*** to have, find the energy to do; ***impiegare*** o ***impegnare tutte le proprie -e per fare qcs.*** to put all one's energies into doing sth.; ***sarebbero -e sprecate*** it would be a waste of energy; ***avere ~ da vendere*** to have energy in spades *o* to burn; ***con ~*** [*lavorare*] energetically; [*agire*] forcefully; [*protestare*] strongly ◆◆ ***~ cinetica*** kinetic energy; ***~ elettrica*** electric energy; ***~ eolica*** windpower, wind energy; ***~ idraulica*** water power; ***~ nucleare*** nuclear energy; ***~ potenziale*** potential energy; ***~ solare*** solar energy *o* power.

energicamente /enerdʒika'mente/ avv. [*discutere*] energetically; [*difendere, lottare*] vigorously, stoutly; [*tirare, colpire, spingere*] hard.

energico, pl. **-ci**, **-che** /e'nɛrdʒiko, tʃi, ke/ agg. **1** *(forte, vigoroso)* [*persona*] energetic, active; [*stretta di mano*] firm; [*modi*] emphatic; [*atteggiamento*] dynamic **2** *(fermo, incisivo)* [*misure, cura, trattamento, protesta, tentativo*] strong; [*intervento, attacco, difesa*] forceful.

energumena /ener'gumena/ f. **1** *(donna violenta)* fury **2** ANT. *(indemoniata)* energumen.

energumeno /ener'gumeno/ m. **1** *(uomo violento)* wild man* **2** ANT. *(indemoniato)* energumen.

enfasi /'ɛnfazi/ f.inv. **1** *(esagerazione)* emphasis*, grandiloquence; ***discorso pieno d'~*** grandiloquent speech; ***parlare senza ~*** to speak without affectation **2** *(rilievo particolare)* emphasis*; ***dare ~ a qcs., porre l'~ su qcs.*** to lay *o* put *o* place emphasis on sth.; ***dare troppa, poca ~ a qcs.*** to overemphasize, to underemphasize sth. **3** LING. *(accento)* emphasis*.

enfaticamente /enfatika'mente/ avv. emphatically.

enfatico, pl. **-ci**, **-che** /en'fatiko, tʃi, ke/ agg. **1** *(pomposo)* [*discorso, stile*] emphatic, grandiloquent, pompous **2** LING. emphatic.

enfatizzare /enfatid'dzare/ [1] tr. **1** *(pronunciare)* to emphasize **2** *(accentuare)* to emphasize, to stress [*aspetti positivi, importanza*].

enfiagione /enfja'dʒone/ f. swelling.

enfiare /en'fjare/ [1] **I** tr. to inflate **II** intr. (aus. *essere*) to inflate.

enfisema /enfi'zɛma/ m. emphysema; ***~ polmonare*** pulmonary emphysema.

enfisematoso /enfizema'toso/ agg. emphysematous.

enfiteusi /enfi'tɛuzi/ f.inv. emphyteusis*.

enfiteuta, m.pl. **-i**, f.pl **-e** /enfi'tɛuta/ m. e f. emphyteuta*.

enfiteutico, pl. **-ci**, **-che** /enfi'tɛutiko, tʃi, ke/ agg. emphyteutic.

engramma /en'gramma/ m. engram.

ENI /'ɛni/ m. (⇒ Ente Nazionale Idrocarburi) = national hydrocarbon corporation.

enigma /e'nigma/ m. **1** *(mistero)* enigma*, puzzle, mystery; ***è un ~*** it's an enigma; ***scoprire la chiave dell'~*** to discover the key to the enigma **2** *(indovinello)* riddle, enigma*; ***parlare per -i*** to speak in riddles; ***l'~ della Sfinge*** the riddle of the Sphinx.

enigmaticamente /enigmatika'mente/ avv. enigmatically.

enigmaticità /enigmatitʃi'ta/ f.inv. mystery; *(di sorriso)* inscrutability.

enigmatico, pl. **-ci**, **-che** /enig'matiko, tʃi, ke/ agg. [*persona*] enigmatic(al), inscrutable; [*affermazione, allusione*] cryptic; [*sorriso*] enigmatic, inscrutable; ***con aria -a*** enigmatically.

enigmista, m.pl. **-i**, f.pl. **-e** /enig'mista/ m. e f. **1** *(autore di giochi)* inventor of puzzles, inventor of riddles **2** *(solutore di giochi)* puzzle solver, riddle solver.

enigmistica /enig'mistika/ f. **1** *(l'inventare enigmi)* enigmatography **2** *(il risolvere enigmi)* puzzle-solving.

enigmistico, pl. **-ci**, **-che** /enig'mistiko, tʃi, ke/ agg. [*rivista*] puzzle attrib.; ***gioco ~*** puzzle.

ENIT /'ɛnit/ m. (⇒ Ente Nazionale Italiano per il Turismo) = Italian national tourist office.

enjambement /anʒambe'man/ m.inv. enjamb(e)ment, run-on line.

ennagono /en'nagono/ m. nonagon.

enne /'ɛnne/ m. e f.inv. *(lettera)* n, N.

ennese /en'nese/ **I** agg. from, of Enna **II** m. e f. native, inhabitant of Enna.

▷ **ennesimo** /en'nɛzimo/ agg. **1** MAT. nth; ***all'-a potenza*** to the nth power **2** FIG. nth, umpteenth; ***per l'-a volta*** for the nth *o* umpteenth time.

ennupla /'ɛnnupla/ f. n-tuple.

enofilo /e'nɔfilo/ **I** agg. wine attrib., wine growing attrib. **II** m. (f. **-a**) lover of wine, oenophile.

enoftalmo /enof'talmo/ m. enophthalmos, enophthalmus.

enogastronomia /enogastrono'mia/ f. **1** *(prodotti)* = regional food and wine specialities **2** *(disciplina)* = food and wine connoisseurship.

enogastronomico, pl. **-ci**, **-che** /enogastro'nɔmiko, tʃi, ke/ agg. [*prodotti, specialità*] food and wine attrib.; [*turismo, tour, itinerario*] gourmet.

enolo /e'nɔlo/ m. enol.

enologia /enolo'dʒia/ f. oenology BE, enology AE.

enologico, pl. **-ci**, **-che** /eno'lɔdʒiko, tʃi, ke/ agg. oenological.

enologo, m.pl. **-gi**, f.pl. **-ghe** /e'nɔlogo, dʒi, ge/ ♦ ***18*** m. (f. **-a**) oenologist BE, enologist AE.

enopolio, pl. **-li** /eno'pɔljo, li/ m. wine cooperative.

▶ **enorme** /e'norme, e'nɔrme/ agg. **1** *(per dimensione, quantità)* [*casa, oggetto, paese*] huge, enormous; [*somma, quantità, spesa*] huge, vast; [*porzione*] great, vast; ***un numero ~ di*** an enormous *o* a vast number of **2** *(per intensità, ampiezza)* [*scandalo, successo*] huge, tremendous; [*problema, sforzo*] tremendous, enormous; [*potere*] enormous; [*errore, stupidaggine*] terrible; [*bugia*] outrageous; ***c'è un'~ differenza tra*** there's a world of difference *o* an enormous difference between; ***fare un ~ lavoro*** to do a tremendous amount of work.

enormemente /enorme'mente/ avv. [*crescere, variare*] enormously, tremendously; [*impressionato*] greatly, highly; [*complesso, lungo*] tremendously, immensely.

enormità /enormi'ta/ f.inv. **1** *(di quantità, cifra)* hugeness; *(di problema, compito, richiesta, errore)* vastness, immensity **2** *(grossa quantità)* ***costare un'~*** to cost a fortune; *(grosso errore)* ***commettere un'~*** to make a gross error; *(grossa stupidaggine)* ***dire sempre delle ~*** to speak nonsense.

enoteca, pl. **-che** /eno'tɛka, ke/ f. **1** *(negozio)* wine shop **2** *(locale)* = place where good wines are offered for sale and for tasting; quite often you can also eat while tasting the wines **3** *(collezione di vini)* stock of vintage wines.

enotecnica /eno'tɛknika/ f. winemaking.

enotecnico, pl. **-ci**, **-che** /eno'tɛkniko, tʃi, ke/ **I** agg. wine-making attrib., wine attrib. **II** m. (f. **-a**) wine-making expert.

enotera /eno'tɛra/ f. evening primrose.

ENPA /'ɛmpa/ m. (⇒ Ente Nazionale Protezione Animali) = national society for the prevention of cruelty to animals.

en passant /ampas'san/ avv. in passing, en passant, by the way.

ENPI /'ɛmpi/ m. (⇒ Ente Nazionale Prevenzione Infortuni) = national agency for accident prevention.

en plein /am'plɛn/ m.inv. **1** *(alla roulette)* en plein **2** ***fare un*** o ***l'~*** FIG. to sweep the board, to hit the jackpot.

Enrica /en'rika/, **Enrichetta** /enri'ketta/ n.pr.f. Harriet, Henrietta.

Enrico /en'riko/ n.pr.m. Henry, Harry.

ensemble /an'sambl/ m.inv. MUS. SART. ensemble.

ensiforme /ensi'forme/ agg. ensiform.

entalpia /ental'pia/ f. enthalpy.

entasi /'ɛntasi/ f.inv. entasis*.

▷ **ente** /'ɛnte/ m. **1** (corporate) body, authority, board, agency AE **2** FILOS. ens*, being; ***l'~ supremo*** the Supreme Being ◆◆ ***~ assistenziale*** aid agency; ***~ autonomo*** corporation, autonomous board; ***~ locale*** local authority; ***~ privato*** private corporation; ***~ pubblico*** public body *o* corporation; ***~ per il turismo*** tourist board.

entelechia /entele'kia/ f. entelechy.

entello /en'tɛllo/ m. entellus, hanuman.

enterico, pl. **-ci**, **-che** /en'tɛriko, tʃi, ke/ agg. enteric.

enterite /ente'rite/ ♦ **7** f. enteritis*.

enteroclisi /entero'klizi/ f.inv. enema*.

enteroclisma /entero'klizma/ m. **1** *(clistere)* enema* **2** *(apparecchio)* enema*, enema syringe.

enterocolite /enteroko'lite/ ♦ **7** f. enterocolitis.

enterolito /ente'rɔlito, entero'lito/ m. enterolith.

enterorragia /enterorra'dʒia/ f. enterorrhagia.

enterostomia /enterosto'mia/ f. enterostomy.

enterotomia /enteroto'mia/ f. enterotomy.

entimema /enti'mɛma/ m. enthymeme.

entità /enti'ta/ f.inv. **1** *(dimensione)* size, degree, extent; *(importanza)* importance; ***valutare l'~ dei danni*** to gauge the extent of the damage; ***di lieve*** o ***scarsa ~*** slight attrib., of little importance; ***di una certa ~*** substantial, considerable; ***l'~ del patrimonio di qcn.*** the size of sb.'s assets **2** *(essere, cosa)* entity **3** FILOS. entity.

entomofago, pl. **-gi**, **-ghe** /ento'mɔfago, dʒi, ge/ agg. entomophagous.

entomofilo /ento'mɔfilo/ agg. entomophilous.

entomologia /entomolo'dʒia/ f. entomology.

entomologico, pl. **-ci**, **-che** /entomo'lɔdʒiko, tʃi, ke/ agg. entomological.

entomologo, m.pl. **-gi**, f.pl. **-ghe** /ento'mɔlogo, dʒi, ge/ m. (f. **-a**) entomologist.

entourage /entu'raʒ/ m.inv. *(gruppo di collaboratori)* entourage; *(amici)* circle (of friends); ***l'~ del presidente*** the presidential entourage.

entozoo /entod'dzɔo/ m. entozoon*.

entraîneuse /antre'nøz/ ➧ *18* f.inv. hostess.

▶ **entrambi** /en'trambi/ **I** agg. both; ***~ i suoi genitori*** both her parents; ***persone di ~ i sessi*** people of both sexes; ***tenere qcs. con -e le mani*** to hold sth. in both hands; ***-e le soluzioni sono accettabili*** either one of the solutions is acceptable, both of the solutions are acceptable **II** pron. (f. **-e**) both; ***giocano ~*** (they) both play, both of them play; ***prendiamoli ~*** let's take both of them; ***~ sono possibili*** either is possible.

entrante /en'trante/ agg. **1** *(che sta per cominciare)* next; ***la settimana ~*** next week, the coming week **2** BUROCR. *(appena giunto in carica)* new; ***il ministro ~*** the new *o* newly-appointed minister **3** *(invadente)* [*persona*] intrusive, obtrusive.

▶ **entrare** /en'trare/ [1] intr. (aus. *essere*) **1** *(andare dentro)* to go* in, to enter FORM.; *(venire dentro)* to come* in, to enter FORM.; ***posso ~?*** may I come in? ***l'ho visto ~ in casa dalla finestra, dalla porta posteriore*** I saw him get into *o* enter the house through the window, by the back door; ***~ in salotto*** to go into the living room; ***l'acqua è entrata da una fessura*** the water came in *o* got in through a crack; ***sono entrati in Francia attraversando l'Italia*** they came into France via Italy; ***sono entrati in campo, sul nostro territorio*** they came onto the court, our territory; ***~ in macchina*** to get into the car; ***lasciami ~!*** let me in! ***non lasciare, ho lasciato ~ il gatto in cucina*** don't let, I let the cat into the kitchen; ***vi farò ~ dalla cucina*** I'll let you in through the kitchen; ***far ~ il tavolo dalla finestra*** *(visto da dentro)* to bring the table in through the window; *(visto da fuori)* to take the table in through the window; ***falla ~*** show her in; ***"vietato ~"*** "no entry"; ***~ in automobile*** to drive in; ***~ camminando*** to walk in; ***~ di corsa*** to run *o* rush in; ***~ furtivamente*** to sneak in **2** *(poter essere contenuto, inserito)* ***è troppo grosso, non entrerà mai*** it's too big, it'll never fit; ***non entra nella valigia*** it doesn't fit in the suitcase; ***la chiave non entra nella toppa*** the key doesn't fit *o* won't go in the lock; ***non riesco a far ~ la moneta nella fessura*** I can't get the coin into the slot; ***si possono far ~ trenta persone nella stanza*** you can get thirty people in the room, thirty people can fit into the room **3** *(nella mente, nella memoria)* ***questa poesia non mi entra (in testa)*** I can't get this poem into my head; ***far ~ qcs. nella testa di qcn.*** to get sth. into sb.'s head; ***non c'è niente da fare per fargli ~ questa cosa in testa*** there's no way of getting this into his head **4** *(riuscire a indossare)* ***non entro più nei pantaloni*** I can't get *o* fit into my trousers any more; ***in quel vestito ci entro appena*** I can just squeeze into that dress; *(essere della taglia giusta)* ***questo vestito non mi entra*** this dress doesn't fit me **5** *(cominciare)* ***~ in un periodo, in una fase*** to enter a period, a phase; ***entra nel quarantesimo anno (di età)*** he's turned thirty-nine; ***~ nell'inverno*** to enter the winter **6** *(a far parte)* ***~ in*** to enter [*dibattito, periodo*]; to join [*governo, partito, esercito*]; ***~ a*** to get into [*università*]; ***~ in parlamento*** to enter parliament; ***~ in politica*** to go into *o* enter politics; ***~ in guerra*** to enter the war; ***~ nella vita di qcn.*** to come into sb.'s life; ***far ~ qcn. in un'organizzazione, in un sistema, in una ditta*** to get sb. into an organization, a system, a firm; ***mi ha fatto ~ al ministero*** he got me into the ministry; ***espressione entrata nell'uso*** expression which has come into use; ***~ nella leggenda*** [*persona, attore*] to become a legend **7** TEATR. ***"entra Ofelia"*** "enter Ophelia" **8** SPORT *(intervenire su un avversario)* ***~ duramente sull'attaccante*** to tackle the forward violently **9 entrarci** *(avere a che fare)* to have* to do with; ***non c'entra nulla*** that's got nothing to do with it; ***la questione non c'entra per nulla con la mia decisione*** the matter has no bearing on my decision; ***la fortuna non c'entra*** luck doesn't come into it; ***c'entra poco, molto con questo*** it has little, a lot to do with this; ***non voglio entrarci in questa faccenda*** I don't want to get involved in this business; ***non c'entra con la rapina*** *(non è implicato)* he's got nothing to do with the robbery ◆ ***c'entra come i cavoli a merenda*** that's completely beside the point.

▷ **entrata** /en'trata/ f. **1** *(ingresso)* entrance (**di** to); ***all'~*** at the entrance; ***l'~ dell'edificio, della stazione, del tunnel*** the entrance to the building, to the station, to the tunnel; ***"~"*** *(su cartello) (di negozio, albergo)* "entrance"; *(di stazione, parcheggio)* "entrance", "way in" BE; ***foro di ~*** *(di proiettile)* point of entry **2** *(anticamera)* hall, entry; ***lascia il tuo cappotto nell'~*** leave your coat in the hall **3** *(l'entrare)* entry, entrance; *(di veicoli, merci)* entry; *(ammissione)* admission; ***"~ libera"*** "free admission", "free entry"; ***l'~ di un paese in un'organizzazione*** the admission of a country to an organization; ***(biglietto d)'~*** (admission) ticket; ***in ~*** [*merci*] inward-bound **4** TEATR. entrance; ***sbagliare l'~ in scena*** [*attore*] to miss one's entrance **5** *(reddito)* ***le -e*** income, revenues; AMM. receipts; ***-e e uscite*** income and expenditure; ***-e erariali*** tax revenues **6** LING. *(lemma)* entry **7** SPORT tackle; ***~ pericolosa, a gamba tesa*** foul tackle, tackle with a straight leg ◆◆ ***~ in carica*** entrance into office, appointment; ***~ in guerra*** entry into the war; ***~ principale*** main entrance; ***~ di servizio*** service entrance; ***~ in vigore*** coming into effect.

entratura /entra'tura/ f. *(conoscenze influenti)* connections pl.

entrecôte /antre'kɔt/ f.inv. entrecôte*.

entre-deux /antre'dœ/ m.inv. insertion, inset.

entrée /an'tre/ f.inv. GASTR. entrée.

entremets /antre'me/ m.inv. entremets*.

entrismo /en'trizmo/ m. entryism.

▶ **entro** /'entro/ prep. **1** *(riferito a durata)* within, in; ***~ breve (tempo)*** soon; ***~ trenta giorni*** within 30 days; ***~ una settimana*** within a week **2** *(riferito a un momento preciso)* by; ***~ le 10, il 23*** by ten, the 23rd; ***deve essere fatto ~ le quattro, giovedì*** it must be done by four o' clock, next Thursday; ***~ e non oltre il 6 maggio*** no later than May 6th; ***"da consumarsi preferibilmente ~ maggio"*** "best before end May"; ***~ allora*** by then; ***~ quanto?*** how soon? ***entro quando?*** by when? **3** *(spazio)* within, inside; ***~ i confini*** inside the borders; ***~ i limiti di*** within the limits of.

entrobordo /entro'bordo/ **I** agg.inv. inboard **II** m.inv. *(motore)* inboard engine; *(imbarcazione)* inboard racer.

entropia /entro'pia/ f. entropy.

entropico, pl. **-ci**, **-che** /en'trɔpiko, tʃi, ke/ agg. entropy attrib.

entroterra /entro'tɛrra/ m.inv. hinterland, inland; ***nell'~ ligure*** in the inland parts of Liguria.

entusiasmante /entuzjaz'mante/ agg. exciting, stirring.

▷ **entusiasmare** /entuzjaz'mare/ [1] **I** tr. to fill [sb.] with enthusiasm, to arouse enthusiasm in, to thrill; ***niente lo entusiasma*** he is not a very enthusiastic sort of person **II entusiasmarsi** pronom. to get* enthusiastic (**per** about), to feel* enthusiastic (**per** for).

▶ **entusiasmo** /entu'zjazmo/ m. enthusiasm (**per** for); ***suscitare l'~ di qcn.*** to arouse *o* infuse enthusiasm in sb.; ***spegnere, frenare gli -i*** to dampen enthusiasm; ***infondere ~ in un progetto*** to infuse a project with enthusiasm; ***mettere troppo ~ nel fare*** to be overenthusiastic in doing; ***la mancanza di ~ da parte di qcn.*** sb.'s lack of enthusiasm; ***con ~*** enthusiastically; ***senza ~*** unenthusiastically, without enthusiasm; ***senza grande ~*** without much enthusiasm; ***lavora senza grande ~*** he hasn't got much enthusiasm for his work; ***senza alcun ~*** with no enthusiasm at all; ***un'ondata di ~*** a flurry of excitement.

▷ **entusiasta**, m.pl. **-i**, f.pl. **-e** /entu'zjasta/ **I** agg. **1** [*accoglienza, pubblico*] enthusiastic; ***non erano molto -i dell'idea di andare al museo*** they were not very enthusiastic about going to the museum; ***non è ~ del suo lavoro*** he's not very enthusiastic about his work; ***non sono troppo ~*** I am not over keen **2** *(soddisfatto)* delighted, thrilled **II** m. e f. enthusiast.

entusiasticamente /entuzjastika'mente/ avv. enthusiastically.

entusiastico, pl. **-ci**, **-che** /entu'zjastiko, tʃi, ke/ agg. enthusiastic, warm; ***parlare in termini -ci di qcn.*** to speak highly of sb.

enucleare /enukle'are/ [1] tr. **1** MED. to enucleate **2** *(evidenziare)* to explain, to clarify.

enucleazione /enukleat'tsjone/ f. enucleation (anche MED.).

enula /'ɛnula/ f. elecampane.

enumerare /enume'rare/ [1] tr. to enumerate FORM., to list, to count.

enumerativo /enumera'tivo/ agg. enumerative.

enumerazione /enumerat'tsjone/ f. enumeration FORM., list.

enunciabile /enun'tʃabile/ agg. enunciable.

enunciare /enun'tʃare/ [1] tr. to state, to enunciate FORM. [*teoria, principi, fatti*].

enunciativo /enuntʃa'tivo/ agg. enunciative.

enunciato /enun'tʃato/ m. **1** proposition, statement; MAT. *(di problema)* terms pl. **2** LING. utterance.

enunciatore /enuntʃa'tore/ m. (f. **-trice** /tritʃe/) LING. utterer.

enunciazione /enuntʃat'tsjone/ f. **1** enunciation, statement **2** LING. uttering.

enuresi /enu'rɛzi/ f.inv. enuresis.

enuretico, pl. **-ci**, **-che** /enu'rɛtiko, tʃi, ke/ agg. enuretic.

enzima /en'dzima/ m. enzyme.

enzimatico, pl. **-ci**, **-che** /endzi'matiko, tʃi, ke/ agg. enzymatic, enzymic.

enzootico, pl. **-ci**, **-che** /endzo'ɔtiko, tʃi, ke/ agg. enzootic.

enzoozia /endzood'dzia/ f. enzootic.

eocene /eo'tʃɛne/ m. Eocene.

eocenico, pl. **-ci**, **-che** /eo'tʃɛniko, tʃi, ke/ agg. Eocene.

1.eolico, pl. **-ci**, **-che** /e'ɔliko, tʃi, ke/ agg. *(del vento)* aeolian; ***energia -a*** windpower, wind energy.
2.eolico, pl. **-ci**, **-che** /e'ɔliko, tʃi, ke/ agg. STOR. *(dell'Eolide)* Aeolian, Aeolic.
Eolide /e'ɔlide/ n.pr.f. Aeolia, Aeolis.
Eolie /e'ɔlje/ ➧ ***14*** n.pr.f.pl. ***le isole ~*** the Aeolian Islands.
1.eolio, pl. **-li**, **-lie** /e'ɔljo, li, lje/ agg. LETT. *(del vento)* aeolian; ***arpa -a*** aeolian harp.
2.eolio, pl. **-li**, **-lie** /e'ɔljo, li, lje/ **I** agg. STOR. Aeolian **II** m. (f. **-a**) Aeolian.
1.Eolo /'ɛolo/ n.pr.m. *(dio dei venti)* Aeolus.
2.Eolo /'ɛolo/ n.pr.m. *(uno dei sette nani)* Sneezy.
eon /'ɛon/ m.inv., **eone** /e'one/ m. GEOL. aeon.
eosina /eo'zina/ f. eosin(e).
eosinofilia /eozinofi'lia/ f. eosinophilia.
eosinofilo /eozi'nɔfilo/ **I** agg. BIOL. MED. eosinophilic **II** m. MED. eosinophil(e).
epanalessi /epana'lɛssi/ f.inv. epanalepsis.
eparchia /epar'kia/ f. eparchy.
eparco /e'parko/ m. eparch.
eparina /epa'rina/ f. heparin.
epatica, pl. **-che** /e'patika, ke/ f. hepatica, liverwort.
epatico, pl. **-ci**, **-che** /e'patiko, tʃi, ke/ **I** agg. hepatic, liver attrib. **II** m. (f. **-a**) = person who suffers from a liver disorder.
epatite /epa'tite/ ➧ ***7*** f. hepatitis; ~ ***B*** hepatitis B; ~ ***virale*** viral hepatitis.
epatizzazione /epatiddzat'tsjone/ f. hepatization.
epatocita /epato'tʃita/, **epatocito** /epato'tʃito/ m. hepatocyte.
epatologo, m.pl. **-gi**, f.pl. **-ghe** /epa'tɔlogo, dʒi, ge/ ➧ ***18*** m. (f. **-a**) hepatologist.
epatopatia /epatopa'tia/ f. hepatopathy.
epatoprotettore /epatoprotet'tore/ **I** agg. liver-protecting **II** m. liver tonic.
epatotossina /epatotos'sina/ f. hepatotoxin.
epatta /e'patta/ f. epact.
epentesi /e'pɛntezi/ f.inv. epenthesis*.
epentetico, pl. **-ci**, **-che** /epen'tɛtiko, tʃi, ke/ agg. epenthetic, intrusive.
epiassiale /epias'sjale/ agg. epaxial.
epica /'ɛpika/ f. epic.
epicardio, pl. **-di** /epi'kardjo, di/ m. epicardium*.
epicarpo /epi'karpo/, **epicarpio**, pl. **-pi** /epi'karpjo, pi/ m. epicarp.
epicedio, pl. **-di** /epi'tʃɛdjo, di/ m. epicedium*.
epiceno /epi'tʃɛno/ agg. epicene.
epicentro /epi'tʃɛntro/ m. epicentre BE, epicenter AE.
epiciclo /epi'tʃiklo/ m. epicycle.
epicicloide /epitʃi'klɔide/ f. epicycloid.
epico, pl. **-ci**, **-che** /'ɛpiko, tʃi, ke/ **I** agg. epic (anche FIG.); ***poema ~*** epic (poem); ***un'impresa -a*** a major undertaking, an ordeal **II** m. epic poet.
epicureismo /epikure'izmo/ m. **1** FILOS. Epicureanism **2** FIG. epicureanism.
epicureo /epiku'rɛo/ **I** agg. **1** FILOS. Epicurean **2** FIG. epicurean **II** m. (f. **-a**) **1** FILOS. Epicurean **2** FIG. epicure.
Epicuro /epi'kuro/ n.pr.m. Epicurus.
▷ **epidemia** /epide'mia/ f. epidemic (anche FIG.); ***è scoppiata un'~*** an epidemic has broken out; ~ ***influenzale*** flu epidemic.
epidemico, pl. **-ci**, **-che** /epi'dɛmiko, tʃi, ke/ agg. epidemic(al).
epidemiologia /epidemjolo'dʒia/ f. epidemiology.
epidemiologico, pl. **-ci**, **-che** /epidemjo'lɔdʒiko, tʃi, ke/ agg. epidemiological.
epidemiologo, pl. **-gi**, f.pl. **-ghe** /epide'mjɔlogo, dʒi, ge/ m. (f. **-a**) epidemiologist.
epidermicamente /epidermika'mente/ avv. epidermically; *(istintivamente)* instinctively.
epidermico, pl. **-ci**, **-che** /epi'dɛrmiko, tʃi, ke/ agg. **1** *(dell'epidermide)* [*ferita, lesione*] epidermic **2** FIG. [*sensibilità, avversione*] skin-deep.
epidermide /epi'dɛrmide/ f. **1** ANAT. BOT. epidermis **2** FIG. *(superficie)* surface.
epidiascopio, pl. **-pi** /epidias'kɔpjo, pi/ m. epidiascope.
epididimo /epi'didimo/ m. epididymis*.
epidittico, pl. **-ci**, **-che** /epi'dittiko, tʃi, ke/ agg. epideictic.
epidurale /epidu'rale/ **I** agg. epidural; ***anestesia ~*** epidural **II** f. epidural.
▷ **epifania** /epifa'nia/ f. **1 Epifania** RELIG. Epiphany, Twelfth Night **2** LETTER. epiphany.
epifenomeno /epife'nɔmeno/ m. epiphenomenon*.

> **Epifania** Twelfth Night – a public holiday and religious festival celebrating the adoration of Jesus by the Magi. By popular tradition it is also the day when *la Befana*, an old woman on a broomstick, brings children gifts: they hang up their stockings the night before and in the morning find them full of sweets, cakes, and little presents or, if they have been naughty, coal (nowadays usually made of sugar).

epifillo /epi'fillo/ m. epiphyllum.
epifisario, pl. **-ri**, **-rie** /epifi'zarjo, ri, rje/ agg. epiphyseal.
epifisi /e'pifizi/ f.inv. epiphysis*.
epifita /e'pifita/ f. epiphyte.
epifitico, pl. **-ci**, **-che** /epi'fitiko, tʃi, ke/ agg. epiphytic.
epigastrico, pl. **-ci**, **-che** /epi'gastriko, tʃi, ke/ agg. epigastric.
epigastro /epi'gastro/, **epigastrio** pl. **-stri** /epi'gastrjo, stri/ m. epigastrium*.
epigenesi /epi'dʒɛnezi/ f.inv. epigenesis.
epigenetico, pl. **-ci**, **-che** /epidʒe'nɛtiko, tʃi, ke/ agg. epigenetic.
epigeo /epi'dʒɛo/ agg. epigeal.
epiglottico, pl. **-ci**, **-che** /epi'glɔttiko, tʃi, ke/ agg. epiglottic.
epiglottide /epi'glɔttide/ f. epiglottis*.
epigono /e'pigono/ m. epigone*.
epigrafe /e'pigrafe/ f. epigraph.
epigrafia /epigra'fia/ f. epigraphy.
epigrafico, pl. **-ci**, **-che** /epi'grafiko, tʃi, ke/ agg. **1** *(relativo all'epigrafia)* epigraphic(al) **2** FIG. [*stile*] terse, pithy.
epigrafista, m.pl. **-i**, f.pl. **-e** /epigra'fista/ m. e f. epigraphist, epigrapher.
epigramma /epi'gramma/ m. epigram.
epigrammatica /epigram'matika/ f. **1** *(genere)* art of writing epigrams **2** *(raccolta di epigrammi)* epigrams pl.
epigrammatico, pl. **-ci**, **-che** /epigram'matiko, tʃi, ke/ agg. epigrammatic(al).
epigrammista, m.pl. **-i**, f.pl. **-e** /epigram'mista/ m. e f. epigrammatist.
epilazione /epilat'tsjone/ f. depilation.
epilessia /epiles'sia/ ➧ ***7*** f. epilepsy.
epilettico, pl. **-ci**, **-che** /epi'lɛttiko, tʃi, ke/ **I** agg. epileptic; ***attacco ~*** epileptic fit **II** m. (f. **-a**) epileptic.
epilobio, pl. **-bi** /epi'lɔbjo, bi/ m. (rosebay) willowherb.
epilogo, pl. **-ghi** /e'pilogo, gi/ m. **1** epilogue **2** FIG. end, epilogue.
epinefrina /epine'frina/ f. epinephrine.
epinicio, pl. **-ci** /epi'nitʃo, tʃi/ m. **1** epinicion **2** *(discorso, scritto celebrativo)* celebratory speech, writing.
Epiro /e'piro/ n.pr.m. Epirus.
epirogenesi /epiro'dʒɛnezi/ f.inv. epeirogenesis.
epirota, m.pl. **-i**, f.pl. **-e** /epi'rɔta/ **I** agg. of Epirus, Epirot(e) **II** m. e f. Epirot(e), Epeirot.
episcopale /episko'pale/ agg. episcopal; ***Chiesa Episcopale*** Episcopal Church.
episcopaliano /episkopa'ljano/ agg. Episcopalian.
episcopalismo /episkopa'lizmo/ m. episcopalism.
episcopato /episko'pato/ m. *(dignità di vescovo)* episcopate, episcopacy RAR.; *(insieme dei vescovi)* episcopate.
episcopio, pl. **-pi** /epis'kɔpjo, pi/ m. episcope BE, opaque projector.
episiotomia /epizjoto'mia/ f. episiotomy.
episodicamente /epizodika'mente/ avv. occasionally, now and again, sporadically.
episodicità /episoditʃi'ta/ f.inv. episodic nature.
episodico, pl. **-ci**, **-che** /epi'zɔdiko, tʃi, ke/ agg. **1** *(occasionale)* episodic, occasional **2** *(a episodi)* episodic; *(frammentario)* fragmentary.
▶ **episodio**, pl. **-di** /epi'zɔdjo, di/ m. **1** episode; ***romanzo a -di*** serialized novel **2** *(avvenimento)* episode, incident, event; ***un gravissimo ~ di intolleranza*** an episode of great intolerance.
epispastico, pl. **-ci**, **-che** /epis'pastiko, tʃi, ke/ agg. epispastic.
episperma /epis'pɛrma/ m. episperm.
epistassi /epis'tassi/ f.inv. epistaxis*.
episteme /epis'tɛme/ m. e f. episteme.
epistemico, pl. **-ci**, **-che** /epis'tɛmiko, tʃi, ke/ agg. epistemic.
epistemologia /epistemolo'dʒia/ f. epistemology.
epistemologico, pl. **-ci**, **-che** /epistemo'lɔdʒiko, tʃi, ke/ agg. epistemological.
epistemologo, m.pl. **-gi**, f.pl. **-ghe** /episte'mɔlogo, dʒi, ge/ m. (f. **-a**) epistemologist.

epistilio, pl. **-li** /epis'tiljo, li/ m. epistyle, architrave.
epistola /e'pistola/ f. epistle; ***Epistola ai Corinzi*** BIBL. Epistle to the Corinthians.
epistolare /episto'lare/ agg. [*genere, stile, romanzo*] epistolary; ***hanno delle relazioni -i*** they correspond.
epistolario, pl. **-ri** /episto'larjo, ri/ m. **1** *(raccolta di lettere)* letters pl.; ***l'~ di Stendhal*** Stendhal's letters **2** RELIG. epistolary.
epistolografia /epistologra'fia/ f. epistolography, letter-writing.
epistolografo /episto'lɔgrafo/ m. (f. **-a**) epistoler, letter-writer.
epistrofe /e'pistrofe/ f. epistrophe.
epitaffio, pl. **-fi** /epi'taffjo, fi/ m. epitaph.
epitalamio, pl. **-mi** /epita'lamjo, mi/ m. epithalamium*.
epitalamo /epi'talamo/ m. epithalamus*.
epitassia /epitas'sia/ f. epitaxy.
epitassiale /epitas'sjale/ agg. epitaxial.
epiteliale /epite'ljale/ agg. epithelial.
epitelio, pl. **-li** /epi'tɛljo, li/ m. epithelium*.
epitelioma /epite'ljɔma/ m. epithelioma*.
epitetico, pl. **-ci**, **-che** /epi'tɛtiko, tʃi, ke/ agg. paragogic.
epiteto /e'piteto/ m. **1** epithet **2** *(insulto)* term of abuse, epithet, insult; ***coprire qcn. di -i*** to call sb. names.
epitomatore /epitoma'tore/ m. (f. **-trice** /tritʃe/) epitomist.
epitome /e'pitome/ f. epitome.
epizoo /epid'dzɔo/ m. epizoon*.
epizootico, pl. **-ci**, **-che** /epiddzo'ɔtiko, tʃi, ke/ agg. epizootic; ***afta -a*** foot and mouth (disease), hoof-and-mouth disease AE.
epizoozia /epiddzood'dzia/ f. epizooty, epizootic.
▶ **epoca**, pl. **-che** /'ɛpoka, ke/ f. **1** *(tempo, periodo)* time; ***all'~*** o ***a quell'~*** at that time; ***all'~ in cui*** at the time when; ***in ~ moderna*** in modern times; ***dell'~*** [*oggetto, spirito, moda*] of the time; ***un ricordo dell'~ in cui*** a memory from the time when; ***è di un'altra ~*** he belongs to another epoch; ***l'anno scorso a quest'~*** this same time last year; ***bisogna vivere la propria ~*** one must move with the times **2** *(periodo storico)* epoch, era, age; ***l'~ feudale, staliniana*** the feudal, Stalinist era; ***l'~ vittoriana*** the Victorian age; ***d'~ rinascimentale*** from the Renaissance; ***fare ~, segnare un'~*** to mark an epoch; ***un evento che ha fatto ~*** an epoch-making event **3** ASTR. GEOL. epoch **4 d'epoca *costume d'~*** period costume; ***mobili d'~*** antique furniture; ***auto d'~*** *(costruita prima del 1916)* veteran (car); *(costruita tra il 1917 e il 1930)* vintage car.
epocale /epo'kale/ agg. *(relativo a un'epoca)* of a period, of an age; *(importante)* [*svolta, cambiamento*] epoch-making, momentous, epochal.
epodo /e'pɔdo/ m. epode.
eponimo /e'pɔnimo/ **I** agg. eponymous **II** m. (f. **-a**) eponym.
epopea /epo'pɛa/ f. **1** LETTER. *(poema)* epic (poem); *(genere)* epic **2** *(fatti eroici)* epic deeds pl.
eporediese /epore'djese/, **eporediense** /epore'djɛnse/ **I** agg. from, of Ivrea **II** m. e f. native, inhabitant of Ivrea.
epos /'ɛpos/ m.inv. *(epica)* epos, epic poetry; *(poema)* epos, epic poem.
epossidico, pl. **-ci**, **-che** /epos'sidico, tʃi, ke/ agg. epoxy; ***resina -a*** epoxy resin.
▶ **eppure** /ep'pure/ cong. (and) yet, still, but; ***~ è vero*** it's true though, it's true all the same; ***~ non è difficile!*** (and) yet it's not difficult! ***~ tutto era cominciato bene*** and yet everything had got off to a good start; ***~ aveva tutte le carte in regola per farcela*** and to think he had everything going for him; ***così forte ~ così delicato*** so strong (and) yet so gentle; ***è un tipo strano, ~ mi piace*** he's a strange chap, but I still like him; ***~ mente!*** but he's lying!
epsilon /'ɛpsilon/ m. e f.inv. epsilon.
epsomite /epso'mite/ f. epsomite, Epsom salts pl.
eptacordo /epta'kɔrdo/ m. heptachord.
eptagono /ep'tagono/ → **ettagono.**
eptano /ep'tano/ m. heptane.
eptasillabo /epta'sillabo/ **I** agg. heptasyllabic **II** m. heptasyllable.
eptathlon /'ɛptatlon/ m.inv. heptathlon.
epulone /epu'lone/ m. **1** STOR. epulo*; ***gli -i*** the epulones **2 *il ricco Epulone*** BIBL. Dives **3** *(ghiottone)* glutton.
epurare /epu'rare/ [1] tr. to purge [*partito, organizzazione*] (**da** of).
epurato /epu'rato/ **I** p.pass. → **epurare II** agg. purged, eliminated **III** m. (f. **-a**) purged member, person who has been purged.
epurazione /epurat'tsjone/ f. purge.
equabile /e'kwabile/ agg. ***temperamento ~*** MUS. equal temperament.
equalizzare /ekwalid'dzare/ [1] tr. to equalize.
equalizzatore /ekwaliddza'tore/ m. equalizer; ***~ grafico*** graphic equalizer.
equalizzazione /ekwaliddzat'tsjone/ f. equalization.
equamente /ekwa'mente/ avv. [*suddividere*] equitably, fairly; [*giudicare*] impartially, fairly.
equanime /e'kwanime/ agg. [*giudizio*] impartial, fair, unbias(s)ed.
equanimità /ekwanimi'ta/ f.inv. equanimity, fairness, impartiality.
equatore /ekwa'tore/ m. equator ◆◆ ***~ celeste*** celestial equator; ***~ magnetico*** magnetic equator, aclinic line.
equatoriale /ekwato'rjale/ **I** agg. [*foresta, corrente*] equatorial **II** m. equatorial (telescope).
equazionale /ekwattsjo'nale/ agg. equational.
equazione /ekwat'tsjone/ f. **1** MAT. equation; ***~ di primo, secondo, terzo grado*** simple, quadratic, cubic equation; ***risolvere con un'~*** to put into an equation **2** FIG. equation; ***stabilire un'~*** to draw an equation ◆◆ ***~ algebrica*** algebraic equation; ***~ differenziale*** differential equation; ***~ esponenziale*** exponential equation.
equestre /e'kwɛstre/ agg. **1** [*sport, figura, statua, monumento*] equestrian **2** STOR. [*ordine*] equestrian.
equiangolo /ekwi'angolo/ agg. equiangular.
equidistante /ekwidis'tante/ agg. equidistant (**da** from).
equidistanza /ekwidis'tantsa/ f. equidistance.
equidistare /ekwidis'tare/ [1] intr. to be* equidistant.
equilatero /ekwi'latero/ agg. equilateral.
equilibramento /ekwilibra'mento/ m. balancing.
equilibrare /ekwili'brare/ [1] **I** tr. **1** to balance [*pesi, dieta, attività, elementi*]; ***bisogna ~ la propria alimentazione*** one must have a balanced diet **2** ECON. to balance [*entrate, uscite*] **3** TECN. to balance [*ruote*] **II equilibrarsi** pronom. [*fattori, costi*] to balance (each other); ***i due pesi si equilibrano perfettamente*** the two weights (counter)balance each other perfectly; ***ragioni, argomenti che si equilibrano*** FIG. reasons, arguments that counterbalance each other.
equilibrato /ekwili'brato/ **I** p.pass. → **equilibrare II** agg. **1** *(ben distribuito, ponderato)* [*peso, alimentazione*] balanced; ***il carico è mal ~*** the load is unevenly distributed **2** FIG. [*persona, carattere*] balanced, stable, even-tempered; [*temperamento*] balanced, stable, equable; [*gara, confronto*] even; [*politica, giudizio*] sane.
equilibratore /ekwilibra'tore/ m. AER. elevator.
equilibratura /ekwilibra'tura/ f. *(di ruote)* balancing.
▷ **equilibrio**, pl. **-bri** /ekwi'librjo, bri/ m. **1** *(posizione stabile)* balance, equilibrium*; ***stare in ~, mantenere l'~*** to keep one's balance; ***perdere l'~*** to lose one's balance; ***fare perdere l'~ a qcn.*** to knock sb. off balance; ***l'orecchio interno è il centro dell'~*** the inner ear controls balance; ***essere in ~ su qcs.*** [*oggetto*] to be balanced on sth.; [*persona*] to balance on sth.; ***stare in ~ su un piede*** to balance on one leg; ***tenere qcs. in ~ (su qcs.)*** to balance sth. (on sth.) **2** *(accordo, armonia)* balance, stability; ***~ politico, economico*** political, economical stability; ***~ ecologico, razziale*** ecological, racial balance; ***raggiungere un ~*** to achieve a balance *o* an equilibrium; ***rompere l'~*** to upset the balance; ***ristabilire l'~*** to redress the balance; ***trovare il giusto ~*** to strike a balance **3** *(salute mentale)* equilibrium*, sanity; ***il suo ~ mentale era sconvolto*** the balance of his mind was disturbed; ***ritrovare il proprio ~*** to get back to normal **4** CHIM. FIS. MECC. equilibrium*.
equilibrismo /ekwili'brizmo/ m. **1** acrobatics + verbo sing.; *(sulla corda)* tightrope walking; ***numero di ~*** balancing act **2** FIG. ***~ politico*** political tightrope walking, political balancing act.
equilibrista, m.pl. **-i**, f.pl. **-e** /ekwili'brista/ ♦ ***18*** m. e f. equilibrist, tightrope walker (anche FIG.).
equino /e'kwino/ **I** agg. [*specie, malattia*] equine; [*volto, aspetto*] hors(e)y, horse-like; ***macelleria -a*** horse butcher's; ***piede ~*** club foot **II** m. equine.
equinoziale /ekwinot'tsjale/ agg. equinoctial.
equinozio, pl. **-zi** /ekwi'nɔttsjo, tsi/ m. equinox; ***~ di primavera, d'autunno*** vernal, autumnal equinox.
equipaggiamento /ekwipaddʒa'mento/ m. **1** *(l'equipaggiare)* equipping, outfitting **2** *(materiale)* equipment; SPORT equipment, gear; ***~ da sci*** ski gear; ***~ di serie*** *(di auto)* standard features **2** MIL. equipment, kit BE ◆◆ ***~ di bordo*** on-board equipment.
equipaggiare /ekwipad'dʒare/ [1] **I** tr. **1** to equip, to fit* out, to fit* up, to rig out [*persona*]; to equip, to instrument [*fabbrica, macchina*]; ***~ l'esercito*** to equip the army **2** MAR. *(fornire di equipaggio)* to man [*nave*] **II equipaggiarsi** pronom. to equip oneself.
equipaggiato /ekwipad'dʒato/ **I** p.pass. → **equipaggiare II** agg. [*persona*] equipped, fitted out (**di** with); ***bene, male ~*** well-, ill-equipped.
▷ **equipaggio**, pl. **-gi** /ekwi'paddʒo, dʒi/ m. **1** MAR. AER. crew; ***i membri dell'~*** the members of the crew, the crew members; ***volo***

con, senza ~ manned, unmanned flight; ***l'~ si imbarcherà domani*** the crew will go aboard tomorrow **2** SPORT crew; ***l'~ di una canoa*** the rowing crew **3** MIL. equipage **4** ANT. *(carrozza)* equipage **5** ELETTRON. *(elemento mobile in uno strumento)* moving element.

equiparabile /ekwipa'rabile/ agg. comparable.

equiparare /ekwipa'rare/ [1] tr. **1** *(rendere uguali)* to equalize, to level [*pensioni, stipendi*] **2** *(paragonare)* to compare, to recognize [*titoli di studio*].

equiparato /ekwipa'rato/ **I** p.pass. → **equiparare II** agg. [*diritti, titoli di studio*] equivalent.

equiparazione /ekwiparat'tsjone/ f. **1** *(il rendere uguale)* equalization, levelling BE, leveling AE **2** *(di diritti, titoli di studio)* equivalence.

equipartizione /ekwipartit'tsjone/ f. equipartition, equal distribution.

équipe /e'kip/ f.inv. team; ***lavoro d'~*** teamwork; ***lavorare in ~*** to work as a team.

equipollente /ekwipol'lɛnte/ agg. **1** equivalent **2** RAR. MAT. equipollent.

equipollenza /ekwipol'lɛntsa/ f. equivalency.

equipotenziale /ekwipoten'tsjale/ agg. equipotential.

equiseto /ekwi'seto/ m. equisetum*, horsetail.

equità /ekwi'ta/ f.inv. equity, fairness; ***in piena ~*** in all fairness; ***decidere secondo ~*** to make a fair decision; ***~ fiscale*** fair fiscal practices.

equitazione /ekwitat'tsjone/ f. (horse)riding; *(arte)* equitation, horsemanship; *(alle Olimpiadi)* equestrian sports pl.; ***fare ~*** to go riding, to ride; ***maestro d'~*** riding instructor *o* master; ***tenuta da ~*** riding habit *o* kit BE.

equivalente /ekwiva'lɛnte/ **I** agg. *(di uguale valore, corrispondente)* [*quantità*] equivalent, equal; [*titoli*] comparable; ***con salario ~*** for the equivalent *o* same salary; ***una cifra ~ a un mese di stipendio*** a sum equal to one month's salary; ***essere ~ a*** to be equivalent *o* tantamount to **II** m. equivalent; ***aggiungere l'~ di un cucchiaino da caffè*** to add (the equivalent of) a teaspoonful; ***non c'è un ~*** there's no equivalent; ***è l'~ di un aumento di salario*** it's the equivalent of *o* it amounts to an increase in salary; ***essere l'~ di*** to be the counterpart of [*persona, istituzione*].

equivalenza /ekwiva'lɛntsa/ f. equivalence (anche MAT. CHIM.).

equivalere /ekwiva'lere/ [96] **I** intr. (aus. *essere, avere*) **1** *(avere lo stesso valore)* ***~ a*** to be equivalent to [*quantità*]; to amount to [*effetto*]; to be tantamount to [*effetto negativo*]; ***equivale a un rifiuto*** it's tantamount to a refusal; ***~ a fare*** to be as much as to do **2** *(corrispondere)* to correspond (**a** to) **II equivalersi** pronom. to be* equivalent; ***le due soluzioni si equivalgono*** the two solutions are more or less the same; ***all'incirca si equivalgono*** they roughly correspond, they are pretty much the same.

equivocabile /ekwivo'kabile/ agg. deceptive, open to misconstruction.

equivocamente /ekwivo'kamente/ avv. equivocally.

equivocare /ekwivo'kare/ [1] intr. (aus. *avere*) to misunderstand*, to misinterpret, to mistake*; ***~ su qcs.*** to misunderstand *o* mistake sth.

equivocità /ekwivotʃi'ta/ f.inv. equivocality, equivocalness.

▷ **equivoco**, pl. **-ci**, **-che** /e'kwivoko, tʃi, ke/ **I** agg. *(sospetto, losco)* [*reputazione, condotta*] suspicious, dubious, questionable; [*individuo*] shady, dubious; *(ambiguo)* [*situazione, posizione*] ambiguous, equivocal; [*sguardo*] suggestive **II** m. *(ambiguità)* ambiguity; *(malinteso)* misunderstanding, misinterpretation; ***prestarsi all'~*** to be ambiguous; ***giocare sull'~*** to equivocate; ***c'è stato un ~*** there has been a misunderstanding; ***a scanso di -ci*** to avoid any misunderstanding.

equo /'ɛkwo/ agg. [*persona, arbitro*] fair, just, impartial; [*processo, stipendio, punizione, sistema, prezzo, mercato, condizioni*] fair; [*decisione, suddivisione*] fair, equitable; [*regolamento, ricompensa*] just, fair; ***~ canone*** fair rent; ***~ e solidale*** → **equosolidale**.

equosolidale /ekwosoli'dale/ agg. [*commercio*] fair; [*prodotto*] fair trade attrib.

▷ **era** /'ɛra/ f. **1** STOR. POL. era, age; ***l'~ cristiana*** the Christian era **2** *(epoca innovatrice)* age; ***nell'~ industriale, atomica*** in the industrial, atomic age; ***una nuova ~ per la tecnologia informatica*** a new era in computer technology.

Era /'ɛra/ n.pr.f. Hera.

Eracle /'ɛrakle/ n.pr.m. Heracles.

Eraclito /era'klito, e'raklito/ n.pr.m. Heraclitus.

erariale /era'rjale/ agg. revenue attrib., fiscal; ***entrate -i*** tax revenues.

erario, pl. **-ri** /e'rarjo, ri/ m. (national) revenue, treasury; ***le entrate dell'~*** tax revenues.

erasmiano /eraz'mjano/ agg. Erasmian.

Erasmo /e'razmo/ n.pr.m. Erasmus.

▶ **erba** /'ɛrba/ f. **1** *(tappeto erboso)* grass; ***un filo, ciuffo d'~*** a blade, tuft of grass; ***coperto d'~*** grassy, turfy; ***falciare, tagliare l'erba*** to cut the grass, to mow the lawn; ***sdraiarsi sull'~*** to lie on the grass; ***"vietato calpestare l'~"*** "keep off the grass"; ***giocare, battere qcn. su ~*** *(nel tennis)* to play, beat sb. on grass; ***campo in ~*** grass court **2** *(pianta)* herb; *(infestante)* weed; ***-e aromatiche*** aromatic *o* mixed herbs **3** COLLOQ. *(marijuana)* grass, dope **4** *(ricamo)* ***punto ~*** stem stitch **5 in erba** *(ancora verde)* [*grano, avena*] in the blade, bladed; *(giovane)* [*musicista, campione*] budding ◆ ***la mala ~ non muore mai*** = a bad penny is always turning up; ***vedere l'~ dalla parte delle radici*** to be pushing up (the) daisies; ***l'~ del vicino è sempre più verde*** the grass is (always) greener on the other side (of the fence); ***l'~ voglio non cresce neppure nel giardino del re*** = you can't always get what you want; ***fare d'ogni ~*** o ***di tutta l'~ un fascio*** to tar everybody with the same brush ◆◆ ***~ argentina*** satinflower; ***~ calderina*** groundsel; ***~ cali*** glasswort; ***~ cariofillata*** herb bennet; ***~ chinino*** centaury; ***~ cicutaria*** (common) storksbill; ***~ cipollina*** chive, shallot AE; ***~ epatica*** liverwort; ***~ galletta*** vetchling; ***~ gatta*** catmint BE, catnip AE; ***~ guada*** weld; ***~ mazzolina*** cocksfoot; ***~ media*** Canterbury bell; ***~ medica*** alfalfa; ***~ morella*** morel; ***~ delle pampas*** pampas grass; ***~ pazienza*** patience dock; ***~ peperina*** dropwort; ***~ pignola*** stonecrop; ***~ da porri*** celandine; ***~ roberta*** herb-Robert; ***~ ruggine*** ceterach; ***~ di san Giacomo*** ragwort; ***~ di san Giovanni*** St John's wort, Aaron's beard; ***~ di san Pietro*** costmary; ***~ vellutina*** dog's tongue; ***-e medicinali*** medicinal herbs.

erbaccia, pl. **-ce** /er'battʃa, tʃe/ f. weed; ***ricoperto di ~*** weedy; ***invaso dalle -ce*** overgrown with weeds; ***togliere le -ce*** to pull up weeds, to weed.

erbaceo, pl. **-cei**, **-cee** /er'batʃeo, tʃei, tʃee/ agg. [*piante*] herbaceous.

erbaggio, pl. **-gi** /er'baddʒo, dʒi/ m. herbage.

erbario, pl. **-ri** /er'barjo, ri/ m. *(libro)* herbal; *(raccolta)* herbarium*.

erbato /er'bato/ agg. grassy.

erbette /er'bette/ f.pl. *(erbe aromatiche)* herbs.

erbicida /erbi'tʃida/ **I** agg. herbicidal **II** m. herbicide, weedkiller.

erbio /'ɛrbjo/ m. erbium.

erbivendolo /erbi'vendolo/ ➧ ***18*** m. (f. **-a**) greengrocer BE.

erbivoro /er'bivoro/ **I** agg. herbivorous **II** m. (f. **-a**) herbivore.

erborare /erbo'rare/ [1] intr. (aus. *avere*) to botanize, to gather herbs.

erborista, m.pl. **-i**, f.pl. **-e** /erbo'rista/ ➧ ***18*** m. e f. herbalist.

erboristeria /erboriste'ria/ ➧ ***18*** f. **1** *(disciplina)* herbal medicine **2** *(negozio)* herbalist's shop.

erboristico, pl. **-ci**, **-che** /erbo'ristiko, tʃi, ke/ agg. herbal, herb attrib.

erborizzare /erborid'dzare/ [1] intr. → **erborare.**

erboso /er'boso/ agg. grassy, grass attrib.; ***tappeto ~*** lawn, grassplot.

ercinico, pl. **-ci**, **-che** /er'tʃiniko, tʃi, ke/ agg. Hercynian.

Ercolano /erko'lano/ n.pr.f. Herculaneum.

ercole /'ɛrkole/ m. Hercules, big strong man*; ***è un (vero) ~*** he's a real Hercules.

Ercole /'ɛrkole/ n.pr.m. Hercules; ***le colonne d'~*** the Pillars of Hercules; ***le fatiche d'~*** the labours of Hercules.

ercolino /erko'lino/ **I** agg. *(erculeo)* Herculean, herculean **II** m. *(bambino robusto)* strong, sturdy little boy.

erculeo /er'kuleo/ agg. Herculean, herculean.

▷ **erede** /e'rɛde/ m. e f. **1** DIR. inheritor; *(uomo)* heir (**di** to); *(donna)* heiress (**di** to); ***morire senza un ~*** to die without an heir; ***nominare qcn. proprio ~*** to make sb. one's heir; ***istituzione d'~*** appointment of an heir; ***senza -i*** heirless **2** FIG. *(di attività, tradizioni)* inheritor; *(uomo)* heir (**di** to); *(donna)* heiress (**di** to); ***essere l'~ di una lunga tradizione*** to be the heir to a long tradition; ***l'~ spirituale di qcn.*** sb.'s spiritual heir **3** COLLOQ. SCHERZ. *(figlio primogenito)* son and heir ◆◆ ***~ ab intestato*** heir ab intestato; ***~ diretto*** direct heir; ***~ fiduciario*** fiduciary heir; ***~ legittimo*** heir-at-law; ***~ presunto*** heir presumptive; ***~ testamentario*** testamentary heir; ***~ al trono*** heir to the throne; ***~ unico*** only heir; ***~ universale*** sole heir.

▷ **eredità** /eredi'ta/ f.inv. **1** *(di bene, carica, titolo)* inheritance; ***lasciare qcs. in ~*** to bequeath sth. (**a qcn.** to sb.); ***ha lasciato una grossa ~ ai figli*** he left his children a big inheritance; ***avere*** o ***ricevere qcs. in ~*** to inherit sth.; ***entrare in possesso di un'~*** to come into an inheritance **2** FIG. *(retaggio)* legacy, heritage; ***l'~ spirituale***

del passato the spiritual legacy (of the past) **3** BIOL. inheritance, heredity.
ereditabile /eredi'tabile/ agg. inheritable, heritable, hereditable.
ereditabilità /ereditabili'ta/ f.inv. inheritability, heritability.
▷ **ereditare** /eredi'tare/ [1] tr. **1** *(avere in eredità)* to inherit [*corona, trono, denaro, proprietà*]; ***~ qcs. da qcn.*** to inherit sth. from sb. **2** FIG. to inherit [*problemi, progetto*]; ***ha ereditato l'intelligenza da sua madre*** she has inherited her mother's intelligence.
ereditariamente /ereditarja'mente/ avv. hereditarily.
ereditarietà /ereditarje'ta/ f.inv. **1** *(di titoli nobiliari)* hereditariness **2** BIOL. heredity.
ereditario, pl. **-ri, -rie** /eredi'tarjo, ri, rje/ agg. **1** hereditary; ***asse ~*** hereditament; ***principe ~*** crown prince **2** BIOL. hereditary; ***per via -a*** by *o* through inheritance.
ereditiera /eredi'tjɛra/ f. heiress, inheritress.
eremita, m.pl. **-i**, f.pl. **-e** /ere'mita/ m. e f. **1** *(solitario)* hermit; FIG. hermit, recluse; ***vivere da ~*** to live the life of a recluse **2** ZOOL. ***bernardo l'~*** hermit crab.
eremitaggio, pl. **-gi** /eremi'taddʒo, dʒi/ m. hermitage.
eremitico, pl. **-ci, -che** /ere'mitiko, tʃi, ke/ agg. hermitic(al), eremitic(al).
eremo /'ɛremo/ m. hermitage.
erepsina /erep'sina/ f. erepsin.
eresia /ere'zia/ f. **1** RELIG. heresy; ***cadere nell'~*** to become a heretic **2** SCHERZ. *(assurdità, sproposito)* heresy, nonsense; ***non dire -e!*** don't talk nonsense! ***del vino bianco con la selvaggina, che ~!*** white wine with game, that's heresy!
eresiarca, m.pl. **-chi**, f.pl. **-che** /erezi'arka, ki, ke/ m. e f. heresiarch.
ereticale /ereti'kale/ agg. [*dottrina*] heretical.
eretico, pl. **-ci, -che** /e'rɛtiko, tʃi, ke/ **I** agg. heretical **II** m. (f. **-a**) heretic.
eretismo /ere'tizmo/ m. erethism.
erettile /e'rɛttile/ agg. erectile.
eretto /e'rɛtto/ **I** p.pass. → **erigere II** agg. **1** *(diritto)* erect, upright; ***tenere il capo ~*** to hold one's head high; ***portamento ~*** erectness, upright position **2** *(costruito)* built, erected.
erettore /eret'tore/ **I** agg. ***muscolo ~*** erector **II** m. ANAT. erector.
erezione /eret'tsjone/ f. **1** *(l'erigere) (di statua, edificio)* erection, raising; *(fondazione)* foundation, establishment **2** FISIOL. erection; ***in ~*** erect.
erg /ɛrg/ m.inv. GEOGR. erg*.
▷ **ergastolano** /ergasto'lano/ m. (f. **-a**) life convict, lifer COLLOQ.
▷ **ergastolo** /er'gastolo/ m. life imprisonment, life COLLOQ.; ***condanna all'~*** life sentence; ***essere condannato all'~*** to be sentenced to life imprisonment; ***scontare un ~*** to serve life, to do life COLLOQ.
ergativo /erga'tivo/ **I** agg. ergative **II** m. ergative.
ergere /'ɛrdʒere/ [24] **I** tr. *(erigere)* to erect; *(innalzare)* to raise **II ergersi** pronom. **1** [*montagna, scoglio, edificio*] to rise* (up), to stand*; ***un palazzo di uffici si ergeva dove un tempo c'era la vecchia chiesa*** an office building rose up on the site of the old church; ***-rsi all'orizzonte*** to rise up on the horizon **2** FIG. ***-rsi a giudice di*** to sit in judgement on *o* over; ***-rsi a difensore di*** to stand up in defense of.
ergo /'ɛrgo/ cong. ergo.
ergodico, pl. **-ci, -che** /er'gɔdiko, tʃi, ke/ agg. ergodic.
ergometro /er'gɔmetro/ m. ergometer.
ergonomia /ergono'mia/ f. ergonomics + verbo sing., human engineering.
ergonomico, pl. **-ci, -che** /ergo'nɔmiko, tʃi, ke/ agg. ergonomic.
ergonomo /er'gɔnomo/ m. (f. **-a**) ergonomist.
ergosterina /ergoste'rina/ f. → **ergosterolo.**
ergosterolo /ergoste'rɔlo/ m. ergosterol.
ergoterapia /ergotera'pia/ f. ergotherapy, occupational therapy.
ergoterapista, m.pl. **-i**, f.pl. **-e** /ergotera'pista/ ◗ ***18*** m. e f. occupational therapist.
ergotina /ergo'tina/ f. ergot.
ergotismo /ergo'tizmo/ m. ergotism.
erica, pl. **-che** /'ɛrika, ke/ f. heather.
Erica /'ɛrika/ n.pr.f. Erica, Erika.
erigendo /eri'dʒɛndo/ agg. *(da costruire)* to be built mai attrib.; *(da istituire)* to be founded mai attrib.
erigere /e'ridʒere/ [38] **I** tr. **1** *(innalzare)* to erect, to build*, to raise [*monumento, statua, edificio*]; to raise, to throw* up COLLOQ. [*barriera, ostacolo*]; FIG. to erect [*sistema*] **2** *(fondare)* to found, to institute **3** *(elevare di grado)* ***~ una città a capitale*** to raise a city to the status of capital **II erigersi** pronom. **1** *(drizzarsi)* to straighten (oneself) up **2** FIG. *(atteggiarsi)* ***-rsi a*** to set oneself as.
Erinni /e'rinni/ f.inv. Erinys*; ***le ~*** the Erinyes.
erioforo /e'rjɔforo/ m. cotton grass.
erisipela /erizi'pɛla/ ◗ ***7*** f. erysipelas.
eristica /e'ristika/ f. eristic.
eristico, pl. **-ci, -che** /e'ristiko, tʃi, ke/ agg. eristic.
eritema /eri'tɛma/ m. erythema ◆◆ ***~ da pannolino*** nappy BE *o* diaper AE rash; ***~ solare*** sun rash.
Eritrea /eri'trɛa/ ◗ ***33*** n.pr.f. Eritrea.
eritreo /eri'trɛo/ ◗ ***25*** **I** agg. Eritrean **II** m. (f. **-a**) Eritrean.
eritrina /eri'trina/ f. BOT. erythrina.
eritrite /eri'trite/ f. erythrite.
eritritolo /eritri'tɔlo/ m. erythritol.
eritroblasto /eritro'blasto/ m. erythroblast.
eritrocita /eritro'tʃita/, **eritrocito** /eritro'tʃito/ m. erythrocyte.
eritrocitosi /eritrotʃi'tɔzi/ f.inv. erythrocytosis.
eritromicina /eritromi'tʃina/ f. erythromycin.
eritrosina /eritro'zina/ f. erythrosin.
erma /'ɛrma/ f. herma*.
ermafrodismo /ermafro'dizmo/ m. → **ermafroditismo.**
ermafrodita /ermafro'dita/ → **ermafrodito.**
ermafroditismo /ermafrodi'tizmo/ m. hermaphroditism.
ermafrodito /ermafro'dito/ **I** agg. hermaphrodite, hermaphroditic(al) **II** m. hermaphrodite.
Ermanno /er'manno/ n.pr.m. Herman.
ermellinato /ermelli'nato/ agg. ARALD. ermined.
ermellino /ermel'lino/ m. **1** *(animale)* stoat, ermine* **2** *(pelliccia)* ermine (anche ARALD.).
ermeneuta, m.pl. **-i**, f.pl. **-e** /erme'nɛuta/ m. e f. hermeneut.
ermeneutica /erme'nɛutika/ f. hermeneutics + verbo sing.
ermeneutico, pl. **-ci, -che** /erme'nɛutiko, tʃi, ke/ agg. hermeneutic(al).
Ermes /'ɛrmes/, **Ermete** /er'mɛte/ n.pr.m. Hermes.
ermeticamente /ermetika'mente/ avv. **1** [*sigillato*] hermetically; ***chiuso ~*** hermetically sealed **2** *(in modo oscuro, incomprensibile)* [*esprimersi*] abstrusely, obscurely.
ermeticità /ermetitʃi'ta/ f.inv. **1** hermetic sealing, airtight sealing **2** *(incomprensibilità, oscurità)* obscurity.
ermetico, pl. **-ci, -che** /er'mɛtiko, tʃi, ke/ agg. **1** *(a tenuta stagna)* [*chiusura, contenitore*] hermetic; *(a tenuta di gas)* airtight; *(a tenuta d'acqua)* watertight **2** FIG. *(oscuro, indecifrabile)* [*autore, testo*] abstruse, obscure **3** LETTER. *(dell'ermetismo)* ***poeta ~*** = poet belonging to ermetismo **4** *(esoterico)* [*libro, filosofia*] Hermetic.
ermetismo /erme'tizmo/ m. **1** LETTER. = early twentieth century Italian literary movement **2** FIG. *(incomprensibilità, oscurità)* obscurity, inscrutability.
Ermione /er'mjone/ n.pr.f. Hermione.
ermo /'ermo, 'ɛrmo/ agg. LETT. lonely, solitary.
Ernestina /ernes'tina/ n.pr.f. Ernestine.
Ernesto /er'nɛsto/ n.pr.m. Ernest.
ernia /'ɛrnja/ f. hernia* ◆◆ ***~ addominale*** ventral hernia; ***~ del disco*** herniated *o* slipped disc; ***~ iatale*** hiatus hernia; ***~ inguinale*** inguinal hernia; ***~ strozzata*** strangulated hernia.
erniario, pl. **-ri, -rie** /er'njarjo, ri, rje/ agg. hernial; ***cinto ~*** truss; ***sacco ~*** hernial sac.
ernioso /er'njoso/ **I** agg. suffering from hernia **II** m. (f. **-a**) hernia sufferer.
ero /'ɛro/ f.inv. POP. (accorc. eroina) heroin, horse COLLOQ., shit AE POP.
Erode /e'rɔde/ n.pr.m. Herod ◆ ***essere mandato da ~ a Pilato*** to be sent from pillar to post.
erodere /e'rodere/ [80] tr. GEOL. [*acqua*] to erode, to wear* away [*scogliera, terreno, rilievo*].
Erodiade /ero'diade/ n.pr.f. Herodias.
Erodoto /e'rɔdoto/ n.pr.m. Herodotus.
▶ **eroe** /e'rɔe/ m. **1** hero*; ***~ di guerra*** war hero; ***morire da ~*** to die a hero; ***essere accolto come un ~*** to be given a hero's welcome; ***fare l'~*** to take unnecessary risks; ***comportarsi da ~*** to act like a hero; ***essere l'~ del giorno, del momento*** to be the hero of the hour; ***culto degli -i*** hero-worship **2** *(protagonista)* hero*, protagonist, main character ◆◆ ***~ nazionale*** national hero.
erogabile /ero'gabile/ agg. **1** [*acqua, elettricità, gas*] deliverable **2** [*denaro, somma*] distributable, earmarked.
erogare /ero'gare/ [1] tr. **1** to deliver, to supply [*acqua, elettricità, gas*] **2** *(elargire)* to pay* out, to allocate, to disburse FORM. [*denaro*].
erogatore /eroga'tore/ **I** agg. supplying, distributing **II** m. distributor.
erogazione /erogat'tsjone/ f. **1** *(di acqua, gas, elettricità)* supply **2** *(elargizione)* allocation, earmarking, disbursement FORM.

erogeno /e'rɔdʒeno/ agg. [*zona*] erogenous.
eroicamente /eroika'mente/ avv. heroically.
eroicità /eroitʃi'ta/ f.inv. heroism.
eroicizzare /eroitʃid'dzare/ tr. to heroify, to make* a hero of.
eroico, pl. **-ci**, **-che** /e'rɔiko, tʃi, ke/ agg. **1** *(valoroso)* [*persona, impresa, morte, virtù, tentativo*] heroic(al) **2** LETTER. [*poema, verso*] epic, heroic **3** MITOL. ***età -a*** heroic age.
eroicomico, pl. **-ci**, **-che** /eroi'kɔmiko, tʃi, ke/ agg. heroicomic(al), mock-heroic.
1.eroina /ero'ina/ f. heroine.
2.eroina /ero'ina/ f. *(droga)* heroin; ***farsi di, prendere l'~*** to be on heroin; ***smettere di prendere l'~, uscire dall'~*** to come off heroin.
eroinomane /eroi'nɔmane/ m. e f. heroin addict.
eroinomania /eroinoma'nia/ f. heroin addiction.
eroismo /ero'izmo/ m. heroism; ***con ~*** [*lottare, sopportare*] heroically; ***uscire con un tempo simile è un vero atto di ~!*** SCHERZ. to go out in weather like this is nothing short of heroic!
erompere /e'rompere/ [81] intr. **1** *(venir fuori)* [*lava, liquido*] to gush out, to spurt; [*gas*] to blow* off **2** FIG. to burst* out; ***~ in pianto*** to burst out crying.
eros /'ɛros/ m.inv. eros.
Eros /'ɛros/ n.pr.m. Eros.
erosione /ero'zjone/ f. **1** GEOL. erosion; ***~ del suolo*** soil erosion; ***l'~ ha modellato il paesaggio*** the landscape has been shaped by erosion **2** ECON. erosion; ***~ monetaria*** depreciation of the currency; ***l'~ del potere d'acquisto*** the erosion of the purchasing power **3** MED. *(abrasione)* erosion.
erosivo /ero'zivo/ agg. erosive, erosional.
eroso /e'roso, e'rozo/ **I** p.pass. → **erodere II** agg. eroded; *(da fenomeni atmosferici)* weatherbeaten, weathered.
eroticità /erotitʃi'ta/ f.inv. eroticism, erotic quality.
▷ **erotico**, pl. **-ci**, **-che** /e'rɔtiko, tʃi, ke/ agg. erotic.
erotismo /ero'tizmo/ m. eroticism.
erotizzare /erotid'dzare/ [1] tr. to erotize, to eroticize.
erotizzazione /erotiddzat'tsjone/ f. erotization.
erotogeno /ero'tɔdʒeno/ agg. → **erogeno.**
erotomane /ero'tɔmane/ **I** agg. erotomaniac **II** m. e f. erotomaniac.
erotomania /erotoma'nia/ f. erotomania.
erpete /'ɛrpete/ m. → **herpes.**
erpetico, pl. **-ci**, **-che** /er'pɛtiko, tʃi, ke/ agg. herpetic.
erpetologia /erpetolo'dʒia/ f. herpetology.
erpetologo, m.pl. **-gi**, f.pl. **-ghe** /erpe'tɔlogo, dʒi, ge/ m. (f. **-a**) herpetologist.
erpicare /erpi'kare/ [1] tr. to harrow.
erpicatura /erpika'tura/ f. harrowing.
erpice /'erpitʃe, 'ɛrpitʃe/ m. harrow ◆ ***~ a dischi*** disk harrow.
errabondo /erra'bondo/ agg. LETT. wandering, rambling.
errante /er'rante/ agg. wandering, roving, roaming; FIG. [*stella*] wandering; ***cavaliere ~*** knight errant; ***l'ebreo ~*** the wandering Jew.
errare /er'rare/ [1] intr. (aus. *avere*) **1** *(vagare)* [*persona, animale*] to wander, to roam; [*mente, pensiero, immaginazione, occhi*] to wander (**su** over); ***~ con la fantasia*** to let one's imagination wander *o* run free; ***il suo sguardo errava lungo la fila*** her eyes wandered along the row **2** *(sbagliare)* to err, to be* mistaken; ***se non erro*** if I am not mistaken **3** *(peccare)* to err ◆ ***~ è umano*** to err is human.
errata corrige /er'rata'kɔrridʒe/ m.inv. corrigenda pl., errata pl.
erratico, pl. **-ci**, **-che** /er'ratiko, tʃi, ke/ agg. **1** *(errante)* wandering **2** GEOL. erratic **3** MED. [*febbre*] intermittent; [*dolore*] sporadic.
errato /er'rato/ **I** p.pass. → **errare II** agg. *(erroneo, scorretto)* [*risultato, numero, idea, diagnosi*] wrong; [*interpretazione, giudizio*] mistaken; [*ragionamento*] faulty; ***"codice ~"*** "code not valid"; ***se non vado ~*** if I am not mistaken.
erre /'ɛrre/ m. e f.inv. *(lettera)* r, R; ***~ moscia*** French r, R; ***arrotare le ~*** to roll one's "r"s.
erroneamente /erronea'mente/ avv. *(in modo erroneo)* erroneously, incorrectly, wrongly; *(per errore)* by mistake; ***abbiamo ~ pensato che*** we assumed incorrectly that.
erroneità /erronei'ta/ f.inv. erroneousness, incorrectness.
erroneo /er'rɔneo/ agg. [*interpretazione, giudizio*] erroneous, wrong; [*argomento, logica*] faulty; [*uso*] improper.
▶ **errore** /er'rore/ m. **1** mistake, error; ***un grave ~*** a serious mistake; ***~ grossolano*** o ***marchiano*** blunder; ***fare*** o ***commettere un ~*** to make a mistake *o* an error; ***commettere un tragico ~*** to make a fatal mistake; ***~ di analisi, metodo*** error in analysis, method; ***margine di ~*** margin of *o* for error; ***~ di calcolo*** calculation error, miscalculation; ***~ di traduzione*** translation error, mistranslation; ***~ di grammatica*** grammatical mistake; ***~ di ortografia*** spelling error, misspelling; ***~ di punteggiatura*** punctuation mistake; ***~ di trascrizione*** clerical error; ***~ di distrazione*** careless mistake; ***~ umano*** human error; ***messaggio di ~*** INFORM. error message; ***salvo -i o omissioni*** errors and omissions excepted **2** *(azione inopportuna)* mistake; ***sarebbe un ~ fare...*** it would be a mistake to do...; ***fare l'~ di rifiutare*** to make the mistake of refusing; ***riconoscere i propri -i*** to admit one's mistakes **3** *(confusione, sbaglio)* ***per ~*** by mistake; ***essere in ~*** to be mistaken; ***indurre qcn. in ~*** to mislead sb. ◆◆ ***~ di battitura*** typing mistake, typographical error; ***~ di diritto*** DIR. error *o* mistake of law; ***~ di fatto*** DIR. factual error; ***~ di gioventù*** juvenile error; ***~ giudiziario*** judicial error, miscarriage of justice; ***~ di giudizio*** → ***~*** **di valutazione**; ***~ sistematico*** STATIST. bias; ***~ di stampa*** misprint, erratum; ***~ di valutazione*** judgement error, misjudgement.
erta /'erta/ f. **1** *(versante ripido)* steep slope, steep incline, acclivity **2** ***all'~*** → **allerta.**
erto /'erto/ **I** p.pass. → **ergere II** agg. *(ripido)* [*sentiero, pendio*] steep, precipitous.
erubescente /erubeʃ'ʃɛnte/ agg. **1** LETT. erubescent **2** FIG. blushing, reddening.
erubescenza /erubeʃ'ʃɛntsa/ f. LETT. erubescence.
erudire /eru'dire/ [102] **I** tr. **1** ANT. *(istruire)* to teach*, to educate **2** SCHERZ. *(informare)* ***~ qcn. su qcs.*** to enlighten sb. on sth. **II** **erudirsi** pronom. ***-rsi in qcs.*** to acquire knowledge of sth.
eruditamente /erudita'mente/ avv. eruditely.
erudito /eru'dito/ **I** p.pass. → **erudire II** agg. *(colto)* [*persona, discussione, articolo, studio*] erudite, scholarly, learned **III** m. (f. **-a**) **1** *(persona colta)* scholar **2** SPREG. pedant.
erudizione /erudit'tsjone/ f. **1** erudition, scholarship; ***ostentare la propria ~*** to make a display of one's learning; ***il libro è un bell'esempio di ~*** the book is a fine piece of scholarship **2** SPREG. erudition, pedantry.
eruttare /erut'tare/ [1] **I** tr. **1** [*vulcano*] to eject, to belch (out) [*lava*] **2** *(emettere)* to pour out, to belch (out) [*fumo, fiamme*] **3** FIG. to spew out [*bestemmie, insulti*] **II** intr. (aus. *avere*) to erupt.
eruttazione /eruttat'tsjone/ f. belching, eructation FORM.
eruttivo /erut'tivo/ agg. GEOL. MED. eruptive; ***roccia -a*** eruptive rock.
eruzione /erut'tsjone/ f. **1** GEOL. ASTR. eruption; ***entrare in ~*** to erupt **2** MED. eruption, rash.
erziano → **hertziano.**
Es /ɛs/ m.inv. *(in psicologia)* id.
esacerbare /ezatʃer'bare/ [1] **I** tr. **1** *(inasprire, aggravare)* to exacerbate [*situazione, pena*]; to exacerbate, to aggravate [*malattia*] **2** *(esasperare)* to exacerbate, to irritate, to embitter, to exasperate **II** **esacerbarsi** pronom. **1** *(aggravarsi)* [*situazione*] to fester, to deteriorate **2** *(esasperarsi)* to get* exasperated (**per** at, over).
esacerbato /ezatʃer'bato/ **I** p.pass. → **esacerbare II** agg. exacerbated, exasperated, embittered.
esacerbazione /ezatʃerbat'tsjone/ f. **1** *(inasprimento, aggravamento)* exacerbation **2** *(esasperazione)* exacerbation, exasperation.
esacordo /eza'kɔrdo/ m. hexachord.
esadecimale /ezadetʃi'male/ agg. hexadecimal.
esaedro /eza'ɛdro/ m. hexahedron*.
▶ **esagerare** /ezadʒe'rare/ [1] **I** tr. *(esasperare, ingigantire)* to exaggerate, to overemphasize [*importanza*]; to exaggerate, to dramatize [*evento, problema*]; ***hanno esagerato l'entità dei danni*** they exaggerated the extent of the damage; ***ha esagerato la sua reazione*** she overreacted **II** intr. (aus. *avere*) to exaggerate, to overdo*, to go* too far; ***non ~ con gli esercizi, con lo studio, con il profumo*** don't overdo the exercises, studying, the perfume; ***non esageriamo!*** let's not exaggerate! ***esageri sempre!*** you're always exaggerating! ***questa volta ha esagerato!*** this time he's gone too far! ***senza ~ eravamo almeno in 100*** without exaggeration there were at least 100 of us; ***si può dire senza ~ che...*** it's no exaggeration to say that...
esageratamente /ezadʒerata'mente/ avv. [*ottimista, rumoroso*] unduly, excessively; [*insistere, aumentare*] excessively.
esagerato /ezadʒe'rato/ **I** p.pass. → **esagerare II** agg. [*dettaglio, reazione, racconto, stima, lodi, gentilezza*] exaggerated; [*cifra, aumento, importanza*] excessive; ***una somma di denaro -a*** an indecent amount of money; ***avere dei vestiti -i*** to go over the top with one's clothes; ***non è ~ dire che...*** it is no exaggeration to say that... **III** m. (f. **-a**) exaggerator; ***(sei) il solito esagerato!*** you're exaggerating as usual!

▷ **esagerazione** /ezadʒerat'tsjone/ f. **1** exaggeration; ***e non è un'~*** and that's no exaggeration; ***senza -i*** at a conservative estimate, without exaggerating **2** *(quantità eccessiva)* excessive amount; ***costare un'~*** to cost the earth *o* a fortune *o* a bomb.

esagitato /ezadʒi'tato/ **I** agg. overexcited, frantic **II** m. (f. **-a**) overexcited person.

esagitazione /ezadʒitat'tsjone/ f. overexcitement, agitation.

esagonale /ezago'nale/ agg. hexagonal.

esagono /e'zagono/ m. hexagon.

esalare /eza'lare/ [1] **I** tr. **1** *(emanare)* to give* off, to exhale [*odori, profumi, puzza*]; ***~ fumo*** to give off smoke **2** FIG. LETT. ***~ l'anima*** o ***lo spirito*** to give up the ghost; ***~ l'ultimo respiro*** to breath one's last, to draw one's last breath **II** intr. (aus. *avere*) to exhale, to come* off; ***dalla palude esalano odori tremendi*** horrible smells are rising from the marshes.

esalatoio, pl. **-oi** /ezala'tojo, oi/ m. smoke-hole.

esalatore /ezala'tore/ **I** agg. exhaling **II** m. → **esalatoio.**

esalazione /ezalat'tsjone/ f. exhalation (anche GEOL.).

esaltante /ezal'tante/ agg. [*esperienza, avventura, lettura*] thrilling, exciting; [*progetto, lavoro, musica*] inspiring; [*partita*] rousing, exhilarating; [*vittoria*] stirring.

▷ **esaltare** /ezal'tare/ [1] **I** tr. **1** *(entusiasmare)* to elate, to thrill, to excite [*persona, folla*] **2** *(lodare)* to glorify, to exalt, to extol BE, to extoll AE [*qualità, persona, evento, virtù*] **3** *(mettere in risalto)* to bring* out [*sapore, dettaglio*]; to enhance [*bellezza, qualità*] **4** LETT. *(innalzare a dignità)* to exhalt, to raise **II esaltarsi** pronom. *(entusiasmarsi)* [*persona*] to get* excited, to be* enthused (**per qcn., qcs.** about, over sb., sth.).

esaltato /ezal'tato/ **I** p.pass. → **esaltare II** agg. **1** *(sovreccitato)* [*persona, folla*] elated, excited **2** *(fanatico)* hot-headed, swell headed AE **III** m. (f. **-a**) hothead, swellhead AE.

1.esaltatore /ezalta'tore/ **I** agg. → **esaltante II** m. (f. **-trice** /tritʃe/) extoller.

2.esaltatore /ezalta'tore/ m. ***~ di sapidità*** flavour-enhancer BE, flavor-enhancer AE.

▷ **esaltazione** /ezaltat'tsjone/ f. **1** *(eccitazione)* exaltation, elation, excitement **2** *(valorizzazione)* enhancement **3** *(lode)* exhalting, extolling **4** LETT. *(innalzamento a dignità)* exhaltation.

▶ **esame** /e'zame/ m. **1** SCOL. UNIV. examination, exam COLLOQ.; ***~ di storia, di biologia*** history, biology exam; ***dare*** o ***sostenere un ~*** to take *o* sit (for) BE an exam; ***superare un ~*** to pass an exam; ***essere bocciato a un ~*** to fail an exam; ***~ obbligatorio, facoltativo*** compulsory, optional exam; ***mi mancano ancora quattro -i alla fine*** I have four exams still to go **2** MED. examination, check-up; ***~ medico*** medical examination; ***~ delle urine*** urinalysis, urine test; ***~ della vista, dell'udito, del sangue*** eye, hearing, blood test; ***sottoporsi a*** o ***fare un ~*** to have an examination; ***fare un ~ della vista*** to have one's eyes tested, to have an eye exam; ***prescrivere un ~ a qcn.*** to give sb. an exam **3** *(controllo)* check, examination; *(ispezione)* inspection; ***in ~, all' ~*** on examination; ***a un più attento ~*** after close *o* further examination; ***essere all'~*** [*pratica, budget*] to be under review; [*caso*] to be under investigation; ***essere oggetto d'~*** [*domanda, questione*] to be under examination; ***prendere in ~*** to examine [*budget, caso, legge*]; to consider, to take into consideration [*domanda, questione*]; to review [*situazione*]; ***non reggere ad un ~ minuzioso*** not to stand up to scrutiny, not to bear close scrutiny ◆◆ ***~ di ammissione*** entrance exam; ***~ di coscienza*** self-examination, heart-searching, soul-searching; ***farsi un ~ di coscienza*** to examine one's conscience, to do some soul-searching; ***~ di idoneità*** aptitude test; ***~ di guida*** driving test; ***~ di laurea*** degree examination; *(discussione della tesi)* thesis defence; ***~ di maturità*** school-leaving examination.

esametro /e'zametro/ m. hexameter.

esamificio, pl. **-ci** /ezami'fitʃo, tʃi/ m. SPREG. COLLOQ. ***quest'università è un ~*** this university churns out graduates *o* is a diploma mill AE.

esaminabile /ezami'nabile/ agg. examinable; ***non ~*** unexaminable.

esaminando /ezami'nando/ m. (f. **-a**) examinee, candidate.

▷ **esaminare** /ezami'nare/ [1] tr. **1** *(studiare)* to examine, to review [*situazione*]; to examine, to investigate, to look into [*questione, possibilità*]; to consider [*caso, problema, offerta*]; to go* over [*fatti, lavoro*]; [*giudice, giuria*] to hear* [*caso, prove*]; ***~ da cima a fondo*** to examine [sth.] in depth; ***respingere una domanda senza esaminarla*** to dismiss a request out of hand; ***bisogna ~ la situazione più da vicino*** the situation must be looked at more closely **2** *(controllare)* to examine, to inspect, to check [*merci*]; to inspect [*documento, prodotto*]; *(osservare, guardare)* to examine, to look at; ***~ qcs. con la lente d'ingrandimento*** to look at sth. through a magnifying glass; ***~ qcs. al microscopio*** to examine sth. under a microscope **3** SCOL. UNIV. to examine, to test [*candidato*] (**su** on) **4** MED. to examine, to look at [*paziente, ferita*].

esaminatore /ezamina'tore/ **I** agg. examining; ***commissione -trice*** board of examiners **II** m. (f. **-trice** /tritʃe/) examiner.

esangue /e'zangwe/ agg. **1** *(che ha perso sangue)* bloodless **2** *(pallido)* pallid, wan, (deadly) pale **3** FIG. *(privo di espressività)* [*stile, arte, letteratura*] lifeless, nerveless.

esanime /e'zanime/ agg. lifeless, inert; *(morto)* dead.

esano /e'zano/ m. hexane.

esantema /ezan'tɛma/ m. exanthema*, exanthem.

esantematico, pl. **-ci**, **-che** /ezante'matiko, tʃi, ke/ agg. exanthematic, exanthematous.

esapodo /e'zapodo/ agg. hexapod.

esapode /e'zapode/ m. hexapod.

esarazione /ezarat'tsjone/ f. exaration.

esarca, pl. **-chi** /e'zarka, ki/ m. exarch.

esarcato /ezar'kato/ m. exarchate.

esasperante /ezaspe'rante/ agg. exasperating, irritating, maddening; ***di una lentezza ~*** depressingly, infuriatingly, maddeningly slow.

▷ **esasperare** /ezaspe'rare/ [1] **I** tr. **1** *(irritare)* to exasperate, to irritate, to madden **2** *(rendere intenso, inasprire)* to exacerbate, to aggravate [*sentimento, dolore*] **II esasperarsi** pronom. **1** *(irritarsi)* to become* exasperated **2** *(inasprirsi)* to become* bitter, to become* exacerbated.

esasperato /ezaspe'rato/ **I** p.pass. → **esasperare II** agg. **1** *(irritato)* exasperated, irritated, maddened (**da** by); ***batté il piede per terra ~*** he stamped his foot in exasperation **2** *(spinto all'eccesso)* exaggerated, extreme; ***un ~ attaccamento al denaro*** an exaggerated love of money.

esasperazione /ezasperat'tsjone/ f. **1** *(irritazione)* exasperation, aggravation, irritation; ***portare qcn. all'~*** to exasperate *o* irritate *o* madden sb. **2** *(inasprimento)* aggravation, worsening.

esastilo /e'zastilo/ agg. hexastyle.

esatonale /ezato'nale/ agg. whole-tone attrib.

esattamente /ezatta'mente/ avv. **1** *(precisamente)* exactly, precisely; ***nessuno sapeva ~ perché, chi*** no-one knew exactly why, who; ***che cosa è successo ~?*** what actually *o* exactly happened? ***dimmi ~ dove ti trovi*** tell me your exact whereabouts; ***~!*** exactly! that's it! ***non ~*** not exactly, not quite **2** *(proprio)* exactly, just, precisely; ***è ~ ciò che ho suggerito*** that's just what I suggested; ***non è ~ ciò che volevo*** it's not quite what I wanted **3** *(in modo giusto)* [*rispondere*] correctly; [*calcolare, descrivere, ricordare*] accurately.

▷ **esattezza** /ezat'tettsa/ f. **1** *(giustezza) (di risposta, calcolo)* correctness; *(di diagnosi, stima, previsione)* accuracy; ***appurare l'~ di qcs.*** to check sth. for accuracy **2** *(precisione) (di definizione, descrizione, informazione)* accuracy, precision; ***con ~*** [*misurare*] accurately; ***non si conoscono con ~ le circostanze della loro morte*** we don't yet know the exact circumstances surrounding their death; ***per l'~*** to be precise.

▶ **esatto** /e'zatto/ agg. **1** *(giusto, corretto)* [*risposta*] correct, right; [*calcolo*] exact, correct; [*stima, diagnosi, previsione*] accurate; ***è ~ che...*** it is correct *o* true that...; ***"tu c'eri, eri là!" - "~"*** "you were there!" - "that's right" **2** *(preciso)* [*riproduzione, descrizione, numero, quantità*] exact; [*circostanze, condizioni, dati, cifre, momento*] exact, precise; [*strumento di misura, orologio*] accurate; ***copia -a*** perfect copy; ***scienza -a*** exact science; ***indichi l'importo ~*** give the exact amount; ***tre chili -i*** exactly three kilos; ***è l'~ contrario*** it's the exact opposite, it's just the opposite; ***è l'~ contrario di suo fratello*** she is the exact opposite of her brother; ***hai l'ora -a?*** do you have the exact *o* right time? ***valutare l'-a dimensione della catastrofe*** to assess the exact *o* precise extent of the disaster; ***il luogo ~ dell'omicidio, dell'incidente*** the (actual) scene of the murder, of the accident **3** *(puntuale)* punctual; ***essere ~ nel pagare*** to be prompt in paying **4** *(in punto)* sharp, on the dot; ***alle nove -e*** at 9 o'clock sharp *o* on the dot.

esattore /ezat'tore/ ♦ ***18*** m. (f. **-trice** /tritʃe/) collector; *(di tasse)* tax collector.

esattoria /ezatto'ria/ f. *(concessione)* collectorship; *(ufficio)* collector's office.

esattoriale /ezatto'rjale/ agg. tax attrib.; ***cartella ~*** statement of taxes due.

Esaù /eza'u/ n.pr.m. Esau.

esaudibile /ezau'dibile/ agg. grantable.

esaudimento /ezaudi'mento/ m. satisfaction **U**, fulfilment BE, fulfillment AE; ***~ del desiderio*** PSIC. wish fulfilment.

esaudire /ezau'dire/ [102] tr. **1** *(accogliere)* to grant, to satisfy, to fulfil BE, to fulfill AE [*desiderio*]; to answer, to hear* [*preghiera*]; ***le nostre preghiere sono state esaudite*** our prayers have been answered **2** *(soddisfare)* to please [*persona*].

esauribile /ezau'ribile/ agg. exhaustible.

esauribilità /ezauribili'ta/ f.inv. exhaustibility.

esauriente /ezau'rjɛnte/ agg. **1** *(approfondito)* [*analisi, ricerca, esame*] exhaustive, thorough; [*dettaglio, istruzioni*] full; [*trattazione*] comprehensive; ***in modo ~*** thoroughly, exhaustively **2** *(convincente)* [*prove*] convincing, conclusive; ***sono stato ~?*** have I missed anything?

esaurientemente /ezaurjente'mente/ avv. exhaustively, thoroughly.

esaurimento /ezauri'mento/ ➧ **7** m. **1** *(fine) (di risorse, scorte)* depletion, exhaustion; ***fino a ~ delle scorte*** while stocks last; ***soggetto a ~*** ECON. depletable **2** MED. breakdown, nervous exhaustion; ***avere un ~ (nervoso)*** to have a (nervous) breakdown; ***essere sull'orlo dell'~*** to be on the verge of a breakdown; ***c'è da prendersi un ~!*** SCHERZ. it's enough to give you a nervous breakdown!

▷ **esaurire** /ezau'rire/ [102] **I** tr. **1** *(finire)* to deplete, to drain [*scorte, risorse*]; to exhaust, to run* out of, to use up [*provviste*]; to spend* [*munizioni*]; to exhaust, to work out [*miniera*]; to mine out [*pozzo*]; FIG. to drain, to spend*, to waste [*forze, energie*]; ***~ le risorse, i fondi di qcs.*** to drain sth. of resources, funds **2** *(trattare esaurientemente)* to exhaust [*tema, argomento*] **3** *(logorare)* [*lavoro, preoccupazione*] to exhaust, to wear* out [*persona*] **II esaurirsi** pronom. **1** *(finire, consumarsi)* [*risorse, riserve*] to run* down short, to run* out, to give* out; [*denaro, fondi*] to dry up; [*batteria*] to give* out, to run* down; *(cessare)* [*tempesta*] to blow* over, to spend* itself; ***le provviste si stanno esaurendo*** stocks are running low **2** *(venire meno)* [*coraggio, speranza, forze, energie, creatività*] to drain away, to peter out; ***alla fine la mia pazienza si esaurì*** my patience finally snapped, my patience was finally at an end **3** *(logorarsi)* [*persona*] to exhaust oneself, to wear* oneself out **4** *(vendersi completamente)* [*merce, biglietti*] to sell* out.

esaurito /ezau'rito/ **I** p.pass. → **esaurire II** agg. **1** *(finito)* [*risorse, riserve*] exhausted, depleted; [*batteria*] spent **2** *(venduto completamente)* [*prodotto, modello*] out of stock **3** *(al completo)* ***"tutto ~"*** "sold out"; ***registrare il tutto ~*** [*spettacolo*] to be fully booked, to be a sellout; ***fare il tutto ~*** [*teatro*] to have a full house, to play to packed houses **4** *(spossato)* [*persona*] exhausted, worn-out **III** m. (f. **-a**) nervous wreck.

esaustivamente /ezaustiva'mente/ avv. exhaustively.

esaustività /ezaustivi'ta/ f.inv. exhaustiveness.

esaustivo /ezaus'tivo/ agg. [*lista, guida, sintesi*] exhaustive, comprehensive.

esausto /e'zausto/ agg. [*persona*] exhausted, worn-out.

esautoramento /ezautora'mento/ m. → **esautorazione.**

esautorare /ezauto'rare/ [1] tr. to divest [sth., sb.] of authority [*governo, presidente*].

esautorazione /ezautorat'tsjone/ f. divestiture of authority.

esavalente /ezava'lɛnte/ agg. hexavalent.

esazione /ezat'tsjone/ f. collection, levy; *(di tasse)* (tax) collection.

esborsare /ezbor'sare/ [1] tr. BUROCR. to disburse.

esborso /ez'borso/ m. disbursement, outlay, payout.

▷ **esca**, pl. **esche** /'eska, 'eske/ f. **1** bait; ***fissare un'~ all'amo*** to bait the hook; ***attirare con un'~*** to lure with bait **2** FIG. bait, decoy; ***usare qcs., qcn. come ~*** to use sth., sb. as bait; ***si sono serviti di suo figlio come ~*** they baited the trap with her son **3** *(per l'acciarino)* tinder, touchwood, firelighter ◆ ***aggiungere ~ al fuoco*** to add fuel to the flames *o* fire; ***dare ~ all'odio*** to fuel hatred.

escamotage /eskamo'taʒ/ m.inv. subterfuge, guile.

escandescenze /eskandeʃ'ʃɛntse/ f.pl. ***dare in ~*** to go off at the deep end, to work oneself into a frenzy, to fly into a fury *o* rage.

escapismo /eska'pizmo/ m. escapism.

escara /'ɛskara/ f. MED. eschar.

escatologia /eskatolo'dʒia/ f. eschatology.

escatologico, pl. **-ci**, **-che** /eskato'lɔdʒiko, tʃi, ke/ agg. eschatological.

escavatore /eskava'tore/ m. digger, excavator; ***~ a cucchiaio*** shovel.

escavatrice /eskava'tritʃe/ f. → **escavatore.**

escavazione /eskavat'tsjone/ f. excavation.

eschimese /eski'mese/ **I** agg. Eskimo **II** m. e f. *(persona)* Eskimo* **III** m. *(lingua)* Eskimo.

eschimo → **eskimo.**

escissione /eʃʃis'sjone/ f. excision, abscission.

▷ **esclamare** /eskla'mare/ [1] tr. to exclaim (**che** that); ***"cosa?" esclamò*** "what?" he exclaimed.

esclamativo /esklama'tivo/ agg. exclamatory; ***punto ~*** exclamation mark, exclamation point AE.

▷ **esclamazione** /esklamat'tsjone/ f. **1** exclamation, ejaculation; ***un'~ di sorpresa*** an exclamation of surprise **2** LING. interjection.

▶ **escludere** /es'kludere/ [11] **I** tr. **1** *(non includere)* to exclude, to bar, to shut* out (**da** from); to leave* out, to count out (**da** of); *(non ammettere)* to rule out, to eliminate [*candidato*]; ***~ qcn. dal proprio testamento*** to cut sb. out of one's will; ***è stato escluso dalla squadra*** he's been dropped from the team **2** *(eliminare)* to exclude, to leave* out [*nome*]; ***l'ho esclusa dalla lista*** I left her off the list; ***una cosa non esclude l'altra*** one thing does not rule out the other **3** *(scartare)* to discard, to dismiss, to rule out, to preclude [*possibilità*]; to dismiss [*idea, soluzione*]; to eliminate [*sospetto*]; ***non escludiamo il ricorso alla forza*** we are not ruling out resorting to force; ***escludo che sia lui*** I am certain it isn't him **4** *(eccettuare)* to exclude, to except; ***senza ~ Sara*** not excepting Sara **II escludersi** pronom. **1** *(isolarsi)* to cut* oneself off (**da** from) **2** *(annullarsi)* to rule out one another; ***opzioni che si escludono a vicenda*** mutually exclusive options.

esclusione /esklu'zjone/ f. exclusion (**da** from); ***l'~ delle donne da...*** the exclusion of women from...; ***con l'~ di*** to the exclusion of; ***a ~ di*** with the exception of; ***procedendo per ~*** by a process of elimination; ***una lotta senza ~ di colpi*** a no holds barred contest.

esclusiva /esklu'ziva/ f. **1** COMM. exclusive right, franchise; ***avere l'~ di qcs.*** to have the sole agency for sth., to have the sole rights to sth., to have exclusive (marketing) rights for sth.; ***concessionario in ~ di*** sole distributor for; ***acquistare l'~ di un marchio*** to buy the exclusive rights to a brand; ***prodotto in ~*** exclusive product; ***è un'~ della nostra azienda*** it's exclusive to our company **2** GIORN. TELEV. exclusive, scoop; ***un'~ della BBC*** a BBC exclusive; ***avere un'~*** to get a scoop; ***servizio in ~*** exclusive (story); ***avere l'~ per la copertura di qcs.*** to have exclusive coverage of sth.

esclusivamente /eskluziva'mente/ avv. exclusively, only, uniquely, solely; ***destinato ~ all'esportazione*** for exportation only.

esclusivismo /eskluzi'vizmo/ m. *(intolleranza)* exclusivism.

esclusivista, m.pl. **-i**, f.pl. **-e** /eskluzi'vista/ **I** agg. [*atteggiamento*] intolerant **II** m. e f. **1** COMM. *(rivenditore esclusivo)* franchisee, franchise holder **2** *(intollerante)* exclusivist.

esclusività /eskluzivi'ta/ f.inv. **1** *(carattere esclusivo)* exclusiveness **2** *(diritto in esclusiva)* exclusive right.

▷ **esclusivo** /esklu'zivo/ agg. **1** *(unico)* [*diritto*] exclusive, sole; *(geloso, possessivo)* [*amicizia*] exclusive; ***a uso ~ di*** for the sole use of; ***a tuo ~ beneficio*** solely for your benefit **2** *(elitario)* [*scuola, club, circolo, locale*] exclusive, posh, select **3** *(nel commercio)* [*agente*] sole; [*prodotto, modello*] exclusive; ***avere l'uso ~ di qcs.*** to have exclusive use of sth.; ***opzione -a*** exclusive option; ***essere un modello ~*** to be a one-off **4** *(nella stampa)* [*intervista, documento*] exclusive.

escluso /es'kluzo/ **I** p.pass. → **escludere II** agg. **1** *(eccettuato)* excepted; ***nessuno ~*** bar none, with the exception of nobody; ***-i i presenti*** present company excepted; ***tutti i giorni -a la domenica*** every day except Sunday; ***questo libro è ~ dal prestito*** this book is not for loan **2** *(emarginato)* [*persona*] excluded, alienated (**da** from); ***sentirsi ~*** to feel excluded *o* left out *o* shut out **3** *(non compreso)* ***servizio ~*** service not included; ***-i i pasti*** exclusive of meals, excluding meals; ***le bevande sono -e*** drinks are extra **4** *(impen-sabile)* ***non è ~ che*** it can't be ruled out that; ***è ~ che lui parta*** it's out of the question for him to leave, there's no question of his leaving; ***è ~!*** nothing doing! **III** m. (f. **-a**) **1** *(persona scartata)* excluded person; ***gli -i dal concorso*** the people who didn't get through the entry exam **2** *(emarginato)* outsider, outcast.

escogitabile /eskodʒi'tabile/ agg. contrivable.

escogitare /eskodʒi'tare/ [1] tr. to contrive, to devise [*mezzo, metodo*]; to dream* up, to think* up [*piano, scuse*]; to come* up with [*risposta*]; to hit* upon, to hit* on [*soluzione*].

escogitativo /eskodʒita'tivo/ agg. excogitative.

escogitazione /eskodʒita'tsjone/ f. excogitation.

escoriare /esko'rjare/ [1] **I** tr. to excoriate, to graze **II escoriarsi** pronom. ***-rsi il ginocchio, il gomito*** to graze *o* scrape *o* skin one's knee, elbow.

escoriazione /eskorjat'tsjone/ f. excoriation, abrasion, graze.

escreato /eskre'ato/ m. sputum*, expectoration.

escrementizio, pl. **-zi**, **-zie** /eskremen'tittsjo, tsi, tsje/ agg. excremental, excrementitious.

escremento /eskre'mento/ m. excrement, ejecta pl., faeces pl., feces pl. AE; *(di animali)* droppings pl., dung **U**.
escrescenza /eskreʃ'ʃɛntsa/ f. MED. BOT. excrescence, outgrowth, wart.
escretivo /eskre'tivo/ agg. [*prodotto*] excretive.
escreto /es'krɛto/ **I** agg. excreted **II** m. → **escrezione.**
escretore /eskre'tore/ agg. [*apparato*] excretory.
escretorio, pl. **-ri, -rie** /eskre'tɔrjo, ri, rje/ agg. → **escretore.**
escrezione /eskret'tsjone/ f. *(processo)* excretion; *(materiale)* excretion, excreta pl. FORM.
Esculapio /esku'lapjo/ n.pr.m. Aesculapius.
esculento /esku'lɛnto/ agg. esculent.
escursione /eskur'sjone/ f. *(gita)* excursion, (day-)trip, outing; ***fare un'~, partire per un'~*** to go on an excursion *o* trip; ***~ in bicicletta, a piedi*** cycling, walking tour ◆◆ ***~ termica*** range of temperature, temperature range.
escursionismo /eskursjo'nizmo/ ♦ *10* m. touring; *(a piedi)* hiking, hill walking.
escursionista, m.pl. **-i**, f.pl. **-e** /eskursjo'nista/ m. e f. excursionist, (day-)tripper; *(a piedi)* hiker.
escursionistico, pl. **-ci, -che** /eskursjo'nistiko, tʃi, ke/ agg. excursion attrib.
escussione /eskus'sjone/ f. DIR. *(di testimone)* examination; ***procedere all'~ dei testimoni*** to examine the witnesses.
escutere /es'kutere/ [39] tr. DIR. to examine [*testimone*].
Esdra /'ɛzdra/ n.pr.m. Ezra.
esecrabile /eze'krabile/ agg. execrable FORM.; [*crimine*] abominable, heinous FORM.; [*persona*] hateful; [*comportamento*] appalling, vile; [*libro, film*] awful.
esecrabilmente /ezekrabil'mente/ avv. execrably FORM.
esecrando /eze'krando/ agg. → **esecrabile.**
esecrare /eze'krare/ [1] tr. to abhor, to execrate FORM. [*cosa, persona*].
esecratorio, pl. **-ri, -rie** /ezekra'tɔrjo, ri, rje/ agg. execrative, execratory.
esecrazione /ezekrat'tsjone/ f. abhorrence, execration FORM.
esecutività /ezekutivi'ta/ f.inv. DIR. enforceability.
esecutivo /ezeku'tivo/ **I** agg. **1** [*potere, comitato*] executive **2** DIR. [*legge, giudizio*] enforceable; ***avere forza -a*** to be enforceable; ***organo ~*** executive arm **II** m. *(governo)* executive (branch), the executive AE; *(di un partito)* executive (committee).
esecutore /ezeku'tore/ m. (f. **-trice** /tritʃe/) **1** *(musicale)* executant, performer **2** *(agente)* ***dice di non essere stato che un ~*** he claims he was only obeying orders; ***gli -i materiali del delitto*** the perpetrators of the murder ◆◆ ***~ testamentario*** DIR. executor.
esecutorietà /ezekutorje'ta/ f.inv. DIR. enforceability.
esecutorio, pl. **-ri, -rie** /ezeku'tɔrjo, ri, rje/ agg. DIR. [*legge, sentenza*] enforceable.
▷ **esecuzione** /ezekut'tsjone/ f. **1** *(realizzazione)* execution, performance, carrying out, fulfilment BE, fulfillment AE; *(di brano musicale)* performance, playing; ***affidare l'~ dei lavori di costruzione ad un'impresa*** to give the construction work to a firm **2** *(di condannato)* execution; ***plotone d'~*** firing squad; ***ordine di ~*** writ of execution **3** INFORM. execution **4** DIR. enforcement, execution **5** LING. performance ◆◆ ***~ capitale*** DIR. capital punishment.
esedra /e'zɛdra, 'ɛzedra/ f. exedra*.
esegesi /eze'dʒɛzi, e'zɛdʒezi/ f.inv. exegesis*; *(disciplina)* exegetics + verbo sing.
esegeta, m.pl. **-i**, f.pl. **-e** /eze'dʒɛta/ m. e f. exegete.
esegetico, pl. **-ci, -che** /eze'dʒɛtiko, tʃi, ke/ agg. [*metodo, commento*] exegetic(al).
eseguibile /eze'gwibile/ **I** agg. **1** *(attuabile)* [*piano*] executable, practicable; [*progetto*] feasible **2** MUS. [*composizione, musica, brano*] performable **3** INFORM. [*file*] executable **II** m. INFORM. executable.
eseguibilità /ezegwibili'ta/ f.inv. *(attuabilità)* feasibility, practicability.
▶ **eseguire** /eze'gwire/ [109] tr. **1** *(fare)* to perform [*compito*]; to carry out, to effect [*piano, disegno, riparazioni*]; to make*, to carry out [*controllo, ispezione*]; to perform [*operazione, aborto*]; to do*, to perform [*autopsia*]; ***~ un numero al trapezio*** to perform (an act) on a trapeze **2** *(adempiere)* to carry out, to execute, to fulfil BE, to fulfill AE [*ordine*] **3** *(interpretare)* to perform, to give* a performance of [*brano musicale*] **4** INFORM. to execute, to run* [*programma*].
▶ **esempio**, pl. **-pi** /e'zɛmpjo, e'zempjo, pi/ m. **1** *(caso)* example; ***prendere un ~ a caso*** to take a random example, to take an example at random; ***prendete l'~ del Giappone*** take the case of Japan, take Japan for example; ***fare un ~*** to give an example; ***a mo', a titolo di ~*** by way of example, for instance **2** *(ammonimento)* example, warning (**per** to); ***che ti serva d'~!*** let that be a warning *o* a lesson to you! **3** *(modello)* example (**di** of); ***dare il buono, cattivo ~ a qcn.*** to set a good, bad example to sb.; ***seguire l'~ di qcn.*** to follow sb.'s example *o* lead; ***prendere ~ da qcn., prendere qcn. ad ~*** to take sb. as a model; ***sull'~ di qcn.*** following in sb.'s footsteps; ***portare qcn., qcs. come ~ di*** to hold sb., sth. up as an example *o* a model of; ***essere un fulgido ~ di qcs.*** to be a shining example of sth.; ***essere un ~ di gentilezza*** to be a model *o* paragon of kindness **4** *(esemplare)* example, specimen; ***un bell'~ di*** a beautiful example of; ***il libro è un bell'~ di erudizione*** the book is a fine piece of scholarship **5 per esempio** for example, for instance; ***io, per ~*** I for one.
1.esemplare /ezem'plare/ agg. **1** *(che è un modello)* [*condotta, vita, alunno*] exemplary, model; ***la gestione dell'azienda è ~*** the firm is a model of good management; ***una risposta, soluzione ~*** a copybook answer, solution **2** *(che serve da esempio)* [*castigo, pena*] exemplary; ***infliggere a qcn. una punizione ~*** to make an example of sb.
2.esemplare /ezem'plare/ m. **1** *(copia)* *(di libro, documento)* copy, exemplar FORM.; ***stampare un libro in 3.000 -i*** to print 3,000 copies of a book; ***è un ~ unico nel suo genere*** this is one of a kind **2** *(di animale, vegetale)* specimen; ***un ~ raro*** a rare specimen; ***un bell'~ maschile*** SCHERZ. a fine specimen of manhood **3** *(modello)* model, exemplar FORM.
3.esemplare /ezem'plare/ [1] tr. **1** FILOL. *(trascrivere)* to copy [*testo*] (**su** from) **2** LETT. *(imitare)* to model, to reproduce [*testo*].
esemplarità /ezemplari'ta/ f.inv. exemplariness.
esemplarmente /ezemplar'mente/ avv. exemplarily.
esemplificabile /ezemplifi'kabile/ agg. exemplifiable.
esemplificare /ezemplifi'kare/ [1] tr. to exemplify.
esemplificativo /ezemplifika'tivo/ agg. [*frase, caso*] illustrative; ***a titolo ~*** for the sake of argument, by way of an example.
esemplificazione /ezemplifikat'tsjone/ f. exemplification; ***fornire un'~ esauriente*** to provide an exhaustive illustration.
esentare /ezen'tare/ [1] **I** tr. to dispense, to exempt, to excuse, to free [*persona*] (**da** from); ***~ qcn. da*** to let sb. off [*lezioni, lavoro*]; ***essere esentato da una tassa*** to be exempted from a tax **II esentarsi** pronom. to free oneself (**da** from).
esentasse /ezen'tasse/ agg.inv. tax-exempt, tax-free.
esente /e'zɛnte/ agg. **1** *(dispensato)* exempt, excused, free (**da** from); ***~ da imposte*** tax-free, tax-exempt, untaxed; ***~ da dazio*** duty-free; ***~ da obblighi militari*** exempt from military service **2** *(immune)* immune, free (**da** from); ***essere ~ da critiche*** to be free from *o* clear of blame, to be blameless.
esenzione /ezen'tsjone/ f. exemption (**da** from); ***~ doganale*** exemption from customs duties; ***~ fiscale*** tax exemption *o* immunity.
esequie /e'zɛkwje/ f.pl. funeral sing., exequies, obsequies FORM.
esercente /ezer'tʃɛnte/ m. e f. shopkeeper, dealer, storekeeper AE.
esercitabile /ezertʃi'tabile/ agg. exercisable.
▶ **esercitare** /ezertʃi'tare/ [1] **I** tr. **1** *(applicare)* to exercise, to wield [*autorità, potere*] (**su** on); to exercise [*diritto*] (**su** on); to exert, to apply [*pressione*] (**su** on); ***~ la propria influenza su qcn.*** to bring one's influence to bear on sb., to exert *o* wield one's influence on sb. **2** *(praticare)* to follow, to practise BE, to practice AE, [*attività, professione*]; ***~ la professione di medico, avvocato*** to practise medicine, law **3** *(allenare)* to cultivate, to exercise [*mente*]; to exercise [*memoria, corpo, muscoli*] **II** intr. (aus. *avere*) *(lavorare)* [*medico, giurista, architetto*] to be* in practice; ***~ privatamente*** [*medico*] to work *o* be in private practice BE **III esercitarsi** pronom. *(allenarsi)* [*atleta*] to train, to exercise; [*musicista*] to practise BE, to practice AE; ***-rsi al pianoforte*** to do one's piano practice, to practise the piano; ***-rsi alla sbarra*** to practise on the bars.
esercitato /ezertʃi'tato/ **I** p.pass. → **esercitare II** agg. **1** *(allenato)* [*mente*] trained **2** *(esperto)* [*orecchio*] trained; ***non ~*** [*orecchio*] unpractised, untrained; [*voce*] untrained.
▷ **esercitazione** /ezertʃitat'tsjone/ f. **1** *(esercizio)* drill; ***~ antincendio, di salvataggio*** fire, lifeboat drill **2** MIL. drill, exercise; ***~ ai pezzi*** gun drill **3** SCOL. UNIV. exercise, test.
▶ **esercito** /e'zɛrtʃito/ m. **1** army; ***essere nell'~*** to be in the army, to serve; ***entrare, arruolarsi nell'~*** to go into the army, to join the army; ***essere congedato dall'~*** to be discharged from the army **2** FIG. *(gruppo numeroso)* army, host (**di** of) ◆◆ ***~ di occupazione*** army of occupation; ***~ regolare*** regular army; ***~ della salvezza*** Salvation Army.

eserciziario, pl. **-ri** /ezertʃit'tsjarjo, ri/ m. workbook.

▷ **esercizio**, pl. **-zi** /ezer'tʃittsjo, tsi/ m. **1** *(allenamento, attività fisica)* exercise, practice; **~ *fisico*** physical exercise; ***fare un po' di ~*** to take *o* get some exercise; ***~ al trapezio*** trapeze act; ***è solo una questione di ~*** it's just a matter of practice; ***essere fuori ~*** to be out of practice **2** SCOL. UNIV. *(esercitazione)* exercise; ***~ di pronuncia, di ortografia*** pronunciation, spelling drill **3** *(attuazione)* discharge, dispatch; *(di potere, diritto, virtù)* exercise; ***nell'~ delle sue funzioni*** in the execution of his duty; ***l'~ delle sue funzioni di direttore*** the discharge of his duties as manager; ***l'~ della propria influenza su qcn.*** the exertion of influence on sb. **4** *(attività commerciale) (negozio)* shop, business; *(azienda)* business, company, firm; ***aprire un ~ commerciale*** to start up a business; ***conto di ~*** trading *o* working account **5** *(attività professionale)* practice **6** ECON. *(periodo)* **~ *finanziario*** fiscal year, financial year BE ◆◆ **~ *di culto*** worship, practice of religious rites.

esergo, pl. **-ghi** /e'zɛrgo, gi/ m. exergue.

esfoliante /esfo'ljante/ **I** agg. ***trattamento ~*** COSMET. exfoliating scrub **II** m. exfoliant.

esfoliare /esfo'ljare/ [1] **I** tr. to exfoliate [*roccia, corteccia*]; to exfoliate, to peel [*pelle*] **II esfoliarsi** pronom. [*roccia, corteccia*] to exfoliate; [*pelle*] to exfoliate, to peel.

esfoliazione /esfoljat'tsjone/ f. exfoliation.

esibire /ezi'bire/ [102] **I** tr. **1** *(mettere in mostra)* to flaunt, to display, to parade [*ricchezza*]; to show* off, to display [*bravura, cultura, talento*]; to expose, to display [*parte del corpo*] **2** DIR. to produce [*prove, lettera*] **3** *(mostrare)* to produce [*passaporto, documento*]; to exhibit [*merci*] **II esibirsi** pronom. **1** *(in pubblico)* [*artista*] to perform **2** *(mettersi in mostra)* to show* off.

esibizione /ezibit'tsjone/ f. **1** *(spettacolo, numero)* display, performance, show **2** *(ostentazione) (di ricchezza, cultura)* display, show **3** *(presentazione) (di documenti)* presentation; *(di passaporto, biglietto)* production; ***dietro ~ di*** on production of.

esibizionismo /ezibittsjo'nizmo/ m. **1** exhibitionism, showing-off **2** PSIC. exhibitionism, flashing COLLOQ.

esibizionista, m.pl. **-i**, f.pl. **-e** /ezibittsjo'nista/ **I** agg. → **esibizionistico II** m. e f. **1** exhibitionist **2** PSIC. exhibitionist, flasher COLLOQ.; ***fare l'~*** to expose oneself, to flash COLLOQ.

esibizionistico, pl. **-ci**, **-che** /ezibittsjo'nistiko, tʃi, ke/ agg. exhibitionist.

esigente /ezi'dʒɛnte/ agg. exacting, demanding, exigent FORM.; *(difficile da accontentare)* hard to please, particular; *(severo)* strict, demanding.

▷ **esigenza** /ezi'dʒɛntsa/ f. *(necessità, bisogno)* demand, need, requirement, want; ***soddisfare le -e di qcn.*** to meet *o* suit sb.'s needs; ***provvedere alle -e di qcn.*** to tend to sb.'s needs; ***non ho -e particolari*** I'm not overparticular; ***le -e di mercato, dei clienti*** market, customer requirements; ***piegarsi alle -e di*** to yield to the demands of; ***secondo le -e del caso*** as each case requires; ***per -e di servizio*** for work reasons.

▷ **esigere** /e'zidʒere/ [46] tr. **1** *(pretendere)* [*persona*] to demand [*risposta, scuse*]; to command, to exact, to require [*ubbidienza*]; to insist on, to demand [*puntualità*]; ***~ qcs. da qcn.*** to require sth. of *o* from sb., to demand sth. of sb.; ***~ il rispetto, l'attenzione di qcn.*** to compel sb.'s respect, attention; ***esigo conoscere la verità*** I demand to know the truth; ***esigo che tu me lo dica!*** I insist you tell me! ***esigi troppo da loro*** you're too demanding *o* exacting of them, you expect too much of them **2** *(imporre, comportare)* [*situazione, problema*] to demand, to require [*attenzione, spiegazione*]; to call for [*intervento, provvedimento*]; ***il lavoro esige una dedizione totale*** the job demands complete commitment **3** *(riscuotere)* to collect [*crediti*]; to demand, to exact, to enforce [*pagamento*].

esigibile /ezi'dʒibile/ agg. [*tassa, debito, tratta*] due; [*somma, importo*] collectable; ***essere ~*** [*rata, affitto*] to be *o* fall due; ***~ alla scadenza*** payable when due; ***somma ~ a breve preavviso*** money at *o* on call; ***~ a vista*** payable at call *o* at sight.

esigibilità /ezidʒibili'ta/ f.inv. *(di tassa, debito)* payability.

esiguità /ezigui'ta/ f.inv. slenderness, smallness; *(di reddito, entrate)* exiguity, poorness.

esiguo /e'ziguo/ agg. [*entrate, reddito*] exiguous, meagre BE, meager AE; [*margine*] slender, narrow, slim, small; [*quantità, differenza*] scant, scanty.

esilarante /ezila'rante/ agg. [*storia*] hilarious, very funny; ***gas ~*** laughing gas.

esilarare /ezila'rare/ [1] tr. to exhilarate, to amuse; ***essere esilarato all'idea di*** to be exhilarated at *o* by the thought of.

▷ **esile** /'ɛzile/ agg. **1** *(gracile)* [*persona*] slight, slender, spare; [*braccia*] thin; [*gambe*] thin, spindly; ***ha una corporatura ~*** he's slightly *o* slenderly built, he's of slight build **2** FIG. [*voce*] faint, feeble; [*speranza*] frail, faint.

esiliare /ezi'ljare/ [1] **I** tr. to exile, to expatriate [*persona, condannato*]; ***~ a vita*** to exile for life; ***~ qcn. da un paese*** to exile sb. from a country **II esiliarsi** pronom. **1** *(andare in esilio)* to go* into exile **2** *(isolarsi)* to bury oneself; ***-rsi dal mondo*** to cut oneself off from the world.

esiliato /ezi'ljato/ **I** p.pass. → **esiliare II** m. (f. **-a**) exile.

▶ **esilio**, pl. **-li** /e'ziljo, li/ m. exile, expatriation, banishment ANT. FORM.; ***vivere, andare in ~*** to live in, go into exile; ***un luogo d'~*** a place of exile; ***mandare in ~*** to send into exile.

esilità /ezili'ta/ f.inv. *(di persona, braccia, gambe)* slenderness, thinness; *(di corporatura)* slightness, slenderness; *(debolezza) (di voce)* faintness, feebleness.

esimere /e'zimere/ [29] **I** tr. (forms not attested: past participle and compound tenses) to dispense, to exempt, to excuse, to free [*persona*] (**da** from); ***~ qcn. dal fare*** to let sb. off doing, to exempt sb. from doing **II esimersi** pronom. (forms not attested: past participle and compound tenses) to get* out of, to evade (**dal fare** doing).

esimio, pl. **-mi**, **-mie** /e'zimjo, mi, mje/ agg. **1** *(illustre)* illustrious, eminent, distinguished; ***un ~ farabutto*** IRON. a first-class rascal, a scoundrel of the top order **2** *(in formule di cortesia)* **~ *collega*** my distinguished colleague; ***Esimio Signore*** Dear Sir.

Esiodo /e'ziodo/ n.pr.m. Hesiod.

esistente /ezis'tɛnte/ agg. existing, extant, existent FORM.

▶ **esistenza** /ezis'tɛntsa/ f. **1** *(realtà)* existence; ***negare l'~ di Dio*** to deny the existence of God; ***dubito della loro ~*** I doubt they exist; ***non ero a conoscenza della sua ~*** I wasn't aware of its existence **2** *(vita)* existence, life; ***la lotta per l'~*** the fight for life; ***costruirsi una nuova ~*** to make a new life for oneself; ***condurre un'~ dissipata*** to lead a dissipated life.

esistenziale /ezisten'tsjale/ agg. existential (anche FILOS.).

esistenzialismo /ezistentsja'lizmo/ m. existentialism.

esistenzialista, m.pl. **-i**, f.pl. **-e** /ezistentsja'lista/ agg., m. e f. existentialist.

esistenzialistico, pl. **-ci**, **-che** /ezistentsja'listiko, tʃi, ke/ agg. existentialistic.

▶ **esistere** /e'zistere/ [21] intr. (aus. *essere*) **1** *(essere reale)* to exist, to be*; ***esiste davvero*** it really does exist; ***i fantasmi non esistono veramente*** ghosts don't really exist, there are no such things as ghosts; ***non è mai esistito nessun Sherlock Holmes*** no such person as Sherlock Holmes ever existed; ***fare come se qcn. non esistesse*** to ignore sb.'s very existence; ***esiste questo rischio*** this is a very real risk **2** *(vivere)* to live; ***cessare di ~*** to cease to exist **3** *(esserci, trovarsi)* to exist; ***l'aereo più grande che esista*** the largest plane in existence; ***non esiste sistema migliore*** there is no better system; ***il teatro non esiste più da molto tempo*** the theatre is long gone; ***non esiste nessun modo per evitare il problema*** there is no way around the problem ◆ ***non esiste (proprio)!*** COLLOQ. no way!

esitabile /ezi'tabile/ agg. saleable, salable AE.

esitante /ezi'tante/ agg. [*persona*] hesitant, tentative, timid; [*risposta*] hesitant; [*voce*] faltering, wavering.

▶ **1.esitare** /ezi'tare/ [1] intr. (aus. *avere*) to hesitate, to waver (**su** over); to dither (**su** about, over); ***~ a fare*** to be hesitant *o* diffident about doing; ***non ~ a*** not to hesitate to; ***non esiterà a darci una mano*** he'll jump at the chance to give us a hand; ***non ha esitato un secondo*** she didn't hesitate for a second; ***non esitò ad accettare il viaggio gratis*** he wasn't backward about accepting the free trip; ***ho esitato a lungo prima di scriverle*** I hesitated for a long time before writing to you; ***senza ~*** unfalteringly, unhesitatingly; ***non esiti a contattarmi*** don't hesitate to contact me.

2.esitare /ezi'tare/ [1] tr. to sell* [*merce*].

▷ **esitazione** /ezitat'tsjone/ f. hesitation, hesitance, wavering; ***ha avuto un attimo di ~*** he hesitated for a second; ***con ~*** hesitantly; ***senza ~*** unhesitatingly, unfalteringly; ***non è il tipo da avere -i*** she's not one to dither; ***non avere alcuna ~ a fare*** to have no hesitation in doing; ***senza la minima ~, senza un attimo di ~*** without the slightest hesitation, without a moment's hesitation.

esito /'ɛzito/ m. **1** *(risultato) (di azione, processo)* outcome, issue, upshot; *(di esame, test, analisi)* result; ***il tragico ~ di una vicenda*** the tragic outcome of a case; ***avere un ~ diverso*** to turn out differently; ***qual è stato l'~ dei colloqui?*** what was the outcome of the talks? ***congratulazioni per il buon ~ dell'esame*** congratulations on passing your exam; ***avere ~ positivo*** [*progetto, tentativo*] to succeed **2** AMM. *(seguito)* answer; ***dare ~ a*** to reply to [*lettera, richiesta*] **3** COMM. sale; ***prodotti di facile ~*** products that shift quickly **4** LING. derivative.

esiziale /ezit'tsjale/ agg. **1** *(dannoso)* ruinous **2** *(mortale)* deadly.
eskimese → **eschimese.**
eskimo /'ɛskimo/ m.inv. ABBIGL. anorak, parka.
esobiologia /ezobiolo'dʒia/ f. exobiology.
esobiologo, m.pl. **-gi**, f.pl. **-ghe** /ezobi'ɔlogo, dʒi, ge/ m. (f. **-a**) exobiologist.
esocarp(i)o, pl. **-pi** /ezo'karp(j)o, pi/ m. epicarp.
esoceto /ezo'tʃɛto/ m. flying fish*.
esocrino /e'zɔkrino/ agg. exocrine.
esoderma /ezo'dɛrma/ m. exoderm.
esodo /'ɛzɔdo/ m. **1** exodus (**verso** to); ***l'~ dei profughi*** the exodus *o* outpour of refugees **2** *(trasferimento)* exodus, flight; ***~ di capitali*** flight of capital; ***l'~ dei cervelli*** brain drain; ***l'~ dalle campagne*** the drift from the land; ***l'~ estivo, il grande ~*** *(per le vacanze)* the summer *o* holiday exodus **3** BIBL. ***l'Esodo*** the Exodus; *(libro)* the (Book of) Exodus.
esofageo /ezofa'dʒɛo, ezo'fadʒeo/ agg. oesophageal BE, esophageal AE.
esofago, pl. **-gi** /e'zɔfago, dʒi/ m. oesophagus BE, esophagus AE.
esoftalmico, pl. **-ci, -che** /ezof'talmiko, tʃi, ke/ agg. exophthalmic.
esoftalmo /ezof'talmo/ m. exophthalmos, exophthalmus.
esogamia /ezoga'mia/ f. exogamy, outbreeding.
esogamo /e'zɔgamo/ agg. exogamous.
esogeno /e'zɔdʒeno/ agg. exogenous.
esondare /ezon'dare/ intr. [*fiume*] to break* its bank, to overflow the banks.
esonerare /ezone'rare/ [1] **I** tr. *(esentare)* to dispense, to exempt, to excuse, to free [*persona*] (**da** from); ***~ qcn. dal fare*** to let sb. off doing, to exempt sb. from doing; ***farsi ~ da un corso*** to be excused from a course; ***essere esonerato dalle lezioni di educazione fisica*** to be excused from games; ***essere esonerato dalle tasse*** to be exempt from tax **II esonerarsi** pronom. to get* out of, to evade (**dal fare** doing).
esonerato /ezone'rato/ **I** p.pass. → **esonerare II** agg. exempt (**da** from) **II** m. (f. **-a**) exempt person.
esonero /e'zɔnero/ m. exemption (**da** from); ***~ dal servizio militare*** exemption from military service; ***~ dalla lezione di ginnastica*** exemption from games; ***~ dalle tasse*** tax exemption *o* immunity.
esopico, pl. **-ci, -che** /e'zɔpiko, tʃi, ke/ agg. Aesopic.
Esopo /'ezopo, e'zɔpo/ n.pr.m. Aesop.
esorbitante /ezorbi'tante/ agg. [*prezzi*] exorbitant, excessive, ruinous, steep COLLOQ.; ***in misura ~*** to an exorbitant degree, disproportionately.
esorbitanza /ezorbi'tantsa/ f. exorbitance, exorbitancy.
esorbitare /ezorbi'tare/ [1] intr. (aus. *avere*) to exceed, to go* beyond; ***~ dalle competenze di qcn.*** [*compito*] to exceed one's remit.
esorcismo /ezor'tʃizmo/ m. exorcism; ***compiere un ~ su qcs., qcn.*** to carry out an exorcism of sth., on sb.
esorcista, m.pl. **-i**, f.pl. **-e** /ezor'tʃista/ m. e f. exorcist.
esorcistico, pl. **-ci, -che** /ezor'tʃistiko, tʃi, ke/ agg. exorcistic(al).
esorcizzare /ezortʃid'dzare/ [1] tr. **1** *(praticare un esorcismo)* to exorcize [*demonio, indemoniato*] **2** FIG. *(scongiurare)* to exorcize [*timori, passato*].
esorcizzatore /ezortʃiddza'tore/ m. (f. **-trice** /tritʃe/) → **esorcista.**
esorcizzazione /ezortʃiddzat'tsjone/ f. exorcizing.
esordiente /ezor'djɛnte/ **I** agg. [*artista, sportivo*] budding, at one's debut; ***un attore ~*** a budding actor **II** m. e f. debutant, beginner.
esordio, pl. **-di** /e'zɔrdjo, di/ m. **1** *(inizio)* beginning **2** *(debutto)* debut; ***essere agli -di come*** to debut as, to make one's debut as [*attore, cantante*]; ***al mio ~*** when I started out **3** *(introduzione di un discorso)* exordium*, beginning, introduction.
esordire /ezor'dire/ [102] intr. (aus. *avere*) **1** *(iniziare un'attività)* to start (off) (**in** in; **come** as); ***~ nella professione*** to start out in the profession; ***~ come*** to make one's debut as, to debut as [*attore, cantante*] **2** *(iniziare un discorso)* to commence; ***"ebbene", esordì*** "well", he commenced.
esoreico, pl. **-ci, -che** /ezo'rɛiko, tʃi, ke/ agg. exorheic.
esornare /ezor'nare/ [1] tr. to adorn, to embellish.
esornativo /ezorna'tivo/ agg. decorative, ornamental.
esortare /ezor'tare/ [1] tr. to exhort [*persona*] (**a** to; **a fare** to do); to urge [*persona*] (**a fare** to do); ***~ qcn. alla calma, alla pazienza*** to ask sb. to remain calm, patient; ***~ qcn. all'azione, ad agire*** to exhort *o* urge sb. to action, to press sb. for action.
esortativo /ezorta'tivo/ agg. exhortative, exhortatory, hortative.
esortatore /ezorta'tore/ m. (f. **-trice** /tritʃe/) exhorter.
esortatorio, pl. **-ri, -rie** /ezorta'tɔrjo, ri, rje/ agg. LETT. → **esortativo.**
esortazione /ezortat'tsjone/ f. exhortation (**a** to; **a fare** to do); ***~ alla calma*** call for calm.
esoscheletro /ezos'kɛletro/ m. exoskeleton.
esosfera /ezos'fɛra/ f. exosphere.
esosio /e'zɔzjo/ m. hexose.
esosità /ezozi'ta/ f.inv. **1** *(di prezzi)* exorbitance, exorbitancy **2** *(di commerciante)* greed, avarice.
esosmosi /ezoz'mɔzi/ f.inv. exosmosis, exosmose.
esoso /e'zɔzo/ agg. [*prezzo*] exorbitant, excessive; [*commerciante*] greedy, grasping.
esostosi /ezos'tɔzi/ f.inv. exostosis*.
esoterico, pl. **-ci, -che** /ezo'tɛriko, tʃi, ke/ agg. esoteric.
esoterismo /ezote'rizmo/ m. esotericism.
esotermico, pl. **-ci, -che** /ezo'tɛrmiko, tʃi, ke/ agg. exoergic, exothermic.
esoticità /ezotitʃi'ta/ f.inv. exoticism.
esotico, pl. **-ci, -che** /e'zɔtiko, tʃi, ke/ **I** agg. **1** [*frutto, fascino, costume*] exotic **2** *(bizzarro, stravagante)* [*gusti*] outlandish **II** m. ***avere il gusto dell'~*** to have exotic tastes.
esotismo /ezo'tizmo/ m. exoticism (anche LING.).
esotizzante /ezotid'dzante/ agg. = inclined to the exotic.
espadrillas /espa'drillas/, **espadrilles** /espa'drilles/ f.pl. espadrilles.
espandere /es'pandere/ [89] **I** tr. to expand [*territorio, attività*]; to expand, to enlarge [*impero*]; to expand, to extend [*influenza*] **II espandersi** pronom. **1** *(allargarsi)* [*città, impresa, società, mercato*] to expand **2** *(diffondersi)* [*fenomeno*] to spread* **3** FIS. [*gas*] to expand.
espansibile /espan'sibile/ agg. expandable; [*gas*] expansible.
espansibilità /espansibili'ta/ f.inv. expansibility.
▷ **espansione** /espan'sjone/ f. **1** *(sviluppo) (di attività, economia, mercato)* expansion, growth; ***essere in ~*** [*economia, attività, mercato, industria*] to be developing *o* expanding; ***~ demografica*** population growth; ***un fenomeno in ~*** an expanding phenomenon; ***una politica di ~*** an expansionist policy **2** *(ingrandimento) (di territorio)* expansion, enlargement **3** FIS. *(di gas)* expansion **4** TECN. *(nel motore a scoppio)* expansion **5** INFORM. ***scheda di ~*** expansion board *o* card; ***slot di ~*** expansion slot **6** *(espansività, effusione)* effusiveness, expansiveness ◆◆ ***~ polare*** pole-piece.
espansionismo /espansjo'nizmo/ m. expansionism.
espansionista, m.pl. **-i**, f.pl. **-e** /espansjo'nista/ **I** agg. [*politica*] expansionist, expansionary **II** m. e f. expansionist.
espansionistico, pl. **-ci, -che** /espansjo'nistiko, tʃi, ke/ agg. expansionist, expansionary.
espansivamente /espansiva'mente/ avv. expansively, effusively.
espansività /espansivi'ta/ f.inv. expansiveness, effusiveness, warmth.
espansivo /espan'sivo/ agg. **1** FIS. [*gas, forza*] expansive **2** *(estroverso)* [*persona*] expansive, demonstrative, effusive, warm.
espanso /es'panso/ **I** p.pass. → **espandere II** agg. **1** FIS. [*gas*] expanded **2** CHIM. TECN. ***polistirolo ~*** expanded polystyrene **III** m. ***~ plastico*** plastic foam.
espansore /espan'sore/ m. TECN. expander.
espatriare /espa'trjare/ [1] intr. (aus. *essere*, RAR. *avere*) to emigrate (**in, a** to); ***~ per motivi politici*** to expatriate for political reasons.
espatriato /espa'trjato/ **I** p.pass. → **espatriare II** m. (f. **-a**) expatriate.
espatrio, pl. **-tri** /es'patrjo, tri/ m. expatriation; ***documento valido per l'~*** document valid for foreign travel.
espediente /espe'djɛnte/ m. expedient, contrivance, ploy, dodge BE COLLOQ.; ***ricorrere a degli -i*** to resort to expedients; ***vivere di -i*** to live by one's wits.
espellere /es'pɛllere/ [48] tr. **1** *(allontanare)* to expel, to drive* out [*persona*] (**da** from); to deport [*immigrato, criminale*]; to throw* out [*membro di un gruppo*] (**da** of); to expel [*allievo, studente*] (**da** from); to expel, to send* off, to order off [*giocatore*] **2** FISIOL. *(eliminare)* to excrete, to eliminate [*rifiuti organici*] **3** *(emettere)* [*veicolo*] to discharge [*gas di scarico*].
esperantista, m.pl. **-i**, f.pl. **-e** /esperan'tista/ m. e f. Esperantist.
esperanto /espe'ranto/ **I** agg.inv. Esperanto **II** m. Esperanto.
esperia /es'pɛrja/ f. ZOOL. skipper.
esperibile /espe'ribile/ agg. practicable, feasible.
Esperidi /es'pɛridi/ ➧ ***14*** n.pr.f.pl. **1** *(isole)* ***le ~*** the Hesperides **2** MITOL. ***le ~*** the Hesperides; ***il giardino delle ~*** the Hesperides.
esperidio, pl. **-di** /espe'ridjo, di/ m. BOT. hesperidium*.
▶ **esperienza** /espe'rjɛntsa/ f. **1** *(pratica)* experience, practice; ***ha 20 anni di ~*** he has twenty years experience behind him; ***ha ~ in***

campo editoriale his experience is in publishing; ***avere ~ in qcs., nel fare*** to have had practice in *o* at sth., in *o* at doing; ***fare, acquisire ~*** to gain, acquire experience; ***un candidato con una comprovata ~ nelle vendite*** a candidate with a proven track record in sales; ***"anche prima ~"*** *(in un annuncio di lavoro)* "no experience required" **2** *(conoscenza diretta)* experience; ***secondo la mia ~*** in my experience; ***sapere, parlare per ~*** to know, speak from experience; ***imparare dall'~*** to learn from *o* by experience; ***fare l'~ diretta di qcs.*** to experience sth. personally *o* at first hand; ***avere ~ in qcs.*** to be experienced in sth.; ***non avere ~*** to be inexperienced; ***una vasta ~*** a wealth *o* fund *o* mine of experience; ***la mia amara ~ insegna che*** I know from bitter experience that **3** *(avvenimento)* experience; ***fare una nuova ~*** to have *o* go through a new experience; ***un'~ unica*** the experience of a lifetime, a once-in-a-lifetime experience; ***è stata un'~ istruttiva*** it's been a learning experience **4** *(avventura amorosa)* affair, relationship **5** *(esperimento)* experiment.

esperimentare /esperimen'tare/ ANT. → **sperimentare.**

▷ **esperimento** /esperi'mento/ m. **1** *(prova)* experiment, test, trial; ***fare*** o ***condurre un ~*** to conduct *o* carry out an experiment; ***a titolo di, come ~*** as an experiment, by way of an experiment **2** *(esperienza scientifica)* experiment; ***-i sugli animali*** animal experiments *o* experimentation; ***~ nucleare*** nuclear test.

esperire /espe'rire/ [102] tr. *(intraprendere)* to carry out, to conduct [*indagine*]; ***~ le vie legali*** to go to court, to take legal steps.

▷ **esperto** /es'pɛrto/ **I** agg. **1** *(dotato di esperienza)* [*persona*] experienced; ***essere ~ nel fare qcs.*** to be expert at doing sth.; ***è una musicista -a*** she is a highly proficient musician; ***un viaggiatore ~*** an experienced *o* seasoned traveller **2** *(abile)* adept, skilled, skilful BE, skillful AE; ***nelle mani -e di*** in the capable hands of; ***un occhio ~*** an expert eye **II** m. (f. **-a**) expert, adept, specialist, connoisseur (**in**, **di** in); ***un ~ di economia*** an expert on economics; ***~ in informatica*** computer expert; ***chiedere il parere di un ~*** to get expert advice; ***secondo gli -i*** in the experts' opinion; ***essere un ~ nel fare*** to be an expert at doing; ***lavoro da ~*** specialist work.

espettorante /espetto'rante/ agg. e m. expectorant.

espettorare /espetto'rare/ [1] tr. to expectorate.

espettorato /espetto'rato/ m. expectoration, sputum **U**.

espettorazione /espettorat'tsjone/ f. expectoration.

espiabile /espi'abile/ agg. [*colpa, peccato*] atonable, expiable.

espiantare /espjan'tare/ [1] tr. BIOL. to explant [*tessuto*]; MED. to explant, to remove [*organo*].

espiantazione /espiantat'tsjone/ f. → **espianto.**

espianto /es'pjanto/ m. **1** BIOL. MED. *(l'espiantare)* explantation **2** BIOL. *(frammento di tessuto)* explant **3** MED. *(organo)* explant.

espiare /espi'are/ [1] tr. *(scontare)* to atone for, to expiate [*colpa, peccato*]; [*condannato*] to serve (out) [*pena*].

espiatorio, pl. **-ri**, **-rie** /espia'tɔrjo, ri, rje/ agg. expiatory; ***capro ~*** FIG. scapegoat.

espiazione /espiat'tsjone/ f. *(di colpa, peccato)* atonement, expiation.

espirare /espi'rare/ [1] tr. to exhale, to breathe out, to expire [*aria*].

espiratore /espira'tore/ agg. ***muscolo ~*** expiratory muscle.

espiratorio, pl. **-ri**, **-rie** /espira'tɔrjo, ri, rje/ agg. expiratory.

espirazione /espirat'tsjone/ f. exhalation, expiration.

espletamento /espleta'mento/ m. BUROCR. accomplishment, completion; ***~ di un incarico*** fulfilment of a task.

espletare /esple'tare/ [1] tr. BUROCR. to accomplish, to fulfil BE, to fulfill AE, to execute; ***~ un incarico*** to perform a task, to fulfil a duty.

espletivo /esple'tivo/ agg. LING. expletive, expletory.

esplicabile /espli'kabile/ agg. LETT. explicable.

esplicare /espli'kare/ [1] **I** tr. **1** *(svolgere)* to perform, to carry out [*attività, mansione*] **2** LETT. *(spiegare)* to explicate FORM., to explain [*concetto*] **II esplicarsi** pronom. *(manifestarsi)* to find* expression.

esplicativo /esplika'tivo/ agg. [*nota, lettera*] explanatory, explicative FORM., explicatory FORM.

esplicazione /esplikat'tsjone/ f. **1** *(svolgimento)* execution, explication FORM. **2** *(spiegazione)* explanation, explication FORM.

esplicitamente /esplitʃita'mente/ avv. [*dire*] distinctly, expressly, unequivocally; [*proibire*] explicitly, specifically; [*chiedere*] expressly, specifically.

esplicitare /esplitʃi'tare/ [1] tr. *(manifestare)* to clarify, to explain [*proposito, obiettivo, scelta, ragione*].

▷ **esplicito** /es'plitʃito/ agg. **1** [*ordine, istruzioni*] explicit, express; [*affermazione, rifiuto*] explicit, unequivocal; [*critica*] outspoken, blunt; ***essere ~ con qcn.*** to be plain with sb.; ***un'allusione -a*** a broad hint; ***in termini -i*** in forthright *o* explicit terms **2** LING. ***proposizione -a*** = clause with a finite verb.

▷ **esplodere** /es'plɔdere/ [49] **I** tr. to fire [*colpi di pistola*] (**contro** at) **II** intr. (aus. *essere*) **1** *(scoppiare)* [*bomba, granata*] to explode, to blow* up, to go* off, to detonate; [*edificio*] to explode, to blow* up, to go* up; ***fare ~*** [*persona, dispositivo*] to explode, to blow up, to set off [*bomba*]; to blast [*edificio*]; ***la bomba rischia di ~*** the bomb is capable of exploding; ***~ al contatto con*** to explode on contact with **2** FIG. *(manifestarsi con intensità)* [*violenza*] to erupt; [*polemica, problema*] to blow* up; [*scandalo*] to break*, to blow* up **3** FIG. *(sbottare)* [*persona*] to explode, to blow* up, to erupt; ***~ per la rabbia*** to explode with rage.

esploditore /esplodi'tore/ m. deflagrator, detonator.

esplorabile /esplo'rabile/ agg. that can be explored.

esplorare /esplo'rare/ [1] tr. **1** *(visitare)* to explore [*paese, foresta*] **2** *(perlustrare)* to search [*area, terreno*]; *(osservare attentamente)* to explore, to investigate **3** *(investigare)* to analyse BE, to analyze AE, to probe into [*animo, intenzioni*] **4** MED. to probe, to explore [*organo*].

esplorativo /esplora'tivo/ agg. **1** *(per esplorare)* [*spedizione, mezzi*] explorative, exploratory **2** POL. [*colloqui*] exploratory, preliminary; ***mandato ~*** = mandate conferred upon the President of the Republic in order to find out whether there are conditions to form a new government **3** MED. [*tecnica*] exploratory.

esploratore /esplora'tore/ **I** agg. [*mente*] inquisitive, inquiring **II** m. (f. **-trice** /tritʃe/) **1** *(chi compie esplorazioni)* explorer **2** MIL. *(soldato)* scout **3** *(negli scout)* ***giovane ~*** boy scout.

esplorazione /esplorat'tsjone/ f. **1** *(di continente, mare, terreno)* exploration; ***l'~ spaziale*** the exploration of space, space exploration; ***un viaggio d'~*** a voyage of discovery *o* exploration; ***andare in ~*** to go exploring **2** MED. *(di organo)* exploration **3** MIL. *(perlustrazione)* reconnaissance; ***partire in ~*** to scout (around), to have a scout around **4** ELETTRON. scan.

▷ **esplosione** /esplo'zjone/ f. **1** *(scoppio)* explosion, blast, burst; ***ha perso la gamba in un'~*** he had his leg blown off **2** *(rumore)* bang, detonation, report; ***sentire una forte ~*** to hear a loud bang **3** FIG. *(di violenza)* explosion, eruption, outbreak; *(di risate)* outburst; *(di rabbia, entusiasmo)* explosion, outburst; ***un'~ di colori*** a burst *o* an explosion of colour **4** FON. plosion ◆◆ ***~ demografica*** population explosion; ***~ nucleare*** nuclear explosion.

esplosiva /esplo'ziva/ f. FON. plosive, occlusive.

esplosivamente /esploziva'mente/ avv. explosively.

esplosività /esplozivi'ta/ f.inv. explosiveness (anche FIG.).

▷ **esplosivo** /esplo'zivo/ **I** agg. **1** [*sostanza, proiettile, carica*] explosive **2** FIG. [*temperamento, argomento, situazione*] explosive; ***una notizia -a*** a bombshell **3** FON. explosive, plosive **II** m. explosive; ***pacco (contenente) ~*** parcel bomb; ***fare saltare qcs. con l'~*** to blow sth. up, to blast sth.; ***essere accusato di detenzione di -i*** to be charged with possessing explosives ◆◆ ***~ ad alto potenziale*** high explosive; ***~ al plastico*** plastic explosive.

esploso /es'plɔzo/ **I** p.pass. → **esplodere II** agg. **1** [*proiettile*] spent **2** TECN. ***disegno ~*** exploded drawing *o* diagram.

esponente /espo'nɛnte/ **I** m. e f. *(di gruppo, partito ecc.)* exponent, representative; ***un ~ di primo piano della sinistra*** a leading light of the left-wing **II** m. **1** MAT. exponent, index* **2** *(lemma)* entry, headword **3** TIP. = superscript character.

esponenziale /esponen'tsjale/ agg. **1** MAT. [*funzione, equazione*] exponential **2** FIG. ***i prezzi sono saliti in modo ~*** prices have gone sky-high, prices have skyrocketed.

esponenzialmente /esponentsjal'mente/ avv. exponentially.

▶ **esporre** /es'porre/ [73] **I** tr. **1** *(mostrare al pubblico)* to exhibit, to display [*opera d'arte*]; to display, to exhibit, to set* out [*prodotti, merce*]; to display [*prezzo, lista*]; to fly* [*bandiera*]; ***~ qcs.*** to put sth. on display; ***~ qcs. agli sguardi*** o ***alla vista di tutti*** to put sth. on display *o* public view **2** *(descrivere)* to state [*idea, opinione*]; to explain [*situazione*]; to set* forth, to lay* out, to represent [*fatti, ragioni*]; to expound [*teoria*]; ***esposi loro i fatti*** I laid the facts before them; ***~ i fatti*** to state the case DIR. **3** *(mettere in una situazione difficile, pericolosa)* ***~ qcn. a*** to expose sb. to [*pericolo, ridicolo*]; to subject sb. to [*critiche, insulti*]; ***essere esposto al contagio*** to be exposed to infection **4** ANT. to expose [*neonato*] **5** FOT. to expose [*pellicola*] **II esporsi** pronom. **1** *(rendersi vulnerabile)* ***-rsi a*** to expose oneself to [*rischio, pericolo*]; to lay* *o* leave* oneself open to [*accuse, critiche, ridicolo*] **2** ***-rsi al sole*** to go out in the sun.

esportabile /espor'tabile/ agg. exportable.

▷ **esportare** /espor'tare/ [1] tr. **1** to export [*merci*] (**da** from); ***~ qcs. in Inghilterra*** to export sth. to England **2** FIG. *(diffondere)* to export [*cultura*].

esportatore /esporta'tore/ **I** agg. [*paese, industria, società*] exporting, export attrib.; ***i paesi -i di petrolio*** oil-exporting countries **II** ➧ *18* m. (f. **-trice** /tritʃe/) exporter, export agent.

▷ **esportazione** /esportat'tsjone/ f. **1** *(attività)* export, exportation (**di** of); ***una politica d'~*** an export policy; ***le -i rappresentano il 10% dei loro affari*** exports account for 10% of their trade; ***credito all'~*** export credit **2** *(merce)* export; ***merci d'~*** exported goods; ***le -i di petrolio, di materie prime*** oil exports, exports in raw materials; ***un embargo sulle -i*** a ban on exports ◆◆ ***-i invisibili*** invisible exports.

esposimetro /espo'zimetro/ m. FOT. exposure meter, light meter.

espositivo /espozi'tivo/ agg. **1** *(descrittivo)* expositive **2** *(in un'esposizione)* ***area -a*** show floor; ***centro ~*** exhibition centre, show centre.

espositore /espozi'tore/ **I** agg. [*ditta*] exhibiting **II** m. (f. **-trice** /tritʃe/) **1** *(artista, ditta che espone)* exhibitor **2** *(chi racconta)* expositor **3** *(scaffale)* rail, display rack ◆◆ ***~ da banco*** checkout display; ***~ girevole*** rotating display rack.

▶ **esposizione** /espozit'tsjone/ f. **1** *(salone, fiera) (di quadri, fotografie, oggetti d'arte, prodotti)* exhibition, exposition, show, exhibit AE; ***salone delle -i*** exhibition hall, showroom; ***essere in ~*** to be on exhibition; ***oggetto da ~*** exhibitory item, showpiece **2** COMM. *(in un negozio, centro commerciale)* display; ***essere in ~*** to be on display **3** *(presentazione) (di tesi, situazione)* presentation; *(di fatti, teoria)* exposition; ***un'~ concisa dei fatti*** a concise statement of the facts **4** *(orientamento, luce)* exposure, orientation, aspect; ***un'~ a ovest*** a westerly aspect *o* exposure **5** *(a radiazioni, al sole)* exposure; ***l'~ eccessiva al sole ti fa male*** too much exposure to the sun is bad for you **6** *(di un neonato)* abandonment **7** FOT. exposure; ***tempo di ~*** exposure time, shutter speed ◆◆ ***~ universale*** World Fair.

esposto /es'posto, es'pɔsto/ **I** p.pass. → **esporre II** agg. **1** *(senza riparo)* ***~ all'aria, al vento, agli elementi*** exposed *o* open to the air, to the wind, to the elements **2** *(orientato)* ***casa bene -a*** house with a good aspect; ***essere ~ a nord*** to face north, to have a northern exposure **3** MED. [*frattura*] compound **III** m. DIR. statement, account.

espressamente /espressa'mente/ avv. **1** *(esplicitamente)* expressly, explicitly, specifically **2** *(appositamente)* expressly, specially, specifically.

▶ **espressione** /espres'sjone/ f. **1** *(manifestazione) (di sentimento, sensazione, idee)* expression; ***dare ~ a*** to give utterance to; ***libertà d'~*** freedom of expression; ***le rivolte sono un'~ di disagio sociale*** riots are an expression of social unrest; ***i miei sentimenti trovano ~ nella musica*** my feelings find their expression in music **2** *(del viso)* expression, look; ***aveva un'~ sconcertata*** there was a puzzled expression on her face; ***un'~ preoccupata*** a worried frown; ***un'~ di incredulità*** a look *o* expression of incredulity; ***dalla sua ~ si vedeva che*** you could tell from the look on his face that; ***fare una strana ~*** to pull a strange expression; ***privo di ~*** [*viso, occhi*] expressionless **3** *(forza espressiva)* expression, feeling; ***con ~*** [*recitare, cantare, suonare*] with feeling; [*leggere*] with expression; ***metti un po' di ~ nella tua esecuzione!*** put some expression into your playing! **4** *(parola, frase)* expression, phrase; ***mi si perdoni l'~*** if you'll excuse *o* pardon the expression; ***~ idiomatica*** idiom, idiomatic(al) expression; ***~ gergale*** slang phrase *o* expression **5** MAT. expression.

espressionismo /espressjo'nizmo/ m. expressionism, Expressionism.

espressionista, m.pl. **-i**, f.pl. **-e** /espressjo'nista/ agg., m. e f. expressionist.

espressionistico, pl. **-ci**, **-che** /espressjo'nistiko, tʃi, ke/ agg. expressionistic.

espressivamente /espressiva'mente/ avv. expressively.

espressività /espressivi'ta/ f.inv. expressiveness, expressivity.

espressivo /espres'sivo/ agg. **1** [*viso, occhi, parole*] expressive; [*sguardo*] significant, meaningful **2** *(di espressione)* [*forza, capacità*] expressive; ***mezzo ~*** medium.

▷ **espresso** /es'prɛsso/ **I** p.pass. → **esprimere II** agg. **1** *(nella posta)* [*pacco, lettera*] express **2** *(esplicito)* [*divieto*] express, explicit **3** *(rapido)* [*treno*] express **4** *(preparato appositamente)* [*piatto*] made to order **III** m. **1** *(caffè)* espresso* **2** *(lettera)* express letter; ***inviare qcs. per ~*** to send sth. express, to express sth. AE **3** *(treno)* express.

▶ **esprimere** /es'primere/ [29] **I** tr. **1** *(comunicare)* to express, to convey, to state [*opinione*]; to pronounce, to pass [*giudizio*]; to express [*desiderio, dubbio, paura*]; ***~ la propria opinione*** to come in with an opinion; ***~ un desiderio*** to make a wish; ***non so come ~ la mia riconoscenza*** I can hardly express my gratitude; ***non vi sono parole per ~ come mi sento*** words can't express how I feel; ***~ a parole i propri sentimenti*** to put one's feelings into words **2** *(significare, manifestare)* [*parole, immagini, musica*] to express, to convey [*impressione, emozioni, sentimenti*] **3** *(tradurre)* to express; ***~ un prezzo in dollari, euro*** to give a price in dollars, euros; ***~ qcs. in percentuale*** to express sth. as a percentage **II esprimersi** pronom. **1** *(pronunciarsi)* to express oneself (**in** in; **per mezzo di** through); ***-rsi a favore di qcn.*** to come out in favour of sb. **2** *(parlare)* ***-rsi in inglese*** to speak in English; ***-rsi con un linguaggio scurrile*** to use foul language; ***modo di -rsi*** mode of speech *o* expression; ***mi sono espresso male*** I haven't made myself clear **3** *(comunicare)* ***una scuola dove i bambini possono -rsi liberamente*** a school where children are allowed free expression **4** *(manifestarsi)* [*sentimento, emozione*] to be* expressed.

esprimibile /espri'mibile/ agg. expressible, utterable; ***difficilmente ~*** [*sentimento, impressione*] hard to convey.

espropriante /espro'prjante/ m. e f. DIR. dispossessor.

espropriare /espro'prjare/ [1] tr. to expropriate [*terreno*]; ***~ qcn. di*** to dispossess sb. of [*proprietà, bene*].

espropriato /espro'prjato/ **I** p.pass. → **espropriare II** m. (f. **-a**) dispossessed person.

espropriazione /esproprjat'tsjone/ f. *(di proprietà, bene)* expropriation, dispossession; ***~ forzata*** DIR. forced expropriation.

esproprio, pl. **-pri** /es'prɔprjo, pri/ m. → **espropriazione.**

espugnabile /espuɲ'ɲabile/ agg. [*fortezza*] pregnable, that can be taken by force.

espugnare /espuɲ'ɲare/ [1] tr. **1** to conquer, to take* (by storm) [*città, fortezza*] **2** FIG. *(piegare)* to overcome*.

espugnazione /espuɲɲat'tsjone/ f. *(di città, fortezza)* conquest, capture.

espulsione /espul'sjone/ f. **1** expulsion; *(di indesiderato, dissidente)* expulsion, ejection; *(di immigrato, criminale)* deportation; ***ordine, decreto di ~*** deportation order **2** SPORT sending off (**da** from) **3** FISIOL. expulsion **4** *(emissione) (di gas ecc.)* ejection, discharge.

espulsivo /espul'sivo/ agg. expulsive.

espulso /es'pulso/ **I** p.pass. → **espellere II** agg. [*persona*] expelled, ejected **III** m. (f. **-a**) person who has been expelled.

espulsore /espul'sore/ m. TECN. *(eiettore)* ejector.

espungere /es'pundʒere/ [55] tr. to expunge, to erase (**da** from).

espunzione /espun'tsjone/ f. expunction.

espurgare /espur'gare/ [1] tr. *(censurare)* to expurgate, to bowdlerize LETTER. [*testo, sceneggiatura*].

espurgatore /espurga'tore/ m. (f. **-trice** /tritʃe/) expurgator.

espurgatorio, pl. **-ri**, **-rie** /espurga'tɔrjo, ri, rje/ agg. expurgatorial, expurgatory.

espurgazione /espurgat'tsjone/ f. expurgation, bowdlerization LETTER.

esquimese /eskwi'mese/ → **eschimese.**

▶ **essa** /'essa/ v. la nota della voce **io**. pron.pers.f. **1** *(come soggetto) (riferito a persona o animale)* she; *(riferito a cosa o animale)* it; ***è venuta una signora, ma non so chi ~ fosse*** a lady called, but I don't know who she was **2** *(come complemento) (riferito a persona o animale)* her; *(riferito a cosa o animale)* it.

▶ **1.esse** /'esse/ v. la nota della voce **io**. pron.pers.f.pl. **1** *(come soggetto)* they; ***~ stesse*** themselves; ***chiunque ~ siano*** whoever they are; ***~ stesse pensavano che*** they themselves thought that **2** *(come complemento)* them; ***una, parecchie di ~*** one, several of them.

2.esse /'ɛsse/ m. e f.inv. *(lettera)* s, S; ***a forma di ~*** S-shaped.

esseno /es'sɛno/ m. RELIG. Essene.

essenza /es'sɛntsa/ f. **1** FILOS. essence **2** *(sostanza)* essence, substance, gist; ***l'~ del problema, discorso*** the essence *o* heart of the problem, argument **3** *(estratto)* essence, essential oil; ***~ di chiodi di garofano*** oil of cloves; ***~ di rose*** attar; ***~ di vaniglia*** vanilla essence **4** BOT. *(tipo d'albero)* = species of tree.

▷ **essenziale** /essen'tsjale/ **I** agg. **1** *(fondamentale)* essential, fundamental, basic, vital; ***una condizione ~*** an essential *o* a prerequisite condition; ***è ~ che*** it is essential that; ***è ~ fare*** it is essential to do; ***essere ~ per qcs.*** to be central to sth.; ***la rapidità è ~*** speed is of the essence; ***ci sono due elementi -i nella commedia*** there are two essentials in comedy **2** *(semplice, lineare)* [*arredamento, strutture*] essential, basic **3** *(conciso)* [*stile*] terse, pithy **4** *(necessario)* necessary; ***le cose -i*** the bare essentials **5** CHIM. [*olio*] essential **II** m. **1** *(elemento fondamentale)* ***è l'~*** that's the main thing; ***dimenticare l'~*** to forget the most important thing; ***andare all'~*** to get to the heart of the matter **2** *(oggetti indispensabili)* essentials pl., basics pl.; ***comprare solo l'~*** to buy only the basics.

1.essere

Uso generale

- Nella maggior parte delle situazioni che esprimono l'esistenza, l'identità, la localizzazione spaziale e temporale o una qualità, *essere* si traduce con *to be*:

penso, dunque sono	= I think, therefore I am
il sole è una stella	= the sun is a star
ero a casa	= I was at home
la festa è sabato	= the party is on Saturday
la neve è bianca	= snow is white.

- Oltre che nella presente nota, espressioni idiomatiche con *essere* sono elencate nella voce **1.essere** o nelle altre voci coinvolte (ad esempio *essere sul punto di* nella voce **1.punto**).

Uso pleonastico ed enfatico di *essere*

- Nell'italiano parlato è abbastanza frequente un uso pleonastico del verbo *essere*, uso che non ha corrispondente in inglese:

chi è che l'ha fatto?	= who did it?
chi è che hai incontrato?	= who did you meet?
chi è che bussa?	= who's at the door?
quand'è che fai colazione?	= when do you have breakfast?
dov'è che vai?	= where are you going?

- Strutture analoghe hanno talvolta l'intento di dare enfasi all'espressione; in tal caso, l'inglese ha forme simili o si affida all'intonazione della frase:

com'è che non vi siete visti?	= how come you didn't meet?
è questo che voleva dire?	= it that what he really meant?
cos'è quello che sento?	= what is this I hear?
è quello il giornalista che mi ha intervistato	= that's the journalist who interviewed me
è quello il giornalista di cui ti parlavo	= that's the journalist I was telling you about
è quella la casa dove sono nato	= that's the house where I was born
è lui / John che l'ha rotto	= he / John broke it, he / John is the one who broke it
è mio fratello che l'ha scritto	= it was my brother who wrote it, my brother is the one who wrote it
è la mia penna che perde	= my pen is leaking
è di tua sorella che stavo parlando, non di te	= it was your sister I was talking about, not you
è della stessa persona che stiamo parlando	= we're talking about the same person.

***Essere* verbo ausiliare nel passivo**

- Nel passivo all'ausiliare *essere* dell'italiano (nei tempi semplici sostituibile da *venire*) corrisponde sempre *to be* in inglese:

è (viene) spesso aiutato dai suoi compagni	= he is often helped by his classmates
la mia casa fu (venne) costruita nel 1981	= my house was built in 1981
sono stato sempre accolto a braccia aperte	= I have always been welcomed with open arms
il nostro arrivo sarà (verrà) preceduto da un telegramma	= our arrival will be preceded by a telegram
se le spese fossero state detratte dal totale…	= if expenses had been deducted from the total amount…
saremmo (verremmo) aiutati dai nostri genitori .	= we would be helped by our parents.

- Diversamente dall'italiano, in inglese esiste anche il passivo della forma progressiva; pertanto, una frase come *è aiutato dai suoi compagni* si tradurrà come *he is helped by his classmates* se si intende che l'azione è abituale o ripetuta, ma come *he is being helped by his classmates* se s'intende che l'azione è unica e in svolgimento. Un altro esempio può essere: *le foglie erano mosse dal vento* = the leaves were being shaken by the wind. Nella maggior parte dei casi, il passivo della forma progressiva viene usato per l'uso impersonale della forma progressiva italiana: *si sta / stanno costruendo una casa* = a house is being built.

***Essere* verbo ausiliare dei tempi composti**

- Come ausiliare dei tempi composti, in italiano si usa *avere* per i verbi transitivi (*ho già incontrato Paola*) ed *essere* o *avere* per quelli intransitivi (*sono appena arrivato, ho corso*); in inglese, si usa sempre l'ausiliare *to have*: I have already met Paola, I have just arrived, I've been running.
- Altri tipi di verbi per i quali, nel caso dei tempi composti, l'ausiliare italiano *essere* è reso in inglese con *to have*, sono i verbi riflessivi o pronominali e quelli impersonali:

si è appena svegliata	= she has just woken up
ti sei già lavata?	= have you already washed (yourself)?
è piovuto	= it has rained
si sono avute delle lamentele	= there have been some complaints

***Essere* come copula**

- *Essere* e *to be* possono funzionare entrambi come copula, cioè semplice collegamento fra un soggetto e un'espansione della frase che può essere costituita da un aggettivo, da un sostantivo, da un verbo all'infinito, da un pronome o da un complemento introdotto da una preposizione:

è contento	= he's happy
è chiaro?	= is that clear?
mio figlio è avvocato	= my son is a lawyer
questo non è mangiare!	= you don't call this eating, do you?
devi essere te stessa	= you must be yourself
"chi è?" "sono io"	= "who's that?" "it's me"
è il 15 dicembre	= it's December 15th
è mezzogiorno	= it's midday
eravamo a casa	= we were at home.

Esserci

- È frequente in italiano e in inglese la formula *c'è / ci sono*, che si può usare in ogni tempo e modo e in ogni tipo di frase:

c'è del latte nel frigorifero	= there's some milk in the fridge
ci sono molti libri sullo scaffale	= there are many books on the bookshelf
non c'è più vino	= there's no more wine
non c'erano meno di 50 concorrenti	= there were no less than 50 competitors
c'era un mucchio di gente alla festa	= there were a lot of people at the party
c'era molta gente?	= were there many people?
ci saranno Paul, Mary, …	= there will be Paul, Mary, …
e ci saranno Paul e Mary!	= and Paul and Mary will be there!
c'è nessuno?	= is anybody in?
c'è posta per me?	= is there any post for me?
c'era una volta un re	= once upon a time there was a king
non c'è motivo di / per farlo	= there's no reason to do it
non c'è motivo che tu lo faccia.	= there's no reason for you to do it.

Si noti che la struttura *c'è / ci sono* può essere integrata in italiano e in inglese dai verbi modali:

ci devono essere dei topi in soffitta	= there must be mice in the attic
può esserci un errore, può darsi che ci sia un errore	= there may be a mistake
dovrebbe esserci / ci dovrebbe essere della frutta	= there might be some fruit.

- In alcuni casi la formula *c'è / ci sono* è semanticamente ambigua, ed è pertanto tradotta in inglese in diversi modi:

Liz non c'è (= non è presente)	= Liz is not here
Liz non c'è (= non è in casa / ufficio)	= Liz is not in
ci sono! (= ho capito)	= I got it!
ci sono! (= eccomi)	= here I am!

- La formula *c'è / ci sono* può essere seguita in italiano da una preposizione che introduce un complemento di tempo, spazio altro:

quanto c'è da casa tua a scuola? (tempo)	= how long does it take from your place to the school?
quanto c'è da casa tua a scuola? (distanza)	= how far is it from your place to the school?
quanto c'è ancora per la stazione?	= how much further is it to the station?
ci sono almeno 4 miglia fino alla stazione	= the station is at least 4 miles away
ci sono ancora 4 miglia per la stazione	= it's another 4 miles to the station.

- La formula *c'è / ci sono* può essere seguita in italiano dalla preposizione *da* + infinito, che può avere in inglese diversi tipi di traduzione:

non c'è più niente da fare	= there's nothing more to be done
c'è molto da fare	= there's a lot to be done
non c'è da preoccuparsi	= there's nothing to worry about
c'è da diventare matti	= it's enough to drive one mad
c'è da mangiare abbastanza per quattro persone	= there's enough food for four
non c'è da discutere!	= no arguments!
non c'è che da riscriverlo	= all you have to do is rewrite it.

Essere in strutture impersonali

- In italiano il verbo *essere* in forma impersonale regge spesso una struttura costituita da:
  a) un aggettivo + infinito, che si mantiene in inglese: *è facile criticare* = it's easy to criticize; *sarebbe necessario fare qualcosa per lui* = it would be necessary to do something for him;
  b) un sostantivo + infinito, che si mantiene in inglese: *è consuetudine andarci di domenica* = it is the custom to go there on Sundays; *è nostra responsabilità farlo* = it is our responsibility to do it;
  c) un aggettivo + *che* + congiuntivo, sostituita in inglese da una forma verbale infinitiva introdotta da *for*: *è impossibile che lo faccia Liz* = it's impossible for Liz to do it; *è bello che veniate anche voi* = it's nice for you to come as well;
  d) un sostantivo + una frase secondaria, che si mantiene in inglese: *è un peccato che tu non possa rimanere ancora un po'* = it's a pity (that) you can't stay a bit longer.
- In italiano e in inglese, il verbo *essere* compare in espressioni impersonali riferite al tempo atmosferico e a quello cronologico:

è caldo (= fa caldo)	= it's hot
oggi è nuvoloso	= today it's cloudy
ieri era ventilato	= it was windy yesterday
domani sarà bello	= it will be fine tomorrow
adesso è coperto	= it's overcast now
la settimana scorsa il tempo è stato piovoso	= last week the weather / it was rainy
è tardi	= it's late
era sera quando...	= it was evening when...
sono le dieci	= it's ten o'clock
è il 3 aprile	= it's April 3rd.

- Altri usi del verbo italiano *essere* in forme impersonali sono:
  a) la struttura per *essere* + aggettivo o sostantivo:

per essere sinceri, non mi piace affatto	= to be honest, I don't like it at all
per essere caro, è caro, ma...	= all right, it's expensive, but..., I'm not saying it isn't expensive, but...
per essere un principiante, guida bene	= he drives well for a beginner

  b) la forma sarà in espressioni esclamative o interrogative:

sarà! (= può darsi)	= may be!
sarà! (= ne dubito)	= I have my doubts!
sarà quel che sarà	= what(ever) will be will be
sarà vero?	= it is true, I wonder?

Essere seguito da preposizioni

- Il verbo *essere* seguito da un'ampia serie di preposizioni realizza espressioni di tempo, di luogo, di misura, e altre di vario genere; dato l'alto carattere idiomatico di queste espressioni, spesso non c'è corrispondenza formale negli equivalenti inglesi.
- *Essere* in espressioni di tempo:

saremo presto a Natale	= it will soon be Christmas
sono vent'anni che non lo vedo	= I haven't seen him for twenty years
è un pezzo che lo conosco	= I have known him for quite a long time / it's quite a long time since I met him first
da quant'è che non ci incontriamo?	= how long is it since we last met?
due anni or sono	= two years ago
che ora è?	= what time is it?
sono in anticipo, in ritardo, in tempo	= I'm early, late, in time
nei tempi che furono	= in time past, in times gone by
fu nel 1660	= it happened in 1660.

- *Essere* in espressioni di luogo:

sono a casa	= I'm at home
è a casa sua	= she is at her place
siete a letto?	= are you in bed?
Mr Roberts è in ufficio	= Mr Roberts is at the office
è da Sheila	= he is at Sheila's
sono di Milano (= ci abito)	= I come / am from Milan
sono di Milano (= ci sono nato)	= I was born in Milan
"di dove sei?" "sono siciliano"	= "where are you from?" "I come from Sicily".

- *Essere* in espressioni di misura:

sono sessantacinque chili	= I weigh / my weight is sixty-five kilos
è sulla quarantina	= he's about fourty
per la chiesa sono dieci minuti in macchina	= it's a ten minute drive to the church
fino a casa sono tre miglia	= it's three miles home
questa cintura è un metro e venti	= this belt is 1.2 metres long
saremo in trenta	= there will be thirty of us.

Significati di _essere_ in locuzioni

- È possibile elencare i principali significati che assume il verbo *essere* in diverse locuzioni, e i possibili equivalenti inglesi. In alcuni dei casi qui sotto elencati possono essere ripetuti molti esempi della sezione precedente.
- Quando *essere* significa *trovarsi* o *stare*, in senso letterale o figurato, si rende solitamente con *to be*:

il cinema è da quella parte	= the cinema is over there
tu sei in in piedi e loro sono sedute	= you are up and they are sitting
il cane è sdraiato vicino a me	= the dog is lying near me
sono nei guai	= I'm in trouble
se fossi in te	= if I were you
non vorrei essere nei suoi panni	= I shouldn't like to be in his shoes.

- Quando *essere* significa *accadere* o *avvenire*, si rende con *to be, to happen, to become*:

"che cosa è stato?" "era un tuono"	= "what was it?" "it was a thunder"
che ne sarà dei profughi?	= what will become of the refugees?
fu nel 1989	= it was / happened in 1989.

- Quando *essere* significa *diventare*, si rende con *to be* o *to become*:

presto sarò ricco	= I'll soon be rich
fu medico a ventisette anni	= he was a doctor at the age of twenty-seven.

- Quando *essere* significa *andare* si traduce in inglese con *to be* solo se il verbo è seguito da un complemento di luogo; in tal caso la preposizione usata in inglese è *to*, proprio perché *essere* non indica stato ma moto (andare e tornare da un posto):

non sono mai stato in Cina	= I've never been to China
sei mai stato a Londra?	= have you ever been to London?

Si noti il mutamento del tempo verbale e della preposizione in una possibile risposta a quest'ultima domanda: *sì, sono stato a Londra nel 1999* = yes, I was in London in 1999. Si ricordi anche che, se *essere* nel significato di *andare* è seguito da un verbo all'infinito va tradotto con il verbo *to go*:

è stato a trovare i suoi amici	= he's gone to see his friends
siamo stati a mangiare al ristorante	= we went to eat in a restaurant.

- Quando *essere* significa *arrivare*, si rende con *to arrive, to reach, to get* o *to be*:

fra due giorni saremo in Sud Africa!	= in two days we'll be in South Africa
ci siamo quasi	= we're almost there
non appena fummo a Los Angeles...	= as soon as we got to Los Angeles...

- Quando *essere* significa *costare*, si rende con *to be* o *to cost*:

quant'è?	= how much is it? / how much does it cost?
quant'è questa collana?	= how much is this necklace? / how much does this necklace cost?

- Quando *essere* significa *rappresentare*, si rende con *to be* o *to represent*:

il lavoro è tutto per lui	= his job represents everything for him.

- Quando *essere* significa *capire* (nel linguaggio colloquiale), si rende con *to get*:

ci sei?	= got it?

essenzialità /essentsjalit'ta/ f.inv. **1** *(qualità fondamentale)* essentiality **2** *(di stile)* terseness, pithiness.

essenzialmente /essentsjal'mente/ avv. essentially, basically.

▶ **1.essere** /'ɛssere/ [4] **I** intr. (aus. *essere*) ~ ***o non ~*** to be or not to be; ***sia la luce*** let there be light; ***era tutta in verde, bianco*** she was all in green, white; ***tre anni or sono*** three years ago; ***nel (bel) tempo che fu*** in the good old days; ***sono subito da lei, signora*** I'll be with you right away, madam; ***"sei brutto!" "sarai bello tu!"*** "you're ugly!" "you're not so handsome yourself!"; ***scemo sarai tu!*** you're the real idiot! ***che ne è di...?*** what (has become) of...? ***che ne è stato di tutte quelle belle promesse?*** what happened to all those fine promises? ***che ne sarà di noi?*** what will become of us? ***non è più fra noi*** EUFEM. he's no longer with us; ***non è da te, da lui*** it's not like you, him; ***fosse anche solo per un momento*** if only for a moment; ***se non fosse per la loro veneranda età...*** were it not *o* if it were not for their advanced age...; ***se non fosse stato per te, sarei morto*** had it not been for you, I would have died; ***se fossi in te, lui, loro...*** if I were you, him, them...; ***anche se*** o ***quandanche fosse*** even if it were so; ***per ~ un capo non è male*** as bosses go, she's not bad; ***per ~ bello è bello ma...*** I'm not saying he's not handsome, but...; ***può ~*** maybe, perhaps; ***può ~ che non venga*** he may *o* might not come; ***non può ~ (vero)!*** it can't be (true)! ***quel che è stato, è stato*** let bygones be bygones; ***sarà!*** *(forse)* maybe; *(ne dubito)* I have my doubts; ***sarà anche il capo ma*** he may be the boss, but; ***sarà quel che sarà*** what(ever) will be will be; ***e sia!*** so be it! ***sia come sia*** be that as it may; ***che è che non è, com'è come non è...*** = unexpectedly and for no apparent reason **II esserci, esservi** ***che (cosa) c'è?*** *(che succede?)* what is it? what's up? what's the matter? *(che vuoi?)* yes? *(con tono seccato)* what do you want? ***c'è che mi dà sui nervi*** she's getting on my nerves, that's what's wrong; ***c'è nessuno (in casa)?*** is anybody there *o* in? ***sono Luca, c'è tuo fratello?*** it's Luca, is your brother in *o* there? ***non ci sono per nessuno*** I'm not in for anyone; ***ce n'è per due ore*** it'll take two hours; ***c'era una volta*** once upon a time there was; ***ci sei o ci fai?*** COLLOQ. = are you thick or what? ***ci siamo*** *(ci risiamo)* there we go again; *(ecco che si comincia)* here we go.

▷ **2.essere** /'ɛssere/ m. **1** *(organismo vivente)* being; ***~ umano*** human being; ***~ vivente*** living being; ***un ~ razionale*** a rational being **2** *(persona)* person, creature; ***un ~ spregevole*** a despicable person **3** *(natura intima)* being; ***con tutto il proprio ~*** [*detestare, desiderare*] with one's whole being; ***ferito nel più profondo del proprio ~*** hurt to the core **4** *(esistenza)* being, existence ◆ ***porre in ~ qcs.*** to give shape *o* life to sth. ◆◆ ***l'~ supremo*** RELIG. the Supreme Being.

esserino /esse'rino/ m. *(bambino piccolo)* small child*; *(piccola creatura)* little creature, little thing.

▶ **essi** /'essi/ v. la nota della voce **io**. pron.pers.m.pl. **1** *(come soggetto)* they; ***chiunque ~ siano*** irrespective of who they are; ***~ stessi pensavano che*** they themselves thought that **2** *(come complemento)* them; ***uno, parecchi di ~*** one, several of them.

essiccamento /essikka'mento/ m. → **essiccazione.**

essiccante /essik'kante/ **I** agg. drying **II** m. desiccant, desiccative, drying agent.

essiccare /essik'kare/ [1] **I** tr. **1** *(prosciugare)* to drain, to dry up [*palude, terreno*] **2** *(seccare)* to desiccate, to exsiccate, to dry [*pesce, carne, fiori*]; ***~ al sole*** to dry in the sun **II essiccarsi** pronom. **1** *(diventare secco, asciutto)* to dry up **2** FIG. *(esaurirsi)* to dry up, to drain away.

essiccativo /essikka'tivo/ agg. drying, desiccative, siccative.

essiccato /essik'kato/ **I** p.pass. → **essiccare II** agg. [*cibo*] desiccated, dried.

essiccatoio, pl. **-oi** /essikka'tojo, oi/ m. **1** *(apparecchio, impianto)* drier, dryer, desiccator **2** *(luogo)* drying room.

essiccatore /essikka'tore/ m. (f. **-trice** /tritʃe/) **1** *(chi essicca)* = a person engaged in the drying process **2** → **essiccatoio.**

essiccazione /essikkat'tsjone/ f. desiccation, drying (process).

▶ **esso** /'esso/ v. la nota della voce **io**. pron.pers.m. **1** *(come soggetto) (riferito a persona o animale)* he; *(riferito a cosa o animale)* it; ***è venuto un signore, ma non so chi ~ fosse*** a gentleman called, but I don't know who he was **2** *(come complemento) (riferito a persona o animale)* him; *(riferito a cosa o animale)* it.

essoterico, pl. **-ci, -che** /esso'tɛriko, tʃi, ke/ agg. exoteric.

essudare /essu'dare/ intr. to exude (**da** from).

essudativo /essuda'tivo/ agg. exudative.

essudato /essu'dato/ **I** p.pass. → **essudare II** m. exudate.

essudazione /essudat'tsjone/ f. exudation.

▷ **est** /ɛst/ ➧ **29 I** m.inv. **1** *(punto cardinale)* east; ***andare a ~*** to go east *o* eastward(s); ***Venezia è a ~ di Milano*** Venice is east of Milan; ***più a ~*** farther east; ***diretto a ~*** eastbound; ***in direzione ~*** in an easterly direction; ***vento da ~*** east(erly) wind, easterly; ***esposto a ~*** [*casa, stanza*] east-facing; ***passare a ~ di qcs.*** to go east of sth. **2** *(regione)* east; ***l'~ della Francia*** the east of France; ***l'~ del Giappone*** eastern Japan **3** *(Europa orientale)* eastern Europe; ***i paesi dell'Est*** the East European countries **4** *(nei giochi di carte)* East **II** agg.inv. [*facciata, versante, costa*] east; [*frontiera, zona*] eastern; ***Berlino ~*** STOR. East Berlin; ***nella zona ~ di Londra*** in east London; ***40 gradi di longitudine ~*** 40 degrees longitude east.

estasi /'ɛstazi/ f.inv. ecstasy, rapture; ***~ religiosa*** religious ecstasy; ***in ~*** with *o* in rapture; ***andare in ~ per*** to go into raptures over *o* about; ***essere in ~ per*** to be in ecstasy *o* ecstasies over, to be in raptures over *o* about; ***mandare in ~ qcn.*** to send sb. into raptures.

estasiare /esta'zjare/ [1] **I** tr. to enrapture, to entrance **II estasiarsi** pronom. to go* into ecstasies, to go* into raptures (**davanti a, per** over).

estasiato /esta'zjato/ **I** p.pass. → **estasiare II** agg. enraptured, entranced; [*sguardo, aria*] enraptured; [*sorriso*] rapt; ***guardare ~ qcn.*** to look at sb. ecstatically.

▶ **estate** /es'tate/ ➧ **32** f. summer; ***d'~, in ~*** in summer; ***in piena ~*** in high summer; ***tempo*** o ***periodo d'~*** summertime; ***un giorno d'~*** one summer's day; ***solstizio d'~*** midsummer, summer solstice ◆◆ ***~ di S. Martino*** St Martin's summer; Indian summer (anche FIG.).

estaticamente /estatika'mente/ avv. ecstatically, rapturously.

estatico, pl. **-ci, -che** /es'tatiko, tʃi, ke/ agg. **1** *(di estasi)* ecstatic; ***rapimento ~*** ecstasy, rapture **2** *(estasiato)* enraptured, entranced; [*espressione, sorriso*] ecstatic.

estemporaneamente /estemporanea'mente/ avv. extempore, extemporaneously, extemporarily.

estemporaneità /estemporanei'ta/ f.inv. extemporaneousness.

estemporaneo /estempo'raneo/ agg. extemporary, extemporaneous, extempore; [*discorso*] impromptu, improvised; [*esibizione, traduzione, poeta, scrittore*] spontaneous.

▶ **estendere** /es'tɛndere/ [10] **I** tr. **1** *(ampliare)* to expand [*possedimenti, impero*]; to widen, to extend [*strada*] **2** FIG. *(allargare)* to extend, to expand [*conoscenze, sapere*]; to widen [*dibattito*]; to extend, to expand, to widen [*influenza, potere*]; ***~ la propria sfera d'attività*** to extend *o* expand one's range *o* scope of activity; ***~ la cerchia dei propri amici*** to extend one's circle of friends **3** *(rivolgere a più persone)* to grant, to bestow; ***~ un invito a qcn.*** to extend an invitation to sb. **II estendersi** pronom. **1** *(occupare uno spazio)* [*paesaggio, foresta, città*] to spread* (out) (**su** over); [*spiaggia, foresta, lago*] to extend (**fino a** as far as, up to; **oltre** beyond; **da** from); ***-rsi per miglia*** to stretch for miles; ***-rsi da est a ovest*** to run (from) east to west; ***tutta la città si estendeva sotto di loro*** the whole town was spread out below them **2** *(aumentare, diffondersi)* ~ **a** [*malattia, sciopero, sommosse*] to spread* to [*regione*]; ***la pioggia si estenderà a quasi tutte le regioni*** rain will spread to most regions.

estendibile /esten'dibile/ → **estensibile.**

estendibilità /estendibili'ta/ → **estensibilità.**

estense /es'tɛnse/ **I** agg. of the Este family; ***la dinastia ~*** the House of Este **II** m. e f. member of Este family.

estensibile /esten'sibile/ agg. **1** *(elastico)* extendible, expansible **2** [*saluto, invito*] that may be extended.

estensibilità /estensibili'ta/ f.inv. extensibility.

estensimetro /esten'simetro/ m. extensometer, strain gauge.

▷ **estensione** /esten'sjone/ f. **1** *(ampiezza) (di superficie, terreno, isola)* extent, size; ***su tutta l'~ del paese*** throughout the whole country **2** *(diffusione)* extension, spread; ***l'~ di qcs. a*** the spread of sth. to [*gruppo, luogo*] **3** *(allargamento) (di affermazione, dibattito)* amplification; *(di conoscenze, sapere)* breadth; *(di poteri, influenza)* extent **4** MUS. *(di voce, strumento)* compass, range **5** MED. *(trazione)* extension **6** *(di significato)* extension; ***e, per ~, la parola significa...*** and, by extension, the word means...

estensivo /esten'sivo/ agg. **1** AGR. [*coltivazione*] extensive **2** LING. [*senso, significato, uso*] broad **3** *(che estende)* ***interpretazione -a di una legge*** broad interpretation of a law.

estensore /esten'sore/ **I** agg. ***muscolo ~*** extensor **II** m. **1** *(compilatore)* drafter **2** ANAT. *(muscolo)* extensor **3** SPORT chest expander.

estenuante /estenu'ante/ agg. *(faticoso)* [*lavoro, attività, viaggio*] exhausting, tiring, draining; *(snervante)* [*attesa*] exasperating.

estenuare /estenu'are/ [1] **I** tr. *(sfinire)* to exhaust, to tire out, to wear* out **II estenuarsi** pronom. to exhaust oneself, to get* exhausted.

estenuato /estenu'ato/ **I** p.pass. → **estenuare II** agg. [*persona*] exhausted, worn-out, tired out.

estenuazione /estenuat'tsjone/ f. exhaustion, weariness.

Ester /'ɛster/ n.pr.f. Esther, Hester.

esterasi /este'razi/ f.inv. esterase.

estere /'ɛstere/ m. ester.

esterificare /esterifi'kare/ [1] tr. to esterify.

esterificazione /esterifikat'tsjone/ f. esterification.

esteriore /este'rjore/ **I** agg. **1** *(esterno)* [*realtà, mondo*] external, outward, outer, outside; *(relativo all'aspetto fisico)* ***aspetto ~*** external *o* outward appearance; ***giudicare le persone dal loro aspetto ~*** to judge people by their outward appearance **2** FIG. *(apparente, superficiale)* outward, superficial; ***nonostante la sua calma ~*** in spite of his outward calm **II** m. **1** *(esterno)* exterior, outside **2** *(apparenza)* outward appearance.

esteriorità /esterjori'ta/ f.inv. **1** *(aspetto esteriore)* outward appearance, exteriority, externality, outwardness **2** *(apparenza, superficialità)* superficiality.

esteriorizzare /esterjorid'dzare/ [1] **I** tr. MED. PSIC. to exteriorize **II esteriorizzarsi** pronom. [*emozione*] to be* expressed, to come* out.

esteriorizzazione /esterjoriddzat'tsjone/ f. exteriorization.

esteriormente /esterjor'mente/ avv. **1** *(dall'esterno)* exteriorly, externally, outwardly, from the outside **2** *(in apparenza)* outwardly, externally.

esterna /es'tɛrna/ f. *(allieva)* day girl BE.

esternamente /esterna'mente/ avv. exteriorly, externally.

esternare /ester'nare/ [1] **I** tr. to express, to show*, to display [*sentimento*]; to express [*dubbio*] **II esternarsi** pronom. **1** *(manifestarsi)* to be* expressed **2** *(confidarsi)* to confide (**a** in).

esternato /ester'nato/ m. = day pupil status.

esternazione /esternat'tsjone/ f. expression, manifestation.

▶ **esterno** /es'tɛrno/ **I** agg. **1** *(che è fuori)* [*muro, scala*] outer; [*superficie*] external; [*decorazioni*] exterior; ***temperatura -a*** outside temperature; ***il lato ~*** the outer side; ***aspetto ~*** outward appearance; ***angolo ~*** MAT. exterior *o* external angle; ***solo per uso ~*** FARM. for external use *o* application only, not to be taken internally; ***riprese -e*** exterior shots **2** *(che circonda l'individuo)* [*mondo, realtà*] external (**a** to); ***il mondo ~*** the outside world **3** *(che viene da fuori)* [*causa, controllo, intervento, problema*] external; [*rumore*] extraneous; [*influenza, stimolo*] extrinsic; ***un osservatore ~*** an outside observer **4** SPORT ***partita -a*** away match **II** m. **1** *(parte, lato esteriore)* outside, exterior; ***dall'~*** [*chiuso, visto*] from the outside; ***all'~*** on the exterior *o* outside; ***all'~ della casa*** outside the house; ***la finestra si apre verso l'~*** the window opens outwards; ***non si può aprire la porta dall'~*** you can't open the door from the outside **2** *(il mondo intorno a sé)* outside world; ***aprirsi sul mondo ~*** o ***verso l'~*** to open up to the outside world **III** m. **1** *(chi non appartiene a un'organizzazione)* outsider **2** SPORT ***~ destro, sinistro*** *(nel calcio)* outside right, left; ***~ centro*** *(nel baseball)* centre-fielder **3** *(allievo)* dayboy BE **IV esterni** m.pl. CINEM. TELEV. outdoor location shots; ***in -i*** [*trasmissione*] outside, on location; ***scena in -i*** outdoor scene; ***girare in -i*** to go on location.

▶ **estero** /'ɛstero/ **I** agg. [*paese, politica*] foreign; [*mercato, commercio*] foreign, overseas, external; [*debito*] external; ***cambio ~*** foreign exchange; ***aiuti ai paesi -i*** overseas aid; ***corrispondente ~*** GIORN. foreign (affairs) correspondent; ***ministro degli affari -i*** POL. foreign minister **II** m. foreign countries pl.; ***vivere, lavorare all'~*** to live, work abroad *o* overseas; ***viaggi all'~*** overseas *o* foreign travel; ***un incarico all'~*** an overseas posting; ***fabbricato all'~*** foreign-made; ***notizie dall'~*** GIORN. news from abroad, foreign news; ***corrispondente dall'~*** GIORN. foreign (affairs) correspondent **II esteri** m.pl. POL. ***ministro degli -i*** foreign minister; ***ministero degli -i*** foreign ministry.

esterofilia /esterofi'lia/ f. xenophilia.

esterofilo /este'rɔfilo/ **I** agg. xenophile **II** m. (f. **-a**) xenophile.

esterofobia /esterofo'bia/ f. xenophobia.

esterrefatto /esterre'fatto/ agg. astonished, appalled; ***rimanere ~*** to be flabbergasted *o* dumbfounded.

estesamente /esteza'mente/ avv. **1** *(diffusamente)* [*discutere, raccontare*] extensively, diffusely **2** *(ampiamente)* widely.

▷ **esteso** /es'teso/ **I** p.pass. → **estendere II** agg. **1** [*territorio, regione, pianura*] extended, broad, wide; *(dettagliato)* [*conoscenze*] extensive, comprehensive, vast; *(diffuso)* [*bruciature*] extensive **2 per esteso** *(per intero)* [*scrivere, firmare*] in full; *(in dettaglio)* at length.

esteta, m.pl. **-i**, f.pl. **-e** /es'tɛta/ m. e f. aesthete.

estetica /es'tɛtika/ f. **1** FILOS. aesthetics + verbo sing. **2** *(aspetto esteriore, bellezza)* appearance, beauty; ***curare l'~*** to take care of one's appearance.

esteticamente /estetika'mente/ avv. aesthetically.

esteticità /estetitʃi'ta/ f.inv. *(di opera d'arte)* aesthetic quality.

estetico, pl. **-ci**, **-che** /es'tɛtiko, tʃi, ke/ agg. **1** [*qualità, senso*] aesthetic(al) **2** *(bello)* beautiful, attractive, lovely **3** MED. ***chirurgia -a*** cosmetic surgery.

estetismo /este'tizmo/ m. aestheticism.

estetista, m.pl. **-i**, f.pl. **-e** /este'tista/ ♦ ***18*** m. e f. beautician, beauty specialist, beauty consultant.

estetizzante /estetid'dzante/ agg. [*moda, tendenza*] following aestheticism; [*persona*] = excessively refined in style, manners etc.

estetizzare /estetid'dzare/ intr. = to pose as an aesthete.

estimativo /estima'tivo/ agg. estimative, evaluative.

estimatore /estima'tore/ m. (f. **-trice** /tritʃe/) **1** *(conoscitore)* connoisseur, admirer **2** *(stimatore)* estimator, appraiser; *(di case)* surveyor BE.

estimo /'ɛstimo/ m. **1** *(stima)* estimate, valuation **2** *(rendita imponibile)* ***~ catastale*** cadastral survey **3** *(disciplina)* = valuation of goods.

estinguere /es'tingwere/ [40] **I** tr. **1** *(spegnere)* to extinguish, to put* out, to blow* out, to stamp out [*incendio, fiamme*]; FIG. to quench, to slake [*sete*] **2** *(saldare)* to extinguish, to cancel, to discharge, to wipe out [*debito*]; *(in banca)* to close [*conto*]; ***~ un'ipoteca*** to pay off *o* clear a mortgage **3** FIG. *(fare svanire)* to cancel, to wipe out [*ricordo*] **II estinguersi** pronom. **1** *(spegnersi)* [*fiamma, incendio*] to burn* out; [*vulcano*] to become* extinct **2** *(scomparire)* [*famiglia, specie, razza, animale*] to die* out, to become* extinct **3** FIG. [*ricordo, fama*] to die.

estinguibile /estin'gwibile/ agg. **1** [*incendio*] extinguishable **2** [*debito*] payable; [*ipoteca*] redeemable.

estinto /es'tinto/ **I** p.pass. → **estinguere II** agg. **1** *(spento)* [*fuoco*] extinguished, extinct, dead; [*vulcano*] extinct **2** *(scomparso)* [*specie, animale, pianta*] extinct **3** *(in banca)* [*conto*] closed **4** *(defunto)* dead, deceased **III** m. (f. **-a**) ***l'~*** the deceased, the departed.

estintore /estin'tore/ m. (fire) extinguisher ◆◆ ***~ a schiuma*** foam extinguisher.

estinzione /estin'tsjone/ f. **1** *(scomparsa) (di specie, razza, animale)* extinction; ***rischiare l'~, essere in via di ~*** [*specie, razza*] to be threatened with extinction, to be vanishing, to be endangered; ***appartenere a una specie in via d'~*** to be one of a dying breed **2** *(spegnimento) (di incendio)* extinction, extinguishment **3** *(di de-*

bito) discharge, extinction, payment; ~ ***della pena*** DIR. discharge, release.

estirpabile /estir'pabile/ agg. eradicable.

estirpare /estir'pare/ [1] tr. **1** to eradicate, to extirpate, to dig* out, to uproot [*pianta, erbacce*]; CHIR. to extract, to draw* (out), to pull (out) [*dente*] **2** FIG. to eradicate, to extirpate, to root out [*malattia, povertà, vizio, male*].

estirpatore /estirpa'tore/ **I** agg. extirpating **II** m. AGR. extirpator, grubber.

estirpazione /estirpat'tsjone/ f. **1** *(di pianta, di erbacce)* extirpation **2** CHIR. *(di dente)* extraction **3** FIG. *(di malattia, povertà, vizio, male)* eradication, extirpation.

estivare /esti'vare/ [1] tr. to summer AE [*bestiame*].

estivazione /estivat'tsjone/ f. BOT. ZOOL. aestivation.

▷ **estivo** /es'tivo/ agg. summer attrib., summery; ***vacanze -e*** summer holiday BE, summer vacation AE; ***una giornata -a*** a summer('s) day; ***la calura -a*** the summer heat; ***stazione -a*** summer resort; ***orario ~*** summer timetable; ***corso ~*** summer school.

estone /'ɛstone/ ➧ **25, 16 I** agg. Estonian **II** m. e f. *(persona)* Estonian **III** m. *(lingua)* Estonian.

Estonia /es'tɔnja/ ➧ **33** n.pr.f. Estonia.

estorcere /es'tɔrtʃere/ [94] tr. to extort, to wring* [*denaro*] (**a qcn.** from sb.); to draw* out [*confessione*]; to extract [*promessa*] (**a qcn.** from sb.); ~ ***qcs. a qcn.*** to force *o* screw *o* wring sth. out of sb.

estorsione /estor'sjone/ f. extortion; ***essere accusato di ~ (di denaro)*** to be accused of extorting money; ***sequestro a scopo di ~*** kidnap, kidnapping.

estorsore /estor'sore/ → **estortore.**

estortore /estor'tore/ m. (f. **-trice**) extortioner, extortionist.

estra /'ɛstra/ → **extra.**

estradabile /estra'dabile/ agg. [*persona*] extraditable.

estradare /estra'dare/ [1] tr. to extradite [*criminale*] (**da** from; **verso** to).

estradizione /estradit'tsjone/ f. extradition (**da** from; **verso** to); ***una domanda*** o ***richiesta d'~*** a request for extradition; ***procedura d'~*** extradition proceedings; ***passibile di ~*** [*reato*] extraditable.

estradosso /estra'dɔsso/ m. ARCH. extrados.

estragone /estra'gone/ m. BOT. tarragon.

estraibile /estra'ibile/ agg. extractable; ***frontalino ~*** *(di autoradio)* removable front panel; ***letto ~*** truckle bed BE.

estrale /es'trale/ agg. ZOOL. [*ciclo*] oestrous BE, estrous AE.

estraneità /estranei'ta/ f.inv. extraneousness; ***dimostrare la propria ~ a*** to prove one's ignorance of [*fatto, delitto, complotto*].

▶ **estraneo** /es'traneo/ **I** agg. **1** *(non in relazione)* ~ ***a*** [*persona*] not involved in [*faccenda, attività*]; [*fatto*] with no bearing on [*problema*]; [*comportamento*] unrelated to [*etica*]; ***tua sorella non è -a alla faccenda*** your sister is not uninvolved in the matter; ***mantenersi, rimanere ~ a qcs.*** to keep one's distance from sth., to take no part in sth.; ***corpo ~*** MED. foreign body **2** *(non attinente)* extraneous, alien, foreign (**a** to) **3** *(sconosciuto)* [*persona, voce, teoria*] strange, unfamiliar; ***mi sono del tutto -i*** they're perfect strangers to me **II** m. (f. **-a**) stranger, foreigner, outsider; ***sono un ~ in casa mia*** I'm a stranger in my own home; ***mi sono sentito veramente un ~*** I felt very much the foreigner.

estraniare /estra'njare/ [1] **I** tr. to estrange, to alienate (**da** from) **II estraniarsi** pronom. *(allontanarsi)* ***-rsi dal mondo*** to live estranged from the world; *(isolarsi)* to cut* oneself off, to shut* oneself off, to withdraw* into oneself.

estraniazione /estranjat'tsjone/ f. estrangement, alienation.

estrapolare /estrapo'lare/ [1] tr. **1** MAT. to extrapolate **2** *(dedurre)* to extrapolate, to extract; ~ ***una frase dal contesto*** to take a sentence out of context.

estrapolazione /estrapolat'tsjone/ f. extrapolation (**da** from).

▷ **estrarre** /es'trarre/ [95] tr. **1** *(ricavare)* to extract, to mine [*minerale, pietre preziose*]; to dig* [*carbone, torba*] (**da** out of); to extract, to distil BE, to distill AE, to milk [*essenza, succo*] **2** *(tirare fuori)* to pull, to draw* (out), to extract [*dente*]; to extract [*pallottola*] (**da** from); to draw* (out), to dig* out [*scheggia, spina, chiodo*] (**da** of, from); to draw* [*coltello, spada*]; to draw*, to pull COLLOQ. [*pistola*]; to dig* out, to pull out [*ferito, cadavere*] (**da** of); ~ ***qcs. da*** to produce *o* extract sth. from [*tasca, borsa*]; ***farsi ~ un dente*** to have an extraction, to have a tooth out *o* pulled; ~ ***una carta dal mazzo*** to draw a card (from the pack); ~ ***una spada dal fodero*** to slide a sword out of its scabbard **3** *(sorteggiare)* to draw* [*numero, nome*]; ***estrarremo a sorte i nomi dei vincitori*** we'll draw the winners out of a hat; ***essere estratto a sorte*** to be chosen *o* decided by lot **4** *(trarre, derivare)* to excerpt [*brano*]; ***passo, brano estratto da un romanzo*** excerpt *o* extract from a novel; ~ ***qcs. da*** *(dedurre)* to abstract sth. from [*documenti, dati*] **5** MAT. to extract [*radice*].

estrattivo /estrat'tivo/ agg. [*industria, processo*] extractive.

estratto /es'tratto/ **I** p.pass. → **estrarre II** agg. **1** *(sorteggiato)* [*numero*] drawn **2** MIN. [*materiale, carbone*] extracted **III** m. **1** *(passo, brano)* extract, excerpt, excerption **2** *(di una sostanza)* extract; ~ ***di carne, di malto*** meat, malt extract **3** BUROCR. *(certificato)* certificate; *(copia)* abstract, estreat **4** *(articolo stampato a parte)* offprint **5** *(numero estratto)* ***il primo, secondo ~*** the first, second number drawn **6** BANC. ~ ***conto*** (bank) statement.

estrattore /estrat'tore/ m. ARM. extractor, ejector.

estrazione /estrat'tsjone/ f. **1** MIN. *(di minerale, gas)* extraction; *(di carbone, diamanti)* mining; ~ ***dell'oro*** gold mining; ***pozzo d'~*** mineshaft **2** *(asportazione)* *(di pallottola, dente)* extraction **3** *(sorteggio)* draw, lot; ***-i del lotto*** lotto draw; ~ ***a premi*** prize draw **4** *(origine)* extraction, origin; ~ ***sociale*** social rank; ***un uomo di bassa, alta ~*** a man of high, low estate **5** MAT. *(di radice)* extraction **6** CHIM. *(di olio, idrocarburi)* extraction.

estremamente /estrema'mente/ avv. extremely, in the extreme; ***riuscire ~ bene*** to do extremely well; ~ ***prudente*** cautious in the extreme.

estremismo /estre'mizmo/ m. extremism; ***l'~ di destra, di sinistra*** right, left extremism.

estremista, m.pl. **-i**, f.pl. **-e** /estre'mista/ **I** agg. extremist; ***la frangia ~ del movimento*** the extremist fringe of the movement; ***avere delle posizioni -e*** to be extreme in one's views; ***trovo che sia piuttosto ~*** I find him rather extreme **II** m. e f. extremist.

estremistico, pl. **-ci**, **-che** /estre'mistiko, tʃi, ke/ agg. extremist.

▷ **estremità** /estremi'ta/ **I** f.inv. *(capo)* end, extremity; *(punta)* tip, point; ***alle due ~*** at both ends; ***a una ~ di qcs.*** at one extreme of sth.; ***da un'~ all'altra*** from side to side; ***unire le ~, un'~ all'altra*** to fasten the ends together, to join one end to another *o* the other; ~ ***alare*** AER. wing tip **II estremità** f.pl. *(piedi o mani)* extremities, limbs.

▶ **estremo** /es'trɛmo/ **I** agg. **1** *(il più distante)* [*punto, limite*] extreme, furthest, outer; ***l'~ nord, sud*** the extreme *o* far north, south; ***il punto ~*** the furthermost point; ***gli -i confini della terra*** the utmost ends of the earth; ***l'-a periferia della città*** the edge of the city, the outer suburbs; ***Estremo Oriente*** GEOGR. Far East **2** *(grandissimo)* [*severità, semplicità, difficoltà, coraggio*] extreme; [*povertà*] extreme, dire, abject; [*passione*] intense; ***con -a precisione*** with complete accuracy **3** *(grave)* [*situazione*] extreme; *(drastico)* [*decisione, rimedio*] drastic; *(eccezionale)* [*temperatura*] extreme; ***usare i mezzi -i*** to resort to drastic measures; ***è un caso ~*** it's a borderline case, it's an extreme case; ***resistere a temperature -e*** to withstand extremes of temperatures; ***sport -i*** extreme sports **4** *(ultimo)* last, final; ***rendere a qcn. l'~ omaggio*** to pay one's last respects to sb.; ***la sua -a dimora*** FIG. his last resting place; ***-a unzione*** RELIG. extreme unction; ***gli -i conforti*** RELIG. the last rites **5** POL. ***l'-a destra, sinistra*** the far *o* hard right, left; ***essere all'-a destra, sinistra*** to be on the extreme right, left; ***sono di -a destra*** they are very right-wing **II** m. **1** *(culmine, eccesso)* extreme; ***portare*** o ***spingere qcs. all'~*** to take *o* carry sth. to extremes; ***andare agli -i*** to go to extremes; ***essere spinto all'~*** to be driven to extremes; ***passare da un ~ all'altro*** to go from one extreme to the other, to go from pole to pole; ***all'~ opposto, inverso*** at the other extreme; ***spingere qcn. agli -i*** to push sb. to the brink; ***gli -i della passione, della crudeltà*** the extremes of passion, cruelty; ***essere (ridotto) agli -i*** *(in fin di vita)* to be on the point of death, to be close to death **2** *(estremità)* extremity, extreme, end; ***a un ~ di qcs.*** at one extreme of sth. **3** MAT. *(di una proporzione)* extreme **4** SPORT *(nel rugby)* full-back **III estremi** m.pl. **1** BUROCR. *(dati essenziali)* essential data, particulars; ***gli -i di un documento*** the details of a document **2** DIR. ***trovare gli -i di un reato*** to find sufficient grounds to proceed ◆ ***a mali -i, -i rimedi*** PROV. desperate diseases require desperate remedies; ***gli -i si toccano*** extremes meet.

estrilda /es'trilda/ f. waxbill.

estrinsecare /estrinse'kare/ [1] **I** tr. to express, to manifest, to show* **II estrinsecarsi** pronom. to be* expressed.

estrinsecazione /estrinsekat'tsjone/ f. manifestation, expression.

estrinseco, pl. **-ci**, **-che** /es'trinseko, tʃi, ke/ agg. [*motivi, valore*] extrinsic.

estro /'ɛstro/ m. **1** *(ispirazione)* inspiration; ~ ***creativo*** creativity, creative flair; ~ ***poetico*** poetic inspiration, afflatus **2** *(capriccio)* fancy, whim; ***le è venuto l'~ di viaggiare*** she has taken a fancy to travelling, she has taken it into her head to travel; ***quando mi viene l'~*** when the fancy takes me **3** ZOOL. *(calore)* oestrus BE, estrus AE, oestrum BE, estrum AE ◆◆ ~ ***bovino*** ENTOM. warble fly.

estrofia /estro'fia/ f. exstrophy.

estrogeno /es'trɔdʒeno/ **I** agg. oestrogenic BE, estrogenic AE **II** m. oestrogen BE, estrogen AE.

estromettere /estro'mettere/ [60] tr. to expel, to exclude, to oust (**da** from).

estromissione /estromis'sjone/ f. expulsion, exclusion, ouster.

estrorso /es'trɔrso/ agg. BOT. extrorse.

estrosità /estrosi'ta/ f.inv. **1** *(creatività, originalità)* creativity, originality, flair **2** *(trovata estrosa)* whim, caprice.

estroso /es'troso/ agg. **1** *(creativo)* creative, imaginative **2** *(capriccioso)* fanciful, whimsical.

estroversione /estrover'sjone/ f. extroversion.

estroverso /estro'vɛrso/ **I** agg. [*persona*] extrovert(ed), outgoing **II** m. (f. **-a**) extrovert.

estrudere /es'trudere/ [101] tr. IND. to extrude [*metallo, plastica*].

estrusione /estru'zjone/ f. IND. extrusion.

estrusivo /estru'zivo/ agg. [*roccia*] extrusive.

estrusore /estru'zore/ m. IND. extruder.

estuario, pl. **-ri** /estu'arjo, ri/ m. estuary; ***ambiente di*** ~ estuarine environment.

esuberante /ezube'rante/ agg. **1** *(sovrabbondante)* [*produzione*] exuberant, overabundant, superabundant **2** *(rigoglioso)* [*vegetazione*] exuberant, lush, luxuriant **3** *(florido, prosperoso)* [*corpo*] shapely **4** FIG. *(vivace)* [*carattere, persona*] exuberant, lively, buoyant.

esuberanza /ezube'rantsa/ f. **1** *(sovrabbondanza)* exuberance, exuberancy, superabundance **2** *(rigoglio)* luxuriance, luxuriancy **3** FIG. *(vitalità)* exuberance, exuberancy, liveliness; ~ ***giovanile*** youthful exuberance.

esubero /e'zubero/ m. *(eccedenza)* excess, superabundance; ***lavoratori in*** ~ redundant *o* surplus workers; ~ ***di personale*** overmanning, overstaffing, surplus staff; ***nel settore c'era un ~ di personale*** the section was overstaffed *o* overmanned.

esulare /ezu'lare/ [1] intr. (aus. *avere*) to lie* outside; ***quel problema esula dalla nostra sfera di competenza*** that question is not within our terms of reference; ~ ***dalla competenza di qcn.*** to be outside sb.'s jurisdiction.

esulcerare /ezultʃe'rare/ [1] **I** tr. **1** *(ulcerare)* to ulcerate **2** FIG. *(esacerbare)* to exacerbate, to embitter **II esulcerarsi** pronom. to ulcerate.

esulcerazione /ezultʃerat'tsjone/ f. ulceration.

esule /'ɛzule/ **I** agg. exiled, expatriate, expat COLLOQ. **II** m. e f. exile, expatriate, expat COLLOQ.

esultante /ezul'tante/ agg. [*persona*] exultant, elated; [*espressione*] triumphant; [*folla*] jubilant, rejoicing.

esultanza /ezul'tantsa/ f. exultation, exultance, exultancy, elation, jubilation; ***con*** ~ with exultation, exultantly.

esultare /ezul'tare/ [1] intr. (aus. *avere*) to exult (**per** at, in); to rejoice (**per** at, over); to be* jubilant (**per** about, at, over); ~ ***per aver sconfitto il nemico*** to exult over one's enemy.

esumare /ezu'mare/ [1] tr. **1** to exhume, to disinter [*cadavere*] **2** FIG. to exhume, to dig* up, to unearth.

esumazione /ezumat'tsjone/ f. **1** exhumation, disinterment; ***ordine di*** ~ exhumation order **2** FIG. exhumation.

esuvia /e'zuvja/ f. ZOOL. exuviae pl.; ***perdere l'*** ~ [*animale, serpente*] to exuviate.

esuviale /ezu'vjale/ agg. ZOOL. exuvial.

esuviazione /ezuvjat'tsjone/ f. ZOOL. exuviation.

▶ **età** /e'ta/ ⧫ *8* f.inv. **1** *(numero di anni di vita)* age; ***ha la tua*** ~ she's your age; ***hanno la stessa*** ~ they are the same age, they are of an age; ***avere la stessa ~ di qcn.*** to be as old as sb.; ***ha il doppio della sua*** ~ she's double *o* twice his age; ***di ~ compresa tra i 20 e i 25 anni*** aged between 20 and 25; ***all'~ di 14 anni*** at the age of 14, at 14 years of age; ***dall'~ di 12 anni*** from the time (that) *o* since I was 12; ***la maggiore*** ~ legal age, majority DIR.; ***raggiungere la maggiore*** ~ to come of age; ***la minore*** ~ minority DIR.; ***dimostrare la propria*** ~ to look *o* show one's age; ***dimostra meno della sua*** ~ he looks young for his age, he's young-looking; ***essere maturo per la propria*** ~ to be mature *o* grown up for one's age; ***non avere*** ~ to be ageless; ***un uomo di una certa*** ~ an elderly man; ***ha l'~ per votare?*** is he old enough to vote? ***limite di*** ~ age limit; ***fascia d'*** ~ age range, age group, age bracket; ***in ~ da marito*** [*ragazza*] of marriageable age, nubile FORM. **2** *(maturità, vecchiaia)* age; ***con l'*** ~ with age, with the advance of old age; ***addolcirsi con l'*** ~ to get *o* grow mellow with age; ***la saggezza viene con l'*** ~ wisdom comes with age **3** *(periodo della vita)* age; ***a ogni*** o ***a tutte le*** ~ at any age; ***alla mia*** ~ at my time of life; ***in tenera*** ~ in (one's) infancy; ***un bambino in tenera*** ~ a child of tender years LETT.; ***in giovane*** ~ at an early age; ~ ***adulta*** adulthood **U**; ***nell'~ adulta*** in adult life; ~ ***virile*** manhood **U**; ***mezza*** ~ middle age, midlife; ***essere di mezza*** ~ to be middle-aged; ***crisi di mezza*** ~ midlife crisis; ***in ~ avanzata*** late in life; ***vivere fino a tarda*** ~ to live to a ripe old age; ***non ha più l'~ per la discoteca*** she's grown out of discos; ***non avere più l'*** ~ to be past it COLLOQ. **4** *(epoca)* age, period, era; ***l'~ Elisabettiana*** the Elizabethan Age; ***l'~ della cavalleria*** the age of chivalry ◆◆ ~ ***del bronzo*** Bronze Age; ~ ***critica*** *(adolescenza)* awkward age; *(menopausa)* menopause, change of life; ~ ***del ferro*** Iron Age; ~ ***dei lumi*** STOR. Age of Reason; ~ ***mentale*** mental age; ~ ***dell'oro*** MITOL. golden age; ~ ***pensionabile*** pension *o* retirement age; ***avere l'~ pensionabile*** to be of pension *o* retirement age; ~ ***della pietra*** Stone Age; ~ ***della ragione*** age of discretion; ~ ***scolare*** school age.

etacismo /eta'tʃizmo/ m. etacism.

etano /e'tano/ m. ethane.

etanolo /eta'nɔlo/ m. ethanol.

etc. ⇒ eccetera et cetera (etc.).

etcì → **eccì**.

etera /e'tɛra/ f. hetaera*.

1.etere /'ɛtere/ m. **1** LETT. *(aria, cielo)* ether, air, sky **2** RAD. TELEV. ***comunicare via*** ~ to communicate by air.

2.etere /'ɛtere/ m. CHIM. ether.

etereo /e'tɛreo/ agg. **1** *(dell'aria, del cielo)* ethereal, airy **2** *(celestiale)* [*bellezza, musica*] ethereal.

eterificare /eterifi'kare/ [1] **I** tr. to etherify [*alcol*] **II eterificarsi** pronom. to etherify.

eterificazione /eterifikat'tsjone/ f. etherification.

eterismo /ete'rizmo/ m. etherism.

eterizzare /eterid'dzare/ [1] tr. to etherize.

eterizzazione /eteriddzat'tsjone/ f. etherization.

eternamente /eterna'mente/ avv. eternally, forever; ~ ***riconoscente*** eternally grateful; ~ ***in ritardo*** perpetually *o* continually late.

eternare /eter'nare/ [1] **I** tr. to eternize, to eternalize, to immortalize, to perpetuate **II eternarsi** pronom. to become* eternal, to last forever.

eternit® /'ɛternit/ m.inv. fibro-cement, asbestos cement.

eternità /eterni'ta/ f.inv. **1** *(durata)* eternity, timelessness; ***per l'*** ~ for all eternity, forever **2** *(immortalità)* eternity, immortality; ***l'uomo aspira all'*** ~ man aspires to the eternal **3** *(tempo lunghissimo)* eternity; ***sembrare un'*** ~ to seem like a lifetime; ***aspetto da un'*** ~ I've been waiting for ages; ***ha impiegato un'~ per rispondere*** it seemed an eternity before he answered.

▶ **eterno** /e'tɛrno/ **I** agg. **1** *(imperituro)* [*verità*] eternal; [*amore*] undying; ***giurare -a fedeltà*** to swear eternal fidelity; ***il sonno*** ~ EUFEM. the big sleep; ~ ***riposo*** EUFEM. eternal rest; ***la Città Eterna*** *(Roma)* the Eternal City **2** RELIG. [*dannazione, salvezza*] eternal; [*vita*] eternal, everlasting **3** *(senza fine)* eternal, everlasting, neverending; [*discorso, dibattito*] endless **4** *(costante)* ***l'~ ottimista*** ever the optimist, the eternal optimist **5** *(indistruttibile)* [*scarpe, vestito*] indestructible, durable **II** m. **1** *(Dio)* ***l'Eterno*** the Eternal **2** *(eternità)* eternity **3 in eterno** forever, forevermore; ***non aspetteremo in*** ~ we won't wait forever; ***non può durare in*** ~ it can't go on, last forever ◆◆ ~ ***femminino*** eternal feminine.

etero /'ɛtero/ **I** agg. COLLOQ. (accorc. eterosessuale) hetero, straight **II** m. e f.inv. COLLOQ. (accorc. eterosessuale) hetero*, straight.

eterocarpo /etero'karpo/ agg. heterocarpous.

eterociclico, pl. **-ci, -che** /etero'tʃikliko, tʃi, ke/ agg. heterocyclic.

eteroclito /ete'rɔklito/ agg. **1** LING. [*parola*] heteroclite **2** LETT. *(disomogeneo, disparato)* [*oggetti, materiale*] miscellaneous.

eterodina /etero'dina/ f. heterodyne.

eterodiretto /eterodi'rɛtto/ agg. other-directed.

eterodossia /eterodos'sia/ f. heterodoxy.

eterodosso /etero'dɔsso/ **I** agg. **1** RELIG. heterodox, unorthodox **2** *(anticonformista)* [*persona*] nonconformist, unconventional **II** m. (f. **-a**) **1** RELIG. heterodox, unorthodox person **2** *(anticonformista)* unconventional person, nonconformist.

eterofillia /eterofil'lia/ f. heterophylly.

eterofillo /etero'fillo/ agg. heterophyllous.

eterogamete /eteroga'mɛte/ m. heterogamete.

eterogamia /eteroga'mia/ f. heterogamy.

eterogeneità /eterodʒenei'ta/ f.inv. heterogeneity, miscellaneousness.

eterogeneo /etero'dʒɛneo/ agg. **1** *(composito)* [*gruppo*] heterogeneous, mixed, disparate **2** CHIM. heterogeneous.

eterogenesi /etero'dʒɛnezi/ f.inv. heterogenesis.

eteroinnesto /eteroin'nɛsto/ m. heterograft.

eterologo /ete'rɔlogo/ agg. heterologous.

eteromania /eteroma'nia/ f. etheromania.
eteromorfismo /eteromor'fizmo/ m. heteromorphism.
eteromorfo /etero'mɔrfo/ agg. heteromorphic.
eteronimia /eteroni'mia/ f. heteronymy.
eteronimo /ete'rɔnimo/ agg. heteronymous.
eteronomia /eterono'mia/ f. heteronomy.
eteronomo /ete'rɔnomo/ agg. heteronomous.
eterosessuale /eterosessu'ale/ **I** agg. heterosexual, straight COLLOQ. **II** m. e f. heterosexual, straight COLLOQ.
eterosessualità /eterosessuali'ta/ f.inv. heterosexuality.
eterotassi /etero'tassi/ f.inv. heterotaxia, heterotaxy.
eterotermo /etero'tɛrmo/ agg. heterothermic.
eterotopia /eteroto'pia/ f. heterotopy.
eterotrapianto /eterotra'pjanto/ m. *(singolo trapianto)* heterotransplant, heterograft, xenograft; *(tecnica)* xenotransplantation.
eterotrofo /ete'rɔtrofo/ agg. ***organismo ~*** heterotroph.
eterozigote /eteroddzi'gɔte/ **I** agg. heterozygous **II** m. heterozygote.
ethos /'ɛtos/ m.inv. ethos.
etica /'ɛtika/ f. **1** FILOS. ethic, ethics pl. + verbo sing. **2** *(concezione morale)* ethics pl. + verbo pl.; ***~ professionale*** professional ethics, professional etiquette.
eticamente /etika'mente/ avv. ethically.
▷ **1.etichetta** /eti'ketta/ f. **1** label; *(cartellino)* tag, tab, ticket; ***mettere un'~ su qcs.*** to press a label onto sth., to label sth.; ***~ adesiva*** sticky label, sticker; ***~ gommata*** gummed label **2** FIG. *(definizione schematica)* label, tag; ***affibbiare un'~ a qcn., qcs.*** to hang, stick a label on sb., sth.; ***la sua opera gli ha valso l'~ di sovversivo*** his work earned him the tag "subversive" **3** LING. label **4** INFORM. label, tag ◆◆ ***~ discografica*** (record) label.
▷ **2.etichetta** /eti'ketta/ f. *(protocollo)* etiquette, ceremonial; ***venir meno all'~*** to fail to respect the rules of etiquette.
etichettare /etiket'tare/ [1] tr. **1** *(apporre un'etichetta)* to label, to tag, to ticket [*prodotto, merce*] **2** *(catalogare)* to label, to pigeonhole BE (**come** as); ***il film è stato etichettato come surreale*** the film was tagged "surreal".
etichettatrice /etiketta'tritʃe/ f. labelling machine.
etichettatura /etiketta'tura/ f. labelling.
eticità /etitʃi'ta/ f.inv. ethicalness.
1.etico, pl. **-ci**, **-che** /'ɛtiko, tʃi, ke/ agg. [*problema, principio*] ethical; ***codice ~*** code of ethics; ***per motivi -ci*** on ethical grounds.
2.etico, pl. **-ci**, **-che** /'ɛtiko, tʃi, ke/ **I** agg. consumptive; ***febbre -a*** hectic fever **II** m. (f. **-a**) *(tubercolotico)* consumptive.
etile /e'tile/ m. ethyl.
etilene /eti'lɛne/ m. ethene.
etilenico, pl. **-ci**, **-che** /eti'lɛniko, tʃi, ke/ agg. ***glicol ~*** ethylene glycol.
etilico, pl. **-ci**, **-che** /e'tiliko, tʃi, ke/ agg. CHIM. ethylic; ***alcol ~*** ethyl alcohol.
etilismo /eti'lizmo/ m. alcoholism.
etilista, m.pl. **-i**, f.pl. **-e** /eti'lista/ m. e f. alcoholic.
etilometro /eti'lɔmetro/ m. Breathalyzer®, drunkometer AE.
etilotest /etilo'tɛst/ m.inv. breath test(ing); ***sottoporre qcn. a ~*** to breathalyse, to breath test sb.
etimo /'ɛtimo/ m. etymon*.
etimologia /etimolo'dʒia/ f. etymology ◆◆ ***~ popolare*** folk etymology.
etimologicamente /etimolodʒika'mente/ avv. etymologically.
etimologico, pl. **-ci**, **-che** /etimo'lɔdʒiko, tʃi, ke/ agg. etymological.
etimologista, m.pl. **-i**, f.pl. **-e** /etimolo'dʒista/ m. e f. ANT. → **etimologo.**
etimologizzare /etimolodʒid'dzare/ [1] **I** tr. to etymologize [*parola*] **II** intr. (aus. *avere*) to etymologize.
etimologo, m.pl. **-gi**, f.pl. **-ghe** /eti'mɔlogo, dʒi, ge/ m. (f. **-a**) etymologist.
etiope /e'tiope/ ➧ ***25*** **I** agg. Ethiopian **II** m. e f. Ethiopian.
Etiopia /e'tiɔpja/ ➧ ***33*** n.pr.f. Ethiopia.
etiopico, pl. **-ci**, **-che** /eti'ɔpiko, tʃi, ke/ ➧ ***25, 16*** **I** agg. Ethiopian **II** m. (f. **-a**) Ethiopian **III** m. *(lingua)* Ethiopic.
etmoidale /etmoi'dale/ agg. ethmoid.
etmoide /et'mɔide/ m. ethmoid.
Etna /'ɛtna/ n.pr.m. ***l'~*** (Mount) Etna.
etneo /et'nɛo/ agg. Etnean, of Etna.
etnia /et'nia/ f. ethnic group.
etnicamente /etnika'mente/ avv. ethnically.
etnicità /etnitʃi'ta/ f.inv. ethnicity.
etnico, pl. **-ci**, **-che** /'ɛtniko, tʃi, ke/ agg. [*minoranza, gruppo, musica*] ethnic; ***pulizia -a*** ethnic cleansing.
etnocentrico, pl. **-ci**, **-che** /etno'tʃɛntriko, tʃi, ke/ agg. ethnocentric.
etnocentrismo /etnotʃen'trizmo/ m. ethnocentricity.
etnografia /etnogra'fia/ f. ethnography.
etnografico, pl. **-ci**, **-che** /etno'grafiko, tʃi, ke/ agg. ethnographical.
etnografo /et'nɔgrafo/ m. (f. **-a**) ethnographer.
etnolinguistica /etnolin'gwistika/ f. ethnolinguistics + verbo sing.
etnolinguistico, pl. **-ci**, **-che** /etnolin'gwistiko, tʃi, ke/ agg. ethnolinguistic.
etnologia /etnolo'dʒia/ f. ethnology.
etnologico, pl. **-ci**, **-che** /etno'lɔdʒiko, tʃi, ke/ agg. ethnological.
etnologo, m.pl. **-gi**, f.pl. **-ghe** /et'nɔlogo, dʒi, ge/ ➧ ***18*** m. (f. **-a**) ethnologist.
etologia /etolo'dʒia/ f. ethology.
etologico, pl. **-ci**, **-che** /eto'lɔdʒiko, tʃi, ke/ agg. ethological.
etologo, m.pl. **-gi**, f.pl. **-ghe** /e'tɔlogo, dʒi, ge/ ➧ ***18*** m. (f. **-a**) ethologist.
Etruria /e'trurja/ n.pr.f. STOR. Etruria.
etrusco, pl. **-schi**, **-sche** /e'trusko, ski, ske/ **I** agg. Etrurian, Etruscan **II** m. (f. **-a**) Etrurian, Etruscan **III** m. *(lingua)* Etrurian, Etruscan.
etruscologia /etruskolo'dʒia/ f. Etruscology.
ettaedro /etta'ɛdro/ m. heptahedron*.
ettagonale /ettago'nale/ agg. heptagonal.
ettagono /et'tagono/ m. heptagon.
ettaro /'ɛttaro/ ➧ ***23*** m. hectare.
ette /'ɛtte/ m.inv. COLLOQ. ***non capisco un ~*** it's all double Dutch to me.
▷ **etto** /'ɛtto/ ➧ ***22*** m. (accorc. ettogrammo) hectogram(me); ***due -i di prosciutto*** two hundred grams of ham.
ettogrammo /etto'grammo/ ➧ ***22*** m. hectogram(me).
ettolitro /et'tɔlitro/ ➧ ***20*** m. hectolitre BE, hectoliter AE.
ettometro /et'tɔmetro/ ➧ ***21*** m. hectometre BE, hectometer AE.
Ettore /'ɛttore/ n.pr.m. Hector.
eucalipto /euka'lipto/ m. eucalyptus*.
eucaliptolo /eukalip'tɔlo/ m. eucalyptol.
eucarestia /eukares'tia/ → **eucaristia.**
eucariote /euka'rjɔte/ m. eukaryote.
eucaristia /eukaris'tia/ f. Eucharist, (Holy) Communion, housel ANT.; ***ricevere l'~*** to take Communion.
eucaristico, pl. **-ci**, **-che** /euka'ristiko, tʃi, ke/ agg. Eucharistical.
Euclide /eu'klide/ n.pr.m. Euclid.
euclideo /eukli'dɛo/ agg. Euclidean; ***geometria -a*** Euclidean geometry.
eudemonismo /eudemo'nizmo/ m. FILOS. eudaemonism.
eudemonistico, pl. **-ci**, **-che** /eudemo'nistiko, tʃi, ke/ agg. eudemonistic.
eudiometria /eudjome'tria/ f. eudiometry.
eudiometrico, pl. **-ci**, **-che** /eudjo'mɛtriko, tʃi, ke/ agg. eudiometric(al).
eudiometro /eu'djɔmetro/ m. eudiometer.
Eufemia /eu'fɛmja/ n.pr.f. Euphemia.
eufemico, pl. **-ci**, **-che** /eu'fɛmiko, tʃi, ke/ → **eufemistico.**
eufemismo /eufe'mizmo/ m. euphemism; ***usare -i*** to euphemize.
eufemisticamente /eufemistika'mente/ avv. euphemistically.
eufemistico, pl. **-ci**, **-che** /eufe'mistiko, tʃi, ke/ agg. euphemistic.
eufonia /eufo'nia/ f. euphony.
eufonico, pl. **-ci**, **-che** /eu'fɔniko, tʃi, ke/ agg. euphonic.
eufonio, pl. **-ni** /eu'fɔnjo, ni/ m. euphonium.
euforbia /eu'fɔrbja/ f. euphorbia, devil's milk.
euforbio /eu'fɔrbjo/ m. euphorbium.
euforia /eufo'ria/ f. euphoria, euphory, exhilaration; ***essere in stato di ~*** to be in high spirits, to be euphoric.
euforicamente /euforika'mente/ avv. euphorically.
euforico, pl. **-ci**, **-che** /eu'fɔriko, tʃi, ke/ agg. euphoric, in high spirits; ***ero ~ per la vittoria*** I was elated at having won.
euforizzante /euforid'dzante/ agg. e m. euphoriant.
eufrasia /eu'frazja/ f. euphrasy, eyebright.
Eufrasia /eu'frazja/ n.pr.f. Euphrasia.
Eufrate /eu'frate/ ➧ ***9*** n.pr.m. Euphrates.
eufuismo /eufu'izmo/ m. euphuism.
eufuista, m.pl. **-i**, f.pl. **-e** /eufu'ista/ m. e f. euphuist.
eufuistico, pl. **-ci**, **-che** /eufu'istiko, tʃi, ke/ agg. euphuistic.
eugenetica /eudʒe'nɛtika/ f. eugenics + verbo sing.
eugenetico, pl. **-ci**, **-che** /eudʒe'nɛtiko, tʃi, ke/ agg. eugenic.
Eugenia /eu'dʒɛnja/ n.pr.f. Eugenia.
eugenica /eu'dʒɛnika/ f. → **eugenetica.**
eugenico, pl. **-ci**, **-che** /eu'dʒɛniko, tʃi, ke/ agg. → **eugenetico.**
Eugenio /eu'dʒɛnjo/ n.pr.m. Eugene.
eugenolo /eudʒe'nɔlo/ m. eugenol.

Eulalia /eu'lalja/ n.pr.f. Eulalia.
Eumenidi /eu'mɛnidi/ n.pr.f.pl. Eumenides.
Eunice /eu'nitʃe/ n.pr.f. Eunice.
eunuco, pl. **-chi** /eu'nuko, ki/ m. *(castrato)* eunuch (anche FIG.).
eupatorio, pl. **-ri** /eupa'tɔrjo, ri/ m. → **agrimonia.**
eupepsia /eupep'sia/ f. eupepsia, eupepsy.
eupeptico, pl. **-ci**, **-che** /eu'pɛptiko, tʃi, ke/ agg. eupeptic.
EUR /ɛur/ m. (⇒ Esposizione Universale di Roma) = a district of Rome.
eurafricano /eurafri'kano/ agg. Eurafrican.
Eurasia /eu'razja/ n.pr.f. Eurasia.
eurasiano /eura'zjano/ **I** agg. *(eurasiatico)* Eurasian **II** m. (f. **-a**) STOR. = person who was born of Asian mother and European father.
eurasiatico, pl. **-ci**, **-che** /eura'zjatiko, tʃi, ke/ **I** agg. Eurasian **II** m. (f. **-a**) Eurasian.
EURATOM /eura'tɔm, eu'ratom/ f. (⇒ Comunità Europea per l'Energia Atomica European Atomic Energy Community) EURATOM.
eureka /'ɛureka/ inter. eureka.
Euridice /euri'ditʃe/ n.pr.f. Eurydice.
Euripide /eu'ripide/ n.pr.m. Euripides.
euristica /eu'ristika/ f. heuristics + verbo sing.
euristico, pl. **-ci**, **-che** /eu'ristiko, tʃi, ke/ agg. [*approccio, metodo, soluzione*] heuristic.
euritmia /eurit'mia/ f. eurhythmy BE, eurythmy AE.
euritmico, pl. **-ci**, **-che** /eu'ritmiko, tʃi, ke/ agg. eurhythmic BE, eurythmic AE.
▶ **euro** /'ɛuro/ ◆ **6** m.inv. *(valuta)* euro.
Euro /'ɛuro/ m. *(vento)* Eurus.
eurobbligazione /eurobbligat'tsjone/ f. Eurobond.
eurocentrico, pl. **-ci**, **-che** /euro'tʃɛntriko, tʃi, ke/ agg. eurocentric.
eurocentrismo /eurotʃen'trizmo/ m. eurocentrism.
eurochèque /euroʃ'ʃek/ m.inv. eurocheque.
eurocomunismo /eurokomu'nizmo/ m. Eurocommunism.
eurocomunista, m.pl. **-i**, f.pl. **-e** /eurokomu'nista/ m. e f. Eurocommunist.
eurocrate /eu'rɔkrate/ m. e f. Eurocrat.
eurodeputato /eurodepu'tato/ m. (f. **-a**) Eurodeputy.
eurodivisa /eurodi'viza/ f. Eurocurrency.
eurodollaro /euro'dɔllaro/ m. Eurodollar.
Eurolandia /euro'landja/ n.pr.f. Euroland.
euromercato /euromer'kato/ m. Euromarket, Eurocurrency market.
euromissile /euro'missile/ m. Euromissile.
euromoneta /euromo'neta/ f. → **eurodivisa.**
Europa /eu'rɔpa/ ◆ **33** n.pr.f. **1** GEOGR. Europe; ***l'~ dell'Est*** Eastern Europe **2** POL. *(Unione Europea)* Europe; ***l'~ comunitaria*** the European community; ***entrare in ~*** to go into Europe **3** MITOL. ASTR. Europe.
europarlamentare /europarlamen'tare/ m. e f. Euro-MP.
europarlamento /europarla'mento/ m. European parliament.
europeismo /europe'izmo/ m. Europeanism.
europeista /europe'ista/ **I** agg. [*movimento*] for European unification; [*spirito*] supporting Europeanism **II** m. e f. supporter of Europeanism; ***un gruppo di -i*** a pro-European lobby.
europeistico, pl. **-ci**, **-che** /europe'istiko, tʃi, ke/ agg. [*spirito*] supporting Europeanism, pro-Europe.
europeizzare /europeid'dzare/ [1] **I** tr. to Europeanize [*paese*] **II** **europeizzarsi** pronom. [*paese, economia*] to become* Europeanized.
europeizzazione /europeiddzat'tsjone/ f. Europeanization.
▶ **europeo** /euro'pɛo/ **I** agg. [*geografia, commercio, elezioni, campionato, record, coppa*] European **II** m. (f. **-a**) European **III** **europei** m.pl. SPORT ***gli -i*** the European championship **IV** **europee** f.pl. *(elezioni)* ***le -e*** the European elections.
europio /eu'rɔpjo/ m. europium.
euroscettico, pl. **-ci**, **-che** /euroʃ'ʃɛttikoʃ, tʃi, ke/ m. (f. **-a**) eurosceptic.
eurovaluta /eurova'luta/ f. → **eurodivisa.**
eurovisione /eurovi'zjone/ f. Eurovision; ***in ~*** [*trasmettere*] through Eurovision.
Eusebio /eu'zɛbjo/ n.pr.m. Eusebius.
Eustachio /eus'takjo/ n.pr.m. Eustace; ***tromba*** o ***tuba di ~*** ANAT. Eustachian tube.
eustatico, pl. **-ci**, **-che** /eus'tatiko, tʃi, ke/ agg. eustatic.
eutanasia /eutana'zia/ f. euthanasia.
eutrofia /eutro'fia/ f. eutrophy.
eutrofico, pl. **-ci**, **-che** /eu'trɔfiko, tʃi, ke/ agg. eutrophic.
eutrofizzazione /eutrofiddzat'tsjone/ f. eutrophication.
E.V. ⇒ Eccellenza Vostra Your Excellency.
Eva /'ɛva/ n.pr.f. Eve.
evacuamento /evakua'mento/ m. *(di luogo, persone)* evacuation.
evacuare /evaku'are/ [1] tr. **1** *(fare uscire)* to evacuate [*persona, gruppo*]; *(svuotare)* to evacuate, to clear, to empty [*luogo*] **2** MED. to evacuate, to egest [*escrementi*].
evacuato /evaku'ato/ **I** p.pass. → **evacuare II** agg. evacuated **III** m. (f. **-a**) evacuee.
evacuazione /evakuat'tsjone/ f. **1** *(di luogo, persone)* evacuation **2** *(defecazione)* evacuation, bowel movement, defecation ◆◆ ***~ sanitaria*** medical evacuation.
▷ **evadere** /e'vadere/ [58] **I** tr. **1** BUROCR. COMM. *(sbrigare)* to dispatch, to deal* with [*ordine, pratica, affari correnti*]; to clear [*corrispondenza*]; ***da ~*** [*corrispondenza, ordine*] outstanding **2** *(illegalmente)* to evade, to dodge [*tasse*] **II** intr. (aus. *essere*) **1** *(scappare)* [*persona*] to escape, to break* out, to get* away (**da** from), to break* free (**da** of); ***~ dal carcere*** [*prigioniero*] to escape from prison; ***far ~ qcn.*** to help sb. to escape **2** FIG. to escape, to get* away (**da** from); ***~ dalla monotonia quotidiana*** to escape (from) everyday's life; ***~ dalla realtà*** to escape reality.
evanescente /evaneʃ'ʃɛnte/ agg. **1** LETT. [*immagine, visione*] evanescent, vanishing; [*ricordo*] faint, elusive **2** *(debole)* [*suono*] faint **3** *(esile)* [*figura*] diaphanous **4** FIG. [*argomentazione*] vacuous, empty.
evanescenza /evaneʃ'ʃɛntsa/ f. **1** LETT. evanescence **2** *(di suoni)* fading **3** RAD. fading.
evangelicamente /evandʒelika'mente/ avv. evangelically.
evangelico, pl. **-ci**, **-che** /evan'dʒɛliko, tʃi, ke/ **I** agg. **1** *(conforme al Vangelo)* [*carità, vita*] evangelical, Christian; ***il messaggio ~*** the Gospel message **2** *(riformato)* [*confessione, chiesa*] Evangelical, Protestant **II** m. (f. **-a**) Evangelical.
evangelismo /evandʒe'lizmo/ m. evangelism, evangelicalism.
evangelista, pl. **-i** /evandʒe'lista/ m. evangelist.
evangelizzare /evandʒelid'dzare/ [1] tr. **1** to evangelize [*popoli, infedeli*] **2** FIG. to convert, to win* over.
evangelizzatore /evandʒeliddza'tore/ **I** agg. evangelical **II** m. (f. **-trice** /tritʃe/) evangelist.
evangelizzazione /evandʒeliddzat'tsjone/ f. evangelization.
Evangelo /evan'dʒɛlo/ m. Gospel.
evaporabile /evapo'rabile/ agg. evaporable.
evaporamento /evapora'mento/ m. → **evaporazione.**
▷ **evaporare** /evapo'rare/ [1] **I** tr. to evaporate [*liquido*] **II** intr. **1** (aus. *essere*) CHIM. FIS. *(trasformarsi in vapore)* [*liquido*] to evaporate **2** (aus. *avere*) *(perdere liquido per evaporazione)* to evaporate.
evaporativo /evapora'tivo/ agg. evaporative.
evaporato /evapo'rato/ **I** p.pass. → **evaporare II** agg. [*liquore, latte*] evaporated; ***legno ~*** TECN. = artificially seasoned wood.
evaporatore /evapora'tore/ m. **1** *(dispositivo)* evaporator **2** *(vaschetta per caloriferi)* humidifier.
evaporazione /evaporat'tsjone/ f. evaporation.
evaporimetro /evapo'rimetro/ m. evaporimeter.
▷ **evasione** /eva'zjone/ f. **1** *(di detenuto)* escape, jailbreak, breakout, getaway (**da** from; **verso** to); ***piano, tentativo di ~*** escape plan, attempt **2** FIG. escape; ***d'~*** [*romanzo, letteratura*] escapist **3** *(delle tasse)* evasion **4** BUROCR. *(disbrigo)* clearing, dispatching ◆◆ ***~ fiscale*** tax evasion.
evasivamente /evaziva'mente/ avv. [*rispondere*] evasively.
evasività /evazivi'ta/ f.inv. evasiveness.
evasivo /eva'zivo/ agg. [*risposta, battuta*] evasive; ***con aria -a*** evasively; ***risponde sempre in modo ~*** he always gives evasive answers.
evaso /e'vazo/ **I** p.pass. → **evadere II** agg. **1** *(fuggito)* [*prigioniero*] escaped **2** BUROCR. [*posta*] cleared; [*pratica*] dispatched; [*imposta*] paid **III** m. (f. **-a**) escapee, fugitive, runaway.
evasore /eva'zore/ m. ***~ (fiscale)*** tax dodger, tax evader.
Evelina /eve'lina/ n.pr.f. Eveline.
evenienza /eve'njɛntsa/ f. occurrence, eventuality; ***per ogni ~*** for all eventualities, if need be; ***nell'~ che...*** in the event of...; ***tenersi pronti per ogni ~*** to be ready for any eventuality, to be ready for the unexpected.
evento /e'vɛnto/ m. **1** *(fatto, avvenimento, manifestazione)* event; ***il corso degli -i*** the drift *o* course of events; ***per dare risalto*** o ***risonanza all'~*** to give prestige to the event; ***il matrimonio è stato un grande ~*** the wedding was a grand affair; ***essere travolto dagli -i*** to be overwhelmed by the events; ***~ sportivo*** sporting event; ***l'~ musicale dell'anno*** the musical event of the year; ***organizzare un ~*** to

stage *o* organize an event; ***fornire la cronaca dell'~*** GIORN. to cover the event **2** *(nascita di un figlio)* ***il lieto ~*** the happy event; ***a quando il lieto ~?*** when is the happy event? **3** MAT. STATIST. event.

▷ **eventuale** /eventu'ale/ **I** agg. **1** *(possibile)* possible; ***gli -i errori rimasti*** any mistakes that might remain; ***i suoi -i datori di lavoro*** his potential employers **2** DIR. conditional **II eventuali** f.pl. ***varie ed -i*** any other business.

eventualità /eventuali'ta/ f.inv. **1** *(evento possibile)* eventuality; ***essere preparato a*** o ***per ogni ~*** to be prepared for all eventualities **2** *(ipotesi)* possibility; ***l'~ che*** the possibility that; ***nell'~ di qcs.*** in the event of sth.; ***nell'~ che*** o ***in cui...*** in case of...

eventualmente /eventual'mente/ avv. *(se è il caso)* ***questo potrebbe ~ servire*** this might be useful; ***~ prenderemo il treno*** we could take the train; ***rileggo ed ~ correggo*** I reread and if necessary I correct; ***~ dovessi tardare...*** *(nel caso in cui)* in case I'm late, if I should be delayed...

eversione /ever'sjone/ f. **1** POL. subversion; ***lotta all'~*** fight against subversion **2** *(forze eversive)* ***l'~*** = the subversive movements **3** MED. eversion.

eversivo /ever'sivo/ agg. [*idea, teoria, trame*] subversive.

eversore /ever'sore/ m. subverter.

▷ **evidente** /evi'dɛnte/ agg. [*verità, fatto*] evident, plain, obvious; [*prove*] clear; [*errore*] glaring, gross; [*disparità*] clear-cut; [*gioia, imbarazzo*] clear, evident; [*cambiamento, miglioramento*] definite; [*ambizione*] naked; ***essere ~ da qcs. che*** to be evident from sth. that; ***è ~ che*** it is plain *o* clear that; ***sta mentendo, è ~*** he's lying, it's obvious; ***senza un motivo ~*** without any apparent reason; ***è un caso ~ di frode*** it'a a clear case of fraud; ***questo diventa ~ quando*** this is apparel *o* apparent when; ***è (un) segno ~ di...*** it's a clear sign of...

evidentemente /evidente'mente/ avv. obviously, clearly; ***~ lo ha dimenticato*** *(a quanto sembra)* he apparently *o* evidently forgot it.

▷ **evidenza** /evi'dɛntsa/ f. **1** evidence, obviousness; ***è di una tale ~*** it's just so obvious; ***negare l'~*** to deny the obvious, to swear black is white; ***arrendersi all'~*** to face the facts, to bow to the facts; ***negare qcs. nonostante l'~*** to deny sth. despite the proof **2** *(efficacia rappresentativa) (di immagine, stile)* force, vividness **3** BUROCR. record; ***conservare le -e*** to keep a record of sth. **4 in evidenza** *(in vista)* ***lasciare, mettere*** o ***porre qcs. in (bella) ~*** to leave, put sth. in a prominent place; ***mettere in (bella) ~*** FIG. to accent, to stress, to highlight [*importanza, utilità, inutilità*]; to bring out, to point out [*contraddizione*]; ***l'inchiesta ha permesso di mettere in ~ il legame tra...*** the investigation made it possible to highlight the link between...; ***tenere qcs. in ~*** BUROCR. to keep sth. on file; ***mettersi in ~*** *(farsi notare)* to be *o* come to the fore, to raise one's profile, to draw attention to oneself.

evidenziare /eviden'tsjare/ [1] tr. **1** *(mettere in evidenza)* to highlight, to pick out; *(rilevare)* [*risultati elettorali, decisione*] to stress, to emphasize [*tendenza*]; *(in un testo)* to highlight, to underline [*punti salienti*] **2** *(con un evidenziatore)* to highlight [*righe, parole*].

evidenziatore /evidentsja'tore/ m. highlighter, marker (pen).

evidenziazione /evidentsjat'tsjone/ f. INFORM. highlighting.

evincere /e'vintʃere/ [98] tr. **1** DIR. to evict **2** *(desumere)* to deduce, to infer; ***da ciò si evince che...*** from this one can infer that...

evirare /evi'rare/ [1] tr. to evirate, to emasculate (anche FIG.).

evirato /evi'rato/ **I** p.pass. → **evirare II** agg. emasculate **III** m. castrate, eunuch.

evirazione /evirat'tsjone/ f. emasculation.

eviscerare /eviʃʃe'rare/ [1] tr. **1** to draw*, to disembowel [*pollame*] **2** MED. to exenterate.

eviscerazione /eviʃʃerat'tsjone/ f. MED. exenteration.

evitabile /evi'tabile/ agg. [*errore*] avoidable, evadable; [*incidente*] avoidable, avertible, preventable.

▶ **evitare** /evi'tare/ [1] **I** tr. **1** *(schivare)* to avoid [*ostacolo, pedone*]; ***non ho potuto ~ l'albero*** I couldn't avoid the tree **2** *(sfuggire)* to avoid, to shun, to dodge [*persona*]; ***da allora, mi evita*** since then, he's been avoiding me; ***~ lo sguardo di qcn.*** to avoid sb.'s eyes **3** *(sottrarsi a)* to avoid, to evade [*problema, crisi, errore, domanda*]; ***per ~ il contagio*** to avoid being infected **4** *(impedire)* to avoid, to prevent [*catastrofe*] **5** *(astenersi da)* to avoid, to keep* from [*fumo, alcol*]; ***~ qcs., di fare*** to avoid sth., doing; ***eviti lo zucchero, di mangiare zucchero*** avoid sugar, eating sugar; ***evitò di farle altre domande*** he restrained from further questions **6** *(risparmiare)* ***~ qcs. a qcn.*** to save sb. sth.; ***~ a qcn. di fare*** to save sb. (from) doing; ***per ~ loro dei fastidi*** to save them trouble; ***volevo evitarti una spesa*** I wanted to spare you the expense; ***questo mi eviterà di andarci, di telefonare loro*** it'll save me from going there, phoning them; ***leggo, questo mi evita di pensare a lui*** I read, it keeps me from thinking about him **II evitarsi** pronom. **1** *(a se stesso)* ***-rsi di fare*** to save oneself from doing **2** *(reciprocamente)* to avoid each other.

evo /'ɛvo/ m. era, epoch; ***il Medio Evo*** the Middle Ages ◆◆ ***~ antico*** antiquity; ***~ moderno*** modern era, modern age.

evocare /evo'kare/ [1] tr. **1** to evoke, to call up, to conjure (up) [*spiriti*] **2** FIG. [*immagine, oggetto, suono*] to evoke, to recall [*ricordo, infanzia*].

evocativo /evoka'tivo/ agg. **1** *(che evoca)* evocative **2** FIG. *(suggestivo)* [*immagine, sensazione, nome*] evocative, suggestive.

evocatore /evoka'tore/ m. (f. **-trice** /tritʃe/) evocator.

evocazione /evokat'tsjone/ f. **1** *(degli spiriti)* evocation **2** FIG. *(rievocazione)* evocation; ***~ di ricordi*** recollection of memories.

evoluta /evo'luta/ f. MAT. evolute.

evolutivamente /evolutiva'mente/ avv. from an evolutive point of view.

evolutivo /evolu'tivo/ agg. [*processo, stadio*] evolutive, evolutionary; ***età -a*** age of development.

evoluto /evo'luto/ **I** p.pass. → **evolvere II** agg. **1** BIOL. [*specie*] evolved **2** FIG. *(progredito)* [*paese, popolo*] advanced, highly-civilized **3** FIG. *(colto e aperto)* open minded.

evoluzione /evolut'tsjone/ f. **1** BIOL. evolution; ***l'~ delle specie*** the evolution of species; ***teoria dell'~*** theory of evolution **2** *(progresso)* evolution, development (**di** of); ***una società in ~*** a society on the move, a changing society; ***essere in piena ~*** to be undergoing a rapid change; ***avere una rapida, lenta ~*** to have a rapid, slow development, to be developing rapidly, slowly; ***l'~ di una malattia*** the progression of an illness **3** MIL. AER. MAR. evolution; ***seguire le -i dell'aereo nel cielo*** to watch the plane wheeling overhead **4** SPORT *(serie di movimenti)* ***le -i dei pattinatori*** the skaters' gliding movements ◆◆ ***~ convergente*** convergent evolution; ***~ demografica*** demographical change; ***~ tecnologica*** technological advancement.

evoluzionismo /evoluttsjo'nizmo/ m. evolutionism.

evoluzionista, m.pl. **-i**, f.pl. **-e** /evoluttsjo'nista/ m. e f. evolutionist.

evoluzionistico, pl. **-ci**, **-che** /evoluttsjo'nistiko, tʃi, ke/ agg. evolutionistic.

evolvere /e'vɔlvere/ [22] intr. (aus. *essere*), **evolversi** pronom. to evolve; ***la società (si) evolve*** society evolves; ***la situazione (si) è evoluta rapidamente*** the situation evolved rapidly.

evonimo /e'vɔnimo/ m. euonymous.

evviva /ev'viva/ **I** inter. hurrah, hurray, viva; ***~ la regina!*** long live the queen! ***~ gli sposi!*** long life to the bride and groom! ***~, ce l'ho fatta!*** whopee, I've got it *o* I did it! **II** m.inv. cheer, hurrah; ***lanciare un ~*** to give a cheer.

ex /ɛks/ **I** agg.inv. ex, former; ***~ campione, sindaco, primo ministro*** ex-champion, ex-mayor, ex-prime minister; ***~ marito, moglie*** ex-husband, ex-wife; ***lo Zaire, ~ Congo belga*** Zaïre, the former Belgian Congo; ***l'~ Germania orientale*** the former East Germany **II** m. e f.inv. COLLOQ. *(ex fidanzato, ex marito, ex moglie)* ex **III** prep. ECON. ***~ cedola*** ex coupon.

ex aequo /ɛgz'ɛkwo/ avv. SPORT ***vincitori ~*** joint winners; ***sono primi, terzi ~*** they're equal first, third; ***finirono secondi ~*** there was a tie for a second place.

ex cathedra /ɛks'katedra/ avv. ex cathedra.

excursus /eks'kursus/ m.inv. excursus*, digression; ***fare un ~*** to give an excursus.

executive /eg'zɛkutiv/ **I** agg.inv. [*valigetta, classe, aereo*] executive **II** m. e f.inv. executive.

ex libris /ɛks'libris/ m.inv. ex libris*, bookplate.

ex novo /ɛks'nɔvo/ avv. from the beginning; ***ricominciare ~*** to begin anew *o* all over again.

expo /eks'po/ f.inv. Expo.

extra /'ɛkstra/ **I** agg.inv. **1** *(aggiuntivo)* [*lavoro, razione, spesa*] extra, additional; [*stipendio*] on the side **2** *(di qualità superiore)* [*marmellata, olio d'oliva*] superior, choice, extra **II** m.inv. **1** *(il sovrappiù)* extra; ***concedersi un piccolo ~*** to have a little treat, to allow oneself a little extra **2** *(spesa)* extra, additional expense; ***gli ~ esclusi*** extras not included **III** prep. ***~ bilancio*** outside the budget, extra budgetary.

extracellulare /ekstratʃellu'lare/ agg. extracellular.

extracomunitario, pl. **-ri**, **-rie** /ekstrakomuni'tarjo, ri, rje/ **I** agg. [*nazione*] non-EU **II** m. (f. **-a**) non-EU immigrant.

extraconiugale /ekstrakonju'gale/ agg. [*relazione*] extramarital.

extracontrattuale /ekstrakontrattu'ale/ agg. outside the terms of the contract, extra-contractual.

extracorporeo /ekstrakor'pɔreo/ agg. extracorporeal.

extracurricolare /ekstrakurriko'lare/ agg. SCOL. UNIV. [*attività*] extracurricular.

Extracomunitari This term is used in Italy to mean immigrants from third-world countries (black Africa, the North-African Arab countries, the Philippines, Sri Lanka, China) or from the parts of Eastern Europe that have not yet joined the European Union (Albania, Romania). In everyday language the term *extracomunitario*, whilst it might seem to be politically correct and bureaucratic, is in fact discriminatory as it reflects prejudices that are hard to overcome. Its use as a label for poor immigrants who are exploited in underpaid jobs, often illegally and without the required work permit, and involved in illegal trafficking or criminal activities, expresses distrust and fear, and sometimes even outright contempt and hostility.

extraeuropeo /ekstraeuro'pɛo/ agg. extra-European.
extrafino /ekstra'fino/ agg. [*piselli, fagiolini*] extra-fine.
extragalattico, pl. **-ci**, **-che** /ekstraga'lattiko, tʃi, ke/ agg. extragalactic.
extragiudiziale /ekstradʒudit'tsjale/ agg. extrajudicial, injudicial.
extralinguistico, pl. **-ci**, **-che** /ekstralin'gwistiko, tʃi, ke/ agg. extralinguistic.
extraparlamentare /ekstraparlamen'tare/ **I** agg. extraparliamentary **II** m. e f. = member of an extraparliamentary group.
extrarapido /ekstra'rapido/ agg. extra-fast; [*lastra fotografica*] high-speed.
extrareddito /ekstra'rɛddito/ m. extra pay.
extrascolastico, pl. **-ci**, **-che** /ekstrasko'lastiko, tʃi, ke/ agg. [*attività*] after school, extracurricular.
extrasensibile /ekstrasen'sibile/ agg. supersensual.
extrasensoriale /ekstrasenso'rjale/ agg. [*percezione*] extrasensory.
extrasistole /ekstra'sistole/ f. extrasystole.
extraterrestre /ekstrater'rɛstre/ **I** agg. [*invasione, creatura*] extraterrestrial **II** m. e f. extraterrestrial.
extraterritoriale /ekstraterrito'rjale/ agg. extraterritorial.
extraterritorialità /ekstraterritorjali'ta/ f.inv. extraterritoriality.
extraurbano /ekstraur'bano/ agg. [*linea*] suburban.
extrauterino /ekstraute'rino/ agg. [*gravidanza*] extrauterine, ectopic.
extravascolare /ekstra'vaskolare/ agg. extravascular.
extraveicolare /ekstraveiko'lare/ agg. ASTR. [*attività*] extravehicular.
extravergine /ekstra'verdʒine/ agg. ***olio ~ di oliva*** extra virgin olive oil.
ex voto /ɛks'vɔto/ m.inv. ex voto.
Ezechia /eddze'kia/ n.pr.m. Hezekiah.
Ezechiele /eddze'kjɛle/ n.pr.m. Ezekiel.
eziolamento /ettsjola'mento/ m. BOT. etiolation.
eziologia /ettsjolo'dʒia/ f. aetiology.
eziologico, pl. **-ci**, **-che** /ettsjo'lɔdʒiko, tʃi, ke/ agg. aetiological.

f

f, F /ˈɛffe/ m. e f.inv. *(lettera)* f, F.

1.fa /fa/ m.inv. MUS. F, fa(h); ***~ diesis maggiore*** F sharp major; ***~ bemolle minore*** F flat minor.

2.fa /fa/ avv. ago; ***un anno ~*** a *o* one year ago; ***poco tempo ~*** not long ago.

fabbisogno /fabbiˈzoɲɲo/ m. needs pl., requirements pl.; ***il ~ di gas, acqua*** gas, water requirements; ***qual è il loro ~ di personale, di mano d'opera?*** what are their personnel, manpower requirements? ◆◆ ***~ alimentare*** food requirements; ***~ finanziario*** borrowing requirements; ***~ petrolifero*** oil requirements.

▶ **fabbrica**, pl. **-che** /ˈfabbrika, ke/ f. **1** *(stabilimento)* factory; ***gli operai della ~*** the factory workers; ***prodotto in ~*** factory-made; ***prezzo di ~*** factory(-gate) price; ***~ di armi, di componenti*** arms, components factory; ***~ di automobili*** car factory, automobile plant AE; ***~ di birra*** brewery; ***~ di tabacco*** tobacco factory; ***marchio di ~*** trademark, maker's label, name plate; ***franco ~*** [*prezzo*] ex factory, ex works; ***~ chiavi in mano*** turnkey factory; ***lavorare in ~*** to work in a factory **2** *(edificazione)* construction; ***la ~ del duomo*** the construction of the dome **3** ANT. → **fabbriceria** **4** RAR. *(edificio)* building, edifice ◆ ***la ~ di san Pietro*** SCHERZ. = a never-ending job.

fabbricabile /fabbriˈkabile/ agg. **1** *(realizzabile)* manufacturable **2** *(edificabile)* [*area, terreno*] building attrib.

fabbricante /fabbriˈkante/ m. e f. manufacturer, maker.

▷ **fabbricare** /fabbriˈkare/ [1] tr. **1** *(produrre)* to manufacture, to turn out, to produce; ***~ su ordinazione*** to make on order **2** *(edificare)* to build*, to construct **3** FIG. *(inventare)* to fabricate, to make* up, to manufacture [*storia, scusa*].

fabbricato /fabbriˈkato/ **I** p.pass. → **fabbricare** **II** agg. manufactured, produced; ***oggetto ~ artigianalmente*** hand-made object **III** m. building.

fabbricatore /fabbrikaˈtore/ m. (f. **-trice** /tritʃe/) **1** *(produttore)* manufacturer **2** *(costruttore)* builder **3** FIG. fabricator, inventor.

▷ **fabbricazione** /fabbrikatˈtsjone/ f. **1** *(atto)* making, manufacturing, production; *(effetto)* make, manufacture; ***~ in, di serie*** mass production; ***di ~ italiana*** made in Italy, Italian-made; ***difetto, vizio di ~*** manufacturing defect, design fault; ***processo di ~*** manufacturing process; ***in fase di ~*** in the making; ***~ di motori*** car engine production; ***garanzia di ~*** manufacturer's guarantee; ***marchio di ~*** trademark **2** *(edificazione)* building, construction.

fabbriceria /fabbritʃeˈria/ f. ***consiglio di ~*** vestry board.

▷ **fabbro** /ˈfabbro/ ◗ ***18*** m. **1** *(artigiano)* smith; *(di serrature)* locksmith; ***bottega del*** o ***di ~*** smithery, smithy **2** FIG. LETT. *(artefice)* maker, creator ◆◆ ***~ ferraio*** blacksmith.

fabiano /faˈbjano/ **I** agg. Fabian **II** m. (f. **-a**) Fabian.

Fabiano /faˈbjano/ n.pr.m. Fabian.

Fabio /ˈfabjo/ n.pr.m. Fabius.

Fabrizio /faˈbrittsjo/ n.pr.m. Fabricius.

▶ **faccenda** /fatˈtʃɛnda/ **I** f. **1** *(affare)* thing, business; ***badare (solo) alle proprie -e*** to mind one's own business; ***ho una ~ da sbrigare*** I've got some business to see **2** *(fatto)* matter, affair, thing, business; ***una ~ molto delicata*** a matter of great delicacy; ***una brutta ~*** a nasty business; ***ignoro tutto di questa ~*** I don't know anything about this business; ***questa è un'altra ~*** that's another *o* a different matter; ***la ~ si ingarbuglia!*** the plot thickens! **II faccende** f.pl. *(lavori domestici)* household chores, housework sing.; ***fare le -e*** to do the housework ◆◆ ***essere in tutt'altre -e affaccendato*** = to be taken up by completely different matters.

faccendiere /fattʃenˈdjɛre/ m. wheeler dealer, fixer.

faccetta /fatˈtʃetta/ f. **1** *(visetto)* little face **2** *(di pietra preziosa)* facet.

facchinaggio, pl. **-gi** /fakkiˈnaddʒo, dʒi/ m. **1** *(trasporto bagagli e merci)* porterage; ***spese di ~*** porterage **2** *(lavoro pesante)* drudgery.

facchinesco, pl. **-schi, -sche** /fakkiˈnesko, ski, ske/ agg. **1** *(di, da facchino)* [*lavoro*] porter attrib. **2** FIG. *(triviale)* [*linguaggio, scherzo*] vulgar, coarse.

▷ **facchino** /fakˈkino/ ◗ ***18*** m. **1** *(portabagagli) (in hotel)* porter, luggage handler; *(in stazione)* porter, redcap AE **2** FIG. *(uomo grossolano, triviale)* boor; ***da ~*** [*modi, linguaggio*] coarse, vulgar ◆ ***fare il ~*** *(sgobbare)* to work like a slave, to slave away.

▶ **faccia**, pl. **-ce** /ˈfattʃa, tʃe/ ◗ ***4*** f. **1** *(viso)* face; ***guardare in ~ qcn.*** to look sb. in the face; ***avere dell'inchiostro sulla ~*** to have ink on one's face; ***non ho potuto vederlo in ~*** I couldn't see him from the front; ***i ciclisti avevano il vento in ~*** the cyclists were riding into the wind **2** FIG. *(persona)* face; *(espressione)* look, expression, face; ***vedere -ce nuove*** to see new faces; ***ho già visto quella ~ da qualche parte*** I've seen that face somewhere before, I know that face; ***se avessi visto le loro -ce!*** you should have seen their faces! ***perché fai 'sta ~?*** why are you looking like that? ***non fare quella ~!*** don't look like that! ***ha fatto una ~ strana quando mi ha visto*** he made a face when he saw me; ***ha la ~ da imbroglione*** he looks like a trickster; ***fare una ~ offesa, cattiva*** to have a hurt, nasty expression **3** *(aspetto, cera)* ***avere una brutta ~*** to look a bit off colour; ***avere una ~ stanca*** to look tired **4** *(superficie)* face; ***sulla ~ della terra*** on the face of the earth **5** *(lato)* face, side; ***le -ce di una medaglia, moneta*** the sides of a medal, coin; ***l'altra ~ della luna*** the hidden face *o* dark side of the moon **6** MAT. *(di solido)* face; ***solido a otto -ce*** eight-faced solid **7** FIG. *(aspetto, lato)* side, face, aspect; ***le molte -ce di un problema*** the many sides of a problem; ***l'altra ~ di qcs.*** the other side of sth.; ***le due -ce di una politica, rivoluzione*** the two faces of politics, revolution ◆ ***(a) ~ a ~*** face to face; ***di*** o ***in ~ a*** opposite, in front of; ***guardare la morte in ~*** to face up death; ***alla ~!*** good God! ***alla ~ tua!*** sucks to you! ***alla ~ dell'uguaglianza!*** so much for equality! ***fare qcs. alla ~ di*** to do sth. in the teeth of; ***cambiare ~*** to change expression; ***avere la ~ di fare qcs.*** to be cheeky enough to do sth.; ***fare le -ce*** to pull *o* make a face, to sulk; ***fare la*** o ***una ~ lunga*** to pull a long face; ***gettare in ~ a qcn.*** to throw at sb. [*oggetto, sfida*]; ***gli ho detto in ~ che era pigro*** I told him to his face that he was lazy; ***perdere, salvare la ~*** to lose, save face; ***sparire dalla ~ della terra*** to disappear *o* vanish off the face of the earth; ***voltare la ~ a qcn.*** to turn one's back to sb.; ***guardare le cose in ~, guardare in ~ la realtà*** to face reality; ***non guardare in ~ nessuno*** to go ahead *o* to do what one wants regardless of anyone else; ***dire qcs. in ~ a qcn.*** to tell sth. to sb.'s face; ***essere a ~ in giù,*** *in su* to be face up, down; ***chiudere la porta in ~ a qcn.*** to slam the door in sb.'s face; ***avere una ~ pulita*** to have an honest face; ***ridere in ~ a qcn.*** to laugh in sb.'s face; ***gli sta scritto in ~*** it's written all over his face; ***essere*** o ***avere una (bella) ~ tosta*** to be cheeky, to have nerve; ***che ~ da funerale!*** you look so sad! why so gloomy! ***avere la ~ di bronzo*** to be as bold as brass; ***avere una ~ da schiaffi*** to be cheeky.

faccia a faccia /'fattʃa͵af'fattʃa/ **I** m.inv. ***un ~ tra due uomini politici*** a face-to-face discussion *o* a one-to-one debate between two politicians **II** avv. face to face.

facciale /fat'tʃale/ agg. [*nevralgia, nervo, paralisi*] facial.

▶ **facciata** /fat'tʃata/ f. **1** *(parete)* front, frontage, façade, facade; ***~ di negozio*** shop front; ***rifare la ~ a un palazzo*** to reface a building **2** *(di foglio, disco)* side; ***un tema di quattro -e*** a four page composition **3** FIG. *(apparenza)* front, exterior, façade, facade; ***la sua ~ tollerante*** her liberal exterior; ***il suo cinismo è solo una ~*** his cynicism is just a front; ***di ~*** outward, token; ***fare un'operazione di ~*** to do sth. for show ◆◆ ***~ laterale*** side; ***~ posteriore*** back.

faccina /fat'tʃina/ f. COLLOQ. *(emoticon)* emoticon.

face /'fatʃe/ f. LETT. **1** *(fiaccola)* torch **2** *(luce, splendore)* light.

facente: **facente funzione** /fa'tʃɛntefun'tsjone/ agg., m. e f. ***~ funzione di*** [*direttore, ispettore*] acting (as); ***il ~ funzione di rettore*** the pro-chancellor; ***il ~ funzione*** the deputy, substitute.

facetamente /fatʃeta'mente/ avv. facetiously, waggishly.

faceto /fa'tʃɛto/ agg. [*persona, spirito, natura*] facetious, waggish; [*tono*] joking; ***in tono ~*** [*dire, commentare*] facetiously; ***tra il serio e il ~*** half-jokingly.

facezia /fa'tʃɛttsja/ f. ANT. witty remark, joke.

fachiro /fa'kiro/ m. fakir.

▶ **facile** /'fatʃile/ **I** agg. **1** *(senza difficoltà)* easy; ***niente di più ~ (che)*** nothing (could be) easier than; ***abbastanza ~*** easy enough; ***un lavoro ~ da fare*** an easy job to do; ***un errore ~ da commettere*** an easy mistake to make; ***un ~ paragone*** an easy comparison; ***non è ~ andare d'accordo con lui*** it's not easy to get along with him; ***essere ~ da dimenticare, da ottenere*** to be easily forgotten, obtainable; ***è ~ fare*** it's easy to do; ***non è ~ crederle*** it's not easy to believe her; ***avere una*** o ***la vita ~*** to have an easy ride; ***di ~ comprensione*** easy to understand; ***è ~ a dirsi*** it's easy (for you) to say; ***è più ~ a dirsi che a farsi*** that's easier said than done **2** *(spontaneo)* ***avere la risata ~*** to be quick to laugh **3** *(affabile)* [*persona, bambino, carattere*] easygoing **4** SPREG. ***donna ~*** loose woman; ***donna di -i costumi*** woman of easy virtue **5** *(agevole)* ***una pista ~*** an easy slope **6** *(incline)* ***un uomo ~ al bere*** a man who likes his drink; ***essere ~ alla collera*** to be prone to anger **7** *(piano, scorrevole)* ***uno stile ~*** a simple style **8** *(probabile)* ***è ~ che nevichi*** it's likely to snow, it will probably snow **II** avv. COLLOQ. easily ◆ ***avere la pistola ~*** to be trigger-happy.

▷ **facilità** /fatʃili'ta/ f.inv. **1** *(mancanza di difficoltà)* ease, easiness, facility; ***la ~ con la quale*** the ease with which; ***di una ~ sconcertante*** extremely easy; ***con più ~ che*** more easily than; ***fare qcs. con estrema ~*** to do sth. very easily; ***~ di accesso*** easy access **2** *(predisposizione)* facility; ***avere ~ di parola*** to have the gift of the gab; ***Daniela ha ~ a imparare le lingue*** Daniela has a facility *o* feel for languages, Daniela has a gift for learning foreign languages; ***~ nello scrivere*** facility in writing.

▷ **facilitare** /fatʃili'tare/ [1] tr. to ease, to facilitate; ***~ le cose*** to make things easier; ***il vostro aiuto mi ha facilitato il compito*** your help made the job easier for me; ***è stato facilitato nella carriera*** he has been favoured in his career.

facilitato /fatʃili'tato/ **I** p.pass. → **facilitare II** agg. ***essere ~ in qcs.*** to be favoured *o* facilitated in sth.; ***accesso ~*** improved access.

▷ **facilitazione** /fatʃilitat'tsjone/ f. facility, facilitation; ***godere di, accordare -i*** to have, grant facilities ◆◆ ***~ creditizia*** credit facility; ***-i di pagamento*** facilities for payment, easy payement terms.

facilmente /fatʃil'mente/ avv. **1** *(per un nonnulla)* easily; ***Alessia piange, ride molto ~*** Alessia cries, laughs very easily **2** *(senza sforzo)* easily **3** *(probabilmente)* probably; ***~ Paolo mi telefonerà domani*** Paolo will probably call me tomorrow.

facilone /fatʃi'lone/ m. (f. **-a**) careless person.

faciloneria /fatʃilone'ria/ f. superficiality, carelessness.

facinoroso /fatʃino'roso/ **I** agg. turbulent, violent **II** m. (f. **-a**) rioter.

facocero /fako'tʃɛro, fa'kɔtʃero/ m. warthog.

facola /'fakola/ f. (anche **~ solare**) facula*, flocculus*.

▷ **facoltà** /fakol'ta/ f.inv. **1** *(attitudine) (sensoriale, intellettuale)* faculty; ***~ mentali, intellettuali*** mental, intellectual faculties *o* powers; ***essere in pieno possesso delle proprie ~*** to be in possession *o* command of all one's faculties, to be of sound mind **2** *(libertà, potere)* power, option (**di fare** of doing); ***la ~ di scegliere*** the right to choose, the freedom of choice; ***~ di non rispondere*** DIR. right of silence **3** UNIV. faculty; ***~ di lettere*** faculty of Arts; ***~ di giurisprudenza*** Law faculty; ***consiglio di ~*** faculty board BE *o* meeting AE; ***passaggio di ~*** change of faculty **4** ANT. *(capacità)* ***la ruggine ha la ~ di corrodere il ferro*** rust can corrode iron **5** RAR. *(averi, beni)* property.

facoltativamente /fakoltativa'mente/ avv. optionally.

facoltativo /fakolta'tivo/ agg. [*esame*] optional; [*frequenza*] voluntary; ***il vaccino è ~ ma è raccomandato alle persone anziane*** the vaccine is not compulsory but recommended for the elderly.

facoltoso /fakol'toso/ agg. [*persona*] well-off, wealthy, rich.

facondia /fa'kondja/ f. eloquence.

facondo /fa'kondo/ agg. eloquent.

facsimile /fak'simile/ m. **1** *(copia)* facsimile; ***il ~ di una lettera*** a facsimile letter **2** FIG. ***Marco è il ~ di suo padre*** Marco is the spitting image of his father.

factoring /'faktoring/ m.inv. factoring.

factotum /fak'tɔtum/ m. e f.inv. **1** factotum **2** SCHERZ. jack of all trades (and master of none), chief cook and bottle washer; *(uomo)* man Friday; *(donna)* girl Friday.

faggeta /fad'dʒeta/ f. → **faggeto.**

faggeto /fad'dʒeto/ m. beech grove, beechwood.

faggina /fad'dʒina/ f. → **faggiola.**

faggio, pl. **-gi** /'faddʒo, dʒi/ m. *(albero)* beech; *(legno)* beech (wood) ◆◆ ***~ rosso*** copper beech.

faggiola /fad'dʒɔla/ f. beechmast, beechnut.

fagiano /fa'dʒano/ m. pheasant*; *(giovane)* poult; ***caccia al ~*** pheasant shooting ◆◆ ***~ argentato*** silver pheasant; ***~ dorato*** golden pheasant; ***~ di monte*** blackgrouse; *(maschio)* blackcock, heath cock.

fagiolata /fadʒo'lata/ f. GASTR. INTRAD. (bean soup).

fagiolino /fadʒo'lino/ m. (anche **~ verde**) green bean, French (string) bean.

▷ **fagiolo** /fa'dʒɔlo/ m. **1** *(pianta, seme)* bean; ***a forma di ~*** kidney shaped; ***pasta e -i*** GASTR. = bean and pasta soup **2** MED. *(bacinella)* kidney dish **3** GERG. UNIV. = second year university student ◆ ***andare a ~ a qcn.*** to suit sb. to the ground; ***capitare a ~*** to happen at the right moment; ***capiti a ~!*** you're just the one I wanted to see! ◆◆ ***~ americano*** → **~ di Spagna**; ***~ bianco*** haricot, navy bean AE; ***~ borlotto*** pinto bean; ***~ di Lima*** butter *o* lima bean; ***~ mungo*** mung bean; ***~ dall'occhio nero*** cowbean; ***~ rosso*** (red) kidney bean; ***~ di Spagna*** scarlet runner, runner bean.

fagiolone /fadʒo'lone/ m. scarlet runner, runner bean.

faglia /'faʎʎa/ f. fault, shift; ***linea di ~*** fault line; ***piano di ~*** fault plane; ***muro di ~*** hangingwall ◆◆ ***~ inversa*** thrust fault; ***~ di sant'Andrea*** San Andreas fault.

fagliamento /faʎʎa'mento/ m. → **fagliatura.**

fagliatura /faʎʎa'tura/ f. faulting.

fagocita /fago'tʃita/ m. phagocyte.

fagocitare /fagotʃi'tare/ [1] tr. **1** BIOL. to phagocytize **2** FIG. *(incorporare)* to absorb, to swallow up.

fagocito /fago'tʃito/ → **fagocita.**

fagocitosi /fagotʃi'tɔzi/ f.inv. phagocytosis.

fagottino /fagot'tino/ m. **1** *(piccolo fagotto)* small bundle **2** FIG. *(bimbo)* bundle **3** GASTR. = square or round stuffed pasta closed by pinching the ends together, so that it looks like a bundle.

fagottista, m.pl. **-i**, f.pl. **-e** /fagot'tista/ ♦ ***34, 18*** m. e f. bassoonist, fagottist.

▷ **1.fagotto** /fa'gɔtto/ m. **1** *(fardello)* bundle, bindle AE COLLOQ. **2** *(persona goffa)* clumsy, awkward person ◆ ***fare ~*** to (pull) up stakes, to pack one's bags and leave.

2.fagotto /fa'gɔtto/ ♦ ***34*** m. MUS. bassoon, fagotto*.

> **FAI** The *Fondo per l'Ambiente Italiano* (Fund for the Italian Environment) was set up in 1975 with the aim of assisting with the care, conservation and improvement of Italy's artistic and environmental heritage. It has acquired, largely through donations, a number of important monuments (such as villas, palaces, castles, parks and gardens), which have been restored and opened to the public.

faida /'faida/ f. STOR. (blood) feud, feuding.

fai da te /faida'te/ m.inv. do-it-yourself.

faina /fa'ina/ f. beech marten.

fanerogama /fane'rɔgama/ f. phanerogam.
fanerogamico, pl. **-ci**, **-che** /fanero'gamiko, tʃi, ke/ agg. phanerogamic.
fanfaluca, pl. **-che** /fanfa'luka, ke/ f. *(frottola)* fib, tale.
fanfara /fan'fara/ f. **1** *(banda musicale)* (brass) band **2** *(pezzo musicale)* fanfare.
fanfaronata /fanfaro'nata/ f. fanfaronade, brag, blustering **U**.
fanfarone /fanfa'rone/ m. (f. **-a**) boaster, ruffler, swank BE; ***fare il ~*** to brag.
fangatura /fanga'tura/ f. mud bath.
fanghiglia /fan'giʎʎa/ f. **1** *(melma)* slush, ooze, slime **2** GEOL. silt, sludge.
▷ **fango**, pl. **-ghi** /'fango, gi/ **I** m. mud; ***sprofondare nel ~*** to sink in the mud; ***abiti sporchi di ~*** muddy clothes **II fanghi** m.pl. *(termali)* mud baths; ***fare i -ghi*** to take mud baths ◆ ***gettare ~ su qcn.*** to sling mud at sb.; ***trascinare il nome di qcn. nel ~*** to drag sb.'s name in, through the mud.
fangosità /fangosi'ta/ f.inv. muddiness.
fangoso /fan'goso/ agg. [*terreno, strada*] muddy, oozy.
fangoterapia /fangotera'pia/ f. mud therapy.
fannullone /fannul'lone/ m. (f. **-a**) idler, loiterer, loafer, lounger, slacker, slouch.
fano /'fano/ m. fane.
fanone /fa'none/ m. *(nelle balene)* baleen.
Fantacalcio® /fanta'kaltʃo/ m. fantasy football.
fantaccino /fantat'tʃino/ m. SCHERZ. infantryman*, dogface POP., grunt AE POP.
fantapolitica /fantapo'litika/ f. political fantasy; ***un film, romanzo di ~*** a political fantasy film, novel.
fantapolitico, pl. **-ci**, **-che** /fantapo'litiko, tʃi, ke/ agg. [*film, romanzo*] political fantasy attrib.
fantascientifico, pl. **-ci**, **-che** /fantaʃʃen'tifiko, tʃi, ke/ agg. *(avveniristico)* [*tecnologia*] space-age, futuristic; *(irrealizzabile, assurdo)* [*progetto*] unrealistic, unfeasible.
fantascienza /fantaʃ'ʃɛntsa/ f. science fiction, sci-fi; ***film, romanzo di ~*** science fiction *o* sci-fi film, novel.
▶ **fantasia** /fanta'zia/ **I** f. **1** *(immaginazione)* imagination, fancy; ***un volo di ~*** a flight of fancy *o* of the imagination; ***una ~ fervida, vivace*** a fertile, vivid imagination; ***un tocco*** o ***pizzico di ~*** a little bit of imagination; ***non avere ~*** not to have *o* to lack imagination; ***dare libero sfogo alla ~, sbrigliare la ~, mettere le ali alla ~*** to give free rein to one's imagination; ***non lasciare galoppare troppo la ~!*** don't let your imagination run away with you! ***lavorare di ~*** to let oneself be carried away by one's imagination; ***questo esiste solo nella tua ~, è un frutto*** o ***parto della tua ~*** it's a figment of your imagination, you've made that up; ***essere pieno di ~*** to be very imaginative; ***non potersi permettere alcun volo di ~*** to have to behave in a conventional way, not to be allowed to let one's imagination go; ***stimolare la ~ di qcn.*** to fire *o* strike sb.'s imagination **2** *(invenzione)* fantasy; ***opera di ~*** fiction; ***la notizia si rivelò pura ~*** the news turned out to be pure fantasy; ***sono tutte -e!*** it's all make-believe! it's pure fantasy! ***la realtà supera la ~*** reality is stranger than fiction **3** *(capriccio)* fancy, whim; ***gli venne la ~ di...*** he got this (funny) idea of... **4** *(disegno di tessuto)* ***una ~ a fiori*** a flower pattern; ***una ~ a quadratini blu e bianchi*** a pattern of blue and white squares **5** MUS. fantasia, fantasy **II** agg.inv. *(di colori diversi)* [*stoffa, carta*] print, patterned, fancy.
fantasioso /fanta'zjoso/ agg. **1** *(ricco di fantasia)* [*racconto, persona*] imaginative **2** *(inverosimile)* improbable, unlikely.
fantasista, m.pl. **-i**, f.pl. **-e** /fanta'zista/ ♦ **18 I** m. e f. *(artista)* variety artist **II** m. SPORT = football player with technical and imaginative abilities.
▷ **fantasma** /fan'tazma/ **I** m. **1** *(spettro)* ghost, phantom, spectre BE, specter AE; ***storia di -i*** ghost story; ***(non) credere ai -i*** (not) to believe in ghosts; ***il castello è infestato dai -i*** the castle is haunted **2** *(immagine creata dalla fantasia)* phantasm, illusion, fancy; ***i -i di una mente malata*** the figments of a sick mind **3** *(ombra)* ghost, shadow; ***esorcizzare i -i del passato*** to lay the ghosts of one's past; ***essere il ~ di se stesso*** to be the shadow of one's former self **II** agg.inv. ***città ~*** ghost town; ***esercito ~*** phantom army; ***governo ~*** phantom government; ***immagine ~*** ghost (image); ***nave ~*** ghost ship; ***scrittore ~*** ghostwriter; ***arto ~*** MED. phantom limb; ***il Vascello Fantasma di Wagner*** the Flying Dutchman by Wagner.
fantasmagoria /fantazmago'ria/ f. phantasmagoria, phantasmagory RAR.
fantasmagorico, pl. **-ci**, **-che** /fantazma'gɔriko, tʃi, ke/ agg. phantasmagoric(al).
fantasmatico, pl. **-ci**, **-che** /fanta'zmatiko, tʃi, ke/ agg. phantasmal, phantasmic.
fantasticamente /fantastika'mente/ avv. fantastically.
fantasticare /fantasti'kare/ [1] intr. (aus. *avere*) to daydream, to fantasize (**su**, **di** about, of).
fantasticheria /fantastike'ria/ f. reverie, dream; ***perdersi in -e*** to fall into a reverie, to daydream.
▷ **fantastico**, pl. **-ci**, **-che** /fan'tastiko, tʃi, ke/ agg. **1** *(immaginario)* [*creatura, personaggio, animali, mondi*] fabulous, imaginary, fantastic; *(di fantasia)* [*film, romanzo, racconto*] fantastic **2** *(formidabile, eccezionale)* [*persona, idea, serata, spettacolo, libro*] fantastic, great, fabulous, wonderful; ***è un tipo ~*** he's great; ***~!*** COLLOQ. wonderful! ***siamo rimasti senza soldi - ~! e ora che si fa?*** IRON. we have no money left - great! and what are we supposed to do now?
fantasy /'fantazi/ **I** m. e f.inv. fantasy **II** m.inv. *(film)* fantasy film **III** agg.inv. [*genere, film*] fantasy.
1.fante /'fante/ m. **1** MIL. infantryman*; STOR. foot soldier **2** *(figura delle carte)* jack, knave BE (**di** of) ◆ ***scherza coi -i, ma lascia stare i santi*** PROV. = don't mix the sacred with the profane ◆◆ ***~ di marina*** marine.
2.fante /'fante/ m. ANT. manservant*.
3.fante /'fante/ f. → **fantesca**.
▷ **fanteria** /fante'ria/ f. infantry, foot; ***soldato di ~*** infantryman; STOR. foot soldier; ***reggimento di ~*** infantry regiment ◆◆ ***~ di marina*** Marines.
fantesca, pl. **-sche** /fan'teska, ske/ f. ANT. maidservant.
fantino /fan'tino/ ♦ **18** m. jockey, rider.
▷ **fantoccio**, pl. **-ci** /fan'tɔttʃo, tʃi/ **I** m. **1** *(pupazzo)* puppet; *(usato nei test di collisione)* crash test dummy; ***un ~ di stracci*** a rag doll **2** FIG. lay figure, puppet; ***non essere che un ~ nelle mani di qcn.*** to be a mere puppet in sb.'s hands **II** agg.inv. ***governo ~*** puppet *o* rubber-stamp government.
fantolino /fanto'lino/ m. LETT. (f. **-a**) baby, little child*.
fantomatico, pl. **-ci**, **-che** /fanto'matiko, tʃi, ke/ agg. **1** *(inafferrabile)* mysterious, elusive; ***la -a organizzazione*** the mysterious organization; ***il ~ ladro*** the elusive thief **2** *(immaginario)* imaginary, fantastic.
fanzine /fan'dzin/ f.inv. fanzine.
FAO f. (⇒ Food and Agriculture Organization Organizzazione per l'Alimentazione e l'Agricoltura) FAO.
▷ **farabutto** /fara'butto/ m. (f. **-a**) rogue, scoundrel, rascal.
farad /'farad/ m.inv. farad.
faraday /'faradei/ m.inv. faraday.
faradico, pl. **-ci**, **che** /fa'radiko, tʃi, ke/ agg. FIS. faradaic.
faraglione /faraʎ'ʎone/ m. stack.
faraona /fara'ona/ f. ***(gallina) ~*** guinea-fowl, guinea-hen, galeeny.
faraone /fara'one/ m. **1** *(sovrano)* pharaoh **2** *(gioco d'azzardo)* faro*.
faraonico, pl. **-ci**, **-che** /fara'ɔniko, tʃi, ke/ agg. **1** *(dei faraoni)* [*monumenti*] pharaonic **2** *(grandioso)* [*festa*] magnificent; [*villa*] sumptuous.
farcia, pl. **-ce** /'fartʃa, tʃe/ f. stuffing, filling, dressing AE.
farcino /far'tʃino/ m. farcy.
farcire /far'tʃire/ [102] tr. **1** GASTR. to stuff, to farce [*pesce, tacchino*]; to fill [*dolce*] (**con** with) **2** RAR. FIG. *(infarcire)* ***~ qcs. con*** o ***di qcs.*** to lard *o* pad *o* sprinkle sth. with sth.
farcito /far'tʃito/ **I** p.pass. → **farcire II** agg. **1** GASTR. [*olive, peperoni, tacchino*] stuffed; [*dolce, torta*] filled **2** RAR. *(infarcito)* ***~ di errori*** full of mistakes.
fard /fard/ m.inv. blusher, cheek colour; ***darsi il ~*** to put blusher on.
fardello /far'dɛllo/ m. **1** *(fagotto)* bundle, bindle AE **2** FIG. burden, charge, load; ***portare il proprio ~*** to carry one's burden; ***dovere portare un pesante ~*** to have a heavy load to bear.
▶ **1.fare** /'fare/ [8] **I** tr. **1** *(in senso generico e astratto)* to do*; ***avere molto da ~*** to have lots to do; ***non avere niente da ~*** to have nothing to do; ***che cosa fai*** o ***stai facendo?*** what are you doing? ***fai qualcosa questa sera?*** are you doing anything tonight? ***sta facendo troppe cose negli ultimi tempi*** she's been doing too much lately; ***che cosa posso ~ per te?*** what can I do for you? ***faresti una cosa per me?*** will you do something for me? ***che cosa dobbiamo ~ con te!*** what are we to do with you! **2** *(preparare, fabbricare, creare)* to make* [*torta, tè, vino, cemento, vestito, scarpe, mobile, pezzi di ricambio, film*]; ***mi ha fatto un caffè*** he made me a coffee; ***~ del pollo*** to cook some chicken; ***che cosa faccio per pranzo?*** what shall I cook for lunch? **3** *(produrre, provocare)* to make* [*macchia, buco, rumore*]; ***~ un graffio, un livido a qcn.*** to scratch, bruise sb. **4** *(dare)* ***quest'albero fa dei fiori, delle bacche*** this tree pro-

1.fare

- Questa nota si concentra sugli usi grammaticali del verbo *fare* e su quegli usi lessicali che mostrano una certa sistematicità. Per le varie accezioni semantiche del verbo *fare* e le locuzioni idiomatiche in cui compare, è opportuno consultare la voce **1.fare**, le voci relative alle parole utilizzate nelle locuzioni con *fare* (ad es. la voce **università** per *fare l'università*, la voce **giorno** per *fare giorno* ecc.) oppure le note lessicali che raccolgono espressioni con *fare* (ad es. la nota lessicale GIOCHI E SPORT per *fare un bridge* o *fare ginnastica*, oppure le note lessicali 20-24 relativi alle MISURE per *fare 20 metri* o *fare 80 chilometri all'ora*).

***To make, to do* o...**

- *Fare* si traduce con *to make* quando è seguito da un oggetto che designa qualcosa che è stato creato, confezionato, composto, realizzato od ottenuto; tale oggetto è il risultato dell'azione del *fare*:

fatti il letto!	= make your bed!
la nonna ha fatto la marmellata	= granny has made jam
il Presidente fece un discorso	= the President made a speech
ho fatto degli errori?	= did I make any mistakes?
mi sono fatto un caffè	= I made myself a coffee.

- *Fare* si traduce con *to do* quando ha il senso più generico e astratto di dedicarsi a un'attività, di occuparsi di qualcosa; l'oggetto del verbo *fare* può precisare la natura di tale attività:

faccio ricerca	= I do research
hai fatto degli esercizi?	= did you do any exercises?
tutti devono fare il proprio dovere	= everybody should do one's duty
ho fatto tedesco a scuola	= I did German at school.

To do è frequente con parole che descrivono lavori e attività, specie se tali parole terminano in *-ing*:

suo marito fa sempre la spesa	= her husband does all the shopping
hai fatto il bucato?	= have you done the washing?

Talvolta la natura del *fare* resta indeterminata:

che cosa fa (nella vita)?	= what does he do (for a living)?
che cosa fai stasera?	= what are you doing tonight?
ho da fare	= I have things to do;

oppure viene suggerita dal contesto, poiché *fare una stanza* = to do a room può significare pulirla, metterla a posto o imbiancarla.

- Se *fare* sostituisce in italiano un verbo semanticamente più preciso, l'equivalente di tale verbo verrà impiegato in inglese:

fare una casa	= to build a house
fare una domanda	= to ask a question
fare un incidente	= to have an accident
fare un nido	= to build a nest
fare un nodo	= to tie a knot
fare un numero di telefono	= to dial a number
fare un ritratto	= to paint a portrait
fare un tema	= to write an essay
fare una visita	= to pay a visit.

Questi e altri casi sono elencati nel paragrafo finale di questa nota, che raccoglie gli usi lessicali del verbo *fare*, dove molti esempi mostreranno anche che a una locuzione italiana costituita da *fare* + sostantivo corrisponde in inglese un semplice verbo:

fare acqua	= to leak
fare la barba	= to shave, ecc.

***Fare* in riferimento a un altro verbo**

- Il verbo *fare* è usato in italiano in riferimento e in sostituzione di un altro verbo che non si vuole ripetere; in tal caso, l'inglese usa solitamente *to do*:

"posso guardare?" "faccia pure"	= "may I look?" "please do"
vogliono che me ne vada, ma non farò niente del genere	= they want me to leave, but I'll do nothing of the sort.

Far fare qualcosa a qualcuno

- *Far fare qualcosa a qualcuno* è una struttura di tipo attivo che mette in rapporto l'azione di due persone (io faccio in modo che qualcun altro faccia qualcosa); tale struttura può convogliare quattro diversi significati: *obbligo* (costringere qualcuno a fare qualcosa), *persuasione* (persuadere qualcuno a fare qualcosa), *aiuto* (aiutare qualcuno a fare qualcosa) o *permesso* (lasciar fare qualcosa a qualcuno); in rapporto a questi diversi significati, la traduzione inglese è almeno parzialmente diversificata.

- Quando *far fare qualcosa a qualcuno* indica *obbligo*, si traduce con la struttura *to make* + oggetto + infinito senza *to*:

fa' alzare i bambini	= make the children get up
il poliziotto mi ha fatto tirar fuori la patente	= the policeman made me produce my driving licence
questa pillola ti fa dormire	= this pill makes you sleep.

Si noti il mutamento della struttura quando il *fare* reggente viene usato al passivo:

vennero fatti alzare alle sei	= they were made to get up at six.

Il senso di obbligo presupporrebbe una persona che compie l'azione di costringere; tuttavia la struttura con *to make* si usa anche con soggetti inanimati:

la cosa non mi ha fatto ridere	= it didn't make me laugh
le sue parole mi hanno fatto sentire meglio	= her words made me feel better
quella pettinatura la fa sembrare più vecchia	= that hairstyle makes her look older.

Con soggetti inanimati è comunque spesso opportuno tradurre *fare* con il verbo *to cause*:

la nebbia ha fatto arrivare il treno in ritardo	= the fog caused the train to arrive late
un forte vento ha fatto cadere molte tegole	= a strong wind caused many tiles to fall.

Il senso di obbligo può anche essere reso mediante l'uso di verbi quali *to compel*, *to oblige* o *to order*:

la farò studiare sodo	= I'll compel / oblige / order her to study hard.

- Quando *far fare qualcosa a qualcuno* indica *persuasione*, si traduce con la struttura *to get* + oggetto + *to* + infinito:

fagli prenotare una stanza	= get him to book a room
il pittore fece comprare un suo quadro a mia moglie	= the painter got my wife to buy a picture of his.

Anche in questa struttura il *fare* reggente può essere introdotto nella variante passiva:

le venne fatto comprare un quadro	= she was got to buy a picture.

Caso particolare con *to get* è dato dall'esempio: *far partire la macchina* = to get the car going.

- Quando *far fare qualcosa a qualcuno* indica *aiuto*, si traduce con la struttura *to help* + oggetto + *to* + infinito:

ho fatto salire sul tram un vecchio	= I helped an old man to get on the tram.

- Quando *far fare qualcosa a qualcuno* indica *permesso*, si traduce con la struttura *to let* + oggetto + infinito senza *to*:

non ha fatto guardare la televisione ai bambini	= she didn't let the children watch TV
falli dormire ancora un po'!	= let them sleep a bit longer!

Si noti il mutamento della struttura quando il *fare* reggente viene usato al passivo:

non gli venne fatta vedere la televisione	= he wasn't let to watch TV.

Si noti anche che questa struttura può anche avere un oggetto inanimato:

hai fatto bruciare la torta	= you let the cake burn
avete fatto crescere le erbacce in giardino	= you've let the weeds grow in the garden.

Il senso di permesso può anche essere reso mediante l'uso di verbi quali to allow o to permit:

li abbiamo fatti dormire ancora un po'	= we allowed / permitted them to sleep a bit longer.

- La struttura *fare* + infinito dell'italiano compare anche in locuzioni idiomatiche, per le quali vanno fatte le seguenti osservazioni:

a) alcune locuzioni costituite da *fare* + infinito vengono rese in inglese mediante un semplice infinito: *far affondare* = to sink, *far cadere* = to drop, *far mangiare* (= nutrire) *un bambino* = to feed a child, *far notare* = to point out, *fare pagare* = to charge, *far pensare* = to remind, *fare scattare una trappola* = to spring a trap, *far vedere* (= mostrare) *qualcosa* = to show something;

b) alcuni usi di *fare* + infinito vengono resi mediante *to let* seguito da un oggetto e da un avverbio o verbo all'infinito:

fare entrare qualcuno	= to let someone in
fare uscire qualcuno	= to let someone out
fare passare qualcuno	= to let someone through / past
far vedere	= to let someone see
far conoscere / sapere	= to let someone know.

Si noti la differente traduzione di *ci ha fatto sapere che non avrebbe frequentato il corso* = he let us know that he wouldn't attend the course e *ha fatto sapere che non avrebbe frequentato il corso* = he made it known that he wouldn't attend the course;

c) casi del tutto particolari sono illustrati dai seguenti esempi:

fare aspettare qualcuno	= to keep somebody waiting
fare arrabbiare qualcuno	= to make someone angry
far venire l'idraulico	= to send for / to call a plumber
chi me lo fa fare?	= why should I do it?

Farsi fare qualcosa (da qualcuno)

- *Farsi fare qualcosa (da qualcuno)* è una struttura di tipo passivo che mette in rapporto l'azione di una persona e un'azione che viene compiuta da un'altra persona (io faccio in modo che qualcosa venga fatto da qualcun altro); ciò viene sottolineato in inglese dall'uso del participio passato, segnale verbale dell'azione non fatta ma subita.
- *Farsi* seguito da un verbo intransitivo all'infinito si traduce con la struttura *to make* + *oneself* + participio passato (+ complemento d'agente facoltativo):

sa farsi capire	= he can make himself understood
non riescono a farsi sentire	= they can't make themselves heard.

- *Farsi* seguito da un verbo transitivo all'infinito e da un complemento oggetto inanimato, con implicazione semantica di obbligo o persuasione, si traduce con la struttura *to have* oppure *to get* + oggetto + participio passato (+ complemento d'agente facoltativo):

l'anno scorso mi sono fatto costruire una nuova casa	= last year I had a new house built
da quanto non ti fai tagliare i capelli?	= how long haven't you got your hair cut?
si sta facendo fare il lavoro da un'amica	= she's having the work done by a friend
si è fatta lavare la macchina	= she got her car washed
mi sono fatto spedire il bagaglio in albergo	= I had my luggage forwarded to the hotel.

- *Farsi* seguito da un verbo transitivo all'infinito (e da un complemento oggetto inanimato facoltativo), con implicazione semantica di permesso, si traduce con la struttura *to let* + oggetto + infinito senza *to*:

non si fa accarezzare	= he won't let you stroke him
non si fa accarezzare la testa	= he won't let you stroke his head.

- *Farsi* + verbo all'infinito compare anche in espressioni idiomatiche:

farsi notare	= to attract attention
farsi operare	= to have surgery
farsi rispettare	= to command respect.

Locuzioni idiomatiche con *fare*

- Oltre alle locuzioni idiomatiche con *fare* elencate nella voce, si possono ricordare i seguenti esempi.
- *farla* + aggettivo:

l'hai fatta bella!	= you've made a fine mess of it / of things!
stavolta l'hai fatta grossa!	= you've really gone and done it now!
falla finita!	= stop it!
voglio farla finita	= I want to end it all
l'ha fatta franca	= he got away with it, he got off scot-free

- *Farne* compare in locuzioni idiomatiche quali:

farne di cotte e di crude	= to get / be up to all kinds of tricks
farne di tutti i colori	= to be a bundle of mischief.

- La locuzione idiomatica *non fare (altro) che* esprime i due diversi significati di continuità e di restrizione che, come mostrano gli esempi, vanno resi in inglese in modo diverso:

non fa che piovere	= it never stops raining / it rains all the time
non faccio che obbedire agli ordini	= I'm only obeying orders
non fa (altro) che mangiare	= all he does is eat.

Locuzioni idiomatiche con *fare*

- Il verbo *fare* compare in italiano in moltissime espressioni di carattere più o meno idiomatico. Gli esempi negli elenchi che seguono sono raggruppati in base all'equivalente inglese dell'italiano *fare*, rispettivamente *to make*, *to do*, *to have*, *to take*, *to go* o verbi vari; si noterà che talvolta una medesima locuzione ha più di una possibile traduzione inglese; un apposito elenco raccoglie infine le locuzioni introdotte da farsi.
- *Fare* si traduce con *to make* nelle seguenti locuzioni:

fare amicizia	= to make friends
fare (al)l'amore	= to make love
fare baccano	= to make a racket
fare il caffè	= to make coffee
fare casino / un pasticcio	= to make a mess
fare un discorso	= to make a speech
fare un elenco	= to make a list
fare un film	= to make a film / a movie
fare fortuna	= to make one's fortune
fare una gaffe	= to make a gaffe / a blunder
fare un gesto	= to make a gesture
fare una gita a	= to make a trip to
fare una buona / cattiva impressione	= to make a good / bad impression
fare il letto	= to make the bed
fare un movimento	= to make a movement
fare di necessità virtù	= to make a virtue of necessity
fare un'offerta	= to make an offer
fare un'osservazione	= to make a remark
fare (la) pace	= to make peace
fare posto a qualcuno	= to make room for somebody
fare un progetto	= to make a plan
fare una proposta	= to make a proposal
fare progressi	= to make progress
fare una promessa	= to make a promise
fare rumore	= to make a noise
fare uno sbaglio	= to make a mistake
fare una scelta	= to make a choice
fare una scoperta	= to make a discovery
fare uno sforzo	= to make an effort
fare smorfie	= to make faces
fare soldi	= to make money
fare il tè	= to make tea
fare un tentativo	= to make an attempt
fare una torta	= to make a cake
fare uso di	= to make use of.
fare un viaggio	= to make a journey / trip

- *Fare* si traduce con *to do* nelle seguenti locuzioni:

fare aerobica	= to do aerobics
fare affari	= to do business
fare Amleto (= recitare)	= to do Hamlet
fare bene / male (alla salute)	= to do good / harm
fare il bucato	= to do the washing
fare i compiti	= to do one's homework
fare un corso	= to do a course
fare una cortesia	= to do a kindness
fare danni	= to do damage
fare il proprio dovere	= to do one's duty
fare un esercizio	= to do an exercise
fare un favore	= to do a favour
fare giardinaggio	= to do gardening
fare ingegneria	= to do engineering
fare un lavoro	= to do a job
fare un po' di lavoro	= to do some work

fare i lavori di casa	= to do the housework / the chores
fare da mangiare	= to do the cooking
fare del proprio meglio	= to do one's best
fare meraviglie	= to do wonders
fare nuoto	= to do swimming
fare la pelle a qualcuno	= to do someone in
fare i piatti	= to do the dishes / the washing-up
fare un anno di prigione	= to do one year in prison
fare le pulizie	= to do the cleaning
fare ricerca / ricerche	= to do research
fare riparazioni	= to do repairs
fare senza / a meno di qualcosa	= to do without something
fare la spesa	= to do the shopping
fare sport	= to do sport
fare un tema	= to do an essay
fare un test	= to do a test.

- *Fare* si traduce con *to have* nelle seguenti espressioni:

fare il bagno (= lavarsi)	= to have a bath
fare il bagno (= nuotare)	= to have a swim
fare colazione / pranzo / cena (= mangiare)	= to have breakfast / lunch / dinner
fare una chiacchierata / quattro chiacchiere	= to have a chat
fare i cuccioli	= to have puppies
fare una cura	= to have treatment
fare la doccia	= to have a shower
fare una brutta esperienza	= to have an unpleasant experience
fare una festa	= to have a party
fare un figlio	= to have a son
fare a modo proprio	= to have one's way
fare una partita a	= to have a game of
fare una passeggiata / quattro passi	= to have a walk
fare un pasto	= to have a meal
fare un pisolino / sonnellino	= to have a nap
fare a pugni (= picchiarsi)	= to have a fist fight
fare una risata	= to have a (good) laugh
fare sesso	= to have sex
fare un sogno	= to have a dream
fare un tentativo	= to have a try / a go.

- *Fare* si traduce con *to take* nelle seguenti espressioni:

fare attenzione	= to take care
fare il bagno (= lavarsi)	= to take a bath AE
fare un corso	= to take a course
fare la doccia	= to take a shower AE
fare effetto	= to take effect
fare un esame	= to take an exam
fare una foto	= to take a picture / a photo
fare un giro in moto	= to take a ride on a motorbike
fare un intervallo	= to take a break
fare un passo	= to take a step
fare un pisolino / sonnellino	= to take a nap
fare prigioniero qualcuno	= to take someone prisoner.

- *Fare* si traduce con *to go*, quando il *fare* implica l'andare, e in altre locuzioni:

fare un giro	= to go around
fare una gita	= to go on a trip
fare una passeggiata / quattro passi	= to go for a stroll / walk
fare spese	= to go shopping
fare le vacanze	= to go on vacation
fare bancarotta	= to go bankrupt
fare a metà	= to go halves
fare alla romana (= pagare)	= to go Dutch
fare la spola	= to go back and forth.

- *Fare* si traduce con verbi vari nelle seguenti locuzioni:

fare acqua (= imbarcare acqua)	= to leak
fare Amleto (= recitare)	= to play Hamlet
fare attenzione	= to pay attention
fare arrosto / lesso	= to roast / to boil
fare la barba	= to shave
fare bello (di tempo)	= to be fine
fare benzina	= to get some petrol
fare il biglietto	= to buy a ticket
fare caldo / freddo	= to be hot / cold
fare caso a	= to notice
fare cilecca	= to misfire
fare la coda	= to queue
far conto	= to reckon, to imagine
fare una corsa	= to run
fare la corte a qualcuno	= to court someone
fare una dieta	= to be on a diet
fare un discorso	= to give a speech
fare un esame	= to sit (for) an exam
fare esercizio	= to practise
fare festa a qualcuno	= to give somebody a warm welcome
fare una brutta figura	= to cut a sorry figure
fare finta	= to pretend
fare fortuna	= to strike it rich / to make one's pile
far fronte a	= to cope with, to face (up)
fare fuoco (= accenderlo)	= to light the fire
fare fuoco (= sparare)	= to fire
far fuori qualcuno (= uccidere)	= to do somebody in, to blow somebody away
far fuori i propri risparmi	= to finish off one's savings
fare ginnastica	= to exercise
fare un'iniezione	= to give an injection
fare legna	= to gather wood
fare luce su (in senso figurato)	= to cast light on
fare (in macchina)	= to drive
fare (in moto o bicicletta)	= to ride
fare (a piedi)	= to walk
far male	= to hurt
fare marcia indietro (in auto)	= to back (up)
fare marcia indietro (in senso figurato)	= to back off, to backtrack, to climb down
fare il militare	= to be in the army
fare in modo di... (= cercare di...)	= to try and...
fare il morto (= fingersi morto)	= to play dead
fare il morto (= galleggiare)	= to float (on one's back)
fare musica (= suonare)	= to play music
fare naufragio	= to be shipwrecked
fare un nodo	= to tie a knot
fare orecchio da mercante	= to turn a deaf ear
fare a pezzi	= to break into pieces, to tear to pieces
fare il pieno (di benzina)	= to fill up (with petrol)
fare politica	= to be politically involved
fare presente	= to point out
fare presto / tardi	= to be early / late
fare una promessa	= to promise
fare un punto	= to score a point
fare ricerca / ricerche	= to carry out research
fare una risata	= to give a laugh
fare scalo in un porto	= to call / dock at a port
fare lo scemo	= to play the fool
fare scuola (= insegnare)	= to teach (school)
fare scuola (= essere imitato)	= to gain a following
fare silenzio	= to keep silent
fare in tempo a	= to be in time to
fare torto a qualcuno	= to wrong somebody
fare le vacanze	= to spend one's holidays
fare le veci di qualcuno	= to act in somebody's stand, to stand in for someone
fare visita a qualcuno	= to pay somebody a visit
fare la vita	= to be on the game.

• *Farsi* si traduce con verbi vari nelle seguenti locuzioni:

farsi gli affari propri	= to mind one's own business
farsi l'amante	= to take a lover
farsi beffe di qualcuno	= to make fun of someone
farsi bello	= to do /spruce oneself up
farsi compagnia	= to keep company
farsi coraggio	= to take heart
farsi i fatti degli altri	= to meddle in other people's business
farsi forza	= to brace up
farsi gioco di qualcuno	= to make fun of somebody
farsi indietro	= to stand back
farsi male	= to hurt oneself
farsi un nome	= to make a name for oneself
farsi in quattro	= to do one's outmost
farsi le unghie (gatto)	= to sharpen its claws
farsi le unghie (= farsi la manicure)	= to manicure one's nails
farsi vecchio	= to get old
farsi vivo	= to turn up.

duces flowers, berries; *(come risultato)* ***tre più due fa cinque*** three and two make five; ***quanto fa 13 per 13?*** what's 13 times 13? ***10 meno 7 fa 3*** 10 minus 7 leaves 3 **5** *(redigere, scrivere)* to do* [*traduzione, tesi*]; *(emanare)* to make* [*legge*] **6** *(formare, plasmare)* ***gli avvenimenti che fanno la storia*** events which shape history; ***le qualità che fanno un campione*** the qualities which make a champion **7** *(praticare come professione, mestiere)* ***che lavoro fai?*** what's your job? ***cosa fai (di mestiere)?*** what do you do (for a living)? ***~ il medico, l'insegnante*** to be a doctor, a teacher; *(come sport, hobby)* to do* [*aerobica, giardinaggio*] **8** *(studiare)* to do*, to study [*materia, testo, autore*]; *(all'università)* ***~ ingegneria, lettere*** to study *o* do engineering, (the) arts; ***~ medicina*** to go to medical school, to study to be a doctor **9** *(frequentare)* ***~ l'università*** to go to university; ***~ (la) prima, (la) seconda*** to be in the first, second year; ***~ un corso*** to do a course **10** *(trascorrere)* to spend* [*vacanze*]; ***~ tre mesi di prigione*** to do three months in prison; ***avete fatto buon viaggio?*** did you have a pleasant journey? ***~ mezz'ora di coda*** to wait half an hour in a queue **11** COLLOQ. *(durare)* [*scarpe, abiti*] to last [*periodo di tempo*] **12** *(fornire come servizio)* ***non fanno le riparazioni*** they don't do repairs; ***l'albergo fa anche (servizio) ristorante?*** does the hotel do meals too? **13** *(rifornirsi di)* ***~ benzina*** to get some petrol; *(raccogliere)* ***~ legna*** to gather wood **14** *(percorrere)* to do* [*tragitto, chilometri*]; ***~ Roma-Milano in aereo*** to do the Rome-Milan journey by plane; ***~ l'autostrada*** to take the motorway **15** *(girare)* to go* round [*negozi, agenzie*]; ***un rappresentante che fa la zona di Napoli*** a rep who does the Naples area **16** *(avere)* to have* [*infarto, orecchioni, otite*] **17** *(provocare, causare)* ***~ del bene, del male a qcn.*** to do sb. good, harm; ***che cosa avete fatto alla cucina?*** what have you done to the kitchen? ***ha fatto qualcosa ai capelli?*** has she done something to her hair? ***questo fa qualcosa per l'influenza?*** is it any good for flu? ***la pastiglia non mi ha fatto niente*** the tablet didn't do anything; ***non ti farò niente*** I won't do anything to you; ***l'esplosione ha fatto 12 morti*** the explosion killed 12 people *o* left 12 people dead **18** *(far diventare)* ***~ felice qcn.*** to make sb. happy; ***~ qcn. tesoriere, presidente*** to make sb. treasurer, president; ***~ di qcn. un soldato, un mostro*** to make a soldier, a monster of sb.; ***questo farà di te un uomo*** SCHERZ. it'll make a man of you; ***~ di qcs. un'abitudine, un successo*** to make a habit, a success of sth.; *(far sembrare)* ***questo vestito mi fa grassa*** this dress makes me look fat **19** *(considerare)* ***ti facevo più intelligente*** I thought you were cleverer **20** *(fingersi)* ***~ il malato, il coraggioso*** to pretend to be ill, brave; ***~ quello che non sa niente*** to pretend not to know; *(atteggiarsi a)* ***~ il dittatore*** to act the dictator **21** *(interpretare)* [*attore*] to play [*parte, ruolo*]; ***voi fate i ladri*** GIOC. you be the robbers! **22** *(in un augurio, una preghiera)* ***mio Dio, fa' che (lui) abbia successo!*** God, please let him succeed! ***Signore, fa' che non gli succeda niente*** may God protect him! **23** *(seguito da infinito) (con valore causativo)* ***~ piangere, sussultare, riflettere qcn.*** to make sb. cry, jump, think; ***~ perdere, dimenticare qcs. a qcn.*** to make sb. lose, forget sth.; ***~ partire la macchina*** to get the car going; *(permettere, lasciare)* ***~ andare qcn.*** to let sb. go; ***~ vedere qcs. a qcn.*** to let sb. see sth.; *(convincere)* ***gli ho fatto prendere un appuntamento*** I got him to make an appointment **24** *(riferito all'ora)* ***che ora fai?*** what time do you make it? what time have you got? ***faccio le cinque*** I make it five o'clock; ***che ora fa l'orologio?*** what time does the clock say? **25** *(contare, annoverare)* to have* [*numero di abitanti*] **26** *(costare)* ***quanto fa?*** how much is it? ***fa*** o ***fanno 10 euro*** it's 10 euros **27** *(utilizzare, disporre di)* ***che ne faccio dei bagagli?*** what am I going to do with the luggage? ***che (ne) hai fatto del biglietto?*** what have you done with the ticket? ***per l'uso che ne fa!*** for all he does with it! **28** *(partorire)* [*donna, animale*] to have* [*bambino, cuccioli*] **29** *(dire)* ***"certo" fece lei*** "of course" she said; ***poi fa "e i miei soldi?"*** COLLOQ. so he goes "what about my money?"; ***il gatto fa "miao"*** the cat goes "miaow" **30 farla** *(avere la meglio)* ***a me non la si fa!*** = I wasn't born yesterday! *(fare i propri bisogni)* ***l'hai fatta?*** have you been *o* gone? **II** intr. (aus. *avere*) **1** *(agire, procedere)* to do*; ***non ho potuto ~ altrimenti*** I couldn't do otherwise; ***fa' come ti dico*** do as you're told; ***fai come vuoi*** do as you like; ***fa' come se fossi a casa tua*** make yourself at home; ***può ~ meglio*** she can do better; ***facciamo alle sei*** let's make it six o'clock **2** *(essere adatto)* ***questo è il posto che fa per me*** this is the place for me; ***vivere a Londra non fa per me*** living in London is not for me; ***non fa per me!*** it's not my cup of tea *o* my bag AE; ***è l'uomo che fa per te*** he's your man, he's just the man for you; ***sei proprio la persona che fa al caso nostro*** you're just the person we're looking for **3 fare per** *(essere in procinto di)* ***~ per andarsene*** to be about to leave; *(fare l'atto di)* ***fece per baciarlo*** she made as if to kiss him **4 fare da** *(fungere da)* [*persona*] to act as; *(servire da)* [*cosa*] to function *o* act *o* serve as; ***ha fatto loro da interprete*** he acted as their interpreter **5** *(essere espresso in una certa forma)* ***non mi ricordo come fa la poesia*** I can't remember how the poem goes; ***come fa la canzone?*** how does the song go? ***fa più o meno così*** it goes something like this **6** *(richiamare uno stile, un modo di essere)* ***questi occhiali fanno molto distinto*** these glasses make you look very distinguished; ***crede che faccia chic dire così*** he thinks it's chic to say that **7** *(riuscire)* ***come fai a berlo, a leggere quella robaccia?*** how can you drink it, read that junk? ***"come si fa?" - "così"*** "how do I do it?" - "like this"; ***come si fa a scrivere un romanzo?*** how do you go about writing a novel? ***come faccio a saperlo?*** how should I know? **8 farcela** ***ce l'ho fatta!*** I made it! ***ce la fai a finirlo?*** can you manage to finish it? ***non ce la faccio più!*** I've had it! I can't take any more! **III** impers. **1** *(riferito al tempo atmosferico o alle condizioni di luce)* ***fa freddo, caldo*** it's cold, warm; ***fa buio*** it's getting *o* growing dark **2** *(riferito a una durata)* ***oggi fanno dieci anni che è partito*** it's ten years today since he left **IV farsi** pronom. **1** *(preparare, fabbricare, creare per sé)* to make* oneself [*caffè, tè, vestito*]; ***-rsi da mangiare*** to do one's own cooking **2** *(concedersi)* to have* [*birra, pizza, mangiata, fumata, chiacchierata*] **3** *(mettere insieme)* ***-rsi i soldi*** to make one's pile; ***si è fatto i soldi con il petrolio*** he got his money in oil; *(procurarsi)* ***-rsi degli amici, dei nemici*** to make friends, enemies; ***-rsi l'amante*** to take a lover **4** COLLOQ. *(comprarsi)* to get* oneself [*macchina, moto*] **5** POP. *(possedere sessualmente)* to have*, to make*, to make* out with [*persona*] **6** GERG. *(drogarsi)* to get* stoned (**di** on), to do* drugs; *(bucarsi)* to shoot* up, to get* a fix; ***-rsi di eroina*** to shoot heroin up **7** *(diventare)* ***-rsi suora, cristiano*** to become a nun, a Christian; ***si è fatta bella*** she's grown up a beauty; ***il cielo si fece grigio*** the sky went *o* turned grey; ***si fa tardi*** it's getting late; ***comincia a -rsi buio*** it's getting *o* growing dark **8** *(per indicare movimento)* ***-rsi avanti*** to come forward, to take a step forward; FIG. to put *o* push oneself forward; ***-rsi indietro*** to stand back; ***-rsi in là*** to budge over *o* up **9** *(formarsi)* to form [*opinione, idea, immagine*] **10** *(seguito da infinito)* ***-rsi sentire, capire*** to make oneself heard, understood; ***-rsi tagliare i capelli*** to have *o* get one's hair cut; ***-rsi operare*** to have surgery **11** *(sottoporsi a)* to have* [*lifting, permanente, esami del sangue*] **12** *(procurarsi)* ***-rsi qualcosa al piede, al braccio*** to do something to one's foot, arm; ***-rsi un bernoccolo*** to get a bump; ***-rsi un livido su un braccio*** to bruise one's arm **13** *(reciprocamente)* ***-rsi carezze, dispetti*** to caress each other, to play tricks on each other **14 farsela** *(intendersela)* to jack around AE (**con** with); *(in una relazione amorosa)* to run* around (**con** with) ◆ ***avere a che ~*** to have to do (**con** with); ***non avere niente a che ~*** to have nothing to do (**con** with); ***avere da ~*** to be busy, to have things to do; ***darsi da ~*** *(sbrigarsi)* to get a move on, to get cracking; *(adoperarsi)* to try hard, to get busy COLLOQ.; ***niente da ~!*** nothing doing! ***(non) fa niente!*** it doesn't matter, never mind! ***fa niente se fumo?*** do you mind if I smoke? ***fai*** o ***fa' (un po') tu!*** it's up to you to decide! *(con tono seccato)* suit yourself! ***chi la fa l'aspetti*** PROV. two can play at that game; ***chi fa da sé***

fa per tre PROV. = if you want something done right, you've got to do it yourself; ***farsela addosso*** *(urinare)* to wet oneself; *(defecare)* to shit oneself; *(dalla paura)* to be scared shitless, to shit bricks, to brick it; ***farsela sotto*** *(dalla paura)* to be scared shitless, to shit bricks, to brick it; ***che cosa vuoi che ci faccia? che cosa ci posso ~ io?*** what do you want me to do about it? ***non ci si può ~ nulla*** it can't be helped; ***non posso farci niente se mi sento così*** I can't help the way I feel; ***non ci posso ~ niente se l'auto si rompe!*** I can't help it if the car breaks down! ***non so che farmene di...*** I have no need for...; ***è come se fosse già fatto*** it's as good as done.

2.fare /'fare/ m. **1** *(l'agire)* making, doing; ***lui ha un bel ~, ma...*** he tries hard, but... **2** *(comportamento)* manner, behaviour BE, behavior AE; ***avere un ~ distaccato, gentile*** to have a cold, kind manner, to be cold, kind **3** *(inizio)* ***al*** o ***sul ~ del giorno, della notte*** at daybreak, at nightfall ◆ ***tra il dire e il ~ c'è di mezzo il mare*** PROV. there's many a slip 'twixt cup and lip.

faretra /fa'rɛtra/ f. quiver.

faretto /fa'retto/ m. spot(light).

▷ **farfalla** /far'falla/ **I** f. **1** ZOOL. butterfly; ***retino per -e*** butterfly net **2** SPORT *(nel nuoto)* ***(stile) a ~*** butterfly (stroke); ***i 100 metri ~*** the 100 metre butterfly; ***nuotare a ~*** to do *o* swim the butterfly **3** *(persona volubile)* ***quella ragazza è un po' ~*** that girl is a bit flighty **4** TECN. *(valvola)* butterfly valve, throttle (valve) **II farfalle** f.pl. GASTR. bow pasta ◆ ***andare a caccia di -e*** = to go on a wild goose chase; ***vieni a vedere la mia collezione di -e*** SCHERZ. come up and see my etchings ◆◆ ~ ***notturna*** moth; ~ ***pavone*** peacock butterfly.

farfallamento /farfalla'mento/ m. AUT. shimmy, wobbling.

farfallare /farfal'lare/ [1] intr. (aus. *avere*) AUT. to shimmy.

farfallino /farfal'lino/ m. **1** *(cravatta)* bow tie **2** FIG. ***essere un ~*** to be flighty.

farfallone /farfal'lone/ m. **1** *(uomo incostante)* philanderer; ***essere un ~*** to have a roving eye; ***fare il ~*** to fool about *o* around **2** *(strafalcione)* blunder.

farfaraccio, pl. **-ci** /farfa'ratʃʃo, tʃi/ m. butterbur.

farfaro /'farfaro/ m. coltsfoot*.

farfugliamento /farfuʎʎa'mento/ m. sputter.

farfugliare /farfuʎ'ʎare/ [1] **I** tr. to jabber, to splutter (out), to stammer, to babble **II** intr. (aus. *avere*) to jabber, to splutter (out).

farfuglione /farfuʎ'ʎone/ m. (f. **-a**) sputterer.

▷ **farina** /fa'rina/ f. flour, meal; ***un sacco di ~*** a sack of flour ◆ ***non è ~ del suo sacco*** this is not his own work; ***la ~ del diavolo (se ne) va in crusca*** PROV. cheats never prosper ◆◆ ~ ***animale*** animal meal; ~ ***di avena*** oatmeal; ~ ***bianca*** white flour; ~ ***fossile*** rotten stone, tripoli; ~ ***di frumento*** wheat flour; ~ ***gialla*** cornmeal; ~ ***di glutine*** gluten flour; ~ ***di grano duro*** durum wheat flour; ~ ***di granturco*** → ~ ***gialla***; ~ ***integrale*** wheatmeat, graham flour AE; ~ ***lattea*** baby cereal; ~ ***di mais*** → ~ ***gialla***; ~ ***d'orzo*** barley meal; ~ ***di ossa*** AGR. bonemeal; ~ ***di pesce*** AGR. fish meal; ~ ***di riso*** ground rice, rice flour; ~ ***di segale*** rye flour; ~ ***di semi di lino*** oil meal, linseed meal.

farinaccio, pl. **-ci** /fari'nattʃo, tʃi/ m. **1** *(piccolo albero)* whitebeam **2** *(pianta erbacea)* pigweed.

farinaceo /fari'natʃeo/ **I** agg. farinaceous, starchy **II farinacei** m.pl. farinaceous food **U**, starchy food **U**.

farinata /fari'nata/ f. **1** *(focaccia)* = chickpea flat bread **2** *(minestra)* = soup made of flour cooked in water or milk.

faringale /farin'gale/ agg. FON. MED. pharyngal.

faringe /fa'rindʒe/ f. pharynx*.

faringeo /farin'dʒɛo, fa'rindʒeo/ agg. pharyngal.

faringite /farin'dʒite/ ➧ **7** f. pharyngitis.

faringoscopia /faringosko'pia/ f. pharyngoscopy.

faringoscopio, pl. **-pi** /faringo'skɔpjo, pi/ m. pharyngoscope.

faringotomia /faringoto'mia/ f. pharyngotomy.

farinoso /fari'noso/ agg. [*aspetto, patata, frutto*] floury, mealy, farinose; ***neve -a*** powder snow.

farisaico, pl. **-ci, -che** /fari'zaiko, tʃi, ke/ agg. **1** STOR. RELIG. Pharisaic(al) **2** FIG. SPREG. Pharisaic(al), hypocritical, self-righteous.

fariseismo /farize'izmo/ m. **1** STOR. RELIG. Pharisaism **2** FIG. SPREG. Pharisaism, hypocricy, self-righteousness.

fariseo /fari'zɛo/ m. (f. **-a**) **1** STOR. RELIG. Pharisee **2** FIG. SPREG. Pharisee, hypocritical person.

farmaceutica /farma'tʃɛutika/ f. pharmaceutics + verbo sing., pharmacy.

farmaceutico, pl. **-ci, -che** /farma'tʃɛutiko, tʃi, ke/ agg. [*ricerca*] pharmaceutical; [*industria*] drug, pharmaceutical(s); ***armadietto ~*** medicine cabinet, medicine chest, medicine cupboard; ***chimica -a*** pharmaceutical chemistry; ***informatore ~*** pharmaceuticals representative; ***prodotti -ci*** pharmaceuticals; ***specialità -a*** proprietary medicine, patent medicine.

▷ **farmacia** /farma'tʃia/ ➧ **18** f. **1** *(scienza)* pharmacy, pharmacology, pharmaceutics + verbo sing. **2** *(facoltà)* faculty of pharmacy, pharmacology **3** *(negozio)* pharmacy, pharmacist's shop, chemist's (shop) BE; ***venduto esclusivamente in ~*** available only at the chemist's **4** *(in ospedale)* dispensary ◆◆ ~ ***notturna*** = chemist's open at night; ~ ***omeopatica*** homeopathic pharmacy; ~ ***di turno*** = chemist's open on a Sunday or on a holiday.

farmacista, m.pl. **-i**, f.pl. **-e** /farma'tʃista/ ➧ **18** m. e f. pharmacist, chemist BE, druggist AE.

farmaco, pl. **-ci** /'farmako, tʃi/ m. drug, medicine, medicament, remedy; ***un ~ antidolorifico, contro il dolore*** a pain-relieving drug; ***prescrivere a qcn. dei -i*** to give sb. medication; ***assumere un ~*** to take a drug, to take medication ◆◆ ~ ***da banco*** medicine available over the counter, over the counter remedy; ~ ***orfano*** orphan drug; ~ ***specifico*** specific (drug).

farmacodipendente /farmakodipen'dɛnte/ **I** agg. drug dependent **II** m. e f. drug dependent (person).

farmacodipendenza /farmakodipen'dɛntsa/ f. drug dependency.

farmacologia /farmakolo'dʒia/ f. pharmacology, pharmacy.

farmacologico, pl. **-ci, -che** /farmako'lɔdʒiko, tʃi, ke/ agg. pharmacological.

farmacologo, m.pl. **-gi**, f.pl. **-ghe** /farma'kɔlogo, dʒi, ge/ m. (f. **-a**) pharmacologist.

farmacopea /farmako'pɛa/ f. pharmacopoeia, dispensatory.

farmacoterapia /farmakotera'pia/ f. pharmacotherapy.

> **Farnesina** The Italian Ministry of Foreign Affairs has, since 1959, been based outside the historic centre of Rome, in the *Palazzo della Farnesina*, a huge building in Rationalist style built between 1938 and the 1950s. *La Farnesina* is used by the media to mean the Italian Ministry of Foreign Affairs.

farneticamento /farnetika'mento/ m. raving, meandering.

farneticante /farneti'kante/ agg. raving.

farneticare /farneti'kare/ [1] intr. (aus. *avere*) **1** to rave, to be* delirious **2** FIG. to rave, to talk nonsense; ~ ***di qcs.*** to mumble (on) *o* burble (on) *o* maunder on *o* meander on about sth.

farneticazione /farnetikat'tsjone/ f. → **farneticamento.**

farnetico, pl. **-chi, -che** /far'nɛtiko, ki, ke/ **I** agg. ANT. *(che farnetica)* raving **II** m. ANT. **1** *(vaniloquio)* raving, delirium **2** *(brama)* craving.

▷ **faro** /'faro/ m. **1** AUT. (head)lamp, (head)light; ***accendere, spegnere i -i*** to put one's lights on, off, to switch on, off one's headlights; ***a -i spenti*** with (one's) headlights off; ***lasciare i -i accesi*** to leave the lights on **2** *(proiettore, riflettore)* floodlight **3** MAR. lighthouse; AER. beacon; ***guardiano del ~*** lighthouse keeper **4** FIG. *(guida)* beacon, light ◆◆ ~ ***alogeno*** halogen lamp; ~ ***antinebbia*** foglamp; ~ ***di atterraggio*** landing beacon; ~ ***fendinebbia*** → ~ ***antinebbia***; ~ ***galleggiante*** floating lighthouse; ***-i abbaglianti*** headlights on full beam BE, high beam AE, brights AE COLLOQ.; ***-i anabbaglianti*** dipped BE *o* dimmed AE headlights.

farragine /far'radʒine/ f. farrago*, muddle.

farraginoso /farradʒi'noso/ agg. farraginous, muddled.

farro /'farro/ m. spelt.

farsa /'farsa/ **I** f. **1** TEATR. farce, low-comedy **2** FIG. farce, mockery, charade; ***il processo è stato una ~*** the process was a farce; ***è una vera ~!*** it's farcical! it's a complete farce! **II** agg.inv. ***è un processo ~*** it's a fake trial.

farsescamente /farseska'mente/ avv. farcically.

farsesco, pl. **-schi, -sche** /far'sesko, ski, ske/ agg. **1** *(di, da farsa)* farcical **2** FIG. [*situazione*] farcical, ludicrous, ridiculous.

farsetto /far'setto/ m. **1** *(corpetto)* doublet, jerkin **2** MAR. (seaman's) jersey.

fascetta /faʃ'ʃetta/ f. **1** *(fascia piccola)* small band **2** *(di sigari)* band **3** *(di giornale, libri)* wrapper **4** TECN. strap, collar, clamp; ***stringere una ~*** to tighten a strap **5** *(del fucile)* shoulder loop **6** *(busto)* girdle ◆◆ ~ ***editoriale*** blurb.

fascettatrice /faʃʃetta'tritʃe/ f. tying-up machine.

fascetto /faʃ'ʃetto/ m. fascicle.

▷ **fascia**, pl. **-sce** /'faʃʃa, ʃe/ f. **1** *(striscia di tessuto)* band, stripe; *(per capelli)* headband; *(fusciacca)* sash; *(dello smoking)* cummerbund; ***portare una ~ al braccio*** to wear an armband; ***una ~ le cingeva la vita*** she had a sash around her waist **2** *(per fasciature)* band, bandage; ***una ~ di garza*** a gauze bandage **3** *(per l'invio di stampe)* wrapper **4** *(per neonati)* swaddling bands, swaddling clothes; ***un bambino in -sce*** a babe in arms **5** *(mollettiera)* puttee **6** *(di territorio)* zone, belt; ~ ***fortificata, smilitarizzata*** fortified, demilitarized zone **7** SPORT **~ *laterale*** wing; ***la ~ destra, sinistra*** the right, left wing; ***giocare sulla ~ destra*** to play on the right wing **8** *(categoria)* range, bracket; ***in una ~ compresa tra i due e i trecento euro*** in a price range of two to three hundred euros; ***la ~ dei 25-30 anni*** people in the 25-30 (range); ***le -sce deboli*** the underprivileged; ***la ~ di clientela*** the client group **9** ARCH. bar, fascia* **10** ARALD. bar, fesse **11** MUS. *(di strumenti)* sides pl.; *(di violino)* rib **12** ANAT. fascia* ◆◆ **~ *d'ascolto*** time band; RAD. listening time; TELEV. viewing time; **~ *costiera*** costal strip; **~ *elastica*** elasticated bandage; MECC. piston ring; **~ *equatoriale*** equatorial zone; **~ *d'età*** age range, age bracket; **~ *a*** o ***da lutto*** mourning band; **~ *muscolare addominale*** abdominal muscles; **~ *oraria*** time slot; **~ *dell'ozono*** ozone layer; **~ *protetta*** TELEV. = viewing time during which programmes for youngsters are transmitted; **~ *di reddito*** income bracket; **~ *salariale*** salary range; **~ *tricolore*** *(del sindaco)* (mayor's) tricolour sash; **~ *di Van Allen*** Van Allen layer.

fasciame /faʃ'ʃame/ m. planking, skin; ***corso di ~*** strake.

fasciare /faʃ'ʃare/ [1] **I** tr. **1** *(bendare)* to bandage (up) [*dito, braccia*]; to bind* (up) [*ferita, piaga*] **2** *(avvolgere in fasce)* to swaddle [*neonato*] **3** *(aderire)* [*vestito*] to hug [*vita, fianchi*] **4** MAR. to plank **II fasciarsi** pronom. to bind* oneself up; ***-rsi un dito*** to bandage one's finger ◆ ***è inutile -rsi la testa prima di essersela rotta*** don't cross your bridges before coming to them.

fasciatoio, pl. **-oi** /faʃʃa'tojo, oi/ m. changing table, changing top.

fasciatura /faʃʃa'tura/ f. bandage, bandaging, (surgical) dressing; ***mettere, cambiare una ~*** to apply, to change a dressing; ***fare una ~ a qcn.*** to bind sb. up ◆◆ **~ *di compressione, compressiva*** pressure bandage; **~ *elastica*** elastic bandage.

fascicolare /faʃʃiko'lare/ [1] tr. to bind*, to file.

fascicolato /faʃʃiko'lato/ **I** p.pass. → **fascicolare II** agg. BOT. [*radici*] fasciculate, fasciate.

fascicolo /faʃ'ʃikolo/ m. **1** *(documenti relativi a una pratica)* brief, (case) file; ***aprire un ~ su qcn.*** to draw up a file on sb. **2** *(nell'editoria)* instalment; ***vendere qcs. in*** o ***a -i*** to sell sth. in instalments; ***un'enciclopedia del giardinaggio che esce a -i*** a gardening encyclopaedia which comes out in parts *o* instalments **3** BOT. fascicle.

fascina /faʃ'ʃina/ f. **1** *(fascio di legna)* faggot; ***una ~ di ramoscelli*** a bunch *o* bundle of twigs; ***fare una ~ di legnetti*** to bundle up sticks **2** *(per fortificazioni)* fascine.

1.fascinare /faʃʃi'nare/ [1] tr. *(raccogliere in fascine)* to bundle up.

2.fascinare /faʃʃi'nare/ ANT. → **affascinare.**

fascinazione /faʃʃinat'tsjone/ f. LETT. bewitching.

▷ **fascino** /'faʃʃino/ m. **1** charm, appeal, allure(ment), glamour, glamor AE; ***pieno di ~*** full of charm; ***un volto privo di ~*** a charmless *o* unattractive face; ***una donna di grande ~*** a woman of great charm, a very charming *o* fascinating woman; ***avere (un certo) ~*** to have (a certain) appeal; ***essere sensibile al ~ di qcn.*** to be susceptible to sb.'s charm; ***sfoderare*** o ***tirare fuori tutto il proprio ~*** to turn on the charm; ***esercitare del ~ su qcn.*** to appeal to sb., to charm sb.; ***dare ~ a qcs.*** to lend sth. glamour, to make sth. appealing; ***il ~ della giovinezza, del proibito*** the charm of youth, of what is forbidden; ***essere sedotto dal*** o ***cedere al ~ di qcn.*** to come under the spell of sb.; ***il luogo aveva perso parte del suo ~*** the place had lost some of its magic **2** ANT. *(incantesimo)* spell, enchantment, bewitchment.

fascinosamente /faʃʃinosa'mente/ avv. charmingly.

fascinoso /faʃʃi'noso/ agg. charming, fascinating, bewitching.

▷ **fascio**, pl. **-sci** /'faʃʃo, ʃi/ m. **1** *(mazzo, fastello) (di ramoscelli, d'erba, di fiori)* bunch, sheaf*, spray; *(di carte, documenti, lettere, giornali)* batch, bundle **2** *(di luce)* beam, stream **3** MAT. sheaf*; **~ *di rette*** a sheaf of straight lines **4** ANAT. fascicle **5** MIL. *(di armi)* stack; ***formare i -sci*** to stack arms **6** STOR. fasces pl. **7** COLLOQ. *(partito fascista)* Fascist party; GERG. *(fascista)* Fascist ◆ ***fare d'ogni erba*** o ***di tutta l'erba un ~*** PROV. to tar everyone with the same brush; ***essere un ~ di nervi*** to be all nerves, a bundle of nerves ◆◆ **~ *di elettroni*** electron beam; **~ *funiculare*** shroud (line); **~ *laser*** laser beam; **~ *di linee*** TECN. trunk group; **~ *muscolare*** o ***di muscoli*** ANAT. bundle of muscles; **~ *di nervi*** ANAT. bundle of nerves (anche FIG.); **~ *piramidale*** ANAT. pyramidal tract; ***-sci littori*** (lictor's) fasces.

fasciola /faʃ'ʃiola/ f. ZOOL. fluke ◆◆ **~ *epatica*** liver fluke.

▷ **fascismo** /faʃ'ʃizmo/ m. Fascism, fascism.

▷ **fascista**, m.pl. **-i**, f.pl. **-e** /faʃ'ʃista/ **I** agg. [*partito, regime*] Fascist, fascist **II** m. e f. Fascist, fascist.

fascistoide /faʃʃis'tɔide/ agg. fascistoid.

▷ **fase** /'faze/ f. **1** *(di evoluzione)* phase, stage; **~ *di transizione*** transitional phase; ***la ~ iniziale, finale di una malattia*** the early, last stage of an illness; ***una nuova ~ del progetto*** a new chapter *o* stage in the project; ***a -i regolari*** regularly; ***in ~ di fabbricazione*** in the making; ***in ~ di stampa*** [*computer*] printing; [*libro*] being printed; ***entrare in una nuova ~*** to enter a new phase *o* stage; ***superare una ~ critica*** to overcome a critical stage; ***entrare in ~ di recessione*** to go into recession; ***sta attraversando una ~ difficile*** she's going through a difficult phase **2** FIS. ASTR. phase; **~ *calante*** waning **3** EL. phase; ***in ~*** in phase; ***fuori ~*** out of phase **4** MOT. phase; ***mettere in ~ un motore*** to time the engine ◆ ***essere fuori ~*** to be out of phase, to feel *o* be out of sorts, to be off(-colour) BE ◆◆ **~ *anale*** PSIC. anal stage; **~ *di avvicinamento*** approach stage; **~ *genitale*** PSIC. genital stage; **~ *orale*** PSIC. oral stage; ***-i lunari*** phases of the moon.

fasometro /fa'zɔmetro/ m. phasemeter.

fasore /fa'zore/ m. phasor.

fastello /fas'tɛllo/ m. bunch, sheaf*, spray.

fast food /fast'fud/ m.inv. *(locale)* fast food restaurant; *(pasto rapido)* fast food.

▶ **fastidio**, pl. **-di** /fas'tidjo, di/ m. **1** *(sensazione di disturbo)* bother, nuisance; *(irritazione)* annoyance; ***dare ~ a qcn.*** [*fumo, luce, rumore*] to bother sb., to be a nuisance to sb.; ***ti dà ~ se accendo la luce?*** do you mind if I turn on the light? ***non gli dare ~*** don't bother him; ***che ~ può darti?*** what harm could it do to you? ***andrò a piedi, non mi dà ~*** I'll walk, I don't mind; ***quello che mi dà ~ è che*** what annoys *o* gets COLLOQ. me is; ***gli dava ~ che lei fosse pagata di più*** he resented her being better paid **2** *(malessere fisico)* pain; ***avere un ~ al ginocchio*** to have a pain in one's knee; ***sentire*** o ***provare ~ nell'ingoiare, nel respirare*** to feel a pain swallowing, breathing; ***dare ~ a*** [*sasso, cintura*] to hurt, to bother [*persona*]; ***qualcosa mi dà ~ nella scarpa*** something in my shoe is hurting *o* bothering me; ***il ginocchio le dà ancora ~*** her knee is still bothering her **3** *(molestia)* ***dare*** o ***recare ~ a qcn.*** to jerk around sb., to be a nuisance to sb. **4** *(seccatura)* trouble, bother **U**, inconvenience; ***avere dei -di*** to have a bit *o* spot of bother; ***per evitar loro dei -di*** to keep them out of trouble; ***la cosa mi ha procurato solo dei -di*** it just gave me trouble *o* problems.

fastidiosamente /fastidjosa'mente/ avv. annoyingly, irritatingly.

▷ **fastidioso** /fasti'djoso/ agg. [*persona, comportamento, rumore*] annoying, irritating, tiresome; [*prurito*] bothersome; [*avvenimento, affare, problema*] annoying, upsetting, troublesome.

fastigiato /fasti'dʒato/ agg. ARCH. BOT. fastigiate.

fastigio, pl. **-gi** /fas'tidʒo, dʒi/ m. **1** *(copertura)* fastigium*, pediment, gable end **2** *(sugli altari gotici)* = the highest panel in a polyptych **3** FIG. *(culmine)* apex*, peak, high.

fasto /'fasto/ m. splendour, pomp, richness, lavishness; ***il ~ di una cerimonia*** the pomp of a ceremony.

fastosità /fastosi'ta/ f.inv. richness, lavishness.

fastoso /fas'toso/ agg. [*festa, costume, arredamento*] sumptuous, rich; ***il loro modo di vivere era tra i più -i*** they led a life of the greatest luxury.

fasullo /fa'zullo/ agg. **1** *(falso)* [*documento, passaporto, carta d'identità*] fake, counterfeit; [*dottore, ufficiale*] bogus; [*azienda, società*] phoney; [*elezione, democrazia*] sham attrib. **2** *(vano)* [*promessa*] vain.

▷ **fata** /'fata/ f. **1** *(creatura fatata)* fairy; ***racconto di -e*** fairy tale; ***la ~ buona*** the fairy godmother; ***la ~ cattiva*** the wicked fairy; ***regno delle -e*** faerie *o* faery kingdom **2** *(donna bellissima e buona)* ***mia moglie è una ~*** my wife is an angel ◆ ***avere mani di ~*** = to have nimble fingers, to have a gift for needlework.

▷ **fatale** /fa'tale/ agg. **1** *(irrimediabile, disastroso)* [*errore*] fatal; ***essere ~ a qcn., qcs.*** to be fatal to sb., sth.; *(mortale)* ***il viaggio gli è stato, potrebbe essergli ~*** the journey proved, could be fatal; ***una caduta potrebbe essere ~*** a fall would mean *o* spell death **2** *(determinato dal destino, dal caso)* [*evento*] fated, destined, bound to happen **3** SCHERZ. *(irresistibile)* [*sguardo*] irresistible; ***donna ~*** vamp, femme fatale.

fatalismo /fata'lizmo/ m. fatalism.

fatalista, m.pl. **-i**, f.pl. **-e** /fata'lista/ **I** agg. fatalistic **II** m. e f. fatalist.

fatalistico, pl. **-ci, -che** /fata'listiko, tʃi, ke/ agg. fatalistic.

fatalità /fatali'ta/ f.inv. **1** *(inevitabilità)* fate **2** *(caso, combinazione)* fatality; ***per quale ~ si trovava a Roma?*** what twist of fate brought him to Rome? **3** *(disgrazia)* ***è stata una ~*** it was destiny.

fatalmente /fatal'mente/ avv. fatally.

fatalona /fata'lona/ f. vamp.

fata morgana /'fatamor'gana/ f. fata Morgana.

fatato /fa'tato/ agg. [*anello*] magic; [*foresta, castello*] enchanted.

fatebenefratelli /fatebenefra'tɛlli/ m.pl. = friars belonging to the order of St. John of God.

▶ **fatica**, pl. **-che** /fa'tika, ke/ f. **1** *(sforzo)* effort, exertion; ***grande ~*** great effort; **~ *fisica*** physical effort; ***senza (fare) ~*** with ease, effortlessly, without effort; ***che ~!*** what an effort *o* a struggle! ***fare ~ (a fare)*** to have difficulty (in doing), to struggle (to do); ***hanno fatto ~ a fare*** they had a struggle to do *o* doing; ***non è una gran ~ per te alzarti mezz'ora prima*** it's no great hardship for you to get up half an hour earlier; ***è (tutta) ~ sprecata*** it's a waste of effort *o* time, it's wasted effort *o* time; ***ho fatto una ~ terribile a trovare la casa*** I found it terribly hard to find the house; ***è una ~ fargli fare i compiti*** it's hard to make him do his homework; ***meritare*** o ***valere la ~*** to be worth the effort; ***il coronamento delle proprie -che*** the consummation of one's efforts **2** *(lavoro, compito faticoso)* toil, hard work; ***la ~ non mi spaventa*** I'm not afraid of hard work; ***sostenere, affrontare le -che*** to endure, face hard work; ***ammazzarsi di ~*** to work oneself to death; ***uomo di ~*** drudge **3** *(fastidio)* ***risparmiarsi, risparmiare a qcn. la ~ di fare qcs.*** to save oneself, sb. the trouble of doing sth. **4** *(stanchezza)* tiredness, exhaustion; ***essere morto di*** o ***crollare dalla ~*** to be fit to drop, to be dead tired; ***~ mentale*** mental exhaustion **5** *(opera)* effort; ***l'ultima ~ di uno scrittore*** the last work of a writer **6** TECN. ***~ dei metalli*** metal fatigue; ***sottoporre a ~*** to fatigue [*metallo*] **7 a fatica** *(con difficoltà)* with difficulty, struggingly; *(a malapena)* [*sentire, vedere*] hardly; ***respirare, aprire qcs. a ~*** to labour to breathe, to open sth.; ***muoversi a ~*** to labour along, to struggle along; ***conquistato a ~*** hard-bought, hard-earned, hard-won; ***si procede a ~*** the going is heavy ◆ ***una ~ di Ercole*** a labour of Hercules; ***vivere del frutto delle proprie -che*** to live by the fruit of one's labours ◆◆ ***~ di Sisifo*** Sisyphean toil (anche FIG.).

faticaccia, pl. **-ce** /fati'kattʃa, tʃe/ f. hard work, slog, grind, drudgery; ***il viaggio è stato una ~*** the journey was a real slog.

▷ **faticare** /fati'kare/ [1] intr. (aus. *avere*) **1** *(compiere lavori gravosi)* to labour BE, to labor AE, to toil; ***~ molto in qcs.*** to work hard to do sth. **2** *(fare fatica)* to have difficulty, to struggle; ***ha faticato a passare l'esame*** he found it hard to pass the exam; ***il ciclista fatica nelle salite*** the cyclist struggles on the uphills.

faticata /fati'kata/ f. hard work, drudgery, slog COLLOQ., grind COLLOQ.

fatico, pl. **-ci**, **-che** /'fatiko, tʃi, ke/ agg. phatic.

faticosamente /fatikosa'mente/ avv. with difficulty.

▷ **faticoso** /fati'koso/ agg. **1** *(pesante)* [*lavoro*] hard, painful, demanding; [*sport, viaggio*] tiring, wearing; [*attesa, periodo*] tiring, stressful; ***era ~ fare*** it was an effort to do; ***il mio lavoro è ~ per gli occhi*** my job strains my eyes **2** *(difficoltoso)* [*respirazione*] difficult; [*inizio*] laboured BE, labored AE **3** *(impacciato)* [*stile*] laborious.

fatidico, pl. **-ci**, **-che** /fa'tidiko, tʃi, ke/ agg. [*giorno, momento, ora*] fatal, fateful.

fatiscente /fatiʃ'ʃɛnte/ agg. crumbling, dilapidated, scruffy, tumbledown.

fatiscenza /fatiʃ'ʃɛntsa/ f. dilapidation, disrepay, scruffiness.

fato /'fato/ m. fate.

fatt. ⇒ fattura invoice.

fatta /'fatta/ f. ***gente di tal ~*** SPREG. people like that, such people.

fattaccio, pl. **-ci** /fat'tattʃo, tʃi/ m. wicked deed, foul deed; *(crimine)* crime.

fatterello /fatte'rɛllo/ m. **1** *(avvenimento di scarsa importanza)* minor episode **2** *(aneddoto)* anecdote.

fattezze /fat'tettse/ f.pl. features.

fattibile /fat'tibile/ agg. feasible; ***è, non è ~*** it can, it can't be done, it's feasible, it's not feasible.

fattibilità /fattibili'ta/ f.inv. feasibility.

fattispecie /fattis'pɛtʃe/ f.inv. ***nella ~*** in the case in point, in this case.

fattitivo /fatti'tivo/ agg. LING. *(causativo)* factitive.

fattivamente /fattiva'mente/ avv. [*impegnarsi, collaborare*] effectively.

fattivo /fat'tivo/ agg. [*contributo, collaborazione*] effective.

▶ **1.fatto** /'fatto/ **I** p.pass. → **1.fare II** agg. **1** *(realizzato, compiuto)* ***ben ~, mal ~*** well, badly done; ***ben ~!*** well done! ***affare ~!*** done! it's a deal! ***~ in casa*** homemade; ***~ a macchina*** machine-made; ***~ a mano*** handmade **2** *(formato)* ***~ di*** o ***in*** made of; ***muro ~ di pietra*** a wall made of stone, a stone wall; ***una folla -a di collezionisti e appassionati*** a crowd (made up) of collectors and enthusiasts; ***bell'e -a*** [*formula, risposta*] ready-made; ***ben -a*** [*ragazza*] well set-up; ***un corpo ben ~*** a nice *o* attractive figure; ***~ a stella*** star-shaped **3** *(adatto)* ***~ per qcs., per fare*** made *o* fit for sth., to do; ***sono -i l'uno per l'altra*** they're made *o* meant for each other; ***queste forbici non sono -e per tagliare la carne*** these scissors are not (meant) for cutting meat; ***non è ~ per lavorare, per l'insegnamento*** he's not cut out for work, for teaching **4** *(cresciuto, maturo)* ***un uomo ~, una donna -a*** a grown man, woman **5** *(inoltrato)* ***giorno ~*** broad daylight; ***è tornato a notte -a*** he came back when it was dark **6** COLLOQ. *(spacciato)* ***la casa è circondata, siamo -i!*** the house is surrounded, we've had it! *o* we're done for! **7** GERG. *(drogato)* stoned, zonked ◆ ***a conti -i*** after all, all things considered; ***ecco ~!*** here you are! ***è -a!*** it's done! we did it! ***a cose -e*** when all is said and done; ***detto ~*** no sooner said than done; ***frase -a*** set phrase, set expression, hackneyed expression.

▶ **2.fatto** /'fatto/ **I** m. **1** *(atto concreto)* fact; ***il ~ di avere, di fare*** the fact of having, doing; ***il ~ di essere felice*** (the fact of) being happy; ***il ~ di essere partito, caduto*** (the fact of) having left, fallen; ***questo è il ~*** this is the point, that's the fact of the matter; ***questo è il ~*** o ***questi sono i -i, ti ha ingannato*** the fact *o* the matter is that he cheated you; ***mi sto annoiando e questo è un dato di ~*** I'm bored and that's a fact; ***il ~ è che tu avevi ragione, che la cosa non ha funzionato*** the fact *o* point is that you were right, that it didn't work; ***il ~ stesso che, di fare*** the very fact that, of doing; ***il semplice ~ di dire*** the simple fact of saying; ***il ~ che sia possibile fare*** the fact that it is possible to do; ***c'è riuscito, è un dato di ~, ma...*** he has succeeded, certainly, but...; ***vogliono -i, non parole*** they want deeds, not words; ***riconoscere i -i*** to acknowledge the facts; ***piegarsi davanti ai -i*** to bow to the facts; ***al momento dei -i*** at the time of the events; ***negare i -i*** to deny the facts; ***attenersi, stare ai -i*** to keep, stick to facts; ***i -i parlano chiaro*** the facts are clear; ***veniamo ai -i*** let's get to the point *o* facts; *(fenomeno)* ***è un ~ nervoso*** it's a case of nerves **2** *(ciò che costituisce la causa)* ***per il ~ (stesso) che*** due to the (very) fact that **3** *(avvenimento)* event; ***è un ~ unico nella storia*** it's an unique event in history; ***il film è basato su -i reali*** the film is based on real-life events; ***il ~ si è svolto a Roma*** the event took place in Rome **4 in fatto di** as regards; ***in ~ di riforme, filosofia...*** as far as reforms are, philosophy is concerned...; ***in ~ di rinnovamento del sistema, hanno solamente cambiato qualche elemento*** they haven't so much renovated the system as tinkered about the edges **5 di fatto** [*situazione, questione, potere, governatore*] de facto attrib.; [*marito, moglie, matrimonio*] common-law attrib.; ***è lui che di ~ dirige l'azienda*** it is he who actually runs the company **6 sta di fatto che, fatto sta che** the fact *o* point is that **II fatti** m.pl. *(affari, questioni personali)* ***questi sono -i miei!*** that's my (own) business! ***badare ai*** o ***farsi i -i propri*** to mind one's own business, to go about one's business; ***impicciarsi dei -i altrui*** to meddle in other people's business, to intrude in(to) other people's affairs; ***andarsene per i -i propri*** to go about one's business ◆ ***di nome e di ~*** in word and deed; ***sa il ~ suo*** he knows what he is about; ***gli ha detto il ~ suo*** he gave him a piece of his mind; ***cogliere qcn. sul ~*** to catch sb. in the act *o* red-handed; ***passare*** o ***venire*** o ***scendere alle vie di ~*** to come to blows ◆◆ ***~ d'armi*** feat of arms; ***~ di attualità*** → ***~ di cronaca***; ***~ compiuto*** accomplished fact, fait accompli; ***mettere qcn. davanti al ~ compiuto*** to present sb. with a fait accompli; ***~ di cronaca*** news item; ***~ di guerra*** exploit of war; ***~ illecito*** unlawful act, tort; ***-i di sangue*** bloodshed.

▷ **1.fattore** /fat'tore/ ♦ ***18*** m. (f. **-essa** /essa/) **1** *(chi conduce una fattoria)* land agent, estate manager **2** LETT. *(artefice)* maker; ***l'Alto*** o ***il Sommo*** o ***il Massimo Fattore*** the Maker.

▷ **2.fattore** /fat'tore/ m. **1** *(elemento)* factor, element; ***dovuto a una combinazione di diversi -i*** due to the combination of different factors; ***il ~ fortuna*** the element of luck; ***il ~ tempo*** the time element; ***-i politici, economici*** political, economical considerations; ***essere il ~ scatenante di qcs.*** to be the motivating factor of sth.; ***la sicurezza costituisce il ~ prioritario*** safety is the overridding consideration **2** MAT. factor; ***~ comune, primo*** common, prime factor; ***risoluzione in -i*** resolution into factors, factorization; ***scomporre in -i*** to factorize, to factor AE ◆◆ ***~ di carico*** EL. load factor; ***~ di crescita*** growth factor; ***~ 8*** MED. factor 8; ***~ positivo*** plus factor, plus point; ***~ di protezione (solare)*** (sun) protection factor; ***~ Rh(esus)*** rhesus factor; ***~ (di) rischio*** risk factor; ***~ tecnico*** technical factor; ***~ umano*** human factor.

▷ **fattoria** /fatto'ria/ f. **1** *(azienda agricola)* farm; ***lavorare in una ~*** to work on a farm; ***cortile di ~*** farmyard **2** *(casa)* farmhouse ◆ ***~ collettiva*** collective farm.

fattoriale /fatto'rjale/ **I** agg. factorial; ***analisi ~*** factor analysis **II** m. MAT. factorial.

fattorino /fatto'rino/ ♦ ***18*** m. **1** *(per consegne)* deliverer, delivery person; *(uomo)* delivery boy, delivery man*; *(donna)* delivery girl, delivery woman* **2** *(di ufficio)* *(uomo)* errand boy, office boy; *(donna)* errand girl, office girl **3** *(di telegrammi)* telegraph boy, telegraph messenger **4** *(di albergo)* call boy, bellboy AE, groom.

fattorizzare /fattorid'dzare/ [1] tr. to factorize, to factor AE.

fattrice /fat'tritʃe/ f. brood mare, stud mare.
fattuale /fattu'ale/ agg. factual.
fattucchiera /fattuk'kjɛra/ f. witch, sorceress.
fattucchiere /fattuk'kjɛre/ m. wizard, sorcerer.
fattura /fat'tura/ f. **1** AMM. bill, invoice; ***fare una ~*** to invoice, to make up an invoice; ***una ~ fittizia*** forged *o* bogus invoice; ***modulo per -e*** billhead; ***segue ~*** invoice to follow; ***30 giorni data ~*** 30 days invoice; ***come da ~*** as per invoice **2** *(lavorazione)* workmanship; *(di artigiano)* craftmanship; *(di artista)* tecnique; *(di vestiti)* make; ***un abito di buona ~*** a suit of good make; ***la ~ di un abito*** the making-up of a suit; ***una poltrona di bella ~*** a finely crafted armchair; ***versi di pregevole ~*** well-made verses **3** *(incantesimo)* spell; ***fare una ~ a qcn.*** to put the evil eye on sb. ◆◆ ***~ commerciale*** (commercial) invoice; ***~ dettagliata*** COMM. itemized bill; ***~ pro forma*** COMM. pro forma invoice; ***~ salariale*** wage bill.
fatturare /fattu'rare/ [1] tr. **1** AMM. *(emettere una fattura)* to bill, to invoice; ***~ qcs. a qcn.*** to bill *o* invoice sb. for sth.; *(vendere e contabilizzare)* ***la nostra ditta fattura 400.000 euro all'anno*** our firm has a yearly turnover of 400,000 euros **2** *(adulterare)* to adulterate [*bevanda, vino*].
fatturato /fattu'rato/ **I** p.pass. → **fatturare II** agg. *(adulterato)* [*vino*] adulterated **III** m. *(giro di affari)* turnover; *(ricavato delle vendite)* sales pl.; ***~ (della vendita) delle armi, del vino*** arm's, wine's sales; ***realizzare ogni anno un ~ di un 400.000 euro*** to have a yearly turnover of 400,000 euros.
fatturatrice /fattura'tritʃe/ f. invoicing machine.
fatturazione /fatturat'tsjone/ f. invoicing, billing.
fatturista, m.pl. **-i**, f.pl. **-e** /fattu'rista/ m. e f. invoice clerk.
fatuità /fatui'ta/ f.inv. fatuity, fatuousness.
fatuo /'fatuo/ agg. **1** *(sciocco)* fatuous, foolish; *(vanesio)* vain **2** ***fuoco ~*** ignis fatuus, will-o'-the-wisp, jack-o'-lantern BE; FIG. *(illusione)* illusion.
faucale /fau'kale/ agg. faucal.
fauci /'fautʃi/ f.pl. ANAT. fauces; *(di animale)* jaws, chap sing., maw sing.; *(di persona)* mouth sing., throat sing.; ***il leone spalancò le ~*** the lion opened its jaws wide; ***cadere nelle ~ di qcn.*** FIG. to fall into the clutches of sb.
▷ **fauna** /'fauna/ f. **1** ZOOL. fauna*; ***~ del deserto, della giungla*** desert, jungle fauna; ***~ marina*** marine fauna; ***~ protetta*** protected wildlife **2** SCHERZ. *(persone)* talent; ***dare un'occhiata alla ~ locale*** to eye up the local talent.
faunesco, pl. **-schi**, **-sche** /fau'nesko, ski, ske/ agg. *(di fauno)* of a faun; *(simile a fauno)* faun-like.
faunistica /fau'nistika/ f. = study of the fauna of a particular region.
faunistico, pl. **-ci**, **-che** /fau'nistiko, tʃi, ke/ agg. [*patrimonio*] faunal; ***oasi -a*** wildlife park, wildlife reserve, wildlife sanctuary.
fauno /'fauno/ m. faun.
faustiano /faus'tjano/ agg. [*atteggiamento, spirito*] Faustian.
fausto /'fausto/ agg. **1** *(propizio)* [*giorno, anno*] propitious, auspicious, fortunate **2** *(lieto)* [*evento*] happy.
Fausto /'fausto/ n.pr.m. Faustus.
fautore /fau'tore/ m. (f. **-trice** /tritʃe/) advocate, partisan, supporter, devotee, proponent; ***i -i di una tesi*** the advocates of a thesis.
▷ **fava** /'fava/ f. **1** BOT. broad bean **2** VOLG. cock, prick ◆ ***prendere due piccioni con una ~*** to kill two birds with one stone; ***non capire una ~*** to understand bugger all *o* damn all ◆◆ ***~ del Calabar*** Calabar bean; ***~ tonca*** tonka bean.
favagello /fava'dʒɛllo/ m. lesser celandine.
favella /fa'vɛlla/ f. LETT. **1** *(parola)* speech; ***perdere, riacquistare la ~*** to loose, recover the power of speech **2** *(lingua)* language; ***la ~ toscana*** the tuscan language.
favellare /favel'lare/ [1] intr. (aus. *avere*) to speak*, to talk.
favilla /fa'villa/ f. **1** *(scintilla)* spark **2** FIG. *(causa)* ***la ~ dell'amore*** the spark of love ◆ ***fare -e*** to shine, to sparkle; ***mandava*** o ***sprizzava -e dagli occhi*** his eyes were sparkling.
favo /'favo/ m. **1** *(di api)* (honey)comb **2** MED. favus.
▷ **favola** /'favola/ f. **1** tale, story; *(fiaba)* fairy tale; ***la morale della ~*** the moral of the story; ***le -e di Esopo*** Aesop's fables; ***libro di -e*** storybook; ***raccontare, narrare una ~ a un bambino*** to tell fairytales to a child; ***il mondo delle -e*** the land of make-believe; ***da*** o ***di ~*** FIG. [*paesaggio, vestito, viaggio*] fabulous, wonderful, dream attrib. **2** *(fandonia)* story, fairy tale; ***sono tutte -e!*** it's all make-believe! ***non ti sto raccontando una ~*** I'm not telling stories ◆ ***essere la ~ del paese*** to be the talk of the town.
favoleggiamento /favoleddʒa'mento/ m. fabulation.
favoleggiare /favoled'dʒare/ [1] intr. (aus. *avere*) to tell fantastic stories about, to tell fables, tales about; ***si favoleggia della sua esistenza*** there is much talk about *o* a lot of stories about its real existence, people talk about whether it really exists.
favoleggiatore /favoleddʒa'tore/ m. (f. **-trice** /tritʃe/) *(chi favoleggia)* fabulist.
favolista, m.pl. **-i**, f.pl. **-e** /favo'lista/ m. e f. *(scrittore di favole)* fabulist.
favolistica /favo'listika/ f. **1** *(insieme di favole)* folktales pl., fables pl.; ***la ~ italiana*** the Italian folktales **2** *(genere)* fable genre.
favolistico, pl. **-ci**, **-che** /favo'listiko, tʃi, ke/ agg. ***la tradizione -a italiana*** the tradition of the Italian folktales.
favolosamente /favolosa'mente/ avv. fabulously.
favolosità /favolosi'ta/ f.inv. fabulousity.
▷ **favoloso** /favo'loso/ agg. **1** *(di favola)* [*animale, mostro, essere*] fabulous **2** COLLOQ. *(straordinario, eccezionale)* [*bellezza, tempo, ricchezza*] fabulous, wonderful.
favonio /fa'vɔnjo/ m. Favonious, west wind; ***del ~*** favonian.
▶ **favore** /fa'vore/ m. **1** *(benevolenza)* favour BE, favor AE; ***guardare qcn. con ~*** to look with favour on sb., sth., to look on sb., sth. with favour; ***guadagnarsi, perdere il ~ di qcn.*** to win, lose favour with sb.; ***godere del ~ di qcn.*** to find favour with sb.; ***godere dei -i di qcn.*** to enjoy sb.'s favours; ***ricoprire*** o ***colmare qcn. di -i*** to pile favours on sb.; ***una personalità che riscuote*** o ***incontra il ~ del pubblico*** a celebrity who is popular with the public; ***regime, trattamento di ~*** special treat, preferential treatment; ***riservare a qcn. un trattamento di ~*** to show favour to sb., to show sb. favour; ***biglietto di ~*** free ticket, complimentary ticket; ***prezzo di ~*** special price; ***cambiale di ~*** accommodation bill **2** *(piacere)* favour BE, favor AE; ***fare un ~ a qcn.*** to do sb. a favour *o* a good turn; ***chiedere un ~ a qcn.*** to ask a favour of sb., to ask sb. a favour; ***ricambiare un ~*** to return a favour; ***dovere un ~ a qcn.*** to owe sb. a favour; ***il conto, per ~!*** the bill, please! ***puoi dirmi l'ora, per ~?*** could you tell me what time it is, please? ***(facendo ciò) mi hai fatto un ~*** you really obliged me by doing that; ***fammi il ~ di smetterla!*** (would you) please stop it! ***mi faccia il ~, stia zitto*** (would you) keep quiet, please; ***(ma) mi faccia il ~!*** do me a favour! ***ottenere qcs. come ~*** to obtain sth. as a favour **3 favori** pl. EUFEM. ***gli ha concesso i suoi -i*** she bestowed her favours upon him **4 a, in favore (di)** *(a vantaggio di)* ***a, in ~ di qcn.*** in sb.'s favour, to sb.'s advantage, to sb.'s benefit, for sb.; ***il giudizio è stato pronunciato in suo ~*** the court decided on his favour; ***i voti a ~ del candidato dell'opposizione*** the votes for the opposition candidate; ***andare a ~ di*** to turn to sb.'s advantage; ***testimone a ~*** defense witness; ***essere in ~ di vento, avere il vento a ~*** to have tail wind *o* favourable wind; ***fare un bonifico a ~ di qcn.*** to make a bank transfer in sb.'s favour; *(per aiutare)* ***delle misure a ~ dei disabili*** measures to help the disabled; ***le misure a ~ dell'occupazione*** measures to promote employment; ***parlare, intervenire a ~ di qcn.*** to speak, intervene on sb.'s behalf; *(sostenitore di)* ***essere a ~ di qcs., qcn.*** to be in favour of sb., sth.; ***dichiararsi a ~ di*** to declare oneself for *o* in favour of; ***è a ~ o contrario?*** are you for or against? ***sono a ~*** I'm in favour **5 col favore di** ***sono fuggiti col ~ della notte*** they fled under cover of darkness.
favoreggiamento /favoreddʒa'mento/ m. abetting; ***accusare qcn. di ~*** to accuse sb. of aiding and abetting.
favoreggiare /favored'dʒare/ [1] tr. to aid and abet.
favoreggiatore /favoreddʒa'tore/ m. (f. **-trice** /tritʃe/) abetter, abettor, accessory before *o* after the fact.
▷ **favorevole** /favo'revole/ agg. [*circostanze, condizioni, prezzo, clima, momento*] favourable BE, favorable AE; [*risposta*] positive; [*vento*] fair; ***le proposte hanno ottenuto un'accoglienza ~*** the proposals met with a favourable reception; ***sotto una luce ~*** in a favourable light; ***influsso ~*** ASTROL. favourable influence; *(sostenitore di)* ***essere ~ a qcs., qcn.*** to be in favour of sb., sth.; ***essere ~ all'aborto*** to be pro-abortion; ***sei ~ o contrario?*** are you for *o* in favour or against? ***sono ~ all'emendamento della legge*** I'm in favour of changing *o* amending the law; ***sono totalmente ~ all'entrata delle donne nell'esercito*** I'm all for women joining the army.
favorevolmente /favorevol'mente/ avv. favourably BE, favorably AE; ***influire ~ su qcn.*** to have a good influence on sb.; ***la situazione si risolse ~ per lui*** things turned out to his advantage; ***rimanere ~ impressionato da qcn., qcs.*** to be favourably impressed by sb., sth.
▶ **favorire** /favo'rire/ [102] **I** tr. **1** *(sostenere, incoraggiare)* to favour BE, to favor AE, to facilitate, to assist, to benefit [*economia, esportazioni, mercato, crescita, comprensione*]; *(promuovere)* to foster, to encourage, to promote [*sviluppo, arti, inserimento sociale*]; *(aiutare)* to aid, to facilitate [*comprensione, digestione*] **2** *(avvantaggiare)* to favour BE, to favor AE [*persona, gruppo*]; ***l'e-***

saminatore ha favorito un candidato the examiner favoured one candidate (over the others); ***le circostanze lo hanno favorito*** circumstances were in his favour; ***la natura non lo ha favorito*** nature hasn't favoured him **3** *(in forme di cortesia: dare)* ***(mi) favorisca i documenti, la patente*** may I see your passport, driving license please? **II** intr. (aus. *avere*) **1** *(in forme di cortesia: accomodarsi)* ***favorisca alla cassa*** please, go to the cash desk **2** *(offrendo un cibo, un alimento)* ***vuol ~?*** would you like (to have) some? ***tanto per ~*** just a taste *o* a bit.

favorita /favo'rita/ f. *(amante preferita)* ***la ~ del re*** the king's favourite (mistress); *(moglie preferita)* ***la ~ del sultano*** the sultan's favourite (wife).

favoritismo /favori'tizmo/ m. favouritism BE, favoritism AE.

favorito /favo'rito/ **I** p.pass. → **favorire II** agg. **1** *(avvantaggiato)* favoured BE, favored AE, favourite; ***partire ~*** [*concorrente, candidato*] to start with an advantage; ***essere (dato per) ~*** to be fancied for, to be the favourite for **2** *(preferito)* [*scrittore, libro*] favourite **III** m. (f. **-a**) **1** *(prediletto)* ***è il ~ del professore*** he's the teacher's pet **2** SPORT ***quel pilota, cavallo è il grande ~ della corsa*** that driver, horse is the great favourite of the race **IV favoriti** m.pl. *(fedine)* (side-)whiskers, mutton chops.

fax /faks/ m.inv. **1** fax (message); ***mandare, ricevere un ~*** to send, receive a fax **2** *(apparecchio)* fax (machine); ***via ~*** by fax; ***numero di ~*** fax number; ***elenco dei ~*** fax directory ◆◆ ***~ portatile*** portable fax.

faxare /fak'sare/ [1] tr. to fax [*documento*].

fazione /fat'tsjone/ f. faction; ***la ~ opposta*** o ***avversa*** the opposing side *o* faction.

faziosamente /fattsjosa'mente/ avv. factiously.

faziosità /fattsjosi'ta/ f.inv. factiousness.

fazioso /fat'tsjoso/ **I** agg. [*persona, organizzazione, giornale*] factious **II** m. (f. **-a**) partisan.

▷ **fazzoletto** /fattso'letto/ m. **1** *(da naso)* handkerchief, hankie COLLOQ., hanky COLLOQ.; ***~ di carta*** paper handkerchief, tissue; ***agitare il ~*** to wave one's handkerchief **2** *(foulard)* neckerchief, cravat; ***mettersi il ~ in testa*** to wear a headscarf **3** *(da taschino)* handkerchief **4** FIG. ***un ~ di terra*** a pocket-handkerchief plot ◆ ***fare un nodo al ~*** to tie a knot in one's handkerchief ◆◆ ***~ d'unione*** MECC. gusset.

fé /fe/ f.inv. LETT. → **fede.**

feb. ⇒ febbraio February (Feb.).

▶ **febbraio** /feb'brajo/ ♦ **17** m. February; ***in*** o ***a ~*** in February; ***il primo, il due (di) ~*** the first, second of February.

▷ **febbre** /'fɛbbre/ f. **1** fever, temperature; ***avere la ~*** to have a fever, to be running *o* have a temperature; ***avere la ~ alta*** to have a high temperature; ***misurare la ~ a qcn.*** to take sb.'s temperature; ***avevo la febbre a 39*** I had a temperature of 39; ***gli è salita la ~ di 2 gradi*** his temperature is up 2 degrees; ***le è scesa la ~*** her fever has broken *o* subsided **2** COLLOQ. *(herpes)* cold sore **3** *(agitazione, frenesia)* fever, frenzy; ***~ degli acquisti*** buying frenzy, shopping fever **4** *(passione)* fever, craze; ***~ elettorale, politica*** political, electoral fever; ***ha la ~ del gioco*** he's got gambling fever ◆◆ ***~ da cavallo*** COLLOQ. raging fever; ***~ emoglobinurica*** blackwater fever; ***~ enterica*** enteric fever; ***~ da fieno*** hay fever; ***~ gialla*** yellow fever; ***~ lattea*** MED. VETER. milk fever; ***~ malarica*** marsh fever, ague ANT.; ***~ maltese*** Malta *o* Maltese fever; ***~ miliare*** sweating fever; ***~ dell'oro*** gold fever; ***~ reumatica*** rheumatic fever; ***~ terzana*** tertian.

febbriciattola /febbri'tʃattola/ f. = low-grade persistent fever.

febbricitante /febbritʃi'tante/ agg. feverish.

febbricola /feb'brikola/ f. MED. slight fever.

febbrifugo, pl. **-ghi** /feb'brifugo, gi/ **I** agg. febrifugal, febrifuge **II** m. febrifuge.

febbrile /feb'brile/ agg. **1** [*sentimento, gesto, momento, atmosfera*] feverish; [*lavoro, attività*] hectic, restless **2** MED. febrile; ***stato ~*** feverishness; ***attacco ~*** bout of fever.

febbrilmente /febbril'mente/ avv. feverishly.

febbrone /feb'brone/ m. ***~ da cavallo*** = raging fever, very high fever.

Febo /'fɛbo/ n.pr.m. Phebus.

fecale /fe'kale/ agg. [*materia*] faecal, fecal AE.

feccia, pl. **-ce** /'fɛttʃa, tʃe/ f. **1** *(del vino)* dregs pl., lees pl., draff, feculence **2** FIG. SPREG. dregs pl., scum, vermin, trash; ***la ~ della società, dell'umanità*** the dregs of society, humanity ◆ ***bere l'amaro calice fino alla ~*** to see it through the bitter end.

feccioso /fet'tʃoso/ agg. [*vino*] dreggy, feculent.

feci /'fɛtʃi/ f.pl. faeces, feces AE, stool sing.

fecola /'fɛkola/ f. starch, flour; ***~ di patate*** potato starch.

fecondabile /fekon'dabile/ agg. [*femmina, ovulo*] fertilizable.

▷ **fecondare** /fekon'dare/ [1] tr. **1** to fertilize [*ovulo, oosfera, uovo*]; to fecundate [*donna, femmina*]; [*pesce*] to milt [*uova*] **2** *(rendere fertile)* [*fiume, pioggia*] to fertilize [*terra*].

fecondativo /fekonda'tivo/ agg. fecundative.

fecondatore /fekonda'tore/ **I** agg. [*agente, pensiero*] fertilizing **II** m. (f. **-trice** /tritʃe/) fertilizer.

fecondazione /fekondat'tsjone/ f. fecundation, fertilization, impregnation ◆◆ ***~ artificiale*** artificial fecundation; ***~ incrociata*** cross fertilization; ***~ in vitro*** in vitro fertilization.

fecondità /fekondi'ta/ f.inv. **1** *(di donna, femmina di animale)* fertility, fecundity LETT. **2** *(del suolo)* fertility **3** FIG. *(di idea, autore)* fertility; ***la ~ del suo ingegno*** the creative capacity of his mind.

fecondo /fe'kondo/ agg. **1** *(non sterile)* [*periodo, donna*] fertile **2** *(fertile)* [*suolo, ingegno, immaginazione*] fertile **3** *(fruttuoso)* [*periodo, lavoro, idea*] fruitful.

fedayin /feda'in/ m.inv. fedai*; ***i ~*** fedayeen.

▶ **fede** /'fede/ f. **1** *(credo religioso)* faith; ***la ~ cristiana, musulmana*** the Christian, Muslim faith; ***professare, rinnegare la propria ~*** to confess, renounce one's faith; ***perdere, ritrovare la ~*** to lose, regain one's faith; ***professione di ~*** statement of belief; ***atto di ~*** act of faith; ***articolo di ~*** article of faith **2** *(salda convinzione)* creed, belief; ***~ politica*** political creed; ***è di ~ monarchica, socialista*** he's royalist, socialist **3** *(fiducia)* faith, trust; ***uomo di poca ~*** man of little faith; ***avere ~ cieca, incrollabile in qcn., qcs.*** to have blind, unfailing faith in sb., sth.; ***abbi ~!*** have faith! ***la sua ~ nella democrazia, nella giustizia*** her belief in democracy, justice; ***prestare ~ a qcs.*** to give credence to sth., to place credit in sth., to put faith in sth.; ***degno di ~*** trustworthy **4** *(sincerità)* ***in ~ mia*** upon my word, by my fay *o* troth ANT.; ***buona ~*** good faith, bona fides; ***in buona ~*** in good faith; [*contratto, patto*] bona fide; ***in cattiva ~*** in bad faith; ***credo sia in buona ~*** I think he's genuine; ***sei in mala ~!*** you know it isn't true! you act in bad faith! **5** *(fedeltà)* ***tenere ~ a*** to remain faithful to [*principi*]; to keep [*promessa, parola data*]; to stand by [*impegni*] **6** *(anello nuziale)* wedding ring, wedding band; ***scambiarsi le -i*** to exchange the rings **7** BUROCR. ***che fa ~, facente ~*** [*testo, firma*] that attests *o* bears witness; ***fa ~ l'originale*** the original shall be deemed authentic; ***"fa ~ il timbro postale"*** "date as postmark"; ***in ~*** yours sincerely, yours faithfully ◆ ***la ~ smuove le montagne*** faith moves mountains.

fedecommesso /fedekom'messo/ m. trust; ***istituire un ~ a favore di*** to set up a trust for.

▶ **fedele** /fe'dele/ **I** agg. **1** *(costante)* [*persona, pubblico, cane*] faithful; ***essere, restare ~ al proprio marito, padrone*** to be, remain faithful to one's husband, master **2** *(leale)* [*amico, servitore*] loyal; ***restare ~ alla propria impresa*** to remain loyal to one's company; ***essere ~ ai patti*** to honour the agreement; ***~ alla Costituzione, al governo*** loyal to the Constitution, to the government; ***~ ai propri principi*** faithful *o* loyal to one's principles **3** *(identico)* true; ***essere, restare ~ a se stesso*** to be, remain true to oneself **4** *(conforme)* [*ritratto, traduzione, racconto, riproduzione*] faithful; ***~ alla realtà*** close *o* true to reality **II** m. e f. **1** RELIG. believer, adherent; ***(la comunità de)i -i*** the faithful, the believers **2** *(seguace)* follower, supporter; ***un ~ seguace*** a loyal follower.

fedelmente /fedel'mente/ avv. **1** *(con esattezza)* [*tradurre, riprodurre, seguire*] faithfully, accurately **2** *(con lealtà)* [*servire*] loyally.

▷ **fedeltà** /fedel'ta/ f.inv. **1** *(in una coppia, di amico, alleato, elettore, cliente)* faithfulness, loyalty, allegiance, fidelity; ***giurare ~ a qcn., qcs.*** to swear allegiance to sb., sth.; ***~ coniugale*** marital fidelity; ***~ verso la propria famiglia*** loyalty to one's family; ***~ alla parola data*** faithfulness to one's word; ***giuramento, voto di ~*** oath of allegiance; ***premio, tessera ~*** *(nei supermercati)* fidelity price, card **2** *(di traduzione, racconto)* accuracy, fidelity; ***~ storica*** historical accuracy **3** *(di apparecchio)* ***alta ~*** high fidelity; ***ad alta ~*** [*impianto*] high-fidelity, hi-fi.

▷ **federa** /'fɛdera/ f. *(di guanciale)* pillowcase, pillow ticking, pillowslip BE.

federale /fede'rale/ **I** agg. **1** POL. [*repubblica, governo, polizia, budget*] federal; ***agente ~*** *(dell'FBI)* FBI agent, Federal **2** COMM. AMM. SPORT [*lega, comitato, ufficio*] federal **II** m. *(durante il fascismo)* = provincial party secretary.

federalismo /federa'lizmo/ m. federalism.

federalista, m.pl. **-i**, f.pl. **-e** /federa'lista/ **I** agg. federalist **II** m. e f. **1** POL. federalist **2** STOR. *(negli Stati Uniti)* Federal.

federalistico, pl. **-ci**, **-che** /federa'listiko, tʃi, ke/ agg. federalist(ic).

federare /fede'rare/ [1] **I** tr. to federate, to federalize [*stati*] **II federarsi** pronom. [*stati*] to federate.

federativo /federa'tivo/ agg. **1** *(che concerne una federazione)* federal, federative **2** *(federalista)* federative.

federazione /federat'tsjone/ f. federation ◆◆ ~ ***russa*** Russian Federation; ~ ***sindacale (mondiale)*** (world) federation of trade unions; ~ ***sportiva*** sports federation.
Federcalcio /feder'kaltʃo/ f. = Italian Football Association.
Federica /fede'rika/ n.pr.f. Frederica.
Federico /fede'riko/ n.pr.m. Frederick.
Federmeccanica /federmek'kanika/ f. = Italian engineering industry federation.
fedifrago, pl. **-ghi, -ghe** /fe'difrago, gi, ge/ agg. faithless, disloyal, traitorous; SCHERZ. [*partner*] unfaithful.
fedina /fe'dina/ f. ~ ***(penale)*** criminal record, police record; ***avere la ~ pulita*** COLLOQ. to have no criminal *o* police record, to have a clean (criminal) record *o* sheet; ***avere la ~ sporca*** COLLOQ. to have a (bad) record, to have form BE.
fedine /fe'dine/ f.pl. side-whiskers, sideboards, mutton chops.
Fedra /'fedra/ n.pr.f. Phaedra.
Fedro /'fedro/ n.pr.m. Phaedrus.
feed-back, feedback /'fidbek, fid'bɛk/ m.inv. feedback.
feeling /'filiŋ/ m.inv. rapport, affinity, chemistry FIG.; ***tra noi c'è un ~*** we hit it off; ***creare il giusto ~ con il pubblico*** [*pianista, attore*] to develop a good rapport with the audience.
fegatello /fega'tɛllo/ m. GASTR. INTRAD. (piece of pig's liver wrapped in omentum fried on a skewer or in a pan).
fegatino /fega'tino/ m. (chicken, pigeon) liver.
▷ **fegato** /'fegato/ m. **1** ANAT. liver; ***avere male al ~*** to feel liverish, to have liver complaint; ***avere il ~ a pezzi*** to have a wrecked liver **2** GASTR. liver; ***pasticcio, pâté di ~*** liver pie, pâté **3** FIG. *(coraggio)* guts pl., grit, pluck; ***uomo di ~*** gutsy *o* plucky man, man with guts ◆ ***rodersi*** o ***mangiarsi il ~*** to eat one's heart out (**per** over); ***avere (del) ~*** to have courage *o* guts COLLOQ. *o* grit COLLOQ., to be gutsy *o* plucky; ***avere il ~ di fare qcs.*** to have the courage *o* the guts COLLOQ. *o* the balls COLLOQ. to do sth.; ***non avere ~*** to be gutless, not to have guts; ***non avere il ~ di fare qcs.*** not to have the guts to do sth., to lack the courage to do sth.; ***ha un bel ~!*** he's got a nerve! ◆◆ ~ ***d'agnello*** lamb's liver; ~ ***di maiale*** pig's liver; ~ ***di merluzzo*** cod liver; ~ ***d'oca*** goose liver; ~ ***di vitello*** calves' liver.
fegatoso /fega'toso/ agg. **1** *(che soffre di fegato)* liverish **2** FIG. *(bilioso)* liverish, bilious, splenetic, irritable.
felce /'feltʃe/ f. fern; ***coperto di -i*** ferny ◆ ~ ***aquilina*** bracken, brake; ~ ***femmina*** lady fern; ~ ***florida*** osmund.
felceta /fel'tʃeta/ f. fernery.
feldmaresciallo /feldmareʃ'ʃallo/ ♦ **12** m. field marshal.
feldspatico, pl. **-ci, -che** /feld'spatiko, tʃi, ke/ agg. feldspathic.
feldspato /feld'spato/ m. fel(d)spar.
▶ **felice** /fe'litʃe/ agg. **1** *(soddisfatto, contento)* [*persona, aria, espressione, viso, infanzia, sorriso*] happy; ***essere ~*** to be happy *o* glad *o* delighted *o* pleased (**per, di qcs.** about sth.; **per qcn.** for sb.; **che** that); ***infinitamente ~*** blissfully happy; ***essere ~ di fare*** to be happy *o* glad to do; ***vivere ~*** to live happily; ***morire ~*** to die happy *o* a happy man; ***fare*** o ***rendere ~ qcn.*** to make sb. happy; ***lei ha tutto (quel che desidera) per essere ~*** she has everything she needs to be happy; ***essere l'uomo più ~ della terra*** to be the happiest man in the world *o* on earth; ***il Signore e la Signora Rossi sono -i di annunciare...*** Mr and Mrs Rossi are pleased to announce...; ***sono ~ di vederti*** I'm happy *o* glad to see you; ***sono ~ di aver vinto*** I'm happy I won; ***ero felicissimo che fosse tornata*** I was overjoyed that she had returned; ***ne sarà ~!*** IRON. she'll love that! ***e vissero (tutti) -i e contenti*** they (all) lived happily ever after **2** *(lieto)* [*vita, matrimonio, giorni*] happy **3** *(favorevole, opportuno, ben riuscito)* [*esito, circostanza*] happy, successful; [*combinazione*] happy; [*scelta*] happy, apt; [*idea*] happy, good; ***un'espressione ~, poco ~*** a well-chosen, ill-chosen expression; ***rosso e arancione, non è un accostamento molto ~*** red and orange don't go very well together; ***avere una ~ intuizione*** to make an inspired guess **4** *(come augurio)* ~ ***riposo!*** have a good rest! sleep tight! ~ ***anno nuovo!*** Happy New Year! ***che tu sia ~!*** may you be happy! ~ ***di fare la sua conoscenza!*** ~ ***di conoscerla!*** pleased to meet you! ◆ ***essere ~ come una Pasqua*** to be as happy as a clam *o* as a sandboy BE; ***avere la mano ~*** to be skilful *o* skilled.
Felice /fe'litʃe/ n.pr.m. Felix.
felicemente /felitʃe'mente/ avv. [*terminato, concluso*] happily, successfully; ***essere ~ sposato (con qcn.)*** to be happily married (with sb.).
Felicita /fe'litʃita/ n.pr.f. Felicia, Felicity.
▶ **felicità** /felitʃi'ta/ f.inv. **1** *(contentezza)* happiness, gladness, felicity; *(grande allegrezza)* joy, delight; *(beatitudine)* bliss; ***volere la ~ di qcn.*** to want sb. to be happy; ***essere al colmo della ~*** to be filled with elation *o* ecstatically happy; ***augurare a qcn. ogni ~*** to wish sb. every joy *o* happiness *o* all the best; ***conoscere il segreto della ~*** to hold the key to happiness; ***fare la ~ di*** [*persona, regalo*] to make [sb.] happy [*persona, bambino*]; ***ebbro di ~*** deliriously happy; ~ ***eterna*** eternal bliss; ~ ***domestica, coniugale*** SCHERZ. domestic, wedded bliss; ***la ricerca della ~*** the pursuit of happiness **2** *(appropriatezza)* felicity ◆ ***i soldi non fanno la ~*** PROV. money can't buy happiness.
felicitarsi /felitʃi'tarsi/ [1] pronom. **1** *(rallegrarsi)* ~ ***di qcs.*** to be cheerful about sth., to brighten up at sth., to rejoice at sth. **2** *(congratularsi)* ~ ***con qcn. per qcs.*** to congratulate *o* felicitate sb. on sth.
felicitazioni /felitʃitat'tsjoni/ f.pl. felicitations, congratulations, felicities (**per** on); ***fare, porgere a qcn. le proprie ~*** to offer one's congratulations to sb., to congratulate *o* felicitate sb.; ~ ***vivissime*** hearty congratulations!
felide /'fɛlide/ m. felid.
felinità /felini'ta/ f.inv. felinity (anche FIG.).
▷ **felino** /fe'lino/ **I** agg. **1** ZOOL. [*mostra*] cat attrib.; [*razza*] feline **2** FIG. [*andatura, grazia*] feline, catlike **II** m. feline, cat; ***i -i*** the cat family.
fellatio /fel'lattsjo/ f.inv. fellatio.
fellema /fel'lɛma/ m. phellem.
fellogeno /fel'lɔdʒeno/ agg. phellogen.
fellone /fel'lone/ **I** agg. felon **II** m. (f. **-a**) felon.
fellonia /fello'nia/ f. felony.
felpa /'felpa/ f. **1** *(tessuto)* plush, fleece **2** *(indumento)* sweatshirt.
felpato /fel'pato/ agg. **1** [*camicia*] plush; ***tessuto ~*** plush, fleece; ***cotone ~*** cotton plush **2** FIG. *(attutito)* soft(-footed), muffled; ***camminare con passo ~*** to pad along *o* around, to be soft-footed.
felsite /fel'site/ f. felsite.
feltrare /fel'trare/ [1] **I** tr. **1** to felt [*lana*] **2** *(foderare di feltro)* to felt **II feltrarsi** pronom. to felt.
feltrato /fel'trato/ **I** p.pass. → **feltrare II** agg. [*tessuto*] felt.
feltratura /feltra'tura/ f. felting.
feltrino /fel'trino/ m. felt.
feltro /'feltro/ m. **1** *(tessuto)* felt; ***cappello di ~*** felt hat **2** *(oggetto di feltro)* felt; ***i -i della lucidatrice, del pianoforte*** the felts of the polisher, piano.
feluca, pl. **-che** /fe'luka, ke/ f. **1** MAR. felucca **2** *(cappello)* cocked hat.
▷ **femmina** /'femmina/ **I** agg. **1** BIOL. [*ormone*] female **2** BOT. [*pianta, fiore*] female; ***felce ~*** lady fern **3** ZOOL. ***scimmia ~*** female monkey, she-monkey; ***balena ~*** cow whale; ***falco ~*** hen hawk; ***volpe ~*** vixen **4** EL. [*presa*] female **II** f. **1** *(di animale)* female; *(di balena, elefante)* cow; *(di cervo, coniglio, lepre)* doe; *(di cane)* bitch; *(di uccello)* hen; *(di cigno)* pen; *(di leopardo)* leopardess; *(di tigre)* tigress; *(di volpe)* vixen; ***la ~ depone le uova*** the female lays the eggs; ***nella ~*** in the female; ***la ~ della scimmia*** the females of the monkey, the female monkey; ***una ~ di labrador*** a Labrador bitch **2** *(bambina, ragazza)* girl; ***maschi e -e*** boys and girls; ***i bagni delle -e*** the girls' toilets *o* bathroom; ***ho avuto una ~*** I've had a baby girl; ***volere una ~*** to want a baby girl **3** SPREG. *(donna)* woman*, broad AE COLLOQ.; ***pettegolezzi da ~*** womanly gossip **4** TECN. *(di un incastro, di dado)* female.
femminella /femmi'nɛlla/ f. **1** SPREG. *(donna)* wimp **2** SPREG. *(uomo debole)* sissy, wimp, pansy **3** MAR. brace.
femmineo /fem'mineo/ agg. **1** LETT. feminine, womanly **2** *(di uomo)* [*atteggiamento, tratti*] womanish, effeminate.
▷ **femminile** /femmi'nile/ **I** agg. **1** BIOL. ZOOL. female **2** *(della donna)* [*corpo, sessualità*] female; [*qualità*] womanly; ***il sesso ~*** the female gender *o* sex; ***di sesso ~*** female (in gender); ***voce ~*** female voice **3** *(per le donne)* [*attività, rivista*] women's; [*biancheria, abbigliamento*] women's, ladies'; [*contraccezione, lavoro*] female; ***l'unico ruolo ~*** the only female role **4** *(composto da donne)* [*popolazione, compagnia*] female; [*coro*] female (voice); SPORT [*squadra, club*] women's, ladies'; [*calcio, sport, gara, record*] women's; ***interamente ~*** [*gruppo, cast*] all-girl, all-female; ***doppio, finale, titolo ~*** ladies' *o* women's double, final, title; ***scuola, classe ~*** SCOL. girls' school, class **5** *(pieno di femminilità)* [*viso, portamento, tocco*] feminine; ***poco ~*** mannish, unfeminine **6** LING. [*nome, genere, rima*] feminine **II** m. LING. feminine; ***al ~*** in the feminine.
femminilismo /femmini'lizmo/ m. BIOL. feminism.
femminilità /femminili'ta/ f.inv. femininity, womanliness, womanhood.
femminilizzare /femminilid'dzare/ [1] tr. to feminize.
femminilmente /femminil'mente/ avv. femininely.
femminino /femmi'nino/ **I** agg. feminine **II** m. ***l'eterno ~*** the eternal feminine.

femminismo /femmi'nizmo/ m. feminism.
femminista, m.pl. **-i**, f.pl. **-e** /femmi'nista/ **I** agg. feminist; ***il movimento ~*** the women's movement, the sisterhood **II** m. e f. feminist.
femministico, pl. **-ci**, **-che** /femmi'nistiko, tʃi, ke/ agg. feminist.
femminuccia, pl. **-ce** /femmi'nuttʃa, tʃe/ f. **1** *(bambina)* baby girl **2** SPREG. *(uomo debole)* sissy, wimpy, pansy; ***nel pericolo si comporta come una ~*** he's a sissy in the face of danger; *(a un bambino)* ***sei proprio una ~*** you're a real wimpy; ***è un gioco da -ce!*** that's a sissy game!
femorale /femo'rale/ agg. femoral.
femore /'fɛmore/ m. femur*, thighbone; ***rompersi il collo del ~*** to break one's hip.
fenacetina /fenatʃe'tina/ f. phenacetin.
fenato /fe'nato/ m. phenate.
fendente /fen'dɛnte/ m. *(nella scherma)* downward pass; *(colpo)* hack, slash.
fendere /'fɛndere/ [2] **I** tr. LETT. **1** *(spaccare)* to cleave*, to crack, to rift, to split* [*muro, pietra, vaso, legno, mobile*]; *(lacerare)* [*lampo, luce*] to rend* [*cielo, oscurità*] **2** *(solcare, attraversare)* to cut* through, to shear* through, to slice (through) [*acqua, aria*]; [*spada*] to scythe [*aria*]; ***la nave fende le onde*** o ***i flutti*** the ship cuts *o* slices through the waves; ***~ l'aria*** to hurtle *o* slice *o* fly through the air; ***~ la folla*** to push *o* cut one's way through the crowd **II fendersi** pronom. LETT. to crack, to split*; ***il ghiaccio si fende*** ice breaks *o* cracks.
fendinebbia /fendi'nebbja/ **I** agg.inv. ***faro ~*** front foglamp, front foglight **II** m.inv. front foglamp, front foglight.
fenditura /fendi'tura/ f. cleft, crack, fissure, rift, slit.
fenestrato /fenes'trato/ agg. BOT. fenestrate.
fenestrazione /fenestrat'tsjone/ f. MED. fenestration.
feniano /fe'njano/ m. STOR. Fenian.
fenice /fe'nitʃe/ f. phoenix, phenix AE; ***l'araba ~*** the phoenix; ***rinascere dalle proprie ceneri come l'araba ~*** to rise like a phoenix from the ashes.
Fenicia /fe'nitʃa/ n.pr.f. Phoenicia.
fenicio, pl. **-ci**, **-cie** /fe'nitʃo, tʃi, tʃe/ **I** agg. [*scrittura, arte*] Phoenician **II** m. (f. **-a**) **1** *(persona)* Phoenician **2** LING. Phoenician.
fenico /'fɛniko/ agg. ***acido ~*** phenic *o* carbolic acid.
fenicottero /feni'kɔttero/ m. flamingo*; ***~ rosa*** pink flamingo.
fenilalanina /fenilala'nina/ f. phenylalanine.
fenilammina /fenilam'mina/ f. phenylamine.
fenile /fe'nile/ m. phenyl.
fenilico, pl. **-ci**, **-che** /fe'niliʃo, tʃi, ke/ agg. [*gruppo*] phenylic, phenic.
fennec /fen'nɛk, 'fɛnnek/ m.inv. fennec.
fenocristallo /fenocris'tallo/ m. phenocryst.
fenolftaleina /fenolftale'ina/ f. phenolphthalein.
fenolico, pl. **-ci**, **-che** /fe'nɔliko, tʃi, ke/ agg. [*resina*] phenolic.
fenolo /fe'nɔlo/ m. phenol, carbolic acid.
fenologia /fenolo'dʒia/ f. phenology.
fenologico, pl. **-ci**, **-che** /feno'lɔdʒiko, tʃi, ke/ agg. phenological.
fenomenale /fenome'nale/ agg. phenomenal; ***in modo ~*** phenomenally.
fenomenalismo /fenomena'lizmo/ m. phenomenalism.
fenomenicità /fenomenitʃi'ta/ f.inv. phenomenality.
fenomenico, pl. **-ci**, **-che** /feno'mɛniko, tʃi, ke/ agg. FILOS. [*realtà, mondo*] phenomenal.
fenomenismo /fenome'nizmo/ m. phenomenalism.
▶ **fenomeno** /fe'nɔmeno/ m. **1** *(fatto)* phenomenon*; ***-i fisici, sociali*** physical, social phenomena; ***~ ottico, atmosferico*** optical, atmospheric phenomenon; ***~ naturale*** o ***della natura*** natural phenomenon; ***~ di massa*** mass phenomenon **2** COLLOQ. FIG. ***è un ~!*** she's a phenomenon *o* something else *o* a stand-out! **3** FILOS. phenomenon ◆◆ ***~ da baraccone*** freak.
fenomenologia /fenomenolo'dʒia/ f. phenomenology.
fenomenologico, pl. **-ci**, **-che** /fenomeno'lɔdʒiʃo, tʃi, ke/ agg. phenomenological.
fenomenologo, m.pl. **-gi**, f.pl. **-ghe** /fenome'nɔlogo, dʒi, ge/ m. (f. **-a**) phenomenologist.
fenoplasto /feno'plasto/ m. phenoplast.
fenotipico, pl. **-ci**, **-che** /feno'tipiko, tʃi, ke/ agg. phenotypic(al).
fenotipo /feno'tipo/ m. phenotype.
ferace /fe'ratʃe/ agg. fruitful, fertile, feracious.
feracità /feratʃi'ta/ f.inv. fruitfulness, fertility, feracity.
ferale /fe'rale/ agg. feral.
Ferdinando /ferdi'nando/ n.pr.m. Ferdinand.
feretro /'fɛretro/ m. bier, coffin, feretory RAR.; ***seguire, accompagnare il ~*** to follow, escort the coffin.

▷ **feriale** /fe'rjale/ agg. [*orario, treno*] weekday; ***giorno ~*** weekday, workday, working day.
▷ **ferie** /'fɛrje/ f.pl. vacation sing., holiday sing., holidays BE; *(di breve durata)* leave; ***~ pagate (retribuite), non pagate (non retribuite)*** paid, unpaid vacation *o* holiday, vacation *o* holiday with, without pay; ***un giorno di ~*** a day off; ***chiuso per ~*** closed for holidays; ***andare, essere in ~*** to go, be on vacation *o* holiday; ***prendere, prendersi dieci giorni di ~*** to take ten days' vacation *o* holiday *o* leave; ***mi restano due giorni di ~ da prendere*** I still have two days' leave due to me; ***scaglionare le ~*** to stagger one's vacation *o* holidays; ***sono previsti degli scioperi al rientro dalle ~*** strikes are expected after the summer break ◆◆ ***~ annuali*** annual leave; ***~ estive*** summer vacation *o* holiday BE; ***~ giudiziarie*** recess.
ferimento /feri'mento/ m. wounding; ***l'incidente ha provocato il ~ di molte persone*** the accident injured a lot of people, a lot of people were injured in the accident; ***~ intenzionale*** DIR. malicious wounding.
ferino /fe'rino/ agg. feral, ferine, wild; ***istinto ~*** animal *o* brute instinct; ***un ghigno ~*** a ferocious smile; ***dente ~*** carnassial tooth.
▶ **ferire** /fe'rire/ [102] **I** tr. **1** *(provocare una ferita)* to hurt*, to injure, to wound; [*scarpe, manette*] to hurt*, to make* [sth.] sore [*mani, piedi*]; ***~ a morte, leggermente, gravemente*** to hurt *o* injure fatally, slightly, seriously; ***è stato ferito alla testa*** he received head injuries, head wounds; ***~ qcn. alla gamba, allo stomaco*** to wound sb. in the leg, in the stomach; ***~ qcn. con una coltellata, un colpo di pistola*** to stab sb. (with a knife), to shoot sb. (with a gun); ***è stato ferito da una pallottola, da una coltellata*** he received a bullet, stab wound **2** *(offendere)* to hurt*, to offend, to wound [*persona*]; to hurt*, to injure, to wound [*fierezza, amor proprio*]; ***ferire qcn. nei sentimenti, nell'orgoglio*** to hurt *o* wound sb.'s feelings, pride; ***è stata ferita nel suo amor proprio*** her pride was hurt; ***~ qcn. nel*** o ***sul vivo*** to go (straight) for sb.'s jugular, to cut sb. to the quick; ***~ qcn. nell'onore*** to wound sb.'s honour; ***un nonnulla la ferisce*** she's easily hurt; ***la sua osservazione mi ha ferito profondamente*** his remark bruised, cut me deeply **3** FIG. *(colpire)* to hurt* [*occhio, orecchio*] **II ferirsi** pronom. to hurt* oneself, to injure oneself; ***-rsi alla mano, al ginocchio*** to hurt *o* injure one's hand, knee; ***cadendo mi sono ferito al braccio*** I hurt my arm when I fell ◆ ***senza colpo ~*** without striking a blow, meeting no resistance; ***chi di spada ferisce, di spada perisce*** PROV. he who lives by the sword will die by the sword.
▶ **ferita** /fe'rita/ f. wound, injury, hurt (anche FIG.); ***una ~ alla testa, gamba*** a wound to *o* in the head, leg, a head, leg injury; ***~ leggera, grave, profonda*** minor, serious, deep wound; ***~ aperta*** open wound; ***~ rimarginata, cicatrizzata*** closed up, healed wound; ***-e multiple*** multiple injuries; ***medicare, fasciare, curare, disinfettare, suturare una ~*** to dress, bandage, treat, disinfect, stitch a wound; ***riportare una grave ~*** to be seriously injured, to suffer a severe injury; ***procurare una ~ a qcn.*** to inflict a wound on sb., to injure sb.; ***una ~ all'amor proprio*** FIG. wounded pride ◆ ***leccarsi le -e*** to lick one's wounds; ***riaprire una vecchia ~*** to reopen an old wound; ***il tempo guarisce ogni ~*** time heals all wounds ◆◆ ***~ d'arma da fuoco*** gunshot wound; ***~ di guerra*** war injury *o* wound; ***~ lacera*** jagged tear; ***~ da punta*** puncture wound; ***~ di striscio*** scratch, graze; ***~ superficiale*** superficial *o* flesh wound; ***~ da taglio*** stab wound.
▶ **ferito** /fe'rito/ **I** p.pass. → **ferire II** agg. hurt, wounded, injured; ***un soldato ~ lievemente, gravemente*** a slightly, seriously injured soldier **III** m. ***i -i*** the injured, the wounded; ***ci sono stati dei -i?*** was anybody hurt *o* injured? ***l'esplosione ha causato 20 -i*** the explosion injured 20 people, 20 people were injured in the explosion; ***non ci sono -i*** nobody has been hurt; ***soccorrere, medicare i -i*** to rescue, to treat the wounded ◆◆ ***i -i di guerra*** the wounded in action, the war wounded.
feritoia /feri'toja/ f. **1** *(di un forte)* embrasure, loophole, crenel; ***sparare da*** o ***attraverso una ~*** to shoot *o* fire through an embrasure, a crenel **2** *(per dare luce)* slit, opening **3** *(per introdurre monete ecc.)* slot.
feritore /feri'tore/ m. (f. **-trice** /tritʃe/) injurer, wounder.
ferma /'ferma/ f. **1** MIL. (period of military) service; ***~ di leva*** compulsory military service **2** VENAT. set; ***cane da ~*** pointer.
fermacalzoni /fermakal'tsoni/ m.inv. bicycle clip.
fermacapelli /fermaka'pelli/ m.inv. (hair) clip, (hair-)slide BE, barrette AE.
fermacarro /ferma'karro/ m. FERR. buffer.
fermacarte /ferma'karte/ m.inv. paperweight.
fermacravatta /fermakra'vatta/, **fermacravatte** /fermakra'vatte/ m.inv. tie pin, tie clip.

fermaglio, pl. **-gli** /fer'maʎʎo, ʎi/ m. **1** *(per abiti)* fastener **2** *(per borse)* catch, clasp **3** *(chiusura di bracciali, collane)* catch, clasp **4** *(per fogli)* paperclip **5** *(per capelli)* clip, slide BE, barrette AE.

fermamente /ferma'mente/ avv. [*credere, negare, opporsi*] firmly, strongly; [*condannare*] resolutely; [*sostenere*] solidly, strongly; ***essere ~ deciso a fare qcs.*** to be (strongly) determined to do sth., to be strongly intent on doing sth.

fermapiedi /ferma'pjɛdi/ m.inv. toe clip.

fermaporta /ferma'pɔrta/, **fermaporte** /ferma'pɔrte/ m.inv. doorstop.

▶ **fermare** /fer'mare/ [1] **I** tr. **1** *(impedire di avanzare)* [*persona, gruppo*] to stop, to halt [*persona, veicolo*]; to stop [*cavallo, cronometro*]; ***~ la macchina lungo il marciapiede*** to pull in to *o* to draw the car up alongisde the kerb BE *o* curb AE; ***fermatela!*** stop her! **2** *(spegnere)* [*persona, meccanismo*] to shut* down, to switch off, to stop [*macchinario*] **3** *(mettere fine a)* to stop [*circolazione, massacro*]; to discontinue, to stop [*produzione*]; to staunch, to stop [*emorragia, flusso*]; ***~ il cammino*** o ***il corso del tempo*** to halt the passage of time; ***i lavori sono stati fermati*** work has been halted **4** *(fissare)* to fix [*sguardo, attenzione*]; to set* down [*fatto, pensiero*]; ***~ un'idea sulla carta*** to put an idea down on paper, to set down an idea (on paper) **5** [*polizia*] to pull in, to detain [*delinquente, sospetto*]; [*poliziotto, vigile*] to pull [sb.] over, up [*automobilista*]; ***13 persone sono state fermate durante la manifestazione*** 13 people were arrested at the demonstration **6** *(prenotare)* to book, to reserve; ***~ una camera d'albergo, un tavolo al ristorante*** to book a room in a hotel, to make a reservation at a restaurant **7** SART. to cast off [*punto, maglia*]; ***~ un bottone*** to stitch *o* sew a button on **II** intr. (aus. *avere*) to call, to stop; ***~ in tutte le stazioni*** to stop at all stations; ***il treno per Londra ferma a Reading e Slough*** the London train calls *o* stops at Reading and Slough; ***l'autobus ferma alla fine del viale*** the bus stops at the end of the drive **III fermarsi** pronom. **1** *(arrestarsi)* [*persona*] to stop; [*automobile, autobus, treno*] to stop, to come* to a stop, to pull in, to halt; ***fermati qui*** stop here; ***-rsi di colpo*** to stop dead, to come to a dead stop, to freeze; ***-rsi in tempo*** to stop in time; ***senza -rsi*** without stopping, nonstop; ***non -rsi davanti a nulla*** FIG. SPREG. to stop at nothing, to go to any extreme; ***è un periodo in cui non mi fermo un istante!*** I'm always on the go these days! **2** *(sostare)* ***-rsi per riposare, per riprendere fiato*** to stop for a rest, for breath; ***-rsi in un ristorante*** to stop at a restaurant; ***fermarsi a pranzo, cena*** to stay for lunch, dinner; ***fermarsi per pranzo, cena*** to stop for lunch, dinner; ***fermarsi a dormire*** to stay over; ***-rsi ad aspettare qcn.*** to wait behind for sb.; ***-rsi a Mantova*** [*persona, treno, pullman*] to stop at Mantua; ***mi sono fermato da un amico*** I stopped off *o* over at a friend's (house) **3** *(bloccarsi)* [*emorragia, musica*] to stop; [*orologio, pendolo*] to stop, to run* down; [*motore, macchina*] to fail, to stall ◆ ***chi si ferma è perduto*** PROV. he who hesitates is lost.

▷ **fermata** /fer'mata/ f. **1** *(sosta)* halt, stop(over); ***divieto di ~*** no stopping; ***~ ai box*** SPORT pit stop **2** *(di bus, tram)* stop; ***a quale ~ scendi?*** which stop are you getting off at? ***~ facoltativa, a richiesta*** stop on request, request stop BE, flag stop AE; ***~ obbligatoria*** compulsory stop; ***alla prossima, all'ultima ~*** at the next, last stop; ***il treno non effettua -e intermedie*** the train doesn't make any stops; ***ho perso la mia ~*** I've missed my stop **3** *(tappa)* stop (over); ***fare una ~*** to stop off, to stop over, to make a stop.

fermato /fer'mato/ **I** p.pass. → **fermare II** agg. **1** stopped; ***i treni -i dallo sciopero*** the trains stopped by the strike **2** *(arrestato)* ***un sospetto ~ dalla polizia*** a suspect pulled in *o* detained by the police **III** m. detainee.

fermentabile /fermen'tabile/ agg. fermentable.

fermentare /fermen'tare/ [1] intr. (aus. *avere*) **1** [*sostanza*] to ferment; [*vino, uva, mosto*] to ferment, to work; [*birra*] to ferment, to brew; ***fare ~*** to ferment [*vino*]; to brew [*birra*] **2** *(lievitare)* [*pasta*] to rise*.

fermentativo /fermenta'tivo/ agg. fermentative.

fermentato /fermen'tato/ **I** p.pass. → **fermentare II** agg. [*formaggio, bevanda, latte*] fermented.

fermentazione /fermentat'tsjone/ f. *(del vino)* fermentation; *(della birra)* brewing; *(della pasta)* rising; ***essere in ~*** to be fermenting; ***processo di ~*** fermenting method ◆◆ ***~ aerobica*** aerobic fermentation; ***~ alcolica*** alcoholic fermentation; ***~ anaerobica*** anaerobic fermentation.

fermento /fer'mento/ m. **1** *(enzima)* enzyme, ferment **2** *(alimentare)* fermentation, yeast, leaven **3** FIG. ferment, stirring, turmoil; ***-i rivoluzionari*** revolutionary ferments, stirrings of revolt; ***essere in ~*** to be abuzz *o* in (a state of) ferment; ***il popolo è in ~*** the people are in turmoil ◆◆ ***-i lattici*** milk enzymes.

▷ **fermezza** /fer'mettsa/ f. **1** *(fisica)* firmness, steadiness **2** FIG. firmness, decisiveness, fortitude, resolution; *(di volontà)* constancy; ***~ di carattere*** resolution, steadiness of character; ***dire, agire con ~*** to say, act firmly *o* decisively; ***dar prova di*** o ***mostrare ~ nei confronti di*** to take a firm line with; ***trattare qcn., qcs. con ~*** to deal firmly with sb., sth.

fermio /'fermjo/ m. fermium.

▶ **fermo** /'fermo/ **I** agg. **1** *(che non si muove)* [*persona, barca, aria*] still; [*veicolo, coda, traffico*] stationary; [*treno*] standing; ***Federico era ~ al semaforo (rosso)*** Federico was standing at the (red) traffic light; ***il treno è ~ in stazione*** the train is standing at the station; ***rimanere*** o ***restare ~*** [*persona, gatto*] to keep *o* stand *o* stay still; ***non stare ~ un minuto, non stare mai ~*** to be restless *o* fidgety, never to keep *o* stand still; ***stare ~ con i piedi, le mani*** to hold *o* keep one's feet, hands still; ***sta ~ con le mani!*** keep your hands to yourself! ***stai ~!*** don't move! hold still! freeze! ***-i tutti!*** everybody stand still! freeze! ***~ là!*** stop there! ***tenere ~ qcn.*** to hold sb. down; ***tenere ~ qcs.*** to keep *o* hold sth. steady, to hold sth. down; ***tienilo ~!*** *(persona)* hold him down! *(cosa)* hold it still! ***essere ~*** FIG. [*ricerca, progetto*] to be at a stop *o* stand; ***il lavoro resta ~*** work has come to a (full) stop *o* to a standstill; ***stare ~ un giro*** GIOC. to miss a turn; ***salto, partenza da ~*** SPORT standing jump, start; ***acqua -a*** *(stagnante)* slack water; ***vino ~*** *(non frizzante)* still wine **2** *(non funzionante)* [*macchina*] idle, not working; [*motore*] not running; ***l'orologio è ~*** the watch has stopped **3** *(saldo)* [*persona, carattere, animo, atteggiamento*] firm, resolute; [*calligrafia*] steady; [*convinzione, rifiuto, tono, risposta*] firm, steadfast; [*mano, voce*] steady, firm, sure; [*presa*] firm, solid; [*passo*] unfaltering, steady; [*sguardo*] fixed, steadfast, unwavering; [*mente*] clear; ***avere la -a intenzione, il ~ proposito di fare*** to have the firm *o* fixed intention *o* purpose of doing; ***con polso ~*** o ***mano -a*** with a steady *o* sure hand; ***essere ~ sulle gambe*** to be steady on one's legs; ***tenere ~ lo sguardo, -i gli occhi su qcs.*** to fasten one's gaze, eyes on sth.; ***rimanere ~ sulle proprie decisioni, convinzioni*** to be steadfast *o* to stand firm in one's decisions, beliefs; ***essere il punto ~ di qcs.*** to be the anchor of sth. **4** ECON. COMM. [*mercato, borsa*] stagnant, dull, stalled; [*fabbrica, industria*] idle, at a standstill; [*capitale*] idle; [*merce*] unsold; [*offerta*] firm; ***gli affari sono -i*** business is stagnant *o* slacking off; ***la produzione è -a*** production is at a stop **5** *(deciso, convenuto)* FIG. ***resta ~ quanto convenuto*** what we agreed upon still stands; ***~ restando che*** on the understanding that; *(certo)* ***tenere per ~ qcs.*** to know sth. for certain *o* sure, to be certain *o* sure about sth. **II** m. **1** *(chiusura)* lock, fastener; *(di battente)* catch, latch, holdback **2** DIR. custody, detention, provisional arrest; ***mettere qcn. in stato di ~*** to take sb. into custody; ***tenere qcn. in stato di ~*** to detain sb.; ***tramutare il ~ in arresto*** to change custody into arrest; ***essere in stato di ~*** to be placed into custody **3** ECON. stop payment; ***apporre il ~ su un assegno*** to stop a cheque BE *o* check AE; ***ordinare a ~*** to put in a firm order for [*aereo, auto*] **4** CINEM. FOT. freeze; ***fare un ~ sull'immagine*** to freeze a frame ◆ ***attendere a piè ~*** to be ready and waiting ◆◆ ***~ immagine*** freeze frame; ***~ posta*** poste restante BE, general delivery AE.

fermoposta /fermo'pɔsta/ **I** avv. poste restante BE, general delivery AE; ***scrivere ~*** to write poste restante **II** m.inv. poste restante BE, general delivery AE.

▷ **feroce** /fe'rotʃe/ agg. **1** *(crudele)* [*animale*] ferocious, wild, savage; [*risata, umorismo, ritratto, repressione*] cruel, fierce, ferocious; ***bestia ~*** wild animal, savage beast **2** *(spietato)* [*lotta, concorrenza, critica, giudizio*] bitter, fierce; [*odio*] ferocious, fierce **3** *(terribile)* [*fame, sete*] ferocious, terrible; [*freddo*] biting, terrible; [*caldo*] ferocious; [*appetito*] ravenous, ferocious.

ferocemente /ferotʃe'mente/ avv. *(crudelmente)* ferociously, fiercely; *(tenacemente)* bitterly.

ferocia /fe'rɔtʃa/ f. **1** *(di animale)* ferocity, fierceness **2** *(di persona, sguardo, parole)* ferocity, fierceness, savageness, savagery; ***la ~ di un criminale, di un articolo, di un giornalista*** the ferocity of a criminal, an article, a journalist.

feromone /fero'mone/ m. pheromone.

ferraglia /fer'raʎʎa/ f. scrap (iron), old iron; ***rumore di ~*** rattling (noise), rattle.

ferragostano /ferrago'stano/ agg. ***il caldo ~*** dog days.

ferragosto /ferra'gosto/ m. **1** *(festa)* August 15, Feast of the Assumption **2** *(periodo)* mid-August (bank holiday); ***l'esodo di ~*** the mid-August (holiday) exodus.

ferraio, pl. **-ai** /fer'rajo, ai/ **I** agg. ***fabbro ~*** (black)smith **II** m. (black)smith.

ferrame /fer'rame/ m. hardware.

Ferragosto (15th August) A public holiday and religious festival (Assumption) that also marks the peak of the summer holidays. Just before and after this date people leave on their holidays or come back from them. The factories in the north are closed, as are many shops except for those in tourist areas.

ferramenta /ferra'menta/ ♦ *18* **I** f.inv. *(articolo)* hardware; ***negoziante di ~*** hardware dealer, ironmonger BE **II** m. e f.inv. *(negozio)* hardware shop, ironmonger's (shop) BE, ironmongery BE.

ferramento /ferra'mento/ m. **1** *(sostegno)* iron fitting **2** *(attrezzo)* tool.

ferrare /fer'rare/ [1] tr. **1** to shoe* [*mulo, cavallo, ruota*]; to reinforce [*porta*]; to hobnail [*scarpe*]; to hoop [*botte*] **2** PESC. to strike [*pesce*].

ferrarese /ferra'rese/ ♦ *2* **I** agg. from, of Ferrara **II** m. e f. native, inhabitant of Ferrara.

ferrarista, m.pl. **-i**, f.pl. **-e** /ferra'rista/ m. e f. = driver or owner of a Ferrari; *(tifoso)* = supporter of the Ferrari F1 team.

ferrata /fer'rata/ f. **1** ALP. (anche **via ~**) = rock-climbing route equipped with fixed ropes, metal ladders, etc. **2** PESC. strike.

ferrato /fer'rato/ **I** p.pass. → **ferrare II** agg. **1** [*animale, bastone, ruota*] shod; [*scarpe*] hobnail(ed); [*baule, porta*] reinforced; ***strada -a*** railway BE, railroad AE; ***non ~*** [*cavallo*] unshod, shoeless **2** COLLOQ. *(istruito)* strong (**in** in), up (**in** on); ***essere (molto) ~ in matematica*** to be (very) strong in *o* (well) up on mathematics **III** m. CHIM. ferrate.

ferratura /ferra'tura/ f. **1** *(di cavallo, mulo)* shoeing **2** *(di imposte, mobili)* reinforcement.

ferravecchio /ferra'vɛkkjo/ m. → **ferrovecchio.**

ferreo /'fɛrreo/ agg. **1** *(di ferro)* ferreous, iron(y); ***corona -a*** STOR. Iron Crown **2** FIG. *(rigoroso)* [*pugno, salute, volontà*] iron; [*disciplina, sistema, regole*] rigid, rigorous, strict; [*memoria*] tenacious; [*dieta*] crash.

ferretto /fer'retto/ m. *(piccolo oggetto, utensile)* small iron tool; ***reggiseno con -i*** underwired bra.

ferrico, pl. **-ci**, **-che** /'fɛrriko, tʃi, ke/ agg. [*cloruro, solfato*] ferric.

ferriera /fer'rjɛra/ f. ironworks + verbo sing. o pl.

ferrifero /fer'rifero/ agg. ferriferous.

ferrigno /fer'riɲɲo/ agg. **1** *(di ferro)* ferreous, iron attrib. **2** *(color ferro)* iron-grey BE, iron-gray AE **3** FIG. *(forte, robusto)* strong, of iron mai attrib.

ferrista /fer'rista/ m. e f. CHIR. theatre nurse BE, operating room nurse AE.

ferrite /fer'rite/ f. ferrite.

▶ **ferro** /'fɛrro/ **I** m. **1** iron; ***cloruro, ossido di ~*** iron chloride, oxide; ***lega di ~*** iron alloy; ***miniera di ~*** iron mine; ***minerale di ~*** iron ore, ironstone; ***estrarre, fondere il ~*** to extract, found iron; ***battere, temprare il ~*** to work, temper iron; ***oggetto in*** o ***di ~*** iron object; ***filo di ~*** wire; ***color ~*** iron-grey BE, iron-gray AE; ***carenza di ~*** MED. iron deficiency; ***tenore*** o ***contenuto di ~*** iron content; ***età del ~*** GEOL. Iron Age; ***croce di ~*** MIL. Iron Cross **2** *(oggetto di ferro)* piece of iron; ***~ a U*** channel bar *o* iron; ***-i vecchi*** old *o* scrap iron; ***-i per il caminetto*** fire irons; ***ferro di cavallo*** horseshoe; ***a ~ di cavallo*** horseshoe shaped **3** FIG. ***di ~*** [*disciplina, salute, volontà*] iron; [*memoria*] tenacious; ***uomo di ~*** iron man, man of iron; ***alibi di ~*** cast-iron *o* watertight alibi; ***pugno di ~*** iron fist *o* hand; ***dirigere con il pugno di ~*** to rule with an iron hand *o* a rod of iron; ***avere uno stomaco di ~*** to have a strong stomach; ***avere una salute di ~*** to have an iron constitution; ***cortina di ~*** STOR. Iron Curtain (anche FIG.); ***duro come il ~*** as hard as stone *o* a rock; ***braccio di ~*** arm wrestling **4** *(per marchiare il bestiame)* branding iron **5** *(da calza)* knitting needle; ***lavorare ai -i*** to knit **6** *(da stiro)* iron; ***~ (da stiro) elettrico, a vapore*** electric, steam iron; ***dare un colpo di ~ a qcs.*** to give sth. an iron *o* a press, to run the iron over sth.; ***bruciarsi con il ~*** to burn oneself with the iron **7** *(spada)* sword; ***incrociare i -i*** to cross swords **8** *(nel golf)* iron; ***un ~ sei*** a six-iron **II ferri** m.pl. **1** MED. surgical instruments, knife sing. COLLOQ.; ***avere qcn. sotto i -i*** to operate on sb.; ***morire sotto i -i*** to die under the knife *o* on the operating table; ***essere sotto i -i*** to be under the knife **2** *(di prigioniero)* irons, fetters, shackles; ***mettere un prigioniero ai -i*** to put a prisoner in irons *o* in fetters, to fetter *o* shackle a prisoner **3** *(arnesi)* tools; ***i -i del mestiere*** the tools of the trade **4** GASTR. ***ai -i*** [*carne, pesce*] grilled; ***cuocere qcs. ai ~*** to grill sth., to cook sth. on the grill ◆ ***imporsi col ~ e col fuoco*** to conquer by fire and sword; ***mettere a ~ e fuoco qcs.*** to put sth. to fire and sword; ***essere in una botte di ~*** to be sitting pretty, to be as safe as houses; ***essere ai -i corti con qcn.*** to be at daggers drawn *o* at loggerheads with sb., to be eyeball to eyeball with sb.; ***pugno di ~ in guanto di velluto*** an iron fist in a velvet glove; ***battere il ~ finché è caldo*** PROV. to strike while the iron is hot, to make hay while the sun shines; ***toccare ~*** to touch wood BE, to knock on wood AE ◆◆ ***~ angolare*** angle iron; ***~ battuto*** wrought iron; ***~ da calza*** knitting needle; ***~ per capelli*** curling iron; ***~ di cavallo*** (horse)shoe; ***~ dolce*** soft iron; ***~ laminato*** rolled iron; ***~ da stiro*** iron; ***~ spatico*** spathic iron.

ferrocianuro /ferrotʃa'nuro/ m. ferrocyanide.

ferrocromo /ferro'krɔmo/ m. ferrochromium.

ferroelettrico, pl. **-ci**, **-che** /ferroe'lɛttriko, tʃi, ke/ agg. ferroelectric.

ferrolega, pl. **-ghe** /ferro'lega, ge/ f. ferro-alloy.

ferromagnetico, pl. **-ci**, **-che** /ferromaɲ'ɲɛtiko, tʃi, ke/ agg. ferromagnetic.

ferromagnetismo /ferromaɲɲe'tizmo/ m. ferromagnetism.

ferro-manganese /ferromanga'nese/ m. ferromanganese.

ferromodellismo /ferromodel'lizmo/ m. *(costruzione)* model train building; *(collezionismo)* model train collecting.

ferromodellista, m.pl. **-i**, f.pl. **-e** /ferromodel'lista/ m. e f. *(costruttore)* model train builder; *(collezionista)* model train collector.

ferronichel /ferro'nikel/ m.inv. ferronickel.

ferrosilicite /ferrosili'tʃite/ f. ferrosilicon.

ferroso /fer'roso/ agg. ferrous; ***metallo non ~*** nonferrous metal.

ferrotipia /ferroti'pia/ f. FOT. ferrotype.

ferrotipo /ferro'tipo/ m. FOT. ferrotype.

ferrotranviario, pl. **-ri**, **-rie** /ferrotran'vjarjo, ri, rje/ agg. [*servizio, sciopero*] rail and tram attrib.

ferrotranviere /ferrotran'vjɛre/ m. rail and tram employee.

ferrovecchio, pl. **ferrivecchi** /ferro'vɛkkjo, ferri'vɛkki/ m. **1** *(rottame)* rattletrap, wreck **2** *(rigattiere)* scrap (metal) dealer.

▷ **ferrovia** /ferro'via/ f. railway BE, railroad AE; ***~ a binario doppio*** double line *o* double-track railway BE *o* railroad AE; ***binario della ~*** railway track BE *o* railroad track AE; ***viaggiare in*** o ***per ~*** to travel by rail; ***trasporto per ~*** rail transport; ***spedire qcs. per ~*** to send sth. by rail *o* on the *o* by train; ***la ~ corre lungo la strada*** the railway track runs along the road ◆◆ ***~ a cremagliera, a dentiera*** cog railway BE *o* railroad AE, cogway, rack railway BE *o* railroad AE; ***~ monorotaia*** monorail; ***~ a scartamento ridotto*** narrow-gauge railway BE *o* railroad AE; ***~ soprelevata*** elevated railway BE *o* railroad AE; ***~ vicinale*** light railway BE *o* railroad AE; ***Ferrovie dello Stato*** = Italian railways.

▷ **ferroviario**, pl. **-ri**, **-rie** /ferro'viarjo, ri, rje/ agg. [*rete, trasporto*] rail attrib., railway BE attrib., railroad AE attrib.; [*stazione*] railway BE attrib., railroad AE attrib., train attrib.; [*traffico, tunnel*] railway BE attrib., railroad AE attrib.; [*biglietto, orario*] train attrib.

▷ **ferroviere** /ferro'vjɛre/ ♦ *18* m. railwayman* BE, railroader AE.

ferruginoso /ferrudʒi'noso/ agg. [*sorgente, acqua*] ferruginous, chalybeate.

ferruminatorio, pl. **-ri**, **-rie** /ferrumina'tɔrjo, ri, rje/ agg. ***cannello ~*** blowpipe.

ferry-boat /ferri'bɔt/ m.inv. ferryboat.

▷ **fertile** /'fɛrtile/ agg. **1** *(fruttuoso)* [*terreno, suolo, pianura*] fertile, rich; ***rendere ~*** to reclaim [*deserto*]; **2** *(fecondo)* [*donna, femmina di animale, periodo*] fertile, fecund; ***età ~*** childbearing *o* fertile age **3** FIG. [*ingegno, mente, scrittore*] fertile, fecund.

fertilità /fertili'ta/ f.inv. **1** *(di terreno)* fertility, richness **2** *(di donna, femmina di animale)* fertility, fecundity; ***cura della ~*** fertility treatment; ***dea della ~*** earth mother; ***simbolo, rito di ~*** fertility symbol, rite **3** FIG. *(di idea, di autore)* fertility, fecundity.

fertilizzante /fertilid'dzante/ **I** agg. [*sostanza*] fertilizing **II** m. fertilizer, plant food; ***~ chimico, naturale, organico*** chemical, natural, organic fertilizer.

fertilizzare /fertilid'dzare/ [1] tr. to fertilize [*campo, terra*].

fertilizzazione /fertiliddzat'tsjone/ f. fertilization.

ferula /'fɛrula/ f. **1** BOT. ferula* **2** *(verga)* ferule, rod.

fervente /fer'vɛnte/ agg. [*patriota, preghiera*] fervent, ardent; [*credente*] fervent, devout; [*sostenitore, opposizione*] fervent, avid, fierce; ***amore ~*** ardent, fervent love.

ferventemente /fervente'mente/ avv. [*pregare, desiderare*] fervently, ardently.

fervere /'fɛrvere/ [2] intr. (forms not attested: past participle and compound tenses) **1** LETT. *(ardere)* to burn*, to be* aflame (**di** with) **2** *(ribollire)* to boil; ***il mosto ferve nei tini*** the must boils in the vats **3** FIG. ***fervono i preparativi per la partenza*** feverish preparations for the departure are under way; ***~ di attività*** to hum with activity.

fervidamente /fervida'mente/ avv. devoutly, fervently.
fervido /'fɛrvido/ agg. **1** *(appassionato)* [*ammiratore, sostenitore*] fervent, zealous; [*supplica, preghiera*] earnest, fervent **2** *(caloroso)* [*sostegno, appoggio*] ardent, fervent; ***con i più -i auguri*** with my most earnest wishes **3** *(vivido, intenso)* [*immaginazione, atmosfera*] lively; [*attività, preparativi*] feverish, hectic **4** LETT. *(cocente)* burning, ardent.
fervore /fer'vore/ m. **1** *(di fede, patriottismo, rivoluzionario)* fervour BE, fervor AE, ardour BE, ardor AE; ***~ religioso*** (religious) zeal; ***con ~*** [*pregare, lavorare*] fervently, zealously **2** *(momento culminante)* ***nel ~ della discussione*** in the heat of the discussion.
fervorino /fervo'rino/ m. RELIG. exhortation; FIG. lecture; ***tenere un ~ a qcn.*** to deliver an exhortation to sb.; FIG. to give sb. a lecture.
fervorosamente /fervorosa'mente/ → **fervidamente.**
fervoroso /fervo'roso/ agg. **1** *(appassionato)* [*ammiratore, sostenitore*] fervent, ardent **2** *(caloroso)* warm; ***con i più -i auguri*** with my warmest *o* most earnest wishes.
FES /fes/ m. (⇒ Fondo Europeo di Sviluppo European Development Fund) EDF.
fesa /'feza/ f. *(taglio di carne)* rump, topside BE; ***~ di vitello*** veal rump.
fescennino /feʃʃen'nino/ agg. [*verso, canto*] Fescennine.
FESR /fɛzr/ m. (⇒ Fondo Europeo di Sviluppo Regionale European Regional Development Fund) ERDF.
fessacchiotto /fessak'kjɔtto/ m. (f. **-a**) dupe, sucker.
fesseria /fesse'ria/ f. **1** *(stupidaggine)* fiddle-faddle, bunkum, rubbish; ***fare -e*** to mess about *o* around, to do something stupid; ***fare una grossa ~*** to do something really stupid; ***dire -e*** to talk rubbish *o* trash *o* bunkum **2** *(inezia)* ***è una ~*** it's a trifle.
1.fesso /'fesso/ **I** p.pass. → **fendere II** agg. **1** *(incrinato)* [*vaso*] cracked, fissured **2** *(sordo)* [*voce*] cracked; [*suono*] harsh **3** *(spaccato in due)* [*piede, zoccolo*] cloven.
▷ **2.fesso** /'fesso/ **I** agg. COLLOQ. dumb, foolish; ***far ~ qcn.*** to take sb. for a ride, to make a fool of sb.; ***quant'è ~!*** what an idiot! how stupid he can be! **II** m. COLLOQ. (f. **-a**) dumb cluck, blockhead, dupe, fool, idiot; ***fare il ~*** to play the fool, to mess about *o* around; ***bravo ~!*** (the) more fool you!
▷ **fessura** /fes'sura/ f. **1** *(fenditura) (di muro, parete, terreno)* crack, fissure; *(di vernice, stucco)* cracking; *(di roccia)* crack, crevice; ***aprire una ~ in qcs.*** to make a crack *o* fissure *o* slit in sth.; ***chiudere, otturare una ~*** to fill *o* seal *o* stuff a slit *o* crack **2** *(spiraglio) (di porta, tende)* chink, crack, aperture; ***attraverso le -e delle imposte*** through the chinks in the shutters **3** *(feritoia)* slot, slit; ***introdurre le monete nella ~*** to drop the coins into the slot.
fessurato /fessu'rato/ agg. [*muro, legno*] cracked, fissured.
▶ **festa** /'fɛsta/ f. **1** *(giorno non lavorativo)* holiday; ***domani è ~*** tomorrow is a (public) holiday; ***è ~ il venerdì santo?*** is Good Friday a (public) holiday? ***dove passi le -e di fine anno?*** where are you going for New Year's? ***giorno di ~*** holiday, feast day **2** COLLOQ. ***è la mia ~*** *(compleanno)* it's my birthday; *(onomastico)* it's my name day **3** *(solennità religiosa)* feast; ***santificare le -e*** to hallow the feasts; ***la ~ di Ognissanti*** All-Hallowmas, All-Hallows, All Saints' Day; ***essere sotto le -e*** to be in the festive season; ***sotto le -e*** *(natalizie)* over Christmas; ***buone -e!*** happy holidays! *(di Natale)* Season's greetings! ***il vestito della ~*** Sunday best; ***vestito a ~*** (dressed) in one's Sunday best **4** *(celebrazione civile)* celebration; ***la ~ della repubblica, dell'indipendenza*** National Day of the Republic, Independence Day **5** *(evento privato o sociale)* party; *(di sera, elegante)* soiree; ***dare, fare una ~*** to give, have a party (**per** for); ***guastare, rovinare la ~ a qcn.*** to spoil sb.'s fun (anche FIG.); ***~ in casa*** house party; ***una ~ di famiglia, tra amici*** family, social gathering **6** *(manifestazione pubblica)* festival, festivity, carnival; ***~ della musica*** music festival; ***~ della birra*** beer festival, beerfest; ***~ del paese*** village festival; ***~ di strada*** street carnival; ***le -e di Carnevale*** carnival festivities; ***la ~ della mietitura*** harvest festival **7** *(allegria generale)* ***atmosfera, aria di ~*** party *o* festive atmosphere *o* spirit *o* air; ***c'è un'aria di ~*** there's a festive air *o* mood, there is a party spirit about; ***tutta la città era in ~*** the whole town was in a holiday mood ◆ ***essere in ~*** to be full of joy; ***fare ~*** *(festeggiare)* to celebrate, to party; *(non lavorare)* to be on holiday *o* off work; ***avere voglia di fare ~*** to be in a festive *o* party mood; ***fare ~ a qcn.*** to give sb. a warm welcome; ***fare le -e a qcn.*** [*cane*] to fawn on sb., to jump all over sb.; ***campane a ~*** bells ringing out (for joy); ***fare la ~ a qcn.*** to bump off sb., to bump sb. off, to do sb. in; ***conciare qcn. per le -e*** to leather sb., to give sb. a good tanning *o* thrashing; ***è finita la ~!*** the game is up! ***passata la ~ gabbato lo santo*** PROV. once on shore, we pray no more ◆◆ ***~ di beneficenza*** charity benefit *o* fete; ***~ d'addio*** farewell *o* leaving party; ***~ dell'Annunciazione*** RELIG. Lady Day; ***~ comandata*** → ***~ di precetto***; ***~ di compleanno*** birthday party; ***~ fissa*** immovable feast; ***~ del lavoro*** Labour Day BE, Labor Day AE; ***~ della mamma*** Mother's Day; ***~ in maschera*** fancy-dress party, costume party; ***~ mobile*** movable feast; ***~ di Natale*** Christmas party; ***~ nazionale*** national holiday; ***~ del papà*** Father's Day; ***~ parrocchiale*** church fete; ***~ patronale*** patronal festival; ***~ popolare*** carnival; ***~ di precetto*** day of obligation; ***~ di strada*** street carnival.
festaiolo /festa'jɔlo/ **I** agg. festive, jovial **II** m. (f. **-a**) party-goer, party animal, merrymaker.
festante /fes'tante/ agg. **1** *(in festa)* [*popolo*] jubilant **2** *(gioioso)* [*voci*] festive, joyful.
festeggiamento /festeddʒa'mento/ m. celebration; ***-i*** festivities, celebrations; ***abbiano inizio i*** o ***diamo inizio ai -i!*** let the festivities begin! ***i -i per il compleanno di sua moglie*** his wife's birthday celebration; ***i -i per la nascita del principe ereditario*** the festivities for the birth of the heir to the throne.
▷ **festeggiare** /fested'dʒare/ [1] tr. to celebrate [*Natale, compleanno, successo*]; to celebrate, to fete [*campione, eroe*]; ***~ i (propri) vent'anni*** to celebrate one's twentieth birthday; ***festeggiamo!*** let's celebrate!
festeggiata /fested'dʒata/ f. guest of honour BE, guest of honor AE; *(di compleanno)* birthday girl.
festeggiato /fested'dʒato/ **I** p.pass. → **festeggiare II** agg. celebrated **III** m. guest of honour BE, guest of honor AE; *(di compleanno)* birthday boy; ***congratularsi col ~*** to congratulate the guest of honour; ***brindare al ~*** to toast the guest of honour.
festino /fes'tino/ m. feast; ***dare un ~*** to have a feast.
▷ **festival** /'fɛstival, festi'val/ m.inv. festival; ***~ di musica rock, del cinema*** rock music, film festival.

> **Festival di Sanremo** This Ligurian tourist resort has hosted a festival of Italian music every year since 1951. After a period of decline in the 1970s it has recently regained its popularity. Established singers take part but it is also often the launch pad for new talent. It is broadcast live on television and has millions of viewers.

> **Festival di Spoleto** *Il festival dei due mondi* (Two World Festival) or *Festival di Spoleto* (in the province of Perugia) takes place each year from late June to mid-July. It hosts dance, theatre, opera, and music events to which the biggest world names are invited. There are often avant-garde productions. Since 1958 Spoleto has attracted a sophisticated international audience.

festività /festivi'ta/ f.inv. **1** festival, holiday; ***~ pagana, cristiana*** pagan, Christian festival; ***la ~ del Natale*** Christmas; ***~ legale*** public holiday, bank holiday BE, legal holiday AE **2** LETT. *(gaiezza)* festivity, merryment.
festivo /fes'tivo/ agg. **1** *(di, della festa)* holiday attrib., Sunday attrib.; ***giorno ~*** (public) holiday; ***nei (giorni) -i*** on Sundays and (public) holidays; ***domani è un giorno ~*** tomorrow is a (public) holiday **2** *(dei giorni di festa)* ***effettuare un turno ~*** to be on holiday shifts; ***orario ~*** non-working hours; ***riposo ~*** Sunday rest.
festonare /fes'tone/ tr. to festoon.
festone /fes'tone/ m. **1** *(ornamento)* festoon, garland; ***~ di carta*** paper chain, streamer; ***addobbare*** o ***decorare una sala con -i*** to festoon a room **2** ARCH. festoon **3** SART. scallop; ***punto a ~*** blanket stitch.
festosità /festosi'ta/ f.inv. festivity, merriment, joy.
▷ **festoso** /fes'toso/ agg. [*sguardo, gesto, grida, musica*] festive, merry, joyous.
festuca, pl. **-che** /fes'tuka, ke/ f. **1** *(pagliuzza)* straw **2** BOT. fescue.
fetale /fe'tale/ agg. [*sviluppo, posizione*] foetal, fetal AE; ***sofferenza ~*** MED. foetal distress; ***dormire in posizione ~*** to sleep in the foetal position.
fetente /fe'tɛnte/ **I** agg. **1** *(fetido)* stinking, fetid **2** FIG. *(difficile)* ***l'esame era davvero ~*** the test was a real stinker **3** FIG. SPREG. *(abietto)* stinking, rotten **II** m. e f. FIG. SPREG. stinker, skunk, bastard; ***è un bel ~*** he's a real bastard.
feticcio, pl. **-ci** /fe'tittʃo, tʃi/ m. fetish, juju.
feticidio, pl. **-di** /feti'tʃidjo, di/ m. feticide.
feticismo /feti'tʃizmo/ m. fetishism.

feticista, m.pl. **-i**, f.pl. **-e** /feti'tʃista/ m. e f. fetishist.
feticistico, pl. **-ci**, **-che** /feti'tʃistiko, tʃi, ke/ agg. fetishistic.
fetidamente /fetida'mente/ avv. fetidly.
fetido /'fɛtido/ agg. **1** [*odore, luogo*] fetid, stinking, rank **2** FIG. *(turpe)* disgusting, contemptible.
fetidume /feti'dume/ m. **1** *(cose fetide)* filth, rotten matter **2** *(fetore)* fetidity, fetidness.
feto /'fɛto/ m. foetus*, fetus* AE.
fetonte /fe'tonte/ m. tropic bird.
fetore /fe'tore/ m. reek, stink, stench, fetor; ***un ~ di fogna*** a sewage smell; ***il ~ della morte*** the stink of death.
▷ **fetta** /'fetta/ **I** f. **1** *(di cibo)* slice, piece; *(rotonda)* round; ***una ~ di pane*** a slice *o* piece *o* round of bread; ***una ~ di formaggio*** a slice *o* piece *o* wedge of cheese; ***una ~ di carne, di torta*** a slice *o* piece of meat, of cake; ***una ~ di limone*** *(rotonda)* a slice of lemon; *(spicchio)* a wedge of lemon; ***una ~ di prosciutto, di salame, di salmone*** a slice of ham, of salami, of salmon; ***una ~ di bacon*** a rasher *o* strip of bacon; ***una ~ di pane con burro, marmellata*** a slice of bread and butter, jam; ***tagliare a -e*** to cut [sth.] into slices, to slice [*arrosto, pane*]; ***tagliare la prima ~ di*** to begin [*pane*]; ***ananas, pane a -e*** sliced pineapple, bread; ***una bella ~*** a thick slice **2** FIG. *(porzione)* slice, share, section; ***volere, meritare una ~ della torta*** to want, deserve one's slice *o* share of the cake; ***avere la propria ~ di torta*** to have one's snout in the trough; ***prendersi la ~ più grossa*** to take the lion's share; ***conqui-starsi una grossa ~ di mercato*** to corner a large share *o* chunk of the market **II fette** f.pl. COLLOQ. *(piedoni)* big feet, large feet, dogs COLLOQ. ◆ ***fare a -e qcn.*** to rip sb. to pieces *o* shreds, to make mincemeat of sb.; ***farlo a -e (a qcn.)*** to be a pain in the arse BE *o* ass AE ◆◆ ***~ biscottata*** rusk.
fettina /fet'tina/ f. **1** *(fetta) (sottile)* thin slice; *(piccola)* small slice, piece; *(rotonda)* round; *(scaglia)* sliver; ***una ~ di limone*** a slice *o* wedge of lemon **2** GASTR. *(di carne)* minute steak, cutlet; ***impanare una ~*** to bread a cutlet.
fettuccia, pl. **-ce** /fet'tuttʃa, tʃe/ f. binding; ***~ elastica*** elastic band.
fettuccine /fettut'tʃine/ f.pl. noodles.
feudale /feu'dale/ agg. [*sistema, diritto, società, età*] feudal; ***signore ~*** seigneur, seignior, liege (lord); ***rendere ~*** to feudalize.
feudalesimo /feuda'lezimo/, **feudalismo** /feuda'lizmo/ m. feudalism.
feudalità /feudali'ta/ f.inv. **1** *(carattere, condizione feudale)* feudality **2** *(classe dei feudatari)* ***la ~*** the feudatories.
feudalmente /feudal'mente/ avv. feudally.
feudatario, pl. **-ri** /feuda'tarjo, ri/ **I** agg. feudatory **II** m. (f. **-a**) **1** STOR. feoffee, feudatory, liege (lord) **2** *(latifondista)* large landowner.
feudo /'fɛudo/ m. **1** STOR. fief(dom), feud; ***dare*** o ***concedere un ~*** to feoff, to grant a fief; ***investire di un ~*** to enfeoff **2** *(territorio)* large estate **3** FIG. stronghold; ***~ elettorale*** electoral stronghold.
feuilleton /foje'tɔn/ m.inv. **1** *(romanzo d'appendice)* serial story **2** SPREG. potboiler.
fez /fɛts/ m.inv. fez*.
ff ⇒ facente funzione acting.
FF.AA. ⇒ Forze Armate Armed Forces.
FF.SS. ⇒ Ferrovie dello Stato = Italian Railways.
FGCI /fiddʒit'tʃi/ f. ⇒ (Federazione Giovanile Comunista Italiana) STOR. = youth organization of the Italian Communist Party.
FI ⇒ Forza Italia = Italian centre-right political party.
▷ **fiaba** /'fjaba/ f. fairy tale, (folk) tale, story; ***~ per bambini*** children's fairy tale; ***raccontare*** o ***narrare -e*** to tell fairy tales; ***libro di -e*** storybook; ***le -e di Andersen*** Andersen's fairy tales; ***il mondo delle -e*** the land of make-believe.
fiabesco, pl. **-schi**, **-sche** /fja'besko, ski, ske/ **I** agg. [*mondo, paesaggio, momento*] fairy-like, fairy(-)tale attrib.; ***personaggio, atmosfera -a*** fairy(-)tale character, atmosphere; ***abitare in un palazzo ~*** *(fantastico, straordinario)* to live in a fairy(-)tale palace **II** m. fantastic element.
fiacca /'fjakka/ f. *(debolezza)* weakness, weariness; *(svogliatezza)* sluggishness, slackness ◆ ***avere la ~*** to be sluggish *o* listless, to be worn out; ***battere la ~*** not to do a stroke of work, to slack off.
fiaccamente /fjakka'mente/ avv. *(svogliatamente)* [*giocare*] listlessly, sluggishly; *(debolmente)* [*reagire, intervenire*] feebly, sluggishly, weakly.
fiaccare /fjak'kare/ [1] **I** tr. **1** *(stancare)* to weary, to exhaust; *(indebolire)* to weaken, to unnerve; ***la malattia mi ha fiaccato*** the illness has weakened me; ***~ la resistenza di qcn.*** to wear sb.'s resistance down **2** *(rompere)* ***~ le ossa, le costole a qcn.*** to break sb.'s bones, to beat sb. up **II fiaccarsi** pronom. **1** *(stancarsi)* to wear* oneself down, to wear* oneself out, to grow* weary; *(indebolirsi)* to weaken **2** *(rompersi)* to break*.
fiaccatura /fjakka'tura/ f. exhaustion, weakness.
fiacchezza /fjak'kettsa/ f. *(di persona, potere)* sluggishness, weakness; *(di mercato, economia)* slackness, slowness, dullness; *(di stile, discorso)* dullness, lameness.
fiacco, pl. **-chi**, **-che** /'fjakko, ki, ke/ agg. **1** *(stanco, debole)* [*persona*] sluggish, listless, tired, spineless; [*gesto*] listless; [*stretta di mano*] limp, flabby; ***mi sento piuttosto ~*** I feel rather sluggish; ***sentirsi ~ dopo la malattia*** to feel run-down after one's illness **2** FIG. [*discorso, stile, scusa*] limp, dull, weak, lame; [*discussione, progetto, argomentazione*] languishing; [*persona, storia*] lifeless, sapless; [*festa*] dull, lifeless; ***una campagna elettorale -a*** a half-hearted electoral campaign **3** ECON. [*economia, mercato*] slack, dull, slow, sluggish; [*rendimento*] poor.
fiaccola /'fjakkola/ f. torch (anche FIG.), flambeau*; ***alla luce delle -e*** by torchlight; ***la ~ della libertà*** the torch of freedom; ***tenere alta la ~ della democrazia*** to carry the torch for democracy ◆ ***mettere la ~ sotto il moggio*** to hide one's light under a bushel ◆◆ ***~ olimpica*** Olympic torch.
fiaccolata /fjakko'lata/ f. torchlight walk, procession; ***fare, organizzare una ~ per la pace*** to do, organize a torchlight walk for peace.
▷ **fiala** /'fjala/ f. phial, vial; ***~ con prerottura di sicurezza*** easy to open phial ◆◆ ***~ puzzolente*** stink-bomb.
▷ **fiamma** /'fjamma/ **I** f. **1** *(fuoco)* flame, blaze; ***la ~ si è spenta*** the flame blew out *o* died; ***un muro di -e*** a sheet *o* wall of flames; ***in -e*** in flames, on fire, aflame, ablaze, afire; ***morire tra le -e*** to die in the flames *o* a fire; ***essere in preda alle -e*** to be in flames *o* on fire; ***essere divorato, avvolto dalle -e*** to be consumed by the flames, enveloped in flames; ***dare qcs. alle -e*** to set sth. on fire *o* aflame *o* ablaze *o* afire; ***l'aereo è caduto in -e*** the plane went down in flames; ***andare in -e*** to go up in flames; ***gettare qcs. tra le -e*** to commit *o* consign sth. to the flames; ***sputare -e*** to spurt flames; ***aveva le guance in -e*** FIG. her cheeks were bright red *o* blushed crimson, there was a flush in her cheeks; ***le -e dell'inferno*** RELIG. hellfire; ***condannare qcn. alle -e*** to condemn sb. to be burned at the stake **2** *(del fornello)* flame; ***cucinare a ~ bassa, alta*** to cook over a low, high flame, to cook on a low, high gas; ***alzare, abbassare la ~*** to turn up, turn down the gas; ***mettere la ~ al minimo*** to turn the gas down to the minimum; ***passare del pollame sulla ~*** to flame *o* singe poultry; ***alla ~*** GASTR. flambé **3** FIG. *(persona amata)* flame, love; ***una vecchia ~*** an old flame; ***la sua nuova ~*** his latest (flame) **4** *(passione amorosa)* flame **5** *(ardore)* ***tenere viva la ~ di una tradizione*** to fan *o* fuel the flames of a tradition; ***la ~ dell'amore, del desiderio, della fede*** the flames of love, desire, faith **6** MIL. *(mostrina)* flash **7** MAR. *(bandierina)* pennant, streamer **II** agg.inv. ***rosso ~*** flame-coloured BE, flame-colored AE ◆ ***fare fuoco e -e*** to breathe fire; ***diventare di ~*** to go *o* blush crimson, to turn *o* go bright red; ***ritorno di ~*** MECC. backfire; FIG. *(di sentimento)* rekindled flame ◆◆ ***~ del milite ignoto*** eternal flame on the tomb of the unknown soldier; ***~ olimpica*** SPORT Olympic flame; ***~ ossidrica*** oxyhydrogen flame; ***~ pilota*** pilot burner, pilot light; ***-e gialle*** = the Guardia di Finanza.

> **Fiamme Gialle** The *Guardia di Finanza* (finance guard) is the arm of the Italian police, organized on military lines, which specializes in the fight against economic, financial or fiscal crime (such as fraud, tax evasion or money laundering), and in the surveillance of land and sea borders (against smuggling, drug trafficking and illegal immigration). Set up with this title in 1881, it has uniforms marked with yellow flashes, called *fiamme gialle* (yellow flames), and has come to be known by this title.

fiammante /fjam'mante/ agg. ***nuovo ~*** brand-new, spanking new COLLOQ.; ***un rosso ~*** a flaming *o* fiery *o* bright red.
fiammata /fjam'mata/ f. **1** *(fuoco)* flare-up, blaze, burst of flames; ***il corto circuito ha prodotto una ~*** the short-circuit caused a flare-up **2** *(di violenza, odio)* flare-up, outburst, blaze; ***una ~ di entusiasmo*** a flare-up of enthusiasm.
fiammato /fjam'mato/ agg. TESS. shot.
fiammeggiante /fjammed'dʒante/ agg. **1** *(che fa fiamme)* flaming **2** FIG. *(scintillante)* [*sguardo, spada*] fiery, flaming **3** ART. ***gotico ~*** flamboyant Gothic.
fiammeggiare /fjammed'dʒare/ [1] **I** intr. (aus. *avere*) **1** *(far fiamme)* to flame (up) **2** FIG. [*sole, cielo, occhi*] to flame, to glow **II** tr. GASTR. *(strinare)* to singe, to flame [*pollame*]; *(flambare)* to

flambé [*banana, crêpe, omelette*]; **~ *qcs. con liquore*** to flambé sth. (in spirit).

fiammiferaio, pl. **-ai** /fjammife'rajo, ai/ m. (f. **-a**) **1** *(fabbricante)* match-maker **2** *(venditore)* match seller; ***la piccola -a*** the little matchgirl.

▷ **fiammifero** /fjam'mifero/ m. match; ***accendere un ~*** to light *o* strike a match; ***scatola di -i*** box of matches, matchbox; ***bustina di -i*** book of matches, matchbook ◆ ***accendersi*** o ***prendere fuoco come un ~*** to be quick-tempered *o* hot-tempered, to flare up easily ◆◆ ***~ controvento*** fusee; ***~ di sicurezza*** o ***svedese*** safety match.

1.fiammingo, pl. **-ghi, -ghe** /fjam'mingo, gi, ge/ ➧ ***16*** **I** agg. **1** *(delle Fiandre)* Flemish **2** PITT. [*scuola, maestri*] Dutch **II** m. (f. **-a**) **1** *(persona)* Fleming; ***i -ghi*** the Flemish *o* Flemings **2** *(lingua)* Flemish.

2.fiammingo, pl. **-ghi** /fjam'mingo, gi/ m. ZOOL. flamingo*.

fiancata /fjan'kata/ f. **1** *(fianco)* side; *(di nave)* broadside; ***la ~ di un'auto, di un edificio*** the side of a vehicle, building **2** MAR. broadside; ***tirare una ~*** to deliver a broadside.

fiancheggiamento /fjankeddʒa'mento/ m. **1** MIL. flank protection **2** *(appoggio)* support, backing.

fiancheggiare /fjanked'dʒare/ [1] tr. **1** *(costeggiare)* [*fiume, strada, giardino*] to flank [*casa, terreno, lago, foresta*]; ***gli alberi fiancheggiano la strada*** the road is lined with trees; ***essere fiancheggiato da*** [*persona, costruzione*] to be flanked by **2** *(appoggiare)* to back, to support [*piano*]; *(affiancare)* to flank **3** MIL. *(coprire)* to flank, to protect the flank of.

fiancheggiatore /fjankeddʒa'tore/ m. (f. **-trice** /tritʃe/) supporter.

▶ **fianco**, pl. **-chi** /'fjanko, ki/ ➧ ***4*** m. **1** ANAT. *(di persona)* side; *(anca)* hip; *(di animali)* flank; ***-chi stretti, larghi*** narrow, broad hips; ***avere i -chi stretti, larghi*** to be narrow, broad in the hips, to be narrow-hipped, broad-hipped; ***avere, mettersi le mani sui -chi*** to have, put one's hands on one's hips; ***con le mani sui -chi*** arms akimbo; ***dimenare i -chi*** to sway *o* waggle *o* wiggle one's hips; ***il ~ destro, sinistro*** the right, left side; ***al mio, tuo ~*** by my, your side; ***dormire su un ~*** to sleep on one's side; ***coricarsi sul ~*** to lie on one's side; ***colpire qcn. al ~*** to hit sb.'s side; ***portare un'arma al ~*** to wear a weapon at one's side; ***il vestito le fasciava i -chi*** the dress hugged her around the hips; ***sentire delle fitte*** o ***un dolore al ~*** to have a stitch in one's side; ***le sta sempre a ~*** he never leaves her side **2** *(parte laterale)* side; GEOGR. side, flank; *(di pneumatico)* wall; ***il ~ di un edificio*** the side of a building; ***sul ~ della collina, della montagna*** on the hillside, mountainside; ***~ a ~*** side by side, abreast; ***lavorare ~ a ~*** to work shoulder to shoulder; ***mettere qcs. sul ~*** to put sth. on its side; ***urtare una macchina di ~*** to sideswipe a car; ***abbottonarsi sul ~*** to fasten at the side **3** MIL. flank; ***il ~ dell'esercito*** the flank of the army; ***offrire il ~ al nemico*** to offer one's flank to the enemy; ***"~ destr! ~ sinistr!"*** "right turn! left turn!" **4 a fianco** [*camera, appartamento, porta*] next attrib. **5 di fianco a** next to, beside; ***la posta è di ~ alla chiesa*** the post office is next to the church; ***camminare di ~ a qcn.*** to walk alongside sb.; ***camminavano in quattro uno (di) ~ all'altro*** they were walking four abreast ◆ ***essere, stare al ~ di qcn.*** to be, stay at sb.'s side, to stand by sb.; ***offrire*** o ***prestare*** o ***scoprire il ~ alle critiche*** to lay oneself open to criticism, to stick one's head above the parapet; ***essere una spina nel ~ di qcn.*** to be a thorn in sb.'s flesh *o* side.

fiandra /'fjandra/ f. = fabric made in Flanders used for household linen.

Fiandra /'fjandra/ ➧ ***30*** n.pr.f. ***la ~, le -e*** Flanders.

fiasca, pl. **-sche** /'fjaska, ske/ f. **1** *(borraccia)* (hip) flask **2** ANT. MIL. powder flask.

fiaschetta /fjas'ketta/ f. **1** *(borraccia)* flasket **2** ANT. MIL. powder flask.

fiaschetteria /fjaskette'ria/ f. wine shop.

▷ **fiasco**, pl. **-schi** /'fjasko, ski/ m. **1** *(recipiente)* flask, flagon; ***riempire un ~*** to fill a flask; ***travasare vino, olio in un ~*** to decant *o* rack wine, oil in a flask **2** FIG. *(insuccesso)* fiasco*, failure, flop; ***fare ~*** to turn into a fiasco, to fall flat; ***risolversi in ~*** to end in fiasco; ***mezzo ~*** partial failure ◆ ***prendere fischi per -schi*** PROV. to have *o* get hold of the wrong end of the stick.

FIAT /'fiat/ f. (⇒ Fabbrica Italiana Automobili Torino) = Italian car factory in Turin.

▷ **fiatare** /fja'tare/ [1] intr. (aus. *avere*) **1** *(respirare)* to breathe **2** *(parlare)* to breathe, to whisper; ***non ~ con qcn.*** to clam up on sb.; ***non ~ (con nessuno)*** to hold one's peace; ***non ~ (o ti ammazzo)!*** don't breathe a word (or I'll kill you)! ***non voglio sentirti ~*** I don't want to hear a whisper out of you **3** *(protestare, obiettare)* ***obbedire senza ~*** to obey without a murmur.

▶ **fiato** /'fjato/ **I** m. **1** *(aria emessa)* breath, puff; ***appannare il vetro, scaldarsi le mani col ~*** to cloud the glass, to warm one's hands with one's breath; ***strumento a ~*** wind instrument; LETT. *(soffio)* ***un ~ di vento*** a breath of wind **2** *(respiro)* breath, wind; ***avere ~*** [*trombettista*] to have good lungs; [*cantante*] to have a powerful voice; [*sportivo*] to have stamina, to be fit; ***non avere ~*** to be short of breath; [*atleta*] to lack stamina; ***avere il ~ grosso*** o ***corto*** to be out of *o* short of breath, to breathe hard *o* heavily; ***avere poco, molto ~*** to have a lot of stamina, not to have much stamina; ***non ho più ~*** I'm breathless *o* out of breath; ***farsi il ~*** to exercise one's breathing; ***trattenere il ~*** to hold one's breath (anche FIG.), to catch one's breath; ***tirare il ~*** to draw breath; FIG. to breathe; ***mozzare*** o ***togliere il ~ a qcn.*** to take sb.'s breath away (anche FIG.), to knock the wind out of sb.; ***da mozzare il ~*** [*bellezza, velocità*] breathtaking; ***lasciare qcn. senza ~*** to leave *o* make sb. breathless (anche FIG.); ***(ri)prendere ~*** to get one's breath *o* wind back, to recover *o* catch one's breath; FIG. to get one's second wind; ***per tutta la mattina non ho avuto il tempo di prender ~*** FIG. I haven't had a breather all morning; ***mi manca*** o ***mi sento mancare il ~*** I am *o* feel breathless *o* out of breath; ***essere*** o ***rimanere senza ~*** to be out of breath *o* breathless; FIG. to be breathless *o* speechless (**per** over); ***gridare con quanto ~ si ha in corpo*** o ***in gola*** to scream at the top of one's voice *o* lungs; ***bere (tutto) d'un ~*** to drink (it all) in one swallow *o* gulp; ***dire qcs. tutto d'un ~*** to tell sth. in a single breath; ***leggere qcs. tutto d'un ~*** to read sth. in one go *o* straight through **3** *(alito)* ***avere il ~ pesante*** to have bad breath **II fiati** m.pl. MUS. winds; ***sezione dei -i*** wind section ◆ ***finché avrò ~*** as long as I have breath in my body, as long as I draw breath, as long as I live; ***avere*** o ***sentire il ~ (di qcn.) sul collo*** to be rushed off one's feet; ***dar ~ alle trombe*** to trumpet; ***risparmia il ~!*** save your breath! ***col ~ sospeso*** with bated breath; ***stare*** o ***rimanere col ~ sospeso*** to hold one's breath; ***tenere qcn. col ~ sospeso*** to keep *o* leave sb. in suspense; ***sprecare il (proprio) ~*** to waste words *o* one's breath; ***(è tutto) ~ sprecato!*** it's like water off a duck's back.

fiatone /fja'tone/ m. ***avere il ~*** to be out of *o* short of breath, to breathe hard *o* heavily, to pant; ***mi è venuto il ~*** I'm panting for breath, I'm out of breath.

▷ **fibbia** /'fibbja/ f. buckle, clasp; ***aprire, chiudere una ~*** to open, fasten a buckle; ***aprire, chiudere la ~ di*** to buckle, unbuckle [*cintura, scarpa*].

▷ **fibra** /'fibra/ f. **1** fibre BE, fiber AE; ***~ di carbonio, d'acciaio*** carbon, steel fibre; ***alimenti ricchi, dieta ricca di -e*** high-fibre food, diet **2** *(tipo di cartone)* hardboard; ***una valigia in ~*** a hardboard case **3** *(costituzione)* constitution; ***avere una*** o ***essere di ~ robusta*** to be of sound *o* strong constitution **4** FIG. *(tempra)* fibre BE, fiber AE; ***~ morale*** moral fibre ◆◆ ***~ artificiale*** artificial fibre BE *o* fiber AE; ***~ di cocco*** coir; ***~ muscolare*** muscle fibre BE *o* fiber AE; ***~ naturale*** natural fibre BE *o* fiber AE; ***~ nervosa*** nerve fibre BE *o* fiber AE; ***~ ottica*** optical fibre BE *o* fiber AE; ***~ sintetica*** synthetic *o* man-made fibre BE *o* fiber AE; ***~ tessile*** textile fibre BE *o* fiber AE; ***~ vegetale*** vegetable fibre BE *o* fiber AE; ***~ di vetro*** fibreglass BE, fiberglass AE, glass fibre BE *o* fiber AE; ***~ vulcanizzata*** vulcanized fibre BE *o* fiber AE; ***-e alimentari*** roughage, dietary fibre BE *o* fiber AE.

fibrilla /fi'brilla/ f. fibril.

1.fibrillare /fibril'lare/ agg. fibrillose.

2.fibrillare /fibril'lare/ [1] intr. (aus. *avere*) MED. [*cuore*] to fibrillate.

fibrillazione /fibrillat'tsjone/ f. fibrillation; ***il cuore va in ~*** the heart goes into fibrillation.

fibrina /fi'brina/ f. fibrin.

fibrinogeno /fibri'nɔdʒeno/ m. fibrinogen.

fibrinoso /fibri'noso/ agg. fibrinous.

fibroblasto /fibro'blasto/ m. fibroblast.

fibrocemento /fibrotʃe'mento/ m. fibro-cement BE, asbestos cement AE.

fibrocito /fibro'tʃito/ m. fibrocyte.

fibroide /fi'brɔide/ **I** agg. fibroid **II** m. fibroid.

fibroina /fibro'ina/ f. fibroin.

fibroma /fi'brɔma/ m. fibroma*.

fibrosarcoma /fibrosar'kɔma/ m. fibrosarcoma*.

fibroscopio, pl. **-pi** /fibros'kɔpjo, pi/ m. fibrescope BE, fiberscope AE.

fibrosi /fi'brɔzi/ ➧ ***7*** f.inv. fibrosis*; ***~ cistica*** cystic fibrosis.

fibrosità /fibrosi'ta/ f.inv. **1** *(legnosità)* sinewiness **2** ANAT. fibrousness.

fibrosite /fibro'site/ f. fibrositis.

fibroso /fi'broso/ agg. **1** *(legnoso)* [*carne*] stringy **2** ANAT. fibrous.

fibula /'fibula/ f. **1** ARCHEOL. fibula* **2** ANAT. *(perone)* fibula*.

fica, pl. **-che** /'fika, ke/ f. VOLG. **1** *(vagina)* pussy, cunt, twat **2** *(donna, ragazza attraente)* dish, doll, babe; ***un pezzo di ~*** a piece of ass, a bit of fluff, a nice nookie; ***che ~!*** what a bit of fluff! what a babe!

ficata /fi'kata/ f. COLLOQ. ***la sua macchina è una ~*** her car's (really) cool *o* a real smasher; ***è una ~, che ~!*** it's, that's cool!

ficcanasare /fikkana'sare/ [1] intr. (aus. *avere*) to pry (**in** into), to nose about, to nose around (**in** in); COLLOQ. to snoop (around) (**in** into); ***~ nelle faccende altrui*** to pry *o* snoop into sb. else's business.

ficcanaso, m.pl. **ficcanasi**, f.pl. **ficcanaso** /fikka'naso, fikka'nasi, fikka'naso/ **I** m. e f. meddler; COLLOQ. busybody, snoop(er), nosy parker; ***sei proprio un ~*** o ***una ~!*** you're a real busybody! you're so nosy! **II** agg.inv. prying; COLLOQ. nosy, snooping.

▷ **ficcare** /fik'kare/ [1] **I** tr. **1** *(cacciare)* to shove, to stick*, to stuff, to put*; ***~ tutto in valigia*** to stuff, shove everything into a suitcase; ***ficcò la mano nella borsa*** she plunged her hand into the bag; ***~ un dito in un occhio (a qcn.)*** to poke (sb.) in the eye; ***chissà dove ha ficcato il mio giornale*** I wonder where he put my newspaper; ***dove hai ficcato il libro?*** where the hell have you put the book? **2** *(conficcare)* to drive*, to thrust*; ***~ un chiodo nel muro*** to drive *o* hammer a nail into the wall **3** FIG. ***~ qcn. nei guai*** to get sb. into trouble *o* a scrape *o* a mess; ***~ qcs. in testa a qcn.*** to get *o* drive sth. into sb.'s head *o* (thick) skull, to din sth. into sb. COLLOQ.; ***ficcatelo bene in testa!*** get that into your (thick) skull! ***sai dove puoi ficcartelo!*** POP. you know where you can stick *o* stuff it! ***ficcatelo su per il culo!*** VOLG. stick it up your ass **II ficcarsi** pronom. COLLOQ. **1** *(mettersi)* ***-rsi a letto, sotto le coperte*** to climb into bed, to get under the blanket; ***-rsi le mani in tasca*** to stick *o* stuff one's hands in one's pockets; ***-rsi le dita nel naso*** to pick one's nose, to poke *o* stick one's finger up one's nose **2** FIG. ***-rsi nei guai*** to get into trouble *o* a scrape *o* a mess; ***si è ficcato in un bel pasticcio*** he got himself into a nice mess *o* into hot water **3** *(andare a finire)* ***dove si sono ficcate le chiavi?*** where did my keys get to *o* go? ***dove si è ficcato?*** where did he get to? ◆ ***~ il naso in*** to poke *o* stick one's nose into, to pry into, to nose about *o* around in [*affari, vita*].

fiche /fiʃ/ f.inv. chip, counter; ***puntare una ~ su un numero*** to stake a chip on a number; ***incassare le ~*** to cash in one's chips.

fichetto /fi'ketto/ m. pretty boy; ***posto da -i*** fancy place.

▷ **1.fico**, pl. **-chi** /'fiko, ki/ m. **1** *(albero)* fig tree; ***foglia di ~*** fig leaf (anche ART.) **2** *(frutto)* fig; ***-chi freschi, secchi*** fresh, dried figs ◆ ***non capire un ~ (secco)*** POP. not to understand a thing, to be thick as a brick; ***non me ne importa un ~ (secco)*** POP. I don't care a fig, I don't give a damn *o* a jot (**di** about); ***non vale un ~ (secco)*** POP. it's not worth a fig *o* a damn *o* a straw ◆◆ ***~ d'India*** *(albero)* Indian fig tree, prickly pear; *(frutto)* Indian fig, prickly pear.

2.fico, pl. **-chi**, **-che** /'fiko, ki, ke/ **I** agg. COLLOQ. ***un tipo ~*** a cool guy; ***un libro ~*** a cool book; ***che ~!*** [*ragazzo*] he's really cool! [*oggetto*] that's really cool! ***non fa ~ mettersi la cravatta*** it's not cool to wear a tie **II** m. COLLOQ. cool guy; ***quello è un gran ~!*** he's a handsome devil! he's really something!

ficodindia, pl. **fichidindia** /fiko'dindja, fiki'dindja/ m. **1** *(albero)* Indian fig tree, prickly pear **2** *(frutto)* Indian fig, prickly pear.

ficologia /fikolo'dʒia/ f. phycology.

fiction /'fikʃon/ f.inv. fiction.

ficus /'fikus/ m.inv. ficus.

▷ **fidanzamento** /fidantsa'mento/ m. engagement, betrothal ANT.; ***annunciare il proprio ~*** to announce one's engagement; ***anello di ~*** engagement ring; ***sciogliere*** o ***rompere*** o ***mandare a monte il ~*** to break off *o* call off one's engagement.

▶ **fidanzare** /fidan'tsare/ [1] **I** tr. to betroth, to affiance, to promise [*figlio, figlia*] (**con** to) **II fidanzarsi** pronom. to get* engaged (**con** to).

▶ **fidanzata** /fidan'tsata/ f. **1** *(promessa sposa)* fiancée; ANT. betrothed*, intended **2** COLLOQ. *(partner)* girlfriend.

▶ **fidanzato** /fidan'tsato/ **I** p.pass. → **fidanzare II** agg. engaged (**con** to); ***(lei) è ~?*** *(promesso sposo)* are you engaged? *(partner)* are you involved with anyone? **III** m. **1** *(promesso sposo)* fiancé; ANT. betrothed*, intended; ***una coppia di -i*** a courting *o* an engaged couple **2** COLLOQ. *(partner)* boyfriend; ***fidanzatini*** young lovers.

▶ **fidare** /fi'dare/ [1] **I** intr. (aus. *avere*) *(avere fede)* to trust; ***~ in qcn., qcs.*** to trust in sb., sth. **II fidarsi** pronom. **1** ***-rsi di*** to rely on, to trust [*persona, promessa, apparenza*]; ***non -rsi di*** to distrust [*persona, governo*]; ***di chi ci si può ~?*** who can we trust? ***fidati di me*** trust me; ***non fidarti di lei*** she's not to be trusted; ***ti fidi troppo*** you're too trusting; ***non fidatevi delle apparenze*** don't be deceived by appearances; ***-rsi ciecamente di qcn.*** to trust sb. with one's life; ***-rsi delle parole, del giudizio di qcn.*** to believe in *o* to trust sb.'s words, judgment; ***-rsi del proprio istinto*** to trust one's instincts; ***qualcuno di cui mi fido*** somebody I trust; ***mi fido di lui come del diavolo*** I don't trust him an inch **2** *(osare)* to dare*, to feel* safe; ***non mi fido ad attraversare la strada da solo*** I don't dare to cross the road alone ◆ ***-rsi è bene, non -rsi è meglio*** PROV. = to trust is good but being wary is better.

fidato /fi'dato/ **I** p.pass. → **fidare II** agg. [*amico, collaboratore*] close, reliable, dependable, trusted; [*confidente*] trustworthy, safe; [*tecnico*] dependable, reliable; ***consegnare qcs. in mani -e*** to put sth. in safe hands.

fidecommesso /fidekom'messo/ → **fedecommesso**.

fideismo /fide'izmo/ m. fideism.

fideista, m.pl. **-i**, f.pl. **-e** /fide'ista/ m. e f. fideist.

fideistico, pl. **-ci**, **-che** /fide'istiko, tʃi, ke/ agg. fideistic.

fideiussione /fidejus'sjone/ f. guaranty, guarantee, suretyship.

fideiussore /fidejus'sore/ m. guarantor, surety, fidejussior, constitutor ANT.

fideiussorio, pl. **-ri**, **-rie** /fidejus'sɔrjo, ri, rje/ agg. surety attrib., fidejussiory.

fidente /fi'dɛnte/ agg. confident.

Fidia /'fidja/ n.pr.m. Phidias.

fidiaco, pl. **-ci**, **-che** /fi'diako, tʃi, ke/ agg. Phidian.

1.fido /'fido/ agg. [*servitore*] loyal, faithful, true.

2.fido /'fido/ m. overdraft; ***concedere un ~ a qcn.*** to give sb. an overdraft; ***ottenere un ~ dalla banca*** to take out an overdraft with a bank; ***limite di ~*** overdraft limit, credit limit ◆◆ ***~ bancario*** bank overdraft.

▶ **fiducia** /fi'dutʃa/ f. **1** *(fede in qcn., qcs.)* confidence, trust, belief, faith; ***la ~ reciproca*** mutual trust; ***la mia ~ in lei*** my trust *o* faith in her; ***abuso di ~*** breach of trust; ***riporre la propria ~ in qcn.*** to put one's confidence *o* faith in sb., to place one's trust in sb.; ***ottenere, guadagnarsi, perdere la ~ di qcn.*** to win, gain, lose sb.'s trust; ***godere, abusare della ~ di qcn.*** to enjoy, to abuse sb.'s trust; ***tradire la ~ di qcn.*** to betray sb.'s trust; ***ispirare ~ a qcn.*** to inspire trust in sb.; ***concedere la propria ~ a qcn.*** to put one's trust *o* faith in sb.; ***la ~ che mi ha dimostrato*** the trust she placed in me; ***prestare sulla ~*** to lend on trust *o* with complete confidence; ***di ~*** [*persona*] trustworthy; [*macellaio, panettiere*] family; [*parrucchiere*] usual; ***posto di ~*** position of trust; ***degno di ~*** dependable, trustworthy; ***avere ~ in*** to believe in, to have confidence *o* faith *o* trust in, to trust [*persona*]; to have confidence *o* faith *o* trust in [*tecnologia, metodo, medicina*]; ***avere una ~ illimitata, incrollabile, cieca in qcn.*** to have unlimited, unshakeable trust, blind faith in sb.; ***ci penserò, abbi ~*** I'll remember, trust me; ***ho ~ nell'avvenire*** I feel confident about the future **2** *(sicurezza)* confidence, assurance, reliance; ***avere ~ in se stessi*** to have self-confidence, to be self-confident; ***ritrovare la ~ in se stessi*** to recover one's self-confidence; ***manchi di*** o ***hai poca fiducia in te stesso*** you lack self-confidence; ***quest'uomo, questa banca non mi ispira ~*** this man, bank doesn't inspire much confidence, I don't have much confidence in that man, bank **3** POL. ***voto, mozione di ~*** vote, motion of confidence; ***chiedere la ~ (al Parlamento)*** to ask (Parliament) for a vote of confidence; ***porre la questione di ~*** to call for a vote of confidence; ***votare la ~*** to pass a vote of confidence.

fiduciante /fidu'tʃante/ m. e f. settlor.

fiduciaria /fidu'tʃarja/ f. trust company.

fiduciario, pl. **-ri**, **-rie** /fidu'tʃarjo, ri, rje/ **I** agg. **1** *(di fiducia)* trustworthy, reliable; ***rapporto ~*** fiduciary relation **2** DIR. ECON. [*emissione, circolazione, contratto*] fiduciary, fiducial; ***moneta a corso ~*** fiduciary money; ***società -ria*** trust company; ***erede ~*** fiduciary heir; ***fondo ~*** trust fund; ***amministratore ~*** trustee; ***amministrazione ~*** trusteeship **II** m. (f. **-a**) fiduciary, trustee, dummy.

fiduciosamente /fidutʃosa'mente/ avv. confidently, hopefully, trustingly.

▷ **fiducioso** /fidu'tʃoso/ agg. [*persona, carattere, sguardo*] confident, hopeful, trusting; ***essere ~ di natura*** to have a trusting nature; ***essere ~ in*** to be confident *o* hopeful about [*avvenire*]; to be confident *o* hopeful of [*successo di un'operazione*]; to have confidence in [*capacità*]; ***dichiararsi, mostrarsi ~*** to declare, show oneself confident; ***restiamo -i che...*** we remain hopeful that...; ***è ~ di passare l'esame*** he is hopeful of passing his exam; ***al tuo posto non sarei così ~*** if I were you, I wouldn't be so confident.

fiele /'fjɛle/ m. **1** MED. gall; ***amaro come il ~*** as bitter as gall **2** *(rancore)* gall, venom; ***sputare ~ su qcn.*** to spit venom on sb.; ***un discorso carico di ~*** a splenetic speech; ***essere pieno di ~*** to be splenetic.

fienagione /fjena'dʒone/ f. haymaking, hay-harvest.

fienaio, pl. **-ai, -aie** /fje'najo, ai, aje/ agg. ***forcone*** ~ hay fork; ***falce -a*** scythe.

fienarola /fjena'rola/ f. BOT. bluegrass.

fienile /fje'nile/ m. hay loft, Dutch barn.

▷ **fieno** /'fjeno/ m. hay; ***fare il*** ~ to make hay, to hay; ***mucchio di*** ~ haycock; ***febbre*** o ***raffreddore da*** ~ hay fever ◆ ~ ***greco*** fenugreek; ~ ***santo*** sainfoin, cockshead.

▷ **1.fiera** /'fjɛra/ f. **1** *(mercato)* fair(ground); ***baraccone da*** ~ fairground stand **2** *(esposizione)* fair, exhibition, show; ***allestire una*** ~ to hold *o* put on *o* mount an exhibition; ***inaugurare una*** ~ to open *o* inaugurate an exhibition; ***visitare una*** ~ to view *o* visit an exhibition; ***la*** ~ ***di Milano*** the Milan trade fair ◆◆ ~ ***agricola*** agricultural show; ~ ***dell'antiquariato*** antique(s) fair; ~ ***dell'arredamento*** home furnishings exhibition; ~ ***dell'artigianato*** crafts exhibition; ~ ***di beneficenza*** charity fair; ~ ***del bestiame*** cattle fair; ~ ***del bianco*** white sale; ~ ***campionaria*** o ***commerciale*** trade fair; ~ ***del libro*** book fair; ~ ***dei vini*** wine fair.

2.fiera /'fjɛra/ f. *(animale)* wild beast, animal.

fieramente /fjera'mente/ avv. [*comportarsi*] proudly.

fierezza /fje'rettsa/ f. **1** *(orgoglio)* pride; ~ ***d'animo*** proud spirit **2** *(altezzosità)* haughtiness; ***la*** ~ ***di uno sguardo*** the haughtiness of a look.

fieristico, pl. **-ci, -che** /fje'ristiko, tʃi, ke/ agg. ***quartiere*** ~ fairground, showground.

▷ **fiero** /'fjɛro/ agg. **1** *(orgoglioso)* proud; ***puoi essere*** ~ ***di te*** you can be proud of yourself; IRON. I hope you are proud of yourself; ***non c'è niente di cui essere*** o ***andar*** ~***!*** there's nothing to be proud of! **2** *(nobile)* [*cuore, carattere, portamento, popolo*] proud; SPREG. *(superbo, altezzoso)* haughty, proud; ***avere un aspetto*** ~ to have a noble appearance; ***uno sguardo*** ~ a haughty look **3** *(audace)* brave, gallant, valiant; ***un*** ~ ***guerriero*** a valiant warrior **4** LETT. *(feroce)* [*animale*] wild, fierce; [*critica, attacco*] bitter, savage, fierce; [*battaglia, lotta*] fierce, savage; ***una -a vendetta*** a vicious revenge.

fievole /'fjɛvole/ agg. [*voce, lamento*] faint, feeble; [*luce*] dim, faint, weak.

fievolezza /fjevo'lettsa/ f. *(di voce, lamento)* faintness, feebleness; *(di luce)* faintness, weakness.

▷ **fifa** /'fifa/ f. COLLOQ. scare, jimjams pl., jitters pl.; ***avere*** ~ to have *o* get cold feet, to have the jitters; ***avere una*** ~ ***boia*** o ***nera*** to be scared stiff *o* stupid; ***avere una*** ~ ***blu*** to be in a blue funk; ***mettere la*** ~ ***addosso a qcn.*** to give sb. a fright; ***che*** ~***!*** how scary!

FIFA /'fifa/ f. (⇒ Fédération Internationale de Football Association Federazione calcistica internazionale) FIFA.

fifone /fi'fone/ **I** agg. COLLOQ. chicken, chicken-hearted, cowardly **II** m. COLLOQ. (f. **-a**) chicken, scaredy cat, funk; ***è un gran*** ~ he's a scaredy cat.

fig. 1 ⇒ figurato figurative (fig.) **2** ⇒ figura figure (fig.); ***vedi*** ~ ***3*** see fig. 3.

figa, pl. **-ghe** /'figa, ge/ → **fica**.

figaro /'figaro/ m. SCHERZ. barber.

figata /'figata/ → **ficata**.

FIGC /fiddʒit'tʃi/ f. (⇒ Federazione Italiana Gioco Calcio) = Italian football federation.

figgere /'fiddʒere/ [15] **I** tr. LETT. *(ficcare, conficcare)* to sink*, to stick*; *(trafiggere)* to stab, to pierce **II figgersi** pronom. LETT. FIG. ***-rsi qcs. nella memoria*** to fix sth. in one's mind.

fighetto /fi'getto/ → **fichetto**.

Figi /'fidʒi/ ◗ ***14*** n.pr.f.pl. Fiji sing.; ***le isole*** ~ the Fiji Islands.

figiano /fi'dʒano/ **I** agg. Fijian **II** m. (f. **-a**) Fijian.

▶ **figlia**, pl. **-glie** /'fiʎʎa, ʎe/ f. **1** *(discendente)* daughter, child*; ~ ***adottiva*** adopted *o* adoptive daughter; ~ ***piccola*** infant *o* baby daughter; ***la*** ~ ***dei Rossi*** the Rossi's daughter, the Rossi girl; ~ ***di contadini, d'immigrati*** farmers', immigrants' daughter; ***di madre in*** ~ from mother to daughter; ***mia*** ~ my daughter *o* child; ***avere due -glie e un figlio*** to have two daughters and a son; ***ha una*** ~ ***in età da marito*** he has a daughter of marriageable age; ***ascolta,*** ~ ***mia*** listen, my child *o* girl **2** *(ragazza)* girl; ***è una brava*** ~ she's a good girl **3** FIG. *(conseguenza)* ***la superstizione è*** ~ ***dell'ignoranza*** superstition is the daughter of ignorance **4** *(cedola) (di assegno, biglietto, ricevuta)* tear-off part ◆◆ ~ ***di Eva*** daughter of Eve.

figliale /fiʎ'ʎale/ → **1.filiale**.

figliare /fiʎ'ʎare/ [1] **I** tr. [*orsa, volpe, leonessa*] to cub; [*mucca*] to calve; [*cagna*] to whelp; [*pecora*] to lamb; [*cavalla, asina*] to foal; [*scrofa*] to farrow, to pig **II** intr. to litter, to have a litter.

▷ **figliastra** /fiʎ'ʎastra/ f. stepdaughter, stepchild*.

▷ **figliastro** /fiʎ'ʎastro/ m. stepson, stepchild*.

figliata /fiʎ'ʎata/ f. litter; ***una*** ~ ***di conigli*** a litter of rabbits.

figliazione /fiʎʎat'tsjone/ → **filiazione**.

▶ **figlio**, pl. **-gli** /'fiʎʎo, ʎi/ m. **1** *(maschio o femmina)* child*; ***aspettare un*** ~ to be expecting *o* pregnant; ***è in attesa di un*** ~ she's expecting a baby; ***dare un*** ~ ***a qcn.*** to bear sb. a child; ***mettere al mondo un*** ~ to bring a child into the world; ***avere un*** ~ to have a baby; ***avere tre -gli, due maschi e una femmina*** to have three children, two sons and a daughter; ~ ***piccolo*** infant *o* baby son; ~ ***adottivo, naturale*** adopted *o* adoptive child, natural child; ***essere un*** ~ ***illegittimo, legittimo*** to be born in, out of wedlock; ***un*** ~ ***di primo letto*** a child from the first marriage; ***coppia senza -gli*** childless couple; ***essere*** ~ ***unico*** to be an only child; ***tramandare ai -gli e ai -gli dei -gli*** to pass down to one's children and to one's children's children; ***è proprio*** ~ ***di suo padre, di sua madre*** he's his father's, mother's son **2** *(maschio)* son; ***il*** ~ ***maggiore, primogenito*** the eldest (son, child), the first-born (son, child); ***il*** ~ ***minore*** the youngest (son, child); ***il*** ~ ***dei Bianchi*** the Bianchis' son, the Bianchi boy; ***di padre in*** ~ from father to son; ***Alexandre Dumas*** ~ Alexandre Dumas the younger; ***Verdi*** ~ AMM. Verdi the younger, young Verdi; ***Bianco e*** ~***, -gli*** AMM. Bianco and son, sons; ***mio*** ~ my son; ***essere come un*** ~ ***per qcn.*** to be like a son to sb.; ***trattare qcn. come un*** ~ to look on sb. as a son, to treat sb. as a son **3** *(ragazzo)* boy, son; ***è un bravo*** ~ he's a good boy **4** FIG. *(prodotto)* child*, son, creature, product; ***un*** ~ ***della natura, dell'aristocrazia, del popolo, della guerra fredda*** a child of nature, of the aristocracy, of the people, of the Cold War; ***un*** ~ ***del nostro tempo*** a creature of our times; ***il successo è*** ~ ***dell'audacia*** success is the son of boldness ◆ ***tale padre, tale*** ~ PROV. like father like son; ***essere il*** ~ ***della serva*** to be a nobody *o* the fifth wheel ◆◆ ~ ***dell'amore*** love child; ~ ***d'arte*** = somebody who follows in his, her parents' footsteps (profession, job etc.); ~ ***di buona donna*** o ***d'un cane*** VOLG. → ~ **di puttana**; ~ ***di Dio*** Son of God; ~ ***dei fiori*** flower child; ~ ***illegittimo*** illegitimate *o* bastard child; ~ ***legittimo*** legitimate child; ~ ***naturale*** natural child; ~ ***di nessuno*** waif, foundling; ~ ***di papà*** SPREG. spoiled rich young man; ~ ***di puttana*** VOLG. son of a bitch, motherfucker; ***-gli di Adamo*** Adam's sons, humankind.

figlioccia, pl. **-ce** /fiʎ'ʎottʃa, tʃe/ f. goddaughter, godchild*.

figlioccio, pl. **-ci** /fiʎ'ʎottʃo, tʃi/ m. godson, godchild*.

▶ **figliola** /fiʎ'ʎɔla/ f. *(figlia)* daughter; *(ragazza)* girl; ***che bella*** ~***!*** what a pretty girl!

figliolanza /fiʎʎo'lantsa/ f. *(prole)* progeny, offspring.

▶ **figliolo** /fiʎ'ʎɔlo/ m. *(figlio)* son; *(ragazzo)* boy; ***il figliol prodigo*** the prodigal son.

figo, pl. **-ghi, -ghe** /'figo, gi, ge/ → **2.fico**.

▶ **figura** /fi'gura/ f. **1** *(sagoma, forma)* shape, pattern; *(di persona)* figure; ~ ***tonda, inconsueta*** round, unusual shape; ~ ***disegnata*** drawing, drawn figure; ***una*** ~ ***apparve nella nebbia*** a figure appeared through the mist **2** *(corporatura)* figure; ***una*** ~ ***alta, slanciata*** a tall, trim figure; ***avere una bella*** ~ to have a nice figure COLLOQ. **3** *(illustrazione)* picture, illustration; *(diagramma)* figure, diagram; ***vedere la*** ~ ***1*** see figure 1 **4** *(personaggio)* figure, personage; *(personalità)* figure, exponent; ***la*** ~ ***centrale del romanzo*** the key *o* leading figure in the novel; ~ ***di spicco*** o ***di punta*** leading *o* prominent figure; ***le grandi -e della storia*** the great historical figures; ~ ***leggendaria*** legendary figure **5** LING. MAT. ART. figure; ***ritratto a*** ~ ***intera*** full-length portrait, whole-length; ~ ***umana, distesa*** human, reclining figure; ~ ***equestre*** equestrian figure **6** COREOGR. figure **7** GIOC. *(nelle carte)* picture card, court card BE, face card AE; *(negli scacchi)* piece **8** LETTER. *(simbolo)* figure **9** DIR. *(specie)* ~ ***di reato*** type of offence BE *o* offense AE **10** ARALD. bearing ◆ ***far*** ~ [*vestito*] to look extremely nice, to turn heads; [*gioiello, decorazione*] to make quite an impression; ***fare bella*** ~ to look good, to make the right impression; ***fare una bella, brutta*** ~ to cut a fine, sorry figure, to put up a good, poor show, to make a good, bad impression; ***fare una misera*** ~ o ***una*** ~ ***barbina*** to cut a sorry figure; ***che*** ~***! che*** ~ ***meschina!*** how embarrassing! ***fare la*** ~ ***dell'imbecille*** to make a fool of oneself; ***fare la*** ~ ***del parente povero*** to look like a poor relation; ***far fare a qcn. la*** ~ ***dello stupido*** to make sb. look the fool *o* foolish; ***far fare una brutta*** ~ ***a qcn.*** to show sb. up ◆◆ ~ ***geometrica*** geometric(al) figure; ~ ***libera*** SPORT freestyle figure; ~ ***materna*** mother figure; ~ ***obbligatoria*** SPORT compulsory figure; ~ ***paterna*** father figure; ~ ***piana*** plane figure; ~ ***retorica*** figure of speech, rhetorical device; ~ ***solida*** solid figure.

figuraccia, pl. **-ce** /figu'rattʃa, tʃe/ f. ***fare una*** ~ to put up a poor show, to cut a sorry figure, to have egg on one's face COLLOQ.; ***far fare una*** ~ ***a qcn.*** to show sb. up; ***farei proprio una*** ~***!*** I would look really stupid!

figurante /figu'rante/ m. e f. figurant, walk-on, extra.

▶ **figurare** /figu'rare/ [1] **I** tr. **1** *(raffigurare)* to figure **2** *(simboleggiare)* to symbolize **II** intr. (aus. *avere*) **1** *(comparire)* [*nome, cosa*] to figure, to appear, to be* listed, shown; ***(non)*** ~ ***in un rap-***

porto (not) to figure in a report; ***~ in un testamento*** [*persona*] to be mentioned in a will; ***far ~ qcs. in un rapporto*** to include sth. in a report; ***tra le vittime figura un pompiere*** a fireman is among the casualties **2** *(fare figura)* ***~ bene, male*** to cut a fine, sorry figure, to make a good, bad impression; ***è un vestito che fa ~*** this dress makes a good impression **III figurarsi** pronom. **1** *(immaginare)* to figure, to imagine; ***figurati che si è ricordata come mi chiamo*** fancy her remembering my name; ***figurati che l'ho rivisto dieci anni dopo!*** I saw him again ten years later, can you imagine! ***me lo figuravo più alto*** I imagined him to be taller; ***figurati*** o ***figuratevi un po'!*** COLLOQ. just imagine (that)! fancy that! ***figuriamoci*** o ***figurati (se ci credo)*** you must be kidding! ***figurati che stava ancora dormendo*** believe it or not, he was still sleeping! **2** COLLOQ. *(come risposta negativa)* ***"si è ricordato stavolta?" - "figurati*** o ***figuriamoci!"*** "did he remember this time?" - "the devil he did!" **3** *(in formule di cortesia)* ***"grazie" - "si figuri!"*** "thanks" - "think nothing of it! not at all! don't mention it!"; ***"disturbo?" - "si figuri!"*** "may I?" - "yes, of course"; ***"posso prenderne un altro?" - "figurati!"*** "can I take another?" - "please do!".

figuratamente /figurata'mente/ avv. figuratively, in the figurative sense.

figurativamente /figurativa'mente/ avv. figuratively.

figurativo /figura'tivo/ agg. [*disegno, arte, pittura*] figurative, representational; [*artista*] figurative, visual.

figurato /figu'rato/ **I** p.pass. → **figurare II** agg. **1** [*senso, linguaggio*] figurative; ***in senso ~ questo significa...*** in the figurative sense *o* figuratively, it means..; ***in senso proprio e in senso ~*** literally and figuratively **2** *(illustrato)* [*libro*] illustrated, pictorial **3** MUS. figured; ***ballo ~*** figure-dance.

figurazione /figurat'tsjone/ f. **1** *(rappresentazione artistica)* figuration **2** *(insieme di figure)* figures pl. **3** MUS. figuration.

figurina /figu'rina/ f. **1** *(statuetta)* figurine **2** *(dipinta, stampata)* card; *(adesiva)* sticker; ***-e dei calciatori*** football *o* soccer stickers; ***raccolta di -e*** sticker *o* card collection; ***fare una raccolta di -e*** to collect stickers *o* cards; ***album delle -e*** sticker album; ***~ autoadesiva*** (self-adhesive) sticker; ***~ da ritagliare*** cut-out; ***scambiarsi le -e*** to trade cards *o* stickers.

figurinista, m.pl. **-i**, f.pl. **-e** /figuri'nista/ ♦ *18* m. e f. fashion designer.

figurino /figu'rino/ m. fashion-plate (anche FIG.); ***è un vero ~!*** COLLOQ. she looks like she's just stepped out of a fashion magazine!

figuro /fi'guro/ m. character, customer; ***un losco ~*** an ugly customer.

figurona /figu'rona/ f. → **figurone.**

figurone /figu'rone/ m. ***fare un ~*** to cut a dashing figure; ***all'esame ha fatto un ~*** he did very well in the exam; ***con questo vestito fa un ~*** she looks great in this dress.

▶ **fila** /'fila/ **I** f. **1** *(coda)* line, queue BE; ***fare la ~*** to stand in *o* wait in line *o* a queue BE; ***mettersi in ~*** to join the line, to line up, to queue up BE; ***si metta in ~!*** go to the back of the line *o* queue BE! **2** *(allineamento)* line, row, file, rank; ***in ~*** in a line; ***stare*** o ***essere in ~*** to stand in a line; ***formare una ~*** to form a line; ***mettersi in ~*** to get into line; ***camminare in ~*** to walk in line *o* in single file, to file; ***uscire, entrare in ~*** to file out, in; ***uscire dalla ~, mettersi nella ~*** to step out of, to get into the line; ***mettere in ~ qcn.*** to line sb. up, to line up sb.; ***i bambini erano in ~*** the children were in rows *o* line; ***(mettetevi) in ~ per due, per tre*** (line up) in rows of two, three; ***è il quarto, l'ultimo della ~*** he's fourth, last in line; ***una ~ di persone, piante, di auto*** a line *o* row of people, plants, cars; ***una ~ dopo l'altra di*** row after row of; ***-e e -e di*** rows and rows of, rank upon rank of; ***la prima ~ può uscire*** SCOL. the first line *o* row can leave *o* can file out (of the classroom); ***sedersi in prima ~*** *(a scuola)* to sit at the front of the class; *(al cinema, a teatro)* to sit in the front row; ***"per ~ destr'"*** MIL. "right wheel"; ***"per ~ sinistr'"*** MIL. "left wheel"; ***essere in prima ~*** to be at the front of the line *o* in the front row; FIG. *(esposto)* to be first in the firing, to be at the sharp end; ***avere un posto in prima ~*** FIG. to have a ringside seat; ***incapace di mettere in ~ due parole*** o ***due parole di ~*** unable to string two words together; ***Alessia è in prima, ultima ~*** Alessia is in the front, last row; ***fuoco di ~*** MIL. running fire; ***un fuoco di ~ di critiche*** FIG. a barrage of criticism; ***una ~ di disgrazie, di insulti*** FIG. a run of bad luck, a string of insults **3** *(sulla carreggiata)* lane; ***sostare in doppia ~*** to be double-parked; ***parcheggiare in doppia ~*** to double-park **4** *(negli scacchi)* file **5 di fila** in a row, running; ***per due settimane di ~*** for two weeks running *o* in a row; ***parlare per tre ore di ~*** to talk for three hours running *o* straight *o* for three solid hours, to talk nonstop for three hours; ***la terza volta, settimana di ~*** the third time, week in a row; ***dormire dodici ore di ~*** to sleep around the clock; ***bere tre bicchieri di ~*** to have three drinks one after the other **II file** f.pl. FIG. ***raggiungere le -e dell'opposizione*** to join the ranks of the opposition; ***andare ad ingrossare le -e dei disoccupati*** to swell *o* join the ranks of the unemployed; ***rompere le -e*** MIL. to break ranks; ***serrare*** o ***stringere le -e*** MIL. to close ranks (anche FIG.) ♦♦ ***~ indiana*** Indian file, single file; ***in ~ indiana*** in Indian *o* single file.

filaccia, pl. **-ce** /fi'lattʃa, tʃe/ f. **1** TESS. thrum; ***scopa a -ce*** mop **2** MAR. rope-yarn, thrum **3** MED. lint.

filaccioso /filat'tʃoso/ agg. **1** *(pieno di filamenti)* thrummy **2** GASTR. [*carne*] stringy.

Filadelfia /fila'dɛlfja/ ♦ *2* n.pr.f. Philadelphia.

filadelfo /fila'dɛlfo/ m. BOT. mock orange.

filamento /fila'mento/ m. **1** ANAT. filament; *(di piuma)* barb, filament; ***-i nervosi*** nerve fibres BE *o* fibers AE **2** EL. filament; ***lampadina a ~*** filament bulb **3** TESS. filament **4** BOT. *(di stame)* filament **5** GASTR. *(di fagiolini, sedano)* string; ***fagiolini pieni di -i*** stringy beans.

filamentoso /filamen'toso/ agg. **1** *(pieno di fili)* [*verdura, carne*] stringy **2** BIOL. *(fibroso)* [*tessuto, corteccia*] filamentous, filamentary.

filanca /fi'lanka/ f. ***calze di ~*** stretch stockings.

filanda /fi'landa/ f. spinnery, spinning mill, filature.

filandiere /filan'djɛre/ m. (f. **-a**) (spinning) mill owner.

filante /fi'lante/ agg. **1** [*formaggio*] thready **2** ***stella ~*** ASTR. falling *o* shooting star; *(di carnevale)* (paper) streamer **3** *(affusolato)* [*carrozzeria*] streamlined; ***linea ~*** streamline.

filantropia /filantro'pia/ f. philanthropy.

filantropico, pl. **-ci**, **-che** /filan'trɔpiko, tʃi, ke/ agg. philanthropic, charitable; ***associazione -a*** charitable association.

filantropismo /filantro'pizmo/ m. philanthropism.

filantropo /fi'lantropo/ m. (f. **-a**) philanthropist; ***fare il ~*** to philanthropize.

▶ **1.filare** /fi'lare/ [1] **I** tr. **1** TESS. *(trasformare in filo) (con l'arcolaio)* to spin* [*lana, lino, cotone*]; *(a macchina)* to spin*, to mill [*lana, lino, cotone*]; ***~ il cotone*** to spin cotton into thread **2** *(tessere)* [*ragno*] to spin* [*ragnatela*] **3** IND. *(mediante fusione)* to draw* [*metallo, vetro*] **4** MAR. PESC. *(lascare)* to pay* out, to unlash [*fune, lenza*]; to cast* off [*ormeggio*]; to slip [*ancora*] **5** MUS. to hold* [*nota*] **II** intr. **1** (aus. *avere*) *(fare la tela)* [*ragno, baco*] to spin **2** (aus. *avere*) *(fare fili)* [*formaggio fuso*] to go* stringy **3** (aus. *avere*) MAR. ***~ sul pelo dell'acqua*** [*barca a vela, fuoribordo*] to plane **4** (aus. *essere*) *(procedere con logica)* [*ragionamento, relazione, discorso*] to make* sense, to hang* together **5** (aus. *essere*) COLLOQ. *(sfrecciare)* [*persona*] to dash off, to speed* off; [*veicolo*] to belt (off), to bowl along, to speed* along, to speed* away, to spin* away; ***~ a*** [*auto*] to rush, tear along at, to do [*150 km/h*]; [*nave*] to log [*nodi*] **6** (aus. *essere*) COLLOQ. *(andarsene)* to clear off, to clear out, to take* off, to buzz off; ***fila dritto a casa!*** go straight home! ***fila via, e non farti mai più rivedere!*** clear off, and don't you dare show your face in here again! ***è filato in casa*** he dashed into the house **7** (aus. *avere*) COLLOQ. ***~ con qcn.*** *(flirtare)* to flirt with sb.; *(uscire)* to date sb. **III filarsela** pronom. to scuttle off, to slink off; *(sparire)* [*prigioniero*] to get* away, to run* away; ***filiamocela!*** let's decamp! let's make off! ♦ ***~ dritto*** to behave well, to toe the line; ***far ~ (diritto) qcn.*** to keep sb. in line, to take sb. in hand; ***~ liscio (come l'olio)*** to be plain sailing, to go very smoothly; ***~ come il vento*** to go *o* run like the wind; ***~ il perfetto amore*** = to be happily in love; ***~ d'amore e d'accordo con qcn.*** to get on with sb. like a house on fire; ***ai tempi che Berta filava*** in the good old days; ***filarsela all'inglese*** to take French leave.

2.filare /fi'lare/ m. line, row; ***i -i sono a una distanza di due metri*** the rows are (planted) two metres apart; ***un ~ di cipressi*** a cypress hedge; ***un ~ di alberi*** a line *o* row of trees.

filaria /fila'rja/ f. filaria*, threadworm; ***~ di Medina*** Guinea-worm.

filariasi /fila'rjazi/ ♦ *7* f.inv. filariasis*.

filarino /fila'rino/ m. COLLOQ. ***avere un ~*** [*ragazzo*] to have a girlfriend; [*ragazza*] to have a boyfriend.

filariosi /fila'rjɔzi/ ♦ *7* f.inv. filariasis*.

filarmonica, pl. **-che** /filar'mɔnika, ke/ f. philharmonic; ***la ~ di Berlino*** the Berlin Philharmonic.

filarmonico, pl. **-ci**, **-che** /filar'mɔniko, tʃi, ke/ **I** agg. [*orchestra, società*] philharmonic **II** m. (f. **-a**) **1** *(membro di filarmonica)* member of a philharmonic **2** *(appassionato di musica)* music lover.

▷ **filastrocca**, pl. **-che** /filas'trɔkka, ke/ f. **1** *(canzoncina)* nursery rhyme, children's rhyme **2** FIG. *(litania)* litany; ***fare una ~ di lamentele*** to recite a litany of complaints.

filatelia /filate'lia/ f. philately, stamp-collecting.

filatelico, pl. **-ci, -che** /fila'tɛliko, tʃi, ke/ **I** agg. philatelic; ***mostra -a*** stamp exhibition **II** m. (f. **-a**) philatelist, stamp-collector.

filatelista, m.pl. **-i**, f.pl. **-e** /filate'lista/ m. e f. philatelist; *(collezionista)* stamp-collector; *(commerciante)* stamp-dealer.

filaticcio, pl. **-ci** /fila'tittʃo, tʃi/ m. filoselle, floss(-silk).

filato /fi'lato/ **I** p.pass. → **1.filare II** agg. **1** *(ridotto in fili)* [*vetro*] spun; ***zucchero ~*** spun sugar, candy floss BE, cotton candy AE **2** *(ininterrotto)* continuous, nonstop; ***discorso ~*** FIG. logical reasoning; ***parlare per tre ore -e*** to talk for three solid hours, to talk nonstop for three hours **III** m. yarn; ***~ di seta, cotone, poliammide*** silk, cotton, polyamide yarn; ***~ di lino*** linen thread; ***~ cardato, mercerizzato, pettinato*** carded, mercerized, combed yarn; ***~ ritorto*** twisted yarn.

filatoio, pl. **-oi** /fila'tojo, oi/ m. filature, spinning machine, mule, throstle, spinning jenny STOR.; ***~ a mano*** spinning wheel.

filatore /fila'tore/ ♦ ***18*** m. (f. **-trice** /tritʃe/) spinner.

filatrice /fila'tritʃe/ f. *(macchina)* spinning machine.

filatterio, pl. **-ri** /filat'tɛrjo, ri/ m. frontlet, phylactery.

filatura /fila'tura/ f. **1** *(operazione)* spinning, filature; ***~ della lana*** spinning of wool, wool spinning **2** *(opificio)* spinnery, spinning mill, filature; ***lavorare in una ~*** to work in a spinning mill.

filemone /fi'lɛmone/ m. ***~ dal corno*** leather-head.

filetico pl. **-ci, -che** /fi'lɛtiko, tʃi, ke/ agg. phyletic.

filettare /filet'tare/ [1] tr. **1** TECN. to thread, to chase [*vite, dado, stelo*]; ***maschio per ~*** MECC. screw tap **2** SART. to braid, to pipe; ***~ qcs. di rosso*** to pipe sth. with red.

filettato /filet'tato/ **I** p.pass. → **filettare II** agg. **1** TECN. [*stelo, ghiera*] threaded; ***perno ~*** grub screw **2** SART. [*bottoniera, tasca*] braided, piped.

filettatore /filetta'tore/ ♦ ***18*** m. (f. **-trice** /tritʃe/) threader.

filettatrice /filetta'tritʃe/ f. *(macchina)* threader.

filettatura /filetta'tura/ f. **1** TECN. *(procedimento)* threading, chasing; *(risultato)* screw thread **2** *(filetto)* thread; ***~ destra*** o ***destrorsa***, ***~ sinistra*** o ***sinistrorsa*** right-handed, left-handed thread **3** *(in rilegatura)* filleting.

filetto /fi'letto/ ♦ ***10*** m. **1** GASTR. *(di carne, pesce)* fillet, tenderloin; ***~ di pollo, d'anatra*** chicken breast fillet, duck breast fillet; ***~ di merluzzo*** cod steak; ***tre -i di sogliola*** three sole fillets, three fillets of sole; ***arrosto di ~ di maiale*** roast of pork fillet; ***bistecca di ~*** fillet steak; ***un ~ al pepe verde*** a steak with green peppercorns **2** TECN. *(filettatura)* thread; ***~ esterno, interno*** external, internal thread **3** SART. *(cordoncino)* braid, piping **4** *(gioco)* nine men's morris; ***giocare a*** o ***fare ~*** to play nine men's morris **5** TIP. *(tratto fine)* rule; *(in calligrafia)* upstroke; *(su una copertina, rilegatura)* fillet; ART. thin line; ***i pieni e i -i*** downstrokes and upstrokes; ***piatto decorato con un ~ dorato*** plate decorated with a thin gold line **6** EQUIT. *(morso)* snaffle **7** COLLOQ. *(frenulo)* fraenulum*, frenulum* AE, fraenum*, frenum* AE, vinculum*; ***~ del pene*** preputial fraenulum; ***~ della lingua*** fraenum of the tongue, fraenulum linguae.

1.filiale /fi'ljale/ agg. [*amore*] filial; *(di figlia)* daughterly; ***devozione ~*** filial piety; ***poco*** o ***non ~*** unfilial.

2.filiale /fi'ljale/ f. branch, affiliate, subsidiary; ***~ comune*** joint subsidiary; ***~ autonoma*** independent *o* autonomous branch; ***~ di una banca*** bank branch; ***società a -i multiple*** chain store.

filiazione /filjat'tsjone/ f. **1** DIR. filiation; ***discendere da qcn. per ~ diretta*** to be a direct descendant of sb. **2** FIG. *(derivazione)* filiation, derivation.

filibustiere /filibus'tjɛre/ m. **1** STOR. *(pirata)* freebooter, buccaneer **2** FIG. *(furfante)* freebooter, buccaneer, pirate; *(mascalzone)* scoundrel.

filiera /fi'ljɛra/ f. **1** TECN. die, spinneret **2** ZOOL. *(di ragno, baco)* spinneret **3** *(di un prodotto)* supply chain; ***~ alimentare*** food supply chain.

filiforme /fili'forme/ agg. *(esile)* [*persona*] wiry; *(sottile come un filo)* [*insetto, zampe, calligrafia*] spidery.

filigrana /fili'grana/ f. **1** *(gioiello filigranato)* filigree; ***spilla in ~*** filigree brooch; ***~ d'argento*** silver filigree **2** *(su carta)* watermark; ***corona in ~*** watermarked crown.

filigranare /filigra'nare/ [1] tr. to watermark.

filigranato /filigra'nato/ agg. **1** *(lavorato a filigrana)* [*oro*] filigreed; ***con decorazione -a*** [*bicchiere, vaso*] filigreed **2** *(con filigrana)* [*carta*] watermarked.

filipendola /fili'pɛndola/ f. dropwort, meadowsweet.

Filippa /fi'lippa/ n.pr.f. Philippa.

filippica, pl. **-che** /fi'lippika, ke/ f. philippic.

Filippine /filip'pine/ ♦ ***33, 14*** n.pr.f.pl. Philippines; ***vivere nelle ~*** to live in the Philippines.

filippino /filip'pino/ ♦ ***25*** **I** agg. Filipino, Philippine **II** m. (f. **-a**) Filipino.

Filippo /fi'lippo/ n.pr.m. Philip ♦♦ ***~ Augusto*** Philip Augustus; ***~ il Bello*** Philip the Fair.

filisteismo /filiste'izmo/ m. philistinism (anche FIG.).

filisteo /filis'tɛo/ **I** agg. **1** STOR. *(dei Filistei)* philistine **2** FIG. *(meschino)* philistine **II** m. (f. **-a**) **1** STOR. philistine; ***i -i*** the philistines **2** FIG. philistine; ***mentalità da ~*** philistine attitude.

fillodio, pl. **-di** /fil'lɔdjo, di/ m. phyllode.

fillossera /fil'lɔssera/ f. phylloxera*, vine louse*, vine borer.

fillotassi /fillo'tassi/ f.inv. phyllotaxis.

▶ **film** /film/ m.inv. **1** *(opera cinematografica)* film, picture, movie AE (**su** on, about); ***girare, realizzare un ~*** [*regista*] to shoot, make a film; [*attore*] to make a film; ***produrre un ~*** to produce a film; ***dirigere un ~*** to direct a film; ***montare un ~*** to edit *o* splice a film; ***doppiare un ~*** to dub a film; ***~ con sottotitoli*** film with subtitles, subtitled film; ***c'è un nuovo ~ in programmazione, danno un ~ nuovo*** there's a new film on *o* showing *o* playing; ***il ~ è in programmazione da due settimane*** the film has been running for two weeks; ***~ vietato ai minori di 18 anni*** X rated film, 18-certificate film BE, X-certificate film BE; ***il ~ va in onda alle 9.00*** the film is on at 9 o'clock; ***un ~ di successo*** a successful film, a box office success; ***~ in prima visione*** first release; ***~ in seconda visione*** rerun (of a film); ***~ noioso, interessante, impegnato*** boring, interesting, committed film; ***~ strappalacrime*** weepy film, tear-jerker SCHERZ. SPREG.; ***~ piccante*** hot film; ***~ in*** o ***su videocassetta*** film on tape *o* on video(-cassette); ***~ nel ~*** film within a film **2** FOT. CINEM. *(pellicola)* film; ***~ a 16, 35 mm.*** 16, 35 mm film; ***~ a colori*** colour film BE, color film AE **3** *(strato sottile)* film; ***~ protettivo*** protective film ♦♦ ***~ d'amore*** romantic film, love story; ***~ d'animazione*** animated film; ***~ d'autore*** art (house) film; ***~ di avventure*** adventure film; ***~ d'azione*** action film; ***~ in bianco e nero*** black and white film; ***~ di cappa e di spada*** historical romance, swashbuckler; ***~ di cassetta*** box office success, blockbuster; ***~ catastrofico*** disaster film; ***~ comico*** comic film, comedy; ***~ in costume*** film in costume; ***~(-)culto*** cult movie *o* film; ***~ documentario*** documentary film, film documentary; ***~ a episodi*** film shown in episodes, serial; ***~ di fantascienza*** science fiction *o* sci-fi film; ***~ giallo*** mystery film, crime thriller; ***~ di guerra*** war film; ***~ a luci rosse*** pornographic film, blue film COLLOQ.; ***~ muto*** silent film; ***~ dell'orrore*** horror film, spine-chiller COLLOQ.; ***~ parlato*** talkie; ***~ poliziesco*** detective film, crime film; ***~ porno(grafico)*** porno(graphic) film; ***~ pubblicitario*** publicity film; ***~ a puntate*** → ***~ a episodi***; ***~ di spionaggio*** spy film, spy thriller, cloak-and-dagger film; ***~ a tesi*** film with a message; ***~ tridimensionale*** three-dimensional *o* 3-D film; ***~ per la TV*** television film; ***film-verità*** drama(tized) documentary, docudrama, faction; ***~ western*** western.

filmare /fil'mare/ [1] tr. **1** *(riprendere)* to film; *(con la videocamera)* to video BE, to tape AE **2** *(ridurre a film)* to film; ***~ un romanzo*** to film *o* dramatize a novel, to adapt a novel for the screen.

filmato /fil'mato/ **I** p.pass. → **filmare II** agg. filmed; ***riprese -e*** filmed shots **III** m. *(servizio)* video (film); ***mandare in onda un ~*** to show *o* broadcast a video; ***-i d'attualità*** news footage.

filmico, pl. **-ci, -che** /'filmiko, tʃi, ke/ agg. cinematographic; ***linguaggio ~*** film language.

filmina /fil'mina/ f. film strip.

filmino /fil'mino/ m. home movie.

filmistico, pl. **-ci, -che** /fil'mistiko, tʃi, ke/ agg. RAR. → **filmico.**

filmografia /filmogra'fia/ f. filmography.

filmologia /filmolo'dʒia/ f. study of cinematography.

filmoteca, pl. **-che** /filmo'tɛka, ke/ f. film library.

▶ **filo** /'filo/ m. (in some idiomatic senses it has a feminine plural **-a**) **1** *(filato)* thread, yarn; ***~ di cotone, di seta*** cotton, silk thread; ***tagliare un tessuto secondo il ~*** to cut a cloth along the grain; ***prendi ago e ~*** take a needle and thread; ***dipanare un ~*** to reel off a thread; ***avvolgere, torcere un ~*** to spool, twist a thread; ***gomitolo, rocchetto di ~*** ball of yarn, spool of thread; ***tagliare a ~*** to cut with the grain; ***~ d'oro, d'argento*** gold, silver thread; ***avere dei -i d'argento, d'oro fra i capelli*** FIG. to have silver, gold strands in one's hair **2** *(cavo, corda)* line, string; *(metallico)* wire; *(da pesca)* line; ***~ di ferro, rame, d'acciaio*** iron, copper, steel wire; ***i -i dell'alta tensione*** high tension wires; ***stendere la biancheria sul ~*** to put *o* peg the washing on the line; ***i -i delle marionette*** the puppet strings **3** EL. TECN. ***i -i della luce*** power lines; ***~ del telefono*** telephone wire; ***tagliare i -i (della luce, del telefono)*** to cut off power, telephone lines; ***~ flessibile*** flexible wire; ***~ diretto*** hotline, tie line; ***avere un ~ diretto con qcn.*** FIG. to have close connections with sb.; ***senza ~***

[*microfono, telefono*] cordless; ***telefono senza -i*** GIOC. Chinese whispers, bush telephone; ***telegrafia senza -i*** wireless telegraphy; ***telegrafo senza -i*** wireless telegraph; FIG. SCHERZ. bush telegraph; ***all'altro capo del ~ non c'è nessuno*** there's nobody at the other end of the line **4** *(di erba)* blade; *(di paglia)* straw **5** *(filza)* string, strand, rope; ***un ~ di perle*** a string of pearls, a pearl necklace **6** *(corda dell'equilibrista)* tightrope **7** SPORT ***~ (di lana)*** tape; ***bruciare qcn. sul ~ di lana*** FIG. to nose sb. out, to pip sb. at the post BE **8** *(sequenza)* strand, thread; ***perdere, riprendere il ~ del discorso*** to lose, pick up the thread of a conversation; ***~ dei pensieri*** train of thought **9** FIG. *(piccola quantità)* ***un ~ di speranza*** a grain of hope; ***non ha un ~ di classe*** he hasn't got any style; ***non c'è un ~ d'aria*** there isn't a breath of air; ***non avere un ~ di grasso*** not to have an ounce of fat; ***un ~ di luce*** a pencil of light; ***un ~ di sangue*** a trickle of blood; ***un ~ di vento*** a breath of wind; ***un ~ di fumo*** a wisp of smoke; ***dire qcs. con un ~*** o ***fil di voce*** to say sth. in a thready *o* faint voice **10** *(di lama)* edge, cutting edge, blade; ***~ del coltello*** knife-edge; ***senza ~*** blunt; ***rifare il ~ a*** to put an edge on, to sharpen [*coltello, forbici*] **11** *(di legno)* grain; ***di*** o ***secondo il ~*** [*tagliare, incidere*] along the grain **12** *(di liquidi)* trickle, drizzle; ***un ~ d'olio*** a drizzle of oil **13** GASTR. *(di fagiolini, sedano)* string; ***togliere i -i dai fagiolini*** to remove the strings from the beans; ***il formaggio fa i -i*** the cheese is thready; ***scendere a ~*** [*sciroppo*] to thread **14** EDIL. *(di muro)* hip, edge; ***mettere a ~*** to square up **15** *(di ragnatela)* thread, strand **16** MAR. ***navigare a fil di ruota*** to sail before the wind ◆ ***essere appeso*** o ***sospeso*** o ***attaccato a un ~*** to be hanging by a thread *o* on a string; ***essere ridotto a un ~*** to be worn to a thread; ***essere*** o ***camminare sul ~ del rasoio*** to be on a knife-edge *o* on a tightrope, to live on a razor('s) edge; ***dare a qcn. del ~ da torcere*** to lead sb. a merry dance, to give sb. a rough ride; ***essere legati a ~ doppio*** to be hand in glove with sb.; ***fare il ~ a qcn.*** to do a line with sb., to chat sb. up; ***passare a fil di spada*** to put sb. to the sword; ***per ~ e per segno*** [*conoscere*] backwards (and forwards), like the back of one's hand; [*raccontare, descrivere*] in great detail; ***a fil di logica*** logically speaking; ***tenere, tirare le fila di qcs.*** to pull the strings of sth. ◆◆ ***~ aereo*** FERR. overhead cable; ***~ d'Arianna*** MITOL. Ariadne's thread (anche FIG.); ***~ armonico*** MUS. piano wire; ***~ chirurgico*** MED. catgut, gutstring; ***~ conduttore*** EL. conductor; FIG. central thread, main theme; ***~ per cucire*** o ***cucirino*** SART. sewing thread; ***~ elettrico*** EL. electric wire; ***~ di ferro*** wire; ***~ fusibile*** EL. fuse wire; ***~ da*** o ***per imbastire, ~ da imbastitura*** SART. tacking thread; ***~ interdentale*** MED. dental floss; ***~ di legatura*** MED. ligature; ***~ d'ordito*** SART. warp thread; ***~ a piombo*** plumb (line); ***~ per rammendare*** o ***da rammendo*** darning thread; ***~ da ricamo*** SART. embroidery thread; ***~ ritorto*** TESS. twist; ***~ rosso*** FIG. hotline; ***~ di Scozia*** TESS. lisle; ***~ spinato*** barbed *o* razor wire; ***~ per suture*** → ***~ chirurgico***; ***~ di terra*** earth wire BE, ground wire AE; ***~ di trama*** SART. abb *o* weft thread; ***~ della Vergine*** gossamer (thread).

filoamericano /filoameri'kano/ **I** agg. pro-American **II** m. (f. **-a**) pro-American.

filobus /'filobus/ m.inv. trolley bus.

filocomunista, m.pl. **-i**, f.pl. **-e** /filokomu'nista/ **I** agg. Communist sympathizing, pro-Communist **II** m. e f. Communist sympathizer, pro-Communist.

filodendro /filo'dɛndro/ m. philodendron.

filodiffusione /filodiffu'zjone/ f. cable radio.

filodrammatica, pl. **-che** /filodram'matika, ke/ f. dramatic society, non-professional acting company.

filofascista, m.pl. **-i**, f.pl. **-e** /filofaʃ'ʃista/ **I** agg. pro-Fascist **II** m. e f. pro-Fascist.

filogenesi /filo'dʒɛnesi/ f.inv. phylogenesis, phylogeny.

filogenetico, pl. **-ci**, **-che** /filodʒe'nɛtiko, tʃi, ke/ agg. phylogenetic, phylogenic, phyletic.

filogovernativo /filogoverna'tivo/ agg. [*giornale*] pro-government.

filologia /filolo'dʒia/ f. philology.

filologico, pl. **-ci**, **-che** /filo'lɔdʒiko, tʃi, ke/ agg. philological.

filologo, m.pl. **-gi**, f.pl. **-ghe** /fi'lɔlogo, dʒi, ge/ m. (f. **-a**) philologist, philologer.

filo-marxista /filomark'sista/ agg. pro-Marxist, Marxist oriented; ***è (di tendenza) ~*** she has Marxist leanings.

filonazista, m.pl. **-i**, f.pl. **-e** /filona'dzista/ **I** agg. pro-Nazi **II** m. e f. pro-Nazi.

filoncino /filon'tʃino/ m. GASTR. INTRAD. (small French loaf).

1.filone /fi'lone/ m. **1** MIN. GEOL. vein, shoot, reef, bonanza; ***un ~ di rame*** o ***ramifero, d'oro*** a vein of copper, of gold; ***scoprire un ~ d'oro*** to strike gold; ***sfruttare un ~*** FIG. to mine a seam **2** GASTR. *(forma di pane)* French loaf*; *(midollo)* beef marrow **3** FIG. industry; ***il ~ Shakespeare, Joyce*** the Shakespeare, Joyce tradition.

2.filone /fi'lone/ m. (f. **-a**) REGION. wily old bird.

filoniano /filo'njano/ agg. ***giacitura ~*** lode.

filonucleare /filonukle'are/ **I** agg. pro-nuclear **II** m. e f. pro-nuclear person.

filosofale /filozo'fale/ agg. ***pietra ~*** philosopher's stone.

filosofare /filozo'fare/ [1] intr. (aus. *avere*) to philosophize (**su** about).

filosofastro /filozo'fastro/ m. philosophist.

filosofeggiare /filozofed'dʒare/ [1] intr. (aus. *avere*) SPREG. to philosophize, to intellectualize (**su** about).

filosofema /filozo'fɛma/ m. philosophism.

▷ **filosofia** /filozo'fia/ f. **1** *(dottrina)* philosophy; ***la ~ greca, di Platone*** Greek philosophy, the philosophy of Plato; ***la ~ della rinuncia*** the philosophy of renunciation; ***hanno parlato di ~ tutta la sera*** they talked about philosophy all evening **2** *(concezione)* philosophy; ***una nuova ~ dei trasporti*** a new philosophy of transport; ***avere una propria ~ di vita*** to have one's own philosophy of life **3** SCOL. UNIV. philosophy; ***insegnare, studiare ~*** to teach, study philosophy **4** FIG. *(saggezza, serenità)* ***con ~*** philosophically; ***prendere*** o ***sopportare qcs. con ~*** to take sth. philosophically, to be philosophical about sth., to take a philosophical view of sth.; ***prendila con ~*** take it easy ◆◆ ***~ del diritto*** philosophy of law, jurisprudence; ***~ del linguaggio*** philosophy of language, language philosophy; ***~ morale*** moral philosophy; ***~ della scienza*** philosophy of science.

filosoficamente /filozofika'mente/ avv. philosophically (anche FIG.).

filosofico, pl. **-ci**, **-che** /filo'zɔfiko, tʃi, ke/ agg. [*saggio, conoscenza, questione*] philosophic(al).

filosofo /fi'lɔzofo/ m. (f. **-a**) philosopher; ***da ~*** philosophic(al).

filosovietico, pl. **-ci**, **-che** /filoso'vjɛtiko, tʃi, ke/ agg. STOR. pro-Soviet.

filotedesco, pl. **-schi**, **-sche** /filote'desko, ski, ske/ agg. pro-German.

filovia /filo'via/ f. trolley bus line.

filtrabile /fil'trabile/ agg. filterable, filtrable.

filtraggio, pl. **-gi** /fil'traddʒo, dʒi/ m. filtration.

filtrante /fil'trante/ agg. **1** *(che fa da filtro)* ***letto ~*** filter bed; ***carta ~*** filter paper **2** EDIL. IDR. filtering; ***pozzo*** o ***fossa ~*** soakaway BE, sink AE.

▷ **filtrare** /fil'trare/ [1] **I** tr. **1** *(purificare)* to filter, to filtrate [*gas, vino, olio*]; to percolate, to filter [*caffè*]; to strain, to filter [*tè, salsa*]; CHIM. FARM. to filter **2** *(smorzare)* to drown [*rumore*]; to dim [*luce*] **3** *(selezionare)* to screen [*visitatori*]; to screen, to sift [*telefonate, notizie, dati*] **II** intr. (aus. *essere*) **1** *(penetrare)* [*suono, luce*] to filter, to pierce, to peep (**in** into, in; **attraverso** through); [*acqua, liquido, umidità, pioggia*] to drain, to filter, to leak (**in** into, in) **2** *(colare)* [*liquido, caffè*] to percolate **3** *(emergere, trapelare)* [*notizie, idea*] to filter out, through, to percolate; ***la notizia è filtrata tra i giornalisti*** the news filtered *o* percolated through to the journalists.

filtrato /fil'trato/ **I** p.pass. → **filtrare II** agg. filtered; ***non ~*** unfiltered **III** m. filtrate.

filtratura /filtra'tura/ f. → **filtrazione.**

filtrazione /filtrat'tsjone/ f. filtration; ***pompa di ~*** filter pump.

▷ **1.filtro** /'filtro/ m. **1** *(dispositivo per filtrazione)* filter; *(per il caffè)* coffee filter; *(per sigarette)* filter (tip); ***sostituire*** o ***cambiare il ~*** to change the filter; ***~ colorato*** colour filter; ***sigaretta con ~*** filter *o* filter-tipped cigarette; ***sigaretta senza ~*** untipped cigarette; ***carta da ~*** filter paper; ***~ per caffettiera*** coffee filter; ***~ di carta*** paper filter **2** FOT. filter; ***~ nero, giallo, verde, colorato*** black, yellow, green, colour BE *o* color AE filter **3** TECN. *(nelle tubature)* filter ◆◆ ***~ per l'acqua*** AUT. water filter; ***~ antidisturbo*** RAD. ELETTRON. suppressor; ***~ dell'aria*** AUT. air filter; ***~ di Büchner*** filter funnel; ***~ al carbonio*** carbon filter; ***~ del carburante*** fuel filter; ***~ diffusore*** o ***flou*** FOT. soft focus lens; ***~ dell'olio*** AUT. oil filter; ***~ ottico*** optical filter; ***~ polarizzatore*** FOT. polarizing filter; ***~ al quarzo*** quartz filter; ***~ skylight*** FOT. skylight filter; ***~ solare*** COSMET. sun filter, sun screen; ***~ UV*** UV filter.

2.filtro /'filtro/ m. potion, philtre, philter AE; ***~ magico*** magic potion; ***~ d'amore*** o ***amatorio*** philtre, love potion.

filugello /filu'dʒɛllo/ m. silkworm.

filza /'filtsa/ f. **1** *(oggetti infilati su un filo)* string; ***una ~ di perline, di cipolle, di salsicce*** a string of beads, onions, sausages **2** FIG. *(serie, sequela)* series, stream; ***una ~ di errori*** a string of errors; ***una ~ di insulti*** a stream of abuse **3** *(imbastitura)* running-stitch.

fimbriato /fimbri'ato/ agg. BOT. ZOOL. fimbriate(d).

fimosi /'fimozi, fi'mɔzi/ ➧ **7** f.inv. phimosis*.

fin → **1.fino.**

▷ **finale** /fi'nale/ **I** agg. [*giorno, domanda, pagina*] final, last; [*esame, punteggio, sillaba, vocale*] final; [*decisione, risultato*] final, ultimate; [*scena*] closing; [*tocco*] crowning, finishing; [*utente, consumatore*] end; [*sfida, successo*] ultimate; ***proposizione ~*** final clause; ***battuta ~*** punch *o* tag line; ***dare il tocco ~ a*** to put the finishing touches on [*quadro, discorso, stanza*]; GASTR. to crown [*torta*]; ***ricevuta a saldo ~*** received in full and final payment; ***giudizio ~*** RELIG. Last Judgment; ***soluzione ~*** STOR. Final Solution; ***volata*** o ***sprint ~*** SPORT final sprint **II** m. **1** *(di testo, film, storia)* ending; *(epilogo teatrale)* denouement, finale; MUS. finale; ***è un bel film, ma non mi è piaciuto il ~*** it's a good film, but I didn't like the ending; ***~ a sorpresa*** surprise ending; ***gran ~*** grand finale; ***ha dimenticato il ~ della barzelletta*** he has forgotten the punch line of the joke **2** SPORT *(di partita)* end; *(di corsa)* finish; ***ha vinto sul ~*** he won at the finishing post **3** PESC. *(bava)* trace **III** f. **1** SPORT final; ***le -i*** the finals; ***~ di campionato*** championship final; ***~ di coppa*** the Cup final; ***quarti di ~*** quarterfinals; ***qualificarsi per la ~*** to qualify for the finals, to win through to the finals; ***arrivare in ~*** to reach the finals; ***la ~ femminile*** the women's finals **2** LING. final clause.

finalino /fina'lino/ m. tailpiece.

finalismo /fina'lizmo/ m. finalism.

finalissima /fina'lissima/ f. grand final.

finalista, m.pl. **-i**, f.pl. **-e** /fina'lista/ agg., m. e f. finalist.

finalistico, pl. **-ci, -che** /fina'listiko, tʃi, ke/ agg. finalistic.

finalità /finali'ta/ f.inv. **1** *(scopo)* aim, purpose, end; ***le ~ di un'associazione*** the aims of an association **2** FILOS. finality.

finalizzare /finalid'dzare/ [1] tr. **1** *(indirizzare)* to direct [*ricerca, sforzi*] (**a** to) **2** *(concludere)* to finalize [*accordi, transazione, acquisto, lettera*].

finalizzato /finalid'dzato/ **I** p.pass. → **finalizzare II** agg. ***essere ~ a*** [*politica*] to be aimed *o* oriented at, to be geared to *o* towards; ***il progetto di legge è ~ alla privatizzazione delle banche*** the bill is aimed at privatizing banks, the bill aims to privatize banks.

finalizzazione /finaliddzat'tsjone/ f. finalization.

finalmente /final'mente/ avv. **1** *(infine)* finally, at last; ***~!*** finally! at last! ***~ soli!*** alone at last! ***eccoci ~!*** here we are at last! ***è arrivata ~ l'estate*** summer's here at last; ***~ si è deciso a scusarsi*** he apologized at last; ***~ ha aperto gli occhi*** she finally woke (up) from her illusions, the penny dropped COLLOQ. **2** *(da ultimo)* eventually, finally, in the end; ***la mia schiena si è sbloccata ~*** my back eventually went back to normal.

finanche /fi'nanke/ avv. even.

▷ **finanza** /fi'nantsa/ **I** f. **1** *(attività)* finance; ***alta ~*** high finance, big business; ***il gotha della ~*** high financial circles; ***il mondo, linguaggio della ~*** the financial world, business language **2** *(amministrazione)* finance **3** COLLOQ. *(Guardia di Finanza)* ***la ~*** = military corps dealing with customs, excise and tax crimes **II finanze** f.pl. **1** *(di stato, impresa, città, casa)* finances; ***le -e locali, pubbliche, private*** local, public, private finances; ***amministrare le -e del paese*** to manage the country's finances; ***ministro delle -e*** Minister of Finance, Chancellor of the Exchequer GB; ***ministero delle -e*** Ministry of Finance **2** SCHERZ. *(disponibilità economiche)* finances; ***le mie -e non mi permettono di andare in vacanza*** my finances don't run to a holiday.

finanziamento /finantsja'mento/ m. financing, funding, financial backing, sponsorship; ***tipo di ~*** mode of funding; ***grazie a (dei) -i privati*** thanks to private financing; ***mancavano i -i*** funding was lacking; ***il ~ del progetto non sarà facile*** financing the project won't be easy; ***chiedere, cercare, ottenere, ricevere un ~*** to ask, seek, raise, receive funding (**da** from); ***piano di -i*** financial plan.

finanziare /finan'tsjare/ [1] tr. to finance, to fund, to back [*società, progetto*]; to finance, to sponsor [*persona*].

finanziaria /finan'tsjarja/ f. **1** *(società bancaria)* finance company, finance house, holding company **2** *(legge)* financial bill, legislation.

finanziariamente /finantsjarja'mente/ avv. financially; ***dipendere ~ da qcn.*** to be financially dependent on sb.; ***aiutare ~ qcn.*** to help sb. financially.

▷ **finanziario**, pl. **-ri, -rie** /finan'tsjarjo, ri, rje/ agg. [*anno, situazione, gestione, legge, risorse*] financial; [*direttore, compagnia*] finance; ***esercizio ~*** financial *o* fiscal year; ***matematica -a*** financial mathematics; ***posizione -a*** credit rating *o* standing; ***crisi economica e -a*** economic and financial crisis.

▷ **finanziatore** /finantsja'tore/ **I** agg. financial; ***ente ~*** financial institution **II** m. (f. **-trice** /tritʃe/) financial backer, sponsor.

finanziera /finan'tsjɛra/ f. **1** *(giacca maschile lunga)* frock coat **2** GASTR. = typical Piedmontese dish consisting of chicken livers, giblets, mushrooms and pickled vegetables covered in white or marsala wine.

finanziere /finan'tsjɛre/ ➧ **18** m. **1** *(chi tratta affari di finanza)* financier, moneyman* **2** *(della guardia di finanza)* = officer of the Guardia di Finanza.

▶ **finché** /fin'ke/ cong. **1** *(fino a quando)* until, till, while; ***resteremo ~ non si troverà una soluzione*** we'll stay until a solution is reached; ***non mi ha dato pace ~ non ho accettato*** he nagged at me until I accepted; ***approfittane ~ puoi*** take the offer while it's there, make the most of it while you can; ***segui la via ~ non arrivi alla banca*** go down the street till *o* until you reach the bank; ***finché c'è vita c'è speranza*** while there's life there's hope **2** *(per tutto il tempo che)* as long as, so long as; ***~ puoi, vuoi*** as long as you can, like; ***resterò ~ ci sarà lavoro*** I'll stay as long as there's work; ***~ vivrò*** as long as I live; ***~ avrò vita*** as long as I have breath in my body, as long as I draw breath; ***~ sarò in vita, non la sposerà*** he'll marry her over my dead body; ***~ morte non sopravvenga*** until one is dead ◆ ***~ morte non ci separi*** till death do us part.

▷ **1.fine** /'fine/ **I** agg. **1** *(costituito da elementi molto piccoli)* [*sabbia, polvere*] fine **2** *(molto sottile)* [*filo, tratto, pioggia*] thin, fine; [*caviglie, polsi, dita*] slim, thin; ***~ come un capello*** as fine as a hair **3** *(acuto)* [*ingegno, osservazione, udito, orecchio*] sharp, keen; [*ironia*] subtle; [*distinzione*] fine **4** *(delicato)* [*lineamenti*] fine, delicate; ***ha un viso molto ~*** she has an exquisite face **5** *(raffinato)* [*persona, maniere*] refined, elegant; [*porcellana*] fine; [*oreficeria, ricamo, biancheria, stoffe, tessuti*] fine, exquisite; [*pasticceria, cioccolato*] fine, superfine; ***una signora molto ~*** a woman of great distinction; ***~ intenditore*** connoisseur; ***avere il palato ~*** to have a discriminating palate **6** *(molto preciso)* ***meccanica ~*** precision engineering; ***un ~ tiratore*** a crack shot **7** *(rarefatto)* ***aria ~*** thin air **8** COMM. GASTR. [*piselli*] quality **II** avv. *(finemente)* [*scrivere, macinare*] fine, finely ◆ ***fa ~*** it's smooth *o* sophisticated, it's the thing.

▶ **2.fine** /'fine/ f. **1** *(termine)* end, conclusion, finish; *(fondo, estremità)* end, bottom; ***alla ~ di*** at the end of; ***(a) ~ maggio, settembre*** (at) the end of May, September; ***con scadenza (a) ~ gennaio, ~ mese corrente, ~ mese prossimo*** payable at the end of January, of this month, of next month; ***a ~ giornata, settimana, mese, anno*** at the end of the day, week, month, year; ***alla ~ degli anni '70*** in the late 70's; ***a ~ mattina*** late in the morning; ***l'indice è alla ~ del libro*** the index is at the end *o* back of the book; ***alla ~ della strada*** at the end of the road; ***dall'inizio alla ~*** from beginning to end, from start to finish; ***a cinque minuti dalla ~*** five minutes from the end; ***la quarta partendo dalla ~*** the fourth from the bottom *o* end; ***verso la ~ (di)*** towards the end (of); ***entro la ~ di*** by the end of [*anno, viaggio*]; ***fino alla ~*** until *o* to the end; ***fino alla ~ dei tempi*** until doomsday, till the end of time; ***restare fino alla ~ di*** to stay till the end of, to sit through [*lezione, conferenza*]; ***ascoltare qcn. fino alla ~*** to hear sb. out; ***lottare fino alla ~*** to fight to the last drop of blood; ***mettere*** o ***porre ~ a qcs.*** to put an end *o* a stop to sth., to bring sth. to an end; ***porre ~ a*** to squash [*maldicenze*]; to terminate [*lite, disaccordi*]; ***porre ~ ai propri giorni*** to end *o* take one's life; ***porre ~ alle sofferenze di qcn.*** to put sb. out of their misery; ***arrivare alla ~ di*** to get to the end of [*vacanza, gioco*]; to get through [*libro*]; ***giungere*** o ***volgere alla ~*** to come to a close *o* an end; ***avvicinarsi alla ~*** to draw to a close *o* an end; ***alla ~*** at last, finally, in the end; ***alla ~ sono andato a casa*** in the end I went home; ***alla ~ sono arrivati*** finally they arrived; ***alla ~ è diventato insegnante*** he ended up as a teacher; ***alla ~ della fiera, alla fin ~, in fin dei conti*** after all, all things considered, as it turned out, all in all; ***"~"*** *(di film, romanzo)* "the end"; ***senza ~*** [*combattimenti, discussioni, guerra*] endless, unending; [*mondo*] without end; ***la ~ del mondo*** the end of the world; ***essere la ~ del mondo*** FIG. to be terrific; ***non è la ~ del mondo!*** it's not the end of the world! ***è l'inizio della ~*** this is the beginning of the end; ***è proprio la ~*** this is the end, it's all over; ***la ~ è vicina*** the end is near *o* in sight; ***avere delle difficoltà ad arrivare alla ~ del mese*** to find it hard to make ends meet (at the end of the month) **2** *(esito)* end; ***fare una brutta ~*** to go to the bad, to come to a bad *o* sticky end, to come to no good; ***fare la ~ di qcn.*** to go the way of sb., to go the same way as sb.; ***che ~ ha fatto tua sorella, la mia biro?*** COLLOQ. what has become of your sister, my pen? **3** *(morte)* end; ***fare una ~ prematura*** to go to an early grave, to come to an untimely end; ***essere in fin di vita*** to be dying, to be nearing death, to be at one's last gasp; ***avvicinarsi alla ~*** [*persona*] to near the end of one's life, to be nearing one's end; [*vita*] to draw to an end; ***fare una brutta ~*** to come to a bad *o* sticky end, to die in a bad way; ***fare una bella*** ~ to die well ◆ ***fare la*** ~ ***del topo*** to die like a rat in a trap; ***né principio né*** ~ without rhyme or reason ◆◆ ~ ***esercizio (finanziario)*** ECON. end of the financial year.

▶ **3.fine** /'fine/ m. **1** *(scopo)* end, purpose, aim; ***a tal*** ~ to this *o* that end; ***ad ogni buon*** ~ for whatever purpose it may serve; ***a fin di bene*** with good intentions, well-meaning, well-intentioned; ***a che*** ~? what for? what's the point? ~ ***ultimo*** ultimate purpose *o* aim; ***il*** ~ ***della pubblicità è incitare all'acquisto*** the purpose of advertising is to encourage people to buy; ***secondo*** ~ by-end, hidden agenda; ***senza secondi -i*** without any ulterior motive; ***avere un secondo*** ~ to have something in mind; ***non avevo un secondo*** ~ I didn't mean anything by it; ***raggiungere i propri -i*** to achieve one's ends *o* aims; ***al*** ~ ***di*** in order to; ***al solo*** ~ ***di*** for the sole purpose of; ***non è*** ~ ***a se stesso*** it's not an end in itself **2** *(esito)* ending; ***lieto*** ~ *(di libro, film)* happy ending; ***a lieto*** ~ [*storia, avventura*] with a happy ending; ***portare*** o ***condurre qcs. a buon*** ~ to bring sth. to a satisfactory conclusion; ***andare, non andare a buon*** ~ to turn out well, badly; ***salvo buon*** ~ COMM. subject to collection, under usual reserve ◆ ***il*** ~ ***giustifica i mezzi*** PROV. the end justifies the means.

finemente /fine'mente/ avv. **1** *(in modo delicato)* [*lavorato, ricamato*] finely, delicately; [*disegnare, incidere*] finely; ***i suoi tratti*** ~ ***scolpiti*** her finely chiselled features **2** *(sottilmente)* [*scrivere, macinare, tagliare*] fine, finely; ***aggiungere le cipolle*** ~ ***tritate*** add finely chopped onions.

fine settimana /finesetti'mana/ m. e f.inv. weekend; ***il, al*** ~ at the weekend BE, at weekends BE, on the weekend AE; ***andare via per il*** o ***nel*** ~ to go away for the weekend; ***buon*** ~! have a nice weekend!

▶ **finestra** /fi'nɛstra/ f. **1** window; ***guardare fuori dalla*** ~ to look out of *o* through the window, to gaze out of the window; ***sporgersi*** o ***affacciarsi dalla*** o ***alla*** ~ to hang *o* to lean out of the window; ***sporgere la testa dalla*** ~ to poke *o* lean one's head out of the window, to put *o* thrust one's head through the window; ***fare capolino dalla*** ~ to pop one's head through the window; ***sedersi, stare alla*** ~ to sit, be by the window; ***socchiudere la*** ~ to open *o* close the window slightly *o* a little; ***allontanarsi dalla*** ~ to move away from the window; ***la*** ~ ***dà sulla strada, a sud*** the window looks onto the street, faces south; ***gettare qcs. dalla*** ~ to throw sth. out of the window; ***una*** ~ ***sul mondo*** FIG. a window on the world; ***uscire dalla porta e rientrare dalla*** ~ FIG. out through the door, in through the window **2** *(di busta)* window **3** *(spazio in bianco)* window **4** INFORM. window; ~ ***di dialogo*** dialogue box **5** ANAT. fenestra **6** GEOL. window ◆ ***gettare i soldi dalla*** ~ to throw money down the drain; ***o mangi questa minestra o salti dalla*** ~ PROV. you can like it or you can lump it, beggars can't be choosers, if you can't stand the heat get out of the kitchen ◆◆ ~ ***ad anta-ribalta*** tilt-and-turn window; ~ ***archiacuta*** ARCH. lancet window; ~ ***basculante*** centre-hung window; ~ ***a due battenti*** casement window; ~ ***a bovindo*** o ***a campata*** ARCH. bay window, bow window; ~ ***a croce*** lattice window; ~ ***a crociera*** mullioned window; ~ ***fissa*** sash frame window; ~ ***a ghigliottina*** sash window; ~ ***di opportunità*** launch window; ~ ***a piombo*** leaded window; ~ ***pivotante*** → ~ **basculante**; ~ ***di proiezione*** CINEM. projection window; ~ ***scorrevole*** sliding window.

finestrato /fines'trato/ agg. windowed.

finestratura /finestra'tura/ f. ARCH. fenestration.

▷ **finestrino** /fines'trino/ m. *(di automobile, treno)* window; *(di aeroplano)* porthole, window; ***posto vicino al*** ~ seat next to *o* by the window, window seat; ***"non gettare oggetti dal*** ~***"*** "do not throw anything out of the window"; ***"vietato sporgersi dai -i"*** "do not lean out of the window"; ***abbassa, tira su il*** ~ ***per favore*** put the window down, up please ◆◆ ~ ***posteriore*** rear window.

finestrone /fines'trone/ m. full-length window.

finezza /fi'nettsa/ f. **1** *(sottigliezza)* sharpness, subtleness, thinness, gauge TESS.; ***rapporto di*** ~ fineness ratio **2** FIG. *(bellezza delicata)* delicacy; ***la*** ~ ***dei suoi lineamenti*** his delicate features **3** *(preziosità)* refinement; ~ ***di gusto*** refinement of taste, his refined taste **4** *(perspicacia)* keenness, sophistication, subtleness; ***le -e di una lingua*** the subtleties of a language; ~ ***d'ingegno*** shrewdness (of mind).

▷ **fingere** /'findʒere/ [24] **I** tr. to pretend, to fake [*emozione, malattia*]; to affect FORM., to feign FORM. [*sorpresa, ignoranza*]; to feign FORM. [*innocenza*]; ~ ***qcs.*** to make a pretence of sth.; ~ ***che, di fare*** to pretend that, to do; ~ ***coraggio*** to put on a brave front; ~ ***di non vedere qcn.*** FIG. to look the other way, to look through sb., to cut sb. dead **II** intr. (aus. *avere*) to pretend, to play-act, to act FIG.; ***è inutile*** ~ it's no use pretending **III fingersi** pronom. to make* oneself out to be [*intelligente, ricco, stupido*]; ***-rsi morto*** to play dead, to sham death; ***-rsi addormentato*** to pretend to be sleeping, to play possum COLLOQ.

finimento /fini'mento/ m. *(bardatura)* ***-i*** harness sing., saddlery sing., tack sing.

finimondo /fini'mondo/ m. **1** *(fine del mondo)* end of the world **2** *(disordine, baccano)* chambard, hoo-ha COLLOQ.; ***scatenare il*** ~ to kick up a rumpus, to cause (an) uproar; ***ne hanno fatto un*** ~ they made a real hoo-ha about it; ***quando lo ha scoperto è successo il*** ~ there was a big fuss when she found out.

▶ **1.finire** /fi'nire/ [102] **I** tr. **1** *(terminare)* to finish, to do*, to complete [*capitolo, compito, costruzione, frase, lavoro, studi*]; to finish off [*lettera*]; to complete [*discussione*]; to get* through [*libro, correzioni*]; to spend* [*munizioni*]; ***ho finito il romanzo*** I have finished the novel; ***finisci i compiti prima di andare a giocare*** finish your homework before you go off to play; ***non finisce mai le frasi*** he never finishes his sentences **2** *(smettere, interrompere)* to cease, to stop; ~ ***di bere, di parlare*** to stop drinking, talking; ***non finisci mai di sorprendermi!*** you never cease to amaze me! ***hai finito di seccarmi, di lamentarti?*** have you quite finished annoying me, complaining? **3** *(consumare, esaurire)* to finish [*pasto, sigaretta*]; to get* through, to use up [*provviste*]; to use up, run out of [*cibo, soldi*]; ~ ***la benzina*** to run out of petrol; ***chi ha finito tutti i biscotti?*** who finished all the biscuits? **4** *(uccidere)* to finish off [*animale, persona*] **II** intr. **1** (aus. *essere, avere*) *(concludersi)* to conclude, to come* to an end; [*concerto, incontro, partita, stagione*] to finish, to close; [*carriera, giorno, guerra, libro*] to end; [*contratto, impiego*] to terminate; [*periodo*] to expire; [*anno, mese*] to go* out; ***per*** ~ in conclusion; ***hai finito?*** have you done? have you finished? are you done? ***lasciami*** ~ let me finish; ~ ***all'improvviso*** to come to an abrupt end; ***non*** ~ ***più*** [*compito, procedura*] to take forever COLLOQ.; ~ ***di mangiare, di bere*** to eat up, drink up; ***una lista che non finisce più*** a list as long as my arm; ***ci vediamo quando finisce il concerto*** I'll see you at the end of the concert; ***il massacro deve*** ~ the killing must stop; ***il film finisce bene, male*** the film has a happy, unhappy ending; ***l'inverno non finisce più*** the winter seems endless *o* never-ending; ***hai finito con il giornale?*** have you finished with the newspaper? ***il tempo sta per*** ~ time is getting short; ***delle discussioni a non*** ~ endless discussions; ***quando finisce l'effetto del medicinale*** when the drug wears off; ***con te non ho ancora finito!*** I'm not through with you yet! **2** (aus. *essere*) *(esaurirsi)* [*scorte, benzina, denaro*] to run* out **3** (aus. *essere*) *(terminare in)* to end; ~ ***con una punta*** to taper to a point; ***la riunione è finita in una zuffa*** the meeting ended in a brawl; ~ ***in un vicolo cieco*** to come to a dead end (anche FIG.) **4** (aus. *essere*) COLLOQ. *(sparire, concludersi)* ***dov'è finito il mio ombrello?*** where has my umbrella got to, where did my umbrella go? ***finirà in prigione*** he'll end up in prison; ~ ***bene*** to turn out well; ~ ***male*** to go to the bad, to come to no good; ***finirà male, quel ragazzo*** that boy will come to a bad end; ~ ***in un brutto giro*** to fall in with a bad crowd; ***finirà che dovrò pagare*** I'll end up paying **5** (aus. *essere*) LING. to end; ***i verbi che finiscono in "ire"*** the verbs ending in "ire" **6** (aus. *avere*) **finire con il, finire per** *(per indicare un esito)* to come* to; ~ ***per credere, odiare, capire*** to come to believe, hate, understand; ***finirai per farti male*** you'll end up hurting yourself; ***finire col diventare presidente*** to end up president **7** (aus. *essere*) **andare a finire** to go*, to pan* out; ***andare a*** ~ ***bene*** to turn out well, to pan out (well); ***andare a*** ~ ***in acqua*** to get a ducking; ***il libro è andato a*** ~ ***sulla scrivania*** the book landed (up) on my desk; ***dov'è andato a*** ~ ***il mio orologio?*** where has my watch got to? where did my watch go? ***va a*** ~ ***male!*** it'll end in tears! it will turn out badly! ***so già come va a*** ~ I've heard it all before, I know just what will happen; ***va sempre a*** ~ ***così*** it's always the same old story; ***non so come andrà a*** ~ I don't know how it'll end (up) **8** (aus. *avere*) COLLOQ. **finirla** ***finiscila di lamentarti!*** stop complaining! ***finiscila!*** stop it! cheese it! give over! lay *o* leave off! ***è ora di finirla!*** it's time to put a stop to it! ***non la finiva più!*** he went on and on! ***fa' ciò che ti dice e finiamola*** do as he says and have done *o* be done with it; ***bisogna finirla con questa situazione*** we must put an end to this situation ◆ ~ ***in bellezza*** to go out with a bang; ~ ***in una bolla di sapone*** to fizzle *o* peter out, to come to nothing; ***(la cosa) non finisce qui!*** you haven't heard the last of this! ***non si*** ~ ***mai di imparare*** (you) live and learn; ***tutto è bene quel che finisce bene*** PROV. all's well that ends well.

2.finire /fi'nire/ m. end; ***essere sul*** ~ to be drawing to an end *o* a close; ***sul*** ~ ***del giorno*** at the end of the day, at the close of day LETT.; ***sul*** ~ ***dell'estate*** towards the end of the summer.

finissaggio, pl. **-gi** /finis'saddʒo, dʒi/ m. finishing.

finitezza /fini'tettsa/ f. **1** *(compiutezza)* finish, perfection; ***opera che manca di ~*** work that lacks finish *o* the finishing touches **2** *(limitatezza)* finiteness.

▶ **finito** /fi'nito/ **I** p.pass. → **1.finire II** agg. **1** *(terminato)* finished, complete, all over; [*guerra, incontro*] over, through COLLOQ.; ***quando sarà ~*** when it's all over; ***è tutto ~*** it's all over and done with; ***il lavoro è quasi ~*** the job's almost done; ***i loro problemi sono tutt'altro che -i*** their problems are far from over; ***quando siamo arrivati il film era praticamente ~*** when we arrived the film was all but over; ***è -a!*** the game is up! ***è -a la festa!*** the jig is up! AE COLLOQ. **2** *(lavorato)* finished; ***prodotto ~*** COMM. end *o* finished product; ***prodotti -i*** manifactured goods **3** COLLOQ. *(fallito, spacciato)* finished, kaput COLLOQ.; ***sono ~*** FIG. I'm done for; ***bell'e ~*** well and truly over; ***guarda in faccia la realtà, sei ~!*** face the facts, you're finished! **4** *(esperto, abile)* expert, accomplished; ***un sarto ~*** a skilled tailor **5** COLLOQ. *(inveterato)* ***fatto e ~*** [*mascalzone*] deep-dyed **6** MAT. FILOS. LING. finite **7** ***farla finita*** *(suicidarsi)* to end it all; *(porre fine)* ***farla -a con qcn.*** to finish with sb.; ***farla -a con qcs.*** to get away from sth., to get sth. over with; ***facciamola -a*** let's get it over with; ***diglielo adesso e falla -a!*** tell him now and have *o* be done with it! **III** m. FILOS. finite.

finitore /fini'tore/ m. (f. **-trice** /tritʃe/) finisher.

finitura /fini'tura/ f. *(di abito, automobile, legno)* finish, finishing; ***-e*** ARCH. dressings; AUT. trim; ***~ imitazione quercia*** oak finish; ***-e in legno*** wood trim; ***-e interne in marmo, in grigio*** interior finished in marble, grey; ***con una ~ opaca*** [*dipinto*] with a matt finish; ***lavori di ~*** finishing; ***fare le -e*** to put the finishing touches (**di** to).

finlandese /finlan'dese/ ➧ ***25, 16*** **I** agg. Finnish **II** m. e f. Finn, Finlander RAR. **III** m. *(lingua)* Finnish.

Finlandia /fin'landja/ ➧ ***33*** n.pr.f. Finland.

finnico, pl. **-ci, -che** /'finniko, tʃi, ke/ **I** agg. Finnic **II** m. *(finlandese)* Finn.

▶ **1.fino** /'fino/ **I** prep. **1** *(nello spazio)* as far as, up to; ***~ a qui, là*** up to here, there; ***andare ~ a Londra*** to go as far as London; ***resta sul pullman ~ a Dublino*** stay on the bus until Dublin; ***ha camminato ~ a me*** he walked up to me; ***l'hanno seguito ~ a casa sua*** they followed him all the way home; ***scendere ~ a 100 metri di profondità*** to go down to a depth of 100 metres; ***fin dove avete intenzione di andare?*** how far do you intend to go? (anche FIG.); ***ufficialmente la notizia non è giunta ~ a noi*** the news hasn't reached us officially; ***viene fin dall'Africa*** he comes all the way from Africa; ***fin sul tetto*** up to the roof; ***un vestito lungo ~ alle caviglie*** an ankle-length dress; ***i capelli le arrivavano ~ alla vita*** her hair reached down to her waist **2** *(nel tempo)* up to, until, till; ***~ a martedì, agli anni sessanta, a un anno fa*** until Tuesday, the sixties, a year ago; ***~ al 1975*** up to 1975; ***~ a ora, allora*** until *o* up to now, until then; ***fin d'ora*** here and now; ***fin verso le dieci*** until about ten o'clock; ***~ alla fine, a oggi*** to the end, this day; ***~ al calare della notte*** until dark; ***~ a lunedì compreso*** up to and including Monday; ***la festa durò ~ a tarda notte*** the party lasted well on into the night; ***ho dormito ~ a mezzogiorno*** I slept through until midday; ***~ a qualche, poco tempo fa*** up until recently, until lately; ***~ al giorno d'oggi*** up to the present day; ***~ all'ultimo momento*** up to, until the last moment; ***~ a nuovo ordine*** until further orders (anche MIL.); ***~ a quando ti fermi a Oxford?*** how long are you staying in Oxford? ***fin da allora*** from then on; ***fin dall'età di otto anni*** since he was eight, from the time he was eight; ***fin da principio*** o ***dall'inizio*** from very the start *o* beginning **3** *(seguito da verbi)* ***bere ~ a stordirsi*** to drink oneself into oblivion; ***camminare ~ a stancarsi*** to walk oneself tired **4** *(per indicare un limite)* as far as, up to; ***non arriverò ~ a questo punto*** I won't go as far as that, I won't go that far; ***conterò ~ a tre*** I'll give you a count of three; ***leggere un libro ~ alla fine*** to read a book right through; ***~ a 20 persone, 50 euro*** up to 20 people, 50 euros; ***può sollevare ~ a dieci chili*** it can lift up to ten kilos; ***ha speso ~ all'ultimo centesimo*** he spent every last penny of the money; ***affondare nell'acqua ~ alle caviglie*** to be ankle-deep in water; ***riempire qcs. ~ al bordo*** to fill sth. to the brim *o* the gunwales; ***adesso dovrai andare ~ in fondo*** FIG. you'll have to go through with it; ***lo seguirò ~ in fondo*** FIG. I'll follow him to the (very) end **5** *(con una nozione di esagerazione)* ***~ a un certo punto*** up to a point; ***non lo credevo stupido ~ a questo punto*** I didn't think he was that stupid; ***~ a fare, ~ al punto di fare*** to the point *o* extent of doing; ***ridere ~ alle lacrime*** to cry with laughter; ***spingere la crudeltà ~ al sadismo*** to carry cruelty to the point of sadism; ***bere qcs. ~ all'ultima goccia*** to drink sth. (down) to the dregs *o* to the very last drop; ***inglese ~ al midollo*** English to the core; ***bagnato ~ all'osso*** drenched *o* soaked to the skin, wet *o* soaked through; ***commosso ~ alle lacrime*** moved to tears; ***armato ~ ai denti*** armed to the teeth; ***~ alla nausea*** ad nauseam, up to here COLLOQ.; ***rimpinzarsi ~ alla nausea*** to eat oneself sick COLLOQ.; ***~ alla morte*** to one's dying day; ***~ all'ultimo*** to the last **6** *(anche)* ***l'epidemia si è diffusa ~ alle regioni più lontane*** the epidemic spread to even the most remote regions; ***sono venuti tutti, ~ all'ultimo*** every last one of them came **7 fino a che** until; ***sono rimasto ~ a che non si è ristabilita*** I stayed until she recovered; ***non me ne vado mai ~ a che non si è addormentato*** I always stay until he is asleep **II** avv. **1** *(perfino)* even; ***ho parlato fin troppo*** I've said too much already; ***c'erano libri fin sopra gli armadi*** there were books even on top of the cupboards **2** *(per rafforzare)* even; ***fa fin troppo caldo*** it's really too hot ◆ ***fin sopra i capelli*** up to one's ears *o* eyes; ***averne fin sopra i capelli*** to be sick to death of; ***~ a prova contraria*** until proved otherwise.

2.fino /'fino/ agg. **1** *(fatto di piccole parti)* [*sabbia, zucchero*] fine-grained; ***sale ~*** table salt **2** *(prezioso)* [*argento, oro*] fine **3** FIG. ***testa -a, cervello ~*** sharp *o* keen mind; ***lavoro di ~*** delicate *o* fine workmanship; ***avere un palato ~*** to have a discriminating palate ◆ ***fa ~*** COLLOQ. it looks *o* sounds elegant.

finocchiella /finok'kjɛlla/ f. sweet cicely.

▷ **1.finocchio**, pl. **-chi** /fi'nɔkkjo, ki/ m. fennel; ***~ alpino*** baldmoney; ***~ acquatico*** horsebane; ***~ marino*** (rock) samphire.

2.finocchio, pl. **-chi** /fi'nɔkkjo, ki/ m. COLLOQ SPREG. queen, queer, poof BE, flit AE.

▶ **finora** /fi'nora/ avv. so far, thus far, hitherto, until now, yet; ***~ no*** not yet; ***non ti ho mai deluso ~!*** I've never failed you yet! ***~ non abbiamo informazioni*** thus far we don't have any information.

▷ **finta** /'finta/ f. **1** *(dissimulazione)* pretence BE, pretense AE; ***fare ~*** to act; ***fare ~ che*** to make believe that, to let on that BE, to pretend that; ***è solo per ~!*** it's only pretend! ***è tutta una ~!*** it's all pretence! ***stavo solo facendo ~*** I was only pretending; ***fare ~ di niente*** not to let on, to pretend nothing happened; ***fare ~ di non vedere qcs.*** to turn a blind eye to sth.; ***fare ~ di essere morto*** to play dead; ***fa ~ di lavorare*** he's only playing at his job *o* pretending to work; ***fa ~ di non capire*** he's being deliberately obtuse; ***dici davvero o per ~?*** really or are you just joking *o* kidding? ***facciamo ~ che questo sia il colloquio*** let's pretend this is the interview; ***fece ~ di essere ferito*** he made like he was injured; ***non si può far ~ che non esista*** it can't be wished away **2** SPORT feint, dummy BE, fakeout AE; ***fare una ~ a qcn.*** to sell sb. a dummy BE, to fake out sb. AE; ***liberarsi dell'avversario con una ~*** to feint at one's opponent.

fintantoché /fintanto'ke/ cong. as long as, so long as; ***~ non trovi lavoro*** until such time as you find work; ***non starò tranquillo ~ non arriverà*** I won't relax until she arrives.

fintare /fin'tare/ [1] **I** tr. SPORT to dummy BE, to fake out AE; ***~ un passaggio*** to fake a pass AE **II** intr. (aus. *avere*) to feint, to dummy BE.

▶ **finto** /'finto/ agg. **1** *(artificiale)* [*capelli*] artificial; [*avorio, scamosciato*] mock; [*ambiente, mondo*] plastic; [*gioielli*] fake, pretend; [*perle*] fake, simulated; [*ciglia, denti, orlo*] false; [*marmo, oro, pelle, pianta*] imitation; ***una casa ~ gotico*** a repro Gothic house **2** *(simulato)* [*emozione*] sham, feigned, phoney, affected SPREG.; ***una -a esecuzione*** a mock execution; ***con una -a allegria*** with feigned cheerfulness; ***la sua collera, sorpresa era -a*** his anger, surprise was put on **3** ARCH. [*finestra, porta*] blank, dummy **4** *(falso)* [*persona*] artificial, phoney; ***-a modestia*** false modesty ◆ ***fare il ~ tonto*** to act dumb.

finzione /fin'tsjone/ f. **1** *(invenzione)* fiction; ***nella ~ letteraria*** in fiction; ***fa ancora parte del campo della ~*** it still belongs to the realm of fiction **2** *(simulazione)* fiction, fictiousness, duplicity, make-believe, play-acting, pretence BE, pretense AE; ***è solo ~*** it's only make-believe; ***il suo amore era una ~*** her love was a sham **3** DIR. fiction ◆◆ ***~ giuridica*** legal fiction; ***~ legale*** legal fiction.

fio, pl. **fii** /'fio, fii/ m. ***pagare il ~ per qcs.*** to pay the penalty for sth.

fiocamente /fjoka'mente/ avv. [*luccicare*] dully; ***brillare ~*** [*fiamma*] to gutter.

fioccare /fjok'kare/ [1] intr. (aus. *essere*, RAR. *avere*) **1** *(cadere a fiocchi)* to snow, to fall* in flakes **2** FIG. [*colpi, insulti*] to rain; [*insulti*] to spew; [*complimenti*] to shower; ***gli applausi fioccavano*** there was a shower of applause; ***i complimenti fioccavano*** compliments were being handed out left, right and centre.

▷ **1.fiocco**, pl. **-chi** /'fjɔkko, ki/ m. **1** *(nodo decorativo)* bow, rosette, ribbon, tassel; ***fare, disfare un ~*** to tie, untie a bow; ***fare un ~ con il nastro*** to tie a bow in the ribbon; ***~ rosa, azzurro*** = a pink, blue ribbon hung on the front door to announce the birth of a baby girl or a baby boy **2** *(di cereali)* (corn)flake; *(di neve)* (snow)flake; flock TESS.; ***a -chi*** [*neve*] flaky; ***~ di lana*** wool flock; ***-chi d'avena***

GASTR. oat flakes; ***-chi di granturco*** GASTR. cornflakes; ***nevicare a grossi -chi*** to fall in large flakes; ***purè in -chi*** GASTR. instant mashed potatoes ◆ ***coi -chi*** [*pasto*] slap-up BE COLLOQ.; [*benvenuto*] unreserved; ***una cuoca coi -chi*** a blue ribbon *o* first-class cook.

2.fiocco, pl. **-chi** /ˈfjɔkko, ki/ m. MAR. gybe, jib, headsail.

fioccoso /fjokˈkozo/ agg. **1** *(soffice)* flocky; [*neve*] flaky; floccose BOT. **2** CHIM. [*precipitato*] flocculent attrib.

fiocina /ˈfjɔtʃina/ f. MAR. PESC. gaff, gig, grain, harpoon; ~ ***per salmoni*** leister.

fiocinare /fjotʃiˈnare/ [1] tr. MAR. PESC. to gaff, to gig, to harpoon, to spear.

fiocinatore /fjotʃinaˈtore/, **fiociniere** /fjotʃiˈnjɛre/ m. harpooner.

fioco, pl. **-chi**, **-che** /ˈfjɔko, ki, ke/ agg. [*fiamma*] dim; [*scintillio*] dull; [*luce, suono*] weak, dim, feeble; [*voce, grido*] hoarse; ***con voce -a*** in a weak tone.

▷ **fionda** /ˈfjonda/ f. sling, catapult BE.

fiondarsi /fjonˈdarsi/ [1] pronom. COLLOQ. to fling* oneself; ~ ***a letto*** to hop into bed; ***si è fiondato a casa*** he belted home; ***si è fiondato nel negozio a comprare il giornale*** he whipped into the shop to buy a paper.

fior /ˈfjor/ → **fiore**.

▷ **fioraio**, pl. **-ai** /fjoˈrajo/ ➧ ***18*** m. (f. **-a**) florist, flower seller; ***andare dal*** ~ to go to the florist's.

fiorale /fjoˈrale/ agg. [*organo, involucro*] floral; ***gemma*** ~ flower-bud.

fiorami /fjoˈrami/ m.pl. ***a*** ~ [*motivo, tessuto*] floral, flowered, flowery; [*tende, tessuto*] sprigged.

fiorato /fjoˈrato/ agg. [*carta, vestito, tessuto*] flowered.

fiordaliso /fjordaˈlizo/ m. **1** BOT. bluebottle, cornflower **2** ARALD. fleur-de-lis.

fiordilatte /fjordiˈlatte/ m.inv. **1** GASTR. *(formaggio)* = moist, fresh cow's milk cheese similar to mozzarella **2** GASTR. *(gelato)* = ice cream flavour made from milk, sugar and cream.

fiordo /ˈfjɔrdo/ m. fjord.

▶ **fiore** /ˈfjore/ **I** m. **1** flower, bloom; ***-i*** blossom **U**; ***da*** ~ [*pianta*] flowering; ***-i di campo*** o ***selvatici*** wild flowers; ***-i freschi, secchi, artificiali*** freshly cut, dried, artificial flowers; ***-i di melo*** apple blossom; ***mazzolino di -i*** nosegay, posy; ***corona di -i*** *(per un defunto)* floral tribute; ***vaso da -i*** (*per piante*) flowerpot; (*per fiori recisi*) flower vase; ***cogliere -i*** to pick flowers; ***mercato dei -i*** flower market; ***essere in*** ~ to be abloom *o* in bloom *o* in blossom *o* in flower *o* flowering *o* flowery; BOT. to be efflorescent; ***la valle è piena di alberi in*** ~ the valley is in full bloom; ***mettere i -i*** [*pianta*] to flower; ***prati coperti di -i*** flowery meadows; ***il linguaggio dei -i*** the language of flowers; ***a -i*** [*tessuto, tappezzeria, camicia*] floral, flowered, flowery; ***con un*** ~ ***all'occhiello*** with a flower in one's buttohole; ***è il suo*** ~ ***all'occhiello*** FIG. that's a feather in his cap; ***"non -i ma opere di bene"*** = "no flowers by request"; ***figlio dei -i*** flower child **2** *(parte migliore)* ***il*** ~, ***il fior*** ~ ***di*** the flower of [*gruppo*]; ***il fior*** ~ ***della società*** the cream of society; ***nel*** ~ ***della giovinezza*** in the bloom *o* flower of youth; ***nel*** ~ ***dei miei anni*** in my heyday, in my prime; ***non erano più nel*** ~ ***degli anni*** they were no longer in the first flush of youth; ***essere, morire nel*** ~ ***degli anni*** to be, die in one's prime *o* in the prime of life **3** *(sulla superficie)* ***a fior d'acqua*** [*scoglio*] just above the (surface of the) water **4** *(in conceria)* grain leather, skiver **5** ARCH. fleuret; ~ ***cruciforme*** poppy-head **6 (un) fior di*** ***guadagnare fior di quattrini*** COLLOQ. to make big money; ***un fior di galantuomo*** a gentleman first and last, a perfect gentleman; ***un fior di mascalzone*** a thorough scoundrel **II fiori** m.pl. *(delle carte)* clubs + verbo sing.; ***l'asso di -i*** the Ace of clubs; ***giocare una carta di -i alta, bassa*** to play a low, high club ◆ ***aveva i nervi a fior di pelle*** his nerves were jangling *o* on edge; ***rispondere a fior di labbra*** to answer under one's breath; ***la vita non è tutta rose e -i*** life is not a bed of roses *o* a bowl of cherries *o* all sunshine and roses *o* all beer and skittles ◆◆ ***fior di farina*** superfine flour; ~ ***di zolfo*** flower of sulphur; ***-i di Bach*** Bach flower remedies.

fiorente /fjoˈrɛnte/ agg. **1** *(in fiore)* blooming **2** FIG. *(prospero)* [*traffici*] brisk; [*amore, crimine, industria, talento*] burgeoning FIG.; [*affare, commercio, economia, paese, società*] flourishing, thriving, healthy, robust; ***l'economia è*** ~ it's a blooming economy; ***l'industria non è mai stata così*** ~ industry has never had it so good.

fiorentina /fjorenˈtina/ f. **1** GASTR. = grilled T-bone steak **2** CHIM. florentine, Florence flask.

fiorentino /fjorenˈtino/ ➧ ***2*** **I** agg. **1** *(di Firenze)* Florentine **2** [*tifoso, giocatore, difesa*] of Fiorentina, Fiorentina attrib. **II** m. (f. **-a**) **1** *(nativo o abitante di Firenze)* Florentine **2** *(giocatore)* Fiorentina player **3** *(tifoso)* Fiorentina supporter.

Fiorenza /fjoˈrɛntsa/ n.pr.f. **1** Florence **2** ANT. *(Firenze)* Florence.

fioretta /fjoˈretta/ f. flower of wine.

fiorettatura /fjorettaˈtura/ f. → **infiorettatura**.

fiorettista, m.pl. **-i**, f.pl. **-e** /fjoretˈtista/ m. e f. foilist.

1.fioretto /fjoˈretto/ ➧ ***10*** m. **1** SPORT foil; ***praticare la scherma col*** ~ to practice foil-play **2** TECN. *(di perforatrice)* fleuret ◆◆ ~ ***con bottone*** buttoned foil; ~ ***elettrico*** electric foil.

2.fioretto /fjoˈretto/ m. **1** *(fiorellino)* little flower **2** *(florilegio)* florilegium*; ***i Fioretti di san Francesco*** = selected passages from Saint Francis **3** TESS. fleuret, fine quality cotton **4** RELIG. *(piccola rinuncia, privazione)* small sacrifice **5** MUS. *(abbellimento)* grace, embellishment.

fioricultore /fjorikulˈtore/ ➧ ***18*** → **floricoltore.**

fioriera /fjoˈrjɛra/ f. planter; ~ ***da davanzale*** window box.

fiorifero /fjoˈrifero/ agg. BOT. [*pianta, seme*] floriferous.

fiorino /fjoˈrino/ ➧ ***6*** m. **1** *(moneta dei Paesi Bassi)* florin; ~ ***olandese*** florin, guilder **2** STOR. *(antica moneta)* florin.

▷ **fiorire** /fjoˈrire/ [102] **I** intr. (aus. *essere*) **1** *(sbocciare)* to (come* into) bloom, to (come* into) blossom, to (come* into) flower; ***le rose cominciano ora a*** ~ the roses are just coming into flower **2** *(comparire)* [*costruzioni, graffiti*] to spring* up; ***uno scrittore che fiorì negli anni Quaranta*** a writer who emerged in the Forties **3** *(prosperare)* [*azienda, democrazia*] to flourish; [*crimine, industria*] to burgeon **4** *(coprirsi di brufoli)* to break* out in a rash, to come* out in a rash **5** FIG. *(nascere)* to blossom (out), to grow*; [*amore*] to burgeon FORM.; ***nel suo cuore fiorì la speranza*** hope grew in his heart **6** *(coprirsi di muffa)* [*carta, libro*] to go* mouldy BE, to go* moldy AE, to mildew, to go* musty; *(fare il fiore)* [*vino*] to effloresce **II** tr. **1** *(ornare con fiori)* to deck with flowers [*balcone, casa, tavolo*] **2** FIG. to embellish ◆ ***se son rose fioriranno*** PROV. time will tell.

fiorista, m.pl. **-i**, f.pl. **-e** /fjoˈrista/ ➧ ***18*** m. e f. florist.

fiorita /fjoˈrita/ f. **1** *(fioritura)* blooming, blossom **2** *(letto di fiori)* bed of flowers.

fiorito /fjoˈrito/ **I** p.pass. → **fiorire II** agg. **1** *(in fiore)* abloom, bloomy, efflorescent BOT. **2** *(coperto di fiori)* [*pianta, arbusto*] flowered, flowering; [*campo, collina*] flowery; [*profumo*] floral, flowery **3** TESS. ABBIGL. *(a fiori)* floral **4** ART. ***gotico*** ~ flamboyant gothic **5** FIG. SPREG. *(molto ornato)* [*linguaggio, stile*] florid, flowery.

▷ **fioritura** /fjoriˈtura/ f. **1** *(di fiori)* bloom, blossom **U**, florescence, efflorescence, flowering; ***essere in piena*** ~ to be in full bloom *o* blossom *o* flower, to be full-blown; ***a*** ~ ***estiva*** summer-flowering; ***pianta a*** ~ ***tardiva, precoce*** late, early bloomer *o* flowerer; ***il tempo*** o ***periodo della*** ~ blossom time **2** *(di talenti, di idee)* flowering **3** *(ornamento stilistico o musicale)* flourish; ***eccessiva*** ~ effusiveness; ***senza -e*** [*scrittura*] plain **4** *(macchia di umidità)* patch of mildew **5** *(eruzione cutanea)* ***avere una*** ~ ***di brufoli*** to break out in pimples.

fiorone /fjoˈrone/ m. ARCH. fleuron.

fiorrancino /fjorranˈtʃino/ m. firecrest.

fiosso /ˈfjɔsso/ m. **1** *(del piede)* arch **2** *(nella scarpa)* shank.

fiotto /ˈfjɔtto/ m. *(di acqua, olio, sangue)* gush, spurt; ***entrare a -i*** [*acqua*] to pour in; ***uscire a -i*** [*liquido*] to come out in spurts, to stream out; ***la luce entrava a -i dalla finestra*** light poured through the window; ***il sangue usciva a -i dalla ferita*** the wound was spurting blood.

Firenze /fiˈrɛntse/ ➧ ***2*** n.pr.f. Florence.

▶ **firma** /ˈfirma/ f. **1** *(scritta)* signature; ~ ***autenticata*** authenticated signature; ~ ***autografa*** *(di sovrano)* sign-manual; ~ ***falsa*** forged *o* counterfeit signature; ~ ***in bianco*** blank signature; ***senza*** ~ unsigned; ***mettere*** o ***apporre la (propria)*** ~ to put *o* set one's signature; ***autenticare una*** ~ to authenticate *o* certificate *o* certify *o* attest a signature; ***falsificare una*** ~ to counterfeit *o* fake *o* forge a signature; ***libro delle -e*** visitors' book; ***segue la*** ~ signature to follow; ***raccolta di -e*** sign-in; ***una petizione con 10.000 -e*** a petition signed by 10,000 people; ***la lettera era priva di*** ~ the letter was unsigned **2** FIG. *(personaggio di fama)* (big) name; *(marchio d'alta moda)* designer label; ***una*** ~ ***prestigiosa nel mondo della moda*** a big name in the world of fashion **3** COMM. ***potere di*** ~ signature; ***all'atto della*** ~ on signing; ***disconoscere una*** ~ to deny a signature; ***la vendita diventa effettiva dalla*** ~ ***del contratto*** the sale is conditional on *o* upon signing the contract **4** *(atto)* signing (**di** of); ***specimen*** o ***deposito della*** ~ specimen signature; ***avere la*** ~ ***su un conto*** BANC. to be authorized to sign on an account ◆ ***fare (la)*** ~ MIL. to become a Lifer; ***ci farei*** o ***metterei la*** ~***!*** = I'd go with that! ◆◆ ~ ***depositata*** specimen signature; ~ ***elettronica*** digital signature, e-signature.

firmamento /firma'mento/ m. **1** *(cielo)* sky, firmament LETT. **2** FIG. ***entrare nel ~ del cinema*** to become a film star.

▶ **firmare** /fir'mare/ [1] **I** tr. **1** *(apporre la propria firma su)* to sign, to pen, to put* one's signature to, to set* one's signature to [*accordo, documento, lettera*]; to autograph [*libro, disco*]; ***~ un assegno in bianco*** to sign a blank cheque; ***~ un documento in bianco*** to sign in blank *o* a blank document; ***~ con il cognome da nubile, con uno pseudonimo*** to sign with one's maiden name, with a pseudonym; ***~ sulla linea tratteggiata*** to sign on the dotted line; ***~ qcs. con uno svolazzo*** to sign sth. with a flourish; ***~ con le proprie iniziali*** to sign one's initials, to initial; ***~ con una croce*** to make one's mark; ***~ il registro all'entrata, all'uscita*** to sign in, out; ***~ la propria condanna a morte*** FIG. to sign one's own death warrant; ***poter ~ al posto di qcn.*** to have the right to sign for sb.; ***~ per delega*** to sign by proxy; ***~ in calce*** to undersign **2** TECN. to hallmark [*gioiello*] **II firmarsi** pronom. ***-rsi con uno pseudonimo*** to sign oneself with a pseudonym.

firmatario, pl. **-ri**, **-rie** /firma'tarjo, ri, rje/ **I** agg. [*potenze*] signatory **II** m. (f. **-a**) signatory, signer; ***~ congiunto*** joint signatory.

firmato /fir'mato/ **I** p.pass. → **firmare II** agg. **1** *(recante una firma)* signed; ***un volantino non ~*** an anonymous pamphlet **2** *(con firma d'autore)* signed; ***un quadro ~*** a signed painting **3** *(nella moda)* [*abito, cravatta, articolo*] designer attrib.; ***vestiti -i*** designer clothes.

fisarmonica, pl. **-che** /fizar'mɔnika, ke/ ➧ ***34*** f. **1** MUS. (piano) accordion, squeeze box COLLOQ. **2** FIG. **a fisarmonica** ***piega a ~*** accordion pleat; ***porta a ~*** folding door.

fisarmonicista, m.pl. **-i**, f.pl. **-e** /fizarmoni'tʃista/ ➧ ***34, 18*** m. e f. accordionist.

fiscale /fis'kale/ agg. **1** ECON. fiscal; ***ispettore ~*** assessor; ***avvocato ~*** tax lawyer; ***evasore ~*** tax dodger, tax evader; ***anno ~*** tax year; ***agevolazione ~*** tax relief, tax break; ***evasione ~*** tax evasion; ***esenzione ~*** tax exemption, tax immunity, zero rating BE; ***frode ~*** tax swindle, tax fiddle, tax dodge COLLOQ.; ***detrazione*** o ***sgravio ~*** tax allowance, tax concession; ***onere ~*** tax burden; ***prelievo ~*** charging; ***scontrino ~*** till receipt **2** FIG. *(intransigente)* rigid, unbending, uncompromising, unyielding; ***essere troppo ~ con qcn.*** to be too strict with sb.

fiscalismo /fiska'lizmo/ m. **1** ECON. = oppressive tax system **2** FIG. = excessively strict following of rules.

fiscalista, m.pl. **-i**, f.pl. **-e** /fiska'lista/ ➧ ***18*** m. e f. tax accountant.

fiscalità /fiskali'ta/ f.inv. → **fiscalismo.**

fiscalizzare /fiskalid'dzare/ [1] tr. to exempt.

fiscalizzazione /fiskaliddzat'tsjone/ f. exemption; ***~ degli oneri sociali*** exemption from social security taxes.

fiscalmente /fiskal'mente/ avv. **1** ECON. fiscally **2** FIG. rigidly, rigorously.

▷ **fischiare** /fis'kjare/ [1] **I** tr. **1** to whistle [*melodia, comando*] **2** SPORT [*arbitro*] to whistle [*fallo, inizio, rigore, punizione, fine*]; [*guardalinee*] to call; ***~ la fine del primo tempo*** to blow the whistle for half time **3** *(per disapprovare)* to boo, to catcall, to hiss, to hoot (down), to howl (down) [*attore, speaker*] **II** intr. (aus. *avere*) **1** *(produrre un suono)* [*persona, locomotiva, vapore*] to whistle, to hiss; [*sirena, treno*] to hoot; [*orecchie, teiera, vento*] to whistle, to sing*; [*freccia, proiettile*] to whizz by *o* past; ***avere le orecchie che fischiano*** to have a buzzing in one's ears; ***il vento che fischia*** the howling wind; ***sento il treno che fischia*** I can hear the train whistling **2** *(chiamare)* ***~ a*** to whistle at [*persona*]; to whistle for [*cane*]; ***~ a una ragazza*** to wolf-whistle at a girl ◆ ***mi fischiano le orecchie*** my ears are burning *o* ringing.

fischiata /fis'kjata/ f. **1** *(di richiamo)* whistling **2** *(di disapprovazione)* barracking.

fischiatore /fiskja'tore/ **I** agg. [*uccello*] whistling; [*serpente*] hissing **II** m. (f. **-trice**) whistler.

fischiettare /fiskjet'tare/ [1] **I** tr. to whistle [*melodia*] **II** intr. (aus. *avere*) to whistle; ***~ tra sé e sé*** to whistle a tune under one's breath *o* to one's self.

fischiettio, pl. **-ii** /fiskjet'tio, ii/ m. whistling.

fischietto /fis'kjetto/ m. **1** *(strumento per fischiare)* whistle; ***al suono del ~*** when the whistle blows; ***soffiare nel ~*** to blow the *o* one's whistle **2** MAR. pipe **3** GERG. *(arbitro)* referee.

▷ **fischio**, pl. **-schi** /'fiskjo, ski/ m. **1** *(di persona)* whistle; *(di gas, vapore)* hiss; *(di nave, sirena)* hoot; *(di treno)* toot, whistle, hoot; *(di bollitore, vento)* whistle, singing; *(nelle orecchie)* ringing, singing; *(di proiettile)* whine; ***fare un ~*** to whistle, to give a whistle; ***~ di ammirazione*** wolf-whistle **2** SPORT call, whistle; ***~ finale*** final whistle **3** *(di disapprovazione)* catcall, hoot; ***-schi*** booing, jeer; ***essere cacciato a (suon di) -schi dal palco*** [*attore, speaker*] to be booed *o* hissed *o* hooted off the stage; ***fu accolto da -schi e risate*** he was greeted with hoots of laughter ◆ ***se hai bisogno di me, fammi un ~*** if you need me, just give a whistle; ***capire -schi per fiaschi*** PROV. to have *o* get hold of the wrong end of the stick.

fischione /fis'kjone/ m. widgeon; ***~ americano*** baldpate.

fisciù /fiʃ'ʃu/ m.inv. fichu.

fisco /'fisko/ m. *(in GB)* (Inland) Revenue; *(negli USA)* Internal Revenue Service; ***agente*** o ***ispettore del ~*** (income) tax inspector; ***frodare*** o ***evadere il ~*** to defraud the taxman; ***versare una grossa somma al ~*** to pay a substantial sum in tax.

fisiatra, m.pl. **-i**, f.pl. **-e** /fi'zjatra/ ➧ ***18*** m. e f. physiatrist.

fisiatria /fizja'tria/ f. physiatrics + verbo sing.

fisica /'fizika/ f. **1** *(scienza)* physics + verbo sing. **2** SCOL. UNIV. physics + verbo sing. ◆◆ ***~ delle alte energie*** high-energy physics; ***~ applicata*** applied physics; ***~ atomica*** o ***nucleare*** nuclear physics; ***~ delle particelle*** particle physics; ***~ pura*** pure physics; ***~ quantistica*** quantum physics; ***~ dei solidi*** solid-state physics; ***~ teoretica*** → ***~ applicata***; ***~ teorica*** theoretical physics.

fisicamente /fizika'mente/ avv. **1** *(dal punto di vista della fisica)* physically **2** *(relativo al fisico)* constitutionally, physically; ***~ non sono in forma*** I'm unfit; ***~ non è un granché*** he's not much to look at.

fisicità /fizitʃi'ta/ f.inv. physicalness, corporeity.

▶ **fisico**, pl. **-ci**, **-che** /'fiziko, tʃi, ke/ **I** agg. **1** *(relativo al corpo umano)* [*dolore, forza, handicap, violenza*] physical; ***educazione -a*** physical education, gymn SCOL.; ***benessere ~*** physical well-being; ***costituzione -a*** frame; ***forma -a*** fitness; ***danni -ci*** DIR. personal damages; ***infermità -a*** physical disability; ***aggressione -a*** physical assault; ***essere in cattive condizioni -che*** to be out of condition *o* shape; ***sfruttare la propria prestanza -a*** to play on one's good looks **2** *(relativo alla fisica)* [*grandezza, leggi, scienza*] physical **3** *(relativo alla natura)* [*geografia, climatologia*] physical **4** *(nel diritto)* ***persona -a*** natural person **II** ➧ ***18*** m. (f. **-a**) **1** *(studioso di fisica)* physicist; ***~ nucleare*** nuclear physicist; ***~ atomico*** atomic scientist **2** *(corpo)* figure; ***nel ~*** physically; ***avere un ~ possente*** to be powerfully built; ***avere un gran bel ~*** to have a great figure ◆ ***avere il ~ adatto*** to look the part.

fisima /'fizima/ f. faddiness, foible.

fisiocrate /fi'zjɔkrate/ m. e f. physiocrat.

fisiocratico, pl. **-ci**, **-che** /fizjo'kratiko, tʃi, ke/ agg. physiocratic.

fisiocrazia /fizjokrat'tsia/ f. physiocracy.

fisiognomia /fizjoɲɲo'mia/ f. → **fisiognomica.**

fisiognomica /fizjoɲ'ɲɔmika/ f. physiognomy.

fisiognomico, pl. **-ci**, **-che** /fizjoɲ'ɲɔmiko, tʃi, ke/ agg. physiognomical.

fisiognomo /fi'zjɔɲɲomo/ m. (f. **-a**) physiognomist.

fisiografia /fizjogra'fia/ f. physiography.

fisiologia /fizjolo'dʒia/ f. physiology.

fisiologicamente /fizjolodʒika'mente/ avv. physiologically.

fisiologico, pl. **-ci**, **-che** /fizjo'lɔdʒiko, tʃi, ke/ agg. physiological; [*funzione*] bodily; ***soluzione -a*** physiological solution.

fisiologo, m.pl. **-gi**, f.pl. **-ghe** /fi'zjɔlogo, dʒi, ge/ m. (f. **-a**) physiologist.

fisionomia /fizjono'mia/ f. *(tratti del viso)* cast of features, physiognomy; ***la ~ dell'Europa è molto cambiata*** FIG. the face of Europe has greatly changed.

fisionomico, pl. **-ci**, **-che** /fizjo'nɔmiko, tʃi, ke/ agg. physiognomical.

fisionomista, m.pl. **-i**, f.pl. **-e** /fizjono'mista/ **I** agg. ***essere ~*** to have a good memory for faces **II** m. e f. physiognomist.

fisiopatologia /fizjopatolo'dʒia/ f. pathophysiology, physiopathology.

fisioterapia /fizjotera'pia/ f. MED. physiotherapy, physical therapy AE.

fisioterapista, m.pl. **-i**, f.pl. **-e** /fizjotera'pista/ ➧ ***18*** m. e f. physiotherapist, physical therapist AE.

fiso /'fizo/ **I** agg. ANT. intent, fixed **II** avv. ANT. intently, fixedly.

fissa /'fissa/ f. COLLOQ. fad, pet project, pet subject, hobby horse; ***avere una ~*** to have a bee in one's bonnet.

fissabile /fis'sabile/ agg. [*oggetto*] attachable.

fissaggio, pl. **-gi** /fis'saddʒo, dʒi/ m. **1** *(il fissare)* attachment, fixing, fastening; *(di lacca, gel)* hold; ***~ normale, forte*** normal, extra hold; ***molletta di ~*** spring-clip; ***il ~ dei ripiani si fa con delle viti*** the shelves are fixed with screws **2** FOT. fixation, fixing; ***bagno di ~*** fixing bath **3** CHIM. fixing.

fissamaiuscole /fissama'juskole/ agg.inv. ***tasto ~*** caps lock, shift lock.

fissamente /fissa'mente/ avv. [*guardare*] fixedly, beadily SPREG.

fissante /fis'sante/ agg. ***gel, schiuma* ~** styling gel, styling mousse; ***lacca* ~ *per capelli*** hairspray.

▶ **fissare** /fis'sare/ [1] **I** tr. **1** *(attaccare)* to attach [*oggetto*]; to anchor [*tenda, tetto*]; to lace (up) [*tenda*]; to fasten, to fix [*avviso, corda, scaffale*]; to clip [*cavo elettrico*]; **~ *qcs. con*** to pin sth. (down) with [*puntine, spille*]; **~ *con una catena*** to chain down; **~ *con picchetti*** to peg down; **~ *con chiodi*** to tack down; **~ *con puntine da disegno*** to thumbtack; **~ *con viti*** to screw together **2** *(determinare)* to appoint, to assign, to fix, to set* [*luogo*]; to arrange, to fix, to set* [*appuntamento, data, incontro, visita*]; to call [*elezioni, prove*]; to determine, to set* [*prezzo*]; to finalize [*tabella di marcia, strada*]; to settle [*condizioni, termini di pagamento*]; **~ *la riunione per le nove*** to timetable the meeting for 9 am; **~ *un prezzo*** to fix *o* pitch a price, to price; **~ *il proprio domicilio*** to domicile **3** *(prenotare)* to book, to reserve **4** *(stabilizzare)* to fix, to set*; **~ *le proprie idee sulla carta*** to set one's ideas down on paper **5** *(concentrare)* to focus [*sguardo*]; to fix [*attenzione, pensieri*] **6** *(guardare fissamente)* to eye, to gaze at, to stare at, to fix one's gaze on [*oggetto, persona*]; **~ *nel vuoto*** to stare into space; **~ *qcn. senza batter ciglio*** to stare unblinking at sb.; ***cos'ha da fissarmi, quello?*** what's he staring at me like that for? **7** BIOL. CHIM. FOT. TESS. to fix; ***sostanza che fissa l'azoto*** nitrogen-fixing substance; **~ *qcs. sulla pellicola*** FIG. to catch sth. on film **II fissarsi** pronom. **1** *(intestardirsi)* to become* obsessed; ***-rsi su qcs.*** to bash *o* fasten on sth.; ***si è fissato di diventare pittore*** he's set on *o* he's set his mind on becoming a painter **2** *(stabilirsi)* [*persona, popolazione*] to settle down, to settle in **3** *(attaccarsi)* to clip (**a** to); [*attenzione, sguardo*] to focus; ***il mio portasciugamano si fissa al muro con delle viti*** my towel rail can be fixed to the wall with screws **4** *(attestarsi)* [*limite, budget*] to set* **5** *(stamparsi)* to stick*; ***-rsi nella mente, nella memoria di qcn.*** to stick in sb.'s mind, memory **6** ZOOL. [*conchiglie, mitili*] to attach itself (**a**, **su** to).

fissativo /fissa'tivo/ m. ART. MED. TESS. fixative.

fissato /fis'sato/ **I** p.pass. → **fissare II** agg. **1** *(stabilito)* [*orario, luogo*] appointed, scheduled; ***all'ora -a*** at the arranged time; ***l'aumento salariale è* ~ *al 3%*** wage increases are limited to a maximum of 3% **2** *(ostinato)* mad keen BE COLLOQ.; ***essere* ~** to have a one-track mind; ***essere* ~ *per qcs.*** to have a bee in one's bonnet about sth., to have a thing about sth. COLLOQ. **III** m. (f. **-a**) maniac, obsessive, crank COLLOQ.; ***è una -a dell'alimentazione*** she's a food fad ◆◆ **~ *bollato*** ECON. contract note.

fissatore /fissa'tore/ **I** agg. [*prodotto, liquido, bagno*] fixative **II** m. **1** ART. MED. TESS. fixative; FOT. fixer **2** COSMET. *(per capelli)* bandoline, fixative, setting lotion **3** BIOL. *(per analisi)* fixing agent.

fissazione /fissat'tsjone/ f. **1** *(determinazione)* **~ *dei prezzi*** price fixing **2** *(mania)* faddiness, fetish, foible, hang-up COLLOQ. **3** PSIC. fixation; **~ *sulla madre*** mother fixation; ***avere la* ~ *di qcs.*** to be fixated on sth. **4** FISIOL. CHIM. *(di azoto, ossigeno)* fixation.

fissile /'fissile/ agg. **1** FIS. NUCL. fissionable, fissile **2** MINER. cleavable.

fissilità /fissili'ta/ f.inv. fissility.

fissionabile /fissjo'nabile/ agg. FIS. fissionable.

fissionare /fissjo'nare/ [1] tr. to fission.

fissione /fis'sjone/ f. FIS. fission; **~ *nucleare*** nuclear fission.

fissipede /fis'sipede/ **I** agg. fissiped **II** m. fissiped.

fissità /fissi'ta/ f.inv. fixedness, fixity; *(di sguardo)* steadiness.

▶ **fisso** /'fisso/ **I** agg. **1** *(attaccato)* fixed; *(immobile)* [*oggetto*] immobile, permanent; [*immagine*] static; ***asse* ~** MECC. axletree; ***stazione -a*** TECN. base station **2** *(stabile, costante)* [*intervalli, reddito, prezzo*] fixed; [*tariffa, tasso*] flat, set, fixed; [*lavoro*] permanent, regular, stable, steady; [*fidanzato*] steady; [*ospite, band*] resident; ***cliente* ~** regular (customer); ***capitale* ~** capital assets; ***senza -a dimora*** of no fixed address *o* abode FORM.; ***mangiare a ore -e*** to eat at set times; ***festa -a*** immovable feast; ***idea -a, chiodo* ~** FIG. hobby horse; ***avere un chiodo* ~** FIG. to have a bee in one's bonnet; ***ha il chiodo* ~** he's got a one-track mind; ***fare coppia -a con*** to go steady with **3** *(immutabile)* [*procedura, formula*] cut-and-dried; [*posizione, opinione*] immovable, unmov(e)able; [*espressione, sorriso*] set; ***procedere secondo*** o ***seguire uno schema* ~** to follow a set pattern **4** *(intento, concentrato)* [*sguardo*] staring, steadfast, unflinching, unrelenting; ***con lo sguardo* ~** agaze; ***essere* ~ *su*** [*occhi, sguardo*] to be riveted on; ***il suo sguardo era* ~ *su di me*** his eyes were fastened on me; ***avere sempre* ~ *nella mente qcs.*** to have sth. on one's mind **II** avv. steadily, unwaveringly; ***guardare* ~ *nel vuoto*** to gaze into the distance, to stare into space **III** m. *(stipendio)* fixed salary.

fistola /'fistola/ f. **1** MED. fistula* **2** MUS. panpipes pl., pipes pl. of Pan.

fistoloso /fisto'loso/ agg. MED. fistular, fistulous.

fitness /'fitness/ m. e f.inv. fitness; ***centro (di)* ~, ~ *club*** fitness club *o* centre.

fitobiologia /fitobiolo'dʒia/ f. phytobiology.

fitochimica /fito'kimika/ f. phytochemistry.

fitocosmesi /fitokoz'mɛzi/ f.inv. plant cosmetics + verbo sing.

fitoestratto /fitoes'tratto/ m. plant extract.

fitofago, pl. **-gi**, **-ghe** /fi'tɔfago, dʒi, ge/ agg. phytophagous.

fitofarmaco, pl. **-ci** /fito'farmako, tʃi/ m. plant protection product.

fitogenesi /fito'dʒɛnezi/ f.inv. phytogenesis.

fitogenico, pl. **-ci**, **-che** /fito'dʒɛniko, tʃi, ke/, **fitogeno** /fi'tɔdʒeno/ agg. phytogenic.

fitogeografia /fitodʒeogra'fia/ f. phytogeography.

fitolacca, pl. **-che** /fito'lakka, ke/ f. pokeweed.

fitologia /fitolo'dʒia/ f. phytology.

fitopatologia /fitopatolo'dʒia/ f. phytopathology.

fitoplancton /fito'plankton/ m.inv. phytoplankton.

fitormone /fitor'mone/ m. phytohormone.

fitosterolo /fitoste'rɔlo/ m. phytosterol.

fitoterapia /fitotera'pia/ f. phytotherapy.

fitotossico, pl. **-ci**, **-che** /fito'tɔssiko, tʃi, ke/agg. phytotoxic.

fitta /'fitta/ f. *(di dolore)* pang, spasm, sting, twinge, stab (of pain); *(di gelosia)* stab, pang, pinprick; **~ *al fianco*** stitch; ***sento delle -e al ginocchio*** my knee stings; ***ho delle -e lancinanti alla testa*** my head is thumping; ***mi viene una* ~ *ogni volta che mi piego*** the pain strikes when I bend down.

fittamente /fitta'mente/ avv. densely, highly, thickly.

fittare /fit'tare/ [1] tr. → **affittare**.

fittavolo /fit'tavolo/ m. landholder, tenant farmer.

fittezza /fit'tettsa/ f. thickness.

fittile /'fittile/ agg. fictile.

fittiziamente /fittitsja'mente/ avv. [*ricostruire, rappresentare*] spuriously.

fittizio, pl. **-zi**, **-zie** /fit'tittsjo, tsi, tsje/ agg. factitious, fictitious, fictive; [*identità*] fictional; [*nome*] fictitious; [*indirizzo*] fictional, fictitious; [*emozione, sentimento*] sham, spurious; ***società -a*** ECON. dummy company; ***carico* ~** EL. dummy load; ***in modo* ~** fictitiously.

▷ **1.fitto** /'fitto/ **I** agg. **1** *(conficcato)* embedded, driven (**in** in); ***un chiodo* ~ *nel legno*** a nail embedded in wood **2** *(folto)* [*foresta, vegetazione*] thick; ***una -a vegetazione di erbacce*** a thick growth of weeds **3** *(denso)* [*programma, scaletta*] crammed, crowded, tight **4** *(di agenti atmosferici)* [*grandine*] driving; [*neve*] hard, thick; [*nebbia*] heavy, impenetrable, soupy, thick; ***buio* ~** pitch dark; ***in questa zona ci sono delle -e nebbie*** we get thick fogs here **5** *(compatto)* [*grafia, stampa, tessuto*] close; [*trama di tessuto*] close-grained; ***tessitura -a*** fine weave; ***pettine a denti -i*** fine-tooth(ed) comb, toothcomb; ***una -a rete*** a close net (anche FIG.); ***i caratteri erano così -i che*** the script was so closely typed that **II** avv. **1** *(strettamente)* ***scritto* ~** closely written; ***piantare* ~** to clump (together) [*alberi*] **2** *(intensamente)* [*piovere*] solidly; ***cadere* ~ (~)** to fall thickly; ***parlare* ~ ~** to talk nonstop, to rattle on COLLOQ. **III** m. ***nel* ~ *del bosco*** in the depths of the wood ◆ ***a capo* ~** → **capofitto.**

2.fitto /'fitto/ m. *(affitto)* rent; **~ *figurativo*** ECON. imputed rent.

fittone /fit'tone/ m. BOT. taproot.

fiumana /fju'mana/ f. **1** = river in full spate **2** *(di persone)* flood, onrush; ***una* ~ *di persone, visitatori*** a flood of people, visitors.

▶ **fiume** /'fjume/ **I** ➧ **9** m. **1** river; ***in riva a un* ~** on the riverside *o* waterside; ***lungo il* ~** along the river *o* riverside; ***piena di* ~** freshet; **~ *in piena*** river in full spate; ***braccio di* ~** inlet; ***sorgente del* ~** river-head; ***il* ~ *Po*** the river Po; ***letto del* ~** riverbed; ***Fiume Giallo*** Yellow River; ***il ponte sul* ~** the bridge across the river; ***il* ~ *è in piena, in secca*** the river is in flood, is dried-up; ***il* ~ *nasce in*** o ***da...*** the river has its rise in... ***qui il* ~ *si getta nel mare*** here the river flows into *o* enters the sea; ***guadare un* ~** to ford a river; ***le case lungo la sponda del* ~** the houses along(side) the riverbank; ***il* ~ *ruppe gli argini*** the river broke *o* burst its banks; ***il* ~ *si sta ingrossando*** the river is up; ***risalire il* ~ *in barca*** to go upstream *o* up the river in a boat **2** FIG. *(abbondanza)* river, flood, stream; ***un* ~ *di lava*** a river of lava; ***-i di sangue*** rivers of blood; ***un* ~ *di lacrime*** a flood of tears; ***scorrevano -i di vino*** wine flowed freely; ***c'era champagne a -i*** there was loads of champagne; ***un* ~ *di lacrime le scendeva lungo le guance*** tears streamed down her cheeks; ***un* ~ *di gente*** a flood of people; **~ *di parole*** flow of words **II** agg.inv. interminable, long-drawn-out; ***dibattito* ~** talkathon; ***discorso, processo, conferenza* ~** interminable speech, trial, meeting; ***romanzo* ~** epic, saga ◆ ***versare -i di inchiostro su qcs.*** = to write a lot about sth.; ***scorrere a -i*** [*birra, vino*] to flow.

▷ **fiutare** /fju'tare/ [1] tr. **1** *(annusare)* [*animale*] to smell*, to sniff; [*cane poliziotto*] to scent, to smell* out [*droga, esplosivi*]; [*persona*] to sniff [*aria*]; ***fiutare la pista*** to pick up the scent (anche FIG.); ~ ***tabacco*** to snuff tobacco **2** *(sentire)* [*animale*] to nose, to scent, to smell* out [*preda*] **3** FIG. *(subodorare)* to get* wind of, to spot, to sniff out [*affare*]; to smell* (out) [*corruzione, tranello, pericolo, problema*]; [*giornalista*] to sniff out [*scandalo*]; ~ ***che*** to sense that; ~ ***il vento*** to see which way the wind blows; ~ ***qualcosa di losco*** to smell a rat; ***un buon giornalista fiuta sempre una buona storia*** a good reporter can always smell a good story.
fiutata /fju'tata/ f. sniff.
▷ **fiuto** /'fjuto/ m. **1** *(odorato)* nose; ***tabacco da*** ~ snuff; ***un cane che ha*** ~ a dog with a good nose **2** FIG. *(intuizione)* nose, instinct; ***avere*** ~ ***per qcs.*** to have a nose for sth.; ***seguire il proprio*** ~ to follow one's nose; ***non abbiamo avuto*** ~ ***nel vendere la casa*** we miscalculated when we sold the house.
FIV /fiv/ f.inv. **1** (⇒ fecondazione in vitro in vitro fertilization) IVF **2** (⇒ Federazione Italiana Vela) = Italian sailing association.
flabellato /flabel'lato/ agg. flabellate.
flabelliforme /flabelli'forme/ agg. flabelliform.
flabello /fla'bɛllo/ m. flabellum*.
flaccidezza /flattʃi'dettsa/ f. flaccidity.
flaccido /'flattʃido/ agg. [*muscolo, pelle*] flabby, floppy, flaccid, soft, loose; [*pancia*] low-slung; [*materiale*] limp; [*seno*] sagging, pendulous.
flacone /fla'kone/ m. **1** *(bottiglietta)* bottle; ***un*** ~ ***di profumo*** a bottle of perfume **2** CHIM. FARM. (medicine) bottle.
flagellante /fladʒel'lante/ m. STOR. RELIG. flagellant.
flagellare /fladʒel'lare/ [1] **I** tr. **1** to flagellate, to scourge, to urticate **2** FIG. *(criticare duramente)* to castigate [*vizio, abusi*] **3** FIG. *(colpire violentemente)* [*carestia, guerra, malattia*] to scourge; [*onde*] to lash [*costa*] **II flagellarsi** pronom. to flagellate oneself.
flagellato /fladʒel'lato/ **I** p.pass. → **flagellare II** agg. BIOL. flagellate(d) **III** m. (f. **-a**) BIOL. flagellate.
flagellatore /fladʒella'tore/ m. (f. **-trice** /tritʃe/) flagellator.
flagellazione /fladʒellat'tsjone/ f. flagellation, flogging, birching, scourging.
flagelliforme /fladʒelli'fɔrme/ agg. BIOL. flagelliform.
flagello /fla'dʒɛllo/ m. **1** *(sferza)* scourge (anche FIG.); ***il*** ~ ***di Dio*** the scourge of God; ***il*** ~ ***della droga*** FIG. the scourge of drug addiction **2** *(calamità)* blight, plague; *(incendio, inondazione, terremoto)* destroyer; ***questo ragazzo è proprio un*** ~ this boy is a plague **3** BIOL. flagellum*.
flagioletto /fladʒo'letto/ m. flageolet.
flagrante /fla'grante/ **I** agg. **1** DIR. flagrant; ~ ***delitto, reato*** ~ flagrant crime **2** *(evidente)* [*ingiustizia, contraddizione*] flagrant, blatant, glaring **II** m. ***in*** ~ red-handed; ***cogliere qcn. in*** ~ to catch sb. in the act, to catch sb. at it COLLOQ.
flagrantemente /flagrante'mente/ avv. flagrantly.
flagranza /fla'grantsa/ f. flagrancy; ***in*** ~ ***di reato*** in flagrante delicto.
flambare /flam'bare/ [1] tr. GASTR. to flame.
flamenco, pl. **-chi** /fla'menko, ki/ m. flamenco.
flamine /'flamine/ m. STOR. flamen*.
flan /flan/ m.inv. flan; ~ ***di albicocche*** apricot flan.
flanella /fla'nɛlla/ f. TESS. flannel; ~ ***di cotone*** flannelette; ***pantaloni di*** ~ flannels.
flangia, pl. **-ge** /'flandʒa, dʒe/ f. **1** TECN. *(di tubo)* collar **2** MECC. flange; ~ ***della rotaia*** FERR. rail foot.
flangiare /flan'dʒare/ [1] tr. to flange [*tubo*].
flano /'flano/ m. TIP. flong.
flash /flɛʃ/ m.inv. **1** FOT. flash (lamp), photoflash; ***fotografia col*** ~ flash photograhy; ***fare una foto col*** ~ to take a photo with a flash **2** RAD. TELEV. ***notizie*** ~ flash; ~ ***d'agenzia*** news flash; ***il notiziario*** ~ ***delle 12*** the 12 o'clock news summary **3** *(reazione alla droga)* quick hit ◆◆ ~ ***automatico*** FOT. automatic flash; ~ ***elettronico*** FOT. electronic flashlight.
flashback /flɛʃ'bɛk/ m.inv. CINEM. LETTER. flashback (anche FIG.); cutback AE; ***tornare con un*** ~ ***a*** [*film*] to flashback to.
flato /'flato/ m. flatus*.
flatting /'flatting/ m.inv. flatting varnish.
flatulento /flatu'lɛnto/ agg. flatulent.
flatulenza /flatu'lɛntsa/ f. flatulence.
flautato /'flautato/ agg. [*voce, suono*] fluty.
flautino /flau'tino/ m. penny whistle.
flautista, m.pl. **-i**, f.pl. **-e** /flau'tista/ ➧ ***34, 18*** m. e f. flautist, flutist.
▷ **flauto** /'flauto/ ➧ ***34*** m. flute; ***suonare il*** ~ to flute, to play on the flute ◆◆ ~ ***a becco*** o ***diritto*** o ***dolce*** recorder; ~ ***dolce soprano*** descant recorder; ***Il*** ~ ***magico*** the Magic Flute; ~ ***di Pan*** panpipes, pipes of Pan; ~ ***traverso*** transverse flute.
flavescente /flaveʃ'ʃɛnte/ agg. LETT. flavescent.
flavina /fla'vina/ f. flavin.
Flavio /'flavjo/ n.pr.m. Flavian.
flavo /'flavo/ agg. LETT. flavescent.
flebile /'flɛbile/ agg. [*voce*] thready, tremulous, quiet, feeble; ***una vocina*** ~ ***disse...*** a little voice said...
flebilmente /flebil'mente/ avv. softly, feebly.
flebite /fle'bite/ ➧ ***7*** f. phlebitis.
flebitico, pl. **-ci**, **-che** /fle'bitiko, tʃi, ke/ agg. phlebitic.
flebo /'flɛbo/ f.inv. MED. COLLOQ. (accorc. fleboclisi) drip; ***avere la*** ~ to be on a drip.
fleboclisi /flebo'klizi/ f.inv. MED. drip (feed).
flebografia /flebogra'fia/ f. phlebography.
flebologia /flebolo'dʒia/ f. phlebology.
flebotomia /flebotomia/ f. phlebotomy, venesection.
flebotomo /fle'bɔtomo/ m. **1** *(strumento per flebotomia)* lancet **2** ZOOL. sand fly.
flegmasia /flegma'zia/ f. MED. milk leg.
flemma /'flɛmma/ f. **1** MED. phlegm **2** *(calma esagerata)* phlegm, stolidness, stolidity.
flemmaticamente /flemmatika'mente/ avv. phlegmatically, stolidly.
flemmatico, pl. **-ci**, **-che** /flem'matiko, tʃi, ke/ agg. phlegmatic.
flemmone /'flɛmmone/ m. phlegmon.
flessibile /fles'sibile/ **I** agg. **1** *(elastico)* [*materiale, sospensione*] flexible; [*plastica, ramo*] pliable, pliant; ***tubo*** ~ flexible hose; ***scatto*** o ***comando*** ~ cable release; ***rilegatura*** ~ limp binding, limp boards **2** *(adattabile)* [*persona, bilancio*] flexible; [*politica, strategia*] open-ended; ***rendere più*** ~ to loosen up [*sistema*] **3** *(modificabile)* [*regolamento, gestione*] flexible; ***orario*** ~ flexible working hours, flexitime; ***avere un orario*** ~ to work flexitime; ***rendere*** ~ ***l'occupazione*** to casualize labour **II** m. *(tubo flessibile)* (flexible) hose, nozzle; ~ ***della doccia*** shower hose.
flessibilità /flessibili'ta/ f.inv. flexibility, pliability, pliableness; ~ ***del lavoro*** ECON. flexibility of labour.
flessibilmente /flessibil'mente/ avv. pliably, flexibly.
flessimetro /fles'simetro/ m. deflectometer.
flessionale /flessjo'nale/ agg. [*lingua*] inflectional.
flessione /fles'sjone/ f. **1** *(di oggetto)* flexion, bending; TECN. *(incurvatura)* buckling; ***molla che resiste alla*** ~ spring that doesn't bend **2** *(di braccio)* crook; *(atto di chinarsi)* flexion, flexure, inflection; ~ ***sulle braccia*** SPORT press-up, push-up; ***muscoli che intervengono nella*** ~ ***della mano*** muscles used for flexing the hand **3** COMM. ECON. blip, softening, softness; *(di commercio, domanda, sovvenzione)* decline; *(di economia, profitti, spese)* downturn, turndown; *(di esportazioni, inflazione)* drop; ***subire una*** ~ [*domanda, prezzo, valore*] to slump; ***essere in*** ~ [*economia, mercato, valuta*] to soften; ***c'è stata una forte*** ~ ***della disoccupazione*** there has been a sharp drop in unemployment **4** LING. inflection; ***questa parola non ha la*** ~ ***del plurale*** this word does not inflect in the plural.
flessivo /fles'sivo/ agg. LING. inflected, inflectional, inflective.
flesso /'flɛsso/ **I** agg. [*forma*] inflected **II** m. MAT. FIS. inflection.
flessore /fles'sore/ **I** agg. ***muscolo*** ~ flexor **II** m. flexor.
flessuosamente /flessuosa'mente/ avv. lissomly.
flessuosità /flessuosi'ta/ f.inv. lissomness, suppleness, flexuosity RAR.; ~ ***delle forme*** o ***dei contorni*** smooth curves.
flessuoso /flessu'oso/ agg. lissom(e), lithe, supple, willowy.
flessura /fles'sura/ f. GEOL. flexure.
flettere /'flɛttere/ [50] **I** tr. **1** *(piegare)* to flex, to bend* [*busto, ginocchia*] **2** LING. to inflect [*verbo, nome, aggettivo*] **II** intr. (aus. *avere*), **flettersi** pronom. **1** *(piegarsi)* [*ramo*] to bend* **2** LING. to inflect.
flicorno /fli'kɔrno/ ➧ ***34*** m. flugelhorn.
flippato /flip'pato/ agg. GERG. flipped out, freaked out, spaced out, ripped AE.
flipper /'flipper/ m.inv. pinball (machine).
flirt /flɛrt/ m.inv. flirtation, romance.
flirtare /fler'tare/ [1] intr. (aus. *avere*) to dally, to flirt (**con** with).
flit /flit/ m.inv. insect spray, insecticide.
flittena /flit'tena/ f. MED. water blister.
F.lli ⇒ COMM. fratelli Brothers (Bros.).
FLM /effeelle'ɛmme/ f. (⇒ Federazione lavoratori metalmeccanici) Italian Federation of Engineering Industry Workers.
FLN /effeelle'ɛnne/ m. (⇒ Fronte di liberazione nazionale) National Liberation Front.

floccaggio, pl. **-gi** /flok'kaddʒo, dʒi/ m. flocking, flock printing.
flocculazione /flokkulat'tsjone/ f. flocculation.
flocculo /'flɔkkulo/ m. flocculus* (anche ANAT.).
flogistico, pl. **-ci**, **-che** /flo'dʒistiko, tʃi, ke/ agg. phlogistic.
flogisto /flo'dʒisto/ m. phlogiston.
flogosi /flo'gɔzi/ ➧ 7 f.inv. phlogosis.
flop /flop/ m.inv. damp squib, flop, fiasco*.
floppy disk /'flɔppidisk/ m.inv. floppy disk, flexi disc.
flora /'flɔra/ f. **1** BOT. flora, plant life; **~ *acquatica*** weed **U**; **~ *e fauna*** wildlife **2** *(batterica)* flore ◆◆ **~ *batterica*** bacterial flora; **~ *(batterica) intestinale*** intestinal flora.
floreale /flo'reale/ agg. floral; ***addobbo*** **~** flower arranging; ***composizione*** **~** flower arrangement; ***omaggio*** **~** floral tribute; ***mostra*** o ***esposizione*** **~** flower show; ***motivo*** **~** floral pattern.
floricolo /flo'rikolo/ agg. floricultural.
floricoltore /florikol'tore/ ➧ *18* m. (f. **-trice** /tritʃe/) floriculturist, flower grower.
floricoltura /florikol'tura/ f. floriculture.
floridamente /florida'mente/ avv. prosperously.
floridezza /flori'dettsa/ f. *(di persona)* floridity; *(di economia)* robustness.
floridità /floridi'ta/ f.inv. → **floridezza**.
florido /'flɔrido/ agg. [*persona*] blooming, florid; [*seno*] full, prosperous, fleshy; [*paese*] prosperous; [*economia*] robust.
florilegio, pl. **-gi** /flori'lɛdʒo, dʒi/ m. florilegium*.
florisuga /flo'risuga/ f. ZOOL. jacobin.
floscio, pl. **-sci**, **-sce** /'flɔʃʃo, ʃi, ʃe/ agg. **1** *(molle)* [*materiale*] limp; [*cappello*] floppy; ***berretto*** **~** homburg, slouch hat, flat cap BE **2** *(flaccido)* [*pelle, muscolo*] flabby, flaccid; [*pancia, sedere*] flabby, droopy **3** FIG. *(rammollito)* [*persona*] spineles.
flosculo /'flɔskulo/ m. floret.
▷ **flotta** /'flɔtta/ f. MAR. AER. fleet ◆◆ **~ *aerea*** air fleet; **~ *aziendale*** company('s) fleet; **~ *mercantile*** MAR. mercantile *o* merchant fleet.
flottante /flot'tante/ agg. floating; ***polizza*** **~** floating policy.
flottare /flot'tare/ [1] **I** intr. (aus. *avere*) to float **II** tr. to float, to drive*, to sluice AE [*tronchi*].
flottazione /flottat'tsjone/ f. CHIM. IND. flotation.
flottiglia /flot'tiʎʎa/ f. fleet, flotilla ◆◆ **~ *da pesca*** fishing fleet.
flou /flu/ **I** agg.inv. **1** FOT. ***effetto*** **~** soft focus; ***con effetto*** **~** in soft focus; ***filtro*** **~** soft focus lens **2** *(nella moda)* [*abiti, velo*] loose(-fitting) **II** m.inv. soft focus.
fluente /flu'ɛnte/ agg. **1** *(scorrevole)* [*tono, stile*] rounded, fluid **2** *(folto e lungo)* [*barba, chioma*] flowing.
fluidica /flu'idika/ f. fluidics + verbo sing.
fluidificante /fluidifi'kante/ **I** agg. fluidifying **II** m. MED. fluidifying medicine.
fluidificare /fluidifi'kare/ [1] tr. to fluidify [*sostanza*].
fluidificazione /fluidifikat'tsjone/ f. fluidification.
fluidità /fluidi'ta/ f.inv. **1** FIS. fluidity **2** *(di stile, linguaggio)* fluency, flowingness; *(di idee, stile, movimento, linee)* fluidity; *(di miscela, olio, sangue)* thinness; *(di mercato)* volatility.
fluidizzare /fluidid'dzare/ [1] tr. CHIM. to fluidize [*solidi*].
fluidizzazione /fluididdzat'tsjone/ f. CHIM. fluidization.
▷ **fluido** /'fluido/ **I** agg. **1** CHIM. TECN. *(liquido)* fluid; [*miscela, olio*] thin; ***rendere*** **~** to fluidify [*sostanza*]; ***rendere più -a una pittura*** to thin a paint **2** *(spigliato)* [*grafia, movimento*] flowing, fluid; [*stile*] fluent, fluid, flowing; [*conversazione, musica*] free-flowing **3** *(incerto)* [*situazione*] fluid, open-ended; [*mercato*] volatile **II** m. **1** CHIM. TECN. fluid; ***meccanica dei -i*** FIS. fluid mechanics **2** *(liquido)* **~ *refrigerante*** TECN. coolant; **~ *criogenico*** cryogen **3** *(di medium)* fluid.
1.fluire /flu'ire/ [102] intr. (aus. *essere*) **1** [*gas, liquido*] to flow; [*acqua, lacrime, sangue*] to stream; **~ *e rifluire*** to ebb and flow; ***in primavera la linfa torna a*** **~** in spring the sap rises again **2** FIG. *(scorrere)* **~ *lentamente*** [*folla, gente*] to filter back *o* out; **~ *in massa*** to surge forward **3** FIG. [*parole, tempo*] to flow.
2.fluire /flu'ire/ m. ***il*** **~ *del tempo*** the flow of time.
fluitare /flui'tare/ [1] intr. (aus. *essere*) to float; ***far*** **~** to float *o* drive* *o* sluice AE [*tronchi*].
fluitazione /fluitat'tsjone/ f. floating; ***fiume adatto alla*** **~** floatable river.
fluoresceina /fluoreʃʃe'ina/ f. fluorescein.
fluorescente /fluoreʃ'ʃɛnte/ agg. fluorescent; ***torcia*** **~ *(d'emergenza)*** compact fluorescent light; ***vernice*** **~** paint that glows in the dark.
fluorescenza /fluoreʃ'ʃɛntsa/ f. fluorescence.
fluoridrico /fluo'ridriko/ agg. hydrofluoric; ***acido*** **~** hydrofluoric acid.
fluorite /fluo'rite/ f. MIN. fluor, fluorspar.
fluorizzare /fluorid'dzare/ [1] tr. to fluoridate.
fluorizzazione /fluoriddzat'tsjone/ f. fluoridation, fluoridization AE.
fluoro /flu'ɔro/ m. fluorine; ***dentifricio, collutorio al*** **~** fluoride toothpaste, mouthwash.
fluorocarbonio /fluorocar'bɔnjo/ m. fluorocarbon.
fluorosi /fluo'rɔzi/ ➧ 7 f.inv. fluorosis.
fluorurare /fluoru'rare/ [1] tr. to fluorinate.
fluorurazione /fluorurat'tsjone/ f. fluorination.
fluoruro /fluo'ruro/ m. fluoride; **~ *di sodio*** sodium fluoride.
fluosilicato /fluosili'kato/ m. fluosilicate.
flussione /flus'sjone/ f. MED. ANT. fluxion.
flusso /'flusso/ m. **1** *(di liquido, gas)* flow, rush, stream; **~ *d'aria*** airflow **2** MED. flux; **~ *ematico*** o ***sanguigno*** blood flow *o* supply *o* surge; **~ *mestruale*** menstrual flow **3** FIS. flux; **~ *luminoso, magnetico*** luminous, magnetic flux; ***densità di*** **~** flux density; ***linea di*** **~** streamline **4** ECON. flow; **~ *di capitali*** flow of capital; **~ *di cassa*** cash flow; **~ *monetario*** financial flow **5** *(dell'acqua)* flow; **~ *di marea*** flood tide; ***il*** **~ *e riflusso*** the ebb and flow (anche FIG.) **6** *(di folla, turisti)* pressure, stream; *(di lettere, lamentele)* tide; *(di veicoli)* stream; ***il*** **~ *di rifugiati verso il confine*** the drift of refugees to the border; ***il*** **~ *del traffico*** the traffic flow, the stream of traffic; ***un continuo*** **~ *di macchine*** a steady stream of cars; ***bloccare il*** **~ *del traffico*** to impede traffic flow; **~ *di coscienza*** *(tecnica narrativa)* stream of consciousness **7** AMM. ***produzione, distribuzione a -i tesi*** just-in-time production, distribution **8** INFORM. **~ *di trasmissione dei dati*** data throughput rate; ***diagramma di*** **~** flowchart.
flussometro /flus'sɔmetro/ m. fluxmeter.
flûte /flyt/ m.inv. flûte (glass).
flutto /'flutto/ m. LETT. ***i -i*** the billows *o* waves; ***essere in balia dei -i*** to be at the mercy of the waves.
fluttuante /fluttu'ante/ agg. **1** *(che ondeggia)* waving; [*nebbia, nubi*] swirling **2** ECON. *(instabile)* fluctuant, fluctuating; [*capitale, popolazione, valuta*] floating; [*debito*] unfunded, floating **3** ANAT. ***costola*** **~** false rib, floating rib.
fluttuare /fluttu'are/ [1] intr. (aus. *avere*) **1** *(ondeggiare nell'aria)* to float, to flutter; [*fumo, nebbia, nuvole*] to float, to swirl; [*capelli, bandiere*] to stream; [*capelli*] to fly*; ***le nuvole fluttuavano in cielo*** clouds floated across the sky **2** FIG. *(essere sospeso, incerto)* to hover; [*stato d'animo, temperatura*] to fluctuate (**tra** between); **~ *fra speranza e disperazione*** to alternate *o* veer *o* waver between hope and despair **3** ECON. [*valuta*] to float; [*prezzi*] to seesaw, to fluctuate, to yo-yo COLLOQ.
fluttuazione /fluttuat'tsjone/ f. **1** *(variazione)* fluctuation **2** ECON. *(di valuta)* floating, flotation; *(di economia, prezzi)* fluctuation, swing; ***-i stagionali*** seasonal fluctuation; ***le -i del mercato*** market swings **3** MED. fluctuation.
fluviale /flu'vjale/ agg. fluvial, riverine; ***bacino*** **~** river basin; ***barca*** **~** riverboat; ***difesa*** **~** flood control; ***rete*** **~** river system; ***per via*** **~** by water.
fluvioglaciale /fluvjogla'tʃale/ agg. fluvioglacial.
fluviometro /flu'vjɔmetro/ m. fluviometer.
FM /effe'ɛmme/ f. RAD. (⇒ frequency modulation modulazione di frequenza) FM.
FMI /effeemme'i/ m. (⇒ Fondo Monetario Internazionale International Monetary Fund) IMF.
FOB /fob/ agg.inv. (⇒ free on board franco a bordo) FOB.
fobia /fo'bia/ f. phobia (**di**, **per** about); ***avere la*** **~ *di*** to have a phobia *o* hang-up about, to be phobic about.
fobico, pl. **-ci**, **-che** /'fɔbico, tʃi, ke/ agg. e m. phobic.
foca, pl. **-che** /'fɔka, ke/ f. **1** seal; ***pelle di*** **~** sealskin; ***massacro di -che*** seal cull(ing); ***cacciatore di -che*** sealer; ***caccia alle -che*** sealery; ***andare a caccia di -che*** to go sealing **2** FIG. *(persona goffa e grassa)* elephant ◆◆ **~ *dal cappuccio*** hooded seal; **~ *grigia*** grey seal; **~ *della Groenlandia*** harp seal; **~ *leopardo*** sea leopard; **~ *monaca*** monkseal.
focaccia, pl. **-ce** /fo'kattʃa, tʃe/ f. **1** GASTR. INTRAD. *(salata)* (flat bread made with olive oil and herbs) **2** GASTR. INTRAD. *(dolce)* (flat cake) ◆ ***rendere pan per*** **~** to give tit for tat.
focaia /fo'kaja/ agg. ***pietra*** **~** firestone, flint.
focale /fo'kale/ agg. **1** MAT. ***distanza, piano*** **~** focal length, plane **2** MED. [*infezione*] focal **3** CINEM. FOT. ***distanza*** **~** depth of focus **4** FIG. ***punto*** **~** focal point.
focalizzare /fokalid'dzare/ [1] tr. **1** FIS. *(concentrare)* to focus [*fascio di elettroni*] **2** FIG. to focus (**su** on) **3** FOT. to focalize.
focalizzazione /fokaliddzat'tsjone/ f. FOT. focalization, focusing (anche FIG.); ***la*** **~ *dei media su un avvenimento*** media focus on an event.

focatico, pl. **-ci** /fo'katiko, tʃi/ m. STOR. hearth-tax.

foce /'fotʃe/ f. (river) mouth, outfall; ~ ***a delta, a estuario*** delta, estuary.

focena /fo'tʃɛna/ f. ZOOL. cowfish, porpoise.

focolaio, pl. **-ai** /foko'lajo, ai/ m. **1** *(di incendio)* fire; ***rimangono tre -i da spegnere*** three fires are still burning **2** MED. *(di epidemia)* hotbed; *(di batteri)* nidus*, breeding ground; ~ ***infettivo*** o ***di infezione*** focus **3** FIG. breeding ground, seedbed; ~ ***dei disordini*** storm centre, hotbed, troublespot; ~ ***di resistenza*** pocket of resistance.

focolare /foko'lare/ m. **1** *(di camino)* fireplace, grate, hearth; ***angolo del*** ~ chimney corner, fireside; ***pietra del*** ~ hearth stone **2** FIG. *(casa, famiglia)* home; ~ ***domestico*** hearth stone; ***angelo del*** ~ = perfect housewife; ***lontano dal proprio*** ~ far from hearth and home **3** MECC. furnace.

focomelia /fokome'lia/ ♦ **7** f. phocomelia.

focomelico, pl. **-ci**, **-che** /foko'mɛliko, tʃi, ke/ **I** agg. phocomelic **II** m. (f. **-a**) phocomelic person.

focone /fo'kone/ m. STOR. *(nel cannone)* touchhole.

focosamente /fokosa'mente/ avv. fierily.

focosità /fokosi'ta/ f.inv. fieriness, impetuosity.

focoso /fo'koso/ agg. [*persona*] full-blooded, red-blooded, gutsy COLLOQ.; [*cavallo*] high-mettled, mettlesome, spirited; [*razza, reazione*] hot-blooded; ***ha un temperamento*** ~ he's passionate *o* fiery.

focus /'fokus/ m.inv. MED. focus*.

▷ **fodera** /'fodera/ f. **1** *(di abiti)* lining, facing; ~ ***di pelliccia*** furring; ~ ***staccabile*** loose cover BE **2** *(per divani, piumini)* cover; *(per mobili)* dust cover, dust sheet; *(per materassi, cuscini)* tick(ing), cover **3** *(di libri)* slipcover **4** MAR. sheathing.

foderame /fode'rame/ m. lining materials pl.

▷ **foderare** /fode'rare/ [1] tr. **1** SART. to line, to quilt, to wad; ~ ***una gonna*** to line a skirt; ~ ***di pelliccia*** to fur **2** *(rivestire)* to re-cover [*sedia*]; to back, to cover [*libri, quaderni*] **3** GASTR. to line [*stampo, piatto*].

foderato /fode'rato/ **I** p.pass. → **foderare II** agg. **1** [*abito*] lined, quilted; ~ ***interamente*** thoroughly lined; ~ ***di pelliccia*** fur-lined **2** *(rivestito)* covered ♦ ***hai le orecchie -e di prosciutto?*** are you deaf or what? ***avere gli occhi -i di prosciutto*** to go around blinfolded *o* with one's eyes shut.

foderatura /fodera'tura/ f. *(di vestiti)* lining; *(di mobili)* covering.

foderina /fode'rina/ f. *(di libro)* dust cover.

fodero /'fɔdero/ m. *(di coltello, fucile)* case; *(di ombrello, lama)* cover; *(di pugnale, spada)* scabbard, sheath; ***coltello con*** ~ sheath knife; ***valvola a*** ~ sleeve valve; ***estrarre una spada dal*** ~ to slide a sword out of its scabbard; ***rimettere la spada nel*** ~ to put up one's sword.

foga /'foga/ f. fieriness, fire, heat; ***parlare con*** ~ to talk heatedly; ***trasportata dalla*** ~ ***della discussione affermò...*** carried away by the heat of the discussion she declared...

foggia, pl. **-ge** /'fɔddʒa, dʒe/ f. **1** *(forma, modo)* manner; ~ ***di parlare*** manner of speaking; ***la*** ~ ***di una lampada*** the shape of a lamp; ***sotto*** o ***in -ge diverse*** in various *o* different guises **2** *(taglio)* cut, style; ***un cappotto di*** ~ ***moderna, antica*** a coat with a modern cut, an old-fashioned coat.

foggiano /fod'dʒano/ ♦ **2 I** agg. from, of Foggia **II** m. (f. **-a**) native, inhabitant of Foggia.

foggiare /fod'dʒare/ [1] tr. to mould (anche FIG.).

foggiatura /foddʒa'tura/ f. *(della ceramica)* moulding.

▶ **foglia** /'fɔʎʎa/ f. **1** *(di albero)* leaf*; ~ ***d'alloro, di trifoglio, di tè*** bay leaf, cloverleaf, tea leaf; ~ ***di ninfea*** lily pad; ~ ***di palma*** palm; ~ ***di fico*** fig leaf (anche ART.); ~ ***composta*** compound leaf; ~ ***morta*** dead leaf; ***con le -e rosse*** red-leaved; ***coperto di -e*** leaf-strewn; ***senza -e*** leafless; ***tabacco, verdura, spinaci in*** ~ leaf tobacco, vegetable, spinach; ***albero a -e decidue*** deciduous tree; ***albero a -e larghe*** broad-leaved tree; ***mettere le -e*** to burst *o* come into leaf, to foliate, to leaf; ***perdere le -e*** to lose leaves; ***discesa a*** ~ ***morta*** AER. falling leaf; ***decorazione a -e*** ARCH. foliation **2** *(lamina)* foil; ~ ***d'oro*** gold foil, gold leaf **3** *(di molla)* leaf* ♦ ***tremare come una*** ~ to shake like a leaf *o* a jelly; ***non si muove*** ~ ***che Dio non voglia*** PROV. when God wills, all winds bring rain; ***mangiare la*** ~ to smell a rat.

fogliaceo /foʎ'ʎatʃeo/ agg. BOT. foliaceous, foliate, leaflike.

fogliame /foʎ'ʎame/ m. **1** BOT. foliage, greenery, leafage, green AE **2** ART. ***ornamento a*** ~ feathering.

1.fogliare /foʎ'ʎare/ agg. foliar; ***gemma, lamina*** ~ leaf bud, blade.

2.fogliare /foʎ'ʎare/ [1] intr. [*albero*] to foliate, to leaf.

fogliato /foʎ'ʎato/ agg. [*metallo*] sheeted.

fogliazione /foʎʎat'tsjone/ f. BOT. foliation.

foglietto /foʎ'ʎetto/ m. **1** *(foglio)* piece of paper, slip; ***un*** ~ ***bianco*** a blank piece of paper; ~ ***illustrativo, pubblicitario*** circular, leaflet; ~ ***a strappo*** tear-off slip; ***blocchetto di -i a strappo*** tear-off pad **2** ANAT. ZOOL. layer; ~ ***embrionale*** germ layer.

▶ **foglio**, pl. **-gli** /'fɔʎʎo, ʎi/ m. **1** *(di carta)* leaf*, sheet; *(pagina)* folio, leaf; ***un*** ~ ***bianco, volante*** a clean, loose sheet of paper; ~ ***da disegno, a quadretti, a righe*** drawing, squared, ruled paper; ***un*** ~ ***non intestato, senza righe*** a sheet of unheaded, plain paper; ~ ***di istruzioni*** instruction sheet; ~ ***d'iscrizione*** enrolment form; ~ ***doppio, singolo*** double, single sheet; ~ ***di francobolli*** sheet of stamps; ***blocchetto di -i per appunti*** scratch pad; ***a -i mobili*** [*raccoglitore*] loose-leaf; ***quadrettare un*** ~ to divide a page up into squares **2** *(lamina di metallo, plastica)* sheet; ~ ***di lamiera*** sheet of iron; ~ ***di alluminio*** aluminium foil, tin foil, silver foil BE; ***un*** ~ ***di carta stagnola*** a sheet of foil; ***avvolto in -i di stagnola*** foil-wrapped **3** *(documento)* handout; ~ ***(firmato) in bianco*** ECON. = document or contract signed in blank **4** COLLOQ. *(giornale)* (news)paper **5** COLLOQ. *(banconota)* (bank)note **6** SCOL. sheet; ~ ***con gli esercizi*** worksheet; ~ ***di brutta*** rough paper; ~ ***bianco*** blank paper; ***consegnare il*** ~ ***in bianco*** to hand in a blank paper **7** TIP. sheet; ~ ***formato reale*** royal paper; ~ ***di guardia*** o ***di risguardo*** fly-leaf; ***numerazione dei -i*** foliation ♦♦ ~ ***di alloggio*** MIL. billet; ~ ***di centraggio*** AER. balance chart; ~ ***di codifica*** INFORM. coding sheet; ~ ***di congedo*** MIL. discharge papers; ~ ***elettronico*** INFORM. spreadsheet; ~ ***di errata corrige*** errata sheet; ~ ***illustrativo*** notice; ~ ***di inventario*** stock sheet; ~ ***paga*** paysheet, payslip; ~ ***di presenza*** time-sheet; ~ ***protocollo*** foolscap BE; ~ ***rosa*** = provisional driving licence BE, permit AE; ~ ***segnapunti*** scoresheet; ~ ***stile*** INFORM. style sheet; ~ ***di via*** o ***di viaggio*** travel warrant.

fogliolina /foʎʎo'lina/ f. BOT. foliole; *(piccola foglia)* leaflet.

▷ **fogna** /'foɲɲa/ f. **1** drain, sewer; ~ ***a cielo aperto*** open drain; ***ratto di*** ~ sewer rat **2** FIG. SPREG. *(luogo sudicio e malfrequentato)* cesspit, cesspool, pigsty **3** FIG. SPREG. *(persona ingorda)* pig.

fognaiolo /foɲɲa'jɔlo/ m. (f. **-a**) sewage worker.

fognario, pl. **-ri**, **-rie** /foɲ'ɲarjo, ri, rje/ agg. ***rete -a*** sewage system, drainage.

fognatura /foɲɲa'tura/ f. drainage; ***-e*** guttering, sewage system.

foia /'fɔja/ f. **1** *(fregola)* rut **2** *(frenesia)* lust.

fola /'fɔla/ f. **1** LETT. fable, (fairy) tale **2** *(bugia)* fable, story; ***non raccontarmi -e!*** you're making it up!

folaga, pl. **-ghe** /'fɔlaga, ge/ f. (bald-)coot.

folata /fo'lata/ f. blast, flaw, flurry, gust; ~ ***di vento*** blast of wind.

folclore /fol'klore/ m. *(scienza, tradizioni)* folklore.

folclorico, pl. **-ci**, **-che** /fol'klɔriko, tʃi, ke/ → **folcloristico**.

folclorismo /folklo'rizmo/ m. **1** folklore **2** SPREG. = eccessive use of folk elements.

folclorista, m.pl. **-i**, f.pl. **-e** /folklo'rista/ m. e f. folklorist.

folcloristico, pl. **-ci**, **-che** /folklo'ristiko, tʃi, ke/ agg. **1** *(tradizionale)* [*danza, musica*] folk; ***danza -a*** country *o* folk dance **2** COLLOQ. *(eccentrico)* [*tipo*] colourful BE, colorful AE, cockamamie.

folgorante /folgo'rante/ agg. *(improvviso)* [*ascensione, successo*] sudden; *(che colpisce)* [*bellezza*] striking, dazzling; [*sguardo*] flashing, glaring, scathing, withering; [*idea*] brilliant, knock-out.

folgorare /folgo'rare/ [1] tr. **1** *(col fulmine)* ~ ***qcn.*** [*fulmine, Dio*] to strike sb. dead **2** *(con una scarica elettrica)* to electrocute; ***avresti potuto rimanere folgorato!*** you could have been electrocuted! **3** FIG. ~ ***qcn. con lo sguardo*** to look scathingly at sb., to glare at sb.

folgorazione /folgorat'tsjone/ f. **1** electrocution **2** FIG. *(illuminazione)* sudden flash, flash of intuition, brainwave COLLOQ.

folgore /'folgore/ f. LETT. bolt, lightning.

folgorite /folgo'rite/ f. fulgurite.

foliaceo /fo'ljatʃeo/ agg. foliaceous.

foliazione /foljat'tsjone/ f. GEOL. foliation.

folico /'fɔliko/ agg. folic; ***acido*** ~ folic acid.

folk /folk/ **I** agg.inv. [*festival, musica*] folk **II** m.inv. folk.

folklore → **folclore**.

folklorico → **folclorico**.

folklorismo → **folclorismo**.

folklorista → **folclorista**.

folkloristico → **folcloristico**.

▶ **folla** /'folla, 'fɔlla/ f. **1** *(moltitudine di persone)* crowd, cram, huddle, press, mob SPREG., rabble SPREG.; ***una*** ~ ***di gente*** crowds of people; ~ ***in delirio*** delirious crowd; ***la*** ~ ***gremita*** the tightly packed crowd; ~ ***tumultuante*** rout; ***una*** ~ ***inferocita*** an angry mob; ***disordine tra la*** ~ crowd trouble; ***concorso di*** ~ mob scene; ***la*** ~ ***dei ma-***

nifestanti the crowd of demonstrators; ***sparire tra la ~*** to fade *o* melt into the crowd; ***aprirsi un varco*** o ***farsi largo (a spintoni) tra la ~*** to push oneself *o* barge *o* bulldozer *o* press through a crowd; ***elevarsi al di sopra della ~*** to stand out from the crowd; ***la ~ si riversò dentro al, fuori dal teatro*** the crowd surged into, streamed out of the theatre; ***ha sparato in pieno tra la ~*** he fired straight into *o* through the crowd **2** *(gran numero)* battalion, host, mass, shoal, throng; ***una ~ di amici*** lots of friends **3** FIG. *(miriade)* ***una ~ di ricordi*** a host of memories ◆ ***fare un bagno di ~*** to go on (a) walkabout BE.

follare /fol'lare/ [1] tr. TESS. to full.

follatore /folla'tore/ ⧫ **18** m. (f. **-trice** /tritʃe/) fuller.

follatrice /folla'tritʃe/ f. *(macchina)* fulling mill.

follatura /folla'tura/ f. TESS. milling, fulling.

▷ **folle** /'fɔlle/ **I** agg. **1** *(pazzo)* [*persona*] insane, lunatic; ***un ~ omicida*** a crazed killer **2** *(assurdo)* [*comportamento, idea, schema*] crazy, mad; [*decisione, idea, piano*] insane, lunatic, nutty, potty; [*comportamento*] maniac(al); ***una ~ speranza*** a wild hope; ***realizzare i sogni più -i*** to make one's wildest dreams come true; ***rendere qcn. ~ di rabbia*** to send sb. mad *o* berserk; ***essere ~ di qcn.*** to be crazy about sb.; ***è stata una cosa ~ da fare*** that was a foolish thing to do **3** *(smisurato)* [*amore, passione*] mad; [*spesa*] crazy, prodigal; [*prezzo*] silly; [*velocità*] terrific; ***fare spese -i*** to go on a spending spree **4** *(incontrollabile)* [*corsa, panico*] mad; ***avere una paura ~ di*** to be terrified of; ***abbiamo fatto corse -i per finire in tempo*** it was a mad scramble to finish on time **5** AUT. **in folle** in neuter, into neuter; ***andare in ~*** to freewheel; ***scendere in ~*** [*automobile*] to coast downhill; ***sei in ~*** you're not in gear; ***girare*** o ***essere in ~*** MECC. to idle **II** m. e f. *(uomo)* madman*; *(donna)* madwoman*; ***il gesto di un ~*** the act of a madman.

folleggiare /folled'dʒare/ [1] intr. (aus. *avere*) to frolic, to have* a rip-roaring time, to live it up, to have* a fling COLLOQ.

follemente /folle'mente/ avv. crazily, insanely; ***essere ~ innamorato di*** to be madly in love with, to be smitten by *o* with.

folletto /fol'letto/ m. **1** *(spirito)* bogey, (hob)goblin, sprite **2** *(bambino vivace)* imp.

▷ **follia** /fol'lia/ f. **1** *(pazzia)* craziness, folly, insaneness, insanity, madness; ***un gesto di ~*** an act of folly; ***in un momento di ~*** in a moment of aberration, in a fit of madness; ***portare qcn. alla ~*** to drive sb. mad **2** *(dissennatezza)* folly, madness; ***è pura ~*** it is sheer madness *o* lunacy; ***amare qcn. alla ~*** to be madly in love with sb., to dote on sb. **3** *(atto sconsiderato)* folly, foolishness; ***le -e di gioventù*** the follies of youth **4** COLLOQ. *(spesa sconsiderata)* splurge; ***fare -e*** to go mad, to splash out COLLOQ., to lash out BE COLLOQ.

follicolare /folliko'lare/ agg. ANAT. BOT. follicular.

follicolina /folliko'lina/ f. oestrone BE, estrone AE.

follicolite /folliko'lite/ ⧫ **7** f. folliculitis.

follicolo /fol'likolo/ m. ANAT. BOT. follicle; ***~ pilifero*** hair follicle.

follone /fol'lone/ m. fulling mill.

foltamente /folta'mente/ avv. thickily, heavily.

foltezza /fol'tettsa/ f. thickness.

▷ **folto** /'folto/ **I** agg. **1** *(fitto)* [*foresta, vegetazione*] thick; [*erba*] coarse **2** FIG. [*chioma*] luxuriant; [*barba, capelli, coda, sopracciglia*] bushy, thick; ***dal pelo ~*** [*gatto*] furry **3** FIG. *(numeroso)* [*pubblico, uditorio*] large **II** m. ***nel ~ del bosco*** in the depths of the wood; ***nel ~ della mischia*** in the thick of the fight.

fomentare /fomen'tare/ [1] tr. to stir up, to fuel [*odio, discordia*]; to instigate [*attacco, sciopero*]; to ferment, to foment [*rivolta*].

fomentatore /fomenta'tore/ m. (f. **-trice** /tritʃe/) fomenter; ***~ di disordini*** troublemaker.

fomento /fo'mento/ m. **1** MED. poultice, fomentation **2** FIG. *(istigazione)* fomentation, instigation.

fon /fɔn/ m.inv. hairdrier, hairdryer.

fonatorio, pl. **-ri, -rie** /fona'tɔrjo, ri, rje/ agg. phonatory; ***organo ~*** speech organ; ***apparato ~*** vocal tract.

fonazione /fonat'tsjone/ f. phonation.

fonda /'fonda/ f. anchorage; ***essere alla ~*** to ride at anchor.

fondaco, pl. **-chi** /'fondako, ki/ m. STOR. warehouse.

fondale /fon'dale/ m. **1** *(del mare)* floor; ***~ marino, oceanico*** seabed, ocean bed **2** TEATR. backcloth, backdrop, flat.

▷ **fondamentale** /fondamen'tale/ **I** agg. **1** *(principale)* [*argomento, domanda, significato, verità*] fundamental, ultimate; [*credenza, problema, principio*] basic; [*importanza, messaggio, ruolo*] central; [*incontro, testimonianza, opera*] capital; [*bisogno, fatto, scopo, qualità*] basic, vital; [*decisione, fattore, ruolo*] pivotal; [*differenza*] essential; ***concetto ~*** keynote; ***è ~ che*** it is crucial that; ***è una questione ~*** it's a gut issue; ***la causa ~*** the root cause; ***ha avuto un ruolo ~ nella creazione della società*** he played an instrumental *o* a vital role in creating the company **2** *(di base)* [*abilità, educazione, regola*] basic; [*concetto, principio*] core; [*lettura*] essential, seminal; ***il concetto, principio ~ alla base del socialismo*** the governing concept *o* principle behind socialism **3** MUS. ***nota ~*** groundnote **4** LING. [*vocabolario*] core **5** FIS. ***stato ~*** ground state **6** UNIV. ***esame ~*** core subject, required course, requirement AE **II** m. SPORT *(tecnica di base)* ***i -i*** the basics.

fondamentalismo /fondamenta'lizmo/ m. fundamentalism.

fondamentalista, m.pl. **-i**, f.pl. **-e** /fondamenta'lista/ **I** agg. fundamentalist **II** m. e f. **1** RELIG. fundamentalist; ***~ islamico*** (Islam) fundamentalist **2** UNIV. ***essere ~ di inglese*** = to choose English language and literature as one's core subject.

fondamentalistico, pl. **-ci, -che** /fondamenta'listiko, tʃi, ke/ agg. fundamentalist.

fondamentalmente /fondamental'mente/ avv. basically, essentially; [*incompatibile, opposto*] fundamentally.

▷ **fondamento** /fonda'mento/ **I** m. **1** *(base)* ground; ***senza ~*** unfounded, without foundation, groundless, ungrounded; ***queste asserzioni sono prive di ~*** there is no substance to the allegations; ***i pettegolezzi non hanno alcun ~*** there is no truth in any of the rumours; ***le mie paure si sono rivelate senza ~*** my fears proved groundless **2** FIG. *(principio)* basis*, foundation, fundament; ***i -i di*** the fundamentals of; ***essere il ~ di*** [*moralità, onestà*] to underpin [*religione, società*]; ***~ di un'azione*** DIR. cause of action **II fondamenta** f.pl. *(di costruzioni)* ***le -a*** the basement *o* foundation *o* fundament; ***gettare le -a di qcs.*** to lay the foundations for sth. (anche FIG.); ***minare le -a di qcs.*** to rock *o* shake sth. to its foundations (anche FIG.).

fondant /fon'dan/ m.inv. fondant.

▶ **fondare** /fon'dare/ [1] **I** tr. **1** *(creare)* to found [*città, organizzazione, scuola*]; to establish [*società, stato*]; to build* [*impero*]; to institute, to set* up, to start [*società*]; ***~ una stirpe*** to found *o* establish a line; ***~ un'associazione*** to form an association; ***"fondato nel 1920"*** "founded 1920", "established in 1920" **2** *(basare)* to base, to ground [*calcolo, decisione, ricerca, teoria*] (**su** on); to bottom, to base [*conclusione*] (**su** on) **3** *(costruire le fondamenta)* ***~ un edificio*** to lay the foundations for a building **II fondarsi** pronom. ***-rsi su*** [*teoria, metodo, strategia*] to be based *o* founded *o* grounded on, to bottom on; [*persona*] to build on [*popolarità, successo*].

fondatamente /fondata'mente/ avv. groundedly.

fondatezza /fonda'tettsa/ f. *(di ragionamenti, ricerche)* reasonableness, solidity; *(di accuse)* substance; *(di lamentele, obiezioni)* validity; ***verificare la ~ di un'accusa*** AMM. DIR. to inquire into the truth of an allegation.

fondato /fon'dato/ **I** p.pass. → **fondare II** agg. **1** *(creato)* founded, created, established **2** *(che ha fondamento)* [*decisione, opinione, scelta*] informed; [*affermazione, sospetto, timore*] founded, justified; [*informazione, prova*] solid, substantial; [*lamentela, obiezione*] valid; ***principi -i, teoria -a*** well-grounded principles, theory; ***i suoi sospetti si dimostrarono -i*** her suspicions proved correct; ***non c'erano accuse -e*** there was no case to answer.

fondatore /fonda'tore/ **I** agg. (f. **-trice** /tritʃe/) founding; ***socio ~*** charter member, company promoter; ***i Padri Fondatori*** STOR. the Founding Fathers **II** m. constitutor, establisher, founder, institutor.

fondatrice /fonda'tritʃe/ f. foundress.

fondazione /fondat'tsjone/ **I** f. **1** *(azione)* foundation, founding; ***di antica ~*** old-established **2** *(istituzione)* establishment, foundation, Foundation; ***~ di carità*** ECON. charitable trust **II fondazioni** f.pl. *(fondamenta)* foundation sing.

fondello /fon'dɛllo/ m. **1** *(di bossolo, cartuccia, lampadina)* bottom **2** *(fortuna)* ***che ~!*** COLLOQ. SCHERZ. what a fluke! you lucky devil *o* dog! ◆ ***prendere qcn. per i -i*** to make fun of sb., to pull sb.'s leg, to take the piss out of sb.

fondente /fon'dɛnte/ **I** agg. [*ghiaccio*] melting; [*caramella*] melt-in-the-mouth attrib.; ***cioccolato ~*** plain *o* dark chocolate **II** m. **1** GASTR. *(caramella)* fondant **2** TECN. *(per metalli)* flux.

▷ **fondere** /'fondere/ [51] **I** tr. **1** IND. METALL. *(liquefare)* to alloy, to cast*, to found, to fuse [*metallo*] **2** ART. IND. *(colare)* to mould, to cast* [*statua, lingotto*] **3** *(unificare)* to join, to merge, to amalgamate [*partiti, scuole, stili*]; to blend [*qualità, idee*]; to consolidate [*società*] **4** AUT. MECC. to burn* out [*ingranaggio, motore*] **II** intr. (aus. *avere*) *(liquefarsi)* [*ghiaccio, neve, burro*] to melt; [*metallo*] to flux, to fuse **III fondersi** pronom. **1** *(liquefarsi)* [*neve, burro*] to melt; [*metallo*] to flux, to fuse **2** *(unirsi)* [*compagnia, partito, scuola*] to amalgamate; [*colori, gusti, stili*] to blend, to merge (together); [*istituzioni, società*] to combine, to consolidate, to merge (together); [*immagini, idee*] to fuse (together).

fonderia /fonde'ria/ f. foundry, smelter(y); **~ di piombo** leadworks.

fondiario, pl. **-ri, -rie** /fon'djarjo, ri, rje/ agg. [*proprietà*] landed; **agente ~** land agent; **tassa -a** DIR. land tax.

fondibile /fon'dibile/ agg. meltable, fusible.

1.fondina /fon'dina/ f. *(di pistola)* case; *(sulla sella)* holster; **~ ascellare** shoulder holster.

2.fondina /fon'dina/ f. REGION. soup plate.

fondista, m.pl. **-i**, f.pl. **-e** /fon'dista/ m. e f. **1** SPORT *(nella corsa)* (long-)distance runner; *(nello sci)* cross-country skier **2** *(giornalista)* lead writer.

fonditore /fondi'tore/ ♦ *18* m. (f. **-trice** /tritʃe/) founder, foundry worker, melter.

fonditrice /fondi'tritʃe/ f. *(macchina)* caster, casting machine.

▶ **1.fondo** /'fondo/ m. **1** *(parte inferiore)* bottom (end), end; *(di armadio, cassetto, frigorifero)* back; **proprio in ~** right at the bottom; **in ~ alla pagina, lista** at the bottom of the page, list; **sul ~ del bicchiere** on *o* in the bottom of the glass; **in ~ al cassetto** at *o* in the back of the drawer; **un pozzo senza ~** a bottomless pit (anche FIG.); **in ~ all'armadio** at the bottom of the cupboard; **schiaccia il pedale fino in ~** press the pedal right down; **scendere in ~ a un pozzo, alla miniera** to go down a well, the mine **2** *(parte posteriore, più lontana)* back; **in ~** at the back; **in ~ alla sala** at the back of the audience *o* room; **la camera in ~** the rearmost room; **in ~ al treno** at the rear of the train; **in ~ al giardino, al campo** at the back *o* end of the garden, field; **il terzo, partendo dal ~** the third from the end; **andare in** o **scorrere verso il ~ dell'autobus** to pass down the bus, to go to the back of the bus; **è in ~ al corridoio alla sua destra** it's down the corridor to your right **3** *(fine)* end; **al ~ della pista** AER. at the end of the runaway; **l'indice è in ~ al libro** the index is at the end *o* back of the book; **lottare, andare fino in ~** to fight, carry on to the bitter end; **difendere qcs. fino in ~** to stand up for [sth.] to the very end [*idea*]; **ti sosterrò fino in ~** I'm with *o* behind you all the way; **adesso dovrai andare fino in ~** you'll have to go through with it now **4** *(base)* bottom; **valigia a doppio ~** suitcase with a false bottom; **padella a ~ spesso** heavy pan; **~ stradale** (road) bed **5** *(fondale)* floor; **~ sabbioso** sandy bottom; **~ del mare** sea bed, sea floor; **toccare il ~** MAR. to touch ground, to touch bottom; FIG. to touch bottom, to hit rock bottom, to reach a low-water mark, to reach a nadir **6** *(essenza)* **di ~** underlying, basic; **domanda, problema di ~** root question, root problem; **andare al ~ di una faccenda** to get to the bottom of a matter; **toccare il ~ della disperazione** to be in the depths of despair; **un ~ di verità** a kernel *o* shadow of truth; **quel ragazzo ha un ~ di bontà** that boy is very good at heart; **in quell'uomo c'è un ~ di cattiveria** that man has got a mean streak **7** *(sfondo)* background; **su ~ nero** on a black background; **rumore di ~** background noise; **fruscio di ~** surface noise **8** *(deposito) (di caffè)* grounds pl.; *(di vino)* sediment, draff, dregs pl., lees pl.; *(rimasugli)* **-i** remainders, remnants; **-i di magazzino** COMM. odd lot **9** SPORT *(atletica)* **corsa di ~** distance running; **linea di ~** *(nel tennis)* back-line, baseline; *(nel calcio)* goal line; **rimessa dal ~** goal kick; **sci di ~** cross-country skiing, langlauf **10** SART. *(di pantaloni)* bottom, seat **11** *(articolo di giornale)* editorial, leader, leading article **12** ANAT. **~ dell'occhio** o **oculare** eye-ground **13 a fondo** *(completamente, in profondità)* [*analizzare, esaminare, leggere, pulire*] thoroughly; **da cima a ~** from end to end, from top to bottom; **discutere a ~** to argue out, to talk out *o* through; **conoscere a ~ qcs.** to know sth. thoroughly; **impegnarsi a ~** to be on one's mettle, to commit oneself totally; **studiare a ~ una materia** to bone up on a subject COLLOQ.; **pulire a ~ qcs.** to clean sth. down, to scrub sth. clean *o* down; **andare a ~** *(annegare)* [*persona*] to bob down, to drown; *(affondare)* [*nave*] to sink, to go to the bottom **14 in fondo** *(tutto sommato)* essentially, fundamentally, after all; **in ~, non è affidabile** at bottom, he's not reliable; **in ~ in ~ aveva paura** deep down she was frightened ♦ **raschiare il ~ del barile** to scrape the bottom of the barrel; **dar ~ ai propri risparmi** to squander all one's fortune, to blue (all) one's money BE COLLOQ. ♦♦ **~ di bicchiere** SCHERZ. paste diamond.

▶ **2.fondo** /'fondo/ m. **1** *(proprietà agricola)* holding **2** *(collezione)* collection **3** *(capitale)* fund; **-i** cash, bankroll, capital; **insufficienza di -i** underfunding; **mancanza di -i** lack *o* dearth of funds; **mercato dei -i** capital markets; **raccolta di -i** fund-raising; **rimessa di -i** remittance; **sottrazione di -i** abstraction of money FORM.; **storno dei -i** ECON. DIR. diversion of funds; **~ per le emergenze, di assistenza** emergency, relief fund; **raccogliere -i** to raise funds; **ottenere i -i** to get *o* obtain financing; **destinare -i per fare, per un progetto** to channel funds into doing, to designate the funds for a project; **gestire dei -i** to administer *o* administrate *o* manage funds; **dotare di -i** to endow [*reparto*]; **prosciugare i -i di qcs.** to drain sth. of funds; **sottrarre -i** to play a numbers game; **sovvenzionato con -i pubblici** publicly funded, supported by public funds ♦♦ **~ di ammortamento** sinking fund; **~ di anticipazione** imprest fund *o* cash; **~ di assistenza** hardship *o* relief fund; **~ (di) cassa** ECON. reserve fund; **~ comune** kitty; **~ comune di investimento** investment fund, money market fund, mutual fund AE; **~ consolidato** ECON. consolidated fund; **~ fiduciario** trust fund; **~ di garanzia** indemnity fund; **Fondo Monetario Internazionale** International Monetary Fund; **~ pensione** contributor pension scheme BE *o* plan AE, pension fund, superannuation fund; **~ di previdenza** social security fund; **~ di riserva** ECON. contingency fund; **~ rotativo** revolving fund; **~ di soccorso** disaster fund, relief fund; **~ di solidarietà** solidarity fund; **-i di dotazione** endowment fund *o* capital; **-i neri** slush fund; **-i pubblici** public funds *o* money, nation's coffers; **-i stranieri** foreign capital.

3.fondo /'fondo/ agg. **1** *(profondo)* [*acqua*] deep; **piatto ~** soup plate **2** *(inoltrato)* **a notte -a** in the *o* at dead of night, in the middle of the night, late into the night.

fondocampo /fondo'kampo/ m.inv. back court; **linea di ~** endline AE.

fondoschiena /fondos'kjɛna/ m.inv. COLLOQ. backside, bottom, duff.

fondotinta /fondo'tinta/ m.inv. pancake (make-up), foundation cream.

fondovalle, pl. **fondivalle** /fondo'valle, fondi'valle/ m. valley bottom.

fonduta /fon'duta/ f. GASTR. fondue.

fonema /fo'nɛma/ m. phoneme.

fonematica /fone'matika/, **fonemica** /fo'nɛmika/ f. phonemics + verbo sing.

fonematico pl. **-ci, -che**, /fone'matiko, tʃi, ke/, **fonemico**, pl. **-ci, -che** /fo'nɛmiko, tʃi, ke/ agg. phonemic.

fonendoscopio, pl. **-pi** /fonendo'skɔpjo, pi/ m. phonendoscope.

fonetica /fo'nɛtika/ f. phonetics + verbo sing., phonics + verbo sing.; **~ acustica, articolatoria, uditiva** acoustic, articulatory, auditory phonetics.

foneticamente /fonetika'mente/ avv. phonetically.

fonetico, pl. **-ci, -che** /fo'nɛtiko, tʃi, ke/ agg. [*trascrizione*] phonetic; **mutazione -a** sound shift; **legge -a** phonetic *o* sound law; **Alfabeto Fonetico Internazionale** International Phonetic Alphabet.

fonetismo /fone'tizmo/ m. phonetism.

fonetista, m.pl. **-i**, f.pl. **-e** /fone'tista/ m. e f. phonetician.

foniatra, m.pl. **-i**, f.pl. **-e** /fo'njatra/ ♦ *18* m. e f. speech therapist.

foniatria /fonja'tria/ f. speech therapy, phoniatrics + verbo sing.

fonicamente /fonika'mente/ avv. phonically.

fonico, pl. **-ci, -che** /'fɔniko, tʃi, ke/ **I** agg. phonic **II** m. (f. **-a**) audio-engineer.

fono /'fɔno/ m. LING. phone.

fonoassorbente /fonoassor'bɛnte/ agg. [*muro, materiale*] acoustic, sound-absorbent; **copertura ~** INFORM. acoustic hood.

fonogenico, pl. **-ci, -che** /fono'dʒɛniko, tʃi, ke/ agg. phonogenic.

fonografia /fonogra'fia/ f. phonography.

fonografico, pl. **-ci, -che** /fono'grafiko, tʃi, ke/ agg. phonographic.

fonografo /fo'nɔgrafo/ m. phonograph.

fonogramma /fono'gramma/ m. phonogram.

fonoisolante /fonoizo'lante/ agg. [*materiale, muro*] soundproof.

fonolite /fono'lite/ f. clinkstone, phonolite.

fonologia /fonolo'dʒia/ f. phonology.

fonologicamente /fonolodʒika'mente/ avv. phonologically.

fonologico, pl. **-ci, -che** /fono'lɔdʒiko, tʃi, ke/ agg. phonological.

fonologo, m.pl. **-gi**, f.pl. **-ghe** /fo'nɔlogo, dʒi, ge/ m. (f. **-a**) phonologist.

fonometria /fonome'tria/ f. phonometry.

fonometro /fo'nɔmetro/ m. phonometer.

fonomorfologico, pl. **-ci, -che** /fonomorfo'lɔdʒiko, tʃi, ke/ agg. phonomorphological.

fonone /fo'none/ m. phonon.

fonoregistrazione /fonoredʒistrat'tsjone/ f. sound recording.

fonoriproduttore /fonoriprodut'tore/ m. sound reproducing machine, reproduction device.

fonoriproduzione /fonoriprodut'tsjone/ f. sound reproduction.

fonorivelatore /fonorivela'tore/ m. pickup (arm).

fonoscopio, pl. **-pi** /fonos'kɔpjo, pi/ m. phonoscope.

fonoteca, pl. **-che** /fono'tɛka, ke/ f. sound archives pl., sound library.

fonovaligia, pl. **-gie, -ge** /fonova'lidʒa, dʒe/ f. portable record player.

font /font/ m.inv. TIP. fount, font.

▷ **fontana** /fon'tana/ f. **1** *(costruzione)* (drinking) fountain **2** *(dei fuochi d'artificio)* fountain **3** GASTR. well ◆ ***piangere come una ~*** to cry buckets.

fontanazzo /fonta'nattso/ m. outflow.

fontanella /fonta'nɛlla/ f. **1** *(piccola fontana)* drinking fountain **2** ANAT. fontanelle BE, fontanel AE.

fontaniere /fonta'njɛre/ m. fountain attendant.

fontanile /fonta'nile/ m. *(abbeveratoio)* trough.

▷ **fonte** /'fonte/ **I** f. **1** *(sorgente)* spring, well(head), fountainhead, fount LETT. **2** *(fontana)* fountain **3** *(origine)* root; ***~ di luce*** illuminant, light; ***~ di reddito*** source of income *o* revenue; ***~ di*** source of [*ansietà, soddisfazione*]; ***alla ~*** [*colpire, tagliare*] at source; ***~ di ispirazione*** inspiration; ***risalire alla ~*** to go back to the original source; ***"tenere lontano da -i di calore"*** "keep away from direct heat" **4** *(di informazioni)* source, authority; ***una ~ autorevole*** o ***sicura*** a reliable source (of information); ***secondo una ~ bene informata*** according to a well placed observer; ***so da ~ autorevole che*** I have it on good authority that; ***citare, verificare le (proprie) -i*** to acknowledge, verify one's sources; ***devo verificare la ~ di riferimento*** I must check the reference **5** *(documento)* ***-i*** source material, sources **II** m. ***~ battesimale*** (baptismal) font.

fontina /fon'tina/ f. GASTR. INTRAD. (typical soft cheese from Valle d'Aosta).

football /'futbol/ ➧ **10** m.inv. *(calcio)* football BE, soccer ◆◆ ***~ americano*** American football, football AE.

footing /'futing/ ➧ **10** m.inv. jogging; ***fare ~*** to go jogging.

foraggero /forad'dʒero/ agg. [*pianta*] forage, fodder attrib.

foraggiamento /foraddʒa'mento/ m. foraging.

foraggiare /forad'dʒare/ [1] tr. **1** *(nutrire con foraggio)* to forage [*animali*]; to fodder [*cavalli*] **2** FIG. SCHERZ. *(fornire di denaro)* to contribute, to finance, to bankroll AE COLLOQ., to grubstake AE COLLOQ.

▷ **foraggio**, pl. **-gi** /fo'raddʒo, dʒi/ m. AGR. feed, fodder, forage, pasture, soilage.

forame /fo'rame/ m. ANAT. foramen*.

foraneo /fo'raneo/ agg. **1** EDIL. *(esterno alla città)* outside the town **2** MAR. offshore.

forapaglie /fora'paʎʎe/ m.inv. ZOOL. sedge warbler.

forare /fo'rare/ [1] **I** tr. **1** *(fare un buco a)* to pierce, to prick, to punch [*carta, plastica*]; to puncture [*gomma, pallone*]; ***farsi ~ le orecchie*** to have one's ears pierced; ***abbiamo forato per strada*** we had a puncture on the way **2** *(obliterare)* to punch [*biglietto*] **3** *(perforare)* to drill [*metallo, legno, roccia*] **II forarsi** pronom. [*pallone, pneumatico*] to puncture.

foraterra /fora'tɛrra/ m.inv. dibble.

foratoio, pl. **-oi** /fora'tojo, oi/ m. punch.

foratura /fora'tura/ f. **1** *(di biglietti)* punching **2** *(di metalli, legno)* drilling **3** *(di pneumatico)* puncture; ***a prova di ~*** puncture-proof.

▷ **forbice** /'fɔrbitʃe/ **I** f. **1** ZOOL. nipper, pincer **2** SPORT ***chiudere a ~*** to scissor **II forbici** f.pl. scissors; ***un paio di -i*** a pair of scissors; ***-i da cucina, sarto, unghie*** kitchen, sewing, manicure scissors; ***-i seghettate*** pinking shears; ***tagliare con le -i*** to cut (with scissors), to scissor.

forbiciata /forbi'tʃata/ f. **1** *(taglio)* snip(-snap) **2** SPORT → **sforbiciata.**

forbicina /forbi'tʃina/ **I** f. ZOOL. earwig **II forbicine** f.pl. *(per unghie)* nail scissors, manicure scissors.

forbire /for'bire/ [102] **I** tr. LETT. **1** *(pulire)* to clean **2** FIG. to polish [*stile*] **II forbirsi** pronom. LETT. ***~ la bocca*** to wipe one's mouth.

forbitamente /forbita'mente/ avv. ***parlare ~*** to use refined language.

forbitezza /forbi'tettsa/ f. *(di lingua, stile)* elegance.

forbito /for'bito/ **I** p.pass. → **forbire II** agg. [*stile*] refined, polished; [*lingua*] elegant, refined.

▷ **forca**, pl. **-che** /'forka, ke/ f. **1** *(attrezzo)* fork, pitchfork **2** *(patibolo)* gallows, gibbet, rope, scaffold; ***condannare qcn. alla ~*** to sentence sb. to hanging; ***finire sulla ~*** to end up on the gallows; ***pendaglio da ~*** gallows bird ANT. **3** *(valico)* col ◆ ***passare (sotto) le -che caudine*** = to suffer a humiliating defeat; ***va' sulla ~!*** go to the devil!

forcaiolo /forka'jɔlo/ m. = a person with reactionary views who supports violently repressive policies.

forcata /for'kata/ f. forkful.

forcella /for'tʃɛlla/ f. **1** *(di bicicletta)* fork; *(di remo)* oarlock AE; *(del telefono)* cradle; ***chiave a ~*** fork spanner **2** *(di ramo)* fork **3** *(per capelli)* hairpin **4** *(valico)* col, pass **5** *(osso)* wishbone, merrythought BE.

▷ **forchetta** /for'ketta/ f. **1** *(da tavola)* (dinner) fork **2** *(negli scacchi)* fork ◆ ***buona ~*** trencherman; ***essere una buona ~*** to be a big *o* hearty eater, to like one's food; ***parlare in punta di ~*** = to speak affectedly ◆◆ ***~ vulvare*** ANAT. fourchette.

forchettata /forket'tata/ f. forkful.

forchettone /forket'tone/ m. carving fork.

▷ **forcina** /for'tʃina/ f. hairpin.

forcipe /'fɔrtʃipe/ m. forceps*; ***parto col ~*** forceps delivery.

forcola /'forkola/ f. **1** *(attrezzo agricolo)* small fork **2** MAR. oarlock.

forconata /forko'nata/ f. forkful.

forcone /for'kone/ m. fork, pitchfork; ***~ da fieno*** hay fork.

forcuto /for'kuto/ agg. furcate, forked.

forense /fo'rɛnse/ agg. [*attacco, abilità, eloquenza*] forensic.

▶ **foresta** /fo'rɛsta/ f. **1** forest, timber, (wild)wood; ***riduzione delle -e*** forest decline; ***nel profondo della ~*** in the depths of the forest, deep in the forest; ***il richiamo della ~*** the call of the wild; ***disboscare una ~*** to cut down a forest **2** FIG. forest; ***una ~ di antenne*** a forest of aerials ◆◆ ***~ pluviale*** rain forest; ***~ tropicale*** tropical forest; ***~ vergine*** virgin forest; ***Foresta Nera*** Black Forest.

forestale /fores'tale/ **I** agg. forestal; ***guardia ~*** forester, forestry worker BE, forest ranger AE **II** m. e f. forester.

forestazione /forestat'tsjone/ f. forestation.

foresteria /foreste'ria/ f. *(di convento)* guest room; *(di aziende, enti)* ***appartamento uso ~*** guest flat.

forestierismo /forestje'rizmo/ m. foreignism.

forestiero /fores'tjɛro/ **I** agg. stranger **II** m. (f. **-a**) *(straniero)* foreigner; *(estraneo)* stranger.

forfait /for'fɛ/ m.inv. **1** COMM. *(prezzo globale)* flat rate, lump sum; ***pagamento a ~*** lump sum payment **2** SPORT default; ***vincere per ~*** to win by default; ***dichiarare*** o ***dare ~*** to default, to forfeit AE.

forfecchia /for'fekkja/ f. earwig.

forfe(t)tariamente /forfe(t)tarja'mente/ avv. at a flat rate, on a lump-sum basis.

forfe(t)tario, pl. **-ri**, **-rie** /forfe(t)'tarjo, ri, rje/ agg. flat rate attrib.

forfe(t)tizzare /forfe(t)tid'dzare/ [1] tr. to fix a flat rate payment.

forficola /for'fikola/ f. earwig.

▷ **forfora** /'forfora/ f. dandruff **U**, scurf **U**.

forforoso /forfo'roso/ agg. furfuraceous, scurfy.

forgia, pl. **-ge** /'fɔrdʒa, dʒe/ f. forge, furnace.

forgiabile /for'dʒabile/ agg. forgeable.

forgiare /for'dʒare/ [1] tr. **1** IND. to forge [*metallo*]; to stamp out [*componente*] **2** FIG. to mould BE, to mold AE, to shape [*carattere*].

forgiatore /fordʒa'tore/ m. (f. **-trice** /tritʃe/) moulder, forger.

forgiatura /fordʒa'tura/ f. forging.

foriero /fo'rjɛro/ agg. LETT. [*segno, segnale*] foreboding, foreshadowing, portending.

forlivese /forli'vese/ ➧ **2 I** agg. from, of Forlì **II** m. e f. native, inhabitant of Forlì.

▶ **forma** /'forma/ **I** f. **1** *(aspetto esteriore)* shape, form; ***una ~ quadrata*** a square shape; ***che ~ ha?*** what shape is it? ***cambiare ~*** [*sostanza*] to change shape; ***avere la ~ di qcs.*** to be shaped like sth.; ***a ~ di uovo*** egg-shaped; ***avere ~ rotonda*** to be round in shape; ***a ~ di stella*** in the shape of a star, star-shaped, starlike; ***contenuto e ~*** matter and style; ***prendere ~*** [*costruzione, scultura*] to take shape (anche FIG.); ***una critica sotto ~ di complimento*** a criticism in the form *o* guise of a compliment; ***mettere in ~ qcs.*** to shape sth.; ***dare ~ a qcs. scolpendolo*** to carve sth. into shape; ***sotto ~ di*** in the shape *o* guise of; ***giudicare in base alla ~*** to judge on form; ***senza ~*** shapeless **2** *(struttura)* form; ***~ di governo*** polity; ***~ mentis*** cast of mind; ***in una ~ nuova, diversa*** in a new, different form; ***~ d'arte*** art form; ***una ~ di vita*** a form of life **3** *(modalità)* form; ***nella debita ~*** DIR. in due form; ***pro ~*** as a matter of form; ***di pura ~*** of mere formality; ***vizio di ~*** form defect; ***il matrimonio sarà celebrato in ~ privata*** the wedding will be private; ***in ~ solenne*** [*funerale*] with full honours; ***in ~ anonima*** anonymously **4** LING. LETTER. form; ***in ~ interrogativa*** in question form, in the interrogative; ***alla ~ impersonale*** impersonally; ***volgere alla ~ negativa*** to negate **5** *(stato fisico)* condition, (physical) fitness, form, shape; ***in ~*** fit, in shape; ***in buona, grande ~*** in good form, in full feather, in fine *o* good fettle; ***essere fuori ~*** to be out of condition *o* shape, to be unfit; ***essere in piena ~*** to be at one's best *o* in good trim; ***mettersi in ~*** to get one's body into condition, to get fit, to return to form **6** TECN. *(per scarpe)* last, shoe tree, stretcher; *(per cappelli)* stretcher **7** TIP. ***~ di stampa*** forme **8** *(di formaggio)* round; *(di pane)* loaf **9** *(stampo)* cast, mould BE, mold AE; *(per dolci)* tin **II forme** f.pl. **1** *(curve femminili)* figure; ***-e rotonde, prosperose*** rounded, full figure; ***una signora dalle -e generose*** a lady of ample proportions **2** *(di oggetto,* *costruzione)* lines **3** *(regole)* ***fare qcs. nelle debite -e*** to use correct manners; ***rispettare le -e*** to respect convention.

formaggetta /formad'dʒetta/ f. MAR. truck.

formaggiaio, pl. **-ai** /formad'dʒajo, ai/ ➧ **18** m. (f. **-a**) *(chi produce)* cheese maker; *(chi vende)* cheese-seller.

formaggiera /formad'dʒɛra/ f. cheese bowl, cheeseboard.

formaggino /formad'dʒino/ m. = piece of processed cheese.

▷ **formaggio**, pl. **-gi** /for'maddʒo, dʒi/ m. cheese; ***~ di pecora*** sheep's milk cheese; ***~ di capra*** goat's cheese; ***~ molle*** o ***morbido*** soft cheese; ***~ fresco*** fresh cheese; ***~ cremoso*** cream cheese; ***~ parmigiano*** Parmesan cheese; ***~ da spalmare*** cheese spread; ***~ stagionato*** mature *o* aged cheese; ***grattugiare il ~*** to grate cheese; ***~ fuso*** processed cheese; ***sformato al ~*** cheese flan; ***banco dei -gi*** cheese counter.

formaldeide /formal'dɛide/ f. formaldehyde.

formale /for'male/ agg. **1** *(ufficiale)* [*evento*] ceremonious, ceremonial; [*annuncio, inchiesta, invito, occasione, promessa*] formal; [*ordine*] stringent **2** *(convenzionale)* [*benvenuto, modo di fare*] formal; [*abbigliamento*] formal, prim **3** ART. LETTER. [*debolezza, simmetria*] formal **4** MAT. [*logica*] formal **5** LING. FILOS. [*grammatica, linguistica, prova, ragionamento*] formal **6** SPREG. *(superficiale)* [*gentilezza*] formal; ***sostenere in modo puramente ~*** to pay lip service to [*diritti umani*]; ***sembrava molto ~*** *(distaccato)* he sounded very formal.

formalina /forma'lina/ f. formalin.

formalismo /forma'lizmo/ m. **1** SPREG. *(eccessivo)* ceremonialism, formalism **2** ART. FILOS. formalism.

formalista, m.pl. **-i**, f.pl. **-e** /forma'lista/ m. e f. formalist.

formalistico, pl. **-ci, -che** /forma'listiko, tʃi, ke/ agg. [*diritto, religione*] formalist, formalistic.

formalità /formali'ta/ f.inv. **1** formality; DIR. technicality; ***~ doganali*** customs formalities; ***una pura ~*** a mere formality, just a formality; ***per pura ~*** purely as a matter of form; ***adempiere ad una ~*** to comply with a formality; ***semplificare le ~*** to simplify the procedure; ***ci sono ancora alcune ~ da espletare*** there are still a certain number of formalities to be gone through **2** FIG. *(forma esteriore)* formality; ***mettiamo da parte le ~*** let's drop *o* skip the formalities.

formalizzare /formalid'dzare/ [1] **I** tr. to formalize [*accordo, decisione*] (anche INFORM.) **II formalizzarsi** pronom. to take offence to, to take exception to; ***-rsi per un nonnulla*** to be easily offended.

formalizzazione /formaliddzat'tsjone/ f. formalization.

formalmente /formal'mente/ avv. **1** *(in modo formale)* ***vestirsi ~*** to dress formally **2** *(ufficialmente)* [*accusare, ammettere, annunciare, notificare, offrire, ritirarsi*] formally **3** *(in modo distaccato)* formally **4** ART. LING. FILOS. in formal terms.

forma mentis /'forma'mɛntis/ f.inv. cast of mind.

▶ **formare** /for'mare/ [1] **I** tr. **1** *(dare luogo a)* to form, to make* [*cerchio, angolo, fila*]; ***~ una catena umana*** to make *o* form a (human) chain; ***~ una baia*** to form a bay **2** *(costituire)* to form, to set* up [*comitato, gruppo, società*]; to start [*famiglia*]; to forge, to establish [*alleanza*]; to form, to put* together [*commissione, associazione*]; to build*, to pick, to raise [*squadra, team*]; ***le 12 persone che formano la giuria*** the 12 people who form the jury; ***~ una coppia*** [*ballerini, amanti*] to pair up, to form a couple; ***le difficoltà di ~ un governo*** the difficulties of forming a government; ***~ una coalizione*** to unite in a coalition **3** *(dare una formazione a)* to train (up) [*personale, musicista*]; to turn out [*scienziato, laureato*]; *(educare)* to form, to mould BE, mold AE [*bambino, alunno, persona*]; to mould, to shape, to build* up [*personalità, carattere, mente*]; ***insegnamento che permette di ~ degli individui responsabili*** teaching which produces responsible people **4** *(costruire)* to form, to compose, to make* [*frasi*]; ***~ il plurale*** to pluralize **5** *(fabbricare con stampo, forma)* to press [*statua*] **6** TEL. *(comporre)* to dial [*numero telefonico*] **II formarsi** pronom. **1** *(crearsi)* to form [*grumo, crosta, lago, condensa*]; to develop [*crepa, foro*]; ***come si formano le stalattiti?*** how are stalactites formed? **2** *(essere formato)* to form; ***il governo si è formato attorno ad un programma comune*** the government was formed around a common political platform **3** *(acquisire una formazione)* to train, to be* trained; ***un economista formatosi a Harvard*** a Harvard-trained economist **4** *(educarsi)* [*carattere, personalità, persona*] to develop; [*persona*] to educate oneself; ***il suo stile si è formato a poco a poco*** his style developed gradually; ***si è formato alla scuola della vita*** he was educated in the university of life **5** *(concepire)* to flower [*idea*]; to form, to arise* [*opinione*] **6** *(svilupparsi, crescere)* to grow* (up), to develop; ***la ragazza si sta ancora formando*** the girl is still growing.

formativo /forma'tivo/ agg. **1** *(che forma il carattere)* [*influenza, elemento, ruolo*] formative, instructive **2** *(che dà forma)* formative.

1.formato /for'mato/ **I** p.pass. → **formare II** agg. **1** *(composto)* [*gruppo, società, équipe*] formed (**da** by), made up, composed, consisting (**da** of) **2** *(istruito, professionalmente)* trained (**per fare** to do); ***~ all'università*** trained at university **3** *(maturo)* [*carattere, gusto*] (fully-)formed, grown-up.

2.formato /for'mato/ m. **1** *(dimensioni) (di giornale, foto, carta, libro, oggetto)* format, size; ***di grande ~*** [*articolo, libro*] oversized; ***foglio ~ A4*** A4 format paper; ***~ in folio, in ottavo*** folio, octavo format; ***~ stampa*** print format; ***foglio ~ reale*** TIP. royal paper; ***foto ~ tessera*** passport-size photograph; ***libro ~ tascabile*** pocket edition; ***~ standard*** standard size; ***~ famiglia*** [*confezione*] family-size(d) **2** INFORM. *(di documenti, dati)* format.

formatore /forma'tore/ ➧ **18 I** agg. formative **II** m. (f. **-trice** /tritʃe/) **1** *(chi si occupa della formazione scolastica)* educator, teacher **2** *(chi fa formature, calchi)* moulder, modeller.

formattare /format'tare/ [1] tr. INFORM. to format.

formattazione /formattat'tsjone/ f. INFORM. formatting.

formatura /forma'tura/ f. **1** *(nella ceramica)* modelling, moulding **2** *(in fonderia)* moulding; ***~ dei metalli*** metal forming ◆◆ ***~ a caldo*** termoforming; ***~ idraulica*** hydroforming.

▷ **formazione** /format'tsjone/ f. **1** *(istruzione) (scolastica)* education; *(professionale)* background, training; ***l'importanza recentemente attribuita alla ~*** the new emphasis on training; ***avere una ~ giuridica, linguistica*** to have a background in law, linguistics; ***lacune di ~*** training gaps; ***la ~ degli insegnanti*** teacher training BE, teacher education AE; ***di ~ classica*** [*persona*] classically trained; ***ha ricevuto una ~ da linguista*** she was trained as a linguist; ***corso di ~*** training course; ***~ sul posto di lavoro*** on-the-job training **2** *(gruppo) (di governo, partito, squadra, gruppo musicale)* formation, line-up; *(di sportivo)* pedigree; ***la ~ della nazionale italiana*** the line-up of the Italian (national) team; ***dare la ~ della squadra*** to name the team **3** *(di opinione)* moulding; *(di carattere)* forming **4** *(apparizione)* formation; ***si riscontra la ~ di macchie rosse*** red blotches appear; ***si interrogano ancora sulla ~ dei pianeti*** they're still wondering how the planets were formed; ***~ di vesciche*** blistering; ***~ di pustole*** pustulation; ***~ di tubercoli*** tuberculation; ***~ della rugiada*** dewfall **5** *(insieme)* formation; ***una ~ rocciosa*** rock formation; ***una ~ di nubi*** a cloud formation **6** *(costituzione, creazione)* putting together, setting up; ***sono occorsi due mesi per la ~ del loro partito*** it took two months to form their party **7** MIL. *(schieramento, disposizione)* formation; ***volare in ~*** to fly in formation; ***staccarsi dalla ~*** AER. to peel off; ***~ a V*** AER. vic; ***rimettersi in ~*** to re-form ◆◆ ***~ di capitale*** capital formation; ***~ di cavità*** MED. cavitation; ***~ di cellule*** cell formation; ***~ di legami*** CHIM. ING. bonding; ***~ delle parole*** LING. word formation *o* building; ***~ permanente*** continuing education; ***~ dei prezzi*** price determination; ***corso di ~ professionale*** vocational training.

formella /for'mɛlla/ f. **1** ARCH. caisson; ***soffitto a -e*** coffered ceiling **2** *(piastrella)* tile.

▷ **1.formica**, pl. **-che** /for'mika, ke/ f. **1** ZOOL. ant **2** FIG. *(persona che lavora molto)* beaver ◆ ***fare la ~*** to be as busy as a bee ◆◆ ***~ alata*** flying ant; ***~ bianca*** white ant; ***~ operaia*** slave ant; ***~ rossa*** wood ant; ***~ scacciatrice*** army ant; ***~ soldato*** soldier ant.

2.formica® /'fɔrmika/ f. Formica®; ***tavolo in ~*** Formica® table.

formicaio, pl. **-ai** /formi'kajo, ai/ m. **1** *(delle formiche)* anthill **2** FIG. swarm, crowd.

formicaleone /formikale'one/ m. ant-lion.

formichiere /formi'kjɛre/ m. anteater; ***~ africano*** aardvark, ant bear; ***~ gigante*** giant anteater.

formico, pl. **-ci, -che** /'fɔrmiko, tʃi, ke/ agg. [*acido*] formic.

formicolante /formiko'lante/ agg. LETT. [*città, oceano*] teeming, swarming (**di** with).

formicolare /formiko'lare/ [1] intr. **1** (aus. *avere*) *(brulicare)* [*museo, città*] to be* swarming, to be* teeming with, to swarm with [*turisti, visitatori*] **2** (aus. *essere*) [*dita, gambe*] to tingle.

formicolio, pl. **-ii** /formiko'lio, ii/ m. **1** *(brulichio)* swarming, teeming; ***un ~ di persone, di automobili*** a swarm *o* swarming mass of people, cars **2** *(intorpidimento)* formication, tingle, tingling, pin and needles; ***la doccia fredda ti lascia un ~ per tutto il corpo*** a cold shower leaves you tingling all over, ***avere il ~*** to have pins and needles; ***sentire un ~ alla schiena*** to feel prickles down one's spine.

▷ **formidabile** /formi'dabile/ agg. **1** *(eccezionale)* extraordinary, fantastic COLLOQ., mean COLLOQ., redoubtable; ***ha fatto un lavoro ~*** he did a grand job; ***è un tipo ~*** he's a swell *o* great guy **2** LETT. *(spaventoso, terribile)* dreadful, terrible.

formidabilmente /formidabil'mente/ avv. formidably.
formina /for'mina/ f. shape (for making sand pies).
formolo /for'mɔlo/ → **formalina**.
Formosa /for'mosa/ ◗ *14* n.pr.f. STOR. Formosa.
formosità /formosi'ta/ **I** f.inv. *(pienezza e armonia delle forme)* buxomness **II** f.pl. *(rotondità del corpo femminile)* curves.
formoso /for'moso/ agg. [*donna*] buxom, zafting AE.
▶ **formula** /'fɔrmula/ f. **1** *(espressione)* formula*, form, set wording; ***una ~ vuota*** an empty formula; ***disapprovano la ~ usata*** they object to the form of words *o* wording used **2** COMM. *(opzione)* option; ***la ~ treno-nave non è economica*** the boat-train option isn't economical; ***noi proponiamo molte -e di alloggio*** we offer several accommodation options **3** MAT. formula* **4** *(ricetta)* formula*, recipe, composition; ***la ~ di una vernice*** a paint formula **5** SPORT AUT. ***Formula uno, due, tre*** Formula One, Two, Three; ***un Gran Premio di ~ uno*** a Formula One Grand prix **6** *(struttura, schema) (di trasmissione televisiva, rivista)* format; ***una nuova ~ per i quiz*** a new format for quiz shows **7** DIR. ***assolvere qcn. con ~ piena*** to acquit sb. fully, to give sb. a full acquittal; ***assolvere qcn. con ~ dubitativa*** to acquit sb. for want of evidence *o* for insufficiency of proof ◆◆ ***~ augurale*** set phrase, formula expressing good wishes; ***~ bruta*** empirical formula; ***~ di commiato*** a goodbye formula; ***~ di cortesia*** polite phrase; *(alla fine di una lettera)* letter ending; ***~ dentaria*** MED. dental formula; ***~ esecutiva*** DIR. order for enforcement; ***~ di giuramento*** oath; ***~ grezza*** → ***~ bruta***; ***~ introduttiva*** *(in una lettera)* salutation; *(nella magia)* ***~ magica*** (magic) spell; ***~ di saluto*** set greeting; ***~ di struttura*** CHIM. structural formula.
formulabile /formu'labile/ agg. formulable, expressible.
formulare /formu'lare/ [1] tr. **1** *(esprimere)* to formulate [*regole, piano, principi, idea, programma, pensiero, risposta, lamentela*]; to frame [*problema, replica*]; to phrase, to word [*frase, discorso, affermazione*]; to set* out [*obiezioni*]; to make*, to advance [*ipotesi*]; ***~ i propri auguri*** to offer good wishes; ***~ una diagnosi*** to diagnose; ***~ delle teorie*** to theorize **2** CHIM. MAT. to formulate **3** DIR. ***~ accuse contro qcn.*** to press criminal charges against sb.
formulario, pl. **-ri** /formu'larjo, ri/ m. **1** CHIM. *(libro di formule)* formulary **2** *(modulo)* form; ***riempire un ~*** to fill in *o* fill out *o* complete a form.
formulazione /formulat'tsjone/ f. **1** *(azione) (di idea, risposta, principi)* formulation, wording **2** DIR. *(di sentenza, verdetto)* phrasing.
▷ **fornace** /for'natʃe/ f. **1** IND. furnace, kiln; *(per la calce)* lime kiln; *(per mattoni)* brick kiln **2** FIG. *(luogo caldissimo)* furnace; ***la città è una vera ~ in estate*** the town is baking hot in summer.
fornaciaio, pl. **-ai** /forna'tʃajo, ai/ ◗ *18* m. (f. **-a**) **1** *(operaio)* furnaceman*, kilnman* **2** *(proprietario)* furnace owner.
▷ **1.fornaio**, pl. **-ai** /for'najo, ai/ ◗ *18* m. (f. **-a**) baker.
2.fornaio, pl. **-ai** /for'najo, ai/ m. ORNIT. ovenbird.
fornelletto /fornel'letto/ m. *(da campeggio)* camping stove.
▷ **fornello** /for'nɛllo/ m. **1** *(da cucina)* stove, cooker BE, range AE; ***essere ai -i*** to be doing the cooking **2** *(della pipa)* bowl **3** *(nelle miniere)* ***~ di ventilazione*** air hole ◆◆ ***~ elettrico*** boiling ring; ***~ a gas*** gas cooker *o* ring; ***~ a petrolio*** Primus®; ***~ a spirito*** spirit stove.
fornicare /forni'kare/ [1] intr. (aus. *avere*) to fornicate.
fornicatore /fornika'tore/ m. (f. **-trice** /tritʃe/) fornicator.
fornicazione /fornikat'tsjone/ f. fornication.
fornice /'fɔrnitʃe/ m. ARCH. fornix*.
fornimento /forni'mento/ m. ANT. *(equipaggiamento)* equipment, supplies.
▶ **fornire** /for'nire/ [102] **I** tr. *(dare)* to provide [*risposta, opportunità, esempio, prova, alibi, informazioni, sostegno, rifugio*]; to supply [*alimenti, armi, carburante, acqua*]; to yield [*notizie, risultati*]; to feed* [*segreti*]; to fill in [*dettagli, nomi, date*]; to furnish [*documento, fatti, scusa, attrezzature, abbigliamento*]; to put* up [*denaro, capitali, percentuale*]; to lay* on, to provide [*cibo, trasporto*]; to present, to produce [*prove, indizi, argomenti*]; to deliver, to supply [*voltaggio*]; ***~ un incentivo per fare*** to provide an incentive to do; ***~ un nome alla polizia*** to supply the police with a name; ***~ un servizio*** to run *o* offer *o* provide *o* lay on a service; ***~ prove per la difesa*** to give evidence for the defence; ***~ le fonti di*** [*libro, articolo*] to reference; ***~ delle referenze su qcn.*** to act as a referee for sb., to write *o* give sb. a reference; ***~ le risorse necessarie*** [*istituzione, servizio*] to resource, to provide with resources; ***~ del personale a un'azienda*** to staff a company **II fornirsi** pronom. *(rifornirsi)* [*persona, azienda*] to stock up; ***-rsi di qcs.*** to get in a supply of sth.
fornito /for'nito/ **I** p.pass. → **fornire II** agg. *(provvisto, rifornito)* provided, furnished, stocked (**di** with); ***ben ~*** [*negozio*] well-stocked; ***una dispensa poco -a*** a skimpily stocked larder.
fornitore /forni'tore/ **I** agg. [*paese*] supply (**di qcs.** of sth.) **II** m. (f. **-trice** /tritʃe/) supplier, provider; *(di attrezzature, abbigliamento)* outfitter; *(di generi alimentari)* food supplier; ***~ di servizi*** service provider; ***~ ufficiale*** official supplier; ***"~ unico"*** "sole stockist"; ***~ di droga, cocaina*** drug, cocaine dealer; ***ordinare merci a un ~*** to indent on a supplier for goods, to order goods from a supplier; ***~ di cibi, bevande*** caterer; ***~ della difesa*** defence contractor; ***~ navale*** ship's chandler.
fornitura /forni'tura/ f. COMM. *(vendita, rifornimento)* supply; *(di attrezzature, servizi)* provision; ***fare un contratto di ~ con*** [*azienda, fornitore*] to contract with; ***credito di ~*** trade credit; ***ci hanno tagliato la ~ dell'acqua*** they have cut off our water supply ◆◆ ***-e per uffici*** office supplies.
▷ **forno** /'forno/ m. **1** *(di panettiere, in cucina)* oven; ***cuocere in ~ ad alta, media, bassa temperatura*** to cook in a hot, moderate, slow oven; ***far scaldare il ~ a 180 gradi*** to heat the oven to 180°; ***a ~ caldo*** in a warm oven; ***cuocere al*** o ***in ~*** to bake; ***pollo al ~*** roast chicken; ***teglia da ~*** oven dish *o* tray, baking pan *o* tin *o* sheet; ***stoviglie da ~*** oven-to-tableware **2** *(bottega del fornaio)* baker's (shop) **3** TECN. furnace; *(per la ceramica)* kiln; ***modellatura a ~*** stoved moulding **4** COLLOQ. *(luogo molto caldo)* furnace; ***questa stanza è un vero ~*** this room is a real oven; ***che ~ oggi!*** it's baking *o* roasting today! **5** COLLOQ. *(bocca)* ***chiudi quel ~!*** shut your trap! **6** MED. thermotherapy **7** COLLOQ. TEATR. flop; ***fare ~*** to flop ◆◆ ***~ autopulente*** oven with self-clean linings; ***~ da calce*** lime kiln; ***~ di calcinazione*** calcar; ***~ crematorio*** incinerator, crematorium* BE, crematory AE; ***~ elettrico*** electric oven; ***~ di essiccazione*** kiln drying chamber; ***~ fusorio*** smelting-furnace; ***~ a gas*** gas oven; ***~ a induzione*** induction furnace; ***~ Martin*** open-hearth furnace; ***~ per masselli*** bloomer; ***~ a microonde*** microwave oven; ***~ per il pane*** bread oven; ***~ portatile*** Dutch oven; ***~ di puddellaggio*** finery, puddler; ***~ a*** o ***di riscaldo*** warming oven; ***~ a riverbero*** reverberator, reverberatory furnace; ***~ per smaltatura*** enamelling *o* enamel kiln; ***~ solare*** solar furnace; ***~ a storta*** retort furnace; ***~ ventilato*** fan(-assisted) oven.
▷ **1.foro** /'foro/ m. **1** *(buco)* hole, bore, opening; ***fare*** o ***praticare un ~ nel muro*** to drill a hole in the wall; ***~ di spillo*** pinhole **2** *(di pallottola in un corpo)* bullethole; ***~ di entrata*** point of entry, entry wound; ***~ di uscita*** exit wound **3** *(di verme, tarlo)* wormhole **4** *(di strumenti musicali)* finger hole, ventage; ***~ di risonanza*** sound hole **5** ANAT. hiatus* ◆◆ ***~ d'aerazione*** *(in speleologia)* crawl; ***~ apicale*** *(di paracadute)* slot; ***~ di colata*** taphole; ***~ cieco*** MECC. dead hole; ***~ di lubrificazione*** MECC. lubrification hole; ***~ per mina*** IND. shot hole; ***~ occipitale*** ANAT. foramen magnum; ***~ di ombrinale*** MAR. limber hole; ***~ stenopeico*** FOT. pinhole.
2.foro /'fɔro/ m. **1** STOR. ARCHEOL. forum*; ***il ~ romano*** the Roman forum **2** *(autorità giudiziaria)* tribunal; *(insieme, ordine di avvocati)* bar; ***principe del ~*** = outstanding barrister ◆◆ ***~ competente*** place of jurisdiction; ***~ ecclesiastico*** ecclesiastical court.
forosetta /foro'setta/ f. LETT. country girl.
forra /'forra/ f. gorge, ravine.
▶ **forse** /'forse/ *Forse* si rende in inglese per lo più con *perhaps* o *maybe*, ma quest'ultimo è d'uso più informale. - Bisogna fare attenzione a non confondere l'avverbio *maybe* (una parola) con l'uso del modale *may*, eventualmente seguito dal verbo *be*, a indicare possibilità: *forse hai ragione* = maybe you are right; *può darsi che tu abbia ragione* = you may be right. **I** avv. **1** perhaps, maybe, possibly; ***~ sono stato troppo duro con le mie critiche*** perhaps I was too harsh in my criticism; ***~ sai qualcosa che non so*** maybe you know something I don't; ***~ dovrei dire che*** I ought to say perhaps that; ***è coscienzioso, ~ perfino troppo*** he's conscientious, perhaps too much so; ***~ potresti aiutarmi*** I wonder if you could help me; ***dovresti ~ sbrigarti!*** IRON. perhaps you ought to get a move on! ***non so ~ leggere?*** IRON. I can read, you know! ***mi vuoi ~ insegnare a guidare?*** IRON. I do know how to drive, you know! ***~ arriveranno in anticipo*** maybe they'll arrive early; ***~ ha ragione*** maybe she's right, she may be right; ***è ~ la vacanza più bella che abbiamo fatto*** it's just about the best holiday we've had; ***se io fossi stato lì ~ tutto questo non sarebbe accaduto*** if I had been there all this mightn't have happened; ***"verrai?" - "~"*** "are you coming? will you be there?" - "maybe *o* possibly"; ***~ (che) sì, ~ (che) no*** COLLOQ. maybe yes, maybe no **2** *(circa)* about, some; ***avrà ~ trent'anni*** he is about thirty years old; ***saranno ~ dieci minuti a piedi*** it's about ten minutes' walk **3** *(per caso, mica)* by chance; ***ti ho ~ offeso?*** have I perhaps offended you? ***vuoi ~ negare che è vero?*** can you possibly deny that it is true? **4** *(in domande retoriche)* ***non siamo ~ amici?*** we are friends, aren't we?

II m.inv. ***ci sono troppi ~ in questo progetto*** there are too many ifs in this project; ***essere in ~*** *(essere in dubbio)* to be in doubt; ***mettere qcs. in ~*** *(mettere in dubbio)* to cast *o* throw doubt on sth.; *(mettere in pericolo)* to endanger sth.; ***senza ~*** no doubt, certainly.

forsennato /forsen'nato/ **I** agg. [*persona*] insane, mad; [*ritmo*] furious; [*atti-vità*] frenzied, hectic **II** m. (f. **-a**) ***lavorare come un ~*** to work like a Trojan BE; ***correre come un ~*** to run like the clappers BE; ***dimenarsi come un ~*** to fight tooth and nail.

forsizia /for'sittsja/ f. forsythia.

▶ **1.forte** /'fɔrte/ **I** agg. **1** *(potente)* [*persona, paese, cannocchiale*] powerful; [*economia*] strong; [*moneta*] strong, hard; ***manodopera ~ di 500 persone*** *(in numero)* the workforce is 500 strong; ***-i della loro esperienza...*** boosted by *o* on the strength of their experience...; *(che ha più valore di)* ***il re è più ~ della regina*** GIOC. a king is worth more than a queen; ***prendersela con qcn. più ~ di sé*** to take on someone bigger than oneself **2** *(che ha forza, energico)* [*persona*] robust, strong, sturdy, upstanding; [*cuore, polmoni*] sound, strong; [*mano, braccio*] strong; [*atleta*] powerful, strong; ***essere molto ~*** to have great strength; POL. [*uomo*] to be a strongman **3** *(moralmente)* [*persona, carattere, personalità*] forceful, strong, rugged; ***cerca di essere ~*** try to be strong; ***una ~ volontà*** a strong will **4** *(accanito)* [*mangiatore*] hearty; ***essere un ~ bevitore*** to be a hard *o* heavy drinker; ***essere un ~ fumatore*** to smoke heavily, to be a heavy smoker; ***essere un ~ scommettitore*** to be a high roller, to be a heavy gambler **5** *(resistente)* [*colla, tessuto, corda*] strong; ***gel a fissaggio ~*** extra hold gel **6** *(intenso)* [*rumore, musica, urlo, suono*] loud; [*colore*] deep, bright; [*luce*] bright, harsh; [*sentimento, legame*] strong; [*eccitazione, tensione, ansia*] high; [*delusione*] deep; [*desiderio, interesse*] keen; [*emozione, pressione*] intense, powerful; [*odio, risentimento*] smouldering; [*disaccordo*] sharp; [*determinazione*] steadfast; ***un momento di ~ drammaticità*** a moment of high drama; ***essere in ~ contrasto con*** to be in stark contrast to; ***nutriamo il ~ sospetto che...*** we strongly suspect that...; ***~ agitazione*** great churning **7** *(violento)* [*colpo, spinta, scossa*] hard, powerful, sharp; [*vento*] high, sharp, strong; [*brezza*] stiff; [*temporale*] heavy; ***un ~ rovescio di pioggia*** a heavy fall of rain; *(acuto)* [*raffreddore, dolore*] severe; [*febbre*] high; ***avere un ~ mal di denti*** to have bad toothache; *(abbondante)* [*nevicata, pioggia*] heavy; *(accecante)* [*sole*] blinding; ***vento ~*** METEOR. MAR. gale **8** *(ad alto contenuto di)* [*caffè*] strong; [*whisky*] hard; [*bevanda alcolica*] potent; *(piccante)* [*spezia, peperoncino, senape, curry*] hot; *(corposo)* [*vino*] robust; ***ho bisogno di bere qualcosa di ~*** I need a stiff drink **9** *(marcato)* [*tendenza, pendio*] sharp; [*impressione*] strong; [*accento*] broad, thick, heavy; [*odore*] strong, powerful; [*sapore*] pungent, robust, sharp; [*profumo*] heavy; *(notevole, considerevole)* [*ritardo*] long; [*appetito*] healthy, hearty, keen; [*concentrazione*] heavy; [*competizione, rivalità, domanda*] great, keen; [*somma, quantità*] large; ***avere un ~ odore*** to smell strongly; ***la città ha un ~ senso di solidarietà*** the town has a great sense of community; ***essere di taglia ~*** to take *o* wear a large size **10** *(ampio)* [*astensione, espansione, consumo, crescita, inflazione, dose, calo*] high, great; [*spesa, guadagni*] great, big **11** *(dotato)* good; *(bravo)* [*avversario*] strong; ***quelli che sono -i in latino*** those who are good at Latin; ***essere ~ a*** [*scacchi, calcio*] to be good at, to be strong on **12** *(risoluto)* [*metodo, maniere*] strong-arm; ***passare alle maniere -i*** to bring out the big guns, to get tough (with sb.) **13** *(speciale)* ***pezzo ~*** pièce de résistance; *(di collezione)* centre-piece; *(cavallo di battaglia)* TEATR. speciality act BE, specialty number AE; ***fare il proprio pezzo ~*** to do one's party piece **14** *(duro, offensivo)* [*espressione, parole*] harsh; *(crudo)* [*immagini*] brutal; ***avere un ~ impatto*** [*film, libro*] to pack a punch **15** COLLOQ. *(simpatico, divertente)* ***che ~!*** *(di esperienza, persona)* what a gas! *(di cosa)* that's really cool! ***che ~ questo film!*** what a hard-hitting film! **II** m. **1** *(persona potente)* strongman, mighty person **2** *(ambito in cui si eccelle)* ***cucinare non è il mio ~*** cooking is not my strong point, I'm not much of a one for cooking COLLOQ.; ***la generosità non è il tuo ~*** generosity isn't your forte **3** MUS. forte; ***pedale del ~*** loud pedal; ***pezzo ~*** set piece **III** avv. **1** *(con forza)* [*colpire, tirare, spingere, sfregare, urlare*] hard, strongly; [*parlare, piangere, suonare, cantare, ridere*] loudly; ***la strinse ~ a sé*** he held her closely to him; ***ho tirato il laccio più ~ che potevo*** I drew the string as tight as I could; *(saldamente)* ***tenersi ~*** to brace oneself; ***tieniti ~!*** hang on to your hat! hold tight! ***soffia ~!*** blow hard! ***il vento soffia ~*** the wind is blowing strongly; ***parlare più ~*** to outtalk, to raise one's voice; ***il mio cuore batte ~*** my heart is hammering *o* racing; ***la sua voce risuonò ~ e chiaro*** her voice rang out loud and clear; ***ti ricevo ~ e chiaro*** RAD. I'm receiving you loud and clear **2** *(avere successo)* ***andare ~*** COLLOQ. to be *o* go over big; [*affari*] to go great guns **3** *(nel gioco)* [*puntare, giocare*] heavily **4** *(velocemente) (in auto)* ***andare ~*** to belt down, to drive fast **5** *(accanitamente)* [*bere*] heavily **6** MUS. forte **IV** inter. brilliant ◆ ***~ come un toro*** as strong as an ox; ***avere lo stomaco ~*** to have a strong stomach; ***è più ~ di me*** *(incontrollabile)* I just can't help it; ***lo spirito è ~ ma la carne è debole*** the spirit is willing but the flesh is weak; ***stare*** o ***mettersi dalla parte del più ~*** to be on the winning side; ***la calma è la virtù dei -i*** PROV. = fools rush in where angels fear to tread; ***puoi dirlo ~!*** you can say that again!

2.forte /'fɔrte/ m. ARCH. MIL. *(costruzione fortificata)* fort.

fortemente /forte'mente/ avv. **1** *(con forza)* [*negare, sospettare, credere*] strongly; ***volere ~ che qcn. viva*** to will sb. to live **2** *(molto)* ***essere ~ coinvolto, indebitato*** to be heavily *o* highly involved, leveraged; ***essere ~ consapevole*** to be sharply aware; ***essere ~ tentato*** to be sorely tempted; ***essere ~ determinato*** to be unflinchingly determined; ***essere ~ motivato a fare*** to have a strong commitment to doing, to be highly motivated to do; ***essere ~ influenzato da qcn., qcs.*** to be heavily *o* strongly *o* powerfully influenced by sb., sth.; ***un'area ~ industrializzata*** an area dominated by factories, a highly industrialized area; ***un sovrano che era ~ temuto*** a ruler who was greatly feared; ***essere ~ criticato*** to be under fire; ***contrastare ~ con*** to contrast sharply *o* starkly.

forte-piano /forte'pjano/ m.inv. MUS. STOR. fortepiano.

fortezza /for'tettsa/ f. **1** *(forza morale)* fortitude, fastness* LETT.; ***~ d'animo*** fortitude, strength of mind **2** *(virtù cardinale)* fortitude **3** MIL. fortress, stronghold; ***espugnare una ~*** to seize a fortress ◆◆ ***~ volante*** AER. flying fortress.

fortificare /fortifi'kare/ [1] **I** tr. **1** *(rinvigorire)* [*sport*] to strengthen [*corpo*]; *(moralmente)* [*esperienza*] to fortify [*persona*] **2** *(consolidare)* to reinforce [*costruzione, fede, luogo*] **3** MIL. *(difendere)* to embattle, to retrench [*castello, città*] **II fortificarsi** pronom. *(irrobustirsi)* [*persona*] to fortify oneself, to strengthen.

fortificato /fortifi'kato/ **I** p.pass. → **fortificare II** agg. castellated, fortified; [*città*] walled.

fortificatorio, pl. **-ri**, **-rie** /fortifika'tɔrjo, ri, rje/ agg. MIL. defensive, fortifying.

fortificazione /fortifikat'tsjone/ f. fortification, counterwork MIL.

fortilizio, pl. **-zi** /forti'littsjo, tsi/ m. fortalice ANT.

fortino /for'tino/ m. MIL. blockhouse.

fortissimo /for'tissimo/ **I** m. MUS. *(segno, passaggio)* fortissimo* **II** avv. MUS. fortissimo.

fortuitamente /fortuita'mente/ avv. by chance, fortuitously FORM.

fortuito /for'tuito/ agg. [*incontro, errore, scoperta, caso, circostanza*] accidental, casual, chance; ***colpo ~*** by-blow; ***coincidenza -a*** flukey *o* fluky coincidence; ***avvenimento ~*** fortuity, chance event.

▶ **fortuna** /for'tuna/ f. **1** *(sorte)* fortune, chance; ***avere la ~ di fare*** to be fortunate (enough) to do, to have the good fortune to do; ***ha la ~ di non dover lavorare*** he is fortunate in that he doesn't have to work; ***la ruota della ~*** the wheel of fortune; ***gioco di ~*** game of chance **2** *(sorte favorevole)* fortune, good luck, blessedness; ***che ~!*** COLLOQ. you lucky thing *o* devil *o* dog! BE; ***bella ~! ma che ~!*** IRON. just my luck! ***buona ~!*** all the best! good luck! ***colpo di ~*** bonanza, stroke of luck; ***per ~*** by good fortune, luckily; ***è una ~ che*** it's a mercy *o* good job *o* thing (that); ***la ~ del principiante*** beginner's luck! ***il fattore ~*** the element of luck; ***porta ~ fare*** it's good luck to do; ***con l'aiuto della ~ ce l'ha fatta*** luck had a hand in his managing it; ***con un po' di ~*** with a bit of luck, hopefully; ***aveva la ~ dalla sua (parte)*** luck was on his side; ***buona parte del suo successo è dovuto alla ~*** luck played quite a part in his success; ***la ~ gli ha sorriso*** fortune smiled on him; ***avere una ~ dopo l'altra*** to have a run of (good) luck; ***non avere ~*** to be out of luck; ***essere abbandonato dalla ~*** to run out of luck, to be deserted by one's luck; ***la ~ sta girando*** our luck is on turn; ***tentare la ~*** to try one's luck; ***avere la ~ di trovare una casa*** to be lucky enough to find a house; ***non dimenticare le cose che hai la ~ di avere!*** count your blessednesses! ***è solo questione di ~*** it's the luck of the draw; ***ti auguro buona ~*** I wish you all the best of luck; ***è stata una ~ per lui che tu sia arrivata*** it was fortunate for him that you arrived; ***~ volle che*** as luck would have it; ***non ho avuto ~ nell'incontro col direttore della banca*** I got no joy out of the bank manager **3** *(ricchezza)* fortune; ***fare ~*** to strike it rich, to make one's pile COLLOQ.; ***accumulare una ~*** to make a fortune *o* mint; ***ereditare una ~*** to come into a fortune; ***una piccola ~*** a small fortune; ***avere una ~ a portata di mano*** to be sitting on a gold mine; ***valere una ~*** to be worth a fortune; ***spendere una ~*** to spend a bomb BE COLLOQ.; ***costare una ~*** to cost a fortune, to cost the earth COLLOQ.; ***questo vestito deve esserle costato una*** ~ COLLOQ. that dress must have knocked her back a few quid; ***cercare*** ~ to seek one's fortune **4** *(successo)* fortune; ***~ di un partito, club*** fortunes of a party, club; ***con -e alterne*** with varying fortunes; ***il film non ha avuto*** ~ the film was unsuccessful; ***quando farò*** ~ when my ship comes; ***essere l'artefice della propria*** ~ to be master one's destiny; ***fare la ~ di qcn.*** to be sb.'s lucky; ***questa decisione farà la mia ~ o mi rovinerà*** this decision will make or break me **5** *(in espressioni di cortesia; piacere)* ***non ho la ~ di conoscerla*** I don't have the pleasure of knowing you **6 di fortuna** *(improvvisato)* ***riparo di*** ~ makeshift shelter; ***mezzi di*** ~ makeshift; ***pista di*** ~ airstrip; ***fare un atterraggio di*** ~ to crash-land; ***ammaraggio di*** ~ ditching; ***albero di*** ~ MAR. jury-mast; ***vela di*** ~ storm sail; ***letto di*** ~ shakedown ◆ ***la ~ aiuta gli audaci*** PROV. who dares wins, fortune favours the brave; ***la ~ bussa alla porta!*** opportunity knocks! ***la ~ è cieca*** luck is blind; ***siamo baciati dalla*** ~ fortune smiled on us; ***portare*** ~ to bring good luck.

fortunale /fortu'nale/ m. tempest, violent storm.

fortunatamente /fortunata'mente/ avv. blessedly, fortunately, happily, thankfully; ***~ per lei*** luckily for her; ***~ la coda era breve*** the queue was mercifully short.

fortunato /fortu'nato/ agg. **1** *(felice)* [*combinazione*] happy; *(con buon esito)* [*incontro, progetto, impresa*] successful; *(fortuito)* [*coincidenza*] flukey, fluky, merciful; ***una -a circostanza*** a happy coincidence; ***tu non sai quanto sei ~!*** you don't know when you are well off! ***per un caso*** ~ by a lucky chance; ***essere in un periodo*** ~ to have a run of good luck, to be on a winning streak **2** *(che porta fortuna)* [*numero, giorno*] lucky; *(che ha fortuna)* [*persona*] fortunate, lucky, jammy BE COLLOQ.; ***essere il ~ proprietario di...*** to be the proud owner of...; ***essere ~ a essere ancora vivo*** to be lucky to be alive; ***è il mio momento ~!*** my luck's in! ◆ ***~ al gioco, sfortunato in amore*** lucky at cards, unlucky in love.

fortunello /fortu'nɛllo/ m. ***~!*** COLLOQ. you lucky thing *o* devil!

fortunoso /fortu'noso/ agg. **1** *(avventuroso, con imprevisti)* [*vita, viaggio*] eventful, adventurous **2** *(casuale)* [*risultato*] flukey, fluky, chance.

forum /'fɔrum/ m.inv. forum*.

foruncolo /fo'runkolo/ m. boil, furuncle; ***~ d'acne*** acne.

foruncolosi /forunko'lɔzi/ ♦ **7** f.inv. furunculosis*.

foruncoloso /forunko'lɔso/ agg. [*volto*] furuncular, spotty COLLOQ.

forviante /forvi'ante/ → **fuorviante**.

forviare /forvi'are/ → **fuorviare**.

▶ **forza** /'fɔrtsa/ **I** f. **1** *(vigore) (di persona, animale)* force, strength; ***~ muscolare*** brawn, muscle strength; ***~ di carattere*** strength of character *o* sturdiness; ***~ di volontà*** strength of will, willpower; ***avere molta ~ nelle braccia*** to have great strength in one's arms; ***raccogliere, risparmiare le -e*** to summon up, save one's strength; ***gli mancarono le -e*** his strength failed him; ***trovare, avere la ~ di fare*** to find, have the strength *o* stamina to do; ***non ho più la ~ di camminare*** I no longer have the strength to walk; ***le -e mi abbandonano*** I'm beginning to weary; ***rimettersi in -e*** to regain one's strength; ***ritrovare la*** ~ to get one's second wind; ***farsi*** ~ to brace up; ***dare ~ a qcn.*** to give sth. teeth; ***è stato solo il suo lavoro a dargli la ~ di andare avanti*** it was only his work that kept him going; ***è al di sopra delle mie -e*** it's too much for me; ***colpire con tutta la*** ~ to put one's full weight behind a blow, to hit with all one's strength *o* might; ***con tutte le proprie -e*** with all one's strength *o* might; ***con*** ~ [*negare, pubblicizzare*] energetically, vigorously; [*colpire*] forcefully; ***sostenere qcs. con*** ~ to throw one's weight behind sth. **2** *(mezzo di costrizione)* force; ***ricorrendo alla*** ~ by force of arms; ***costringere qcn. a fare qcs. con la*** ~ to dragoon sb. into doing sth.; ***per ~ di cose*** necessarily, from *o* out of necessity; ***politica della*** ~ power politics; ***gesto*** o ***atto di*** ~ MIL. strike; ***~ bruta*** brute force, sheer manpower; ***per amore o per*** ~ willy-nilly **3** *(potenza) (di paese, gruppo, settore)* strength; FIG. *(di espressione, persona)* force; ***la ~ militare, economica del paese*** the military, economic strength of the country; ***le -e del male*** the forces of evil; ***dimostrazione di*** ~ sabre rattling; *(di idea, ambizione)* ***~ trainante*** driving force; ***quali sono i vostri punti di ~?*** what are your strong points? **4** *(peso) (di argomento, convinzione, accusa)* force; ***la ~ dell'abitudine*** the force *o* tug of habit; ***avere ~ di legge*** to have the force of law; ***avere ~ esecutiva*** DIR. to be enforceable; ***dovuto a cause di ~ maggiore*** due to circumstances beyond our control; ***la ~ della suggestione*** the power of suggestion; ***dare ~ a*** [*discorso, minaccia*] to give muscle to, to strengthen **5** FIS. force (anche FIG.); ***generare, esercitare una*** ~ to generate, exert a force; ***~ motrice*** prime mover, driving force (anche FIG.); ***le -e della natura*** forces of nature; *(di temporale)* ***~ distruttiva*** destructiveness **6** MAR. ***avanti a tutta*** ~ full speed ahead; ***~ di vele*** press of sail **7** *(intensità) (di urto, sisma, esplosione)* force, intensity, violence; *(desiderio, sentimento)* strength; ***la ~ del vento*** the power of the wind; ***un vento ~ 10*** a force 10 gale **8** *(gruppo di persone)* force; ***-e produttive, di opposizione*** productive, opposition forces; ***i suoi fan erano presenti in -e*** his fans were present in strength *o* force **9** ECON. strength; ***la ~ del dollaro rispetto alla sterlina*** the strength of the dollar against the pound; ***~ contrattuale*** bargaining power **10** MIL. *(corpo)* force; *(gli effettivi)* ***la ~ di un esercito*** the strength of an army; ***essere in ~ al primo battaglione*** to be serving with the first battalion; ***~ multinazionale*** multinational army; ***-e aeree*** air forces; ***-e navali*** naval forces; ***-e terrestri*** o ***di terra*** ground forces; ***-e armate*** armed forces; ***-e di polizia*** police forces **11 a forza di** ***a ~ di lavorare a questo ritmo si consumerà*** at the rate he's working, he'll burn himself out; ***uccidersi a ~ di bere*** to drink oneself to death; ***ingrassare a ~ di mangiare cioccolatini*** to get fat on chocolates **12 per forza** *(è inevitabile)* ***"Hai accettato?" - "Per ~"*** "Have you accepted?" - "I had no choice"; ***per ~ di cose*** of necessity, by *o* through force of circumstances; *(controvoglia)* ***mangiare per*** ~ to eat unwillingly *o* against one's will; ***l'ha costretto a farlo per*** ~ she bludgeoned him into doing it **13 di forza** ***trascinare qcn. di ~ dal dentista*** to drag sb. kicking and screaming to the dentist; ***fare entrare di ~ qcn. in*** [*macchina, stanza*] to push sb. in **14 in forza di** ***in ~ del contratto*** as provided by the agreement **II** inter. ***~, seguimi!*** come on, follow me! ***~, datevi da fare!*** go on, get cracking! ***~ ragazzi!*** come on lads! *(allo stadio, seguito dal nome di una squadra)* ***"~ Roma"*** "up with Rome"; ***bella ~!*** how clever of you! ◆ ***l'unione fa la*** ~ PROV. united we stand, divided we fall; ***contro la ~ ragion non vale*** PROV. might makes right; ***~ e coraggio!*** come on! come along! ***non si può fare bere un asino per*** ~ PROV. you can take *o* lead a horse to water but you can't make it drink ◆◆ ***~ d'animo*** fortitude; ***~ ascensionale*** lift, buoyancy; ***~ di attrazione*** pull *o* force of attraction; ***~ centrifuga*** centrifugal force; ***~ centripeta*** centripetal force; ***~ deterrente*** MIL. deterrent force; ***~ di gravità*** o ***gravitazionale*** gravitational pull, force of gravity, G-force; ***~ d'inerzia*** inertia; ***Forza Italia*** POL. = Italian centre-right political party; ***~ lavoro*** workforce, labour force; ***~ motrice*** motivity; ***~ della natura*** force of nature; ***~ di pronto intervento*** MIL. rapid deployment force, Rapid Reaction Force; ***~ di penetrazione*** MIL. penetration; ***~ di persuasione*** persuasiveness, cogency; ***la ~ pubblica*** the police; ***~ d'urto*** MIL. strike force; ***~ a vapore*** steam power; ***-e di mercato*** ECON. market forces.

forzamento /fortsa'mento/ m. ***anello di*** ~ shrink ring.

▶ **forzare** /for'tsare/ [1] **I** tr. **1** *(costringere)* to force; ***non vogliamo ~ nessuno*** we don't want to force anybody; ***~ qcn. a fare*** to force *o* compel sb. to do, to railroad COLLOQ. *o* sandbag sb. into doing; ***il governo sta cercando di ~ il parlamento ad approvare la legge*** the government is trying to bulldoze the bill through parliament **2** *(far cedere)* to force [*porta, cassetto*]; to prise [*coperchio*]; to pick [*serratura*]; ***~ una serratura per entrare in*** to force entry to *o* into; ***~ una cassaforte*** to crack *o* break into a safe **3** *(passare attraverso)* to break* through [*recinto, ingresso*]; ***~ il blocco*** to run the blockade **4** *(accelerare)* to force, to speed up [*andatura, ritmo, cadenza*] **5** *(distorcere)* to stretch [*significato*]; to contrive [*metafora*] **6** AGR. to force [*pianta*] **II** intr. (aus. *avere*) **1** *(fare troppi sforzi)* ***vincere senza*** ~ to win easily **2** *(esercitare una pressione)* ***non ~ sul coperchio, lo romperai*** don't force the lid or you'll break it **3** *(fare resistenza)* ***la porta forza*** the door is sticking **III forzarsi** pronom. to force oneself; ***si forzò di mantenere un tono di voce calmo*** he forced his voice to remain calm ◆ ***~ la mano a qcn.*** to force sb.'s hand, to put the screws on sb. COLLOQ.

forzatamente /fortsata'mente/ avv. **1** *(artificiosamente)* [*ridere, sorridere*] unnaturally **2** *(per forza)* forcedly, constrainedly; ***arruolare*** ~ STOR. to impress, to press, to press-gang.

forzato /for'tsato/ **I** p.pass. → **forzare II** agg. **1** *(imposto)* [*lavori, esilio, marcia, atterraggio*] forced; [*dimissioni, astinenza, riposo, partenza*] compulsory; [*accettazione, ammirazione*] grudging; ***"rimozione -a"*** "towaway zone"; ***lavori -i*** hard labour, penal servitude; ***arruolamento*** ~ impressment; ***a marcia*** ~ MIL. by forced march; *(accidentale)* [*bagno, doccia*] unintentional **2** *(non spontaneo)* [*sorriso*] forced, constrained, strained; ***alimentazione -a*** force-feeding **3** *(non logico)* [*paragone, interpretazione*] far-fetched; [*conclusione, intreccio*] contrived **4** DIR. ECON. [*risparmio, prestito*] forced; ***acquisizione di controllo -a*** hostile takeover **5** AGR. [*coltivazione*] forced **III** m. (f. **-a**) convict ◆ ***sgobbare come un*** ~ to work like a slave.

forzatura /fortsa'tura/ f. **1** *(scassinatura)* ***la ~ di una cassaforte*** the cracking of a safe **2** *(interpretazione distorta)* twist, twisting **3** AGR. forcing.

forziere /for'tsjɛre/ m. safe.

forzista, m.pl. **-i**, f.pl. **-e** /for'tsista/ m. e f. = person who follows the Forza Italia political movement.

forzoso /for'tsoso/ agg. [*corso, prestito*] compulsory, forced; ***moneta a corso ~*** ECON. fiat money.

forzuto /for'tsuto/ agg. SCHERZ. brawny.

fosbury /'fɔzburi/ agg.inv. ***salto alla ~*** Fosbury flop.

foscamente /foska'mente/ avv. gloomily.

foschia /fos'kia/ f. haze, mist, haziness; ***banchi di nebbia e ~*** mist and fog patches; ***~ da calore*** heat haze; ***~ del mare*** sea mist.

fosco, pl. **-schi, -sche** /'fosko, 'fɔsko, ski, ske/ agg. **1** *(scuro)* dark, subfusc LETT. **2** FIG. *(cupo)* [*tempo, giorno, cielo*] dull, hazy, murky, sombre; [*futuro, prospettiva*] black, bleak; *(minaccioso)* [*sguardo*] sombre, menacing.

fosfatare /fosfa'tare/ [1] tr. to phosphate.

fosfatasi /fosfa'tazi/ f.inv. phosphatase.

fosfatato /fosfa'tato/ **I** p.pass. → **fosfatare II** agg. **1** [*fertilizzante*] phosphate **2** [*alimento*] containing calcium phosphate.

fosfatazione /fosfatat'tsjone/ f. phosphation.

fosfatico, pl. **-ci, -che** /fos'fatiko, tʃi, ke/ agg. phosphatic.

fosfatide /fosfa'tide/ m. phosphatide.

fosfatizzare /fosfatid'dzare/ [1] tr. to phosphatize [*terra*].

fosfatizzazione /fosfatiddzat'tsjone/ f. phosphatization.

fosfato /fos'fato/ m. phosphate; ***detersivo senza -i*** phosphate-free detergent.

fosfene /fos'fɛne/ m. phosphene.

fosfina /fos'fina/ f. phosphine.

fosfito /fos'fito/ m. phosphite.

fosfolipide /fosfoli'pide/ m. phospholipid.

fosfoproteina /fosfoprote'ina/ f. phosphoprotein.

fosforato /fosfo'rato/ agg. [*idrogeno*] phosphoret(t)ed.

fosforescente /fosforeʃ'ʃɛnte/ agg. phosphorescent.

fosforescenza /fosforeʃ'ʃɛntsa/ f. phosphorescence.

fosforico, pl. **-ci, -che** /fos'fɔriko, tʃi, ke/ agg. [*acido*] phosphoric.

fosforilare /fosfori'lare/ [1] tr. to phosphorylate.

fosforismo /fosfo'rizmo/ m. phosphorism.

fosforite /fosfo'rite/ f. phosphorite.

fosforizzare /fosforid'dzare/ [1] tr. to phosphorize.

fosforo /'fɔsforo/ m. phosphor, phosphorus ◆ ***gli manca il ~*** he isn't very bright.

fosforoso /fosfo'roso/ agg. [*acido, lega*] phosphorous.

fosfuro /fos'furo/ m. phosphide.

fosgene /foz'dʒɛne/ m. phosgene.

▷ **fossa** /'fɔssa/ f. **1** *(cavità, scavo)* pit, hole **2** *(tomba)* grave **3** MIN. *(pozzo)* pit **4** SPORT *(nel salto)* sandpit **5** AUT. *(per riparazioni)* inspection pit **6** ANAT. fossa* **7** GEOL. deep ◆ ***avere un*** o ***essere con un piede nella ~*** to be at *o* look as if one is at death's door, to have one foot in the grave; ***scavarsi la ~ (con le proprie mani)*** to dig one's own grave, to make a rod for one's own back; ***del senno di poi son piene le -e*** PROV. it's easy enough to be wise after the event, after-wit is everybody's wit ◆◆ ***~ biologica*** septic tank; ***~ comune*** mass *o* pauper's grave; ***~ dei leoni*** lion's den (anche FIG.); ***~ per il letame*** AGR. slurry pit; ***~ delle Marianne*** GEOGR. Mariana Trench; ***~ oceanica*** GEOGR. (deep sea) trench; ***~ olimpica*** trap (shooting); ***~ dell'orchestra*** orchestra pit; ***~ di riparazione*** pit; ***~ di scolo*** drainage ditch; ***~ dei serpenti*** (anche FIG.) snake pit; ***~ settica*** → **~ biologica**; ***~ tettonica*** graben; ***~ di visita*** AUT. FERR. inspection pit; ***-e nasali*** ANAT. nasal passages.

fossato /fos'sato/ m. **1** *(cavità)* ditch, trench, dyke BE **2** *(di fortificazione)* moat, fosse.

fossetta /fos'setta/ f. dimple; ***avere una ~ sul*** o ***nel mento*** to have a dimple in one's chin.

fossile /'fɔssile/ **I** agg. **1** [*resti*] fossil; ***carbon ~*** coal; ***farina ~*** rottenstone, tripoli **2** FIG. *(antiquato)* fossil **II** m. fossil (anche FIG.); ***~ vivente*** living fossil.

fossilifero /fossi'lifero/ agg. fossiliferous.

fossilizzare /fossilid'dzare/ [1] **I** tr. RAR. to crystallize, to fossilize **II fossilizzarsi** pronom. **1** to fossilize **2** FIG. [*persona*] to stagnate; [*società, ideologia*] to petrify, to stagnate; [*istituzione*] to mummify.

fossilizzato /fossilid'dzato/ **I** p.pass. → **fossilizzare II** agg. **1** fossilized **2** FIG. fossilized; ***è totalmente ~ nelle sue abitudini*** he's very set in his ways; ***una società -a nella superstizione*** a society entrenched in superstition.

fossilizzazione /fossiliddzat'tsjone/ f. **1** fossilization **2** FIG. incrustation, ossification.

▷ **fosso** /'fɔsso/ m. ditch, trench; *(di castello)* moat; ***scavare un ~*** to dig a trench; ***sono finito in un ~ con l'auto*** I drove into a ditch ◆ ***saltare il ~*** to take the plunge; ***se un cieco guida l'altro tutti e due cascano nel ~*** PROV. it's a case of the blind leading the blind ◆◆ ***~ anticarro*** MIL. antitank ditch; ***~ di cinta*** ha-ha; ***~ di irrigazione*** irrigation drain; ***~ di scarico*** o ***scolo*** gully, gully-drain.

foto /'fɔto/ f.inv. (accorc. fotografia) photo, shot, snap; ***fare una ~*** to take a photo *o* picture; ***~ delle vacanze*** holiday BE *o* vacation snap; ***album di ~*** photo album ◆◆ ***~ di gruppo*** group photo; ***~ di moda*** glamour *o* fashion shot; ***~ ricordo*** souvenir photo; ***~ da satellite*** satellite picture; ***~ segnaletica*** mug shot; ***~ (formato) tessera*** passport photo.

fotoamatore /fotoama'tore/ m. (f. **-trice** /tritʃe/) amateur photographer, enthusiastic photographer.

fotobiologia /fotobiolo'dʒia/ f. photobiology.

fotocalcografia /fotokalkogra'fia/ f. photoengraving.

fotocalcografo /fotokal'kɔgrafo/ ➧ *18* m. (f. **-a**) photoengraver.

fotocamera /foto'kamera/ f. camera.

fotocatalisi /fotoka'talizi/ f.inv. photocatalysis*.

fotocatodo /foto'katodo/ m. photocathode.

fotocellula /foto'tʃɛllula/ f. photocell.

fotochimica /foto'kimika/ f. photochemistry.

fotochimico, pl. **-ci, -che** /foto'kimiko, tʃi, ke/ agg. photochemical.

fotocinesi /fɔtotʃi'nɛzi/ f.inv. photokinesis.

fotocolor /foto'kɔlor/ m.inv. *(processo)* colour photography; *(diapositiva)* colour transparency.

fotocomporre /fotokom'porre/ [73] tr. to filmset, to photocompose AE.

fotocompositore /fotokomposi'tore/ ➧ *18* m. (f. **-trice** /tritʃe/) phototypesetter AE.

fotocompositrice /fotokompozi'tritʃe/ f. *(macchina)* filmsetter, photocomposer AE.

fotocomposizione /fotokompozit'tsjone/ f. filmsetting, photocomposition AE, phototypesetting AE.

fotoconduttività /fotokonduttivi'ta/ f.inv. photoconductivity.

fotoconduttivo /fotokondut'tivo/, **fotoconduttore** /fotokondut'tore/ agg. photoconductive.

fotocopia /foto'kɔpja/ f. **1** photocopy, duplicate, Photostat® **2** FIG. double, spitting image.

fotocopiabile /fotoko'pjabile/ agg. photocopiable.

fotocopiare /fotoko'pjare/ [1] tr. to duplicate, to photocopy.

fotocopiatrice /fotokopja'tritʃe/ f. *(macchina)* copier, photocopier; ***~ a colori*** colour photocopier.

fotocopiatura /fotokopja'tura/ f. photocopying ◆◆ ***~ illegale*** illegal photocopying.

fotocromatico, pl. **-ci, -che** /fotokro'matiko, tʃi, ke/ agg. photochromic.

fotocromia /fotokro'mia/ f. photochromy.

fotocronaca /foto'krɔnaka/ f. photo-reportage.

fotocronista, m.pl. **-i**, f.pl. **-e** /fotokro'nista/ ➧ *18* m. e f. press photographer.

fotodegradabile /fotodegra'dabile/ agg. photodegradable.

fotodinamico, pl. **-ci, -che** /fotodi'namiko, tʃi, ke/ agg. photodynamic(al).

fotodiodo /foto'diodo/ m. photodiode.

fotodisintegrazione /fotodizintegrat'tsjone/, **fotodissociazione** /fotodissotʃat'tsjone/ f. photodisintegration.

fotoelasticità /fɔtoelastitʃi'ta/ f.inv. photoelasticity.

fotoelettricità /fotoelettritʃi'ta/ f.inv. photoelectricity.

fotoelettrico, pl. **-ci, -che** /fotoe'lɛttriko, tʃi, ke/ agg. [*cellula, effetto*] photoelectric(al); ***pila -a*** solar cell.

fotoelettrone /fotoelet'trone/ m. photoelectron.

fotoelettronica /fotoelet'trɔnika/ f. photoelectronics + verbo sing.

fotoemissione /fotoemis'sjone/ f. photoemission.

fotofilismo /fotofi'lizmo/ m. photophily.

fotofinish /foto'finiʃ/ m.inv. photo finish; ***arrivo al ~*** close *o* blanket finish.

fotofit /foto'fit/ m.inv. photofit.

fotofobia /fotofo'bia/ ➧ *7* f. photophobia.

fotoforo /fo'tɔforo/ m. **1** ZOOL. photophore **2** *(di minatore, speleologo)* miner's lamp.

fotogenia /fotodʒe'nia/ f. photogenic quality.

fotogenicità /fotodʒenitʃi'ta/ f.inv. → **fotogenia**.

fotogenico, pl. **-ci, -che** /foto'dʒɛniko, tʃi, ke/ agg. [*persona*] photogenic.

fotogeno /fo'tɔdʒeno/ agg. [*colore, materia*] photogenic.

fotogeologia /fotodʒeolo'dʒia/ f. photogeology.

fotogiornalismo /fotodʒorna'lizmo/ m. photojournalism.

fotogiornalista, m.pl. **-i**, f.pl. **-e** /fotodʒorna'lista/ ♦ *18* m. e f. photojournalist.

▷ **fotografare** /fotogra'fare/ [1] tr. **1** to photograph, to take* a photo(graph) of [*persona, luogo, oggetto*]; ***farsi*** ~ to have one's photo *o* picture taken; ***lasciarsi*** ~ to let oneself be photographed **2** *(memorizzare)* to fix [sth.] in one's mind, to make* a mental picture of [*luogo, persona*] **3** FIG. *(rappresentare fedelmente)* to draw* an accurate picture of [*episodio*].

▶ **fotografia** /fotogra'fia/ f. **1** *(tecnica)* photography; ***la ~ in bianco e nero*** black and white photography; ***la ~ a colori*** colour photography **2** *(immagine)* photograph, picture; ***fare*** o ***scattare una*** ~ to take a photograph *o* picture; ~ ***sfocata*** blurred photograph; ~ ***nitida*** sharp photograph; ~ ***dal basso*** low-angle shot; ***stampare una ~ da un negativo*** to make a print from a negative; ***venire bene in*** ~ to photograph well; ***ingrandire una*** ~ to enlarge a photograph **3** *(rappresentazione fedele)* picture; ***una ~ della società contemporanea*** a picture of contemporary society **4** CINEM. ***la ~ del film è eccezionale*** the cinematography *o* shooting is superb ◆ ***non lo posso vedere neanche in*** ~ I can't stand the bare sight of him ◆◆ ~ ***aerea*** aerial photograph; ~ ***d'arte*** art photography; ~ ***d'artista*** studio portrait; ~ ***nell'infrarosso*** infrared photograph; ~ ***istantanea*** snapshot, action shot; ~ ***pubblicitaria*** publicity photograph; ~ ***di scena*** CINEM. still(s) photography; ~ ***subacquea*** underwater photograph.

fotograficamente /fotografika'mente/ avv. photographically.

fotografico, pl. **-ci**, **-che** /foto'grafiko, tʃi, ke/ agg. **1** *(relativo alla fotografia)* [*arte, immagine, documenti, attrezzatura, studio, archivio, mostra*] photographic; ***safari*** ~ photographic safari; ***servizio*** ~ photocall BE; ***stampa -a*** photoprint; ***seduta -a*** photo session; ***redazione -a*** GIORN. picture desk; ***ritrattistica -a*** portrait photography **2** FIG. [*memoria*] photographic.

▷ **fotografo** /fo'tɔgrafo/ ♦ *18* m. (f. **-a**) **1** *(professionista)* photographer; ~ ***di moda*** fashion photographer **2** *(commerciante)* ***andare dal*** ~ to go to the camera shop ◆◆ ~ ***ambulante*** street photographer; ~ ***di scena*** CINEM. still(s) photographer.

fotogramma /foto'gramma/ m. frame, photogram; ***un ~ di un film*** a still from a film.

fotogrammetria /fotogramme'tria/ f. photogrammetry.

fotogrammetrico, pl. **-ci**, **-che** /fotogram'mɛtriko, tʃi, ke/ agg. photogrammetric; ***carta -a*** photomap.

fotogrammetrista, m.pl. **-i**, f.pl. **-e** /fotogramme'trista/ m. e f. photogrammetrist.

fotoincisione /fotointʃi'zjone/ f. photogravure, process engraving.

fotoincisore /fotointʃi'zore/ ♦ *18* m. photoengraver.

fotointerpretazione /fotointerpretat'tsjone/ f. photo interpretation.

fotoionizzazione /fotojoniddzat'tsjone/ f. photoionization.

fotokit /foto'kit/ → **fotofit**.

fotolisi /fo'tɔlizi/ f.inv. photolysis*.

fotolitografia /fotolitogra'fia/ f. photolithography.

fotoluminescenza /fotoluminеʃ'ʃɛntsa/ f. photoluminescence.

fotomeccanica /fotomek'kanika/ f. photomechanics + verbo sing.

fotomeccanico, pl. **-ci**, **-che** /fotomek'kaniko, tʃi, ke/ agg. photomechanical.

fotometria /fotome'tria/ f. photometry.

fotometrico, pl. **-ci**, **-che** /foto'mɛtriko, tʃi, ke/ agg. photometric.

fotometro /fo'tɔmetro/ m. photometer.

fotomodello /fotomo'dɛllo/ ♦ *18* m. (f. **-a**) model.

fotomoltiplicatore /fotomoltiplika'tore/ m. photomultiplier.

fotomontaggio, pl. **-gi** /fotomon'taddʒo, dʒi/ m. montage, photomontage, composite.

fotone /fo'tone/ m. photon.

fotoneutrone /fotonew'trone/ m. photoneutron.

fotonico, pl. **-ci**, **-che** /fo'toniko, tʃi, ke/ agg. photonic.

fotonucleare /fotonukle'are/ agg. photonuclear.

fotoperiodico, pl. **-ci**, **-che** /fotoperi'ɔdiko, tʃi, ke/ agg. photoperiodic.

fotoperiodismo /fotoperio'dizmo/ m. photoperiodism.

fotoperiodo /fotope'riodo/ m. photoperiod.

fotorecettore /fotoretʃet'tore/ m. photoreceptor.

fotoreportage /fotorepor'taʒ/ m.inv. photo-reportage.

fotoreporter /fotore'pɔrter/ ♦ *18* m. e f. inv. news photographer.

fotoresistenza /fotoresis'tɛntsa/ f. photoresistance.

fotoromanzo /fotoro'mandzo/ m. photostory.

fotosensibile /fotosen'sibile/ agg. [*pellicola, carta*] light-sensitive, photosensitive.

fotosensibilità /fotosensibili'ta/ f.inv. photosensitivity.

fotosfera /fotos'fɛra/ f. photosphere.

fotosintesi /foto'sintezi/ f.inv. photosynthesis*; ~ ***clorofilliana*** (chlorophyllous) photosynthesis.

fotosintetico, pl. **-ci**, **-che** /fotosin'tɛtiko, tsi, ke/ agg. photosynthetic.

fotostatico, pl. **-ci**, **-che** /fotos'tatiko, tʃi, ke/ agg. ***copia -a*** Photostat®.

fototassi /foto'tassi/ f.inv. → **fototattismo**.

fototattismo /fototat'tizmo/ m. phototaxis.

fototeca, pl. **-che** /foto'tɛka, ke/ f. photo(graphic) library.

fototelegrafia /fototelegra'fia/ f. phototelegraphy.

fototelegrafico, pl. **-ci**, **-che** /fototele'grafiko, tʃi, ke/ agg. phototelegraphic.

fototelegramma /fototele'gramma/ m. phototelegram.

fototerapia /fototera'pia/ f. phototherapeutics + verbo sing., phototherapy.

fototessera /foto'tɛssera/ f. passport photo.

fototipia /fototi'pia/ f. phototype, phototypy.

fototipo /foto'tipo/ m. *(stampa)* phototype.

fototropico, pl. **-ci**, **-che** /foto'trɔpiko, tʃi, ke/ agg. phototropic.

fototropismo /fototro'pizmo/ m. phototropism.

fototubo /fɔto'tubo/ m. phototube.

fotovoltaico, pl. **-ci**, **-che** /fotovol'taiko, tʃi, ke/ agg. photovoltaic.

fotozincografia /fototsinkogra'fia/ f. photozincography.

fottere /'fottere/ [2] **I** tr. **1** VOLG. *(possedere sessualmente)* to fuck, to screw, to hump, to shag BE **2** FIG. *(imbrogliare)* to fuck (up), to screw; ***farsi*** ~ to be had *o* screwed **II** intr. VOLG. *(avere rapporti sessuali)* to fuck, to screw, to hump, to frig **III** pronom. **fottersene** VOLG. ***me ne fotto*** I don't give a fuck *o* shit *o* damn; ***che te ne fotte?*** what the fuck is it to you? ***non me ne fotte un accidente*** I don't give a goddamn about it ◆ ***va' a farti ~! fottiti!*** fuck *o* screw you! fuck off! get stuffed! ***che vada a farsi ~!*** bugger *o* sod him! ***mandare qcn. a farsi*** ~ to tell sb. to fuck off.

fottio, pl. **-ii** /fot'tio, ii/ m. POP. loads pl. (**di** of).

fottuto /fot'tuto/ **I** p.pass. → **fottere II** agg. VOLG. **1** *(rovinato)* [*persona*] fucked, buggered, screwed; ***se mi interroga sono*** ~ if he asks me any questions, I'm done for *o* sunk; ***se lui mi trova, sono*** ~ if he finds me I've had it; ***siamo -i!*** we are fucked! **2** *(detestabile)* [*mestiere*] fucking, frigging, bloody; ***questa -a macchina*** this fucking machine; ***fottutissimo*** motherfucking **3** *(grande)* ***fa un freddo*** ~ it's brass monkey weather, it's perishingly cold; ***avere una paura -a*** to be scared shitless.

foulard /fu'lar/ m.inv. foulard, scarf*.

foularino /fula'rino/ m. neckerchief.

fovea /'fɔvea/ f. fovea*.

fox terrier /fokster'rjɛ, foks'tɛrrjer/ m.inv. fox terrier.

fox-trot /'foks'trɔt/ m.inv. foxtrot.

foyer /fwa'je/ m.inv. foyer; lobby.

▶ **1.fra** /fra/ → **tra**.

2.fra, frà, fra' /fra/ m. brother; ~ ***Nicola*** Brother Nicola.

frac /frak/ m.inv. tailcoat.

fracassare /frakas'sare/ [1] **I** tr. to smash, to shatter [*oggetto*]; to prang COLLOQ. [*macchina*] **II fracassarsi** pronom. *(rompersi)* [*oggetto, veicolo*] to smash; [*finestra*] to shatter; *(schiantarsi)* to crash (**contro** against, into); ***-rsi la testa contro qcs.*** to smash one's head against sth. ◆ ~ ***qcn. di botte*** to beat sb. up; ~ ***le ossa a qcn.*** to break every bone in sb.'s body.

fracasso /fra'kasso/ m. **1** *(rumore fastidioso)* din, rumble, hullabaloo COLLOQ.; *(rumore violento)* crash; ***fare*** ~ to make a commotion *o* row, to make a racket COLLOQ.; ***un gran*** ~ a loud din **2** *(di cose fracassate)* clatter, smash; ***un ~ di vetri rotti*** a crash of breaking glass.

fracassone /frakas'sone/ m. (f. **-a**) COLLOQ. **1** *(chi rompe tutto)* bull in a china shop, clumsy person **2** *(chiassone)* rowdy, roisterer ANT.

fracco /'frakko/ m. REGION. ~ ***di botte*** o ***legnate*** walloping; ***dare a qcn. un ~ di legnate*** to give sb. a (good) hiding, to lay about sb. with a stick; ***dare un ~ di botte a qcn.*** to give sb. a good thrashing; ***farsi un ~ di risate*** to laugh one's head off.

fracido /'fratʃido/ agg. REGION. LETT. → **fradicio**.

fracosta /fra'kɔsta/ f. REGION. = entrecôte steak.

fradicio, pl. **-ci**, **-ce** e **-cie** /'fraditʃo, tʃi, tʃe/ **I** agg. **1** *(bagnato)* [*persona, abiti, capelli*] drenched, soaked, sodden, sopping; [*terreno*] soggy, waterlogged; ***essere bagnato*** ~ to be dripping *o* soaking wet **2** *(rafforzativo)* ***ubriaco*** ~ blitzed, dead drunk, smashed, trashed COLLOQ.; ***ero sudato*** ~ my body was running with sweat **3** *(marcio)* [*uova*] rotten **4** FIG. *(corrotto)* [*persona*] crooked, corrupt **II** m. **1** *(marcio)* rot, rotten part **2** *(umidità, fangosità)* wet, sodden ground **3** FIG. *(corruzione)* corruption.

fradiciume /fradi'tʃume/ m. **1** *(marciume)* rot **2** FIG. corruption, sleaze factor.

▷ **fragile** /'fradʒile/ agg. **1** *(che si rompe facilmente)* breakable, fragile, brittle; [*ossa*] decaying; [*porcellana*] delicate; ***attenzione, è ~*** careful, it's fragile! ***"~"*** "handle with care", "fragile" **2** *(debole, gracile)* [*costituzione, salute, persona*] fragile, frail; [*gambe, braccia, collo*] weak; [*struttura*] flimsy, fragile **3** *(instabile)* [*mente, persona*] fragile, weak **4** FIG. *(tenue)* [*speranza*] frail, tenuous.

fragilità /fradʒili'ta/ f.inv. **1** *(facilità a rompersi)* brittleness, fragility (anche FIG.); *(di porcellana)* delicacy; *(di costruzione)* flimsiness **2** FIG. *(debolezza)* frailty, tenuousness, weakness; ***la ~ della natura umana*** the frailty of human nature; ***la ~ del suo ragionamento*** the weakness in his reasoning **3** *(instabilità)* fragility.

fragilmente /fradʒil'mente/ avv. *(debolmente)* weakly, frailly.

▷ **fragola** /'fragola/ ➧ **3 I** f. strawberry; ***-e con panna*** strawberries and cream; ***gelato alla ~*** strawberry ice cream; ***guarnire con -e*** to decorate with strawberries **II** m.inv. *(colore)* strawberry **III** agg.inv. ***color ~*** strawberry ◆◆ ***~ di bosco*** wild strawberry.

fragoleto /frago'leto/ m. strawberry bed.

fragolino /frago'lino/ m. *(pesce)* red bread.

fragore /fra'gore/ m. **1** *(rumore violento)* crash, thunder; *(di vetri rotti)* crash, smash; *(di tuono)* crash, peal; *(di cascata)* roar; *(di cancello)* clang **2** FIG. *(clamore)* clamour BE, clamor AE, roar.

fragorosamente /fragorosa'mente/ avv. [*starnutire, protestare*] loudly, resoundingly; [*ridere*] boisterously, guffaw, uproariously; ***applaudire ~*** to cheer to the echo, to applaud wildly.

fragoroso /frago'roso/ agg. **1** *(assordante)* [*risata*] loud, riotous, uproarious; [*rumore, tuono, scoppio*] resounding, loud; [*applauso*] loud, wild **2** FIG. [*fama, scandalo*] resounding; [*successo*] resounding, stunning; [*benvenuto*] thunderous.

fragrante /fra'grante/ agg. *(odoroso, profumato)* fragrant, perfumed; [*fiore, aria*] scented.

fragranza /fra'grantsa/ f. **1** *(profumo)* fragrance, scent; *(di aria piacevole)* balminess, redolence LETT.; ***la ~ del pane appena sfornato*** the aroma *o* the fragrance of freshly baked bread **2** COSMET. perfume.

fraintendere /frain'tɛndere/ [10] tr. *(capire male)* to misunderstand*; *(interpretare male)* to misconceive, to misread*, to misinterpret.

fraintendimento /fraintendi'mento/ m. misconstruction, misunderstanding.

frainteso /frain'tɛso/ **I** p.pass. → **fraintendere II** agg. misunderstood.

frale /'frale/ LETT. → **fragile**.

frammassone /frammas'sone/ m. Freemason, Mason.

frammassoneria /frammassone'ria/ f. Freemasonry, Masonry; ***la ~*** the Brotherhood.

frammentare /frammen'tare/ [1] **I** tr. to fragment, to dissect [*sostanza, testo, opera*]; to break* up [*partito*] **II frammentarsi** pronom. [*sistema, partito*] to fragment, to split*, to break* up.

frammentariamente /frammentarja'mente/ avv. fragmentarily, piecemeal.

frammentarietà /frammentarje'ta/ f.inv. fragmentariness.

frammentario, pl. **-ri**, **-rie** /frammen'tarjo, ri, rje/ agg. [*informazione, conoscenza, visione, resoconto*] bitty, fragmentary, fragmented; [*memoria*] patchiness, patchy.

frammentazione /frammentat'tsjone/ f. **1** FIG. *(azione, risultato)* fragmentation; *(di partito, potere, società)* split **2** GEOL. BIOL. fragmentation.

▷ **frammento** /fram'mento/ m. **1** *(pezzo isolato di materiali vari)* fragment, chip, shard; *(di legno, pietra)* chip, spall; *(di osso)* splinter; ***dei -i di conversazione, canzone*** snatches of conversation, melody; ***un ~ di vetro*** a piece of glass; ***un ~ di vaso*** a potsherd **2** *(passaggio di un'opera)* passage; ***~ di vita, di storia*** slice of life, history.

frammescolare /frammesko'lare/ → **frammischiare**.

frammettere /fram'mettere/ [60] **I** tr. to interpose **II frammettersi** pronom. **1** *(frapporsi)* to interpose **2** *(immischiarsi)* to meddle; ***-rsi in una faccenda*** to intrude, interfere in(to) sb.'s affairs.

frammezzare /frammed'dzare/ [1] tr. to interpose.

frammezzo /fram'mɛddzo/ avv. between, in the middle.

frammischiare /frammis'kjare/ [1] **I** tr. to mix, to mingle, to blend **II frammischiarsi** pronom. to mingle; ***-rsi alla folla*** to mingle with the crowd.

frammisto /fram'misto/ agg. mixed, mingled; ***pioggia -a a neve*** rain mixed with snow.

▷ **frana** /'frana/ f. **1** *(caduta di materiali)* landslide, rockslide, slip; ***~ di fango*** mudslide; ***~ di massi*** rockfall **2** *(materiale franato)* fall **3** COLLOQ. FIG. washout, dead loss; ***essere una ~ in qcs.*** to be hopeless at sth.; ***essere una ~ a tennis*** to be a failure *o* dead loss at tennis ◆ ***~ di ammollimento*** earthflow.

franabile /fra'nabile/ → **franoso**.

franamento /frana'mento/ m. *(il franare)* slipping, sliding down; *(frana)* landslide, landslip, fall.

franare /fra'nare/ [1] intr. (aus. *essere*) **1** *(cadere)* [*rocce*] to fall*, to slide* down; ***il terreno sta per ~*** there's going to be a mudslide; ***le piogge torrenziali hanno fatto ~ il terreno*** torrential rains caused a mudslide *o* a landslide **2** FIG. *(svanire)* to founder.

francamente /franka'mente/ avv. **1** *(apertamente)* frankly, directly, openly, straightforwardly; ***per dirla ~*** to put it bluntly, to have a heart-to-heart, to speak up **2** *(in verità)* truthfully.

francare /fran'kare/ ANT. → **affrancare**.

Francesca /fran'tʃeska/ n.pr.f. Frances.

francescanamente /frantʃeskana'mente/ avv. = according to the ways of Franciscans.

francescanesimo /frantʃeska'nezimo/ m. **1** *(movimento francescano)* Franciscanism **2** *(spirito francescano)* Franciscan spirit.

francescano /frantʃes'kano/ **I** agg. **1** *(relativo a San Francesco)* [*spirito, frate, ordine*] Franciscan **2** *(semplice, frugale)* ***uno stile di vita ~*** a frugal lifestyle **II** m. (f. **-a**) Franciscan.

Francesco /fran'tʃesko/ n.pr.m. Francis; ***san ~ d'Assisi*** St Francis of Assisi ◆ ***viaggiare col cavallo di san ~*** = to travel on foot.

francese /fran'tʃeze/ ➧ **25, 16 I** agg. [*cucina, lingua, moda*] French; [*Svizzera*] French-speaking; ***alla ~*** in the French fashion *o* style; ***naso alla ~*** retroussé *o* snub nose; ***bacio alla ~*** French kiss; ***la Rivoluzione Francese*** the French Revolution **II** m. e f. *(uomo)* Frenchman*; *(donna)* Frenchwoman*; ***i -i*** the French **III** m. LING. French; ***parlare (in) ~*** to speak French; ***parlare correntemente (il) ~*** to speak French fluently, to speak fluent French; ***corso di ~*** French course; ***~ scolastico*** school (level) French.

francesismo /frantʃe'zizmo/ m. Gallicism.

francesista, pl. **-i**, f.pl. **-e** /frantʃe'zista/ m. e f. = specialist in French language, literature, history and culture.

francesistica /frantʃe'zistika/ f. French studies pl.

francesizzare /frantʃezid'dzare/ [1] **I** tr. to Frenchify [*modo di vivere, parola*] **II francesizzarsi** pronom. [*parola, modi, persona*] to become* Frenchified.

francesizzazione /frantʃeziddzat'tsjone/ f. *(di modo di parlare)* gallicization; *(di modo di vivere)* Frenchification.

franchezza /fran'kettsa/ f. **1** *(sincerità)* frankness, bluntness, openness; *(di persona, affermazione)* honesty, candidness, frankness; ***in tutta ~*** to be absolutely *o* perfectly truthful; ***tutti hanno parlato con ~*** there was plenty of plain speaking; ***d'una ~ eccessiva*** aggressively frank **2** *(disinvoltura)* boldness; ***mentire con ~*** to lie boldly.

franchigia, pl. **-ge**, **-gie** /fran'kidʒa, dʒe/ f. **1** *(esenzione da imposte, tasse)* exemption, deductible AE; ***qual è la quantità ammessa in ~ doganale?*** what is my duty-free allowance? ***bagaglio in ~*** baggage allowance; ***merci in ~ doganale*** duty-frees; ***negozio in ~ doganale*** duty-free shop **2** *(nei contratti assicurativi)* franchise, excess BE; ***concedere una ~*** to grant a franchise; ***mettere in ~*** to franchise **3** STOR. *(di città)* franchise **4** MAR. franchise ◆◆ ***~ doganale*** AMM. exemption from customs duties; ***~ fiscale*** ECON. tax exemption; ***"~ postale"*** "postage paid"; ***spedire qcs. in ~ postale*** to send sth. post free.

franchising /fren'tʃaizing/ m.inv. franchising; ***società in ~*** franchisee business.

franchismo /fran'kizmo/ m. Francoism.

franchista, m.pl. **-i**, f.pl. **-e** /fran'kista/ **I** agg. Francoist; ***regime ~*** Franco regime **II** m. e f. Francoist.

Francia /'frantʃa/ ➧ **33** n.pr.f. France; ***la ~ Libera*** STOR. Free France.

francio /'frantʃo/ m. francium.

▷ **1.franco**, pl. **-chi**, **-che** /'franko, ki, ke/ **I** agg. **1** *(schietto)* [*persona, modi, sguardo, atteggiamento*] frank, straightforward, sincere; [*risposta, affermazione*] frank, straightforward; [*critica*] blunt; ***per essere ~ con te*** to be blunt *o* direct *o* straight with you **2** *(disinvolto)* self-confident **3** COMM. DIR. *(esente da imposte)* ***zona -a*** free trade zone; ***porto ~*** free port; ***in deposito ~*** in bond; ***deposito ~*** bonded warehouse; ***punto ~*** entrepôt **4** ***corpo ~*** MIL. STOR. irregular troops **II** avv. ***parlare ~*** to speak frankly ◆ ***farla -a*** to get away with murder, to beat the rap, to get off, to go scot-free ◆◆ ***~ banchina*** ex dock *o* ex wharf; ***~ (a) bordo*** free on board; ***~ a bordo aeroporto*** free on board airport; ***~ bordo nave a destino*** ex ship; ***~ di dogana*** customs free, duty-paid; ***~ (di porto a) domicilio*** carriage free, franco domicile; ~ ***fabbrica*** ex factory, ex works; ~ ***ferrovia*** free on rail; ~ ***d'imballaggio*** packing free; ~ ***fuori bordo*** free overboard; ~ ***muratore*** ANT. Freemason, Mason; ~ ***di porto*** post free, carriage prepaid; ~ ***sottobordo nave*** free alongside ship; ~ ***stazione di partenza*** free on rail; ~ ***tiratore*** MIL. sniper; POL. = defector who votes secretly against his own party; ~ ***vettore*** free carrier.

2.franco, pl. **-chi** /'franko, ki/ m. **1** *(moneta)* franc **2** COLLOQ. *(soldo, lira)* penny BE, cent AE ◆◆ ~ ***svizzero*** Swiss franc.

3.franco, pl. **-chi, -che** /'franko, ki, ke/ **I** agg. STOR. Frankish **II** m. (f. **-a**) **1** STOR. *(persona)* Frank; ***il regno dei -chi*** the kingdom of the Franks **2** LING. Frankish.

4.franco /'franko/ agg. STOR. *(nel Levante mediterraneo)* ***lingua -a*** lingua franca.

Franco /'franko/ n.pr.m. Frank.

▷ **francobollo** /franko'bollo/ **I** agg.inv. ***formato*** ~ miniature(-sized) **II** m. *(vignette)* (postage) stamp; ~ ***da 25 penny*** a 25 pence stamp; ***mettere un ~ su una lettera*** to put a stamp on a letter; ***collezionare -i*** to collect stamps; ***un ~ per posta prioritaria*** a first-class stamp.

franco-canadese /frankokana'dese/ **I** agg. French Canadian **II** m. e f. *(persona)* French Canadian **III** m. LING. French Canadian.

francofilia /frankofi'lia/ f. Francophilia.

francofilo /fran'kɔfilo/ **I** agg. Francophile **II** m. (f. **-a**) Francophile.

francofobia /frankofo'bia/ f. Francophobia.

francofobo /fran'kɔfobo/ **I** agg. Francophobe **II** m. (f. **-a**) Francophobe.

francofono /fran'kɔfono/ **I** agg. [*paese, persona*] francophone **II** m. (f. **-a**) francophone.

Francoforte /franko'fɔrte/ ➧ ***2*** n.pr.f. Frankfurt.

francolino /franko'lino/ m. francolin.

francone /'frankone/ **I** agg. *(della Franconia)* Franconian **II** m. LING. Franconian.

franco-provenzale /frankoproven'tsale/ m. LING. Franco-Provençal.

frangente /fran'dʒɛnte/ m. **1** *(onda)* beachcomber, breaker, roller, surf **2** *(scogliera)* (fringing) reef **3** FIG. *(situazione difficile)* situation; ***trovarsi in un brutto ~*** to be in a tight spot, to be in low water; ***in questo ~*** at this juncture; ***fu molto coraggioso in quel ~*** he was very brave under the circumstances.

frangere /'frandʒere/ [52] **I** tr. **1** LETT. to break* **2** to press [*olive*] **II frangersi** pronom. to break*; ***le onde si frangono contro la scogliera*** the waves are breaking over the cliffs.

frangetta /fran'dʒetta/ f. fringe.

▷ **frangia**, pl. **-ge** /'frandʒa, dʒe/ **I** f. **1** *(in tessuto, lana)* fringe; *(di capelli)* fringe, bangs AE; ***tagliarsi la ~*** to cut one's fringe; ***tagliare a ~*** to bang **2** FIG. *(bordo)* fringe; ***alla ~*** on the fringe **3** *(minoranza)* fringe; ***la ~*** the fringe group; ***la ~ estremista del movimento*** the extremist fringe *o* lunatic fringe SPREG. of the movement **II frange** f.pl. *(in ottica)* fringes; ***-ge d'interferenza*** interference fringes.

frangiare /fran'dʒare/ [1] tr. to fringe [*tenda, abito*].

frangiato /fran'dʒato/ agg. fringed, fringy.

frangibile /fran'dʒibile/ agg. frangible, breakable.

frangibilità /frandʒibili'ta/ f.inv. frangibility.

frangiflutti /frandʒi'flutti/ agg.inv., m.inv. breakwater, bulwark, groyne BE, groin AE, mole.

frangionde /frandʒi'onde/ → **frangiflutti**.

frangipani /frandʒi'pani/ m.inv. frangipani.

frangitura /frandʒi'tura/ f. pressing.

frangivento /frandʒi'vɛnto/ m.inv. windbreak.

frangizolle /frandʒid'dzɔlle/ m.inv. harrow.

frangola /'frangola/ f. alder buckthorn.

franoso /fra'noso/ agg. [*terreno*] loose; ***sponda -a*** soft verge.

frantoio, pl. **-oi** /fran'tojo, oi/ m. **1** AGR. *(edificio, macchina)* oil mill, olive press **2** TECN. MIN. crusher, grinder ◆ ~ ***a cilindri*** break roll; ~ ***a rulli*** roller crusher.

frantoista, m.pl. **-i**, f.pl. **-e** /franto'ista/ ➧ ***18*** m. e f. TECN. MIN. crusher.

frantumare /frantu'mare/ [1] **I** tr. **1** to crunch [*noci*]; to crunch up, to crush (down), to pound up, to spall [*pietre, metallo*]; to shatter, to splinter [*vetro*]; to stamp [*suolo, terreno*] **2** FIG. ~ ***le speranze*** to crush hopes **II frantumarsi** pronom. [*vetro*] to shatter, to splinter.

frantumato /frantu'mato/ **I** p.pass. → **frantumare II** agg. broken (anche FIG.).

frantumatore /frantuma'tore/ m. (f. **-trice** /tritʃe/) *(macchina)* crusher, grinder; *(operaio)* stamper.

frantumazione /frantumat'tsjone/ f. grinding, crushing; *(di vetro, specchio)* shattering; ***impianto di ~*** MIN. stamping mill.

frantume /fran'tume/ m. fragment; ***andare in -i*** to smash to smithereens; ***mandare qcs. in -i*** to shatter sth. *o* to smash sth. to smithereens; ***essere ridotto in -i*** to be blown to pieces *o* bits.

frappa /'frappa/ f. **1** fringe **2** REGION. GASTR. = fried and sugared slice of pastry typical at Carnival time.

frappè /frap'pɛ/ m.inv. milk-shake, frappé; ***un ~ alla banana*** a banana shake.

frapporre /frap'porre/ [73] **I** tr. **1** to interpose, to put* [sth.] between **2** FIG. ~ ***ostacoli*** to make things difficult, to put up hurdles **II frapporsi** pronom. **1** *(sorgere)* to intervene; ***si sono frapposte difficoltà impreviste*** unexpected difficulties interfered **2** *(intromettersi)* ***non permettere che questo si frapponga tra noi*** don't let this come between us.

frapposizione /frappozit'tsjone/ f. interposition.

frapposto /frap'posto/ **I** p.pass. → **frapporre II** agg. mediate.

frasale /fra'zale/ agg. ***verbo ~*** phrasal verb; ***avverbio ~*** sentence adverb.

frasario, pl. **-ri** /fra'zarjo, ri/ m. **1** *(modo di esprimersi)* language, vocabulary; ***un ~ volgare*** a foul language, a crude vernacular; ***un ricco ~*** a rich vocabulary; ~ ***burocratico*** bureaucratic jargon **2** *(stile letterario)* style; *(raccolta di frasi di uno scrittore)* collection of phrases, phrasebook.

frasca, pl. **-sche** /'fraska, ske/ f. **1** spray, branch **2** FIG. *(donna volubile)* coquette ◆ ***saltare di palo in ~*** = to hop from one subject to another.

frascame /fras'kame/ m. foliage.

frascati /fras'kati/ m.inv. ENOL. INTRAD. (white wine produced in the Frascati region).

frascheggiare /frasked'dʒare/ [1] intr. (aus. *avere*) COLLOQ. to flirt; [*donna*] to coquet.

frascheria /fraske'ria/ f. **1** *(inezia)* trifle, rip **2** *(fronzolo)* gewgaw.

fraschetta /fras'ketta/ f. **1** *(piccola frasca)* twig **2** COLLOQ. FIG. *(donna frivola)* coquette.

▶ **frase** /'fraze/ f. **1** LING. sentence; ***costruire una ~*** to construct a sentence; ***struttura della ~*** sentence structure **2** *(espressione)* phrase, expression; ***una ~ celebre, ampollosa*** a well-known, high-flown phrase; ***una ~ che la dice tutta*** a revealing phrase; ***interrompersi a metà ~*** to stop in mid-sentence; ***-i di circostanza*** formalities **3** MUS. phrase ◆◆ ~ ***fatta*** *(luogo comune)* hackneyed phrase, set expression, tag; ~ ***idiomatica*** idiom; ~ ***nucleo*** kernel sentence.

1.fraseggiare /frazed'dʒare/ [1] intr. (aus. *avere*) **1** MUS. to phrase **2** *(parlare in modo pretenzioso)* to be* wordy.

2.fraseggiare /frazed'dʒare/ m. **1** *(modo di esprimersi)* mode of speech, phrasing **2** MUS. phrasing.

fraseggio, pl. **-gi** /fra'zeddʒo, dʒi/ m. phrasing.

fraseologia /frazeolo'dʒia/ f. phraseology.

fraseologico, pl. **-ci, -che** /frazeo'lɔdʒiko, tʃi, ke/ agg. phraseological; ***dizionario ~*** dictionary of idioms.

frassinella /frassi'nɛlla/ f. BOT. dittany, fraxinella.

frassineto /frassi'neto/ m. ashwood.

frassino /'frassino/ m. *(albero)* ash, ash tree; *(legno)* ash, ash wood; ***giovane ~*** ground-ash; ***di*** o ***in ~*** made of *o* in ash.

frastagliamento /frastaʎʎa'mento/ m. → **frastagliatura**.

frastagliare /frastaʎ'ʎare/ [1] tr. to jag.

frastagliato /frastaʎ'ʎato/ **I** p.pass. → **frastagliare II** agg. [*costa*] broken, indented, jagged, rugged; [*foglia*] indented; [*terreno*] broken, rugged, scraggy; [*nuvole*] ragged.

frastagliatura /frastaʎʎa'tura/ f. *(di costa, montagna)* indentation, jagged outline.

frastaglio, pl. **-gli** /fras'taʎʎo, ʎi/ m. **1** indentation **2** *(ornamenti)* = frills and flounces.

frastornamento /frastorna'mento/ m. *(stordimento, confusione)* bewilderment, wooziness, confusion.

frastornante /frastor'nante/ agg. **1** *(che disturba)* [*musica, confusione*] bewildering, deafening **2** *(che intontisce)* [*chiacchierone, discorso*] wearing, deafening.

frastornare /frastor'nare/ [1] tr. **1** *(assordare)* [*rumore*] to deafen **2** *(stordire)* to knock out, to stultify, to stun; ***mi ha frastornato con le sue chiacchiere*** my head was spinning with his chattering.

frastornato /frastor'nato/ **I** p.pass. → **frastornare II** agg. **1** *(da rumori)* deafened **2** *(stordito, confuso)* bewildered, stunned, dazed; ***essere ~ dall'alcol*** to be befuddled by drink; ***essere ~*** COLLOQ. to be out of it.

frastuono /fras'twɔno/ m. commotion, noise, din, outroar; *(di motori)* roar, rumble, zoom.

▷ **frate** /'frate/ m. friar, monk; *(come appellativo)* brother ◆◆ ~ ***benedettino*** Benedectine; ~ ***cappuccino*** Capuchin; ~ ***carmelitano*** Carmelite; ~ ***domenicano*** Dominican; ~ ***francescano*** Franciscan; ~ ***laico*** lay brother.

fratellanza /fratel'lantsa/ f. *(legame)* brotherhood, brotherliness, fraternity; *(religioso)* fellowship.

fratellastro /fratel'lastro/ m. half brother, stepbrother.

> **Fratelli d'Italia** Since 1946 the Italian national anthem has been the *Inno di Mameli*, named after the writer of the lyrics, the poet and patriot Goffredo Mameli, who died at the age of 22 in 1849 while fighting with Garibaldi to defend the Roman republic. It is more commonly known as *Fratelli d'Italia* (Brothers of Italy) from its first lines: *Fratelli d'Italia, / l'Italia s'è desta / dell'elmo di Scipio / s'è cinta la testa* (Brothers of Italy, / Italy has arisen / with Scipio's helmet / binding her head). All Italians know the tune (written by choirmaster Michele Novaro, a friend of Mameli's), but very few know all the words by heart (5 verses in all).

fratellino /fratel'lino/ m. baby brother, kid brother AE COLLOQ.

▶ **fratello** /fra'tɛllo/ m. **1** *(figlio di stesso padre e stessa madre)* brother; ***un ~ maggiore, minore*** an older, a younger brother; ***amare qcn. come un ~*** to love sb. like a brother; ***senza -i*** brotherless, without brothers and sisters; ***hai dei -i?*** have you got any brothers or sisters? ***-i nemici*** rivals within the same camp **2** *(in ragioni sociali, insegne)* Bros COMM.; ***-i Dupont*** Dupont Brothers **3** *(figlio di Dio)* brother; ***tutti gli uomini sono -i*** all men are brothers; ***"miei cari -i*** o ***-i carissimi..."*** "dearly beloved *o* my dear brethren..."; ***popolo*** o ***paese ~*** fellow nation **4** *(compagno)* brother, fellow; ~ ***di sventura*** companion in misfortune **5** RELIG. *(frate)* Brother; ~ ***Michele*** Brother Michele; ~ ***delle scuole cristiane*** Christian Brother **6** FIG. ***il Grande Fratello ti vede*** Big Brother is watching you ◆◆ ~ ***d'armi*** brother-in-arms; ~ ***carnale*** blood brother; ~ ***gemello*** twin brother; ~ ***germano*** brother-german; ~ ***di latte*** foster brother.

frateria /frate'ria/ f. friary, brotherhood.

fraternamente /fraterna'mente/ avv. fraternally.

fraternità /fraterni'ta/ f.inv. **1** fraternity **2** *(confraternita)* brotherhood.

fraternizzare /fraternid'dzare/ [1] intr. (aus. *avere*) *(instaurare un rapporto di simpatia o amicizia)* to fraternize (**con** with).

fraternizzazione /fraterniddzat'tsjone/ f. *(rapporto di simpatia o amicizia)* fraternization (**con** with).

fraterno /fra'tɛrno/ agg. *(tra fratelli)* [*amore, rapporti*] brotherly; *(tra amici)* [*accoglienza, amicizia*] fraternal; ***è molto ~ con lui*** he treats him just like a brother.

fratesco, pl. **-schi, -sche** /fra'tesko, ski, ske/ agg. SPREG. monkish.

fraticello /frati'tʃɛllo/ m. **1** young monk **2** ORNIT. little tern.

fratina /fra'tina/ f. **1** *(tavolo)* refectory table **2** *(taglio di capelli)* short page boy.

fratino /fra'tino/ m. **1** young friar **2** ZOOL. Kentish plover.

fratria /'fratria, fra'tria/ f. STOR. phratry.

fratricida, m.pl. **-i**, f.pl. **-e** /fratri'tʃida/ **I** agg. fratricidal; ***una guerra ~*** a fratricidal war **II** m. e f. fratricide.

fratricidio, pl. **-di** /fratri'tʃidjo, di/ m. fratricide.

fratta /'fratta/ f. scrub, brush.

frattaglie /frat'taʎʎe/ f.pl. lights, plucks, variety meats AE.

frattale /frat'tale/ **I** agg. fractal **II** m. fractal.

▷ **frattanto** /frat'tanto/ avv. meanwhile, in the meantime.

frattazzo /frat'tattso/ m. trowel, float BE.

frattempo: nel frattempo /nelfrat'tɛmpo/ avv. meanwhile, betweentimes, in the interim, in the intervening period, between now and then, between times; ***ha lasciato la stanza e nel ~...*** he left the room, during which time...

fratto /'fratto/ agg. **1** ***12 ~ 3 fa 4*** 12 over 3 is 4 **2** MUS. ***canto ~*** cantus fractus.

▷ **frattura** /frat'tura/ f. **1** MED. fracture, break; ***l'aggressione le procurò la ~ del setto nasale*** the attack left her with a broken nose **2** GEOL. fracture, split **3** FIG. *(rottura di rapporti, dissidio)* fracture, breaking off, rift; ***la ~ tra noi sta diventando insanabile*** the rift between us is becoming irreparable ◆◆ ~ ***comminuta*** comminuted fracture; ~ ***esposta*** compound fracture; ~ ***a legno verde*** greenstick fracture; ~ ***multipla*** multiple fracture; ~ ***netta*** clean break; ~ ***semplice*** simple fracture; ~ ***da stress*** stress fracture.

fratturare /frattu'rare/ [1] **I** tr. MED. to fracture [*osso*] **II fratturarsi** pronom. ***-rsi una gamba*** to break *o* fracture one's leg.

fraudolentemente /fraudolente'mente/ avv. fraudulently.

fraudolento /fraudo'lɛnto/ agg. [*sistema, pratica, applicazione, uso*] fraudulent; ***richiesta di risarcimento -a*** bad insurance claim; ***bancarotta -a*** fraudulent bankruptcy; ***dichiarazione -a*** DIR. deceit, fraudulent misrepresentation.

fraudolenza /fraudo'lɛntsa/ f. fraudulence.

frazionabile /frattsjo'nabile/ agg. divisible.

frazionale /frattsjo'nale/ agg. [*moneta*] fractional.

frazionamento /frattsjona'mento/ m. **1** *(divisione)* division; *(di terreno)* allotment; *(di società)* break-up; ***un ~ dei profitti*** a split of the profits; ~ ***azionario*** stock split **2** CHIM. BIOL. MED. fractionation.

frazionare /frattsjo'nare/ [1] **I** tr. *(dividere)* to break* up [*terreno*]; CHIM. to fractionate; MAT. to fractionize; ~ ***un rischio*** to spread a risk **II frazionarsi** pronom. [*partito*] to split.

frazionario, pl. **-ri, -rie** /frattsjo'narjo, ri, rje/ agg. [*equazione*] fractional.

frazionato /frattsjo'nato/ **I** p.pass. → **frazionare II** agg. ***rendita -a*** BANC. apportionable annuity; ***distillazione -a*** CHIM. fractional distillation.

▷ **frazione** /frat'tsjone/ f. **1** MAT. fraction; ~ ***decimale, algebrica, periodica*** decimal, algebraic(al), periodical fraction; ~ ***propria, impropria*** proper, improper fraction; ***segno di ~*** solidus **2** *(parte)* fraction (anche POL.); ***in una ~ di secondo*** in a split second **3** *(centro abitato)* hamlet **4** SPORT *(in atletica)* relay; *(in ciclismo)* leg **5** RELIG. *(del pane)* breaking.

frazionismo /frattsjo'nizmo/ m. POL. = tendency to create factions within a party.

frazionista, m.pl. **-i**, f.pl. **-e** /frattsjo'nista/ m. e f. **1** POL. = supporter and promoter of tendency to create factions within a party **2** SPORT *(nella staffetta)* relay runner; ***ultimo ~*** anchorman.

frazionistico, pl. **-ci, -che** /frattsjo'nistiko, tʃi, ke/ agg. = promoting or supporting the tendency to create factions within a party.

freak /frik/ agg.inv., m.inv. freak.

freatico, m.pl. **-ci**, f.pl. **-che** /fre'atiko, tʃi, ke/ agg. phreatic; ***falda -a*** water table; ***acqua ~*** groundwater.

freccetta /fret'tʃetta/ ◗ ***10*** f. **1** SPORT dart; ***giocare a -e*** to play darts; ***una partita a -e*** a game of darts **2** *(segno grafico)* small arrow.

▷ **freccia**, pl. **-ce** /'frettʃa, tʃe/ f. **1** *(arma)* arrow; *(per balestra)* bolt; ***punta di ~*** arrowhead; ***scoccare una ~*** to fire *o* shoot an arrow; ~ ***avvelenata*** poisoned dart; ***le -ce dell'amore, di Cupido*** love's, Cupid's darts **2** *(segno grafico, stradale)* arrow; ***in che direzione punta la ~?*** which way is the arrow pointing? **3** *(negli autoveicoli)* indicator, blinker; *(di semaforo)* filter BE; ***mettere la ~*** to indicate; ***aveva la ~ destra accesa*** his right indicator was flashing **4** AER. ***(angolo di) ~*** sweepback; ***ala a ~ positiva*** swept-back wing ◆ ***avere molte -ce al proprio arco*** to have more than one string *o* several strings to one's bow; ***aggiungere -ce all'arco di qcn.*** to give sb. ammunition ◆◆ ~ ***del parto*** Parthian *o* parting shot; ~ ***di scorrimento*** INFORM. scroll arrow; ***-ce tricolori*** = Italian air (force) display team.

frecciata /fret'tʃata/ f. **1** *(colpo di freccia)* arrow-shot **2** FIG. *(battuta)* barb, thrust, crack COLLOQ. stinger AE COLLOQ.; ***lanciare una ~ a qcn.*** to take *o* get in a dig at sb.; ***quella era una ~ per te*** that was a dig at you.

frecciatina /frettʃa'tina/ f. barb, thrust; ***lanciare -e a qcn.*** to level cutting remarks at sb.

freddamente /fredda'mente/ avv. **1** *(con indifferenza)* [*chiedere, rispondere, parlare*] coldly, stiffly, stonily; [*salutare, reagire*] coolly, impersonally; [*guardare, agire*] aloofly; [*analizzare, descrivere, comportarsi*] unemotionally, coolly; ***la sua idea fu accolta ~*** COLLOQ. his idea got the thumbs down **2** *(con autocontrollo)* coolly, with cold blood; ***valutare ~ la situazione*** to assess the situation with a level head **3** *(a sangue freddo)* ***uccidere qcn. ~*** to kill sb. in cold blood.

freddare /fred'dare/ [1] **I** tr. **1** *(raffreddare)* to cool down; ***lasciare*** o ***fare ~ qcs.*** to chill sth. **2** *(ammazzare)* to gun down **II freddarsi** pronom. to get* cold.

freddezza /fred'dettsa/ f. **1** *(temperatura fredda)* coldness **2** *(indifferenza, distacco)* coldness, unfeelingness, iciness; ***la ~ del tuo sguardo*** the coldness *o* iciness of your stare; ***c'è una certa ~ nei nostri rapporti*** there is a certain coolness in our relationship; ***trattare qcn. con ~*** to give sb. the cold shoulder; ***rispondere con ~*** to reply icily *o* primly **3** *(sangue freddo)* coolness, sangfroid; ***affrontare il pericolo con ~*** to face a danger with a level *o* cool head.

▶ **freddo** /'freddo/ Tra le varie accezioni dell'aggettivo *freddo* e dei suoi equivalenti inglesi, vanno messi in evidenza i seguenti casi: *freddo* si traduce *cold* o *chilly* (che può significare anche *gelido*), quando si vuole indicare una temperatura tanto bassa da essere poco gradevole o sopportabile; se non ci sono queste implicazioni negative, l'equivalente è *cool*; come mostrano gli esempi qui sotto elencati, *cold, chilly* e *cool* si usano anche in senso figurato, con una connotazione tendenzialmente negativa. - Si noti che all'aggettivo *freddo* = cold corrisponde il sostantivo *il freddo* = the cold. **I** agg. **1** *(a bassa temperatura)* [*acqua, notte, regione, vento, aria*] cold, cool, chilly; ***animali a sangue*** ~ cold-blooded animals; ***sudore*** ~ cold sweat; ***resistente al*** ~ [*pianta*] frost-resistant; ***questo vino va servito*** ~ this wine is best served chilled; ~ ***come il marmo*** stone-cold; ***fronte*** ~ METEOR. cold front; *(di cibo, bevanda)* ***tè, caffè*** ~ iced tea, coffee; ***piatto*** ~ cold dish; ***buffet*** ~ cold table **2** FIG. *(privo di calore)* [*persona, voce, accoglienza, maniere, benvenuto, sguardo, sorriso, risposta, tono*] cold, chilly, cool; [*analisi, personalità, atteggiamento, comportamento*] aloof; [*luce, colore*] cold; *(indifferente, distaccato)* [*racconto, intervista*] dull, flat; ***essere*** ~ ***con qcn.*** to be cold *o* cool to *o* towards sb.; ***rimanere*** ~ ***di fronte a qcs.*** to remain unmoved by sth.; ***essere un*** ~ ***calcolatore*** to be a cold and calculating person; ***avere un temperamento*** ~ to have a cold disposition *o* temper; ***sangue*** ~ coolness, sangfroid, cool-headedness **3 a freddo *colata, vulcanizzazione, stiratura, laminazione, avviamento a*** ~ TECN. cold casting, vulcanization, drawing, rolling, start; *(senza passione)* ***analisi, sondaggio, discussione a*** ~ FIG. impartial analysis, poll, discussion; ***spremuto a*** ~ GASTR. [*olio*] cold-pressed; ***partenza a*** ~ AUT. cold start **II** avv. ***oggi fa*** ~ it's cold today **III** m. *(bassa temperatura)* cold; ***fa un*** ~ ***pungente*** it's bitterly cold, there is a nip in the air; ~ ***secco, umido*** crisp, damp cold; ***i primi -i*** the first cold weather of the season; ***un'ondata di*** ~ a cold spell *o* snap; ***mettersi al riparo dal*** ~ to get out of the cold; ***essere livido dal*** ~ to be blue from *o* with the cold; ***intirizzito per il*** ~ numb with cold, frozen stiff; ***uscire al*** ~ to go out in the cold; ***proteggersi dal*** ~ to keep oneself warm; ***prendere*** ~ to catch a chill; ***aver, sentire*** ~ to be, feel cold; ***patire il*** ~ to feel the cold; ***morire di*** ~ to freeze to death; ***catena del*** ~ IND. cold chain; ***colpo di*** ~ MED. chill ◆ ***non mi fa né caldo né*** ~ it cuts no ice with me, it leaves me cold; ***fa un*** ~ ***cane*** POP. it's brass monkey weather, it's freezing hard; ***sudare*** ~, ***avere i sudori -i*** to be in a cold sweat; ***a mente -a*** in the light of day; ***a sangue*** ~ in cold blood, cold-bloodedly; ***far venir*** ~ to sadden one's heart; ***mani -e, cuore caldo*** cold hands, warm heart ◆◆ ~ ***industriale*** IND. refrigeration; ~ ***polare*** arctic cold, polar temperatures.

freddolina /freddo'lina/ f. → **colchico.**

freddoloso /freddo'loso/ agg. sensitive to the cold; ***essere*** ~ to feel the cold.

freddura /fred'dura/ f. witticism, quip; ***raccontare -e*** to crack quips.

freddurista, m.pl. **-i**, f.pl. **-e** /freddu'rista/ m. e f. punster.

free climbing /fri'klaimbing/ ◗ ***10*** m.inv. free climbing.

free-lance /fri'lɛns/ ◗ ***18*** **I** agg.inv. freelance; ***giornalista*** ~ freelance journalist **II** m. e f.inv. freelance.

freezer /'frizer, 'friddzer/ m.inv. *(scomparto, cella frigorifera)* freezer (compartment), deep-freezer.

fregamento /frega'mento/ m. rubbing; ***superficie di*** ~ rubbing surface.

▶ **fregare** /fre'gare/ [1] **I** tr. **1** *(strofinare per pulire)* to scrub (down), to rub, to scour [*parquet, biancheria, tappeto*]; ~ ***il pavimento con una spazzola*** to scrub the floor with a brush; ~ ***qcs. per pulirla*** to scrape sth. clean **2** *(massaggiare)* to chafe, to rub [*pelle*] **3** *(sfregare)* ~ ***un fiammifero contro il muro*** to strike a match on the wall **4** COLLOQ. *(imbrogliare)* to diddle, to rip off, to buffalo AE, to clip AE, to slicker AE; ***essere fregato*** to be taken in *o* ripped off; ***lì ti fregano*** they really sting you in that place; ***non mi sono fatta*** ~ ***da lui*** I wasn't taken in by him; ***stanno cercando di fregarci!*** they're just trying it on! **5** COLLOQ. *(rubare)* to knock off, to swipe, to nick BE [*auto, oggetto*]; to lift, to rip off [*file, idea*]; ***mi hanno fregato la bici*** my bike has been pinched; ~ ***qcs. a qcn.*** to con *o* swindle sb. out of sth., to chisel sb. out of sth. AE **II fregarsi** pronom. **1** *(strofinarsi)* ***-rsi gli occhi*** to rub one's eyes **2** FIG. *(rovinarsi)* ***-rsi con le proprie mani*** to make a rod for one's own back; ***-rsi le mani per la contentezza*** to rub one's hand with glee **3 fregarsene** COLLOQ. *(infischiarsene)* ***me ne frego*** I don't give a damn; ***non me ne potrebbe*** ~ ***di meno*** I don't give a monkey's about it; ***chi se ne frega!*** who cares! what the heck! ***che te ne frega!*** a fat lot you care! what's it to you? ***non me ne frega niente*** I don't give a stuff *o* toss, it's not worth a thinker's curse; ***gliene frega molto*** o ***assai!*** IRON. he really couldn't give a damn!

fregarolo /frega'rɔlo/ m. (f. **-a**) REGION. thief, pilferer, filcher.

1.fregata /fre'gata/ f. *(il fregare)* rubbing, scrubbing.

2.fregata /fre'gata/ f. MAR. frigate; ***capitano di*** ~ commander.

3.fregata /fre'gata/ f. ORNIT. frigate, hurricane bird.

fregato /fre'gato/ **I** p.pass. → **fregare II** agg. COLLOQ. screwed; ***restare*** ~ to be taken in; ~ ***di nuovo!*** foiled again!

fregatura /frega'tura/ f. con, swindle, swiz(z) BE, sting AE; ***è una vera*** ~ it's a rip-off *o* a real sell; ***dare una*** ~ ***a qcn.*** to hand sb. a lemon AE; ***prendere una*** ~ to be swindled.

fregiare /fre'dʒare/ [1] **I** tr. **1** *(ornare, decorare) (di fregi)* to decorate, to adorn; *(di onori)* to decorate **2** *(imprimere un disegno)* to tool [*pelle*] **II fregiarsi** pronom. ***-rsi di un titolo nobiliare*** to have a handle to one's name.

fregiatore /fredʒa'tore/ ◗ ***18*** m. (f. **-trice** /tritʃe/) TIP. tooler.

fregio, pl. **-gi** /'fredʒo, dʒi/ m. **1** ARCH. frieze **2** *(alla fine di un capitolo)* tailpiece **3** *(su abbigliamento ecclesiastico)* orphrey **4** *(incisione)* tooling **U 5** ART. vignette.

fregnaccia, pl. **-ce** /freɲ'ɲattʃa, tʃe/ f. REGION. POP. nonsense, crap, rubbish.

fregnone /freɲ'ɲone/ m. (f. **-a**) REGION. VOLG. moron, chump.

frego, pl. **-ghi** /'frego, gi/ m. **1** *(graffio, segnaccio)* scratch mark; *(su mobili, pavimento)* scuff; ***tirare un*** ~ ***su un foglio*** to score a line across a page **2** GERG. *(grande quantità)* ***un*** ~ ***di scarpe*** a pile of shoes.

fregola /'fregola/ f. **1** *(calore)* must, rutting; *(dei pesci)* spawning; ***cervo in*** ~ deer in rut **2** FIG. *(eccitamento)* sexual desire; *(smania)* itch; ***mi è venuta la*** ~ ***di telefonarti*** I got the urge to phone you.

fregolatoio, pl. **-oi** /fregola'tojo/ m. spawning ground.

fregolo /'fregolo/ m. spawn.

freisa /'freiza/ f. ENOL. INTRAD. (light red Piedmontese wine).

fremebondo /freme'bondo/ LETT. → **fremente.**

fremente /fre'mɛnte/ agg. *(di tensione, eccitazione)* tremulous.

fremere /'frɛmere/ [2] intr. (aus. *avere*) **1** *(tremare per effetto di un'emozione)* [*labbra, mano*] to tremble; [*persona*] to fidget, to simmer; ~ ***di gioia*** to thrill; ~ ***di rabbia*** to dance *o* shake with rage; ~ ***per l'impazienza*** to seethe with impatience; ~ ***per l'eccitazione*** to shiver *o* twitch with excitement; ~ ***per l'imbarazzo*** to writhe with embarrassment **2** LETT. *(rumoreggiare, stormire)* to quiver; [*foglie*] to shiver.

fremito /'frɛmito/ m. **1** *(di sorpresa)* judder; *(di rabbia)* spasm; *(di colpa)* pang; *(di eccitazione)* frisson, quiver; *(di voce, parte del corpo)* quiver; ***un*** ~ ***di piacere la percorse*** pleasure flowed through her **2** MED. fremitus*.

frenaggio, pl. **-gi** /fre'naddʒo, dʒi/ m. braking; ***sistema di*** ~ braking system.

frenante /fre'nante/ agg. **1** AUT. ***potenza, sistema*** ~ braking power, system **2** AER. ***paracadute*** ~ drogue.

▷ **frenare** /fre'nare/ [1] **I** tr. **1** *(fare rallentare)* to slow down [*auto, paracadute, caduta*] **2** *(ostacolare)* to impede [*persona, avanzata, nemico*]; to hinder [*sforzi*] **3** *(controllare)* to hold* down, to curb, to check [*inflazione, prezzi, costi*]; to de-escalate [*corsa agli armamenti*] **4** FIG. *(trattenere, dominare)* to bridle, to rein, to hold* [*emozioni, temperamento*]; to control [*risate, lacrime*]; to curb [*immigrazione, ottimismo, espansione*]; ~ ***l'ambizione di qcn.*** to curb sb.'s ambition; ~ ***la lingua*** to bridle one's tongue **II** intr. (aus. *avere*) [*conducente, auto*] to brake, to put* on the brakes, to apply the brakes; ***la macchina ha frenato troppo tardi*** the car braked too late; ~ ***di colpo*** to hit the brakes; ~ ***a fondo*** to slam on the brakes **III frenarsi** pronom. FIG. to check oneself.

frenata /fre'nata/ f. **1** braking; ***fare una gran*** ~ to jam the brake; ***spazio di*** ~ braking distance; ***delle tracce di*** ~ skid marks; ***una violenta*** ~ ***ha proiettato il passeggero contro il parabrezza*** the driver braked hard throwing the passenger against the windscreen **2** FIG. *(rallentamento)* slowing down.

frenato /fre'nato/ **I** p.pass. → **frenare II** agg. [*energia, emozioni*] pent-up, controlled; ***pallone*** ~ captive *o* tethered balloon.

frenatore /frena'tore/ ◗ ***18*** m. **1** SPORT brakeman* **2** FERR. brakesman*, brakie AE COLLOQ.

frenatura /frena'tura/ f. braking; ***sistema di*** ~ braking system.

frenesia /frene'zia/ f. **1** *(smania)* craze, frenzy; ***applaudire con*** ~ to applaud rapturously; ~ ***del gioco*** craze for gambling, gambling craze; ~ ***degli acquisti*** shopping binge COLLOQ. **2** *(delirio folle)* raving, delirium.

freneticamente /frenetika'mente/ avv. [*gesticolare, salutare, cercare, lottare*] frantically, frenetically; [*correre su e giù, scarabocchiare*] madly; [*applaudire*] deliriously; ***agitava le mani*** ~ he was waving his hands furiously.

frenetico, pl. **-ci, -che** /fre'nɛtiko, tʃi, ke/ agg. [*lotta, eccitazione*] frantic; [*stile di vita, attività*] hectic, frenzied; [*comportamento*] manic; [*applausi*] frantic, rapturous; ***il ritmo ~ dei cambiamenti*** the hectic pace of change.

frenico, pl. **-ci**, **-che** /ˈfrɛniko, tʃi, ke/ agg. ANAT. phrenic.

▷ **freno** /ˈfrɛno/ m. **1** *(di veicolo)* brake; ***azionare il ~*** to apply *o* put on the brake; ***se i -i non funzionano, te ne accorgi*** if the brakes fail, you'll know about it; ***"utilizzare il ~ motore"*** "keep in low gear" **2** FIG. *(ostacolo)* control **U**, curb, deterrent; ***più che uno stimolo è un ~*** it's more of a discouragement than an incentive; ***tenere a ~*** to put a bridle on, to bridle, to govern [*potere, emozioni, temperamento*]; to fight back [*paura, rabbia, lacrime*]; to take [sb.] in hand [*bambino, disturbatore*]; ***mettere un ~ a*** to put *o* place a check *o* clamp on, to check, to rein [*espansione, produzione, immigrazione, ottimismo*]; to clamp down on [*crimine, droga*]; ***porre un ~ al rialzo dei prezzi*** to put a brake on price rises; ***tenere a ~ i sentimenti*** to keep feelings within bounds; ***tenere a ~ la lingua*** to guard one's tongue; ***perdere ogni ~*** to run riot; ***senza -i*** [*emozione, espressione*] unfettered **3** *(morso)* bit ◆ ***mordere il ~*** to have *o* take the bit between one's teeth, to chafe *o* champ at the bit ◆◆ ***~ anteriore*** front brake; ***~ ad aria compressa*** air brake; ***~ a depressione*** vacuum brake; ***~ di emergenza*** communication cord BE; ***~ idraulico*** hydraulic brake; ***~ inibitore*** PSIC. inhibitor; ***~ a mano*** emergency brakes, handbrake; ***~ a pedale*** foot brake; ***~ posteriore*** rear brake; ***~ di servizio*** service brake; ***~ di stazionamento*** parking brake; ***-i al carbonio*** carbon brakes; ***-i a disco*** disc brakes; ***-i a doppio circuito*** dual-circuit brakes; ***-i pneumatici*** air brakes; ***-i a tamburo*** drum brakes.

frenologia /frenoloˈdʒia/ f. phrenology.

frenologico, pl. **-ci**, **-che** /frenoˈlɔdʒiko, tʃi, ke/ agg. phrenological.

frenologo, m.pl. **-gi**, f.pl. **-ghe** /freˈnɔlogo, dʒi, ge/ m. (f. **-a**) phrenologist.

freno-motore, pl. **freni-motore** /frenomoˈtore, frenimoˈtore/ m. engine brake.

frenulo /ˈfrɛnulo/ m. *(di lingua, prepuzio)* fraenum*, fraenulum*, vinculum*.

frequentabile /frekwenˈtabile/ agg. [*persona*] respectable; [*club*] reputable.

▶ **frequentare** /frekwenˈtare/ [1] **I** tr. **1** to attend [*chiesa, classe, scuola*]; to frequent, to haunt [*luogo, circolo*]; to see*, to go* with, to mix (up) with, to associate with, to hang* around with [*persona, conoscenza, amici, famiglia*]; ***~ un corso*** to attend *o* to be on a course; ***frequentano solo gente della loro specie*** they stick with their own kind; ***non li frequento molto al momento*** I don't see much of them now; ***non dovresti ~ gente così*** you shouldn't associate with the like(s) of them COLLOQ.; ***~ cattive compagnie*** to keep bad company, to fall in with a bad crowd; ***invitare qcn. a non ~ una persona*** to warn sb. away from sb.; ***~ il bel mondo*** to move in fashionable circles **2** *(avere legami sentimentali con)* to go* out with [*ragazzo, ragazza*] **3** *(leggere assiduamente)* ***~ i grandi autori*** to read the works of great writers **II frequentarsi** pronom. **1** *(vedersi)* [*persone, amici*] to see* one another, to knock about together COLLOQ.; ***ci frequentiamo poco*** we don't see a great deal of each other **2** *(uscire insieme)* [*coppia*] to go* out together.

frequentativo /frekwentaˈtivo/ **I** agg. frequentative, iterative **II** m. frequentative.

frequentato /frekwenˈtato/ **I** p.pass. → **frequentare II** agg. [*caffè, spiaggia, teatro*] popular; [*via*] busy; ***luogo ben, mal ~*** place that attracts the right, wrong sort of people; ***poco ~*** sparsely attended *o* populated, unfrequented.

frequentatore /frekwentaˈtore/ m. (f. **-trice** /tritʃe/) frequenter; ***~ assiduo*** haunter; ***~ abituale (di un locale)*** regular; ***~ di concerti, cinema, teatro*** concertgoer, filmgoer, theatregoer; ***~ di ostelli*** hosteller; ***~ di corse dei cavalli*** racegoer.

frequentazione /frekwentatˈtsjone/ f. **1** *(buone relazioni)* frequentation; ***la ~ di quelle persone*** associating with those people; ***la ~ dei club*** frequenting clubs; ***la ~ della chiesa, della scuola, delle lezioni*** attending church, school, class **2** *(lettura assidua)* ***la ~ dei grandi autori*** habitual reading of great authors.

▷ **frequente** /freˈkwɛnte/ agg. **1** *(nel tempo)* [*discussione, visita, avvenimento, episodio*] frequent; ***far uso ~ di qcs.*** to make frequent use of sth. **2** *(diffuso)* [*malattia, comportamento, reazione, errore, problema*] common **3 di frequente** frequently, often.

frequentemente /frekwenteˈmente/ avv. frequently, often.

▷ **frequenza** /freˈkwɛntsa/ f. **1** FIS. RAD. frequency; ***banda di ~*** frequency *o* wave band; ***modulazione di ~*** frequency modulation; ***distribuzione di ~*** frequency distribution; ***a bassa, media, alta ~*** low-, medium-, high-frequency; ***circuito separatore di ~*** ELETTRON. crossover network **2** *(presenza) (ad avvenimento, incontro)* attendance; ***la sua ~ scolastica è stata bassa*** his attendance at school has been poor **3** *(assiduità)* frequency; ***in ordine di ~*** in order of frequency; ***con quale ~ partono gli aerei?*** how often do the planes depart? ***con ~*** frequently; ***~ obbligatoria*** SCOL. UNIV. compulsory attendance **4** *(diffusione)* prevalence; ***la ~ di una parola*** LING. the currency of a word **5** MED. *(di pulsazioni)* ***~ cardiaca*** heart rate ◆◆ ***~ di quadro*** TELEV. frame frequency; ***~ video*** video frequency.

frequenzimetro /frekwenˈtsimetro/, **frequenziometro** /frekwenˈtsjɔmetro/ m. **1** ELETTRON. FIS. frequency meter **2** RAD. wave meter.

fresa /ˈfrɛza/ f. MECC. fraise, milling cutter.

fresare /freˈsare/ [1] tr. to mill.

fresatore /frezaˈtore/ ♦ *18* m. (f. **-trice** /tritʃe/) miller.

fresatrice /frezaˈtritʃe/ f. **1** TECN. *(macchina)* mill, miller, fraiseuse, milling machine **2** AGR. tiller.

fresatura /frezaˈtura/ f. *(di metallo)* milling.

frescaccia, pl. **-ce** /fresˈkattʃa, tʃe/ f. REGION. nonsense, crap, rubbish.

freschezza /fresˈkettsa/ f. **1** *(di alimenti, prodotti)* freshness, crispness; *(di aria)* freshness, coolness; *(di temperatura)* coldness, coolness; ***di una ~ allettante, invitante*** enticingly, temptingly cool; ***donare a qcn. una sensazione di ~*** to make sb. feel cool; ***perdere la propria ~*** to lose its freshness **2** *(giovinezza)* freshness; ***per restituire ~ alla pelle*** to put some freshness back into your skin **3** *(vitalità)* ***lo spettacolo manca di ~*** the show is stale **4** *(di profumo)* freshness.

▶ **1.fresco**, pl. **-schi**, **-sche** /ˈfresko, ski, ske/ **I** agg. **1** *(leggermente freddo)* [*tempo, acqua, notte, luogo*] cool, fresh; ***"conservare in luogo ~"*** "store in a cool place"; ***l'aria -a ti chiarirà le idee*** the fresh air will clear your head **2** *(recente)* [*memoria, colla, inchiostro*] fresh; [*notizia, storia*] fresh, hot, red-hot; [*alimenti, frutta*] fresh, crisp; ***pane ~*** fresh bread; ***panna -a*** dairy cream; ***al tatto, dall'odore sembra ~*** it feels, smells fresh; ***~ dell'orto*** [*ortaggi*] garden-fresh; ***formaggio ~*** underripe cheese; ***~ di bucato*** freshly laundered; ***"vernice -a"*** "wet paint"; ***giovani -schi di studi*** young people fresh from *o* out of school **3** *(giovane)* [*carnagione, viso, pelle, voce*] fresh; ***una ragazza -a*** a fresh-faced young girl; ***sangue ~*** FIG. new life; ***l'azienda è alla ricerca di forze -sche*** the company is looking for new blood **4** *(emesso da poco)* ***denaro ~*** fresh money; ***~ di stampa*** hot from *o* off the press **5** *(leggero)* [*odore, profumo*] fresh; [*tessuto, abito*] cool, crisp **6** *(riposato)* fresh; ***truppe -sche*** fresh troops; ***avere un aspetto ~*** to look fresh **II** m. **1** *(temperatura piacevole)* cool, coolness; ***fa ~ oggi*** it's cool today; ***prendere il ~*** to get some fresh air; ***nel ~ di una camera*** in the coolness of a bedroom; ***attenzione al ~ della sera!*** watch out for the cold evening air! **2 al fresco** *(per la conservazione, il raffreddamento)* ***tenere qcs. al ~*** to keep sth. cold [*alimenti*]; ***ho messo il vino al ~*** I chilled *o* cooled the wine; *(in prigione)* ***mettere qcn. al ~*** COLLOQ. to put sb. behind bars, to put sb. away, to send sb. up the river AE; ***stare al ~*** to be in the cooler *o* in stir, to do time, to do porridge BE COLLOQ. **3** *(tessuto)* ***~ (di) lana*** light wool ◆ ***di ~*** *(da poco)* [*tagliato, colto, pitturato*] freshly; [*rasato*] newly; [*stirato*] crisply; ***essere ~ come una rosa*** to be as fresh as a daisy; ***stare ~*** *(essere nei guai)* to be in trouble *o* in a real mess, to be for the high jump BE COLLOQ.; ***stai ~!*** *(per disilludere qcn.)* you can go whistle for it! you'll be lucky!

2.fresco, pl. **-schi** /ˈfresko, ski/ m. *(affresco)* fresco*.

frescone /fresˈkone/ m. REGION. moron, bloody idiot.

frescura /fresˈkura/ f. coolness, coldness; ***~ notturna*** the cool of the night.

fresia /ˈfrɛsja/ f. freesia.

▶ **fretta** /ˈfretta/ f. **1** *(premura)* hurry, haste, hastiness; ***in tutta ~, in ~ e furia*** with breathless haste, helter-skelter, at a rate of knots, hotfoot SCHERZ. IRON.; ***è partito in ~ e furia per Londra*** he's zoomed off to London; ***senza ~*** at (one's) leisure, unhurriedly; ***in ~*** hastily, hurriedly, swiftly; ***perché tanta ~?*** why the haste? ***che ~ c'è?*** what's the rush? ***se ne andarono in gran ~*** they hastened away *o* nipped off *o* rushed out; ***non c'è ~*** there's no hurry *o* rush; ***mettere ~ a qcn.*** to hurry *o* hustle *o* rush sb.; ***mettere ~ a qcn. perché faccia*** to chivvy sb. into doing; ***andare*** o ***essere di ~***, ***avere ~*** to be in a hurry; ***andare in ~ a casa*** to hurry home; ***avere una ~ tremenda*** to be in an awful hurry *o* in a mad rush; ***preparare un pranzo in ~*** to knock a meal together, to rustle up a meal COLLOQ.; ***prendere un caffè in ~*** to have a quick coffee; ***togliersi le scarpe in ~*** to whip off one's shoes; ***il problema è stato risolto in ~*** the problem was quickly resolved; ***è successo tutto troppo in ~*** it was all very sudden; ***nella ~ ho dimenticato...*** in my hurry, I forgot...; ***fare in ~*** to hurry along *o* up; ***fai in ~!*** hurry up! don't delay! **2** *(impazienza)* ***a***

loro interessa solo quadagnare in ~ they're only interested in making quick profits; ***avevamo*** ~ ***di portarlo a termine*** we had a rush to finish it ◆ ***chi ha*** ~ ***vada adagio*** PROV. more haste less speed.

frettolosamente /frettolosa'mente/ avv. [*fare, dire*] hastily, hurriedly, swiftly; ***non cercare di fare le cose troppo*** ~ don't try to rush things.

frettoloso /fretto'loso/ agg. *(che ha fretta)* [*persona, cliente, visitatore*] impatient; *(veloce)* [*conversazione, consultazione, pranzo*] hasty; [*visita*] hurried; [*bacio, ricerca*] perfunctory; [*lettera*] rushed; *(affrettato, precipitoso)* ***conclusioni -e*** hasty conclusions.

freudiano /froi'djano/ **I** agg. Freudian; ***lapsus*** ~ Freudian slip **II** m. (f. **-a**) Freudian; ***il mio analista è un*** ~ my analyst is a Freudian.

freudismo /froi'dizmo/ m. Freudianism.

friabile /fri'abile/ agg. **1** [*biscotto, patatine, pasticcino*] crisp, crumbly, friable **2** *(che si sgretola)* [*roccia, terra*] crumbly, friable, powdery.

friabilità /friabili'ta/ f.inv. crispness, friability, friableness.

Friburgo /fri'burgo/ ➧ ***2*** n.pr.f. Fribourg.

fricassea /frikas'sɛa/ f. **1** fricassee **2** FIG. jumble.

fricativa /frika'tiva/ f. fricative, spirant.

fricativo /frika'tivo/ agg. FON. [*consonante*] fricative, spirant.

fricchettone /frikket'tone/ m. (f. **-a**) COLLOQ. freak.

▷ **friggere** /'friddʒere/ [53] **I** tr. *(in olio)* to fry; ~ ***le uova*** to fry eggs **II** intr. (aus. *avere*) **1** *(in olio)* to fry, to sizzle; ***far*** ~ ***del pesce in molto olio*** to deep-fry fish **2** *(essere rovente)* to sizzle **3** FIG. *(fremere)* ~ ***di rabbia*** to fume with anger **4** FIG. *(essere impaziente)* ~ ***dalla voglia di fare qcs.*** to fume *o* hop with impatience ◆ ***andare a farsi*** ~ COLLOQ. to eff off, to get lost; ***mandare qcn. a farsi*** ~ to send sb. to the devil.

friggitore /friddʒi'tore/ m. (f. **-trice** /tritʃe/) fryer.

friggitoria /friddʒito'ria/ f. = shop which sells fried fish and vegetables.

friggitrice /friddʒi'tritʃe/ f. *(elettrodomestico)* fryer ◆◆ ~ ***elettrica*** deep-(fat-)fryer.

Frigia /'fridʒa/ n.pr.f. Phrygia.

frigidezza /fridʒi'dettsa/ f. frigidity.

frigidità /fridʒidi'ta/ f.inv. **1** *(insensibilità)* insensibility, heartlessness **2** MED. frigidity **3** LETT. *(freddezza)* frigidity.

frigido /'fridʒido/ agg. **1** MED. [*donna*] frigid **2** LETT. *(freddo)* cold.

frigio, pl. **-gi, -gie** e **-ge** /'fridʒo, dʒi, dʒe/ **I** agg. Phrygian; ***berretto*** ~ liberty *o* Phrygian cap; ***modo*** ~ MUS. Phrygian mode **II** m. (f. **-a**) Phrygian.

frignare /friɲ'ɲare/ [1] intr. (aus. *avere*) [*bambino*] to whimper, to whine, to carry on COLLOQ.

frignone /friɲ'ɲone/ m. (f. **-a**) sniveller, whiner.

▷ **frigo** /'frigo/ m.inv. COLLOQ. (accorc. frigorifero) fridge; ~ ***portatile*** icebox, cool bag BE.

frigobar /frigo'bar/ m.inv. = small fridge used for keeping drinks cool especially in a hotel room.

frigocongelatore /frigokondʒela'tore/ m. fridge-freezer.

▷ **frigorifero** /frigo'rifero/ **I** agg. [*vetrina, camion*] refrigerated; ***cella -a*** cold room *o* store, refrigerator; ***deposito*** ~ cold-storage facility; ***motopeschereccio*** ~ freezer trawler **II** m. fridge, refrigerator, icebox AE; ***sbrinare il*** ~ to defrost the refrigerator ◆◆ ~ ***combinato*** fridge-freezer.

frigorista, m.pl. **-i**, f.pl. **-e** /frigo'rista/ ➧ ***18*** m. e f. refrigeration engineer.

fringuello /frin'gwɛllo/ m. chaffinch, finch ◆ ***essere allegro come un*** ~ to be as happy as a lark ◆◆ ~ ***montanaro*** brambling; ~ ***alpino*** snow finch.

frinire /fri'nire/ [102] intr. (aus. *avere*) to stridulate; [*cicala*] to shrill; [*grillo*] to chirp.

frisbee® /'frisbi/ m.inv. frisbee®.

Frisia /fri'zja/ ➧ ***30*** n.pr.f. Friesland; ***cavallo di*** ~ cheval-de-frise.

frisone /fri'zone/ ➧ ***30, 16*** **I** agg. Frisian; ***le isole -i*** the Frisian Islands **II** m. (f. **-a**) **1** *(persona)* Frisian **2** LING. Frisian.

fritillaria /fritil'larja/ f. BOT. fritillary.

▷ **frittata** /frit'tata/ f. Italian omelette, omelet AE ◆ ***fare una*** ~ to create havoc; ***(ri)voltare*** o ***rigirare la*** ~ to twist an argument; ***non si può fare la*** ~ ***senza rompere le uova*** PROV. you can't make an omelette without breaking eggs.

frittella /frit'tɛlla/ f. **1** pancake, fritter, crêpe, flapjack AE, hot cake AE; ~ ***zuccherata*** doughnut; ~ ***di*** o ***alle mele*** apple fritter; ***impasto per -e*** pancake batter **2** COLLOQ. *(macchia d'unto)* grease stain.

fritto /'fritto/ **I** p.pass. → **friggere II** agg. **1**, [*carne, vegetali*] fried, deep-fried; ***pesce*** ~ fried fish; ***fare*** ~ to fry **2** FIG. *(spacciato)* ***siamo -i!*** we've had it now! **III** m. frying; ~ ***di pesce*** fried fish; ***c'è puzza di*** ~ there's a smell of frying ◆ ***aria -a*** hot air; ***è solo aria -a!*** COLLOQ. that's a lot of wind! ***sono cose -e e rifritte*** it's old hat ◆◆ ~ ***misto*** = mixture of fried fish; ~ ***misto alla piemontese*** = mixture of fried meats, fruits, semolina and macaroon.

frittura /frit'tura/ f. **1** *(il friggere)* frying **2** *(vivanda fritta)* fried food; ~ ***di pesce*** fried fish; ~ ***al salto*** stir-frying; ~ ***di bianchetti*** whitebait.

friulano /friu'lano/ ➧ ***30*** **I** agg. [*persona, prodotto*] Friulian **II** m. (f. **-a**) **1** *(persona)* Friulian **2** LING. Friulian.

frivolamente /frivola'mente/ avv. frivolously.

frivoleggiare /frivoled'dʒare/ [1] intr. (aus. *avere*) to fribble, to frivol.

frivolezza /frivo'lettsa/ f. flippancy, fribble, frivolity, frivolousness, levity.

frivolo /'frivolo/ agg. [*persona*] flighty, flippant, frivolous, light-headed, light-minded, lightsome; [*abbigliamento*] chichi, foppish; [*atteggiamento, comportamento, commento*] frivolous, giddy.

frizionale /frittsjo'nale/ agg. frictional.

frizionare /frittsjo'nare/ [1] **I** tr. to rub [*piedi, testa*] **II frizionarsi** pronom. to rub oneself down.

frizione /frit'tsjone/ f. **1** *(massaggio)* rubbing; MED. friction **2** AUT. *(dispositivo, pedale)* clutch; ***innestare la*** ~ to let in *o* engage the clutch; ***disinnestare la*** ~ to let out *o* disengage the clutch, to declutch BE; ***rilasciare la*** ~ to release the clutch; ***far slittare la*** ~ to slip the clutch; ***cavetto della*** ~ clutch cable; ***disco della*** ~ clutch disc; ***cavo della*** ~ clutch linkage **3** TECN. *(attrito)* friction; ***giocattolo a*** ~ friction-driven toy **4** FIG. *(contrasto)* friction; ***ci sono -i tra loro*** there is friction between them.

frizzante /frid'dzante/ agg. **1** [*acqua, bevanda*] bubbling, fizzy, sparkling **2** FIG. [*conversazione*] sparkling **3** *(pungente)* [*aria, clima, vento*] brisk, crisp; ***una*** ~ ***mattina di marzo*** a brisk March morning.

frizzare /frid'dzare/ [1] intr. (aus. *avere*) [*bevanda, spumante*] to fizz, to fizzle, to sparkle.

frizzo /'friddzo/ m. witticism.

frocio, pl. **-ci** /'frɔtʃo, tʃi/ m. POP. REGION. fairy, queen, queer.

frodare /fro'dare/ [1] tr. to defraud, to swindle, to cheat [*cliente, impiegato, autorità fiscale*]; to defraud [*dogana, creditore*]; ~ ***qcn. per sottrargli l'eredità*** to trick sb. out of their inheritance.

frodatore /froda'tore/ m. (f. **-trice** /tritʃe/) defrauder.

frode /'frɔde/ f. **1** *(inganno, raggiro)* cheat, trickery **2** DIR. fraud, deceit, deception; ***processare qcn. per*** ~ to try sb. for fraud; ***condanna per*** ~ conviction on fraud charges ◆◆ ~ ***alimentare*** food adulteration; ~ ***elettorale*** electoral malpractice; ~ ***fiscale*** tax fiddle *o* swindle *o* fraud.

frodo /'frɔdo/ m. ***caccia di*** ~, ***pesca di*** ~ poaching; ***cacciare di*** ~, ***pescare di*** ~ to poach; ***cacciatore di*** ~ poacher; ***merce di*** ~ smuggled goods.

frodolento /frodo'lɛnto/ ANT. → **fraudolento**.

frogia, pl. **-gie, -ge** /'frɔdʒa, dʒe/ f. *(di cavallo, vacca)* nostril.

frollare /frol'lare/ [1] **I** tr. to hang* [*selvaggina*] **II** intr. (aus. *essere*), **frollarsi** pronom. to become* tender, high.

frollatura /frolla'tura/ f. hanging.

frollino /frol'lino/ m. GASTR. shortbread.

frollo /'frɔllo/ agg. **1** ***pasta -a*** short pastry **2** *(frollato)* high ◆ ***essere una pasta -a*** to be a spineless *o* weak man; ***avere le mani di pasta -a*** to be butterfingered.

frombola /'frombola/ f. LETT. sling.

fromboliere /frombo'ljɛre/ m. MIL. STOR. slinger.

1.fronda /'fronda/ **I** f. **1** *(ramoscello)* branch **2** BOT. frond **II fronde** f.pl. **1** *(fogliame)* foliage, foliation, frondage **2** FIG. *(fronzoli)* frills and flounces.

2.fronda /'fronda/ f. *(rivolta)* revolt; ***vento, spirito di*** ~ mood, spirit of revolt.

Fronda /'fronda/ n.pr.f. STOR. Fronde (anche FIG.).

frondista, m.pl. **-i**, f.pl. **-e** /fron'dista/ m. e f. troublemaker, rebel.

frondosità /frondosi'ta/ f.inv. **1** *(fogliame)* foliation **2** FIG. *(di stile)* luxuriance.

frondoso /fron'doso/ agg. **1** *(con molte foglie)* frondose; [*albero, cespuglio*] leafy **2** FIG. *(di stile)* verbose, redundant.

frontale /fron'tale/ **I** agg. **1** [*attacco, assalto, illuminazione*] frontal; [*visione*] front; ***scontro*** ~ head-on collision; ***lavatrice con carica*** ~ front-loading washing machine **2** ANAT. [*lobo*] frontal **3** METEOR. ***sistema*** ~ frontal system **II** m. **1** *(lato frontale)* ***il*** ~ ***di un edificio*** the façade of a building **2** ANAT. frontal bone **3** *(in equitazione) (di briglia)* brow-band **4** *(in matematica)* frontal **5** *(per capelli)* frontlet **6** *(scontro)* head-on collision.

frontaliero /fronta'ljɛro/ **I** agg. [*zona, disputa, conflitto, lavoro*] border **II** m. (f. **-a**) border-worker.

frontalino /fronta'lino/ m. **1** *(di scale)* riser **2** *(di autoradio)* front panel.

frontalità /frontali'ta/ f.inv. frontality.

frontalmente /frontal'mente/ avv. [*attaccare, scontrarsi*] head-on, frontally; ***le due auto si scontrarono ~*** the two cars met head-on.

▶ **fronte** /'fronte/ **I** ➧ **4** f. **1** ANAT. brow, forehead; ***~ alta, bassa, sfuggente*** high, low, receding forehead; ***asciugarsi la ~*** to mop one's brow; ***ha una cicatrice sulla ~*** he has a scar on his forehead; ***il sudore gli imperlava la ~*** beads of perspiration had formed on his forehead; ***aggrottare, corrugare la ~*** to frown, wrinkle one's forehead **2** MIL. ***~ a sinistra!*** left face **3** **in fronte** ***dare un bacio in ~ a qcn.*** to kiss sb.'s brow, to kiss sb. on the brow; ***leggere qcs. in ~ a qcn.*** to see sth. on sb.'s face; ***hai mentito, te lo si legge in ~*** you lied, it's written all over your face **II** m. **1** MIL. front; ***al ~*** at front; ***truppe al ~*** troops in the front line; ***mandare le truppe al ~*** to move troops to the front; ***il ~ nemico*** the enemy line **2** FIG. ***sul ~ sociale, dell'occupazione*** on the social, job front; ***presentare un ~ unitario*** to present a united front; ***ci sono problemi sul ~ finanziario*** there are problems on the financial front; ***su tutti i -i*** on all fronts; ***far ~ a*** *(affrontare)* to face, to handle [*sfida, crisi, problema*]; to face [sth.] out [*critiche*]; to cope with [*problema*]; *(adempiere)* to face up, to meet [*impegni, responsabilità*]; *(sostenere)* to meet with, to cope with [*spese*]; to keep up with [*domanda*] **3** *(facciata, lato frontale)* façade; ***~ del ghiacciaio*** GEOL. glacier front **4** **di fronte** *(dirimpetto)* ***la casa (qui) di ~*** the house over the road; *(davanti)* ***ce l'hai di ~*** it's right in front of you; ***trovarsi di ~ un conto salato*** to be presented with a huge bill; ***queste sono le alternative che abbiamo di ~*** these are the alternatives before *o* facing us; *(da davanti)* ***fotografare qcn. di ~*** to photograph sb. full face *o* from the front; ***guardare qcs. di ~*** to look at sth. end on **5** **di fronte a** ***di ~ alla casa*** in front of *o* opposite *o* facing the house; ***farsi piccolo di ~ a qcn.*** to cower away from sb.; ***stava in piedi di ~ alla classe*** she stood facing the class; ***battere in ritirata di ~ al nemico*** to retreat before the enemy; ***mettere qcn. di ~ a*** to expose sb. to, to face sb. with, to confront sb. with [*evidenza, realtà*]; ***chiudere gli occhi di ~ a qcs.*** to close *o* shut one's eyes to sth.; ***trovarsi di ~ a*** to be faced with [*scelta, decisione, problema*]; ***essere di ~ al mare*** [*albergo*] to front the sea; ***non fermarsi di ~ a nulla*** to stop at nothing; FIG. *(in considerazione di)* in the face of [*opposizione, nemico, pericolo*]; ***di ~ a tali problemi*** in the face of such problems; *(in confronto a)* ***questo è niente di ~ al tuo incidente*** this is nothing compared to your accident **6** **a fronte** ***edizione con traduzione a ~*** parallel text **7** **a fronte di** ***a ~ dei recenti avvenimenti*** in view of recent events; ***abbiamo ricevuto la merce a ~ del nostro ordine*** COMM. we received the goods against our order **8** METEOR. front, frontal system; ***~ caldo, freddo*** cold, warm front; ***~ occluso*** occluded front **9** POL. front; ***sul ~ interno*** on the home front ◆ ***guadagnarsi da vivere col sudore della ~*** to earn one's living by the sweat of one's brow; ***tener ~*** to stand up (to); ***tener la*** o ***andare a ~ alta*** to hold one's head (up), to stand tall ◆◆ ***~ di abbattimento*** MIN. coalface; ***~ di liberazione*** liberation front; ***Fronte di liberazione nazionale*** STOR. National Liberation Front; ***Fronte popolare*** STOR. Popular *o* People's Front; ***~ del porto*** waterfront.

▷ **fronteggiare** /fronted'dʒare/ [1] **I** tr. **1** *(affrontare)* to face, to handle [*sfida, crisi, problema*]; to face [sth.] out [*critiche*]; to cope with [*problema*] **2** *(stare di fronte a)* ***~ qcs.*** to face sth., to be opposite to sth. **II** **fronteggiarsi** pronom. to confront each other.

frontespizio, pl. **-zi** /frontes'pittsjo, tsi/ m. **1** ARCH. frontispiece **2** TIP. *(pagina)* title page.

▷ **frontiera** /fron'tjɛra/ f. *(confine)* border, frontier (anche FIG.); ***passare*** o ***varcare la ~*** to cross the state line, to slip over *o* across the border; ***essere respinto alla ~*** to be turned back at the border; ***incidente di ~*** border incident; ***polizia di ~*** customs border patrol; ***linea di ~*** borderline; ***legami culturali che superano le -e*** cultural links across borders; ***le -e della scienza*** the frontiers of science.

frontino /fron'tino/ m. **1** *(di capelli)* toupee **2** *(del cavallo)* browband.

frontismo /fron'tizmo/ m. POL. = tendency to form political alliances (or fronts) among left wing parties.

frontista, m.pl. **-i**, f.pl. **-e** /fron'tista/ m. e f. **1** DIR. frontager **2** POL. = person who adheres to a political front.

frontone /fron'tone/ m. fronton, gable, pediment.

fronzolo /'frondzolo/ m. **1** fallal, gewgaw, bauble SPREG.; ***questo vestito ha troppi -i*** this dress is too fussy **2** FIG. ***scrivere senza -i*** to write without frills.

fronzuto /fron'dzuto/ agg. foliate, leafy.

frotta /'frɔtta/ f. *(di turisti)* shoal, swarm; ***passarono a -e attraverso i cancelli*** they streamed through the gates; ***a -e*** in flocks.

frottola /'frɔttola/ f. COLLOQ. fable, fib, flam; ***grande ~*** whopper.

frugale /fru'gale/ agg. [*persona, pasto, stile di vita*] abstemious, frugal; [*abitudini*] abstinent; [*pranzo*] spare.

frugalità /frugali'ta/ f.inv. *(di stile di vita, pasto)* abstemiousness, frugality.

frugalmente /frugal'mente/ avv. [*vivere, mangiare*] abstemiously, frugally.

▷ **frugare** /fru'gare/ [1] **I** intr. (aus. *avere*) *(rovistare)* ***~ in*** to delve in(to), to ferret about, to go through [*tasche, cassetto, armadio*]; to search [*memoria*]; ***~ fra*** to dig in, to rake among *o* through [*oggetti, documenti*]; ***~ per trovare qcs.*** to fish around *o* fumble for sth., to rummage for sth.; ***~ nei bidoni dell'immondizia alla ricerca di qcs.*** to scavenge in *o* through the dustbins for sth. **II** tr. *(esaminare, perquisire)* to search [*casa, bagagli, indumenti*]; to rifle through, to search [*tasche*]; to search, to rummage through [*stanza*]; to frisk [*persona*]; ***ho frugato in tutta la casa per trovare quei fogli*** I've ransacked the house for those papers.

frugata /fru'gata/ f. rummage, quick search.

frugivoro /fru'dʒivoro/ agg. frugivorous.

frugoletto /frugo'letto/, **frugolo** /'frugolo/ m. kid, little child*.

fruibile /fru'ibile/ agg. enjoyable, usable.

fruibilità /fruibili'ta/ f.inv. availability; ***la ~ di un servizio*** the accessibility of a facility.

fruire /fru'ire/ [102] **I** intr. (aus. *avere*) to enjoy, to benefit from; ***~ di una tariffa ridotta*** to get a reduced rate **II** tr. to enjoy, to use.

fruitore /frui'tore/ m. (f. **-trice** /tritʃe/) *(di un servizio)* user; *(di un bene)* consumer; *(di un vantaggio)* beneficiary.

fruizione /fruit'tsjone/ f. **1** use, enjoyment **2** *(ricezione)* enjoyment.

frullare /frul'lare/ [1] **I** tr. to whizz up, to liquidize BE; ***~ le uova*** to whisk eggs **II** intr. (aus. *avere, essere*) **1** *(alzarsi in volo sbattendo le ali)* [*uccelli*] to whirr **2** FIG. ***delle idee gli frullavano in testa*** many ideas churned in his mind; ***cosa ti frulla per la testa?*** what is going on through your mind?

frullato /frul'lato/ **I** p.pass. → **frullare** **II** agg. *(col frullatore)* whizzed up, whipped **III** m. (milk-)shake.

frullatore /frulla'tore/ m. blender, mixer, liquidizer BE.

frullino /frul'lino/ m. mixer, whisk.

frullio, pl. **-ii** /frul'lio, ii/ m. flutter, fluttering, whirr; ***un ~ di ali*** a flurry of wings.

frullo /frul'lo/ m. ***un ~ d'ali*** a flutter *o* flurry of wings; ***mezzo ~*** AER. half-roll.

frullone /frul'lone/ m. *(buratto)* bolter.

frumentario, pl. **-ri**, **-rie** /frumen'tarjo, ri, rje/ agg. frumentarious.

frumento /fru'mento/ m. corn **U**, wheat **U**; ***campo di ~*** wheat field; ***farina di ~*** wheat flour.

frusciante /fruʃ'ʃante/ agg. swishing.

frusciare /fruʃ'ʃare/ [1] intr. (aus. *avere*) [*carta, tessuto*] to swish, to whish; [*foglie*] to rustle; [*alberi*] to sigh; [*radio*] to crackle; ***il vento fa ~ le foglie secche*** the wind rustles the dry leaves.

▷ **fruscio**, pl. **-ii** /fruʃ'ʃio, ii/ m. **1** *(di foglie, carta, tessuto, vento, foglie secche)* rustle, rustling, whish; *(di acqua, prato, abito)* swish, swoosh **2** RAD. TELEV. crackling, noise; ***~ di fondo*** *(di grammofono)* surface noise.

frusinate /fruzi'nate/ ➧ **2** **I** agg. from, of Frosinone **II** m. e f. native, inhabitant of Frosinone.

frusone /fru'zone/ m. grosbeak, hawfinch.

▷ **frusta** /'frusta/ f. **1** whip, lash, scourge, switch; *(di cuoio)* rawhide, sjambok; *(per il bestiame)* stockwhip; ***(fare) schioccare la ~*** to crack the whip; ***colpo di ~*** MED. whiplash injury **2** *(utensile da cucina)* whisk; ***~ per le uova*** egg whisk.

frustare /frus'tare/ [1] tr. **1** to lash, to whip, to sjambok [*persona, animale*]; to switch [*cavallo*]; *(flagellare)* to scourge, to lash; ***~ a sangue*** to flog sb. until he bleeds **2** *(censurare aspramente)* to castigate, to lambast(e) [*costumi corrotti*].

frustata /frus'tata/ f. **1** lash, whipstroke **2** FIG. *(incitamento)* boost **3** FIG. *(aspra critica)* blow, stick.

frustino /frus'tino/ m. crop, horsewhip, hunting crop, quirt.

frusto /'frusto/ agg. **1** *(consunto, logoro)* [*vestiti, tessuti*] tired, outworn, ragged, ratty AE; **2** FIG. *(trito, scontato)* [*tema, argomento*] tired, hackneyed, trite, well-worn.

frustolo /'frustolo/ m. BOT. frustule.

frustrante /frus'trante/ agg. **1** [*situazione, lavoro*] frustrating; ***è veramente ~ dover aspettare così a lungo!*** it really frustrates me having to wait so long! ***è ~ non poter fare*** it is frustrating to be unable to do **2** PSIC. [*genitore, educazione*] repressive, frustrating.

frustrare /frus'trare/ [1] tr. **1** *(deludere)* to blight, to dash, to foil [*speranze*]; to frustrate, to hamstring, to thwart [*aspettativa, inizia-*

tiva]; ~ ***qcn.*** to frustrate *o* stymie sb.; ~ ***l'attesa di qcn.*** to disappoint *o* dash sb.'s hopes **2** PSIC. to frustrate.

frustrato /frus'trato/ **I** p.pass. → **frustrare II** agg. [*piano, sforzo, tentativo, persona*] frustrated, thwarted **III** m. (f. **-a**) dissatisfied person, frustrated person.

frustrazione /frustrat'tsjone/ f. PSIC. frustration; ***un senso di*** ~ a feeling of frustration.

frutice /'frutitʃe/ m. frutex*.

fruticoso /fruti'koso/ agg. fruticose.

▶ **frutta** /'frutta/ f.inv. fruit **U**, fruitery; ~ ***mista*** mixed fruit; ***comprare (della)*** ~ to buy some fruit; ***raccogliere la*** ~ to harvest *o* crop some fruit; ***la*** ~ ***di prima scelta*** the pick of the crop (fruit); ***macedonia di*** ~ fruit cocktail *o* salad; ***succo di*** ~ fruit juice; ***caramella alla*** ~ fruit drop; ***gelatina alla*** ~ jelly; ***moscerino della*** ~ fruit fly; ***coltello da*** ~ fruit knife; ***essere alla*** ~ to be at the end of the meal; FIG. to have reached the end ◆◆ ~ ***acerba*** green fruit; ~ ***ammaccata*** blemished *o* bruised fruit; ~ ***candita*** crystallized fruit; ~ ***cotta*** stewed fruit; ~ ***fresca*** fresh fruit; ~ ***matura*** ripe fruit; ~ ***secca*** dried fruit; ~ ***sciroppata*** fruit in syrup; ~ ***di stagione*** fruit in season.

▷ **fruttare** /frut'tare/ [1] **I** intr. (aus. *avere*) *(fruttificare)* [*albero*] to bear* fruit; [*terra*] to be* productive **II** tr. **1** *(rendere)* [*conto, investimento*] to bear*, to earn, to pay* [*interessi*]; [*capitale*] to yield; [*vendita, casa, oggetto*] to realize [*somma*]; ***far*** ~ ***i propri soldi*** to make one's money grow; ***questo affare frutta milioni*** this deal brings in millions; ~ ***il 25 % in 10 anni*** to yield 25% over 10 years; ***questi vasi possono*** ~ ***600 sterline*** these vases can fetch up to £ 600 **2** FIG. to bear*, to win*; ***il discorso gli fruttò l'ammirazione dei suoi lettori*** the speech won him the admiration of his readers.

fruttariano /frutta'rjano/ m. (f. **-a**) fruitarian.

fruttato /frut'tato/ agg. [*vino*] flowery, fruity; [*liquore, profumo*] fruity.

▷ **frutteto** /frut'teto/ m. orchard.

frutticolo /frut'tikolo/ agg. ***azienda -a*** fruit farm.

frutticoltura /fruttikol'tura/ f. fruit farming.

frutticoltore /fruttikol'tore/ ♦ ***18*** m. (f. **-trice** /tritʃe/) fruit farmer, fruiter, grower, orchardist.

fruttiera /frut'tjɛra/ f. fruit bowl.

fruttifero /frut'tifero/ agg. **1** *(che produce frutti)* [*pianta, albero*] fructiferous, fructuous, fruit-bearing **2** FIG. *(fruttuoso)* advantageous **3** ECON. [*investimento, conto*] interest-bearing.

fruttificare /fruttifi'kare/ [1] intr. (aus. *avere*) [*pianta, terra*] to fructify.

fruttificazione /fruttifikat'tsjone/ f. fructification.

fruttivendolo /frutti'vendolo/ ♦ ***18*** m. (f. **-a**) fruiterer, greengrocer BE.

▶ **frutto** /'frutto/ m. **1** fruit; ~ ***acerbo*** green fruit (anche FIG.); ~ ***maturo*** ripe fruit; ~ ***succoso*** o ***carnoso*** mellow fruit; ***prendi un*** ~ have some fruit; ***essere carico di -i*** to be laden with fruit; ***cogliere un*** ~ ***dall'albero*** to pick a fruit from the tree; ***albero da*** ~ fruiter, fruit tree; ***il pero dà ancora molti -i*** the pear tree is still a good bearer; ***vivere dei -i della terra*** to live off the land **2** FIG. *(risultato)* fruit, result; *(di decisione, idea)* offshoot; ***portare*** o ***dare (buoni) -i*** to bear fruit, to yeld benefits; ***i primi -i*** the first fruits; ***godere i -i del proprio lavoro, della vittoria*** to enjoy the fruit(s) of one's labours, of victory; ***cogliere il*** ~ ***di 20 anni di tirannia, lavoro*** to reap the harvest *o* benefit(s) of 20 years of tyranny, work; ***i miei sforzi non hanno dato nessun*** ~ my efforts come to nothing *o* didn't bear fruit; ***è (il)*** ~ ***dell'esperienza*** that's the fruit of experience; ***il*** ~ ***del suo ventre*** the fruit of her womb; ***il*** ~ ***del peccato*** the offspring of an adulterous liaison; ***il*** ~ ***del loro amore*** the fruit of their love; ***cogliere il*** ~ ***quando è maturo*** to wait till the moment is ripe; ***mettere a*** ~ ***qcs.*** to put sth. to good use; ***mettere a*** ~ ***le proprie capacità*** to fulfil one's potential; ***vivere del*** ~ ***del proprio lavoro*** to live on the fruits of one's work; ***un*** ~ ***dell'immaginazione*** a figment of the imagination **3** ECON. *(profitto)* harvest; ***dare buoni -i*** to pay dividends; ***i -i di un investimento*** the revenue *o* interest *o* income of an investment ◆◆ ~ ***capsulare*** capsular fruit; ~ ***deiscente*** dehiscent fruit; ~ ***esotico*** exotic fruit; ~ ***indeiscente*** indehiscent fruit; ~ ***multiplo*** multiple fruit; ~ ***con nocciolo*** stone fruit; ~ ***della passione*** passion fruit; ~ ***proibito*** BIBL. forbidden fruit; ~ ***selvatico*** wild fruit; ~ ***di stagione*** fruit in season; ***-i di bosco*** fruits of the forest, soft fruit **U**; ***-i di mare*** seafood, shellfish; ***-i rossi*** soft fruit BE, berries AE.

fruttosio /frut'tɔzjo/ m. fructose.

fruttuosamente /fruttuosa'mente/ avv. [*insegnare, passare il tempo*] fruitfully, productively.

fruttuosità /fruttuosi'ta/ f.inv. LETT. *(della terra)* fruitfulness.

fruttuoso /fruttu'oso/ agg. *(che dà buoni risultati)* [*anno*] fruitful; [*tentativo*] successful; [*discussione, collaborazione, riunione, lavoro, esperienza*] productive; [*relazione*] advantageous; *(redditizio)* [*operazione finanziaria, affare, speculazione, investimento*] profitable.

FS /effe'ɛsse/ f.pl. (⇒ Ferrovie dello Stato) = Italian railways.

f.to ⇒ firmato signed.

fu /fu/ agg. BUROCR. late; ***il*** ~ ***Mario Rossi*** the late Mario Rossi.

fuchsia → **fucsia**.

▷ **fucilare** /futʃi'lare/ [1] tr. to shoot*; ***fucilare qcn. per diserzione*** to shoot sb. for desertion; ***far*** ~ ***qcn.*** to have sb. shot.

fucilata /futʃi'lata/ f. **1** rifle, gun shot **2** SPORT GERG. *(nel tennis)* cannonball.

fucilazione /futʃilat'tsjone/ f. fusillade.

▷ **fucile** /fu'tʃile/ m. **1** *(arma)* gun, rifle; ***un colpo di*** ~ a rifle *o* a gun shot; ~ ***di piccolo calibro*** small-bore rifle; ***esercitazione col*** ~ rifle drill; ***canna di*** ~ gun barrel; ***fusto del*** ~ gunstock; ***calcio di*** ~ rifle butt; ***granata per*** ~ rifle grenade; ***puntare il*** ~ ***su qcn., qcs.*** to aim one's rifle at sb., sth.; ***caricare il*** ~ to load the gun **2** *(tiratore)* marksman*, rifleman*; ***essere un buon, un cattivo*** ~ to be a good, poor shot ◆◆ ~ ***ad acciarino*** firelock; ~ ***anticarro*** antitank gun; ~ ***ad aria compressa*** air gun *o* rifle; ~ ***d'assalto*** assault rifle; ~ ***automatico*** burp gun; ~ ***da caccia*** fowling piece, express rifle, shotgun; ~ ***a due canne*** double-barreled gun; ~ ***a canne mozze*** sawn-off shotgun; ~ ***a cannocchiale*** rifle with telescopic sight; ~ ***a doppietta*** → ~ **a due canne**; ~ ***a fiocina*** harpoon gun; ~ ***da guerra*** army rifle; ~ ***lanciagranate*** grenade rifle; ~ ***a miccia*** matchlock; ~ ***mitragliatore*** submachine gun; ~ ***a molla*** spring gun; ~ ***a pietra focaia*** flintlock; ~ ***a pompa*** pump gun; ~ ***a proiettili di gomma*** baton gun; ~ ***a ripetizione*** quick-firer; ~ ***subacqueo*** speargun.

fucileria /futʃile'ria/ f. ***fuoco*** o ***scarica di*** ~ fusillade.

fuciliere /futʃi'ljɛre/ m. fusilier, rifleman* ◆◆ ~ ***di marina*** marine; ~ ***mitragliatore*** machinegunner.

fucina /fu'tʃina/ f. **1** *(laboratorio)* smithy, forge **2** FIG. *(luogo di formazione)* source; ***una*** ~ ***d'ingegni*** a breeding ground of minds; ***una*** ~ ***di menzogne*** a hothouse of lies.

fucinare /futʃi'nare/ [1] tr. to forge [*ferro*].

fucinatore /futʃina'tore/ m. forger.

fucinatura /futʃina'tura/ f. forging.

1.fuco, pl. **-chi** /'fuko, ki/ m. ZOOL. drone.

2.fuco, pl. **-chi** /'fuko, ki/ m. BOT. fucus*, kelp, tang; ~ ***vescicoloso*** bladderwrack.

fucsia /'fuksja/ ♦ ***3*** **I** f. BOT. fuchsia **II** m.inv. *(colore)* fuchsia **III** agg.inv. fuchsia.

fucsina /fuk'sina/ f. rosaniline.

▶ **fuga**, pl. **-ghe** /'fuga, ge/ f. **1** flight, escape; *(di idee, emigranti)* outflow, drain; *(dopo un crimine)* getaway; *(di bambino)* ***fare una*** ~ to run away; ~ ***da*** flight from [*nemico, povertà, guerra, fame*]; ~ ***precipitosa*** o ***disperata*** skedaddle; ***mettere in*** ~ ***qcn.*** to put sb. to flight, to scare *o* stampede sb.; ***in*** ~ on the run; ***prendere la*** o ***darsi alla*** ~ [*persona, fuggiasco, auto*] to take flight; ***tentare la*** ~ COLLOQ. to make a break for it; ***tentativo di*** ~ escape bid; ***via di*** ~ escape route; ***trovare una via di*** ~ to force one's way out, to find a way out; ~ ***in Egitto*** BIBL. the flight into Egypt **2** FIG. escape (**davanti** from; **in** into); ***è una vera e propria*** ~ ***dalla realtà*** it's pure escapism; ~ ***in avanti*** headlong rush (**verso** into) **3** TECN. *(perdita) (negli oleodotti, gasdotti)* blowout, escape; *(da contenitore, serbatoio)* seepage; ~ ***di gas*** gas leak **4** LETT. *(degli anni, di tempo)* passing **5** MUS. fugue; ***una*** ~ ***di Bach*** a Bach fugue **6** MAT. ***punto di*** ~ accidental point, vanishing point **7** FIS. ***velocità di*** ~ escape velocity **8** SPORT sprint, breakaway; ***andare in*** ~ to race away; ***fare una*** ~ to make a breakaway **9** ARCH. ~ ***di colonne*** flight of columns **10** PSIC. fugue ◆◆ ~ ***d'amore*** elopement; ~ ***di capitali*** ECON. flight of capital; ~ ***dei cervelli*** brain drain; ~ ***di informazioni*** leakage of information, security leak; ~ ***di notizie*** leak.

fugace /fu'gatʃe/ agg. **1** [*pensiero, ricordo, speranza, gioia, istante, ombra, sguardo*] fleeting; [*bellezza*] transient; ***un'allusione*** o ***un accenno*** ~ a glancing reference; ***fare un'apparizione*** ~ to put in an appearance **2** LETT. *(breve)* [*felicità, impressione, sensazione*] fugitive, fleeting.

fugacemente /fugatʃe'mente/ avv. fleetingly, transiently.

fugacità /fugatʃi'ta/ f.inv. **1** LETT. transience, transientness **2** CHIM. FIS. fugacity.

fugare /fu'gare/ [1] tr. to dispel, to drive* away [*dubbio, timore, illusione, sospetto*]; to clear up [*malinteso, ambiguità, mistero*].

fugato /fu'gato/ **I** p.pass. → **fugare II** agg. MUS. fugato.

fuggente /fud'dʒɛnte/ agg. [*felicità*] transient, elusive; [*attimo*] fleeting.

fuggevole /fud'dʒevole/ agg. [*sensazione*] transitory, transient; [*sguardo, ricordo, odore, attimo*] fleeting.

fuggevolezza /fuddʒevo'lettsa/ f. transience.

fuggevolmente /fuddʒevol'mente/ avv. fleetingly.

fuggiasco, pl. **-schi, -sche** /fud'dʒasko, ski, ske/ **I** agg. [*prigioniero, schiavo*] fugitive, runaway **II** m. (f. **-a**) fugitive, runaway.

fuggifuggi /fuddʒi'fuddʒi/ m.inv. stampede, rush; ***c'è stato un ~ generale verso l'uscita*** there was a stampede for the exit.

▶ **fuggire** /fud'dʒire/ [3] **I** tr. *(evitare)* to flee* [*pericolo*]; to avoid [*minaccia, fatica*]; to shun [*tentazioni*]; to steer clear of [*folla*]; ***~ la celebrità*** to shun *o* avoid the limelight; ***i vampiri fuggono la luce del giorno*** vampires shun daylight **II** intr. (aus. *essere*) **1** *(andare via)* [*persona, soldato, capitali*] to flee*; [*animale*] to run* away; ***~ in Cina, all'estero, davanti al nemico*** to flee to China, abroad, in the face of the enemy; ***~ dalla prigione*** to escape from jail *o* prison; ***~ a gambe levate*** to run off like a scalded cat; ***far ~*** to fraighten away [*persona*]; to stampede [*animali, spettatori*] **2** *(sottrarsi a)* ***~ davanti alle proprie responsabilità*** to run *o* walk away from one's responsibilities **3** FIG. *(trascorrere velocemente)* [*tempo*] to fly*; [*felicità*] to flee* **4** SPORT *(andare in fuga)* to make* a break.

fuggitivo /fuddʒi'tivo/ **I** agg. fugitive, runaway **II** m. (f. **-a**) fugitive, runaway.

fulcro /'fulkro/ m. **1** FIS. fulcrum* **2** FIG. fulcrum*, hub; ***il ~ del problema*** the linchpin of the problem; ***essere il ~ di...*** to form the main *o* central plank of...

fulgente /ful'dʒɛnte/ agg. LETT. refulgent.

fulgidezza /fuldʒi'dettsa/ f. ANT. fulgency.

fulgido /'fuldʒido/ agg. **1** [*stella, gemma*] radiant, luminous **2** FIG. [*ingegno, carriera*] brilliant; ***essere un ~ esempio di qcs.*** to be a shining example of sth.

fulgore /ful'gore/ m. brightness, splendour, brilliance, dazzle.

fuliggine /fu'liddʒine/ f. soot ◆ ***nero come la ~*** black as soot.

fuligginoso /fuliddʒi'noso/ agg. [*camino*] sooty.

full /ful/ m.inv. *(nel poker)* full house, full hand.

fulmaro /ful'maro/ m. fulmar.

fulmicotone /fulmiko'tone/ m. gun cotton.

fulminante /fulmi'nante/ agg. **1** [*sguardo*] scathing, withering **2** MED. [*malattia, meningite, polmonite*] fulminating **3** ARM. fulminating.

fulminare /fulmi'nare/ [1] **I** tr. **1** *(folgorare)* to strike* down [*albero*]; to electrocute [*persona*]; *(bruciare)* to blow* [*lampadina*]; ***~ qcn. con lo sguardo*** FIG. to look scathingly at sb. **2** *(uccidere sul colpo)* [*fulmine, malattia*] to strike* [sb.] dead **II** impers. (aus. *avere, essere*) ***ha tuonato e fulminato tutta la notte*** it thundered and lightninged all night long **III fulminarsi** pronom. [*lampadina*] to blow*, to burn* out ◆ ***che Dio mi fulmini se...*** may God strike me dead if...

1.fulminato /fulmi'nato/ **I** p.pass. → **fulminare II** agg. [*persona*] struck by lightning, electrocuted; [*lampadina*] burnt out; ***restare*** o ***rimanere ~ (da una scossa elettrica)*** to be electrocuted.

2.fulminato /fulmi'nato/ m. fulminate; ***~ di mercurio*** fulminate of mercury.

fulminazione /fulminat'tsjone/ f. MED. electrocution.

▷ **fulmine** /'fulmine/ **I** m. lightning **U**, flash, stroke of lightning; ***il ~ è caduto sull'edificio*** lightning struck the building; ***il ~ ha incendiato gli impianti*** the installations were set on fire by lightning; ***colpito da un ~*** struck by lightning; ***colpo di ~*** FIG. love at first sight; ***passare davanti a qcn., qcs. come un ~*** to zip past sb., sth. **II fulmini** m.pl. *(ire)* wrath + verbo sing.; ***attirarsi, affrontare i -i di qcn.*** to incur, face sb.'s wrath ◆ ***veloce come un ~*** as fast *o* quick as lightning; ***un ~ a ciel sereno*** a bolt from *o* out of the blue ◆◆ ***~ globulare*** ball *o* globe lightning.

fulmineità /fulminei'ta/ f.inv. *(di morte, malattia)* suddenness.

fulmineo /ful'mineo/ agg. [*gesto, scatto*] blistering fast; [*ascesa, progresso*] meteoric; ***un riflesso ~*** a split-second reflex; ***una decisione -a*** a split-second decision; ***attacco ~*** lightning raid.

fulminico /ful'miniko/ agg. ***acido ~*** fulminic acid.

fulvo /'fulvo/ ❚ **3** agg. [*colore, pelo, capelli*] tawny, gingery.

fumaiolo /fuma'jɔlo/ m. *(di nave, locomotiva)* funnel; *(di stabilimento)* smokestack.

fumante /fu'mante/ agg. **1** [*camino, rovine*] smoking **2** *(bollente)* [*vivanda, tazza di tè*] steaming, piping hot.

▶ **fumare** /fu'mare/ [1] **I** tr. [*persona*] to smoke [*sigaretta, sigaro, marijuana*]; ***~ la pipa*** to smoke a pipe (habitually); ***~ 40 sigarette al giorno*** to be on 40 (cigarettes) a day; ***~ una sigaretta dopo l'altra*** to chain-smoke cigarettes; ***~ l'erba*** to blow grass **II** intr. (aus. *avere*) **1** [*fumatore*] to smoke; ***non dovresti ~ così tanto*** you shouldn't smoke so much; ***"vietato ~"*** "no smoking", "smoking is forbidden"; ***smettere di ~*** to give up smoking; ***pensa che faccia fine ~*** she thinks it's sophisticated to smoke **2** *(emanare fumo, vapore)* [*vulcano, fuoco*] to smoke; [*tè*] to steam; ***mi fuma il cervello*** o ***la testa*** COLLOQ. FIG. my head is spinning, I can't think straight **3** CHIM. [*acido*] to give* off fumes, to fume **4** COLLOQ. *(essere arrabbiato)* to fume; ***~ di rabbia*** to fume with anger ◆ ***~ come un turco*** o ***come una ciminiera*** to smoke like a chimney.

fumaria /fu'marja/ f. fumitory, wax doll.

fumarico /fu'mariko/ agg. ***acido ~*** fumaric acid.

fumario, pl. **-ri, -rie** /fu'marjo, ri, rje/ agg. ***canna -ria*** flue.

fumarola /fuma'rɔla/ f. fumarole.

fumata /fu'mata/ f. ***farsi una ~*** to have a smoke ◆◆ ***~ bianca, ~ nera*** RELIG. = a white, black smoke signal used to indicate whether a new pope has been elected; ***~ di segnalazione*** smoke signal.

fumato /fu'mato/ **I** p.pass. → **fumare II** agg. GERG. spaced out, spacey AE.

fumatore /fuma'tore/ m. (f. **-trice** /tritʃe/) smoker; ***un grande*** o ***accanito*** o ***forte ~*** a real chain-smoker *o* heavy smoker; ***zona -i, non -i*** smoking, non-smoking area; ***scompartimento -i*** smoker.

fumé /fy'me/ agg.inv. [*vetro*] smoky, tinted; [*lenti*] tinted.

fumeria /fume'ria/ f. ***~ (d'oppio)*** opium den.

fumettista, m.pl. **-i**, f.pl. **-e** /fumet'tista/ ❚ ***18*** m. e f. cartoonist, comic strip artist.

fumettistico, pl. **-ci, -che** /fumet'tistiko, tʃi, ke/ agg. **1** pertaining to comic strips **2** SPREG. *(banale, stereotipato)* = showing simplification or exaggeration of some features.

▷ **fumetto** /fu'metto/ m. **1** *(sequenza di disegni)* comic strip, strip cartoon; ***racconto*** o ***storia a -i*** comic-strip story **2** *(giornalino)* comic, comic book **3** *(nuvoletta dei fumetti)* balloon.

fumigare /fumi'gare/ [1] intr. (aus. *avere*) **1** *(mandare fumo)* [*camino, legna*] to smoke **2** *(mandare vapore)* [*pentola*] to steam.

fumigatorio, pl. **-ri** /fumiga'tɔrjo, ri/ agg. fumigating.

fumigazione /fumigat'tsjone/ f. **1** *(suffumigio)* fumigation **2** *(affumicamento)* smoking.

fumista /fu'mista/ ❚ ***18*** m. e f. stove fitter.

fumisteria /fumiste'ria/ f. *(discorso privo di contenuto)* ***un sacco di -e politiche*** a lot of political hocus-pocus.

▶ **fumo** /'fumo/ m. **1** *(residuo della combustione)* smoke; ***~ di sigaro*** cigar smoke; ***le dà noia il ~?*** do you mind my smoking? ***segnalatore*** o ***rivelatore di ~*** smoke alarm *o* detector; ***essere soffocato dal ~*** to be overcome by smoke **2** *(esalazione, vapore)* fume, steam; ***i -i delle fabbriche*** factory fumes **3** *(consumo del tabacco)* smoking; ***"il ~ nuoce gravemente alla salute"*** "smoking is hazardous to your health"; ***il legame fra il ~ e il cancro*** the link between smoking and cancer; ***sono guarito dal vizio del ~*** I'm cured of smoking; ***"giornata contro il ~"*** "no smoking day" **4** GERG. *(hascisc, marijuana)* pot **5** FIG. ***~ negli occhi*** *(fandonie)* eyewash; ***essere in preda ai -i dell'alcol*** to be in an alcoholic haze ◆ ***tanto ~ e poco arrosto!*** it's just hot air! ***essere tanto ~ e poco arrosto*** to be all show; ***andare in ~*** [*progetto, accordo*] to fall through, to go down the drain COLLOQ.; ***gettare ~ negli occhi a qcn.*** to pull the wool over sb.'s eyes; ***mandare in ~*** to wreck [*vacanze, weekend*]; to scuttle [*discorso, progetto*]; ***venditore di ~*** phoney, screw-off AE ◆◆ ***~ di Londra*** dark grey; ***~ passivo*** passive *o* slipstream smoking.

fumogeno /fu'mɔdʒeno/ **I** agg. AGR. [*apparecchio, polvere*] fumigating; ***bomba -a*** smoke bomb; ***candelotto ~*** smoke candle; ***cortina -a*** smoke screen **II** m. smoke candle.

fumoir /fy'mwar/ m.inv. smoking room.

fumosità /fumosi'ta/ f.inv. **1** smokiness **2** FIG. *(nebulosità)* haziness, woollines.

fumoso /fu'moso/ agg. **1** [*atmosfera*] smoky, fuggy; [*locale*] smoke-filled **2** *(nebuloso)* [*teoria, intenzioni*] woolly BE, wooly AE.

funaio, pl. **-ai** /fu'najo/ ❚ ***18*** m. (f. **-a**) ropemaker.

funambolesco, pl. **-schi, -sche** /funambo'lesko, ski, ske/ → **funambolico.**

funambolico, pl. **-ci, -che** /funam'bɔliko, tʃi, ke/ agg. **1** *(da funambolo)* ***arte, tecnica -a*** art, technique of tightrope walking **2** FIG. acrobatic.

funambolismo /funambo'lizmo/ m. **1** *(al circo)* (tight)rope walking, funambulism **2** FIG. acrobatics + verbo sing.

funambolo /fu'nambolo/ ❚ ***18*** m. (f. **-a**) **1** funambulist, tightrope walker, wire-walker AE; ***un numero di -i*** a tightrope act **2** FIG. acrobat.

▷ **fune** /'fune/ f. **1** *(di fibre vegetali)* rope; *(in metallo, sintetica)* cable; *(dell'acrobata)* tightrope **2** SPORT rope; ***arrampicarsi sulla ~*** rope-climbing; ***tiro alla ~*** tug-of-war ◆◆ ***~ portante*** carrying cable.

▷ **funebre** /'funebre/ agg. **1** *(funerario)* ***corteo ~*** funeral procession; ***servizio ~*** burial service; ***veglia ~*** wake, death watch; ***carro ~*** hearse; ***onoranze -i*** funeral honours; *(impresa)* funeral parlour, funeral home AE; ***(impresa di) pompe -i*** funeral parlour, funeral home AE **2** *(lugubre)* [*atmosfera, espressione, tono*] funereal, gloomy.

▶ **funerale** /fune'rale/ m. funeral, burial; ***-i di stato*** state funeral ◆ ***avere una faccia da ~*** to have a face as long as a fiddle.

funerario, pl. **-ri**, **-rie** /fune'rarjo, -ri, -rie/ agg. [*oggetto, monumento*] funerary; [*spese*] funeral; ***stele -a*** gravestone; ***urna -a*** urn.

funereo /fu'nɛreo/ agg. **1** [*aspetto, espressione, voce*] funereal, gloomy **2** LETT. *(che riguarda i defunti)* ***drappo ~*** pall.

funestare /funes'tare/ [1] tr. to afflict, to strike*, to ravage [*paese, territorio, evento*].

funesto /fu'nɛsto/ agg. **1** *(nefasto)* [*errore, consiglio, decisione*] fatal; [*notizie*] black; [*conseguenze*] dire **2** *(malaugurante)* ***presagio*** o ***segno ~*** harbinger of doom **3** *(doloroso)* [*periodo*] sad.

fungaia /fun'gaja/ f. mushroom bed; FIG. swarm.

fungere /'fundʒere/ [55] intr. (aus. *avere*) **1** *(sostituire)* ***~ da*** [*persona*] to act as; ***~ da garante per qcn.*** to stand security for sb. **2** *(servire)* ***~ da*** [*cosa*] to function *o* act *o* serve as.

funghicoltore /fungikol'tore/ ♦ *18* m. (f. **-trice** /tritʃe/) mushroom grower.

funghicoltura /fungikol'tura/ f. mushroom growing.

fungibile /fun'dʒibile/ agg. DIR. fungible.

fungibilità /fundʒibili'ta/ f.inv. fungibility.

fungicida /fundʒi'tʃida/ **I** agg. fungicidal **II** m. fungicide.

fungiforme /fundʒi'forme/ agg. fungiform.

fungino /fun'dʒino/ agg. [*infezione*] fungal.

▷ **fungo**, pl. **-ghi** /'fungo, gi/ m. **1** GASTR. mushroom; ***-ghi velenosi*** poisonous mushrooms; ***andare a*** o ***per -ghi*** to go mushroom picking **2** BOT. MED. fungus*; ***avere un'infezione da -ghi*** to have a fungal infection ◆ ***crescere come -ghi*** to spring *o* pop up like mushrooms ◆◆ ***~ allucinogeno*** hallucinogenic mushroom, magic mushroom; ***~ atomico*** mushroom cloud; ***~ coltivato*** champignon, white mushroom.

fungoide /fun'gɔjde/ agg. fungoid.

fungoso /fun'goso/ agg. fungous.

funicella /funi'tʃɛlla/ f. string, thin cord.

funicolare /funiko'lare/ **I** agg. ANAT. funicular **II** f. *(aerea)* rope-way; *(a cremagliera)* funicular, cable railway.

funicolo /fu'nikolo/ m. ANAT. BOT. funicle.

funivia /funi'via/ f. rope-way, cableway; ***cabina di ~*** cable car.

funzionale /funtsjo'nale/ agg. **1** *(ispirato a praticità)* [*design, mobile*] functional; [*oggetto, edificio*] practical; [*sistema*] workable; ***architettura ~*** functional architecture **2** MED. functional; ***disturbo ~*** functional disorder.

funzionalismo /funtsjona'lizmo/ m. functionalism.

funzionalista, m.pl. **-i**, f.pl. **-e** /funtsjona'lista/ m. e f. functionalist.

funzionalistico, pl. **-ci**, **-che** /funtsjona'listiko, tʃi, ke/ agg. functionalist.

funzionalità /funtsjonali'ta/ f.inv. functionality.

funzionalmente /funtsjonal'mente/ avv. functionally; ***un organo ~ sano*** MED. an organ functioning normally *o* adequately.

▷ **funzionamento** /funtsjona'mento/ m. working, operation, functioning; ***intralciare*** o ***impedire il ~ del motore*** to impede the working of the engine; ***il ~ della mente umana*** the workings of the human mind; ***buon ~*** smooth functioning; *(di motore)* smooth running; ***cattivo ~*** malfunction; ***condizioni di ~*** operational requirements; ***~ di un'impresa*** functioning of a company.

funzionante /funtsjo'nante/ agg. [*macchina*] operable; ***essere ~*** to be in working order, to be in service; ***essere pienamente ~*** to be fully operational; [*sistema*] to be up and running.

▶ **funzionare** /funtsjo'nare/ [1] intr. (aus. *avere*) **1** [*dispositivo, macchinario*] to work; [*generatore, motore*] to run*; ***~ a meraviglia*** to work perfectly *o* like magic; ***~ male*** to malfunction; ***~ a gas, a elettricità*** to work *o* run on gas, electricity; ***non funziona*** it doesn't work; ***come funziona?*** how does it work? ***il suo cuore funziona bene*** his heart works well; ***fare ~ una macchina*** to operate a machine **2** *(di cosa astratta)* [*piano, matrimonio*] to work out; [*sistema, ipotesi*] to work; ***è garantito che questo metodo funziona*** this method is sure to work; ***c'è qualcosa che non funziona*** there's something wrong here; ***le lusinghe non funzionano con me*** flattery won't work with me **3** *(servire da)* ***~ come sistema d'allarme*** to serve as an alarm signal.

▷ **funzionario**, pl. **-ri** /funtsjo'narjo, ri/ m. (f. **-a**) *(di governo, partito, sindacato)* official; *(pubblico)* civil servant; *(di banca, assicurazioni)* executive; *(di azienda)* company officer; ***alto ~*** senior official, top-grade civil servant, top executive.

▶ **funzione** /fun'tsjone/ f. **1** AMM. *(mansione)* function, duties pl.; *(carica)* office, post; ***essere esonerato dalle proprie -i*** to be dismissed from one's post; ***nell'esercizio delle loro -i*** while carrying out their duties; ***avere importanti -i*** to hold important office; ***non rientra nelle mie -i*** that is not part of my function *o* job; ***facente ~ di direttore*** acting as director **2** DIR. ***~ pubblica*** civil service **3** *(ruolo)* function; ***~ di una macchina, di un prodotto*** function of a machine, product; ***avere come ~ quella di fare*** to be designed to do; ***avere una ~*** to serve a function **4** BIOL. function; ***la ~ del cuore, fegato è di...*** the job of the heart, liver is to...; ***la ~ crea l'organo*** the organ is shaped by its function; ***-i fisiologiche*** bodily functions **5** MAT. INFORM. function; ***~ di secondo grado*** second degree function; ***~ continua, derivata, esponenziale, periodica*** continuous, derived, exponential, periodic function; ***essere ~ di*** to be a function of; ***in ~ di*** in terms of; ***tasto ~*** function key **6** TECN. function; ***la ~ di avanzamento rapido è guasta*** the fast forward (function) doesn't work **7** CHIM. function; ***~ acida, basica*** acid, base function **8** LING. function; ***~ soggetto, complemento*** subject, complement function; ***~ connotativa, denotativa*** connotative, denotative function **9** RELIG. *(messa)* (church) service; ***~ serale*** evening service; ***~ funebre*** burial service **10** **in funzione** ***essere in ~*** to be on *o* to be in use; ***mettere in ~ qcs.*** to set sth. going; ***l'allarme si è messo in ~*** the alarm went off ◆ ***vivere in ~ di qcs.*** to live for sth. ◆◆ ***~ di funzioni*** MAT. functional.

fuochista, m.pl. **-i**, f.pl. **-e** /fwo'kista/ ♦ *18* m. e f. stoker.

▶ **fuoco**, pl. **-chi** /'fwɔko, ki/ **I** m. **1** fire; ***~ di legna*** wood fire; ***al ~!*** fire! ***ho sentito (qcn.) gridare al ~*** I heard sb. shout "fire!"; ***accendere*** o ***fare un ~*** to light a fire; ***attizzare il ~*** to give the fire a poke; ***spegnere il ~*** to extinguish *o* put out the fire; ***andare a ~*** to go up in flames; ***prendere*** o ***pigliare ~*** to catch fire, to burst into flames; ***appiccare il ~ a qcs.*** to set sth. on fire *o* alight; ***gettare qcs. nel ~*** to throw sth. on the fire; ***palla di ~*** ball of fire; ***accanto al ~*** [*sedersi, chiacchierare*] by the fire; ***hai del ~?*** *(per sigaretta)* COLLOQ. (have you) got a match? ***mangiatore di ~*** *(al circo)* fire-eater **2** *(fornello)* burner, gas ring BE; *(fiamma)* heat; ***una cucina a quattro -chi*** a cooker with four burners; ***a ~ lento, vivo*** on a low, high flame *o* gas *o* heat; ***togliere dal ~ dopo 15 minuti*** remove from the heat after 15 minutes; ***ho dimenticato la minestra sul ~*** I've left the soup on the stove **3** FIG. ***un discorso di ~*** a passionate speech; ***avere un temperamento di ~*** to have a fiery temperament; ***lanciò uno sguardo di ~*** sparks flew from his eyes; ***prova del ~*** acid test; ***battesimo del ~*** baptism of fire **4** MIL. *(spari)* ***~!*** fire! ***cessate il ~!*** cease fire! ***fare ~*** to fire (**su** at); ***scontro a ~*** gunfight; ***aprire il ~*** to open fire (**su** on); ***potenza di ~*** fire power; ***sotto il ~ (del) nemico*** under enemy fire; ***colpo d'arma da ~*** gunshot; ***offrire un bersaglio al ~ nemico*** to draw the enemy fire; ***caduto sotto il ~ nemico*** killed by enemy action **5** OTT. focus*; ***a ~ fisso*** fixed focus; ***messa a ~*** focalization **6** MAT. focus* **7** GIOC. ***fuochino... fuocherello... ~!*** you're getting hot... hotter... you are hot! **II** agg.inv. ***rosso ~*** fiery red ◆ ***mettere a ~ qcs.*** to pin sth. down; ***essere preso*** o ***trovarsi tra due -chi*** to be caught in the middle, to be piggy in the middle BE; ***essere sotto il ~ incrociato*** to be *o* get caught in the crossfire; ***~ di fila di critiche*** barrage of criticism; ***il ~ cova sotto le ceneri*** there's something brewing; ***gettarsi nel ~ per qcn.*** to go through fire and water for sb.; ***essere come l'acqua e il ~*** to be like chalk and cheese; ***fare ~ e fiamme*** to breathe fire; ***soffiare sul ~*** to fan the flames; ***scritto a lettere di ~*** written in blood; ***togliere*** o ***levare le castagne dal ~ a qcn.*** to pull sb.'s chestnuts out of the fire; ***dare ~ alle polveri*** to bring things to a head; ***mettere qcs. a ferro e ~*** to put sth. to fire and sword; ***giocare*** o ***scherzare col ~*** to play with fire; ***avere molta carne al ~*** to have a lot of irons in the fire; ***avere il ~ al culo*** POP. to be in a rush; ***ci metterei la mano sul ~!*** I'm willing to bet on it! ***gettare olio sul ~*** add fuel to the fire; ***versare acqua sul ~*** to pour oil on troubled waters; ***morire a ~ lento*** to die a slow death ◆◆ ***~ amico*** MIL. friendly fire; ***~ artificiale*** o ***d'artificio*** firework; ***~ di bivacco*** o ***di campo*** campfire; ***~ di copertura*** MIL. covering fire; ***il ~ eterno*** hellfire; ***~ fatuo*** ignis fatuus, will-o'-the-wisp POP.; ***~ greco*** Greek fire; ***~ di paglia*** a flash in the pan; ***~ di sant'Antonio*** shingles; ***~ di sant'Elmo*** St. Elmo's fire, dead fire.

fuorché /fwor'ke/ **I** cong. except; ***tutto potevo immaginare, ~ tu ammettessi di avere torto*** I would never have thought you'd admit you were wrong **II** prep. except, but; ***era tutto, ~ felice*** he was anything but happy; ***avevano tutte le taglie ~ la mia*** they had every size except mine.

▶ **fuori** /'fwɔri/ *Fuori* ha due equivalenti in inglese: *outside* e *out (of)*. *Outside*, che può essere avverbio, preposizione o sostantivo, significa *all'esterno*; con valore semantico più generale si usa l'avverbio *out* e la preposizione *out of*: *non aspetti fuori,* *venga dentro!* = don't wait outside, come in!; *aspettava fuori dal negozio* = she was waiting outside the shop; *la porta non si può aprire da fuori* = you can't open the door from the outside; *ci sono molte persone là fuori* = there are a lot of people out there; *finalmente sono fuori dall'ospedale* = I'm out of hospital at last. **I** avv. **1** out; *(all'esterno)* outside; *(all'aperto)* outdoors; ***è ~ in giardino*** she's out in the garden; ***non rimanga ~, entri*** don't stay *o* stand outside, come in; ***là ~*** out there; ***qui ~*** out here; ***venite ~*** come outside! come on out! ***mettere la bicicletta ~*** to put one's bicycle outside; ***guardare ~*** to look outside; ***da ~*** *(dall'esterno)* [*vedere, chiamare, arrivare*] from the outside; ***andiamo a giocare ~*** let's go (and) play outside; ***oggi possiamo fare ginnastica ~*** today we can do our fitness training outdoors **2** *(di casa, ufficio, sede)* out; ***trascorrere la serata ~*** to spend the evening out; ***stare ~ tutta la notte, fino all'ora beata*** to stay out all night, until all hours; ***andare a mangiare ~*** to go out for a meal; ***starò ~ ufficio tutto il pomeriggio*** I'll be out of the office all afternoon **3** *(all'estero)* ***la nostra ditta vende i suoi prodotti in Italia e ~*** our company sells its products in Italy and abroad; ***notizie da ~*** news from abroad **4** FIG. ***ha preferito rimanerne ~*** he preferred to stay out of it; ***tenersi ~ dai guai*** to stay out of trouble; ***venirne ~*** to come through sth.; ***~ sembrava tranquillo, ma sapevo che era preoccupato*** outwardly he looked calm, but I knew he was worried **5** *(in espressioni esclamative)* ***~!*** get out! ***~ dai piedi!*** (get) out of my way! ***~ di qui!*** get out of here! ***~ i soldi!*** pay up! hand over the money! **6 in fuori** ***sporgersi in ~*** to lean out; ***stare con il petto in ~*** to throw one's chest out; ***ha i piedi in ~*** his toes *o* feet turn out **II** prep. **1** outside, out of; ***~ città*** outside the city; ***passa più tempo possibile ~ casa*** she spends as much time as possible out of the house; ***~ dall'UE*** outside the EU; ***saltò ~ dal bagno*** he jumped out of the bath; ***attraversare ~ dalle strisce pedonali*** to cross the street *o* road outside the pedestrian crossings; ***~ dall'Italia*** outside Italy; ***abitare ~ città*** to live out of town *o* outside the city; ***~ dal paese*** outside the country; ***gettare qcs. ~ dalla finestra*** to throw something out of the window **2 al di fuori di** ***scegliere qcn. al di ~ del gruppo, del partito*** to choose sb. from outside the group, party; ***al di ~ delle ore di apertura, di lavoro*** outside of opening hours, office hours; ***è al di ~ delle mie competenze*** that's outside my jurisdiction **III** m.inv. ***il (di) ~*** *(parte esterna)* the outside; ***il ~ della scatola, della casa*** the outside of the box, house ◆ ***essere ~ di sé*** to be beside oneself; ***essere ~*** COLLOQ. to be off one's nut, to be out of one's tree; *(di prigione)* to be out; ***avere gli occhi ~ dalla testa*** to be pop-eyed; ***aveva gli occhi ~ dalle orbite*** his eyes were out on stalks; ***fare ~ qcn.*** *(uccidere)* to blow sb. away, to do sb. in; *(licenziare)* to fire sb.; ***fare ~*** to finish off *o* up [*patrimonio, cibo, bevanda*]; ***venir ~*** *(essere scoperto)* to come out *o* up.

fuoribordo /fwori'bordo/ **I** agg.inv. [*motore*] outboard **II** m.inv. outboard.

fuoriborsa /fwori'borsa/ **I** agg.inv. ECON. over-the-counter **II** m.inv. over-the-counter market.

fuoribusta /fwori'busta/ m.inv. undeclared payments pl.

fuoricampo /fwori'kampo/ **I** agg.inv. **1** CINEM. TELEV. off camera; ***azione, voce ~*** CINEM. off screen action, voice; ***essere ~*** CINEM. to be out of shot **2** SPORT ***essere ~*** to be out of bounds **II** m.inv. SPORT *(nel baseball)* homerunner.

fuoriclasse /fwori'klasse/ **I** agg.inv. first-rate, champion BE **II** m. e f.inv. world-beater; ***un ~ del calcio*** a soccer (super)star.

fuoricombattimento /fworikombatti'mento/ **I** agg.inv. ***essere ~*** to be out of action; ***mettere ~*** to knock out; FIG. to put out of action, to disable **II** m.inv. SPORT knock-out.

fuoricorso /fwori'korso/ **I** agg.inv. **1** UNIV. ***studente ~*** = university student who has not completed all the exams within the prescribed period **2** ECON. ***questa moneta è ~*** this coin is no longer legal tender **II** m. e f.inv. UNIV. = university student who has not completed all the exams within the prescribed period.

fuorigioco /fwori'dʒɔko/ m.inv. offside; ***essere*** o ***trovarsi in ~*** to be offside; ***posizione di ~*** offside position; ***regola del ~*** offside rule.

fuorilegge /fwori'leddʒe/ **I** agg.inv. illegal, unlawful **II** m. e f. inv. outlaw.

fuorimano /fwori'mano/ **I** agg.inv. [*luogo, paese*] out-of-the-way, outlying **II** avv. off the beaten track; ***abitare ~*** to live out of the way.

fuorimisura /fworimi'zura/ agg.inv. excessive; SPORT [*palla, tiro*] wide.

fuoripista /fwori'pista/ m.inv. off-piste skiing; ***praticare il ~*** to ski off piste.

fuoriprogramma /fworipro'gramma/ **I** agg.inv. [*discorso, visita, trasmissione, gita*] unscheduled **II** m.inv. **1** MUS. support slot **2** TELEV. ***trasmettere un ~*** to broadcast an unscheduled programme.

fuorisede /fwori'sɛde/ **I** agg.inv. off-site **II** m. e f.inv. = person who works or studies away from one's town or residence.

fuoriserie /fwori'sɛrje/ **I** agg.inv. custom-made, custom-built **II** f.inv. custom-built car.

fuoristrada /fworis'trada/ **I** agg.inv. all-terrain; ***pneumatici ~*** all-terrain tyres **II** m.inv. *(veicolo)* off-road vehicle; *(moto)* dirtbike.

fuoriuscire /fworiuʃ'ʃire/ [106] intr. (aus. *essere*) [*liquido, gas*] to leak, to come* out (**da** from, out of); [*fiamme*] to burst* (out); [*fumo, aria*] to escape; *(da un contenitore)* to spill (**da** from, out of); *(traboccare)* to spill over; ***fare ~*** to squirt out; ***la spuma della birra fuoriusciva dal bicchiere*** the beer frothed over the edge of the glass; ***la paglia fuoriusciva dal materasso*** the straw was bursting out of the mattress.

fuoriuscita /fworiuʃ'ʃita/ f. spillage, leakage; *(di siero, linfa)* extravasation; ***una ~ di gas*** a gas leak.

fuoriuscito /fworiuʃ'ʃito/ **I** p.pass. → **fuoriuscire II** m. (f. **-a**) émigré.

fuorivia /fwori'via/ agg.inv. e avv. → **fuorimano**.

fuoruscire /fworuʃ'ʃire/ → **fuoriuscire**.

fuorviante /fworvi'ante/ agg. misleading.

fuorviare /fworvi'are/ [1] **I** intr. (aus. *avere*) to go* astray, to lose* one's way **II** tr. to lead* [sb.] astray, to mislead*.

furbacchione /furbak'kjone/ m. (f. **-a**) sly person, wily bird, smart cookie AE.

furbamente /furba'mente/ → **furbescamente**.

furbastro /fur'bastro/ m. SPREG. (f. **-a**) weasel.

furberia /furbe'ria/ → **furbizia**.

furbescamente /furbeska'mente/ avv. cleverly, cunningly.

furbesco, pl. **-schi**, **-sche** /fur'besko, ski, ske/ agg. cunning, sly.

furbetto /fur'betto/ m. (f. **-a**) COLLOQ. cutie.

furbizia /fur'bittsja/ f. **1** cunning, slyness, craftiness **2** *(azione)* clever trick, craft.

▷ **furbo** /'furbo/ **I** agg. [*persona, aria, idea*] *(intelligente)* clever, smart; *(astuto)* shrewd, cunning; [*mossa*] clever, cunning, crafty; ***è troppo ~ per farsi prendere*** he's too clever to be taken in; ***pensa che sia una cosa -a fare...*** she thinks it's smart to do; ***non è (molto) ~ da parte tua*** that wasn't very clever *o* bright of you **II** m. (f. **-a**) *(persona astuta)* clever person; ***fare il ~*** to get cute, to act like a wiseguy; ***non cercare di fare il ~*** don't play games with me ◆ ***bravo ~!*** that was clever! ***farsi ~*** to wise up; ***~ come una volpe*** as wily as a fox.

furbone /fur'bone/ m. (f. **-a**) sly person, smart person.

furente /fu'rɛnte/ agg. [*persona*] furious; ***essere ~ nei confronti di qcn.*** to be furious with sb.; ***~ d'ira*** mad with rage.

fureria /fure'ria/ f. orderly room.

furetto /fu'retto/ m. ZOOL. ferret (anche FIG.); ***cacciare con il ~*** to ferret.

furfante /fur'fante/ m. e f. scoundrel; SCHERZ. rogue; ***~ matricolato*** regular crook.

furfanteria /furfante'ria/ f. roguery, scoundrelism.

furfantesco, pl. **-schi**, **-sche** /furfan'tesko, ski, ske/ agg. scoundrelly, knavish.

furfurolo /furfu'rɔlo/ m. furfural.

furgoncino /furgon'tʃino/ m. small van.

▷ **furgone** /fur'gone/ m. van; ***~ per le consegne*** delivery van; ***~ della lavanderia*** laundry van; ***~ per traslochi*** moving van ◆◆ ***~ cellulare*** police *o* prison van, patrol wagon; ***~ postale*** mail van.

furgonista /furgo'nista/ m. e f. van driver.

▷ **furia** /'furja/ f. **1** *(rabbia)* fury, rage; ***essere in preda a ~ omicida*** to run amok **2** *(impeto violento) (del vento)* fury, wildness; *(del mare, di un vulcano, della tempesta)* fury; ***affrontare la ~ degli elementi*** SCHERZ. to brave the elements **3** *(fretta, foga)* haste; ***avere ~ di fare qcs.*** to be impatient to do sth. **4** *(persona adirata)* fury; ***avventarsi su qcn. come una ~*** to fly at sb. in a fury **5 a furia di** ***a ~ di gridare perse la voce*** he shouted so much (that) he lost his voice; ***a ~ di fregare la strapperai*** if you keep on rubbing it, you'll tear it ◆ ***essere su tutte le -e*** to be in a towering rage; ***mandare qcn. su tutte le -e*** to send sb. into a rage, to infuriate sb.; ***andare su tutte le -e*** to go berserk, to hit the ceiling AE; ***in fretta e ~*** helter-skelter; ***se ne andò in fretta e ~*** he left as fast as he could.

Furia /'furja/ n.pr.f. MITOL. ***le -e*** the Furies.

furibondo /furi'bondo/ agg. **1** *(adirato)* [*persona*] incensed, fuming, raging; ***essere ~ con qcn.*** to be enraged at sb. **2** *(violento)* [*rissa, battaglia*] furious, wild; ***una lite -a*** a raging argument; ***assalto ~*** onslaught.

furiere /fu'rjɛre/ m. MIL. quartermaster.

furiosamente /furjosa'mente/ avv. [*attaccare, ingiuriare, sbattere, rispondere*] furiously; [*lottare*] violently; ***stava battendo ~ a***

macchina she was pounding away at the typewriter; ***correre via ~*** to stomp off in a rage.

▷ **furioso** /fu'rjoso/ agg. **1** *(adirato)* [*persona, gesto, aria, tono, occhiata*] furious; [*animale*] raging; ***essere ~ a causa di qcn., qcs.*** to be infuriated by sb., sth.; ***un pazzo ~*** a raving lunatic **2** *(violento)* [*rissa*] furious, wild; [*lotta*] fierce; ***una lite -a*** a raging argument **3** *(impetuoso)* [*tempesta*] raging; [*passione*] violent.

furore /fu'rore/ m. **1** *(collera)* fury, rage; ***un ~ cieco*** blind rage; ***essere accecato dal ~*** to be mad with rage **2** *(impeto violento) (di tempesta, mare)* fury; ***~ omicida*** homicidal frenzy **3** *(estro)* frenzy; ***il ~ poetico*** poetic frenzy; ***~ giovanile*** youthful enthusiasm ◆ ***fare ~*** [*persona, moda, oggetto, attività*] to be all the fashion *o* rage; ***a furor di popolo*** by popular acclaim.

furoreggiare /furored'dʒare/ [1] intr. (aus. *avere*) to be* (all) the rage.

furtivamente /furtiva'mente/ avv. *(di nascosto)* [*guardare, agire*] furtively; ***entrare ~ in, uscire ~ da*** to slip into, out of [*stanza, edificio*]; ***allontanarsi ~*** to creep away.

furtivo /fur'tivo/ agg. **1** *(discreto, rapido)* [*movimento*] furtive; [*sguardo*] furtive, covert, sidelong; [*passo*] stealthy; ***lanciare uno sguardo ~ verso qcs., qcn.*** to peek at sb., sth. **2** *(rubato)* stolen; ***merce di provenienza -a*** stolen goods.

▷ **furto** /'furto/ m. **1** *(reato)* theft, robbery; ***commettere un ~*** to commit a theft *o* robbery; ***essere accusato di ~*** to be denounced as a thief; ***confessare il ~*** to own up to the theft *o* robbery; ***assicurazione contro incendio e ~*** cover for fire and theft; ***"l'azienda declina ogni responsabilità in caso di ~"*** "management disclaims all responsibility for loss due to theft" **2** COLLOQ. *(prezzo esoso)* ***questo è un ~!*** it's daylight robbery! it's sheer robbery! ◆◆ ***~ aggravato*** DIR. aggravated burglary, robbery with violence, robbery and assault; ***~ con scasso*** burglary; ***~ semplice*** DIR. petty theft.

fusa /'fusa/ f.pl. purr sing.; ***fare le ~*** to purr.

fusaggine /fu'saddʒine, fu'zaddʒine/ f. BOT. spindle tree, prickwood.

fusaiola /fusa'jɔla/ f. fusarole.

fuscello /fuʃ'ʃɛllo/ m. *(sottile ramoscello)* twig; *(di paglia)* piece of straw ◆ ***essere trascinato via come un ~*** to be carried off like a straw in the wind; ***essere esile come un ~*** to be a matchstick person, to be twiggy.

fusciacca, pl. **-che** /fuʃ'ʃakka, ke/ f. sash.

fuseaux /fu'zo/ m.pl. leggings.

fusellato /fusel'lato/ agg. [*colonna, struttura*] spindle-shaped.

fusello /fu'sɛllo/ m. **1** TESS. bobbin, spindle **2** TIP. rule **3** FERR. spindle.

fuselol /fuse'lɔl/ m.inv., **fuselolo** /fuse'lɔlo/ m. fusel (oil).

fusibile /fu'zibile/ **I** agg. [*metallo, lega*] fusible; ***filo ~*** EL. fuse wire **II** m. fuse; ***fare saltare un ~*** to blow a fuse.

fusibilità /fuzibili'ta/ f.inv. fusibility.

fusiforme /fusi'forme/ agg. spindle-shaped.

fusilli /fu'zilli/ m.pl. GASTR. = spiral shaped pasta.

fusione /fu'zjone/ f. **1** *(liquefazione) (di metallo)* fusion, melting; *(di ghiaccio)* melting; ***roccia, metallo in ~*** molten rock, metal; ***punto di ~*** melting point; ***temperatura di ~*** firing point **2** *(colata) (di metallo, statua)* casting; ***la ~ di una campana*** bell-founding **3** BIOL. NUCL. FIS. fusion **4** LING. fusion **5** *(unione) (di sistemi, culture, teorie)* fusion (**tra**, **fra**, **di** of); *(di popoli, razze)* mixing; *(di affari, costi, profitti)* absorption; *(di scuole, sindacati)* amalgamation; *(di imprese, partiti, liste, professioni)* merger, merging (**tra**, **fra**, **di** between); *(di stili, colori, idee)* blend (**di** of) ◆◆ ***~ in conchiglia*** chill casting.

fusite /fu'zite/ f. fusain.

fuso /'fuzo/ **I** p.pass. → **fondere II** agg. **1** *(liquefatto)* [*burro, formaggio*] melted; [*zucchero*] dissolved; [*metallo*] molten **2** IND. *(colato)* [*vetro*] moulded BE, molded AE; [*alluminio*] cast **3** COLLOQ. *(rovinato)* [*motore, macchina, televisione*] burnt out **4** COLLOQ. *(esausto)* strung out; *(sballato)* stoned **III** m. **1** *(per filare)* spindle **2** GEOGR. ***differenza di ~ orario*** time difference **3** AUT. axle **4** ZOOL. spindle-shell ◆ ***essere dritto come un ~*** straight as a ramrod *o* an arrow ◆◆ ***~ orario*** time zone; ***~ a snodo*** stub-axle.

fusoliera /fuzo'ljɛra/ f. fuselage.

fusorio, pl. **-ri**, **-rie** /fu'zɔrjo, ri, rje/ agg. ***forno ~*** smelting-furnace.

fustagno /fus'taɲɲo/ m. fustian, moleskin; ***abito di ~*** fustian garment.

fustaia /fus'taja/ f. land under timber, timber plantation.

fustanella /fusta'nɛlla/ f. ABBIGL. TESS. fustanella.

fustella /fus'tɛlla/ f. **1** TECN. punch **2** *(talloncino dei medicinali)* = detachable label on medicines for reimbursement by social security.

fustellare /fustel'lare/ [1] tr. to punch out.

fustellatrice /fustella'tritʃe/ f. punch cutter; ***pinza ~*** belt punch.

fustigare /fusti'gare/ [1] tr. **1** FIG. *(criticare, condannare)* to criticize severely, to lambast(e) **2** *(battere, picchiare)* to flog, to scourge.

fustigatore /fustiga'tore/ m. (f. **-trice** /tritʃe/) flogger, scourger.

fustigazione /fustigat'tsjone/ f. flogging, lash.

fustino /fus'tino/ m. *(parallelepipedo)* box; *(cilindrico)* drum.

▷ **fusto** /'fusto/ m. **1** BOT. *(tronco)* trunk; *(gambo)* stem, stalk; ***albero d'alto ~*** timber tree **2** ARCH. *(di colonna)* shaft **3** COLLOQ. FIG. *(giovane aitante)* hunk, hunky man; ***un bel ~*** a tall, handsome strapping man **4** *(recipiente) (di prodotti chimici)* drum, can; ***~ di birra*** beer vat **5** *(armatura)* ***il ~ del letto*** bedstead.

futile /'futile/ agg. [*conversazione*] shallow, trivial; [*persona, motivo, esistenza*] trivial, superficial; [*speculazioni, tentativo*] futile; [*piaceri*] frivolous.

futilità /futili'ta/ f.inv. **1** *(irrilevanza)* triviality, superficiality, pointlessness **2** *(azioni, dettagli)* froth **U**.

futilmente /futil'mente/ avv. trivially.

futuribile /futu'ribile/ **I** agg. [*progetto*] feasible **II** m. futurity.

futurismo /futu'rizmo/ m. futurism, Futurism.

futurista, m.pl. **-i**, f.pl. **-e** /futu'rista/ agg., m. e f. futurist.

futuristico, pl. **-ci**, **-che** /futu'ristiko, tʃi, ke/ agg. [*architettura, decorazione, design, visione*] futuristic, ultramodern.

▶ **futuro** /fu'turo/ **I** agg. [*dirigente, studente, cliente, costruzione*] future; ***le generazioni -e*** future generations; ***~ marito*** bridegroom; ***la ~ sposa*** the bride-to-be; ***~ padre*** expectant father; ***questo bambino è un ~ artista*** this child has the markings of an artist **II** m. **1** *(avvenire)* future; ***il treno, centro commerciale del ~*** the train, shopping center of the future; ***chissà cosa ci riserva il ~*** who knows what lies ahead? ***aspetta di vedere cosa ci porterà il ~*** wait and see what tomorrow brings; ***predire il ~ a qcn.*** to foretell sb.'s future; ***leggere il ~ nella sfera di cristallo*** to look into one's crystal ball; ***senza ~*** futureless; ***il suo ~ appare cupo*** her future looks grim; ***non si fa più nessuna illusione sul suo ~*** she has no illusions left about the future; ***il suo ~ è già segnato*** her future is all mapped out for her; ***in ~*** in the future; ***in un ~ non troppo lontano*** in the not too distant future; ***in un lontano ~*** in the far-distant future **2** LING. future; ***al ~*** in the future ◆◆ ***~ anteriore*** LING. future perfect; ***~ semplice*** LING. future tense.

futurologia /futurolo'dʒia/ f. futurology.

futurologo, m.pl. **-gi** f.pl. **-ghe** /futu'rɔlogo, dʒi, ge/ m. (f. **-a**) futurologist.

g

g, G /dʒi/ m. e f.inv. *(lettera)* g, G.
G8 /dʒi'ɔtto/ m. (⇒ gruppo degli Otto Group of Eight) G8.
gabardine /gabar'din/ f.inv. **1** TESS. gaberdine **2** ABBIGL. *(impermeabile)* gaberdine; ***un uomo in ~*** a man in a gaberdine.
gabbamondo /gabba'mondo/ m. e f.inv. swindler, crook.
gabbana /gab'bana/ f. loose overcoat ◆ ***voltare*** o ***mutare ~*** to be a turncoat *o* trimmer.
gabbano /gab'bano/ m. → **gabbana.**
gabbare /gab'bare/ [1] **I** tr. **1** *(ingannare)* to cheat, to kid, to swindle; ***lasciarsi ~*** to be hoodwinked **2** *(beffare, deridere)* to mock **II gabbarsi** pronom. ***-rsi di qcn.*** to make fun of sb. ◆ ***passata la festa, gabbato lo santo*** PROV. once on shore, we pray no more.
▷ **gabbia** /'gabbja/ f. **1** *(per uccelli)* birdcage; *(per animali)* cage, hutch; ***mettere in ~*** to cage [*animale*]; COLLOQ. *(prigione)* to put behind bars [*persona*]; ***vivere in ~*** FIG. to be cooped up; ***sentirsi in ~*** FIG. to feel boxed in, to have cabin fever **2** *(per imballaggi)* crate **3** *(in tribunale)* dock **4** MAR. ***vela di ~*** topsail; ***albero di ~*** top mast ◆ ***andare su e giù come un leone in ~*** to pace up and down like a caged animal ◆◆ ***~ dell'ascensore*** car; ***~ d'estrazione*** MINER. cage; ***~ di Faraday*** FIS. Faraday cage; ***~ fissa*** MAR. lower main topsail; ***~ di matti*** SPREG. madhouse, bear garden; ***~ di scoiattolo*** EL. squirrel-cage; ***~ toracica*** rib cage; ***~ volante*** MAR. upper main topsail.
▷ **gabbiano** /gab'bjano/ m. gull, seagull ◆◆ ***~ comune*** black-headed gull; ***~ reale*** herring gull; ***~ tridattilo*** kittiwake.
gabbiere /gab'bjɛre/ m. topman*.
gabbionata /gabbjo'nata/ f. gabionade.
gabbione /gab'bjone/ m. MIL. ING. gabion.
gabbro /'gabbro/ m. gabbro.
gabella /ga'bɛlla/ f. STOR. tallage.
gabellare /gabel'lare/ [1] tr. **1** STOR. to impose tallage on, to tax **2** FIG. *(spacciare)* to pass off.
gabelliere /gabel'ljɛre/ m. STOR. exciseman*.
▷ **gabinetto** /gabi'netto/ m. **1** *(bagno)* toilet, lavatory, WC; *(in casa)* bathroom; ***andare al ~*** to go to the toilet; *(tazza)* ***buttare qcs. nel ~*** to flush sth. down the toilet **2** *(studio medico, dentistico)* surgery BE, office AE; *(del giudice)* chambers pl. **3** POL. *(governo)* cabinet; *(di ministro, prefetto)* staff, cabinet; ***~ del ministero*** minister's personal staff; ***riunione di ~*** cabinet meeting **4** *(di museo)* exhibition room; ***~ delle stampe, medaglie*** print, coin room ◆◆ ***~ di lettura*** ANT. reading room; ***~ medico*** doctor's surgery BE, doctor's office AE; ***~ odontoiatrico*** dentist's surgery BE, dentist's office AE; ***~ pubblico*** comfort station AE, public convenience BE.
gabonese /gabo'nese/ ◗ ***25*** **I** agg. Gabonese **II** m. e f. Gabonese.
Gabriele /gabri'ɛle/ n.pr.m. Gabriel.
Gabriella /gabri'ɛlla/ n.pr.f. Gabrielle, Gabriella.
gaditano /gadi'tano/ **I** agg. [*persona*] from Cadiz; [*prodotto, territorio*] of Cadiz **II** m. (f. **-a**) native, inhabitant of Cadiz.
gado /'gado/ m. bib.
gadolinio /gado'linjo/ m. gadolinium.
gadolinite /gadoli'nite/ f. gadolinite.
gaelico pl. **-ci, -che** /ga'ɛliko, tʃi, ke/ **I** agg. Gaelic **II** m. LING. Gaelic.
gaettone /gaet'tone/ m. dogwatch.
gaffa /'gaffa/ f. MAR. boathook.
gaffe /gaf/ f.inv. *(atto, parola)* gaffe, blunder; ***fare una ~*** to make a gaffe, to drop a brick, clanger, to put one's foot in it, in one's mouth.
gag /gɛg/ f.inv. gag.
gagà /ga'ga/ m.inv. COLLOQ. ANT. fop, dandy, gallant.
gaggia /gad'dʒia/ f. opopanax tree.
gagliarda /gaʎ'ʎarda/ f. MUS. COREOGR. galliard.
gagliardamente /gaʎʎarda'mente/ avv. *(con vigore)* vigorously; *(con coraggio)* bravely.
gagliardetto /gaʎʎar'detto/ m. **1** *(insegna)* pennant **2** MAR. pennant, pennon.
gagliardia /gaʎʎar'dia/ f. **1** *(robustezza)* vigour BE, vigor AE, energy **2** *(prodezza)* bravery.
gagliardo /gaʎ'ʎardo/ agg. **1** *(robusto)* [*persona*] vigorous, strong; [*pianta*] sturdy **2** *(valoroso)* [*persona*] brave **3** FIG. *(vivace)* lively **4** *(impetuoso)* ***un vento ~*** a strong wind **5** *(corposo)* [*vino*] generous.
gaglioffaggine /gaʎʎof'faddʒine/ f. *(goffaggine)* clumsiness.
gaglioffo /gaʎ'ʎɔffo/ m. **1** *(goffo)* clumsy person, awkward person **2** *(farabutto)* scoundrel.
gaiamente /gaja'mente/ avv. gleefully, blithely.
gaiezza /ga'jettsa/ f. gaiety, cheerfulness, mirth.
gaio, pl. **gai, gaie** /'gajo, 'gai, 'gaje/ agg. [*persona, umore*] happy, gay; [*sguardo, aria, tono*] cheerful ◆◆ ***la -a scienza*** the gay science.
1.gala /'gala/ f. **1** *(lusso)* pomp, magnificence; ***vestito di ~*** gala dress; ***uniforme di ~*** mess dress; ***mettersi in ~*** to wear formal clothes **2** MAR. ***~ (di bandiere)*** bunting.
2.gala /'gala/ f. ABBIGL. frill.
galà /ga'la/ m.inv. *(ricevimento, raduno)* gala; ***il ~ ha permesso di raccogliere un milione di dollari*** the gala raised a million dollars.
galagone /gala'gone/ m. galago, bush baby.
galanga /ga'langa/ f. galingale.
galante /ga'lante/ **I** agg. **1** *(cortese con le donne)* gentlemanlike, gentlemanly; ***è molto ~*** he is a real gentleman **2** *(amoroso)* ***incontro ~*** tryst **II** m. gentleman*, ladies' man*; ***fare il ~*** to play the gallant.
galantemente /galante'mente/ avv. gallantly.
galanteria /galante'ria/ f. **1** *(cortesia)* gallantry **2** *(atto)* courtesy; ***dire una ~*** *(parola gentile)* to pay a compliment.
galantina /galan'tina/ f. galantine.
galantuomo /galan'twɔmo/ m. honourable man*; ***dare la propria parola da ~*** to give one's word of honour ◆ ***il tempo è ~*** PROV. time will tell.
galassia /ga'lassja/ f. **1** ASTR. galaxy (anche FIG.) **2** *(via lattea)* Milky Way ◆◆ ***~ a spirale*** spiral galaxy.
galateo /gala'tɛo/ m. etiquette, manners; ***le regole del ~*** the rules of etiquette.
galattagogo, pl. **-ghi, -ghe** /galatta'gɔgo, gi, ge/ **I** agg. lactogenic, galactagogue **II** m. galactagogue.

galattico, pl. **-ci, -che** /ga'lattiko, tʃi, ke/ agg. **1** *(della galassia)* galactic **2** COLLOQ. FIG. *(eccezionale)* cosmic; ***un film ~*** a bloody good film.
galattoforo /galat'tɔforo/ agg. ***dotto ~*** milk duct.
galattogeno /galat'tɔdʒeno/ agg. lactogenic.
galattometro /galat'tɔmetro/ m. galactometer.
galattorrea /galattor'rea/ f. galactorrhoea.
galattosio /galat'tɔzjo/ m. galactose.
galaverna /gala'vɛrna/ f. hoarfrost.
galbano /'galbano/ m. galbanum.
1.galea /ga'lɛa/ f. *(nave)* galley.
2.galea /'galea/ f. STOR. helmet.
galeazza /gale'attsa/ f. galliass.
galemio, pl. **-mi** /ga'lɛmjo, mi/ m. (Pyrenean) desman.
galena /ga'lɛna/ f. **1** *(minerale)* galena, lead glance **2** *(apparecchio)* ***radio a ~*** crystal set.
galenico, pl. **-ci, -che** /ga'lɛniko, tʃi, ke/ **I** agg. galenical **II** m. galenical.
Galeno /ga'lɛno/ n.pr.m. Galen.
galeone /gale'one/ m. galleon.
1.galeotto /gale'ɔtto/ m. **1** STOR. *(vogatore)* galley slave **2** *(carcerato)* convict, jailbird COLLOQ.
2.galeotto /gale'ɔtto/ **I** agg. LETT. = of a thing or person who acts as a go-between **II** m. LETT. go-between.
▷ **galera** /ga'lɛra/ f. **1** STOR. *(galea)* galley; ***condannato alla ~*** sentenced to the galleys **2** *(prigione)* jail, prison; ***farsi 10 anni di ~*** to serve a ten-year prison sentence; ***mettere*** o ***sbattere qcn. in ~*** to put sb. in prison; ***andare in ~*** to go to jail; ***avanzo di ~*** FIG. jailbird.
galileiano /galile'jano/ **I** agg. Galilean **II** m. (f. **-a**) Galilean.
Galilea /gali'lea/ ♦ ***30*** n.pr.f. Galilee.
galileo /gali'lɛo/ ♦ ***30*** **I** agg. Galilean **II** m. (f. **-a**) Galilean.
Galizia /ga'littsja/ ♦ ***30*** n.pr.f. Galicia.
galiziano /galit'tsjano/ ♦ ***30*** **I** agg. Galician **II** m. (f. **-a**) Galician.
galla /'galla/ f. **1** ***stare a ~*** [*persona, corpo, oggetto*] to stay *o* remain afloat, to float; FIG. [*persona*] to stay in business, to stay afloat; ***restare*** o ***rimanere a ~*** [*petrolio, scarti*] to float; ***riportare a ~*** to refloat [*nave*]; FIG. to bail out [*impresa, persona*]; ***venire a ~*** FIG. [*emozioni, sentimenti*] to come *o* rise to the surf *o* surface; ***tornare a ~*** to float back up to the surface; ***la verità viene sempre a ~*** truth will out; ***tutti i loro segreti cominciavano a venire a ~*** all their secrets came spilling out; ***verrà tutto a ~*** it will all come out in the wash **2** BOT. gall; ***la ~ della quercia*** oak apple; ***noce di ~*** nutgall.
gallare /gal'lare/ [1] **I** tr. [*gallo*] to fertilize [*uovo*] **II** intr. (aus. *avere*) to be fertilized.
gallato /gal'lato/ **I** p.pass. → **gallare II** agg. fertilized; ***uovo ~*** fertilized egg.
gallatura /galla'tura/ f. fertilization.
galleggiabilità /galleddʒabili'ta/ f.inv. buoyancy.
galleggiamento /galleddʒa'mento/ m. *(azione)* floatage; *(di nave)* floating; ***linea di ~*** water line; ***linea di ~ a pieno carico*** load line, Plimsoll line.
galleggiante /galled'dʒante/ **I** agg. [*oggetto*] buoyant; [*legname, lenza, ponte*] floating **II** m. **1** *(imbarcazione)* barge **2** *(di lenza)* float, bob **3** *(di idrovolante)* float **4** *(di serbatoio, vaschetta del WC)* float.
▷ **galleggiare** /galled'dʒare/ [1] intr. (aus. *avere*) **1** *(su di un liquido)* [*boa, relitto, zattera*] to float; [*petrolio, scarti*] to float, to stay afloat **2** *(stare sospeso)* to float; ***avevo la sensazione di ~*** it felt as if I was floating.
gallego, pl. **-ghi, -ghe** /gaʎ'ʎego, gi, ge/ **I** agg. Galician **II** m. (f. **-a**) **1** Galician **2** LING. Galician.
▷ **galleria** /galle'ria/ f. **1** *(traforo)* tunnel; ***scavare*** o ***fare passare una ~ attraverso qcs.*** to drive a tunnel through sth. **2** ARCH. *(corridoio)* arcade **3** ART. *(complesso di ambienti)* gallery **4** *(scavo, passaggio sotterraneo)* gallery; ***~ di accesso*** MIN. adit; ***~ di emergenza*** MIN. escape shaft; ***~ in direzione*** MIN. drift **5** *(di teatro, cinema)* gallery, circle, balcony ◆◆ ***~ d'arte*** art gallery; ***~ di negozi*** shopping arcade; ***~ stradale*** tunnel; ***~ del vento*** TECN. wind tunnel.
gallerista, m.pl. **-i**, f.pl. **-e** /galle'rista/ ♦ ***18*** m. e f. gallery manager.
Galles /'galles/ ♦ ***33*** n.pr.m. Wales.
gallese /gal'lese/ ♦ ***25, 16*** **I** agg. Welsh **II** m. e f. *(uomo)* Welshman*; *(donna)* Welshwoman*; ***i -i*** the Welsh **III** m. LING. Welsh.
galletta /gal'letta/ f. **1** *(biscotto)* ship's biscuit, water biscuit, rusk, hardtack **2** MAR. truck.
galletto /gal'letto/ m. **1** *(giovane gallo)* cockerel **2** *(spavaldo)* cocky man*; *(corteggiatore)* ladies' man; ***fare il ~*** to flirt with every woman **3** MECC. wing nut, thumb-nut, butterfly nut ◆◆ ***~ di marzo*** hoopoe; ***~ di roccia*** rupicola, rock-bird.
Gallia /'gallja/ n.pr.f. Gaul.
gallicanesimo /gallika'nezimo/, **gallicanismo** /gallika'nizmo/ m. Gallicanism.
gallicano /galli'kano/ **I** agg. Gallican **II** m. (f. **-a**) Gallican.
gallicismo /galli'tʃizmo/ m. Gallicism.
gallicizzare /gallitʃid'dzare/ [1] tr. gallicize.
1.gallico, pl. **-ci, -che** /'galliko, tʃi, ke/ **I** agg. STOR. Gaulish, Gallic; ***le guerre -che*** the Gallic wars **II** m. STOR. *(lingua)* Gaulish.
2.gallico /'galliko/ agg. CHIM. ***acido ~*** gallic acid.
galliformi /galli'formi/ → **gallinacei**.
▷ **gallina** /gal'lina/ f. hen; ***la ~ fa le uova*** hens lay eggs; ***tirare il collo a una ~*** to wring a hen's neck; ***zampe di ~*** FIG. *(rughe)* crow's feet; *(scrittura illeggibile)* hen tracks, chicken scratch ◆ ***andare a letto con le -e*** = to go to bed very early; ***la ~ dalle uova d'oro*** golden goose; ***uccidere la ~ dalle uova d'oro*** to kill the golden goose; ***chi è venuto prima: l'uovo o la ~?*** it's a chicken and egg situation; ***cervello di ~*** bird-brain, featherbrain, peabrain; ***meglio un uovo oggi che una ~ domani*** PROV. a bird in the hand is worth two in the bush, half a loaf is better that no bread; ***~ vecchia fa buon brodo*** PROV. = good broth can be made in an old pot ◆◆ ***~ covaticcia*** broody hen; ***~ faraona*** guinea fowl; ***~ ovaiola*** layer; ***~ prataiola*** little bustard.
gallinaccio, pl. **-ci** /galli'nattʃo, tʃi/ m. BOT. chanterelle.
gallinacei /galli'natʃei/ m.pl. Galliformes.
gallinella /galli'nɛlla/ f. **1** *(gallina giovane)* young hen **2** *(pesce)* gurnard ◆◆ ***~ d'acqua*** moorhen, water hen; ***~ americana*** bantam hen; ***~ del Signore*** ZOOL. ladybird, ladybug.
gallinula /gal'linula/ f. gallinule.
gallio /'galljo/ m. gallium.
gallismo /gal'lizmo/ m. machismo.
▷ **1.gallo** /'gallo/ **I** m. cock, rooster; ***al canto del ~*** at cockcrow; ***cresta del ~*** cockscomb; ***fare il ~*** FIG. to flirt with every woman **II** agg.inv. SPORT ***pesi ~*** bantamweight **III** m.inv. SPORT bantamweight; ***i ~*** *(categoria)* bantamweight ◆ ***essere il ~ del pollaio*** to be cock of the walk; ***alzarsi al canto del ~*** to be up with the lark; ***troppi -i a cantar non fa mai giorno*** PROV. too many cooks spoil the broth ◆◆ ***~ cedrone*** capercaillie; ***~ da combattimento*** fighting cock, game cock; ***~ nano*** bantam cock; ***~ della salvia*** sage grouse.
2.gallo /'gallo/ **I** STOR. agg. Gaulish **II** m. STOR. Gaul.
galloccia, pl. **-ce** /gal'lɔttʃa, tʃe/ f. cleat, kevel.
gallofilo /gal'lɔfilo/ **I** agg. Francophile **II** m. (f. **-a**) Francophile.
gallofobo /gal'lɔfobo/ **I** agg. Francophobe **II** m. (f. **-a**) Francophobe.
gallomane /gal'lɔmane/ m. e f. Gallomaniac.
gallonare /gallo'nare/ [1] tr. to braid.
gallonato /gallo'nato/ **I** p.pass. → **gallonare II** agg. MIL. [*uniforme*] braided.
1.gallone /gal'lone/ m. **1** SART. trim, galloon, braid **U** **2** MIL. chevron, stripe; ***prendere i -i*** [*soldato*] to be promoted ◆ ***guadagnarsi i -i*** to earn one's stripes.
2.gallone /gal'lone/ ♦ ***20*** m. *(unità di misura)* gallon ◆◆ ***~ americano*** US gallon; ***~ imperiale*** imperial gallon.
galloromanzo /galloro'mandzo/ **I** agg. Gallo-Romance **II** m. Gallo-Romance.
galoche /ga'lɔʃ/ f.inv. galosh.
galoppante /galop'pante/ agg. [*inflazione*] galloping.
▷ **galoppare** /galop'pare/ [1] intr. (aus. *avere*) **1** [*cavallo, fantino*] to gallop **2** FIG. ***~ dalla mattina alla sera*** to dash around all day; ***lasciar ~ la fantasia*** to let one's imagination run wild *o* riot.
galoppata /galop'pata/ f. **1** *(di cavallo, fantino)* gallop; ***fare una ~*** to go for a gallop **2** FIG. race against time.
galoppatoio, pl. **-oi** /galoppa'tojo, oi/ m. gallop.
galoppatore /galoppa'tore/ m. (f. **-trice** /tritʃe/) galloper.
galoppino /galop'pino/ m. COLLOQ. legman*; ***fare il ~*** to do the legwork ◆◆ ***~ elettorale*** canvasser, electioneer.
galoppo /ga'lɔppo/ m. EQUIT. gallop; ***un cavallo al ~*** a galloping horse; ***partire al ~*** to gallop away; ***il cavallo è partito al ~*** the horse broke into a gallop; ***andare al ~*** to gallop; ***lanciare il cavallo al ~*** to spur one's horse into a gallop; ***al ~!*** at a gallop! (anche FIG.).
galoscia, pl. **-sce** /ga'lɔʃʃa, ʃe/ → **galoche.**
galvanico, pl. **-ci, -che** /gal'vaniko, tʃi, ke/ agg. [*corrente, bagno*] galvanic.
galvanismo /galva'nizmo/ m. galvanism.
galvanizzante /galvanid'dzante/ agg. FIG. ***avere un effetto ~*** to have a galvanic effect.
galvanizzare /galvanid'dzare/ [1] tr. **1** MED. TECN. to galvanize **2** FIG. *(eccitare)* to galvanize [*folla*].

galvanizzazione /galvaniddzat'tsjone/ f. **1** MED. galvanism **2** TECN. galvanization.
galvanocauterio, pl. **-ri** /galvanokau'tɛrjo, ri/ m. galvanocautery.
galvanometrico, pl. **-ci**, **-che** /galvano'mɛtriko, tʃi, ke/ agg. galvanometric(al).
galvanometro /galva'nɔmetro/ m. galvanometer.
galvanoplastica, pl. **-che** /galvano'plastika, ke/ f. galvanoplasty.
galvanoplastico, pl. **-ci**, **-che** /galvano'plastiko, tʃi, ke/ agg. galvanoplastic.
galvanoscopio, pl. **-pi** /galvanos'kɔpjo, pi/ m. galvanoscope.
galvanostegia /galvanoste'dʒia/ f. electroplating.
galvanotecnica /galvano'tɛknika/ f. galvanic technology.
galvanoterapia /galvanotera'pia/ f. galvanotherapy.
galvanotipia /galvanoti'pia/ f. electrotyping.
▶ **gamba** /'gamba/ ◗ *4* f. **1** leg; ***avere delle -e ben fatte*** to have nice legs; ***avere le -e buone*** to have strong *o* sturdy legs; ***avere le -e storte*** to have bandy legs, to be bowlegged; ***avere le -e indolenzite*** o ***a pezzi*** to have stiff legs; ***aveva le -e molli*** his legs were wobbling under him; ***mi sento le -e pesanti*** my legs feel heavy; ***incrociare*** o ***accavallare le -e*** to cross one's legs; ***dimenare le -e*** to thrash one's legs; ***essere seduto a -e incrociate*** to be sitting with one's legs crossed; ***sgranchirsi le -e*** to stretch *o* swing one's legs; ***non mi sento più la ~*** I can't feel anything in my leg; ***ingessare la ~ a qcn.*** to put sb.'s leg in plaster; ***avere la ~ gigia*** to have a gammy leg; ***ho male a una ~*** my leg hurts; ***ho male alle -e*** my legs are hurting; ***avevo un formicolio alle -e*** my legs went all tingly; ***non reggersi sulle -e*** to feel weak-kneed *o* groggy **2** *(di oggetto)* ***la ~ del tavolo*** table leg **3** *(di lettera, nota)* stem **4** SART. ***questi pantaloni sono troppo lunghi di ~*** these trousers are too long in the leg **5 in gamba** *(in salute, in forze)* fit; *(abile, capace)* very good; *(intelligente)* smart; ***è un tipo davvero in ~*** he's one hell of a smart guy COLLOQ.; ***in ~!*** *(stai bene)* take care! ◆ ***tagliare le -e a qcn.*** *(ostacolare)* to put a spoke in sb.'s wheel; [*vino, liquore*] to make sb. drowsy; ***mettersi le -e in spalla, darsela a -e*** to take to one's heels; ***fuggire*** o ***correre a -e levate*** to beat a (hasty) retreat, to make a dash for it; ***andarsene con la coda tra le -e*** to go off with one's tail between one's legs; ***mandare qcn. a -e all'aria*** to send sb. flying; ***prendere qcs. sotto ~*** = to underestimate sth.; ***fare il passo più lungo della ~*** to bite off more than one can chew; ***camminare con le proprie -e*** to stand on one's own (two) feet; ***volere raddrizzare le -e ai cani*** to milk the bull *o* the ram; ***chi non ha testa abbia -e*** PROV. a forgetful head makes a weary pair of heels ◆◆ ***~ artificiale*** artificial leg; ***~ di legno*** peg leg.
gambacorta /gamba'korta/ m.inv. SPREG. *(zoppo)* lame person.
Gambadilegno /gambadi'leɲɲo/ n.pr.m. Peg Leg Pete.
gambale /gam'bale/ m. **1** *(di stivale)* bootleg **2** *(forma di legno)* shoe tree **3** *(nelle armature)* greave.
gambaletto /gamba'letto/ m. **1** *(scarpa)* ankle boot **2** *(calza) (da donna)* pop sock; *(da uomo)* knee sock **3** *(ingessatura)* walking cast.
gambecchio, pl. **-chi** /gam'bekkjo, ki/ m. sandpiper.
gamberana /gambe'rana/ f. shrimping net.
gamberetto /gambe'retto/ m. prawn, shrimp.
▷ **gambero** /'gambero/ m. **1** *(di acqua dolce)* crayfish BE, crawfish AE **2** *(di mare)* lobster ◆ ***camminare come i -i*** to walk backwards; ***rosso come un ~*** as red as a lobster.
gambetto /gam'betto/ m. **1** *(sgambetto)* ***fare il ~*** to trip **2** *(negli scacchi)* gambit.
Gambia /'gambja/ ◗ *33* n.pr.f. ***la ~*** the Gambia.
gambiano /gam'bjano/ ◗ *25* **I** agg. Gambian **II** m. (f. **-a**) Gambian.
gambiera /gam'bjɛra/ f. leg shield, pad SPORT.
gambizzare /gambid'dzare/ [1] tr. to kneecap.
gambizzazione /gambiddzat'tsjone/ f. kneecapping.
gambo /'gambo/ m. **1** stem; *(più spesso)* stalk; *(di asparagi, broccoli)* spear; *(di sedano, rabarbaro)* stick **2** *(di bicchiere)* stem **3** *(di chiodo, vite, amo)* shank **4** TECN. *(di rotaia)* web.
gamella /ga'mɛlla/ f. mess tin.
gamete /ga'mɛte/ m. gamete.
gametofito /game'tɔfito/ m. gametophyte.
gametogenesi /gameto'dʒɛnesi/ f.inv. gametogenesis.
gamico, pl. **-ci**, **-che** /'gamiko, tʃi, ke/ agg. gamic.
1.gamma /'gamma/ **I** m. e f.inv. *(lettera)* gamma **II** agg.inv. ***raggi ~*** gamma radiation.
2.gamma /'gamma/ f. **1** MUS. gamut, scale **2** *(gradazione)* spectrum*, range; ***tutta la ~ dei rossi*** the entire range of reds; ***la ~ dei sentimenti*** FIG. gradations of feeling **3** *(scelta)* range, gamut; *(di prodotti, servizi)* range, spread, sweep, array; ***una ~ di opinioni*** a range of opinion; ***un'adeguata ~ di possibilità*** an adequate range of options; ***~ di prezzi*** price range ◆◆ ***~ di frequenze*** RAD. frequency band.
gammaglobulina /gammaglobu'lina/ f. gammaglobulin.
gamopetalo /gamo'pɛtalo/ agg. gamopetalous.
gamosepalo /gamo'sɛpalo/ agg. gamosepalous.
▷ **ganascia**, pl. **-sce** /ga'naʃʃa, ʃe/ f. **1** *(parte anatomica)* jaw (anche ZOOL.) **2** TECN. *(di pinza, morsa)* jaw **3** FERR. fishplate **4** AUT. (wheel)clamp; ***mettere le -sce a un'automobile*** to clamp a car ◆ ***mangiare a quattro -sce*** to gobble up ◆◆ ***~ del freno*** brake shoe.
ganascino /ganaʃ'ʃino/ m. ***prendere qcn. per il ~*** to pinch sb.'s cheek.
▷ **gancio**, pl. **-ci** /'gantʃo, tʃi/ m. **1** *(uncino)* hook; *(di macellaio)* meat hook; *(di braccialetto)* clasp; ***~ di gru*** crane hook; ***appeso a un ~*** hung on a hook **2** *(di rimorchio)* towing attachment; *(di vagone)* coupling **3** SPORT *(nella boxe)* hook ◆◆ ***~ destro*** SPORT right hook; ***~ sinistro*** SPORT left hook; ***~ di traino*** tow bar; ***~ di trazione*** FERR. coupling.
ganeano /gane'ano/ ◗ *25* **I** agg. Ghanaian **II** m. (f. **-a**) Ghanaian.
gang /gɛng/ f.inv. **1** *(di malviventi)* gang, mob **2** *(combriccola)* gang, crew.
ganga, pl. **-ghe** /'ganga, ge/ f. MINER. MIN. gangue; ***~ di fango, cenere*** coating of mud, ashes.
ganghero /'gangero/ m. pivot, pin of a hinge ◆ ***uscire dai -i*** to go over the top (with anger), to do one's nut; ***fare uscire qcn. dai -i*** to get *o* take a rise out of sb.
gangliare /gan'gljare/ agg. gangliar, ganglionic.
gangliforme /gangli'forme/ agg. gangliform.
ganglio, pl. **-gli** /'gangljo, gli/ m. ANAT. MED. ganglion (anche FIG.) ◆◆ ***~ linfatico*** lymphatic gland.
gangrena /gan'grɛna/ → **cancrena**.
gangrenoso /gangre'noso/ → **cancrenoso**.
gangsterismo /gangste'rizmo/ m. gangsterism.
ganimede /gani'mɛde/ m. dandy, fop.
Ganimede /gani'mɛde/ n.pr.m. Ganymede.
ganoide /ga'nɔide/ **I** agg. ganoid **II** m. ganoid.
ganzo /'gandzo/ **I** agg. COLLOQ. cool; ***un tipo ~*** a cool guy **II** m. **1** SPREG. *(amante)* lover **2** *(dritto)* smart person, sly person.
▷ **gara** /'gara/ f. competition, contest, event, race; ***essere in ~*** to be in the race; FIG. to be in the running; ***essere fuori ~*** to be out of the race *o* running (anche FIG.); ***ritirarsi dalla*** o ***abbandonare la ~*** to pull out of the race, to withdraw from the competition; ***~ su pista*** track event; ***fare a ~ con qcn.*** to compete with sb., to rival sb.; ***non c'è ~*** it's no contest; ***è stata eliminata nelle prime fasi della ~*** she went out in the early stages of the competition; ***molte aziende sono in ~ per questo progetto*** there are many companies in the running for this project; ***era in ~ con lui per il primo posto*** she was contending with him for first place; ***ha dato buona prova di sé nella ~*** she acquitted herself well in the competition ◆◆ ***~ di appalto*** competitive tender; ***~ di atletica*** track and field events BE, track meet AE; ***~ automobilistica*** motor race BE, car race AE; ***~ di canottaggio*** rowing race; ***~ ciclistica*** bicycle race; ***~ a cronometro*** time trial; ***~ equestre*** horse trials; ***~ di motocross*** scramble; ***~ nautica*** boat race; ***~ di pesca*** fishing contest; ***~ podistica*** footrace; ***~ di sci*** ski racing; ***~ di tiro*** shooting match.
▷ **garage** /ga'raʒ/ m.inv. garage; ***mettere l'auto in ~*** to put one's car in the garage ◆◆ ***~ sotterraneo*** underground parking garage.
garagista, m.pl. **-i**, f.pl. **-e** /gara'dʒista/ ◗ *18* m. e f. garage owner.
garante /ga'rante/ **I** agg. ***essere*** o ***farsi ~ di qcn.*** to stand security *o* surety for sb., to vouch for sb.; ***essere*** o ***farsi ~ di qcs.*** to act as underwriter for sth., to vouch for sth.; ***farsi ~ della buona condotta di qcn.*** to give a guarantee of sb.'s good behaviour **II** m. e f. ECON. DIR. *(mallevadore)* guarantor, warrantor; ***essere il ~ di qcn.*** to stand guarantor for sb.; ***essere il ~ di un prestito*** to guarantee sb. for a loan.
▶ **garantire** /garan'tire/ [102] **I** tr. **1** *(promettere)* to guarantee; ***non le garantisco nulla*** I can't guarantee you anything; ***non ti garantisco che ci sarà*** I can't guarantee that she will be there; ***non sarà facile, te lo garantisco*** it won't be easy, I promise you **2** *(salvaguardare)* to guarantee [*indipendenza, diritto*]; to vouchsafe [*pace*]; ***~ la sicurezza e la pace*** to guarantee peace and security; ***~ la sicurezza del pubblico in uno stadio*** to make a stadium safe for the public **3** *(assicurare)* to assure, to vouch; ***questo le garantisce un posto nella squadra*** this assures her a place in the team; ***~ il proprio impegno affinché...*** to give a firm commitment that...; ***garantisco che era presente*** I can vouch for the fact that he was there; ***tornerà, te lo garantisco*** he will be back, I warrant you **4** ECON. to secure [*prestito, debito*]; to stand surety for [*persona, progetto*]; COMM. to certify [*prodotto*] **5** DIR. to put* up bail for [*persona*]; ***~ il diritto di proprietà*** to grant security of tenure **II** intr. (aus. *avere*) ***~ per qcn.*** to stand surety *o* guarantor for sb. **III**

garantirsi pronom. ***-rsi contro qcs.*** to secure oneself against sth., to insure oneself against sth.

garantismo /garan'tizmo/ m. = the legal principle which aims at safeguarding a person's civil rights and liberties.

garantista, m.pl. **-i**, f.pl. **-e** /garan'tista/ **I** agg. ***provvedimento ~*** = a measure to safeguard an individual's civil rights and liberties **II** m. e f. = supporter of garantismo.

garantito /garan'tito/ **I** p.pass. → **garantire II** agg. **1** *(in garanzia)* guaranteed; ***~ per cinque anni*** guaranteed for five years; ***essere ~ contro i difetti di fabbricazione*** to be guaranteed against defective workmanship **2** *(certificato)* guaranteed; ***~ impermeabile*** guaranteed waterproof; ***formaggio ~ di puro latte di capra*** guaranteed pure goat's milk cheese; ***a tenuta di colore -a*** guaranteed not to fade **3** ECON. *(assicurato)* ***prezzo, salario ~*** guaranteed price, wage **4** COLLOQ. *(certo)* [*successo*] sure-fire; ***~ che questo metodo funziona*** this method is certain to work; ***se andiamo a fare una passeggiata, ~ che piove!*** if we go for a walk, it's guaranteed to rain!

garanza /ga'rantsa/ f. madder.

▷ **garanzia** /garan'tsia/ f. **1** COMM. guarantee, warranty; ***~ di fabbricazione*** manufacturer's guarantee; ***in ~*** under guarantee *o* warranty; ***certificato di ~*** guarantee; ***questo televisore ha una ~ di un anno*** this television comes with *o* carries a one-year guarantee *o* warranty **2** ECON. security; ***come ~*** as security; ***~ della Banca d'Italia*** guarantee from the Bank of Italy **3** *(certezza)* guarantee (**di** of); ***non abbiamo nessuna ~ di successo*** we have no certainty of success; ***la bellezza non è ~ di felicità*** beauty is not a guarantee of happiness; ***non vi do nessuna ~*** I can't give you any guarantee; ***la mia parola come ~*** my word is my bond *o* gold; ***inserire una ~ in un contratto*** to build a safeguard into a contract; ***dare -e a qcn.*** to give sb. guarantees; ***ottenere*** o ***ricevere da qcn. la ~ che...*** to receive a reassurance from sb. that... **4** DIR. ***avviso di ~*** notification (of impending investigation) ◆◆ ***-e legali*** legal guarantees.

garbare /gar'bare/ v. la nota della voce **1. piacere.** [1] intr. (aus. *essere*) ***a qcn. garba qcs.*** sb. likes sth.; ***non mi garba affatto che esca con quel teppistello*** I don't like her going out with that lout at all.

garbatamente /garbata'mente/ avv. *(con gentilezza)* politely, tactfully.

garbato /gar'bato/ **I** p.pass. → **garbare II** agg. **1** *(gentile)* [*sorriso, gesto*] polite; [*risposta, suggerimento, parole*] tactful **2** [*stile*] graceful; [*aspetto*] charming.

garbino /gar'bino/ m. = south-west wind.

▷ **garbo** /'garbo/ m. **1** politeness, gentleness, courtesy, tact; ***non avere ~ con qcn.*** to be rude to sb.; ***muoversi con ~*** to move gracefully **2** *(forma, linea)* ***avere il giusto ~*** [*vestito*] to hang properly ◆ ***fare qcs. a ~*** to do sth. properly.

garbuglio, pl. **-gli** /gar'buʎʎo, ʎi/ m. **1** *(groviglio)* tangle, ravel, snarl; ***un ~ di fili*** a tangle of threads; ***~ di idee*** FIG. muddle **2** FIG. *(faccenda intricata)* ***creare (dei) -gli*** to mess up sth.

garçonnière /garso'njɛr/ f.inv. bachelor pad, bachelor flat BE, bachelor apartment AE.

Garda /'garda/ ➧ ***15*** n.pr.m. ***il (lago di) ~*** Lake Garda.

gardenia /gar'dɛnja/ f. gardenia.

gareggiare /gared'dʒare/ [1] intr. (aus. *avere*) **1** *(concorrere)* to compete, to race; ***~ nei 100 metri*** to compete in the 100 metres; ***~ per la propria nazione*** to run for one's country **2** *(misurarsi)* to vie; ***~ con qcn. per qcs.*** to vie with sb. for sth.

garenna /ga'rɛnna/ f. rabbit warren.

garfagnino /garfaɲ'ɲino/ ➧ ***30*** **I** agg. from, of Garfagnana **II** m. (f. **-a**) native, inhabitant of Garfagnana.

garganella /garga'nɛlla/ f. ***bere a ~*** = to drink without letting one's lips touch the bottle.

gargantuesco, pl. **-schi, -sche** /gargantu'esko, ski, ske/ agg. [*appetito*] gargantuan.

gargarismo /garga'rizmo/ m. *(azione, soluzione)* gargle; ***fare i -i*** to have a gargle, to gargle.

gargarizzare /gargarid'dzare/ [1] intr. (aus. *avere*) to gargle [*liquido*].

gargarozzo /garga'rɔttso/ m. COLLOQ. gullet, throat.

garibaldino /garibal'dino/ **I** agg. **1** ***le imprese -e*** the exploits of Garibaldi **2** FIG. *(audace)* bold, daring **II** m. (f. **-a**) follower of Garibaldi ◆ ***alla -a*** boldly, daringly.

garitta /ga'ritta/ f. sentry box.

garofanaia /garofa'naja/ f. herb bennet.

▷ **garofano** /ga'rɔfano/ m. **1** BOT. carnation, pink **2** ***chiodo di ~*** GASTR. clove ◆◆ ***~ indiano*** French marigold; ***~ dei poeti*** sweet william.

garrese /gar'rese/ m. withers pl.

garretto /gar'retto/ m. *(di cavallo)* gambrel, hock; *(di persona)* back of the heel; ***avere (dei) -i d'acciaio*** FIG. to have strong legs.

garrire /gar'rire/ [102] intr. (aus. *avere*) **1** [*uccello, rondine*] to shriek **2** [*bandiera*] to flutter, to flap.

garrito /gar'rito/ m. shriek.

garrota /gar'rɔta/, **garrotta** /gar'rɔtta/ f. garrotte BE, garrote AE.

garrottare /garrot'tare/ [1] tr. to garrotte BE, to garrote AE.

garrulità /garruli'ta/ f.inv. LETT. loquacity, garrulousness.

garrulo /'garrulo/ agg. **1** *(che garrisce)* ***uccelli -i*** shrieking birds **2** *(loquace, petulante)* [*persona*] talkative (on trivial matters), garrulous **3** *(rumoroso)* boisterous; *(festoso)* jolly, playful.

▷ **1.garza** /'gardza/ f. *(di cotone)* gauze; ***rotolo di ~*** rollerbandage.

2.garza /'gardza/ f. heron.

garzare /gar'dzare/ [1] tr. to gig.

garzatrice /gardza'tritʃe/ f. = a machine used to raise the nap of fabric.

garzatura /gardza'tura/ f. raising.

garzetta /gar'dzetta/ f. egret.

▷ **garzone** /gar'dzone/ m. *(commesso)* boy; *(di macelleria)* butcher's boy; *(di fornaio, pasticcere)* baker's boy; *(di scuderia)* groom; *(di fattoria)* ranch hand; *(di stalla)* stable boy.

▶ **gas** /gas/ m.inv. gas; ***il ~ non è ancora allacciato*** the gas isn't connected (up) yet; ***cucina a ~*** gas cooker; ***riscaldamento a ~*** gas heating; ***contatore del ~*** gas meter; ***tubo, conduttura del ~*** gas pipe, main; ***bombola del ~*** gas cylinder; ***rubinetto del ~*** gas tap; ***forno a ~*** gas oven; ***stufa a ~*** gas heater; ***camera a ~*** gas chamber; ***bolletta del ~*** gas bill; ***fuga di ~*** gas leak; ***accendere, spegnere il ~*** to turn on, off the gas; ***abbassare il ~*** to turn down the gas ◆ ***andare a tutto ~*** to go barrelling along; ***a tutto ~*** at a breathless pace, at full speed ◆◆ ***~ asfissiante*** poison gas; ***~ butano*** butane gas; ***~ di città*** gas mains; ***~ esilarante*** laughing gas; ***~ inerte*** inert gas; ***~ lacrimogeno*** tear gas, lachrymator, Mace®; ***~ metano*** methane; ***~ mostarda*** mustard gas; ***~ naturale*** natural gas; ***~ nervino*** nerve gas, sarin; ***~ di palude*** marsh gas; ***~ perfetto*** ideal gas; ***~ raro*** rare gas; ***~ di scarico*** AUT. exhaust emissions; ***~ serra*** greenhouse gas; ***~ vescicante*** blister gas.

gasare /ga'zare/ [1] **I** tr. **1** *(rendere effervescente)* to aerate, to carbonate **2** *(asfissiare)* to gas **3** COLLOQ. FIG. *(esaltare)* to hype up **II** **gasarsi** pronom. COLLOQ. *(esaltarsi)* to get* hyped; *(vantarsi)* ***si gasa moltissimo*** she thinks she's the bee's knees.

gasato /ga'zato/ **I** p.pass. → **gasare II** agg. **1** COLLOQ. FIG. *(eccitato)* excited **2** SPREG. *(borioso, montato)* ***essere ~*** to be on an ego-trip **III** m. (f. **-a**) bighead.

gascromatografia /gaskromatogra'fia/ f. gas chromatography.

gascromatografo /gaskroma'tɔgrafo/ m. gas chromatograph.

gasdotto /gaz'dotto/ m. gas pipeline.

gasificare /gazifi'kare/ → **gassificare**.

gasista /ga'zista/ ➧ ***18*** → **gassista**.

gasogeno /ga'zɔdʒeno/ → **gassogeno**.

gasolina /gazo'lina/ f. gasoline.

▷ **gasolio**, pl. **-li** /ga'zɔljo, li/ m. gas oil, diesel oil BE, fuel oil AE.

gasometro /ga'zɔmetro/ m. gasholder.

Gaspare /'gaspare/ n.pr.m. Caspar, Jasper.

gaspermeabile /gasperme'abile/ agg. gas-permeable.

gassa /'gassa/ f. ***~ d'amante*** bowline knot.

gassare /gas'sare/ [1] tr. **1** *(rendere effervescente)* to aerate, to carbonate **2** *(asfissiare)* to gas.

gassato /gas'sato/ **I** p.pass. → **gassare II** agg. [*bibita*] carbonated, gassy, sparkling; [*acqua*] sparkling; ***acqua non -a*** still water.

gassificare /gassifi'kare/ [1] tr. to gasify.

gassificazione /gassifikat'tsjone/ f. gasification.

gassista /gas'sista/ ➧ ***18*** m. gas man*.

gassogeno /gas'sɔdʒeno/ m. (gas) generator.

gassosa /gas'sosa/ f. lemonade.

gassoso /gas'soso/ agg. gaseous; ***lo stato ~*** gaseous state; ***allo stato ~*** [*sostanza*] gasiform.

gasteropode /gaste'rɔpode/, **gasteropodo** /gaste'rɔpodo/ m. gastropod; ***i -i*** gastropoda.

gastralgia /gastral'dʒia/ ➧ ***7*** f. gastralgia.

gastrectasia /gastrekta'zia/ f. gastrectasis.

gastrectomia /gastrekto'mia/ f. gastrectomy.

gastrico, pl. **-ci, -che** /'gastriko, tʃi, ke/ agg. [*succo, disturbo, ulcera*] gastric; ***fare una lavanda -a a qcn.*** to pump sb.'s stomach out.

gastrite /gas'trite/ ➧ ***7*** f. gastritis*.

gastroduodenale /gastroduode'nale/ agg. gastro-duodenal.

gastroenterico, pl. **-ci, -che** /gastroen'tɛriko, tʃi, ke/ agg. gastroenteric.

gastroenterite /gastroente'rite/ ♦ *7* f. gastroenteritis.
gastroenterologia /gastroenterolo'dʒia/ f. gastroenterology.
gastroenterologo, m.pl. **-gi**, f.pl. **-ghe** /gastroente'rɔlogo, dʒi, ge/ ♦ *18* m. (f. **-a**) gastroenterologist.
gastroepatico, pl. **-ci**, **-che** /gastroe'patiko, tʃi, ke/ agg. gastrohepatic.
gastrointestinale /gastrointesti'nale/ agg. gastrointestinal.
gastronomia /gastrono'mia/ f. **1** *(arte culinaria)* cookery, gastronomy; ***lezione di ~*** cookery lesson **2** *(negozio)* delicatessen, gourmet shop.
gastronomico, pl. **-ci**, **-che** /gastro'nɔmiko, tʃi, ke/ agg. [*specialità, itinerario, menu*] gastronomic(al).
gastronomo /gas'trɔnomo/ ♦ *18* m. (f. **-a**) gastronome, gastronomist.
gastropatia /gastropa'tia/ f. gastropathy.
gastroscopia /gastrosko'pia/ f. gastroscopy.
gastroscopio, pl. **-pi** /gastros'kɔpjo, pi/ m. gastroscope.
gastrospasmo /gastros'pazmo/ m. gastrospasm.
gastrula /'gastrula/ f. gastrula*.
gastrulazione /gastrulat'tsjone/ f. gastrulation.
▷ **gatta** /'gatta/ f. (female) cat ♦ ***qui ~ ci cova*** there's something going on, it sounds a bit fishy to me; ***avere una ~ da pelare*** to have a hard row to hoe; ***avere altre -e da pelare*** to have other *o* bigger fish to fry; ***prendersi una (bella) ~ da pelare*** = to take on a difficult job; ***tanto va la ~ al lardo che ci lascia lo zampino*** PROV. curiosity killed the cat ♦♦ ***~ morta*** → **gattamorta.**
gattabuia /gatta'buja/ f. SCHERZ. clink, nick, jug, pokey, slammer; ***mettere*** o ***sbattere qcn. in ~*** [*polizia*] to take sb. in; ***finire in ~*** to go to the nick; ***fare un anno di ~*** to do a year in the clink.
gattaia /gat'taja/ f. catmint.
gattaiola /gatta'jɔla/ f. catflap.
gattamorta, pl. **gattemorte** /gatta'mɔrta, gatte'mɔrte/ f. COLLOQ. ***fare la ~*** to act dumb; ***non fare la ~ con me!*** don't play the innocent with me!
gattesco pl. **-schi**, **-sche** /gat'tesko, ski, ske/ agg. feline, catlike.
gattice /'gattitʃe/ m. abele.
gattina /gat'tina/ f. FIG. kittenish woman*, pussy cat.
gattino /gat'tino/ m. (f. **-a**) kitten.
▶ **gatto** /'gatto/ m. **1** cat; ***accarezzare un ~*** to stroke *o* pet a cat; ***il ~ miagola, fa le fusa*** the cat mews, purrs; ***il ~ ha drizzato il pelo*** the cat's fur bristled; ***tra le grinfie del ~*** in the cat's clutches **2** MINER. ***occhio di ~*** cat's eye **3** GASTR. ***lingua di ~*** finger biscuit ♦ ***essere come cane e ~*** to fight like cat and dog; ***è il ~ che si morde la coda*** things go round and round; ***giocare con qcn. come il ~ con il topo*** to play cat and mouse with sb.; ***il ~ ti ha mangiato la lingua?*** COLLOQ. has the cat got your tongue? ***di notte tutti i -i sono bigi*** PROV. all cats are alike in the night, all cats are grey in the dark; ***quando il ~ non c'è i topi ballano*** PROV. when the cat's away, the mice will play; ***il ~ scottato teme l'acqua fredda*** PROV. once bitten twice shy ♦♦ ***~ abissino*** Abyssinian cat; ***~ d'angora*** Angora cat; ***~ birmano*** Burmese cat; ***~ delle nevi*** *(mezzo)* snowmobile; ***~ a nove code*** cat-o'-nine-tails; ***~ persiano*** Persian cat; ***~ randagio*** alley cat, stray cat; ***~ selvatico*** wildcat; ***~ siamese*** Siamese cat; ***il Gatto con gli stivali*** Puss in Boots.
gattomammone, pl. **gattimammoni** /gattomam'mone, gattimam'moni/ m. bog(e)y, hobgoblin.
gattonare /gatto'nare/ [1] intr. (aus. *avere*) **1** *(andare gattoni)* [*bambino*] to crawl **2** VENAT. to stalk.
gattoni /gat'toni/ avv. ***andare*** o ***procedere (gatton) ~*** [*bambino*] to crawl; [*adulto*] to walk an all fours.
gattopardo /gatto'pardo/ m. ZOOL. serval.
1.gattuccio, pl. **-ci** /gat'tuttʃo, tʃi/ m. ITTIOL. spotted dogfish ♦♦ ***~ maggiore*** bull huss; ***~ minore*** robin huss.
2.gattuccio pl. **-ci** /gat'tuttʃo, tʃi/ m. *(sega)* compass saw, keyhole saw.
gaudente /gau'dɛnte/ **I** agg. pleasure-seeking **II** m. e f. voluptuary, fast liver.
gaudio, pl. **-di** /'gaudjo, di/ m. joy, rejoicing ♦ ***mal comune mezzo ~*** PROV. a trouble shared is a trouble halved.
gaudioso /gau'djoso/ agg. joyful (anche RELIG.).
gaussiano /gaus'sjano/ agg. Gaussian.
gavazzare /gavat'tsare/ [1] intr. (aus. *avere*) to make* merry, to jollify.
gavetta /ga'vetta/ f. *(recipiente)* mess tin ♦ ***fare la ~, venire dalla ~*** to rise through the ranks.
gavettone /gavet'tone/ m. **1** MIL. cauldron **2** COLLOQ. SCHERZ. = trick consisting in throwing a bucket of cold water over somebody.
gaviale /ga'vjale/ m. gavial.
gavina /ga'vina/ f. common gull.
Gavino /ga'vino/ n.pr.m. Gavin.
gavitello /gavi'tɛllo/ m. buoy.
gavone /ga'vone/ m. peak; ***~ di prua*** forepeak; ***~ di poppa*** afterpeak.
gavotta /ga'vɔtta/ f. gavotte.
Gaza /'gadza/ n.pr.f. ***la striscia di ~*** the Gaza strip.
gazebo /gad'dzɛbo/ m.inv. gazebo.
▷ **gazza** /'gaddza/ f. magpie ♦ ***essere ciarliero come una ~*** to be a chatterbox ♦♦ ***~ marina*** razorbill.
gazzarra /gad'dzarra/ f. racket; ***fare ~*** to make a racket, to racket around.
gazzella /gad'dzɛlla/ f. **1** ZOOL. gazelle* **2** *(mezzo)* prowl car ♦ ***essere agile come una ~*** to be nimble on one's feet.
gazzetta /gad'dzetta/ f. gazette ♦♦ ***Gazzetta Ufficiale*** official journal *o* gazette BE.

> **Gazzetta Ufficiale** The official newspaper of the Italian State, which publishes approved laws, decrees, and various official announcements.

gazzettiere /gaddzet'tjɛre/ m. (f. **-a**) SPREG. hack, pen pusher.
gazzettino /gaddzet'tino/ m. **1** *(bollettino)* news sheet **2** FIG. *(pettegolo)* gossip; ***il ~ del quartiere*** the neighbourhood gossip.
gazzosa /gad'dzosa/ → **gassosa**.
G.d.F. ⇒ Guardia di Finanza = military corps dealing with customs, excise and tax crimes.
geco, pl. **-chi** /'dʒɛko, ki/ m. gecko*.
Gedeone /dʒede'one/ n.pr.m. Gideon.
geenna /dʒe'ɛnna/ f.inv. Gehenna.
Geiger /'gaiger/ agg. e m.inv. ***(contatore) ~*** Geiger counter.
geisha /'gɛjʃʃa/ f. geisha (girl).
gel /dʒɛl/ m.inv. CHIM. gel ♦♦ ***~ per capelli*** hair gel, hair cream; ***~ di silice*** silica gel.
▷ **gelare** /dʒe'lare/ [1] **I** tr. **1** *(ghiacciare)* [*freddo*] to freeze* [*liquido, tubo*]; [*freddo, vento*] to chill [*dita, faccia*]; [*brina*] to frost [*pianta*] **2** FIG. [*discorso, frase*] to chill [*atmosfera, pubblico*] **II** intr. (aus. *essere, avere*) **1** *(coprirsi di ghiaccio)* [*acqua, lago, fiume*] to freeze* over; [*tubo, finestrino*] to freeze* up; [*pianta*] to be* killed by frost **2** COLLOQ. *(avere freddo)* to freeze*; ***si è sentita ~ entrando in acqua*** she was gripped by the cold as she went into the water **III** impers. (aus. *essere, avere*) ***ha gelato questa notte*** it has been a frosty night; ***ha gelato molto*** there was a hard frost; ***si gela!*** it's freezing hard! **IV gelarsi** pronom. **1** COLLOQ. *(avere freddo)* ***mi si è gelato il naso*** my nose froze **2** FIG. ***il sangue gli si gelò nelle vene*** his blood ran cold.
gelata /dʒe'lata/ f. frost; ***una forte ~*** a hard frost.
gelataio, pl. **-ai** /dʒela'tajo, ai/ ♦ *18* m. (f. **-a**) *(venditore)* ice-cream seller; *(produttore)* ice-cream maker.
gelateria /dʒelate'ria/ ♦ *18* f. ice-cream parlour BE, ice-cream parlor AE.
gelatiera /dʒela'tjɛra/ f. ice-cream maker, freezer AE.
gelatina /dʒela'tina/ f. GASTR. *(di carne, pesce)* aspic; *(di frutta)* jelly; ***la mia ~ non si è rappresa*** my jelly has not set ♦♦ ***~ esplosiva*** blasting gelatin.
gelatinizzante /dʒelatinid'dzante/ **I** agg. CHIM. [*sostanza*] gelatinizing, gelling **II** m. CHIM. gelatinizing agent, gelling agent.
gelatinizzare /dʒelatinid'dzare/ [1] **I** tr. CHIM. to gelatinize **II gelatinizzarsi** pronom. CHIM. to gelatinize.
gelatinoso /dʒelati'noso/ agg. gelatinous, gelatinoid; ***diventare ~*** to solidify into a jelly.
▷ **gelato** /dʒe'lato/ **I** p.pass. → **gelare II** agg. **1** *(molto freddo)* [*mani, vento*] ice-cold, icy; [*bevanda, doccia*] ice-cold; ***essere ~ dal freddo*** to be frozen stiff **2** FIG. ***essere ~ dalla paura*** o ***dallo spavento*** to be scared stiff **III** m. ice cream; ***~ al cioccolato, alla vaniglia, alla fragola*** chocolate, vanilla, strawberry ice cream; ***cono (di) ~*** ice-cream cone; ***coppa (di) ~*** cup *o* dish of ice cream; ***torta ~*** iced cake, ice-cream cake.
gelidamente /dʒelida'mente/ avv. frostily; [*guardare*] stonily.
gelidezza /dʒeli'dettsa/ f. iciness.
gelido /'dʒɛlido/ agg. **1** *(molto freddo)* [*acqua, mani*] ice-cold, icy; [*freddo, tempo, giornata, vento, aria*] freezing cold; [*pioggia*] freezing **2** FIG. *(ostile)* [*persona*] stone-cold, ice-cold; [*silenzio*] icy; [*sguardo, atmosfera, accoglienza*] frosty.
gelificare /dʒelifi'kare/ [1] **I** tr. to turn [sth.] into a gel **II gelificarsi** pronom. to gel.

gelificazione /dʒelifikat'tsjone/ f. gelation.
gelignite /dʒeliɲ'ɲite/ f. gelignite.
▷ **gelo** /'dʒɛlo/ m. **1** frost, freeze; ***il grande ~*** the big freeze; ***danno causato dal ~*** frost damage; ***~ intenso*** black frost **2** *(patina ghiacciata)* ***i prati coperti di ~*** the fields covered with hoarfrost **3** FIG. chill; ***sentirsi un ~ nelle ossa*** to feel a chill in one's bones; ***alla notizia del disastro scese il ~ sulla festa*** the news of the disaster cast a chill over the party.
gelone /dʒe'lone/ m. **1** chilblain; ***~ ulcerato*** kibe; ***avere i -i ai piedi*** to have chilblains on one's feet **2** BOT. oyster mushroom.
gelosamente /dʒelosa'mente/ avv. **1** *(con gelosia)* [*guardare, custodire*] jealously **2** *(con cura)* ***custodito ~*** jealously *o* closely guarded; ***custodire ~*** to enshrine [*ricordo*].
▷ **1.gelosia** /dʒelo'sia/ f. **1** jealousy; (**verso, nei confronti di** towards); ***essere pazzo di ~*** to be insanely jealous; ***essere roso*** o ***tormentato dalla ~*** to be tormented by jealousy; ***il demone della ~*** the green-eyed monster; ***essere sopraffatto dalla ~*** to be overcome by *o* with jealousy; ***accesso di ~*** a pang of jealousy **2** *(invidia)* envy; ***il suo successo ha provocato molte -e*** her success caused considerable envy.
2.gelosia /dʒelo'sia/ f. EDIL. *(persiana)* jalousie, shutter.
▶ **geloso** /dʒe'loso/ **I** agg. **1** jealous (**di** of); ***essere ~*** to feel *o* be jealous; ***non era minimamente ~*** he wasn't the least bit jealous; ***essere morbosamente ~*** to be pathologically jealous **2** *(invidioso)* ***alcune persone erano -e della sua fortuna*** some people were envious of her good fortune **3** *(attaccato tenacemente)* ***~ della propria indipendenza*** protective of one's independence; ***è molto ~ dei suoi giocattoli*** he's possessive about his toys **II** m. (f. **-a**) jealous person ◆ ***essere ~ come un Otello*** to be as jealous as hell.
gelsicoltore /dʒelsikol'tore/ ♦ *18* m. (f. **-trice** /tritʃe/) mulberry grower.
gelsicoltura /dʒelsikol'tura/ f. mulberry growing.
gelso /'dʒɛlso/ m. mulberry ◆◆ ***~ moro*** o ***nero*** sycamine.
Gelsomina /dʒelso'mina/ n.pr.f. Jasmine.
▷ **gelsomino** /dʒelso'mino/ m. jasmine; ***tè al ~*** jasmine tea ◆◆ ***~ americano*** trumpet creeper.
Geltrude /dʒel'trude/ n.pr.f. Gertrude.
gemebondo /dʒeme'bondo/ agg. *(che si lamenta)* moaning.
gemellaggio, pl. **-gi** /dʒemel'laddʒo, dʒi/ m. twinning.
1.gemellare /dʒemel'lare/ agg. ***gravidanza ~*** twin pregnancy; ***parto ~*** twin birth.
2.gemellare /dʒemel'lare/ [1] tr. to twin [*comuni, club*].
gemellarità /dʒemellari'ta/ f.inv. twinning.
gemellato /dʒemel'lato/ **I** p.pass. → **2.gemellare II** agg. [*comuni, club*] twinned; ***città -a*** twin town.
Gemelli /dʒe'mɛlli/ ♦ *38* m.pl. ASTR. ASTROL. Gemini, the Twins; ***essere dei ~*** o ***(un) ~*** to be (a) Gemini.
▷ **gemello** /dʒe'mɛllo/ **I** agg. **1** ***fratello ~*** twin brother; ***sorella -a*** twin sister **2** *(accoppiati)* ***letti -i*** twin beds; ***torri -e*** twin towers; ***nave -a*** sister ship **3** FIG. *(affine)* ***anima -a*** soul mate, kindred spirit; ***cercare, trovare l'anima -a*** to look for, to find one's soulmate **II** m. (f. **-a**) **1** *(persona)* twin; ***aspettare due -i*** to be pregnant with twins; ***tre, quattro, cinque -i*** a set of triplets, quadruplets, quintuplets **2** *(per polsini)* cuff, sleeve link ◆◆ ***-i dizigotici, fraterni*** dizygotic, fraternal twins; ***-i monozigotici, identici*** monozygotic, identical twins; ***-i siamesi*** Siamese twins.
gemere /'dʒɛmere/ [2] intr. (aus. *avere*) **1** *(lamentarsi)* [*malato, ferito*] to moan, to groan **2** *(emettere dei suoni)* [*trave*] to groan; [*vento*] to moan **3** *(gocciolare)* [*botte*] to leak.
geminare /dʒemi'nare/ [1] **I** tr. to double **II geminarsi** pronom. to double.
geminata /dʒemi'nata/ f. LING. geminate.
geminato /dʒemi'nato/ **I** p.pass. → **geminare II** agg. BIOL. BOT. LING. geminate **III** m. MINER. twin (crystal).
geminazione /dʒeminat'tsjone/ f. gemination, doubling.
gemino /'dʒɛmino/ LETT. → **gemello**.
gemito /'dʒɛmito/ m. *(lamento)* moan, groan; *(del vento)* moan; ***debole ~*** whimper; ***emettere un ~*** to give a groan.
gemma /'dʒɛmma/ f. **1** BOT. bud; ***le -e si schiudono*** the buds are opening **2** MINER. gem; ***~ grezza*** gemstone; ***una ~ incastonata nell'oro*** a gem set in gold **3** *(cosa più preziosa)* gem, jewel; ***la ~ della nostra collezione*** the gem of our collection ◆◆ ***~ fiorale*** o ***fiorifera*** flower bud; ***~ fogliare*** o ***foglifera*** leaf bud.
gemmare /dʒem'mare/ [1] **I** tr. LETT. to bejewel **II** intr. (aus. *avere*) to bud.
gemmazione /dʒemmat'tsjone/ f. BOT. BIOL. gemmation.
gemmifero /dʒem'mifero/ agg. gemmiferous.
gemmologia /dʒemmolo'dʒia/ f. gemmology.
gemmologico, pl. **-ci**, **-che** /dʒemmo'lɔdʒiko, tʃi, ke/ agg. gemmological.
gemmologo, m.pl. **-gi**, f.pl. **-ghe** /dʒem'mɔlogo, dʒi, ge/ m. (f. **-a**) gemmologist.
gendarme /dʒen'darme/ m. **1** MIL. policeman* **2** FIG. *(donna autoritaria)* battle-axe.
gendarmeria /dʒendarme'ria/ f. *(caserma)* police station; *(corpo)* police force.
gene /'dʒɛne/ m. gene ◆◆ ***~ recessivo*** recessive gene.
genealogia /dʒenealo'dʒia/ f. genealogy, line of descent; ***ricostruire la ~ della propria famiglia*** to trace back one's line of descent.
genealogicamente /dʒenealodʒika'mente/ avv. genealogically.
genealogico, pl. **-ci**, **-che** /dʒenea'lɔdʒiko, tʃi, ke/ agg. genealogical; ***albero ~*** family *o* parent tree; ***tavole -che*** genealogy books.
genealogista, m.pl. **-i**, f.pl. **-e** /dʒenealo'dʒista/ m. e f. genealogist.
genepì /dʒene'pi/ m.inv. *(pianta)* = alpine aromatic; *(liquore)* = liqueur flavoured with such aromatic.
generabile /dʒene'rabile/ agg. generable.
generalato /dʒenera'lato/ m. generalship.
▶ **1.generale** /dʒene'rale/ agg. **1** *(che sovraintende a un servizio)* ***segretario ~*** general secretary; ***console ~*** consul general; ***quartier ~*** general headquarters **2** *(collettivo)* [*accordo, assemblea, sciopero*] general; [*consenso*] broad-based, general; [*panico*] full-scale; [*scontento*] widespread, generalized; ***l'opinione ~ era che tu avessi ragione*** the general feeling was that you were right; ***nell'interesse ~*** in the public interest; ***nella sorpresa, soddisfazione ~*** to everyone's suprise, satisfaction; ***essere trascinato dall'entusiasmo ~*** to be carried along with the general enthusiasm **3** *(complessivo)* [*impressione, cultura*] general; [*miglioramento*] all-round; [*introduzione, interpretazione*] broad; [*recessione, crisi*] full-blown; ***la visione ~ di una situazione*** the overall view of the situation; ***farsi un'idea ~ di qcs.*** to form an overall idea of sth.; ***parlare in termini -i*** to talk in general terms; ***in linea ~*** as a general rule; ***prova ~*** practice run; TEATR. trial run, dress rehearsal **4** *(universalmente valido)* [*principio, legge*] universal; ***diventare la regola ~*** to become general **5 in generale** in general; ***l'Asia in ~ e la Cina in particolare*** Asia in general and China in particular; ***parlando in ~*** broadly speaking; ***l'umanità in ~*** humankind in general ◆ ***stare*** o ***mantenersi sulle -i*** to confine oneself to generalities.
▶ **2.generale** /dʒene'rale/ ♦ *12* m. **1** MIL. general **2** RELIG. *(superiore)* general **3** FILOS. general; ***il ~ e il particolare*** the general and the particular ◆◆ ***~ (di corpo) d'armata*** MIL. lieutenant general; ***~ di brigata*** MIL. brigadier; ***~ di brigata aerea*** MIL. air commodore; ***~ di corpo dell'aeronautica*** MIL. air marshal; ***~ di divisione*** MIL. major-general; ***~ di divisione aerea*** MIL. air vice-marshal.
generalessa /dʒenera'lessa/ f. **1** *(moglie del generale)* general's wife* **2** RELIG. general **3** FIG. *(donna autoritaria)* battle-axe.
generalissimo /dʒenera'lissimo/ m. generalissimo*.
generalità /dʒenerali'ta/ f.inv. **1** *(dati personali)* personal details, particulars; ***declinare le proprie ~*** to give one's personal details **2** *(maggior parte)* ***nella ~ dei casi*** in most cases, widely speaking **3** *(universalità)* ***la ~ di una legge*** the universality of a law.
generalizio, pl. **-zi**, **-zie** /dʒenera'littsjo, tsi, tsje/ agg. RELIG. = pertaining to a general.
generalizzare /dʒeneralid'dzare/ [1] **I** tr. *(estendere)* to generalize, to spread*, to extend [*costume, usanza*] **II** intr. (aus. *avere*) *(esprimersi in modo generico)* ***sarebbe imprudente da parte nostra ~*** it would be unwise for us to generalize.
generalizzato /dʒeneralid'dzato/ **I** p.pass. → **generalizzare II** agg. *(diffuso)* [*conflitto, pessimismo, corruzione*] widespread; ***l'uso ~ di un termine*** the common use of a term; ***abitudine -a*** common habit.
generalizzazione /dʒeneraliddzat'tsjone/ f. generalization; ***~ grossolana*** sweeping generalization.
generalmente /dʒeneral'mente/ avv. **1** *(largamente)* generally, widely; ***~ accettata*** [*idea, tesi, opinione*] generally accepted; ***~ si pensa che*** as a rule we *o* people think that; ***più ~*** more generally **2** *(solitamente)* ***ottobre è ~ mite*** October is generally mild; ***~ si alza presto*** she generally gets up early **3** *(in modo generico)* ***~ parlando*** broadly speaking.
generare /dʒene'rare/ [1] **I** tr. **1** *(dare vita)* [*donna*] to give* birth to [*figlio*]; [*paese, sistema, epoca*] to produce [*genio, scienziato*]; [*seme*] to produce [*pianta*] **2** *(provocare)* to breed* [*malessere, disprezzo*]; to cause [*azione*]; to bring* about [*cambiamento*]; to meet* with [*sospetto*]; ***una dichiarazione che può ~ confusione*** a statement that may give *o* cause confusion **3** LING. MAT. to generate **II generarsi** pronom. to be produced.

generativo /dʒenera'tivo/ agg. **1** *(atto a generare)* generative; ***cellula -a*** BOT. generative cell **2** LING. generative; ***grammatica -a*** generative grammar; ***grammatica ~-trasformazionale*** transformational-generative grammar.

generatore /dʒenera'tore/ **I** agg. generative **II** m. TECN. generator ◆◆ ***~ elettrico*** electric generator; ***~ di rumore*** noise generator; ***~ di segnali*** signal generator.

generatrice /dʒenera'tritʃe/ f. MAT. generatrix*.

generazionale /dʒenerattsjo'nale/ agg. ***gap ~*** generation gap.

▶ **generazione** /dʒenerat'tsjone/ f. **1** *(in una famiglia)* generation; ***di ~ in ~*** from generation to generation, through the generations; ***vivono in Francia da due -i*** they've been in France for two generations; ***immigrato di prima, seconda ~*** first, second generation immigrant **2** *(persone della stessa età)* generation; ***la nuova ~*** the rising generation; ***le -i future*** o ***a venire*** generations yet unborn; ***la ~ di mia nonna*** my grandmother's generation; ***i pittori della loro ~*** painters of their generation; ***la ~ romantica, politica*** the romantic, political generation **3** *(stadio del progresso tecnico)* generation; ***una nuova ~ di aerei, di computers*** a new generation of aircraft, of computers; ***computer della quinta ~*** fifth generation computers **4** *(produzione di energia, elettricità)* generation **5** BIOL. generation ◆◆ ***~ spontanea*** spontaneous generation.

▶ **genere** /'dʒenere/ m. **1** *(tipo)* kind, sort, type (**di** of); ***questo ~ di cose*** this kind *o* sort of thing; ***non sono quel ~ di persona*** I'm not that kind of person; ***non è male se ti piace quel ~ di persona*** he's all right if you like that type; ***questo è il mio ~ di uomo!*** that's my kind of man! ***articoli dello stesso ~*** items of a similar description; ***il migliore nel suo ~*** [*persona, oggetto, fatto*] the best of its kind; ***non è male nel suo ~*** she's quite pretty in her own way; ***un po' sul ~ di mio fratello, del tuo vestito*** a bit like my brother, your dress; ***qualcosa del ~*** something like that; ***c'è stato un caso del ~ l'anno scorso*** there was some such case last year; ***nessuna persona onesta farebbe una cosa del ~*** no decent person would do a thing like that; ***un reato del ~ non si può perdonare*** such a crime, a crime like that cannot be forgiven **2** LING. gender; ***accordarsi in ~*** to agree in gender; ***essere di ~ femminile*** to be feminine in gender **3** ART. LETTER. genre; ***il ~ picaresco, epistolare*** the picaresque, epistolary genre **4** *(merce)* product, article; ***il pane e gli altri -i di prima necessità*** bread and all such basic foods **5** ZOOL. genus* **6 in genere** in general, as a general rule; ***in ~ è meglio aspettare*** it's generally best to wait ◆◆ ***~ umano*** humankind; ***-i alimentari*** foodstuff; ***-i di consumo*** consumer products.

genericamente /dʒenerica'mente/ avv. generically; ***si sapeva ~ che aveva avuto dei problemi con la giustizia*** there was a vague rumour that she'd had a brush with the law.

genericità /dʒeneritʃi'ta/ f.inv. approximation, vagueness.

▷ **generico**, pl. **-ci**, **-che** /dʒe'nɛriko, tʃi, ke/ **I** agg. **1** *(generale)* [*dichiarazione, spiegazione, descrizione, informazione*] general; [*accusa, promessa*] generalized; [*significato*] broad; ***espressione -a*** catch-all expression **2** MED. ***medico ~*** general practitioner; ***farmaci -ci*** generic drugs **II** m. *(vago)* ***restare nel*** o ***sul ~*** to stick to generalities **III** m. (f. **-a**) *(attore)* = actor who plays bit parts.

▷ **genero** /'dʒɛnero/ m. son-in-law*.

generosamente /dʒenerosa'mente/ avv. **1** *(con generosità)* generously **2** *(abbondantemente)* [*distribuire, indennizzare, sovvenzionare, contribuire, irrigare*] freely, generously, liberally.

generosità /dʒenerosi'ta/ f.inv. **1** *(magnanimità)* generosity (**verso** to, towards); ***un'elargizione, una persona di grande ~*** a very generous gift, person; ***slancio di ~*** a generous impulse; ***si abusa della sua ~*** there are too many claims on her generosity **2** *(abbondanza)* generosity, liberality; *(di terreno)* richness.

▶ **generoso** /dʒene'roso/ agg. **1** *(magnanimo)* [*persona*] generous; [*gesto, sacrificio*] noble; ***lo descrivono come una persona -a*** he's described as generous **2** *(abbondante)* [*porzione*] generous; [*somma, offerta*] liberal; [*seno, forme*] ample; ***lasciare mance -e*** to be a generous tipper; ***il vestito le lasciava scoperta una -a porzione di cosce*** her dress exposed a large expanse of thigh **3** *(fertile)* [*terra*] rich **4** *(robusto)* [*vino*] full-bodied.

genesi /'dʒɛnesi/ f.inv. genesis*.

Genesi /'dʒɛnesi/ n.pr.f. e m. BIBL. Genesis.

genetica /dʒe'nɛtika/ f. genetics + verbo sing.

geneticamente /dʒenɛtika'mente/ avv. genetically; ***~ modificato*** genetically modified.

genetico, pl. **-ci**, **-che** /dʒe'nɛtiko, tʃi, ke/ agg. [*codice, manipolazione, ingegneria, mappatura*] genetic.

genetista, m.pl. **-i**, f.pl. **-e** /dʒene'tista/ ➧ ***18*** m. e f. geneticist.

genetliaco, pl. **-ci** /dʒene'tliako, tʃi/ m. birthday; ***celebrare il ~ di qcn.*** to celebrate sb.'s birthday.

genetta /dʒe'netta/ f. genet.

gengiva /dʒen'dʒiva/ f. gum, gingiva*.

gengivale /dʒendʒi'vale/ agg. gingival.

gengivite /dʒendʒi'vite/ ➧ ***7*** f. gingivitis, gum disease.

genia /dʒe'nia/ f. SPREG. breed, pack; ***una ~ di ladri*** a den of thieves.

geniaccio, pl. **-ci** /dʒe'njattʃo, tʃi/ m. erratic genius.

▷ **geniale** /dʒe'njale/ agg. [*progetto, invenzione, trovata, idea*] brilliant; ***essere ~*** [*persona*] to be a genius; ***pittore, scrittore geniale*** painter, writer of genius; ***un tocco ~*** a clever touch.

genialità /dʒenjali'ta/ f.inv. genius; ***dare prova di ~*** to show evidence of genius.

genialmente /dʒenjal'mente/ avv. brilliantly.

genialoide /dʒenja'lɔide/ → **geniaccio**.

genico, pl. **-ci**, **-che** /'dʒɛniko, tʃi, ke/ agg. genic; ***terapia -a*** gene therapy; ***cluster ~*** gene cluster.

geniere /dʒe'njɛre/ m. sapper.

genietto /dʒe'njetto/ m. COLLOQ. whizz-kid.

▷ **1.genio**, pl. **-ni** /'dʒɛnjo, ni/ m. **1** *(persona di talento)* genius; ***un ~ della musica, matematica*** a musical, mathematical genius; ***~ incompreso*** misunderstood genius; ***non bisogna essere un ~ per capirlo*** IRON. you don't need to be a genius to understand it; ***non è certamente un ~*** he is most emphatically not a genius **2** *(ingegno)* genius; ***colpo di ~*** stroke of genius, burst of inspiration; ***lampo di ~*** brainwave, flash of genius; ***~ innato*** untaught genius **3** *(spirito)* genius (anche MITOL.), genie*; ***il ~ buono, cattivo*** good, evil genius; ***il ~ della foresta*** the spirit of the forest; ***Aladino e il ~ della lampada*** Aladdin and the Genie of the Lamp ◆ ***andare a ~ a qcn.*** [*persona, idea, proposta*] to appeal to sb.

2.genio /'dʒɛnjo/ m. Corps of Engineers, Royal Engineers BE; ***soldato, ufficiale del ~*** soldier, officer in the Engineers ◆◆ ***~ civile*** civil engineers; ***~ navale*** naval engineers.

genitale /dʒeni'tale/ **I** agg. [*apparato, organi, fase*] genital **II genitali** m.pl. genitals.

genitivo /dʒeni'tivo/ **I** agg. genitive **II** m. LING. genitive; ***al ~*** in the genitive; ***~ sassone*** possessive case.

▶ **genitore** /dʒeni'tore/ m. **1** *(padre, madre)* parent; ***i miei -i*** my parents; ***le gioie di essere ~*** IRON. the joys of parenthood; ***i miei diritti di ~*** my rights as a parent; ***rappresentante dei -i*** SCOL. class *o* parent representative **2** ZOOL. parent ◆◆ ***-i adottivi*** adoptive parents.

genitoriale /dʒenito'rjale/ agg. ***responsabilità -i*** responsibilities that go with parenthood.

genitourinario, pl. **-ri**, **-rie** /dʒenitouri'narjo, ri, rje/ agg. genitourinary.

genn. ⇒ gennaio January (Jan.).

▶ **gennaio** /dʒen'najo/ ➧ ***17*** m. January; ***in*** o ***a ~*** in January; ***il primo, il due (di) ~*** the first, the second of January.

genoano /dʒeno'ano/ **I** agg. [*tifoso, giocatore, difesa*] of Genoa football club, Genoa attrib. **II** m. (f. **-a**) **1** *(giocatore)* Genoa player **2** *(tifoso)* Genoa supporter.

genocidio, pl. **-di** /dʒeno'tʃidjo, di/ m. genocide.

genoma /dʒe'nɔma/ m. genome ◆◆ ***~ umano*** human genome.

genoteca, pl. **-che** /dʒeno'tɛka, ke/ f. gene bank, gene library.

genotipico, pl. **-ci**, **-che** /dʒeno'tipiko, tʃi, ke/ agg. genotypic.

genotipo /dʒeno'tipo/ m. genotype.

Genova /'dʒɛnova/ ➧ ***2*** n.pr.f. Genoa.

genovese /dʒeno'vese/ ➧ ***2*** **I** agg. [*prodotto, territorio*] Genoese **II** m. e f. Genoese* **III** m. LING. Genoese.

Gent. ⇒ gentile; ***~ Sig.ra Anna Bianchi*** *(in un indirizzo)* Ms Anna Bianchi.

gentaglia /dʒen'taʎʎa/ f. SPREG. riffraff, scum.

▶ **gente** /'dʒɛnte/ Mentre la parola *gente*, pur indicando una pluralità di persone, è grammaticalmente singolare, l'equivalente inglese *people* è plurale (sebbene non abbia la terminazione *-s*), va concordato con il verbo al plurale, e non è mai preceduto dall'articolo: *la gente dice che Jane è l'amante del direttore* = people say that Jane is the manager's lover; *la maggior parte della gente non lo sa* = most people don't know; *c'è molta gente che aspetta l'autobus* = there are many people waiting for the bus. - Quando *gente* vuol dire *popolo* può avere una forma plurale in italiano e in inglese (ed è preceduta anche in inglese dall'articolo): *le genti dell'Africa* = the peoples of Africa. f. **1** *(persone in generale)* people pl.; ***c'è poca gente in giro*** there are few people around; ***fino a qualche tempo fa la ~ diceva così*** up until recently people were saying that; ***mi piace avere ~ per casa*** I like having people around the house; ***la ~ accorse in massa per ascoltarlo*** people came in crowds to hear him; ***il calore ha degli strani effetti sulla ~*** heat does funny things to people; ***"chi viene?"***

- ***"la solita ~"*** "who's coming?" - "the usual crowd"; ***decisamente troppa ~*** far too many people; ***quanta ~!*** what a lot of people! ***moltissima ~*** a great many people; ***che ~!*** SPREG. some people! **2** *(persone con una caratteristica comune)* people pl., folk(s) pl.; ***la ~ di città, campagna*** city, country folk; ***~ di povere origini*** people from poor backgrounds; ***la ~ del posto*** the locals; ***la ~ che passa*** people walking by; ***la ~ comune*** common people; ***la ~ dell'est, del nord*** easterners, northerners; ***la ~ istruita*** the educated; ***dottori, dentisti e ~ del genere*** doctors, dentists and all such people **3** *(popolo)* ***le -i dell'Asia*** the peoples of Asia ◆◆ ***~ d'armi*** men at arms.

gentildonna /dʒentil'dɔnna/ f. gentlewoman* ANT.

▶ **1.gentile** /dʒen'tile/ agg. **1** *(garbato, cortese)* [*persona*] kind, nice, polite (**con** to); ***era un modo ~ di rifiutare*** it was a polite way of saying no; ***è sempre molto ~*** he's always very pleasant; ***rifiutare non sarebbe ~ da parte sua*** it would be ungracious of him to refuse; ***non costa nulla essere -i*** politeness costs nothing; ***è molto ~ da parte tua*** that's very kind of you; ***sii ~, rispondi al telefono*** be a dear and answer the phone; ***è stato ~ da parte vostra aspettare*** it was kind of you to wait; ***vuole essere così ~ da passarmi il sale?*** would you be kind enough *o* so kind as to pass me the salt? ***cercava solo di essere ~*** he was just being polite **2** *(rivolto con gentilezza)* [*parola*] kind, nice; ***che pensiero ~!*** what a kind thought! ***fare un gesto ~ nei confronti di qcn.*** to do something thoughtful for sb. **3** *(aggraziato)* gentle, delicate **4** SCHERZ. *(le donne)* ***il gentil sesso*** the gentle *o* fair sex **5** *(nella corrispondenza)* ***~ signore*** *(sulla lettera)* Dear Sir; ***~ signor Rossi*** *(sulla busta)* Mr Rossi; ***~ signora*** *(sulla lettera)* Dear Madam; ***~ signora Bianchi*** *(sulla busta)* Mrs Bianchi.

2.gentile /dʒen'tile/ m. STOR. RELIG. Gentile.

▷ **gentilezza** /dʒenti'lettsa/ f. **1** *(garbo, cortesia)* courtesy, kindness **U** (**verso, nei confronti di** to, towards); ***avere la ~ di fare*** to have the courtesy to do, to be kind enough to do; ***trattare qcn. con ~*** to be kind *o* nice to sb.; ***è il minimo della ~*** it's the least I could do **2** *(parole, frasi gentili)* ***scambiarsi -e*** to exchange pleasantries **3** *(favore)* ***mi faccia la ~ di fare*** do me the kindness to do.

gentilissimo /dʒenti'lissimo/ agg. **1** *(molto gentile)* very kind, extremely kind **2** *(nella corrispondenza)* ***~ sig. Ferrero*** *(sulla lettera)* Dear Mr Ferrero; *(sulla busta)* Mr Ferrero; ***-a sig.ra Jones*** *(sulla lettera)* Dear Mrs Jones; *(sulla busta)* Mrs Jones.

gentilizio, pl. **-zi**, **-zie** /dʒenti'littsjo, tsi, tsje/ agg. **1** STOR. *(relativo a una gens)* gentilitial **2** *(nobiliare)* ***stemma ~*** family coat of arms.

gentilmente /dʒentil'mente/ avv. [*parlare, trattare*] kindly, gently, nicely; ***potrebbe ~ chiudere la finestra?*** would you mind closing the window, please? ***"i visitatori sono ~ pregati di fare"*** "would visitors kindly do", "visitors are kindly requested to do" BE.

▷ **gentiluomo**, pl. **gentiluomini** /dʒenti'lwɔmo, dʒenti'lwɔmini/ m. **1** STOR. gentleman*; ***~ di campagna*** country gentleman **2** *(cavaliere)* gentleman*; ***comportarsi da ~*** to behave like a gentleman; ***sia ~!*** be a gentleman! ***è un vero ~*** he's a (real) gent.

gentleman /dʒentl'mɛn/ m.inv. gentleman.

Gent.mo ⇒ gentilissimo; ***gent.mo Signor Brown*** *(sulla busta)* Mr Brown.

gentucola /dʒen'tukola/ f. minnow, low-minded people.

genuflessione /dʒenufles'sjone/ f. genuflexion BE, genuflection AE; ***fare una ~*** to genuflect.

genuflettersi /dʒenu'flɛttersi/ [2] pronom. to genuflect, to kneel* (down).

genuinità /dʒenuini'ta/ f.inv. **1** *(di sentimento)* genuineness; *(di gesto, azione)* spontaneity, candour **2** *(di prodotto)* quality, authenticity.

▷ **genuino** /dʒenu'ino/ agg. **1** *(naturale)* [*alimento*] natural, wholesome, unadulterated; [*vino*] real **2** *(sincero)* [*sentimento*] genuine, unaffected.

genziana /dʒen'tsjana/ f. gentian.

genzianella /dʒentsja'nɛlla/ f. gentianella.

geoanticlinale /dʒeoantikli'nale/ f. geanticline.

geobiologia /dʒeobiolo'dʒia/ f. geobiology.

geocentrico, pl. **-ci**, **-che** /dʒeo'tʃɛntriko, tʃi, ke/ agg. geocentric.

geocentrismo /dʒeotʃen'trizmo/ m. geocentrism.

geochimica /dʒeo'kimika/ f. geochemistry.

geochimico, pl. **-ci**, **-che** /dʒeo'kimiko, tʃi, ke/ **I** agg. geochemical **II** ♦ ***18*** m. (f. **-a**) geochemist.

geocronologia /dʒeokronolo'dʒia/ f. geochronology.

geode /dʒe'ɔde/ m. geode.

geodesia /dʒeode'zja/ f. geodesy.

geodetica /dʒeo'dɛtika/ f. geodesic.

geodetico, pl. **-ci**, **-che** /dʒeo'dɛtiko, tʃi, ke/ agg. geodetic(al), geodesic; ***cupola -a*** geodesic dome.

geodinamica /dʒeodi'namika/ f. geodynamics + verbo sing.

geodinamico, pl. **-ci**, **-che** /dʒeodi'namiko, tʃi, ke/ agg. geodynamic.

geofagia /dʒeofa'dʒia/ f. geophagy.

geofago, pl. **-gi**, **-ghe** /dʒe'ɔfago, dʒi, ge/ agg. geophagous.

geofisica /dʒeo'fizika/ f. geophysics + verbo sing.

geofisico, pl. **-ci**, **-che** /dʒeo'fiziko, tʃi, ke/ **I** agg. [*studi, prospezioni*] geophysical **II** ♦ ***18*** m. (f. **-a**) geophysicist.

geofita /dʒe'ɔfita/ f. geophyte.

geofono /dʒe'ɔfono/ m. geophone.

geognosia /dʒeoɲɲo'zia/ f. geognosy.

geogonia /dʒeogo'nia/ f. geogony.

▷ **geografia** /dʒeogra'fia/ f. geography; ***libro di ~*** geography book ◆◆ ***~ economica*** economic geography, geonomics; ***~ fisica*** physical geography; ***~ politica*** political geography.

geograficamente /dʒeografika'mente/ avv. geographically.

▷ **geografico**, pl. **-ci**, **-che** /dʒeo'grafiko, tʃi, ke/ agg. [*atlante, enciclopedia, miglio*] geographic(al); ***carta -a*** map; ***nord ~*** true north; ***dizionario ~*** gazetteer.

geografo /dʒe'ɔgrafo/ m. (f. **-a**) geographer.

geoide /dʒe'ɔide/ m. geoid.

geolinguistica /dʒeolin'gwistika/ f. linguistic geography.

geologia /dʒeolo'dʒia/ f. geology.

geologico, pl. **-ci**, **-che** /dʒeo'lɔdʒiko, tʃi, ke/ agg. [*profilo, era*] geological.

geologo, m.pl. **-gi**, f.pl. **-ghe** /dʒe'ɔlogo, dʒi, ge/ ♦ ***18*** m. (f. **-a**) geologist.

geom. ⇒ geometra building surveyor.

geomagnetico, pl. **-ci**, **-che** /dʒeomaɲ'ɲɛtiko, tʃi, ke/ agg. geomagnetic.

geomagnetismo /dʒeomaɲɲe'tizmo/ m. geomagnetism.

geomante /dʒeo'mante/ m. e f. geomancer.

geomantico, pl. **-ci**, **-che** /dʒeo'mantiko, tʃi, ke/ agg. geomantic.

geomanzia /dʒeoman'tsia/ f. geomancy.

▷ **geometra** /dʒe'ɔmetra/ ♦ ***18*** m. e f. **1** *(professionista)* building surveyor **2** *(studioso, esperto di geometria)* geometrician **3** ZOOL. geometer.

▷ **geometria** /dʒeome'tria/ f. geometry ◆◆ ***~ analitica*** coordinate geometry, analytical geometry; ***~ descrittiva*** descriptive geometry; ***~ piana*** plane geometry; ***~ sferica*** spherical geometry; ***~ solida*** solid geometry.

geometricamente /dʒeometrika'mente/ avv. geometrically.

geometricità /dʒeometritʃi'ta/ f.inv. geometric quality.

▷ **geometrico**, pl. **-ci**, **-che** /dʒeo'mɛtriko, tʃi, ke/ agg. [*figura, metodo, dimostrazione*] geometrical; [*disegno, progressione*] geometric.

geometride /dʒeo'mɛtride/ m. looper, inch worm.

geomorfologia /dʒeomorfolo'dʒia/ f. geomorphology.

geomorfologico, pl. **-ci**, **-che** /dʒeomorfo'lɔdʒiko, tʃi, ke/ agg. geomorphologic(al).

geopolitica /dʒeopo'litika/ f. geopolitics + verbo sing.

geopolitico, pl. **-ci**, **-che** /dʒeopo'litiko, tʃi, ke/ agg. geopolitical.

Georgia /dʒe'ordʒa/ ♦ ***30, 33*** n.pr.f. **1** *(stato americano)* Georgia **2** *(stato asiatico)* Georgia.

georgiano /dʒeor'dʒano/ ♦ ***30, 25, 16*** **I** agg. **1** *(della Georgia)* Georgian **2** STOR. ARCH. Georgian **II** m. (f. **-a**) **1** *(persona)* Georgian **2** *(lingua)* Georgian.

georgico, pl. **-ci**, **-che** /dʒe'ɔrdʒiko, tʃi, ke/ agg. georgic.

geosfera /dʒeos'fɛra/ f. geosphere.

geosinclinale /dʒeosinkli'nale/ f. geosyncline.

geosincrono /dʒeo'sinkrono/ agg. geosynchronous.

geostazionario, pl. **-ri**, **-rie** /dʒeostattsjo'narjo, ri, rje/ agg. geostationary; ***orbita -a*** synchronous orbit, geostationary orbit.

geotermia /dʒeoter'mia/ f. geothermal power.

geotermico, pl. **-ci**, **-che** /dʒeo'tɛrmiko, tʃi, ke/ agg. geothermal.

geotettonica, pl. **-che** /dʒeotet'tɔnika, ke/ f. → **tettonica.**

geotropico, pl. **-ci**, **-che** /dʒeo'trɔpiko, tʃi, ke/ agg. geotropic.

geotropismo /dʒeotro'pizmo/ m. geotropism.

Geova /'dʒɛova/ n.pr.m. Jehovah; ***Testimone di ~*** Jehovah's Witness.

Geraldina /dʒeral'dina/ n.pr.f. Geraldine.

▷ **geranio**, pl. **-ni** /dʒe'ranjo, ni/ m. geranium ◆◆ ***~ dei boschi*** cranesbill; ***~-edera*** ivy-leaf geranium.

gerarca, pl. **-chi** /dʒe'rarka, ki/ m. **1** STOR. = during the Fascist period, a key person in the National Fascist Party **2** *(in una gerarchia ecclesiastica)* hierarch **3** FIG. *(persona autoritaria)* despot.

gerarchia /dʒerar'kia/ f. hierarchy; ***è più in alto rispetto a lui nella ~*** she's above him in the hierarchy; ***essere in fondo alla ~*** to be at the bottom of the hierarchy *o* ladder; ***una ~ di valori*** FIG. a scale of values.

gerarchicamente /dʒerarkika'mente/ avv. hierarchically; ***~ è inferiore a te*** he's below you in the hierarchy.

gerarchico, pl. **-ci, -che** /dʒe'rarkiko, tʃi, ke/ agg. [*organizzazione, sistema, grado, ordine*] hierarchic(al); ***per via -a*** AMM. through the correct channels, through official channels.

gerarchizzare /dʒerarkid'dzare/ [1] tr. to hierarchize, to organize into a hierarchy.

gerarchizzazione /dʒerarkiddzat'tsjone/ f. hierarchization.

Gerardo /dʒe'rardo/ n.pr.m. Gerald, Gerard.

gerbillo /dʒer'billo/ m. gerbil.

gerboa /dʒer'bɔa/ m.inv. ZOOL. desert rat.

Geremia /dʒere'mia/ n.pr.m. Jeremiah, Jeremy.

geremiade /dʒere'miade/ f. jeremiad (**su** about); ***smettila con le tue -i*** stop moaning.

gerente /dʒe'rɛnte/ m. e f. manager, director.

gerenza /dʒe'rɛntsa/ f. management, direction.

gergale /dʒer'gale/ agg. slang attrib., slangy COLLOQ.

gergalismo /dʒerga'lizmo/ m. slang expression.

gergalmente /dʒergal'mente/ avv. slangily.

gergo, pl. **-ghi** /'dʒɛrgo, gi/ m. **1** *(lingua criptica)* slang **U**; ***~ militare, scolastico*** army, school slang **2** *(linguaggio settoriale)* jargon **U**; ***~ medico, pubblicitario*** medical jargon, advertising jargon; ***~ burocratico*** officialese; ***~ giornalistico*** SPREG. journalese; ***~ giuridico*** SPREG. legal jargon, legalese.

geriatra, m.pl. **-i**, f.pl. **-e** /dʒe'rjatra/ ➧ ***18*** m. e f. geriatrician.

geriatria /dʒerja'tria/ f. geriatrics + verbo sing., geriatric medicine.

geriatrico, pl. **-ci, -che** /dʒe'rjatriko, tʃi, ke/ agg. [*ospedale, reparto*] geriatric.

Gerico /'dʒɛriko/ ➧ ***2*** n.pr.f. Jericho; ***rosa di ~*** Resurrection plant.

gerla /'dʒɛrla/ f. basket (carried on the back).

gerlo /'dʒɛrlo/ m. MAR. gasket.

Germana /dʒer'mana/ n.pr.f. Germaine.

germanesimo /dʒerma'nezimo/ → **germanismo**.

Germania /dʒer'manja/ ➧ ***33*** n.pr.f. Germany; ***~ dell'Est, dell'Ovest*** POL. STOR. East Germany, West Germany; ***le due -e*** the two Germanies; ***la ~ unita*** unified Germany.

germanico, pl. **-ci, -che** /dʒer'maniko, tʃi, ke/ **I** agg. **1** *(dei germani)* Germanic; ***lingue -che*** Germanic languages **2** *(tedesco)* German **II** m. LING. Germanic.

germanio /dʒer'manjo/ m. germanium.

germanismo /dʒerma'nizmo/ m. Germanism.

germanista, m.pl. **-i**, f.pl **-e** /dʒerma'nista/ m. e f. Germanist.

germanistica /dʒerma'nistika/ f. German studies pl.

germanizzare /dʒermanid'dzare/ [1] **I** tr. to germanize **II germanizzarsi** pronom. to germanize, to become* germanized.

germanizzazione /dʒermaniddzat'tsjone/ f. germanization.

1.germano /dʒer'mano/ **I** agg. STOR. German **II** m. STOR. (f. **-a**) German.

2.germano /dʒer'mano/ **I** agg. *(degli stessi genitori)* ***fratello ~*** brother-german; ***sorella -a*** sister-german **II** m. LETT. (f. **-a**) (full) brother.

3.germano /dʒer'mano/ m. ZOOL. ***~ reale*** wild duck.

germanofilo /dʒerma'nɔfilo/ **I** agg. Germanophile **II** m. (f. **-a**) Germanophile.

germanofobo /dʒerma'nɔfobo/ **I** agg. Germanophobe **II** m. (f. **-a**) Germanophobe.

germanofono /dʒerma'nɔfono/ **I** agg. German-speaking **II** m. (f. **-a**) German speaker.

▷ **germe** /'dʒɛrme/ m. **1** *(germoglio)* germ; ***~ di grano*** wheat germ **2** *(batterio)* germ, bug; ***privo di -i*** germ-free; ***veicolo di -i*** germ carrier **3** FIG. *(inizio)* seed (**di** of); ***il ~ di un'idea*** the germ of an idea; ***contenere il ~ della crisi*** to contain the seeds of the crisis **4 in germe** undeveloped, unfledged, in embrionic form, in embryo ◆◆ ***~ patogeno*** pathogenic germ.

germicida /dʒermi'tʃida/ **I** agg. germicidal **II** m. germicide.

germinale /dʒermi'nale/ agg. **1** BIOL. germinal; ***cellula ~*** germ cell *o* germinal cell **2** FIG. *(iniziale)* ***stadio ~*** embryonic stage.

germinare /dʒermi'nare/ [1] intr. (aus. *essere*, *avere*) to germinate; FIG. to sprout, to arise*.

germinativo /dʒermina'tivo/ agg. germinative.

germinatoio, pl. **-oi** /dʒermina'tojo, oi/ m. seed tray; *(riscaldato)* propagator.

germinazione /dʒerminat'tsjone/ f. germination.

germogliamento /dʒermoʎʎa'mento/ m. → **germogliazione**.

germogliare /dʒermoʎ'ʎare/ [1] intr. (aus. *essere*, *avere*) **1** [*pianta*] to burgeon, to sprout, to shoot*; [*seme, bulbi*] to sprout, to germinate, to come* up; [*grano*] to germinate; [*patate*] to sprout; [*gemme*] to bud **2** FIG. *(iniziare)* [*speranza*] to spring*, to arise*.

germogliazione /dʒermoʎʎat'tsjone/ f. budding, sprouting, germination.

germoglio, pl. **-gli** /dʒer'moʎʎo, ʎi/ m. **1** *(di grano)* germ; *(di patate, soia)* sprout; *(di foglie, fiori)* bud; *(di pianta)* (off)shoot, sprout; ***mettere -gli*** to sprout, to shoot **2** FIG. *(di vizio, sentimenti)* germ.

Geroboamo /dʒerobo'amo/ n.pr.m. Jeroboam.

geroglifico, pl. **-ci, -che** /dʒero'glifiko, tʃi, ke/ **I** agg. [*carattere, iscrizione*] hieroglyphic(al); ***scrittura -a*** hieroglyphics **II** m. *(simbolo)* hieroglyphic, hieroglyph (anche FIG.).

Gerolamo /dʒe'rɔlamo/ n.pr.m. Jerome.

gerontocomio, pl. **-mi** /dʒeronto'kɔmjo, mi/ m. old people's home, geriatric hospital.

gerontocrazia /dʒerontokrat'tsia/ f. gerontocracy.

gerontoiatra /dʒeronto'jatra/ ➧ ***18*** f. → **geriatra**.

gerontoiatria /dʒerontoja'tria/ f. → **geriatria**.

gerontologia /dʒerontolo'dʒia/ f. gerontology.

gerontologico, pl. **-ci, -che** /dʒeronto'lɔdʒiko, tʃi, ke/ agg. gerontologist.

gerontologo, m.pl. **-gi**, f.pl. **-ghe** /dʒeron'tɔlogo, dʒi, ge/ ➧ ***18*** m. (f. **-a**) gerontologist.

gerosolimitano /dʒerozolimi'tano/ **I** agg. **1** *(di Gerusalemme)* Hierosolymitan **2** *(dell'ordine cavalleresco)* of the Hierosolymitan Order **II** m. (f. **-a**) **1** Hierosolymitan **2** *(cavaliere)* Hierosolymitan.

Gertrude /dʒer'trude/ n.pr.f. Gertrude.

gerundio, pl. **-di** /dʒe'rundjo, di/ m. gerund.

gerundivo /dʒerun'divo/ agg. e m. gerundive.

Gerusalemme /dʒeruza'lɛmme/ n.pr.f. Jerusalem.

Gervasio /dʒer'vazjo/ n.pr.m. Jervis.

Gervaso /dʒer'vazo/ n.pr.m. Gervase.

gessare /dʒes'sare/ [1] tr. **1** AGR. to chalk [*terreno*] **2** ENOL. to plaster [*vino*].

gessato /dʒes'sato/ **I** p.pass. → **gessare II** agg. **1** AGR. chalky **2** ENOL. plastered, plaster attrib. **3** MED. plaster attrib. **4** ABBIGL. [*stoffa, abito, tailleur*] pinstriped, pinstripe attrib. **III** m. pinstripes pl.

gessatura /dʒessa'tura/ f. **1** AGR. chalking **2** ENOL. plastering.

gessetto /dʒes'setto/ m. piece of chalk, stick of chalk; ***~ da sarto*** tailor's chalk, French chalk.

Gessica /'dʒɛssika/ n.pr.f. Jessica.

▷ **gesso** /'dʒɛsso/ m. **1** *(minerale)* gypsum **2** *(materiale)* chalk; ***modello in ~*** plaster cast, plaster mould, model in plaster **3** MED. *(ingessatura)* plaster (cast); ***stivale di ~*** walking cast **4** ART. *(oggetto)* plaster cast, plaster model **5** *(gessetto)* piece of chalk, stick of chalk; ***scrivere qcs. con il ~*** to chalk sth. on.

gessoso /dʒes'soso/ agg. **1** *(di, con gesso)* [*terreno*] chalk attrib., chalky **2** *(simile al gesso)* chalky.

gesta /'dʒɛsta/ f.pl. STOR. LETTER. (heroic) deeds pl.; ***canzone di ~*** chanson de geste.

gestaccio, pl. **-ci** /dʒes'tattʃo, tʃi/ m. rude sign, rude gesture.

gestaltismo /gestal'tizmo/ m. gestalt psychology.

gestante /dʒes'tante/ f. pregnant woman*, pregnant mother.

gestatorio, pl. **-ri, -rie** /dʒesta'tɔrjo, ri, rje/ agg. gestatorial; ***sedia -a*** gestatorial chair.

gestazione /dʒestat'tsjone/ f. **1** FISIOL. gestation, pregnancy, childbearing; ***periodo di ~*** gestation period **2** FIG. *(di opera, romanzo, crisi)* gestation, development; ***un libro in ~*** a book in gestation *o* in development.

gestibile /dʒes'tibile/ agg. manageable; ***una situazione difficilmente ~*** a situation which is hard to handle *o* to manage.

gesticolamento /dʒestikola'mento/ m. → **gesticolazione**.

gesticolare /dʒestiko'lare/ [1] intr. (aus. *avere*) to gesticulate, to gesture.

gesticolazione /dʒestikolat'tsjone/ f. gesticulation.

gesticolio, pl. **lii** /dʒestiko'lio, lii/ m. continual gesticulation.

gestionale /dʒestjo'nale/ agg. [*tecnica, organismo*] administrative; [*problema, contabilità*] management attrib.

gestione /dʒes'tjone/ f. **1** *(amministrazione)* management, administration; *(di negozio, attività)* running; ***dare in ~*** to appoint a manager for [*negozio, società*]; ***prendere in ~*** to take over the management of [*negozio, società*]; ***assicurare la ~ di qcs.*** to manage sth., to run sth.; ***cambiamento di ~*** change in management; ***"nuova ~"*** "under new management", "under new ownership"; ***cattiva ~*** maladministration, bad management, mismanagement; ***l'impresa risente di una cattiva ~*** the company suffers from poor management; ***spese di ~*** operating costs, working expenses, running costs; ***~ della produzione*** production organization; ***la ~ dei propri***

ritmi di lavoro the coordination of one's working time **2** *(conduzione)* handling, running; ~ ***della crisi*** POL. crisis management; ***la ~ del caso*** DIR. the handling of the case **3** INFORM. *(di file, database)* management ◆◆ ~ ***amministrativa*** administration; ~ ***del budget*** o ***budgetaria*** budgetary control; ~ ***di cassa*** corporate cash management; ~ ***del personale*** personnel management; ~ ***di portafoglio*** ECON. portfolio management; ~ ***di previsione*** (forward) planning; ~ ***del rischio (d'impresa)*** risk management; ~ ***risorse*** INFORM. resource management; ~ ***delle risorse umane*** people management, human resource management; ~ ***delle scorte*** stock BE *o* inventory AE control.

1.gestire /dʒes'tire/ [102] tr. **1** *(amministrare)* to manage, to run*, to keep* [*negozio, attività*]; to manage [*produzione, tempo, gruppo, artista*]; to administer, to handle, to manage [*fondi*]; to run*, to be* in charge of [*servizio*]; to operate [*rete, collegamento*]; *(trattare)* to handle [*situazione, informazione, problema, crisi*] **2** FIG. *(dosare)* to husband [*forze*].

2.gestire /dʒes'tire/ [102] intr. LETTER. (aus. *avere*) to gesticulate.

▶ **gesto** /'dʒɛsto/ m. **1** *(azione)* gesture, act; ***un ~ di buona volontà, riappacificazione, di disprezzo*** a gesture of goodwill, of appeasement, of despise; ***un ~ premuroso, d'amicizia*** a thoughtful gesture, a friendly gesture; ***un ~ disperato*** a desperate act; ***commettere un ~ disperato*** EUFEM. to commit suicide; ***un ~ simbolico*** a token gesture; ***un bel ~*** a nice *o* noble gesture; ***un ~ disinteressato*** an unselfish act; ***è il ~ che conta*** it's the gesture that counts; ***potrebbe almeno fare il ~!*** FIG. he could at least show that he cares! **2** *(movimento)* movement; *(movimento espressivo)* gesture; ***-i osceni*** obscene *o* rude gestures, rude signs; ***un ~ di scoraggiamento, protesta, rifiuto*** a gesture of despondency, protest, refusal; ***comunicare, esprimersi a -i*** to communicate by (means of), express oneself with gestures; ***fare un ~*** to make a gesture; ***fare un ~, fare -i*** *(gesticolare)* to gesture; ***fare un ~ con la mano*** to wave ◆ ***non fare un ~*** not to lift a finger; ***fare il ~ di*** to make as if to.

gestore /dʒes'tore/ m. (f. **-trice** /tritʃe/) *(di attività commerciale, fabbrica, albergo, cinema, casinò)* manager; *(amministratore)* administrator.

gestosi /dʒes'tɔzi/ ➧ **7** f.inv. gestosis*.

gestrice /dʒes'tritʃe/ f. manageress, manager.

gestuale /dʒestu'ale/ agg. gestural; ***pittura ~*** action painting; ***linguaggio ~*** sign language.

gestualità /dʒestuali'ta/ f.inv. **1** *(carattere gestuale)* gestural character **2** *(capacità di esprimersi con i gesti)* gestural expressiveness.

Gesù /dʒe'zu/ **I** n.pr.m. Jesus; ***il Bambin ~*** the Christ child, the infant Jesus BE; ***Compagnia di ~*** Society of Jesus **II** inter. ***~!*** Jesus (Christ)! goodness me! Lord! COLLOQ.; ***~ buono! buon ~!*** good Lord! ***Gesù, aiutami!*** God help me! ◆◆ ~ ***Bambino*** Baby Jesus; ~ ***Cristo*** Jesus Christ; ~ ***di Nazareth*** Jesus of Nazareth.

gesuita /dʒezu'ita/ **I** agg. **1** RELIG. Jesuit; ***un padre ~*** a Jesuit priest **2** *(ipocrita)* Jesuitical **II** m. Jesuit.

gesuitico, pl. **-ci, -che** /dʒezu'itiko, tʃi, ke/ agg. **1** RELIG. [*morale*] Jesuitical; [*collegio, stile*] Jesuit **2** *(ipocrita)* Jesuitical.

gesuitismo /dʒezui'tizmo/ m. Jesuitism.

gesummaria /dʒezumma'ria/ inter. good heavens, God bless me.

geto /'dʒɛto/ m. VENAT. jess.

Getsemani /dʒet'tsemani/ n.pr.m. Gethsemane; ***l'orto di ~*** the Garden of Gethsemane.

gettaione /dʒetta'jone/ m. BOT. (corn)cockle.

▶ **gettare** /dʒet'tare/ [1] **I** tr. **1** *(lanciare)* to throw*, to cast* [*pietra, dadi*]; ~ ***qcs. a qcn.*** to throw sth. to sb., to throw sb. sth.; ~ ***qcs. per terra, sul tavolo, in aria*** to throw sth. to the ground, on the table, (up) in the air; ***non ~ oggetti dal finestrino*** don't throw anything out of the window; ~ ***le braccia (intorno) al collo di qcn.*** to throw *o* fling one's arms around sb.'s neck; ~ ***uno sguardo*** o ***un'occhiata su*** o ***a qcs.*** FIG. to cast an eye *o* a glance at sth. **2** *(buttare)* to throw* away, to throw* out [*anticaglie, immondizia*]; ~ ***qcs. nella spazzatura*** to throw sth. out *o* in the bin BE *o* in the garbage AE; ***usa e getta*** [*accendini, fazzoletti*] throwaway, disposable **3** MAR. PESC. to cast* [*amo, reti*]; ~ ***l'ancora*** to drop *o* cast* anchor, to anchor **4** *(costruire)* to build* [*ponte*]; FIG. to establish, to lay* [*basi*]; ~ ***le fondamenta di qcs.*** to lay the foundations for sth. (anche FIG.) **5** *(causare)* ~ ***lo scompiglio in città*** to throw the town into turmoil **6** *(precipitare)* ~ ***qcn. nel panico, nella disperazione*** to throw sb. into a panic, into despair; ~ ***il paese nel caos*** to throw the country into chaos **7** *(emettere)* to give*, to utter [*grido*] **II** intr. (aus. *avere*) *(germogliare)* to burgeon, to sprout, to bud **III gettarsi** pronom. **1** *(buttarsi)* [*persona*] to throw* oneself (**in** into); ***-rsi a terra*** to throw oneself down *o* to the ground; ***-rsi dall'alto di un ponte, dalla finestra, nel canale*** to throw oneself off a bridge, out of the window, into the canal; ***-rsi al collo di qcn.*** to fling oneself around sb.'s neck; ***-rsi ai piedi, fra le braccia di qcn.*** to throw *o* fling oneself at sb.'s feet, into sb.'s arms; ***-rsi su*** *(precipitarsi)* to pounce on [*preda, cibo*]; ***-rsi a capofitto*** o ***a testa bassa in qcs.*** to rush headlong into sth. **2** *(sfociare)* [*corso d'acqua*] to flow (**in** into); ***qui il fiume si getta nel mare*** here the river enters the sea ◆ ~ ***i soldi dalla finestra*** to throw money away; ~ ***la maschera*** to show one's true colours; ~ ***acqua sul fuoco*** to pour oil on troubled waters; ~ ***la croce addosso a qcn.*** to accuse sb.; ~ ***le perle ai porci*** to cast pearls before swine, to be caviar(e) to the general; ~ ***la spugna*** to throw in the towel *o* the sponge; ~ ***le armi*** to surrender; ~ ***il guanto*** to throw down the gauntlet; ~ ***(nuova) luce su qcs.*** to cast (new) light on sth.; ~ ***un'ombra su*** to cast a shadow *o* cloud over [*immagine, reputazione, memoria*]; ~ ***dei sospetti su qcn.*** to point the finger of suspicion at sb.; ~ ***fango su qcn.*** to sling mud at sb., to drag sb.'s name through the mud; ~ ***fumo negli occhi a qcn.*** to pull the wool over sb.'s eyes; ~ ***polvere negli occhi a qcn.*** to throw dust in sb.'s eyes.

gettata /dʒet'tata/ f. **1** *(colata)* casting **2** *(sull'acqua)* jetty.

gettito /'dʒɛttito/ m. ECON. *(di impresa)* revenue, yield; ~ ***d'imposta*** tax levy; ~ ***fiscale*** internal revenue.

getto /'dʒɛtto/ m. **1** *(lancio)* throw **2** *(emissione) (di acqua, gas)* jet; ~ ***di sabbia*** TECN. sandblast; ***motore a ~*** jet engine; ***stampante a ~ d'inchiostro*** inkjet printer; ***a ~ continuo*** *(ininterrottamente)* [*parlare, scrivere*] nonstop; ***di ~*** FIG. *(di primo impulso)* [*scrivere*] in one go **3** TECN. *(colata)* casting; ***con un solo ~*** [*colare*] in one piece **4** BOT. *(germoglio)* shoot, sprout.

gettonare /dʒetto'nare/ [1] tr. COLLOQ. **1** *(selezionare al juke-box)* to select, to choose* [*canzone, disco*] **2** *(chiamare da un telefono a gettoni)* to ring* up [*amico*].

gettonato /dʒetto'nato/ **I** p.pass. COLLOQ. → **gettonare II** agg. COLLOQ. ***la canzone più -a dell'estate*** the most popular song of the summer; ***il cantante più ~*** the most popular singer.

▷ **gettone** /dʒet'tone/ m. **1** *(per apparecchio)* token; ~ ***telefonico*** o ***del telefono*** telephone token, telephone counter, telephone coin; ***a -i*** coin operated, coin-op COLLOQ.; ***telefono a -i*** coin box, pay phone; ***lavanderia a -i*** laundromat AE **2** *(da gioco)* counter; *(nei giochi d'azzardo)* chip ◆◆ ~ ***di presenza*** director's fee, attendance fee.

gettoniera /dʒetto'njɛra/ f. **1** *(contenitore)* coin box, money box **2** *(distributore)* token machine, token dispenser.

gettopropulsione /dʒettopropul'sjone/ f. ING. AER. jet propulsion.

geyser /'gaizer/ m.inv. GEOL. geyser.

geyserite /gaize'rite/ f. MINER. geyserite, sinter.

Gezabele /dʒeddza'bɛle/ n.pr.f. Jezebel.

Ghana /'gana/ ➧ **33** n.pr.m. Ghana.

ghanaese /gana'ese/ → **ghaneano**.

ghaneano /gane'ano/ ➧ **25** **I** agg. Ghanaian **II** m. (f. **-a**) Ghanaian.

gheisha → **geisha**.

ghenga, pl. **-ghe** /'gɛnga, ge/ f. SCHERZ. crowd, crew COLLOQ., mob COLLOQ.

ghepardo /ge'pardo/ m. cheetah.

gheppio, pl. **-pi** /'geppjo, pi/ m. kestrel, windhover.

Gherardo /ge'rardo/ n.pr.m. Gerard, Gerald.

gheriglio, pl. **-gli** /ge'riʎʎo, ʎi/ m. (walnut) kernel.

gherlino /ger'lino/ m. hawser.

gherminella /germi'nɛlla/ f. trick, hocus-pocus.

ghermire /ger'mire/ [102] tr. **1** *(afferrare)* to grip, to claw (at), to clutch [*preda*] **2** FIG. *(cogliere improvvisamente)* to seize.

gherone /ge'rone/ m. **1** SART. gusset **2** ARALD. gyron **3** MAR. gore.

ghetta /'getta/ **I** f. gaiter, spat **II ghette** f.pl. *(pantaloncini per bambini)* leggings.

ghettizzare /gettid'dzare/ [1] tr. **1** to confine [sb.] in a ghetto, to ghettoize **2** FIG. to ghettoize.

ghettizzazione /gettiddzat'tsjone/ f. ghettoization.

ghetto /'getto/ m. ghetto* (anche FIG.).

ghiacciaia /gjat'tʃaja/ f. **1** *(luogo)* icehouse, cold (storage) room; ***la stanza è una vera ~*** FIG. this room is like an icebox **2** *(mobile)* icebox, ice-chest.

ghiacciaio, pl. **-ai** /gjat'tʃajo, ai/ m. glacier; ***bocca di*** o ***del ~*** mouth of the glacier; ***crepaccio del ~*** glacier crevasse; ***lingua di*** o ***del ~*** tongue of the glacier ◆◆ ~ ***continentale*** continental glacier; ~ ***pedemontano*** piedmont glacier.

▷ **ghiacciare** /gjat'tʃare/ [1] **I** tr. **1** *(congelare)* to freeze* [*acqua, terreno*] **2** *(rendere gelido)* to freeze* [*piedi, mani*]; ***il vento mi ha ghiacciato le orecchie*** the wind has frozen my ears **II** intr. (aus. *essere, avere*) **1** *(diventare ghiaccio)* [*acqua*] to freeze* (over) **2** *(coprirsi di uno strato di ghiaccio)* [*parabrezza, strade*] to frost over, to frost up, to ice over, to ice up **III** impers. (aus. *essere, avere*) ***stanotte è ghiacciato*** there was a heavy frost last night **IV** **ghiacciarsi** pronom. **1** *(dell'acqua)* to ice over **2** *(assiderare)* ***mi si sono ghiacciati i piedi*** my feet are frozen ◆ ***fare ~ il sangue a qcn.*** to make sb.'s blood run cold, to chill sb.'s blood; ***sentirsi ~ per la paura*** to freeze with horror.

ghiacciata /gjat'tʃata/ f. → **granita**.

▷ **ghiacciato** /gjat'tʃato/ **I** p.pass. → **ghiacciare II** agg. **1** *(ricoperto di ghiaccio)* [*strada*] icy, glassy; [*fontana, fiume, lago*] frozen; [*parabrezza*] frosty; ***le piste da sci sono -e*** ski slopes are icy **2** *(di bevande)* [*acqua, birra*] ice-cold; [*champagne, vino bianco*] chilled; [*tè*] iced; ***servire ~*** serve chilled **3** *(di persona)* [*mani, piedi*] icy, ice-cold, icy-cold, as cold as ice; ***sono ~*** I'm freezing.

▶ **ghiaccio**, pl. **-ci** /'gjattʃo, tʃi/ **I** m. ice; ***whisky con ~*** whisky with ice, whisky on the rocks; ***cubetto di ~*** ice-cube; ***secchiello da ~*** ice bucket; ***scomparto del ~*** icebox; ***macchina per il ~*** ice machine; ***borsa del ~*** ice pack; ***vaschetta del ~*** ice tray; ***banco di ~*** ice field, floe; ***lastra di ~*** sheet of ice, patch of ice, skim AE; ***attenzione alle lastre di ~*** watch out for icy patches; ***martello da ~*** ice-hammer; ***mettere lo spumante in ~*** to put the sparkling wine in an ice bucket; ***mettere in ~*** to chill [*bevanda, bibita*]; ***coperto di ~*** [*parabrezza*] frosty; ***ho i piedi di ~*** my feet are frozen, my feet are like ice **II** agg. [*vento*] ice-cold, icy; [*mani*] icy, ice-cold, icy-cold, as cold as ice; ***(color) bianco ~*** bright *o* cool white ◆ ***essere (un pezzo) di ~*** [*persona*] to be like ice *o* as cold as ice; ***rimanere di ~*** to remain unmoved, to be dumbfounded; ***avere un cuore di ~*** to have a cold heart; ***rompere il ~*** to break the ice ◆◆ ***~ artificiale*** artificial ice; ***~ secco*** dry ice.

ghiacciolo /gjat'tʃɔlo/ m. **1** *(pezzo di ghiaccio)* icicle **2** *(tipo di sorbetto)* ice lolly BE, Popsicle® AE; ***~ al limone*** lemon ice lolly.

ghiaia /'gjaja/ f. gravel **U**; ***uno strato di ~*** a layer of gravel; ***cava di ~*** gravel pit; ***spargere della ~ lungo un viale*** to gravel a path, to spread a path with gravel; ***di ~*** [*spiaggia*] pebbly, shingly.

ghiaietto /gja'jetto/ m. chippings pl., (fine) gravel **U**.

ghiaino /gja'ino/ m. chippings pl.

ghiaione /gja'jone/ m. scree **U**.

ghiaioso /gja'joso/ agg. [*sabbia*] gravel(ly), gritty, pebble, pebbly.

▷ **ghianda** /'gjanda/ f. **1** acorn, gland; ***a forma di ~*** acorn-shaped **2** *(guarnizione)* tassel.

ghiandaia /gjan'daja/ f. jay ◆◆ ***~ azzurra*** blue jay; ***~ marina*** roller.

ghiandifero /gjan'difero/ agg. glandiferous.

ghiandola /'gjandola/ f. gland; ***avere le -e gonfie*** to have swollen glands ◆◆ ***~ endocrina*** endocrine gland, ductless gland; ***~ esocrina*** exocrine gland; ***~ lacrimale*** lachrymal gland, lacrimal gland; ***~ mammaria*** mammary gland, milk gland; ***~ pineale*** pineal body, pineal gland; ***~ pituitaria*** pituitary gland; ***~ salivare*** salivary gland; ***~ sebacea*** sebaceous gland; ***~ sudoripara*** sweat gland; ***~ surrenale*** adrenal gland.

ghiandolare /gjando'lare/ agg. [*disfunzione*] glandular.

ghibellino /gibel'lino/ agg. e m. Ghibelline.

ghibli /'gibli/ m.inv. ghibli, gibli.

ghiera /'gjɛra/ f. **1** *(cerchio metallico)* ferrule, metal ring; ***munire di ~*** to ferrule [*attrezzo*] **2** MECC. (ring) nut.

ghigliottina /giʎʎot'tina/ f. **1** guillotine; *(pena di morte)* ***rischia la ~*** he faces the guillotine; ***condannato alla ~*** condemned to be guillotined **2** ***finestra a ~*** sash window.

ghigliottinare /giʎʎotti'nare/ [1] tr. to guillotine.

ghignare /giɲ'ɲare/ [1] intr. (aus. *avere*) to sneer.

ghigno /'giɲɲo/ m. sneer; ***un ~ sardonico, sarcastico*** a sardonic, sarcastic grin *o* sneer.

ghindare /gin'dare/ [1] tr. *(innalzare)* to hoist, to raise.

ghinea /gi'nɛa/ ♦ **6** f. *(moneta)* guinea.

ghingheri: **in ghingheri** /in'gingeri/ agg. ***essere in ~*** to be dressed up *o* dressed up to the nines COLLOQ., to be in one's glad rags COLLOQ. *o* in one's best bib and tucker; ***mettersi in ~*** to dress up, to tog oneself out BE COLLOQ.

ghiotta /'gjotta/ f. drip(ping) pan.

ghiotto /'gjotto/ agg. **1** *(goloso)* greedy, piggish; ***essere ~ di qcs.*** to be very fond of sth.; ***è ~ di formaggio, di dolci*** he can't resist cheese, cakes **2** *(avido)* eager, greedy; ***~ di notizie*** eager *o* hungry for news **3** *(che stuzzica la golosità)* [*dolce*] delicious, tasty, appetizing **4** *(molto interessante)* [*libro*] gripping, fascinating; ***una notizia -a*** a juicy bit of news.

1.ghiottone /gjot'tone/ m. (f. **-a**) glutton, gourmand.

2.ghiottone /gjot'tone/ m. ZOOL. wolverine.

ghiottoneria /gjottone'ria/ f. **1** *(cibo squisito)* delicacy, titbit BE, tidbit AE **2** *(golosità, ingordigia)* gluttony, gourmandism, greed(iness) **3** FIG. *(oggetto ricercato)* rarity.

ghiozzo /'gjɔddzo/ m. ZOOL. goby*.

ghiribizzo /giri'biddzo, giri'bittso/ m. *(capriccio, voglia improvvisa)* whim, fancy, whimwhams pl. AE COLLOQ.; ***gli è saltato il ~ di fare...*** he's got it into his head to do...

ghiribizzoso /giribid'dzoso/ agg. [*persona*] capricious, fanciful; [*idea*] extravagant, capricious, fanciful.

ghirigoro /giri'gɔro/ m. doodle, squiggle, scribble; ***fare -i*** to doodle, to draw squiggles (**su** on).

ghirlanda /gir'landa/ f. **1** *(corona)* garland, wreath; ***intrecciare una ~ di fiori*** to weave *o* twist flowers into a garland; ***~ di margherite*** daisy chain **2** FIG. LETT. garland ◆ ***fare ~ intorno a qcn.*** to form a circle, to make a ring around sb.

▷ **ghiro** /'giro/ m. dormouse*, loir ◆ ***dormire come un ~*** to sleep like a log.

ghironda /gi'ronda/ f. hurdy-gurdy.

ghisa /'giza/ f. cast iron; ***una stufa di ~*** a cast-iron stove ◆◆ ***~ acciaiosa*** semisteel; ***~ smaltata*** enamelled cast iron; ***~ speculare*** spiegeleisen.

gi /dʒi/ m. e f.inv. *(lettera)* g, G.

▶ **già** /dʒa/ Ci sono tre modi principali per tradurre *già* in inglese: *already, yet* e *before*. - In frase affermativa, si usa solitamente *already*: *già le 10, siamo in ritardo!* = 10 o'clock already, we're late!; *è inutile continuare, ha già vinto lui* = there's no point in going on, he has already won; *ne conoscevo già il significato* = I already knew its meaning. - In frase interrogativa, *già* si traduce con *yet* se quello che è già capitato era previsto o prevedibile, e con *already* per esprimere stupore o sorpresa; così, un esempio come *avete già finito?* si rende con "have you finished yet?" se si chiede semplicemente un'informazione, oppure con "have you finished already?" se si constata la conclusione di un lavoro e ciò crea sorpresa. Esempi in frase interrogativa indiretta sono *chiedi a tua moglie se è già pronta* = ask your wife if she is ready yet, e *mi domando se sono già arrivati* = I wonder if they are there yet. - Quando *già* indica ripetizione di quanto è avvenuto in precedenza, nel passato, si può usare *before* al posto di *already*: *te l'ho già detto* = I've told you before (oppure: I've already told you). - Gli esempi mostrano le diverse possibili posizioni di questi avverbi inglesi: *already* può stare in fondo alla frase, seguire l'ausiliare se il verbo è composto, ma precede il verbo (ad eccezione di *to be*) se questo è in forma semplice; *yet* e *before* stanno solitamente in fondo alla frase. - Va infine notato che *already* e *yet* sono spesso usati con il passato semplice nell'inglese americano, e quest'uso si sta diffondendo anche nell'inglese britannico: *gli ho già parlato* = I already spoke to him; *hai già mangiato?* = did you eat yet? (ma l'uso britannico standard prevede ancora "I've already spoken to him" e "have you eaten yet?"). avv. **1** *(fin da questo momento)* already; ***è ~ tardi*** it is already late, it's late already; ***~ a tre anni sapeva leggere*** he could already read by the age of three; ***senza questo, avrei ~ finito*** if it hadn't been for that, I would have finished already *o* I'd be finished by now; ***sarebbe ~ sposata, se solo l'avesse voluto*** she could have been married by now if she'd wanted; ***ha ~ perso*** she has already lost; ***è ~ scontato, avrà un aumento di stipendio*** it's already been agreed, she will get a rise **2** *(nelle frasi interrogative)* yet; *(per esprimere stupore, sorpresa)* already; ***è ~ alzato?*** is he up yet? ***è ~ a casa Victor?*** is Victor home yet? ***avete ~ ordinato?*** have you ordered yet? ***~ di ritorno? sono solo le dieci!*** back already? it's only ten o'clock! **3** *(in precedenza, passato)* before, already; ***te l'ho ~ detto*** I told you before, I've already told you once; ***hai ~ detto troppo*** you've already said too much; ***ho ~ dato!*** I've already done my bit! ***Piazza della Repubblica, ~ Piazza della Libertà*** Piazza della Repubblica, formerly Piazza della Libertà; ***il deputato, ~ ministro*** the current MP and former minister **4** *(come rafforzativo)* ***vado non ~ perché lo voglio, ma perché...*** I'm not going because I want to, but because...; ***è ~ un buon stipendio!*** that's a pretty good salary! ***avere la salute è ~ molto*** if at least you have your health, that's a good start; ***si è scusato, è ~ qualcosa*** at least he apologized, that's something; ***è ~ abbastanza ricca così!*** she's quite rich enough as it is! ***abbiamo ~ abbastanza problemi così!*** we've got quite enough problems as it is! ***questo ragionamento è ~ debole alla base*** this argument is basically unsound as it is; ***sarà comunque ~ fatto*** that'll be done at least; ***so ~ dove vuoi arrivare!*** COLLOQ. I can see what you're getting at BE *o* where you're coming from! ***so ~ come va a finire*** I've heard it all before; ***eh ~, dovevo immaginarmelo!*** of course, why didn't I think of that! ***ah ~!*** oh, yes! of course! ***di ~!*** already! ***~ ~, hai ragione*** of course, you're right **5** *(come affermazione, constatazione)* ***"è lui il tuo medico?" - "~!"*** "is he your doctor?" - "yes, that's right" **6** *(soltanto)* ~ ***il nome, il pensiero*** just the name, the idea **7 già che** since, as; ~ ***che ci sei*** since you are at it.

Giacarta /dʒa'karta/ ♦ *2* n.pr.f. Jakarta, Djakarta.

▶ **giacca**, pl. **-che** /'dʒakka, ke/ ♦ *35* f. jacket; *(di completo da uomo)* (man's) jacket; ***infilarsi*** o ***mettersi la*** ~ to put on *o* slip on the jacket; ***essere in ~ e cravatta*** to be wearing a suit and tie; ~ ***di pelle*** leather jacket; ~ ***di maglia*** knitted jacket; ***tasca, taschino della*** ~ jacket pocket, breast pocket; ***una ~ sciancrata*** a waisted jacket ♦♦ ~ ***da camera*** o ***da casa*** smoking jacket; ~ ***a doppio petto*** double-breasted jacket; ~ ***a un petto*** single-breasted jacket; ~ ***a vento*** anorak, Windbreaker AE, windcheater BE, windjammer BE.

giacché /dʒak'ke/ cong. ANT. forasmuch as, inasmuch, since, as.

giacchetta /dʒak'ketta/ f. jacket ♦♦ ~ ***nera*** referee.

giacchino /dʒak'kino/ m. *(da donna)* jacket.

giacchio, pl. **-chi** /'dʒakkjo, ki/ m. casting net.

giaccone /dʒak'kone/ m. winter jacket; ~ ***impermeabile*** a waterproof jacket; ~ ***cerato*** waxed jacket BE.

giacente /dʒa'tʃɛnte/ agg. **1** *(che giace)* lying (down) **2** *(non ritirato)* [*posta*] dead, unclaimed; *(non spedito)* [*pacco*] unsent; *(invenduto)* [*merce*] unsold; *(in magazzino)* [*merce*] in stock **3** DIR. [*eredità*] vacant **4** BUROCR. *(sospeso, accantonato)* [*pratica*] shelved **5** *(non utilizzato)* [*capitale*] idle, uninvested.

giacenza /dʒa'tʃɛntsa/ f. **1** *(merce invenduta)* dead stock **U**, stock in hand, inventory AE; ***in*** ~ [*merce*] *(in magazzino)* in stock; *(invenduto)* unsold **2** *(di posta)* ***pacco in*** ~ *(non consegnato)* parcel awaiting delivery; *(non ritirato)* unclaimed parcel ♦♦ ~ ***di cassa*** cash in hand, (cash) float.

▶ **giacere** /dʒa'tʃere/ [54] intr. (aus. *essere*) **1** *(essere disteso)* [*persona*] to lie*; ~ ***supino*** to lie supine, on one's back; ~ ***prono*** to lie prone, on one's stomach, face down; ~ ***lungo disteso*** to lie flat; ~ ***in*** o ***a terra immobile*** to lie motionless on the ground; ~ ***morto*** to lie dead **2** MAT. [*punto, retta*] to lie* **3** *(trovarsi)* [*lago, città*] to lie* **4** FIG. to languish, to lie* idle, to repose SCHERZ. **5** *(essere temporaneamente sospeso)* [*procedimento, pratiche*] to be* pending; [*capitale*] to lie* idle; ***la merce giace in magazzino*** the goods are lying unsold in the warehouse **6** ANT. LETT. ~ ***con qcn.*** to lie with sb. ♦ ***qui giace...*** *(nelle iscrizioni funebri)* here lies...

giaciglio, pl. **-gli** /dʒa'tʃiʎʎo, ʎi/ m. bed, couch LETT.; *(di paglia)* pallet.

▷ **giacimento** /dʒatʃi'mento/ m. deposit; ~ ***alluvionale*** alluvial deposit; ~ ***aurifero*** gold deposit; ~ ***di carbone*** coal deposit *o* seam; ~ ***petrolifero*** oilfield.

giacintino /dʒatʃin'tino/ agg. hyacinthine.

giacinto /dʒa'tʃinto/ m. **1** BOT. hyacinth **2** MINER. jacinth ♦♦ ~ ***di bosco*** bluebell, wild hyacinth, wood hyacinth; ~ ***a campanella*** common water hyacinth.

Giacinto /dʒa'tʃinto/ n.pr.m. Hyacinthus.

giacitura /dʒatʃi'tura/ f. **1** *(posizione)* position, lying posture **2** GEOL. position ♦♦ ~ ***filoniana*** GEOL. lode.

giaco, pl. **-chi** /'dʒako, ki/ m. STOR. coat of mail.

Giacobbe /dʒa'kɔbbe/ n.pr.m. Jacob; ***scala di*** ~ Jacob's ladder.

giacobiano /dʒako'bjano/ agg. ARCH. Jacobean.

giacobinismo /dʒakobi'nizmo/ m. **1** STOR. Jacobinism **2** POL. *(radicalismo)* Jacobinism, radicalism.

giacobino /dʒako'bino/ **I** agg. [*idee*] jacobinic(al) **II** m. (f. **-a**) **1** STOR. Jacobin **2** POL. *(estremista)* Jacobin.

giacobita /dʒako'bita/ m. e f. STOR. Jacobite.

Giacomina /dʒako'mina/ n.pr.f. Jacqueline.

giacomo /'dʒakomo/ m.inv. COLLOQ. ***le gambe gli fecero ~ ~*** his legs wobbled under him, his legs turned to jelly.

Giacomo /'dʒakomo/ n.pr.m. James; ***san*** ~ Saint James.

giaconetta /dʒako'netta/ f. jaconet.

giaculatoria /dʒakula'tɔrja/ f. **1** RELIG. short prayer **2** SCHERZ. litany, catalogue.

giada /'dʒada/ ♦ *3* **I** f. jade; ***anello, statuetta di*** o ***in*** ~ jade ring, statue **II** m.inv. *(colore)* jade **III** agg.inv. *(colore)* ***verde*** ~ jade (green).

giadeite /dʒade'ite/ f. jadeite.

Giaele /dʒa'ɛle/ n.pr.f. Jael.

giaggiolo /dʒad'dʒɔlo/ m. orris, iris*; ***rizoma di*** ~ orris(-)root.

giaguaro /dʒa'gwaro/ m. jaguar.

giaietto /dʒa'jetto/ m. jet; ***una collana di*** ~ a jet necklace.

gialappa /dʒa'lappa/ f. jalap.

giallastro /dʒal'lastro/ **I** agg. [*tessuto*] yellowish; [*capelli, pelle*] sallow **II** m. sallowness, yellowishness.

giallezza /dʒal'lettsa/ f. yellowness.

gialliccio, pl. **-ci**, **-ce** /dʒal'littʃo, tʃi, tʃe/ **I** agg. yellowish, yellowy **II** m. yellowish colour, yellowy colour.

giallino /dʒal'lino/ **I** agg. pale yellow, light yellow **II** m. pale yellow, light yellow.

giallista, m.pl. **-i**, f.pl. **-e** /dʒal'lista/ ♦ *18* m. e f. crime writer.

▶ **giallo** /'dʒallo/ ♦ *3* **I** agg. **1** *(colore)* [*fiore*] yellow; [*colorito*] sallow; ~ ***chiaro*** light yellow, pale yellow; ~ ***scuro*** dark yellow; ***ha i denti -i*** she's got yellow teeth; ***farina -a*** cornmeal; ***febbre -a*** yellow fever; ***bandiera -a*** MAR. yellow flag; ***cartellino*** ~ SPORT yellow card **2** SPREG. *(asiatico)* [*razza*] yellow **3** *(poliziesco)* [*film, romanzo*] crime attrib., detective attrib. **II** m. (f. **-a**) **1** *(colore)* yellow; ***vestirsi di*** ~ to wear yellow, to dress in yellow **2** *(parte dell'uovo)* (egg) yolk **3** *(del semaforo)* amber BE, yellow AE; ***attraversare con il*** ~ to go through when the light is amber *o* yellow **4** SPREG. *(persona di razza gialla)* yellow **5** *(film)* detective film, mystery; *(romanzo)* detective novel, detective story, mystery ♦ ***pericolo*** ~ SPREG. yellow peril ♦♦ ~ ***arancio*** orangy yellow; ~ ***canarino*** canary yellow; ~ ***di cromo*** chrome yellow; ~ ***limone*** lemon (yellow); ~ ***ocra*** muddy yellow, yellow ochre; ~ ***oro*** golden yellow; ~ ***paglierino*** straw coloured; ~ ***pallido*** pale yellow, primrose yellow; ~ ***senape*** mustard (yellow); ~ ***zafferano*** saffron (yellow).

gialloblu /dʒallo'blu/ **I** agg. [*tifoso, giocatore, difesa*] = of Verona football club **II** m. *(giocatore)* = Verona player.

giallognolo /dʒal'loɲɲolo/ **I** agg. [*colorito*] sallow **II** m. *(colore)* faded yellow.

giallorosso /dʒallo'rosso/ **I** agg. [*tifoso, giocatore, difesa*] = of Roma football club **II** m. *(giocatore)* = Roma player.

gialloverde /dʒallo'verde/ agg. *(colore)* lime green.

Giamaica /dʒa'maika/ ♦ *33* n.pr.f. Jamaica; ***pepe della*** ~ Jamaica pepper, pimento*.

giamaicano /dʒamai'kano/ ♦ *25* **I** agg. Jamaican **II** m. (f. **-a**) Jamaican.

Giambattista /dʒambat'tista/ n.pr.m. Jean Baptiste.

giambico, pl. **-ci**, **-che** /'dʒambiko, tʃi, ke/ agg. iambic; ***metro*** ~ iambic metre.

giambo /'dʒambo/ m. iamb(ic), iambus*.

giamburrasca /dʒambur'raska/ m. e f.inv. naughty child, little horror COLLOQ., little terror COLLOQ.

gianchetti /dʒan'ketti/ m.pl. → **bianchetti**.

giammai /dʒam'mai/ avv. LETT. never.

gianduia /dʒan'duja/ m.inv. *(cioccolato)* = soft hazelnut chocolate typical of Piedmont; *(gelato)* = ice cream flavour made from this chocolate.

gianduiotto /dʒandu'jɔtto/ m. GASTR. INTRAD. (typical chocolate of Turin made with chocolate and cream of crushed, toasted hazelnuts).

Gianicolo /dʒa'nikolo/ n.pr.m. Janiculum.

Gianna /'dʒanna/ n.pr.f. short for Giovanna.

giannetta /dʒan'netta/ f. STOR. TESS. spinning jenny.

Gianni /'dʒanni/ n.pr.m. short for Giovanni.

giannizzero /dʒan'nittsero/ m. **1** STOR. janizary **2** SPREG. *(scagnozzo)* henchman*.

Giano /'dʒano/ n.pr.m. Janus ♦♦ ~ ***bifronte*** FIG. Janus-faced person, deceitful person.

giansenismo /dʒanse'nizmo/ m. Jansenism.

giansenista, m.pl. **-i**, f.pl. **-e** /dʒanse'nista/ **I** m. e f. Jansenist **II** agg. Jansenistic.

giansenistico, pl. **-ci**, **-che** /dʒanse'nistiko, tʃi, ke/ agg. Jansenistic.

Giappone /dʒap'pone/ ♦ *33* n.pr.m. Japan.

giapponese /dʒappo'nese/ ♦ *25, 16* **I** agg. Japanese **II** m. e f. Japanese* **III** m. LING. Japanese.

giapponeseria /dʒapponese'ria/ f. Japanese knick-knack, japonaiserie, Japaneseries pl.

giara /'dʒara/ f. (earthenware) jar, jug.

giardinaggio, pl. **-gi** /dʒardi'naddʒo, dʒi/ m. gardening; ***attrezzi da*** ~ garden tools *o* implements; ***arte del*** ~ art of gardening; ***fare del*** ~ to do gardening; ***dedicarsi al*** ~ to take up gardening; ***un maniaco del*** ~ an enthusiastic *o* a compulsive *o* keen gardener.

giardinetta® /dʒardi'netta/ f. estate car.

giardinetto /dʒardi'netto/ m. **1** small garden **2** *(giardini pubblici)* playground, park, small public garden **3** MAR. ***vento al*** ~ quarterwind.

giardiniera /dʒardi'njɛra/ f. **1** gardener **2** *(piatto)* ~ ***di verdure*** pickled vegetables **3** *(fioriera)* jardinière **4** STOR. *(carrozza)* break, brake BE.

giardiniere /dʒardi'njɛre/ ♦ *18* m. (f. **-a**) gardener, yard-man* AE; ***attrezzi da*** ~ gardener's tools ♦♦ ~ ***paesaggista*** landscape gardener.

▶ **giardino** /dʒar'dino/ m. **1** *(privato)* garden BE, yard AE; ***curare il proprio*** ~ to work in one's garden BE *o* in the yard AE; ***è in*** ~ she is in the garden; ***sedia, tavolo da ~*** garden chair, table BE, patio chair, table AE; ***~ sul retro*** back garden, backyard AE **2** *(parco)* ***andare ai -i*** to go to the park; ***l'Italia è il ~ d'Europa*** FIG. Italy is the garden of Europe ◆◆ ***~ botanico*** botanic(al) gardens; ***~ dell'Eden*** Garden of Eden; ***~ giapponese*** Japanese garden; ***~ d'infanzia*** kindergarten, preschool playgroup, nursery school; ***~ all'inglese*** landscape garden; ***~ d'inverno*** winter garden, conservatory; ***~ all'italiana*** formal garden, Italian garden; ***~ ornamentale*** flower garden, ornamental *o* pleasure garden; ***~ pensile*** hanging gardens, roof garden; ***~ pubblico*** public garden, park, gardens; ***~ roccioso*** rock garden, rockery BE; ***~ segreto*** FIG. private domain; ***~ zoologico*** zoological gardens.

giargone /dʒar'gone/ m. MINER. jargon.

giarrettiera /dʒarret'tjɛra/ f. *(a fascia)* garter; *(attaccata al reggicalze o al busto)* suspender BE, garter AE; ***ordine della ~*** Order of the Garter; ***serpente ~*** garter snake.

Giasone /dʒa'zone/ n.pr.m. Jason.

giaurro /dʒa'urro/ m. giaour.

Giava /'dʒava/ ◗ ***14*** n.pr.f. Java.

giavanese /dʒava'nese/ ◗ ***16*** **I** agg. Javanese **II** m. e f. Javanese* **III** m. LING. Javanese.

giavazzo /dʒa'vattso/ m. jet.

giavellottista, m.pl. **-i**, f.pl. **-e** /dʒavellot'tista/ m. e f. javelin thrower.

giavellotto /dʒavel'lɔtto/ m. **1** *(oggetto)* javelin **2** *(disciplina)* ***lancio del ~*** javelin.

gibbone /dʒib'bone/ m. gibbon.

gibbosità /dʒibbosi'ta/ f.inv. **1** MED. gibbosity **2** *(del terreno)* hump, bump.

gibboso /dʒib'boso/ agg. **1** *(curvo)* gibbous, gibbose **2** [*terreno*] humpy.

giberna /dʒi'bɛrna/ f. ammunition pouch.

Gibilterra /dʒibil'tɛrra/ ◗ ***2*** n.pr.f. Gibraltar; ***lo Stretto di ~*** the Strait of Gibraltar; ***rocca di ~*** Rock of Gibraltar.

gibus /'dʒibus/ m.inv. crush-hat.

Gibuti /dʒi'buti/ ◗ ***33*** n.pr.m. Djibouti.

giga, pl. **-ghe** /'dʒiga, ge/ f. MUS. *(danza)* jig; ***ballare una ~*** to dance *o* do a jig.

gigabyte /dʒiga'bait/ m.inv. gigabyte.

▷ **gigante** /dʒi'gante/ **I** agg. giant, huge, enormous; [*confezione*] giant-sized, jumbo attrib.; ***slalom ~*** SPORT giant slalom; ***stella ~*** ASTR. giant star **II** m. **1** *(persona imponente)* giant; ***marmitta dei -i*** GEOL. pothole **2** FIG. giant; ***~ dell'industria*** industrial giant; ***~ dello spirito*** intellectual giant **3** ASTR. giant star ◆ ***a passi da ~*** by leaps and bounds; ***fare passi da ~*** to make great strides, to come on in leaps and bounds; ***~ dai piedi d'argilla*** idol with feet of clay ◆◆ ***~ rossa*** ASTR. red giant.

giganteggiare /dʒiganted'dʒare/ [1] intr. (aus. *avere*) **1** *(innalzarsi come un gigante)* [*campanile, grattacielo, monte*] to tower (**su** over, above), to rise*, stand* like a giant (**su** above) **2** FIG. *(eccellere)* ***~ su*** to tower over *o* above [*avversari, contemporanei*].

▷ **gigantesco**, pl. **-schi**, **-sche** /dʒigan'tesko, ski, ske/ agg. [*statura, costruzione*] gigantic, gigantesque; [*lavoro, sforzo*] huge, monstrous, monster attrib.

gigantessa /dʒigan'tessa/ f. giantess.

gigantismo /dʒigan'tizmo/ ◗ ***7*** m. **1** MED. gigantism **2** FIG. *(di palazzo, città)* giantism.

gigantografia /dʒigantogra'fia/ f. giant poster.

gigantomachia /dʒigantoma'kia/ f. gigantomachy.

gigaro /'dʒigaro/ m. cuckoo pint, cows-and-calves, lords and ladies.

gigio, pl. **-gi**, **-gie** o **-ge** /'dʒidzo, dzi, dze/ agg. ***avere la gamba -a*** to have a gammy leg.

gigione /dʒi'dʒone/ m. **1** TEATR. ham **2** *(vanitoso, presuntuoso)* braggart, boaster.

gigioneggiare /dʒidʒoned'dʒare/ [1] intr. (aus. *avere*) **1** TEATR. to ham, to overplay **2** *(esagerare)* to camp it up, to overact.

gigionescamente /dʒidʒoneska'mente/ avv. hammily.

gigionesco, pl. **-schi**, **-sche** /dʒidʒo'nesko, ski, ske/ agg. ham COLLOQ., hammy COLLOQ.

gigionismo /dʒidʒo'nizmo/ m. TEATR. ham acting.

gigliaceo /dʒiʎ'ʎatʃeo/ agg. liliaceous.

gigliato /dʒiʎ'ʎato/ agg. ARALD. [*stemma*] fleury.

▷ **giglio**, pl. **-gli** /'dʒiʎʎo, ʎi/ m. **1** *(fiore)* lily **2** ARALD. fleur-de-lis* ◆ ***bianco*** o ***candido come un ~*** lily-white; ***puro come un ~*** as pure as the driven snow ◆◆ ***~ alabardato*** ARALD. spearhead fleury; ***~ bianco*** Madonna lily, white lily; ***~ delle convalli*** → ***~ delle valli***; ***~ di Firenze*** Florentine fleur-de-lis; ***~ martagone*** martagon; ***~ di Spagna*** Spanish iris; ***~ tigrato*** tiger lily; ***~ delle valli*** lily of the valley.

gigolo /ʒigo'lo/ m.inv. gigolo*.

gigot /ʒi'go/ m.inv. gigot; ***manica a ~*** ABBIGL. leg-of-mutton sleeve.

gigotto /dʒɪ'gɔtto/ m. → **gigot**.

gihad /ʒi'ad/ f.inv. jihad, jehad.

Gilberto /dʒil'bɛrto/ n.pr.m. Gilbert.

gilda /'dʒilda/ f. guild.

Gilda /'dʒilda/ n.pr.f. Gilda.

gilè, gilet /dʒi'lɛ/ m.inv. waistcoat BE, vest AE; ***abito con ~*** three-piece suit; ***taschino del ~*** vest pocket AE.

gimcana, gimkana /dʒim'kana/ → **gincana**.

gimnocarpo /dʒimno'karpo/ agg. gymnocarpous.

gimnosperma /dʒimnos'pɛrma/ f. gymnosperm.

gimnoto /dʒim'nɔto/ m. gymnotus.

gin /dʒin/ m.inv. gin; ***dammi ancora un goccio di ~*** give me another shot of gin ◆◆ ***~ fizz*** gin sling, rickey AE; ***~ tonic*** gin and tonic.

ginandro /dʒi'nandro/ agg. gynandrous.

gincana /dʒin'kana/ f. gymkhana; ***fare la ~ nel*** o ***tra*** to weave in and out of [*traffico, tavoli*].

gineceo /dʒine'tʃɛo/ m. BOT. gynoecium*.

ginecocrazia /dʒinekokrats'sia/ f. gynaecocracy.

ginecologia /dʒinekolo'dʒia/ f. gynaecology BE, gynecology AE.

ginecologicamente /dʒinekolodʒika'mente/ avv. gynaecologically BE, gynecologically AE.

ginecologico, pl. **-ci**, **-che** /dʒineko'lɔdʒiko, tʃi, ke/ agg. gynaecologic(al) BE, gynecologic(al) AE; ***visita -a*** internal examination.

ginecologo, m.pl. **-gi**, f.pl. **-ghe** /dʒine'kɔlogo, dʒi, ge/ ◗ ***18*** m. (f. **-a**) gynaecologist BE, gynecologist AE.

ginepraio, pl. **-ai** /dʒine'prajo, ai/ m. **1** *(luogo)* juniper thicket **2** FIG. hot water, tangle, tight corner; ***cacciarsi*** o ***ficcarsi in un (bel) ~*** to get oneself into a fix *o* a tight corner, to get into hot water; ***togliersi da un ~*** to get out of a fix *o* a tight corner.

ginepro /dʒi'nepro/ m. *(arbusto)* juniper; ***bacca di ~*** juniper berry ◆◆ ***~ rosso*** sharp cedar; ***~ della Virginia*** savin(e), red cedar.

ginerio, pl. **-ri** /dʒi'nɛrjo, ri/ m. pampas grass.

ginestra /dʒi'nɛstra/ f. broom ◆◆ ***~ spinosa*** prickly broom.

ginestrella /dʒines'trɛlla/ f. (dyer's) greenweed, dyer's broom, base broom.

ginestrina /dʒines'trina/ f. bird's foot trefoil.

ginestrone /dʒines'trone/ m. furze, gorse, whin.

Ginevra /dʒi'nevra/ ◗ ***2*** n.pr.f. **1** *(città)* Geneva; ***lago di ~*** Lake Geneva; ***Convenzione di ~*** Geneva Convention **2** *(nome di donna)* Guinevere.

ginevrino /dʒine'vrino/ ◗ ***2*** **I** agg. Genevan, Genevese **II** m. (f. **-a**) Genevan, Genevese*.

ginger /'dʒindʒer/ m.inv. = bitter-tasting, orangy-coloured fizzy nonalcoholic soft drink.

gingillarsi /dʒindʒil'larsi/ [1] pronom. **1** *(giocherellare)* to fiddle (around), to toy, to play **2** *(perdere tempo)* to dawdle, to loaf about; ***smettila di gingillarti e incomincia a lavorare!*** stop dawdling and start working.

gingillo /dʒin'dʒillo/ m. **1** *(cianfrusaglia)* trinket, bauble, knick-knack **2** *(ninnolo)* plaything, toy.

ginkgo /'dʒingo/ m.inv. ginkgo*.

ginnare /dʒin'nare/ [1] tr. [*macchina*] to gin [*cotone*].

ginnasiale /dʒinna'zjale/ **I** agg. [*programma, licenza, esame*] of a ginnasio **II** m. e f. student of a ginnasio.

ginnasio, pl. **-si** /dʒin'nazjo, zi/ m. = in the Italian school system, the first two years of the liceo classico.

ginnasta, m.pl. **-i**, f.pl. **-e** /dʒin'nasta/ m. e f. gymnast.

▷ **ginnastica** /dʒin'nastika/ ◗ ***10*** f. *(disciplina sportiva)* gymnastics + verbo sing.; *(attività fisica)* exercise **U**, fitness training **U**; *(materia scolastica)* physical education, games pl. BE SCOL.; ***fare ~*** to do some exercise, to exercise; ***tutte le mattine faccio 20 minuti di ~*** I exercise for 20 minutes every morning; ***scarpa da ~*** training *o* gym shoe, plimsoll BE, trainer BE, sneaker AE ◆◆ ***~ acquatica*** aquagym; ***~ aerobica*** aerobics; ***~ attrezzistica*** apparatus gymnastics; ***~ correttiva*** remedial exercises; ***~ di mantenimento*** keep fit; ***~ mentale*** o ***della mente*** FIG. mental gymnastics; ***~ ritmica*** eurhythmics BE, eurythmics AE; ***~ svedese*** Swedish gymnastics.

ginnastico, pl. **-ci**, **-che** /dʒin'nastiko, tʃi, ke/ agg. → **ginnico**.

ginnatrice /dʒinna'tritʃe/ f. gin.

ginnetto /dʒin'netto/ m. jennet.

ginnico, pl. **-ci**, **-che** /'dʒinniko, tʃi, ke/ agg. [*esercizio*] gymnastic.

ginocchiata /dʒinok'kjata/ f. blow with the knee; *(colpo preso al ginocchio)* blow on the knee, knock on the knee; ***dare una ~ a qcn.*** to knee sb., to hit sb. with one's knee.

ginocchiera /dʒinok'kjɛra/ f. **1** *(di protezione)* knee-pad **2** *(fasciatura)* ~ ***elastica*** elastic knee-band **3** MECC. ***giunto a*** ~ toggle joint.

▶ **ginocchio**, pl. **-chi**, pl.f. **-chia** /dʒi'nɔkkjo, ki, kja/ ♦ **4** m. **1** (pl.f. *-chia*) ANAT. knee; ***piegare*** o ***flettere il*** ~ to bend *o* dip one's knee; ***sbucciarsi un*** ~ to scrape *o* graze *o* skin one's knee; ***siediti sulle mie -chia*** sit on my knee *o* lap; ***prendila sulle tue -chia*** put her on your knee *o* lap; ***essere nell'acqua fino alle -chia, avere l'acqua alle -chia*** to be up to one's knees in water, to be knee-deep in water; ***gonna sopra, sotto il*** ~ skirt above, below the knee; ***arrivare al*** ~ [*gonna, stivale*] to be knee-length; [*giaccone*] to come down to one's knees; ***gli tremavano le -chia*** FIG. his knees were knocking; ***sentirsi piegare le -chia*** *(per la fatica)* to go weak at the knees **2** (pl. *-chi*) *(di pantalone, collant)* knee **3** (pl. *-chi*) MAR. loom **4** (pl. *-chi*) TECN. bend **5 in ginocchio** on one's knees; ***essere in*** ~ to be kneeling, to be on one's knees; ***mettersi in*** ~ to kneel down, to go *o* get down on one's knees; ***supplicare in*** ~ to beg on bended knees; ***cadere in*** ~ to drop *o* fall *o* sink to one's knees; ***ve lo chiedo in*** ~***!*** FIG. I'm begging you! ◆ ***fare venire il latte alle -chia a qcn.*** to bore sb. to death *o* to tears; ***mettere qcn. in*** ~ to bring *o* force sb. to their knees ◆◆ ~ ***della lavandaia*** housemaid's knee; ~ ***valgo*** MED. baker-leg, knock knee, genu valgum; ~ ***varo*** MED. genu varum.

ginocchioni /dʒinok'kjoni/ avv. ***mettersi*** ~ to kneel down, to go *o* get down on one's knees; ***cadere*** ~ to drop *o* fall *o* sink to one's knees; ***camminare*** ~ to crawl.

ginseng /'dʒinseng, dʒin'sɛng/ m.inv. ginseng.

Gioacchino /dʒoak'kino/ n.pr.m. Joachim.

Giobbe /'dʒɔbbe/ n.pr.m. Job; ***il libro di*** ~ BIBL. the Book of Job ◆ ***avere la pazienza di*** ~ FIG. to have the patience of Job; ***povero come*** ~ as poor as a church mouse.

▶ **giocare** /dʒo'kare/ [1] **I** tr. **1** GIOC. SPORT to play [*partita, carta*]; to stake, to gamble, to bet* [*soldi*]; ~ ***un cavallo vincente, piazzato*** to back a horse to win, for a place; ***giochiamoci la cena alle bruschette*** let's draw straws to see who pays for dinner; ~ ***il tutto per tutto*** to risk one's all **2** *(ingannare)* ~ ***qcn.*** to trick sb. **II** intr. (aus. *avere*) **1** *(divertirsi)* [*bambino, animale*] to play (**con** with); ***bambini, andate a*** ~ ***fuori!*** go and play outside, children! ***porta i bambini a*** ~ ***al parco*** take the children to play in the park; ***il gatto sta giocando con un topo*** the cat is playing with a mouse; ~ ***a carte, a dama*** to play cards, checkers; ~ ***con le bambole*** to play with one's dolls; ~ ***ai cowboy e agli indiani*** to play cowboys and indians; ~ ***al dottore*** to play doctors and nurses; ~ ***a guardie e ladri*** to play cops and robbers; ***non siamo qui per*** ~***!*** we're not here to play games! ***a che gioco giocate?*** what are you playing? FIG. what are you playing at? ***tocca a te*** ~***!*** *(nei giochi da tavolo)* your turn! **2** *(gingillarsi)* ***smetti di*** ~ ***con la penna*** stop fiddling with your pen! **3** *(praticare uno sport)* ~ ***a*** to play [*calcio, tennis*]; ***gioca nella (squadra della) Juventus*** he plays for Juventus; ~ ***in porta, all'ala, da centravanti, da difensore*** to play goal, wing, centre forward, defender **4** *(disputare un incontro)* ~ ***fuori casa, in casa*** to play away, at home; ***l'Italia gioca contro la Francia*** Italy is playing (against) France **5** *(scommettere)* to gamble; ~ ***a carte con i soldi*** to gamble at cards, to play for money; ~ ***pesante*** to gamble for high stakes; ~ ***al lotto*** to play lotto *o* the numbers *o* the numbers game **6** *(speculare)* to gamble; ~ ***in borsa*** to gamble on the Stock Exchange, to play the market; ~ ***al rialzo*** to bull; ~ ***al ribasso*** to bear; ~ ***su*** FIG. to play on [*credulità, stanchezza*] **7** FIG. *(trattare con leggerezza)* ~ ***con*** to gamble with [*vita, salute*]; to play with [*sentimenti*] **8** FIG. *(creare effetti particolari)* [*luce, fiamme, vento*] to play; ***una brezza leggera giocava con i suoi capelli*** a light breeze was playing with her hair; ***la luce del sole giocava sull'acqua*** sunlight was playing over the water **9** *(influire, avere peso)* ~ ***a favore di qcn.*** [*argomento, fattore*] to work *o* be *o* operate *o* weigh in sb.'s favour; ***le considerazioni che hanno giocato nella mia decisione*** the considerations that played a part in my decision; ~ ***un ruolo determinante negli affari pubblici*** to play a leading role in public affairs **III giocarsi** pronom. to risk, to stake; ***-rsi lo stipendio alla roulette*** to play one's salary on the roulette; ***-rsi la reputazione*** to gamble away one's reputation ◆ ~ ***un brutto tiro*** o ***un tiro mancino a qcn.*** to pull a fast one on sb., to play a dirty trick on sb.; ~ ***come il gatto col topo*** to play cat and mouse; ~ ***a carte scoperte*** to act above board, to play fair; ~ ***la propria carta migliore*** to play one's ace *o* trump card; ~ ***bene le proprie carte*** to play one's cards right; ***-rsi la camicia su qcs.*** to put one's shirt on sth.; ~ ***d'astuzia*** to use *o* resort to cunning; ~ ***sporco*** to play dirty; ~ ***d'anticipo su qcn.*** to beat sb. to the draw.

Giocasta /dʒo'kasta/ n.pr.f. Jocasta.

giocata /dʒo'kata/ f. **1** *(partita)* game **2** *(puntata)* stake, bet; ***raddoppiare la*** ~ to double the stakes **3** *(modo di giocare)* play, game; ***una bella*** ~ a masterstroke.

▷ **giocatore** /dʒoka'tore/ m. (f. **-trice** /tritʃe/) **1** SPORT GIOC. player; *(di calcio)* football player, footballer BE; *(di scacchi)* chessplayer; *(di cricket)* cricketer; *(di golf)* golfer; ***un*** ~ ***corretto*** a fair player **2** *(d'azzardo)* gambler, gambling man; ***è un*** ~ ***incallito*** he's a devil for gambling.

giocattolaio, pl. **-ai** /dʒokatto'lajo, ai/ ♦ **18** m. (f. **-a**) **1** *(chi fabbrica)* toy maker **2** *(chi vende)* toyshop owner.

▷ **giocattolo** /dʒo'kattolo/ **I** m. **1** *(oggetto)* toy; ***riordinare i -i*** to put away one's toys **2** FIG. *(burattino)* plaything; ***essere un*** ~ ***nelle mani di qcn.*** to be a plaything to sb. *o* in sb.'s hands; ***sono stanco di essere il suo*** ~ I'm tired of being her plaything **II** agg.inv. [*pistola, arma, telefono*] toy attrib.

giocherellare /dʒokerel'lare/ [1] intr. (aus. *avere*) **1** *(trastullarsi)* ~ ***con*** to toy, fiddle (around), fidget, fumble with [*oggetto*] **2** *(giochicchiare)* to play half-heartedly.

giocherellone /dʒokerel'lone/ **I** agg. [*bambino, animale*] playful, frisky **II** m. (f. **-a**) *(persona)* playful person; *(animale domestico)* playful pet.

giochetto /dʒo'ketto/ m. **1** *(gioco semplice)* easy game **2** *(cosa facile)* ***è stato un*** ~ it was child's play *o* a piece of cake *o* a snap AE **3** FIG. *(inganno)* trick, game; ***ho capito il tuo*** ~***!*** I saw through your little game! COLLOQ.; ***ho osservato attentamente il tuo*** ~ I know what you are up to; ***sta di nuovo facendo i suoi -i*** he's up to his old tricks again.

giochicchiare /dʒokik'kjare/ [1] intr. (aus. *avere*) to play half-heartedly.

▶ **gioco**, pl. **-chi** /'dʒɔko, ki/ ♦ **10** m. **1** *(attività)* play **U**; *(con regole)* game; ***il*** ~ ***è necessario allo sviluppo del bambino*** play is necessary for a child's development; ***facciamo un*** ~ let's play a game; ***le regole del*** ~ the rules of the game; ***compagno di*** ~ playfellow, playmate; ***perdere una fortuna al*** ~ *(d'azzardo)* to lose a fortune in gambling; ***carta da*** ~ playing card; ***avere un buon*** o ***bel*** ~ *(carte in mano)* to have a good hand; ***nascondere il proprio*** ~ to conceal one's hand; FIG. not to show one's hand; ***"fate il vostro*** ~***"*** *(al casinò)* "faites vos jeux", "place your bets" **2** *(scherzo)* fun; ***per*** ~ for fun; ***le ho detto questo per*** ~***, ma lei mi ha creduto*** I told her that for fun but she believed me **3** SPORT ***ha vinto (per) sei -chi a due*** *(nel tennis)* he won by six games to two; ***campo da*** ~ playing field; ***rimettere in*** ~ ***la palla*** *(nel calcio)* to put the ball back into play; ***rimessa in*** ~ *(nel calcio)* throw; *(nell'hockey)* face-off **4** SPORT *(modo di giocare)* game; ~ ***difensivo*** defensive game; ~ ***d'attacco*** attacking game; ~ ***leale, scorretto, pesante*** fair, foul, rough play **5** *(giocattolo)* toy **6** *(effetto)* *(di luci, ombre, riflessi)* play; ***effetto speciale ottenuto con un*** ~ ***di specchi*** special effect obtained by mirrors **7** MECC. *(possibilità di movimento)* play; ***non c'è abbastanza*** ~ there's not enough play; ***c'è troppo*** ~ there's too much play **8** *(rapporto)* ***il libero*** ~ ***delle associazioni, dell'immaginazione*** the free play of associations, of the imagination **9** ANAT. ***il*** ~ ***delle articolazioni, dei muscoli*** the free movement of joints, of muscles **10** *(serie)* ~ ***di chiavi*** set of keys; ~ ***di bozze (di stampa)*** TIP. *(giro)* sets *o* round of proofs ◆ ***fare il*** ~ ***di qcn.*** to play into sb.'s hands; ***il*** ~ ***non vale la candela*** the game's not worth the candle; ***prendersi*** ~ ***di qcn.*** to make a fool *o* make fun of sb., to laugh at sb.; ***stare al*** ~ ***di qcn.*** to play along with sb.; ***fare buon viso a cattivo*** ~ to make the best of a bad bargain, to put a brave face on things; ***essere in*** ~ to be at stake; ***mettere in*** ~ to stake [*somma, oggetto, titolo, onore*]; ***mettere tutto in*** ~ ***per fare*** to go all out to do; ***era solo un*** ~ it was only a game; ***fare il doppio*** ~ ***con qcn.*** to double-cross sb., to play a double game with sb.; ***a che*** ~ ***sta giocando?*** what's his game? ***per lui risolvere questo enigma è stato un*** ~ ***da ragazzi*** it was child's play for him to solve the puzzle; ***entrare in*** ~ to come into play *o* into the picture; ***è in*** ~ ***il tuo futuro*** your future is at stake; ***essere vittima del proprio*** ~ to be caught at one's own game; ***fortunato al*** ~***, sfortunato in amore*** lucky at cards, unlucky in love; ***un bel*** ~ ***dura poco*** PROV. = the shortest jokes are the best; ~ ***di mano,*** ~ ***di villano*** PROV. it will end in tears ◆◆ ~ ***di abilità*** game of skill; ~ ***di apprendimento*** GIOC. early-learning game; ~ ***all'aria aperta*** outdoor game; ~ ***d'azzardo*** *(attività)* gambling; *(singolo gioco)* game of chance; ~ ***contabile*** AMM. juggling the books; ~ ***educativo*** educational game; ~ ***elettronico*** computer game; ~ ***di gambe*** SPORT footwork; ~ ***al massacro*** FIG. massacre; ~ ***dell'oca*** = snakes and ladders; ~ ***di parole*** LING. (word) pun, equivoke, equivoque; ~ ***di pazienza*** = puzzle, game requiring patience; ~ ***di prestigio*** conjuring trick; ~ ***a puntata*** game played for bets; ~ ***radiofonico*** radio game show; ~ ***di ruolo*** role-play; ~ ***scenico*** TEATR. stage business; ~ ***di società*** parlour game; ~ ***di squadra*** team game; ~ ***da tavolo*** board game; ~ ***televisivo*** game show; ***Giochi Olimpici*** SPORT Olympic Games, Olympics.

giocoforza /dʒoko'fɔrtsa/ avv. ***è ~ fare*** it's (absolutely) necessary to do; ***fu ~ partire*** there was nothing else for it but to leave.
giocoleria /dʒokole'ria/ f. *(arte)* jugglery.
giocoliere /dʒoko'ljɛre/ ◗ *18* m. (f. **-a**) **1** *(nei circhi)* juggler **2** FIG. wizard, artist; ***un ~ della finanza*** a financial wizard.
Gioconda /dʒo'konda/ n.pr.f. ***la ~*** the Mona Lisa.
giocondità /dʒokondi'ta/ f.inv. gaiety, jocundity LETT., jocundness LETT.
giocondo /dʒo'kondo/ agg. gay, jolly, jocund LETT.
giocosamente /dʒokoza'mente/ avv. jocularly, playfully.
giocosità /dʒokosi'ta/ f.inv. playfulness, jocularity, jocosity RAR.
giocoso /dʒo'koso/ agg. **1** *(allegro)* [*persona, carattere, umore*] playful, jocular, jocose LETT. **2** *(che diverte)* [*parole*] funny.
1.giogaia /dʒo'gaja/ f. *(catena montuosa)* mountain range, mountain chain.
2.giogaia /dʒo'gaja/ f. ZOOL. dewlap.
giogo, pl. **-ghi** /'dʒogo, gi/ m. **1** yoke; ***~ di buoi*** yoke oxen; ***mettere, togliere il ~ ai buoi*** to yoke, unyoke the oxen **2** FIG. *(oppressione)* yoke; ***liberarsi dal ~*** to throw off the yoke; ***piegarsi sotto il ~*** to bend under the yoke; ***scuotere il ~*** to cast off the shackles **3** TECN. *(della bilancia)* beam ◆◆ ***~ magnetico*** yoke.
▶ **1.gioia** /'dʒɔja/ f. **1** *(contentezza)* joy; ***la ~ le illuminava il viso*** her face glowed with joy; ***essere al colmo della ~*** to be filled with elation, to be beside oneself with happiness; ***sprizzare ~ da tutti i pori*** to be all smiles, to radiate joy; ***raggiante di ~*** radiant *o* beaming with happiness; ***con mia grande ~*** to my great joy; ***la ~ di ritornare a casa*** the joy *o* pleasure of getting back home; ***grida di ~*** cries of joy; ***ci sono state esplosioni di ~ in tutta la città*** the whole town erupted with joy; ***è una ~ guardarlo*** he's a joy to look at; ***che ~!*** how wonderful! what bliss! COLLOQ.; ***essere ebbro di ~*** to be drunk with happiness *o* delight; ***fare i salti di ~*** to jump *o* dance *o* leap for joy; ***piangere dalla ~*** to cry for *o* with joy, to cry tears of joy; ***questa bambina è la ~ dei suoi genitori*** this child is the pride and joy of her parents, this child is her parents' delight **2** *(piacere)* ***le loro uniche -e*** their only joys; ***assaporare le -e dell'amore*** to taste the joys of love; ***darsi*** o ***lasciarsi andare alle -e di qcs.*** to give oneself over *o* to devote oneself to the joys of sth. ◆ ***darsi alla pazza ~*** to have a really wild time of it; ***-e e dolori*** joys and sorrows ◆◆ ***~ di vivere*** zest for life, joie de vivre, joy of living.
2.gioia /'dʒɔja/ f. **1** *(gioiello)* jewel, bijou* **2** *(valore di vezzeggiativo)* ***non piangere, ~!*** don't cry, sweetheart!
Gioia /'dʒɔja/ n.pr.f. Joy.
gioielleria /dʒojelle'ria/ ◗ *18* f. **1** *(negozio)* jeweller's (shop) BE, jeweler's (shop) AE; *(assortimento di gioielli)* jewellery BE, jewelry AE **2** *(arte)* jeweller's craft BE, jeweler's craft AE.
gioielliere /dʒojel'ljɛre/ ◗ *18* m. (f. **-a**) jeweller BE, jeweler AE.
gioiellino /dʒojel'lino/ m. *(oggetto prezioso)* gem, baby AE COLLOQ.; ***quella macchina è un ~*** that car is a neat little number.
▷ **gioiello** /dʒo'jɛllo/ m. **1** jewel, bijou*, piece of jewellery BE, piece of jewelry AE; ***un ~ falso*** a piece of fake jewellery; ***un ~ vero*** a real jewel; ***portare*** o ***indossare -i*** to wear jewels; ***purtroppo i miei -i non erano assicurati*** unfortunately my jewellery was not insured **2** FIG. ***essere un ~*** [*cosa, persona*] to be a gem; ***un ~ di macchina*** a gem of a car; ***Siviglia, ~ dell'Andalusia*** FIG. Seville, the jewel of Andalusia ◆◆ ***~ di famiglia*** family jewel; ***-i della corona*** crown jewels.
gioiosamente /dʒojosa'mente/ avv. [*parlare, salutare, raccontare*] joyfully, cheerfully, joyously, merrily.
gioioso /dʒo'joso/ agg. [*persona*] joyful, cheery, sunny; [*sorriso*] gleeful; [*avvenimento, animo*] happy, joyful.
gioire /dʒo'ire/ [102] intr. (aus. *avere*) to rejoice (**per** at, over); ***fare ~ qcn.*** to delight sb.
Giona /'dʒɔna/ n.pr.m. Jonah, Jonas.
Gionata /'dʒɔnata/ n.pr.m. Jonathan.
Giordania /dʒor'danja/ ◗ *33* n.pr.f. Jordan.
giordano /dʒor'dano/ ◗ *25* **I** agg. Jordanian **II** m. (f. **-a**) Jordanian.
Giordano /dʒor'dano/ ◗ *9* n.pr.m. *(fiume)* Jordan.
Giorgia /'dʒɔrdʒa/ n.pr.f. Georgia.
Giorgiana /dʒɔr'dʒana/ n.pr.f. Georgiana.
giorgina /dʒor'dʒina/ f. dahlia.
Giorgio /'dʒordʒo/ n.pr.m. George.
giornalaccio, pl. **-ci** /dʒorna'lattʃo, tʃi/ m. low-class paper, rag COLLOQ. SPREG.
giornalaio, pl. **-ai** /dʒorna'lajo, ai/ ◗ *18* m. (f. **-a**) newsagent BE, newsdealer AE, news vendor, paper seller; ***andare dal ~*** to go to the newsagent's.
▶ **giornale** /dʒor'nale/ **I** m. **1** *(quotidiano)* newspaper, paper COLLOQ.; *(rivista)* magazine, periodical; ***~ di oggi, del mattino, della sera*** today's paper, morning paper, evening paper; ***i -i della domenica*** the Sundays; ***articolo di ~*** newspaper article; ***ritaglio di ~*** press clipping *o* cutting; ***l'ho letto sul ~*** I read it in the newspaper; ***abbonarsi a un ~*** to subscribe to a newspaper; ***disdire l'abbonamento a un ~*** to cancel one's subscription to a newspaper; ***mettere*** o ***pubblicare un annuncio sul ~*** to place an advertisement in the newspaper; ***scrivere su un ~*** to write for a newspaper; ***i -i hanno gonfiato la notizia*** the press blew up the story **2** *(sede di un giornale)* newspaper office **3** RAD. TELEV. *(notiziario)* news **U**, news bulletin BE, news cast AE; ***il ~ radio delle venti*** the eight o'clock news **II** agg. COMM. ***libro ~*** daybook ◆◆ ***~ di bordo*** MAR. log (book); AER. flight log, log (book); ***~ illustrato*** illustrated magazine, pictorial; ***~ locale*** local (paper), rag COLLOQ.; ***~ di moda*** fashion magazine; ***~ scandalistico*** scandal sheet; ***~ specializzato*** trade publication; ***~ sportivo*** sports newspaper; ***~ delle vendite*** sales book.

> **i** **Giornali** The main Italian dailies are *La Repubblica* and *Il Corriere della Sera*. Other important daily newspapers are linked to particular cities, for example *La Stampa* (Turin), *La Nazione* (Florence), *Il Messaggero* (Rome), *Il Mattino* (Naples), while some are openly ideological, such as *Il Manifesto* (left-wing), *L'Avvenire* (Catholic) or *Il Giornale* (conservative). The daily financial paper is *il Sole 24 ore*. Italian daily papers have, for some years, published weekly colour supplements on travel, health, showbusiness, fashion, etc and offer "packages" with books, music CDs, DVDs or videos at a good price.

giornalese /dʒorna'lese/ m. SPREG. COLLOQ. journalese.
giornaletto /dʒorna'letto/ m. COLLOQ. comic (book).
▷ **giornaliero** /dʒorna'ljɛro/ **I** agg. [*lavoro, tasso, variazione, salario*] daily; ***manodopera -a*** day labour **II** m. (f. **-a**) **1** *(lavoratore)* day labourer BE, day laborer AE **2** *(biglietto) (per sciatori)* day pass; *(per mezzi pubblici)* day pass, one-day travel card.
giornalino /dʒorna'lino/ m. **1** *(giornaletto)* comic (book) **2** *(notiziario a diffusione interna)* newsletter; *(scolastico)* school magazine, school paper.
giornalismo /dʒorna'lizmo/ m. journalism; ***~ sportivo*** sports reporting; ***~ della carta stampata*** print journalism.
▷ **giornalista**, m.pl. **-i**, f.pl. **-e** /dʒorna'lista/ ◗ *18* m. e f. journalist; *(uomo)* newsman*, newspaperman*, pressman* BE; *(donna)* newswoman*, newspaperwoman*, presswoman* BE; ***~ della carta stampata*** newspaper journalist; ***~ di cronaca rosa*** gossip columnist; ***~ economico*** economic affairs correspondent; ***~ politico*** political correspondent; ***~ radiofonico*** radio journalist; ***~ sportivo*** sports correspondent *o* writer, sportscaster AE; ***~ televisivo*** o ***della televisione*** television journalist.
giornalistico, pl. **-ci**, **-che** /dʒorna'listiko, tʃi, ke/ agg. [*linguaggio*] journalistic; ***in stile ~*** in journalese, in journalistic style; ***servizio ~*** news report.
giornalmente /dʒornal'mente/ avv. daily, every day.
▶ **giornata** /dʒor'nata/ f. **1** *(giorno)* day; ***belle -e*** beautiful *o* lovely days; ***-e buie*** dark days; ***~ lavorativa*** working day, workday, weekday; ***~ di riposo*** day off; ***~ storica*** historic day; ***~ tipo*** typical day; ***in ~*** during the day; *(prima di sera)* by this evening, by the end of the day; ***a metà, fine ~*** in the middle of, at the end of the day; ***durante la ~*** during *o* for the day; ***nel corso della ~*** as the day goes on; ***la ~ di ieri*** yesterday; ***una ~ nera*** a black *o* bad day; ***avere una ~ no*** to have an off day; ***ci aspetta una ~ campale*** we're in for a hard day; ***impiegare tutta la ~ a fare*** to take all day doing; ***oggi è la mia grande ~!*** it's my big day today; ***buona ~!*** have a nice *o* good day! ***che ~!*** what a day! **2** *(periodo di lavoro)* day; ***fare -e di otto ore*** to work an eight-hour day; ***mi sono guadagnato la ~!*** IRON. I hit the jackpot today! ***essere retribuito a ~*** to be paid by the day *o* on a daily basis **3** *(distanza)* day; ***a due -e (di distanza) da*** two days away from **4** *(festa)* ***~ dell'anziano*** Elderly Person's Day **5** *(giorno di ribellione)* ***le quattro -e di Napoli*** the Four Days of Naples **6** STOR. *(misura di superficie)* = agricultural measurement in Piedmont equal to 3,810 m^2 ◆ ***vivere alla ~*** to take one day at a time, to live (from) hand to mouth; ***non è la mia ~!*** this isn't my day! ◆◆ ***~ porte aperte*** AMM. open day, open house AE; ***~ di protesta*** POL. day of protest; ***~ di sensibilizzazione*** day of action; ***~ di studi*** conference.
giornataccia, pl. **-ce** /dʒorna'tattʃa, tʃe/ f. black day, bad day, off day; ***è una ~!*** it's one of those days!
▶ **giorno** /'dʒorno/ ◗ *19* m. **1** *(periodo di ventiquattr'ore)* day; ***in un ~*** in one day; ***entro sei -i*** within six days; ***due, tre volte al ~*** twice a day, three times a day; ***è a due -i di treno*** it's two days

away by train; ***questi ultimi -i*** these last few days; ***quattro -i di fila*** four days running; ***~ più ~ meno non cambierà nulla*** one day here or there won't make any difference; ***non tutti i -i sono uguali*** some days are different; ***fra otto -i*** in a week's time, in a week; ***ogni quindici -i*** every fortnight BE, every two weeks AE; ***due voli al ~*** two daily flights; ***per un ~*** [*re*] for a day; ***due pulcini di un ~*** two one-day-old chicks; ***tutto il ~*** all day (long); ***tutti i -i*** every day; ***il pub è aperto tutti i -i*** the pub is open daily; ***un ~ sì e uno no, ogni due -i*** every other day, on alternate days; ***per -i e -i*** for days and days; ***fin dal primo ~*** right from the start; ***il ~ prima, dopo*** the day before, the day after; ***~ dopo ~*** day after day; ***~ per ~*** day by day; ***guadagnarsi il pane ~ per ~*** to scratch a living; ***annotare i propri pensieri ~ per ~*** to note down one's thoughts every day; ***verranno -i migliori*** better times will come; ***ci sono cinque -i utili per pagare*** we have five days to pay legally **2** *(data)* day; ***in quel ~*** on that day; ***che ~ è oggi?*** *(della settimana)* what day is it today? *(del mese)* what's the date today? what's today's date? ***è il ~ in cui faccio la spesa*** it's my shopping day; ***oggi è il gran ~*** today's the big day; ***il ~ in cui morirò*** the day I die; ***non l'ho più visto da quel ~*** I haven't seen him since (that day); ***un ~ o l'altro*** some day, one day; ***un bel ~*** one fine day; ***un ~ come gli altri*** just an ordinary day, a day like any other; ***tornare a -i*** to be back in a few days; ***è questione di -i*** it's only a matter of days; ***non capita tutti i -i che*** it's not every day that; ***di ~ in ~*** from day to day; ***da un ~ all'altro*** [*essere atteso*] any day now; [*cambiare*] overnight, from one day to the next; ***notizia del ~*** news of the day; ***essere all'ordine del ~*** to be on the agenda; ***ai -i nostri*** o ***al ~ d'oggi*** nowadays, today, in this day and age **3** *(ore di luce)* daylight, daytime; ***di ~*** by *o* in daylight, in the daytime; ***sul far del*** o ***allo spuntare del ~*** at the break of day, at daybreak, at dawn; ***fare ~*** to dawn; ***in pieno ~*** in broad daylight; ***fare qcs. alla luce del ~*** to do sth. for all to see; ***fare della notte il ~*** to be a night bird *o* a night owl, to turn night into day **4** *(ricorrenza)* day **5** FIG. ***ho i -i contati*** I am living on borrowed time, my days are numbered; ***finire i propri -i in campagna*** to end one's days in the country **6** SART. ***punto a ~*** hemstitch; ***ricamo a ~*** faggoting; ***un bordo a ~*** an open-work border; ***motivo a ~*** lacy pattern ◆ ***Roma non fu fatta in un ~*** Rome wasn't built in a day; ***ci sono -i sì e -i no*** there are good days and bad days; ***andare a -i*** to depend on the day; ***tutti i santi -i*** every blessed *o* single day, each and every day; ***tutto il santo ~*** the whole blessed day; ***tra i due ce ne corre*** o ***ce ne passa quanto dal ~ alla notte*** they are as different as chalk and cheese; ***non tutti i -i è domenica*** PROV. not every day is a holiday; ***domani è un altro ~*** tomorrow is another day ◆◆ ***~ di arrivo*** day of arrival; ***~ astronomico*** astronomical day; ***~ di chiusura*** closing day; ***~ di consegna*** delivery day; ***~ dell'espiazione*** RELIG. Day of Atonement; ***~ feriale*** weekday, workday, working day; ***~ di festa*** holiday, feast day; ***oggi è un ~ di festa*** FIG. it's a great day today; ***~ festivo*** holiday; ***~ del Giudizio*** RELIG. Judgment Day, day of judgment, doomsday; ***~ lavorativo*** weekday, workday, working day; ***~ di lutto*** day of mourning; ***~ di lutto nazionale*** national day of mourning; ***~ di magro*** RELIG. day of abstinence; ***~ dei morti*** RELIG. All Souls' Day BE; ***~ di Natale*** Christmas day; ***~ di paga*** payday, account day; ***~ di partenza*** day of departure; ***~ siderale*** sideral day; ***~ del Signore*** RELIG. Lord's Day, Sabbath; ***~ solare*** solar *o* calendar day; ***~ di stallia*** MAR. lay day; ***~ X*** D-day.

giorno/uomo, pl. **giorni/uomo** /dʒorno'wɔmo, dʒorni'wɔmo / m. man-day.

Giosafat /dʒoza'fat/ n.pr.m. Jehoshaphat.

Giosia /dʒɔ'zia/ n.pr.m. Josiah.

▷ **giostra** /'dʒɔstra/ f. **1** *(per bambini)* merry-go-round, carousel AE; *(di luna park)* roundabout BE, merry-go-round; ***fare un giro sulla ~*** to have a ride *o* a go on the merry-go-round; ***portare i bambini alle -e*** to take the children to the fair **2** STOR. *(torneo)* joust, tilt; ***~ oratoria*** LETT. sparring match ◆◆ ***~ lionese*** GIOC. water tournament.

giostraio, pl. **-ai** /dʒos'trajo, ai/ ➧ ***18*** m. (f. **-a**) = merry-go-round owner or operator.

giostrante /dʒos'trante/ m. e f. → **giostratore.**

giostrare /dʒos'trare/ [1] **I** intr. (aus. *avere*) **1** ***~ tra le difficoltà*** to handle difficulties well **2** STOR. to joust, to tilt **II** tr. *(indirizzare a proprio favore)* ***~ la situazione*** to turn the situation to one's advantage **III giostrarsi** pronom. ***-rsi tra le difficoltà*** to navigate one's way, sail through difficulties.

giostratore /dʒostra'tore/ m. STOR. tilter, jouster.

Giosuè /dʒozu'ɛ/ n.pr.m. Joshua.

giottesco, pl. **-schi**, **-sche** /dʒot'tesko, ski, ske/ agg. Giottesque.

giov. ⇒ giovedì Thursday (Thur, Thurs).

giovamento /dʒova'mento/ m. **1** ***essere di ~ per qcn.*** to be good for sb., to be useful to sb.; ***recare scarso ~*** to be of little benefit; ***ricavare*** o ***trarre ~ da qcs.*** to benefit from sth. **2** *(di terapia)* relief.

▶ **giovane** /'dʒovane/ **I** agg. **1** [*persona, animale, viso, pubblico*] young; *(nato da poco)* [*albero, paese*] young; [*industria*] new; ***non è più tanto ~*** he's not so young any more; ***essere ~ di spirito*** to be young in spirit *o* at heart; ***un corpo ancora ~*** a youthful body; ***sembrare ~*** [*persona*] to look young **2** *(in espressioni comparative)* ***più ~*** younger; ***il più ~*** *(superlativo)* the youngest; ***la loro figlia più ~*** their youngest daughter; ***è più ~ di me di due anni*** he is my junior by two years, he is two years my junior, he's two years younger than me; *(negli appellativi)* ***Plinio il Giovane*** Pliny the Younger **3** *(nuova condizione)* [*deputato, campione, squadra*] new; [*medico*] newly-qualified; ***un ~ diplomato*** a new graduate; ***una ~ coppia*** a young couple **II** m. e f. young person; *(uomo)* young man*; *(donna)* young woman*; ***i -i*** the young, young people; ***largo ai -i!*** make way for the young! ***-i e vecchi*** young and old; ***da ~...*** when I was young, in my youth, as a young man...; ***mi ha risposto un ~*** a young man answered me **III** avv. ***vestire ~*** to dress young; ***sposarsi, morire ~*** to marry, to die young.

giovanile /dʒova'nile/ agg. **1** *(dei giovani)* [*delinquenza*] juvenile; [*pubblico*] young; [*occupazione, disoccupazione, esuberanza*] youth attrib. **2** *(della giovinezza)* [*opera*] juvenile, early; [*viso, pettinatura, camminata*] youthful; ***avere un aspetto ~*** to look young *o* youthful, to be young-looking; ***vestirsi in modo ~*** to dress youthfully; ***il timbro ~ della sua voce*** the youthfulness of her voice; ***l'età ~*** youth.

giovanilismo /dʒovani'lizmo/ m. = practice of those who wish to appear young.

giovanilità /dʒovanili'ta/ f.inv. youthfulness.

giovanilmente /dʒovanil'mente/ avv. juvenilely.

Giovanna /dʒo'vanna/ n.pr.f. Jean, Joan, Joanna ◆◆ ***~ d'Arco*** Joan of Arc.

giovanneo /dʒovan'nɛo/ agg. **1** of (the gospel of) St John **2** of Pope John XXIII.

Giovanni /dʒo'vanni/ n.pr.m. John; ***san ~ Battista*** Saint John the Baptist; ***san ~ della Croce*** Saint John of the Cross; ***san ~ Evangelista*** Saint John the Evangelist; ***~ Paolo II*** (Pope) John Paul II ◆◆ ***~ senza Terra*** John Lackland.

▶ **giovanotto** /dʒova'nɔtto/ m. youngster, young man*, lad COLLOQ.

▷ **giovare** /dʒo'vare/ [1] **I** intr. (aus. *essere, avere*) **1** *(essere utile)* [*alimento, riposo*] to be* good (**a** for); ***le gioverebbe fare*** it would pay her to do; ***i tuoi tentativi non sono giovati a nulla*** your attempts were of no use **2** *(beneficiare)* ***a chi giova?*** who benefits? ***~ agli affari*** to be good for business **II** impers. ***giova sapere che...*** it is useful to know that...; ***a che giova?*** what good does it do? **III giovarsi** pronom. ***-rsi di qcs.*** to benefit from *o* by sth., to take advantage of sth.

Giove /'dʒɔve/ n.pr.m. **1** MITOL. Jupiter, Jove; ***per ~!*** by Jove! **2** ASTR. Jupiter, Jove.

giovedì /dʒove'di/ ➧ ***11*** m.inv. Thursday; ***oggi è ~*** today is Thursday; ***~ andrò in palestra*** I'm going to the gym on Thursday; ***di*** o ***il ~ vado in palestra*** I go to the gym on Thursdays; ***tutti i ~*** every Thursday; ***~ scorso*** last Thursday; ***~ prossimo*** next Thursday, Thursday next; ***~ mattina*** Thursday morning; ***sono nato di ~*** I was born on a Thursday ◆◆ ***~ dell'Ascensione*** RELIG. Ascension day; ***~ grasso*** (last) Thursday before Lent; ***~ nero*** STOR. Black Thursday; ***~ santo*** RELIG. Maundy Thursday.

Giovenale /dʒove'nale/ n.pr.m. Juvenal.

giovenca, pl. **-che** /dʒo'vɛnka, ke/ f. heifer.

giovenco, pl. **-chi** /dʒo'vɛnko, ki/ m. steer, bullock.

▷ **gioventù** /dʒoven'tu/ f.inv. **1** *(giovinezza)* youth; *(di ragazzo)* boyhood; *(di ragazza)* girlhood; ***in ~*** in my youth; ***un amore di ~*** an early girlfriend *o* boyfriend; ***un errore di ~*** a mistake of one's youth; ***ostello della ~*** youth hostel **2** *(i giovani)* ***la ~*** youth + verbo sing. o pl., the young + verbo pl., young people pl.; ***la ~ del paese è ignorata dai politici*** the youth of the country is *o* are ignored by politicians; ***la ~ operaia*** young working people; ***la ~ studentesca*** students; ***programmi, letteratura per la ~*** programmes, literature for young people ◆ ***se ~ sapesse e vecchiaia potesse*** if the young man did but know, and the old man were but able ◆◆ ***~ dorata*** gilded youth; ***~ hitleriana*** STOR. Hitler Youth Movement.

giovevole /dʒo'vevole/ agg. beneficial (**a** to), useful (**a** to), good (**a** for), conducive (**a** to).

gioviale /dʒo'vjale/ agg. [*persona, carattere*] jovial, convivial, hearty, breezy.

giovialità /dʒovjali'ta/ f.inv. joviality, conviviality, heartiness, breeziness.

giovialmente /dʒovjal'mente/ avv. jovially, convivially, breezily.
giovialone /dʒovja'lone/ m. jolly fellow, cheery fellow.
gioviano /dʒo'vjano/ agg. Jovian.
giovinastro /dʒovi'nastro/ m. (f. **-a**) lout, yob COLLOQ. SPREG.; ***una banda di -i*** a gang of youths.
giovincello /dʒovin'tʃɛllo/ m. young boy*, lad COLLOQ., stripling.
giovinetta /dʒovi'netta/ f. young girl.
giovinetto /dʒovi'netto/ m. young boy.
▷ **giovinezza** /dʒovi'nettsa/ f. **1** *(periodo)* youth; ***la prima ~*** early youth; ***gli anni della ~*** the years of one's youth; ***nel fiore della ~*** in the bloom *o* flower of youth; ***vivere una seconda ~*** to take on a new lease of life **2** *(giovane età)* youth; ***fontana dell'eterna ~*** Fountain of Youth.
GIP /dʒip/ m. (⇒ giudice per le indagini preliminari) = examining justice.
gipeto /dʒi'pɛto/ m. lammergeyer.
gippone /dʒip'pone/ m. COLLOQ. large jeep®.
gipsofila /dʒip'sɔfila/ f. gypsophila.
gipsoteca, pl. **-che** /dʒipso'tɛka, ke/ f. collection of plaster casts.
girabacchino /dʒirabak'kino/ m. brace, wimble.
girabile /dʒi'rabile/ agg. [*assegno*] endorsable.
giradischi /dʒira'diski/ m.inv. record player.
giradito /dʒira'dito/ m. whitlow.
▷ **giraffa** /dʒi'raffa/ f. **1** ZOOL. giraffe **2** SCHERZ. COLLOQ. *(persona alta)* beanpole **3** TELEV. CINEM. boom; ***microfono a ~*** boom microphone ◆ ***avere un collo da ~*** to have a long neck.
giraffista, m.pl. **-i**, f.pl. **-e** /dʒiraf'fista/ ➧ **18** m. e f. boom operator.
girafiliere /dʒirafi'ljɛre/ m.inv. diestock.
giramaschi /dʒira'maski/ m.inv. tap wrench.
giramento /dʒira'mento/ m. **1** *(capogiro)* ***~ (di testa, di capo)*** fit of dizziness, of giddiness; ***avere -i di capo*** to suffer from dizzy spells, to have fits of giddiness **2** COLLOQ. ***che ~ di scatole!*** what a drag!
giramondo /dʒira'mondo/ m. e f.inv. globetrotter, rover.
girandola /dʒi'randola/ f. **1** *(banderuola)* wind vane, weather vane **2** *(fuoco artificiale)* girandole, Catherine wheel, pinwheel **3** *(giocattolo)* windmill **4** FIG. *(persona volubile)* weathercock **5** *(carosello)* whirl, whirlwind; *(di ricordi)* swirl; ***la ~ dei ministri*** the frequent cabinet reshuffles.
girandolare /dʒirando'lare/ [1] intr. (aus. *avere*) to stroll (about, around), to wander (about, around), to roam.
girandolone /dʒirando'lone/ → **girellone**.
girante /dʒi'rante/ **I** m. *(di assegni)* endorser **II** f. MECC. *(di pompa)* impeller; *(di turbina)* rotor.
▶ **girare** /dʒi'rare/ [1] **I** tr. **1** *(fare ruotare)* to turn [*volante, chiave, bottone*]; ***~ la testa verso*** to turn to **2** CINEM. to shoot* [*film, scena*]; ***~ un provino*** to do a screen test **3** *(considerare)* ***~ e rigirare una proposta per capirne le implicazioni*** to look at a proposal from every angle to work out the implications **4** *(mescolare)* to stir [*salsa, insalata*]; to flip over [*frittata*] **5** *(voltare)* to turn (over), to flip over [*pagina*]; to turn over [*carta*] **6** *(svoltare)* to go* around, to turn, to round [*angolo*] **7** FIG. *(volgere)* ***~ la situazione a favore di qcn.*** to sway *o* swing the outcome in sb.'s favour **8** *(visitare)* to tour; ***abbiamo girato la Scozia*** we toured Scotland; ***~ il mondo*** to wander *o* go around the world; ***~ mezzo mondo per qcs.*** FIG. to travel halfway across *o* round the world for sth. **9** *(fare il giro di)* to go* round [*negozi, agenzie*] **10** *(trasferire, passare)* ***~ la richiesta al direttore*** to pass on *o* refer the request to the manager; ***~ una telefonata a qcn.*** to put a call through to sb., to put through a call from sb. **11** BANC. to transfer [*conto*]; ***~ un assegno*** to sign the back of a cheque, to endorse a cheque **12** *(trasformare)* to rephrase [*frase*] **II** intr. (aus. *avere, essere*) **1** *(ruotare)* [*chiave, disco*] to turn; [*ruota*] to turn, to spin*, to go* round BE; [*pianeta*] to turn; ***il sentiero gira intorno agli alberi*** the path winds round the trees; ***mi gira la testa*** my head's spinning, swimming, going round BE, I feel dizzy; ***fare ~ la testa a qcn.*** [*alcol*] to make sb.'s head spin; ***(lei) ti ha fatto ~ la testa*** FIG. she's turned your head; ***~ su se stesso*** to spin around, to turn over and over **2** *(andare in giro)* to wander (around); ***~ per le strade*** to wander *o* walk the streets; ***~ per la città*** to wander around town; ***~ per negozi*** to wander in and out of the shops, to roam the shops; ***è un'ora che giriamo*** *(in macchina)* we've been driving around for an hour **3** *(circolare)* ***gira (la) voce che...*** it is being put about that..., word got (a)round that...; ***qui gira denaro falso*** there is counterfeit money in circulation here **4** *(gravitare)* ***~ attorno a*** [*pianeta*] to revolve around; ***~ sopra*** [*elicottero*] to circle over *o* above **5** *(andare e venire)* ***~ in tondo*** [*persona*] to go around and around *o* around in circles; FIG. [*discussione, negoziazione*] to go around in circles; ***mille pensieri mi girano per la testa*** FIG. my head is whirling with all these thoughts **6** *(svoltare)* to turn (**a**, **verso** toward, towards); ***~ a sinistra, a destra*** to turn left, right; ***il vento è girato*** the wind has turned *o* shifted **7** *(funzionare)* [*motore*] to run*; ***~ bene*** [*motore*] to run smoothly, to be smooth; ***gli affari girano bene*** FIG. business is running smoothly; ***se le cose girano*** FIG. if things go smoothly **8** *(fare una tournée)* to tour; ***troupe teatrale che gira l'Europa*** theatre company touring (in) Europe **9** COLLOQ. *(venire in mente)* ***che cosa ti gira?*** what's got into you? what's going on in your head? **10** COLLOQ. *(volere, gradire)* ***se mi gira, stasera vado al cinema*** if I feel like it, I'll go to the cinema tonight; ***dipende da come gli gira*** it depends on which side of the bed he got out of **III girarsi** pronom. *(cambiare posizione)* ***-rsi verso qcn., qcs.*** to turn toward(s) *o* to sb., sth.; ***-rsi dall'altra parte*** to turn aside, to look the other way; ***-rsi di scatto*** to whirl *o* twirl round; ***girati, fammi vedere il tuo nuovo taglio di capelli*** turn around and let me see your new haircut; ***girati un po' più a sinistra*** just turn a little bit more to the left; ***-rsi e rigirarsi nel letto*** to toss and turn in bed; ***non c'è neppure lo spazio per -rsi!*** there's hardly enough room to swing a cat ◆ ***-rsi i pollici*** to twiddle one's thumbs; ***~ i tacchi*** to turn on one's heel; ***~ a vuoto*** [*motore*] to race; ***non sapere più da che parte -rsi*** not to know which way to turn; ***ciac, si gira*** action! we're shooting! ***~ alla larga da*** to give a wide berth to, to steer away from *o* clear of; ***gira al largo!*** get lost! ***gira e rigira*** *(alla fin fine)* at the end of the day, all things considered; ***fare ~ le scatole a qcn.*** to give sb. the pip ANT., to annoy *o* bug sb.; ***~ il coltello nella piaga*** to twist the knife in the wound, to rub salt into the wound; ***girala come vuoi*** whichever way you look at it, no matter how *o* any way you slice it AE COLLOQ.
girarrosto /dʒirar'rɔsto/ m. roasting spit, rotating spit.
girasole /dʒira'sole/ m. sunflower; ***olio di (semi di) ~*** sunflower oil.
girata /dʒi'rata/ f. **1** BANC. endorsement; ***~ in bianco*** blank endorsement; ***~ in pieno, ~ piena*** full endorsement **2** COLLOQ. *(passeggiata, giro)* walk, stroll; ***fare una ~ in città*** to walk around the town, to toddle into town **3** COLLOQ. *(rimprovero)* dressing-down, telling-off, talking-to; ***fare*** o ***dare una bella ~ a qcn.*** to give sb. a dressing-down *o* telling-off *o* talking-to *o* lecture **4** GIOC. *(distribuzione delle carte)* deal.
giratario, pl. **-ri** /dʒira'tarjo, ri/ m. (f. **-a**) endorsee, indorsee.
girato /dʒi'rato/ **I** p.pass. → **girare II** agg. **1** *(voltato)* [*object*] reversed; ***~ indietro*** o ***di schiena*** facing back **2** BANC. [*assegno*] endorsed.
giravite /dʒira'vite/ m.inv. screwdriver, turnscrew.
giravolta /dʒira'vɔlta/ f. **1** *(rotazione)* twirl **2** *(capriola)* caper, roll, somersault; ***fare una ~*** to cut a caper **3** *(serpentina)* bend, turn; ***una strada piena di -e*** a bendy road **4** FIG. *(voltafaccia)* about-turn, turnabout, about-face.
gire /'dʒire/ ANT. → **ire**.
girella /dʒi'rɛlla/ f. **1** *(carrucola)* pulley **2** *(gioco)* spinning top **3** *(persona incostante)* weathercock, turncoat.
girellare /dʒirel'lare/ → **gironzolare**.
girello /dʒi'rɛllo/ m. **1** *(per bambini)* (baby) walker **2** *(taglio di carne)* gravy-beef, round of beef, silverside.
girellone /dʒirel'lone/ m. (f. **-a**) dawdler, loiterer, gadabout COLLOQ.
giretto /dʒi'retto/ m. *(viaggetto)* spin; *(passeggiata)* stroll, saunter, mosey COLLOQ.; ***alla tua camicia non farebbe certo male un ~ in lavanderia*** SCHERZ. a visit to the dry-cleaners' wouldn't do any harm to your shirt.
girevole /dʒi'revole/ agg. [*palcoscenico, porta, piattaforma*] revolving; ***espositore ~*** rotating display rack; ***vassoio ~*** revolving tray, dumbwaiter BE, lazy Susan; ***ponte ~*** swingbridge, swivel bridge, turn bridge; ***sedia ~*** swivel chair.
girifalco, pl. **-chi** /dʒiri'falko, ki/ m. gyrfalcon.
girinide /dʒi'rinide/ m. ZOOL. whirligig beetle.
girino /dʒi'rino/ m. tadpole, polliwog.
▶ **giro** /'dʒiro/ m. **1** *(rotazione)* turn, rotation, spin; *(di motore)* revolution; ***l'asse cigola a ogni ~ della ruota*** the axle squeaks at every turn of the wheel; ***dare un ~ di vite*** to give the screw a turn; ***dare un ~ di chiave*** to turn the key; ***chiudere qcs. a doppio ~*** to double-lock sth.; ***con più -i di corda resisterà*** with the rope wound around a few times, it'll hold; ***la terra compie un ~ su se stessa in 24 ore*** the Earth rotates once in 24 hours; ***fare un ~ su se stesso*** [*persona, macchina*] to turn over; [*ballerino*] to spin around; ***un (disco) 33 -i*** an LP, a long-player, a long-playing record BE, a long play record AE; ***un (disco) 78 -i*** a seventy-eight (record); ***un (disco) 45 -i*** a forty-five (record); ***5.000 -i al minuto*** 5,000 revolutions per minute; ***andare su di -i*** [*motore*] to rev (up); ***fare il ~ di qcs.*** to go around sth.; *(in macchina)* to drive around sth.; ***il treno fa il ~ del lago in due ore*** the train takes two hours to go around the lake;

fare un ~ sulla giostra to have a go *o* a ride on the merry-go-round; ***fare un ~ di valzer*** to have a go at the waltz, to waltz around the floor **2** SPORT ***durante il secondo ~ di pista*** on the second lap of the circuit; ***fare un ~ d'onore*** to do a lap of honour; ***fare un ~ di pista*** to run a lap, to lap; ***tre -i alla fine*** three laps to go **3** *(circonferenza)* ~ ***collo, vita*** neck measurement, waist measurement **4** *(viaggio, visita)* ***un ~ per l'Italia*** a tour *o* trip round Italy; ***ha fatto il ~ dell'Olanda in autostop*** he hitchhiked around Holland; ***un ~ in montagna, al mare*** a trip to the mountains, to the seaside; ***vado a fare un ~ da amici*** I'm just going to pop round BE *o* go over AE to some friends; ***fai un ~ alla mostra, ne vale la pena*** go and have a look (a)round the exhibition, it's worth it; ***fare il ~ della proprietà*** to go *o* look (a)round the property; ***fare il ~ dei locali notturni*** to go clubbing COLLOQ.; ***fare il ~ dei bar*** to go on a pub crawl BE, to pub-crawl BE, to do the rounds of the bars; ***l'ho portato in ~ per tutti i musei*** I showed him around all the museums; ***essere sempre in ~ per il mondo*** to be always on the move; ***fare il ~ del mondo*** to go around the world; ***fare il ~ dei castelli della Loira*** to tour the Loire castles; ***la notizia ha fatto rapidamente il ~ del paese*** FIG. the news spread rapidly through the village **5** *(passeggiata)* stroll, walk; *(in macchina)* drive; *(in bicicletta)* ride; ***andare a fare un ~*** to go for a walk; *(in macchina)* to go for a drive; *(in bicicletta)* to go for a ride; ***fare un ~ in centro*** to go into town BE *o* down town AE; ***andare in ~ per negozi*** to roam round the shops; ***per arrivare qui, ho fatto tutto un ~!*** IRON. I took a very roundabout route to get here! ***fare il ~ dei clienti*** *(per scopi determinati)* to do the round(s) of one's customers **6** *(serie)* ***fare un ~ di opinioni*** to sound out everybody, to go (a)round the table; ***fare un ~ di telefonate*** to ring around BE; ***dopo un rapido ~ di interventi*** having gone (a)round the table quickly **7** *(alle carte)* hand; ***fare un ~ a poker*** to play a hand of poker **8** *(nei lavori a maglia)* row; ***diminuite di due maglie per ogni ~*** decrease (by) two stitches on every row; ***manica a ~*** SART. set-in sleeve **9** *(cerchia, ambiente)* circle, scene; ***entrare nel ~ della droga*** to get mixed up in the drug scene; ***sono fuori dal ~*** I'm out of the swing of things **10** ***prendere in ~ qcn.*** to make a fool *o* make fun of sb., to laugh at sb.; ***mi prendi in ~, o cosa?*** are you making fun of me or what? **11** *(nella corrispondenza)* ***a stretto ~ di posta*** by return (of post), by return mail **12** *(in circolazione)* ***c'è in ~ una voce*** there's a rumour going around **13** COLLOQ. *(di bevute)* ***offro io questo ~*** it's my round **14 in giro** around, about; ***è qui in ~?*** is she around? ***chiedere in ~*** to ask around; ***non c'era nessuno in ~*** there was nobody about; ***non lasciare i tuoi libri in ~*** don't leave your books lying about; ***nell'attesa di trovare un impiego, fa dei lavoretti in ~*** while waiting to find a permanent job, he's picking up odd jobs **15 nel giro di** within; ***nel ~ di qualche anno*** within the space of a few years; ***nel ~ di qualche minuto*** in the space of a few minutes; ***nel ~ di due ore*** within two hours ◆ ***fare il ~ dell'orologio*** to sleep around the clock; ***dare il primo ~ di manovella*** CINEM. to start filming; ***essere su di -i*** [*persona*] to be fired up *o* switched on *o* on a high; ***andare su di -i*** [*persona*] to have the hots; ***~ di vite*** turn of the screw *o* crackdown ◆◆ ***~ d'affari*** turnover; ***~ di boa*** turning point; ***~ d'ispezione*** tour of inspection, inspection tour; ***~ della morte*** AER. loop; ***~ d'orizzonte*** FIG. general survey; ***~ di parole*** roundabout expression; ***usare dei -i di parole*** FIG. to beat about the bush; ***~ di pista*** lap; ***~ di prova*** AUT. test drive *o* test run; ***~ turistico*** sightseeing (tour).

girobussola /dʒiro'bussola/ f. gyrocompass, gyro* COLLOQ.

girocollo /dʒiro'kɔllo/ m.inv. **1** *(circonferenza del collo)* neck measurement, neck size; ***prendere le misure del ~*** to take sb.'s neck measurement **2** *(scollatura)* crew neck; ***maglione a ~*** crew neck sweater, round-neck(ed) sweater **3** *(collana)* necklace, choker; ***un ~ di perle*** a pearl choker, a pearl necklace.

giroconto /dʒiro'konto/ m. giro* BE; ***pagare con ~*** to pay by giro.

> **Giro d'Italia** One of the most famous cycling races raced in stages in the world. It takes place from mid-May to the beginning of June. The route changes every year, but the last stage always ends in Milan. The winner is awarded the *maglia rosa* (pink jersey).

Girolamo /dʒi'rɔlamo/ n.pr.m. Jerome.

giromagnetico, pl. **-ci**, **-che** /dʒiromaɲ'ɲɛtiko, tʃi, ke/ agg. gyromagnetic.

giromanica /dʒiro'manika/ m.inv. armhole.

girondino /dʒiron'dino/ **I** agg. Girondist **II** m. Girondist.

girone /dʒi'rone/ m. **1** SPORT round; ***~ di andata, ritorno*** first round, second round; ***~ di qualificazione*** qualifying round; ***~ eliminatorio*** preliminary heat; ***~ finale*** final heat **2** *(nella Commedia di Dante)* circle; ***i -i dell'Inferno*** the circles of Hell.

gironzolare /dʒirondzo'lare/ [1] intr. (aus. *avere*) **1** *(vagabondare)* to stroll (about, around), to wander (about, around), to roam, to kick around, about COLLOQ.; ***~ per le strade*** to stroll around *o* roam the streets; ***~ per la casa*** to drift *o* lounge around the house **2** *(aggirarsi)* to prowl, to sneak around; ***un individuo sospetto gironzolava intorno alla casa*** a suspicious individual was prowling around the house.

gironzolone /dʒirondzo'lone/ m. (f. **-a**) dawdler, loiterer, gadabout COLLOQ.

giropilota /dʒiropi'lɔta/ m. automatic pilot.

giroplano /dʒiro'plano/ m. autogiro*, autogyro*.

giroscopico, pl. **-ci**, **-che** /dʒiros'kɔpiko, tʃi, ke/ agg. gyroscopic; ***bussola -a*** gyrocompass, gyro* COLLOQ.

giroscopio, pl. **-pi** /dʒiros'kɔpjo, pi/ m. gyroscope, gyro* COLLOQ.

girostabilizzatore /dʒirostabiliddza'tore/ m. gyrostabilizer.

girostato /dʒi'rɔstato/ m. gyrostat.

▷ **girotondo** /dʒiro'tondo/ m. ring-a-ring-a-roses; ***fare (un) ~*** to play ring-a-ring-a-roses.

girovagare /dʒirova'gare/ [1] intr. (aus. *avere*) to wander (about, around), to roam, to kick around, about COLLOQ.; ***~ per le strade*** to stroll around *o* roam the streets.

girovago, pl. **-ghi**, **-ghe** /dʒi'rɔvago, gi, ge/ **I** agg. **1** [*mercante*] mobile; [*suonatore, attore*] itinerant **2** *(nomade)* [*popolo*] wandering **II** m. (f. **-a**) tramp, itinerant, wanderer.

girovita /dʒiro'vita/ m.inv. waist measurement, waistline, girth; ***qual è il tuo ~?*** what size waist are you?

▷ **gita** /'dʒita/ f. trip, excursion, outing, ride, tour; *(in pullman)* coach trip; *(in bicicletta)* cycling tour; *(in barca)* boat trip, boat excursion; *(a cavallo)* hacking; ***~ di un giorno*** day-trip; ***fare una, andare in ~*** to go on an excursion *o* on a trip *o* for an outing; ***essere in ~ scolastica*** to be on a school trip *o* on an outing; ***~ aziendale*** company outing; ***~ d'istruzione*** field trip; ***~ fuori porta*** out of town excursion; ***~ turistica*** sightseeing (expedition).

gitano /dʒi'tano/ **I** agg. [*danza, musica*] gypsy **II** m. (f. **-a**) Spanish gypsy.

gitante /dʒi'tante/ m. e f. tripper, excursionist.

gitarella /dʒita'rɛlla/ f. spin.

gittata /dʒit'tata/ f. range; ***missile a lunga, media, corta ~*** long-range, medium-range, short-range missile; ***avere una ~ di*** [*missile*] to range over [*20 km*] ◆◆ ***~ cardiaca*** cardiac output.

giu. ⇒ giugno June (Jun).

▶ **giù** /dʒu/ avv. **1** *(in basso)* ***~ in fondo*** right *o* down at the bottom; ***appendi il quadro più ~*** hang *o* nail the picture further down; ***tirare ~*** to pull down [*pantaloni, visiera*]; ***buttare ~ tutto d'un fiato*** COLLOQ. to down it in one, to drink it up; ***mandare ~*** to swallow [*cibo*]; *(sforzandosi)* to get down, to force down [*cibo*]; ***rotolare ~ dalle scale*** to tumble *o* fall down the stairs **2** *(sotto, a un piano inferiore)* downstairs; ***scendere ~*** to go downstairs; ***abita un piano più ~*** he lives a floor below; ***il vino è ~ in cantina*** the wine is down in the cellar **3** *(al sud)* ***a Natale andrà ~ in Sicilia*** COLLOQ. at Christmas he's going down to Sicily **4** *(via)* ***~ le mani!*** get your hands off me! ***~ le zampe!*** COLLOQ. keep your hands to yourself! ***~ la maschera!*** no more pretending now! **5** *(come rafforzativo)* ***dal direttore ~ ~ fino al fattorino*** from the manager down to the delivery man; ***dal primo ~ ~ fino all'ultimo*** from the first (down) to the last; ***e ~ botte*** then all hell let loose *o* broke out **6 in giù** down, downwards; ***più in ~*** further down; ***guardare in ~*** to look down(wards); ***dalla vita, dal gomito in ~*** from the waist, the elbow down(wards); ***dai 18 anni in ~*** from 18 and under; ***a testa in ~*** [*cadere, tuffarsi*] face downwards **7 giù per** ***correre ~ per la collina, le scale*** to run down the hill, the stairs **8 giù di lì** thereabouts, approximately, about, more or less; ***deve avere sessant'anni o ~ di lì*** he must be sixty or thereabouts, he must be about sixty **9 su e giù** *(in alto e in basso)* up and down; *(avanti e indietro)* up and down, to and fro; ***andare su e ~ per le scale*** to go up and down the stairs; ***andare su e ~ per il corridoio*** to pace *o* walk up and down the corridor; ***andare su e ~ come un leone in gabbia*** to pace up and down like a caged animal **10 su per giù** about, around, approximately, more or less; ***costa su per ~ 12 euro*** it costs about *o* around 12 euros ◆ ***essere ~ di morale*** o ***di corda*** to feel down *o* low *o* down-in-the-mouth; ***ci va ~ deciso*** *(a parole)* he doesn't pull his punches; *(coi fatti)* he doesn't do things by halves; ***(ci) è andato ~ pesante*** he didn't pull his punches.

giubba /'dʒubba/ f. jacket (anche MIL.).

giubbetto /dʒub'betto/ m. **1** *(giacca corta)* *(da donna)* coatee; *(da uomo)* jacket **2** *(dello schermitore)* jacket.

giubbone /dʒub'bone/ m. lumberjacket.

▷ **giubbotto** /dʒub'bɔtto/ m. jacket; **~ di jeans** denim jacket; **~ di pelle** leather jacket ◆◆ **~ antiproiettile** bulletproof vest, bulletproof jacket, flak jacket BE, flack vest AE; **~ salvagente** o **di salvataggio** life jacket, life vest AE, flotation device AE, float AE.

giubilante /dʒubi'lante/ agg. [*folla*] jubilant.

1.giubilare /dʒubi'lare/ [1] **I** intr. (aus. *avere*) to jubilate **II** tr. *(mettere a riposo, in pensione)* to pension off, to superannuate [*persona*].

2.giubilare /dʒubi'lare/ agg. [*anno*] jubilee attrib.

giubilazione /dʒubilat'tsjone/ f. superannuation; **piano di ~** superannuation plan *o* scheme.

giubileo /dʒubi'lɛo/ m. jubilee.

giubilo /'dʒubilo/ m. jubilation, joy; **grida di ~** cries of joy.

giuda /'dʒuda/ m.inv. Judas, traitor.

Giuda /'dʒuda/ n.pr.m. Judas, Judah, Jude; **bacio di ~** Judas kiss; **albero di ~** BOT. Judas tree; **orecchio di ~** BOT. Jew's ear; **essere falso come ~** to be a Judas; **porco ~!** holy cow! holy smoke! holy shit! COLLOQ. ◆◆ **~ Iscariota** Judas Iscariot; **~ Maccabeo** Judas Maccabeus.

giudaico, pl. **-ci, -che** /dʒu'daiko, tʃi, ke/ agg. [*legge, eredità, riti*] Judaic.

giudaismo /dʒuda'izmo/ m. Judaism.

Giudea /dʒu'dɛa/ n.pr.f. Judaea.

giudeo /dʒu'dɛo/ **I** agg. **1** *(della Giudea)* Judaean, Judean **2** *(ebreo)* Jewish **II** m. (f. **-a**) **1** *(abitante della Giudea)* Judaean, Judean **2** *(ebreo)* Jew; SPREG. kike.

giudicabile /dʒudi'kabile/ agg. **1** [*affare, persona*] that can be judged **2** DIR. judicable.

giudicante /dʒudi'kante/ agg. [*commissione*] judging.

▶ **giudicare** /dʒudi'kare/ [1] **I** tr. **1** *(formulare un'opinione su)* to judge; **~ qcn. dalle apparenze** o **dall'aspetto** to judge sb. by his *o* her appearance, to take sb. at face value; **giudicateli dalle loro azioni** judge them by what they do *o* by their actions; **~ l'importanza, la gravità di un problema** to judge the importance, the seriousness of a problem; **~ le capacità di qcn.** to evaluate *o* assess sb.'s abilities; **lascia che sia io a giudicarlo** let me be the judge of that; **ti avevo giudicato male** I had misjudged you; **non giudicarlo male** don't think badly of him **2** *(a un concorso)* to judge [*candidato, film*] **3** *(reputare, considerare)* to consider, to think*; **~ qcn. intelligente** to consider sb. intelligent; **~ pericoloso che qcn. faccia** to consider it dangerous for sb. to do **4** DIR. *(definire con una sentenza)* to try, to adjudicate [*causa, imputato*]; **~ qcn. colpevole** to (ad)judge, find sb. guilty **II** intr. (aus. *avere*) **1** *(valutare)* **per quanto sia possibile ~** as far as one can judge; **~ dalle apparenze** to judge *o* go by appearances; **a ~ da...** going by, judging by *o* from...; **spetta a te ~ se si debba accettare o no** it's up to you to judge whether to accept or not; **non tocca a me ~** I am in no position to judge; **sarà la storia a ~** history will judge; **giudicherò io stesso** I'll judge for myself **2** DIR. **sarà il tribunale a ~** the court will decide; **~ secondo legge, i fatti** to make a judgment based on the statutes, facts ◆ **~ col senno di poi** to be wise after the event.

giudicato /dʒudi'kato/ m. DIR. **passare in ~** to make absolute *o* finalize [*divorzio*]; **eccepire il ~** to plead res judicata; **la sentenza è stata passata in ~** the decree was made absolute *o* has become final.

▷ **giudice** /'dʒuditʃe/ ➧ **1, 18** m. **1** DIR. judge; **sì, Signor Giudice** yes, Your Honour; **il ~ Jones** the Honourable Mr Justice Jones; **comparire davanti al ~** to appear before the magistrate *o* the court, to be up before the judge; **essere ~ e parte in causa** to be both judge and judged; **erigersi a ~ (di qcs.)** to sit in judgment (on *o* over sth.) **2** *(di gioco, concorso)* judge **3** *(persona competente)* judge; **essere un buon, cattivo ~** to be a good, bad judge; **essere ~ di se stesso** to be one's own judge **4** BIBL. **il libro dei Giudici, i Giudici** the (Book of) Judges ◆◆ **~ d'appello** appeal(s) judge; **~ d'arrivo** SPORT finish line judge; **~ conciliatore** → **~ di pace**; **~ di Corte Suprema** high court judge; *(negli USA)* justice; **~ fallimentare** bankruptcy judge *o* referee, arbiter in bankruptcy; **~ di gara** SPORT judge, umpire; **~ per le indagini preliminari** = examining justice, examining magistrate; **~ inquirente** = investigating judge; **~ istruttore** = examining justice, examining magistrate; **~ a latere** associate judge; **~ del lavoro** industrial tribunal judge; **~ di linea** SPORT lines judge, touch judge; *(uomo)* linesman* BE; **~ di pace** Justice of the Peace; **~ popolare** jury member *o* juror; **~ di sedia** SPORT umpire; **~ di sorveglianza** = judge who has a supervisory role in seeing that sentences are carried out; **~ tutelare** = tutelary judge; **~ unico** judge sitting alone.

Giuditta /dʒu'ditta/ n.pr.f. Judith.

giudiziale /dʒudit'tsjale/ agg. **vendita, ipoteca ~** sale by the court, forced sale; **spese -i** trial expenses; **casellario ~** *(ufficio)* Criminal Records Office GB DIR.; *(registro)* police records, rap sheet AE COLLOQ.; **separazione ~** judicial separation BE; **in via ~** judicially.

giudizialmente /dʒudittsjal'mente/ avv. **essere ammonito ~** to be cautioned *o* under caution.

giudiziario, pl. **-ri, -rie** /dʒudit'tsjarjo, ri, rje/ agg. **1** *(relativo alla giustizia)* [*potere, procedimento, atto, indagine, sequestro*] judicial; [*riforma, sistema*] judiciary; **ufficiale ~** bailiff, tipstaff, sheriff-officer BE, marshal AE; **errore ~** miscarriage of justice; **casellario ~** *(ufficio)* Criminal Records Office GB DIR.; *(registro)* police records, rap sheets AE COLLOQ.; **intentare un'azione -a contro qcn.** to take *o* bring *o* commence *o* initiate *o* institute proceedings against sb. **2** *(di, da giudice)* **carriera -a** legal career.

▶ **giudizio**, pl. **-zi** /dʒu'dittsjo, tsi/ m. **1** *(opinione)* judgment, opinion; **errore di ~** error of judgment; **il ~ della storia** the judgment of history; **dare** o **esprimere un ~ su qcn., qcs.** to pass judgment *o* give one's opinion on sb., sth.; **dare un ~ affrettato, negativo su qcs.** to pass a hasty, negative judgment on sth.; **avere paura del** o **temere il ~ di qcn.** to be afraid of sb.'s opinion *o* judgment; **rimettersi al ~ di qcn.** to defer to sb.'s judgment; **a mio ~** as far as I can judge, in my opinion; **non avere elementi di ~** to be in no position to judge; **critica del ~** FILOS. critique of judgment **2** *(assennatezza)* (common) sense, wisdom; **non avere (nessun) ~** to have no wisdom; **mettere ~** to become sensible, to steady oneself; **l'età del ~** the age of reason; **deformare il ~ di qcn.** to distort sb.'s statement of opinion **3** SCOL. assessment, evaluation **4** DIR. *(processo)* **citare qcn. in ~** to prefer *o* press charges against sb., to take sb. to court; **essere condotto in ~** to be brought before the courts; **comparire in ~** to come to the bar, to come up for trial, to appear before the *o* in court; **testimoniare in ~** to give evidence in a court of law; **costituirsi in ~** to enter an appearance; **rinvio a ~** remand; **rinviare a ~** to commit *o* send *o* remand sb. for trial; **essere in attesa di ~** to be awaiting trial; **emettere** o **pronunciare un ~** [*tribunale*] to pass judgment **5** MED. **dente del ~** wisdom tooth **6** RELIG. **giorno del Giudizio** Judgment Day, day of judgment, doomsday; **la tromba del Giudizio Universale** the last trump ◆◆ **~ di assoluzione** verdict of not guilty; **~ di condanna** verdict of guilty; **~ di Dio** STOR. ordeal; **Giudizio Finale** → **Giudizio Universale**; **~ di primo grado** judgment of first instance; **~ salomonico** judgment of Solomon; **Giudizio Universale** Last Judgment; **~ di valore** value judgment.

giudiziosamente /dʒudittsjosa'mente/ avv. judiciously, wisely.

giudizioso /dʒudit'tsjoso/ agg. [*persona*] judicious; [*consiglio, idea*] sound; [*scelta*] judicious, wise, sound; [*bambino*] sensible; **diventare ~ crescendo** to become wiser with age.

giuggiola /'dʒuddʒola/ f. **1** jujube **2** *(caramella)* jujube **3** *(cosa da nulla)* trifle ◆ **andare in brodo di -e** to be tickled pink *o* to death.

giuggiolo /'dʒuddʒolo/ m. jujube.

giuggiolone /dʒuddʒo'lone/ m. (f. **-a**) fool, dupe, simpleton.

▶ **giugno** /'dʒuɲɲo/ ➧ **17** m. June; **in** o **a ~** in June; **il primo, il due (di) ~** the first, the second of June.

giugulare /dʒugu'lare/ agg. e f. jugular.

giulebbe /dʒu'lɛbbe/ m. julep.

Giulia /'dʒulja/ n.pr.f. Julia.

Giuliana /dʒu'ljana/ n.pr.f. Juliana.

1.giuliano /dʒu'ljano/ ➧ **30 I** agg. *(della Venezia Giulia)* from, of Venezia Giulia **II** m. (f. **-a**) native, inhabitant of Venezia Giulia.

2.giuliano /dʒu'ljano/ agg. *(di, relativo a Giulio Cesare)* Julian; **calendario ~** Old Style *o* Julian calendar.

Giuliano /dʒu'ljano/ n.pr.m. Julian.

Giulie /'dʒulje/ n.pr.f.pl. (anche **Alpi ~**) Julian Alps.

Giulietta /dʒu'ljetta/ n.pr.f. Juliet; **~ e Romeo** Romeo and Juliet.

Giulio /'dʒuljo/ n.pr.m. Julius ◆◆ **~ Cesare** Julius Caesar.

giulivo /dʒu'livo/ agg. gay, joyous, happy; **oca -a** dumb blonde SPREG., bimbo COLLOQ. SPREG., bird-brain COLLOQ.

giullare /dʒul'lare/ m. **1** STOR. *(cantastorie, giocoliere)* jongleur, fool, jester; *(buffone di corte)* court jester **2** FIG. SPREG. *(persona inaffidabile)* fool, clown, unreliable person.

giullaresco, pl. **-schi, -sche** /dʒulla'resko, ski, ske/ agg. **1** [*poesia*] minstrel attrib., troubadour attrib. **2** *(buffonesco)* clownish.

giumenta /dʒu'menta/ f. mare ◆◆ **~ fattrice** brood mare.

giunca, pl. **-che** /'dʒunka, ke/ f. MAR. junk.

giuncaia /dʒun'kaja/ f. bed of rushes.

giuncata /dʒun'kata/ f. *(formaggio)* junket.

giuncheto /dʒun'keto/ m. → **giuncaia**.

giunchiglia /dʒun'kiʎʎa/ f. jonquil.

giunco, pl. **-chi** /'dʒunko, ki/ m. *(pianta)* rush; *(materiale)* cane, rush; ***cesto di*** ~ cane basket, rush basket; ***una sedia con lo schienale di*** ~ a cane-backed chair ◆ ***essere sottile*** o ***esile come un*** ~ to be as slender as a sylph ◆◆ ~ ***di palude*** bulrush.

▶ **giungere** /'dʒundʒere/ [55] **I** tr. LETT. ~ ***le mani*** to join one's hands **II** intr. (aus. *essere*) **1** *(arrivare)* [*persona, aereo, treno, pacco, lettera*] to arrive (**a** at; **da** from; **con**, **in** by); ~ ***(sino*** o ***fino) a qcn.*** [*lettera, notizia, pettegolezzo*] to reach sb.; ~ ***a casa*** to get home; ~ ***a riva*** to come *o* go ashore; ***fare*** ~ ***qcs. a qcn.*** *(tramite posta)* to send sth. to sb.; ~ ***alla meta*** to reach one's goal *o* destination; ~ ***a termine*** [*progetto*] to come to an end; ***è giunto il momento di cambiare, di agire*** the time has come for change, action; ~ ***al termine della propria vita*** o ***dei propri giorni*** to reach *o* come to the end of one's days **2** *(estendersi)* ~ ***(fino) a*** [*foresta, spiaggia*] to stretch *o* extend to *o* as far as **3** *(raggiungere)* ~ ***a*** [*persona*] to reach [*luogo, età*]; ~ ***a maturità*** [*frutto, persona*] to reach maturity; ~ ***al potere*** to take *o* seize power **4** FIG. *(pervenire)* ~ ***a*** to come to, to reach [*compromesso, accordo, risultato, rottura, conclusione*] **5** *(spingersi)* ~ ***al punto di fare*** to extend to doing *o* to go as far as doing; ***la situazione è giunta al punto che...*** the situation has reached such a pitch that...; ***non sono ancora giunto a tal punto*** o ***a tanto*** I haven't got to that stage yet ◆ ***questa*** o ***la cosa mi giunge nuova*** that's news to me; ~ ***all'orecchio di qcn.*** to reach *o* come to sb.'s ears; ***è giunta la tua ora!*** your number's up! COLLOQ., your time's run out; ***non è ancora giunta l'ora!*** it hasn't struck the hour yet! ~ ***in porto*** to come off *o* to go through.

giungla /'dʒungla/ f. jungle (anche FIG.); ***la legge della*** ~ the law of the jungle; ***il giardino era diventato una*** ~ the garden had run wild *o* had become a wilderness; ~ ***d'asfalto*** FIG. asphalt jungle.

Giunone /dʒu'none/ n.pr.f. Juno.

giunonico, pl. **-ci**, **-che** /dʒu'nɔniko, tʃi, ke/ agg. Junoesque; ***bellezza -a*** Junoesque beauty.

1.giunta /'dʒunta/ f. **1** *(aggiunta)* addition; ***fare delle -e*** to make additions **2** *(riferito a indumenti)* insert **3** **per giunta** in addition, what's more, into the bargain, to boot, to cap it.

▶ **2.giunta** /'dʒunta/ f. council, comittee ◆◆ ~ ***comunale*** municipality; ~ ***militare*** (military) junta.

giuntare /dʒun'tare/ [1] tr. **1** *(congiungere)* to join **2** CINEM. to splice **3** *(cucire insieme)* to sew* together.

giuntatrice /dʒunta'tritʃe/ f. CINEM. splicer.

giunto /'dʒunto/ **I** p.pass. → **giungere** **II** agg. ***a mani -e*** with one's hands joined **III** m. TECN. joint ◆◆ ~ ***ad angolo retto*** mitre joint; ~ ***cardanico*** cardan joint; ~ ***di dilatazione*** expansion joint; ~ ***a ginocchiera*** toggle joint; ~ ***a manicotto*** sleeve coupling; ~ ***sferico*** ball-and-socket joint; ~ ***a snodo*** knuckle joint; ~ ***a sovrapposizione*** lap joint; ~ ***universale*** universal joint.

giuntura /dʒun'tura/ f. **1** *(punto di giunzione)* joint **2** *(articolazione)* joint; ***la*** ~ ***del ginocchio*** the knee joint; ***mi fanno male le -e*** my joints are aching **3** LING. juncture.

giunzione /dʒun'tsjone/ f. **1** *(giunto)* joint **2** ANAT. joint **3** EL. junction **4** *(congiunzione)* ***punto di*** ~ meeting point, interface.

Giura /'dʒura/ ➧ ***30*** n.pr.m. Jura.

giuraddio /dʒurad'dio/ inter. ANT. zounds.

▷ **giuramento** /dʒura'mento/ m. **1** *(davanti all'autorità)* oath; ***prestare*** o ***fare*** ~ to swear an *o* take the oath; ***dichiarare sotto*** ~ to swear *o* declare on *o* under oath; ***essere sotto*** ~ to be on *o* under oath **2** LETT. *(promessa)* ***violare un*** ~ to break an oath; ***fare prestare*** ~ ***a qcn.*** to administer the oath to sb., to put sb. under oath ◆◆ ~ ***d'Ippocrate*** MED. Hippocratic oath.

▶ **giurare** /dʒu'rare/ [1] **I** tr. **1** *(promettere solennemente)* to swear* [*fedeltà, obbedienza, amore eterno*] (**a** to); ~ ***(a qcn.) che, di fare*** to swear (to sb.) that, to do; ***giurami di non dire niente*** swear you won't say anything; ***le hanno fatto*** ~ ***di mantenere il segreto*** she was sworn to secrecy; ***ti giuro che manterrò il segreto circa questa faccenda*** I swear I'll keep this a secret; ***giuralo!*** swear it! ~ ***il falso*** to perjure oneself DIR.; ***lo giuro su mia madre*** I swear it on my mother's life; ***giuro su tutto ciò che mi è più caro che*** I swear by all that I hold dear that; ~ ***sulla propria testa che*** to swear blind that COLLOQ.; ***giuro di dire la verità, tutta la verità e nient'altro che la verità*** *(in tribunale)* I swear to tell the truth, the whole truth, nothing but the truth **2** *(affermare, assicurare)* ***ti giuro che fa male*** I can assure you it hurts; ***ce ne sono, te lo giuro!*** honestly, there are some! ***avrei giurato che fosse lì*** *(per esprimere certezza)* I could have sworn she was there **II** intr. (aus. *avere*) *(fare giuramento)* ~ ***sulla Bibbia, sull'onore*** to swear on the Bible, on one's honour; ***ci giurerei*** *(per esprimere certezza)* I'll take my oath on it, I would *o* could swear to it **III** **giurarsi** pronom. *(reciprocamente)* to swear* [sth.] to one another [*fedeltà*].

giurassico, pl. **-ci**, **-che** /dʒu'rassiko, tʃi, ke/ **I** agg. [*periodo*] Jurassic **II** m. ***il*** ~ the Jurassic.

giurata /dʒu'rata/ f. juror, jurywoman*.

giurato /dʒu'rato/ **I** p.pass. → **giurare** **II** agg. **1** [*deposizione*] sworn **2** *(che ha prestato giuramento)* ***guardia -a*** security guard **3** FIG. *(implacabile)* [*nemico*] sworn **III** m. juror; *(uomo)* juryman*; ***lista dei -i*** panel; ***banco dei -i*** jury box.

giureconsulto /dʒurekon'sulto/ m. jurisconsult.

giurese /dʒu'rese/ agg. e m. GEOL. Jurassic.

giurì /dʒu'ri/ m.inv. ~ ***d'onore*** court of honour.

▷ **giuria** /dʒu'ria/ f. **1** DIR. jury; ***presidente della*** ~ foreman of the jury; ***membro della*** ~ *(uomo)* juryman; *(donna)* jurywoman; ***fare parte di una*** ~ to be *o* serve on a jury, to do jury service BE **2** *(in gare sportive, concorsi)* panel, judges pl.

giuridicamente /dʒuridika'mente/ avv. juridically, legally.

giuridicità /dʒuriditʃi'ta/ f.inv. juridical character, lawfulness, legality.

giuridico, pl. **-ci**, **-che** /dʒu'ridiko, tʃi, ke/ agg. [*statuto, linguaggio, posizione, stato*] legal; ***negozio*** ~ agreement; ***persona -a*** body corporate *o* corporate body *o* legal entity; ***incapacità -a*** incapacity; ***una formazione -a*** a background in law; ***non ci saranno conseguenze -che*** o ***a livello*** ~ there will be no legal consequences; ***dal punto di vista*** ~ from a legal standpoint, legally; ***agire sul piano*** ~ to take legal action.

giurisdizionale /dʒurizdittsjo'nale/ agg. jurisdictional.

giurisdizione /dʒurizdit'tsjone/ f. **1** DIR. jurisdiction; ***essere sotto la, fuori della*** ~ ***di qcn.*** to be within, outside sb.'s jurisdiction **2** FIG. *(competenza)* ***questo è al di fuori della mia*** ~ this is not within my sphere of competence ◆◆ ~ ***amministrativa*** administrative tribunals; ~ ***civile*** civil courts; ~ ***militare*** military courts; ~ ***ordinaria*** courts of common law.

giurisperito /dʒurispe'rito/ ➧ ***18*** m. jurist, legal practitioner, jurisconsult.

giurisprudenza /dʒurispru'dɛntsa/ f. **1** *(scienza del diritto)* law, jurisprudence; ***laurea in*** ~ degree in law; ***studiare*** ~ to study law **2** *(facoltà)* law faculty; ***studente di*** ~ law student **3** *(sentenze degli organi giurisdizionali)* jurisprudence, case law, precedent.

giurisprudenziale /dʒurispruden'tsjale/ agg. jurisprudential; ***diritto*** ~ case law.

giurista, m.pl. **-i**, f.pl. **-e** /dʒu'rista/ ➧ ***18*** m. e f. jurist, legal practitioner, legist ◆◆ ~ ***d'impresa*** company lawyer BE, corporate lawyer AE.

Giuseppe /dʒu'zɛppe/ n.pr.m. Joseph.

Giuseppina /dʒuzep'pina/ n.pr.f. Josephine.

giusnaturalismo /dʒusnatura'lizmo/ m. doctrine of natural law.

giuspatronato /dʒuspatro'nato/ m. ANT. patronage BE.

giusquiamo /dʒus'kwiamo/ m. henbane.

giustacuore /dʒusta'kwɔre/ m. jerkin.

giustamente /dʒusta'mente/ avv. **1** *(con esattezza)* [*dire, rispondere*] rightly **2** *(a ragione)* ***è*** ~ ***orgogliosa di*** she is justifiably *o* justly proud of; ***ci si potrebbe*** ~ ***chiedere se, si potrebbe*** ~ ***pensare che...*** one might legitimately wonder whether, think that...

giustapporre /dʒustap'porre/ [73] tr. to juxtapose [*termini, colori, idee*] (**a** with).

giustapposizione /dʒustappozit'tsjone/ f. juxtaposition; ***in*** ~ in juxtaposition.

giustezza /dʒus'tettsa/ f. **1** *(esattezza)* rightness, correctness; *(precisione di tiro)* accuracy **2** TIP. justification.

giustificabile /dʒustifi'kabile/ agg. **1** *(che si può giustificare)* [*assenza, condotta, errore*] justifiable; ***l'impiegato non è*** ~ the employee hasn't got a case *o* cannot be justified **2** *(documentabile)* [*spese*] accountable.

▶ **giustificare** /dʒustifi'kare/ [1] **I** tr. **1** *(rendere accettabile)* to justify [*metodo, politica, tesi, decisione, reazione*] (**con**, **attraverso** by); to give* grounds for [*speranza, ottimismo*]; ***questo giustifica il fatto che parta domani*** this justifies his leaving tomorrow; ***i fatti hanno giustificato le nostre paure*** the facts vindicated our fears; ***nulla giustifica la crudeltà*** there is no excuse for cruelty **2** *(scusare)* to excuse [*comportamento, ritardo, assenza*]; to explain [*ignoranza*]; ***cerchi sempre di giustificarla*** you are always making excuses for her **3** *(documentare)* ~ ***le spese*** to document expenses **4** TIP. to justify [*testo*] **5** TEOL. *(redimere)* to redeem, to justify **II** **giustificarsi** pronom. to justify oneself; *(scusarsi)* to excuse oneself, to apologize; ***non cercare di giustificarti*** don't try to make excuses ◆ ***il fine giustifica i mezzi*** PROV. the end justifies the means.

giustificatamente /dʒustifikata'mente/ avv. justifiably.

giustificativo /dʒustifika'tivo/ **I** agg. [*fattura, documento*] supporting; ***pezza -a*** BUROCR. written evidence *o* proof *o* documentation, documentary evidence; ***copia -a*** *(nell'editoria)* voucher copy **II** m. **1** documentary evidence **U**, documentation **U** (**di** of) **2** *(nell'editoria)* voucher copy.

giustificato /dʒustifi'kato/ **I** p.pass. → **giustificare** **II** agg. **1** *(legittimo)* [*inquietudine, scelta, assenza*] justified; [*collera, lamentela*] justified, just, righteous; ***la diffidenza -a degli elettori*** the justified distrust of the electorate; ***una scelta non -a*** an unsound choice **2** TEOL. *(assolto)* justified **3** TIP. ***~ a destra, a sinistra*** justified right, left margin.

giustificatore /dʒustifika'tore/ m. (f. **-trice** /tritʃe/) justifier.

giustificatorio, pl. **-ri**, **-rie** /dʒustifika'tɔrjo, ri, rje/ agg. [*atto*] justificatory, vindicatory.

▷ **giustificazione** /dʒustifikat'tsjone/ f. **1** *(azione)* justification **2** *(ragione addotta a discolpa)* excuse, justification; ***addurre -i*** to advance *o* present justifications; ***a ~ di qcs.*** in justification *o* vindication of sth. **3** SCOL. excuse note, absence note; *(per malattia)* sick note COLLOQ. **4** TIP. justification; ***~ a destra, a sinistra*** right, left justification **5** TEOL. justification.

Giustina /dʒus'tina/ n.pr.f. Justina, Justine.

giustinianeo /dʒustinja'nɛo/ agg. [*codice*] Justinian.

Giustiniano /dʒusti'njano/ n.pr.m. Justinianian.

Giustino /dʒus'tino/ n.pr.m. Justin.

▶ **giustizia** /dʒus'tittsja/ f. **1** *(principio)* justice; *(equità)* fairness; ***per scrupolo di ~ sociale*** out of concern for social justice; ***non c'è ~!*** there's no justice! ***agire con ~*** to act fairly *o* justly; ***senso della ~*** sense of justice **2** *(applicazione)* justice; ***fare ~*** to dispense *o* do justice; ***chiedere, ottenere ~*** to demand, obtain justice; ***farsi ~ da soli*** to take the law into one's own hands; ***rendere ~ a qcn.*** to do sb. justice *o* to do justice to sb. **3** *(autorità, potere)* ***la ~*** the law; ***essere consegnato alla ~*** to be handed over to the law; ***ricorrere alla ~*** to go to court *o* to law BE *o* to the law AE; ***ha dei guai con la ~ del suo paese*** he's in trouble with the law in his country; ***amministrare la ~*** to administer *o* dispense justice; ***corte*** o ***palazzo di ~*** courthouse, court of justice *o* of law, law court; ***la ~ funziona male*** the legal system doesn't work properly **4** *(virtù cardinale)* justice ◆◆ ***~ distributiva*** distributive justice; ***~ divina*** Divine Justice; ***~ militare*** military law; ***~ penale*** criminal justice; ***~ sociale*** social justice; ***~ sommaria*** rough justice.

giustiziabile /dʒustit'tsjabile/ agg. [*condannato*] executable.

giustiziare /dʒustit'tsjare/ [1] tr. to execute [*condannato*]; *(sulla sedia elettrica)* to electrocute, to burn* AE COLLOQ.

giustiziato /dʒustit'tsjato/ **I** p.pass. → **giustiziare** **II** m. (f. **-a**) executed person.

giustiziere /dʒustit'tsjɛre/ m. (f. **-a**) **1** *(carnefice)* executioner **2** *(vendicatore)* avenger.

▶ **giusto** /'dʒusto/ **I** agg. **1** *(imparziale)* [*persona*] fair **2** *(equo)* [*regolamento, ripartizione*] fair; [*ricompensa, sanzione, punizione*] just; ***senza -a causa*** without just cause; ***non è ~!*** it (just) isn't fair! ***è ~ che, fare*** it is fair that, to do; ***è ~ che ce l'abbia fatta*** it is fair that he succeeded; ***è più che ~ che vada*** it's only fair that he should go; ***non sarebbe affatto ~ darti tutto*** it wouldn't be fair to give you everything; ***com'è ~, è stato risarcito*** it was right and proper that he got compensation; ***quel che è ~ è ~*** fair's fair; ***trovare il ~ mezzo*** to find a happy medium **3** *(legittimo)* [*paura*] justifiable; [*rivendicazione*] legitimate; ***la tua osservazione è molto -a*** your remark is very good *o* valid; ***dire delle cose -e*** to make some valid points **4** *(adeguato)* right; ***trovare la parola -a*** to find the right word; ***~!*** that's (quite) right! ***è la persona -a per questo lavoro*** he's right for the job; ***essere nel posto ~ al momento ~*** to be in the right place at the right time; ***essere dell'umore ~ per qcs., per fare*** to be in the right frame of mind for sth., to do; ***mettere qcs. nella -a luce*** to put sth. in its true perspective **5** *(esatto)* [*calcolo, proporzione, analisi*] correct; [*ora*] right; ***apprezzare qcn. secondo il ~ valore*** to appreciate sb. fully; ***apprezzare qcs. secondo il suo ~ valore*** to appreciate sth. at its true value; ***prendere qcn. per il verso ~*** to get *o* keep on the right side of sb. **6** COLLOQ. ***è un tipo ~!*** he's cool! **II** avv. **1** *(senza errori)* ***rispondere ~*** to answer correctly; ***mirare ~*** to aim straight; FIG. to hit the nail on the head **2** COLLOQ. *(proprio)* ***ho ~ i soldi sufficienti*** I've got just enough (money); ***cercavo ~ te*** you're just the person I was looking for; ***~ in tempo*** just in time **3** *(soltanto)* ***ne prendo ~ uno*** I'm just taking one **4** *(da poco, appena)* ***è ~ partito*** he's only just left **III** m. (f. **-a**) **1** *(persona)* just person, righteous person **2** ***essere nel ~*** to be on the side of the angels, to be right, to have right on one's side; ***ricevere il ~*** to receive the right (sum of) money; ***pagare il ~*** to pay the right price ◆ ***dormire il sonno del ~*** to sleep the sleep of the just; ***dormire il sonno dei -i*** to sleep one's last *o* final sleep.

Giusto /'dʒusto/ n.pr.m. Justus.

glabro /'glabro/ agg. **1** *(imberbe)* [*petto, volto*] hairless **2** BOT. glabrous.

glacé /gla'se/ agg.inv. **1** ABBIGL. [*pelle*] glacé **2** GASTR. ***marron ~*** marron glacé.

glaciale /gla'tʃale/ agg. **1** GEOL. GEOGR. [*zona*] frigid; [*lago, valle, periodo*] glacial; ***circo ~*** cirque; ***Mare Glaciale Artico*** Arctic Ocean; ***era ~*** ice age; ***calotta ~*** icecap, ice sheet; ***deposito ~*** till, glacial deposit **2** *(gelido)* [*freddo*] freezing; [*vento*] icy(-cold), ice-cold, freezing-cold **3** FIG. [*accoglienza*] icy, frosty; [*sguardo*] icy, chilly; [*atmosfera*] glacial, frosty; [*persona*] frosty.

glacialità /glatʃali'ta/ f.inv. iciness.

glaciazione /glatʃat'tsjone/ f. glaciation.

glaciologia /glatʃolo'dʒia/ f. glaciology.

glaciologico, pl. **-ci**, **-che** /glatʃo'lɔdʒiko, tʃi, ke/ agg. glaciological.

glaciologo, m.pl. **-gi**, f.pl. **-ghe** /glat'ʃɔlogo, dʒi, ge/ m. (f. **-a**) glaciologist.

gladiatore /gladja'tore/ m. gladiator.

gladiatorio, pl. **-ri**, **-rie** /gladja'tɔrjo, ri, rje/ agg. gladiatorial (anche FIG.).

gladiolo /gla'diolo/ m. gladiolus*, sword lily.

glagolitico, pl. **-ci**, **-che** /glago'litiko, tʃi, ke/ agg. Glagolit(h)ic.

glande /'glande/ m. glans*.

glassa /'glassa/ f. (glacé) icing, glaze, frosting; ***ricoperto di ~*** topped with frosting; ***decorare con la ~ una torta*** to pipe icing onto a cake ◆◆ ***~ reale*** royal icing BE.

glassare /glas'sare/ [1] tr. to ice, to glaze, to frost [*dolce, torta*].

glassato /glas'sato/ **I** p.pass. → **glassare** **II** agg. **1** *(ricoperto di glassa)* [*dolce, torta*] iced, glazed, frosted **2** *(coperto di gelatina)* [*carne*] glazed.

glassatura /glassa'tura/ f. icing, frosting.

glauco, pl. **-chi**, **-che** /'glauko, ki, ke/ agg. glaucous.

glaucoma /glau'kɔma/ ♦ **7** m. glaucoma.

glauconite /glauko'nite/ f. glauconite.

gleba /'glɛba/ f. LETT. glebe; ***servo della ~*** STOR. serf.

▶ **1.gli** /ʎi/ artc.det.m.pl. (it is used before a vowel sound, before *s* followed by a consonant, and before *gn*, *pn*, *ps*, *x* and *z*) → **i.**

▶ **2.gli** /ʎi/ v. la nota della voce **io.** **I** pron.pers.m.sing. **1** *(riferito a persona di sesso maschile)* him, to him, for him; ***non ~ hai detto nulla?*** didn't you tell him anything? ***~ ho parlato*** I spoke to him; ***vorrei scrivergli*** I would like to write to him; ***la ginnastica ~ fa bene*** exercise is good for him; ***il polline ~ fa colare il naso*** pollen makes his nose stream **2** *(riferito a cosa)* it; ***prese il libro e ~ strappò una pagina*** he took the book and tore a page out of it **II** pron.pers.m. e f.pl. COLLOQ. *(a essi)* them; ***digli che ci raggiungano più tardi*** tell them to meet us later; ***~ ho parlato severamente e si sono scusati*** I've spoken to them severely and they've apologized; ***ho comprato dei vecchi mobili e ~ ho tolto la vernice*** I bought some old furniture and I stripped the paint off.

gliadina /glia'dina/ f. gliadin.

glicemia /glitʃe'mia/ f. glyc(a)emia; ***tasso di ~*** blood sugar level.

glicemico, pl. **-ci**, **-che** /gli'tʃɛmiko, tʃi, ke/ agg. glyc(a)emic.

glicerico, pl. **-ci**, **-che** /gli'tʃɛriko, tʃi, ke/ agg. ***acido ~*** glyceric acid.

gliceride /gli'tʃɛride/ m. glyceride.

glicerina /glitʃe'rina/ f. glycerin(e); ***sapone alla ~*** glycerin(e) soap.

glicerolo /glitʃe'rɔlo/ m. glycerol.

glicile /gli'tʃile/ m. glycyl.

glicina /gli'tʃina/ f. glycin(e).

glicine /'glitʃine/ m. wisteria.

glicogeno /gli'kɔdʒeno/ m. glycogen.

glicol /'glikol/ m.inv., **glicole** /gli'kɔle/ m. glycol; ***~ etilenico*** ethylene glycol.

glicolico /gli'kɔliko/ agg. ***acido ~*** glycolic acid.

glicolipide /glikoli'pide/ m. glycolipid.

glicolisi /gliko'lizi/ f.inv. glycolysis*.

glicoproteina /glikoprote'ina/ f. glycoprotein.

glicosidasi /glikozi'dazi/ f.inv. glycosidase.

glicoside /gliko'zide/ m. glycoside.

glicosidico, pl. **-ci**, **-che** /gliko'zidiko, tʃi, ke/ agg. glycosidic.

glicosuria /gliko'zurja/ f. glycosuria.

▶ **gliela** /'ʎela/ pron. **1** *(riferito a complemento di termine singolare)* ***vuole questa macchina, ~ comprerò*** he *o* she wants this car, I'll buy it for him *o* her; ***~ farò pagare*** I'll make him *o* her pay, I'll get him *o* her pay for that; ***se sai la verità digliela*** if you know the truth tell him*o* her; ***vuole conoscere la mia ragazza ma non ~ voglio presentare*** he, she wants to meet my girlfriend but I don't want to introduce her to him *o* her **2** *(riferito a complemento di termine plurale)* ***vorrebbero la sua auto, ma non ~ presterà*** they would like his car but he won't lend it to them; ***vogliono conoscere la mia ragazza ma non ~ voglio presentare*** they want to meet my girlfriend but I don't want to introduce her to them.

▶ **gliele** /ˈʎele/ pron. **1** *(riferito a complemento di termine singolare)* ***se venisse a chiedermi le chiavi non ~ darei*** if he *o* she came to me for the keys, I wouldn't give them to him *o* her **2** *(riferito a complemento di termine plurale)* ***i miei amici vogliono conoscere le mie sorelle, ~ presenterò*** my friends want to meet my sisters, I'll introduce them to them.

▶ **glieli** /ˈʎeli/ pron. **1** *(riferito a complemento di termine singolare)* ***ho ritrovato i suoi guanti, ~ restituisci tu?*** I found his *o* her gloves, will you give them back to him *o* her? **2** *(riferito a complemento di termine plurale)* ***i miei amici volevano leggere i tuoi libri e ~ ho prestati*** my friends wanted to read your books so I lent them to them.

▶ **glielo** /ˈʎelo/ pron. **1** *(riferito a complemento di termine singolare)* ***grazie per il messaggio, ~ riferirò subito*** thanks for the message, I'll report it to him *o* her immediately; ***se vuole conoscere Luca ~ presenterò*** if he *o* she wants to meet Luca I'll introduce him to him *o* her **2** *(riferito a complemento di termine plurale)* ***se hanno bisogno del disco ~ posso portare domani*** if they need the record I can bring it to them tomorrow; ***quando vorranno conoscere il mio ragazzo ~ presenterò*** when they want to meet my boyfriend I'll introduce him to them.

▶ **gliene** /ˈʎene/ pron. **1** *(riferito a complemento di termine singolare)* ***ha speso molti soldi, ~ presterò*** he *o* she spent a lot of money, I'll lend him *o* her some; ***hai molte caramelle, dagliene un po'*** you've got a lot of candy, give him *o* her some; ***non ~ importa nulla*** he *o* she doesn't care at all (about it) **2** *(riferito a complemento di termine plurale)* ***adorano i dolci, ~ porterò*** they love sweets, I'll bring them some.

glifo /ˈglifo/ m. **1** ARCH. glyph **2** MECC. link-block.

glioma /gliˈɔma/ ♦ **7** m. glioma*.

gliptica /ˈgliptika/ → **glittica.**

gliptico, pl. **-ci, -che** /ˈgliptiko, tʃi, ke/ → **glittico.**

glissando /glisˈsando/ m.inv. glissando*.

glissare /glisˈsare/ [1] intr. (aus. *avere*) **1** MUS. to play a glissando **2** FIG. *(tralasciare)* ***~ su qcs.*** to skate over *o* to skirt sth.

glittica /ˈglittika/ f. glyptics + verbo sing.

glittico, pl. **-ci, -che** /ˈglittiko, tʃi, ke/ agg. glyptic.

glittografia /glittograˈfia/ f. glyptography.

glittoteca, pl. **-che** /glittoˈtɛka, ke/ f. collection of engraved gems.

globale /gloˈbale/ agg. **1** *(complessivo)* [*costo, importo*] overall, total; [*analisi, visione, villaggio*] global; ***polizza ~*** blanket *o* comprehensive policy; ***quadro ~*** overall picture **2** *(mondiale)* [*politica*] global **3** ***metodo ~*** PED. global method, look and say method.

globalità /globaliˈta/ f.inv. entirety, totality.

globalizzare /globalidˈdzare/ [1] tr. to globalize.

globalizzazione /globaliddzatˈtsjone/ f. globalization.

globalmente /globalˈmente/ avv. totally, globally, as a whole.

globe-trotter /globˈtrɔtter/ m.inv. globetrotter.

globiforme /globiˈforme/ agg. globate.

globina /gloˈbina/ f. globin.

▷ **globo** /ˈglɔbo/ m. **1** *(sfera)* globe, sphere; *(di lampada)* globe; ***un ~ di cristallo*** a crystal ball **2** *(Terra)* globe; ***da tutti gli angoli del ~*** from all corners of the globe; ***in tutto il ~*** all around *o* across the globe **3** *(mappamondo)* globe ♦♦ ***~ celeste*** celestial globe; ***~ imperiale*** orb; ***~ oculare*** eyeball; ***~ terrestre*** earth.

globoide /gloˈbɔide/ m. BOT. globoid.

globosità /globosiˈta/ f.inv. globosity, globularity.

globoso /gloˈboso/ agg. globose, globular.

globulare /globuˈlare/ agg. **1** *(sferico)* [*ammasso*] globular **2** MED. blood cell attrib.

globulina /globuˈlina/ f. globulin.

globulo /ˈglɔbulo/ m. **1** MED. (blood) corpuscle; ***~ bianco*** white corpuscle, white blood cell; ***~ rosso*** red corpuscle, red blood cell **2** *(sferetta)* globule ♦♦ ***~ polare*** polar body.

globuloso /globuˈloso/ agg. [*occhio*] globular.

gloglottare /gloglotˈtare/ [1] intr. (aus. *avere*) **1** [*tacchino*] to gobble **2** *(gorgogliare)* [*liquidi*] to gurgle.

glomerulare /glomeruˈlare/ agg. glomerular.

glomerulo /gloˈmɛrulo/ m. BOT. glomerule; ANAT. glomerulus*, glomerule.

▶ **1.gloria** /ˈglɔrja/ f. **1** *(fama)* glory, fame; ***la ~ militare*** military glory; ***la ~ letteraria*** literary fame; ***la ~ e la fortuna*** fame and fortune; ***coprirsi di ~*** to cover oneself in glory; ***cercare la ~*** to seek fame; ***sete di ~*** thirst for glory; ***è quello che ha fatto la loro ~*** that's what made them famous; ***avere il proprio momento di ~*** to have one's hour of glory **2** RELIG. ***~ a Dio!*** glory be to God! praise the Lord! ***~ a Dio nell'alto dei cieli*** glory to God in the high; ***a maggior ~ di Dio*** to the greater glory of God **3** *(persona celebre)* celebrity, star; ***le -e locali*** SCHERZ. the local worthies; ***vecchie -e del cinema*** former stars of the silver screen **4** *(splendore)* glory, splendour BE, splendor AE; ***la ~ della Grecia*** the glory of Greece; ***in tutta la loro ~*** in all their glory **5** ART. ***il Cristo in ~*** Christ in majesty ◆ ***lavorare per la ~*** IRON. to work for peanuts; ***che Dio l'abbia in ~*** God rest his soul; ***essere in ~*** COLLOQ. = to be drunk.

2.gloria /ˈglɔrja/ m.inv. RELIG. gloria ◆ ***tutti i salmi finiscono in ~*** PROV. follow the river and you'll get to the sea.

Gloria /ˈglɔrja/ n.pr.f. Gloria.

gloriare /gloˈrjare/ [1] **I** tr. LETT. to glorify [*persona, Dio*] **II gloriarsi** pronom. to glory (**di** in), to boast (**di** about).

gloriette /gloˈrjɛt/ f.inv. pavilion.

glorificare /glorifiˈkare/ [1] **I** tr. to glorify [*Dio, persona, lavoro*] **II glorificarsi** pronom. to boast (**di** about).

glorificatore /glorifikaˈtore/ m. (f. **-trice** /tritʃe/) glorifier.

glorificazione /glorifikatˈtsjone/ f. glorification.

gloriosamente /glorjosaˈmente/ avv. [*combattere*] heroically; ***cadere ~ sul campo*** to fall gloriously on the field of battle.

▷ **glorioso** /gloˈrjoso/ agg. [*destino, giorno, vittoria*] glorious; [*antenato*] glorious, illustrious; ***un passato poco ~*** a far from glorious past; ***non avere una fine -a*** not to end in triumph.

glossa /ˈglɔssa/ f. gloss; *(nota esplicativa)* note; ***redigere una ~*** to write a gloss; ***~ marginale*** marginal note.

glossare /glosˈsare/ [1] tr. to gloss [*testo*].

glossario, pl. **-ri** /glosˈsarjo, ri/ m. glossary.

glossatore /glossaˈtore/ m. (f. **-trice** /tritʃe/) STOR. glossator.

glossema /glosˈsɛma/ m. glosseme.

glossematica /glosseˈmatika/ f. glossematics + verbo sing.

glossite /glosˈsite/ ♦ **7** f. glossitis.

glossografo /glosˈsɔgrafo/ m. (f. **-a**) glossographer.

glossolalia /glossolaˈlia/ f. glossolalia.

glottale /glotˈtale/, **glottidale** /glottiˈdale/ agg. glottal, glottic.

glottide /ˈglɔttide/ f. glottis; ***colpo di ~*** glottal stop.

glottodidattica /glottodiˈdattika/ f. language teaching.

glottologia /glottoloˈdʒia/ f. linguistics + verbo sing., glottology RAR.

glottologico, pl. **-ci, -che** /glottoˈlɔdʒiko, tʃi, ke/ agg. glottological.

glottologo, m.pl. **-gi**, f.pl. **-ghe** /glotˈtɔlogo, dʒi, ge/ ♦ ***18*** m. (f. **-a**) glottologist.

gloxinia /glokˈsinja/ f. gloxinia.

glucide /gluˈtʃide/ m. glucide.

glucinio /gluˈtʃinjo/ m. glucinum.

gluconato /glukoˈnato/ m. gluconate.

glucoside /glukoˈzide/ m. glucoside.

glucosidico, pl. **-ci, -che** /glukoˈzidiko, tʃi, ke/ agg. glucosidic.

glucosio /gluˈkɔzjo/ m. glucose.

glu glu /gluˈglu/ inter. **1** *(di liquido)* glug glug; ***fare ~*** to gurgle **2** *(del tacchino)* gobble gobble; ***fare ~*** to gobble.

gluma /ˈgluma/ f. glume.

glutammato /glutamˈmato/ m. glutamate; ***~ di sodio*** monosodium glutamate.

glutammico /gluˈtammiko/ agg. ***acido ~*** glutamic acid.

glutammina /glutamˈmina/ f. glutamine.

gluteo /ˈgluteo/ **I** agg. ***muscolo ~*** gluteal muscle, gluteus **II** m. *(muscolo)* gluteus*; *(natica)* buttock; ***i -i*** the buttocks; ***il grande, medio, piccolo ~*** gluteus maximus, medius, minimus.

glutinato /glutiˈnato/ agg. [*pasta*] gluten attrib.

glutine /ˈglutine/ m. gluten; ***pane di ~*** gluten bread; ***prodotti senza ~*** gluten-free products.

glutinosità /glutinoziˈta/ f.inv. glutinosity.

glutinoso /glutiˈnoso/ agg. glutenous.

gnam /ɲam/ inter. yum; ***~ ~*** yummy, yum-yum.

gnaulare /ɲauˈlare/ [1] intr. (aus. *avere*) **1** *(miagolare)* [*gatto*] to yowl, to miaow BE, to meow AE **2** *(frignare)* [*bambino*] to whine, to whimper.

gnaulio, pl. **-ii** /ɲauˈlio, ii/ m. **1** *(di gatto)* yowl, miaow BE, meow AE **2** *(di bambino)* whimper.

gneis(s) /ˈgnɛis/ m.inv. gneiss.

gnocca, pl. **-che** /ˈɲɔkka, ke/ f. VOLG. **1** *(vagina)* pussy, cunt, slit, twat **2** *(donna, ragazza attraente)* babe, dish, doll; ***è una bella ~*** she's a bit of stuff *o* a nice nookie.

gnocco, pl. **-chi** /ˈɲɔkko, ki/ m. **1** GASTR. ***-chi (di patate)*** gnocchi **2** COLLOQ. FIG. *(idiota)* chump, blockhead ♦♦ ***-chi alla romana*** GASTR. = small dumplings made from semolina flour, butter, milk and eggs with a gratinee of butter and Parmesan cheese.

gnomico, pl. **-ci**, **-che** /ˈɲɔmiko, tʃi, ke/ **I** agg. gnomic **II** m. gnomic poet.
gnomo /ˈɲɔmo/ m. gnome.
gnomone /ɲoˈmone/ m. gnomon.
gnomonico, pl. **-ci**, **-che** /ɲoˈmɔniko/ agg. gnomonic.
gnornò /ɲorˈnɔ/ avv. COLLOQ. no sir.
gnorri /ˈɲɔrri/ m. e f.inv. ***fare lo ~*** to play dumb.
gnorsì /ɲorˈsi/ avv. COLLOQ. yes sir.
gnoseologia /ɲozeoloˈdʒia, gnozeoloˈdʒia/ f. gnoseology, gnosiology.
gnoseologico, pl. **-ci**, **-che** /ɲozeoˈlɔdʒiko, gnozeoˈlɔdʒiko, tʃi, ke/ agg. gnoseological, gnosiological.
gnosi /ˈɲɔzi, ˈgnɔzi/ f.inv. gnosis*.
gnosticismo /ɲostiˈtʃizmo/ m. gnosticism.
gnostico, pl. **-ci**, **-che** /ˈɲɔstiko, tʃi, ke/ **I** agg. gnostic **II** m. (f. **-a**) gnostic.
gnu /ɲu/ m.inv. gnu*, wildebeest*.
▷ **goal** /gɔl/ m.inv. goal; ***segnare un ~*** to score *o* kick a goal; ***mancare il ~*** to miss the goal; ***abbiamo subito due ~*** they scored two goals against us.
▷ **gobba** /ˈgɔbba/ f. **1** *(di persone, animali)* hump; *(sul naso)* bump; ***avere la ~*** [*persona*] to be hunchbacked **2** *(sulla strada, su un terreno)* bump; *(su una pista di sci)* mogul; ***un percorso di fosse e -e*** a bumpy course **3** *(di abiti)* bulge; ***fare una ~ sulla spalla*** to bulge *o* stick out at the shoulder **4** COLLOQ. *(di luna)* crescent ◆ ***spianare la ~ a qcn.*** to give sb. a good thrashing *o* hiding.
▷ **1.gobbo** /ˈgɔbbo/ **I** agg. **1** *(con la gobba)* [*persona*] hunchbacked, humpbacked **2** *(incurvato)* [*persona, schiena*] hunched, bent; [*naso*] hooked; ***non stare così ~!*** sit up straight! **3** FIG. ***colpo ~*** *(a tradimento)* underhand *o* lousy *o* low-down trick; *(fortunato)* lucky strike **II** m. (f. **-a**) hunchback.
2.gobbo /ˈgɔbbo/ m. CINEM. TELEV. autocue, cue card, idiot board COLLOQ.
gobelin /goˈblɛn/ m.inv. Gobelin.
gobione /goˈbjone/ m. gudgeon.
goccetto /gotˈtʃetto/ m. snifter, drop; ***bersi un ~*** to have a drop.
▶ **goccia**, pl. **-ce** /ˈgottʃa, tʃe/ **I** f. **1** *(di liquido)* drop; ***~ d'acqua, di sangue*** drop of water, of blood; ***~ di sudore*** bead of sweat; ***~ di pioggia*** raindrop; ***~ di rugiada*** dewdrop, bead of dew; ***(a) ~ a ~*** drop by drop; ***cadere (a) ~ a ~*** to drip; ***non è stata versata una sola ~ di sangue*** not a drop of blood was spilled; ***ieri è caduta qualche ~*** there were a few spots of rain yesterday; ***in casa non c'è più una (sola) ~ di vino*** there isn't a drop of wine left in the house; ***bere qcs. fino all'ultima ~*** to drink sth. (down) to the dregs **2** *(di ornamenti, gioielli)* drop; ***orecchini a ~*** drop-earrings **3** ARCH. gutta* **II gocce** f.pl. MED. FARM. drops; ***-ce per il naso, per gli occhi*** nose, eye drops ◆ ***è stata la ~ che ha fatto traboccare il vaso*** that was the straw that broke the camel's back; ***la ~ che fa traboccare il vaso*** the last *o* final straw; ***(as)somigliarsi come due -ce d'acqua*** to be as like as two peas in a pod; ***una ~ nel mare*** a drop in the bucket *o* ocean; ***avere la ~ al naso*** to have a runny nose.
gocciare /gotˈtʃare/ → **gocciolare.**
goccio, pl. **-ci** /ˈgottʃo, tʃi/ m. *(piccola quantità)* drop, dash; ***"della vodka?" - "solo un ~!"*** "some vodka?" - "just a drop!"; ***un ~ di limone*** a dash of lemon juice.
gocciolamento /gottʃolaˈmento/ m. dripping, trickling.
gocciolare /gottʃoˈlare/ [1] **I** tr. to drip, to trickle [*liquido*] **II** intr. **1** (aus. *avere*) [*tubo, rubinetto*] to drip; [*naso*] to run* **2** (aus. *essere*) [*liquido*] to drip (**da** off, from; **in** into); to trickle (**da** from; **in** into).
gocciolatoio, pl. **-oi** /gottʃolaˈtojo, oi/ m. drip, weather moulding BE, weather molding AE; *(in pietra)* dripstone.
gocciolina /gottʃoˈlina/ f. droplet.
gocciolio, pl. **-ii** /gottʃoˈlio, ii/ m. drip, trickle.
gocciolone /gottʃoˈlone/ m. large drop; ***cadere a -i*** [*pioggia*] to spill down; ***sudare a -i*** to sweat buckets.
▶ **godere** /goˈdere/ [56] **I** intr. (aus. *avere*) **1** *(rallegrarsi)* to be* glad, to be* delighted; ***~ all'idea di fare*** to be delighted at the thought of doing; ***gode nel vedere fallire qcn.*** it gives him a kick to see sb. fail; ***~ a*** o ***nel tormentare qcn.*** to delight in *o* to enjoy nagging sb. **2** *(beneficiare, avere)* ***~ di*** [*persona*] to enjoy [*diritto, vantaggio, privilegio, bene, popolarità*]; ***~ di un trattamento di favore*** to receive *o* enjoy special treatment; ***~ dell'immunità diplomatica*** to enjoy diplomatic immunity; ***~ di grande, scarsa considerazione*** to be of high, low repute; ***~ della fiducia di qcn.*** to have sb.'s confidence; ***~ del favore di qcn.*** to find favour with sb.; ***~ di buona salute*** to enjoy good health; ***quella casa gode di una splendida visuale*** that house has *o* commands a beautiful view **3** *(divertirsi)* to enjoy oneself **4** COLLOQ. *(raggiungere l'orgasmo)* to come* **II** tr. to enjoy; ***~ la vita*** to enjoy life **III godersi** pronom. **1** *(trarre giovamento da)* to enjoy [*vacanze, spettacolo, fresco*]; ***-rsi la vita*** to enjoy life; ***la vita è breve, godetevela*** life is short, so live it up; ***-rsi i nipotini*** to enjoy (being with) one's grandchildren **2 godersela** *(spassarsela)* to have* a great time ◆ ***chi si accontenta gode*** enough is as good as a feast.
godereccio, pl. **-ci**, **-ce** /godeˈrettʃo, tʃi, tʃe/ agg. **1** *(che ama i piaceri)* ***gente -a*** pleasure-lovers, pleasure-loving people **2** *(che dà piacere)* [*vita*] enjoyable.
godet /goˈde/ **I** m.inv. SART. gore **II** agg.inv. [*gonna*] gored.
godibile /goˈdibile/ agg. **1** *(piacevole)* [*spettacolo*] enjoyable **2** DIR. [*bene*] possessable.
godimento /godiˈmento/ m. **1** *(piacere)* enjoyment, pleasure; ***~ dello spirito*** spiritual delight; ***~ dei sensi*** sensual pleasure; ***trarre ~ da qcs.*** to take pleasure in sth. **2** *(ciò che provoca piacere)* ***è un ~ sentirlo suonare*** it is a pleasure *o* delight to hear him play **3** DIR. *(di privilegi, diritti)* enjoyment; *(di terreno, proprietà)* tenure; ***avere qcs. in ~*** to have use of *o* to enjoy sth. **4** COLLOQ. *(orgasmo)* orgasm.
godronare /godroˈnare/ [1] tr. to knurl.
godronatura /godronaˈtura/ f. *(nel metallo)* knurl.
godrone /goˈdrone/ m. *(per incidere, cesellare)* knurl.
goduria /goˈdurja/ f. COLLOQ. luxury, bliss; ***che ~!*** what a fun! (anche IRON.).
goffaggine /gofˈfaddʒine/ f. **1** *(l'essere goffo)* awkwardness, clumsiness, ungainliness **2** *(gesto goffo)* awkward gesture; *(osservazione goffa)* awkward remark.
goffamente /goffaˈmente/ avv. awkwardly, clumsily.
▷ **goffo** /ˈgɔffo/ agg. **1** *(maldestro)* [*persona, modi, movimenti*] clumsy, ungainly, lumpish; ***un ~ tentativo di approccio*** a tactless, a clumsy advance **2** *(privo di disinvoltura)* awkward; ***un ragazzo timido e ~*** a shy and awkward boy.
goffraggio, pl. **-gi** /gofˈfraddʒo, dʒi/ m. → **goffratura.**
goffrare /gofˈfrare/ [1] tr. to emboss [*cuoio, carta, tessuto*].
goffrato /gofˈfrato/ **I** p.pass. → **goffrare II** agg. [*cuoio, carta, tessuto*] embossed **III** m. *(tessuto)* embossed fabric.
goffratore /goffraˈtore/ ➧ ***18*** m. (f. **-trice** /tritʃe/) embosser.
goffratrice /goffraˈtritʃe/ f. embossing machine, embosser.
goffratura /goffraˈtura/ f. *(procedura)* embossing; *(risultato)* embossment.
Goffredo /gofˈfredo/ n.pr.m. Geoffrey, Godfrey, Jeffr(e)y ◆◆ ***~ di Buglione*** STOR. Godfrey of Bouillon.
gogna /ˈgoɲɲa/ f. STOR. pillory, stocks pl.; ***essere condannato alla ~*** to be sentenced to the stocks; ***mettere qcn. alla ~*** to pillory sb. (anche FIG.).
gogò: a gogò /agoˈgo/ avv. ***vino a ~*** wine galore.
goi /gɔi/ m.inv. goy*.
go-kart /goˈkart/ m.inv. go-kart; ***andare sui ~*** to go go-karting.
gol → **goal.**
▶ **gola** /ˈgola/ f. **1** throat; ***avere mal di ~*** to have a sore throat; ***gli è rimasta una spina in ~*** a bone got stuck in his throat; ***l'odore, il fumo ci ha presi alla ~*** the smell, the smoke got to our throats; ***dei singhiozzi mi salirono in ~*** sobs rose in my throat; ***la paura gli serrava la ~*** his throat was constricted with fear; ***urlare a piena ~*** to scream at the top of one's lungs; ***voce di ~*** throaty voice; ***pasticca per la ~*** throat pastille **2** *(collo)* throat; ***il cane mi è saltato alla ~*** the dog leaped at *o* went for my throat; ***tagliare la ~ a qcn.*** to cut *o* slit sb.'s throat; ***afferrare qcn. per la ~*** to take *o* grab sb. by the throat **3** RELIG. *(peccato)* gluttony; ***la ~ è un peccato capitale*** gluttony is a deadly sin **4** GEOGR. gorge, ravine, gully; ***le -e di Cheddar, del Reno*** Cheddar gorge, the Rhine gorge **5** *(condotto)* flue; ***la ~ del camino*** the chimney flue **6** TECN. *(di puleggia)* race **7** ARCH. cyma* ◆ ***fare ~*** [*oggetto, cibo, carica*] to tempt; ***avere il coltello alla ~*** to have a knife at one's throat; ***avere l'acqua alla ~*** to be hard-pressed, to be in deep water; ***avere la ~ secca*** to have a dry throat; ***raschiarsi la ~*** to clear one's throat; ***avere un nodo*** o ***un groppo in ~*** to have a lump in one's throat; ***la domanda mi è rimasta in ~*** I couldn't get the question out; ***aveva il cuore in ~*** his heart was in his mouth; ***prendere qcn. per la ~*** *(metterlo alle strette)* to put sb. in a tight corner; *(sedurlo con manicaretti)* to tempt sb. with delicacies; ***sono preso per la ~, non ho più un soldo e devo pagare l'affitto*** I'm in a fix, I haven't got a cent left to pay my rent; ***ne uccide più la ~ che la spada*** PROV. = gluttony kills more than the sword.
goldone /golˈdone/ m. REGION. COLLOQ. (rubber) johnny BE, rubber AE.
goleada /goleˈada/ f.inv. = result in which the winning team scores a high number of goals.

goleador /golea'dɔr/ m.inv. prolific goalscorer.
golena /go'lɛna/ f. flood plain, holm.
1.goletta /go'letta/ f. ABBIGL. lace collar.
2.goletta /go'letta/ f. MAR. schooner.
1.golf /gɔlf/ ➧ **35** m.inv. *(chiuso)* sweater, jersey; *(da donna)* jumper BE; *(aperto)* cardigan.
2.golf /gɔlf/ ➧ **10** m.inv. *(sport)* golf; ***campione di ~*** golf champion; ***campo da ~*** golf course; ***una lezione di ~*** a golfing lesson; ***giocare a ~*** to play golf, to golf.
golfare /gol'fare/ m. MAR. ringbolt.
golfista, m.pl. **-i**, f.pl. **-e** /gol'fista/ ➧ **18** m. e f. golfer.
golfistico, pl. **-ci**, **-che** /gol'fistiko, tʃi, ke/ agg. golf attrib.; ***circolo ~*** golf club.
▷ **golfo** /'golfo/ m. gulf; ***il ~ di Guinea, del Messico*** the Gulf of Guinea, of Mexico; ***il ~ di Biscaglia, del Bengala*** the Bay of Biscay, of Bengal; ***il ~ Persico*** the Persian Gulf ◆◆ ***~ mistico*** orchestra pit.
Golfo /'golfo/ n.pr.m. **1** *(golfo Persico)* ***il ~*** the (Persian) Gulf; ***la crisi, la guerra del ~*** the Gulf crisis, the Gulf War **2** *(golfo del Messico)* ***la corrente del ~*** the Gulf Stream.
Golgota /'gɔlgota/ n.pr.m. Golgotha.
Golia /go'lia/ n.pr.m. Goliath.
goliardia /goljar'dia/ f. **1** RAR. *(insieme degli studenti universitari)* = university students **2** *(tradizione)* student traditions pl. **3** *(spirito)* student spirit.
goliardicamente /goljardika'mente/ avv. = in a student-like way.
goliardico, pl. **-ci**, **-che** /go'ljardiko, tʃi, ke/ agg. **1** STOR. goliardic **2** *(di studenti universitari)* ***berretto ~*** student's hat; ***associazione -a*** = student organization.
goliardo /go'ljardo/ m. **1** STOR. goliard **2** *(studente)* university student.
gollismo /gol'lizmo/ m. Gaullism.
gollista /gol'lista/ agg., m. e f. Gaullist.
golosamente /golosa'mente/ avv. greedily.
golosità /golosi'ta/ f.inv. **1** gluttony, greed(iness); ***ne prendo ancora per ~*** I shouldn't but I can't resist; ***con ~*** [*mangiare*] greedily **2** *(leccornia)* delicacy.
▷ **goloso** /go'loso/ **I** agg. **1** *(che ama mangiare)* gluttonous, greedy; ***non sono -a*** I'm not that interested in food; ***essere ~ di dolci*** to have a sweet tooth; ***è ~ di formaggio*** he can't resist cheese **2** FIG. ***essere ~ di novità*** to be greedy for news **3** *(squisito)* [*cibo*] tempting **II** m. (f. **-a**) *(chi ama mangiare)* glutton, gourmand.
golosone /golo'sone/ m. (f. **-a**) COLLOQ. ***è un vero ~*** he just loves to eat.
1.golpe /'golpe/ m.inv. POL. coup (d'état); ***fare un ~*** to lead a coup d'état; ***~ militare*** military coup.
2.golpe /'golpe/ f. AGR. cockle.
golpista, m.pl. **-i**, f.pl. **-e** /gol'pista/ **I** agg. ***generale ~*** general leading a coup d'état **II** m. e f. leader of a coup d'état.
golpistico, pl. **-ci**, **-che** /gol'pistiko, tʃi, ke/ agg. of a coup d'état.
gombo /'gombo/ m. gumbo*.
gomena /'gomena/ f. hawser.
gomenetta /gome'netta/ f. (small) hawser.
gomitata /gomi'tata/ f. dig with the elbow; ***dare una ~ a qcn. nello stomaco*** to elbow sb. in the stomach; ***battere una ~ contro qcs.*** to knock against sth. with the elbow; ***farsi strada*** o ***largo tra qcs. a -e*** to elbow one's way through sth.
gomitiera /gomi'tjɛra/ f. elbow guard.
▷ **gomito** /'gomito/ ➧ **4** m. **1** *(parte del corpo)* elbow; ***slogarsi il ~*** to dislocate one's elbow; ***appoggiarsi con i -i*** to lean on one's elbows; ***appoggiare i -i sul tavolo*** to rest one's elbows on the table; ***farsi largo coi -i*** to elbow (one's way) forward **2** SART. elbow; ***bucare i -i della giacca*** to wear the jacket through at the elbows **3** *(di tubo, fiume, strada)* elbow, bend; ***la strada fa un ~*** there is a bend in the road; ***curva a ~*** hairpin bend; ***il tubo della lavatrice fa un ~*** there's a kink in the washing machine waste pipe **4** MOT. ***albero a ~*** crankshaft ◆ ***alzare il ~*** to bend the *o* an elbow, to crook one's elbow; ***olio di ~*** elbow grease; ***~ a ~*** side by side; ***lavorare ~ a ~ con qcn.*** to work cheek by jowl with sb.; ***essere a contatto di ~ con qcn.*** to rub shoulders with sb. ◆◆ ***~ del tennista*** tennis elbow.
▷ **gomitolo** /go'mitolo/ m. ball; ***un ~ di lana*** a ball of wool; ***avvolgere la lana in un ~*** to roll wool into a ball; ***venduto in -i*** sold in balls.
▶ **gomma** /'gomma/ f. **1** *(caucciù)* rubber; *(sostanza resinosa)* gum **U**; ***guanto di ~*** rubber glove; ***stivale di ~*** gumboot BE, wellington (boot) BE, rubber boot AE; ***essere di ~*** to be made of rubber (anche FIG.) **2** *(per cancellare)* eraser, rubber BE **3** *(da masticare)* (chewing) gum, bubblegum **4** *(pneumatico)* tyre BE, tire AE; ***avere una ~ a terra*** to have a flat tyre; ***gonfiare una ~*** to pump up a tyre; ***trasporto su ~*** truckage **5** MED. gumma* ◆ ***sbattere contro un muro di ~*** to run into the buffers ◆◆ ***~ adragante*** tragacanth; ***~ americana*** chewing gum; ***~ ammoniaco*** ammoniac; ***~ arabica*** gum arabic; ***~ espansa*** foam; ***~ da inchiostro*** ink eraser; ***~ lacca*** → **gommalacca**; ***~ da matita*** pencil eraser; ***~ da neve*** snow tyre; ***~ da penna*** → ***~ da inchiostro***; ***~ sintetica*** synthetic rubber; ***~ spugnosa*** sponge rubber.
gommagutta /gomma'gutta/ f. gamboge.
gommalacca, pl. **-che** /gomma'lakka, ke/ f. *(sostanza naturale)* lac; *(sostanza lavorata)* shellac (varnish).
gommapiuma® /gomma'pjuma/ f.inv. foam (rubber); ***materasso di ~*** foam mattress.
gommare /gom'mare/ [1] tr. **1** *(rivestire di gomma)* to gum [*busta, carta*]; *(impermeabilizzare)* to rubberize [*tessuto*] **2** AUT. to tyre BE, to tire AE [*veicolo*].
gommaresina /gomma'rɛzina/ → **gommoresina.**
gommato /gom'mato/ **I** p.pass. → **gommare II** agg. **1** [*carta, busta*] gummed; ***francobollo ~*** adhesive stamp **2** *(reso impermeabile)* [*tessuto*] rubberized **3** AUT. [*ruote*] tyred BE, tired AE.
gommatura /gomma'tura/ f. **1** *(di carta, busta)* gumming **2** *(di tessuto)* rubberizing **3** AUT. set of tyres BE, tires AE.
gommifero /gom'mifero/ agg. gummiferous.
gommificio, pl. **-ci** /gommi'fitʃo, tʃi/ m. rubber factory.
gommina® /gom'mina/ f. hair gel, hair cream.
gommino /gom'mino/ m. rubber top.
gommista, m.pl. **-i**, f.pl. **-e** /gom'mista/ ➧ **18** m. e f. *(chi vende)* tyre-dealer BE, tire-dealer AE; *(chi ripara)* tyre repairer BE, tire repairer AE.
gommone /gom'mone/ m. (rubber) dinghy.
gommoresina /gommo'rɛzina/ f. gum resin.
gommosi /gom'mɔzi/ f.inv. gummosis.
gommosità /gommosi'ta/ f.inv. gumminess.
gommoso /gom'moso/ agg. [*sostanza*] rubbery; [*liquido*] gummy; ***caramella -a*** gumdrop.
Gomorra /go'mɔrra/ n.pr.f. Gomorrah.
gonade /'gɔnade/ f. gonad.
gonadico, pl. **-ci**, **-che** /go'nadiko, tʃi, ke/ agg. gonadal.
gonadotropina /gonadotro'pina/ f. gonadotrop(h)in.
gonadotropo /gona'dɔtropo/ agg. gonadotrop(h)ic.
gondola /'gondola/ f. **1** *(barca)* gondola **2** *(nei supermercati)* gondola ◆◆ ***~ motore*** nacelle.
gondoliere /gondo'ljɛre/ ➧ **18** m. gondolier.
gonfalone /gonfa'lone/ m. gonfalon ◆ ***tenere*** o ***portare il ~*** to be the leader.
gonfaloniere /gonfalo'njɛre/ m. gonfalonier (anche STOR.).
gonfiabile /gon'fjabile/ agg. [*battello, materassino, bambola*] inflatable.
gonfiaggio, pl. **-gi** /gon'fjaddʒo, dʒi/ m. **1** *(con la bocca)* blowing up; *(con una pompa)* inflation, pumping up; ***il ~ degli pneumatici*** the pumping up of tyres **2** *(aumento)* increase.
gonfiamento /gonfja'mento/ m. **1** *(il gonfiare)* inflation **2** *(gonfiore)* swelling.
▷ **gonfiare** /gon'fjare/ [1] **I** tr. **1** *(riempire d'aria) (con la bocca)* to blow* up [*pallone*]; to expand, to fill [*polmone*]; to puff out [*guancia*]; *(con una pompa)* to inflate, to pump up [*pallone, pneumatico*]; ***essere gonfiato al massimo*** [*pneumatico*] to be fully inflated; ***il vento gonfia la vela*** the wind swells *o* fills the sail **2** *(far aumentare di volume)* [*persona*] to expand, to tense [*muscolo*]; [*persona*] to puff out, to stick* out [*petto*]; [*oggetto*] to make* [sth.] bulge [*tasca, borsa*]; [*pioggia*] to swell* [*fiume*]; ***la pasta mi gonfia lo stomaco*** pasta makes me feel bloated; ***la gioia mi gonfiava il cuore*** FIG. my heart was bursting with joy; ***la loro vittoria li ha gonfiati d'orgoglio*** their victory has gone to their heads **3** FIG. *(esagerare)* to blow* up, to hype (up) [*notizia, evento*]; *(aumentare)* to push up [*prezzo*]; to inflate [*statistiche*] **4** *(esaltare)* to puff up [*persona*] **5** COLLOQ. *(malmenare)* ***~ qcn. di botte*** to beat up sb., to knock the living daylights out of sb.; ***~ la faccia a qcn.*** to smash sb.'s face in **II** intr. (aus. *essere*) *(aumentare di volume)* [*viso, palpebra, piede*] to swell* (up); GASTR. [*dolce, pasta*] to rise* **III gonfiarsi** pronom. **1** *(ingrossarsi)* [*vela*] to swell*, to fill; [*fiume*] to swell*; [*riso*] to puff up; [*viso, palpebra, piede*] to swell* (up); [*tonsille*] to become* swollen; ***mi si è gonfiata la caviglia*** my ankle is swollen; ***gli si gonfia il cuore di gioia*** FIG. his heart is bursting with joy **2** FIG. *(aumentare)* [*entrate, budget*] to increase (**con** by) **3** *(darsi arie)* ***-rsi d'orgoglio*** to be swollen with pride.

gonfiato /gon'fjato/ **I** p.pass. → **gonfiare II** agg. **1** *(esagerato)* [*notizie*] blown up, hyped (up); *(aumentato)* [*prezzi*] inflated **2** FIG. SPREG. ***essere un pallone ~*** to be a swellhead *o* a stuffed shirt.

gonfiatura /gonfja'tura/ f. **1** *(con la bocca)* blowing up; *(con una pompa)* inflation, pumping up; ***area di ~ pneumatici*** air point (for pumping up tyres) **2** FIG. *(esagerazione)* exaggeration, hype **3** RAR. *(adulazione)* adulation.

gonfiezza /gon'fjettsa/ f. **1** *(l'essere gonfio) (di pneumatico, pallone)* inflatedness; *(di vena, occhi, viso, polso)* swollenness **2** *(ampollosità)* pomposity, bombast, bloatedness.

▶ **gonfio**, pl. **-fi, -fie** /'gonfjo, fi, fje/ agg. **1** *(pieno d'aria)* [*pneumatico, pallone*] inflated; [*guancia*] puffed out **2** *(rigonfio)* [*vena*] swollen, bulging; [*ventre*] *(dopo un pasto)* bloated; *(per malattia)* distended; [*occhi, viso*] puffy, swollen; [*polso, gamba, tonsille*] swollen; *(voluminoso)* [*capelli*] bouffant; *(zeppo)* [*borsa, sacco*] bulging; [*portafoglio*] bulging, fat; ***ho la caviglia -a*** I have a swollen ankle; ***ha il viso ~ per l'alcol*** his face is swollen from alcohol; ***aveva gli occhi -fi di sonno*** her eyes were puffy *o* swollen with sleep; ***avere il cuore ~ (di dolore)*** to be heavy-hearted **3** *(ampolloso)* [*stile*] pompous, bombastic, bloated **4** *(borioso)* puffed up; ***~ d'orgoglio*** full of *o* swollen with pride **5** *(a sbuffo)* [*manica*] bouffant ◆ ***tutto procede a -fie vele*** everything is coming up roses, everything in the garden is rosy.

gonfiore /gon'fjore/ m. *(di arto, pelle)* swelling; *(di occhi, viso)* puffiness; *(di stomaco)* bloat; ***avere -i di stomaco*** to have a bloated stomach, to feel bloated; ***causare -i di stomaco*** [*cibo, bevanda*] to cause the stomach to become bloated.

gong /gɔng/ m.inv. **1** *(strumento musicale)* gong; ***suonare il ~*** to gong; ***colpo di ~*** gong **2** *(nella boxe)* bell.

gongolante /gongo'lante/ agg. [*persona*] gleeful, delighted; *(con malignità)* gloating.

gongolare /gongo'lare/ [1] intr. (aus. *avere*) ***~ di gioia*** to be overjoyed.

Gongolo /'gongolo/ n.pr. Happy.

gongorismo /gongo'rizmo/ m. Gongorism.

goniometria /gonjome'tria/ f. goniometry.

goniometrico, pl. **-ci, -che** /gonjo'mɛtriko, tʃi, ke/ agg. goniometric.

goniometro /go'njɔmetro/ m. goniometer.

▷ **gonna** /'gɔnna, 'gonna/ ◗ **35** f. skirt (anche AUT.); ***una ~ attillata, corta*** a tight, short skirt; ***la ~ cade bene*** the skirt falls well ◆◆ ***~ dritta*** straight skirt; ***~ pantalone*** culottes, divided skirt; ***~ a pieghe*** pleated skirt; ***~ plissé*** o ***plissettata*** knife pleated skirt; ***~ a portafoglio*** wrap-around *o* wrap-over skirt; ***~ scozzese*** tartan skirt; ***~ svasata*** flared skirt; ***~ a tubo*** hobble skirt.

gonnella /gon'nɛlla/ f. skirt; ***essere sempre attaccato alla ~ della mamma*** FIG. to cling to one's mother's skirts *o* apron strings; ***un poliziotto in ~*** IRON. a policewoman ◆ ***correre dietro alle*** o ***a tutte le -e*** to chase skirts.

gonnellino /gonnel'lino/ m. short skirt ◆◆ ***~ scozzese*** kilt.

gonocita /gono'tʃita/, **gonocito** /gono'tʃito/ m. gonocyte.

gonococcico, pl. **-ci, -che** /gono'kɔttʃiko, tʃi, ke/ agg. gonococcal, gonococcic.

gonococco, pl. **-chi** /gono'kɔkko, ki/ m. gonococcus*.

gonorrea /gonor'rɛa/ ◗ **7** f. gonorrh(o)ea.

gonorroico, pl. **-ci, -che** /gonor'rɔiko, tʃi, ke/ agg. gonorrh(o)eal.

gonzo /'gondzo/ **I** agg. foolish **II** m. (f. **-a**) noddy.

gora /'gɔra/ f. **1** *(canale del mulino)* mill race **2** *(stagno)* mill pond **3** *(alone)* smear.

gordiano /gor'djano/ agg. ***tagliare il nodo ~*** to cut the Gordian knot.

gorgheggiamento /gorgeddʒa'mento/ m. *(di cantante)* trill, trilling; *(di uccello)* warble.

gorgheggiare /gorged'dʒare/ [1] **I** tr. [*cantante*] to trill [*canzone, aria*] **II** intr. (aus. *avere*) [*uccello*] to warble; [*cantante*] to trill, to warble.

1.gorgheggio, pl. **-gi** /gor'geddʒo, dʒi/ m. *(di cantante)* trill, roulade; *(di uccello)* warble.

2.gorgheggio, pl. **-ii** /gorged'dʒio, ii/ m. *(di cantante)* trilling; *(di uccello)* warbling.

gorgia, pl. **-ge** /'gɔrdʒa, dʒe/ f. **1** LETT. gullet **2** LING. uvular "r"; ***~ toscana*** = in the Florentine dialect, the aspiration of the consonant "c" before vowels.

gorgiera /gor'dʒɛra/ f. **1** STOR. *(di armatura)* gorget **2** SART. *(di pizzo)* ruff, gorget **3** *(nella scherma)* bib.

gorgo, pl. **-ghi** /'gorgo, gi/ m. eddy, whirlpool; FIG. whirlpool; ***nel ~ delle passioni*** in the grip of passions.

gorgogliamento /gorgoʎʎa'mento/ m. bubble, bubbling, gurgling.

gorgogliante /gorgoʎ'ʎante/ agg. **1** [*ruscello, liquido*] bubbling, gurgling **2** [*stomaco*] rumbling.

gorgogliare /gorgoʎ'ʎare/ [1] **I** intr. (aus. *avere*) **1** *(rumoreggiare)* [*acqua, fontana, ruscello*] to bubble, to gurgle, to burble **2** *(ribollire)* [*liquido*] to bubble **3** *(borbottare)* [*stomaco*] to rumble **II** tr. ***~ un gas*** to bubble a gas through a liquid.

1.gorgoglio, pl. **-gli** /gor'goʎʎo, ʎi/ m. **1** *(di liquido)* bubble, gurgle; *(in tubi)* rumble **2** *(di stomaco)* rumble.

2.gorgoglio, pl. **-ii** /gorgoʎ'ʎio, ii/ m. **1** *(di liquido)* bubbling, gurgling; *(in tubi)* rumbling **2** *(di stomaco)* rumbling.

gorgoglione /gorgoʎ'ʎone/ m. **1** ENTOM. aphis* **2** ORNIT. bee eater.

gorgone /'gɔrgone, gor'gone/ f. **1** *(donna brutta)* gorgon **2** ARCH. *(testa decorativa)* Gorgon.

Gorgone /'gɔrgone, gor'gone/ n.pr.f. Gorgon; ***le tre -i*** the three Gorgons.

gorgoneo /gro'gɔneo, gorgo'nɛo/ agg. gorgonian.

gorgonia /gor'gɔnja/ f. gorgonia*.

gorgonzola /gorgon'dzɔla/ m.inv. INTRAD. (Italian cow's milk blue cheese).

▷ **gorilla** /go'rilla/ m.inv. **1** ZOOL. gorilla (anche FIG.) **2** COLLOQ. *(guardia del corpo)* bodyguard.

goriziano /gorit'tsjano/ ◗ **2 I** agg. from, of Gorizia **II** m. (f. **-a**) native, inhabitant of Gorizia.

gospel /'gɔspel/ **I** agg.inv. ***musica ~*** gospel music **II** m.inv. gospel song.

gota /'gɔta/ f. LETT. cheek.

gotha /'gɔta/ m.inv. *(aristocrazia)* aristocracy; *(élite)* élite; ***frequentare il ~ politico*** to move in high political circles; ***il ~ della finanza*** the high financial circles, the financial élite.

goticismo /goti'tʃizmo/ m. gothicism.

gotico, pl. **-ci, -che** /'gɔtiko, tʃi, ke/ **I** agg. ART. ARCH. LETTER. TIP. Gothic, gothic **II** m. **1** *(lingua)* Gothic **2** FIG. *(linguaggio incomprensibile)* double Dutch **3** ART. ARCH. TIP. Gothic, gothic ◆◆ ***~ fiammeggiante*** flamboyant Gothic.

goto /'gɔto/ **I** agg. Gothic, gothic **II** m. (f. **-a**) Goth; ***i -i*** the Goths.

gotta /'gɔtta/ ◗ **7** f. gout.

gottazza /got'tattsa/ f. MAR. bail.

gotto /'gɔtto/ m. REGION. *(bicchiere)* mug; *(contenuto)* drink.

gottoso /got'toso/ **I** agg. gouty **II** m. (f. **-a**) gouty person.

gouache /gwaʃ/ f.inv. *(tecnica, quadro)* gouache.

gourmet /gur'me/ m.inv. **1** *(degustatore)* wine taster **2** *(buongustaio)* gourmet; ***pasto da ~*** gourmet meal.

governabile /gover'nabile/ agg. governable.

governabilità /governabili'ta/ f.inv. POL. governability, governableness.

1.governante /gover'nante/ **I** agg. governing, ruling **II governanti** m.pl. *(governo)* government leaders.

2.governante /gover'nante/ ◗ **18** f. **1** *(istitutrice)* governess **2** *(domestica)* housekeeper.

▷ **governare** /gover'nare/ [1] **I** tr. **1** to govern, to rule [*paese, popolo*]; ***~ male*** to misgovern, to misrule **2** *(amministrare)* to manage, to run* [*impresa, azienda*]; ***~ la casa*** to keep house, to run a household **3** FIG. *(reggere)* [*caso, stelle*] to govern [*destini, nascita, guerra*] **4** *(dominare)* [*denaro, interesse*] to rule [*mondo, uomini*]; ***~ il proprio destino*** [*persona*] to command one's fate, to be master of one's destiny **5** *(guidare)* to navigate, to steer [*nave, barca*]; to drive* [*veicolo*] **6** *(accudire)* to take* care of, to look after, to tend [*bestiame*] **II** intr. (aus. *avere*) [*capo di stato*] to govern, to rule **III governarsi** pronom. ***il diritto dei popoli a -rsi*** the right of people to self-government.

governativo /governa'tivo/ agg. **1** *(del governo)* [*decreto, decisione, politica*] government attrib.; [*responsabilità*] governmental; ***lo staff ~*** the government; ***organizzazione non -a*** non-governmental organization **2** *(favorevole al governo)* [*giornale*] pro-government **3** ANT. *(statale)* ***impiegato ~*** civil servant.

governatorato /governato'rato/ m. **1** *(carica)* governorship **2** *(territorio)* territory under a governor.

governatore /governa'tore/ m. **1** governor; ***~ militare*** military governor; ***il ~ di una colonia*** the governor of a colony; ***il ~ della California, del Texas*** the governor of California, of Texas **2** *(di una banca centrale)* ***il ~ della Banca d'Italia*** the governor of the Bank of Italy.

governatoriale /governato'rjale/ agg. gubernatorial.

▶ **governo** /go'vɛrno/ m. **1** *(esercizio dell'autorità)* government U; ***~ democratico*** democratic government; ***non ha alcuna esperienza di ~*** he has no experience of government **2** *(organo)* government + verbo sing. o pl.; ***formare un ~*** to form a government; ***far cadere il ~*** to topple the government; ***far parte del ~*** to be a member of the government; ***essere al*** ~ to be in government; ***andare al*** ~ [*partito*] to take office; ***sotto un altro*** ~ under a different regime *o* government; ***il ~ De Gasperi*** the De Gasperi government; ***capo del*** ~ head of government, premier; ***il ~ in carica*** the incumbent government; ***crisi di*** ~ cabinet crisis **3** *(amministrazione) (di impresa)* managing; *(di casa)* housekeeping **4** MAR. *(guida)* steering, steerage; ***assumere il ~ di una nave*** to take the helm **5** *(cura)* ***attendere al ~ dei figli*** to take care of *o* to look after one's children; ***il ~ del gregge*** the tending of the flock ◆◆ ~ ***centrale*** central government; ~ ***di coalizione*** coalition government; ~ ***fantasma*** phantom government; ~ ***fantoccio*** puppet government; ~ ***federale*** federal government; ~ ***ponte*** o ***di transizione*** transitional government.

1.gozzo /'gottso/ m. **1** MED. goitre, goiter AE **2** *(di uccelli)* crop, craw **3** COLLOQ. *(stomaco)* stomach; RAR. *(gola)* throat, gullet; ***riempirsi il*** ~ to stuff *o* gorge oneself ◆ ***mi rimane sul*** ~ it sticks in my craw.

2.gozzo /'gottso/ m. = Ligurian fishing boat.

gozzoviglia /gottso'viʎʎa/ f. debauch, crapulence, carousal FORM.; ***fare -e*** to revel.

gozzovigliare /gottsoviʎ'ʎare/ [1] intr. (aus. *avere*) to revel, to carouse FORM.

gozzovigliatore /gottsoviʎʎa'tore/ m. (f. **-trice** /tritʃe/) reveller, reveler AE.

gozzuto /got'tsuto/ agg. goitred, goitered AE.

GPL /dʒippi'ɛlle/ m.inv. (⇒ gas di petrolio liquefatto liquefied petroleum gas) LPG.

Graal /'graal/ m.inv. Grail; ***Santo*** ~ Holy Grail; ***Cavaliere del*** ~ Knight of the Holy Grail; ***la leggenda del*** ~ the legend of the Holy Grail; ***la ricerca del*** ~ the quest *o* search for the Holy Grail.

gracchiamento /grakkja'mento/ m. **1** *(di corvo, cornacchia)* cawing, croaking; *(di gazza)* chattering **2** RAR. *(di rane)* croaking **3** *(di radio, telefono)* crackling.

gracchiante /grak'kjante/ agg. [*voce*] croaky, croaking.

gracchiare /grak'kjare/ [1] intr. (aus. *avere*) **1** [*corvo, cornacchia*] to caw, to croak; [*gazza*] to chatter **2** RAR. *(gracidare)* [*rana*] to croak **3** FIG. *(parlare con voce stridula)* [*persona*] to squawk; *(emettere un suono stridulo)* [*radio, telefono*] to crackle.

1.gracchio, pl. **-chi** /'grakkjo, ki/ m. *(di corvo, cornacchia)* caw; *(di gazza)* chatter.

2.gracchio, pl. **-chi** /'grakkjo, ki/ m. alpine chough ◆◆ ~ ***corallino*** (Cornish) chough.

gracidamento /gratʃida'mento/ m. *(di rana, rospo)* croaking.

gracidare /gratʃi'dare/ [1] intr. (aus. *avere*) **1** [*rana, rospo*] to croak **2** FIG. *(parlare con voce stridula)* [*persona*] to squawk.

gracidio, pl. **-ii** /gratʃi'dio, ii/ m. *(di rana, rospo)* croak.

▷ **gracile** /'gratʃile/ agg. **1** *(poco robusto)* [*bambino*] weak, puny SPREG.; [*costituzione*] frail; [*albero, arbusto*] stunted **2** *(esile)* [*corporatura*] slight, delicate; [*braccia, gambe*] spindly **3** FIG. [*trama*] weak.

gracilità /gratʃili'ta/ f.inv. **1** *(scarsa robustezza) (di bambino)* weakness; *(di costituzione)* frailty **2** *(esilità)* slenderness.

gracola /'grakola/, **gracula** /'grakula/ f. grackle.

gradassata /gradas'sata/ f. fanfaronade, bluster.

gradasso /gra'dasso/ m. (f. **-a**) blustering person, swashbuckler; ***fare il*** ~ to be a boaster, to brag.

gradatamente /gradata'mente/ avv. gradually.

gradazione /gradat'tsjone/ f. **1** *(progressione)* gradation (anche ART. FOT.); ***-i di colore*** colour gradation **2** ENOL. *(di vini e liquori)* proof, alcoholic strength, content; ***a bassa*** ~ [*vino, liquore*] low-alcohol **3** LING. *(nella retorica)* climax **4** GEOL. gradation.

▷ **gradevole** /gra'devole/ agg. [*persona, esperienza*] agreeable; [*profumo, sapore, voce, luogo*] pleasant; [*modi, aspetto*] pleasing; [*vacanza, serata*] enjoyable, nice; [*clima*] delightful; ~ ***alla vista, al tatto, all'orecchio*** pleasant to the eye, to the touch, to the ear; ***essere ~ per qcn.*** to be agreeable to sb.; ***rendere*** ~ to make [sth.] enjoyable [*vita, giornata*]; ***i piccoli piaceri che rendono ~ l'esistenza*** the little things that brighten up one's life.

gradevolezza /gradevo'lettsa/ f. *(di persona)* agreeableness; *(di modi, profumo, sapore)* pleasantness.

gradevolmente /gradevol'mente/ avv. agreeably, pleasantly; ***essere ~ sorpreso*** to be pleasantly surprised (**da** by).

gradiente /gra'djɛnte/ m. MAT. FIS. gradient ◆◆ ~ ***barometrico*** barometric gradient; ~ ***termico*** temperature gradient, lapse rate.

gradimento /gradi'mento/ m. **1** *(gusto)* liking; ***di mio, suo*** ~ to my, his liking; ***se la camera non è di suo*** ~ if the room isn't to your liking, to your taste **2** *(approvazione, consenso)* acceptance, approval; ***incontrare il ~ di qcn.*** to meet sb.'s approval; ***indice di*** ~ viewing figures *o* ratings; ***alto*** ~ great success.

gradina /gra'dina/ f. gradine.

gradinata /gradi'nata/ f. **1** *(scalinata)* flight of steps, steps pl. **2** *(in stadi)* ***le -e*** the terraces BE, the bleachers AE.

▷ **gradino** /gra'dino/ m. **1** *(di scala, treno, bus)* step; ***salire, scendere di un*** ~ to go up, down a step **2** FIG. *(in una gerarchia)* rung; ***essere al primo ~ della carriera*** to be at the start of one's career; ***i -i della scala sociale*** the rungs of the social ladder **3** AGR. *(terrazza)* ***a -i*** [*coltivazione, coltura*] terraced **4** ALP. foothold.

▶ **gradire** /gra'dire/ [102] tr. **1** *(apprezzare)* to appreciate [*dono, invito*]; to welcome [*notizia*]; to like [*persona, attività, alimento*]; ***non gradisco che ci si immischi nei miei affari*** I don't appreciate people interfering in my affairs; ***non ha gradito*** she was not very pleased (about it) **2** *(desiderare)* to want, to like; ***gradireste un po' di tè?*** would you like some tea? ***gradiremmo conoscere il suo parere a questo riguardo*** we would welcome your view on this matter; ***gradirei sapere...*** I would like to know... ◆ ***tanto per*** ~ just to oblige.

gradito /gra'dito/ **I** p.pass. → **gradire II** agg. *(apprezzato)* [*dono*] appreciated; [*notizia, visita*] welcome; [*sorpresa*] pleasant; ***non mi sento mai molto ~ a casa loro*** I never feel very welcome at their house; ***non essere ~ a tutti*** [*situazione, riforma, proposta*] not to be to everyone's liking; ***fare cosa -a a qcn.*** to please sb.; ***"-a sua risposta"*** *(nella corrispondenza)* "a reply would be appreciated"; ***"abbiamo ricevuto la vostra -a lettera"*** "we received your kind letter"; ***"-e conoscenze di informatica"*** *(negli annunci di lavoro)* "computer skills a plus".

▶ **1.grado** /'grado/ ➧ **36, 12 I** m. **1** *(di angolo, temperatura)* degree; ***un angolo di 30 -i, 30°*** an angle of 30 degrees, 30°; ***acqua scaldata a 37 -i, 37°*** water heated to 37 degrees, 37°; ***la temperatura è scesa, salita di cinque -i*** the temperature has fallen, risen (by) five degrees *o* there has been a five-degree drop, rise in temperature; ***fuori ci sono 15 -i*** it's 15 degrees outside; ***10 -i di latitudine, longitudine*** 10 degrees of latitude, longitude **2** *(concentrazione alcolica)* ***questo vino fa 12 -i, 12º*** this wine contains 12% alcohol (by volume); ***quanti -i fa questo drink?*** what is the alcohol content of this drink? **3** *(livello)* degree (**di** of), level (**di** of); *(stadio di un'evoluzione)* stage; ~ ***di comparazione*** LING. degree of comparison; ***per -i*** by degrees, gradually, in stages; ***a diversi -i*** in varying degrees; ***a un ~ più basso*** to a lesser extent *o* degree; ***un alto ~ di efficienza*** a high degree of efficiency; ~ ***di acidità*** acid level **4** *(in una serie)* degree; ~ ***di parentela*** degree of kinship; ~ ***di ustione*** degree to which a person is burned; ***ustioni di primo, terzo*** ~ first-, third-degree burns; ***equazione di primo, secondo*** ~ simple, quadratic equation; ***cugini di primo, secondo*** ~ first, second cousins *o* cousins once, twice removed; ***parete del quarto*** ~ ALP. grade four wall; ***si è registrato un terremoto del sesto ~ della scala Richter*** an earthquake registering six on the Richter scale was recorded **5** *(livello gerarchico)* rank (anche MIL.); ***nominato al ~ di*** appointed to the rank of; ***di ~ elevato*** high-ranking; ***salire di*** ~ to be promoted, to advance FORM.; ~ ***di capitano*** captaincy; ~ ***di maggiore*** majorship; ***un tenente ha un ~ inferiore a un capitano*** a lieutenant is below a captain **6** *(condizione sociale)* rank, status; ***i -i della scala sociale*** the rungs of the social ladder **7 in grado** able; ***essere in ~ di fare qcs.*** to be able to do sth.; ***non era in ~ di badare al gatto, figuriamoci a un bambino*** he couldn't look after the cat let alone a child; ***in ~ di funzionare*** in working *o* running order **II gradi** m.pl. MIL. stripes, bars AE ◆ ***fare il terzo ~ a qcn.*** to give sb. the third degree ◆◆ ~ ***Celsius*** o ***centigrado*** degree Celsius *o* centigrade; ~ ***Fahrenheit*** degree Fahrenheit.

2.grado /'grado/ m. ***di buon*** ~ willingly; ***fare qcs. di buon*** ~ to do sth. with (a) good grace; ***saper ~ a qcn.*** LETT. to be grateful to sb.

gradone /gra'done/ m. **1** AGR. *(terrazza)* terrace **2** *(di una gradinata)* tier.

graduabile /gradu'abile/ agg. that can be graduated.

graduabilità /graduabili'ta/ f.inv. = possibility of being graduated.

graduale /gradu'ale/ **I** agg. [*cambiamento, aumento, diminuzione*] gradual; [*saldo, pagamento*] in instalments BE, in installments AE; [*esercizi*] graded **II** m. RELIG. gradual.

gradualismo /gradua'lizmo/ m. ECON. FILOS. gradualism.

gradualista, m.pl. **-i**, f.pl. **-e** /gradua'lista/ agg., m. e f. gradualist.

gradualità /graduali'ta/ f.inv. graduality, gradualness; ***con*** ~ gradually.

gradualmente /gradual'mente/ avv. gradually, little by little.

graduare /gradu'are/ [1] tr. **1** *(dividere in gradi)* to graduate [*termometro, barometro*] **2** *(ordinare per gradi)* to grade [*esercizi, difficoltà*]; to scale [*prezzi*] **3** RAR. *(classificare)* to rank [*aspiranti, partecipanti*] **4** MIL. *(conferire i gradi)* to promote [*soldato, ufficiale*].

graduato /gradu'ato/ I p.pass. → **graduare** II agg. 1 *(diviso in gradi)* [*scala, riga, termometro*] graduated; ***bicchiere ~*** measuring cup 2 *(ordinato per gradi)* [*esercizi*] graded III m. striper.

graduatoria /gradua'tɔrja/ f. classification, list; ***entrare in ~*** to be put on a list of successful candidates; ***essere primo in ~*** to be first on the list.

graduazione /graduat'tsjone/ f. 1 *(distinzione, suddivisione per gradi)* graduation 2 DIR. *(di sfratti)* deferment 3 *(di strumento di misura)* graduation, scaling.

grafema /gra'fɛma/ m. grapheme.

graffa /'graffa/ f. 1 EDIL. cramp (iron) 2 TECN. agraffe 3 *(fermaglio)* clip; *(punto metallico)* staple 4 *(parentesi)* brace.

graffare /graf'fare/ [1] tr. 1 *(unire con una parentesi)* to put* between braces [*righe, paragrafi*] 2 *(unire con un fermaglio)* to clip [*fogli*]; *(unire con punti metallici)* to staple [*fogli*].

graffetta /graf'fetta/ f. 1 *(fermaglio)* (paper)clip, paper fastener; *(punto metallico)* staple 2 CHIR. skin clip.

graffiante /graf'fjante/ agg. [*autore*] scathing; [*ironia, satira*] biting.

▷ **graffiare** /graf'fjare/ [1] I tr. 1 [*animale, persona, rovi, oggetto appuntito*] to scratch [*persona, braccio, gamba*]; *(scalfire)* [*persona, ramo*] to scratch [*superficie*]; ***mi hai graffiato il dito!*** you've scratched my finger! ***~ qcn. sul viso, sulla gamba*** to scratch sb. on the face, on the leg; ***farsi ~*** to get scratched (**da** by) 2 FIG. ***ironia che graffia*** biting irony II **graffiarsi** pronom. 1 *(procurarsi graffi)* [*persona*] to get* scratched 2 *(reciprocamente)* [*persone, animali*] to scratch each other 3 *(scalfirsi)* [*lente, vetro, disco*] to get* scratched.

graffiata /graf'fjata/ f. scratch.

graffiatura /graffja'tura/ f. 1 *(ferita)* scratch, graze 2 *(scalfittura)* scratch.

graffietto /graf'fjetto/ m. 1 *(piccolo graffio)* little scratch 2 *(attrezzo)* (marking) gauge.

▷ **graffio**, pl. **-fi** /'graffjo, fi/ m. scratch; ***farsi un ~*** to get scratched; ***cavarsela senza neanche un ~*** to escape without a scratch; ***è solo un ~*** it's just a scratch, a graze; ***senza un ~*** [*auto*] unscratched.

graffire /graf'fire/ [102] tr. to scratch with a (marking) gauge.

graffitista, m.pl. **-i**, f.pl. **-e** /graffi'tista/ m. e f. graffiti artist.

graffito /graf'fito/ I m. ARCHEOL. graffito II **graffiti** m.pl. graffiti.

grafia /gra'fia/ f. LING. 1 *(scrittura)* (hand)writing 2 *(ortografia)* spelling; ***~ erronea*** misspelling; ***~ etimologica*** etymological spelling.

grafica, pl. **-che** /'grafika, ke/ f. 1 *(tecnica, arte)* graphic art 2 INFORM. graphics pl.; ***~ computerizzata*** computer graphics 3 ART. *(insieme di opere)* ***la ~ di Mirò*** Mirò's work 4 TIP. *(impostazione tipografica)* typography.

graficamente /grafika'mente/ avv. graphically.

grafico, pl. **-ci, -che** /'grafiko, tʃi, ke/ I agg. 1 ART. MAT. [*segno, forma, rappresentazione*] graphic; ***arti -che*** graphics, graphic arts 2 INFORM. [*software, memoria, terminale*] graphic 3 TIP. *(di una pagina)* ***impostazione -a*** typography, page layout II ◗ *18* m. (f. **-a**) 1 *(persona)* graphic designer, graphic artist; *(in una casa editrice)* book designer 2 *(diagramma)* graph, chart; ***~ della temperatura*** MED. temperature chart; ***rappresentare con un ~*** to graph ◆◆ ***~ impaginatore*** layout artist, paste-up artist; ***~ pubblicitario*** graphic designer; ***~ a torta*** STATIST. pie chart.

grafitare /grafi'tare/ [1] tr. to blacklead.

grafitazione /grafitat'tsjone/ f. 1 GEOL. graphitization 2 TECN. blackleading.

grafite /gra'fite/ f. graphite, (black)lead.

grafologia /grafolo'dʒia/ f. graphology.

grafologico, pl. **-ci, -che** /grafo'lɔdʒiko, tʃi, ke/ agg. graphological.

grafologo, m.pl. **-gi**, f.pl. **-ghe** /gra'fɔlogo, dʒi, ge/ ◗ *18* m. (f. **-a**) graphologist.

grafomane /gra'fɔmane/ m. e f. 1 MED. graphomaniac 2 SCHERZ. = person who writes a lot.

grafomania /grafoma'nia/ f. graphomania.

grafometro /gra'fɔmetro/ m. graphometer.

grafospasmo /grafos'pazmo/ m. graphospasm.

gragn(u)ola /graɲ'ɲ(w)ɔla/ f. 1 *(grandine)* hail 2 FIG. *(scarica) (di colpi, insulti)* hail.

Graie /'graje/ n.pr.f.pl. (anche **Alpi ~**) Graian Alps.

gramaglie /gra'maʎʎe/ f.pl. mourning clothes, weeds; *(di vedova)* widow's weeds; ***in ~*** [*vedova*] in mourning.

gramigna /gra'miɲɲa/ f. dogtooth violet ◆ ***crescere come la ~*** to grow like weed ◆◆ ***~ dei medici*** couch grass, shear-grass.

graminacea /grami'natʃea/ f. grass **C**.

graminaceo /grami'natʃeo/ agg. graminaceous, gramineous.

grammatica, pl. **-che** /gram'matika, ke/ f. 1 *(disciplina)* grammar; ***lezione, esercizio di ~*** grammar lesson, exercise; ***errore di ~*** grammatical error; ***fare degli errori di ~*** to use bad grammar, to make grammatical mistakes 2 *(manuale)* grammar (book); ***una ~ latina*** a Latin grammar 3 *(nozioni basilari)* basics pl.; ***la ~ delle arti figurative*** the basic principle of figurative arts ◆ ***vale più la pratica che la ~*** PROV. practice makes perfect ◆◆ ***~ dei casi*** case grammar; ***~ descrittiva*** descriptive grammar; ***~ della dipendenza*** dependency grammar; ***~ generativa*** generative grammar; ***~ nozionale*** notional grammar; ***~ sistemica*** systemic grammar; ***~ storica*** historical grammar; ***~ strutturale*** structural grammar; ***~ superficiale*** surface grammar; ***~ trasformazionale*** transformational grammar.

grammaticale /grammati'kale/ agg. [*errore, regola, struttura*] grammatical; ***analisi ~*** parsing, grammatical analysis; ***una solida base ~*** a solid grounding in grammar.

grammaticalità /grammatikali'ta/ f.inv. grammaticalness.

grammaticalmente /grammatikal'mente/ avv. grammatically; ***~ corretto*** grammatically correct; ***scrivere in modo ~ corretto*** to write grammatically.

grammaticalizzare /grammatikalid'dzare/ [1] I tr. to grammaticalize II **grammaticalizzarsi** pronom. to become* grammaticalized.

grammaticalizzazione /grammatikaliddzat'tsjone/ f. grammaticalization.

grammatico, pl. **-ci** /gram'matiko, tʃi/ m. (f. **-a**) grammarian; SPREG. grammatist.

grammatura /gramma'tura/ f. *(di carta, stoffa)* weight per square metre.

▷ **grammo** /'grammo/ ◗ *22* m. 1 *(misura)* gram; ***100 -i di farina*** 100 grams of flour 2 *(briciolo)* ounce; ***non ha un ~ di buon senso*** he hasn't got an ounce of common sense.

grammo-atomo, pl. **grammi-atomo** /grammo'atomo, grammi'atomo/ m. gram-atom.

grammofonico, pl. **-ci, -che** /grammo'fɔniko, tʃi, ke/ agg. gramophone attrib.

grammofono /gram'mɔfono/ m. gramophone, phonograph AE; ***puntina del ~*** gramophone needle.

grammo-molecola, pl. **grammi-molecola**, **grammo-molecole** /grammomo'lɛkola, grammimo'lɛkola, grammomo'lɛkole/ f. gram-molecule.

gram-negativo /gramnega'tivo/ agg. Gram-negative.

gramo /'gramo/ agg. 1 *(povero e triste)* [*vita*] wretched, meagre BE, meager AE; ***fare una vita -a*** to lead *o* live a life of misery 2 *(scarso)* [*raccolto*] meagre BE, meager AE, poor; *(di cattiva qualità)* low-quality, mediocre 3 RAR. *(meschino)* [*animo, individuo*] sordid.

gramola /'gramola/ f. 1 *(macchina per impastare)* kneading machine 2 TESS. brake; *(per il lino)* scutch.

gramolare /gramo'lare/ [1] tr. 1 *(impastare)* to knead [*pasta*] 2 TESS. to brake [*canapa*].

gramolata /gramo'lata/ f. → **granita.**

grampo /'grampo/ m. grampus.

gram-positivo /grampozi'tivo/ agg. Gram-positive.

▷ **1.grana** /'grana/ f. 1 *(consistenza)* grain; ***a ~ grossa*** coarse-grained; ***a ~ fine*** [*legno*] fine-grained; [*fotografia*] fine grain; ***di ~ grossa*** FIG. [*persona*] coarse-grained 2 FOT. grain.

2.grana /'grana/ f. COLLOQ. *(seccatura, guaio)* trouble, bind COLLOQ.; ***cercare -e*** to pick a quarrel; ***avere delle -e*** to have problems; ***non voglio -e!*** I don't want any trouble! ***avere -e sul lavoro*** to have headaches at work; ***ho avuto solo -e con quella macchina*** I've had nothing but bad luck with that car; ***essere nelle -e*** o ***pieno di -e*** to be in trouble; ***finire nelle -e*** to get into a bind *o* a fix; ***piantare -e*** to raise a fuss, to make waves, to kick up *o* cause a stink; ***ci ha piantato una di quelle -e per un vetro rotto!*** he went on at us just over a broken window!

3.grana /'grana/ f. COLLOQ. *(denaro)* bread, dough; ***avere la ~*** to have the dough; ***avere un sacco di ~*** o ***essere pieno di ~*** to be rolling in money, to be loaded; ***fare la ~*** to make one's pile.

4.grana /'grana/ m.inv. ***~ (padano)*** INTRAD. (cow's milk cheese, similar to Parmesan cheese).

granadiglia /grana'diʎʎa/ f. passion fruit.

granaglie /gra'naʎʎe/ f.pl. corn **U**, grain **U**; ***dare delle ~ alle galline*** to feed corn *o* grain to the hens; ***commerciante di ~*** seedsman; ***negozio di ~*** seed shop.

▷ **granaio**, pl. **-ai** /gra'najo, ai/ m. 1 granary, barn 2 FIG. *(regione)* ***il ~ d'Europa*** Europe's granary.

granario, pl. **-ri, -rie** /gra'narjo, ri, rje/ agg. [*commercio*] corn attrib., grain attrib.

1.granata /gra'nata/ f. REGION. broom.

grande

Come mostrano le diverse accezioni dell'aggettivo *grande* elencate nella voce, i principali equivalenti inglesi sono *big*, *great* e *large*.

- In termini molto generali, si può dire che *big* indichi soprattutto la grandezza fisica e materiale di cose e persone (*una grande casa* = a big house, *una grande folla* = a big crowd), *great* quella intellettuale e morale delle persone (*un grande scrittore* = a great writer), mentre *large* non si usa con riferimento alle persone ma solo alle cose (*un grande giardino* = a large garden). Si può anche dire che *big* è usato soprattutto con le parole che indicano realtà concrete (*una grande città* = a big city), mentre *great* con i termini astratti (*grande coraggio* = great courage). Queste distinzioni, tuttavia, non sono rigide, e proprio per questo permettono talvolta di marcare sfumature particolari.

Tradurre *è un grande attore* con: he's a big actor può suggerire il successo e la notorietà (più o meno meritati), mentre: he's a great actor indica un più forte apprezzamento sottolineando una capacità straordinaria (talvolta indipendente dal successo di pubblico).

- Va notato che per rendere gli accrescitivi dell'italiano si usa solitamente *big*: *un libro grande* = *un librone* = a big book, *una grande scatola* = *uno scatolone* = a big box.
- Ci sono poi tutta una serie di collocazioni, in cui si deve usare uno, e solo quello, degli equivalenti inglesi di *grande*: *un grande errore* = a big mistake, *una grande altezza* = a great height, etc.

Per gli altri equivalenti dell'italiano *grande*, oltre che per il suo uso come sostantivo e avverbio, e i relativi esempi, si veda la voce.

2.granata /gra'nata/ f. *(arma)* grenade, shell; ~ ***per fucile*** rifle grenade; ***lanciare una*** ~ to throw a grenade ◆◆ ~ ***illuminante*** star shell.

3.granata /gra'nata/ ➧ *3* **I** agg.inv. **1** [*auto, vestito*] garnet **2** SPORT [*tifoso, giocatore, difesa*] = of Torino football club **II** m.inv. **1** *(colore)* garnet **2** *(giocatore)* = Torino player **III** f. **1** *(melagrana)* pomegranate **2** *(granato)* garnet.

granatiere /grana'tjεre/ m. MIL. grenadier; FIG. barrel.

1.granatina /grana'tina/ f. **1** *(granita)* water ice BE, slush AE **2** *(sciroppo)* grenadine.

2.granatina /grana'tina/ f. TESS. grenadine.

1.granato /gra'nato/ **I** agg. **1** ***mela -a*** pomegranate **2** *(color granata)* garnet **II** m. *(melograno)* pomegranate.

2.granato /gra'nato/ m. MINER. garnet.

Gran Bretagna /granbre'taɲɲa/ ➧ *33* n.pr.f. Great Britain.

grancassa /gran'kassa/ f. bass drum ◆ ***battere la*** ~ ***a qcs.*** to beat the drum for sth.

grancevola /gran'tʃεvola/ f. thornback.

granché /gran'ke/ **I** pron.indef. ***non serve a un*** ~ it's not much use; ***non è un*** ~ it's not that great; ***la festa non era poi un*** ~ the party didn't amount to much; ***non essere un*** ~ ***come cuoco*** to be a poor cook; ***non c'è più un*** ~ ***da fare*** there isn't much *o* a lot left to do **II** avv. *(non molto)* ***questo libro non è*** ~ ***interessante*** this book isn't so interesting *o* isn't up to much; ***non capire*** ~ ***di qcs.*** not to understand much of sth.; ***non mi piace*** ~ I don't like him very much; ***non partecipa*** ~ he doesn't partecipate to any great extent.

▷ **granchio**, pl. **-chi** /'grankjo, ki/ m. **1** ZOOL. GASTR. crab; ***polpa di*** ~ crab meat **2** COLLOQ. *(cantonata)* mistake, blunder; ***prendere un*** ~ to pull a boner ◆◆ ~ ***ripario*** shore-crab; ~ ***violinista*** fiddler crab.

granciporro /grantʃi'pɔrro/ m. edible crab.

grandangolare /grandango'lare/ **I** agg. ***obiettivo*** ~ wide-angle lens **II** m. wide-angle lens.

grandangolo /gran'dangolo/ m. wide-angle lens.

▶ **grande** /'grande/ **I** agg. (before a vowel sound the form *grand'* can be used; before a consonant or a consonant cluster the form *gran* can be used, except when there is an *s* followed by a consonant, *gn*, *pn*, *ps*, *x* and *z*; compar. *più grande*, *maggiore*, superl. *grandissimo*, *massimo*, *sommo*) **1** *(di dimensioni notevoli) (in estensione, volume)* [*lago, città, sala, buco, edificio*] large, big; *(in altezza)* [*albero, torre*] tall; *(in ampiezza)* [*angolo, margine*] wide; *(rispetto al normale)* [*piede, naso, bocca*] big; ***un*** ~ ***fuoco*** a big fire; ***un uomo*** ~ ***e grosso*** a strapping man **2** *(numeroso, abbondante)* [*famiglia, folla*] large, big; [*fortuna*] large; ~ ***svendita*** big sale; ***fare -i spese*** to spend a lot of money; ***avere -i possibilità*** to be tremendously talented **3** *(a un grado elevato)* [*sognatore, amico, nemico*] great; [*imbroglione, giocatore, idiota*] big; [*bevitore, fumatore*] heavy; [*lavoratore*] hard; ***è un gran timido*** he's very shy; ***un gran bell'uomo*** a very handsome man **4** *(importante)* [*scoperta, spedizione, evento, notizia, onore*] great; [*ruolo*] major; [*problema*] big; ***è un gran giorno per lei*** it's a big day for her; ***una gran parte della casa*** a large part of the house; ***una gran parte degli abitanti*** many of the inhabitants **5** *(principale)* main; ***le strade di*** ~ ***comunicazione*** the main roads; ***le -i linee di una politica*** the broad lines of a policy **6** ECON. POL. *(di primo piano)* [*paese, società*] leading; ***le -i industrie*** the big industries **7** *(notevole)* [*pittore, opera, civiltà, vino, causa*] great; *(nobile)* [*cuore*] noble; ***è un grand'uomo*** he's a great man; ***i -i scrittori*** great authors; ***i -i nomi del cinema, della letteratura*** the big names of cinema, of literature; ***di gran classe*** [*prodotto*] high-class **8** *(adulto, maturo)* ***mio fratello più*** ~ my elder brother; ***quando sarà*** ~ when he grows up; ***i miei figli sono -i*** my children are big; ~ ***come sei!*** a big girl like you! ***12 anni! sei abbastanza*** ~ ***per cavartela da solo*** 12 years old! you're old enough to manage on your own; ***farsi*** ~ to grow **9** *(per qualificare una misura)* [*altezza, lunghezza, distanza, peso, valore*] great; [*dimensioni, taglia, quantità, numero*] large; [*velocità*] high **10** *(intenso, estremo, forte)* [*bontà, povertà, amicizia, dolore, pericolo, fame, differenza, interesse*] great; [*freddo*] severe; [*calore*] intense; *(violento)* [*colpo*] hard, nasty; ***con*** ~ ***piacere*** with great *o* much pleasure; ***in gran segreto*** in great secrecy; ***con mia*** ~ ***sorpresa*** much to my surprise; ***senza*** ~ ***entusiasmo*** without much enthusiasm; ***avere una gran fame, sete*** to be very hungry, thirsty; ***avere un gran bisogno di*** to be badly in need of; ***ti farebbe un gran bene*** it would do you a world of good; ***a gran voce*** loudly; ***c'era la famiglia al gran completo*** the whole family was there **11** *(di rango sociale elevato)* [*famiglia, nome*] great; ***una gran dama*** a great lady **12** *(grandioso)* [*ricevimento, progetti*] grand; ***in*** ~ ***stile*** in grand style **13** *(enfatico)* ***fare -i gesti*** to wave one's arms about **14 in grande** ***fare le cose in*** ~ to do things in a big way; ***pensare in*** ~ to have big ideas, to think big **15 alla grande** *(facilmente)* easily; *(in grande stile)* in style; ***vincere alla*** ~ to win in style; ***tutto sta andando alla*** ~ everything is going great; ***sto alla*** ~ I'm feeling great; ***vivere alla*** ~ to live in style **II** m. e f. **1** *(adulto)* grown-up; ***fa le faccende di casa come un*** ~ he does the housework like a grown-up; ***per -i e piccini*** for grown-ups and children alike; ***cosa farai da*** ~**?** what do you want to do when you're grown-up? **2** *(personaggio illustre)* great person; ***i -i*** the great(s); ***i -i del passato*** the greats of the past; ***Grande di Spagna*** (Spanish) grandee **3** ***i -i della terra*** the world leaders; ***i quattro, cinque Grandi*** the Big Four, Five **III** avv. ***questi stivali calzano*** ~ these boots are large-fitting, these boots run large ◆◆ ~ ***capitale*** big money, big investors pl.; ~ ***depressione*** (Great) Depression; ~ ***distribuzione*** volume retailing; ~ ***elettore*** = member of Parliament who votes in the election for the President of the Republic; ***Grande Fratello*** Big Brother; ***Grande Guerra*** Great War; ~ ***invalido civile*** = civilian who is registered severely disabled; ~ ***invalido di guerra*** = ex-serviceman who is registered severely disabled; ***Gran Maestro*** Grand Master; ~ ***magazzino*** department store; ***Grande Muraglia Cinese*** Great Wall of China; ***Grande Nord*** far *o* frozen North; ~ ***potenza*** Great Power; ***Gran Premio*** Grand Prix; ~ ***schermo*** big screen; ***Grandi Laghi*** Great Lakes.

grandeggiare /granded'dʒare/ [1] intr. (aus. *avere*) **1** LETT. ~ ***su*** [*chiesa, palazzo*] to tower over [*case*]; ***questo artista grandeggia su tutti gli altri*** this artist stands above all the rest **2** *(darsi arie)* to put* on airs.

grandemente /grande'mente/ avv. [*stimato, rispettato*] highly; [*ammirato*] greatly.

▷ **grandezza** /gran'dettsa/ f. **1** *(dimensione) (di albero, torre)* height; *(di angolo, margine)* width; *(di lago, città, edificio, fuoco, piede, naso, bocca)* size; ***essere della stessa*** ~ to be the same size; ***a*** ~ ***naturale*** [*modello, riproduzione*] full-scale; [*quadro, statua*] life-size; ***essere della*** ~ ***di*** to be the size of; ***di media*** ~ [*città, impresa*] middle-size(d), average-size(d) **2** *(altezza morale, nobiltà)* greatness; ***la*** ~ ***del loro sacrificio*** their great sacrifice; ~ ***d'animo*** greatheartedness **3** *(eccellenza)* ***la*** ~ ***di un artista, di un'opera*** the greatness of an artist, of a work **4** *(gloria, potenza)* greatness; ***manie di*** ~ delusions of grandeur **5** ASTR. MAT. magnitude; ***di prima*** ~ of the first magnitude (anche FIG.); ~ ***di base*** base quantity ◆◆ ~ ***scalare*** scalar.

grandiloquente /grandilo'kwεnte/ agg. grandiloquent.

grandiloquenza /grandilo'kwεntsa/ f. grandiloquence.

grandinare /grandi'nare/ [1] **I** impers. (aus. *essere, avere*) to hail (down); ***grandina*** it's hailing; ***ha, è grandinato sulle vigne*** the vines were hit by hail **II** intr. (aus. *essere, avere*) to hail down; ***grandinano bombe, sassi*** bombs, stones are hailing down.

grandinata /grandi'nata/ f. **1** hailstorm; ***c'è stata una ~*** there was a hailstorm **2** FIG. ***una ~ di pallottole, sassi*** a hail of bullets, stones.

▷ **grandine** /'grandine/ f. hail (anche FIG.); ***chicco di ~*** hailstone.

grandinio, pl. **-ii** /grandi'nio, ii/ m. heavy hailstorm.

grandiosamente /grandjosa'mente/ avv. grandly, splendidly.

grandiosità /grandjosi'ta/ f.inv. **1** *(vastità, imponenza)* grandiosity, grandeur **2** *(ostentazione di grandezza)* ostentation (**di** of).

▷ **grandioso** /gran'djoso/ agg. **1** *(maestoso, imponente)* [*edificio, cerimonia*] grand, great; [*proporzioni*] great; [*monumento*] noble; *(ambizioso)* [*idea*] grandiose **2** *(che ostenta)* [*persona*] grandiose **3** COLLOQ. *(fantastico, straordinario)* [*successo, festa*] great, spectacular; [*vittoria*] splendid.

granduca, pl. **-chi** /gran'duka, ki/ m. grand duke.

granducale /grandu'kale/ agg. grand-ducal.

granducato /grandu'kato/ m. grand duchy.

granduchessa /grandu'kessa/ f. grand duchess.

granella /gra'nɛlla/ f. = small pieces of chocolate, macaroons, meringue, almonds or nuts used in pastry-making.

granellare /granel'lare/ [1] tr. **1** *(ridurre in grani)* to granulate **2** GASTR. = to sprinkle with granella.

granellato /granel'lato/ **I** p.pass. → **granellare II** agg. granulated.

granello /gra'nɛllo/ m. **1** *(oggetto di piccole dimensioni)* grain; ***un ~ di polvere*** a speck *o* fleck of dust; ***un ~ di sabbia*** a grain of sand; ***un ~ di zucchero*** a granule of sugar **2** *(seme di frutto)* pip, seed AE; ***i -i della mela, pera*** the apple, pear pips **3** FIG. *(briciolo)* ***un ~ di buon senso*** an ounce of common sense.

granelloso /granel'loso/ agg. [*superficie*] granular, grainy.

granghignolesco, pl. **-schi**, **-sche** /grangiɲɲo'lesko, ski, ske/, **granguignolesco**, pl. **-schi**, **-sche** /grangwiɲɲo'lesko, ski, ske/ agg. Grand Guignol attrib.

granicolo /gra'nikolo/ agg. [*coltura*] grain attrib., wheat attrib.

granicoltura /granikol'tura/ f. wheat growing.

granifero /gra'nifero/ agg. graniferous, wheat-producing.

graniglia /gra'niʎʎa/ f. gravel, grit BE.

granire /gra'nire/ [102] tr. to granulate.

granita /gra'nita/ f. water ice BE, slush AE.

granitico, pl. **-ci**, **-che** /gra'nitiko, tʃi, ke/ agg. **1** MINER. [*roccia*] granite attrib., granitic **2** FIG. [*volontà*] granitic.

granito /gra'nito/ m. granite; ***scultura di ~*** granite sculpture; ***questo edificio è di ~*** this building is made of granite.

granitoide /grani'tɔide/ agg. granitoid(al).

granivoro /gra'nivoro/ agg. granivorous, seminivorous.

granmaestro /granma'ɛstro/ m. Grand Master.

▶ **grano** /'grano/ m. **1** *(cereale)* wheat **U**, corn **U**; ***chicco, spiga di ~*** grain, ear of wheat; ***seminare ~*** to sow wheat; ***mietere, macinare il ~*** to crop, grind wheat **2** *(granaglie)* ***i -i*** corn, grain **3** *(granello)* grain; ***~ di caffè*** coffee bean; ***~ di pepe*** peppercorn; ***pepe in -i*** peppercorns; ***caffè in -i*** coffee beans **4** *(del rosario)* bead **5** COLLOQ. FIG. *(denaro)* bread, dough **6** *(unità di misura)* grain **7** FIG. *(briciolo)* grain, ounce ◆ ***mangiarsi il ~ in erba*** = to spend one's money before one gets it ◆◆ ***~ duro*** hard wheat; ***~ saraceno*** buckwheat; ***~ tenero*** soft wheat; ***~ turco*** maize, corn AE; ***~ vestito*** spelt.

granoso /gra'noso/ agg. **1** *(formato da grani)* grainy **2** SCHERZ. *(ricco)* loaded.

▷ **granoturco** /grano'turko/, **granturco** /gran'turko/ m. maize **U**, corn **U** AE; ***pannocchia di ~*** ear of corn; ***farina di ~*** cornflour.

granturismo /grantu'rizmo/ **I** agg.inv. ***auto ~*** touring car, tourer **II** f.inv. touring car, tourer.

1.granulare /granu'lare/ agg. granular.

2.granulare /granu'lare/ [1] tr. to granulate.

granularità /granulari'ta/ f.inv. FOT. graininess.

granulazione /granulat'tsjone/ f. granulation.

granulite /granu'lite/ f. granulite.

granulo /'granulo/ m. **1** *(granello)* grain **2** FARM. granule; ***in -i*** [*medicinale*] in granules.

granuloma /granu'lɔma/ ♦ **7** m. granuloma*.

granulometria /granulome'tria/ f. granulometry.

granulosità /granulosi'ta/ f.inv. granularity.

granuloso /granu'loso/ agg. [*roccia, neve*] granular, granulous; [*carta*] grainy; [*pelle, cuoio*] granular; ***tessuto ~*** granulation tissue.

1.grappa /'grappa/ f. *(acquavite)* INTRAD. (brandy distilled from wine or must).

2.grappa /'grappa/ f. **1** EDIL. cramp (iron) **2** *(fermaglio)* clip; *(punto metallico)* staple.

grappetta /grap'petta/ f. **1** *(fermaglio)* clip; *(punto metallico)* staple **2** CHIR. skin clip.

1.grappino /grap'pino/ m. = tot of grappa.

2.grappino /grap'pino/ m. MAR. *(piccola ancora)* grapnel; *(gancio d'arrembaggio)* grappling iron.

grappolo /'grappolo/ m. **1** *(di frutti)* bunch, cluster; *(di fiori)* cluster; ***~ d'uva*** bunch of grapes; ***~ di glicine*** cluster of wisteria **2** FIG. ***-i umani*** clusters of people **3** **a grappolo** bunchy; ***bomba a ~*** cluster bomb.

grascella /graʃ'ʃɛlla/ f. stifle.

grassaggio, pl. **-gi** /gras'saddʒo, dʒi/ m. greasing.

grassamente /grassa'mente/ avv. **1** *(lautamente)* lavishly **2** *(grossolanamente)* [*ghignare*] nastily.

grassatore /grassa'tore/ m. bandit, robber.

grassazione /grassat'tsjone/ f. armed robbery.

grassello /gras'sɛllo/ m. lime putty.

grassetto /gras'setto/ **I** agg. [*carattere*] bold **II** m. bold BE, boldface AE; ***in ~*** in bold.

grassezza /gras'settsa/ f. **1** *(di persona)* fatness **2** *(di terreno)* fatness, fertility **3** FIG. *(ricchezza)* richness.

▷ **grasso** /'grasso/ **I** agg. **1** *(pingue)* [*persona, animale*] fat **2** *(contenente grassi)* [*carne*] fat, fatty; [*cibo*] fatty, greasy; ***mangiare cibi -i*** to eat fatty foods; ***cucina -a*** rich cuisine **3** *(untuoso)* [*pelle, capelli*] greasy, oily **4** *(lauto, abbondante)* [*ricompensa*] handsome; [*raccolto*] plentiful; [*annata*] fat; *(fertile)* [*terreno*] fat, fertile **5** *(ricco)* [*borghesia*] rich **6** MED. [*tosse*] productive, phlegmy **7** BOT. ***pianta -a*** succulent, cactus **8** RELIG. ***mangiare di ~*** to eat meat **9** *(volgare)* [*barzelletta*] coarse, crude; ***risata -a*** belly laugh **10** ***martedì ~*** Shrove Tuesday; ***giovedì ~*** = Thursday before Lent **II** avv. *(in modo sboccato)* [*parlare*] coarsely; ***ridere ~*** to have a belly laugh **III** m. **1** *(tessuto adiposo)* fat; *(di balena, foca)* blubber; ***cuscinetto di ~*** roll of fat **2** GASTR. fat, grease; *(di carne)* fat; ***~ di maiale*** pig fat; ***senza -i*** fat-free; ***povero di -i*** low-fat; ***mangiare meno -i*** to eat less fat **3** *(unto)* grease; ***una macchia di ~*** a grease stain; ***sporcare di ~ qcs.*** to leave greasy marks on sth., to make sth. greasy **4** *(lubrificante)* grease ◆ ***essere ~ come un barile*** to be as fat as a whale; ***uccidere il vitello ~*** to kill the fatted calf; ***gli anni, i tempi delle vacche -e*** prosperous years, times ◆◆ ***~ animale*** animal fat; ***~ vegetale*** vegetable fat. ⚠ Il diretto equivalente inglese dell'aggettivo *grasso* riferito a persona è *fat*; tuttavia, poiché almeno nella società occidentale essere grassi è spesso percepito negativamente, se si vuole essere gentili si possono usare degli eufemismi, come *(a little) overweight* = (un po') sovrappeso, *large* = grosso, stout oppure *heavy* (in inglese americano) = robusto. - Alcuni aggettivi poi si usano con un riferimento più specifico: per indicare che una donna è leggermente e piacevolmente grassa, si impiega *plump*; ancora *plump* e *chubby* esprimono lo stesso concetto relativamente ai neonati e ai bambini piccoli; *tubby* o *tubbish* descrivono un uomo grassoccio e con la pancia. - Come l'italiano *obeso*, *obese* definisce una persona grassa in modo patologico.

grassoccio, pl. **-ci**, **-ce** /gras'sɔttʃo, tʃi, tʃe/ agg. [*persona*] chubby, plump; [*dito, mano*] pudgy.

grassone /gras'sone/ m. (f. **-a**) COLLOQ. fatty.

grassottello /grassot'tɛllo/ agg. [*persona*] chubby, plump; [*dito, mano*] pudgy.

grata /'grata/ f. **1** *(per finestre, porte)* grating, grid, grille, screen AE; ***finestre protette da -e*** windows with iron bars **2** *(da cucina)* gridiron.

gratella /gra'tɛlla/ f. **1** *(graticola)* gridiron **2** *(piccola grata)* grid.

graticcia /gra'tittʃa/ f. *(in teatro)* flies pl.

graticciare /gratit'tʃare/ [1] tr. to screen off, to lattice.

graticciata /gratit'tʃata/ f. fence.

graticciato /gratit'tʃato/ **I** p.pass. → **graticciare II** m. fruit-drying rack.

graticcio, pl. **-ci** /gra'tittʃo, tʃi/ m. **1** EDIL. wattle, hurdle; ***cingere con ~*** to wattle **2** *(stuoia per far essiccare)* fruit-drying rack.

graticola /gra'tikola/ f. **1** *(inferriata)* grating, grid **2** *(da cucina)* gridiron; ***cuocere sulla ~*** to grill, to cook on the grill.

graticolato /gratiko'lato/ **I** agg. **1** *(chiuso con una grata)* covered with grating **2** *(fatto a graticola)* meshed **II** m. trelliswork.

gratifica, pl. **-che** /gra'tifika, ke/ f. bonus, extra pay, gratuity; ***~ natalizia*** Christmas bonus.

gratificante /gratifi'kante/ agg. [*lavoro*] rewarding, satisfying; [*esperienza*] gratifying; ***è ~ vedere che*** it is gratifying to note that.

gratificare /gratifi'kare/ [1] tr. **1** *(concedere una gratifica)* to give* a bonus; ***ha gratificato il cameriere con una mancia principesca*** he gave the waiter a princely tip; ***~ qcn. di stupido*** IRON. to call sb. stupid; ***~ qcn. di insulti*** IRON. to heap abuse on sb. **2** *(soddisfare)* to satisfy; ***il suo nuovo lavoro non lo gratifica molto*** his new job does not fulfil BE *o* fulfill AE him much.

gratificato /gratifi'kato/ **I** p.pass. → **gratificare II** agg. [*persona*] satisfied; ***sentirsi*** ~ to feel gratified.

gratificazione /gratifikat'tsjone/ f. **1** *(gratifica)* bonus, extra pay, gratuity **2** *(soddisfazione)* gratification, satisfaction; ~ ***personale*** personal gratification; ***dare una*** ~ ***a qcn.*** to make sb. feel gratified.

gratile /gra'tile/ m. bolt-rope.

gratin /gra'tɛn/ m.inv. gratin; ***al*** ~ au gratin; ***sogliola al*** ~ sole au gratin.

gratinare /grati'nare/ [1] tr. to cook [sth.] au gratin.

gratinato /grati'nato/ **I** p.pass. → **gratinare II** agg. au gratin.

gratis /'gratis/ **I** agg. free; ***il concerto è*** ~ the concert is free **II** avv. (for) free, gratis; ***siamo entrati*** ~ ***al museo*** we got into the museum free.

gratitudine /grati'tudine/ f. gratitude (**verso**, **nei confronti di** to, towards; **per** for); ***manifestare*** o ***esprimere la propria*** ~ ***a qcn.*** to show one's gratitude to sb.; ***avere*** ~ ***per qcn.*** to be grateful to sb.; ***con*** ~ gratefully.

▷ **grato** /'grato/ agg. grateful (**a** to; **per** for); ***gli sono*** ~ ***per ciò che ha fatto*** I'm grateful to him for what he's done; ***le sarei*** ~ ***se mi rispondesse presto*** I would be grateful *o* I would appreciate it if you could reply soon.

grattacapo /gratta'kapo/ m. poser, headache; ***avere un bel*** ~ to be in a bit *o* spot of bother; ***procurare dei (seri) -i a qcn.*** to put sb. through a lot of trouble.

grattacielo /gratta'tʃɛlo/ m. skyscraper.

grattaculo /gratta'kulo/ m. BOT. rosehip.

gratta e vinci /grattae'vintʃi/ m.inv. scratchcard.

grattamento /gratta'mento/ m. scratching; *(sfregamento)* scraping.

▷ **grattare** /grat'tare/ [1] **I** tr. **1** *(sfregare)* to scratch [*schiena, crosta*]; *(raschiare)* to scrape (clean) [*piatto, pentola*]; ~ ***via*** to scrape off *o* out [*vernice, fango*]; ***puoi grattarmi la schiena?*** can you scratch my back? **2** *(grattugiare)* to grate [*formaggio, carote*] **3** COLLOQ. *(rubare)* to pinch, to nick BE [*oggetto*] **4** COLLOQ. *(suonare in modo mediocre)* to pluck [*chitarra*] **II** intr. (aus. *avere*) **1** ~ ***alla porta*** [*animale*] to scratch at the door **2** *(stridere)* [*puntina, penna*] to scratch; ***fare*** ~ ***le marce*** to grind *o* strip the gears **III grattarsi** pronom. **1** [*persona, animale*] to scratch oneself; ***-rsi la testa*** [*persona*] to scratch one's head **2** COLLOQ. *(oziare)* ***-rsi (la pancia)*** to laze about *o* around, to idle.

grattaschiena /grattas'kjɛna/ m.inv. backscratcher.

grattata /grat'tata/ f. ***darsi una*** ~ to have a scratch.

grattato /grat'tato/ **I** p.pass. → **grattare II** agg. *(grattugiato)* grated; ***pan*** ~ breadcrumbs.

grattatura /gratta'tura/ f. scratching; *(sfregatura)* scraping.

grattino /grat'tino/ m. scraper.

grattugia /grat'tudʒa/ f. grater; *(per la noce moscata)* nutmeg-grater.

grattugiare /grattu'dʒare/ [1] tr. to grate [*formaggio, carota, noce moscata*]; ~ ***il formaggio su qcs.*** to grate cheese over sth.

grattugiato /grattu'dʒato/ **I** p.pass. → **grattugiare II** agg. [*formaggio, carote*] grated.

gratuità /gratui'ta/ f.inv. gratuitousness.

gratuitamente /gratuita'mente/ avv. **1** *(gratis)* [*viaggiare*] free, gratis, free of charge; *(senza retribuzione)* [*lavorare*] for free, gratuitously, for nothing **2** FIG. *(senza motivo)* gratuitously.

gratuito /gra'tuito/ agg. **1** *(non a pagamento)* [*biglietto, posto, campione, servizio*] free, free of charge mai attrib.; [*alloggio*] rent-free; ***"ingresso*** ~***"*** "admission free"; ***software*** ~ freeware; ***a titolo*** ~ free of charge; ***il concerto era*** ~ the concert was free **2** *(ingiustificato)* [*violenza*] gratuitous, senseless; [*cattiveria*] gratuitous; [*accusa*] unfounded, spurious; [*critica*] uninvited **3** *(disinteressato)* [*atto, gesto*] selfless, unselfish ◆◆ ~ ***patrocinio*** DIR. legal aid.

gratulatorio, pl. **-ri**, **-rie** /gratula'tɔrjo, ri, rje/ agg. LETT. gratulatory; ***lettera -a*** letter of congratulations.

gravabile /gra'vabile/ agg. ~ ***d'imposta*** subject to taxation.

gravame /gra'vame/ m. **1** *(carico, peso)* burden; ~ ***di lavoro*** (work)load **2** ECON. *(imposta)* ~ ***fiscale*** burden of taxation **3** DIR. *(impugnazione)* appeal.

gravare /gra'vare/ [1] **I** tr. **1** [*peso*] to weigh (down) on [*spalle, struttura*] **2** FIG. ~ ***qcn. di lavoro*** to heap work on sb. **3** *(fiscalmente)* to burden with taxes [*cittadini, imprese*]; ***l'azienda è gravata di oneri*** the company has crippling overheads; ~ ***qcs. di ipoteca*** to mortgage sth. **II** intr. (aus. *essere, avere*) **1** ~ ***su*** [*tetto, struttura*] to weigh (down) on [*colonne*] **2** FIG. ~ ***su*** [*imposte, oneri, obblighi*] to weigh down, to bear heavily on [*paese, contribuente, budget, economia*]; [*sospetti, incertezze*] to hang over [*persona, progetto*]; ~ ***sul bilancio dello Stato*** to be a heavy drain on the country's budget; ***far*** ~ ***i sospetti su qcn.*** to place suspicion on sb. **III gravarsi** pronom. to burden oneself (**di** with) (anche FIG.).

gravato /gra'vato/ **I** p.pass. → **gravare II** agg. ~ ***da colpa*** weighed down with guilt; ~ ***da imposta*** assessed.

▶ **grave** /'grave/ **I** agg. **1** *(preoccupante, serio)* [*problema, errore, incidente*] serious; [*ferita, malattia*] serious, grave; [*condizioni*] acute, serious; [*danni*] severe, major, grievous; *(pesante, rilevante)* [*sconfitta, perdita*] heavy; [*responsabilità*] heavy, weighty; [*decisione*] momentous; [*ingiustizia*] gross; ***l'ora è*** ~ the situation is serious; ***un ferito, malato*** ~ a seriously injured person, a person with a serious illness; ***l'incidente ha provocato un morto e due feriti -i*** the accident left one dead and two seriously injured; ***su, non è niente di*** ~***!*** cheer up, it doesn't matter! ***colpa*** ~ DIR. gross negligence **2** *(austero)* [*espressione, tono, viso*] grave, solemn **3** *(di bassa frequenza)* [*voce*] deep; [*nota*] bass, low; [*suono*] deep **4** LING. [*accento*] grave **5** *(lento)* [*passi, movimenti*] slow **6** ANT. *(pesante)* heavy **II** m. **1** *(cosa grave)* ***il*** ~ ***è che...*** the real problem is that... **2** *(corpo)* body; ***la caduta dei -i*** the fall of bodies.

gravemente /grave'mente/ avv. **1** *(seriamente)* [*offendere*] grievously; [*ferire*] seriously, badly; [*danneggiare*] grievously, seriously; ***è*** ~ ***malato*** he's seriously *o* gravely ill; ***essere*** ~ ***ferito alla gamba*** to sustain serious leg injuries, to have a badly hurt leg **2** *(con solennità)* [*parlare, chiedere, guardare*] gravely, solemnly.

graveolente /graveo'lɛnte/ agg. LETT. evil-smelling.

▷ **gravidanza** /gravi'dantsa/ f. pregnancy; ***durante la*** ~ during pregnancy; ***al nono mese di*** ~ in the ninth month of pregnancy; ***essere al termine della*** ~ to have reached (full) term of pregnancy; ***interruzione di*** o ***della*** ~ termination; ***test di*** ~ pregnancy test; ***il farmaco non comporta rischi per le donne in stato di*** ~ the drug is safe for pregnant women ◆◆ ~ ***extrauterina*** extrauterine *o* ectopic pregnancy; ~ ***isterica*** phantom *o* sympathetic pregnancy; ~ ***a rischio*** risk pregnancy.

gravidico, pl. **-ci**, **-che** /gra'vidiko, tʃi, ke/ agg. pregnancy attrib.; ***maschera -a*** mask of pregnancy.

gravido /'gravido/ agg. **1** *(in stato di gravidanza)* [*femmina di animale*] gravid; [*donna*] pregnant **2** FIG. ***essere*** ~ ***di*** [*situazione*] to be fraught with [*pericoli, difficoltà*]; [*affermazione*] to be pregnant with [*significato*]; ***nubi -e di pioggia*** clouds full of rain, rain-laden clouds.

gravimetria /gravime'tria/ f. gravimetry.

gravimetrico, pl. **-ci**, **-che** /gravi'mɛtriko, tʃi, ke/ agg. gravimetric(al).

gravimetro /gra'vimetro/ m. gravimeter.

1.gravina /gra'vina/ f. *(attrezzo)* mattock.

2.gravina /gra'vina/ f. GEOL. ravine.

▷ **gravità** /gravi'ta/ f.inv. **1** *(serietà, difficoltà) (di problema, errore, incidente)* seriousness; *(di ferita, malattia)* seriousness, graveness; *(importanza, rilevanza) (di sconfitta, perdita)* heaviness; *(di responsabilità)* heaviness, weightiness; *(di decisione)* momentousness; *(di ingiustizia)* grossness; *(severità)* ***la*** ~ ***di una condanna*** the stiffness of a sentence **2** *(solennità)* graveness, solemnity **3** *(bassa frequenza) (di voce)* depth; *(di nota, suono)* depth, lowness **4** FIS. gravity; ***centro di*** ~ centre of gravity; ***forza di*** ~ force of gravity, G-force; ***accelerazione di*** ~ acceleration of gravity; ***assenza di*** ~ weightlessness; ***in assenza di*** ~ in the absence of gravity; ***sfidare le leggi della*** ~ [*acrobata*] to defy the laws of gravity.

gravitare /gravi'tare/ [1] intr. (aus. *avere*) **1** ASTR. FIS. [*astro, pianeta*] to orbit (**intorno a** around) **2** FIG. to gravitate (**su**, **verso** to, towards); ***gravita negli ambienti della finanza*** he moves in the financial circles **3** *(gravare)* ~ ***su*** to weigh on, to bear down on.

gravitazionale /gravitattsjo'nale/ agg. [*campo, forza*] gravitational; ***l'attrazione*** ~ ***della terra*** the pull of the earth's gravity.

gravitazione /gravitat'tsjone/ f. gravitation.

gravitone /gravi'tone/ m. graviton.

gravosamente /gravosa'mente/ avv. heavily, massively.

gravosità /gravosi'ta/ f.inv. *(di compito, obbligo, imposta)* seriousness, heaviness.

gravoso /gra'voso/ agg. [*obbligo, compito*] hard, burdensome, massive; ***condizioni -e*** exacting terms.

▶ **grazia** /'grattsja/ **I** f. **1** *(leggiadria) (di gesto, persona)* grace; *(di portamento)* gracefulness; *(fascino)* charm; ***privo di*** ~ [*gesto, persona*] ungraceful; [*viso*] plain; ***muoversi con, senza*** ~ to move gracefully, ungracefully **2** *(volontà)* ***con buona*** ~ with a good grace, willingly; ***con mala*** ~ with a bad grace, grudgingly **3** *(benevolenza)* grace, favour BE, favor AE; ***trovar*** ~ ***presso qcn., agli occhi di qcn.*** to find favour with sb., in sb.'s eyes; ***essere nelle -e di qcn.*** to be in sb.'s good graces *o* books; ***e chi saresti, di*** ~***?***

IRON. and who are you, may I ask? **4** *(favore, concessione)* favour BE, favor AE; ***mi farebbe la ~ di aspettarmi?*** would you be so kind as to wait for me? ***fare ~ a qcn. di qcs.*** to exempt sb. from sth. **5** *(perdono)* mercy, pardon; DIR. (free) pardon; ***chiedere, implorare ~*** to beg, cry for mercy; ***domanda di ~*** petition for reprieve; ***sollecitare, ottenere la ~*** DIR. to seek, receive a pardon; ***~ presidenziale, reale*** DIR. presidential, royal pardon **6** RELIG. *(bontà divina)* grace; ***essere toccato dalla ~ divina*** to be touched by God's grace; ***perdere la ~ divina*** to fall from grace; ***nell'anno di ~ 1604*** in the year of our Lord 1604; ***essere in stato di ~*** to be in a state of grace; ***per ~ di Dio*** by the grace of God; ***per ~ di Dio!*** thank God! ***prego Dio che mi faccia la ~*** I pray to God for mercy **7** TIP. serif **8 in grazia di** *(per merito di)* owing to, thanks to; ***ottenere qcs. in ~ delle proprie conoscenze*** to get sth. through one's connections **II grazie** f.pl. **1** *(bellezze di donna)* charms; ***sedurre qcn. con le proprie -e*** to seduce sb. with one's charm; ***concedere le proprie -e a qcn.*** to grant one's favours to sb. **2** LETT. *(ringraziamenti)* thanks; ***rendere -e a qcn. di qcs.*** to give thanks to sb. for sth., to thank sb. for sth. ◆ ***dare il colpo di ~ a qcn., qcs.*** to deal sb., sth. a death blow, to deliver the final blow to sb., sth.; ***per lui fu il colpo di ~*** that was the final stroke for him; ***per ~ ricevuta*** for favours received; ***che ~ di Dio!*** what a lot of good things! what abundance! ***troppa ~ (sant'Antonio)!*** thanks so much! ***essere fuori dalla ~ di Dio*** to be livid with rage.

1.Grazia /'grattsja/ f. **1** *(titolo)* ***Vostra ~*** Your Grace **2** MITOL. ***le tre -e*** the three Graces.

2.Grazia /'grattsja/ n.pr.f. Grace.

graziare /grat'tsjare/ [1] tr. to pardon [*condannato*].

graziato /grat'tsjato/ **I** p.pass. → **graziare II** agg. pardoned **III** m. (f. **-a**) pardoned person.

▶ **grazie** /'grattsje/ **I** m.inv. thank you; ***un grosso ~ a...*** a big thank you to...; ***un ~ a tutti i partecipanti*** thank you to all the participants **II** inter. **1** thank you, thanks (**a** to; **di**, **per** for; **per fare**, **per aver fatto** for doing); ***molte ~*** thank you very much; ***mille ~, ~ mille*** thanks a million, thanks a lot *o* so much; ***~ infinite*** very many thanks, thank you so (much); ***~ fin d'ora*** thank you in advance; ***~ a tutti per essere venuti*** thank you all for coming; ***~ a lei!*** *(in risposta a un altro grazie)* thank you! ***no, ~*** no, thank you *o* thanks; ***andarci da sola? ~ tante!*** o ***no ~!*** go alone? no thank you! ***~ di tutto*** thanks for everything; ***~ a Dio*** thank God; ***dire ~*** to say thank you; ***potresti dire ~!*** you might say thank you! ***~ tante!*** IRON. thanks a lot *o* a bunch *o* a bundle! **2 grazie a** thanks to; ***~ a Dio sei qui!*** thank God you're here!

graziola /grat'tsjɔla/ f. hedge-hyssop.

graziosamente /grattsjosa'mente/ avv. **1** *(con grazia)* [*ballare, sorridere*] gracefully **2** ANT. *(con cortesia)* graciously.

graziosità /grattsjosi'ta/ f.inv. gracefulness.

▷ **grazioso** /grat'tsjoso/ agg. **1** *(carino)* [*ragazza, bambina*] pretty; [*viso, vestito*] pretty, lovely; [*casa*] nice, lovely **2** *(leggiadro)* [*persona, sorriso, gesto*] graceful **3** ANT. *(benevolo)* ***il nostro ~ sovrano*** our gracious sovereign **4** ANT. *(generoso)* ***per -a intercessione di*** by the grace of **5** ANT. *(gratuito)* [*prestito*] interest-free.

greca /'grɛka/ f. *(motivo ornamentale)* Greek fret.

grecale /gre'kale/ **I** agg. ***vento ~*** gregale **II** m. gregale.

Grecia /'grɛtʃa/ ➧ **33** n.pr.f. Greece; ***antica ~*** ancient Greece; ***Magna ~*** Graecia Magna.

grecismo /gre'tʃizmo/ m. Gr(a)ecism.

grecista, m.pl. **-i**, f.pl. **-e** /gre'tʃista/ m. e f. Greek scholar.

grecità /gretʃi'ta/ f.inv. **1** *(ellenismo)* Gr(a)ecism **2** *(civiltà greca)* Greek civilization.

grecizzare /gretʃid'dzare/ [1] tr. to Gr(a)ecize.

▶ **greco**, pl. **-ci, -che** /'grɛko, tʃi, ke/ ➧ **25, 16 I** agg. **1** [*isola, antichità, mitologia, arte, croce, lingua*] Greek **2** [*naso, profilo*] Grecian **3** ***alla -a*** in the Greek style **II** m. (f. **-a**) **1** *(persona)* Greek **2** *(lingua)* Greek; ***~ antico, moderno*** ancient, modern Greek; ***~ bizantino*** Late Greek ◆ ***fino alle calende -che*** till the cows come home.

greco-latino /grekola'tino/ agg. Gr(a)eco-Latin.

greco-romano /grekoro'mano/ agg. Gr(a)eco-Roman; ***lotta -a*** Gr(a)eco-Roman wrestling.

gregale /gre'gale/ agg. ***istinto ~*** gregarious *o* herd instinct.

gregario, pl. **-ri, -rie** /gre'garjo, ri, rje/ **I** agg. [*animale, spirito*] gregarious **II** m. **1** MIL. private **2** POL. follower **3** SPORT *(nel ciclismo)* domestique.

gregarismo /grega'rizmo/ m. gregariousness.

gregge, pl.f. **-gi** /'greddʒe/ m. **1** *(di pecore, capre)* flock, herd **2** FIG. *(di persone)* herd; ***seguire il ~*** to follow the herd; ***uscire dal ~*** to emerge from the herd **3** RELIG. *(di fedeli)* flock.

greggio, pl. **-gi, -ge** /'greddʒo, dʒi, dʒe/ **I** agg. **1** [*lana*] coarse; [*cotone, seta, metallo*] raw; [*pietra preziosa*] uncut, unhewn; ***cuoio ~*** rawhide; ***petrolio ~*** crude (oil); ***minerale ~*** mineral ore; ***allo stato ~*** in its natural state, in the raw BE **2** RAR. *(rozzo)* crude, unrefined **II** m. crude (oil).

gregoriano /grego'rjano/ **I** agg. [*canto, rito*] Gregorian; ***calendario ~*** Gregorian calendar **II** m. *(canto)* Gregorian chant.

Gregorio /gre'gɔrjo/ n.pr.m. Gregory.

grembiulata /grembju'lata/ f. apronful.

▷ **grembiule** /grem'bjule/ m. apron; *(camice)* smock, overall BE, work coat AE; ***portare*** o ***indossare il ~*** to wear an apron; ***allacciare il ~ a vita*** to tie an apron round one's waist.

grembiulino /grembju'lino/ m. little apron, pinny COLLOQ.; *(da scolaro)* smock.

▷ **grembo** /'grɛmbo/ ➧ **4** m. **1** lap; ***teneva il bambino in ~*** she was holding the child on her lap; ***sedersi in ~ a qcn.*** to sit on sb.'s lap **2** *(ventre materno)* womb; ***portare un bambino in ~*** to carry a child in one's womb; ***ritorno al*** o ***nel ~ materno*** return to the womb **3** FIG. bosom; ***il ~ fecondo della terra*** the fertile bosom of the earth; ***tornare in ~ alla famiglia*** to return to the bosom of one's family.

gremire /gre'mire/ [102] **I** tr. to fill up, to pack, to crowd [*sala, teatro, strada*] **II gremirsi** pronom. ***-rsi di gente*** [*sala, teatro, strada*] to fill up, to become* crowded.

gremito /gre'mito/ **I** p.pass. → **gremire II** agg. [*locale, sala*] crowded; ***la metropolitana era -a (di gente)*** the metro was crammed *o* packed with people.

greppia /'greppja/ f. **1** *(rastrelliera)* crib; *(mangiatoia)* manger **2** SCHERZ. *(fonte di lucro)* ***mangiare alla ~*** to have a good *o* little number.

grès, gres /grɛs/ m. grès; ***un piatto di ~*** a stoneware dish.

greto /'greto/ m. (pebbly) shore; ***sul ~*** on the shore.

gretola /'gretola/ f. *(sbarra)* bar.

grettamente /gretta'mente/ avv. stingily, meanly BE.

grettezza /gret'tettsa/ f. **1** *(meschinità)* pettiness; *(di vedute)* narrow-mindedness, small-mindedness, close-mindedness **2** *(avarizia)* stinginess, meanness.

gretto /'gretto/ **I** agg. **1** *(meschino)* [*persona*] petty; *(di vedute ristrette)* narrow-minded, small-minded, close-minded; ***avere una mentalità -a*** to be narrow-minded **2** *(avaro)* stingy, mean BE **II** m. (f. **-a**) **1** *(meschino)* shabby person, petty person **2** *(avaro)* stingy person, mean person BE.

greve /'grɛve/ agg. **1** *(pesante)* heavy; ***c'è un'aria ~ qui*** it's stuffy in here **2** FIG. *(volgare)* [*espressione, umorismo*] crude **3** FIG. *(penoso)* grievous, painful.

grevemente /greve'mente/ avv. **1** *(in modo pesante)* heavily **2** *(con volgarità)* crudely **3** *(penosamente)* painfully, grievously.

grezzo /'greddzo/ agg. **1** [*lana, tela, canapa*] coarse; [*pietra preziosa*] uncut, unhewn; [*metallo*] raw; ***minerale ~*** mineral ore; ***allo stato ~*** in its natural state, in the raw BE; ***metallo ~ di colata*** as-cast metal; ***metallo ~ di laminazione*** as-rolled metal **2** *(rozzo)* [*persona*] crude.

grida /'grida/ f. STOR. ban.

▶ **gridare** /gri'dare/ [1] **I** tr. **1** *(per dire)* to shout (**a** to); ***~ un numero, una risposta*** to shout out *o* call a number, an answer; ***~ insulti*** to scream *o* howl *o* yell insults; ***~ aiuto*** to cry for help; ***~ a qcn. di fare qcs.*** to shout to sb. *o* to scream at sb. to do sth.; ***~ qcs. dietro qcn.*** to scream *o* shout sth. at sb. **2** *(per proclamare)* ***~ la propria indignazione, il proprio disgusto*** to proclaim one's indignation, disgust; ***~ la propria innocenza*** to cry out *o* to proclaim one's innocence; ***~ la propria sofferenza, la propria collera*** to give vent to one's misery, anger **3** COLLOQ. *(sgridare)* to tell* off, to scold [*persona*] **II** intr. (aus. *avere*) **1** *(forzare la voce)* [*persona*] to shout, to cry out; ***~ a squarciagola*** o ***a più non posso*** to scream *o* shout at the top of one's lungs; ***non c'è bisogno di ~*** you needn't shout, there is no need to shout; ***~ di gioia*** to shout for joy; ***~ dal dolore, dalla paura, dal piacere*** to cry out in pain, in fear, in delight **2** *(emettere un forte verso)* [*animale*] to cry out, to give* a cry ◆ ***~ vendetta*** to cry out for vengeance; ***~ vittoria*** to exult; ***non è proprio il caso di ~ al miracolo*** there is nothing miraculous about it; ***l'opposizione ha gridato allo scandalo*** there was a general outcry from the opposition; ***~ al lupo*** to cry wolf; ***~ qcs. ai quattro venti*** to tell the world about sth.; ***~ come un dannato*** to wail like a banshee; ***~ come un'aquila*** to scream *o* yell blue murder.

▷ **grido**, pl. **-i**, pl.f. **-a** /'grido/ m. **1** (pl. *-a*) *(di persona)* cry, shout, call; *(strillo)* scream; ***un ~ di dolore, di terrore*** a cry of pain, of fright; ***delle -a di gioia, di protesta*** cries of joy, protest; ***un ~ lacerante*** a heartrending cry; ***al ~ di "viva la rivoluzione"*** shouting "long live the revolution"; ***lanciare, emettere un ~*** to utter a cry;

lanciare delle -a di dolore, di piacere to cry out in pain, pleasure; ***nessuno sentì le sue -a di aiuto*** nobody heard his cries for help; ***il ~ degli oppressi*** FIG. the cry of the oppressed **2** (pl. *-a*) *(in borsa)* ***contrattazione alle -a*** floor-dealings; ***recinto alle -a*** floor, pit, trading post **3** (pl. *-i*) *(di animale)* cry, call; *(di rapaci notturni)* hoot **4** **di grido** [*avvocato, medico*] famous, renowned; [*politico*] trendy ◆ ***l'ultimo ~ della moda*** the height of fashion, the latest fashion ◆◆ ***~ d'allarme*** cry of alarm; ***~ di guerra*** war cry (anche FIG.).

gridolino /grido'lino/ m. shriek.

grifagno /gri'faɲɲo/ agg. **1** [*uccello*] rapacious, predatory **2** FIG. [*sguardo, aspetto*] fierce.

griffa /'griffa/ f. MECC. CINEM. claw.

griffato /grif'fato/ agg. COLLOQ. [*abito*] designer attrib.

griffe /grif/ f.inv. *(marchio)* designer label.

griffone /grif'fone/ m. ZOOL. griffon.

grifo /'grifo/ m. ANT. *(grugno)* snout.

grifone /gri'fone/ m. **1** ORNIT. griffon, griffin **2** *(animale favoloso)* griffin, griffon **3** *(cane)* griffon.

grigiastro /gri'dʒastro/ agg. greyish BE, grayish AE.

grigiazzurro /gridʒad'dzurro/ ➧ **3** agg. e m. blue-grey BE, blue-gray AE.

▶ **grigio**, pl. **-gi**, **-gie** e **-ge** /'gridʒo, dʒi, dʒe/ ➧ **3 I** agg. **1** *(colore)* grey BE, gray AE; ***diventare ~*** to go *o* turn grey, to grey; ***capelli -gi*** grey *o* grizzled *o* grizzly hair; ***orso ~*** grizzly (bear); ***materia -a*** grey matter; ***eminenza -a*** FIG. eminence grise, grey eminence **2** *(triste, cupo)* [*tempo, esistenza*] grey BE, gray AE; ***è una giornata -a*** it's a grey day **II** m. grey BE, gray AE; ***vestirsi di ~*** to wear grey ◆◆ ***~ acciaio*** steel(y) grey; ***~ antracite*** charcoal (grey); ***~ ardesia*** slate grey; ***~ perla*** pearl grey; ***~ topo*** mouse-colour; ***~ tortora*** dove-grey.

grigiore /gri'dʒore/ m. **1** greyness BE, grayness AE; ***nel ~ invernale*** in the greyness of winter **2** FIG. *(noia)* dullness, greyness BE, grayness AE.

grigioverde /gridʒo'verde/ ➧ **3 I** agg. rifle green, greenish grey BE, greenish gray AE **II** m. **1** *(colore)* rifle green, greenish grey BE, greenish gray AE **2** *(divisa)* = uniform of the Italian army; ***in ~*** uniformed; ***indossare il ~*** = to wear the Italian uniform; FIG. = to be in the Italian army.

▷ **griglia** /'griʎʎa/ f. **1** *(graticola)* grill, gridiron; ***cuocere alla ~*** to grill; ***alla ~*** [*bistecca*] grilled **2** *(grata, inferriata)* grille, grid; ***la ~ di una finestra*** the bars on a window; ***~ del radiatore*** (radiator) grille **3** *(di parole crociate, orari)* grid; ***una ~ di 10 caselle*** a grid of 10 squares **4** *(sistema d'interpretazione)* model **5** ELETTRON. grid ◆◆ ***~ di analisi*** analytical grid; ***~ di comando*** control panel; ***~ di partenza*** (starting) grid; ***~ schermo*** screen grid.

grigliare /griʎ'ʎare/ [1] tr. to grill; *(all'aperto)* to barbecue.

grigliata /griʎ'ʎata/ f. **1** *(piatto)* grill; ***~ mista*** mixed grill; ***~ di verdure*** grilled vegetables **2** *(festa)* barbecue, roast AE.

grigliato /griʎ'ʎato/ **I** p.pass. → **grigliare II** agg. *(alla griglia)* [*carne, pesce, verdure*] grilled **III** m. **1** EDIL. screen **2** MAR. fiddley.

grignolino /griɲɲo'lino/ m. ENOL. INTRAD. (Piedmontese red wine).

grill /gril/ m.inv. **1** grill, gridiron; ***arrostire sul ~*** to grill **2** *(cibo alla griglia)* grill **3** *(nel forno elettrico)* grill; ***cuocere col ~*** to grill **4** *(grill-room)* grill-room.

grilletto /gril'letto/ m. trigger; ***premere il ~*** to pull *o* squeeze the trigger; ***avere il ~ facile*** to be trigger-happy.

▷ **grillo** /'grillo/ m. **1** *(insetto)* cricket **2** FIG. *(ghiribizzo)* whim, caprice, fancy; ***gli è saltato il ~ di fare*** he had the strange idea to do, he has taken it into his head to do; ***avere -i per la testa*** to be full of strange ideas; ***un tipo senza -i per la testa*** a nice straight forward chap BE, a regular guy AE ◆ ***un ~ parlante*** a know-all BE, a know-it-all AE; ***indovinala ~!*** it's anybody's guess! your guess is as good as mine! ***saltare come un ~*** to gambol like a lamb.

grillotalpa, f.pl. **-e** /grillo'talpa/ m. e f. mole-cricket.

grimaldello /grimal'dɛllo/ m. picklock; ***scassinare con un ~ una serratura*** to pick the lock on a door.

grinfia /'grinfja/ f. claw (anche FIG.); ***cadere*** o ***finire nelle -e di qcn.*** to fall into sb.'s clutches.

gringo /'gringo/ m. (pl. **~s**) gringo* AE.

grinta /'grinta/ f. **1** *(volto corrucciato)* scowl; ***ha una ~ da far paura*** he has a fearsome look **2** *(combattività)* grit, punch, push; ***gli manca la ~*** he lacks drive, there's no fight in him; ***ritrovare la propria ~*** to get some of one's zip back; ***un po' di ~!*** a bit of oomph! don't be so wet! BE **3** *(faccia tosta)* brass, cheek; ***che ~!*** what nerve! what cheek!

grintosamente /grintosa'mente/ avv. punchily, pushfully.

grintoso /grin'toso/ agg. *(combattivo)* [*persona*] punchy, pushful; ***è un pugile ~*** he has a powerful punch.

▷ **grinza** /'grintsa/ f. **1** *(di stoffa)* crease, wrinkle; ***la cucitura fa una ~*** the stitching is puckering up the material; ***fare le -e facilmente*** [*vestito, gonna*] to wrinkle easily; ***non fare una ~*** [*vestito, gonna*] to fit like a glove; FIG. [*ragionamento*] to be flawless **2** *(di pelle)* wrinkle.

grinzosità /grintsosi'ta/ f.inv. wrinkledness.

grinzoso /grin'tsoso/ agg. **1** [*stoffa*] creased, wrinkled **2** *(rugoso)* [*viso*] wrinkled, creased; [*pelle, frutto*] wrinkled.

grippaggio, pl. **-gi** /grip'paddʒo, dʒi/ m. seizing, seizure.

grippare /grip'pare/ [1] **I** tr. [*ruggine, mancanza d'olio*] to make* [sth.] seize up [*motore, ingranaggio*] **II** intr. (aus. *avere*) [*motore, ingranaggio*] to seize (up) **III** **gripparsi** pronom. [*motore, ingranaggio*] to seize (up).

grippato /grip'pato/ **I** p.pass. → **grippare II** agg. [*motore, ingranaggio*] seized (up).

grippia /'grippja/ f. buoy rope.

grisaglia /gri'zaʎʎa/ f. grisaille.

grisaille /gri'zaj/ f.inv. ART. grisaille; ***rovescio dipinto a ~*** reverse painted in grisaille.

grisella /gri'zɛlla/ f. ratlin(e), ratling.

grisou /gri'zu/ m.inv. (fire)damp; ***esplosione di ~*** firedamp explosion.

grissino /gris'sino/ m. breadstick ◆ ***essere magro come un ~*** to be as thin as a rake; ***avere le gambe magre come -i*** to have skinny legs.

grisù → **grisou.**

grisumetro /gri'zumetro/ m. firedamp detector.

grizzly /'grizli/ m.inv. grizzly (bear).

Groenlandia /groen'landja/ n.pr.f. Greenland.

grog /grɔg/ m.inv. grog.

grolla /'grɔlla/ f. INTRAD. (lidded wooden goblet with a number of spouts from which people can drink a hot spiced drink made of coffee and grappa).

gromma /'gromma/ f. **1** *(incrostazione nei tini)* crust, argol, tartar **2** *(nelle tubazioni dell'acqua)* encrustation **3** *(nella pipa)* dottle.

grommoso /grom'moso/ agg. [*tubo, tino*] encrusted.

gronda /'gronda/ f. eaves pl.; ***cappello a ~*** = hat with a sloping brim.

▷ **grondaia** /gron'daja/ f. **1** gutter **2** *(gronda)* eaves pl.

grondante /gron'dante/ agg. [*persona, viso, vestito, ombrello*] dripping (**di** with); ***~ di sudore*** [*persona, fronte*] dripping *o* pouring with sweat; ***~ di sangue*** streaming with blood, oozing blood.

grondare /gron'dare/ [1] **I** tr. [*tetto, ombrello*] to drip [*acqua*]; ***i vetri grondavano pioggia*** the rain was streaming down the windows; ***le sue mani grondavano sangue*** his hands were dripping with blood; ***le sue guance grondavano lacrime*** tears were streaming down her cheeks **II** intr. (aus. *essere, avere*) **1** *(colare)* [*acqua, pioggia, sudore, sangue*] to drip; *(scorrere)* [*lacrime*] to stream; ***il sangue grondava dalla ferita*** blood was streaming from the wound **2** *(essere coperto da un liquido)* [*persona, superficie, vestito, ombrello*] to drip, to stream (**di** with); ***~ di sudore*** to be dripping with sweat.

grondone /gron'done/ m. gargoyle.

grongo, pl. **-ghi** /'grongo, gi/ m. conger.

▷ **groppa** /'grɔppa/ f. **1** *(di animale)* rump; *(di cavallo)* crupper, croup, back; ***montare*** o ***salire in ~ al cavallo*** to jump on a horse's back, to get up on the back of a horse; ***viaggiare in ~ a un asino*** to travel on the back of a donkey **2** *(di collina, monte)* (rounded) top **3** COLLOQ. *(schiena)* back; ***avere molti anni sulla ~*** to have many years behind one, to be getting on in one's years.

groppata /grop'pata/ f. buck.

groppiera /grop'pjɛra/ f. crupper.

groppo /'grɔppo, 'groppo/ m. **1** *(viluppo)* tangle **2** METEOR. squall; ***linea dei -i*** squall line ◆ ***avere un ~ in*** o ***alla gola*** to have a lump in one's throat; ***parlare con un ~ in gola*** = to speak in a voice breaking with emotion.

groppone /grop'pone/ m. SCHERZ. back ◆ ***avere molti anni sul ~*** to have many years behind one, to be getting on in one's years; ***dare un sacco di botte sul ~ a qcn.*** = to beat sb. up; ***piegare il ~*** = to buckle down to an unpleasant task.

gros-grain /gro'grɛn/ m.inv. grogram, grosgrain; *(nastro)* grosgrain ribbon.

1.grossa /'grɔssa/ f. = third sleeping period of the silkworm ◆ ***dormire della ~*** to be sound asleep, to sleep soundly, to sleep like a log.

2.grossa /'grɔssa/ f. *(dodici dozzine)* gross*.

grossetano /grosse'tano/ ➧ **2 I** agg. from, of Grosseto **II** m. (f. **-a**) native, inhabitant of Grosseto.

grossezza /gros'settsa/ f. **1** *(grandezza, voluminosità)* bigness, largeness, size **2** *(spessore)* thickness **3** *(corpulenza)* bulkiness **4**

(importanza) (di impresa) greatness; *(di eredità, menzogna)* bigness; *(di sorpresa)* greatness **5** *(gravità) (di problema, errore)* seriousness **6** *(di fiume)* swelling **7** *(di sale, sabbia)* coarseness.

▷ **grossista**, m.pl. **-i**, f.pl. **-e** /gros'sista/ m. e f. wholesaler, wholesale merchant, jobber AE.

▶ **grosso** /'grɔsso/ **I** agg. **1** *(grande, voluminoso)* [*palazzo, nave, città, testa*] large, big; **~ *come un pugno*** as big as my fist; **~ *come una capocchia di spillo*** no bigger than a pinhead; ***dito* ~** *(pollice)* thumb; *(alluce)* big toe **2** *(spesso)* [*labbra, caviglie*] thick **3** *(corpulento, grasso)* [*persona*] bulky, fat; [*ventre*] big, fat; ***un uomo grande e* ~** a strapping man **4** *(importante, di notevole entità)* [*impresa*] big, large, major; [*produttore, somma, eredità, menzogna*] big; [*sorpresa, successo*] great; ***uno dei nostri più -i clienti, azionisti*** one of our major customers, shareholders; ***un* ~ *nome della musica*** a big name in music; ***un pezzo* ~** FIG. a big shot *o* cheese, a bigwig; ***caccia -a*** big game hunting **5** *(grave)* [*problema, errore*] big; [*difficoltà*] major; [*difetto*] big, major; ***essere in guai -i*** to be in big trouble **6** *(in piena)* [*corso d'acqua*] in flood; *(agitato)* [*mare*] stormy, rough **7** *(grezzo, grossolano)* [*sale, sabbia*] coarse; ***panno* ~** thick cloth; ***essere* ~ *di cervello*** FIG. [*persona*] to be slow on the uptake, to be slow-witted; ***un uomo di pasta -a*** FIG. an oof **8** *(di grossa taglia)* [*bestiame*] large **9** COLLOQ. *(incinta)* [*donna*] pregnant; [*femmina di animale*] big **10 di grosso *sbagliare*** o ***sbagliarsi di* ~** to be gravely *o* badly mistaken, to be quite wrong **11 in grosso** *(per sommi capi)* roughly **II** avv. ***scrivere* ~** [*persona*] to write in big letters; [*penna*] to write thickly; ***cerca di scrivere meno, più* ~** try to write smaller, bigger; ***macinato* ~** [*caffè, pepe*] coarsely ground **III** m. *(la maggior parte)* ***il* ~ *di*** the majority *o* bulk of [*spettatori*]; the main body of [*manifestanti*]; the main part of [*spese*]; ***il* ~ *dell'esercito è venuto dietro*** the bulk of the army followed ◆ ***avere il cuore* ~** to have a heavy heart; ***avere il fiato* ~** to breathe hard *o* heavily; ***questa è un po' -a!*** that's a bit of a tall story! ***dirle*** o ***spararle*** o ***raccontarle -e*** to talk big, to be full of big talk; ***questa volta l'hai fatta davvero -a!*** you've really gone and done it now! ***non farla più -a di quanto (in realtà) non sia*** don't make it out to be bigger than it (actually) is; ***fare la voce -a*** to raise one's voice; ***volavano parole -e*** the air was blue; ***sparare* ~** *(chiedere un prezzo esorbitante)* to shoot high; ***fare un colpo* ~** to pull off a big deal ◆◆ **~ *calibro*** big gun (anche FIG.).

grossolanamente /grossolana'mente/ avv. **1** *(in modo approssimativo)* [*riparare, costruire*] crudely; [*dipinto, fatto*] crudely, roughly; ***ha* ~ *rimesso insieme i pezzi*** she stuck the pieces crudely back together; ***una pietra tagliata* ~** a rough-hewn stone **2** *(volgarmente)* [*parlare, scherzare*] crudely, vulgarly; [*ridere, scherzare*] heavily.

grossolanità /grossolani'ta/ f.inv. **1** *(di persona, modi, linguaggio)* coarseness **2** *(atto)* coarse act, rude act; *(parola)* coarse word.

grossolano /grosso'lano/ agg. **1** *(approssimativo)* [*stima, valutazione*] rough; [*lavoro*] crude, rough **2** *(mediocre)* [*imitazione*] crude; [*stoffa*] coarse **3** *(volgare)* [*persona*] crude, vulgar; [*gesto, scherzo*] crude; [*parole*] bad; [*risata*] coarse **4** *(privo di finezza)* [*tratti*] coarse **5** *(grave)* [*errore*] gross, glaring.

grossomodo, **grosso modo** /grosso'mɔdo/ avv. roughly (speaking); ***ecco* ~ *quello che è successo*** that's roughly *o* more or less what happened; **~, *sono soddisfatta*** broadly speaking I am satisfied; ***si tratta, ~, di sapere se...*** what's roughly involved is finding out if...; ***ci saranno* ~ *una decina di famiglie in quel palazzo*** there are, at a guess, ten families living in that building.

▷ **grotta** /'grɔtta/ f. **1** *(caverna)* cave; *(artificiale)* grotto*, grot **2** REGION. *(cantina)* cellar.

grottesca, pl. **-sche** /grot'teska, ske/ f. *(arte)* grotesque.

grottescamente /grotteska'mente/ avv. grotesquely.

▷ **grottesco**, pl. **-schi, -sche** /grot'tesko, ski, ske/ **I** agg. **1** *(ridicolo)* [*personaggio*] grotesque; [*idea, storia*] ridiculous, grotesque, ludicrous **2** ART. LETTER. [*stile*] grotesque **II** m. **1** *(l'essere ridicolo)* grotesqueness; ***tutto questo ha del ~!*** all this is preposterous! ***cadere nel* ~** to become grotesque **2** ART. LETTER. ***il* ~** the grotesque.

grotto /'grɔtto/ m. **1** ANT. *(dirupo)* cliff **2** REGION. *(cantina)* cellar.

groviera /gro'vjɛra/ m.inv., f. Gruyère (cheese).

groviglio, pl. **-gli** /gro'viʎʎo, ʎi/ m. tangle (anche FIG.); ***un* ~ *di funi*** a snarl of ropes; ***un* ~ *di interessi*** FIG. a weaving of interests; ***un* ~ *di idee confuse*** FIG. a tangle of confused ideas.

gru /gru/ f.inv. **1** TECN. crane; MAR. davit; ***manovrare una* ~** to operate a crane **2** ZOOL. crane **3** CINEM. crane ◆◆ **~ *a braccio*** jib crane; **~ *a carroponte*** → **~ a ponte**; **~ *cenerina*** ZOOL. common crane; **~ *coronata*** ZOOL. crowned crane; **~ *galleggiante*** floating crane; **~ *girevole*** slewing crane; **~ *idraulica*** water *o* hydraulic crane; **~ *mobile*** jenny, travelling crane; **~ *a ponte*** overhead-travelling crane; **~ *portale*** gantry crane; **~ *a torre*** tower crane.

gruccia, pl. **-ce** /'gruttʃa, tʃe/ f. **1** *(stampella)* crutch **2** *(per abiti)* clotheshanger, coat hanger.

gruccione /grut'tʃone/ m. *(uccello)* bee eater.

grufolare /grufo'lare/ [1] **I** intr. (aus. *avere*) **1** [*cinghiale, maiale*] to root around, to root about, to grout **2** FIG. SPREG. *(mangiare rumorosamente)* [*persona*] to chomp, to slurp **II grufolarsi** pronom. to wallow in filth (anche FIG.).

grugnire /gruɲ'ɲire/ [102] **I** tr. [*persona*] to growl, to grunt [*parole, insulti*] **II** intr. (aus. *avere*) **1** [*maiale*] to grunt; [*cinghiale*] to grunt, to snort; [*orso*] to growl **2** FIG. *(brontolare)* [*persona*] to grunt.

grugnito /gruɲ'ɲito/ m. **1** *(di maiale)* grunt; *(di cinghiale)* grunt, snort; *(di orso)* growl **2** FIG. *(di persona)* growl, grunt.

grugnitore /gruɲɲi'tore/ m. ITTIOL. drumfish*.

grugno /'gruɲɲo/ m. **1** *(di maiale, cinghiale)* snout **2** FIG. SPREG. *(di persona)* snout, mug; ***rompere*** o ***spaccare il* ~ *a qcn.*** to smash sb.'s face in.

gruista, m.pl. **-i**, f.pl. **-e** /gru'ista/ ❽ ***18*** m. e f. crane driver, crane operator.

grullaggine /grul'laddʒine/ f. silliness, foolishness.

grulleria /grulle'ria/ f. silly thing, trifle.

grullo /'grullo/ **I** agg. silly, foolish **II** m. (f. **-a**) fool.

gruma /'gruma/ f. *(incrostazione della pipa)* dottle.

grumo /'grumo/ m. **1** MED. grume; ***un* ~ *di sangue*** a blood clot **2** *(di farina)* lump; ***la salsa è piena di -i*** the sauce is lumpy; ***fare i -i*** [*salsa, impasto*] to go lumpy, to lump AE.

grumolo /'grumolo/ m. *(di insalata)* heart.

grumoso /gru'moso/ agg. [*sangue*] clotty; [*salsa, pasta, composto*] lumpy.

gruppetto /grup'petto/ m. **1** small group **2** MUS. turn.

▶ **gruppo** /'gruppo/ m. **1** *(insieme di persone)* group, party (**di** of); ***un* ~ *di turisti, di scolari*** a group *o* party of tourists, of schoolchildren; ***un* ~ *di musicisti*** a group *o* band of musicians; ***lavorare, viaggiare in* ~** to work, travel in group; ***fare* ~ *con qcn.*** to team up with sb.; ***a -i di due e di tre*** in twos and threes; ***formare un* ~ *attorno a qcn.*** to form a group around sb.; ***dividere in -i*** to divide into groups; ***lavoro di* ~** group work; ***spirito di* ~** team spirit; ***terapia di* ~** group therapy; ***foto di* ~** group photograph **2** *(insieme di oggetti)* group, cluster, bunch COLLOQ. (**di** of); ***un* ~ *di alberi*** a cluster *o* clump of trees **3** ECON. IND. group **4** SPORT pack; ***staccare il* ~** *(nel ciclismo)* to get clear of the pack; ***restare in* ~** to stay bunched up **5** MAT. *(insieme)* group; ***teoria dei -i*** group theory ◆◆ **~ *abeliano*** Abelian group; **~ *d'assalto*** MIL. assault team; **~ *di autodifesa*** self-defence group, vigilance committee; **~ *d'azione*** action group; **~ *di caccia*** hunting party, hunt; **~ *consultivo*** advisory group; **~ *dirigente*** management team; **~ *di discussione*** discussion group; **~ *editoriale*** publishing group; **~ *elettrogeno*** (electricity) generator, generating set; **~ *etnico*** ethnic group; **~ *finanziario*** financial group; **~ *di interesse*** interest group; **~ *di lavoro*** work group, working group, working party; **~ *parlamentare*** parliamentary group; **~ *politico*** political group; **~ *di pressione*** POL. pressure group, lobby (group); **~ *di ricerca*** research group; **~ *sanguigno*** blood group, blood type; **~ *dei sette*** group of Seven; **~ *sociale*** social group; **~ *di supporto*** MUS. support band.

gruppuscolo /grup'puskolo/ m. POL. fringe group, small group.

gruviera /gru'vjɛra/ → **groviera.**

gruzzolo /'gruttsolo/ m. nest egg, tidy sum; ***mettere da parte un bel* ~** to set aside a nest egg; ***farsi il* ~** to made a tidy sum.

G.U. /dʒi'u/ f. (⇒ Gazzetta Ufficiale) = official gazette.

guaciaro /'gwatʃaro/ m. guacharo*.

guada /'gwada/ f. (anche **erba ~**) weld.

guadabile /gwa'dabile/ agg. fordable.

▶ **guadagnare** /gwadaɲ'ɲare/ [1] **I** tr. **1** *(ottenere come utile)* to earn [*soldi, somma*] (**facendo** by doing); **~ *2.000 euro al mese*** to earn 2,000 euros a month; ***ha guadagnato 3.500 euro, una fortuna sulla vendita del quadro*** he made 3,500 euros, a fortune from the sale of the picture; **~ *due punti in borsa*** to gain two points on the stock market **2** *(ottenere)* to gain [*vantaggio*] (**da** from); ***abbiamo tutto da* ~ *e niente da perdere*** we have everything to gain and nothing to lose; **~ *terreno*** to gain ground (**su** on); **~ *posizioni in classifica*** [*squadra, atleta*] to improve one's ranking; **~ *punti*** COLLOQ. SCHERZ. to get *o* earn brownie points **3** *(risparmiare)* to save [*tempo, spazio*]; **~ *tre minuti*** to gain three minutes; ***in*** o ***con l'autostrada si guadagna un'ora*** going by the motorway saves an hour; **~ *spazio facendo*** to make more room by doing **4** *(raggiungere)* to reach, to get* to [*luogo*]; **~ *il largo*** [*nave*] to reach the open sea; **~ *il centro delle scena*** to take the centre-stage **II** intr. (aus. *avere*) **1** *(ricevere un compenso)* **~ *bene*** to make a good living, to earn good money; **~ *discretamente*** to make a decent living;

~ appena per vivere to earn just enough to live **2** *(trarre vantaggio)* ***il film ci guadagna se è visto in lingua originale*** the film is best seen in the original version; ***ci guadagnereste a diversificare i vostri prodotti*** it would be to your advantage to diversify; ***che cosa ci guadagnerai?*** what will you get out of it? what's in it for you? ***ci ha guadagnato*** *(è migliorato esteticamente)* it looked all the better for it **3** *(acquistare)* to gain (**in** in); ***~ in prestigio, popolarità*** to gain in prestige, popularity; ***le aziende hanno guadagnato in produttività*** firms have improved their productivity **III guadagnarsi** pronom. **1** *(ottenere come profitto)* ***-rsi da vivere facendo*** to earn one's living (by) doing, to make a living by doing; ***-rsi da vivere onestamente*** to make an honest living **2** *(meritarsi)* to gain [*rispetto, sostegno*]; ***-rsi la stima di qcn.*** to earn *o* win sb.'s respect; ***-rsi l'approvazione di qcn.*** to win sb.'s approval; ***il tuo premio te lo sei proprio guadagnato*** you certainly earned your bonus.

guadagnato /gwadaɲ'ɲato/ **I** p.pass. → **guadagnare II** agg. earned, gained; ***denaro ~ col sudore della fronte*** hard-earned money ◆ ***essere tutto di ~*** to be all to the good; ***tanto di ~*** so much the better.

▷ **guadagno** /gwa'daɲɲo/ m. **1** *(profitto)* gain, profit; *(retribuzione)* earnings pl.; ***lauti -i*** high earnings; ***-i facili*** easy money; ***essere una fonte di ~*** to be a source of wealth; ***fare un bel ~*** to make a handsome profit; ***ho concluso l'affare con un ~ di 5.000 euro*** I came out 5,000 euros up **2** ECON. *(in borsa)* gain; ***chiudere con un ~ di 3 punti*** to close 3 points up **3** *(risparmio)* ***è un ~ di tempo considerevole*** it saves a considerable amount of time **4** *(vantaggio)* gain, advantage; ***hai fatto proprio un bel ~!*** IRON. that's done you a lot of good! ***non è stato un gran ~*** that was no great gain **5** ELETTRON. TECN. gain ◆◆ ***~ netto*** net profits.

guadare /gwa'dare/ [1] tr. to ford; *(a piedi)* to wade across.

guadino /gwa'dino/ m. landing net.

1.guado /'gwado/ m. *(di corso d'acqua)* ford; ***passare a ~*** to ford.

2.guado /'gwado/ m. BOT. woad.

▶ **guai** /'gwai/ inter. woe betide; ***~ a te (se non lo fai!)*** you'll be sorry *o* you'll catch it, if you don't do it! don't you dare not do it; ***~ a chi non viene*** there'll be trouble for those who don't come; ***~ a chi copia!*** anyone who cheats will be in trouble! ***~ a toccargli la famiglia*** don't dare say anything about his family.

guaiaco, pl. **-chi** /gwa'jako, ki/ m. guaiac, lignum vitae.

guaiacolo /gwaja'kɔlo/ m. gaiacol.

Guaiana /gwa'jana/ → **Guyana.**

guaiava /gua'java/ f. guava.

guaime /gwa'ime/ m. fog.

guaina /'gwaina, gwa'ina/ f. **1** *(di spada, pugnale)* scabbard, sheath **2** *(custodia)* case **3** ANAT. sheath **4** TECN. sheath **5** *(indumento intimo)* girdle, foundation garment ANT.; ***~ per la gravidanza*** maternity girdle.

▶ **guaio**, pl. **-ai** /'gwajo, ai/ **I** m. *(inconveniente, pasticcio)* trouble, fix, jam COLLOQ.; ***il ~ è che...*** the trouble is that...; ***il tuo, loro ~ è che*** the trouble with you, them is that; ***mi sarei trovato nei -ai se non avessi avuto la chiave*** I would have been in real trouble if I hadn't had the key; ***questo è davvero un bel ~*** this is a real fix; ***essere nei -ai*** to be in trouble, to be in a fix; ***sei nei -ai!*** you're in for it! ***essere*** o ***trovarsi nei -ai fino al collo*** to be knee-deep in problems; ***essere in un mare di -ai*** to be in a heap of trouble; ***combinare -ai*** to make trouble; ***mettersi*** o ***ficcarsi*** o ***cacciarsi nei -ai*** to get into trouble; ***andare in cerca di -ai*** to be asking for trouble; ***tenersi fuori dai -ai*** to stay out of trouble; ***togliersi*** o ***levarsi dai -ai*** to get out of trouble; ***mettere qcn. nei -ai*** to get sb. into trouble; ***tirare qcn. fuori dai -ai*** to get sb. out of trouble; ***se non viene saranno -ai!*** if he doesn't come there will be trouble! ***raccontare a qcn. i propri -ai*** to tell sb. one's tale of woes **II guai** m.pl. *(noie)* ***-ai grossi*** big trouble; ***ha dei -ai con la giustizia del suo paese*** he's in trouble with the law in his country; ***rischiare dei -ai*** to risk trouble.

guaire /gwa'ire/ [102] intr. (aus. *avere*) to whine, to whimper, to yelp.

guaito /gwa'ito/ m. whine, yelp.

gualcire /gwal'tʃire/ → **sgualcire.**

gualdrappa /gwal'drappa/ f. caparison.

Gualtiero /gwal'tjɛro/ n.pr.m. Walter.

guanaco, pl. **-chi** /gwa'nako, ki/ m. guanaco*.

▷ **guancia**, pl. **-ce** /'gwantʃa, tʃe/ ♦ **4** f. **1** cheek; ***-ce rosee, paffute, scavate*** rosy, chubby, hollow cheeks; ***~ a ~*** cheek to cheek **2** GASTR. *(di maiale, vitello)* cheek **3** TECN. cheek **4** *(di fucile)* cheekpiece ◆ ***porgere l'altra ~*** BIBL. to turn the other cheek.

▷ **guanciale** /gwan'tʃale/ m. **1** *(cuscino)* pillow **2** REGION. *(tipo di lardo)* = lard from the pig's cheek ◆ ***dormire tra due -i*** to be sitting pretty.

guanidina /gwani'dina/ f. guanidine.

guanina /gwa'nina/ f. guanine.

guano /'gwano/ m. guano*.

guantaio, pl. **-ai** /gwan'tajo, ai/ ♦ **18** m. (f. **-a**) glover (maker).

guantato /gwan'tato/ agg. [*mano*] gloved.

guanteria /gwante'ria/ ♦ **18** f. *(fabbrica)* glove factory; *(negozio)* glove shop.

guantiera /gwan'tjɛra/ f. **1** *(astuccio)* glove box **2** *(vassoio)* tray.

▷ **guanto** /'gwanto/ m. **1** glove; ***-i di pelle, lana*** leather, woollen gloves; ***-i di gomma*** rubber gloves; ***mezzo ~*** mitt, mitten; ***mettersi, togliersi i -i*** to put on, take off one's gloves **2** COLLOQ. *(preservativo)* condom, johnny BE ◆ ***calza come un ~*** it fits like a glove; ***trattare qualcuno con i -i*** to treat sb. with kid gloves, to give sb. the red carpet; ***gettare, raccogliere il ~*** to throw down, to take up the gauntlet; ***pugno di ferro in ~ di velluto*** an iron fist in a velvet glove ◆◆ ***~ di crine*** massage glove; ***~ da forno*** oven glove; ***~ di Parigi*** ANT. French letter.

guantone /gwan'tone/ m. *(da box)* boxing glove; *(da baseball)* mitt ◆ ***appendere i -i al chiodo*** to hang up one's gloves.

guappo /'gwappo/ m. REGION. **1** *(delinquente)* = member of the Camorra **2** *(person arrogante)* cheeky devil.

guarana /gwa'rana/ f. guarana.

guardabile /gwar'dabile/ agg. [*film, programma*] watchable.

guardaboschi /gwarda'bɔski/ ♦ **18** m. e f.inv. forester.

guardacaccia /gwarda'kattʃa/ ♦ **18** m. e f.inv. gamekeeper.

guardacorpo /gwarda'kɔrpo/ m.inv. MAR. lifeline.

guardacoste /gwarda'kɔste/ ♦ **18** m.inv. **1** *(militare)* coastguardsman*, coastguard **2** *(nave)* coastguard vessel.

guardafili /gwarda'fili/ m. e f.inv. line(s)man*.

guardalinee /gwarda'linee/ ♦ **18** m. e f.inv. **1** FERR. track walker **2** SPORT linesman*.

guardamacchine /gwarda'makkine/ ♦ **18** m. e f.inv. car park attendant.

guardamano /gwarda'mano/ m.inv. **1** ARM. *(della spada)* sword guard; *(del fucile)* trigger guard **2** *(guanto di protezione)* gauntlet **3** MAR. lifeline, rope handrail.

guardaparco /gwarda'parko/ ♦ **18** m. e f.inv. park guard, forester.

guardapesca /gwarda'peska/ ♦ **18** m. e f.inv. preserver, fishing warden, water bailiff BE.

guardaportone /gwardapor'tone/ ♦ **18** m. porter, doorman*.

▶ **guardare** /gwar'dare/ [1] v. la nota della voce **1. vedere**. **I** tr. **1** *(volgere lo sguardo su)* to look at; ***~ qcn., qcs.*** to look at sb., sth.; ***~ qcs. dalla finestra*** to look out of the window at sth.; ***guarda chi arriva!*** look who's coming! ***~ in faccia la realtà, le cose come stanno*** FIG. to face facts, to face up to things; ***~ qcn. dall'alto in basso*** FIG. to look down one's nose at sb.; ***~ qcn. storto*** o ***di traverso*** FIG. to look askance at sb., to give sb. a dirty look; ***mi ha guardato in un tale modo*** she gave me such a look; ***~ male qcn.*** to frown at sb.; ***guarda che disordine!*** look at this mess! ***ma guarda quella!*** COLLOQ. get her! **2** *(osservare con attenzione)* to watch, to look at [*persona, scena*]; to look at [*quadro, diapositive, paesaggio*]; to watch [*film, televisione, evento*]; ***~ qcn. fare*** to watch sb. doing; ***~ i bambini giocare*** o ***che giocano*** to watch the children playing; ***guarda bene come faccio io*** watch carefully what I do; ***~ fisso qcs.*** to stare at sth.; ***~ a lungo qcn., qcs.*** to gaze at sb., sth.; ***non guardarmi così!*** don't look at me like that! ***cos'hai da ~?*** what are you staring at? ***~ qcn. negli occhi, in faccia*** to look sb. in the eye, in the face **3** *(sorvegliare)* to look after, to take* care of; *(proteggere)* [*soldati, guardie*] to keep* watch on [*confine, edificio*]; ***puoi ~ il bambino?*** can you look after the child for me? **4** *(esaminare, considerare)* to take* a (close) look at [*statistiche, situazione*]; ***~ qcs. più da vicino*** to look more closely at sth.; ***se guardiamo le cose con calma*** if we look at things calmly; ***guarda Stella, non si lamenta mai*** take Stella, she never complains; ***le ragazze non lo guardano*** *(prendere in considerazione)* girls take no notice of him **5** *(fare attenzione a)* ***guarda dove vai*** look where you're going; ***guarda dove metti i piedi*** look where you're walking **II** intr. (aus. *avere*) **1** *(dirigere lo sguardo)* to look; ***~ su, giù*** to look up, down; ***~ fuori, dentro*** to look outside, inside; ***~ dalla finestra*** to look out of *o* through the window; ***~ dal buco della serratura*** to look through the keyhole; ***guarda dietro di te*** look behind you; ***~ dritto davanti a sé*** to look straight ahead; ***guarda da un'altra parte*** look away; ***~ dalla parte di*** o ***verso qcn.*** to look toward(s) sb.; ***~ al futuro con ottimismo*** to view *o* to look to the future with optimism; ***~ al passato*** to look back; ***stare a ~*** to look on **2** *(cercare)* to look; *(in libro, dizionario)* to look up; ***~ dappertutto, da un'altra parte*** to look everywhere, somewhere else **3** *(considerare)* to look on; ***tutti guardano a lui come a un eroe*** everyone looks on him as a hero **4** *(badare)* to mind, to look to; *(fare attenzione)* to take* care; ***guarda di non farti male*** mind you don't get hurt: ~ ***al proprio interesse*** to look after *o* mind one's own interests **5** *(essere rivolto)* ~ ***su*** [*casa, stanza*] to look onto, to overlook, to face (towards) [*mare, giardino, strada*]; ***la finestra guarda a nord*** the window faces north; ***la camera guarda sul cortile*** the room looks onto the yard **III guardarsi** pronom. **1** *(osservare se stesso)* to look at oneself; ***-rsi allo*** o ***nello specchio*** to look at oneself in the mirror; ***-rsi le mani*** to look at one's hands; ~ ***attorno*** to look around **2** *(osservarsi reciprocamente)* to look at each other, one another; ***-rsi dritto negli occhi*** to look into each other's eyes; ***-rsi in cagnesco*** to look daggers at each other **3** *(stare in guardia)* ***-rsi da*** to beware of; ***-rsi dagli estranei*** to beware of strangers **4** *(astenersi)* ***me ne guardo bene!*** Heaven forbid! ***mi guarderò bene dal farlo*** I'll be careful not to do it, I'll take good care not to do it; ***guardati dall'esprimere giudizi*** remember to keep your opinions to yourself ◆ ***ma guarda (un po')!*** fancy that! ***ma guarda un po' a che ora comincia!*** look what time it starts! ***guarda, guarda!*** well, well, well! ***guarda, non sono in vena di scherzi*** look here, I'm in no mood for jokes; ***guarda caso*** as chance would have it; ***guarda caso, quel giorno il tempo era brutto*** strangely enough, the weather that day was bad.

▷ **guardaroba** /gwarda'rɔba/ m.inv. **1** *(armadio)* wardrobe; *(per biancheria)* linen cupboard **2** *(di locale pubblico)* cloakroom, coatroom AE; ***addetto al*** ~ cloakroom attendant **3** *(insieme dei vestiti)* wardrobe, set of clothes; ***rinnovare il*** ~ to get a new wardrobe.

guardarobiera /gwardaro'bjɛra/ ♦ ***18*** f. **1** *(di casa privata o albergo)* linen maid **2** *(di locale pubblico)* cloakroom attendant, hatcheck girl AE.

guardarobiere /gwardaro'bjɛre/ ♦ ***18*** m. *(di locale pubblico)* cloakroom attendant, hatcheck man* AE.

guardasala /gwarda'sala/ ♦ ***18*** m. e f.inv. **1** *(nei musei)* museum attendant **2** FERR. waiting-room attendant.

guardasigilli /gwardasi'dʒilli/ m.inv. **1** STOR. keeper of the seals **2** *(ministro)* = justice minister.

guardaspalle /gwardas'palle/ m. e f.inv. bodyguard.

guardata /gwar'data/ f. COLLOQ. look, glance; ***dare una*** ~ ***al giornale*** to take a look *o* have a glance at the newspaper; ***dare una rapida*** ~ o ***una*** ~ ***di sfuggita a qcs.*** to give sth. a cursory glance, to glance through sth.

▶ **guardia** /'gwardja/ ♦ ***18*** f. **1** *(sorveglianza, custodia)* guard, watch; ***montare di*** ~ [*soldato*] to go on guard, to mount guard; ***smontare di*** ~ to come off guard; ***cambio della*** ~ changing of the guard (anche FIG.); ***fare il cambio della*** ~ to relieve guard; ***fare la*** ~ ***a*** to keep *o* stand guard over; ***un cane che fa la*** ~ ***alla casa*** a dog guarding the house; ***fare buona*** ~ to keep a good watch; ***cane da*** ~ guard dog, watchdog **2** *(servizio di vigilanza)* ***essere di*** ~ [*soldato, sentinella*] to be on guard (duty); [*dottore, infermiere*] to be on call; ***turno di*** ~ MIL. turn of duty, guard duty **3** *(sorvegliante)* guard; *(poliziotto)* policeman*, constable BE; ***giocare a -e e ladri*** to play cops and robbers **4** *(reparto militare)* guard, guards pl.; ***la vecchia*** ~ the old guard (anche FIG.); *(soldato della guardia)* guard; ***corpo di*** ~ *(persone)* guards; *(luogo)* guardhouse; ***posto di*** ~ watch post **5** SPORT *(nel pugilato, nella scherma)* guard; ***in ~!*** on guard! *(prima di fare a pugni)* put'em up! ***mettersi in*** ~ to square up (anche FIG.), to put up one's dukes COLLOQ.; ***abbassare la*** ~ to lower *o* drop *o* relax one's guard (anche FIG.) **6** SPORT *(nel basket)* guard **7** *(della spada)* hilt **8** *(di libro)* endpaper, flyleaf* **9** *(livello dell'acqua)* flood mark, high-water mark ◆ ***mettere in*** ~ ***qcn.*** to warn sb., to caution sb. (**su** about; **contro** against); ***essere*** o ***tenersi in*** ~ to be on one's guard *o* on the watch; ***stare in*** ~ ***da qcn., qcs.*** to be on one's guard against sb., sth. ◆◆ ~ ***carceraria*** prison officer BE, prison guard AE; ~ ***di confine*** border guard; ~ ***del corpo*** bodyguard; ~ ***costiera*** *(corpo)* coastguard; *(militare)* coastguardsman*, coastguard; ~ ***di finanza*** = military corps dealing with customs, excise and tax crimes; ~ ***forestale*** forester, forest warden, forest ranger AE; ~ ***giurata*** security guard; ~ ***medica*** emergency medical service; ~ ***notturna*** night watchman; ~ ***d'onore*** guard of honour BE, honor guard AE; ~ ***reale*** royal guard; ~ ***rossa*** Red Guard; ~ ***svizzera*** Swiss Guard; ***-e a cavallo*** Horse Guards BE.

guardiacaccia /gwardja'kattʃa/ → **guardacaccia**.

guardiacoste /gwardja'kɔste/ → **guardacoste**.

guardialinee /gwardja'linee/ → **guardalinee**.

guardiamarina /gwardjama'rina/ ♦ ***12*** m.inv. midshipman* BE; ensign AE.

▷ **guardiano** /gwar'djano/ ♦ ***18*** m. (f. **-a**) **1** *(custode)* keeper, caretaker, guardian; ~ ***notturno*** night watchman; ~ ***del faro*** lighthouse keeper **2** *(in prigione)* (prison) guard **3** *(di bestiame)* stockman*; *(di pecore)* shepherd.

guardina /gwar'dina/ f. lock-up, jail; ***passare la notte in*** ~ to spend the night in the lock-up.

guardinfante /gwardin'fante/ m. ANT. ABBIGL. farthingale, crinoline.

guardingo, pl. **-ghi**, **-ghe** /gwar'dingo, gi, ge/ agg. cautious, canny, wary, careful.

guardiola /gwar'djɔla/ f. **1** *(portineria)* porter's lodge **2** *(delle guardie)* (sentry) box **3** *(nelle fortezze)* bartizan.

guardone /gwar'done/ m. (f. **-a**) peeper, Peeping Tom.

guardrail /gard'reil/ m.inv. guard rail.

guarentigia, pl. **-gie**, **-ge** /gwaren'tidʒa, dʒe/ f. DIR. guaranty; STOR. ***legge delle -gie*** Law of Guarentees.

guari /'gwari/ avv. LETT. ***or non è*** ~ not so long ago.

guaribile /gwa'ribile/ agg. [*malattia*] curable; [*ferita*] healable; ***è stato dichiarato*** ~ ***in una settimana*** the doctors said he would recover in a week.

guarigione /gwari'dʒone/ f. *(di malato)* recovery; *(di ferita)* healing; ***essere in via di*** ~ to be on the road to recovery, to be on the mend; ***augurare a qcn. una pronta*** ~ to wish sb. a speedy recovery.

▶ **guarire** /gwa'rire/ [102] **I** tr. **1** *(ristabilire)* [*medico, trattamento, cura*] to cure [*persona, malattia*] (**da** of; **con** with; **tramite** by); to heal [*ferita*]; ***questo dà sollievo ma non guarisce*** it brings relief but it isn't a cure **2** FIG. *(liberare)* ~ ***qcn. da*** to cure sb. of [*vizio, abitudine, timidezza*] **II** intr. (aus. *essere*) [*persona, animale*] to recover, to get* well (**da qcs.** from sth.); [*frattura, ferita*] to heal; ***guarisci presto!*** get well soon! ***sono guarito dal vizio di fumare*** I'm cured of smoking ◆ ***il tempo guarisce ogni ferita*** time heals all wounds.

guaritore /gwari'tore/ m. (f. **-trice** /tritʃe/) healer; *(per mezzo di preghiere o suggestioni)* faith healer.

guarnigione /gwarni'dʒone/ f. garrison; ***essere in servizio di*** ~ ***in*** to be garrisoned in.

guarnire /gwar'nire/ [102] tr. **1** *(ornare)* to trim; ~ ***un cappotto di pelliccia*** to fur a coat **2** GASTR. to garnish, to decorate; ~ ***con fragole*** to decorate with strawberries **3** *(dotare)* to equip, to furnish **4** MIL. ~ ***di soldati*** to garrison (with soldiers).

guarnito /gwar'nito/ **I** p.pass. → **guarnire II** agg. **1** *(adorno)* ***cappello*** ~ ***di piume*** feathered hat; ~ ***di ermellino*** ermined **2** GASTR. decorated, garnished ◆ ***un portafoglio ben*** ~ a fat wallet.

guarnitura /gwarni'tura/ f. **1** GASTR. decoration; ***per la*** ~ ***utilizzate delle fragole e dei lamponi*** decorate with strawberries and raspberries **2** ABBIGL. trimming.

guarnizione /gwarnit'tsjone/ f. **1** ABBIGL. trimming; *(di pelliccia)* furring **2** GASTR. decoration, garnish, garnishing **3** TECN. *(di porta, finestra)* excluder; *(di rubinetto)* washer; *(di pistone)* gasket; *(di freni)* lining.

Guascogna /gwas'koɲɲa/ ♦ ***30*** n.pr.f. Gascony.

guasconata /gwasko'nata/ f. boasting, gasconade.

guascone /gwas'kone/ ♦ ***30*** **I** agg. Gascon **II** m. (f. **-a**) **1** *(abitante)* Gascon **2** FIG. boaster, braggart, Gascon.

guastafeste /gwasta'fɛste/ m. e f.inv. spoilsport, killjoy, party pooper; ***fare il*** ~ to be a spoilsport *o* killjoy.

▷ **guastare** /gwas'tare/ [1] **I** tr. **1** *(rovinare)* to spoil, to mar, to ruin; ***la grandine ha guastato il raccolto*** the hail has ruined *o* spoiled the crops **2** *(rompere)* [*polvere, ruggine, umidità*] to damage [*meccanismo, orologio, televisore*]; to spoil [*giocattolo*] **3** *(deturpare)* to spoil, to scar [*paesaggio*] **4** *(far andare a male)* to taint, to make* [sth.] go off BE [*carne, cibo*]; [*umidità, caldo*] to ruin, to spoil [*frutto*] **5** FIG. *(rovinare)* to spoil, to ruin [*evento, serata, vacanza*]; to sour [*rapporti, atmosfera*]; to spoil, to ruin [*appetito*]; ~ ***la festa a qcn.*** to spoil sb.'s fun **6** FIG. *(corrompere)* to corrupt, to lead* [sb.] astray **7** *(nuocere)* ***Sara è intelligente e pure bella, il che non guasta*** Sara is intelligent, and beautiful into the bargain **II guastarsi** pronom. **1** *(rompersi)* [*meccanismo, motore, automobile*] to break* down, to go* wrong; [*freni*] to fail; [*radio, televisore, apparecchio, strumento*] to be* out of order, to pack up COLLOQ. **2** *(danneggiarsi)* [*carne, frutto*] to go* bad, to go* off AE, to spoil; [*dente*] to decay **3** FIG. *(corrompersi)* [*situazione*] to deteriorate, to take* a turn for the worse; ***le cose cominciarono a -rsi quando...*** rot set in when... **4** COLLOQ. ***-rsi la salute*** to ruin one's health **5** *(rovinarsi)* [*tempo*] to deteriorate, to change for the worse, to break* **6** *(inimicarsi)* ***-rsi con qcn.*** to fall out with sb.

guastatore /gwasta'tore/ m. MIL. sapper, miner.

▷ **1.guasto** /'gwasto/ agg. **1** *(rotto)* [*meccanismo, motore*] broken; [*veicolo*] off the road; ***il mio computer è*** ~ my computer is down; ***l'ascensore, il telefono è*** ~ the lift, the telephone is out of order **2** *(avariato)* [*cibo, carne*] tainted; *(marcio)* [*frutto*] bad, rotten **3** *(rovinato)* ***avere i denti -i*** to have bad teeth **4** FIG. *(corrotto)* corrupt, tainted.

▷ **2.guasto** /'gwasto/ m. **1** *(danno, avaria)* breakdown, failure; ***un ~ tecnico*** an equipment malfunction; ***~ meccanico, al motore*** mechanical, engine failure; ***~ all'impianto elettrico*** power failure; ***in caso di ~*** in the event of a breakdown; ***dovuto a un ~ meccanico*** due to a mechanical failure; ***subire*** o ***avere un ~*** [*macchina*] to break down; [*apparecchio, strumento*] to have a fault **2** FIG. corruption, rot.

guatare /gwa'tare/ [1] tr. LETT. *(guardare con insistenza)* to stare at.

Guatemala /guate'mala/ ◗ **33** n.pr.m. Guatemala.

guatemalteco, pl. **-chi**, **-che** /guatemal'tɛko, ki, ke/ ◗ **25** **I** agg. Guatemalan **II** m. (f. **-a**) Guatemalan.

guava /'gwava/ f. → **guaiava.**

guazza /'gwattsa/ f. (heavy) dew.

guazzabuglio, pl. **-gli** /gwattsa'buʎʎo, ʎi/ m. mess, mishmash, jumble, hotchpotch BE; ***un ~ di idee, parole*** a jumble of ideas, words.

guazzare /gwat'tsare/ [1] **I** intr. (aus. *avere*) **1** *(sguazzare)* to paddle, to splash (around) **2** *(scuotersi)* [*liquido*] to splash about **II** tr. **1** *(rinfrescare)* to cool [sth.] down in water [*bestiame, cavallo*] **2** *(guadare)* to ford ◆ ***~ nell'oro*** to be rolling *o* wallowing in money.

guazzetto /gwat'tsetto/ m. GASTR. ***cuocere in ~*** = to stew in tomato sauce; ***pesce in ~*** = fish stewed in tomato sauce.

guazzo /'gwattso/ m. **1** *(liquido sparso)* puddle, pool **2** ART. gouache; ***pittura a ~*** gouache painting **3** REGION. GASTR. *(sotto spirito)* ***in ~*** preserved in spirits.

guelfismo /gwel'fizmo/ m. Guelfism.

guelfo /'gwɛlfo/ **I** agg. Guelphic, Guelfic **II** m. (f. **-a**) Guelph, Guelf.

Guendalina /gwenda'lina/ n.pr.f. Gwendolen, Gwendoline.

guêpière /ge'pjɛr/ f.inv. corset with suspenders BE, corset with garters AE.

guercio, pl. **-ci**, **-ce** /'gwɛrtʃo, tʃi, tʃe/ **I** agg. **1** *(strabico)* cross-eyed, squint-eyed; [*occhio*] squinting **2** *(privo di un occhio)* one-eyed **II** m. (f. **-a**) **1** *(strabico)* squinter **2** *(privo di un occhio)* one-eyed person ◆ ***nel mondo dei ciechi anche il ~ è re*** PROV. in the country of the blind, the one-eyed man is king.

▶ **guerra** /'gwɛrra/ f. **1** *(conflitto armato)* war; *(metodo, tecnica)* warfare; ***in ~*** at war; ***entrare in ~*** to go to war (**contro** against); ***l'entrata in ~ di un paese*** a country's entry into the war; ***il giorno in cui scoppiò la ~*** the day war broke out; ***vincere, perdere una ~*** to win, lose a war; ***essere sul piede di ~*** to be on a war footing; ***andare in ~*** to go to war; ***in tempo di ~*** in times of war, in wartime; ***essere in ~*** to be at war (**con** with); ***dichiarare ~ a*** to declare war on; ***stato di ~*** state of war; ***in ~ aperta*** in hot war; ***fare la ~*** to wage war (**a** against, on); ***mio nonno ha fatto la ~*** my grand-father fought at war *o* was in the war; ***morire in ~*** to die in the war; ***i paesi in ~*** the warring nations; ***di ~*** [*diritto, economia, ferita, grido, orfano, prestito, tribunale, film, romanzo*] war attrib.; ***prima, seconda ~ mondiale*** First, Second World War, World War I, II; ***Grande Guerra*** Great War; ***dichiarazione di ~*** declaration of war; ***percorso di ~*** assault *o* obstacle course; ***i bambini giocano alla ~*** the children are playing at soldiers **2** FIG. ***tra lei e lui c'è (la) ~!*** it's war between those two! ***tra le due aziende è ormai ~ aperta*** a state of war now exists between the two companies; ***~ dei prezzi, commerciale*** price, trade war **3** *(lotta)* war, battle; ***la ~ ai narcotrafficanti, alla corruzione*** the war against drug dealers, on corruption; ***dichiarare ~ alla povertà*** to wage war on poverty ◆◆ ***~ aerea*** aerial warfare; ***~ batteriologica*** germ warfare; ***~ biologica*** biological warfare; ***~ dei Cent'anni*** Hundred Years' War; ***~ chimica*** *(conflitto)* chemical war; *(tecnica)* chemical warfare; ***~ civile*** civil war; ***~ di Corea*** Korean War; ***~ difensiva*** defensive warfare; ***~ doganale*** tariff war; ***~ delle due rose*** Wars of the Roses; ***~ economica*** economic warfare; ***~ fredda*** Cold War; ***~ del Golfo*** Gulf War; ***~ di indipendenza*** war of independence; ***~ lampo*** blitzkrieg; ***~ di liberazione*** liberation war; ***~ di logoramento*** war of attrition; ***~ di nervi*** war *o* battle of nerves; ***~ nucleare*** *(conflitto)* nuclear war; *(tecnica)* nuclear warfare; ***~ di posizione*** war of position; ***~ psicologica*** psychological warfare; ***~ (del) 1915-18*** = 1914-1918 war, war of 1914-1918; ***~ di religione*** war of religion; ***~ santa*** holy war; ***~ di secessione*** American Civil War; ***~ dei Sei giorni*** Six Day War; ***~ dei Sette anni*** Seven Years' War; ***~ di Spagna*** Spanish Civil War; ***~ terrestre*** war on (the) land; ***~ totale*** total *o* all-out war; ***~ di trincea*** trench warfare; ***~ di Troia*** Trojan War; ***~ del Vietnam*** Vietnam War; ***-e puniche*** Punic Wars; ***-e stellari*** star wars.

guerrafondaio, pl. **-ai**, **-aie** /gwerrafon'dajo, ai, aje/, **guerraiolo** /gwerra'jɔlo/ **I** agg. warmongering **II** m. (f. **-a**) warmonger.

guerreggiante /gwerred'dʒante/ **I** agg. fighting, belligerent **II** m. e f. belligerent.

guerreggiare /gwerred'dʒare/ [1] intr. (aus. *avere*) to wage war (**contro** on).

guerresco, pl. **-schi**, **-sche** /gwer'resko, ski, ske/ agg. **1** *(di guerra)* war attrib. **2** *(bellicoso)* [*animo, spirito*] warlike.

▶ **guerriero** /gwer'rjɛro/ **I** agg. warlike, warrior **II** m. (f. **-a**) warrior.

guerriglia /gwer'riʎʎa/ f. guerrilla warfare ◆◆ ***~ urbana*** urban guerrilla warfare.

guerrigliero /gwerriʎ'ʎɛro/ m. (f. **-a**) guerrilla.

gufaggine /gu'faddʒine/ f. misanthropy.

gufare /gu'fare/ [1] intr. (aus. *avere*) to bring* bad luck.

▷ **gufo** /'gufo/ m. **1** ZOOL. owl **2** FIG. misanthrope ◆◆ ***~ comune*** long-eared owl; ***~ delle nevi*** snowy owl; ***~ reale*** eagle owl.

guglia /'guʎʎa/ f. **1** ARCH. spire, steeple; ***la ~ di una chiesa*** a church steeple **2** *(di montagna)* peak, needle.

gugliata /guʎ'ʎata/ f. length of thread (on a needle).

Guglielmina /guʎʎel'mina/ n.pr.f. Wilhelmina.

Guglielmo /guʎ'ʎɛlmo/ n.pr.m. William ◆◆ ***~ il conquistatore*** William the Conqueror; ***~ d'Orange*** William of Orange; ***~ Tell*** William Tell.

Guiana /gu'jana/ → **Guyana.**

▶ **guida** /'gwida/ **I** f. **1** *(direzione)* direction, guidance; *(comando)* leadership; ***sotto la ~ di*** under the supervision of, under the guidance *o* leadership of; ***subentrare alla ~ di un affare*** to take over a business; ***gli ha affidato la ~ del progetto*** he put him in charge of the project **2** *(accompagnatore)* guide; ***fare da ~ a qcn.*** to act as sb.'s guide; ***prendere una ~*** to engage a guide; ***cane ~*** guide dog **3** *(maestro)* guide; *(capo)* leader; ***~ spirituale, morale*** spiritual, moral guide **4** AUT. *(di auto, camion)* driving; *(di moto)* riding; ***esame di ~*** driving test; ***patente di ~*** driving licence BE, driver's license AE; ***scuola ~*** driving school; ***essere alla ~ di un'auto*** to be driving a car, to be at the wheel of a car; ***la ~ di notte, di giorno*** night, daytime driving; ***la ~ in città, in autostrada*** driving in the town, motorway driving; ***~ pericolosa*** dangerous driving; ***~ in stato di ubriachezza*** drunk BE *o* drunken AE driving, drink-driving BE **5** AUT. *(comandi di un autoveicolo)* ***~ a destra, a sinistra*** right-hand, left-hand drive; ***automobile con ~ a destra, a sinistra*** right-, left-hand drive car **6** *(negli scout)* (girl) guide BE, girl scout AE **7** *(libro)* guide (book); *(manuale)* handbook; ***una ~ della Grecia*** a guide to Greece; ***una ~ dei ristoranti, dello studente*** a restaurant, student guide; ***~ dei programmi TV*** TV guide; ***~ pratica*** practical guide **8** *(elenco telefonico)* telephone directory, phone book **9** *(tappeto) (di scale)* stair carpet; *(di corridoio)* runner **10** TECN. *(scanalatura, rotaia)* rail, track; *(di porta, cassetto, tenda)* runner **II** agg.inv. ***ruolo ~*** leading *o* guiding role, role model ◆◆ ***~ alpina*** mountain guide; ***~ d'onda*** EL. waveguide; ***~ spirituale*** spirit guide, spiritual adviser; ***~ turistica*** tour guide, travel courier.

guidabile /gwi'dabile/ agg. **1** [*veicolo*] guidable **2** FIG. [*persona*] guidable, tractable.

▶ **guidare** /gwi'dare/ [1] **I** tr. **1** *(accompagnare)* to guide, to take*, to lead*; ***farsi ~ da qcn.*** to be led by sb., to have sb. guide one; ***farsi ~ da un cane*** to follow a dog **2** *(portare)* [*strada, segnale, indizio, odore*] to lead* **3** *(dirigere)* to conduct, to lead* [*ricerche, negoziati*]; to carry out [*progetto*]; to head, to lead* [*spedizione, delegazione, squadra, attacco, processione*]; to manage, to run* [*azienda*] **4** FIG. *(condurre)* to guide; ***lasciarsi ~ dall'esempio di qcn.*** to take sb. as a model; ***lasciarsi ~ dal proprio istinto*** to let oneself be guided by instinct, to follow one's instinct(s) **5** AUT. to drive* [*automobile, autobus, trattore*]; to ride* [*motocicletta*]; ***non mi piace ~ di notte, in città*** I don't like driving at night, in town; ***non ti lascerò ~*** I won't let you drive; ***puoi ~ tu?*** will you drive? **6** *(essere in testa a)* to lead*; ***~ la classifica*** SPORT to be at the top of the (league) table **II** **guidarsi** pronom. ANT. to behave, to conduct oneself.

guidato /gwi'dato/ **I** p.pass. → **guidare** **II** agg. [*visita*] guided, conducted.

guidatore /gwida'tore/ m. (f. **-trice** /tritʃe/) driver; ***essere un buon, pessimo ~*** to be a good, bad driver.

guiderdone /gwider'done/ m. LETT. guerdon.

Guido /'gwido/ n.pr.m. Guy.

guidone /gwi'done/ m. MIL. pennant; MAR. burgee.

guidoslitta /gwidoz'litta/ f. bobsleigh, bosbsled.

guidrigildo /gwidri'dʒildo/ m. wergild, wergeld.

Guinea /gwi'nɛa/ ◗ **33** n.pr.f. Guinea; ***golfo di ~*** Gulf of Guinea; ***~ equatoriale*** Equatorial Guinea.

▷ **guinzaglio**, pl. **-gli** /gwin'tsaʎʎo, ʎi/ m. **1** leash, lead BE; ***al ~*** on a leash; ***tenere il cane al ~*** to have one's dog on a leash; ***tenere qcn.***

al ~ FIG. to keep sb. on a short *o* tight leash *o* on a tight rein **2** *(per bambini)* reins pl.

guipure /gi'pur/ f.inv. guipure.

guisa /'gwiza/ f. LETT. manner, wise ANT.; ***a ~ di*** like; ***di ~ che*** so that.

guitto /'gwitto/ **I** agg. ANT. poor, beggarly **II** m. (f. **-a**) **1** SPREG. *(attore)* ham, bad player **2** ANT. poor, beggarly person.

guizzante /gwit'tsante/ agg. [*pesce, fiamma*] darting; [*fulmine*] flashing.

guizzare /gwit'tsare/ [1] intr. (aus. *essere*) **1** *(muoversi rapidamente)* [*pesce*] to squirm, to dart; [*muscoli*] to ripple; [*fiamma*] to leap*; [*fulmine*] to flash; ***fare ~ i muscoli*** to ripple one's muscles **2** *(saltare)* to jump, to leap*; ***~ dal letto*** to leap out of bed **3** MAR. to scull.

guizzo /'gwittso/ m. **1** *(di pesce)* wriggle, dart **2** *(di fiamma)* spurt; *(di fulmine)* flash **3** FIG. *(scatto)* flick.

gulag /'gulag/ m.inv. Gulag.

gulasch /'gulaʃ/ m.inv. goulasch.

guppy /'gappi/ m.inv. guppy.

guru /'guru/ m.inv. guru (anche FIG.).

▷ **guscio**, pl. **-sci** /'guʃʃo, ʃi/ m. **1** *(di uovo, noce, nocciola, lumaca, crostacei)* shell; *(di mollusco)* shell, test; ***pulcino appena uscito dal ~*** newly-hatched chick **2** BOT. shell; *(di cereali)* husk; *(di legumi)* pod **3** ARCH. cove **4** TECN. ***struttura a ~*** monocoque ◆ ***chiudersi nel proprio ~*** to withdraw *o* go back into one's shell; ***uscire dal proprio ~*** to come out of one's shell ◆◆ ***~ di noce*** nutshell; FIG. *(barchetta)* cockleshell; ***~ d'uovo*** eggshell; *(porcellana)* eggshell china.

▷ **gustare** /gus'tare/ [1] **I** tr. **1** *(assaggiare)* to taste, to try **2** *(assaporare)* to relish, to enjoy [*piatto, bevanda, cena*] **3** *(sentire il gusto di)* to taste; ***con questo raffreddore non riesco a ~ nulla*** I can't taste a thing with this cold **4** *(apprezzare, godere di)* to enjoy, to appreciate [*lettura, opera, spettacolo*]; to enjoy [*piacere, pace, silenzio, solitudine*] **II** intr. (aus. *avere*) *(piacere, essere gradito)* to like; ***ciò non mi gusta*** this is not to my liking, this is not to my taste **III gustarsi** pronom. **1** *(assaporare)* to savour BE, to savor AE, to relish **2** FIG. *(godersi)* ***-rsi le vacanze*** to get a lot out of one's holidays.

gustativo /gusta'tivo/ agg. of taste, gustative RAR.; ***papille -e*** taste buds.

gustatorio, pl. **-ri, -rie** /gusta'tɔrjo, ri, rje/ agg. gustatory, gustative.

Gustavo /gus'tavo/ n.pr.m. Gustavus.

▶ **gusto** /'gusto/ m. **1** *(senso)* taste; ***gradevole, sgradevole al ~*** pleasant-, unpleasant-tasting; ***amaro, dolce al ~*** bitter, sweet to the taste **2** *(sapore)* taste; GASTR. flavour; ***un ~ delicato*** a delicate taste; ***al ~ di caffè*** coffee-flavoured; ***che ~ ha?*** what does it taste like? ***avere un buon, cattivo ~*** to taste nice, unpleasant; ***avere uno strano ~*** to taste a bit strange; ***avere un ~ dolce, amaro*** to have a sweet, bitter taste *o* to be sweet, bitter to the taste; ***lasciare un cattivo ~ in bocca*** to leave a bad *o* nasty taste in the mouth; ***non avere nessun ~*** to be tasteless **3** FIG. *(piacere)* ***trovar(ci) ~ in qcs., a fare qcs.*** to enjoy sth., doing sth.; ***prenderci ~*** to get to like sth., to acquire a taste for sth., to develop a taste *o* liking for sth.; ***non c'è ~ a litigare con lui*** it's no fun arguing with him; ***per il ~ di discutere*** for argument's sake; ***uccidere per il ~ di uccidere*** to kill for the fun of it **4** *(senso estetico, della misura)* taste; ***avere ~*** to have taste; ***di buon, cattivo ~*** [*arredamento, vestito, scherzo*] in good, bad taste; ***la barzelletta era di cattivo ~*** the joke was in poor taste; ***di dubbio ~*** in dubious taste; ***le persone di buon ~*** people with good taste; ***ha un ottimo, pessimo ~ nel vestire*** she has exquisite, awful taste in clothes; ***sarebbe di cattivo ~ fare*** it would be in bad *o* poor taste to do; ***avere il buon ~ di fare*** to have the decency to do; ***avere il buon ~ di non fare*** to have the good taste not to do **5** *(preferenza, gradimento)* taste; ***avere dei -i semplici, sofisticati*** to have simple, expensive tastes; ***ha strani -i musicali, nel vestire*** he has strange tastes *o* a strange taste in music, clothes; ***i miei -i letterari, artistici*** my taste in literature, art; ***non era di suo ~*** it wasn't to her taste; ***è di tuo ~?*** is this to your taste? ***ce n'è per tutti i -i*** there's something to suit all tastes, all tastes are catered for; ***"è carino?" - "dipende dai -i!"*** "is it pretty?" - "that's a matter of taste!"; ***è una questione di ~*** that's a matter of taste; ***troppo violento per i miei -i*** too violent for my taste(s); ***troppo furbo per i miei -i*** too smart for my liking; ***avere il ~ del rischio*** to like taking risks; ***avere il ~ dei, per i dettagli*** [*pittore, scrittore*] to like detail **6** *(stile)* ***in ~ classico*** in the classical style **7 di gusto** [*bere, mangiare*] with gusto, with relish; ***ridere di ~*** to laugh heartily *o* with delight ◆ ***(tutti) i -i sono -i*** PROV. there's no accounting for tastes, one man's meat is another man's poison.

gustosamente /gustosa'mente/ avv. with gusto, with relish.

gustosità /gustosi'ta/ f.inv. **1** tastiness **2** FIG. charm.

gustoso /gus'toso/ agg. **1** *(saporito)* tasty, savoury BE, savory AE, flavoursome BE, flavorsome AE **2** FIG. *(divertente)* [*aneddoto*] amusing.

guttaperca, pl. **-che** /gutta'pɛrka, ke/ f. gutta-percha.

guttazione /guttat'tsjone/ f. guttation.

gutturale /guttu'rale/ **I** agg. [*voce, lingua, consonante*] guttural **II** f. guttural.

gutturalismo /guttura'lizmo/ m. gutturalism.

Guyana /gu'jana/ ➧ ***33*** n.pr.f. **1** *(stato)* Guyana; ***Repubblica della ~*** Republic of Guyana **2** *(regione)* Guiana; ***~ francese*** French Guiana; ***~ olandese*** Dutch Guiana.

gymkhana /dzim'kana/ → **gincana.**

h

h, H /'akka/ m. e f.inv. h, H; ***bomba H*** h bomb.
habeas corpus /'abeas'kɔrpus/ m.inv. habeas corpus.
habitat /'abitat/ m.inv. **1** BIOL. habitat **2** FIG. habitat, environment.
habitué /abi'twe/ m. e f.inv. *(di bar, locale)* regular (customer); *(di cinema, piscina)* regular (goer); *(di museo)* habitual visitor, regular (goer).
habitus /'abitus/ m.inv. **1** MED. BIOL. habitus **2** *(comportamento)* habit, attitude.
hacienda /a'sjɛnda/ f. (pl. **~s**) hacienda.
hahnio /'anjo/ m. hahnium.
Haiti /a'iti/ ➧ ***33*** n.pr.f. Haiti.
haitiano /ai'tjano/ ➧ ***25*** **I** agg. Haitian **II** m. (f. **-a**) Haitian.
halibut /'alibut/ m.inv. halibut.
hall /ol/ f.inv. lobby, foyer.
hamburger /am'burger/ m.inv. hamburger.
handicap /'ɛndikap, 'andikap/ m.inv. **1** *(menomazione)* handicap, disability; ***portatore di ~*** handicapped *o* disabled person; ***i portatori di ~*** the handicapped, the disabled **2** SPORT handicap (anche FIG.).
handicappare /endikap'pare, andikap'pare/ [1] tr. to handicap (anche SPORT).
handicappato /endikap'pato, andikap'pato/ **I** p.pass. → **handicappare** **II** agg. **1** *(disabile)* handicapped, disabled; ***gravemente ~*** severely disabled **2** EQUIT. handicapped; ***cavallo gravemente ~*** horse carrying a big handicap **III** m. (f. **-a**) handicapped person; ***~ psichico, fisico*** mentally, physically handicapped *o* disabled person; ***gli -i*** the handicapped, the disabled.
hangar /'angar/ m.inv. hangar.
Hannover /an'nɔver/ ➧ ***2*** n.pr.f. Hanover; ***di ~*** STOR. Hanoverian.
happening /'ɛppening/ m.inv. happening.
harakiri /ara'kiri/ m.inv. → **karakiri.**
hard-core /ard'kɔr/ **I** agg.inv. **1** CINEM. [*film*] hard-core **2** MUS. [*musica*] hard-core **II** m.inv. **1** CINEM. hardcore **2** MUS. hardcore.
hard-cover /ard'kover/ m.inv. hardback, hardcover AE.
hard disk /ard'disk/ m.inv. hard disk.
hard rock /ard'rɔk/ m.inv. hard rock.
hard top /ard'tɔp/ m.inv. hardtop.
hardware /'ardwer/ m.inv. hardware.
harem /'arem/ m.inv. harem, seraglio*.
harmonium /ar'mɔnjum/ → **armonium.**
hascisc, hashish /'aʃʃiʃ, aʃ'ʃiʃ/ m.inv. hashish, hasheesh, hash COLLOQ.
hawaiano /awa'jano, ava'jano/ ➧ ***25*** **I** agg. Hawaiian; ***chitarra -a*** (pedal) steel guitar **II** m. (f. **-a**) Hawaiian.
Hawaii /a'wai/ ➧ ***33, 14*** n.pr.f.pl. Hawaii; ***nelle ~*** in Hawaii.
hegeliano /ege'ljano/ **I** agg. Hegelian **II** m. (f. **-a**) Hegelian.
hegelismo /ege'lizmo/ m. Hegelism.
henna /'ɛnna/ f. → **henné.**
henné /en'ne/ m.inv. henna; ***tingersi i capelli con l'~*** to henna one's hair.
herpes /'ɛrpes/ ➧ ***7*** m.inv. herpes ◆◆ ***~ simplex*** herpes simplex; ***~ zoster*** herpes zoster, shingles.
hertz /ɛrts/ m.inv. hertz.
hertziano /er'tsjano/ agg. ***onda -a*** hertzian wave.
hi-fi /ai'fai/ agg. e m.inv. hi-fi.
high-fidelity /aifi'dɛliti/ f.inv. high fidelity.
high-tech /ai'tɛk/ m. e f.inv. high-tech.
Himalaia /ima'laja/ n.pr.m. ***(le montagne del)l'~*** the Himalayas.
himalaiano, himalayano /imala'jano/ agg. Himalayan.
hindi /'indi/ **I** agg.inv. Hindi **II** m.inv. Hindi.
hinterland /'interland/ m.inv. hinterland.
hip /ip/ inter. ***~, ~, ~ hurrà!*** hip, hip hooray!
hip hop /ip'ɔp/ m.inv. hip hop.
hippy /'ippi/ **I** agg.inv. hippie, hippy **II** m. e f.inv. hippie, hippy.
hit /it/ m. e f.inv. *(successo)* hit.
hitleriano /itle'rjano/ **I** agg. Hitlerian, Hitler's; ***gioventù -a*** Hitler Youth Movement **II** m. (f. **-a**) supporter of Hitler.
hitlerismo /itle'rizmo/ m. Hitlerism.
hit-parade /itpa'reɪd/ f.inv. charts sing.; ***essere il numero uno nella ~*** to be number one in the charts.
hittita /it'tita/ → **ittita.**
hobbista, m.pl. **-i**, f.pl. **-e** /ob'bista/ m. e f. hobbyist.
hobbistica /ob'bistika/ f. hobby industries, hobbies pl.
hobbistico, pl. **-ci, -che** /ob'bistiko, tʃi, ke/ agg. hobby attrib.
hobby /'ɔbbi/ m.inv. hobby; ***coltivare un ~*** to pursue a hobby, to go in for a hobby; ***ho l'~ dell'aviazione*** my hobby is flying.
hockeista, m.pl. **-i**, f.pl. **-e** /oke'ista/ m. e f. hockey player.
hockey /'ɔkei/ ➧ ***10*** m.inv. hockey; ***mazza da ~*** hockey stick ◆◆ ***~ su ghiaccio*** ice hockey, hockey AE; ***~ su prato*** hockey BE, field hockey AE.
holding /'ɔlding/ f.inv. holding company.
hollywoodiano /ollivu'djano/ agg. Hollywood attrib.; ***un film in stile ~*** a Hollywood-style film.
home computer /omkom'pjuter/ m.inv. home computer.
home video /om'video/ m.inv. home video.
homunculus /o'munkulus/ m.inv. homunculus.
honduregno /ondu'reɲɲo/ ➧ ***25*** **I** agg. Honduran **II** m. (f. **-a**) Honduran.
honoris causa /on'ɔris'kauza/ agg. ***laurea ~*** honorary degree.
hooligan /'uligan/ m.inv. (soccer) hooligan.
hop là → **oplà.**
horror /'ɔrror/ **I** m.inv. CINEM. horror films pl.; LETTER. horror literature **II** agg.inv. ***film ~*** horror film, horror movie.
hostess /'ɔstes/ ➧ ***18*** f.inv. **1** *(assistente di volo)* (air) hostess, flight attendant **2** *(in congressi, fiere)* hostess, guide ◆◆ ***~ di terra*** ground hostess; ***~ di volo*** air hostess, stewardess, flight attendant.
hot-dog /ɔt'dɔg/ m.inv. hot dog, red hot AE COLLOQ.
hotel /o'tɛl/ m.inv. hotel; ***~ di lusso, a quattro stelle*** luxury, four-star hotel.
hot pants /ɔt'pɛnts/ m.pl. hot pants.
hovercraft /'overkraft/ m.inv. hovercraft*.
hula-hoop® /ula'ɔp/ m.inv. Hula-Hoop®.
humour /'jumor/ m.inv. humour BE, humor AE; ***~ nero*** black humor; ***avere, non avere il senso dello ~*** to have a, no sense of humour.
humus /'umus/ m.inv. **1** *(materia organica)* humus **2** FIG. breeding ground.
hurrà → **urrà.**
husky /'aski/ m.inv. **1** *(cane)* husky **2** ABBIGL. husky jacket.

i

i, I /i/ m. e f.inv. i, I; ~ ***greca*** o ***greco*** y ◆ ***mettere i puntini sulle*** ~ to dot the i's and cross the t's.

▶ **i** /i/ artc.det.m.pl. → **il.**

IACP /jattʃip'pi/ m. (⇒ Istituto Autonomo per le Case Popolari) = independent agency for council housing.

ialino /ja'lino/ agg. hyaline.

ialite /ja'lite/ f. hyalite.

ialoide /ja'lɔide/ f. hyaloid.

ialoideo /jaloi'dɛo/ agg. hayloid.

iamatologia /jamatolo'dʒia/ f. Japanese studies pl.

iamatologo, m.pl. **-gi**, f.pl. **-ghe** /jama'tɔlogo, dʒi, ge/ m. (f. **-a**) Japanese scholar.

iarda /'jarda/ f. yard.

iato /'jato, i'ato/ m. **1** LING. hiatus* **2** ANAT. hiatus* **3** FIG. gap, discrepancy.

iatrogeno /ja'trɔdʒeno/ agg. iatrogenic.

iattanza /jat'tantsa/ f. LETT. boastfulness, haughtiness.

iattura /jat'tura/ f. LETT. *(sventura)* calamity, misfortune; *(danno)* harm.

Iberia /i'bɛrja/ ➧ ***30*** n.pr.f. Iberia.

iberico, pl. **-ci**, **-che** /i'bɛriko, tʃi, ke/ **I** agg. **1** *(degli Iberi)* Iberian; ***penisola*** ~ Iberian peninsula **2** *(spagnolo)* Iberian **II** m. (f. **-a**) Iberian (anche STOR.).

iberide /i'bɛride/ m. ~ ***di Creta*** candytuft.

ibernamento /iberna'mento/ m. → **ibernazione.**

ibernare /iber'nare/ [1] **I** tr. to freeze* **II** intr. (aus. *avere*) to hibernate.

ibernazione /ibernat'tsjone/ f. BIOL. ZOOL. hibernation; ~ ***di cadaveri*** cryonics; ***essere in*** ~ to be in hibernation ◆◆ ~ ***artificiale*** MED. induced hypothermia.

ibero-americano /iberoameri'kano/ agg. Spanish American.

ibid. ⇒ ibidem (ibid.).

ibidem /i'bidem/ avv. ibidem.

ibis /'ibis/ m.inv. ibis*.

ibisco, pl. **-schi** /i'bisko, ski/ m. hibiscus.

ibridare /ibri'dare/ [1] tr. to hybridize, to crossbreed*, to interbreed*.

ibridazione /ibridat'tsjone/ f. hybridization, crossbreeding, interbreeding.

ibridismo /ibri'dizmo/ m. hybridism.

ibrido /'ibrido/ **I** agg. **1** BIOL. [*pianta*] hybrid, mongrel **2** FIG. hybrid **II** m. **1** BIOL. hybrid (anche FIG.) **2** LING. hybrid.

IC ⇒ Intercity inter-city.

icario, pl. **-ri**, **-rie** /i'karjo, ri, rje/ agg. Icarian.

Icaro /'ikaro/ n.pr.m. Icarus.

icasticità /ikastitʃi'ta/ f.inv. *(efficacia, incisività)* vividness, figurativeness.

icastico, pl. **-ci**, **-che** /i'kastiko, tʃi, ke/ agg. **1** LETTER. representational **2** *(efficace, incisivo)* [*stile*] vivid, realistic.

ICE /'itʃe/ m. (⇒ Istituto Nazionale per il Commercio Estero) = national institute for foreign trade.

iceberg /'aisberg/ m.inv. iceberg (anche FIG.) ◆ ***la punta dell'*** ~ the tip of the iceberg.

ICI /'itʃi/ f. (⇒ Imposta Comunale sugli Immobili) = local council property tax.

ICIAP /'itʃap/ f. (⇒ Imposta Comunale Imprese Arti e Professioni) = local council business and trades tax.

icneumonide /ikneu'mɔnide/ m. ichneumon fly.

icnografia /iknogra'fia/ f. ichnography.

icnografico, pl. **-ci**, **-che** /ikno'grafiko, tʃi, ke/ agg. ichnographic(al).

icona /i'kɔna/ f. **1** RELIG. icon, ikon **2** INFORM. icon; ***ridurre a*** ~ to minimize.

iconico, pl. **-ci**, **-che** /i'kɔniko, tʃi, ke/ agg. iconic.

iconizzare /ikonid'dzare/ [1] tr. to iconify, to minimize.

iconoclasta, m.pl. **-i**, f.pl. **-e** /ikono'klasta/ **I** m. e f. STOR. iconoclast (anche FIG.) **II** agg. iconoclastic.

iconoclastia /ikonoklas'tia/ f. iconoclasm.

iconoclastico, pl. **-ci**, **-che** /ikono'klastiko, tʃi, ke/ agg. iconoclastic.

iconografia /ikonogra'fia/ f. iconography.

iconograficamente /ikonografika'mente/ avv. iconographically.

iconografico, pl. **-ci**, **-che** /ikono'grafiko, tʃi, ke/ agg. iconographic(al).

iconografo /iko'nɔgrafo/ m. (f. **-a**) iconographer; EDIT. art editor.

iconolatria /ikonola'tria/ f. iconolatry.

iconologia /ikonolo'dʒia/ f. iconology.

iconologico, pl. **-ci**, **-che** /ikono'lɔdʒiko, tʃi, ke/ agg. iconological.

iconoscopio, pl. **-pi** /ikonos'kɔpjo, pi/ m. iconoscope.

iconostasi /ikonos'tazi, iko'nɔstazi/ f.inv. iconostasis.

icosaedro /ikoza'ɛdro/ m. icosahedron*.

ics /iks/ m. e f.inv. x.

ictus /'iktus/ m.inv. **1** MED. ictus* **2** METR. ictus*.

idatide /i'datide/ f. hydatid.

Iddio /id'dio/ m. → **Dio.**

▶ **idea** /i'dɛa/ f. **1** *(ispirazione)* idea; *(progetto)* idea, plan (**di qcs.** of sth.; **di fare** of doing); ***essere pieno di -e*** to be full of ideas; ***far venire delle -e a qcn.*** to give sb. ideas; ***mettere un'*** ~ ***in testa a qcn.*** to put an idea into sb.'s head; ***accarezzare l'*** ~ ***di fare*** to play around with the idea of doing; ***ha una sola*** ~ ***in testa, imparare a pilotare*** all he can think about is learning to fly; ***avere una mezza*** ~ ***di fare qcs.*** COLLOQ. to have a good *o* half a mind to do BE sth.; ***avere una vaga*** ~ ***di fare*** to have some vague idea of doing; ***abbandonare l'*** ~ ***di fare*** to change one's mind about doing; ***avere -e chiare*** to have a clear head, to think clearly; ***avere -e grandiose*** to have big ideas, to think big COLLOQ.; ***un'*** ~ ***geniale*** *(trovata)* a brainwave; ***che*** ~***!*** what an idea! what a thought! ***che*** ~ ***stupida!*** what a stupid idea! ***solo all'*** ~ o ***alla sola*** ~ at the very idea; ***impazzire di gioia all'*** ~ ***di*** o ***che*** to be over the moon at the idea that; ***lavorare a un'*** ~ to work on an idea; ***non iniziare a farti delle -e*** don't start getting ideas **2** *(opinione, riflessione)* idea, thought (**su**, **circa** about); ***avere la propria*** ~ ***su*** to have one's own idea about; ***essere dell'*** ~ ***che*** to think that; ***avere*** ~ ***che*** to think that; ***farsi un'*** ~ ***di qcs.*** to gain an insight into sth., to get the picture of sth.; ***riordinare le (proprie) -e*** to gather one's thoughts, to collect one's thoughts; ***cambiare*** ~ to change one's mind; ***avere -e di sinistra, di destra*** to have left-wing, right-wing tendencies; ***essere coerente con le proprie -e*** to be true to one's ideas **3** *(abbozzo di conoscenza)* idea; ***non avere ~ del perché, di come*** to have no idea why, how; ***non ne è ho la minima*** o ***più pallida ~*** I haven't the faintest idea; ***avere -e confuse riguardo a*** to be in a muddle over *o* about; ***dare a qcn. un'~ di*** to give sb. some measure of [*spesa, estensione*]; ***avere un'~ del tempo che ci vuole per fare*** to have an idea of how long it takes to do; ***non hai ~ di quanto fossi contento*** you've no idea how pleased I was **4** *(quantità minima)* ***aggiungere un'~ di sale*** to add a hint of salt **5** *(ideale)* ***l'~ europea*** the European ideal **6** *(rappresentazione astratta)* idea; ***l'~ di giustizia, del bello*** the idea of justice, beauty ◆◆ ***~ fissa*** obsession; ***avere un'~ fissa*** to have a bee in one's bonnet, to have a fixation; ***~ di fondo*** underlining *o* basic idea; ***~ preconcetta*** preceonceived *o* second-hand idea; ***~ regalo*** gift.

▶ **ideale** /ide'ale/ **I** agg. ideal; *(perfetto)* perfect; ***situato in posizione ~*** ideally located *o* situated; ***lo scenario ~ per una vacanza*** the perfect setting for a holiday **II** m. **1** *(principio superiore)* ideal; ***avere un ~*** to have ideals; ***l'elevatezza dei loro -i*** the loftiness of their ideals; ***per l'~ dell'uguaglianza, della libertà*** in the cause of equality, freedom **2** *(modello)* ideal; ***l'~ femminile, cristiano*** the feminine, Christian ideal **3** *(cosa, soluzione perfetta)* ideal; ***non è l'~*** it's not ideal; ***l'~ sarebbe partire a maggio*** leaving in May would be ideal; ***l'~ sarebbe che gli esami fossero gratuiti*** the tests should ideally be free.

idealismo /idea'lizmo/ m. idealism.

idealista, m.pl. **-i**, f.pl. **-e** /idea'lista/ **I** agg. idealistic **II** m. e f. idealist (anche FILOS.).

idealistico, pl. **-ci**, **-che** /idea'listiko, tʃi, ke/ agg. idealistic.

idealità /ideali'ta/ f.inv. ideality.

idealizzare /idealid'dzare/ [1] tr. to idealize.

idealizzazione /idealiddzat'tsjone/ f. idealization.

idealmente /ideal'mente/ avv. ideally.

▷ **ideare** /ide'are/ [1] tr. **1** *(immaginare)* to think* up, to imagine **2** *(progettare)* to plan, to devise.

ideativo /idea'tivo/ agg. ideational.

ideatore /idea'tore/ m. (f. **-trice** /tritʃe/) **1** *(autore)* author **2** *(inventore)* deviser, inventor.

ideazione /ideat'tsjone/ f. **1** *(progettazione)* devising, planning **2** PSIC. ideation.

idem /'idem/ **I** pron.inv. idem **II** avv. ditto, likewise, too; ***"sono stufo" - "io ~"*** "I'm tired" - "ditto".

identicamente /identika'mente/ avv. identically.

identicità /identitʃi'ta/ f.inv. identity.

▷ **identico**, pl. **-ci**, **-che** /i'dɛntiko, tʃi, ke/ agg. identical (**a** to, with); ***sono -ci*** they are identical; ***copia -a*** exact copy.

identificabile /identifi'kabile/ agg. identifiable.

identificare /identifi'kare/ [1] **I** tr. **1** *(riconoscere)* to identify [*persona, corpo, colpevole*] (**come** as) **2** *(stabilire, scoprire)* to determine [*causa*] **3** *(considerare equivalente)* ***~ qcn., qcs. con qcn., qcs.*** to identify sb., sth. with sb., sth. **II identificarsi** pronom. **1** *(immedesimarsi)* ***-rsi con qcn.*** to identify oneself with sb. **2** *(essere identico)* to be* identical.

identificatore /identifika'tore/ m. INFORM. identifier.

identificazione /identifikat'tsjone/ f. identification; ***braccialetto d'~*** identity bracelet.

identikit /identi'kit/ m.inv. identikit (picture); ***fare l'~ di qcn.*** to make up a photofit (picture) of sb.; FIG. to give a profile of sb.

identità /identi'ta/ f.inv. **1** *(qualificazione di persona, cosa, luogo)* identity; ***cambiare ~*** to change one's identity; ***rivelare l'~ di qcn.*** to reveal sb.'s identity; ***ha un documento di ~?*** have you any proof of identity? ***errore d'~*** mistaken identity; ***carta d'~*** identity *o* ID card **2** *(consapevolezza di sé)* identity; ***~ religiosa, nazionale*** religious, national identity; ***crisi d'~*** identity crisis **3** *(uguaglianza, coincidenza)* identity; ***hanno scoperto di avere un'~ di vedute, gusti*** they discovered that they have similar views, tastes **4** MAT. FILOS. identity; ***principio d'~*** identity principle.

ideografia /ideogra'fia/ f. ideography.

ideografico, pl. **-ci**, **-che** /ideo'grafiko, tʃi, ke/ agg. ideographic(al).

ideogramma /ideo'gramma/ m. ideogram, ideograph.

ideologia /ideolo'dʒia/ f. ideology.

ideologicamente /ideolodʒika'mente/ avv. ideologically.

ideologico, pl. **-ci**, **-che** /ideo'lɔdʒiko, tʃi, ke/ agg. ideologic(al); ***bagaglio ~*** ideological baggage.

ideologismo /ideolo'dʒizmo/ m. = excessive reliance on ideology.

ideologizzare /ideolodʒid'dzare/ [1] tr. to ideologize.

ideologizzazione /ideolodʒiddzat'tsjone/ f. ideologization.

ideologo, m.pl. **-gi**, f.pl. **-ghe** /ide'ɔlogo, dzi, ge/ m. (f. **-a**) ideologist, ideologue.

idi /'idi/ f.pl. ANT. ides; ***le ~ di marzo*** the ides of March.

idilliaco, pl. **-ci**, **-che** /idil'liako, tʃi, ke/, **idillico**, pl. **-ci**, **-che** /i'dilliko, tʃi, ke/ agg. idyllic.

idillio, pl. **-li** /i'dilljo, li/ m. **1** LETT. idyll **2** FIG. idyll, romance, love affair; ***vivere, tessere un ~*** to live, start a love affair.

idiofono /i'djɔfono/ m. idiophone.

idioglossia /idjoglos'sia/ f. idioglossia.

idioletto /idjo'lɛtto/ m. idiolect.

idioma /i'djɔma/ m. idiom.

idiomaticamente /idjomatika'mente/ avv. idiomatically.

idiomatico, pl. **-ci**, **-che** /idjo'matiko, tʃi, ke/ agg. idiomatic(al); ***espressione -a*** idiomatical expression, idiom.

idiomatismo /idjoma'tizmo/ m. → **1.idiotismo.**

idiomorfo /idjo'mɔrfo/ agg. idiomorphic.

idiopatia /idjopa'tia/ f. idiopathy.

idiopatico, pl. **-ci**, **-che** /idjo'patiko, tʃi, ke/ agg. idiopathic.

idiosincrasia /idjosinkra'zia/ f. **1** MED. idiosyncrasy **2** FIG. (strong) dislike, aversion; ***avere un'~ per qcs.*** to find sth. repulsive.

idiosincratico, pl. **-ci**, **-che** /idjosin'kratiko, tʃi, ke/ agg. **1** MED. idiosyncratic **2** FIG. intolerant.

▷ **idiota**, m.pl. **-i**, f.pl. **-e** /i'djɔta/ **I** agg. idiot, idiotic **II** m. e f. **1** idiot, fool, halfwit; ***comportarsi da ~*** to behave *o* act like an idiot; ***sentirsi un ~*** to feel like an idiot **2** MED. idiot.

idiotamente /idjota'mente/ avv. idiotically.

1.idiotismo /idjo'tizmo/ m. LING. idiom.

2.idiotismo /idjo'tizmo/ ♦ **7** m. MED. idiocy.

idiozia /idjot'tsia/ ♦ **7** f. **1** MED. idiocy **2** SPREG. idiocy, foolishness, stupidity **3** *(azione)* stupid thing, foolish thing (to do); *(parole)* stupid thing (to say), rubbish **U**, nonsense **U**; ***non dite -e!*** don't talk nonsense.

idocrasio, pl. **-si** /ido'krazjo, si/ m. idocrase.

idolatra, m.pl. **-i**, f.pl. **-e** /ido'latra/ **I** agg. idolatrous **II** m. e f. *(uomo)* idolater; *(donna)* idolatress.

idolatrare /idola'trare/ [1] tr. to idolatrize, to idolize, to worship (anche FIG.).

idolatria /idola'tria/ f. idolatry (anche FIG.).

idolatrico, pl. **-ci**, **-che** /ido'latriko, tʃi, ke/ agg. idolatrous (anche FIG.).

idoleggiare /idoled'dʒare/ [1] tr. to idolize, to make* an idol of.

▷ **idolo** /'idolo/ m. **1** *(simulacro, immagine)* idol; ***culto degli -i*** idol worship **2** FIG. idol; ***~ del cinema, dei giovani*** cinema, teen idol; ***~ infranto*** fallen idol.

idoneità /idonei'ta/ f.inv. fitness, suitability (**a qcs.** for sth.); ***esame di ~*** aptitude test; ***certificato d'~*** pass certificate; ***~ al servizio militare*** MIL. fitness to serve, fitness for military service.

idoneo /i'dɔneo/ agg. **1** *(adeguato)* [*sistemazione, equipaggiamento, strumento*] suitable; [*comportamento, luogo, momento, abbigliamento*] appropriate **2** *(atto, capace)* fit; MIL. able-bodied; ***essere ~ per*** to be fit for [*lavoro*]; ***dichiarare qcn. ~ per qcs.*** to certify sb. as fit *o* to declare sb. fit for sth.; ***rendere qcn. ~ per, a fare*** to fit sb. for, to do; ***non ~ al servizio militare*** unfit for military service.

idra /'idra/ f. ZOOL. hydra*.

Idra /'idra/ n.pr.f. Hydra.

idracido /i'dratʃido/ m. hydracid.

idrante /i'drante/ m. **1** *(presa d'acqua)* hydrant; *(antincendio)* fire hydrant **2** *(tubo)* fire-hose **3** *(autobotte)* water tanker.

idrargirio /idrar'dʒirjo/ m. ANT. hydrargyrum.

idrargirismo /idrardʒi'rizmo/ m. mercurialism.

idratante /idra'tante/ **I** agg. **1** CHIM. hydrating **2** COSMET. [*crema, lozione*] moisturizing **II** m. moisturizer.

idratare /idra'tare/ [1] tr. **1** CHIM. to hydrate **2** COSMET. to moisturize [*pelle*].

idratasi /idra'tazi/ f.inv. hydrase.

idratato /idra'tato/ **I** p.pass. → **idratare II** agg. **1** CHIM. hydrous **2** COSMET. moist, moisturized.

idratatore /idrata'tore/ m. CHIM. hydrator.

idratazione /idratat'tsjone/ f. **1** CHIM. hydration **2** COSMET. moisture.

idrato /i'drato/ **I** agg. hydrous **II** m. hydrate.

idraulica /i'draulika/ f. hydraulics + verbo sing.

idraulico, pl. **-ci**, **-che** /i'drauliko, tʃi, ke/ ♦ **18 I** agg. **1** *(che utilizza l'acqua)* [*turbina, freno*] hydraulic; ***impianto ~*** plumbing system **2** *(esperto di idraulica)* ***ingegnere ~*** hydraulics engineer **II** m. plumber.

idrazina /idrad'dzina/ f. hydrazine.

idrazone /idrad'dzone/ m. hydrazone.
idremia /idre'mia/ f. hydraemia.
idrico, pl. **-ci**, **-che** /'idriko, tʃi, ke/ agg. water attrib.; ***impianto ~*** water system; ***ritenzione -a*** water retention.
idrobiologia /idrobiolo'dʒia/ f. hydrobiology.
idrobiologo, m.pl. **-gi**, f.pl. **-ghe** /idrobi'ɔlogo, dʒi, ge/ m. (f. **-a**) hydrobiologist.
idrocarburo /idrokar'buro/ m. hydrocarbon.
idrocefalia /idrotʃefa'lia/ f. water on the brain, hydrocephalus, hydrocephaly.
idrocefalico, pl. **-ci**, **-che** /idrotʃe'faliko, tʃi, ke/ agg. hydrocephalic.
idrocefalo /idro'tʃɛfalo/ m. hydrocephalus.
idrocele /idro'tʃɛle/ m. hydrocele.
idrocellulosa /idrotʃellu'losa/ f. hydrocellulose.
idrochinone /idroki'none/ m. hydroquinone.
idrocoltura /idrokol'tura/ f. hydroponics + verbo sing., tank farming.
idrocoria /idroko'ria/ f. hydrochoria.
idrocortisone /idrokorti'zone/ m. hydrocortisone.
idrodinamica /idrodi'namika/ f. hydrodynamics + verbo sing.
idrodinamico, pl. **-ci**, **-che** /idrodi'namiko, tʃi, ke/ agg. hydrodynamic(al).
idroelettrico, pl. **-ci**, **-che** /idroe'lɛttriko, tʃi, ke/ agg. hydroelectric; ***energia -a*** hydroelectricity.
idrofide /i'drɔfide/ m. sea serpent.
idrofilo /i'drɔfilo/ **I** agg. hydrophilic; BOT. hydrophilous; ***cotone ~*** absorbent cotton wool, absorbent cotton AE **II** m. ENTOM. scavenger beetle.
idrofita /i'drɔfita/ f. hydrophyte, water plant.
idrofobia /idrofo'bia/ ➧ **7** f. hydrophobia, rabies.
idrofobo /i'drɔfobo/ agg. **1** CHIM. hydrophobic **2** MED. hydrophobic, rabid **3** FIG. *(furioso)* furious, mad.
idrofono /i'drɔfono/ m. hydrophone.
idrofugo, pl. **-ghi**, **-ghe** /i'drɔfugo, gi, ge/ agg. water repellent.
idrogel /idro'dʒɛl/ m.inv. hydrogel.
idrogenare /idrodʒe'nare/ [1] tr. to hydrogenate.
idrogenasi /idroge'nazi/ f.inv. hydrogenase.
idrogenazione /idrodʒenat'tsjone/ f. hydrogenation.
idrogenico, pl. **-ci**, **-che** /idro'dʒɛniko, tʃi, ke/ agg. hydrogenous.
▷ **idrogeno** /i'drɔdʒeno/ m. hydrogen; ***bomba all'~*** hydrogen bomb; ***auto a ~*** hydrogen car.
idrogeologico, pl. **-ci**, **-che** /idrodʒeo'lɔdʒiko, tʃi, ke/ agg. hydrogeological.
idrogetto /idro'dʒɛtto/ m. water-jet propeller.
idrografia /idrogra'fia/ f. hydrography.
idrografico, pl. **-ci**, **-che** /idro'grafiko, tʃi, ke/ agg. hydrographic(al).
idrografo /i'drɔgrafo/ ➧ **18** m. (f. **-a**) hydrographer.
idrolisi /i'drɔlizi, idro'lizi/ f.inv. hydrolysis*.
idrolitico, pl. **-ci**, **-che** /idro'litiko, tʃi, ke/ agg. hydrolytic.
idrolito /i'drɔlito/ m. hydrolyte.
idrolizzare /idrolid'dzare/ [1] **I** tr. to hydrolize **II idrolizzarsi** pronom. to hydrolize.
idrologia /idrolo'dʒia/ f. hydrology.
idrologico, pl. **-ci**, **-che** /idro'lɔdʒiko, tʃi, ke/ agg. hydrologic(al).
idrologo, m.pl. **-gi**, f.pl. **-ghe** /i'drɔlogo, dʒi, ge/ ➧ **18** m. (f. **-a**) hydrologist.
idromassaggio, pl. **-gi** /idromas'saddʒo, dʒi/ m. hydromassage; ***vasca da*** o ***con ~*** whirlpool bath.
idromeccanica /idromek'kanika/ f. hydromechanics + verbo sing.
idromele /idro'mɛle/ m.inv. hydromel, mead.
idrometra /i'drɔmetra/ f. ENTOM. marsh treader.
idrometria /idrome'tria/ f. hydrometry.
idrometro /i'drɔmetro/ m. hydrometer, volumeter.
idropico, pl. **-ci**, **-che** /i'drɔpiko, tʃi, ke/ agg. hydropic.
idropisia /idropi'zia/ f. dropsy.
idropittura /idropit'tura/ f. water paint.
idroplano /idro'plano/ m. hydroplane.
idropneumatico, pl. **-ci**, **-che** /idropneu'matiko, tʃi, ke/ agg. hydropneumatic.
idroponica /idro'pɔnika/ f. hydroponics + verbo sing.
idroponico, pl. **-ci**, **-che** /idro'pɔniko, tʃi, ke/ agg. hydroponic; ***coltura -a*** hydroponics.
idrorepellente /idrorepel'lɛnte/ agg. water-repellent.
idroscalo /idros'kalo/ m. seadrome.
idroscivolante /idroʃʃivo'lante/ m. airboat, hydroplane.
idroscopio, pl. **-pi** /idros'kɔpjo, pi/ m. hydroscope.
idrosfera /idros'fɛra/ f. hydrosphere.
idrosolfito /idrosol'fito/ m. hydrosulphite BE, hydrosulfite AE.
idrosolubile /idroso'lubile/ agg. water-soluble.
idrossido /i'drɔssido/ m. hydroxide ◆◆ ***~ di sodio*** sodium hydroxide.
idrossilammina /idrossilam'mina/ f. hydroxylamine.
idrossile /idros'sile/ m. → **ossidrile.**
idrossilico, pl. **-ci**, **-che** /idros'siliko, tʃi, ke/ agg. → **ossidrilico.**
idrostatica /idros'tatika/ f. hydrostatics + verbo sing.
idrostatico, pl. **-ci**, **-che** /idros'tatiko, tʃi, ke/ agg. hydrostatic(al).
idroterapeutico, pl. **-ci**, **-che** /idrotera'pɛutiko, tʃi, ke/ agg. → **idroterapico.**
idroterapia /idrotera'pia/ f. hydrotherapy.
idroterapico, pl. **-ci**, **-che** /idrote'rapiko, tʃi, ke/ agg. hydrotherapeutic.
idrotermale /idroter'male/ agg. hydrothermal.
idrotorace /idroto'ratʃe/ m. hydrothorax.
idrotropismo /idrotro'pizmo/ m. hydrotropism.
idrovia /idro'via/ f. waterway.
idrovolante /idrovo'lante/ m. seaplane, hydroplane AE.
idrovora /i'drɔvora/ f. draining pump.
idrovoro /i'drɔvoro/ agg. draining.
idrozoo /idrod'dzɔo/ m. hydrozoan; ***Idrozoi*** Hydrozoa.
idruro /i'druro/ m. hydride.
iella /'jɛlla/ f. COLLOQ. bad luck, jinx; ***avere ~*** to be dogged by bad luck, to be jinxed; ***portare ~ a qcn.*** to jinx sb.
iellato /jel'lato/ agg. COLLOQ. jinxed.
iemale /je'male/ agg. LETT. hiemal.
iena /'jɛna/ f. hy(a)ena (anche FIG.) ◆◆ ***~ macchiata*** tiger-wolf; ***~ ridens*** laughing hyena.
ieraticità /jeratitʃi'ta/ f.inv. solemnity, gravity.
ieratico, pl. **-ci**, **-che** /je'ratiko, tʃi, ke/ agg. hieratic.
▶ **ieri** /'jɛri/ **I** avv. yesterday; ***~ mattina, pomeriggio, sera*** yesterday morning, afternoon, evening; ***l'altro ~, ~ l'altro*** the day before yesterday; ***solo ~ mi diceva*** only yesterday he was saying to me; ***è stata una settimana ~*** it was a week yesterday; ***~ a otto*** yesterday week; ***quanti ne avevamo ~?*** what was yesterday's date? ***~ sul presto, sul tardi*** early, late yesterday; ***me ne ricordo come se fosse ~*** I remember as if it was yesterday **II** m.inv. **1** yesterday; ***il giornale di ~*** yesterday's newspaper; ***~ era mercoledì*** yesterday was Wednesday; ***~ era il ventitré febbraio*** yesterday was the twenty-third of February **2** *(passato)* ***la moda di ~*** yesterday's fashion ◆ ***non sono nato ~*** I wasn't born yesterday.
ierofante /jero'fante/ m. hierophant.
ieroglifico, pl. **-ci**, **-che** /jero'glifiko, tʃi, ke/ → **geroglifico.**
ietografo /je'tɔgrafo/ m. hyetograph.
iettato /jet'tato/ agg. → **iellato.**
iettatore /jetta'tore/ m. (f. **-trice** /tritʃe/) jinx, Jonah.
iettatura /jetta'tura/ f. **1** *(malocchio)* evil eye, jinx **2** *(sfortuna)* bad luck, jinx.
ifa /'ifa/ f. hypha*.
Ifigenia /ifidʒe'nia/ n.pr.f. Iphigenia.
Igea /i'dʒɛa/ f. Hygeia.
▷ **igiene** /i'dʒɛne/ f. **1** *(norme igieniche)* hygiene; ***~ scolastica, sportiva*** health guidelines for schools, sportspeople; ***~ alimentare*** food hygiene; ***ufficio d'~*** health authorities; ***per ragioni d'~*** in the interests of hygiene **2** *(scienza)* hygiene, hygienics + verbo sing.; *(educazione)* health education ◆◆ ***~ del corpo*** personal hygiene; ***~ dentale*** dental hygiene; ***~ femminile*** feminine hygiene; ***~ intima*** personal hygiene; ***~ mentale*** mental health; ***~ personale*** → ***~ del corpo***; ***~ pubblica*** environmental health.
igienicamente /idʒenika'mente/ avv. hygienically.
igienico, pl. **-ci**, **-che** /i'dʒɛniko, tʃi, ke/ agg. **1** *(che riguarda l'igiene)* hygienic, sanitary; ***impianti ~-sanitari*** sanitation; ***servizi -ci*** toilet facilities, sanitation; ***carta -a*** toilet paper; ***assorbente ~*** sanitary towel **2** *(salutare)* [*clima, stile di vita*] healthy **3** FIG. SCHERZ. *(consigliabile)* wise, advisable.
igienista, m.pl. **-i**, f.pl. **-e** /idʒe'nista/ ➧ **18** m. e f. **1** *(esperto di igiene)* hygienist **2** SPREG. *(salutista)* health fanatic.
igloo /i'glu/ m.inv. igloo.
igname /iɲ'ɲame/ m. yam.
ignaro /iɲ'ɲaro/ agg. **1** *(inconsapevole)* unaware, oblivious (**di qcs.** of sth.); ***essere ~ del pericolo*** to be unaware *o* oblivious of the danger **2** *(ignorante)* ***essere ~ di qcs.*** to be ignorant of sth.
ignavia /iɲ'ɲavja/ f. LETT. sloth.
ignavo /iɲ'ɲavo/ **I** agg. slothful **II** m. (f. **-a**) slothful person.
Ignazia /iɲ'ɲattsja/ n.pr.f. Ignacia.
Ignazio /iɲ'ɲattsjo/ n.pr.m. Ignatius; ***sant'~ di Loyola*** St Ignatius Loyola.

igneo /'iɲɲeo/ agg. GEOL. [*roccia*] igneous.
ignifero /iɲ'ɲifero/ agg. igniferous.
ignifugo, pl. **-ghi**, **-ghe** /iɲ'ɲifugo, gi, ge/ **I** agg. fireproof, flameproof, fire-resistant **II** m. flame retardant.
ignitrone /iɲɲi'trone/ m. ignitron.
ignizione /iɲɲit'tsjone/ f. CHIM. ignition.
▷ **ignobile** /iɲ'ɲɔbile/ agg. [*persona*] vile, base-minded; [*comportamento, azione*] low, vile, base; [*crimine*] ugly; ***è stato ~ da parte mia fare*** it was shameful of me to do; ***in modo ~*** shamefully; ***tempo ~*** FIG. filthy weather.
ignobilmente /iɲɲobil'mente/ avv. vilely.
ignobiltà /iɲɲobil'ta/ f.inv. ignobility.
ignominia /iɲɲo'minja/ f. **1** ignominy, shame; ***coprirsi d'~*** to bring dishonour upon oneself **2** SCHERZ. outrage, eyesore; ***quel quadro è un'~*** that picture is a real eyesore *o* an abomination.
ignominiosamente /iɲɲominjosa'mente/ avv. ignominiously.
ignominioso /iɲɲomi'njoso/ agg. [*comportamento*] ignominious, shameful; *(vergognoso)* [*sconfitta, ritirata, fallimento*] ignominious, disgraceful.
ignorantaggine /iɲɲoran'taddʒine/ f. SPREG. crass ignorance.
▷ **ignorante** /iɲɲo'rante/ **I** agg. **1** *(profano, incompetente)* ignorant (**di qcs.** of sth.); ***essere ~ in*** to be ignorant about **2** *(non istruito)* [*persona*] ignorant, unlearned, illiterate **II** m. e f. **1** *(persona incolta)* ignorant person, ignoramus **2** SPREG. *(rozzo, villano)* boor, lout, oik BE.
▷ **ignoranza** /iɲɲo'rantsa/ f. ignorance; ***crassa ~*** crass ignorance; ***per ~*** through *o* out of ignorance; ***la sua ~ in materie scientifiche*** his ignorance of things scientific; ***mostrare la propria ~*** to expose one's ignorance; ***lasciare*** o ***tenere qcn. nell'~*** to keep sb. in the dark; ***beata ~!*** SCHERZ. blissful ignorance! ***la legge non ammette ~*** ignorance of law is no excuse.
▷ **ignorare** /iɲɲo'rare/ [1] **I** tr. **1** *(non conoscere)* not to know*; ***ignoro i particolari*** I don't know the details; ***ignoro come, dove, se*** I don't know how, where, if; ***~ qcs. completamente*** to know nothing of *o* about sth.; ***~ l'esistenza di*** to be unaware of the existence of **2** *(non considerare)* to ignore [*regola, consiglio, problema*]; to ignore, to brush aside [*persona, critiche*]; to ignore, to sweep* aside [*obiezione, proteste*]; ***ignora le regole del gioco*** he ignores *o* disregards the rules of the game; ***il ricercatore ha ignorato le recenti scoperte*** the researcher has ignored recent developments; ***devi solo ignorarlo*** just ignore him; ***mi ha completamente ignorato per strada*** she cut me dead in the street **II** **ignorarsi** pronom. to ignore each other.
ignorato /iɲɲo'rato/ **I** p.pass. → **ignorare** **II** agg. *(trascurato)* neglected, ignored.
ignoto /iɲ'ɲɔto/ **I** agg. unknown; ***di origine -a*** of unknown origin; ***bambino nato da padre ~*** child by father unknown; ***Milite Ignoto*** Unknown Soldier **II** m. (f. **-a**) **1** *(persona)* unknown person, person unknown DIR.; ***sporgere denuncia contro -i*** to take an action against person *o* persons unknown **2** *(ciò di cui non si ha conoscenza)* ***l'~*** the unknown.
ignudo /iɲ'ɲudo/ **I** agg. LETT. **1** *(nudo)* naked **2** [*spada*] naked, unsheathed **II** m. (f. **-a**) naked person; ***vestire gli -i*** BIBL. to clothe the naked.
IGP /iddʒip'pi/ f. (⇒ Indicazione Geografica Protetta Protected Geographical Indication) PGI.
igrofilo /i'grɔfilo/ agg. hygrophilous.
igrofita /i'grɔfita/ f. hygrophyte.
igrografo /i'grɔgrafo/ m. hygrograph.
igrometria /igrome'tria/ f. hygrometry.
igrometrico, pl. **-ci**, **-che** /igro'mɛtriko, tʃi, ke/ agg. hygrometric.
igrometro /i'grɔmetro/ m. hygrometer.
igroscopia /igrosko'pia/ f. → **igrometria.**
igroscopico, pl. **-ci**, **-che** /igros'kɔpiko, tʃi, ke/ agg. hygroscopic.
igroscopio, pl. **-pi** /igros'kɔpjo, pi/ m. hygroscope.
igrostato /i'grɔstato/ m. hygrostat.
iguana /i'gwana/ f. iguana*.
iguanodonte /igwano'donte/ m. iguanodon.
ih /i/ inter. **1** *(di noia, insoffenza)* oh; ***~, quante storie!*** humph! what a fuss! **2** *(di disgusto)* oh, yuck **3** *(risata)* ***~~!*** ah, ah!
ikebana /ike'bana/ m.inv. ikebana.
▶ **il** /il/ artc.det.m.sing. (**il**, **lo**, **la**; pl. **i**, **gli**, **le**; in the masculine, *il* is used before a consonant sound, except before *s* followed by a consonant, and before *gn*, *pn*, *ps*, *x* and *z*; *lo* is used before a vowel sound - in the form *l'* -, before *s* followed by a consonant, and before *gn*, *pn*, *ps*, *x* and *z*; *la* is used in the feminine, but the form *l'* is used before a vowel) the spesso omesso.
ilare /'ilare/ agg. LETT. cheerful, merry.
Ilaria /i'larja/ n.pr.f. Hilary, Hillary.
Ilario /i'larjo/ n.pr.m. Hilary.
ilarità /ilari'ta/ f.inv. hilarity, merriment; ***destare l'~ generale*** to cause much hilarity *o* mirth.
Ilda /'ilda/ n.pr.f. Hilda.
Ildebrando /ilde'brando/ n.pr.m. Hildebrand.
ileale /ile'ale/ agg. ileal.
ileite /ile'ite/ ➧ **7** f. ileitis.
ileo /'ileo/ m. **1** ANAT. *(osso)* ilium* **2** ANAT. *(intestino)* ileum* **3** MED. *(occlusione intestinale)* ileus.
ileocecale /ileotʃe'kale/ agg. ileocaecal BE, ileocecal AE.
ileocolite /ileoko'lite/ ➧ **7** f. ileocolitis.
ileostomia /ileosto'mia/ f. ileostomy.
iliaco, pl. **-ci**, **-che** /i'liako, tʃi, ke/ agg. iliac.
Iliade /i'liade/ n.pr.f. Iliad.
illanguidimento /illangwidi'mento/ m. weakening.
illanguidire /illangwi'dire/ [102] **I** tr. to weaken, to make* languid **II** intr. (aus. *essere*), **illanguidirsi** pronom. **1** *(diventare debole)* to become* weak, to flag **2** *(svanire)* [*ricordi*] to fade.
illativo /illa'tivo/ agg. **1** *(dedotto per illazione)* illative, inferential **2** LING. illative.
illazione /illat'tsjone/ f. **1** *(ragionamento)* conclusion, inference; ***per ~*** by inference **2** *(insinuazione)* conjecture, insinuation.
illecitamente /illetʃita'mente/ avv. illicitly.
illecito /il'letʃito/ **I** agg. [*fatto, vendita, relazione*] illicit; [*pratica, contratto, traffico*] unlawful; [*guadagno*] illegal, fraudulent; ***sostanze -e*** illegal substances **II** m. injury, malfeasance; ***~ penale*** criminal offence, crime; ***~ civile*** tort, civil wrong.
▷ **illegale** /ille'gale/ agg. [*attività, possesso, detenzione*] illegal, unlawful; [*vendita, fornitura, commercio*] illegal, under-the-counter; ***dichiarare qcs. ~*** to rule sth. unlawful; ***perseguito per esercizio ~ della professione medica*** prosecuted for practising medicine illegally BE *o* without a license AE.
illegalità /illegali'ta/ f.inv. **1** *(l'essere illegale)* illegality, unlawfulness; ***agire, lavorare nell'~*** to act, work illegally **2** *(azione illegale)* illegality, illegal act, breach of the law.
illegalmente /illegal'mente/ avv. illegally, unlawfully.
illeggibile /illed'dʒibile/ agg. **1** *(indecifrabile)* [*calligrafia, parola, documento*] illegible, crabbed, cramped **2** *(incomprensibile)* [*opera, autore*] unreadable, unintelligible.
illeggibilità /illeddʒibili'ta/ f.inv. **1** *(indecifrabilità)* illegibility **2** *(incomprensibilità)* unintelligibility.
illegittimità /illedʒittimi'ta/ f.inv. *(illegalità)* illegitimacy.
▷ **illegittimo** /ille'dʒittimo/ **I** agg. **1** *(illegale, abusivo)* [*decisione, provvedimento, potere*] illegitimate, illegal, unlawful **2** ANT. [*figlio*] illegitimate **3** *(arbitrario)* [*rivendicazione*] unfounded, unwarranted **II** m. (f. **-a**) illegitimate child*.
illeso /il'lezo/ agg. unhurt, unharmed, unscathed; ***uscire ~ da un incidente*** to escape uninjured *o* unharmed from an accident.
illetterato /illette'rato/ **I** agg. *(analfabeta)* illiterate; *(ignorante)* uneducated, unlearned **II** m. (f. **-a**) illiterate person.
illibatezza /illiba'tettsa/ f. **1** *(castità, verginità)* virginity, chastity **2** *(purezza, innocenza)* purity.
illibato /illi'bato/ agg. **1** *(casto, vergine)* virgin attrib., chaste **2** *(puro, integro)* pure, uncorrupted.
illiberale /illibe'rale/ agg. **1** POL. [*governo, provvedimento*] illiberal **2** LETT. *(privo di generosità)* illiberal, mean.
illiberalità /illiberali'ta/ f.inv. **1** POL. illiberality **2** LETT. *(mancanza di generosità)* illiberality.
illiceità /illitʃei'ta/ f.inv. illegality, unlawfulness.
illimitatamente /illimitata'mente/ avv. unlimitedly.
illimitatezza /illimita'tettsa/ f. unlimitedness, illimitation.
illimitato /illimi'tato/ agg. **1** *(senza limiti)* [*chilometraggio, profitti, fiducia*] unlimited; [*ricchezza*] unlimited, infinite; *(senza confini)* boundless, limitless; ***disporre di poteri -i*** to have unlimited powers; ***responsabilità -a*** DIR. unlimited liability **2** *(a tempo indeterminato)* ***foglio di congedo ~*** MIL. discharge papers.
Illiria /il'lirja/ n.pr.f. Illyria.
illirico, pl. **-ci**, **-che** /il'liriko, tʃi, ke/ **I** agg. Illyrian **II** m. *(lingua)* Illyrian.
illirio, pl. **-ri** /il'lirjo, ri/ m. (f. **-a**) Illyrian.
illividire /illivi'dire/ [102] **I** tr. to make* livid, to make* blue; ***il freddo gli illividì le mani*** his hands were blue with cold **II** intr. (aus. *essere*), **illividirsi** pronom. to turn livid, to turn blue.
ill.mo ⇒ illustrissimo Most Illustrious; ***Ill.mo Professore*** Dear Professor.
illocutivo /illoku'tivo/, **illocutorio**, pl. **-ri**, **-rie** /illoku'tɔrjo, ri, rje/ agg. LING. illocutionary.

il - uso dell'articolo

Articolo determinativo

- Mentre l'articolo determinativo dell'italiano presenta un'ampia varietà di forme (*il, lo, la, l', i, gli, le*), la lingua inglese ha l'unica forma *the*, che però assume tre pronunce diverse: /ðə/ in posizione debole, perché atona, davanti a consonante; /ðɪ/ in posizione debole, perché atona, davanti a vocale; e /ðiː/ in posizione forte, perché tonica.
- L'articolo determinativo dell'italiano viene mantenuto in inglese e reso con *the* nei seguenti casi:
  a) davanti a nomi che definiscono oggetti unici: *la luna* = the moon; *il sole* = the sun; *la terra* = the Earth;
  b) quando il referente è già stato specificato in precedenza o è facilmente identificabile e lo si conosce bene: *chiudi la porta!* = close the door! *mi passi lo zucchero, per favore* = will you please pass me the sugar? *l'ho accompagnata io alla stazione* = I drove her to the station;
  c) quando la specificazione è costituita da un seguente sintagma preposizionale: *i fiori nel mio giardino* = the flowers in my garden, *le cose migliori della vita* = the best things in life, *è orrenda la musica che ascolta di solito* = the music he usually listens to is terrible;
  d) quando è usato davanti a un nome singolare per renderlo generale: *il computer ha cambiato la nostra vita* = the computer has changed our life;
  e) quando è usato davanti a sostantivi plurali per riferirsi in modo generale a una particolare categoria di cose o realtà: *le città sono sempre affollate a Natale* = the towns are always crowded at Christmas;
  f) davanti ad aggettivi per indicare una categoria di persone: *i poveri* = the poor, *i disoccupati* = the unemployed, *i ricchi* = the rich, *i feriti* = the wounded (si noti che, diversamente dall'italiano, l'aggettivo è invariato in inglese);
  g) davanti agli aggettivi al superlativo: *la fermata più vicina* = the nearest stop, *la ragazza più bella* = the most beautiful girl;
  h) in certe espressioni di tempo: *gli anni trenta* = the thirties; *il 10 dicembre* = Dec. 10th (si legge the tenth of December o December the tenth);
  i) con certi tipi di nomi geografici: *il Tamigi* = the Thames, *le Baleari* = the Balearics, *l'isola di Wight* = the Isle of Wight;
  j) davanti ai sostantivi plurali indicanti nomi di popoli: *gli inglesi e gli italiani* = the English and the Italians;
  k) davanti al nome di una dinastia o di una famiglia: *i Kennedy* = the Kennedys, *i Jones* = the Joneses, *i Rossi* = the Rossis (se indica la famiglia Rossi, genitori e figli) o the Rossi brothers (se indica i fratelli), *le Nobili* = the Nobili sisters;
  l) davanti a titoli nobiliari o appellativi: *il Principe di Galles* = the Prince of Wales, *il Vescovo di Durham* = the Bishop of Durham, *Pietro il Grande* = Peter the Great, *Plinio il vecchio* = Pliny the Elder;
  m) davanti al nome di un pittore, uno scultore, ecc. per indicare il quadro di quel pittore, la statua di quello scultore, ecc.: *il Picasso è stato comprato all'asta* = the Picasso was bought at an auction;
  n) con i nomi degli strumenti musicali: *suonare il violino / il pianoforte* = to play the violin / the piano;
  o) con alcuni nomi di malattie non gravi: *l'influenza* = the flu.
- L'articolo determinativo dell'italiano viene omesso in inglese nei seguenti casi:
  a) davanti a nomi non numerabili: *la vita è piena di sorprese* = life is full of surprises, *ha paura della morte* = she fears death, *il latte fa bene* = milk is good for you, *mi piace il verde* = I like green;
  b) davanti a nomi plurali con valore generale: *mi piacciono i cani* = I like dogs, *i computer sono molto utili* = computers are very useful;
  c) in una serie di nomi preceduti da articolo: *i paesi, le vigne e le colline del Piemonte* = the villages, vineyards and hills of Piedmont;
  d) davanti agli aggettivi e pronomi possessivi, e alle forme di genitivo sassone con nomi propri: *il mio libro* = my book, *non è il mio* = it's not mine, *il libro di Peter* = Peter's book;
  e) davanti a nomi preceduti da *entrambi* o *tutti e due*: *entrambi gli studenti* = both students;
  f) nelle forme relative del tipo *il cui, la cui*, ecc.: *i bambini la cui madre...* = the children whose mother...;
  g) davanti ai nomi che indicano le parti del corpo: *ho gli occhi azzurri* = I've got blue eyes, *ha i capelli neri* = she's got black hair;
  h) davanti ai numeri delle ore e con certe espressioni di tempo: *sono le 2* = it's 2 o'clock, *nel 1956* = in 1956, *il mese scorso* = last month, *l'anno prossimo* = next year, *al tramonto* = at sunset;
  i) davanti a certi nomi geografici o di luogo: *il Monte Bianco* = Mont Blanc, *il lago di Garda* = Lake Garda, *la Sicilia* = Sicily, *l'Europa* = Europe, *l'Italia* = Italy;
  j) quando l'articolo determinativo collabora con un sintagma preposizionale a specificare un nome proprio solitamente usato senza articolo (e tale sintagma è reso in inglese come aggettivo o apposizione): *la Roma dei Papi* = Papal Rome; *la Londra dell'Ottocento* = 19th-century London;
  k) davanti ai cognomi di personaggi famosi: *il Manzoni* = Manzoni, *la Callas* = Callas, *il giovane Leopardi* = young Leopardi;
  l) davanti ai nomi di persona (secondo un uso popolare dell'italiano): *il Carlo* = Carlo, *la Maria* = Maria;
  m) davanti a titoli: *il Signor Bianchi* = Mr Bianchi, *il professor Rossi* = Professor Rossi, *il colonnello Richards* = Colonel Richards, *il dottor Johnson* = Dr Johnson, *il re Guglielmo* = King William, *la regina Vittoria* = Queen Victoria;
  n) davanti a cognomi che indicano un libro mediante il riferimento al suo autore o editore: *il De Mauro* = De Mauro, *la Treccani* = Treccani;
  o) davanti ai nomi di parentela: *il papà* = Daddy, *la nonna* = grandmother;
  p) davanti ai nomi dei pasti: *la colazione è pronta* = breakfast is ready;
  q) davanti ai nomi delle lingue: *parlo l'inglese* = I speak English;
  r) davanti ai nomi delle materie scolastiche: *studiare la matematica* = to study maths;
  s) davanti ai nomi delle malattie gravi: *ha il cancro* = she's got cancer, *ho l'asma* = I've got asthma;
  t) davanti ai nomi degli sport e dei giochi: *mi piace il tennis* = I like tennis.
- Pur senza avere alcun corrispondente formale in italiano, l'articolo determinativo *the* viene inserito in inglese nei seguenti casi:
  a) davanti ai numerali presenti nei nomi di sovrani o pontefici: *Carlo I* = Charles the First, *Giovanni Paolo II* = John Paul the Second;
  b) davanti a un nome in apposizione a un altro nome: *Vittorio Emanuele, re d'Italia* = Vittorio Emanuele, the king of Italy.
- L'articolo determinativo dell'italiano viene sostituito da un'altra forma, in inglese, nei seguenti casi:
  a) davanti ai nomi in funzione appositiva o predicativa, è sostituito dall'articolo indeterminativo: *fa il medico* = he's a doctor, *hai l'ombrello?* = have you got an umbrella?
  b) davanti ai nomi indicanti le parti del corpo e oggetti personali, è sostituito dall'articolo *a / an* o dall'aggettivo possessivo: *ha il naso grosso* = he's got a big nose, *mi fa male la mano* = my hand aches, *dov'è il cappello?* = where is my hat?
  c) quando l'articolo determinativo ha valore partitivo, si traduce *some, any* o *no*: *prendi il vino / la frutta* = have some wine / fruit, *non c'è l'indirizzo sulla busta* = there is no address on the envelope, *c'è lo zucchero?* = is there any sugar (in it)? *vammi a comprare le sigarette* = go and buy some cigarettes for me;
  d) quando l'articolo determinativo ha valore temporale, si traduce *on, in, during* o *every*: *la domenica andiamo sempre in chiesa* = we always go to church on Sundays / every Sunday, *mi sono sposato il 19 marzo* = I got married on the 19th of March, *lo farò il pomeriggio* = I'll do it in the afternoon;
  e) quando l'articolo determinativo ha valore distributivo in espres-

sioni di misura o tempo, è tradotto dall'articolo *a / an*: *4 euro il chilo / il metro / la dozzina* = 4 euros a kilo / a metre / a dozen, *3 sterline il gallone* = 3 pounds a gallon, *60 miglia l'ora* = 60 miles an hour, *2 giorni la settimana* = two days a week, *una volta al giorno* = once a day;

f) davanti a nomi di malattie non gravi, è sostituito da *a / an*: *avere il mal di testa / il raffreddore / la febbre / la tosse* = to have a headache / a cold / a temperature / a cough;

g) quando l'articolo determinativo allude a un termine sottinteso, questo viene esplicitato in inglese: *il Torino* (= *la squadra di calcio di Torino*) = Torino football team.

- Per ulteriori esempi si vedano le note lessicali GIORNI DELLA SETTIMANA, DISTURBI E MALATTIE, GIOCHI E SPORT, NAZIONALITÀ, LINGUE, APPELLATIVI DI CORTESIA, NUMERI ecc.

Articolo indeterminativo

- A fronte delle forme *un, uno, una* e *un'* dell'italiano, l'inglese ha le forme *a* e *an*, ciascuna delle quali può avere una pronuncia debole, se usata in posizione atona (rispettivamente /ə/ e /ən/), oppure una pronuncia forte, se usata in posizione tonica (rispettivamente /eɪ/ e /æn/). *A* precede le parole che iniziano con un suono consonantico (*a cat, a storm, a house*) o semivocalico [j] (*a unit, a European nation*). *An* precede le parole che iniziano per vocale e, poiché tale uso è indipendente dalla grafia, *an* si usa anche davanti a parole che iniziano con un'acca muta: *heir, heiress, honest, honestly, honestly, honorary, honour, honourable, hour* e *hourly*. Si ricordi che, diversamente dall'italiano, l'inglese distingue nella forma l'articolo indeterminativo (*a / an*) dal numerale (*one*).
- L'articolo indeterminativo dell'italiano viene mantenuto in inglese e reso con *a / an* nei seguenti casi:

a) quando viene usato con un possessivo (anche se l'inglese trasforma l'aggettivo in pronome): *un mio libro* = a book of mine;

b) davanti a sostantivi numerabili al singolare, anche a indicare tutta una categoria di oggetti: *una matita* = a pencil, *di solito un martello è pesante* = a hammer is usually heavy;

c) davanti a un nome non numerabile usato come numerabile: *un novembre che non dimenticherò mai* = a November I will never forget, *avere una buona conoscenza della geografia* = to have a good knowledge of geography;

d) davanti al nome di un pittore, uno scultore, ecc. per indicare un quadro di quel pittore, una statua di quello scultore ecc.: *la banca ha comprato un Picasso* = the bank bought a Picasso;

e) davanti a un cognome per indicare una famiglia: *la loro madre è una Caspani* = their mother is a Caspani;

f) davanti a un nome proprio per indicare una persona con le stesse qualità di quella nominata: *è un nuovo Einstein* = he's a new Einstein;

g) in locuzioni idiomatiche: *un certo Mr Fagin* = a Mr Fagin.

- L'articolo indeterminativo dell'italiano viene omesso in inglese nei seguenti casi:

a) davanti a un aggettivo indefinito: *per una qualche ragione* = for some reason or other, *devi avere una qualche idea* = you must have some sort of idea;

b) in locuzioni idiomatiche: *sciocco di un ragazzo!* = you silly boy!

- Pur senza avere alcun corrispondente formale in italiano, l'articolo indeterminativo *a / an* viene inserito in inglese nei seguenti casi:

a) davanti a un sostantivo in posizione appositiva o predicativa: *è avvocato* = he's a lawyer, *è colonnello* = he's a colonel, *lavora come cuoco* = he works as a cook, *mi hanno preso per insegnante* = I was taken for a teacher, *Churchill, politico inglese* = Churchill, an English politician;

b) dopo *what* esclamativo e nome singolare o non numerabile: *che bella ragazza!* = what a nice girl! *che peccato!* = what a pity! *che vergogna!* = what a shame!

c) dopo *many* seguito da un nome numerabile al singolare: *molti amici* = many a friend;

d) davanti a due nomi usati tanto spesso insieme da essere considerati un'unità: *hai coltello e forchetta?* = have you got a knife and fork?

e) in casi particolari e locuzioni idiomatiche: *un'edizione completa delle opere di Blake* = a complete Blake, *poco tempo fa* = a short time ago.

- L'articolo indeterminativo dell'italiano viene sostituito da un'altra forma, in inglese, nei seguenti casi:

a) quando *un/ una* esprime valore approssimativo, si usa *about*: *ci vorrà una mezz'ora* = it will take about half an hour, *un duecento chilometri* = about 200 kilometres, *ne ho un duemila* = I've got about two thousand;

b) quando è usato con valore enfatico nelle esclamative, è reso da *so, such (a/an)* oppure in modo idiomatico: *ieri faceva un caldo!* = it was so hot yesterday! *ha un naso!* = he's got such a nose! *c'era una vista!* = the view was fantastic! *ha una casa!* = you should see her house!

illogicamente /illodzika'mente/ avv. illogically.

illogicità /illodʒitʃi'ta/ f.inv. illogicality, inconsequentiality.

illogico, pl. **-ci**, **-che** /il'lɔdʒiko, tʃi, ke/ agg. illogical, nonlogical, inconsequential.

▶ **illudere** /il'ludere/ [11] **I** tr. to deceive, to take* in, to delude; ***non voglio illuderli*** I don't want to raise their expectations **II illudersi** pronom. **1** *(coltivare vane speranze)* to deceive oneself, to delude oneself, to fool oneself; ***-rsi che*** to be *o* labour under the illusion that; ***-rsi di poter fare qcs.*** to fool oneself into doing sth.; ***si illude di arrivare primo*** he thinks he'll come first; ***non illuderti!*** don't deceive yourself! don't raise your hopes! **2** *(ingannarsi)* to be* mistaken; ***-rsi sul conto di qcn.*** to be mistaken about sb.

illuminabile /illumi'nabile/ agg. illuminable.

illuminamento /illumina'mento/ m. **1** *(illuminazione)* illumination **2** FIS. illuminance, illumination.

illuminante /illumi'nante/ agg. **1** *(che illumina)* illuminant, illuminating; ***razzo ~*** flare **2** FIG. [*esempio*] illuminating; [*discorso*] inspiring.

▶ **illuminare** /illumi'nare/ [1] **I** tr. **1** *(rendere luminoso, rischiarare)* to illuminate, to illumine, to light*; *(con riflettori)* to floodlight*; ***basta una lampada per ~ la stanza*** one lamp is enough to light the room; ***il sole non illumina mai quest'angolo*** the sun never reaches this dark corner; ***~ qcs. con una torcia*** to flash a torch at *o* on sth. **2** FIG. *(rendere radioso)* [*gioia, sorriso*] to light* up [*viso*]; [*sentimento*] to illuminate [*vita*] **3** FIG. *(chiarire)* to enlighten, to illuminate, to illumine [*persona*] (**su** on) **II illuminarsi** pronom. **1** *(diventare luminoso)* [*città, strada*] to light* up; ***il cielo s'illumina di fuochi d'artificio*** the sky is lit up with fireworks **2** FIG. [*viso, occhi*] to light* up (**di** with), to brighten up (**a**, **per** at).

illuminativo /illumina'tivo/ agg. illuminative.

illuminato /illumi'nato/ **I** p.pass. → **illuminare II** agg. **1** *(reso luminoso)* illuminated, lit up, lit mai attrib.; *(con riflettori)* floodlit; ***essere bene, mal ~*** to be well, badly lit; ***non ~*** unlit, unilluminated **2** FIG. [*dispotismo, sovrano, mente*] enlightened.

▷ **illuminazione** /illuminat'tsjone/ f. **1** *(l'illuminare)* lighting; *(di edificio, insegna)* illumination; ***~ indiretta, frontale*** indirect, frontal lighting; ***~ scarsa*** o ***insufficiente*** poor lighting; ***ti rovinerai gli occhi con questa ~*** you'll ruin your eyesight *o* strain your eyes in this light **2** FIG. *(ispirazione)* flash of inspiration, enlightenment **U**; ***questa mattina ho avuto un'~*** I had a brainwave *o* flash of inspiration this morning ◆◆ ***~ elettrica*** electric light *o* lighting; ***~ a gas*** gas lighting; ***~ al neon*** strip lighting; ***~ stradale*** street lighting.

illuminismo /illumi'nizmo/ m. Enlightenment.

illuminista, m.pl. **-i**, f.pl. **-e** /illumi'nista/ **I** agg. Enlightenment attrib. **II** m. e f. *(filosofo)* Enlightenment philosopher; *(seguace)* Enlightenment follower.

illuministico, pl. **-ci**, **-che** /illumi'nistiko, tʃi, ke/ agg. Enlightenment attrib.

illuminometro /illumi'nɔmetro/ m. illuminometer.

illuminotecnica /illumino'tɛknika/ f. lighting technique.

▶ **illusione** /illu'zjone/ f. **1** *(percezione alterata)* illusion; ***~ ottica*** optical illusion **2** *(speranza vana)* illusions pl., delusion (**su** about); ***senza alcuna ~*** with no illusions at all; ***non avere -i*** to have no illusions; ***farsi -i su*** to have illusions about; ***farsi delle -i*** to delude oneself *o* kid oneself (**su** about); ***non mi faccio molte*** o ***troppe -i*** I don't hold out much hope; ***alimentare in qcn. l'~ che...*** to feed sb.'s hopes that..., to keep sb. believing that...

illusionismo /illuzjo'nizmo/ m. **1** *(magia)* conjuring **2** ART. illusionism.

illusionista, m.pl. **-i**, f.pl. **-e** /illuzjo'nista/ ♦ ***18*** m. e f. illusionist, conjuror, magician.

illusionistico, pl. **-ci**, **-che** /illuzjo'nistiko, tʃi, ke/ agg. illusionistic, conjuring.

illuso /il'luzo/ **I** p.pass. → **illudere II** m. (f. **-a**) deluded person, dreamer; ***povero ~!*** what a dreamer!

illusorietà /illuzorje'ta/ f.inv. illusoriness.

illusorio, pl. **-ri**, **-rie** /illu'zɔrjo, ri, rje/ agg. [*soluzione, rimedio, promessa, benessere*] illusory, deceptive, false.

▷ **illustrare** /illus'trare/ [1] tr. **1** *(corredare di figure, disegni)* to illustrate [*libro*] (**con** with) **2** FIG. *(spiegare)* to illustrate, to explain, to set* out.

illustrativo /illustra'tivo/ agg. [*materiale*] illustrative; ***a titolo ~*** for illustrative purposes.

illustrato /illus'trato/ **I** p.pass. → **illustrare II** agg. [*libro, storia*] illustrated; [*calendario, giornale*] pictorial; ***cartolina -a*** picture postcard.

illustratore /illustra'tore/ ♦ ***18*** m. (f. **-trice** /tritʃe/) illustrator.

▷ **illustrazione** /illustrat'tsjone/ f. **1** *(l'illustrare)* illustration; *(figura, immagine)* illustration, picture; ***un testo arricchito di -i*** a text with illustrations **2** *(spiegazione)* illustration, explanation.

▷ **illustre** /il'lustre/ agg. illustrious, distinguished; ***un ~ sconosciuto*** SCHERZ. a perfect stranger; ***Illustre Professore*** Dear Professor.

Illustrissimo /illustris'simo/ ♦ ***1*** agg. Most Illustrious; ***~ Presidente*** Mr President.

ilmenite /ilme'nite/ f. ilmenite.

ilo /'ilo/ m. **1** BOT. cicatricle **2** ANAT. hilus*.

ilomorfismo /ilomor'fizmo/ m. hylomorphism.

ILOR /'ilor/ f. (⇒ imposta locale sui redditi) = income tax on real estate, land business and capital earnings collected by local authorities.

ilota, m.pl. **-i**, f.pl. **-e** /i'lɔta/ m. e f. helot.

imagismo /ima'dʒizmo/ m. imagism.

imago /i'mago/ f.inv. **1** LETT. image **2** PSIC. imago*.

imam /i'mam/ m.inv. imam.

imbacuccare /imbakuk'kare/ [1] **I** tr. to wrap up, to muffle **II imbacuccarsi** pronom. to wrap up, to wrap oneself up.

imbacuccato /imbakuk'kato/ **I** p.pass. → **imbacuccare II** agg. wrapped up.

imbaldanzire /imbaldan'tsire/ [102] **I** tr. to embolden, to make* [sb.] bold **II** intr. (aus. *essere*), **imbaldanzirsi** pronom. to grow* bold.

imballaggio, pl. **-gi** /imbal'laddʒo, dʒi/ m. packing, packaging; ***togliere dall'~*** to unwrap, to unpack; ***carta da ~*** wrapping paper; ***cartone da ~*** boxboard, cardboard; ***~ incluso*** packing included; ***spese di ~*** packing charges.

▷ **1.imballare** /imbal'lare/ [1] tr. **1** *(confezionare)* to pack (up), to package; *(in una cassa)* to crate **2** *(raccogliere in balle)* to bale [*fieno*].

2.imballare /imbal'lare/ [1] **I** tr. to race [*motore*] **II imballarsi** pronom. **1** [*motore*] to race **2** [*atleta*] to tense up, to choke AE COLLOQ.

imballatore /imballa'tore/ ♦ ***18*** m. (f. **-trice** /tritʃe/) packer, packager.

imballatrice /imballa'tritʃe/ f. **1** AGR. baler **2** *(di merce)* packer, packing machine.

imballo /im'ballo/ m. → **imballaggio.**

imbalsamare /imbalsa'mare/ [1] tr. **1** to embalm [*cadavere*] **2** *(impagliare)* to stuff.

imbalsamatore /imbalsama'tore/ ♦ ***18*** m. (f. **-trice** /tritʃe/) **1** *(addetto all'imbalsamazione)* embalmer **2** *(impagliatore)* taxidermist.

imbalsamazione /imbalsamat'tsjone/ f. **1** *(l'imbalsamare)* embalming **2** *(tecnica)* taxidermy; *(impagliatura)* stuffing.

imbambolarsi /imbambo'larsi/ [1] pronom. to be* bewildered, to be* stunned, to be* dazed.

imbambolato /imbambo'lato/ **I** p.pass. → **imbambolarsi II** agg. bewildered, stunned, dazed; ***restare ~*** to stand gawking *o* gobsmacked BE COLLOQ.

imbandieramento /imbandjera'mento/ m. decking with flags.

imbandierare /imbandje'rare/ [1] tr. to deck with flags [*strada, edificio*]; MAR. to dress [*nave*].

imbandire /imban'dire/ [102] tr. **1** *(preparare sontuosamente)* to lay*, to prepare [*tavola*] **2** FIG. *(propinare)* ***~ qcs. a qcn.*** to ram *o* thrust sth. down sb.'s throat.

imbandito /imban'dito/ **I** p.pass. → **imbandire II** agg. [*tavola*] laid.

imbarazzante /imbarat'tsante/ agg. embarrassing, awkward; ***trovarsi in una situazione ~*** to be in an awkward position; ***trovare ~ fare*** to be embarrassed about doing.

▷ **imbarazzare** /imbarat'tsare/ [1] **I** tr. **1** *(mettere in imbarazzo)* [*domanda, sguardo, persona*] to embarrass [*persona*]; ***mi imbarazza fare*** I feel embarrassed *o* uncomfortable about doing **2** *(appesantire)* to upset* [*stomaco*] **II imbarazzarsi** pronom. to be* embarrassed.

imbarazzato /imbarat'tsato/ **I** p.pass. → **imbarazzare II** agg. **1** [*persona*] *(in stato di disagio)* embarrassed; *(impacciato)* self-conscious; [*silenzio*] embarrassed; ***avere un'aria -a*** to look awkward *o* uncomfortable; ***ha lasciato la stanza -a*** she left the room in embarrassment; ***essere molto ~ a rispondere, spiegare*** to be at a loss for an answer, explanation **2** *(appesantito)* [*stomaco*] upset.

▷ **imbarazzo** /imba'rattso/ m. **1** *(disagio)* embarrassment, discomfort; *(impaccio)* self-consciousness; ***essere, sentirsi in ~*** to be, feel embarrassed; ***arrossire per l'~*** to be blushing with embarrassment; ***mettere qcn. in ~*** to embarrass sb., to cause sb. embarrassment; ***nascondere il proprio ~*** to hide one's blushes *o* discomfort; ***senza nessun*** o ***il minimo ~*** without the least hint of embarrassment **2** MED. ***~ di stomaco*** stomach upset ♦ ***avere (solo) l'~ della scelta*** to be spoilt for choice.

imbarbarimento /imbarbari'mento/ m. barbarization.

imbarbarire /imbarba'rire/ [102] **I** tr. to barbarize **II imbarbarirsi** pronom. to become* barbarous.

imbarcadero /imbarka'dɛro/ m. pier, wharf*.

imbarcamento /imbarka'mento/ m. *(del legno)* warping.

▷ **imbarcare** /imbar'kare/ [1] **I** tr. **1** [*nave, aereo*] to take* on board, to embark [*passeggeri*]; ***~ acqua*** to ship water **2** *(coinvolgere)* ***~ qcn. in qcs.*** to drag sb. into sth., to get sb. involved in sth. **3** GERG. *(rimorchiare)* to pick up **II imbarcarsi** pronom. **1** *(salire a bordo)* to board, to go* aboard, to embark **2** FIG. to embark; ***-rsi in*** to embark on [*relazione, impresa*]; ***-rsi in un'impresa difficile*** to be in for a rough *o* bumpy ride **3** *(arcuarsi)* [*legno*] to warp.

imbarcata /imbar'kata/ f. **1** COLLOQ. ***un'~ di amici*** a bunch of friends **2** GERG. *(cotta)* ***prendersi un'~ per qcn.*** to fall for sb., to take a shine to sb., to have a crush on sb.

imbarcato /imbar'kato/ **I** p.pass. → **imbarcare II** agg. *(arcuato)* [*legno*] warped ♦ ***essere ~ di qcn.*** to have a crush on sb.

imbarcatoio, pl. **-oi** /imbarka'tojo, oi/ m. landing stage, pier.

imbarcatura /imbarka'tura/ f. → **imbarcamento.**

imbarcazione /imbarkat'tsjone/ f. boat, craft* ♦♦ ***~ da diporto*** pleasure boat; ***~ a motore*** motor boat; ***~ di salvataggio*** life boat; ***~ a vapore*** steam boat; ***~ a vela*** sailing boat.

imbarco, pl. **-chi** /im'barko, ki/ m. **1** *(di passeggeri, merci)* boarding, embarkation; ***l'~ avverrà tra un'ora*** boarding will take place in an hour; ***carta d'~*** boarding card; ***sala d'~*** departure lounge; ***porto d'~*** port of embarkation; ***~ immediato*** AER. now boarding **2** *(banchina)* embarkation point **3** MAR. *(ingaggio)* signing on, shipping.

imbardare /imbar'dare/ [1] intr. (aus. *avere*) AER. to yaw.

imbardata /imbar'data/ f. AER. yaw.

imbarilare /imbari'lare/ [1] tr. to barrel, to cask.

imbastardimento /imbastardi'mento/ m. FIG. degeneration, debasement.

imbastardire /imbastar'dire/ [102] **I** tr. **1** *(far diventare bastardo)* to bastardize [*razza*] **2** FIG. to bastardize, to debase, to corrupt [*lingua*] **II** intr. (aus. *essere*), **imbastardirsi** pronom. [*razza*] to become* bastardized; FIG. [*lingua*] to become* debased, corrupted.

imbastare /imbas'tare/ [1] tr. to saddle, to put* a packsaddle on.

imbastire /imbas'tire/ [102] tr. **1** SART. to baste, to tack (on) [*vestito, gonna, orlo*]; ***filo per*** o ***da ~*** tacking thread **2** FIG. *(abbozzare)* to draft, to outline [*teoria*] **3** *(inventare)* to invent, to concoct [*scusa, alibi*].

imbastitura /imbasti'tura/ f. **1** SART. basting, tacking **2** FIG. *(abbozzo)* draft, outline.

imbattersi /im'battersi/ [2] pronom. **1** *(incontrare)* ***~ in qcn.*** to run* into *o* come* upon *o* bump into COLLOQ. sb.; ***~ in qcs.*** to come *o* run up against sth. [*problema, ostacolo, difficoltà*] **2** *(avere in sorte)* ***mi sono imbattuto in un insegnante severo*** I came up against a strict teacher.

imbattibile /imbat'tibile/ agg. [*esercito*] invincible; [*campione, giocatore, prezzi*] unbeatable; [*record*] unbeatable, secure.

imbattibilità /imbattibili'ta/ f.inv. invincibility.
imbattuto /imbat'tuto/ agg. [*giocatore, squadra*] unbeaten, undefeated; ***il record rimane ~*** the record still stands.
imbavagliamento /imbavaʎʎa'mento/ m. gagging (anche FIG.).
imbavagliare /imbavaʎ'ʎare/ [1] tr. **1** to gag [*persona*] **2** FIG. to gag [*opposizione, stampa*].
imbeccare /imbek'kare/ [1] tr. **1** to feed* [*uccello*] **2** FIG. *(suggerire)* to prompt.
imbeccata /imbek'kata/ f. **1** beakful, billful **2** FIG. *(suggerimento)* cue; TEATR. feed, prompt; ***dare l'~ a qcn.*** to prompt sb., to give sb. the prompt.
imbeccatoio, pl. **-oi** /imbekka'tojo, oi/ m. feeding tray, feeding dish.
imbecillaggine /imbetʃil'laddʒine/ f. → **imbecillità.**
▷ **imbecille** /imbe'tʃille/ **I** agg. **1** *(sciocco)* [*persona*] imbecile, stupid, dim-witted **2** MED. imbecile **II** m. e f. imbecile, idiot, dimwit, mooncalf*.
imbecillità /imbetʃilli'ta/ f.inv. **1** *(stupidaggine)* stupidity, imbecility; *(azione)* stupid thing, idiotic thing (to do); *(parole)* nonsense **U**, stupid thing (to say) **2** MED. imbecility.
imbelle /im'bɛlle/ agg. *(non incline alla guerra)* unwarlike; *(pavido, vile)* cowardly.
imbellettare /imbellet'tare/ [1] **I** tr. **1** *(truccare)* to make* up [*viso*] **2** FIG. *(abbellire)* to embellish **II imbellettarsi** pronom. to make* oneself up; ***-rsi il viso*** to make up one's face.
imbellettatura /imbelletta'tura/ f. **1** *(l'imbellettare)* making up; *(belletto)* make-up **2** FIG. embellishment.
imbellire /imbel'lire/ [102] **I** tr. to make* (more) attractive, to make* beautiful [*persona*] **II imbellirsi** pronom. to become* (more) attractive, beautiful.
imberbe /im'bɛrbe/ agg. **1** *(che non ha ancora la barba)* [*ragazzo*] beardless, smooth-cheeked **2** FIG. callow, inexperienced.
imbestialire /imbestja'lire/ [102] intr. (aus. *essere*), **imbestialirsi** pronom. to fly* into a rage, to get* mad, to work oneself into a rage.
imbevere /im'bevere/ [25] **I** tr. to imbue, to soak (**di** with) **II imbeversi** pronom. **1** *(impregnarsi)* to soak up, to absorb **2** FIG. to absorb.
imbevibile /imbe'vibile/ agg. undrinkable.
imbevuto /imbe'vuto/ **I** p.pass. → **imbevere II** agg. **1** *(impregnato)* imbued (**di** with), soaked (**di** in); ***un batuffolo di cotone ~ d'acqua*** cotton wool soaked in water **2** FIG. ***essere ~ di pregiudizi*** to be imbued with prejudices.
imbiaccare /imbjak'kare/ [1] tr. to paint with white lead.
imbiancamento /imbjanka'mento/ m. whitening; *(di muri)* whitewashing; *(di tessuti)* bleaching.
▷ **imbiancare** /imbjan'kare/ [1] **I** tr. **1** *(rendere bianco)* to whiten; *(candeggiare)* to bleach [*tessuto*]; ***la neve imbianca i tetti*** the roofs are white with snow **2** *(tinteggiare)* to paint, to decorate; *(con calce)* to whitewash **II imbiancarsi** pronom. to go* white, to turn white (anche FIG.).
imbiancato /imbjan'kato/ **I** p.pass. → **imbiancare II** agg. whitened; [*tessuto*] bleached; *(tinteggiato)* decorated; *(con calce)* whitewashed; ***sepolcro ~*** BIBL. whited sepulchre.
imbiancatura /imbjanka'tura/ f. **1** *(di tessuti)* bleaching **2** *(tinteggiatura)* decorating, painting; *(con calce)* whitewashing.
imbianchimento /imbjanki'mento/ m. **1** *(di tessuto)* bleaching **2** *(di ortaggi)* blanching.
▷ **imbianchino** /imbjan'kino/ ♦ *18* m. (f. **-a**) **1** (house) painter, whitewasher **2** SPREG. *(pittore di scarso valore)* dauber, bad painter.
imbianchire /imbjan'kire/ [102] **I** tr. **1** CHIM. to bleach [*tessuto*] **2** to blanch [*verdure, carni*] **II** intr. (aus. *essere*) ***~ per la paura*** to turn pale with fright.
imbibente /imbi'bɛnte/ m. absorbent, wetting agent.
imbibire /imbi'bire/ [102] tr. to imbibe, to soak (**di** with).
imbibizione /imbibit'tsjone/ f. imbibition.
imbiondire /imbjon'dire/ [102] **I** tr. **1** *(rendere biondo)* [*sole*] to turn [sth.] blonde BE, blond AE [*capelli*] **2** GASTR. to brown lightly [*cipolla, burro*] **II** intr. (aus. *essere*), **imbiondirsi** pronom. **1** *(diventare biondo)* to turn, to go* blonde BE, blond AE **2** GASTR. to brown lightly; ***quando il burro comincia a ~*** when the butter is lightly browned.
imbizzarrire /imbiddzar'rire/ [3] **I** intr. (aus *essere*) [*cavallo*] to shy, to take* fright; ***fare ~ qcn.*** FIG. to drive sb. crazy **II imbizzarrirsi** pronom. [*cavallo*] to shy, to take* fright; FIG. [*persona*] to fly* into a rage, to get* mad.
▷ **imboccare** /imbok'kare/ [1] **I** tr. **1** *(nutrire)* to spoon-feed* [*bambino, malato*] **2** FIG. *(suggerire a)* ***~ qcn.*** to spoon-feed *o* prompt sb. **3** MUS. to put* [sth.] to one's mouth [*strumento*] **4** *(immettersi in)* to take* [*autostrada, strada, via*]; to enter [*galleria*]; ***la testa del convoglio ha imboccato il ponte*** the head of the convoy moved onto the bridge; ***~ la via del successo*** to find the road to success **II** intr. (aus. *essere*) TECN. ***~ in qcs.*** to fit into sth.
imboccatura /imbokka'tura/ f. **1** *(entrata) (di autostrada, galleria)* access, entrance **2** *(di vaso, contenitore)* mouth **3** *(di strumento musicale)* embouchure **4** *(del morso del cavallo)* mouthpiece **5** MIN. mouth.
imbocco, pl. **-chi** /im'bokko, ki/ m. **1** *(di autostrada, galleria)* access, entrance **2** MIN. mouth.
imbolsire /imbol'sire/ [102] intr. (aus. *essere*), **imbolsirsi** pronom. **1** [*cavallo*] to become* broken-winded **2** *(ingrassare)* to become* flabby **3** *(perdere vigore)* [*artista, stile*] to lose* one's bite.
imbonimento /imboni'mento/ m. sales talk, patter COLLOQ.
imbonire /imbo'nire/ [102] tr. to tout, to spiel COLLOQ. [*cliente*]; ***~ qcn. per fargli fare*** to fast-talk sb. into doing.
imbonitore /imboni'tore/ m. (f. **-trice** /tritʃe/) barker, spieler AE COLLOQ.; SPREG. tout, huckster.
imborghesimento /imborgezi'mento/ m. bourgeoisification, acceptance of middle-class values.
imborghesire /imborge'zire/ [102] **I** tr. to make* bourgeois, to make* middle class **II** intr. (aus. *essere*), **imborghesirsi** pronom. [*persona, quartiere*] to become* bourgeois, to become* middle class.
imboscamento /imboska'mento/ m. **1** *(il nascondersi)* hiding **2** MIL. evading military service, draft dodging.
imboscare /imbos'kare/ [1] **I** tr. **1** ANT. *(nascondere in un bosco)* to hide* in a wood [*persone, animali*] **2** FIG. *(nascondere)* to hide* away [*oggetto*] **3** MIL. GERG. to help [sb.] to evade military service [*soldato*] **II imboscarsi** pronom. **1** MIL. GERG. to evade military service, to dodge the draft AE **2** *(sottrarsi a compiti gravosi)* to shirk; *(trovare un'occupazione tranquilla)* to get oneself a cushy number **3** SCHERZ. *(nascondersi)* to lie* low, to keep* a low profile **4** SCHERZ. *(appartarsi)* [*coppia*] to have* a tumble in the hay.
imboscata /imbos'kata/ f. ambush; ***tendere un'~ a qcn.*** to ambush sb.; ***cadere in un'~*** to fall into an ambush.
imboscato /imbos'kato/ m. MIL. GERG. draft dodger; COLLOQ. *(scansafatiche)* skulk, shirker.
imboschimento /imboski'mento/ m. forestation, afforestation.
imboschire /imbos'kire/ [102] **I** tr. to afforest [*terreno*] **II imboschirsi** pronom. to become* woody.
imbottare /imbot'tare/ [1] tr. to barrel, to cask.
imbottigliamento /imbottiʎʎa'mento/ m. **1** *(di un liquido)* bottling; ***stabilimento d'~ della birra*** beerbottling factory **2** *(nel traffico)* bottleneck, snarl-up.
imbottigliare /imbottiʎ'ʎare/ [1] **I** tr. **1** *(mettere in bottiglia)* to bottle [*vino*] **2** *(bloccare le vie d'uscita a)* to bottle up [*nemico*] **II imbottigliarsi** pronom. ***-rsi nel traffico*** to get caught in a traffic jam.
imbottigliato /imbottiʎ'ʎato/ **I** p.pass. → **imbottigliare II** agg. **1** [*vino, sidro*] bottled **2** COLLOQ. FIG. *(nel traffico)* caught, stuck (in the traffic).
imbottigliatore /imbottiʎʎa'tore/ m. (f. **-trice** /tritʃe/) bottler.
imbottigliatrice /imbottiʎʎa'tritʃe/ f. bottling-machine.
▷ **imbottire** /imbot'tire/ [102] **I** tr. **1** *(mettere un'imbottitura a)* to stuff, to fill [*cuscino*]; to fill [*trapunta*] **2** SART. to pad [*spalle*] **3** COLLOQ. *(imbacuccare)* to swathe [sb.] in clothes, to wrap [sb.] up warmly [*bambino*] **4** COLLOQ. *(saturare)* ***~ qcn. di medicine*** to pump sb. full of drugs **5** GASTR. to fill [*panino*] **6** FIG. *(riempire)* to fill; ***~ la testa a qcn. di qcs.*** to fill sb.'s head with sth. **II imbottirsi** pronom. **1** COLLOQ. *(vestirsi pesantemente)* to wrap (oneself) up warmly **2** COLLOQ. *(riempirsi)* to stuff oneself; ***-rsi di medicine*** to dose oneself up.
imbottita /imbot'tita/ f. quilt.
imbottito /imbot'tito/ **I** p.pass. → **imbottire II** agg. **1** *(che ha l'imbottitura)* [*cuscino*] stuffed, filled; [*giaccone, bracciolo, sedile*] padded **2** *(molto vestito)* wrapped up **3** GASTR. ***panino ~*** sandwich.
imbottitura /imbotti'tura/ f. **1** *(di cuscino)* stuffing, filling; *(di trapunta, materasso)* batting **2** SART. padding **3** *(protezione)* pad; ***~ di gommapiuma, di gomma*** foam, rubber pad *o* padding.
imbraca /im'braka/ f. *(per cavallo da tiro)* breeching.
imbracare /imbra'kare/ [1] **I** tr. to sling*, to secure with a sling, to harness **II imbracarsi** pronom. to rope up.
imbracatura /imbraka'tura/ f. **1** *(l'imbracare)* slinging **2** *(insieme di corde)* harness, sling (anche ALP.).
imbracciare /imbrat'tʃare/ [1] tr. **1** *(infilare al braccio)* ***~ lo scudo*** to take* up the shield **2** *(mettere in posizione di tiro)* to shoulder, to raise, to take* aim with [*fucile*].

imbracciatura /imbrattʃa'tura/ f. **1** *(modo di imbracciare)* shouldering **2** *(parte che serve per imbracciare) (di scudo)* strap; *(di fucile)* sling.
imbragare /imbra'gare/ → **imbracare.**
imbragatura /imbraga'tura/ → **imbracatura.**
imbranato /imbra'nato/ **I** agg. COLLOQ. awkward, clumsy, wimpish **II** m. (f. **-a**) bungler, bumbler, sad sack AE.
imbrancare /imbran'kare/ [1] tr. to herd.
imbrattacarte /imbratta'karte/ m. e f.inv. SPREG. scribbler.
imbrattamento /imbratta'mento/ m. smearing, blotting.
imbrattamuri /imbratta'muri/ m. e f.inv. SPREG. **1** *(pittore di nessun valore)* dauber **2** *(chi scrive o disegna sui muri)* graffitist.
imbrattare /imbrat'tare/ [1] **I** tr. *(sporcare)* to dirty, to soil, to smear; *~ un muro di qcs.* to daub sth. on a wall, to daub a wall with sth., to smear sth. on the wall; *~ un ponte di scritte* to daub graffiti all over a bridge; *~ una pagina d'inchiostro* to spatter a page with ink, to spatter ink over a page **II imbrattarsi** pronom. to get* dirty (**di, con** with); *-rsi con la marmellata* to get jam all over oneself.
imbrattatele /imbratta'tele/ m. e f.inv. SPREG. dauber.
imbratto /im'bratto/ m. *(dipinto pessimo)* daub, botch; *(scritto pessimo)* scribble.
imbrecciare /imbret'tʃare/ [1] tr. to gravel, to cover with gravel [*strada*].
imbrecciatura /imbrettʃa'tura/ f. gravelling.
imbriaco /imbri'ako/ → **ubriaco.**
imbrifero /im'brifero/ agg. *bacino ~* catch basin, catchment area.
imbrigliamento /imbriʎʎa'mento/ m. **1** EQUIT. bridling **2** FIG. checking.
imbrigliare /imbriʎ'ʎare/ [1] tr. **1** EQUIT. to bridle, to put a bridle on [*cavallo*] **2** FIG. to bridle, to check **3** EDIL. to buttress **4** TECN. IDR. to contain.
imbrillantinare /imbrillanti'nare/ [1] **I** tr. to put* brillantine on [*capelli*] **II imbrillantinarsi** pronom. to put* brillantine on one's hair.
imbroccare /imbrok'kare/ [1] tr. **1** *(colpire nel segno)* to hit* **2** FIG. *imbroccarla giusta* to get it right, to hit the nail on the head; *non ne imbrocca mai una* she never gets it right.
imbrodarsi /imbro'darsi/ [1] pronom. to make* a mess of oneself ◆ *chi si loda s'imbroda* PROV. pride comes before a fall.
▷ **imbrogliare** /imbroʎ'ʎare/ [1] **I** tr. **1** *(truffare)* to cheat, to deceive, to fool, to take* in; *~ qcn. sulla quantità, sul peso, prezzo* to cheat sb. on the quantity, weight, price; *~ sulla qualità di un prodotto* to cut corners on product quality; *non provare a ~!* don't try to cheat! *farsi ~* to be fooled *o* swindled, to get gypped COLLOQ.; *accusare qcn. di avere imbrogliato* to accuse sb. of cheating **2** *(ingarbugliare)* to tangle [*filo, lana*]; FIG. to muddle up, to entangle [*faccenda*] **3** MAR. to clew down [*vele*] **II imbrogliarsi** pronom. **1** *(ingarbugliarsi)* [*fili*] to get* tangled **2** *(confondersi)* [*idee, faccenda, persona*] to get* mixed up; *-rsi in spiegazioni* to get tangled in one's explanation ◆ *~ le carte* to confuse *o* cloud an issue.
imbrogliato /imbroʎ'ʎato/ **I** p.pass. → **imbrogliare II** agg. **1** *(ingarbugliato)* [*fili*] tangled, entangled **2** FIG. *(intricato)* [*faccenda*] intricate, complicated.
imbroglio, pl. **-gli** /im'brɔʎʎo, ʎi/ m. **1** *(truffa)* cheat, swindle, trick, rip-off COLLOQ., take-in COLLOQ.; *è (tutto) un ~!* it's all a trick *o* a complete fiddle! **2** *(groviglio) (di fili)* tangle; FIG. *(pasticcio)* mix-up, muddle **3** *(situazione complicata, guaio)* scrape, fix.
imbroglione /imbroʎ'ʎone/ **I** agg. [*negoziante*] cheating **II** m. (f. **-a**) cheat, dodger, crook, swindler, trickster.
imbronciarsi /imbron'tʃarsi/ [1] pronom. to sulk, to pout.
imbronciato /imbron'tʃato/ **I** p.pass. → **imbronciarsi II** agg. **1** *(contrariato)* [*persona*] sulky, sullen, pouting; *avere l'aria -a* to look sulky **2** *(nuvoloso)* [*cielo, tempo*] overcast, cloudy.
1.imbrunire /imbru'nire/ [102] **I** intr. (aus. *essere*) *(rendere scuro)* *far ~* to brown [*zucchero*] **II** impers. (aus. *essere*) *imbrunisce* it's growing *o* getting dark.
2.imbrunire /imbru'nire/ m. *all'* o *sull'~* at dusk *o* nightfall.
imbruttire /imbrut'tire/ [102] **I** tr. to uglify, to make* [sb., sth.] ugly [*persona, paesaggio*] **II** intr. (aus. *essere*), **imbruttirsi** pronom. [*persona*] to grow* ugly, to go* off.
imbucare /imbu'kare/ [1] **I** tr. **1** *(spedire)* to post, to mail [*lettera*] **2** *(mettere in buca) (nel golf)* to hole; *(nel biliardo)* to pocket **II imbucarsi** pronom. COLLOQ. **1** *(nascondersi)* to hide* **2** SCHERZ. GERG. *(intrufolarsi) -rsi a una festa* to crash *o* gatecrash a party.
imbucato /imbu'kato/ **I** p.pass. → **imbucare II** agg. [*lettera*] posted **III** m. (f. **-a**) SCHERZ. GERG. gatecrasher, ligger.
imbufalirsi /imbufa'lirsi/ [102] pronom. COLLOQ. to fly* off the handle, to get* one's dander up (**per** over).
imbufalito /imbufa'lito/ **I** p.pass. → **imbufalirsi II** agg. furious, mad mai attrib. (**con** at, with; **per** for).
imbullonare /imbullo'nare/ [1] tr. to bolt.
imburrare /imbur'rare/ [1] tr. to butter [*pane, tartina*]; to grease [sth.] with butter [*teglia*].
imbustare /imbus'tare/ [1] tr. to put* [sth.] into an envelope.
imbutiforme /imbuti'forme/ agg. funnel-shaped; BOT. trumpet-shaped.
imbutire /imbu'tire/ [102] tr. to deep-draw*.
imbutitrice /imbuti'tritʃe/ f. stamping press.
▷ **imbuto** /im'buto/ m. funnel; *a ~* funnel-shaped; *il fiume forma un ~* FIG. the river narrows ◆ *mangiare con l'~* to gobble down, to wolf down.
imenale /ime'nale/ agg. hymenal.
1.imene /i'mɛne/ m. ANAT. hymen.
2.imene /i'mɛne/ m. LETT. Hymen.
imeneo /ime'nɛo/ **I** agg. hymeneal **II** m. **1** *(canto nuziale)* hymeneal **2** *(nozze)* hymeneals pl., nuptials pl.
imenottero /ime'nɔttero/ m. hymenopteran*; *degli -i* hymenopteral, hymenopterous.
imitabile /imi'tabile/ agg. imitable.
▷ **imitare** /imi'tare/ [1] tr. **1** *(copiare)* to imitate [*gesto, comportamento*]; to imitate, to copy [*firma, maestro, eroe*]; *imita sua sorella in tutto* he follows his sister in everything; *essere un modello da ~* to be a suitable model to copy **2** *(riprodurre)* to imitate, to mimic; *(fare il verso a)* to mock [*accento, difetto*]; TEATR. [*persona*] to do* an impression of [*attore, personalità*]; *~ il canto del gallo* to imitate a cock crowing; *~ qcn. alla perfezione* to imitate sb. to the life; *imita bene Andrea* he does a good impression of Andrea **3** *(fare altrettanto)* to do* the same.
imitativo /imita'tivo/ agg. imitative.
imitatore /imita'tore/ ➧ *18* m. (f. **-trice** /tritʃe/) **1** imitator **2** *(artista)* impressionist.
imitazione /imitat'tsjone/ f. **1** *(azione)* imitation; TEATR. impersonation, impression; *l'~ della natura, di un suono* the imitation of nature, of a sound; *fare le -i* to do impressions **2** COMM. imitation; *(contraffazione)* fake; *una lontana* o *vaga ~* a pale imitation; *è un'~* it's imitation; *gioielli d'~* imitation jewels; *"diffidate delle -i"* "beware of imitations".
Immacolata (Concezione) /immako'lata(kontʃet'tsjone)/ n.pr.f. **1** RELIG. *l'~* the Immaculate Conception **2** *(festa)* Feast of the Immaculate Conception.
immacolato /immako'lato/ agg. **1** *(candido)* [*reputazione*] immaculate, spotless, whiter than white **2** *(bianchissimo)* [*neve, camicia*] immaculate.
immagazzinamento /immagaddzina'mento/ m. **1** COMM. storage, warehousing **2** INFORM. storage; *capacità di ~* storage capacity; *~ dati* data storage.
immagazzinare /immagaddzi'nare/ [1] tr. **1** IND. COMM. *(mettere in magazzino)* to store, to warehouse **2** *(accumulare)* to stockpile, to store up [*merci, viveri*]; to store (up) [*calore, energia, conoscenze, ricordi*] **3** INFORM. to store [*dati*].
immaginabile /immadʒi'nabile/ agg. **1** *(concepibile)* conceivable; [*situazione, soluzione, pericolo, minaccia*] imaginable **2** *(possibile)* *fare ogni tentativo ~* to try everything one could possibly think of.
▶ **immaginare** /immadʒi'nare/ [1] **I** tr. **1** *(rappresentarsi)* to imagine, to picture [*persona, cosa, scena*]; *lo immaginavo più alto* I imagined him to be taller; *non è come l'avevo immaginato* it's not like I imagined it would be; *non immagini* o *non puoi immaginare i problemi che ho avuto* you can't imagine the trouble I've had; *~ di essere ricco* to imagine being rich; *immagino proprio!* I can imagine only too well! *immagina!* just imagine (that)! *lo immaginavo* I thought as much; *immagina la mia sorpresa* just imagine my surprise; *immagina la sua faccia quando gli hanno annunciato che sarebbe diventato padre!* just picture his face when he was told he was going to be a father! **2** *(supporre)* to imagine, to suppose; *immagino fosse lui* I presume it was him; *immagina che non sia d'accordo...* suppose he doesn't agree...; *è morto, immagino* he's dead, I imagine; *immagino di sì* I imagine *o* suppose so **3** *(inventare)* to devise, to think* up [*metodo, mezzo*] **II immaginarsi** pronom. **1** *(rappresentarsi)* to imagine, to picture [*cosa, persona*]; *puoi facilmente immaginarti la scena!* can you just picture the scene! *c'era da immaginarselo* that was to be expected **2** *(vedersi)* to picture oneself, to see* oneself; *-rsi a 60 anni, al volante di una splendida automobile* to picture oneself at 60, at the wheel of a superb car **3** *(credere)* to think* (**che** that) **4** *(formula di cortesia)* *"grazie per il suo aiuto" - "ma si immagini!"* "thank you for your help" - "don't mention it!"

▷ **immaginario**, pl. **-ri**, **-rie** /immadʒi'narjo, ri, rje/ **I** agg. **1** *(inventato)* [*personaggio, eroe*] fictitious, imaginary; [*mondo, universo*] imaginary, fictional; [*problema, nemico*] imaginary; ***ha un amico ~ che si chiama Lele*** in his mind he has a friend called Lele **2** MAT. [*numero*] imaginary **II** m. **1** *(immaginazione)* imagination; ***appartenere alla sfera dell'~*** to belong to the realms of the imagination **2** *(mondo immaginato)* ***l'~ di un autore*** the imaginative world of an author ◆◆ ***~ collettivo*** collective imagination.

immaginativa /immadʒina'tiva/ f. imagination, imaginativeness.

immaginativo /immadʒina'tivo/ agg. **1** *(relativo all'immaginazione)* [*facoltà*] imaginative **2** *(dotato di immaginazione)* imaginative.

▷ **immaginazione** /immadʒinat'tsjone/ f. imagination, fancy; ***avere ~*** to have imagination, to be imaginative; ***mancare di*** o ***non avere ~*** to lack imagination; ***mio figlio ha una fervida ~*** my son has a very fertile *o* vivid imagination; ***questo romanzo ha colpito la mia ~*** this novel caught my imagination; ***dimostrare di avere ~*** to show imagination; ***un bambino pieno di ~*** a very imaginative child; ***cifre che vanno al di là di ogni ~*** figures that are beyond the grasp of imagination; ***non lascia niente all'~*** it leaves nothing to the imagination; ***deve essere un frutto della sua ~*** he must have imagined it, it must be a figment of his imagination; ***neanche con un grande sforzo di ~ potresti dire...*** not by any stretch of the imagination you could say...; ***privo di ~*** unimaginative.

▶ **immagine** /im'madʒine/ f. **1** image; ***culto delle -i*** image-worship; FIG. *(ritratto)* ***è l'~ di sua padre*** he is the image of his father; ***essere l'~ della salute*** to be the picture of health; ***~ di sé*** self-image **2** *(figura, disegno)* image, picture; *(illustrazione)* illustration **3** CINEM. TELEV. image; ***l'~ è nitida, sfocata*** the image is clear, blurred; ***l'~ è troppo scura*** the picture is too dark; ***vi mostreremo alcune -i del film*** we'll show you an excerpt *o* extract from the film; ***il film contiene delle -i scioccanti*** the film contains some shocking scenes; ***-i di repertorio*** library pictures; ***fermo ~*** freeze frame **4** *(rappresentazione)* picture; ***il loro libro dà un'~ distorta della situazione, del paese*** their book gives a totally false picture of the situation, of the country; ***Dio creò l'uomo a sua ~ e somiglianza*** God created Man in his own image **5** LETTER. image; ***si esprime per -i*** he expresses himself in images; ***studiare le -i di una poesia*** to study the imagery of a poem **6** *(modo di apparire)* image; *(di prodotto)* brand image; *(di società)* corporate image; *(di personaggio pubblico)* public image; ***dare una nuova ~*** to project a new image **7** ZOOL. imago* **8** MAT. image ◆◆ ***~ fantasma*** TELEV. ghost image; ***~ reale*** FIS. real *o* visual image; ***~ speculare*** mirror image; ***~ virtuale*** virtual image; ***~ votiva*** votive image.

immaginetta /immadʒi'netta/ f. *(santino)* holy picture.

immaginifico, pl. **-ci**, **-che** /immadʒi'nifiko, tʃi, ke/ agg. [*linguaggio, stile*] highly imaginative; ***l'Immaginifico*** = the Italian poet Gabriele D'Annunzio.

immaginoso /immadʒi'noso/ agg. **1** *(dotato di fantasia)* imaginative **2** *(ricco di immagini)* [*stile, linguaggio*] imaginative, vivid.

immalinconire /immalinko'nire/ [102] **I** tr. to make* [sb.] melancholy, to sadden **II immalinconirsi** pronom. to grow* melancholy, to grow* sad.

immancabile /imman'kabile/ agg. **1** *(inevitabile)* unfailing, inevitable **2** *(sicuro)* [*successo*] guaranteed, certain.

immancabilmente /immankabil'mente/ avv. unfailingly, without fail; ***se sono sotto la doccia ~ squilla il telefono*** if I am in the shower the phone is sure to ring.

immane /im'mane/ agg. **1** LETT. *(enorme)* huge, enormous **2** *(spaventoso)* terrible, dreadful.

immanente /imma'nɛnte/ agg. immanent.

immanentismo /immanen'tizmo/ m. immanentism.

immanentistico, pl. **-ci**, **-che** /immanen'tistiko, tʃi, ke/ agg. immanentist(ic).

immanenza /imma'nɛntsa/ f. immanence.

immangiabile /imman'dʒabile/ agg. uneatable, inedible.

immanicato /immani'kato/ agg. **1** *(provvisto di manico)* with a handle **2** COLLOQ. well-connected; ***essere ~ con qcn.*** to be in cahoots with sb.

immantinente /immanti'nɛnte/ avv. LETT. immediately, at once.

immarcescibile /immartʃeʃ'ʃibile/ agg. imperishable (anche FIG.).

immateriale /immate'rjale/ agg. **1** *(non materiale)* immaterial, nonmaterial **2** DIR. [*beni*] incorporeal, intangible **3** *(leggero)* [*grazia*] ethereal, impalpable.

immaterialismo /immateria'lizmo/ m. immaterialism.

immaterialista, m.pl. **-i**, f.pl. **-e** /immateria'lista/ m. e f. immaterialist.

immaterialità /immaterjali'ta/ f.inv. immateriality.

immatricolare /immatriko'lare/ [1] **I** tr. **1** AMM. to license, to register [*veicolo*]; ***far ~ un veicolo*** to have a vehicle registered *o* licensed AE **2** UNIV. to matriculate **II immatricolarsi** pronom. UNIV. to matriculate.

immatricolazione /immatrikolat'tsjone/ f. **1** *(di veicoli)* registration; ***numero di ~*** licence number **2** UNIV. matriculation, matric COLLOQ.

immaturità /immaturi'ta/ f.inv. **1** *(di frutto)* unripeness **2** FIG. immaturity.

▷ **immaturo** /imma'turo/ agg. **1** [*frutto*] unripe, immature **2** FIG. [*persona*] immature; ***essere ~ per la propria età*** to be immature *o* young for one's age **3** *(prematuro)* premature; ***è ~ fare*** it is premature to do; ***morte -a*** premature *o* early death.

immedesimarsi /immedezi'marsi/ [1] pronom. to identify oneself (**con** with).

immedesimazione /immedezimat'tsjone/ f. identification.

immediatamente /immedjata'mente/ avv. **1** *(direttamente)* directly, immediately; ***~ sotto la finestra*** immediately under the window; ***~ dietro*** hard behind; ***~ alla mia sinistra*** on my immediate left **2** *(subito)* immediately, at once; ***~ prima, dopo*** immediately before, after; ***gli telefono ~*** I'm going to phone him right now.

immediatezza /immedja'tettsa/ f. **1** *(spontaneità)* directness, spontaneity **2** *(prontezza)* immediacy, immediateness.

▷ **immediato** /imme'djato/ **I** agg. **1** *(istantaneo)* [*risposta, conseguenza, effetto, azione, reazione, pericolo, provvedimento*] immediate; [*successo*] overnight, instant; ***chiedere il ritiro ~ delle truppe*** to ask for immediate withdrawal of troops; ***decidere l'invio ~ di qcn.*** to decide to send sb. immediately; ***non correre rischi -i*** to be in no direct danger; ***consegna -a*** spot delivery; ***imbarco ~*** AER. now boarding **2** *(il più vicino)* [*superiore*] immediate, direct; ***nelle -e vicinanze di qcs.*** in the immediate vicinity of sth.; ***nell'~ futuro*** in the immediate future **II** m. ***nell'~*** in the immediate future, for the time being.

immemorabile /immemo'rabile/ agg. immemorial; ***da tempo ~*** from *o* since time immemorial, since the year dot COLLOQ.

immemore /im'mɛmore/ agg. LETT. oblivious, forgetful (**di** of).

immensamente /immensa'mente/ avv. immensely.

immensità /immensi'ta/ f.inv. **1** *(di luogo)* immensity, vastness **2** *(grande quantità)* infinity; ***avere un'~ di preoccupazioni*** to have an infinite number of worries.

▶ **immenso** /im'mɛnso/ agg. [*luogo, albero, folla*] huge; [*successo, dispiacere, dolore, gioia, piacere*] immense.

▶ **immergere** /im'mɛrdʒere/ [19] **I** tr. **1** to immerse, to dip (**in** in) **2** *(far penetrare)* to plunge; ***~ un coltello nel petto di qcn.*** to plunge a knife into sb.'s breast **II immergersi** pronom. **1** [*sottomarino, palombaro*] to dive, to plunge (**in** in) **2** SPORT to dive; ***-rsi in apnea*** to go skindiving **3** *(dedicarsi completamente)* ***-rsi in*** to submerge oneself in, to get *o* become absorbed in, to lose oneself in [*pensieri, lettura*]; to bury oneself in [*lavoro*].

immeritatamente /immeritata'mente/ avv. undeservedly.

immeritato /immeri'tato/ agg. undeserved, unworthy.

immeritevole /immeri'tevole/ agg. undeserving, unworthy (**di** of).

immersione /immer'sjone/ f. **1** *(di corpo, oggetto)* immersion, dipping, dive; ***battesimo per ~*** baptism by total immersion **2** SCOL. immersion (**in** in) **3** PESC. SPORT TECN. dive; ***fare ~*** to dive, to go diving **4** *(di sottomarino)* dive; ***effettuare un'~*** to do a dive; ***un sottomarino in ~*** an underwater submarine **5** MAR. draught BE, draft AE ◆◆ ***~ totale*** SCOL. full immersion.

immerso /im'mɛrso/ **I** p.pass. → **immergere II** agg. **1** *(in un liquido)* [*corpo, oggetto*] immersed (*in* in) **2** FIG. *(sprofondato)* ***~ nell'oscurità*** plunged into darkness; ***i bambini erano -i nel sonno*** the children were deeply asleep **3** *(assorto)* immersed, absorbed; ***essere ~ nei propri pensieri, in un libro*** to be absorbed *o* buried *o* deep *o* immersed in one's thoughts, a book.

immettere /im'mettere/ [60] **I** tr. **1** *(introdurre)* to put* (*in* in, into); ***~ acqua in una cisterna*** to pour *o* run water into a tank **2** *(mettere in circolazione)* ***~ un (nuovo) prodotto sul mercato*** to launch *o* put a (new) product on(to) the market **3** INFORM. to input*, to enter, to key [*dati*] **II** intr. (aus. *avere*) to lead*; ***il corridoio immette sul*** o ***nel cortile*** the corridor leads to the courtyard **III immettersi** pronom. **1** *(confluire)* ***la nostra via si immette nella strada principale*** our road leads to the main street; ***-rsi in autostrada*** to get onto the motorway; ***-rsi in una corsia*** to go into a lane **2** *(sfociare)* [*corso d'acqua*] to flow (**in** into).

immigrante /immi'grante/ m. e f. immigrant.

immigrare /immi'grare/ [1] intr. (aus. *essere*) to immigrate.

immigrato /immi'grato/ **I** p.pass. → **immigrare II** agg. immigrant; ***lavoratore ~*** guest *o* immigrant worker **III** m. (f. **-a**) immigrant; ***~ clandestino*** illegal immigrant, alien.

immigratorio, pl. **-ri**, **-rie** /immigra'tɔrjo, ri, rje/ agg. ***ondata -a*** wave of immigrants.
immigrazione /immigrat'tsjone/ f. immigration; ***leggi sull'~*** immigration laws; ***il dibattito sull'~*** the debate on immigration.
imminente /immi'nɛnte/ agg. [*liberazione, caduta, parto, guerra, crisi*] imminent; [*pubblicazione*] forthcoming; [*evento, risultato, elezione*] oncoming, upcoming; [*pericolo*] impending, imminent; ***il suo ritorno, arrivo è ~*** his return, arrival is close at hand.
imminenza /immi'nɛntsa/ f. imminence (**di** of).
immischiare /immis'kjare/ [1] **I** tr. to involve, to mix up (**in** in) **II immischiarsi** pronom. to meddle, to embroil (**in** in); ***-rsi negli affari altrui*** to meddle *o* mess in *o* intrude into sb.'s affairs.
immiscibile /immiʃ'ʃibile/ agg. immiscible.
immiscibilità /immiʃʃibili'ta/ f.inv. immiscibility.
immiserimento /immizeri'mento/ m. impoverishment.
immiserire /immize'rire/ [102] **I** tr. to impoverish (anche FIG.) **II** intr. (aus. *essere*) to become* poor **III immiserirsi** pronom. to become* poor.
immissario, pl. **-ri** /immis'sarjo, ri/ m. tributary, inlet.
immissione /immis'sjone/ f. **1** *(introduzione)* introduction **2** ECON. ***~ di capitali*** injection of money **3** BUROCR. ***~ in ruolo*** = inclusion in the list of permanent staff (for civil servants) **4** INFORM. input; ***~ di dati*** data entry; ***dati di ~*** input data **5** MECC. intake, inlet; ***valvola di ~*** inlet *o* intake valve; ***~ di carburante*** fuel intake; ***regolare l'~*** to adjust the intake.
▷ **immobile** /im'mɔbile/ **I** agg. **1** *(che non si muove)* [*persona, animale, corpo*] motionless, still, immobile, unmoving; [*sguardo, sorriso*] fixed; ***rimanere*** o ***restare ~*** to stand (stock-)still, to freeze **2** DIR. ***beni -i*** real estate, (immovable) property, realty AE, immovables **II** m. *(costruzione)* building; ***un ~ di dieci piani*** a ten-storey building; ***mercato degli -i*** real estate *o* property *o* housing market.
immobiliare /immobi'ljare/ agg. [*settore, credito, investimento, annuncio*] property, real estate AE; ***società ~*** *(di costruzione)* development company; *(di vendita)* (real) estate agency BE, realty AE; ***agente ~*** (real) estate agent, property dealer; ***vendite -i*** house sales; ***l'impennata del settore ~*** the property boom, the steep rise in property; ***essere nel settore ~*** to be in real estate.
immobilismo /immobi'lizmo/ m. = ultraconservative policy.
immobilista, m.pl. **-i**, f.pl. **-e** /immobi'lista/ m. e f. = ultraconservative person.
immobilistico, pl. **-ci**, **-che** /immobi'listiko, tʃi, ke/ agg. [*politica*] = ultraconservative.
immobilità /immobili'ta/ f.inv. immobility, immovability (anche FIG.).
immobilizzare /immobilid'dzare/ [1] tr. **1** *(mantenere immobile)* to immobilize, to pin (down) [*persona, avversario*]; to immobilize, to set* [*frattura*]; ***è rimasta immobilizzata per un mese*** she was laid up *o* immobilized for a month **2** *(paralizzare)* [*sciopero, crisi*] to block, to paralyze, to bring* [sth.] to a halt [*economia, paese*] **3** ECON. to immobilize, to lock up [*capitali*].
immobilizzatore /immobiliddza'tore/ m. AUT. immobilizer.
immobilizzazione /immobiliddzat'tsjone/ **I** f. **1** *(azione, risultato)* immobilization; ***la frattura esige l'~ totale del braccio*** the fracture requires complete immobilization of the arm **2** ECON. *(di capitale)* immobilization, locking up (**di** of) **II immobilizzazioni** f.pl. ECON. capital assets, fixed assets.
immobilizzato /immobilid'dzato/ **I** p.pass. → **immobilizzare II** agg. **1** [*persona, braccio*] immobilized; ***~ sulla sedia a rotelle*** wheelchair-bound **2** ECON. [*capitale*] immobilized, frozen.
immobilizzo /immobi'liddzo/ m. *(di capitali)* immobilization, locking up.
immoderatamente /immoderata'mente/ avv. immoderately.
immoderatezza /immodera'tettsa/ f. immoderation.
immoderato /immode'rato/ agg. immoderate.
immodestamente /immodesta'mente/ avv. immodestly.
immodestia /immo'dɛstja/ f. immodesty.
immodesto /immo'dɛsto/ agg. immodest.
immodificabile /immodifi'kabile/ agg. unmodifiable.
immolare /immo'lare/ [1] **I** tr. **1** RELIG. to immolate, to sacrifice [*vittima, animale*] (**su** on; **a** to) **2** FIG. ***~ la propria vita per qcs.*** to give *o* sacrifice one's life for sth. **II immolarsi** pronom. to immolate oneself.
immolatore /immola'tore/ m. (f. **-trice** /'tritʃe/) immolator.
immolazione /immolat'tsjone/ f. immolation.
immondezza /immon'dettsa/ f. **1** *(sporcizia)* dirt **2** *(immondizia)* litter **U**, rubbish **U**, garbage **U** AE, trash **U** AE **3** FIG. foulness.
immondezzaio, pl. **-ai** /immondet'tsajo, ai/ m. **1** *(discarica)* rubbish dump, tip BE, garbage dump AE **2** FIG. *(luogo sporco)* pigsty, tip BE COLLOQ.
▷ **immondizia** /immon'dittsja/ f. litter **U**, rubbish **U**, garbage **U** AE, trash **U** AE; ***portare fuori l'~*** to put the trash out; ***vietato lo scarico di -e*** no dumping; ***camion dell'~*** dustcart BE, garbage truck AE; ***buttare qcs. nell'~*** to throw sth. out *o* in the bin BE *o* in the garbage AE.
immondo /im'mondo/ agg. **1** *(sporco)* [*luogo*] filthy **2** RELIG. [*animale*] unclean **3** FIG. *(turpe)* foul.
▷ **immorale** /immo'rale/ agg. immoral, unethical.
immoralismo /immora'lizmo/ m. immoralism.
immoralista, m.pl. **-i**, f.pl. **-e** /immora'lista/ m. e f. immoralist.
immoralità /immorali'ta/ f.inv. immorality; ***essere di una totale ~*** to be completely immoral.
immoralmente /immoral'mente/ avv. immorally, unethically.
immorsare /immor'sare/ [1] tr. EDIL. to quoin.
immorsatura /immorsa'tura/ f. EDIL. quoin.
immortalare /immorta'lare/ [1] **I** tr. to immortalize [*momento, ricordo, persona*] **II immortalarsi** pronom. to gain everlasting fame.
immortalato /immorta'lato/ **I** p.pass. → **immortalare II** agg. immortalized; ***~ in un libro, in un film*** immortalized in a book, film; ***~ in una foto*** captured forever in a photo.
▷ **immortale** /immor'tale/ **I** agg. [*anima, dio*] immortal; [*opera, bellezza, simbolo*] immortal, everlasting, eternal **II** m. e f. immortal.
immortalità /immortali'ta/ f.inv. immortality.
immotivato /immoti'vato/ agg. [*atto, collera, timore, crimine, ritardo*] unjustified; [*reclamo*] groundless, motiveless.
immoto /im'mɔto/ agg. LETT. motionless, still.
immune /im'mune/ agg. **1** MED. immune (**da** to) **2** *(esente)* immune, exempt (**da** from); ***essere ~ da*** to be immune from [*attacco, arresto*]; ***non sono ~ da questo genere di problemi*** I'm not exempt from such problems.
immunità /immuni'ta/ f.inv. immunity (**da** to, against) ◆◆ ***~ diplomatica*** diplomatic immunity *o* privilege; ***~ parlamentare*** parliamentary privilege.
immunitario, pl. **-ri**, **-rie** /immuni'tarjo, ri, rje/ agg. [*sistema, reazione, difesa*] immune.
immunizzante /immunid'dzante/ agg. immunizing.
immunizzare /immunid'dzare/ [1] **I** tr. **1** MED. to immunize (**da** against) **2** *(proteggere)* ***~ qcn. da*** to protect sb. from [*paura, critica*] **II immunizzarsi** pronom. to become* immune.
immunizzazione /immuniddzat'tsjone/ f. immunization.
immunodeficiente /immunodefi'tʃɛnte/ agg. immunodeficient, immunocompromised.
immunodeficienza /immunodefi'tʃɛntsa/ f. immunodeficiency, immune deficiency; ***sindrome da ~ acquisita*** acquired immune deficiency syndrome.
immunofluorescenza /immunofluoreʃ'ʃɛntsa/ f. immunofluorescence.
immunogenetica /immunodʒe'nɛtika/ f. immunogenetics + verbo sing.
immunogenico, pl. **-ci**, **-che** /immuno'dʒɛniko, tʃi, ke/ agg. immunogenic.
immunogeno /immu'nɔdʒeno/ agg. immunogen.
immunoglobulina /immunoglobu'lina/ f. immunoglobulin.
immunologia /immunolo'dʒia/ f. immunology.
immunologico, pl. **-ci**, **-che** /immuno'lɔdʒiko, tʃi, ke/ agg. immunological.
immunologo, m.pl. **-gi**, f.pl. **-ghe** /immu'nɔlogo, dʒi, ge/ ♦ ***18*** m. (f. **-a**) immunologist.
immunoprofilassi /immunoprofi'lassi/ f.inv. immunoprophylaxis.
immunosoppressione /immunosoppres'sjone/ f. immunosuppression.
immunosoppressivo /immunosoppres'sivo/ agg. immunosuppressive.
immunosoppressore /immunosoppres'sore/ **I** agg. immunosuppressive **II** m. immunosuppressive.
immunostimolante /immunostimo'lante/ **I** agg. immunostimulant **II** m. immunostimulant.
immunoterapia /immunotera'pia/ f. immunotherapy.
immusonirsi /immuzo'nirsi/ [102] pronom. to sulk, to pull a long face (**con qcn.** with sb.; **per qcs.** about, over sth.).
immusonito /immuzo'nito/ **I** p.pass. → **immusonirsi II** agg. ***avere l'aria -a*** to look sulky.
immutabile /immu'tabile/ agg. **1** *(che non muta)* [*legge*] immutable; [*ciclo, tradizione, paesaggio, carattere, umore*] immutable, unchanging; [*sentimento*] unchanging, eternal; [*bellezza*] timeless, eternal **2** *(che non si può mutare)* [*regola, principio*] immutable, unchangeable.

immutabilità /immutabili'ta/ f.inv. immutability, changelessness.

immutabilmente /immutabil'mente/ avv. immutably.

▷ **immutato** /immu'tato/ agg. unchanged, unaltered.

imo /'imo/ **I** agg. **1** *(il più profondo)* (the) deepest **2** *(il più basso)* (the) lowest **II** m. bottom, lowest part.

impaccare /impak'kare/ [1] tr. *(fare pacchi)* to pack, to package; *(impacchettare)* to wrap (up).

impacchettamento /impakketta'mento/ m. wrapping.

impacchettare /impakket'tare/ [1] tr. to wrap (up) [*oggetto*].

impacchettatore /impakketta'tore/ ♦ *18* m. (f. **-trice** /tritʃe/) IND. packer, packager.

impacciare /impat'tʃare/ [1] tr. **1** *(ostacolare)* to hinder, to hamper, to encumber [*persona, movimenti*] **2** *(mettere a disagio)* to embarrass.

impacciato /impat'tʃato/ **I** p.pass. → **impacciare** **II** agg. **1** *(imbarazzato)* [*persona*] embarrassed, self-conscious; ***rispondere in modo ~*** to answer constrainedly **2** *(goffo)* [*persona, gesto*] clumsy, awkward; ***muoversi in modo ~*** to move clumsily *o* awkwardly.

impaccio, pl. **-ci** /im'pattʃo, tʃi/ m. **1** *(ingombro)* hindrance, encumbrance; ***essere d'~ a qcn.*** to be a hindrance to sb. **2** *(situazione difficile)* scrape, predicament; ***cavarsi*** o ***trarsi d'~*** to get out of a scrape; ***trarre qcn. d'~*** to get sb. out of a scrape, to help sb. out of his, her predicament **3** *(imbarazzo)* embarrassment.

impacco, pl. **-chi** /im'pakko, ki/ m. MED. pack, compress.

▷ **impadronirsi** /impadro'nirsi/ [102] pronom. **1** *(prendere)* **~ di** [*persona, gruppo*] to take* over, to seize [*città, potere, paese*]; to get* hold of, to seize [*oggetto*]; to gain possession of [*pallone*] **2** FIG. *(assalire)* **~ di qcn.** [*collera, rabbia*] to creep over sb., to possess sb. **3** *(acquisire la padronanza)* **~ di qcs.** to master sth.; ***~ di una lingua, di una tecnica*** to master a language, a technique.

impagabile /impa'gabile/ agg. **1** *(inestimabile)* invaluable, priceless **2** FIG. [*persona*] invaluable.

impagabilmente /impagabil'mente/ avv. invaluably.

impaginare /impadʒi'nare/ [1] tr. to page, to lay* out.

impaginato /impadʒi'nato/ **I** p.pass. → **impaginare** **II** agg. paged; ***bozza -a*** page proof **III** m. page proof.

impaginatore /impadʒina'tore/ ♦ *18* m. (f. **-trice** /'tritʃe/) layout artist, paste-up artist.

impaginazione /impadʒinat'tsjone/ f. (page) layout.

impagliare /impaʎ'ʎare/ [1] tr. **1** *(coprire di paglia)* to cover [sth.] with straw [*fiasco*]; to bottom [sth.] with straw [*sedia*] **2** *(imbottire di paglia)* to stuff (with straw) [*animale*] **3** *(imballare nella paglia)* to pack (up) [sth.] in straw [*oggetti*].

impagliatore /impaʎʎa'tore/ ♦ *18* m. (f. **-trice** /tritʃe/) *(di sedie)* chair mender; *(di animali)* taxidermist.

impagliatura /impaʎʎa'tura/ f. **1** *(l'impagliare)* *(di fiaschi)* covering with straw; *(di sedie)* chair mending; *(di animali)* stuffing **2** *(rivestimento)* *(di fiaschi)* straw cover; *(di sedie)* straw bottom **3** *(imbottitura)* *(di animali)* stuffing.

impala /im'pala/ m.inv. impala*.

impalamento /impala'mento/ m. *(supplizio)* impalement.

impalare /impa'lare/ [1] tr. **1** *(come supplizio)* to impale [*persona*] **2** BOT. AGR. *(sostenere con pali)* to stake [*vite*].

impalato /impa'lato/ **I** p.pass. → **impalare** **II** agg. **1** *(come supplizio)* impaled **2** BOT. AGR. *(sostenuto con pali)* staked **3** COLLOQ. *(rigido, immobile)* stiff, bolt upright; ***rimanere ~*** to stand stock-still; ***non stare lì ~, fai qualcosa!*** don't just stand there, do something!

impalatura /impala'tura/ f. **1** *(supplizio)* impalement **2** BOT. *(sostegno)* staking.

▷ **impalcatura** /impalka'tura/ f. **1** *(ponteggio)* scaffold, scaffolding, stage; ***montare un'~*** to put up scaffolding **2** *(struttura)* structure, framework (anche FIG.); ***l'~ ossea di un animale*** the skeleton of an animal; ***l'~ di un romanzo*** the structure *o* framework of a novel.

▷ **impallidire** /impalli'dire/ [102] intr. (aus. *essere*) **1** *(diventare pallido)* [*persona*] to go* pale, to turn pale, to pale, to blanch; ***~ di paura*** to go *o* turn pale *o* white with fear **2** FIG. *(perdere luminosità)* [*luce, immagine*] to fade; *(sbiadire)* [*gloria, prestigio*] to pale, to fade.

impallinamento /impallina'mento/ m. riddling (with shot).

impallinare /impalli'nare/ [1] tr. to riddle, to pepper (with shot).

impallinato /impalli'nato/ **I** p.pass. → **impallinare** **II** agg. COLLOQ. *(fanatico)* ***essere ~ di giochi elettronici*** to be hooked on computer games.

impalmare /impal'mare/ [1] tr. LETT. to marry, to wed*.

impalpabile /impal'pabile/ agg. **1** *(molto fine)* [*polvere, zucchero*] very fine, impalpable **2** FIG. [*sensazione*] intangible, undefinable.

impalpabilità /impalpabili'ta/ f.inv. *(di sostanza)* impalpability; *(di sensazioni)* intangibility.

impalpabilmente /impalpabil'mente/ avv. impalpably.

impaludare /impalu'dare/ [1] **I** tr. to swamp **II impaludarsi** pronom. **1** *(trasformarsi in palude)* to turn into a swamp, to become* swampy **2** *(impantanarsi)* ***le ruote si sono impaludate nel fango*** the wheels got stuck in the mud **3** FIG. *(impegolarsi)* to get* bogged down (**in** in).

1.impanare /impa'nare/ [1] tr. GASTR. to bread, to crumb, to coat in breadcrumbs, to coat with breadcrumbs [*cotoletta*].

2.impanare /impa'nare/ [1] tr. TECN. to thread [*vite*].

impanato /impa'nato/ **I** p.pass. → **1.impanare**, **2.impanare** **II** agg. GASTR. [*cotoletta*] breaded.

1.impanatura /impana'tura/ f. GASTR. breading, crumbing.

2.impanatura /impana'tura/ f. TECN. threading.

impanazione /impanat'tsjone/ f. RELIG. impanation.

impancarsi /impan'karsi/ [1] pronom. ***~ a giudice di qcn.*** to sit in judgement on *o* over sb.

impaniare /impa'njare/ [1] **I** tr. **1** *(spalmare di pania)* to smear [sth.] with birdlime **2** *(catturare con la pania)* to trap, to birdlime [*uccello*] **II impaniarsi** pronom. ***-rsi in una situazione difficile*** to get caught in a difficult situation.

impantanare /impanta'nare/ [1] **I** tr. to make* [sth.] swampy; ***le piogge hanno impantanato i campi*** the rain flooded the fields **II impantanarsi** pronom. **1** *(nel fango)* to get* stuck (**in** in) **2** FIG. *(nelle difficoltà)* to get* bogged down, to be* stuck in the mud.

impaperarsi /impape'rarsi/ [1] pronom. to falter, to stumble; ***~ per l'emozione*** [*attore*] to fluff one's lines out of nervousness.

impapocchiare /impapok'kjare/ [1] tr. REGION. **1** *(imbrogliare)* to cheat **2** *(pasticciare)* to bungle, to botch (up), to flub up.

impappinarsi /impappi'narsi/ [1] pronom. to falter, to flounder; ***~ in un discorso*** to flounder through a speech.

imparabile /impa'rabile/ agg. SPORT [*tiro*] unstoppable.

imparagonabile /imparago'nabile/ agg. incomparable.

imparadisare /imparadi'zare/ [1] tr. LETT. to imparadise.

▶ **imparare** /impa'rare/ [1] tr. to learn* [*lingua, mestiere*]; ***~ a fare*** to learn (how) to do; ***~ a scrivere, a guidare*** to learn (how) to write, drive; ***~ a proprie spese*** to learn the hard way; ***~ qcs. a memoria*** to learn sth. by heart *o* off; ***qcs. che si impara facilmente, con difficoltà*** sth. which is easy, difficult to learn; ***avere molto da ~*** to have much to learn ◆ ***sbagliando si impara*** PROV. = you learn from your mistakes; ***non si finisce mai di ~*** live and learn; ***così impari!*** that'll teach you!

imparaticcio, pl. **-ci** /impara'tittʃo, tʃi/ m. **1** *(per il ricamo)* sampler **2** ***un discorso che sa d'~*** a speech which sounds half-baked.

impareggiabile /impared'dʒabile/ agg. [*bellezza*] incomparable, unparalleled; [*artista, persona*] matchless, peerless, unparalleled.

impareggiabilmente /impareddʒabil'mente/ avv. incomparably, peerlessly.

imparentare /imparen'tare/ [1] **I** tr. to join through marriage, to relate [*famiglie*] **II imparentarsi** pronom. to become* related (**con** to); ***-rsi con una famiglia*** to marry into a family.

imparentato /imparen'tato/ **I** p.pass. → **imparentare** **II** agg. [*persona, famiglia*] related, cognate (**con** to); [*tribù, lingua*] kindred.

impari /'impari/ agg.inv. **1** *(non pari, ineguale)* [*divisione, opportunità*] unequal, uneven; *(non equilibrato)* [*lotta, partita*] unbalanced, uneven; *(inferiore)* ***essere ~ di numero*** to be numerically inferior **2** LETT. *(inadatto)* unfit; ***dimostrarsi ~ a un compito*** to be unfit for a task **3** ANAT. unpaired, azygous.

imparisillabo /impari'sillabo/ **I** agg. imparisyllabic **II** m. = verse containing an odd number of syllables.

imparità /impari'ta/ f.inv. imparity.

imparruccare /imparruk'kare/ [1] **I** tr. to wig **II imparruccarsi** pronom. to put* a wig on.

imparruccato /imparruk'kato/ **I** p.pass. → **imparruccare** **II** agg. **1** [*persona*] wigged, bewigged **2** FIG. ANT. [*stile*] pompous.

impartire /impar'tire/ [102] tr. **1** *(dare)* to issue, to give* [*ordine*]; to give* [*lezioni*] (**a qcn.** to sb.) **2** RELIG. to give* [*sacramento*].

imparziale /impar'tsjale/ agg. [*arbitro, giudice, giudizio, critica*] impartial, fair, unbiased; ***in modo ~*** impartially, detachedly; ***essere ~*** to be impartial, not to take side, to have no side.

imparzialità /impartsjali'ta/ f.inv. impartiality; ***giudicare con ~*** to judge fairly.

imparzialmente /impartsjal'mente/ avv. impartially, justly, fairly.

impasse /im'pas, em'pas/ f.inv. **1** *(situazione senza uscita)* impasse, deadlock, dead end; ***condurre a un'~*** to lead to a dead end; ***trovarsi in un'~*** to reach an impasse; ***~ costituzionale, diplomatica*** constitutional, diplomatic deadlock **2** *(nel bridge)* finesse.

impassibile /impas'sibile/ agg. impassible, impassive, emotionless, immovable; ***rimanere ~ davanti a qcs.*** to remain impassive *o* keep one's cool COLLOQ. before sth.
impassibilità /impassibili'ta/ f.inv. impassibility, emotionlessness, immovability.
impassibilmente /impassibil'mente/ avv. impassively, impassibly, emotionlessly.
impastamento /impasta'mento/ m. **1** MED. *(massaggio)* kneading **2** *(di pasta)* kneading.
impastare /impas'tare/ [1] **I** tr. **1** *(amalgamare)* to knead [*pasta, pane*]; to pug [*argilla, creta*]; to mix [*cemento, colori*]; ***~ la farina con l'acqua*** to mix the flour with the water **2** *(rendere impastato)* to fur up [*lingua*] **II impastarsi** pronom. **1** *(mescolarsi)* to mix, to blend **2** COLLOQ. *(schiantarsi)* ***si è impastato con la macchina contro un lampione*** he wrapped the car round a lamppost.
impastato /impas'tato/ **I** p.pass. → **impastare II** agg. [*lingua*] furred; [*voce*] thick; ***occhi -i di sonno*** eyes heavy with sleep.
impastatrice /impasta'tritʃe/ f. **1** GASTR. ~ ***meccanica*** kneading machine **2** EDIL. mixer.
impastatura /impasta'tura/ f. *(di pane, pasta)* kneading; *(di cemento, malta)* mixing.
impasticcarsi /impastik'karsi/ [1] pronom. COLLOQ. **1** *(con medicine)* = to take (too many) pills, to live on pills **2** *(drogarsi)* to pop pills.
impasticcato /impastik'kato/ **I** p.pass. → **impasticcarsi II** agg. COLLOQ. **1** *(con medicine)* pill popping attrib. **2** *(fatto di acido)* high (on acid) mai attrib. **III** m. (f. **-a**) acid head, pill popping, pillhead AE.
impasticciare /impastit'tʃare/ [1] tr. COLLOQ. **1** *(abborracciare)* to botch (up), to bungle **2** FIG. *(ingarbugliare)* to muddle up [*faccenda*].
impasto /im'pasto/ m. **1** *(amalgama)* mix, mixture (anche FIG.); *(di cemento)* slurry **2** GASTR. mixture, batter, paste; *(pasta per pane, pizza)* dough; ***lavorare, stendere l'~*** to knead, roll out the dough; ***mescolare fino a ottenere un ~ ben amalgamato*** mix to a smooth paste, stir until smooth **3** PITT. impasto.
impastocchiare /impastok'kjare/ [1] tr. to make* up [*scuse*].
impastoiare /impasto'jare/ [1] tr. **1** *(mettere le pastoie a)* to hobble [*animale*] **2** FIG. to fetter [*iniziativa*].
impataccare /impatak'kare/ [1] **I** tr. to stain, to spatter **II impataccarsi** pronom. to spatter oneself, to dirty oneself (**di** with).
1.impattare /impat'tare/ [1] tr. to draw* [*partita*].
2.impattare /impat'tare/ [1] intr. (aus. *avere*) **1** *(urtare)* ~ ***contro qcs.*** to impact sth. **2** FIG. *(avere un dato impatto)* to impact (**su** on).
impatto /im'patto/ m. **1** *(urto)* impact; ***l'~ fra due auto*** the collision between two cars; ***punto di ~*** *(nell'atmosfera)* point of entry; ***l'~ con la realtà*** FIG. the impact with reality **2** FIG. *(effetto)* impact; ***avere ~ su qcn., qcs.*** to have *o* make an impact on sb., sth.
▷ **impaurire** /impau'rire/ [102] **I** tr. to frighten, to scare [*animale, persona*] (**facendo** by doing; **con** with) **II impaurirsi** pronom. to get* frightened, to get* scared.
impaurito /impau'rito/ **I** p.pass. → **impaurire II** agg. [*animale, persona*] frightened, scared.
impavesare /impave'zare/ [1] tr. *(ornare con il gran pavese)* to dress; *(munire di impavesata)* to bulwark [*nave*].
impavesata /impave'zata/ f. MAR. bulwark.
impavidamente /impavida'mente/ avv. bravely.
impavido /im'pavido/ agg. fearless, brave, impavid, dauntless, unafraid.
▷ **1.impaziente** /impat'tsjɛnte/ agg. **1** *(nervoso, insofferente)* impatient; ***come sei ~!*** how impatient you are! ***essere ~ con qcn.*** to be impatient with sb. **2** *(desideroso, ansioso)* eager, anxious; ***essere ~ di fare qcs.*** to be eager *o* anxious to do sth.
2.impaziente /impat'tsjɛnte/ f. impatiens*.
impazientemente /impattsjente'mente/ avv. **1** *(nervosamente)* impatiently **2** *(ansiosamente)* eagerly, anxiously.
▷ **impazienza** /impat'tsjɛntsa/ f. **1** *(nervosismo, insofferenza)* impatience; ***mostrare*** o ***dare segni di ~*** to get restless, to show signs of impatience **2** *(desiderio)* eagerness; ***attendere qcs. con ~*** to look forward to sth., to eagerly await sth.
impazzare /impat'tsare/ [1] intr. (aus. *avere, essere*) [*persone*] to revel; [*manifestazione*] to be* in full swing; ***la gente impazzava per le strade*** people were revelling in the streets; ***il carnevale impazza*** the carnival is in full swing.
impazzata: **all'impazzata** /allimpat'tsata/ avv. [*correre*] like mad; [*sparare*] wildly.
impazzimento /impattsi'mento/ m. ***questo lavoro è un vero ~*** this job is a real nuisance *o* drives me crazy.
▶ **impazzire** /impat'tsire/ [102] intr. (aus. *essere*) **1** *(diventare matto)* to go* mad, crazy (anche FIG.); ***~ di gioia*** to leap with joy; ***sta impazzendo di dolore*** pain is driving him mad; ***fare ~ qcn.*** to drive sb. mad, to madden sb.; ***c'è da ~ con questo rumore*** this noise is enough to drive anyone crazy; ***sei impazzito?*** COLLOQ. are you nuts *o* out of your head? ***è bella da ~*** she's ravishing; ***mi fa male da ~*** it hurts like hell **2** *(andare pazzo)* to be* mad, crazy (**per** about) **3** *(funzionare male)* [*bussola*] to spin; [*computer, apparecchiatura*] to go* haywire **4** GASTR. [*maionese*] to separate, to curdle.
impeccabile /impek'kabile/ agg. **1** *(curato)* [*lavoro, stile*] impeccable, faultless, flawless; ***esprimersi in un francese ~*** to speak perfect French **2** *(pulito, in ordine)* [*abito*] impeccable, spruce, immaculate; ***Elena è sempre ~*** Elena is always impeccable.
impeccabilità /impekkabili'ta/ f.inv. impeccability, flawlessness.
impeccabilmente /impekkabil'mente/ avv. [*stirato, vestito*] impeccably.
impeciare /impe'tʃare/ [1] tr. to tar, to coat [sth.] with pitch.
impeciato /impe'tʃato/ **I** p.pass. → **impeciare II** agg. pitchy, tarred.
impeciatura /impetʃa'tura/ f. pitching, tarring.
impedenza /impe'dɛntsa/ f. impedance.
impedimento /impedi'mento/ m. impediment, hindrance, bar, block; ***in caso di ~*** in case of unforeseen difficulties; ***non è potuto venire a causa di un ~ dell'ultimo momento*** he couldn't come because he was unavoidably detained at the last minute; ***superare un ~*** to get over *o* overcome an obstacle; ***essere un ~ per qcn.*** to be a hindrance to sb.; ***~ al matrimonio*** DIR. impediment (to marriage); ***~ dirimente, impediente*** diriment, prohibitive impediment.
▶ **impedire** /impe'dire/ [102] tr. **1** *(rendere impossibile)* to prevent, to stop; ***~ a qcn. di fare*** to prevent *o* keep *o* restrain sb. from doing; ***~ un crimine*** to prevent a crime; ***~ un matrimonio*** to stop a wedding; ***~ che venga rivelata la verità*** to prevent the truth from being revealed; ***niente mi impedisce di partire*** there's nothing to stop me from leaving; ***non potevo ~ che partisse*** I was helpless to prevent his leaving; ***non c'è nulla che impedisca di pensare ad un'altra soluzione*** there's no reason why we can't think of another solution; ***una disposizione che impedisce ai funzionari di scioperare*** a clause to prevent civil servants to strike; ***l'assenza di vento impedisce la dispersione della nube tossica*** the lack of wind keeps the toxic cloud from dispersing; ***~ ogni tentativo di corruzione*** to stave off *o* ward off any attempt to corrupt; ***il suo stato di salute glielo impedisce*** his health forbids it **2** *(bloccare)* to bar, to block, to obstruct [*accesso, passaggio*] (**a qcn.** to sb.); ***~ la vista di qcs.*** to block out *o* shut out sb.'s view **3** *(intralciare)* to hamper, to constrict [*movimenti*].
impedito /impe'dito/ **I** p.pass. → **impedire II** agg. **1** *(inabile)* [*braccio*] hampered **2** COLLOQ. *(incapace, maldestro)* clumsy, awkward **III** m. (f. **-a**) COLLOQ. clumsy person, awkward person.
▶ **impegnare** /impeɲ'ɲare/ [1] **I** tr. **1** *(vincolare)* to commit, to bind* [*persona*]; ***ciò non ti impegna minimamente*** that doesn't commit you to anything; ***il fatto di venire non ti impegna*** you're not committing yourself by coming; ***la sua firma la impegna*** your signature is binding **2** *(dare in pegno)* to pawn, to hock, to pledge [*oggetti preziosi*] **3** ECON. to commit, to lock up, to tie up [*capitali*] **4** *(tenere occupato)* to take* up; ***i miei hobby mi impegnano molto*** my hobbies keep me very busy *o* take up a lot of time **6** *(richiedere sforzo, applicazione)* ***lo studio, il lavoro mi impegna totalmente*** my studies absorb, my work absorbes all my energies; ***il progetto ci ha impegnato più del previsto*** the project was more demanding than we thought **7** *(riservare, prenotare)* to book, to reserve [*camera, tavolo*]; *(assumere)* to engage [*persona*] **8** SPORT ***~ l'avversario*** to put one's opponent under pressure, to give one's opponent a hard time **9** *(attaccare)* to start [*battaglia*]; to engage [*nemico*] **II impegnarsi** pronom. **1** *(assumersi un impegno)* to commit oneself, to pledge oneself; ***-rsi a finanziare qcs.*** to undertake to finance sth.; ***-rsi solennemente, sull'onore a fare*** to undertake solemnly, on one's word of honour to do **2** *(intraprendere)* ***-rsi in trattative, negli studi, in un progetto*** to embark in negotiations, studies, a project; ***-rsi nella lotta contro la dittatura*** to take up the fight against dictatorship **3** *(dedicarsi)* to involve oneself (**in** with, in); ***-rsi in diverse organizzazioni politiche*** to get involved in various political organizations **4** *(applicarsi)* to devote oneself, to apply oneself (**in** to), to concentrate (**in** on); ***si è impegnato molto nel suo progetto*** he put a lot into his project.
impegnativa /impeɲɲa'tiva/ f. BUROCR. = document issued by the National Health Service authorizing medical treatments for a patient.

impegnativo /impeɲɲa'tivo/ agg. **1** *(che richiede impegno)* [*lavoro, mestiere*] demanding; [*compito, esame*] difficult **2** *(vincolante)* [*risposta, promessa*] binding; ***non ~*** COMM. not binding, without obligation **3** *(formale)* [*vestito*] very formal.

impegnato /impeɲ'ɲato/ **I** p.pass. → **impegnare II** agg. **1** *(dato in pegno)* [*gioiello*] pawned **2** *(politicamente, socialmente)* [*scrittore, letteratura*] committed **3** *(occupato)* [*persona*] busy, tied-up; ***sono ~ tutte le sere, la prossima settimana*** I'm booked up every evening, next week **4** *(legato sentimentalmente)* ***essere ~*** to be in a relationship.

▶ **impegno** /im'peɲɲo/ m. **1** *(promessa, obbligo)* commitment, undertaking, engagement, agreement; ***~ morale, solenne*** moral, solemn commitment; ***-i finanziari*** financial commitments; ***prendere un ~*** to take on a commitment, to make an agreement; ***assumersi l'~ di fare*** to undertake to do; ***l'~ preso dalla direzione di fare*** the management's undertaking to do; ***onorare*** o ***adempiere i propri -i*** to honour one's commitments; ***non rispettare i propri -i*** to fail to honour one's commitments; ***~ per la pace*** peacemaking efforts; ***senza ~*** COMM. without obligation **2** *(partecipazione)* involvement, engagement; ***il mio ~ in politica, nel progetto*** my involvement in politics, in the project; ***~ politico*** political involvement **3** *(incombenza)* engagement, appointment; ***avere molti -i*** to be very busy; ***~ mondano*** social engagement **4** *(sforzo, applicazione)* care; ***cucire, scrivere con ~*** to sew, write with care; ***~ nel fare, in qcs.*** the care one takes to do, over sth.; ***lavorare con, mancare di ~*** to work with, to lack application; ***ci si è messo d'~*** he did it to the best of his abilities **5** MED. *(durante il parto)* engagement.

impegolarsi /impego'larsi/ [1] pronom. to get* mixed up, to get* involved; ***~ in una situazione difficile*** to get mixed up in a difficult situation.

impelagarsi /impela'garsi/ [1] pronom. *(in una situazione, un affare)* to get* mixed up, to get* involved (**in** in); *(in contraddizioni, bugie, ragionamenti, discorsi)* to get* tangled up (**in** in).

impellente /impel'lɛnte/ agg. [*necessità*] urgent, pressing, impellent.

impellenza /impel'lɛntsa/ f. urgency.

impellicciato /impellit'tʃato/ agg. [*persona*] fur-clad, wrapped in furs mai attrib.

impenetrabile /impene'trabile/ agg. **1** [*vegetazione, fortezza, nebbia, testo, mistero*] impenetrable (**a** to) **2** [*persona, carattere, volto*] inscrutable, impenetrable.

impenetrabilità /impenetrabili'ta/ f.inv. impenetrability.

impenetrato /impene'trato/ agg. unentered.

impenitente /impeni'tɛnte/ agg. **1** RELIG. impenitent **2** *(ostinato)* [*scapolo*] confirmed.

impenitentemente /impenitente'mente/ avv. impenitently.

impenitenza /impeni'tɛntsa/ f. impenitence.

impennacchiato /impennak'kjato/ agg. [*cavallo, cappello*] plumed.

impennaggio, pl. **-gi** /impen'naddʒo, dʒi/ m. AER. tail assembly.

impennare /impen'nare/ [1] **I** tr. **1** AER. to nose up, to zoom [*aereo*] **2** COLLOQ. ***~ la moto*** to do a wheelie **3** *(munire di penne)* to fledge [*freccia*] **II impennarsi** pronom. **1** [*cavallo*] to rear; ***il cavallo s'impenna davanti all'ostacolo*** the horse rears at the jump **2** AER. [*aereo*] to nose up, to zoom **3** FIG. *(inalberarsi)* [*persona*] to flare up, to bridle, to lose* one's temper **4** *(aumentare)* [*prezzi, inflazione, dollaro, vendite*] to soar.

impennata /impen'nata/ f. **1** *(di cavallo)* prance **2** COLLOQ. *(con moto, bicicletta)* wheelie; ***fare un'~*** to do a wheelie **3** *(di prezzi)* leap, steep rise; ***subire*** o ***avere un'~*** [*prezzi*] to soar, to skyrocket; [*vendite, domanda, mercato*] to surge **3** AER. nose up, zoom.

impenne /im'pɛnne/ agg. ***alca ~*** great auk.

impensatamente /impensata'mente/ avv. **1** *(senza pensarci)* unthinkingly, thoughtlessly **2** *(inaspettatamente)* unpredictably, unexpectedly.

impensabile /impen'sabile/ agg. unthinkable.

impensato /impen'sato/ agg. [*difficoltà*] unthought-of, unexpected; ***nascondere qcs. nei luoghi più -i*** to hide sth. in the weirdest *o* most unthinkable places.

impensierire /impensje'rire/ [102] **I** tr. ***~ qcn., fare ~ qcn.*** to worry sb., to make sb. worry **II impensierirsi** pronom. to worry, to get* worried.

impepare /impe'pare/ [1] tr. **1** *(pepare)* to pepper [*piatto, salsa*] **2** FIG. to spice up; ***~ un discorso di allusioni*** to liven up a speech with allusions.

imperante /impe'rante/ agg. [*violenza*] ruling; [*moda, tendenza*] prevailing.

imperare /impe'rare/ [1] intr. (aus. *avere*) **1** *(governare)* to reign; ***Caligola imperò dal 37 al 41 d.C.*** Caligula reigned from 37 to 41 A.D. **2** FIG. *(dominare, prevalere)* to rule; ***qui impera la legge*** here the law rules **3** *(essere di gran moda)* ***quest'anno impera il blu*** this year blue is in *o* is very trendy.

imperativale /imperati'vale/ agg. imperatival.

imperativo /impera'tivo/ **I** agg. **1** *(che ordina)* [*tono*] imperative, commanding **2** LING. [*frase*] imperative **3** DIR. ***norme -e*** mandatory law, binding regulations **II** m. **1** *(obbligo)* *(della moda, di situazione)* imperative (**di** of); ***-i economici, sociali, di bilancio*** economic, social, budgetary imperatives **2** LING. imperative; ***all'~*** in the imperative (mood) **3** FILOS. imperative ◆◆ ***~ categorico*** FILOS. categorical imperative.

▷ **imperatore** /impera'tore/ m. emperor.

▷ **imperatrice** /impera'tritʃe/ f. empress.

impercettibile /impertʃet'tibile/ agg. **1** *(che si nota appena)* [*differenza*] imperceptible, inappreciable, indistinguishable; [*cambiamento*] imperceptible **2** *(che si ode appena)* [*suono, passi*] imperceptible, inaudible.

impercettibilità /impertʃettibili'ta/ f.inv. imperceptibility; *(di suono)* inaudibility.

impercettibilmente /impertʃettibil'mente/ avv. [*cambiare*] imperceptibly, negligibly, inappreciably.

impercorribile /imperkor'ribile/ agg. [*cammino, strada*] impassable.

imperdibile /imper'dibile/ agg. ***questo film, spettacolo è ~*** this film, show is a must *o* is not to be missed.

imperdonabile /imperdo'nabile/ agg. [*errore*] unforgivable; [*crimine*] indefensible; ***è stato ~ da parte tua fare*** it was unpardonable of you to do.

imperdonabilità /imperdonabili'ta/ f.inv. *(di errore)* unforgivableness; *(di crimine)* indefensibility.

imperdonabilmente /imperdonabil'mente/ avv. unforgivably, unpardonably, indefensibly.

imperfettamente /imperfetta'mente/ avv. imperfectly, faultily.

imperfettivo /imperfet'tivo/ agg. imperfective.

imperfetto /imper'fɛtto/ **I** agg. **1** *(che presenta difetti)* [*immagine, rappresentazione, uomo*] imperfect **2** *(incompleto)* [*conoscenza*] incomplete, imperfect **3** LING. ***il tempo ~*** the imperfect tense **II** m. LING. imperfect; ***all'~*** in the imperfect; ***l'~ dell'indicativo, del congiuntivo*** the imperfect indicative, subjunctive.

imperfezione /imperfet'tsjone/ f. **1** *(mancanza di perfezione)* imperfection **2** *(difetto)* imperfection, blemish, flaw, defect; ***~ estetica, fisica*** aesthetic flaw, physical defect; ***~ della pelle*** blemish; ***senza -i*** flawless.

imperforabile /imperfo'rabile/ agg. unpierceable.

imperforato /imperfo'rato/ agg. **1** *(non perforato)* unpierced **2** MED. imperforate.

1.imperiale /impe'rjale/ **I** agg. imperial; ***la Cina, Roma ~*** Imperial China, Rome **II** m. *(barba)* imperial.

2.imperiale /impe'rjale/ f. *(di carrozze)* imperial; *(di bus)* upper deck.

imperialismo /imperja'lizmo/ m. imperialism.

imperialista, m.pl. **-i**, f.pl. **-e** /imperja'lista/ **I** agg. imperialist **II** m. e f. imperialist.

imperialistico, pl. **-ci, -che** /imperja'listiko, tʃi, ke/ agg. imperialistic.

imperiese /impe'rjese/ ➧ ***2*** **I** agg. from, of Imperia **II** m. e f. native, inhabitant of Imperia.

imperio, pl. **-ri** /im'pɛrjo, ri/ m. LETT. imperium*.

imperiosamente /imperjosa'mente/ avv. **1** *(in modo autoritario)* imperiously, imperatively, peremptorily **2** *(urgentemente)* urgently.

imperiosità /imperjosi'ta/ f.inv. imperiousness, peremptoriness.

imperioso /impe'rjoso/ agg. **1** *(autoritario)* [*persona, tono, voce, aria*] imperious, commanding, domineering, peremptory **2** *(urgente)* [*bisogno, necessità, desiderio*] urgent, pressing, impelling.

imperito /impe'rito/ agg. unskilled, inexperienced, inexpert.

imperituro /imperi'turo/ agg. LETT. [*opera, gloria*] imperishable, deathless, eternal.

imperizia /impe'rittsja/ f. inexperience, inexpertness, unskilfulness BE, unskillfulness AE.

imperlare /imper'lare/ [1] **I** tr. **1** *(con perle)* to bead **2** *(coprire di gocce)* to bead, to dew; ***il sudore gli imperlava la fronte*** beads of perspiration had formed on his forehead **II imperlarsi** pronom. to be* beaded with; ***il prato s'imperla di rugiada*** dew falls on *o* covers the grass; ***la sua fronte si imperlò di sudore*** sweat beaded on his forehead.

imperlato /imper'lato/ **I** p.pass. → **imperlare II** agg. **1** *(ornato di perle)* beaded, pearled LETT. **2** *(ricoperto di gocce)* ~ ***di sudore*** beaded with sweat.

impermalire /imperma'lire/ [102] **I** tr. to annoy **II impermalirsi** pronom. to get* annoyed (**per qcs.** over sth.), to take* offence BE, to take* offense AE (**per qcs.** at sth.).

▷ **impermeabile** /imperme'abile/ **I** agg. [*tessuto, telone, vernice, sostanza*] waterproof, water-resistant, water-repellent; [*giaccone*] waterproof, rainproof, showerproof; [*membrana, roccia*] impermeable (**a** to); ***essere ~ a*** [*superficie*] to repel [*acqua*] **II** m. raincoat, mac(k)intosh, waterproof BE, slicker AE.

impermeabilità /impermeabili'ta/ f.inv. impermeability.

impermeabilizzante /impermeabilid'dzante/ **I** agg. waterproofing **II** m. waterproofing.

impermeabilizzare /impermeabilid'dzare/ [1] tr. to (water)proof.

impermeabilizzazione /impermeabiliddzat'tsjone/ f. waterproofing.

imperniare /imper'njare/ [1] **I** tr. **1** TECN. to hinge **2** FIG. *(incentrare)* to base, to focus; ~ ***le proprie ricerche su*** to focus one's research on **II imperniarsi** pronom. FIG. to hinge, to depend (**su** on); ***il nostro rapporto s'impernia sulla fiducia reciproca*** our relationship is based on mutual trust.

impero /im'pɛro/ **I** m. **1** *(autorità, stato)* empire; ***Sacro Romano Impero*** Holy Roman Empire; ***il Celeste*** ~ the Celestial Empire; ***Secondo Impero*** Second Empire; ***l'~ britannico, austroungarico, romano*** the British, Austro-Hungarian, Roman Empire; ***l'~ zarista*** czardom; ***l'~ del Sol Levante*** the land of the Rising Sun; ***l'alto, il basso*** ~ the early, late Roman Empire; ***fondare un*** ~ to found an empire **2** *(periodo)* ***durante, sotto l'~ di Tiberio*** when Tiberius was emperor, under Tiberius' (imperial) rule **3** FIG. empire; ***un ~ economico, finanziario*** an industrial, financial empire **4** *(dominio)* dominion, rule **II** agg.inv. [*stile*] (Second) Empire; ***un vestito in stile*** ~ an Empire line dress ◆◆ ~ ***coloniale*** colonial empire.

imperscrutabile /imperskru'tabile/ agg. [*volto, espressione*] inscrutable; [*motivo*] unknown; ***i disegni del Signore sono -i*** God moves in mysterious ways.

imperscrutabilità /imperskrutabili'ta/ f.inv. inscrutability.

impersonale /imperso'nale/ agg. **1** *(senza originalità)* [*atmosfera, stile, arredamento*] impersonal, cold; ***in modo*** ~ impersonally **2** LING. [*verbo*] impersonal.

impersonalità /impersonali'ta/ f.inv. impersonality.

impersonare /imperso'nare/ [1] **I** tr. **1** *(rappresentare)* to personify, to embody; ***Otello impersona la gelosia*** Otello embodies jealousy **2** TEATR. [*attore*] to play [*personaggio*] **II impersonarsi** pronom. ~ ***in un ruolo*** to get inside a character, to live a part.

impersuadibile /impersua'dibile/ agg. unpersuadable.

imperterrito /imper'tɛrrito/ agg. undeterred, undaunted; ***il presidente continuò ~ a parlare*** the president kept on talking regardless.

impertinente /imperti'nɛnte/ **I** agg. [*persona*] impertinent, saucy, pert, cheeky (**con qcn.** towards sb.); [*domanda, atteggiamento*] impertinent, bold, flippant **II** m. e f. impertinent person; ***sei proprio un ~!*** you've got a cheek!

impertinenza /imperti'nɛntsa/ f. **1** *(carattere)* impertinence, sauciness, pertness, cheek, flippancy, forwardness; ***rispondere con ~ a qcn.*** to be impertinent with sb.; ***avere l'~ di fare*** to have the impertinence *o* cheek to do **2** *(parole)* impertinence.

imperturbabile /impertur'babile/ agg. [*persona, calma*] imperturbable, impassive, unflappable COLLOQ.; ***rimanere*** ~ to remain impassive, to keep one's cool (**davanti a** in front of, before).

imperturbabilità /imperturbabili'ta/ f.inv. imperturbability, unflappability COLLOQ.; ***accettare qcs. con*** ~ to accept sth. imperturbably.

imperturbabilmente /imperturbabil'mente/ avv. imperturbably, impassively.

imperturbato /impertur'bato/ agg. unmoved, unshaken, unwrung.

imperversare /imperver'sare/ [1] intr. (aus. *avere*) **1** *(infierire)* to rage, to rail FORM. (**contro qcn.** against, at sb.) **2** *(infuriare)* [*guerra, tempesta*] to rage; [*malattia, povertà, epidemia*] to be* rampant; ***la siccità imperversava sul paese*** drought was ravaging the country **3** *(avere molto successo)* [*moda*] to be* (all) the rage.

impervietà /impervje'ta/ f.inv. impracticability.

impervio, pl. **-vi**, **-vie** /im'pɛrvjo, vi, vje/ agg. [*strada*] impracticable; [*luogo*] inaccessible, wild.

impestare /impes'tare/ [1] tr. COLLOQ. to stink* out BE, to stink* up AE, to smell out BE, to smell up AE [*luogo*].

impetigine /impe'tidʒine/ ➧ **7** f. impetigo.

impetiginoso /impetidʒi'noso/ agg. impetiginous.

▷ **impeto** /'impeto/ m. **1** *(forza)* violence; ***l'~ delle onde*** the rush of the waves; ***colpire con*** ~ to hit violently **2** *(accesso)* outburst, fit; ~ ***d'ira*** outburst of rage, fit *o* flush of anger **3** *(foga)* enthusiasm, heat; ***parlare con*** ~ to speak with passion.

impetrare /impe'trare/ [1] tr. LETT. **1** *(ottenere)* to impetrate **2** *(chiedere)* to beseech*, to implore.

impetratorio, pl. **-ri**, **-rie** /impetra'tɔrjo, ri, rje/ agg. LETT. impetratory, impetrative.

impetrazione /impetrat'tsione/ f. LETT. impetration.

impettito /impet'tito/ agg. struttering; ***camminare*** ~ to walk with one's chest out, to walk tall; ***stare*** ~ to stand rigid *o* tall.

impetuosamente /impetuosa'mente/ avv. [*scorrere, soffiare*] impetuously, tempestuously; [*attaccare, agire*] impetuously, violently.

impetuosità /impetuosi'ta/ f.inv. impetuosity.

▷ **impetuoso** /impetu'oso/ agg. **1** *(focoso)* [*persona, carattere*] impetuous; [*slancio*] headlong, impulsive **2** *(violento)* [*attacco*] violent, forceful; [*corrente, torrente*] rushing; [*vento*] tempestuous, impetuous, wild.

impiallacciare /impjallat'tʃare/ [1] tr. to veneer.

impiallacciatura /impjallattʃa'tura/ f. **1** *(legno per impiallacciare)* veneer **2** *(processo)* veneering.

impiantare /impjan'tare/ [1] tr. **1** *(installare)* to install [*scaldabagno, telefono*] **2** *(costruire)* to set* up [*impalcatura*] **3** *(fondare)* to establish, to set* up, to start (up) [*azienda*]; to start [*attività, commercio*] **4** MED. to implant [*protesi, capelli*].

impiantista, m.pl. **-i**, f.pl. **-e** /impjan'tista/ ➧ **18** m. e f. *(ingegnere)* plant designer, plant engineer; *(installatore)* installer.

impiantistica /impjan'tistika/ f. plant engineering.

impiantito /impjan'tito/ m. floor, flooring; ~ ***di marmo, di legno*** marble, wooden floor.

▷ **impianto** /im'pjanto/ m. **1** *(installazione)* installation **2** *(di azienda, fabbrica)* establishment, setting up; ***spese d'*** ~ capital *o* initial outlay **3** *(complesso di attrezzature)* equipment, plant, system, fitting **4** FIG. *(struttura)* structure, framework; ***romanzo di ~ classico*** a classically framed novel **5** MED. implant, implantation; ~ ***di estrogeni*** oestrogen implant; ~ ***dentario*** dental implantation **6** BIOL. implantation ◆◆ ~ ***elettrico*** wiring, electrical system; ~ ***hi-fi*** → ~ ***stereo***; ~ ***idraulico*** plumbing system; ~ ***idrico*** waterworks, water system; ~ ***pilota*** pilot plant; ~ ***di risalita*** SPORT TECN. ski tow; ~ ***di riscaldamento*** heating plant *o* system, heating apparatus; ~ ***stereo*** stereo system, hi-fi, music centre BE; ~ ***telefonico*** telephone system; ***-i nucleari*** nuclear installations; ***-i petroliferi*** oil installations; ***-i sportivi*** sporting facilities.

impiastrare /impjas'trare/ [1] **I** tr. to smear, to daub (**di** with) **II impiastrarsi** pronom. to smear oneself (**di** with).

impiastricciare /impjastrit'tʃare/ → **impiastrare.**

impiastro /im'pjastro/ m. **1** MED. FARM. poultice **2** COLLOQ. *(seccatore)* nuisance, bore; ***razza di ~!*** you're such a nuisance!

impiccagione /impikka'dʒone/ f. hanging.

▷ **impiccare** /impik'kare/ [1] **I** tr. **1** *(giustiziare)* to hang, to noose [*condannato*]; ~ ***qcn. a un albero*** to hang sb. from a tree; ***per una cosa del genere il capo mi farà*** ~ FIG. the boss will make sure I swing for that **2** FIG. *(stringere troppo)* to choke, to strangle; ***questo colletto m'impicca*** this collar is choking me **3** COLLOQ. *(fare pagare troppo)* to drain **II impiccarsi** pronom. to hang oneself; ***impiccati!*** COLLOQ. go hang yourself, go to hell!

impiccata /impik'kata/ f. hanged woman*.

impiccato /impik'kato/ **I** p.pass. → **impiccare II** agg. hanged **III** m. **1** hanged man* **2** *(gioco)* ***(gioco del)l'*** ~ the hangman ◆ ***parlare di corda in casa dell'*** ~ = to make a tactless remark.

▷ **impicciare** /impit'tʃare/ [1] **I** tr. to hinder, to encumber, to hamper [*passaggio, movimenti*] **II** intr. (aus. *avere*) ***questo tavolo impiccia*** this table is in the way **III impicciarsi** pronom. ***-rsi degli affari altrui*** to meddle in other people's business; ***non ti impicciare!*** COLLOQ. mind your own business!

impiccio, pl. **-ci** /im'pittʃo, tʃi/ m. **1** *(intralcio)* hindrance, encumbrance; ***essere d'~ a qcn.*** to be a hindrance to sb.; ***quei pacchetti mi sono d'*** ~ those packages are in my way; ***mi sei più di ~ che di aiuto*** you're more of a hindrance than a help **2** *(situazione difficile)* scrape, predicament; ***cavarsi*** o ***trarsi d'*** ~ to get out of a scrape; ***trarre qcn. dagli -ci*** to get sb. out of a scrape, to help sb. out of his predicament; ***trovarsi in un*** ~ to be in the soup *o* in a tight corner.

impiccione /impit'tʃone/ m. (f. **-a**) COLLOQ. meddler, busybody, nosy parker.

impiegabile /impje'gabile/ agg. employable, usable.

▷ **impiegare** /impje'gare/ [1] **I** tr. **1** *(assumere)* [*persona, azienda*] to employ [*persona*] (**come**, **in qualità di** as) **2** *(utilizzare)* to use [*forza, materiale*]; to spend* [*tempo*]; ~ ***il proprio tempo a fare*** to spend one's time doing; ~ ***tutta la giornata a fare*** to take all day doing; ~ ***del materiale difettoso*** to use faulty material; ~ ***bene qcs.*** to put sth. to good use; ~ ***male il proprio tempo, denaro*** to waste one's time, money **3** *(dedicare)* ~ ***tutte le proprie energie a fare qcs.*** to invest all one's energy in doing sth. **4** *(necessitare di)* ***il treno impiega due ore a percorrere questo tragitto*** the train takes *o* it takes the train two hours to cover this distance; ***impiego un'ora per andare al lavoro*** it takes me one hour to go to work **II impiegarsi** pronom. to find* a job, to get* a job; ***-rsi in banca*** to be hired by a bank.

impiegatizio, pl. **-zi**, **-zie** /impjega'tittsjo, tsi, tsje/ agg. [*lavoro*] clerical, nine-to-five, white-collar attrib.; ***la classe -a*** white collar workers.

▷ **impiegato** /impje'gato/ **I** p.pass. → **impiegare II** agg. ***essere ~ presso una ditta*** to work for a firm **III** ♦ *18* m. (f. **-a**) clerk, clerical worker, office worker, white collar worker, employee; ~ ***delle poste*** postal empoyee; ~ ***di banca*** bank clerk; ***fare l'~*** to be an office worker, to have a clerical job; ***l'~ del gas passerà lunedì*** the gasman will call on Monday; ***gli -i di un'azienda*** the staff *o* personnel of a firm ◆◆ ~ ***comunale*** municipal employee; ~ ***di concetto*** senior clerk; ~ ***d'ordine*** junior clerk; ~ ***statale*** civil servant.

▷ **impiego**, pl. **-ghi** /im'pjɛgo, gi/ m. **1** *(posto di lavoro)* employment **U**, job, position; ***senza ~*** unemployed, out of work; ***una domanda d'~*** a letter of application; ***cercare un ~*** to seek employment, to look for a job; ***trovare un ~*** to find employment, to get a job; ***avere un ~ fisso*** to have a permanent job, to be regularly employed; ***avere un buon ~*** to have a good job; ***perdere l'~*** to lose one's job **2** *(uso)* use, employment; ~ ***di armi chimiche, di fondi*** use of chemical weapons, of funds; ***un proficuo ~ di tempo*** a useful expenditure of time.

impietosire /impjeto'sire/ [102] **I** tr. to move [sb.] to pity [*persona*]; ***non cercare di impietosirmi*** don't try to get my sympathy **II impietosirsi** pronom. to be* moved to pity (**per** for); ***-rsi per la sorte di qcn.*** to feel sorry for sb.

impietoso /impje'toso/ agg. [*persona, giudice, tribunale, analisi, giudizio*] pitiless, merciless (**con** with; **verso** towards); ***i critici sono stati -i con lui*** the critics have shown him no mercy; ***l'universo ~ che l'autore descrive*** the pitiless world that the author describes.

impietrire /impje'trire/ [102] **I** tr. **1** to petrify **2** FIG. to stun, to petrify; ***la notizia la impietrì*** she was transfixed by the news **II** intr. (aus. *essere*), **impietrirsi** pronom. to become* petrified; ***appena lo vide si impietrì*** she froze *o* turned to stone the minute she saw him.

impietrito /impje'trito/ **I** p.pass. → **impietrire II** agg. petrified; ***rimanere ~*** to be frozen on the spot.

impigliare /impiʎ'ʎare/ [1] **I** tr. to entangle, to catch*, to snag (**in** on); ~ ***la camicia, la manica in*** to catch *o* snag one's shirt, sleeve on **II impigliarsi** pronom. to get* entangled (**in** in); *(rimanere preso)* ***mi si è impigliata la sciarpa nei raggi*** my scarf got caught in the spokes.

impignorabile /impiɲɲo'rabile/ agg. undistrainable.

impigrire /impi'grire/ [102] **I** tr. to make* [sb.] lazy; ***l'ozio impigrisce*** idleness makes you lazy **II impigrirsi** pronom. [*cervello, intelligenza*] to grow* lazy, to get* lazy; [*persona*] to grow* lazy, to get* lazy, to (grow*) slack; ***con il passare degli anni ci si impigrisce*** you become lazy as you get older.

impilabile /impi'labile/ agg. [*sedie*] stacking.

impilare /impi'lare/ [1] tr. to pile (up), to stack (up) [*oggetti, libri*].

impinguare /impin'gware/ [1] **I** tr. **1** *(ingrassare)* to fatten **2** FIG. to fill [*casse dello stato*] **II impinguarsi** pronom. **1** *(diventare grasso)* to grow* fat **2** FIG. *(arricchirsi)* to get* rich.

impiombare /impjom'bare/ [1] tr. **1** *(ricoprire di piombo)* to cover [sth.] with lead **2** *(sigillare con piombo)* to fill [*dente*]; to seal [sth.] with lead [*tubature*] **3** MAR. to splice.

impiombatura /impjomba'tura/ f. **1** *(copertura di piombo)* leading **2** *(di denti)* filling **3** MAR. splice.

impiotare /impjo'tare/ [1] tr. *(coprire di zolle erbose)* to sod, to turf.

impiparsi /impi'parsi/ [1] pronom. COLLOQ. not to give* a damn (**di qcs.** about sth.); ***me ne impipo*** I don't give a damn.

impiumarsi /impju'marsi/ [1] pronom. to fledge.

implacabile /impla'kabile/ agg. [*odio*] implacable, bitter; [*nemico*] implacable, inexorable; [*freddo, pioggia*] merciless, relentless, unrelenting.

implacabilmente /implakabil'mente/ avv. implacably; [*piovere, nevicare*] mercilessly, relentlessly.

implacabilità /implakabili'ta/ f.inv. implacability.

implacato /impla'kato/ agg. → **implacabile.**

implantologia /implantolo'dʒia/ f. *(di denti)* implantation; *(di capelli)* hair grafting.

implementare /implemen'tare/ [1] tr. to implement.

implementazione /implementat'tsjone/ f. implementation.

implicare /impli'kare/ [1] **I** tr. **1** *(coinvolgere)* to implicate, to involve [*persona*] (**in** in); ***il ministro è stato direttamente implicato nello scandalo*** the minister was directly implicated in the scandal **2** *(comportare)* to entail, to involve [*sforzo, lavoro, misure*]; ***ciò implica fare*** that involves doing; ***questa situazione implica che lei faccia*** that situation entails her doing; ***un simile progetto implica grandi mezzi*** such a project involves a lot of money **3** *(significare)* to imply, to mean*, to infer; ***ciò implica che tuo padre lo farà*** this means that your father will do it; ***il silenzio non implica necessariamente l'approvazione*** silence does not necessarily imply approval **4** FILOS. MAT. to entail; ***A implica B*** A entails B **II implicarsi** pronom. to get* involved (**in** in).

implicazione /implikat'tsjone/ f. **1** *(partecipazione)* involvement (**in** in) **2** *(conseguenza)* implication; ***le -i politiche di un avvenimento*** the political implications of an event **3** FILOS. MAT. entailment.

implicitamente /implitʃita'mente/ avv. implicitly; DIR. impliedly.

implicito /im'plitʃito/ agg. **1** *(non espressamente formulato)* [*minacce*] implicit, implied; ***è ~ che*** it's understood that; ***è ~!*** it goes without saying! **2** MAT. [*funzione*] implicit **3** LING. ***proposizione -a*** = infinitive or participial subordinate clause.

implodere /im'plɔdere/ [49] intr. (aus. *essere*) to implode.

implorante /implo'rante/ agg. [*voce, occhi, sguardo*] imploring, pleading; ***con aria ~*** imploringly.

implorare /implo'rare/ [1] tr. to implore, to beg, to plead [*persona, giudice, dei*]; to beg for, to implore [*proroga, clemenza, perdono, aiuto*]; ~ ***la grazia*** to beg for mercy; ~ ***qcn. di fare*** to implore sb. to do.

implorazione /implorat'tsjone/ f. imploration, entreaty.

implosione /implo'zjone/ f. FIS. implosion.

implosivo /implo'zivo/ agg. FON. [*consonante*] implosive.

implume /im'plume/ agg. [*uccellino*] featherless, unfeathered, unfledged.

impluvio, pl. **-vi** /im'pluvjo, vi/ m. **1** ARCHEOL. impluvium* **2** GEOGR. ***linea di ~*** t(h)alweg.

impoetico, pl. **-ci**, **-che** /impo'ɛtiko, tʃi, ke/ agg. unpoetic(al).

impoliticità /impolititʃi'ta/ f.inv. impolicy.

impolitico, pl. **-ci**, **-che** /impo'litiko, tʃi, ke/ agg. impolitic.

impollinare /impolli'nare/ [1] tr. to pollinize, to pollinate.

impollinatore /impollina'tore/ m. pollinator.

impollinazione /impollinat'tsjone/ f. pollination.

impoltronire /impoltro'nire/ [102] **I** tr. to make* [sb.] lazy **II** intr. (aus. *essere*), **impoltronirsi** pronom. to grow* lazy, to become* lazy.

impolverare /impolve'rare/ [1] **I** tr. to dust [*scarpe, stanza*] **II impolverarsi** pronom. to get* dusty.

impolverato /impolve'rato/ **I** p.pass. → **impolverare II** agg. dusty.

impolveratrice /impolvera'tritʃe/ f. AGR. duster.

impomatare /impoma'tare/ [1] **I** tr. **1** *(cospargere di pomata)* to rub ointment on [*pelle*] **2** *(con il gel, la brillantina)* to plaster down, to pomade [*capelli*] **II impomatarsi** pronom. **1** *(cospargersi di pomata)* to rub oneself with ointment **2** *(con il gel, la brillantina)* to plaster down one's hair.

impomatato /impoma'tato/ **I** p.pass. → **impomatare II** agg. **1** [*capelli*] pomaded **2** SPREG. SCHERZ. *(azzimato)* spruced up.

imponderabile /imponde'rabile/ **I** agg. imponderable (anche FIS.) **II** m. imponderable.

imponderabilmente /imponderabil'mente/ avv. imponderably.

imponderabilità /imponderabili'ta/ f.inv. **1** *(carattere imponderabile)* imponderability **2** FIS. imponderability.

▷ **imponente** /impo'nɛnte/ agg. [*statura, monumento, opera*] imposing, impressive, stately.

imponenza /impo'nɛntsa/ f. impressiveness, majesty, stateliness.

imponibile /impo'nibile/ **I** agg. **1** ECON. [*reddito*] taxable, assessable, leviable; ***base ~*** tax base; ***minimo ~*** tax threshold **2** *(che si può imporre)* [*obbligo*] enforceable **II** m. taxable income.

imponibilità /imponibili'ta/ f.inv. taxability.

impopolare /impopo'lare/ agg. **1** *(sgradito all'opinione pubblica)* [*legge*] unpopular **2** *(malvisto)* unpopular; ***rendersi ~*** to make oneself unpopular; ***è ~ tra i colleghi*** he is unpopular with his colleagues, he is not liked by his colleagues.

impopolarità /impopolari'ta/ f.inv. unpopularity.

impopolarmente /impopolar'mente/ avv. unpopularly.

imporcare /impor'kare/ [1] tr. AGR. to ridge.
imporcato /impor'kato/ agg. AGR. ridgy, ridged.
imporporare /imporpo'rare/ [1] **I** tr. LETT. to redden, to empurple [*cielo, orizzonte*] **II imporporarsi** pronom. LETT. [*cielo, orizzonte*] to redden; ***gli si imporporò il viso*** a blush flooded all over his face.
▶ **imporre** /im'porre/ [73] **I** tr. **1** *(rendere obbligatorio)* [*persona*] to impose, to dictate, to enjoin [*sanzioni, termine, regolamento, condizioni*] (**a qcs., qcn.** on sth., sb.); to impose [*coprifuoco*]; ***~ che*** to rule that **2** *(comandare)* to force, to oblige; ***~ il silenzio*** to impose *o* order silence; ***~ l'uso degli occhiali di protezione agli operai*** to make it obligatory for workers to wear protective glasses **3** *(infliggere)* ***ci ha imposto la sua presenza*** he forced himself *o* his presence on us **4** *(costringere)* ***hanno imposto loro di fare*** they were obliged *o* forced to do; ***-rsi di lavorare la sera*** to make oneself work in the evenings **5** *(esigere)* [*situazione*] to require, to call for [*provvedimenti, cambiamento*] **6** *(fare accettare)* to impose [*idea, volontà, punto di vista, stile, moda*] (**a** on); ***~ i propri amici ai genitori*** to impose one's friends on one's parents **7** *(ispirare)* to command [*rispetto, ammirazione*] **8** RELIG. ***~ le mani su qcn.*** to lay hands on sb. **9** *(dare)* ***al bambino fu imposto il nome di Simone*** the newborn child was given the name of Simone **II imporsi** pronom. **1** *(essere evidente)* [*scelta, soluzione*] to be* obvious (**a** to); *(essere necessario)* ***si impone una visita agli Uffizi*** a visit to the Uffizi is a must; ***si impone un cambiamento*** there must be a change, a change is needed **2** *(emergere, affermarsi)* to stand* out; ***si è imposto come leader*** he established himself as a leader; ***la città si è imposta come capitale culturale*** the city established itself as a cultural capital; ***-rsi come lingua ufficiale*** to come in as the official language; ***-rsi in un campo*** [*persona*] to make a name for oneself in a field; ***-rsi su un mercato*** [*prodotto, azienda*] to dominate the market; ***-rsi per la propria intelligenza*** to stand out because of one's intelligence; ***-rsi come il più grande architetto contemporaneo*** to be universally acknowledged as the greatest contemporary architect **3** *(farsi notare)* ***-rsi all'attenzione di qcn.*** to attract *o* claim sb.'s attention **4** *(farsi valere)* [*persona*] to assert oneself; *(farsi rispettare)* to command respect **5** *(vincere)* ***la squadra italiana si è imposta sugli avversari per 2 a 1*** the Italian team beat their opponents 2 to 1.
importabile /impor'tabile/ agg. ECON. [*merce*] importable.
▶ **importante** /impor'tante/ **I** agg. **1** *(essenziale)* [*ruolo, discorso, avvenimento, problema*] important, major; ***è ~ che lei sappia*** it's important that you know **2** *(grande, considerevole)* [*città, società, azionista*] important **3** *(influente)* [*persona, posto, opera*] important; ***avere, assumere un'aria ~*** to have, adopt a self-important attitude **4** *(elegante)* [*abito*] formal, elegant **5** *(prominente)* [*naso*] big, prominent **II** m. ***l'~ è partecipare*** the main thing is to participate; ***l'~ è fare*** the (most) important thing is to do.
▶ **importanza** /impor'tantsa/ f. **1** *(rilievo, gravità)* importance; ***è della massima ~*** it's extremely important; ***è una questione di primaria ~*** o ***di ~ capitale*** o ***vitale*** it's a matter of the greatest *o* highest *o* utmost importance; ***di ~ relativa*** of relative importance; ***dare, attribuire ~ a qcs.*** to give, attach importance to sth.; ***assumere ~*** [*avvenimento, caso*] to gain in importance; ***senza ~*** [*elemento, fatto, dettaglio*] unimportant; ***avere ~*** to be important; ***avere la sua ~*** to be of some account; ***non avere alcuna ~*** not to matter; ***che ~ ha?*** what does it matter? who cares? **2** *(influenza)* importance; ***crescere d'~*** [*persona*] to become important; ***per darsi ~*** to make oneself look important.
▶ **1.importare** /impor'tare/ [1] **I** intr. (aus. *essere*) *(essere importante)* to matter, to be* important; ***questo importa poco*** this is of little consequence; ***~ a qcn.*** to matter to sb.; ***ciò che importa è che lei capisca*** the most important thing is to make her understand; ***quel che importa è la salute*** the main thing is health; ***non me ne importa proprio niente*** I don't give a damn; ***non ci importa essere presenti*** we don't care about being there **II** impers. **1** *(avere importanza)* ***non importa!*** it doesn't matter! ***"piove!" - "poco importa!"*** "it's raining!" - "never mind!"; ***poco importa*** o ***che importa se lei non capisce*** who cares if she doesn't understand **2** *(essere necessario)* to be* necessary; ***non importa che tu venga*** it's not necessary for you to come.
2.importare /impor'tare/ [1] tr. to import [*merce, mano d'opera, moda*] (**da** from).
importatore /importa'tore/ **I** agg. [*paese, società*] importing **II** m. (f. **-trice** /tritʃe/) importer.
importazione /importat'tsjone/ f. import, importation, importing; ***d'~*** [*costi, compagnia, quote, prodotti, tasse, articolo*] import attrib., importation attrib.; ***l'~ di nuove idee*** the introduction of new ideas.
import-export /'import'ɛksport/ m.inv. ECON. import-export (trade); ***occuparsi di ~*** [*persona, società*] to be in the import-export trade; ***di ~*** [*società*] import-export attrib.
importo /im'pɔrto/ m. **1** *(somma)* amount, sum; ***l'~ globale*** the sum total; ***per un ~ di*** to the amount of; ***un grosso ~*** a large sum **2** *(prezzo)* price; ***quant'è l'~?*** how much is it, how much does it cost? ***conoscere l'~ di qcs.*** to know how much sth. costs.
importunare /importu'nare/ [1] tr. **1** *(disturbare)* to bother, to pester, to trouble, to importune (**per** for; **con** with) **2** *(molestare)* to harass, to molest [*donna*].
importunità /importuni'ta/ f.inv. importunity.
importunamente /importuna'mente/ avv. importunely.
importuno /impor'tuno/ **I** agg. **1** *(irritante, indesiderabile)* [*persona, visitatore*] importunate; ***non vorrei essere ~*** I don't wish to intrude **2** *(fuori luogo)* [*visita, intervento, osservazione, domanda*] inopportune, intrusive, obtrusive **II** m. (f. **-a**) *(visitatore, seccatore)* importuner.
impositivo /impozi'tivo/ agg. [*provvedimento*] tax attrib.; [*autonomia*] taxing attrib.
imposizione /impozit'tsjone/ f. **1** ECON. taxation, imposition; ***doppia ~*** double taxation; ***nuove -i*** new taxes **2** TIP. imposition **3** *(azione)* imposition; ***l'~ delle mani*** RELIG. the imposition of *o* the laying on of the hands; ***~ del nome a qcn.*** the naming of sb. **4** *(ordine)* order, dictation, command; ***non accetto -i da nessuno*** I won't be ordered around by anybody ◆◆ ***~ diretta*** direct taxation; ***~ indiretta*** indirect taxation.
impossessamento /impossessa'mento/ m. appropriation.
impossessarsi /imposses'sarsi/ [1] pronom. **1** *(prendere)* ***~ di*** [*persona, gruppo*] to take* over, to seize [*città, potere, paese*]; to gain possession of [*pallone*] **2** *(invadere)* ***~ di*** [*torpore, sentimento*] to creep over, to possess [*persona*]; ***la follia si è impossessata di lui*** madness has taken hold of him **3** *(acquisire padronanza)* ***~ di qcs.*** to master sth.; ***~ di una lingua*** to master a language.
▶ **impossibile** /impos'sibile/ **I** agg. **1** *(impensabile, che non si può fare)* impossible; ***~ da fare*** impossible to do; ***un problema ~ da risolvere*** a problem that is impossible to solve; ***è ~ che sia già arrivato*** he cannot possibly have arrived yet; ***non è ~ che Franco venga*** there is some chance that Franco will come; ***essere ~ (per qcn.) fare*** to be impossible (for sb.) to do; ***mi è ~ fare*** it's impossible for me to do, I cannot possibly do; ***questo mi è ~*** I really can't do this, this is impossible for me **2** COLLOQ. *(insopportabile)* [*bambino, persona*] impossible, unbearable; ***rendere la vita ~ a qcn.*** to make life impossible for sb. **3** *(assurdo)* [*ora*] unearthly; [*vestito*] outrageous **II** m. ***l'~*** the impossible; ***chiedere l'~ (a qcn.)*** to ask (sb.) the impossible; ***tentare l'~*** to do everything one can; ***i medici hanno tentato l'~ per salvarlo*** the doctors did everything they could to save him.
▷ **impossibilità** /impossibili'ta/ f.inv. impossibility (**di fare** of doing); ***essere*** o ***trovarsi nell'~ di venire*** to be unable to come, to find it impossible to come; ***mettere qcn. nell'~ di nuocere*** to make it impossible for sb. to do harm; ***l'~ di un simile incontro*** the impossibility of such a meeting.
impossibilitare /impossibili'tare/ [1] tr. to prevent, to make* [sth.] impossible; ***le cattive condizioni atmosferiche hanno impossibilitato la nostra partenza*** the bad weather made it impossible for us to leave.
impossibilitato /impossibili'tato/ **I** p.pass. → **impossibilitare II** agg. unable (**a fare** to do); ***essere ~ a partire per motivi di salute*** to be unable to leave because of health problems; ***sono ~ a venire*** I won't be able to come.
1.imposta /im'pɔsta/ f. **1** *(di finestra)* (window-)shutter; ***aprire, chiudere le -e*** to open, close the shutters **2** EDIL. *(di arco, volta)* springer, skewback.
▷ **2.imposta** /im'pɔsta/ f. tax, levy; ***gettito d'~*** tax levy; ***al lordo delle -e*** before tax; ***al netto delle -e*** after tax; ***detrazione d'~*** (tax) deduction; ***soggetto a ~*** taxable; ***esente da ~*** free of *o* from tax, tax-free; ***pagare un milione di -e*** to pay one million in taxes; ***riscuotere, prelevare delle -e*** to collect, levy taxes; ***ridurre le -e*** to cut taxes; ***pagare delle -e*** to pay tax ◆◆ ***~ addizionale*** surtax; ***~ sui beni immobili*** property *o* real estate tax; ***~ di bollo*** stamp duty; ***~ sul capitale*** tax on capital; ***~ comunale*** council tax; ***~ diretta*** direct tax; ***~ doganale*** customs, duty; ***~ fondiaria*** land tax; ***~ indiretta*** indirect tax; ***~ indiziaria*** o ***induttiva*** wealth related tax; ***~ patrimoniale*** capital levy, property *o* wealth BE tax; ***~ sulle plusvalenze*** capital gains tax; ***~ progressiva*** graduated *o* progressive tax; ***~ proporzionale*** proportional tax; ***~ sui redditi delle persone fisiche*** personal income tax; ***~ regionale*** = tax imposed by the region one belongs to; ***~ sul reddito*** income tax; ***~ sul sale*** salt tax; ***~ sulle società*** o

societaria company tax, corporate *o* corporation BE tax; ***~ straordinaria*** = tax imposed for special purposes; ***~ di successione*** estate duty BE *o* tax AE, inheritance tax AE; ***~ sul tabacco*** tobacco tax; ***~ sul valore aggiunto*** value added tax; ***-e locali*** local taxes *o* rates.

1.impostare /impos'tare/ [1] **I** tr. **1** *(affrontare)* to tackle [*problema*]; to plan [*lavoro*]; to formulate [*soggetto, questione*] **2** *(strutturare)* to structure [*discorso*]; to outline [*tema, lettera*] **3** *(abbozzare)* to lay* out, to set* up [*programma, progetto*] **4** TIP. to impose **5** MUS. to pitch [*voce*] **6** EDIL. to lay*, to position **7** MAR. to lay* down [*nave*] **8** FIG. *(basare)* to build*, to found; ***~ la propria vita su qcs.*** to build one's life on sth. **II impostarsi** pronom. SPORT to position oneself.

2.impostare /impos'tare/ [1] tr. *(imbucare)* to mail, to post BE [*lettera*].

impostazione /impostat'tsjone/ f. **1** *(strutturazione)* structuring **2** *(abbozzo)* outline, set-up **3** MUS. ***~ della voce*** voice training **4** TIP. imposition **5** EDIL. bedding, hardcore **6** MAT. ***~ del problema*** statement of the problem **7** FON. *(fase dell'articolazione)* tension **8** ECON. ***~ di bilancio*** budgeting.

imposto /im'posto/ **I** p.pass. → **imporre II** agg. [*tariffa, termine*] fixed; [*matrimonio*] forced; ***prezzo ~*** manufacturer's price, fixed retail price.

impostore /impos'tore/ m. (f. **-a**) impostor.

impostura /impos'tura/ f. imposture, deception.

impotente /impo'tɛnte/ **I** agg. **1** *(inefficace)* [*persona, governo, polizia, rabbia*] powerless, helpless, impotent; ***assistere ~ a qcs.*** to watch sth. impotently; ***sentirsi ~ di fronte a qcs.*** to feel helpless in front of sth.; ***essere totalmente ~*** to be completely powerless **2** MED. impotent; ***sessualmente ~*** sexually impotent **II** m. MED. impotent man*.

impotenza /impo'tɛntsa/ ➧ **7** f. **1** *(incapacità) (di persona, governo)* helplessness, powerlessness, impotence, impotency; ***l'~ di qcn. dinnanzi a qcs.*** sb.'s helplessness in front of sth.; ***~ a fare*** inability to do; ***ridurre qcn. all'~*** to render sb. powerless; ***provare un sentimento di ~*** to feel helpless **2** MED. impotence, impotency; ***l'~ sessuale*** sexual impotence.

impoverimento /impoveri'mento/ m. **1** impoverishment (anche FIG.) (**di** of) **2** *(del suolo)* overcropping, impoverishment.

impoverire /impove'rire/ [102] **I** tr. **1** to impoverish (anche FIG.) **2** AGR. to overcrop **II** intr. (aus. *essere*), **impoverirsi** pronom. to become* poor, to get* poor.

impraticabile /imprati'kabile/ agg. **1** [*sentiero, strada*] impracticable, impassable **2** SPORT [*campo da calcio*] impracticable, unplayable **3** *(inattuabile)* [*ipotesi, idea*] unfeasible, impractical.

impraticabilità /impratikabili'ta/ f.inv. **1** *(di strada)* impracticability, impassability **2** *(di campo da gioco)* impracticability **3** *(di idea, piano)* impracticability, impraticality, unpracticality.

impratichire /imprati'kire/ [102] **I** tr. to train (**in** in) **II impratichirsi** pronom. to practise BE, to practice AE, to get* to know; ***-rsi nell'uso del computer*** to get some practice using the computer.

imprecare /impre'kare/ [1] intr. (aus. *avere*) to swear*, to curse (**contro qcs., qcn.** at sth., sb.).

imprecativo /impreka'tivo/ agg. [*frase*] cursing, imprecatory.

imprecazione /imprekat'tsjone/ f. curse, oath, swearword, imprecation FORM.; ***lanciare -i contro qcn.*** to curse (at) sb., to hurl imprecations at sb.

imprecisabile /impretʃi'zabile/ agg. indeterminable, indefinable.

imprecisato /impretʃi'zato/ agg. [*numero, quantità, causa*] indefinite, indeterminate, unspecified.

imprecisione /impretʃi'zjone/ f. imprecision, inaccuracy; ***l'~ di un metodo*** the imprecision of a method; ***nel testo ci sono molte -i*** in the text there are many inaccuracies.

▷ **impreciso** /impre'tʃizo/ agg. [*data, tiro, colpo, risultato, parola, bilancia*] imprecise, inaccurate; [*idea, forma*] vague, unclear; ***essere ~ in qcs., nel fare qcs.*** to lack precision in sth., in doing sth.

impregnamento /impreɲɲa'mento/ m. **1** TECN. *(nel legno, nei tessuti)* impregnation **2** *(di animali)* impregnation, fecundation.

impregnare /impreɲ'ɲare/ [1] **I** tr. **1** TECN. to impregnate [*tessuto, legno*] (**di** with) **2** *(imbevere)* to impregnate [*spugna, fazzoletto*] (**di** with); [*liquido*] to impregnate, to soak [*tessuto, carta, terreno*]; [*odore*] to permeate; ***~ d'acqua*** to sodden; ***l'umidità impregna i muri*** there is damp in the walls; ***i loro vestiti erano impregnati di un forte odore di fritto*** their clothes smelled strongly of frying **3** VETER. to impregnate **II impregnarsi** pronom. **1** *(inzupparsi)* [*tessuto, carta, terreno*] to become* impregnated, to be* soaked (**di** with); ***la spugna si impregna d'acqua*** the sponge gets soaked with water **2** *(odorare, puzzare)* to smell; ***gli abiti le si erano impregnati di odore di fritto*** her clothes smelled strongly of frying.

impregnato /impreɲ'ɲato/ **I** p.pass. → **impregnare II** agg. **1** *(inzuppato)* impregnated, imbued, soaked (**di** with); ***~ di sudore*** sweat-soaked **2** *(pieno)* ***una stanza ~ di fumo*** a smoke-filled room **3** FIG. *(saturo)* ***un'atmosfera -a di odio*** an atmosphere permeated *o* filled with hatred.

impregnazione /impreɲɲat'tsjone/ f. impregnation.

imprendibile /impren'dibile/ agg. **1** *(che non si può prendere)* [*ladro, animale*] uncatchable; SPORT [*tiro*] unstoppable **2** *(inespugnabile)* [*fortezza, cittadella*] impregnable.

imprenditore /imprendi'tore/ ➧ **18** m. (f. **-trice** /tritʃe/) entrepreneur; ***piccolo ~*** small businessman; ***associazioni di -i*** employers' associations ◆◆ ***~ edile*** (house) builder, (building) contractor.

imprenditoria /imprendito'ria/ f. **1** *(settore)* entrepreneurial activity **2** *(categoria degli imprenditori)* entrepreneurs pl.

imprenditoriale /imprendito'rjale/ agg. [*spirito, politica, attività*] entrepreneurial; ***classe ~*** entrepreneurs.

imprenditorialità /imprenditorjali'ta/ f.inv. entrepreneurship.

impreparato /imprepa'rato/ agg. **1** *(non pronto)* unprepared, unready (**a** for); ***la notizia mi coglie ~*** the news takes *o* catches me by surprise; ***essere ~ ad affrontare le difficoltà*** to be unprepared to face difficulties **2** *(incompetente)* [*professore, medico, funzionario*] incompetent **3** SCOL. UNIV. ***andare all'esame ~*** to take *o* sit BE an exam without having studied.

impreparazione /impreparat'tsjone/ f. **1** *(mancanza di preparazione)* unpreparedness **2** *(incompetenza)* incompetence.

▶ **impresa** /im'presa/ **I** f. **1** *(azienda)* enterprise, company, firm, business (unit); ***libera ~*** free enterprise; ***~ edile*** building firm; ***~ di traslochi*** removal firm, moving company AE; ***~ di autotrasporti*** (road) haulier, trucking firm AE; ***~ di pompe funebri*** funeral parlour BE *o* parlor AE; ***piccola e media ~*** small and medium enterprise; ***una piccola ~ con 10 dipendenti*** a small business with a staff of ten; ***creazione d'-e*** business start-ups, creation of new businesses; ***cultura d'~*** corporate culture; ***dirigere un'~*** to run a business **2** *(progetto, attività)* enterprise, undertaking; ***lanciarsi in un'~*** to undertake a venture; ***un'~ rischiosa*** a risky attempt, a long shot; ***la sua prima ~ nel settore del marketing*** his first venture in marketing; ***abbandonare l'~*** to abandon the undertaking **II imprese** f.pl. *(gesta)* ***-e che sono entrate nella leggenda*** deeds *o* feats which have passed into legend ◆ ***è un'~ fargli capire cosa deve fare!*** SCHERZ. it's quite a job to make him understand what to do! ***è un'~ entrare in città!*** it's a real performance getting into town! ***non è stata ~ da poco*** it was no mean feat *o* easy task ◆◆ ***~ collettiva*** collective; ***~ diversificata*** composite; ***~ a partecipazione statale*** state-controlled enterprise; ***~ privata*** private enterprise.

impresario, pl. **-ri** /impre'sarjo, ri/ ➧ **18** m. (f. **-a**) **1** *(imprenditore)* entrepreneur **2** TEATR. impresario* ◆◆ ***~ edile*** builder; ***~ di pompe funebri*** funeral director.

imprescindibile /impreʃʃin'dibile/ agg. [*impegno, dovere, necessità*] unavoidable.

imprescrittibile /impreskrit'tibile/ agg. [*diritto, crimine*] imprescriptible.

imprescrittibilità /impreskrittibili'ta/ f.inv. imprescriptibility.

impresentabile /imprezen'tabile/ agg. ***essere ~, avere un aspetto ~*** to be unpresentable.

impressionabile /impressjo'nabile/ agg. **1** *(sensibile)* [*persona*] impressionable, sensitive **2** FOT. [*carta, pellicola*] sensitive.

impressionabilità /impressjonabili'ta/ f.inv. **1** *(di carattere)* impressionability **2** FOT. sensitivity.

▷ **impressionante** /impressjo'nante/ agg. **1** *(che stupisce)* [*risultato, numero, arsenale*] impressive; [*somiglianza*] striking, startling **2** *(che spaventa)* [*spettacolo, immagine*] horrifying, spine-chilling.

▷ **impressionare** /impressjo'nare/ [1] **I** tr. **1** *(fare effetto)* [*persona, qualità*] to impress, to strike* [*persona*] (**con** with; **facendo** by doing); ***sono molto impressionato dal tuo lavoro*** I'm very impressed with your work; ***lasciarsi ~ facilmente*** to be easily impressed; ***non lasciarti ~ dagli esaminatori*** don't let the examiners upset you; ***l'ultimo candidato mi ha impressionato favorevolmente*** I was favourably impressed by the last candidate; ***il film mi ha impressionato molto*** the film had quite an effect on me **2** *(scioccare)* [*spettacolo, immagine*] to shock, to horrify, to disturb [*persona*] **3** FISIOL. to act on [*retina*] **4** FOT. to expose [*pellicola*] **II impressionarsi** pronom. **1** *(turbarsi)* to be* upset **2** FOT. to be* exposed.

impressionato /impressjo'nato/ **I** p.pass. → **impressionare II** agg. **1** *(colpito)* impressed (**da qcn., qcs.** by sb., sth.); ***non sono affatto ~*** I'm not impressed at all, I'm completely unimpressed **2** *(scioccato)* horrified, disturbed **3** FOT. [*pellicola*] exposed.

▶ **impressione** /impres'sjone/ f. **1** *(sentimento immediato)* impression; ***quali sono le sue -i?*** what are your impressions? ***la mia prima ~ è stata che...*** my first impression was that...; ***fidarsi delle proprie -i*** to trust one's (first) impressions **2** *(effetto)* impression; ***fare poca, molta ~*** to make little, a lasting impression; ***fare*** o ***dare una buona, cattiva ~*** to make *o* create a good, bad impression (**su qcn.** on sb.); ***fare una grossa ~*** to make a strong impression; ***che ~ ti ha fatto?*** how did he strike you? **3** *(raccapriccio)* horror, disgust; ***che ~!*** how disgusting! ***il sangue gli fa ~*** blood upsets him **4** *(sensazione)* impression, feeling; ***avere l'~ che*** to be under the impression that; ***avere l'~ di fare*** to have the impression of doing, to feel like one is doing; ***ho l'~ di galleggiare nell'aria, di soffocare, di essere sorvegliato*** I feel like I am gliding, suffocating, being watched; ***ho come l'~ di avere...*** IRON. COLLOQ. I have a strange feeling that I have...; ***ho la terribile ~ di aver dimenticato il passaporto*** I've got the horrible feeling (that) I've forgotten my passport; ***dare l'~ di fare, di essere*** to give the impression of doing, being; ***dare l'~ che...*** to give the impression that...; ***dare l'~ di essere pigro, onesto*** to come over as lazy, honest; ***Gianni vuole dare l'~ di ascoltare, di partecipare*** Gianni wants to give the impression that he's listening, participating; ***il film lascia un'~ di disagio*** this film leaves one feeling uneasy; ***il rivederli mi ha fatto una strana ~*** it was *o* I felt strange seeing them again **5** TIP. TECN. *(di testo, tessuto, biglietti, manifesti)* impression, printing **6** *(l'imprimere)* impression; ***l'~ di un sigillo*** the impression of a seal ◆ ***~ a secco*** TIP. die stamping.

impressionismo /impressjo'nizmo/ m. impressionism, Impressionism.

impressionista, m.pl. **-i**, f.pl. **-e** /impressjo'nista/ **I** agg. [*quadro, pittura*] Impressionist **II** m. e f. *(pittore)* Impressionist.

impressionistico, pl. **-ci**, **-che** /impressjo'nistiko, tʃi, ke/ agg. ART. impressionistic.

impresso /im'prɛsso/ **I** p.pass. → **imprimere II** agg. FIG. printed, stamped; ***essere ~ nel volto di qcn.*** [*tristezza, gioia*] to be stamped on sb.'s face; ***essere ~ nella memoria di qcn.*** [*ricordo, immagine*] to be stamped in one's memory, to be etched on one's memory; ***rimanere ~ nella memoria di qcn.*** to remain *o* stick in one's memory; ***quel particolare mi è rimasto ~*** that detail stuck in my mind.

▷ **imprestare** /impres'tare/ [1] tr. to lend*; ***~ qcs. a qcn.*** to lend sb. sth., to lend sth. to sb.; ***farsi ~ qcs.*** to borrow sth.; ***puoi restituirmi il libro che ti ho imprestato?*** can you give me back the book I lent you?

imprevedibile /impreve'dibile/ agg. [*fattori, persona*] unpredictable, unexpected; [*conseguenze, evento*] unforeseeable, unexpected.

imprevedibilità /imprevedibili'ta/ f.inv. unpredictability, unforeseeability.

imprevedibilmente /imprevedibil'mente/ avv. unpredictably, unforeseeably.

imprevidente /imprevi'dɛnte/ agg. improvident, unforeseeing.

imprevidentemente /imprevidente'mente/ avv. improvidently.

imprevidenza /imprevi'dɛntsa/ f. improvidence.

▷ **imprevisto** /impre'visto/ **I** agg. **1** *(non previsto)* [*spese*] unforeseen, unexpected, unplanned; [*cambiamento*] unannounced **2** *(non prevedibile)* [*reazione*] unexpected **II** m. contingency, accident; ***~ dell'ultimo minuto*** last-minute hitch; ***salvo -i*** barring accidents; ***c'è stato un piccolo ~*** there has been a slight hitch; ***affrontare l'~, far fronte all'~*** to face the unexpected.

impreziosire /imprettsjo'sire/ [102] tr. **1** *(decorare)* to adorn, to embellish [*vestito, tessuto*] (**con** with); [*cornice, illustrazione, pitture*] to enrich, to embellish [*quadro, libro, chiesa*] **2** FIG. to embellish [*stile*].

imprigionamento /impridʒona'mento/ m. imprisonment.

▷ **imprigionare** /impridʒo'nare/ [1] tr. **1** *(mettere in prigione)* to imprison **2** FIG. to block, to trap; ***la neve li imprigionò nel paese*** they were snowbound in the village.

imprigionato /impridʒo'nato/ **I** p.pass. → **imprigionare II** agg. **1** *(messo in prigione)* imprisoned **2** FIG. trapped, blocked; ***essere ~ sotto, in qcs.*** [*mano, gamba*] to be caught *o* stuck under, in sth.; ***una nave -a nel ghiaccio*** a ship trapped in ice, an icebound ship.

imprimatur /impri'matur/ m.inv. RELIG. imprimatur (anche FIG.).

▷ **imprimere** /im'primere/ [29] **I** tr. **1** *(riprodurre)* to impress, to imprint, to stamp [*sigillo*] (**su** on); ***~ un sigillo su una lettera*** to stamp a seal on a letter; ***~ nitide orme sulla sabbia*** to leave deep footprints on the sand; ***~ qcs. nella memoria*** o ***nel ricordo*** FIG. to imprint sth. in one's memory **2** *(con il fuoco)* ***~ un marchio a un animale*** to brand an animal **3** *(trasmettere)* [*persona*] to give* [*spinta, movimento, velocità*] (**a qcs.** to sth.) **II imprimersi** pronom. to be* impressed, to be* engraved, to be* branded; ***-rsi nel ricordo di qcn.*** to be engraved in sb.'s memory.

imprinting /im'printing/ m.inv. imprinting.

▷ **improbabile** /impro'babile/ agg. [*incontro, punteggio, ipotesi*] improbable, unlikely; ***è ~ che*** it is improbable *o* unlikely that; ***è ~ che Nicoletta possa venire*** Nicoletta is not likely to come; ***è ~ che i soldi vengano rimborsati*** the money is unlikely to be paid back.

improbabilità /improbabili'ta/ f.inv. improbability, unlikelihood.

improbità /improbi'ta/ f.inv. improbity.

improbo /'improbo/ agg. **1** LETT. *(malvagio)* wicked **2** *(duro, faticoso)* [*lavoro*] arduous.

improcrastinabile /improkrasti'nabile/ agg. ***un impegno ~*** a task that cannot be postponed.

improduttività /improduttivi'ta/ f.inv. unproductiveness; *(di terreno)* infertility, unfruitfulness.

improduttivo /improdut'tivo/ agg. **1** *(che non produce niente)* [*terreno*] infertile, unfruitful; [*investimento, capitali*] unproductive, nonproductive, idle **2** FIG. [*discussione*] unfruitful, pointless.

impromptu /empromp'tu/ m.inv. LETTER. MUS. impromptu.

▷ **1.impronta** /im'pronta/ f. **1** *(traccia)* impression, imprint, print, mark; ***l'~ di un piede sulla sabbia*** a footprint in the sand; ***le -e di un cane, di un gatto*** a dog's, cat's footprints; ***lasciare le proprie -e sullo specchio*** to leave one's fingerprints on the mirror; ***l'~ dei denti*** MED. dental impression; ***lasciare l'~*** [*dente, piede*] to leave a mark (**in** in; **su** on) **2** *(di sigillo, medaglia, moneta)* impression; ***l'~ di una chiave*** the impression of a key **3** *(marchio, segno)* mark, stamp; ***l'~ di un artista*** the stamp of an artist; ***ricevere l'~ del proprio ambiente*** to be stamped *o* marked by one's social background; ***lasciare un'~*** to leave a mark ◆◆ ***-e digitali*** fingerprints, dabs BE COLLOQ.

2.impronta: **all'impronta** /allim'pronta/ avv. at once, immediately, extempore; ***una traduzione all'~ dall'italiano*** an Italian unseen.

improntare /impron'tare/ [1] **I** tr. ***~ il volto a un'espressione corrucciata*** to frown, to put on a sullen look **II** intr. (aus. *essere*), **improntarsi** pronom. to become* imbued (**a** with); ***-rsi a tristezza*** [*personalità*] to become imbued with sadness; [*volto*] to take on a sorrowful look.

improntato /impron'tato/ **I** p.pass. → **improntare II** agg. ***~ a tristezza*** [*sguardo, volto*] full of sadness.

improntitudine /impronti'tudine/ f. impudence.

impronto: **all'impronto** /allim'pronto/ avv. → **2.impronta.**

impronunciabile /impronun'tʃabile/, **impronunziabile** /impronun'tsjabile/ agg. **1** *(difficile da pronunciare)* [*nome, parola*] unpronounceable **2** *(da non proferire)* [*parola*] unrepeatable.

improperio, pl. **-ri** /impro'pɛrjo, ri/ m. curse, abuse **U**; ***coprire qcn. di -ri*** to heap abuse on sb., to let fly a stream of abuse on sb.

improponibile /impropo'nibile/ agg. **1** *(inaccettabile)* ***una soluzione ~*** an absurd solution **2** DIR. inadmissible, not actionable.

improponibilità /improponibili'ta/ f.inv. inadmissibility (anche DIR.).

impropriamente /improprja'mente/ avv. improperly; ***mescolare ~ politica e ideologia*** to misguidedly mix politics and ideology; ***un termine usato ~*** a misused word.

improprietà /improprje'ta/ f.inv. **1** *(carattere improprio)* impropriety; ***~ di linguaggio*** inappropriate language **2** *(cosa, parola impropria)* inaccuracy.

improprio, pl. **-ri**, **-rie** /im'prɔprjo, ri, rje/ agg. *(scorretto)* [*termine*] inaccurate; [*espressione, uso*] improper; ***in senso ~*** improperly; *(sconveniente)* ***essere vestito in modo ~*** to be improperly dressed.

improrogabile /improro'gabile/ agg. ***un impegno ~*** an appointment that cannot be postponed; ***scadenza ~*** deadline.

improrogabilmente /improrogabil'mente/ avv. without any possible postponement.

improvvido /im'prɔvvido/ agg. LETT. improvident.

improvvisamente /improvviza'mente/ avv. **1** *(tutto a un tratto)* suddenly, all of a sudden; ***~ apparve un'ombra nella nebbia*** all of a sudden a shadow emerged from the fog; ***~ Silvia ebbe un'ispirazione*** suddenly Silvia had an idea **2** *(in modo inaspettato)* unexpectedly, out of the blue, all of a sudden; ***suo zio è morto ~*** his uncle died unexpectedly; ***~ qualcuno ha gridato*** out of the blue somebody shouted.

▷ **improvvisare** /improvvi'zare/ [1] **I** tr. to improvise, to extemporize [*poesia, sonata*]; to improvise, to ad-lib [*discorso*]; to improvise, to put* together, to rustle up [*cena*]; ***un campo per rifugiati non si improvvisa*** you can't create a refuge camp just like that **II** intr. (aus. *avere*) to improvise, to extemporize, to ad-lib;

~ ***all'organo*** to improvise on the organ; ***saper*** ~ to know how to improvise **III improvvisarsi** pronom. ***-rsi cuoco, avvocato*** [*persona*] to act as a cook, lawyer.

improvvisata /improvvi'zata/ f. surprise visit; ***fare un'*** ~ to make *o* pay a surprise visit.

improvvisato /improvvi'zato/ **I** p.pass. → **improvvisare II** agg. **1** *(non preparato)* [*discorso*] impromptu, off-the-cuff, extemporaneous; [*poesia, canzone*] improvised, extemporaneous **2** *(di fortuna)* [*cena*] improvised, scratch; [*letto, tavolo*] makeshift **3** *(senza pratica specifica)* [*cantante, cuoco, autista*] makeshift.

improvvisatore /improvvizat'tore/ m. (f. **-trice** /tritʃe/) improviser, extemporizer; ***talento da*** ~ talent for improvisation.

improvvisazione /improvvizat'tsjone/ f. **1** improvisation; ***lasciare tutto all'*** ~ to improvise at the last minute **2** *(genere)* improvisation.

▶ **improvviso** /improv'vizo/ **I** agg. **1** *(repentino)* [*fuga, morte, voglia, cambiamento, dolore, attacco, fenomeno, impulso*] sudden; [*partenza*] hasty; [*calo, aumento*] sudden, sharp; [*accelerazione, frenata*] violent; [*decisione*] snap **2** *(inaspettato)* [*notizia*] unexpected **3 all'improvviso**, **d'improvviso** suddenly, all of a sudden; ***questa idea mi è venuta d'*** ~ this idea came to me from out of the blue; ***succedere all'*** ~ to happen all of a sudden; ***arrivare a casa di un amico all'*** ~ to show up out of the blue at a friend's house **II** m. MUS. impromptu.

▷ **imprudente** /impru'dɛnte/ **I** agg. [*persona, automobilista, azione, comportamento*] imprudent, careless, reckless; [*approccio, decisione, parola*] unwise, imprudent, ill-advised **II** m. e f. imprudent person.

imprudentemente /imprudente'mente/ avv. [*attraversare, agire, mostrare, guidare*] imprudently, carelessly; [*parlare*] imprudently.

imprudenza /impru'dɛntsa/ f. **1** *(mancanza di prudenza)* imprudence, carelessness; ***l'*** ~ ***dell'automobilista*** the carelessness of the driver **2** *(atto imprudente)* imprudence; ***commettere un'*** ~ to do sth. reckless; ***è stata un'*** ~ ***fare*** it was rash to do.

impubblicabile /impubbli'kabile/ agg. unpublishable, unprintable.

impudente /impu'dɛnte/ **I** agg. [*parola, azione*] impudent; [*persona*] impudent, insolent, cheeky **II** m. e f. impudent person; ***che*** ~***!*** what a cheek!

impudentemente /impudente'mente/ avv. impudently.

impudenza /impu'dɛntsa/ f. **1** *(sfrontatezza)* impudence, gall, cheek; ***avere l'*** ~ ***di fare*** to have the gall to do, to be cheeky enough to do; ***l'*** ~ ***del tuo atteggiamento, delle tue parole*** the impudence of your attitude, language **2** *(atto, parola)* impudence.

impudicizia /impudi'tʃittsja/ f. shamelessness, indecency, immodesty.

impudico, pl. **-ci**, **-che** /impu'diko, tʃi, ke/ agg. [*gesto, parola*] indecent; [*persona*] shameless, lewd.

impugnabile /impuɲ'ɲabile/ agg. DIR. [*testamento, sentenza*] impugnable, contestable.

impugnabilità /impuɲɲabili'ta/ f.inv. DIR. impugnability, contestability.

impugnante /impuɲ'ɲante/ m. e f. DIR. impugner, contester.

1.impugnare /impuɲ'ɲare/ [1] tr. to seize, to grasp, to grip [*bastone, maniglia*]; to hold* [*racchetta da tennis*]; to take* up [*armi*]; to draw* [*spada*].

2.impugnare /impuɲ'ɲare/ [1] tr. DIR. to contest [*testamento, contratto, successione, diritto*]; ~ ***di falso qcs.*** to dispute the validity of sth.

impugnativa /impuɲɲa'tiva/ f. DIR. rejection.

impugnativo /impuɲɲa'tivo/ agg. [*azione*] contesting, impugnating.

impugnatura /impuɲɲa'tura/ f. **1** *(manico)* handle; *(di spada, sciabola)* hilt; *(di pistola)* butt, helve; *(di arnese, attrezzo)* handgrip, butt; *(di pala)* handle, haft **2** *(l'impugnare)* grip, grasp; ***l'*** ~ ***corretta della racchetta*** the right way to hold the racket.

impugnazione /impuɲɲat'tsjone/ f. DIR. impugnment, contest.

impulsione /impul'sjone/ f. impulsion.

impulsivamente /impulsiva'mente/ avv. impulsively.

impulsività /impulsivi'ta/ f.inv. impulsiveness; ***frenare l'*** ~ to curb one's impulsiveness.

▷ **impulsivo** /impul'sivo/ **I** agg. **1** *(irriflessivo, impetuoso)* [*gesto*] impulsive, rash; ***è stato molto*** ~ ***nelle sue decisioni*** he was rash in his decisions **2** MECC. [*moto*] impelling, impulsive **II** m. (f. **-a**) impulsive person.

▷ **impulso** /im'pulso/ m. **1** *(sollecitazione)* impulse, impetus, stimulus*, push; ***dare un (nuovo)*** ~ ***a qcs.*** to give (fresh) impetus to sth.; ***dare (un)*** ~ ***alla ripresa economica*** to give an impulse to economic recovery; ***sotto l'*** ~ o ***per*** ~ ***della Germania, del partito, del sindaco*** at the instigation of Germany, the party, the mayor; ***agire d'*** ~ to act on (an) impulse **2** *(desiderio)* impulse, urge, compulsion; ~ ***repentino*** o ***improvviso*** sudden impulse; ***sentire l'*** ~ ***di fare*** to feel a compulsion to do, to have an impulse to do; ***il mio primo*** ~ ***è stato di...*** my first instinct was to...; ***seguire un*** ~ to follow a whim **3** PSIC. drive; ~ ***morboso, incontrollabile*** morbid, incontrollable drive **4** ELETTRON. EL. TECN. impulse, pulse **5** FIS. impulse, impetus **6** FISIOL. impulse ◆◆ ~ ***nervoso*** nerve impulse; ~ ***sessuale*** sex drive.

impunemente /impune'mente/ avv. [*rubare*] with impunity.

impunibile /impu'nibile/ agg. unpunishable.

impunità /impuni'ta/ f.inv. impunity.

impunito /impu'nito/ agg. [*reato, colpevole*] unpunished; ***restare*** ~ to go *o* remain unpunished.

impuntare /impun'tare/ [1] **I** intr. (aus. *avere*) **1** *(inciampare)* to stumble **2** *(balbettare)* to stammer, to stutter **II impuntarsi** pronom. **1** [*cavallo*] to jib; ~ ***davanti a un ostacolo*** to jib at a fence **2** FIG. *(ostinarsi)* [*persona*] to dig* in one's heels; ***-rsi su qcs.*** to bash on with sth.; ***-rsi su un'idea*** to cling stubbornly to an idea; ***quando mio fratello si impunta, diventa insopportabile*** when my brother gets something into his head, he's unbearable.

impuntura /impun'tura/ f. SART. stitching, quilting; ***fare delle -e a mano, a macchina*** to do hand stitching, machine stitching.

impunturare /impuntu'rare/ [1] tr. to stitch.

impuparsi /impu'parsi/ [1] pronom. to pupate.

impurezza /impu'rettsa/ f. CHIM. impurity.

impurità /impuri'ta/ f.inv. **1** *(l'essere impuro)* impurity (anche FIG.), unchastity; RELIG. uncleanness; ~ ***dell'aria*** impurities of the air; ***l'*** ~ ***di una lingua*** the corruption of a language; ~ ***dei costumi*** moral corruption **2** *(cosa impura)* impurity; ***liberare la pelle dalle*** ~ to cleanse the skin of impurities.

impuro /im'puro/ agg. **1** *(immorale)* [*cuore, pensiero*] impure, unchaste **2** *(sporco)* [*acqua, aria, sangue*] impure **3** *(mescolato ad altre sostanze)* [*minerale*] impure **4** RELIG. [*animale, persona*] impure, unclean **5** FON. ***esse -a*** impure s.

imputabile /impu'tabile/ agg. **1** *(attribuibile)* [*errore, incidente, sconfitta*] imputable, ascribable, attributable, due (**a** to) **2** *(responsabile)* responsible; ***la compagnia è*** ~ ***di negligenza*** the company is responsible for negligence **3** DIR. chargeable (**di** with), indictable (**di** of); ~ ***di reato*** indictable of a crime.

imputabilità /imputabili'ta/ f.inv. imputability; DIR. chargeability.

imputare /impu'tare/ [1] tr. **1** *(attribuire)* to impute, to ascribe, to attribute [*colpa*] (**a qcn.** to sb.) **2** DIR. ~ ***qcs. a qcn.*** to charge sb. with sth.; ***è stato imputato di omicidio*** he was charged with murder **3** COMM. to charge (**a** to); ~ ***una somma ad un conto*** to charge a sum to an account.

▷ **imputato** /impu'tato/ **I** p.pass. → **imputare II** agg. DIR. charged, accused; ***essere*** ~ ***di omicidio*** to be charged with murder **III** m. (f. **-a**) ***l'*** ~ the accused (one), the indictee, the defendant; ***gli -i*** the accused; ***"l'*** ~ ***si alzi"*** "the accused will stand" ◆ ***mettere qcn. sul banco degli -i*** to put sb. on trial *o* in the dock BE; ***essere sul banco degli -i*** to be put on trial, to be in the dock BE.

imputazione /imputat'tsjone/ f. **1** *(accusa)* imputation, charge, accusation (**di** of); ~ ***d'omicidio*** murder charge; ***capi d'*** ~ criminal charges **2** ECON. allocation.

imputrescibile /imputreʃ'ʃibile/ agg. LETT. rotproof.

imputridimento /imputridi'mento/ m. rotting, putrefaction.

imputridire /imputri'dire/ [102] intr. (aus. *essere*) [*detriti, cadavere, carne*] to rot (away), to putrefy.

imputridito /imputri'dito/ **I** p.pass. → **imputridire II** agg. rotten, putrid.

impuzzolentire /imputtsolen'tire/ [102] tr. to stink* out, to pong out BE COLLOQ., to stink* up AE [*luogo*].

impuzzolentito /imputtsolen'tito/ **I** p.pass → **impuzzolentire II** agg. stinky.

IMQ /iɛmme'ku/ m. (⇒ Istituto del Marchio di Qualità) = Italian organization responsible for determining quality standards.

▶ **in** /in/ prep. (artcl. **nel**, **nello**, **nella**, **nell'**; pl. **nei**, **negli**, **nelle**) **1** *(stato in luogo)* in; *(all'interno)* in, inside; *(sopra)* on; ***abitiamo*** ~ ***via Garibaldi*** we live in BE *o* on AE via Garibaldi; ***vivere*** ~ ***città,*** ~ ***campagna,*** ~ ***periferia*** to live in town, in the country, on the outskirts; ***vivere*** ~ ***Italia,*** ~ ***Piemonte*** to live in Italy, in Piedmont; ***stare*** ~ ***casa*** to stay at home; ***essere*** ~ ***cucina,*** ~ ***bagno*** to be in the kitchen, in the bathroom; ***ho trovato un biscotto nella scatola*** I found a biscuit in *o* inside the box; ***la torta è*** ~ ***tavola*** the cake is on the table; ***essere nel cassetto, nella foresta*** to be in the drawer, in the forest; ***essere*** ~ ***un'auto, un taxi*** to be in a car, in a taxi; ***essere nella nebbia, nell'acqua*** to be in the fog, in the water; ***frugare*** ~ ***un cassetto*** to fumble about in a drawer; ***la storia è ambientata*** ~ ***un***

in

La preposizione *in* si traduce in inglese in vari modi a seconda del valore semantico che convoglia.

- Quando *in* introduce lo stato in luogo, si traduce solitamente *in*: *una villetta in campagna* = a cottage in the countryside; *è in cucina* = she's in the kitchen; *in Europa* = in Europe; *in Italia* = in Italy; *nell'Italia del Nord* = in Northern Italy; *in classe* = in the classroom; *nell'acqua* = in the water; si notino però i casi di *in casa* = at home e *in tutta la regione* = all over the area.
- Quando *in* introduce il moto a luogo, si traduce *to*: *è andato in montagna* = he's gone to the mountains; *andare con l'aereo in Asia / Canada* = to fly to Asia / Canada; *corse in giardino* = he ran into the garden; *entrò nel ristorante / nella stanza / nel negozio* = he went into the restaurant / room / shop. Si usa invece *through* se si vuole sottolineare il moto per luogo: *ho viaggiato spesso negli Stati Uniti* = I have often travelled through the States.
- Quando *in* introduce un complemento di tempo a significare *durante*, si traduce solitamente *in*, ma anche *on*, *over* o *at*: *in maggio* = in May; *in estate* = in summer; *in futuro* = in the future; *sono nato nel 1956* = I was born in 1956; *nel XX secolo* = in the 20th century; *nella mia giovinezza* = in my youth; *in una sera come questa* = on a night like this; *in quegli anni* = over those years; *nei fine settimana* = at weekends.
- Quando *in* introduce mezzi di trasporto, si rende con *by*: *in macchina* = by car; *in treno* = by train; *in autobus* = by bus; *in bici* = by bike.
- Nel caso di altri complementi, e di locuzioni avverbiali e idiomatiche, la preposizione italiana *in* ha diversi equivalenti in inglese, tra i quali **at** (*bravo in latino* = good at Latin; *in cima e in fondo al foglio* = at the top and at the bottom of the paper; *è in gioco la mia reputazione* = my reputation is at stake; *in qualunque momento* = at any time; *in fondo a questa via* = at the end of this street), **for** (*un cambiamento in meglio / peggio* = a change for the better / worse), **in** (*in pratica* = in practice; *in vista* = in sight; *in silenzio* = in silence; *in tempo* = in time; *in lacrime* = in tears; *dimmelo in inglese, per favore* = tell me in English, please), **into** (*traduci questo articolo in inglese* = translate this article into English), **on** (*in servizio* = on duty; *in vendita* = on sale; *in vacanza* = on vacation / holiday; *spendere soldi in giocattoli* = to spend money on toys; *in sciopero* = on strike; *che c'è in programma?* = what's on?; *in punta di piedi* = on tiptoe), **under** (*in discussione* = under discussion).
- La costruzione *in* + articolo + infinito ha valore circostanziale e significato temporale di *mentre*, e va tradotta in inglese per lo più con un gerundio o con *in / on* + gerundio: *nell'aprire la lattina, si tagliò un dito* = in opening the tin, he cut his finger; *nel sentire la mia voce, sorrise* = on hearing my voice, she smiled.
- Talvolta la preposizione *in* non si traduce in alcun modo in inglese: è il caso di alcune locuzioni o espressioni idiomatiche come *in disparte* = aside; *in verità* = actually / to tell the truth; *se fossi in te* = if I were you; *siamo in dieci* = there are ten of us; *Maria Rossi in Brambilla* = Maria Brambilla née Rossi; oppure è il caso in cui il sintagma preposizionale dell'italiano è reso in inglese da un aggettivo o da una forma appositiva: *era pallida in volto* = she was pale-faced; *carne in umido* = stewed meat; *scultura in marmo* = marble statue.
- *In* interviene nella formazione di locuzioni prepositive (*in compagnia di*) e avverbiali (*in giù, in su, in breve, in fretta e furia*); per una corretta traduzione in inglese, si vedano queste voci nel dizionario.
- Per altri esempi, usi particolari ed eccezioni, si veda la voce qui sotto. Sarà spesso utile consultare la voce relativa alla parola introdotta dalla preposizione; inoltre, la consultazione delle note lessicali poste alla fine del dizionario potrà risolvere particolari dubbi d'uso e di traduzione.

paese lontano the story is set in a faraway country; ***bere ~ un bicchiere*** to drink from a glass; ***non voglio niente del genere ~ casa mia!*** I don't want anything of the kind in my house! ***il film sarà ~ televisione*** the film will be on TV; ***~ questa storia, questo affare*** in this story, matter; ***nel suo discorso*** in his speech; ***non è nel tuo interesse*** it's not in your interest; ***nell'insieme*** globally; ***che cosa ti piace ~ un uomo?*** what do you like in a man? ***è una reazione abituale ~ lei*** it's a reaction typical of her; ***se fossi ~ te*** if I were you; ***un tema ricorrente ~ Fellini, ~ Montale*** a recurrent theme in Fellini's, in Montale's work **2** *(moto a luogo)* to; ***andare ~ città, ~ campagna*** to go to town, to the country; ***andare ~ vacanza*** to go on holiday; ***entrare ~ una stanza*** to go into a room; ***andare ~ cucina*** to go into the kitchen; ***il treno sta per entrare ~ stazione*** the train is arriving at the station; ***salire ~ macchina*** to get into the car; ***scendere ~ un pozzo*** to go down a well; ***vado ~ macelleria, panetteria*** I'm going to the butcher's, the baker's; ***andare ~ Germania*** to go to Germany **3** *(moto per luogo)* ***passeggiare ~ città, ~ centro*** to walk in town, in the city centre BE *o* around downtown AE; ***librarsi nell'aria*** to fly in the air; ***viaggiare ~ Cina, negli Stati Uniti*** to travel around *o* through Cina, the United States; ***correre nei prati*** to run across the fields; ***infilare il dito nella fessura*** to stick one's finger through the slit **4** *(tempo) (durante)* ***~ inverno, primavera*** in winter, spring; ***nel 1991*** in 1991; ***nel Medio Evo*** in the Middle Ages; ***nel XV secolo*** in the fifteenth century; ***negli ultimi giorni*** over the last few days; ***nel corso degli anni*** over the years; ***~ settimana, mio padre mangia alla mensa*** during the week, my father eats at the canteen; ***nella mia giovinezza*** in my youth; ***~ futuro*** in (the) future; ***ti chiamerò ~ giornata*** I'll call you sometime today; ***nell'immediato*** at the moment; *(entro)* ***il nuovo impiegato ha fatto questo lavoro ~ dieci giorni*** the new clerk did this work in ten days; ***lo farò ~ settimana*** I'll do it within the week **5** *(mezzo)* by; ***viaggiare ~ treno, aereo, macchina, nave*** to travel by train, plane, car, ship; ***sono venuto ~ taxi*** I came here by taxi; ***andare a Milano ~ aereo, macchina*** to go to Milan by plane, by car, to fly, drive to Milan; ***abbiamo fatto un giro ~ barca*** we went out on the boat; ***andare a fare un giro ~ bicicletta*** to go cycling, to go for a bycicle ride **6** *(modo, maniera)* ***era tutta ~ verde, bianco*** she was all in green, white; ***un'opera ~ versi, inglese, tre volumi*** a work in verse, in English, in three volumes ***parlare ~ spagnolo*** to speak Spanish; ***tua sorella era ~ piena forma*** your sister was in great shape; ***~ silenzio*** in silence, silently; ***~ quest'ottica*** from this point of view; ***pagare ~ contanti*** to pay (in) cash; ***essere*** o ***stare ~ piedi*** to stand; ***~ fretta*** quickly **7** *(fine)* ***ho avuto questo libro ~ regalo*** this book was given to me as a present; ***la casa è ~ vendita*** the house is for sale **8** *(trasformazione)* ***si separarono ~ diversi gruppi*** they split up into different groups; ***tradurre ~ italiano*** to translate into Italian; ***cambiare delle sterline ~ dollari*** to change pounds in dollars **9** *(per indicare relazione di matrimonio)* ***Fiorenza Bianchi ~ Rossi*** Fiorenza Rossi, née Bianchi **10** *(materia)* ***è ~ oro, ~ legno*** it's made of gold, wood; ***un anello ~ oro*** a gold ring; ***una camicetta ~ seta*** a silk blouse; ***una statua ~ bronzo*** a bronze statue **11** *(limitazione) (per indicare il campo, la disciplina)* ***laurea ~ filosofia*** degree in philosophy; ***laureato ~ lettere*** arts graduate; ***essere bravo ~ storia*** to be good at history; ***essere nell'editoria, nella ristorazione*** to be in publishing, restaurant business; ***malattia frequente nei bovini*** common disease in cattle; ***~ politica, affari occorre essere scaltri*** in politics, business you have to be clever; ***~ teoria è esatto*** that's right *o* correct in theory **12** *(misura)* ***il muro misura tre metri ~ altezza e sei ~ lunghezza*** the wall is three metres high and six metres long **13** *(quantità)* ***erano ~ venti*** there were twenty of them; ***siamo ~ pochi, molti*** there are few, many of us; ***abbiamo fatto il lavoro ~ due, tre, quattro*** two, three, four of us did the job; ***(mettendosi) ~ due, dieci dovremmo farcela*** two, ten of us should be able to manage; ***~ tre si sta già stretti ma ~ quattro è impossibile*** with three people it's crowded but with four it's impossible **14** *(davanti a un infinito)* ***nel tornare a casa, ho incontrato tuo fratello*** on my way home, I met your brother; ***nel dire così, scoppiò in lacrime*** saying this, he burst out crying.

INA /'ina/ m. e f. (⇒ Istituto Nazionale Assicurazioni) = national insurance company.

inabbordabile /inabbor'dabile/ agg. **1** *(impossibile da raggiungere)* [*costa, luogo*] unapproachable, inaccessible **2** FIG. [*persona*] unapproachable **3** *(costoso)* [*prodotto, servizio*] prohibitive; ***gli affitti diventano -i*** rents are becoming prohibitive; ***questo hotel è ~ per noi, per loro*** this hotel is beyond our, their means.

inabile /i'nabile/ **I** agg. unfit, incapacitated, invalid; ***essere ~ al lavoro*** to be unfit for work, to be unable to work; ***~ al servizio militare*** unfit for military service, unserviceable BE **II** m. MIL. = person unfit for military service.

inabilità /inabili'ta/ f.inv. **1** *(incapacità)* inability, incapacity; ***~ al lavoro*** inability to work **2** *(invalidità)* disability; ***~ parziale, perma-***

nente, temporanea, totale partial, permanent, temporary, total disability **3** *(al servizio militare)* unfitness.
inabilitante /inabili'tante/ agg. disabling.
inabilitare /inabili'tare/ [1] tr. **1** [*malattia, infermità*] to disable, to incapacitate **2** DIR. to disqualify; ***la sordità inabilita alla guida*** deafness disqualifies from driving.
inabilitato /inabili'tato/ **I** p.pass. → **inabilitare II** agg. DIR. incapacitated **III** m. (f. **-a**) incapacitated person.
inabissamento /inabissa'mento/ m. sinking.
inabissare /inabis'sare/ [1] **I** tr. to sink* **II inabissarsi** pronom. **1** [*nave, sottomarino*] to sink* **2** FIG. ***-rsi in profonde riflessioni*** to sink into deep reflection.
inabitabile /inabi'tabile/ agg. uninhabitable.
inabitabilità /inabitabili'ta/ f.inv. uninhabitableness.
inabitato /inabi'tato/ agg. [*casa, regione*] uninhabited.
inabrogabile /inabro'gabile/ agg. unrepealable.
inaccessibile /inattʃes'sibile/ agg. **1** *(irraggiungibile)* [*luogo, costa*] inaccessible, unapproachable **2** FIG. [*persona, verità*] inaccessible, unapproachable; ***questo libro è ~ per lui*** that book is beyond his grasp *o* is over is head; ***è ~ alla pietà*** he's untouched by pity **3** *(costosissimo)* [*prezzo*] unaffordable, prohibitive.
inaccessibilmente /inattʃessibil'mente/ avv. inaccessibly, unapproachably.
inaccessibilità /inattʃessibili'ta/ f.inv. inaccessibility, unapproachableness.
inaccettabile /inattʃet'tabile/ agg. [*condizioni, comportamento*] unacceptable, inadmissible.
inaccettabilmente /inattʃettabil'mente/ avv. unacceptably.
inaccettabilità /inattʃettabili'ta/ f.inv. unacceptableness; DIR. inadmissibility.
inaccordabile /inakkor'dabile/ agg. **1** *(che non può essere concesso)* ungrantable **2** MUS. untunable.
inaccostabile /inakkos'tabile/ agg. unapproachable (anche FIG.).
inacerbire /inatʃer'bire/ [102] **I** tr. *(esacerbare, inasprire)* [*ricordo*] to embitter, to exacerbate [*dolore*] **II inacerbirsi** pronom. to become* embittered, to become* exacerbated.
inacetire /inatʃe'tire/ [102] **I** tr. to turn [sth.] into vinegar [*vino*] **II** intr. (aus. *essere*) [*vino*] to turn to vinegar.
inacidimento /inatʃidi'mento/ m. souring.
inacidire /inatʃi'dire/ [102] **I** tr. **1** *(rendere acido)* to make* [sth.] sour, to sour; ***il caldo inacidisce la panna*** heat makes cream go sour **2** FIG. *(inasprire)* to embitter, to exacerbate, to sour; ***la vecchiaia lo ha inacidito*** old age has embittered him **3** CHIM. *(acidificare)* to acidify **II** intr. (aus. *essere*) *(diventare acido)* [*latte, vino, alimento*] to go* sour, to turn sour, to go* off **III inacidirsi** pronom. **1** *(diventare acido)* [*latte, panna, birra*] to go* sour, to turn sour, to go* off **2** FIG. *(inasprirsi)* to become* embittered, to sour.
inacidito /inatʃi'dito/ **I** p.pass. → **inacidire II** agg. **1** [*latte, panna, birra*] sour **2** FIG. [*persona, zitella*] embittered, sour.
inadattabile /inadat'tabile/ agg. inadaptable.
inadattabilità /inadattabili'ta/ f.inv. inadaptability.
inadatto /ina'datto/ agg. **1** *(inadeguato)* [*metodo, mezzo, strumento*] inadequate, inappropriate, unsuitable, unfit; ***~ all'abitazione*** unfit for human habitation; ***~ allo scopo*** not fit for the purpose **2** *(incapace)* unsuitable, inapt; ***essere ~ a comandare*** to be unfit for command **3** *(inopportuno)* [*decisione, scherzo, abito*] inappropriate, unsuitable.
inadeguatamente /inadegwata'mente/ avv. inadequately.
inadeguatezza /inadegwa'tettsa/ f. **1** *(di strumento, legge)* inadequacy, inappropriateness, unsuitability; ***l'~ delle parole di fronte alle disgrazie*** the impotence of words **2** *(insufficienza)* insufficiency, inadequacy; ***~ dei mezzi*** insufficient means.
inadeguato /inade'gwato/ agg. **1** *(inadatto)* [*sistema, legge, persona, struttura*] inadequate, unfit, unsuitable; ***sentirsi ~*** to feel inadequate **2** *(inopportuno)* [*vestito, abbigliamento*] inappropriate, unsuitable, unsuited **3** *(insufficiente)* [*mezzo, risposta, prezzo, somma*] inadequate; [*parole, espressione, preparazione*] insufficient; ***un servizio ~*** a deficient service.
inadempiente /inadem'pjɛnte/ **I** agg. [*organizzazione, debitore, potere*] defaulting; ***un servizio pubblico ~ in materia di sanità*** a public service which fails to provide proper health care; ***essere ~*** to be in default, to default **II** m. e f. defaulter.
inadempienza /inadem'pjɛntsa/ f. breach, noncompliance, nonfulfilment; *(di pagamenti)* default; ***in caso di ~*** in the event of a default; ***~ professionale*** professional misconduct.
inadempimento /inadempi'mento/ m. *(di clausola)* breach; *(di lavori, di un compito)* non-performance, failure to perform; ***~ contrattuale*** breach of contract, non-fulfilment of contract.
inadempiuto /inadem'pjuto/ agg. unfulfilled.
inafferrabile /inaffer'rabile/ agg. [*ladro, animale*] uncatchable, unseizable; [*carattere, personaggio*] elusive.
inafferrabilità /inafferrabili'ta/ f.inv. elusiveness, untrustworthiness.
inaffidabile /inaffi'dabile/ agg. [*informazione, persona*] unreliable, untrustworthy.
inaffidabilità /inaffidabili'ta/ f.inv. unreliability.
inaffondabile /inaffon'dabile/ agg. unsinkable.
inagibile /ina'dʒibile/ agg. [*teatro, abitazione*] unfit for use mai attrib.; [*strada*] impracticable, impassable; [*campo da calcio*] impracticable, unplayable; ***i locali sono -i*** the premises are unsafe for normal use.
inagibilità /inadʒibili'ta/ f.inv. *(di strada, campo da calcio)* impracticability; ***dichiarare l'~ di un edificio*** to declare a building unfit for use.
INAIL /'inail/ m. (⇒ Istituto Nazionale per l'Assicurazione contro gli Infortuni sul Lavoro) = national institute for the insurance against on-the-job injuries.
inalante /ina'lante/ m. MED. inhalant.
inalare /ina'lare/ [1] tr. MED. to inhale, to breathe in.
inalatore /inala'tore/ m. inhalator, inhaler, inspirator.
inalatorio, pl. **-ri, -rie** /inala'tɔrjo, ri, rje/ agg. [*apparecchio*] inhaling; [*trattamento*] inhalatory, inhalation attrib.
inalazione /inalat'tsjone/ f. inhalation; ***fare le -i*** to make inhalations; ***~ di colla*** glue sniffing.
inalberare /inalbe'rare/ [1] **I** tr. to hoist, to fly* [*bandiera*] **II inalberarsi** pronom. **1** *(impennarsi)* [*cavallo*] to rear **2** *(adirarsi)* to get* angry, to bristle; ***si inalbera al minimo rimprovero*** he bristles at the slightest reproach.
inalienabile /inalje'nabile/ agg. [*bene*] inalienable; [*diritto*] inalienable, indefeasible.
inalienabilità /inaljenabili'ta/ f.inv. inalienability.
inalterabile /inalte'rabile/ agg. [*materiale, sostanza*] inalterable, unalterable; [*carattere, sentimento*] unchanging; [*colore*] fast; [*posizione, opinione*] immovable, constant, unmov(e)able; ***amicizia ~*** enduring friendship.
inalterabilità /inalterabili'ta/ f.inv. **1** TECN. *(di sostanza, materiale)* inalterability, unalterability; *(di colore)* fastness **2** *(permanenza)* immutability, unchangeability; ***l'~ dei nostri principi*** the firmness of our principles.
inalterabilmente /inalterabil'mente/ avv. inalterably, unalterably.
inalterato /inalte'rato/ agg. [*metallo, sostanza*] inaltered, unaltered; [*situazione, stima*] unchanged.
inalveare /inalve'are/ [1] tr. to channel, to confine [*fiume*].
inalveazione /inalveat'tsjone/ f. channelling, confinement.
INAM /'inam/ f. (⇒ Istituto Nazionale per l'Assicurazione contro le Malattie) = national institute for socialized health insurance.
inamidare /inami'dare/ [1] tr. to starch, to put* starch on, to stiffen [*colletto, polsino*].
inamidato /inami'dato/ **I** p.pass. → **inamidare II** agg. [*biancheria, colletto, polsino*] starched, stiff.
inamidatura /inamida'tura/ f. starching, stiffening.
inammissibile /inammis'sibile/ agg. **1** *(intollerabile)* [*comportamento, errore, situazione*] inadmissible, indefensible, unacceptable **2** DIR. [*prova, ricorso*] inadmissible.
inammissibilità /inammissibili'ta/ f.inv. inadmissibility, unacceptability.
inammissibilmente /inammissibil'mente/ avv. inadmissibly, unacceptably.
inamovibile /inamo'vibile/ agg. **1** [*funzionario, magistrato, carica*] irremovable **2** *(fisso)* [*cartellone, elemento*] fixed, unmovable.
inamovibilità /inamovibili'ta/ f.inv. *(di persona, funzione, carica)* irremovability.
inanellare /inanel'lare/ [1] tr. **1** *(arricciare)* to curl [*capelli*] **2** *(ornare di anelli)* ***~ le dita*** to cover *o* adorn one's fingers with rings **3** ORNIT. to ring [*uccello*] **4** *(ottenere uno dopo l'altro)* ***~ una serie di vittorie*** to chalk up one victory after the other.
inanellato /inanel'lato/ **I** p.pass → **inanellare II** agg. **1** [*capelli*] curly **2** *(ornato di anelli)* [*mano*] covered with rings, adorned with rings **3** ORNIT. [*uccello, colombo*] ringed.
inanimato /inani'mato/ agg. [*materia*] inanimate; [*persona, corpo*] lifeless.
inanità /inani'ta/ f.inv. inanity.
inanizione /inanit'tsjone/ f. inanition.
inappagabile /inappa'gabile/ agg. [*desiderio*] unsatisfiable.
inappagato /inappa'gato/ agg. [*desiderio, persona, curiosità*] unsatisfied, unfulfilled.

inappellabile /inappel'labile/ agg. [*decisione, sentenza*] unappellable; ***la decisione dell'arbitro è ~*** the referee's decision is final.
inappellabilmente /inappellabil'mente/ avv. unappealably.
inappetente /inappe'tɛnte/ agg. ***essere ~*** to lack appetite, to be off one's food.
inappetenza /inappe'tɛntsa/ f. lack of appetite, inappetence.
inapplicabile /inappli'kabile/ agg. [*teoria, riforma, clausola, trattato*] inapplicable (**a** to).
inapplicabilità /inapplikabili'ta/ f.inv. *(di legge, regolamento)* inapplicability.
inapplicato /inappli'kato/ agg. unapplied.
inapprezzabile /inappret'tsabile/ agg. **1** *(di scarso valore)* [*quantità, differenza*] inappreciable **2** *(inestimabile)* [*servizio, sostegno, vantaggio*] invaluable.
inappropriato /inappro'prjato/ agg. **1** *(inadatto)* [*oggetto, parola, termine*] inappropriate **2** *(fuori luogo, sconveniente)* [*proposito, reazione, vestito*] inappropriate, improper, out of place mai attrib.
inappuntabile /inappun'tabile/ agg. [*servizio, vestito*] impeccable; [*comportamento*] irreproachable, unobjectionable; [*maniere*] impeccable, faultless; [*esecuzione, performance*] flawless, faultless; ***comportarsi in modo ~*** to behave impeccably.
inarcamento /inarka'mento/ m. arching.
inarcare /inar'kare/ [1] **I** tr. to bend*, to curve [*putrella, barra*]; ***~ la schiena*** [*persona, gatto*] to arch one's back; ***~ le sopracciglia*** to raise one's *o* an eyebrow **II inarcarsi** pronom. [*putrella, sbarra*] to become* bowed; [*muro, tavola*] to bulge; [*persona*] to arch one's back.
inarcatura /inarka'tura/ f. arching.
inargentare /inardʒen'tare/ [1] tr. to silver [*posate, piatto*].
inaridimento /inaridi'mento/ m. drying up, withering (anche FIG.); ***l'~ della forza creativa*** the exhaustion of creative energy.
inaridire /inari'dire/ [102] **I** tr. **1** *(disseccare)* [*sole, calura*] to wither, to parch, scorch [*erba, terra, campi*] **2** FIG. to dry up, to wither (away) [*persona, cuore, anima, immaginazione*] **II** intr. (aus. *essere*) [*fiume, cuore*] to dry up **III inaridirsi** pronom. **1** [*suolo, terra*] to dry up; [*capelli*] to become* dry **2** FIG. to dry up; ***la sua vena poetica si è inaridita*** his poetic inspiration has dried up.
inaridito /inari'dito/ **I** p.pass. → **inaridire II** agg. [*campo, pozzo, cuore*] dried up.
inarrestabile /inarres'tabile/ agg. [*evoluzione, declino, ascesa, offensiva*] unstoppable, unrelenting, relentless, inexorable; ***l'~ trascorrere degli anni*** the unstoppable passage of time; ***il progresso è ~!*** you can't stop progress!
inarrivabile /inarri'vabile/ agg. **1** *(non raggiungibile)* [*vetta*] unreachable, inaccessible **2** *(inavvicinabile)* [*persona*] unapproachable **3** *(impareggiabile)* incomparable, unparalleled; ***un artista ~*** an incomparable artist.
inarticolato /inartiko'lato/ agg. [*suono*] inarticulate, indistinct.
inascoltato /inaskol'tato/ agg. unheeded, unheard.
inaspettatamente /inaspettata'mente/ avv. [*andarsene*] abruptly; [*piccolo, grande, veloce*] unexpectedly.
▷ **inaspettato** /inaspet'tato/ agg. [*arrivo, ospite*] unexpected, unannounced, surprise attrib.; [*cambiamento*] abrupt; [*notizia, successo*] unexpected, unforeseen; ***questo mi giunge del tutto ~*** this is a complete surprise to me.
inasprimento /inaspri'mento/ m. **1** *(aggravamento)* worsening, exacerbation; ***l'~ dei contrasti*** the flare-up of the disputes **2** *(aumento)* increase, rise, augmentation; ***~ delle tariffe*** price increase; ***~ fiscale*** tax increase *o* bite; ***~ della pena*** DIR. increase in sentence **3** FIG. *(indurimento)* embitterment, hardening; ***~ del carattere*** the hardening of one's character.
inasprire /inas'prire/ [102] **I** tr. **1** *(esacerbare, esasperare)* to exacerbate, to aggravate, to sharpen [*disputa, dibattito, situazione*]; ***non fa che ~ le cose*** it just makes things worse **2** *(aumentare)* to increase [*tasse*]; to tighten [*sanzioni*]; ***~ una pena*** to increase a sentence **3** FIG. *(indurire)* to harden [*persona, carattere, tratti, comportamento*] **II inasprirsi** pronom. **1** *(indurirsi)* [*tono, voce*] to harden **2** *(aumentare)* ***il freddo si inasprisce*** it's getting colder **3** *(esacerbarsi, esasperarsi)* [*disputa, situazione*] to worsen, to grow* more bitter; [*leggi*] to tighten **4** *(inacidirsi)* [*vino*] to turn; [*persona*] to harshen.
inastare /inas'tare/ [1] tr. to hoist [*bandiera*]; to fix [*baionetta*].
inattaccabile /inattak'kabile/ agg. **1** MIL. [*fortezza, posizione*] unassailable, impregnable **2** FIG. [*persona, condotta, reputazione, argomentazione*] irreproachable, unassailable; [*difesa*] unarguable; [*potere, autorità*] unchallengeable **3** TECN. ***~ dagli acidi, dagli agenti atmosferici*** acid-proof, weather-proof.
inattendibile /inatten'dibile/ agg. [*persona, informazione*] unreliable, untrustworthy.
inattendibilità /inattendibili'ta/ f.inv. unreliability, untrustworthiness.
inatteso /inat'teso/ agg. [*arrivo, ospite, occasione*] unexpected, unannounced, surprise attrib.; [*cambiamento*] abrupt; [*successo, notizia*] unexpected, unforeseen.
inattivamente /inattiva'mente/ avv. inactively.
inattivare /inatti'vare/ [1] tr. to inactivate.
inattivazione /inattivat'tsjone/ f. inactivation.
inattività /inattivi'ta/ f.inv. inactivity, inaction; *(di vulcano)* inactivity, dormancy; ***passare un periodo di ~ forzata*** to be constrained to a period of inactivity.
inattivo /inat'tivo/ agg. [*persona, cervello, giornata*] inactive; [*vulcano*] inactive, dormant; [*capitale*] idle; [*mercato*] flat; [*conto*] dormant; ***rimanere ~*** [*macchinario*] to lay idle.
inattuabile /inattu'abile/ agg. [*progetto, piano, programma*] impracticable, unfeasible.
inattuabilità /inattuabili'ta/ f.inv. impracticability, impracticality, unfeasibility.
inattuale /inattu'ale/ agg. dated, outdated.
inattualità /inattuali'ta/ f.inv. outdatedness.
inaudito /inau'dito/ agg. [*avvenimento, successo, violenza*] unheard-of, unprecedented; ***è una cosa -a!*** I've never heard such a thing! ***è ~!*** it's absurd!
inaugurale /inaugu'rale/ agg. [*cerimonia, discorso, seduta, volo, viaggio*] inaugural, inauguratory.
▷ **inaugurare** /inaugu'rare/ [1] tr. **1** to inaugurate, to open [*museo, esposizione, scuola*]; to unveil [*monumento*] **2** *(segnare l'inizio)* to inaugurate, to start; ***~ una nuova era*** to start a new era; ***~ l'anno accademico*** to celebrate the beginning of the academic year; ***~ la stagione*** TEATR. to open the season **3** COLLOQ. *(usare per la prima volta)* to christen [*automobile, vestito*].
inauguratore /inaugura'tore/ m. (f. **-trice** /tritʃe/) inaugurator.
▷ **inaugurazione** /inaugurat'tsjone/ f. inauguration, opening; *(di monumenti)* unveiling; ***cerimonia di ~*** opening ceremony.
inautentico, pl. **-ci**, **-che** /inau'tɛntiko, tʃi, ke/ agg. inauthentic.
inavvedutamente /inavveduta'mente/ avv. carelessly.
inavvedutezza /inavvedu'tettsa/ f. carelessness.
inavveduto /inavve'duto/ agg. [*gesto, persona, decisione*] careless.
inavvertenza /inavver'tɛntsa/ f. inadvertence, inadvertency; ***per ~*** inadvertently; ***causare un incidente per ~*** to cause an accident through carelessness.
inavvertitamente /inavvertita'mente/ avv. inadvertently; ***commettere ~ un errore*** to unintentionally make a mistake.
inavvertito /inavver'tito/ agg. unnoticed; ***passare ~*** to go *o* pass unnoticed.
inavvicinabile /inavvitʃi'nabile/ agg. **1** *(irraggiungibile)* [*luogo*] inaccessible, unapproachable **2** FIG. [*persona*] unapproachable **3** *(costosissimo)* [*prezzi*] unaffordable, prohibitive.
inazione /inat'tsjone/ f. inaction.
inca /'inka/ **I** agg.inv. Inca, Incan; ***civiltà ~*** the Incan civilisation **II** m. e f. inv. Inca*.
incacchiarsi /inkak'kjarsi/ [1] pronom. POP. to get* peeved, to get* one's knickers in a twist BE.
incagliamento /inkaʎʎa'mento/ m. grounding, running aground.
incagliarsi /inkaʎ'ʎarsi/ [1] pronom. **1** [*nave, balena*] to run* aground, to be* grounded **2** FIG. [*negoziazioni, trattative*] to come* to a standstill, to reach a deadlock; ***~ nel parlare*** to stumble over the words.
incaico, pl. **-ci**, **-che** /in'kaiko, tʃi, ke/ agg. [*regno*] Incaic, Incan, Inca.
incalcinare /inkaltʃi'nare/ [1] tr. **1** *(rivestire di calcina)* to limewash [*muro*] **2** AGR. to lime.
incalcinatura /inkaltʃina'tura/ f. **1** *(di muro)* limewashing **2** AGR. liming.
incalcolabile /inkalko'labile/ agg. **1** *(che non si può calcolare)* incomputable, innumerable, incalculable; ***un numero ~ di volte*** innumerable times **2** *(enorme, inestimabile)* [*conseguenze, rischi, vantaggi, danni*] incalculable; [*ricchezza, valore*] incalculable, inestimable.
incalcolabilità /inkalkolabili'ta/ f.inv. incalculability.
incallimento /inkalli'mento/ m. hardening (anche FIG.).
incallire /inkal'lire/ [102] **I** tr. **1** *(diventare calloso)* to harden, to make* [sth.] callous [*pelle*] **2** FIG. to harden [*persona, cuore*]; ***le sofferenze l'hanno incallito*** sufferings have hardened him **II incallirsi** pronom. **1** *(diventare calloso)* [*pelle*] to harden, to become*

callous 2 FIG. to become* hardened; ***-rsi nel vizio*** to become a hardened sinner.

incallito /inkal'lito/ I p.pass. → **incallire** II agg. 1 *(insensibile)* [*cuore*] hard; [*criminale*] hardened 2 *(accanito, impenitente)* [*fumatore, seduttore, giocatore, bevitore*] inveterate, confirmed 3 *(calloso)* [*mani*] callous, callused.

incalzante /inkal'tsante/ agg. 1 *(insistente)* [*richiesta*] pressing, urgent 2 *(in rapida successione)* [*domande, parole*] pressing, insistent.

incalzare /inkal'tsare/ [1] I tr. [*armata*] to chase, to follow closely [*nemico*]; ***~ qcn. da vicino*** to be hot on sb.'s heels; ***~ qcn. con delle domande*** to ply sb. with questions II intr. (aus. *avere*) 1 *(essere imminente)* [*pericolo, crisi*] to be* imminent 2 *(susseguirsi con rapidità)* [*domande*] to be* pressing III **incalzarsi** pronom. ***le notizie si incalzano*** news is coming in thick and fast.

incamerabile /inkame'rabile/ agg. [*beni*] confiscable.

incameramento /inkamera'mento/ m. confiscation.

incamerare /inkame'rare/ [1] tr. 1 DIR. to confiscate 2 *(appropriarsi di)* to appropriate.

incamiciare /inkami'tʃare/ [1] tr. to plaster, to line [*muro*]; to jacket [*proiettile*].

▷ **incamminarsi** /inkammi'narsi/ [1] pronom. 1 *(mettersi in cammino)* to make* one's way (**verso** towards), to set* off (**verso** for); ***è ora d'~*** it's time to get underway *o* to make a move; ***~ verso casa*** to head (for) home 2 FIG. ***~ verso il successo*** to head for success.

incanaglirsi /inkanaʎ'ʎirsi/ [102] pronom. to go* to the bad.

incanalamento /inkanala'mento/ m. channelling BE, channeling AE (anche FIG.); ***l'~ delle acque, del traffico*** the channelling of waters, traffic.

incanalare /inkana'lare/ [1] I tr. 1 *(canalizzare)* to channel, to canalize [*acque*] 2 FIG. to channel [*soldi, traffico, folla, scontento*]; to channel, to funnel [*aiuti, fondi*]; ***~ l'opinione pubblica*** to direct the public opinion II **incanalarsi** pronom. 1 [*acque*] to be* channelled BE, to be* channeled AE; ***~ nella corsia di sinistra*** [*auto*] to filter off *o* converge to the left 2 FIG. ***la folla s'incanalò verso la piazza*** the crowd streamed towards the square.

incanalatura /inkanala'tura/ f. 1 *(l'incanalare)* canalization, channelling BE, channeling AE 2 *(canale)* canal.

incancellabile /inkantʃel'labile/ agg. [*traccia, ricordo*] indelible.

incancellabilmente /inkantʃellabil'mente/ avv. indelibly.

incancrenire /inkankre'nire/ [102] intr. (aus. *essere*), **incancrenirsi** pronom. 1 [*ferita*] to gangrene, to become* gangrenous, to sphacelate 2 FIG. [*male, vizio*] to become* deep-rooted.

incandescente /inkandeʃ'ʃɛnte/ agg. 1 [*metallo, brace, lava, magma*] incandescent, glowing, white hot; ***essere ~*** [*metallo*] to glow; ***diventare ~*** to incandesce 2 FIG. *(scottante)* [*situazione, atmosfera*] incandescent, burning, heated.

incandescenza /inkandeʃ'ʃɛntsa/ f. incandescence; ***lampada a ~*** incandescent lamp.

incannare /inkan'nare/ [1] tr. to wind*, to spool, to quill.

incannatoio, pl. **-oi** /inkanna'tojo, oi/ m. *(macchina)* winder, wind machine.

incannatore /inkanna'tore/ ♦ ***18*** m. (f. **-trice** /tritʃe/) *(persona)* winder.

incannatura /inkanna'tura/ f. winding.

incannucciare /inkannut'tʃare/ [1] tr. 1 to cane [*sedia*] 2 AGR. to stake [*pomodori*].

incannucciata /inkannut'tʃata/ f. 1 EDIL. lathing 2 AGR. trellis.

incannucciatura /inkannuttʃa'tura/ f. 1 *(di sedie, spalliere)* caning 2 EDIL. lathing.

incantamento /inkanta'mento/ m. LETT. charm, enchantment, spell.

▷ **incantare** /inkan'tare/ [1] I tr. *(stregare)* to bewitch, to charm, to enchant, to spellbind*; ***~ qcn.*** to cast *o* put a spell on sb., to hold sb. spellbound; ***lasciarsi ~ da qcn.*** to fall to sb.'s charms; ***~ serpenti*** to charm snakes; ***la musica li incantava*** the music held them spellbound II **incantarsi** pronom. 1 *(imbambolarsi)* to be* lost in wonder, to be* lost in a daydream 2 *(incepparsi)* to get* stuck; ***il disco si è incantato*** the record got stuck.

incantato /inkan'tato/ I p.pass. → **incantare** II agg. 1 *(affascinato)* enraptured, enthralled, fascinated; [*persona*] ecstatic; ***il pubblico era ~*** the listeners were spellbound *o* rapt 2 *(fatato)* bewitched; [*anello, giardino*] enchanted, magic 3 *(imbambolato)* caught in a trance, stunned.

incantatore /inkanta'tore/ I agg. bewitching, captivating, spellbinding II m. (f. **-trice** /tritʃe/) beguiler, charmer; ***è un vero ~*** he's a real charmer ◆◆ ***~ di serpenti*** snake charmer.

incantesimo /inkan'tezimo/ m. charm, incantation, spell; ***fare un ~ a qcn.*** to cast *o* put a spell on sb.; ***rompere un ~*** to break a spell.

▷ **incantevole** /inkan'tevole/ agg. bewitching, spellbinding; [*hotel, villaggio, vista*] delightful, enchanting; [*abito, libro, luogo, persona*] charming; [*bimbo*] fetching; [*bellezza*] haunting; ***essere ~*** to look ravishing; ***è un paesaggio ~*** the landscape has a magic quality.

incantevolmente /inkantevol'mente/ avv. enchantingly, entrancingly, hauntingly.

1.incanto /in'kanto/ m. 1 *(incantesimo)* enchantment, spell; ***come per ~*** magically, as if by magic *o* charm 2 *(meraviglia)* bewitchment, magic; ***il nostro soggiorno è stato un ~*** our stay was a delight; ***l'~ di una notte stellata*** the enchantment *o* charm of a starry night; ***ti sta d'~*** [*abito*] it suits you to a T, it's divine on you 3 *(persona, cosa incantevole)* ***è un ~!*** it's a dream *o* marvel! ***quella ragazza è un ~*** that girl's a dream!

2.incanto /in'kanto/ m. auction; ***all'~*** at auction; ***essere all'~*** to be up for auction; ***mettere qcs. all'~*** to put sth. up for auction, to auction sth. off.

incanutimento /inkanuti'mento/ m. ***l'~ precoce dei capelli*** hair going white prematurely.

incanutire /inkanu'tire/ [102] intr. (aus. *essere*) to turn white; ***sta cominciando a ~*** his hair *o* he is going white.

▷ **incapace** /inka'patʃe/ I agg. 1 *(che non può)* incapable, unable; ***sentirsi ~ di fare*** to find oneself unable to do; ***essere ~ di agire, di uccidere, di essere disonesto*** to be incapable of action, of killing, of dishonesty; ***era ~ di fare del male*** she could do no harm; ***non sono del tutto ~!*** I'm not totally helpless! 2 *(incompetente)* feckless, unserviceable, useless; [*lavoratore*] ineffective; ***un manager ~*** a poor manager 3 DIR. unfit; ***testimone ~*** incompetent witness; ***essere ~ di difendersi, testimoniare*** to be unfit to plead, give evidence; ***essere ~ di intendere e di volere*** to be non compos mentis, to be of unsound mind II m. e f. 1 *(inetto)* failure, bungler COLLOQ., wimp COLLOQ.; ***essere un ~*** to be a dud *o* bungler COLLOQ. 2 DIR. ***circonvenzione d'~*** circumvention of an incapable.

▷ **incapacità** /inkapatʃi'ta/ f.inv. 1 *(inettitudine)* helplessness, inability, incapacity; ***essere nell'~ di fare*** to be unable to do; ***la sua ~ di capire il problema*** his failure to understand the problem 2 DIR. incapability, incapacity, unfitness; ***per motivi di parziale ~*** on grounds of diminished responsibility.

incaparbirsi /inkapar'birsi/ [102] pronom. to bash on regardless, to dig* one's heels in; ***~ su qcs., a fare qcs.*** to be stubborn about *o* over sth., doing sth.

incaponimento /inkaponi'mento/ m. stubborness, pigheadedness.

incaponirsi /inkapo'nirsi/ [102] pronom. to bash on; ***~ su qcs.*** to bash on with sth., to dig one's heels over sth.

incappare /inkap'pare/ [1] intr. (aus. *essere*) ***~ in*** to run up against [*difficoltà, ostacolo*]; to hit [*problema*].

incappellarsi /inkappel'larsi/ [1] pronom. COLLOQ. *(impermalirsi)* to take* to heart.

incappottare /inkappot'tare/ [1] I tr. to wrap up, to muffle II **incappottarsi** pronom. to wrap oneself up.

incappucciare /inkapput'tʃare/ [1] I tr. 1 *(coprire con un cappuccio)* to put* a hood on 2 FIG. to cap, to cover; ***la neve incappucciava le colline*** the hills were capped with snow II **incappucciarsi** pronom. [*persona*] to put* a hood on.

incappucciato /inkapput'tʃato/ I p.pass. → **incappucciare** II agg. 1 [*falcone, figura, ostaggio, terrorista*] hooded 2 FIG. capped; ***~ di neve*** [*montagna*] snow-capped.

incaprettamento /inkapretta'mento/ m. = the killing of a victim by tying him up, so that when he moves he strangles himself.

incapricciarsi /inkaprit'tʃarsi/ [1] pronom. ***~ di*** to become infatuated of, to take a fancy to BE [*donna, oggetto, idea, attività*].

incapsulamento /inkapsula'mento/ m. 1 *(di bottiglia, razzo)* capsulation; *(di farmaco)* encapsulation 2 MED. crowning.

incapsulare /inkapsu'lare/ [1] tr. 1 to capsule [*bottiglia, razzo*]; to encapsulate [*farmaco*] 2 MED. to cap, to crown [*dente*].

incarceramento /inkartʃera'mento/ m. 1 *(carcerazione)* incarceration 2 MED. incarceration.

incarcerare /inkartʃe'rare/ [1] tr. to imprison, to incarcerate, to jail.

incarcerazione /inkartʃerat'tsjone/ f. incarceration, detainment.

incardinare /inkardi'nare/ [1] I tr. 1 ING. TECN. to hinge, to put* [sth.] on hinges [*cancello, porta*] 2 FIG. to found, to ground, to base II **incardinarsi** pronom. ***-rsi su qcs.*** to hinge on sth., to centre *o* revolve around sth.

▷ **incaricare** /inkari'kare/ [1] I tr. to charge, to commission; ***~ qcn. di fare*** to get sb. to do; FORM. to commission sb. to do, to charge sb.

with doing; ***mi ha incaricato di porgerle i suoi saluti*** she asked me to give you her regards **II incaricarsi** pronom. ***-rsi di*** to undertake [*missione*]; to see to [*compito, persona*].

incaricato /inkari'kato/ **I** p.pass. → **incaricare II** agg. commissioned; ***~ di*** responsible for, in charge of, charged with; ***professore ~*** visiting professor **III** m. (f. **-a**) **1** *(responsabile)* person in charge; *(funzionario)* officer; ***~ d'affari*** AMM. chargé d'affaires, business agent AE **2** SCOL. teacher on a temporary contract.

▷ **incarico**, pl. **-chi** /in'kariko, ki/ m. **1** *(compito)* assignment, commission, job; ***un ~ di fiducia*** a position of trust; ***un ~ all'estero*** an overseas posting; ***ha l'~ di fare*** he's responsible for doing; ***ha svolto bene il suo ~*** she carried out her task well; ***dare** o **affidare a qcn. l'~ di fare*** to entrust sb. with the task of doing; ***assumersi l'~ di scoprire*** to make it one's business to find out **2** *(carica)* assignment, office; ***~ pubblico*** public office; ***durante il suo ~ di ambasciatore*** during his time as ambassador; ***sollevare qcn. da un ~*** to relieve sb. of a post **3** SCOL. appointment; *(cattedra)* appointment, chair.

incarnare /inkar'nare/ [1] **I** tr. **1** *(rappresentare)* [*persona, istituzione*] to embody, to stand* for, to personify [*ideale, male, virtù*]; to epitomize, to incarnate **2** *(interpretare)* [*attore*] to represent [*personaggio*] **II incarnarsi** pronom. **1** *(essere rappresentato)* to become* incarnated, to become* embodied; ***gli ideali che si incarnano nella rivoluzione*** the ideals embodied in the revolution **2** RELIG. to be* made flesh, to become* incarnate.

1.incarnato /inkar'nato/ **I** p.pass. → **incarnare II** agg. **1** *(personificato)* embodied, incarnate **2** RELIG. ***il Verbo ~*** the Word made flesh.

2.incarnato /inkar'nato/ ♦ ***3*** **I** agg. *(colore)* ***rosa ~*** carnation pink **II** m. colour, complexion, colouring BE, coloring AE; ***avere un bell'~*** to have a lovely complexion.

incarnazione /inkarnat'tsjone/ f. **1** RELIG. incarnation (anche FIG.) **2** *(personificazione)* embodiment, personification.

incarnirsi /inkar'nirsi/ [102] pronom. [*unghia*] to grow* in.

incarnito /inkar'nito/ agg. [*unghia*] ingrown.

incarognire /inkaroɲ'ɲire/ [102] intr. (aus. *essere*), **incarognirsi** pronom. *(incattivirsi)* to turn nasty.

incartamento /inkarta'mento/ m. dossier, file.

incartapecorire /inkartapeko'rire/ [102] intr. (aus. *essere*), **incartapecorirsi** pronom. **1** [*viso*] to wizen, to shrivel **2** FIG. *(inaridirsi)* to wither away.

incartapecorito /inkartapeko'rito/ **I** p.pass. → **incartapecorire II** agg. **1** *(raggrinzito)* [*pelle*] papery, wizened, shrivelled, shriveled AE **2** FIG. *(inaridito)* [*cervello*] shrivelled up, shriveled up AE.

▷ **incartare** /inkar'tare/ [1] **I** tr. to wrap; ***glielo incarto?*** shall I wrap it for you? **II incartarsi** pronom. **1** *(nel gioco delle carte)* to be* left holding useless cards, to be* left with unmatched cards **2** POP. *(confondersi)* to get* muddled, to get* into a muddle.

incarto /in'karto/ m. **1** *(azione)* wrapping **2** *(involucro)* wrapper.

incartocciare /inkartot'tʃare/ [1] tr. to wrap [sth.] (up) in paper.

incartonare /inkarto'nare/ [1] tr. **1** *(imballare)* to carton **2** *(rilegare)* to bind* [sth.] with hard covers, to bind* [sth.] with casebinding.

incasellare /inkasel'lare/ [1] tr. **1** to pigeonhole BE, to deliver [sth.] to a post box BE, to deliver [sth.] to a mailbox AE **2** FIG. to pigeonhole BE, to classify.

incasinare /inkasi'nare/ [1] **I** tr. COLLOQ. to flub up, to mess up, to balls up BE, to ball up AE, to bollix (up) AE; ***~ tutto*** to gum up the works; ***~ qcs.*** to play (merry) hell with sth.; ***mi ha incasinato tutta la cucina*** he has messed the kitchen up **II incasinarsi** pronom. COLLOQ. **1** [*persona*] to foul up; ***si è incasinato al colloquio*** he made a hash of the interview **2** [*faccenda, situazione*] to become* a mess.

incasinato /inkasi'nato/ **I** p.pass. COLLOQ. → **incasinare II** agg. COLLOQ. **1** *(confuso)* [*cervello, idea*] fuddled, screwed up; [*posto, situazione*] shambolic BE, messy; ***sono ~*** I'm in a mess **2** *(difficile)* ***il discorso era molto ~*** the speech was a real snorter; ***la prova era -a*** the test was a real stinker.

incassabile /inkas'sabile/ agg. **1** that can be built in **2** COMM. ECON. [*somma*] cashable, receivable.

incassante /inkas'sante/ agg. ***roccia ~*** GEOL. country rock, wall-rock.

▷ **incassare** /inkas'sare/ [1] **I** tr. **1** *(imballare)* to pack up, to box up [*merce*] **2** *(inserire)* to build* in, to build* into [*libreria, specchio*]; to recess [*lampada, vasca da bagno*]; ***~ un armadio nel muro*** to build a wardrobe into a wall **3** *(riscuotere)* to cash [*assegno*]; to collect [*affitto, soldi*]; to pull in COLLOQ. [*somma*] **4** *(sopportare, subire)* to absorb, to take* [*colpo, pugno*]; FIG. to take*, to swallow [*insulto*]; ***sa ~*** he can take it; ***devi imparare a ~ (i colpi)*** you must learn to take the knocks; ***è stata là e ha incassato senza battere ciglio!*** she just sat there and took it! **5** *(incastonare)* to mount, to set* [*pietra preziosa*] **6** LING. to embed [*frase*] **II incassarsi** pronom. [*strada*] to wedge through; [*fiume*] to push through.

incassato /inkas'sato/ **I** p.pass. → **incassare II** agg. **1** *(inserito)* [*guardaroba, ripiano*] built-in; [*armadio, lampada, sedile*] recessed; ***vasca da bagno -a*** sunken *o* enclosed bath; ***serratura -a*** mortise lock **2** *(riscosso)* [*assegno*] cashed **3** *(incastonato)* [*pietra preziosa*] mounted, set **4** *(racchiuso da argini)* [*fiume*] embanked; ***strada -a nella montagna*** road cut through the mountains, road cut deep into the mountain side **5** LING. [*espressione, sintagma*] nested.

incassatura /inkassa'tura/ f. **1** TECN. gain **2** TIP. casing **3** EDIL. *(traccia)* chase; *(di finestra)* fillister **4** LING. embedding.

▷ **incasso** /in'kasso/ m. **1** *(somma incassata)* takings pl.; SPORT gate money; ***-i (del botteghino)*** box office takings; ***la partita ha fatto un buon ~*** there was a good gate at the match; ***oggi l'~ è stato buono*** the takings have been good today **2** *(riscossione)* collecting, collection; ***~ di un assegno*** cashing *o* encashment BE of a cheque **3** *(incassatura)* ***da ~*** [*guardaroba, ripiano*] built-in; ***lavello a ~*** sink unit ♦♦ ***~ lordo*** gross receipts; ***~ netto*** net receipts.

incastellatura /inkastella'tura/ f. *(impalcatura)* scaffolding, staging; ***~ a cavalletto*** FERR. gantry.

incastonare /inkasto'nare/ [1] tr. to mount, to set* [*gemma*]; ***una collana con rubini incastonati*** a necklace set with rubies.

incastonatore /inkastona'tore/ ♦ ***18*** m. (f. **-trice** /tritʃe/) mounter, setter.

incastonatura /inkastona'tura/ f. chasing, mounting, setting.

▷ **incastrare** /inkas'trare/ [1] **I** tr. **1** *(unire)* to fit, to set*, to slot together; ***~ A con B*** to fit A to B, to fit A and B together **2** *(bloccare)* to trap [*persona, dito*]; ***~ qcs. in*** to jam *o* wedge sth. into **3** FIG. *(coinvolgere)* ***~ qcn.*** to put sb. in the frame, to frame sb., to set sb. up BE COLLOQ.; ***mi hanno incastrato!*** I've been framed! ***non sono riusciti ad incastrarlo giuridicamente*** they failed to nail him legally **II incastrarsi** pronom. **1** *(unirsi)* [*componenti, pezzi*] to lock together, to slot together; [*piastrelle, tubature*] to interlock; TECN. [*ingranaggi, rotelle*] to mesh; ***i due pezzi si incastrano l'uno nell'altro*** the two parts slot into each other; ***i pezzi del puzzle si incastrano perfettamente*** the pieces of the jigsaw fit snugly together **2** *(rimanere incastrato)* to get* jammed, to get* caught; [*piccolo oggetto*] to lodge **3** *(incepparsi, bloccarsi)* [*finestra, porta, serratura*] to jam; ***il cassetto si è incastrato*** the drawer got stuck.

incastrato /inkas'trato/ **I** p.pass. → **incastrare II** agg. **1** *(unito)* fitted **2** *(bloccato)* [*finestra, porta, serratura*] jammed, stuck.

incastratura /inkastra'tura/ f. → **incastro.**

incastro /in'kastro/ m. ARCH. ING. TECN. groove, housing, joint ♦♦ ***~ a coda di rondine*** dovetail; ***~ a maschio e femmina** o **a tenone e mortasa*** mortise and tenon joint.

incatenamento /inkatena'mento/ m. chaining.

▷ **incatenare** /inkate'nare/ [1] **I** tr. **1** to chain (up), to enchain [*persona, animale*]; to (en)fetter, to manacle [*forzato*]; ***~ qcn.*** to put *o* keep sb. in chains, to chain sb. down; ***~ le gambe, i polsi di qcn.*** to chain sb.'s legs, wrists **2** FIG. *(costringere, vincolare)* to tie (down) **II incatenarsi** pronom. to chain oneself.

incatenato /inkate'nato/ **I** p.pass. → **incatenare II** agg. **1** chained, shackled **2** METR. ***rima -a*** linking rhyme.

incatenatura /inkatena'tura/ f. EDIL. chain bond(ing).

incatramare /inkatra'mare/ [1] tr. to coat with tar, to tar.

incattivire /inkatti'vire/ [102] **I** tr. to make* [sb.] bad, to make* [sb.] nasty **II** intr. (aus. *essere*) *(marcire)* [*frutto*] to go* off **III incattivirsi** pronom. to turn nasty; ***nel corso degli anni si è incattivito*** he turned nasty over the years, he turned sour *o* bitter with age.

incautamente /inkauta'mente/ avv. incautiously, imprudently.

incauto /in'kauto/ agg. incautious; [*persona*] unwary, unwise; [*strategia*] misguided.

incavallatura /inkavalla'tura/ f. ING. truss.

incavare /inka'vare/ [1] tr. to hollow out [*roccia, tronco*].

incavato /inka'vato/ **I** p.pass. → **incavare II** agg. [*occhi*] hollow, sunken; ***guance -e*** lantern jaws.

incavatura /inkava'tura/ f. hollow, cavity.

incavigliare /inkaviʎ'ʎare/ [1] tr. to dowel, to peg [*legna*].

incavo /in'kavo, 'inkavo/ m. **1** indent, indentation, hollow; *(del cucchiaio)* bowl; ***l'~ della spalla*** the hollow of one's shoulder **2** ART. ***incisione a ~*** intaglio engraving.

incavolarsi /inkavo'larsi/ [1] pronom. COLLOQ. to get* narked, to get* the needle, to get* shirty BE, to lose* the rag BE; ***~ con qcn.*** to get eggy *o* mad with sb.

incavolato /inkavo'lato/ **I** p.pass. → **incavolarsi II** agg. COLLOQ. livid, nettled, hopping; ***è ~ nero!*** he's fuming! ***essere ~ con qcn.*** to be angry *o* eggy BE with sb.; ***si è davvero ~!*** he really let fly!

incavolatura /inkavola'tura/ f. COLLOQ. fit of temper, fit of anger, outburst.

incazzarsi /inkat'tsarsi/ [1] pronom. VOLG. to get* pissed off.

incazzato /inkat'tsato/ **I** p.pass. → **incazzarsi II** agg. VOLG. shagged off, pissed AE.

incazzatura /inkattsa'tura/ f. VOLG. fit of rage; ***prendersi un'~*** to get really pissed off.

incazzoso /inkat'tsoso/ agg. POP. narky BE, stroppy BE, bitchy AE.

1.incedere /in'tʃɛdere/ [2] intr. (aus. *avere*) LETT. to walk gravely, to walk solemnly.

2.incedere /in'tʃɛdere/ m. gait, pace, step.

incedibile /intʃe'dibile/ agg. untransferable; DIR. inalienable.

▷ **incendiare** /intʃen'djare/ [1] **I** tr. **1** *(mettere a fuoco)* to burn* [*edificio, città*]; to burn* down [*casa*]; ***~ qcs.*** to set sth. alight, to set light *o* fire to sth., to set sth. on fire **2** FIG. *(eccitare)* to inflame [*animi, folla, immaginazione*] **II incendiarsi** pronom. **1** *(prendere fuoco)* to go* up in flames, to burst* into flames, to catch* fire; [*legno*] to kindle **2** FIG. [*persona*] to flare up.

incendiario, pl. **-ri**, **-rie** /intʃen'djarjo, ri, rje/ **I** agg. **1** incendiary (anche FIG.); ***ordigno ~*** incendiary device; ***bomba -a*** firebomb, incendiary; ***attacco ~*** arson *o* incendiary attack **2** FIG. [*dichiarazione, discorso, linguaggio*] inflammatory **II** m. (f. **-a**) arsonist, incendiary, fire raiser BE.

▷ **incendio**, pl. **-di** /in'tʃɛndjo, di/ m. blaze, fire; ***~ di bosco, boschivo*** bushfire, forest fire; ***l'~ è spento*** the fire is out; ***in caso di ~*** in case of fire; ***lotta contro gli -di*** firefighting; ***pericolo, rischio d'~*** fire hazard, fire risk; ***appiccare*** o ***provocare un ~*** to start a fire; ***è scoppiato un ~*** a fire broke out; ***i pompieri hanno domato l'~*** the firemen got the blaze under control; ***un forte vento contribuì a propagare l'~*** a strong wind helped to spread the blaze; ***ha una assicurazione contro l'~ e il furto*** she has cover for fire and theft ◆◆ ***~ doloso*** arson.

incenerimento /intʃeneri'mento/ m. incineration; ***l'~ dei rifiuti tossici*** the burning *o* incineration of hazardous wastes.

incenerire /intʃene'rire/ [102] **I** tr. **1** to burn* to the ground, to incinerate; ***essere incenerito*** to be burned to ashes **2** FIG. ***~ qcn. con un'occhiata*** to look daggers at sb., to kill sb. with a look **II incenerirsi** pronom. to be* burned to the ground.

inceneritore /intʃeneri'tore/ m. incinerator, destructor BE.

incensamento /intʃensa'mento/ m. **1** incensation, burning of incense **2** *(adulazione)* adulation, flattery, showering of praise.

incensare /intʃen'sare/ [1] tr. **1** RELIG. to incense, to cense RAR. **2** FIG. to flatter, to adulate.

incensatore /intʃensa'tore/ m. (f. **-trice** /tritʃe/) *(adulatore)* adulator, flatterer.

incensiere /intʃen'sjɛre/ m. censer, incense burner, incensory.

incenso /in'tʃɛnso/ m. incense, frankincense.

incensurabile /intʃensu'rabile/ agg. [*comportamento*] faultless, irreproachable.

incensurabilità /intʃensurabili'ta/ f.inv. irreproachability.

incensurato /intʃensu'rato/ agg. ***delinquente ~*** first offender; ***è ~*** he has no previous convictions.

incentivare /intʃenti'vare/ [1] tr. to boost, to patronize [*arti*]; to stimulate, to incentivize [*domanda*].

incentivazione /intʃentivat'tsjone/ f. fillip, incentive, push.

incentivo /intʃen'tivo/ m. **1** *(stimolo)* fillip, incentive, inducement, stimulus*; ***dare a qcn. l'~ per fare*** to give sb. the incentive *o* inducement to do **2** ECON. COMM. *(agevolazione)* incentive; ***~ alle esportazioni*** export incentive; ***piano di -i*** incentive scheme; ***come ~ per l'acquisto della prima casa*** as an inducement to first-time buyers ◆◆ ***~ fiscale*** tax incentive.

incentrare /intʃen'trare/ [1] **I** tr. to centre BE, to center AE [*pensieri*] (**su** on) **II incentrarsi** pronom. [*attività*] to centre BE, to center AE (**su** around); [*film, dibattito*] to concentrate, to turn, to focus (**su** on); ***pedagogia che si incentra sul bambino*** child-centred education.

incentro /int'ʃɛntro/ m. incentre.

inceppamento /intʃeppa'mento/ m. **1** *(di armi)* misfire **2** TECN. jamming.

inceppare /intʃep'pare/ [1] **I** tr. *(ostacolare)* to stunt [*commercio, sviluppo*]; *(bloccare)* [*malfunzionamento*] to jam (up) [*meccanismo, sistema*]; ***la sabbia aveva inceppato il meccanismo*** the sand had jammed (up) the mechanism **II incepparsi** pronom. **1** [*interruttore, leva, serratura, porta*] to jam; [*meccanismo*] to jam, to lock; [*pistola*] to misfire; [*chiave, gancio, valvola*] to stick*; [*macchina*] to go* wrong **2** *(balbettare)* to flounder, to stammer.

inceppato /intʃep'pato/ **I** p.pass. → **inceppare II** agg. [*meccanismo, sistema*] jammed.

incerare /intʃe'rare/ [1] tr. to wax [*automobile, pavimento, tavolo*].

incerata /intʃe'rata/ f. **1** *(tessuto)* oilcloth, tarpaulin, oilskin BE **2** *(indumento)* oilskins pl., oilers pl. AE.

inceratino /intʃera'tino/ m. *(sul cappello)* sweatband.

incerato /intʃe'rato/ **I** p.pass. → **incerare II** agg. ***tela -a*** oilcloth, tarpaulin, oilskin BE.

inceratura /intʃera'tura/ f. waxing.

incernierare /intʃernje'rare/ [1] tr. to hinge.

incerottare /intʃerot'tare/ [1] tr. to put* a plaster on, to strap; ***avere un dito incerottato*** to have a plaster on one's finger.

▷ **incertezza** /intʃer'tettsa/ f. **1** *(mancanza di fondamento)* doubtfulness, dubiousness **U 2** *(indecisione)* incertitude, uncertainty; *(di andatura)* unsteadiness; ***un velo di ~*** a cloud of uncertainty; ***periodo di ~*** period of uncertainty; ***~ economica*** economic uncertainty; ***le -e della vita*** the uncertainties of life; ***c'è ~ circa la fabbrica, il suo futuro*** there is a question mark hanging over the factory, his future; ***lasciare qcn. alle sue -e*** to keep sb. guessing; ***essere, vivere nell'~*** to be, live in a state of uncertainty; ***la mia ~ è totale*** o ***assoluta*** I'm completely in the dark; ***decidersi dopo molte -e*** to make up one's mind after much hesitation.

▶ **incerto** /in'tʃɛrto/ **I** agg. **1** *(indeterminato, non sicuro)* unsure; [*conclusione, risultato*] equivocal, indecisive; [*elezione*] open; [*investimento, prestito*] unsound **2** *(imprevedibile)* precarious, dicey COLLOQ., shaky COLLOQ.; [*prova, risultato*] doubtful, uncertain; [*futuro*] unclear, uncertain; [*metodo*] chancy COLLOQ.; [*tempo*] hazardous, unpredictable, unsettled; ***essere ~*** [*futuro, risultato, profitto*] to be in doubt **3** *(esitante)* [*sguardo, risposta*] dubious, hesitant; [*persona*] uncertain; [*passo*] faltering, unsteady; [*tentativo*] wavering, shaky; [*grafia, trama*] wobbly; ***essere ~ su qcs.*** to be dubious about sth.; ***essere ~ sul fare*** to be in two minds about doing, to wonder about doing; ***l'inizio è stato un po' ~*** we got off to a rather shaky start; ***sono ~ tra due soluzioni*** I'm not sure which solution is the best **II** m. uncertainty; ***gli -i del mestiere*** occupational risks **III incerti** m.pl. *(guadagno oltre la retribuzione fissa)* perquisites, perks COLLOQ. ◆ ***abbandonare*** o ***lasciare il certo per l'~*** to step into the unknown, to take a leap in the dark, to give up what one has already got.

incespicare /intʃespi'kare/ [1] intr. (aus. *avere*) **1** *(inciampare)* to stumble; ***~ in*** to trip over [*corda, gradino, pietra*] **2** *(esitare)* to stumble; ***~ in*** to stumble over [*frase, parola*].

incessante /intʃes'sante/ agg. ceaseless, continual, incessant, unceasing; [*chiacchiericcio, lamentela*] eternal; [*pioggia*] persistent; [*attività, rumore*] relentless; [*pressione, sforzo*] unremitting.

incessantemente /intʃessante'mente/ avv. incessantly, unceasingly; [*piovere*] relentlessly, steadily; [*litigare, parlare, gridare*] endlessly; [*faticare, lavorare*] unremittingly, ceaselessly.

incesto /in'tʃɛsto/ m. incest; ***commettere (un) ~*** to commit incest.

incestuoso /intʃestu'oso/ agg. incestuous.

incetta /in'tʃɛtta/ f. collection, hoard (anche FIG.); SPORT *(di medaglie)* haul; ***fare ~*** to regrate, to buy up; ***fare ~ di viveri*** to buy up the shelves.

incettare /intʃet'tare/ [1] tr. *(fare incetta, accaparrare)* to regrate, to buy* up [*merce, prodotti*].

incettatore /intʃetta'tore/ m. (f. **-trice** /tritʃe/) hoarder.

▷ **inchiesta** /in'kjɛsta/ f. **1** *(investigazione)* case, inquiry; *(ricerca)* survey, poll; ***condurre un'~ tra la popolazione*** to carry out a survey among the population **2** AMM. DIR. inquiry; ***svolgere, condurre un'~*** to hold, conduct an inquiry; ***aprire un'~*** to set up *o* open *o* launch an inquiry; ***esigere un'~*** to demand an inquiry; ***commissione d'~*** board *o* commission *o* court of inquiry, fact-finding committee, investigating panel, select committee ◆◆ ***~ giudiziaria*** judicial inquiry; ***~ penale*** criminal inquiry; ***~ preliminare*** preliminary inquiry; ***~ pubblica*** public inquiry.

▷ **inchinare** /inki'nare/ [1] **I** tr. to bow, to duck; ***~ il capo*** to bow *o* duck one's head **II inchinarsi** pronom. **1** *(per educazione, rispetto)* to bow; TEATR. to take* a bow; ***-rsi davanti a*** to bow to; ***-rsi di fronte a qcn.*** to defer to sb.; ***-rsi profondamente*** to bow very low **2** *(piegarsi a)* ***-rsi a*** to bow to [*maggioranza, necessità, saggezza*]; ***-rsi ai voleri di qcn.*** FIG. to defer to sb.'s will *o* wishes; ***-rsi davanti al regolamento*** to go by the rules.

inchino /in'kino/ m. bow; ***fare un ~*** to make a bow; ***fare un veloce ~*** to bob a curtsy; ***fare un profondo ~*** to make a low bow; ***profondersi in -i*** FIG. to bow and scrape.

▷ **inchiodare** /inkjo'dare/ [1] **I** tr. **1** to nail (down), to tack; ***hanno inchiodato delle assi sulle porte*** they nailed planks over the doors

2 FIG. to nail (down) [*malfattore*]; ***le prove lo hanno inchiodato*** the evidence nailed him 3 *(immobilizzare)* ***essere inchiodato a*** to be tied to [*lavoro*]; ***essere inchiodato sul posto*** to be glued *o* riveted *o* rooted to the spot; ***la malattia l'ha inchiodato al letto*** the illness confined him to bed; ***siamo inchiodati alla scrivania tutta la settimana*** we are deskbound all week **II** intr. (aus. *avere*) COLLOQ. *(frenare di colpo)* to clap, to slam on the brakes, to slam the brakes on.

inchiodatura /inkjoda'tura/ f. nailing.

inchiostrare /inkjos'trare/ [1] tr. to ink.

inchiostratore /inkjostra'tore/ m. TIP. inker.

inchiostrazione /inkjostrat'tsjone/ f. inking.

▷ **inchiostro** /in'kjɔstro/ m. ink; ***a ~*** in ink; ***macchiato d'~*** [*dita, pagina*] inky; ***test delle macchie d'~*** inkblot test; ***stampante a getto d'~*** inkjet printer; ***l'~ è ancora fresco*** the ink is still wet; ***ripassare un disegno a ~*** to go over a sketch in ink, to ink a drawing in; ***mi sono sporcato le mani con l'~*** the ink rubbed off on my hands ◆ ***nero come l'~*** inky, as black as ink; ***versare fiumi d'~*** to write reams and reams ◆◆ ***~ di china*** Indian ink BE, India ink AE; ***~ copiativo*** copying ink; ***~ indelebile*** marking *o* indelible ink; ***~ simpatico*** invisible ink; ***~ da stampa*** newsprint, printer's ink, printing ink.

inciampare /intʃam'pare/ [1] intr. (aus. *essere, avere*) 1 *(incespicare)* [*persona*] to falter, to stumble; ***~ su qcs.*** to fall *o* trip over sth. 2 FIG. ***~ in*** to run up against [*ostacolo, difficoltà*].

inciampo /in'tʃampo/ m. hitch, holdback, snag, stumbling block; ***essere d'~ a qcn.*** to be in sb.'s way; ***senza -i*** without a hitch.

incidentale /intʃiden'tale/ agg. 1 *(casuale)* accidental, chance attrib. 2 *(marginale)* [*dettaglio, fatto, osservazione*] incidental 3 DIR. ***sollevare una questione ~*** to rise an incidental matter 4 LING. ***una proposizione ~*** a non-defining relative clause.

incidentalmente /intʃidental'mente/ avv. 1 *(casualmente)* accidentally, by chance 2 *(marginalmente)* incidentally 3 *(per inciso)* parenthetically, incidentally, by the way; ***detto ~*** said by the by(e) *o* in an aside.

incidentato /intʃiden'tato/ agg. ***il veicolo ~*** the vehicle involved in the accident.

▶ **1.incidente** /intʃi'dɛnte/ m. 1 *(sciagura, infortunio)* accident, crash; ***~ automobilistico*** o ***stradale*** car *o* road accident; ***-i domestici*** accidents in the home; ***avere un ~*** to have an accident *o* a crash; ***soggetto a -i*** accident-prone; ***rimanere vittima di un ~*** to meet with an accident 2 *(inconveniente)* incident, mishap, trouble U; ***senza -i di percorso*** without mishap; ***~ di frontiera*** border incident; ***salvo -i*** barring accidents; ***ci saranno -i*** there'll be trouble; ***mi spiace, è stato un ~*** I'm sorry, it was an accident 3 DIR. ***~ probatorio*** = taking of evidence in the pretrial stage of a criminal proceeding whenever it cannot be produced or gathered at a later stage ◆◆ ***~ diplomatico*** diplomatic incident.

2.incidente /intʃi'dɛnte/ agg. FIS. [*luce, raggio, retta*] incident.

incidenza /intʃi'dɛntsa/ f. 1 FIS. incidence; ***angolo d'~*** angle of incidence 2 *(effetto, peso)* incidence, influence; ***un'alta, bassa ~ di qcs.*** a high, low incidence of sth.

▷ **1.incidere** /in'tʃidere/ [35] tr. 1 *(tagliare)* to blaze, to tap [*albero*]; to carve [*legno, pietra*]; to score [*cuoio, metallo*]; to notch [*bastone, bordo, superficie*]; to incise, to lance, to puncture [*ascesso*]; *(iscrivere)* to carve, to inscribe [*lettere, motivo, nome*]; to cut*, to hew [*iniziali*] 2 ART. TIP. to engrave; ***~ all'acquaforte*** to etch; ***~ a mezzatinta*** to mezzotint 3 FIG. *(imprimere)* to engrave, to impress 4 TECN. ***~ un disco*** to cut a record.

2.incidere /in'tʃidere/ [35] intr. (aus. *avere*) 1 FIS. [*raggio*] to hit* 2 *(gravare)* ***~ su*** to put a strain on 3 *(influenzare)* ***~ su*** to bear on *o* affect; ***fattori che incidono direttamente sul risultato*** factors bearing directly on the outcome; ***~ in modo negativo, positivo su qcn., qcs.*** to have a negative, positive influence *o* effect on sb., sth.

incinerazione /intʃinerat'tsjone/ f. incineration.

▷ **incinta** /in'tʃinta/ agg.f. [*donna*] pregnant; ***essere ~ di una femmina, un maschio, due gemelli*** to be expecting a girl, a boy, twins; ***~ di tre mesi*** three months pregnant; ***essere ~ di gemelli*** to be pregnant with twins; ***rimanere ~*** to conceive, to become pregnant, to get pregnant COLLOQ.; ***mettere ~ una donna*** to get a woman pregnant COLLOQ. ◆ ***la mamma degli scemi è sempre ~*** there's a *o* one sucker born every minute COLLOQ.

incipiente /intʃi'pjɛnte/ agg. [*calvizie, crisi, malattia*] incipient, initial; ***un uomo dalla calvizie ~*** a balding man.

incipienza /intʃi'pjentsa/ f. incipience, onset.

incipriare /intʃiprj'are/ [1] **I** tr. to powder [*viso*] **II incipriarsi** pronom. ***-rsi il viso, il naso*** to powder one's face, nose (anche EUFEM. SCHERZ.).

incirca: **all'incirca** /allin'tʃirka/ avv. roughly, crudely speaking.

incirconciso /intʃirkon'tʃizo/ agg. uncircumcised.

incisione /intʃi'zjone/ f. 1 incision, notch, score; *(di pelle, di ascesso)* cut, incision; ***fare*** o ***praticare un'~ in*** to make a cut in [*pelle, ascesso*] 2 ART. carving, engraving, etching; ***~ su rame*** copperplate; ***~ su lastra d'acciaio*** steel engraving; ***~ su legno*** woodcut, wood engraving; ***~ al tratto*** line engraving; ***~ all'acquaforte*** etching; ***~ a mezzatinta*** FOT. halftone; ***~ rupestre*** rock carving; ***lastra da ~*** engraving plate, printer's plate 3 *(registrazione)* recording; ***~ su cassetta, nastro*** cassette recording, tape recording; ***~ pirata*** pirate tape.

incisivamente /intʃiziva'mente/ avv. [*discutere, presentare*] incisively; [*parlare, rispondere*] trenchantly, forcefully, assertively.

incisività /intʃizivi'ta/ f.inv. *(di discorso)* assertiveness, incisiveness, strength; *(di stile, scrittura)* pithiness, trenchancy; ***perdere la propria ~*** [*scrittura, stile*] to lose one's edge.

incisivo /intʃi'zivo/ **I** agg. 1 ANAT. ***dente ~*** foretooth, incisor 2 *(efficace, espressivo)* [*discorso, critica*] forceful, keen; [*appunto, presentazione, stile*] incisive, assertive; [*ordine, parola*] concise; [*scrittura*] pithy, trenchant **II** m. foretooth*, incisor.

inciso /in'tʃizo/ **I** p.pass. → **1.incidere II** agg. 1 engraved (anche FIG.); ***~ nella memoria*** engraved on the mind, etched on the memory 2 BOT. [*foglia*] incised **III** m. LING. parenthesis*; ***per ~*** as *o* in an aside, incidentally, by the way.

incisore /intʃi'zore/ ♦ ***18*** m. (f. **-a**) ART. TECN. chaser, diesinker, engraver, printmaker; ***~ su legno*** wood-engraver.

incisorio, pl. **-ri**, **-rie** /intʃi'zɔrjo, ri, rje/ agg. incisorial, incisory.

incistamento /intʃista'mento/ m. BIOL. encystment.

incistarsi /intʃis'tarsi/ [1] pronom. BIOL. to encyst.

incisura /intʃi'zura/ f. incisure.

incitamento /intʃita'mento/ m. encouragement, incitement, invitation, urging; ***di ~*** [*parole*] rousing; ***discorso di ~*** pep talk COLLOQ.; ***essere un ~ a*** to act as a spur to [*azione, crimine*].

▷ **incitare** /intʃi'tare/ [1] tr. *(stimolare)* to encourage, to incite, to motivate, to spur; [*discorso, persona*] to impel [*persona*]; to stir up [*folla, lavoratori*]; to cheer on, to urge on [*squadra*]; to flesh [*cane da caccia*]; to urge on, to spur [*cavallo*]; ***~ qcn. a fare*** to stir sb. to do *o* into doing; ***~ qcn. all'azione*** to stir sb. to action; ***~ alla violenza, alla rivolta*** to incite violence, a riot; ***la crescita incita a investire*** growth encourages investment; ***i sindacati hanno incitato i lavoratori allo sciopero*** the trade unions were ordering the workers out.

incitatore /intʃita'tore/ **I** agg. [*grido*] spurring, rousing **II** m. (f. **-trice** /tritʃe/) inciter, rouser.

incitrullire /intʃitrul'lire/ → **rincitrullire.**

inciuccarsi /intʃuk'karsi/ [1] pronom. COLLOQ. to get* plastered, to get* pissed, to get* sloshed, to get* tanked up, to get* trashed, to get* wasted.

▷ **incivile** /intʃi'vile/ **I** agg. 1 *(arretrato)* uncivilized, barbaric 2 *(indegno)* uncivilized; *(ineducato)* [*modi, persona*] rude, coarse **II** m. e f. rude person.

incivilimento /intʃivili'mento/ m. civilization.

incivilire /intʃivi'lire/ [102] **I** tr. to civilize [*maniere, persona*] **II incivilirsi** pronom. to become* civilized.

incivilmente /intʃivil'mente/ avv. [*comportarsi*] rudely, ungraciously.

inciviltà /intʃivil'ta/ f.inv. 1 *(mancanza di civiltà)* barbarousness 2 *(maleducazione)* incivility.

inclassificabile /inklassifi'kabile/ agg. 1 unclassifiable 2 SCOL. ***prendere un voto ~*** to get an unclassified grade BE 3 FIG. [*azione, comportamento*] unspeakable.

inclemente /inkle'mɛnte/ agg. unforgiving; [*clima*] harsh, inclement; [*giudice*] inclement; [*governo*] hard-nosed.

inclemenza /inkle'mɛntsa/ f. *(di clima)* inclemency, intemperance, wildness; *(di persona)* mercilessness, pitilessness.

inclinabile /inkli'nabile/ agg. [*piano, sedile*] reclining.

inclinare /inkli'nare/ [1] **I** tr. 1 to tip up [*bottiglia, tazza*]; to tilt, to tip [*contenitore, tavolo*]; to tilt [*aeroplano*]; ***~ qcs. di lato, verso l'alto, verso il basso*** to angle sth. sideways, upwards, downwards; ***~ la testa verso sinistra, indietro, in avanti*** to tilt one's head to the left, back, forward; ***~ la sedia all'indietro*** to tip one's chair back 2 *(rendere incline)* to incline [*animo, persona*] **II** intr. (aus. *avere*) 1 *(pendere)* [*costruzione, muro*] to lean*, to slope; [*quadro*] to slant 2 FIG. *(essere incline)* ***~ a fare*** to be inclined to do, to tend to do **III inclinarsi** pronom. to cant, to bend*, to lean* over; [*albero, torre*] to lean*; [*aeroplano*] to tilt; ***-rsi in avanti, all'indietro, di lato*** to tip forward, back, onto one side.

inclinato /inkli'nato/ **I** p.pass. → **inclinare II** agg. sloping, slanted; [*albero, colonna*] bowed; [*scrittura, soffitto*] sloping; [*testa*] tilted; ~ ***a sinistra*** [*scrittura*] backhand; ***piano*** ~ inclined plane; ***aveva la testa -a indietro, in avanti*** his head was tilted back, forward.

inclinazione /inklinat'tsjone/ f. **1** *(di oggetto)* slope, slant, tilt; *(di testa, aeroplano)* angle, tilt; *(di grafia)* slope **2** MAT. *(di angolo)* deflection; ***angolo d'~*** angle of descent *o* of dip, tilt angle, rake **3** *(disposizione naturale)* aptitude, aptness, bent, knack; *(propensione)* bias, fondness, inclination, penchant; ***un'~ per le donne*** a female bias; ***avere un'~ a fare*** to be inclined to do; ***seguire le proprie -i*** to follow one's own inclinations; ***avere ~ per gli studi*** to be of a studious bent **4** GEOL. dip **5** ING. *(di tetto)* pitch ◆◆ ~ ***magnetica*** magnetic dip.

incline /in'kline/ agg. inclined, prone; ***essere ~ a*** to be prone to, to be slanted to *o* towards [*espressione, violenza*]; ***essere ~ al compromesso*** to have a liking for compromise; ***essere ~ a fare*** to be apt *o* inclined to do, to tend to do; ***sono poco ~ a fare*** I am not very keen on doing.

inclinometro /inkli'nɔmetro/ m. inclinometer, dip needle.

▷ **includere** /in'kludere/ [11] tr. **1** *(comprendere)* to comprise, to cover, to include, to number, to reckon in, to take* in; ~ ***qcn. tra gli amici più intimi*** to number sb. among one's closest friends; ***non possiamo includervi nella lista*** we can't include you on the list; ***vi ho incluso nel numero dei partecipanti*** I've counted you among the participants; ***le sue responsabilità di presidente includono...*** his responsibilities as chairman include... **2** *(allegare)* to enclose [*documento, assegno, soldi*].

inclusione /inklu'zjone/ f. inclusion (anche MAT. BIOL.).

inclusivamente /inkluziva'mente/ avv. inclusively.

inclusivo /inklu'zivo/ agg. [*prezzo*] inclusive.

incluso /in'kluzo/ **I** p.pass. → **includere II** agg. **1** *(compreso)* including; ***c'erano 20 persone, bambini -i*** there were 20 people, including children; ***fino a giovedì ~*** up to and including Thursday; ***è tutto ~ nel prezzo*** that price covers everything, it's all part of the deal; ***spese di imballaggio e spedizione -e*** including postage and packing **2** *(allegato)* enclosed; ***con ~*** complete with; ***in questo modello è -a l'autoradio*** this model includes a car radio as standard **3** MED. [*dente*] impacted.

incoativo /inkoa'tivo/ agg. LING. inceptive, inchoative.

incoccare /inkok'kare/ [1] tr. to nock, to notch [*freccia*].

incocciare /inkot'tʃare/ [1] tr. **1** MAR. to reeve **2** REGION. *(incontrare)* ~ ***qcn.*** to bump *o* run into sb.

incoercibile /inkoer'tʃibile/ agg. incoercible.

incoerente /inkoe'rɛnte/ agg. *(senza coesione)* [*osservazione*] unconnected; [*discorso, resoconto*] incoherent, disjointed, unjointed; [*comportamento, lavoro, prestazione*] inconsistent, incongruous; [*articolo*] rambling.

incoerentemente /inkoerente'mente/ avv. [*parlare*] disconnectedly, incoherently, unconnectedly; [*comportarsi*] inconsistently, incongruously.

incoerenza /inkoe'rɛntsa/ f. **1** *(illogicità)* disjointedness, incoherence, incoherency; *(di osservazione, affermazione)* inconsistency **2** *(contraddizione)* incongruity **3** *(del terreno)* incohesion, looseness.

incognita /in'kɔɲɲita/ f. **1** MAT. unknown (factor), unknown quantity **2** *(fatto, persona non prevedibile)* wild card, unknown quantity; ***l'avvenire è pieno di -e*** the future is full of uncertainties; ***Francesca è un'~*** Francesca is an unknown quantity; ***sei veramente un'~!*** COLLOQ. you're a bit of a dark horse!

incognito /in'kɔɲɲito/ **I** agg. unknown **II** m. incognito; ***in ~*** [*viaggiare, visitare*] incog, incognito; ***mantenere*** o ***conservare l'~*** to remain incognito; ***essere in ~*** to be incognito.

incollaggio, pl. **-gi** /inkol'laddʒo, dʒi/ m. bonding.

incollamento /inkolla'mento/ m. gluing, pasting, sticking.

▷ **incollare** /inkol'lare/ [1] **I** tr. **1** *(appiccicare)* to glue, to stick*, to paste [*carta, legno*]; to size [*cerotto*]; to stick* (down) [*fotografia, francobollo*]; ~ ***due cose insieme*** to glue two things together; ~ ***qcs. a qcs.*** to glue *o* gum sth. (on) to sth.; ***ripiegate il foglio e incollate i bordi*** fold the sheet and glue the edges together; ***la tua colla non incolla bene il cartone*** your glue isn't very good for cardboard **2** FIG. to glue, to press; ~ ***il naso al vetro*** to glue *o* press one's nose against the windowpane **3** INFORM. to paste **II incollarsi** pronom. **1** *(appiccicarsi)* [*pagine*] to stick* together; ***-rsi a*** to stick to [*muro, pagina, pelle*] **2** FIG. ***-rsi a qcn.*** to stick like glue to sb.

incollato /inkol'lato/ **I** p.pass. → **incollare II** agg. ***il corridore stava ~ alla ruota dell'avversario*** FIG. the runner stuck close to his opponent; ***essere ~ alla televisione*** COLLOQ. to be glued to the TV; ***mi sta sempre ~*** he clings to me all the time.

incollatore /inkolla'tore/ ◗ ***18*** m. (f. **-trice** /tritʃe/) sizer.

1.incollatura /inkolla'tura/ f. sizing.

2.incollatura /inkolla'tura/ f. EQUIT. neck; ***vincere di una ~*** to win by a neck.

incollerire /inkolle'rire/ [102] intr. (aus. *essere*), **incollerirsi** pronom. to get* cross, to get* angry, to grow* angry, to get* annoyed (**con** with).

incollerito /inkolle'rito/ **I** p.pass. → **incollerire II** agg. cross, angry, enraged; ***essere ~ con qcn.*** to be enraged at sb.

incolmabile /inkol'mabile/ agg. **1** *(impossibile da colmare)* irremediable, beyond remedy; ***lasciare un vuoto ~*** to leave a gap that cannot be filled **2** *(irrecuperabile)* ***avere un vantaggio ~*** SPORT to have an unassailable lead.

incolonnamento /inkolonna'mento/ m. **1** *(di veicoli)* (traffic) tailback, queue, train; ***-i*** nose to tail traffic **2** *(di cifre)* arranging in columns, arrangement in columns, tabulation.

incolonnare /inkolon'nare/ [1] **I** tr. to tabulate [*cifre, dati, risultati*]; to line up, to put* in line [*persone*] **II incolonnarsi** pronom. [*persone*] to queue up, to stand* in line; ***le auto si incolonnavano lungo la strada*** cars were strung out along the road.

incolonnato /inkolon'nato/ **I** p.pass. → **incolonnare II** agg. [*testo*] columnar, columned; ***viaggiare -i*** to travel nose to tail *o* bumper to bumper.

incolore /inko'lore/, **incoloro** /inko'loro/ agg. **1** *(senza colore)* [*gas, liquido, sostanza*] colourless BE, uncoloured BE, colorless AE, uncolored AE; [*lente, vernice*] clear **2** *(monotono)* monochrome, dull; [*voce*] colourless BE, colorless AE; [*carattere, città*] grey BE, gray AE.

incolpare /inkol'pare/ [1] **I** tr. **1** *(dare la colpa a)* to blame; ~ ***qcn. di qcs.*** to blame sb. for sth., to put *o* lay the blame on sb. for sth. **2** DIR. to accuse, to charge **II incolparsi** pronom. to blame oneself; ***si sono incolpati a vicenda*** they blamed each other.

incolpevole /inkol'pevole/ agg. inculpable, blameless, guiltless FORM.

incolpevolezza /inkolpevo'lettsa/ f. innocence, guiltlessness FORM.

incoltivabile /inkolti'vabile/ agg. uncultivable.

incolto /in'kolto/ agg. **1** [*terreno*] uncultivated, unlaboured BE, unlabored AE; [*giardino*] wild; ***terre -e*** wastes; ***rimanere ~*** to lie untilled **2** *(in disordine)* [*barba*] straggly, unkempt, scraggly AE **3** FIG. *(ignorante)* [*persona*] uncultivated, unlearned.

incolume /in'kɔlume/ agg. [*persona*] safe, unhurt, unharmed, unscathed; [*oggetto*] undamaged; ***uscire ~*** to get off, to go scot-free; ***è uscito ~ da quell'esperienza*** he was none the worse for the experience.

incolumità /inkolumi'ta/ f.inv. safety; ***garantire l'~ di qcn.*** to guarantee sb.'s safety; ***c'è preoccupazione*** o ***si teme per la sua ~*** there is concern *o* there are fears for her safety.

incombente /inkom'bɛnte/ agg. impending, superincumbent, superjacent; [*carenza, crisi, minaccia*] looming; [*elezione, evento, risultato*] pending; ***l'ombra ~ della guerra*** the gathering clouds of war.

incombenza /inkom'bɛntsa/ f. task, office, duty; ***dare un'~ a qcn.*** to assign a task to sb., to assign sb. a task; ***far parte delle -e di qcn.*** to be included in one's duties.

incombere /in'kombere/ [2] intr. (forms not attested: past participle and compound tenses) **1** *(sovrastare)* [*nebbia, nube*] to hang*; [*esame, minaccia, pensiero*] to loom; [*crisi, guerra*] to hang* over, to loom; [*colpa, peso*] to lie* upon [*persona*]; ~ ***su*** [*minaccia, pericolo, sospetto*] to hang over; ***un'ombra minacciosa incombeva sull'Europa*** a terrible threat was looming over Europe; ***lo spettro della guerra incombe sul paese*** the spectre of war looms over the country **2** BUROCR. *(spettare)* ~ ***a qcn. fare*** to be incumbent on *o* upon sb. to do.

incombustibile /inkombus'tibile/ agg. incombustible, noncombustible.

incombustibilità /inkombustibili'ta/ f.inv. incombustibility.

incombusto /inkom'busto/ agg. unburnt.

▶ **incominciare** /inkomin'tʃare/ [1] **I** tr. to begin*, to start, to take* up [*lavoro*]; ~ ***l'università*** to enter college; ~ ***una pagina nuova*** to start a new page; ***ho incominciato a pensare che*** I got to thinking that; ~ ***a ridere*** to start laughing; ~ ***a fare*** to set about doing, to start doing *o* to do; ~ ***a essere bravo*** to get (to be) proficient **II** intr. (aus. *essere*) [*concerto, incontro*] to begin*; to kick off COLLOQ.; ~ ***con*** to open with; ~ ***da capo*** to start again *o* afresh *o* over *o* from the beginning; ~ ***dicendo*** o ***col dire che*** to begin by saying that; ***incomincia alle 8*** it starts at 8 o'clock; ***non ~ (di nuovo)!*** don't start that again! don't start on me! ***tanto per ~*** to begin *o* start with, in the first place, for a start **III** impers. ***incomincia a piovere*** it's beginning to rain.

incommensurabile /inkommensu'rabile/ agg. incommensurable (anche MAT.); [*danno, differenza, quantità*] immeasurable.

incommensurabilità /inkommensurabili'ta/ f.inv. immeasurability, incommensurability.

incommensurabilmente /inkommensurabil'mente/ avv. immeasurably, incommensurably.

incommestibile /inkommes'tibile/ agg. unfit for human consumption, inedible, non edible.

incommutabile /inkommu'tabile/ agg. DIR. incommutable.

incommutabilità /inkommutabili'ta/ f.inv. DIR. incommutability.

incomodare /inkomo'dare/ [1] **I** tr. to inconvenience, to trouble, to incommode FORM.; ***mi dispiace di doverla ~*** sorry to trouble you **II incomodarsi** pronom. to take* trouble, to bother, to disturb oneself, to put* oneself out.

incomodo /in'kɔmodo/ **I** agg. **1** *(scomodo)* uncomfortable **2** *(inopportuno)* inconvenient **II** m. inconvenience, nuisance, bother; ***scusi l'~*** sorry to bother *o* trouble you; ***arrecare un grande ~ a qcn.*** to put sb. to great inconvenience; ***togliere*** o ***levare l'~*** to take one's leave; ***quanto le devo per l'~?*** how much for your trouble? ◆ ***essere, fare il terzo ~*** to be a, play gooseberry.

incomparabile /inkompa'rabile/ agg. incomparable, peerless; [*persona*] unequalled BE, unequaled AE; ***una bellezza ~*** a beauty beyond compare.

incomparabilità /inkomparabili'ta/ f.inv. incomparability.

incomparabilmente /inkomparabil'mente/ avv. incomparably; ***~ bella*** incomparably beautiful.

incompatibile /inkompa'tibile/ agg. **1** incompatible; ***essere -i*** to be mutually exclusive; ***essere ~ con*** to be inconsistent with **2** INFORM. [*sistema*] incompatible.

incompatibilità /inkompatibili'ta/ f.inv. incompatibility (anche MED.); ***c'è ~ tra la loro politica e la nostra*** our policies are incompatible; ***~ di carattere*** incompatibility of character *o* of temper; ***~ di cariche*** DIR. incompatibility of offices.

incompatibilmente /inkompatibil'mente/ avv. incompatibly.

incompetente /inkompe'tɛnte/ **I** agg. **1** [*direzione, dottore, governo*] incompetent, inefficient, inept **2** DIR. [*bambino, persona*] incompetent; ***giudice, tribunale ~*** incompetent judge, tribunal **II** m. e f. incompetent.

incompetenza /inkompe'tɛntsa/ f. **1** incompetence, inefficiency **2** DIR. *(di persona, tribunale)* incompetence.

incompianto /inkom'pjanto/ agg. [*morte, persona*] unmourned FORM.

incompiutezza /inkompju'tettsa/ f. incompleteness, sketchiness, incompletion.

incompiuto /inkom'pjuto/ agg. *(non finito)* uncompleted, unconcluded, unfinished; *(imperfetto)* sketchy, unaccomplished.

incompletezza /inkomple'tettsa/ f. incompleteness, sketchiness.

▷ **incompleto** /inkom'plɛto/ agg. incomplete; [*lavoro*] sketchy, unaccomplished.

▷ **incomprensibile** /inkompren'sibile/ agg. **1** inapprehensible, incomprehensible, unintelligible; ***è scritto in modo ~*** the wording is a classic fudge **2** *(illeggibile)* crabbed, unclear, illegible.

incomprensibilità /inkomprensibili'ta/ f.inv. incomprehensibility, incomprehensibleness.

incomprensibilmente /inkomprensibil'mente/ avv. [*agire, reagire*] incomprehensibly; [*parlare*] unintelligibly.

incomprensione /inkompren'sjone/ f. incomprehension, misunderstanding.

incompreso /inkom'preso/ **I** agg. misunderstood, uncomprehended; [*talento, genio*] misjudged, unackowledged; ***un genio ~*** IRON. a Mr Clever; ***sentirsi ~*** to feel misunderstood **II** m. ***fa l'~*** he claims to be misunderstood.

incompressibile /inkompres'sibile/ agg. [*materia*] incompressible.

incompressibilità /inkompressibili'ta/ f.inv. incompressibility.

incomprimibile /inkompri'mibile/ agg. **1** *(incontenibile)* irrepressible **2** FIS. uncompressible.

incomputabile /inkompu'tabile/ agg. incomputable.

incomunicabile /inkomuni'kabile/ agg. incommunicable, unexpressible.

incomunicabilità /inkomunikabili'ta/ f.inv. incommunicableness.

inconcepibile /inkontʃe'pibile/ agg. inconceivable, unconceivable; [*azione, prospettiva*] unthinkable; ***d'una pigrizia ~*** inconceivably lazy.

inconcepibilità /inkontʃepibili'ta/ f.inv. inconceivability.

inconciliabile /inkontʃi'ljabile/ agg. [*attività, idea*] incompatible; [*conflitto*] irreconcilable.

inconciliabilità /inkontʃiljabili'ta/ f.inv. ***l'~ delle loro idee*** the divergence of their ideas.

inconciliabilmente /inkontʃiljabil'mente/ avv. irreconcilably.

inconcludente /inkonklu'dɛnte/ agg. **1** *(incapace, irresoluto)* [*persona*] shiftless **2** *(che non porta a niente)* [*discussione, incontro*] inconclusive.

inconcludenza /inkonklu'dɛntsa/ f. inconclusiveness, shiftlessness.

incondizionatamente /inkondittsjonata'mente/ avv. unconditionally, without strings, with no strings attached; [*arrendersi, sostenere, aiutare, lodare*] unconditionally; [*approvare*] wholeheartedly.

incondizionato /inkondittsjo'nato/ agg. **1** *(senza condizioni)* [*resa, ritirata*] unconditional; [*cessate il fuoco*] unqualified **2** *(assoluto)* [*sostegno, appoggio*] unqualified, unreserved, wholehearted **3** PSIC. unconditioned.

inconfessabile /inkonfes'sabile/ agg. unmentionable, shameful, unquotable.

inconfessato /inkonfes'sato/ agg. undeclared, unconfessed, undisclosed; [*terrore*] untold.

inconfondibile /inkonfon'dibile/ agg. [*scrittura, voce*] unmistakable; ***è ~!*** there's no mistaking him!

inconfutabile /inkonfu'tabile/ agg. irrefutable, unconfutable; [*prova, segno*] incontrovertible, unquestionable; [*logica*] indisputable.

inconfutabilità /inkonfutabili'ta/ f.inv. indisputability.

inconfutabilmente /inkonfutabil'mente/ avv. indisputably; [*dimostrare, provare*] incontrovertibly.

inconfutato /inkonfu'tato/ agg. undisputed.

incongruente /inkongru'ɛnte/ agg. incongruent.

incongruenza /inkongru'ɛntsa/ f. *(di azione, evento)* incongruence, incongruity.

incongruo /in'kɔngruo/ agg. [*compenso*] inconsistent, inappropriate.

inconoscibile /inkonoʃ'ʃibile/ agg. incognizable, unknowable.

inconquistabile /inkonkwis'tabile/ agg. unconquerable.

inconquistato /inkonkwis'tato/ agg. unconquered.

▷ **inconsapevole** /inkonsa'pevole/ agg. unknowing, unwitting; [*ostilità, pregiudizio*] unconscious, unwitting; ***essere ~ di*** to be blind to *o* unaware of [*pericolo, rischio*]; ***essere assolutamente ~ di qcs.*** to be blissfully unaware of sth.

inconsapevolezza /inkosapevo'lettsa/ f. unawareness.

inconsapevolmente /inkonsapevol'mente/ avv. unwittingly, unconsciously.

inconsciamente /inkonʃa'mente/ avv. subconsciously, unawarely, unconsciously.

inconscio, pl. **-sci, -sce** /in'kɔnʃo, ʃi, ʃe/ **I** agg. subconscious **II** m. subconsciousness, unconscious ◆ ***~ collettivo*** collective unconscious.

inconseguente /inkonse'gwɛnte/ agg. inconsecutive, inconsequent, inconsequential.

inconseguentemente /inkonsegwente'mente/ avv. inconsequentially.

inconseguenza /inkonse'gwɛntsa/ f. *(di ragionamento, condotta)* inconsequentiality.

inconsistente /inkonsis'tɛnte/ agg. [*argomentazione, prova, scusa*] flimsy; [*accusa*] insubstantial; [*trama*] tenuous, thin.

inconsistenza /inkonsis'tɛntsa/ f. unsubstantiality; *(di prova, scusa)* flimsiness; *(di trama)* tenuousness.

inconsolabile /inkonso'labile/ agg. inconsolable, disconsolate LETT.

inconsolabilmente /inkonsolabil'mente/ avv. inconsolably.

inconsueto /inkonsu'ɛto/ agg. unusual, extraordinary, uncustomary; ***una meta -a per le vacanze*** a holiday destination which is off the beaten track.

inconsulto /inkon'sulto/ agg. [*atto, gesto, proposito*] thoughtless, unadvised, rash.

incontaminato /inkontami'nato/ agg. uncontaminated (anche FIG.), unpolluted.

incontenibile /inkonte'nibile/ agg. uncontainable, uncontrollable; [*desiderio, entusiasmo*] irrepressible; [*ottimismo*] unbridled; [*gioia*] unrestrained; [*risata*] wild; [*lacrime*] uncontrollable; ***è (davvero) ~!*** he's (absolutely) irrepressible!

incontenibilmente /inkontenibil'mente/ avv. [*allegro, entusiasta*] irrepressibly.

▷ **incontentabile** /inkonten'tabile/ agg. **1** *(inappagabile, insaziabile)* insatiable, unsatiable, unappeasable **2** *(molto esigente)* [*cliente, ospite*] choosy, demanding; [*capo*] exacting; ***essere ~*** to be hard to please; ***è un bambino ~*** he's a kid who's never pleased.

incontestabile /inkontes'tabile/ agg. incontestable, indisputable; [*fatto, diritto*] undeniable, uncontestable; [*affermazione, argomentazione, prova*] indisputable; [*sovranità, testimone*] unimpeachable.

incontestabilità /inkontestabili'ta/ f.inv. incontestability, indisputability, unimpeachableness.

incontestabilmente /inkontestabil'mente/ avv. indisputably, incontestably, unimpeachably.

incontestatamente /inkontestata'mente/ avv. indisputably, incontestably.

incontestato /inkontes'tato/ agg. uncontested, unquestioned; [*campione, leader*] indisputable, undisputed; ***essere il vincitore ~*** to win unchallenged, to be the outright winner.

incontinente /inkonti'nɛnte/ **I** agg. MED. incontinent (anche FIG.) **II** m. e f. MED. person suffering from incontinence.

incontinenza /inkonti'nɛntsa/ ♦ **7** f. MED. incontinence (anche FIG.).

▶ **incontrare** /inkon'trare/ [1] **I** tr. **1** to meet*, to run* into, to encounter [*persona*]; ***~ per caso*** to come across *o* upon, to bump into [*persona*]; ***fare ~*** [*circostanze, destino*] to throw together [*persone*]; ***domani devo ~ il mio avvocato*** I must see my lawyer tomorrow; ***la incontrai a Milano per la prima volta*** I first met her in Milan; ***era molto che volevo incontrarlo*** I had long wished to meet him; ***~ qcn., qcs. sul proprio cammino*** to encounter sb., sth. along one's path; ***non si incontrano spesso persone così generose*** you don't often come across such generous people **2** *(trovare)* to experience, to encounter, to meet* with, to run into* [*difficoltà, problema*]; ***~ estrema difficoltà nel fare*** to have extreme difficulty doing; ***~ il favore della critica*** to find favour with the critics, to get good reviews; ***~ il consenso, delle resistenze*** to meet with acceptance, resistance; ***~ opposizione*** to meet with *o* encounter opposition, to run into *o* up *o* against opposition; ***non ~ più il favore di qcn.*** [*idea, metodo, moda*] to be out of favour with sb. **3** *(incrociare)* to meet*; ***in questo punto la strada incontra la ferrovia*** here the street crosses *o* cuts across the railway line; ***la retta incontra il segmento nel punto A*** MAT. the straight line meets *o* crosses the segment at point A; ***il mio sguardo incontrò il suo*** FIG. my eyes met hers **4** SPORT to encounter, to meet* [*squadra*]; ***domani l'Italia incontrerà il Brasile*** Italy is playing Brazil tomorrow **II** intr. (aus. *avere*) ***una moda che incontra (molto)*** COLLOQ. a very popular fashion, a fashion that finds a lot of favour *o* that goes down well **III incontrarsi** pronom. **1** *(vedersi)* [*persone*] to join up, to meet* (each other); ***propongo di incontrarci domani*** I suggest that we meet tomorrow; ***-rsi faccia a faccia con qcn.*** to meet sb. face to face; *(conoscersi)* ***ci siamo incontrati a Praga*** we met in Praha; ***non ci siamo già incontrati (prima)?*** haven't we met before? **2** *(incrociarsi)* [*occhi, mani*] to meet*; ***i loro occhi si incontrarono*** his eyes met hers; ***le strade si incontrano trasversalmente*** the streets run crisscross; ***è dove il Po e il Ticino si incontrano*** it's where the Ticino meets the Po River; ***due rette si incontrano*** MAT. two lines cross *o* meet *o* intersect; ***le grandi menti si incontrano*** FIG. great minds think alike **3** SPORT [*giocatori, squadre*] to meet* up.

incontrario: **all'incontrario** /allinkon'trarjo/ avv. *(con il davanti dietro)* the other way about, the other way around, back to front; *(capovolto)* upside down, the wrong way up; *(con l'interno all'esterno)* inside out; ***mettersi la gonna all'~*** to put one's skirt on the wrong way around; ***fare tutto all'~*** to do everything ass-backwards AE POP.

incontrastabile /inkontras'tabile/ agg. **1** [*forza, avanzata*] relentless, irreversible, unstoppable **2** *(indiscutibile)* indisputable.

incontrastato /inkontras'tato/ agg. [*dominio, vincitore*] outright, undisputed, unchallenged.

incontrista, m.pl. **-i**, f.pl. **-e** /inkon'trista/ m. e f. *(nel calcio)* tackler.

▶ **1.incontro** /in'kontro/ m. **1** encounter, meeting, reunion; ***~ casuale*** chance encounter; ***~ tra amici*** social gathering; ***~ al vertice*** summit (meeting); ***avere un ~*** to have a meeting; ***fissare*** o ***organizzare un ~*** to arrange a meeting; ***l'~ dei due presidenti*** the meeting between the two presidents; ***fare un brutto ~*** to have a nasty experience; ***il prossimo ~ è fissato per...*** the date of the next meeting is..., the next meeting is scheduled for... **2** *(ritrovo)* ***punto d'~*** meeting point; ***il club è un punto d'~*** the club provides a meeting place; ***raggiungere un punto d'~*** POL. to depolarize **3** SPORT match, bout, contest; *(di boxe)* fight; ***~ amichevole*** friendly match; ***~ di andata*** first leg; ***~ di calendario*** fixture BE; ***~ di coppa, di primo turno*** cup, first round tie BE; ***~ a eliminazione diretta*** tie BE; ***~ fuori casa*** away match; ***~ internazionale*** international; ***~ professionistico (di pugilato)*** prize fight; ***~ di ritorno*** rematch; ***~ di spareggio*** runoff, play-off AE; ***gioco, set e ~*** *(nel tennis)* game, set and match; ***vincere, perdere un ~*** to win, lose a fight *o* a match; ***terminare l'~ con un pareggio*** to draw, to tie.

▶ **2.incontro** /in'kontro/ avv. **1** *(verso)* toward(s); ***andare ~ a qcn.*** to go towards sb., to go to meet sb.; ***correre ~ a qcn.*** to run to meet *o* towards sb.; ***mi venne ~ correndo*** she came running towards me **2** FIG. ***andare ~ a*** to head for [*sconfitta, vittoria*]; to meet with [*disapprovazione*]; ***andiamo ~ all'inverno*** winter is approaching; ***andare ~ a critiche*** [*persona*] to come in for criticism; ***andare ~ a degli imprevisti*** [*piano*] to hit *o* run into snags; ***andare ~ a una catastrofe*** to be heading for disaster, to be on the road to disaster **3** SPORT ***colpo d'~*** counter punch **4** ***andare incontro*** *(favorire, soddisfare)* ***andare ~ a*** to meet with; ***venire ~ a qcn.*** to meet sb. halfway; ***andare ~ ai desideri di qcn.*** to meet sb.'s wishes; ***andare ~ all'esigenza dell'industria di personale qualificato*** to meet industry's need for qualified staff.

incontrollabile /inkontrol'labile/ agg. **1** *(non verificabile)* unascertainable **2** *(irreprimibile)* compulsive, incontrollable, uncontrollable; [*desiderio, rabbia*] ungovernable; ***essere ~*** [*fan, folla, incendio, rivolta*] to be out of control *o* of hands.

incontrollabilità /inkontrollabili'ta/ f.inv. uncontrollableness.

incontrollabilmente /inkontrollabil'mente/ avv. [*ridere, singhiozzare*] incontrollably, uncontrollably.

incontrollatamente /inkontrollata'mente/ avv. uncontrolledly; [*crescere, diffondersi, svilupparsi*] unchecked; [*investire, spendere*] wildly.

incontrollato /inkontrol'lato/ agg. **1** *(non verificato)* [*informazione, affermazione*] unascertained **2** *(non represso)* [*attacco*] unimpeded; [*proliferazione, sviluppo*] unchecked, uncurbed; [*desiderio, emozione, impulso, paura, rabbia, sentimento*] unbridled, unrestrained.

incontroverso /inkontro'vɛrso/ agg. uncontroversial.

incontrovertibile /inkontrover'tibile/ agg. [*prova, segno*] incontrovertible.

incontrovertibilità /inkontrovertibili'ta/ f.inv. incontestability, indisputability, indisputableness.

▷ **inconveniente** /inkonve'njɛnte/ m. **1** *(fastidio)* inconvenience; ***causare*** o ***creare -i a qcn.*** to put upon sb.; ***"la direzione si scusa con i clienti per gli -i arrecati dai lavori di rinnovo"*** "the management apologizes for any inconvenience caused to customers during renovations" **2** *(lato negativo)* disadvantage, drawback, inconvenience, downside COLLOQ.; ***presenta degli -i*** it has its drawbacks; ***ci sono degli -i nel lavorare part time*** there are disadvantages in working part-time; ***sono gli -i del mestiere*** they are part and parcel of the job **3** *(guasto)* snag, hitch, mishap; ***~ tecnico*** technical hitch.

inconvertibile /inkonver'tibile/ agg. ECON. inconvertible, unconvertible.

inconvertibilità /inkonvertibili'ta/ f.inv. ECON. inconvertibility.

incoraggiamento /inkoraddʒa'mento/ m. encouragement, incitement, uplift; ***essere d'~ per qcn.*** to be an encouragement to sb.; ***prodigare -i*** to dispense encouragement; ***dopo qualche ~ ha acconsentito*** after a bit of prodding he agreed.

incoraggiante /inkorad'dʒante/ agg. [*parole*] encouraging, heartening; ***una percentuale ~*** an encouragingly high percentage; ***non sembra molto ~*** [*risultato, situazione*] it doesn't look very promising *o* hopeful; ***la notizia non è proprio ~*** the news is not wildly encouraging.

▷ **incoraggiare** /inkorad'dʒare/ [1] tr. **1** *(esortare, stimolare)* to encourage, to hearten [*atteggiamento, spirito*]; to inspire [*truppe*]; [*notizie, persona*] to encourage, to buck up COLLOQ.; ***~ qcn. a fare*** to give sb. a boost to do, to embolden *o* encourage sb. to do; ***essere incoraggiato da*** to take courage from; ***incoraggiati dal loro successo*** spurred on by their success **2** *(favorire, incentivare)* to boost [*economia, investimento*]; to spur [*avanzamento, crescita economica*].

incordare /inkor'dare/ [1] **I** tr. MUS. SPORT to string* [*chitarra, racchetta*] **II incordarsi** pronom. [*muscoli*] to stiffen, to become* stiff.

incordatura /inkorda'tura/ f. **1** MED. stiffening **2** SPORT MUS. stringing.

incordonare /inkordo'nare/ [1] tr. MAR. to splice.

incornare /inkor'nare/ [1] tr. to gore, to butt.

incornata /inkor'nata/ f. butt of horns.

incorniciare /inkorni'tʃare/ [1] tr. **1** to enframe, to frame [*fotografia, quadro*] **2** FIG. [*capelli*] to frame [*viso*].

incorniciatura /inkornitʃa'tura/ f. (picture) framing.

incoronare /inkoro'nare/ [1] tr. to crown [*campione, regina*]; *~ qcn. imperatore* to crown sb. emperor; *~ qcn. di alloro* to crown sb. with laurel(s).
incoronazione /inkoronat'tsjone/ f. coronation, crowning.
incorporabile /inkorpo'rabile/ agg. [*sostanza*] incorporable.
incorporale /inkorpo'rale/ agg. incorporeal (anche DIR.).
incorporamento /inkorpora'mento/ m. → **incorporazione.**
incorporante /inkorpo'rante/ agg. LING. [*lingua*] incorporating, polysynthetic.
incorporare /inkorpo'rare/ [1] tr. **1** GASTR. to fold (in), to mix (in), to rub (in), to stir (in), to whip (in), to work in [*farina, zucchero*]; *~ le uova con la panna* to whisk the eggs and cream together **2** *(assorbire)* to incorporate, to integrate, to merge [*compagnia, regione, sistema*].
incorporato /inkorpo'rato/ **I** p.pass. → **incorporare II** agg. incorporate.
incorporazione /inkorporat'tsjone/ f. incorporation.
incorporeità /inkorporei'ta/ f.inv. disembodiment, incorporeality, incorporeity.
incorporeo /inkor'pɔreo/ agg. aery, bodiless, disembodied, incorporeal.
▷ **incorreggibile** /inkorred'dʒibile/ agg. **1** [*compiti*] uncorrectible **2** FIG. *(inguaribile)* [*bugiardo*] incorrigible; [*giocatore*] inveterate; [*romanticismo, ottimismo*] incurable; [*carattere*] irredeemable; *sei ~!* you're hopeless! *un difetto ~* an incorrigible *o* incurable defect.
incorreggibilità /inkorreddʒibili'ta/ f.inv. incorrigibility.
incorreggibilmente /inkorreddʒibil'mente/ avv. incorrigibly.
incorrere /in'korrere/ [32] intr. (aus. *essere*) *~ in* to incur [*multa, penalità, perdita*]; to run into [*difficoltà*]; *~ nei rigori della legge* to fall foul of the law.
incorrotto /inkor'rotto/ agg. **1** *(intatto)* [*cadavere*] incorrupt, uncorrupted **2** FIG. [*persona*] uncorrupted; [*moralità*] undefiled; *un giudice ~* an upright judge.
incorruttibile /inkorrut'tibile/ agg. incorruptible, unbribable; *è ~* she can't be bought.
incorruttibilità /inkorruttibili'ta/ f.inv. incorruptibility.
incorruttibilmente /inkorruttibil'mente/ avv. incorruptibly.
incorsatoio, pl. **-oi** /inkorsa'tojo, oi/ m. TECN. fillister (plane), grooving plane.
▷ **incosciente** /inkoʃ'ʃɛnte/ **I** agg. **1** MED. unconscious, senseless; *è rimasta ~ per diverse ore* she remained unconscious for several hours **2** *(irresponsabile)* reckless, irresponsible, mad; *bisogna essere ~ per guidare a questa velocità* you have to be mad to drive at that speed **II** m. e f. madcap, hothead; *è un ~!* he's totally irresponsible! *rientrare sola alle 2 di notte è da -i* walking home alone at 2 in the morning is foolhardy.
incoscienza /inkoʃ'ʃɛntsa/ f. **1** MED. insensibility, senselessness, unconsciousness **2** *(irresponsabilità)* recklessness, foolhardiness.
incostante /inkos'tante/ agg. changeful; [*carattere*] changeable, inconsistent; [*vento*] gutsy, changeable; [*energia, sonno*] fitful; [*persona*] moody, erratic; [*innamorato*] fickle, flighty, inconstant; [*performance*] jerky; *umore ~* moodiness.
incostanza /inkos'tantsa/ f. *(di proposito)* fickleness; *(di stagione)* changeableness; *(di fortuna)* randomness.
incostituzionale /inkostituttsjo'nale/ agg. [*azione, legge, proposta*] unconstitutional.
incostituzionalità /inkostituttsjonali'ta/ f.inv. unconstitutionality.
incostituzionalmente /inkostituttsjonal'mente/ avv. unconstitutionally.
incravattato /inkravat'tato/ agg. wearing a tie.
increato /inkre'ato/ agg. uncreated.
▶ **incredibile** /inkre'dibile/ **I** agg. **1** *(difficile da credere)* amazing, incredible, unbelievable; [*affare, successo, velocità*] astonishing; *una storia ~* a tall story *o* tale; *essere ~* to be beyond *o* past belief; *~ ma vero* strange but true, it's unbelievable; *è ~ che* it's amazing *o* astonishing *o* unbelievable that; *sembra ~ che lui rassegni le dimissioni* it seems extraordinary that he should resign; *ieri è successo qualcosa di ~* the damnedest thing happened yesterday **2** *(fuori dal comune)* extraordinary, incredible; *un'~ perdita di tempo* a dreadful waste of time; *un'~ faccia tosta* an awful cheek *o* nerve; *è stata un'esperienza ~!* the experience was unreal! *è di un'intelligenza, ignoranza ~* he's incredibly intelligent, ignorant; *quella ragazza è ~, è sempre in ritardo!* that girl is incredible, she's always late! **II** m. *questa faccenda ha dell'~* there's something incredible about this business, this comes close to being incredible.
incredibilità /inkredibili'ta/ f.inv. incredibility, unbelievableness.
incredibilmente /inkredibil'mente/ avv. amazingly, incredibly, unbelievably, unimaginably; *~ caro* unbelievably dear *o* expensive.
incredulità /inkreduli'ta/ f.inv. **1** *(scetticismo)* disbelief, incredulity, doubt; *con ~* in disbelief; *un'espressione d'~* an expression of incredulity *o* disbelief *o* doubt **2** *(miscredenza)* unbelief, lack of faith.
incredulo /in'krɛdulo/ **I** agg. **1** *(scettico)* [*persona*] incredulous; [*sguardo, tono*] unbelieving; *con aria -a* [*esclamare, fissare*] unbelievingly **2** *(miscredente)* unbelieving **II** m. (f. **-a**) disbeliever, doubting Thomas.
incrementale /inkremen'tale/ agg. INFORM. MAT. incremental.
incrementare /inkremen'tare/ [1] tr. **1** *(fare crescere)* to boost, to increase [*affari, produttività, profitti, commercio, vendite, esportazioni*]; to foster [*attività, ricerca*]; *~ i propri redditi* to increase *o* supplement one's income **2** INFORM. MAT. to increment; *~ un valore di un'unità* to increment a value by one.
incremento /inkre'mento/ m. **1** *(di produttività, profitto)* growth, increase; *(di prezzi)* rise, increase; *(di domanda, esportazioni)* surge; *~ demografico* population increase *o* growth; *un ~ annuo del 5%* a yearly increase of 5%; *dare ~ a qcs.* to develop sth. **2** INFORM. MAT. increment.
increscioso /inkreʃ'ʃoso/ agg. [*avvenimento, incidente*] regrettable; [*fatto*] sad; *ho l'~ compito di informarla che* it is my sad duty to inform you that.
increspamento /inkrespa'mento/ m. → **increspatura.**
increspare /inkres'pare/ [1] **I** tr. **1** *(rendere crespo)* to curl, to wrinkle, to crumple [*superficie*]; to crinkle, to crumple [*carta*]; [*vento*] to ripple [*acqua*]; *la pioggia le increspò i capelli* the rain frizzed her hair **2** *(corrugare)* to furrow [*fronte*] **II incresparsi** pronom. **1** [*capelli*] to go* frizzy; [*bocca*] to pucker; [*acqua*] to ripple; [*carta, tessuto*] to become* wrinkled, to crumple **2** *(corrugarsi)* [*fronte*] to corrugate, to wrinkle.
increspato /inkres'pato/ **I** p.pass. → **increspare II** agg. [*carta*] crinkled, crumpled; [*acqua*] rippled; [*mare*] choppy; [*barba, capelli*] frizzy, wavy.
increspatura /inkrespa'tura/ f. **1** *(sull'acqua)* choppiness **2** *(di carta, superficie)* wrinkle, crumple **3** SART. gather.
incretinimento /inkretini'mento/ m. brainlessness.
incretinire /inkreti'nire/ [102] **I** tr. *~ qcn.* to drive sb. round the bend **II incretinirsi** pronom. COLLOQ. to go* gaga, to go* soft, to go* weak in the head, to become* a moron.
incriminabile /inkrimi'nabile/ agg. DIR. [*atto, persona*] indictable, liable to prosecution.
incriminante /inkrimi'nante/ agg. [*documento, testimonianza, prova*] incriminatory.
incriminare /inkrimi'nare/ [1] tr. [*documento, prova*] to incriminate [*persona*]; *~ qcn. di* to charge sb. with.
incriminato /inkrimi'nato/ **I** p.pass. → **incriminare II** agg. **1** DIR. [*persona*] accused, charged, indicted **2** FIG. *(criticato)* accused; *la frase -a* the offending words.
incriminazione /inkriminat'tsjone/ f. accusation, incrimination, indictment.
▷ **incrinare** /inkri'nare/ [1] **I** tr. **1** to crack [*muro, osso, specchio*] **2** FIG. to damage [*amicizia, unione*] **II incrinarsi** pronom. **1** [*muro, osso, specchio*] to crack **2** FIG. [*voce*] to crack; [*amicizia*] to sour, to deteriorate.
incrinatura /inkrina'tura/ f. *(fessura)* (hairline) crack; FIG. *(contrasto)* rift.
incrociamento /inkrotʃa'mento/ m. crossbreeding.
▷ **incrociare** /inkro'tʃare/ [1] **I** tr. **1** to cross [*cucchiai, coltelli, corde*]; *~ le braccia* to fold *o* cross one's arms; FIG. to down tools BE, to withdraw one's labour BE; *~ le dita* FIG. to keep one's fingers crossed **2** *(intersecare)* to intersect, to cross [*strada, ferrovia, fiume*] **3** *(incontrare)* to meet*, to encounter [*persona*]; *~ qcn. per strada* to pass sb. in the street; *ho incrociato la loro barca uscendo dal porto* I passed their boat as I was leaving the harbour; *una macchina ci ha incrociato a tutta velocità* a car flashed past us in the opposite direction **4** BIOL. BOT. ZOOL. to cross, to crossbreed* [*animali, piante, specie*] **II** intr. (aus. *avere*) MAR. to cruise; *~ in un mare, su un fiume* to cruise a sea, a river **III incrociarsi** pronom. **1** *(passare di fianco)* [*pedoni, veicoli*] to meet* **2** *(intersecarsi)* to crisscross, to cross (each other), to intersect; *due sentieri che si incrociano* two intersecting paths **3** BIOL. to interbreed*, to intercross.
incrociato /inkro'tʃato/ **I** p.pass. → **incrociare II** agg. **1** *(disposto a forma di croce)* crossed; *scialle ~ sul petto* shawl crossed over the chest; *con le gambe -e* cross-legged; *a linee -e* [*disegno, fantasia*] crisscross **2** BIOL. crossbred; *razza -a* crossbreed; *impollinazione -a* BOT. cross-pollination; *varietà non -a* BOT. pure line **3** ABBIGL. [*bretelle, corsetto*] crossover; *top ~* wrap top **4** *(reciproco)*

[*accordi, alleanze*] reciprocated; ***controllo ~*** cross-check; ***fuoco ~*** MIL. crossfire (anche FIG.) **5** SPORT [*colpo*] cross-court **6** SART. ***punto ~*** cross-stitch **7** GIOC. ***parole -e*** crossword (puzzle) **8** GEOL. ***stratificazione -a*** cross-bedding.

incrociatore /inkrotʃa'tore/ m. MIL. cruiser; ***~ da battaglia*** battle cruiser.

incrociatura /inkrotʃa'tura/ f. TESS. lease.

▷ **incrocio**, pl. **-ci** /in'krotʃo, tʃi/ m. **1** *(crocevia)* crossing, crossroads pl., junction, crossway AE; ***~ ferroviario*** railway crossing BE; ***~ a T*** T-junction; ***~ pericoloso*** dangerous crossing; ***~ a quadrifoglio*** cloverleaf junction; ***all'~ delle (due) strade*** where the (two) roads cross; ***all'~ fra la modernità e la tradizione*** where modernity and tradition meet; ***essere all'~ di*** o ***tra due culture, mondi*** to be poised between two different cultures, worlds **2** SPORT ***all'~ dei pali*** at the top corner (of the net) **3** BIOL. BOT. ZOOL. cross, crossbred, crossbreed; *(mucca, pecora)* grade.

incrollabile /inkrol'labile/ agg. **1** [*edificio, muro*] indestructible **2** FIG. [*convinzione, credenza, ottimismo, determinazione, lealtà*] fierce, sturdy, unfaltering; ***essere ~ di fronte alle avversità*** to be steadfast in adversity; ***di una lealtà, determinazione ~*** unwaveringly loyal, determined.

incrostamento /inkrosta'mento/ m. → **incrostazione.**

incrostare /inkros'tare/ [1] **I** tr. **1** [*fango*] to cake [*abiti, persona*]; [*calcare*] to scale up [*caldaia, tubatura*] **2** ART. to inlay*, to overlay* [*gioielli*] **II incrostarsi** pronom. [*fango, sangue*] to cake (**su** on); [*tubatura*] to fur up BE.

incrostatura /inkrosta'tura/ f. **1** *(di gioielli)* inlaying **2** *(su gioielli)* inlay.

incrostazione /inkrostat'tsjone/ f. **1** *(in una tubatura)* deposit; ***liberare dalle -i*** to scale [*tubature*] **2** *(sedimento)* sediment, deposit; *(di vino)* crust **3** ART. *(di gioielli)* encrustation, inlay; ***spilla con -i smaltate*** brooch with enamel inlay(s); ***-i d'oro*** gold inlay; ***un mobile dalle -i di madreperla*** a piece of furniture inlaid with mother-of-pearl.

incrudelire /inkrude'lire/ [102] intr. **1** (aus. *essere*) to become* cruel **2** (aus. *avere*) *(infierire)* to be* cruel, to behave cruelly (**contro** with).

incrudimento /inkrudi'mento/ m. METALL. work-hardening.

incruento /inkru'ɛnto/ agg. [*colpo, rivolta*] bloodless.

incubare /inku'bare/ [1] tr. to incubate.

incubatrice /inkuba'tritʃe/ f. **1** *(per neonati)* incubator **2** *(per pulcini)* breeder.

incubazione /inkubat'tsjone/ f. *(di malattia, uovo)* incubation; ***essere in ~*** [*batteri, uovo*] to be incubating; ***la malattia ha quattro settimane di ~*** the disease takes four weeks to incubate.

▷ **incubo** /'inkubo/ m. **1** nightmare; ***avere un ~*** to have a nightmare **2** FIG. incubus, nightmare; ***è stato un vero ~*** it was a living nightmare; ***un viaggio, un'esperienza da ~*** a nightmare journey, experience.

▷ **incudine** /in'kudine/ f. **1** anvil **2** ANAT. anvil, incus* ◆ ***essere tra l'~ e il martello*** to be caught between the devil and the deep blue sea, to be caught between a rock and a hard place.

inculare /inku'lare/ [1] tr. VOLG. **1** *(sodomizzare)* to sodomize, to bugger **2** FIG. *(imbrogliare)* to fuck up, to screw, to con COLLOQ.

inculata /inku'lata/ f. VOLG. *(imbroglio)* con COLLOQ., rip-off COLLOQ.; ***è un'~*** it's a real sell COLLOQ.

inculcare /inkul'kare/ [1] tr. to inculcate, to instil BE, to instill AE; ***~ qcs. in qcn.*** to inculcate *o* drill *o* drum sth. into sb.

inculcatore /inkulka'tore/ m. (f. **-trice** /tritʃe/) inculcator.

inculcazione /inkulkat'tsjone/ f. inculcation.

incultura /inkul'tura/ f. lack of culture, ignorance.

incunabolo /inku'nabolo/, **incunabulo** /inku'nabulo/ m. STOR. incunabulum*.

incuneamento /inkunea'mento/ m. wedging.

incuneare /inkune'are/ [1] **I** tr. *(inserire)* to wedge in **II incunearsi** pronom. to wedge oneself in (anche FIG.).

incupire /inku'pire/ [102] **I** tr. **1** [*colori*] to darken **2** FIG. to darken, to cloud over [*atmosfera, occhi, viso*] **II incupirsi** pronom. [*atmosfera, sguardo, umore*] to darken.

▷ **incurabile** /inku'rabile/ agg. **1** MED. [*malattia*] incurable; [*paziente*] beyond cure; ***soffrire di un male ~*** to be incurably ill **2** FIG. [*ottimismo, romanticismo, stupidità, ubriacone*] incurable.

incurabilità /inkurabili'ta/ f.inv. incurability.

incurabilmente /inkurabil'mente/ avv. incurably.

incurante /inku'rante/ agg. heedless, careless, thoughtless, unmindful FORM.; ***~ del pericolo*** forgetful *o* mindless of danger.

incuranza /inku'rantsa/ f. heedlessness, thoughtlessness.

incuria /in'kurja/ f. *(di edificio, giardino)* neglect, negligence.

incuriosire /inkurjo'sire/ [102] **I** tr. ***~ qcn.*** to arouse sb's curiosity, to intrigue sb.; ***il titolo del libro m'incuriosisce*** I'm intrigued by the title of the book, I find the title of the book intriguing **II incuriosirsi** pronom. to become* curious, to be* intrigued.

incursione /inkur'sjone/ f. **1** MIL. foray, incursion, raid; ***~ aerea*** air strike *o* blitz; ***~ oltreconfine*** border raid; ***un'~ a sorpresa*** a commando raid, a surprise attack; ***fare un'~ in*** to foray **2** FIG. foray, invasion; ***fare un'~ nel campo della politica*** to try one's hand in politics.

incursore /inkur'sore/ **I** agg. incursive **II** m. MIL. raider, commando*.

incurvamento /inkurva'mento/ m. *(del metallo)* bending.

incurvare /inkur'vare/ [1] **I** tr. **1** *(piegare)* to bend* [*materiale, superficie, legno*] **2** *(chinare)* to bend*; ***~ la schiena*** to bend one's back **II incurvarsi** pronom. *(diventare curvo)* to buckle; [*legno*] to warp; [*pavimento*] to sag; *(per l'età)* [*persona, vecchio*] to bend*, to become* bent with age.

incurvatura /inkurva'tura/ f. bend, curvature; *(in legno, metallo)* warp.

incuso /in'kuso/ **I** agg. *(impresso)* incuse **II** m. *(su monete)* incuse.

incustodito /inkusto'dito/ agg. [*bagaglio, veicolo*] unattended; ***parcheggio ~*** unattended parking; ***passaggio a livello ~*** unattended *o* unmanned level crossing; ***si raccomanda alla gentile clientela di non lasciare i propri bagagli -i*** patrons are advised not to leave their baggage unattended.

incutere /in'kutere/ [39] tr. to command [*rispetto*]; ***~ terrore a qcn.*** to strike terror into sb.; ***una persona che incute un timore reverenziale*** an awe-inspiring person.

indaco, pl. **-chi** /'indako, ki/ ❥ **3 I** m. **1** ART. BOT. TESS. indigo* **2** *(colore)* indigo* **II** agg.inv. indigo, indigo blue.

indaffarato /indaffa'rato/ agg. busy, pushed; ***persona -a*** busy bee BE, stirabout AE; ***essere molto ~*** to be as busy as a bee; ***avere l'aria -a*** to look busy.

▷ **indagare** /inda'gare/ [1] **I** tr. *(cercare di conoscere)* to investigate [*causa*]; to probe [*mistero*] **II** intr. (aus. *avere*) [*poliziotto, esperto, tecnico, commissione*] to investigate, to inquire; ***~ su*** to check (up) on, to check out [*persona*]; to follow up [*storia*]; ***è stato indagato*** he's been checked out; ***la polizia indaga sull'omicidio*** the police are carrying out an investigation into the murder.

indagato /inda'gato/ **I** p.pass. → **indagare II** agg. under investigation **III** m. (f. **-a**) ***le persone -e*** the people being investigated *o* under investigation.

indagatore /indaga'tore/ **I** agg. [*mente, persona*] inquisitive; [*sguardo*] inquiring, questioning **II** m. (f. **-trice** /tritʃe/) inquirer.

▷ **indagine** /in'dadʒine/ f. **1** *(ricerca)* research, survey; ***condurre un'~*** to carry out *o* conduct *o* do a survey, to survey; COMM. to canvass; ***fare un'~ di mercato*** to research the market **2** AMM. DIR. inquiry, investigation, probe; ***~ di polizia, giudiziaria, criminale*** police, judicial, murder inquiry; ***-i sulla morte*** death inquiry *o* probe; ***giudice per le -i preliminari*** = examining justice; ***aprire un'~*** to open *o* set up an inquiry; ***fare*** o ***svolgere -i*** to carry out investigations into; ***l'~ sul crimine è ancora in corso*** the crime is still under investigation; ***un uomo sta aiutando la polizia nelle -i*** a man is helping the police with their inquiries ◆◆ ***~ campionaria*** sample survey; ***~ di mercato*** market research.

indantrene /indan'trɛne/ m. indanthrene.

indebitamente /indebita'mente/ avv. unduly, unjustly; ***appropriarsi ~ di*** to embezzle, to misappropriate FORM.; DIR. to appropriate.

indebitamento /indebita'mento/ m. debt; ECON. borrowing; ***rapporto di ~*** gearing, leverage; ***~ pubblico*** national public debt; ***livello di ~*** debt level; ***l'~ subito dalla società*** the company's fall into debt.

indebitare /indebi'tare/ [1] **I** tr. to put* into debt; ***l'acquisto dell'automobile lo ha indebitato*** he went into debt when he bought the car **II indebitarsi** pronom. to get* into debt, to run* into debt; ***-rsi con qcn.*** to get into debt with sb.; ***essere costretto a -rsi*** to be driven into debt.

indebitato /indebi'tato/ **I** p.pass. → **indebitare II** agg. [*paese, impresa*] in debt; ***un'economia -a*** an economy with debt; ***fortemente ~*** highly leveraged; ***essere ~ con una banca*** to have debts with a bank; ***~ fino al collo*** debt-laden, debt-ridden, up to one's ears *o* eyes *o* neck in debt.

indebito /in'debito/ agg. **1** *(inopportuno)* [*ora*] undue **2** *(illecito)* ***appropriazione -a*** embezzlement, misappropriation FORM.; DIR. defalcation, fraudolent conversion **3** *(non dovuto)* [*somma, profitto*] not due, undue.

indebolimento /indeboli'mento/ m. weakening; *(di intensità)* drop; *(di resistenza)* lowering; *(di salute)* depletion, undermining.

▷ **indebolire** /indebo'lire/ [102] **I** tr. to weaken [*udito, vista, influenza, nemico, posizione, mercato*]; to undermine [*autorità, coraggio, valore*]; to deplete [*salute*]; to undermine, to deplete [*forza, resistenza*] **II indebolirsi** pronom. [*economia, muscoli, paese, valuta*] to weaken; [*persona, squadra*] to grow* weak; [*vista*] to grow* dim, to dim, to fail; [*autorità, forza, influenza*] to diminish; [*udito*] to fail; [*compagnia, industria*] to lose* ground; [*amore*] to fail; ***le si sta indebolendo la vista*** she has failing eyesight.

indebolito /indebo'lito/ **I** p.pass. → **indebolire II** agg. weakened; [*memoria, udito, vista*] failing; ***essere ~ da*** to be weak with *o* from [*fame, paura*].

indecente /inde'tʃɛnte/ agg. **1** *(osceno)* scandalous, indecent; *(indecoroso)* [*abbigliamento*] indecent, unbecoming FORM.; [*proposta, suggerimento*] improper, indecent; [*linguaggio*] undignified **2** *(vergognoso)* disgraceful; ***a un'ora ~*** at an uncivilized hour; ***è ~*** it's disgraceful; ***il prezzo del caffè è ~*** the price of coffee is a scandal.

indecentemente /indetʃente'mente/ avv. disgracefully; [*comportarsi*] disgracefully, shamefully; [*vestirsi*] immodestly, improperly, indecently.

▷ **indecenza** /inde'tʃɛntsa/ f. indecency, filth, infamy; ***che ~ questo lusso!*** such luxury is quite obscene! ***è un'~!*** that's outrageous *o* an outrage *o* a scandal! it's a disgrace!

indecifrabile /indetʃi'frabile/ agg. **1** *(incomprensibile)* indecipherable; [*grafia*] crabbed, cramped, unreadable; [*discorso, stile*] incomprehensible **2** FIG. inscrutable.

indecisione /indetʃi'zjone/ f. **1** *(esitazione)* indecision; ***un attimo*** o ***un momento d'~*** a moment's hesitation; ***non c'è tempo per le -i*** there is no room for hesitation **2** *(tratto caratteriale)* indecisiveness.

▷ **indeciso** /inde'tʃizo/ **I** agg. **1** *(non definito)* unsettled, pendent **2** *(irresoluto)* [*persona*] indecisive, irresolute, undecided; ***gli elettori -i*** the undecided *o* wavering voters; ***essere ~ su*** to be ambivalent about *o* towards, to be in two minds about; ***essere ~ tra*** to waver between; ***essere ~ sul partire, sul restare*** to be unsure about going, staying; ***sono -a su quale vestito mettermi*** I can't make up my mind about which dress to wear **II** m. (f. **-a**) waverer, doubtful, ditherer SPREG.

indeclinabile /indekli'nabile/ agg. indeclinable, undeclinable (anche LING.); ***invito ~*** an invitation that cannot be refused *o* that you cannot turn down.

indecomponibile /indekompo'nibile/ agg. indecomposable.

indecorosamente /indekorosa'mente/ avv. [*comportarsi, ridacchiare*] indecorously.

indecoroso /indeko'roso/ agg. indecorous; [*comportamento, fallimento*] undignified; ***una condotta -a per un soldato*** conduct unbecoming to *o* unbefitting for a soldier.

indefesso /inde'fɛsso/ agg. [*persona, spirito*] untiring; [*impegno*] unflinching; ***essere un lavoratore ~*** to be an indefatigable worker.

indefettibile /indefet'tibile/ agg. [*amicizia, lealtà, legame*] indefectible, unswerving.

indefinibile /indefi'nibile/ agg. indefinable, undefinable, impalpable; ***di età ~*** ageless.

indefinibilità /indefinibili'ta/ f.inv. indefinableness, undefinableness, impalpability.

indefinibilmente /indefinibil'mente/ avv. indefinably, undefinably.

indefinitamente /indefinita'mente/ avv. [*continuare, restare*] indefinitely.

indefinitezza /indefini'tettsa/ f. indefiniteness.

indefinito /indefi'nito/ agg. **1** *(illimitato)* [*spazio, numero, tempo*] indefinite, infinite **2** *(vago)* [*compito, emozione, piano, responsabilità*] indefinite; [*desiderio, lavoro, obiettivo, potere*] undefined; [*colore*] vague **3** LING. [*forma, verbo*] non-finite.

indeformabile /indefor'mabile/ agg. [*pacco*] crushproof; [*abito*] unshrinkable.

indeformabilità /indeformabili'ta/ f.inv. inalterability.

indegnamente /indeɲɲa'mente/ avv. unworthily.

indegnità /indeɲɲi'ta/ f.inv. **1** *(carattere)* worthlessness **2** *(atto indegno)* ***è un'~ trattarlo in quel modo*** their treatment of him is despicable.

▷ **indegno** /in'deɲɲo/ agg. **1** *(condannabile)* [*comportamento, destino, persona*] shameful **2** *(non degno)* unworthy; ***è ~ di lei*** it's below *o* beneath her; ***~ di attenzione, di lode, di aiuto*** undeserving of attention, praise, support.

indeiscente /indeiʃ'ʃɛnte/ agg. indehiscent.

indeiscenza /indeiʃ'ʃɛntsa/ f. indehiscence.

indelebile /inde'lɛbile/ agg. [*segno, ricordo*] indelible, ineffaceable; ***inchiostro ~*** marking ink.

indelebilmente /indelebil'mente/ avv. indelebly.

indelicatamente /indelikata'mente/ avv. indiscreetly, indelicately, tactlessly.

indelicatezza /indelika'tettsa/ f. **1** *(mancanza di tatto)* tactlessness, indelicacy FORM. **2** *(azione indelicata)* ***guardare nelle carte altrui è un'~*** it's an impropriety to look through other people's papers.

indelicato /indeli'kato/ agg. [*persona*] insensitive, tactless; [*osservazione, domanda*] indelicate, insensitive, indiscreet; [*atteggiamento, comportamento*] insensitive; ***è stato ~ da parte sua fare*** it was tactless of him to do.

indemagliabile /indemaʎ'ʎabile/ agg. [*collant, tessuto*] runproof.

indemoniato /indemo'njato/ **I** agg. **1** *(posseduto)* possessed **2** *(scalmanato)* ***un bambino ~*** a (little) devil *o* imp **II** m. (f. **-a**) *(posseduto)* possessed person (anche FIG.); ***urlava come un ~*** he was screaming like one possessed.

indenne /in'dɛnne/ agg. unharmed, unhurt; ***essere ~*** to be still in one piece; ***uscire ~*** to escape unharmed *o* uninjured; ***è uscita ~ dall'incidente*** she walked away from the accident.

indennità /indenni'ta/ f.inv. **1** DIR. *(risarcimento)* indemnity, compensation; ***pagare delle ~*** to pay compensation **2** *(compenso aggiuntivo)* allowance, benefit, bonus, gratuity BE; ***blocco delle ~*** benefit freeze ◆◆ ***~ accessoria*** fringe benefits; ***~ di alloggio*** accommodation *o* living-out allowance; ***~ contingenza*** cost of living bonus; ***~ di cravatta*** clothing allowance; ***~ di disoccupazione*** unemployment benefit BE, unemployment compensation AE; ***~ di guerra*** war indemnity; ***~ di malattia*** sickpay; ***~ di maternità*** maternity allowance; ***~ di percorso*** mileage allowance; ***~ di rappresentanza*** entertainment allowance; ***~ di rischio*** danger money; ***~ di trasferimento*** relocation allowance; ***~ di viaggio*** travel allowance.

indennizzare /indennid'dzare/ [1] tr. to compensate, to award compensation, to indemnify; ***~ qcn. di*** to compensate sb. for.

indennizzo /inden'niddzo/ m. compensation, indemnification, indemnity, recoupment, satisfaction; ***~ per il mancato guadagno*** damages for loss of earnings; ***ricevere un ~*** to receive compensation.

indentro /in'dentro/ **I** avv. (anche **in dentro**) ~ o ***all'~*** [*aprirsi, crescere, piegarsi*] inwards; ***pancia ~!*** hold your stomach in! ***tirare ~*** to draw *o* pull *o* suck in [*pancia*]; ***tenere ~*** to hold *o* keep in [*pancia*] **II** agg.inv. (anche **in dentro**) [*occhi*] deep-set, hollow, sunken; [*guance*] hollow; ***ha i piedi ~*** his toes turn in; ***avere gli occhi ~*** to have deep-set eyes.

inderogabile /indero'gabile/ agg. [*disposizione, norma*] mandatory; [*impegno*] binding; ***termine ~*** deadline.

inderogabilmente /inderogabil'mente/ avv. inescapably, unavoidably.

▷ **indescrivibile** /indeskri'vibile/ agg. indescribable, undescribable; ***essere ~*** to be beyond description.

indescrivibilità /indeskrivibili'ta/ f.inv. indescribableness.

indescrivibilmente /indeskrivibil'mente/ avv. indescribably, unspeakably.

indesiderabile /indeside'rabile/ agg. [*persona*] undesirable.

indesiderabilità /indesiderabili'ta/ f.inv. undesirableness, undesirability.

indesideratamente /indesiderata'mente/ avv. undesirably.

indesiderato /indeside'rato/ agg. undesirable, undesired; [*ospite, presenza*] unwanted, unwelcome; ***effetti -i*** MED. adverse reactions; ***è una persona -a*** he's a persona non grata.

indeterminabile /indetermi'nabile/ agg. indeterminable.

indeterminabilità /indeterminabili'ta/ f.inv. indeterminableness.

indeterminatezza /indetermina'tettsa/ f. **1** *(indecisione)* irresolution, indecision **2** *(imprecisione)* indefiniteness, indeterminacy, indeterminateness.

indeterminativo /indetermina'tivo/ agg. [*articolo*] indefinite.

indeterminato /indetermi'nato/ agg. **1** *(imprecisato)* indeterminate, undetermined, unfixed; [*numero, somma*] indeterminate, indefinite; [*periodo*] undetermined, open-ended; [*natura*] indeterminate, undefined; ***per un periodo ~*** o ***per una durata -a*** for the duration COLLOQ.; ***a tempo ~*** indefinitely; ***contratto a tempo ~*** permanent contract; ***sospensione a tempo ~*** SPORT indefinite ban **2** MAT. indeterminate.

indeterminazione /indeterminat'tsjone/ f. **1** *(indecisione)* irresolution, indecision **2** *(imprecisione)* indefiniteness, uncertainty **3** FIS. indeterminacy; ***principio di ~*** uncertainty principle.

indeterminismo /indetermi'nizmo/ m. indeterminism.

indeterminista, m.pl. **-i**, f.pl. **-e** /indetermi'nista/ m. e f. indeterminist.

indi /'indi/ avv. LETT. **1** *(da lì)* thence **2** *(da allora)* then, afterwards.

India /'indja/ ◗ *33* n.pr.f. India ◆◆ ***-e occidentali*** West Indies; ***-e occidentali olandesi*** STOR. Dutch West Indies; ***-e orientali*** East Indies; ***-e orientali olandesi*** STOR. Dutch East Indies.

indianista, m.pl. **-i**, f.pl. **-e** /indja'nista/ m. e f. Indianist, Indologist.

indianistica /indja'nistika/ f. Indian studies pl.

▷ **indiano** /in'djano/ ◗ *25, 16* **I** agg. **1** *(d'India)* [*ambasciatore, cultura, popolo*] Indian; ***l'Impero ~*** STOR. the Indian Empire; ***l'Oceano ~*** the Indian Ocean; ***elefante ~*** Indian elephant; ***canapa -a*** cannabis, Indian hemp **2** *(d'America)* [*cultura, tribù, villaggio*] Indian; ***una riserva -a*** an Indian reservation; ***capo ~*** sachem, sagamore **II** m. (f. **-a**) **1** *(d'India)* Indian **2** *(d'America)* (American) Indian, Injun AE COLLOQ.; ***~ delle (Grandi) Pianure*** Plains Indian **3** *(lingua)* Indian ◆ ***fare l'~*** to play possum; ***camminare in fila -a*** to walk in single file *o* in Indian file.

indiavolato /indjavo'lato/ agg. [*bambino*] wild; [*musica, rumore*] infernal; ***il ritmo era ~*** the pace was fast and furious; ***lavorare a ritmo ~*** to work at a terrific rate, to go hammer and tongs; ***avere una fretta -a*** to be in an awful *o* a tearing BE hurry.

indicabile /indi'kabile/ agg. advisable.

indicano /indi'kano/ m. indene, indican.

▶ **indicare** /indi'kare/ [1] **I** tr. **1** *(mostrare dove si trova)* to indicate, to point, to show*; ***~ qcn., qcs. con il dito*** to point one's finger at sb., sth.; ***~ a qcn. dove andare, la strada*** to show sb. where to go, the way; ***~ a qcn. la strada per qcs.*** to direct sb. to sth.; ***~ a qcn. il suo posto*** to show sb. his seat; ***può indicarmi la strada per la stazione?*** can you direct me *o* tell me the way to the station? ***indicò la porta con un cenno del capo*** he indicated the door with a nod of his head **2** *(essere indice di)* to signal; [*azione, comportamento*] to indicate, to suggest; ***la prova indica che*** the evidence argues that; ***nulla indica che le due questioni siano legate*** there's nothing to indicate *o* suggest that the two matters are connected **3** *(consigliare)* ***~ qcs. a qcn.*** to put sb. on to sth., to recommend sth. to sb.; ***sai ~ un posto dove incontrarci, mangiare?*** can you suggest a place to meet, eat? **4** *(segnalare, dire)* to indicate, to show* [*ora, data*]; [*persona*] to mark [*iniziali, nome, prezzo*]; to state [*età, reddito*]; ***i candidati devono ~ il domicilio*** applicants must state where they live; ***"~ nome e indirizzo"*** "give your name and address" **5** *(mostrare, rappresentare visualmente)* to indicate, to signpost; [*cartello, croce, freccia*] to mark [*luogo, strada*]; [*disegno, simbolo*] to denote; [*indicatore, quadrante*] to record, to register, to say*, to tell* [*pressione, velocità*]; ***il verde indica avanti*** green is for go; ***il tachimetro indicava 100*** the speedometer indicated *o* read 100; ***il cartello indica la direzione per Milano*** the signpost shows which direction to take for Milan; ***l'importo esatto non è indicato*** the exact total isn't shown; ***l'ora indicata sul programma è sbagliata*** the time given on the programme is wrong **6** *(implicare)* [*termine*] to imply; ***come indica il loro nome...*** as their name implies... **II** intr. to point; ***non è educato ~ col dito*** it's rude to point; ***tutto indica verso quella direzione*** everything points in that direction.

indicativamente /indikativa'mente/ avv. approximately, roughly; ***diciamo ~ il 23 marzo*** let's pencil in the 23rd of March.

indicativo /indika'tivo/ **I** agg. **1** *(significativo)* indicatory, indicative **2** *(approssimativo)* approximate; ***a titolo ~*** as a rough guide; ***la cifra è -a*** the figure is meant to be a guide; ***ora di arrivo -a*** approximate time of arrival **3** LING. [*modo*] indicative **II** m. **1** LING. indicative; ***all'~*** in the indicative **2** TEL. ***(prefisso) ~*** code number.

indicato /indi'kato/ **I** p.pass. → **indicare II** agg. *(appropriato)* [*cura*] recommended.

indicatore /indika'tore/ **I** agg. ***cartello ~*** road sign; ***strumento ~*** recording instrument **II** m. **1** *(indice)* indicator; ***~ economico*** economic indicator; ***-i di rendimento*** AMM. ECON. performance indicators; ***~ della crescita*** growth indicator **2** TECN. indicator; ***~ di pressione*** pressure indicator; ***~ del livello dell'olio*** oil gauge; ***~ di direzione*** AUT. *(freccia)* blinker, indicator; *(cartello)* signpost **3** INFORM. flag, sentinel **4** CHIM. indicator.

indicazione /indikat'tsjone/ f. **1** *(informazione)* indication, information, guide; *(cenno)* clue, hint, pointer; ***un'~ su qcs.*** a pointer to sth.; ***salvo ~ contraria*** unless otherwise specified; ***basandosi su un'~*** acting on a hint; ***un'~ delle spese*** a guide as to the cost; ***essere un'~ di*** to be an indication of; ***quelle risposte sono una buona ~*** these answers are a good guide; ***può darci una qualche ~ della somma in questione?*** can you give us some indication of the sum involved? ***le sue -i non sono servite a nulla, sono state preziose*** his information was useless, invaluable **2** *(direzione)* ***-i*** directions; ***chiedere -i stradali*** to ask for directions; ***dare -i sbagliate*** to misdirect **3** *(istruzione)* instruction; ***seguire le -i*** to follow the instructions; ***su ~ di qcn.*** on sb.'s recommendation **4** *(di medicina)* ***-i (terapeutiche)*** indications **5** MUS. ***~ del tempo*** time signature, tempo marking.

▷ **indice** /'inditʃe/ ◗ *4* m. **1** *(dito)* first finger, index finger, forefinger; ***tenere qcs. tra il pollice e l'~*** to hold sth. between forefinger and thumb; ***puntare l'~ contro qcn.*** FIG. to point one's finger at sb. **2** *(indicazione)* index, indication, pointer; ***essere ~ di*** to be indicative of **3** ECON. index, peg; ***~ di borsa*** share index, stock index; ***~ di dispersione*** COMM. wastage rate **4** *(nei libri)* index, table of contents; ***~ generale*** general index; ***~ per autori, per materie*** author, subject index; ***l'~ di questo libro è fatto male*** this book is badly indexed **5** FIS. MAT. index; ***numero ~*** index number **6** INFORM. TECN. index **7** TELEV. RAD. ratings pl.; ***avere il massimo, minimo ~ d'ascolto*** to be top, bottom of the ratings **8** STOR. ***l'Indice*** the Index; ***mettere qcs., qcn. all'~*** FIG. to blacklist sth., sb. ◆◆ ***~ d'ascolto*** audience ratings; ***~ delle azioni*** share index; ***~ del costo della vita*** cost of living index; ***~ cranico*** cranial index; ***~ di gradimento*** viewing figures, popularity ratings; ***~ dei prezzi al consumo*** consumer price index; ***~ dei prezzi al dettaglio*** retail price index; ***~ dei prezzi all'ingrosso*** wholesale price index; ***~ dei prezzi alla produzione*** producer price index; ***~ di rifrazione*** FIS. index of refraction, refractive index.

indicibile /indi'tʃibile/ agg. [*terrore*] nameless; [*dolore*] unspeakable, unutterable; [*povertà*] untold.

indicibilmente /inditʃibil'mente/ avv. inexpressibly.

indicizzare /inditʃid'dzare/ [1] tr. **1** ECON. to index, to index-link; ***~ qcs. a qcs.*** to index sth. to sth.; ***i salari sono indicizzati all'inflazione*** wages are index-linked **2** INFORM. to index.

indicizzazione /inditʃiddzat'tsjone/ f. **1** ECON. indexation; ***l'~ dei salari*** wage indexation; ***clausola di ~*** escalator clause **2** INFORM. indexing; ***programma di ~*** concordancing programme.

indietreggiamento /indjetreddʒa'mento/ m. retrocession.

▷ **indietreggiare** /indjetred'dʒare/ [1] intr. (aus. *essere, avere*) **1** *(spostarsi indietro)* to back away, to back off; [*nemico*] to fall* back; [*folla*] to stand* back; ***~ lentamente verso qcs.*** to retreat slowly towards sth.; ***~ di qualche metro*** to back up a few metres; ***~ con orrore*** to recoil *o* to shrink back in horror; ***~ di un passo*** to take a step back, to step back; ***fare ~ qcn. fino dentro, contro qcs.*** to back sb. into, against sth.; ***fare cenno a qcn. di ~*** to motion sb. back **2** *(ritirarsi)* [*esercito*] to fall* back, to pull back; ***non ~ davanti a niente*** to hesitate *o* stop at nothing.

▶ **indietro** /in'djɛtro/ avv. **1** *(nello spazio)* back; ***tornare ~*** to come *o* go back; ***andare avanti e ~*** to go back and forth *o* to and fro, to walk backwards and forwards; ***fare un passo ~*** to take a step back; ***fare marcia ~*** to back (up), to reverse, to go back; FIG. to back off, to back-pedal, to backtrack; ***fare passi ~*** to backslide; ***lasciare ~ qcn.*** to leave sb. lagging; ***tirarsi ~*** to move *o* step aside; FIG. to back down, to flinch, to hang back; ***volgersi*** o ***voltarsi ~*** to turn back *o* round, to look back (anche FIG.); ***senza voltarsi ~*** without a backward glance; ***vai un po' ~*** move back a bit; ***~!*** get back! ***state ~!*** keep back! ***~ tutta*** MAR. go hard astern **2** ***all'indietro*** *(a ritroso)* [*passo, salto*] back, backwards; [*guardare*] behind, back; ***è caduto all'~*** he fell over backwards; ***piegarsi all'~*** to bend backwards; ***piegare la testa all'~*** to tilt one's head back **3** *(in ritardo)* ***essere molto ~*** to be too far behind, to be a long way behind; ***rimanere*** o ***restare ~*** [*persona*] to drop back *o* behind, to fall *o* hang behind; [*orologio*] to run slow, to lose time; ***rimanere ~ con il lavoro*** to be behind with one's work; ***essere*** o ***restare ~ in matematica, latino*** to be behind in maths, Latin; ***lasciare ~*** to leave behind; ***mettere ~ l'orologio*** to put the clock back; ***il mio orologio va ~*** o ***è ~ di 2 minuti*** my watch is two minutes out *o* slow **4** *(in restituzione)* back; ***avere, dare ~*** to get, give back; ***quando posso avere ~ l'auto?*** when can I have my car back?

indifendibile /indifen'dibile/ agg. [*opinione, ragionamento*] indefensible, untenable; MIL. indefensible; ***essere ~*** to permit of no defence FORM.

indifendibilità /indifendibili'ta/ f.inv. indefensibility (anche MIL.).

▷ **indifeso** /indi'feso/ agg. **1** *(senza difesa)* [*città, frontiera, nazione*] undefended, defenceless BE, defenseless AE **2** *(incapace di difendersi)* [*animale, persona*] helpless, defenceless.

▶ **indifferente** /indiffe'rɛnte/ **I** agg. **1** *(impassibile)* indifferent, uninterested; [*atteggiamento, gesto, tono*] casual; [*guardare*] passively; ***con aria ~*** casually, with an air of indifference; ***rimanere ~*** to be apathetic; ***mi lascia completamente ~*** it's of no consequence to me; ***lo lascia ~*** it is a matter of indifference to him; ***il calcio mi è*** o ***lascia (del tutto) ~*** football leaves me cold; ***ogni cosa che dico lo lascia del tutto ~*** everything I say just washes over him **2** *(uguale)*

è ~ per me anything will do, it's all the same *o* it makes no difference to me, I don't mind; ***per me è ~ andare al ristorante o in pizzeria*** it's all the same *o* it's all one to me whether we go to a restaurant or to a pizzeria **3** *(irrilevante)* ***una somma non ~*** a considerable sum **II** m. e f. indifferent person; ***fare l'~*** to pretend not to care.

indifferentemente /indifferente'mente/ avv. indifferently, without distinction, equally, likewise; ***colpire ~ tutti i lavoratori*** to affect all the workers equally; ***fungere ~ da salotto o ufficio*** to be used either as a living room or as an office.

indifferentismo /indifferen'tizmo/ m. indifferentism.

indifferentista, m.pl. **-i**, f.pl. **-e** /indifferen'tista/ m. e f. indifferentist.

indifferenza /indiffe'rɛntsa/ f. disregard, indifference; ***~ simulata*** seeming indifference; ***con un'~ studiata*** studiously indifferent; ***mostrare ~ verso qcn.*** to show disregard for sb.; ***nell'~ generale*** amidst total indifference; ***la sua ~ mi ferisce*** her indifference really hurts me.

indifferenziato /indifferen'tsjato/ agg. undifferentiated, undiversified; BIOL. undifferentiated.

indifferibile /indiffe'ribile/ agg. ***appuntamento ~*** meeting that can't be postponed *o* put off *o* deferred.

indigeno /in'didʒeno/ **I** agg. **1** BOT. ZOOL. [*specie*] native, indigenous **2** native, aboriginal **II** m. (f. **-a**) aborigine, indigene, native.

indigente /indi'dʒɛnte/ **I** agg. *(senza mezzi)* [*famiglia, persona*] destitute, needy, indigent FORM.; [*comunità*] destitute **II** m. e f. pauper; ***gli -i*** the destitute.

indigenza /indi'dʒɛntsa/ f. destitution, neediness, indigence FORM., pauperism; ***lasciare qcn. nell'~*** to leave sb. destitute.

indigeribile /indidʒe'ribile/ agg. indigestible (anche FIG.).

indigeribilità /indidʒeribili'ta/ f.inv. indigestibility.

▷ **indigestione** /indidʒes'tjone/ f. **1** MED. indigestion; ***fare ~*** to have an attack of indigestion, to get indigestion; ***ho fatto ~ di fragole*** I made myself sick eating strawberries **2** FIG. ***fare ~ di televisione*** to overdose on television.

indigesto /indi'dʒesto/ agg. [*alimento, romanzo*] indigestible (anche FIG.).

▷ **indignare** /indiɲ'ɲare/ [1] **I** tr. to make* [sb.] indignant [*persona*]; ***il suo comportamento m'indigna*** his behaviour fills me with indignation **II indignarsi** pronom. to get* indignant, to become* indignant (**per** about, over); ***si è indignato per questa situazione*** he resented the situation.

indignato /indiɲ'ɲato/ **I** p.pass. → **indignare II** agg. indignant; [*lettera*] angry; ***profondamente ~*** in a high dudgeon; ***"no", protestò ~*** "no", he reported indignantly.

▷ **indignazione** /indiɲɲat'tsjone/ f. indignation (**per** at; **riguardo a** over, about; **contro** with), outrage (**per** at); ***giusta ~*** virtuous indignation; ***con sua grande ~*** much to his indignation; ***esprimere la propria ~*** to express one's shock.

indigofera /indi'gɔfera/ f. indigo-plant.

indigotina /indigo'tina/ f. indigotin.

indilazionabile /indilattsjo'nabile/ agg. ***un incontro ~*** an appointment that can't be postponed *o* put off.

▷ **indimenticabile** /indimenti'kabile/ agg. [*libro, persona, qualità, voce*] memorable, unforgettable, never-to-be-forgotten; ***una serata ~*** a night to remember.

indimenticabilmente /indimentikabil'mente/ avv. unforgettably, memorably.

indimenticato /indimenti'kato/ agg. unforgotten.

indimostrabile /indimos'trabile/ agg. undemonstrable.

indimostrabilità /indimostrabili'ta/ f.inv. indemonstrability.

indimostrato /indimos'trato/ agg. [*affermazione, teoria*] untested.

1.indio, pl. **-di**, **-die** /'indjo, di, dje/ **I** agg. of the natives of Central and South America **II** m. (f. **-dia**; pl. **-di, ~s**) a native of Central and South America.

2.indio /'indjo/ m. CHIM. indium.

▷ **indipendente** /indipen'dɛnte/ **I** agg. **1** *(libero da vincoli)* [*cinema, compagnia, giornale, persona, stile, vita*] independent; [*giornalista, lavoro*] freelance; [*lavoratore*] self-employed; [*organizzazione*] free-standing; [*candidato*] unofficial; ***casa di produzione cinematografica ~, etichetta discografica ~*** independent; ***produttore ~*** CINEM. MUS. indie COLLOQ.; ***ha un carattere ~*** he has an independent character; ***rendersi ~*** to make oneself independent **2** *(non comunicante)* [*costruzione*] unattached, detached; [*appartamento*] self-contained; ***garage ~*** detached garage; ***la casa è ~*** the property is detached; ***l'appartamento è ~ dal resto della casa*** the flat is separate from the rest of the house **3** *(non in relazione)* unrelated, unconnected; ***due avvenimenti -i tra loro*** unrelated events; ***per circostanze -i dalla nostra volontà*** due to circumstances beyond our control **4** MAT. FIS. LING. independent; ***variabile ~*** independent *o* free variable; ***proposizione ~*** independent clause **5** POL. [*paese*] independent **II** m. e f. POL. independent.

indipendentemente /indipendente'mente/ avv. **1** *(in modo indipendente)* [*agire, vivere*] independently **2** *(a prescindere)* independently, irrespective (**da** of); ***~ l'uno dall'altro*** independently of each other.

indipendentismo /indipenden'tizmo/ m. = political stance supporting the independence of a country or region.

indipendentista, m.pl. **-i**, f.pl. **-e** /indipenden'tista/ **I** agg. [*rivendicazioni, movimento, organizzazione*] independence attrib. **II** m. e f. = supporter of the independence of a country or region.

indipendentistico, pl. **-ci**, **-che** /indipenden'tistiko, tʃi, ke/ agg. independence attrib.

▷ **indipendenza** /indipen'dɛntsa/ f. independence (**da** from); ***battersi per l'~*** to fight for independence; ***Guerra d'Indipendenza*** War of Independence; ***la Dichiarazione d'Indipendenza*** the Declaration of Independence; ***un paese fiero della propria ~*** a proudly independent country.

indire /in'dire/ [37] tr. to call [*assemblea, conferenza, elezioni*]; [*sindacato*] to call [*sciopero*].

indirettamente /indiretta'mente/ avv. indirectly; [*rispondere, riferirsi*] obliquely; [*scoprire, sentire*] second hand.

▷ **indiretto** /indi'rɛtto/ agg. indirect, mediate; [*metodo, mezzo*] circuitous, oblique; [*complimento*] oblique; [*complemento, discorso*] indirect; ***in modo ~*** in a roundabout way; ***attacco ~*** backhander; ***perdita -a*** consequential loss; ***pubblicità -a*** indirect advertising; ***costi -i*** indirect costs; ***danno ~*** DIR. remote damage; ***proposizione -a, discorso ~*** reported clause, speech; ***prova -a*** secondary evidence; ***responsabilità -a*** DIR. vicarious liability.

indirizzamento /indirittʃa'mento/ m. INFORM. addressing.

▷ **indirizzare** /indirit'tsare/ [1] **I** tr. **1** *(dirigere)* to direct; ***~ i propri sforzi a*** to direct one's efforts towards; ***~ l'attenzione di qcn. su qcs.*** to turn sb.'s attention to sth. **2** *(rivolgere)* to direct [*appello, critica, protesta*]; to turn [*rabbia, rancore*] (**a** on; **contro** against); ***~ a*** to address [*gruppo, persona*]; ***~ degli elogi a qcn.*** to praise sb. **3** *(avviare)* to orient [*persona, società*] (**verso** at, towards); ***~ qcn. alla carriera diplomatica*** to groom sb. for a diplomatic career; ***è stata mal indirizzata nei suoi studi*** she was badly advised about what to study **4** *(scrivere l'indirizzo)* to address [*lettera, pacco*]; ***~ qcs. a qcn.*** to address sth. to sb. **5** *(mandare)* to send*, to refer [*persona*]; ***~ un paziente da uno specialista*** to refer a patient to a specialist **II indirizzarsi** pronom. *(dirigersi)* [*paese, movimento*] to move towards; ***-rsi verso*** to head towards (anche FIG.); ***-rsi verso l'area scientifica, le carriere scientifiche*** to go in for science, a career in science.

indirizzario, pl. **-ri** /indirit'tsarjo, ri/ m. mailing list, address book.

▶ **indirizzo** /indi'rittso/ m. **1** *(domicilio)* address; *(sulla busta)* superscription; ***~ postale*** mailing address; ***~ del destinatario*** delivery address; ***elenco di -i*** COMM. directory; ***senza ~*** unaddressed, undirected; ***cambio di ~*** AMM. change of address; ***cambiare ~*** to change (one's) address; ***cambiare l'~ su*** to readdress [*busta*]; ***avere l'~ sbagliato*** to be wrongly addressed; ***sbagliare l'~ di*** to misdirect [*lettera, pacco*] **2** SCOL. UNIV. course of studies, pathway; ***scegliere un ~ di studi prestigioso*** to choose a highly regarded course of study; ***scuola a ~ professionale*** technical *o* vocational school; ***seguire un ~ scientifico, umanistico*** to study science, arts **3** POL. trend, orientation **4** INFORM. address.

indiscernibile /indiʃʃer'nibile/ agg. indiscernible, indistinguishable, undiscernible.

indiscernibilità /indiʃʃernibili'ta/ f.inv. undiscernibleness.

indiscernibilmente /indiʃʃernibil'mente/ avv. indiscernibly, undiscernibly.

indisciplina /indiʃʃi'plina/ f. disruptiveness, indiscipline.

indisciplinabile /indiʃʃipli'nabile/ agg. undisciplinable.

indisciplinatamente /indiʃʃiplinata'mente/ avv. [*comportarsi*] disruptively.

indisciplinatezza /indiʃʃiplina'tettsa/ f. indiscipline.

▷ **indisciplinato** /indiʃʃipli'nato/ agg. undisciplined; [*classe, folla*] unruly; [*bambino*] naughty, rowdy.

indiscretamente /indiskreta'mente/ avv. indiscreetly, pryingly.

indiscreto /indis'kreto/ agg. indiscreet, meddlesome SPREG.; [*giornalista*] intrusive; [*domanda*] intrusive, tactless; ***ci sono orecchie -e qui*** there are eavesdroppers here; ***al riparo da occhi, sguardi -i*** safe from prying eyes; ***se posso permettermi di fare una domanda -a...*** if you don't mind my asking...

indiscrezione /indiskret'tsjone/ f. **1** *(mancanza di riservatezza)* indiscretion, meddlesomeness SPREG.; ***agire con ~*** to be indiscreet;

scusa la mia ~ ma... forgive my curiosity, but... **2** *(rivelazione)* indiscretion, gossip, rumour BE, rumor AE.

indiscriminatamente /indiskriminata'mente/ avv. indiscriminately.

indiscriminato /indiskrimi'nato/ agg. indiscriminate; [*critica*] scattershot; [*attacco, violenza, uccisioni*] wholesale.

indiscusso /indis'kusso/ agg. undisputed, unquestioned; [*campione, leader*] acknowledged, indisputable, undisputed; [*padrone*] outright.

indiscutibile /indisku'tibile/ agg. [*comando, vittoria, fatto, ragione*] indisputable, unchallengeable, unquestionable; ***è ~*** it's beyond dispute.

indiscutibilità /indiskutibili'ta/ f.inv. indisputability.

indiscutibilmente /indiskutibil'mente/ avv. without dispute, incontrovertibly, indisputably; ***~, hanno vinto loro*** they were unarguably the winners.

▷ **indispensabile** /indispen'sabile/ **I** agg. indispensable, needful FORM. (**a**, **per** for; **per fare** for doing); [*ingrediente, lettura*] essential; [*aiuto, servizio*] vital, essential; ***è ~*** it's a must; ***è ~ che*** it is essential *o* vital that; ***non essere ~*** [*lavoratore*] to be expendable; ***è ~ che scriva*** it is imperative that she write; ***requisito ~*** prerequisite; ***lavori di manutenzione -i*** essential maintenance work; ***i soldi sono una cosa ~*** money is an essential; ***ho imballato le cose -i*** I packed a few essentials; ***"~ esperienza nel settore"*** "previous experience essential"; ***il latino non è più ~ per accedere all'università*** Latin is no longer a must for access to university; ***rendersi ~*** to make oneself indispensable **II** m. ***l'~*** essentials pl.; ***il minimo ~*** the bare *o* absolute minimum, the bare essentials *o* necessities; ***fare il minimo ~*** to do the minimum.

indispensabilità /indispensabili'ta/ f.inv. indispensability.

indispensabilmente /indispensabil'mente/ avv. indispensably.

indispettire /indispet'tire/ [102] **I** tr. to vex, to pique, to spite **II indispettirsi** pronom. to take* umbrage, to take* exception.

indispettito /indispet'tito/ **I** p.pass. → **indispettire II** agg. miffed, picked, galled.

indisponente /indispo'nɛnte/ agg. [*carattere*] unsympathetic; [*persona*] galling, vexatious.

indisponibile /indispo'nibile/ agg. **1** [*cosa*] nonavailable; [*persona*] incompliant **2** DIR. *(in Scozia)* ***quota ~*** legitim.

indisponibilità /indisponibili'ta/ f.inv. indisposition, unwillingness.

indisporre /indis'porre/ [73] tr. to vex, to indispose FORM.; ***~ le autorità*** to upset the authorities.

indisposizione /indispozit'tsjone/ f. ailment, indisposition FORM.

indisposto /indis'posto/ agg. unwell, indisposed FORM. o SCHERZ.; ***essere ~*** to be unwell, to be under the weather.

indissimulato /indissimu'lato/ agg. undissembled.

indissolubile /indisso'lubile/ agg. [*amicizia, legame*] indissoluble.

indissolubilità /indissolubili'ta/ f.inv. indissolubility.

indissolubilmente /indissolubil'mente/ avv. indissolubly.

indistinguibile /indistin'gwibile/ agg. indistinguishable, undistinguishable.

indistinguibilmente /indistinguibil'mente/ avv. undistinguishably.

indistintamente /indistinta'mente/ avv. **1** *(indifferentemente)* indifferently, indiscriminately, without distinction; ***tutti, ~, saranno colpiti*** everybody, great and small, will be affected **2** *(confusamente)* blearily, foggily, fuzzily, hazily; [*percepire*] dimly; [*parlare, ricordare, sentire, vedere*] indistinctly.

indistinto /indis'tinto/ agg. **1** indistinct; [*figura, forma*] dim; [*idea, ricordo*] hazy, blurred, blurry, dim; [*brusio, mormorio, suono, voce*] indistinct, vague; ***forma -a*** blur **2** LING. ***vocale -a*** indeterminate vowel.

indistruttibile /indistrut'tibile/ agg. indestructible, undestroyable; [*materiale*] resilient; ***fede ~*** FIG. enduring faith.

indistruttibilità /indistruttibili'ta/ f.inv. indestructibility.

indisturbato /indistur'bato/ agg. [*notte*] quiet; [*sonno*] peaceful; ***lavorare ~ dal rumore*** to work undisturbed by the noise; ***i ladri se ne andarono -i*** the burglars went off undisturbed *o* without any bother.

indivia /in'divja/ f. endive.

individuabile /individu'abile/ agg. identifiable, recognizable; ***un luogo ~ sulla mappa*** a place that is recognizable on the map; ***il problema è facilmente ~*** the problem is easily identifiable.

individuale /individu'ale/ agg. **1** *(per una persona)* [*corso*] individual; [*porzione*] single; ***insegnamento ~*** one-to-one tuition; ***dare lezioni -i*** to teach on a one-to-one basis; ***in aggiunta offriamo corsi -i*** we additionally offer private tuition **2** *(di una sola persona)* [*contributo, iniziativa, sforzo*] individual; ***è una ditta ~*** it's a one-man company; ***non affronteremo i casi -i*** we won't discuss individual cases **3** SPORT individual; ***competizione*** o ***prova ~*** singles, single events; ***ha ottenuto buoni risultati -i*** he did well in the singles **4** DIR. ***possesso ~*** severalty.

individualismo /individua'lizmo/ m. individualism.

individualista, m.pl. **-i**, f.pl. **-e** /individua'lista/ **I** agg. individualist **II** m. e f. individualist.

individualistico, pl. **-ci**, **-che** /individua'listiko, tʃi, ke/ agg. individualistic.

individualità /individuali'ta/ f.inv. individuality, selfhood.

individualizzare /individualid'dzare/ [1] tr. **1** to personalize, to tailor, to individualize [*accordi, insegnamento*] **2** to differentiate; ***è più portato a ~ che a generalizzare*** he tends to differentiate rather than generalize.

individualizzazione /individualiddzat'tsjone/ f. individualization.

individualmente /individual'mente/ avv. [*amministrare, ricercare*] independently; ***ogni persona ~*** each individual person.

individuare /individu'are/ [1] tr. **1** *(identificare, scoprire)* to pick out, to identify, to detect [*causa, problema*]; to spot [*differenza, errore, persona*]; *(localizzare)* to locate, to pinpoint [*difetto, malfunzionamento*]; ***~ qcn. tra la folla*** to single *o* spot sb. out in the crowd; ***~ la posizione di una stella*** to locate the position of a star; ***la folla era troppo grande per ~ chi stava parlando*** the crowd was too big to identify the speaker; ***qualcosa non va, ma non riesco a individuarlo con precisione*** something is wrong, but I can't quite put my finger on it **2** *(caratterizzare)* ***il protagonista di questo romanzo è ben individuato*** the hero in this novel is well portrayed.

individuazione /individuat'tsjone/ f. individuation, spotting, detection; ***~ dei difetti*** TECN. fault-finding; ***l'~ del colpevole*** the exposure of the culprit; ***l'~ delle basi nemiche*** MIL. the targeting of enemy bases.

▷ **individuo** /indi'viduo/ m. **1** *(persona singola)* character, individual, person, guy COLLOQ., fellow COLLOQ.; ***ogni ~*** each individual; ***la società schiaccia l'~*** society crushes the individual **2** *(persona fisica)* ***nell'organismo di un ~*** in the human body **3** *(tipo sospetto)* individual; ***un ~ poco raccomandabile*** not a very savoury individual *o* customer; ***un ~ dall'aria sospetta*** a suspicious-looking individual **4** *(unità)* subject; ***lo studio è stato condotto su una popolazione di cento -i*** the study covered a group of one hundred subjects.

indivisibile /indivi'zibile/ agg. **1** indivisible, unseparable; ***essere ~ da*** to be indivisible *o* inseparable from **2** MAT. FIS. [*entità*] indivisible.

indivisibilità /indivizibili'ta/ f.inv. indivisibility.

indiviso /indi'vizo/ agg. **1** *(che non è diviso)* undivided, joint; ***proprietà -a*** joint *o* common ownership **2** BOT. [*stelo, tronco*] excurrent.

indiziare /indit'tsjare/ [1] tr. to put* under investigation, to name as a suspect.

indiziario, pl. **-ri**, **-rie** /indit'tsjarjo, ri, rje/ agg. DIR. [*prova*] circumstantial; ***processo ~*** trial based on circumstantial evidence.

indiziato /indit'tsjato/ **I** p.pass. → **indiziare II** agg. under investigation; ***arrestare qcn. perché ~ di qcs.*** to arrest sb. on suspicion of sth. **III** m. (f. **-a**) suspect; ***portare alla centrale un ~ per l'interrogatorio*** to bring a suspect in for questioning.

indizio, pl. **-zi** /in'dittsjo, tsi/ m. **1** *(segnale)* clue, intimation, pointer; ***ti do un ~*** I'll give you a clue; ***non mi ha dato alcun ~ che stava partendo*** she gave me no intimation that she was leaving; ***lasciò dietro di sé una serie di -zi*** he left a trail of clues behind him **2** *(in un'inchiesta)* clue; ***raccogliere -zi*** to collect clues; ***non abbiamo alcun ~ su cui lavorare*** we've got no clues to work on; ***questo non fornì loro alcun ~ sul movente*** this gave them no clue as to his motives.

indizione /indit'tsjone/ f. **1** *(di assemblea, gara, elezioni)* calling **2** STOR. indiction.

Indo /'indo/ n.pr.m. Indus.

indoario, pl. **-ri**, **-rie** /indo'arjo, ri, rje/ **I** agg. Indo-Aryan **II** m. Indo-Aryan.

indocile /in'dɔtʃile/ agg. [*persona, animale*] indocile, intractable, unmanageable.

indocilità /indotʃili'ta/ f.inv. indocility.

Indocina /indo'tʃina/ n.pr.f. Indochina.

indocinese /indotʃi'nese/ **I** agg. Indochinese **II** m. e f. Indochinese.

indoeuropeistica /indoeurope'istika/ f. Indo-European studies pl.

indoeuropeo /indoeuro'pɛo/ **I** agg. Indo-European **II** m. Indo-European.

indogermanico, pl. **-ci**, **-che** /indodʒer'maniko, tʃi, ke/ **I** agg. Indo-Germanic **II** m. Indo-Germanic.

indole /'indole/ f. disposition, temperament, turn of mind; ***d'~ buona*** [*persona*] good-natured, good-tempered; ***essere di ~ nervosa*** to be of a nervous disposition.

indolente /indo'lɛnte/ agg. **1** [*persona*] idle, indolent, shiftless, sluggish; [*lavoratore, studente*] slack, lazy; [*sbadiglio, sorriso*] lazy **2** MED. indolent.

indolentemente /indolente'mente/ avv. indolently, idly, shiftlessly.

indolenza /indo'lɛntsa/ f. indolence, listlessness, shiftlessness, slackness.

indolenzimento /indolentsi'mento/ m. soreness, ache.

indolenzire /indolen'tsire/ [102] **I** tr. to make* sore **II indolenzirsi** pronom. to become* sore; ***mi si è indolenzita una gamba*** my leg has started aching.

indolenzito /indolen'tsito/ **I** p.pass. → **indolenzire II** agg. aching, sore; ***avere le gambe -e*** to have aches in one's legs; ***essere tutto ~*** to ache all over; ***essere ~ dalla ginnastica*** to be sore from exercise.

indolo /in'dɔlo/ m. indol.

indolore /indo'lore/ agg. [*iniezione, operazione, morte*] painless; ***facciamo una cosa rapida e ~!*** let's keep it short and sweet!

indomabile /indo'mabile/ agg. **1** [*animale*] tameless, unmanageable, untamable; ***essere ~*** [*cavallo*] to be a handful **2** FIG. [*spirito, volontà*] indomitable.

indomabilmente /indomabil'mente/ avv. indomitably.

▷ **indomani** /indo'mani/ m.inv. ***l'~*** the day after, the following day, the next day; ***all'~ del suo arrivo*** the day after his arrival *o* after he arrived; ***l'~ mattina, sera*** the next morning, evening; ***rimandare qcs. all'~*** to postpone sth. until the next day *o* to the day after.

indomitamente /indomita'mente/ avv. indomitably.

indomito /in'domito/ agg. [*coraggio, passione, persona*] invincible, unsubduable.

Indonesia /indo'nɛzia/ ➧ ***33*** n.pr.f. Indonesia.

indonesiano /indone'ziano/ ➧ ***25, 16*** **I** agg. Indonesian **II** m. **1** *(persona)* Indonesian **2** *(lingua)* Indonesian.

indoor /in'dɔr/ agg.inv. [*competizione, sport*] indoor.

indoramento /indora'mento/ m. gilding.

indorare /indo'rare/ [1] **I** tr. **1** to gild (anche FIG.) **2** GASTR. *(con l'uovo)* to coat **II indorarsi** pronom. to turn* gold, to become* gold-coloured ◆ ***~ la pillola*** to sugar *o* sweeten *o* gild the pill.

indoratura /indora'tura/ f. gilding, gilt.

indossabile /indos'sabile/ agg. wearable.

▶ **indossare** /indos'sare/ [1] tr. **1** *(infilarsi)* to put* on [*cappello, vestito*]; to buckle on [*armatura*] **2** *(avere indosso)* to have* on, to wear*; ***~ un vestito, un'uniforme*** to dress in a suit, uniform; ***~ un cappotto*** to have a coat on, to be wearing a coat.

indossatore /indossa'tore/ ➧ ***18*** m. **1** *(nella moda)* (male) model **2** *(mobile)* valet (stand) AE.

indossatrice /indossa'tritʃe/ ➧ ***18*** f. (catwalk) model, mannequin; ***fare l'~*** to model, to take up modelling; ***hai già lavorato come ~?*** have you done any modelling?

indosso /in'dɔsso/ avv. → **addosso**.

Indostan /indos'tan/ ➧ ***30*** n.pr.m. Hindustan.

indostano /indos'tano/ ➧ ***30, 16*** **I** agg. Hindustani **II** m. (f. **-a**) **1** *(persona)* Hindustani **2** *(lingua)* Hindustani.

indotto /in'dotto/ **I** p.pass. → **indurre II** agg. **1** EL. ***corrente -a*** induction current **2** ECON. ***consumo ~*** induced consumption **3** MED. ***travaglio ~*** induced labour **4** FIG. *(provocato, spinto)* induced; ***~ dalla droga, dallo stress*** drug-induced, stress-induced; ***gusti -i dalla televisione*** tastes formed by television; ***~ a credere che*** led to believe that **III** m. **1** EL. *(circuito)* armature **2** ECON. satellite industries; ***le imprese dell'~, l'~ automobilistico*** satellite car industries.

indottrinamento /indottrina'mento/ m. indoctrination.

indottrinare /indottri'nare/ [1] tr. to indoctrinate; ***~ qcn. in qcs.*** to indoctrinate sb. with sth.

indovinabile /indovi'nabile/ agg. guessable.

indovina /indo'vina/ f. wise woman*, diviner, fortune-teller, predictor.

▷ **indovinare** /indovi'nare/ [1] tr. **1** *(arrivare a conoscere, immaginare)* to guess [*nome, risposta*]; to second-guess COLLOQ. [*pensieri*]; ***~ giusto, sbagliato*** to guess right, wrong; ***~ l'età di qcn.*** to guess sb.'s age; ***indovina!*** guess! ***indovina chi!*** guess who! ***indovina chi ho visto ieri?*** who do you suppose I saw yesterday? ***indovina chi è tornato?*** guess who's back in town? ***non indovinerai mai che cosa è successo!*** you'll never guess what has happened! ***cercare di ~ qcs.*** to have *o* make *o* take a guess at sth.; ***tirare a ~*** to take a leap, to shot in the dark, to hazard a guess; ***stai tirando a ~!*** you're just guessing! ***"come facevi a saperlo?" - "ho tirato a ~"*** "how did you know?" - "just a lucky guess"; ***indovina (un po')! Ho vinto un premio!*** guess what!I've won a prize! **2** *(azzeccare)* to hit* the mark; ***~ i gusti di qcn.*** to divine sb.'s tastes; ***ci hai proprio indovinato!*** you've hit the nail on the head! ***ha proprio indovinato ad aprire un ristorante lì!*** he really backed a winner *o* he really hit it when he opened a restaurant there! **3** *(prevedere)* to sense, to tell*; ***~ come, dove*** to sense where, how; ***non riesci a ~ quali note vengono dopo?*** can't you feel which notes come next? ◆ ***chi l'indovina è bravo!*** it's anybody's guess! ***indovinala, grillo!*** = your guess is as good as mine; ***non ne indovina una!*** he never gets it right! he's always wide of the mark!

indovinato /indovi'nato/ **I** p.pass. → **indovinare II** agg. *(azzeccato)* successful, happy, well-chosen; [*risposta*] bang-on BE.

▷ **indovinello** /indovi'nɛllo/ m. riddle, conundrum; ***fare un ~ a qcn.*** to ask *o* tell sb. a riddle; ***risolvere -i*** to riddle ◆ ***indovina ~!*** it's anybody's guess!

indovino /indo'vino/ m. diviner, fortune-teller, predictor; ***non sono un ~!*** I'm not a prophet! ***devi essere un ~!*** you must be psychic!

indù /in'du/ **I** agg.inv. Hindu **II** m. e f.inv. Hindu.

indubbiamente /indubbja'mente/ avv. decidedly, doubtless, undoubtedly, unmistakably.

indubbio, pl. **-bi, -bie** /in'dubbjo, bi, bje/ agg. decided, undoubted, unmistakable.

indubitabile /indubi'tabile/ agg. indubitable, undoubtable.

indubitabilità /indubitabili'ta/ f.inv. indubitableness.

indubitabilmente /indubitabil'mente/ avv. indubitably.

indubitato /indubi'tato/ agg. undoubted.

indugiare /indu'dʒare/ [1] **I** intr. (aus. *avere*) [*persona*] to dally , to delay, to linger, to pause (**su** over); [*sorriso*] to hover; [*occhi, sguardo*] to linger; ***~ su*** to linger over [*pasto, bevanda*]; ***~ a fare qcs.*** to hesitate before doing sth.; ***indugiò a prendere la decisione*** he put off taking the decision; ***~ nella risposta*** to delay in answering; ***senza ~*** without hesitation *o* delay **II indugiarsi** pronom. to linger; ***-rsi con qcn.*** to linger (on) with sb.

indugio, pl. **-gi** /in'dudʒo, dʒi/ m. delay, tardiness; ***dopo molti -gi*** after much hesitation; ***senza ~*** quickly; ***senza ulteriori -gi*** without more *o* further ado *o* delay ◆ ***rompere gli -gi*** to take the plunge.

induismo /indu'izmo/ m. Hinduism.

induista, m.pl. **-i**, f.pl. **-e** /indu'ista/ **I** agg. Hindu **II** m. e f. Hindu.

induistico, pl. **-ci, -che** /indu'istiko, tʃi, ke/ agg. Hindu.

indulgente /indul'dʒɛnte/ agg. [*persona*] easygoing, forgiving, indulgent; [*istituzione*] lenient (**con** with; **verso** towards); [*legge, punto di vista*] permissive; ***~ con se stesso*** self-indulgent; ***con aria ~*** [*sorridere*] tolerantly, indulgently; ***mostrarsi ~*** [*giudice*] to show leniency; ***essere molto ~*** to be full of forgiveness, to be understanding; ***essere troppo -i*** to be overindulgent *o* too soft.

indulgenza /indul'dʒɛntsa/ f. **1** forgiveness, lenience, forbearance FORM. (**verso** towards; **per** for); ***eccessiva ~*** overindulgence **2** RELIG. indulgence, pardon; ***~ plenaria*** plenary indulgence; ***venditore di -e*** STOR. pardoner.

indulgere /in'duldʒere/ [57] intr. (aus. *avere*) ***~ a*** to comply with; ***~ ai desideri di qcn.*** to comply with sb.'s wishes; ***~ al vizio dell'alcol*** to overindulge in drink.

indulto /in'dulto/ m. **1** DIR. pardon **2** RELIG. indult.

indumento /indu'mento/ m. garment, piece of clothing; ***-i*** clothes; ***~ intimo*** undergarment; ***-i estivi*** summer clothes; ***-i intimi*** underclothes, underwear; ***-i invernali*** winter clothes.

indurente /indu'rɛnte/ **I** agg. hardening **II** m. hardener.

indurimento /induri'mento/ m. **1** *(di argilla, cemento, colla)* hardening **2** *(insensibilità) (di persona)* hardening **3** MED. *(di organo)* induration.

indurire /indu'rire/ [102] **I** tr. **1** *(rendere duro)* [*siccità, freddo*] to harden [*suolo*] **2** FIG. *(rendere insensibile)* to harden, to toughen (up) [*persona*] **II** intr. (aus. *essere*) [*argilla, pane*] to harden **III indurirsi** pronom. **1** [*colla, argilla*] to harden, to go* hard, to grow* hard, to become* hard; [*cemento*] to set* (hard) **2** FIG. [*persona*] to harden, to become* callous; ***a queste parole il suo viso si indurì*** at these words his face hardened.

indurito /indu'rito/ **I** p.pass. → **indurire II** agg. **1** *(diventato duro)* [*materiale*] hard, hardened **2** FIG. [*persona*] hardbitten, hardboiled.

▷ **indurre** /in'durre/ [13] **I** tr. **1** *(incitare)* to induce, to prompt, to persuade (**a fare** to do); ***~ qcn. a credere, sperare che*** to lead sb. to believe, hope that; ***~ qcn. in tentazione*** to put temptation in sb.'s way, to expose sb. to temptation; ***non ci ~ in tentazione*** RELIG. don't lead us into temptation; ***~ qcn. in errore*** to misguide sb. **2** *(provocare)* ***"può ~ sonnolenza"*** "may cause drowsiness"; ***~ il***

travaglio MED. to induce labour **3** FILOS. to induce, to infer (**da** from) **4** EL. to induce [*corrente*] **II indursi** pronom. to resolve, to make* up one's mind.

indusio, pl. **-si** /in'duzjo, zi/ m. BOT. indusium*.

▶ **industria** /in'dustrja/ f. **1** *(attività, settore)* industry; ***sviluppare, rilanciare l'~*** to develop, boost industry; ***piccola, media ~*** small, medium-sized industry; ***grande ~*** big industries, big business; ***capitano d'~*** captain of industry; ***gigante dell'~*** industrial giant **2** *(azienda)* factory, works pl. **3** ANT. *(operosità)* industry, diligence ◆◆ ***~ aeronautica*** aviation industry; ***~ alimentare*** food industry; ***~ automobilistica*** car *o* motor industry; ***~ di base*** basic industry; ***~ bellica*** armament industry; ***~ casearia*** dairying, dairy farming; ***~ chimica*** chemical industry; ***~ cinematografica*** film industry; ***~ del crimine*** criminal activity; ***~ farmaceutica*** drug *o* pharmaceutical industry; ***~ leggera*** light industry; ***~ meccanica*** engineering industry; ***~ mineraria*** mining industry; ***~ pesante*** heavy industry; ***~ petrolifera*** oil industry; ***~ siderurgica*** steel industry; ***~ dello spettacolo*** show business; ***~ tessile*** textile industry; ***-e di trasformazione*** processing industries.

▶ **industriale** /indus'trjale/ **I** agg. [*città, zona, paese*] industrial; ***complesso, stabilimento ~*** manufacturing facility *o* plant; ***produzione ~*** industrial *o* manufacturing output; ***spionaggio ~*** industrial espionage; ***rivoluzione ~*** Industrial Revolution; ***in quantità ~*** SCHERZ. in vast *o* huge amounts **II** ♦ ***18*** m. e f. industrialist, manufacturer; ***grande ~*** industrial baron, big time industrialist.

industrialismo /industrja'lizmo/ m. industrialism.

industrializzare /industrjalid'dzare/ [1] **I** tr. to industrialize **II industrializzarsi** pronom. to become* industrialized.

industrializzato /industrjalid'dzato/ **I** p.pass. → **industrializzare II** agg. ***paesi -i*** industrialized *o* industrial countries.

industrializzazione /industrjaliddzat'tsjone/ f. industrialization.

industrialmente /industrjal'mente/ avv. [*fabbricare, produrre*] industrially.

industriarsi /indus'trjarsi/ [1] pronom. to do* one's best, to try hard, to strive* (**per** to); ***si industriò per trovare un lavoro*** he did all he could to find a job.

industriosamente /industrjosa'mente/ avv. industriously.

industriosità /industrjosi'ta/ f.inv. industriousness, industry.

industrioso /indus'trjoso/ agg. [*uomo, api, formiche*] industrious, hard-working.

induttanza /indut'tantsa/ f. inductance.

induttivamente /induttiva'mente/ avv. inductively.

induttività /induttivi'ta/ f.inv. inductiveness.

induttivo /indut'tivo/ agg. **1** [*procedimento, ragionamento*] inductive **2** EL. inductive.

induttore /indut'tore/ m. inductor.

induzione /indut'tsjone/ f. FILOS. EL. induction; ***per ~*** by induction; ***bobina d'~*** induction coil.

inebbriare /inebbri'are/ ANT. → **inebriare.**

inebetire /inebe'tire/ [102] **I** tr. **1** *(incretinire)* to hebetate, to make* stupid **2** *(stordire)* to stun **II inebetirsi** pronom. to hebetate, to become* stupid.

inebetito /inebe'tito/ **I** p.pass. → **inebetire II** agg. *(stordito)* dazed, stunned, stupefied; ***la guardava con uno sguardo ~*** he stared at her stupidly.

inebriamento /inebria'mento/ m. inebriation, inebriety, intoxication.

inebriante /inebri'ante/ agg. [*profumo, odore*] intoxicating, heady; [*vino*] heady; ***musica ~*** FIG. stirring *o* moving music.

inebriare /inebri'are/ [1] **I** tr. **1** *(ubriacare)* [*alcol*] to intoxicate, to inebriate, to make* drunk **2** FIG. *(esaltare)* [*potere, successo*] to intoxicate; ***lasciarsi ~*** to get carried away **II inebriarsi** pronom. **1** *(ubriacarsi)* to get* drunk **2** FIG. *(esaltarsi)* to become* intoxicated, to go* into raptures.

ineccepibile /inettʃe'pibile/ agg. *(irreprensibile)* [*persona*] irreproachable; [*comportamento, condotta*] unobjectionable, impeccable, perfect; [*vita*] exemplary, blameless; [*maniere*] faultless, impeccable; *(irrefutabile)* [*argomentazione*] irrefutable, compelling.

ineccepibilità /inettʃepibili'ta/ f.inv. irreproachability, exemplariness.

ineccepibilmente /inettʃepibil'mente/ avv. exemplarily.

inedia /i'nɛdja/ f. starvation, inanition; ***morire d'~*** to starve to death, to die of starvation.

inedificabile /inedifi'kabile/ agg. [*terreno, zona*] = where building is not permitted.

inedito /i'nɛdito/ **I** agg. **1** *(mai pubblicato)* [*libro, opera, traduzione*] unpublished, unprinted, inedited **2** FIG. *(insolito)* [*accostamento di colori*] original, uncommon **II** m. *(opera)* unpublished work.

ineducabile /inedu'kabile/ agg. ineducable.

ineducatamente /inedukata'mente/ avv. impolitely.

ineducato /inedu'kato/ agg. **1** *(senza educazione)* unlearned, unrefined **2** *(maleducato)* impolite, bad-mannered, rude.

ineducazione /inedukat'tsjone/ f. **1** *(mancanza di educazione)* unlearnedness **2** *(maleducazione)* impoliteness, rudeness.

ineffabile /inef'fabile/ agg. **1** *(inesprimibile)* [*gioia, felicità, sensazione*] ineffable, unutterable, inexpressible, unspeakable **2** SCHERZ. *(impareggiabile)* [*persona*] incomparable.

ineffabilità /ineffabili'ta/ f.inv. ineffability.

ineffabilmente /ineffabil'mente/ avv. ineffably.

ineffettuabile /ineffettu'abile/ agg. [*progetto*] impracticable, unfeasible, unrealizable.

ineffettuabilità /ineffettuabili'ta/ f.inv. impracticability, unfeasibility.

▷ **inefficace** /ineffi'katʃe/ agg. [*provvedimento, metodo, sistema*] ineffective, ineffectual, inefficacious; [*cura*] noneffective.

inefficacia /ineffi'katʃa/ f. ineffectiveness, ineffectualness, inefficaciousness.

inefficiente /ineffi'tʃɛnte/ agg. [*servizio*] inefficient; [*apparecchio*] inefficient, inoperative; [*lavoratore*] ineffective, inefficient, ineffectual.

inefficienza /ineffi'tʃɛntsa/ f. inefficiency, ineffectiveness.

ineguagliabile /inegwaʎ'ʎabile/ agg. matchless, incomparable, beyond compare.

ineguaglianza /inegwaʎ'ʎantsa/ f. **1** *(disparità)* inequality **2** *(irregolarità) (di una superficie)* irregularity, unevenness.

ineguagliato /inegwaʎ'ʎato/ agg. unequalled BE, unequaled AE, unmatched.

ineguale /ine'gwale/ agg. **1** *(differente)* [*forze*] uneven, unequal **2** *(discontinuo)* changeable, inconstant, uneven **3** *(irregolare)* ***polso ~*** irregular pulse **4** *(non uniforme)* [*superficie*] irregular, uneven, rough.

inelasticità /inelastitʃi'ta/ f.inv. inelasticity, rigidity.

inelastico, pl. **-ci, -che** /ine'lastiko, tʃi, ke/ agg. inelastic (anche FIS.).

inelegante /inele'gante/ agg. **1** *(mal vestito)* inelegant, not elegant **2** *(rozzo)* inelegant, unpolished, coarse.

inelegantemente /inelegante'mente/ avv. inelegantly.

ineleganza /inele'gantsa/ f. inelegance, inelegancy, lack of elegance.

ineleggibile /ineled'dʒibile/ agg. ineligible.

ineleggibilità /ineleddʒibili'ta/ f.inv. ineligibility.

ineludibile /inelu'dibile/ agg. unavoidable, unescapable.

ineluttabile /inelut'tabile/ agg. ineluctable, inescapable, inevitable.

ineluttabilità /ineluttabili'ta/ f.inv. ineluctability, inevitability.

ineluttabilmente /ineluttabil'mente/ avv. inevitably.

inemendabile /inemen'dabile/ agg. [*difetto*] incorrigible; [*testo*] unamendable.

inenarrabile /inenar'rabile/ agg. inenarrable, unmentionable, unspeakable.

inequivocabile /inekwivo'kabile/ agg. unmistakable, unambiguous; [*atteggiamento, risposta, sostegno*] unequivocal; ***in modo ~*** unequivocally.

inequivocabilmente /inekwivokabil'mente/ avv. unequivocally, unambiguously.

inerente /ine'rɛnte/ agg. inherent (**a** in); connected (**a** with); intrinsic (**a** to); ***le limitazioni -i a*** the inherent limitations of.

inerenza /ine'rɛntsa/ f. inherence.

inerire /ine'rire/ [102] intr. (forms not attested: past participle and compound tenses) to inhere, to be* inherent (**a** in); to pertain (**a** to); ***~ alla natura umana*** to be inherent in human nature.

inerme /i'nɛrme/ agg. *(disarmato)* unarmed; *(indifeso)* defenceless BE, defenseless AE.

inerpicarsi /inerpi'karsi/ [1] pronom. **1** to clamber (**su** over, up); to scramble (**su** up); ***ci siamo inerpicati su per la collina*** we slogged up the hill **2** *(salire ripidamente)* [*strada, sentiero*] to climb, to slope up.

▷ **inerte** /i'nɛrte/ agg. **1** *(pigro)* [*persona*] inactive, indolent, idle **2** *(immobile)* [*corpo, persona*] motionless, still, immobile **3** FIS. CHIM. [*gas, sostanza*] inert.

▷ **inerzia** /i'nɛrtsja/ f. **1** FIS. CHIM. inertia; ***forza d'~*** inertial force **2** *(passività)* inertia, inertness, inactivity; ***scuotere qcn. dal suo stato di ~*** to force sb. out of his apathy ◆ ***per forza d'~*** *(per abitudine)* by force of habit.

inerziale /iner'tsjale/ agg. FIS. MAR. inertial.
inesattamente /inezatta'mente/ avv. inexactly.
inesattezza /inezat'tettsa/ f. 1 *(l'essere inesatto)* inexactitude, inexactness, inaccuracy 2 *(imprecisione)* inaccuracy, imprecision; ***il testo contiene varie -e*** the text contains several inaccuracies.
1.inesatto /ine'zatto/ agg. *(non giusto)* [*cifra, analisi, informazione*] inaccurate, incorrect, inexact; ***sarebbe ~ dire ciò*** it would be inaccurate to say so.
2.inesatto /ine'zatto/ agg. *(non riscosso)* [*tasse*] uncollected.
inesaudibile /inezau'dibile/ agg. = that cannot be fulfilled, granted.
inesaudito /inezau'dito/ agg. [*desiderio*] unfulfilled; [*preghiera*] unheard.
inesauribile /inezau'ribile/ agg. [*risorsa, ricchezza*] inexhaustible, endless, unfailing; FIG. [*pazienza*] endless; [*bontà*] unfailing.
inesauribilità /inezauribili'ta/ f.inv. inexhaustibility, inexhaustibleness.
inesauribilmente /inezauribil'mente/ avv. inexhaustibly.
inesausto /ine'zausto/ agg. unexhausted.
inescusabile /inesku'zabile/ agg. [*errore, atto, comportamento*] inexcusable.
ineseguibile /ineze'gwibile/ agg. [*piano, progetto*] impracticable, unfeasible.
inesigibile /inezi'dʒibile/ agg. uncollectable; [*debito*] irrecoverable.
inesigibilità /inezidʒibili'ta/ f.inv. irrevocableness.
inesistente /inezis'tɛnte/ agg. 1 [*controllo, mezzi, aiuto*] nonexistent, inexistent ANT. 2 *(privo di consistenza)* ***la trama era ~!*** there was no story!
inesistenza /inezis'tɛntsa/ f. nonexistence, inexistence RAR.
inesorabile /inezo'rabile/ agg. 1 *(implacabile)* [*tiranno, giudice*] inexorable, implacable, inflexible 2 *(ineluttabile)* [*destino*] inexorable, inescapable; [*progresso*] relentless, remorseless.
inesorabilità /inezorabili'ta/ f.inv. 1 *(implacabilità)* inexorability, inexorableness, implacability 2 *(ineluttabilità)* inexorability, inexorableness, relentlessness.
inesorabilmente /inezorabil'mente/ avv. 1 *(implacabilmente)* inexorably, implacably 2 *(ineluttabilmente)* [*avanzare*] inexorably, relentlessly.
▷ **inesperienza** /inespe'rjɛntsa/ f. inexperience.
▷ **inesperto** /ines'pɛrto/ agg. 1 *(senza esperienza)* inexperienced, unexperienced, raw 2 *(principiante)* [*persona*] inexpert, unskilful BE, unskillful AE, unpractised BE, unpracticed AE; [*mano, occhio*] untrained, inexpert.
inespiabile /inespi'abile/ agg. [*colpa*] inexpiable.
inespiato /inespi'ato/ agg. [*colpa*] unatoned.
inesplicabile /inespli'kabile/ agg. [*fenomeno, mistero*] inexplicable, unexplainable, unaccountable.
inesplicabilità /inesplikabili'ta/ f.inv. inexplicability, unaccountability, unaccountableness.
inesplicabilmente /inesplikabil'mente/ avv. inexplicably, unaccountably.
inesplicato /inespli'kato/ agg. unexplained.
inesplorabile /inesplo'rabile/ agg. 1 [*territorio*] impenetrable, that cannot be explored 2 FIG. [*mistero*] unfathomable, impenetrable.
inesplorato /inesplo'rato/ agg. [*territorio*] unexplored, not explored, untrodden; [*mare*] uncharted.
inesploso /ines'plɔzo/ agg. [*bomba*] unexploded, live.
inespressivamente /inespressiva'mente/ avv. [*guardare, fissare*] inexpressively, blankly.
inespressività /inespressivi'ta/ f.inv. 1 *(di viso, sguardo)* inexpressiveness, blankness 2 *(di stile)* flatness, dullness.
inespressivo /inespres'sivo/ agg. 1 [*viso, sguardo*] inexpressive, expressionless, unexpressive, blank 2 *(non incisivo)* [*stile*] flat, dull.
inespresso /ines'prɛsso/ agg. [*desiderio*] unspoken; [*sentimento*] unexpressed, undeclared.
inesprimibile /inespri'mibile/ agg. 1 *(indescrivibile)* [*dolore, gioia*] inexpressible, ineffable, unutterable 2 *(vago)* [*sentimento*] indefinite, vague.
inespugnabile /inespuɲ'ɲabile/ agg. 1 [*fortezza*] impregnable 2 FIG. *(incorruttibile)* incorruptible.
inespugnabilità /inespuɲɲabili'ta/ f.inv. 1 *(di fortezza)* impregnability 2 FIG. *(incorruttibilità)* incorruptibility.
inessenziale /inessen'tsjale/ agg. unessential.
inestensibile /inesten'sibile/ agg. inextensible.
inestetismo /ineste'tizmo/ m. *(della pelle, del viso)* imperfection, blemish.
inestimabile /inesti'mabile/ agg. [*fortuna, valore*] inestimable; [*quadro, gioiello*] invaluable, priceless.
inestimabilmente /inestimabil'mente/ avv. inestimably, invaluably.
inestinguibile /inestin'gwibile/ agg. 1 [*fuoco, incendio*] inextinguishable, unextinguishable, unquenchable; FIG. [*sete*] unquenchable 2 FIG. *(eterno)* [*passione, amore*] eternal, undying.
inestinguibilmente /inestingwibil'mente/ avv. unextinguishably.
inestinto /ines'tinto/ agg. LETT. unextinguished, unquenched.
inestirpabile /inestir'pabile/ agg. ineradicable (anche FIG.).
inestricabile /inestri'kabile/ agg. inextricable (anche FIG.).
inestricabilmente /inestrikabil'mente/ avv. inextricably (anche FIG.).
inettitudine /inetti'tudine/ f. 1 *(mancanza di attitudine)* ineptitude, ineptness, lack of aptitude 2 *(incapacità)* ineptitude, ineptness, incompetence, incapacity.
inetto /i'nɛtto/ **I** agg. 1 *(inadatto)* unfit, unsuited 2 *(incompetente)* [*operaio, impiegato*] incompetent, incapable 3 *(buono a nulla)* inept, good-for-nothing **II** m. (f. **-a**) incompetent, good-for-nothing.
inevaso /ine'vazo/ agg. [*posta*] outstanding, unanswered; ***un cumulo di ordinativi -i*** a backlog of orders.
▷ **inevitabile** /inevi'tabile/ **I** agg. inevitable, unavoidable; ***era ~ che facesse*** it was inevitable that he should do; ***è ~ che io venga trattenuto*** I shall be inevitably detained; ***è ~!*** it can't be helped! **II** m. inevitable; ***è accaduto l'~*** the inevitable happened.
inevitabilità /inevitabili'ta/ f.inv. inevitability, inevitableness, unavoidableness.
inevitabilmente /inevitabil'mente/ avv. inevitably.
in extremis /ineks'trɛmis/ avv. 1 *(all'ultimo momento)* in extremis; ***salvare qcs. ~*** to save sth. in extremity 2 *(in punto di morte)* in extremis, at the point of death.
inezia /i'nɛttsja/ f. trifle, mere nothing, bagatelle; ***essere un'~*** to be an irrelevance; ***litigare per un'~*** to get angry for the slightest thing; ***costare un'~*** to cost a trifle *o* virtually nothing.
infagottare /infagot'tare/ [1] **I** tr. 1 *(imbacuccare)* to muffle, to wrap up, to bundle up; ***infagottato contro il freddo*** well wrapped up against the cold 2 *(rendere goffo)* ***questo cappotto ti infagotta*** this coat makes you look dowdy **II infagottarsi** pronom. 1 *(imbacuccarsi)* to wrap up 2 *(vestirsi in modo goffo)* to dress badly, awkwardly.
infallibile /infal'libile/ agg. 1 *(che non sbaglia)* [*persona*] infallible, unerring 2 *(molto preciso)* [*mira*] unerring 3 *(sicuro)* [*metodo, sistema*] foolproof; ***un rimedio ~*** a golden remedy.
infallibilità /infallibili'ta/ f.inv. infallibility.
infallibilmente /infallibil'mente/ avv. infallibly, unerringly.
infamante /infa'mante/ agg. 1 [*accusa, comportamento*] defamatory, slanderous 2 STOR. ***pena ~*** ignominious punishment.
infamare /infa'mare/ [1] **I** tr. to defame, to disgrace [*nome*]; to dishonour BE, to dishonor AE [*memoria*] **II infamarsi** pronom. to disgrace oneself, to dishonour oneself BE, to dishonor oneself AE.
infamatorio, pl. **-ri**, **-rie** /infama'tɔrjo, ri, rje/ agg. → **infamante.**
▷ **infame** /in'fame/ **I** agg. 1 *(pessimo)* [*cibo, tempo*] abominable, dreadful, rotten 2 *(ignobile)* [*individuo*] infamous, foul; [*comportamento*] disgraceful; [*crimine*] infamous, ugly, foul **II** m. e f. villain, wicked person.
infamia /in'famja/ f. 1 *(disonore)* infamy, disgrace, disgracefulness; ***coprirsi d'~*** to disgrace oneself 2 *(azione infame)* disgraceful act, act of infamy ◆ ***senza ~ e senza lode*** without praise or blame.
infangare /infan'gare/ [1] **I** tr. 1 *(sporcare di fango)* to splatter with mud, to muddy, to mire 2 FIG. to taint, to disgrace, to smirch [*memoria, reputazione*] **II infangarsi** pronom. 1 *(sporcarsi)* to get* muddy 2 FIG. to disgrace oneself, to dishonour oneself BE, to dishonor oneself AE.
infanta /in'fanta/ f. *(in Spagna e Portogallo)* infanta.
1.infante /in'fante/ m. e f. ANT. infant, baby.
2.infante /in'fante/ m. *(in Spagna e Portogallo)* infante.
infanticida, m.pl. **-i**, f.pl. **-e** /infanti'tʃida/ m. e f. infanticide.
infanticidio, pl. **-di** /infanti'tʃidjo, di/ m. infanticide.
▷ **infantile** /infan'tile/ agg. 1 *(relativo ai bambini)* infantile, infant; ***malattia ~*** childhood *o* pediatric illness, infant disease; ***mortalità ~*** infant mortality; ***psicologia ~*** child psychology; ***asilo ~*** nursery school, kindergarten; ***linguaggio ~*** baby talk 2 *(puerile)* childish, babyish, infantile.
infantilismo /infanti'lizmo/ ▸ 7 m. infantilism (anche MED. PSIC.).
▶ **infanzia** /in'fantsja/ f. 1 *(periodo)* childhood; ***prima ~*** babyhood, infancy; ***nella prima ~*** in early childhood; ***ricordi d'~*** childhood memories; ***sin dall'~*** from (one's) infancy 2 *(bambini)* children pl.; ***~ abbandonata*** abandoned children; ***istituto per l'~ abbandonata***

children's home; ***letteratura per l'~*** children's fiction; ***giardino d'~*** kindergarten, nursery school **3** *(inizio)* infancy, beginnings pl.

infarcire /infar'tʃire/ [102] tr. **1** GASTR. to stuff [*carne, pesce*] **2** FIG. *(inzeppare)* to cram (**di** with); ***~ un discorso di citazioni*** to lard *o* sprinkle *o* pad out a speech with quotations.

infarinare /infari'nare/ [1] **I** tr. **1** *(passare nella farina)* to flour [*pesce*] **2** *(cospargere con farina)* to flour, to dredge with flour [*teglia*] **3** FIG. *(imbiancare)* to whiten, to dust; ***la neve ha infarinato i tetti*** roofs are powdered with snow **II infarinarsi** pronom. to get* covered with flour ◆ ***chi va al mulino s'infarina*** PROV. he that touches pitch shall be defiled.

infarinatura /infarina'tura/ f. **1** flouring **2** FIG. *(conoscenza superficiale)* smattering; ***avere un'~ di inglese*** to have a smattering of English.

▷ **infarto** /in'farto/ m. **1** MED. infarct, infarction; ***avere un ~*** to have a heart attack **2** COLLOQ. FIG. *(colpo)* ***a momenti mi facevi venire un ~*** you nearly gave me a heart attack.

infartuale /infartu'ale/ agg. infarction attrib.

infartuato /infartu'ato/ m. (f. **-a**) heart attack patient.

infastidire /infasti'dire/ [102] **I** tr. **1** [*fumo, rumore, luce*] to annoy [*persona*]; [*persona*] to annoy, to bother, to worry, to vex; [*insetto*] to pester [*persona, animale*]; ***~ qcn. con*** to bother sb. with [*domande, richieste*]; ***mi infastidisce che*** I find it galling that **2** *(importunare)* to annoy, to molest FORM. [*donna*] **II infastidirsi** pronom. to get* annoyed (**per** at); ***si infastidisce per ogni sciocchezza*** the least thing annoys him.

infaticabile /infati'kabile/ agg. [*lavoratore, studente*] tireless, indefatigable, untiring.

infaticabilità /infatikabili'ta/ f.inv. tirelessness, indefatigability.

infaticabilmente /infatikabil'mente/ avv. tirelessly, indefatigably, untiringly.

▶ **infatti** /in'fatti/ **I** cong. **1** *(tanto è vero che)* indeed; ***non sono contrario all'uso delle armi; ~, voglio diventare un militare*** I'm not against weapons; indeed *o* in fact, I want to be a soldier **2** *(effettivamente)* as a matter of fact, sure enough; ***mi aspettavo dei problemi, e ~ la macchina si è rotta*** I expected there would be some problems, and sure enough the car broke down; ***dissi che sarebbe arrivato in ritardo e ~ fu proprio così!*** I said he'd be late and sure enough he was! **II** avv. *(come risposta)* that's right, exactly; ***"Non ha nessuna possibilità" "Infatti"*** "He doesn't have a chance" "No, he doesn't"*o* "Exactly"; ***"Sei rimasto deluso, vero?" "Infatti"*** "You were disappointed, weren't you?" "Yes, I was".

infatuare /infatu'are/ [1] **I** tr. to infatuate **II infatuarsi** pronom. *(invaghirsi)* to become* infatuated (**di qcn., qcs.** with sb., sth.); to develop an infatuation (**di qcn.** for sb.).

infatuato /infatu'ato/ **I** p.pass. → **infatuare II** agg. infatuated (**di** with).

infatuazione /infatuat'tsjone/ f. infatuation (**per** with); ***prendere un'~ per qcn.*** to become infatuated with sb.; ***un'~ passeggera*** a passing infatuation.

infausto /in'fausto/ agg. [*presagio, giorno*] inauspicious, unlucky, ill-omened.

infecondità /infekondi'ta/ f.inv. *(di donna)* infecundity, infertility, sterility, barrenness ANT.; *(di terreno)* barrenness, infertility.

infecondo /infe'kondo/ agg. **1** [*donna*] infecund, infertile, sterile; [*terreno*] barren, infertile **2** FIG. [*discussione*] fruitless.

▷ **infedele** /infe'dele/ **I** agg. **1** *(fedifrago)* [*marito, moglie, amante*] unfaithful, faithless LETT. (**a** to); [*amico*] disloyal, false, faithless LETT. (**a** to) **2** *(impreciso)* [*traduzione, racconto*] unfaithful, inaccurate **3** RELIG. infidel **II** m. e f. RELIG. infidel.

infedelmente /infedel'mente/ avv. unfaithfully.

infedeltà /infedel'ta/ f.inv. **1** *(in una coppia)* infidelity, unfaithfulness; *(di un amico)* disloyalty; ***~ coniugale*** marital infidelity **2** *(di traduzione)* unfaithfulness, inaccuracy.

▶ **infelice** /infe'litʃe/ **I** agg. **1** *(molto triste)* [*persona*] unhappy, wretched, miserable, sad; [*infanzia, amore*] unhappy; [*vita*] miserable **2** *(inopportuno)* [*battuta, frase, scelta, parole*] unhappy, unfortunate, unlucky; ***l'annuncio venne fatto in un momento ~*** the timing of the announcement was unfortunate **3** *(malriuscito)* [*iniziativa, tentativo*] unfortunate; [*matrimonio*] joyless; [*traduzione*] bad, poor **4** *(sfavorevole)* [*posizione*] inconvenient, uncomfortable **II** m. e f. unhappy person; *(uomo)* poor man*; *(donna)* poor woman*.

infelicemente /infelitʃe'mente/ avv. **1** *(senza felicità)* unhappily, wretchedly, sadly; ***~ sposata*** unhappily married **2** *(senza fortuna)* unsuccessfully; ***concludersi ~*** to end in failure **3** *(inopportunamente)* unhappily, inappropriately.

infelicità /infelitʃi'ta/ f.inv. **1** unhappiness, wretchedness; ***vivere nell'~*** to live unhappily **2** *(inopportunità)* inappropriateness.

infeltrimento /infeltri'mento/ m. felting.

infeltrire /infel'trire/ [102] **I** tr. to felt [*stoffa, lana*] **II** intr. (aus. *essere*), **infeltrirsi** pronom. [*lana, maglione, tessuto*] to felt, to mat.

inferenza /infe'rɛntsa/ f. inference.

▶ **inferiore** /infe'rjore/ **I** agg. **1** *(sottostante)* [*arti, palpebra, labbro, mascella, piano*] lower; [*parte*] bottom, lower; ***abitare al piano ~*** to live downstairs **2** *(in valore)* [*temperatura, velocità, costo, salario, numero*] lower (**a** than); [*durata*] shorter (**a** than); [*taglia, dimensione*] smaller (**a** than); ***una somma ~*** a lesser sum of money; ***temperature -i ai 30 gradi*** temperatures lower than *o* under 30 degrees; ***la visibilità è ~ ai 150 metri*** visibility is below 150 metres; ***una somma non ~ alle 1.000 sterline*** a sum of not less than £1,000; ***~ alla media*** below average; ***tassi d'interesse -i al 10%*** interest rates below 10%; ***essere in numero ~*** to be fewer in number **3** *(peggiore)* inferior (**a** to); ***di qualità ~*** of inferior quality, bottom of the range; ***il loro addestramento è ~ a quello del nemico*** their training is inferior to that of the enemy; ***la sua prestazione è stata ~ alle aspettative*** his performance didn't come up to expectations; ***fare sentire qcn. ~*** to make sb. feel inferior **4** *(in una gerarchia)* [*gradi, classi sociali*] lower; ***i gradi -i di una gerarchia*** the lower echelons of a hierarchy; ***lo hanno retrocesso al rango ~*** he was demoted to the next rank down; ***un tenente ha un grado ~ al capitano*** a lieutenant is below a captain **5** GEOGR. ***il corso ~ di un fiume*** the lower reaches of a river **II** m. e f. inferior, subordinate; ***trattare qcn. da ~*** to treat sb. as an inferior.

inferiorità /inferjori'ta/ f.inv. inferiority; ***la loro ~ numerica*** their numerical inferiority; ***senso di ~*** feeling of inferiority; ***non essere in grado di leggere lo ha messo in una condizione di ~*** he was handicapped by his inability to read; ***complesso d'~*** PSIC. inferiority complex.

inferiormente /inferjor'mente/ avv. inferiorly.

inferire /infe'rire/ [110] tr. **1** *(infliggere)* to inflict, to deal*, to strike* [*colpo*]; ***ciò ha inferto un duro colpo all'economia*** FIG. this threw a wrench into the economy **2** *(dedurre)* to infer, to deduce (**da** from) **3** MAR. *(fissare)* to reeve*, to fasten [*cavo*].

infermeria /inferme'ria/ f. infirmary; *(su una nave)* sickbay.

▷ **infermiera** /infer'mjɛra/ ♦ ***18*** f. (hospital) nurse; ***fare l'~*** to nurse; ***diventare ~*** to enter *o* go into nursing.

▷ **infermiere** /infer'mjɛre/ ♦ ***18*** m. (male) nurse, hospital nurse; ***~ professionale*** registered general nurse BE, registered nurse AE; ***scuola per -i*** nursing school.

infermieristica /infermje'ristika/ f. nursing.

infermieristico, pl. **-ci, -che** /infermje'ristiko, tʃi, ke/ agg. ***personale ~*** nursing staff.

infermità /infermi'ta/ f.inv. infirmity, illness; ***~ mentale*** insanity, mental disability.

infermo /in'fermo/ **I** agg. invalid, infirm, sick **II** m. (f. **-a**) ***gli -i*** the infirm + verbo pl.; ***l'unzione degli -i*** RELIG. the anointing of the sick.

infernale /infer'nale/ agg. **1** *(dell'inferno)* hellish, infernal; ***spiriti -i*** infernal spirits, spirits of the underworld; ***pene -i*** torments of hell **2** *(malvagio)* devilish, diabolical, fiendish **3** *(tremendo)* [*traffico*] hellish, infernal; [*rumore, baccano*] hellish, infernal, demonic; [*tempo*] diabolical, infernal; ***ho avuto una giornata ~*** I've had a hell of a day; ***faceva un caldo ~*** it was devilishly hot, it was as hot as hell.

▶ **inferno** /in'fɛrno/ m. **1** RELIG. hell; ***credere all'~*** to believe in hell; ***andare all'~*** to go to hell **2** FIG. hell, inferno; ***soffrire le pene dell'~*** to go through hell; ***fare soffrire le pene dell'~ a qcn.*** to put sb. through hell, to give sb. hell POP.; ***la sua vita è un vero ~*** his life is sheer hell; ***rendere la vita di qcn. un ~*** to make sb.'s life hell; ***ha passato un periodo d'~*** he has been to hell and back; ***questo lavoro è un ~!*** this work is hell! ***sarà un lavoro d'~ pulire la casa*** we'll have a devil of a job cleaning the house ◆ ***la strada dell'~ è lastricata di buone intenzioni*** the road to hell is paved with good intentions; ***mandare qcn. all'~*** to send sb. to hell; ***va' all'~!*** go to hell!

infero /'infero/ **I** agg. LETT. *(inferiore)* inferior, lower **II inferi** m.pl. **1** *(divinità)* = gods of the underworld, infernal gods **2** *(oltretomba)* ***gli -i*** the underworld, the infernal *o* nether regions; ***la discesa agli -i*** the descent into the underworld.

inferocire /infero'tʃire/ [102] **I** tr. **1** *(rendere feroce)* to make* ferocious [*animale*] **2** FIG. to enrage, to infuriate [*persona*] **II** intr. (aus. *avere*) to behave ferociously, to behave cruelly **III inferocirsi** pronom. **1** *(diventare feroce)* [*animale*] to become* ferocious **2** FIG. *(infu-riarsi)* [*persona*] to get* furious.

inferocito /infero'tʃito/ **I** p.pass. → **inferocire II** agg. [*animale*] angry, enraged; ***una folla -a*** an angry mob.

inferriata /infer'rjata/ f. *(di finestra, porta)* grating, grille, iron bars pl.; *(cancellata)* railing, railings pl.

infertilità /infertili'ta/ f.inv. infertility.

infervoramento /infervora'mento/ m. fervour BE, fervor AE, enthusiasm, zeal.

infervorare /infervo'rare/ [1] **I** tr. to excite, to stir, to fire with enthusiasm, to impassion [*popolazione, animi*] **II infervorarsi** pronom. to get* excited, to be* fired with enthusiasm.

infervoratamente /infervorata'mente/ avv. [*parlare*] passionately, eagerly.

infervorato /infervo'rato/ **I** p.pass. → **infervorare II** agg. [*discorso, persona*] fiery, enthusiastic; [*folla*] frenzied; [*immaginazione*] fevered.

infestamento /infesta'mento/ m. → **infestazione.**

infestante /infes'tante/ agg. infesting; ***insetto ~*** pest; ***pianta ~*** weed.

infestare /infes'tare/ [1] tr. **1** *(invadere)* [*insetti, piante*] to infest, to overrun* **2** *(rendere malsicuro)* [*fantasmi*] to haunt, to spook AE COLLOQ. [*castello*]; [*squali*] to infest [*mare*].

infestato /infes'tato/ **I** p.pass. → **infestare II** agg. *(invaso)* infested, overrun (**da** with); ***~ dalle erbacce*** overgrown *o* rank with weeds; ***~ dai ratti*** infested with rats, rat-infested; ***~ dalle pulci*** [*animale*] flea-bitten, flea-ridden.

infestazione /infestat'tsjone/ f. infestation.

infettare /infet'tare/ [1] **I** tr. **1** MED. *(rendere infetto)* to infect [*ferita*]; *(contagiare)* to infect [*persona, animale*] **2** *(inquinare)* to pollute, to contaminate [*acque, aria*] **3** FIG. *(corrompere)* to corrupt **II infettarsi** pronom. [*ferita*] to become* infected, to go* septic, to turn septic; [*persona, animale*] to become* infected.

infettivo /infet'tivo/ agg. [*malattia*] infectious, contagious, catching; [*agente*] infectious, infective.

infetto /in'fɛtto/ agg. **1** [*ferita*] infected, septic **2** *(inquinato)* [*acque*] polluted, contaminated **3** FIG. *(corrotto)* corrupt.

infeudamento /infeuda'mento/ m. → **infeudazione.**

infeudare /infeu'dare/ [1] **I** tr. STOR. to enfeoff, to feoff [*vassallo*] **II infeudarsi** pronom. **1** STOR. to become* enfeoffed **2** *(asservirsi)* ***-rsi a*** to pledge oneself to.

infeudazione /infeudat'tsjone/ f. STOR. enfeoffment, feoffment, infeudation.

infezione /infet'tsjone/ f. infection; ***combattere, trasmettere, contrarre un'~*** to fight, to spread, to pick up an infection; ***~ virale, fungina*** viral, fungal infection; ***fare ~*** to become infected; ***avere un'~ al dito*** to have an infected *o* poisoned finger.

infiacchimento /infjakki'mento/ m. enfeeblement, weakening, enervation.

infiacchire /infjak'kire/ [102] **I** tr. to enfeeble, to weaken, to unnerve [*persona*] **II infiacchirsi** pronom. to grow* weak(er), to weaken.

infialare /infja'lare/ [1] tr. = to put into phials.

infiammabile /infjam'mabile/ **I** agg. **1** flammable, inflammable; [*gas*] fiery; ***facilmente ~*** highly flammable; ***~ all'aria, al calore*** flammable in air, on heating **2** FIG. [*temperamento*] fiery, combustible, inflammable **II infiammabili** m.pl. inflammable substances.

infiammabilità /infjammabili'ta/ f.inv. inflammability, inflammableness; *(di gas)* fieriness; ***punto di ~*** flashpoint.

infiammare /infjam'mare/ [1] **I** tr. **1** *(incendiare)* to set* fire to [*oggetto, materiale*] **2** *(colorare di rosso)* to flush [*guance*]; ***il sole al tramonto infiammava il cielo*** the sunset set the sky ablaze **3** FIG. *(eccitare)* to inflame, to stir [*folla, pubblico*]; ***il gol infiammò lo stadio*** the goal set the stadium alight *o* on fire **4** MED. *(provocare un'infiammazione)* to inflame **II infiammarsi** pronom. **1** *(prendere fuoco)* [*oggetto, materiale*] to catch* fire **2** *(arrossire)* to flush, to blush **3** FIG. ***-rsi di desiderio*** to be inflamed with desire; ***gli animi si stanno infiammando*** feelings are running high **4** *(adirarsi)* to flare up **5** MED. to become* inflamed.

infiammato /infjam'mato/ **I** p.pass. → **infiammare II** agg. **1** *(in fiamme)* burning, inflamed **2** *(arrossato)* [*viso*] flaming, red **3** MED. [*gola*] inflamed, sore, red; [*ferita*] inflamed, angry **4** FIG. inflamed; ***~ dal desiderio*** burning with desire.

infiammatorio, pl. **-ri**, **-rie** /infjamma'tɔrjo, ri, rje/ agg. MED. inflammatory.

infiammazione /infjammat'tsjone/ f. MED. inflammation.

infiascare /infjas'kare/ [1] tr. = to put into flasks.

inficiare /infi'tʃare/ [1] tr. **1** DIR. *(invalidare)* to invalidate, to nullify **2** to invalidate [*argomento, teoria*].

infidamente /infida'mente/ avv. treacherously, traitorously FORM.

infido /in'fido/ agg. **1** *(sleale)* [*persona*] treacherous, untrustworthy, traitorous FORM. **2** *(malsicuro)* [*acque, strada*] treacherous.

infierire /infje'rire/ [102] intr. **1** *(accanirsi)* ***~ contro*** to keep going at [*vittima*]; ***non ~!*** no need to put the boot in! **2** FIG. *(imperversare)* [*epidemia, tempesta*] to rage.

infiggere /in'fiddʒere/ [14, 15] **I** tr. **1** to infix, to drive*; ***le infisse il coltello nel petto*** he plunged the knife into her heart; ***~ un palo nella terra*** to pound *o* sink a stake into the ground **2** FIG. *(imprimere)* to engrave **II infiggersi** pronom. **1** to penetrate, to dig* into; ***gli si è infitta una spina nel dito*** he got a thorn in his finger **2** FIG. *(imprimersi)* ***-rsi nella memoria di qcn.*** to be engraved in one's memory.

infilaago, pl. **-ghi** /infila'ago, gi/ m. threader.

infilanastri /infila'nastri/ m.inv. bodkin.

▶ **infilare** /infi'lare/ [1] **I** tr. **1** *(far passare un filo all'interno)* to thread, to string* [*ago, perle*]; ***~ l'ago di una macchina da cucire*** to thread up a sewing machine **2** *(inserire)* to insert (**in** in); *(mettere) (senza sforzo)* to slip, to slide*; *(con difficoltà)* to squeeze, to stuff; ***~ la chiave nella toppa*** to insert the key into the lock; ***~ la spina nella presa*** to put the plug into the socket; ***~ una chiave in tasca*** to slide a key into one's pocket; ***~ una lettera in una busta, sotto la porta*** to slide a letter into an envelope, under the door; ***~ i pantaloni negli stivali*** to tuck one's trousers into one's boots; ***~ qcs. sotto il letto*** to stuff sth. under the bed **3** *(conficcare)* to plunge, to stick* [*pugnale, coltello*]; to spear, to spike, to stab [*cibo, pezzo di carne*]; ***infilò la forchetta nella carne*** she stuck her fork into the meat **4** *(imboccare)* to take* [*sentiero, via*]; ***~ l'uscio*** o ***la porta*** to slip out the door **5** COLLOQ. *(imbroccare)* ***non ne infila una giusta*** he never gets it right, he's always wide of the mark **6** SPREG. *(dire, fare di seguito)* ***~ un sacco di bugie*** to tell one lie after another; ***~ un errore dietro l'altro*** to make a string of mistakes **7** *(indossare)* to put* on, to draw* on [*indumento, scarpe, guanti*]; to roll on [*calze*]; *(velocemente)* to slip on [*guanti*]; ***~ in fretta un vestito*** to slip into *o* throw on *o* whip on *o* fling on a dress; ***~ un pullover a qcn.*** to slip a pullover on sb.; ***~ dei braccialetti*** to slip on some bracelets; ***~ un anello al dito di qcn.*** to put *o* slip a ring on sb.'s finger **8** MIL. *(colpire d'infilata)* to enfilade **II infilarsi** pronom. **1** *(indossare)* to put* on, to draw* on [*indumento, scarpe, guanti*]; to roll on [*calze*]; *(velocemente)* to slip into [*vestito*]; ***si è infilato nei jeans a fatica*** he struggled *o* squeezed into his jeans **2** *(mettersi)* ***-rsi le mani in tasca*** to stuff one's hands in one's pockets; ***infilati la camicia nei pantaloni*** tuck your shirt in(to) your trousers; ***-rsi i capelli nella cuffia*** to tuck one's hair under one's swimming cap; ***-rsi le dita nel naso*** to poke one's finger up one's nose **3** *(conficcarsi)* ***-rsi una scheggia nel dito*** to get a splinter in one's finger **4** *(mettersi dentro)* ***-rsi nel letto*** to slip into bed, to snuggle down in one's bed; ***-rsi sotto le coperte*** to smuggle under the covers **5** *(intrufolarsi)* to sneak (**in** into); ***-rsi tra la folla*** to thread one's way through the crowd; ***il gatto si è infilato sotto la macchina*** the cat crept under the car; ***il ladro si infilò in casa*** the thief slipped into the house.

infilata /infi'lata/ f. **1** *(fila)* row, line **2** FIG. *(sequela)* ***un'~ di insulti*** a stream *o* string of insults **3** MIL. ***tiro d'~*** enfilade.

infilatura /infila'tura/ f. threading.

infiltramento /infiltra'mento/ m. → **infiltrazione.**

infiltrare /infil'trare/ [1] **I** tr. *(far entrare)* to infiltrate **II infiltrarsi** pronom. **1** [*liquido, luce*] to infiltrate, to seep (**in** into) **2** ***-rsi in*** [*spia, agente*] to penetrate [*organizzazione, luogo*].

infiltrato /infil'trato/ **I** p.pass. → **infiltrare II** agg. infiltrated **III** m. MED. infiltrate **IV** m. (f. **-a**) infiltrator, plant.

infiltrazione /infiltrat'tsjone/ f. **1** *(di liquido)* seepage; ***ci sono -i nella stanza*** water is seeping into the room **2** *(di spie)* infiltration, penetration **3** MED. infiltration.

infilzare /infil'tsare/ [1] **I** tr. **1** *(su un filo)* to string* [*perle*] **2** *(trafiggere)* to pierce, to spike, to transfix, to run* through LETT. [*nemico*] **3** *(conficcare)* to plunge, to stick* [*pugnale, coltello*]; to spear, to spike, to stab [*cibo, pezzo di carne*]; ***infilzò la forchetta nella carne*** she stuck her fork into the meat **II infilzarsi** pronom. *(trafiggersi)* to impale oneself.

infilzata /infil'tsata/ f. **1** *(cose infilzate)* row, line **2** FIG. *(serie)* string, series.

infimo /'infimo/ agg. **1** *(in una gerarchia)* ***gente di -a origine*** people of very low origins **2** *(pessimo)* lowest, lowermost; ***merce di -a qualità*** goods of the lowest quality.

▶ **infine** /in'fine/ avv. **1** *(da ultimo)* lastly, finally; ***..., ~, vorrei ringraziare tutti i presenti*** ...finally *o* lastly, I'd like to thank all those present **2** *(alla fine)* at last; ***ho bussato per dieci minuti, ~ qualcuno mi ha aperto*** I was knocking for ten minutes, at last somebody came to open the door **3** *(insomma, in conclusione)* in short, well then; ***~ qual è il problema?*** well then, what's the problem?

infingardaggine /infingar'daddʒine/ f. laziness, idleness, sloth.

infingardo /infin'gardo/ **I** agg. **1** *(pigro)* lazy, idle, slothful **2** *(falso, subdolo)* sneaky, underhand **II** m. (f. **-a**) **1** *(pigro)* idler, slacker, sluggard **2** *(falso)* feigner, pretender.

infingimento /infindʒi'mento/ m. LETT. feigning, simulation, pretence BE, pretense AE.

infinità /infini'ta/ f.inv. **1** infinity, infiniteness, infinitude LETT.; ***l'~ dell'universo*** the infinity of the universe **2** *(grande quantità)* infinity; ***un'~ di*** an infinity of, an endless number of; ***un'~ di cose*** a zillion things, zillions of things COLLOQ.

infinitamente /infinita'mente/ avv. **1** *(all'infinito)* infinitely, endlessly **2** *(immensamente)* immensely, awfully; ***~ riconoscente*** immensely grateful; ***~ paziente, tollerante*** endlessly patient, tolerant; ***~ meglio*** miles better; ***mi dispiace ~*** I'm awfully *o* terribly sorry, I couldn't be more sorry.

infinitesimale /infinitezi'male/ agg. MAT. infinitesimal.

infinitesimo /infini'tɛzimo/ **I** agg. [*grandezza, quantità*] infinitesimal **II** m. **1** MAT. infinitesimal **2** *(parte, quantità piccolissima)* infinitesimal part, infinitesimal quantity.

infinitivo /infini'tivo/ agg. infinitive.

▶ **infinito** /infi'nito/ **I** agg. **1** *(illimitato)* [*universo, spazio*] infinite **2** *(immenso)* [*amore, pazienza*] infinite, endless; ***fare una fatica -a per fare*** to go to endless trouble to do; ***con attenzione -a*** with infinite care; ***un numero ~ di*** an infinite number of **3** *(innumerevole)* endless, countless, innumerable; ***superare -e difficoltà*** to overcome endless difficulties; ***grazie -e*** thank you very much *o* so much; ***-e volte*** countless times, times without number, scores of times **4** LING. infinitive **II** m. **1** ***l'~*** the infinite **2** MAT. FOT. infinity; ***più, meno ~*** plus, minus infinity **3** LING. infinitive; ***all'~*** in the infinitive ◆ ***all'~*** [*proseguire, estendersi*] endlessly, ad infinitum, to infinity; ***la lista va avanti all'~*** the list goes on and on.

infinocchiare /infinok'kjare/ [1] tr. COLLOQ. to bamboozle, to diddle, to con; ***non farti ~!*** don't be fooled!

infioccare /infjok'kare/ [1] tr. → **infiocchettare.**

infiocchettare /infjokket'tare/ [1] tr. **1** to decorate with ribbons, to tassel **2** FIG. *(impreziosire)* to embellish, to embroider [*discorso, testo*].

infiochire /infjo'kire/ [102] **I** tr. to muffle [*suono, rumore*] **II** intr. (aus. *essere*) [*voce*] to trail off, to tail away, to fade.

infiorare /infjo'rare/ [1] tr. **1** to decorate with flowers [*tavola, altare*] **2** FIG. *(impreziosire)* to embellish, to embroider [*discorso, testo*].

infiorescenza /infjoreʃ'ʃɛntsa/ f. inflorescence.

infiorettare /infjoret'tare/ [1] tr. **1** *(infiorare)* to decorate with flowers [*tavola, altare*] **2** FIG. *(impreziosire)* to embellish, to embroider [*discorso, testo*].

infiorettatura /infjoretta'tura/ f. *(di stile, testo)* embellishment, floweriness.

infirmare /infir'mare/ [1] tr. DIR. to invalidate, to nullify.

infischiarsi /infis'kjarsi/ [1] pronom. COLLOQ. ***~ di qcn., di qcs.*** not to give a darn about sb., sth.; ***me ne infischio del calcio*** I don't care about soccer, I don't give a darn about soccer; ***me ne infischio!*** I'm past caring! I couldn't care less!

infisso /in'fisso/ m. **1** *(di porte, finestre)* frame, casing **2** LING. infix.

infittire /infit'tire/ [102] **I** tr. **1** *(rendere più fitto)* to thicken, to make* thick(er) **2** *(rendere più frequente)* to make* more frequent **II infittirsi** pronom. **1** *(diventate più fitto)* to thicken, to become* thick(er) **2** *(addensarsi)* [*nebbia*] to thicken; [*buio*] to gather; ***il mistero s'infittisce*** FIG. the mystery is growing **3** *(diventare più frequente)* to become* more frequent.

inflaccidirsi /inflattʃi'dirsi/ [102] pronom. [*muscolo, corpo*] to sag, to become* flabby.

inflativo /infla'tivo/, **inflattivo** /inflat'tivo/ agg. → **inflazionistico.**

inflazionare /inflattsjo'nare/ [1] tr. **1** to devalue [*moneta*]; to inflate [*economy*] **2** FIG. to hackney [*vocabolo, espressione*].

inflazionato /inflattsjo'nato/ **I** p.pass. → **inflazionare II** agg. **1** [*moneta*] devalued **2** FIG. [*vocabolo, espressione*] hackneyed.

inflazione /inflat'tsjone/ f. **1** ECON. inflation; ***~ galoppante*** galloping *o* runaway inflation; ***tasso d'~*** rate of inflation, inflation rate; ***con l'~ al 3%*** with inflation (running) at 3%; ***la lotta all'~*** the fight against inflation; ***ridurre l'~ dell'1%*** to cut 1% off inflation; ***indicizzato all'~*** indexed to inflation; ***allineato all'~*** inflation-adjusted **2** *(abbondanza)* flood; ***~ di laureati*** flood of graduates ◆◆ ***~ da costi*** cost-push inflation; ***~ da domanda*** demand-pull inflation; ***~ a due cifre*** double-digit inflation; ***~ strisciante*** underlying inflation.

inflazionista, m.pl. **-i**, f.pl. **-e** /inflattsjo'nista/ m. e f. inflationist.

inflazionistico, pl. **-ci**, **-che** /inflattsjo'nistiko, tʃi, ke/ agg. [*minaccia, spirale, spinta, tendenza*] inflationary.

inflessibile /infles'sibile/ agg. [*persona, atteggiamento*] inflexible, rigid, unbending, unyielding; [*volontà*] inflexible, unbending.

inflessibilità /inflessibili'ta/ f.inv. *(di persona, atteggiamento, volontà)* inflexibility.

inflessione /infles'sjone/ f. *(accento, cadenza)* inflection, inflexion BE, modulation.

infliggere /in'fliddʒere/ [15] tr. **1** *(applicare)* to inflict, to impose, to deal* out, to hand out [*punizione, multa*] **2** *(far subire)* to inflict [*maltrattamento, tortura, sconfitta*] (**a** on).

inflorescenza /infloreʃ'ʃɛntsa/ → **infiorescenza.**

influente /influ'ɛnte/ agg. influential, powerful; ***essere ~*** to have influence; ***avere amici -i*** to have influential friends, to have friends in high places.

▷ **influenza** /influ'ɛntsa/ ♦ **7** f. **1** *(influsso)* influence (**su** on); ***avere una buona, cattiva ~*** to have *o* be a good, bad influence; ***avere un'~ negativa su qcn., qcs.*** to affect *o* influence sb., sth. adversely; ***subire l'~ di qcn.*** to be under sb.'s influence **2** *(potere)* influence, power, clout; ***avere molta ~*** to have a lot of influence; ***esercitare la propria ~ su qcn.*** to bring one's influence to bear on sb. **3** MED. influenza, flu, grippe; ***avere l'~*** to be down with the flu, to have (the) flu; ***auto a ~*** hydrogen car; ***prendere l'~*** to come *o* go down with flu, to catch flu; ***avere un attacco di ~*** to have an attack *o* a bout of flu; ***una brutta ~*** a dose of flu ◆◆ ***~ aviaria*** o ***dei polli*** bird *o* avian flu; ***~ intestinale*** gastric *o* stomach flu.

influenzabile /influen'tsabile/ agg. impressionable; ***essere facilmente ~*** to be easily influenced *o* led.

influenzale /influen'tsale/ agg. influenzal; ***virus ~*** flu virus.

influenzare /influen'tsare/ [1] **I** tr. to influence [*persona, commissione, decisione, scelta*]; to affect [*economia, situazione*]; ***non lasciarti ~ da lui!*** don't let him influence you! ***non si lasciò ~*** she would not be swayed; ***non voglio influenzarti in alcun modo*** I don't want to influence you one way or the other; ***Lou Reed e Bob Dylan l'hanno influenzato*** Lou Reed and Bob Dylan have influenced him, his influences are Lou Reed and Bob Dylan **II influenzarsi** pronom. **1** to influence each other **2** MED. to catch* influenza.

influenzato /influen'tsato/ **I** p.pass. → **influenzare II** agg. MED. ***essere ~*** to be down with the flu, to have (the) flu.

▷ **influire** /influ'ire/ [102] intr. (aus. *avere*) ***~ su*** to influence [*persona, commissione, decisione, scelta*]; to affect [*economia, situazione*]; ***~ sulla coscienza di qcn.*** to impinge on sb.'s conscience.

influsso /in'flusso/ m. influence (**su** on); ***esercitare un ~ su qcn.*** to exert *o* wield influence on sb.; ***subire l'~ di qcn.*** to be under sb.'s influence; ***~ favorevole*** favourable influence; ***essere sotto l'~ dell'alcol, della droga*** to be under the influence of alcohol, of drugs.

infocare /info'kare/ → **infuocare.**

infocato /info'kato/ → **infuocato.**

infognarsi /infoɲ'ɲarsi/ [1] pronom. COLLOQ. to get* tangled up, to get* mixed up (**in** in); ***~ in una brutta situazione*** to get bogged down in a difficult situation.

in(-)folio, **in folio** /in'fɔljo/ **I** agg.inv. ***edizione, formato ~*** folio edition, format; ***pubblicare un libro ~*** to publish a book in folio **II** m.inv. folio.

infoltire /infol'tire/ [102] **I** tr. to thicken, to make* thick(er) **II infoltirsi** pronom. to thicken, to become* thick(er).

infondatezza /infonda'tettsa/ f. groundlessness, baselessness.

infondato /infon'dato/ agg. groundless, baseless, unfounded; ***le mie paure si sono rivelate -e*** my fears proved groundless; ***nell'-a speranza che*** in the remote hope that; ***è -a la voce secondo cui*** there is no found in the report that.

infondere /in'fondere/ [51] tr. to infuse, to inspire, to instil BE, to instill AE; ***~ sicurezza, speranza a qcn.*** to boost sb.'s confidence, to breathe hope into sb.; ***~ coraggio a qcn.*** to give sb. courage, to inspire sb. with courage.

inforcare /infor'kare/ [1] tr. **1** *(prendere con la forca)* to pitchfork, to fork [*fieno*] **2** *(montare su)* to mount, to get* on, to jump on [*bicicletta*] **3** *(mettersi)* to put* on [*occhiali*] **4** SPORT *(nello sci)* = to catch the gate with one's ski.

inforcatura /inforka'tura/ f. **1** forking **2** ANAT. crotch, crutch BE.

informale /infor'male/ agg. **1** [*maniere, abbigliamento*] informal, casual; [*tono, linguaggio, stile*] informal; [*invito, visita*] informal, unofficial; ***abbiamo raggiunto un accordo ~*** we have reached an informal arrangement *o* agreement; ***in modo ~*** on an informal basis **2** ART. nonrepresentational.

informalità /informali'ta/ f.inv. informality.

informalmente /informal'mente/ avv. informally, casually.

informante /infor'mante/ m. e f. LING. informant.
▶ **informare** /infor'mare/ [1] **I** tr. **1** *(mettere al corrente)* to inform [*persona, autorità, clientela*] (**di**, **su**, **circa** of, about; **che** that); *~ qcn. di qcs.* to acquaint sb. with sth., to make sb. aware of sth., to notify sb. of *o* about sth.; ***mi informi se c'è qualcosa di nuovo*** keep me informed if there's any news; ***perché non sono stato informato?*** why wasn't I informed? ***siamo spiacenti di informarla che*** we regret *o* are sorry to inform you that; ***ho il piacere di informarvi che*** I am pleased to inform you that; *~ **qcn. per lettera*** to inform sb. by letter; *~ **i familiari*** to inform the next of kin; *~ **male qcn.*** to misinform sb. **2** *(conformare)* to inform, to pervade; ***il pessimismo informa la sua opera*** pessimism informs all his work **3** *(plasmare)* to shape, to mould BE, to mold AE **II informarsi** pronom. **1** *(prendere informazioni)* to inform oneself, to inquire, to enquire, to ask (**su** about); ***-rsi di, su qcs.*** to make an inquiry about, into sth.; ***-rsi sull'orario dei treni*** to inquire about train times; ***-rsi sulla salute di qcn.*** to inquire after sb.'s health; ***-rsi su qcn.*** to inquire after sb.; ***mi sono informato su di lui*** I've checked him out **2** *(conformarsi)* to be* informed by, to be* pervaded with, to be pervaded by.
informatica /infor'matika/ f. **1** *(scienza)* computer science, information science, information technology, informatics RAR.; ***esperto, rivista di ~*** computer expert, magazine **2** *(disciplina)* computer studies pl.
informatico, pl. **-ci**, **-che** /infor'matiko, tʃi, ke/ **I** agg. ***sistema ~*** information system; ***tecnologia -a*** computer technology; ***ingegnere ~*** computer engineer; ***conoscenze -e*** computer literacy, knowledge of computing; ***pirateria -a*** computer hacking, computer crime, hacking COLLOQ.; ***pirata ~*** (computer) hacker **II** m. (f. **-a**) computer scientist, information scientist.
informativa /informa'tiva/ f. BUROCR. = informative report.
informativo /informa'tivo/ agg. [*articolo, bollettino*] informative, informatory; ***a titolo ~*** for information, as a point of information; ***materiale ~*** information pack; ***prospetto ~*** prospectus; ***contenuto ~*** information content.
informatizzare /informatid'dzare/ [1] tr. to computerize.
informatizzazione /informatiddzat'tsjone/ f. computerization.
informato /infor'mato/ **I** p.pass. → **informare II** agg. informed, advised, aware; *(aggiornato)* up-to-date; ***essere bene, male ~*** to be well-informed, ill-informed; ***ambienti ben -i*** well-informed circles; ***da una fonte ben -a*** from a well-informed *o* reliable source; ***tienimi ~*** keep me advised *o* informed.
informatore /informa'tore/ m. (f. **-trice** /tritʃe/) **1** *(spia)* informer, snout, grass BE COLLOQ. **2** GIORN. informant **3** LING. *(informante)* informant ◆◆ *~ **medico-scientifico*** pharmaceutical representative.
▶ **informazione** /informat'tsjone/ f. **1** information **U**, info **U** COLLOQ.; MIL. intelligence; ***un'~*** a piece *o* bit *o* item of information; ***richiesta di -i*** inquiry *o* request for information; ***dare, ricevere -i*** to give, receive information; ***abbiamo pochissime -i*** we have very little information; ***hanno ricevuto -i completamente sbagliate*** they were badly misinformed; ***per ulteriori -i...*** for further *o* additional *o* more information...; ***scambio di -i*** information exchange; ***servizio -i*** information service; ***ufficio -i*** information bureau, inquiries pl.; ***rivolgersi al banco -i*** inquire at the information desk; ***per tua ~*** for your information, I'd have you know COLLOQ.; ***avere accesso a -i*** to have access to information; ***avere delle -i su qcn., qcs.*** to have a line on sb., sth. BE COLLOQ.; ***prendere -i su qcn., qcs.*** to find out about sb., sth.; ***essere una miniera di -i*** to be a mine of information *o* a treasure house of information; ***un'~ preziosa*** a nugget of information; ***una fuga di -i*** a security leak **2** GIORN. RAD. TELEV. *(attività)* reporting; *(settore)* media pl.; ***controllare l'~*** to control the media; ***libertà di ~*** freedom of information; ***mezzi d'~*** (news) media; ***le carriere nell'~*** careers in the media; ***blackout dell'~*** news blackout; ***settimanale d'~*** weekly newspaper **3** INFORM. information **U**; ***teoria dell'~*** information theory; ***unità di ~*** bit ◆◆ *~ **genetica*** BIOL. genetic information.
informe /in'forme/ agg. [*massa, oggetto*] formless, shapeless, amorphous; FIG. [*progetto, idea*] amorphous.
informicolamento /informikola'mento/, **informicolimento** /informikoli'mento/ m. pins and needles pl., tingling.
infornare /infor'nare/ [1] tr. **1** to put* [sth.] in the oven [*pane, arrosto*] **2** TECN. to put* [sth.] in the kiln [*vasellame, smalti*].
infornata /infor'nata/ f. *(di pane, torte)* batch; FIG. IRON. *(di amici, clienti)* crop, batch.
infortunarsi /infortu'narsi/ [1] pronom. [*giocatore, operaio*] to injure oneself, to hurt* oneself.
infortunato /infortu'nato/ **I** p.pass. → **infortunarsi II** agg. [*giocatore, operaio*] injured **III** m. (f. **-a**) injured person; ***gli -i*** the injured.
infortunio, pl. **-ni** /infor'tunjo, ni/ m. *(incidente)* accident; *~ **sul lavoro*** accident at work, industrial accident; ***subire un ~*** to have an accident; ***assicurazione contro gli -ni*** (personal) accident insurance, casualty insurance AE; ***prevenzione degli -ni*** accident prevention; ***ritirarsi per ~*** [*giocatore*] to retire with an injury, to retire injured.
infortunistica /infortu'nistika/ f. = subject which studies industrial injuries in relation with health and safety regulations.
infortunistico, pl. **-ci**, **-che** /infortu'nistiko, tʃi, ke/ agg. = pertaining to (industrial) accidents.
infossamento /infossa'mento/ m. *(di terreno, strada)* depression, hollow.
infossarsi /infos'sarsi/ [1] pronom. **1** [*terreno, strada*] to subside, to sink* **2** *(incavarsi)* [*guance*] to become* hollow, to become* sunken.
infossato /infos'sato/ **I** p.pass. → **infossarsi II** agg. [*occhi, guance*] hollow, sunken.
infra /'infra/ avv. below; ***vedi ~*** see below.
infracidire /infratʃi'dire/ [102] intr. (aus. *essere*) *(marcire)* to rot, to go* bad.
infradiciamento /infraditʃa'mento/ m. **1** *(lavata)* drenching **2** *(deterioramento) (di cibo, legno)* rotting, decay.
infradiciare /infradi'tʃare/ [1] **I** tr. **1** *(inzuppare)* to drench, to soak **2** *(far marcire)* to rot **II infradiciarsi** pronom. **1** to get* drenched, to get* soaked **2** *(marcire)* to rot, to go* bad.
infradiciatura /infraditʃa'tura/ f. → **infradiciamento.**
infradito /infra'dito/ **I** agg.inv. ***sandalo ~*** flip-flop **II** m. e f.inv. flip-flop, thong AE AUSTRAL.
inframmettere /infram'mettere/ [60] **I** tr. to interpose **II inframmettersi** pronom. *(immischiarsi)* to interfere, to meddle.
inframmezzare /inframmed'dzare/ [1] tr. to intersperse (**con** with).
infrancesare /infrantʃe'zare/ tr. SPREG. o SCHERZ. to Frenchify.
infrangere /in'frandʒere/ [70] **I** tr. **1** *(rompere)* to break*, to shatter, to smash [*vetro, vaso, piatto*] **2** FIG. to breach, to break*, to infringe, to disobey [*legge, regola*]; to break* through [*barriera, difesa*]; to violate [*tabù*]; to shatter [*sogno*]; to dash, to shatter, to dissipate [*speranze*] **II infrangersi** pronom. **1** [*vetro, vaso, piatto*] to break*, to shatter, to smash; [*onde*] to break* (**contro** against; **su** on, over); to pound (**contro** on) **2** FIG. to be* shattered; ***le sue speranze si infransero*** her hopes were shattered.
infrangibile /infran'dʒibile/ agg. **1** *(indistruttibile)* infrangible, unbreakable, nonbreakable; ***vetro ~*** shatterproof *o* splinterproof glass **2** FIG. *(inviolabile)* irrefrangible, inviolable.
infrangibilità /infrandʒibili'ta/ f.inv. infrangibility.
infranto /in'franto/ **I** p.pass. → **infrangere II** agg. [*vetro*] broken; FIG. [*sogno, speranza*] shattered; ***cuore ~*** broken heart; ***idolo ~*** fallen idol.
infraorbitale /infraorbi'tale/ agg. infraorbital.
infrarosso /infra'rosso/ **I** agg. [*luce, raggi*] infrared **II** m. infrared; ***sensore a -i*** infrared sensor; ***fotografia nell'~*** infrared photograph.
infrascare /infras'kare/ [1] **I** tr. **1** *(puntellare)* = to prop up with branches **2** *(coprire)* = to cover with branches **II infrascarsi** pronom. = to hide among the branches.
infrascritto /infras'kritto/ agg. undermentioned.
infrasettimanale /infrasettima'nale/ agg. midweek attrib.; ***chiusura ~*** closing day.
infrasonoro /infraso'nɔro/ agg. infrasonic.
infrastruttura /infrastrut'tura/ f. **1** *(impianti, servizi pubblici)* facilities pl.; *~ **alberghiera, sanitaria*** hotel, medical facilities; ***-e stradali*** road infrastructure **2** ECON. ING. infrastructure.
infrastrutturale /infrastruttu'rale/ agg. infrastructural.
infrasuono /infra'swɔno/ m. infrasound.
infrattare /infrat'tare/ [1] **I** tr. COLLOQ. to hide* **II infrattarsi** pronom. SCHERZ. *(imboscarsi)* to have* a tumble in the hay.
infrazione /infrat'tsjone/ f. infraction, infringement, breach, violation (**di** of); ***commettere un'~*** to commit an offence; *~ **al codice stradale*** traffic offence.
infreddatura /infredda'tura/ f. chill, cold; ***prendersi un'~*** to catch a chill.
infreddolirsi /infreddo'lirsi/ [102] pronom. to get* cold.
infreddolito /infreddo'lito/ **I** p.pass. → **infreddolirsi II** agg. cold, chilly.
infrequentabile /infrekwen'tabile/ agg. [*persona, luogo*] unsavoury BE, unsavory AE.
infrequente /infre'kwɛnte/ agg. [*fenomeno*] infrequent, rare, uncommon.
infrequenza /infre'kwɛntsa/ f. infrequency.

infrollimento /infrolli'mento/ m. **1** *(di selvaggina)* hanging **2** FIG. *(indebolimento)* weakening.

infrollire /infrol'lire/ [102] **I** tr. **1** to hang* [*carne*] **2** FIG. *(indebolire)* to weaken **II infrollirsi** pronom. [*carne*] to become* tender.

infruttescenza /infruttеʃ'ʃɛntsa/ f. infructescence.

infruttifero /infrut'tifero/ agg. **1** [*pianta*] unfruitful, barren **2** ECON. [*capitale*] non-interest-bearing, idle, dead.

infruttuosamente /infruttuosa'mente/ avv. unfruitfully.

infruttuosità /infruttuozi'ta/ f.inv. **1** *(di terreno)* barrenness, unfruitfulness **2** *(inutilità)* unfruitfulness, uselessness.

infruttuoso /infruttu'oso/ agg. **1** [*terreno, albero*] unfruitful, barren **2** ECON. [*capitale*] non-interest-bearing, idle, dead **3** FIG. [*sforzo, tentativo*] fruitless, unsuccessful, vain.

infundibolare /infundibo'lare/ agg. infundibular.

infundibolo /infun'dibolo/ m. infundibulum*.

infundibuliforme /infundibuli'forme/ agg. infundibular.

infungibile /infun'dʒibile/ agg. ECON. DIR. non-fungible.

infungibilità /infundʒibili'ta/ f.inv. ECON. DIR. non-fungibility.

infuocare /infwo'kare/ [1] **I** tr. **1** *(arroventare)* to make* [sth.] red-hot [*metallo*] **2** *(fare diventare rosso)* to flush [*viso*] **3** FIG. *(infiammare)* to inflame, to excite, to stir [*animi*] **II infuocarsi** pronom. **1** *(diventare rovente)* to become* red-hot **2** *(diventare rosso)* [*viso*] to become* flushed, to flush **3** FIG. *(infiammarsi)* to get* excited, to be* fired with enthusiasm; ***-rsi in una discussione*** to grow heated in an argument.

infuocato /infwo'kato/ **I** p.pass. → **infuocare II** agg. **1** *(rovente)* [*ferro*] red-hot; *(molto caldo)* [*estate, sabbia*] scorching **2** *(rosso)* ***avere il viso ~*** to be flushed **3** FIG. [*dibattito, atmosfera*] heated, overheated, spirited.

infuori /in'fwɔri/ **I** avv. **1** (anche **in fuori**) out, outwards; ***sporgere ~*** to project over; ***all'~*** outwards; ***la tegola sporge (all') ~*** the tile sticks out; ***petto ~!*** throw out your chest! **2 all'infuori di** except; ***nessuno all'~ di te lo sa*** nobody knows other than you, nobody but you knows; ***ci saranno tutti all'~ di Paul*** everybody but Paul will be there; ***non si può fare molto all'~ di questo*** beyond that there's not much one can do **II** agg.inv. (anche **in fuori**) [*occhi, denti*] prominent, protruding; ***ha i denti ~*** her teeth stick out; ***avere gli occhi ~*** to be pop-eyed COLLOQ.

infurbirsi /infur'birsi/ [102] pronom. to become* shrewd, to sharpen one's wits.

▷ **infuriare** /infu'rjare/ [1] **I** intr. (aus. *avere*) **1** *(imperversare)* [*tempesta, epidemia, battaglia*] to rage; [*vento, pioggia*] to storm; ***infuriava la tempesta*** there was a raging storm **2** *(diventare furioso)* ***fare ~ qcn.*** to work sb. up into a rage; ***il suo commento l'ha fatta ~*** she was angered by his comment **II infuriarsi** pronom. to rage (**contro** at, against), to fly* into a rage, to lose* one's temper; ***si è davvero infuriato*** he really let fly; ***mi infuriai nel sapere che....*** I was furious to learn that..., I became furious when I found out that...

infuriato /infu'rjato/ **I** p.pass. → **infuriare II** agg. **1** [*persona*] furious, enraged, mad mai attrib. **2** [*mare*] raging.

infusibile /infu'zibile/ agg. infusible.

infusibilità /infuzibili'ta/ f.inv. infusibility.

infusione /infu'zjone/ f. infusion; ***essere in ~*** [*tè*] to infuse, to brew, to draw, to stew; ***lasciare il tè in ~*** to let the tea stand *o* steep.

infuso /in'fuzo/ **I** p.pass → **infondere II** agg. infused **III** m. infusion, brew; ***~ di camomilla*** camomile tea; ***~ di erbe*** herb tea ◆ ***crede di avere la scienza -a*** SCHERZ. he thinks he knows everything, he thinks he knows it all.

ing. ⇒ ingegnere engineer (eng.).

ingabbiare /ingab'bjare/ [1] tr. **1** to (en)cage [*animale*] **2** FIG. *(intrappolare)* to entrap; SCHERZ. *(mettere in prigione)* to lock up, to put [sb.] behind bars [*persona*] **3** *(per imballare)* to crate [*merci*] **4** EDIL. ***~ un edificio*** = to erect the framework of a building.

ingabbiatura /ingabbja'tura/ f. EDIL. framework.

ingaggiare /ingad'dʒare/ [1] tr. **1** *(assumere)* to sign, to sign on, to sign up [*calciatore, musicista*]; to book [*artista*]; to engage, to employ [*manodopera, operai*]; MIL. *(reclutare)* to recruit, to enlist [*soldati*] **2** *(iniziare)* to engage, to join, to start [*lotta, battaglia*]; ***~ battaglia con qcn.*** to do battle with sb.

ingaggio, pl. **-gi** /in'gaddʒo, dʒi/ m. **1** *(di calciatori)* signing; *(di artisti)* booking, engagement; *(reclutamento)* recruitment, enlistment; ***regole di ~*** MIL. rules of engagement **2** *(somma)* fee **3** *(nell'hockey)* face-off.

ingagliardire /ingaʎʎar'dire/ [102] **I** tr. to strengthen, to fortify **II ingagliardirsi** pronom. to strengthen, to become* strong.

ingannabile /ingan'nabile/ agg. deceivable, dupable.

▷ **ingannare** /ingan'nare/ [1] **I** tr. **1** *(indurre in errore)* to deceive, to mislead*; ***se la memoria non mi inganna*** if my memory serves me right; ***non lasciarti ~ dalle apparenze!*** don't be taken in by appearances! ***non farti ~ dalla sua dolcezza*** don't be deceived by his mildness **2** *(imbrogliare)* to deceive, to dupe, to fool, to trick, to swindle **3** *(tradire)* to betray, to be* unfaithful to, to cheat on AE [*moglie, marito*] **4** *(deludere)* to betray [*fiducia*]; to disappoint [*speranza*] **5** *(distrarre da)* to relieve [*noia*]; ***~ il tempo*** to beguile the *o* kill time, to while away the time; ***~ l'attesa*** to pass the time while waiting **6** *(spiazzare)* ***~ la difesa, il portiere*** to trick the defence, the goalkeeper; ***~ il nemico*** to deceive *o* trick the enemy **II ingannarsi** pronom. to deceive oneself; ***-rsi sul conto di qcn.*** to be deceived in sb. ◆ ***l'apparenza inganna*** PROV. appearances can be deceptive.

ingannatore /inganna'tore/ **I** agg. [*apparenza, parole*] deceiving, deceptive, misleading **II** m. (f. **-trice** /tritʃe/) deceiver, swindler, cheat.

ingannevole /ingan'nevole/ agg. [*apparenza, impressione*] deceptive, deceiving, misleading; [*parole*] deceitful, hollow; [*pubblicità*] misleading.

ingannevolmente /ingannevol'mente/ avv. misleadingly, deceitfully, trickily.

▷ **inganno** /in'ganno/ m. **1** *(imbroglio)* deception **U**, deceit, cheating, trickery; ***è capace di tali -i?*** is she capable of such deception? ***con l'~*** on *o* under false pretences, by cheating; ***ottenere qcs. con l'~*** to obtain sth. by deception; ***essere convinto con l'~ a fare qcs.*** to be tricked into doing sth. **2** *(errore)* delusion, fallacy; ***cadere in ~*** to be taken in; ***trarre in ~ qcn.*** to mislead *o* deceive sb. ◆ ***fatta la legge trovato l'~*** = every law has a loophole.

ingarbugliamento /ingarbuʎʎa'mento/ m. muddle, tangling.

ingarbugliare /ingarbuʎ'ʎare/ [1] **I** tr. **1** *(intricare)* to tangle up, to muddle up, to scramble [*fili, lana*] **2** FIG. *(rendere confuso)* to confuse [*faccenda, persona, frase*]; to garble [*storia, fatti*]; ***~ la questione*** to cloud the issue **II ingarbugliarsi** pronom. **1** *(intricarsi)* [*fili, capelli*] to tangle up, to become* tangled, to get* in(to) a tangle **2** FIG. *(diventare confuso)* [*idee, faccenda, persona*] to become* confused.

ingarbugliato /ingarbuʎ'ʎato/ **I** p.pass. → **ingarbugliare II** agg. **1** [*matassa*] tangled **2** *(complicato)* [*situazione, faccenda*] confused, messy; ***i vostri affari sono molto -i*** your financial affairs are in a muddle.

ingavonamento /ingavona'mento/ m. MAR. heel.

ingavonare /ingavo'nare/ [1] **I** tr. MAR. to heel [*imbarcazione*] **II ingavonarsi** pronom. MAR. [*imbarcazione*] to heel (over).

ingegnarsi /indʒeɲ'ɲarsi/ [1] pronom. **1** to do* one's best, to try hard (**a fare** to do); ***s'ingegna per rendermi la vita impossibile*** he does his utmost to make my life unbearable **2** *(arrabattarsi)* to get* by; ***~ per vivere*** to live by one's wits.

▶ **ingegnere** /indʒeɲ'ɲɛre/ ❨ **18** m. engineer; ***~ capo*** chief engineer ◆◆ ***~ aeronautico*** aeronautic(al) engineer; ***~ chimico*** chemical engineer; ***~ civile*** civil *o* construction engineer; ***~ elettronico*** electronic engineer; ***~ elettrotecnico*** electrical engineer; ***~ idraulico*** hydraulics engineer; ***~ informatico*** computer engineer; ***~ meccanico*** mechanical engineer; ***~ minerario*** mining engineer; ***~ navale*** marine engineer.

ingegneria /indʒeɲɲe'ria/ f. **1** engineering; ***una straordinaria opera di ~*** an extraordinary feat of engineering **2** *(facoltà)* engineering; ***laurea in ~*** engineering degree; ***studiare*** o ***fare ~*** to study engineering ◆◆ ***~ aeronautica*** aeronautic(al) engineering; ***~ chimica*** chemical engineering; ***~ civile*** civil engineering; ***~ dei sistemi*** systems engineering; ***~ elettrotecnica*** electrical engineering; ***~ elettronica*** electronic engineering; ***~ genetica*** genetic engineering; ***~ meccanica*** mechanical engineering; ***~ mineraria*** mining engineering; ***~ strutturale*** structural engineering.

▷ **ingegno** /in'dʒeɲɲo/ m. **1** *(inventiva)* intelligence, mind, brains pl., wits pl.; ***avere un ~ vivace, pronto*** to have a quick, ready wit; ***usare l'~*** to use one's ingenuity; ***aguzzare l'~*** to sharpen up one's wits; ***alzata d'~*** brainwave **2** *(inclinazione)* talent, gift, flair; ***~ musicale*** musical abilites ◆ ***la necessità aguzza l'~*** PROV. necessity is the mother of invention.

ingegnosamente /indʒeɲɲosa'mente/ avv. ingeniously.

ingegnosità /indʒeɲɲosi'ta/ f.inv. ingenuity, ingeniousness, cleverness.

ingegnoso /indʒeɲ'ɲoso/ agg. **1** *(che ha inventiva)* [*persona*] ingenious, clever **2** *(fatto con ingegno)* [*invenzione*] ingenious, clever, resourceful.

▷ **ingelosire** /indʒelo'sire/ [102] **I** tr. ***~ qcn.*** to make sb. jealous **II ingelosirsi** pronom. to become* jealous, to get* jealous.

ingemmare /indʒem'mare/ [1] tr. *(impreziosire)* to gem [*diadema*]; FIG. [*fiori*] to gem, to adorn [*prato*].

ingenerare /indʒene'rare/ [1] **I** tr. to engender, to generate, to cause, to give* rise to [*confusione, inquietudine*] **II ingenerarsi** pronom. to originate; ***l'errore si è ingenerato per un malinteso*** the mistake was caused by a misunderstanding.

ingenerosamente /indʒenerosa'mente/ avv. ungenerously, meanly.

ingenerosità /indʒenerosi'ta/ f.inv. lack of generosity.

ingeneroso /indʒene'roso/ agg. [*gesto*] ungenerous, mean.

ingenito /in'dʒenito/ agg. [*tendenza, qualità*] inborn, innate.

ingente /in'dʒɛnte/ agg. [*somma*] huge, considerable; [*spesa*] heavy; [*fortuna*] large; [*danni*] extensive, severe; [*perdite*] heavy, extensive, severe.

ingentilimento /indʒentili'mento/ m. refinement.

ingentilire /indʒenti'lire/ [102] **I** tr. **1** *(affinare)* to refine, to polish [*modi, stile*]; ***l'età ha ingentilito i suoi tratti*** he has become more distinguished with age, age has made him look more distinguished **2** *(abbellire)* to prettify **II ingentilirsi** pronom. *(raffinarsi)* to become* refined.

ingenua /in'dʒɛnua/ f. TEATR. ingénue.

ingenuamente /indʒenua'mente/ avv. naïvely, ingenuously.

ingenuità /indʒenui'ta/ f.inv. **1** *(candore)* naïvety, naïveté, ingenuousness, guilelessness; ***avere l'~ di credere che...*** to be naïve enough to believe that... **2** *(azione)* ***hai commesso un'~*** that was a naïve thing to do.

▷ **ingenuo** /in'dʒɛnuo/ **I** agg. naïve, ingenuous, guileless; ***essere così ~ da fare*** to be foolish enough to do; ***non sono ~ come credi*** I'm not as green as you think I am **II** m. (f. **-a**) ingenuous person; ***non sono certo degli -i!*** they're no innocents! ***fare l'~*** to look as if butter wouldn't melt in one's mouth.

ingerenza /indʒe'rɛntsa/ f. interference, meddling, intrusion; ***non tollera -e*** he can't stand any interference; ***non ~*** POL. noninterference.

ingerimento /indʒeri'mento/ m. → **ingestione.**

ingerire /indʒe'rire/ [102] **I** tr. [*persona*] to swallow, to ingest [*cibo, liquido*]; to swallow [*pillole*]; ***"non ~"*** "for external use only" **II ingerirsi** pronom. to interfere, to meddle (**in** in).

▷ **ingessare** /indʒes'sare/ [1] tr. to plaster [*braccio, gamba*]; ***~ la gamba a qcn.*** to put sb.'s leg in a plaster.

ingessato /indʒes'sato/ **I** p.pass. → **ingessare II** agg. ***avere un braccio ~*** to have one's arm in a cast, to have an arm in plaster.

ingessatura /indʒessa'tura/ f. plaster (cast); ***togliere l'~*** to take off the plaster.

ingestibile /indʒes'tibile/ agg. [*problema*] unmanageable.

ingestione /indʒes'tjone/ f. ingestion.

inghiaiare /ingja'jare/ [1] tr. to gravel [*viale*].

inghiaiatura /ingjaja'tura/ f. gravelling.

Inghilterra /ingil'tɛrra/ ♦ ***33*** n.pr.f. England.

inghiottimento /ingjotti'mento/ m. swallowing.

▷ **inghiottire** /ingjot'tire/ [102] tr. **1** *(mandare giù)* to swallow (up) [*cibo*]; *(in fretta)* to bolt (down), to gulp (down), to gobble (down) [*boccone*]; to swallow, to get* down [*pasticca*] **2** FIG. *(reprimere)* to swallow [*rabbia*]; to hold* back, to choke back [*lacrime*]; *(sopportare)* to swallow [*insulto*] **3** FIG. *(fare sparire)* [*mare, onde*] to engulf, to swallow up [*nave, persona*]; ***essere inghiottito dalla folla*** to be swallowed up in the crowd **4** FIG. *(consumare)* to swallow, to consume.

inghiottitoio, pl. **-oi** /ingjotti'tojo, oi/ m. sink, sinkhole.

inghippo /in'gippo/ m. COLLOQ. **1** *(trucco)* trick, catch, dodge BE; ***scoprire l'~*** to see through a trick **2** *(intoppo)* hitch, snag; ***filare senza -i*** to pass off without a hitch.

inghirlandare /ingirlan'dare/ [1] **I** tr. to enwreath, to (en)garland [*capo*] **II inghirlandarsi** pronom. to adorn oneself with garlands.

ingiallimento /indʒalli'mento/ m. yellowing; *(dei denti)* discolouration BE, discoloration AE.

ingiallire /indʒal'lire/ [102] **I** tr. [*sole*] to yellow, to make* yellow [*carta, erba*]; [*nicotina*] to discolour BE, to discolor AE, to stain [*denti*]; ***il tempo ha ingiallito le fotografie*** the photos have gone yellow with age **II** intr. (aus. *essere*), **ingiallirsi** pronom. [*foto, carta, tessuto*] to go* yellow, to turn yellow; [*foglie*] to turn; ***il colore sulle pareti si è ingiallito*** the paint on the walls has yellowed.

ingigantire /indʒigan'tire/ [102] **I** tr. to magnify, to exaggerate [*problema*]; to blow* up, to hype (up), to play up [*storia, fatto*] **II ingigantirsi** pronom. to become* gigantic.

inginocchiamento /indʒinokkja'mento/ m. kneeling.

▷ **inginocchiarsi** /indʒinok'kjarsi/ [1] pronom. **1** to kneel* (down), to get* down on one's knees; ***lo costrinse ad ~*** she forced him to his knees **2** FIG. *(sottomettersi)* ***~ davanti a qcn.*** to kowtow to sb.

inginocchiato /indʒinok'kjato/ **I** p.pass. → **inginocchiarsi II** agg. [*persona*] kneeling, on one's knees; ***essere ~*** to be in a kneeling position.

inginocchiatoio, pl. **-oi** /indʒinokkja'tojo, oi/ m. prie-dieu*, kneeler.

ingioiellare /indʒojel'lare/ [1] **I** tr. **1** to bejewel, to adorn [sb.] with jewels **2** FIG. *(abbellire)* to adorn, to embellish **II ingioiellarsi** pronom. to put* on one's jewels.

ingioiellato /indʒojel'lato/ **I** p.pass. → **ingioiellare II** agg. [*donna*] bejewelled BE, bejeweled AE.

ingiù /in'dʒu/ **I** avv. (anche **in giù**) **1** *(in basso)* ***all'~*** downward(s); ***guardare (all')~*** to look down *o* downwards; ***dalla vita ~*** from the waist down; ***tutti dal capo ~*** everybody from the boss down *o* downward(s) **2** *(più lontano)* ***abita più ~*** he lives down the road **II** agg.inv. (anche **in giù**) ***giaceva faccia ~*** he was lying face down *o* downwards; ***stare a pancia ~*** to lie on one's stomach; ***i pipistrelli stanno appesi con la testa ~*** bats hang upside down.

ingiudicato /indʒudi'kato/ agg. DIR. sub judice.

ingiungere /in'dʒundʒere/ [55] tr. to order, to command; ***~ a qcn. di fare qcs.*** to enjoin sb. to do sth.

ingiuntivo /indʒun'tivo/ agg. DIR. LING. injunctive.

ingiunzione /indʒun'tsjone/ f. injunction, enjoinment, order; DIR. injunction; ***obbedire alle -i*** to comply with the injunctions; ***fare richiesta di ~*** to ask for an injunction; ***~ di sfratto*** eviction notice, eviction order.

ingiuria /in'dʒurja/ f. **1** *(insulto, offesa)* insult, abuse, affront; ***coprire qcn. di -e*** to heap abuse on sb. **2** DIR. verbal abuse **3** *(danno)* damage; ***le -e del tempo*** the ravages of time.

ingiuriare /indʒu'rjare/ [1] **I** tr. to insult, to abuse, to vituperate; ***farsi ~ da qcn.*** to be sworn at by sb. **II ingiuriarsi** pronom. to insult each other, to swear* at one another.

ingiuriosamente /indʒurjosa'mente/ avv. insultingly.

ingiurioso /indʒu'rjoso/ agg. [*parole*] insulting, injurious.

ingiustamente /indʒusta'mente/ avv. [*condannare*] wrongly, unfairly, unjustly; [*trattare*] unfairly; [*punire*] undeservedly; [*accusato*] falsely, unjustly; ***essere trattato ~*** to get *o* have a raw deal COLLOQ., to be hard done; ***accusare ~ qcn. di omicidio, di rapina*** to stick a murder, a robbery on sb. COLLOQ.

ingiustificabile /indʒustifi'kabile/ agg. [*comportamento, ritardo*] unjustifiable, inexcusable; [*interferenza*] unwarrantable.

ingiustificabilmente /indʒustifikabil'mente/ avv. [*agire*] unjustifiably.

ingiustificatamente /indʒustifikata'mente/ avv. **1** *(senza motivo)* unwarrantably **2** *(infondatamente)* [*condannare*] unjustifiably.

ingiustificato /indʒustifi'kato/ agg. [*ritardo, assenza, reazione*] unjustified; [*timore*] groundless; [*azione*] unwarranted.

ingiustizia /indʒus'tittsja/ f. **1** *(l'essere ingiusto)* injustice, unfairness, inequity, iniquity; ***combattere l'~*** to fight injustice **2** *(torto)* injustice, wrong; ***commettere un'~ verso qcn.*** to do sb. an injustice; ***riparare a un'~*** to right a wrong; ***è un'~!*** it's not fair!

▷ **ingiusto** /in'dʒusto/ **I** agg. **1** *(scorretto)* [*persona*] unjust, unfair, inequitable; ***sei ~!*** you're being unfair! ***essere ~ con qcn.*** to do sb. an injustice **2** *(ingiustificato)* [*punizione, verdetto*] unfair, unjust; [*trattamento*] unworthy; [*tassa*] iniquitous; ***è stato ~ da parte loro fare*** it was unjust of them to do; ***è ~ che se ne vada lui*** it is unfair that he should go **II** m. (f. **-a**) **1** *(persona)* unjust person; ***gli -i*** the unrighteous **2** *(ciò che non è giusto)* wrong, injustice; ***distinguere il giusto dall'~*** to tell right from wrong.

inglesare /ingle'sare/ [1] tr. to nick [*cavallo*].

▶ **inglese** /in'glese/ ♦ ***25, 16*** **I** agg. **1** *(dell'Inghilterra)* English; *(britannico)* British; ***all'~*** the English way; ***colazione all'~*** English breakfast; ***giardino all'~*** landscaped garden **2** TIP. ***corsivo ~*** script **II** m. e f. *(uomo)* Englishman*; *(donna)* Englishwoman*; ***gli -i*** the English, the British **III** m. *(lingua)* English; ***l'~*** the English language; ***parlare (l')~*** to speak English; ***~ britannico, americano*** British, American English ◆ ***filarsela all'~*** to take French leave.

inglobamento /ingloba'mento/ m. absorption, incorporation.

inglobare /inglo'bare/ [1] tr. to englobe, to absorb, to include.

ingloriosamente /inglorjosa'mente/ avv. ingloriously LETT.

inglorioso /inglo'rjoso/ agg. **1** *(oscuro)* inglorious LETT., obscure **2** *(disonorevole)* inglorious LETT., ignominious, shameful.

ingluvie /in'gluvje/ f.inv. ZOOL. ingluvies*, crop.

ingobbire /ingob'bire/ [102] **I** intr. (aus. *essere*) → **ingobbirsi II ingobbirsi** pronom. to become* hunchbacked, to develop a stoop.

ingobbito /ingob'bito/ **I** p.pass. → **ingobbire II** agg. hunchbacked, stooped, bent.

ingoffire /ingof'fire/ [102] tr. ***questo vestito ti ingoffa*** this dress makes you look dowdy.

▷ **ingoiare** /ingo'jare/ [1] tr. **1** *(mandare giù)* to swallow (up) [*cibo*]; *(in fretta)* to bolt (down), to gulp (down), to gobble (down) [*boccone*]; to swallow, to get* down [*pillola*] **2** FIG. *(reprimere)* to hold* back, to choke back [*lacrime*]; *(sopportare)* to swallow [*insulti*]; to put* up with [*umiliazioni*] **3** FIG. *(fare sparire)* [*mare, onde*] to engulf, to swallow up [*nave, persona*] ◆ **~ *il rospo*** to bite (on) the bullet, to grin and bear it; ***fare ~ un rospo a qcn.*** to make sb. eat crow AE COLLOQ.; **~ *un boccone amaro*** to swallow hard; **~ *la pillola*** to take one's medicine like a man; ***era una pillola amara da ~*** it was a bitter pill to swallow.

ingolfare /ingol'fare/ [1] **I** tr. to flood [*motore*] **II ingolfarsi** pronom. **1** [*motore*] to get* flooded **2** *(formare un'insenatura)* [*mare*] to form a gulf.

ingollare /ingol'lare/ [1] tr. to gobble (down), to gulp down, to swallow down [*cibo*].

ingolosire /ingolo'sire/ [102] **I** tr. **1** ***le torte mi ingolosiscono*** cakes make my mouth water **2** FIG. to tempt, to entice **II ingolosirsi** pronom. **1** to become* greedy **2** FIG. *(essere attirato)* **-*rsi di qcs.*** to take a fancy to sth.

ingombrante /ingom'brante/ agg. **1** [*pacco*] bulky, unwieldy; [*mobile, bagagli*] cumbersome **2** FIG. *(invadente)* [*ospite*] intrusive, obtrusive.

▷ **ingombrare** /ingom'brare/ [1] tr. **1** *(intralciare)* to encumber, to impede [*traffico*]; to obstruct, to block [*strada*]; **~ *il passaggio*** to be in the way **2** *(riempire)* to clutter (up), to cram; **~ *il tavolo di libri*** to encumber the table with books; ***gli hanno ingombrato la testa di informazioni inutili*** FIG. they stuffed his head with useless information.

1.ingombro /in'gombro/ agg. [*stanza, tavolo*] cluttered, crowded (**di** with); [*passaggio, marciapiede*] congested; FIG. [*mente*] cluttered (**di** with); ***essere ~ di*** to be piled with [*oggetti, libri*]; ***la stanza era -a di scatoloni*** the room was piled high with boxes.

2.ingombro /in'gombro/ m. **1** *(impedimento)* encumbrance, encumberment RAR.; ***essere di ~*** to be in the way; ***essere di ~ a qcn.*** to stand in sb.'s path.; ***senza l'~ dei bagagli*** unhampered *o* unhindered by luggage **2** *(cosa ingombrante)* bulk, obstruction; ***togliere gli -i dal tavolo*** to remove the litter *o* junk from the table.

ingommare /ingom'mare/ [1] tr. **1** *(incollare)* to gum, to stick, to glue [*etichetta, francobollo*] **2** *(spalmare di gomma)* to gum [*bordo, etichetta*].

ingordamente /ingorda'mente/ avv. [*mangiare*] greedily.

ingordigia, pl. **-gie** /ingor'didʒa, dʒe/ f. **1** *(ghiottoneria)* gluttony, greed, greediness; ***mangiare con ~*** to eat greedily **2** *(cupidigia)* greed, greediness, avidity, lust; **~ *di denaro*** greed for money.

ingordo /in'gordo/ **I** agg. **1** *(goloso)* greedy, gluttonous **2** *(avido) (di denaro, ricchezze)* greedy, eager (**di** for) **II** m. (f. **-a**) glutton.

ingorgare /ingor'gare/ [1] **I** tr. **1** to block (up), to choke (up), to clog up [*lavandino*] **2** FIG. to block (up), to choke (up), to obstruct [*strada*] **II ingorgarsi** pronom. **1** *(ostruirsi)* [*tubo, lavandino*] to get* blocked, to clog up, to be* choked (up) **2** FIG. [*strada*] to be* blocked (up).

▷ **ingorgo**, pl. **-ghi** /in'gorgo, gi/ m. **1** *(di conduttura)* blockage **2** FIG. *(del traffico)* (traffic) jam, gridlock, snarl; ***rimanere bloccato in un ~*** to be stuck in traffic; ***fino a dove arriva l'~?*** how far does the traffic jam stretch?

ingovernabile /ingover'nabile/ agg. **1** [*paese, popolo*] ungovernable **2** [*auto, imbarcazione*] unmanageable.

ingovernabilità /ingovernabili'ta/ f.inv. ungovernability.

ingovernabilmente /ingovernabil'mente/ avv. ungovernably.

ingozzamento /ingottsa'mento/ m. *(del pollame)* force-feeding.

ingozzare /ingot'tsare/ [1] **I** tr. **1** to force-feed* [*pollame*] **2** *(rimpinzare)* to fill (up) [*persona, ospite*]; **~ *qcn. di dolci*** to stuff sb. with cakes **3** *(trangugiare)* to gulp down, to gobble (down) [*cibo*] **II ingozzarsi** pronom. to gorge oneself (**di** on); **-*rsi di dolci*** to cram oneself with sweets; **-*rsi come un maiale*** to pig oneself.

ingranaggio, pl. **-gi** /ingra'naddʒo, dʒi/ m. **1** MECC. gears pl., guts pl.; ***sistema di -gi*** gearing, train of gears; **~ *cilindrico*** spur gear; **~ *conico*** bevel gear; **~ *a vite*** worm gear **2** FIG. mechanism, workings pl., machinery; ***essere una (semplice) rotella nell'~*** to be a (tiny) cog in the machine; ***essere preso nell'~ di qcs.*** to get caught up in a spiral of sth.; ***gli -gi del governo*** the wheels of government.

ingranamento /ingrana'mento/ m. TECN. mesh.

ingranare /ingra'nare/ [1] **I** tr. **1** *(sistemare un ingranaggio)* to engage [*catena*] **2** AUT. **~ *la marcia*** to put a car in gear, to slip a car into gear; **~ *la retromarcia*** to put in reverse **II** intr. (aus. *avere*) **1** TECN. [*parti di ingranaggio*] to mesh, to tooth **2** *(cominciare a funzionare)* to get* going; ***al mattino ho difficoltà a ~*** it's hard for me to get going in the morning; ***"come va con il francese?" - "comincio a ~"*** "how's the French going?" - "I'm beginning to get the hang of it".

ingrandimento /ingrandi'mento/ m. **1** *(ampliamento)* enlargement, expansion **2** FOT. enlargement, blow-up; ***fare un ~*** to blow up **3** OTT. magnification; ***lente d'~*** magnifying glass, magnifier.

▷ **ingrandire** /ingran'dire/ [102] **I** tr. **1** *(ampliare)* to widen, to enlarge [*strada*]; to enlarge [*casa*]; to enlarge, to expand, to extend [*attività, azienda*]; to make* [sth.] bigger [*oggetto*]; ***mi sono fatto ~ la cucina*** I had a kitchen extension built **2** FIG. *(esagerare)* to exaggerate [*problemi, difficoltà*]; to overstate, to magnify [*importanza*] **3** FOT. to enlarge, to blow* up; ***fare ~ una fotografia*** to have a photograph enlarged **4** OTT. [*lente, microscopio*] to magnify **II ingrandirsi** pronom. **1** *(ampliarsi)* [*città, impresa*] to expand, to increase in size **2** FIG. *(espandersi)* ***quel negoziante si è ingrandito*** that dealer has expanded.

ingranditore /ingrandi'tore/ m. FOT. enlarger.

ingrassaggio, pl. **-gi** /ingras'saddʒo, dʒi/ m. greasing, lubrication, lube (job) AE COLLOQ.; ***pistola per ~*** grease gun.

ingrassamento /ingrassa'mento/ m. **1** fattening **2** *(concimazione)* manuring.

▷ **ingrassare** /ingras'sare/ [1] **I** tr. **1** *(fare diventare grasso)* [*dolci*] to make* fat [*persona*] **2** ALLEV. to force(-feed), to fatten up [*animali*] **3** AGR. to manure [*terreno*] **4** MECC. to grease, to lubricate [*ingranaggio, motore*] **II** intr. (aus. *essere*) **1** *(diventare grasso)* [*persona*] to become* fat, to get* fat, to get* big(ger), to put* on weight; [*animale*] to fatten; **~ *di cinque chili*** to put *o* gain on five kilos; **~ *a forza di mangiare cioccolatini*** to get fat on chocolates; ***la birra fa molto ~*** beer is very fattening **2** COLLOQ. FIG. *(arricchirsi)* to grow* rich; **~ *alle spalle degli altri*** to grow fat at sb.'s expense **III ingrassarsi** pronom. [*persona*] to become* fat, to get* fat, to get* big(ger), to put* on weight.

ingrassatore /ingrassa'tore/ ♦ **18** m. **1** *(operaio)* oiler, greaser BE **2** TECN. *(dispositivo)* grease cup.

ingrasso /in'grasso/ m. **1** *(di animali)* fattening; ***animale da ~*** fattener; ***maiale da ~*** porker; ***mettere un animale all'~*** to force(-feed) an animal, to fatten up an animal **2** AGR. manure, fertilizer.

ingratamente /ingrata'mente/ avv. ungratefully.

ingraticciare /ingratit'tʃare/ [1] tr. to screen off, to lattice.

ingraticciata /ingratit'tʃata/ f. trelliswork, lattice work.

ingratitudine /ingrati'tudine/ f. ingratitude, ungratefulness.

▷ **ingrato** /in'grato/ **I** agg. **1** *(senza riconoscenza)* [*persona*] ungrateful, thankless, unappreciative; [*pubblico*] unappreciative; ***mostrarsi ~ verso qcn.*** to be ungrateful towards sb. **2** *(non gradito, spiacevole)* [*compito, lavoro*] thankless; ***è veramente un lavoro ~ dovere...*** it's a real chore having to... **II** m. (f. **-a**) ingrate, ungrateful person.

ingravidare /ingravi'dare/ [1] **I** tr. to impregnate [*animale*]; to make* pregnant, to impregnate [*donna*] **II** intr. (aus. *essere*) to become* pregnant.

ingraziarsi /ingrat'tsjarsi/ [1] pronom. to gain favour with [*persona, opinione pubblica*]; **~ *qcn.*** to get on the right side of sb., to get in sb.'s good books, to ingratiate oneself with sb. SPREG., to make up to sb. COLLOQ.

ingraziosire /ingrattsjo'sire/ [102] tr. to prettify.

ingrediente /ingre'djɛnte/ m. **1** *(componente)* ingredient; ***mescolare tutti gli -i*** blend all the ingredients together **2** *(elemento)* ingredient, element.

ingressivo /ingres'sivo/ agg. LING. ingressive.

▶ **ingresso** /in'grɛsso/ m. **1** *(l'entrare)* entrance, entry; ***fare un ~ trionfale*** to make a spectacular entrance, to make a triumphal entry **2** *(prima entrata, ammissione)* entry, admission, admittance; ***dopo il loro ~ nella nostra azienda...*** since they joined the company...; ***fare il proprio ~ nel mondo del lavoro*** to enter professional life; ***l'~ in un'organizzazione*** the admission to an organization; ***votare a favore dell'~ nell'UE*** to vote to join the EU **3** *(entrata)* admission, entry; *(prezzo)* admission fee, entry fee; ***"~ gratuito"*** "admission free"; ***"~ riservato ai soci"*** "members only"; ***"vietato l'~"*** "no entry", "no admittance"; ***"vietato l'~ ai cani"*** "no dogs are allowed", "dogs not ammitted"; ***vietare l'~ a qcn.*** to refuse sb. admittance; ***biglietto d'~*** entrance ticket; ***fare pagare l'~ 5 sterline*** to charge £5 admission **4** *(luogo di accesso, passaggio)* entrance; ***troviamoci all'~ del museo*** let's meet at the entrance to the museum; ***porta d'~*** front door; **~ *principale*** main *o* front entrance, hall door; **~ *posteriore*** back entrance; **~ *di servizio*** service *o* tradesman's entrance **5** *(anticamera)* entrance (hall); ***lascia il tuo cappotto nell'~*** leave your coat in the hall **6** INFORM. EL. input; ***bus di ~*** INFORM. input bus; ***corrente d'~*** EL. electrical input **7** COMM. ***di ~*** [*modello*] entry-level.

ingrigire /ingri'dʒire/ [102] intr. (aus. *essere*) [*persona, barba, capelli*] to grey BE, to gray AE, to grizzle; ***sta cominciando a ~*** his hair is going grey, he is going grey.

ingripparsi /ingrip'parsi/ [1] pronom. [*motore*] to seize (up).

ingrommare /ingrom'mare/ [1] **I** tr. to encrust **II ingrommarsi** pronom. to become* encrusted.

ingrossamento /ingrossa'mento/ m. **1** *(l'ingrossarsi)* enlargement; *(rigonfiamento)* swelling; ***un ~ anormale del fegato*** an abnormally enlarged liver **2** *(parte ingrossata)* bulge.

ingrossare /ingros'sare/ [1] **I** tr. **1** *(gonfiare)* [*pioggia*] to swell* [*fiume, torrente*] **2** *(rendere più grosso)* ***questo vestito ti ingrossa*** this dress makes you look fat **3** *(accrescere)* to swell* [*numero, popolazione*]; ***andare a ~ le file dei disoccupati*** to join the ranks of the unemployed; ***gli studenti hanno ingrossato le file dei dimostranti*** students swelled the ranks of the demonstrators **II** intr. (aus. *essere*) [*fiume, torrente*] to swell*; [*tumore, ghiandole*] to become* big(ger); [*tonsille*] to enlarge **III ingrossarsi** pronom. **1** [*fiume, torrente*] to swell*; [*tumore, ghiandole*] to become* big(ger); ***il fiume si sta ingrossando*** the river is up **2** *(ingrassare)* [*persona*] to put* on weight.

ingrossatura /ingrossa'tura/ f. → **ingrossamento.**

ingrosso: **all'ingrosso** /allin'grɔsso/ **I** avv. **1** [*comprare, vendere*] in bulk, wholesale; ***acquistare all'~*** to bulk-buy **2** *(all'incirca)* approximately, roughly; ***così all'~ avrà 40 anni*** he is somewhere around 40 **II** agg.inv. ***acquisto all'~*** bulk-buying; ***vendita all'~*** bulk *o* volume sale, wholesale.

ingrugnare /ingruɲ'ɲare/ [1] intr. (aus. *essere*), **ingrugnarsi** pronom. to pout, to sulk.

ingrugnire /ingruɲ'ɲire/ [102] → **ingrugnare.**

inguadabile /ingwa'dabile/ agg. unfordable.

inguaiare /ingwa'jare/ [1] **I** tr. COLLOQ. **~ *qcn.*** to get sb. into trouble, to get sb. in a mess; **~ *una ragazza*** EUFEM. to get a girl into trouble **II inguaiarsi** pronom. COLLOQ. to get* into trouble; ***-rsi fino al collo*** to land oneself in a fine mess.

inguainamento /ingwaina'mento/ m. sheathing.

inguainare /ingwai'nare/ [1] tr. **1** to sheathe [*spada*] **2** *(fasciare)* ***era inguainata in un abito di seta*** she was sheathed in a silk dress.

ingualcibile /ingwal'tʃibile/ agg. [*tessuto*] crease-resistant, permanent-press.

inguantare /ingwan'tare/ [1] **I** tr. to glove [*mano*] **II inguantarsi** pronom. [*persona*] to put* on one's gloves.

inguaribile /ingwa'ribile/ agg. **1** [*malattia*] incurable, terminal **2** FIG. *(incorreggibile)* [*bugiardo*] confirmed, chronic; SCHERZ. [*ottimismo*] incurable, unfailing; ***essere un ~ romantico*** to be incurably romantic; ***un ~ ottimista*** an eternal optimist.

inguinale /ingwi'nale/ agg. [*ernia, regione*] inguinal.

inguine /'ingwine/ m. groin; ***all'~*** in the groin.

ingurgitamento /ingurdʒita'mento/ m. ingurgitation, engorgement.

ingurgitare /ingurdʒi'tare/ [1] tr. to swallow down, to gulp down, to ingurgitate [*cibo*]; to swallow down, to get* down [*medicina*]; to swallow down, to swig down, to swig back [*bevanda*].

inibire /ini'bire/ [102] **I** tr. **1** *(proibire)* to forbid*, to prohibit **2** PSIC. to inhibit [*persona*] **3** *(ostacolare)* to inhibit, to constrain, to stunt [*sviluppo, progresso*]; to suppress [*crescita*] **II inibirsi** pronom. to be* inhibited.

inibito /ini'bito/ **I** p.pass. → **inibire II** agg. [*persona*] inhibited **III** m. (f. **-a**) inhibited person.

inibitore /inibi'tore/ **I** agg. → **inibitorio II** m. FARM. inhibitor, depressor.

inibitorio, pl. **-ri, -rie** /inibi'tɔrjo, ri, rje/ agg. PSIC. inhibitory, inhibiting.

inibizione /inibit'tsjone/ f. **1** *(divieto)* prohibition **2** PSIC. inhibition; ***senza -i*** uninhibitedly; ***non avere alcuna ~ a fare*** to be uninhibited about doing; ***liberarsi delle proprie -i*** to get rid of one's inhibitions.

inidoneità /inidonei'ta/ f.inv. inadequacy, unsuitability.

inidoneo /ini'dɔneo/ agg. unfit, unsuitable, unsuited; **~ *al servizio militare*** unfit for military service.

iniettabile /injet'tabile/ agg. [*soluzione*] injectable.

iniettare /injet'tare/ [1] **I** tr. **1** to inject [*liquido, vaccino*] (**in** into); **~ *qcs. a qcn.*** to inject sb. with sth. **2** TECN. to inject [*carburante*] **II iniettarsi** pronom. **1** to inject oneself with [*eroina*] **2 *-rsi di sangue*** [*occhi*] to become bloodshot.

iniettato /injet'tato/ **I** p.pass. → **iniettare II** agg. ***occhi -i di sangue*** bloodshot eyes.

iniettivo /injet'tivo/ agg. MAT. injective.

iniettore /injet'tore/ m. injector.

▷ **iniezione** /injet'tsjone/ f. **1** MED. injection, shot, jab BE; ***fare un'~ a qcn.*** to give sb. an injection; ***fare un'~ di qcs. a qcn.*** to inject sb. with sth.; ***farsi delle -i di insulina*** to inject oneself with insulin; ***farsi fare un'~*** to have an injection; **~ *di richiamo*** booster injection; **~ *endovenosa*** intravenous injection; **~ *ipodermica*** hypodermic **2** MECC. EDIL. *(di carburante, cemento)* injection; ***motore a ~*** fuel injection engine **3** FIG. injection, boost, infusion; ***un'~ di entusiasmo*** a boost of enthusiasm; **~ *di capitali*** cash injection ◆◆ **~ *elettronica*** AUT. electronic fuel injection.

inimicare /inimi'kare/ [1] **I** tr. to alienate, to estrange, to make* an enemy of [*persona*]; ***la sua sincerità gli ha inimicato il capo*** his sincerity has antagonized his boss **II inimicarsi** pronom. ***-rsi (con) qcn.*** to get on the wrong side of sb., to fall out *o* clash with sb.

inimicizia /inimi'tʃittsja/ f. enmity, animosity, hard feelings pl.; ***tra loro c'è ~*** there is bad blood between them.

inimitabile /inimi'tabile/ agg. inimitable, incomparable; ***nel suo stile ~*** in her own inimitable way.

inimitabilità /inimitabili'ta/ f.inv. inimitability.

inimmaginabile /inimmadʒi'nabile/ agg. unimaginable, unthinkable, inconceivable.

inimmaginabilità /inimmadʒinabili'ta/ f.inv. unimaginableness.

inimmaginabilmente /inimmadʒinabil'mente/ avv. unimaginably.

inimmaginato /inimmadʒi'nato/ agg. unimagined.

ininfiammabile /ininfjam'mabile/ agg. [*materiali*] nonflammable, noninflammable, uninflammable.

ininfluente /ininflu'ɛnte/ agg. [*opinione, giudizio*] uninfluential, irrelevant.

ininfluenza /ininflu'ɛntsa/ f. irrelevance.

inintelligente /inintelli'dʒɛnte/ agg. unintelligent.

inintelligibile /inintelli'dʒibile/ agg. **1** *(confuso)* [*ragionamento*] unintelligible **2** *(indecifrabile)* [*scrittura*] incomprehensible, illegible.

inintelligibilità /inintellidʒibili'ta/ f.inv. unintelligibility; *(indecifrabilità)* incomprehensibleness, illegibility.

inintelligibilmente /inintellidʒibil'mente/ avv. unintelligibly.

ininterrottamente /ininterrotta'mente/ avv. uninterruptedly, unceasingly, continually; ***parlare, lavorare ~*** to talk, work nonstop.

ininterrotto /ininter'rotto/ agg. unceasing, nonstop, uninterrupted, unremitting; [*crescita, processo, rumore*] continuous; [*serie*] unbroken.

iniquamente /inikwa'mente/ avv. inequitably.

iniquità /inikwi'ta/ f.inv. **1** *(ingiustizia)* iniquity, unfairness, injustice **2** *(azione iniqua)* iniquity, wicked act **3** *(malvagità)* iniquity, wickedness.

iniquo /i'nikwo/ agg. **1** *(ingiusto)* iniquitous, unjust, unfair, inequitable **2** *(malvagio)* wicked, iniquitous, evil.

iniziabile /init'tsjabile/ agg. [*progetto*] that can be started.

▷ **iniziale** /init'tsjale/ **I** agg. **1** *(dell'inizio)* [*capitolo, scena, inquadratura*] opening; [*timidezza, ritrosia, sintomi*] initial; ***stipendio ~*** starting salary; ***nelle fasi -i*** in the initial *o* early stages; ***i minuti -i*** the first few minutes **2** [*lettera, sillaba*] initial **3** FIS. ***velocità ~*** starting speed **II** f. *(lettera)* initial; ***firmare con le -i*** to sign one's initials; ***apporre le proprie -i su un documento*** to initial a document.

inizializzare /inittsjalid'dzare/ [1] tr. INFORM. to initialize.

inizializzazione /inittsjaliddzat'tsjone/ f. INFORM. initialization; ***dispositivo di ~*** boot device.

inizialmente /inittsjal'mente/ avv. initially, at the beginning; **~ *avevo rifiutato*** originally I had refused.

▶ **iniziare** /init'tsjare/ [1] **I** tr. **1** *(incominciare)* to begin*, to start [*lavoro, attività, giornata, esercizio, scuola*]; to strike* up, to break* off [*conversazione*]; to begin*, to launch [*carriera*]; to initiate [*colloqui*]; to kick off COLLOQ. [*spettacolo, concerto, stagione*]; ***inizi bene l'anno, la giornata!*** that's a good start to the year, the day! **2** *(incominciare a)* **~ *a fare qcs.*** to begin *o* start doing *o* to do sth.; **~ *a preparare la cena*** to make a start on the dinner; ***iniziammo a parlare*** we got to talking; **~ *a fare effetto*** [*medicinale*] to (start to) take effect; **~ *a scarseggiare*** to become scarce, to get short; **~ *a drogarsi*** to turn to drugs; ***iniziano a cadergli i capelli*** his hair is beginning to fall out **3** *(avviare)* **~ *qcn. a*** to introduce sb. to [*pittura, musica*]; to initiate sb. into [*società segreta*] **II** intr. (aus. *essere*) **1** *(avere inizio)* [*lezione, film, processo, anno*] to begin*, to start; [*spettacolo, concerto*] to kick off COLLOQ.; ***e, per ~, una canzone*** and, to start with, a song; ***non ~!*** *(in una lite)* don't start on me! ***non ~ di nuovo!*** don't start that again! ***un nome che inizia con la C*** a name beginning with C; ***iniziate dall'alto e proseguite verso il basso*** start at the top and work your way down; **~ *col fare*** to begin *o* start off by doing; **~ *da*** o ***come segretaria*** to start (off) as a secretary; ***la giornata è iniziata male*** the day started badly, it was a bad start to the day; **~ *da zero*** to start from scratch **2 a iniziare da a ~ *da oggi*** from this day on *o* forth; ***siete tutti colpevoli a ~ da te*** you're all guilty starting with you **III** impers. (aus. *essere, avere*) ***inizia a piovere*** it's beginning to rain; ***iniziava a farsi buio, a fare giorno*** it was getting *o* growing dark, light ◆ ***tanto per ~*** for a start, for starters COLLOQ., for openers COLLOQ.; ***tanto per ~ non avrei dovuto dirle niente*** I should never have told her to start *o* begin with.

iniziatico, pl. **-ci, -che** /init'tsjatiko, tʃi, ke/ agg. [*rito, cerimonia*] initiatory.

▷ **iniziativa** /inittsja'tiva/ f. **1** *(decisione)* initiative; ***prendere l'~ di fare*** to take the initiative *o* lead in doing; ***perdere l'~*** to lose the initiative; ***di mia ~*** of my own accord; ***fare qcs. di propria ~*** to do sth. on one's own initiative *o* account, to do sth. off one's own bat COLLOQ. **2** *(attività, impresa)* venture, undertaking; ***un'~ editoriale*** a publishing venture; ***~ di pace*** peace initiative(s) *o* effort **3** *(intraprendenza)* initiative, drive, enterprise; ***avere, mostrare ~*** to have, show initiative; ***non avere ~*** to be unenterprising; ***un minimo di ~!*** use your initiative! ***avete mostrato un notevole spirito di ~ organizzando un concerto*** it was very enterprising of you to organize a concert **4** DIR. POL. initiative ◆◆ ***~ privata*** free enterprise.

iniziato /init'tsjato/ **I** p.pass. → **iniziare II** agg. ***essere ~ ai misteri di qcs.*** SCHERZ. to be inducted into the mysteries of sth. **III** m. (f. **-a**) initiate; ***linguaggio per -i*** esoteric language.

iniziatore /inittsja'tore/ m. (f. **-trice** /tritʃe/) initiator, promoter.

iniziazione /inittsjat'tsjone/ f. **1** initiation; ***cerimonia, rito d'~*** initiation ceremony, rite **2** *(avviamento) (alla pittura, musica)* introduction.

▶ **inizio**, pl. **-zi** /i'nittsjo, tsi/ m. beginning, start; ***all'~*** in *o* at the beginning, at first; ***all'~ di marzo*** at the beginning of March; ***dall'~ di marzo*** from the beginning of March; ***all'~ della primavera*** in the early spring; ***all'~ della fila*** at the head of the queue, ahead of the queue; ***all'~ non ho capito*** I didn't understand to start with; ***dopo l'~ della guerra*** after the war began; ***sin dall'~*** right from the start, from the very first; ***lo sapevano fin dall'~*** they knew it all along; ***l'~ della fine*** the beginning of the end; ***dall'~ alla fine*** from beginning to end, from start to finish; ***è solo l'~*** this is just the beginning, it's early days yet; ***è un buon ~*** that's a good start; ***non male come ~*** not a bad effort for a first try; ***abbiano ~ i festeggiamenti!*** let the festivities begin! let the good times roll! ***dare ~ a*** to begin, to start [*guerra*]; to engage [*ostilità, combattimenti*]; to initiate [*progetto, riforma*]; ***agli -zi della sua carriera*** early on in her career; ***il progetto è ancora agli -zi*** the project is still in its infancy; ***calcio d'~*** SPORT kick-off.

in loco /in'lɔko/ avv. in situ, on the spot.

innaffiare /innaf'fjare/ → **annaffiare.**

innaffiata /innaf'fjata/ → **annaffiata.**

innaffiatoio, pl. **-oi** /innaffja'tojo, oi/ → **annaffiatoio.**

innaffiatore /innaffja'tore/ → **annaffiatore.**

innaffiatura /innaffja'tura/ → **annaffiatura.**

innalzamento /innaltsa'mento/ m. **1** *(costruzione) (di statua, monumento)* erection, raising; ***l'~ di un muro*** the raising of a wall **2** *(elevazione)* elevation; ***~ al trono*** elevation to the throne **3** *(aumento)* rise; *(di prezzi)* raising, increase; ***l'~ del livello delle acque*** rising water level.

▷ **innalzare** /innal'tsare/ [1] **I** tr. **1** *(alzare, sollevare)* to raise, to put* up [*bandiera*]; to address, to uplift [*preghiera*]; ***~ gli occhi al cielo*** to cast *o* raise one's eyes up to heaven **2** *(erigere)* to erect, to raise, to set* up [*statua*]; to erect, to raise, to build* [*monumento*]; to erect [*impalcatura*]; to put* up, to raise [*barriera*] **3** *(fare salire)* to raise [*temperatura*]; to improve, to raise [*livello, standard*]; to raise [*limite di età*]; ***~ il livello del dibattito*** to raise the level of the debate **4** FIG. *(fare avanzare, promuovere)* to elevate (**a** to), to exalt; ***~ qcn. al trono*** to raise sb. to the throne; ***~ qcn., qcs. al rango di*** to raise sb., sth. to the rank of **5** *(nobilitare)* to elevate, to uplift [*mente, anima*] **II innalzarsi** pronom. **1** *(alzarsi, sollevarsi)* [*mongolfiera*] to float off, to rise* up; FIG. [*anima*] to ascend **2** *(ergersi)* [*montagna*] to rise* (up), to jug (out); ***le vette si innalzano all'orizzonte*** the mountains tower up on the horizon **3** *(aumentare)* [*temperatura*] to rise*, to go* up; [*livello dell'acqua*] to rise*; ***-rsi di tre gradi*** to rise (by) three degrees **4** FIG. *(salire di grado)* to rise* in rank ◆ ***~ qcn. agli onori dell'altare*** to make sb. a saint.

innamoramento /innamora'mento/ m. **1** *(l'innamorarsi)* falling in love **2** *(amore)* love.

▶ **innamorare** /innamo'rare/ [1] **I** tr. *(affascinare)* to enamour, to charm; ***uno sguardo che innamora*** a bewitching look **II innamorarsi** pronom. **1** ***-rsi di qcn.*** to fall in love with sb., to lose one's heart to sb.; ***-rsi perdutamente di qcn.*** to fall head over heels in love with sb.; ***si è perdutamente innamorato di lei*** he fell for her in a big way; ***si sono innamorati a prima vista*** they fell in love at first sight **2** *(appassionarsi)* ***-rsi di*** to become infatuated with, to develop a passion for [*musica, oggetto*].

innamorata /innamo'rata/ f. girlfriend, lover, sweetheart, inamorata LETT. o SCHERZ.

▶ **innamorato** /innamo'rato/ **I** p.pass. → **innamorare II** agg. **1** [*sguardo*] loving; ***essere ~ di qcn.*** to be in love with sb.; ***perdutamente, follemente ~*** desperately, madly in love; ***essere ~ cotto di qcn.*** COLLOQ. to be head over heels in love with sb. **2** *(appassionato)* infatuated (**di** of); crazy (**di** about); ***essere ~ dell'Italia*** to have a love affair with Italy **III** m. boyfriend, lover, sweetheart; ***un battibecco fra -i*** a lovers' tiff; ***una coppia di -i*** lovebirds; ***chi è il tuo ~?*** who is your valentine?

▷ **innanzi** /in'nantsi/ **I** avv. **1** *(avanti)* forward(s), on; ***corse ~*** he ran ahead; ***venire*** o ***farsi ~*** to come forward, to take a step forward; ***tirare ~*** to press on, to carry on; FIG. to get by **2** *(poi)* later, further on **3** *(prima)* before; ***come è stato detto ~*** as (it) was said *o* stated earlier **4 innanzi a** before, in front of; ***~ ai miei occhi*** before my eyes **5 d'ora innanzi** from now on(wards), henceforth LETT. **II** agg.inv. *(precedente)* previous; ***la notte ~*** the night before, the previous night.

▷ **innanzitutto** /innantsi'tutto/ avv. (anche **innanzi tutto**) in the first place, first of all; ***~ la sicurezza*** safety first.

innario, pl. **-ri** /in'narjo, ri/ m. hymnary.

innato /in'nato/ agg. **1** [*tendenza*] innate, inborn, inbreed; [*difetto*] constitutional **2** *(spontaneo)* [*talento*] inborn, natural; [*eleganza*] unstudied, effortless; [*astuzia*] native.

innaturale /innatu'rale/ agg. **1** *(anormale)* unnatural **2** *(artificioso)* [*comportamento*] artificial; [*recitazione, conversazione*] forced; [*atmosfera*] constrained; [*silenzio*] unnatural.

innaturalmente /innatural'mente/ avv. unnaturally.

innavigabile /innavi'gabile/ agg. **1** [*fiume*] unnavigable **2** [*imbarcazione*] unnavigable, unseaworthy.

innegabile /inne'gabile/ agg. [*verità, fatto, realtà*] undeniable; [*prova*] positive; ***è ~ che...*** it is undeniable that...

innegabilmente /innegabil'mente/ avv. undeniably, right enough COLLOQ.; ***è ~ vero*** it is undeniably true.

inneggiare /inned'dʒare/ [1] intr. (aus. *avere*) **1** to sing* hymns **2** *(celebrare)* ***~ a qcs.*** to hymn sth.

innervare /inner'vare/ [1] tr. ANAT. to innervate.

innervato /inner'vato/ **I** p.pass. → **innervare II** agg. innervated; ***non ~*** ANAT. BOT. nerveless.

innervazione /innervat'tsjone/ f. ANAT. innervation.

innervosire /innervo'sire/ [102] **I** tr. to annoy, to irritate, to rattle COLLOQ.; ***la folla mi innervosisce*** crowds make me nervous, I feel nervous in crowds; ***fare ~ qcn.*** to make sb. cross, to give sb. the jitters **II innervosirsi** pronom. to get* annoyed, to become* irritated, to get* worked up, to work oneself up, to get* rattled COLLOQ.

innescamento /inneska'mento/ m. **1** *(di amo)* baiting **2** *(di ordigno)* priming.

innescare /innes'kare/ [1] **I** tr. **1** *(fornire di esca)* to bait [*amo*] **2** *(munire di innesco)* to prime [*bomba, ordigno*] **3** FIG. *(suscitare)* to trigger (off) [*crisi, polemica*]; to motion, to spark (off) [*reazione, catena di eventi*] **II innescarsi** pronom. **1** *(attivarsi)* [*fenomeno*] to begin*, to get* underway **2** FIG. to be* triggered (off), to be* sparked (off).

innesco, pl. **-schi** /in'nesko, ski/ m. **1** *(di bomba)* primer **2** FIG. trigger; ***essere l'~ di qcs.*** to act as *o* be the trigger for sth.

innestare /innes'tare/ [1] **I** tr. **1** AGR. to bud, to (en)graft [*pianta*] **2** CHIR. to graft [*organo*] **3** *(inoculare)* ***~ il vaiolo a qcn.*** to inoculate sb. with smallpox **4** *(inserire)* to insert [*spina*]; ***~ le baionette*** to fix bayonets **5** AUT. ***~ la frizione*** to let in *o* engage the clutch; ***~ la retromarcia*** to put the car into reverse **II innestarsi** pronom. **1** *(inserirsi)* to be* inserted **2** *(immettersi)* [*strada*] to join, to merge with [*autostrada*].

innestatoio, pl. **-oi** /innesta'tojo, oi/ m. grafting knife*.

innestatura /innesta'tura/ f. grafting.

innesto /in'nɛsto/ m. **1** AGR. graft, grafting, engraftation; ***ceppo d'~*** understock; ***ibrido d'~*** graft hybrid **2** CHIR. graft, grafting; ***~ cutaneo*** skin graft(ing) **3** MECC. clutch; ***~ automatico, elettromagnetico, idraulico*** automatic, electromagnetic, hydraulic clutch.

innevamento /inneva'mento/ m. **1** *(neve caduta)* snowfall **2** *(quantità, condizioni della neve)* snow coverage; ***l'~ delle piste è insufficiente*** there isn't enough snow on the slopes ◆◆ ***~ artificiale*** = (covering with) artificial snow.

innevare /inne'vare/ [1] **I** tr. to cover [sth.] with snow [*pista*] **II innevarsi** pronom. to get* covered with snow.

innevato /inne'vato/ **I** p.pass. → **innevare II** agg. [*cime, montagne*] snowy, snow-capped; [*paesaggio*] snowy.

▷ **inno** /'inno/ m. **1** hymn, anthem; ***libro di -i*** hymnal, hymnbook **2** FIG. hymn, praise; ***~ alla vita*** hymn to life ◆◆ ***~ nazionale*** national anthem; ***-i omerici*** Homeric hymns.

▶ **innocente** /inno'tʃɛnte/ **I** agg. **1** *(senza colpa)* [*persona*] innocent, blameless, guiltless FORM.; DIR. innocent, not guilty; ***non è del tutto ~*** he's not entirely free from *o* of blame; ***dichiararsi ~*** DIR. to claim to be innocent, to claim innocence, to plead not guilty, to enter a plea of not guilty; ***dichiarare qcn. ~*** DIR. to find sb. not guilty **2** *(puro)* [*ragazza*] innocent, pure; [*relazione*] chaste **3** *(fatto senza malizia)* [*domanda*] innocent; [*divertimento*] innocent, harmless, wholesome; [*scherzo*] harmless; [*osservazione, critica*] innocent, innocuous, good-humoured BE, good-humored AE; [*sorriso, espressione*] virginal; ***con aria ~*** with an air of innocence **II** m. e f. innocent; ***presunto ~*** presumed innocent; ***fare l'~*** to play the innocent; ***la strage degli Innocenti*** BIBL. the massacre of the (Holy) Innocents.

innocentemente /innotʃente'mente/ avv. innocently, in all innocence.

innocentino /innotʃen'tino/ m. IRON. innocent; ***fare l'~*** to play the innocent; ***non fare l'~ con me!*** don't come the innocent with me! BE COLLOQ.

innocentismo /innotʃen'tizmo/ m. = the position of someone who holds the accused to be innocent.

innocentista, m.pl. **-i**, f.pl. **-e** /innotʃen'tista/ m. e f. = someone who holds the accused to be innocent.

▷ **innocenza** /inno'tʃɛntsa/ f. **1** *(non colpevolezza)* innocence (anche DIR.); ***provare la propria ~*** to prove one's innocence; ***protestare la propria ~*** to protest one's innocence; ***fare una dichiarazione d'~*** to make *o* enter a plea of not guilty; ***la sua dichiarazione di ~*** his claims to be innocent, his declarations of innocence **2** *(purezza)* innocence; ***in tutta ~*** innocently, in all innocence; ***nella mia ~, pensavo che...*** in my innocence, I thought that...

Innocenzo /inno'tʃɛntso/ n.pr.m. Innocent.

innocuamente /innokua'mente/ avv. innocuously, harmlessly.

innocuità /innokui'ta/ f.inv. innocuity, innocuousness, harmlessness.

▷ **innocuo** /in'nɔkuo/ agg. **1** *(non nocivo)* [*farmaco, sostanza*] harmless, innocuous **2** *(non pericoloso)* [*animale*] safe **3** FIG. [*persona*] harmless, inoffensive; ***è ~!*** SCHERZ. he's harmless! **4** FIG. [*scherzo*] harmless.

innodia /inno'dia/ f. hymnody.

innologia /innolo'dʒia/ f. hymnology.

innologo, m.pl. **-gi**, f.pl. **-ghe** /in'nɔlogo, dʒi, ge/ m. (f. **-a**) hymnologist.

innominabile /innomi'nabile/ agg. [*comportamento, atto, persona*] unnameable; [*desiderio*] unmentionable.

innominato /innomi'nato/ **I** agg. **1** [*persona*] unnamed, nameless **2** ANAT. [*osso*] innominate **II** m. LETTER. ***l'Innominato*** the Unnamed.

innovamento /innova'mento/ m. → **innovazione.**

innovare /inno'vare/ [1] **I** tr. to renew, to reform [*ordinamento, regolamento*] **II innovarsi** pronom. to innovate, to be* renewed.

innovativo /innova'tivo/ agg. innovative, innovatory, mould-breaking.

innovatore /innova'tore/ **I** agg. [*provvedimenti*] innovative, innovatory **II** m. (f. **-trice** /tritʃe/) innovator, mould-breaker.

innovazione /innovat'tsjone/ f. innovation, change; ***-i nel campo della medicina*** innovations in medicine; ***introdurre delle -i in qcs.*** to make innovations in sth.; ***non apporta alcuna ~*** it breaks no new ground.

in nuce /in'nutʃe/ **I** agg.inv. **1** *(succinto)* concise **2** *(in embrione)* embryonal, embryonic, in embryo **II** avv. *(in breve)* in brief, in a nutshell.

innumerabile /innume'rabile/ agg. innumerable.

innumerabilità /innumerabili'ta/ f.inv. innumerability, innumerableness.

innumerabilmente /innumerabil'mente/ avv. innumerably.

innumere /in'numere/ agg. → **innumerevole.**

innumerevole /innume'revole/ agg. innumerable, countless, numberless LETT.; ***-i volte*** scores of times, times without number LETT.; ***-i dettagli*** myriad detail.

inoccultabile /inokkul'tabile/ agg. unconcealable.

inoculabile /inoku'labile/ agg. inoculable.

inoculare /inoku'lare/ [1] tr. **1** to inoculate; ***~ in qcn.*** to inoculate sb. with [*virus, siero*] **2** FIG. *(insinuare)* to sow* [*discordia*]; to stir up [*rancore*].

inoculazione /inokulat'tsjone/ f. inoculation.

inodore /ino'dore/, **inodoro** /ino'doro/ agg. [*gas, sostanza*] odourless BE, odorless AE; [*fiore*] scentless.

inoffensivamente /inoffensiva'mente/ avv. inoffensively, innocuously.

inoffensivo /inoffen'sivo/ agg. **1** [*persona*] inoffensive, harmless; ***rendere ~ qcn., qcs.*** to render sb., sth. harmless **2** *(non pericoloso)* [*animale*] safe **3** FIG. *(innocente)* [*frase, osservazione*] innocuous, innocent; [*discorso, argomento*] safe.

inofficioso /inoffi'tʃoso/ agg. inofficious.

▷ **inoltrare** /inol'trare/ [1] **I** tr. **1** *(recapitare)* [*servizio postale*] to send* on, to forward FORM., to convey [*corrispondenza*]; to file [*reclamo*]; to pass on [*messaggio*]; ***"pregasi ~"*** "please forward" **2** *(presentare)* to send* in [*documento*]; ***~ domanda*** to apply **II inoltrarsi** pronom. to penetrate, to enter; ***-rsi nella foresta*** to enter the forest.

inoltrato /inol'trato/ **I** p.pass. → **inoltrare II** agg. *(avanzato)* ***a gennaio ~*** in late January; ***la festa è andata avanti fino a notte -a*** the party went on well into the night; ***la stagione era già -a*** the season was well advanced.

▶ **inoltre** /i'noltre/ I più diretti equivalenti inglesi di *inoltre* sono *further, furthermore* e *moreover*; queste parole, tuttavia, sono d'uso abbastanza limitato perché formale; nel linguaggio quotidiano, si preferiscono *in addition, also* e *besides.* avv. **1** *(oltre a ciò)* further, furthermore, in addition; ***~ la società accetta di...*** the company further agrees to...; ***~ ha sostenuto che*** she further argued that; ***questa macchina vi permetterà ~ di fare*** in addition, this machine will allow you to do **2** *(per di più)* besides, moreover; ***~ non c'era abbastanza da mangiare*** also, there wasn't enough to eat.

inoltro /i'noltro/ m. *(di posta)* mailing, forwarding, sending; *(di merci)* forwarding, sending, dispatch, shipment; ***con preghiera d'~*** please forward.

inondare /inon'dare/ [1] tr. **1** *(allagare)* [*fiume*] to flood, to inundate [*paese, campo*] **2** *(bagnare copiosamente)* [*lacrime*] to flood [*viso*]; ***le lacrime le inondarono le guance*** tears gushed *o* flooded down her cheeks **3** [*sole, luce*] to flood (into) [*luogo, stanza*]; ***la luce entrava dalla finestra inondando la stanza*** the light came streaming through the window **4** *(invadere)* [*merce, articolo*] to flood [*mercato*]; [*folla*] to flood into, to overflow [*stadio*] **5** FIG. *(subissare)* [*corrispondenza*] to flood, to swamp, to overwhelm; ***essere inondato da*** to be inundated with, to be swamped with *o* by [*domande, lettere*] **6** FIG. *(pervadere)* [*gioia*] to fill [*cuore*]; ***la tristezza mi inondava il cuore*** my heart was overcome with sadness.

inondazione /inondat'tsjone/ f. **1** flood, flooding, inundation; ***soggetto a -i*** flood-prone **2** FIG. flood; ***un'~ di turisti*** a flood of tourists.

inoperabile /inope'rabile/ agg. [*tumore*] inoperable.

inoperante /inope'rante/ agg. [*carattere, disposizioni*] inoperative.

inoperosamente /inoperosa'mente/ avv. inactively.

inoperosità /inoperosi'ta/ f.inv. inactivity, idleness.

inoperoso /inope'roso/ agg. **1** *(inattivo)* [*persona*] inactive, idle **2** *(non fruttifero)* [*capitale*] idle **3** *(inutilizzato)* [*macchina*] inactive.

inopinabile /inopi'nabile/ agg. *(imprevedibile)* unforeseeable; *(inimmaginabile)* inconceivable, unimaginable.

inopportunamente /inopportuna'mente/ avv. inopportunely, unaptly, tactlessly.

inopportunità /inopportuni'ta/ f.inv. inopportunity, inopportuneness, inappropriateness.

inopportuno /inoppor'tuno/ agg. **1** *(fuori luogo)* [*momento*] inopportune, awkward, unsuitable; [*ora*] inconvenient; [*arrivo*] illtimed, untimely LETT.; [*comportamento*] incongruous; [*osservazione*] inappropriate, ill-timed **2** *(importuno)* [*persona*] tactless, intrusive.

inoppugnabile /inoppuɲ'ɲabile/ agg. *(inconfutabile)* [*tesi, argomento, ragionamento*] incontrovertible, indefeasible; [*logica*] indisputable; [*prova*] incontrovertible, absolute.

inoppugnabilità /inoppuɲɲabili'ta/ f.inv. indisputability, indisputableness, indefeasibility, incontrovertibility.

inorganicità /inorganitʃi'ta/ f.inv. **1** CHIM. inorganic nature **2** *(mancanza di organicità)* disjointedness, incoherence.

inorganico, pl. **-ci, -che** /inor'ganiko, tʃi, ke/ agg. **1** CHIM. [*materia, sostanza*] inorganic; ***chimica -a*** inorganic chemistry **2** *(mancante di organicità)* [*esposizione, discorso*] disjointed, unjointed, abrupt.

inorgoglire /inorgoʎ'ʎire/ [102] **I** tr. to make* [sb.] proud [*persona*] **II inorgoglirsi** pronom. to pride oneself (**per qcs.** on sth.); to take* pride (**per qcs.** in sth.).

inorridire /inorri'dire/ [102] **I** tr. to horrify, to appal BE, appall AE **II** intr. (aus. *essere*) to be* horrified, to be* appalled; ***a quella***

vista inorridì he was horrified at that sight; ***inorridisco al solo pensiero!*** just the thought appalls me!

inorridito /inorri'dito/ **I** p.pass. → **inorridire II** agg. horrified, horror-struck; ***rimanere ~ da*** to be appalled at *o* by.

inosina /ino'zina/ f. inosine.

inosinico /ino'ziniko/ agg. ***acido ~*** inosonic acid.

inosite /ino'zite/ f. → **inositolo.**

inositolo /inozi'tɔlo/ m. inositol.

inospitale /inospi'tale/ agg. [*persona*] inhospitable; [*regione*] inhospitable, forbidding; [*clima*] inhospitable, unfriendly, unkind.

inospitalità /inospitali'ta/ f.inv. *(di persona, regione)* inhospitality, inhospitableness; *(di clima)* inhospitality, inhospitableness, unfriendliness.

inosservabile /inosser'vabile/ agg. **1** [*legge, norma*] = that cannot be observed **2** *(impercettibile)* unobservable, imperceptible.

inosservante /inosser'vante/ agg. [*persona*] inobservant, disregardful; ***essere ~ delle regole*** to disregard the rules.

inosservanza /inosser'vantsa/ f. inobservance, nonobservance, noncompliance; ***~ delle regole*** failure to comply with the rules; ***~ delle regole di sicurezza*** safety violation, security breach.

inosservato /inosser'vato/ agg. **1** *(inavvertito)* unnoticed, unobserved, unperceived; ***passare ~*** to go *o* pass unnoticed; ***entrare ~*** to slip in unnoticed **2** *(non rispettato)* [*legge, norma*] not observed.

inossidabile /inossi'dabile/ agg. **1** *(che non arrugginisce)* [*metallo*] rust-proof; ***acciaio ~*** stainless steel; ***posate in acciaio ~*** stainless steel cutlery **2** FIG. SCHERZ. [*persona*] indestructible, hardy.

inox /'inoks/ **I** agg.inv. ***acciaio ~*** stainless steel; ***posate ~*** stainless steel cutlery **II** m.inv. *(acciaio inossidabile)* stainless steel.

in primis /im'primis/ avv. firstly, first of all.

INPS /imps/ m. (⇒ Istituto Nazionale della Previdenza Sociale) = Italian state body which coordinates national insurance funds.

> **INPS** The *Istituto Nazionale della Previdenza Sociale* (National Social Security Institute), established in 1933, is the large Italian public body that pays out old-age pensions to workers, after receiving contributions from them throughout their working lives, and manages the types of assistance provided for by the "social state", such as the *Cassa integrazione* (redundancy payments), sickness, maternity and unemployment benefits, invalidity payments and social payments for citizens who are in need.

input /'imput/ m.inv. **1** INFORM. input **2** ECON. input; ***analisi ~ -output*** input-output analysis.

inquadramento /inkwadra'mento/ m. **1** *(assegnazione)* assignment, posting **2** FIG. *(collocazione)* setting, background.

inquadrare /inkwa'drare/ [1] **I** tr. **1** *(incorniciare)* to frame [*quadro*] **2** FIG. *(collocare in un contesto)* to situate, to set* [*opera, autore*]; ***~ un fatto nel suo contesto*** to set *o* situate an event in its context **3** FOT. CINEM. to frame [*immagine, scena*] **4** MIL. *(ordinare)* to organize [*reparto*]; to assign [*recluta*] **5** BUROCR. to place, to appoint [*impiegati*] **6** FIG. ***~ qcn.*** to have sb. taped; ***non riesco a inquadrarlo*** I can't figure him out; ***ormai ti ho inquadrato!*** I've got your number! **II inquadrarsi** pronom. to fit* in, to form part of; ***-rsi perfettamente nella tradizione liberale*** to fit squarely into the liberal tradition.

inquadrato /inkwa'drato/ agg. *(conformista)* ***essere ~*** [*persona*] to be a square.

inquadratura /inkwadra'tura/ f. **1** *(incorniciatura)* framing **2** CINEM. *(ripresa)* framing; ***~ fissa*** still framing.

inqualificabile /inkwalifi'kabile/ agg. [*comportamento*] undignified, dishonourable BE, dishonorable AE.

inquartatura /inkwarta'tura/ f. ARALD. quartering.

inquartazione /inkwartat'tsjone/ f. METALL. quartation.

in-quarto, in quarto /in'kwarto/ agg.inv. ***volume ~*** quarto; ***rilegato ~*** bound in quarto; ***formato ~*** quarto size.

inquietante /inkwje'tante/ agg. [*situazione, aspetto*] worrying, disquieting FORM.; [*film, libro, dipinto*] disturbing, unsettling; worrying; [*notizia*] ominous; ***nella casa regnava un silenzio ~*** the house was ominously silent.

▷ **inquietare** /inkwje'tare/ [1] **I** tr. to worry, to trouble, to make* [sb.] uneasy, to disquiet FORM.; ***mi inquieta che*** it disturbs me that **II inquietarsi** pronom. **1** *(preoccuparsi)* to worry (**per** about, over); to get* worried (**per** about) **2** *(irritarsi)* to get* angry (**per** at, about); to chafe (**per** at).

inquieto /in'kwjɛto/ agg. **1** *(irrequieto)* [*persona*] restless, fidgety; [*spirito, anima*] unquiet; [*sonno, notte*] disturbed, restless, uneasy **2** *(preoccupato)* [*persona*] troubled, worried, uneasy; [*espressione*] troubled **3** *(risentito)* [*persona*] resentful, annoyed, vexed.

inquietudine /inkwje'tudine/ f. **1** *(irrequietezza)* restlessness, concern, unrest; ***essere in uno stato d'~*** to be in a state of anxiety; ***apprendere con ~ che*** to be concerned to hear that **2** *(preoccupazione)* worry **U**, unease **U**, uneasiness; ***destare ~, essere causa di ~*** to give rise to, cause concern.

▷ **inquilino** /inkwi'lino/ m. (f. **-a**) tenant, roomer AE; *(pensionante)* lodger.

inquinamento /inkwina'mento/ m. pollution; ***tasso di ~*** pollution level; ***misure contro l'~*** pollution measures ◆◆ ***~ acustico*** noise pollution *o* nuisance; ***~ atmosferico*** air pollution; ***~ da idrocarburi*** oil pollution; ***~ marino*** sea pollution.

inquinante /inkwi'nante/ **I** agg. polluting; ***agente ~*** pollutant **II** m. pollutant.

▷ **inquinare** /inkwi'nare/ [1] tr. **1** [*industria, persona*] to pollute, to foul (up) [*aria, mare*] **2** FIG. *(corrompere)* to pollute, to defile.

inquinato /inkwi'nato/ **I** p.pass. → **inquinare II** agg. polluted; ***non ~*** unpolluted, free from *o* of pollution.

inquinatore /inkwina'tore/ m. (f. **-trice** /tritʃe/) polluter.

inquirente /inkwi'rɛnte/ **I** agg. investigating; ***commissione ~*** board of enquiry, investigatory commission **II** m. e f. investigating officer.

inquisire /inkwi'zire/ [102] **I** tr. to investigate [*persona*] **II** intr. (aus. *avere*) to inquire (**su qcs.** into sth.; **su qcn.** after sb.).

inquisitivo /inkwizi'tivo/ agg. inquiring, questioning.

inquisitore /inkwizi'tore/ **I** agg. [*sguardo*] probing, searching **II** m. (f. **-trice** /tritʃe/) **1** inquisitor **2** STOR. ***grande ~*** Inquisitor General.

inquisitorio, pl. **-ri, -rie** /inkwizi'tɔrjo, ri, rje/ agg. **1** [*processo*] inquisitorial; ***sistema ~*** DIR. inquisitorial system **2** *(da inquisitore)* [*tono, sguardo*] inquiring, searching; [*modo*] interrogatory.

inquisizione /inkwizit'tsjone/ f. inquisition; ***santa ~*** STOR. Inquisition.

insabbiamento /insabbja'mento/ m. **1** *(di fondale, porto)* silting up **2** FIG. *(di progetto, pratica)* shelving **3** FIG. *(occultamento)* cover-up.

insabbiare /insab'bjare/ [1] **I** tr. **1** *(coprire di sabbia)* to cover [sth.] with sand **2** FIG. to cover up [*scandalo*]; ***~ qcs.*** to brush *o* push *o* sweep sth. under the carpet **3** FIG. to shelve [*progetto, pratica*] **4** *(fare arenare)* to ground [*imbarcazione*] **II insabbiarsi** pronom. **1** [*porto*] to sand up; [*fiume*] to silt (up); *(arenarsi)* [*imbarcazione*] to run* aground, to be* grounded **2** FIG. [*progetto, pratica*] to be* shelved.

insaccamento /insakka'mento/ m. → **insaccatura.**

insaccare /insak'kare/ [1] **I** tr. **1** *(insacchettare)* to sack, to put* [sth.] into sacks [*merci*] **2** GASTR. to make* [sth.] into sausages [*carne*] **3** *(ammassare)* to cram, to stuff **4** *(infagottare)* to wrap up, to muffle **II insaccarsi** pronom. **1** *(infagottarsi)* to wrap up **2** *(stiparsi)* to crowd, to pack.

insaccato /insak'kato/ m. ***gli -i*** sausages, salami.

insaccatore /insakka'tore/ ◗ **18** m. (f. **-trice** /tritʃe/) sacker.

insaccatura /insakka'tura/ f. **1** sacking **2** *(di carni)* sausage making.

insacchettare /insakket'tare/ [1] tr. to sack, to bag (up) [*merci, prodotti*].

▷ **insalata** /insa'lata/ f. **1** *(pianta)* lettuce; ***un cespo d'~*** a head of lettuce; ***foglia d'~*** lettuce leaf **2** *(piatto)* salad; ***condire l'~*** to dress the salad; ***posate da ~*** salad servers **3** FIG. *(guazzabuglio)* muddle, jumble ◆ ***quello me lo mangio in ~!*** I could have him for breakfast! ◆◆ ***~ iceberg*** iceberg lettuce; ***~ mista*** mixed salad; ***~ russa*** Russian salad; ***~ verde*** green salad.

insalatiera /insala'tjɛra/ f. salad bowl.

insalivare /insali'vare/ [1] tr. to insalivate [*labbra*].

insalivazione /insalivat'tsjone/ f. insalivation.

insalubre /insa'lubre/ agg. [*clima, zona*] insalubrious, unwholesome, unhealthy.

insalubrità /insalubri'ta/ f.inv. insalubrity.

insalutato /insalu'tato/ agg. ***partire ~ ospite*** SCHERZ. to do a (moonlight) flit, to leave without saying goodbye.

insanabile /insa'nabile/ agg. **1** [*piaga, morbo*] incurable **2** FIG. *(irrimediabile)* [*conflitto, contrasti*] irreconcilable; [*perdita, errore*] irremediable FORM.; *(implacabile)* [*odio*] deadly; [*passione*] undying.

insanabilità /insanabili'ta/ f.inv. incurability.

insanguinare /insangwi'nare/ [1] **I** tr. **1** *(macchiare di sangue)* to cover [sth.] with blood, to bloody [*camicia, viso*] **2** FIG. ***la guerra ha insanguinato il paese*** the war steeped the country in blood **II insanguinarsi** pronom. **1** [*persona*] to become* bloodstained, to cover oneself with blood **2** FIG. = to commit murder.

insania /in'sanja/ f. LETT. insanity, madness.
insano /in'sano/ agg. insane, mad.
insaponare /insapo'nare/ [1] **I** tr. **1** to soap [*biancheria, mani*]; *(con schiuma)* to lather [*viso, mento*]; ***~ la schiena a qcn.*** to soap sb.'s back **2** FIG. *(adulare)* ***~ qcn.*** to soft-soap sb., to suck up to sb. COLLOQ., to shine up to sb. AE COLLOQ. **II insaponarsi** pronom. to soap oneself; ***-rsi le mani*** to soap one's hands.
insaponata /insapo'nata/ f. **1** soaping; ***darsi un'~*** to soap oneself **2** COLLOQ. FIG. (soft) soap.
insaponatura /insapona'tura/ f. soaping; lathering.
insapore /insa'pore/ agg. *(insipido)* [*cibo*] flavourless BE, flavorless AE, tasteless.
insaporire /insapo'rire/ [102] **I** tr. to flavour BE, to flavor AE, to season [*pietanza*] **II insaporirsi** pronom. to become* flavoursome BE, to become* flavorsome AE, to become* tasty.
insaporo /insa'poro/ agg. → **insapore.**
insaputa: **all'insaputa** /allinsa'puta/ avv. ***all'~ di qcn.*** without sb.'s knowledge; ***a mia ~*** unbeknown to me; ***all'~ di sua moglie*** without his wife('s) knowing it; ***sono partito a loro ~*** I left without their knowing.
insaturazione /insaturat'tsjone/ f. unsaturation.
insaturo /in'saturo/ agg. [*idrocarburo*] unsaturated.
insaziabile /insat'tsjabile/ agg. **1** [*fame, appetito*] insatiable, unsatiable; [*sete*] unquenchable **2** FIG. insatiable; ***di una curiosità ~*** insatiably curious.
insaziabilità /insattsjabili'ta/ f.inv. insatiability.
insaziabilmente /insattsjabil'mente/ avv. insatiably.
inscatolamento /inskatola'mento/ m. *(di cibi)* canning, tinning.
inscatolare /inskato'lare/ [1] tr. to box up, to pack up [*oggetti, libri*]; to can, to tin BE [*cibi*].
inscatolatore /inskatola'tore/ m. (f. **-trice** /tritʃe/) *(di cibi)* canner, tinner.
inscenare /inʃe'nare/ [1] tr. **1** *(allestire)* to stage, to mount, to put* on [*opera teatrale, spettacolo*] **2** FIG. *(simulare)* to stage, to fake [*furto*] **3** *(organizzare)* to stage [*manifestazione, dimostrazione*].
inscindibile /inʃin'dibile/ agg. **1** *(inseparabile)* [*aspetti, fenomeno*] inseparable **2** *(indissolubile)* [*vincolo*] indissoluble.
inscindibilità /inʃindibili'ta/ f.inv. *(inseparabilità)* inseparability; *(indissolubiltà)* indissolubility.
inscindibilmente /inʃindibil'mente/ avv. *(inseparabilmente)* inseparably; *(indissolubilmente)* indissolubly.
inscrittibile /inskrit'tibile/ agg. MAT. inscribable.
inscrivere /in'skrivere/ [87] tr. MAT. to inscribe; ***~ una circonferenza in un poligono*** to inscribe a circle in a polygon.
inscrivibile /inskri'vibile/ agg. → **inscrittibile.**
inscrizione /inskrit'tsjone/ f. **1** MAT. inscription **2** → **iscrizione.**
insecchire /insek'kire/ [102] **I** tr. to dry up **II insecchirsi** pronom. **1** *(seccarsi)* to get* dry **2** *(dimagrire)* to become* thin.
insediamento /insedja'mento/ m. **1** *(in carica, ufficio)* installation, inauguration, induction; ***cerimonia d'~*** inaugural ceremony; ***~ sul trono*** enthronement **2** GEOGR. *(di popolazione)* settlement; ***creare un ~*** to form a settlement.
insediare /inse'djare/ [1] **I** tr. to inaugurate, to induct [*presidente ecc.*]; ***~ qcn. in una carica*** to instal(l) sb. in office; ***~ l'erede al trono*** to enthrone the heir **II insediarsi** pronom. **1** to take* office, to take* over **2** *(stabilirsi)* to establish oneself; SCHERZ. to park oneself; ***-rsi in*** to settle (in) [*paese, zona*].
in-sedicesimo, **in sedicesimo** /insedi'tʃɛzimo/ agg.inv. ***volume ~*** sextodecimo; ***rilegato ~*** bound in sextodecimo; ***formato ~*** sextodecimo size.
▷ **insegna** /in'seɲɲa/ f. **1** *(stemma)* emblem; *(emblema)* insignia pl.; ***le -e regali*** the regalia; ***l'~ della città di Firenze*** the emblem of Florence **2** ARALD. bearing **3** *(di negozio)* sign; ***~ di un negozio*** shop sign **4** *(onorificenza)* cross, ribbon, award **5** *(vessillo)* ensign; *(nelle processioni)* banner, pennant; *(di cavaliere)* pennon; *(distintivo)* badge; ***abbandonare le -e*** to desert **6 all'insegna di** ***una piacevole giornata all'~ del tennis*** an enjoyable day's tennis ◆◆ ***~ luminosa*** neon sign; ***~ pubblicitaria*** hoarding BE, billboard AE.
insegnabile /inseɲ'ɲabile/ agg. teachable.
insegnabilità /inseɲɲabili'ta/ f.inv. teachableness, teachability.
insegnamento /inseɲɲa'mento/ m. **1** *(istituzione)* education; ***l'~ pubblico, privato, universitario*** state, private, university education; ***riforma dell'~*** educational reform **2** *(professione)* teaching; ***dedicarsi all'~*** to go into *o* enter teaching; ***abilitazione all'~*** teaching qualification BE *o* certification AE; ***non è portato per l'~*** he's not cut out to be a teacher; ***lasciare l'~*** to give up teaching; *(formazione)* ***l'~ teorico, pratico*** theoretical, practical instruction; ***materia d'~*** school subject; ***metodo d'~*** teaching method; ***programmi d'~*** syllabuses, syllabi; ***~ individuale*** one-to-one tuition **3** *(lezione)* ***ricco di -i*** full of lessons to be learned; ***da questo si può trarre (un) ~*** there is a lesson to be learned from this; ***gli -i di Gandhi*** the teachings of Gandhi; ***che ti sia d'~*** let that be a lesson to you.
▷ **insegnante** /inseɲ'ɲante/ ♦ **18 I** m. e f. teacher; *(di scuola)* schoolteacher; *(maestro)* schoolmaster; *(maestra)* schoolmistress; ***fa l'~*** he is a teacher; ***~ privato*** coach, tutor, home teacher AE; ***essere un ~ di inglese*** to be a teacher of English *o* an English teacher; ***un lavoro da ~*** a teaching job **II** agg. ***corpo*** o ***personale ~*** (teaching) staff ◆◆ ***~ di ballo*** dancing teacher; ***~ precario*** = a teacher on a short-term contract; ***~ di ruolo*** tenured teacher; ***~ di sostegno*** learning support teacher.
▶ **insegnare** /inseɲ'ɲare/ [1] tr. **1** [*esperienza, scienza, libro*] to teach*; ***~ a qcn. a fare*** to teach sb. how to do, to bring sb. up to do; ***~ qcs. a qcn.*** to school sb. in sth., to teach sb. sth., to teach sth. to sb.; ***~ a qcn. a guidare*** to teach sb. (how) to drive; ***chi ti ha insegnato l'educazione?*** where are your manners? aren't you forgetting your manners? ***~ a qcn. ad amare la natura*** to teach sb. to have respect for nature; ***sta insegnando al suo cane a stare seduto con le zampe anteriori sollevate*** he's training his dog to sit up and beg; ***~ a un bambino a usare il vasino*** to potty-train a child; ***~ la strada a qcn.*** to show sb. the way; *(per un concetto ovvio)* ***Lei mi insegna*** FIG. IRON. is that so? **2** SCOL. to teach*; ***~ scienze, canto*** to teach science, singing; ***non è nato per ~*** he isn't cut out to be a teacher; ***~ vuol dire comunicare*** teaching is all about communication; ***~ a leggere e a scrivere*** to teach literacy; ***~ in una scuola, all'università*** to teach in a school, at university.
▷ **inseguimento** /insegwi'mento/ m. **1** *(l'inseguire)* chase, pursuit (anche FIG.); *(in automobile)* car chase; *(pedinamento)* trailing; ***lanciarsi all'~ di qcn.*** to set off in pursuit of sb. **2** *(caccia)* hunting **3** SPORT pursuit.
▷ **inseguire** /inse'gwire/ [3] **I** tr. **1** *(rincorrere)* to chase, to run* after [*animale, persona, macchina*]; to pursue [*nemico*]; *(pedinare)* to tail; ***~ qcn., qcs.*** to run after *o* chase (after) sb., sth.; ***~ un ladro*** to go after a thief; ***insegui quel taxi!*** follow that cab! ***inseguitelo!*** go after him! ***sono inseguiti dalla polizia*** they are being chased *o* trailed by the police; *(nel tennis)* ***~ la palla*** to run for a ball **2** *(nella caccia)* [*cane*] to chase (after), to course [*preda*]; FIG. to seek*, to pursue [*chimera, piacere*]; ***~ un sogno*** to pursue a dream **II inseguirsi** pronom. [*bambini*] to chase (after) each other; ***le nuvole si inseguivano velocemente nel cielo*** the clouds were scudding across the sky.
inseguitore /insegwi'tore/ **I** agg. [*gruppo*] pursuing **II** m. (f. **-trice** /tritʃe/) **1** pursuer, tracker **2** SPORT pursuit cyclist.
insellare /insel'lare/ [1] **I** tr. **1** *(sellare)* to saddle [*cavallo*] **2** *(incurvare)* to buckle, to curve **II insellarsi** pronom. **1** *(montare in sella)* to mount **2** *(incurvarsi)* to sag.
insellatura /insella'tura/ f. swayback; MAR. sheer.
inselvatichirsi /inselvati'kirsi/ [102] pronom. **1** to grow* wild, to become* wild **2** FIG. to become* unsociable.
inseminare /insemi'nare/ [1] tr. BIOL. to inseminate.
inseminazione /inseminat'tsjone/ f. insemination ◆◆ ***~ artificiale*** artificial insemination; ***~ eterologa*** heterologous insemination; ***~ omologa*** homologous insemination.
insenatura /insena'tura/ f. cove, inlet, bight; *(di fiume)* creek.
insensatamente /insensata'mente/ avv. insensately, senselessly.
insensatezza /insensa'tettsa/ f. **1** *(irragionevolezza)* unreasonableness **2** *(mancanza di senso)* senselessness, foolishness **3** *(azione)* foolish act; *(discorso)* nonsense **U**; ***fare -e*** to do stupid things.
▷ **insensato** /insen'sato/ **I** agg. [*parole*] senseless, nonsensical; [*decisione, piano, comportamento, idea*] crazy, foolish; [*scelta, persona*] unwise; [*accusa, desiderio, protesta*] wild; [*opinione, aspettativa, critica*] unreasonable; ***è ~!*** that's insane! **II** m. (f. **-a**) fool.
insensibile /insen'sibile/ **I** agg. **1** *(senza reazione)* ***~ per il freddo, la fatica*** [*dita, arti*] numb with cold, fatigue; ***essere ~ al freddo*** [*persona*] not to feel the cold; ***rendere ~ un nervo*** [*anestesia*] to deaden a nerve **2** FIG. *(privo di sentimenti)* [*persona*] callous, hard-hearted, unfeeling; [*atteggiamento, modo, comportamento, rimprovero*] heartless, insensitive; ***essere ~ a*** to be blind to, to be dead to [*qualità, virtù*]; to be immune to [*critiche, lusinghe*]; to be impervious to [*argomento, idea, domanda*]; to be indifferent to [*fascino*]; ***mostrarsi ~ verso qcn.*** to be unfeeling towards *o* unsympathetic to sb.; ***essere ~ a qualsiasi tipo di supplica*** to be deaf to all entreaty; ***essere ~ alla natura*** to have no feeling for nature, to be ungreen; ***essere ~ alla pietà*** to be callous; ***diventare ~ a*** to harden one's heart *o* to become hardened to [*dolore, insulti*]; ***rimanere ~ di fronte a***

qcs. to steel one's heart against sth. **II** m. e f. insensitive person; ***sei un ~!*** you are a cold fish! COLLOQ. SPREG.

insensibilità /insensibili'ta/ f.inv. **1** *(mancanza di sensibilità)* insensitivity, insensibility, numbness; ***~ al dolore, al freddo*** insensibility *o* imperviousness to pain, cold **2** *(mancanza di sentimenti)* callousness, insensitivity, heartlessness, hard-heartedness; ***~ alle critiche*** immunity to criticism; ***~ verso le disgrazie altrui*** insensitivity to the misfortune of others.

insensibilmente /insensibil'mente/ avv. insensibly, insensitively, unfeelingly.

inseparabile /insepa'rabile/ **I** agg. [*amici, coppia, parte*] inseparable, indivisible (**da** from) **II** m. ZOOL. lovebird.

inseparabilità /inseparabili'ta/ f.inv. inseparability.

inseparabilmente /inseparabil'mente/ avv. [*uniti*] inseparably.

insepolto /inse'polto/ agg. [*cadavere*] unburied, graveless.

insequestrabile /insekwes'trabile/ agg. DIR. privileged from seizure.

inserimento /inseri'mento/ m. **1** *(aggiunta)* insertion; ***l'~ di un nuovo capitolo nel libro*** the addition of a new chapter to the book **2** FIG. *(integrazione)* integration; ***avere problemi d'~ sul lavoro*** not to fit in *o* not to be integrated at work **3** INFORM. input; ***~ dati*** data entry *o* input **4** *(messa in azione, collegamento)* switching on, plugging in ◆◆ ***~ professionale*** professional integration; ***~ sociale*** social integration.

▷ **inserire** /inse'rire/ [102] **I** tr. **1** to insert, to put* [sth.] in(to) [*oggetto, chiave, dito*]; to feed* [sth.] into, to insert [*monete, foglio*]; to interlock [*meccanismo*]; ***~ una cassetta nel videoregistratore*** to feed a tape into the VCR **2** *(includere)* to include, to insert [*clausola, annotazione, modifica, capitolo*]; *(in articolo, libro)* to insert, to add, to put* in, to work in [*aneddoto, commento, critica, scherzo, riferimento*]; to insert [*mappa, immagine*]; ***~ una garanzia in un contratto*** to build in a safeguard into a contract; ***~ una voce in un libro mastro*** to make an entry in a ledger; ***~ in un elenco*** to add to a list; ***~ un libro, argomento nel programma*** to set a book, subject for study; ***~ qcn. in un'organizzazione*** to bring sb. into an organization; ***fare ~ un lavoratore*** to resettle a worker; ***~ qcn., qcs. tra i propri impegni*** to fit sb., sth. into one's schedule; ***è stato inserito fra i surrealisti*** he has been categorized as a surrealist **3** *(collegare)* to plug in [*spina*]; *(attivare)* to switch on [*allarme*] **4** INFORM. to enter [*dati*] **II inserirsi** pronom. **1** to enter, to get* in; ***-rsi in una discussione*** to join in the debate; ***non riesco a inserirmi nella conversazione*** I can't get a word in edgeways; *(essere attaccato)* ***questo componente si inserisce qui*** this component fits in here **2** *(integrarsi)* [*minoranza etnica, immigrati, lavoratore*] to integrate **3** INFORM. ***-rsi illecitamente in un sistema*** to hack into a system.

inserito /inse'rito/ **I** p.pass. → **inserire II** agg. [*persona*] integrated; [*garanzia, clausola*] built-in; ***ben ~ nel gruppo*** well-adjusted in the group; ***ben ~ nella società*** well integrated in the society; ***~ professionalmente*** integrated into the workforce; ***non ~ nell'elenco*** unlisted.

inserto /in'sɛrto/ m. **1** *(fascicolo)* dossier, file **2** *(nel giornale)* insert, supplement; *(staccabile)* pull-out; ***~ pieghevole*** gatefold, foldout **3** ABBIGL. insert; ***una gonna con -i*** a panelled skirt **4** CINEM. insert; RAD. TELEV. news flash **5** TIP. ***~ centrale*** centre-fold ◆◆ ***~ economico*** business *o* financial insert; ***~ della domenica*** Sunday insert *o* supplement; ***~ pubblicitario*** promotional insert.

inservibile /inser'vibile/ agg. unserviceable.

inserviente /inser'vjɛnte/ m. e f. attendant; *(in ospedale)* medical orderly.

inserzione /inser'tsjone/ f. **1** insertion; ***~ di un nome in una lista*** inclusion of a name in a list **2** *(annuncio)* classified ad; ***trovare lavoro tramite un'~*** to find a job through an advertisement; ***mettere un'~ sul giornale*** to place an ad in the paper; ***leggere un'~*** to read an ad **3** CINEM. TELEV. ***~ graduale*** fade-in **4** ANAT. insertion **5** LING. intrusion ◆◆ ***~ commerciale*** o ***pubblicitaria*** advert.

inserzionista, m.pl. **-i**, f.pl. **-e** /insertsjo'nista/ m. e f. advertiser.

inserzionistico, pl. **-ci**, **-che** /insertsjo'nistiko, tʃi, ke/ agg. advertising.

insettario, pl. **-ri** /inset'tarjo, ri/ m. insectarium*, insectary.

insetticida /insetti'tʃida/ **I** agg. insecticidal; ***polvere, spray ~*** insect powder, spray **II** m. insecticide, pesticide; ***~ sistemico*** systemic.

insettifugo, pl. **-ghi**, **-ghe** /inset'tifugo, gi, ge/ **I** agg. insect-repelling **II** m. insect repellent.

insettivoro /inset'tivoro/ **I** agg. insectivorous **II** m. insect eater, insectivore.

▷ **insetto** /in'sɛtto/ m. insect, bug COLLOQ. ◆◆ ***~ acquatico*** water-fly; ***~ nocivo*** pest; ***~ parassita*** parasitic(al) insect; ***~ stecco*** stick insect; ***~ xilofago*** xylophagan insect.

insicurezza /insiku'rettsa/ f. insecurity, self-doubt; ***provare una sensazione di ~*** to suffer from feelings of insecurity; ***vivere nell'~ economica*** to live month-to-month.

insicuro /insi'kuro/ **I** agg. [*persona*] insecure, iffy COLLOQ.; [*strada, ponte*] unsafe, insecure; [*posizione*] shaky; ***sentirsi ~ riguardo al futuro*** to feel very insecure about the future **II** m. (f. **-a**) ***è sempre stato un ~*** he has always been an insecure person.

insidia /in'sidja/ f. **1** *(tranello)* pitfall, snare, trap; ***tendere -e*** to set traps; ***le -e disseminate lungo la strada che porta alla vittoria*** FIG. the obstacles on the path to victory; ***le -e della traduzione*** the pitfalls of translation **2** *(pericolo)* ***le -e del mare, della montagna*** the dangers of the sea, mountains; ***pieno di -e*** [*sentiero, percorso*] hazardous; ***temere le -e della vita*** to fear life's perils.

insidiare /insi'djare/ [1] **I** tr. to lay* snares for, to set* traps for; ***~ l'onore di qcn.*** to try to tarnish sb.'s honour; ***~ una ragazza*** to force one's attention on a girl **II** intr. (aus. *avere*) ***~ alla vita di qcn.*** to make an attempt on sb.'s life.

insidiosamente /insidjosa'mente/ avv. insidiously.

insidioso /insi'djoso/ agg. **1** *(pericoloso)* [*pendio, cammino*] hazardous; [*ghiaccio, corrente, strada*] treacherous; [*dolore, malattia*] insidious **2** *(capzioso)* [*domanda*] loaded; ***con parole -e*** with weasel words.

▶ **insieme** /in'sjɛme/ **I** avv. **1** *(in compagnia)* together; ***sono sempre ~*** they're always together; ***mettere ~*** to put together [*individui, oggetti*]; to build up [*collezione*]; to collect, to accumulate [*informazioni, fatti, prove, documenti*]; to get together [*persone, denaro*]; to knock together [*cena*]; to throw together [*ingredienti*]; ***tenere ~*** to hold together [*fogli, pezzi*]; ***mettersi ~*** to pair off; ***cantare ~*** to sing along; ***escono ~ da sei settimane*** they've been going out together for six weeks; ***si è rimesso ~ alla sua ragazza*** he got his girlfriend back; ***stretti ~*** close together; ***agire ~*** to act together, to coact; ***quei due colori non vanno bene ~*** those two colours don't go well together *o* don't match; ***quei due cuscini stanno bene ~*** those two cushions are a good match; ***Mary, ~ a molti altri, si lamentò*** Mary, in company with many others, complained; ***scrissero l'articolo ~*** they wrote the article together; ***più di tutto il resto messo ~*** more than all the rest combined **2** *(contemporaneamente)* in conjunction; ***non parlate tutti ~!*** don't all talk at once! ***tutti ~ adesso!*** all together now! ***sbattere ~ lo zucchero e il burro*** to beat the sugar and butter together; ***dar prova di finezza e tatto ~*** to show both firmness and tact; ***ho sentito le macchine fotografiche scattare tutte ~*** I heard the cameras clicking all at once **3 insieme a**, **con** with, along with; ***arrivare ~ a sei amici*** to arrive along with six friends; ***essere condannato ~ ad altri due*** to be convicted along with two others **II** m. **1** *(elementi raggruppati)* ensemble; ***un ~ di idee*** a cluster of ideas; ***un ~ di persone, disegni, fatti*** a group of people, drawings, facts; ***avere una visione d'~*** to have an overall view; ***nell'~*** by and large; ***il film nel suo ~ è bello*** the film is on the whole good **2** MAT. set, series; ***~ finito, derivato*** finite, derived set; ***teoria degli -i*** set theory **3** *(complesso)* entirety, whole; *(di edifici)* huddle; *(di motivazioni)* mixture, welter; *(di dati, regole, istruzioni, test)* set; ***quadro privo d'~*** painting lacking cohesion; ***formare un bell'~*** to form a harmonious whole; ***un ~ ordinato*** an ordered whole; ***la società nel suo ~*** society at large; ***essere dovuto a un ~ di fattori*** to be due to a number of factors; ***un ~ di dieci volumi*** a ten-volume set.

insiemistica /insje'mistika/ f. set theory.

insigne /in'siɲɲe/ agg. [*personalità, pittore, scienziato*] prominent, distinguished, illustrious, eminent; [*opera*] famous.

▷ **insignificante** /insiɲɲifi'kante/ agg. **1** *(di nessun valore, rilievo)* [*persona, dettaglio*] insignificant, petty; [*parole*] vain, empty; [*somma, danno, spesa*] negligible, trifling; [*discorso, ruolo, titolo*] meaningless; [*questione, occupazione, preoccupazione*] trivial; [*articolo, film, prestazione, libro, stile*] nondescript; [*edificio, vista*] unimposing, unimpressive; ***una faccenda ~*** a small matter; ***un particolare ~*** a mere technicality **2** *(poco espressivo)* [*aspetto*] undistinguished; ***un essere completamente ~*** SPREG. a complete *o* total nonentity, a nonperson.

insignificanza /insiɲɲifi'kantsa/ f. vapidity.

insignire /insiɲ'ɲire/ [102] tr. ***~ qcn. di*** to invest sb. with [*diritto, autorità, potere*].

insilamento /insila'mento/ m. ensilage.

insilare /insi'lare/ [1] tr. to ensile, to silage [*foraggio*].

insilato /insi'lato/ m. (en)silage.

insincerità /insintʃeri'ta/ f.inv. *(di persona, complimento, osservazione)* insincerity.

insincero /insin'tʃɛro/ agg. [*persona*] insincere, mealy-mouthed; [*complimento*] insincere, hypocritical; [*commento, risposta*] disingenuous.

insindacabile /insinda'kabile/ agg. **1** *(indiscutibile)* [*decisione*] final; [*prova, vittoria*] unquestionable; [*problema, causa, fatto*] beyond dispute mai attrib.; [*ragione, osservazione, questione*] indisputable, uncontroversial **2** *(inoppugnabile)* [*giudizio, prova*] unchallengeable.

insindacabilità /insindakabili'ta/ f.inv. incontestability.

insinuante /insinu'ante/ agg. [*modo di fare, parole*] suggestive, ingratiating SPREG.; [*sorriso*] insinuating.

▷ **insinuare** /insinu'are/ [1] **I** tr. **1** *(infilare)* to insert, to introduce, to slip in **2** *(far nascere)* to insinuate, to instil BE, to instill AE [*dubbio, sospetto*] **3** *(accusare)* to imply, to insinuate; ***come osi ~ che*** how dare you suggest that; ***cosa stai insinuando?*** what are you implying *o* driving out? **II insinuarsi** pronom. **1** *(infilarsi)* to insinuate oneself; ***-rsi in*** to weasel one's way in(to), to weave one's way through; *(subdolamente)* to worm one's way in(to); [*sentimento, idea, pregiudizio*] to creep* in; ***il dubbio si insinuava nella loro mente*** doubt crept into their minds; ***un tono di minaccia si insinuò nella sua voce*** a threatening tone had crept into his voice **2** *(inserirsi subdolamente)* ***-rsi nelle grazie di qcn.*** to curry favour with sb.

insinuazione /insinuat'tsjone/ f. **1** insinuation, implication; ***ha fatto -i di ogni tipo sul mio conto*** he made all sorts of insinuations about me; ***è solo una sporca ~*** that's just a rotten insinuation **2** DIR. *(diffamatoria)* innuendo*; ***~ del credito*** proof of a debt in bankruptcy.

insipidezza /insipi'dettsa/ f. insipidity, insipidness, dullness; *(di cibo)* tastelessness.

insipidità /insipidi'ta/ f.inv. → **insipidezza**.

insipido /in'sipido/ agg. **1** *(senza sale)* [*alimento, gusto*] bland, tasteless, flavourless BE, flavorless AE, insipid; ***non è detto che il cibo cotto al microonde debba per forza essere ~*** microwaved food needn't be bland *o* tasteless **2** *(banale)* [*esistenza, libro*] dull, insipid, milk-and-water **3** *(insignificante)* [*personaggio*] insipid.

insipiente /insi'pjɛnte/ agg. foolish.

insipienza /insi'pjɛntsa/ f. foolishness, ignorance.

insistente /insis'tɛnte/ agg. **1** *(assillante)* [*persona, creditore*] nagging; [*venditore, piazzista*] high pressure; [*domanda, richiesta, tono, preghiera*] insistent; [*sguardo*] intent; [*critica, protesta*] clamorous, shrill; [*tosse*] rattling; ***fare una corte ~*** to press one's suit, to court sb. assiduously; ***mostrarsi ~*** to be insistent; ***chiedere qcs. in modo ~*** to press for sth. **2** *(continuo)* [*ritmo, musica*] insistent; [*rumore, pioggia*] persistent, incessant.

insistentemente /insistente'mente/ avv. [*pregare, domandare*] insistently; ***chiedere ~ qcs. a qcn.*** to entreat sth. of sb.

insistenza /insis'tɛntsa/ f. **1** *(perseveranza)* insistence; *(di critica, protesta)* shrillness SPREG.; ***chiedere qcs. con ~*** to crave sth. [*attenzione*]; to solicit sth. [*informazioni, denaro*]; ***reclamare qcs. con ~*** to clamour for sth.; ***fissare qcn. con ~*** to look at sb. with staring eyes; ***sollecitare con ~ un debitore*** to dun for a debtor **2** *(pressione)* ***dopo molte -e ha ammesso che...*** when pressed, he admitted that...; ***fare qcs. su ~ di qcn.*** to do sth. at *o* on sb.'s insistence *o* at sb.'s urging; ***la sua ~ nel fare*** her insistence on doing **3** *(persistenza)* persistence; ***l'~ del maltempo*** the persistent bad weather; ***la pioggia cadde con ~ tutta la notte*** the rain fell incessantly *o* relentlessly all night **4** *(enfasi)* underscoring (**su** of).

▶ **insistere** /in'sistere/ [21] intr. (aus. *avere*) **1** *(perseverare)* to insist, to put one's foot down COLLOQ.; ***"dai," insisteva lei*** "go on," she persisted; ***insisti!*** stick at it! ***"se insisti"*** "if you insist"; ***ho capito, non insisto!*** ok, I won't insist! ***~ perché qcn. faccia*** to insist on sb. doing; ***ha insistito perché ci andassi*** he was most emphatic *o* insistent that I should go; ***insiste per farsi ricevere*** he insists on being received; ***non fu necessario ~ con loro*** they needed no urging; ***"non risponde" - "insisti, forse è in giardino"*** there is no reply" - "keep on trying, he may be in the garden"; ***~ per ottenere*** to hold out for [*aumento*]; *(ostinarsi)* ***è inutile ~, devono essere usciti*** it's pointless to keep on trying, they must have gone out; ***insistette per pagare lei*** she insisted on paying; ***a forza di ~ è riuscito a superare l'esame*** by persevering he eventually passed the exam **2** *(mettere l'accento)* ***~ su*** to lay *o* put stress on, to stress [*problema, qualità, aspetto*]; ***non insistiamo su questa questione delicata*** let's not dwell on this delicate question; ***~ sulla necessità di fare*** to stress the need to do; ***~ sul fatto che*** to stress the point that; ***~ su un punto*** to press *o* push one's point home, to labour the point.

insito /'insito/ agg. **1** *(innato)* innate, inherent, inborn; ***l'istinto di conservazione è ~ nell'uomo*** the survival instinct is innate in human beings; ***la bontà -a nell'uomo*** humanity's essential goodness **2** *(implicito)* implicit, implied; ***essere ~ in*** to be incident to [*attività, lavoro, impresa*]; ***la risposta è -a nella domanda*** the answer is implied in the question.

insocievole /inso'tʃevole/ agg. unsociable.

insoddisfacente /insoddisfa'tʃɛnte/ agg. [*occupazione*] unfulfilling; [*condizioni, risultato, lavoro*] unsatisfactory.

▷ **insoddisfatto** /insoddis'fatto/ agg. **1** *(scontento, inappagato)* unsatisfied, dissatisfied, discontented, unpleased; ***eternamente ~*** insatiate; ***rendere ~*** to disappoint; ***restare ~*** to remain unsatisfied; ***lo spettacolo mi ha lasciato ~*** the show didn't live up to my expectations; ***mi aspettavo delle rivelazioni, ma sono rimasto ~*** I was expecting some big news but I was disappointed **2** *(non realizzato, incompiuto)* [*desiderio, richiesta*] unfulfilled, unsatisfied.

insoddisfazione /insoddisfat'tsjone/ f. dissatisfaction, discontent, discontentedness; ***il magro stipendio era solo uno dei motivi della mia ~*** the poor salary was just one element in my dissatisfaction.

insofferente /insoffe'rɛnte/ agg. [*persona, folla*] restless; [*temperamento, carattere*] impatient, irritable; ***essere ~ dell'autorità*** not to put up with authority.

insofferenza /insoffe'rɛntsa/ f. impatience, intolerance, restlessness.

insolazione /insolat'tsjone/ f. **1** *(esposizione)* insolation **2** MED. sunstroke, siriasis; ***prendere un'~*** to get sunstroke **3** METEOR. insolation.

▷ **insolente** /inso'lɛnte/ **I** agg. **1** *(irrispettoso)* [*persona, modi, tono*] insolent, impudent, impertinent; [*osservazione, risposta*] flippant, pert, rude; ***non essere così ~!*** less of your impudence! ***uno sbarbatello ~*** COLLOQ. a cheeky young pup **2** *(arrogante)* [*sguardo*] cheeky, rude **II** m. e f. insolent person.

insolentemente /insolente'mente/ avv. insolently, impertinently.

insolentire /insolen'tire/ [102] **I** tr. to insult [*presenti*]; ***non insolentirmi!*** don't call me names! don't get abusive with me! **II** intr. (aus. *essere, avere*) **1** (aus. *essere*) to become insolent **2** (aus. *avere*) to be rude (**contro qcn.** to sb.).

insolenza /inso'lɛntsa/ f. **1** *(impertinenza) (di bambino, persona, comportamento)* insolence, impertinence, impudence; ***punire qcn. per la sua ~*** to punish sb. for his insolence; ***ha sbattuto la porta con ~*** she slammed the door defiantly **2** *(espressione offensiva)* insolence; ***coprire qcn. di -e*** to shower sb. with insolences.

insolitamente /insolita'mente/ avv. unusually [*calmo, scuro, basso*]; unusually [*difficile*]; ***fa ~ freddo*** it's unseasonably cold; ***era ~ gentile*** he was more friendly than usual.

▷ **insolito** /in'sɔlito/ agg. [*comportamento, ora*] uncustomary; [*aspetto, sentimento, problema, situazione, caratteristica, colore, qualità*] unusual; [*approccio*] offbeat; [*generosità*] uncharacteristic; [*regalo*] unusual, uncommon; [*lusso, velocità, posizione*] unaccustomed; ***un avvenimento ~*** a rare event; ***sta succedendo qcs. di ~*** there's something funny going on; ***c'è un freddo, caldo ~*** it's unseasonably cold, hot; ***è un provvedimento ~*** it's an unusual step to take; ***non è ~ che qcn. faccia*** it is not unknown for sb. to do.

insolubile /inso'lubile/ agg. **1** *(irrisolvibile)* [*problema, conflitto*] insoluble, irresolvable, unsolvable **2** CHIM. MED. [*sostanza*] insoluble (**in** in).

insolubilità /insolubili'ta/ f.inv. insolubility (anche CHIM.).

insoluto /inso'luto/ agg. **1** *(non risolto)* [*problema, questione, enigma*] unresolved **2** CHIM. [*sostanza*] undissolved **3** COMM. [*debito*] outstanding; [*fattura, conto*] unsettled, unpaid; ***qual è l'importo ~?*** what is the outstanding amount?

insolvente /insol'vɛnte/ agg. [*cliente, debitore*] insolvent; ***la società ha dichiarato di essere ~*** the firm declared that it was insolvent.

insolvenza /insol'vɛntsa/ f. **1** DIR. insolvency; ***detenzione per ~*** imprisonment for debt **2** COMM. bad debts ◆ ***~ fraudolenta*** fraudulent insolvency.

insolvibile /insol'vibile/ agg. [*prestito, debito*] bad.

insolvibilità /insolvibili'ta/ f.inv. insolvency.

▶ **insomma** /in'somma/ **I** avv. **1** *(in breve)* in a word, in short; ***c'erano i miei genitori, i miei fratelli e i miei cugini, ~ tutta la mia famiglia*** my parents were there, and my brothers and cousins, the whole family in fact **2** *(in conclusione)* ***~ sei stato tu a rimetterci*** so, you're the one who lost **3** *(così così)* ***"come è andata?" - "~"*** "how did it go?" - "so-so" **II** inter. ***~, dove volete andare?*** well then, where do you want to go? ***~, deciditi!*** do make up your mind! ***~, la volete piantare?*** for goodness sake, will you stop it? ***ma ~!*** honestly! really! ***ma ~, dove credi di essere?*** hey! where do you think you are? ***~, ci sarà qcn. che conosca la risposta!*** come on, somebody must know the answer!

insondabile /inson'dabile/ agg. **1** *(imperscrutabile)* [*mistero, natura*] impenetrable, unfathomable; [*oceano*] fathomless; [*profondità, abisso*] immeasurable **2** MAR. soundless.

insonne /in'sɔnne/ agg. [*persona*] sleepless; ***trascorrere notti -i*** to pass fitful *o* sleepless nights.

insonnia /in'sɔnnja/ ▸ 7 f. insomnia, sleeplessness, wakefulness; ***soffrire d'~*** to suffer from insomnia.

insonnolito /insonno'lito/ agg. drowsy; ***essere ~*** to feel drowsy.

insonorizzante /insonorid'dzante/ **I** agg. [*materiale, parete*] sound-proof **II** m. sound-proof material.

insonorizzare /insonorid'dzare/ [1] tr. to insulate, to sound-proof, to proof [*stanza, ambiente*].

insonorizzato /insonorid'dzato/ **I** p.pass. → **insonorizzare II** agg. [*stanza, muro, ambiente*] sound-proof.

insonorizzazione /insonoriddzat'tsjone/ f. sound-proofing, sound insulation.

▷ **insopportabile** /insoppor'tabile/ agg. [*persona, bambino*] unbearable, objectionable, wearisome FORM.; [*dolore, violenza, silenzio, tristezza*] unbearable, unendurable; [*noia*] acute, insufferable; [*discorso, spettacolo, rumore, caldo*] unbearable; [*condizione, maleducazione, comportamento*] insufferable, intolerable; [*offesa*] deadly; ***diventa ~ quando è stanco*** he gets nasty when he is tired; ***di una banalità ~*** tediously familiar; ***rendersi completamente ~*** to make a thorough nuisance of oneself; ***un ~ tono di superiorità*** a maddeningly superior tone; ***rendere la vita ~ a qcn.*** to make life impossible for sb.

insopportabilità /insopportabili'ta/ f.inv. unbearableness; *(di bambino)* wearisomeness.

insopportabilmente /insopportabil'mente/ avv. [*caldo, cinico, noioso*] unbearably, unendurably.

insopprimibile /insoppri'mibile/ agg. [*odio*] insuppressible.

insopprimibilmente /insopprimibil'mente/ avv. insuppressibly.

insorgente /insor'dʒɛnte/ agg. initial, early, rising.

insorgenza /insor'dʒɛntsa/ f. *(di malattia, complicazioni)* onset, beginning.

▷ **insorgere** /in'sordʒere/ [72] intr. (aus. *essere*) **1** *(ribellarsi)* [*popolazione, città*] to rebel, to revolt (**contro** against) **2** *(sorgere)* [*problema, difficoltà*] to arise*; [*infezione, cancrena*] to set* in.

insormontabile /insormon'tabile/ agg. [*problema, divergenza*] insurmountable, unsurmountable; [*ostacolo*] insurmontable, insuperable.

insormontabilità /insormontabili'ta/ f.inv. insurmountability.

insorto /in'sorto/ **I** p.pass. → **insorgere II** agg. [*popoli, truppe*] insurgent, insurrectionist **III** m. (f. **-a**) insurgent, insurrectionist.

insospettabile /insospet'tabile/ agg. **1** *(al di sopra di ogni sospetto)* [*persona*] above, beyond suspicion mai attrib. **2** *(imprevisto)* unexpected; ***dar prova di un ~ sangue freddo*** to show unsuspected cold-bloodedness.

insospettabilità /insospettabili'ta/ f.inv. being above suspicion.

insospettato /insospet'tato/ agg. **1** *(esente da sospetto)* [*persona, ricchezza*] unsuspected **2** *(imprevisto)* [*generosità, difficoltà*] unexpected.

▷ **insospettire** /insospet'tire/ [102] **I** tr. ~ ***qcn.*** to arouse sb.'s suspicion **II insospettirsi** pronom. ***-rsi per qcs.*** to have one's suspicions about sth.; ***abbiamo cominciato a insospettirci quando...*** we became suspicious when...

insostenibile /insoste'nibile/ agg. **1** [*ragionamento, opinione, teoria, tesi*] indefensible, unsupportable, unsustainable; [*posizione, punto di vista*] untenable **2** *(insopportabile)* [*situazione*] excruciating, unbearable; ***spese -i*** prohibitive costs.

insostenibilità /insostenibili'ta/ f.inv. unbearableness, untenability.

insostituibile /insostitu'ibile/ agg. [*persona, consigli*] irreplaceable.

insostituibilità /insostituibili'ta/ f.inv. irreplaceability.

insozzare /insot'tsare/ [1] **I** tr. **1** *(sporcare)* to dirty, to soil, to disgrace [*vestito*] **2** FIG. *(reputazione)* to dirty, to soil; ***~ la memoria di qcn.*** to sully sb.'s memory **II insozzarsi** pronom. **1** *(sporcarsi)* to get* dirty, to dirty oneself **2** FIG. to sully, to tarnish one's reputation.

insperabile /inspe'rabile/ agg. [*miglioramento*] unexpectable.

insperatamente /insperata'mente/ avv. unexpectedly.

insperato /inspe'rato/ agg. [*vittoria, successo, fortuna*] unhoped-for, unexpected.

inspessimento /inspessi'mento/ → **ispessimento**.

inspessire /inspes'sire/ → **ispessire**.

inspiegabile /inspje'gabile/ agg. [*fenomeno, sentimento*] unexplainable; ***per qualche ragione ~*** for some inexplicable reason.

inspiegabilità /inspjegabili'ta/ f.inv. *(di fenomeno, sentimento)* inexplicability, unaccountability.

inspiegabilmente /inspjegabil'mente/ avv. inexplicably, unexplainably, unaccountably.

inspiegato /inspje'gato/ agg. unexplained; ***rimanere ~*** to remain unexplained.

inspirare /inspi'rare/ [1] tr. to breathe in, to inhale; ***~ profondamente*** to inhale deeply.

inspiratore /inspira'tore/ agg. ANAT. [*muscoli*] inspiratory.

inspiratorio, pl. **-ri**, **-rie** /inspira'tɔrjo, ri, rje/ agg. [*movimenti*] inspiratory.

inspirazione /inspirat'tsjone/ f. inspiration, inhalation.

instabile /ins'tabile/ agg. **1** *(precario)* [*costruzione, struttura, muro*] unstable; [*sedia, scala*] unstable, unsteady; [*relazione*] rocky; [*governo, lavoro, situazione*] insecure; ***mentalmente ~*** mentally unbalanced; ***una pace ~*** an uneasy peace **2** *(mutevole)* [*tempo, temperatura*] fickle, inconstant, dodgy BE COLLOQ.; [*persona, carattere*] unstable, temperamental; [*umore*] volatile; [*salute*] wavering; [*immaginazione, opinione, idee*] shifting; [*moneta, economia, situazione*] uncertain, unstable; [*mercato, mercato azionario*] fickle, nervous, whimsical; [*tasso di scambio*] volatile; ***il terreno ~ della politica internazionale*** the shifting sands of international politics **3** CHIM. FIS. [*legame*] unstable.

instabilità /instabili'ta/ f.inv. **1** *(precarietà)* tenuousness **2** CHIM. FIS. instability **3** *(di tempo, fortuna)* fickleness; *(di piani, idee)* fluidity; *(di posizione, situazione)* insecurity, instability; *(di oggetto)* unsteadiness **4** *(di carattere)* inconstancy, fickleness; ***~ mentale*** mental instability *o* flightiness **5** ECON. *(di mercato, mercato azionario)* nervousness, fickleness; *(di tasso di scambio)* volatility.

installare /instal'lare/ [1] **I** tr. **1** *(collocare)* to instal BE, to install AE [*attrezzatura, sistema, cucina*]; to mount [*dispositivo*]; to fit [*serratura, porta, finestra, doccia*]; to put* in [*impianto di riscaldamento*]; ***~ l'impianto elettrico in una casa*** to wire a house; ***fare ~ un'antenna parabolica*** to have a satellite dish put up *o* installed **2** INFORM. to install [*programma, stampante*] **3** BUROCR. *(in una carica)* to install, to place **II installarsi** pronom. **1** to install oneself; ***-rsi in un appartamento*** to settle into a flat **2** *(insediarsi)* [*azienda, industria*] to take* root.

installatore /installa'tore/ m. (f. **-trice** /tritʃe/) fitter; ***~ di cavi*** cable layer; ***~ di impianti*** sanitary engineer.

installazione /installat'tsjone/ f. **1** *(messa in opera) (di linea telefonica, attrezzatura, riscaldamento)* installation; *(di fabbrica)* setting up; ***~ di microspie*** bugging; ***~ di un computer*** computer installation **2** *(impianto)* facility, installation; ***~ elettronica*** electric wiring; ***-i industriali*** industrial equipment *o* plant.

instancabile /instan'kabile/ agg. [*persona, lavoratore*] indefatigable, tireless, unresting, untirable; [*lottatore*] unwearying; ***tipo ~*** iron man.

instancabilità /instankabili'ta/ f.inv. indefatigability, tirelessness.

instancabilmente /instankabil'mente/ avv. indefatigably, tirelessly.

instaurare /instau'rare/ [1] **I** tr. **1** *(allacciare)* to build*, to establish [*relazione, rapporto*] **2** POL. to put* into power [*regime*]; to establish [*regolamento, gerarchia, legame, contatto*]; ***~ un clima di confidenza*** to create a climate of confidence; ***~ legami tra*** to forge links between; ***~ un legame sentimentale con qcn.*** to form a romantic attachment with sb.; ***la madre e il bambino instaurano rapidamente un legame affettivo*** the mother and baby bond quickly **3** FIG. *(introdurre)* to introduce [*nuova moda*] **II instaurarsi** pronom. to be* established, to begin*; ***si instaurò una nuova era*** a new era began.

instauratore /instaura'tore/ m. (f. **-trice** /tritʃe/) founder, establisher.

instaurazione /instaurat'tsjone/ f. *(di regime, governo)* institution; *(di legge, regolamento)* establishment.

insterilire /insteri'lire/ → **isterilire.**

instillare /instil'lare/ [1] tr. to instil BE, to instill AE.

instillazione /instillat'tsjone/ f. instillation, instilment BE, instillment AE.

instradare /instra'dare/ → **istradare.**

insù /in'su/ **I** avv. (anche **in su**) **1** up, upward(s); ***guarda ~!*** look up! **2** *(in avanti, in poi)* ***da due anni ~*** from two years upwards **3** **all'insù** upward(s); ***avere il naso all'~*** to have a snub nose **II** agg. inv. (anche **in su**) upward.

insubordinato /insubordi'nato/ agg. [*persona, truppe*] insubordinate, rebellious; [*folla*] unruly.

insubordinazione /insubordinat'tsjone/ f. insubordinate behaviour; ***la vostra ~ verrà denunciata*** your insubordination will be reported.

▷ **insuccesso** /insut'tʃɛsso/ m. failure, insuccess; ***l'operazione fu un ~*** the operation was a failure; ***è bastato un ~ a scoraggiarla*** one setback was enough to put her off.

insudiciare /insudi'tʃare/ [1] **I** tr. **1** *(sporcare)* to grime, to dirty, to soil [*vestito, moquette, pantaloni*] **2** FIG. *(infangare)* to sully, to tarnish [*reputazione, buon nome*]; to defile [*personaggio, organizzazione*] **II insudiciarsi** pronom. **1** *(sporcarsi)* to get* dirty, to dirty oneself **2** FIG. to sully, to tarnish one's reputation.

▷ **insufficiente** /insuffi'tʃɛnte/ agg. **1** *(quantitativamente)* [*finanziamento, misure, risorse, preparazione, servizio, conoscenze*] inadequate, insufficient, scarce; [*informazioni, dettagli, prove*] insufficient, sketchy; [*interesse, copertura*] scant(y); [*razione*] short; [*pensione, salario, somma*] meagre BE, meager AE, skimpy COLLOQ.; ***dose, investimento, retribuzione*** ~ underdose, underinvestment, underpayment; ***fornire personale*** ~ to underman; ***le contromisure furono -i e intempestive*** the measures were too little too late **2** *(qualitativamente)* [*misure, conoscenze, preparazione, risultato*] insufficient, unsatisfactory; ***i tuoi risultati in storia sono -i*** SCOL. your results in history are unsatisfactory *o* poor.

insufficientemente /insuffitʃente'mente/ avv. insufficiently, inadequately; ~ ***attrezzato*** underequipped.

insufficienza /insuffi'tʃɛntsa/ ➧ **7** f. **1** *(mancanza)* inadequacy, insufficiency, lack, scantiness; *(di informazioni, dettagli, prove)* insufficiency, sketchiness; *(di salario)* skimpiness; ~ ***di provviste*** stock shortage; ~ ***di fondi*** underfunding **2** SCOL. *(voto)* fail, failing grade AE; ***prendere un'***~ to get a fail **3** MED. insufficiency, deficiency, failure ◆◆ ~ ***cardiaca*** heart deficiency; ~ ***epatica*** liver deficiency; ***per*** ~ ***di prove*** for lack of evidence; ~ ***renale*** kidney failure; ~ ***respiratoria*** respiratory failure.

insufflare /insuf'flare/ [1] tr. **1** to blow*; MED. to insufflate [*aria, ossigeno*] **2** FIG. *(ispirare)* to instil [*sentimenti, emozioni*].

insufflatore /insuffla'tore/ m. insufflator.

insufflazione /insufflat'tsjone/ f. MED. insufflation.

insulare /insu'lare/ agg. [*clima, tradizione, mentalità*] island attrib., insular; [*popolazione, località*] island; ***l'Italia*** ~ the Italian islands.

insularità /insulari'ta/ f.inv. insularity.

insulina /insu'lina/ f. insulin.

insulinico, pl. **-ci, -che** /insu'liniko, tʃi, ke/ agg. [*preparato*] insulin attrib.; ***shock*** ~ insulin shock.

insulinoterapia /insulinotera'pia/ f. insulin treatment.

insulsaggine /insul'saddʒine/ f. **1** *(di libro, idea)* banality; *(di chiacchiere)* vapidity **2** *(cosa insulsa)* nonsense **U**.

insulso /in'sulso/ agg. **1** *(banale)* [*film, libro, giudizio, complimento, idea*] insipid, banal; [*dibattito, chiacchiere*] vapid **2** FIG. [*persona*] insipid, stupid, dull, wishy-washy COLLOQ. **3** [*cibi, sapori*] tasteless, bland.

insultante /insul'tante/ agg. [*comportamento, linguaggio, osservazione*] insulting, offensive.

▷ **insultare** /insul'tare/ [1] **I** tr. to insult [*persona*]; ~ ***la memoria di qcn.*** to insult sb.'s memory; ~ ***senza ritegno*** to let loose with insults; ***farsi*** ~ to be *o* get sworn at **II insultarsi** pronom. to exchange insults.

▷ **insulto** /in'sulto/ m. insult, affront, swear word; ***una sfilza di -i*** a stream of abuse; ***coprire di -i qcn.*** to call sb. names, to heap insults at sb.; ***arrivare, lasciarsi andare agli -i*** to resort to, indulge in name-calling; ***un*** ~ ***alla memoria di qcn.*** an insult to sb.'s memory; ***lo considero un terribile*** ~ I see it as a terrible insult *o* an outrageous slur; ***volavano molti -i*** the air was thick with insults; ***lanciare -i a qcn.*** to hurl insults at sb.

insuperabile /insupe'rabile/ agg. **1** *(insormontabile)* [*problema, difficoltà, situazione, disaccordo*] insuperable, insurmountable; [*frontiera*] impassable **2** *(eccezionale, imbattibile)* [*persona*] unequalled BE, unequaled AE, unexcelled, unsurpassed; [*sportivo*] unmatched; ***essere*** ~ ***nel fare qcs.*** to be an ace at doing sth.

insuperabilità /insuperabili'ta/ f.inv. insuperability, insurmountability.

insuperato /insupe'rato/ agg. [*risultato, primato*] unequalled BE, unequaled AE, unrivalled BE, unrivaled AE.

insuperbire /insuper'bire/ [102] **I** tr. to make* [sb.] proud [*persona*] **II insuperbirsi** pronom. to boast (**per qcs.** about sth.), to put* on airs.

insurrezionale /insurrettsjo'nale/ agg. [*movimento*] insurrectional, insurrectionary.

insurrezione /insurret'tsjone/ f. insurgence, insurrection, riot; ***reprimere un'***~ to suppress a revolt; ***il focolaio d'***~ the centre of the uprising.

insussistente /insussis'tɛnte/ agg. [*sospetto*] unfounded; [*prova, accusa*] groundless, baseless.

insussistenza /insussis'tɛntsa/ f. **1** *(irrealtà)* nonexistence **2** *(infondatezza)* baselessness, groundlessness.

int. TEL. ⇒ interno extension (extn).

intabarrare /intabar'rare/ [1] **I** tr. to wrap up warmly **II intabarrarsi** pronom. to wrap oneself up warmly; ***-rsi in un cappotto*** to wrap oneself up warmly in one's coat.

intaccabile /intak'kabile/ agg. susceptible, vulnerable.

intaccamento /intakka'mento/ m. nibbling, corrosion.

intaccare /intak'kare/ [1] tr. **1** *(corrodere)* [*ruggine*] to corrode, to eat* into [*ferro*]; [*macchia*] to spot [*biancheria, specchio*]; to fox, to stain [*carta, libro*]; to fret [*legno*]; [*acido*] to pit, to eat* into, to corrode [*metallo*] **2** FIG. *(iniziare a consumare)* [*inflazione*] to eat* away at, to eat* into [*profitti, capitale*]; to dip into [*fortuna, risparmi, eredità*]; [*società*] to dig* into [*capitale, fondi*]; ~ ***le proprie riserve*** to dig into one's reserves **3** *(incidere)* to nick, to notch [*superficie, legno, bordo*] **4** FIG. *(pregiudicare)* to weaken, to undermine [*credibilità, morale, volontà*]; to eat* away at [*salute*]; to chip away (at), to erode [*potere, autorità, fiducia*]; to dent [*orgoglio*]; to tarnish [*prestigio, dignità*]; ~ ***la reputazione di qcn.*** to blemish *o* undermine sb.'s reputation; ***questo potrebbe*** ~ ***i suoi diritti*** this may affect your eligibility; ***nulla può*** ~ ***la loro amicizia*** nothing can get in the way of their friendship.

intaccatura /intakka'tura/ f. **1** *(di lama)* indentation **2** *(tacca)* nick, notch.

intacco, pl. **-chi** /in'takko, ki/ m. notch, cut; ***fare un*** ~ ***nel legno*** to make a notch in the wood.

intagliare /intaʎ'ʎare/ [1] tr. to carve [*legno*]; to cut* [*pietra preziosa*]; to incise, to engrave [*metallo, pietra*]; to cut* out [*tessuto*]; to score [*cuoio*]; ~ ***una figura nel legno*** to carve a piece of wood into a figure.

intagliato /intaʎ'ʎato/ **I** p.pass. → **intagliare II** agg. [*figura, legno*] carved; [*superficie*] incised.

intagliatore /intaʎʎa'tore/ ➧ ***18*** m. (f. **-trice** /tritʃe/) **1** *(incisore)* engraver **2** *(scultore)* carver; *(di legno)* wood carver.

intaglio, pl. **-gli** /in'taʎʎo, ʎi/ m. **1** *(su legno, metallo)* carving, incision, engraving; *(su cuoio)* score; ***l'***~ ***del legno*** the carving of wood; ***decorare a*** ~ to fret **2** *(prodotto in legno, marmo)* intaglio*; ***la chiave ha tre -gli*** there are three notches on the key.

intangibile /intan'dʒibile/ agg. **1** *(intoccabile)* [*denaro*] intangible **2** FIG. *(inviolabile)* [*diritti, leggi, principi*] inviolable.

intangibilità /intandʒibili'ta/ f.inv. intangibility.

▶ **intanto** /in'tanto/ avv. **1** *(nel frattempo)* meanwhile, in the meantime; ***io esco, tu*** ~ ***riposati*** I'm going out; try to get some rest in the meantime; ***ha lasciato la stanza e*** ~... he left the room, during which time...; *(contrapposizione)* ***vuoi passare l'esame e*** ~ ***non studi*** you want to pass your exam, but you are not studying at all **2** **per intanto** for the moment, for now, for the time being; ***per*** ~ ***non preoccuparti, poi si vedrà*** don't worry; we'll see about it later **3** **intanto che** while; ~ ***che mi preparo, telefona a Sabrina*** while I get ready, phone Sabrina **4** *(tanto per cominciare)* to begin with; ~ ***non è vero, e comunque ho ragione io*** to begin with it's not true, and anyway I'm right **5** *(per concludere)* ~ ***anche questa è fatta*** well, that's something out of the way.

intarlare /intar'lare/ [1] intr. (aus. *essere*), **intarlarsi** pronom. to become* worm-eaten.

intarlato /intar'lato/ **I** p.pass. → **intarlare II** agg. [*mobile, asse*] worm-eaten.

intarlatura /intarla'tura/ f. wormhole.

intarsiare /intar'sjare/ [1] tr. to inlay* [*legno*].

intarsiato /intar'sjato/ **I** p.pass. → **intarsiare II** agg. [*scatola, mobile*] inlaid; ~ ***in madreperla*** mother-of-pearl inlaid.

intarsiatore /intarsja'tore/ ➧ ***18*** m. (f. **-trice** /tritʃe/) inlayer.

intarsiatura /intarsja'tura/ f. inlaying.

intarsio, pl. **-si** /in'tarsjo, si/ m. inlay (anche MED.), marquetry; ***a*** ~ inlaid.

intasamento /intasa'mento/ m. *(del traffico)* (traffic) jam; *(del lavandino)* blockage, clogging; *(della rete telefonica)* overloading.

▷ **intasare** /inta'sare/ [1] **I** tr. to choke up, to block (up), to crowd, to fill up [*strada, centro della città*]; to overload [*rete telefonica*]; to block (up), to clog [*tubatura, foro*]; to block [*macchinario, condutture*]; ***le auto intasavano le strade*** cars jammed (up) the roads **II intasarsi** pronom. to clog up, to be* blocked (up); ***il tubo si è intasato*** the pipe got clogged up.

intasato /inta'sato/ **I** p.pass. → **intasare II** agg. [*strada, incrocio*] congested, jammed, overcrowded; [*naso*] stuffed.

▷ **intascare** /intas'kare/ [1] tr. **1** *(mettere in tasca)* to pocket [*mancia, fazzoletto*] **2** *(illegalmente)* to pocket [*fondi, guadagni*] **3** *(guadagnare)* to rake in; ***quanto avrà intascato con quell'affare?*** how much can he have made with that deal?

▷ **intatto** /in'tatto/ agg. **1** *(inalterato)* [*onore, reputazione*] undamaged; [*coraggio, entusiasmo, potere*] undiminished; [*bellezza,* *mente, splendore*] undimmed; [*paesaggio*] unspoiled; [*gruppo, istituzione*] unchanged, inviolate FORM.; *(non sciupato)* unmarred; ***mantenere ~ qcs.*** to keep sth. intact **2** *(non danneggiato)* [*oggetto*] intact, safe, unharmed; [*porcellana*] unbroken; [*costruzione, edificio*] undamaged, unharmed; ***rimanere ~*** to survive intact; ***essere ancora ~*** [*vaso, specchio*] to be still in one piece; ***non era rimasto neanche un piatto ~*** there wasn't a plate left whole **3** *(non intaccato)* [*riserva, energia*] untouched, untapped; [*capitale*] unimpaired **4** *(non assaggiato)* [*cibo*] untasted, untouched.

intavolare /intavo'lare/ [1] tr. to enter into [*negoziazioni, conversazione*]; to open [*dialogo, trattativa*]; ***~ una discussione con qcn.*** to start *o* open a debate with sb.

intavolatura /intavola'tura/ f. tablature.

integerrimo /inte'dʒɛrrimo/ agg. [*magistrato, funzionario*] upright; ***essere una persona -a*** to be as straight as a die.

integrabile /inte'grabile/ agg. integrable (anche MAT.).

▷ **integrale** /inte'grale/ **I** agg. **1** [*edizione, testo, discorso*] unabridged, uncut; [*romanzo, opera*] full-length; [*abbronzatura*] allover; [*nudo*] full-frontal; ***il film verrà trasmesso in versione ~*** the film will be shown in its entirety *o* in its uncut version; ***pubblicare qcs. in forma ~*** to publish sth. in full **2** GASTR. [*farina, pane, pasta*] whole wheat, wheatmeal BE, wholemeal BE; ***pagnotta ~*** bran loaf; ***riso ~*** brown rice; ***prodotti -i*** wholefood BE **3** *(radicale)* [*rinnovamento*] sweeping **4** AUT. ***a trazione ~*** four-wheel **5** MAT. ***calcolo ~*** integral calculus **6** COLLOQ. ***cretino ~*** complete *o* perfect fool **II** m. MAT. integral; ***~ definito, improprio*** definite, improper integral.

integralismo /integra'lizmo/ m. ***~ islamico*** fundamentalism.

integralista, m.pl. **-i**, f.pl. **-e** /integra'lista/ **I** agg. [*comunista, sistema politico*] hardline **II** m. e f. hardliner; ***~ islamico*** fundamentalist.

integralistico, pl. **-ci**, **-che** /integra'listiko, tʃi, ke/ agg. hardline.

integralità /integrali'ta/ f.inv. integrality.

integralmente /integral'mente/ avv. [*citare, pubblicare*] integrally; ***pagare ~*** to pay in full.

integrante /inte'grante/ agg. [*membro, caratteristica*] integral; ***essere parte ~ di*** to be an integral part of, to be part and parcel of.

integrare /inte'grare/ [1] **I** tr. **1** *(inserire, completare)* to insert [*capitoli, articoli*]; to complete [*testo, informazione*]; [*azienda*] to supplement [*personale*]; to round out [*numero, gamma*]; ***~ qcs. con qcs.*** to complement sth. with sth.; ***~ la propria dieta*** to supplement one's diet **2** *(assimilare)* to integrate [*comunità, popolazione, disabili*] **3** MAT. to integrate **II integrarsi** pronom. **1** *(inserirsi)* to integrate; ***-rsi bene nel proprio ambiente*** to be well integrated with one's surroundings **2** *(completarsi)* to complement each other.

integrativo /integra'tivo/ agg. [*esame, assicurazione, informazione*] additional, supplemental; ***pensione -a*** supplementary pension, occupational pension scheme; ***assegno ~*** supplementary benefit BE, income support BE.

integrato /inte'grato/ **I** p.pass. → **integrare II** agg. **1** COMM. INFORM. AMM. [*sistema, schema, servizio*] integrated; ***pacchetto ~ per la contabilità*** INFORM. integrated accounting package **2** ELETTRON. ***circuito ~*** integrated circuit **III** m. (f. **-a**) integrated person; SPREG. conformist.

integratore /integra'tore/ m. **1** ELETTRON. *(strumento)* integrator **2** ***~ alimentare*** dietary supplement; ***~ vitaminico*** vitamin supplement.

integrazione /integrat'tsjone/ f. **1** *(inserimento)* integration (**in** into; **con** with; **tra** between); *(al personale)* absorption; ***~ economica*** economic integration; ***~ razziale*** racial integration; ***processo d'~*** integration process **2** *(completamento)* ***~ dello stipendio*** salary supplement ◆◆ ***~ orizzontale*** horizontal integration; ***~ verticale*** vertical integration.

integrazionista, m.pl. **-i**, f.pl. **-e** /integrattsjo'nista/ m. e f. integrationist.

integrazionistico pl. **-ci**, **-che** /integrattsjo'nistiko, tʃi, ke/ agg. integrationist.

integrità /integri'ta/ f.inv. **1** *(fisica)* integrity **2** FIG. *(incorruttibilità)* integrity, honesty, uprightness; *(inviolabilità)* inviolability; *(interezza)* intactness, wholeness; ***di un'~ ineccepibile*** of fine integrity.

integro /'integro/ agg. **1** *(non danneggiato)* [*confezione*] intact, untouched; [*piatto*] undamaged, whole; [*testo*] unabridged **2** FIG. *(incorruttibile)* [*persona*] honest, upright; ***un uomo ~*** a man of integrity.

intelaiare /intela'jare/ [1] tr. to stretch (on a frame) [*stoffa*].

intelaiatura /intelaja'tura/ f. **1** *(di porta, finestra)* casing, frame; *(di tetto)* roof structure; *(di quadro)* chassis; *(di macchina)* shell, body; ***~ del letto*** bed base **2** MAR. cradle **3** ING. ***~ di fondazione*** grillage **4** *(l'intelaiare)* framing **5** FIG. ***l'~ di un romanzo*** the structure of a novel.

intelare /inte'lare/ [1] tr. SART. to interface, to back [*tessuto*].

intellegibile /intelle'dʒibile/ → **intelligibile**.

intellettivo /intellet'tivo/ agg. [*facoltà, quoziente*] intellective.

▷ **intelletto** /intel'lɛtto/ m. **1** *(facoltà)* intellect, mind; ***privo di ~*** feeble-minded; ***perdere il ben dell'~*** to lose one's wits **2** TEOL. intelligence **3** *(persona intelligente)* mind, brain, intelligence FORM.

▷ **intellettuale** /intellettu'ale/ **I** agg. [*attività, superiorità, ambiente, stimoli, peso*] intellectual; [*capacità, sforzo, energia*] mental; [*persona*] highbrow; ***lavoro ~*** brainwork; ***pigrizia ~*** lazy thinking; ***le giuste qualità -i per il lavoro*** the right calibre of mind for the job; ***sfoggio, statura ~*** intellectual pyrotechnics, stature; ***circolo ~*** scholarly circle; ***avere un'aria ~*** to come off as an intellectual **II** m. e f. intellectual, highbrow; ***è un ~ di sinistra*** he's a left-wing intellectual; ***non è certo un ~*** SPREG. he's a lowbrow.

intellettualismo /intellettua'lizmo/ m. intellectualism.

intellettualista, m.pl. **-i**, f.pl. **-e** /intellettua'lista/ m. e f. intellectualist.

intellettualistico, pl. **-ci**, **-che** /intellettua'listiko, tʃi, ke/ agg. [*atteggiamento*] intellectualistic.

intellettualità /intellettuali'ta/ f.inv. intellectuality.

intellettualizzare /intellettualid'dzare/ [1] tr. to intellectualize.

intellettualizzazione /intellettualiddzat'tsjone/ f. intellectualization.

intellettualmente /intellettual'mente/ avv. [*superiore, mediocre*] intellectually; [*qualificato*] academically; ***una persona ~ vivace*** a sharp-witted person, a sharp mind; ***misurarsi ~ con qcn.*** to pit one's wits against sb.

intellettualoide /intellettua'lɔide/ **I** agg. pseudo-intellectual **II** m. e f. pseudo-intellectual, culture vulture COLLOQ.

intellezione /intellet'tsjone/ f. intellection.

▶ **intelligente** /intelli'dʒɛnte/ agg. [*persona, scelta, risposta, sguardo, comportamento*] intelligent, clever; [*ragazzo*] apt, sharp-witted; [*dieta*] sensible; ***essere ~*** to have brains; ***non è ~ da parte tua*** it isn't very bright of you; ***credi che fumare sia ~*** you think it's smart to smoke.

intelligentemente /intellidʒɛnte'mente/ avv. intelligently, cleverly.

▶ **intelligenza** /intelli'dʒɛntsa/ f. **1** *(facoltà)* intelligence, intellect, cleverness, brains pl.; ***quoziente di ~*** intelligence quotient, IQ, IQ rating BE; ***essere di un'~ mediocre, eccezionale*** to be of low intelligence, to be uncommonly clever; ***con l'~ di un bambino di due anni*** with the mind of a two-year-old; ***brilla per la sua ~*** she is extremely witty; ***dare prova di ~*** to show evidence of intelligence **2** *(intelligibilità)* understanding; ***un testo di difficile ~*** a text difficult to understand ◆◆ ***~ artificiale*** INFORM. artificial intelligence.

intellighenzia /intelli'gɛntsja/ f. ***l'~*** the intelligentsia.

intelligibile /intelli'dʒibile/ **I** agg. [*scrittura*] intelligible (**a** to) **II** m. FILOS. intelligible.

intelligibilità /intellidʒibili'ta/ f.inv. intelligibility.

intemerato /inteme'rato/ agg. LETT. [*persona*] honest, irreproachable.

intemperante /intempe'rante/ agg. [*stile di vita*] intemperate, immoderate; ***essere ~ nel mangiare*** to overindulge in eating.

intemperantemente /intemperante'mente/ avv. intemperately.

intemperanza /intempe'rantsa/ f. insobriety, intemperance.

intemperie /intem'pɛrje/ f.pl. bad weather; ***esposto alle ~*** exposed to the elements; ***segnato dalle ~*** [*volto, edificio, paesaggio*] weatherbeaten; ***questa pietra resiste bene alle ~*** this stone weathers well; ***danni causati dalle ~*** storm damage.

intempestività /intempestivi'ta/ f.inv. *(di domanda, partenza, dimissioni)* untimeliness, poor timing.

intempestivo /intempes'tivo/ agg. [*domanda*] inopportune; [*invito, arrivo*] untimely, ill-timed.

intendente /inten'dɛnte/ m. e f. **1** intendant (anche STOR.); ***~ generale*** intendant-general **2** ***~ di finanza*** provincial revenue officer **3** MIL. quartermaster.

intendenza /inten'dɛntsa/ f. **1** intendancy (anche STOR.) **2** ***~ di finanza*** inland revenue office.

▶ **intendere** /in'tɛndere/ [10] **I** tr. **1** *(capire)* to understand*; ***~ al volo*** to be quick on the uptake; ***fare*** o ***lasciare ~ che*** to drop hints that, to imply that; ***le sue parole lasciavano ~ che...*** his words suggested that...; ***capisci che cosa intendo dire?*** (do you) see what I mean? ***dare a ~ a qcn. che*** to give sb. to believe *o* understand (that); ***non diede a ~ che sapeva*** he gave no hint of knowing; ***~ qcs. male*** to misunderstand sth.; ***non vuole ~ ragione*** he won't listen to reason; ***vi farò ~ ragione!*** I'll knock some sense into you! I'll bring you to your senses! ***s'intende*** of course, naturally; ***essere in grado di ~ e di volere*** DIR. to be compos mentis, to be of sound mind; ***essere incapace di ~ e di volere*** DIR. to be non compos mentis, to be of unsound mind; *(concepire)* ***~ la politica come un mestiere*** to see politics as a job **2** *(avere intenzione di)* to intend; ***non intendo limitare la tua libertà in alcun modo*** I do not wish to restrict your freedom in any way; ***non intendo rimanere*** I have no intention of staying; ***cosa intendi dire (con questo)?*** what do you mean (by that)? ***non intendo discutere con te!*** I'm not going to bandy words with you! ***non intende farti male*** he doesn't mean you any harm; ***intendevo farlo comunque*** I was planning to do that anyway **3** *(sentire)* to hear* [*rumore*] **II intendersi** pronom. **1** *(capirsi)* ***intendiamoci...*** mind you..., let's get this straight...; ***tanto per intenderci...*** just to make things clear...; ***ci siamo intesi al volo*** we understood each other immediately **2** *(andare d'accordo)* ***-rsi con qcn.*** to get on *o* along with sb.; ***-rsi a meraviglia*** to get on *o* along famously, to get on like a house on fire **3** *(comunicare)* to communicate, to relate; ***-rsi a gesti*** to communicate by gestures **4** *(essere esperto)* ***-rsi di qcs.*** to know about sth.; ***te ne intendi*** you know best; ***si intende parecchio di cinema*** she knows quite a lot about cinema **5** *(accordarsi)* ***non ci siamo intesi sul prezzo*** we didn't agree on the price **6 intendersela** *(avere una relazione)* ***se la intendono*** they are having an affair; *(complottare)* ***intendersela con qcn.*** to be in league with sb. ◆ ***chi ha orecchi per ~, intenda!*** a word to the wise!

intendimento /intendi'mento/ m. **1** *(intenzione)* ***è mio ~ fare*** it's my intention to do **2** *(facoltà di comprendere)* understanding.

intenditore /intendi'tore/ m. (f. **-trice** /tritʃe/) connoisseur; ***da ~*** [*aria, sguardo*] expert; ***un ~ di vini*** a wine connoisseur ◆ ***a buon ~ poche parole*** PROV. a nod is as good as a wink (to a blind horse), a word to the wise.

intenerimento /inteneri'mento/ m. tenderness.

intenerire /intene'rire/ [102] **I** tr. to move, to touch; ***farsi ~ (da qcs.)*** to be touched *o* moved by sth.; ***lasciarsi ~*** to soften; ***non ti lascerai mica ~ da lui!*** you're not going to let him soften you up! ***si intenerisce ogni volta che ne parla*** he goes all misty-eyed about it **II intenerirsi** pronom. to be* moved, to be* touched; ***-rsi per*** to have a soft spot for [*bambini, animali*].

intensamente /intensa'mente/ avv. [*pensare, guardare*] intensely, hard; [*desiderare, sentire*] stringly; [*soffrire*] acutely; [*brillare, luccicare*] brightly; [*arrossire*] deeply; ***mi fissava ~*** he gazed deep into my eyes; ***è sempre piovuto ~*** the rain never once let up.

intensificare /intensifi'kare/ [1] **I** tr. to intensify [*scambi, combattimento, campagna, azione*]; to step up [*produzione, sforzo*] **II intensificarsi** pronom. [*traffico*] to build* up, to intensify, to thicken; [*conflitto, violenza*] to escalate; [*campagna elettorale, musica*] to heat up; [*rabbia, gelosia*] to flare up.

intensificatore /intensifika'tore/ m. FOT. intensifier.

intensificazione /intensifikat'tsjone/ f. intensification; *(di traffico)* build-up; *(di guerra, violenza)* escalation.

intensità /intensi'ta/ f.inv. **1** intensity; *(di dolore)* acuteness; *(di sentimento, passione)* intensity, strength; *(di calore, fiamme)* fierceness; *(di sapore, gusto)* fullness; *(di pioggia, traffico)* heaviness; *(di colore)* richness, depth; ***l'~ del vento*** the strength of the wind; ***dare maggiore ~ a qcs.*** to add poignancy to sth. [*poema, dramma, situazione*]; ***la tempesta sta aumentando d'~*** the storm is worsening **2** FIS. EL. intensity; ***l'~ di un suono*** the loudness of a sound; ***~ del segnale*** signal strength ◆◆ ***~ di campo*** FIS. field strength; ***~ di corrente*** EL. current strength; ***~ luminosa*** candlepower; ***~ di radiazione*** FIS. radiation intensity.

intensivo /inten'sivo/ agg. **1** [*allevamento, coltura, corso*] intensive; ***fare un corso ~ di latino*** to take a crash *o* intensive course in Latin; ***reparto di terapia -a*** intensive care unit; ***a uso ~ di energia, capitali*** energy-, capital-intensive **2** LING. [*prefisso, accento*] intensive.

▷ **intenso** /in'tɛnso/ agg. **1** *(forte)* [*settimana, vita, programma*] intense, full; [*luce*] piercing, powerful; [*sapore*] strong, intense; [*dolore*] acute, intense; [*odio, amore*] deep, burning; [*odore, impressione*] strong; [*colore, tintarella*] deep, intense; [*sforzo*] concentrated; [*fiamme, calore*] fierce; [*traffico, lotta*] heavy; ***una relazione -a*** an emotionally charged relationship; ***un momento di -a emozione*** a moment of great emotion *o* poignancy **2** FIG. [*sguardo*] intense, meaningful.

intentabile /inten'tabile/ agg. DIR. that can be taken to court.

intentare /inten'tare/ [1] tr. ***~ una causa*** to bring charges, to file a lawsuit, to sue; ***~ un'azione giudiziaria contro qcn.*** to commence *o* initiate *o* institute proceedings against sb.; ***~ un'azione di divorzio*** to file divorce; ***~ una causa per risarcimento danni*** to file a claim for damages.

intentato /inten'tato/ **I** p.pass. → **intentare II** agg. unattempted ◆ ***non lasciar nulla d'~*** to explore every avenue, to leave no stone unturned.

1.intento /in'tɛnto/ agg. **1** *(occupato)* ***essere ~ a lavorare, scrivere*** to be deep in one's work, writing, to be busy working, writing **2** *(assorto)* [*persona, sguardo*] intent; ***avere la mente -a nei propri pensieri*** to be lost in one's thoughts; ***aprì il cassetto e mentre era così ~...*** he opened the drawer and while he was so occupied...

2.intento /in'tɛnto/ m. **1** *(scopo)* goal, aim, object; ***riuscire nell'*** o ***raggiungere il proprio ~*** to reach one's goal; ***mirare a un ~*** to aim at sth.; ***ha un ~ politico*** it is political in intent; ***questo film non ha un ~ educativo*** this film is not intended to be educational **2** *(proposito)* intention; ***con*** o ***nell'~ di fare qcs.*** with the intent *o* intention to do sth.; ***non avere alcun ~ aggressivo*** to have no aggressive intentions **3** AMM. *(accordo)* ***dichiarazione di -i*** declaration of intent; ***lettera di -i*** letter of intention.

intenzionale /intentsjo'nale/ agg. **1** *(deliberato)* [*errore, abuso, atto vandalico, provocazione*] deliberate, intentional; [*offesa*] intended, intentional; ***fallo ~*** SPORT professional foul **2** DIR. ***omicidio ~*** prepense *o* wilful murder; ***un delitto ~*** murder; ***ferimento ~*** malicious wounding.

intenzionalità /intentsjonali'ta/ f.inv. intentionality (anche FILOS.), wilfulness BE, willfullness AE; ***mancanza di ~*** DIR. lack of premeditation *o* intent.

intenzionalmente /intentsjonal'mente/ avv. **1** *(deliberatamente)* [*agire, ignorare*] intentionally, purposely; [*offendere, ingannare*] knowingly; ***non l'ho fatto ~*** I didn't do it on purpose **2** DIR. scienter, wilfully BE, willfully AE.

intenzionato /intentsjo'nato/ agg. intentioned; ***essere bene, male ~*** to be well-intentioned, ill-intentioned; ***essere ~ a fare qcs.*** to intend to do sth.

▶ **intenzione** /inten'tsjone/ f. **1** *(proposito)* intention, aim, intent, idea, purpose; ***agire con le migliori -i*** to act with the best of intents; ***avere buone, cattive -i nei confronti di qcn.*** to have good, evil designs on sb.; ***ha delle brutte -i*** he means trouble *o* mischief; ***~ criminosa*** malice; ***non ha la minima ~ di fare*** she has no *o* she hasn't got the slightest intention of doing; ***avere l'~ di fare*** to intend *o* mean to do; ***avere una mezza ~ di fare*** to have half a mind to do; ***essere pieno di buone -i*** to be full of good intentions; ***con l'~ di fare*** with the aim of doing; ***le sue -i sono fin troppo chiare*** there's no mistaking his intentions; ***nascondere le proprie -i*** to hold *o* keep one's cards close to one's chest; ***non ho ~ di perdere le elezioni*** I'm not planning on losing the election; ***fare un processo alle -i di qcn.*** to judge sb. on mere intent; ***un sondaggio sulle -i*** a survey of intentions **2** *(volontà)* ***non aveva ~ di mancare di rispetto*** he meant no disrespect; ***non avevo ~ di fargli del male*** I didn't mean him any harm; ***avere la ferma ~ di fare qcs.*** to have the firm intention of doing sth.; ***non ho più ~ di sopportarlo*** I won't put up with it any longer; ***è un rischio che ho ~ di correre*** it's a chance I'm willing to take ◆ ***di buone -i è lastricato l'inferno*** PROV. the road to hell is paved with good intentions.

interagente /intera'dʒɛnte/ agg. interactive (anche INFORM.).

interagire /intera'dʒire/ [102] intr. (aus. *avere*) [*fattori, fenomeni*] to interact; ***~ con qcn.*** to interact with sb.

interalleato /interalle'ato/ agg. [*stato, forza*] interallied, interally.

interamente /intera'mente/ avv. [*rifare, dedicarsi, distruggere, cancellare*] completely, entirely; [*illustrare, arredare*] fully; [*essere d'accordo*] wholly; ***ripagare ~*** to repay in full measure; ***sei ~ responsabile*** you are solely responsible; ***sono ~ dalla parte dei lavoratori*** my sympathies lie entirely with the workers; ***~ ridipinto*** repainted throughout.

interarme /inte'rarme/ agg.inv. [*azione, scuola*] interservice.

interasse /inte'rasse/ m. AUT. wheelbase.

interatomico, pl. **-ci, -che** /intera'tɔmiko, tʃi, ke/ agg. [*forza*] interatomic.

interattivamente /interattiva'mente/ avv. interactively (anche INFORM.).

interattività /interattivi'ta/ f.inv. interactivity.

interattivo /interat'tivo/ agg. interactive; [*museo*] hands-on; ***video ~*** interactive video; ***apprendimento ~*** interactive learning.

interaziendale /interaddzjen'dale/ agg. [*rivalità, cooperazione*] intercompany.

interazione /interat'tsjone/ f. interaction (anche FIS. INFORM.), interplay ◆◆ ***~ debole*** weak interaction; ***~ forte*** strong interaction.

interbancario, pl. **-ri, -rie** /interban'karjo, ri, rje/ agg. [*mercato*] interbank.

interbase /inter'baze/ **I** m.inv. *(giocatore)* shortstop **II** f.inv. *(posizione)* shortstop.

1.intercalare /interka'lare/ **I** agg. [*giorno, mese*] intercalary; ***coltura ~*** AGR. catch crop **II** m. **1** *(parlare)* verbal tic **2** *(ritornello)* refrain.

2.intercalare /interka'lare/ [1] tr. **1** *(interporre)* ***~ illustrazioni al testo*** to insert illustrations into the text; ***~ qcs. tra due parole*** to insert sth. between two words **2** *(parlando)* ***intercala di continuo "cioè"*** he stuffs his sentences with "cioè".

intercalato /interka'lato/ **I** p.pass. → **2.intercalare II** agg. intercalated.

intercalazione /interkalat'tsjone/ f. intercalation.

intercambiabile /interkam'bjabile/ agg. interchangeable.

intercambiabilità /interkambjabili'ta/ f.inv. interchangeability.

intercapedine /interka'pɛdine/ f. ING. air space; ***muro a ~*** cavity wall.

intercedere /inter'tʃɛdere/ [2] intr. (aus. *avere*) to intercede (**presso qcn.** with sb.; **a favore di qcn.** on sb.'s behalf); ***~ come mediatore*** to act as.

intercellulare /intertʃellu'lare/ agg. intercellular; ***spazio ~*** intercellular space.

intercessione /intertʃes'sjone/ f. **1** *(mediazione)* intercession (**presso** with); ***per ~ di qcn.*** through the mediation of sb. **2** RELIG. intercession.

intercessore /intertʃes'sore/ m. (f. **interceditrice** /intertʃedi'tritʃe/) interceder, mediator, intercessor.

intercettamento /intertʃetta'mento/ m. → **intercettazione.**

intercettare /intertʃet'tare/ [1] tr. to intercept [*aereo, lettera, messaggio, informazione*]; to head off [*persona*]; ***~ le conversazioni telefoniche*** to intercept phone calls; ***~ il pallone*** SPORT to intercept the ball.

intercettatore /intertʃetta'tore/ **I** agg. interceptive; ***pozzetto ~*** stench-trap **II** m. **1** AER. interceptor **2** *(telefonico)* wiretapping set.

intercettazione /intertʃettat'tsjone/ f. **1** *(scoperta)* ***~ di merci rubate*** seizure of stolen goods **2** TEL. SPORT interception ◆◆ ***~ telefonica*** (tele)phone tapping, wire tapping; ***~ elettronica*** eavesdropping.

intercettore /intertʃet'tore/ m. AER. interceptor.

intercity /inter'siti/ **I** agg.inv. [*treno*] inter-city **II** m.inv. inter-city; ***l'~ Londra-York*** the London-York inter-city.

interclassismo /interklas'sizmo/ m. = movement promoting solidarity between the classes.

interclassista, m.pl. **-i**, f.pl. **-e** /interklas'sista/ **I** agg. = promoting solidarity between the classes **II** m. e f. = supporter of solidarity between the classes.

interclassistico, pl. **-ci, -che** /interklas'sistiko, tʃi, ke/ agg. ***tendenza ~*** trend promoting solidarity between the classes.

interclusione /interklu'zjone/ f. enclosure.

intercolumnio, pl. **-ni** /interko'lumnjo, ni/, **intercolunnio**, pl. **-ni** /interko'lunnjo, ni/ m. intercolumniation.

intercomunale /interkomu'nale/ agg. ***cooperativa ~*** cooperative whose members belong to different municipalities.

intercomunicabile /interkomuni'kabile/ agg. intercommunicable.

intercomunicante /interkomuni'kante/ agg. [*stanze, appartamenti*] communicating.

intercomunicazione /interkomunikat'tsjone/ f. intercommunication (**tra** between).

interconfessionale /interkonfessjo'nale/ agg. RELIG. interdenominational.

interconfessionalismo /interkonfessjona'lizmo/ m. RELIG. interdenominationalism.

interconnessione /interkonnes'sjone/ f. interconnection.

interconnesso /interkon'nɛsso/ **I** p.pass. → **interconnettere II** agg. interconnected, interlinked.

interconnettere /interkon'nɛttere/ [17] **I** tr. to interconnect **II interconnettersi** pronom. INFORM. [*computer, sistemi, stazioni di lavoro*] to interconnect.

interconsonantico, pl. **-ci, -che** /interkonso'nantiko, tʃi, ke/ agg. [*vocale*] interconsonantal, interconsonantic.

intercontinentale /interkontinen'tale/ agg. [*missile, volo*] intercontinental.

intercorrente /interkor'rɛnte/ agg. **1** *(frapposto)* [*anni, tempo*] intervening **2** MED. [*malattia*] intercurrent.

intercorrere /inter'korrere/ [32] intr. (aus. *essere*) **1** *(frapporsi)* to intervene, to elapse, to pass; ***nei dieci anni intercorsi*** in the intervening ten years **2** *(esserci)* [*rapporto*] to exist, to be.

intercostale /interkos'tale/ agg. [*strappo, nervo, dolore*] intercostal.

intercotidale /interkoti'dale/ agg. intertidal.

interculturale /interkultu'rale/ agg. cross-cultural.

interdentale /interden'tale/ agg. **1** MED. ***filo ~*** dental floss **2** LING. [*suono*] interdental.

1.interdetto /inter'detto/ **I** p.pass. → **interdire II** agg. **1** *(proibito)* [*scrittore, libro, droga*] banned; [*area*] prohibited **2** DIR. ***essere ~ dal fare*** DIR. to be disabled from doing **III** m. (f. **-a**) *(colpito da interdizione)* debarred person, disqualified person.

2.interdetto /inter'detto/ agg. *(sbalordito)* [*sguardo, espressione*] bewildered, blank; ***essere*** o ***rimanere ~*** to be dumbfounded.

3.interdetto /inter'detto/ m. **1** *(divieto)* ban **2** RELIG. interdict, interdiction; ***lanciare*** o ***comminare l'~ su qcn.*** to debar *o* bar sb.

interdigitale /interdidʒi'tale/ agg. ***membrana ~*** palama, webbing.

interdipartimentale /interdipartimen'tale/ agg. AMM. UNIV. interdepartmental.

interdipendente /interdipen'dɛnte/ agg. [*fenomeni, fattori*] interdependent, interrelated; ***essere ~*** to be mutually dependent.

interdipendenza /interdipen'dɛntsa/ f. interdependence (**tra** between; **di** of).

interdire /inter'dire/ [37] tr. **1** *(vietare)* to ban [*scrittore, attività, libro, droga*]; to prohibit [*commercio*]; *(sospendere)* to suspend [*funzionario*]; ***~ a qcn. di fare qcs.*** to ban sb. from doing sth.; ***~ l'accesso*** o ***il passaggio*** to prohibit entry **2** DIR. RELIG. to interdict; ***~ per infermità mentale*** to declare insane.

interdisciplinare /interdiʃʃipli'nare/ agg.SCOL. UNIV. [*corso, attività, insegnamento*] cross-disciplinary, interdisciplinary.

interdisciplinarità /interdiʃʃiplinari'ta/ f.inv. ***l'~ dell'insegnamento*** the interdisciplinary teaching methods.

interdizione /interdit'tsjone/ f. **1** *(atto dell'interdire)* ban; ***~ agli stranieri che lavorano senza (regolare) permesso*** ban on foreigners working without a permit; ***zona di ~ ai voli*** no-fly zone **2** DIR. disability; ***~ dai diritti civili*** deprivation of civil rights; *(di funzionario)* ***~ dai pubblici uffici*** disqualification from public offices ◆◆ ***~ legale*** legal disqualification.

interessamento /interessa'mento/ m. **1** *(attenzione)* ***mostrare ~ per*** to show interest in **2** *(premura)* ***grazie al suo ~ ho ottenuto il lavoro*** thanks to his interest in my case I got the job; *(intervento influente)* ***per ~ del Ministro*** by the good offices of the Minister.

▶ **interessante** /interes'sante/ agg. **1** *(ricco di interesse)* interesting (**fare** to do; **per qcn.** for sb.); *(affascinante)* [*piano, teoria*] appealing; [*programma, problema, persona, storia*] intriguing; [*ruolo*] juicy COLLOQ.; *(che dà soddisfazione)* [*carriera, progetto*] worthwhile; ***un libro molto ~*** a really interesting *o* engrossing book; ***poco di ~*** little of note; ***la cosa più ~ è che lui...*** most interestingly (of all), he...; ***non c'era niente di ~*** none of it was of any interest; ***è ~ notare che*** it is interesting to note that; ***questo è ~*** that's a good point **2** *(vantaggioso)* [*offerta, affare, idea*] attractive; ***essere ~ dal punto di vista economico*** to make economic sense; ***lo stipendio sembra proprio ~*** the salary certainly sounds good **3** ***essere in stato ~*** to be expecting.

▶ **interessare** /interes'sare/ [1] **I** tr. **1** *(attirare l'attenzione)* to interest; ***questo libro interessa tutti i bambini*** this book is of interest to all the children; *(far intervenire)* ***~ qcn. al proprio caso*** to get sb. to take an interest in one's case; *(rendere interessato)* ***~ i giovani alla lettura*** to arouse the interest of young people in reading **2** *(riguardare)* [*problema, decisione, misure*] to interest, to concern; ***la questione interessa tutti*** the matter concerns everyone **3** *(coinvolgere, colpire)* [*cambiamento, avvenimento, crisi, legge*] to affect, to concern [*settore, persone, paese*]; ***le lesioni interessano il cuore*** MED. the lesions affect the heart **4** ECON. *(cointeressare)* ***~ qcn. agli utili*** to share in the profits **II** intr. (aus. *essere*) ***~ a qcn.*** to interest sb.; ***il suo progetto mi interessa*** I'm interested in your project; ***non mi interessa*** *(non mi importa)* I don't care; *(non rientra nei miei interessi)* it doesn't appeal to me; ***l'idea interessa a qcn.?*** does the idea appeal to sb. *o* interest anyone? ***mi interessa fare*** I have an interest in doing; ***ti può ~ sapere*** it may interest you to know; ***una volta mi piaceva, ma adesso non mi interessa più*** I used to like him but I've gone off him; ***la cosa non ti interessa*** that's none of your concern **III interessarsi** pronom. **1** *(avere interesse)* ***-rsi a*** o ***di*** to be interested in, to be into COLLOQ. [*arte, cultura, denaro, ambiente*]; ***si interessa di molte cose*** he has wide interests; ***si interessa solo alle donne, agli insetti*** he's only interested in women, insects; *(impegnandosi)* ***sempre più gente si interessa all'ambiente*** more and more people are taking an interest in the environment; ***-rsi attivamente a qcs.*** to take an active interest in sth. **2** *(occuparsi)* ***-rsi a*** o ***di qcs.*** to concern oneself with sth.; ***-rsi di un problema*** to deal with *o* tackle a problem; ***interessati dei fatti tuoi*** mind your own business; ***-rsi dei fatti altrui*** to concern oneself with other people's business; *(prendersi cura)* ***-rsi di*** to take care of [*cena, biglietti*] **3** *(chiedere notizie)* to ask after.

interessatamente /interessata'mente/ avv. out of self-interest, opportunistically.

interessato /interes'sato/ **I** p.pass. → **interessare II** agg. **1** *(attratto da)* interested (**a** in); ***è molto ~ alla nostra proposta*** he is very interested in our proposal; ***sarebbe -a all'acquisto di un aspirapolvere?*** would you be interested in buying a vacuum cleaner? ***dirsi*** o ***dichiararsi ~ a qcs.*** to express an interest in sth.; ***essere direttamente ~ a qcs.*** to have a vested interest in sth.; ***è la casa a cui sono -i*** that's the house they're after; ***non sono ~ a (fare)*** I can't see the attraction of (doing); *(coinvolto)* [*espressione, pubblico*] interested; ***la sala sembrava poco -a*** the audience didn't seem very attentive **2** *(influenzato) (da avvenimento, cambiamento, decisione)* affected **3** MED. *(colpito)* [*parte, organo*] affected **4** *(in causa)* ***le parti -e*** the interested parties; ***le persone -e ai profitti*** people with a share in the profits; ***i dipendenti -i da questo progetto guadagneranno di più*** employees under this scheme will earn more **5** *(che mira ad un profitto)* [*persona, opinione, punto di vista*] self-interested; ***è ~*** he acts out of self-interest; ***i suoi consigli erano -i*** his advice was given out of self-interest; ***amore ~*** SCHERZ. cupboard love BE **III** m. (f. **-a**) **1** *(richiedente)* applicant **2** *(persona coinvolta)* person concerned; ***gli -i*** the people concerned; ***tutti gli -i*** all (those) concerned *o* involved; ***i principali -i*** those most directly concerned.

▶ **interesse** /inte'rɛsse/ m. **1** *(attenzione)* interest **U** (**per** in); ***avere un grande ~ per qcs.*** to have *o* take great interest in sth.; ***avere un'ampia sfera di -i*** to have a wide range of interests; ***il suo ~ è minimo*** her interest is slight; ***suscitare l'~ di qcn.*** to interest sb. *o* to rouse sb.'s interest; ***-i artistici*** artistic pursuits; ***avere un ~ passeggero per*** to flirt with [*ideologia*]; ***manifestare ~ per qcs.*** to show interest in sth.; ***dimostrare scarso ~ per qcs.*** to show scant regard for sth.; ***con ~*** [*leggere, osservare*] with interest, interestedly **2** *(richiamo)* interest; ***essere materia di grande ~*** to be a subject of great interest; ***essere al centro dell'~*** to be the centre of interest; ***ricerca degna di ~*** worthwhile research; ***privo d'~*** uninteresting, without interest; ***perdere di ~*** to blow over, to go off the boil BE; ***essere di grande, scarso ~ per qcn.*** to be of great, little interest to sb. **3** *(vantaggio, utilità)* ***~ personale*** personal interest; ***di ~ generale, pubblico*** of general, public interest; ***nell'~ di*** in the interest(s) of [*persona, pace, libertà*]; ***per il nostro stesso ~*** for all our sakes; ***l'~ della nazione*** the national welfare; ***è nel suo ~ fare*** it is to your advantage to do, it's in your (own) interest(s) to do; ***ha tutto l'~ che si faccia qcs.*** it is in her best interest that sth. be done; ***occuparsi degli -i di qcn.*** to look after sb.'s interests; ***vanno contro il loro ~ (facendo)*** they're not doing themselves any favours (by doing); ***sacrificare gli -i di pochi a favore di molti*** to sacrifice the interests of the few in favour of the many; ***provate a guardare al di là dei vostri -i*** try to see beyond your own immediate concerns; ***difendere i propri -i*** to stick up for oneself; ***contrario agli -i di qcn.*** against sb.'s interest; ***che ~ avrebbero di fare?*** what would be the point in their doing? ***i tuoi -i mi stanno a cuore*** I have your interests at heart; ***conflitto d'-i*** DIR. conflict of interests; ***edificio non di ~ artistico*** ING. DIR. unlisted building; *(tornaconto)* ***fare un matrimonio d'~*** to marry for money, to marry into money; ***agire per ~*** to act out of self-interest, to do sth. for material gain **4** ECON. *(somma pattuita)* interest; ***un ~ del 10%*** a 10% interest; ***prestito senza -i, con ~ elevato*** interest-free, high-interest loan; ***fruttare -i*** [*conto*] to earn interest; ***pagare gli -i*** to service [*debito, prestito*]; ***tasso d'~*** interest rate; ***tasso di ~ base*** base lending rate; ***tasso di ~ monetario, ipotecario*** money, mortgage rate; ***tasso d'~ annuale*** annualized percentage rate; ***credito senza -i*** interest-free credit **5** ECON. *(affari)* ***avere -i in una società*** to hold *o* have interests in a company ◆ ***restituire qcs. con gli -i*** to return sth. with interest ◆◆ ***~ acquisito*** DIR. vested interest; ***-i arretrati*** back interest; ***~ agevolato*** facilitated rate of interest; ***-i attivi*** interest charged; ***~ bancario*** bank interest; ***-i composti*** compound interests; ***~ minimo*** floor rate; ***-i passivi*** red ink interests; ***-i semplici*** simple interests; ***-i su uno scoperto*** overdraft interest charges.

interessenza /interes'sɛntsa/ f. profit sharing; ***fisso più ~*** basic salary plus share in the profits.

interetnico, pl. **-ci**, **-che** /inte'rɛtniko, tʃi, ke/ agg. ***violenza -a*** violence between ethnic communities.

intereuropeo /intereuro'pɛo/ agg. inter-European.

interezza /inte'rettsa/ f. entirety, wholeness; ***trattare un problema nella sua ~*** to deal with a problem as a whole; ***pubblicare un'opera nella sua ~*** to publish a work in its entirety *o* in its unabridged version.

interfaccia, pl. **-ce** /inter'fattʃa, tʃe/ f. INFORM. TECN. interface; ***scheda, routine, software di ~*** INFORM. interface board, routine, software ◆◆ ***~ di comunicazione*** communication interface; ***~ grafica, utente*** INFORM. graphical, user interface.

interfacciale /interfat'tʃale/ agg. interfacial.

interfacciare /interfat'tʃare/ [1] tr. INFORM. to interface.

interfacoltà /interfakol'ta/ agg.inv. inter-faculty.

interferenza /interfe'rɛntsa/ f. **1** TECN. RAD. TELEV. interference, static; ***-e atmosferiche*** atmospherics; ***~ acustica*** crosstalk; ***~ sonora*** sonic interference; *(al telefono)* ***le linee fanno ~*** the lines are crossed **2** LING. interference **3** *(intromissione)* interference, intrusion; ***è un'~ nei miei affari*** it's an intrusion into my affairs **4** FIS. interference.

interferire /interfe'rire/ [102] intr. (aus. *avere*) **1** FIG. *(sovrapporsi)* to interfere, to meddle, to interlope (**con** with); ***i due progetti rischiano di ~ l'uno con l'altro*** the two projects may interfere with each other; *(intromettersi)* ***~ negli affari altrui*** to interfere in sb. else's business; ***non c'è niente che possa ~ tra di noi*** nothing can come between us **2** FIS. to interfere.

interferometria /interferome'tria/ f. interferometry.

interferometro /interfe'rɔmetro/ m. interferometer.

interferone /interfe'rone/ m. interferon.

interfogliare /interfoʎ'ʎare/ [1] tr. to interleave.

interfogliatura /interfoʎʎa'tura/ f. interleaving.

interfoglio, pl. **-gli** /inter'fɔʎʎo, ʎi/ m. interleaf*.

interfono /inter'fɔno/ m. intercom, interphone; ***per*** o ***tramite ~*** over the intercom; ***la voce all'~*** the voice on the intercom.

interforze /inter'fɔrtse/ agg.inv. MIL. [*forza, stato maggiore*] interservice.

intergalattico, pl. **-ci**, **-che** /interga'lattiko, tʃi, ke/ agg. [*spazio*] intergalactic.

interglaciale /intergla'tʃale/ agg. interglacial.

intergovernativo /intergoverna'tivo/ agg. [*accordo, conferenza, negoziati*] intergovernmental.

interiettivo /interjet'tivo/ agg. LING. interjectional.

interiezione /interjet'tsjone/ f. LING. interjection.

interim /'interim/ m.inv. *(intervallo di tempo)* interim; ***assumere l'~*** to hold the post temporary.

interinale /interi'nale/ agg. [*funzione, impiego, personale*] temporary; ***lavoro ~*** temping job; ***profitti -i*** COMM. interim profits.

interinato /interi'nato/ m. interim, temporary office.

interindustriale /interindus'trjale/ agg. inter-industry, interindustrial.

interino /inte'rino/ m. deputy.

interiora /inte'rjora/ f.pl. *(di animale)* entrails, guts, insides COLLOQ.

▷ **interiore** /inte'rjore/ agg. **1** *(che è dentro)* ***parte ~*** internal part **2** *(intimo)* [*voce, conflitto, vita, pace, forza*] inner; [*monologo*] interior; ***turbamento ~*** emotional upheaval.

interiorità /interjori'ta/ f.inv. interiority.

interiorizzare /interjorid'dzare/ [1] tr. **1** *(trattenere in sé)* to interiorize, to internalize [*collera, paura, sentimento*] **2** *(fare proprio)* to internalize, to interiorize [*norme*].

interiorizzazione /interjoriddzat'tsjone/ f. internalization, interiorization.

interiormente /interjor'mente/ avv. *(tra sé e sé)* [*ridere, soffrire, fremere*] inwardly.

interista, m.pl. **-i**, f.pl. **-e** /inte'rista/ **I** agg. [*tifoso, giocatore, difesa*] of Inter, Inter attrib. **II** m. e f. **1** *(giocatore)* Inter player **2** *(tifoso)* Inter supporter.

interlinea /inter'linea/ f. TIP. **1** *(spazio)* line space, line-spacing; ***aggiungere una parola nell'~*** to add a word between the lines **2** *(laminetta)* lead **3** CINEM. frame line ◆◆ ***~ doppia*** double spacing; ***~ singola*** single spacing.

1.interlineare /interline'are/ agg. [*glossa, traduzione*] interlinear.

2.interlineare /interline'are/ [1] tr. to interline [*testo*].

interlineatura /interlinea'tura/ f. interlineation.

interlingua /inter'lingwa/ f. interlingua.

interlinguistica /interlin'gwistika/ f. interlinguistics + verbo sing.

interlinguistico, pl. **-ci**, **-che** /interlin'gwistiko, tʃi, ke/ agg. interlinguistic.

interlocutore /interloku'tore/ m. (f. **-trice** /tritʃe/) **1** *(in una conversazione)* interlocutor, collocutor; ***farsi capire dal proprio ~*** to make oneself understood by the person one is talking to; ***un ~ anonimo che afferma di parlare a nome di...*** an anonymous caller, claiming to speak on behalf of...; ***il confronto delle proprie idee con quelle di un ~*** debating one's own ideas with those of another **2** *(in una negoziazione)* representative, spokesperson; ***il cliente ha***

un solo ~ nella società the client only deals with one person in the company; ***X è il solo ~*** X is the only contact; ***l'~ privilegiato dal governo*** the person the government prefers to deal with **3** LING. interlocutor.

interlocutorio, pl. **-ri**, **-rie** /interloku'tɔrjo, ri, rje/ agg. [*sentenza*] interlocutory.

interloquire /interlo'kwire/ [102] intr. (aus. *avere*) to interject.

interludio, pl. **-di** /inter'ludjo, di/ m. **1** MUS. interlude **2** *(pausa)* interlude.

interlunio, pl. **-ni** /inter'lunjo, ni/ m. interlunation.

intermascellare /intermaʃʃel'lare/ agg. intermaxillary.

intermediario, pl. **-ri**, **-rie** /interme'djarjo, ri, rje/ **I** agg. [*società, stadio*] intermediary, intermediate **II** m. (f. **-a**) intermediary, go-between, broker ECON. COMM.; ***avere un ruolo d'~*** o ***fare da ~*** to mediate, to intermediate (**fra** between); ***senza -ri*** [*fare, agire*] without any intermediary; [*trattare, vendere, acquistare*] direct, without a middleman ◆◆ ***~ d'affari*** middleman, matchmaker; ***~ di assicurazioni*** insurance broker; ***~ di credito*** scrivener; ***~ finanziario*** financial broker; ***~ per mutui ipotecari*** mortgage broker.

intermediazione /intermedjat'tsjone/ f. intermediation, brokerage ECON. COMM.; ***un servizio di ~ tra acquirenti e venditori*** a matchmaking service for buyers and vendors ◆◆ ***~ finanziaria*** financial brokerage, merchant banking BE.

intermedio, pl. **-di**, **-die** /inter'mɛdjo, di, dje/ **I** agg. **1** *(che sta a metà)* [*punto, tappa, stadio*] intermediate, halfway, midway; [*spazio*] in-between; [*temperatura, peso*] mean; [*difficoltà*] intermediate, middle; ***di posizione -a*** middle-ranking; ***stazione -a*** FERR. way station **2** ZOOL. ***ospite ~*** intermediate host **3** ANAT. intermedium (bone) **4** BIOL. osculant **5** SCOL. ***un libro di testo per livello ~*** an intermediate level textbook **6** LING. [*posizione*] medial **II** m. SPORT halftime.

intermezzo /inter'mɛddzo/ m. **1** MUS. intermezzo*, interlude **2** TEATR. *(genere)* interlude; ***~ comico*** antimasque; *(pausa)* intermission **3** *(intervallo)* interval, break.

▷ **interminabile** /intermi'nabile/ agg. *(che dura a lungo)* [*viaggio, ricerca, incontro, processo*] endless, never-ending, interminable; ***un tempo ~*** an inordinate amount of time.

interminabilmente /interminabil'mente/ avv. interminably.

interministeriale /interministe'rjale/ agg. [*comitato, commissione, riunione*] interdepartmental.

intermittente /intermit'tɛnte/ agg. [*pioggia, febbre, rumore*] intermittent; [*luce, faro, semaforo*] flashing; [*attività*] intermittent, irregular.

intermittenza /intermit'tɛntsa/ f. **1** intermittence; *(di luce)* blinking; ***a ~*** on and off *o* off and on **2** MED. *(di cuore, polso)* intermittence.

intermolecolare /intermoleko'lare/ agg. intermolecular.

intermuscolare /intermusko'lare/ agg. intramuscular.

internamente /interna'mente/ avv. **1** *(dentro)* internally, inboard MAR.; ***foderato ~*** lined on the inside **2** *(nell'intimo)* inwardly.

internamento /interna'mento/ m. **1** *(di prigioniero, dissidente, malato mentale)* confinement **2** MIL. POL. internment.

internare /inter'nare/ [1] tr. **1** to confine, to intern, to commit [*malato, alienato*]; ***fare ~ qcn.*** to have sb. committed; ***da ~*** [*persona*] certifiable **2** MIL. POL. to intern.

1.internato /inter'nato/ m. **1** SCOL. boarding school; ***essere in ~*** to be at a boarding school **2** UNIV. MED. period as a house officer, internship AE.

2.internato /inter'nato/ **I** p.pass. → **internare II** m. (f. **-a**) **1** *(di istituto, ospedale psichiatrico)* inmate; *(di ospedale)* patient **2** MIL. POL. internee.

internauta, m.pl. **-i**, f.pl. **-e** /inter'nauta/ m. e f. Internet user, internaut.

▶ **internazionale** /internattsjo'nale/ **I** agg. [*voli, comunicazione, politica, conferenza, diritto, incontro*] international; [*acque*] international, extraterritorial; ***su scala ~*** on a worldwide scale; ***un cantante di fama ~*** a world-famous singer; ***a livello ~*** internationally; ***di livello ~*** world-class; ***incontro ~*** international; ***inglese ~*** offshore English; ***prefisso ~*** country code; ***condominio ~*** condominium; ***mediatore ~*** POL. honest broker **II** f. MUS. Internationale; POL. International.

internazionalismo /internattsjona'lizmo/ m. internationalism.

internazionalista, m.pl. **-i**, f.pl. **-e** /internattsjona'lista/ agg., m. e f. internationalist.

internazionalistico, pl. **-ci**, **-che** /internattsjona'listiko, tʃi, ke/ agg. internationalist(ic).

internazionalità /internattsjonali'ta/ f.inv. internationality.

internazionalizzare /internattsjonalid'dzare/ [1] **I** tr. to internationalize **II internazionalizzarsi** pronom. to become* international.

internazionalizzazione /internattsjonaliddzat'tsjone/ f. internationalization.

internazionalmente /internattsjonal'mente/ avv. internationally.

Internet /'internet/ **I** f. Internet; ***navigare in ~*** to surf the Net; ***collegarsi a ~*** to connect to the Internet; ***su ~*** on the Internet; ***accesso a ~*** Internet access **II** agg.inv. ***indirizzo ~*** Internet address.

internista, m.pl. **-i**, f.pl. **-e** /inter'nista/ ♦ ***18*** m. e f. *(medico)* internist.

▶ **interno** /in'tɛrno/ **I** agg. **1** *(che è dentro)* [*scala, cortile*] inner attrib.; [*tasca, copertura, muro, superficie*] inside; ***rivestimento ~*** backing; ***le pagine -e di un giornale*** the inside pages of a paper; ***corsia -a*** SPORT inside track; ***fodera -a*** underlining; ***angolo ~*** MAT. interior angle **2** GEOGR. *(non sulla costa)* [*area, città, porto*] inland; ***navigazione -a*** inland navigation **3** *(nazionale)* [*domanda, linea, volo, rete*] domestic; [*mercato, politica, affari*] domestic, home, national; [*notizie*] home; [*commercio, comunicazioni, trasporto*] domestic, inland BE; [*sicurezza, debito*] national; ***sul piano ~*** domestically; ***prodotto ~ lordo*** gross domestic product; ***crisi -a*** domestic crisis; ***lotte -e*** infighting; ***vendite -e*** ECON. home sales **4** *(in ambito delimitato)* [*concorso, servizio, formazione*] in-house; [*organizzazione*] internal; ***commissione -a*** shop committee; ***regolamento ~*** COMM. bylaw; ***bollettino ~*** house magazine; ***paziente ~*** in-patient; ***membro ~*** SCOL. UNIV. internal examiner BE **5** *(intimo)* [*moto, voce*] inner attrib. **6** MED. *(nel corpo)* [*parete, organo, emorragia, temperatura*] internal; [*orecchio*] inner; ***lesioni -e*** internal injuries **II** m. **1** *(parte interna) (di edificio, regione)* interior; *(di oggetto)* inside; ***chiuso dall'~*** locked from the inside; ***visto dall'~*** seen from within; ***all'~*** on the inside; ***i bambini giocano all'~*** the children are playing inside; ***l'~ è in seta*** the lining inside is silk; ***la porta si apre verso l'~*** the door opens inwards; ***l'~ della gamba, del braccio*** the inside of the leg, of the arm; ***scena girata in ~*** CINEM. interior scene **2** TEL. extension; ***è all'~ 426*** he's at extension 426; ***mi passi l'~ 311, per favore*** give me extension 311, please **3 all'interno di** *(dentro)* inside; ***all'~ delle frontiere, della città*** inside the borders, the town; ***la biblioteca non si trova all'~ dell'università*** the library is not in the university; *(in seno a)* ***all'~ del governo*** within the government **4** *(entroterra)* inland; ***sulla costa e nell'~*** on the coast and inland; ***le città dell'~*** the inland towns **5** SART. ***~ di pelliccia*** fur lining **6** GIORN. "~" "Home News" **III** m. (f. **-a**) **1** *(chi appartiene a un'organizzazione)* insider **2** SPORT ***~ destro, sinistro*** inside right, left **3** SCOL. boarder; ***sono un ~*** I'm a boarder, I live in **4** UNIV. MED. houseman* BE, house officer BE, intern AE; ***~ di chirurgia*** house surgeon BE **IV interni** m.pl. **1** *(abitazione)* interior sing.; ***d'-i*** *(fotografia)* indoor; *(architetto)* interior; ***pianta da -i*** houseplant, indoor plant **2** AUT. interior trim sing. **3** POL. ***ministero degli Interni*** Ministry of the Interior, Home Office GB; ***ministro degli Interni*** Minister of the Interior, Home Secretary GB.

internodio, pl. **-di** /inter'nɔdjo, di/ m. BOT. internode.

internunzio, pl. **-zi** /inter'nuntsjo, tsi/ m. POL. internuncio*.

▶ **intero** /in'tero/ **I** agg. **1** *(nella sua interezza)* [*settimana, giorno*] entire, whole; [*collezione, set*] complete; [*prezzo, storia*] full; ***l'-a famiglia*** the entire family; ***un'-a giornata di lavoro*** a solid day's work; ***per mesi -i*** for months at a time; ***mangiare una pagnotta -a*** to eat a whole *o* an entire loaf; ***l'ha ingoiato, fatto cuocere tutto ~*** he swallowed, cooked it whole; ***l'-a nazione*** the whole nation; ***l'Europa -a, il mondo ~*** all of Europe, the whole world; ***l'-a opera di Pirandello*** the complete works of Pirandello; ***foto a figura -a*** full-length *o* whole-length photo; ***tariffa -a*** TEL. peak (rate); ***numero ~*** whole *o* integral number; *(pezzo unico)* [*vestito*] all-in-one, one-piece; ***costume (da bagno) ~*** (one-piece) swimsuit, maillot; *(integro)* ***essere ancora ~*** [*persona, oggetto*] to be still in one piece; [*vasellame*] to be unbroken **2** *(che ha tutti i componenti)* ***latte ~*** full cream *o* unskimmed *o* whole milk **II** m. **1** MAT. *(numero)* integer **2 per intero** in full, wholly; ***citare un passo per ~*** to quote an entire passage; ***pagare qcn. per ~*** to pay sb. in full; ***vendere, comprare per ~*** to sell, buy outright.

interoceanico, pl. **-ci**, **-che** /interotʃe'aniko, tʃi, ke/ agg. interoceanic.

interosseo /inte'rɔsseo/ agg. interosseous.

interparietale /interparje'tale/ agg. ANAT. [*osso*] interparietal.

interparlamentare /interparlamen'tare/ agg. [*comitato, sessione*] interparliamentary.

interpellante /interpel'lante/ m. e f. POL. interpellator.

interpellanza /interpel'lantsa/ f. **1** POL. interpellation; ***presentare un'~*** to present an interpellation **2** *(richiesta)* question ◆◆ ***~ parlamentare*** parlamentary inquiry.

interpellare /interpel'lare/ [1] tr. **1** POL. to interpellate; ***~ il ministro*** to interpellate the minister **2** *(consultare)* to consult [*medico, avvocato, tecnico*]; ***~ qcn. per un impiego*** to approach sb. for a job.

interpellato /interpel'lato/ **I** p.pass. → **interpellare II** agg. [*medico, avvocato*] consulted; [*ministro, membro del governo*] interpelled; *(contattato per un impiego)* approached **III** m. (f. **-a**) person questioned.

interpenetrazione /interpenetrat'tsjone/ f. interpenetration.

interpersonale /interperso'nale/ agg. interpersonal; ***rapporti -i*** interpersonal relations.

interplanetario, pl. **-ri**, **-rie** /interplane'tarjo, ri, rje/ agg. [*razzo*] interplanetary.

Interpol /inter'pɔl, 'interpol/ f.inv. Interpol.

interpolare /interpo'lare/ [1] tr. **1** to interpolate [*brano, commento*] (**in** into) **2** MAT. to interpolate.

interpolatore /interpola'tore/ m. (f. **-trice** /tritʃe/) interpolater, interpolator.

interpolazione /interpolat'tsjone/ f. interpolation.

interponte /inter'ponte/ m. MAR. between-decks.

interporre /inter'porre/ [73] **I** tr. **1** *(frapporre)* to interpose (**fra** between); ~ ***ostacoli*** to set up obstacles; *(mettere innanzi)* ~ ***tempo*** to dither **2** *(usare)* ~ ***la propria autorità*** to interpose one's authority **3** DIR. ~ ***appello*** to lodge an appeal, to appeal **II interporsi** pronom. to interpose oneself, to intervene (**fra** between); ***-rsi tra due litiganti*** to interpose oneself between two contenders.

interposizione /interposit'tsjone/ f. interposal, interposition; DIR. lodging.

interposto /inter'posto/ **I** p.pass. → **interporre II** agg. ***per -a persona*** vicariously.

interpretabile /interpre'tabile/ agg. [*testo, brano*] interpretable; ***difficilmente*** ~ [*sogno*] difficult to interpret.

▷ **interpretare** /interpre'tare/ [1] tr. **1** CINEM. MUS. TEATR. to play, to portray [*ruolo, personaggio*]; to sing* [*canzone*]; to perform, to play [*brano, sonata*]; ~ ***il ruolo di Cleopatra*** to play the part of *o* to portray Cleopatra **2** *(desumere un significato da)* to interpret [*testo, parole, sogno, avvenimento, comportamento, critica, legge*]; to construe [*commento, reazione, frase*]; to translate [*gesto, osservazione*]; ~ ***il silenzio di qcn. come un'ammissione di colpa*** to interpret sb.'s silence as an admission of guilt; ~ ***un'osservazione come una critica*** to read a remark as a criticism; ~ ***male qcs.*** to misinterpret sth. [*discorso, commento, norme*]; to misread sth. [*azioni, condotta*]; ~ ***male le parole di qcn.*** to misconstrue on sb.'s words; ~ ***un testo in senso letterale*** to literalize a text **3** *(intuire)* to interpret [*desideri, propositi*].

interpretariato /interpreta'rjato/ m. *(professione)* interpretership; ***scuola d'*** ~ school for interpreters.

interpretativo /interpreta'tivo/ agg. interpretational, interpretative.

▷ **interpretazione** /interpretat'tsjone/ f. **1** *(spiegazione)* interpretation, reading (**di** of); ***soggetto a*** ~ open to interpretation; ~ ***marxista, psicanalitica*** Marxist, psychoanalytical interpretation; ***si possono dare molteplici -i a questo fenomeno*** this phenomenon can be interpreted in several ways; ***suscettibile di più -i*** open-ended [*frase, affermazione*]; ***non dare -i troppo complicate alla sua risposta*** don't read too much into his reply; *(comprensione)* understanding; ~ ***di una legge, di un testo*** interpretation of a law, text; ***errore d'*** ~ misinterpretation; ~ ***sbagliata*** misinterpretation; *(di testo)* misreading; ~ ***morale*** moralization; ***dare a qcs. un'*** ~ ***negativa, positiva*** to take sth. the wrong, right way **2** CINEM. TEATR. *(recitazione)* acting, performance; *(di ruolo)* interpretation, portrayal; MUS. *(esecuzione)* performance; ***la sua*** ~ ***di Amleto*** his interpretation of Hamlet **3** ART. LETT. MUS. rendering, rendition (**di** of) **4** *(traduzione)* rendering ◆◆ ~ ***simultanea*** simultaneous interpretation; ~ ***dei sogni*** interpretation of dreams.

▷ **interprete** /in'tɛrprete/ ❻ **18** m. e f. **1** *(traduttore)* interpreter; ***fare da*** ~ ***a*** o ***l'*** ~ ***per qcn.*** to act as sb.'s interpreter, to interpret for sb. **2** MUS. *(esecutore)* exponent, performer; *(cantante)* singer; ***il più grande*** ~ ***di musica barocca*** the greatest performer of Baroque music **3** CINEM. TEATR. performer; *(uomo)* actor; *(donna)* actress; ***gli -i di un'opera teatrale*** the cast of a play; ~ ***principale*** lead, star; ***personaggi e -i in ordine di apparizione*** cast in order of appearance **4** *(di testo, presagio, sogno)* interpreter **5** INFORM. interpreter **6** FIG. ***farsi*** ~ ***del malcontento di qcn.*** to voice sb.'s complaints ◆◆ ~ ***di conferenza*** conference interpreter; ~ ***consecutivo*** consecutive interpreter; ~ ***parlamentare*** parliamentary interpreter; ~ ***simultaneo*** simultaneous interpreter.

interprovinciale /interprovin'tʃale/ agg. interprovincial.

interpungere /inter'pundʒere/ [55] tr. to punctuate.

interpunzione /interpun'tsjone/ f. punctuation; ***segni d'*** ~ punctuation marks.

interramento /interra'mento/ m. **1** *(sotterramento)* burying; ~ ***di rifiuti*** landfill **2** *(accumulo)* silting up.

interrare /inter'rare/ [1] **I** tr. **1** *(sotterrare)* to bury [*tesoro*]; to earth up [*radici*]; to plant, to sow [*seme*]; ~ ***un cavo*** to lay a cable underground **2** *(colmare di terra)* to fill in [*fosso, canale*] **II interrarsi** pronom. [*estuario, porto*] to silt up.

interrato /inter'rato/ **I** p.pass. → **interrare II** agg. **1** *(sotto terra)* ***cavo*** ~ underground cable; ***piano*** ~ basement **2** *(colmo di terra)* [*canale*] silted up, filled in **III** m. basement; ***abitare in un*** ~ to live in a basement.

interrazziale /interrat'tsjale/ agg. interracial; ***rapporti -i*** race relations.

interregionale /interredʒo'nale/ **I** agg. [*campionati*] interregional; ***treno*** ~ interregional train **II** m. interregional train.

interregno /inter'reɲɲo/ m. interregnum*.

interrelato /interre'lato/ agg. [*eventi, idee, compiti*] interrelated.

interrelazione /interrelat'tsjone/ f. *(di fatti, eventi)* interrelation, interrelatedness.

interrogante /interro'gante/ **I** agg. inquiring **II** m. e f. interrogator, questioner.

▷ **interrogare** /interro'gare/ [1] **I** tr. **1** *(fare un interrogatorio a)* [*giudice, procuratore, polizia*] to question, to interrogate [*testimone, imputato, spia*]; to sound out [*collega, partner*]; ~ ***in contraddittorio*** to cross-examine, to cross-question; ~ ***la propria coscienza*** FIG. to search one's conscience **2** SCOL. [*professore*] to test, to examine [sb.] orally [*allievo*] (**in, su** on) **II interrogarsi** pronom. ***-rsi su qcn., qcs.*** to wonder about sb., sth.

interrogativamente /interrogativa'mente/ avv. [*guardare*] questioningly, inquiringly, inquisitively.

interrogativo /interroga'tivo/ **I** agg. **1** *(che esprime curiosità)* [*sguardo, tono*] inquisitive, questioning, puzzled; ***con aria -a*** quizzically **2** LING. [*pronome, frase, forma*] interrogative; ***punto*** ~ question mark; ***proposizione -a diretta*** direct question; ***in forma -a*** in question form **II** m. **1** *(dubbio)* question; ***porre un*** ~ to raise a question **2** *(persona, cosa enigmatica)* enigma, mystery; ***per me sei un*** ~ you are a mystery to me.

interrogatore /interroga'tore/ m. (f. **-trice** /tritʃe/) **1** *(persona)* interrogator, questioner **2** ELETTRON. interrogator.

▷ **interrogatorio**, pl. **-ri** /interroga'tɔrjo, ri/ **I** agg. [*tono*] interrogatory, quizzical **II** m. POL. DIR. *(di accusato, spia, ostaggio)* interrogation, questioning, probing; *(di testimone)* examination; *(di ostaggio liberato)* debriefing; ***subire un*** ~ to undergo cross-examination; ***fare un*** ~ to interrogate; ***sottoporre qcn. a un*** ~ to interrogate sb.; ~ ***della polizia*** questioning by police; ***ha confessato durante l'*** ~ he confessed under interrogation; ***cedere sotto*** ~ to break *o* crack under interrogation ◆◆ ~ ***a porte chiuse*** interrogation in camera *o* in closed court; ~ ***di terzo grado*** third degree COLLOQ.

▷ **interrogazione** /interrogat'tsjone/ f. **1** *(di testimone)* questioning, examination (**su** about) **2** SCOL. test; ~ ***scritta, orale*** written, oral test **3** INFORM. query; ~ ***in sequenza*** polling **4** POL. question ◆◆ ~ ***parlamentare*** parliamentary inquiry.

▶ **interrompere** /inter'rompere/ [81] **I** tr. **1** *(sospendere momentaneamente)* [*avvenimento, persona*] to interrupt [*colloquio, relazioni, dialogo, traffico, partita*]; [*sciopero*] to shut* down [*produzione, servizio*]; to call off [*negoziazione, piano, ricerca, investigazione*]; to halt [*vendita di armi, esperimenti, commercio, traffico*]; to stop [*attività, lavoro*]; to cut* off, to sever [*comunicazione, contatto, collegamento*]; to black out [*trasmissione*]; EL. to break* [*corrente, circuito*]; ~ ***una riunione, conversazione*** to burst in *o* cut in on a meeting, conversation; ~ ***le comunicazioni*** to bring the lines down; ***mi ha interrotto a metà frase*** she cut me off in mid-sentence; ***"non è vero" interruppe lei*** "that's not true!" she interpolated *o* broke in; ***abbiamo dovuto*** ~ ***e ricominciare questo progetto troppe volte*** we've had too many stops and starts on this project; ~ ***l'allenamento*** to break training **2** *(disturbare)* to interrupt; ~ ***qcn., qcs.*** to break in on sb., sth.; ***vi ho interrotti?*** am I disturbing you? ***mi spiace interrompervi*** sorry to barge in *o* butt in **3** *(ostacolare)* [*sbarramento, polizia*] to cut* off [*strada, passaggio*] **4** *(spezzare)* to break* up [*giorno lavorativo, mattinata*] **5** *(sospendere definitivamente)* [*malattia, avvenimento*] to interrupt [*carriera, studi, vacanze, viaggio*]; to break* off [*conversazione, trattative*]; to break* up [*festa, lotta, dimostrazione*]; to abort [*missione, piano, lancio, processo*]; MED. to abort, to terminate [*gravidanza*]; ~ ***il gioco*** SPORT to abandon play; ~ ***gli studi*** to leave school **6** *(parlando)* to cut* [sb.] off [*interlocutore*]; ***non interrompermi continuamente!*** stop interrupting all the time! **II interrompersi** pronom. [*persona*] to leave* off; [*comunicazione*] to be cut* off;

[*strada*] to stop, to end; ***s'interruppe per rispondere al telefono*** she broke off to answer the phone; ***-rsi nel bel mezzo di una frase*** to stop in mid-sentence.

interrotto /inter'rotto/ **I** p.pass. → **interrompere II** agg. [*persona*] interrupted; [*strada*] blocked; [*comunicazione*] cut off; [*progetto*] unfinished; [*cerchio, linea, voce*] broken; [*partita*] stopped; ***film ~ da pubblicità*** film interrupted by adverts; ***coito ~*** coitus interruptus.

▷ **interruttore** /interrut'tore/ m. switch, interrupter ◆◆ ***~ dell'accensione*** ignition switch; ***~ automatico*** circuit breaker; ***~ bipolare*** two-way switch; ***~ a coltelli (separatori)*** knife switch; ***~ di corrente*** fuse; ***~ a levetta*** toggle switch; ***~ della luce*** light switch; ***~ principale*** master switch; ***~ a scatto rapido*** snap-switch; ***~ di sicurezza*** trip switch; ***~ a tempo*** time-switch.

interruzione /interrut'tsjone/ f. **1** *(arresto)* interruption, stop (**di** of, in); *(di circuito, catena, collegamento, sequenza)* break; *(di comunicazioni, negoziazioni)* breakdown; *(di riunione, dialogo, ostilità)* suspension; *(di servizio, commercio, riunione, approvvigionamento)* disruption; *(di avvenimento, esecuzione)* interruption; CINEM. TEATR. intermission; ***dopo un'~ di tre mesi*** after a three-month break; ***~ audio, video*** TELEV. loss of sound, vision; ***un'~ temporanea dell'attività*** a halt in the activity; ***~ della carriera*** career break; ***cassetta di ~*** EL. fuse box; ***senza ~*** without cease *o* a pause, uninterruptedly **2** POL. *(fine)* termination (**di** of); ***l'~ del dialogo tra*** the breaking off of talks between **3** *(intromissione)* interjection **4** *(disturbo) (per interrompere un oratore)* heckling **U** ◆◆ ***~ di corrente*** EL. blackout, power failure *o* cut; ***~ di corsia*** lane closure; ***~ del gioco*** stoppage time; ***~ di pagina*** INFORM. page break; ***~ di prescrizione*** DIR. interruption of the period of limitation; ***~ pubblicitaria*** commercial break; ***~ di riga*** INFORM. line break; ***~ delle trasmissioni*** RAD. TEL. blackout; ***~ volontaria di gravidanza*** MED. termination of pregnancy.

interscambiabile /interskam'bjabile/ agg. interchangeable.

interscambio, pl. **-bi** /inters'kambjo, bi/ m. **1** *(scambio reciproco)* interchange, exchange (anche ECON.) **2** *(svincolo)* interchange.

intersecare /interse'kare/ [1] **I** tr. **1** MAT. [*linea*] to intersect [*cerchio*] **2** *(incrociare)* [*strada, sentiero, linea ferroviaria, fiume*] to cross [*strada, sentiero, linea ferroviaria, fiume*] **II intersecarsi** pronom. **1** [*linee, cerchi*] to intersect **2** *(incrociarsi)* [*strade*] to cross.

intersettoriale /intersetto'rjale/ agg. COMM. interindustrial, interindustry.

intersezione /interset'tsjone/ f. **1** MAT. intersection (**di** of; **con** with); ***punto di ~*** point of intersection **2** *(incrocio)* ***l'~ fra due strade*** the junction *o* intersection of two roads.

intersiderale /interside'rale/ agg. interstellar.

intersindacale /intersinda'kale/ agg. ***accordo ~*** joint agreement (between trade unions).

interspazio, pl. **-zi** /inters'pattsjo, tʃi/ m. TIP. white line.

interspinale /interspi'nale/ agg. interspinal, interspinous.

interstatale /intersta'tale/ agg. interstate.

interstellare /interstel'lare/ agg. [*spazio*] interstellar.

interstiziale /interstit'tsjale/ agg. [*cellula*] interstitial.

interstizio, pl. **-zi** /inters'tittsjo, tsi/ m. interstice*, gap; ***gli -zi tra le rocce*** the cracks in the rocks.

interstratificato /interstratifi'kato/ agg. interstratified, interbedded.

intertempo /inter'tempo/ m. SPORT partial time, half-time; ***all'~*** in the middle, at half-time.

intertidale /interti'dale/ agg. intertidal.

intertrigine /inter'tridʒine/ f. intertrigo.

intertropicale /intertropi'kale/ agg. intertropical.

interuniversitario, pl. **-ri**, **-rie** /interuniversi'tarjo, ri, rje/ agg. intercollegiate AE.

interurbana /interur'bana/ f. long-distance call.

interurbano /interur'bano/ agg. **1** *(tra città)* [*linee, trasporti*] interurban **2** TEL. [*telefonata*] long-distance; ***prefisso ~*** dialling code BE, area code AE.

intervallare /interval'lare/ [1] tr. **1** *(distanziare)* ***~ le partenze*** to stagger the starts **2** *(alternare)* [*diagrammi*] to break* up [*testo*].

▷ **intervallo** /inter'vallo/ m. **1** *(di spazio)* interval; ***erano collocati a -i di 100 metri*** they were positioned at intervals of 100 metres **2** *(di tempo) (interruzione)* interval, lapse, pause; *(tra due lezioni)* break, recess AE; *(al cinema)* break, intermission, interlude; *(a teatro)* entr'acte, intermission; *(in televisione)* interlude; *(nello sport)* half-time **U**, interval; ***a -i brevi, regolari*** at short, regular intervals; ***a -i*** *(a tratti)* at intervals, spasmodically; ***a -i di pochi giorni*** every few days; ***dopo un ~ di quindici minuti*** after a space of fifteen minutes; ***fare un ~*** to take a break; ***durante l'~*** SCOL. during break; ***nell'~*** in the interlude; ***fare cinque minuti di ~*** to take five AE COLLOQ.; ***~ di mezzogiorno*** lunch hour **3** MUS. interlude ◆◆ ***~ aumentato*** MUS. augmented interval; ***~ di confidenza*** STATIST. confidence interval; ***~ cromatico*** MUS. chromatic interval; ***~ diminuito*** MUS. diminished interval; ***~ minore*** MUS. minor interval; ***~ di terza*** MUS. interval of a third, third.

interveniente /interve'njɛnte/ m. e f. **1** DIR. intervener **2** ECON. ***terzo ~*** third-party payer.

▶ **intervenire** /interve'nire/ [107] intr. (aus. *essere*) **1** *(intromettersi)* [*governo, corte, polizia*] to intervene; ***~ in una rissa, lite*** to intervene in a dispute; ***~ in una conversazione*** to butt *o* chime in on, to cut in on a conversation; ***"non sono d'accordo" intervenne*** "I disagree" she interjected **2** *(mediare)* to interpose (**tra** between); ***~ in favore di qcn.*** to intervene on sb.'s behalf **3** *(prendere parte)* to take* part, to participate (**a** in) [*cerimonia, spettacolo, trasmissione*]; *(agire)* [*esercito, polizia, pompieri*] to intervene, to step in, to take* action; [*azienda, governo*] to move in; ***alla festa sono intervenute molte celebrità*** many celebrities attended the party; ***essere pronti a ~*** [*esercito, forze di pronto intervento*] to be on standby; ***~ in un conflitto*** to intervene in a conflict; ***~ a favore di*** to rescue [*economia, industria*]; ***fare ~ la polizia*** to call out the police; ***fare ~ le truppe*** to order out troops; ***~ in un problema*** to move on a problem **4** POL. ***~ presso il ministro per ottenere un favore*** to approach a minister in order to obtain a favour **5** *(sopraggiungere)* to happen, to occur; [*taglio, riduzione*] to supervene; [*difficoltà, problema*] to arise* **6** *(in un dibattito)* [*oratore*] to come* in; ***~ esprimendo la propria opinione*** to weigh in with one's opinion; ***fare ~ qcn.*** to call in sb. [*esperto, polizia, ricercatore*]; ***a questo punto vorrei fare ~ la signora Cox...*** if I could bring in Mrs Cox at this point... **7** MED. ***il chirurgo ha deciso di ~*** the surgeon decided to operate **8** SPORT ***~ sull'avversario*** to tackle an opponent; ***~ sul pallone*** to go for the ball.

interventismo /interven'tizmo/ m. ECON. POL. interventionism.

interventista, m.pl. **-i**, f.pl. **-e** /interven'tista/ **I** agg. ***politica ~*** interventionist policy; ***non ~*** noninterventionist **II** m. e f. interventionist.

interventistico, pl. **-ci**, **-che** /interven'tistiko, tʃi, ke/ agg. interventionist; ***non ~*** noninterventionist.

▷ **intervento** /inter'vɛnto/ m. **1** *(entrata in azione)* intervention (**in favore di** on behalf of; **presso** with); ***~ dell'esercito, della polizia*** military, police intervention; ***forze di pronto ~*** MIL. rapid deployment force; ***~ immediato*** crisis intervention; ***non ~*** nonintervention; ***politica di non ~*** POL. hands-off policy; ***grazie all'~ di qcn.*** through the instrumentality of sb. **2** *(mediazione)* mediation; ***il suo ~ presso il ministro ha avuto successo*** the approaches he made to the minister were successful **3** *(assistenza)* ***pronto ~*** *(per riparazioni)* 24-hour repair service; *(di polizia)* flying squad; *(di sanitari)* emergency medical service; ***pronto ~ antincendio*** fire picket; ***~ di assistenza*** relief effort **4** *(discorso)* speech; *(relazione scritta)* paper; *(partecipazione)* participation, presence; ***l'~ del ministro in televisione*** the speech made by the minister on television; ***un ~ dall'aula*** a speaker from the floor **5** MED. operation; ***subire un grosso, un piccolo ~*** to have a major, minor operation **6** DIR. ***accettazione per ~*** supraprotest ◆◆ ***~ in appello*** DIR. appeal proceedings; ***~ chirurgico*** surgery, surgical operation; ***~ a cuore aperto*** MED. open-heart surgery; ***~ falloso*** SPORT foul.

intervenuto /interve'nuto/ **I** p.pass. → **intervenire II** agg. present **III** m. (f. **-a**) **1** *(chi prende parte)* person present, participant; *(in un dibattito)* speaker; ***gli -i alla cerimonia*** the people present at the ceremony; **2** DIR. intervener.

intervertebrale /interverte'brale/ agg. [*disco*] intervertebral, spinal.

▷ **intervista** /inter'vista/ f. interview; ***concedere un'~ a qcn.*** to grant sb. an interview; ***~ alla radio, alla televisione*** radio, TV interview.

intervistare /intervis'tare/ [1] tr. GIORN. to interview [*celebrità*]; ***~ qcn. per un sondaggio*** to poll sb.

intervistato /intervis'tato/ **I** p.pass. → **intervistare II** agg. interviewed **III** m. (f. **-a**) *(in radio, televisione, sondaggio)* interviewee; ***l'80% degli -i hanno detto no*** 80% of those asked *o* polled said no.

intervistatore /intervista'tore/ ♦ **18** m. (f. **-trice** /tritʃe/) *(giornalista)* interviewer; *(in sondaggio)* interviewer, poller.

intervocalico, pl. **-ci**, **-che** /intervo'kaliko, tʃi, ke/ agg. intervocal(ic).

▷ **intesa** /in'tesa/ f. **1** *(affiatamento)* harmony; ***~ sessuale*** sexual harmony; ***una buona, cattiva ~ tra due fratelli*** a good, bad relationship between two brothers; ***la buona ~ fra i nostri due paesi*** the friendly relationship between our two countries **2** *(accordo)* arrangement, settlement, understanding, agreement (anche ECON.), accord (anche DIR. POL.); *(verbale)* compact; ***tra loro c'era una tacita ~*** there was a companion silence between them; ***giungere a*** o ***raggiungere un'~*** to reach an accord; ***agire d'~ con qcn.*** to act in agreement with sb.; *(alleanza)* ***l'~ franco-tedesca*** the understanding between France and Germany; ***la Triplice Intesa*** STOR. the Triple Entente **3** *(consenso)* ***d'~*** [*sorriso, sguardo, occhiolino*] knowing, sly; ***aria d'~*** slyness ◆◆ STOR. POL. ***l'Intesa cordiale*** the Entente Cordiale.

inteso /in'teso/ **I** p.pass. → **intendere II** agg. **1** *(capito)* understood mai attrib.; ***~ in diversi modi*** understood in any number of ways; ***~ nel significato più ampio*** taken *o* considered in its broadest sense **2** *(interpretato)* understood, interpreted **3** *(beninteso)* ***resta*** o ***rimane ~ che*** it is understood that; *(per giustificarsi)* ***sia ben ~, non vi parlo di politica*** now don't get me wrong, I'm not talking about politics here; *(d'accordo)* ***intesi!*** agreed! right you are! **4** *(volto)* intended, meant; ***un discorso ~ a sedare gli animi*** a speech aimed at cooling tempers.

intessere /in'tɛssere/ [2] tr. to interweave* (anche FIG.) ◆ ***~ lodi a qcn.*** to sing sb.'s praises.

intessitura /intessi'tura/ f. weaving; ***l'~ dei tappeti*** rug-weaving.

intessuto /intes'suto/ **I** p.pass. → **intessere II** agg. [*cotone, tappeto, stoffa*] woven; ***un racconto ~ di menzogne*** FIG. a story riddled with lies.

intestabile /intes'tabile/ agg. DIR. that can be made out.

intestardirsi /intestar'dirsi/ [102] pronom. to be* stubborn; ***~ su qcs., nel fare qcs.*** to be stubborn about *o* over sth., doing sth.

intestare /intes'tare/ [1] **I** tr. **1** *(intitolare)* to give* a title to [*libro*]; to superscribe [*busta*]; ***~ una lettera con il proprio indirizzo*** to head a letter with one's address **2** *(trasferire la proprietà)* ***~ la casa a qcn.*** to put the house in sb.'s name; ***~ un conto corrente a nome di qcn.*** to open an account in sb.'s name; ***a chi devo ~ l'assegno?*** who shall I make the cheque out to? ***~ del denaro a qcn.*** to settle money on sb. **II intestarsi** pronom. ***-rsi su qcs., nel fare qcs.*** to be stubborn about *o* over sth., doing sth.

intestatario, pl. **-ri, -rie** /intesta'tarjo, ri, rje/ **I** agg. registered; ***società -a*** nominee company **II** m. (f. **-a**) **1** *(di conto)* holder **2** *(di appartamento)* owner.

1.intestato /intes'tato/ **I** p.pass. → **intestare II** agg. **1** ***carta da lettere -a*** headed writing paper, headed stationery; ***un foglio di carta non -a*** a sheet of plain *o* unheaded paper **2** DIR. ***essere ~ a qcn.*** to be made out to sb.; ***un conto ~ a qcn.*** an account in sb.'s name.

2.intestato /intes'tato/ **I** agg. DIR. intestate; ***morire ~*** to die intestate **II** m. (f. **-a**) DIR. intestate; ***successione ab ~*** intestate estate.

intestatura /intesta'tura/ f. EDIL. splice.

intestazione /intestat'tsjone/ f. **1** *(di lettera)* letterhead; *(di libro, capitolo)* title; *(di documento)* heading, superscription; DIR. *(di documento legale)* caption; ***~ di carta da lettera*** letterhead; ***~ del capitolo*** chapter heading **2** *(attribuzione)* ***l'~ di un assegno*** who the cheque is made out to **3** INFORM. header; ***blocco, etichetta di ~*** block, label header.

intestinale /intesti'nale/ agg. [*parete, perforazione, flora, emorragia, occlusione, parassita*] intestinal; ***malattia ~*** bowel disease; ***febbre ~*** enteric fever; ***influenza ~*** gastric flu.

1.intestino /intes'tino/ agg. intestine, internal; ***guerra, rivalità -a*** internecine war, rivalry.

▷ **2.intestino** /intes'tino/ ♦ **4** m. intestine, bowel, gut, insides pl.; ***liberare l'~*** to relieve one's bowels; ***avere l'~ pigro*** to suffer from constipation ◆◆ ***~ cieco*** caecum BE, cecum AE; ***~ crasso*** large intestine; ***~ retto*** rectum; ***~ tenue*** small intestine.

intiepidire /intjepi'dire/ [102] **I** tr. **1** *(riscaldare)* to warm; *(raffreddare)* to cool **2** FIG. *(moderare)* to cool, to dampen [*amore, desiderio*] **II** intr. (aus. *essere*) ***fare ~*** *(scaldare)* to warm [*latte*]; *(raffreddare)* to cool [*caffè*] **III intiepidirsi** pronom. **1** *(acquistare calore)* [*terra, acqua*] to warm up; *(perdere calore)* to cool down **2** FIG. *(moderarsi)* [*ardore, entusiasmo*] to cool down.

intimamente /intima'mente/ avv. **1** *(profondamente)* [*sapere*] intimately, fully; ***essere ~ fiducioso che*** to be quietly confident that **2** *(strettamente)* ***i due fatti sono ~ connessi*** the two events are closely related **3** *(nell'intimità)* ***essere ~ legato a qcn.*** to be on terms of intimacy with sb.

intimare /inti'mare/ [1] tr. **1** *(ordinare)* ***~ a qcn. di fare*** to browbeat *o* bully sb. into doing, to summon sb. to do sth.; ***~ l'alt a qcn.*** MIL. to order sb. to stop; ***~ la resa al nemico*** to bid the enemy surrender; ***~ a qcn. di andarsene dalla propria proprietà*** to warn sb. off one's land **2** *(notificare)* ***~ il pagamento a qcn.*** to give notice of payment to sb.; ***~ lo sfratto a qcn.*** to serve sb. with an eviction notice *o* order; ***~ a qcn. un mandato di comparizione*** to serve sb. with a summons.

intimazione /intimat'tsjone/ f. **1** DIR. *(ingiunzione)* summons; ***notificare un'~*** to give notice of a summons **2** *(ordine)* order, injunction, summons ◆◆ ***~ di pagamento*** injunction to pay; ***~ di rilascio*** possession order; ***~ di sfratto*** eviction order *o* notice.

intimidatorio, pl. **-ri, -rie** /intimida'tɔrjo, ri, rje/ agg. [*atteggiamento, parole, tono*] intimidating, intimidatory BE; ***politica -a*** power politics.

intimidazione /intimidat'tsjone/ f. intimidation (**da parte di** by; **di** of); ***d'~*** [*manovra, gesto, parola*] bullying, intimidatory BE; ***cedere alle -i*** to allow oneself to be intimidated.

▷ **intimidire** /intimi'dire/ [102] **I** tr. **1** *(spaventare)* to intimidate; ***lasciarsi ~ da qcn., qcs.*** to be daunted by sb., sth., to let oneself be intimidated by sb., sth.; ***non mi lascerò ~!*** I won't be bullied! **2** *(imbarazzare)* to embarrass, to overawe; ***~ qcn.*** to make sb. feel shy **II intimidirsi** pronom. *(spaventarsi)* to become* frightened; *(imbarazzarsi)* to become* shy.

intimismo /inti'mizmo/ m. intimism.

intimista, m.pl. **-i**, f.pl. **-e** /inti'mista/ m. e f. intimist.

intimistico, pl. **-ci, -che** /inti'mistiko, tʃi, ke/ agg. ART. CINEM. LETTER. intimist.

intimità /intimi'ta/ f.inv. **1** *(legame)* intimacy, closeness; ***c'era tra loro una grande ~*** they were on very intimate terms; ***essere in ~ con qcn.*** to be on intimate terms with sb. **2** *(privato)* privacy; ***nell'~ della loro camera, casa*** in the privacy of their bedroom, home; ***nella più stretta ~*** in the strictest privacy.

▷ **intimo** /'intimo/ **I** agg. **1** [*amico*] close, intimate; [*relazioni*] intimate; [*emozione, pensiero*] inner; ***i sentimenti più -i*** the innermost feelings **2** *(relativo agli organi sessuali, alla sessualità)* [*igiene*] personal; ***parti -e*** private parts; ***indumento ~*** undergarment; ***biancheria -a*** underwear, underclothes; *(da donna)* lingerie; ***rapporti -i*** intimacy **3** *(tra familiari, amici stretti)* [*festa, cerimonia*] private; [*cena*] quiet, intimate **4** *(confortevole)* [*stanza, atmosfera*] cosy, intimate **5** *(profondo)* [*conoscenza*] deep, intimate **II** m. (f. **-a**) **1** *(amico)* intimate, familiar; ***~ di qcn.*** person who is in terms of intimacy with sb.; ***una festa tra -i*** o ***per pochi -i*** a party for a few close friends **2** *(interiorità)* ***nel proprio ~*** in one's heart of hearts; ***nell'~*** deep down **3** *(biancheria)* underwear, underclothes; *(da donna)* lingerie **U**.

intimorire /intimo'rire/ [102] **I** tr. *(impaurire)* to frighten, to intimidate **II intimorirsi** pronom. to become* frightened, to get* afraid.

intingere /in'tindʒere/ [24] tr. to dip; ***~ i biscotti nel latte*** to dunk the biscuits in the milk; ***~ il pennello nella vernice*** to dip the brush into the paint.

intingolo /in'tingolo/ m. **1** *(condimento)* sauce, gravy **2** *(piatto)* tasty dish.

intirizzimento /intiriddzi'mento/ m. numbness.

intirizzire /intirid'dzire/ [102] **I** tr. [*freddo*] to numb [*corpo, parti del corpo*] **II intirizzirsi** pronom. to grow* numb; ***mi si sono intirizzite le mani per il freddo*** my hands are chilled to the bone.

intirizzito /intirid'dzito/ **I** p.pass. → **intirizzire II** agg. [*persona*] chilled; [*faccia, dito*] numb; ***~ dal freddo*** numb with *o* from the cold; ***essere ~ dalla testa ai piedi*** to be chilled to the marrow.

▷ **intitolare** /intito'lare/ [1] **I** tr. **1** *(fornire di titolo)* to entitle, to title, to call [*libro, opera, film, musica*]; to head [*articolo, capitolo*] **2** *(dedicare)* to name after, to dedicate [*via, piazza*] **II intitolarsi** pronom. [*libro, pubblicazione*] to be* entitled, to be* called; ***come si intitola il film?*** what's the title of the film?

intitolazione /intitolat'tsjone/ f. **1** *(titolo)* title, heading; *(di strada)* name **2** DIR. *(formula iniziale)* title.

intoccabile /intok'kabile/ **I** agg. [*personaggio*] untouchable; [*ideali*] intangible; [*argomento*] taboo **II** m. e f. RELIG. untouchable.

intollerabile /intolle'rabile/ agg. **1** *(inaccettabile)* [*atteggiamento, comportamento*] intolerable, unacceptable; ***in modo ~*** unacceptably **2** *(insopportabile)* [*clima, rumore, dolore*] insufferable, intolerable; [*persona, situazione*] impossible, unendurable.

intollerabilità /intollerabili'ta/ f.inv. intolerableness, intolerability.

intollerabilmente /intollerabil'mente/ avv. intolerably, unendurably.

intollerante /intolle'rante/ **I** agg. **1** *(intransigente)* intolerant (**di** of; **verso, nei confronti di** towards, with) **2** *(insofferente)* impatient (**verso** with) **II** m. e f. intolerant person.

intollerantemente /intollerante'mente/ avv. intolerantly.

intolleranza /intolle'rantsa/ f. **1** *(insofferenza)* intolerance (**di** of; **a, verso, per** for); impatience (**verso** with; **a** at); ***~ politica*** political intolerance **2** MED. intolerance (**a** to); ***~ a un farmaco*** intolerance to a drug.

intonacare /intona'kare/ [1] tr. to plaster, to parget [*soffitto*]; **~ i muri di una casa** to plaster *o* roughcast the walls of a house; **~ a pinocchino** to pebbledash; **~ con la malta** to mortar; **~ con la cazzuola** to trowel.

intonacatore /intonaka'tore/ ♦ 18 m. (f. **-trice** /tritʃe/) plasterer.

intonacatura /intonaka'tura/ f. plasterwork U.

▷ **intonaco**, pl. **-ci** /in'tɔnako, tʃi/ m. plaster, parget, roughcast; **staccare l'~** to strip the plaster off; **una mano d'~** a coat of plastering; **preparare l'~** to do the plastering; **~ a pinocchino** pebbledash; **~ grezzo** spatter dash.

intonare /into'nare/ [1] **I** tr. **1** *(avviare un canto)* to strike* up [*canzone, aria*]; to intone, to precent [*alleluia, salmo*]; **~ le preghiere** to lead a congregation in prayer; **~ le lodi di qcn.** FIG. to start singing sb.'s praises **2** *(armonizzare)* to match [*colori, abiti*] **II intonarsi** pronom. *(armonizzarsi)* [*borsa, calzini, abiti, colore*] to match; **-rsi a qcs.** to match sth., to go with sth.

intonato /into'nato/ **I** p.pass. → **intonare II** agg. **1** MUS. [*strumento*] tuned; **una voce perfettamente -a** a pure voice; **non sono ~** I can't sing in tune **2** *(in armonia)* [*colori, abiti, mobili*] matching.

intonazione /intonat'tsjone/ f. **1** FON. MUS. intonation, cadence; **sbagliare ~** to get the intonation wrong; **~ perfetta** perfect pitch **2** FIG. *(carattere)* **~ polemica di un discorso** polemical tone of a speech.

intonso /in'tonso/ agg. **1** *(non tosato)* [*animale*] unshorn; *(non tagliato)* [*chioma*] uncut **2** *(integro)* [*libro*] uncut.

intontimento /intonti'mento/ m. daze, stupor, wooziness.

intontire /inton'tire/ [102] **I** tr. **1** *(frastornare)* [*notizia, shock*] to daze, to numb; **la musica in discoteca mi intontisce** the music in the disco makes me dizzy **2** *(stordire)* [*medicina*] to make* [sb.] groggy **II intontirsi** pronom. to be* dazed, to be* stunned.

intontito /inton'tito/ **I** p.pass. → **intontire II** agg. *(per un colpo)* stunned, dazed; **~ dai farmaci** groggy from medicine; **~ dall'alcol** punch-drunk; **guardare ~** to gawk COLLOQ.; **sentirsi ~** to feel dizzy.

intoppare /intop'pare/ [1] **I** intr. (aus. *essere*) **1** *(urtare)* to stumble, to trip **2** FIG. *(imbattersi)* **~ in una difficoltà** to come up against a difficulty **II intopparsi** pronom. to run* up (**in** against).

intoppo /in'tɔppo/ m. *(ostacolo)* hitch; *(sulla strada)* hold-up; *(contrattempo)* mishap, glitch COLLOQ.; **senza -i** without incident; [*viaggio, vita*] smooth; **procedere senza -i** to pass off without a hitch, to proceed *o* run smoothly; **avere un ~** to hit *o* run into a snag.

intorbidamento /intorbida'mento/ m. **1** *(carattere opaco)* clouding, turbidity, muddiness **2** *(sconvolgimento)* **~ della coscienza** problems with one's conscience.

intorbidare /intorbi'dare/ [1] **I** tr. **1** *(rendere torbido)* to cloud, to muddy [*liquido*]; **le piogge intorbidano le acque del fiume** the rains are making the river turbid **2** *(offuscare)* to dim [*vista*]; to cloud, to confuse [*ragione, idee*] **II intorbidarsi** pronom. **1** *(diventare torbido)* [*liquido*] to become* cloudy, to cloud **2** *(offuscarsi)* [*idee*] to become* confused; [*vista*] to become* blurred ◆ **~ le acque** to muddy the waters.

intorbidimento /intorbidi'mento/ → **intorbidamento**.

intorbidire /intorbi'dire/ [102] → **intorbidare**.

▶ **intorno** /in'torno/ **I** avv. **1** *(attorno)* around, round; **avere gente ~** to have people around; **mi sta sempre ~** she's always hanging around me; **guardarsi ~** to look around (anche FIG.); **qui ~** hereabout around here; **levati d'~!** get out of the way! **tutt'~** all around; **tutto ~ c'è solo deserto per miglia** there is nothing but desert for miles around **2 intorno a** *(stato)* **~ alla città** around *o* round the city; **c'erano alberi ~ alla casa** there were trees about *o* around the house; **gli mise un braccio ~ alle spalle** she put her arm around his shoulders; **portare un foulard ~ al collo** to wear a scarf around *o* round one's neck; **un viaggio ~ al mondo** a trip round the world; **accalcarsi ~ a** to crowd around *o* round, to mob; **stringersi ~ a** to rally around [*amico, parente*]; **avere gente tutto ~ a sé** to be surrounded by people; *(movimento)* **la Terra orbita ~ al Sole** the earth revolves *o* goes round the sun; **girare ~ a qcs.** to go around sth., to circle sth., to circumambulate sth. (anche FIG.); *(approssimativamente)* **~ alle 10** round about 10 am, somewhere around 10 am; **~ a mezzanotte** around *o* round midnight; **offerte ~ ai 40.000 dollari** offers around *o* about *o* in the region of 40,000 dollars; **dev'essere ~ ai 20 anni** he must be about 20; **il romanzo fu scritto ~ al 1850** the novel was written around 1850; **~ al 15 maggio** around *o* about the 15th of May; **la spesa si aggira ~ ai 3 milioni** it will cost about 3 million; *(argomento)* **la storia si sviluppa ~ a due temi principali** the plot develops around two main themes; **discutere ~ a una questione** to discuss a matter; **lavorare ~ a un progetto** to work on a project **II** agg.inv. *(circostante)* **il paesaggio ~** the surrounding landscape; **i paesi ~** the surrounding villages **III** m. MAT. neighbourhood BE, neighborhood AE.

intorpidimento /intorpidi'mento/ m. *(di arti)* numbness, stiffness; *(di mente)* numbness, dulling; **~ intellettuale** dulling of the mind.

intorpidire /intorpi'dire/ [102] **I** tr. **1** *(anchilosare)* to numb, to benumb [*persona, membra*] **2** MED. to obtund **3** FIG. to dull [*sensi, mente*] **II intorpidirsi** pronom. [*persona*] to become* lethargic; [*membra, corpo, cervello, intelligenza*] to numb, to stiffen.

intorpidito /intorpi'dito/ **I** p.pass. → **intorpidire II** agg. *(per gelo, paura, fatica)* [*arto, dita, gambe*] numb; [*cervello, mente*] dull; **~ dal freddo** numb with *o* from the cold; **sentirsi ~** to feel lethargic; **~ dall'alcol** in a drunken stupor.

intossicare /intossi'kare/ [1] **I** tr. **1** MED. *(avvelenare)* [*sostanze chimiche, cibo*] to poison [*persona, sangue*] **2** FIG. to poison **II intossicarsi** pronom. to poison oneself; **si è intossicato con le ostriche** he got food poisoning by eating oysters.

intossicato /intossi'kato/ **I** p.pass. → **intossicare II** agg. poisoned; **avere i polmoni -i dal fumo** to have one's lungs black with smoke **III** m. (f. **-a**) poisoned person.

intossicazione /intossikat'tsjone/ f. intoxication, poisoning; **~ da piombo** lead poisoning; **~ da funghi** poisoning caused by eating mushrooms; **17 morti per ~** 17 deaths due to poisoning ◆◆ **~ alcolica** alcohol poisoning; **~ alimentare** food poisoning.

in toto /in'toto/ avv. entirely.

intracellulare /intratʃellu'lare/ agg. intracellular.

intracomunitario, pl. **-ri**, **-rie** /intrakomuni'tarjo, ri, rje/ agg. *(nell'UE)* intra-Community.

intracranico, pl. **-ci**, **-che** /intra'kraniko, tʃi, ke/ agg. intracranial.

intracutaneo /intraku'taneo/ agg. intracutaneous, intradermal.

intradermico, pl. **-ci**, **-che** /intra'dɛrmiko, tʃi, ke/ agg. [*iniezione*] intradermal.

intradermoreazione /intradermoreat'tsjone/ f. intradermal reaction.

intradosso /intra'dɔsso/ m. intrados*.

intraducibile /intradu'tʃibile/ agg. [*espressione, autore*] untranslatable; **questa parola è ~** this word does not translate.

intraducibilità /intradutʃibili'ta/ f.inv. untranslatableness, untranslatability.

intraferro /intra'fɛrro/ m. EL. air gap.

intralciare /intral'tʃare/ [1] **I** tr. to hold* up, to impede [*traffico*]; to encumber, to hamper [*persona*]; FIG. to hinder, to impede [*sviluppo, carriera, progresso, piano, intenzione*]; **non ~ qcn.** to keep out of sb.'s way **II intralciarsi** pronom. **-rsi (l'un l'altro)** to get in each other's way.

intralcio, pl. **-ci** /in'traltʃo, tʃi/ m. encumbrance, hindrance, obstacle; **essere d'~ a qcn.** to stand in sb.'s path; **creare** o **porre -ci** to set up obstacles.

intralicciatura /intralittʃa'tura/ f. pylons pl.

intrallazzare /intrallat'tsare/ [1] intr. (aus. *avere*) to scheme, to wheel and deal COLLOQ.

intrallazzatore /intrallattsa'tore/ m. (f. **-trice** /tritʃe/) intriguer, schemer, wheeler and dealer COLLOQ.

intrallazzo /intral'lattso/ m. put-up job COLLOQ.; **fare -i** to do funny business, to wheel and deal.

intramezzare /intramed'dzare/ [1] tr. to interpose; **~ esempi nel discorso** to insert examples in the speech.

intramolecolare /intramoleko'lare/ agg. intramolecular.

intramontabile /intramon'tabile/ agg. everlasting, timeless, eternal; **canzone ~** evergreen song.

intramuscolare /intramusko'lare/ **I** agg. [*iniezione*] intramuscular **II** f. intramuscular injection.

intransigente /intransi'dʒɛnte/ **I** agg. [*atteggiamento, discorso, comportamento, persona*] intransigent, uncompromising, unamenable; [*opposizione*] stern; [*tattica, politica*] hardline, diehard; [*negoziatore*] unyielding; **è molto ~ sulla pulizia** he is very strict about cleanliness **II** m. e f. hardliner; POL. diehard, standpatter.

intransigenza /intransi'dʒɛntsa/ f. intransigence; **essere di un'~ assoluta** to be absolutely uncompromising.

intransitabile /intransi'tabile/ agg. impraticable; **strada ~** impraticable *o* impassable road.

intransitabilità /intransitabili'ta/ f.inv. impracticability.

intransitivamente /intrasitiva'mente/ avv. intransitively.

intransitività /intransitivi'ta/ f.inv. intransitivity, intransitiveness.

intransitivo /intransi'tivo/ **I** agg. [*verbo*] intransitive **II** m. intransitive.

intraoculare /intraoku'lare/ agg. intraocular.

intrappolare /intrappo'lare/ [1] tr. **1** *(rinchiudere)* to ensnare, to entrap, to trap, to snare [*animale*]; **~ un topo** to catch a mouse in a trap **2** FIG. **~ qcn.** to ensnare *o* snare *o* trap sb.; ***farsi ~ da qcn.*** to get oneself trapped by sb.; ***si è lasciato ~*** he walked into the trap.

intraprendente /intrapren'dɛnte/ agg. [*persona*] enterprising, resourceful, go-ahead COLLOQ.; ***essere ~ con le donne*** to have a way with women.

intraprendentemente /intrapredente'mente/ avv. [*dire, agire*] enterprisingly.

intraprendenza /intrapren'dɛntsa/ f. enterprise, initiative.

▷ **intraprendere** /intra'prɛndere/ [10] tr. to undertake*, to start [*viaggio, ricerche, studi, lavori*]; to take* up [*attività, carriera, negoziazioni*]; to institute [*procedimento, riforma*]; to embark on [*campagna*]; ***~ un lavoro*** to put one's hand to the plough; ***decidere di ~ la carriera legale*** to decide on a career in law; ***~ la carriera di attore*** to take up a career as an actor; ***~ un'azione legale contro qcn.*** to bring *o* take *o* commence judicial proceedings against sb.; ***~ un'azione riparatoria*** to take remedial action; ***~ la professione di ragioniere*** to go into accountancy; ***~ nuove strade*** FIG. to strike out in new directions.

intrasferibile /intrasfe'ribile/ agg. untransferable; ***assegno ~*** non-transferable cheque.

intrasportabile /intraspor'tabile/ agg. ***il malato è ~*** the patient can't be moved.

intratellurico, pl. **-ci, -che** /intratel'luriko, tʃi, ke/ agg. intratelluric.

intratoracico, pl. **-ci, -che** /intrato'ratʃiko, tʃi, ke/ agg. intrathoracic.

intrattabile /intrat'tabile/ agg. **1** *(scostante)* [*carattere, umore, persona*] intractable, unbearable **2** *(non trattabile)* [*metallo*] intractable, refractory **3** *(delicato)* [*argomento, questione*] taboo, unmentionable, thorny; *(difficile da affrontare)* [*problema*] intractable, unmanageable.

intrattabilità /intrattabili'ta/ f.inv. **1** *(di persona, carattere)* intractability, churlishness, surliness **2** *(di questione)* intractability **3** *(di metallo)* intractability.

intrattabilmente /intrattabil'mente/ avv. intractably, surlily.

intrattenere /intratte'nere/ [93] **I** tr. **1** *(tenere compagnia in modo divertente)* to entertain, to amuse, to keep* [sb.] amused [*persona, pubblico, classe*]; ***mi piace molto ~ gli amici*** I love entertaining **2** *(mantenere, avere)* to carry on, to keep* up [*corrispondenza*]; ***~ buoni, cattivi rapporti con qcn.*** to keep up a good, bad relationship with sb.; ***~ relazioni amichevoli con qcn.*** to be on a friendly footing with sb. **3** *(discorrere)* ***~ qcn. su qcs.*** to speak to sb. about sth. **II intrattenersi** pronom. **1** *(fermarsi)* to stay, to linger **2** *(soffermarsi a parlare)* ***-rsi con qcn.*** to have a consultation with sb.; ***-rsi amichevolmente con qcn.*** to hobnob with sb. COLLOQ.; ***non posso intrattenermi su queste piccolezze*** I can't dwell on these trivialities.

intrattenimento /intratteni'mento/ m. entertainment; ***essere incaricato dell'~ dei bambini*** to be in charge of entertaining the children; ***letteratura d'~*** pleasure reading.

intrattenitore /intratteni'tore/ ➧ ***18*** m. (f. **-trice** /tritʃe/) entertainer.

intrauterino /intraute'rino/ agg. [*dispositivo*] intrauterine.

intravascolare /intravasko'lare/ agg. intravascular.

▷ **intravedere** /intrave'dere/ [97] tr. **1** *(scorgere)* to glimpse [*oggetto, scena, silhouette*]; to catch* a glimpse of [*persona*]; ***si intravede una casa in lontananza*** you can make out *o* discern a house in the distance; ***cominciare a ~ qcs.*** to begin to see sth. **2** *(intuire)* to glimpse, to sense [*avvenire, miglioramento, peggioramento*]; to foresee* [*soluzione, possibilità, difficoltà*]; ***~ una speranza di pace*** to see a glimmer of hope for peace; ***lasciare ~ qcs.*** [*segno, risultato*] to point to *o* indicate sth.; ***si comincia a ~ la verità*** the truth is beginning to dawn.

intravenoso /intrave'noso/ agg. → **endovenoso**.

▷ **intrecciare** /intret'tʃare/ [1] **I** tr. **1** *(intessere, legare)* to weave* [*cesto, paglia*]; to braid, to plait [*capelli*]; to twist [*corda, cavi*]; to interweave* [*fili*]; to interlace, to interwine [*rami*] **2** FIG. *(allacciare, stringere)* to establish [*rapporti*]; to engage in [*dialogo*] **3** CINEM. LETTER. TEATR. to weave* [*azione drammatica, trama*] **II intrecciarsi** pronom. **1** *(aggrovigliarsi)* [*fibre, destini, melodie, voci*] to interweave*; [*rami*] to interlace; [*corpi, dita, fili*] to interwine **2** FIG. ***tutti questi problemi si intrecciano gli uni con gli altri*** these problems are all interlinked **3** CINEM. LETTER. TEATR. [*capitoli, parti del racconto*] to be* interwoven.

intrecciato /intret'tʃato/ **I** p.pass. → **intrecciare II** agg. [*rami*] interlaced, interwined; [*fili*] interwoven; [*capelli*] plaited, braided; [*tappeto*] braided; FIG. [*problemi, questioni*] interlinked.

intrecciatura /intrettʃa'tura/ f. *(l'intrecciare)* weaving; *(di capelli)* plaiting, braiding.

intreccio, pl. **-ci** /in'trettʃo, tʃi/ m. **1** *(azione)* intertwining, interlacing, weaving; ***lavoro d'~*** basketwork **2** *(risultato)* interlacement; *(tessitura)* weave **3** FIG. *(intrico)* tangle **4** *(trama)* plot, story; ***lo sviluppo dell'~*** the unfolding of the plot; ***~ secondario*** LETTER. subplot, underplot; TEATR. byplot; ***scioglimento dell'~*** LETTER. denouement.

intrepidamente /intrepida'mente/ avv. dauntlessly, intrepidly.

intrepidezza /intrepi'dettsa/ f. fearlessness, intrepidity; ***con ~*** intrepidly.

intrepido /in'trɛpido/ agg. [*avventuriero, passo, persona*] dauntless, fearless, intrepid.

intricare /intri'kare/ [1] **I** tr. **1** *(aggrovigliare)* to tangle, to snarl **2** FIG. to ravel, to complicate [*affare, questione*] **II intricarsi** pronom. to get* tangled up (anche FIG.); ***la questione si va intricando*** the matter is getting more and more complicated.

intricatamente /intrikata'mente/ avv. intricately.

intricato /intri'kato/ **I** p.pass. → **intricare II** agg. **1** *(annodato)* [*capelli, fili*] tangled, entangled; [*radici, rami*] matted; [*percorso*] mazy **2** *(complesso)* [*meccanismo*] intricate **3** FIG. [*discorso, storia*] intricate, complicated; [*questione, relazione, soluzione*] intricate; [*problema, casa*] knotty, intricate; [*legge, provvedimento*] involuted.

intrico, pl. **-chi** /in'triko, ki/ m. involution *(di rami, fili)* tangle; *(di corde)* snarl; ***un ~ di viuzze*** a labyrinth *o* a maze of narrow streets; FIG. ***un ~ di sensazioni*** a jumble *o* a muddle of feelings.

intridere /in'tridere/ [35] tr. **1** *(inzuppare)* [*liquido*] to soak, to permeate; [*sangue*] to soak through [*bende*] **2** EDIL. *(impastare)* to mix [*gesso, calce*].

intrigante /intri'gante/ **I** agg. **1** *(furbo)* [*persona*] scheming, designing, meddlesome **2** *(avvincente, coinvolgente)* [*persona, sorriso, situazione*] intriguing; ***la storia diventa ~*** the plot thickens **II** m. e f. intriguer, manoeuvrer BE, maneuverer AE.

intrigare /intri'gare/ [1] **I** tr. to intrigue; ***lei mi intriga*** I find her intriguing; ***la sua storia la intrigava*** she was intrigued by his story **II** intr. (aus. *avere*) to intrigue, to scheme, to plot; ***~ per ottenere un posto*** to jockey for a post **III intrigarsi** pronom. ***-rsi in un losco affare*** to get mixed up in some shady business.

intrigo, pl. **-ghi** /in'trigo, gi/ m. **1** *(macchinazione)* intrigue **U**, scheme, plot; ***gli -ghi*** funny business, intriguing, manoeuvring BE, maneuvering AE; ***-ghi politici*** political intrigue; ***-ghi di ufficio*** office politics; ***ordire un ~*** to hatch a plot **2** *(situazione complicata)* ***-ghi amorosi*** romantic intrigue **3** LETTER. plot; ***un ~ poliziesco*** a detective story.

intrinsecamente /intrinseka'mente/ avv. intrinsically, inherently; ***testo, progetto giudicato ~ poco valido*** a text, project seen as intrinsically flawed.

intrinseco, pl. **-ci, -che** /in'trinseko, tʃi, ke/ agg. [*valore, contenuto*] intrinsic; ***essere ~ a*** to be integral to.

intripparsi /intrip'parsi/ [1] pronom. COLLOQ. to stuff oneself.

intrippato /intrip'pato/ agg. GERG. **1** *(che fa uso di droga)* hooked **2** *(appassionato)* ***essere ~ per la musica rock*** to be crazy *o* mad keen BE COLLOQ. about rock music.

intriso /in'trizo/ agg. soaked, drenched; ***spugna -a d'acqua*** sponge saturated with water; ***~ di sangue*** blood-soaked; ***una lettera -a di malinconia*** FIG. a letter steeped in melancholy.

intristimento /intristi'mento/ m. **1** *(senso di tristezza)* sorrow **2** BOT. etiolation.

intristire /intris'tire/ [102] intr. (aus. *essere*) **1** *(rattristarsi)* [*persona*] to languish, to pine **2** *(perdere vigore)* [*pianta, malato*] to etiolate.

introdotto /intro'dotto/ **I** p.pass. → **introdurre II** agg. **1** *(inserito)* [*persona*] well-known, well-established; ***è ~ nell'ambiente*** he's well-known on the circuit *o* in his sphere **2** *(istruito)* ***~ in qcs.*** to be knowledgeable about sth. **3** *(diffuso)* ***un articolo, prodotto ben ~ sul mercato*** an established brand, line.

introducibile /introdu'tʃibile/ agg. introducible.

▶ **introdurre** /intro'durre/ [13] **I** tr. **1** *(infilare)* to insert [*oggetto*] (**in** into); to introduce [*tubo, ago, liquido*]; ***~ una chiave in una serratura*** to insert a key into a lock **2** *(fare entrare)* to bring* [*prodotto*] (**in** into); to run*, to smuggle [*armi, droga*] (**in** in); to smuggle [*clandestino*] (**in** into); ***~ qcs. in una storia, conversazione*** to bring *o* introduce sth. into a story, conversation **3** *(mettere in uso)* to introduce [*moda, prodotto, idea*] (**in** to); to bring* in, to introduce [*misure, leggi*]; ***~ una nuova legislazione*** to introduce new legislation; ***~ delle innovazioni in qcs.*** to make innovations in sth. **4** *(accompagnare)* to usher in [*ospite, visitatore*] **5** FIG. *(avviare)* ***~ qcn. alla pittura, al campeggio*** to introduce sb. to painting, camping **6** *(iniziare)* to introduce [*discorso, argomento, questione*]; ***~ un argomento*** to start a hare **II introdursi** pronom. **1** *(penetrare)* ***-rsi***

in [*persona*] to get into, to enter; ***gli scassinatori si sono introdotti attraverso il lucernario*** the burglars got into *o* entered the house through the skylight; ***-rsi in una casa*** to break into a house; ***-rsi abusivamente in*** to trespass [*proprietà privata*] **2** *(inserirsi)* ***-rsi in*** to gain admission into, to wangle one's way into [*ambiente, club*].

introduttivo /introdut'tivo/ agg. [*capitolo, discorso, corso*] introductory; [*nota, pagine, testo*] opening.

introduttore /introdut'tore/ m. (f. **-trice** /tritʃe/) ***l'~ del tabacco in Italia*** the man who introduced tobacco in Italy.

▷ **introduzione** /introdut'tsjone/ f. **1** *(inserimento) (di oggetto, sonda, chiave)* insertion (**in** in); *(di tubo, ago, liquido)* introduction (**in** in) **2** *(accompagnamento)* ushering (**in** into); ***~ dei visitatori*** ushering in of the guests **3** *(adozione) (di moda, sport, prodotto, misura, tecnica)* introduction **4** *(importazione)* ***~ di sostanze illecite*** smuggling of illegal substances **5** LETTER. MUS. *(parte preliminare)* introduction (**a, di** to); ***l'~ di un libro*** the introduction to a book; *(se di autore diverso)* foreword **6** *(avviamento)* introduction; ***~ alla fisica nucleare*** introduction to nuclear physics.

introflessione /introfles'sjone/ f. inward flexion, introflexion.

introflesso /intro'flɛsso/ **I** p.pass. → **introflettersi II** agg. bent, curved inward, introflexed.

introflettersi /intro'flɛttersi/ [50] pronom. to bend* inward.

introiezione /introjet'tsjone/ f. introjection.

introitare /introi'tare/ [1] tr. to cash [*assegno*]; to collect [*somma*].

introito /in'trɔito/ m. **1** income, takings pl., receipts pl.; ***avere un ~ lordo di due milioni*** to gross two million **2** RELIG. introit ◆◆ ***-i pubblicitari*** advertising revenue.

intromettersi /intro'mettersi/ [60] pronom. **1** *(immischiarsi)* to interfere, to (inter)meddle; ***~ nelle faccende altrui*** to meddle in another's affairs **2** *(intervenire)* to butt in, to cut* in, to intercede; ***continuava a ~ nella nostra conversazione*** he kept butting in on our conversation.

intromissione /intromis'sjone/ f. intrusion, interference, meddling SPREG.; ***non gradisco -i*** I do not appreciate interference; ***~ nella vita privata*** intrusion into one's affairs, invasion of privacy.

intronare /intro'nare/ [1] tr. ***le sue chiacchiere mi intronavano*** my head was buzzing with her nonstop chatter.

intronato /intro'nato/ **I** p.pass. → **intronare II** agg. stunned, dazed; ***sembra un po' ~*** he looks a bit dazed; ***mi sento tutto ~*** I feel spaced out.

intronizzare /intronid'dzare/ [1] tr. to enthrone [*re, vescovo*].

intronizzazione /introniddzat'tsjone/ f. *(di re)* enthronement; *(di vescovo)* inauguration.

introrso /in'trɔrso/ agg. introrse.

introspettivamente /introspettiva'mente/ avv. introspectively.

introspettivo /introspet'tivo/ agg. [*persona, analisi, metodo*] introspective.

introspezione /introspet'tsjone/ f. introspection (anche PSIC.); *(in psicoanalisi)* insight; ***l'~ dei suoi ultimi romanzi*** the psychological perception of her later novels.

introvabile /intro'vabile/ agg. **1** *(irreperibile)* [*persona, luogo, indirizzo*] untraceable; ***quel libro è ~*** that book is impossible to find; ***un oggetto ~*** an unobtainable object; ***il ladro rimane ~*** the thief has still not been found **2** *(raro)* [*libro, pezzo di antiquariato*] unobtainable.

introversione /introver'sjone/ f. introversion.

introverso /intro'vɛrso/ **I** agg. [*persona*] inward-looking, introvert **II** m. (f. **-a**) introvert.

introvertere /intro'vɛrtere/ [2] tr. to introvert.

intrufolare /intrufo'lare/ [1] **I** tr. ***~ la mano nella borsa di qcn.*** to sneak a hand into sb.'s bag **II intrufolarsi** pronom. to slink* into, to slip in; ***-rsi tra*** to weave between; [*persona*] to thread one's way through [*folla*]; ***-rsi in una stanza*** to sneak into a room.

intrugliare /intruʎ'ʎare/ [1] tr. COLLOQ. to put* together, to concoct.

intruglio, pl. **-gli** /in'truʎʎo, ʎi/ m. **1** *(bevanda)* brew; *(cibo)* concoction; ***~ schifoso*** witches' brew **2** *(imbroglio)* shady business, nasty business.

intruppamento /intruppa'mento/ m. gathering.

intruppare /intrup'pare/ [1] **I** tr. to assemble; MIL. to muster **II intrupparsi** pronom. to gather.

intrusione /intru'zjone/ f. **1** *(immissione, ingerenza)* intrusion (**in** into); ***si è scusata per l'~*** she apologized for the intrusion **2** GEOL. intrusion; ***d'~*** [*rocce, falde*] intrusive.

intrusivo /intru'zivo/ agg. [*roccia*] intrusive.

intruso /in'truzo/ m. (f. **-a**) intruder, outsider; ***sentirsi un ~*** to feel like an outsider.

intubare /intu'bare/ [1] tr. MED. to intubate.

intubazione /intubat'tsjone/ f. MED. intubation.

intuibile /intu'ibile/ agg. ***le conseguenze sul bambino sono -i*** you can easily imagine how it will affect the baby; ***facilmente ~*** easy to guess.

▷ **intuire** /intu'ire/ [102] tr. to see* [*verità, soluzione, possibilità*]; to foresee* [*difficoltà, peggioramento, miglioramento*]; to read* [*intenzioni, pensiero*]; to realize [*significato, gravità*]; to sense [*pericolo*]; ***~ che*** to realize *o* sense that; ***è stata la prima volta che ho intuito che qcs. non andava*** that was the first inkling I had that all was not well; ***lasciare ~ a qcn. che*** to drop sb. a hint that; ***il vestito lascia ~ le sue forme*** you can make out her curves through her dress.

intuitivamente /intuitiva'mente/ avv. intuitively, by intuition.

intuitivismo /intuiti'vizmo/ m. intuitivism.

intuitivo /intui'tivo/ agg. **1** *(dotato di intuito)* [*persona, mente*] intuitive **2** *(relativo all'intuizione)* intuitional **3** *(immediatamente percepibile)* ***è ~ che...*** it is evident that...

intuito /in'tuito/ m. intuition; ***sapere qcs. per ~*** to know sth. by intuition; ***farsi guidare dal proprio ~*** to follow one's nose.

intuizione /intuit'tsjone/ f. insight, intuition, perceptiveness; ***avere ~*** to have insight, to be intuitive; ***avere una felice ~*** to make an inspired *o* a shrewd guess; ***avere l'~ di*** to have an intuition about.

intuizionismo /intuittsjo'nizmo/ m. intuitionism.

intumescente /intumeʃ'ʃente/ agg. intumescent.

intumescenza /intumeʃ'ʃentsa/ f. MED. intumescence.

intumidire /intumi'dire/ [102] intr. (aus. *essere*) to intumesce.

inturgidimento /inturdʒidi'mento/ m. swelling, turgescence.

inturgidirsi /inturdʒi'dirsi/ [102] pronom. to become* turgid, to swell*.

inumanità /inumani'ta/ f.inv. inhumanity.

inumano /inu'mano/ agg. inhuman(e); ***pena -a*** inhuman *o* merciless punishment; ***sforzo ~*** superhuman effort.

inumare /inu'mare/ [1] tr. to bury, to entomb LETT.

inumazione /inumat'tsjone/ f. burial, entombment.

inumidimento /inumidi'mento/ m. moistening, dampening, moistness.

inumidire /inumi'dire/ [102] **I** tr. to dampen [*biancheria, spugna*]; to wet* [*francobollo*]; ***la rugiada ha inumidito il prato*** the field is wet with dew **II inumidirsi** pronom. to become* damp, to become* moist; [*occhi*] to moisten; ***-rsi le labbra, dita*** to moisten one's lips, fingers.

inurbamento /inurba'mento/ m. urban drift.

inurbanità /inurbani'ta/ f.inv. impoliteness.

inurbano /inur'bano/ agg. [*persona, comportamento*] impolite; [*modi*] rude.

inurbarsi /inur'barsi/ [1] pronom. = to move into urban areas.

inusitato /inuzi'tato/ agg. unusual, uncommon.

▶ **inutile** /i'nutile/ L'espressione *è inutile fare qualcosa* si può tradurre in vari modi; ad esempio, una frase come: *è inutile andarci dopo le 8 se vuoi vedere Lisa, perché partirà verso le 6.30* si può rendere con "it's useless to go (*o* going) there after 8 o'clock if you want to meet Lisa, as she's leaving at about 6.30", oppure "it's no use / no good going there", oppure "it's pointless to go there", o infine "there's no point in going there". Mentre le prime espressioni inglesi definiscono semplicemente l'inutilità della cosa, le ultime due sottolineano l'irritazione che nascerebbe per un'azione destinata al fallimento, dalla perdita di tempo ecc. - *Useless* si usa normalmente anche come aggettivo in funzione attributiva (*un'informazione inutile* = a useless piece of information) e predicativa (*questo attrezzo è inutile* = this tool is useless), mentre *no use* e *no good* hanno solo funzione predicativa: *"aiutala" "sarebbe inutile, è troppo stupida!"* = "help her" "it would be no use / no good, she's too thick!". Per tradurre *inutile* si può usare anche *unnecessary* se il senso è quello di non necessario: *è inutile dirglielo, sa già tutto* = it's unnecessary to tell him, he knows everything already. - Per altri traducenti ed esempi, si veda la voce qui sotto. agg. **1** *(privo di utilità)* [*oggetto, informazione*] useless; [*lavoro, discussione, suggerimento, rimprovero*] pointless, useless; ***sentirsi ~*** to feel useless; ***è ~ che partiate*** there's no point in your leaving; ***sarebbe ~ cercare di fare*** it would be vain to attempt to do; ***sembra tutto così ~*** it all seems so pointless; ***è ~ chiederlo a me*** it's no use asking me; ***~ dire che...*** needless to say; ***è ~ che ti ricordi che...*** I need hardly to remind you that... **2** *(senza risultati)* [*sforzo, tentativo*] ineffectual, vain; [*viaggio*] fruitless, wasted; ***il sacrificio fu completamente ~*** the sacrifice was poignantly vain; ***è ~! Ci rinuncio!*** it's hopeless! I give up!

inutilità /inutili'ta/ f.inv. *(di oggetto, sforzo, persona)* uselessness; *(di discussione, lavoro)* pointlessness.

inutilizzabile /inutilid'dzabile/ agg. [*attrezzo, mezzo*] unusable, unserviceable.
inutilizzato /inutilid'dzato/ agg. [*oggetto*] unused; [*capitale*] unemployed; ***rimanere ~*** [*capacità, idea*] to lie fallow.
inutilmente /inutil'mente/ avv. [*discutere*] pointlessly; [*morire, preoccuparsi, soffrire*] needlessly; [*aspettare, provare, lottare*] vainly.
▷ **invadente** /inva'dɛnte/ **I** agg. [*persona, comportamento*] intrusive, obtrusive; ***essere troppo ~ con qcn.*** to be too forward with sb. **II** m. e f. obtruder.
invadenza /inva'dɛntsa/ f. obtrusiveness.
▶ **invadere** /in'vadere/ [58] tr. **1** *(occupare)* [*truppe, poliziotti, visitatori*] to invade [*luogo, locale*]; [*nemico*] to sweep*, to invade [*regione*]; [*folla*] to swarm into, to throng [*stadio, teatro*]; ***~ lo spazio vitale di qcn.*** to invade sb.'s (personal) space **2** *(diffondersi)* [*animale, pianta*] to overrun* [*luogo*]; [*piante*] to invade [*stagno*] **3** *(dilagare, propagarsi)* [*mare*] to flood [*spiaggia, terreno*]; [*incendio, malattia*] to spread* through [*luogo*]; [*fumo, gas*] to flow through [*stanza, edificio*]; ***il fuoco invade l'edificio*** the fire rips through the building; ***la stanza fu invasa dalla luce del sole*** the room was flooded with light **4** FIG. [*gioia*] to flood, to sweep* through [*cuore*]; [*terrore*] to overwhelm [*anima*] **5** FIG. *(diffondersi)* [*marca, prodotto*] to swamp [*mercato*] **6** FIG. *(sconfinare)* ***~ il campo di qcn.*** to encroach on sb.'s territory, to impinge on sb. else's competence.
invaghimento /invagi'mento/ m. infatuation (**per** with).
invaghirsi /inva'girsi/ [102] pronom. to become* infatuated; ***~ di*** to be infatuated with [*persona*].
invaginarsi /invadʒi'narsi/ [1] pronom. to invaginate.
invaginazione /invadʒinat'tsjone/ f. invagination.
invalicabile /invali'kabile/ agg. [*frontiera, barriera, fiume, ostacolo*] impassable; [*difficoltà*] insurmountable; ***zona ~*** MIL. no-go area.
invalicabilità /invalikabili'ta/ f.inv. impracticability.
invalidamento /invalida'mento/ m. invalidation; DIR. irritancy, voidance.
invalidante /invali'dante/ agg. **1** DIR. invalidating **2** *(che rende invalido)* disabling, crippling.
invalidare /invali'dare/ [1] tr. **1** DIR. to invalidate [*contratto, testamento*] **2** *(confutare)* to disprove, to invalidate.
invalidazione /invalidat'tsjone/ f. → **invalidamento**.
▷ **invalidità** /invalidi'ta/ f.inv. **1** MED. disability, disablement; ***pensione d'~*** disablement pension; ***sussidio d'~*** invalidity addition AE, disablement benefit BE, incapacity benefit BE **2** DIR. invalidity ◆◆ ***~ assoluta*** total disability, disability for work; ***~ parziale*** partial disability; ***~ permanente*** permanent disability; ***~ totale*** total disability.
▷ **invalido** /in'valido/ **I** agg. **1** MED. *(per incidente)* disabled; *(per età)* infirm, severely incapacitated; ***l'incidente l'ha reso ~*** the accident left him a cripple, the accident left him an invalid; ***rimanere ~*** to be disabled; ***conducente ~*** disabled driver **2** DIR. [*contratto, atto*] invalid **II** m. (f. **-a**) disabled person, invalid ◆◆ ***(grande) ~ civile*** registered disabled civilian; ***(grande) ~ di guerra*** registered disabled ex-serviceman; ***~ del lavoro*** victim of an industrial injury.
invalso /in'valso/ agg. [*consuetudine, opinione*] widespread.
▷ **invano** /in'vano/ avv. in vain, to no purpose; ***aspettare ~*** to wait vainly; ***abbiamo preso delle precauzioni, ma ~*** we took precautions, to no effect; ***non ~*** to some *o* good purpose; ***pronunciare il nome di Dio ~*** to take God's name in vain.
invariabile /inva'rjabile/ agg. invariable (anche LING.).
invariabilità /invarjabili'ta/ f.inv. invariability, immutability.
invariabilmente /invarjabil'mente/ avv. invariably, unvaryingly.
invariante /inva'rjante/ **I** agg. ECON. MAT. invariant **II** f. invariant.
invarianza /inva'rjantsa/ f. invariance.
invariato /inva'rjato/ agg. [*paesaggio, condizione, sistema, ordine*] unchanged; [*produzione, crescita*] unvaried; ***le quotazioni sono -e*** ECON. the quotation is unchanged.
invasamento /invaza'mento/ m. obsession; excitement.
1.invasare /inva'zare/ [1] **I** tr. **1** *(pervadere)* to obsess, to haunt; ***lasciarsi ~ da un sentimento*** to let a feeling take hold of one **2** *(possedere)* to possess; ***essere invasato dal maligno*** o ***demonio*** to be possessed (by the devil) **II invasarsi** pronom. ***-rsi di un'idea*** to go overboard on an idea.
2.invasare /inva'zare/ [1] tr. to pot [*pianta*].
invasato /inva'zato/ **I** p.pass. → **1.invasare II** agg. [*persona*] possessed, wild **III** m. (f. **-a**) **1** *(indemoniato)* possessed; ***urlava come un ~*** he was screaming like one possessed **2** *(fanatico)* fanatic.
invasatura /invaza'tura/ f. **1** *(di piante)* potting **2** MAR. launching cradle.
▷ **invasione** /inva'zjone/ f. **1** MIL. invasion; ***l'~ tedesca*** the German invasion; ***le -i barbariche*** the Barbarian invasions **2** *(diffusione nociva) (di insetti, animali)* plague **3** FIG. *(arrivo in massa)* ***un'~ di turisti*** a flood of tourists; ***l'~ di capitali stranieri sul mercato*** a flood of foreign capital on the market **4** SPORT ***~ di campo*** pitch invasion.
invasivo /inva'zivo/ agg. invasive.
1.invaso /in'vazo/ **I** p.pass. → **invadere II** agg. ***~ dalle vespe*** plagued by wasps; ***~ dalle formiche*** overrun with ants; ***giardino ~ dalle ortiche*** garden overgrown with nettles.
2.invaso /in'vazo/ m. **1** pondage; ***diga a basso ~*** low-capacity dam **2** *(invasatura)* potting.
▷ **invasore** /inva'zore/ **I** agg. invading; ***l'esercito ~*** the invading army **II** m. invader.
invecchiamento /invekkja'mento/ m. **1** *(di persona, popolazione, pelle)* ageing; ***ritardare l'~*** to delay the ageing process **2** ENOL. ageing.
▶ **invecchiare** /invek'kjare/ [1] **I** tr. **1** *(togliere vigore)* [*malattia, povertà*] to age [*persona*] **2** *(in apparenza)* [*acconciatura, vestito*] to age [*persona*]; ***il trucco la invecchia di 10 anni*** make-up makes her look 10 years older **3** to mature [*formaggio*]; to age [*vino, liquore*] **II** intr. (aus. *essere*) **1** *(diventare vecchio)* [*persona, corpo*] to age, to grow* old, to get* old; ***~ bene*** to age well, to grow old gracefully; ***cominciare a ~*** to be getting on a bit; ***è invecchiato di 10 anni in 6 mesi*** he has aged 10 years in 6 months **2** SOCIOL. ***la popolazione invecchia*** the population is greying **3** ENOL. [*vino*] to mature, to age **4** *(passare di moda)* to become* outdated **III invecchiarsi** pronom. to grow* old.
invecchiato /invek'kjato/ **I** p.pass. → **invecchiare II** agg. **1** *(che porta i segni dell'età)* [*pelle, viso*] aged, old-looking **2** *(superato)* [*teoria, testo*] outdated **3** [*vino, whisky*] aged, mature; ***~ in botte*** aged in wood.
▶ **invece** /in'vetʃe/ avv. **1** *(viceversa)* instead, on the contrary, on the other hand; ***in Italia, ~, è possibile...*** in Italy, on the other hand, it is possible to...; ***doveva andarci e ~ ci andai io*** she was supposed to go, but I went instead; ***volevo telefonare poi ~ ho scritto*** I was going to phone but wrote instead; ***non potrebbero ~ andare in campeggio?*** couldn't they go camping instead? ***"non l'ho mai incontrato!" "~ sì (che l'hai incontrato)!"*** "I've never met him!" "yes you have!" **2 invece di** instead of; ***perché non visitiamo più castelli ~ di uno solo?*** why not visit several castles instead of just one? ***~ di lamentarti, dovresti aiutarci!*** you should be helping us instead of moaning! **3 invece che** rather than; ***preferiamo camminare ~ che prendere l'autobus*** we prefer to walk rather than to take the bus; ***~ che a lui dillo a me*** tell me rather than him.
inveire /inve'ire/ [102] intr. (aus. *avere*) to hurl insults, accusations at; ***~ contro*** to lash out at *o* against [*persona, istituzione*]; to rail at *o* against [*ingiustizia, inquinamento*].
invelenire /invele'nire/ [102] **I** tr. to embitter [*persona*]; to inflame [*discussione*]; ***~ la situazione*** to stir things up **II invelenirsi** pronom. to become* embittered.
invelenito /invele'nito/ **I** p.pass. → **invelenire II** agg. embittered.
invendibile /inven'dibile/ agg. [*prodotto*] unmarketable.
invendicato /invendi'kato/ agg. unavenged.
invenduto /inven'duto/ **I** agg. [*articoli, libri, merce*] unsold; ***restare ~*** [*articolo*] to be unsold **II** m. unsold goods pl.; *(libri, giornali non venduti)* unsold copies pl.
▶ **inventare** /inven'tare/ [1] **I** tr. to invent [*macchina, gioco, tecnica, alibi, teoria*]; to devise [*rimedio, sotterfugio*]; to make* up, to invent [*scusa, storia*]; ***stai inventando tutto!*** you're making it all up! ***~ sul momento*** to invent on the spur of the moment **II inventarsi** pronom. ***si è inventato un'infanzia felice*** he's invented a happy childhood for himself; ***-rsi qcs. man mano che si va avanti*** to make sth. up as one goes along; ***si è inventata tutto*** she made the whole thing up.
inventariare /inventa'rjare/ [1] tr. **1** *(fare l'inventario)* to inventory, to make* an inventory of [*oggetti, merci*]; COMM. to stocktake **2** DIR. to draw* up an inventory [*beni*].
▷ **inventario**, pl. **-ri** /inven'tarjo, ri/ m. *(enumerazione)* inventory; COMM. stocktaking; ***fare l'~*** to make an inventory, to do stocktaking; ***"chiuso per ~"*** "closed for stocktaking"; ***mi ha fatto l'~ dei suoi problemi*** FIG. she gave me a detailed account of her problems ◆ ***con beneficio d'~*** with reservation.
inventato /inven'tato/ **I** p.pass. → **inventare II** agg. *(d'invenzione)* [*personaggio, storia*] fictional; ***questa storia è -a di sana pianta*** that story is pure *o* complete invention; ***le loro statistiche erano completamente -e*** they produced *o* conjured these figures out of thin air.

inventiva /inven'tiva/ f. inventiveness, creativity; ***privo d'~*** uninventive; ***essere ricco d'~*** to be full of invention.
inventività /inventivi'ta/ f.inv. → **inventiva.**
inventivo /invent'tivo/ agg. inventive, creative.
inventore /inven'tore/ m. (f. **-trice** /tritʃe/) inventor; ***il prodotto ha preso il nome dal suo ~*** the product is named after its inventor.
▷ **invenzione** /inven'tsjone/ f. **1** invention; ***verranno esposte nuove -i*** new inventions will be on parade *o* show; ***questa ~ apre delle prospettive fantastiche*** this invention opens up fantastic possibilities; ***~ brevettata*** patent **2** *(ideazione)* ***un'~ linguistica, teatrale*** a linguistic, theatrical invention; ***ci ha servito un piatto di sua ~*** she served us a dish she'd invented herself **3** *(bugia)* fabrication, invention; ***è una pura ~*** that's pure *o* complete fabrication; ***il suo indirizzo è un'~*** his address is a fiction; ***è un'altra storia di tua ~*** it's just another one of your stories **4** *(trovata)* idea, thought **5** MUS. RELIG. invention.
inverdire /inver'dire/ [102] **I** tr. to green, to make* [sth.] green **II** intr. (aus. *essere*), **inverdirsi** pronom. to grow* green, to turn green.
inverecondia /invere'kondja/ f. LETT. shamelessness, impudence.
inverecondo /invere'kondo/ agg. [*persona*] shameless; [*atto*] obscene.
inverificabile /inverifi'kabile/ agg. unascertainable, unverifiable.
▷ **invernale** /inver'nale/ **I** agg. [*tempo, giorno, temperatura*] wintry, winter attrib.; ***programmazione ~*** winter schedule; ***attività, vestiti -i*** winter activities, clothes; ***stazione ~*** winter sports resort; ***sonno ~*** winter sleep; ***periodo ~*** wintertime; ***pianta a fioritura ~*** BOT. winter-flowering plant **II** f. ALP. winter ascent.
▶ **inverno** /in'vɛrno/ ♦ **32** m. winter; ***in ~*** o ***d'~*** in winter, in the wintertime; ***~ rigido, anticipato*** hard, early winter; ***nel cuore dell'~, in pieno ~*** in the dead *o* depths of winter, in midwinter; ***non passerà l'~*** he won't last through the winter; ***quartieri d'~*** MIL. winter quarters.
invero /in'vero/ avv. LETT. in truth, indeed.
inverosimiglianza /inverosimiʎ'ʎantsa/ f. improbability, unlikelihood; ***l'~ del suo racconto*** the implausibility of his story.
inverosimile /invero'simile/ **I** agg. [*avvenimento, storia*] unlikely; [*ipotesi, avventura*] improbable, implausible; ***storia ~*** cock-and-bull story **II** m. FIG. ***mangiare, bere fino all'~*** to eat, drink to excess; ***questa cosa ha dell'~*** this thing is hardly likely.
inverosimilmente /inverosimil'mente/ avv. improbably.
inversamente /inversa'mente/ avv. inversely; ***essere ~ proporzionale*** to be in inverse proportion (**a** to) (anche MAT.).
inversione /inver'sjone/ f. **1** *(di elementi, valori, oggetti, parole)* inversion; *(di tendenza, processo, ruoli, ordine)* reversal; *(di pagine)* transposition **2** PSIC. MUS. LING. inversion **3** CHIM. FOT. FIS. reversal ◆◆ ***~ di comando*** AER. reversal of control; ***~ di marcia*** AUT. three-point turn; ***~ di rilievo*** GEOL. inverted relief; ***~ di rotta*** MAR. turnabout; ***~ della temperatura*** METEOR. temperature inversion; ***~ a U*** AUT. U-turn.
inversivo /inver'sivo/ agg. inversive.
inverso /in'vɛrso/ **I** agg. **1** *(opposto)* [*direzione, effetto, andatura*] opposite; ***in ordine ~*** in retrograde *o* backward *o* reversed order; ***polarità -a*** EL. reversed polarity; ***spinta -a*** AER. reverse thrust; ***faglia -a*** GEOL. thrust fault **2** LING. ***costruzione -a*** converse proposition **3** MAT. [*elemento, numero, funzione*] inverse; ***matrice -a*** inverse of a matrix **II** m. *(opposto)* ***l'~*** the opposite, the reverse; ***all'~*** conversely.
inversore /inver'sore/ m. reverser.
invertasi /inver'tazi/ f.inv. invertase, saccharase.
invertebrato /inverte'brato/ **I** agg. invertebrate **II** m. ***gli -i*** invertebrates.
invertibile /inver'tibile/ agg. reversible.
invertire /inver'tire/ [3] **I** tr. **1** *(disporre diversamente)* to invert [*oggetti, termini, elementi*] **2** *(volgere in senso opposto)* to reverse [*posizione, tendenza, ordine*]; ***~ la marcia*** [*auto*] to turn back; ***~ la rotta*** [*nave, aereo*] to change one's course (anche FIG.) **3** *(scambiare)* ***~ i ruoli*** to reverse roles **4** EL. TECN. to reverse [*corrente*] **5** CHIM. MAT. to invert [*frazione*] **II invertirsi** pronom. [*tendenza, ruoli, rapporti*] to be* reversed; [*processo*] to go* into reverse.
invertito /inver'tito/ **I** p.pass. → **invertire II** agg. **1** *(al contrario)* [*parole, corrente, immagine*] reversed **2** CHIM. ***zucchero ~*** invert sugar **III** m. (f. **-a**) *(omosessuale)* invert.
invertitore /inverti'tore/ m. inverter.
investibile /inves'tibile/ agg. investible, investable, able to be invested.
investigabile /investi'gabile/ agg. investigable.
investigare /investi'gare/ [1] **I** tr. *(indagare)* to investigate [*cause*]; to examine [*fatti*] **II** intr. (aus. *avere*) [*esperto, tecnico, commissione, poliziotto*] to investigate, to look into, to enquire into, to probe.
investigativo /investiga'tivo/ agg. **1** *(che riguarda l'investigazione)* investigative **2** *(che investiga)* investigating; ***agente ~*** detective; ***agenzia -a*** detective agency.
investigatore /investiga'tore/ ♦ **18** m. (f. **-trice** /tritʃe/) detective, investigator ◆◆ ***~ privato*** private detective.
investigazione /investigat'tsjone/ f. investigation, inquiry; ***d'~*** [*giornalismo, metodo*] investigative ◆◆ ***~ giudiziaria*** judicial inquiry.
investimento /investi'mento/ m. **1** ECON. *(capitale investito)* investment; ***un ~ di 4 milioni di dollari*** an investment of 4 million dollars, a 4 million dollar investment; ***un buon, cattivo ~*** a good, bad investment; ***fondo comune di ~*** money market fund, mutual fund AE; ***~ in azioni*** investment in shares; ***società di ~*** investment trust; ***spese di ~*** capital expenditure **2** *(dispendio di lavoro, tempo)* investment; ***è un enorme ~ di tempo*** it's an enormous investment in terms of time **3** *(incidente) (tra auto e pedone)* knocking down, running over **4** PSIC. investment ◆◆ ***~ a breve termine*** short-term investment; ***~ di capitali*** capital investment; ***~ diretto*** AMM. direct investment; ***~ a lungo termine*** long-term investment; ***~ a medio termine*** medium-term investment; ***~ di portafoglio*** ECON. portfolio investment.
▷ **investire** /inves'tire/ [3] **I** tr. **1** *(capitalizzare)* to invest [*capitali, denaro, risparmi*]; ***~ in borsa*** to invest on the Stock Exchange; ***~ in immobili*** to invest in property; ***è rischioso ~ così tanto denaro in una sola società*** it's risky to invest so much money in one company **2** *(insignire)* to invest [*ambasciatore, ministro*] (**di** with); to induct, to install [*giudice, magistrato*]; ***essere investito di un diritto*** to be invested with a right; ***~ qcn. di*** to invest sb. with [*potere, autorità*] **3** *(travolgere)* [*veicolo, automobilista*] to hit*, to run* over, to run* down [*pedone, animale*]; ***è stato investito mentre attraversava la strada*** he was knocked down crossing the road; ***ha rischiato di farsi ~*** he nearly got run over **4** *(impiegare)* to invest [*energie*]; ***~ più risorse in qcs.*** to put more resources into sth. **5** PSIC. to invest emotionally in [*persona*] **6** *(assalire)* to assail (anche FIG.) **II investirsi** pronom. to invest oneself (**di** with); ***-rsi delle proprie responsabilità*** to recognise one's responsibilities; ***-rsi della parte*** TEATR. to live a part.
investito /inves'tito/ **I** p.pass. → **investire II** agg. *(impiegato)* [*denaro*] invested **III** m. (f. **-a**) = victim of a running over.
investitore /investi'tore/ m. (f. **-trice** /tritʃe/) **1** ECON. investor; ***piccolo ~*** private investor **2** *(automobilista)* = the driver who runs somebody over.
investitura /investi'tura/ f. investiture; ***cerimonia d'~*** investiture ceremony; ***la lotta per le -e*** STOR. the Investiture Conflict.
inveterato /invete'rato/ agg. [*bevitore, ladro, imbroglione, bugiardo*] inveterate, habitual; [*pregiudizio, abitudine, tendenza*] ingrained; [*scapolo*] confirmed.
invetriare /inve'trjare/ [1] tr. to glass, to glaze [*pannello, finestra, serra*]; to glaze [*ceramiche*].
invetriata /inve'trjata/ f. full-length window, windows pl.
invetriato /invetri'ato/ **I** p.pass. → **invetriare II** agg. glazed.
invetriatura /invetrja'tura/ f. glazing.
invettiva /invet'tiva/ f. fulmination, invective **U**, abuse **U**; ***lasciarsi andare a*** o ***prorompere in -e*** to pour out abuse (**contro** against); ***lanciarsi delle -e*** to hurl abuse at each other.
inviabile /invi'abile/ agg. mailable.
▶ **inviare** /invi'are/ [1] tr. **1** *(spedire)* to send*, to post BE, to mail AE [*lettera, merci, regalo, denaro, pacco*] (**a** to) **2** *(mandare)* to send*, to dispatch [*truppe, viveri*]; to issue [*ultimatum*]; GIORN. to file [*articolo, resoconto*]; ***~ un messaggio via radio*** to send a signal by radio, to radio a message; ***~ i propri auguri, le proprie scuse*** to send good wishes, one's apologies; ***~ soccorsi*** to send help *o* aid; ***~ qcn. presso qcn.*** to dispatch sb. to see sb.
inviato /invi'ato/ **I** p.pass. → **inviare II** agg. **1** *(spedito)* posted, mailed **2** *(mandato)* dispatched, issued **III** m. (f. **-a**) **1** *(giornalista)* correspondent **2** *(rappresentante)* envoy; ***~ del Papa, straordinario*** papal, special envoy ◆◆ ***~ dall'estero*** foreign correspondent; ***~ speciale*** special correspondent.
▷ **invidia** /in'vidja/ f. **1** *(gelosia)* envy; ***morire*** *o* ***crepare d'~ alla vista di qcs.*** to be sick with envy at the sight of sth.; ***provare*** o ***nutrire ~ per qcn.*** to envy sb.; ***rodersi dall'~*** to eat one's heart out with envy; ***suscitare l'~ di qcn.*** to make sb. envious; ***ricco da fare ~*** enviably rich; ***guardare qcs., ascoltare qcn. con ~*** to eye sth., listen to sb. enviously *o* with envy; ***per ~*** out of envy **2** *(cosa invidiata)* ***la loro piscina è l'~ di tutti i loro amici*** their swimming pool is the envy of all their friends ◆ ***essere verde per l'~*** to be green with envy ◆◆ ***~ del pene*** PSIC. penis envy.

invidiabile /invi'djabile/ agg. [*situazione, sorte, aspetto*] enviable; ***trovarsi in una situazione poco ~*** to be in an unenviable position; ***aveva una linea ~*** he was enviably slim.

▷ **invidiare** /invi'djare/ [1] tr. to envy [*persona, qualità, vantaggio*]; ***invidio il tuo modo di vedere le cose*** I envy you your outlook; ***come ti invidio!*** how I envy you! ***li invidiava e li disprezzava in egual misura*** she despised them and envied them in equal measure; ***musei che il mondo intero ci invidia*** our museums that are the envy of the world; ***non hai nulla da invidiargli!*** IRON. you're every bit as good as him!

invidiosamente /invidjosa'mente/ avv. enviously.

▷ **invidioso** /invi'djoso/ **I** agg. envious; ***essere ~ di qcn., qcs.*** to be envious of sb., sth.; ***sguardo ~*** envious look **II** m. (f. **-a**) envious person.

invigorimento /invigori'mento/ m. invigoration.

invigorire /invigo'rire/ [102] **I** tr. to invigorate, to strengthen **II** **invigorirsi** pronom. to gain strength.

invilirsi /invi'lirsi/ [102] pronom. [*persona*] to disgrace oneself.

inviluppare /invilup'pare/ [1] **I** tr. [*persona*] to enfold, enwrap [*persona, oggetto*] **II** **invilupparsi** pronom. to swathe oneself up; ***-rsi in*** to wrap oneself in [*mantello, coperta, scialle*].

inviluppo /invi'luppo/ m. **1** *(involucro)* wrapping, packaging **2** *(cose inviluppate, groviglio)* tangle **3** MAT. envelope.

INVIM /'invim/ f. (⇒ Imposta sull'Incremento di Valore dell'Immobile) = property tax on incremental value.

▷ **invincibile** /invin'tʃibile/ agg. **1** *(imbattibile)* [*esercito, forza*] invincible; [*giocatore*] unbeatable, invincible **2** FIG. *(insuperabile)* [*difficoltà*] insurmountable, insuperable **3** FIG. *(irrefrenabile)* [*bisogno, passione*] indomitable, inquenchable **4** FIG. *(che non si attenua)* [*fede, volontà*] invincible.

invincibilità /invintʃibili'ta/ f.inv. invincibility; ***avere un senso di ~*** to feel invincible.

invincibilmente /invintʃibil'mente/ avv. invincibly.

invio, pl. **-ii** /in'vio, ii/ m. **1** *(spedizione)* dispatch, forwarding; ***ogni ~ di pacchi è sospeso*** parcel post is suspended; ***decidere l'~ immediato di viveri, di elicotteri*** to decide to dispatch food supplies, helicopters immediately; ***il termine d'~ per le domande è il 15*** the deadline for applications is the 15th; ***data d'~*** dispatch date BE, mailing date AE; ***chiedere l'~ di truppe, di una delegazione, di un contingente di pace*** to ask for troops, a delegation, a peace keeping force to be dispatched **2** INFORM. ***tasto d'~*** enter key.

inviolabile /invio'labile/ agg. [*legge*] infringeable; [*segreto, frontiera, rifugio, diritto*] inviolable.

inviolabilità /inviolabili'ta/ f.inv. inviolability; ***~ di domicilio*** inviolability of private property.

inviolabilmente /inviolabil'mente/ avv. inviolably.

inviolato /invio'lato/ agg. [*diritto*] inviolate; [*cime*] unclimbed; ***promessa -a*** unbroken promise; ***partita a reti -e*** SPORT goalless match.

inviperirsi /invipe'rirsi/ [102] pronom. to fly* off the handle, to turn nasty.

inviperito /invipe'rito/ **I** p.pass. → **inviperirsi** **II** agg. furious, vicious.

invischiare /invis'kjare/ [1] **I** tr. **1** *(spalmare di vischio)* to lime [*ramo, fune*] **2** *(coinvolgere)* ***~ qcn. in*** to inveigle sb. in **II** **invischiarsi** pronom. **1** [*uccello*] to get* stuck **2** FIG. ***-rsi in un traffico di contrabbando*** to get roped in smuggling.

invischiato /invis'kjato/ **I** p.pass. → **invischiare** **II** agg. ***essere ~ in qcs.*** to be enmeshed *o* tangled up in sth.

▷ **invisibile** /invi'zibile/ agg. **1** *(impercettibile)* [*particella, cucitura*] invisible; ***~ ad occhio nudo*** invisible to the naked eye **2** *(nascosto)* [*pericolo, minaccia*] unseen.

invisibilità /invizibili'ta/ f.inv. invisibility, invisibleness.

invisibilmente /invizibil'mente/ avv. invisibly.

inviso /in'vizo/ agg. unpopular; ***essere ~ a qcn.*** to be in disfavour with sb.

invitante /invi'tante/ agg. [*pietanza*] tempting, enticing; [*proposta, luogo, prospettiva*] inviting, alluring, appealing; ***non è molto ~ come luogo*** it's not exactly the nicest of places; ***avere un aspetto ~*** [*torta, arrosto*] to look appetizing.

▶ **invitare** /invi'tare/ [1] tr. **1** to invite, to ask (**a** to); ***puoi ~ chi vuoi*** you can invite anybody; ***~ qcn. per il fine settimana*** to have sb. down for the weekend; ***~ qcn. a trascorrere la serata a casa propria*** to have sb. over for the evening; ***~ qcn. a cena, a una festa, a bere qcs.*** to invite sb. to dinner, a party, for a drink **2** *(esortare)* to invite, to ask, to request [*persona, paese, organismo*] (**a** to; **a fare** to do); [*tempo*] to induce [*persona*] (**a** to); ***~ qcn. a uscire, entrare*** to invite *o* ask sb. out, in ***~ alla moderazione*** to advocate restraint; ***lo abbiamo invitato a unirsi a noi*** we asked him along; ***un film che invita alla riflessione*** a thought-provoking film; ***vi invito a esaminare questo problema*** I suggest you look at this problem; ***invitò il pubblico a porre delle domande*** he invited questions from the audience; ***~ qcn. a non frequentare*** to warn sb. away from [*persona, luogo*]; ***~ a manifestare*** to call for a demonstration; ***la recessione invita alla prudenza*** the recession is making people cautious; ***~ i fedeli alla preghiera*** to call the faithful to prayer **3** *(chiedere gentilmente)* ***non mi ha nemmeno invitato a sedermi*** he didn't even invite *o* ask me to sit down; ***mi invitò a seguirlo*** I was requested to follow him **4** *(nel gioco delle carte)* ***~ a cuori*** to call for hearts.

▷ **invitato** /invi'tato/ **I** p.pass. → **invitare** **II** agg. invited **III** m. (f. **-a**) guest, invitee; *(di nozze)* wedding guest; ***intrufolarsi tra gli -i*** to slip in among the guests.

▶ **invito** /in'vito/ m. **1** *(proposta)* invitation (**a** to); ***su ~ di qcn.*** at sb.'s invitation; ***mandare, accettare, declinare un ~*** to send, accept, decline an invitation; ***accettare l'~ di qcn., del governo*** to accept sb.'s, the government's invitation **2** *(documento)* invitation; ***entrare senza ~*** to enter without an invitation; ***biglietto*** o ***cartoncino d'~*** invitation card; ***lettera d'~*** letter of invitation **3** *(esortazione)* invitation, call; ***~ allo sciopero*** strike call; ***l'~ dei sindacati non è stato recepito*** the call of the trade unions was not heeded **4** *(allettamento, richiamo)* invitation, inducement, allurement **5** *(nel gioco delle carte)* ***mettere una fiche di ~*** to ante one chip ◆ ***gli scandali politici sono un ~ a nozze per loro*** political scandals are meat and drink to them.

in vitro /in'vitro/ agg.inv. e avv. in vitro; ***fecondazione ~*** in vitro fertilization.

invitto /in'vitto/ agg. [*guerriero, squadra, paese*] undefeated; [*sportivo, giocatore*] unbeaten.

invivibile /invi'vibile/ agg. **1** *(insopportabile)* [*situazione, relazione*] unbearable **2** *(in cui è difficile vivere)* ***questa città è ~*** this town is impossible to live in.

in vivo /in'vivo/ agg.inv. e avv. in vivo.

▷ **invocare** /invo'kare/ [1] tr. **1** *(appellarsi)* to invoke, to appeal to [*clausola, legge, circostanze*]; ***~ il quinto emendamento*** to invoke the Fifth Amendment; ***~ la legittima difesa*** to plead self-defence **2** *(chiedere ad alta voce)* to clamour for BE, to clamor for AE, to call for [*giustizia, riforme, pace*] **3** RELIG. to invoke [*Dio, santi*]; ***~ la benedizione di Dio su qcn., qcs.*** to ask God's blessing on sb., sth. **4** *(implorare)* to cry out for [*aiuto, pietà*].

invocazione /invokat'tsjone/ f. *(preghiera)* invocation (**di** of) ◆◆ ***~ di soccorso*** call for help.

invogliare /invoʎ'ʎare/ [1] tr. to prompt, to entice; ***~ qcn. a fare qcs.*** to urge *o* entice sb. to do sth.; ***i prezzi bassi invogliano a comprare*** low prices tempt people to buy; ***il libro mi invogliò a vedere il film*** the book made me want to see the film; ***questo tempo mi invoglia a dormire*** this weather induces me to sleep.

involarsi /invo'larsi/ [1] pronom. to fly* off.

involgarire /involga'rire/ [102] **I** tr. to coarsen **II** intr. (aus. *essere*), **involgarirsi** pronom. [*persona*] to coarsen, to become* vulgar.

involgere /in'vɔldʒere/ [101] tr. to wrap (up); ***~ qcn. in una coperta*** to tuck a blanket around sb.

involo /in'volo/ m. take-off, soaring up.

involontariamente /involontarja'mente/ avv. [*ferire, rompere, urtare*] unintentionally, involuntarily, accidentally; [*rivelare*] unwittingly.

involontarietà /involontarie'ta/ f.inv. involuntariness.

involontario, pl. **-ri**, **-rie** /involon'tarjo, ri, rje/ agg. [*reazione, gesto*] involuntary; [*grido, bugia, sbaglio, errore*] unintentional; ***muscolo ~*** involuntary muscle.

involtare /invol'tare/ [1] tr. COLLOQ. to wrap (up).

involtino /invol'tino/ m. GASTR. ***~ di carne*** stuffed escalope, stuffed roll of meat; ***~ messicano*** beef olive; ***~ primavera*** spring roll.

involto /in'vɔlto/ m. **1** *(fagotto)* bundle **2** *(involucro)* wrapper, envelope.

involucro /in'vɔlukro/ m. **1** *(rivestimento)* wrapping; *(rigido)* casing **2** AER. envelope ◆◆ ***~ fiorale*** perianth.

involutivo /involu'tivo/ agg. PSIC. involutional.

involuto /invo'luto/ agg. **1** BOT. involute **2** FIG. *(contorto)* [*discorso*] convoluted, involute.

involuzione /involut'tsjone/ f. **1** *(decadenza)* regression **2** FIG. *(tortuosità)* involution; ***l'~ di uno stile, di una frase*** the intricacy of a (literary) style, sentence **3** BIOL. MED. involution.

invulnerabile /invulne'rabile/ agg. [*persona, città*] invulnerable; [*fortezza*] unassailable; FIG. irreproachable.

invulnerabilità /invulnerabili'ta/ f.inv. invulnerability.

inzaccherare /intsakke'rare/ [1] **I** tr. to mire, to muddy [*vestito, scarpe*] **II inzaccherarsi** pronom. to become* mud-spattered.

inzaccherato /intsakke'rato/ **I** p.pass. → **inzaccherare II** agg. [*scarpe, abito*] muddy.

inzavorrare /indzavor'rare/ [1] tr. to ballast.

1.inzeppare /intsep'pare/ [1] tr. to cram [*valigia*]; FIG. to pad out [*tema, libro, discorso*].

2.inzeppare /intsep'pare/ [1] tr. *(chiudere con zeppe)* to wedge, to peg.

inzeppatura /intseppa'tura/ f. wedging.

inzolfare /intsol'fare/ [1] tr. to treat [sth.] with sulphur [*vigna*]; to fumigate [sth.] with sulphur [*botte*].

inzolfatoio, pl. **-oi** /intsolfa'tojo, oi/ m. sulphurator BE, sulfurator AE.

inzolfatura /intsolfa'tura/ f. sulphuration BE, sulfuration AE.

inzotichire /indzoti'kire/ [102] **I** tr. to make* [sb.] uncouth, to make* [sb.] boorish **II** intr. (aus. *essere*), **inzotichirsi** pronom. to become* uncouth, to become* boorish.

inzuccherare /intsukke'rare/ [1] tr. **1** *(zuccherare)* to sugar, to sprinkle with sugar **2** FIG. to sugarcoat.

inzuppamento /intsuppa'mento/ m. drench, soakage.

▷ **inzuppare** /intsup'pare/ [1] **I** tr. **1** *(intingere)* to dip, to dunk; **~ *un biscotto nel caffè*** to dunk a biscuit *o* cookie in one's tea **2** *(bagnare completamente)* to soak, to drench [*terra, suolo, carta, abiti*] **II inzupparsi** pronom. to get* drenched, to get* soaked; ***fummo colti dal temporale e ci inzuppammo da capo a piedi*** we were caught in the storm and got drenched through *o* to the skin.

inzuppato /intsup'pato/ **I** p.pass. → **inzuppare II** agg. *(abbondantemente bagnato)* **~ *d'acqua*** [*terreno*] soggy, wet; ***abiti -i*** soaking wet clothes; **~ *di pioggia*** rainsoaked.

▶ **io** /'io/ **I** pron.pers. I *(in inglese va sempre espresso)*; ***ho dovuto fare tutto ~!*** I had all the work to do! ***ci penso ~*** I will arrange it, I'll see to it; ***quando vuole che ~ venga?*** when does she want me to come? ***lavora per la stessa ditta per cui lavoro ~*** he works for the same company as me; ***quello sullo sfondo sono ~*** that's me in the background; ***l'abbiamo visto sia ~ che tu*** both you and I saw him; ***"e ~ allora?" si intromise*** "what about me?" he cut in; ***lascia che sia ~ a giudicare*** let me be the judge of that; ***dì che ti mando ~*** just mention my name; ***l'ho fatto ~ stesso*** I did it myself; ***si dice (in giro) che ~ faccia*** COLLOQ. there is talk of me doing; ***non c'è bisogno che ~ vi dica che...*** you don't need me to tell you that...; ***"la signorina Durham?" - "sono ~!"*** "is that Miss Durham?" - "speaking!"; ***perché ~?*** why me? ***"adoro il jazz" "anch'~"*** "I love jazz" "me too", "so do I"; ***sono ~*** it's me **II** m.inv. **1** *(se stesso)* ***avere coscienza del proprio ~*** to know oneself **2** FILOS. PSIC. self, ego; ***l'~ e il super ~*** the ego and the superego ◆◆ **~ *sottoscritto*** I the undersigned.

iod /jɔd/ m.inv. yod.

iodare /jo'dare/ [1] tr. to iodize.

iodato /jo'dato/ **I** p.pass. → **iodare II** agg. [*acqua, sale*] iodized **III** m. iodate.

iodico, pl. **-ci, -che** /'jɔdiko, tʃi, ke/ agg. iodic.

iodidrico /jo'didriko/ agg. ***acido ~*** hydriodic acid.

iodio /'jɔdjo/ m.inv. iodine; ***tintura di ~*** tincture of iodine.

iodismo /jo'dizmo/ ♦ **7** m. iodism.

iodoformio /jodo'fɔrmjo/ m. iodoform.

iodoso /jo'doso/ agg. iodous.

iodurare /jodu'rare/ [1] tr. iodinate.

iodurazione /jodurat'tsjone/ f. iodination.

ioduro /jo'duro/ m. iodide; **~ *d'argento*** silver iodide.

ioga → **yoga**.

iogurt → **yogurt**.

ioide /'jɔide/ **I** agg. hyoid **II** m. hyoid.

iole /'jɔle/ f.inv. gig.

iolla /'jɔlla/ f. yawl.

ione /'jone/ m. ion; **~ *negativo, positivo*** negative, positive ion; ***fascio di -i*** beam of ions.

1.ionico, pl. **-ci, -che** /'jɔniko, tʃi, ke/ **I** agg. **1** ARCH. LING. *(dell'antica Ionia)* [*ordine, colonna, stile, tempio, dialetto*] Ionic **2** GEOGR. *(dello Ionio)* Ionian **II** m. **1** LING. Ionic **2** ARCH. *(ordine)* Ionic order.

2.ionico, pl. **-ci, -che** /'jɔniko, tʃi, ke/ agg. CHIM. FIS. [*carico, legame, prodotto, migrazione*] ionic.

ionio, pl. **-ni, -nie** /'jɔnjo, ni, nje/ agg. STOR. GEOGR. Ionian.

Ionio /'jɔnjo/ ♦ **27** n.pr.m. ***lo ~, il mar ~*** the Ionian (sea).

ionizzante /jonid'dzante/ agg. [*raggi, radiazioni*] ionizing.

ionizzare /jonid'dzare/ [1] tr. to ionize.

ionizzatore /jonid'dzatore/ m. ionizer.

ionizzazione /joniddzat'tsjone/ f. ionization.

ionoforesi /jonofo'rɛzi/ f.inv. ionophoresis.

ionosfera /jonos'fɛra/ f. ionosphere.

ionosferico, pl. **-ci, -che** /jonos'fɛriko, tʃi, ke/ agg. ionospheric.

iosa: **a iosa** /a'jɔza/ avv. in plenty, aplenty, galore.

iota /'jɔta/ m. e f.inv. iota.

iotacismo /jota'tʃizmo/ m. FILOL. iotacism.

ipallage /i'palladʒe/ f. hypallage.

ipecacuana /ipekaku'ana/ f. ipecac(huana).

iperacidità /iperatʃidi'ta/ f.inv. **~ *gastrica*** hyperacidity.

iperattività /iperattivi'ta/ f.inv. hyperactivity.

iperattivo /iperat'tivo/ agg. hyperactive.

iperbarico, pl. **-ci, -che** /iper'bariko, tʃi, ke/ agg. hyperbaric; ***camera -a*** decompression chamber.

iperbato /i'pɛrbato/ m. hyperbaton.

iperbole /i'pɛrbole/ f. **1** MAT. hyperbola* **2** RET. hyperbole.

iperboleggiare /iperboled'dʒare/ [1] intr. (aus. *avere*) hyperbolize.

iperbolico, pl. **-ci, -che** /iper'bɔliko, tʃi, ke/ agg. MAT. LETTER. hyperbolic(al).

iperboloide /iperbo'lɔide/ m. hyperboloid.

iperboreo /iper'bɔreo/ agg. e m. hyperborean.

ipercalorico, pl. **-ci, -che** /iperka'lɔriko, tʃi, ke/ agg. ***dieta -a*** high-calorie diet.

ipercarica, pl. **-che** /iper'karika, ke/ f. hypercharge.

ipercinesi /ipertʃi'nezi/ f.inv. hyperkinesis.

ipercinetico, pl. **-ci, -che** /ipertʃi'nɛtiko, tʃi, ke/ agg. hyperkinetic.

ipercolesterolemia /iperkolesterole'mia/ f. hypercholesterolemia.

ipercorrettismo /iperkorret'tizmo/ m. hypercorrectness.

ipercorretto /iperkor'rɛtto/ agg. hypercorrect.

ipercorrezione /iperkorret'tsjone/ f. hypercorrection.

ipercriticismo /iperkriti'tʃizmo/ m. hypercriticism.

ipercritico, pl. **-ci, -che** /iper'kritiko, tʃi, ke/ agg. hypercritical, censorious.

ipereccitabile /iperettʃi'tabile/ agg. hyperexcitable, overexcitable.

ipereccitabilità /iperettʃitabili'ta/ f.inv. hyperexcitability, overexcitability.

iperemia /ipere'mia/ ♦ **7** f. hyperaemia BE, hyperemia AE.

iperestesia /ipereste'zia/ f. hyperaesthesia BE, hyperesthesia AE.

ipergarantista, m.pl. **-i**, f.pl. **-e** /ipergaran'tista/ **I** agg. = person or measure showing excessive attention to the safeguard of civil rights and liberties **II** m.e f. fanatic of garantismo.

iperglicemia /iperglitʃe'mia/ f. hyperglycaemia BE, hyperglycemia AE.

iperico, pl. **-ci** /i'pɛriko, tʃi/ m. hypericum, St John's wort, Aaron's beard, rose of Sharon.

iperinflazione /iperinflat'tsjone/ f. hyperinflation.

Iperione /ipe'rjone/ n.pr.m. Hyperion.

ipermedia /iper'mɛdia/ m.inv. hypermedia.

ipermercato /ipermer'kato/ m. hypermarket, superstore.

ipermetro /i'pɛrmetro/ agg. [*verso*] hypermetric(al).

ipermetrope /iper'mɛtrope/ **I** agg. long-sighted; far- sighted AE **II** m. e f. hypermetrope.

ipermetropia /ipermetro'pia/ f. hypermetropia, long-sightedness, far-sightedness AE.

ipernutrizione /ipernutrit'tsjone/ f. overfeeding.

iperone /ipe'rone/ m. hyperon.

iperonimo /ipe'rɔnimo/ m. hyperonym.

iperpiano /iper'pjano/ m. hyperplane.

iperplasia /iperpla'zia/ f. hyperplasia.

iperproteico, pl. **-ci, -che** /iperpro'tɛiko, tʃi, ke/ agg. high-protein; ***dieta -a*** high-protein diet.

iperprotettività /iperprotettivi'ta/ f.inv. overprotectiveness.

iperprotettivo /iperprotet'tivo/ agg. overprotective.

iperrealismo /iperrea'lizmo/ m. hyperrealism, photorealism.

ipersensibile /ipersen'sibile/ **I** agg. **1** *(sensibilissimo)* [*persona*] hypersensitive, oversensitive, supersensitive **2** MED. hypersensitive **II** m. e f. hypersensitive person.

ipersensibilità /ipersensibili'ta/ f.inv. hypersensitivity, oversensitiveness (**a** to).

ipersensibilizzazione /ipersensibiliddzat'tsjone/ f. hypersensitization.

ipersonico, pl. **-ci, -che** /iper'sɔniko, tʃi, ke/ agg. hypersonic; ***velocità -a*** hypersonic speed.

ipersostentatore /ipersostenta'tore/ m. (wing) flap ◆◆ **~ *a fessura*** slotted flap.

io - uso dei pronomi personali

Caratteristiche generali

- Per ciascuna delle persone l'italiano ha un pronome da usare in funzione di soggetto (ad es. *io* in *io parlo*) e un altro per il complemento oggetto e il complemento indiretto (ad es. *me* in *Carla ama me* e *l'ha detto a me*); il pronome complemento può avere due forme, anche clitiche (ad es. *me*/*mi* in *Carla ama me / Carla mi ama, l'ha detto a me / me l'ha detto*). Tali variazioni formali e strutturali non sono presenti in inglese (I speak, Carla loves me, she told me).
- Com'è noto, i pronomi personali in funzione di soggetto vengono normalmente sottintesi in italiano, mentre sono obbligatori in inglese:

  sono stanco = I'm tired
  hanno comprato una macchina nuova? = have they bought a new car?
  non andremo = we won't go.

- Si noti che in italiano le forme di pronome personale soggetto espresso e di pronome complemento in posizione marcata convogliano un significato diverso dalle corrispondenti forme sottintese o non marcate, una differenza che di solito viene resa in inglese mediante l'intonazione:

  ti amo! (forma non marcata, accento frasale sul verbo) = I love you!
  io ti amo! (forma marcata = io e non un'altra persona) = I love you!
  io amo te! (forma marcata = te e non un'altra persona) = I love you!
  io ho vinto! / ho vinto io! = I won!
  tu l'hai rotto, non Carla / l'hai rotto tu, non Carla = you broke it, not Carla

  Per rendere queste forme marcate, l'inglese non si affida sempre e solo all'intonazione: ad esempio, confrontando gli esempi *daccelo!* = give it to us! e *dallo a noi, non a tuo fratello* = give it to us, not to your brother, si noterà che l'inglese deve utilizzare la medesima struttura morfosintattica "give it to us", e pertanto può rendere solo con l'intonazione la sfumatura della forma marcata italiana; invece, nella coppia di esempi *non mi mandò nulla* = he didn't send me anything e *a me non mandò nulla* = he didn't send anything to me, la duplice possibile costruzione del verbo *to send* permette, nel secondo caso, di riflettere anche mediante la struttura sintattica la costruzione marcata dell'italiano.

- Nell'italiano colloquiale esiste un'altra possibilità di sottolineatura enfatica, quando il pronome personale funge da rafforzativo di un nome soggetto; l'inglese in questo caso ricorre all'intonazione o a una costruzione scissa:

  i tuoi compagni hanno rotto loro il vetro = your classmates broke the window-pane, it was your classmates that broke the window pane.

- In altri casi in cui il pronome è obbligatoriamente espresso, italiano e inglese utilizzano una struttura identica o almeno comparabile:

  a) quando si vuole sottolineare un contrasto: *io lavoro, loro dormono* = I am working, they are sleeping;

  b) quando l'enfasi viene resa mediante una costruzione scissa: *era te che volevo invitare fuori a cena* = it was you that I wanted to ask out for dinner;

  c) quando il pronome è coordinato con un altro nome: *Liz e io siamo andati al cinema ieri sera* = Liz and I went to the cinema last night;

  d) quando il pronome è precisato da un sintagma nominale, da una frase relativa, da un aggettivo o da un avverbio:

  voi, studenti del primo anno, rimanete qui = you, first-year students, stay here
  lui, che parla bene l'inglese, potrebbe aiutarci = he, who speaks English well, might help us
  lei stessa ha corretto il test = she marked the test herself
  hanno sempre bisogno di noi due = they always need the two of us
  anch'io sono capace di nuotare = I can swim too.

Diverso uso dei pronomi personali in italiano e in inglese

- Con i verbi all'imperativo il pronome personale non è di solito usato né in italiano né in inglese, ma talvolta compare in una o in entrambe le lingue a scopo enfatico o distintivo:

  non scordartelo! = don't you forget it!
  dimmelo tu! = you tell me!
  aiutatela voi! = you help her!

- In alcune strutture, alla forma di pronome personale soggetto dell'italiano può corrispondere in inglese una forma di pronome personale complemento:

  a) quando il pronome personale è introdotto da *e / and* oppure *o / or* in un'espressione che fa da soggetto di una frase: *Rose e io l'abbiamo già conosciuta* = Rose and me have already met her, me and Rose have already met her;

  b) in una frase impersonale con *to be*: *sono io* = it's me, *eravamo noi* = it was us, *sono stati loro a romperlo* = it was them who broke it.

  Si noti che la traduzione di queste espressioni può variare in rapporto al contesto d'uso:

  (alla porta di casa) "*chi è?*" "*sono io*" / "*siamo noi*" = "who's there?" "it's me" / "it's us"
  (al telefono) "*Mr Brown?*" "*sono io*" = "is that Mr Brown?" "speaking"
  (alla porta di casa) *sei tu?* = is that you?
  sono stato io = I did it
  sono stati loro = they did it.

- In alcune strutture, indipendentemente dalla forma di pronome personale utilizzata dall'italiano, l'inglese impiega una forma di pronome personale complemento nel linguaggio colloquiale e una forma di pronome personale soggetto nel linguaggio scritto formale o antiquato:

  a) dopo *as* nel comparativo di uguaglianza: *nessuna di loro è bella come lei* = none of them is as pretty as her / she (is);

  b) dopo *than* nel comparativo di maggioranza o minoranza: *corriamo più in fretta di loro* = we run faster than them / they do, *sua moglie è meno alta di lui* = his wife is less tall than him / he (is);

  c) nei due casi del punto precedente: *Rose e io* = Rose and me / Rose and I, *erano loro* = it was them / they.

- Quando in una frase il pronome personale soggetto e il pronome personale complemento fanno riferimento alla medesima persona, quello che funziona da complemento è sostituito in inglese da un riflessivo:

  mi ha visto Sheila = Sheila saw me
  mi sono visto nello specchio = I saw myself in the mirror
  io ti guardo = I'm looking at you
  tu ti guardi = you're looking at yourself
  Sheila lavora per me = Sheila works for me
  io lavoro per me (stesso) = I work for myself.

- Quando il pronome personale svolge la funzione di pronome riflessivo, non sempre viene tradotto in inglese, perché:

  a) al verbo italiano con pronome riflessivo può corrispondere un semplice verbo intransitivo in inglese: *ci laviamo tutti i giorni* = we wash every day, *vi siete vestiti?* = have you got dressed?

  b) il pronome riflessivo non va mai tradotto in inglese quando è accompagnato da un complemento oggetto: *vi siete lavati le mani?* = did you wash your hands? *mi sono messo il cappotto* = I put on my coat; in questo caso al pronome riflessivo italiano corrisponde l'aggettivo possessivo inglese

  c) in molti verbi pronominali italiani il pronome è solo formalmente riflessivo e serve piuttosto a marcare il carattere intransitivo del verbo: *ci siamo spaventati moltissimo* = we got an awful fright, *mi sono congratulato con lui per la sua vittoria* = I congratulated him on his victory, *ti penti dei tuoi peccati?* = will you repent of your sins? *si arricchirono in pochi anni* = they became rich in a few years.

- Quando un pronome personale svolge la funzione di pronome reciproco si traduce con *each other* o *one another*:

dobbiamo aiutarci (a vicenda / reciprocamente)	= we should help one another
ci guardiamo	= we're looking at one another
vi amate, vero?	= you love each other, don't you?
Laura e Jim si vedevano tutti i giorni	= Laura and Jim saw each other every day
si odiano	= they hate each other.

- Con alcuni verbi, alla struttura impersonale dell'italiano, che eventualmente utilizza un pronome personale in funzione di complemento, corrisponde in inglese una struttura personale in cui il pronome fa da soggetto:

accadde che stessi ascoltando	= I happened to be listening
sembra che sia in ritardo	= he seems to be late
gli ci volle parecchio tempo per arrivarci	= he took a long time to get there.

- Diversamente dall'italiano, alcuni verbi inglesi richiedono l'introduzione del pronome *it* con valore anticipatorio:

penso che sia giusto che vada a trovarli	= I think it right to go and see them
credeva che fosse vero	= he believed it to be true
considera sciocco andarsene ora	= he considers it foolish to go away now
trovò che fosse piuttosto scorretto da parte sua comportarsi a quel modo	= she found it rather unfair of him to behave like that.

- In alcune espressioni idiomatiche, i pronomi personali dell'italiano sono resi mediante forme e/o strutture diverse:

secondo me, hai torto	= in my opinion, you're wrong
secondo voi, chi è il migliore?	= in your opinion, who's the best?
per me, puoi fare ciò che vuoi	= as far as I am concerned, you can do what you want to.

Casi particolari nella traduzione inglese dei pronomi personali

- Oltre alle sistematiche corrispondenze e divergenze sopra delineate nell'uso dei pronomi personali in italiano e in inglese, vengono qui sotto ricordati una serie di casi particolari che meritano attenzione e per i quali si rimanda anche alle relative voci del dizionario (**io**, **me**, **1.mi**; **tu**, **te**, **1.ti**; **egli**, **lui**, **2.gli**, **2.lo**; **ella**, **lei**, **2.le**, **2.la**; **esso**, **essa**, **essi**, **1.esse**; **noi**, **ce**, **1.ci**; **voi**, **ve**, **1.vi**; **loro**, **li**; **sé**, **1.si**; si vedano anche le note delle voci **ci** e **1.si**.
- **tu:** a differenza dell'italiano, in cui si distingue tra *tu* e *Lei*, in inglese non esistono distinzioni di cortesia e di formalità basate sui pronomi: in qualsiasi situazione si usa *you*. La familiarità viene espressa rivolgendosi all'interlocutore con il nome proprio (*ciao, Samuel, come te la passi?* = hi, Samuel, how're you doing?), tanto è vero che *darsi del tu* si dice *to be on first-name terms* e *dammi del tu!* se chi parla si chiama ad esempio John, si rende con *call me John* o *you can call me John, if you like* (si veda sotto la sezione dedicata al pronome *Lei*).
- **egli / lui:** oltre che in riferimento agli esseri umani maschi, il pronome di terza persona singolare maschile si usa in inglese anche per gli animali domestici di sesso maschile:

senti il cane, abbaia ancora	= listen to the dog, he's barking again.

- **lo:** questo pronome di terza persona singolare maschile può avere diverse traduzioni in inglese:

a) nell'uso più comune, si rende con *him* se ci si riferisce a persone e con *it* se ci si riferisce a cose:

riesco a vederlo	= I can see him
non lo mangi?	= won't you eat it?

b) dopo certi verbi si traduce con *so* in frase affermativa e *not* in frase negativa:

lo credo	= I believe so,	*non lo credo*	= I believe not
l'ho detto	= I said so,	*non l'ho detto*	= I didn't say so
te l'ho detto	= I told you so,	*non te l'ho detto*	= I didn't tell you so
lo immagino	= I expect so,	*non lo immagino*	= I expect not
lo penso	= I think so,	*non lo penso*	= I don't think so / I think not
lo preferisco	= I prefer so,	*non lo preferisco*	= I prefer not
lo spero	= I hope so,	*non lo spero*	= I hope not
lo suppongo	= I suppose so,	*non lo suppongo*	= I suppose not

Si noti che queste espressioni rendono anche l'italiano *credo di sì, credo di no, immagino di sì, immagino di no* etc.

c) la frase *lo so* si può tradurre in vari modi:

lo so (oggetto non specificato)	= I know
lo so (se *lo* si riferisce a qualcosa già specificato)	= I know that
lo so (in risposta a domande come who knows his name / address...?)	= I know it
lo so (come replica a una frase come you're late again)	= I know I am.

- **ella / lei:** oltre che in riferimento agli esseri umani femmine, il pronome di terza persona singolare femminile si usa in inglese anche per gli animali domestici di sesso femminile, le barche e le navi, le nazioni come entità politico-economiche, e particolari oggetti personali come l'auto o la moto:

"dov'è la tua gatta?" "è in giardino"	= "where's your cat?" "she's in the garden"
che bella nave! come si chiama?	= what a lovely ship! what is she called?
"è quella la tua macchina?" "sì, è nuova di zecca"	= "is that your car?" "yes, she's brand-new".

- **Lei:** la forma italiana di cortesia introdotta dal pronome *Lei* non ha un diretto corrispondente in inglese, che usa sempre *you*. Tuttavia, per dare del Lei a qualcuno, si usa il cognome dell'interlocutore oppure termini quali *sir* e *madam*:

mi scusi, Mr Smith...	= excuse me, Mr Smith
come sta, Mrs Robinson?	= how are you, Mrs Robinson?
posso aiutarLa, signore / signora?	= can I help you, sir / madam?

- **noi:** un particolare impiego italiano del pronome personale di prima persona plurale si ha quando *noi* viene usato per rivolgersi a un destinatario singolo, con un senso di partecipazione personale e di confidenza; tale uso non ha diretto equivalente in inglese:

come stiamo oggi, Mr Burchett?	= how are you today, Mr Burchett?

- **Voi:** il pronome personale di seconda persona plurale si trova come forma di cortesia in due casi:

a) nella lingua letteraria del passato, e ancora oggi come uso regionale:

come state oggi, zio? = how are you today, uncle?

b) al posto di *Loro*, nella forma di cortesia al plurale:

la fattura da Voi inviataci = the invoice you sent us.

- **Loro:** come plurale del *Lei* forma di cortesia è usato raramente nel linguaggio comune (si veda sopra *Voi*).

iperspazio, pl. **-zi** /ipers'pattsjo, tsi/ m. hyperespace.
iperstenia /iperste'nia/ f. hypersthenia.
iperstenico, pl. **-ci**, **-che** /ipers'tɛniko, tsi, ke/ agg. hypersthenic.
ipertensione /iperten'sjone/ f. hypertension, high blood pressure; ***soffrire di*** ~ to have high blood pressure.
ipertensivo /iperten'sivo/ **I** agg. [*farmaco*] hypertensive **II** m. hypertensive drug.
iperteso /iper'teso/ m. (f. **-a**) hypertensive.
ipertesto /iper'tɛsto/ m. LING. INFORM. hypertext.
ipertestuale /ipertestu'ale/ agg. hypertextual.
ipertiroideo /ipertiroi'dɛo/ **I** agg. hyperthyroid **II** m. (f. **-a**) hyperthyroid.
ipertiroidismo /ipertiroi'dizmo/ m. hyperthyroidism; ***soffrire di*** ~ to have an overactive thyroid.

ipertonia /iperto'nia/ f. hypertonia.
ipertonico, pl. **-ci**, **-che** /iper'tɔniko, tʃi, ke/ agg. hypertonic.
ipertricosi /ipertri'kɔzi/ f.inv. hypertrichosis.
ipertrofia /ipertro'fia/ f. **1** MED. hypertrophy, enlargement **2** FIG. overdevelopment.
ipertrofico, pl. **-ci**, **-che** /iper'trɔfiko, tʃi, ke/ agg. **1** MED. [*cuore, fegato*] enlarged, hypertrophic **2** FIG. overdeveloped, hypertrophic.
iperventilazione /iperventilat'tsjone/ f. hyperventilation.
ipervitaminosi /ipervitami'nɔzi/ f.inv. hypervitaminosis*.
ipetro /i'pɛtro/ agg. hypaethral.
ipnagogico, pl. **-ci**, **-che** /ipna'gɔdʒiko, tʃi, ke/ agg. hypnagogic.
ipnologia /ipnolo'dʒia/ f. hypnology.
ipnopedia /ipnope'dia/ f. hypnopaedia.
ipnosi /ip'nɔzi/ f.inv. hypnosis; ***essere in stato di*** ~ to be under hypnosis; FIG. to be in a hypnotic trance.
ipnoterapia /ipnotera'pia/ f. hypnotherapy.
ipnotico, pl. **-ci**, **-che** /ip'nɔtiko, tʃi, ke/ **I** agg. [*stato, effetto, sguardo*] hypnotic **II** m. hypnotic.
ipnotismo /ipno'tizmo/ m. hypnotism.
ipnotizzamento /ipnotiddza'mento/ m. hypnotization.
ipnotizzare /ipnotid'dzare/ [1] tr. **1** to hypnotize, to mesmerize **2** FIG. to hypnotize, to fascinate.
ipnotizzatore /ipnotiddza'tore/ m. (f. **-trice** /tritʃe/) hypnotist.
ipoacidità /ipoatʃidi'ta/ f.inv. subacidity.
ipoacusia /ipoaku'zia/ ➧ **7** f. hypacusis.
ipoallergenico, pl. **-ci**, **-che** /ipoaller'dʒɛniko, tʃi, ke/ agg. hypoallergenic.
ipocalorico, pl. **-ci**, **-che** /ipoka'lɔriko, tʃi, ke/ agg. low-calorie; ***bevanda, dieta -a*** low-calorie drink, diet.
ipocausto /ipo'kausto/ m. hypocaust.
ipocentro /ipo'tʃɛntro/ m. hypocentre BE, hypocenter AE.
ipocicloide /ipotʃi'klɔide/ f. hypocycloid.
ipoclorito /ipoklo'rito/ m. hypochlorite; ~ ***di sodio*** sodium hypochlorite.
ipocloroso /ipoklo'roso/ agg. [*acido*] hypochlorous.
ipocondria /ipokon'dria/ ➧ **7** f. hypochondria; *(come patologia)* hypochondriasis*.
ipocondriaco, pl. **-ci**, **-che** /ipokon'driako, tʃi, ke/ **I** agg. hypochondriac(al) **II** m. (f. **-a**) hypochondriac.
ipocondrio, pl. **-dri** /ipo'kɔndrjo, dri/ m. hypochondrium*.
ipocoristico, pl. **-ci**, **-che** /ipoko'ristiko, tʃi, ke/ **I** agg. hypocoristic **II** m. pet name, hypocoristic.
▷ **ipocrisia** /ipokri'zia/ f. hypocrisy, cant; ***essere di una grande*** ~ to be very hypocritical.
▷ **ipocrita**, m.pl. **-i**, f.pl. **-e** /i'pɔkrita/ **I** agg. [*persona, azione*] hypocritical; [*complimento*] insincere; ***discorso*** ~ canting talk **II** m. e f. hypocrite.
ipocritamente /ipokrita'mente/ avv. hypocritically.
ipoderma /ipo'dɛrma/ m. **1** hypoderma* **2** BOT. ZOOL. hypodermis.
ipodermico, pl. **-ci**, **-che** /ipo'dɛrmiko, tʃi, ke/ agg. [*iniezione, ago, siringa*] hypodermic.
ipodermoclisi /ipodermo'klizi/ f.inv. hypodermoclysis*.
ipofisario, pl. **-ri**, **-rie** /ipofi'zarjo, ri, rje/ agg. [*disfunzione*] hypophyseal, hypophysial.
ipofisi /i'pɔfizi/ f.inv. hypophysis*, pituitary gland.
ipofosfato /ipofos'fato/ m. hypophosphate.
ipofosfito /ipofos'fito/ m. hypophosphite.
ipofosforico, pl. **-ci**, **-che** /ipofos'fɔriko, tʃi, ke/ agg. hypophosphoric.
ipofosforoso /ipofosfo'roso/ agg. hypophosphorous.
ipogastrico, pl. **-ci**, **-che** /ipo'gastriko, tʃi, ke/ agg. hypogastric.
ipogastrio, pl. **-tri** /ipo'gastrjo, tri/ m. hypogastrium*.
ipogeo /ipo'dʒɛo/ **I** agg. hypogeous **II** m. ***(sepolcro a)*** ~ hypogeum*.
ipogino /i'pɔdʒino/ agg. hypogynous.
ipoglicemia /ipoglitʃe'mia/ f. hypoglyc(a)emia.
ipoglicemico, pl. **-ci**, **-che** /ipogli'tʃɛmiko, tʃi, ke/ agg. [*coma*] hypoglyc(a)emic.
ipoglosso /ipo'glɔsso/ **I** agg. hypoglossal **II** m. hypoglossal.
ipometrope /ipo'mɛtrope/ **I** agg. myopic **II** m. e f. myope, short-sighted person.
iponimia /iponi'mia/ f. hyponymy.
iponimo /i'pɔnimo/ m. hyponym.
iponitrito /iponi'trito/ m. hyponitrite.
iponitroso /iponi'troso/ agg. hyponitrous.
iponutrizione /iponutrit'tsjone/ f. underfeeding.
ipoplasia /ipopla'zia/ f. hypoplasia.
ipoproteico, pl. **-ci**, **-che** /ipopro'tɛiko, tʃi, ke/ agg. low-protein.
iposolfito /iposol'fito/ m. hyposulphite BE, hyposulfite AE.
ipostasi /i'pɔstazi/ f.inv. hypostasis*.
ipostatico, pl. **-ci**, **-che** /ipos'tatiko, tʃi, ke/ agg. hypostatic(al).
ipostatizzare /ipostatid'dzare/ [1] tr. to hypostatize.
ipostilo /i'pɔstilo/ agg. hypostyle.
ipotalamico, pl. **-ci**, **-che** /ipota'lamiko, tʃi, ke/ agg. hypothalamic.
ipotalamo /ipo'talamo/ m. hypothalamus*.
ipotassi /ipo'tassi/ f.inv. hypotaxis.
ipotattico, pl. **-ci**, **-che** /ipo'tattiko, tʃi, ke/ agg. hypotactic.
ipoteca, pl. **-che** /ipo'tɛka, ke/ f. mortgage; ***accendere un'***~ to raise *o* take out a mortgage; ***estinguere un'***~ to pay off a mortgage; ***liberare da un'***~ DIR. to disencumber [*proprietà*]; ***mettere*** o ***porre un'***~ ***sul futuro*** FIG. to mortgage one's future.
ipotecabile /ipote'kabile/ agg. mortgageable.
ipotecare /ipote'kare/ [1] tr. to mortgage; ~ ***il futuro*** FIG. to mortgage one's future.
ipotecario, pl. **-ri**, **-rie** /ipote'karjo, ri, rje/ agg. ***creditore*** ~ mortgagee; ***debitore*** ~ mortgager, mortgagor; ***mutuo, contratto*** ~ mortgage loan, deed; ***tasso di interesse*** ~ mortgage rate.
ipotensione /ipoten'sjone/ f. hypotension, low blood pressure.
ipotensivo /ipoten'sivo/ **I** agg. hypotensive **II** m. hypotensive drug.
ipotenusa /ipote'nuza/ f. hypotenuse.
ipotermia /ipoter'mia/ f. hypothermia.
▷ **ipotesi** /i'pɔtezi/ f.inv. hypothesis*; ~ ***di lavoro*** working hypothesis; ***fare*** o ***formulare l'***~ ***che*** to put forward the hypothesis that; ***fare delle*** ~ to speculate (**su**, **circa** about); ***nell'***~ ***che venisse eletto*** in the supposition he is elected, supposing he his elected; ***nella migliore, peggiore delle*** ~ at best, at worst; ***azzardare un'***~ to venture a conjecture; ***se per ~...*** let's assume..., supposing... ◆◆ ~ ***alternativa*** STATIST. alternative hypothesis; ~ ***nulla*** STATIST. null hypothesis.
ipoteso /ipo'teso/ m. (f. **-a**) hypotensive.
ipoteticamente /ipotetika'mente/ avv. hypothetically.
ipotetico, pl. **-ci**, **-che** /ipo'tɛtiko, tʃi, ke/ agg. **1** *(ipotizzabile)* hypothetic(al), conjectural **2** LING. ***periodo*** ~ conditional clause **3** *(eventuale)* supposed, assumed.
ipotiposi /ipoti'pɔzi/ f.inv. hypotyposis*.
ipotiroideo /ipotiroi'dɛo/ agg. hypothyroid.
ipotiroidismo /ipotiroi'dizmo/ m. hypothyroidism.
ipotizzabile /ipotid'dzabile/ agg. presumable, supposable.
ipotizzare /ipotid'dzare/ [1] tr. to suppose [*possibilità*]; to hypothesize [*situazione, problema*]; ~ ***che qcn., qcs. sia*** to conjecture sb., sth. to be.
ipotonia /ipoto'nia/ f. hypotonicity.
ipotonico, pl. **-ci**, **-che** /ipo'tɔniko, tʃi, ke/ agg. hypotonic.
ipotrofia /ipotro'fia/ f. hypotrophy.
ipovedente /ipove'dɛnte/ **I** agg. partially sighted **II** m. e f. partially sighted person; ***gli -i*** the partially sighted.
ipovitaminosi /ipovitami'nɔzi/ ➧ **7** f.inv. hypovitaminosis*.
ippica /'ippika/ f. horseracing ◆ ***datti all'~!*** go take up knitting!
ippico, pl. **-ci**, **-che** /'ippiko, tʃi, ke/ agg. [*manifestazione, centro, sport*] equestrian; ***concorso*** ~ horseshow, race meeting.
ippocampo /ippo'kampo/ m. hippocampus*, sea horse.
ippocastano /ippokas'tano/ m. horse chestnut.
Ippocrate /ip'pɔkrate/ n.pr.m. Hippocrates; ***giuramento di*** ~ Hippocratic oath.
ippocratico, pl. **-ci**, **-che** /ippo'kratiko, tʃi, ke/ agg. Hippocratic.
ippodromo /ip'pɔdromo/ m. racecourse, racetrack.
ippoglosso /ippo'glɔsso/ m. halibut*, butt.
ippogrifo /ippo'grifo/ m. hippogriff.
Ippolito /ip'pɔlito/ n.pr.m. Hyppolitus.
ippologia /ippolo'dʒia/ f. hippology.
▷ **ippopotamo** /ippo'pɔtamo/ m. hippopotamus*, hippo.
ippoterapia /ippotera'pia/ f. therapeutic riding, riding therapy.
ippotrainato /ippotrai'nato/ agg. horse-drawn; ***artiglieria -a*** horse artillery.
ippurico /ip'puriko/ agg. ***acido*** ~ hippuric acid.
iprite /i'prite/ f. mustard gas.
IPS /ipi'ɛsse/ m. (⇒ Istituto Poligrafico dello Stato) = Government printing office.
ipsilon /'ipsilon/ m. e f.inv. **1** *(dell'alfabeto latino)* y, Y **2** *(dell'alfabeto greco)* upsilon.
ipso facto /'ipso'fakto/ avv. ipso facto.
ipsometria /ipsome'tria/ f. hypsometry.
ipsometrico, pl. **-ci**, **-che** /ipso'mɛtriko, tʃi, ke/ agg. hypsometric(al).
ipsometro /ip'sɔmetro/ m. hypsometer.
▷ **ira** /'ira/ f. **1** *(umore)* anger, wrath LETT.; ***scaricare la propria*** ~ ***contro qcn.*** to take out *o* vent one's anger on sb.; ***con*** ~ in anger; ***in***

un momento d'~ in a fit of rage; ***accesso d'~*** fit of passion; ***attirarsi le -e di qcn.*** to attract sb.'s wrath **2** *(dei cieli)* fury, wrath LETT. ◆ ***costare l'~ di Dio*** to cost a king's ransom; ***far succedere l'~ di Dio*** to put *o* set the cat among the pigeons.

irace /'iratʃe/ m. (rock) hyrax*.

iracheno /ira'kɛno/ ➧ **25 I** agg. Iraqi **II** m. (f. **-a**) Iraqi.

iracondia /ira'kondja/ f. irascibility.

iracondo /ira'kondo/ agg. hot-tempered, quick-tempered, prone to anger.

Irak → **Iraq**.

irakeno → **iracheno**.

Iran /'iran, i'ran/ ➧ **33** n.pr.m. Iran.

iraniano /ira'njano/ ➧ **25 I** agg. Iranian **II** m. (f. **-a**) Iranian.

iranico, pl. **-ci**, **-che** /i'raniko, tʃi, ke/ ➧ **16 I** agg. [*lingue*] Iranian **II** m. LING. Iranian.

iranista, m.pl. **-i**, f.pl. **-e** /ira'nista/ m. e f. Iranianist.

iranistica /ira'nistika/ f. Iranian studies pl., Persian studies pl.

Iraq /'irak, i'rak/ ➧ **33** n.pr.m. Iraq.

irascibile /iraʃ'ʃibile/ agg. [*persona, carattere*] irascible, quick-tempered; ***essere ~*** to be short-tempered.

irascibilità /iraʃʃibili'ta/ f.inv. irascibility, quick temper.

irato /i'rato/ agg. angry (**con qcn.** at, with sb.; **per qcs.** at, about sth.).

irbis /'irbis/ m.inv. snow leopard.

ircino /ir'tʃino/ agg. hircine, goatlike.

ire /ire/ [3] intr. (aus. *essere*) LETT. to go*; ***se ne è ito*** REGION. he has gone away.

Irene /i'rɛne/ n.pr.f. Irene.

Ireneo /ire'nɛo/ n.pr.m. Irenaeus.

irenico, pl. **-ci**, **-che** /i'rɛniko, tʃi, ke/ agg. LETT. irenic(al).

irenismo /ire'nizmo/ m. irenics + verbo sing.

ireos /'ireos/ m.inv. iris.

IRI /iri/ m. (⇒ Istituto per la Ricostruzione Industriale) = institute for industrial redevelopment.

iridare /iri'dare/ [1] **I** tr. [*luce, sole*] to make* [sth.] iridescent [*cristallo, mare*] **II iridarsi** pronom. [*cristallo, mare, piumaggio*] to become* iridescent.

iridato /iri'dato/ **I** p. pass. → **iridare II** agg. **1** *(iridescente)* iridescent **2** *(ciclismo)* ***maglia -a*** rainbow jersey.

iride /'iride/ f. **1** *(arcobaleno)* rainbow; ***colori dell'~*** rainbow colours **2** ANAT. *(dell'occhio)* iris* **3** BOT. iris **4** FOT. *(diaframma)* ***diaframma a ~*** iris diaphragm.

iridectomia /iridekto'mia/ f. iridectomy.

iridescente /irideʃ'ʃɛnte/ agg. [*pietra, vetro, piumaggio*] iridescent.

iridescenza /irideʃ'ʃɛntsa/ f. iridescence.

iridico, pl. **-ci**, **-che** /i'ridiko, tʃi, ke/ agg. iridic.

iridio /i'ridjo/ m. iridium; ***platino legato con ~*** platiniridium.

iridologia /iridolo'dʒia/ f. iridology.

iris /'iris/ m. e f.inv. iris ◆◆ ***~ fiorentina*** Florentine iris.

irite /i'rite/ ➧ **7** f. MED. iritis.

Irlanda /ir'landa/ ➧ **33** n.pr.f. Ireland; ***~ del Nord*** Northern Ireland.

irlandese /irlan'dese/ ➧ **25, 16 I** agg. Irish; ***la Repubblica ~*** the Republic of Ireland **II** m. e f.*(uomo)* Irishman*; *(donna)* Irishwoman*; ***gli -i del nord*** the Northern Irish **III** m. LING. Irish.

irochese /iro'kese/ ➧ **16 I** agg. Iroquois **II** m. e f. Iroquois **III** m. LING. Iroquois.

▷ **ironia** /iro'nia/ f. irony; ***l'~ della sorte*** the irony of fate, one of life's little ironies; ***sottile ~*** subtle irony; ***una punta d'~*** a hint of irony; ***fare dell'~*** to be ironic; ***~ socratica*** Socratic irony.

ironicamente /ironka'mente/ avv. [*dire, chiedere, sorridere*] ironically.

▷ **ironico**, pl. **-ci**, **-che** /i'rɔniko, tʃi, ke/ agg. [*sorriso, sguardo, commenti, tono*] ironic; ***in modo piuttosto ~*** somewhat ironically.

ironista, m.pl. **-i**, f.pl. **-e** /iro'nista/ m. e f. ironist.

ironizzare /ironid'dzare/ [1] intr. (aus. *avere*) to be* ironic (**su** about); ***"sei già pronta!" ironizzò lui*** "ready so soon!" he said ironically.

irosamente /irosa'mente/ avv. angrily, wrathfully.

iroso /i'roso/ agg. **1** *(irato)* [*voce*] wrathful **2** *(irascibile)* [*persona*] quick-tempered; [*carattere*] irascible.

IRPEF /'irpef/ f. (⇒ Imposta sui Redditi delle Persone Fisiche) = income tax.

IRPEG /'irpeg/ f. (⇒ Imposta sul Reddito delle Persone Giuridiche) = corporation tax.

irraccontabile /irrakkon'tabile/ agg. *(che non si può raccontare)* = too difficult to explain; *(che non si deve raccontare)* unrepeatable.

irradiamento /irradja'mento/ m. **1** *(irraggiamento)* eradiation, irradiance **2** FIS. *(radiazione)* radiation; ***l'~ della Terra*** the Earth's radiation **3** NUCL. irradiation.

irradiante /irra'djante/ agg. irradiant, irradiative.

irradiare /irra'djare/ [1] **I** tr. **1** *(esporre alle radiazioni)* to irradiate [*tumore, organo, persona*] **2** *(emanare)* to radiate [*calore, luce*]; ***~ gioia*** FIG. to glow with joy **3** *(illuminare)* ***il sole irradia la Terra*** the sun beams its light on the Earth **4** *(diffondere)* to broadcast* [*notizia, comunicato*] **II** intr. (aus. *essere*) *(propagarsi)* [*luce*] to radiate (**da** from); ***un calore che irradia*** (a) radiant heat **III irradiarsi** pronom. **1** *(manifestare la propria influenza)* [*pensiero, cultura*] to have* an influence (**su** on; **in** throughout) **2** *(manifestarsi ovunque)* [*dolori*] to spread* **3** *(essere disposti a raggiera)* [*corsi, strade*] to radiate (**da** from) [*piazza*].

irradiatore /irradja'tore/ m. radiator.

irradiazione /irradjat'tsjone/ f. **1** FIS. NUCL. radiation, irradiation; ***~ radioattiva*** radioactivity **2** FIG. *(di pensiero, informazione, dolore)* spreading.

irraggiamento /irraddʒa'mento/ m. **1** *(propagazione)* irradiance **2** FIS. *(radiazione)* radiation ◆◆ ***~ termico*** thermal radiation.

irraggiare /irrad'dʒare/ [1] tr. **1** *(emanare)* to radiate [*calore*] **2** *(illuminare)* ***il sole irraggia la Terra*** the sun beams its light on the Earth.

irraggiungibile /irraddʒun'dʒibile/ agg. **1** [*postazione, luogo*] inaccessible **2** FIG. [*vittoria*] elusive; [*scopo, obiettivo*] unachievable; [*verità, oggetto*] unattainable; [*persona*] unapproachable.

irraggiungibilità /irraddʒundʒibili'ta/ f.inv. inaccessibility.

irragionevole /irradʒo'nevole/ **I** agg. **1** [*comportamento, aspettative*] unreasonable; [*persona*] irrational, unreasonable; ***si sta comportando in modo del tutto ~ al riguardo*** he's being very unreasonable about it **2** *(infondato)* [*paura*] irrational **3** *(eccessivo)* [*prezzo*] excessive, unreasonable **II** m. ***al limite dell'~*** bordering on insanity.

irragionevolezza /irradʒonevo'lettsa/ f. irrationality, absurdity, unreason.

irragionevolmente /irradʒonevol'mente/ avv. unreasonably; ***comportarsi ~*** to behave unreasonably.

irrancidimento /irrantʃidi'mento/ m. rottenness, rancidness.

irrancidire /irrantʃi'dire/ [102] intr. (aus. *essere*) [*olio, burro*] to go* rancid.

irrancidito /irrantʃi'dito/ **I** p.pass. → **irrancidire II** agg. [*burro*] rancid.

irrappresentabile /irrapprezen'tabile/ agg. [*dramma*] unstageable.

irrazionale /irrattsjo'nale/ **I** agg. **1** *(irragionevole)* [*comportamento, dolore, ostilità, paura*] irrational **2** MAT. [*numero*] irrational **3** *(non funzionale)* impractical, unserviceable **II** m. irrational.

irrazionalismo /irrattsjona'lizmo/ m. irrationalism.

irrazionalista, m.pl. **-i**, f.pl. **-e** /irrattsjona'lista/ **I** agg. irrationalist **II** m. e f. irrationalist.

irrazionalistico, pl. **-ci**, **-che** /irrattsjona'listiko, tʃi, ke/ agg. irrationalistic.

irrazionalità /irrattsjonali'ta/ f.inv. irrationality, unreason.

irrazionalmente /irrattsjonal'mente/ avv. irrationally; ***comportarsi ~*** to act irrationally.

irreale /irre'ale/ **I** agg. [*mondo, paesaggio, storia, situazione*] unreal; [*atmosfera*] dreamlike **II** m. unreal.

irrealisticamente /irrealistika'mente/ avv. unrealistically.

irrealistico, pl. **-ci**, **-che** /irrea'listiko, tʃi, ke/ agg. unrealistic.

irrealizzabile /irrealid'dzabile/ agg. [*piano, progetto, idea*] impracticable, impractical, unfeasible; [*sogno*] unattainable.

irrealizzabilità /irrealiddzabili'ta/ f.inv. impracticability.

irrealizzato /irrealid'dzato/ agg. [*desiderio*] unfulfilled.

irrealtà /irreal'ta/ f.inv. unreality; ***periodo ipotetico dell'~*** LING. past hypothetical condition.

irreconciliabile /irrekontʃi'ljabile/ agg. irreconcilable.

irreconciliabilità /irrekontʃiljabili'ta/ f.inv. irreconcilableness.

irreconciliabilmente /irrekontʃiljabil'mente/ avv. irreconcilably.

irrecuperabile /irrekupe'rabile/ agg. **1** *(non recuperabile)* [*oggetto*] irrecoverable; ECON. [*debito*] irrecoverable **2** *(non redimibile)* [*persona, delinquente*] irretrievable **3** SCHERZ. *(senza speranza)* ***essere ~*** [*elettrodomestico, persona*] to be beyond *o* past redemption.

irrecuperabilità /irrekuperabili'ta/ f.inv. irretrievability.

irrecuperabilmente /irrekuperabil'mente/ avv. irrecoverably, irretrievably.

irrecusabile /irreku'zabile/ agg. **1** *(inconfutabile)* [*segno, prova, verità*] indisputable **2** DIR. [*testimone, giudice, testimonianza*] unimpeachable.

irredentismo /irreden'tizmo/ m. irredentism.

irredentista, m.pl. **-i**, f.pl. **-e** /irreden'tista/ **I** agg. irredentist **II** m. e f. irredentist.

irredentistico, pl. **-ci**, **-che** /irreden'tistiko, tʃi, ke/ agg. [*movimento, idee*] irredentist.

irredento /irre'dɛnto/ agg. [*terre*] unredeemed.

irredimibile /irredi'mibile/ agg. **1** COMM. DIR. irredeemable, unredeemable **2** [*colpa*] irredeemable, unredeemable.

irrefrenabile /irrefre'nabile/ agg. [*risata, lacrime*] uncontrollable; [*desiderio, impulso*] uncurbed; [*curiosità*] unabashed; ***aveva una ridarella*** ~ he was giggling helplessly.

irrefrenabilmente /irrefrenabil'mente/ avv. unrestrainedly.

irrefutabile /irrefu'tabile/ agg. [*argomento, prova, testimonianza*] irrefutable, undeniable; ***avvalorare una dimostrazione con fatti -i*** to support a demonstration with irrefutable facts.

irrefutabilità /irrefutabili'ta/ f.inv. indisputability.

irrefutabilmente /irrefutabil'mente/ avv. irrefutably.

irreggimentare /irreddʒimen'tare/ [1] tr. MIL. to regiment (anche FIG.).

irreggimentazione /irreddʒimentat'tsjone/ f. regimentation.

▷ **irregolare** /irrego'lare/ **I** agg. **1** *(senza regolarità)* [*forma, viso*] irregular; [*scrittura, terreno, respiro, ritmo*] irregular, uneven; [*abitudini alimentari, performance*] erratic; ***battere in modo*** ~ to beat unevenly; ***dalla forma*** ~ irregularly-shaped; ***poligono*** ~ irregular polygon **2** *(illegale)* [*procedura, transazione, vendita*] irregular; [*immigrato, lavoratore*] illegal; SPORT [*mossa*] illegal; [*azione*] foul; ***essere in (una) situazione*** ~ to be in breach of the regulations **3** MIL. [*truppa, combattente*] irregular **4** LING. [*verbo, plurale*] irregular **II** m. MIL. irregular.

irregolarità /irregolari'ta/ f.inv. **1** *(atto scorretto)* irregularity; ***durante lo spoglio dei voti sono state commesse delle*** ~ irregularities took place in the counting of votes; ***accusare qcn. di ~ finanziarie*** to accuse sb. of financial impropriety **2** *(l'essere irregolare) (di polso, lineamenti, forma)* irregularity; *(di superficie, bordo, ritmo)* unevenness; *(di strada, terreno)* roughness; *(di pioggia, sonno)* fitfulness **3** LING. irregularity **4** SPORT *(di mossa)* illegality; ***numerose*** ~ several instances of foul play.

irregolarmente /irregolar'mente/ avv. **1** *(illegalmente)* illegally **2** *(senza regolarità)* [*respirare, tagliare*] irregularly; [*dividere*] unevenly **3** LING. [*coniugarsi*] irregularly.

irreligione /irreli'dʒone/ f. irreligion.

irreligiosamente /irrelidʒosa'mente/ avv. in an irreligious way.

irreligiosità /irrelidʒosi'ta/ f.inv. irreligion.

irreligioso /irreli'dʒoso/ agg. irreligious.

irremissibile /irremis'sibile/ agg. unpardonable, irremissible.

irremissibilmente /irremissibil'mente/ avv. irremissibly.

irremovibile /irremo'vibile/ agg. [*idea, principio*] fixed; [*persona, risoluzione*] unshakeable; ***essere ~ nelle proprie convinzioni*** to have unshakeable convictions; ***rimanere*** ~ to remain adamant; ***è ~ su questo*** he's being most obstinate about it; ***è ~ nelle sue opinioni*** he is entrenched in his views.

irremovibilità /irremovibili'ta/ f.inv. inflexibility.

irremovibilmente /irremovibil'mente/ avv. immovably.

▷ **irreparabile** /irrepa'rabile/ **I** agg. [*danno, torto, errore, crimine*] irreparable; [*perdita*] irrecoverable, irretrievable **II** m. ***commettere l'***~ to go beyond the point of no return, to do what cannot be undone.

irreparabilità /irreparabili'ta/ f.inv. irreparableness, irretrievability.

irreparabilmente /irreparabil'mente/ avv. irreparably, irretrievably.

irreperibile /irrepe'ribile/ agg. [*persona*] untraceable; [*oggetto*] unobtainable; ***rendersi*** ~ to make oneself scarce.

irreperibilità /irreperibili'ta/ f.inv. untraceableness.

irreprensibile /irrepren'sibile/ agg. [*reputazione, vita, persona, comportamento*] irreproachable, blameless, faultless; ***comportamento*** ~ blameless behaviour.

irreprensibilità /irreprensibili'ta/ f.inv. irreproachability.

irreprensibilmente /irreprensibil'mente/ avv. [*comportarsi, agire*] blamelessly.

irreprimibile /irrepri'mibile/ agg. [*gioia, entusiasmo*] irrepressible.

irrequietezza /irrekwje'tettsa/ f. restlessness, fidgetiness.

irrequieto /irre'kwjɛto/ agg. [*persona, animale, spirito*] restless; [*adolescente, alunno*] rowdy; [*spirito*] unquiet; ***diventare*** ~ [*persona*] to grow restless.

irrequietudine /irrekwje'tudine/ f. restlessness.

irresistibile /irresis'tibile/ agg. [*persona, fascino, sorriso, bellezza*] irresistible; [*bisogno, film, libro*] compelling; [*desiderio, invidia*] overpowering.

irresistibilità /irresistibili'ta/ f.inv. irresistibility.

irresistibilmente /irresistibil'mente/ avv. [*attrarre*] irresistibly.

irresolubile /irreso'lubile/ agg. [*problema, questione*] irresolvable, unsolvable.

irresolutezza /irresolu'tettsa/ f. indecisiveness, irresoluteness.

irresoluto /irreso'luto/ agg. [*persona*] indecisive, irresolute, weak-minded.

irrespirabile /irrespi'rabile/ agg. **1** *(non respirabile)* [*aria, gas*] unbreathable **2** FIG. *(insopportabile)* [*atmosfera, clima*] stifling.

irresponsabile /irrespon'sabile/ agg. **1** *(che agisce con leggerezza)* [*persona, atteggiamento*] irresponsible, reckless; ***in modo*** ~ irresponsibly **2** DIR. non-accountable.

irresponsabilità /irresponsabili'ta/ f.inv. **1** *(mancanza di serietà)* irresponsibility, recklessness **2** DIR. non-accountability.

irresponsabilmente /irresponsabil'mente/ avv. irresponsibly; ***agire*** ~ to act irresponsibly.

irrestringibile /irrestrin'dʒibile/ agg. [*tessuto*] unshrinkable, non-shrink.

irretire /irre'tire/ [102] tr. **1** *(prendere nella rete)* to net **2** FIG. to ensnare, to entice; ***si è lasciato ~ dalle sue grazie*** he was ensnared by her charms.

irreverenza /irreve'rɛntsa/ → **irriverenza**.

irreversibile /irrever'sibile/ agg. **1** CHIM. FIS. [*reazione, processo*] irreversible **2** MED. irreversible; ***essere in una fase di declino*** ~ to be in terminal decline **3** TECN. [*ingranaggio, meccanismo*] non-reversible **4** *(non trasferibile)* [*pensione*] nontransferable.

irreversibilità /irreversibili'ta/ f.inv. irreversibility.

irreversibilmente /irreversibil'mente/ avv. irreversibly.

irrevocabile /irrevo'kabile/ agg. [*decisione*] definitive, irrevocable; [*giudizio*] final; ***sentenza*** ~ decree absolute.

irrevocabilità /irrevokabili'ta/ f.inv. irrevocability.

irrevocabilmente /irrevokabil'mente/ avv. irrevocably.

irrevocato /irrevo'kato/ agg. unrevoked.

irricevibile /irritʃe'vibile/ agg. unreceivable; DIR. inadmissible.

irriconoscente /irrikonoʃ'ʃɛnte/ agg. [*persona, paese*] ungrateful, thankless, unthankful.

▷ **irriconoscibile** /irrikonoʃ'ʃibile/ agg. [*ritratto, faccia*] unrecognizable; ***cambiare, migliorare fino a essere*** ~ to change, improve out of all *o* past recognition; ***hanno reso ~ la città*** they've changed the town beyond recognition.

irriconoscibilità /irrikonoʃʃibili'ta/ f.inv. unrecognizableness.

irridere /ir'ridere/ [35] tr. LETT. ~ ***qcn., qcs.*** to mock sb., sth.

irriducibile /irridu'tʃibile/ **I** agg. **1** *(non ribassabile)* [*spese, prezzi*] fixed; ***pena*** ~ DIR. sentence without possibility of remittance **2** FIG. [*opposizione*] invincible; [*volontà, fede*] unshakeable; [*persona*] indomitable; [*conflitto*] relentless **3** MAT. [*frazione, equazione*] irreducible **4** MED. [*frattura*] irreducible **II** m. e f. diehard; ***gli -i*** the hard core.

irriducibilità /irridutʃibili'ta/ f.inv. **1** LETT. *(di opposizione, carattere)* implacability **2** MAT. irreducibility.

irriducibilmente /irridutʃibil'mente/ avv. steadfastly, relentlessly.

irriflessione /irrifles'sjone/ f. thoughtlessness; ***dar prova di*** ~ to show a lack of thought.

irriflessivamente /irriflessiva'mente/ avv. thoughtlessly.

irriflessività /irriflessivi'ta/ f.inv. thoughtlessness.

irriflessivo /irrifles'sivo/ agg. **1** *(precipitato)* [*frase, gesto*] thoughtless **2** *(sventato)* [*persona*] unthinking.

irrigabile /irri'gabile/ agg. irrigable.

irrigamento /irriga'mento/ m. → **irrigazione**.

irrigare /irri'gare/ [1] tr. **1** AGR. to water, to irrigate; ~ ***a pioggia*** to sprinkle **2** *(bagnare)* ***il fiume Po irriga la Lombardia*** the river Po flows through Lombardy **3** MED. to irrigate [*piaga*].

irrigatore /irriga'tore/ **I** agg. MED. irrigating **II** m. (f. **-trice**) **1** AGR. irrigator **2** MED. irrigator ◆◆ ~ ***da giardino*** lawn sprinkler; ~ ***a pioggia*** sprinkler.

irrigatorio, pl. **-ri**, **-rie** /irriga'tɔrjo, ri, rje/ agg. irrigational; ***sistema*** ~ irrigation system.

▷ **irrigazione** /irrigat'tsjone/ f. **1** AGR. irrigation, watering; *(a pioggia)* sprinkling; ***canale d'***~ irrigation canal **2** MED. *(di piaga, cavità)* irrigation, douche.

irrigidimento /irridʒidi'mento/ m. **1** *(di muscolo, corpo)* stiffening **2** FIG. *(di posizione, atteggiamento)* hardening **3** *(di clima, stagione)* harshening ◆◆ ~ ***cadaverico*** rigor mortis.

irrigidire /irridʒi'dire/ [102] **I** tr. **1** *(fare diventare rigido)* to stiffen [*tessuto*]; to tense [*braccio, corpo*] **2** FIG. to stiffen [*regole*] **3** *(inasprire)* ~ ***una pena*** to increase a sentence **II irrigidirsi** pronom. **1** *(diventare rigido)* [*braccia, corpo*] to stiffen, to grow* tense; FIG. [*sorriso, persona*] to freeze; ***la sua espressione s'irrigidì in una smorfia*** his expression became fixed in a grimace; ***-rsi contro il dolore*** to brace oneself against pain; ***-rsi come una statua, -rsi di colpo*** to freeze **2** FIG. *(ostinarsi)* ***-rsi su qcs.*** to stick stubbornly to sth.; *(diventare più rigido)* [*atteggiamento, posizione*] to harden **3** [*clima*] to become* harsher.

irrigidito /irridʒi'dito/ **I** p.pass. → **irrigidire II** agg. **1** *(rigido)* ***le membra -e dal freddo*** limbs stiffened by the cold; ~ ***dallo spavento*** to be rigid with fear **2** *(ostinato)* stubborn.

irriguardosamente /irriguardosa'mente/ avv. disrespectfully, inconsiderately, irreverently.

irriguardoso /irrigwar'doso/ agg. [*atteggiamento*] disrespectful, inconsiderate; ***è stato molto ~ da parte sua andarsene così*** it was most inconsiderate of her to leave like that.

irriguo /ir'rigwo/ agg. **1** *(di irrigazione)* ***canale ~*** irrigation canal **2** *(irrigato)* (well-)watered, (well-)irrigated.

irrilevante /irrile'vante/ agg. *(senza importanza)* [*età, sesso*] negligible; [*particolare, differenza*] insignificant; [*somma, aumento*] trivial, fractional; ***non è affatto ~*** it is of no small consequence; ***che ti piaccia o no per me è ~*** it's immaterial (to me) whether you like it or not.

irrilevanza /irrile'vantsa/ f. insignificance, irrelevance.

irrimandabile /irriman'dabile/ agg. unpostponable.

irrimediabile /irrime'djabile/ **I** agg. *(irrecuperabile)* [*perdita, errore*] irretrievable, irreparable; [*declino*] irreversible; ***essere ~*** [*situazione*] to be beyond (all) remedy, to be beyond cure **II** m. ***è talmente disperato che potrebbe commettere l'~*** he's so desperate that he might do something foolish.

irrimediabilità /irrimedjabili'ta/ f.inv. irreparability.

irrimediabilmente /irrimedjabil'mente/ avv. irreparably; ~ ***compromesso*** fatally compromised.

irrintracciabile /irrintrat'tʃabile/ agg. untraceable.

irrinunciabile /irrinun'tʃabile/, **irrinunziabile** /irrinun'tsjabile/ agg. ***diritto ~*** indefeasible right.

irripetibile /irripe'tibile/ agg. **1** *(non ripetibile)* [*occasione, esperienza*] unique, one-off; ***è stato un evento ~*** it was a one off **2** *(molto volgare)* unrepeatable; ***le sue parole erano -i*** his language was unrepeatable.

irripetibilità /irripetibili'ta/ f.inv. uniqueness, oneness.

irriproducibile /irriprodu'tʃibile/ agg. not reproducible, irreproducible, unreproducible.

irrisione /irri'zjone/ f. scorn, derision, mockery.

irrisolto /irri'sɔlto/ agg. [*problema, domanda, enigma, questione, crimine*] unsolved; ***complesso di Edipo ~*** unresolved Oedipus complex.

irrisoluto /irriso'luto/ → **irresoluto**.

irrisolvibile /irrisol'vibile/ agg. unsolvable.

irrisoriamente /irrizorja'mente/ avv. mockingly, ridiculously.

irrisorio, pl. **-ri, -rie** /irri'zɔrjo, ri, rje/ agg. **1** *(irridente)* [*tono*] derisive, scoffing, mocking **2** *(inadeguato)* [*somma, cifra*] trivial, derisory, laughable; [*prezzo*] ridiculous **3** *(minimo)* [*danni, differenza, vantaggio*] negligible.

irrispettosamente /irrispettosa'mente/ avv. [*comportarsi, parlare*] disrepectfully.

irrispettoso /irrispet'toso/ agg. disrespectful (**verso** to, toward).

irritabile /irri'tabile/ agg. irritable; ***un temperamento ~*** an irritable disposition; ***avere la pelle ~*** MED. to have sensitive skin *o* skin that is easely irritated; ***colon ~*** spastic colon.

irritabilità /irritabili'ta/ f.inv. irritability, peevishness.

irritamento /irrita'mento/ m. → **irritazione**.

irritante /irri'tante/ **I** agg. **1** *(fastidioso)* [*persona, imprevisto*] irritating, annoying; [*stile, tono*] abrasive; ***quest'interruzione è molto ~*** this interruption is very annoying; ***comportarsi in modo ~*** to behave irritatingly; ***era più ~ che mai*** he was at his most irritating **2** MED. irritating **II** m. FARM. MED. irritant.

▷ **irritare** /irri'tare/ [1] **I** tr. **1** *(infastidire)* to irritate, to annoy; ***è irritato dalle loro continue geremiadi*** he is irritated by their continual moaning; ***è questo che mi irrita!*** that's what galls me! **2** MED. to irritate; ***lo sfregamento mi ha irritato la pelle*** the friction irritated my skin **II irritarsi** pronom. **1** *(innervosirsi)* to get* annoyed (**per** about, over); ***si irrita per niente*** anything gets him rattled **2** MED. [*parte del corpo, ferita*] to become* irritated, to become* inflamed.

irritato /irri'tato/ **I** p.pass. → **irritare II** agg. **1** [*aria, tono, persona*] annoyed, cross; ***essere ~*** to be annoyed *o* in a fret **2** MED. irritated.

irritazione /irritat'tsjone/ f. **1** *(fastidio)* irritation, annoyance; ***ha mostrato chiaramente la sua ~*** she made her irritation quite plain **2** MED. *(infiammazione)* irritation.

irrituale /irritu'ale/ agg. DIR. irregular.

irriverente /irrive'rɛnte/ agg. [*atteggiamento*] irreverent, flippant, disrespectful; [*sguardo, osservazione*] cheeky.

irriverentemente /irriverente'mente/ avv. irreverently, disrespectfully.

irriverenza /irrive'rɛntsa/ f. **1** *(mancanza di rispetto)* irreverence flippancy, disrespect (**verso, nei confronti di** to, toward); ***parlare, agire con ~*** to speak, act irreverently **2** *(atto, parola)* irreverence ◆◆ ***(la) confidenza genera ~*** familiarity breeds contempt.

irrobustire /irrobus'tire/ [102] **I** tr. [*sport*] to strengthen [*corpo, muscoli*]; [*aria, clima, sole*] to fortify [*pianta*]; ~ ***gli avambracci*** to build up one's forearms **II irrobustirsi** pronom. [*corpo*] to strengthen, to grow* stronger; [*persona*] to build* oneself up.

irrogare /irro'gare/ [1] tr. to impose [*pena*].

irrogazione /irrogat'tsjone/ f. ~ ***della pena*** sentencing.

irrompere /ir'rompere/ [81] intr. (aus. *essere*) **1** *(arrivare con veemenza)* [*folla, polizia, truppe*] to break* in, to burst* in, to barge in; ~ ***in*** to break into *o* burst into [*casa, edificio*] **2** FIG. ***le immagini irrompono sullo schermo*** pictures flash across the screen; ~ ***sulla scena politica*** to burst onto the political scene.

irroramento /irrora'mento/ m. → **irrorazione**.

irrorare /irro'rare/ [1] tr. **1** *(bagnare) (di rugiada, lacrime)* to bedew **2** *(annaffiare)* to sprinkle, to perfuse **3** MED. BIOL. to supply; ***il sangue irrora gli organi*** organs are supplied with blood.

irroratore /irrora'tore/ m. AGR. crop sprayer.

irrorazione /irrorat'tsjone/ f. **1** AGR. crop spraying **2** ANAT. ~ ***sanguigna*** supply of blood; ***una cattiva ~ del cervello*** an insufficient blood supply to the brain.

irrotazionale /irrotattsjo'nale/ agg. irrotational.

irruente /irru'ɛnte/ agg. [*parole, gesti*] vehement; [*temperamento*] impetuous.

irruentemente /irruente'mente/ avv. vehemently, impetuously.

irruento /irru'ɛnto/ → **irruente**.

irruenza /irru'ɛntsa/ f. vehemence, impetuosity; ~ ***giovanile*** wild oats.

irruvidire /irruvi'dire/ [102] **I** tr. **1** *(rendere ruvido)* to roughen; ***il vento irruvidisce la pelle*** the wind chaps the skin **2** FIG. to embitter **II** intr. (aus. *essere*), **irruvidirsi** pronom. **1** *(diventare ruvido)* [*pelle*] to roughen, to become* rough **2** FIG. to become* embittered, to become* hardened; ***vivendo sempre solo si è irruvidito*** living on his own all the time has made him uncouth.

irruzione /irrut'tsjone/ f. *(entrata)* irruption; *(di polizia)* break-in, raid; ***fare ~ in*** to burst into [*stanza, edificio, via*]; ***la polizia fece ~ nel bar, nell'edificio*** the police raided the bar, building; ***l'~ dell'informatica nel mondo del lavoro*** FIG. the sudden emergence of computers in the workplace.

irsuto /ir'suto/ agg. **1** *(peloso)* [*petto*] hairy **2** *(ispido)* [*barba*] bristly, shaggy **3** BOT. ZOOL. [*piante, animali*] hirsute.

irto /'irto/ agg. **1** *(ritto)* [*piume*] ruffled; [*barba*] bristly; [*capelli*] spiky **2** *(coperto)* ***essere ~ di*** to bristle with [*chiodi, spine*] **3** FIG. ***essere ~ di problemi, difficoltà*** to be beset with problems, difficulties; ***un cammino ~ di difficoltà*** a rocky road.

isabella /iza'bɛlla/ **I** agg.inv. isabel **II** m.inv. isabel.

Isabella /iza'bɛlla/ n.pr.f. Isabel.

Isacco /i'zakko/ n.pr.m. Isaac.

isagogico, pl. **-ci, -che** /iza'gɔdʒiko, tʃi, ke/ agg. isagogic.

Isaia /iza'ia/ n.pr.m. Isaiah.

isatina /iza'tina/ f. isatin.

iscariota /iska'rjɔta/ **I** n.pr.m. ***l'Iscariota*** Judas Iscariot **II** m. e f. Iscariot, traitor, Judas.

ischeletrire /iskele'trire/ [102] **I** tr. **1** *(rendere scheletrico)* to emaciate, to reduce [sb.] to a skeleton **2** FIG. to dull [*ingegno*] **II** intr. (aus. *essere*), **ischeletrirsi** pronom. **1** *(diventare scheletrico)* to be* reduced to a skeleton **2** *(diventare spoglio)* [*albero*] to shed its leaves.

ischemia /iske'mia/ f. isch(a)emia.

ischemico, pl. **-ci, -che** /is'kɛmiko, tʃi, ke/ agg. isch(a)emic.

ischialgia /iskjal'dʒia/ ➧ **7** f. ischialgia.

ischiatico, pl. **-ci, -che** /is'kjatiko, tʃi, ke/ agg. ischial.

ischio, pl. **ischi** /'iskjo, 'iski/ m. ischium*.

▷ **1.iscritto** /is'kritto/ **I** p.pass. → **iscrivere II** agg. **1** SCOL. enrolled; UNIV. registered **2** *(registrato)* ***le persone -e in lista d'attesa*** those on the waiting list; ***il mio nome non è ~ sulla lista*** my name isn't on the list; ***il dibattito ~ all'ordine del giorno*** the debate on the agenda; ***essere ~ a*** to be on the books of [*club, organizzazione*]; ***le persone non -e all'associazione, al club*** nonmembers of the association, of the club; ~ ***all'albo*** [*professionista*] chartered **III** m. (f. **-a**) **1** SCOL. UNIV. registered student **2** *(membro)* member, cardmember; *(di sindacato)* union member; ***gli -i a*** o ***di un partito*** the card-carrying members.

2.iscritto: **per iscritto** /peris'kritto/ avv. ***mettere qcs. per ~*** to put sth. down on paper *o* in writing; ***una risposta per ~*** an answer in writing, a written reply.

▶ **iscrivere** /is'krivere/ [87] **I** tr. **1** *(registrare)* to enrol BE, to enroll AE [*allievo*]; to register [*studente*]; ***l'ho iscritta ad un corso di violino*** I enrolled her for violin lessons; ***~ qcn. su una lista*** to enter sb.'s name on a list; ***~ una questione all'ordine del giorno*** to place an item on the agenda **2** *(incidere)* to inscribe **II iscriversi** pronom. **1** *(farsi registrare)* SCOL. UNIV. to enrol BE, to enroll AE, to register; ***-rsi all'università*** to enrol at (a) university, to matriculate; ***-rsi a un esame*** to enter for an exam; ***-rsi a un corso*** to enrol on a course; ***-rsi a una gara*** to enter a competition; ***-rsi alle liste di collocamento*** to register as unemployed **2** *(diventare membro)* to join; ***-rsi a un sindacato, partito, club*** to join a union, a party, a club; ***quali requisiti bisogna avere per -rsi?*** what are the requirements for membership?

iscrivibile /iskri'vibile/ agg. enterable.

▷ **iscrizione** /iskrit'tsjone/ f. **1** SCOL. UNIV. enrolment BE, enrollment AE, registration; ***l'~ a scuola di un bambino*** the enrolment of a child at school; ***hanno respinto la loro ~ a scuola*** they refused to enrol them at school; ***ufficio -i*** UNIV. admissions office; ***modulo di ~*** application form; ***le -i saranno chiuse il 15 novembre*** the closing date for registration is 15 November; ***ci sono mille nuove -i ogni*** o ***all'anno*** a thousand new students register *o* matriculate every year **2** *(registrazione)* entering; *(di società)* registration; ***~ a un torneo*** entering for a tournament; ***rinnovare, non rinnovare la propria ~ (a un club)*** to renew, resign one's membership; ***tessera, quota di ~*** membership card, fee; ***~ in bilancio*** ECON. budgeting **3** *(antica scrittura)* inscription; ***-i cuneiformi*** cuneiform inscriptions; ***~ a lettere d'oro*** inscription in gold lettering ◆◆ ***~ ipotecaria*** DIR. registration of mortgage.

ISEF /'izef/ m. STOR. (⇒ Istituto Superiore di Educazione Fisica) = higher insitute of physical education.

isentropico, pl. **-ci**, **-che** /izen'trɔpiko, tʃi, ke/ agg. isentropic.

isernino /izer'nino/ ♦ **2 I** agg. from, of Isernia **II** m. (f. **-a**) native, inhabitant of Isernia.

Iside /'izide/ n.pr.f. Isis.

Isidoro /izi'dɔro/ n.pr.m. Isidore.

islam /'izlam, iz'lam/ m.inv. Islam.

islamico, pl. **-ci**, **-che** /iz'lamiko, tʃi, ke/ **I** agg. Islamic **II** m. (f. **-a**) Islamist.

islamismo /izla'mizmo/ m. Islamism.

islamista, m.pl. **-i**, f.pl. **-e** /izla'mista/ m. e f. Islamist.

islamistica /izla'mistika/ f. Islamic studies pl.

islamizzare /izlamid'dzare/ [1] tr. to Islamize.

islamizzazione /izlamiddzat'tsjone/ f. Islamization.

Islanda /iz'landa/ ♦ ***33*** n.pr.f. Iceland.

islandese /izlan'dese/ ♦ ***25, 16*** **I** agg. Icelandic **II** m. e f. Icelander **III** m. LING. Icelandic.

Ismaele /izma'ɛle/ n.pr.m. Ishmael.

ismaelita, m.pl. **-i**, f.pl. **-e** /izmae'lita/ **I** agg. Ishmaelitish **II** m. e f. Ishmaelite.

ismailita, m.pl. **-i**, f.pl. **-e** /izmai'lita/ **I** agg. Ismailian **II** m. e f. Ismaili.

isoalina /izoa'lina/ f. isohaline.

isobara /i'zɔbara/ f. isobar.

isobarico, pl. **-ci**, **-che** /izo'bariko, tʃi, ke/ agg. [*dilatazione*] isobaric.

isobaro /i'zɔbaro/ agg. isobaric.

isobata /i'zɔbata/ f. isobath.

isobutano /izobu'tano/ m. isobutane.

isobutile /izobu'tile/ m. isobutyl.

isocianato /izotʃa'nato/ m. isocyanate.

isoclina /izo'klina/ f. isocline.

isoclinale /izokli'nale/ agg. isoclinal.

isoclino /izo'klino/ agg. isoclinal.

isocora /izo'kɔra/ f. isochore.

isocorico, pl. **-ci**, **-che** /izo'kɔriko, tʃi, ke/ agg. isochoric.

isocromatico, pl. **-ci**, **-che** /izokro'matiko, tʃi, ke/ agg. [*lente*] isochromatic.

isocronismo /izokro'nizmo/ m. isochronism.

isocrono /i'zɔkrono/ agg. FIS. [*oscillazioni*] isochronous.

isoentropico, pl. **-ci**, **-che** /izoen'trɔpiko, tʃi, ke/ agg. isentropic.

isogamete /izoga'mɛte/ m. isogamete.

isogamia /izoga'mia/ f. isogamy.

isogonale /izogo'nale/ agg. isogonal.

isogono /i'zɔgono/ agg. isogonic.

isoieta /izo'jɛta/ f. isohyet.

isoipsa /izo'ipsa/ f. isohypse.

▶ **isola** /'izola/ f. island, isle LETT.; ***~ deserta*** desert island; ***un'~ di pace*** FIG. an island of peace ◆◆ ***~ artificiale*** artificial island; ***~ corallina*** coral island; ***~ pedonale*** pedestrian precint; ***~ spartitraffico*** traffic island.

isolabile /izo'labile/ agg. isolable, isolatable.

▷ **isolamento** /izola'mento/ m. **1** *(separatezza)* isolation, seclusion; ***vivere nel più completo ~*** to lead a cloistered existence; ***bisogna aiutare il paese a uscire dall'~ diplomatico*** the country must be given help to break out of its diplomatic isolation; ***il paese risente del suo ~*** the country suffers from its isolation **2** *(di ospedale)* ***mettere un malato in ~*** to isolate a patient, to put a patient in isolation; ***reparto d'~*** isolation ward **3** *(detenzione carceraria)* solitary confinement **4** *(di disturbo, sostanza, virus)* isolation **5** EL. insulation **6** TECN. insulation; ***~ in gommapiuma*** foam insulation **7** PSIC. isolation ◆◆ ***~ acustico*** soundproofing, sound insulation; ***~ termico*** thermal insulation.

isolano /izo'lano/ **I** agg. ***tradizioni -e*** island traditions **II** m. (f. **-a**) islander.

isolante /izo'lante/ **I** agg. ING. EL. [*materiale*] insulating; ***nastro ~*** insulating tape; ***la lana di vetro è molto ~*** fiberglass is a very good insulator **II** m. EL. insulator ◆◆ ***~ termico*** thermal insulator.

▶ **isolare** /izo'lare/ [1] **I** tr. **1** *(privare di contatti)* to isolate [*malato, politico, dissidente*]; to put* [sb.] in solitary confinement [*prigioniero*]; ***le sue opinioni lo hanno isolato dai colleghi*** his views isolated him from *o* set him apart from his colleagues; ***~ qcn. da qcn., qcs.*** to cut sb. off from sb., sth. **2** *(separare da un insieme)* to isolate [*disturbo, sostanza, problema, elemento*]; ***~ una frase dal (suo) contesto*** to take a sentence out of context **3** EDIL. *(contro il calore, il freddo)* to insulate (**contro**, **da** against) **4** EL. to insulate **II isolarsi** pronom. [*eremita*] to isolate oneself, to seclude oneself; [*persona*] to shut* oneself off, to cut* oneself off (**da** from); ***si è isolato in un angolo per leggere la lettera*** he withdrew into a corner to read the letter.

isolatamente /izolata'mente/ avv. [*considerare*] separately; [*agire, lavorare*] in isolation, on one's own.

1.isolato /izo'lato/ **I** p.pass. → **isolare II** agg. **1** *(molto lontano)* [*regione, paese*] remote **2** *(in disparte)* [*casa, albero*] isolated (**da** from), solitary; ***essere ~*** [*edificio*] to stand alone; ***~ dalla società*** remote from society; ***~ dal mondo*** [*persona*] withdrawn **3** *(separato da un insieme)* [*caso, avvenimento, incidente*] isolated **4** *(solo)* isolated, lonely; [*paese*] isolated; ***attentati commessi da un gruppo ~*** attacks carried out by individuals acting independently **5** EL. insulated **III** m. (f. **-a**) outsider, lonely person.

2.isolato /izo'lato/ m. block (of houses).

isolatore /izola'tore/ m. insulator.

isolazionismo /izolattsjo'nizmo/ m. isolationism.

isolazionista, m.pl. **-i**, f.pl. **-e** /izolattsjo'nista/ **I** agg. isolationist; ***politica ~*** isolationism **II** m. e f. isolationist.

isolazionistico, pl. **-ci**, **-che** /izolattsjo'nistiko, tʃi, ke/ agg. → **isolazionista**.

isolotto /izo'lɔtto/ m. ait, holm.

isomerasi /izome'razi/ f.inv. isomerase.

isomeria /izome'ria/ f. isomerism.

isomerico, pl. **-ci**, **-che** /izo'mɛriko, tʃi, ke/ agg. isomeric.

isomerizzazione /izomeriddzat'tsjone/ f. isomerization.

isomero /i'zɔmero/ m. isomer.

isometria /izome'tria/ f. isometry.

isometrico, pl. **-ci**, **-che** /izo'mɛtriko, tʃi, ke/ agg. isometric; ***ginnastica -a*** isometrics.

isomorfico, pl. **-ci**, **-che** /izo'mɔrfiko, tʃi, ke/ agg. isomorphic.

isomorfismo /izomor'fizmo/ m. isomorphism.

isomorfo /izo'mɔrfo/ agg. isomorphous.

isonomia /izono'mia/ f. isonomy.

isopleta /izo'plɛta/ f. isopleth.

isoquanto /izo'kwanto/ m. isoproduct (curve).

isoscele /i'zɔʃʃele/ agg. isosceles; ***triangolo ~*** isosceles triangle.

isosista /izo'sista/ f. isoseismal line.

isosisto /izo'sisto/ agg. ***linea -a*** isoseismal line.

isostasi /i'zɔstazi/ f.inv. isostasy.

isostasia /izosta'zia/ f. isostasy.

isostatico, pl. **-ci**, **-che** /izos'tatiko, tʃi, ke/ agg. isostatic.

isoterma /izo'tɛrma/ f. isotherm.

isotermico, pl. **-ci**, **-che** /izo'tɛrmiko, tʃi, ke/ agg. isothermal; ***borsa -a*** cool bag.

isotermo /izo'tɛrmo/ agg. isothermal.

isotonico, pl. **-ci**, **-che** /izo'tɔniko, tʃi, ke/ agg. isotonic.

isotopia /izoto'pia/ f. isotopy.

isotopico, pl. **-ci**, **-che** /izo'tɔpiko, tʃi, ke/ agg. isotopic; ***spin ~*** isospin.

isotopo /i'zɔtopo/ m. isotope ◆◆ ***~ radioattivo*** radioactive isotope.

isotropia /izotro'pia/ f. isotropy.

isotropo /i'zɔtropo/ agg. isotropic.

Isotta /i'zɔtta/ n.pr.f. Iseult, Isolde.

ispanico, pl. **-ci**, **-che** /is'paniko, tʃi, ke/ agg. [*popolazione*] Hispanic.

ispanismo /ispa'nizmo/ m. Hispanicism.

ispanista, m.pl. **-i**, f.pl. **-e** /ispa'nista/ m. e f. Hispanist.

ispanistica /ispa'nistika/ f. Spanish studies pl.

ispano-americano /ispanoameri'kano/ **I** agg. **1** *(relativo all'America e alla Spagna)* [*guerra*] Spanish-American **2** *(dell'America Latina)* Latin American **II** m. (f. **-a**) Latin American.

ispanofono /ispa'nɔfono/ **I** agg. [*paese, gruppo, persona*] Spanish-speaking **II** m. (f. **-a**) Spanish-speaking person.

ispessimento /ispessi'mento/ m. thickening.

ispessire /ispes'sire/ [102] **I** tr. **1** *(aumentare lo spessore)* to thicken **2** *(rendere denso)* to thicken [*salsa, liquido*] **3** RAR. *(aumentare la frequenza)* to increase [*visite, domande*] **II ispessirsi** pronom. **1** *(addensarsi)* [*salsa, liquido*] to thicken **2** *(diventare più frequente)* [*controlli, visite*] to increase.

ispettivo /ispet'tivo/ agg. inspectorial; ***visita -a*** inspection.

ispettorato /ispetto'rato/ m. *(ufficio e grado di ispettore)* inspectorate ◆◆ ***~ generale delle finanze*** inspectorate of public finance; ***~ del lavoro*** labour inspectorate; *(in GB)* Health and Safety Executive.

▷ **ispettore** /ispet'tore/ ➧ ***18*** m. inspector ◆◆ ***~ capo*** chief inspector; ***~ delle finanze*** ECON. inspector of public finances; ***~ fiscale*** ECON. income tax inspector; ***~ del lavoro*** AMM. factory inspector; *(in GB)* Health and Safety Inspector; ***~ di polizia*** inspector; ***~ scolastico*** school inspector; ***~ delle vendite*** COMM. sales supervisor.

ispettrice /ispet'tritʃe/ ➧ ***18*** f. inspectress.

ispezionare /ispettsjo'nare/ [1] tr. **1** *(controllare)* to inspect [*registri, scuola, fabbrica*]; ***~ un oggetto*** to examine an object closely **2** *(perquisire)* to check out, to search [*bagagli, tasche, persona*]; MAR. to board **3** MIL. to inspect [*materiale, equipaggiamento*]; to look over [*truppe, reclute*].

ispezione /ispet'tsjone/ f. **1** *(controllo)* inspection; *(di casa, area, borsa)* search; MAR. boarding; ***ronda*** o ***giro di ~*** tour of inspection BE, inspection tour AE; ***~ di routine*** routine inspection; ***botola di ~*** TECN. inspection trap; ***~ sistematica*** thorough search; ***~ doganale*** customs inspection **2** MED. examination ◆◆ ***~ corporale*** DIR. body search; ***~ sanitaria*** health control.

ispidezza /ispi'dettsa/ f. **1** *(irsutismo)* shagginess **2** FIG. *(scontrosità)* crustiness.

ispido /'ispido/ agg. **1** *(irsuto)* [*capelli*] bristly, wiry; [*barba*] bristly, brushy **2** FIG. *(scontroso)* crabby, crusty **3** BOT. hispid, strigose.

▷ **ispirare** /ispi'rare/ [1] **I** tr. **1** *(fornire l'ispirazione a)* to inspire [*persona, movimento*]; ***questo panorama ispirò il poeta*** this panorama inspired the poet **2** *(suscitare)* to inspire; ***ispira rispetto, ammirazione*** one's got to respect, admire her; ***~ diffidenza, disgusto in*** o ***a qcn.*** to inspire disgust, distrust in sb.; ***~ pietà, compassione a qcn.*** to stir sb. to pity, compassion; ***~ amore, rispetto, fiducia a qcn.*** to inspire love, respect, trust in sb.; ***non ispira molta fiducia*** he doesn't inspire much, I don't like the look of him **3** *(suggerire)* to prompt; ***~ una risposta*** to prompt an answer **4** COLLOQ. *(dare affidamento)* to inspire; ***è un argomento che non mi ispira affatto*** it's a subject which doesn't inspire me at all; ***non mi ispira particolarmente*** it's not particularly inspiring **II ispirarsi** pronom. **1** *(trarre ispirazione)* ***-rsi a*** to draw one's inspiration from; ***si è ispirato a una leggenda popolare*** he drew his inspiration from a popular legend; ***la rivoluzione si è ispirata a questi ideali*** the revolution was inspired by these ideals **2** *(prendere esempio da)* ***-rsi a qcn.*** to follow sb.'s example.

ispirato /ispi'rato/ **I** p.pass. → **ispirare II** agg. [*autore, artista, opera*] inspired; ***~ da Dio*** [*predicatore, poeta*] divinely inspired; ***assunse un'aria -a e si mise a suonare*** he assumed the air of one inspired, and began to play; ***un romanzo ~ ai vecchi racconti popolari*** a novel based on old folk tales.

ispiratore /ispira'tore/ **I** agg. **1** *(che ispira)* [*principio*] inspiring **2** *(di ispirazione artistica)* ***è stata la tua musa ispiratrice*** she was your inspiration, she inspired you **II** m. (f. **-trice** /tritʃe/) inspirer.

▷ **ispirazione** /ispirat'tsjone/ f. **1** *(estro creatore)* inspiration; ***aspettare, cercare l'~*** to wait for, to look for inspiration; ***avere l'~*** to have inspiration; ***mancare di*** o ***non avere ~*** to be uninspired, to lack inspiration; ***autore privo di*** o ***senza ~*** uninspired author **2** *(influenza)* inspiration; ***fonte d'~*** source of inspiration; ***opera di ~ romantica*** work of romantic inspiration; ***trarre ~ da qcn.*** to take a leaf out of sb.'s book **3** *(idea brillante)* inspiration; ***improvvisamente ebbe un'~*** he had a sudden inspiration, he had a brainwave **4** *(tendenza)* ***d'~ socialista*** with socialist overtones **5** FISIOL. RAR. *(inspirazione)* inspiration **6** RELIG. inspiration ◆◆ ***~ celeste*** o ***divina*** heavenly *o* divine inspiration.

Israele /izra'ɛle/ ➧ ***33*** n.pr.m. Israel; ***lo stato di ~*** the State of Israel.

israeliano /izrae'ljano/ ➧ ***25*** **I** agg. Israeli **II** m. (f. **-a**) Israeli.

israelita, m.pl. **-i**, f.pl. **-e** /izrae'lita/ agg., m. e f. Israelite.

israelitico, pl. **-ci**, **-che** /izrae'litiko, tʃi, ke/ agg. Israelite.

ISS /iesse'ɛsse/ m. (⇒ Istituto Superiore di Sanità) = national health service policy board.

issa /'issa/ inter. heave-ho; ***oh ~!*** yo-heave-ho!

issare /is'sare/ [1] **I** tr. *(sollevare)* to hoist [*carico, pianoforte*]; *(innalzare)* to hoist, to run* up [*vela, bandiera*]; ***~ le vele*** MAR. to set sail; ***~ qcn. su per una scarpata, fuori da un pozzo*** to pull sb. up a cliff, out of a well **II issarsi** pronom. *(salire con fatica)* to heave* oneself up; ***-rsi su un muro*** to heave *o* haul oneself up onto a wall; ***-rsi a forza di braccia*** to pull oneself up with one's arms.

issia /'issja/ f. ixia.

issopo /is'sɔpo/ m. hyssop.

istallare /istal'lare/ → **installare**.

istallazione /istallat'tsjone/ → **installazione**.

istamina /ista'mina/ f. histamine.

istaminico, pl. **-ci**, **-che** /ista'miniko, tʃi, ke/ agg. histaminic.

Istanbul /is'tanbul/ ➧ ***2*** n.pr.f. Istanbul.

istantanea /istan'tanea/ f. action shot; ***scattare un'~*** to take a snapshot.

istantaneamente /istantanea'mente/ avv. instantaneously, instantly.

istantaneità /istantanei'ta/ f.inv. instantaneity.

istantaneo /istan'taneo/ agg. **1** *(immediato)* [*risposta, evento, morte*] instantaneous; ***fotografia -a*** action shot **2** GASTR. [*minestra, caffè*] instant **3** *(brevissimo)* [*visione, bagliore, lampo*] momentary.

▶ **istante** /is'tante/ m. instant, moment; ***posso restare solo qualche ~*** o ***pochi -i*** I can only stay for a moment; ***un ~!*** just a minute! ***non ti ho creduto colpevole neanche (per) un ~*** I didn't think for a *o* one moment that you were guilty; ***per un ~*** for an instant; ***un ~ più tardi*** an instant later; ***in un ~*** in a moment, in no time; ***ci vorrà un ~*** it won't take a minute; ***finì in un ~*** in next to no time it was over; ***all'~*** at that (very) instant; ***in quell'~*** at that very minute; ***in questo preciso ~*** this very second; ***non mi è piaciuto fin dal primo ~*** I took an instant dislike to him; ***sta iniziando il suo discorso in questo preciso ~*** he's at this minute starting his speech; ***fino all'ultimo ~*** to the very end.

istanza /is'tantsa/ f. **1** *(richiesta)* request, motion **2** DIR. petition; ***presentare un'~*** to present a petition; ***rivolgere un'~ di qcs. al tribunale*** to petition the court for sth.; ***in prima ~*** FIG. in the first resort; ***tribunale di prima ~*** lower court, court of first instance; ***in ultima ~*** FIG. in the last resort; ***presentare ~ di fallimento*** to file a petition in bankruptcy; ***presentare ~ di divorzio*** to sue *o* file for divorce **3** *(esigenza)* need, demand ◆◆ ***~ di annullamento*** application *o* motion for annulment; ***~ di revisione*** application to reopen proceedings.

ISTAT /'istat/ m. (⇒ Istituto Centrale di Statistica) = central statistics institute.

istaurare /istau'rare/ → **instaurare**.

isterectomia /isterekto'mia/ f. hysterectomy ◆◆ ***~ totale*** total hysterectomy.

isteresi /iste'rɛzi/ f.inv. hysteresis*.

isteria /iste'ria/ ➧ ***7*** f. hysteria ◆◆ ***~ collettiva*** mass hysteria.

▷ **isterico**, pl. **-ci**, **-che** /is'tɛriko, tʃi, ke/ **I** agg. [*risata, comportamento*] hysterical; ***crisi -a*** hysterics; ***avere una crisi -a*** to have *o* go into hysterics; ***gravidanza -a*** phantom pregnancy **II** m. (f. **-a**) MED. PSIC. hysteric.

istericamente /isterika'mente/ avv. hysterically.

isterilimento /isterili'mento/ m. **1** *(di terreno)* impoverishment; *(di pianta)* sterility **2** FIG. drying up.

isterilire /isteri'lire/ [102] **I** tr. **1** *(rendere improduttivo)* to make* [sth.] barren [*terreno*] **2** FIG. to suppress [*creatività*] **II isterilirsi** pronom. **1** *(diventare improduttivo)* [*terreno*] to become* barren **2** FIG. to dry up.

isterismo /iste'rizmo/ ➧ ***7*** m. hysteria; ***non sopporto più i suoi -i*** I can't stand her hysterical fits any more ◆◆ ***~ collettivo*** mass hysteria.

isterografia /isterogra'fia/ f. uterography; ***sottoporsi a ~*** to have a uterography.

isteroide /iste'rɔide/ agg. hysteroid.

isterotomia /isteroto'mia/ f. hysterotomy.

istidina /isti'dina/ f. histidine.

istigamento /istiga'mento/ m. → **istigazione.**

istigare /isti'gare/ [1] tr. *(spingere)* to incite, to induce (**a fare** to do); to instigate [*attacco, sciopero*]; ***~ a delinquere*** to instigate lawbreaking; ***~ qcn. a commettere un reato*** to instigate sb. to commit a crime; ***è stata lei a istigarlo a rubare la macchina*** he stole the car at her instigation.

istigatore /istiga'tore/ **I** agg. [*parole*] provocative **II** m. (f. **-trice** /tritʃe/) inciter, instigator; ***~ di disordini*** agitator, agent provocateur.

istigazione /istigat'tsjone/ f. incitement (**a** to); ***per*** o ***su ~ di qcn.*** at the instigation of sb.; ***~ alla prostituzione*** incitement to moral corruption; ***~ all'odio razziale*** incitement to racial hatred; ***~ alla violenza*** incitement to violence ◆◆ ***~ a delinquere*** DIR. instigation.

istillare /istil'lare/ [1] tr. **1** *(versare a piccole gocce)* to instil BE, to instill AE (**in** into); ***~ del collirio nell'occhio*** to put eye drops in **2** FIG. *(suscitare)* to instil BE, to instill AE, to infuse [*rispetto, pietà, odio, gelosia*].

istintivamente /istintiva'mente/ avv. instinctively, by instinct; ***dare ~ un'occhiata*** to glance absent-mindedly; ***~ penso che...*** my gut feeling is that.

istintività /istintivi'ta/ f.inv. instinct.

▷ **istintivo** /istin'tivo/ agg. [*reazione*] instinctive, visceral; [*movimento*] instinctive; ***sentimento ~*** gut feeling; ***è una persona -a*** he's an impulsive person.

▷ **istinto** /is'tinto/ m. **1** *(tendenza innata)* instinct; ***lasciarsi guidare dal proprio ~*** to follow one's instinct; ***l'~ di conservazione*** the instinct of *o* for self-preservation; ***~ gregario, materno*** herd, maternal instinct; ***avere un ~ per gli affari*** to have a nose for business **2** *(impulso)* instinct; ***gli -i umani*** human drives; ***agire d'~*** to act on instinct; ***d'~, per ~*** by instinct **3** *(disposizione)* ***bassi -i*** basic instincts.

istintuale /istintu'ale/ agg. instinctual.

istiocita /istjo'tʃita/ m. histiocyte.

▷ **istituire** /istitu'ire/ [102] tr. **1** *(creare)* [*persona, governo, organismo*] to institute [*organizzazione, politica, legge, premio letterario*]; to establish [*tribunale*]; to constitute [*comitato*]; to introduce [*tassa, sanzione, disciplina*]; ***~ un posto di blocco*** to set up a roadblock **2** DIR. ***~ una commissione*** to set up a commission; ***~ qcn. proprio erede*** to appoint sb. one's heir.

istitutivo /istitu'tivo/ agg. [*norma, legge*] institutive.

▷ **istituto** /isti'tuto/ m. **1** *(impresa, fondazione)* institute; institution; ***~ di beneficienza, religioso*** charitable, religious institution **2** *(scuola)* institute, school; UNIV. department, division AE; ***~ femminile*** private school for girls; ***consiglio d'~*** school council, governing body BE **3** DIR. *(istituzione)* insitution; ***l'~ del divorzio*** the institution of divorce ◆◆ ***~ di bellezza*** beauty salon BE *o* parlor AE; ***~ di credito*** ECON. (loan) bank; ***~ di detenzione*** detention centre BE, detention home AE; ***~ finanziario*** financial institution; ***~ per l'infanzia abbandonata*** children's home; ***~ d'istruzione superiore*** college; ***~ medico legale*** forensic science laboratory; ***~ privato*** SCOL. private school; ***~ di ricerca*** research establishment.

istitutore /istitu'tore/ ➧ ***18*** m. **1** *(chi istituisce)* founder **2** *(precettore)* tutor, preceptor.

istitutrice /istitu'tritʃe/ ➧ ***18*** f. **1** *(chi istituisce)* founder **2** *(precettrice)* tutoress, preceptress.

istituzionale /istituttsjo'nale/ agg. **1** [*sistema, riforma, crisi*] institutional; ***la destra, la sinistra ~*** the parliamentary right, left **2** COMM. [*pubblicità, investitore*] institutional; ***economia ~*** institutional economics **3** UNIV. ***corso ~*** basic *o* introductory course, survey course AE.

istituzionalismo /istituttsjona'lizmo/ m. institutionalism.

istituzionalista, m.pl. **-i**, f.pl. **-e** /istituttsjona'lista/ m. e f. institutionalist.

istituzionalizzare /istituttsjonalid'dzare/ [1] **I** tr. to institutionalize [*uso, organismo, sistema*] **II istituzionalizzarsi** pronom. [*organizzazione, pratica*] to become* institutionalized.

istituzionalizzazione /istituttsjonaliddzat'tsjone/ f. institutionalization.

▷ **istituzione** /istitut'tsjone/ **I** f. **1** AMM.POL. institution, establishment; ***la crisi delle -i*** the crisis of the establishment **2** *(l'istituire)* institution, establishment, setting up (**di** of); ***l'~ di una borsa di studio*** the setting up *o* founding of a scholarship **3** *(fondazione)* institution, foundation; ***~ finanziaria, religiosa*** financial, religious institution **4** DIR. ***~ d'erede*** appointment of an heir **II istituzioni** f.pl. **1** POL. *(organismi)* institutions, authorities; ***le più alte -i*** the highest authorities; ***-i internazionali*** international authorities **2** *(principi fondamentali)* institutes; ***-i di diritto*** institutes in law ◆ ***diventare un'~*** to become an institution ◆◆ ***~ giudiziaria*** the judiciary; ***~ militare*** the military; ***~ ospedaliera*** hospitals; ***~ scolastica*** schools.

istmico, pl. **-ci**, **-che** /'istmiko, tʃi, ke/ agg. isthmian; ***giochi -ci*** STOR. Isthmian Games.

istmo /'istmo/ m. **1** GEOGR. isthmus; ***~ di Panama*** Isthmus of Panama **2** ANAT. isthmus.

istogenesi /isto'genezi/ f.inv. histogenesis.

istogramma /isto'gramma/ m. histogram.

istologia /istolo'dʒia/ f. histology.

istologico, pl. **-ci**, **-che** /isto'lɔdʒiko, tʃi, ke/ agg. histological.

istologo, m.pl. **-gi**, f.pl. **-ghe** /is'tɔlogo, dʒi, ge/ ➧ ***18*** m. (f. **-a**) histologist.

istone /is'tone/ m. histone.

istopatologia /istopatolo'dʒia/ f. histopathology.

istoriare /isto'rjare/ [1] tr. to ornament [sth.] with scenes, to ornament [sth.] with figures; ***~ un libro*** to illustrate a book.

istoriato /isto'rjato/ **I** p.pass. → **istoriare II** agg. storied.

istradare /istra'dare/ [1] **I** tr. **1** *(dirigere)* to route, to direct; ***~ il traffico in una direzione*** to direct the traffic in one direction **2** *(avviare)* to start (off), to set* up; ***~ qcn. in una professione*** to start sb. (off) in a profession **II istradarsi** pronom. ***-rsi verso una carriera*** to take up a career.

Istria /'istrja/ ➧ ***30*** n.pr.f. Istria.

istriano /is'trjano/ ➧ ***30*** **I** agg. Istrian **II** m. (f. **-a**) Istrian.

istrice /'istritʃe/ m. **1** ZOOL. porcupine, hedgehog AE **2** *(persona scontrosa)* prickly person, touchy person ◆ ***avere i capelli come un ~*** to have spiky hair.

istrione /istri'one/ m. **1** *(attore mediocre)* ham actor **2** *(attore comico, nell'antichità)* comic actor **3** FIG. stagic person, histrionic person; ***è un ~*** he likes playing to the gallery.

istrionesco, pl. **-schi, -sche** /istrjo'nesko, ski, ske/ agg. histrionic, stagy.

istrionico, pl. **-ci**, **-che** /istri'ɔniko, tʃi, ke/ agg. histrionic.

istrionismo /istrjo'nizmo/ m. histrionism, histrionics pl.

▷ **istruire** /istru'ire/ [102] **I** tr. **1** *(formare)* [*persona*] to instruct, to educate, to form, to teach* [*bambino, giovani*]; *(addestrare)* to train [*soldati*]; ***~ qcn. in qcs.*** to instruct sb. in sth., to give sb. instruction in sth.; ***la stanno istruendo nelle tecniche di vendita*** she is being trained in sales techniques **2** DIR. ***~ una causa*** to prepare a case for judgement; ***~ una pratica*** BUROCR. to open a file **3** *(dare istruzioni)* to give* instructions to, to instruct; ***~ qcn. affinché faccia qcs.*** to instruct sb. to do sth. **II istruirsi** pronom. *(imparare)* to educate oneself, to learn*; ***non è mai troppo tardi per -rsi*** it's never too late to get an education.

istruito /istru'ito/ **I** p.pass. → **istruire II** agg. educated, learned; ***essere poco ~*** to be poorly educated.

istruttivamente /istruttiva'mente/ avv. instructively.

istruttivo /istrut'tivo/ agg. [*storia, libro, film*] instructive; [*esperienza, gioco*] instructive, educational; [*viaggio, giornata*] informative.

▷ **istruttore** /istrut'tore/ **I** agg. **1** instructing; ***sergente ~*** drill sergeant **2** DIR. ***giudice ~*** investigating judge **II** ➧ ***18*** m. **1** instructor **2** MIL. driller, instructor ◆◆ ***~ di guida*** driving instructor; ***~ di nuoto*** swimming instructor; ***~ di volo*** flying instructor.

istruttoria /istrut'tɔrja/ f. preliminary investigation, inquiry; ***aprire un'~*** to open a judicial inquiry.

istruttorio, pl. **-ri**, **-rie** /istrut'tɔrjo, ri, rje/ agg. preliminary; ***atti -ri*** documentation of a preliminary investigation; ***procedimento ~*** (preliminary) inquiry; ***segreto ~*** = secrecy concerning a preliminary investigation; ***fase -a*** = preliminary stage of investigation.

istruttrice /istrut'tritʃe/ ➧ ***18*** f. instructor, instructress.

▷ **istruzione** /istrut'tsjone/ **I** f. **1** education **U**, schooling; *(insegnamento)* teaching; ***politica, settore dell'~*** education policy, sector; ***Ministero della Pubblica Istruzione*** Ministry of Education **2** *(formazione)* education **U**; MIL. training; ***~ delle reclute*** training of the recruits; ***gita d'~*** field trip **3** *(conoscenze)* education **U**; ***il candidato non aveva un livello di ~ sufficiente*** the candidate didn't have the necessary level of education; ***uomo senza ~*** uneducated man; ***mancare d'~*** to be uneducated **4** *(direttiva)* instruction; ***dare*** o ***impartire a qcn. -i di fare*** to issue *o* give instructions to sb. to do; ***ricevere -i*** to receive instructions; ***secondo le -i*** according to instructions; ***"-i in caso di incendio"*** "fire regulations" **5** DIR. = preparation of a case for eventual judgement **6** INFORM. instruction **II istruzioni** f.pl. *(indicazioni, descrizione tecnica)* instructions; ***-i per il lavaggio*** washing instructions; ***-i per il montaggio*** assembly instructions; ***-i per l'uso*** instructions for use; ***libretto delle -i*** instruction book; ***manuale di -i*** operating manual; ***seguire le -i*** to follow the instructions ◆◆ ~ ***elementare*** primary education; ~ ***obbligatoria*** compulsory education; ~ ***permanente*** adult continuing education, lifelong learning; ~ ***primaria*** primary education; ~ ***privata*** private education; ~ ***professionale*** vocational training, vocational education; ~ ***religiosa*** religious education, religious instruction; ~ ***secondaria*** secondary education; ~ ***superiore*** higher education, college *o* university education; ~ ***universitaria*** college *o* university education.

istupidimento /istupidi'mento/ m. *(stordimento)* daze.

istupidire /istupi'dire/ [102] **I** tr. **1** *(rincretinire)* to make* [sb.] stupid **2** FIG. *(stordire)* to stun, to daze **II istupidirsi** pronom. to become* stupid; ***-rsi a forza di bere*** to drink oneself stupid *o* silly; ***-rsi davanti alla televisione*** to overdose on television.

Itaca /'itaka/ n.pr.f. Ithaca.

Italia /i'talja/ ➧ ***33*** n.pr.f. Italy.

italianamente /italjana'mente/ avv. in an Italian way, like an Italian.

italianismo /italja'nizmo/ m. Italianism.

italianista, m.pl. **-i**, f.pl. **-e** /italja'nista/ m. e f. Italianist.

italianistica /italja'nistika/ f. Italian studies pl.

italianità /italjani'ta/ f.inv. Italianism, Italian spirit.

italianizzare /italjanid'dzare/ [1] **I** tr. to Italianize **II italianizzarsi** pronom. to Italianize.

italianizzato /italjanid'dzato/ **I** p.pass. → **italianizzare II** agg. Italianized, Italianate.

▶ **italiano** /ita'ljano/ ➧ ***25, 16*** **I** agg. **1** Italian **2 all'italiana** Italian-style; ***mangiare all'-a*** to eat Italian-style; ***girone all'-a*** SPORT round robin **II** m. (f. **-a**) **1** *(persona)* Italian **2** *(lingua)* Italian.

italico, pl. **-ci**, **-che** /i'taliko, tʃi, ke/ **I** agg. **1** STOR. LING. Italic **2** TIP. [*carattere*] italic **II** m. (f. **-a**) **1** *(persona)* Italic; ***gli -ci*** STOR. the Italic peoples **2** TIP. italics; ***in*** ~ in italics **3** LING. Italic.

italiota, m.pl. **-i**, f.pl. **-e** /ita'ljɔta/ agg., m. e f. Italiot.

italoamericano /italoameri'kano/ **I** agg. Italo-American **II** m. (f. **-a**) Italo-American.

italofilo /ita'lɔfilo/ **I** agg. Italophile **II** m. (f. **-a**) Italophile.

italofono /ita'lɔfono/ **I** agg. Italian-speaking **II** m. (f. **-a**) Italian speaker.

ITC /itit'tʃi/ m. (⇒ Istituto Tecnico Commerciale) = high school specializing in accountancy.

iter /'iter/ m.inv. procedure, route, course ◆◆ ~ ***amministrativo*** administrative procedures; ~ ***parlamentare*** parliamentary procedures.

iterabile /ite'rabile/ agg. repeatable.

iterare /ite'rare/ [1] tr. to iterate FORM., to repeat; UNIV. ~ ***un esame*** = to attend a course more than one time.

iterativo /itera'tivo/ agg. LING. iterative.

iterazione /iterat'tsjone/ f. **1** iteration, iterance **2** INFORM. looping.

itinerante /itine'rante/ agg. [*artista, spettacolo, fiera, circo, predicatore*] travelling BE, traveling AE, itinerant; [*mostra, vacanza*] touring; ***biblioteca*** ~ mobile library BE, bookmobile AE; ***fare un campo*** ~ to go on a camping tour; ***fare del turismo*** ~ to go on a touring holiday.

itinerario, pl. **-ri** /itine'rarjo, ri/ **I** agg. itinerary **II** m. **1** *(di viaggio)* itinerary, route; ***scegliere, seguire un*** ~ to choose, follow an itinerary; ~ ***turistico*** touristic route; ~ ***gastronomico*** gastronomical itinerary *o* route **2** FIG. route; ~ ***spirituale*** spiritual path.

ITIS /'itis/ m. (⇒ Istituto Tecnico Industriale Statale) = state technical and industrial high school.

ITST /itiesset'ti/ m. (⇒ Istituto Tecnico di Stato per il Turismo) = state technical school specializing in tourism.

itterbio /it'tɛrbjo/ m. ytterbium.

itterico, pl. **-ci**, **-che** /it'tɛriko, tʃi, ke/ **I** agg. icteric(al), jaundiced **II** m. (f. **-a**) jaundice patient.

itterizia /itte'rittsja/ ➧ ***7*** f. jaundice; ***far venire l'~ a qcn.*** to jaundice sb. (anche FIG.).

ittero /'ittero/ m. → **itterizia**.

ittico, pl. **-ci**, **-che** /'ittiko, tʃi, ke/ agg. fish attrib.; ***fauna -a*** marine life, fish fauna; ***mercato*** ~ fish market; ***allevamento*** ~ fish farming; ***industria -a*** fishing industry.

ittiocolla /ittjo'kɔlla/ f. isinglass.

ittiofago, m.pl. **-gi**, f.pl. **-ghe** /it'tjɔfago, dʒi, ge/ **I** agg. ichtyophagous **II** m. (f. **-a**) ichtyophagist.

ittiolo /it'tjɔlo/ m. ichthyol®.

ittiologia /ittjolo'dʒia/ f. ichthyology.

ittiologico, pl. **-ci**, **-che** /ittjo'lɔdʒiko, tʃi, ke/ agg. ichthyologic(al).

ittiologo, m.pl. **-gi**, f.pl. **-ghe** /it'tjɔlogo, dʒi, ge/ m. (f. **-a**) ichthyologist.

ittiosauro /ittjo'sauro/ m. ichthyosaurus*.

ittiosi /it'tjɔzi/ ➧ ***7*** f.inv. ichtyosis*.

ittita, m.pl. **-i**, f.pl. **-e** /it'tita/ **I** agg. Hittite **II** m. e f. Hittite **III** m. LING. Hittite.

ittrio /'ittrjo/ m. yttrium.

iugero /'judʒero/ m. juger.

Iugoslavia → **Jugoslavia**.

iugoslavo → **jugoslavo**.

iugulare /jugu'lare/ → **giugulare**.

iunior → **junior**.

iurta /'jurta/ f. yurt.

iussivo /jus'sivo/ agg. LING. jussive.

iuta /'juta/ f. jute; ***sacco di*** ~ jute bag; ***tela di*** ~ hessian, hopsacking AE.

IVA /iva/ f. (⇒ imposta sul valore aggiunto value-added tax) VAT; ***l'~ sull'auto*** VAT on cars; ~ ***inclusa, esclusa*** including, not including VAT.

Ivan /'ivan/ n.pr.m. Ivan ◆◆ ~ ***il Terribile*** Ivan the Terrible.

IVG /ivud'dʒi/ f. (⇒ interruzione volontaria di gravidanza) = voluntary termination of pregnancy.

ivi /ivi/ avv. LETT. **1** *(lì)* there **2** BUROCR. therein; ~ ***contenuto*** therein enclosed; ~ ***compreso*** including **3** *(nelle citazioni)* ibidem.

Ivo /ivo/ n.pr.m. Ives, Yves.

ivoriano /ivo'rjano/ ➧ ***25*** **I** agg. Ivorian **II** m. (f. **-a**) Ivorian.

j

j, J /i'lungo, i'lunga/ m. e f.inv. j, J.
jacaranda /jaka'randa/ f. jacaranda.
jack /dʒɛk/ m.inv. **1** EL. jack **2** *(nei giochi di carte)* jack.
jackpot /'dʒɛkpot/ m.inv. jackpot; ***vincere il ~*** to win the jackpot.
Jacopo /'jakopo/ n.pr.m. James.
jacquard /ʒa'kar/ agg. e m.inv. jacquard.
jazz /dʒɛts/ **I** agg.inv. jazz; ***musica, concerto ~*** jazz music, concert; ***orchestra ~*** jazz band **II** m.inv. jazz.
jazzista, m.pl. **-i**, f.pl. **-e** /dʒet'tsista/ m. e f. jazz musician; ***un famoso ~*** a famous jazzman.
jazzistico, pl. **-ci**, **-che** /dʒet'tsistiko, tʃi, ke/ agg. jazz attrib.
jeans /dʒins/ ➧ ***35*** **I** m.inv. *(tela)* jean; ***una camicia, un giubbotto di ~*** a jean shirt, jacket **II** m.pl. *(pantaloni)* jeans; ***un paio di ~*** a pair of jeans **III** agg.inv. ***tessuto ~*** jean fabric.
jeep® /dʒip/ f.inv. jeep®.
Jehova /'dʒɛova/ n.pr.m. Jehovah.
jersey /'dʒɛrsi/ m.inv. **1** *(maglia)* jersey **2** IND. TESS. jersey; ***gonna di ~*** jersey skirt.
jet /dʒɛt/ m.inv. jet.
jet set /dʒet'sɛt/ m.inv. jet set; ***appartenere al ~*** to be a jet setter.
jihad /ʒi'ad/ m. e f.inv. jihad.
jodel /'jɔdel/ m.inv. yodel.
jogging /'dʒɔgging/ ➧ ***10*** m.inv. jogging; ***fare ~*** to jog; ***scarpe da ~*** jogging *o* running shoes.
joint-venture /dʒoint'vɛntʃur/ f.inv. joint venture.
jojoba /dʒo'dʒɔba/ f.inv. jojoba.
jolly /'dʒɔlli/ m.inv. **1** *(nel gioco delle carte)* joker **2** FIG. ***fare da ~*** to be a jack of all trades **3** SPORT *(nei giochi di squadra)* all-round substitute **4** INFORM. ***carattere ~*** wild card, wildcard.
joule /dʒaul, dʒul/ m.inv. joule.
joystick /'dʒɔistik/ m.inv. joystick.
jubé /ʒu'be/ m.inv. roodscreen, jube.
judo /'dʒudo, dʒu'dɔ/ ➧ ***10*** m.inv. judo.
judoista, m.pl. **-i**, f.pl. **-e** /dʒudo'ista/ m. e f. judoist, judoka.
judoka /dʒu'dɔka/ m. e f.inv. → **judoista**.
Jugoslavia /jugoz'lavja/ ➧ ***33*** n.pr.f. Yugoslavia.
jugoslavo /jugoz'lavo/ ➧ ***25*** **I** agg. Yugoslav **II** m. (f. **-a**) Yugoslav.
jujitsu /dʒu'dʒitsu/ ➧ ***10*** m.inv. jujitsu.
juke-box /dʒu'bɔks/ m.inv. jukebox.
jumbo /'dʒumbo, 'dʒambo/, **jumbo-jet** /dʒumbo'dʒɛt, dʒambo'dʒɛt/ m.inv. jumbo jet.
junghiano /jun'gjano/ **I** agg. Jungian **II** m. (f. **-a**) Jungian.
junior /'junjor/ agg.inv. junior; ***Bob Mortimer ~*** Bob Mortimer junior.
juniores /ju'njɔres/ **I** agg.inv. SPORT [*categoria, squadra, gara*] junior **II** m. e f.inv. SPORT junior.
just in time /dʒastin'taim/ agg. e m.inv. just-in-time.
juta /'juta/ → **iuta**.
juventino /juven'tino/ **I** agg. [*tifoso, giocatore, difesa*] of Juventus, Juventus attrib. **II** m. (f. **-a**) **1** *(giocatore)* Juventus player **2** *(tifoso)* Juventus supporter.

k

k, K /'kappa/ m. e f.inv. k, K.
Kabul /ka'bul/ ⧫ *2* n.pr.f. Kabul.
kafkiano /kaf'kjano/ agg. of Kafka, Kafkaesque; FIG. Kafkaesque.
kainite → **cainite**.
Kaiser /'kaizer/ m.inv. Kaiser.
kajal /ka'dʒal/ m.inv. khol.
kakapo /kaka'po/ m.inv. kakapo*.
kaki → **2.cachi**.
kalashnikov /ka'laʃnikof/ m.inv. Kalashnikov.
kamikaze /kami'kaze/ agg.inv., m.inv. kamikaze.
kantiano /kan'tjano/ agg. Kantian.
kantismo /kan'tizmo/ m. kantianism.
kaone /ka'one/ m. kaon.
kapok → **capoc**.
kappa → **1.cappa**.
kappaò /kappa'ɔ/ **I** agg.inv. **1** *(al tappeto)* [*pugile*] knocked out **2** COLLOQ. *(sfinito)* knocked out **II** m.inv. knock-out, KO; ***vincere per*** ~ to win by a knock-out.
kaputt /ka'put/ agg.inv. COLLOQ. [*persona, oggetto, macchina*] kaput.
karakiri /kara'kiri/ m.inv. hara-kiri (anche FIG.); ***fare*** ~ to commit hara-kiri.
karakul /kara'kul/ m.inv. karakul, Persian lamb.
karaoke /kara'ɔke/ m.inv. karaoke.
karatè /kara'tɛ/, **karate** /ka'rate/ ⧫ *10* m.inv. karate.
karateka /kara'tɛka/ m. e f.inv. karate expert, karateka.
karité /kari'te/ m.inv. shea; ***burro di*** ~ shea butter.
karkadè /karka'dɛ/ m.inv. **1** BOT. roselle **2** *(infuso)* roselle tea.
karma /'karma/ m.inv. karma.
kart /kart/ ⧫ *10* m.inv. kart.
kartismo /kar'tizmo/ ⧫ *10* m. karting, go-karting.
kartista, m.pl **-i**, f.pl. **-e** /kar'tista/ m. e f. (go-)kart driver.
kartodromo /kar'tɔdromo/ m. go-kart track.
Kartum /kar'tum/ ⧫ *2* n.pr.f. Khartum.
kasba /'kazba/ f.inv. kasbah.
kasher /kaʃ'ʃɛr/ agg.inv. [*cibo, ristorante*] kosher.
kashmir → **cachemire**.
Kashmir /'kaʃmir/ ⧫ *30* n.pr.m. Kashmir.
kashmiriano /kaʃmi'rjano/ ⧫ *30, 16* **I** agg. Kashmiri **II** m. (f. **-a**) **1** *(persona)* Kashmiri **2** *(lingua)* Kasmiri.
Katmandu /katman'du/ ⧫ *2* n.pr.f. Kat(h)mandu.
kayak /ka'jak/ ⧫ *10* m.inv. kayak.
Kazakhistan /kad'dzakistan/ ⧫ *33* n.pr.m. Kazakhstan.
kazako /kad'dzako/ ⧫ *25, 16* **I** agg. kazakh **II** m. (f. **-a**) **1** *(persona)* Kazakh **2** *(lingua)* kazakh.
kedivè /kedi'vɛ/ m.inv. khedive.
kefiyeh /ke'fje/ m. e f.inv. keffiyeh.
kefir /'kefir/ m.inv. kephir, kefir.
kelvin /'kɛlvin/ m.inv. kelvin; ***scala*** ~ kelvin scale.
keniano /ke'njano/ ⧫ *25* **I** agg. Kenyan **II** m. (f. **-a**) Kenyan.
keniota, m.pl. **-i**, f.pl. **-e** /ke'njɔta/ agg., m. e f. → **keniano**.
Kenya /'kenja/ ⧫ *33* n.pr.m. Kenya.
képi /ke'pi/ m.inv. kepi.
kepleriano /keple'rjano/ agg. Keplerian.
Keplero /ke'plɛro/ n.pr. Kepler.
kermesse /ker'mɛs/ f.inv. **1** kermess, kermis **2** FIG. celebration; ~ ***natatoria*** swimming gala.
kerosene → **cherosene**.
ketch /kɛtʃ/ m.inv. ketch.
keynesiano /keine'zjano/ agg. Keynesian.
KGB /kappaddʒib'bi, kege'be/ m. STOR. KGB.
khan /kan/ m.inv. khan.
khmer /kmɛr/ ⧫ *16* **I** agg.inv. Khmer **II** m. e f.inv. Khmer; ***i ~ rossi*** the Khmers Rouges **III** m.inv. LING. Khmer.
kibbu(t)z /kib'buts/ m.inv. kibbutz*.
Kilimangiaro /kiliman'dʒaro/ n.pr.m. Kilimanjaro.
killer /'killer/ **I** agg.inv. deadly, killing **II** m. e f.inv. killer, murderer.
kilo... → **chilo...**
kilobit /'kilobit/ m.inv. kilobit.
kilobyte /kilo'bait/ m.inv. kilobyte.
kilt /kilt/ m.inv. kilt.
kimono /ki'mɔno/ m.inv. kimono; ***manica a*** ~ kimono sleeve.
kinesiterapia → **chinesiterapia**.
kippur /kip'pur/ m.inv. Yom Kippour.
kirghiso → **chirghiso**.
Kirghizistan /kirgizis'tan/ ⧫ *33* n.pr.m. Kyrgyzstan, Kirghizstan, Kirghizia.
kirsch /kirʃ/ m.inv. kirsh.
kit /kit/ m.inv. kit.
kitsch /kitʃ/ agg.inv., m.inv. kitsch.
kiwi /'kiwi/ m.inv. **1** BOT. *(frutto)* kiwi (fruit) **2** ZOOL. kiwi.
Kleenex® /'klineks/ m.inv. kleenex®.
klystron /'klaistron/ m.inv. klystron.
knickerbockers /niker'bokers/ m.pl. **1** *(pantaloni)* knickerbockers **2** *(calzettoni)* chequered knee-length socks.
knock-down /nɔk'daun/ m.inv. knockdown.
knock-out /nɔk'aut/ **I** agg.inv. **1** *(al tappeto)* [*pugile*] knocked out **2** COLLOQ. *(sfinito)* dead-beat, knackered, tired out **II** m.inv. knock-out; ***vincere per*** ~ to win by a knock-out ◆◆ ~ ***tecnico*** technical knock-out.
know how /nou'au/ m.inv. know-how.
KO, k.o. /kappa'ɔ/ m.inv. KO; ***mettere qcn.*** ~ to KO sb., to knock sb. out cold; FIG. [*malattia*] to strike sb. down.
koala /ko'ala/ m.inv. koala (bear).
kodiak /'kɔdjak/ m.inv. Kodiak.
kohl /kol/ m.inv. kohl.
koinè /koi'nɛ/ f.inv. koine.
kolchoz /'kɔlkos, kol'kɔz/ m.inv. kolkhoz.
kolchoziano /kolko'zjano/ **I** agg. kolkhoz attrib. **II** m. (f. **-a**) kolkhoz worker.
kolossal /ko'lɔssal, 'kɔlossal/ m.inv. blockbuster, spectacular film.
Komintern /'kɔmintern/ m. Comintern.
kosher /koʃ'ʃɛr/ → **kasher**.
Kosovo /'kɔsovo/ ⧫ *30* n.pr.m. Kosovo.
kosovaro /koso'varo/ ⧫ *30* **I** agg. Kosovan **II** m. (f. **-a**) Kosovar.
krapfen /'krafen/ m.inv. GASTR. doughnut.
krill /kril/ m.inv. krill.
kris /kris/ m.inv. kris(s).
Kuala Lumpur /kwalalum'pur/ ⧫ *2* n.pr.f. Kuala Lumpur.
kumquat /kum'kwat/ m.inv. kumquat.
kung-fu /kung'fu/ ⧫ *10* m.inv. kung fu.
Kurdistan /'kurdistan/ ⧫ *30* n.pr.m. Kurdistan.
Kuwait /ku'wɛit, ku'wait/ ⧫ *33* n.pr.m. Kuwait.
kuwaitiano /kuwei'tjano, kuwai'tjano/ ⧫ *25* **I** agg. Kuwaiti **II** m. (f. **-a**) Kuwaiti.
k-way /kei'wei, ki'wei/ m.inv. K-way®.
kyrie eleison /'kirjee'lɛizon/ m.inv. Kyrie eleison.

l

l, L /'ɛlle/ m. e f.inv. l, L.
l' → **1.la, 2.la, 1.lo, 2.lo.**
▶ **1.la** /la/ (l' before vowel) artc.det.f.sing. → **il.**
▶ **2.la** /la/ v. la nota della voce **io**. pron.pers.f. **1** *(complemento oggetto) (riferito a persona di sesso femminile)* her; *(riferito a cosa o animale)* it; ***non ~ capisco*** I don't understand her; ***l'ho incontrata ieri*** I met her yesterday; ***portamela!*** bring it to me! ***c'è una casa, ~ vedi?*** there is a house, can you see it? ***ho una mela, ~ vuoi?*** I've got an apple, do you want it? **2** *(forma di cortesia)* ***posso aiutarla?*** can I help you? ***lo so è noioso, ma ~ prego, abbia pazienza*** I know it's boring, but please bear with me; ***~ ringrazio*** thank you **3** *(con oggetto indeterminato)* ***smettila!*** stop it! stop that! give over! quit it! ***l'hai fatta davvero grossa*** COLLOQ. you've really gone and done it; ***me ~ son vista brutta*** COLLOQ. I had a narrow escape; ***non ce ~ faccio più*** COLLOQ. I can't stick it any longer.
3.la /la/ m.inv. MUS. A, lah, la; ***concerto in ~ maggiore*** concerto in A major; ***dare il ~*** to give an A; FIG. to set the tone ◆◆ ***~ bemolle*** A flat; ***~ diesis*** A sharp; ***~ minore*** A minor.
▶ **là** /la/ Come l'italiano *là*, anche il suo equivalente inglese *there* è avverbio di stato in luogo o moto a luogo, e indica un punto lontano sia da chi parla sia da chi ascolta (in tal modo opponendosi a *qui / here*): *i miei figli sono qui, i tuoi sono là* = my children are here, yours are there. L'opposizione *qui / là* si ritrova nell'uso dei verbi *andare* e *venire*: *venite qui* = come here; *andate là* = go there. - *Là*, aggiunto a pronomi e aggettivi dimostrativi di terza persona, ne rafforza il valore indicativo: *quel cane là* = that dog (over) there; *quello là* = that one (there); *là* non viene però tradotto in inglese in un'espressione come *quel giorno là* = that day, che non ha implicazione di luogo ma di tempo. - Si noti che quando *là* è seguito da un altro avverbio di luogo (*là dentro, là fuori, là sopra, là sotto*), negli equivalenti inglesi *there* non precede ma segue l'altro avverbio: *in there, out there, over there, under there.* avv. **1** *(stato e moto)* there; ***posalo ~*** put it there; ***~ ci siamo divertiti*** we had a very good time there; ***vai ~*** go over there; ***dall'ultima volta che siamo stati ~*** since we were last there; ***qua e ~*** here and there; ***correre (di) qua e (di) ~*** to run this way and that; ***~ dentro*** in there; ***metti questo ~ dentro*** put this in there; ***~ fuori*** out there; ***~ sopra*** up there; ***~ sotto*** under there; ***eccoli ~!*** there they are! ***ehi ~!*** you there! ***chi va ~?*** MIL. who goes there? ***alto ~!*** MIL. halt! ***chi è ~?*** who's there? ***da qua (qui) a ~*** from here to there; ***fin ~*** as far as there; ***è arrivato fin ~*** he's arrived (as far as) there; *(rafforzativo)* ***guarda ~ che confusione!*** look what a mess! *(per rafforzare un dimostrativo)* ***quel giorno ~*** that day; ***quell'uomo ~*** that man there; ***quelle persone ~*** those people there; ***quell'aggeggio ~*** that there contraption **2 di là** *(in un'altra stanza)* in there, over there, in the other room; *(moto)* that way; *(provenienza)* from there; ***è di ~*** it's in the other room; ***andare di ~*** to go in there; ***da dove venite? - di*** o ***da ~*** where are you coming from - from there; ***via di ~!*** get away from there! ***per di ~*** that way; ***è passato (per) di ~*** he went that way; ***al di ~ di qcs.*** beyond sth.; ***al di ~ dell'oceano*** on the other side of the ocean, over the ocean **3 in là** ***andare*** o ***spingersi troppo in ~*** to go too far; ***fare un passo in ~*** to step aside; ***tirarsi*** o ***farsi (un po') più in ~*** COLLOQ. to budge up, to budge over, to shove over; ***non va molto in ~*** FIG. he's not very smart; ***essere in ~ con gli anni*** to be getting on in years; ***ci vediamo più in ~*** FIG. I'll see you later on; ***le consegne avverranno più in ~*** FIG. deliveries will be made at a further date *o* have been put off ◆ ***essere più di ~ che di qua*** to be pretty far gone; ***ma va' ~!*** you don't say! come on! ***sono problemi di ~ da venire*** these are problems yet to come *o* a long way off from now, problems are still to come.
labaro /'labaro/ m. labarum*.
▶ **labbro**, pl. **-i**, pl.f. **-a** /'labbro/ ➧ **4** m. **1** (pl.f. *-a*) *(sul viso)* lip; ***~ superiore, inferiore*** upper, lower lip; ***-a rosse, sottili, carnose, screpolate, tumide*** red, thin, thick, chapped, blubbery lips; ***dalle -a sottili, carnose*** thin-, thick-lipped; ***leccarsi, mordersi le -a*** to lick, bite one's lips; ***baciare qcn. sulle -a*** to kiss sb. on the lips; ***spaccarsi un ~*** to split one's lips; ***leggere (qcs.) sulle -a (di qcn.)*** to read sb.'s lips; ***portare qcs. alle -a*** to put sth. to one's lips; ***avere il sorriso sulle -a*** to have a smile on one's lips; ***a fior di -a*** [*ridere*] half-heartedly; [*parlare, rispondere*] grudgingly **2** (pl.f. *-a*) ANAT. *(della vulva)* labium*; ***grandi, piccole -a*** labia majora, minora **3** (pl. *-i*) *(orlo)* brim, edge, lip; *(di ferita)* lip ◆ ***pendere dalle -a di qcn.*** to hang on sb.'s words; ***mi sono appena bagnato le -a*** I just had a sip; ***cuciti le -a*** button up your lips! ◆◆ ***~ leporino*** harelip.
labellato /label'lato/ agg. BOT. labellate.
labello /la'bɛllo/ m. labellum*.
labiale /la'bjale/ agg. e f. labial.
labialismo /labja'lizmo/ m. labialism.
labializzare /labjalid'dzare/ [1] **I** tr. to labialize **II labializzarsi** pronom. to be* labialized.
labializzazione /labjaliddzat'tsjone/ f. labialization.
labiata /la'bjata/ f. labiate.
labiato /la'bjato/ agg. labiate.
labile /'labile/ agg. **1** *(fugace)* ephemeral, short-lived, transient **2** *(evanescente)* [*ricordo, salute, memoria*] weak, faint **3** CHIM. PSIC. labile.
labilità /labili'ta/ f.inv. **1** *(fugacità)* transience, transientness **2** *(debolezza)* weakness, faintness **3** CHIM. PSIC. lability.
labiodentale /labjoden'tale/ agg. e f. labiodental.
labiolettura /labjolet'tura/ f. lipreading.
labiovelare /labjove'lare/ agg. e f. labiovelar.
labirintico, pl. **-ci**, **-che** /labi'rintiko, tʃi, ke/ agg. labyrinthine, mazy.
labirintite /labirin'tite/ ➧ **7** f. labyrinthitis.
▷ **labirinto** /labi'rinto/ m. **1** labyrinth, maze (anche FIG.); ***~ di specchi*** hall of mirrors **2** ANAT. *(dell'orecchio interno)* labyrinth.
▶ **laboratorio**, pl. **-ri** /labora'tɔrjo, ri/ m. **1** FARM. IND. laboratory; ***preparato in ~*** prepared in a laboratory; ***testato in ~*** laboratory-tested; ***da ~*** [*animale, apparecchio*] laboratory; ***prove di ~*** laboratory tests; ***esperimento di ~*** laboratory experiment; ***assistente di ~*** laboratory assistant; ***tecnico di ~*** laboratory technician; ***~ mobile*** mobile laboratory **2** COMM. *(di artigiano)* workroom, workshop ◆◆ ***~ di analisi mediche*** medical laboratory; ***~ cinematografico*** film laboratory; ***~ cosmetologico*** cosmetics company; ***~ farmaceu-***

tico pharmaceutical company; ~ ***fotografico*** photo laboratory; ~ ***linguistico*** language lab(oratory); ~ ***orbitante*** → ~ **spaziale**; ~ ***di ricerca*** research laboratory; ~ ***spaziale*** skylab, space lab; ~ ***teatrale*** drama workshop.

laboratorista, m.pl. **-i**, f.pl. **-e** /laborato'rista/ ◗ *18* m. e f. laboratory technician.

laboriosamente /laborjosa'mente/ avv. laboriously, industriously.

laboriosità /laborjosi'ta/ f.inv. **1** *(operosità)* industriousness **2** *(difficoltà, fatica)* laboriousness, difficulty.

▷ **laborioso** /labo'rjoso/ agg. **1** *(operoso)* hard-working, industrious; [*giornata, città*] busy **2** *(faticoso)* [*lavoro, trattative, processo, parto*] laborious, difficult **3** *(complesso)* [*stile*] laborious, plodding.

labrador /'labrador/ m.inv. Labrador (retriever).

labradorite /labrado'rite/ f. labradorite.

labro /'labro/ m. wrasse*.

laburismo /labu'rizmo/ m. Labourism.

laburista, m.pl. **-i**, f.pl. **-e** /labu'rista/ **I** agg. [*governo, idea, deputato*] Labour; ***partito*** ~ Labour (Party); ***il voto*** ~ the Labour vote **II** m. e f. member of the Labour Party; *(parlamentare)* Labour MP; ***il candidato dei -i*** the Labour candidate.

laburistico, pl. **-ci**, **-che** /labu'ristiko, tʃi, ke/ agg. Labour attrib.

laburno /la'burno/ m. laburnum.

lacaniano /laka'njano/ **I** agg. Lacanian **II** m. (f. **-a**) Lacanian.

▷ **lacca**, pl. **-che** /'lakka, ke/ **I** f. **1** COSMET. *(per capelli)* hairspray; ~ ***per unghie*** nail varnish **2** *(vernice)* lake enamel; *(resina, smalto)* laquer **3** ART. *(oggetto)* laquer; ~ ***giapponese*** japan **II** agg.inv. ***rosso*** ~ laky.

laccare /lak'kare/ [1] **I** tr. to lacquer [*mobile*]; to paint [sth.] in gloss BE, to enamel AE [*porta*]; to varnish [*unghie*] **II laccarsi** pronom. ***-rsi le unghie*** to varnish one's nails.

laccato /lak'kato/ **I** p.pass. → **laccare II** agg. **1** COSMET. [*unghie*] varnished **2** *(lucido)* [*vernice*] gloss.

laccatore /lakka'tore/ ◗ *18* m. (f. **-trice** /tritʃe/) lacquerer.

laccatura /lakka'tura/ f. ART. *(il laccare)* lacquering; *(strato di lacca)* lacquer.

lacchè /lak'kɛ/ m.inv. **1** footman*, lackey, flunkey BE, flunky AE **2** FIG. SPREG. lackey, flunkey BE, flunky AE.

▷ **laccio**, pl. **-ci** /'lattʃo, tʃi/ m. **1** *(di scarpa, busto)* lace; ***scarpe con i -ci*** lace-ups, lace-up shoes; ***annodare i -ci*** to do up one's laces **2** *(di cacciatore, bracconiere)* snare (anche FIG.), springe; *(trappola)* trap (anche FIG.); ***tendere un*** ~ to set a snare, to lay a snare; ***prendere al*** ~ to snare; ***cadere nel*** ~ FIG. to fall into a trap ◆◆ ~ ***d'amore*** ARALD. love knot; ~ ***emostatico*** tourniquet; ***mettere il*** ~ ***emostatico a qcn.*** to put a tourniquet on sb.

laccolite /lakko'lite/ m. e f. laccolite.

lacedemone /latʃe'dɛmone/ agg., m. e f. STOR. Lacedaemonian.

lacerante /latʃe'rante/ agg. **1** *(che lacera)* tearing, rendering **2** *(molto intenso)* [*grido*] piercing; *(straziante)* [*dolore*] excruciating; [*rimorso*] lacerating.

lacerare /latʃe'rare/ [1] **I** tr. **1** *(strappare, stracciare)* to lacerate, to tear*, to rend*, to rip (off); ~ ***qcs. con i denti*** to rip sth. with one's teeth; ***uno sparo lacerò il silenzio*** FIG. a shot shattered *o* broke the silence; ***la sua voce mi lacera le orecchie*** her voice grates on my ears **2** *(tormentare)* ***essere lacerato dai dubbi*** to be torn by doubts **II lacerarsi** pronom. to tear*, to rip; ***il vestito si è lacerato*** the dress has torn, ripped.

lacerazione /latʃerat'tsjone/ f. **1** *(il lacerare)* tearing, rending; *(strappo)* tear, rent; ~ ***di un tessuto, di un vestito*** tear in a piece of material, in a dress **2** FIG. *(conflitto)* rift; ~ ***del paese*** rift within the country **3** MED. laceration; ~ ***cutanea*** skin laceration; ~ ***muscolare*** muscle tear.

lacero /'latʃero/ agg. **1** *(consunto)* [*abiti*] torn, rent, tattered **2** *(cencioso)* [*persona*] ragged.

lacero-contuso /latʃerokon'tuzo/ agg. [*ferita*] lacerated and contused.

laconicamente /lakonika'mente/ avv. [*esprimersi, redigere, rispondere*] laconically.

laconicità /lakonitʃi'ta/ f.inv. laconicism, brevity.

laconico, pl. **-ci**, **-che** /la'kɔniko, tʃi, ke/ agg. [*persona, stile*] laconic, terse; [*risposta*] laconic, brief.

laconismo /lako'nizmo/ m. laconism.

▶ **lacrima** /'lakrima/ f. **1** tear; ***in -e*** in tears; ***avere le -e agli occhi*** to have tears in one's eyes; ***le fece venire le -e agli occhi*** it brought tears to her eyes; ***commuovere qcn. alle -e*** to move sb. to tears; ***trattenere*** o ***reprimere le -e*** to hold back one's tears; ***non versare una*** ~ not to shed a tear; ***scoppiare*** o ***sciogliersi*** o ***rompere in -e*** to burst *o* dissolve into tears; ***asciugarsi le -e*** to wipe away one's tears; ***viso bagnato di -e*** tear-stained face; ***ridere fino alle -e*** to shed tears of laughter; ***-e di gioia*** tears of joy; ***piangere a calde -e*** to cry as though one's heart would break; ***avere la*** ~ ***facile*** to cry at the slightest thing, to cry easily; ***avere le -e in tasca*** to be a bit weepy; ***piangere tutte le proprie -e*** to cry one's eyes out; ***in questa valle di -e*** in this vale of tears; ***versare -e amare*** to cry salt tears; ***un fiume di -e*** a flood of tears **2** COLLOQ. *(piccola quantità)* drop (**di** of) **3** *(goccia di lampadario)* drop ◆◆ ***-e di coccodrillo*** crocodile tears; ***versare -e di coccodrillo*** to shed crocodile tears.

lacrimale /lakri'male/ agg. [*liquido, ghiandola*] lachrymal; ***condotto*** ~ tear duct.

lacrimare /lakri'mare/ [1] intr. (aus. *avere*) [*occhi*] to water, to weep*; ***il fumo mi fa*** ~ smoke makes my eyes water.

lacrimatoio, pl. **-oi** /lakrima'tojo, oi/ m. ARCHEOL. lachrymatory.

lacrimatorio, pl. **-ri**, **-rie** /lakrima'tɔrjo, ri, rje/ → **lacrimale**.

lacrimazione /lakrimat'tsjone/ f. lachrymation.

lacrimevole /lakri'mevole/ agg. tearful, sad; ***una storia*** ~ a sob story.

lacrimogeno /lakri'mɔdʒeno/ **I** agg. tear attrib., lachrymatory; ***gas*** ~ tear gas **II** m. tear gas.

lacrimoso /lakri'moso/ agg. **1** *(che lacrimano)* [*occhi*] tearful **2** *(triste)* tearful, sad.

lacrosse /la'krɔs/ m.inv. lacrosse.

lacuna /la'kuna/ f. **1** *(di opera, manoscritto)* lacuna*, hiatus* **2** *(di educazione, nozioni, argomentazione)* gap; ***avere delle -e in qcs.*** to have a blind spot as far as sth. is concerned; ***colmare una*** ~ to plug a gap **3** BOT. GEOL. lacuna* ◆◆ ~ ***elettronica*** electron hole; ~ ***reticolare*** ANAT. lattice hole.

lacunare /laku'nare/ m. lacunar.

lacunoso /laku'noso/ agg. **1** *(incompleto)* [*testo, nozioni*] defective, incomplete, piecemeal; ***ha una preparazione -a*** he doesn't have a solid background **2** BIOL. [*sistema, tessuto*] lacunose.

lacustre /la'kustre/ agg. lacustrian, lake attrib., lacustrine FORM.

ladano /'ladano/ m. labdanum.

▷ **laddove** /lad'dove/ **I** avv. where **II** cong. LETT. **1** *(avversativa)* whilst, whereas **2** *(qualora)* if, in case; ~ ***vi fossero dei problemi*** should there be any problems.

ladino /la'dino/ ◗ *16* **I** agg. Ladin **II** m. (f. **-a**) **1** Ladin **2** LING. Ladin.

ladreria /ladre'ria/ f. robbery, theft.

ladrescamente /ladreska'mente/ avv. thievishly.

ladresco, pl. **-schi**, **-sche** /la'dresko, ski, ske/ agg. thievish; ***impresa -a*** theft.

▶ **ladro** /'ladro/ **I** m. (f. **-a**) **1** *(malfattore, imbroglione)* thief*; *(di appartamento)* burglar; ~ ***d'automobili, di gioielli*** car, jewel thief; ~ ***di polli*** FIG. small-time crook *o* thief; ***mettere in fuga i -i*** to frighten off the thieves; ***gridare "al ~!"*** to shout "stop thief!"; ***attenti ai -i!*** watch out for thieves! ***giocare a guardie e -i*** to play cops and robbers **2** *(persona avida e disonesta)* thief*; ***dare a qcn. del*** ~ to call sb. a thief; ***in quel negozio sono dei -i*** they are real thieves in that shop! **II** agg. **1** *(che ruba)* thieving; ***essere*** ~ ***e bugiardo*** to be a thief and a liar **2** FIG. *(pessimo, brutto)* dreadful, terrible; ***tempo*** ~ foul weather ◆ ***essere*** ~ ***come una gazza*** to be a thieving magpie; ***essere vestito come un*** ~ to be dressed like a tramp; ***scappare come un*** ~ to slip away like a thief in the night; ***l'occasione fa l'uomo*** ~ PROV. opportunity makes the thief ◆◆ ~ ***di bambini*** baby snatcher, child kidnapper.

ladrocinio /ladro'tʃinjo/ → **latrocinio**.

ladrone /la'drone/ m. *(ladro incallito)* thief*, robber; ***Ali Babà e i quaranta -i*** Ali Baba and the forty thieves; ***i due -i*** BIBL. the two thieves; ***il buono e il cattivo*** ~ BIBL. the good thief and the bad thief.

ladruncolo /la'drunkolo/ m. (f. **-a**) pilferer, small-time crook.

lagenaria /ladʒe'narja/ f. bottle gourd.

lager /'lager/ m.inv. concentration camp.

▶ **laggiù** /lad'dʒu/ avv. **1** *(in basso)* down there, down below; ~ ***nella valle*** down below in the valley **2** *(lontano)* over there; ***quella macchina*** ~ that car over there; ~ ***in fondo alla strada*** down at the end of the street **3** *(in un altro paese)* down (there); ~ ***nei paesi caldi*** down in warm countries.

laghetto /la'getto/ m. *(naturale)* lakelet, pond; *(artificiale)* pool; ~ ***di montagna*** tarn.

laghista /la'gista/ agg. ***poeti -i*** Lake Poets.

lagna /'laɲɲa/ f. **1** *(lamento continuo)* whine, whining **2** *(cosa, persona noiosa)* drag, bore; ***che ~!*** what a drag! ***il tuo amico è (proprio) una ~!*** your friend is (really) a drag!

lagnanza /laɲ'ɲantsa/ f. complaint, grievance, grumbling; ***esporre le proprie -e*** to air one's grievances, to complain.

lagnarsi /laɲ'ɲarsi/ [1] pronom. **1** *(lamentarsi)* [*persona*] to complain, to gripe (**di**, **per** about); to grumble (**di**, **per** at); ***smettila di***

lagnarti! stop your bellyaching! ***non possiamo lagnarci*** we can't complain **2** *(emettere lamenti)* to moan, to groan; **~ *per il dolore*** to groan in *o* with pain.

lagnone /laɲ'ɲone/ m. (f. **-a**) moaner.

lagnoso /laɲ'ɲoso/ agg. **1** *(lamentoso)* [*tono, musica*] wailing; [*persona*] moaning; [*bambino*] whining **2** *(noioso)* [*persona, spettacolo, lezione, film*] boring, draggy COLLOQ.

▶ **lago**, pl. **-ghi** /'lago, gi/ ◗ *15* m. **1** lake; ***il ~ di Garda, Maggiore*** Lake Garda, Maggiore; ***i Grandi Laghi*** the Great Lakes; ***sul ~*** o ***sulle rive del ~*** by the lakeside; ***il Lago dei cigni*** MUS. Swan Lake **2** FIG. pool; ***un ~ di sangue*** a pool of blood; ***essere in un ~ di sudore*** to be in a sweat; ***hai fatto un ~ in cucina!*** you've flooded the kitchen ◆◆ **~ *alpino*** alpine lake; **~ *artificiale*** artificial lake; **~ *craterico*** crater lake; **~ *glaciale*** glacial lake; **~ *salato*** salt lake; **~ *di sbarramento*** barrier lake; **~ *vulcanico*** volcanic lake.

lagopode /la'gɔpode/, **lagopodo** /la'gɔpodo/ m. ptarmigan.

lagrima /'lagrima/ → **lacrima**.

laguna /la'guna/ f. lagoon.

lagunare /lagu'nare/ **I** agg. lagoon attrib. **II** m. = Italian army amphibious assault soldier.

l'Aia /'laja/ → **Aia**.

1.lai /lai/ m.inv. LETTER. *(componimento)* lay.

2.lai /lai/ m.pl. LETT. *(lamento)* lamentations.

laica, pl. **-che** /'laika, ke/ f. laic, laywoman*.

laicato /lai'kato/ m. **1** *(condizione di laico)* lay status, laity **2** *(i laici)* laity.

laicismo /lai'tʃizmo/ m. secularism, laicism.

laicista, m.pl. **-i**, f.pl. **-e** /lai'tʃista/ agg., m. e f. secularist.

laicistico, pl. **-ci**, **-che** /lai'tʃistiko, tʃi, ke/ agg. secularist.

laicità /laitʃi'ta/ f.inv. laity.

laicizzare /laitʃid'dzare/ [1] **I** tr. to laicize, to secularize **II laicizzarsi** pronom. to become* laicized.

laicizzazione /laitʃiddzat'tsjone/ f. secularization.

▷ **laico**, pl. **-ci**, **-che** /'laiko, tʃi, ke/ **I** agg. **1** *(che si ispira al laicismo)* lay, laic(al); [*società, persona, istruzione*] secular; *(non confessionale)* [*scuola*] nondenominational; ***Stato ~*** lay state; ***partito ~*** noncIerical party **2** *(converso)* [*frate, suora*] lay **II** m. **1** laic, layman*; ***i -ci*** laity, lay people **2** *(frate laico)* lay brother.

laidezza /lai'dettsa/ f. **1** *(sozzura)* filth, foulness, filthiness; *(repellenza)* ugliness **2** *(oscenità)* filth, filthiness, obscenity.

laido /'laido/ agg. **1** *(sozzo)* filthy, foul **2** *(osceno)* filthy, obscene.

laidume /lai'dume/ m. filth, dirt.

lallazione /lallat'tsjone/ f. lallation.

▷ **1.lama** /'lama/ f. **1** *(di coltello, sega, mixer, forbici, pattino)* blade; **~ *di rasoio*** razor blade; ***affilare una ~*** to sharpen a blade; **~ *a doppio taglio*** double-edged blade; FIG. double-edged weapon; ***una buona ~*** FIG. an expert swordsman **2** *(strato sottile)* sheet; ***una ~ di ghiaccio*** a sheet of ice ◆◆ **~ *di bulldozer*** bulldozer blade; **~ *seghettata*** serrated blade.

2.lama /'lama/ m.inv. ZOOL. llama.

3.lama /'lama/ m.inv. RELIG. *(sacerdote buddista)* lama.

4.lama /'lama/ f. *(terreno paludoso)* swamp.

lamaico, pl. **-ci**, **-che** /la'maiko, tʃi, ke/ agg. lamaic, of lamas.

lamaismo /lama'izmo/ m. lamaism.

lamaistico, pl. **-ci**, **-che** /lama'istiko, tʃi, ke/ agg. lamaist(ic).

lamantino /laman'tino/ m. manatee.

lamare /la'mare/ [1] tr. to plane [*parquet*].

lambda /'lambda/ m. e f.inv. lambda.

lambdacismo /lambda'tʃizmo/ m. lambdacism.

lambdoideo /lambdoi'dɛo/ agg. ANAT. lambdoid, lambdoidal.

Lamberto /lam'bɛrto/ n.pr.m. Lambert.

lambiccamento /lambikka'mento/ m. racking one's brains.

lambiccarsi /lambik'karsi/ [1] pronom. **~ *il cervello*** to beat one's brains out, to rack one's brains.

lambiccato /lambik'kato/ **I** p.pass. → **lambiccarsi II** agg. *(troppo ricercato)* affected, unnatural; *(troppo complesso)* convoluted.

lambire /lam'bire/ [102] tr. **1** *(sfiorare con la lingua)* to lick **2** *(sfiorare)* to brush; [*fiamma*] to lick; [*acqua*] to lap against.

lambrecchini /lambrek'kini/ m.pl. lambrequins.

lambrusco, pl. **-chi** /lam'brusko/ m. ENOL. INTRAD. (slightly sparkling red wine typical of Emilia Romagna).

lamé /la'me/ m.inv. lamé.

lamella /la'mɛlla/ f. **1** *(sottile lamina)* thin plate **2** *(di fungo)* gill **3** BIOL. MINER. lamella*.

lamellare /lamel'lare/ agg. **1** *(con lamelle)* lamellar **2** MINER. [*roccia*] lamellar, flaky.

lamellato /lamel'lato/ agg. lamellate(d).

lamellibranchio, pl. **-chi** /lamelli'brankjo/ m. lamellibranch.

▶ **lamentare** /lamen'tare/ [1] **I** tr. **1** *(compiangere)* to lament, to bewail [*mancanza, morte*] **2** *(denunciare)* to deplore [*avvenimento, stato di cose*]; to complain about [*disservizio*]; **~ *che*** to lament *o* deplore the fact that; ***"siamo a corto di soldi" - lamenta il sindaco*** "we're short of money" - laments the mayor **3** *(attestare con rammarico)* to report; ***si lamentano tre morti*** three deaths have been reported **4** *(accusare)* to complain of; **~ *un forte mal di testa*** to complain of a bad headache **II lamentarsi** pronom. **1** *(lagnarsi)* to complain (**di**, **per** about); ***smettila di lamentarti*** stop complaining; ***-rsi per*** to complain of [*dolori, mal di testa*]; ***-rsi di*** to complain about [*persona, tempo, situazione, rumore*]; ***-rsi con qcn.*** to complain to sb.; ***-rsi del fatto che*** to complain that; ***mi sono lamentato perché l'acqua era fredda*** I complained that the water was cold; ***non mi posso ~ di lui, ha sempre fatto bene il suo lavoro*** I've no complains about him, he's always worked well; ***quello deve sempre -rsi di qcs.!*** that guy is forever complaining! ***io ti ho avvertito, ora non venire a lamentarti se ti succede qcs.*** I warned you, so don't come complaining to me if something happens to you; ***è andata a ~ dal direttore*** she went complaining to the principal; ***è esattamente ciò che volevi, di che cosa ti lamenti?*** it's what you wanted, so what are you complaining about? ***gli affari vanno bene, non c'è nulla per cui -rsi*** business is going well, I can't complain; ***non c'è motivo per -rsi*** there's no reason to complain, there are no grounds for complaint; ***"come va la vita?" - "non mi lamento*** "how's life?" - "I can't complain"; ***-rsi non serve a nulla*** there is no point in complaining, it's no use complaining **2** *(gemere)* [*ferito, malato*] to moan; FIG. [*violino*] to wail.

lamentazione /lamentat'tsjone/ f. lamentation; ***(il libro del)le -i*** BIBL. (the Book of) Lamentations.

▷ **lamentela** /lamen'tɛla/ f. complaint, grumble.

lamentevole /lamen'tevole/ agg. **1** *(che esprime dolore)* [*grido, voce, tono, musica, suono*] mournful, plaintive **2** *(degno di compassione)* [*perdita, stato, condizione*] lamentable, pitiful.

▷ **lamento** /la'mento/ m. **1** lament; *(di dolore)* moan, groan; ***un ~ straziante*** a heartrending moan; ***emettere un ~*** to give a groan **2** LETTER. MUS. lament; **~ *funebre*** dirge, lament.

lamentosamente /lamentosa'mente/ avv. lamentingly, groaningly.

lamentoso /lamen'toso/ agg. mournful, plaintive, doleful.

lametta /la'metta/ f. *(da barba)* razor blade.

lamia /'lamja/ f. **1** MITOL. lamia* **2** FIG. *(strega)* lamia*, witch.

▷ **lamiera** /la'mjɛra/ f. plate, metal sheet; ***tetto in ~*** metal-sheet roof; ***l'automobile è ridotta a un ammasso di -e*** the car is a wreck; **~ *accartocciata*** crumpled metal ◆◆ **~ *ondulata*** corrugated iron; **~ *piombata*** terne plate; **~ *placcata*** laminated metal; **~ *smaltata*** enamelled sheet metal; **~ *stagnata*** tin plate; **~ *zincata*** galvanized sheet iron.

lamierino /lamje'rino/ m. **1** TECN. latten, sheet (metal) **2** ELETTRON. **~ *magnetico*** stamping.

lamierista, m.pl. **-i**, f.pl. **-e** /lamje'rista/ ◗ *18* m. e f. sheet-metal worker.

lamina /'lamina/ f. **1** *(di metallo)* lamina*, thin sheet, thin layer; *(scaglia)* flake, scale; **~ *d'argento, d'oro*** silver, gold foil **2** ANAT. BOT. GEOL. lamina*; **~ *fogliare*** leaf blade **3** *(degli sci)* edge.

1.laminare /lami'nare/ agg. laminar (anche FIS.).

2.laminare /lami'nare/ [1] tr. **1** *(ridurre in lamine)* to roll [*metallo*]; *(in fogli sottili)* to laminate; **~ *a caldo*** to hot-roll; **~ *a freddo*** to cold-roll **2** *(rivestire con lamine)* to laminate.

laminato /lami'nato/ **I** p.pass. → **2.laminare II** agg. **1** [*ferro*] rolled; [*superficie, legno*] laminated **2** GEOL. banded **III** m. **1** TECN. laminate; METALL. rolled section **2** TESS. lamé.

laminatoio, pl. **-oi** /lamina'tojo, oi/ m. rolling mill.

laminatore /lamina'tore/ ◗ *18* m. (f. **-trice** /tritʃe/) rolling-mill worker.

laminatura /lamina'tura/ f. lamination, rolling.

laminazione /laminat'tsjone/ f. lamination; METALL. rolling; **~ *a caldo*** hot-rolling; **~ *a freddo*** cold-rolling.

▷ **lampada** /'lampada/ f. **1** lamp, light **2** *(abbronzante)* ***fare la ~*** to have a sunbath ◆◆ **~ *abbronzante*** sunlamp; **~ *ad acetilene*** acetylene lamp; **~ *di Aladino*** Aladdin's lamp; **~ *alogena*** halogen lamp; **~ *ad arco*** arc lamp; **~ *a cherosene*** paraffin lamp BE, kerosene lamp AE; **~ *da comodino*** bedside lamp; **~ *Davy*** Davy lamp; **~ *fluorescente*** fluorescent light; **~ *a gas*** gas lamp; **~ *a incandescenza*** incandescent lamp; **~ *allo iodio*** quartz iodine lamp; **~ *da lettura*** reading light *o* lamp; **~ *a olio*** oil lamp; **~ *a raggi UVA*** UVA lamp; **~ *per saldare*** blowtorch; **~ *da scrivania*** desk light *o* lamp, table lamp; **~ *di sicurezza*** safety lamp; **~ *a spirito*** spirit lamp; **~ *a stelo*** free-standing lamp, standard lamp BE, floor lamp AE; **~ *a vapori di***

mercurio, sodio mercury-, sodium-vapour lamp; **~ *da ufficio*** → **~ *da scrivania*; ~ *votiva*** votive lamp.

▷ **lampadario**, pl. **-ri** /lampa'darjo, ri/ m. ceiling lamp, ceiling light; *(a bracci)* chandelier; **~ *di cristallo*** crystal chandelier.

lampadato /lampa'dato/ agg. COLLOQ. SCHERZ. [*persona*] = darkly tanned from using a UVA sunbed.

▷ **lampadina** /lampa'dina/ f. (light) bulb; ***una ~ da 100 watt*** a 100-watt bulb; ***la ~ è bruciata*** the bulb has gone *o* blown; ***improvvisamente mi si è accesa la ~*** FIG. suddenly something clicked ◆◆ **~ *per il flash*** flashbulb.

lampante /lam'pante/ agg. **1** *(evidente)* [*contraddizione, errore, ingiustizia, omissione*] glaring, self-evident; [*esempio*] blatant, glaring, outstanding; ***sta mentendo, è ~!*** it is blatantly obvious that he's lying **2 *olio* ~** lamp oil.

lampara /lam'para/ f. **1** *(lampada)* fishing light **2** *(barca)* = boat equipped for night fishing.

lampasco /lam'pasko/ m. lampas.

lampeggiamento /lampeddʒa'mento/ m. **1** *(di lampi)* lightning **2** *(di semaforo, luce, faro)* flashing.

lampeggiante /lamped'dʒante/ agg. [*semaforo, luce, faro*] flashing.

lampeggiare /lamped'dʒare/ [1] **I** intr. (aus. *avere, essere*) **1** *(sfavillare)* to flash (anche FIG.); ***gli occhi le lampeggiavano d'ira*** her eyes flashed with anger **2** *(in modo intermittente)* [*luce*] to flash (on and off), to blink; **~ *(con gli abbaglianti) a*** to flash one's headlights at **II** impers. (aus. *avere, essere*) ***lampeggia*** there is lightning, it is lightning; ***ha lampeggiato tutta la notte*** there has been lightning all night.

lampeggiatore /lampeddʒa'tore/ m. *(di auto)* indicator, blinker; *(su ambulanza ecc.)* beacon; **~ *d'emergenza*** blue light, blinker.

1.lampeggio, pl. **-gii** /lamped'dʒio, dʒii/ m. *(di luci)* flashing.

2.lampeggio, pl. **-gi** /lam'peddʒo, dʒi/ m. *(lampo)* lightning.

lampionaio, pl. **-ai** /lampjo'najo, ai/ m. (f. **-a**) lamplighter.

lampioncino /lampjon'tʃino/ m. paper lantern, Chinese lantern.

lampione /lam'pjone/ m. (street)lamp; *(palo)* lamppost ◆ **~ *a gas*** gas lamp.

lampista /lam'pista/ m. lamp-man*.

lampisteria /lampiste'ria/ f. lamp store, lamp room.

▷ **lampo** /'lampo/ **I** m. **1** METEOR. lightning **U**; ***un ~*** a flash of lightning; ***ci sono dei -i*** there's lightning; ***con la rapidità*** o ***velocità del ~*** with lightning speed, (as) quick as a flash; ***in un ~*** in a flash; ***passare come un ~*** to flash past, to flash by; ***attraversare la mente come un ~*** to flash through one's mind **2** *(di sguardo)* flash, glint; ***i loro occhi lanciavano -i di collera*** their eyes were flashing with anger **3** *(di lucidità)* flash, moment; ***hai avuto un ~ di genio*** you had a brainwave, you had a flash of genius **II** f.inv. (anche **cerniera** ~) zip, slide fastener AE; ***chiudere, aprire una ~*** to do up, to undo a zip **III** agg.inv. *(rapido)* lightning attrib.; ***visita ~*** flying visit; ***guerra ~*** blitzkrieg; ***pasto ~*** quick meal ◆◆ **~ *di calore*** sheet lightning **U**; **~ *di magnesio*** FOT. magnesium flash.

lampone /lam'pone/ ♦ **3 I** m. **1** *(frutto)* raspberry; ***marmellata di -i*** raspberry jam **2** *(pianta)* raspberry bush **II** agg. ***color rosso ~*** raspberry coloured.

lampreda /lam'prɛda/ f. lamprey.

▷ **lana** /'lana/ f. wool; ***di ~*** woollen BE, woolen AE, wool attrib.; ***pura ~ (vergine)*** pure (new) wool; ***tappeto, cappotto di ~*** wool carpet, coat; ***filare la ~*** to spin wool; ***aggomitolare la ~*** to wind wool; ***gomitolo di ~*** ball of wool ◆ ***questione di ~ caprina*** captious remark; ***essere una buona ~*** to be a rascal *o* a scallywag ◆◆ **~ *d'acciaio*** steel wool; **~ *greggia*** raw wool; **~ *di legno*** wood wool; **~ *pettinata*** combed wool, worsted; **~ *da rammendo*** darning wool; **~ *rigenerata*** shoddy; **~ *di roccia*** rock wool; **~ *sucida*** unwashed wool; **~ *di vetro*** glass wool.

lanario, pl. **-ri** /la'narjo, ri/ m. lanner.

lanca, pl. **-che** /'lanka, ke/ f. REGION. oxbow lake.

lanceolato /lantʃeo'lato/ agg. [*foglie*] lanceolate.

lancetta /lan'tʃetta/ f. **1** *(di orologio, cronometro)* hand; **~ *dei minuti, delle ore, dei secondi*** the minute, hour, second hand; ***ricordate di spostare le -e degli orologi indietro, avanti di un'ora*** remember to put your clocks back, forward one hour **2** *(di bussola)* needle; *(di strumenti)* pointer **3** MED. lancet.

1.lancia, pl. **-ce** /'lantʃa, tʃe/ f. **1** *(da caccia, guerra)* spear; *(per torneo)* lance; ***scagliare una ~*** to throw *o* hurl a spear; ***ricevere un colpo di ~*** to be hit by a spear; ***disarcionato da un colpo di ~*** unseated by a thrust from a lance **2** *(di estintore)* nozzle; **~ *di idrante*** fire hose nozzle ◆ ***spezzare una ~ in favore di qcn., qcs.*** to strike a blow for sb., sth.; ***partire (con la) ~ in resta*** to go full tilt.

2.lancia, pl. **-ce** /'lantʃa, tʃe/ f. *(imbarcazione)* launch; *(da parata)* barge ◆◆ **~ *di salvataggio*** lifeboat.

lanciafiamme /lantʃa'fjamme/ m.inv. flamethrower.

lanciagranate /lantʃagra'nate/ m.inv. bomb thrower.

lanciamissili /lantʃa'missili/ **I** agg.inv. rocket launcher **II** m.inv. rocket launcher, missile launcher.

lanciapiattello /lantʃapjat'tɛllo/ m.inv. trap.

lanciarazzi /lantʃa'raddzi/ **I** agg.inv. [*pistola*] rocket launching **II** m.inv. rocket launcher, rocket gun.

▶ **lanciare** /lan'tʃare/ [1] **I** tr. **1** *(gettare)* to throw* [*pallone, sasso*]; *(con violenza)* to hurl, to fling*; PESC. to cast* [*lenza, rete*]; SPORT to throw* [*disco, giavellotto, martello, peso*]; **~ *qcs. in acqua, aria*** to throw sth. in the water *o* (up) in the air; **~ *qcs. a qcn.*** to throw sth. to sb.; ***lanciami la palla*** throw me the ball, throw the ball to me; ***lancia (fino) a trenta metri*** SPORT he can throw 30 metres **2** *(inviare)* to launch [*satellite*]; to fire [*missile, freccia*] (**su**, **a** at); to drop [*bomba*] (**su**, **a** on); **~ *i cani dietro qcn.*** to set one's dogs on sb.; **~ *il cavallo in mezzo alla folla*** to spur one's horse forward into the crowd; **~ *le truppe all'assalto*** to send one's troops into the attack **3** *(diffondere)* to throw* out [*fumo, fiamme, scintille*] **4** *(emettere)* to give* [*grido*] **5** *(indirizzare)* to hurl [*insulto*]; to give* [*sguardo*]; to issue [*sfida*]; to make*, to fling*, to level [*accusa*] (**a**, **contro** against); to issue [*ultimatum*]; to send* out [*SOS, invito*]; to launch [*appello*]; **~ *una proposta a caso*** to toss out a suggestion; **~ *frecciate a qcn.*** to take *o* get in a dig at sb.; **~ *un'occhiataccia a qcn.*** to give sb. a dirty look **6** *(avviare)* to launch [*progetto, affare, inchiesta, campagna pubblicitaria*]; *(promuovere)* to float [*idea*]; COMM. to launch [*prodotto, marchio, azienda, cantante*]; **~ *una campagna a favore di, contro*** to mount *o* launch a campaign for, against; **~ *qcn. in una carriera*** to launch sb. on a career; ***è il film che l'ha lanciato*** it's the film that made his name; ***quell'intervista l'ha lanciata come giornalista*** that intrview made her career as journalist; **~ *una moda*** to start *o* set a fashion; **~ *qcs. sul mercato*** to put sth. on the market **7** *(fare accelerare)* to take* [sth.] to full speed; **~ *una macchina a 150 km/h*** to take a car up to 150 kph; **~ *un cavallo*** to give a horse its head; **~ *un cavallo al galoppo*** to spur one's mount into a gallop **8** INFORM. to launch [*programma*] **9** ECON. to float [*prestito*] **II lanciarsi** pronom. **1** *(inviarsi)* [*persone*] to throw* [sth.] to each other [*palla, oggetto*]; to exchange [*ingiurie, insulti*] **2** *(saltare)* to leap*, to jump; *(precipitarsi)* to dart, to fling* oneself; ***-rsi in, su, sopra, sotto*** to fling oneself into, onto, over, under; ***-rsi nel vuoto*** to leap *o* jump into space; ***-rsi col paracadute*** to parachute; ***-rsi alla conquista di un paese*** to set out to conquer a country *o* to get the country **3** *(partire velocemente)* [*corridore, macchina*] to shoot* off; ***-rsi all'inseguimento di qcn.*** to set off in hot pursuit of sb. **4** *(impegnarsi)* ***-rsi in*** to launch into, to go* into [*spiegazioni*]; to embark on [*operazione, programma, spese*]; ***-rsi negli affari*** to go into business.

lanciarpione /lantʃar'pjone/ m.inv. harpoon gun.

lanciasagola /lantʃa'sagola/ m.inv. line-throwing gun.

lanciasiluri /lantʃasi'luri/ m.inv. torpedo tube.

lanciato /lan'tʃato/ **I** p.pass. → **lanciare II** agg. **1** [*veicolo*] at full speed, speeding along; ***partenza -a*** flying start **2** *(noto)* [*cantante, scrittore*] successful **3** *(infervorato)* ***quando è ~ non lo ferma più nessuno*** once he gets going, he never stops.

lanciatore /lantʃa'tore/ m. (f. **-trice** /tritʃe/) **1** *(chi lancia)* thrower **2** SPORT *(nell'atletica)* thrower; *(nel baseball)* pitcher; *(nel cricket)* bowler ◆◆ **~ *del disco*** discus thrower; **~ *del giavellotto*** javelin thrower; **~ *del martello*** hammer thrower; **~ *del peso*** shot-putter.

lanciere /lan'tʃɛre/ m. lancer.

Lancillotto /lantʃil'lɔtto/ n.pr.m. LETTER. Lancelot.

lancinante /lantʃi'nante/ agg. [*dolore*] lancinating, nagging, shooting; ***un mal di testa ~*** a splitting headache.

▷ **lancio**, pl. **-ci** /'lantʃo, tʃi/ ♦ **10** m. **1** throw; *(il lanciare)* throwing (anche SPORT); **~ *del disco, del giavellotto, del martello*** discus, javelin, hammer; **~ *del peso*** shot put; ***un ~ da 70 metri*** a throw of 70 metres **2** TECN. *(di razzo, satellite)* launch; *(dall'alto)* dropping, drop; ***base di ~*** launching site, launch site; ***rampa di ~*** launch(ing) pad; **~ *riuscito*** successful launch; ***il ~ avrà luogo alle ore 15*** the launch will take place at 3 pm **3** MIL. firing; **~ *di granate, missili*** granade, missile firing; **~ *di precisione*** pinpoint firing **U 4** *(con paracadute)* parachute drop, jump; ***fare un ~ con il paracadute*** to make a parachute jump; **~ *in caduta libera*** free-fall jump **5** *(di campagna, offensiva, programma, procedimento)* launching **6** COMM. *(diffusione sul mercato)* *(di prodotto, libro, film)* launch; *(di prestito)* floating; *(di artista)* promotion; **~ *pubblicitario*** publicity launch; ***offerta di ~*** introductory offer; **~ *in borsa*** ECON. stock mar-

ket flotation **7** PESC. ***pesca al ~*** rod and reel fishing; ***prendere una trota al ~*** to catch a trout with rod and reel.
landa /'landa/ f. *(brughiera)* heath, moor(land); *(territorio desolato)* barren land.
landò /lan'dɔ/ m.inv. landau.
lanerie /lane'rie/ f.pl. woollens.
lanetta /la'netta/ f. **1** *(lana molto sottile)* light wool **2** *(misto cotone)* mixed wool.
langravio, pl. **-vi** /lan'gravjo, vi/ m. landgrave.
languente /lan'gwɛnte/ agg. [*economia, commercio*] languid, sluggish; [*conversazione*] listless.
languidamente /langwida'mente/ avv. languidly.
languidezza /langwidet'tsa/ f. languor, faintness.
languido /'langwido/ agg. **1** *(debole)* [*persona*] listless, weak, faint **2** *(svenevole)* [*persona, movimento*] languid; [*sguardo, sospiro*] languishing **3** *(pallido, smorto)* [*luce, colore*] faint, dim.
languire /lan'gwire/ [102] intr. (aus. *avere*) **1** *(essere privo di energia)* [*persona*] to languish; [*economia*] to be* sluggish [*conversazione*] to languish, to flag; [*luce*] to grow* dim, to grow* faint; ***~ in prigione*** to languish in prison; ***~ nell'incertezza*** to languish in uncertainty **2** *(struggersi)* to languish, to pine; ***~ d'amore per qcn.*** to languish (for love) for sb., to be pining with love for sb.
languore /lan'gwore/ m. **1** *(debolezza)* languor, weakness, listlessness **2** *(struggimento)* languor; ***sguardo pieno di ~*** languishing eyes **3** *(di stomaco)* pangs (of hunger).
languorosamente /langworosa'mente/ avv. languorously.
languoroso /langwo'roso/ agg. languorous.
langur /lan'gur/ m.inv. langur.
laniccio, pl. **-ci** /la'nittʃo, tʃi/ m. fluff.
laniere /la'njɛre/ ➧ ***18*** m. (f. **-a**) wool manufacturer.
laniero /la'njɛro/ agg. [*industria, settore, commercio*] wool attrib.
lanifero /la'nifero/ agg. laniferous.
lanificio, pl. **-ci** /lani'fitʃo, tʃi/ m. woolen mill.
lanina /la'nina/ → **lanetta**.
lanolina /lano'lina/ f. lanolin, wool fat; ***sapone alla ~*** lanolin soap.
lanosità /lanosi'ta/ f.inv. woolliness.
lanoso /la'noso/ agg. wooly.
lantana /lan'tana/ f. BOT. wayfaring-tree.
lantanide /lan'tanide/ m. lanthanide.
lantanio /lan'tanjo/ m. lanthanum.
▷ **lanterna** /lan'tɛrna/ f. **1** *(lume)* lantern **2** *(faro)* lighthouse; *(parte del faro)* beacon **3** ARCH. lantern ◆ ***prendere lucciole per -e*** to have *o* get hold of the wrong end of the stick ◆◆ ***~ cieca*** dark lantern; ***~ cinese*** Chinese lantern; ***~ controvento*** hurricane lamp; ***~ magica*** magic lantern.
lanternaria /lanter'narja/ f. lantern fly.
lanternino /lanter'nino/ m. small lantern ◆ ***cercare qcs. col ~*** to search high and low for sth.; ***cercarsele col ~*** to be asking for trouble.
lanugine /la'nudʒine/ f. down.
lanuginoso /lanudʒi'noso/ agg. **1** downy **2** BOT. lanuginose.
lanzichenecco, pl. **-chi** /lantsike'nekko, ki/ m. lansquenet, landsknecht.
lao /'lao/ **I** agg.inv. Lao **II** ➧ ***16*** m.inv. LING. Lao.
Laocoonte /laoko'onte/ n.pr.m. Laocoon.
laotiano /lao'tjano/ ➧ ***25, 16*** **I** agg. Lao, Laotian **II** m. (f. **-a**) **1** Lao*, Laotian **2** LING. Lao.
lapalissiano /lapalis'sjano/ agg. self-evident, obvious; ***verità -a*** truism.
laparoscopia /laparosko'pia/ f. laparoscopy.
laparoscopio, pl. **-pi** /laparos'kɔpjo, pi/ agg. laparoscope.
laparotomia /laparoto'mia/ f. laparotomy.
lapazza /lapat'tsa/ f. fish.
lapidare /lapi'dare/ [1] tr. **1** *(uccidere)* to lapidate, to stone sb. to death [*persona*] **2** FIG. *(demolire criticando)* to pan, to slate BE.
lapidario, pl. **-ri**, **-rie** /lapi'darjo, ri, rje/ **I** agg. **1** *(su pietra)* [*iscrizione*] lapidary **2** FIG. [*commento, formula, giudizio, risposta, stile*] lapidary, concise **3** TIP. [*caratteri*] lapidary **II** ➧ ***18*** m. (f. **-a**) **1** *(chi incide lapidi)* stone-cutter; *(chi lavora pietre preziose)* lapidary **2** *(museo)* epigraphic museum.
lapidatore /lapida'tore/ m. (f. **-trice** /tritʃe/) stoner.
lapidazione /lapidat'tsjone/ f. lapidation.
▷ **lapide** /'lapide/ f. **1** *(per un sepolcro)* gravestone, tombstone **2** *(sui muri)* (memorial) tablet, plaque.
lapillo /la'pillo/ m. lapillus*.
lapin /la'pɛn/ m.inv. rabbit (fur).
lapis /'lapis/ m.inv. pencil ◆ ***~ copiativo*** copying pencil.
lapislazzuli /lapiz'laddzuli/ m.inv. lapis lazuli.
1.lappare /lap'pare/ [1] intr. (aus. *avere*) [*cane, gatto*] to lap (up).
2.lappare /lap'pare/ [1] tr. TECN. to lap.
lappatura /lappa'tura/ f. *(di metallo, valvole)* lapping.
lappola /'lappola/ f. sticktight, burr.
lappone /lap'pone, 'lappone/ ➧ ***30, 16*** **I** agg. Laplandish, lappish, Lapp **II** m. e f. Laplander, Lapp **III** m. *(lingua)* Lapp, Lappish.
Lapponia /lap'pɔnja/ ➧ ***30*** n.pr.f. Lapland.
lapsana /'lapsana/ f. nipplewort.
lapsus /'lapsus/ m.inv. slip (of the tongue); ***avere un ~*** to make a slip ◆◆ ***~ calami*** slip of the pen; ***~ freudiano*** Freudian slip; ***~ linguae*** slip of the tongue.
lardatoio, pl. **-oi** /larda'tojo, oi/ m. baster.
lardellare /lardel'lare/ [1] tr. **1** to lard (**di**, **con** with) **2** FIG. to lard, to interlard, to fill.
lardellatura /lardella'tura/ f. larding.
lardello /lar'dɛllo/ m. lardon.
lardo /'lardo/ m. lard ◆ ***nuotare nel ~*** to be rolling in it; ***essere una palla di ~*** to be a fatso *o* fatty *o* fat slob; ***tanto va la gatta al ~ che ci lascia lo zampino*** PROV. curiosity killed the cat.
lardoso /lar'doso/ agg. **1** *(ricco di lardo)* lardy **2** *(grasso)* fatty.
largamente /larga'mente/ avv. **1** *(ampiamente)* [*accettato, diffuso, rappresentato*] widely; ***~ superiore alla media*** well over the average; ***~ al di sotto, al di sopra del limite*** well under, over the limit; ***è ~ sufficiente*** that's more than enough **2** *(generosamente)* [*contribuire*] freely, generously.
large /'lardʒ/ ➧ ***35*** agg.inv. large.
largheggiare /larged'dʒare/ [1] intr. (aus. *avere*) to be* free (**in qcs.** with sth.); ***~ nei complimenti*** to be free with compliments; ***~ nelle mance*** to be a generous tipper; ***~ nelle spese*** to spend (money) freely; ***~ nei voti*** to be free and easy with one's marks.
larghetto /lar'getto/ agg. e m. larghetto.
▷ **larghezza** /lar'gettsa/ ➧ ***21*** f. **1** *(dimensione)* width, breadth; ***misurare 10 metri in ~*** to be 10 metres wide *o* in breadth *o* across; ***occupare tutta la ~ di qcs.*** to take up the whole width; ***in ~, nel senso della ~*** widthwise, breadthwise; ***~ di vedute*** broadmindedness **2** *(ampiezza) (di vestito)* looseness **3** *(abbondanza) (di mezzi)* largeness, abundance **4** *(generosità)* liberality, generosity **5** *(indulgenza)* indulgence; ***con ~*** indulgently ◆◆ ***~ di banda*** RAD. TELEV. bandwidth.
largire /lar'dʒire/ [102] tr. to give* [sth.] liberally; to bestow (**a** on, upon).
largizione /lardʒit'tsjone/ f. *(atto del largire)* bestowal, donation; *(cosa largita)* donation, gift.
▶ **largo**, pl. **-ghi**, **-ghe** /'largo, gi, ge/ Come mostrano le diverse accezioni dell'aggettivo *largo* qui sotto elencate, i principali equivalenti inglesi di *largo* sono *wide* e *broad*. - In termini molto generali, si può dire che *wide* indichi soprattutto l'ampiezza di qualcosa (*un fiume largo* = a wide river), mentre *broad* si usa spesso in relazione alle parti del corpo (*spalle larghe* = broad shoulders) o per descrivere qualcosa che è piacevolmente largo (*un largo viale alberato* = a broad tree-lined avenue). - Per gli altri usi ed equivalenti dell'italiano *largo*, si veda la voce qui sotto. ➧ ***21*** **I** agg. **1** [*fronte, spalle, fianchi*] broad; [*corridoio, fiume, letto*] wide; ***quanto è -a la stanza?*** how wide is the room? ***essere ~ quattro metri*** to be four metres wide; ***essere ~ di di fianchi, avere i fianchi -ghi*** to have broad hips; ***un ragazzo dalle spalle -ghe*** a broad-shouldered boy; ***cappello a -ghe falde*** wide brimmed hat; ***a gambe -ghe*** *(allargate)* with one's legs open *o* wide apart; ***prendere una curva -a*** to take a bend wide **2** *(ampio)* [*indumento, pantalone*] loose(-fitting), roomy, baggy; [*gonna*] full; ***indossare abiti -ghi*** to wear loose(-fitting) *o* baggy clothes; ***questa maglia mi va un po' -a*** this shirt is a bit loose; ***~ in vita*** loose in the waist; ***a maglie -ghe*** SART. loose-knit, loose-weave **3** *(grande, notevole)* [*maggioranza*] large; ***una -a parte dei presenti*** most of those present; ***in -a parte*** to a large extent; ***su -a scala*** far-reaching; ***con ~ margine*** by a wide margin; ***godere di (un) ~ consenso*** to have widespread support; ***rivolgersi a un ~ pubblico*** to be directed at a wide audience; ***in -a misura*** in large measure, to a large *o* great extent; ***essere in -a misura responsabile di qcs.*** to be largely responsible for sth. **4** *(generoso)* [*persona*] generous (**con** to); *(indulgente)* indulgent; ***essere di manica -a*** [*professore*] to be generous, to be easygoing, to be a softie **5** *(aperto)* ***essere di -ghe vedute*** to be broadminded, to be open-minded **6** *(lento)* [*nodo, fasciatura*] loose **7** *(aperto)* [*vocale*] open **8 alla larga** ***stare alla -a da qcn., qcs.*** to give sb., sth. a wide berth, to keep away from sb., sth.; ***tenere qcn., qcs. alla -a da qcn.*** to keep sb., sth. out of sb.'s way; ***prendere qcs. alla -a*** to approach a matter in a roundabout

way **II** m. **1** *(larghezza)* breadth, width **2** MAR. *(mare aperto)* open sea; ***raggiungere il ~*** to reach the open sea; ***l'aria, il vento dal ~*** the sea air, breeze; ***prendere il ~*** to push off, to put (out) to sea; COLLOQ. FIG. to do a bunk; ***al ~*** off the coast; ***al ~ di Napoli, delle coste italiane*** off Naples, the coast of Italy **3 in lungo e in largo *cercare qcs. in lungo e in ~*** to hunt high and low *o* far and wide for sth.; ***ha visitato la Francia in lungo e in ~*** he's travelled all over France **4** MUS. largo* **5** *(slargo)* place; ***Largo Giachino*** Giachino place **III** avv. MUS. largo ◆ ***avere le spalle -ghe*** to have a broad back; ***gira al ~!*** steer clear of me! ***fate ~!*** make way! ***farsi ~*** to push (one's way) (**tra** through); ***girare al ~ da qcn., qcs.*** to steer clear of sb., sth.; ***stare -ghi*** COLLOQ. *(avere molto spazio)* to have plenty of room.

lari /'lari/ m.pl. lares; ~ ***domestici*** household gods ◆ ***tornare ai propri ~*** to return home.

larice /'laritʃe / m. larch ◆◆ ~ ***americano*** tamarack.

laringale /larin'gale/ **I** agg. ANAT. LING. laryngeal **II** f. LING. laryngeal.

laringe /la'rindʒe/ f. larynx*.

laringectomia /larindʒekto'mia/ f. laryngectomy.

laringeo /larin'dʒɛo, la'rindʒeo/ agg. laryngeal.

laringite /larin'dʒite/ ➧ *7* f. laryngitis.

laringoiatra, m.pl. **-i**, f.pl. **-e** /laringo'jatra/ ➧ *18* m. e f. laryngologist.

laringoiatria /laringoja'tria/, **laringologia** /laringolo'dʒia/ f. laryngology.

laringologo, m.pl. **-gi**, f.pl. **-ghe** /larin'gɔlogo, dʒi, ge/ ➧ *18* m. (f. **-a**) laryngologist.

laringoscopia /laringosko'pia/ f. laryngoscopy.

laringoscopio, pl. **-pi** /laringos'kɔpjo, pi/ m. laryngoscope.

laringotomia /laringoto'mia/ f. laryngotomy.

laringotracheite /laringotrake'ite/ ➧ *7* f. laryngotracheitis.

larva /'larva/ f. **1** ZOOL. larva*; *(di insetto)* grub **2** SPREG. *(persona deperita)* skeleton **3** LETT. *(fantasma)* ghost.

larvale /lar'vale/ agg. [*fase, migrazione, stadio*] larval.

larvare /lar'vare/ [1] tr. to disguise.

larvatamente /larvata'mente/ avv. in a hidden, disguised way.

larvato /lar'vato/ **I** p.pass. → **larvare II** agg. *(velato)* larvated, concealed.

▷ **lasagne** /la'zaɲɲe/ f.pl. lasagne **U**.

lasca, pl. **-sche** /'laska, ske/ f. dace*.

lascare /las'kare/ [1] tr. MAR. to slacken.

lasciapassare /laʃʃapas'sare/ m.inv. pass; *(salvacondotto)* safe-conduct, safe passage ◆◆ ~ ***doganale*** clearance certificate.

▶ **lasciare** /laʃ'ʃare/ [1] **I** tr. **1** *(smettere di tenere)* to let* go of [*oggetto, corda*]; *(fare cadere)* to drop; ***lasciami il braccio!*** let go of my arm! ***lasciami!*** get off me! **2** *(separarsi da, abbandonare)* [*persona*] to leave* [*persona, famiglia, fidanzato*]; ***sua moglie l'ha lasciato un anno fa*** his wife left him a year ago; ***ci ha lasciati un grande uomo*** EUFEM. *(morendo)* a great man has passed away; ~ ***una vedova e due bambini*** to leave a wife and two children; ***devo lasciarvi, ho una riunione*** I must go now, I have a meeting; ***ti lascio*** *(uscendo da un edificio)* I must be off *o* go; *(al telefono)* I must go **3** *(andare via da)* [*persona*] to leave* [*luogo, paese, città, ufficio, strada*]; *(traslocare da)* [*persona*] to leave* [*luogo*]; [*impresa*] to move from [*via*]; to move out of [*edificio*]; ~ ***la città per la campagna*** to move out of town to live in the country; ***bisogna ~ l'autostrada a Villanova*** you have to come off the motorway at Villanova; ***lasciate(vi) via Pascoli sulla sinistra*** *(oltrepassare)* you'll see via Pascoli on your left **4** *(far scendere, fermare lungo un tragitto)* ***lasciami alla stazione*** drop me (off) at the station **5** *(dimenticare)* to leave* (behind), to forget* [*ombrello, chiavi, portafoglio*]; ***ha lasciato l'ombrello sul treno*** he left his umbrella on the train **6** *(fare restare)* to leave* [*traccia, impronta*]; ***non ~ nessuna traccia di sé*** to disappear without a trace; ***non ~ niente al caso*** to leave nothing to chance; ~ ***qcn. nel dubbio*** to leave sb., in a state of uncertainty; ~ ***le cose come stanno*** to leave well enough alone, to let the matter lie; ~ ***in pace qcn.*** to leave sb. alone, to keep one's hands off sb. **7** *(rinunciare a)* [*persona*] to leave* [*lavoro, posto di lavoro, servizio, partito, organizzazione, azienda*]; to leave*, to give* up [*studi*]; ***ho lasciato il lavoro da cameriere*** I left my job as a waiter; ***saresti pazzo a ~ il lavoro*** you'd be mad to give up your job; ~ ***l'insegnamento*** to give up teaching; ~ ***la scuola*** to leave school **8** *(cedere, prestare)* to leave*; ~ ***qcs. a qcn.*** to let sb. have sth.; ***lascia questo giocattolo a tuo fratello*** let your brother have the toy; ***ti lascio la mia macchina per due settimane*** I'll leave you my car for two weeks; ***dovresti ~ il tuo posto a quella signora anziana*** you should let the old lady have your seat **9** *(affidare)* to leave* (**a qcn.** with sb.); ~ ***le chiavi al custode*** to leave the keys with the caretaker; ***non gli lascerei mai i bambini*** I would never leave the children with him **10** *(accordare)* ~ ***qcs. a qcn.*** to give sb. sth. [*mancia, tempo*]; ~ ***a qcn. la scelta*** to give sb. the choice **11** *(rendere)* to leave*; ~ ***perplesso qcn.*** to puzzle sb.; ***la cosa mi lascia scettico*** I'm skeptical about it; ***mi lasciò indifferente*** it left me cold; ~ ***libero un animale*** to leave an animal in the wild, to let an animal go **12** *(dare, vendere)* ***glielo lascio per cento euro*** I'll let you have it for 100 euros **13** *(mantenere)* to leave*; ***lascia la porta chiusa*** leave the door shut; ~ ***una luce accesa*** to leave a light on; ~ ***qcs. in ordine*** to leave sth. tidy **14** *(conservare)* to leave* [*cibo, bevanda*]; ***lasciami qualcosa da mangiare*** leave *o* keep me something to eat **15** *(in eredità)* to leave* [*denaro, proprietà*] **16** *(permettere)* ~ ***che qcn., qcs. faccia*** to let sb., sth. do; ~ ***fare qcs. a qcn.*** to let sb. do sth.; ***lasciami entrare, uscire, passare*** let me in, out, through; ***lascia andare prima me*** let me go first; ***lasciate che paghi io la cena*** let me pay for dinner; ***lasciami spiegare*** let me explain; ***lascia fare a me*** leave it to me, let me (do that); ***si è lasciata intimidire*** she let herself be intimidated; ***non ~ che pensino che...*** don't let them think that...; ***non lasciarti buttare giù*** don't let it get you down; ***voleva andarsene ma non l'hanno lasciata*** she wanted to leave but they wouldn't let her; ~ ***cadere, scappare qcs.*** to let sth. fall, escape **17** *(permettere di dedicarsi)* ***ti lascio ai tuoi impegni*** I'll let you get on **18 lasciare stare** *(non disturbare)* to leave*; ***lascialo stare*** leave him alone, let him be; *(smettere di toccare)* ***lascia stare quella bici*** leave that bike alone; ***lascia stare i libri e vieni a farti un giro*** put your books away and come for a stroll; *(posporre)* ***lascia stare fino a domani*** leave it till tomorrow; *(lasciare perdere)* ***"c'è qcs. che non va?" - "no niente, lascia stare, non importa"*** "what's wrong?" - "nothing really, don't worry"; ***no, lascia stare, pago io!*** no, no it's my treat! ***lascia stare, è un fastidio troppo grosso*** leave it, it's too much trouble **II lasciarsi** pronom. **1** *(separarsi)* [*persone*] to part; [*coppia*] to split* up, to break* up; ***ci siamo lasciati da buoni amici, molto male*** we parted the best of friends, on angry terms **2** *(farsi)* ***-rsi cullare dalle onde*** to be lulled by the waves; ***si lascia insultare*** he puts up with insults; ***lei non è certo il tipo che si lascia fregare*** she won't be pushed around; ***questa torta proprio si lascia mangiare!*** IRON. COLLOQ. this cake is quite palatable! ***-rsi sfuggire*** to let slip, to come out with [*parola, frase, bestemmia*] **3** *(abbandonarsi)* ***-rsi andare alla disperazione*** to give in to despair ◆ ***lasciar detto, scritto a qcn. che...*** to give *o* leave sb. a message that...; ***non voglio lasciarci le penne*** I don't want it to kill me; ***lasciarci una gamba, un mucchio di soldi*** to lose an arm, a lot of money; ***chi lascia la via vecchia per la nuova sa quel che lascia, ma non sa quel che trova*** PROV. better the devil you know than the devil you don't; ~ ***il certo per l'incerto*** to give up certain for uncertain, to plunge into the unknown; ***lasciar correre*** o ***perdere*** to let sth. pass, to let sth. slide; ***prendere o ~*** take it or leave it; ***-rsi qcs. alle spalle*** to leave sth. behind; ~ ***a molto desiderare*** to leave much to be desired; ***-rsi andare*** to let oneself go, to let one's hair down; ~ ***il segno*** [*uomo politico, artista, avvenimento*] to set one's stamp; ***lascia il tempo che trova*** = it makes no difference; ***vivi e lascia vivere*** live and let live.

lasciata /laʃ'ʃata/ f. ***ogni ~ è persa*** opportunity only knocks once.

lascito /'laʃʃito/ m. legacy, bequest.

lascivamente /laʃʃiva'mente/ avv. lasciviously.

lascivia /laʃ'ʃivja/ f. lewdness, lasciviousness.

lascivo /laʃ'ʃivo/ agg. lascivious, lecherous, lewd.

lasco, pl. **-schi**, **-sche** /'lasko, ski, ske/ **I** agg. **1** MAR. [*cavo, cordame*] slack **2** MECC. loose **II** m. MAR. slack; ***navigare al ~*** to run free.

laser /'lazer/ **I** m.inv. laser **II** agg.inv. laser attrib.; ***raggio ~*** laser beam; ***stampante ~*** laser printer; ~ ***disc*** laser disc.

laserchirugia /lazerkirur'dʒia/ f. laser surgery.

laserterapia /lazertera'pia/ f. laser treatment.

lassativo /lassa'tivo/ agg. e m. laxative.

lassismo /las'sizmo/ m. **1** RELIG. Laxism **2** FIG. laxity, laxness; ***dar prova di ~ nei confronti di qcn.*** to be lax with sb.

lassista, m.pl. **-i**, f.pl. **-e** /las'sista/ **I** agg. **1** RELIG. Laxist **2** FIG. lax (**nei confronti di, con** with) **II** m. e f. **1** RELIG. Laxist **2** FIG. lax person.

lassistico, pl. **-ci**, **-che** /las'sistiko, tʃi, ke/ agg. lax.

1.lasso /'lasso/ agg. ANT.LETT. **1** *(stanco)* weary **2** *(infelice)* woebegone; ***ohi me ~, ahi ~!*** alas!

2.lasso /'lasso/ agg. *(allentato)* [*nodo*] loose, slack.

3.lasso /'lasso/ m. lapse, period; ~ ***di tempo*** lapse of time; ***dopo un breve, lungo ~ di tempo*** after a short, long lapse of time.

▶ **lassù** /las'su/ avv. **1** up there; ***come hai fatto a salire ~?*** how did you get up there? ***vuole arrampicarsi ~*** he wants to climb up there;

da ~ from up there **2** *(in cielo, in paradiso)* up above; ~ ***qualcuno mi ama*** somebody up there likes me.

▷ **lastra** /ˈlastra/ f. **1** *(di pietra, marmo)* slab; *(per selciato)* flagstone; *(di metallo)* plate, sheet; *(di ghiaccio, vetro)* sheet; ~ ***di ardesia*** slate; ~ ***di rame*** copperplate **2** COLLOQ. *(radiografia)* X-ray; ***fare una ~ a qcn.*** to give sb. an X-ray; ***farsi una ~*** to have an X-ray **3** TIP. FOT. plate; ~ ***per incisioni*** printer's plate.

lastricare /lastriˈkare/ [1] tr. to pave (**di** with).

lastricato /lastriˈkato/ **I** p.pass. → **lastricare** **II** agg. [*strada*] paved; ***la strada è -a di difficoltà*** FIG. the way is full of pitfalls **III** m. pavement, paving; *(con lastre di pietra)* flagging ◆ ***di buone intenzioni è ~ l'inferno*** PROV. the road to hell is paved with good intentions.

lastricatore /lastrikaˈtore/ ♦ *18* m. paver.

lastricatura /lastrikaˈtura/ f. paving, flagging.

lastrico, pl. **-chi** o **-ci** /ˈlastriko, ki, tʃi/ m. paving, pavement ◆ ***essere sul ~*** to be on one's uppers, to be on the rocks; ***ridurre qcn. sul ~*** to take sb. to the cleaners, to beggar sb.

lastrone /lasˈtrone/ m. (large) slab; *(di ghiaccio)* (thick) sheet.

latente /laˈtɛnte/ agg. [*conflitto, tensione, rivolta*] simmering; [*dubbio, paura, sospetto*] lurking, latent; [*potenziale, talento*] dormant, latent; ***calore ~*** latent heat; ***immagine ~*** latent image; ***allo stato ~*** in a latent state; ***rimanere ~*** to lie dormant.

latenza /laˈtɛntsa/ f. latency; ***periodo di ~*** MED. latent period: PSIC. latency (period).

laterale /lateˈrale/ **I** agg. **1** *(di lato)* [*entrata, posizione, porta, uscita, tasca, strada*] side attrib.; *(parallelo)* [*tunnel, nervo*] lateral **2** FON. [*consonante*] lateral **3** SPORT *(nel calcio)* ***fallo ~*** (ball in) touch; ***linea ~*** sideline **II** m. SPORT ~ ***destro, sinistro*** right, left wing **III** f. FON. lateral.

lateralità /laterali'ta/ f.inv. laterality (anche FISIOL.).

lateralmente /lateralˈmente/ avv. laterally, sideways.

lateranense /lateraˈnɛnse/ agg. Lateran; ***i Patti Lateranensi*** the Lateran Treaty.

Laterano /lateˈrano/ n.pr.m. Lateran.

laterite /lateˈrite/ f. laterite.

laterizio, pl. **-zi**, **-zie** /lateˈrittsjo, tsi, tsje/ **I** agg. brick attrib. **II** m. ***fabbrica di -zi*** brickworks.

latice /ˈlatitʃe/ m. latex*.

latifoglio, pl. **-gli**, **-glie** /latiˈfɔʎʎo, ʎi, ʎe/ agg. broad-leaved.

latifondiario, pl. **-ri**, **-rie** /latifonˈdjarjo, ri, rje/ agg. of a large estate.

latifondismo /latifonˈdizmo/ m. latifundism.

latifondista, m.pl. **-i**, f.pl. **-e** /latifonˈdista/ m. e f. big landowner, latifundist.

latifondo /latiˈfondo/ m. **1** STOR. latifundium* **2** *(proprietà terriera)* large landed estate.

latineggiante /latinedˈdʒante/ agg. latinizing.

latinese /latiˈnese/ ♦ *2* **I** agg. from, of Latina **II** m. e f. native, inhabitant of Latina.

latinismo /latiˈnizmo/ m. Latinism.

latinista, m.pl. **-i**, f.pl. **-e** /latiˈnista/ m. e f. Latinist.

latinità /latiniˈta/ f.inv. **1** *(l'essere latino)* Latinity **2** LING. *(di stile)* Latinity **3** *(mondo latino)* Latin period, Latin civilization; ***la tarda ~*** the late Latin period; ***l'aurea ~*** the golden Latin period.

latinizzare /latinidˈdzare/ [1] **I** tr. to Latinize **II** **latinizzarsi** pronom. to become* Latinized.

latinizzazione /latiniddzatˈtsjone/ f. Latinization.

latin lover /ˈlatinˈlɔver/ m.inv. Latin lover.

▶ **latino** /laˈtino/ ♦ *16* **I** agg. **1** [*autore, scrittura, grammatica, testo*] Latin **2** *(mediterraneo)* [*temperamento, civiltà, cultura*] Latin; ***quartiere ~*** Latin Quarter **3** *(nel continente americano)* [*paese*] Latin; ***America -a*** Latin America **4** RELIG. *(cattolico romano)* [*chiesa, croce, rito*] Latin **5** MAR. ***vela -a*** lateen **II** m. (f. **-a**) **1** *(romano)* Latin; ***i Latini*** the Latins **2** LING. Latin; ~ ***classico*** classical Latin; ~ ***volgare*** vulgar Latin; ***basso, tardo ~*** low, late Latin; ~ ***medievale*** medieval Latin; ~ ***maccheronico*** dog Latin.

latino-americano /latinoameriˈkano/ **I** agg. Latin American **II** m. (f. **-a**) Latin American.

latitante /latiˈtante/ **I** agg. **1** DIR. absconding, fugitive (from justice); ***essere ~*** to be on the run; ***rendersi ~*** to abscond **2** FIG. ***essere ~*** to cop out, to evade one's responsibilities **II** m. e f. absconder, fugitive (from justice).

latitanza /latiˈtantsa/ f. **1** DIR. absconding; ***darsi alla ~*** to abscond **2** FIG. evasion of responsibilities.

latitare /latiˈtare/ [1] intr. (aus. *avere*) **1** to abscond **2** FIG. to cop out, to evade one's responsibilities.

latitudinale /latitudiˈnale/ agg. latitudinal.

latitudinario, pl. **-ri**, **-rie** /latitudiˈnarjo, ri, rje/ **I** agg. RELIG. latitudinarian **II** m. (f. **-a**) RELIG. latitudinarian.

latitudine /latiˈtudine/ **I** f. latitude; ***a 57° di ~ nord*** at a latitude of 57° north, at latitude 57° north **II** **latitudini** f.pl. *(regioni, climi)* latitudes; ***in queste -i*** in these latitudes; ***a tutte le -i*** in all parts of the world.

1.lato /ˈlato/ agg. broad, wide; ***in senso ~*** broadly speaking.

▶ **2.lato** /ˈlato/ m. **1** side (**di** of) (anche MAT.); ***i -i di un triangolo*** the sides of a triangle; ***il ~ nord, sud di una casa*** the north, south side of a house; ***il ~ sul cortile è molto tranquillo*** the courtyard side is very quiet; ***dall'altro ~ di*** on the other side of; ***dall'altro ~ della strada*** on the other side of *o* across *o* over BE the road; ***il rumore veniva dall'altro ~ del muro*** the noise came from over the wall; ***da ogni ~ di*** on each *o* either side of; ***dallo stesso ~*** on the same side; ***ai due -i opposti del tavolo*** at opposite ends of the table; ***posteggiare sul ~ della strada*** to park at the side of the road; ***sul ~ destro, sinistro*** on the right-hand, left-hand side; ***su un solo lato*** on one side only; ***lato A, B*** *(di disco)* A, B side; ***mandare*** o ***mettere a ~*** SPORT to kick the ball into touch **2** **di lato** sideways, on(to) one's side; ***inclinare qcs. di ~*** to angle sth. sideways; ***fare un passo, saltare di ~*** to step, jump aside *o* to one side; ***il palazzo visto di ~*** the building viewed from the side, a side-view of the building **3** *(aspetto)* side; ***prendere*** o ***vedere le cose dal ~ buono*** to look on the bright side of things; ***da un ~*** on the one hand; ***dall'altro ~*** on the other hand; ***il ~ oscuro di*** the dark side of **4** *(punto di vista)* point of view; ***dal ~ politico, morale*** from a political, moral point of view **5** *(ramo famigliare)* side (**di** of); ***dal ~ materno*** on the mother's side.

latomia /latoˈmia/ f. **1** latomy, latomia **2** FIG. prison.

latore /laˈtore/ m. (f. **-trice** /tritʃe/) bearer; ***il ~ della presente*** the bearer of this letter.

latrare /laˈtrare/ [1] intr. (aus. *avere*) to bark, to bay.

latrato /laˈtrato/ m. bark, bay.

latria /laˈtria/ f. latria.

latrina /laˈtrina/ f. lavatory; MIL. latrine.

latrocinio, pl. **-ni** /latroˈtʃinjo, ni/ m. theft, robbery.

▷ **latta** /ˈlatta/ f. **1** *(lamiera)* tin plate; ***rivestito di ~*** tin plated **2** *(recipiente, barattolo)* can, tin BE; *(contenuto)* canful; ~ ***di vernice*** can of paint.

lattaia /latˈtaja/ ♦ *18* f. milkwoman*.

lattaio, pl. **-ai** /latˈtajo, ai/ ♦ *18* m. milkman*.

lattame /latˈtame/ m. lactam.

▷ **lattante** /latˈtante/ **I** agg. breast-fed **II** m. e f. **1** *(bambino)* baby **2** SCHERZ. SPREG. colt, greenhorn.

lattasi /latˈtazi/ f.inv. lactase.

lattato /latˈtato/ m. CHIM. lactate.

lattazione /lattatˈtsjone/ f. lactation.

▶ **latte** /ˈlatte/ **I** m. **1** *(di mammifero)* milk; ***bottiglia del ~*** milk bottle; ***bricco del ~*** milk jug; ***il ~ è traboccato*** the milk has boiled over; ***il ~ è andato a male*** the milk has gone sour; ***il ~ è scaduto*** the milk is off; ***al ~*** [*gelato, tè, caramella, cioccolato*] milk; ***sapere di ~*** to taste milky; ***dare il ~*** *(allattare)* to breast-feed; ***prendere il ~*** [*bambino*] to feed (on milk); ***tirare il ~*** MED. to express milk; ***fratello, sorella di ~*** foster brother, sister; ***vitello da ~*** sucking calf; ***mucca da ~*** dairy cow; ***dente da ~*** milk tooth, baby tooth COLLOQ. **2** *(d'origine vegetale)* milk; ~ ***di mandorle, di cocco, di soia*** almond, coconut, soya milk **3** COSMET. milk; ~ ***detergente*** cleansing milk **II** agg.inv. ***bianco*** o ***color ~*** milk-white ◆ ***gli puzza ancora la bocca di ~, ha ancora il ~ sulle labbra*** he is wet behind the ears; ***far venire il ~ alle ginocchia a qcn.*** to bore sb. to death *o* to tears; ***succhiare qcs. con il ~*** to be brought up with sth.; ***è inutile piangere sul ~ versato*** it's no good crying over spilt milk ◆◆ ~ ***di calce*** EDIL. limewash, whitewash; ~ ***cagliato*** curdled milk; ~ ***condensato*** condensed milk; ~ ***evaporato*** evaporated milk; ~ ***di gallina*** GASTR. starflower; ~ ***intero*** full cream milk, whole milk; ~ ***a lunga conservazione*** long-life milk; ~ ***macchiato*** latte; ~ ***di magnesia*** milk of magnesia; ~ ***maternizzato*** = formula (feed); ~ ***materno*** breast milk; ~ ***omogeneizzato*** homogenized milk; ~ ***parzialmente scremato*** semi-skimmed milk; ~ ***pastorizzato*** pasteurized milk; ~ ***di pecora*** sheep's milk; ~ ***di pesce*** milt, soft roe; ~ ***in polvere*** powdered milk; ~ ***scremato*** skim(med) milk; ~ ***sterilizzato*** sterilized milk; ~ ***UHT*** UHT milk.

lattemiele /latteˈmjɛle/ m.inv. = mixture of cream and honey ◆ ***essere tutto ~*** to be all sweetness and light.

latteo /ˈlatteo/ agg. **1** *(a base di latte)* [*prodotto, alimento*] milk attrib.; ***dieta -a*** milk diet; ***farina -a*** baby cereal **2** *(simile al latte)* [*pelle, carnagione*] milk-white, creamy; [*liquido, colore*] milky; ***la Via Lattea*** the Milky Way **3** MED. [*febbre, secrezione*] lacteal; ***crosta -a*** cradle cap, crusta lactea; ***febbre ~*** milk fever.

▷ **latteria** /latteˈria/ f. **1** *(negozio)* dairy, milk bar **2** *(stabilimento)* dairy.

lattescente /latteʃ'ʃɛnte/ agg. LETT. lactescent, milky.
lattescenza /latteʃ'ʃɛntsa/ f. lactescence.
lattice /'lattitʃe/ m. latex*.
latticello /latti'tʃɛllo/ m. buttermilk, churn milk.
latticini /latti'tʃini/ m.pl. dairy products.
lattico, pl. **-ci**, **-che** /'lattiko, tʃi, ke/ agg. lactic; ***acido*** ~ lactic acid; ***fermenti -i*** milk enzymes.
lattide /'lattide/ m. lactide.
lattiera /lat'tjɛra/ f. milk jug.
lattiero /lat'tjɛro/ agg. [*produzione*] dairy attrib., milk attrib.
lattierocaseario, pl. **-ri**, **-rie** /lat,tjɛrokaze'arjo, ri, rje/ agg. dairy attrib.
lattifero /lat'tifero/ agg. **1** ZOOL. [*vacca*] milk attrib., milch attrib. **2** ANAT. BOT. lactiferous.
lattiginoso /lattidʒi'noso/ agg. **1** [*liquido*] milky **2** BOT. [*pianta*] lactiferous.
lattime /lat'time/ m. cradle cap.
▷ **lattina** /lat'tina/ f. can, tin BE; ~ ***di birra*** beer can.
lattoalbumina /lattoalbu'mina/ f. lactalbumin.
lattobacillo /lattoba'tʃillo/ m. lactobacillus*.
lattodensimetro /lattoden'simetro/ m. lactometer.
lattoflavina /lattofla'vina/ f. lactoflavin.
lattogenetico, pl. **-ci**, **-che** /lattodʒe'nɛtiko, tʃi, ke/ agg. lactogenic.
1.lattone /lat'tone/ m. CHIM. lacton.
2.lattone /lat'tone/ → **lattonzolo**.
lattoniere /latto'njɛre/ ♦ ***18*** m. (f. **-a**) tinner, tinsmith, tinman*.
lattonzolo /lat'tontsolo/ m. **1** *(maialino da latte)* suck(l)ing pig **2** *(vitello da latte)* suck(l)ing calf.
lattoscopio, pl. **-pi** /lattos'kɔpjo, pi/ m. lactoscope.
lattosio /lat'tozjo/ m. lactose, milk-sugar.
▷ **lattuga** /lat'tuga/ f. lettuce; ***un cespo di*** ~ a head of lettuce ◆ ~ ***cappuccina*** cabbage lettuce BE; ~ ***crespa*** curly lettuce; ~ ***romana*** cos lettuce, romaine (lettuce) AE; ~ ***selvatica*** prickly lettuce.
lattughella /lattu'gɛlla/ → **valerianella**.
lauda, pl. **-i** /'lauda/ f. LETTER. laud.
laudanina /lauda'nina/ f. laudanine.
laudano /lau'dano/ m. laudanum.
laudativo /lauda'tivo/, **laudatorio**, pl. **-ri**, **-rie** /lauda'tɔrjo, ri, rje/ agg. laudative, laudatory.
laude /'laude/ → **lauda**.
Laura /'laura/ n.pr.f. Laura.
▷ **laurea** /'laurea/ f. degree; ~ ***in filosofia, medicina*** degree in philosophy, medicine; ***esame di*** ~ degree examination; *(discussione della tesi)* thesis defence; ***diploma di*** ~ degree certificate BE; ***corso di*** ~ degree course BE; ***tesi di*** ~ graduation thesis; ***conseguire una*** ~, ***prendere la*** ~ COLLOQ. to take *o* get a degree, to graduate; ***conferire la*** ~ ***a qcn.*** to confer a degree on sb.; ***tenere la*** ~ ***nel cassetto*** FIG. = not to use one's degree for one's job ◆ ~ ***breve*** = Italian degree similar to a bachelor's degree; ~ ***ad honorem*** honorary degree.

> **Laurea** This is the award traditionally given in Italy to those who complete a course of study at university, for four years in most faculties. In the last few years the situation has changed with the introduction of the *laurea triennale* or *breve* (the three-year or short degree), which comes at the end of a three-year course and leads to immediate job opportunities, as distinct from the *laurea specialistica* (specialist degree), which involves a further two years of study and is the only one to lead to the title of *dottore* (see **Dottore**).

laureando /laure'ando/ **I** agg. [*studente*] final year attrib. **II** m. (f. **-a**) = final year student, student about to receive a degree.
▶ **laureare** /laure'are/ [1] **I** tr. **1** *(dare la laurea a)* to confer a degree on **2** LETT. to crown [*poeta, vincitore*] **II laurearsi** pronom. **1** *(conseguire una laurea)* to graduate (**a** at, from), to take* a degree; ***-rsi in giurisprudenza*** to take* a degree in law; ***con quanto ti sei laureato?*** = what was the class of your degree? ***-rsi in storia con il massimo dei voti*** = to get a first in history, to get a history first; ***-rsi con lode*** to graduate with honours BE, to graduate cum laude AE **2** FIG. *(ottenere un titolo)* to be* crowned, to be* awarded the title of; ***-rsi campione*** to be crowned champion.
laureato /laure'ato/ **I** p.pass. → **laureare II** agg. **1** graduated; ***essere*** ~ to have a degree; ***essere*** ~ ***in psicologia*** to have a degree in psychology **2** LETT. ***poeta*** ~ poet laureate **III** m. (f. **-a**) graduate; ***un*** ~ ***in lettere, scienze*** an arts, a science graduate; ~ ***a Torino*** graduate from Turin university.
1.laurenziano /lauren'tsjano/ agg. ***biblioteca, codice*** ~ Laurentian library, codex.
2.laurenziano /lauren'tsjano/ agg. GEOL. Laurentian.
laurenzio /lau'rɛntsjo/ m. lawrencium.
laureola /lau'rɛola/ f. spurge laurel.
lauretano /laure'tano/ agg. Loreto attrib.
laurico /'lauriko/ agg. ***acido*** ~ lauric acid.
laurite /lau'rite/ f. laurite.
lauro /'lauro/ m. **1** BOT. bay (tree), sweet bay, laurel **2** FIG. laurels pl.; ***il*** ~ ***della vittoria*** the laurels of victory.
lauroceraso /lauro'tʃɛrazo/ m. cherry laurel, cherry-laurel.
lautamente /lauta'mente/ avv. [*mangiare*] abundantly, lavishly; [*ricompensare*] handsomely; [*pagare*] generously; [*guadagnare*] lavishly.
lauto /'lauto/ agg. [*guadagno*] rich, large; [*stipendio*] high; [*ricompensa*] handsome, generous; [*pranzo*] lavish.
lava /'lava/ f. lava; ***colata di*** ~ lava flow ◆◆ ~ ***basaltica*** basalt lava; ~ ***a blocchi*** block lava; ~ ***a corda*** ropy lava.
lavabiancheria /lavabjanke'ria/ f.inv. washing machine.
lavabile /la'vabile/ agg. washable; ~ ***a mano, in lavatrice*** hand, machine washable.
lavabo /la'vabo/ m. **1** *(lavandino)* washbasin, hand basin, sink **2** RELIG. lavabo*.
lavacristallo /lavakris'tallo/ m.inv. screen wash, windscreen washer BE, windshield washer AE.
lavacro /la'vakro/ m. LETT. **1** *(bagno, lavaggio)* bathing **2** ***il santo*** ~ RELIG. *(fonte battesimale)* the laver, the (baptismal) font; *(battesimo)* the laver, the baptism.
lavadita /lava'dita/ m.inv. finger bowl.
lavaggio, pl. **-gi** /la'vaddʒo, dʒi/ m. **1** *(di biancheria, pavimento)* washing; ~ ***a mano*** hand wash; ~ ***dei vetri*** window cleaning; ***ciclo di*** ~ washing cycle; ~ ***della macchina*** car wash; ***shampoo per -gi frequenti*** frequent wash shampoo **2** *(ciclo di lavatrice)* wash; ***programma di*** ~ wash programme; ***dopo due soli -gi*** after only two washes **3** MED. douche, cleaning **4** TECN. washing **5** FOT. washing, wash ◆◆ ~ ***del cervello*** brainwashing; ***fare un*** ~ ***del cervello a qcn.*** to brainwash sb.; ~ ***gastrico*** stomach washout; ~ ***rapido*** quick wash; *(a secco)* same day dry-cleaning; ~ ***a secco*** dry-cleaning.
▷ **lavagna** /la'vaɲɲa/ f. **1** MINER. slate **2** *(per scrivere)* blackboard; *(portatile)* slate; ***scrivere qcs. alla*** o ***sulla*** ~ to write sth. on the blackboard; ***andare alla*** ~ to go to the blackboard; ***cancellare la*** ~ to clean the blackboard ◆◆ ~ ***bianca*** whiteboard; ~ ***luminosa*** overhead projector; ~ ***magica*** magic drawing board; ~ ***magnetica*** magnetic blackboard.
lavallière /lava'ljɛr/ f.inv. lavalier.
lavamacchine /lava'makkine/ ♦ ***18*** m. e f. inv. car washer.
lavamano /lava'mano/ m.inv. wash-stand.
lavamoquette /lavamo'kɛt/ f.inv. carpet cleaner, shampooer.
1.lavanda /la'vanda/ f. **1** *(abluzione)* washing, wash; ~ ***dei piedi*** RELIG. washing of the feet **2** MED. lavage ◆◆ ~ ***gastrica*** gastric lavage; ***fare una*** ~ ***gastrica a qcn.*** to pump sb.'s stomach (out); ***mi hanno fatto una*** ~ ***gastrica*** I had my stomach pumped; ~ ***vaginale*** douche.
▷ **2.lavanda** /la'vanda/ ♦ ***3*** **I** f. **1** BOT. *(Mediterraneo)* lavender, aspic; ***essenza di*** ~ oil of lavender; ***acqua di*** ~ lavender water **2** *(profumo)* (scent of) lavender **II** agg.inv. lavender; ***blu*** ~ lavender blue.
lavandaia /lavan'daja/ ♦ ***18*** f. **1** laundress, washerwoman* **2** FIG. *(donna volgare)* fishwife*.
lavandaio, pl. **-ai** /lavan'dajo, ai/ ♦ ***18*** m. launderer, washerman*.
▷ **lavanderia** /lavande'ria/ f. **1** *(negozio)* laundry **2** *(in una casa)* laundry (room) ◆◆ ~ ***a gettone*** laund(e)rette BE, laundromat AE.
lavandino /lavan'dino/ m. sink; *(lavabo)* washbasin, hand basin, washbowl AE.
lavapavimenti /lavapavi'menti/ f.inv. floor washing machine.
lavapiatti /lava'pjatti/ ♦ ***18*** **I** m. e f.inv. *(persona)* dishwasher, washer-up COLLOQ. **II** f.inv. *(lavastoviglie)* dishwasher.
▶ **lavare** /la'vare/ [1] Tra i vari usi e significati del verbo *lavare* qui sotto elencati, va notato che *lavarsi* si dice semplicemente *to wash*: *vado a lavarmi* = I'm going to wash; *ti sei lavato i denti?* = have you washed your teeth? *To wash oneself* si usa solamente quando il lavarsi implica uno sforzo particolare: *è troppo piccolo, non è ancora in grado di lavarsi* = he's too young, he can't wash himself yet. **I** tr. **1** *(pulire)* to wash [*abito, bambino, auto*]; ~ ***qcs. a mano, in lavatrice*** to wash sth. by hand, in the machine; ~ ***qcs. in acqua fredda*** to wash sth. in cold water; ~ ***la biancheria*** o ***i panni*** to do one's washing; ***lui lava e io stiro*** he does the washing and I do the ironing; ~ ***i piatti*** to do *o* wash the dishes, to do the washing-up BE; ~ ***qcs. con acqua abbondante*** to wash sth. down; ~ ***in***

lavanderia to launder; ***portare qcs. a ~, fare ~ qcs.*** to have sth. washed; ***avere della biancheria da ~*** to have some washing *o* laundry to do; ***~ qcs. con un tubo di gomma*** to hose sth. down; ***~ una superficie con una spugna*** to wash a surface with a sponge, to sponge a surface; ***~ qcs. con la spazzola*** to scrub sth.; ***~ a secco*** to dry-clean; ***~ via una macchia*** to wash a stain away **2** *(disinfettare)* to clean, to bathe, to cleanse [*ferita*]; to clean up [*paziente*] **3** LETT. [*pioggia, temporale*] to wash [*strada, cielo*] **4** FIG. to wash away [*umiliazione, peccato*]; ***~ qcs. col sangue*** to exact retribution in blood for sth., to wipe sth. out with blood **5** ART. to wash **6** TECN. CHIM. MINER. to wash [*lana, minerale*] **II lavarsi** pronom. **1** to wash; ***vado a lavarmi*** I'm going to wash *o* to have a wash; ***-rsi la testa, le mani*** to wash one's hair, one's hands; ***-rsi i capelli, i denti*** to wash one's hair, teeth **2** *(essere lavabile)* ***-rsi facilmente*** to be easy to wash ◆ ***~ il capo a qcn.*** to slate sb., to give sb. a slating; ***-rsi le mani di qcs.*** to wash one's hands of sth.; ***me ne lavo le mani*** I'm washing my hands of it; ***i panni sporchi si lavano*** o ***vanno lavati in famiglia*** you don't hang your dirty linen out in public; ***-rsi come i gatti*** to give oneself a catlick BE, to give oneself a lick and a promise ANT.

lavarello /lava'rɛllo/ m. ITTIOL. lavaret*.

lavasciuga /lavaʃ'ʃuga/ f.inv. washer-dryer.

lavasecco /lava'sekko/ m. e f.inv. **1** *(lavanderia)* dry-cleaner's **2** *(macchina)* dry cleaning machine.

lavastoviglie /lavasto'viʎʎe/ f.inv. dishwasher.

lavata /la'vata/ f. wash; ***dare una ~ a qcs.*** to give sth. a wash; ***darsi una ~ veloce*** to have a quick wash ◆ ***dare una ~ di capo a qcn.*** to give sb. a dressing-down, to give sb. a mouthful, to give sb. an earful; ***ricevere*** o ***prendersi una ~ di capo*** to get *o* catch it on the neck, to get a real strafing.

lavatergifaro /lavaterdʒi'faro/ m.inv. headlight wiper.

lavativo /lava'tivo/ m. (f. **-a**) **1** *(scansafatiche)* shirker, lazybones, skiver BE, goldbrick AE **2** COLLOQ. *(clistere)* enema*.

lavatoio, pl. **-oi** /lava'tojo, oi/ m. **1** *(luogo)* washhouse **2** *(vasca)* washtub **3** *(asse)* washboard.

▷ **lavatrice** /lava'tritʃe/ f. washing machine, washer COLLOQ.; ***lavare qcs. in ~*** to wash sth. in the machine.

lavatura /lava'tura/ f. **1** *(lavaggio)* washing **2** *(acqua) (di piatti)* dishwater; *(di bucato)* washing water; ***sembra ~ di piatti*** FIG. it tastes like dishwater.

lavavetri /lava'vetri/ **I** ♦ ***18*** m. e f.inv. *(persona)* window cleaner **II** m.inv. *(spatola)* squeegee.

lavello /la'vɛllo/ m. sink; ***~ a due vasche*** double sink.

lavico, pl. **-ci, -che** /'laviko, tʃi, ke/ agg. lava attrib.

lavorabile /lavo'rabile/ agg. [*materiale*] workable; [*terreno*] tillable, cultivable.

lavoraccio, pl. **-ci** /lavo'rattʃo, tʃi/ m. **1** *(lavoro faticoso)* slog, foul job, fag BE **2** *(lavoro fatto male)* botch, badly done work.

lavorante /lavo'rante/ m. e f. worker, labourer BE, laborer AE ◆◆ ***~ a domicilio*** outworker BE.

▶ **lavorare** /lavo'rare/ [1] **I** tr. **1** *(manipolare)* to work [*legno, metallo*]; GASTR. *(impastare)* to knead [*pasta, impasto*]; AGR. to work, to cultivate [*terra*] **2** SART. to knit [*maglia, giro*] **II** intr. (aus. *avere*) **1** *(usare le proprie energie)* [*persona, macchina, muscoli*] to work; ***~ con le mani*** to work with one's hands; ***~ su un testo, a un progetto*** to work on a text, project; ***far ~ un allievo*** to make a pupil work; ***far ~ i bicipiti*** to use one's biceps; ***far ~ il cervello*** FIG. to apply one's mind; ***lavori troppo di immaginazione*** you have an overactive imagination; ***~ molto*** o ***sodo*** to work hard **2** *(esercitare un mestiere)* to work; ***~ in fabbrica, a domicilio*** to work in a factory, at home; ***~ a ore*** to work by the hour; ***~ part time*** to work part-time; ***~ giorno e notte*** to work day and night; ***~ nell'editoria, nella pubblicità*** to work in publishing, advertising; ***~ alla catena di montaggio*** to work on the assembly line; ***~ per qcn.*** to work for sb.; ***~ come insegnante*** to work as a teacher; ***~ di notte, di pomeriggio*** to work nights, afternoons; ***~ come lavoratore autonomo*** to be self-employed; ***~ in proprio*** to work for oneself, to freelance; ***ha fretta di ~*** he can't wait to start work; ***far ~ i bambini*** to put the children to work; ***~ per vivere*** to work for a living; ***~ in nero*** = to work without declaring one's earnings, under the table; ***~ a cottimo*** to job **3** COMM. *(fare affari)* [*commerciante, negozio, albergo*] to do* business; ***~ molto*** to do good business; ***~ con l'estero*** to do business abroad; ***~ nell'export*** to work in exports; ***lavoriamo soprattutto d'estate, con i turisti*** most of our trade is in the summer, with tourists; ***~ in perdita*** [*azienda, commercio*] to run at loss **4** *(operare)* to work; ***~ per, contro qcn.*** to work for, against sb. **5** SART. ***~ a maglia*** to knit; ***~ stretto, largo*** to knit tightly, loosely; ***~ all'uncinetto*** to crochet **6** SPORT ***~ qcn. ai fianchi*** [*boxeur*] to work away at sb.'s ribs **III lavorarsi** pronom. ***-rsi qcn.*** to work on sb. ◆ ***~ come un negro*** to work like a slave; ***~ come un mulo*** to work like a horse; ***~ di gomiti*** to elbow one's way; ***~ sott'acqua*** to plot, to scheme.

▷ **lavorativo** /lavora'tivo/ agg. **1** *(di lavoro)* [*vita, condizioni, orario*] working; ***giornata -a*** working day, workday; ***settimana -a*** working *o* work week AE; ***esperienza -a*** work experience **2** *(da lavorare)* [*terreno*] tillable.

lavorato /lavo'rato/ **I** p.pass. → **lavorare II** agg. **1** *(rifinito)* [*legno, pietra*] carved; [*metallo, oro, argento*] wrought; [*pelle*] tooled; *(ricamato)* inwrought; *(industrialmente)* processed **2** SART. ***~ a maglia*** [*indumento*] knitted **3** [*terreno*] tilled **4** [*elaborato*] elaborate **III** m. finished product.

▷ **lavoratore** /lavora'tore/ ♦ ***18*** **I** agg. [*classi, masse*] working; ***studente ~*** working student **II** m. (f. **-trice** /tritʃe/) worker; ***essere un gran ~*** to be a hard worker ◆◆ ***~ agricolo*** agricultural worker, farm labourer BE *o* laborer AE; ***~ atipico*** = someone who does not conform to the usual model of having full-time, continuous employment with a single employer over a long time span; ***~ autonomo*** self-employed worker; ***~ clandestino*** clandestine worker; ***~ a contratto*** contract worker; ***~ dipendente*** employee; ***~ a domicilio*** houseworker, outworker BE; ***~ frontaliero*** border worker; ***~ interinale*** temporary employee, temp BE COLLOQ.; ***~ manuale*** manual worker; ***~ in nero*** = worker who does not declare his earnings; ***~ part time*** part-timer; ***~ stagionale*** seasonal worker, bindlestiff, migrant worker; ***~ a tempo pieno*** full-timer.

▷ **lavorazione** /lavorat'tsjone/ f. **1** making, manufacturing, processing; ***~ degli alimenti, delle carni*** food, meat processing; ***la ~ di*** working in *o* with [*metallo, legno, pietra*]; ***~ a macchina*** machine work, machining; ***ciclo di ~*** operation schedule; ***metodo di ~*** processing technique; ***processo di ~*** manufacturing process; ***essere in ~*** to be in progress **2** AGR. tillage, cultivation ◆◆ ***~ a caldo*** hot-working; ***~ a freddo*** cold-working.

lavoretto /lavo'retto/ m. *(lavoro occasionale)* odd job; *(lavoro poco impegnativo)* easy job; *(lavoro di poca importanza)* small job; ***fare dei -i in casa*** to do odd jobs around the house; ***davvero un bel ~*** IRON. great job!

lavoricchiare /lavorik'kjare/ [1] intr. (aus. *avere*) **1** *(lavorare di malavoglia)* to work half-heartedly **2** *(lavorare occasionalmente)* to do* odd jobs, to potter about, around BE.

lavorio, pl. **-rii** /lavo'rio, rii/ m. **1** *(lavoro intenso)* hustle and bustle, intense activity **2** *(intrigo)* intrigue, plotting.

▶ **lavoro** /la'voro/ I due principali equivalenti inglesi della parola *lavoro* sono *job* e *work*: in linea generale, *job* si riferisce al posto di lavoro o al rapporto d'impiego (specie se subordinato), mentre *work* indica l'attività lavorativa, il compito da svolgere, l'attività fisica o mentale richiesta per produrre qualcosa. Per gli esempi e numerosi usi idiomatici, si veda la voce qui sotto. - Per un riferimento più specifico, invece di *job* o *work*, possono anche essere usate parole quali *post, position* o *occupation* (per definire in modo formale un lavoro nel senso di *posizione lavorativa*), *line of work* o *line of business* (per definire nel linguaggio parlato il *tipo di lavoro* che uno fa), *trade* (per definire un *lavoro manuale ma qualificato*, ad esempio quello dell'elettricista) o *profession* (letteralmente, *professione*). **I** m. **1** *(attività fisica o mentale)* work; ***il ~ intellettuale*** intellectual work; ***mettersi al ~*** to get down to work, to start work, to set *o* get to work; ***dedicare molto ~ a qcs.*** to put a lot of work into sth.; ***un mese di ~*** a month's work; ***al ~!*** *(rivolto ad altri)* get to work! *(rivolto a se stessi)* let's get to work; ***essere nel bel mezzo del ~*** to be busy working; ***ammazzarsi di ~*** to work oneself to death; ***tavolo da ~*** workdesk **2** *(compito svolto, da svolgere)* (piece of) work, job; *(incarico)* job, task; ***fare*** o ***svolgere un ~*** to do a job; ***stai facendo un buon ~*** your're doing a good *o* lovely job; ***un pessimo ~*** a very poor job; ***hai fatto un bel ~ con la sedia*** you've made a good job of the chair; ***non hai fatto esattamente un buon ~*** you haven't made a good job of it; ***distribuire il ~*** to allocate jobs; ***consegnare un ~*** to hand one's work in; ***sbrigare un ~*** to polish off a job; ***è un ~ da professionista*** o ***da maestro*** it's a very professional job; ***è un ~ da uomo*** it's man's work; ***cominciare un ~*** to start a job; ***buttarsi nel ~*** to throw oneself headlong into work; ***avere (del) ~*** to have work to do; ***ho un sacco di ~*** I've got a lot of work on, I'm up to my eyes in work; ***~ fatto*** o ***eseguito a mano*** handiwork; ***i -i pesanti*** the heavy work; ***condurre un ~ di ricerca*** to do research work; ***fare qualche ~ di giardinaggio*** to do a few gardening jobs; ***(complimenti) è proprio un bel ~!*** you've done a great job on that! (anche IRON.); ***che razza di ~ è questo?*** what do you call this? ***portare a termine un ~*** to see a job through; ***gruppo di ~*** work group **3** *(occupazione)* work; *(impiego, professione)* work U, job, employment; *(luogo dove si lavora)* work; ***un ~ da insegnante*** a teaching job; ***~ in fabbrica, ufficio*** factory, office work; ***cercare, trovare ~*** to look for, get a job; ***dare ~ a qcn.*** to give sb. a job; ***cambiare ~*** to change jobs; ***perdere il ~*** to lose one's job; ***essere senza ~*** to be out of work; ***riprendere il ~*** to go back to work; ***smettere il ~*** to stop work; ***andare al ~*** to go to work; ***essere al ~*** to be at work; ***che ~ fai?*** what's your job? ***lui fa solo il suo ~*** he's only doing his job; ***posto di ~*** *(occupazione)* job; *(luogo)* workplace; ***sul posto di ~*** in the workplace; ***colloquio di ~*** job interview; ***"offerte di ~"*** "Situations vacant"; ***rispondere a un'offerta di ~*** to reply to a job advertisement; ***datore di ~*** employer; ***tagli di posti di ~*** job cuts; ***creare dei posti di ~*** to create jobs; ***abiti da ~*** work clothes; ***tuta da ~*** overalls BE, coveralls AE; ***non telefonarmi sul ~*** don't call me at work; ***orario di ~*** working hours; ***condizioni di ~*** working conditions; ***vivere del proprio ~*** to work for one's living; ***maniaco del ~*** workaholic; ***parlare di ~*** to talk shop; ***essere fuori per ~*** to be out on business; ***camera del ~*** IND. trade union offices; ***secondo ~*** *(seconda attività non dichiarata)* moonlighting **4** ECON. SOCIOL. *(attività, popolazione attiva)* labour BE, labor AE; ***il capitale e il ~*** capital and labour; ***organizzazione, divisione del ~*** organization, division of labour; ***forza ~*** workforce, labour force; ***entrare nel mondo del ~*** to enter the working world; ***il costo del ~*** the cost of labour; ***diritto del ~*** labour law; ***psicologia del ~*** occupational psychology, industrial psychology; ***medicina del ~*** occupational health; ***mercato del ~*** labour *o* job market **5** *(risultato di un funzionamento, di macchina, di organo)* work; ***il ~ del cuore*** the work done by the heart; ***il ~ muscolare*** muscular effort, the work done by the muscles **6** *(saggio, ricerca, opera d'arte)* work (**su** on); ***pubblicare un ~ sul Rinascimento*** to publish a work on the Reinassance; ***una mostra di -i di giovani artisti*** an exhibition of works by young artists **7** *(esecuzione)* workmanship; ***un ~ magnifico*** a superb piece of workmanship **8** MECC. FIS. work **9** *(azione dell'acqua, erosione)* action (**di** of); FIG. *(dell'immaginazione, dell'inconscio)* workings pl. (**di** of); ***il ~ del tempo*** the work of time **II lavori** m.pl. **1** *(in cantiere)* work sing.; *(sulle strade)* roadworks BE, roadwork U AE; ***-i di costruzione, rifacimento, sostegno*** construction, renovation, retaining work; ***-i di sterro*** earthworks; ***-i di sistemazione*** *(di edificio)* improvements; *(di area)* redevelopment; *(di strada)* roadworks; ***far fare dei -i in casa propria*** to have work done in one's house; ***siamo nel bel mezzo dei -i*** we are in the middle of having some work done; ***"chiuso per -i"*** *(su un cartello)* "closed for repairs"; ***"attenzione, -i in corso"*** "men at work"; *(su una strada)* "caution road under repair", "road up" **2** *(attività di assemblea, commissione)* deliberations **3** *(serie di operazioni della stessa natura)* ***i -i agricoli*** agricultural work; ***-i di cucito*** needlework ◆ ***fare un ~ da cani*** to botch, to botch-up ◆◆ ***~ atipico*** = employment relationship that does not conform to the usual model of full-time, continuous employment with a single employer over a long time span; ***~ autonomo*** self-employment; ***~ alla catena di montaggio*** assembly-line work; ***~ da certosino*** job requiring a lot of patience; ***~ clandestino*** undeclared work; ***~ a cottimo*** piecework; ***~ dipendente*** salaried job; ***~ a domicilio*** working at home; ***~ d'équipe, di gruppo*** → **~ di squadra**; ***~ ingrato*** donkey work, drudgery; ***~ a maglia*** knitting; ***ho cominciato un ~ a maglia*** I've started knitting something; ***~ interinale*** temping job; ***~ manuale*** manual work; ***~ minorile*** child labour; ***~ nero*** = job for which no earnings are declared, under the table job; ***~ notturno*** night-work; ***~ part time*** part-time job; ***~ saltuario*** temporary job; ***~ sommerso*** → **~ nero**; ***~ specializzato*** skilled work; ***~ di squadra*** teamwork; ***~ stagionale*** seasonal work; ***~ straordinario*** overtime; ***~ a tempo pieno*** full-time job; ***~ titanico*** Herculean task; ***~ a turni*** shift work; ***~ d'ufficio*** office work; ***-i d'ago*** needlework; ***-i dei campi*** agricultural *o* farm work; ***-i di casa*** o ***domestici*** housework; ***-i femminili*** fancywork, needlework and knitting; ***-i forzati*** hard labour, FIG. slave labour; ***-i di manutenzione*** maintenance work; ***-i in muratura*** mansonry; ***-i pubblici*** public works; ***-i di restauro*** renovations; ***-i stradali*** roadworks BE, roadwork AE.

laziale /lat'tsjale/ ➧ ***30*** **I** agg. **1** of Latium **2** SPORT [*tifoso, giocatore, difesa*] of Lazio, Lazio attrib. **II** m. e f. **1** native, inhabitant of Latium **2** SPORT *(giocatore)* Lazio player; *(tifoso)* Lazio supporter.

Lazio /'lattsjo/ ➧ ***30*** n.pr.m. Latium.

lazo /'laddzo/ m.inv. lasso*; ***prendere al ~*** to lasso.

lazulite /laddzu'lite/ f. lazulite.

lazzaretto /laddza'retto/ m. lazaret.

Lazzaro /'laddzaro/ n.pr.m. Lazarus.

lazzaronata /laddzaro'nata/ f. *(mascalzonata)* dirty trick.

lazzarone /laddza'rone/ m. (f. **-a**) **1** *(fannullone)* shirker **2** *(mascalzone)* rascal, scoundrel.

lazzeruolo /laddze'rwɔlo/ m. azarole.

lazzo /'laddzo, 'lattso/ m. joke, jest.

▶ **1.le** /le/ artc.det.f.pl. → **il.**

▶ **2.le** /le/ v. la nota della voce **io**. **I** pron.pers.f.sing. **1** *(riferito a persona di sesso femminile)* her, to her, for her; ***~ ho comprato un regalo*** I've bought her a present; ***~ preparerò la colazione*** I'll prepare breakfast for her; ***~ ho parlato*** I spoke to her; ***dille che non deve preoccuparsi*** tell her she mustn't worry; ***mandale i miei saluti!*** send her my love! **2** *(riferito a cosa)* it; ***la macchina è sporca, dalle una lavata*** the car is dirty, give it a wash; ***la tua pianta non è sta tanto bene, dovresti darle del fertilizzante*** your plant isn't very healthy, you should give it some fertilizer **3** *(forma di cortesia)* you, to you; ***~ dispiace se apro la finestra?*** do you mind if I open the window? ***~ invieremo i risultati la prossima settimana*** we'll send you the results next week; ***mi permetta di presentarle mia figlia*** may I introduce my daughter to you? **II** pron.pers.f.pl. **1** *(esse)* them; ***io non ~ conosco*** I don't know them; ***~ ho incontrate ieri*** I met them yesterday; ***prendile*** take them; ***queste cose ce ~ avevi già dette*** you had already told us those things **2** *(in espressioni ellittiche)* ***~ pensa*** o ***studia*** o ***inventa tutte!*** he knows all the tricks; ***spararle grosse*** to talk big! ***darle*** o ***suonarle a qcn.*** to give sb. a good thrashing.

leader /'lider/ **I** agg.inv. [*regione, azienda*] leading **II** m. e f.inv. COMM. POL. SPORT leader.

leadership /'liderʃip/ f.inv. leadership.

▷ **leale** /le'ale/ agg. **1** *(fedele)* [*amico, sostenitore*] loyal, faithful **2** *(corretto, onesto)* [*comportamento, competizione, concorrenza*] fair; ***un combattimento ~*** a straight fight; ***~ negli affari*** straight *o* honest in business.

lealismo /lea'lizmo/ m. loyalism.

lealista, m.pl. **-i**, f.pl. **-e** /lea'lista/ **I** agg. [*truppe*] loyalist **II** m. e f. loyalist.

lealmente /leal'mente/ avv. **1** *(fedelmente)* loyally **2** *(correttamente)* [*combattere, giocare*] fairly.

▷ **lealtà** /leal'ta/ f.inv. **1** *(fedeltà)* loyalty (**verso** to); ***dar prova di ~*** to show one's loyalty **2** *(correttezza)* *(di persona, comportamento)* honesty; *(di competizione)* fairness; ***mancanza di ~*** dishonesty.

leardo /le'ardo/ **I** agg. [*cavallo*] grey **II** m. grey horse.

leasing /'lizing/ m.inv. leasing; ***prendere qcs. in ~*** to lease sth. ◆◆ ***~ immobiliare*** leaseback.

▷ **lebbra** /'lebbra/ ➧ ***7*** f. MED. BOT. leprosy; ***avere la ~*** to have leprosy ◆ ***fuggire qcn., qcs. come la ~*** to avoid sb., sth. like the plague.

lebbrosario, pl. **-ri** /lebbro'sarjo, ri/ m. leprosarium*, leper colony.

lebbroso /leb'broso/ **I** agg. MED. leprous **II** m. (f. **-a**) leper; ***fuggire qcn. come un ~*** to avoid sb. like the plague.

leccaculo /lekka'kulo/ m. e f.inv. VOLG. ass-kisser, arselicker BE, kiss ass AE; ***fare il ~*** to lick *o* to kiss AE ass.

lecca-lecca /lekka'lekka/ m.inv. lollipop, lolly.

leccapiedi /lekka'pjɛdi/ m. e f.inv. SPREG. bootlicker, fawner, crawler, toady, brown-nose(r) AE; ***fare il ~*** to be smarmy, to crawl, to suck up.

leccarda /lek'karda/ f. drip(ping) pan.

▷ **leccare** /lek'kare/ [1] **I** tr. **1** *(con la lingua)* [*persona, animale*] to lick [*cucchiaio, piatto, parte del corpo*]; [*animale*] to lap [*latte, acqua*]; ***lecca(ti) la crema che hai sulle dita*** lick the cream off your fingers; ***Iago ha leccato tutto quello che restava nella ciotola*** Iago has licked his bowl clean; ***il cane mi lecca la mano*** the dog is licking my hand **2** COLLOQ. *(migliorare)* to polish [*opera*] **3** FIG. *(adulare)* to fawn on, to brown-nose [*persona*] **II leccarsi** pronom. **1** *(con la lingua)* ***-rsi le dita*** to lick one's fingers; FIG. to lick one's chops; ***-rsi le labbra*** o ***i baffi*** to lick one's chops **2** FIG. *(farsi bello)* to do* oneself up ◆ ***~ i piedi a qcn.*** to lick sb.'s boots, to suck up to sb.; ***~ il culo a qcn.*** VOLG. to kiss *o* lick sb.'s arse BE *o* ass AE, to brown-nose sb.; ***-rsi le ferite*** to lick one's wounds.

leccata /lek'kata/ f. lick; ***dare una ~ a qcs.*** to give sth. a lick.

leccato /lek'kato/ **I** p.pass. → **leccare II** agg. **1** *(con la lingua)* licked **2** FIG. *(affettato)* [*traduzione*] overpolished **3** *(molto curato)* [*persona*] smooth, affected.

leccatura /lekka'tura/ f. **1** *(il leccare)* licking **2** FIG. *(adulazione)* flattery **3** FIG. *(rifinitura)* polishing.

leccese /let'tʃese/ ➧ ***2*** **I** agg. from, of Lecce **II** m. e f. *(persona)* native, inhabitant of Lecce **III** m. LING. dialect of Lecce.

lecceto /let'tʃeto/ m. holm oak grove.

lecchese /lek'kese/ ➧ ***2*** **I** agg. from, of Lecco **II** m. e f. native, inhabitant of Lecco.

lecchino /lek'kino/ m. (f. **-a**) brown-nose(r) VOLG., fawner.

leccio, pl. **-ci** /'lettʃo, tʃi/ m. holm oak, ilex.

leccornia /lekkor'nia/ f. delicacy, dainty, titbit BE, tidbit AE; ***è una vera ~*** it's absolutely delicious; ***una ~ per i buongustai*** a feast for gourmets.

lecitina /letʃi'tina/ f. lecithin.

▷ **lecito** /'letʃito/ **I** agg. **1** *(permesso)* [*azione, causa, attività*] lawful, legitimate; DIR. allowable; ***essere ~ a qcn.*** to be legitimate for sb.; ***a lui tutto è ~*** he can do what he likes **2** *(giustificato)* [*domanda, commento, decisione*] fair, justifiable; ***è ~ dire, fare*** it's fair to say, to do, one may legitimately say, do; ***è ~ porsi delle domande*** one is entitled to wonder **3** *(nelle formule di cortesia)* ***dove è diretta, se mi è ~?*** where are you going, if I may ask? **II** m. what is lawful, legitimate; ***nei limiti del ~*** within the limits of what we can do, within the law.

ledere /'lɛdere/ [10] tr. **1** *(danneggiare)* to wrong, to injure [*persona*]; to injure, to damage [*reputazione, sicurezza, onore*]; to injure, to harm [*interessi*]; to prejudice [*diritti*]; to violate [*sovranità*]; [*terremoto*] to damage [*edificio, casa*] **2** *(colpire)* to injure, to damage [*organo*].

▷ **1.lega**, pl. **-ghe** /'lega, ge/ f. **1** *(associazione)* league, association; ***~ contro l'alcolismo*** temperance league; ***~ calcio*** Football League **2** *(alleanza)* league, alliance; ***stringersi in una ~*** to form an alliance; ***far ~ con, contro qcn.*** to be in league with, against sb. **3** *(combriccola)* crew; ***essere della ~*** to be part of the gang **4** METALL. alloy; ***in ~*** alloy; ***in ~ d'alluminio*** in aluminium BE *o* aluminum AE alloy; ***fondere in ~*** to alloy; ***di buona ~*** sterling, genuine; ***di bassa ~*** [*metallo*] base; FIG. cheap, of little worth ◆◆ ***~ anseatica*** STOR. Hanseatic League; ***Lega (Nord)*** POL. = Italian regionalist and federalist political party; ***Lega Santa*** STOR. Holy League.

2.lega, pl. **-ghe** /'lega, ge/ ➧ ***21*** f. *(unità di misura)* league; ***~ marina*** league; ***gli stivali delle sette -ghe*** the seven league boots.

legaccio, pl. **-ci** /le'gattʃo, tʃi/ m. **1** *(laccio)* string, lace, fastener; *(di scarpe)* lace **2** *(in maglieria)* garter stitch.

▷ **legale** /le'gale/ **I** agg. **1** *(concernente la legge)* [*questione*] legal; ***l'aspetto ~ di un problema*** the legal aspect of the matter **2** *(fissato per legge)* [*età, definizione, formalità, attività, possesso*] legal; [*separazione*] legal, judicial; [*durata*] prescribed by law; [*dovere*] legal, statutory; ***domicilio ~*** place of abode; ***medicina ~*** forensic medicine *o* science, medical jurisprudence; ***medico ~*** forensic expert *o* scientist, pathologist, medical examiner AE; ***ora ~*** daylight saving time, summer time BE; ***moneta a corso ~*** legal tender; ***numero ~*** quorum; ***dare una forma ~ a un testo*** to give a legal form to a text **3** *(conforme alla legge)* [*custodia, sciopero*] lawful; ***non è ~ fare*** it is not lawful to do; ***rendere qcs. ~*** to make sth. lawful **4** *(giudiziario)* [*spese, vie*] legal; [*atti, procedura*] legal, judicial; ***per via ~*** through legal channels; ***adire le vie -i, ricorrere*** o ***passare alle vie -i*** to take legal steps, to go to court; ***intentare un'azione ~ contro qcn.*** to take legal action *o* judicial proceedings against sb. **5** *(di avvocato)* [*ufficio*] legal; ***studio ~*** law firm, firm of solicitors BE **II** m. **1** *(avvocato)* lawyer, solicitor BE, attorney AE; ***rivolgersi a un ~*** to take *o* get legal advice, to consult a lawyer **2** *(consulente)* legal consultant, advisor.

legalismo /lega'lizmo/ m. legalism.

legalista, m.pl. **-i**, f.pl. **-e** /lega'lista/ **I** agg. legalistic **II** m. e f. legalist.

legalistico, pl. **-ci**, **-che** /lega'listiko, tʃi, ke/ agg. legalistic.

legalità /legali'ta/ f.inv. legality, lawfulness; ***restare nella, uscire dalla ~*** to remain within, to go outside the law.

legalitario, pl. **-ri**, **-rie** /legali'tarjo, ri, rje/ agg. legalitarian.

legalizzare /legalid'dzare/ [1] tr. **1** *(rendere legale)* to legalize, to make sth. lawful; ***~ l'uso di stupefacenti*** to legalize the use of drugs **2** *(autenticare)* to certify, to authenticate [*documento, certificato*]; to attest, to authenticate [*firma*].

legalizzazione /legaliddzat'tsjone/ f. **1** *(per rendere legale)* legalization **2** *(per autenticare)* certification, authentication.

legalmente /legal'mente/ avv. **1** *(in modo legale)* [*agire*] lawfully, legally, legitimately; [*comprare, vendere*] legally **2** *(per vie legali)* ***procedere ~*** to take legal action, steps **3** *(dal punto di vista legale)* *~ riconosciuto* recognized by law.

Legambiente /legam'bjɛnte/ f. = Italian association for protection of the environment.

▷ **legame** /le'game/ m. **1** *(vincolo)* link, bond; ***liberarsi da ogni ~*** to free oneself of one's bonds **2** *(nesso, rapporto)* link, nexus*; ***non vi è alcun ~ fra i due avvenimenti*** there's no link between the two events, the two events are unconnected *o* not linked **3** *(relazione)* connection, link, relationship; *(a livello affettivo, amoroso)* tie, bond; ***~ di amicizia*** friendly tie; ***-i affettivi*** emotional ties *o* bonds; ***-i di sangue*** blood ties; ***avere un forte ~ con qcn.*** to have a strong bond with sb.; ***~ padre figlio*** o ***tra padri e figli*** father-son relationship; ***~ di parentela*** family relationships *o* ties; ***Lorenzo non ha alcun ~ di parentela con mia zia*** Lorenzo is not related to my aunt at all **4** CHIM. bond; ***~ covalente*** covalent bond **5** PSIC. ***doppio ~*** double bind.

legamento /lega'mento/ m. **1** ANAT. ligament, vinculum*; ***~ anulare, cruciforme*** annular, cruciate ligament; ***~ largo dell'utero*** broad ligament; ***strapparsi un ~*** to tear a ligament **2** FON. glide.

legamentoso /legamen'toso/ agg. ligamental, ligamentary, ligamentous; ***tessuto ~*** ligament tissue.

legante /le'gante/ m. **1** IND. binder; ***~ idraulico*** hydraulic binder **2** GASTR. thickening **3** CHIM. ligand.

▶ **1.legare** /le'gare/ [1] **I** tr. **1** *(avvolgere per immobilizzare)* to bind*, to tie, to rope [*persona, mani, piedi*]; to tie (up), to sheaf [*fiori, paglia*]; to tie (back) [*capelli*]; ***~ qcn. a un palo*** to bind sb. to a post, to tie sb. to a stake; ***~ qcn. mani e piedi*** to bind *o* tie sb. hand and foot; ***~ qcn. a un letto, albero*** to tie sb. to a bed, tree; ***~ qcn. come un salame*** to truss sb. up **2** *(fissare)* to fasten, to tie [*corda*] (**a** to); to tie (up) [*pacco*]; *(con una corda)* to rope [*persona, animale, baule, pacco*] (**a** to); *(con una catena)* to chain (up) [*persona, animale, bicicletta*] (**a** to); *(con cinghie)* to strap down [*paziente, prigioniero*]; ***~ un pacchetto, un pacco con dello spago*** to tie a packet, parcel up with string; ***~ delle lettere con un elastico*** to tie up letters with an elastic band **3** FIG. *(unire)* to bind*, to tie; ***l'amore che lo lega a lei*** the love that binds him to her; ***~ alcuni privilegi ad una carica*** to attach privileges to a post **4** FIG. *(vincolare)* to bind*, to tie; ***~ qcn. con una promessa, con un giuramento*** to bind sb. by a promise, an oath **5** *(connettere, stabilire un rapporto con)* to link, to connect [*idee, avvenimenti*] (**a** to); ***~ il proprio nome a*** to link one's name with [*scoperta, avvenimento*] **6** *(per chiudere)* to tie [*sacco*]; to do* up, to tie up [*lacci*] **7** EDIL. to bind* [*pietre, mattoni*]; ***~ dei mattoni col cemento*** to bind bricks with cement **8** GASTR. *(addensare)* to bind*, to thicken [*salsa*] **9** GASTR. *(con lo spago)* to tie, to truss up [*pollo*] **10** MUS. to tie, to slur [*note*] **11** METALL. to alloy [*metalli*] (**con** with) **12** *(rilegare)* to bind* [*libro*] **13** MED. to tie; ***farsi ~ le tube*** to have one's tubes tied **II** intr. (aus. *avere*) **1** METALL. to alloy; ***il rame lega con lo stagno*** copper alloys with tin **2** [*abiti, colori*] to go* well together, to match **3** FIG. *(stringere amicizia)* ***~ con qcn.*** to make friends *o* to get in *o* to hit it off with sb.; ***far fatica a ~*** to be a bad mixer; ***~ facilmente (con le persone)*** to be a good mixer, to make friends easily **III legarsi** pronom. **1** *(avere una relazione con)* to bind* oneself (**a** to), to get* involved (**a** with) **2** *(vincolarsi)* to bind* oneself **3** CHIM. to bind*, to bond **4** BIOL. METALL. to bind* **5** *(allacciarsi)* to tie [*stringhe, lacci*]; *(annodarsi)* to tie [*capelli*] ◆ ***questa me la lego al dito!*** I won't forget that! ***~ i denti a qcn.*** [*frutto*] to set sb.'s teeth on edge; ***~ le mani a qcn.*** to tie sb.'s hands; ***matto*** o ***pazzo da ~*** raving lunatic *o* as mad as a March hare.

2.legare /le'gare/ [1] tr. DIR. to bequeath [*beni mobili*] (**a qcn.** to sb.); to devise [*beni immobili*] (**a qcn.** to sb.); ***~ qcs. a qcn. per testamento*** to bequeath sb. sth. in one's will.

legatario, pl. **-ri** /lega'tarjo, ri/ m. *(di beni mobili)* legatee; *(di beni immobili)* devisee; ***~ universale*** residuary legatee.

legatizio, pl. **-zi**, **-zie** /lega'tittsjo, tsi, tsje/ agg. legatine.

1.legato /le'gato/ **I** p.pass. → **1.legare** **II** agg. **1** *(immobilizzato)* tied, bound; ***ho le mani -e*** my hands are tied (anche FIG.); ***~ mani e piedi*** bound hand and foot (anche FIG.); ***portare i capelli -i*** to wear one's hair tied back **2** *(collegato)* tied, related, linked, bound; ***essere ~ a qcs.*** to be related to *o* bound up with *o* tied to sth.; ***~ alla droga, al lavoro*** drug-, work-related; ***le due questioni sono -e*** the two matters are related; ***i privilegi -i a una carica*** the privileges, perks attached to a post; ***i suoi problemi sono -i alla malattia*** her problems are related *o* associated to her illness; ***essere ~ al contesto*** to depend on the context **3** FIG. fond, attached; ***essere ~ da amicizia a qcn.*** to be friends with sb.; ***essere ~ sentimentalmente a qcn.*** to be (romantically) involved with sb.; ***sono molto -i*** they are very close; ***rimanere ~ alla tradizione*** to hang on to tradition **4** *(vincolato)* ***~ a*** o ***da una promessa, un giuramento*** to be tied to a promise, an oath **5** *(impacciato)* ***essere ~ nei movimenti*** to be stiff, restricted in one's movements **III** avv. e m. MUS. legato.

2.legato /le'gato/ m. STOR. RELIG. legate; ***~ pontificio*** papal legate.

3.legato /le'gato/ m. DIR. *(di beni mobili)* legacy, bequest; *(di beni immobili)* devise; ***fare un ~ a qcn.*** to leave a legacy to sb.

legatore /lega'tore/ ➧ ***18*** m. (f. **-trice** /tritʃe/) (book)binder.

legatoria /legato'ria/ f. **1** *(arte del rilegare)* (book)binding **2** *(laboratorio)* (book)bindery.

legatrice /lega'tritʃe/ f. AGR. *(macchina)* binder.

legatura /lega'tura/ f. **1** *(di pacco)* tying up **2** *(azione del legare)* tying, binding **3** *(rilegatura)* binding, cover; ***~ flessibile, in stoffa,***

cuoio, cartone limp, cloth, leather, case binding **4** MUS. glide, ligature, slur, tie **5** *(incastonatura)* mounting **6** TIP. *(rilegatura)* (book)binding; *(di carattere)* ligature **7** MED. ligature **8** MAR. seizing.

legazione /legat'tsjone/ f. **1** *(rappresentanza)* legation **2** *(ufficio, carica di legato)* legateship, legation.

legenda /le'dʒɛnda/ f. *(su carte geografiche)* key, legend; *(su grafici)* label.

▶ **legge** /'leddʒe/ f. **1** *(norma)* law, act (**su** on; **contro** against; **per** for); ***adottare, votare, emendare, abrogare, promulgare una*** ~ to adopt, pass, amend, repeal, proclaim a law; ***violare, trasgredire, eludere la*** ~ to break, infringe, evade the law; ***approvare, fare passare una*** ~ to pass, carry a law; ***diventare*** ~ to become law; ***interpretare una*** ~ to interpret a law; ~ ***sull'istruzione, sull'aborto*** education, abortion act; ~ ***parlamentare*** Act of Parliament; ***disegno*** o ***progetto di*** ~ bill; ***obbedire alle -i*** to obey the law; ***la sua parola è*** ~ his word is law **2** *(corpo di leggi)* (the) law **U**, legislation, statute; ***una*** ~ a law *o* a piece of legislation; ***rispettare, infrangere la*** ~ to obey, break the law; ***applicare la*** ~ to enforce the law; ***essere al di sopra della*** ~ to be above the law; ***restare nei limiti della*** ~ to remain within the law; ***avere la*** ~ ***dalla propria parte*** to have the law on one's side; ***in nome della*** ~ in the name of the law; ***a termini di*** ~ as by law enacted, within the meaning of the act; ***secondo le -i vigenti*** under the law as it stands, in conformity with the laws in force; ***la*** ~ ***è uguale per tutti*** all men are equal before the law; ***secondo la*** ~ ***italiana*** under Italian law; ***per*** ~, ***conformemente alla*** ~ by law, in compliance with the law; ***mettere qcs. fuori*** ~ to outlaw sth.; ***essere punibile a termine di*** ~ to be punishable by law; ***rispettare la lettera e non lo spirito della*** ~ to respect the letter, if not the spirit, of the law; ***senza*** ~ lawless; ***rappresentante della*** ~ law officer; ***uomo di*** ~ lawyer **3** *(arbitrio)* ***qui vige la*** ~ ***del più forte*** the law of the strongest prevails here; ***la*** ~ ***della malavita*** the law of the underworld; ***la*** ~ ***dell'omertà*** the conspiracy of silence **4** *(principio oggettivo)* law; ***-i fisiche, economiche*** laws of physics, economics; ***le -i della natura, gravitazione*** the laws of nature, gravitation **5** UNIV. *(giurisprudenza)* law; ***studiare*** ~ to study law, to go to law school; ***studente di*** ~ law student ◆ ***dettar*** ~ to lay down the law, to call the shots, to rule the roost; ***non conoscere*** ~ to be a law unto oneself; ***necessità non conosce*** ~ necessity knows no law, needs must when the devil drives; ***fatta la*** ~ ***trovato l'inganno*** every law has a loophole ◆◆ ~ ***abrogativa*** abrogative law; ~ ***di amnistia*** amnesty, pardon law; ~ ***antitrust*** antitrust law; ~ ***civile*** civil law; ~ ***di composizione*** MAT. law of composition; ~ ***comunitaria*** *(della Comunità Europea)* Community law; ~ ***costituzionale*** constitutional law; ~ ***delega*** delegated *o* subordinated legislation; ~ ***divina*** divine law; ~ ***della domanda e dell'offerta*** ECON. law of supply and demand; ~ ***elettorale*** electoral law; ~ ***finanziaria*** finance bill; ~ ***fonetica*** sound law; ~ ***della giungla*** law of the jungle; ~ ***di gravità*** law of gravity; ~ ***locale*** bylaw; ~ ***marziale*** martial law; ~ ***di mercato*** market law; ~ ***mosaica*** Mosaic law; ~ ***di Murphy*** Murphy's law; ~ ***organica*** organic law; ~ ***periodica*** periodic law; ~ ***ponte*** bridge law, interim law; ~ ***quadro*** outline law; ~ ***salica*** Salic law; ~ ***scritta*** statute law; ~ ***del taglione*** (law of) talion; ***-i razziali*** race laws; ***-i speciali*** o ***straordinarie*** emergency laws.

leggenda /led'dʒɛnda/ f. **1** *(favola)* legend, tale, fable; ~ ***popolare*** folk tale; ***secondo la*** ~ legend has it that; ***la*** ~ ***di re Artù*** the legend of king Arthur; ~ ***vivente*** living legend; ***entrare nella*** ~ to pass into legend; ***diventare una*** ~ ***vivente*** to become a legend in one's own lifetime **2** *(iscrizione) (di medaglia, carta geografica)* legend **3** *(bugia)* tale, myth ◆◆ ~ ***metropolitana*** urban myth.

leggendario, pl. **-ri**, **-rie** /leddʒen'darjo, ri, rje/ agg. [*impresa, eroe*] legendary, fabled, mythical.

▶ **leggere** /'lɛddʒere/ [59] tr. **1** *(decifrare)* to read* [*parola, giornale, autore, lingua*]; ~ ***qcs. a qcn.*** to read sth. to sb., to read sb. sth.; ~ ***di qcs.*** to read about sth.; ***imparare a, saper*** ~ to learn, to be able to read; ***saper*** ~ ***e scrivere*** to be literate, to know how to read and write; ~ ***ad alta voce*** to read aloud *o* in a loud voice, to read out (loud); ~ ***in silenzio*** to read quietly *o* to oneself; ~ ***qcs. con attenzione, da cima a fondo*** to read sth. carefully *o* with care, right through; ~ ***in fretta*** o ***velocemente*** to be a fast reader, to read fast *o* quickly; ~ ***con espressione*** to read with expression; ***leggi a pagina 5*** read page 5; ***mi piace*** ~ I like reading; ***è un libro da*** ~ o ***che bisogna assolutamente*** ~ it's a book worth reading *o* one ought to read; ***un libro che si fa*** ~ a (compulsively) readable book; ***questo testo è facile, difficile da*** ~ this text is an easy read, hard to read *o* makes light, heavy reading; ~ ***Platone nel testo originale*** to read Plato in the original; ***al posto di "lui" (bisogna)*** ~ ***"lei"*** for "he" read "she"; ~ ***le labbra di qcn.*** to read sb.'s lips; ~ ***con poca luce*** to read in a poor light; ***nella speranza di leggervi presto*** looking forward to hearing from you soon **2** MUS. to read* [*musica*]; ~ ***a prima vista*** to sight-read [*spartito*] **3** *(decifrare)* to read* [*scrittura, radiografia, carta topografica, diagramma*] (anche MED.) **4** INFORM. to read* [*dati*] **5** TECN. to read* [*contatore, barometro, quadrante*] **6** *(interpretare)* to read* [*carte, tarocchi*]; to see* into [*futuro*]; to interpret [*film, fatto*]; ~ ***la mano*** to read palms; ~ ***le carte a qcn.*** to read sb.'s fortune in the cards; ~ ***l'odio negli occhi, sul volto di qcn.*** to see hate written in sb.'s eyes, on sb.'s face; ~ ***nel pensiero di qcn.*** to read sb.'s thoughts *o* mind; ~ ***nel cuore di qcn.*** to see into sb.'s heart; ***te lo si legge in faccia, in fronte*** it's written all over your face, I can tell from the look on your face ◆ ~ ***tra le righe*** to read between the lines; ~ ***sul volto di qcn. come su un libro aperto*** to read sb. *o* sb.'s face like a book *o* an open book.

▷ **leggerezza** /leddʒe'rettsa/ f. **1** lightness; ***questa valigia è di una*** ~ ***incredibile*** this suitcase is incredibly light **2** GASTR. lightness; *(di tè)* weakness **3** *(agilità) (di persona, ballerina)* lightness, nimbleness; *(di andatura, movimento, stile)* lightness; ***con*** ~ lightly **4** *(delicatezza) (di colpo, voce)* lightness, softness **5** *(superficialità) (di giudizio, parole)* lightness, levity, lack of thought (**di qcs.** behind sth.); ***con*** ~ [*parlare, agire, rispondere*] lightly; [*comportarsi*] frivolously; ***dar prova di*** ~ ***in qcs.*** to make light of sth., to take sth. lightly; ***mi ha sorpreso la*** ~ ***con cui egli...*** I was surprised by how lightly he... **6** *(frivolezza)* lightness, fickleness, flippancy **7** *(azione leggera)* thoughtless, irresponsible action; ***una*** ~ ***imperdonabile*** an unpardonable carelessness; ***è stata una grossa*** ~ ***da parte sua*** that was most thoughtless of him.

leggermente /leddʒer'mente/ avv. **1** *(delicatamente)* [*appoggiare, muovere, agitare*] gently; [*toccare*] lightly; [*profumare*] lightly, slightly; ***tamponare*** ~ ***una ferita*** to dab a wound gently **2** *(poco)* [*cambiare, aumentare, diminuire, abbronzarsi*] slightly; [*tremare*] faintly; [*zuccherare, salare*] lightly, slightly; [*truccarsi*] discreetly; [*danneggiare*] slightly, minimally; ***Enrico è*** ~ ***più alto di suo fratello*** Enrico is slightly taller than his brother; ***in modo*** ~ ***diverso*** in a slightly different way.

▶ **leggero** /led'dʒɛro/ **I** agg. **1** *(che pesa poco)* light, lightweight; ***una valigia -a da trasportare*** a lightweight suitcase; ***essere*** ~ ***come una piuma*** to be as light as a feather; ***sentirsi più*** ~ FIG. to have a weight off one's mind, to feel relieved **2** IND. [*industria, lega*] light **3** GASTR. [*piatto, pasto, cucina, cibo*] light; ***tenersi*** ~ to have light meals *o* a light meal **4** *(non spesso)* [*abiti, stoffa*] light(weight), thin, flimsy; [*scarpe*] light **5** *(agile)* [*persona, ballerina*] light, nimble; [*passo*] light, soft, nimble; ***con passo*** ~ lightly; ***camminare con passo*** ~ to trip along; ***avere un'andatura -a*** to be light on one's feet; ***avere il sonno*** ~ to be a light sleeper, to sleep lightly **6** *(lieve)* [*modifica, progresso, ritardo, calo, rialzo*] slight; [*sapore, gusto*] light; [*rumore*] soft, light; [*ferita*] minor, slight; [*infezione, attacco*] mild; [*pioggia, vento*] light, soft, moderate; [*brezza*] faint, gentle, soft; [*tratto, colpo, carezza, tocco*] light, delicate, soft; [*tremore, scossa di terremoto*] light; [*accento, odore*] light, faint, slight; *(debole)* [*nebbia, vapore*] light, fine; [*speranza*] faint; *(indulgente)* [*punizione*] light, mild; *(sottile)* [*strato, nuvole*] filmy, fine; *(poco faticoso)* [*lavoro, allenamento*] light; [*esercizio*] light, gentle; ***avere un*** ~ ***difetto di pronuncia*** to have a slight speech defect *o* impediment; ***un*** ~ ***malessere, mal di testa*** a mild indisposition, headache; ***avere la mano -a*** to have a light touch, to be light-handed; ***avere un*** ~ ***vantaggio*** to have a slight edge *o* a narrow lead (**su** over) **7** *(poco concentrato)* [*cioccolata, vino*] light; [*caffè, tè*] weak, mild; [*birra, sigarette*] light, mild; [*tabacco*] mild; *(con effetti minori)* [*droghe*] soft **8** *(disimpegnato)* [*film, libro*] light(weight), slight, flimsy **9** *(frivolo)* [*persona*] light-minded, fickle, flippant; [*donna*] flirtatious, fickle; ***a cuor*** ~ with a light heart, light-heartedly, carefree **10** MIL. [*arma, divisione, artiglieria*] light **11** SPORT ***pesi -i*** lightweight **12 alla leggera** *(senza riflettere)* [*parlare, agire, rispondere*] lightly, without thinking; ***prendere qcs. alla -a*** to take sth. lightly, to make light of sth., not to take sth. seriously **II** avv. [*viaggiare*] light; [*essere vestito*] lightly; ***mangiare, cucinare*** ~ to eat, cook light meals **III** m. SPORT lightweight; ***i -i*** *(categoria)* the lightweight.

leggiadramente /leddʒadra'mente/ agg. gracefully, weightlessly.

leggiadria /leddʒa'dria/ f. gracefulness, weightlessness.

leggiadro /led'dʒadro/ agg. graceful, weightless.

leggibile /led'dʒibile/ agg. **1** *(decifrabile)* [*scrittura*] clear, legible, readable; [*manoscritto*] legible, readable **2** *(facile da leggere)* [*autore, romanzo*] legible, readable.

leggibilità /leddʒibili'ta/ f.inv. **1** *(di scrittura, lettera)* legibility **2** *(di romanzo, documento)* legibility, readability.

leggibilmente /leddʒibil'mente/ avv. legibly.

leggicchiare /leddʒik'kjare/ → **leggiucchiare**.

leggio, pl. **-ii** /led'dʒio, ii/ m. **1** *(per libro)* bookrest, bookstand, reading desk; *(di oratore)* lectern **2** *(per musica)* music stand, canterbury, desk **3** *(di chiesa)* desk, lectern.

leggiucchiare /leddʒuk'kjare/ [1] tr. **1** *(a stento)* to read* with difficulty **2** *(senza impegno)* to read* desultorily, to have* a read of [*giornale*].

leghista, m.pl. **-i**, f.pl. **-e** /le'gista/ **I** agg. POL. = of the "Lega Nord" **II** m. e f. POL. = member of the "Lega Nord".

legiferare /ledʒife'rare/ [1] intr. (aus. *avere*) to legislate, to make* laws.

legiferatore /ledʒifera'tore/ m. legislator.

legionario, pl. **-ri**, **-rie** /ledʒo'narjo, ri, rje/ **I** agg. [*truppe, soldato*] legionary **II** m. **1** STOR. legionary **2** *(della Legione straniera)* legionnaire; ***malattia*** o ***morbo del ~*** legionnaire's disease.

legione /le'dʒone/ f. **1** STOR. MIL. legion **2** *(moltitudine)* legion, army (**di** of) ◆◆ ***Legion d'onore*** Legion of Honour; ***Legione straniera*** Foreign Legion.

legionellosi /ledʒonel'lɔzi/ ➧ **7** f.inv. legionnaire's disease.

legislativo /ledʒizla'tivo/ agg. [*assemblea, provvedimento*] legislative; ***potere ~*** legislature.

legislatore /ledʒizla'tore/ m. (f. **-trice** /tritʃe/) **1** *(persona)* legislator, lawmaker, lawgiver **2** *(assemblea, parlamento)* legislature.

legislatura /ledʒizla'tura/ f. **1** *(periodo)* term of office of a legislature **2** *(assemblea legislativa)* legislature **3** ANT. *(attività)* legislation.

legislazione /ledʒizlat'tsjone/ f. **1** *(insieme di leggi)* legislation, law **U**; ***la ~ vigente*** the law as it stands; ***~ comunitaria, governativa*** EEC, government legislation **2** *(attività legislativa)* legislation, lawmaking ◆◆ ***~ del lavoro, ~ sociale*** employment legislation.

legista, m.pl. **-i**, f.pl. **-e** /le'dʒista/ m. e f. legist.

legittima /le'dʒittima/ f. = portion of a deceased person's estate to which their immediate family is legally entitled, regardless of the terms of the will; *(in Scozia)* legitim; dower STOR.

legittimamente /ledʒittima'mente/ avv. legitimately.

legittimare /ledʒitti'mare/ [1] tr. **1** DIR. *(riconoscere come legittimo)* to legitimize [*figlio*]; to legitimize, to recognize [*governo*] **2** *(giustificare)* to legitimize, to justify [*azione, crimine, ideologia*].

legittimario, pl. **-ri** /ledʒitti'marjo, ri/ m. (f. **-a**) = person entitled by law to a share of the deceased's estate.

legittimazione /ledʒittimat'tsjone/ f. **1** DIR. legitimation **2** *(giustificazione)* legitimation, justification.

legittimismo /ledʒitti'mizmo/ m. legitimism.

legittimista, m.pl. **-i**, f.pl. **-e** /ledʒitti'mista/ m. e f. legitimist.

legittimistico, pl. **-ci**, **-che** /ledʒitti'mistiko, tʃi, ke/ agg. legitimist.

legittimità /ledʒittimi'ta/ f.inv. **1** DIR. legitimacy **2** *(di un'azione)* legitimacy, justifiability.

▷ **legittimo** /le'dʒittimo/ agg. **1** *(secondo la legge)* [*figlio, coniuge*] legitimate, lawful; [*erede, proprietario*] legal, lawful, legitimate, rightful; [*matrimonio*] lawful; [*potere, governo*] legitimate **2** *(lecito)* [*azione, dubbio*] legitimate; [*domanda*] legitimate, fair; *(giustificato)* [*rivendicazione, reclamo*] legitimate, legal, just, rightful; [*rabbia*] righteous, justifiable; ***è ~ dire, fare*** one can legitimately say, do ◆◆ ***-a difesa*** self-defence BE, self-defense AE; ***omicidio per -a difesa*** justifiable homicide; ***agire per -a difesa*** to act in self-defence; ***~ sospetto, -a suspicione*** reasonable suspicion.

▷ **legna** /'leɲɲa/ f. wood; ***raccogliere*** o ***far ~*** to collect *o* gather wood; ***spaccare la ~*** to chop wood; ***carbone di ~*** charcoal; ***stufa a ~*** wood stove ◆ ***mettere*** o ***aggiungere ~ al fuoco*** to add fuel to the flames *o* fire, to fan the flames; ***portare ~ al bosco*** to take coals to Newcastle ◆◆ ***~ da ardere*** firewood, kindling-wood; ***~ minuta*** kindling; ***~ secca*** dry *o* dead wood; ***~ verde*** green wood.

legnaia /leɲ'ɲaja/ f. woodshed.

legnaiolo /leɲɲa'iɔlo/ **I** ➧ **18** m. **1** *(falegname)* carpenter **2** *(taglialegna)* woodman, lumberjack **II** agg. LETT. ***ape -a*** carpenter bee.

▷ **legname** /leɲ'ɲame/ m. wood; *(da carpenteria, costruzione)* timber, lumber AE; ***~ verde, stagionato*** green, seasoned timber; ***catasta di ~*** woodpile; ***deposito di ~*** timber yard, lumberyard AE.

legnare /leɲ'ɲare/ [1] tr. COLLOQ. to tan, to thrash, to wallop [*persona, animale*].

legnata /leɲ'ɲata/ f. COLLOQ. blow with a stick; ***dare un sacco di -e a qcn.*** to give sb. a beating *o* bashing *o* thrashing, to thrash the living daylights out of sb.; ***prendere un sacco di -e*** to take a beating *o* bashing, to get thrashed *o* wallopped.

legnatico, pl. **-ci** /leɲ'ɲatiko, tʃi/ m. **1** DIR. estovers pl. **2** STOR. forestage.

▶ **legno** /'leɲɲo/ **I** m. wood; ***~ di pino, quercia*** pinewood, oak wood; ***è di ~?*** is it made of wood? ***~ massiccio*** solid wood; ***tavolo in*** o ***di ~*** wooden table; ***pezzo di ~*** piece of wood; ***lavorare il ~*** to carve wood; ***testa di ~*** FIG. SPREG. woodenhead, thickhead, blockhead **II legni** m.pl. MUS. woodwind ◆◆ ***~ dolce*** softwood; ***~ di rosa*** rosewood; ***~ rosso*** beef-wood; ***~ rosso del Brasile*** Brazil-wood; ***~ santo*** guaiac; ***~ tigre*** tiger-wood; ***~ zebra*** zebrawood.

legnolo /leɲ'ɲɔlo/ m. strand.

legnosità /leɲɲosi'ta/ f.inv. **1** *(di fusto, pianta)* woodiness **2** *(durezza)* toughness **3** FIG. *(rigidità)* woodenness, stiffness.

legnoso /leɲ'ɲoso/ agg. **1** [*fusto, pianta*] woody, ligneous; ***anello ~*** tree ring **2** *(duro)* [*carne*] tough **3** FIG. [*andatura, passo, recitazione*] wooden, stiff.

leguleio, pl. **-ei** /legu'lɛjo, ɛi/ m. SPREG. pettifogger.

legume /le'gume/ m. legume, legumen*, pulse.

legumiera /legu'mjɛra/ f. vegetable dish.

legumina /legu'mina/ f. legumin.

leguminosa /legumi'nosa/ f. legume, legumen*.

▶ **lei** /lɛi/ v. la nota della voce **io**. **I** pron.pers.f. **1** *(soggetto)* she *(in inglese va sempre espresso)*; ***~ ha sposato mio fratello*** she married my brother; ***~ ha due bambini*** she's got two children; ***~ che ama tanto il balletto, che peccato che non ci sia*** she loves ballet so much, it's a pity she isn't here; ***è ~ che ha versato il vino?*** was it her that spilled the wine? ***~ e i suoi colleghi erano incantati*** she and her colleagues were delighted; ***~ non dice mai niente*** she never says a word **2** *(complemento oggetto)* ***conosco ~ ma non lui*** I know her, not him **3** *(preceduto da preposizione)* ***non penso più a ~*** I don't think about her any more; ***tocca a ~ scegliere*** *(è il suo turno)* it's her turn to choose; *(è sua responsabilità)* it's up to her to choose; ***a ~ hai raccontato una storia molto diversa*** you told her a completely different story; ***attorno a ~, dopo di ~*** around, after her; ***un regalo per ~*** a present for her; ***per ~ è un pazzo*** she thinks he's mad, in her eyes he's mad; ***senza di ~ non sarei sopravvissuto*** I wouldn't have survived without her; ***"non mi piace questo!" - "neanche a ~"*** "I don't like that!" - "she doesn't either", "neither does she"; ***lui lavora più di ~*** he works more than she does *o* than her; ***sono più giovane di ~*** I'm younger than she (is) *o* than her; ***li vedo più sovente di ~*** I see them more often than she does **4** *(in un costrutto con valore possessivo)* ***degli amici di ~*** friends of hers; ANT. ***la di ~ sorella*** her (own) sister; ***gli occhi di ~ incontrarono quelli di lui*** her eyes met his **II** pron.pers.m. e f. *(forma di cortesia)* you; ***~ è troppo buono*** you are too kind; ***è ~ che ha vinto*** you have won, you're the winner; ***anche ~ ha l'aria malata*** you don't look very well either, you look ill BE *o* sick AE too; ***~ che conosce bene la città, mi dica*** since you know the town well, tell me; ***me l'ha detto ~ stesso*** you told me yourself; ***dopo di ~!*** after you! **III** m. ***l'uso del ~*** the use of the "lei" form; ***dare del ~*** to use the polite form; ***dare del ~ a qcn.*** to address sb. using the "lei" form; ***darsi del ~*** to address one another using the "lei" form **IV** f. COLLOQ. **1** *(donna)* ***un lui e una ~*** a man and a woman **2** *(compagna, fidanzata)* ***la sua ~*** his ladylove **3** *(animale femmina)* ***questo pappagallo è un lui o una ~?*** is this parrot a he or a she?

leibniziano /lajbnit'tsjano, lejbnit'tsjano/ agg. Leibnitzian.

leitmotiv /lait'motif/ m.inv. leitmotiv; ***ritornare come un ~ in qcs.*** to run as a leitmotiv through sth.

lembo /'lembo/ m. **1** *(di tessuto)* corner; *(di busta)* flap; *(di tovaglia, lenzuolo)* overhang; *(di cielo, terra)* patch; ***~ di camicia*** shirttail **2** ANAT. ***i -i di una ferita*** the lips *o* edges of a wound **3** ASTR. BOT. limb.

lemma /'lɛmma/ m. **1** LING. entry, headword, lemma*; ***~ principale*** main entry **2** MAT. FILOS. lemma*.

lemmario, pl. **-ri** /lem'marjo, ri/ m. wordlist.

lemmatizzare /lemmatid'dzare/ [1] tr. lemmatize.

lemmatizzazione /lemmatiddzat'tsjone/ f. lemmatization.

lemme lemme /'lɛmme'lɛmme/ avv. very slowly, at a leisurely pace.

lemming /'lemming/ m.inv. lemming.

lemna /'lɛmna/ f. lemna.

lemniscata /lemnis'kata/ f. lemniscate.

Lemuele /lemu'ɛle/ n.pr.m. Lemuel.

lemure /'lɛmure/ m. **1** ZOOL. lemur **2** STOR. MITOL. ***-i*** lemures.

lemuroideo /lemuroi'dɛo/ m. lemurin, lemuroid.

lena /'lena/ f. energy, enthusiasm; ***di buona ~*** [*lavorare*] with a will, energetically, at speed; MAR. cheerly; ***mettersi di buona ~*** to wade in COLLOQ.

lenci® /'lɛntʃi/ **I** agg.inv. ***bambola ~*** = doll made of soft felt; ***panno ~*** = soft felt material especially used to make dolls, artificial flowers etc. **II** m.inv. = soft felt material especially used to make dolls, artificial flowers etc.

lendine /'lɛndine/ m. e f. nit.
lendinoso /lendi'noso/ agg. nitty.
lene /'lɛne/ agg. [*consonante*] lenis.
lenimento /leni'mento/ m. alleviation.
leninismo /leni'nizmo/ m. Leninism.
leninista, m.pl. **-i**, f.pl. **-e** /leni'nista/ agg., m. e f. Leninist.
lenire /le'nire/ [102] tr. to alleviate, to dull, to ease, to soothe [*dolore*]; to alleviate, to mitigate [*sofferenza, pena*].
lenitivo /leni'tivo/ **I** agg. alleviative, demulcent **II** m. alleviator, demulcent.
lenocinio, pl. **-ni** /leno'tʃinjo, ni/ m. procuration, procuring.
lenone /le'none/ m. procurer, bawd.
lentamente /lenta'mente/ avv. [*camminare*] slowly, at a slow pace; [*guidare, avvicinarsi, parlare*] slow, slowly; ***legge, impara, lavora*** ~ he's a slow reader, learner, worker; ***rimettersi ~ dall'operazione*** to make a slow recovery from the operation, to be slowly recovering from one's operation; ***un veleno che agisce*** ~ a slow-acting poison, a lingering poison.
▷ **lente** /'lɛnte/ f. lens, glass; ***~ per occhiali*** spectacle lens; ***-i monouso (usa e getta)*** disposable (contact) lenses; ***mettersi le -i*** to put in one's contact lenses ◆◆ ***~ affumicata*** *(per gli occhiali)* smoked *o* tinted lens; ***~ bifocale*** bifocal lens; ***~ a contatto*** contact lens; ***~ concava*** concave lens; ***~ convergente*** converging *o* convergent lens; ***~ convessa*** convex lens; ***~ corneale*** microcorneal *o* contact lens; ***~ correttiva*** corrective lens; ***~ divergente*** diverging lens; ***~ fotocromatica*** photochromic lens; ***~ d'ingrandimento*** magnifying glass, magnifier; ***~ d'ingrandimento binoculare*** binocular magnifier; ***~ morbida*** soft lens; ***~ rigida*** hard lens; ***~ rifrangente*** refractive lens; ***~ ustoria*** burning glass.
lentezza /len'tettsa/ f. *(di persona)* slowness, tardiness (**nel fare** in doing); *(di movimento, passo, veicolo)* slowness, sluggishness; *(di burocrazia, amministrazione)* slowness; ***di una ~ esasperante*** infuriatingly slow; ***con*** ~ slowly.
lentia /len'tia/ f. MAR. parbuckle; ***sollevare per mezzo di una*** ~ to parbuckle [*cassa, cannone*].
▷ **lenticchia** /len'tikkja/ f. **1** *(legume)* lentil; ***minestra di -e*** lentil soup; ***vendere qcs. per un piatto di -e*** FIG. to sell sth. for a mess of pottage **2** COLLOQ. *(lentiggine)* lentigo*, freckle ◆◆ ***~ d'acqua*** duckweed.
lenticella /lenti'tʃella/ f. lenticel.
lenticolare /lentiko'lare/ agg. lenticular.
lentiforme /lenti'forme/ agg. lentoid.
▷ **lentiggine** /len'tiddʒine/ f. freckle, lentigo; ***coprirsi di -i*** [*pelle*] to freckle (all over); [*persona*] to become covered in freckles.
lentigginoso /lentiddʒi'noso/ agg. freckled.
lentisco, pl. **-schi** /len'tisko, ski/ m. mastic tree.
lentivirus /lenti'virus/ m.inv. lentivirus.
▶ **lento** /'lɛnto/ **I** agg. **1** [*persona, veicolo, digestione, film*] slow; [*reazione, traffico*] slow, sluggish; [*passo*] slow, leisurely; ***essere ~ nel fare*** to be slow to do *o* in doing; ***essere ~ come una lumaca*** to be a slowcoach, to be as slow as a snail; ***essere ~ nel lavoro*** to be a slow worker; ***essere ~ di comprendonio*** to be slow on the uptake *o* off the mark COLLOQ. **2** *(allentato)* [*nodo, fune*] slack, loose; [*vite*] loose **3** *(graduale)* [*morte*] lingering **II** m. MUS. *(ballo)* slow dance, smooch BE COLLOQ.; ***ballare un ~ con qcn.*** to have a slow dance with sb. **III** avv. **1** *(lentamente)* slowly **2** MUS. lento.
▷ **lenza** /'lɛntsa/ f. **1** PESC. (fishing) line; ***pesca con la*** ~ line fishing, angling; ***lanciare la*** ~ to cast one's line; ***dare più, meno*** ~ to give a line more, less play **2** COLLOQ. FIG. sly (old) dog, wily (old) fox, bird.
▷ **lenzuolo**, pl. **-i**, pl.f. **-a** /len'tswɔlo/ m. sheet; ***~ di cotone, seta*** cotton, silk sheet; ***~ di sotto*** bottom sheet; ***~ matrimoniale*** double sheet; ***~ singolo*** o ***a una piazza*** single sheet; ***~ con angoli*** fitted sheet; ***cambiare le -a*** to change a bed *o* the sheets; ***rimboccare le -a*** to fold back the sheet; ***infilarsi sotto le -a*** to get under the blankets ◆ ***essere bianco come un*** ~ to be as white as a sheet ◆◆ ***~ funebre, ~ mortuario*** shroud, grave-clothes.
leonardesco, pl. **-schi**, **-sche** /leonar'desko, ski, ske/ agg. Leonardesque.
Leonardo /leo'nardo/ n.pr.m. Leonard.
leoncino /leon'tʃino/ m. lion cub.
▷ **leone** /le'one/ m. **1** lion (anche ARALD.); ***caccia al*** ~ lion hunt; ***la parte del*** ~ the lion's share; ***prendere*** o ***fare la parte del*** ~ to take the lion's share; ***~ passante*** ARALD. lion passant **2** FIG. lion; ***i giovani -i della finanza*** the young lions of finance ◆ ***avere un coraggio da -i*** to be as brave as a lion; ***sentirsi un*** ~ to feel like a lion; ***battersi, difendersi come un*** ~ to fight, defend like a lion *o* tiger; ***gettare qcn. in pasto ai -i*** to throw sb. to the lions; ***scendere nella fossa dei -i*** to walk into the lion's den, to put one's head in the lion's jaws *o* mouth; ***essere nella fossa dei -i*** to be in the lion's den; ***andare su e giù come un ~ in gabbia*** to pace up and down like a caged animal; ***meglio un giorno da ~ che cento anni da pecora*** PROV. rather one day a lion than a hundred years a sheep ◆◆ ***~ marino*** sea lion.
Leone /le'one/ ➧ ***38*** **I** m.inv. ASTROL. Leo, the Lion; ***essere del ~, essere (un)*** ~ to be (a) Leo **II** n.pr.m. *(nome di uomo)* Leo.
▷ **leonessa** /leo'nessa/ f. lioness.
leonino /leo'nino/ agg. **1** LETT. [*aspetto, chioma*] leonine **2** DIR. [*clausola, spartizione*] one-sided; ***patto*** ~ DIR. leonine partnership **3** METR. [*verso*] Leonine.
Leonora /leo'nɔra/ n.pr.f. Leonora.
leopardato /leopar'dato/ agg. [*fantasia, motivo*] leopardskin.
▷ **leopardo** /leo'pardo/ m. **1** *(animale)* leopard; ***femmina di*** ~ leopardess **2** *(pelliccia)* leopardskin; ***pelliccia di*** ~ leopardskin coat ◆◆ ***~ delle nevi*** ounce, snow leopard.
Leopoldo /leo'pɔldo/ n.pr.m. Leopold.
lepade /'lɛpade/ f. gooseneck barnacle.
lepidezza /lepi'dettsa/ f. LETT. **1** *(arguzia)* wit **2** *(facezia)* witticism.
lepido /'lɛpido/ agg. LETT. [*risposta*] witty.
lepidottero /lepi'dɔttero/ m. scalewing, lepidopter; ***-i*** lepidoptera; ***dei -i*** lepidopterous.
lepisma /le'pizma/ f. silverfish.
leporino /lepo'rino/ agg. leporine; ***labbro*** ~ MED. harelip.
▷ **lepre** /'lɛpre/ f. **1** ZOOL. hare; ***coda di*** ~ hare's tail; ***correre come una*** ~ to run like a hare; ***scappare come una*** ~ to run off like a startled rabbit; ***essere pauroso come una*** ~ to be hen-hearted *o* a chicken *o* a scaredy cat COLLOQ.; ***~ in salmì*** GASTR. jugged hare **2** SPORT pacemaker ◆◆ ***~ delle Alpi*** bluehare; ***~ comune*** brown hare; ***~ meccanica*** (electric) hare.
leproma /le'prɔma/ m. leproma*.
leprotto /le'prɔtto/ m. leveret.
leptomeninge /leptome'nindʒe/ f. leptomeninx*.
leptomeningite /leptomenin'dʒite/ ➧ **7** f. leptomeningitis*.
leptone /lep'tone/ m. lepton.
leptospermo /leptos'pɛrmo/ m. tea tree.
leptospirosi /leptospi'rɔzi/ ➧ **7** f.inv. leptospirosis*.
lercio, pl. **-ci**, **-ce** /'lɛrtʃo, tʃi, tʃe/ agg. filthy, foul.
lerciume /ler'tʃume/ m. filth, foulness.
lesbica, pl. **-che** /'lɛzbika, ke/ f. lesbian, dyke BE POP. SPREG., dike AE POP. SPREG.
lesbico, pl. **-ci**, **-che** /'lɛzbiko, tʃi, ke/ agg. lesbian; ***amore*** ~ lesbianism.
lesbio, pl. **-bi**, **-bie** /'lɛzbjo, bi, bje/ **I** agg. *(di Lesbo)* Lesbian **II** m. (f. **-a**) Lesbian.
lesbismo /lez'bizmo/ m. lesbianism.
Lesbo /'lɛzbo/ n.pr.f. Lesbos.
lesena /le'zɛna/ f. pilaster.
lesina /'lezina/ f. **1** *(del calzolaio)* awl, punch **2** FIG. *(taccagneria)* stinginess, penny-pinching, meanness **3** FIG. *(persona avara)* skinflint, penny-pincher.
lesinare /lezi'nare/ [1] **I** tr. to skimp on, to be sparing with [*complimenti, elogi*]; ***non lesina gli sforzi*** he spares no effort *o* no pains **II** intr. (aus. *avere*) ***~ su*** to skimp on [*ingrediente*]; to be stingy with, to be sparing with, to stint on, to skimp on [*denaro, spesa, mezzi, lavoro, cibo, bevande, regali*]; ***non ~ su*** to be liberal with [*ingrediente, denaro*] ◆ ***~ il centesimo*** to count the pennies.
lesionare /lezjo'nare/ [1] **I** tr. to crack, to damage; ***il terremoto ha lesionato alcuni edifici*** the earthquake damaged a few buildings **II** **lesionarsi** pronom. [*muro, edificio*] to crack, to be damaged.
lesionato /lezjo'nato/ **I** p.pass. → **lesionare** **II** agg. [*edificio, muro*] cracked.
lesione /le'zjone/ f. **1** MED. damage, lesion, injury; ***avere -i al fegato*** to have a damaged liver **2** FIG. injury; ***~ della propria reputazione*** injury to one's own reputation **3** DIR. injury; ***~ (personale) colposa*** o ***dolosa*** grievous bodily harm **4** *(crepa)* damage **U**, crack ◆◆ ***~ cerebrale*** brain damage; ***~ interna*** internal injury; ***~ personale*** DIR. personal injury, bodily harm; ***~ polmonare*** pulmonary lesion; ***~ spinale*** spinal damage.
lesivo /le'zivo/ agg. **1** *(dannoso)* detrimental, harmful **2** DIR. prejudicial (**di** to).
leso /'lezo/ **I** p.pass. → **ledere** **II** agg. **1** MED. [*organo*] injured **2** DIR. ***la parte -a*** the injured party, the aggrieved ◆◆ ***-a maestà*** lese-majesty; ***delitto di -a maestà*** crime of lese-majesty.
▷ **lessare** /les'sare/ [1] tr. to boil [*carne, patate*].
lessatura /lessa'tura/ f. boiling.
lessema /les'sɛma/ m. lexeme; ***~ primitivo*** root word.

lessicale /lessi'kale/ agg. [*unità, campo*] lexical.

lessicalizzare /lessikalid'dzare/ [1] **I** tr. to lexicalize **II lessicalizzarsi** pronom. to become* lexicalized.

lessicalizzazione /lessikaliddzat'tsjone/ f. lexicalisation.

lessico, pl. **-ci** /'lɛssiko, tʃi/ m. **1** LING. *(insieme di termini)* lexis, lexicon, vocabulary; *~ **attivo, passivo*** active, passive vocabulary; ***il ~ sportivo*** the language of sport, the sports jargon **2** *(dizionario)* lexicon, dictionary; ***un ~ botanico*** a botanic(al) dictionary ◆ *~ **di base*** core vocabulary; *~ **familiare*** family language.

lessicografia /lessikogra'fia/ f. lexicography.

lessicografico, pl. **-ci, -che** /lessiko'grafiko, tʃi, ke/ agg. lexicographical.

lessicografo /lessi'kɔgrafo/ ♦ *18* m. (f. **-a**) lexicographer.

lessicologia /lessikolo'dʒia/ f. lexicology.

lessicologico, pl. **-ci, -che** /lessiko'lɔdʒiko, tʃi, ke/ agg. lexicological.

lessicologo, m.pl. **-gi**, f.pl. **-ghe** /lessi'kɔlogo, dʒi, ge/ ♦ *18* m. (f. **-a**) lexicologist.

lesso /'lesso/ **I** agg. [*carne, verdure, pesce*] boiled; ***fare ~*** to boil **II** m. *(carne bollita)* boiled meat; *(taglio di carne)* boiling meat ◆◆ ***essere un pesce ~*** to be a dope.

lesto /'lɛsto/ agg. **1** *(agile)* [*persona, movimento, passo*] nimble, quick **2** *(veloce)* [*lavoro, decisione*] hasty, quick; ***essere ~ di mano*** to be light- *o* nimble-fingered, to have itchy fingers COLLOQ.; ***essere ~ di gambe*** to be light- *o* fleet-footed; ***essere ~ di lingua*** to have an answer for everything; ***alla -a*** *(in fretta)* hastily, quickly.

lestofante /lesto'fante/ m. rascal, rogue, scoundrel.

letale /le'tale/ agg. [*malattia, ferita, veleno, arma*] lethal, deadly; [*conseguenza*] lethal; ***dose ~*** lethal dose, overdose; ***avere un effetto ~*** to have a lethal effect, to be fatal.

letalità /letali'ta/ f.inv. lethality; ***quoziente di ~*** mortality, death rate.

letamaio, pl. **-ai** /leta'majo, ai/ m. **1** *(mucchio di letame)* dunghill, dung heap, manure heap, muckheap **2** *(luogo sudicio)* midden, dunghill.

letamare /leta'mare/ [1] tr. to dung, to manure, to muck [*campo*].

letame /le'tame/ m. **1** *(concime organico)* dung, manure, muck, soil; *~ **di cavallo*** horse manure **2** *(sudiciume, luridume)* muck, filth.

letargia /letar'dʒia/ ♦ *7* f. lethargy; ***affetto da ~*** lethargic.

letargico, pl. **-ci, -che** /le'tardʒiko, tʃi, ke/ agg. **1** MED. [*persona*] lethargic (anche FIG.); ***cadere in un sonno ~*** to fall *o* sink into a lethargic sleep **2** *(di animali)* ***sonno ~*** hibernation.

letargo, pl. **-ghi** /le'targo, gi/ m. **1** *(di animali) (invernale)* hibernation, vernation; *(estivo)* aestivation; *(di piante)* dormancy; ***essere, andare in ~*** to hibernate, to go into hibernation **2** MED. lethargy **3** FIG. *(stato di inerzia)* lethargy, dormancy; ***in ~*** [*mercato, economia*] dormant; ***uscire dal ~*** to shake off one's lethargy; ***scuotere*** o ***far uscire qcn. dal ~*** to shake sb. out of their lethargy.

letizia /le'tittsja/ f. joy, happiness, mirthfulness.

letta /'lɛtta/ f. ***dare una ~ a qcs.*** to have a read of sth.

▶ **lettera** /'lɛttera, 'lettera/ **I** f. **1** *(segno grafico)* letter; ***le -e dell'alfabeto*** the letters of the alphabet; ***la ~ A*** the letter A; *~ **iniziale*** initial letter; *~ **minuscola*** small letter; TIP. lower-case letter; *~ **maiuscola*** capital *o* big letter; TIP. upper-case letter; *~ **greca, cirillica, gotica*** Greek, Cyrillic, gothic letter; *~ **a stampatello*** block letter; ***a -e maiuscole*** in capital letters, in big letters, in upper case; ***una parola di tre -e*** a three-letter word; ***scrivere la data, la somma in -e*** to write the date, the sum in full; ***è scritto a chiare -e nel rapporto*** FIG. it's written in black and white in the report; ***essere scritto a grandi -e*** to be writ large; ***un titolo a -e cubitali*** banner headline **2** *(messaggio scritto)* letter; *~ **d'amore*** love letter; ***una ~ di felicitazioni, congratulazioni, ringraziamento, condoglianze*** a letter of felicitations, congratulation, thanks, condolence; *~ **al direttore*** letters to the editor; *~ **di raccomandazione, presentazione, dimissioni*** letter of recommendation, introduction, resignation; *~ **commerciale*** o ***d'affari*** business letter; ***la vostra ~ del 3 c.m.*** your letter of the 3rd inst.; ***per ~*** by letter; ***buca*** o ***cassetta delle -e*** letter box, postbox BE *o* mailbox AE; ***carta da -e*** stationery, writing paper, notepaper; ***le -e di Cicerone*** the letters of Cicero; ***scrivere, firmare una ~*** to write, sign (off) a letter; ***rispondere a una ~*** to answer a letter, to write back **3 Lettera** BIBL. Epistle; *~ **ai Corinzi*** (Epistle to the) Corinthians **4 alla lettera** [*applicare, eseguire*] to the letter; [*tradurre, interpretare*] literally; [*descrivere*] word-for-word, verbatim; ***prendere qcs. alla ~*** to take sth. literally *o* at face value; ***prende tutto alla ~*** he is literal-minded; ***seguire le istruzioni alla ~*** to follow instructions to the letter **II lettere** f.pl. **1** UNIV. *(materie letterarie)* arts, humanities; ***studente di -e*** arts student; ***facoltà di -e*** faculty of arts; ***professore di -e*** arts teacher; ***studiare -e*** to study (the) arts **2** *(cultura letteraria)* letters; ***belle -e*** belles-lettres; ***un uomo di -e*** a man of letters, a literary man ◆ ***da incidere a -e d'oro*** to be lettered in gold; ***scritto a -e di fuoco*** written in letters of fire; ***diventare ~ morta*** to become a dead letter ◆◆ *~ **d'accettazione*** letter of acceptance; *~ **d'accompagnamento*** covering letter; *~ **d'addio*** goodbye letter; *~ **anonima*** anonymous letter; *~ **aperta*** open letter (**a** to); *~ **assicurata*** registered letter; *~ **di avviso*** advice note; *~ **di credito documentaria*** documentary letter of credit; *~ **di disdetta*** letter of cancellation; *~ **esplosiva*** letter bomb; *~ **espresso*** express letter; *~ **di intenti*** declaration of intent; *~ **di garanzia*** letter of indemnity; *~ **di licenziamento*** notice of dismissal, redundance notice BE, pink slip AE; *~ **minatoria*** threatening *o* minatory letter; *~ **pastorale*** pastoral letter; *~ **patente*** brevet, letter patent; *~ **raccomandata*** registered letter; *~ **di reclamo*** COMM. letter of complaint; *~ **di rifiuto*** rejection letter; *~ **rogatoria*** rogatory letter; *~ **di sollecito*** (letter of) reminder; *~ **di vettura*** COMM. freight note, consignment note; ***-e classiche*** classical studies; ***-e di credenza*** o ***credenziali*** letters of credence; ***-e moderne*** humanities, arts.

▷ **letterale** /lette'rale/ agg. **1** [*significato, senso*] literal; ***traduzione ~*** literal *o* word-for-word translation, metaphrase; ***nel senso ~ del termine*** in the literal sense of the word **2** MAT. [*calcolo*] literal.

letteralmente /letteral'mente/ avv. **1** [*significare, tradurre*] literally; [*citare*] verbatim **2** *(nel vero senso della parola)* literally; ***è ~ esploso dalla rabbia*** he literally exploded with rage; ***l'aria è diventata ~ irrespirabile*** the air has become literally unbreathable.

letterariamente /letterarja'mente/ avv. literarily.

letterarietà /letterarje'ta/ f.inv. literariness.

▷ **letterario**, pl. **-ri, -rie** /lette'rarjo, ri, rje/ agg. **1** [*genere, critica, premio, talento*] literary; ***ambienti*** o ***circoli -ri*** literary circles; ***opera -a*** work of literature; ***proprietà -a*** literary property; ***il mondo ~*** the literary world; ***citazione -a*** literary quotation **2** *(ricercato)* [*espressione, linguaggio, stile*] literary **3** UNIV. ***studi -ri*** arts.

letterata /lette'rata/ f. literary woman*, woman* of letters, scholar.

▷ **letterato** /lette'rato/ **I** agg. lettered **II** m. literary man*, man* of letters, scholar, bookman*; ***i -i*** the literati.

▷ **letteratura** /lettera'tura/ f. **1** *(opere letterarie)* literature; ***le più belle pagine della ~ italiana*** the finest passages of Italian literature **2** *(materia)* literature; ***corso di ~ comparata*** comparative literature course **3** *(attività dello scrittore)* ***darsi alla ~*** to take up a writing career **4** *(documentazione)* literature; ***c'è una vasta ~ sull'argomento*** there is a wealth of literature on the subject ◆◆ *~ **per bambini*** → *~* **infantile**; *~ **classica*** classic literature, classics; *~ **comparata*** comparative literature; *~ **contemporanea*** contemporary literature; *~ **d'evasione*** escapist literature; *~ **di consumo*** light fiction, pulp literature; *~ **di fantascienza*** science fiction; *~ **infantile*** o ***per l'infanzia*** children's literature; *~ **d'intrattenimento*** entertainment literature; *~ **moderna*** modern literature; *~ **poliziesca*** crime writing.

lettiera /let'tjɛra/ f. **1** *(di mucche, cavalli)* bedding, bed, litter; *(per gatti)* cat litter; ***cambiare la ~ del gatto*** to change the cat litter **2** *(intelaiatura del letto)* bed base, bedstead.

lettiga, pl. **-ghe** /let'tiga, ge/ f. **1** STOR. litter **2** *(barella)* stretcher, litter.

lettighiere /letti'gjɛre/ ♦ *18* m. **1** STOR. litter-bearer **2** *(barelliere)* stretcher-bearer.

lettino /let'tino/ m. **1** *(per bambini)* crib, cot BE; *(del medico, dello psicanalista)* couch; ***sdraiarsi, sedersi sul ~*** to lie down, sit on the couch **2** COLLOQ. *(seduta di lampade solari)* session on a sunbed; ***fare un ~*** to use a sunbed ◆◆ *~ **abbronzante*** sunbed; *~ **da campo*** camp bed, cot AE; *~ **solare*** → *~* **abbronzante**; *~ **da spiaggia*** sunbed.

▶ **letto** /'lɛtto/ m. **1** *(mobile)* bed; *~ **a una piazza*** o ***singolo*** single bed; *~ **a due piazze, matrimoniale*** double bed; ***divano ~*** sofa bed, divan bed, bed-settee; *~ **duro, morbido*** hard, soft bed; ***andare a ~*** to go to bed; ***è ora di andare a ~*** it's time for bed *o* bedtime; ***mettersi a ~*** to get into bed, to bed down; *(per malattia)* to take to one's bed; ***a ~*** in bed; ***essere costretto a ~*** [*malato*] to be bedridden *o* confined to bed *o* laid up; ***stare a ~ fino a tardi*** to stay in bed late, to lie in, to sleep in; ***mandare, mettere qcn. a ~*** to send, put sb. to bed; ***tirare*** o ***buttare qcn. giù dal ~*** to drag *o* get sb. out of bed; ***fare, disfare il ~*** to make, strip down the bed; ***il ~ era tutto disfatto*** the bed was unmade, the bedclothes were rumpled; ***morire nel proprio ~*** to die in one's bed; ***a ~!*** *(a un bambino)* bedtime! ***giù dal ~!*** show a leg! ***bagnare il ~*** [*bambino*] to wet the bed **2** COLLOQ. ***andare a ~ con qcn.*** to go to bed with sb.; ***com'è Michele a ~?*** what's Michele like in bed? ***ci sa fare a ~*** she's good in bed *o* a good lay; ***gli piacerebbe proprio portarsela a ~*** he would like to get her into bed; ***sorprendere qcn. a ~ con*** to catch sb. in bed with **3** *(unità d'accoglienza)*

(posto)* ~** bed; ***un albergo con 300 posti ~ a hotel that sleeps 300; ***un ospedale con 300 posti ~*** a 300-bed hospital; ***questa stazione turistica offre 2.500 posti ~*** there are 2,500 beds available in this resort; ***la roulotte ha quattro posti ~*** the caravan sleeps four (people); ***camera a un ~, a due -i*** single, double bedroom; ***dare a qcn. un ~ per la notte*** to give sb. a bed for the night **4** DIR. *(matrimonio)* ***figli dello stesso, di primo ~*** children of the same, first marriage **5** GEOL. bed **6** GEOGR. *(di corso d'acqua, mare)* bed **7** *(direzione del vento)* eye **8** *(strato)* bed, layer; ***un ~ di foglie*** a bed of leaves ◆ ***andare a ~ con le galline*** to go to bed *o* turn in early ◆◆ ***~ a baldacchino*** canopied bed, four-poster (bed); ***~ a barca*** French bed; ***~ da campo*** camp bed, cot AE; ***~ a carriola*** rollaway bed AE; ***~ a castello*** bunk bed; ***~ coniugale*** marriage bed; ***~ di degenza*** adjustable bed; ***~ di dolore*** LETT. bed of pain; ***~ estraibile*** truckle bed BE, trundle bed AE; ***~ filtrante*** filter bed; ***~ del fiume*** GEOGR. riverbed; ***~ di fortuna*** makeshift bed, shakedown; ***~ di morte*** deathbed; ***~ pieghevole*** folding bed, Z-bed BE; ***~ di Procuste*** → **~ di spine**; ***~ regolabile*** → **~ di degenza**; ***~ di rose*** bed of roses; ***~ a scomparsa*** murphy bed AE; ***~ a soppalco*** mezzanine bed, loft bed AE; ***~ di spine*** bed of nails; ***~ vegetale*** leaf mould BE *o* mold AE; ***-i gemelli*** twin beds.

lettone /'lɛttone/ ➧ ***25, 16*** **I** agg. Latvian, Lettic, Lettish **II** m. e f. Latvian, Lett, Lettish **III** m. LING. Latvian, Lett(ic), Lettish.

Lettonia /let'tɔnja/ ➧ ***33*** n.pr.f. Latvia.

lettorato /letto'rato/ m. UNIV. *(carica)* (foreign language) assistantship BE, language teaching assistantship AE; *(corso)* = foreign language course held by a mother-tongue teacher.

▷ **lettore** /let'tore/ ➧ ***18*** m. **1** (f. **-trice** /tritʃe/) reader; ***è un ~ accanito di Joyce*** he's an avid reader of Joyce; ***~ assiduo, attento*** avid, careful reader; ***avviso al ~*** foreword; ***la posta dei -i*** (readers') letters column, letters to the editor; ***i -i*** the readership, the audience **2** (f. **-trice** /tritʃe/) UNIV. *(di lingua)* (foreign language) assistant BE, language teaching assistant AE; ***un ~ d'inglese*** an English language assistant **3** RELIG. *(chierico)* lector **4** INFORM. reader; ***~ di dischetti*** disk drive *o* player; ***~ di documenti*** document reader *o* scanner **5** TECN. reader; *(di impianto stereo)* player; ***~ di microfilm*** microfilm reader; ***~ di compact disc*** o ***di CD*** compact disc, CD player; ***~ DVD*** DVD player; ***~ MP3*** MP3 player ◆◆ ***~ di codice a barre*** bar-code reader; ***~ ottico*** optical character reader, optical wand; ***~ di schede (perforate)*** card reader.

▷ **lettura** /let'tura/ f. **1** *(di libri, giornali)* reading; ***~ ad alta voce, silenziosa*** loud, silent reading; ***alla prima, seconda ~*** on the first, second reading; ***è un libro di difficile ~*** this book is difficult to read *o* makes heavy reading; ***è un libro di piacevole ~*** this book is readable *o* makes light reading; ***il piacere della ~*** the enjoyment of reading; ***dare ~ di qcs.*** to read out sth., to read sth. out; ***dare ~ delle pubblicazioni (matrimoniali)*** to read the banns; ***organizzare delle -e di opere teatrali, di poesie*** to organize play *o* poetry readings; ***libro di ~*** SCOL. reader, reading book; ***sala di ~*** reading room; ***~ di bozze*** *(correzione)* proofreading; ***la ~ delle labbra*** lipreading; ***~ della mano*** hand-reading; ***~ del pensiero*** mindreading **2** *(interpretazione)* reading, interpretation; ***una ~ marxista, freudiana*** a Marxist, Freudian reading; ***la ~ della Bibbia*** Bible reading; ***chiave di ~*** key to the reading **3** *(ciò che si legge)* reading (matter), book; ***-e per l'infanzia*** o ***per i bambini*** books *o* reading matter for children; ***fare buone, cattive -e*** to read good, trashy books; ***sono le mie -e preferite*** it's what I like reading best, it's my favourite (kind of) reading; ***-e amene*** light reading; ***-e consigliate, complementari*** recommended, background reading; ***non è una ~ per bambini*** it's not suitable reading matter for children **4** *(di musica, radiografia, grafica)* reading; ***~ a (prima) vista*** sight-reading **5** RELIG. lesson, lection; ***leggere la prima, seconda ~*** to read the first, second lesson **6** POL. reading; ***progetto di legge bocciato in prima, seconda ~*** bill defeated at its first, second reading **7** INFORM. reading; ***modalità solo ~*** read mode; ***~ ottica (di caratteri)*** optical (character) reading; ***~ ottica di codici a barre*** mark reading *o* scanning **8** TECN. *(di gas, acqua, elettricità)* reading; ***~ del contatore*** meter reading; ***effettuare la ~ del contatore*** to read the meter.

letturista, m.pl. **-i**, f.pl. **-e** /lettu'rista/ ➧ ***18*** m. e f. meter reader.

leucemia /leutʃe'mia/ ➧ ***7*** f. leuk(a)emia; ***avere la ~, essere malato di ~*** to have leuk(a)emia.

leucemico, pl. **-ci**, **-che** /leu'tʃɛmiko, tʃi, ke/ **I** agg. [*persona, cellula*] leuk(a)emic **II** m. (f. **-a**) leuk(a)emic, leuk(a)emia sufferer.

leucina /leu'tʃina/ f. leucine.

leucite /leu'tʃite/ f. leucite.

leucocita /leuko'tʃita/ m. leucocyte, leukocyte, white blood cell.

leucocitario, pl. **-ri**, **-rie** /leukotʃi'tarjo, ri, rje/ agg. leucocytic.

leucocito /leuko'tʃito/ → **leucocita**.

leucocitosi /leukotʃi'tɔzi/ f.inv. leucocytosis*, leukocytosis*.

leucoma /leu'kɔma/ m. leucoma.

leucoplachia /leukopla'kia/, **leucoplasia** /leukopla'zia/ ➧ ***7*** f. leucoplakia.

leucoplasto /leuko'plasto/ m. leucoplast.

leucorrea /leukor'rɛa/ ➧ ***7*** f. leucorrhoea.

leucosi /leu'kɔzi/ f.inv. leucosis*, leukosis*.

leucotomia /leukoto'mia/ f. leucotomy, leukotomy.

▷ **1.leva** /'lɛva/ f. **1** FIS. TECN. lever, crowbar, pry AE; ***utilizzare un bastone come ~*** to use a stick as a lever; ***sollevare qcs. con una ~*** to lever *o* prise sth. up, to lever *o* prise up sth.; ***fare ~ con*** to lever *o* prise with [*palo, sbarra*]; ***fare ~ sui sentimenti, sull'orgoglio di qcn.*** FIG. to play on sb.'s feelings, pride **2** TECN. *(di comando)* lever; ***tirare la ~*** to pull (on) the lever; ***braccio della ~*** lever arm, leverage **3** CHIR. levator **4** FIG. *(stimolo)* (bargaining) lever; ***il denaro è una ~ potente*** money is an effective lever ◆◆ ***~ di arresto*** TECN. stop lever; ***~ di arresto automatico*** TECN. dead man's handle; ***~ di avanzamento*** FOT. winding lever; ***~ del cambio*** AUT. gear lever BE, (gear) stick BE, gearshift AE; ***~ di comando*** AER. stick; ***avere in mano le -e del comando*** FIG. to be in the driving seat; ***~ del freno a mano*** AUT. brake lever; ***~ a mano*** hand lever; ***~ a pedale*** foot lever; ***~ di scambio*** operating lever; ***~ di sganciamento*** uncoupling lever.

▷ **2.leva** /'lɛva/ **I** f. **1** MIL. *(coscrizione)* conscription, call-up, enlistment, enrolment, enrollment AE, draft AE; *(servizio militare)* military service; ***~ in massa*** mass mobilization, mass drafting AE; ***chiamare alla ~*** to call up for military service, to enlist, to draft AE; ***obblighi di ~*** compulsory military service, liability for military service; ***essere di ~*** to be liable for military service; ***chiedere il rinvio degli obblighi di ~*** to apply for deferment of military service *o* draft AE; ***renitente alla ~*** military service dodger, draft dodger AE; ***soldato di ~*** conscript (soldier), draftee AE, enlisted man AE; ***lista di ~*** Army List BE; ***visita di ~*** army medical; ***commissione di ~*** conscription board, draft board **2** *(giovani richiamati)* conscript soldiers, conscripts, draft AE; ***la ~ di quest'anno è numerosa*** there are a lot of conscripts this year; ***la ~ (del) 1972*** MIL. the 1972 levy; *(classe)* those born in 1972 **3** STOR. levy **II leve** f.pl. *(generazioni)* ***le nuove -e*** the new generations, the rising generation.

levanoccioli /lɛva'nɔttʃoli/ m.inv. stoner.

levante /le'vante/ **I** agg. ***sol ~*** rising sun; ***paese, impero del Sol Levante*** Land, Empire of the Rising Sun **II** m. **1** *(oriente)* east; la finestra guarda ***a ~*** the window faces east; ***a ~ di*** east of; ***da ~ a ponente*** from east to west; ***vento di ~*** east wind, easterly, Levanter **2** *(vento)* east wind, easterly, Levanter.

Levante /le'vante/ m. Levant; ***nel ~*** in the Levant.

levantino /levan'tino/ **I** agg. *(del Levante)* [*popoli*] Levantine **II** m. (f. **-a**) Levanter.

levapunti /leva'punti/ m.inv. staple remover.

▶ **1.levare** /le'vare/ [1] **I** tr. **1** *(elevare)* to lift, to raise [*dito, braccio, pugno, testa*]; ***~ gli occhi al cielo*** to cast *o* raise one's eyes (up) to heaven; ***~ i calici*** o ***i bicchieri*** to raise one's glasses; ***~ una preghiera a Dio*** to offer up a prayer to God; ***~ un grido*** to utter a cry; ***~ la voce*** FIG. to raise one's voice, to speak up (**contro qcs., qcn.** against sth., sb.) **2** *(togliere)* to take* away, to remove [*mobile, libro, vaso*]; to take* off, to remove [*vestito, occhiali, etichetta*]; to remove [*macchia*]; to lift [*sanzione, assedio*]; to take* out, to pull out [*dente, spina, chiodo*]; ***~ la buccia da un frutto*** to remove the peel from *o* to peel a fruit; ***~ le scarpe dalla scatola*** to take the shoes out of the box; ***~ una somma dal totale*** to take *o* subtract a sum from the total; ***~ l'ancora*** MAR. to raise (the) anchor, to weigh anchor, to up-anchor; ***~ il fiato a qcn.*** to take sb.'s breath away (anche FIG.); ***~ le tende*** to break *o* strike camp, to decamp; FIG. to pack off; ***~ il pane di bocca a qcn.*** FIG. to take the bread out of sb.'s mouth; ***~ la fame a qcn.*** to fill sb. up; ***~ la sete a qcn.*** to quench sb.'s thirst **3** VENAT. to spring* [*lepre, selvaggina*] **II levarsi** pronom. **1** *(alzarsi)* [*persona*] to get* up; [*vento, brezza*] to get* up, to increase; ***-rsi da tavola*** to get up, to get down from the table; ***-rsi a parlare*** to rise to one's feet to talk; ***un filo di fumo si levava all'orizzonte*** a wisp of smoke rose up on the horizon; ***le loro voci si levarono in preghiera*** they raised their voices in prayer; ***-rsi (in volo)*** [*aereo, uccello*] to rise, soar up **2** FIG. *(ribellarsi)* ***-rsi in armi*** to rise up in revolt (**contro qcn., qcs.** against sb., sth.) **3** *(ergersi)* [*campanile, palazzo*] to rise* up, to soar (**su** over; **al di sopra di** above); [*palo, albero*] to stick* up; ***-rsi a picco*** [*parete, scogliera*] to rise steeply, sheer (**su** on); ***-rsi in difesa di qcn.*** FIG. to leap to sb.'s defence **4** *(togliersi)* to take* off [*giacca, cappotto*]; FIG. to indulge [*voglia*]; ***-rsi il cappello*** to take off one's hat; FIG. to raise one's hat; ***-rsi il pane di bocca*** FIG. to take the bread out of one's mouth **5** *(sorgere)* [*sole, luna*] to rise*, to climb

◆ **~ le parole di bocca a qcn.** to take the words right out of sb.'s mouth; **~ le castagne dal fuoco per qcn.** to pull sb.'s chestnuts out of the fire; **~ le braccia** o **le mani al cielo** to throw up one's hands; **~ qcn. alle stelle** to praise sb. to the skies; **-rsi un peso dallo stomaco** to get something off one's chest; **-rsi di dosso** to take off [*vestiti, acqua*]; **~ di mezzo qcn.** to get rid of sb.; *(uccidere)* to do sb. in; **~ di mezzo** o **di torno qcs.** to get *o* move sth. out of sb.'s way *o* off sb.'s hands; **leva(mi) di mezzo tutte quelle cianfrusaglie** clear up all that junk, get all that junk out of my way *o* sight; **-rsi di mezzo** o **dai piedi** o **di torno** to get out of sb.'s way, to remove oneself; **levati di mezzo** o **dai piedi!** (get) out of my *o* the way! move yourself! buzz off! **-rsi dalle palle** POP. o **dai coglioni** VOLG. to fuck off *o* sod off *o* jerk off; **~ qcs. dalla testa a qcn.** to put sth. out of sb.'s head; **levatelo dalla testa!** *(di cosa)* you can put *o* get that idea out of your head! *(di persona)* get him out of your mind! forget him!

2.levare /le'vare/ m. **1** rising; **al ~ del sole** at sunrise **2** MUS. **(tempo in) ~** offbeat; **battuta in ~** upbeat.

levata /le'vata/ f. **1** *(il levarsi)* rising; **la ~ del sole** sunrise **2** *(dal letto)* getting up; **la ~ è alle sei** we'll get up at six **3** *(di posta)* collection, post; **due -e al giorno** two collections a day; **"orari di ~"** "collection times"; **imbucare in tempo per la ~** to catch the post; **perdere la ~** to miss the post **4** *(di cassa)* levee **5** COMM. *(di merci)* wholesale purchase **6** BOT. sprouting ◆◆ **~ del re** STOR. levee; **~ di scudi** outcry, uproar, uplifting.

levataccia, pl. **-ce** /leva'tattʃa, tʃe/ f. **fare una ~** to get up at an ungodly hour.

levato /le'vato/ **I** p.pass. → **1.levare II** agg. **1** *(alzato)* [*persona*] up, out of bed; **rimasi ~ ad attenderla** I waited up for her **2** *(tolto)* apart; **~ quello, è affascinante** apart from that, he's charming ◆ **a gambe -e** [*fuggire, correre*] hotfoot, like a scalded cat, as fast as one's legs can carry one; **mandare qcn. a gambe -e** to send sb. flying.

levatoio, pl. **-oi** /leva'tojo, oi/ agg. **ponte ~** drawbridge.

levatorsoli /leva'torsoli/ m.inv. (apple) corer.

levatrice /leva'tritʃe/ ➧ **18** f. midwife*; **professione di ~** midwifery.

levatura /leva'tura/ f. calibre BE, caliber AE, stature; **un politico di ~, della sua ~** a politician of stature, of his stature; **un architetto di grande ~, di ~ internazionale** an architect of considerable, international stature; **di eccezionale ~** of exceptional calibre BE *o* caliber AE.

leviatano /levja'tano/ n.pr.m. leviathan (anche FIG.).

levigare /levi'gare/ [1] tr. **1** to smooth down, to file down, to polish [*superficie*]; to polish, to dress [*pietra, marmo*]; to dress, to rub down, to smooth down [*legno*]; to grind [*diamante*]; **~ con la carta vetrata** to sandpaper **2** FIG. to polish, to hone [*stile, linguaggio*].

levigatezza /leviga'tettsa/ f. *(di superficie, pelle)* smoothness; *(di pietra)* mellowness, polish; **~ di stile** FIG. polished style.

levigato /levi'gato/ **I** p.pass. → **levigare II** agg. [*metallo*] polished; [*pietra*] mellow, polished; [*superficie, pelle, legno*] smooth; FIG. *(curato)* [*stile, prosa*] polished.

levigatore /leviga'tore/ ➧ **18** m. (f. **-trice** /tritʃe/) polisher.

levigatrice /leviga'tritʃe/ f. *(macchina)* dresser; *(di pietre, diamanti)* polisher.

levigatura /leviga'tura/ f. dressing, polishing.

levigazione /levigat'tsjone/ f. **1** *(di pietra, marmo)* polishing, dressing; *(di legno)* dressing, rubbing down; **~ con carta vetrata** sanding **2** GEOL. erosion.

levita /le'vita/ m. Levite.

levità /levi'ta/ f.inv. LETT. levity (anche FIG.).

levitare /levi'tare/ [1] intr. (aus. *avere*) to levitate; **far ~** to levitate.

levitazione /levitat'tsjone/ f. levitation; **essere in ~** to be in a state of levitation.

levitico, pl. **-ci, -che** /le'vitiko, tʃi, ke/ agg. Levitical.

Levitico /le'vitiko/ n.pr.m. Leviticus.

levodopa /levo'dɔpa/ f. L-dopa, levodopa.

levogiro /levo'dʒiro/ agg. levogyrate, levorotatory.

levriere /le'vrjɛre/, **levriero** /le'vrjɛro/ m. greyhound; *(femmina)* greyhound bitch ◆◆ **~ afgano** Afghan hound; **~ persiano** saluki; **~ russo** borzoi; **~ scozzese** deerhound.

levulina /levu'lina/ f. levulin.

levulosio /levu'lɔzjo/ m. levulose.

lezionario, pl. **-ri** /lettsjo'narjo, ri/ m. lectionary.

▶ **lezione** /let'tsjone/ f. **1** lesson; *(collettiva)* class; UNIV. lecture BE, class AE; **~ di spagnolo,di guida, di sci** Spanish, driving, skiing lesson; **avere ~** to have a class *o* lecture; **non ho ~ domani** I haven't got any lessons *o* classes tomorrow; **fare ~** to teach; UNIV. to lecture *o* to give a lecture; **seguo le -i del professor Bianchi** I'm attending *o* taking Professor Bianchi's lessons *o* classes; **chi vi fa ~ di matematica?** who takes you for math? **saltare una ~** to miss *o* skip a lesson *o* class; **prendere -i di** to have *o* take lessons *o* classes in; **dare -i di** to give lessons, to tutor in; **dare -i individuali** to teach one-to-one; **-i private** private tuition, private lessons, tutoring, coaching; **la vela in venti -i** sailing in twenty lessons **2** *(ciò che si studia)* lesson; **recitare la ~** to recite one's lesson; **imparare la ~** to learn one's lesson (anche FIG.); **ripassare la ~** to look over *o* revise *o* review AE one's lesson; **non sa la ~** he hasn't studied (his lesson); **leggere, spiegare una ~** to read, explain a lesson **3** *(punizione, avvertimento)* lesson; **dare una (bella) ~ a qcn.** to teach sb. a lesson; **gli servirà di ~** that'll teach him a lesson; **che ti serva di ~** let that be a lesson to you; **ho imparato la ~!** I've learned my lesson! **non accetto -i da nessuno** nobody is going to tell me what to do **4** *(ammaestramento)* **trarre una ~ da qcs.** to draw a lesson from sth. **5** FILOL. lection **6** RELIG. lesson.

leziosaggine /lettsjo'saddʒine/ f. **1** *(l'essere lezioso)* affectation, simpering **2** *(atto)* mincing gesture; *(discorso)* mincing speech.

leziosità /lettsjosi'ta/ f.inv. affectation.

leziosamente /lettsjosa'mente/ agg. [*comportarsi, sorridere, parlare*] mincingly, affectedly, simperingly.

lezioso /let'tsjoso/ agg. [*persona*] affected, mincing, simpering; [*modi*] affected, mincing; [*stile, tono*] affected, prissy; **una fanciulla -a** a simpering girl.

lezzino /let'tsino/ m. MAR. marlin.

lezzo /'leddzo/ m. stench, reek, stink.

▶ **li** /li/ v. la nota della voce **io**. **I** pron.pers.m.pl. them; **~ ho visti ieri** I saw them yesterday; **eccoli!** here they are! **~ ho comprati io** I bought them; **dammeli!** give them to me! **lasciali dormire!** let them sleep! **~ ho fatti arrivare dagli Stati Uniti** I had them delivered from the States **II** artc.det.m.pl. ANT. BUROCR. **Roma, ~ 12 novembre** Rome, 12th November.

▶ **lì** /li/ avv. **1** *(stato e moto)* there; **posalo ~** put it there; **resta ~** stay there, stay where you are; **guarda ~** look there; **cos'hai ~?** what have you got there? **star ~ a far niente** to hang around doing nothing; **~ dove abito** where I live; **qui e ~** here and there; **viaggia molto: oggi è qui, domani è ~** she travels a lot: today she's here, tomorrow elsewhere; **~ dentro** in there; **~ fuori** out there; **~ sopra** up there; **~ intorno** around there; **~ sotto** under there; **il film si svolge nelle Alpi o da qualche parte ~ vicino** the film is set in the Alps or somewhere around there; **è ~ che** that's where; **è ~ che sta la difficoltà, che ti sbagli** that's where the difficulty lies, you're wrong; **siamo sempre ~, non riusciamo ad andare d'accordo** FIG. it's the same old story, we can't get along; *(rafforzativo)* **guarda ~ come ti sei conciato!** look what an awful state you're in! **fermo ~!** stop there! *(per rafforzare un dimostrativo)* **quel giorno ~** that day; **quelle persone ~** those people; **eccolo ~** there he is; **quella, quello ~** that one, that there COLLOQ.; **quell'aggeggio ~** that there contraption; **quella ~ non mi piace** I don't like that woman there **2** *(in quel momento)* **di ~ a poco** shortly afterwards, before long, after a while; **di ~ a tre anni** three years on; **e ~ iniziò ad andare tutto storto** that was when it all started to go wrong; **non è ancora mezzogiorno, ma siamo ~** it's not midday yet, but we're almost there *o* we can't be far off it **3** *(preceduto da una preposizione)* **di** o **da ~** from there; **(per) di ~** that way; **è passato (per) di ~** he went that way; **di qui a ~** from here to there; **da ~ al paese** from there to the village; **fin ~** up to there, as far as there; **è arrivato fin ~** he's arrived (up to) there *o* as far as there; **via di ~!** get away from there! **da ~ il mio stupore** hence my astonishment; **da ~ a pensare che...** that's no reason to think that...; **era un po' pallida, ma da ~ a chiamare il dottore...** she was a bit pale admittedly, but to call the doctor... **4 lì per lì** *(sul momento)* on the spur of the moment; *(in un primo momento)* at first; *(su due piedi)* there and then; **~ per ~ ho creduto che scherzasse** at first I thought he was joking; **voleva una risposta ~ per ~** he wanted an answer there and then **5 lì lì per era ~ ~ per dirglielo, poi ha cambiato idea** she was about to tell him *o* on the verge of telling him, then she changed her mind **6 (o) giù di ~** *(più o meno)* thereabouts, very nearly; **ha 50 anni o giù di ~** she's 50 or so; **c'erano 20 yacht o giù di ~** there were 20 yachts or thereabouts *o* close enough *o* very nearly ◆ **restare** o **rimanere ~** to be astounded; **alla notizia del suo matrimonio sono rimasta ~** on hearing about his wedding I just stood there.

Lia /lia/ n.pr.f. Leah.

liana /li'ana/ f. liana, creeper, bush rope.

lias /'lias/ m.inv. lias.

liassico, pl. **-ci, -che** /li'assiko, tʃi, ke/ agg. liassic.

libagione /liba'dʒone/ f. **1** STOR.RELIG. libation; **fare -i** to pour libations **2** FIG. SCHERZ. *(bevuta)* libation.

libanese /liba'nese/ ◗ *25* **I** agg. Lebanese **II** m. e f. Lebanese*.
Libano /'libano/ ◗ *33* n.pr.m. Lebanon; ***nel*** o ***in*** ~ in Lebanon.
libare /li'bare/ [1] tr. **1** RELIG. to libate [*liquido*] **2** LETT. to sip, to sup [*bevanda*].
libazione /libat'tsjone/ → **libagione**.
libbra /'libbra/ ◗ *22* f. **1** METROL. pound; ***un quarto di*** ~ a quarter pound **2** STOR. libra.
libecciata /libet'tʃata/ f. southwesterly gale.
libeccio /li'bettʃo/ m. **1** *(vento)* southwester, southwest(erly) wind **2** *(sud-ovest)* southwest.
libellista, m.pl. **-i**, f.pl. **-e** /libel'lista/ m. e f. libel(l)er, pamphleteer.
libello /li'bɛllo/ m. *(scritto difamatorio)* libel(l)ous pamphlet; DIR. (criminal) libel; *(scritto satirico)* (satirical) pamphlet; ***diffondere -i contro qcn.*** to utter libels against sb.
libellula /li'bɛllula/ f. dragonfly, damselfly; ***essere, muoversi come una*** ~ to be, move like a sylph.
liberaldemocratico, pl. **-ci**, **-che** /liberaldemo'kratiko, tʃi, ke/ **I** agg. Liberal Democratic **II** m. (f. **-a**) Liberal Democrat.
▷ **liberale** /libe'rale/ **I** agg. **1** *(generoso)* [*gesto*] liberal; [*persona*] liberal (**di**, **con** with), open-handed **2** *(tollerante)* [*persona, disciplina, morale*] liberal; [*opinioni, vedute*] liberal, broad; [*atteggiamento*] liberal, broadminded **3** *(favorevole alle libertà)* [*persona, idea, regime*] liberal **4** POL. [*partito, govern, candidato*] liberal, Liberal; [*democrazia*] liberal **5** ECON. [*economia, dottrina*] liberal; ***essere un sostenitore dell'economia*** ~ to support a free market economy **II** m. e f. POL. ECON. liberal.
liberaleggiante /liberaled'dʒante/ agg. liberalistic.
liberalismo /libera'lizmo/ m. liberalism ◆◆ ~ ***economico*** economic liberalism.
liberalistico, pl. **-ci**, **-che** /libera'listiko, tʃi, ke/ agg. liberalistic.
liberalità /liberali'ta/ f.inv. **1** *(generosità)* liberality, open-handedness **2** DIR. *(donazione)* ***atto di*** ~ donation.
liberalizzare /liberalid'dzare/ [1] tr. to liberalize [*commercio, economia, legge*]; to liberalize, to unfreeze [*prezzi, scambi*]; to decontrol [*affitti*]; to deregulate [*trasporti*]; *(autorizzare)* ~ ***l'aborto*** to sanction abortion.
liberalizzazione /liberaliddzat'tsjone/ f. **1** ECON. liberalization; ~ ***economica, finanziaria*** economic, financial liberalization; ~ ***degli affitti*** decontrol of rents; ~ ***dei trasporti*** deregulation of transports **2** POL. liberalization; ~ ***del regime, sistema politico*** liberalization of the regime, political system; ~ ***dei costumi*** liberalization of moral standards.
liberalmente /liberal'mente/ avv. liberally.
liberalsocialismo /liberalsotʃa'lizmo/ m. Liberal Socialism.
liberalsocialista, m.pl. **-i**, f.pl. **-e** /liberalsotʃa'lista/ agg., m. e f. Liberal Socialist.
liberamente /libera'mente/ avv. **1** *(spontaneamente)* [*scegliere, decidere*] freely **2** *(non letteralmente)* [*tradurre*] liberally, freely, loosely; ***il film è*** ~ ***tratto dal romanzo*** the film is loosely based on the novel **3** *(apertamente)* [*parlare, esprimersi*] freely, without restraint **4** *(senza restrizioni)* [*spostarsi, muoversi, agire*] free(ly); ***circolare*** ~ [*criminale, assassino*] to go free(ly).
▶ **liberare** /libe'rare/ [1] **I** tr. **1** *(rendere libero)* to free, to liberate, to set* [sb., sth.] free [*persona, animale*] (**da** from); to free, to set* [sb.] free, to release, to liberate [*detenuto, ostaggio*] (**da** from); to free, to liberate [*paese, città*] (**da** from); ~ ***il popolo dall'oppressione*** to free *o* liberate the people from oppression **2** *(sciogliere da un vincolo)* to free, to deliver, to release [*persona*] (**da** from); ~ ***qcn. da*** to free sb. from [*dolore, ossessioni, pregiudizi*]; to release, disengage sb. from [*obbligo, promessa, debito*]; ~ ***qcn. dall'influenza di qcn.*** to free sb. from sb.'s hold; ***liberaci dal male*** deliver us from evil; ~ ***da ipoteca*** DIR. to pay off *o* clear a mortgage on [*casa, proprietà*] **3** *(dare sfogo a)* to release, to let* out, to pour out [*emozione, energia*]; to free, to give* free rein to [*immaginazione*] **4** *(lasciare libero)* to vacate [*appartamento, ufficio*]; ***i locali devono essere liberati prima della fine del mese*** the premises must be vacated by the end of the month; ~ ***la camera prima di mezzogiorno*** *(in un albergo)* check out before noon **5** *(sgombrare)* to clear [*stanza, passaggio, marciapiede*] (**da** of); FIG. to purge [*mente, cuore*] (**da** of); ~ ***l'incrocio*** [*veicolo*] to clear the junction; ~ ***la casa dai topi*** to rid the house of mice **6** *(sbloccare)* to release, to unclog [*ingranaggio, meccanismo*]; to release, to disentangle [*fune, corda*]; to disengage, to clear [*linea telefonica*]; to free [*braccio, mano*] (**da** from); to clear, to unblock [*naso*]; ~ ***l'intestino*** FISIOL. to loosen the bowels **7** *(sprigionare)* to give* off, out [*ossigeno, calore*]; CHIM. FIS. to liberate, to release [*gas, elettroni*]: MED. to release [*ormone, farmaco*] **II liberarsi** pronom. **1** *(rendersi libero)* [*persona, animale*] to break* free, to free oneself (**da**, **di** from); [*paese, impresa*] to free itself (**da**, **di** from); ***-rsi da*** to break free of *o* from, to free oneself from [*influenza, restrizioni, obblighi, catene*]; to extricate oneself [*situazione*]; to free oneself from, to pay off [*debiti*]; to purge oneself [*peccato*]; to free oneself from [*colpa*]; ***il paese si è liberato dal giogo dell'oppressore*** the country has thrown off the oppressor's yoke; ***-rsi dal controllo dello Stato*** [*impresa, regione*] to free itself from state control; ***-rsi dalle (proprie) inibizioni*** to cast away *o* get rid of one's inhibitions; ***-rsi da un'abitudine*** to shake off *o* break a habit **2** *(liberarsi fisicamente)* ***-rsi le braccia, gambe*** to free one's arms, legs; ***-rsi da una presa*** to break a hold; ***-rsi dalle grinfie di qcn.*** to escape form sb.'s clutches (anche FIG.) **3** *(sbarazzarsi)* ***-rsi di*** to get rid of [*rifiuti, auto, ospiti*]; to cast off, to shed [*vestiti*]; ***mi sono liberato di un peso*** FIG. it's a load off my mind; ***credevo che fossimo riusciti a liberarcene!*** I thought we'd seen the last of him! **4** CHIM. FIS. [*ossigeno, calore*] to come* out; [*gas, acqua*] to leak, to escape **5** *(rendersi disponibile)* ***cercherò di liberarmi mercoledì*** I'll try and be free on Wednesday; ***cercherò di liberarmi*** I'll try to get out of it; ***l'appartamento si è liberato*** the flat has become *o* fallen vacant **6** FISIOL. EUFEM. *(evacuare)* to relieve oneself.
liberatore /libera'tore/ **I** agg. liberating; ***esercito*** ~ liberating army **II** m. (f. **-trice** /tritʃe/) liberator, releaser.
liberatorio, pl. **-ri**, **-rie** /libera'tɔrjo, ri, rje/ agg. **1** [*risata, pianto*] liberating **2** ECON. DIR. [*pagamento*] releasing.
▶ **liberazione** /liberat'tsjone/ f. **1** *(di prigioniero, ostaggio)* release; ***esigere la*** ~ ***di tutti gli ostaggi*** to call for the release of the hostages **2** *(di paese, città, popolo)* liberation; ***di*** ~ [*esercito, fronte, guerra, movimento*] liberation; ***festa della*** ~ national liberation day **3** *(affrancamento)* liberation, freeing; ~ ***degli schiavi*** freeing of the slaves; ~ ***sessuale*** sexual liberation; ***(movimento di)*** ~ ***della donna*** Women's Liberation (Movement), Women's Lib **4** *(sollievo)* release, relief; ***provare un senso di*** ~ to feel released *o* a sense of release; ***la morte fu per lei una*** ~ death came as a release for her; ***che*** ~***!*** COLLOQ. what a relief! good riddance (to bad rubbish)! **5** DIR. discharge **6** ECON. *(di azioni, capitale)* liberation, redemption **7** FIS. *(di energia, ossigeno)* release.

> **La Liberazione** The Liberation was the conclusive moment of World War II in Italy, at the end of April in 1945, when the forces of the Resistance rose up in the big northern cities (Turin, Milan, Genoa), leading to the surrender and retreat of the German troops before the arrival of the victorious Anglo-American forces. It is commemorated with the *Festa della Liberazione*, on the 25th April every year (see also ***Resistenza***).

libercolo /li'bɛrkolo/ m. penny dreadful, cheap and worthless book.
liberiano /libe'rjano/ ◗ *25* **I** agg. *(della Liberia)* Liberian **II** m. (f. **-a**) Liberian.
liberismo /libe'rizmo/ m. liberalism, free trade.
liberista, m.pl. **-i**, f.pl. **-e** /libe'rista/ **I** agg. [*teoria, politica*] liberalistic **II** m. e f. free trader.
liberistico, pl. **-ci**, **-che** /libe'ristiko, tʃi, ke/ agg. [*teoria, politica*] liberalistic.
▶ **libero** /'libero/ **I** agg. **1** [*persona, paese, popolo*] free; ***essere, sentirsi*** ~ ***di fare*** to be, feel free to do; ***lasciare*** ~ ***qcn. di fare qcs.*** to leave sb. free to do sth.; ***nel*** ~ ***esercizio delle loro funzioni*** in the unrestricted discharge of their duties **2** *(esente)* [*persona, ente, stato*] free (**da** from, of); ~ ***da*** free from [*pregiudizi, obblighi*]; free from, of, clear of [*debiti*]; ~ ***da ipoteca*** [*proprietà*] free of mortgage **3** *(non impedito)* free; ***avere le mani -e*** to have one's hands free; ***avere mano -a*** FIG. to have a free hand; ***lasciare mano -a a qcn.*** FIG. to give sb. a free hand; ***a mano -a*** [*disegnare*] freehand; ***dare*** ~ ***corso*** o ***sfogo alla fantasia*** to give free play *o* rein to imagination **4** *(emancipato)* [*persona, relazione*] free and easy; [*modi, comportamento*] free **5** *(non letterale)* [*traduzione, interpretazione, adattamento*] liberal, loose **6** *(sgombro)* [*strada, via, spazio*] clear; [*scrivania, tavolo*] clear, empty; ***avere*** ~ ***accesso*** to have open *o* unrestricted access; ***"lasciare*** ~ ***il passaggio"*** "keep clear", "do not block" **7** *(gratuito)* [*parcheggio, ingresso, entrata*] free **8** *(disponibile)* [*persona*] available; [*camera, terreno, WC*] vacant; [*posto*] vacant, free, available; [*linea telefonica, frequenza*] open; [*taxi*] for hire; [*fondi, denaro*] loose; ***siete -i domani?*** are you free tomorrow? ***tieniti*** ~ ***per il 24*** keep the 24th clear; ***"*** ~ ***subito"*** *(in un annuncio)* [*persona*] "available now"; [*appartamento*] "available for immediate occupancy"; ***tempo*** ~ free *o* spare time, time off, leisure (time); ***segnale di*** ~ TEL. dialling *o* ringing tone BE, dial tone AE **9**

SPORT *battitore* ~ sweeper; *stile* ~ (*nel nuoto*) crawl; *tiro* ~ (*nel basket*) free throw **10** CHIM. *allo stato* ~ [*atomo, gas*] free **11** LING. [*morfema, vocale*] free **II** m. SPORT (*nel calcio*) sweeper; (*nella pallavolo*) libero player ◆ *essere* ~ *come l'aria* to be as free as the air *o* a bird; *avere campo* ~ to have a free hand; *lasciare campo* ~ *a qcn.* to give sb. a clear run; *dare il via -a a qcn.* to give sb. the all clear *o* green light; *a ruota -a* [*discutere, parlare*] (*senza inibizioni*) freely, openly; (*a caso*) at random; *a piede* ~ [*prigioniero, assassino*] at large ◆◆ ~ *amore* free love; ~ *arbitrio* FILOS. free will; *-a associazione* PSIC. free association; *-a concorrenza* ECON. free competition; *-a impresa, -a iniziativa* ECON. free enterprise; ~ *pensatore* freethinker; ~ *pensiero* freethinking, free thought; ~ *professionista* freelance professional; ~ *scambio* ECON. free trade; *-a uscita* leave.

liberoscambismo /liberoskam'bizmo/ m. free trade.

liberoscambista, m.pl. **-i**, f.pl. **-e** /liberoskam'bista/ **I** agg. liberalistic **II** m. e f. free trader.

▶ **libertà** /liber'ta/ f.inv. **1** (*condizione, stato*) freedom, liberty; *la statua della* ~ the Statue of Liberty; *scegliere la* ~ to choose freedom; *recuperare la* ~ to regain one's freedom; *amore per la* ~ love of freedom; *viva la* ~*!* viva freedom! up with freedom! *lottare, morire per la* ~ to fight, die for freedom; *dare la* ~ *a* to set [sth.] free [*animale, uccello*]; *in* ~ [*animale, uccello*] free, (on the) loose; *allevare animali in* ~ to raise animals in a natural habitat; *specie che vive in* ~ species living wild; *essere in* ~ to be free *o* at liberty; *l'assassino è sempre in* ~ the killer is still at large *o* on the loose; *rimettere in* ~ *qcn.* to release sb., to set sb. at liberty **2** (*facoltà, possibilità*) freedom; *in tutta* ~ with complete freedom; *avere piena* ~ *di fare qcs.* to have complete freedom to do sth.; ~ *d'azione, di scelta* freedom of action, of choice; *dare a qcn. la* ~ *di fare* to set sb. free to do, to give sb. freedom to do; *restituire a qcn. la sua* ~ to give sb. his freedom; *limitare, intaccare la* ~ *di qcn.* to restrict, erode sb.'s freedom; *avere la propria* ~ to be free, to have one's freedom; *non avere alcuna* ~ *di manovra* to have no room for manoeuvre BE *o* maneuver AE; *non avere una grande* ~ *di scelta* not to have much choice **3** (*licenza*) freedom; ~ *nell'espressione* outspokenness; *prendersi la* ~ *di fare* to take the liberty of doing *o* the freedom to do; *prendersi delle* ~ *con qcn., qcs.* to take liberties *o* to make free with sb., sth. **4** (*diritto*) liberty; ~ *individuali, politiche, fondamentali* individual, political, fundamental liberties; *attentare alle* ~ to infringe (civil) liberties ◆ *mettersi in* ~ to put on something casual *o* informal clothes ◆◆ ~ *di associazione* freedom of assembly; ~ *su cauzione* DIR. (conditional) bail; ~ *civile* DIR. civil liberty; ~ *condizionale* DIR. parole, conditional discharge BE; *mettere qcn. in* ~ *condizionale* DIR. to release sb. on parole; ~ *di coscienza* POL. freedom of conscience; ~ *di costumi* looseness of morals; ~ *di culto* freedom of worship; ~ *di espressione* freedom of expression; ~ *d'informazione* freedom of information; ~ *d'insegnamento* DIR. academic freedom; ~ *dei mari* DIR. freedom of the seas; ~ *di movimento* freedom of movement; ~ *di opinione* freedom of opinion; ~ *di parola* freedom of speech, free speech; ~ *di pensiero* freedom of thought; ~ *personale* personal freedom; ~ *provvisoria* DIR. provisional release; *mettere qcn. in* ~ *provvisoria* DIR. to release sb. provisionally; ~ *di religione* freedom of religion; ~ *sessuale* sexual freedom; ~ *di spirito* independence of mind; ~ *di stampa* POL. freedom of the press; ~ *vigilata* DIR. probation; *concessione della* ~ *vigilata* release on probation; *mettere qcn. in* ~ *vigilata* to put sb. on probation; ~ *sindacali* DIR. POL. trade union rights.

libertario, pl. **-ri**, **-rie** /liber'tarjo, ri, rje/ **I** agg. libertarian **II** m. (f. **-a**) libertarian.

liberticida, m.pl. **-i**, f.pl. **-e** /liberti'tʃida/ **I** agg. [*legge*] liberticide, liberticidal **II** m. e f. liberticide.

liberticidio, pl. **-di** /liberti'tʃidjo, di/ m. liberticide.

libertinaggio, pl. **-gi** /liberti'naddʒo, dʒi/ m. libertinage, libertinism.

libertinismo /liberti'nizmo/ m. libertinism.

libertino /liber'tino/ **I** agg. **1** (*dissoluto*) libertine, rakish, dissolute **2** (*della corrente filosofica*) [*idee*] libertine **3** STOR. (*di schiavo*) freed **II** m. (f. **-a**) **1** (*dissoluto*) libertine, rake **2** STOR. (*schiavo liberato*) freedman*.

liberto /li'bɛrto/ m. STOR. freedman*.

liberty /'liberti/ **I** agg.inv. [*mobili, oggetto*] art nouveau, Liberty; *stile* ~ art nouveau **II** m.inv. art nouveau.

Libia /'libja/ ◗ *33* n.pr.f. Libya.

libico, pl. **-ci**, **-che** /'libiko, tʃi, ke/ ◗ *25* **I** agg. Libyan; *deserto* ~ Libyan Desert **II** m. (f. **-a**) Libyan.

libidico, pl. **-ci**, **-che** /li'bidiko, tʃi, ke/ agg. libidinal.

libidine /li'bidine/ f. **1** (*lussuria*) lust, lechery; *atti di* ~ DIR. indecent behaviour **2** FIG. (*avidità*) lust; ~ *di potere, denaro* lust for power, money **3** COLLOQ. *è una* ~*!* that's cool!

libidinosamente /libidinosa'mente/ avv. lustfully, lecherously, lewdly.

libidinoso /libidi'noso/ agg. **1** [*individuo, sguardi*] libidinous, lecherous, lustful, lewd **2** PSIC. libidinous.

libido /li'bido/ f.inv. libido*.

▷ **libraio**, pl. **-ai** /li'brajo, ai/ ◗ *18* m. (f. **-a**) bookseller.

librario, pl. **-ri**, **-rie** /li'brarjo, ri, rje/ agg. [*arte, mercato*] book; [*novità*] editorial; *commercio* ~ book trade.

librarsi /li'brarsi/ [1] pronom. ~ *in aria, in volo* [*velivolo*] to glide, to float (up), to hover (in the air); [*uccello*] to librate, to hover (in the air).

librato /li'brato/ **I** p.pass. → **librarsi** **II** agg. *volo* ~ glide, volplane.

librazione /librat'tsjone/ f. ASTR. libration.

▷ **libreria** /libre'ria/ ◗ *18* f. **1** (*negozio*) bookshop, bookseller's shop, bookstore AE; ~ *d'arte, religiosa* art, religious bookshop; *in tutte le -e* (available) in all bookshops **2** (*mobile*) bookcase, bookshelves; ~ *a vetri* glass bookcase **3** (*raccolta di libri*) library ◆◆ ~ *antiquaria* antiquarian bookshop; ~ *di programmi* INFORM. software; ~ *specializzata* specialist bookshop.

libresco, pl. **-schi**, **-sche** /li'bresko, ski, ske/ agg. SPREG. [*erudizione*] bookish; *cultura -a* book-learning.

librettista, m.pl. **-i**, f.pl. **-e** /libret'tista/ ◗ *18* m. e f. librettist.

libretto /li'bretto/ m. **1** (*libro*) booklet, small book; (*taccuino*) notebook, (note)pad **2** (*documento ufficiale*) record book **3** (*d'opera*) libretto*, (word)book ◆◆ ~ *per appunti* notepad; ~ *degli assegni* BANC. chequebook BE, checkbook AE; ~ *di banca* BANC. bankbook, book; ~ *di deposito* BANC. passbook, paying-in book BE, paying-in deposit book AE; ~ *di circolazione* registration (document), log book; ~ *di istruzioni* instruction book; ~ *di lavoro* = document recording a worker's personal details and any previous employment; ~ *di manutenzione* maintenance handbook; ~ *della mutua* → ~ **sanitario**; ~ *della pensione* pension book; ~ *al portatore* BANC. bearer savings book; ~ *di risparmio* BANC. savings book; ~ *sanitario* = National Health Service Card; ~ *universitario* = university student's personal record book.

▶ **libro** /'libro/ m. **1** (*volume*) book (**su** about); ~ *di racconti, di poesie* storybook, book of poems; ~ *di storia* history book; ~ *avvincente, illeggibile, consunto* gripping, unreadable, worn book; ~ *usato* second-hand, used book; ~ *rilegato in pelle* leather-bound book; *a* ~ *aperto* [*tradurre*] at sight; *aprire, chiudere un* ~ to open, close a book; *divorare un* ~ FIG. to devour a book; *essere immerso in un* ~ FIG. to be engrossed *o* absorbed *o* buried in a book; *sfogliare, consultare un* ~ to browse *o* leaf through, to look up a book; *rilegare, pubblicare un* ~ to bind, publish a book; *conoscere qcs. solo attraverso i -i* only to know about sth. from books; *fare la recensione di un* ~ to review a book; *fiera del* ~ book fair **2** (*parte di opera*) book; *il* ~ *della Genesi* the Book of the Genesis; *il secondo* ~ *dell'Eneide* the second book of the Eneid **3** AMM. (*registro*) book; *tenere i -i* to keep the books **4** BOT. bast ◆ *parlare come un* ~ *stampato* to speak like a book; *leggere sul volto di qcn. come su un* ~ *aperto* to read sb., sb's face like an open book; *essere un* ~ *chiuso* to be a closed book ◆◆ ~ *d'arte* art book; *-i per bambini* books for children; ~ *bianco* POL. blue book, white book; ~ *di bordo* MAR. AER. log (book); ~ *cassa* cash book; ~ *di consultazione* reference book; ~ *contabile* account book; ~ *di cucina* cookbook, cookery book; ~ *delle firme* visitors' book; ~ *giallo* mystery *o* detective *o* crime novel; ~ *giornale* journal, daybook; ~ *illustrato* picture *o* illustrated book; ~ *degli inni* hymnbook, hymnal; ~ *degli inventari* inventory book, ledger; ~ *di lettura* reader, reading book; ~ *liturgico* liturgical book; ~ *(di) magazzino* stock-book; ~ *mastro* ledger; ~ *da messa* mass-book, missal; ~ *nero* black book; SCHERZ. rogue's gallery; *essere sul* ~ *nero di qcn.* to be in sb.'s black book(s); ~ *d'ore* RELIG. book of hours; ~ *d'oro* roll of honour BE, roll of honor AE; ~ *paga* payroll; MIL. paybook; ~ *parrocchiale* parish *o* church register; ~ *penitenziale* confessional; ~ *di preghiere* prayer book; STOR. primer; ~ *proibito* banned book; ~ *dei record* record book, book of records; ~ *rilegato* hardback (book); ~ *scolastico* schoolbook; ~ *tascabile* pocketbook, paperback (book), softback (book); ~ *di testo* textbook, course book; *-i (contabili) obbligatori* statutory books; *-i sacri* sacred books; *-i sociali* company books.

libro-game /libro'gejm/ m.inv. = book with an open ending allowing the readers to choose their own.

libro-gioco, pl. **libri-gioco** /libro'dʒɔko, libri'dʒɔko/ m. activity book.

licantropia /likantro'pia/ ◗ *7* f. lycanthropy (anche PSIC.).

licantropo /li'kantropo/ m. **1** PSIC. lycanthrope **2** *(lupo mannaro)* werewolf, wolf-man*.

licaone /lika'one/ m. hunting-dog.

licciaiola /littʃa'jɔla/ f. saw-set.

liccio, pl. **-ci** /'littʃo, tʃi/ m. heddle.

liceale /litʃe'ale/ **I** agg. [*studente*] liceo attrib. **II** m. e f. = student at a liceo.

liceità /litʃei'ta/ f.inv. lawfulness, licitness; ***la ~ di un comportamento*** the licitness of a behaviour.

▷ **licenza** /li'tʃɛntsa/ f. **1** *(permesso)* permission, leave; ***chiedere, concedere a qcn. ~ di fare*** to ask, grant sb. leave to do; ***con Vostra ~*** by *o* with your leave **2** *(autorizzazione ufficiale)* licence BE, license AE, permit; ***~ di fabbricazione*** product licence; ***richiedere una ~*** to apply for a licence *o* permit; ***concedere una ~*** to grant *o* issue a licence *o* a permit; ***concessione di ~*** granting *o* issue of licence; ***contratto di ~*** licence agreement; ***titolare di ~*** licensee; ***fabbricare qcs. su ~ giapponese*** to make sth. under licence from a Japanese manufacturer; ***prodotto, venduto su ~*** made, sold under licence **3** FIG. *(libertà)* licence BE, license AE, freedom; ***prendersi delle -e con qcn.*** to take liberties *o* to make free with sb.; ***con ~ parlando*** if you'll pardon the expression **4** MIL. leave (of absence), furlough; ***essere, andare in ~*** to be on, take leave; ***chiedere due giorni di ~*** to ask two days' leave **5** SCOL. school-leaving qualifications pl.; ***esame di ~*** final exam, school-leaving exam **6** LETT. *(commiato)* ***prendere ~ da qcn.*** to take leave of sb. ◆◆ ***~ di caccia*** hunting permit; ***~ di convalescenza*** MIL. convalescent *o* sick leave; ***~ di costruzione*** building permit, planning permission; ***~ elementare*** SCOL. = elementary school leaving certificate; ***~ di esercizio*** (trade) licence BE, license AE; ***~ d'esportazione*** export licence BE *o* license AE; ***~ d'importazione*** import licence BE *o* license AE; ***~ liceale*** SCOL. = leaving certificate awarded by a liceo; ***~ di matrimonio*** marriage licence BE *o* license AE; ***~ media*** SCOL. = leaving certificate awarded by a scuola media; ***~ ordinaria*** MIL. leave of absence; ***~ di pesca*** fishing permit *o* licence BE *o* license AE; ***~ di porto d'armi*** gun permit; ***~ poetica*** poetic licence BE *o* license AE; ***~ premio*** MIL. special leave; ***~ straordinaria*** MIL. compassionate leave; ***~ superiore*** SCOL. = high school leaving certificate; ***~ di vendita di alcolici*** licence BE *o* license AE to sell alcoholic drinks.

licenziabile /litʃen'tsjabile/ agg. dismissible.

▷ **licenziamento** /litʃentsja'mento/ m. dismissal, severance, lay-off, sack COLLOQ.; *(per esubero di personale)* redundance, redundancy BE; ***una serie di -i*** a round of redundancies BE, a series of lay-offs; ***~ di massa*** mass redundancy *o* lay-off; ***~ di manodopera*** lay-off of workers; ***lettera di ~*** notice of dismissal, redundance notice BE, pink slip AE; ***indennità di ~*** severance pay, redundance pay BE; ***preavviso di ~*** prior notice of dismissal; ***annunciare il ~ a qcn.*** to give sb. his dismissal notice *o* redundance notice BE; ***procedere al ~ di 20 persone*** to make 20 people redundant BE, to lay 20 people off; ***minacciare qcn. di ~*** to threaten sb. with the sack ◆◆ ***~ senza giusta causa*** unfair *o* wrongful dismissal; ***~ implicito*** constructive dismissal; ***~ senza preavviso*** o ***in tronco*** dismissal without notice *o* warning.

▷ **licenziare** /litʃen'tsjare/ [1] **I** tr. **1** to dismiss, to fire, to lay* [sb.] off, to bounce COLLOQ., to sack COLLOQ., to give* [sb.] the sack COLLOQ. *o* the boot COLLOQ. [*dipendente*]; *(per esubero)* to make* [sb.] redundant [*operaio*]; ***essere licenziato*** to be dismissed, to get one's notice *o* the sack COLLOQ. *o* the boot COLLOQ.; ***essere licenziato con tre settimane di preavviso, senza preavviso*** to get *o* be given three weeks' notice, to be sacked without notice; ***lei è licenziato!*** you're fired! ***~ qcn. in tronco*** to dismiss sb. without notice **2** *(accomiatare)* to dismiss, to send* away [*persona*] **3** SCOL. to grant [sb.] a school-leaving certificate [*studente, scolaro*] **4** TIP. ***~ le bozze per la stampa*** to pass the proofs for press **II licenziarsi** pronom. **1** *(dal lavoro)* to hand in one's notice, to hand in one's resignation, to resign **2** LETT. *(congedarsi)* to take* leave; ***-rsi da qcn.*** to take leave of sb.

licenziatario, pl. **-ri** /litʃentsja'tarjo, ri/ m. licensee.

licenziato /litʃen'tsjato/ **I** p.pass. → **licenziare II** agg. **1** *(da un posto di lavoro)* dismissed, fired, laid off, sacked COLLOQ. **2** SCOL. school-leaving **III** m. (f. **-a**) **1** *(da un posto di lavoro)* dismissed person **2** SCOL. school-leaver.

licenziosamente /litʃentsjosa'mente/ avv. licentiously.

licenziosità /litʃentsjosi'ta/ f.inv. licentiousness, bawdiness.

licenzioso /litʃen'tsjoso/ agg. [*scrittore, frasi, canzone*] licentious, bawdy; [*persona*] licentious, dissolute, bawdy; [*costumi, stile di vita*] loose, dissolute; ***condurre una vita -a*** to lead a dissolute life.

▷ **liceo** /li'tʃɛo/ m. **1** SCOL. *(istituto)* = senior high school; *(edificio)* = the building which houses a liceo **2** STOR. Lyceum ◆◆ ***~ artistico*** = senior high school specializing in an artistic education; ***~ classico*** = senior high school specializing in classical studies; ***~ linguistico*** = senior high school specializing in modern languages; ***~ scientifico*** = senior high school specializing in science education; ***~ tecnologico*** = senior high school specializing in a technical education.

> **Liceo** Of the different types of secondary schools in Italy, the *liceo* is the one which aims to shape the individual, pass on theoretical rather than applied knowledge, and develop the capacities of free judgement and criticism. This reaches its full expression in the most traditional of the *licei*, the *liceo classico*, which focuses on the study of classical languages (Latin and Greek). In the more recently introduced *liceo scientifico* there is an emphasis on mathematics and science as well as Latin and philosophy, which are characteristic of the education in other types of *liceo* (linguistic, artistic, etc), too. The evolution of Italian schools is leading to technical and business institutes also becoming known as *licei*.

lichene /li'kɛne/ m. lichen; ***coperto di -i*** lichened ◆◆ ***~ d'Islanda*** Iceland lichen; ***~ pissidato*** cup-moss; ***~ delle renne*** reindeer moss.

Licida /'litʃida/ n.pr.m. Lycidas.

licitare /litʃi'tare/ [1] intr. (aus. *avere*) *(a un'asta)* to bid; *(a una gara d'appalto)* to tender.

licitazione /litʃitat'tsjone/ f. **1** DIR. *(asta)* bid; *(gara d'appalto)* tendering **2** *(nel bridge)* bid ◆◆ ***~ privata*** DIR. private treaty.

licnide /'liknide/ f. campion.

licodonte /liko'donte/ m. carpet snake.

licopodio, pl. **-di** /liko'pɔdjo, di/ m. clubmoss, lycopodium, groundpine, staghorn; ***polvere*** o ***polline di ~*** lycopodium (powder).

Licurgo /li'kurgo/ n.pr.m. Lycurgus.

Lidia /'lidja/ ➧ ***30*** n.pr.f. **1** *(regione)* Lydia **2** *(nome di donna)* Lydia.

lidio, pl. **-di** e **-dii**, **-die** /'lidjo, di, dii, dje/ **I** agg. Lydian **II** m. (f. **-a**) **1** *(persona)* Lydian **2** *(lingua)* Lydian.

▷ **lido** /'lido/ m. **1** *(lingua di sabbia)* lido*; ***il ~ di Venezia*** the Lido (of Venice) **2** *(spiaggia)* beach, shore; *(attrezzata)* lido*, bathing beach **3** LETT. *(terra)* country, native land, strand; ***tornare ai patri -i*** to come *o* go back to one's native land; ***prendere il volo per altri -i*** SCHERZ. to leave for pastures new.

lied /lid/ m.inv. lied*.

liederistico, pl. **-ci**, **-che** /lide'ristiko, tʃi, ke/ agg. *(relativo al lied)* pertaining to a lied.

▶ **lieto** /'ljɛto/ agg. **1** *(gioioso)* [*persona*] happy, pleased, glad, joyous; [*viso*] happy, delighted; [*umore*] happy; ***essere ~, -issimo di fare*** to be happy doing *o* delighted to do; ***essere ~ di qcs.*** to be happy *o* glad about sth.; ***sarei ~ di aiutarla*** I'd be glad to help you; ***i Signori Bianchi sono -i di annunciare...*** Mr and Mrs Bianchi are pleased to announce...; *(nelle presentazioni)* ***(molto) ~!*** pleased to meet you! how do you do? ***(molto) ~ di conoscerla*** pleased *o* delighted to meet you; ***-issimo di averla incontrata*** it's been a pleasure meeting *o* to meet you, nice to meet you **2** *(che rende lieti)* [*avvenimento, finale*] happy; [*notizia*] glad, good; ***il ~ evento*** *(nascita)* the happy event; ***~ fine*** *(nei libri, film)* happy ending; ***a ~ fine*** [*film, storia, avventura*] with a happy ending **3** *(felice)* [*vita, giorni*] happy.

▷ **lieve** /'ljɛve/ agg. **1** *(leggero)* [*diminuzione, rialzo, cambiamento, miglioramento, ritardo*] light, slight; [*tocco, colpo*] light, delicate, soft; [*ferita*] minor, slight; [*scossa sismica, condanna*] light; [*colpa*] small; [*brezza*] faint, gentle, soft; [*pendenza*] gentle; ***provare un ~ disagio*** to feel slightly awkward *o* uncomfortable; ***avere un ~ difetto di pronuncia*** to have a slight speech defect *o* impediment; ***un ~ malessere, mal di testa*** a mild indisposition, headache; ***l'incidente ha causato tre feriti -i*** three people were slighty injured in the accident **2** *(trascurabile)* [*mancanza, differenza, spesa, danno*] light; ***di ~ entità*** of little importance.

lievemente /ljeve'mente/ avv. **1** *(leggermente)* [*ferire, profumare*] lightly, slightly; [*agitare*] gently **2** *(poco, appena)* slightly; ***~ più grave, più chiaro*** slightly more serious, clearer.

lievità /ljevi'ta/ f.inv. → **levità**.

lievitare /ljevi'tare/ [1] intr. (aus. *essere*) **1** [*pasta*] to rise*, to prove; ***far ~ la pasta del pane*** to leaven *o* to raise *o* to prove dough **2** FIG. [*prezzi*] to rise*, to mount; ***~ del 30%*** to rise by 30%; ***la notizia ha fatto ~ il prezzo dell'oro*** the news sent the gold price up.

lievitato /ljevi'tato/ **I** p.pass. → **lievitare II** agg. ***pane ~, non ~*** leavened, unleavened bread; ***usare la pasta -a*** use the dough when it has risen.

lievitazione /ljevitat'tsjone/ f. 1 GASTR. *(di pasta)* leavening, rising; ***a ~ naturale*** [*prodotto da forno*] with natural rising agents 2 FIG. ***la ~ dei prezzi*** price rising.

lievito /'ljɛvito/ m. leaven, yeast; ***di ~*** [*odore, gusto*] yeasty ◆◆ ***~ di birra*** brewer's yeast, barm BE; ***~ naturale*** natural leaven, sourdough AE; ***~ in polvere*** baking powder.

lifting /'lifting/ m.inv. 1 MED. COSMET. face-lift; ***farsi (fare) il ~*** COLLOQ. to have a face-lift, to have one's face lifted 2 *(rinnovamento)* face-lift.

light /'lait/ agg.inv. [*burro, yogurt, maionese, cucina*] light, low-fat.

ligia, pl. **-gie** /'lidʒa, dʒe/ f. slater.

ligio, pl. **-gi**, **-gie** e **-ge** /'lidʒo, dʒi, dʒe/ agg. 1 *(fedele)* [*persona*] faithful; ***~ al (proprio) dovere*** devoted to one's duty, dutiful; ***~ alle regole*** rule-abiding; ***essere ~ alle promesse*** to keep one's promises, to be as good as one's word 2 STOR. [*vassallo*] liege.

lignaggio, pl. **-gi** /liɲ'ɲaddʒo, dʒi/ m. lineage, line of descent; ***d'alto ~*** of high birth; ***di nobile ~*** of noble lineage.

ligneo /'liɲɲeo/ agg. 1 *(di legno)* wooden; *(simile a legno)* woody; ***una statua -a*** a wooden statue 2 BOT. ligneous.

lignificare /liɲɲifi'kare/ [1] I tr. to lignify II **lignificarsi** pronom. to lignify.

lignificazione /liɲɲifikat'tsjone/ f. lignification.

lignina /liɲ'ɲina/ f. lignin.

lignite /liɲ'ɲite/ f. lignite.

ligula /'ligula/ f. ARCHEOL. BOT. ligule.

ligure /'ligure/ ♦ 30 I agg. Ligurian; ***la riviera ~*** the Italian Riviera II m. e f. *(persona)* Ligurian III m. LING. Ligurian.

ligustro /li'gustro/ m. privet.

liliaceo /li'ljatʃeo/ agg. liliaceous.

Liliana /li'ljana/ n.pr.f. Lil(l)ian.

lilla /'lilla/ ♦ 3 I agg.inv. lilac; ***un abito ~*** a lilac dress II m.inv. lilac.

lillà /lil'la/ m.inv. lilac; ***un mazzo di ~*** a bunch of lilacs.

lillipuziano /lilliput'tsjano/ I agg. Lilliputian; ***ometto ~*** a Lilliputian man II m. (f. **-a**) Lilliputian.

▷ **lima** /'lima/ f. file (anche TECN.); ***con la ~*** with a file; ***lavorare di ~*** to file; FIG. *(rifinire)* to polish, hone ◆◆ ***~ bastarda*** bastard file; ***~ curva*** riffler; ***~ a doppio taglio*** crosscut file; ***~ da legno*** TECN. wood file, rasp file; ***~ piatta*** flat file; ***~ sorda*** silent file; ***~ a sezione triangolare*** triangular file; ***~ tonda*** round file; ***~ per (le) unghie*** COSMET. nail file, emery board.

limaccia /li'mattʃa/ f. slug.

limaccioso /limat'tʃoso/ agg. 1 *(melmoso)* [*acqua, fiume*] muddy, sloughy 2 FIG. *(oscuro)* [*stile*] muddy, murky.

limanda /li'manda/ f. (anche **sogliola ~**) lemon sole; ***filetto di ~*** lemon sole fillet.

▷ **limare** /li'mare/ [1] I tr. 1 *(modellare)* to file [*unghia, metallo, chiave*]; to file down [*superficie, asperità*]; ***~ le sbarre*** to file through the bars 2 FIG. to polish, to hone [*lavoro, testo*] II **limarsi** pronom. ***-rsi le unghie*** to file one's nails.

limatore /lima'tore/ ♦ 18 m. (f. **-trice** /tritʃe/) filer.

limatrice /lima'tritʃe/ f. *(macchina)* shaping-machine.

limatura /lima'tura/ f. 1 *(azione)* filing 2 *(polvere)* filings pl., file dust; ***~ di ferro*** iron filings; ***~ di zinco*** zinc dust.

limbo /'limbo/ m. 1 RELIG. limbo U (anche FIG.); ***essere, rimanere nel ~*** to be, remain in (a state of) limbo 2 ANAT. limbus*.

1.limetta /li'metta/ f. (small) file; ***~ per unghie*** nail file, emery board.

2.limetta /li'metta/ f. BOT. lime; ***succo di ~*** lime juice.

limiere /li'mjɛre/ m. ANT. bloodhound.

liminare /limi'nare/ agg. [*valore*] liminal, threshold attrib.

limine /'limine/ m. LETT. limen*.

limitabile /limi'tabile/ agg. limitable.

▶ **1.limitare** /limi'tare/ [1] I tr. 1 *(restringere)* to limit, to curb [*potere, influenza, consumo*]; to keep* down [*durata, numero, velocità*]; to limit, to inhibit, to narrow (down) [*scelta*]; to limit, to contain, to keep* down [*spese*]; to curb [*ambizione, desideri*]; to confine [*commenti*]; to minimize, to limit [*espansione*]; ***limiterò il mio intervento a una o due osservazioni*** I'll restrict my speech to one or two remarks only; ***ciò limita le nostre possibilità*** it limits *o* narrows our options; ***~ i danni*** to minimize damage; ***~ le importazioni*** to limit imports; ***~ la libertà, i diritti di qcn.*** to restrict *o* curtail sb.'s freedom, rights 2 *(delimitare)* to border [*campo, terreno*] II **limitarsi** pronom. 1 *(moderarsi)* ***non sa -rsi*** he doesn't know when to stop, he doesn't know when he's had enough; ***-rsi a, a fare*** to limit *o* confine oneself to, to doing; ***-rsi nelle spese*** to watch one's spending; ***-rsi a due bicchieri di birra, due sigarette al giorno*** to limit oneself to two glasses of beer, two cigarettes a day; ***mi limiterò a qualche osservazione*** I'll confine myself to a few observations; ***mi sono limitato a dare un'occhiata al fascicolo*** I just glanced at the report; ***mi sono limitata allo stretto necessario*** I kept it down to the bare essentials 2 *(ridursi)* ***-rsi a*** [*ruolo, funzione*] to be limited *o* restricted to; ***la storia non si limita a una serie di date*** history is not limited to a series of dates; ***il nostro compito si limita ad analizzare, a valutare*** our role is limited to analysing, evaluating.

2.limitare /limi'tare/ m. 1 *(soglia)* threshold 2 *(limite)* *(di bosco, foresta)* border, edge, outskirts pl.; ***al ~ del bosco*** on the edge of the wood.

limitatamente /limitata'mente/ avv. 1 *(moderatamente)* within limits 2 *(relativamente)* within the limits of, as far as; ***~ a questo campo*** limited to this field; ***~ ai nostri mezzi*** as far as our means allow.

limitatezza /limita'tettsa/ f. 1 *(ristrettezza)* narrowness, smallness; ***~ mentale*** o ***di vedute*** narrow-mindedness, small-mindedness; ***la ~ del nostro sapere*** our limited knowledge 2 *(scarsità)* dearth, exiguity; ***~ di mezzi*** exiguity of means.

limitativo /limita'tivo/ agg. limiting, limitative, limitary, restrictive; ***condizione -a, non -a*** limiting, non limiting condition; ***provvedimento ~*** restrictive measure; ***clausola -a*** restriction clause; ***proposizione -a*** LING. restrictive clause.

limitato /limi'tato/ I p.pass. → **1.limitare** II agg. *(ristretto)* [*persona*] limited, narrow-minded; [*zona, spazio*] limited, constricted, confined; [*possibilità, conversazione, vocabolario, risorse*] limited; [*scelta, interesse, mentalità, intelligenza*] narrow, limited; [*budget*] restricted, tight; ***un numero di posti ~*** a limited number of places; ***essere piuttosto ~*** [*persona*] to be rather limited; ***di capa-cità -e*** of limited ability; ***disporre di mezzi -i*** to be of *o* have moderate means; ***offerta -a*** limited supply; ***di uso ~*** of limited use; ***edizione a tiratura -a*** limited edition; ***(società a) responsabilità -a*** COMM. limited liability (company).

limitatore /limita'tore/ m. ELETTRON. limiter.

limitazione /limitat'tsjone/ f. limitation, restriction; *(di potere, spese)* limitation, curb; *(di diritti, libertà)* restriction, curtailment; *(di prezzi, tassi d'interesse)* limitation, restraint; ***porre -i a*** to impose *o* place limitations *o* restraints on; ***~ al budget*** budgetary limitations; ***~ al contratto*** contractual limitations; ***~ degli armamenti*** arms limitation; ***essere soggetto a -i*** to be subject *o* tied to limitations; ***~ delle nascite*** birth control; ***~ di velocità*** speed restriction; ***~ della circolazione*** travel restrictions; ***senza -i*** [*agire, viaggiare*] freely, without restrictions; [*approvare, accettare*] without reservation, unquestioningly.

▶ **limite** /'limite/ I m. 1 *(linea di demarcazione)* *(di terreno, stato)* border, boundary; *(di territorio, dell'universo)* limit; SPORT *(dell'area di rigore)* penalty line; ***al ~ del bosco*** on the edge of the wood; ***i -i della proprietà*** the boundaries of the estate; ***punizione dal ~*** free kick from the penalty line 2 *(confine, termine definito)* limit, limitation; ***avere, conoscere, riconoscere i propri -i*** to have, know, acknowledge one's (own) limitations; ***la mia pazienza ha un ~*** there are limits to my patience; ***c'è un ~ a tutto*** there's a limit to everything; ***senza -i*** [*entusiasmo, generosità*] boundless; [*stupidità, tristezza*] untold; [*libertà, gioia*] unrestrained; ***(re)stare nei -i, oltrepassare i -i di qcs.*** to keep within, go beyond the bounds of sth.; ***arrivare al ~ delle proprie forze*** to push oneself to the limit, to reach the end of the road; ***porsi dei -i*** to stint (oneself); ***porre dei -i a*** to impose *o* place limitations *o* restrictions on; ***porre un ~*** to draw the line; ***non conoscere, non avere -i*** to know no limits *o* bounds, to be boundless; ***non ci sono -i alla sua curiosità*** there are no bounds to her curiosity; ***spingere qcn. al ~*** to push sb. to the limit; ***superare i -i della decenza*** to cross the bounds of decency; ***in questa faccenda ha dimostrato i suoi -i*** his limitations became evident in this affair; ***passare il, ogni ~*** to go over the limit, to go too far; ***hai davvero superato ogni ~!*** you're really carrying it too far! you're way out of line! COLLOQ.; ***al ~*** *(nel peggiore dei casi)* at worst; *(al massimo)* at (the) most; ***al ~ preferirei che tu non venissi*** I'd sooner you didn't come really; ***al ~ posso prestarti 100 euro*** at a pinch BE *o* in a pinch AE, I can lend you 100 euros; ***al ~ posso passare a prenderlo alla stazione*** if it comes to it, I could go and pick him up at the station; ***dipinto, scherzo al ~ del cattivo gusto*** painting, joke bordering on bad taste; ***attività al ~ della legalità*** activities bordering on the illegal; ***essere al ~ (della sopportazione)*** [*persona*] to be at breaking point; ***la mia pazienza era al ~*** my patience had reached breaking point; ***ai -i dell'assurdo*** to the point of absurdity 3 *(quadro)* ***entro certi -i*** within limits; ***nei -i di*** within the limits of; ***nei -i consentiti dalla legge*** within the compass of the law; ***fanno quello che possono, nei -i delle loro possibilità*** they do what they can, within the limits of their ability *o* of what they can do; ***nei -i del possibile*** as far as possible, within the bounds of possibility **4** MAT. limit; ~ ***superiore, inferiore*** upper, lower limit **II** agg.inv. ***caso*** ~ borderline case; ***prezzo*** ~ controlled price; ***data*** ~ deadline, time-limit; ***fuori tempo*** ~ beyond time-limits ◆◆ ~ ***di cassa*** cash limit; ~ ***di confidenza*** fiducial limit; ~ ***di età*** age limit; ~ ***di elasticità*** yield point; ~ ***di fido*** credit limit; ~ ***di guardia*** high-water mark, flood mark; ~ ***massimo*** upper limit; ECON. ceiling; ~ ***delle nevi perenni*** snow line; ~ ***di rottura*** stress limit; ~ ***di sicurezza*** safety limit; ~ ***di tempo*** time-limit; ~ ***della vegetazione arborea*** tree line, timber line; ~ ***di velocità*** AUT. speed limit *o* restriction; ***superare i -i di velocità*** to exceed *o* break the speed limit.

limitrofo /li'mitrofo/ agg. [*paese, stato, provincia*] adjoining, adjacent, neighbouring.

limnetico, pl. **-ci, -che** /lim'nɛtiko, tʃi, ke/ agg. limnetic.

limnologia /limnolo'dʒia/ f. limnology.

limnologico, pl. **-ci, -che** /limno'lodʒiko, tʃi, ke/ agg. limnological.

limnologo, m.pl. **-gi,** f.pl. **-ghe** /lim'nɔlogo, dʒi, ge/ m. (f. **-a**) limnologist.

limo /'limo/ m. **1** *(fango)* mud, slime **2** GEOL. silt.

limonare /limo'nare/ [1] intr. (aus. *avere*) COLLOQ. to snog, to neck.

1.limonata /limo'nata/ f. *(spremuta)* lemon crush BE, lemonade AE; *(bibita)* lemonade; ***una*** ~ ***calda*** a warm lemonade.

2.limonata /limo'nata/ f. COLLOQ. *(bacio)* snogging, necking.

limoncello /limon'tʃɛllo/ m. INTRAD. (lemon liqueur).

limoncina /limon'tʃina/ f. lemon balm.

▷ **limone** /li'mone/ ◗ **3 I** m. **1** *(albero)* lemon tree **2** *(frutto)* lemon; ***succo di*** ~ lemon juice; ***buccia*** o ***scorza di*** ~ lemon peel *o* rind; ***spremuta di*** ~ lemon crush; ***sorbetto al*** ~ lemon sorbet; ***aromatizzato al*** ~ lemon-flavoured BE, lemon-flavored AE; ***pollo al*** ~ lemon chicken; ***gusto, odore di*** ~ taste, smell of lemons **II** m.inv. lemon (yellow) **III** agg.inv. ***giallo*** ~ lemon (yellow) ◆ ***spremere qcn. come un*** ~ to milk sb. dry.

limoneto /limo'neto/ m. lemon grove.

limonite /limo'nite/ f. limonite.

limoso /li'moso/ agg. [*acqua, fiume, terreno*] muddy, silty.

limousine /limu'zin/ f.inv. limousine, limo COLLOQ.

limpidamente /limpida'mente/ avv. limpidly.

limpidezza /limpi'dettsa/ f. **1** *(di acqua, aria)* limpidity, limpidness, clearness; *(di cielo, giornata)* clearness, brightness; ***la*** ~ ***della sua coscienza*** FIG. the clearness of his conscience **2** FIG. *(di ricordo, stile, ragionamento)* clearness.

limpidità /limpidi'ta/ f.inv. → **limpidezza.**

▷ **limpido** /'limpido/ agg. **1** *(pulito)* [*acqua, aria*] limpid, clear; [*cielo, giornata*] clear, bright; FIG. [*anima, coscienza*] clear; ***è*** ~ ***come l'acqua*** it's crystal clear, it's clear as daylight **2** FIG. *(lucido)* [*ricordo, stile, mente, ragionamento*] clear; [*occhi*] liquid.

limulo /'limulo/ m. horseshoe crab.

linaiola /lina'jɔla/, **linaria** /li'narja/ f. toadflax, butter-and-eggs.

lince /'lintʃe/ f. lynx*, catamount; ***avere l'occhio di*** ~ FIG. to be lynx-eyed ◆◆ ~ ***rossa*** mountain cat, bobcat.

1.linceo /'lintʃeo/ agg. **1** *(di lince)* lyncean **2** *(dagli occhi di lince)* [*persona*] lynx-eyed; ***avere occhi -i*** to be lynx-eyed.

2.linceo /lin'tʃɛo/ m. = member of the Academy of the Lincei.

linciaggio, pl. **-gi** /lin'tʃaddʒo, dʒi/ m. *(esecuzione)* lynching (anche FIG.); *(pratica)* lynch law.

linciare /lin'tʃare/ [1] tr. to lynch [*persona*] (anche FIG.).

linciatore /lintʃa'tore/ m. (f. **-trice** /tritʃe/) lyncher; ***(folla di) -i*** lynch mob.

lindera /lin'dɛra/ f. spicebush.

lindezza /lin'dettsa/ f. cleanliness.

lindo /'lindo/ agg. [*tovaglia, lenzuolo*] clean, pristine; [*casa*] neat, trim, spick-and-span; ***avere un aspetto*** ~ to be neat and trim.

lindura /lin'dura/ → **lindezza.**

▶ **linea** /'linea/ f. **1** *(tratto)* line (anche MAT. SPORT); ***tirare*** o ***tracciare una*** ~ to draw *o* rule a line; ~ ***retta, curva, spezzata, tratteggiata*** straight, curved, broken, dotted line; ~ ***dell'orizzonte*** line of the horizon, skyline; ***essere sulla*** ~ ***di partenza*** SPORT to be lined up at the start; ***in*** ~ ***retta*** in a straight line; ***in*** ~ ***d'aria*** in a straight line, as the crow flies; ***ci sono circa 200 metri in*** ~ ***d'aria*** it's about 200 metres as the crow flies; ***le -e della mano*** the lines of the hand; ~ ***della fortuna, del cuore, della vita*** line of fortune, line of the heart, lifeline **2** *(di trasporti)* line; *(d'autobus)* (bus) route; ~ ***marittima, aerea*** *(compagnia)* shipping line, airline; *(rotta)* sea, air route; ***la*** ~ ***Londra-Milano*** AER. FERR. the London-Milan line; ~ ***principale*** FERR. main *o* trunk line; ***-e secondarie*** FERR. branch lines; ***di*** ~ [*volo, piroscafo, pullman*] scheduled; [*pilota*] airline; ***aereo di*** ~ (air)liner **3** EL. (power) line, cable; ~ ***elettrica ad alta tensione*** high tension line; ~ ***aerea, sotterranea*** overhead, underground cable; ***la*** ~ ***è stata interrotta*** the line has been cut **4** TEL. line, connection; ~ ***esterna*** outside line; ***la*** ~ ***è disturbata, occupata*** the line *o* connection is bad, busy *o* engaged; ***è caduta la*** ~ the line went dead, I was cut off, I've been disconnected; ***non c'è la*** ~ the line is dead; ***c'è un'interferenza sulla*** ~ the lines are crossed; ***"c'è la signora Castagnoli in*** ~ ***per lei"*** "Mrs Castagnoli is on the line for you"; ***"resti in*** ~***"*** "hold the line *o* hold on, please"; ***la*** ~ ***con Roma è interrotta*** Rome is unobtainable at present; ***prendere*** o ***ottenere la*** ~ to get a connection, to get through; ***essere in*** ~ ***con qcn.*** to be on the line to sb. **5** RAD. TELEV. line; ***passare la*** ~ ***a*** to hand over to [*inviato, studio*] ***passiamo ora la*** ~ ***a Washington per ulteriori notizie*** we are now going over *o* now over to Washington for more news **6** (anche ~ **di montaggio**) *(catena di montaggio)* production line; ***lavorare in*** ~ to work on a production line **7** *(silhouette)* figure; ***mantenere, perdere la*** ~ to keep, lose one's figure; ***riacquistare la*** ~ to get back one's figure, to get fit; ***non fa bene alla*** ~ it's bad for the figure **8** *(contorno)* line; *(aspetto)* line, style, look; ***le -e classiche dell'edificio*** the classical lines of the building; ***la*** ~ ***di un mobile, di un'automobile*** the style of a piece of furniture, of a car; ***mi piace la*** ~ ***del nuovo computer*** I like the look of the new computer; ***la*** ~ ***aerodinamica di un'automobile*** the streamline of a car; ***una giacca di*** ~ ***sportiva*** a jacket with a sport cut **9** *(gamma)* line; ***lanciare una nuova*** ~ to launch a new line *o* look; ***una*** ~ ***di prodotti di bellezza*** a line of beauty products; ~ ***fuori produzione*** discontinued line **10** *(idea, punto)* ***le -e essenziali del mio progetto*** the broad outline of my plan; ***a grandi -e*** [*corrispondere, essere d'accordo*] broadly; [*descrivere, esporre*] in (broad) outline; ***in*** ~ ***di massima*** broadly (speaking), as a general rule; ***in*** ~ ***di principio*** in principle **11** *(orientamento)* line, stance; ~ ***d'azione*** course of action; ***essere fedele alla, non seguire la*** ~ ***del partito*** to follow, go against the party line; ***i sostenitori della*** ~ ***dura, moderata del partito*** the party hardliners, moderates; ~ ***politica*** political line, policy; ~ ***ideologica*** ideological line; ***essere in*** ~ to be in line (**con** with); ***adottare la*** ~ ***dura, morbida con qcn.*** to take a tough, soft line with sb.; ***seguire una*** ~ ***d'azione*** to take a course of action **12** MIL. *(fronte)* line; ***dietro le -e nemiche*** behind enemy lines; ***prima*** ~ front line, forward troops; ***essere in prima*** ~ to be in BE *o* on AE the front line, to be first in the firing line (anche FIG.) **13** SPORT line; ***la*** ~ ***degli attaccanti, dei terzini*** forward line, full back line; ***giudice di*** ~ linesman **14** *(in genealogia)* line; ~ ***(di discendenza) maschile*** male line, spear side; ~ ***(di discendenza) femminile*** female line, spindle side; ***in*** ~ ***materna, paterna*** on one's mother's, father's side; ***discendenza in*** ~ ***diretta*** lineal *o* direct descent **15** *(nei termometri)* ***avere qualche*** ~ ***di febbre*** to have a slight temperature; ***la febbre gli è salita di due -e*** his temperature is up two degrees ◆ ***su tutta la*** ~ all along the line, right down the line; ***battere qcn. su tutta la*** ~ FIG. to beat sb. hollow ◆◆ ~ ***d'arrivo*** SPORT finishing line; ~ ***d'attacco*** SPORT MIL. line of attack; ~ ***del cambiamento di data*** dateline, date line; ~ ***di campo*** FIS. → ~ **di forza**; ~ ***di carico*** → ~ **di galleggiamento massimo**; ~ ***del cielo*** ley-line; ~ ***di colmo*** EDIL. ridge; ~ ***di condotta*** course of action; ~ ***di comunicazione*** communication line, line of communication; ~ ***di confine*** borderline, boundary line; ~ ***di costa*** coastline, shoreline; ~ ***di credito*** ECON. credit line; ~ ***di cresta*** GEOGR. crest line; ~ ***di demarcazione*** dividing line, boundary (line); ~ ***di difesa*** o ***difensiva*** MIL. line of defence BE *o* defense AE; ~ ***diretta*** bloodline; ~ ***di displuvio*** divide; ~ ***doganale*** customs borderline; ~ ***equinoziale*** GEOGR. equinoctial line, equator; ~ ***di faglia*** GEOL. fault line; ~ ***ferroviaria*** railway line; ~ ***di flusso*** FIS. streamline; ~ ***di fila*** MAR. line ahead; ~ ***di fondo*** SPORT backline, endline; *(nel calcio)* goal line; *(nel tennis)* baseline; ~ ***di forza*** FIS. line of force; ~ ***di fronte*** MAR. line abreast; ~ ***di fuga*** vanishing line; ~ ***di galleggiamento*** MAR. water line, watermark; ~ ***di galleggiamento massimo*** MAR. load line, Plimsoll line; ~ ***dei groppi*** METEOR. squall line; ~ ***di immersione*** MAR. waterline; ~ ***isoalina*** GEOL. isohaline; ~ ***isobara*** GEOL. isobar; ~ ***isobata*** GEOL. isobath; ~ ***isoclina*** GEOL. isoclinic line, isocline; ~ ***isocrona*** GEOL. isochronous line; ~ ***isogona*** GEOL. isogonic; ~ ***isometrica*** GEOL. contour line; ~ ***isopleta*** GEOL. isopleth; ~ ***isosismica*** o ***isosista*** GEOL. isoseismal line, isoseismic line, coseismal; ~ ***isoterma*** GEOL. isotherm(al); ~ ***laterale*** SPORT sideline, by-line; ~ ***lossodromica*** GEOGR. rhumb-line; ~ ***di massima pendenza*** SPORT fall line; ~ ***di meta*** SPORT touch line; ~ ***di metà campo*** SPORT halfway line; ~ ***di mira*** line of vision; ~ ***di mondo*** FIS. world line; ~ ***di montaggio*** production line; ~ ***ortodromica*** GEOGR. orthodrome; ~ ***di partenza*** SPORT starting line; ~ ***di porta*** SPORT goal line; ~ ***di raccordo*** FERR. loop(-line); ~ ***di servizio*** SPORT service line; ~ ***spartiacque*** watershed; ~ ***telegrafica*** wireline; ~ ***telefonica*** (tele)phone line, link; ~ ***di tiro*** MIL. line of fire, firing line; ~ ***tranviaria*** tramline, tramway; ~ ***trasmissione*** transmission line; ~ ***dei trequarti*** SPORT three-quarter line; ~ ***della vita*** lifeline.

lineamenti /linea'menti/ m.pl. **1** *(del viso)* features, lineaments; ***avere dei ~ grossolani, fini, duri*** to have coarse, fine, hard features, to be coarse-, fine-, hard-featured; ~ ***marcati*** rough-hewn *o* rugged features; ***questa pettinatura ti addolcisce i ~*** this hairstyle softens your features **2** FIG. *(in un titolo)* outline sing.; ***"Lineamenti di storia romana"*** "An outline of Roman History".

lineare /line'are/ agg. **1** [*funzione, acceleratore, misura*] linear; ***equazione ~*** MAT. linear *o* simple equation **2** FIG. *(coerente)* [*ragionamento, discorso*] consistent, coherent, straight-line; [*trama*] uncomplicated, straight-line.

linearità /lineari'ta/ f.inv. linearity.

lineato /line'ato/ m. TIP. em dash.

lineetta /line'etta/ f. **1** *(nei composti)* hyphen **2** *(nel discorso diretto)* dash.

lineria /line'ria/ f. **1** *(assortimento)* linen cloths **2** *(negozio)* linen shop.

linfa /'linfa/ f. **1** ANAT. lymph **2** BOT. sap **3** FIG. sap, nourishment; ***nuova ~*** young *o* new blood; ~ ***vitale*** life blood ◆ ***portare nuova ~*** to breathe fresh life (**a** into).

linfadenite /linfade'nite/ ➧ **7** f. lymphadenitis.

linfangite /linfan'dʒite/ ➧ **7** f. lymphangitis.

linfatico, pl. **-ci, -che** /lin'fatiko, tʃi, ke/ agg. [*ganglio, vaso, sistema*] lymphatic.

linfatismo /linfa'tizmo/ ➧ **7** m. lymphatism.

linfoadenite /linfoade'nite/ → **linfadenite**.

linfocito /linfo'tʃito/ m. lymphocyte.

linfocitosi /linfotʃi'tɔzi/ f.inv. lymphocytosis.

linfodrenaggio, pl. **-gi** /linfodre'naddʒo, dʒi/ m. lymphatic drainage (massage); ***fare un ~ a qcn.*** to give sb. a lymphatic drainage (massage).

linfoghiandola /linfo'gjandola/ f. → **linfonodo**.

linfografia /linfogra'fia/ f. lymphography.

linfoide /lin'fɔjde/ agg. lymphoid.

linfoma /lin'fɔma/ m. lymphoma*.

linfonodo /linfo'nɔdo/ m. lymph node.

linfopatia /linfopa'tia/ f. lymphopathy.

linfopoiesi /linfopo'jɛzi/ f.inv. lymphopoiesis.

linfosarcoma /linfosar'kɔma/ m. lymphosarcoma*.

lingerie /linʒe'ri/ f.inv. lingerie **U**; ~ ***di seta*** silk lingerie.

lingotto /lin'gɔtto/ m. **1** *(blocco di metallo)* ingot, bar; ~ ***d'oro*** gold ingot, bar of gold; ~ ***di metallo*** metal bar *o* block; ~ ***sbozzato*** bloom; ***oro in -i*** gold bullion; ***stagno in -i*** block tin **2** TIP. single space.

▶ **lingua** /'lingwa/ **I** f. **1** *(organo)* tongue (anche GASTR.); ***avere la ~ patinosa, impastata*** to have a coated, furred tongue; ***avere la ~ asciutta*** to have a dry mouth; ***bruciarsi la ~*** to burn one's tongue; ***fare*** o ***mostrare*** o ***tirare fuori la ~*** to poke *o* put *o* stick out one's tongue; ***aveva la ~ penzoloni*** o ***di fuori*** his tongue was hanging out; ***far schioccare la ~*** to click one's tongue; ***passarsi la ~ sulle labbra*** to lick one's lips; ***mordersi la ~*** to bite one's tongue (anche FIG.); ~ ***in salsa verde*** GASTR. = boiled tongue served cold with a green sauce made of parsley, garlic and oil **2** *(linguaggio)* language, tongue; ***amare le -e*** to love languages; ***-e moderne*** modern languages; ~ ***ufficiale, straniera*** official, foreign language; ~ ***artificiale, naturale*** artificial, natural language; ***-e romanze, slave*** Romance, Slavonic languages; ***-e indoeuropee, semitiche*** Indo-European, Semitic languages; ~ ***scritta, parlata*** written, spoken language; ***in ~ originale*** in the original language; ***insegnare, imparare (le) -e*** to teach, learn languages; ***essere portato per le -e*** to have a facility *o* a feel for languages; ***studiare una ~*** to study a foreign language; ***conoscere, capire, padroneggiare una ~*** to know, understand, master a (foreign) language; ***storpiare una ~*** to mangle a language; ***parlare diverse -e*** to speak several languages; ***insegnante, corso di -e*** foreign language teacher, course; ***scuola di -e*** school of languages, language school; ***prima, seconda ~*** first, second language; ***la ~ di*** o ***del Boccaccio*** the language of Boccaccio; ***parlare la stessa ~*** to speak the same language (anche FIG.); ***uno scrittore di ~ italiana*** an Italian-speaking writer; ***tradurre qcs. da una ~ all'altra*** to translate sth. from one language into another; ***radio, giornale di ~ inglese*** English-language radio, newspaper; ***i paesi di ~ spagnola*** the Spanish-speaking countries **3** FIG. *(persona)* ***mala ~*** → **malalingua** **4** *(forma allungata)* ~ ***di terra*** tongue *o* strip of land **II lingue** f.pl. UNIV. *(lingue moderne)* modern languages; ***studente di -e*** modern language student; ***facoltà di -e*** faculty of modern languages; ***professore di -e*** modern language teacher; ***studiare -e*** to study modern languages ◆ ***avere la ~ sciolta*** to be very talkative, to have kissed the blarney stone; ***avere la ~ lunga*** to have a loose tongue; ***essere una ~ lunga*** to be loose-tongued *o* a bigmouth COLLOQ.; ***avere la ~ tagliente*** to have a sharp *o* blistering tongue, to be sharp-tongued; ***avere la ~ biforcuta*** to speak with forked tongue; ***non avere peli sulla ~*** to be plain-spoken *o* outspoken, not to mince matters *o* one's words; ***tenere a freno la ~*** to bridle *o* hold *o* guard one's tongue; ***perdere, ritrovare la ~*** to lose, find one's tongue; ***parlare solo perché si ha la ~ (in bocca)*** to talk just for the sake of talking; ***sciogliere la ~ a qcn.*** to loosen sb.'s tongue; ***avere qcs. sulla punta della ~*** to have sth. on the tip of one's tongue; ***il gatto ti ha mangiato la ~? ti sei mangiato la ~?*** SCHERZ. has the cat got your tongue? ***la ~ batte dove il dente duole*** PROV. the tongue always turns to the aching tooth ◆◆ ~ ***agglutinante*** LING. agglutinating language; ~ ***d'arrivo*** target language; ~ ***di bue*** BOT. beefsteak fungus; GASTR. ox tongue; ~ ***comune*** common language; *(linguaggio ordinario)* everyday language; ~ ***figlia*** daughter language; ~ ***franca*** LING. lingua franca*; ~ ***di fuoco*** LETT. tongue of flame; ~ ***furbesca*** thieves' cant; ~ ***letteraria*** literary language; ~ ***materna,*** ~ ***madre*** first language, mother tongue, native tongue; ~ ***morta*** LING. dead language; ~ ***di partenza*** source language; ~ ***dei segni*** sign language, finger-alphabet; ~ ***tonale*** LING. tone language; ~ ***universale*** LING. world language; ~ ***viva*** o ***vivente*** LING. living language.

linguaccia, pl. **-ce** /lin'gwattʃa, tʃe/ f. **1** *(malalingua)* wicked tongue, slanderer, backbiter, shit-stirrer POP.; ***essere una ~*** to have a wicked *o* an evil tongue **2** *(smorfia)* ***fare le -ce*** to poke *o* put *o* stick out one's tongue, to mop and mow.

linguacciuto /lingwat'tʃuto/ **I** agg. **1** *(che ha la lingua lunga)* loose-tongued **2** *(maldicente)* wicked-tongued, backbiting **II** m. bigmouth, wicked tongue.

▷ **linguaggio**, pl. **-gi** /lin'gwaddʒo, dʒi/ m. **1** *(lingua)* language; ***il ~ delle api, dei fiori*** the language of bees, flowers; ***il ~ della finanza*** the financial; ~ ***amministrativo, burocratico*** bureaucratic language; ~ ***della pubblicità*** adspeak; ~ ***della malavita*** thieves' cant; ~ ***elevato, erudito, ricercato, scurrile*** elevated, learned, refined, foul language; ***nel ~ corrente*** in common parlance, in everyday speech; ***lo sviluppo del ~*** the development of language; ***filosofia del ~*** philosophy of language, language philosophy; ***scusate il ~*** pardon my French COLLOQ. **2** *(facoltà di parola)* speech; ***disturbo del ~*** speech disorder ◆◆ ~ ***ad alto livello*** INFORM. high-level language; ~ ***artificiale*** artificial language; ~ ***assemblatore*** INFORM. assembly language; ~ ***a basso livello*** INFORM. low-level language; ~ ***cifrato*** code, cipher; ~ ***del corpo*** body language; ~ ***figurato*** figurative speech; ~ ***giuridico*** legal parlance, legalese; ~ ***giornalistico*** journalistic parlance, journalese; ~ ***infantile*** baby talk; ~ ***d'interrogazione*** INFORM. query language; ~ ***macchina*** INFORM. machine language; ~ ***naturale*** natural language; ~ ***procedurale*** INFORM. procedural language; ~ ***di programmazione*** INFORM. programming language BE, programing language AE, computer language; ~ ***dei segni*** sign language; ~ ***settoriale*** jargon, parlance; ~ ***simbolico*** symbolic language; ~ ***strutturato*** INFORM. structured language; ~ ***tecnico*** technical terms.

linguale /lin'gwale/ agg. **1** LING. lingual; ***consonante ~*** lingual (consonant) **2** MED. [*arteria, vervo*] lingual, glossal.

linguattola /lin'gwattola/ f. tongue fish*.

linguatula /lin'gwatula/ f. tongue-worm.

linguella /lin'gwɛlla/ f. *(in filatelia)* stamp hinge.

linguetta /lin'gwetta/ f. **1** *(di borsa, scarpa)* tongue; *(di cerniera, busta)* flap; *(di lattina)* pop-top, tab **2** MUS. *(di strumento a fiato)* reed **3** TECN. spline; ~ ***e scanalatura*** spline and groove.

linguiforme /lingwi'forme/ agg. linguiform, tongue-shaped.

linguine /lin'gwine/ f.pl. GASTR. = long, flat pasta.

linguista, m.pl. **-i**, f.pl. **-e** /lin'gwista/ m. e f. linguist.

linguistica /lin'gwistika/ f. linguistics + verbo sing.; ***corso di ~*** linguistics course ◆◆ ~ ***applicata*** applied linguistics; ~ ***comparata*** comparative linguistics; ~ ***computazionale*** computational linguistics; ~ ***contrastiva*** contrastive linguistics; ~ ***descrittiva*** descriptive linguistics; ~ ***diacronica*** diachronic linguistics; ~ ***generale*** general linguistics; ~ ***pragmatica*** pragmatical linguistics; ~ ***sincronica*** synchronic linguistics; ~ ***storica*** historical linguistics; ~ ***strutturale*** structural linguistics; ~ ***testuale*** text linguistics.

linguisticamente /lingwistika'mente/ avv. linguistically.

linguistico, pl. **-ci, -che** /lin'gwistiko, tʃi, ke/ **I** agg. **1** *(della lingua)* [*atto, comunità*] speech; [*area, geografia, atlante, invenzione*] linguistic; [*famiglia, barriera, laboratorio*] language; ***prestito ~*** loan word; ***mutamento ~*** (language) shift; ***non ~*** nonlinguistic **2** *(della linguistica)* [*studi, teorie*] linguistics **II** m. → **liceo linguistico**.

liniero /li'njɛro/ agg. [*industria, produzione*] linen.

linificio, pl. **-ci** /lini'fitʃo, tʃi/ m. flax-mill.

linimento /lini'mento/ m. liniment.

linkare /lin'kare/ [1] tr. INFORM. to link [*sito, pagina web, immagine*].
linnea /lin'nɛa/ f. twinflower.
linneano /linne'ano/ agg. Linnaean.
Linneo /lin'nɛo/ n.pr.m. Linnaeus.
▷ **lino** /'lino/ m. **1** *(fibra, pianta)* flax; ***seme di*** ~ linseed; ***olio di*** ~ linseed oil; ***farina di semi di*** ~ oil meal, linseed meal **2** *(tessuto)* linen, flax; ***tela di*** ~ linen (cloth), flaxen cloth; ***filato di*** ~ linen thread *o* line; ***camicia di*** ~ linen shirt; ***indossare indumenti di*** ~ to wear linen; ***(in) misto*** ~ [*tessuto, abito*] linen blend.
linoleico /lino'lɛiko/ agg. ***acido*** ~ linoleic acid.
linoleum /li'nɔleum/ m.inv. linoleum, lino COLLOQ.; ***incisione in*** ~ lino cut, lino print.
linone /li'none/ m. leno*.
linotipia /linoti'pia/ f. linotyping.
linotipico, pl. **-ci**, **-che** /lino'tipiko, tʃi, ke/ agg. ***macchina -a*** Linotype machine.
linotipista, m.pl. **-i**, f.pl. **-e** /linoti'pista/ ♦ ***18*** m. e f. linotypist.
linotype® /lino'taip/ f.inv. Linotype®.
liocorno /lio'kɔrno/ m. unicorn.
liofilizzare /liofilid'dzare/ [1] tr. to lyophilize, to freeze-dry [*alimento*].
liofilizzato /liofilid'dzato/ **I** p.pass. → **liofilizzare II** agg. [*alimento*] lyophilized, freeze-dried; ***caffè*** ~ freeze-dried coffee **III** m. lyophilized product.
liofilizzazione /liofiliddzat'tsjone/ f. lyophilization, freeze-drying.
lionato /lio'nato/ agg. tawny.
Lionello /lio'nɛllo/ n.pr.m. Lionel.
lipasi /li'pazi/ f.inv. lipase.
lipide /li'pide/ m. lipid.
lipidico, pl. **-ci**, **-che** /li'pidiko, tʃi, ke/ agg. lipidic.
lipizzano /lipit'tsano/ **I** agg. ***cavallo*** ~ Lippizaner horse **II** m. Lippizaner.
lipoide /li'pɔide/ m. lipoid.
lipoideo /lipoj'dɛo/ agg. lipoid.
lipolisi /lipo'lizi/ f.inv. lipolysis*.
lipoma /li'pɔma/ m. lipoma*.
lipomatosi /lipoma'tɔzi/ f.inv. lipomatosis.
lipoproteina /lipoprote'ina/ f. lipoprotein.
liposarcoma /liposar'kɔma/ m. liposarcoma*.
liposolubile /liposo'lubile/ agg. liposoluble, fat-soluble.
liposoma /lipo'sɔma/ m. liposome.
liposuzione /liposut'tsjone/ f. liposuction.
lipotimia /lipoti'mia/ f. lipothymia.
lippa /'lippa/ f. tipcat.
LIPU /'lipu/ f. (⇒ Lega Italiana Protezione Uccelli) = Italian association for the protection of birds.
liquame /li'kwame/ m. sewage, soil, (sewage) sludge; *(di animali)* slurry.
liquazione /likwat'tsjone/ f. liquation; ***sottoporre a*** ~ to liquate [*metallo*].
liquefare /likwe'fare/ [8] **I** tr. **1** *(fondere)* to melt, to thaw [*ghiaccio, neve*]; to melt [*cera, burro*] **2** FIS. to liquefy [*gas, aria*]; to found, to fuse [*metallo*] **3** FIG. *(dissipare)* to squander [*sostanze, averi*] **II liquefarsi** pronom. **1** *(fondersi)* [*ghiaccio, neve*] to melt, to thaw; [*burro, cera*] to melt **2** FIS. [*gas, aria*] to liquefy; [*metallo*] to fuse, to flux **3** FIG. *(dissiparsi)* [*fortuna, patrimonio*] to dissipate, to be* eaten up **4** FIG. *(avere molto caldo)* [*persona*] to melt, to boil.
liquefattibile /likwefat'tibile/ agg. liquefiable.
liquefatto /likwe'fatto/ **I** p.pass. → **liquefare II** agg. **1** *(liquido)* [*gas*] liquefied; [*metallo*] fused, cast **2** *(sciolto)* [*neve, ghiaccio*] melted; [*burro*] melted, runny.
liquefattore /likwefat'tore/ m. liquefier.
liquefazione /likwefat'tsjone/ f. **1** FIS. liquefaction **2** *(fusione)* melting.
liquerizia /likwe'rittsja/ → **liquirizia**.
liquescente /likweʃ'ʃɛnte/ agg. liquescent.
liquescenza /likweʃ'ʃɛntsa/ f. liquescence.
liquidabile /likwi'dabile/ agg. **1** *(pagabile)* [*fattura, debito*] that can be liquidated; [*sinistro*] adjustable **2** *(per cessata attività)* [*ditta, società*] that can be liquidated **3** *(risolvibile)* [*questione, problema*] (re)solvable, that can be settled.
liquidare /likwi'dare/ [1] tr. **1** DIR. to liquidate, to wind* up [*società, attività*]; to liquidate, to pay* off, to settle [*debito*]; to settle [*conti*]; to clear [*assegno*]; to allocate [*pensione*]; to award [*danni*]; to pay* off [*dipendente, creditori*]; to realize [*beni*]; to wind* up [*proprietà, eredità*]; [*compagnia d'assicurazioni*] to adjust [*sinistro*] **2** COMM. *(svendere)* to liquidate, to clear, to sell* off [*merce, stock*]; to remainder [*merce invenduta*]; ~ ***degli articoli a prezzo di costo*** to sell items off at cost price **3** COLLOQ. *(risolvere)* to settle, to solve [*problema, questione*] **4** *(sbarazzarsi di)* to dispose of, to get* rid of [*importuno, scocciatore*]; *(uccidere)* to liquidate, to remove, to bump off COLLOQ. [*avversario, testimone*]; *(vincere facilmente)* to slaughter COLLOQ. [*avversario, squadra*]; ~ ***qcn. senza tanti complimenti*** to give sb., sth. short shrift; ~ ***qcn., qcs. velocemente*** o ***in fretta*** to make* short work of sb., sth.; ***l'ho liquidato con una scusa*** I got rid of him with an excuse **5** *(stroncare)* [*critico, recensione*] to write* off [*film, attore, atleta*].
liquidatore /likwida'tore/ m. liquidator; *(di compagnia d'assicurazioni)* (loss) adjuster.
liquidazione /likwidat'tsjone/ f. **1** DIR. COMM. *(di impresa, bene)* liquidation; *(di debiti, conti, successione)* settlement, selling-off; *(di danni)* award; *(in assicurazione)* adjustment; ***società in*** ~ company in liquidation; ***andare in*** ~ to go into liquidation; ~ ***delle imposte*** payment of taxes **2** *(indennità di fine rapporto)* severance pay, gratuity, golden handshake COLLOQ. **3** COMM. *(vendita)* clearance, sale, close-out, selling-off; ~ ***totale (delle scorte)*** total (stock) clearance; ~ ***di fine stagione*** end-of-season sale; ~ ***per cessata attività*** closing-down sale; ***comprare una giacca in*** ~ to buy a jacket in the sales *o* at sale price BE; ***"in ~"*** "reduced to clear"; ***mettere delle merci in*** ~ to sell goods at sale price BE, to put goods on sale AE **4** ECON. settlement; ~ ***di fine mese*** monthly settlement; ***giorno di*** ~ settlement day, account day, payday ♦♦ ~ ***coatta (amministrativa)*** compulsory liquidation; ~ ***volontaria*** voluntary liquidation.
liquidità /likwidi'ta/ f.inv. **1** FIS. liquidness, liquidity; ***la ~ di un corpo*** the liquidity of a body **2** ECON. liquidity; *(disponibilità di denaro liquido)* liquidity, liquid assets pl.; ***coefficiente di*** ~ liquidity ratio, cash ratio; ***preferenza per la*** ~ liquidity preference; ***abbondanza di*** ~ abundance of cash; ***avere problemi di*** ~ to have cash flow problems.
▷ **liquido** /'likwido/ **I** agg. **1** [*sostanza*] liquid, fluid; ***allo stato*** ~ in a liquid state; ***troppo*** ~ [*alimento, colla, salsa*] runny, watery, too thin; ***miele*** ~ clear honey; ***detersivo*** ~ liquid *o* cream cleaner, cleaning fluid; ***sapone*** ~ liquid soap; ***dieta -a*** liquid diet; ***aria -a*** liquid air; ***cristallo*** ~ liquid crystal; ***schermo a cristalli -i*** liquid crystal display **2** ECON. [*denaro, capitale*] liquid; ***pagare con denaro*** ~ to pay (in) cash; ***movimenti di denaro*** ~ cash flows **II** m. **1** *(sostanza)* liquid, fluid; ***assuma molti -i*** drink plenty of liquids **2** ECON. (hard) cash; ***avere disponibilità di -i*** to have liquid assets; ***non ho -i con me*** I haven't got any cash on me **3** LING. ***consonanti -e*** liquids, liquid consonants ♦♦ ~ ***amniotico*** amniotic fluid; ~ ***cefalorachidiano*** spinal fluid; ~ ***per freni*** brake fluid; ~ ***organico*** bod(il)y fluid; ~ ***di raffreddamento*** coolant; ~ ***seminale*** seminal fluid.
liquirizia /likwi'rittsja/ f. **1** *(radice, estratto)* liquorice, licorice AE; ***di*** o ***alla*** ~ liquorice, licorice AE; ***mangiare una (caramella alla) liquirizia*** to eat a liquorice sweet; ***stecca*** o ***bastoncino di*** ~ liquorice stick **2** *(pianta)* liquorice, licorice AE.
liquor /'likwor/ m.inv. spinal fluid.
▶ **liquore** /li'kwore/ m. **1** strong drink; *(dolce o digestivo)* liqueur; ~ ***di pere*** pear liqueur; ***bicchierino da*** ~ liqueur glass; ***vini e -i*** wines and spirits **2** FARM. liquor.
liquoreria /likwore'ria/ f. **1** *(fabbrica)* liquor distillery **2** *(negozio)* off-licence BE, liquor store AE.
liquoroso /likwo'roso/ agg. [*vino*] fortified.
▶ **1.lira** /'lira/ ♦ ***6*** f. **1** *(vecchia valuta italiana)* lira* **2** *(unità monetaria di vari paesi)* pound; ~ ***egiziana*** Egyptian pound **3** *(denaro)* ***sono senza una*** ~ I haven't got a penny, I'm broke COLLOQ.; ***è arrivato, ripartito senza una*** ~ he arrived, left without a penny; ***senza spendere una*** ~ without spending a penny; ***non guardare troppo alla*** ~ not to care about what things cost; ***non vale una*** ~ it's not worth a brass farthing *o* a penny ♦♦ ~ ***sterlina*** (pound) sterling.
2.lira /'lira/ ♦ ***34*** f. **1** STOR. MUS. lyre **2** ZOOL. ***uccello*** ~ lyrebird.
lirica, pl. **-che** /'lirika, ke/ f. **1** LETTER. *(genere)* lyric (poetry); *(componimento poetico)* lyric (poem); ***la ~ romantica*** Romantic poetry; ***una ~ di Leopardi*** a poem by Leopardi **2** MUS. opera.
liricamente /lirika'mente/ avv. lyrically.
liricità /liritʃi'ta/ f.inv. lyricism.
liricizzare /liritʃid'dzare/ [1] tr. to lyricize, to lyricise [*racconto*].
lirico, pl. **-ci**, **-che** /'liriko, tʃi, ke/ **I** agg. **1** MUS. [*compositore, rappresentazione, pezzo*] operatic; [*cantante, stagione*] opera attrib.; ***teatro*** ~ opera house **2** LETTER. [*poesia, poeta*] lyric; [*slancio*] lyrical **II** m. LETTER. *(poeta)* lyric poet, lyricist.
liriodendro /lirjo'dɛndro/ m. tulip tree.

lirismo /li'rizmo/ m. **1** *(carattere della poesia lirica)* lyricism **2** *(tono ispirato)* lyricism.

lisare /li'zare/ [1] tr. to lyse.

Lisbona /liz'bona/ ♦ *2* n.pr.f. Lisbon.

lisbonese /lizbo'nese/ ♦ *2* **I** agg. from, of Lisbon, Lisbon attrib. **II** m. e f. native, inhabitant of Lisbon.

lisca, pl. **-sche** /'liska, ske/ f. **1** (fish) bone; ***con le -sche*** [*pesce*] unboned; ***privo di*** o ***senza -sche*** boned, boneless; ***pieno di -sche*** bony, full of bones; ***togliere le -sche di un pesce*** to bone a fish; ***a ~ di pesce*** [*parcheggio*] diagonal; [*pavimentazione*] herringbone **2** COLLOQ. *(difetto di pronuncia)* lisp; ***avere la ~*** to have a lisp.

liscia, pl. **-sce** /'liʃʃa, ʃe/ f. CONC. slicker.

lisciamento /liʃʃa'mento/ m. **1** *(atto, effetto del lisciare)* smoothing **2** FIG. *(adulazione)* flattery.

lisciare /liʃ'ʃare/ [1] **I** tr. **1** *(rendere liscio)* to smooth [*capelli, carta, cuoio, tessuto*]; to sleek, to slick [*cuoio*]; to polish [*legno*] **2** *(accarezzare)* ***~ il pelo a un gatto*** to stroke a cat **3** *(rifinire)* to polish [*lavoro*] **4** FIG. *(adulare)* ***~ (il pelo a) qcn.*** to flatter *o* butter up sb. **5** IRON. *(bastonare, picchiare)* ***~ (il pelo a) qcn.*** to give sb. a drubbing *o* thrashing **II lisciarsi** pronom. **1** *(accarezzarsi)* ***-rsi la barba*** to stroke one's beard; ***-rsi i capelli*** to smooth one's hair **2** *(pulirsi)* ***-rsi il pelo*** [*gatto*] to lick one's fur; ***-rsi le penne*** [*uccello*] to plume *o* preen oneself **3** FIG. *(agghindarsi)* [*persona*] to spruce oneself up.

lisciata /liʃ'ʃata/ f. **1** ***darsi una ~ ai capelli*** to smooth (down) one's hair **2** FIG. flattery, soft soap COLLOQ.

lisciato /liʃ'ʃato/ **I** p.pass. → **lisciare II** agg. **1** *(reso liscio)* sleek, smooth **2** FIG. *(agghindato)* dressed up, spruced up.

lisciatrice /liʃʃa'tritʃe/ f. polisher.

lisciatura /liʃʃa'tura/ f. **1** *(il lisciare)* smoothing **2** TECN. polishing **3** FIG. *(adulazione)* flattery.

▷ **liscio**, pl. **-sci, -sce** /'liʃʃo, ʃi, ʃe/ **I** agg. **1** [*superficie, roccia, pelle*] smooth; [*capelli*] straight; [*pneumatici*] smooth, bald, worn; ***il mare era ~ come l'olio*** the sea was like glass; ***~ come la seta*** as soft *o* smooth as silk; ***muscolo ~*** ANAT. smooth muscle **2** *(privo di ornamenti)* [*abito, mobile*] plain **3** *(di bevanda)* [*liquore*] straight, neat, straight-up AE COLLOQ.; [*caffè, tè*] black; *(non gassato)* [*acqua*] still; ***bere il whisky ~*** to drink one's whisky straight *o* neat **4** MUS. ***ballo ~*** ballroom dancing **II** m. **1** *(ballo)* ballroom dancing **2** SPORT miss, bad shot, bad kick ♦ ***andare*** o ***filare ~ (come l'olio)*** to go like clockwork, to go smoothly; ***~ come il culetto di un bambino*** smooth as a baby's bottom; ***non la passerai -a!*** you'll never get away with it! ***farla passare -a a qcn.*** to let sb. off the hook.

liscione /liʃ'ʃone/ m. slickenside.

lisciva /liʃ'ʃiva/, **liscivia** /liʃ'ʃivja/ f. lye.

lisciviare /liʃʃi'vjare/ [1] tr. to leach.

lisciviatrice /liʃʃivja'tritʃe/ f. boiler BE.

lisciviatura /liʃʃivja'tura/ f. CART. boiling.

lisciviazione /liʃʃivjat'tsjone/ f. **1** *(lavaggio)* leaching **2** CHIM. lixiviation **3** GEOL. leaching.

liscoso /lis'koso/ agg. [*pesce*] bony.

lisergico /li'zɛrdʒiko/ agg. ***acido ~*** lysergic acid.

liseuse /li'zøz/ f.inv. bed jacket.

lisi /'lizi/ f.inv. lysis*.

lisina /li'zina/ f. **1** *(amminoacido)* lysine **2** *(anticorpo)* lysin.

liso /'lizo/ agg. [*tessuto, vestito*] worn, threadbare.

lisoformio® /lizo'fɔrmjo/ m. = a type of liquid household cleaner.

lisogenia /lizodʒe'nia/ f. lysogeny.

lisosoma /lizo'sɔma/ m. lysosome.

lisozima /lizod'dzima/ m. lysozyme.

lissa /'lissa/ f. MED. lyssa, rabies.

▶ **lista** /'lista/ f. **1** *(striscia) (di stoffa, carta, cuoio)* strip, band; *(di legno)* strip **2** *(elenco)* list; ***essere sulla ~*** to be on the list; ***compilare*** o ***fare una ~*** to draw up *o* make a list (**di** of); ***mettere*** o ***inserire qcn., qcs. in una ~*** to put sb., sth. on a list; ***togliere qcn., qcs. da una ~*** to take sb., sth. off a list; ***essere in cima alla ~*** to be at the head *o* top of the list (anche FIG.); ***andare ad allungare la ~ di*** to add to the list of [*errori, problemi*] **3** POL. *(di candidati)* list BE, ticket AE, ballot AE, slate AE; ***compagno di ~*** fellow candidate BE, running mate AE ♦ ***mettere qcn. sulla ~ nera*** to put sb. on a blacklist, to blacklist sb. ♦♦ ***~ d'attesa*** waiting list; ***~ civile*** civil list; ***~ di controllo*** checklist; ***~ elettorale*** electoral register, electoral roll; ***essere iscritto nelle -e elettorali*** to be on the electoral roll, to be registered to vote; ***~ di leva*** conscription list; ***~ nera*** blacklist, hit list, shit-list POP.; ***~ nozze*** wedding list; ***~ dei prezzi*** price list; ***~ di proscrizione*** proscription list; ***~ della spesa*** shopping list; ***~ dei vini*** wine list.

listare /lis'tare/ [1] tr. **1** *(contrassegnare)* to stripe; *(bordare)* to edge, to line (**di** with); ***~ a lutto*** to edge in black **2** INFORM. to list.

listato /lis'tato/ **I** p.pass. → **listare II** agg. ***carta -a a lutto*** mourning paper **III** m. INFORM. listing.

listatura /lista'tura/ f. **1** *(il bordare)* edging **2** INFORM. list.

listello /lis'tɛllo/ m. **1** *(striscia di legno)* lath, splint; *(di tetto)* batten **2** ARCH. *(ornamentale)* list; *(di colonna)* cincture.

listeria /lis'tɛrja/ f. listeria*.

listeriosi /liste'rjɔzi/ ♦ *7* f.inv. listeriosis*.

listino /lis'tino/ m. **1** *(elenco)* list; ***prezzo di ~*** list price; ***essere ammesso a ~*** ECON. to be listed on the Stock Exchange; ***ammissione a ~*** ECON. Stock Exchange listing **2** *(parte della camicia)* neckband ♦♦ ***~ di borsa*** Stock Exchange list; ***~ dei cambi*** exchange list; ***~ (dei) prezzi*** price list.

litania /lita'nia/ f. litany (anche FIG.); ***recitare le -e*** to recite the litanies; ***mi ripete sempre la solita ~*** FIG. he's always telling me the same old story.

litantrace /litan'tratʃe/ m. bituminous coal.

litargirio, pl. **-ri** /litar'dʒirjo, ri/ m. litharge.

litchi /'litʃi/ m.inv. lychee, litchi.

▷ **lite** /'lite/ f. **1** *(discussione violenta)* quarrel, row, argument (**tra** between; **per, riguardo a** over; **con** with); ***è scoppiata una ~*** a fight broke out; ***attaccare ~ con qcn.*** to begin *o* start a quarrel with sb.; ***placare una ~*** to settle a quarrel; ***una ~ in famiglia*** a family row, quarrel **2** DIR. ***~ (giudiziaria)*** (law)suit, case; ***le parti in ~*** the litigants; ***~ pendente*** pending lawsuit.

litiasi /li'tiazi/ f.inv. lithiasis*.

1.litico, pl. **-ci, -che** /'litiko, tʃi, ke/ agg. *(relativo al litio)* lithic.

2.litico, pl. **-ci, -che** /'litiko, tʃi, ke/ agg. MED. BIOL. *(relativo alla lisi)* lytic.

litigante /liti'gante/ m. e f. quarreller BE, quarreler AE; DIR. litigant ♦ ***fra i due -i il terzo gode*** PROV. two dogs strive for a bone, and a third runs away with it *o* the onlooker gets the best of a fight.

▶ **litigare** /liti'gare/ [1] intr. (aus. *avere*) **1** *(discutere animatamente)* to argue, to have* an argument, a row, a quarrel, a fight (**per, su, in merito a** about; **con** with); *(per questioni futili)* to squabble, to bicker (**per, su** about, over; **con** with); ***smettetela di ~!*** stop arguing! ***ogni scusa è buona per ~*** any excuse will do to have an argument **2** *(rompere un legame affettivo)* to fall* out.

litigata /liti'gata/ f. quarrel, row, argument, fight (**tra** between; **per, riguardo a** over; **con** with); ***fare una bella ~*** to get into a big fight.

▷ **litigio**, pl. **-gi** /li'tidʒo, dʒi/ m. quarrel, row, argument, fight (**tra** between; **per, riguardo a** over; **con** with); ***un motivo di ~*** a cause for argument; ***-gi fra vicini*** quarrels between neighbours.

litigiosamente /litidʒosa'mente/ avv. quarrelsomely.

litigiosità /litidʒosi'ta/ f.inv. **1** quarrelsomeness (**di** of) **2** DIR. litigiousness.

litigioso /liti'dʒoso/ agg. **1** *(rissoso)* [*persona*] quarrelsome **2** DIR. litigious.

litio /'litjo/ m. lithium.

litioso /li'tjoso/ agg. lithic.

litoclasi /li'tɔklazi/ f.inv. lithoclase.

litofaga /li'tɔfaga/ f. stone-borer.

litofania /litofa'nia/ f. lithophane.

litofilo /li'tɔfilo/ m. lithophile.

litofita /li'tɔfita/ f. lithophyte.

litofotografia /litofotogra'fia/ f. photolithography.

litogenesi /lito'dʒɛnezi/ f.inv. lithogenesis.

litografare /litogra'fare/ [1] tr. to lithograph.

litografia /litogra'fia/ f. **1** *(tecnica)* lithography, litho* **2** *(stampa)* lithograph, litho*.

litograficamente /litografika'mente/ avv. lithographically.

litografico, pl. **-ci, -che** /lito'grafiko, tʃi, ke/ agg. lithographic(al).

litografo /li'tɔgrafo/ ♦ *18* m. (f. **-a**) lithographer.

litoide /li'tɔide/ agg. lithoid(al).

litologia /litolo'dʒia/ f. lithology.

litologico, pl. **-ci, -che** /lito'lɔdʒiko, tʃi, ke/ agg. lithologic(al).

litologo, m.pl. **-gi**, f.pl. **-ghe** /li'tɔlogo, dʒi, ge/ m. (f. **-a**) lithologist.

litopedio, pl. **-di** /lito'pɛdjo, di/ m. lithopedion.

litopone /lito'pone/ m. lithopone.

litorale /lito'rale/ **I** agg. [*città, fauna, flora*] coastal, littoral **II** m. (sea)coast, (sea)shore; ***il ~ adriatico*** the Adriatic seashore, the Adriatic coast.

litoraneo /lito'raneo/ agg. [*città, regione*] coastal, littoral; ***cordone ~*** offshore bar.

litosfera /litos'fɛra/ f. lithosphere.

litosferico, pl. **-ci, -che** /litos'fɛriko, tʃi, ke/ agg. GEOL. ***placca*** o ***zolla -a*** plate.

litostratigrafia /litostratigra'fia/ f. lithostratigraphy.

litote /li'tɔte/ f. litotes*.

litoteca, pl. **-che** /lito'tɛka, ke/ f. collection of minerals.
litotomia /litoto'mia/ f. lithotomy.
litotomico, pl. **-ci, -che** /lito'tɔmiko, tʃi, ke/ agg. lithotomic(al).
litotripsia /litotrip'sia/ f. lithotripsy, lithotrity.
litotritore /litotri'tore/ m. lithotrite.
▷ **litro** /'litro/ ➧ *20* m. litre BE, liter AE; ***vendere qcs. al ~*** to sell sth. by the litre; ***mezzo ~*** half a litre, half-litre; ***un ~ di vino*** a litre of wine; ***un barile da 10 -i*** a 10-litre barrel; ***questa auto fa 20 km con un ~*** this car does *o* gets 20 km to the litre.
litrotrissia /litrotris'sia/ → **litotripsia**.
littore /lit'tore/ m. lictor.
littorina /litto'rina/ f. ZOOL. (peri)winkle.
littorio, pl. **-ri, -rie** /lit'tɔrjo, ri, rje/ **I** agg. STOR. lictorian; ***fasci -ri*** (lictor's) fasces; *(fascista)* = relating to the institutions of the Fascist regime **II** m. **1** *(fascio)* fasces pl. **2** *(regime fascista)* = the Fascist regime; ***Gioventù del ~*** = Fascist youth organization.
Lituania /litu'anja/ ➧ *33* n.pr.f. Lithuania.
lituano /litu'ano/ ➧ *25, 16* **I** agg. Lithuanian **II** m. (f. **-a**) **1** *(persona)* Lithuanian **2** *(lingua)* Lithuanian.
liturgia /litur'dʒia/ f. **1** RELIG. liturgy, rite; ***~ cattolica*** Catholic liturgy **2** FIG. *(rituale)* ritual ◆◆ ***~ ambrosiana*** Ambrosian rite.
liturgicamente /liturdʒika'mente/ avv. liturgically.
liturgico, pl. **-ci, -che** /li'turdʒiko, tʃi, ke/ agg. [*canto, libro*] liturgic(al); ***anno ~*** ecclesiastical year, liturgical year; ***camice ~*** alb.
liturgista, m.pl. **-i**, f.pl. **-e** /litur'dʒista/ m. e f. liturgist.
liutaio, pl. **-ai** /liu'tajo, ai/ ➧ *18* m. (f. **-a**) lutist.
liuteria /liute'ria/ f. **1** *(arte)* = art of making lutes and other stringed instruments **2** *(bottega)* = workshop where lutes and other stringed instruments are made.
liutista, m.pl. **-i**, f.pl. **-e** /liu'tista/ ➧ *34, 18* m. e f. lutenist, lutanist, lutist.
liuto /li'uto/ ➧ *34* m. **1** *(strumento musicale)* lute **2** ZOOL. ***tartaruga ~*** leather-back.
livarda /li'varda/ f. MAR. sprit.
live /'laiv/ agg.inv. [*registrazione, trasmissione*] live.
livella /li'vɛlla/ f. TECN. level ◆◆ ***~ a bolla d'aria*** spirit level; ***~ a cannocchiale*** dumpy-level; ***~ da muratore*** mason's level.
livellamento /livella'mento/ m. **1** ING. *(di suolo, terreno, strada)* levelling BE, leveling AE **2** FIG. *(parificazione)* equalization, levelling BE, leveling AE; ***~ dei prezzi*** levelling (off) of prices; ***~ verso il basso, l'alto*** levelling-down, levelling-up; ***~ salariale*** equalization of wages.
livellare /livel'lare/ [1] **I** tr. **1** *(rendere piano)* to level off, to level out [*suolo, terreno*]; to flatten [*rilievo*] **2** FIG. *(parificare)* to level off [*prezzi*]; to level out [*retribuzioni*]; ***~ verso il basso, l'alto*** to level down, level up [*prezzi*] **3** TOPOGR. to level **II livellarsi** pronom. **1** *(diventare piano)* [*terreno*] to flatten (out) **2** *(portarsi ad uguale livello)* [*acque, liquidi*] to become* even **3** FIG. [*prezzi, retribuzioni, salari*] to even out.
livellatore /livella'tore/ agg. levelling BE, leveling AE (anche FIG.); ***il provvedimento ha favorito un'azione -trice dei prezzi*** the move has had the effect of levelling out prices.
livellatrice /livella'tritʃe/ f. grader.
▶ **livello** /li'vɛllo/ m. **1** *(altezza)* level; ***~ dell'acqua, dell'olio*** water level, oil level; ***a ~ del suolo, della carreggiata*** at ground, street level; ***essere a ~*** to be level; ***portare a ~*** to make sth. level; ***dieci metri sopra, sotto il ~ del mare*** ten metres above, below sea level **2** *(grado, condizione)* level, standard; ***~ culturale, intellettuale*** cultural, intellectual level; ***~ di studi, di formazione*** level of education, of training; ***al di sotto del ~ richiesto per*** below the required standard for; ***~ di produzione, di produttività*** level of production; ***~ dei prezzi*** ECON. price structure, price level; ***i candidati sono di buon ~*** the standard of candidates is good; ***essere allo stesso ~ di*** to be on the same level with; ***mettersi al ~ di qcn.*** to put oneself on the same level as sb.; ***abbassarsi al ~ di qcn.*** to get down *o* come down to sb.'s level; ***di alto ~*** [*squadra, atleta, candidato*] high-level; ***ai massimi -i*** top class, top-level; ***a tutti i -i*** at all levels, at every level; ***a ~ locale, nazionale, europeo*** at the local, national, European level; ***i negoziati si svolgeranno al più alto ~*** there will be negotiations at the highest level **3** AMM. *(qualifica funzionale)* grade **4** LING. register **5** FERR. ***passaggio a ~*** level crossing, grade crossing AE; ***passaggio a ~ incustodito*** unguarded level crossing; ***passaggio a ~ con barriere, senza barriere*** protected, unprotected level crossing **6** GEOL. ***curva di ~*** contour line ◆◆ ***~ a cannocchiale*** TOPOGR. dumpy-level; ***~ di confidenza*** STATIST. confidence level; ***~ di guardia*** flood mark, high-water mark, flood level; FIG. danger level; ***~ occupazionale*** employment level; ***~ retributivo*** wage level; ***~ sonoro*** sound level; ***~ di vita*** standard of living, living standards.
lividezza /livi'dettsa/ f. lividness.
livido /'livido/ **I** agg. **1** livid, (black-and-)blue; ***essere ~ dal freddo*** to be blue from *o* with the cold **2** *(pallido)* [*volto*] deathly pale, colourless BE, colorless AE; [*cielo*] leaden; [*colorito, luce, alba*] livid; ***~ di rabbia*** livid with rage; ***~ di paura*** white *o* pale with fear **II** m. *(ecchimosi)* bruise; ***farsi un ~ su un ginocchio, braccio*** to bruise one's knee, arm; ***essere coperto di -i*** [*gambe, braccia*] to be covered in *o* full of bruises; ***avere un ~ sul braccio, sulla coscia*** to have a bruise on one's arm, thigh.
Livio /'livjo/ n.pr.m. STOR. Livy.
livore /li'vore/ m. *(astio)* acrimony, spite.
livornese /livor'nese/ ➧ *2* **I** agg. from, of Leghorn; ***pollo*** o ***gallina ~*** leghorn **II** m. e f. native, inhabitant of Leghorn **III** m. dialect of Leghorn.
Livorno /li'vorno/ ➧ *2* n.pr.f. Leghorn.
livrea /li'vrɛa/ f. **1** *(di domestico)* livery; ***in ~*** [*autista, maggiordomo*] liveried, in livery **2** ZOOL. plumage.
lizza /'littsa/ f. lists pl. (anche FIG.); ***entrare in ~*** to enter the lists, to throw one's hat into the ring; ***essere in ~*** to have entered the lists, to be competing.
LL.AA. ⇒ Loro Altezze Their Highnesses.
LL.PP. ⇒ Lavori Pubblici public works.
l.m. ⇒ livello del mare sea level.
ln ⇒ logaritmo naturale natural logarithm (ln).
▶ **1.lo** /lo/ (l' before a vowel sound) artc.det.m.sing. → **il.**
▶ **2.lo** /lo/ Quando equivale a *ciò, lo* si rende spesso con *it* (*non lo dire* = don't say it), ma va notata la particolare traduzione dopo certi verbi: *lo penso* = I think so; *non lo penso* = I don't think so / I think not (d'uso più formale); *lo spero* = I hope so; *non lo spero* = I hope not; *lo credo* = I believe so; *non lo credo* = I believe not; *te l'ho detto* = I told you so; *non te l'ho detto* = I didn't tell you so. Analogamente si comportano verbi quali *to suppose, to be afraid, to prefer* e *to expect*. - Si notino in particolare le diverse traduzioni dell'espressione *lo so* = I know (se non si deve specificare l'oggetto), *I know that* (se ci si riferisce a qualcosa menzionato in precedenza), *I know it* (solo in risposta a domande in cui c'è un riferimento specifico, come "who knows his name?"), o infine una frase del tipo *I know he is* (come replica breve a un'affermazione del tipo "he's the best student in the class"). - Per altri usi di *lo* come pronome personale si veda la nota della voce **io**. pron.pers.m.sing. **1** *(complemento oggetto) (riferito a persona di sesso maschile)* him; *(riferito a cosa, animale)* it; ***l'ho incontrato ieri*** I met him yesterday; ***~ aspetto da un'ora*** I've been waiting for him for an hour; ***è un libro bellissimo, l'ho letto due volte*** it's an excellent book, I've read it twice; ***Mauro? eccolo!*** Mauro? here he is! ***il tuo orologio? eccolo!*** your watch? here it is! **2** *(ciò)* it; ***non ~ dire*** don't say it; ***non ~ so*** I don't know **3** *(con valore predicativo)* ***sembra sincero, ma non ~ è*** he seems honest but he isn't; ***"è un buon giocatore?" - "certo che ~ è"*** "is he a good player?" - "of course he is".
lobare /lo'bare/ agg. lobar.
lobato /lo'bato/ agg. lobed; BOT. ZOOL. lobate, lobed.
lobbia /'lɔbbja/ f. homburg (hat), trilby BE.
lobbismo /lob'bizmo/ m. lobbying.
lobbista, m.pl. **-i**, f.pl. **-e** /lob'bista/ m. e f. lobbyist.
lobby /'lɔbbi/ f.inv. lobby (group); ***la ~ ecologista, degli europeisti*** the environmental, pro-European lobby.
lobectomia /lobekto'mia/ f. lobectomy.
lobelia /lo'bɛlja/ f. lobelia; ***~ a fior di cardinale*** cardinal flower.
lobo /'lɔbo/ m. ANAT. ZOOL. BOT. lobe; ***~ dell'orecchio*** earlobe; ***il ~ di una foglia*** the lobe of a leaf; ***formazione di -i*** lobation ◆◆ ***~ frontale*** frontal lobe; ***~ prefrontale*** prefrontal lobe.
lobotomia /loboto'mia/ f. lobotomy.
lobotomizzare /lobotomid'dzare/ [1] tr. to lobotomize.
lobulare /lobu'lare/ agg. lobular.
lobulo /'lɔbulo/ m. lobule.
▷ **1.locale** /lo'kale/ **I** agg. [*industria, autorità, tassa, radio, vino, specialità*] local; ***giornale ~*** local (paper), rag COLLOQ.; ***televisione ~*** neighbourhood television BE, local television; ***ora ~*** local time; ***colore ~*** local colour BE, local color AE; ***treno ~*** FERR. stopping train, local; ***anestesia ~*** MED. local (anaesthetic); ***metodo contraccettivo ~*** MED. barrier method **II** m. FERR. *(treno)* stopping train, local **III** f. MED. local (anaesthetic) ◆ ***fammi fare mente ~*** let me place it (in my mind).
▷ **2.locale** /lo'kale/ m. **1** *(sede)* place; *(stanza)* room; *(per uso specifico)* premises pl.; ***hanno un ~ per le prove*** they've got a place where they can rehearse; ***gli scouts hanno bisogno di un ~*** the

scouts need a place to meet; ***un appartamento di cinque -i*** a flat *o* an apartment with five rooms, a five-room(ed) flat; ***sgomberare i -i*** to clear (out) *o* vacate the premises; ***-i (a uso) commerciale*** o ***aziendale*** business premises; ***-i a uso abitativo*** purpose-built apartment; ***i -i della fabbrica*** the factory premises; ***-i del municipio*** council premises; ***la riunione si terrà nei -i del liceo*** the meeting will take place on the high school premises **2** *(luogo di ritrovo)* club, haunt COLLOQ., joint COLLOQ.; *(ristorante)* restaurant; ***un ~ poco frequentato*** a sparsely attended haunt ◆◆ ***~ da ballo*** ballroom, dance hall; ***~ caldaia*** *(isolato dal corpo principale dell'edificio)* boiler house; *(nel corpo principale dell'edificio)* boiler room; MAR. stokehold, fireroom; ***~ notturno*** nightclub, spot AE COLLOQ.; ***~ pubblico*** public place.

▶ **località** /lokali'ta/ f.inv. place, locality; *(di villeggiatura)* resort; ***~ balneare*** bathing resort, seaside resort.

localizzabile /lokalid'dzabile/ agg. ***un dolore difficilmente ~*** a pain that is difficult to locate.

localizzare /lokalid'dzare/ [1] **I** tr. **1** *(reperire)* to locate [*persona, rumore, fuga, guasto*]; to pinpoint [*luogo preciso*] **2** *(circoscrivere)* to localize [*incendio, malattia*] **II localizzarsi** pronom. to become* localized.

localizzato /lokalid'dzato/ **I** p.pass. → **localizzare II** agg. *(circoscritto)* localized; [*dolore*] localized, local.

localizzazione /lokaliddzat'tsjone/ f. **1** *(ubicazione)* location; ***la ~ di una nave in pericolo, di un rumore*** the location of a ship in distress, of a noise; ***la ~ di un luogo sulla cartina*** the location of a place on a map **2** *(limitazione)* localization; ***la ~ di un incendio, di un conflitto*** the localization of a fire, of a conflict ◆◆ ***~ cerebrale*** localization of brain function.

localmente /lokal'mente/ avv. **1** *(in relazione ad un luogo)* locally **2** *(in una zona delimitata)* ***applicare la crema ~*** apply the cream locally.

locanda /lo'kanda/ f. inn.

locandiere /lokan'djɛre/ m. (f. **-a**) innkeeper.

locandina /lokan'dina/ f. poster; TEATR. playbill.

locare /lo'kare/ [1] tr. *(dare in locazione)* to let*, to rent (out), to lease (out) [*immobile*].

locatario, pl. **-ri** /loka'tarjo, ri/ m. tenant, renter, lessee.

1.locativo /loka'tivo/ agg. DIR. [*reddito, valore*] rental attrib.

2.locativo /loka'tivo/ **I** agg. LING. locative **II** m. LING. locative (case); ***al ~*** in the locative.

locatizio, pl. **-zi, -zie** /loka'tittsjo, tsi, tsje/ agg. → **1.locativo**.

locatore /loka'tore/ m. (f. **-trice** /tritʃe/) lessor.

locazione /lokat'tsjone/ f. lease; ***dare in ~*** to rent (out), to let, to lease (out) [*alloggio*]; to rent, to lease (out) [*bene*]; ***prendere in ~*** to rent, to lease; ***contratto di ~*** rent(al) agreement; ***canone di ~*** rent; ***~ a vita*** life tenancy; ***~ a lungo termine*** long lease.

loco: **in loco** /in'lɔko/ agg. e avv. in situ, on the premises; ***riparazioni, iscrizioni in ~*** on-the-spot repairs, registration; ***corruzione in alto ~*** corruption in high places; ***una decisione presa in alto ~*** a decision from above.

▷ **locomotiva** /lokomo'tiva/ f. **1** FERR. engine, locomotive, railway engine BE **2** FIG. *(elemento trainante)* ***la ~ del progresso*** the engine of progress ◆ ***sbuffare come una ~*** to puff and pant ◆◆ ***~ diesel*** diesel engine, diesel locomotive; ***~ elettrica*** electric locomotive, electric engine; ***~ di manovra*** donkey engine, shunting engine, shunter; ***~ a scartamento ridotto*** narrow-gauge engine, dolly AE; ***~ a vapore*** steam engine, steam locomotive, puffer COLLOQ.

locomotore /lokomo'tore/ **I** agg. [*apparato*] locomotive **II** m. electric locomotive, electric engine.

locomotorio, pl. **-ri, -rie** /lokomo'tɔrjo, ri, rje/ agg. locomotor(y); ***atassia -a*** locomotor ataxia, tabes dorsalis.

locomotorista, m.pl. **-i**, f.pl. **-e** /lokomoto'rista/ ➧ ***18*** m. e f. engine driver, train driver, locomotive driver, engineer AE.

locomotrice /lokomo'tritʃe/ f. electric locomotive, electric engine.

locomozione /lokomot'tsjone/ f. locomotion; ***mezzi di ~*** means of transport, vehicles.

loculo /'lɔkulo/ m. **1** *(di cimitero)* = walled niche which contains a coffin or a cinerary urn **2** BOT. ZOOL. loculus*.

locusta /lo'kusta/ f. locust.

locuzione /lokut'tsjone/ f. phrase, expression; *(frase idiomatica)* idiomatic expression, idiom; ***~ avverbiale, preposizionale*** adverbial phrase, prepositional phrase.

lodabile /lo'dabile/ agg. praiseworthy.

▷ **lodare** /lo'dare/ [1] **I** tr. **1** *(rendere grazie a)* to praise [*Signore, Dio*] (**per** for); ***Dio sia lodato!*** praise the Lord! Praise be to God! ***sia lodato il Cielo!*** thank heavens! **2** *(elogiare)* to praise [*persona, lavoro*]; ***~ qcn. per qcs., per avere fatto*** to praise sb. for sth., for doing; ***fu lodata per il suo coraggio*** she was commended for her bravery **II lodarsi** pronom. to boast, to brag ◆ ***chi si loda s'imbroda*** PROV. self-praise is no recommendation.

lodativo /loda'tivo/ → **laudativo**.

lodato /lo'dato/ **I** p.pass. → **lodare II** agg. praised, commended.

▷ **lode** /'lɔde/ f. **1** *(elogio)* praise; ***in ~ di*** in praise of; ***degno di ~*** worthy of praise, praiseworthy; ***tessere le -i di qcn.*** to praise sb. highly *o* loudly; ***cantare le -i di qcn., di qcs.*** to sing sb.'s, sth.'s praises; ***cantare, tessere le proprie -i*** to blow one's own trumpet; ***non essere avaro di -i per qcn.*** to be full of praise for sb., to be lavish in one's praise for sb. **2** RELIG. praise, laud; ***rendere ~ al Signore*** to praise *o* glorify God **3** SCOL. UNIV. honours BE, honors AE; ***prendere 30 e ~ all'esame di storia*** = to get full, top marks in the history exam; ***laurearsi con 110 e ~*** = to graduate with first-class honours BE, to graduate with honors AE, to graduate magna cum laude AE, summa cum laude AE ◆ ***senza infamia e senza ~*** without praise or blame.

loden /'lɔden/ m.inv. *(tessuto, cappotto)* loden.

lodevole /lo'devole/ agg. [*lavoro, risultato, sforzo, intenzione*] praiseworthy, commendable, laudable.

lodevolezza /lodevo'lettsa/ f. commendability, laudability.

lodevolmente /lodevol'mente/ avv. commendably, laudably.

lodigiano /lodi'dʒano/ ➧ ***2*** **I** agg. from, of Lodi **II** m. (f. **-a**) **1** *(persona)* native, inhabitant of Lodi **2** LING. dialect of Lodi **3** GASTR. INTRAD. (typical hard, dry cheese from the Lodi area).

lodo /'lɔdo/ m. DIR. ***~ (arbitrale)*** arbitration award, arbitrament.

lodola /'lɔdola/ → **allodola**.

lodolaio, pl. **-ai** /lodo'lajo, ai/ m. ORNIT. hobby.

Lodovico /lodo'viko/ → **Ludovico**.

loess /lœss/ m.inv. loess.

lofio, pl. **-fi** /'lɔfjo, fi/ m. angler fish*, monkfish*.

lofotrico, pl. **-ci, -che** /lo'fɔtriko, tʃi, ke/ agg. lophotrichous.

loft /lɔft/ m.inv. loft.

logaedico, pl. **-ci, -che** /loga'ɛdiko, tʃi, ke/ agg. [*verso*] logaoedic.

logaedo /loga'ɛdo/ m. logaoedic.

logaritmico, pl. **-ci, -che** /loga'ritmiko, tʃi, ke/ agg. logarithmic; ***spirale -a*** logarithmic spiral; ***tavole -che*** log tables.

logaritmo /loga'ritmo/ m. logarithm, log; ***tavola dei -i*** log table; ***calcolare un ~*** to do *o* work out a logarithm ◆◆ ***~ decimale*** common logarithm; ***~ naturale*** natural logarithm.

loggia, pl. **-ge** /'lɔddʒa, dʒe/ f. **1** ARCH. loggia* **2** *(massoneria)* lodge; ***Gran Loggia*** Grand Lodge **3** REGION. *(balcone)* balcony **4** ANAT. cavity ◆◆ ***~ massonica*** lodge; ***~ renale*** ANAT. kidney area.

loggiato /lod'dʒato/ m. arcaded loggia*.

loggione /lod'dʒone/ m. gallery, gods pl. COLLOQ., peanut gallery AE COLLOQ.

loggionista, m.pl. **-i**, f.pl. **-e** /loddʒo'nista/ m. e f. = frequenter of the gallery.

▷ **logica**, pl. **-che** /'lɔdʒika, ke/ f. **1** FILOS. logic **2** *(sensatezza, logicità)* ***mancare di ~*** to be illogical; ***andare contro ogni ~*** to defy all logic; ***a rigor di ~*** logically speaking **3** *(modo di ragionare)* ***secondo la mia ~*** by my logic; ***seguire una ~*** to proceed logically **4** *(ragione)* ***è nella ~ delle cose*** it's in the nature of things; ***obbedisce alla stessa ~*** it fits into the same scheme ◆◆ ***~ deduttiva*** deductive reasoning.

logicamente /lodʒika'mente/ avv. **1** *(a rigor di logica)* logically; ***ragionare ~*** to think logically **2** *(ovviamente, naturalmente)* obviously, naturally; ***l'hai insultato e lui, ~, si è offeso*** you insulted him and naturally he was offended.

logicismo /lodʒi'tʃizmo/ m. logicism.

logicità /lodʒitʃi'ta/ f.inv. logicality, logicalness.

▷ **logico**, pl. **-ci, -che** /'lɔdʒiko, tʃi, ke/ **I** agg. **1** *(razionale)* [*deduzione, conclusione*] logical; ***avere una mente -a*** to have a logical mind; ***la cosa più -a sarebbe parlarle*** the obvious thing would be to speak to her; ***è ~!*** it stands to reason! **2** LING. ***fare l'analisi -a di una frase*** to parse a sentence **II** m. (f. **-a**) logician.

logistica /lo'dʒistika/ f. logistics + verbo sing. o pl.

logistico, pl. **-ci, -che** /lo'dʒistiko, tʃi, ke/ agg. logistic(al); ***area di supporto ~*** MIL. support area.

loglierella /loʎʎe'rɛlla/ f. rye grass.

loglio, pl. **-gli** /'lɔʎʎo, ʎi/ m. cockle, darnel ◆ ***separare il grano dal ~*** to separate the wheat from the chaff.

logo, pl. **-ghi** /'lɔgo, gi/ m. logo*.

logografia /logogra'fia/ f. logography.

logografo /lo'gɔgrafo/ m. logographer.

logogramma /logo'gramma/ m. logogram.

logogrifo /logo'grifo/ m. logogriph.

logomachia /logoma'kia/ f. logomachy.
logopatia /logopa'tia/ f. logopathy.
logopatico, pl. **-ci**, **-che** /logo'patiko, tʃi, ke/ m. (f. **-a**) logopathic.
logopedia /logope'dia/ f. *(branca della medicina)* logop(a)edics + verbo sing., logopedia; *(tecnica)* speech therapy.
logopedista, m.pl. **-i**, f.pl. **-e** /logope'dista/ ➧ **18** m. e f. speech therapist.
logoplegia /logople'dʒia/ f. logoplegia.
logorabile /logo'rabile/ agg. subject to wear.
logorabilità /logorabili'ta/ f.inv. liability to wear.
logoramento /logora'mento/ m. **1** *(usura) (di vestiti)* wear **2** FIG. *(di forze, energie)* wearing down, attrition **3** MIL. ***azione di ~*** war of attrition.
logorante /logo'rante/ agg. [*lavoro, vita*] nerve (w)racking, backbreaking.
logorare /logo'rare/ [1] **I** tr. **1** [*persona, tempo*] to wear* out, to outwear* [*vestiti, scarpe, oggetti*]; [*sfregamento*] to wear* [sth.] thin, to fray [*tessuto*]; [*usura*] to wear* out [*motore, automobile*] **2** FIG. [*lavoro, preoccupazione, tempo*] to wear* out [*persona*]; to undermine, to sap [*salute, forze, resistenza*]; ***~ i nervi a qcn.*** to fray sb.'s nerves **II logorarsi** pronom. **1** *(usurarsi)* [*vestiti, scarpe, tessuto*] to wear* out **2** FIG. *(esaurirsi fisicamente)* [*persona*] to wear* oneself out **3** FIG. *(consumare progressivamente)* ***-rsi la salute, gli occhi*** to ruin one's health, eyesight.
logorato /logo'rato/ **I** p.pass. → **logorare II** agg. **1** *(consumato, liso)* worn(-out); ***vestiti -i fino alla trama*** threadbare clothes **2** FIG. ***persona -a dal lavoro, dall'alcol*** person worn down by work, drink; ***~ dalle preoccupazioni*** worn down by anxiety.
logorio, pl. **-rii** /logo'rio, rii/ m. **1** *(azione di logoramento)* wear and tear, attrition **2** FIG. *(di forze, energie)* strain, stress; ***il ~ dei nervi*** the stress on the nerves.
▷ **1.logoro** /'logoro/ agg. **1** *(consumato)* [*vestito*] worn, well-worn, worn-out, outworn, threadbare; [*scarpe*] worn; ***la mia giacca è -a sui gomiti*** my jacket is worn-out at the elbows **2** FIG. [*organismo, cuore, occhi*] worn-out; [*nervi*] frayed **3** *(superato)* [*argomento*] hackneyed; [*battuta*] outworn, flyblown, hackneyed.
2.logoro /'logoro/ m. VENAT. lure.
logorrea /logor'rɛa/ ➧ **7** f. **1** MED. logorrhea **2** SPREG. prolixity, long-windedness, incessant talking.
logorroico, pl. **-ci**, **-che** /logor'rɔiko, tʃi, ke/ agg. [*persona*] long-winded.
logos /'lɔgos/ m.inv. Logos.
logoterapia /logotera'pia/ f. speech therapy.
logoterapista, m.pl. **-i**, f.pl. **-e** /logotera'pista/ → **logopedista**.
logotipo /logo'tipo/ m. TIP. logotype; *(nella pubblicità)* logo*.
lolita /lo'lita/ f. Lolita, nymphet SCHERZ.
lolla /'lɔlla/ f. *(di cereali)* chaff.
lollardo /lol'lardo/ m. STOR. Lollard.
lombaggine /lom'baddʒine/ ➧ **7** f. lumbago*.
Lombardia /lombar'dia/ ➧ **30** n.pr.f. Lombardy.
lombardo /lom'bardo/ ➧ **30 I** agg. Lombardic, Lombard attrib. **II** m. (f. **-a**) Lombard.
lombare /lom'bare/ agg. [*regione, vertebre*] lumbar; ***puntura ~*** lumbar puncture, spinal tap.
lombata /lom'bata/ f. loin, chine, sirloin; *(di lepre, coniglio)* saddle.
lombo /'lombo/ **I** m. **1** ANAT. loin **2** *(in macelleria)* loin, chine, sirloin; *(di coniglio, lepre)* saddle; ***bistecca di ~*** sirloin steak **II lombi** m.pl. *(fianchi)* hips ◆ ***avere buoni -i*** to be strong and healthy.
lombosacrale /lombosa'krale/ agg. lumbosacral.
lombricale /lombri'kale/ agg. e m. lumbrical.
lombrico, pl. **-chi** /lom'briko, ki/ m. earthworm, rain-worm.
lomento /lo'mento/ m. BOT. loment(um).
lompo /'lompo/ m. lumpfish, lumpsucker; ***uova di ~*** lumpfish roe.
londinese /londi'nese/ ➧ **2 I** agg. from, of London, London attrib. **II** m. e f. Londoner.
Londra /'londra/ ➧ **2** n.pr.f. London.
longanime /lon'ganime/ agg. longanimous, forbearing.
longanimità /longanimi'ta/ f.inv. longanimity, forbearance.
long drink /lɔŋ'driŋk/ m.inv. long drink.
longevità /londʒevi'ta/ f.inv. longevity.
longevo /lon'dʒɛvo/ agg. [*persona, animale*] long-lived.
longherina /longe'rina/ f. ARCH. iron girder, stringer.
longherone /longe'rone/ m. AER. longeron.
longilineo /londʒi'lineo/ **I** agg. long-limbed **II** m. (f. **-a**) long-limbed person.
longitudinale /londʒitudi'nale/ agg. **1** *(della longitudine)* longitudinal **2** *(della lunghezza)* [*asse*] longitudinal, lengthwise.
longitudinalmente /londʒitudinal'mente/ avv. longitudinally, lengthwise.
longitudine /londʒi'tudine/ f. longitude; ***a 30° di ~ est*** at a longitude of 30° east, at longitude 30° east.
longobardo /longo'bardo/ **I** agg. STOR. Lombardic, Longobardic, Lombard attrib. **II** m. (f. **-a**) Lombard, Longobard*.
long playing /lɔŋ'plɛjŋ/ m.inv. long-player, long-playing record BE, long play record AE.
lontanamente /lontana'mente/ avv. *(vagamente)* vaguely; *(leggermente)* slightly; ***assomigliare ~ a qcn.*** to resemble sb. slightly; ***non ci penso neanche ~*** I wouldn't dream of it.
▷ **lontananza** /lonta'nantsa/ f. **1** *(grande distanza)* ***in ~*** in the distance; ***l'ho visto arrivare in ~*** I saw him coming from a distance; ***guardare in ~*** to gaze into the distance; ***li sentivamo in ~*** we could hear them a long way off; ***ho visto la barca molto in ~*** I saw the boat a long way out **2** *(assenza)* absence; ***soffre per la ~ dei suoi figli*** she suffers because her children are far away.
▶ **lontano** /lon'tano/ Come l'italiano *lontano*, anche i suoi equivalenti inglesi si possono impiegare in relazione sia allo spazio sia al tempo; vanno comunque distinti gli usi aggettivali da quelli avverbiali. - Come aggettivo, in funzione attributiva *lontano* si rende con *faraway*, *far-off* o *distant*: *un posto lontano tra le montagne* = a far-off place in the mountains. In funzione predicativa dopo il verbo *to be*, se la frase è affermativa *lontano* si traduce per lo più con *away*, oppure con *a long way away* se manca una precisa indicazione di distanza: *casa mia è lontana un chilometro* = my house is one kilometre away; *la chiesa è ancora molto lontana* = the church is still a long way away; se invece la frase è negativa o interrogativa, si usa *far* o *far away*: *è lontana la chiesa?* = is the church far?; *casa mia non è lontana* = my house is not far (away). - Come avverbio, in frase affermativa *lontano* si può tradurre in vari modi: *oggi andiamo lontano* = we are driving a long way today; *vivo lontano dalla scuola* = I live a long way from the school; *sentii un cane abbaiare lontano* = I heard a dog barking in the distance; in frase negativa e interrogativa, si usa solo *far (away) (from)*: *non vivo lontano dalla mia ragazza* = I don't live far from my girlfriend; *devi andare lontano oggi?* = have you got to go far today? - Per questi e altri impieghi, soprattutto idiomatici, della parola *lontano* e dei suoi equivalenti inglesi, si veda la voce qui sotto. **I** agg. **1** *(nello spazio)* [*terra, paese, musica, rumore*] distant, far-off, faraway; ***si sentiva il rullo ~ dei tamburi*** you could hear the distant roll of drums; ***è -a la scuola?*** is the school far? ***la banca è (abbastanza) -a*** the bank is (quite) a long way away; ***il ristorante è molto ~*** the restaurant is a very long way away; ***la stazione non è molto -a*** the station is not very far; ***è troppo -a*** it's too far; ***a quest'ora saranno già -i*** they must be a long way *o* far away by now; ***il teatro non può essere molto ~*** the theatre can't be too far away **2** *(nel tempo)* [*passato, civiltà, ricordo, futuro*] distant; [*scadenza*] far-off; ***è -a l'epoca in cui...*** the time is far off when...; ***tutto ciò è molto ~*** that was all a long time ago; ***le vacanze sono già -e*** the vacation is long past now; ***è ancora ~ (nel futuro)*** it's still a long way off (in the future); ***l'estate non è più così -a, ora*** summer isn't so far off now; ***non è ~ dai 70 anni*** he's not far off 70, he's approaching 70; ***non è ~ il tempo in cui...*** it's not so long ago that...; ***nel ~ 1910*** away back in 1910 **3** *(di parentela)* [*parente, cugino*] distant **4** FIG. ***sembri così ~*** *(distante)* you seem so distant; *(assorto)* you seem miles away **5 lontano da** *(nello spazio, nel tempo)* far from; ***è ancora ~ da qui?*** is it much further *o* farther from here? ***vivono ~ dai genitori*** they live far away from their folks; ***in un paese ~ da tutto*** in a remote village; ***la scuola non è -a da qui*** the school is not far from here; ***quell'epoca non è così -a da noi*** we're not so far from that time; ***siamo ancora -i dalla fine degli esami*** the end of the exams is still a long way off; ***mi sento ~ da tutto ciò*** *(in senso ideale)* I feel detached from all that; ***essere ~ da*** to be far removed from [*verità, realtà*]; ***erano ben ~ dall'immaginare che...*** little did they know that... **II** avv. **1** *(in un luogo distante)* far away, far off, away; ***abita ~*** he lives a long way away *o* off; ***non abita ~*** he doesn't live far away; ***guardare ~*** to gaze into the distance; ***andare più ~*** to go farther *o* further; ***andare più ~ di tutti*** to go the farthest *o* furthest; ***il più ~ possibile*** as far as possible; ***stare, tenersi ~ da*** to stay, keep away from **2 da lontano** from a distance; ***Nicola viene da molto ~*** Nicola comes from far away; ***non vedo molto bene da ~*** I can't see very well at a distance; ***riconoscere qcn. da ~*** to recognize sb. from a distance ◆ ***andare ~*** *(avere successo)* to go far *o* a long way; ***essere parente alla -a (di qcn.)*** to be distantly related (to sb.); ***prendere qcs. alla -a*** to approach sth. in a roundabout way; ***mirare ~*** to aim high; ***ero ~ mille miglia dall'immaginare*** I never for a moment

imagined; ***vedere ~*** to be far-sighted; ***~ dagli occhi, ~ dal cuore*** PROV. out of sight, out of mind; ***chi va piano, va sano e va ~*** PROV. slow and steady wins the race.

lontra /'lontra/ f. otter ◆◆ ***~ marina*** sea otter.

lonza /'lontsa/ f. GASTR. loin (of pork).

look /luk/ m.inv. look; ***cambiare ~*** COLLOQ. to have a new look.

loppa /'lɔppa/ f. **1** AGR. chaff **2** *(scoria metallica)* slag.

loquace /lo'kwatʃe/ agg. **1** *(che parla molto)* [*persona*] talkative, chatty, loquacious FORM. **2** *(eloquente)* [*occhiata*] eloquent.

loquacemente /lokwatʃe'mente/ avv. talkatively, loquaciously FORM.

loquacità /lokwatʃi'ta/ f.inv. talkativeness, chattiness, loquaciousness FORM.

loquela /lo'kwɛla/ f. LETT. **1** *(facoltà di parlare)* power of speech, eloquence **2** *(linguaggio)* language.

lord /'lɔrd/ ➧ **1** m.inv. **1** *(titolo)* lord; ***il Lord Cancelliere*** the Lord Chancellor; ***Camera dei Lord*** House of Lords **2** FIG. gentleman*; ***è un vero ~*** he's a true gentleman.

lordare /lor'dare/ [1] **I** tr. to dirty **II lordarsi** pronom. to get* dirty, to dirty oneself.

lordo /'lordo/ **I** agg. **1** LETT. *(sporco)* dirty, filthy **2** *(complessivo)* [*salario, utile, attivo, reddito, margine, incasso, peso*] gross; ***prodotto interno ~*** gross domestic product; ***prodotto nazionale ~*** gross national product **II** m. ***al ~ di imposte*** before tax, pre-tax; ***fruttare al ~ il 10%*** to gross 10%, to make 10% gross.

lordosi /lor'dɔzi/ ➧ **7** f.inv. lordosis*.

lordume /lor'dume/ m. LETT. filth.

lordura /lor'dura/ f. LETT. filth.

Lorena /lo'rɛna/ n.pr.f. Lorraine.

lorenese /lore'nese/ **I** agg. from, of Lorraine **II** m. e f. *(persona)* Lorrainer **III** m. LING. dialect of Lorraine.

Lorenzo /lo'rɛntso/ n.pr.m. Laurence, Lawrence ◆◆ ***~ il Magnifico*** Lorenzo the Magnificent.

lorgnette /lɔrɲ'ɲɛt/ f.inv. lorgnette.

lori /'lɔri/ m.inv. loris* ◆◆ ***~ gracile*** sloth monkey.

lorica, pl. **-che** /lo'rika, ke/ f. **1** STOR. lorica* **2** ZOOL. lorica*.

loricato /lori'kato/ agg. ZOOL. loricate.

lorichetto /lori'ketto/ m. lorikeet.

▶ **loro** /'loro/ v. le note delle voci **io** e **mio**. **I** pron.pers.pl. **1** *(soggetto)* they *(in inglese va sempre espresso)*; ***solo ~ hanno il diritto di parlare*** they alone have the right to speak; ***~ guardano la televisione, noi leggiamo*** they're watching television, we're reading; ***~ vanno al cinema, io no*** they go to the cinema, I don't; ***non dicono mai ciò che pensano, ~*** they never say what they think; ***sono ~, le riconosco*** it's them, I recognize them; ***sono stati ~ a farlo*** they are the ones who did it; ***sono ~ i responsabili, non scordartelo!*** they are in charge and don't you forget it! ***neanche ~*** neither do they; ***l'hanno deciso ~ stessi*** they decided it themselves; ***~ due, ~ tre*** the two, three of them **2** *(complemento oggetto)* them; ***sto cercando ~*** I'm looking for them **3** *(complemento di termine)* them; ***ho dato ~ il tuo numero di telefono*** I gave them your telephone number; ***la lettera non era indirizzata a ~*** the letter wasn't for them *o* wasn't meant for them; ***è stato ~ promesso che*** they were promised that; ***ha spiegato ~ il funzionamento dell'apparecchio*** he told them how the machine worked; ***fecemmo visitare ~ la città*** we showed them around the town **4** *(preceduto da preposizione)* ***attorno a ~, dopo di ~, con ~*** around them, after them, with them; ***lei non pensa a ~*** she doesn't think of them; ***a ~ posso dire la verità*** I can tell them the truth; ***io non scrivo a nessuno, tranne (che) a ~*** I don't write to anyone but them, I only write to them; ***tocca a ~ lavare i piatti*** it's their turn to do the dishes; ***spetta*** o ***tocca a ~ scegliere*** *(è il loro turno)* it's their turn to choose; *(è loro responsabilità)* it's up to them to choose; ***un regalo per ~*** a present for them; ***per ~ è importante?*** is it important to them? ***se fossi in ~*** if I were them; ***non ce la faremo mai senza (di) ~*** we'll never get by without them; ***da ~ non me lo sarei mai aspettato!*** I never would have expected such a thing from them! ***io lavoro più di ~*** I work more than they do *o* than them; ***Elena è più ricca di ~*** Elena is richer than they are *o* than them; ***lo vedo più spesso di ~*** I see him more often than they do **5** *(forma di cortesia)* you; ***come ~ preferiscono*** as you prefer; ***come piace a ~*** as you like (it); ***dopo di ~*** after you; ***con la presente rendiamo Loro noto che...*** we hereby inform you that... **6** BUROCR. ***il di ~ padre*** their father **II** agg.poss.inv. their; *(quando è preceduto da un articolo, quest'ultimo non si traduce)* ***la ~ casa*** their house; ***i ~ bambini*** their children; ***il ~ cane*** their dog; ***la ~ madre*** their mother; ***ho preso il ~ ombrello*** I took their umbrella; ***un ~ amico, uno dei ~ amici*** a friend of theirs; ***sono dei ~ amici*** they're friends of theirs; ***quel ~ compagno di scuola*** that school friend of theirs; ***alcuni ~ insegnanti*** some of their teachers, some teachers of theirs; ***quattro ~ libri*** four books of theirs; ***sto dalla ~ (parte)*** I'm on their side; ***somigliano al ~ padre*** they look like their father; ***al ~ arrivo, alla ~ partenza*** when they arrived, left; ***durante la ~ assenza*** while they were away; ***non hanno ancora una ~ macchina*** they haven't got a car of their own yet; ***questi giornali sono ~?*** are these newspapers theirs? are these their newspapers? ***ringraziamo per il ~ gentile invito*** *(forma di cortesia)* thank you for your kind invitation **III il loro, la loro, i loro, le loro** pron.poss.inv. theirs; ***è il ~*** it's theirs; ***la nostra casa è più grande della ~*** our house is bigger than theirs; ***sono andato per la mia strada, gli altri per la ~*** I went my way, the others went theirs; ***la nostra dieta è molto diversa dalla ~*** our diet is very different from their own; ***ne hanno fatta un'altra delle ~*** *(in espressioni ellittiche)* they've been up to mischief again; ***vogliono sempre dire la ~*** they always have to speak their mind; ***è dei ~*** *(familiari, alleati, compagni)* he's one of them; ***mi hanno chiesto di essere dei ~*** they asked me to come along; ***vivono lontano dai ~*** they live far away from their parents; ***innanzitutto pensano ai ~*** they put their own *o* their families first.

losanga, pl. **-ghe** /lo'zanga, ge/ f. **1** *(rombo)* diamond, lozenge, rhombus*; ***a -ghe*** [*maglione*] diamond-shaped, lozenged **2** *(di vetrata)* quarrel **3** MAT. rhombus*, rhomb, lozenge **4** ARALD. lozenge.

losca, pl. **-sche** /'loska, ske/ f. rudder hole.

loscamente /loska'mente/ avv. suspiciously, shadily.

losco, pl. **-schi, -sche** /'losko, ski, ske/ **I** agg. [*individuo*] suspicious, shady; [*sguardo*] sly; [*affare, faccenda*] dirty, shady; [*ambiente, luogo*] seedy; ***c'è qcs. di ~ in questa storia, faccenda*** there is sth. fishy in this story, about this business; ***fiutare qcs. di ~*** to smell a rat; ***è rimasto immischiato in un affare ~*** he got mixed up in some shady business **II** avv. ***guardare qcn. ~*** to give sb. a sly look.

lossodromia /lossodro'mia/ f. rhumb-line.

lossodromico, pl. **-ci, -che** /losso'drɔmiko, tʃi, ke/ agg. ***linea*** o ***rotta -a*** rhumb-line.

Lotario /lo'tarjo/ n.pr.m. Lothario.

loto /'lɔto/ m. **1** BOT. lotus **2** *(nello yoga)* ***posizione del ~*** lotus position.

lotofago, pl. **-gi** /lo'tɔfago, dʒi/ m. MITOL. lotus-eater.

▶ **lotta** /'lɔtta/ f. **1** *(battaglia, guerra)* conflict (**con, contro** with); ***~ sociale, religiosa, politica*** social, religious, political conflict; ***essere in ~ con qcn.*** to be in conflict with sb.; ***darsi a una ~ spietata contro qcn.*** to engage in a ruthless battle against sb.; ***ingaggiare una ~*** to start a fight; ***abbandonare la ~*** to give up *o* abandon the struggle **2** *(impegno)* fight (**per** for; **contro** against); ***-e sindacali*** union struggles; ***~ contro il cancro, il razzismo, il terrorismo, l'inquinamento, la droga, la disoccupazione*** fight against cancer, racism, terrorism, pollution, drugs, unemployment; ***la ~ all'inflazione*** the fight against inflation; ***la ~ alla criminalità*** crime fighting, crime busting COLLOQ.; ***~ per il potere*** power struggle **3** *(conflitto)* struggle; ***la ~ tra il bene e il male*** the struggle between good and evil **4** SPORT wrestling; ***presa di ~*** wrestling hold; ***fare la ~*** to wrestle ◆◆ ***~ armata*** armed conflict, armed struggle; ***~ biologica*** biological control; ***~ di classe*** class struggle, class war(fare); ***~ greco-romana*** Graeco-Roman wrestling; ***~ libera*** all-in wrestling; ***~ senza quartiere*** a fight to the death; ***~ per la sopravvivenza*** fight *o* struggle for survival.

▶ **lottare** /lot'tare/ [1] intr. (aus. *avere*) **1** *(combattere)* [*parte, popolo, paese*] to struggle; ***il popolo non deve smettere di ~*** the people must not give up the fight; ***~ contro qcn.*** [*esercito, autorità*] to fight against [*oppressore, ribelli, esercito*] **2** *(impegnarsi energicamente)* [*persona, gruppo*] to fight* (**per qcs.** for sth.; **per fare** to do); ***per vivere bisogna ~*** you have to fight to stay alive; ***~ contro*** to fight [*crimine, inquinamento, disoccupazione, violenza*]; ***aiutare il malato a ~ contro la sua malattia*** to help the sick fight back; ***~ contro l'abuso di alcol e di tabacco*** to combat alcohol and drug abuse; ***~ per la democrazia, per i diritti di qcn.*** to fight for democracy, for sb.'s rights; ***~ per ottenere, salvaguardare qcs.*** to fight to obtain, keep sth.

lottatore /lotta'tore/ m. (f. **-trice** /tritʃe/) **1** SPORT wrestler; ***~ di sumo*** sumo wrestler **2** FIG. fighter; ***avere la tempra del ~*** to be a fighter.

▷ **lotteria** /lotte'ria/ f. lottery (anche FIG.); *(abbinata a corse di cavalli)* sweep(stake); ***giocare alla ~*** to have a go at the lottery, to take part in a lottery; ***vincere alla ~*** to win in the lottery; ***biglietto della ~*** lottery ticket, raffle ticket; ***~ di beneficienza*** charity raffle ◆◆ ***~ istantanea*** instant lottery.

lottizzare /lottid'dzare/ [1] tr. **1** *(frazionare)* to lot [*terreno*] **2** FIG. SPREG. to carve up COLLOQ. [*cariche*].

lottizzatore /lottiddza'tore/ m. (f. **-trice** /tritʃe/) allotter.

lottizzazione /lottiddzat'tsjone/ f. **1** *(divisione in lotti)* parcelling out BE, parceling out AE **2** FIG. SPREG. carve-up COLLOQ.

lotto /'lɔtto/ m. **1** *(gioco d'azzardo)* lotto, lottery, National lottery GB; ***giocare al ~*** to play lotto *o* the numbers *o* the numbers game; ***estrazione del ~*** drawing; ***ricevitoria del ~*** National Lottery Game retailer BE; ***schedina del ~*** playslip, lottery ticket **2** *(parte)* share, portion **3** *(partita di merce)* batch, lot **4** *(appezzamento)* plot, parcel, lot AE **5** *(in borsa)* round lot **6** INFORM. batch ◆ ***vincere un terno al ~*** FIG. to hit the jackpot; ***la vita è un terno al ~*** life is a guessing game.

> **Lotto** The lottery appeared in Italy in Genoa in the 16th century, and spread to the different Italian states in the course of the following century. It has been controlled directly by the State since the 18th century, with weekly draws on Saturdays in 10 cities (*ruote* or lottery drums) since 1871. Over the centuries the practice of interpreting dreams in order to select lottery numbers has become popular and this mixture of mysticism and cabbalism is encapsulated in the book *Smorfia* (from the name of Morpheus). The old game still shows huge potential for further development, such as the recent, very popular *Superenalotto*.

lozione /lot'tsjone/ f. lotion; ***~ dopobarba*** after shave (lotion); ***~ idratante*** moisturizer; ***~ solare*** suntan lotion.

LP /ɛllep'pi/ m.inv. (⇒ long-playing record Lunga Esecuzione) LP.

LSD /ɛlleɛssed'di/ m.inv. (⇒ lysergic acid diethylamide dietilammide dell'acido lisergico) LSD.

LSU /ɛlleɛsse'u/ m.inv. (⇒ Lavoro Socialmente Utile) = short-term job offered to the unemployed who work for the community.

lubricità /lubritʃi'ta/ f.inv. lubricity.

lubrico, pl. **-chi**, **-che** /'lubriko, lu'briko, ki, ke/ agg. **1** LETT. *(sdrucciolevole)* lubricious **2** FIG. *(osceno)* [*sguardo, immagine*] lewd.

lubrificante /lubrifi'kante/ **I** agg. [*sostanza, grasso, olio, pellicola*] lubricating **II** m. lubricant.

lubrificare /lubrifi'kare/ [1] tr. to lubricate, to oil, to grease.

lubrificatore /lubrifika'tore/ ➧ *18* m. (f. **-trice** /tritʃe/) oiler, (grease) nipple.

lubrificazione /lubrifikat'tsjone/ f. lubrication.

Luca /'luka/ n.pr.m. Luke.

lucano /lu'kano/ ➧ *2* **I** agg. from, of Basilicata **II** m. (f. **-a**) **1** native, inhabitant of Basilicata **2** LING. dialect of Basilicata.

lucchese /luk'kese/ ➧ *2* **I** agg. from, of Lucca **II** m. e f. native, inhabitant of Lucca **III** m. LING. dialect of Lucca.

▷ **lucchetto** /luk'ketto/ m. padlock; ***chiudere qcs. con il ~*** to padlock sth.; ***mettere il ~ alla bocca di qcn.*** FIG. to shut sb. up.

luccicante /luttʃi'kante/ agg. [*sole*] blazing; [*stella*] twinkling, glittering; [*occhi*] twinkling, gleaming, sparkling; [*gioielli*] sparkling, shimmering; [*vetro*] sparkling; [*carrozzeria*] gleaming, shiny.

▷ **luccicare** /luttʃi'kare/ [1] intr. (aus. *essere, avere*) [*gioiello, metallo*] to sparkle, to shimmer; [*stella*] to twinkle, to glitter; [*diamante, mare, vetro*] to sparkle; [*occhi*] to gleam, to twinkle, to sparkle, to shine*; [*acqua*] to shimmer, to glisten, to gleam ◆ ***non è tutto oro quel che luccica*** PROV. all that glitters is not gold.

luccichio, pl. **-ii** /luttʃi'kio, ii/ m. *(di metallo, gioiello)* sparkle, shimmer; *(di stella)* twinkling; *(di diamante)* glitter; *(dell'acqua)* gleam, shimmer, glistening; *(di occhi)* twinkle, sparkle.

luccicone /luttʃi'kone/ m. big tear, large tear; ***aveva i -i agli occhi*** her eyes were brimming with tears; ***gli vennero i -i*** tears filled his eyes, tears sprang to his eyes.

luccicore /luttʃi'kore/ → **luccichio**.

luccio, pl. **-ci** /'luttʃo, tʃi/ m. pike*, jackfish COLLOQ. ◆◆ ***~ nero*** pickerel; ***~ sauro*** saury.

▷ **lucciola** /'luttʃola/ f. **1** *(coleottero)* firefly, glowworm, lightning bug AE **2** *(prostituta)* streetwalker **3** *(maschera di teatro o cinema)* usherette ◆ ***prendere -e per lanterne*** to have *o* get hold of the wrong end of the stick; ***dare a intendere -e per lanterne*** to throw dust in sb.'s eyes.

▶ **luce** /'lutʃe/ **I** f. **1** light; ***~ naturale, artificiale, elettrica*** natural, artificial, electric light; ***fonte di ~*** light source, source of light; ***~ del sole, delle stelle, della luna*** sunlight, starlight, moonlight; ***~ del giorno*** daylight; ***alle prime -i dell'alba*** at the crack of dawn *o* peep of day; ***anno ~*** light year; ***sensibile alla ~*** sensitive to light; ***velocità della ~*** speed of light **2** *(sorgente luminosa)* ***leggeva alla ~ di una candela*** he was reading by candlelight; ***fare ~ con una pila su qcs.*** to flash a torch on *o* at sth., to shine a flashlight on sth.; ***fa poca ~*** [*lampada, candela*] it doesn't give much light; ***in piena ~*** in full light; ***fare*** o ***lasciare entrare la ~*** to let in the daylight **3** *(elettricità)* ***deve essere in casa dato che c'è la ~ in cucina*** she must be home because there's a light on in the kitchen; ***l'interruttore della ~*** light switch; ***ieri sera è andata via la ~*** the electricity *o* the power went off last night; ***le -i della città*** the bright lights, the city lights; ***accendere, spegnere la ~*** to turn the light on, off; ***bolletta della ~*** electricity bill; ***palo della ~*** electricity pole *o* post; ***sotto le -i dei riflettori*** under the glare of the spotlights; FIG. in the spotlight **4** FIG. ***alla ~ dei recenti avvenimenti*** in the light of recent events; ***fare ~ su*** to cast *o* throw *o* shed light on; ***fare piena ~ su una questione*** to bring the truth about a matter to light; ***(ri)portare alla ~*** to dig up, to unearth, to excavate [*vasellame, rovine*]; ***venire alla ~*** [*persona*] to come into the world; ***vedere la ~*** [*opera*] to see the light of day; ***dare alla ~ qcn.*** *(generare)* to give birth to sb., to bring sb. into the world; ***la ~ della ragione*** *(lume)* the light of reason; ***sua figlia è la ~ dei suoi occhi*** her daughter is the light of her life **5** ART. ***l'uso della ~ in questo pittore*** this painter's use of light; ***effetti ~*** lighting effects **6** ARCH. *(di ponte, arco)* span **7** TECN. opening **8** EDIL. ***un bagno senza ~*** a bathroom without windows, a windowless bathroom **9** CINEM. ***cinema a -i rosse*** porno cinema BE, porno movie theater AE; ***film a -i rosse*** blue film BE COLLOQ., blue movie AE COLLOQ. **II luci** f.pl. *(fanali di un veicolo)* (head)lights ◆ ***mettere in ~ qcs.*** to highlight sth.; ***mettersi in ~*** to draw attention to oneself; ***brillare di ~ propria*** to be a shining light; ***brillare di ~ riflessa*** to bask in sb.'s reflected glory; ***agire alla ~ del sole*** to act openly, to be open in one's dealings; ***in*** o ***sotto falsa ~*** in a false light; ***in buona ~*** in a favourable light; ***mettere qcn. in buona ~*** to present sb. in a favourable light; ***gettare (una) nuova ~ su qcs.*** to shed new light on sth.; ***non ti conoscevo in*** o ***sotto questa ~*** I knew nothing of *o* about that side of you; ***ti ho visto nella tua vera ~*** I saw you in your true colours ◆◆ ***~ bianca*** white light; ***~ cinerea*** earthshine; ***~ fredda*** cold light; ***~ nera*** black light; ***~ di retromarcia*** reversing light, backup light AE; ***-i abbaglianti*** headlights on full beam BE, high beam AE, brights AE COLLOQ.; ***-i anabbaglianti*** dipped BE *o* dimmed AE headlights; ***-i di emergenza*** hazard lamps BE *o* lights AE; ***-i fendinebbia*** foglamps, foglights; ***-i di posizione*** sidelights BE, parking lights AE; ***-i della ribalta*** footlights.

▷ **lucente** /lu'tʃɛnte/ agg. [*capelli, pelo*] glossy, shining, sleek; [*metallo, gioiello, stella*] bright, glittering; [*occhi*] bright, starry; [*seta*] sheeny.

lucentezza /lutʃen'tettsa/ f. *(di capelli)* gloss, shine, sheen; *(di colore)* brightness, brilliance; *(di scarpe, gioielli)* shine; *(di metallo)* brightness, gloss, lustre BE, luster AE; *(di seta)* sheen; *(di pelle)* gloss; ***dare ~ ai capelli*** to add shine to one's hair; ***ridare ~ ai capelli*** to put the shine back into one's hair; ***perdere ~*** [*colore, tessuto*] to fade; [*capelli*] to lose its shine; [*metallo*] to go dull.

lucerna /lu'tʃɛrna/ f. **1** *(lampada a olio)* oil lamp **2** COLLOQ. *(cappello)* cocked hat.

Lucerna /lu'tʃɛrna/ ➧ *2* n.pr.f. Lucerne.

lucernaio, pl. **-ai** /lutʃer'najo, ai/ → **lucernario**.

lucernario, pl. **-ri** /lutʃer'narjo, ri/ m. skylight.

▷ **lucertola** /lu'tʃɛrtola/ f. **1** *(animale)* lizard **2** *(pelle)* lizardskin; ***borsa in*** o ***di ~*** a lizardskin bag ◆◆ ***~ muraiola*** wall lizard.

lucherino /luke'rino/ m. siskin, aberdevine.

Lucia /lu'tʃia/ n.pr.f. Lucy, Lucie.

Luciano /lu'tʃano/ n.pr.m. Lucian.

lucidalabbra /lutʃida'labbra/ m.inv. lip gloss.

lucidamente /lutʃida'mente/ avv. clear-headedly.

lucidante /lutʃi'dante/ **I** agg. ***cera ~*** polishing wax **II** m. polish; ***~ per mobili, per argento*** furniture polish, silver polish.

▷ **lucidare** /lutʃi'dare/ [1] tr. **1** *(rendere lucido)* to polish (up) [*parquet, mobile, pavimento, argento, automobile*]; to polish, to shine*, to buff [*scarpe*]; *(con la cera)* to wax **2** TECN. to polish [*metallo, marmo*]; to glaze [*carta, foto*] **3** *(ricalcare disegni)* to trace.

lucidato /lutʃi'dato/ **I** p.pass. → **lucidare II** agg. [*mobile, pavimento, argento, scarpe*] polished; *(con la cera)* waxed.

lucidatore /lutʃida'tore/ ➧ *18* m. (f. **-trice** /tritʃe/) polisher.

lucidatrice /lutʃida'tritʃe/ f. **1** *(elettrodomestico)* floor polisher **2** TECN. polishing machine.

lucidatura /lutʃida'tura/ f. **1** *(il lucidare)* polishing; *(di cuoio, metallo)* buffing; *(di carta, fotografie)* glazing; ***~ a cera*** waxing, wax finishing **2** *(di disegni)* tracing.

lucidezza /lutʃi'dettsa/ f. gloss, shine, brightness.

lucidista, m.pl. **-i**, f.pl. **-e** /lutʃi'dista/ ➧ *18* m. e f. tracer.

lucidità /lutʃidi'ta/ f.inv. **1** MED. lucidity; ***avere momenti di ~*** to have lucid moments **2** *(razionalità)* clear-headedness; ***ragionare con ~***

to think clearly; ***conservare la propria ~*** to keep a clear head; ***ha agito in piena ~*** he knew perfectly well what he was doing; ***esaminare una situazione con ~*** to look at a problem in a clear-headed way.

▶ **lucido** /'lutʃido/ **I** agg. **1** *(scintillante)* [*pavimento, legno, parquet*] shiny; [*capelli*] glossy, shiny; [*occhi*] watery; [*cuoio*] glazed; [*metallo*] bright, shiny **2** MED. [*persona, mente*] lucid **3** *(razionale)* [*persona*] clear-headed; [*ragionatore, analisi, esame*] clear **II** m. **1** *(lucentezza)* brightness, shine, sheen; ***il ~ della seta*** the sheen of silk **2** *(da scarpe)* shoe polish, shoe cream, boot polish **3** *(disegno)* tracing; ***carta da -i*** tracing paper **4** *(per lavagna luminosa)* transparency ◆ ***~ come uno specchio*** spotlessly clean; ***tirare qcs. a ~*** to spruce sth. up, to polish sth., to make sth. spick and span; ***essere tirato a ~*** [*persona*] to be spruced up; [*oggetto, alloggio*] to be squeaky-clean.

luciferino /lutʃife'rino/ agg. Luciferian.

Lucifero /lu'tʃifero/ n.pr.m. Lucifer.

lucifugo /lu'tʃifugo/ agg. lucifugous.

lucignolo /lu'tʃiɲɲolo/ m. **1** *(stoppino)* wick **2** TESS. rove.

Lucilla /lu'tʃilla/ n.pr.f. Lucille.

Lucio /'lutʃo/ n.pr.m. Lucius.

lucioperca, pl. **-che** /lutʃo'pɛrka, ke/ f. zander, pikeperch.

lucrare /lu'krare/ [1] **I** tr. ***~ una grossa somma*** to make a lot of money **II** intr. (aus. *avere*) ***~ su qcs.*** to make a profit from sth.

lucrativo /lukra'tivo/ agg. [*attività*] lucrative.

Lucrezia /lu'krɛttsja/ n.pr.f. Lucretia.

Lucrezio /lu'krɛttsjo/ n.pr.m. Lucretius.

lucro /'lukro/ m. gain, profit, lucre SPREG.; ***senza, a scopo di ~*** [*associazione*] non-profitmaking, profit-making ◆◆ ***~ cessante*** loss of profit.

lucroso /lu'kroso/ agg. lucrative, profitable.

lucullianо /lukul'ljano/ agg. [*banchetto*] Lucull(e)an, lavish.

luddismo /lud'dizmo/ m. Luddism.

luddista, m.pl. **-i**, f.pl. **-e** /lud'dista/ m. e f. Luddite.

ludibrio, pl. **-bri** /lu'dibrjo, bri/ m. scorn, derision; ***esporre al pubblico ~*** to hold sb. up to public scorn; ***essere il ~ di tutti*** to be the butt of everyone's jokes.

ludico, pl. **-ci, -che** /'ludiko, tʃi, ke/ agg. [*spazio*] play attrib.; ***attività -a*** play.

ludo /'ludo/ m. STOR. ***-i circensi*** circus games.

ludoteca, pl. **-che** /ludo'tɛka, ke/ f. toy library.

ludoterapia /ludotera'pia/ f. play therapy.

Ludovico /ludo'viko/ n.pr.m. Ludovic(k).

lue /'lue/ ♦ **7** f.inv. MED. lues*, syphilis*.

luetico, pl. **-ci, -che** /lu'ɛtiko, tʃi, ke/ **I** agg. luetic, syphilitic **II** m. (f. **-a**) syphilitic.

luffa /'luffa/ f. loofah.

lug. ⇒ luglio July (Jul).

luganega, pl. **-ghe** /lu'ganega, ge/, **luganiga**, pl. **-ghe** /lu'ganiga, ge/ f. REGION. GASTR. INTRAD. (in Lombardy and Veneto, sausage made of finely minced pork often flavoured with garlic).

▶ **luglio** /'luʎʎo/ ♦ **17** m. July; ***in*** o ***a ~*** in July; ***il primo, il due (di) ~*** the first, the second of July.

lugubre /'lugubre/ agg. [*paesaggio, luogo, pensiero*] gloomy, dismal, grim; [*suono, canto*] mournful, lugubrious; [*tono, voce*] mournful, gloomy, lugubrious; [*atmosfera*] funereal, gloomy.

lugubremente /lugubre'mente/ avv. dismally, lugubriously.

▶ **lui** /'lui/ v. la nota della voce **io**. **I** pron.pers.m. **1** *(soggetto)* he *(in inglese va sempre espresso)*; ***lei legge, ~ guarda la televisione*** she's reading, he's watching television; ***~ e io abbiamo discusso a lungo*** he and I had a long discussion; ***solo ~ ha il diritto di parlare*** he alone has the right to talk; ***~ e i suoi colleghi erano lietissimi*** he and his colleagues were delighted; ***~ non dice mai ciò che pensa*** he never says what he thinks; ***è ~*** it's him; ***~ è ~ e io sono io*** he and I are different; ***è stato ~ a farlo*** he was the one who did it; ***~ stesso me lo disse*** he told me himself; ***proprio ~ che pensava di aver risposto bene all'esaminatore!*** and he was the one who thought he had given the right answer at the exam! **2** *(complemento oggetto)* him; ***ho visto lei ma non ~*** I saw her, but not him **3** *(preceduto da preposizione)* ***attorno a ~, dopo di ~, con ~*** around him, after him, with him; ***non pensa più a ~*** she doesn't think about him any more; ***non scrivo a nessuno tranne che a ~*** I don't write to anyone but him; ***a ~, posso dire la verità*** I can tell him the truth; ***tocca a ~ lavare i piatti*** it's his turn to do the dishes; ***spetta*** o ***tocca a ~ scegliere*** *(è il suo turno)* it's his turn to choose; *(è sua responsabilità)* it's up to him to choose; ***un regalo per ~*** a present for him; ***è importante per ~?*** is it important to him? ***non ce la faremo mai senza (di) ~*** we'll never get by without him; ***ce l'ho con ~*** I have a grouch against him; ***io lavoro più di ~*** I work more than he does *o* than him; ***li vedo più spesso di ~*** I see them more often than he does; ***lei è più giovane di ~*** she is younger than he is *o* than him **4** *(in un costrutto con valore possessivo)* ***gli occhi di ~ incontrarono quelli di lei*** his eyes met hers; ***sono degli amici di ~*** they're friends of his; ***la di ~ sorella*** ANT. his (own) sister **II** m. COLLOQ. **1** *(uomo)* ***un ~ e una lei*** a man and a woman **2** *(compagno, fidanzato)* ***il suo ~*** her boyfriend *o* fiancé **3** *(animale maschio)* ***questo pappagallo è un ~ o una lei?*** is this parrot a he or a she?

luì /lu'i/ m.inv. ***~ piccolo*** chiffchaff.

luigi /lu'idʒi/ m.inv. louis* ◆◆ ***~ d'oro*** louis d'or.

Luigi /lu'idʒi/ n.pr.m. Louis, Lewis.

Luisa /lu'iza/ n.pr.f. Louise, Louisa.

▷ **lumaca**, pl. **-che** /lu'maka, ke/ f. **1** *(mollusco)* slug; *(con guscio)* snail **2** FIG. *(persona lenta)* slug, slowcoach BE COLLOQ., slowpoke AE COLLOQ.; *(veicolo lento)* slug, crawler ◆ ***essere lento come una ~*** to be a slowcoach *o* a slowpoke; ***a passo di ~*** at a snail's pace.

lumachicida /lumaki'tʃida/ m. slug bait; *(in grani)* slug pellets pl.

lumacone /luma'kone/ m. (f. **-a**) **1** *(mollusco)* slug **2** FIG. *(pigrone)* slowcoach BE COLLOQ., slowpoke AE COLLOQ.

▷ **lume** /'lume/ **I** m. **1** *(apparecchio)* lamp, light; ***accendere, spegnere il ~*** to turn on, turn out the light **2** *(luce)* ***una cena a ~ di candela*** a dinner by candlelight, a candlelit dinner **3** FIG. *(consiglio)* ***ho bisogno dei suoi -i*** I need to pick his brain **4** STOR. ***il secolo dei -i*** the Age of Enlightenment **5** ANAT. lumen* **II lumi** m.pl. LETT. *(occhi)* eyes ◆ ***a ~ di naso*** at a guess, by (sheer) intuition; ***perdere il ~ della ragione*** to lose one's reason *o* one's mind; ***il ~ degli occhi*** one's eyesight; ***perdere il ~ degli occhi*** to be blind with rage *o* blinded by anger; ***reggere il ~*** to be a *o* play gooseberry BE ◆◆ ***~ a gas*** gas lamp; ***~ a olio*** oil lamp.

lumeggiamento /lumeddʒa'mento/ m. PITT. heightening, highlighting.

lumeggiare /lumed'dʒare/ [1] tr. **1** PITT. to heighten, to highlight **2** FIG. *(dare rilievo)* to highlight.

lumen /'lumen/ m.inv. FIS. lumen*.

lumenometro /lume'nɔmetro/ m. photometer.

lumicino /lumi'tʃino/ m. **1** *(lume)* small light, small lamp **2** *(funebre)* grave light ◆ ***cercare qcs. col ~*** to search for sth. high and low; ***essere ridotto al ~*** [*persona*] to be at death's door; [*cosa*] to be coming to an end.

luminanza /lumi'nantsa/ f. luminance.

luminare /lumi'nare/ m. luminary, leading light; ***un ~ della medicina*** a leading light in medicine.

luminaria /lumi'narja/ f. **1** *(addobbo luminoso)* lights pl. **2** *(insieme di luci accese)* illuminations pl.

luminescente /lumineʃ'ʃɛnte/ agg. [*tubo*] luminescent.

luminescenza /lumineʃ'ʃɛntsa/ f. luminescence.

luminismo /lumi'nizmo/ m. luminism.

luminista, m.pl. **-i**, f.pl. **-e** /lumi'nista/ m. e f. luminist.

lumino /lu'mino/ m. **1** *(piccola lampada a olio)* small oil lamp; ***~ da notte*** night-light, night-lamp **2** *(candela funebre)* grave light.

luminosamente /luminosa'mente/ avv. bright(ly).

luminosità /luminosi'ta/ f.inv. **1** *(splendore)* *(di stanza, luogo, stelle, colore)* brightness; *(di tessuto, carta)* sheen **2** FOT. f-number **3** TELEV. brightness; ***regolare la ~*** to adjust the brightness; ***regolatore della ~*** brightness control, dimmer **4** FIS. luminosity.

▷ **luminoso** /lumi'noso/ agg. **1** *(che emette luce)* [*corpo, punto, lancetta*] luminous; ***pannello ~*** illuminated panel, electronic display; ***insegna -a*** neon sign; ***fascio ~*** beam of light, light beam; ***raggio ~*** ray of light; ***onda -a*** light wave; ***lavagna -a*** overhead projector; ***quadrante ~ di un orologio, di una sveglia*** luminous dial of a watch, of an alarm clock **2** *(pieno di luce)* [*appartamento, stanza*] bright, well lit; [*colore*] bright **3** FIG. *(radioso)* [*occhi*] bright; [*sorriso*] beaming **4** FIG. *(grandioso)* [*idea*] bright, brilliant.

lun. ⇒ lunedì Monday (Mon).

▶ **luna** /'luna/ **I** f. **1** *(astro)* moon; ***le fasi della ~*** the phases of the moon; ***notte senza ~*** moonless night; ***primo quarto di ~*** moon's first quarter; ***ultimo quarto di ~*** moon's last quarter; ***raggio di ~*** moonbeam; ***al chiaro di ~*** by moonlight, by the light of the moon; ***c'è la ~ piena*** there's a full moon; ***con la ~ piena*** at full moon; ***falce di ~*** crescent moon; ***eclissi di ~*** lunar eclipse; ***mari della ~*** lunar seas; ***le -e di Saturno*** the moons of Saturn; ***a forma di ~ piena*** [*viso*] moon-faced; ***a mezza ~*** half-moon; ***pietra di ~*** moonstone **2** LETT. *(mese)* month; ***sette -e*** seven months; ***sono diverse -e che non li ho visti*** I haven't seen them for months and months **II** agg.inv. ***pesce ~*** sunfish, moonfish ◆ ***abbaiare alla ~*** to bay at the moon; ***avere la testa nella ~*** to have one's head in the clouds; ***vivere nella***

~ to live in a world of one's own, to be on another planet COLLOQ.; ***essere ancora nel mondo della*** ~ not to be born yet; ***avere la*** ~ ***storta*** o ***di traverso*** to be in one of one's moods *o* in a bad mood; ***chiedere la*** ~ to ask for the moon; ***promettere la*** ~ to promise the earth *o* the moon; ***pretendere la*** ~ to expect the earth; ***fare vedere*** o ***mostrare la*** ~ ***nel pozzo a qcn.*** to lead sb. up the garden path; ***mal di*** ~ lycanthropy ◆◆ ~ ***calante*** waning *o* decrescent moon; ~ ***crescente*** waxing moon; ~ ***di miele*** honeymoon; ~ ***nuova*** new moon; ~ ***piena*** full moon.

luna park /luna'park/ m.inv. (fun) fair, carnival.

lunare /lu'nare/ agg. [*cratere, ciclo, mese, eclissi*] lunar; ***modulo*** ~ lunar module; ***paesaggio*** ~ lunar landscape, moonscape; ***roccia*** ~ moon rock; ***le fasi -i*** the phases of the moon.

lunaria /lu'narja/ f. BOT. honesty.

lunario, pl. **-ri** /lu'narjo, ri/ m. almanac(k) ◆ ***sbarcare il*** ~ to barely make ends meet, to eke out, scrape a living.

lunata /lu'nata/ f. → **allunamento**.

lunatico, pl. **-ci**, **-che** /lu'natiko, tʃi, ke/ **I** agg. [*carattere*] moody, moonish **II** m. (f. **-a**) moody person.

lunato /lu'nato/ agg. crescent-shaped, lunate.

lunazione /lunat'tsjone/ f. lunation.

▷ **lunedì** /lune'di/ ◗ *11* m.inv. Monday; ***oggi è*** ~ today is Monday; ~ ***andrò in palestra*** I'm going to the gym on Monday; ***di*** o ***il*** ~ ***vado in palestra*** I go to the gym on Mondays; ***tutti i*** ~ every Monday; ~ ***scorso*** last Monday; ~ ***prossimo*** next Monday; ~ ***mattina, pomeriggio, sera*** Monday morning, Monday afternoon, Monday evening; ***sono nato di*** ~ I was born on a Monday ◆◆ ~ ***dell'Angelo*** Easter Monday; ~ ***di Pentecoste*** Whit Monday.

lunetta /lu'netta/ f. **1** ARCH. lunette; ~ ***a ventaglio*** fanlight, transom (window) AE **2** *(attrezzo da cucina)* = crescent-shaped mincing knife **3** *(di unghia)* half-moon **4** SPORT *(nella pallacanestro)* free-throw circle.

lungaggine /lun'gaddʒine/ f. **1** *(in film, libro, discorso)* long-windedness, prolixity, lengthiness **2** *(lentezza, ritardo)* delay, slowness; ***le -i burocratiche hanno rallentato i lavori*** red tape has slowed down the work.

lungamente /lunga'mente/ avv. [*parlare, aspettare*] for a long time.

lungarno /lun'garno/ m.inv. ***il*** ~ the Arno riverbanks.

▷ **lunghezza** /lun'gettsa/ ◗ *21* f. **1** *(nello spazio)* length; ***10 cm di*** ~ 10 cm in length; ***nel senso della*** ~ lengthways BE, lengthwise AE; ***essere strappato su tutta la*** ~ to be ripped right along BE *o* along the whole length AE; ***un cavo di tre metri di*** ~ a cable three metres long, a three-metre long cable; ***la stanza fa sette metri in*** ~ the room is seven metres long; ***di una*** ~ ***impressionante*** incredibly long **2** *(nel tempo)* ***la*** ~ ***di un discorso*** the length of a speech **3** SPORT length; ***vincere per una*** ~***, per tre -e*** to win by a length, by three lengths; ***avere una*** ~ ***di vantaggio su qcn.*** to be one length ahead of sb. ◆ ***essere sulla stessa*** ~ ***d'onda*** to be on the same wavelength ◆◆ ~ ***d'onda*** FIS. wavelength (anche FIG.).

lungi /'lundʒi/ avv. LETT. ~ ***dall'essere soddisfatto, sicuro*** far from satisfied, certain; ***siamo ancora*** ~ ***dall'aver finito*** we're still a long way from finishing, we're still far from finished; ~ ***dall'essere importante, difficile quanto...*** it is nowhere near as important, difficult as...; ~ ***da me l'idea di fare*** far be it from me to do; ~ ***da me quest'idea!*** nothing could be further from my mind! ~ ***da me!*** perish the thought!

lungimirante /lundʒimi'rante/ **I** agg. [*persona*] far-sighted, long-sighted, forward-looking **II** m. e f. far-sighted person.

lungimiranza /lundʒimi'rantsa/ f. long-sightedness; ***dare prova, mancare di*** ~ to show, lack long-sightedness; ***vede le cose con*** ~ he has a long-range perspective of things.

▶ **lungo**, pl. **-ghi**, **-ghe** /'lungo, gi, ge/ ◗ *21* **I** agg. **1** *(nello spazio)* [*gambo, ciglia, vestito, tavolo, lettera, distanza*] long; ***una camicia a maniche -ghe*** a shirt with long sleeves, a long-sleeved shirt; ***delle donne in abito*** ~ women in long dresses; ***essere*** ~ ***sei metri*** to be six metres long; ***un tubo*** ~ ***tre metri*** a pipe three metres long, a three-metre long pipe; ~ ***due metri di troppo*** two metres too long; ***quanto è*** ~***?*** how long is it? ***è*** ~ ***la metà*** it's half as long; ***una ragazza dai*** o ***con i capelli -ghi*** a long-haired girl **2** FIG. ***ha le orecchie -ghe*** she's always trying to listen in; ***avere la lingua -a*** to have a loose tongue; ***avere le mani -ghe*** *(essere manesco)* to be quick to strike; *(essere incline al furto)* to be light-fingered, nimble-fingered, to have sticky fingers COLLOQ.; *(toccare le donne)* to have wandering hands; *(essere influente)* to have a lot of influence **3** *(nel tempo)* [*momento, viaggio, esilio, film, silenzio*] long, lengthy; [*vita*] long; [*amicizia*] long-standing; ***nelle -ghe sere d'inverno*** during the long winter nights; ***la tua -a esperienza di bambini*** your great experience with children; ***un colloquio*** ~ ***40 minuti*** a 40-minute interview; ***guarirà, ma sarà una cosa -a*** he will get better, but it's going to take a long time; ***sarebbe*** ~ ***da spiegare*** it would take a long time to explain it; ***otto mesi sono -ghi*** eight months is a long time; ***da -a data*** of long standing; ***per -ghe ore, anni*** for hours, years; ***a*** ~ ***termine*** in the long term; ***a -a scadenza*** [*progetto, prestito mutuo*] long-term; [*previsioni*] long-range **4** COLLOQ. *(lento)* ***essere*** ~ ***nel fare*** [*persona*] to be slow to do; ***come sei*** ~***!*** you're so slow! **5** *(allungato)* [*caffè*] weak; [*brodo*] thin, watery **6** *(alto)* ***un ragazzo*** ~ ***e magro*** a tall, thin boy **7** LING. [*sillaba, vocale*] long **8** ***dirla -a*** to speak volumes, to say a lot (**su** about); ***saperla -a*** *(essere ben informato)* to know what is what, to know all (**su** about) **9** ***di gran lunga è di gran -a più intelligente di me*** he's far more intelligent than I am *o* than me; ***è di gran -a la migliore*** she's by far the best **10** **in lungo e in largo** far and wide, far and near; ***cercare qcs. in*** ~ ***e in largo*** to hunt high and low for sth.; ***girarono il paese in*** ~ ***e in largo*** they travelled up and down the country **11** **a lungo** (for) a long time; ***non resterò a*** ~ I won't stay for long; ***non ti tratterrò a*** ~ I won't keep you long; ***durare, vivere, stare più a*** ~ to outlast, outlive, outstay **12** **a lungo andare, alla lunga** in the long run **II** m. **1** ABBIGL. ***il*** ~ long clothes; ***è di moda il*** ~ hemlines are down (this season); ***vestirsi in*** ~ to wear a full-length dress **2** *(persona alta)* tall person, beanpole **3** SPORT ***salto in*** ~ long jump BE, broad jump AE **4** **per il lungo** [*tagliare, spezzare*] lengthwise **III** prep. **1** *(nello spazio)* ~ ***(tutto) il fiume, il muro*** (all) along the river, the wall; ***camminare*** ~ ***un muro*** to walk beside a wall **2** *(nel tempo)* ~ ***tutto il viaggio*** throughout the trip; ~ ***tutto il XVI secolo*** throughout the XVI century ◆ ***cadere*** ~ ***disteso (per terra)*** to fall flat on one's face, to fall headlong; ***fare il passo più*** ~ ***della gamba*** to bite off more than one can chew; ***fare il muso*** ~ to pull a long face, to have (got) the hump BE COLLOQ.; ***farla -a, andare per le -ghe*** to drag on; ***tirarla per le -ghe*** to go on and on; ***essere più largo che*** ~ = to be very short and fat.

lungodegente /lungode'dʒɛnte/ m. e f. long-stay patient, long-term patient.

lungodegenza /lungode'dʒɛntsa/ f. long stay (in hospital).

lungofiume /lungo'fjume/ m. riverfront, riverbank.

lungolago, pl. **-ghi** /lungo'lago, gi/ m. lakeside.

lungomare /lungo'mare/ m. seafront, front, promenade.

lungometraggio, pl. **-gi** /lungome'traddʒo, dʒi/ m. feature (film), full-length film.

lungopò /lungo'pɔ/ m.inv. ***il*** ~ the Po riverbanks.

lungosenna /lungo'sɛnna/ m.inv. ***il*** ~ the Seine riverbanks.

lungotevere /lungo'tevere/ m.inv. ***il*** ~ the Tiber riverbanks.

lunisolare /luniso'lare/ agg. lunisolar.

lunotto /lu'nɔtto/ m. rear window, rear windscreen BE ◆◆ ~ ***termico*** heated rear window.

lunula /'lunula/ f. **1** MAT. lune **2** ANAT. ~ ***ungueale*** lunula, half-moon.

▶ **luogo**, pl. **-ghi** /'lwɔgo, gi/ m. **1** *(posto)* place; ***scegliere il*** ~ ***della cerimonia*** to choose where the ceremony will take place; ~ ***di ritovo*** o ***di incontro*** meeting place; ~ ***di residenza*** place of residence, dwelling place; ~ ***di nascita*** place of birth, birthplace; ~ ***di pellegrinaggio*** place of pilgrimage; ~ ***di culto*** place of worship; ~ ***di lavoro*** place of work, workplace; ~ ***di villeggiatura*** (holiday) resort; ~ ***di passaggio*** thoroughfare; ~ ***tranquillo, ideale*** quiet place, ideal place; ***sul*** ~ on the spot; ***sul*** ~ ***del delitto, dell'incidente*** at the scene of the crime, accident; ***da un*** ~ ***all'altro*** from place to place; ***tradizioni, prodotti del*** ~ local traditions, products; ***essere del*** ~ to be a local; ***la gente del*** ~ the locals; ***essere pratico del*** ~ to know a place inside out *o* like the back of one's hand; ***i -ghi santi*** the Holy Places **2** *(spazio)* ***in un*** ~ ***chiuso*** indoors **3** *(punto)* ***in certi -ghi del libro*** in some passages of the book; ***i -ghi migliori di questo romanzo*** the best passages in this novel **4** FIG. *(momento opportuno)* ***a tempo e*** ~ at the proper time and place; ***avere*** ~ *(accadere)* to take place; ***fuori*** ~ *(inopportuno)* [*comportamento, risposta*] out of place, uncalled-for; ***le tue critiche sono fuori*** ~ there are no grounds for your criticism; ***in primo, secondo, ultimo*** ~ *(ordine di importanza)* firstly, secondly, lastly; ***dare*** ~ ***a*** *(causare)* to give rise to, to cause [*scandalo*] **5** DIR. ***ordinanza di non*** ~ ***a procedere*** nonsuit **6** TEATR. ***unità di*** ~ unity of place **7** LING. ***avverbio di*** ~ adverb of place **8** **in luogo di** instead of, in place of; ***in*** ~ ***di andare a Londra ha deciso di andare a Oxford*** instead of going to London she decided to go to Oxford ◆◆ ~ ***comune*** commonplace, cliché; ~ ***geometrico*** locus*; ~ ***di perdizione*** fleshpot, den of iniquity; ~ ***pubblico*** public place.

luogotenente /lwogote'nɛnte/ m. lieutenant.

luogotenenza /lwogote'nɛntsa/ f. lieutenancy.

lupa /'lupa/ f. **1** ZOOL. she-wolf **2** FIG. LETT. *(prostituta)* prostitute, streetwalker; *(donna sessualmente avida)* nymphomaniac ◆ ***mal della*** ~ = bulimia ◆◆ ~ ***capitolina*** Capitoline she-wolf.

lupacchiotto /lupak'kjɔtto/ m. (f. **-a**) wolfling.
lupanare /lupa'nare/ m. LETT. brothel.
lupara /lu'para/ f. **1** *(cartuccia)* buckshot **2** *(fucile)* sawn-off shotgun ◆ *~ bianca* = journalistic term used to describe a mafia-style killing in which the body can't be found.
lupesco, pl. **-schi**, **-sche** /lu'pesko, ski, ske/ agg. [*fame*] wolfish.
lupetto /lu'petto/ m. **1** ZOOL. wolfling, whelp, wolf cub **2** *(scout)* cub (scout); ***branco di -i*** Cub pack **3** ABBIGL. turtle neck.
lupinella /lupi'nɛlla/ f. sainfoin, cockshead.
1.lupino /lu'pino/ agg. wolfish, lupine.
2.lupino /lu'pino/ m. lupin.
lupinosi /lupi'nɔzi/ f.inv. VETER. lupinosis*.
▶ **lupo** /'lupo/ **I** m. **1** wolf*; ***il ~ cattivo*** the Big Bad Wolf; ***~ solitario*** lone wolf; ***avere una fame da ~*** FIG. to be as hungry as a wolf; ***mangiare come un ~*** FIG. to eat like a horse; ***gridare al ~*** to cry wolf (anche FIG.) **2** TESS. willow, willowing-machine **II** agg.inv. ***pesce ~*** wolf-fish; ***cane ~*** German shepherd, Alsatian BE ◆ ***da -i*** [*tempo*] foul, stormy; ***in bocca al ~!*** break a leg! COLLOQ.; ***gettarsi in bocca al ~*** to stick one's head in the lion's mouth; ***mettere il ~ nell'ovile*** to let the wolf into the fold; ***~ non mangia ~*** PROV. there is honour among thieves; ***il ~ perde il pelo ma non il vizio*** a leopard cannot change his spots; ***chi pecora si fa, il ~ se la mangia*** PROV. = those who put themselves in positions of meanness will end up being humbled ◆◆ ***~ di mare*** ITTIOL. sea dog; *(marinaio esperto)* salt; ***~ mannaro*** werewolf*, wolf-man*, lycanthrope.
lupoide /lu'pɔide/ agg. lupoid.
luppoleto /luppo'leto/ m. hop field.
luppolina /luppo'lina/ f. lupulin.
luppolo /'luppolo/ m. hops pl.; ***coltivare il ~*** to grow hops; ***raccolta del ~*** hop-picking.
lupus /'lupus/ ➧ **7** m.inv. lupus.
lurex® /'lurex/ m.inv. lurex®; ***vestito in ~*** lurex dress.
lurido /'lurido/ agg. **1** *(sporco)* [*luogo, casa, vestito*] filthy **2** COLLOQ. FIG. ***una -a faccenda*** a nasty affair; ***~ maiale!*** you dirty pig! ***~ bastardo!*** VOLG. you rotten bastard!
luridume /luri'dume/ m. filth, filthiness, dirt.
lusco /'lusko/ m. ***tra il ~ e il brusco*** *(nella luce del crepuscolo)* at dusk, in half light; ***guardare qcn. tra il ~ e il brusco*** FIG. = to look at sb. with a mixture of clemence and irritation.
lusinga, pl. **-ghe** /lu'zinga, ge/ f. **1** *(adulazione)* flattery **U**, lure, allurement, cajolery **U**; ***essere sensibile alle -ghe*** to be susceptible to flattery; ***smettila con le -ghe!*** cut the flattery! ***con le -ghe non otterrai niente*** flattery will get you nowhere; ***basse -ghe*** toadying **2** LETT. fallacious hope, illusion.
lusingare /luzin'gare/ [1] **I** tr. **1** *(adulare)* to flatter [*persona*]; to woo [*elettori, potenti*]; to pride [*ego, amor proprio*]; ***non dico questo per lusingarla*** I'm not saying this just to flatter you; ***lei mi lusinga, non merito tanto*** you flatter me, I don't deserve it **2** *(allettare)* to allure, to tempt; ***~ qcn. con promesse*** to tempt sb. with promises **II lusingarsi** pronom. to flatter oneself, to pride oneself (**di** on; **di fare** on doing).
lusingato /luzin'gato/ **I** p.pass. → **lusingare II** agg. flattered; ***essere, sentirsi ~*** to be, feel flattered.
lusinghevole /luzin'gevole/ agg. flattering, alluring; [*parole*] flattering.
lusinghiero /luzin'gjɛro/ agg. **1** *(che lusinga)* [*giudizio, descrizione, parole*] flattering, glowing; [*ritratto*] flattering; ***poco ~*** unflattering; ***ha usato degli epiteti poco -i nei miei confronti*** he described me in rather unflattering terms **2** *(che dà soddisfazione)* [*risultato*] gratifying **3** *(allettante)* [*ricompensa*] tempting.
Lusitania /luzi'tanja/ n.pr.f. Lusitania.
lusitano /luzi'tano/ **I** agg. **1** STOR. Lusitanian **2** LETT. *(portoghese)* Portuguese **II** m. (f. **-a**) **1** STOR. Lusitanian **2** LETT. *(portoghese)* Portuguese.
lusofono /lu'zɔfono/ **I** agg. [*persona, paese*] Portuguese-speaking **II** m. (f. **-a**) Portuguese-speaker.
lussare /lus'sare/ [1] **I** tr. to dislocate, to put* out, to luxate [*osso*] **II lussarsi** pronom. [*persona*] to dislocate, to put* out [*caviglia, spalla*].
lussatura /lussa'tura/, **lussazione** /lussat'tsjone/ f. dislocation, luxation; ***~ della spalla*** dislocation of the shoulder.
lussemburghese /lussembur'gese/ ➧ ***25, 2*** **I** agg. Luxembourgian **II** m. e f. Luxembourgian.
Lussemburgo /lussem'burgo/ ➧ ***33, 2*** n.pr.m. Luxembourg.
▶ **lusso** /'lusso/ m. **1** *(fasto)* luxury; ***vivere nel ~*** to live in luxury, to live a life of luxury; ***residenza, prodotti, automobili di ~*** luxury home, products, cars; ***negozio, hotel di ~*** exclusive shop, hotel; ***edizione di ~*** library edition; ***treno di ~*** Pullman **2** *(cosa superflua)* ***non è un ~*** it has to be done; ***permettersi il ~ di fare*** to afford the luxury of doing; FIG. to give oneself the satisfaction of doing; ***può permettersi questo ~*** he can afford it **3** *(dovizia)* wealth; ***con gran ~ di particolari*** with a wealth of details ◆ ***ci è andata di ~*** we've been very lucky, we can thank our lucky stars.
lussuosamente /lussuosa'mente/ avv. luxuriously; [*arredato*] expensively, lavishly.
lussuoso /lussu'oso/ agg. [*appartamento, auto, tappeto*] luxurious, luxury attrib.
lussureggiante /lussured'dʒante/ agg. **1** *(rigoglioso)* [*vegetazione*] luxuriant, lush **2** FIG. *(ricco)* [*stile*] rich, flamboyant.
lussureggiare /lussured'dʒare/ [1] intr. (aus. *avere*) [*pianta*] to grow* luxuriantly, to run* riot.
lussuria /lus'surja/ f. lust.
lussurioso /lussu'rjoso/ agg. lustful.
lustrale /lus'trale/ agg. quinquennial.
lustrare /lus'trare/ [1] tr. to polish [*scarpe, specchio, metallo*]; to glaze [*tessuto*]; to scour [*pentola*] ◆ ***le lustravano gli occhi per la gioia*** her eyes shone with joy; ***~ le scarpe a qcn.*** to lick sb.'s boots COLLOQ.
lustrascarpe /lustras'karpe/ ➧ ***18*** m.inv. bootblack, boots*.
lustrata /lus'trata/ f. polish; ***dare una ~ a qcs.*** to give sth. a polish.
lustratura /lustra'tura/ f. polishing, shining.
lustrazione /lustrat'tsjone/ f. lustration.
lustrino /lus'trino/ m. sequin, spangle.
1.lustro /'lustro/ **I** agg. [*pavimento*] shiny, polished, spick-and-span; [*scarpe*] shiny, polished; [*occhi*] watery; [*tessuto*] glazed **II** m. **1** *(lucentezza)* shine, sheen, lustre BE, luster AE **2** *(lucido)* ***dare il ~ a qcs.*** to polish sth. **3** *(prestigio)* ***dare ~ a qcs.*** to glamorize sth., to bring prestige to sth.; ***è il ~ della famiglia*** *(vanto)* he's the pride of the family.
2.lustro /'lustro/ m. LETT. *(quinquennio)* lustrum*, quinquennium*.
luteina /lute'ina/ f. lutein.
luteinico, pl. **-ci**, **-che** /lute'iniko, tʃi, ke/ agg. luteal.
luteo /'luteo/ agg. **1** LETT. luteous **2** ANAT. ***macula -a*** yellow spot, macula lutea; ***corpo ~*** corpus luteum.
luteolina /luteo'lina/ f. luteolin.
luteranesimo /lutera'nezimo/ m. Lutheranism.
luterano /lute'rano/ **I** agg. Lutheran **II** m. (f. **-a**) Lutheran.
Lutero /lu'tɛro/ n.pr.m. Luther; ***Martin ~*** Martin Luther.
lutezio /lu'tɛttsjo/ m. lutetium.
lutoterapia /lutotera'pia/ → **fangoterapia**.
lutreola /lu'trɛola/ f. mink.
▷ **lutto** /'lutto/ m. **1** *(avvenimento luttuoso)* bereavement; ***essere colpito da un ~*** to be bereaved, to suffer a bereavement; ***un nuovo ~ li ha colpiti*** there has been another death in the family, they have suffered another bereavement FORM. **2** *(cordoglio)* mourning **U**, grief; ***giorno di ~ nazionale*** day of national mourning; ***paese immerso nel ~*** country plunged into mourning; ***proclamare un giorno di ~*** to proclaim a day of mourning; ***"chiuso per ~"*** "closed: death in the family"; ***la natura è in ~*** LETT. nature is in mourning; ***essere in ~*** to be in mourning (**per** for); ***essere in ~ stretto*** to be in deep mourning; ***mettere*** o ***prendere il ~*** to go into mourning; ***smettere il ~*** to come out of mourning; ***portare il ~ di qcn.*** to mourn *o* wear mourning for sb.; ***osservare il ~*** to observe a period of mourning; ***accorciare il (periodo di) ~*** to cut short a period of mourning; ***un anno di ~*** a year's mourning; ***vestiti da ~*** mourning clothes; ***carta listata a ~*** mourning paper.
luttuoso /luttu'oso/ agg. [*evento*] tragic, distressing; [*notizia*] distressing.
lutulento /lutu'lɛnto/ agg. LETT. muddy.
lux /luks/ m.inv. lux*.
luxmetro /'luksmetro/ m. luxmeter.
luzianide /lut'tsjanide/ m. (red) snapper.
lycra® /'likra/ f.inv. Lycra®.

m

m, M /'ɛmme/ m. e f.inv. *(lettera)* m, M.
m' → **1.mi**.
m. **1** ⇒ morto died (d.) **2** ⇒ mese month (m.).
▶ **1.ma** /ma/ **I** cong. **1** *(per esprimere opposizione)* but; ***è intelligente ~ pigro*** he's intelligent but lazy; ***pensavo che fosse felice, ~ mi sbagliavo*** I thought he was happy but I was wrong; ***strano ~ vero*** strange but true; ***le ho scritto, ~ non mi ha risposto*** I wrote to her but she didn't answer (my letter); ***non arriva lunedì, ~ martedì*** she's not arriving on Monday but on Tuesday *o* she's arriving on Tuesday, not on Monday; ***non vedrò lui, ~ lei*** I'm seeing her, not him; ***non solo... ~ anche*** not only... but also; ***non solo è disonesto, ~ se ne vanta pure*** not only is he dishonest but on top of that he boasts about it **2** *(come rafforzativo)* ***~ è una pazzia!*** but that's madness! ***~ è del tutto naturale!*** but it's only natural! ***~ dai, non ti preoccupare!*** come on, don't worry about it! ***~ è vero, te lo giuro!*** but it's true, I swear! ***è stupido, ~ stupido!*** he's so incredibly stupid! ***faceva un caldo, ~ un caldo!*** it was so incredibly hot! ***non ho capito niente, ~ proprio niente!*** I understood absolutely nothing! ***"posso venire anch'io?" - "~ certo!"*** "can I come too?" - "of course!" **3** *(per esprimere indignazione, impazienza)* ***~ dove è finito?*** where on earth has he got to? ***~ che cosa sta succedendo qui?*** what on earth *o* what the heck is going on here? ***~ vuoi stare zitto!*** can't you just shut up? ***~ guarda che faccia tosta!*** really! what a nerve! ***~ insomma!*** for God's sake! ***~ insomma, chi si crede di essere?*** oh really! who does he think he is? **4** *(per esprimere stupore, incredulità)* ***~ lei piange!*** good heavens, you're crying! ***~ allora mi ha mentito!*** so you lied to me! ***~ credevo che tu fossi partito all'estero!*** well! I thought you'd gone abroad! ***~ cosa ti è preso?*** what on earth came over you? ***~ va là!*** a likely story! ***~ guarda un po'!*** fancy that! ***~ non mi dire!*** you don't say! ***~ no!*** really? **5** *(in apertura di frase)* ***~ ora passiamo ad altro*** and now, let's move on to something else; ***~ sto divagando*** but I digress; ***~ dimmi, lo conosci anche tu?*** so you know him too? **II** m.inv. ***non c'è ~ che tenga*** no buts about it; ***non ci sono né se né ~*** no ifs and buts *o* no ifs, ands or buts.
2.ma /ma/ → **mah**.
macabro /'makabro/ agg. [*spettacolo, danza*] macabre; ***umorismo ~*** gallows humour BE, gallows humor AE.
macaco, pl. **-chi** /ma'kako, ki/ m. **1** ZOOL. macaque **2** SPREG. *(uomo goffo e sciocco)* fool, dunce.
macadam /maka'dam/ m.inv. macadam ◆◆ ***~ all'asfalto*** tarmac, Tarmac®, tarmacadam.
macadamizzare /makadamid'dzare/ [1] tr. to macadamize.
macaira /ma'kaira/ f. marlin*, spearfish*.
macao /ma'kao/ m.inv. *(uccello)* macaw.
macaone /maka'one/ m. swallowtail (butterfly).
Maccabei /makka'bɛi/ n.pr.m.pl. Maccabees.
maccabeo /makka'bɛo/ m. fool, boob AE.
Maccabeo /makka'bɛo/ agg. Maccabean.
maccarello /makka'rɛllo/ → **scombro**.
maccartismo /makkar'tizmo/ m. McCarthyism.
maccartista, m.pl. **-i**, f.pl. **-e** /makkar'tista/ m. e f. McCarthyite.
▷ **macché** /mak'ke/ inter. of course not, not in the least, not on your life COLLOQ.; ***~, non è vero!*** it's nothing of the sort! ***"ti è piaciuto il film?" - "~, non ho capito niente!"*** "did you like the film?" - "not in the least, I didn't understand anything!".
▷ **maccheroni** /makke'roni/ m.pl. macaroni **U**; ***~ al pomodoro*** macaroni with tomato sauce; ***~ gratinati*** macaroni au gratin ◆ ***cascare*** o ***piovere come il cacio sui ~*** to be just the job.
maccheronico, pl. **-ci**, **-che** /makke'rɔniko, tʃi, ke/ agg. [*poesia*] macaronic; ***latino ~*** dog Latin.
▶ **1.macchia** /'makkja/ f. **1** *(zona sporca, segno)* stain; *(di piccole dimensioni)* spot; *(di vernice)* blot; *(sulla pelle)* blotch, mark, blemish; ***~ d'inchiostro*** ink stain; ***~ di unto, d'olio*** grease stain, oil stain; ***~ di umidità*** damp patch; ***~ di sangue*** bloodstain; ***~ di ruggine*** iron mo(u)ld, rust spot; ***resistere alle -e*** to be stain-resistant; ***ti sei fatto una ~ sui pantaloni*** you've got a stain on your trousers; ***fare una ~ sulla tovaglia*** to make a mess of *o* on the tablecloth; ***hai fatto una ~ sul tavolo*** you've made a mark on the table; ***rimuovere, togliere una ~*** to take out *o* remove a stain; ***questa ~ non se ne vuole andare!*** this stain won't shift *o* come out! **2** *(chiazza)* ***le -e del leopardo*** the leopard's spots; ***i manifesti sono le uniche -e di colore*** the posters are the only splashes of colour **3** FIG. stain, blot (**su** on); ***senza ~*** [*reputazione, onestà*] spotless, unblemished, untarnished; [*vita*] blameless; ***il cavaliere senza ~ e senza paura*** the pure and fearless knight ◆ ***espandersi a ~ d'olio*** to spread like wildfire ◆◆ ***~ lutea*** ANAT. yellow spot, macula lutea; ***~ solare*** ASTR. sunspot.
2.macchia /'makkja/ f. *(boscaglia)* scrub, brush ◆ ***darsi alla ~*** *(rendersi irreperibile)* to go into hiding ◆◆ ***~ mediterranea*** maquis.
macchiaiolo /makkja'jɔlo/ m. (f. **-a**) = painter belonging to an artistic movement that began in Tuscany in the second half of the 19th century.
▷ **macchiare** /mak'kjare/ [1] **I** tr. **1** *(sporcare)* [*sostanza*] to stain, to mark; [*vernice, inchiostro*] to blot; ***ti macchierai il vestito*** you'll stain your dress; ***ho macchiato la cravatta*** I've got a stain on my tie **2** *(allungare)* ***~ il caffè*** to add a dash of milk to the coffee **3** FIG. to tarnish, to stain, to blemish [*reputazione, onore, coscienza*] **II** intr. (aus. *avere*) [*frutta, vino, prodotto*] to stain; ***non macchia*** it doesn't stain **III macchiarsi** pronom. **1** *(sporcarsi)* ***questa camicia si macchia facilmente*** this shirt stains easily; ***si è macchiato la giacca*** he's stained his jacket; ***si sono macchiati le mani di nero*** they stained their hands black; ***ti sei macchiato d'inchiostro, d'olio*** you've got ink, oil on your clothes **2** FIG. ***-rsi di un delitto*** to soil one's hands with a foul deed.
macchiato /mak'kjato/ **I** p.pass. → **macchiare II** agg. **1** *(sporco)* ***~ d'olio, d'inchiostro*** oil-stained, ink-stained; ***~ di sangue*** blood-stained, blood-spattered; ***~ di fango*** spattered with mud **2** *(allungato)* ***caffè ~*** = espresso coffee with a spot of milk; ***latte ~*** latte **3** *(sparso di chiazze)* ***un mantello grigio ~ di bianco*** a grey coat mottled with white.
macchietta /mak'kjetta/ f. **1** *(piccola macchia)* little spot, speckle **2** *(in pittura)* sketch **3** *(persona ridicola)* odd person, odd character **4** TEATR. character part.
macchiettare /makkjet'tare/ [1] tr. to speckle, to dapple, to spot.

macchiettato /makkjet'tato/ **I** p.pass. → **macchiettare II** agg. speckled, spotted, mottled.
macchiettatura /makkjetta'tura/ f. speckling, mottling.
macchiettista, m.pl. **-i**, f.pl. **-e** /makkjet'tista/ ♦ *18* m. e f. **1** *(disegnatore)* caricaturist **2** *(attore)* character actor.
▶ **macchina** /'makkina/ f. **1** *(apparecchio)* machine; ***mettere in funzione una ~*** to operate a machine; ***fatto a ~*** machine-made; ***~ elettrica, idraulica*** electric, hydraulic machine; ***l'età delle -e*** the machine age; ***linguaggio ~*** INFORM. machine language; ***non sono mica una ~!*** FIG. I'm not a machine! ***cucire un orlo a ~*** to machine-sew *o* machine-stitch a hem **2** *(macchina da scrivere)* typewriter; ***battere*** o ***scrivere una lettera a ~*** to type a letter; ***scritto a ~*** typewritten, typed **3** COLLOQ. *(auto)* car; ***salire in ~*** to get into the car; ***andiamo in ~ o in treno?*** shall we go by car or by train? ***andare in ~ a Venezia*** to drive to Venice **4** *(motore)* engine; ***sala -e*** MAR. engine room; ***fare ~ indietro*** MAR. to go astern; FIG. to back-pedal **5** *(apparato)* machine; ***la ~ sociale, burocratica, economica*** the social, administrative, economic machine **6** COLLOQ. *(lavatrice)* ***fare due -e di bucato*** to do two loads of washing; ***lavabile a ~*** machine-washable ◆◆ ***~ agricola*** agricultural machine; ***~ del caffè*** coffee machine; ***~ compositrice*** composing machine; ***~ da corsa*** competition car, racing car, racer; ***~ da cucire*** sewing machine; ***~ fotografica*** camera; ***~ da guerra*** military engine; ***~ infernale*** infernal machine; ***~ da presa*** (cine)camera, movie camera; ***~ da*** o ***per scrivere*** typewriter; ***~ da stampa*** TIP. printer; ***~ utensile*** machine tool; ***~ a vapore*** steam engine; ***~ della verità*** lie detector, polygraph; ***~ volante*** flying machine; ***-e per ufficio*** office equipment.
macchinale /makki'nale/ agg. [*gesto*] mechanical.
macchinalmente /makkinal'mente/ avv. *(automaticamente)* [*rispondere*] mechanically.
macchinare /makki'nare/ [1] tr. to plot, to brew [*complotto, tradimento*]; to hatch up [*brutto tiro*].
macchinario, pl. **-ri** /makki'narjo, ri/ m. *(insieme delle macchine)* machinery **U**; ***sono stati installati molti nuovi -i*** a lot of new machinery has been installed ◆◆ ***~ teatrale*** stage machinery.
macchinata /makki'nata/ f. COLLOQ. *(carico di lavatrice)* ***fare due -e di bucato*** to do two loads of washing.
macchinazione /makkinat'tsjone/ f. plot, machination, manoeuvring **U** BE, maneuvering **U** AE; ***lui giura di essere vittima di una ~*** he swears he's the victim of a conspiracy.
macchinetta /makki'netta/ f. **1** *(apparecchio)* device, small machine **2** COLLOQ. *(del caffè)* coffee maker; *(a filtro)* percolator **3** *(apparecchio per i denti)* brace **4** *(per i capelli)* clipper, trimmer ◆ ***parlare come una ~*** to talk nineteen to the dozen, to talk a mile a minute AE.
macchinina /makki'nina/ f. **1** *(modellino)* model car; *(giocattolo)* toy car **2** *(auto a pedali)* pedal car **3** *(dell'autoscontro)* bumper car, dodgem (car) BE **4** *(nelle giostre)* (small) car.
macchinismo /makki'nizmo/ m. mechanism.
▷ **macchinista**, m.pl. **-i**, f.pl. **-e** /makki'nista/ ♦ *18* m. e f. **1** FERR. engine driver, train driver, engineer AE **2** MAR. engineer **3** TEATR. stagehand, scene shifter; TELEV. CINEM. grip.
macchinosamente /makkinosa'mente/ avv. in a complicated way, manner.
macchinosità /makkinosi'ta/ f.inv. complexity, intricacy, complicated nature.
macchinoso /makki'noso/ agg. complicated, complex; [*iter burocratico*] lumbering.
macchiolina /makkjo'lina/ f. *(di fango, inchiostro)* speck; *(di vernice)* fleck; *(di sangue)* speck, spot; *(sulla pelle)* spot.
macedone /ma'tʃɛdone/ ♦ *30, 16* **I** agg. Macedonian **II** m. e f. Macedonian **III** m. LING. Macedonian.
▷ **macedonia** /matʃe'dɔnja/ f. **1** *(di frutta)* fruit salad, fruit cocktail **2** LING. ***parola ~*** blend, portmanteau (word), telescope word.
Macedonia /matʃe'dɔnja/ ♦ *30* n.pr.f. Macedonia.
macedonico, pl. **-ci**, **-che** /matʃe'dɔniko, tʃi, ke/ agg. Macedonian.
macellabile /matʃel'labile/ agg. fit for slaughtering.
▷ **macellaio**, pl. **-ai** /matʃel'lajo, ai/ ♦ *18* m. (f. **-a**) **1** *(chi vende le carni)* butcher; ***andare dal ~*** to go to the butcher's **2** FIG. butcher; ***quel chirurgo è un ~!*** that surgeon is a butcher!
macellare /matʃel'lare/ [1] tr. **1** to butcher, to slaughter [*animale*] **2** *(uccidere brutalmente)* to butcher [*persona*].
macellatore /matʃella'tore/ ♦ *18* m. (f. **-trice** /tritʃe/) **1** *(di animali)* slaughterer, butcher **2** *(assassino)* butcher.
macellazione /matʃellat'tsjone/ f. slaughter, butchery.
macelleria /matʃelle'ria/ ♦ *18* f. butcher's (shop) ◆◆ ***~ equina*** horsemeat butcher's.
macello /ma'tʃɛllo/ m. **1** *(mattatoio)* slaughterhouse, abattoir BE; ***mandare, andare al ~*** to send for, go to slaughter; ***animali*** o ***bestie da ~*** animals for slaughter, fatstock BE **2** *(strage)* slaughter, massacre **3** COLLOQ. *(disastro)* ***l'esame sarà un ~*** the exam will be a disaster; ***avete fatto un ~ in cucina*** you've made a shambles of the kitchen; ***parcheggiare qui è un vero ~!*** finding a parking space here is sheer murder! **4** COLLOQ. *(grande quantità)* ***c'era un ~ di gente alla festa*** there were loads of people at the party ◆ ***carne da ~*** cannon fodder; ***mandare qcn. al ~*** to send sb. to his, her death.
macerare /matʃe'rare/ [1] **I** tr. **1** GASTR. to soak, to macerate [*frutta, verdura*]; to marinate [*carne, pesce*]; ***lasciare ~ la carne nell'aceto per due ore*** marinate the meat in vinegar for two hours **2** TESS. to ret **3** FIG. *(tormentare)* to mortify, to distress **II macerarsi** pronom. **1** GASTR. [*frutta, verdura*] to soak, to macerate; [*carne, pesce*] to marinate **2** FIG. *(rodersi)* ***-rsi dall'invidia*** to be consumed with envy, to eat one's heart out; ***~ dal dolore*** to pine away.
maceratese /matʃera'tese/ ♦ *2* **I** agg. from, of Macerata **II** m. e f. native, inhabitant of Macerata.
macerato /matʃe'rato/ **I** p.pass. → **macerare II** agg. **1** *(sottoposto a macerazione)* soaked, macerated **2** FIG. [*volto*] harrowed; [*cuore*] anguished.
maceratoio, pl. **-oi** /matʃera'tojo, oi/ m. steeper.
maceratore /matʃera'tore/ ♦ *18* m. (f. **-trice** /tritʃe/) **1** *(persona)* steeper **2** *(vasca)* steeper.
macerazione /matʃerat'tsjone/ f. **1** GASTR. soaking, maceration; ***durante la ~ la frutta s'impregna di...*** while the fruit is soaking it absorbs... **2** TESS. retting **3** *(mortificazione)* mortification.
macerie /ma'tʃɛrje/ f.pl. rubble **U**, wreckage **U**, debris **U**; ***sepolti sotto le ~*** buried under the rubble; ***più di 30 cadaveri sono stati estratti dalle ~*** over 30 bodies were removed from the rubble; ***la casa era ridotta a un cumulo di ~*** the house was reduced to a pile of rubble.
1.macero /'matʃero/ m. ***mandare al ~*** to pulp [*libri, giornali*]; ***carta da ~*** wastepaper.
2.macero /'matʃero/ agg. **1** *(macerato)* soaked, steeped, macerated **2** FIG. *(spossato)* beaten, bruised.
mach /mak/ m.inv. Mach; ***volare a ~ 2*** to fly at Mach two; ***numero di Mach*** Mach number.
machete /ma'tʃɛte, ma'tʃete/ m.inv. machete.
machiavellicamente /makjavellika'mente/ avv. in a Machiavellian manner.
machiavellico, pl. **-ci**, **-che** /makja'vɛlliko, tʃi, ke/ agg. Machiavellian.
machiavellismo /makjavel'lizmo/ m. Machiavellianism, Machiavellism.
machiavello /makja'vɛllo/ m. *(persona astuta)* Machiavel(lian); ***è un ~*** he's a real Machiavel(lian).
machismo /ma'tʃizmo/ m. machismo.
macho /'matʃo/ **I** agg.inv. [*atteggiamento*] macho **II** m.inv. macho*, macho man*.
macigno /ma'tʃiɲɲo/ m. **1** *(masso)* rock, boulder **2** *(pietra arenaria)* sandstone, grit ◆ ***cuore di ~*** heart of stone, heart of granite; ***avere un cuore di ~*** to have a heart of stone, to be stony-hearted *o* cold-hearted; ***essere duro come un ~*** to be as hard as stone; ***essere pesante come un ~*** [*libro*] to be a heavy read.
macilento /matʃi'lɛnto/ agg. [*persona, aspetto*] haggard, emaciated, gaunt.
macilenza /matʃi'lɛntsa/ f. haggardness, emaciation, gauntness.
macina /'matʃina/ f. millstone, grindstone, muller; *(a mano)* quern.
macinacaffè /matʃinakaf'fɛ/ m.inv. coffee grinder, coffee mill.
macinapepe /matʃina'pepe/ m.inv. pepper mill.
▷ **macinare** /matʃi'nare/ [1] tr. **1** *(ridurre in polvere)* to grind* [*caffè, pepe*]; to mill [*grano*] **2** *(tritare)* to mince (up) [*carne*] ◆ ***~ chilometri*** to eat up *o* clock up a lot of mileage; ***acqua passata non macina più*** PROV. what's done is done.
macinato /matʃi'nato/ **I** p.pass. → **macinare II** agg. [*caffè, pepe*] ground; [*carne*] minced **III** m. **1** *(prodotto della macinazione)* meal; ***tassa sul ~*** STOR. tax on flour *o* meal *o* milling **2** *(carne tritata)* minced meat, mince BE.
macinatoio, pl. **-oi** /matʃina'tojo, oi/ m. mill, grinder.
macinatura /matʃina'tura/, **macinazione** /matʃinat'tsjone/ f. *(di cereali)* milling; *(di caffè)* grinding.
macinino /matʃi'nino/ m. **1** *(per macinare)* ***~ da caffè*** coffee mill, coffee grinder; ***~ da pepe*** pepper mill **2** *(auto malandata)* wreck, heap, banger.
macis /'matʃis/ m. e f.inv. mace.
maciste /ma'tʃiste/ m. colossus*, Hercules.
maciulla /ma'tʃulla/ f. TESS. scutch.

maciullare /matʃul'lare/ [1] tr. **1** TESS. to scutch, to brake [*canapa, lino*] **2** *(stritolare)* to crush, to mangle [*gamba, braccio*].
macramè /makra'mɛ/ m.inv. macramé.
macro /'makro/ f.inv. INFORM. macro*.
macrobiotica /makrobi'ɔtika/ f. macrobiotics + verbo sing.
macrobiotico, pl. **-ci**, **-che** /makrobi'ɔtiko, tʃi, ke/ agg. [*ristorante, dieta*] macrobiotic.
macrocefalia /makrotʃefa'lia/ f. macrocephaly.
macrocefalo /makro'tʃɛfalo/ agg. macrocephalic, macrocephalous.
macrocheilia /makrokei'lia/, **macrochilia** /makroki'lia/ f. macrocheilia.
macrochiria /makroki'ria/ f. macrocheiria.
macrocita /makro'tʃita/, **macrocito** /makro'tʃito/ m. macrocyte.
macrocitosi /makrotʃi'tɔzi/ f.inv. macrocytosis*.
macroclima /makro'klima/ m. macroclimate.
macrocosmo /makro'kɔzmo/ m. macrocosm.
macrodattilia /makrodatti'lia/ f. macrodactylia.
macrodontia /makrodon'tia/ f. macrodontia.
macrodontismo /makrodon'tizmo/ m. → **macrodontia**.
macroeconomia /makroekono'mia/ f. macroeconomics + verbo sing.
macroeconomico, pl. **-ci**, **-che** /makroeko'nɔmiko, tʃi, ke/ agg. macroeconomic.
macroestesia /makroeste'zia/ f. macroesthesia.
macrofago, pl. **-gi** /ma'krɔfago, dʒi/ m. macrophage.
macrofotografia /makrofotogra'fia/ f. macrophotography, photomacrography.
macrogamete /makroga'mɛte/ m. macrogamete.
macroglobulina /makroglobu'lina/ f. macroglobulin.
macroglossia /makroglos'sia/ f. macroglossia.
macroistruzione /makroistrut'tsjone/ f. macro-instruction.
macrolinguistica /makrolin'gwistika/ f. macrolinguistics + verbo sing.
macromelia /makrome'lia/ f. macromelia.
macrometeorologia /makrometeorolo'dʒia/ f. macrometeorology.
macromolecola /makromo'lɛkola/ f. macromolecule.
macromolecolare /makromoleko'lare/ agg. macromolecular.
macropodide /makro'pɔdide/ m. macropod.
macroscopico, pl. **-ci**, **-che** /makros'kɔpiko, tʃi, ke/ agg. **1** *(visibile a occhio nudo)* macroscopic **2** FIG. [*errore*] gross, blatant, glaring.
macrosistema /makrosis'tɛma/ m. macro-system.
macrospora /makros'pɔra/ f. macrospore.
macrostruttura /makrostrut'tura/ f. macrostructure.
macula /'makula/ f. **1** ANAT. macula*; **~ *lutea*** yellow spot, macula lutea **2** FIG. stain, blot.
1.maculare /maku'lare/ [1] tr. LETT. to soil; FIG. to besmirch.
2.maculare /maku'lare/ agg. **1** ASTR. ***zona* ~** active region (of the sun) **2** ANAT. macular.
maculato /maku'lato/ **I** p.pass. → **1.maculare** **II** agg. spotted, speckled, dappled.
Madagascar /madagas'kar/ ➧ ***33*** n.pr.m. Madagascar.
madama /ma'dama/ f. **1** *(titolo)* madam; SCHERZ. ma'am **2** GERG. *(polizia)* ***la* ~** the cop shop, the pigs, the law, the Old Bill BE.
madamigella /madami'dʒɛlla/ f. Mademoiselle, Miss; SCHERZ. Miss.
Maddalena /madda'lena/ n.pr.f. Madeleine, Magdalen(e).
made in Italy /meidin'itali/ m.inv. Italian products pl.; ***il* ~ *ha avuto molto successo lo scorso anno*** Italian products sold well last year.
madera /ma'dɛra/ m.inv. Madeira.
Madera /ma'dɛra/ ➧ ***14*** n.pr.f. Madeira.
madia /'madja/ f. **1** *(mobile per impastare il pane)* kneading trough **2** *(credenza)* (kitchen) cupboard.
madido /'madido/ agg. moist, damp; ***essere* ~ *di sudore*** to be dripping *o* pouring with sweat, to be sweat-soaked.
madiere /ma'djɛre/ m. MAR. rib.
▷ **madonna** /ma'dɔnna/ f. **1** RELIG. ***la Madonna*** Our Lady, the Virgin Mary, the Madonna; ***la Madonna di Lourdes*** Our Lady of Lourdes; ***cappella della Madonna*** Lady Chapel; ***Madonna Nera*** Black Madonna **2** ART. Madonna, madonna; ***le Madonne di Raffaello*** Raphael's Madonnas; ***Madonna con bambino*** Virgin and Child, Madonna and Child; ***una* ~ *di marmo*** a marble madonna **3** LETT. *(appellativo) (preposto al nome proprio)* Lady **4** POP. *(in espressioni esclamative)* ***avere le -e*** to be in a (bad) mood, to have the grumps *o* sulks; ***avere una fame della* ~** POP. to be starving; ***faceva un freddo della* ~** POP. it was perishingly cold; ***fare prendere una strizza della* ~ *a qcn.*** to scare the bejabbers *o* the hell out of sb. ◆ ***Madonna santa!*** Good Heavens! ***un viso da* ~** an angelic face; ***è bella come una* ~** she looks like an angel.
madonnaro /madon'naro/ ➧ ***18*** m. (f. **-a**) **1** *(produttore o venditore di immagini sacre)* = artisan who produces or sells images of the Virgin **2** *(chi disegna immagini sacre su marciapiedi o piazze)* pavement artist BE **3** *(nelle processioni)* = person who carries the image or statue of the Virgin during a procession.
madonnina /madon'nina/ f. ART. = small effigy of the Madonna ◆ **~ *infilzata*** = a virtuous young lady or one who is affectedly so.
madornale /mador'nale/ agg. gross, massive, enormous; ***errore* ~** blunder, clanger BE COLLOQ., clinker AE COLLOQ.
madras /ma'dras/ m.inv. madras; ***camicia, sciarpa di* ~** madras shirt, scarf.
▶ **madre** /'madre/ **I** f. **1** *(genitrice)* mother; ***è* ~ *di tre bambini*** she is the mother of three (children); ***diventare* ~** to become a mother, to give birth to a child; ***da*** o ***per parte di* ~** on one's mother's side, on the distaff; ***per me è come una* ~** she's like a mother to me; ***sposata e* ~ *di due bambini*** married with two children; ***essere una* ~ *snaturata*** to be a degenerate mother; ***è (ri)tornato da sua* ~** he went home to his mother; ***i cuccioli e la loro* ~** the puppies and their mother; ***la Grecia,* ~ *delle arti*** FIG. Greece, mother of the arts **2** RELIG. **~ *badessa*** Mother Abbess; **~ *superiora*** Mother Superior; ***sì, (reverenda)* ~** yes, Reverend Mother; **~ *Teresa*** Mother Teresa **3** *(matrice)* stub **4** FIG. *(causa, origine)* ***l'ignoranza è* ~ *di molti errori*** ignorance is the mother of many mistakes *o* errors **II** agg. **1** *(che ha figli)* ***ragazza* ~** single mother; ***regina* ~** queen mother **2** FIG. *(che costituisce l'origine)* ***lingua* ~** mother tongue; ***idea* ~** fundamental idea; ***cellula* ~** BIOL. parent cell; ***casa* ~** *(principale)* main branch, parent company; ***acqua* ~** CHIM. bittern; ***scheda* ~** mainboard, motherboard ◆ ***ucciderebbe il padre e la* ~ *per ottenere qcs.*** he'd kill to get sth.; ***fare una scena* ~** to make a song and dance *o* a scene ◆◆ **~ *dell'aceto*** CHIM. mother (of vinegar); **~ *adottiva*** foster mother; **~ *biologica*** birth mother, biological mother; **~ *di Dio*** Mother of God; **~ *donatrice*** donor mother; **~ *di famiglia*** mother; **~ *natura*** Mother Nature; **~ *naturale*** natural mother; **~ *patria*** → **madrepatria**; **~ *surrogata*** surrogate (mother); **~ *terra*** mother earth; **~ *vicaria*** vicaress.
madrelingua /madre'lingwa/ **I** f. mother tongue, native tongue; ***essere di* ~ *inglese*** to be a native speaker of English **II** m. e f.inv. native speaker; ***parlare come un* ~** to have native speaker fluency **III** agg.inv. mother-tongue; ***insegnante* ~** mother-tongue teacher.
madrepatria /madre'patrja/ f. mother country, homeland.
madreperla /madre'pɛrla/ ➧ ***3*** **I** f. mother-of-pearl, nacre; ***di* ~** [*bottone*] mother-of-pearl, pearl; **~ *greggia*** pearl-shell **II** m.inv. *(colore)* pearl **III** agg.inv. pearl.
madreperlaceo /madreper'latʃeo/ agg. pearly, nacreous.
madreperlato /madreper'lato/ agg. frosted.
madrepora /ma'drɛpora/ f. madrepore.
madreporico, pl. **-ci**, **-che** /madre'pɔriko, tʃi, ke/ agg. madreporic.
madreselva /madre'selva/ f. → **caprifoglio**.
madrevite /madre'vite/ f. female screw.
madrigale /madri'gale/ m. madrigal.
madrigalista, m.pl. **-i**, f.pl. **-e** /madriga'lista/ m. e f. madrigalist.
madrigalistico, pl. **-ci**, **-che** /madriga'listiko, tʃi, ke/ agg. madrigal attrib., madrigalesque.
madrileno /madri'lɛno/ ➧ ***2*** **I** agg. Madrilenian **II** m. (f. **-a**) Madrilenian.
madrina /ma'drina/ Si noti che, diversamente dall'italiano *madrina*, l'equivalente inglese *godmother* non può essere usato come appellativo. f. **1** *(di battesimo, cresima)* godmother, sponsor; ***essere la* ~ *di qcn., fare da* ~ *a qcn.*** to be godmother to sb.; ***il padrino e la* ~** the godparents **2** *(di nave)* sponsor; *(di cerimonie)* patroness ◆◆ **~ *di battesimo*** godmother; **~ *di cresima*** sponsor; **~ *di guerra*** soldier's pen friend.
▷ **maestà** /maes'ta/ ➧ ***1*** f.inv. **1** *(imponenza)* majesty; ***la* ~ *delle Alpi*** the majesty *o* grandeur of the Alps; ***la sua* ~ *di portamento*** her air of dignity **2** *(titolo reale)* ***sua Maestà la regina*** Her Majesty the Queen; ***sua Maestà il re*** His Majesty the King; ***Vostra Maestà*** Your Majesty; ***Sua Maestà Britannica*** His, Her Britannic Majesty **3** ART. majesty **4** DIR. ***lesa* ~** lese-majesty.
maestosamente /maestosa'mente/ avv. majestically, grandly.
maestosità /maestosi'ta/ f.inv. *(imponenza)* grandeur; *(regalità)* majesty, stateliness.
maestoso /maes'toso/ agg. [*edificio*] majestic, stately; [*portamento*] dignified; [*panorama*] imposing, magnificent.
▷ **maestra** /ma'ɛstra/ ➧ ***18*** f. **1** *(insegnante)* teacher, mistress BE; **~ *di ballo*** dancing teacher *o* mistress; **~ *di danza classica*** ballet

teacher *o* mistress **2** SCOL. *(insegnante elementare)* primary school teacher, schoolteacher **3** FIG. ***è una ~ in cucina*** she's a brilliant cook **4** MAR. ***albero di ~*** mainmast; ***vela di ~*** mainsail; ***straglio di ~*** mainstay; ***coffa di ~*** maintop ◆ ***la storia è ~ di vita*** PROV. = history is a guide for life ◆◆ ***~ d'asilo*** nursery (school) teacher; ***~ elementare*** primary school teacher, schoolteacher.

maestrale /maes'trale/ **I** m. = north-westerly wind which blows in the Mediterranean **II** agg. [*vento*] north-west.

▷ **maestranze** /maes'trantse/ f.pl. workers, hands ◆◆ ***~ portuali*** dockers.

maestria /maes'tria/ f. mastery, skill; ***con grande ~*** with masterly *o* great skill.

▶ **maestro** /ma'ɛstro/ ➧ ***18*** **I** m. **1** *(insegnante)* teacher, master; ***~ di ballo*** dancing teacher *o* master; ***~ di canto*** singing teacher; ***~ del coro*** choirmaster; ***~ di danza classica*** ballet teacher *o* master; ***~ di musica*** music teacher *o* master; ***~ di nuoto*** swimming teacher *o* instructor; ***~ di scherma*** fencing teacher *o* master; ***~ di sci*** ski(ing) instructor **2** SCOL. *(insegnante elementare)* primary school teacher, schoolteacher; ***sciopero dei -i*** teachers' strike **3** *(guida)* master; ***Platone è il mio unico ~*** Plato is my only master **4** *(modello)* ***essere un ~ di eleganza*** to be a model of fashion **5** *(esperto)* ***sei un ~*** you're an expert; ***Hitchcock, il ~ della suspense*** Hitchcock, the master of suspense; ***da ~*** masterfully; ***~ indiscusso*** acknowledged master; ***essere (un) ~ nel fare*** to be a master at doing; ***si riconosce il tocco del ~*** you can recognize the master's touch; ***è un ~ nell'arte di mentire*** IRON. he's got lying down to a fine art **6** *(grande artista)* master; ***i -i di Anversa, veneziani*** the Antwerp, Venetian masters; ***i -i della letteratura mondiale*** the masters of world literature **7** *(artigiano, operaio specializzato)* master **8** MUS. *(titolo)* ***il ~ Abbado*** Maestro Abbado **II** agg. **1** *(abile)* ***mano -a*** master-hand **2** *(principale)* ***strada -a*** main road, high road, highway BE; ***trave -a*** EDIL. *(di legno)* main beam; *(di acciaio, ferro)* main girder **3** MAR. ***albero ~*** mainmast ◆ ***nessuno nasce ~*** PROV. all trades must be learnt; ***è un lavoro da ~*** it's a masterwork; ***un colpo da ~*** a masterstroke ◆◆ ***~ d'ascia*** shipwright; ***~ d'asilo*** nursery (school) teacher; ***~ cantore*** STOR. meistersinger; ***~ di cappella*** kapellmeister; ***~ di cerimonie*** master of ceremonies, emcee; ***~ elementare*** primary school teacher, schoolteacher.

▷ **mafia** /'mafja/ f. mafia, Mafia; ***la ~ della droga*** the drugs mafia.

> **Mafia** The Sicilian Mafia (also known as *Cosa Nostra*) underwent a period of great development after World War II, creating an alternative power base that was partly complementary to that of the State. Starting off in illegal activities such as extortion and money-lending, it then took control of the construction industry and the allocation of public contracts, finally taking over drug trafficking, which brought it massive income. The power of the Mafia is all concentrated at the top (a strict hierarchy of families) and it is distinguished by its strong ties to and complicity with the people with political power.

mafiosità /mafjosi'ta/ f.inv. *(atteggiamento)* Mafia-style behaviour.

mafioso /ma'fjoso/ **I** agg. mafia attrib., Mafia attrib. **II** m. mafioso*.

mag. ⇒ maggio May.

▷ **maga**, pl. **-ghe** /'maga, ge/ f. **1** *(donna che esercita la magia)* magician, sorceress, enchantress, conjurer **2** *(prestigiatrice)* conjurer **3** *(ammaliatrice)* charmer, beguiler **4** FIG. *(maestra)* ***è una ~ in cucina*** she's a brilliant cook.

magagna /ma'gaɲɲa/ f. **1** *(imperfezione)* defect, blemish; ***un motore con qualche ~*** an engine with some defects; ***essere pieno di -e*** to have lots of defects; ***vuole coprire le sue -e*** he wants to hide his defects **2** *(acciacco)* ***le -e della vecchiaia*** the infirmities of old age.

▶ **magari** /ma'gari/ **I** inter. **1** *(per esprimere desiderio)* ***"hai vinto?" - "~!"*** "did you win?" - "I wish I had!"; ***"ti piacerebbe andare in America?" - "~!"*** "would you like to go to America?" - "I'd love to!" **2** *(volesse il cielo)* ***~ riuscissi a vederlo!*** if only I could see him! ***~ smettesse di piovere!*** if only it would stop raining! ***~ fosse vero!*** if only it were true! **II** avv. **1** *(forse)* ***~ è già andato via*** maybe he's already gone away; ***~ un'altra volta*** some other time perhaps **2** *(persino)* ***lo pagherei ~ anche un milione di dollari!*** I would even give him a million dollars! **III** cong. **1** *(anche se)* ***devo finire il libro, ~ dovessi leggere tutta la notte*** I must finish the book even if I have to read all night **2** *(piuttosto)* ***~ aspetto un'ora, ma devo parlargli*** even if it means waiting an hour, I must talk to him.

magazzinaggio, pl. **-gi** /magaddzi'naddʒo, dʒi/ m. **1** *(deposito)* storage, warehousing **2** *(somma)* storage costs pl., storage charges pl.

magazziniere /magaddzi'njɛre/ ➧ ***18*** m. (f. **-a**) warehouse-keeper; *(uomo)* warehouseman*, storeman*.

▷ **magazzino** /magad'dzino/ m. **1** *(deposito)* warehouse, store(house); *(stanza)* stock room; ***avere, tenere qcs. in ~*** to have, keep sth. in stock; ***mettere qcs. in ~*** to put sth. in(to) storage *o* in(to) store, to store sth.; ***sono responsabile del ~*** I am in charge of the warehouse **2** *(insieme delle merci)* stock; ***fondi di ~*** odd lot; ***giacenza in ~*** stock in hand, unsold goods **3** COMM. *(emporio)* store; ***grande ~*** department store, megastore BE **4** FOT. magazine ◆◆ ***~ doganale*** bonded warehouse.

Magellano /madʒel'lano/ n.pr. Magellan; ***Stretto di ~*** Magellan Strait.

magenta /ma'dʒɛnta/ ➧ ***3*** agg. e m.inv. magenta.

maggesare /maddʒe'zare/ [1] tr. to fallow.

maggese /mad'dʒeze/ **I** agg. May attrib. **II** m. *(pratica)* fallow; *(terreno)* fallow land; ***lasciare un campo a ~*** to leave a field lying fallow.

▶ **maggio** /'maddʒo/ ➧ ***17*** m. May; ***in*** o ***a ~*** in May; ***il primo, il due (di) ~*** the first, the second of May.

maggiociondolo /maddʒo'tʃondolo/ m. laburnum.

maggiolino /maddʒo'lino/ m. **1** ZOOL. cockchafer, May bug **2** COLLOQ. *(automobile)* beetle.

maggiorana /maddʒo'rana/ f. BOT. GASTR. marjoram; BOT. sweet marjoram.

maggiorante /maddʒo'rante/ f. majorant.

▷ **maggioranza** /maddʒo'rantsa/ f. **1** *(in una votazione)* majority; ***ottenere la ~ (dei voti)*** to get the majority, to win; ***a larga ~*** by a large majority; ***stretta ~*** narrow majority; ***testo adottato con una ~ dei due terzi*** law passed with a two-thirds majority; ***approvato con una ~ del 70% dei votanti*** approved by a majority of 70% of the voters; ***avere la ~ in un'assemblea, una regione*** to have the majority in an assembly, a region **2** *(di persone, cose)* majority + verbo sing. o pl.; ***la ~ delle persone, dei computer*** most of the people, of the computers; ***nella ~ dei casi*** in most cases; ***la ~ dei deputati ha votato a favore della mozione*** the majority of deputies voted for the motion; ***essere in ~*** to be the majority; ***paese a ~ cattolica*** predominantly Catholic country **3** *(partito maggioritario)* ***la ~*** the government; ***nelle file della ~*** in government ranks; ***un eletto della ~*** an elected representative of the party in power ◆◆ ***~ assoluta*** absolute majority; ***~ qualificata*** POL. qualified majority; ***~ relativa*** relative majority, simple majority, plurality AE; ***~ semplice*** → ***~ relativa***; ***~ silenziosa*** silent majority.

maggiorare /maddʒo'rare/ [1] tr. to increase, to raise, to put* up; ***~ una somma del 15%*** to increase a sum by 15%.

maggiorascato /maddʒoras'kato/ → **maggiorasco**.

maggiorasco, pl. **-schi** /maddʒo'rasko, ski/ m. right of primogeniture.

maggiorata /maddʒo'rata/ f. well-endowed woman*, buxom woman*, busty woman*.

maggiorato /maddʒo'rato/ **I** p.pass. → **maggiorare** **II** agg. **1** *(aumentato)* [*prezzo*] increased, raised, put up **2** TECN. *(potenziato)* [*motore*] modified, souped up COLLOQ. **3** COLLOQ. ***donna -a*** well-endowed woman*, buxom woman*, busty woman*.

maggiorazione /maddʒorat'tsjone/ f. increase; ***una ~ del 2%*** an increase of 2%, a 2% increase; ***la ~ delle quote*** the increase in shares.

maggiordomo /maddʒor'dɔmo/ ➧ ***18*** m. butler, house-steward.

▶ **maggiore** /mad'dʒore/ **I** agg. **1** *(più grande) (comparativo)* bigger, greater (**di** than); *(superlativo)* biggest, greatest (**di** of, in); ***il tuo guadagno è ~ del mio*** your earnings are bigger *o* larger than mine; ***una somma ~ del previsto*** a larger sum than expected; ***ora dovrai affrontare le difficoltà -i*** now you'll have to cope with the greatest difficulties; ***per -i informazioni, dettagli...*** for further information, details...; ***sono necessari -i investimenti*** more investment is needed; ***si sarebbe dovuto prestare ~ attenzione a questo*** more thought should have been given to this; ***è una delle nostre preoccupazioni -i*** this is one of our major *o* main concerns **2** *(più lungo) (comparativo)* longer (**di** than); *(superlativo)* longest (**di** of); ***in un triangolo l'ipotenusa è ~ dei cateti*** in a triangle the hypotenuse is longer than the two sides; ***il lato ~ di un poligono*** the longest side of a polygon **3** *(più importante)* ***l'Italia è il maggior produttore di spumante del mondo*** Italy is the world's largest *o* leading sparkling wine producer; ***i -i poeti italiani*** the greatest Italian poets; ***il Dante ~*** Dante's major works **4** *(di grado superiore)* ***ordini -i*** RELIG. major orders; ***sergente ~*** MIL. staff sergeant, master sergeant AE; ***ufficiale di stato Maggiore*** staff officer; ***i -i dirigenti*** *(di grado massimo)* the top *o* senior managers **5** MUS. major; ***in re ~*** in D major **6** MAT. ***se a è ~ di b*** if a is greater than b; ***x è ~ o uguale a y*** x is greater than or equal to y **7** *(di età) (comparativo)* older; *(superlativo)* oldest; *(tra due persone)* older; *(tra due consanguinei)* elder; *(tra più consanguinei)* eldest; ***Luca è ~ di Davide di tre anni*** Luca is three years older than Davide; ***mio fratello ~*** my elder brother; *(con più di due fratelli)* my eldest brother; ***chi di voi (due) è il ~?*** which of you (two) is elder? ***~ età*** majority, legal *o* voting age; ***raggiungere la ~ età*** to come of age, to reach one's majority **8 maggior parte** ***la maggior parte di...*** most (of)...; ***la maggior parte delle persone crede che...*** most people think that...; ***come la maggior parte di voi sa...*** as most of you know...; ***per la maggior parte*** for the most part, mostly, mainly **II** m. e f. **1** *(il più anziano)* oldest; *(tra due consanguinei)* elder; *(tra più consanguinei)* eldest; ***la ~ delle mie cugine ha trent'anni*** my eldest cousin is thirty; ***non so chi sia il ~ fra tutti loro*** I don't know which of them is the oldest **2** ➧ **12** MIL. major ◆ ***andare per la ~*** to be trendy in; ***per cause di forza ~*** due to circumstances beyond our control; ***a maggior ragione*** all the more reason.

Maggiore /mad'dʒore/ ➧ **15** n.pr.m. ***il lago ~*** Lake Maggiore.

▷ **maggiorenne** /maddʒo'rɛnne/ **I** agg. of age; ***essere ~*** to be of age; ***diventare ~*** to come of age, to reach one's majority; ***gli studenti -i*** the students over eighteen **II** m. e f. major, (legal) adult.

maggiorente /maddʒo'rɛnte/ m. important, influential person.

maggioritario, pl. **-ri**, **-rie** /maddʒori'tarjo, ri, rje/ agg. [*partito, scrutinio, sistema, azionista*] majority attrib.

maggiormente /maddʒor'mente/ avv. **1** *(di più)* more; ***dovrebbero concentrarsi ~ nel lavoro*** they should concentrate more on their work **2** *(più di tutto)* most; ***la cosa che lo irritava ~ era*** what most annoyed him *o* what annoyed him most (of all) was; ***le zone ~ colpite dall'alluvione*** the areas worst hit by the flood.

magi /'madʒi/ m.pl. ***i (tre Re) Magi*** the Magi, the three Wise Men.

▷ **magia** /ma'dʒia/ f. **1** *(stregoneria)* magic; ***praticare la ~*** to practise magic; ***libro di ~*** book of magic **2** *(incantesimo)* spell, charm, conjuration; ***fare una ~*** [*prestigiatore*] to do a trick; [*mago, strega*] to cast a spell; ***come per ~*** as if by *o* like magic **3** FIG. *(fascino)* magic, charm; ***la ~ delle parole, dei colori*** the magic of words, of colours ◆◆ ***~ bianca*** white magic; ***~ nera*** black magic *o* arts.

magiaro /ma'dʒaro/ **I** agg. Magyar **II** m. (f. **-a**) Magyar.

magicamente /madʒika'mente/ avv. magically.

▷ **magico**, pl. **-ci**, **-che** /'madʒiko, tʃi, ke/ agg. [*formula, bacchetta, pozione, potere, lanterna*] magic; [*visione, paesaggio*] enchanting; ***il Flauto Magico*** the Magic Flute; ***momento ~*** FIG. magical moment; ***quadrato ~*** MAT. magic square; ***occhio ~*** ELETTRON. magic eye.

magione /ma'dʒone/ f. LETT. abode, dwelling.

magistero /madʒis'tɛro/ m. **1** *(attività di insegnante)* teaching; ***esercitare il ~*** to teach, to be a teacher **2** *(insegnamento autorevole)* teaching; ***il ~ della chiesa*** the teaching(s) of the Church **3** *(maestria)* mastery, skill **4** UNIV. = up to 1995, an Italian university faculty offering a degree in education.

magistrale /madʒis'trale/ **I** agg. **1** SCOL. ***istituto ~*** = high school designed for students interested in becoming elementary school teachers; ***scuola ~*** = high school designed for students interested in becoming nursery school teachers **2** *(eccellente, da maestro)* [*abilità, interpretazione*] masterly; [*opera, studio*] brilliant; *(sentenzioso)* [*tono*] magisterial **3** FARM. magistral **II magi-strali** f.pl. → **scuola magistrale**.

magistralmente /madʒistral'mente/ avv. masterfully.

▷ **magistrato** /madʒis'trato/ ➧ **18** m. DIR. AMM. magistrate; *(giudice)* judge; ***~ di carriera*** stipendiary magistrate.

magistratura /madʒistra'tura/ f. **1** *(carica politica)* magistracy, magistrature; ***entrare in*** o ***nella ~*** to become a magistrate; ***esercitare la ~*** to be a magistrate *o* a judge **2** *(insieme dei magistrati)* bench, Bench, judiciary, magistracy.

▶ **maglia** /'maʎʎa/ ➧ **35** f. **1** *(lavoro ai ferri, all'uncinetto)* ***lavorare a*** o ***fare (la) ~*** to knit; ***(lavoro a) ~*** knitting; ***ho cominciato un lavoro a ~*** I've started knitting something; ***ferri da ~*** knitting needles; *(punto)* ***una ~ tirata*** a pull; ***a -e strette, larghe*** fine-, loose-knit; ***lavorare*** o ***fare una ~ a diritto, a rovescio*** to knit one, to purl one; ***riprendere, lasciare cadere una ~*** to take up, to drop a stitch; ***aumentare, calare le -e*** to increase, to decrease stitches; ***avviare 20 -e*** to cast on 20 stitches **2** *(di rete)* mesh; ***passare attraverso le -e*** [*pesce*] to pass through the net; ***sgusciare tra le -e della legge*** FIG. [*malfattore*] to slip through the net **3** *(di catena, collana)* link **4** STOR. *(di armatura)* mail; ***cotta di ~*** chain mail, coat of mail **5** *(tessuto)* ***un vestito di ~*** a knit dress **6** ABBIGL. *(maglione)* sweater, pullover; *(cardigan)* cardigan; *(maglietta)* T-shirt, tee-shirt; *(maglietta intima)* vest, undershirt AE; ***una ~ a collo alto*** a high-necked sweater, a rollneck **7** SPORT (sports) shirt, jersey; *(in ciclismo)* jersey; ***scambiarsi le -e al termine della partita*** to exchange shirts at the end of the match; ***il giocatore con la ~ numero 9*** the player wearing number 9 ◆◆ ***~ alta*** treble crochet; ***~ azzurra*** SPORT = blue shirt worn by members of the Italian national team; ***~ bassa*** double crochet; ***~ gialla*** SPORT yellow jersey; ***~ iridata*** SPORT rainbow striped jersey; ***~ rosa*** SPORT pink jersey.

magliaio, pl. **-ai** /maʎ'ʎajo, ai/ ➧ **18** m. (f. **-a**) **1** *(produttore)* knitter **2** *(venditore)* knitwear dealer.

magliaro /maʎ'ʎaro/ m. (f. **-a**) **1** SPREG. *(venditore)* = pedlar of low-quality fabrics of dubious origin **2** *(truffatore)* cheat(er).

▷ **maglieria** /maʎʎe'ria/ f. **1** *(tessuti e lavori a maglia)* knitwear **U**; ***macchina per ~*** knitting machine **2** *(negozio)* knitwear shop.

maglierista, m.pl. **-i**, f.pl. **-e** /maʎʎe'rista/ ➧ **18** m. e f. knitter.

maglietta /maʎ'ʎetta/ ➧ **35** f. **1** ABBIGL. *(maglia leggera)* T-shirt, tee-shirt; *(intima)* vest, undershirt AE **2** *(del fucile)* sling swivel **3** *(anello per sospendere)* ring **4** *(asola)* eye, loop.

maglificio, pl. **-ci** /maʎʎi'fitʃo, tʃi/ m. knitwear factory.

maglina /maʎ'ʎina/ f. jersey; ***un vestito in ~*** a jersey dress.

maglio, pl. **-gli** /'maʎʎo, ʎi/ m. **1** MECC. tilt hammer, trip-hammer **2** *(martello)* mallet **3** SPORT *(nella pallamaglio)* mallet ◆◆ ***~ a caduta libera*** drop forge; ***~ elastico*** spring hammer; ***~ a vapore*** steam hammer.

maglione /maʎ'ʎone/ ➧ **35** m. sweater, pullover, jumper BE; ***~ a girocollo*** crew neck sweater; ***~ a collo alto*** polo neck sweater, turtle neck.

magma /'magma/ m. **1** GEOL. CHIM. magma* **2** FIG. jumble.

magmatico, pl. **-ci**, **-che** /mag'matiko, tʃi, ke/ agg. **1** GEOL. CHIM. magmatic **2** FIG. jumbled, confused.

magmatismo /magma'tizmo/ m. magmatism.

magnaccia /maɲ'ɲattʃa/ m.inv. REGION. SPREG. pimp, ponce BE.

magnanimamente /maɲɲanima'mente/ avv. magnanimously.

magnanimità /maɲɲanimi'ta/ f.inv. magnanimity, generosity.

magnanimo /maɲ'ɲanimo/ agg. magnanimous, generous (**con** with); ***mostrarsi ~*** to be magnanimous.

magnate /maɲ'ɲate/ m. magnate (anche STOR.), tycoon; ***~ del petrolio*** oil magnate, oil tycoon; ***~ della stampa*** press baron, press lord.

magnatizio, pl. **-zi**, **-zie** /maɲɲa'tittsjo, tsi, tsje/ agg. [*famiglia*] of magnates.

magnesia /maɲ'ɲɛzja/ f. magnesia; ***latte di ~*** milk of magnesia.

magnesiaco, pl. **-ci**, **-che** /maɲɲe'ziako, tʃi, ke/, **magnesico**, pl. **-ci**, **-che** /maɲ'ɲɛziko, tʃi, ke/ agg. magnesic.

magnesifero /maɲɲe'zifero/ agg. magnesian.

magnesio /maɲ'ɲɛzjo/ m. magnesium.

magnesite /maɲɲe'zite/ f. magnesite.

magnete /maɲ'ɲɛte/ m. **1** FIS. magnet **2** ELETTRON. magneto* ◆◆ ***~ di accensione*** ignition magneto.

magneticamente /maɲɲetika'mente/ avv. magnetically.

magnetico, pl. **-ci**, **-che** /maɲ'ɲɛtiko, tʃi, ke/ agg. **1** [*campo, polo, ago, tempesta, nastro*] magnetic; ***carta -a*** card key **2** FIG. [*sguardo*] magnetic.

magnetismo /maɲɲe'tizmo/ m. magnetism (anche FIG.); ***~ di uno sguardo*** mesmerizing look; ***il ~ di qcn.*** sb.'s magnetism ◆◆ ***~ animale*** animal magnetism; ***~ terrestre*** terrestrial magnetism.

magnetite /maɲɲe'tite/ f. magnetite, lodestone, load stone.

magnetizzabile /maɲɲetid'dzabile/ agg. magnetizable.

magnetizzare /maɲɲetid'dzare/ [1] **I** tr. **1** FIS. to magnetize [*ago*] **2** MED. *(ipnotizzare)* to magnetize, to mesmerize [*paziente*] **3** FIG. *(affascinare)* to hypnotize, to mesmerize [*folla*] **II magnetizzarsi** pronom. to become* magnetized.

magnetizzatore /maɲɲetiddza'tore/ m. (f. **-trice** /tritʃe/) **1** *(ipnotizzatore)* mesmerizer, hypnotist **2** ELETTRON. magnetizer.

magnetizzazione /maɲɲetiddzat'tsjone/ f. magnetization.

magnetochimica /maɲɲeto'kimika/ f. magnetochemistry.

magnetofisica /maɲɲeto'fizika/ f. magnetics + verbo sing.

magnetofono /maɲɲe'tɔfono/ m. magnetic recorder.

magnetometro /maɲɲe'tɔmetro/ m. magnetometer.

magnetone /maɲɲe'tone/ m. magneton.

magnetoottica /maɲɲeto'ɔttika/ f. magneto-optics + verbo sing.

magnetosfera /maɲɲetos'fɛra/ f. magnetosphere.

magnetostatica /maɲɲetos'tatika/ f. magnetostatics + verbo sing.

magnetostrizione /maɲɲetostrit'tsjone/ f. magnetostriction.

magnificamente /maɲɲifika'mente/ avv. [*scritto, eseguito, vestito, arredato*] finely, magnificently; ***una parte interpretata ~*** a splendid interpretation of a role.

magnificare /maɲɲifi'kare/ [1] **I** tr. to glorify, to extol BE, to extoll AE; ***~ la bellezza della natura*** to extol the beauty of nature **II magnificarsi** pronom. to boast.

Magnificat /maɲ'ɲifikat/ m.inv. ***il ~*** the Magnificat.

magnificazione /maɲɲifikat'tsjone/ f. magnification.

magnificenza /maɲɲifi'tʃɛntsa/ f. **1** *(sfarzosità)* magnificence, splendour BE, splendor AE; ***la ~ di un palazzo*** the splendour of a palace **2** *(generosità)* munificence FORM.

▶ **magnifico**, pl. **-ci**, **-che** /maɲ'ɲifiko, tʃi, ke/ agg. **1** *(straordinario)* [*versi, casa, giornata, idea, panorama, tempo*] magnificent; ***è stata -a in questa parte*** she was splendid in the part; ***il suo coraggio è stato ~*** he showed extraordinary courage; ***questo dolce è ~*** this cake is a dream **2** *(appellativo)* ***~ Rettore*** Rector of the University; ***Lorenzo il Magnifico*** Lorenzo the Magnificent.

magniloquente /maɲɲilo'kwɛnte/ agg. [*oratore, stile*] magniloquent, grandiloquent; SPREG. bombastic.

magniloquenza /maɲɲilo'kwɛntsa/ f. magniloquence, grandiloquence; SPREG. bombast.

magnitudine /maɲɲi'tudine/ f. ASTR. magnitude.

magnitudo /maɲɲi'tudo/ f.inv. GEOL. magnitude; ***sisma di ~ 5,6 (sulla scala Richter)*** earthquake measuring 5.6 (on the Richter scale).

magno /'maɲɲo/ agg. **1** LETT. *(grande)* great; ***aula -a*** auditorium **2** *(appellativo)* ***Alessandro Magno*** Alexander the Great; ***Carlo Magno*** Charlemagne; ***Magna Grecia*** Graecia Magna ◆ ***in pompa -a*** with great pomp, with all due solemnity.

magnolia /maɲ'ɲɔlja/ f. magnolia.

magnum /'maɲɲum/ m.inv. *(bottiglia)* magnum.

▷ **mago**, pl. **-ghi** /'mago, gi/ m. **1** *(chi pratica la magia)* magician, sorcerer, enchanter, conjurer; ***il ~ Merlino*** Merlin the Wizard **2** *(prestigiatore)* conjurer **3** *(persona molto abile)* wizard, whizz COLLOQ., dab hand BE; ***un ~ dell'economia*** an economic wizard; ***essere un ~ dei motori*** to be wonderful with engines.

magone /ma'gone/ m. grief, dump; ***avere il ~*** to be down in the dumps.

Magonza /ma'gondza/ ➧ *2* n.pr.f. Mainz.

magra /'magra/ f. low water; ***il fiume è in ~*** the river is low ◆ ***tempi di ~*** hard times; ***fare una ~*** COLLOQ. to cut a sorry figure.

magramente /magra'mente/ avv. [*vivere*] meagrely BE, meagerly AE; [*pagato, ricompensato*] poorly.

Magreb /'magreb/ ➧ *30* n.pr.m. ***il ~*** the Maghreb.

magrebino /magre'bino/ ➧ *30* **I** agg. Maghrebi **II** m. (f. **-a**) Maghrebi.

magrezza /ma'grettsa/ f. **1** *(di persona, parte del corpo)* thinness, leanness; ***essere di una ~ impressionante*** to be terribly thin **2** *(scarsità, penuria)* meagreness BE, meagerness AE.

▶ **magro** /'magro/ Come equivalente dell'aggettivo italiano *magro*, in inglese si usa solitamente *thin*, sebbene questa parola possa avere una connotazione negativa; per indicare che qualcuno è magro in modo sano e piacevole a vedersi si usano *lean*, *slim* o *slender* (che traducono anche *snello*); per descrivere qualcuno troppo magro, si possono usare il termine informale *skinny* (= ossuto, pelle e ossa), il tecnicismo *underweight* (= sotto peso) oppure *emaciated* (= emaciato, smunto, macilento). **I** agg. **1** [*persona, braccio, gamba*] *(scarno)* thin; *(snello)* lean, slim, slender; [*animale*] thin **2** *(senza grassi)* [*prosciutto, carne*] lean; [*yogurt, formaggio*] low-fat **3** *(poco fertile)* [*terreno*] poor **4** *(mediocre)* [*risultato, stipendio*] poor; [*pasto, raccolto*] meagre BE, meager AE; [*scusa*] thin; ***-a consolazione*** poor consolation, cold comfort; ***essere una -a consolazione per qcn.*** to be small comfort for sb. **II** m. (f. **-a**) **1** *(persona scarna)* thin person; *(persona snella)* lean, slim, slender person; ***è una falsa -a*** she looks thinner than she is **2** *(carne magra)* lean **3** RELIG. ***giorni di ~*** days without meat; ***mangiare di ~*** = to abstain from meat; ***di ~*** GASTR. [*ravioli, tortelli*] = stuffed with vegetables and cheese ◆ ***essere ~ come un chiodo*** o ***un'acciuga*** to be as thin as a rake *o* lath; ***gli anni*** o ***i tempi delle vacche -e*** lean years.

▶ **mah** /ma/ inter. **1** *(dubbio)* who knows; ***"è tornato?" - "~, non lo so"*** "has he come back?" - "I have no idea"; ***costerà, ~ non so, 20 euro?*** it'll cost, what, 20 euros? **2** *(rassegnazione)* ***~, purtroppo le cose sono andate così*** oh well, I'm sorry things turned out that way.

▶ **mai** /mai/ *Mai* si traduce in inglese con *never* oppure *ever*. *Never* concentra in sé il valore negativo della frase, e quindi esclude l'uso di altri negativi (diversamente dal *mai* italiano): *non ho mai visto nessuno mangiare così!* = I never saw anybody eating like that! *Never* precede il verbo quando questo è in forma semplice (tranne *to be*) e segue il primo ausiliare quando il verbo è composto: *non mangia mai abbastanza* = she never eats enough; *non è mai stanca* = she is never tired; *non l'ho mai incontrato* = I've never met him. *Ever* si usa in quattro casi: al posto di *never*, quando si deve o si vuole mantenere un'altra forma negativa nella frase (*non farlo mai più!* = don't you ever do that again!); quando *mai* ha valore positivo e significa *qualche volta* (*sei mai stato a Londra?* = have you ever been to London?); dopo un comparativo (*più magro che mai* = thinner than ever); infine, nel linguaggio parlato, *ever* segue e rafforza *never* (*non glielo dirò mai!* = I'll never ever tell him!). avv. **1** *(in nessun momento)* never; ***non scrive ~*** he never writes; ***non scrive mai?*** doesn't he ever write? ***non penso di avergli ~ scritto*** I don't think I have ever written to him; ***non è ~ abbastanza, certo*** it's never enough, certain; ***niente è ~ certo*** nothing is ever certain; ***~ più!*** never again! ***non farlo ~ più!*** don't (you) ever do that again! ***senza ~ capire*** without ever understanding; ***è una cosa ~ vista!*** you've never seen anything like it! ***~ e poi ~!*** never ever! ***non ritornerò ~ e poi ~*** I shall never ever return; ***ora o ~ più*** it's now or never **2** *(qualche volta)* ***se ~ andremo da qualche parte, sarà in Spagna*** we're going to Spain, if anywhere; ***hai ~ visto una cosa del genere?*** have you ever seen something like that? ***caso ~ piovesse siamo attrezzati*** we have everything we need in case it rains **3** *(come rafforzativo)* ***dove ~ sarà andato?*** wherever did he go? ***perché ~ l'hai fatto?*** why ever did you do that? ***chi l'avrebbe ~ detto!*** who ever would have guessed? who would have thought it! **4** *(in espressioni comparative)* ***più bella che ~*** more beautiful than ever; ***più, meno che ~*** more, less than ever before; ***è felice come (non) ~*** she has never been happier ◆ ***meglio tardi che ~*** better late than never; ***non si sa ~!*** you never know! you never can tell!

maialata /maja'lata/ f. COLLOQ. piggy behaviour.

▷ **maiale** /ma'jale/ m. **1** *(animale)* pig, swine, hog AE; ***ammazzare il ~*** to kill the pig; ***sgozzare un ~*** to stick a pig; ***allevamento di -i*** pig farming; ***setola di ~*** pig bristle **2** *(carne)* pork; ***carne di ~*** pork; ***braciola di ~*** pork chop **3** FIG. *(persona spregevole)* pig, hog; ***lurido ~!*** you dirty pig! ***è proprio un ~*** he is so hoggish, he is a real pig ◆ ***essere sudicio come un ~*** to be filthy dirty; ***mangiare come un ~*** to be a greedy pig, to eat like a pig ◆◆ ***~ d'acqua*** capybara.

maialesco, pl. **-schi**, **-sche** /maja'lesko, ski, ske/ agg. piggish, hoggish (anche FIG.).

maialino /maja'lino/ m. (f. **-a**) **1** *(animale)* piglet **2** FIG. *(bambino)* ***sei un ~!*** you mucky pup! ◆◆ ***~ da latte*** sucking pig.

maieutica /ma'jɛutika/ f. maieutics + verbo sing.

maieutico, pl. **-ci**, **-che** /ma'jɛutiko, tʃi, ke/ agg. maieutic.

mail /mɛil/ m. e f.inv. *(messaggio)* e-mail.

mailing /'meiling/ m.inv. mailing, direct mail.

maiolica, pl. **-che** /ma'jɔlika, ke/ f. majolica; ***piatto di ~*** majolica dish.

maiolicare /majoli'kare/ [1] tr. = to cover with majolica tiles.

maiolicato /majoli'kato/ **I** p.pass. → **maiolicare II** agg. = covered with majolica tiles **III** m. = surface covered with majolica tiles.

▷ **maionese** /majo'nese/ f. mayonnaise, mayo COLLOQ.

Maiorca /ma'jɔrka/ ➧ *14* n.pr.f. Majorca.

maiorchino /major'kino/ **I** agg. Majorcan **II** m. (f. **-a**) Majorcan.

mais /mais/ m.inv. maize **U**, corn **U** AE; ***farina di ~*** cornmeal; ***olio (di semi) di ~*** corn oil.

maître /mɛtr/ m.inv. **1** *(nei ristoranti)* maître* (d'hôtel) **2** *(maggiordomo)* maître* (d'hôtel), butler.

maîtresse /me'trɛs/ f.inv. madam.

▷ **maiuscola** /ma'juskola/ f. capital (letter), big letter; TIP. uppercase letter; ***tasto delle -e*** shift key; ***scrivi "Signore" con la ~*** write "Signore" with a capital s.

maiuscoletto /majusko'letto/ m. small capitals pl.

maiuscolo /ma'juskolo/ ➧ *28* **I** agg. **1** [*lettera*] capital; ***una P -a*** a capital P **2** FIG. [*errore*] big **II** m. upper case; ***scrivere in ~*** to capitalize [*lettera*]; to write in block letters [*frase*].

majorette /maʒɔ'rɛt/ f.inv. majorette, (baton) twirler AE.

mala /'mala/ f. COLLOQ. (accorc. malavita) underworld, gangland.

malacca /ma'lakka/ f. rattan.

Malacca /ma'lakka/ n.pr.f. ***penisola della ~*** the Malay Peninsula.

malaccetto /malat'tʃɛtto/ agg. [*ospite, dono*] unwelcome.

malaccortamente /malakkorta'mente/ avv. unwisely, imprudently.

malaccortezza /malakkor'tettsa/ f. unwisdom, imprudence.

malaccorto /malak'kɔrto/ agg. [*persona*] unwise, imprudent; [*gesto*] ill-advised.

Malachia /mala'kia/ n.pr.m. Malachi.

malachite /mala'kite/ f. malachite.

malacologia /malakolo'dʒia/ f. malacology.

malacreanza /malakre'antsa/ f. rudeness, impoliteness.

malafatta, pl. **malefatte** /mala'fatta, male'fatte/ → **malefatta**.

malafede /mala'fede/ f. **1** bad faith; ***essere in*** ~ to be in bad faith; ***agire in*** ~ to act in bad faith **2** DIR. dishonesty.

malaffare /malaf'fare/ m. ***una donna, una casa di*** ~ a woman, a house of ill reputation; ***gente di*** ~ crooks.

malagevole /mala'dʒevole/ agg. [*strada, lettura, impresa*] difficult.

malagrazia /mala'grattsja/ f. bad grace; ***con*** ~ with bad grace, grudgingly.

malalingua, pl. **malelingue** /mala'lingwa, male'lingwe/ f. backbiter, rumourmonger BE, rumormonger AE, talebearer; ***essere una*** ~ to have an evil tongue; ***non ascoltare le malelingue!*** don't listen to gossips!

malamente /mala'mente/ avv. [*comportarsi, dormire, insegnare, trattare*] badly; ***guardare*** ~ ***qcn.*** to frown at sb.

malandato /malan'dato/ agg. [*vestito*] seedy, in bad condition, tatty BE; [*casa*] shabby(-looking), run-down; [*motore, auto*] in bad condition; [*persona*] *(in cattiva salute)* in bad health, in poor health; *(di aspetto miserevole)* shabby(-looking), seedy.

malandra /ma'landra/ f. malanders pl.

malandrinata /malandri'nata/ f. shabby trick; *(di ragazzi)* bravado U, stunt AE.

malandrino /malan'drino/ **I** agg. **1** *(disonesto)* dishonest, crooked COLLOQ. **2** SCHERZ. [*sguardo*] mischievous **II** m. **1** ANT. *(brigante)* brigand **2** SCHERZ. *(bambino)* rascal, rogue.

malanimo /ma'lanimo/ m. *(avversione)* hostility; *(malevolenza)* malevolence; ***avere*** ~ ***verso qcn.*** to bear sb. ill will.

▷ **malanno** /ma'lanno/ m. **1** *(malattia)* illness, disease; ***è afflitto dai -i*** he's plagued by ill health **2** *(disgrazia)* misfortune, mishap; ***gli è capitato un*** ~ a misfortune befell him.

malaparata /malapa'rata/ f. COLLOQ. difficult situation; ***vista la*** ~ ***se ne andò*** seeing the danger, he left.

malapena: **a malapena** /amala'pena/ avv. hardly, scarcely; ***si teneva a*** ~ ***in piedi*** he could hardly stand; ***ho a*** ~ ***i soldi sufficienti*** I've got just enough money; ***c'erano a*** ~ ***50 persone nella stanza*** there were scarcely 50 people in the room; ***il suo stipendio gli permette a*** ~ ***di sopravvivere*** he can barely survive on that salary.

malare /ma'lare/ agg. e m. malar.

malaria /ma'larja/ ➧ **7** f. malaria.

malarico, pl. **-ci**, **-che** /ma'lariko, tʃi, ke/ **I** agg. [*febbre, zona, regione*] malarial **II** m. (f. **-a**) malarial patient.

malasanità /malasani'ta/ f.inv. = breakdown in health care provision.

malasorte, pl. **malesorti** /mala'sɔrte, male'sɔrti/ f. bad luck, hard luck, ill luck, ill fortune; ***essere perseguitato dalla*** ~ to be dogged by misfortune.

malassorbimento /malassorbi'mento/ m. malabsorption.

malaticcio, pl. **-ci**, **-ce** /mala'tittʃo, tʃi, tʃe/ agg. [*bambino, aspetto*] sickly, unhealthy.

▶ **malato** /ma'lato/ v. la voce **ammalato**. **I** agg. **1** [*persona*] ill, sick; [*animale*] sick; [*albero, polmoni*] diseased; [*occhio, mente*] *(per malattia)* diseased; *(per incidente)* injured; ***gravemente*** ~ seriously ill; ***essere*** ~ ***di fegato, di cuore*** to suffer from liver, heart trouble; ~ ***di paura, gelosia*** FIG. sick with fear, jealousy; ***essere*** ~ to be ill; ***ho visitato la nonna -a*** I visited my sick grandmother; ***darsi*** ~ to report sick, to go sick COLLOQ.; ***essere*** ~ ***nella testa*** COLLOQ. *(pazzo)* to be crazy **2** *(in cattive condizioni)* [*impresa, istituzione, paese, società*] ailing **II** m. (f. **-a**) sick person; ***suo marito è un*** ~ ***grave*** her husband is seriously ill; ***curare un*** ~ to treat a patient ◆◆ ~ ***immaginario*** hypochondriac; ~ ***di mente*** brainsick person, mental patient.

▶ **malattia** /malat'tia/ Sebbene gli equivalenti inglesi di *malattia*, cioè *disease*, *illness* e *sickness*, siano intercambiabili nella lingua parlata, *illness* e *sickness* sono i termini più generali che indicano la condizione dell'essere malato o il periodo di tempo in cui uno è malato, mentre *disease* è usato in ambiti più specifici: nella terminologia medica (*malattia infettiva* = infectious disease), con riferimento alle parti malate del corpo umano (*malattia cardiaca* = heart disease) o in varie espressioni idiomatiche (*contrarre una malattia* = to catch / to contract a disease; *soffrire di una malattia* = to suffer from a disease). ➧ **7** f. **1** *(di persona)* *(patologia)* illness, sickness; *(affezione)* disease; *(di animale)* sickness; *(di albero)* disease; ***durante la sua lunga*** ~ during his long illness; ***-e croniche, contagiose*** chronic, contagious diseases; ~ ***polmonare, della pelle*** lung, skin disease; ~ ***da carenza*** deficiency disease; ~ ***venerea*** venereal disease; ~ ***mentale*** a mental illness; ~ ***infantile*** childhood disease; ~ ***a trasmissione sessuale*** sexually transmitted disease; ***prendere una*** ~ to catch an illness; ***trasmettere una*** ~ to transmit a disease; ***essere in*** ~ to be on sick leave, to be on the sick list; ***mettersi in*** ~ to go on a sick leave; ***indennità di*** ~ sickpay; ***congedo per*** ~ sick leave **2** FIG. ***la gelosia è una brutta malattia*** jealousy is a terrible disease; ***è una sua*** ~***, è sempre in ritardo*** he's got a terrible habit of turning up late ◆ ***fare una*** ~ ***di*** to make oneself ill about *o* over ◆◆ ~ ***delle altitudini*** altitude sickness; ~ ***dei cassoni*** bends, decompression sickness; ~ ***diplomatica*** convenient indisposition; ~ ***del legionario*** legionnaire's disease; ~ ***della mucca pazza*** mad cow disease; ~ ***professionale*** industrial disease; ~ ***del sonno*** sleeping sickness.

malauguratamente /malaugurata'mente/ avv. unfortunately, regretfully; ~ ***avevo dimenticato il mio libretto degli assegni*** unfortunately, I had forgotten my cheque book.

malaugurato /malaugu'rato/ agg. inauspicious, ill-omened; ***nella -a ipotesi che...*** if by some misfortune...

▷ **malaugurio**, pl. **-ri** /malau'gurjo, ri/ m. ill omen; ***essere di*** ~ to be a jinx; ***uccello del*** ~ jinx, calamity howler AE POP.

▷ **malavita** /mala'vita/ f. underworld, gangland; ***il gergo della*** ~ underworld slang; ***darsi alla*** ~ to become a criminal.

malavitoso /malavi'toso/ **I** agg. underworld attrib.; ***ambiente*** ~ criminal environment **II** m. (f. **-a**) criminal.

malavoglia /mala'vɔʎʎa/ f. unwillingness; ***di*** ~ unwillingly, reluctantly; ***gli ho prestato la mia macchina di*** ~ I lent him my car reluctantly.

malavvedutamente /malavveduta'mente/ avv. imprudently.

malavveduto /malavve'duto/ agg. [*comportamento*] imprudent.

Malaysia /ma'laizja/ ➧ **33** n.pr.f. Malaysia.

malaysiano /malai'zjano/ ➧ **25** **I** agg. Malaysian **II** m. (f.**-a**) Malaysian.

malbianco, pl. **-chi** /mal'bjanko, ki/ m. powdery mildew.

malcapitato /malkapi'tato/ **I** agg. unlucky, unfortunate **II** m. (f. **-a**) unfortunate.

malconcio, pl. **-ci**, **-ce** /mal'kontʃo, tʃi, tʃe/ agg. [*cosa*] battered; [*persona*] in bad health, in poor health; ***uscire*** ~ ***da una zuffa*** to come out of a fight badly.

malconsigliato /malkonsiʎ'ʎato/ agg. RAR. misguided.

▷ **malcontento** /malkon'tɛnto/ **I** agg. [*cliente, padrone, elettore*] malcontent FORM. **II** m. (f. **-a**) **1** *(insoddisfazione)* discontent(ment), unrest U, malcontent FORM.; ***suscitare il*** ~ ***generale*** to arouse widespread discontent; ***fare sentire il proprio*** ~ to make one's displeasure felt **2** *(persona)* malcontent FORM.

malcostume /malkos'tume/ m. immoral behaviour BE, immoral behavior AE; ***combattere il*** ~ to fight (against) immorality; ***il*** ~ ***politico*** political corruption.

malcreanza /malkre'antsa/ → **malacreanza**.

maldestramente /maldestra'mente/ avv. clumsily, awkwardly.

maldestro /mal'dɛstro/ agg. [*persona, tentativo, maniere, stile*] clumsy, awkward.

maldicente /maldi'tʃɛnte/ **I** agg. slanderous **II** m. e f. backbiter, slanderer.

maldicenza /maldi'tʃɛntsa/ f. backbiting, slander; ***sono solo -e*** it's only gossip.

maldisposto /maldis'posto/ agg. ill-disposed (**verso** towards).

Maldive /mal'dive/ ➧ **14, 33** n.pr.f.pl. ***le*** ~ the Maldives; ***le isole*** ~ the Maldive Islands.

▶ **1.male** /'male/ **I** avv. (compar. *peggio*; superl. *malissimo, pessimamente*) **1** *(in modo sbagliato, scorretto, insoddisfacente)* [*fatto, concepito, pagato, leggere, guidare, cominciare, trattare*] badly; [*illuminato*] poorly, badly; [*diagnosticato, indirizzato*] wrongly; ***funzionare*** ~ not to work properly; ***andare*** ~ [*affari, vita, esame*] to go badly; ***finire*** ~ [*persona*] to go to the bad; [*rapporto*] to go sour; ***comportarsi*** ~ to behave badly, to misbehave (oneself), to misconduct oneself; ***abituarsi*** ~ to get into a bad habit; ***lavorano*** ~ their work isn't good *o* is sloppy; ***interpretare*** ~ to misinterpret; ***capire*** ~ to mishear, to misunderstand; ***parlare*** ~ ***tedesco*** to speak bad German; ***ti sento*** ~ I can't hear you very well; ***tenuto*** ~ neglected; ***scritto, pensato non troppo*** ~ rather well written, designed; ***andare*** ~ ***a scuola*** to do badly *o* poorly at school; ***andare*** ~ ***in matematica*** to be bad at maths; ***mi è andata*** ~***!*** it went badly! ***mal che vada*** at worst; ***le cose vanno*** ~ things are going badly; ***andare di*** ~ ***in peggio*** to get worse and worse, to go from bad to worse; ***ho fatto*** ~ ***a fare questo*** I should never have done that; ***non sarebbe*** ~ ***fare*** it wouldn't be a bad idea to do; ***sta*** ~ ***parlare a bocca piena*** it's bad manners to speak with one's mouth full; ***né bene, né*** ~ so so; ***bene o*** ~ ***ce la faremo*** whatever happens we'll manage **2** *(in modo negativo)* ***parlare*** ~ ***di qcn.*** to badmouth sb., to speak evil *o* ill of sb.; ***la vedo*** ~ FIG. I don't like the look of it; ***essere mal visto*** to be in bad odour BE, odor AE; ***guardare*** ~ ***qcn.*** to frown at sb.; ***le cose si mettono*** ~ ***per noi*** things are looking black down for us **3** *(in* *modo spiacevole, sgradevole)* [*dormire*] badly; ***il verde non ti sta ~!*** green rather suits you! ***queste scarpe stanno ~ con questa gonna*** these shoes don't match this skirt; ***trovarsi ~ con qcn.*** to feel ill at ease with sb.; ***passarsela ~*** to have a hard *o* bad time **4** *(in cattiva salute)* ***"come stai?" - "non ~"*** "how are you?" - "not so bad"; ***stare ~*** [*persona*] to be ill; ***star ~ come un cane*** COLLOQ. FIG. to feel wretched, to feel as sick as a dog; ***sentirsi ~*** to feel ill *o* bad **5 niente male, mica male** not bad; ***una festa niente ~*** a goodish party, not a bad party; ***niente ~ il vestito!*** nice dress! ***mica ~ la loro casa!*** their house is really quite something! ***non eri niente ~!*** you weren't too bad at all! ***è un tipo niente ~*** he's not bad at all; ***"e l'altro vestito?" - "niente ~!"*** "and the other dress?" - "not half bad!" **II** inter. ***~!*** that's bad!

▶ **2.male** /'male/ ➧ **7** m. **1** *(ciò che è malvagio, immorale)* evil, ill; ***il bene e il ~*** good and evil, right and wrong; ***forze del ~*** forces of evil; ***non fare nulla di ~*** to do nothing wrong; ***non c'è niente*** o ***nulla di ~*** it'a all good clean fun; ***non c'è nulla di ~ a fare*** there is nothing wrong with *o* in doing, it's all right *o* alright *o* okay to do, there is nothing amiss in doing; ***che ~ c'è?*** where is the harm (in it)? what harm is there? ***che cosa ha fatto di ~?*** what has she done wrong? ***dire ~ di qcn.*** to badmouth sb., to speak evil *o* ill of sb. **2** *(dolore)* pain, ache; ***dove ha ~?*** where does it hurt? ***avere ~ dappertutto*** to ache all over; ***aveva molto ~*** she was in bad pain; ***avere mal di stomaco*** to have a pain in one's stomach, to have (a) stomach ache; ***avere mal di testa*** to have a headache *o* a sore head; ***ho ~ agli occhi*** my eyes hurt *o* are sore; ***fare ~*** [*braccio, schiena*] to ache, to hurt; [*taglio*] to smart, to sting; ***fare ~ a qcn.*** [*persona*] to hurt *o* injure sb.; ***farsi ~*** to get hurt, to hurt oneself, to injure oneself; ***farsi ~ alla mano*** to hurt *o* injure one's hand; ***quello è il ginocchio che mi fa ~*** that's my bad knee, that's the knee that hurts; ***questi stivali mi fanno ~ ai piedi*** these boots hurt my feet; ***le tue parole mi hanno fatto ~*** FIG. your words hurt me **3** *(malattia)* illness, sickness; ***~ incurabile*** incurable disease; ***il ~ si è sviluppato*** o ***esteso*** disease has got worse; ***il ~ lo ha consumato*** disease wasted him; ***avere un brutto ~*** EUFEM. to have cancer **4** *(danno, svantaggio, sventura)* ***il ~ è fatto*** the harm is done; ***fare del ~ a qcn.*** to harm sb., to do sb. harm; ***fare ~ alla salute*** [*fumo, alcol*] to damage health, to be bad for one's health; ***troppo sole fa ~ alla pelle*** too much sun(bathing) is bad for your skin; ***ti fa ~ solo se ne mangi troppo*** it's only harmful if you eat too much; ***una doccia non ti farebbe ~*** SCHERZ. a shower wouldn't do you any harm; ***non le farebbe ~ scusarsi*** it wouldn't hurt her to apologize; ***la sua partenza è veramente un ~?*** is it really a bad thing that she is leaving? ***portare ~*** to be unlucky; [*persona*] to be a jinx; ***non c'è ~*** fair to middling; ***"come va?" - "non c'è ~!"*** "how are you?" - "not so bad!"; ***poco ~!*** no harm done! ***meno ~!*** it's a good job *o* thing too! ***meno ~ che*** it's a good job *o* thing that; ***meno ~ che avevi detto che mi avresti aiutato*** so much for saying you'd help; ***meno ~ che non hai fame, perché non ho comprato niente da mangiare*** it's just as well you're not hungry, because I didn't buy any food **5** *(sentimento)* ***volere ~ a qcn.*** *(nutrire rancore)* to bear ill will to sb.; *(nutrire odio)* to hate sb.; ***farsi volere ~ da qcn.*** to make oneself unpopular to sb.; ***non volermi ~*** please forgive me ◆ ***andare a ~*** to go bad, to spoil, to go off BE; ***aversela*** o ***aversene a ~*** to take something amiss, to get sore; ***mettere ~*** to make *o* create mischief; ***il minore dei -i*** the lesser of two evils; ***a -i estremi, estremi rimedi*** desperate diseases require desperate remedies; ***mal comune mezzo gaudio*** PROV. a trouble shared is a trouble halved; ***non tutto il ~ vien per nuocere*** every cloud has a silver lining; ***non farebbe ~ a una mosca*** he wouldn't hurt *o* harm a fly, he wouldn't say boo to a goose ◆◆ ***mal d'aria*** airsickness; ***avere il mal d'aria*** to be airsick; ***mal d'auto*** car sickness; ***avere il mal d'auto*** to be carsick; ***mal di mare*** seasickness; ***avere il mal di mare*** to be seasick; ***mal di montagna*** mountain sickness; ***mal sottile*** = tuberculosis.

maledettamente /maledetta'mente/ avv. COLLOQ. terribly, awfully; ***sono ~ stanca*** I'm frightfully tired.

▷ **maledetto** /male'detto/ **I** p.pass. → **maledire II** agg. **1** *(dannato)* [*anima*] damned **2** [*persona, auto*] cursed, damned, damn attrib., infernal; ***(che) siano -i*** a curse on them, damn them; ***~ il giorno in cui...*** cursed be the day that...; ***questo tempo ~*** this damn weather; ***questo ~ computer è di nuovo rotto*** this effing computer is down again; ***~ idiota!*** bleeding idiot! you bloody idiot! POP. **III** m. (f. **-a**) **1** *(dannato)* damned soul **2** ***quel ~ me la pagherà!*** I'll make that damned man pay for this!

▶ **maledire** /male'dire/ [37] tr. to curse, to execrate; ***Dio maledisse Caino*** God cursed Cain; ***~ la sorte*** to curse one's fate.

▷ **maledizione** /maledit'tsjone/ **I** f. curse, execration, malediction FORM.; ***scagliare una ~ contro qcn.*** to put a curse on sb.; ***su di loro pesa la ~*** there's a curse on them *o* hanging over them **II** inter. bloody hell, damn it, dammit; ***~! ho lasciato la porta aperta*** damn! I left the door open.

▷ **maleducato** /maledu'kato/ **I** agg. [*persona*] ill-bred, ill-mannered, bad-mannered, rude, impolite; [*gesto, risposta*] rude; ***è ~ fare*** it is rude to do; ***essere molto ~ con qcn.*** to be very rude to sb.; ***il bambino più ~ che avesse mai incontrato*** the worst-behaved child he'd ever met **II** m. (f. **-a**) ill-bred person, bad-mannered person; ***è un ~*** he has no manners; ***è da -i fare*** it is bad manners to do.

▷ **maleducazione** /maledukat'tsjone/ f. rudeness, impoliteness; ***che ~!*** how rude! ***è ~ fare*** it is bad manners to do; ***essere d'una ~ intollerabile*** to be insufferably rude.

malefatta /male'fatta/ f. misdeed, wrongdoing; ***riparare una ~*** to rectify a misdeed.

maleficio, pl. **-ci** /male'fitʃo, tʃi/ m. evil spell.

malefico, pl. **-ci, -che** /ma'lɛfiko, tʃi, ke/ agg. [*spirito*] evil; [*influsso*] malefic, baleful, dark, malign; [*arti, pratica*] malefic; [*forza, potere*] dark; ***ovolo ~*** fly agaric.

maleico /ma'lɛiko/ agg. ***acido ~*** maleic acid.

maleodorante /maleodo'rante/ agg. [*rifiuti, ambiente*] evil-smelling, malodorous.

malerba /ma'lɛrba/ f. weed ◆ ***la ~ non muore mai*** PROV. = it is hard to kill the wicked.

malese /ma'lese/ ➧ ***16*** **I** agg. **1** GEOGR. Malay(an); ***arcipelago ~*** Malay Archipelago; ***la penisola ~*** the Malay Peninsula **2** ZOOL. ***tasso ~*** teledu **II** m. e f. Malay(an) **III** m. LING. Malay(an).

Malesia /ma'lɛzja/ n.pr.f. Malaya.

malessere /ma'lɛssere/ m. **1** *(fisico)* indisposition, malaise FORM.; ***avere un leggero ~*** to be under the weather, to be *o* feel out of sorts **2** *(disagio, inquietudine)* unease, uneasiness; ***sensazione di ~*** feeling of uneasiness ◆ ***~ economico*** economic malaise.

malevolenza /malevo'lɛntsa/ f. malevolence; ***con ~*** malevolently.

malevolmente /malevol'mente/ avv. malevolently, balefully.

malevolo /ma'lɛvolo/ agg. [*persona*] malicious, malevolent; [*intento*] malevolent; [*sguardo, occhio*] baleful; [*osservazione*] spiteful.

malfamato /malfa'mato/ agg. [*locale, quartiere, hotel, via*] disreputable, ill-famed.

malfatto /mal'fatto/ **I** agg. **1** *(fatto male)* [*oggetto*] badly made; [*lavoro*] messy, shoddy **2** *(deforme)* [*donna*] unshapely **II** m. misdeed; ***riparare*** o ***rimediare al ~*** to rectify a misdeed **III malfatti** m.pl. GASTR. = typical Emilian and Lombard gnocchi made from flour, eggs, ricotta and spinach.

malfattore /malfat'tore/ m. (f. **-trice** /tritʃe/) wrongdoer, malefactor FORM.; ***banda di -i*** gang of criminals.

malfermo /mal'fermo/ agg. **1** *(incerto, tremante)* [*passo*] faltering, unsteady; [*costruzione, struttura*] unstable, unsteady; [*voce*] trembling **2** *(debole)* [*salute*] poor, rocky.

malfidato /malfi'dato/ **I** agg. distrustful, mistrustful **II** m. (f. **-a**) distrustful person, mistrustful person.

malfidente /malfi'dɛnte/ agg. distrustful, mistrustful.

malfido /mal'fido/ agg. unreliable, untrustworthy.

malfondato /malfon'dato/ agg. [*fiducia*] ill-founded; [*sospetto, timore*] groundless, ill-founded.

malformato /malfor'mato/ agg. [*persona, corpo*] misshapen; [*organo*] malformed.

malformazione /malformat'tsjone/ f. malformation ◆ ***~ congenita*** birth *o* congenital defect; ***avere una ~ congenita*** to be congenitally deformed, to have a birth defect.

malfrancese /malfran'tʃeze/ ➧ **7** m. syphilis.

malfunzionamento /malfuntsjona'mento/ m. malfunction.

malga, pl. **-ghe** /'malga, ge/ f. **1** *(alpeggio)* mountain pasture **2** *(casa)* = typical alpine building used for summer housing or for stabling.

malgascio, pl. **-sci, -sce** /mal'gaʃʃo, ʃi, ʃe/ ➧ ***25, 16*** **I** agg. Malagasy, Madagascan **II** m. (f. **-a**) **1** *(persona)* Malagasy, Madagascan **2** *(lingua)* Malagasy.

malgoverno /malgo'vɛrno/ m. misgovernment, misrule.

▷ **malgrado** /mal'grado/ **I** avv. ***mio, tuo, suo ~*** despite myself, yourself, himself *o* herself **II** prep. in spite of, despite; ***~ le apparenze*** in spite of appearances; ***~ le difficoltà legali*** notwithstanding the legal difficulties, the legal difficulties notwithstanding; ***~ gli sforzi di qcn.*** despite sb.'s efforts; ***~ il fatto che*** in spite of *o* despite the fact that; ***~ ciò*** nevertheless; ***~ tutto*** nevertheless **III** cong. although, though; ***~ lo avessi avvertito...*** although I warned him...; ***~ sia stanco lavora molto*** he works a lot, even though he's tired.

Mali /'mali/ ➧ ***33*** n.pr.m. Mali.

malia /ma'lia/ f. **1** *(incantesimo)* spell, charm, enchantment **2** *(fascino)* charm, enchantment.
maliano /ma'ljano/ ➧ **25 I** agg. Malian **II** m. (f. **-a**) Malian.
maliarda /mali'arda/ f. **1** *(strega)* sorceress, witch **2** *(donna affascinante)* enchanter.
maliardo /mali'ardo/ agg. [*sorriso, sguardo*] enchanting, charming.
malignamente /maliɲɲa'mente/ avv. malignly, malignantly.
malignare /maliɲ'ɲare/ [1] intr. (aus. *avere*) ~ **su** to malign.
▷ **malignità** /maliɲɲi'ta/ f.inv. **1** *(l'essere maligno)* malice, malignancy, malignity, spite, spitefulness **2** MED. malignancy, malignity **3** *(azione, discorso maligno)* malice; ***dire ~ su qcn.*** to say nasty things about sb.
▷ **maligno** /ma'liɲɲo/ **I** agg. **1** [*persona*] evil, spiteful, malicious; [*spirito*] evil; [*sguardo, insinuazione*] malicious **2** MED. malignant **II** m. ***il Maligno*** the Evil One.
▷ **malinconia** /malinko'nia/ f. **1** gloom, melancholy; ***fare venire la ~ a qcn.*** to make sb. melancholy; ***sprofondare nella ~*** to plunge in melancholy **2** PSIC. melancholia.
malinconicamente /malinkonika'mente/ avv. melancholically, gloomily.
▷ **malinconico**, pl. **-ci, -che** /malin'kɔniko, tʃi, ke/ agg. [*persona*] gloomy, melancholy; [*espressione, voce*] gloomy; [*musica*] melancholy; ***essere ~*** to gloom, to be melancholy.
malincuore: **a malincuore** /amalin'kwɔre/ avv. [*dare, prestare*] grudgingly, reluctantly; [*accettare*] reluctantly; ***gli ho prestato la mia auto a ~*** I lent him my car reluctantly.
malinformato /malinfor'mato/ agg. ill-informed.
malintenzionato /malintentsjo'nato/ **I** agg. ill-intentioned, evil-minded **II** m. (f. **-a**) prowler, stalker.
▷ **malinteso** /malin'teso/ **I** agg. misunderstood **II** m. misunderstanding, misconstruction, misapprehension FORM.; ***per evitare -i*** so as to avoid any misunderstanding; ***chiarire un ~*** to clear up a misunderstanding.
malioso /mali'oso, ma'ljoso/ agg. [*sorriso*] enchanting, charming.
▷ **malizia** /ma'littsja/ f. **1** *(malvagità)* malice, mischief; ***agire con ~*** to act maliciously; ***agire senza ~*** to act without malice **2** *(di sguardo, atteggiamento)* naughtiness, slyness; ***essere senza ~*** to be innocent **3** *(stratagemma, furberia)* ruse, trick; ***le -e del mestiere*** the tricks of the trade.
maliziosamente /malittsjosa'mente/ avv. **1** *(con malvagità)* mischieviously **2** [*guardare*] naughtily.
malizioso /malit'tsjoso/ agg. **1** *(malvagio)* mischievous **2** [*sguardo, sorriso*] naughty, sly **3** *(furbo)* [*domanda*] artful, crafty.
malleabile /malle'abile/ agg. [*metallo, argilla*] malleable; FIG. [*persona, carattere*] malleable, pliable.
malleabilità /malleabili'ta/ f.inv. malleability.
malleolare /malleo'lare/ agg. malleolar.
malleolo /mal'lɛolo/ m. malleolus*.
mallevadore /malleva'dore/ m. (f. **-drice** /dritʃe/) guarantor, guarantee, sponsor; ***farsi ~ di*** to guarantee [*debiti, prestito*].
mallevadoria /mallevado'ria/, **malleveria** /malleve'ria/ f. guaranty, guarantee, sponsion.
mallo /'mallo/ m. *(di noce)* cupule.
malloppo /mal'lɔppo/ m. **1** *(fagotto)* bundle **2** GERG. *(refurtiva)* loot, boodle AE; ***restituire il ~*** to give back the loot **3** COLLOQ. *(peso)* load; ***ho un ~ sullo stomaco*** my stomach feels heavy, it feels like I have a brick in my stomach; ***questo libro è un vero ~*** this book weighs a ton; ***avere un bel ~ da studiare*** I have loads to study, I have a ton of studying to do **4** *(nei dirigibili)* landing rope.
malmaritata /malmari'tata/ agg.f. misallied.
malmenare /malme'nare/ [1] tr. *(picchiare)* to beat* (up), to batter; *(maltrattare)* to ill-treat, to maltreat, to manhandle, to maul.
malmesso /mal'messo/ agg. **1** *(rovinato)* [*casa*] shabby(-looking) **2** *(trasandato, sciatto)* [*persona*] shabby(-looking); ***essere ~*** to be poorly dressed **3** *(malato)* [*paziente*] in bad, poor health; ***essere ~*** to be in a bad way **4** *(in cattive acque)* ***essere ~*** to be poorly off.
malnato /mal'nato/ agg. **1** *(sciagurato)* wretched **2** *(malvagio)* wicked, evil **3** *(di umili natali)* of low birth.
malnoto /mal'nɔto/ agg. little-known.
malnutrito /malnu'trito/ agg. malnourished, miserably fed.
malnutrizione /malnutrit'tsjone/ f. malnutrition.
malo /'malo/ agg. bad; ***in ~ modo*** [*comportarsi*] nastily, rudely; [*dire*] nastily, unkindly; ***cadere in ~ modo*** to have a bad fall, to fall the wrong way; ***-a morte*** miserable death; ***prendere qcs. in -a parte*** to take sth. amiss; ***una -a femmina*** REGION. a woman of ill reputation.
malocchio, pl. **-chi** /ma'lɔkkjo, ki/ m. evil eye, jinx; ***avere il ~*** to be given the evil eye; ***gettare il ~ su qcn., fare il ~ a qcn.*** to give sb. the evil eye, to put a jinx on sb.; ***guardare*** o ***vedere qcs. di ~*** to look at *o* to consider sth. with dislike.
malonico, pl. **-ci, -che** /ma'lɔniko, tʃi, ke/ agg. malonic.
▷ **malora** /ma'lora/ f. ruin; ***andare in ~*** to go to rack and ruin; ***l'affare è andato in ~*** the business fell to pieces; ***va' alla ~!*** go to hell! damn you! ***fa un freddo della ~*** it's perishing *o* deathly cold.
malore /ma'lore/ m. fainting fit; ***avere un ~*** to feel faint; ***essere colto da improvviso ~*** to be suddenly taken ill.
malpagato /malpa'gato/ agg. [*lavoro*] badly, poorly paid.
malpartito /malpar'tito/ m.inv. ***ridurre qcn. a ~*** to put sb. in a tight situation *o* corner; ***trovarsi a ~*** to be behind the eight ball *o* in low water.
malpensante /malpen'sante/ agg. ***essere ~*** = to be always thinking badly of everything.
malpreparato /malprepa'rato/ agg. ill-prepared.
malridotto /malri'dotto/ agg. [*vestito*] shabby, tatty BE; [*auto*] shabby(-looking), beat-up COLLOQ.; [*casa*] shabby(-looking), rundown; ***uscire piuttosto ~ da un incidente*** [*persona*] to be hurt quite badly in an accident.
malriuscito /malriuʃ'ʃito/ agg. [*romanzo, film*] unsuccessful; [*tentativo*] botched; ***foto -e*** photos that didn't come out, bad pictures; ***questo dolce è ~*** this cake didn't turn out well.
malsano /mal'sano/ agg. [*clima*] unhealthy, unwholesome; [*luogo*] insalubrious; [*immaginazione, curiosità*] unhealthy.
malsicuro /malsi'kuro/ agg. **1** *(insicuro)* [*pontile, luogo*] unsafe; [*passo*] faltering **2** *(inattendibile)* [*notizia*] discountable, unreliable.
malta /'malta/ f. mortar ◆◆ ***~ aerea*** air-setting mortar; ***~ di calce*** lime mortar; ***~ idraulica*** hydraulic mortar; ***~ da intonaco*** plaster; ***~ liquida*** grout; ***~ refrattaria*** refractory mortar.
Malta /'malta/ ➧ **14, 33** n.pr.f. Malta; ***croce di ~*** Maltese cross; ***cavaliere di ~*** Knight of Malta; ***febbre di ~*** Malta fever.
maltaggio, pl. **-gi** /mal'taddʒo, dʒi/ m. malting.
maltagliati /maltaʎ'ʎati/ m.pl. GASTR. = fresh pasta cut into irregular rhomboidal shapes.
maltasi /mal'tazi/ f.inv. maltase.
maltatore /malta'tore/ ➧ **18** m. (f. **-trice** /tritʃe/) IND. maltster.
▷ **maltempo** /mal'tɛmpo/ m. bad weather; ***nave bloccata dal ~*** weather-bound ship; ***danni causati dal ~*** damage caused by the weather.
maltenuto /malte'nuto/ agg. [*interno, giardino, auto, palazzo*] unkempt, unkept.
malteria /malte'ria/ f. malt-house.
maltese /mal'tese/ ➧ **25, 16 I** agg. [*arcipelago, cane*] Maltese **II** m. e f. Maltese* **III** m. LING. Maltese.
malthusianismo /maltuzja'nizmo/ m. Malthusianism.
malthusiano /maltu'zjano/ agg. Malthusian.
malto /'malto/ m. malt; ***whisky di ~*** malt (whisky).
maltolto /mal'tɔlto/ m. ill-gotten gains pl.; ***restituire il ~*** to give back the loot.
maltosio /mal'tɔzjo/ m. maltose.
▷ **maltrattamento** /maltratta'mento/ m. ill treatment, maltreatment, mistreatment; ***~ di minori*** child abuse; ***~ degli animali*** cruelty to animals.
▷ **maltrattare** /maltrat'tare/ [1] tr. **1** *(trattare male)* to ill-treat, to maltreat, to manhandle, to mishandle [*persona, animale*]; to mistreat, to handle roughly [*libri*] **2** *(parlare male)* to misuse [*lingua*] **3** *(interpretare male)* to misinterpret [*autore*].
malumore /malu'more/ m. **1** *(stato d'animo)* ill temper, bad mood; ***essere di ~*** to be in a bad *o* sombre BE *o* somber AE mood; ***mettere qcn. di ~*** to put sb. into a bad mood **2** *(dissapore)* slight disagreement; ***creare dei -i*** to create frictions **3** *(malcontento)* discontent(ment), unrest **U**, malcontent FORM.
malva /'malva/ ➧ **3 I** f. BOT. mallow **II** m.inv. *(colore)* mauve **III** agg.inv. mauve.
malvagiamente /malvadʒa'mente/ avv. wickedly.
malvagio, pl. **-gi, -gie, -ge** /mal'vadʒo, dʒi, dʒe/ **I** agg. **1** [*persona*] wicked, bad, malignant; [*sguardo, proposito*] wicked, bad; [*atto*] malicious **2** COLLOQ. bad; ***questo sugo non è ~*** this sauce is not so bad **II** m. (f. **-a**) wicked person.
malvagità /malvadʒi'ta/ f.inv. **1** *(l'essere malvagio)* wickedness, malignancy **2** *(azione malvagia)* wicked action; ***commettere delle ~*** to do wicked things.
malvarosa /malva'rɔza/ f. hollyhock.
malvasia /malva'zia/ f. malmsey.
malversare /malver'sare/ [1] tr. to embezzle.
malversatore /malversa'tore/ m. (f. **-trice** /tritʃe/) embezzler.
malversazione /malversat'tsjone/ f. embezzlement, malversation, misappropriation.

malvestito /malves'tito/ agg. *(con abiti logori)* poorly dressed; *(con abiti di cattivo gusto)* badly dressed.
malvisto /mal'visto/ agg. unpopular; ***essere ~ dai colleghi*** to be unpopular with one's collegues.
malvivente /malvi'vɛnte/ m. e f. criminal; ***banda di -i*** gang of criminals.
malvivenza /malvi'vɛntsa/ f. criminals pl.
malvolentieri /malvolen'tjɛri/ avv. unwillingly; ***fare qcs.*** ~ to do sth. grudgingly, unwillingly.
1.malvolere /malvo'lere/ [100] tr. to hate, to dislike; ***farsi ~ da qcn.*** to make oneself unpopular to sb.; ***prendere qcn. a ~*** to take a dislike *o* disliking to sb.
2.malvolere /malvo'lere/ m. **1** *(indolenza)* indolence **2** *(malvagità)* malevolence.
malvone /mal'vone/ m. hollyhock.
mamba /'mamba/ m.inv. mamba.
mambo /'mambo/ m.inv. mambo.
▶ **mamma** /'mamma/ f. mother, mum BE, mummy BE, mom AE; INFANT. mammy, mama AE, mamma AE; ***il gatto della mia ~*** my mother's cat; ***vieni dalla ~*** come to Mummy; ***ehi, ~, che cosa c'è per pranzo?*** hey Mum, what's for lunch? ***non dirlo a ~ e a papà!*** don't tell Mum or Dad! ***voglio la ~!*** I want my Mummy! ***festa della ~*** Mother's Day; ***cocco di ~*** mollycoddle ◆ ***stare sempre attaccato alla sottana della ~*** to cling to one's mother's skirts; ***nudo come ~ l'ha fatto*** mother-naked, as naked as the day he was born, in his birthday suit; ***~ mia!*** oh my!
mammalogia /mammalo'dʒia/ f. mammalogy.
mammalogo, m.pl. **-gi**, f.pl. **-ghe** /mam'malogo, dʒi, ge/ m. (f. **-a**) mammalogist.
mammalucco, pl. **-chi** /mamma'lukko, ki/ m. (f. **-a**) **1** STOR. Mameluke **2** *(sciocco)* fool.
mammana /mam'mana/ f. **1** *(levatrice)* midwife* **2** *(donna che procura aborti clandestini)* backstreet abortionist.
mammario, pl. **-ri, -rie** /mam'marjo, ri, rje/ agg. mammary; ***ghiandola -a*** mammary *o* milk gland.
▷ **mammella** /mam'mɛlla/ ➧ **4** f. **1** *(di persona)* breast **2** *(di animale)* udder, dug.
mammellone /mammel'lone/ m. mamelon.
▷ **mammifero** /mam'mifero/ **I** agg. [*animale*] mammalian, mammiferous **II** m. mammal.
mammillare /mammil'lare/ agg. mamillary.
mammina /mam'mina/ f. **1** *(giovane madre)* young mother **2** *(vezzeggiativo)* mummy BE, mammy AE.
mammismo /mam'mizmo/ m. **1** *(dei figli)* momism AE **2** *(delle madri)* = overprotective tendency of mothers towards their children (mainly sons).
mammografia /mammogra'fia/ f. **1** *(esame)* mammography **2** *(lastra)* mammograph.
mammografico, pl. **-ci, -che** /mammo'grafiko, tʃi, ke/ agg. ***esame ~*** mammography.
mammola /'mammola/ **I** agg. ***viola ~*** violet **II** f. **1** BOT. violet **2** FIG. *(persona timida)* shrinking violet.
Mammolo /'mammolo/ n.pr.m. Bashful.
mammona /mam'mona/ m. Mammon.
1.mammone /mam'mone/ agg. ***gatto ~*** bog(e)y, hobgoblin.
2.mammone /mam'mone/ m. mother's boy, mummy's boy BE.
mammut /mam'mut/ m.inv. mammoth.
manachino /mana'kino/ m. manakin.
manager /'manadʒer/ ➧ **18** m. e f.inv. manager; ***donna ~*** manageress.
manageriale /manadʒe'rjale/ agg. [*capacità, doti, gestione*] managerial; ***stile ~*** management style.
managerialità /manadʒeriali'ta/ f.inv. managerial ability.
manata /ma'nata/ f. **1** *(colpo)* slap; ***dare una ~ sulla spalla a qcn.*** to slap sb.'s back **2** *(manciata)* handful, fistful.
manato /ma'nato/ m. manatee.
manca /'manka/ f. **1** *(mano sinistra)* left hand **2** *(parte sinistra)* left(-hand side); ***a ~*** on the left; ***voltare a ~*** to turn left; ***a destra e a ~*** left, right and centre; ***lo racconta a destra e a ~*** she tells it to everybody.
mancamento /manka'mento/ m. faint, faintness; ***avere un ~*** to faint.
mancante /man'kante/ agg. ***le pagine -i di un libro*** the missing pages of a book; ***sostituire le parti -i*** to replace the missing parts; ***un ragionamento ~ di logica*** an argument lacking in logic.
▶ **mancanza** /man'kantsa/ f. **1** *(insufficienza) (di acqua, immaginazione, cure)* lack (**di** of); *(di personale, manodopera)* shortage (**di** of); *(di denaro)* lack, shortage (**of** di); ***~ di prove*** lack of proof; ***per ~ di resistenza, di interesse, di risorse, di tempo*** for *o* through lack of stamina, of interest, of resources, of time; ***supplire*** o ***ovviare a una ~*** to compensate for a lack *o* shortage **2** *(assenza)* absence, lack; ***la ~ di pioggia fa disperare gli agricoltori*** the lack of rain is deeply worrying to farmers; ***la sua totale ~ di realismo*** his total lack of realism; ***in ~ di*** in the absence of, in default of; ***in ~ del miele utilizzate lo zucchero*** if you have no honey, use sugar; ***della seta o, in ~, del cotone*** silk or, failing that, cotton; ***in*** o ***per ~ di garanzie*** in the absence of any guarantees; ***in ~ di meglio*** for want of anything better; ***durante la sua ~*** during her absence; ***sento la sua ~*** I miss him **3** *(colpa)* fault, mistake; ***commettere una ~*** to make a mistake, to commit a fault; ***non tocca a me rimediare alle tue -e*** it's not for me to make up for your shortcomings.
▶ **mancare** /man'kare/ [1] **I** tr. **1** *(fallire, sbagliare)* to miss [*bersaglio, obiettivo, palla, goal*]; ***la pallottola l'ha mancato di poco*** the bullet just missed him; ***~ il colpo*** to misfire **2** *(perdere)* to miss [*treno, autobus, aereo*]; ***~ un'occasione*** to miss an opportunity **II** intr. (aus. *essere*) **1** *(non bastare, essere privo, assente)* ***gli indizi non mancano*** there's no lack of clues, there are plenty of clues; ***ho fatto l'inventario: non manca nulla*** I've done the inventory and nothing is missing; ***mancavano tre soldati all'appello*** three soldiers were missing at roll call; ***i viveri vennero a ~*** supplies were running out; ***le occasioni non mancano di certo*** there's no lack of opportunity; ***mancavano due forchette*** two forks were missing; ***mancano 100 euro dalla cassa*** 100 euros are missing from the cash register; ***gli manca il talento, il coraggio*** he lacks talent, courage; ***la pazienza, la buona volontà non le manca*** she is not lacking in patience, goodwill; ***a loro i soldi non mancano*** they're not short of money; ***mi manca, mi è mancato il tempo*** I don't, didn't have enough time; ***mi manca il tempo per spiegarti*** I don't have enough time to explain to you; ***giunto il momento, mancò loro il coraggio*** when the time came, their courage failed them; ***non mi manca certo la voglia di fare*** it's not that I don't want to do; ***non ci manca nulla qui*** we don't want *o* lack for anything here; ***non le mancano i pretendenti*** she's not short of suitors, she doesn't lack suitors; ***gli mancano 1.000 euro per poter comprare la macchina*** he is 1,000 euros short of the amount he needs to buy the car; ***manca una ruota alla macchina*** there's a wheel missing from the car; ***gli manca un dito*** he's got a finger missing; ***gli manca un occhio, un braccio*** he's only got one eye, one arm; ***ci mancano due giocatori per formare una squadra*** we're two players short of a team; ***manca una firma a*** o ***su questo contratto*** there's a signature missing on the contract; ***~ di*** to be lacking in, to lack [*talento, virtù*]; to be short of, to lack [*risorse*]; ***il romanzo manca di humour*** the novel lacks humour; ***questa minestra manca di sale*** there isn't enough salt in the soup **2** *(in espressioni di tempo o di spazio)* ***mancano solo dieci minuti alla fine del film*** there are ten minutes to go before the end of the film; ***"che ore sono?" - "manca un quarto alle due"*** "what time is it?" - "it's a quarter to BE *o* of AE two"; ***ormai manca poco*** *(a una meta)* we've almost arrived; *(a una data)* the day *o* time is nearly here; ***mancano 2 km*** there are 2 km to go **3** *(venire meno, svanire)* ***gli mancarono le forze*** his strength failed him; ***sono talmente scandalizzato che mi mancano le parole*** I'm so outraged that words fail me **4** *(non essere più erogato)* ***è mancata la luce*** there's been a blackout **5** *(essere lontano o assente)* ***manca da casa da 2 mesi*** he has been away from home for 2 months **6** *(fare sentire la mancanza)* ***~ a qcn.*** to be missed by sb.; ***ci mancano*** we miss them; ***mi manca la Toscana*** I miss Tuscany; ***ti sono mancato?*** did you miss me? ***ciò che mi manca di più*** what I miss most **7** EUFEM. *(morire)* to pass away, to die; ***è mancato improvvisamente*** he passed away suddenly **8** (aus. *avere*) *(tralasciare)* to omit, to fail; ***se passa da queste parti non manchi di farci visita*** if you are in the area, be sure and visit us; ***non mancherò di farglielo sapere*** I'll be sure to let you know; ***"ringrazialo da parte mia" - "non mancherò"*** "thank him for me" - "I won't forget, I most certainly shall"; ***non mancherò di riferirglielo*** o ***di dirglielo*** I'll be sure to tell him, I won't forget to tell him **9** (aus. *avere*) *(venire meno a)* ***~ al proprio dovere, onore*** to fail in one's duty, honour; ***~ alle proprie promesse*** to fail to keep one's promises **10 mancarci** *(per esprimere disappunto)* ***ci mancherebbe altro, solo questo!*** that would be the last straw! ***ci mancherebbe solo che si mettesse a piovere*** all (that) we need now is for it to start raining ***ci mancava anche questa!*** that's all we needed! that's done it! that's torn it! BE **11 mancarci poco** *(essere sul punto di)* ***c'è mancato poco che Luigi cadesse dalla scala*** Luigi just missed falling from the ladder; ***c'è mancato poco che morisse*** she almost *o* (very) nearly died; ***c'è mancato poco che lo prendessi a sberle*** I almost *o* (very) nearly slapped him; ***c'è man-***

cato poco che rinunciasse he came near to giving up ◆ ***gli manca un venerdì*** o ***qualche rotella*** he doesn't have all his marbles; ***fare ~ la terra sotto i piedi a qcn.*** to cut the ground from under sb.'s feet.

mancato /man'kato/ **I** p.pass. → **mancare II** agg. **1** *(andato a vuoto)* [*tentativo*] failed; [*appuntamento*] missed; [*occasione*] missed, lost; ***colpo ~*** SPORT miss, duff shot **2** *(non realizzato)* [*attore, politico, pittore*] failed; ***è un poeta ~*** *(non ha avuto risultati apprezzabili)* he's a failed poet; *(non ha scelto l'attività per cui era portato)* he should have been a poet ◆◆ ***~ pagamento*** failure to pay, nonpayment; ***-a accettazione*** nonacceptance; ***-a comparizione*** failure to appear, nonappearance.

manche /manʃ/ f.inv. **1** SPORT run **2** *(nel bridge)* game.

manchette /man'ʃɛt/ f.inv. **1** *(nei giornali)* boxed advertisement (beside the headline) **2** SPORT wrist-hold.

manchevole /man'kevole/ agg. [*ragionamento*] defective, flawed; [*insegnamento, organizzazione*] poor.

manchevolezza /mankevo'lettsa/ f. **1** *(l'essere manchevole)* defectiveness **2** *(difetto)* defect, imperfection; ***un lavoro pieno di -e*** a work full of imperfections **3** *(scorrettezza)* discourtesy.

▷ **mancia**, pl. **-ce** /'mantʃa, tʃe/ f. gratuity, tip; ***dare, lasciare una ~*** to give, leave a tip; ***dare una ~ al cameriere*** to tip the waiter; ***ricevere una ~*** to receive *o* be given a tip; ***una generosa*** o ***lauta ~*** a generous tip ◆◆ ***~ competente*** adequate reward.

manciata /man'tʃata/ f. handful, fistful; ***una ~ di riso*** a handful of rice; ***a -e*** by the handful, in handfuls.

mancina /man'tʃina/ f. left hand; ***scrivere con la ~*** to write with the left hand; ***a ~*** on the left.

mancinella /mantʃi'nɛlla/ f. manchineel.

mancinismo /mantʃi'nizmo/ m. left-handedness.

▷ **mancino** /man'tʃino/ **I** agg. **1** [*persona*] left-handed, sinistral; ***essere ~*** to be left-handed **2** [*cavallo*] splayfooted **3** FIG. ***un tiro ~*** a dirty *o* lousy *o* low-down trick; ***un colpo ~*** a treacherous blow **II** m. (f. **-a**) left-hander, sinistral, leftie AE; ***forbici per -i*** left-handed scissors.

manciù /man'tʃu/ **I** agg.inv. Manchu **II** m. e f.inv. Manchu* **III** m.inv. LING. Manchu*.

Manciuria /man'tʃurja/ ➧ ***30*** n.pr.f. Manchuria.

manciuriano /mantʃu'rjano/ ➧ ***30*** **I** agg. Manchurian **II** m. (f. **-a**) Manchurian.

▷ **manco** /'manko/ avv. COLLOQ. *(nemmeno)* not even; ***non aveva ~ un soldo*** he hadn't even a dime; ***~ a farlo apposta, quel giorno ha piovuto*** as if on purpose *o* as ill-luck would have it, it rained that day; ***non pago ~ morto!*** I'll be *o* I'm damned if I'm going to pay! ***~ a dirlo*** *(naturalmente)* that goes without saying; *(neanche a farlo apposta)* as if on purpose; ***è di nuovo in ritardo, ~ a dirlo*** he's late again, naturally; ***~ per idea!*** the very idea! not likely! BE; ***~ per sogno!*** not on your life!

mancorrente /mankor'rɛnte/ m. handrail.

mandamentale /mandamen'tale/ agg. DIR. of a mandamento.

mandamento /manda'mento/ m. = administrative district, in use until 1923.

mandante /man'dante/ m. e f. **1** ***il ~ di un omicidio*** the person behind *o* the accessory before the assassination **2** DIR. mandant, mandator.

mandarancio, pl. **-ci** /manda'rantʃo, tʃi/ m. clementine.

▶ **mandare** /man'dare/ [1] **I** tr. **1** *(spedire, inviare)* to send* [*lettera, merce, regalo, soldi, auguri*]; ***Marco vi manda i suoi saluti*** Marco sends (you) his regards; ***~ per posta*** to mail **2** *(far andare)* to send* [*ambulanza, persona, polizia, truppe*]; ***chi vi manda?*** who sent you? ***le mando un tecnico*** I will send you an engineer; ***~ un reporter all'estero*** to send a reporter abroad; ***~ un uomo in prigione*** to send a man to jail; ***l'hanno mandato a Ginevra a studiare*** he was sent off to study in Geneva; ***l'ho mandato a prendere il giornale*** I sent him out to get the paper; ***~ i bambini a letto, a scuola*** to send the children to bed, to school; ***~ a chiamare qcn.*** to send for sb. **3** *(trasmettere)* to send* [*messaggio, segnale*]; ***~ segnali di fumo*** to send smoke signals; ***~ in onda*** to broadcast, to air AE **4** *(emettere)* ***~ un grido*** to shout, cry out, to let out a cry; ***questa lampada manda una luce tenue*** this lamp casts a poor light; ***la stufa manda calore*** the stove sends out *o* emits heat; ***~ un buon profumo, un cattivo odore*** to smell good, bad **5** *(dirigere)* ***~ le acque in un fossato*** to make water flow into a ditch **6** COLLOQ. *(lasciare andare)* ***papà non ci manda al cinema*** Dad doesn't let us go to the cinema; ***~ i figli malvestiti*** to let the children go out badly dressed **7 mandare avanti** *(fare avanzare)* to wind* on, to advance [*cassetta, nastro*]; *(gestire)* to keep* [*negozio, ristorante*]; *(amministrare)* to run* [*azienda*]; *(portare avanti)* to go* ahead with [*progetto, lavoro*]; *(mantenere)* to support [*famiglia, casa*]; *(fare procedere)* to forward [*pratica*]; ***~ avanti la baracca*** to keep the show going **8 mandare indietro** *(riavvolgere)* to run* back, to rewind* [*cassetta, nastro*]; *(rispedire)* to send* back, to return [*lettera, merce*]; ***la merce era rovinata, l'ho mandata indietro al venditore*** the goods were ruined so I sent them back to the seller **9 mandare via** *(cacciare)* to send* away, to drive out [*persona*]; to chase away [*gatto*]; to put* out [*inquilino*]; *(togliere)* to clean off [*macchia*]; ***~ via il cattivo odore*** to get rid of the smell **10 mandare su** to send* up [*ascensore, bambini*] **11 mandare giù** *(fare scendere)* to send* down [*ascensore, bambini*]; *(ingoiare)* to force down, to swallow [*cibo*]; ***mandar giù tutto in una volta*** to get it down all in one; ***è dura da ~ giù!*** that's pretty strong medicine! **12 mandare dentro** to let* in; ***manda dentro i bambini, piove!*** get the children indoors, it's raining! **13 mandare fuori** *(esalare)* to exhale [*aria, fumo*]; *(cacciare)* to send* out [*alunno*]; ***manda fuori la voce!*** *(parlando)* speak up! *(cantando)* sing out! project your voice! ***mandalo fuori, non voglio vederlo!*** send him out, I don't want to see him! **II mandarsi** pronom. to send* each other [*lettere, regali*]; ***-rsi baci*** to blow each other kisses ◆ ***~ qcn. al diavolo*** o ***a quel paese*** to send sb. about his business, to tell sb. where to get off *o* where he gets off; ***~ tutto a quel paese*** to drop the lot; ***~ all'aria*** to foul, muck up, to upset [*piano*]; ***~ tutto all'aria*** to upset the apple cart; ***~ qcn. al Creatore*** to send sb. to the other world; ***che Dio ce la mandi buona!*** may God help us! ***non me lo ha mandato a dire*** and he told me in no uncertain terms; ***~ qcn. su tutte le furie*** to send sb. into a rage, to infuriate sb.; ***~ a monte qcs.*** to play havoc with sth., to knock sth. on the head, to scotch sth.; ***~ a picco qcs.*** to scupper sth.; ***~ in rovina*** to foul up [*affare, progetto*]; to ruin, to undo [*persona*]; ***non ci manderà in rovina*** it won't break the bank; ***~ a spasso qcn.*** *(licenziare)* to give sb. the sack.

mandarinato /mandari'nato/ m. mandarinate.

1.mandarino /manda'rino/ ➧ ***16*** **I** m. **1** STOR. *(funzionario)* mandarin **2** LING. Mandarin Chinese **II** agg. ***cinese ~*** Mandarin Chinese; ***anatra -a*** mandarin duck.

▷ **2.mandarino** /manda'rino/ ➧ ***3*** **I** m. *(frutto, albero)* tangerine, mandarin **II** m.inv. *(colore)* tangerine **III** agg.inv. tangerine.

mandata /man'data/ f. **1** *(quantità di merce)* lot, batch, consignment; *(spedizione)* consignment; ***una ~ di merci*** a consignment of goods; ***ricevere qcs. in più -e*** to receive sth. in several lots **2** *(di chiave)* turn; ***doppia ~*** double lock; ***chiudere la porta a doppia ~*** to double-lock the door **3** TECN. *(di liquido)* forcing (pump).

mandatario, pl. **-ri, -rie** /manda'tarjo, ri, rje/ **I** agg. [*potenza, stato*] mandatory **II** m. (f. **-a**) DIR. mandatary.

mandato /man'dato/ m. **1** *(incarico)* commission, mandate; POL. mandate; ***avere il ~ di fare*** to have the mandate to do; ***dare a qcn. (il) ~ di fare*** to authorize sb. to do; ***esercitare un*** o ***il proprio ~*** to be in office **2** *(durata di un incarico)* tenure, term of office; ***~ presidenziale*** presidential term of office; ***~ ministeriale*** ministry; ***~ di sindaco*** mayoralty; ***durante il primo ~ del presidente*** during the president's first term **3** DIR. *(nel diritto internazionale)* mandate; ***~ internazionale*** international mandate; ***sotto ~*** under mandate; ***territorio di ~*** mandate, mandated territory; ***essere sottoposto a un regime di ~*** to become a mandate ◆◆ ***~ d'arresto*** arrest warrant, mittimus; ***~ di cattura*** arrest *o* bench warrant; ***~ di comparizione*** subpoena, summons to appear; ***~ d'espulsione*** expulsion order; ***~ di pagamento*** money order; ***~ di perquisizione*** search warrant.

mandibola /man'dibola/ ➧ ***4*** f. **1** ANAT. mandible, lower jaw **2** ZOOL. mandible.

mandibolare /mandibo'lare/ agg. [*osso*] mandibular.

mandola /man'dɔla/ ➧ ***34*** f. mandola.

mandolinista, m.pl. **-i**, f.pl. **-e** /mandoli'nista/ ➧ ***34, 18*** m. e f. mandolinist.

mandolino /mando'lino/ ➧ ***34*** m. mandolin(e).

▷ **mandorla** /'mandorla/ f. **1** almond; ***pasta di -e*** almond paste; ***latte di -e*** almond milk; ***olio di -e*** almond oil; ***occhi a ~*** slanting eyes; ***dagli occhi a ~*** almond-eyed, slant-eyed **2** *(in un nocciolo)* kernel ◆◆ ***~ mistica*** vesica piscis.

mandorlato /mandor'lato/ **I** agg. with almonds; ***cioccolato ~*** chocolate with almonds **II** m. GASTR. = blanched ground almond and caramel cake.

mandorlo /'mandorlo/ m. almond (tree).

mandragola /man'dragola/, **mandragora** /man'dragora/ f. mandragora, mandrake.

▷ **mandria** /'mandrja/ f. *(di cavalli, bovini)* herd.

mandriana /mandri'ana/ ➧ ***18*** f. cowgirl, cowhand.

mandriano /mandri'ano/ ➧ ***18*** m. herdsman*, cowboy, cowhand, cattleman* BE.

mandrillo /man'drillo/ m. **1** ZOOL. mandrill **2** FIG. SCHERZ. lecher.

mandrino /man'drino/ m. **1** *(attrezzo per allargare l'imboccatura)* mandrel **2** *(dispositivo di serraggio)* chuck; ***chiave per ~*** chuck key.

maneggevole /maned'dʒevole/ agg. [*oggetto*] handy; [*auto, imbarcazione*] manageable; [*formato, libro*] easy to handle.

maneggevolezza /maneddʒevo'lettsa/ f. *(di oggetto)* handiness; *(di auto, imbarcazione)* manageability; ***attrezzo con buona ~*** tool which is easy to use; ***la nostra automobile unisce la ~ alla potenza*** our car is both easy to handle and powerful.

maneggiabile /maned'dʒabile/ → **maneggevole**.

▷ **maneggiare** /maned'dʒare/ [1] tr. **1** *(usare)* to handle [*arma, esplosivo, pennello, denaro*]; to manage [*fondi*]; ***"~ con cura"*** "handle with care" **2** *(impastare)* to mould [*creta, argilla*] **3** *(padroneggiare)* to master [*lingua, stile*].

1.maneggio, pl. **-gi** /ma'neddʒo, dʒi/ m. **1** *(uso)* handling; ***~ delle armi*** handling of arms **2** EQUIT. manège, riding stables; ***scuola di ~*** riding school; ***esercizio, figura di ~*** schooling exercise, movement **3** *(intrallazzo)* intrigue; ***-gi politici*** political intrigues.

2.maneggio, pl. **-gii** /maned'dʒio, dʒii/ m. handling.

maneggione /maned'dʒone/ m. (f. **-a**) manoeuvrer BE, maneuverer AE, wangler, wirepuller AE.

manesco, pl. **-schi, -sche** /ma'nesko, ski, ske/ agg. aggressive; ***un uomo ~*** a man free with his hands; ***essere ~*** to be free with one's hands.

▷ **manetta** /ma'netta/ **I** f. TECN. lever; ***~ del gas*** gas throttle **II manette** f.pl. handcuffs, cuffs COLLOQ.; ***mettere le -e a qcn.*** to put the handcuffs on sb., to handcuff sb., to cuff sb. COLLOQ.; ***avere le -e ai polsi*** to be handcuffed; ***in -e*** handcuffed ◆ ***andare a ~*** to floor it, to burn *o* peel rubber AE.

manforte /man'fɔrte/ f. aid; ***dare*** o ***prestare ~ a qcn.*** to come to sb.'s aid.

Manfredi /man'fredi/ n.pr.m. Manfred.

manfrina /man'frina/ f. COLLOQ. play-acting; ***è sempre la solita ~*** it's always the same act; ***fare la ~*** to go on and on about it.

manga /'manga/ m.inv. *(genere)* manga.

manganare /manga'nare/ [1] tr. to mangle.

manganato /manga'nato/ m. manganate.

manganatore /mangana'tore/ ♦ *18* m. (f. **-trice** /tritʃe/) mangler.

manganatura /mangana'tura/ f. mangling.

manganellare /manganel'lare/ [1] tr. to truncheon, to baton, to cosh BE.

manganellata /manganel'lata/ f. blow with a truncheon; ***prendere qcn. a -e*** to club sb. with a truncheon.

manganello /manga'nɛllo/ m. truncheon, baton BE, cosh BE, billy AE.

manganese /manga'nese/ m. manganese.

manganico, pl. **-ci, -che** /man'ganiko, tʃi, ke/ agg. manganic.

manganina /manga'nina/ f. manganin.

manganite /manga'nite/ f. manganite.

mangano /'mangano/ m. **1** STOR. mangonel **2** TESS. mangle **3** TECN. mangle.

manganoso /manga'noso/ agg. manganous.

mangereccio, pl. **-ci, -ce** /mandʒe'rettʃo, tʃi, tʃe/ agg. edible, eatable.

mangeria /mandʒe'ria/ f. illicit profits pl., graft COLLOQ.

mangiabile /man'dʒabile/ agg. edible, eatable; ***è appena ~*** it's barely edible.

mangiadischi /mandʒa'diski/ m.inv. portable record player.

mangianastri /mandʒa'nastri/ m.inv. cassette player.

mangiapane /mandʒa'pane/ m. e f.inv. sponger, freeloader COLLOQ.; ***è un ~ a ufo*** o ***tradimento*** he's a scrounger.

mangiapreti /mandʒa'prɛti/ m. e f.inv. rabid anticlerical.

▶ **1.mangiare** /man'dʒare/ [1] **I** tr. e intr. (aus. *avere*) **1** *(ingerire)* to eat*; *(fare pranzo)* to have* lunch; *(fare cena)* to have* dinner; ***~ pane, ciliegie, un pollo*** to eat bread, cherries, a chicken; ***~ cinese, greco*** to eat Chinese, Greek; ***~ in bianco*** to eat plain *o* bland food; ***~ di magro*** to abstain from meat; ***~ freddo*** *(un piatto che si è raffreddato)* to eat cold [*minestra*]; *(un piatto freddo)* to have a cold meal; ***il gazpacho si mangia freddo*** gazpacho is served cold; ***il pollo si può ~ con le mani*** you can eat chicken with your fingers; ***~ in un piatto, in una scodella*** to eat from *o* off a plate, out of a bowl; ***~ dalla mano di qcn.*** to eat out of sb.'s hand; ***~ al ristorante*** to eat out; ***~ alla carta*** to eat *o* dine à la carte; ***~ a sazietà*** to eat one's fill; ***~ a crepapelle*** to eat till one bursts; ***si mangia male qui*** the food is not good here; ***mangia ancora un po' di torta!*** have some more cake! ***mangialo tutto!*** eat (it) up! ***che cosa vorresti ~?*** what would you like to have? ***che cosa si mangia a pranzo?*** what's for lunch? ***non c'è nulla da ~ a casa*** there is no food in the house; ***dare da ~ a*** to feed [*bambino, animale*]; to give something to eat [*povero*]; ***fare da ~*** to do the cooking, to cook, to make the meal; ***fare da ~ per*** to cook for [*famiglia*]; ***gli ho dato da ~ delle verdure*** I gave him some vegetables to eat; ***invitare qcn. a ~*** to invite sb. for a meal; ***aver finito*** o ***terminato di ~*** to have finished one's meal; ***non aver paura, non ti mangio mica!*** COLLOQ. FIG. don't be afraid, I won't eat you! ***~ qcn. di baci*** FIG. to smother sb. with kisses; ***~ qcn. con gli occhi*** FIG. to have one's eye on sb., to eye sb. up and down; ***~ vivo qcn.*** FIG. to eat sb. alive; ***~ per quattro*** FIG. to eat like a horse; ***~ come un uccellino*** FIG. to eat like a bird **2** *(sperperare)* [*persona*] to use up [*capitale, risparmi, patrimonio*]; [*persona*] to go* through [*eredità*]; [*inflazione*] to eat* away [*risparmi, patrimonio*] **3** *(intaccare, corrodere, rovinare)* [*ruggine, pioggia, acido*] to eat* away [*metallo*]; [*tarme*] to eat* [*lana*]; ***essere mangiato dai topi*** to be gnawed by rats; ***essere mangiato*** o ***farsi ~ dalle zanzare*** to be eaten alive by mosquitos; ***gli strozzini gli hanno mangiato tutto*** loan sharks turned him out on the street; ***farsi ~ dal proprio concorrente*** to be devoured by the competition **4** *(nella dama, agli scacchi, a carte)* to take*, to win*; ***~ una pedina*** to take a draught **5** *(guadagnare illecitamente)* ***~ su qcs.*** to make an illicit profit with sth. **II mangiarsi** pronom. **1** *(rosicchiarsi)* ***-rsi le unghie*** to bite one's nails **2** *(articolare male)* ***-rsi le parole*** to clip *o* slur one's speech **3** *(sperperare)* to go* through [*patrimonio*]; ***si è mangiato tutto al gioco*** he gambled all his money away ◆ ***l'appetito vien mangiando*** PROV. = appetite comes with eating; ***-rsi il grano in erba*** = to spend one's money before one gets it; ***~ pane a tradimento*** = to be a leech; ***pesce grosso mangia pesce piccolo*** it is the survival of the fittest; ***lupo non mangia lupo*** PROV. (there is) honour among thieves; ***-rsi il fegato*** to eat one's heart out; ***~ la foglia*** to smell a rat, to get the message.

2.mangiare /man'dʒare/ m. **1** *(atto del mangiare)* eating; ***controllarsi nel ~*** to be moderate in eating **2** *(cibo)* food; ***portare il ~ in tavola*** to put the food onto the table; ***è difficile nel ~*** she's a picky eater, she's a faddy eater BE; ***gli piace il ~ semplice*** he likes plain cooking.

mangiarino /mandʒa'rino/ m. delicacy, dainty.

mangiasoldi /mandʒa'sɔldi/ agg.inv. ***macchinetta ~*** slot machine.

mangiata /man'dʒata/ f. feed, nosh(-up) BE; ***farsi una bella ~*** to have a good feed.

mangiatoia /mandʒa'toja/ f. manger.

mangiatore /mandʒa'tore/ m. (f. **-trice** /tritʃe/) eater; ***essere un gran ~*** to be a big eater; ***essere un gran ~ di frutta*** to be a big fruit eater; ***-trice di uomini*** man-eater ◆◆ ***~ di fuoco*** fire-eater; ***~ di spade*** sword swallower.

mangiatutto /mandʒa'tutto/ agg. ***pisello ~*** mangetout, sugar pea.

▷ **mangime** /man'dʒime/ m. feed(stuffs); ***~ per uccelli*** birdseed; ***~ per polli*** chicken feed; ***~ per pesci*** fish food.

mangione /man'dʒone/ m. (f. **-a**) COLLOQ. big eater; ***essere un gran ~*** to be a big eater.

mangiucchiare /mandʒuk'kjare/ [1] tr. to nibble.

mango, pl. **-ghi** /'mango, gi/ m. *(frutto, albero)* mango*.

mangostano /mangos'tano/ m. *(frutto, albero)* mangosteen.

mangrovia /man'grɔvja/ f. mangrove.

mangusta /man'gusta/ f. mangoose ◆◆ ***~ icneumone*** ichneumon.

mani /'mani/ m.pl. Manes.

▷ **mania** /ma'nia/ ♦ *7* f. **1** PSIC. mania; ***~ di persecuzione*** persecution complex *o* mania; ***~ omicida*** homicidal mania; ***-e di grandezza*** delusions of grandeur **2** *(abitudine)* habit, trick; ***la brutta ~ di fumare a letto*** the awful habit of smoking in bed; ***avere la ~ di conservare tutto*** to be a compulsive hoarder; ***è una vera ~*** it's an absolute obsession **3** *(fissazione)* craze, quirk; ***ognuno ha le sue piccole -e*** we all have our little quirks; ***avere la ~ dell'ordine, della pulizia*** to be fanatical about tidiness, cleanliness.

maniacale /mania'kale/ agg. [*comportamento*] maniacal; [*preoccupazione, bisogno*] obsessive, maniacal; ***ha una cura ~ dell'ordine*** she is obsessive about tidiness.

maniacalmente /maniakal'mente/ avv. maniacally.

▷ **maniaco**, pl. **-ci, -che** /ma'niako, tʃi, ke/ **I** agg. maniac **II** m. (f. **-a**) **1** PSIC. maniac; ***essere assalita da un ~*** to be assailed by a maniac **2** *(fanatico)* maniac, obsessive, crank; ***è un ~ dell'ordine*** he's obsessive about tidiness; ***è ~ del calcio*** he's soccer mad ◆◆ ***~ sessuale*** sex maniac; FIG. SCHERZ. sex maniac, sex fiend.

maniaco-depressivo /maˌniakodepres'sivo/ agg. manic (depressive); ***psicosi -a*** manic depression; ***soggetto ~*** manic depressive.

▷ **manica**, pl. **-che** /'manika, ke/ f. **1** SART. sleeve; ***~ corta, tre quarti*** short, three-quarter sleeve; ***vestito a -che corte, lunghe*** short-sleeved, long-sleeved dress; ***senza -che*** sleeveless; ***in -che di camicia*** in one's shirt-sleeves; ***mezze -che*** *(maniche corte)* short sleeves; *(manichette)* oversleeves; ***tirare qcn. per la ~*** to pull *o* tug at sb.'s sleeve; ***rimboccarsi le -che*** to roll up one's sleeves (anche FIG.) **2** *(banda, gruppo)* ***una ~ di delinquenti*** a gang of delinquents ◆ ***essere nelle -che di qcn.*** to be in sb.'s good books; ***avere un asso nella ~*** to have an ace *o* a card up one's sleeve *o* in the hole; ***questo è un altro paio di -che*** that's a whole new *o* completely different, that's a horse of a different colour, that's a different kettle of fish; ***essere di ~ larga*** *(generoso)* to be generous; *(indulgente)* to be easygoing, to be softie; ***essere di ~ stretta*** *(avaro)* to be mean; *(severo)* to be strict ◆◆ ***~ a chimono*** kimono sleeve; ***~ a gigot*** leg-of-mutton; ***~ a giro*** fitted *o* tailored sleeve; ***~ a palloncino*** puff sleeve; ***~ a pipistrello*** dolman sleeve; ***~ alla raglan*** raglan sleeve; ***~ a sbuffo*** → ***~ a palloncino***; ***~ a vento*** AER. air sock*, (wind) sock*, wind cone, wind-sleeve.

Manica /'manika/ n.pr.f. ***la ~*** the Channel; ***il canale della ~*** the English Channel; ***il tunnel della ~*** the Channel Tunnel, Eurotunnel, the Chunnel BE COLLOQ.

manicaretto /manika'retto/ m. delicacy, dainty; ***preparare dei -i*** to prepare dainties.

manicheismo /manike'izmo/ m. Manich(a)eism.

manicheo /mani'kɛo/ **I** agg. Manich(a)ean **II** m. (f. **-a**) Manich(a)ean.

manichetta /mani'ketta/ f. **1** *(per scrivani)* oversleeve **2** *(tubo)* hose ◆◆ ***~ antincendio*** fire hose.

manichino /mani'kino/ m. **1** *(fantoccio)* dummy, mannequin, mannikin; ART. lay figure; ***~ da sarto*** tailor's dummy **2** *(persona)* clothes horse ◆ ***sembrare un ~*** to look like a fashion-plate; ***non stare lì come un ~*** don't just stand there.

▷ **manico**, pl. **-ci** /'maniko, tʃi/ m. **1** *(impugnatura)* handle; ***il ~ della borsa, dell'ombrello*** the handle of the bag, of the umbrella; ***il ~ del coltello*** the hilt of a knife; ***il ~ della padella*** the panhandle; ***~ di scopa*** broomstick, broom handle BE; FIG. stiff person; ***prendere la tazza per il ~*** to pick a cup up by the handle **2** *(di strumenti a corda)* neck **3** POP. *(pene)* shaft, rod AE ◆ ***essere rigido come un ~ di scopa*** to be as stiff as a poker; ***avere*** o ***tenere il coltello per il ~*** o ***dalla parte del ~*** to have the whip hand; ***il difetto è nel ~*** the fault lies at the top.

manicomiale /maniko'mjale/ agg. of a mental hospital.

▷ **manicomio**, pl. **-mi** /mani'kɔmjo, mi/ m. **1** *(ospedale psichiatrico)* mental hospital, lunatic asylum ANT., madhouse ANT., nuthouse COLLOQ., loony-bin COLLOQ.; ***~ criminale*** o ***giudiziario*** psychiatric prison; ***rinchiudere*** o ***internare qcn. in ~*** to commit sb. to a psychiatric hospital; ***finire in ~*** to be committed to a mental hospital **2** COLLOQ. *(luogo pieno di confusione)* madhouse; ***questa casa è un ~!*** this house is a madhouse! ***che ~!*** it's bedlam in here! ◆ ***sembra di essere al ~*** it seems like a madhouse; ***è pronto per il*** o ***è da ~*** he's ready for the madhouse; ***roba da ~*** that's crazy.

manicotto /mani'kɔtto/ m. **1** ABBIGL. muff **2** TECN. *(segmento di tubo)* sleeve; ***giunto a ~*** sleeve coupling **3** AUT. hose **4** *(di arma)* jacket **5** *(di sfigmomanometro)* cuff.

manicure /mani'kyr/ ➧ *18* **I** f.inv. *(trattamento)* manicure; ***fare la ~ a qcn.*** to give sb. a manicure, to manicure sb.; ***farsi fare la ~*** to have a manicure **II** m. e f.inv. *(manicurista)* manicurist.

manicurista, m.pl. **-i**, f.pl. **-e** /maniku'rista/ ➧ *18* m. e f. manicurist.

▶ **maniera** /ma'njɛra/ **I** f. **1** *(modo)* way, manner; ***in questa ~*** in this manner, thus; ***in una ~ o nell'altra*** in one way or another, either way, somehow or other, in some form or other; ***è una ~ come un'altra di fare*** it's one way of doing; ***agire alla stessa ~*** to do the same; ***ognuno pensa alla sua ~*** to each his own, everybody thinks in his own way; ***in ~ che*** so that; ***in ~ tale che nessuno ha capito*** so that nobody understood; ***in nessuna ~*** in no wise; ***non c'è un'altra ~*** there is no other way **2** *(metodo)* ***-e forti*** strong-arm tactics; ***usare le -e forti con qcn.*** to get tough with sb.; ***restano solo le -e forti*** there's no alternative but to use force; ***non credo alle -e forti per educare i bambini*** I don't believe in the use of force when bringing up children; ***usare le -e dolci*** to use kid gloves **3** *(costume)* custom, habit; ***vivere alla ~ degli Spagnoli*** to live as they do in Spain **4** ART. style; ***alla ~ di Raffaello*** after (the manner of) Raphael; ***quadro, poesia di ~*** mannered painting, poetry; ***è un Picasso ultima ~*** this is a late Picasso, an example of Picasso's later work **II maniere** f.pl. manners; ***buone -e*** good *o* nice manners, (good) breeding; ***non conosce le buone -e*** he has no manners; ***conosce le buone -e*** he has exquisite manners; ***che -e!*** what a way to behave! ***che cosa sono queste ~!*** what manners! ***ora ti insegno io le buone -e*** I'll teach you some manners.

manierato /manje'rato/ agg. [*pittore, scrittore, genere, stile*] mannered, affected.

manierismo /manje'rizmo/ m. Mannerism.

manierista, m.pl. **-i**, f.pl. **-e** /manje'rista/ **I** agg. [*pittore*] Mannerist **II** m. e f. Mannerist.

manieristico, pl. **-ci**, **-che** /manje'ristiko, tʃi, ke/ agg. [*corrente, stile*] Manneristic(al).

maniero /ma'njɛro/ m. manor (house).

manieroso /manje'roso/ agg. genteel, affected.

manifattura /manifat'tura/ f. **1** *(stabilimento)* factory; ***~ tabacchi*** tobacco factory **2** *(fabbricazione)* manufacture.

manifatturiere /manifattu'rjɛre/ m. (f. **-a**) **1** *(proprietario)* factory owner **2** *(operaio)* factory worker.

manifatturiero /manifattu'rjɛro/ agg. [*industria*] manufacturing.

manifestamente /manifesta'mente/ avv. manifestly, openly.

manifestante /manifes'tante/ m. e f. demonstrator.

▶ **manifestare** /manifes'tare/ [1] **I** tr. **1** *(esprimere)* to show*, to demonstrate [*sostegno, opposizione, solidarietà, volontà*]; to show* [*sentimento*]; to display [*disprezzo*]; ***~ il proprio desiderio di fare*** to signal one's desire to do; ***~ la propria opinione*** to state one's opinion; ***~ la propria gioia*** to manifest *o* express *o* show one's joy **2** *(rivelare)* to reveal; ***~ la propria presenza*** to make one's presence known; ***quell'atto manifesta una certa intelligenza*** that action shows a certain intelligence **II** intr. (aus. *avere*) to demonstrate (**per, in favore di** for; **contro** against) **III manifestarsi** pronom. **1** *(mostrarsi)* [*sintomo*] to manifest itself; [*paura, malattia, inquietudine*] to show* itself; ***la sua personalità si manifesta attraverso le sue opere*** his personality comes through his works; ***si manifesta una tendenza al cambiamento*** a tendency for change can be seen **2** *(apparire)* [*fenomeno*] to appear; ***segnali incoraggianti cominciano a -rsi*** encouraging signs are becoming apparent *o* manifest.

▷ **manifestazione** /manifestat'tsjone/ f. **1** *(per protestare, sostenere)* demonstration; ***~ dei lavoratori, degli studenti*** workers', students' demonstration; ***~ per la pace*** peace rally **2** *(avvenimento)* event; ***-i sportive, culturali, estive*** sporting, cultural, summer events **3** *(di malattia, fenomeno)* appearance, onset **4** *(di solidarietà, gioia)* expression; *(di sentimento, desiderio)* manifestation ◆◆ ***~ di protesta*** protest (march); ***~ silenziosa*** vigil; ***~ di sostegno*** rally.

manifestino /manifes'tino/ m. leaflet, handbill.

1.manifesto /mani'fɛsto/ agg. manifest, evident, overt; ***errore ~*** evident *o* clear *o* palpable mistake; ***ingiustizia -a*** clear injustice; ***dare segni -i d'impazienza*** to show evident signs of impatience; ***la sua posizione è -a*** her position is clear; ***rendere ~*** to make known.

▷ **2.manifesto** /mani'fɛsto/ m. **1** poster, bill, placard; ***~ elettorale*** election poster; ***~ pubblicitario*** advertisement; ***~ teatrale*** playbill; ***attaccare -i*** to put up posters *o* placards **2** *(scritto programmatico)* manifesto*; ***il Manifesto del surrealismo*** the manifesto of Surrealism **3** MAR. AER. manifest.

▷ **maniglia** /ma'niʎʎa/ f. **1** *(di porta, veicolo)* (door) handle; *(di cassetto)* handle; *(pomello)* knob **2** MAR. shackle **3** SPORT pommel; ***cavallo con -e*** pommel horse.

maniglieria /maniʎʎe'ria/ f. ***~ per porte*** door furniture.

maniglione /maniʎ'ʎone/ m. **1** *(di catena)* clevis **2** ***~ antipanico*** emergency door bar.

manigoldo /mani'goldo/ m. (f. **-a**) rascal, rogue.

manila /ma'nila/ f. manila.

Manila /ma'nila/ ➧ *2* n.pr.f. Manila.

manioca, pl. **-che** /ma'njɔka, ke/ f. manioc, cassava.

manipolabile /manipo'labile/ agg. able to be manipulated.

manipolare /manipo'lare/ [1] tr. **1** *(lavorare)* to knead [*impasto, creta*] **2** *(maneggiare)* to handle [*oggetto, sostanza*] **3** *(falsificare)* to manipulate, to falsify [*dati, cifre, notizia*]; ***~ i libri contabili*** to cook the books BE, to tamper with the books AE **4** *(adulterare)* to adulterate [*sostanza, vino, alimento*] **5** *(influenzare)* to manipulate [*opinione, stampa, persona*] **6** *(massaggiare)* to manipulate.

manipolativo /manipola'tivo/ agg. manipulative.

manipolato /manipo'lato/ **I** p.pass. → **manipolare II** agg. [*cifre*] manipulated, falsified; [*informazione*] manipulated.

manipolatore /manipola'tore/ m. (f. **-trice** /tritʃe/) **1** manipulator **2** FIG. intriguer **3** TECN. manipulator.

manipolazione /manipolat'tsjone/ f. **1** *(di oggetto, prodotto, sostanza)* handling; ***la ~ di sostanze pericolose*** handling of dangerous chemicals **2** *(di opinione, persona, risultati, statistiche)* manipulation; ***-i elettorali*** electoral rigging; ***~ dei prezzi*** price rigging **3** MED. manipulation; ***~ vertebrale*** manipulation of the spine; ***~ genetica*** genetic manipulation **4** TECN. *(di segnale)* keying.

manipolo /ma'nipolo/ m. **1** STOR. maniple **2** LETT. handful; ***un ~ di soldati*** a handful of soldiers **3** *(mannello)* bundle **4** *(di abito liturgico)* maniple.

> **Mani pulite** This is the name of the famous legal inquiry in Milan which, starting in 1992, brought to light the system of bribe-paying and corruption in which the government parties were involved, and eventually led to their being disbanded and to the end of the so-called First Republic (see ***Prima repubblica***).

maniscalco, pl. **-chi** /manis'kalko, ki/ ♦ *18* m. (horse)shoer, farrier BE; ***bottega del*** ~ horseshoer's workshop.

manitù /mani'tu/ m.inv. Manitou.

manna /'manna/ f. **1** BIBL. BOT. manna **2** FIG. godsend, manna; ***la pioggia è una vera ~ per la campagna*** rain is a godsend for the country ♦ ***essere una ~ dal cielo*** to be (like) manna from heaven; ***aspettare che cada*** o ***piova la ~ dal cielo*** to wait for things to fall into one's lap.

mannaggia /man'naddʒa/ inter. REGION. darn, damn, dammit; ***~ la miseria!*** darn it! ***~ a te!*** darn you!

mannaia /man'naja/ f. **1** *(di boia)* axe, ax AE; *(di macellaio)* (meat) cleaver, poleaxe, poleax AE **2** *(di ghigliottina)* blade ♦ ***essere sotto la*** ~ to face the axe.

mannaro /man'naro/ agg. ***lupo*** ~ werewolf*, wolf-man*.

mannella /man'nɛlla/ f. → **mannello**.

mannello /man'nɛllo/ m. bundle, sheaf.

mannequin /man'kɛn/ ♦ *18* f.inv. mannequin.

mannite /man'nite/ f. mannite.

mannitolo /manni'tɔlo/ m. mannitol.

mannosio /man'nɔzjo/ m. mannose.

▶ **mano** /'mano/ ♦ *4* f. **1** hand; ***~ destra, sinistra*** right, left hand; ***con la ~ destra, sinistra*** [*suonare, scrivere*] right-, left-handed; ***lavarsi le -i*** to wash one's hands; ***camminare con le -i in tasca*** to walk with one's hands in one's pockets; ***salutare qcn. con la*** ~ to wave at sb.; ***con un cenno della ~ indicò che...*** with her hand she indicated that...; ***avere le -i legate*** to have one's hands tied (anche FIG.); ***-i in alto, su le -i!*** hands up! ***~ nella*** ~ hand in hand; ***passare di ~ in*** ~ [*oggetto, libro*] to pass from hand to hand; ***tenere qcs. in*** ~ to hold sth. in one's hand; ***tenere bene qcs. in*** ~ to hold sth. firmly; FIG. to have sth. well in hand; ***tenersi per*** ~ to hold hands; ***avere una bruciatura sulla*** ~ to have a burn on one's hand; ***dammi la*** ~ give me your hand; ***prendere qcs. con una (sola)*** ~ to pick sth. up with one hand; ***prendere qcs. con entrambe le -i*** to take sth. with both hands; ***prendere qcn. per*** ~ to take sb. by the hand (anche FIG.); ***attingere qcs. a piene -i*** FIG. to pick up handfuls of sth.; ***cadere dalle -i di qcn.*** to slip out of sb.'s hand; ***essere abile con le -i*** to be good with one's hands; ***fare qcs. con le proprie -i*** to do sth. with one's own hands; ***a -i giunte*** with one's hands joined; ***a -i nude*** [*battersi*] with one's bare hands; ***con ~ ferma*** with a sure hand; FIG. with a firm hand; ***suonare il piano a quattro -i*** to play a duet on the piano; ***disegnare a ~ libera*** to draw freehand; ***aggressione, rapina a ~ armata*** armed attack, robbery; ***votare per alzata di*** ~ to vote by a show of hands; ***farsi fare le -i*** to have a manicure; ***imporre le -i su qcn.*** to lay hands on sb.; ***leggere la*** ~ to read palms; ***tendere la*** ~ to hold out one's hand; ***sporcarsi le -i*** to dirty one's hands, to get one's hands dirty (anche FIG.); ***mettere ~ al portafogli*** to put one's money where one's mouth is, to put one's hand in one's pocket; ***mettere ~ a un lavoro*** to put one's hands to the plough **2** *(persona)* ***una ~ caritatevole*** a helping hand; ***una ~ criminale aveva sabotato*** someone with criminal intentions had sabotaged **3** *(aiuto)* ***avere bisogno di una*** ~ to need a hand; ***dare una ~ a qcn.*** to give *o* lend sb. a (helping) hand; ***tendere la ~ a qcn.*** to hold sb.'s hand **4** *(indicando il controllo, il possesso)* hand; ***la ~ di Dio, del destino*** the hand of God, fate; ***cambiare*** ~ to change hands; ***avere qcs. sotto*** ~ to have sth. on hand; ***non ho nulla sotto ~ per riattaccare il tuo bottone*** I've got nothing here to sew your button back on; ***questo mi è capitato tra le -i*** I just happened to come across it; ***dopo essere passato nelle -i di mia figlia*** after my daughter had (had) it; ***a portata di*** ~ in *o* within (arm's) reach; ***tenere qcs. a portata di*** ~ to keep sth. handy; ***l'ho avuto tra le*** o ***nelle mie -i*** I had it; ***essere nelle -i di qcn.*** [*potere, responsabilità, impresa*] to be in sb.'s hands; ***avere, prendere in*** ~ to have, take sth. in hand [*affare, compito*]; ***prendere in ~ la situazione*** to take matters into one's own hands; ***la situazione gli è sfuggita di*** ~ the situation is out of *o* beyond control; ***le cose ci stanno sfuggendo di*** ~ things are getting out of hand; ***essere in buone -i*** to be in good hands; ***essere in cattive -i*** not to be in good hands; ***essere in -i sicure*** to be in safe hands; ***cadere nelle -i di qcn.*** to fall into sb.'s hands; ***di prima*** ~ firsthand; ***avere (delle) informazioni di prima*** ~ to have firsthand information; ***di seconda*** ~ second-hand; ***automobile di seconda*** ~ second-hand, used car **5** *(stile, tratto)* ***riconoscere la ~ di un autore, di un artista*** to recognize a writer's, an artist's style **6** *(denotando l'abilità)* ***fare*** o ***prendere la ~ a*** to get one's hand in; ***non perdere la ~ a*** to keep one's hand in; ***bisogna dapprima farsi*** o ***prendere la*** ~ you have to learn how to do it first; ***avere la ~ leggera*** to have a light touch; ***avere la ~ pesante*** to be heavy-handed; ***avere la ~ felice*** to be skillful *o* skilled; ***-i di fata*** = to have nimble fingers, to have a gift for needlework **7** GIOC. *(a carte)* hand; ***buona, cattiva*** ~ strong, weak hand; ***perdere la*** ~ to lose a hand; ***passare la*** ~ to pass (anche FIG.) **8** POP. *(atto sessuale)* trick **9** *(direzione di marcia)* ***a ~ destra, sinistra*** on the right, left (hand); ***tenere la ~ destra*** to keep to the right; ***essere*** o ***andare contro*** ~ to go against the flow of traffic **10** *(di colore)* coat, layer; ***dare la seconda*** ~ to put on the second coat **11 a mano *fare qcs. a*** ~ to do *o* make sth. by hand; ***fatto a*** ~ [*prodotto*] handmade; ***cucito, lavorato, dipinto a*** ~ hand-sewn, -knitted, -painted **12 alla mano** *(pronto da usare, esibire)* ***dieci secondi orologio*** o ***cronometro alla*** ~ ten seconds exactly; ***fare tutto con l'orologio alla*** ~ to do everything by the clock; ***minacciare qcn. coltello alla*** ~ to threaten sb. at knife point; ***è arrivata con prove alla*** ~ she had concrete proof; *(semplice)* ***persona alla*** ~ free and easy, informal person **13 man mano, (a) mano a mano** little by little; ***preferisco informarli man*** ~ I prefer to inform them as I go along; ***passami i libri, li metterò a posto man*** ~ pass me the books, I'll put them away as I go along; ***la campionessa gioca sempre meglio man ~ che le partite si susseguono*** the champion is playing better and better with each match; ***man ~ che invecchiava, diventava più ricca*** as she grew older, she grew richer; ***sistemare le persone man ~ che arrivano*** to seat people as and when they arrive; ***la strada si stringeva man ~ che si avanzava*** the path grew progressively narrower as we went along **14 fuori mano** [*luogo, paese, strada, sentiero*] out of the way; [*abitare*] off the beaten track ♦ ***chiedere la ~ di qcn.*** to ask for sb.'s hand; ***ci metterei la ~ sul fuoco*** I'm willing to bet on it; ***fare man bassa*** to sweep the board; ***fare man bassa di*** to corner [*beni*]; ***venire alle -i*** to come to blows; ***possono darsi la*** ~ SPREG. *(riferito a due persone)* they're both the same; *(riferito a più persone)* they're all the same; ***la ~ sinistra non sappia quello che fa la destra*** the left hand doesn't know what the right hand is doing; ***prendere il coraggio a due -i*** to take one's courage in both hands, to pluck up one's courage; ***si contano sulle dita di una*** ~ you can count them on (the fingers of) one hand; ***gioco di ~, gioco di villano*** it will end in tears; ***lavarsi le -i di qcs.*** to wash one's hands of sth.; ***ha le -i bucate*** money burns a hole in her pocket, she spends money like water; ***avere le -i di burro*** o ***di pastafrolla*** to be butterfingered; ***arrivare a -i vuote*** to arrive empty-handed; ***qua la ~!*** put it there! shake! give *o* slip me some skin! AE; ***dare man forte a qcn.*** to come to sb.'s aid; ***una ~ lava l'altra*** you scratch my back and I'll scratch yours; ***essere preso con le -i nel sacco*** to be caught with the goods, to be caught red-handed; ***mi prudono le -i!*** you're going to take a licking! ***alzare le -i su qcn.*** to lay a finger *o* hand on sb.; ***mettere le -i addosso a qcn.*** to lay a finger *o* hand on sb., to get one's hands on sb.; ***fare la ~ morta*** to have wandering *o* straying hands; ***mettere le -i avanti*** to play (it) safe; ***stare con le -i in*** ~ to sit *o* stand idly by; ***essere lesto di*** ~ *(essere manesco)* to be quick to strike; *(essere incline al furto)* to be light-fingered *o* nimble-fingered, to have sticky *o* itching fingers COLLOQ., to have one's hand in the till; ***avere le -i lunghe*** *(essere manesco)* to be quick to strike, to be always ready with a good hiding; *(essere incline al furto)* to be light-fingered *o* nimble-fingered, to have sticky fingers COLLOQ.; *(toccare le donne)* to have wandering hands; *(essere influente)* to have a lot of influence; ***avere le -i in pasta*** to have a finger in every pie; ***farsi*** o ***lasciarsi prendere la*** ~ to lose control of the situation; ***toccare con*** ~ to experience first hand; ***forzare la ~ a qcn.*** to force sb.'s hand ♦♦ ***~ d'opera*** labour BE, labor AE.

▷ **manodopera** /mano'dɔpera/ f. **1** *(lavoratori)* labour BE, labor AE; ***~ a buon mercato*** cheap labour; ***~ qualificata, non qualificata*** skilled, unskilled labour; ***~ straniera*** immigrant labour; ***~ femminile*** female labour **2** *(lavoro)* labour BE, labor AE; ***costo della*** ~ labour costs.

manometrico, pl. **-ci**, **-che** /mano'mɛtriko, tʃi, ke/ agg. manometric.

manometro /ma'nɔmetro/ m. manometer, pressure gauge.

manomettere /mano'mettere/ [60] tr. **1** *(scassinare)* to tamper with [*serratura*] **2** *(danneggiare)* to damage [*antifurto, allarme*] **3** *(falsificare)* to falsify, to alter [*lettera, documento, prove*] **4** FIG. *(violare)* to violate, to infringe [*diritto*] **5** STOR. *(affrancare)* to manumit [*schiavo*].

manomissione /manomis'sjone/ f. **1** *(scasso)* tampering with **2** *(danneggiamento)* damaging **3** *(falsificazione)* falsification, alteration; ~ ***di documenti*** falsification of documents **4** FIG. *(violazione)* violation **5** STOR. *(affrancamento)* manumission.

manomorta /mano'mɔrta/ f. DIR. mortmain, dead hand; ***beni di*** ~ mortmain property.

manopola /ma'nɔpola/ f. **1** *(di radio, televisore)* knob **2** *(impugnatura)* grip; *(di motocicletta)* twist grip **3** *(muffola)* mitten, mitt, muffle; *(nella scherma)* fencing glove **4** *(di armatura)* gauntlet **5** *(risvolto)* cuff **6** *(maniglia)* knob.

manoscritto /manos'kritto/ **I** agg. [*lettera*] manuscript; [*pagina, libro, spartito*] handwritten **II** m. manuscript; ~ ***originale, miniato, dattiloscritto*** original, illuminated, typed manuscript; ~ ***su velina*** manuscript on vellum.

manovalanza /manova'lantsa/ f. **1** *(lavoratori)* unskilled labour BE, labor AE **2** *(lavoro)* (unskilled) labor BE, labor AE.

▷ **manovale** /mano'vale/ ♦ *18* m. labourer BE, laborer AE, navvy BE COLLOQ.; *(nell'edilizia)* hod carrier, hodman*.

manovella /mano'vɛlla/ f. crank, handle; ~ ***d'avviamento*** starting handle; ***avviare con la*** ~ to crank [*macchina*] ◆ ***dare il primo giro di*** ~ CINEM. to start filming.

manovellismo /manovel'lizmo/ m. crank gear.

▷ **manovra** /ma'nɔvra/ f. **1** *(con un veicolo)* manoeuvre BE, maneuver AE; ***fare*** ~ to manoeuvre; ***effettuare*** o ***fare una*** ~ to carry out a manoueuvre; ***effettuare una*** ~ ***di sorpasso*** to pass, to overtake BE, to perform the overtaking procedure BE; ***ha fatto una*** ~ ***sbagliata e ha urtato contro l'albero*** he made a mistake and hit the tree; ***-e che precedono il decollo*** taxiing before take off; ~ ***di attracco*** landing operation; ~ ***d'abbordaggio*** boarding operation **2** *(per ottenere qualcosa)* tactic, manoeuvre BE, maneuver AE; ***una*** ~ ***volta a fare*** a manoeuvre to do; ***-e elettorali*** electoral tactics **3** MIL. manoeuvre BE, maneuver AE; ***fare le -e*** to be on manoeuvres; ***grandi -e*** large-scale manoeuvres; ~ ***avvolgente*** surrounding manoeuvre; ***campo di*** ~ military training area **4** FERR. shunting; ***cabina di*** ~ signal box *o* cabin BE; ***locomotiva da*** ~ shunting engine, shunter, donkey engine **5** MAR. *(cavo)* rigging, rope; ~ ***dormiente*** o ***fissa*** standing rigging ◆◆ ~ ***a tenaglia*** pincer movement.

manovrabile /mano'vrabile/ agg. **1** [*veicolo, nave*] manoeuvrable BE, maneuverable AE; ***la macchina è*** ~ the car handles well **2** FIG. [*persona*] malleable, pliable.

manovrabilità /manovrabili'ta/ f.inv. **1** *(di veicolo)* manoeuvrability BE, maneuverability AE **2** FIG. *(di persona)* malleability.

▷ **manovrare** /mano'vrare/ [1] **I** tr. **1** *(guidare)* to manoeuvre BE, to maneuver AE [*veicolo*] **2** *(azionare)* to operate, to control [*dispositivo, macchina*] **3** *(manipolare)* to manoeuvre BE, to maneuver AE [*persona, gruppo, situazione*] **4** MIL. to manoeuvre BE, to maneuver AE [*truppe*] **5** TEATR. to operate [*marionetta*] **II** intr. (aus. *avere*) **1** AUT. MAR. FERR. to manoeuvre BE, to maneuver AE **2** MIL. to manoeuvre BE, to maneuver AE **3** FIG. to manoeuvre BE, to maneuver AE, to scheme; ~ ***per ottenere un incarico*** to plot to obtain a commission.

manovrato /mano'vrato/ **I** p.pass. → **manovrare II** agg. **1** MIL. ***guerra -a*** open warfare **2** ECON. [*economia*] managed **3** SPORT ***gioco*** ~ tactical play.

manovratore /manovra'tore/ ♦ *18* m. (f. **-trice** /tritʃe/) **1** *(di gru)* crane driver, operator; *(di tram)* tram driver; *(di treno)* shunter **2** FIG. manoeuvrer BE, maneuverer AE.

manrovescio, pl. **-sci** /manro'vɛʃʃo, ʃi/ m. **1** *(schiaffo)* backhander; ***assestare un*** ~ ***a qcn.*** to give sb. a backhander **2** *(nella scherma)* backhanded blow.

mansarda /man'sarda/ f. **1** *(tetto)* mansard (roof) **2** *(stanza)* mansard, attic room.

mansardato /mansar'dato/ agg. with a mansard.

mansionario, pl. **-ri** / mansjo'narjo, ri/ m. job description.

mansione /man'sjone/ f. task, job; ***affidare a qcn. una difficile*** ~ to assign sb. a difficult task; ***non rientra nelle mie -i*** it doesn't come within my remit; ***-i direttive*** executive duties.

▷ **mansueto** /mansu'ɛto/ agg. **1** [*uomo, bambino*] meek, docile; [*sguardo*] gentle; [*carattere, indole*] mild; ***mostrarsi*** ~ ***verso qcn.*** to be gentle with sb. **2** [*animale*] *(addomesticato, inoffensivo)* tame; *(docile di natura)* docile.

mansuetudine /mansue'tudine/ f. meekness, mansuetude ANT.

manteca /man'teka/ f. **1** ANT. *(unguento)* = ointment for the hair or the skin **2** *(impasto)* paste, mixture.

mantecare /mante'kare/ [1] tr. to whip, to whisk.

mantecato /mante'kato/ **I** p.pass. → **mantecare II** agg. [*burro*] creamy **III** m. *(gelato)* = soft and creamy ice cream.

mantella /man'tɛlla/ f. **1** *(da donna)* cape, mantle, Capuchin **2** *(mantello)* cloak, mantle ANT.

mantelletta /mantel'lɛtta/ f. **1** *(piccola mantella)* mantelet **2** *(di prelato)* mantelletta.

mantelletto /mantel'lɛtto/ m. **1** ABBIGL. mantelet **2** MIL. mantelet.

mantellina /mantel'lina/ f. **1** *(piccola mantella)* cape, mantelet **2** *(soprabito militare)* cape, capote.

▷ **mantello** /man'tɛllo/ m. **1** ABBIGL. cloak, mantle ANT.; ***avvolgersi in un*** ~ to wrap oneself in a cloak **2** FIG. blanket; ~ ***di neve*** blanket of snow; ***sotto il*** ~ ***dell'onestà*** behind one's honest demeanour BE, demeanor AE **3** ZOOL. pelage; *(di cavalli, buoi)* coat; *(di molluschi)* mantle **4** GEOL. mantle **5** ANAT. ~ ***cerebrale*** pallium **6** TECN. *(copertura)* skirt; ~ ***del pistone*** piston skirt **7** NUCL. blanket **8** ARALD. mantling.

▶ **mantenere** /mante'nere/ [93] **I** tr. **1** *(tenere, far durare)* to maintain [*temperatura, velocità*]; to keep*, preserve [*pace*]; to continue, to carry on, to keep* up [*tradizione*]; to keep* [*segreto*]; ~ ***la calma*** to keep one's calm *o* cool *o* temper, to stay cool; ~ ***l'equilibrio*** to keep one's balance *o* footing; ~ ***l'anonimato*** to preserve one's anonymity, to remain anonymous; ~ ***l'ordine*** to maintain order; ~ ***il ritmo*** to keep up the pace; ~ ***le distanze*** to stand aloof; ~ ***i prezzi*** to keep prices stable; ~ ***il fresco, l'umidità in una stanza*** to keep the room cool, moist; ~ ***stretti legami con un paese*** to keep *o* to maintain close ties with a country; ***essere mantenuto nelle proprie funzioni*** to be kept on in one's post; ~ ***in vita qcn., qcs.*** to keep sb., sth. alive; ~ ***giovane*** [*sport*] to keep young [*persona*] **2** *(tenere fede a)* to keep*, to fulfil BE, to fulfill AE [*promessa*]; ***obbligare qcn. a*** ~ ***la parola data*** to hold sb. to his word; ***mantengo quello che ho detto*** I stand by what I said **3** *(conservare)* to hold* [*posizione, primato*]; ***l'espressione ha mantenuto tutto il suo significato*** the expression kept its whole meaning; ~ ***la propria opinione*** to keep one's mind; ~ ***le proprie abitudini*** to keep one's habits **4** *(sostenere finanziariamente)* to keep*, to maintain [*famiglia, indigente, amante*]; to maintain [*armata, stile di vita*]; ***farsi*** ~ ***dai genitori*** to be supported *o* kept by one's parents **II mantenersi** pronom. **1** *(conservarsi)* [*cibo*] to keep*; [*tempo*] to hold*; ***-rsi in buona salute*** to keep oneself healthy; ***se il tempo si mantiene al bello*** if the fine weather holds; ***-rsi giovane*** to keep *o* stay young; ***-rsi in forma*** to keep oneself in trim *o* shape, to keep fit **2** *(finanziarsi)* to earn one's living, to keep* oneself; ***-rsi con uno stipendio*** to live on one salary; ***-rsi agli studi*** to support oneself while at university; ***lavorare per -rsi*** to work for one's keep **3** *(restare)* ***-rsi fedele a qcn.*** to be faithful to sb.

mantenimento /manteni'mento/ m. **1** *(di situazione, di privilegi, di opinione)* maintaining; ~ ***della pace*** peacekeeping; ***assicurare il*** ~ ***dell'ordine*** to ensure order; ***il*** ~ ***della sua candidatura è poco probabile*** it is unlikely that he will continue to stand **2** *(sostentamento)* maintenance, support, keep; ***provvedere al*** ~ ***di un figlio, di una famiglia*** to support a child, a family; ***questa somma dovrebbe bastare al tuo*** ~ that should be enough for your living expenses **3** *(manutenzione)* maintenance; ***il*** ~ ***degli edifici pubblici, di una casa*** the maintenance of public buildings, of a house.

mantenuta /mante'nuta/ f. kept woman*, keptie COLLOQ.

mantenuto /mante'nuto/ **I** p.pass. → **mantenere II** m. kept man*, keptie COLLOQ.

mantice /'mantitʃe/ m. **1** *(di camino, fucina)* bellows pl.; *(di organo)* bellows pl., swell; ***un*** ~ a pair *o* set of bellows **2** FERR. vestibule **3** *(di carrozza, auto)* calash, folding top ◆ ***soffiare come un*** ~ to huff and puff.

mantico, pl. **-ci**, **-che** /'mantiko, tʃi, ke/ agg. mantic.

mantide /'mantide/ f. mantis* ◆◆ ~ ***religiosa*** praying mantis.

mantiglia /man'tiʎʎa/ f. mantilla.

mantissa /man'tissa/ f. mantissa.

manto /'manto/ m. **1** ABBIGL. cloak, mantle ANT.; ~ ***regale*** royal mantle **2** ZOOL. pelage; *(di cavalli)* coat **3** *(strato)* layer; *(coltre)* blanket; ~ ***d'asfalto*** asphalt surface; ~ ***stradale*** wearing course; ~ ***di vegetazione*** mantle of vegetation; ~ ***di neve*** carpet *o* blanket of snow **4** FIG. *(finzione)* cloak; ***un*** ~ ***di rispettabilità*** a cloak of respectability; ***sotto il*** ~ ***dell'altruismo*** behind one's selfless demeanour BE *o* demeanor AE.

Mantova /'mantova/ ♦ *2* n.pr.f. Mantua.

mantovana /manto'vana/ f. **1** *(di tetto)* bargeboard **2** *(di tenda)* pelmet, valance **3** GASTR. = cake made from flour, sugar, butter, eggs and yeast sprinkled with almonds.

mantovano /manto'vano/ ♦ *2* **I** agg. Mantuan **II** m. (f. **-a**) Mantuan.

mantra /'mantra/ m.inv. mantra.

1.manuale /manu'ale/ agg. [*attività, lavoro, abilità*] manual; ***controllo ~*** override; ***passare al (modo) ~*** o ***alla funzione ~*** TECN. to switch to manual.

2.manuale /manu'ale/ m. **1** *(libro)* handbook; SCOL. textbook; UNIV. manual; ***~ di greco*** Greek textbook; ***~ di matematica applicata*** manual of applied mathematics **2** MUS. *(tastiera)* manual ◆ ***da ~*** [*atterraggio, caso, soluzione*] textbook ◆◆ ***~ di conversazione*** phrasebook; ***~ d'istruzioni*** instruction *o* operating manual; ***~ di stile*** style book *o* manual *o* guide.

manualistico, pl. **-ci**, **-che** /manua'listiko, tʃi, ke/ agg. **1** *(di, da manuale)* of a handbook **2** SPREG. *(nozionistico)* ***cultura -a*** superficial culture.

manualità /manuali'ta/ f.inv. manual skill; ***sviluppare la ~ dei bambini*** to develop children's manual ability.

manualmente /manual'mente/ avv. **1** TECN. *(non automaticamente)* [*funzionare, regolare, calcolare*] manually **2** *(con le mani)* [*lavorare*] with one's hands.

manubrio, pl. **-bri** /ma'nubrjo, bri/ m. **1** *(di moto, bicicletta)* handlebars pl. **2** SPORT dumbbell **3** *(di fucile)* bolt handle **4 a manubrio** ***baffi a ~*** handlebar moustache.

manufatto /manu'fatto/ **I** agg. handmade **II** m. manufactured article, artefact, manufacture.

manutentore /manuten'tore/ ➧ ***18*** m. maintenance man*.

▷ **manutenzione** /manuten'tsjone/ f. **1** *(di casa, giardino)* upkeep; *(di auto, strada, edificio)* maintenance; ***~ di siepi*** hedging; ***~ ordinaria, straordinaria*** ordinary, extraordinary repairs; ***lavori, spese di ~*** maintenance work, costs; ***curare la ~ di*** to maintain [*macchina, strada*] **2** DIR. ***azione di ~*** maintenance order.

▷ **manzo** /'mandzo/ m. **1** *(animale)* steer, bullock **2** GASTR. beef; ***carne di ~*** beef.

manzoniano /mandzo'njano/ **I** agg. [*stile*] of Manzoni **II** m. (f. **-a**) follower, imitator of Manzoni.

maoismo /mao'izmo/ m. Maoism.

maoista, m.pl. **-i**, f.pl. **-e** /mao'ista/ **I** agg. [*ideologia*] Maoist **II** m. e f. Maoist.

maoistico, pl. **-ci**, **-che** /mao'istiko, tʃi, ke/ agg. Maoist.

maomettano /maomet'tano/ **I** agg. Mohammedan **II** m. (f. **-a**) Mohammedan.

maomettismo /maomet'tizmo/ m. Mohammedanism.

Maometto /mao'metto/ n.pr.m. Mohammed ◆ ***se la montagna non va a ~, ~ va alla montagna*** if the mountain will not come to Mohammed, then Mohammed must go to the mountain.

maori /ma'ɔri/ **I** agg.inv. Maori **II** m. e f.inv. Maori **III** m.inv. LING. Maori.

mapo /'mapo/ m.inv. = fruit obtained from a cross between a clementine and a grapefruit.

mappa /'mappa/ f. **1** map; *(di città)* plan; ***la ~ della città*** the city map; ***fare una ~*** to draw a map **2** FIG. picture; ***fare la ~ dell'associazionismo giovanile*** to draw a picture of the youth organizations ◆◆ ***~ catastale*** cadastral map; ***~ cromosomica*** genetic map; ***~ del tesoro*** treasure map.

mappamondo /mappa'mondo/ m. **1** *(globo)* globe **2** *(planisfero)* planisphere ◆◆ ***~ celeste*** celestial globe.

mappatura /mappa'tura/ f. mapping ◆◆ ***~ genetica*** genetic mapping.

maquillage /maki'jaʒ/ m.inv. maquillage.

mar. **1** ⇒ martedì Tuesday (Tue, Tues) **2** ⇒ marzo March (Mar).

marabù /mara'bu/ m.inv. marabou.

marabut /mara'but/ m.inv. → **marabutto**.

marabutto /mara'butto/ m. marabout.

maracaia /mara'kaja/ m. margay.

maracas /ma'rakas/ ➧ ***34*** f.pl. maracas.

marachella /mara'kɛlla/ f. mischief, prank, roguery.

maragià /mara'dʒa/ m.inv. maharajah.

maramaglia /mara'maʎʎa/ → **marmaglia.**

marameo /mara'mɛo/ inter. snook; ***fare ~ a qcn.*** to thumb one's nose at sb., to cock a snook at sb.

marangone /maran'gone/ m. cormorant ◆◆ ***~ dal ciuffo*** shag.

marantico, pl. **-ci**, **-che** /ma'rantiko, tʃi, ke/ agg. marasmic.

marasca, pl. **-sche** /ma'raska, ske/ f. morello*, morello cherry.

maraschino /maras'kino/ m. maraschino*.

marasco, pl. **-schi** /ma'rasko, ski/ m. morello*.

marasma /ma'razma/ m. **1** MED. marasmus **2** *(grande confusione)* chaos, confusion.

maratona /mara'tona/ f. marathon (anche FIG.); ***correre (in) una ~*** to run (in) a marathon; ***~ di ballo*** marathon dance.

maratoneta, m.pl. **-i**, f.pl. **-e** /marato'nɛta/ m. e f. marathon runner.

maratonina /marato'nina/ f. half marathon.

▷ **1.marca**, pl. **-che** /'marka, ke/ f. **1** COMM. IND. *(denominazione) (di caffè, detersivo, cosmetico)* brand; *(di elettrodomestico, auto, computer)* make; ***che ~ di dentifricio mi consigli?*** what brand of toothpaste do you advise me to get? ***la principale ~ di scarpe sportive*** the top name in sport shoes; ***delle auto di ~ giapponese*** Japanese cars; ***prodotti di ~*** brand-name goods *o* articles **2** *(contromarca)* ticket, countermark **3** FIG. *(genere, carattere)* character, nature; ***un attentato di ~ terrorista*** a terrorist attack **4** LING. marker; ***la ~ dell'infinito*** infinitive marker ◆◆ ***~ da bollo*** revenue stamp.

2.marca, pl. **-che** /'marka, ke/ f. STOR. march.

marcantonio, pl. **-ni** /markan'tɔnjo, ni/ m. SCHERZ. strapping man*.

marcapiano /marka'pjano/ m. stringcourse.

▷ **marcare** /mar'kare/ [1] tr. **1** *(contrassegnare)* to mark [*articoli*]; to brand [*bestiame*]; ***~ dei vestiti con il nome di un bambino*** to put nametapes on a child's clothes **2** *(accentuare)* to emphasize; ***~ i contorni di un disegno*** to go over *o* darken the outlines of a drawing **3** SPORT *(realizzare)* to score [*goal, punto*]; *(controllare)* to mark [*calciatore*]; ***~ all'ultimo minuto*** to score at the last minute; ***~ stretto un avversario*** to mark an opponent closely ◆ ***~ visita*** MIL. to report sick (anche SCHERZ.).

marcasite /marka'site/, **marcassite** /markas'site/ f. marcasite.

marcatempo /marka'tɛmpo/ agg.inv. ***orologio ~*** time *o* punch clock.

marcato /mar'kato/ **I** p.pass. → **marcare II** agg. **1** *(accentuato)* [*differenza*] definite; [*lineamenti, volto*] marked; [*contorno*] bold; [*accento*] marked, pronounced **2** *(segnato, delimitato)* [*limite, linea, zona*] clear-cut **3** LING. marked; ***non ~*** unmarked.

marcatore /marka'tore/ m. (f. **-trice** /tritʃe/) **1** SPORT *(chi realizza)* scorer; *(chi controlla)* marker; *(chi segna il punteggio)* scorer **2** COMM. *(di merci)* marker ◆◆ ***~ genetico*** genetic fingerprint; ***~ stilistico*** LING. stylistic marker.

marcatrice /marka'tritʃe/ f. marking machine.

marcatura /marka'tura/ f. **1** *(etichettatura)* marking; ***la ~ della biancheria è obbligatoria*** clothes must have a name tag **2** SPORT ***la ~ di un avversario*** marking an opponent; ***aprire le marcature*** to open the scoring **3** INFORM. flagging ◆◆ ***~ a uomo*** man-to-man marking; ***~ a zona*** zone marking.

Marcella /mar'tʃɛlla/ n.pr.f. Marcella.

Marcello /mar'tʃɛllo/ n.pr.m. Marcellus.

marcescente /martʃeʃ'ʃɛnte/ agg. rotting, decaying, marcescent.

marcescenza /martʃeʃ'ʃɛntsa/ f. rottenness.

marcescibile /martʃeʃ'ʃibile/ agg. that can rot, decay.

Marche /'marke/ ➧ ***30*** n.pr.f.pl. Marches.

▷ **marchesa** /mar'keza/ ➧ ***1*** f. marquise; *(in Gran Bretagna)* marchioness.

marchesato /marke'zato/ m. marquisate.

▷ **marchese** /mar'keze/ ➧ ***1*** m. marquis; *(in Gran Bretagna)* marquess.

marchesina /marke'zina/ f. young daughter of a marquis.

marchesino /marke'zino/ m. young son of a marquis.

marchetta /mar'ketta/ f. **1** *(contrassegno previdenziale)* national insurance stamp **2** POP. *(gettone)* = token a prostitute received for her services which she would then exchange with the madam for cash; ***fare una ~*** to turn a trick; ***il prezzo di una ~*** the cost of a trick; ***fare -e*** to turn tricks.

marchiano /mar'kjano/ agg. ***errore ~*** blunder.

marchiare /mar'kjare/ [1] tr. **1** *(contrassegnare)* to mark [*merce*]; to brand [*animale*]; ***~ a fuoco*** to brand **2** FIG. *(bollare)* to brand; ***è stato marchiato come traditore*** he was branded as a traitor.

marchiatura /markja'tura/ f. *(di merce)* marking; *(di animale)* branding; ***~ a fuoco*** branding; ***la ~ delle bestie di una mandria*** branding the animals in a herd.

marchigiano /marki'dʒano/ ➧ ***30*** **I** agg. from, of the Marches **II** m. (f. **-a**) **1** *(persona)* native, inhabitant of the Marches **2** LING. dialect of the Marches.

marchingegno /markin'dʒeɲɲo/ m. **1** *(arnese)* contraption **2** FIG. *(espediente)* expedient, dodge BE COLLOQ.

marchio, pl. **-chi** /'markjo, ki/ m. **1** *(su animali)* brand; *(all'orecchio)* earmark **2** *(su merce)* mark **3** *(su metalli preziosi)* hallmark **4** *(segno negativo)* brand, label; ***~ d'infamia*** stigma ◆◆ ***~ commerciale*** own brand *o* label; ***~ depositato*** proprietary brand *o* name, registered trademark; ***~ di fabbrica*** trademark, maker's label; ***~ di qualità*** seal of quality.

▶ **marcia**, pl. **-ce** /'martʃa, tʃe/ ➧ ***10*** f. **1** *(movimento di persone, soldati a piedi)* march; ***~ per la pace, di protesta*** peace, protest march; ***soldati in ~*** soldiers on the march; ***essere in ~*** to be on the march; ***fare una ~ su*** [*soldati, manifestanti, ribelli*] to march on; ***mt-***

tersi in formazione di ~ MIL. to get in marching formation; ***la ~ su Roma*** STOR. the march on Rome; ***è a un giorno di ~ da qui*** it's a day's march from here **2** *(movimento di veicoli)* ***in senso contrario a quello di*** ~ backwards, with one's back to the engine, facing backward(s); ***nel senso di*** ~ facing the engine, facing forward(s); ***fare un'inversione di*** ~ to make a U-turn **3** AUT. gear, speed; ***automobile a cinque -ce*** car with five gears; ***cambio a cinque -ce*** five-speed gearbox; ***la sua automobile ha la quinta*** ~ his car has a fifth gear; ***cambiare*** ~ to change gear, to shift gear AE; ***cambiare le -ce dolcemente*** to go smoothly through the gears; ***passare alla*** o ***innestare la ~ superiore, inferiore*** to change up, down a gear; ***mettere la ~ indietro*** to go into reverse; ***fare ~ indietro*** to back (up), to go into reverse, to reverse, to go back; FIG. to back off, to backpedal, to backtrack, to climb down; ***fare grattare le -ce*** to crunch *o* strip the gears; ***avere la ~ in folle*** not to be in gear, to be in neutral **4** SPORT walk, walking race; ***la ~ di 10 km*** the 10 km walk **5** MUS. march; ***~ funebre*** Death March, funeral march; ***~ nuziale*** wedding march ◆ ***avere una ~ in più*** to have the edge over *o* on ◆◆ ***~ forzata*** forced march.

▷ **marciapiede** /martʃa'pjɛde/ m. **1** *(di strada)* footpath, pavement BE, sidewalk AE; ***salire sul*** ~ to step *o* get onto the pavement; ***scendere dal*** ~ to get off the pavement; ***sul ~ opposto*** o ***di fronte*** on the pavement opposite; ***il bordo del*** ~ the kerb BE, the curb AE **2** *(di stazione)* platform ◆ ***battere il*** ~ to be on *o* walk the streets, to take to the streets.

▷ **marciare** /mar'tʃare/ [1] intr. (aus. *avere*) **1** to march; ***~ in testa al corteo*** to march at the head of the procession; ***~ su Roma, sul palazzo presidenziale*** to march on Rome, on the presidential palace **2** SCHERZ. *(rigare dritto)* ***fare ~ qcn.*** to keep sb. in line ◆ ***lui ci marcia*** REGION. he plays on it.

marciatore /martʃa'tore/ m. (f. **-trice** /tritʃe/) **1** *(manifestante, soldato)* marcher **2** SPORT walker.

marcio, pl. **-ci**, **-ce** /'martʃo, tʃi, tʃe/ **I** agg. **1** *(avariato)* [*uova, carne, frutto*] rotten **2** *(decomposto)* [*legno*] rotten, decayed; [*muro, roccia*] rotten, crumbling **3** COLLOQ. *(suppurato)* [*ferita*] infected **4** FIG. *(corrotto)* [*persona*] corrupt; [*società*] corrupt, rotten **II** m. **1** rottenness; *(parte marcia)* rotten part, rot; ***sa*** o ***puzza di*** ~ it smells rotten; ***togliere il ~ da una mela*** to cut the rot out of an apple **2** FIG. *(corruzione)* rot; ***un bel po' di*** ~ a can of worms ◆ ***essere ~ fino al midollo*** to be rotten to the core; ***c'è del ~ in Danimarca*** something is rotten in the state of Denmark; ***avere torto*** ~ to be dead wrong.

▷ **marcire** /mar'tʃire/ [102] intr. (aus. *essere*) **1** *(avariarsi, decomporsi)* [*uovo, carne, frutta*] to go* bad, to rot (away); [*legno*] to decay; [*muro*] to rot; ***fare*** ~ [*acqua, umidità*] to rot [*legno*] **2** FIG. ***~ in prigione*** to rot in prison; ***~ nell'ignoranza*** to wallow in one's ignorance.

marcita /mar'tʃita/ f. water meadow.

marciume /mar'tʃume/ m. **1** *(parte marcia)* rotten part, rot **2** FIG. *(corruzione)* rot **3** AGR. BOT. rot ◆◆ ***~ nobile*** ENOL. noble rot.

marco, pl. **-chi** /'marko, ki/ ➧ ***6*** m. mark.

Marco /'marko/ n.pr.m. Mark, Marcus.

marconigramma /markoni'gramma/ m. marconigram.

marconista, m.pl. **-i**, f.pl. **-e** /marko'nista/ ➧ ***18*** m. e f. wireless operator.

Mardocheo /mardo'kɛo/ n.pr.m. Mordecai.

▶ **mare** /'mare/ ➧ ***27*** m. **1** *(distesa d'acqua)* sea; ***~ calmo, agitato, molto agitato, increspato*** calm, rough, very rough, choppy sea; ***un ~ liscio come l'olio*** a glassy sea; ***la vita in*** ~ life at sea; ***via ~, per*** ~ by sea, by water; ***in ~ aperto, in alto*** ~ on the open *o* high seas; ***siamo ancora in alto*** ~ FIG. we still have a long way to go; ***essere in*** ~ to be at sea; ***mettersi in*** ~ to take to the sea; ***prendere il*** ~ to go to sea, to put (out) to sea; ***uomo in ~!*** man overboard! ***in riva al*** ~ by the sea; ***mettere in ~ una barca*** to launch a boat; ***acqua di*** ~ seawater; ***frutti di*** ~ seafood; ***mal di*** ~ seasickness; ***gente di*** ~ seafaring people; ***lupo di*** ~ sea dog; ***livello del*** ~ sea level; ***sopra, sotto il livello del*** ~ above, below sea level; ***vista ~, vista sul*** ~ sea view; ***Mare Adriatico*** Adriatic Sea; ***Mar Baltico*** Baltic Sea; ***Mare Bianco*** White Sea; ***Mar Caspio*** Caspian Sea; ***Mare della Cina*** China Sea; ***Mare Glaciale Artico*** Arctic Ocean; ***Mar Ionio*** Ionian Sea; ***Mare d'Irlanda*** Irish Sea; ***Mar Mediterraneo*** Mediterranean Sea; ***Mar Morto*** Dead Sea; ***Mar Nero*** Black Sea; ***Mare del Nord*** North Sea; ***Mar Rosso*** Red Sea; ***Mar Tirreno*** Tyrrenian Sea **2** *(zona costiera)* seaside; ***andare al*** ~ to go to the seaside *o* sea; ***mi piace di più il ~ della montagna*** I prefer the seaside to the mountains; ***una gita al*** ~ a trip to the seaside **3** *(grande quantità)* sea, ocean; ***un ~ di case*** a ton of houses; ***un ~ d'erba, di sabbia*** a sea of grass, sand; ***essere in un ~ di guai*** to be in a heap of trouble; ***c'è un ~ di gente*** there is a crowd of people; ***versare un ~ di lacrime*** to shed floods of tears ◆ ***una goccia nel*** ~ a drop in the bucket *o* ocean; ***questa casa è un porto di*** ~ this house is like a train station; ***cercare qcs. per ~ e per terra*** o ***per -i e per monti*** to hunt high and low for sth.

▷ **marea** /ma'rɛa/ f. **1** tide; ***la ~ sale, scende*** the tide is coming in, is going out; ***con l'alta, la bassa*** ~ at high, low tide; ***con ~ crescente, discendente*** when the tide comes in, goes out; ***l'influenza della luna sulle -e*** the influence of the moon on the tide; ***partire*** o ***uscire in mare con la*** ~ [*imbarcazione, pescatore*] to leave with the tide; ***corrente di*** ~ riptide; ***energia delle -e*** tidal energy; ***un fiume soggetto a -e*** a tidal river **2** FIG. *(di persone)* flood; *(di automobili)* mass, flood; ***una ~ umana*** a human tide ◆◆ ***~ equinoziale*** equinoctial tide; ***~ nera*** oil slick; ***~ delle quadrature*** neap; ***~ sigiziale*** spring tide.

mareggiata /mared'dʒata/ f. sea storm.

maremmano /marem'mano/ ➧ ***30*** **I** agg. from, of Maremma **II** m. (f. **-a**) native, inhabitant of Maremma.

maremoto /mare'mɔto/ m. seaquake.

marengo, pl. **-ghi** /ma'rɛngo, gi/ **I** agg.inv. GASTR. ***pollo alla*** ~ chicken (à la) Marengo **II** m. NUMISM. Napoleon.

mareografo /mare'ɔgrafo/ m. marigraph, tide gauge.

mareogramma /mareo'gramma/ m. marigram.

▶ **maresciallo** /mareʃ'ʃallo/ ➧ ***12*** m. **1** *(grado maggiore di sottufficiale)* = warrant officer **2** STOR. *(capo supremo dell'esercito)* (field) marshal ◆◆ ***~ d'alloggio*** ANT. quartermaster.

maretta /ma'retta/ f. **1** *(agitazione del mare)* choppy sea, lot **2** FIG. friction; ***c'è ~ in ufficio*** there is friction in the office.

marezzare /mared'dzare/ [1] tr. to marble, to vein, to grain [*carta, metallo*]; to water [*tessuto*].

marezzato /mared'dzato/ **I** p.pass. → **marezzare** **II** agg. [*carta, metallo*] marbled, veined; [*tessuto*] moiré, watered.

marezzatura /mareddza'tura/ f. **1** *(del legno, del marmo)* veining **2** *(di tessuti)* watering **3** *(marezzo) (in legno)* grain.

marezzo /ma'reddzo/ m. *(in legno)* grain.

margarina /marga'rina/ f. margarine, oleomargarine, marg(e) BE COLLOQ., oleo AE COLLOQ.

▷ **margherita** /marge'rita/ f. **1** *(fiore)* daisy, marguerite; ***un mazzo di -e*** a bunch of daisies **2** *(di stampante)* daisy wheel; ***stampante a*** ~ daisy wheel printer **3** GASTR. ***pizza*** ~ = pizza with tomato, mozzarella cheese and basil **4** MAR. ***nodo*** ~ sheepshank ◆ ***sfogliare la*** ~ to waver.

Margherita /marge'rita/ n.pr.f. Daisy, Margaret.

margheritina /margeri'tina/ f. daisy.

marginale /mardʒi'nale/ agg. **1** *(posto sul margine)* [*note*] marginal **2** *(secondario)* [*attività, ruolo, figura, questione, fenomeno, costo*] marginal, secondary **3** ECON. STATIST. marginal.

marginalità /mardʒinali'ta/ f.inv. marginality; ***vivere nella*** ~ to live on the fringes of society; ***il partito è uscito dalla*** ~ the party has come out from the cold.

marginalizzare /mardʒinalid'dzare/ [1] tr. to marginalize.

marginalmente /mardʒinal'mente/ avv. marginally.

marginare /mardʒi'nare/ [1] tr. **1** *(riservare un margine a)* to edge [*testo, pagina*] **2** [*macchina da scrivere*] to margin [*foglio*].

marginatore /mardʒina'tore/ m. *(di macchina da scrivere)* margin stop.

marginatura /mardʒina'tura/ f. **1** TIP. *(il marginare)* margining **2** *(margine)* edge, border.

▷ **margine** /'mardʒine/ m. **1** *(bordo estremo, contorno) (di foresta, bosco)* border, edge, fringe, margin; *(di strada, lago)* side; ***~ della strada*** roadside; ***~ del precipizio*** the edge *o* brink of the precipice; ***i -i di una ferita*** the lips of a wound **2** FIG. *(limite)* ***vivere ai -i della società*** to live on the fringes of society; ***sentirsi ai -i*** to feel at *o* on the margins, to feel like an outsider; ***essere ai -i della legalità*** to be verging on the illegal; ***alcuni paesi temono di restare ai -i dell'Europa*** some countries are afraid they will remain on the periphery of Europe **3** *(spazio bianco)* margin; ***~ sinistro, destro, superiore, inferiore*** left, right, top, bottom margin; ***lasciare, tracciare un ~ di 4 cm a sinistra nella pagina*** to leave, to rule a margin of 4 cm on the left of the page; ***a*** ~ in the margin; ***annotare a*** ~ to margin; ***correggere a*** ~ to correct in the margin **4** *(possibilità, spazio, tempo in più)* margin; ***~ di manovra*** room for manouvre; ***~ di libertà*** degree of freedom; ***dovresti lasciarmi più ~ d'autonomia, più ~ di decisione*** you should give *o* allow me more autonomy, more scope for making decisions; ***il loro ~ d'azione è ristretto*** they have very little room for manoeuvre; ***non disporre di alcun ~ d'iniziativa*** to have no scope *o* room to use one's initiative; ***abbiamo al massimo un ~ di 10 minuti per cambiare treno*** we've got no more than 10 minutes *o* 10 minutes's leeway to change trains; ***il treno è a mezzogiorno, abbiamo un certo ~ di tempo*** the train isn't until midday, we've got plenty of leeway **5** COMM. *(profitto)* (profit) margin; ***~ di profitto*** profit margin **6** SPORT *(vantaggio)* ***vincere con largo ~*** to win by a wide margin **7** BUROCR. *(parallelamente)* ***due protocolli sono stati firmati in ~ all'accordo di settembre*** two treaties were signed alongside September's agreement ◆◆ ***~ d'errore*** margin of *o* for error; ***~ di fluttuazione*** fluctuation margin *o* band; ***~ di garanzia*** safety margin; ***~ di guadagno*** profit margin; ***~ lordo*** gross margin; ***~ di sicurezza*** safety margin; ***~ di tolleranza*** tolerance; ***~ di utile lordo*** mark-on, mark-up.

margotta /mar'gɔtta/ f. *(metodo)* layering.

margottare /margot'tare/ [1] tr. to layer.

margravia /mar'gravja/ f. margravine.

margraviato /margra'vjato/ m. margraviate.

margravio, pl. **-vi** /mar'gravjo, vi/ m. margrave.

maria /ma'ria/ f. COLLOQ. *(marijuana)* pot.

Maria /ma'ria/ n.pr.f. Mary, Maria, Marie; ***la Vergine ~*** the Virgin Mary; ***~ la Sanguinaria*** Bloody Mary ◆ ***~ santissima! ~ Vergine!*** Good Heavens!

Maria Maddalena /ma'riamadda'lena/ n.pr.f. Mary Magdalene.

Marianna /ma'rjanna/ n.pr.f. Marian.

Marianne /ma'rjanne/ ➧ **14** n.pr.f.pl. ***le (Isole) ~*** the Mariana Islands; ***la fossa delle ~*** the Mariana Trench.

mariano /ma'rjano/ agg. [*tempio, devozione*] Marian.

maricoltore /marikol'tore/ ➧ **18** m. (f. **-trice** /tritʃe/) mariculturist.

maricoltura /marikol'tura/ f. mariculture.

marimba /ma'rimba/ f. marimba.

marijuana /marju'ana/ f.inv. marijuana.

▷ **1.marina** /ma'rina/ f. **1** *(zona in riva al mare)* seacoast, seashore; ***passeggiare per la ~*** to walk along the seashore; ***la ~ veneta*** the coasts of Veneto **2** MAR. MIL. navy, marine; ***~ mercantile*** mercantile navy, shipping *o* merchant navy BE, merchant marine AE; ***~ militare*** navy; ***di ~*** [*ufficiale*] naval; [*strumento, segnali*] nautical; ***entrare in ~*** to join the navy; ***essere in ~*** to serve in the navy **3** ART. seascape, marine; ***pittore di -e*** seascape painter.

2.marina /ma'rina/ m.inv. *(porticciolo attrezzato)* marina.

▷ **marinaio**, pl. **-ai** /mari'najo, ai/ ➧ **12** m. sailor, seaman* (anche MIL.); ***popolo di -ai*** seafaring nation; ***promessa da ~*** FIG. = unfulfilled promise ◆◆ ***~ d'acqua dolce*** (land)lubber; ***~ comune di prima classe*** *(in Gran Bretagna)* able (bodied) seaman*; *(negli Stati Uniti)* seaman*; ***~ comune di seconda classe*** *(in Gran Bretagna)* ordinary seaman*; *(negli Stati Uniti)* seaman apprentice; ***~ di peschereccio*** fisherman*.

marinara /mari'nara/ f. **1** *(vestito)* sailor suit **2** *(cappello)* boater.

marinare /mari'nare/ [1] tr. **1** GASTR. to marinade, to pickle, to souse **2** COLLOQ. to cut* [*lezione*]; ***~ la scuola*** to play truant, to skive BE, to play hooky AE.

marinaresco, pl. **-schi, -sche** /marina'resko, ski, ske/ agg. [*canzone*] sea attrib.; [*termine*] nautical; [*tradizione*] naval; ***gergo ~*** sailors' slang.

marinaro /mari'naro/ agg. **1** *(di mare)* [*località*] seaside attrib.; ***repubblica -a*** STOR. maritime republic **2** *(di marinai)* [*nazione, popolo*] seafaring; ***abitudini -e*** sailors' habits **3 alla marinara** ABBIGL. ***giacca alla -a*** reefer (jacket); ***pullover alla -a*** seaman's jersey; ***vestire alla -a*** to wear a sailor suit; SPORT ***bracciata alla -a*** side stroke; GASTR. [*pasta, risotto*] = with a fish and seafood dressing; ***pizza alla -a*** = pizza with tomato, olives, capers and anchovies.

marinata /mari'nata/ f. marinade, pickle.

marinato /mari'nato/ **I** p.pass. → **marinare II** agg. GASTR. marinated, pickled, soused; ***aringhe -e*** soused herrings.

marinatura /marina'tura/ f. marinading.

marine, pl. **~s** /ma'rin/ m. *(soldato)* marine.

marineria /marine'ria/ f. *(mercantile)* marine; *(militare)* navy.

marinismo /mari'nizmo/ m. Marinism.

marinista, m.pl. **-i**, f.pl. **-e** /mari'nista/ m. e f. Marinist.

▷ **marino** /ma'rino/ agg. [*corrente, fauna, biologia*] marine attrib.; [*sale, mostro*] sea attrib.; ***miglio ~*** nautical mile, sea mile; ***blu ~*** ultramarine.

mariolatria /mariola'tria/ f. Mariolatry.

mariolo /mari'ɔlo/ m. scoundrel, rascal (anche SCHERZ.).

mariologia /mariolo'dʒia/ f. Mariology.

mariologico, pl. **-ci, -che** /marjo'lɔdʒiko, tʃi, ke/ agg. of Mariology.

▷ **marionetta** /marjo'netta/ f. **1** *(fantoccio)* (string) puppet, marionette; ***spettacolo di -e*** puppet show; ***teatro delle -e*** puppet theatre **2** FIG. *(persona)* puppet; ***essere solo una ~ al servizio di qcn.*** to be a mere tool in the hands of sb.

marionettista, m.pl. **-i**, f.pl. **-e** /marjonet'tista/ ➧ **18** m. e f. puppet player, marionette player.

marionettistico, pl. **-ci, -che** /marjonet'tistiko, tʃi, ke/ agg. puppet attrib., marionette attrib.

maritabile /mari'tabile/ agg. [*persona*] marriageable.

maritale /mari'tale/ agg. marital.

maritalmente /marital'mente/ avv. maritally; ***convivere ~*** to live as husband and wife.

maritare /mari'tare/ [1] **I** tr. ANT. to marry (off); ***avere delle figlie da ~*** to have daughters to marry off **II maritarsi** pronom. ANT. to get* married (**con** to).

maritato /mari'tato/ **I** p.pass. → **maritare II** agg. ANT. [*donna*] married.

▶ **marito** /ma'rito/ m. husband; ***cercare ~*** to look for a husband; ***prendere ~*** to take husband; ***essere ~ e moglie*** to be husband and wife; ***"vi dichiaro ~ e moglie"*** "I now pronounce you man and wife"; ***vivere come ~ e moglie*** to live as husband and wife; ***ragazza in età da ~*** of marriageable age; ***primo, secondo ~*** first, second husband; ***ex ~*** ex-husband ◆ ***tra moglie e ~ non mettere il dito*** PROV. = never interfere between husband and wife.

maritozzo /mari'tɔttso/ m. GASTR. INTRAD. (sweet bun typical of central Italy).

Marittime /ma'rittime/ n.pr.pl.f. (anche **Alpi ~**) Maritime Alps.

marittimo /ma'rittimo/ **I** agg. **1** *(vicino al mare)* [*clima, pianta*] maritime; [*regione*] coastal; [*città*] seaside attrib.; ***porto ~*** seaport; ***stazione -a*** harbour station **2** *(che sfrutta il mare)* [*navigazione, traffico, commercio, scalo, collegamento, blocco*] maritime; [*trasporto*] marine attrib.; *(che riguarda il mare)* [*leggi*] marine attrib. **II** m. sailor, seaman*; ***sciopero dei -i*** seamen's strike.

marketing /'marketing/ m.inv. marketing; ***indagine*** o ***ricerca di ~*** marketing research; ***strategia di ~*** marketing strategy.

marmaglia /mar'maʎʎa/ f. **1** SPREG. *(gentaglia)* riffraff **2** *(moltitudine)* mob + verbo sing. o pl.

▷ **marmellata** /marmel'lata/ f. jam, jelly AE; *(di agrumi)* marmalade; ***un vasetto di ~*** a jar of jam; ***~ di albicocche*** apricot jam; ***~ di arance amare*** Seville orange marmalade; ***sfogliatina alla ~*** jam puff; ***spalmare la ~ sul pane*** to spread some bread with jam.

marmetta /mar'metta/ f. EDIL. marble-chip floortile.

marmifero /mar'mifero/ agg. ***industria -a*** marble industry.

marmista, m.pl. **-i**, f.pl. **-e** /mar'mista/ ➧ **18** m. e f. marble cutter, marble carver; ***~ funebre*** monumental mason.

marmitta /mar'mitta/ f. **1** *(pentolone)* pot, stockpot, dixie BE MIL. **2** AUT. silencer BE, muffler AE ◆◆ ***~ catalitica*** catalytic converter; ***~ dei giganti*** GEOL. pothole.

marmittone /marmit'tone/ m. MIL. COLLOQ. sprog, rookie AE, yardbird AE.

▶ **marmo** /'marmo/ m. **1** marble; ***~ finto*** imitation marble; ***un blocco di ~*** a block of marble **2** FIG. ***freddo come il ~*** stone-cold; ***inciso nel ~*** set in stone; ***rimanere di ~*** to remain stony-faced; ***la notizia li lasciò di ~*** they were completely unmoved by the news.

marmocchio, pl. **-chi** /mar'mɔkkjo, ki/ m. COLLOQ. kid, brat SPREG., sprog BE.

marmoreo /mar'mɔreo/ agg. **1** ***statua, colonna -a*** marble statue, marble column **2** LETT. marmoreal.

marmorizzare /marmorid'dzare/ [1] tr. to marble.

marmorizzato /marmorid'dzato/ **I** p.pass. → **marmorizzare II** agg. marbled; ***carta -a*** marble paper; ***torta -a*** marble cake.

marmorizzazione /marmoriddzat'tsjone/ f. marbling.

marmosetta /marmo'setta/ f. marmoset.

▷ **marmotta** /mar'mɔtta/ f. marmot; ***~ americana*** groundhog AE, woodchuck; ***~ caligata*** whistler ◆ ***dormire come una ~*** to sleep like a log.

marna /'marna/ f. marl; ***roccia di ~*** marlstone.

marnare /mar'nare/ [1] tr. to marl.

marnoso /mar'noso/ agg. marly.

marocchinare /marokki'nare/ [1] tr. = to tan into morocco leather.

1.marocchino /marok'kino/ ➧ **25 I** agg. Moroccan **II** m. (f. **-a**) Moroccan.

2.marocchino /marok'kino/ m. *(cuoio)* morocco (leather).

Marocco /ma'rɔkko/ ➧ **33** n.pr.m. Morocco.

maronita, m.pl. **-i**, f.pl. **-e** /maro'nita/ **I** agg. Maronite **II** m. e f. Maronite.

maroso /ma'roso/ m. breaker, billow.

marpione /mar'pjone/ m. COLLOQ. sly one, smart cookie AE, slyboots AE; ***è un vecchio ~!*** he's a crafty old dog!

marra /'marra/ f. **1** AGR. hoe **2** MAR. fluke.

marrano /mar'rano/ m. **1** STOR. Marrano **2** ANT. traitor.

marroncino /marron'tʃino/ **I** agg. light brown **II** m. light brown.

▷ **marrone** /mar'rone/ ➧ **3 I** agg. *(colore)* brown; ***~ scuro*** dark *o* deep brown; ***~ chiaro*** light *o* pale brown **II** m. **1** BOT. sweet chestnut **2** *(colore)* brown; ***non mi piace il ~*** I don't like brown **III marroni** m.pl. VOLG. balls, bollocks BE, nuts.

marron glacé /mar'rongla'se/ m.inv. marron glacé.

marrubio, pl. **-bi** /mar'rubjo, bi/ m. BOT. horehound.

marruca, pl. **-che** /mar'ruka, ke/ f. Christ's thorn.

marsala /mar'sala/ m.inv. Marsala (wine).

marsalato /marsa'lato/ agg. = said of wine that has acquired a taste similar to that of Marsala.

marsc', **marsch** /marʃ/ inter. march; ***avanti, ~!*** forward march!

Marsiglia /mar'siʎʎa/ ♦ *2* n.pr.f. Marseilles; ***sapone di ~*** kitchen soap, Marseilles soap.

marsigliese /marsiʎ'ʎese/ ♦ *2* **I** agg. from, of Marseilles **II** m. e f. *(persona)* native, inhabitant of Marseilles **III** f. *(inno nazionale francese)* ***la ~*** the Marseillaise.

marsina /mar'sina/ f. dress coat, tails pl.

marsovino /marso'vino/ m. ZOOL. porpoise, cowfish.

marsupiale /marsu'pjale/ **I** agg. marsupial **II** m. marsupial, pouched animal.

marsupio, pl. **-pi** /mar'supjo, pi/ m. **1** marsupium*, pouch **2** *(per bambini)* baby carrier **3** *(legato alla vita)* bumbag BE, fanny pack AE.

Marta /'marta/ n.pr.f. Martha.

martagone /marta'gone/ m. Turk's cap lily, martagon.

Marte /'marte/ n.pr.m. **1** MITOL. Mars **2** ASTR. Mars.

▷ **martedì** /marte'di/ ♦ *11* m.inv. Tuesday; ***oggi è ~*** today is Tuesday; ***di*** o ***il ~*** on Tuesdays; ***tutti i ~ vado in palestra*** I go to the gym on Tuesdays; ***~ scorso, prossimo*** last, next Tuesday; ***~ mattina, pomeriggio, sera*** Tuesday morning, afternoon, evening; ***sono nato di ~*** I was born on a Tuesday ♦♦ ***~ grasso*** Shrove Tuesday RELIG., Pancake Day.

martellamento /martella'mento/ m. **1** hammering (**su** at) **2** FIG. overkill; ***~ pubblicitario, dei media*** advertising, media overkill.

martellante /martel'lante/ agg. [*ritmo, suono*] thumping, pounding (anche FIG.); ***questa pubblicità è davvero ~*** they keep bombarding us with that ad; ***ho un mal di testa ~*** I've got a pounding headache.

martellare /martel'lare/ [1] **I** tr. **1** to hammer, to planish [*metallo*]; [*artiglieria*] to hammer [*bersaglio, postazioni nemiche*] **2** *(colpire ripetutamente)* to beat*; ***~ il parafango per togliere le ammaccature*** to beat the dents out of a bumper; ***~ il rame per farne pentole*** to hammer copper **3** *(incalzare)* to bombard; ***~ qcn. di domande*** to bombard sb. with questions **II** intr. (aus. *avere*) to hammer (anche FIG.); ***i chicchi di grandine martellavano sulla finestra*** hailstones hammered against the window; ***il cuore gli martellava per la paura*** his heart was pounding *o* thumping with fear; ***mi martellano le tempie*** my temples are throbbing.

martellata /martel'lata/ f. hammer blow, heavy blow FIG.; ***rumori di -e*** sounds of hammering; ***darsi una ~ sul dito*** to hit one's finger with a hammer; ***spianare qcs. a -e*** to beat sth. out, to hammer sth. flat [*metallo*].

martellato /matel'lato/ **I** p.pass. → **martellare II** agg. **1** [*rame*] hammered; [*ferro*] wrought **2** MUS. martellato.

martellatore /martella'tore/ ♦ *18* m. *(operaio)* hammerer.

martellatura /martella'tura/ f. hammering.

martelletto /martel'letto/ m. **1** *(del pianoforte)* hammer **2** *(di giudice, banditore d'aste)* gavel **3** MECC. *(dell'orologio)* striker **4** MED. reflex hammer.

martellina /martel'lina/ f. *(di muratore)* pick, stone hammer; *(cesello)* tooler.

martellio, pl. **-ii** /martel'lio, ii/ m. (continuous) hammering.

▷ **martello** /mar'tɛllo/ m. **1** *(di falegname)* hammer, mallet; *(di banditore, giudice, presidente)* gavel; ***mulino a -i*** hammer mill; ***la falce e il ~*** the hammer and sickle **2** SPORT hammer; ***lanciare il ~*** to throw the hammer **3** ANAT. hammer, malleus*; ***dito a ~*** hammer toe **4** ITTIOL. ***pesce ~*** hammerhead **5** *(allarme)* ***campana (che suona) a ~*** tocsin; ***suonare a ~*** to ring the tocsin ♦ ***essere tra l'incudine e il ~*** to be between a rock and a hard place ♦♦ ***~ da ghiaccio*** ice-hammer; ***~ a granchio*** claw hammer; ***~ percussore*** MED. reflex hammer; ***~ pneumatico*** hammer drill, pneumatic drill, jackhammer; ***~ da tappezziere*** tack hammer.

martensite /marten'site/ f. martensite.

martinetto /marti'netto/ m. jack ♦♦ ***~ idraulico*** hydraulic jack; ***~ a vite*** jackscrew.

martingala /martin'gala/ f. **1** SART. back-belt, half-belt **2** EQUIT. martingale **3** GIOC. *(raddoppiamento della scommessa)* martingale.

Martinica /marti'nika/ ♦ *14* n.pr.f. Martinique.

martinicca /marti'nikka/ f. block brake.

Martino /mar'tino/ n.pr.m. Martin.

martin pescatore /martinpeska'tore/ m. kingfisher.

▷ **martire** /'martire/ m. e f. RELIG. martyr (anche FIG.); ***un ~ della causa*** a martyr to the cause; ***smettila di fare il ~!*** don't be such a martyr! ***gli piace fare il ~*** he likes playing the martyr.

▷ **martirio**, pl. **-ri** /mar'tirjo, ri/ m. martyrdom.

martirizzare /martirid'dzare/ [1] tr. to martyr, to martyrize (anche FIG.).

martirologio, pl. **-gi** /martiro'lɔdʒo, dʒi/ m. martyrology.

martora /'martora/ f. marten; ***~ comune*** pine marten.

martoriare /marto'rjare/ [1] **I** tr. to torture, to torment **II martoriarsi** pronom. to torture oneself.

marxiano /mark'sjano/ agg. Marxian.

marxismo /mark'sizmo/ m. Marxism.

marxista, m.pl. **-i**, f.pl. **-e** /mark'sista/ **I** agg. Marxist **II** m. e f. Marxist.

marxistico, pl. **-ci**, **-che** /mark'sistiko, tʃi, ke/ agg. Marxist.

marza /'martsa/ f. BOT. scion.

marzaiola /martsa'jɔla/ f. garganey.

marzapane /martsa'pane/ m. marzipan.

Marzia /'martsja/ n.pr.f. Marcia.

marziale /mar'tsjale/ agg. [*musica*] martial; [*portamento*] soldierly; ***corte ~*** court-martial; ***corte ~ straordinaria*** drumhead court-martial; ***legge ~*** martial law; ***arti -i*** martial arts; ***essere processato dalla corte ~*** to be tried by court-martial.

marziano /mar'tsjano/ **I** agg. Martian **II** m. (f. **-a**) **1** Martian **2** FIG. oddball, weirdo.

marzio, pl. **-zi**, **-zie** /'martsjo, tsi, tsje/ agg. Martial; ***campo ~*** parade ground.

▶ **marzo** /'martso/ ♦ *17* m. March; ***in*** o ***a ~*** in March; ***il primo, il due (di) ~*** the first, the second of March; ***le idi di Marzo*** the ides of March.

marzolino /martso'lino/ agg. March attrib.

mascalcia /maskal'tʃia/ f. farriery BE.

mascalzonata /maskaltso'nata/ f. roguery.

▷ **mascalzone** /maskal'tsone/ m. (f. **-a**) COLLOQ. rascal, rogue, skunk.

mascara /mas'kara/ m.inv. mascara.

mascarpone /maskar'pone/ m. GASTR. INTRAD. (soft cheese used for preparing creams and cakes).

mascella /maʃ'ʃɛlla/ ♦ *4* f. jaw, jawbone, jowl, maxilla*, chops pl. COLLOQ.; *(di animali)* chap; ***~ superiore, inferiore*** upper, lower jaw; ***con la ~ quadrata*** square-jawed.

mascellare /maʃʃel'lare/ agg. gnathic, maxillary; ***osso ~*** jawbone.

▷ **maschera** /'maskera/ ♦ *18* f. **1** *(sul viso)* mask; ***aveva*** o ***portava una ~ da gatto*** he was wearing a cat mask; ***~ d'Arlecchino*** Harlequin mask; ***~ di carnevale*** carnival mask; ***essere una ~ di sangue*** FIG. to be a mask of blood; ***la Maschera di Ferro*** the Iron Mask **2** *(travestimento)* costume, masquerade, fancy dress **U** BE; *(persona travestita)* masker; ***in ~*** in fancy dress; ***mettere*** o ***indossare una ~*** to masquerade; ***mettersi in ~*** to disguise oneself; ***ballo in ~*** masked ball, masquerade, fancy dress ball BE **3** *(maschera popolare)* stock character **4** COSMET. mask; ***~ di bellezza*** face-pack; ***~ all'argilla*** mudpack **5** MED. *(aspetto)* facies* **6** *(apparenza)* cloak, mask; ***dietro la ~ di qcs.*** under the guise of sth.; ***una ~ di indifferenza*** a mask of indifference; ***nascondersi dietro la ~ della virtù*** to hide behind the appearance of virtue **7** *(al cinema)* attendant, doorman*; *(a teatro)* mask; *(uomo)* usher; *(donna)* usherette **8** INFORM. ELETTRON. mask **9** MECC. jig ♦ ***gettare la ~*** to unmask oneself, to shed one's disguise; ***giù la ~!*** no more pretending! ***strappare la ~ a qcn.*** to unmask sb. ♦♦ ***~ antigas*** gas mask; ***~ da apicultore*** beekeeper's veil; ***~ da chirurgo*** surgical mask; ***~ mortuaria*** death mask; ***~ d'ossigeno*** oxygen mask; ***~ di protezione*** o ***protettiva*** SPORT faceguard; ***~ da saldatore*** face shield; ***~ da scherma*** fencing mask; ***~ da sub*** o ***subacquea*** underwater *o* diving mask.

mascheramento /maskera'mento/ m. **1** masking (anche FOT. TECN.) **2** FIG. *(il nascondere)* whitewash **3** MIL. *(mimetizzazione)* camouflage.

mascherare /maske'rare/ [1] **I** tr. **1** *(travestire)* to disguise [*persona*]; to mask [*viso*] **2** *(dissimulare)* to belie, to disguise, to hide* [*fatti, sentimenti*]; to cloak [*convinzioni, intenzioni*]; to cover up [*errori*]; to disguise, to mask [*emozione*]; to whitewash [*azione, verità*]; ***~ il proprio divertimento*** to conceal one's amusement **3** *(coprire)* to mask [*gusto*]; to uncover up [*cosa spiacevole*] **4** MIL. to camouflage [*cannone, dispositivo, ordigno*] **5** FOT. to block off, to mask [*negativo*] **II mascherarsi** pronom. [*persona*] to disguise oneself, to masquerade (**da** as).

mascherata /maske'rata/ f. **1** *(festa)* masquerade, fancy dress party BE; *(sfilata)* costume parade **2** *(messa in scena)* masquerade.

mascheratamente /maskerata'mente/ avv. hiddenly.

mascherato /maske'rato/ **I** p.pass. → **mascherare II** agg. **1** *(con una maschera)* disguised, masked; ***ballo ~*** masquerade, masked ball, fancy dress ball BE; ***~ da clown*** disguised as a clown **2** FIG. *(dissimulato)* [*difetto, voce*] disguised, hidden.
mascheratura /maskera'tura/ f. masking (anche FOT. TECN.).
mascheretto /maske'retto/ m. bore.
mascherina /maske'rina/ f. **1** *(sugli occhi)* domino, eye-mask **2** *(persona travestita)* masker; *(bambino)* = child in fancy dress **3** *(di animali)* patch **4** *(di scarpe)* toe cap **5** FOT. mask **6** *(protettiva)* respirator; ***~ antismog*** smog mask **7** AUT. *(del radiatore)* (radiator) grille ◆ ***ti conosco ~!*** you can't fool me! gotcha!
mascherone /maske'rone/ m. ARCH. mascaron, mask.
maschiaccio, pl. **-ci** /mas'kjattʃo, tʃi/ m. **1** *(ragazzo)* bad boy **2** *(ragazza)* tomboy, hoyden SPREG.
maschiare /mas'kjare/ [1] tr. TECN. to tap.
maschiatura /maskja'tura/ f. TECN. tapping.
maschietta /mas'kjetta/ f. flapper (girl) COLLOQ.; ***pettinatura alla ~*** gamine hairstyle, shingle hairstyle, shingled hair.
maschietto /mas'kjetto/ m. **1** baby boy; ***è un ~!*** it's a he, it's a boy! **2** TECN. pintle, pin.
▷ **maschile** /mas'kile/ **I** agg. **1** BIOL. ZOOL. male **2** *(riferito a uomini)* [*condizione, corpo, popolazione, ruolo, sesso, sessualità, tratto, voce*] male; ***coro ~*** male voice choir **3** *(per uomini)* [*industria, professione*] male-dominated; [*abbigliamento, colore, stile*] masculine; ***chi era il protagonista ~?*** who was the male lead? **4** SPORT ***gara ~*** men's event; ***titolo ~*** men's title **5** LING. masculine **II** m. LING. masculine; ***al ~*** in the masculine.
maschilismo /maski'lizmo/ m. (male) chauvinism.
maschilista, m.pl. **-i**, f.pl. **-e** /maski'lista/ **I** agg. (male) chauvinist **II** m. e f. (male) chauvinist.
maschilistico, pl. **-ci, -che** /maski'listiko, tʃi, ke/ agg. (male) chauvinist.
▶ **1.maschio**, pl. **-schi, -schie** /'maskjo, ski, skje/ **I** agg. **1** BOT. [*pianta, fiore*] male **2** ZOOL. ***cane ~*** male dog, he-dog; ***antilope, coniglio ~*** buck antelope, buck rabbit; ***balena, elefante ~*** bull whale, bull elephant; ***falco ~*** cock hawk **3** EL. [*spina, presa*] male **4** *(virile)* [*voce*] manly, virile **II** m. **1** ZOOL. male, mate; *(di canguro, capra, coniglio, lepre, renna)* buck; *(di grossi animali)* bull; *(di uccello)* cock; *(di volpe, lupo)* dog **2** *(bambino)* boy, son; ***-schi e femmine*** boys and girls; ***è un ~ o una femmina?*** is it a boy or a girl? **3** *(uomo)* male, man*; ***un bell'esemplare di ~*** SCHERZ. a fine specimen of manhood **4** TECN. (screw) tap; ***incastro a ~ e femmina*** tongue-and-groove joint.
2.maschio, pl. **-schi** /'maskjo, ski/ m. ARCH. keep, donjon.
mascolinamente /maskolina'mente/ avv. mannishly.
mascolinità /maskolini'ta/ f.inv. manhood, manliness, masculinity.
mascolinizzare /maskolinid'dzare/ [1] **I** tr. to unsex [*donna*] **II** **mascolinizzarsi** pronom. to take* on male traits.
mascolinizzazione /maskoliniddzat'tsjone/ f. masculinization.
mascolino /masko'lino/ agg. virile, manly; [*abbigliamento, donna*] mannish, unwomanly, butch COLLOQ. SPREG.
mascotte /mas'kɔt/ f.inv. mascot; ***~ portafortuna*** lucky mascot.
maser /'mazer/ m.inv. maser.
masnada /maz'nada/ f. COLLOQ. band, gang SPREG., mob (anche SPREG.); ***una ~ di ladri*** a band of thieves; ***una ~ di ragazzini chiassosi*** a mob of noisy kids.
masnadiere /mazna'djɛre/ m. LETT. brigand ANT., bandit, villain FIG.
masochismo /mazo'kizmo/ m. masochism.
masochista, m.pl. **-i**, f.pl. **-e** /mazo'kista/ **I** agg. masochist(ic) **II** m. e f. masochist; ***un ~*** FIG. a glutton for punishment, a masochist.
masochistico, pl. **-ci, -che** /mazo'kistiko, tʃi, ke/ agg. masochistic.
masonite® /mazo'nite/ f. Masonite, masonite®.
▶ **massa** /'massa/ f. **1** *(insieme)* mass; *(di acqua)* body; *(di terra)* clump; ***~ rocciosa*** rocky mass; ***~ continentale*** landmass; ***~ d'aria*** air mass; ***~ informe*** blob; ***una densa ~ di nubi*** a solid bank of clouds; ***una ~ di capelli*** FIG. a bush *o* mop of hair; ***una ~ umana*** a mass of people; ***la ~ crescente dei disoccupati*** the swelling ranks of the unemployed **2** *(grande quantità)* mass; ***in ~*** by the busload, in droves; ***di ~*** [*disoccupazione, esodo, protesta, turismo*] mass; ***cultura di ~*** mass culture; ***consumo di ~*** mass consumption; ***esecuzioni di ~*** mass executions; ***movimento di ~*** mass movement; ***votare in ~*** to vote overwhelmingly *o* solid; ***la gente accorse in ~*** people came in crowds; ***mezzi di comunicazione di ~*** mass media **3** *(popolazione, folla)* ***la ~*** SPREG. the (common) herd, the rabble; ***le -e*** the masses, the many, the mob SPREG.; ***le -e operaie*** the labouring masses; ***le -e rurali*** the rural masses; ***seguire la ~*** to follow the crowd, to go *o* move with the crowd **4** FIS. mass; ***~ atomica*** atomic mass **5** EL. earth BE, ground AE; ***mettere a ~*** to earth BE, to ground AE **6** ART. mass **7** INFORM. ***memoria di ~*** backing store **8** DIR. ***~ fallimentare*** bankrupt stock **9** CINEM. TEATR. ***scena di ~*** crowd scene, mob scene **10** GEOL. ***~ di fondo*** groundmass ◆ ***sparire nella ~*** to get lost in the crowd ◆◆ ***~ critica*** critical mass; ***~ gravitazionale*** gravitational mass; ***~ inerziale*** inertial mass; ***~ monetaria*** money supply; ***~ salariale*** wage bill.
massacrante /massa'krante/ agg. [*attività, lavoro*] back-breaking, killing COLLOQ.; [*giorno, viaggio*] knackering POP.; [*caldo, condizioni, pressione*] murderous COLLOQ.
massacrare /massa'krare/ [1] tr. **1** *(uccidere)* to massacre, to slaughter, to butcher **2** *(malmenare)* to beat* [*persona*]; ***~ qcn. di botte*** to knock *o* beat the living daylights out of sb. COLLOQ., to beat the shit out of sb. POP. **3** *(logorare)* to kill; ***questo caldo mi sta massacrando*** this heat is killing me **4** SPORT COLLOQ. *(stracciare)* to slaughter, to take* apart [*squadra*] **5** COLLOQ. *(maltrattare)* to mangle [*musica, traduzione*]; to massacre, to murder [*linguaggio, melodia*].
massacratore /massakra'tore/ m. (f. **-trice** /tritʃe/) slaughterer.
▷ **massacro** /mas'sakro/ m. **1** *(di persone)* massacre, butchery, mass murder; *(di animali)* slaughter; ***il ~ di san Bartolomeo*** STOR. the St. Bartholomew's Day massacre **2** SPORT FIG. slaughter **3** FIG. disaster; ***il viaggio in queste condizioni è un ~*** travelling in these conditions is murder.
massaggiagengive /massaddʒadʒen'dʒive/ m.inv. teether, teething ring.
massaggiare /massad'dʒare/ [1] **I** tr. to massage [*persona*]; to rub [*schiena, spalle*]; to rub down [*atleta*]; ***~ la crema fino all'assorbimento*** rub the cream into your skin **II** **massaggiarsi** pronom. ***-rsi le gambe*** to massage one's legs.
massaggiatore /massaddʒa'tore/ ➧ ***18*** m. **1** *(persona)* masseur **2** *(apparecchio)* massager.
massaggiatrice /massaddʒa'tritʃe/ ➧ ***18*** f. masseuse.
▷ **massaggio**, pl. **-gi** /mas'saddʒo, dʒi/ m. massage, rub; ***centro per -gi*** massage parlour BE *o* parlor AE; ***fare un ~ a qcs.*** to give [sth.] a rub [*schiena*]; ***farsi fare un ~*** to have a massage ◆◆ ***~ cardiaco*** MED. cardiac massage.
▷ **massaia** /mas'saja/ f. housewife*.
massaio, pl. **-ai** /mas'sajo, ai/, **massaro** /mas'saro/ m. ANT. farmer.
massellare /massel'lare/ [1] tr. to bloom.
massellatura /massella'tura/ f. blooming.
massello /mas'sɛllo/ m. **1** IND. bloom; ***forno per -i*** bloomery **2** EDIL. block (of stone) **3** *(legno)* solid wood.
masseria /masse'ria/ f. farm.
masserizie /masse'rittsje/ f.pl. household belongings, household effects.
massese /mas'sese/, **massetano** /masse'tano/ ➧ ***2*** **I** agg. from, of Massa Carrara **II** m. e f. native, inhabitant of Massa Carrara.
massetere /masse'tɛre/ **I** agg. ***muscolo ~*** masseter **II** m. masseter.
massicciamente /massittʃa'mente/ avv. [*manifestare, iniettare, assorbire*] massively.
massicciare /massit'tʃare/ [1] tr. to ballast [*ferrovia, strada*].
massicciata /massit'tʃata/ f. *(di ferrovia, strada)* ballast, roadbed, hard core.
▷ **massiccio**, pl. **-ci, -ce** /mas'sittʃo, tʃi, tʃe/ **I** agg. **1** *(solido)* [*edificio*] solid, massive; [*corporatura, persona*] stocky, burly, hefty **2** *(per quantità, numero)* [*attacco, dose*] massive; ***una -a presenza di polizia*** a heavy police presence **3** *(puro)* [*argento, oro, legno, noce*] solid; ***il cancello era fatto di acciaio ~*** the gate was made of solid steel **II** m. GEOGR. GEOL. massif.
massificare /massifi'kare/ [1] tr. SPREG. to standardize [*gusto, bisogni*].
massificato /massifi'kato/ **I** p.pass. → **massificare II** agg. SPREG. standardized.
massificazione /massifikat'tsjone/ f. SPREG. standardization.
1.massima /'massima/ f. **1** *(motto)* adage, maxim, precept, saying **2** *(principio generale)* ***progetto di ~*** discussion paper; ***schema di ~*** ground plan FIG.; ***in linea di ~*** as a general rule, on the whole; ***parlando in linea di ~*** broadly speaking.
2.massima /'massima/ f. **1** *(temperatura)* maximum; ***termometro a ~ e a minima*** maximum minimum thermometer **2** MED. *(pressione)* systolic pressure.
massimale /massi'male/ **I** agg. maximal attrib., maximum **II** m. *(limite massimo)* limit, ceiling; ***~ di rischio*** maximum coverage; ***assicurarsi per un ~ di 100.000 euro*** to get insurance coverage for up to 100,000 euros.
massimalismo /massima'lizmo/ m. maximalism.
massimalista, m.pl. **-i**, f.pl. **-e** /massima'lista/ **I** agg. maximalist attrib. **II** m. e f. maximalist.

massimalistico pl. **-ci, -che** /massima'listiko, tʃi, ke/ agg. maximalist.
massimamente /massima'mente/ avv. chiefly, mainly.
Massimiliano /massimi'ljano/ n.pr.m. Maximilian.
massimizzare /massimid'dzare/ [1] tr. to maximize [*profitti, vendite*].
massimizzazione /massimiddʒat'tʃjone/ f. maximization.
▶ **massimo** /'massimo/ **I** agg. **1** *(estremo)* [*punteggio, velocità*] maximum, top; [*prezzo, temperatura*] highest, maximum; [*lusso, insulto*] greatest; [*attenzione, cautela, discrezione, importanza, rispetto, segretezza*] utmost; ***valore ~*** peak; ***carico ~*** maximum load; ***livello ~ mai raggiunto*** all time high; ***il ~ esponente della letteratura russa*** the leading figure in Russian literature; ***con la -a cura, urgenza*** with the utmost care, haste; ***nelle fasce di ~ ascolto*** at *o* during peak time *o* prime time; ***della -a importanza*** highly important, of the utmost importance; ***essere della -a priorità*** to have a top priority; ***ne trarrò il ~ profitto*** I will benefit highly from it; ***essere in stato di -a allerta*** to be on red *o* full alert MIL. **2** *(al più alto livello richiesto o possibile)* top, most; ***tempo ~*** time-limit; ***tasso ~*** ceiling rate; ***tetto ~*** cut-off; ***ai -i livelli*** [*negoziati*] top-level; ***carcere di -a sicurezza*** maximum *o* top security prison; ***offriamo la -a valutazione*** we pay top prices **3** SPORT ***pesi -i*** heavyweight **4** MAT. ***~ comun divisore*** highest common factor, greatest common divisor *o* factor **II** m. **1** *(la quantità più grande, il grado più elevato)* height, high, most; ***il ~ di*** the height of [*lusso, stupidità*]; ***trarre il ~ (vantaggio) da*** to make the best of [*situazione*]; ***guadagnare il ~ da*** to get the best of; ***ottenere il ~ dei voti*** to get full marks BE *o* top grades AE; ***laurearsi in storia col ~ dei voti*** to get a history first *o* a first in history BE, to graduate with honors in history AE; ***è il ~ della golosità*** it's the essence of gluttony; ***raggiungere il ~*** [*rumore, forma, inflazione*] to reach its peak; ***non è il ~*** [*efficienza, servizio*] it's not all (that) it should be; ***era il ~ che potevo fare*** it was all *o* the most I could do; ***richiedere il ~ della pena*** to recommend the maximum sentence *o* penalty **2** *(limite consentito o richiesto)* maximum; ***contenere un ~ di*** to contain a maximum of; ***ottenere un prestito fino a un ~ di...*** to obtain a loan for a maximum amount of...; ***un ~ di 5 giorni, 5 giorni al ~*** 5 days at the most; ***~ ~ 10 euro*** 10 euros at the very most **3** *(meglio)* ***per la carne questo ristorante è il ~*** this restaurant is the tops for meat COLLOQ.; ***non era il ~ del buongusto*** it was not in the best of taste **4** SPORT heavyweight; ***i -i*** *(categoria)* heavyweight **5 al massimo** at the maximum, at the most, at the utmost; *(al più tardi)* at the latest; ***tre giorni al ~*** three days at the longest; ***essere al ~ (storico)*** to be at a record high; ***quanto pagheremo al ~?*** what's the most we'll have to pay? ***al ~*** [*lavorare*] to the maximum; ***detenere al ~ il 20% del capitale*** to hold no more than 20% of the capital; ***con il riscaldamento al ~*** with the heating at full blast; ***regola il grill al ~*** turn the grill to high; ***essere al ~*** [*persona*] to be firing *o* working on all cylinders; ***di mattina sono al ~ delle mie possibilità*** I'm at my best in the morning; ***sfruttare al ~ le proprie capacità*** to maximize one's potential; ***il sistema è sfruttato al ~*** the system is stretched to the limit; ***partiremo al ~ giovedì*** we'll leave on Thursday at the latest; ***credo che abbia al ~ quarant'anni*** I'd say she's no more than forty; ***se non ci riesco, al ~ ti chiamo*** if I can't do it, I'll call you.
Massimo /'massimo/ n.pr.m. Maximus.
massivo /mas'sivo/ agg. massive.
mass media /mass'mɛdja/ m.pl. mass media + verbo sing. o pl.
massmediatico, pl. **-ci, -che** /massme'djatiko, tʃi, ke/ agg. [*evento, personalità*] media attrib.; ***figura -a*** media star.
massmediologo, m.pl. **-gi**, f.pl. **-ghe** /massme'djɔlogo, dʒi, ge/ m. (f. **-a**) media expert.
masso /'masso/ m. boulder, rock; ***caduta massi*** rockfall; ***"attenzione, caduta -i"*** "beware of falling rocks" ◆◆ ***~ erratico*** GEOL. erratic.
massone /mas'sone/ m. Freemason, Mason.
massoneria /massone'ria/ f. Freemasonry, Masonry.
massonico, pl. **-ci, -che** /mas'sɔniko, tʃi, ke/ agg. Masonic; ***loggia -a*** Masonic lodge.
massoterapia /massotera'pia/ f. massotherapy.
massoterapista, m.pl. **-i**, f.pl. **-e** /massotera'pista/ ➧ ***18*** m. e f. massotherapist.
mastalgia /mastal'dʒia/ f. mastalgia.
mastcellula /mast'tʃellula/ f. mast cell.
mastectomia /mastekto'mia/ f. mastectomy.
mastello /mas'tɛllo/ m. tub, vat; *(per il bucato)* washtub.
master /'master/ m.inv. **1** TECN. *(originale)* master (copy) **2** *(titolo)* UNIV. master's degree; ***studiare per il ~*** to be working towards one's master's.
masterizzare /masterid'dzare/ [1] tr. TECN., to masterize, to burn* GERG.
masterizzatore /masteriddʒa'tore/ m. *(per CD)* CD-Writer, CD burner; *(per DVD)* DVD-Writer, DVD burner.
masticabile /masti'kabile/ agg. [*compressa*] chewable.
▷ **masticare** /masti'kare/ [1] tr. **1** [*persona, animale*] to chew; ***~ rumorosamente*** to champ, to chomp; ***~ bene*** to chew up; ***~ tabacco*** to chew tobacco; ***mastica prima di inghiottire*** chew before swallowing; ***gomma da ~*** bubblegum, (chewing) gum **2** *(borbottare)* to mumble [*frase, risposta*] **3** COLLOQ. FIG. *(parlare)* ***~ un po' il russo*** to have a smattering of Russian **4** FIG. *(conoscere)* ***la matematica la mastico male*** I'm weak at maths.
masticatore /mastika'tore/ m. (f. **-trice** /tritʃe/) masticator (anche TECN.).
masticatorio, pl. **-ri, -rie** /mastika'tɔrjo, ri, rje/ agg. masticatory.
masticatura /mastika'tura/ f. = what has been chewed.
masticazione /mastikat'tsjone/ f. mastication.
mastice /'mastitʃe/ m. *(per piastrelle)* mastic, cement, rubber cement AE; *(per tubi)* lute; *(resina)* mastic; ***~ di finitura*** AUT. body filler.
mastino /mas'tino/ m. **1** mastiff **2** FIG. *(persona aggressiva)* bulldog.
mastite /mas'tite/ ➧ **7** f. mastitis.
mastodonte /masto'donte/ m. **1** ZOOL. mastodon **2** FIG. beached whale, elephant.
mastodontico, pl. **-ci, -che** /masto'dɔntiko, tʃi, ke/ agg. mammoth, mastodontic.
mastoide /mas'tɔide/ f. mastoid.
mastoidectomia /mastɔidekto'mia/ f. mastoidectomy.
mastoideo /mastoi'dɛo/ agg. [*muscolo*] mastoid; ***processo ~*** mastoid process.
mastoidite /mastoi'dite/ ➧ ***7*** f. mastoiditis.
mastopatia /mastopa'tia/ f. mastopathy.
mastra /'mastra/ f. MAR. coaming.
mastro /'mastro/ **I** agg. ***libro ~*** ledger AMM. **II** m. master; ***~ falegname*** master carpenter.
masturbare /mastur'bare/ [1] **I** tr. to masturbate **II masturbarsi** pronom. to masturbate.
masturbatore /masturba'tore/ m. (f. **-trice** /tritʃe/) masturbator.
masturbatorio, pl. **-ri, -rie** /masturba'tɔrjo, ri, rje/ agg. masturbatory.
masturbazione /masturbat'tsjone/ f. masturbation; ***~ mentale*** FIG. intellectual masturbation.
masurio /ma'zurjo/ m. technetium, masurium.
matafione /mata'fjone/ m. earing.
matassa /ma'tassa/ f. hank; *(di lana)* skein; ***dipanare*** o ***sbrogliare la ~*** to disentangle the skein; FIG. to unravel a problem; ***non riuscivo a trovare il bandolo della ~*** I couldn't make head (n)or tail of it.
mate /'mate/ m.inv. *(pianta, infusione)* maté.
matelassé /matelas'se/ m.inv. *(tessuto)* matelassé.
▷ **matematica** /mate'matika/ f. **1** *(scienza)* mathematics + verbo sing., maths BE + verbo sing., math AE **2** SCOL. UNIV. mathematics + verbo sing., maths BE + verbo sing., math AE ◆ ***la ~ non è un'opinione*** mathematics is an exact science ◆◆ ***~ finanziaria*** financial mathematics; ***~ moderna*** new math AE; ***~ pura*** pure mathematics; ***~ superiore*** higher mathematics.
matematicamente /matematika'mente/ avv. **1** MAT. mathematically **2** FIG. mathematically, absolutely; ***essere ~ impossibile*** to be a mathematical impossibility.
▷ **matematico**, pl. **-ci, -che** /mate'matiko, tʃi, ke/ **I** agg. **1** mathematical; ***avere la mente -a*** to have a mathematical mind **2** FIG. *(inevitabile, certo)* ***è ~*** it's absolutely certain; ***avere la certezza -a che*** to be absolutely sure that **II** ➧ ***18*** m. (f. **-a**) mathematician.
materano /mate'rano/ ➧ ***2*** **I** agg. from, of Matera **II** m. (f. **-a**) native, inhabitant of Matera.
materassaio, pl. **-ai** /materas'sajo, ai/ ➧ ***18*** m. (f. **-a**) mattress maker.
materassino /materas'sino/ m. **1** *(per fare ginnastica)* exercise mat **2** *(gonfiabile)* air bed BE, Lilo®, air mattress AE.
▷ **materasso** /mate'rasso/ m. mattress ◆◆ ***~ ad acqua*** water mattress; ***~ di crine*** horsehair mattress; ***~ di gommapiuma*** foam mattress; ***~ a molle*** spring mattress, box spring AE; ***~ a due piazze*** double mattress; ***~ a una piazza*** single mattress.
▶ **materia** /ma'tɛrja/ f. **1** BIOL. CHIM. FIS. *(sostanza)* material, matter; ***~ infiammabile*** flammable material; ***~ inanimata, inerte*** dead matter; ***~ inorganica, organica*** inorganic, organic matter; ***~ grigia*** grey matter; ***~ prima*** raw material; ***-e plastiche*** plastics; ***essere***

povero, ricco di -e grasse to have a low, high fat content; ***la ~ di cui sono fatti i sogni*** the stuff that dreams are made of **2** FILOS. matter; ***la ~ e la forma*** matter and form **3** *(argomento)* subject, topic; ***indice per -e*** subject index; ***in ~ di*** relating to; ***~ di diritto*** point of law; ***~ di meditazione*** o ***di riflessione*** food for thought *o* for speculation; ***in ~ letteraria*** as far as literature is concerned; ***esperto in ~*** expert on the subject; ***è un'autorità in ~ di*** he's an authority on; ***non sono competente in ~*** the subject is new to me; ***sa tutto in ~ di musica*** he knows everything about music; ***ci sono stati molti miglioramenti in ~ di sicurezza*** there have been a lot of safety improvements; ***c'è ~ per intentare un processo*** there are grounds for legal action **4** SCOL. *(disciplina)* subject; ***~ obbligatoria*** core subject; ***-e obbligatorie*** core curriculum; ***~ complementare*** optional subject; ***-e umanistiche*** UNIV. arts; ***-e scientifiche*** science subjects; ***la ~ in cui riesco meglio è l'inglese*** I'm best at English.

▶ **materiale** /mate'rjale/ **I** agg. **1** [*assistenza, conforto, guadagno, successo*] material; *(fisico)* corporeal FORM.; ***necessità -i*** corporalities; ***un'impossibilità ~*** a physical impossibility; ***dal punto di vista ~ stiamo meglio*** in material terms, we are better off; ***sono nell'impossibilità ~ di aiutarla*** it's physically impossible for me to help you **2** FILOS. [*causa, universo, essere, verità, sostanza*] material **3** RELIG. *(non spirituale)* worldly **II** m. **1** *(equipaggiamento)* materials pl., equipment; ***~ da disegno*** art materials, artist's materials; ***~ agricolo*** farm machinery; ***~ di lettura*** reading matter; ***~ bellico*** military hardware; ***~ didattico*** course material, teaching material; ***comprare (del) ~*** to buy equipment **2** *(documentazione)* material; ***~ pubblicitario*** publicity material; ***~ illustrativo*** illustrative material; ***~ informativo*** information pack, presentation pack; ***~ di consultazione*** reference material; ***raccogliere ~ su qcs.*** to collect material on sth.; ***userò questo ~ per il mio prossimo articolo*** I'll use this material in my next article **3** ING. TECN. material; ***~ nucleare*** nuclear material; ***~ di deposito*** driftage; ***~ elettrico*** electrical goods; ***-i edilizi*** building materials; ***~ da imballaggio*** packing material; ***~ di scarto*** IND. dross; ***~ isolante*** deadener, insulating material, lagging ◆◆ ***~ rotabile*** FERR. rolling stock; ***~ umano*** workforce.

materialismo /materja'lizmo/ m. materialism ◆◆ ***~ dialettico*** dialectical materialism; ***~ storico*** historical materialism.

materialista, m.pl. **-i**, f.pl. **-e** /materja'lista/ **I** agg. materialist, wordly SPREG. **II** m. e f. materialist.

materialisticamente /materjalistika'mente/ avv. materialistically.

materialistico, pl. **-ci**, **-che** /materja'listiko, tʃi, ke/ agg. materialistic.

materialità /materiali'ta/ f.inv. materiality.

materializzare /materjalid'dzare/ [1] **I** tr. to materialize **II materializzarsi** pronom. **1** *(assumere una forma materiale)* [*persona, oggetto, spirito*] to materialize (anche SCHERZ.) **2** *(acquistare concretezza)* [*minaccia, speranza*] to materialize, to take* shape.

materializzazione /materjaliddzat'tsjone/ f. materialization.

materialmente /materjal'mente/ avv. **1** *(fisicamente)* materially; ***cessare ~ di esistere*** no longer to have any physical existence; ***~ impossibile*** physically impossible **2** *(finanziariamente)* financially; ***aiutare ~ qcn.*** to give material assistance to sb. **3** *(oggettivamente)* absolutely; ***è ~ impossibile*** it's absolutely impossible.

maternamente /materna'mente/ avv. maternally.

maternità /materni'ta/ f.inv. **1** *(stato di madre)* maternity, motherhood; ***~ sostitutiva*** surrogacy, surrogate motherhood **2** *(congedo)* ***(congedo per) ~*** maternity leave.

▷ **materno** /ma'tɛrno/ **I** agg. **1** [*istinto*] maternal, motherly; ***beni -i*** mother's property; ***consigli -i*** motherly advice; ***latte ~*** breast milk; ***figura -a*** mother figure; ***amore ~*** mother love; ***cure -e*** mothering; ***senso ~*** motherliness, protectiveness; ***è molto -a*** she's a motherly soul; ***è molto -a con loro*** she treats them very maternally **2** *(da parte di madre)* [*linea, zia, nonno*] maternal; ***dal ramo ~*** on one's mother's *o* maternal side **3** *(nativo)* ***lingua -a*** native *o* mother tongue **II materna** f. SCOL. nursery school, preschool AE.

materozza /mate'rɔttsa/ f.TECN. sprue.

Matilde /ma'tilde/ n.pr.f. Mathilda, Matilda.

matinée /mati'ne/ f.inv. afternoon performance, matinée.

▷ **matita** /ma'tita/ f. **1** *(per scrivere)* pencil; ***a ~*** in pencil; ***~ da disegno*** drawing pencil; ***mozzicone di ~*** pencil stub, pencil stump; ***disegno a ~*** pencil drawing; ***colorare qcs. a ~*** to fill sth. in with pencil; ***temperare una ~*** to sharpen a pencil **2** COSMET. FARM. pencil ◆◆ ***~ automatica*** propelling pencil BE; ***~ copiativa*** copying-pencil; ***~ colorata*** (pencil) crayon, colored pencil AE; ***~ emostatica*** styptic pencil; ***~ di grafite*** lead pencil; ***~ per le labbra*** lip liner; ***~ morbida*** soft pencil; ***~ per gli occhi*** eye pencil; ***~ per le sopracciglia*** eyebrow pencil.

matraccio, pl. **-ci** /ma'trattʃo, tʃi/ m. matrass.

matriarca, pl. **-che** /matri'arka, ke/ f. matriarch.

matriarcale /matriar'kale/ agg. matriarchal.

matriarcato /matriar'kato/ m. matriarchy.

matrice /ma'tritʃe/ f. **1** MAT. INFORM. array, matrix*; ***~ dei numeri reali, complessi*** matrix of real, complex numbers **2** TECN. *(stampo)* matrix*; ***~ per serigrafia*** silk screen; ***~ per ciclostile*** stencil **3** *(di biglietto, assegno)* stub, tally, counterfoil ECON. **4** RAR. ANAT. matrix* **5** *(origine)* background, roots pl., origins pl.; ***~ culturale*** cultural background; ***di ~ politica, razzista*** [*attentato*] politically, racially motivated **6** GEOL. groundmass.

matricida, m.pl. **-i**, f.pl. **-e** /matri'tʃida/ **I** agg. matricidal **II** m. e f. matricide.

matricidio, pl. **-di** /matri'tʃidjo, di/ m. matricide.

matricola /ma'trikola/ f. **1** AMM. *(nuovo assunto)* rookie **2** *(registro)* register, roll; ***numero di ~*** *(di soldato)* serial number AE; *(di studente)* matriculation number **3** UNIV. first-year student, fresher BE COLLOQ.; *(ragazzo)* freshman*; *(ragazza)* freshwoman*.

matricolare /matriko'lare/ agg. [*numero*] matriculation attrib.

matricolato /matriko'lato/ agg. [*bugiardo, canaglia*] double-dyed FIG., out-and-out, outright; ***è un furfante ~*** he's a regular crook COLLOQ.

matrigna /ma'triɲɲa/ f. **1** *(nuova moglie del padre)* stepmother **2** ANT. SPREG. *(madre malvagia)* cruel mother.

matrilineare /matriline'are/ agg. matrilineal.

matrilinearità /matrilineari'ta/ f.inv. matrilineal descent.

matrimoniale /matrimo'njale/ agg. matrimonial, marital, nuptial, conjugal; ***promesse -i*** marriage *o* wedding vows; ***vita ~*** married life; ***letto, coperta, lenzuolo ~*** double bed, blanket, sheet; ***agenzia ~*** introduction agency, marriage bureau; ***annunci -i*** lonely hearts' column.

matrimonialista, m.pl. **-i**, f.pl. **-e** /matrimonja'lista/ m. e f. = lawyer specialized in marriage law.

▶ **matrimonio**, pl. **-ni** /matri'mɔnjo, ni/ m. **1** *(unione)* marriage, matrimony; ***proposta di ~*** marriage proposal; ***certificato di ~*** marriage certificate; ***anniversario di ~*** wedding anniversary; ***domanda di annullamento di un ~*** nullity suit; ***festeggiare i 50 anni di ~*** to celebrate 50 years of marriage; ***è un ~ sbagliato*** the marriage is a mismatch; ***fare un ~ di interesse*** o ***un buon ~*** to marry into money; ***essere uniti nel sacro vincolo del ~*** to be united in holy matrimony; ***unire due persone in ~*** to join two people in marriage **2** *(cerimonia)* wedding; ***pubblicazioni di ~*** banns RELIG. ◆◆ ***~ d'amore*** lovematch, love match; ***~ civile*** civil marriage, civil wedding; ***~ clandestino*** hedge-marriage; ***~ combinato*** arranged marriage; ***~ di convenienza*** marriage of convenience; ***~ fallito*** broken marriage; ***~ misto*** intermarriage, mixed marriage; ***~ de facto*** o ***di fatto*** common-law marriage; ***~ per procura*** marriage by proxy; ***~ religioso*** church wedding; ***~ riparatore*** shotgun wedding.

matrioska /matri'ɔska/ f. Russian doll.

matrizzare /matrid'dzare/ [1] intr. (aus. *avere*) to take* after one's mother.

matrona /ma'trɔna/ f. **1** *(donna imponente)* matron **2** STOR. matron.

matronale /matro'nale/ agg. matronal (anche FIG.).

matroneo /matro'nɛo/ m. = in churches, a gallery that was once reserved for women.

1.matta /'matta/ f. *(carta da gioco)* joker.

2.matta /'matta/ f. madwoman* COLLOQ.

mattacchione /mattak'kjone/ m. (f. **-a**) joker.

mattana /mat'tana/ f. fit, tantrum; ***gli è presa la ~*** he threw a fit, he had a tantrum.

mattanza /mat'tantsa/ f. **1** = the final phase in tuna fish catching, in which the tuna are harpooned **2** *(massacro)* slaughter, butchery.

mattare /mat'tare/ [1] tr. *(negli scacchi)* to (check)mate.

mattarello /matta'rɛllo/ → **matterello**.

mattata /mat'tata/ f. lunacy **U**.

mattatoio, pl. **-oi** /matta'tojo, oi/ m. slaughterhouse, abattoir BE.

mattatore /matta'tore/ m. (f. **-trice** /tritʃe/) **1** slaughterer, butcher **2** TEATR. CINEM. spotlight chaser; ***fare il ~*** FIG. to steal the show.

Matteo /mat'tɛo/ n.pr.m. Matthew.

matterello /matte'rɛllo/ m. rolling pin.

Mattia /mat'tia/ n.pr.m. Matthias.

▶ **mattina** /mat'tina/ f. morning; ***ogni ~, tutte le -e*** each morning, every morning; ***metà ~*** mid-morning; ***di prima ~*** bright and early; ***dalla ~ alla sera*** from morning till night; ***alle sette di ~*** at seven o'clock in the morning; ***domani ~*** tomorrow morning; ***lunedì ~*** Monday morning; ***ieri ~*** yesterday morning; ***lavorare di ~*** to work in the morning; ***alzarsi di ~ presto*** to get up early.

mattinale /matti'nale/ **I** agg. LETT. morning attrib. **II** m. = report of the latest news presented each morning to the leaders of a nation.

▷ **mattinata** /matti'nata/ f. morning; ***in ~*** during the morning; ***tutta la ~*** the whole of the morning, all morning long; ***più tardi in ~*** later this morning; ***abbiamo passato la ~ al museo*** we spent the morning at the museum.

▷ **mattiniero** /matti'njɛro/ **I** agg. early-rising; ***essere ~*** to be an early bird **II** m. (f. **-a**) early riser.

▶ **mattino** /mat'tino/ ▸ ***13*** m. morning; ***al*** o ***il ~*** in the morning, of a morning BE; ***alle 5 del ~*** at 5 in the morning, at 5 am; ***il ~ del 23 marzo*** on the morning of 23 March; ***di buon ~*** early in the morning; ***edizione del ~*** morning edition; ***stella del ~*** morning star; ***nelle prime ore del ~*** in the early hours, in the (wee) small hours; ***in un bel ~ d'estate*** one fine summer morning ◆ ***il buon giorno si vede dal ~*** PROV. a good beginning bodes well; ***il ~ ha l'oro in bocca*** PROV. early to bed, early to rise.

▶ **1.matto** /'matto/ **I** agg. **1** *(demente)* mad, insane, crazy COLLOQ., loony COLLOQ., bonkers COLLOQ., potty BE COLLOQ.; ***non sono mica ~!*** I'm not that crazy! ***c'è da diventare -i!*** it's enough to drive you mad! ***non sono così (tanto) ~ da...*** I'm not crazy enough to...; ***essere ~ da legare*** to be mad as a March hare *o* as a hatter, to be crazy with a capital C; ***fare diventare ~ qcn.*** to drive sb. mad *o* crazy COLLOQ.; ***essere un po' ~*** to be a head case BE COLLOQ. *o* a basket case AE COLLOQ.; ***essere una testa -a*** to be a madcap; ***andare ~ per*** to be crazy *o* wild *o* daft COLLOQ. *o* nuts COLLOQ. about; ***"vieni con me?" - "fossi ~!"*** "are you coming with me?" - "I wouldn't dream of it!", "not on your life!" **2** *(grandissimo)* ***avere una voglia -a di qcs.*** to be dying for sth.; ***farsi -e risate*** to laugh one's head off **3** *(falso)* false; ***gioiello ~*** imitation jewel **4** COLLOQ. *(gigio)* ***avere una gamba -a*** to have a gammy leg **II** m. (f. **-a**) **1** *(persona demente)* insane person, loony; *(uomo)* madman* COLLOQ.; ***come un ~*** [*lavorare*] crazily, like crazy COLLOQ.; ***ridere come un ~*** to be in hysterics, to laugh like anything **2** *(persona insensata)* lunatic; ***che banda di -i!*** what a bunch of lunatics! ***gabbia di -i*** bear garden FIG., madhouse COLLOQ.; ***cose da -i!*** it's the tail wagging the dog, it's sheer madness! **3 da matti** *(tantissimo)* madly; ***geloso da -i*** as jealous as hell; ***è uno che si preoccupa da -i*** he's a real worrywart; ***è lontano da -i*** it's a heck of a long way; ***questa musica mi piace da -i!*** this music really sends me!

2.matto /'matto/ agg. ***scacco ~*** checkmate (anche FIG.), mate; ***dare scacco ~ a*** to checkmate (anche FIG.), to mate.

3.matto /'matto/ agg. *(opaco)* ***oro ~*** oroide; ***fotografia su carta -a*** matt photograph.

mattonaia /matto'naja/ f. *(deposito)* brick-field, brickyard.

mattonaio, pl. **-ai** /matto'najo, ai/ ▸ ***18*** m. (f. **-a**) brickmaker.

mattonare /matto'nare/ [1] tr. to brick, to pave with bricks.

mattonata /matto'nata/ f. **1** blow (with a brick) **2** *(cosa noiosa e pesante)* bore, yawn COLLOQ.

mattonato /matto'nato/ **I** p.pass. → **mattonare II** agg. paved with bricks **III** m. brick-flooring, brickwork.

mattoncino /matton'tʃino/ m. *(giocattolo)* building block, brick BE.

▷ **mattone** /mat'tone/ **I** agg.inv. *(colore)* brick red **II** m. **1** brick; ***muro di*** o ***in -i*** brick wall; ***polvere di ~*** brick-dust; ***investire nel ~*** to put one's money into bricks and mortar **2** GASTR. ***pizza al ~*** = pizza cooked on the fire bricks in a wood burning oven **3** FIG. bore; COLLOQ. stodge U BE; [*persona*] pill COLLOQ.; ***che ~ questo film!*** what a yawn this film is! ***questo libro è un ~*** this book is so boring ◆ ***avere un ~ sullo stomaco*** to have something lying (heavy) on one's stomach ◆◆ ***~ forato*** air brick, cavity brick BE; ***~ crudo*** cob BE; ***~ di punta*** header ING.; ***~ refrattario*** firebrick.

mattonella /matto'nɛlla/ f. *(piastrella)* square; *(di carbone)* briquet(te); ***~ di torba*** turf; ***una ~ di gelato*** a block of ice cream.

mattonificio, pl. **-ci** /mattoni'fitʃo, tʃi/ m. brickfield, brickyard.

mattutino /mattu'tino/ **I** agg. morning attrib., matutinal; ***sole ~*** morning sunshine; ***passeggiata -a*** morning walk **II** m. **1** RELIG. matins pl., morning service, morning prayers pl. **2** *(suono della campana)* morning bell.

maturando /matu'rando/ m. (f. **-a**) = high school student preparing to take the high school leaving examination.

▷ **maturare** /matu'rare/ [1] **I** tr. **1** *(rendere maturo)* to ripen [*frutto*] **2** *(far acquisire maturità)* [*prova, tempo*] to mature [*persona*]; ***l'esperienza lo ha maturato*** the experience has matured him *o* has made him grow up **3** *(meditare, ideare)* to incubate FIG. [*idea, schema*] **4** *(accantonare)* ***~ giorni di ferie*** to accrue **II** intr. (aus. *essere*) **1** [*frutto*] to ripen; [*formaggio*] to age; ***~ al sole*** to ripen in the sun; ***far ~ delle pesche*** to ripen peaches **2** *(giungere a maturità)* [*persona*] to mature **3** *(delinearsi)* [*progetto, idea*] to mature FIG., to take* shape; ***lasciare ~ un affare*** to leave a matter to develop **4** MED. [*ascesso, foruncolo*] to come* to a head, to maturate **5** *(invecchiare)* [*vino*] to mature, to mellow **6** ECON. to accrue, to mature; ***l'interesse che matura sul mio conto*** the interest accruing to my account; ***conto che matura, non matura interessi*** interest-bearing account, account not paying interest.

maturato /matu'rato/ **I** p.pass. → **maturare II** agg. **1** ripened; ***pesche -e al sole*** sun-ripened peaches **2** ECON. [*dividendi, interesse*] accrued; [*conto, polizza assicurativa*] mature.

▷ **maturazione** /maturat'tsjone/ f. **1** *(di albero, corpo)* maturation; *(di progetto)* incubation FIG.; *(di ascesso)* maturation **2** ECON. accrual, maturity.

maturità /maturi'ta/ f.inv. **1** *(di persona)* maturity; *(di frutto)* ripeness (anche FIG.); ***raggiungere la ~*** [*persona*] to grow up, to reach maturity; ***mancare di ~*** [*persona*] to lack maturity; ***il suo romanzo della ~*** her most mature novel **2** SCOL. *(esame)* = high school leaving examination; *(diploma)* = high school leaving qualifications.

> **Maturità** This is the exam that students take at the end of the five years of secondary school, between the ages of 18 and 19. It consists of three written tests (one of which is Italian language) and an oral test. Marks (the maximum is 100 out of 100) depend on both the result of the tests and the average marks achieved over the last three years. The diploma is a requirement for university entry and, depending upon the type of secondary school attended, it can be in science, classics, arts, technology, etc.

▷ **maturo** /ma'turo/ agg. **1** [*frutto*] ripe; [*formaggio*] ripe, aged; ***una pesca troppo -a*** an overripe peach **2** *(intellettualmente)* [*persona*] mature; ***essere (molto) ~ per la propria età*** to be wise beyond one's years, to be mature for one's age; ***avere un comportamento ~*** to behave maturely; ***dopo -a riflessione*** after mature consideration **3** *(pronto)* ripe; ***i tempi sono -i per il cambiamento, per la riforma*** the time is ripe for change, reform **4** *(adulto)* ***di età -a*** of a ripe age **5** *(invecchiato)* [*vino*] mellow.

matusa /ma'tuza/ m.inv. COLLOQ. fuddy-duddy, fossil SPREG. old fogey BE, old fogy AE.

Matusalemme /matuza'lɛmme/ n.pr.m. BIBL. Methuselah ◆ ***vecchio come ~*** as old as Methuselah.

Mauritania /mauri'tanja/ ▸ ***33*** n.pr.f. Mauritania.

mauritano /mauri'tano/ ▸ ***25*** **I** agg. Mauritanian **II** m. (f. **-a**) Mauritanian.

Mauritius /mau'ritsjus/ ▸ ***14, 33*** n.pr.f.pl. Mauritius.

mauriziano /maurit'tsjano/ **I** agg. Mauritian **II** m. (f. **-a**) Mauritian.

Maurizio /mau'rittsjo/ n.pr.m. Maurice, Morris.

mausoleo /mauzo'lɛo/ m. **1** *(monumento)* mausoleum **2** *(casa piena di cimeli)* mausoleum SPREG.

maxicappotto /maksikap'pɔtto/ m. maxi coat.

maxigonna /maksi'gonna/ f. maxi (skirt).

maxillofacciale /maksillofat'tʃale/ agg. maxillofacial.

maxiprocesso /maksipro'tʃɛsso/ m. = long lasting trial due to the large number of indictees.

maxischermo /maksis'kermo/ m. wide screen.

maya /'maja/ **I** agg.inv. Mayan **II** m. e f. inv. Mayan **III** m.inv. LING. Mayan.

mazama /mad'dʒama/ m.inv. brocket.

mazurca, **mazurka**, pl. **-che**, **-ke** /mad'dzurka, ke/ f. mazurka.

mazza /'mattsa/ f. **1** *(bastone)* club; ***~ da cerimoniere*** mace; ***picchiare con una ~*** to club **2** SPORT *(da baseball)* bat; *(da cricket)* bat, willow; *(da golf)* club; *(da hockey)* stick; *(da polo)* mallet, stick **3** MUS. *(di grancassa)* drumstick **4** *(maglio)* maul, sledgehammer; ***~ battente*** ram EDIL., tup MECC. **5** VOLG. *(niente)* ***non capire una ~*** not to understand shit, to understand bugger all BE; ***non fare una ~*** to piss about, not to do a fucking thing; ***non sa una ~ della faccenda*** he doesn't know shit about it, he knows sod all BE *o* fuck all BE about it **6** VOLG. *(pene)* shaft, knob BE POP., rod AE ◆◆ ***~ da baseball*** baseball bat; ***~ da cricket*** cricket bat, willow; ***~ da golf*** golf club; ***~ da guerra*** o ***ferrata*** mace; ***~ da hockey*** hockey stick; ***~ d'oro*** BOT. loosestrife; ***~ di palude*** BOT. reed-mace; ***~ di tamburo*** BOT. parasol (mushroom).

mazzasorda /mattsa'sorda/ f. BOT. cat's tail, reed-mace.

mazzata /mat'tsata/ f. **1** *(colpo di mazza)* hammer blow; ***percuotere qcn. a -e*** to club sb. **2** FIG. blow, shock; ***una ~ sulla testa di qcn.*** a nail in sb.'s coffin; ***prendersi una ~*** to take *o* get a hammering; ***il conto è stato una bella ~*** the bill was a hard blow.

mazzeranga, pl. **-ghe** /mattse'ranga, ge/ f. tamper.

1.mazzetta /mat'tsetta/ f. 1 hand hammer 2 ALP. piton hammer.

2.mazzetta /mat'tsetta/ f. 1 *(di banconote)* bundle, roll, wad 2 *(bustarella)* kickback, bribe; ***dare, offrire, ricevere, intascare -e*** to give, offer, receive, take bribes.

1.mazziere /mat'tsjɛre/ m. *(in cerimonie)* mace-bearer; *(di banda)* drum major.

2.mazziere /mat'tsjɛre/ m. GIOC. (f. **-a**) dealer, shuffler.

▷ **1.mazzo** /'mattso/ m. 1 *(di fiori, verdure)* bunch; ***a -i*** in bunches; ***un ~ di chiavi*** a bunch, set of keys 2 *(di carte)* deck, pack; ***fare il ~*** to shuffle; ***tagliare il ~*** to cut the deck.

2.mazzo /'mattso/ m. REGION. ass; ***farsi il ~*** to work one's ass off *o* guts out; ***farsi il ~ a fare*** to break one's balls to do, to bust one's ass doing.

mazzolare /mattso'lare/ [1] tr. to club.

mazzolata /mattso'lata/ f. hammer, mallet blow, heavy blow FIG.

mazzolino /mattso'lino/ m. *(di fiori)* nosegay, posy.

mazzuolo /mat'tswɔlo/ m. 1 *(attrezzo)* mallet, beetle 2 MUS. drumstick.

▶ **me** /me/ v. la nota della voce **io**. pron.pers. 1 *(complemento oggetto)* me; ***cercano ~*** they are looking for me; ***tu conosci ~, non lui*** you know me, not him 2 *(in espressioni comparative)* me; ***lui non è come ~*** he's not like me; ***è più giovane di ~*** he is younger than me; ***mia sorella è carina come ~*** my sister is as pretty as me; ***ne sa più di ~*** he knows more than me *o* than I do about it 3 *(complemento indiretto)* me; ***l'ha fatto per ~*** she did it for me; ***l'ho fatto per ~*** I did it for myself; ***dubitano di ~*** they distrust me; ***è venuta con ~*** she came with me; ***cosa faresti se fossi in ~?*** what would you do if you were me? ***ha dato a ~ il libro*** he gave me the book; ***non sono soddisfatto di ~*** I'm not pleased with myself; ***oggi non sono in ~*** I'm not myself today; ***~ lo ha scritto*** he wrote that to me; ***~ lo aveva detto*** he had told me that; ***hai dimenticato di portarmelo*** you forgot to bring it to me; ***dimmelo!*** tell me! ***mandamelo subito!*** send it to me at once! ***parlamene un po'*** tell me something about it; ***tocca a ~*** it's my turn 4 *(in locuzioni)* ***per ~, secondo ~*** in my opinion, according to me; ***(in) quanto a ~*** as far as I am concerned; ***~ stesso*** myself; ***povero ~!*** dear me, poor little me! ***dicevo fra*** o ***tra ~ e ~*** I was saying to myself 5 **da me** *(a casa mia) (moto a luogo)* to my house, to my place; *(stato in luogo)* with me, at my place, at home; ***perché non venite a pranzo da ~?*** why don't you come round for lunch? ***vieni da ~ a prendere un caffè e a fare due chiacchiere*** do come for coffee and a gossip; ***da te o da ~?*** your place or mine? *(nella mia zona)* here; ***da me sta piovendo e a Milano?*** it's raining (around) here, what's it like in Milan? *(da solo)* (all) by myself; ***l'ho fatto da ~*** I did it (all by) myself; ***non ti preoccupare, faccio da ~*** don't worry, I'll do it (all by) myself.

meandrico, pl. **-ci, -che** /me'andriko, tʃi, ke/ agg. meandrous.

meandro /me'andro/ **I** m. GEOGR. meander, oxbow **II meandri** m.pl. FIG. ***i -i della legge*** the intricacy of law; ***i -i della mente*** the twists and turns of the mind.

meato /me'ato/ m. ANAT. meatus*.

Mecca /'mɛkka/ ➧ *2* n.pr.f. Mecca; ***recarsi in pellegrinaggio alla ~*** to perform the *o* to make a hajj; ***una ~ per*** a mecca for [*turisti*].

▷ **meccanica**, pl. **-che** /mek'kanika, ke/ f. 1 *(scienza)* mechanics + verbo sing.; ***un genio della ~*** a mechanical genius; ***essere portato per la ~*** to be mechanically-minded; ***un prodigio della ~*** a marvel of engineering; ***saperne poco di ~*** to know little about mechanics 2 FIS. mechanics + verbo sing. 3 *(funzionamento)* mechanism; ***la ~ di un orologio*** the mechanism of a watch; ***la ~ di una campagna elettorale*** the mechanics of running a campaign; ***la ~ della gestione*** the mechanics of management ◆◆ ***~ celeste*** celestial mechanics; ***~ dei fluidi*** fluid mechanics; ***~ ondulatoria*** wave mechanics; ***~ quantistica*** quantum mechanics; ***~ razionale*** rational mechanics.

meccanicamente /mekkanika'mente/ avv. 1 MECC. mechanically; ***azionato ~*** mechanically-operated 2 *(senza riflettere)* [*lavorare, rispondere*] mechanically.

meccanicismo /mekkani'tʃizmo/ m. FILOS. mechanism.

meccanicista, m.pl. **-i**, f.pl. **-e** /mekkani'tʃista/ **I** agg. FILOS. mechanistic **II** m. e f. FILOS. mechanist.

meccanicisticamente /mekkanitʃistika'mente/ avv. mechanistically.

meccanicistico, pl. **-ci, -che** /mekkani'tʃistiko, tʃi, ke/ agg. FILOS. mechanistic.

meccanicità /mekkanitʃi'ta/ f.inv. mechanicalness.

▷ **meccanico**, pl. **-ci, -che** /mek'kaniko, tʃi, ke/ **I** agg. 1 *(mosso da un congegno)* mechanical; [*giocattolo*] mechanical, clockwork; ***macchina da scrivere -a*** manual typewriter; ***pala -a*** power shovel; ***tornio ~*** power lathe; ***apparecchio ~*** mechanical equipment; ***escavatrice -a*** mechanical excavator; ***maglio ~*** tilt hammer 2 *(fatto a macchina)* machine attrib.; ***tessitura -a*** machine weaving 3 MECC. *(di macchina)* [*difetto, guasto*] mechanical; ***problemi -ci*** engine trouble 4 FIS. ING. [*leggi*] mechanical; ***ingegnere ~*** mechanical engineer; ***ingegneria -a*** mechanical engineering; ***industria -a*** engineering, engineering industry; ***società di costruzioni -che*** engineering company; ***officina -a*** machine shop 5 *(automatico)* [*gesto, lavoro*] mechanical, automatic; ***in modo ~*** mindlessly, mechanically **II** ➧ *18* m. (f. **-a**) *(per auto)* (garage) mechanic, motor mechanic; *(in fabbrica)* engineer.

▷ **meccanismo** /mekka'nizmo/ m. 1 MECC. device, mechanism, workings pl. 2 *(in arma da fuoco, pianoforte)* action; *(in un orologio)* clockwork, movement 3 FIG. *(funzionamento)* mechanism, mechanics + verbo sing., workings pl.; ***-i mentali*** thought processes; ***i -i della mente umana*** the workings of the human mind; ***i -i della giustizia, dell'amministrazione*** the mechanics of the law, management; ***un ~ per controllare i prezzi*** a mechanism for regulating prices 4 BIOL. PSIC. mechanism ◆◆ ***~ di difesa*** means of defence, defence mechanism.

meccanizzare /mekkanid'dzare/ [1] **I** tr. to mechanize **II meccanizzarsi** pronom. to be* mechanized.

meccanizzato /mekkanid'dzato/ **I** p.pass. → **meccanizzare II** agg. mechanized.

meccanizzazione /mekkaniddzat'tsjone/ f. mechanization.

meccanografia /mekkanogra'fia/ f. automatic data processing.

meccanografico, pl. **-ci, -che** /mekkano'grafiko, tʃi, ke/ agg. ***centro ~*** data processing centre.

meccano® /mek'kano/ m. Meccano®, Erector set AE.

mecenate /metʃe'nate/ m. Maecenas, patron.

Mecenate /metʃe'nate/ n.pr.m. Maecenas.

mecenatismo /metʃena'tizmo/ m. patronage (of the arts), Maecenatism.

mèche /mɛʃ/ f.inv. highlight, streak; ***farsi le ~*** to get one's hair streaked *o* highlighted.

meco /'meko/ pron. LETT. with me.

meconio, pl. **-ni** /me'kɔnjo, ni/ m. meconium*.

meda /'meda/ f. seamark.

▷ **medaglia** /me'daʎʎa/ f. 1 *(ricompensa)* medal; ***~ di bronzo, d'argento, d'oro*** bronze (medal), silver (medal), gold (medal) 2 *(persona che detiene la medaglia)* medallist BE, medalist AE; ***~ d'oro*** gold medallist 3 *(decorazione)* medal ◆ ***il rovescio della ~*** the other side of the coin; ***ogni ~ ha il suo rovescio*** there are two sides to every question ◆◆ ***~ olimpica*** Olympic medal; ***~ al valore*** award for bravery, bravery award; ***~ al valor militare*** campaign medal.

medagliere /medaʎ'ʎɛre/ m. 1 *(collezione)* = collection of medals and coins 2 *(mobile)* medal showcase 3 SPORT = number of medals won by a team during a competition.

medaglietta /medaʎ'ʎetta/ f. 1 *(gioiello)* small medal 2 *(di cane, gatto)* tag.

medaglione /medaʎ'ʎone/ m. 1 *(gioiello)* locket 2 ARCH. ART. medallion 3 GASTR. medallion.

▶ **medesimo** /me'dɛzimo/ v. la nota della voce **questo**. **I** agg.dimostr. 1 *(stesso)* same; ***abbiamo visto il ~ film*** we saw the same film; ***essere del ~ avviso*** to be of like mind; ***il risultato era il ~*** the result was the same; ***sono proprio le -e parole che ho detto*** these are my very same words 2 *(in persona)* ***verrà il re ~*** the king will be there in person **II** pron.dimostr. 1 *(la stessa persona)* ***il ~*** the same DIR. 2 ANT. *(la stessa cosa)* the same thing; ***tutti dissero il ~*** everybody said the same thing.

▷ **1.media** /'mɛdja/ **I** f. 1 MAT. average, mean; ***la ~ dell'età*** the average age; ***fare una ~*** to work out an average, to average out 2 *(norma)* average; ***in ~*** on (the) average; ***~ nazionale*** national average; ***al di sopra, al di sotto della ~*** above, below (the) average *o* standard; ***essere nella ~*** to be average; ***essere inferiore alla ~*** to be below average *o* under par; ***differire dalla ~*** to part from the average; ***la ~ delle temperature*** the average temperature; ***essere più ricco della ~*** to be better off than the average; ***è più alto della ~ degli uomini*** he is taller than the average man; ***ci vogliono in ~ tre ore per farlo*** it takes an average of three hours to do it; ***non è stata una brutta festa rispetto alla ~*** it wasn't a bad party, as parties go; ***in ~ lavoro sette ore al giorno*** on an average day I work seven hours, I average seven hours of work a day 3 *(velocità)* ***abbiamo tenuto una ~ di 95 km/h in autostrada*** we averaged 95 kmh on the motorway 4 SCOL. *(dei voti)* average; UNIV. grade point average AE; ***avere una buona ~*** to have good marks 5 *(scuola)* → **scuola media inferiore II medie** f.pl. SCOL. → **scuola media inferiore** ◆◆ ***~ aritmetica*** arithmetic mean; ***~ armonica*** harmonic mean; ***~ geometrica*** geometric mean; **~ oraria** average per hour; **~ ponderata** weighted mean.

2.media /'mɛdja, 'midja/ m.pl. *(mass media)* media + verbo sing. o pl.

mediale /me'djale/ agg. medial.

mediamente /medja'mente/ avv. on (the) average.

mediana /me'djana/ f. **1** MAT. STATIST. median **2** SPORT halfback line.

medianico, pl. **-ci**, **-che** /medja'niko, tʃi, ke/ agg. mediumistic; ***poteri -ci*** mediumistic powers.

medianismo /medja'nizmo/ m. → **medianità**.

medianità /medjani'ta/ f.inv. = the powers of a medium.

mediano /me'djano/ **I** agg. **1** MAT. [*linea, punto*] median **2** *(di mezzo)* halfway; ***lo stadio ~*** the halfway *o* midway stage **3** GEOGR. ***il corso ~ di un fiume*** the middle reaches of a river **II** m. SPORT halfback; ***centro ~*** centre-half; ***~ di seconda linea*** *(nel rugby)* lock ◆ ***~ d'apertura*** fly-half, stand-off half; ***~ di mischia*** scrum half.

▷ **1.mediante** /me'djante/ prep. *(per mezzo di)* by, by means of, through; ***~ votazione*** by vote; ***visibile ~ telescopio*** visible through a telescope; ***parlare ~ interprete*** to speak through an interpreter; ***trovare qcn. ~ un'agenzia*** to get sb. through an agency; ***prenotare qcs. ~ un'agenzia di viaggi*** to book sth. through a travel agent; ***un sondaggio fatto ~ questionario*** a survey by questionnaire; ***il lavoro è stato assegnato ~ gara d'appalto*** the contract was awarded by tendering.

2.mediante /me'djante/ f. MUS. mediant.

mediare /me'djare/ [1] **I** tr. to mediate [*accordo, pace*] **II** intr. (aus. *avere*) to mediate; ***~ in, tra*** to mediate in, between.

mediastinico, pl. **-ci**, **-che** /medja'stinico, tʃi, ke/ agg. mediastinal.

mediastino /medjas'tino, me'djastino/ m. mediastinum*.

mediateca /medja'tɛka/ f. multimedia library.

mediatico, pl. **-ci**, **-che** /me'djatiko, tʃi, ke/ agg. [*evento, personalità*] media attrib.; ***figura -a*** media star.

mediato /me'djato/ **I** p.pass. → **mediare II** agg. indirect.

mediatore /medja'tore/ **I** agg. intermediary, mediatory; [*nazione, ruolo*] mediating **II** m. (f. **-trice** /tritʃe/) mediator, go-between; ECON. COMM. broker; ***~ di pace*** peacemaker; ***~ di credito*** credit broker; ***~ culturale*** = someone who, either as their job or on a voluntary basis, helps non-EU immigrants to get to know the culture and social organization of the host country; ***~ internazionale*** honest broker; ***fare da ~ tra*** to mediate between, to intercede between.

mediazione /medjat'tsjone/ f. **1** *(in legge, politica, industria)* mediation, intercession, bridge-building; ***con la ~ di terzi*** through an outside agency; ***tentare la ~*** to make an attempt at mediation; ***proporre la propria ~ in una disputa*** to offer to act as a mediator in a dispute **2** COMM. *(provvigione)* brokerage ◆◆ ***~ linguistica*** SCOL. UNIV. = all of the linguistic disciplines used in translation and interpreting.

medicabile /medi'kabile/ agg. medicable.

medicalizzare /medikalid'dzare/ [1] tr. to medicalize.

medicalizzazione /medikaliddzat'tsjone/ f. medicalization.

medicamento /medika'mento/ m. medication, medicine.

medicamentoso /medikamen'toso/ agg. [*prodotto*] medicinal, medicative.

medicare /medi'kare/ [1] **I** tr. MED. to medicate, to dress [*ferita*]; ***~ la caviglia di qcn. con una benda*** to wrap sb.'s ankle (up) **II medicarsi** pronom. to medicate oneself.

medicastro /medi'kastro/ m. quack, charlatan.

medicato /medi'kato/ **I** p.pass. → **medicare II** agg. **1** *(disinfettato)* medicated, dressed **2** *(medicamentoso)* [*benda, cerotto, polvere, sapone*] medicated.

medicazione /medikat'tsjone/ f. **1** dressing; ***fare una ~ a qcn.*** to put a dressing on sb.'s wound; ***cambiare la ~ ogni quattro ore*** to change the dressing every four hours **2** *(azione)* dressing.

mediceo /me'ditʃeo/ agg. STOR. Medicean.

▶ **medicina** /medi'tʃina/ f. **1** *(scienza)* medical science, medicine; ***reparto di ~ (generale)*** general ward; ***esercitare la ~*** to practise medicine; ***dottore in ~*** medical doctor **2** *(facoltà)* medical school, medicine; ***studiare ~*** to go to medical school, to study to be a doctor; ***studente di ~*** medical student, medic COLLOQ., med COLLOQ. **3** *(medicinale)* medication, medicine, drug; ***~ per la gola*** throat medicine; ***somministrare una ~ a qcn.*** to dose sb. with *o* to give sb. medicine; ***prendere -e per*** to be on medication for; ***la ~ fa subito effetto*** the drug acts immediately; ***imbottirsi di -e*** to dose oneself up; ***questa ~ può indurre sonnolenza*** this medicine may cause drowsiness; ***essere una buona ~ per qcn.*** FIG. to be a good medicine for sb. ◆ ***il tempo è la miglior ~*** PROV. time is a great healer ◆◆ ***~ alternativa*** alternative medicine; ***~ di base*** community medicine; ***~ generale*** general practice; ***~ geriatrica*** geriatric medicine; ***~ interna*** internal medicine; ***~ del lavoro*** industrial medicine, occupational health; ***~ legale*** forensic medicine, forensic science, medical jurisprudence; ***~ nucleare*** nuclear medicine; ***~ omeopatica*** homeopathic medicine; ***~ ostetrica*** obstetric(al) medicine; ***~ popolare*** folk medicine; ***~ preventiva*** preventive medicine; ***~ dello sport*** o ***sportiva*** sports medicine; ***~ veterinaria*** veterinary medicine.

medicinale /meditʃi'nale/ **I** agg. [*prodotti*] medicinal, medicative; ***erba ~*** (medicinal) herb **II** m. medicine, drug, medication; ***fare uso di -i*** to be on medication; ***prescrivere a qcn. dei -i*** to prescribe medication to sb.; ***~ venduto dietro presentazione di ricetta medica*** prescription drug ◆◆ ***~ da banco*** over-the-counter medicine *o* drug.

▶ **medico**, pl. **-ci**, **-che** /'mɛdiko, tʃi, ke/ **I** agg. **1** *(del medico)* medical; ***certificato ~*** doctor's note, medical certificate; ***visita -a*** medical examination, physical examination; ***visita -a aziendale*** company medical; ***controllo ~*** health check, medical checkup; ***assistenza -a*** medical care; ***deontologia -a*** code of practice, medical ethics; ***"da assumere secondo la prescrizione -a"*** "to be taken as directed" **2** *(che riguarda la medicina)* medical; ***rivista -a*** medical journal; ***recenti progressi in campo ~*** recent advances in medicine **II** ➧ **18** m. doctor, medic COLLOQ.; ***andare dal ~*** to go to the doctor's; ***consultare un ~*** to seek medical advice, to see a doctor; ***contro il parere del ~*** against medical advice ◆◆ ***~ aziendale*** company doctor; ***~ di bordo*** ship's doctor; ***~ condotto*** district municipal doctor, medical officer; ***~ di famiglia*** family doctor, family practitioner; ***~ generico*** general practitioner; ***~ di guardia*** doctor on duty *o* on call; ***~ interno*** houseman BE, house officer BE, house physician BE, intern AE; ***~ legale*** forensic expert, forensic scientist, pathologist; ***~ omeopatico*** homeopathic doctor, homeopathist; ***~ ospedaliero*** hospital doctor; ***~ specialista*** specialist; ***~ tirocinante*** junior doctor; ***~ di turno*** doctor on duty *o* on call.

medievale /medje'vale/ agg. STOR. [*città, periodo, storia*] medieval, mediaeval (anche FIG.).

medievalismo /medieva'lizmo/ m. medievalism, mediaevalism.

medievalista, m.pl. **-i**, f.pl. **-e** /medieva'lista/ m. e f. medievalist, mediaevalist.

medievalistica /medjeva'listica/ f. medieval studies pl.

medievista, m.pl. **-i**, f.pl. **-e** /medje'vista/ → **medievalista**.

▷ **medio**, pl. **-di**, **-die** /'mɛdjo, di, dje/ **I** agg. **1** [*età, peso, statura, corporatura, intelligenza, temperatura*] medium, average; ***di -a grandezza*** medium-sized, midsize; ***cuocere a temperatura -a*** to cook at moderate heat; ***di -a corporatura*** of medium build; ***onde -e*** medium waves; ***di livello ~*** medium-level; ***di prezzo ~*** medium-price(d), mid-price, moderately priced; ***a fuoco ~*** on a medium gas BE *o* flame AE; ***volo a ~ raggio*** medium flight haul; ***ho una stanza di -a grandezza*** I have a medium-sized bedroom; ***di -a portata*** medium-range; ***missile di -a portata*** intermediate range *o* medium-range missile **2** *(ordinario)* [*utente, lettore*] general; [*consumatore, famiglia*] average, ordinary; ***ceto ~*** middle class; ***il cittadino ~*** Mr Average **3** *(nella media)* [*costo, guadagno, rendita, temperatura*] average, median; ***velocità -a*** average speed; ***esame, libro di difficoltà -a*** intermediate exam, book; ***un attore di -a bravura*** a middlebrow actor; ***qui la nevosità -a è di 10 cm l'anno*** the average snowfall here is 10 cm a year; ***credito a ~ termine*** intermediate credit **4** SPORT ***pesi -i*** middleweight **5** LING. ***inglese ~*** Middle English **6** FON. [*consonante*] medial **7** MAT. [*numero, somma*] average, medial; [*valore*] median **8** ANAT. ***orecchio ~*** middle ear **II** m. **1** *(dito)* second finger, middle finger **2** SPORT middleweight; ***i -i*** *(categoria)* middleweight ◆◆ ***il Medio Evo*** the Middle Ages; ***Medio Impero*** Middle Kingdom; ***Medio Oriente*** Middle East, Mideast AE; ***-a inferiore*** → **scuola media inferiore**; ***-a superiore*** → **scuola media superiore**.

▷ **mediocre** /me'djɔkre/ **I** agg. **1** *(dalle capacità limitate)* [*persona, allievo, intelligenza*] mediocre, weak **2** *(di scarsa qualità)* common, mediocre; [*performance*] weak, unimpressive; [*libro, musica, scrittore*] middlebrow, second-rate; [*carriera, costruzione, risultato*] undistinguished; ***letteratura ~*** low-grade literature; ***uno scrittore molto ~*** a second-rate writer **3** *(di scarsa entità)* [*rendimento, reddito*] poor **II** m. e f. *(persona)* mediocre person, second-rater.

mediocredito /medjo'kredito/ m. ECON. medium-term credit.

mediocremente /medjokre'mente/ avv. unimpressively; ***guadagnare ~*** to have a shoddy salary.

mediocrità /medjokri'ta/ f.inv. mediocrity; ***l' aurea ~*** the golden *o* happy mean.

medioevale /medjoe'vale/ → **medievale**.

Medioevo /medjo'evo/ m. Middle Ages; ***il basso, alto ~*** the late, early Middle Ages.
mediolatino /medjola'tino/ m. Medieval Latin, Mediaeval Latin.
mediologo, m.pl. **-gi**, f.pl. **-ghe** /me'djɔlogo, dʒi, ge/ → **massmediologo**.
mediomassimo /medjo'massimo/ **I** agg. ***pesi -i*** light heavyweight **II** m. cruiserweight, light heavyweight; ***i -i*** *(categoria)* light heavyweight.
mediometraggio, pl. **-gi** /medjome'traddʒo, dʒi/ m. medium-length film.
mediorientale /medjorjen'tale/ agg. [*paese, politica*] Middle-Eastern.
medioteca, pl. **-che** /medjo'tɛka, ke/ → **mediateca**.
meditabondo /medita'bondo/ agg. [*espressione, sguardo*] pensive, musing; [*persona*] reflective, meditative; ***essere ~*** to be pensive *o* in a brown study.
▷ **meditare** /medi'tare/ [1] **I** tr. **1** *(esaminare)* to ponder, to mull over [*parole, consiglio*] **2** *(progettare)* to plan, to contemplate; ***~ vendetta, la fuga*** to plot one's revenge, escape **II** intr. (aus. *avere*) to meditate (**su** on); to muse, to ponder (**su** on, over); ***~ su*** to brood over [*delusione, problema*]; ***~ sulle ragioni per cui*** to speculate as to why.
meditatamente /meditata'mente/ avv. ***agire ~*** to do something after careful consideration.
meditativo /medita'tivo/ agg. [*carattere, persona*] contemplative, reflective, meditative.
meditato /medi'tato/ **I** p.pass. → **meditare** **II** agg. meditated, pondered; ***un progetto ~ a lungo*** a well thought-out plan.
meditazione /meditat'tsjone/ f. **1** *(riflessione)* musing, meditation, reflection, consideration **2** *(esercizio ascetico)* meditation; ***~ trascendentale*** transcendental meditation.
▷ **mediterraneo** /mediter'raneo/ ➧ **27** **I** agg. Mediterranean; ***macchia -a*** maquis **II** **Mediterraneo** n.pr.m. ***il (mar) Mediterraneo*** the Mediterranean (Sea); ***paesi del Mediterraneo*** Mediterranean countries.
medium /'mɛdjum/ m. e f.inv. medium, psychic.
medo /'mɛdo/ **I** agg. Median **II** m. STOR. (f. **-a**) Mede, Median.
medusa /me'duza/ f. jellyfish*, medusa*.
Medusa /me'duza/ n.pr.f. MITOL. Medusa.
medusoide /medu'zɔide/ agg. medusoid.
Mefistofele /mefis'tɔfele/ n.pr.m. Mephistopheles.
mefistofelico, pl. **-ci**, **-che** /mefisto'fɛliko, tʃi, ke/ agg. Mephistophelian, Mephistophelean; ***sorriso ~*** satanic smile.
mefite /me'fite/ f. mephitis.
mefitico, pl. **-ci**, **-che** /me'fitiko, tʃi, ke/ agg. **1** mephitic; ***gas ~*** sewer gas **2** FIG. corrupt.
megabit /mega'bit/ m.inv. megabit.
megabyte /mega'bait/ m.inv. megabyte.
megacefalo /mega'tʃɛfalo/ agg. megacephalous.
megaciclo /mega'tʃiklo/ m. megacycle.
megafono /me'gafono/ m. megaphone, loudhailer BE, bullhorn AE.
megagalattico, pl. **-ci**, **-che** /megaga'lattiko, tʃi, ke/ agg. COLLOQ. *(enorme)* corking BE, humongous AE; *(importantissimo)* super, mega attrib.
megahertz /mega'ɛrts/ m.inv. megahertz.
megalite /mega'lite/ m. megalith.
megalitico, pl. **-ci**, **-che** /mega'litiko, tʃi, ke/ agg. megalithic.
megaloblasto /megalo'blasto/ m. megaloblast.
megalomane /mega'lɔmane/ **I** agg. megalomaniac, megalomaniacal **II** m. e f. megalomaniac.
megalomania /megaloma'nia/ ➧ **7** f. megalomania.
megalopoli /mega'lɔpoli/ f.inv. megalopolis.
megalosauro /megalo'sauro/ m. megalosaurus*.
megapode /me'gapode/ m. megapod, megapode.
megaron /'mɛgaron/ m.inv. megaron.
megaterio, pl. **-ri** /mega'tɛrjo, ri/ m. megatherium*.
megaton /'mɛgaton/ m.inv. megaton.
megatone /mega'tone/ m. → **megaton**.
megattera /me'gattera/ f. humpback (whale).
megawatt /mega'vat/ m.inv. megawatt.
megera /me'dʒɛra/ f. SPREG. witch, hag, bag POP.; ***vecchia ~*** old bat *o* hag.
▶ **meglio** /'mɛʎʎo/ **I** agg.inv. **1** *(in un comparativo) (migliore)* better (**di** than); ***questo film è ~ dell'altro*** this film is better than the other one; ***è ~ giocare che guardare*** playing is better than watching; ***farebbe ~ a venire*** he'd better come; ***sarebbe ~ andare*** it would be better to go; ***qualcosa di ~*** something better; ***c'è di ~*** it's nothing special; ***purtroppo, non c'è niente di ~*** unfortunately, that's all there is; ***in attesa (di qcs.) di ~*** till something better comes along; ***non troverai di ~*** it's the best you'll get; ***non chiedo di ~ che restare qui*** I'm perfectly happy staying here; ***speravo in qcs. di ~*** it's not as good as I hoped; ***non hai (niente) di ~ da fare?*** IRON. haven't you got anything better to do? ***non c'è niente di ~ che...*** there's nothing better than... **2** POP. REGION. *(in un superlativo relativo)* ***questo posto è il ~ di tutti per bere una birra*** this is the best place to have a beer **II** m.inv. *(la cosa, parte migliore)* best; ***il ~ che ci sia*** the best there is; ***sperare per il ~*** to hope for the best; ***è il ~ da fare*** it's the best thing to do; ***per me voglio solo il ~*** only the best is good enough for me; ***si merita solo il ~*** he deserves nothing but the best; ***è il ~ che ho*** it's the best I've got; ***fare del proprio ~*** to do one's best; ***va tutto per il ~*** everything's fine; ***è al ~ della forma*** she's in top form; ***dare il ~ di sé*** to be at one's best; ***tirare fuori il ~ da*** to get the best out of **III** avv. **1** *(comparativo) (in modo migliore)* better; ***è ~ di me*** he is better than me; ***funzionava ~ prima*** it worked better before; ***essere ~ che niente*** to be better than nothing; ***prima è, ~ è*** the sooner, the better; ***andare ~ per*** to be better for [*compito, scopo*]; ***le cose vanno ~*** things are getting better; ***così va ~!*** that's better! ***chi ~ di lui potrebbe fare la parte?*** who better to play the part? ***parlare l'inglese ~ dello spagnolo*** to speak English better than Spanish; ***parla tedesco un po', molto ~ di prima*** she speaks German a little, a lot better than before; ***parla inglese ~ di tutti*** she speaks the best English; ***la materia in cui riesco ~ è storia*** I'm best at history; ***se ti fa sentire ~*** if it makes you feel any better; ***fare ancora ~ di*** to go one better than; ***fai ~ se sei capace!*** beat that if you can! ***ancora ~*** even better; ***di bene in ~, sempre ~*** better and better; ***sei senza soldi? di bene in ~!*** IRON. you've got no money now? that's absolutely great! ***tanto ~!*** all the better, so much the better! ***tanto ~ per lui!*** much the better for him! ***da quando ha l'apparecchio acustico la nonna ci sente ~*** Grandma can hear better now that she's got her hearing aid; ***andare ~*** [*paziente*] to be doing better; ***si sente un po' ~?*** is he feeling any better? ***sempre ~ che camminare*** it beats walking; ***per ~ dire*** to be more exact *o* precise; ***telefonagli, o ~ vacci di persona*** phone him, or better still go there yourself **2** *(superlativo) (nel modo migliore)* ***la persona ~ vestita*** the best dressed person; ***è qui che si mangia ~*** this is the best place to eat; ***comportarsi al ~*** to be on one's best behaviour ◆ ***fare qcs. alla bell'e ~*** to do sth. in a botched way; ***avere la ~ su*** to get the better of [*avversario*]; ***~ tardi che mai*** better late than never; ***~ un uovo oggi che una gallina domani*** PROV. a bird in the hand is worth two in the bush.
meiosi /me'jɔzi/ f.inv. meiosis*.
meiotico, pl. **-ci**, **-che** /me'jɔtiko, tʃi, ke/ agg. meiotic.
▶ **mela** /'mela/ ➧ **3** **I** f. *(frutto)* apple; ***torta di -e*** apple pie, apple tart BE; ***torsolo di ~*** applecore; ***-e cotte*** stewed apples; ***aceto di -e*** cider vinegar; ***~ da cuocere*** codling, cooker COLLOQ., cooking apple; ***sbucciare una ~*** to pare *o* peel an apple; ***addentare una ~*** to bite into an apple **II** agg.inv. *(colore)* ***verde ~*** apple green ◆ ***una ~ al giorno leva il medico di torno*** PROV. an apple a day keeps the doctor away; ***~ marcia*** COLLOQ. bad apple, rotten apple ◆◆ ***~ cotogna*** quince; ***~ renetta*** pippin; ***~ selvatica*** crab apple, wilding; ***~ da sidro*** cider apple.
melagrana /mela'grana/ f. pomegranate.
melam(m)ina /mela'm(m)ina/ f. melamine.
melam(m)inico, pl. **-ci**, **-che** /mela'm(m)iniko, tʃi, ke/ agg. melamine attrib.
melampiro /melam'piro/ m. cow-wheat.
melancolia /melanko'lia/, **melanconia** /melanko'nia/ → **malinconia**.
melanconicamente /melankonika'mente/ → **malinconicamente**.
melanconico, pl. **-ci**, **-che** /melan'kɔnico, tʃi, ke/ → **malinconico**.
Melanesia /mela'nezia/ n.pr.f. Melanesia.
melanesiano /melane'zjano/ **I** agg. Melanesian **II** m. (f. **-a**) **1** *(persona)* Melanesian **2** LING. Melanesian.
mélange /me'lanʒ/ m.inv. mélange.
melangola /me'langola/ f. sour orange, Seville orange.
melangolo /me'langolo/ m. Seville orange tree.
Melania /me'lanja/ n.pr.f. Melanie.
melanina /mela'nina/ f. melanin.
melanismo /mela'nizmo/ m. melanism.
melanite /mela'nite/ f. melanite.
melanocita /melano'tʃita/ m. melanocyte.
melanoma /mela'nɔma/ ➧ **7** m. melanoma.
melanosi /mela'nɔzi/ ➧ **7** f.inv. melanosis*.
melanuria /mela'nurja/ f. melanuria.
▷ **melanzana** /melan'dzana/ f. aubergine BE, eggplant AE.

melarancia, pl. **-ce** /mela'rantʃa, tʃe/ f. sweet orange.
melarancio, pl. **-ci** /mela'rantʃo, tʃi/ m. sweet orange tree.
melarosa /mela'rɔza/ f. rose-apple.
melassa /me'lassa/ f. golden syrup BE, treacle BE, molasses + verbo sing.
melata /me'lata/ f. honeydew.
melato /me'lato/ agg. → **mielato**.
melatonina /melato'nina/ f. melatonin.
melba /'mɛlba/ agg.inv. ***pesca ~*** peach melba.
meleagride /mele'agride/ f. snake's-head.
melensaggine /melen'saddʒine/ f. sappiness.
melenso /me'lɛnso/ agg. **1** *(tardo)* silly SPREG. **2** *(stucchevole)* sappy, mawkish SPREG. **3** *(insulso)* vapid, inane.
meleto /me'leto/ m. apple orchard.
melica /'mɛlika/ BOT. → **meliga**.
melico, pl. **-ci, -che** /mɛliko, tʃi, ke/ agg. melic.
meliga, pl. **-ghe** /'mɛliga, ge/ f. **1** BOT. melic **2** REGION. maize BE, corn AE.
meliloto /meli'lɔto/ m. sweet clover.
melina /me'lina/ f. SPORT GERG. ***fare ~*** = in football, to keep possession of the ball and use time-wasting tactics to prevent the opponent from scoring.
melinite /meli'nite/ f. melinite.
melisma /me'lizma/ m. melisma*.
melissa /me'lissa/ f. (lemon) balm.
mellifero /mel'lifero/ agg. LETT. melliferous.
mellificare /mellifi'kare/ [1] intr. (aus. *avere*) to make* honey.
mellificazione /mellifikat'tsjone/ f. honey-making.
mellifluamente /melliflua'mente/ avv. [*parlare, sorridere*] suavely, smoothly.
mellifluità /melliflui'ta/ f.inv. mellifluence, smoothness; FIG. soapiness, sugariness.
mellifluo /mel'lifluo/ agg. [*sorriso*] saccharine, suave; [*persona*] smooth(-tongued), suave; [*complimento, voce*] soapy; ***con fare ~*** in a mellifluous way.
mellito /mel'lito/ agg. ***diabete ~*** MED. sugar diabetes.
mellivora /mel'livora/ f. ratel.
melma /'melma/ f. **1** mire, mud, slime, sludge **2** FIG. filth, mire.
melmosità /melmosi'ta/ f.inv. muddiness, sliminess.
melmoso /mel'moso/ agg. slimy, muddy, oozy.
▷ **melo** /'melo/ m. *(albero)* apple tree ◆◆ ***~ selvatico*** crab apple tree, wilding.
melodia /melo'dia/ f. **1** MUS. melody, strains pl., tune **2** *(motivo)* melody, tune; ***canticchiare, fischiettare una ~*** to hum, whistle a tune **3** *(melodiosità)* melody, melodiousness, tunefulness; ***la ~ della sua voce*** the sweetness of her voice.
melodicamente /melodika'mente/ avv. melodically, musically.
melodico, pl. **-ci, -che** /me'lɔdiko, tʃi, ke/ agg. MUS. melodic.
melodiosamente /melodjosa'mente/ avv. melodiously, musically.
melodiosità /melodjosi'ta/ f.inv. sweetness, tunefulness.
melodioso /melo'djoso/ agg. [*tono, voce*] melodic, melodious, musical.
melodista, m.pl. **-i**, f.pl. **-e** /melo'dista/ m. e f. melodist.
melodramma /melo'dramma/ m. melodrama (anche FIG.).
melodrammaticamente /melodrammatika'mente/ avv. melodramatically.
melodrammaticità /melodrammatitʃi'ta/ f.inv. melodramatic nature.
melodrammatico, pl. **-ci, -che** /melodram'matiko, tʃi, ke/ agg. **1** melodramatic **2** FIG. melodramatic, theatrical; ***avere un tono ~*** to sound melodramatic.
melograno /melo'grano/ m. pomegranate.
melomane /me'lɔmane/ **I** agg. melomane **II** m. e f. melomaniac.
melomania /meloma'nia/ f. melomania.
▷ **melone** /me'lone/ m. melon, muskmelon.
melopea /melo'pɛa/ f. MUS. = slow melody.
membrana /mem'brana/ f. **1** BIOL. BOT. membrane **2** ING. membrane ◆◆ ***~ cellulare*** BIOL. cell membrane; ***~ interdigitale*** ANAT. ZOOL. palama, web, webbing; ***~ mucosa*** mucous membrane; ***~ nittitante*** ZOOL. nictitating membrane *o* haw; ***~ timpanica*** ANAT. tympanic membrane.
membranaceo /membra'natʃeo/ agg. membranous, membranaceous.
membraniforme /membrani'forme/ agg. membranous.
membranofono /membra'nɔfono/ m. membranophone.
membranoso /membra'noso/ agg. membranous.
membratura /membra'tura/ f. **1** ANAT. frame; ***di ~ esile*** slenderly built **2** EDIL. frame, framework.
▷ **membro**, pl. **-i**, pl.f. **-a** /'mɛmbro/ m. **1** (pl. **-i**) *(di associazione, gruppo, organizzazione)* member; ***~ associato, fondatore, onorario*** associate, founder, honorary member; ***essere ~ di*** to be a member of; ***~ della famiglia*** family member; ***~ del comitato*** committee member; ***~ del personale*** member of staff; ***~ del consiglio di amministrazione*** trustee; ***~ di una commissione*** commissioner AMM.; ***~ del parlamento*** parlamentarian, member of parliament; ***~ di un clan*** *(uomo)* clansman*; *(donna)* clanswoman*; ***~ dell'equipaggio*** crew member; ***~ della giuria*** juror; ***i paesi -i*** the member nations; ***diventare ~ di un partito*** to join a (political) party; ***diventare ~ di un club*** to get into *o* join a club **2** (pl. **-i**) MAT. *(di equazione, espressione)* member; ***primo, secondo ~*** first, second member **3** (pl. **-i**) ANAT. ***~ virile*** male member, male organ **4** (pl.f. **-a**) ANAT. *(arto)* limb, member; ***-a superiori, inferiori*** upper, lower limbs; ***di -a deboli*** weak-limbed.
meme /'mɛme/ m.inv. meme.
memento /me'mɛnto/ m.inv. **1** *(preghiera)* memento **2** SCHERZ. *(ammonizione)* warning.
memetica /me'mɛtika/ f. memetics + verbo sing.
memorabile /memo'rabile/ agg. [*esperienza, evento, giorno, vittoria*] memorable; [*exploit*] glorious; [*occasione*] momentous; ***un'annata ~ per il calcio italiano*** a vintage year for Italian soccer.
memorabilia /memora'bilja/ m.pl. memorabilia + verbo sing. o pl.
memorabilità /memorabili'ta/ f.inv. memorability.
memorando /memo'rando/ → **memorabile**.
memorandum /memo'randum/ m.inv. **1** AMM. POL. *(nota)* memorandum* **2** *(libretto per appunti)* notebook, notepad.
memore /'mɛmore/ agg. remembering; ***~ di*** mindful of.
▶ **memoria** /me'mɔrja/ **I** f. **1** *(facoltà)* memory, recall; ***perdita di ~*** memory loss, blackout; ***impresso nella mia ~*** branded *o* engraved in memory; ***avere una buona ~*** to have a good memory; ***non avere ~*** to have a bad memory; ***avere ~ per i nomi*** to have a good memory for names; ***ha una ~ straordinaria*** he has amazing powers of recall; ***perdere la ~*** to lose one's memory; ***riportare alla ~*** to dredge up FIG.; ***avere un vuoto di ~*** to blank out, to have a lapse of memory; ***ho avuto un vuoto di ~*** my mind went blank; ***quando l'ho vista mi è tornato tutto alla ~*** seeing her brought it all back to me; ***rinfrescare la ~ a qcn.*** to jog *o* refresh sb.'s memory; ***ritornare con la ~ a*** to think back to; ***la ~ mi gioca brutti scherzi*** my mind plays tricks on me; ***se la ~ non mi inganna*** if memory serves me right *o* well **2 a memoria** [*imparare, sapere*] by heart, cold; ***sapere a ~*** to know [sth.] by heart [*poesia*]; ***mandare qcs. a ~*** to commit sth. to memory **3** *(ricordo)* memory, recollection, remembrance; ***a ~ d'uomo*** within *o* in living *o* recent memory; ***in ~ di*** in (loving) memory of, in remembrance of; ***dedicato alla ~ di*** sacred to the memory of; ***di questo fatto ho soltanto una pallida ~*** I have only vague memories of this fact; ***serbare buona ~ di qcs.*** to have happy memories of sth.; ***manterremo viva la sua ~*** we shall keep his memory alive; ***le rovine sono una ~ del passato*** ruins are reminders of the past; ***questo bracciale è una ~ di mia nonna*** this bracelet is a keepsake from my grandmother **4** *(reputazione)* memory; ***d'illustre, d'infausta ~*** [*personaggio, luogo*] illustrious, sinister; ***mio zio Amilcare, di santa ~*** my uncle Amilcare, of blessed memory; ***vendicare, riabilitare la ~ di qcn.*** to avenge, clear sb.'s name **5** *(annotazione)* ***tenere*** o ***prendere ~*** to make a note **6** INFORM. memory, storage; ***scheda di ~*** memory card; ***capacità di ~*** storage capacity; ***accesso diretto alla ~*** direct memory access; ***~ a dischi rimovibili*** exchangeable disk storage; ***calcolatrice, telefono con ~*** calculator, telephone with a memory; ***mettere dei dati in ~*** to input data **7** DIR. ***assunzione di testimoni a futura ~*** summoning a witness on the grounds that he may die *o* is in danger of death **II memorie** f.pl. LETTER. memoirs ◆ ***avere la ~ corta*** to have a short memory; ***avere una ~ da elefante*** to have a memory like an elephant; ***avere una ~ di ferro*** to have an excellent memory ◆◆ ***~ associativa*** INFORM. associative store *o* storage; ***~ a bolle*** bubble memory; ***~ a breve termine*** MED. short term memory; ***~ centrale*** INFORM. core *o* main memory; ***~ collettiva*** → ***~ storica***; ***~ dinamica*** dynamic memory; ***~ esterna*** INFORM. external memory *o* storage; ***~ interna*** INFORM. internal memory *o* storage; ***~ a lungo termine*** MED. long term memory; ***~ di massa*** INFORM. backing store; ***~ RAM*** RAM memory; ***~ ROM*** ROM memory; ***~ storica*** folk memory; ***~ tampone*** INFORM. buffer (memory), buffer store; ***~ visiva*** visual memory.
memoriale /memo'rjale/ m. **1** LETTER. memorial, memoir **2** DIR. *(di difesa)* petition **3** *(documento)* memorial.
memorialista, m.pl. **-i**, f.pl. **-e** /memorja'lista/ m. e f. memoirist, memorialist.
memorizzare /memorid'dzare/ [1] tr. **1** *(imparare a memoria)* to memorize **2** INFORM. [*computer*] to store, to read* in [*dati*].

memorizzazione /memoriddzat'tsjone/ f. **1** *(apprendimento)* memorization **2** INFORM. *(processo)* storage; ***dispositivo di ~*** storage device.

menabò /mena'bɔ/ m.inv. TIP. dummy, mock-up, paste-up; ***fare un ~ di*** to paste [*articolo, pagina*].

menabrida /mena'brida/ m.inv. catch plate.

menade /'mɛnade/ f. MITOL. maenad.

menadito: **a menadito** /amena'dito/ avv. ***conoscere*** o ***sapere qcs. a ~*** to know sth. backwards *o* inside out.

ménage /me'naʒ/ m.inv. *(rapporto familiare, economia familiare)* ménage, household ◆◆ ***~ à trois*** ménage à trois.

menagramo /mena'gramo/ m. e f.inv. jinx.

menarca, pl. **-chi** /me'narca, ki/ m. menarche.

menare /me'nare/ [1] **I** tr. **1** REGION. *(condurre)* to lead*, to take*, to bring* [*animale, bambino*]; ***questa strada mena in città*** this road leads to the city; ***~ un'esistenza tranquilla*** FIG. to lead a peaceful life **2** *(agitare)* ***~ la coda*** [*cane*] to wag one's tail **3** COLLOQ. *(picchiare)* to belt, to wallop [*persona*] **4** *(assestare)* to deal*, to deliver, to land [*colpi, fendenti*]; ***~ colpi in aria*** to fan the air AE **II menarsi** pronom. COLLOQ. to fight*, to brawl, to scuffle ◆ ***~ le danze*** to lead the dance; ***~ la lingua*** to blab; ***menarla per le lunghe*** to drag one's feet *o* heels, to hang fire; ***menarla a qcn.*** to niggle (about, over sth.) with sb.; ***~ le mani*** to fight; ***avere voglia di ~ le mani*** to be spoiling for a fight; ***~ qcn. per il naso*** COLLOQ. to lead sb. up *o* down the garden path; ***~ il can per l'aia*** to beat about the bush; ***~ vanto*** to boast, to brag.

menarola /mena'rɔla/ f. brace, wimble.

menata /me'nata/ f. COLLOQ. **1** *(botte)* beating, thrashing **2** *(noiosa ripetizione)* ***è sempre la solita ~*** it's always the same old story **3** *(spettacolo noioso)* bore, sleeper; ***questo film è una ~!*** this film is a load of rubbish!

mendace /men'datʃe/ agg. FORM. mendacious.

mendacia /men'datʃa/ f. FORM. mendacity.

mendacità /mendatʃi'ta/ f.inv. FORM. mendacity, untruthfulness.

mendelevio /mende'lɛvjo/ m. mendelevium.

mendeliano /mende'ljano/ agg. Mendelian.

mendelismo /mende'lizmo/ m. Mendelism.

▷ **mendicante** /mendi'kante/ **I** agg. begging, mendicant FORM.; ***gli ordini -i*** mendicant orders **II** m. e f. beggar, mendicant FORM.

▷ **mendicare** /mendi'kare/ [1] **I** tr. FIG. to beg for [*aiuti, fondi*] **II** intr. (aus. *avere*) to beg.

mendicità /menditʃi'ta/ f.inv. beggary; FORM. mendicity, mendicancy; ***essere ridotto alla ~*** to be reduced to begging.

mendico, pl. **-chi, -che** /men'diko, ki, ke/ **I** agg. begging, mendicant FORM. **II** m. (f. **-a**) beggar, mendicant FORM.

menefreghismo /menefre'gizmo/ m. COLLOQ. couldn't-care-less attitude, so-what attitude.

menefreghista, m.pl. **-i**, f.pl. **-e** /menefre'gista/ **I** agg. COLLOQ. couldn't-care-less attrib. **II** m. e f. COLLOQ. ***è un ~*** he couldn't care less.

meneghino /mene'gino/ **I** agg. COLLOQ. Milanese **II** m. (f. **-a**) COLLOQ. Milanese*.

Menelao /mene'lao/ n.pr.m. Menelaus.

menestrello /menes'trɛllo/ m. minstrel, gleeman*.

Menfi /'menfi/ n.pr.f. STOR. Memphis.

menhir /me'nir/ m.inv. menhir.

meninge, pl. **-gi** /me'nindʒe, dʒi/ **I** f. meninx* **II meningi** f.pl. COLLOQ. brains, wits; ***spremersi le -gi*** to cudgel *o* rack one's brains.

meningeo /menin'dʒɛo, me'nindʒeo/ agg. meningeal.

meningite /menin'dʒite/ ➧ **7** f. meningitis ◆◆ ***~ cerebrospinale*** spinal meningitis.

meningocele /meningo'tʃɛle/ m. meningocele.

meningococco, pl. **-chi** /meningo'kɔkko, ki/ m. meningococcus*.

meningoencefalite /meningoentʃefa'lite/ ➧ **7** f. meningoencephalitis.

menisco, pl. **-schi** /me'nisko, ski/ m. meniscus*.

▶ **meno** /'meno/ *Meno* è usato principalmente come avverbio e come aggettivo o pronome. - Come avverbio, si rende con *less* quando introduce un comparativo di minoranza e con *(the) least* quando introduce un superlativo di minoranza: *less* è seguito da *than*, *the least* è seguito da *of* oppure *in* (se ci si riferisce a un luogo o un gruppo). Gli esempi nella voce mostrano anche che il comparativo di minoranza è spesso sostituito in inglese dalla variante negativa di un comparativo di uguaglianza: *ho meno esperienza di te* = I have less experience than you, oppure: I don't have as much experience as you; *la mia stanza è meno grande della tua* = my bedroom isn't as big as yours. - Come aggettivo o pronome, in inglese standard *meno* si traduce con *less* davanti e al posto di sostantivi non numerabili (*meno denaro* = less money; *ne ho meno di ieri* = I have less than yesterday), mentre davanti e al posto di sostantivi plurali si usa *fewer* con valore comparativo (*meno studenti* = fewer students; *non meno di* = no fewer than) e *(the) fewest* con valore superlativo (*ho fatto meno errori di tutti* = I made the fewest mistakes; *ne ha dati meno di tutti* = he gave the fewest); tuttavia, nel linguaggio parlato *less* tende a sostituire *fewer* anche con riferimento plurale: *meno persone* = less people. - Per altri esempi e per l'uso di *meno* come preposizione e sostantivo, si veda la voce qui sotto. **I** avv. **1** *(in un comparativo di minoranza)* less; ***un po' ~*** a little less; ***è ~ alto, dotato di suo padre*** he is not as tall, as gifted as his father; ***è ~ bugiardo di sua sorella*** he's less of a liar than his sister; ***è ~ complicato di quanto pensi*** it's less complicated than you think **2** *(con un avverbio)* less; ***~ spesso*** less often; ***~ del solito*** less than usual; ***dovresti restare ~ a lungo nella sauna*** you shouldn't stay so long in the sauna; ***canta ~ bene di prima*** she doesn't sing as well as she used to **3** *(con un verbo)* less; ***l'argento costa ~ dell'oro*** silver costs less than gold; ***costa ~ prendere il treno*** it works out cheaper to take the train; ***leggo ~ in questo periodo*** I've been reading less these days; ***perché accontentarsi di ~?*** why settle for less? ***mi è piaciuto ~ che a te*** I liked it less than you did; ***escono ~ adesso che hanno un bambino*** they don't go out as much *o* they go out less often now that they have a child; ***guadagno ~ di lei*** I earn less than she does, I don't earn as much as she does; ***~ se ne parla, meglio è*** the less said about that, the better; ***~ esco, ~ ho voglia di uscire*** the less I go out, the less I feel like going out; ***~ lo vedo, meglio sto*** the less I see of him, the better I feel; ***è lui quello che lavora ~ di tutti*** he's the one who works the least of all **4** *(con un numerale)* less; ***~ di 100*** less than 100; ***~ di due ore*** under *o* less than two hours; ***un po' ~ di 15 cm*** just under 15 cm; ***è a ~ di tre ore da qui*** it's less than *o* not three hours from here; ***i bambini con ~ di sei anni*** children under six; ***un'asse lunga ~ di due metri*** a plank less than two metres long; ***non troverai niente a ~ di 200 euro*** you won't find anything for less than *o* for under 200 euros **5** *(in un superlativo relativo)* ***(il) ~*** o ***(la) ~*** o ***(i) ~*** o ***(le) ~*** the least; ***le famiglie ~ ricche*** the least wealthy families; ***era la ~ soddisfatta di tutti*** she was the least satisfied of all; ***li va a trovare il ~ possibile*** she visits them as little as possible; ***è quello pagato ~ bene fra i due*** he's the least well-paid of the two; ***~ spesso*** less often; ***(di) ~*** (the) least; ***quello mi piace ~ di tutti*** I like that one (the) least; ***sono quelli che ne hanno ~ bisogno*** they are the ones who need it (the) least; ***proprio quando ~ ce lo aspettavamo*** just when we least expected it; ***hanno ~ soldi di tutti*** they have the least money; ***dei tre, lui è quello che ha ~ esperienza*** of the three he's the one with the least experience **6** *(in correlazione con "più")* ***né più, né ~*** neither more, nor less; ***centimetro più, centimetro ~*** give or take an inch (or two); ***non è né più né ~ che una criminale*** she's nothing less than a common criminal **7** *(con valore di negazione)* not; ***che lo voglia o ~*** whether he's willing or not; ***vuole sapere se sei libero o ~*** he wants to know whether or not you're free; ***non ha deciso se firmare o ~*** he hasn't decided whether to sign (or not) **8 da meno** ***è un gran bugiardo e suo fratello non è da ~*** he's a liar and his brother isn't any better; ***ho fatto una torta anche io per non essere da ~*** I made a cake as well, just to keep up **9 di meno** ***dovresti lavorare di ~ o ti ammalerai*** you should work less or you'll get ill; ***se avessi 20 anni di ~!*** I wish I were 20 years younger! ***non lo stimo di ~ per questo*** I think no less of him for that; ***sto cercando di fumare di ~*** I'm trying to cut down on smoking; ***non potrebbe fregargliene di ~!*** he couldn't care less! **10 in meno** short; ***ho preso 30 euro in ~ di stipendio*** my wages are 30 euros short; ***guadagno 10 euro in ~ alla settimana*** I'm 10 euros a week worse off; ***mi ha fatto pagare 1 euro in ~ del dovuto*** she undercharged me by 1 euro; ***ci sono centinaia di domande in ~ rispetto al previsto*** there is a shortfall of several hundred in the expected number of applications; ***avere qualche rotella in ~*** COLLOQ. to be wrong in the head **11 a meno di** short of; ***a ~ di non chiuderlo in casa, non posso impedirgli di andarsene*** short of locking him in, I can't stop him leaving **12 a meno che** unless, except if; ***a ~ che non ci dicano il contrario*** unless we are told otherwise; ***non verrà, a ~ che non lo inviti*** he won't come unless you invite him **13 sempre meno** less and less; ***la vediamo sempre ~*** we see her less and less **14 meno male** thank goodness; ***~ male che*** it's a good job *o* thing that; ***~ male che è impermeabile!*** it's just as well it's waterproof! ***~ male che ci sono andato!*** it was lucky for me that I went! ***~ male che avevi detto che avresti dato una mano!*** so much for saying you'd help! **15 quanto meno, per lo meno** at least; ***quanto ~ avresti potuto dirmelo!*** you could at least have told me! **16 senza** meno certainly **17** ***alla meno peggio*** ***cavarsela alla ~ peggio*** to muddle *o* struggle through **18** ***tanto meno*** much less, let alone; ***non l'ho mai visto, tanto ~ gli ho parlato*** I've never seen him, much less spoken to him; ***era troppo malata per stare in piedi, tanto ~ per camminare*** she was too ill to stand let alone walk; ***non si può permettere di affittare una casa, tanto ~ di comprarne una*** he can't afford to rent a house, much less buy one **19** ***più o meno*** more or less, about, roughly, round about; ***più o ~ alto come te*** about your height; ***è successo più o ~ qui*** it happened round about here; ***"ti è piaciuto il film?" - "più o ~"*** "did you enjoy the film?" - "sort of"; ***più o ~ nello stesso modo*** in much the same way; ***la canzone fa più o ~ così*** the song goes something like this **II** agg.inv. **1** *(in un comparativo di minoranza)* less, fewer; ***ho ~ libri di te*** I have fewer books than you; ***ho ~ caldo adesso*** I feel cooler now; ***ci è voluto ~ tempo di quanto pensassimo*** it took less time than we expected; ***ho ~ tempo per leggere di una volta*** now I have less time for reading than I used to; ***di domenica ci sono ~ treni*** there are fewer trains on Sundays; ***c'erano ~ persone dell'altra volta*** there were fewer people than last time; ***dovremmo ricordarci di chi è ~ fortunato di noi*** we should remember those less fortunate than ourselves; ***avranno ancora ~ stima di lei dopo questo*** they will think all the less of her for it **2** *(con valore pronominale)* less, fewer; ***non ~ di*** no fewer than; ***ne ho ~ di te*** I have less than you; ***hanno pochi soldi ma noi ne abbiamo ancora ~*** they have little money but we have even less; ***ho dato loro ~ da mangiare*** I gave them less to eat; ***ha venduto ~ di tutti*** he sold the fewest **III** prep. **1** *(in una sottrazione)* from, minus; ***quanto fa 20 ~ 8?*** what is 20 minus 8? ***20 ~ 5 fa 15*** 5 from 20 leaves 15, 20 minus 5 is 15, 20 take away 5 is 15 **2** *(tranne, eccetto)* but, besides, except; ***tutti ~ lui*** everybody except *o* but *o* besides him; ***avevano tutto ~ quello che volevo*** they had everything except what I wanted **3** *(per indicare l'ora)* to, before; ***sono le sei ~ dieci*** it's ten before *o* to six; ***alle undici ~ un quarto*** at a quarter to eleven BE, of eleven AE **4** *(per indicare una temperatura)* minus; ***~ 10*** 10 of frost, minus 10 **IV** m.inv. **1** *(la cosa, quantità minore)* least; ***questo è il ~*** that's the least of it; ***fare il ~ possibile*** to do as little as possible **2** MAT. *(segno)* minus (sign); ***~ per ~ uguale più*** two minuses make a plus ◆ ***parlare del più e del ~*** to talk about this and that, to shoot the breeze AE; ***in men che non si dica*** before you could say knife, in the bat *o* wink of an eye, in (less than) no time; ***venire ~*** *(svenire)* [*persona*] to go limp; *(diminuire)* [*coraggio, determinazione, fede*] to waver; [*interesse, speranza*] to fade; ***venire ~ a*** *(rompere)* to betray, to go back on [*promessa*]; to break [*voto*]; ***fare a ~ di*** *(rinunciare)* to manage *o* do without, to dispense with [*auto, servizi*]; ***non posso farne a ~*** I can't help it; ***puoi fare a ~ di venire*** you needn't come.

menologio, pl. **-gi** /meno'lɔdʒo, dʒi/ m. menology.

menomare /meno'mare/ [1] tr. to maim, to disable, to cripple.

menomato /meno'mato/ **I** p.pass. → **menomare II** agg. crippled, maimed; ***~ per tutta la vita*** maimed for life; ***non sono ~!*** FIG. I'm not an invalid!

menomazione /menomat'tsjone/ f. handicap; ***gravi -i fisiche e mentali*** severe physical and mental handicaps.

menopausa /meno'pauza/ f. menopause; ***essere in ~*** to be menopausal; ***disturbi della ~*** menopausal problems.

menorragia /menorra'dʒia/ ◗ **7** f. menorrhagia.

menorrea /menor'rɛa/ ◗ **7** f. menorrhoea.

▷ **mensa** /'mɛnsa/ f. **1** dining hall, canteen BE; UNIV. cafeteria, hall; MIL. mess, mess hall; ***buono ~*** luncheon voucher; ***~ ufficiali*** officers' mess; ***~ aziendale*** work canteen; ***non mangio mai alla ~*** I never eat in the canteen **2** *(tavola)* table; ***sedersi a ~*** to sit down at table; ***imbandire la ~*** to lay BE, set AE the table **3** *(pasto)* meal; ***~ frugale, lauta*** poor, bountiful table ◆◆ ***~ eucaristica*** Holy Communion; ***~ per i poveri*** soup kitchen.

menscevico, pl. **-chi**, **-che** /menʃe'viko, ki, ke/ **I** agg. Menshevist **II** m. (f. **-a**) Menshevik*.

mensile /men'sile/ **I** agg. [*abbonamento, affitto, salario, rata*] monthly; ***reddito ~*** income per month **II** m. *(rivista)* monthly (magazine).

mensilità /mensili'ta/ f.inv. **1** *(stipendio mensile)* monthly pay; ***tredicesima ~*** Christmas bonus **2** *(rata mensile)* monthly instalment, installment AE.

mensilmente /mensil'mente/ avv. monthly; ***essere pagato ~*** to be paid on a monthly basis.

mensola /'mɛnsola/ f. **1** ARCH. console **2** *(mobile)* bookshelf*, shelf*; ***~ del camino*** chimneypiece, mantelpiece; ***mensolina*** ledge.

▷ **menta** /'menta/ ◗ **3** f. **1** *(pianta)* mint **2** *(essenza)* mint; ***di ~*** [*gusto, sapore*] minty; ***alla ~*** mint, mint-flavoured BE, mint-flavored AE; ***tè alla ~*** mint tea; ***caramella alla ~*** peppermint; ***dentifricio alla ~*** mint toothpaste ◆◆ ***~ piperita*** peppermint; ***~ rossa*** bergamot (mint); ***~ verde*** spearmint.

▷ **mentale** /men'tale/ agg. **1** *(della mente)* [*disturbo, handicap, fatica, malattia, processo, salute*] mental; ***struttura ~*** cast of mind; ***apertura ~*** openness, open-mindedness; ***grettezza*** o ***ristrettezza ~*** small-mindedness; ***infermità ~*** DIR. insanity; ***sanità ~*** saneness, sanity; ***l'equilibrio ~ di qcn.*** the balance of sb.'s mind; ***è un malato ~*** he's a psychiatric case *o* a mental patient; ***essere un ritardato ~*** to be mentally retarded **2** *(fatto a mente)* [*calcolo*] mental.

mentalità /mentali'ta/ f.inv. mentality, mind-set, outlook; ***~ infantile*** childish mentality; ***la ~ dei popoli latini*** the mentality of Latin people; ***avere una ~ ristretta*** SPREG. to be small-minded *o* narrow-minded *o* insular; ***avere una ~ aperta*** to be broad-minded *o* open-minded; ***avere una ~ chiusa*** to have a closed mind.

mentalmente /mental'mente/ avv. **1** *(che riguarda la mente)* mentally; ***~ ritardato*** mentally retarded; ***~ stanco, sveglio, pigro*** mentally exhausted, quick, slow **2** *(nella mente)* [*calcolare, stimare*] mentally; [*visualizzare*] internally.

▶ **mente** /'mente/ f. **1** *(intelletto)* mind; ***a ~ fresca, lucida*** with a clear mind; ***malato di ~*** psychiatric case; ***avere la ~ matematica, analitica*** to have a mathematical, analytic mind; ***avere una ~ acuta*** to have a very good mind *o* a sharp wit; ***avere una ~ aperta*** to have a broad mind, to be open-minded; ***vagare con la ~*** to let one's mind wander; ***avere la ~ altrove*** to be miles away, to have one's mind elsewhere; ***leggere nella ~ di qcn.*** to read sb.'s mind; ***volgere la ~ a qcs.*** to turn one's mind to sth.; ***avere qcs. fisso in ~*** to have sth. on one's mind; ***qualche cosa che mi occupi la ~*** something to occupy my mind; ***ho in ~ qualcosa per questa sera*** I have something in mind for this evening; ***non era quello che aveva in ~*** that was not what she had intended; ***mi chiedo cosa le passi per la ~*** I wonder what's going on in her mind; ***perché gli è saltato in ~ di farlo?*** what possessed him to do that? ***che cosa ti salta in ~?*** whatever are you thinking of? **2** *(memoria)* mind, memory; ***scolpito nella ~*** FIG. branded *o* impressed *o* infixed in one's mind; ***tenere a ~*** to retain; ***tornare alla ~*** to come back *o* to mind; ***fare venire in ~ qcs.*** to bring *o* call sth. to mind; ***non mi venne in ~ di fare*** it didn't occur to me to do; ***mi venne in ~ solo più tardi*** it only occurred to me later; ***mi era sfuggito di ~*** it had slipped my mind; ***mi è passato per la ~ che*** it went through, it crossed my mind that; ***mi era completamente passato*** o ***uscito di ~*** it went right *o* clean *o* completely out of my mind **3** *(persona)* mind; ***tutte le più grandi -i del XVII secolo*** all the great minds of the 17th century; ***le grandi -i si incontrano*** great minds think alike **4** *(chi organizza)* mind; ***era lei la ~ dell'operazione*** she was the brains behind the operation ◆ ***a ~*** by heart; ***a ~ fredda*** in the (cold) light of day; ***il braccio e la ~*** the brawn and the brain; ***fammi fare ~ locale*** let me try and remember, let me place it (in my mind); ***vedere qcs. con gli occhi della ~*** to see sth. in one's minds eye.

mentecatta /mente'katta/ f. madwoman*.

mentecatto /mente'katto/ **I** agg. mad, crazy **II** m. madman*; ***povero ~!*** poor idiot!

mentina /men'tina/ f. mint, peppermint.

▶ **mentire** /men'tire/ [3] intr. (aus. *avere*) to lie, to tell* lies (**su**, **riguardo a** about); ***~ a qcn.*** to lie to sb.; ***~ per interesse, per gioco*** to lie for personal gain, for fun; ***~ sapendo di ~*** to lie deliberately; ***non saper ~*** to be a bad liar; ***non mentirmi mai più!*** never ever lie to me again! ***~ spudoratamente*** to lie through one's teeth; ***~ a se stesso*** to deceive oneself ◆ ***buon sangue non mente*** PROV. blood tells.

mentito /men'tito/ **I** p.pass. → **mentire II** agg. ***sotto -e spoglie*** in disguise, under false colours.

mentitore /menti'tore/ **I** agg. lying, false **II** m. (f. **-trice** /tritʃe/) liar.

▷ **mento** /'mento/ ◗ **4** m. chin; ***~ sfuggente*** weak chin; ***doppio ~*** double chin; ***~ pronunciato*** protruding *o* protrusive chin.

mentolato /mento'lato/ agg. mentholated.

mentolo /men'tɔlo/ m. menthol; ***al ~*** mentholated.

mentoniera /mento'njɛra/ f. MUS. chin rest.

mentore /'mɛntore/ m. mentor.

▶ **mentre** /'mentre/ cong. **1** *(nel tempo in cui)* while, as, whilst BE; ***~ era addormentata*** as she lay sleeping; ***entrò ~ lei stava scendendo le scale*** he came in as she was coming down the stairs; ***~ stava guardando l'aereo esplose*** as she watched the plane exploded; ***lo sentivo ~ faceva rumore al piano di sotto*** I could hear him crashing around downstairs; ***non riesco a immaginarlo ~ insegna*** I can't imagine him teaching; ***è arrivato proprio ~ stavo andando via*** he arrived just as I was leaving; ***arrivai al binario proprio ~ il treno stava partendo*** I got to the platform just as the train was leaving; ***ho telefonato* ~ *stavo tornando*** I phoned on the way back; ***puoi passare a prendere il latte* ~ *torni a casa?*** could you pick up some milk on the way home? ***l'ho beccato* ~ *leggeva il mio diario*** I caught him looking through my diary **2** *(invece)* while, whereas; ***ha rifiutato* ~ *io avrei accettato con gioia*** he refused when *o* whereas I would have gladly accepted; ***si è fatta suora* ~ *avrebbe potuto fare l'attrice*** she became a nun when she could have been an actress; ***a lei piacciono i cani* ~ *io preferisco i gatti*** she likes dogs whereas I prefer cats **3** *(finché)* while; ~ ***è ancora giorno*** while it's still light; ~ ***sei lì chiudi la porta*** close the door while you're at it; ***approfitta dell'occasione* ~ *è possibile*** take the offer while it's there FIG.; ***scrivilo subito* ~ *te lo ricordi ancora bene*** write it down while it's still fresh in your mind **4 in quel mentre** at that very moment, just then.

menu /me'nu/ m.inv. **1** *(lista)* menu; ~ ***a prezzo fisso*** fixed *o* set menu; ***qual è il* ~ *del giorno?*** what's the special today? **2** INFORM. menu ◆◆ ~ ***a cascata*** INFORM. cascading menu; ~ ***a tendina*** INFORM. drop-down menu, pull-down menu.

menzionare /mentsjo'nare/ [1] tr. to mention, to work in [*fatto, nome, persona*].

menzionato /mentsjo'nato/ **I** p.pass. → **menzionare II** agg. mentioned; ***come sopra* ~** as mentioned before *o* above; ***l'ultimo* ~** the last mentioned.

menzione /men'tsjone/ f. **1** *(azione di citare)* mention; ***degno di* ~** highly commendable, worthy of mention; ***fare* ~ *di*** to mention; ***non fare* ~ *di*** to make no mention of **2** *(attestato di merito)* mention; SCOL. UNIV. distinction; MIL. commendation ◆◆ ~ ***onorevole*** honourable mention.

▷ **menzogna** /men'tsoɲɲa/ f. lie, falsehood, invention; ***sono solo -e*** it's all lies; ***una* ~ *pietosa*** a white lie; ***un tessuto*** o ***ordito di -e*** a tissue of lies; ***vivere nella* ~** to live a lie.

menzognero /mentsoɲ'ɲɛro/ agg. [*persona*] untruthful, lying; [*accusa, campagna, pubblicità*] false.

meramente /mera'mente/ avv. merely.

▶ **meraviglia** /mera'viʎʎa/ f. **1** *(cosa ammirevole)* marvel, wonder; ***era una* ~ *da vedere*** it was a marvel to behold; ***una* ~ *di partita*** a humdinger of a match COLLOQ.; ***le -e della natura, di Venezia*** the wonders of nature, of Venice; ***le sette -e del mondo*** the seven wonders of the world; ***paese delle -e*** wonderland; ***una* ~ *dell'ingegneria*** a wonder of engineering; ***è una* ~*!*** SCHERZ. that's a real beauty! ***fare -e*** to work *o* do wonders; ***dire*** o ***raccontare -e di qcn., qcs.*** to tell wonderful things about sb., sth. **2** *(sentimento di sorpresa)* astonishment, surprise, wonder, wonderment; ***una sensazione di* ~** a sense *o* feeling of wonder; ***avere gli occhi spalancati dalla* ~** to be open-eyed in wonder; ***fissare qcn. per la* ~** to stare at sb. in surprise **3 a meraviglia** [*cantare, andare d'accordo*] marvellously BE, marvelously AE; ***andare a* ~** to work like a charm *o* dream; ***intendersi a* ~** to get on *o* along famously, to get on like a house on fire COLLOQ.; ***funziona a* ~*!*** it works like magic! ***ti sta a* ~** [*abito*] it suits you down to the ground; ***andrà a* ~** it'll be perfect; ***tutto sta andando a* ~** everything is coming up roses; ***il piano ha funzionato a* ~** the plan worked a treat COLLOQ.

▷ **meravigliare** /meraviʎ'ʎare/ [1] **I** tr. to astonish, to amaze, to surprise; ***questo mi meraviglia*** that surprises me; ***mi meraviglia che*** it astonishes me that **II meravigliarsi** pronom. to marvel (**che** that); ***-rsi di qcs.*** to wonder at sth.; ***mi meraviglio di te*** I'm surprised at you! ***non c'e da -rsi che*** not surprisingly, it is no surprise that, (it's) no wonder that.

meravigliato /meraviʎ'ʎato/ **I** p.pass. → **meravigliare II** agg. astonished, surprised, amazed (**da** by, at; **di fare** to do); ***in tono* ~** wonderingly; ***guardare qcn., qcs.* ~** to look at sb., sth. in astonishment *o* in wonder.

meravigliosamente /meraviʎʎosa'mente/ avv. marvellously BE, marvelously AE, gloriously; [*comportarsi, funzionare*] perfectly; [*scrivere, suonare*] beautifully.

▶ **meraviglioso** /meraviʎ'ʎoso/ **I** agg. [*esperienza, giornata, tempo*] marvellous BE, marvelous AE, wonderful; [*gita, vacanza*] glorious, wonderful; [*film, idea, vista*] wonderful, stupendous; ***un paese* ~** a gem of a village; ***è* ~ *con i bambini!*** he's a marvel with children! ***è* ~ *essere di nuovo a casa*** it's great to be back home **II** m. ***il* ~** the fabulous.

merc. ⇒ mercoledì Wednesday (Wed).

mercante /mer'kante/ m. ANT. merchant, dealer ◆ ***fare orecchie da* ~** to turn a deaf ear ◆◆ ~ ***d'arte*** art dealer; ~ ***di cavalli*** horse dealer; ~ ***di diamanti*** diamond merchant; ~ ***di schiavi*** slaver STOR., slave-trader.

mercanteggiamento /merkanteddʒa'mento/ m. bargaining.

mercanteggiare /merkanted'dʒare/ [1] **I** tr. ~ ***la propria dignità*** to sell one's dignity **II** intr. (aus. *avere*) *(sul prezzo)* to bargain, to barter, to haggle (**su** over); ***dopo aver mercanteggiato a lungo*** after a lot of haggling.

mercantesco, pl. **-schi**, **-sche** /merkan'tesko, ski, ske/ agg. [*interesse*] mercenary.

mercantile /merkan'tile/ **I** agg. **1** [*flotta*] merchant, mercantile; [*nazione, sistema, teoria*] mercantile; ***nave* ~** MAR. merchantman, merchant ship, trader; ***profitto, perdita* ~** AMM. trading profit, trading loss; ***la marina* ~** the mercantile *o* merchant marine, the merchant navy BE **2** *(da mercante)* [*spirito, mentalità*] commercial **II** m. MAR. merchantman*, merchant ship, trader.

mercantilismo /merkanti'lizmo/ m. mercantilism.

mercantilista, m.pl. **-i**, f.pl. **-e** /merkanti'lista/ **I** agg. [*sistema, teoria*] mercantile, **II** m. e f. mercantilist.

mercantilistico, pl. **-ci**, **-che** /merkanti'listiko, tʃi, ke/ agg. mercantilistic, mercantilist.

mercanzia /merkan'tsia/ f. **1** *(merce)* merchandise **U**, goods pl., wares pl.; ***un magazzino pieno di -e*** a warehouse full of merchandise; ***vendere la propria* ~** to sell one's wares **2** FIG. SCHERZ. ***saper vendere la propria* ~** to know how to sell oneself.

mercaptano /merkap'tano/ m. mercaptan.

mercatino /merka'tino/ m. local street market; ~ ***delle pulci*** flea market; ~ ***dell'usato*** boot sale BE, jumble sale BE.

▶ **mercato** /mer'kato/ m. **1** (street) market, marketplace, fair; ***piazza del* ~** market square; ***andare al* ~** to go to (the) market; ***fare la spesa al* ~** to do one's shopping at the market; ***non siamo mica al* ~*!*** SCHERZ. what's all this noise? keep it down! **2** ECON. market; ~ ***in ribasso*** bear market, buyer's market; ~ ***al rialzo*** seller's market; ***vuoto di* ~** gap; ***previsioni di* ~** market forecasting; ***analisi di* ~** market analysis, market(ing) research; ***economia di* ~** free enterprise economy, free market (economy), market(-led) economy; ***nicchia di* ~** market opportunity *o* niche; ***forze di* ~** market forces; ***prezzo di* ~** market price; ***quota di* ~** market share; ***valore di* ~** marketable value, market value; ***esigenze di* ~** market requirements; ***prodotto leader sul* ~** brand leader; ***la migliore auto sul* ~** the best car on the market; ***il* ~ *è saturo*** the market is saturated; ***il* ~ *ha chiuso al ribasso, al rialzo*** the market closed down, up; ***conquistare, invadere, dominare il* ~** to capture, crack, dominate the market; ***lanciare qcs. sul* ~** to put sth. on the market; ***eliminare dal* ~** to freeze out *o* to remove from the market **3** SPREG. ***far* ~ *del proprio corpo*** to prostitute oneself **4 a buon mercato** [*prodotto*] cheap, inexpensive; [*acquistare*] cheaply, inexpensively, low; ***cavarsela a buon* ~** FIG. to get off lightly ◆◆ ~ ***aperto*** ECON. open market; ~ ***all'aperto*** open air market; ~ ***azionario*** equity market, stock market; ~ ***del bestiame*** cattle market; ~ ***dei cambi*** foreign exchange market; ~ ***Comune*** common market, Common Market; ~ ***comune europeo*** Euromarket; ~ ***coperto*** covered market; ~ ***al dettaglio*** retail market; ~ ***delle divise*** → ~ **dei cambi**; ~ ***estero*** foreign market; ~ ***finanziario*** capital market; ~ ***dei fiori*** flower market; ~ ***immobiliare*** property market; ~ ***all'ingrosso*** wholesale market; ~ ***interno*** domestic market; ~ ***del lavoro*** job market; ~ ***libero*** → ~ **aperto**; ~ ***monetario*** currency market, money market; ~ ***nero*** black market; ~ ***obbligazionario*** bond market; ~ ***ortofrutticolo*** fruit and vegetable market; ~ ***del pesce*** fish market; ~ ***di prova*** test market; ~ ***dei prodotti*** commodities market ECON.; ~ ***delle pulci*** flea market; ~ ***rionale*** local market; ~ ***ristretto*** Unlisted Securities Market; ~ ***unico*** single market.

▷ **merce** /'mɛrtʃe/ f. **1** *(articoli)* COMM. commodity, merchandise **U**; ***-i*** goods, wares; ~ ***rubata*** stolen goods; ***trasporto di -i*** haulage; ***deposito -i*** goods depot; ***treno -i*** freight *o* goods *o* supply train; ***scalo -i*** freight yard; ***vagone -i*** freight *o* goods wagon, boxcar AE; ***zona di carico*** o ***scarico -i*** loading bay; ***fare un'ordinazione di -i*** to place an order for goods; ***esportare, trasportare delle -i*** to export, transport goods; ***rifornire di -i*** to assort; ***trattare* ~ *rubata*** to handle stolen goods **2** FIG. ***l'onestà è una* ~ *rara*** honesty is a rare commodity ◆◆ ~ ***di contrabbando*** smuggled goods; ~ ***deperibile*** soft goods; ~ ***al dettaglio*** retail goods; ~ ***da esportazione*** export; ~ ***di importazione*** import; ~ ***all'ingrosso*** wholesale goods; ~ ***ribassata*** distress merchandise AE; ~ ***di scarto*** reject goods; ~ ***di seconda scelta*** second; ~ ***di valore*** valuable goods; ***-i aviotrasportate*** airfreight; ***-i pronte*** spot goods; ***-i in saldo*** reduced goods.

mercé /mer'tʃe/ **I** f.inv. ANT. LETT. **1** *(pietà)* mercy; ***implorare* ~** to beg for mercy **2** *(balìa)* mercy; ***essere alla* ~ *di*** to be at the mercy of; ***rimettersi alla* ~ *di qcn.*** to throw oneself on sb.'s mercy **II** prep. ANT. LETT. thanks to; ~ ***il suo aiuto*** thanks to his help.

mercede /mer'tʃɛde, mer'tʃede/ f. ANT. LETT. reward, recompense.

mercenario, pl. **-ri**, **-rie** /mertʃe'narjo, ri, rje/ **I** agg. **1** [*truppe*] mercenary **2** SPREG. *(corruttibile)* [*azione, persona*] mercenary **II** m. (f. **-a**) hireling, mercenary.

merceologia /mertʃeolo'dʒia/ f. the study of marketable products.
merceologico, pl. **-ci**, **-che** /mertʃeo'lɔdʒiko, tʃi, ke/ agg. [*analisi*] product attrib., commodity attrib.
▷ **merceria** /mertʃe'ria/ ◗ *18* f. **1** *(negozio)* haberdasher's, haberdashery BE **2** *(articoli)* **-e** haberdashery BE sing., notions AE.
mercerizzare /mertʃerid'dʒare/ [1] tr. to mercerize [*cotone*].
mercerizzato /mertʃerid'dzato/ agg. [*cotone*] mercerized.
mercerizzazione /mertʃeriddzat'tsjone/ f. mercerization.
merchandising /mertʃan'daizing/ m.inv. merchandising.
merciaio, pl. **-ai** /mer'tʃajo, ai/ ◗ *18* m. (f. **-a**) haberdasher BE.
mercificare /mertʃifi'kare/ [1] tr. FILOS. to commodify [*arte, cultura*].
mercificazione /mertʃifikat'tsjone/ f. FILOS. commodification.
mercimonio, pl. **-ni** /mertʃi'mɔnjo, ni/ m. illicit trade.
▷ **mercoledì** /merkole'di/ ◗ *11* m.inv. Wednesday; ***oggi è ~*** today is Wednesday; ***~ andrò in palestra*** I'm going to the gym on Wednesday; ***il*** o ***di ~ vado in palestra*** I go to the gym on Wednesdays; ***tutti i ~*** every Wednesday; ***~ scorso*** last Wednesday; ***~ prossimo*** next Wednesday, Wednesday next; ***~ mattina, pomeriggio, sera*** Wednesday morning, afternoon, evening; ***sono nato di ~*** I was born on a Wednesday ◆◆ ***~ delle ceneri*** Ash Wednesday.
1.mercuriale /merku'rjale/ f. COMM. market list.
2.mercuriale /merku'rjale/ agg. CHIM. [*composto*] mercurial.
mercurialismo /merkurja'lizmo/ m. mercurialism.
mercuriano /merku'rjano/ agg. ASTR. Mercurial.
mercurico, pl. **-ci**, **-che** /mer'kuriko, tʃi, ke/ agg. mercuric.
mercurio /mer'kurjo/ m. mercury, quicksilver; ***intossicazione da ~*** mercurial poisoning; ***trattare*** o ***curare con ~*** to mercurate.
Mercurio /mer'kurjo/ n.pr.m. **1** MITOL. Mercury **2** ASTR. Mercury.
mercurocromo® /merkuro'krɔmo, merkuro'kromo/ m. Mercurochrome®.
merda /'mɛrda/ **I** f. VOLG. **1** *(escremento)* shit; ***~ di cane*** dog shit, dog dirt; ***ho pestato una ~*** I've trodden in some shit **2** FIG. *(cosa senza valore)* crap **U** POP.; ***questo film è una ~!*** this film is crap! **3** FIG. *(persona spregevole)* shit POP., shitty POP. person **4** *(situazione difficile)* ***essere nella ~*** to be up shit creek, to be in the shit; ***essere nella ~ fino al collo*** to be in deep shit **5 di merda** *(pessimo)* ***di ~*** [*situazione, libro, macchina*] shitty, crappy; ***fare una figura di ~*** to cut a sorry figure, to look a right git BE POP.; *(in frasi esclamative)* ***che lavoro di ~!*** what a shitty job! ***questa macchina di ~!*** this bloody car! POP.; ***che sfiga di ~!*** tough shit! *(malissimo)* ***sentirsi di ~*** to feel shitty AE POP.; ***qui si mangia di ~*** here they serve crap food **II** inter. VOLG. shit, bugger BE, hot shit AE ◆ ***pezzo di ~!*** you fuck! ***faccia di ~*** shitface, shit ass AE; ***mangiare ~*** to eat shit; ***fare mangiare ~ a qcn.*** to make sb. eat dirt AE; ***fare sentire qcn. una ~*** to rub sb.'s nose in it; ***trattare qcn. come una ~*** to shit on sb., to treat sb. like dirt, to piss on sb. AE.
merdaio, pl. **-ai** /mer'dajo, ai/ m. VOLG. **1** *(letamaio)* dung heap, dunghill **2** *(luogo sporco)* pigsty, pigpen AE, filthy place **3** FIG. *(ambiente corrotto)* cesspit, cesspool, sink.
merdata /mer'data/ f. VOLG. crap **U**, (bull)shit.
merdoso /mer'doso/ agg. VOLG. shitty (anche FIG.).
▷ **merenda** /me'rɛnda/ f. (afternoon) snack; ***fare ~*** to have *o* eat a snack, to snack; ***cosa c'è per ~?*** what's for our afternoon snack? ◆ ***c'entra come i cavoli a ~*** that's got nothing to do with it!
merendina /meren'dina/ f. snack.
meretrice /mere'tritʃe/ f. LETT. prostitute, harlot.
meretricio, pl. **-ci** /mere'tritʃo, tʃi/ m. LETT. prostitution, harlotry.
meridiana /meri'djana/ f. **1** *(orologio)* sundial **2** ASTR. meridian.
▷ **meridiano** /meri'djano/ **I** agg. **1** [*sole*] meridian, noon attrib., midday attrib. **2** GEOGR. ***cerchio ~*** meridian circle **II** m. GEOGR. ASTR. MAT. meridian ◆◆ ***~ celeste*** celestial meridian; ***~ fondamentale*** prime meridian; ***~ magnetico*** magnetic meridian; ***~ zero*** → **~ fondamentale**.
▷ **meridionale** /meridjo'nale/ ◗ *29* **I** agg. **1** [*zona, costa, frontiera*] southern, south; [*vento*] south, southerly; [*accento*] southern; ***Europa, Italia ~*** southern Europe, southern Italy; ***la parte ~ della città*** the south side of town **2** *(in Italia)* ***questione ~*** STOR. = question concerning the political, economical and social issues of the south of Italy **II** m. e f. southerner; *(in Italia)* = person from southern Italy.
meridionalismo /meridjona'lizmo/ m. **1** STOR. = studies concerning the integration of southern Italy into the productive, administrative, cultural structure of the kingdom of Italy following unification **2** LING. = word, phrase of southern Italy in general written and spoken use.
meridionalista, m.pl. **-i**, f.pl. **-e** /meridjona'lista/ m. e f. = scholar, expert of issues concerning the south of Italy.
meridionalistico, pl. **-ci**, **-che** /meridjona'listiko, tʃi, ke/ agg. **1** *(del meridione)* southern **2** = concerning the problems relative to the political, social and economic backwardness of some southern Italian regions.
▷ **meridione** /meri'djone/ m. **1** south; ***venire dal ~*** to come from the south **2** *(Italia meridionale)* ***il Meridione*** the south of Italy.
meriggio, pl. **-gi** /me'riddʒo, dʒi/ m. LETT. noonday, noon, midday.
meringa, pl. **-ghe** /me'ringa, ge/ f. meringue.
meringata /merin'gata/ f. GASTR. INTRAD. (a cake of whipped cream and meringues).
meringato /merin'gato/ agg. [*torta*] = covered with meringue.
merino /me'rino/ **I** agg.inv. ***lana ~*** merino wool; ***pecora ~*** merino (sheep) **II** m.inv. **1** *(razza di pecore)* merino* **2** *(pecora)* merino* **3** *(lana, tessuto)* merino*; ***maglione di ~*** merino sweater.
meristema /meris'tɛma/ m. meristem.
meristematico, pl. **-ci**, **-che** /meriste'matiko, tʃi, ke/ agg. meristematic.
▶ **meritare** /meri'tare/ [1] tr. **1** (anche **meritarsi**) *(essere degno di)* [*persona, azione*] to deserve [*stima, incoraggiamento, ricompensa, punizione*]; ***il suo coraggio merita una ricompensa*** her bravery merits a reward; ***merita poco le vostre lodi*** he ill deserves your praise; ***meriti di meglio!*** you deserve better than this! ***cosa abbiamo fatto per meritarci questo?*** what did we do to deserve this? ***questioni che non meritano la vostra attenzione*** issues unworthy of your attention; ***ha avuto quello che si meritava*** he got his just deserts, he had it coming (to him) COLLOQ.; ***te lo meriti!*** *(positivo)* you deserve it! *(negativo)* it serves you right! you've got what you deserve! ***non meritava di vincere*** he was an undeserving winner; ***~ di essere fatto*** to be worthwhile doing; ***non merita di essere menzionato*** that's not worthy of mention **2** *(valere la pena)* ***non prendertela, non merita*** don't get upset, he's not worth it; ***il libro merita (di essere letto)*** the book is worth reading **3** *(valere)* to be* worth; ***la macchina non merita più di quello che ti daranno*** the car is only worth what you can get for it **4** *(procurare)* to earn, to win* [*amicizia, ammirazione*]; ***~ il rispetto di qcn.*** to earn sb.'s respect.
meritatamente /meritata'mente/ avv. deservedly.
meritato /meri'tato/ **I** p.pass. → **meritare II** agg. [*successo, vittoria, ricompensa*] (well-)deserved, (well-)earned; ***non ~*** unmerited, unworthy; ***ampiamente ~*** richly deserved.
meritevole /meri'tevole/ agg. deserving, worthy mai attrib.; ***~ di lode*** worthy of praise.
▶ **merito** /'mɛrito/ m. **1** *(pregio, qualità)* credit, merit; ***ha il ~ di essere sincero*** he has the merit *o* quality of being sincere; ***ha il grande ~ di avere fatto*** it was greatly to his credit that he did **2** *(benemerenza)* credit, merit; ***un uomo di (grande) ~*** a man of (great) merit; ***in base al ~*** according to merit; ***attribuire a qcn. il ~ di aver fatto*** to credit sb. with doing; ***prendersi il ~ di qcs.*** to take *o* steal the credit for sth.; ***ci sono pochi -i nel fare*** there's little merit in doing; ***il ~ è soltanto tuo*** the credit is yours alone, it's all due to you; ***va a tuo ~ che*** it is to your merit that; ***a suo ~ bisogna dire che...*** to his credit it must be said that...; ***riconoscere a qcn. il ~ di qcs.*** to give sb. (the) credit for sth.; ***giudicare qcn. per i suoi -i*** to judge sb. on their own merits **3** *(aspetto sostanziale)* ***entrare nel ~ della questione*** to get to the heart of the matter **4 per merito di** thanks to, due to; ***ce l'abbiamo fatta, non certo per ~ tuo!*** we did it, no thanks to you! COLLOQ. **5 a pari merito *essere a pari ~*** to be level on points; ***due squadre a pari ~*** two teams level with each other; ***sono arrivati secondi a pari ~*** they drew for second place, they came equal second, they finished joint second **6 in merito a** *(riguardo a)* concerning, regarding, with regard to, as regards; ***in ~ a ciò non mi ha riferito nulla*** he didn't tell me anything concerning ◆ ***onore al ~*** credit where credit is due; ***Dio gliene renda ~!*** bless his *o* her (heart)!
meritocratico, pl. **-ci**, **-che** /merito'kratiko, tʃi, ke/ agg. meritocratic.
meritocrazia /meritokrat'tsia/ f. meritocracy.
meritorio, pl. **-ri**, **-rie** /meri'tɔrjo, ri, rje/ agg. meritorious, deserving.
merla /'mɛrla/ f. hen blackbird ◆ ***giorni della ~*** = the last three days in January.
merlango, pl. **-ghi** /mer'lango, gi/ m. whiting*; ***~ nero*** pollack, pollock, saithe BE, coley BE.
merlare /mer'lare/ [1] tr. to crenellate, to embattle [*mura, torre*].
merlato /mer'lato/ **I** p.pass. → **merlare II** agg. **1** ARCH. [*mura, torre*] crenellated, embattled, battlemented **2** ARALD. embattled.
merlatura /merla'tura/ f. **1** ARCH. crenellation, embattlement, battlements pl. **2** ARALD. embattlement.
merlettaia /merlet'taja/ ◗ *18* f. lace-maker.

merlettare /merlet'tare/ [1] tr. to trim with lace [*biancheria*].
merletteria /merlette'ria/ f. lace-making.
merletto /mer'letto/ m. lace **U**; ***fare il ~*** to tat lace ◆◆ ***~ al tombolo*** bobbin lace, pillow lace.
merlino /mer'lino/ m. MAR. marlin(e), cable bend.
Merlino /mer'lino/ n.pr.m. Merlin.
▷ **1.merlo** /'mɛrlo/ m. **1** ZOOL. blackbird **2** FIG. fool, simpleton, sucker ◆◆ ***~ acquaiolo*** ZOOL. dipper; ***~ dal collare*** ZOOL. ring ouzel; ***~ indiano*** ZOOL. mynah.
2.merlo /'mɛrlo/ m. ARCH. merlon.
merlotto /mer'lɔtto/ m. **1** ZOOL. young blackbird **2** ARALD. martlet.
merluzzetto /merlut'tsetto/ m. ZOOL. codling.
▷ **merluzzo** /mer'luttso/ m. cod*, codfish*; ***filetto di ~*** filleted cod, cod steak; ***olio di fegato di ~*** cod-liver oil.
mero /'mɛro/ agg. LETT. [*coincidenza*] mere; ***per ~ caso*** by pure chance, by sheer accident.
meroblastico, pl. **-ci**, **-che** /mero'blastiko, tʃi, ke/ agg. meroblastic.
merocrino /me'rɔkrino/ agg. merocrine.
merovingico, pl. **-ci**, **-che** /mero'vindʒiko, tʃi, ke/ agg. STOR. Merovingian.
merovingio, pl. **-gi**, **-ge** /mero'vindʒo, dʒi, dʒe/ **I** agg. STOR. Merovingian **II** m. STOR. Merovingian.
mesa /'mesa/ f. (pl. **~s**) GEOGR. mesa AE.
mesata /me'sata/ f. COLLOQ. *(paga mensile)* monthly pay; *(canone mensile)* ***una ~ d'affitto*** a month's rent.
mescal /mes'kal/ m.inv. mescal.
mescalina /meska'lina/ f. mescaline.
mescere /'meʃʃere/ [16] tr. to pour (out) [*vino*]; ***~ da bere agli invitati*** to fill the cups of the guests.
meschinamente /meskina'mente/ avv. meanly, pettily.
meschinità /meskini'ta/ f.inv. **1** *(l'essere meschino)* meanness, pettiness; *(di comportamento)* shabbiness, pettiness; ***~ d'animo*** narrow-mindedness, small-mindedness **2** *(azione)* foul play, dirty work; *(discorso meschino)* mean action, mean words pl.; ***pronto a compiere ogni sorta di ~*** prepared to stoop to anything.
▷ **meschino** /mes'kino/ **I** agg. **1** *(gretto)* [*persona*] mean(-minded), petty(-minded); [*atteggiamento*] mean, petty; [*scuse*] pitiable, pitiful, abject, paltry; ***è stato ~ da parte tua fare*** it was mean *o* petty of you to do; ***è al di sopra di un comportamento così ~*** she's above such petty behaviour; ***fare una figura -a*** to cut a sorry *o* shabby figure **2** *(misero)* [*vita*] miserable **3** ANT. *(infelice)* unhappy, wretched; ***~ me!*** woe is me! **II** m. (f. **-a**) *(sventurato)* wretch.
mescita /'meʃʃita/ f. **1** *(il mescere)* pouring (out) **2** *(locale)* wine shop, tavern; ***banco di ~*** counter, bar.
mescitore /meʃʃi'tore/ m. barman*.
mescitrice /meʃʃi'tritʃe/ f. barmaid.
mescola /'meskola/ f. CHIM. mixture.
mescolamento /meskola'mento/ m. mixing.
mescolanza /mesko'lantsa/ f. *(di colori, stili)* mix, blend, merging; *(di idee)* mix, blend, brew; *(di persone, popoli)* mix, medley, mixture; *(di oggetti)* mix, miscellany.
▷ **mescolare** /mesko'lare/ [1] **I** tr. **1** *(amalgamare)* to mix, to blend, to merge [*colori*]; ***~ il burro e lo zucchero*** cream the butter and sugar; ***~ tutti gli ingredienti*** blend all the ingredients together **2** *(rimestare)* to stir [*caffè, minestra*]; to toss [*insalata*] **3** FIG. *(accostare)* to blend, to mix [*stili*]; to blend, to mingle [*gusti*]; to blend [*qualità*]; to blend, to merge [*suoni, ritmi*]; ***~ finzione e realtà*** to mix (up) fact and fiction; ***~ fantasia e realismo*** to combine fantasy with realism **4** *(mettere in disordine)* to shuffle, to jumble (up) [*fogli, lettere*]; *(mischiare)* to shuffle [*carte da gioco*] **II mescolarsi** pronom. **1** *(unirsi)* [*colori*] to mix, to blend, to merge; ***l'olio si mescola male con l'acqua*** oil does not mix well with water **2** *(confondersi)* to mingle (**con** with), to get* mixed up (**con** in, with); ***-rsi tra la folla*** to mingle with the crowd; ***non si mescolano con la gente di paese*** they don't mix with the villagers **3** FIG. [*gusti*] to blend, to mingle; [*suoni*] to blend, to merge, to mingle; [*sentimenti*] to mingle.
mescolata /mesko'lata/ f. stirring; ***dare una ~ all'insalata*** to give the salad a toss; ***dare una ~ alle carte*** to give the cards a shuffle.
mescolatore /meskola'tore/ m. mixer, blender.
mescolatura /meskola'tura/ f. *(il mescolare)* mixing, blending.
mescolio, pl. **-ii** /mesko'lio, ii/ m. = long and continuous stirring.
▶ **mese** /'mese/ ♦ *19, 17* m. **1** month; ***il ~ scorso, prossimo*** last month, next month; ***nel ~ di giugno*** in the month of June; ***ogni ~, tutti i -i*** every month, month in month out; ***in due -i*** in two months, in two months' time; ***per -i*** for months; ***due -i fa*** two months ago, the month before last; ***tra due -i*** the month after next, in two months' time; ***una volta ogni tre -i*** once every three months; ***alla fine del ~, a fine ~*** at the end of the month; ***all'inizio del ~*** at the beginning of the month; ***~ per ~*** month by month; ***un ~ sì e uno no*** every other month; ***un neonato di tre -i*** a three-month-old baby; ***è al sesto ~ (di gravidanza)*** she's six months gone; ***è incinta di quattro -i*** she's four months pregnant; ***non ci vediamo da -i*** we haven't seen each other for months; ***guadagna 1000 euro al ~*** he earns 1000 euros a month; ***finiremo un ~ prima del previsto*** we'll finish one month ahead of schedule **2** *(mesata) (paga mensile)* monthly pay; *(canone mensile)* ***un ~ d'affitto*** a month's rent ◆◆ ***~ lunare*** lunar month; ***~ mariano*** month of Mary, Marian month; ***~ solare*** solar month.
mesencefalo /mezen'tʃɛfalo/ m. mesencephalon*.
mesenchima /me'zɛnkima/ m. mesenchyme.
mesentere /mezen'tɛre/ m. mesentery.
mesenterico, pl. **-ci**, **-che** /mezen'tɛriko, tʃi, ke/ agg. mesenteric.
mesenterite /mezente'rite/ ♦ *7* f. mesenteritis.
mesitilene /meziti'lɛne/ m. mesitylene.
mesmeriano /mez'mɛrjano/ **I** agg. mesmeric **II** m. (f. **-a**) mesmerist.
mesmerico, pl. **-ci**, **-che** /mez'mɛriko, tʃi, ke/ agg. mesmeric.
mesmerismo /mezme'rizmo/ m. mesmerism.
mesmerizzare /mezmerid'dzare/ [1] tr. to mesmerize.
mesoblasto /mezo'blasto/ m. mesoblast.
mesocarpio, pl. **-pi** /mezo'karpjo, pi/ → **mesocarpo**.
mesocarpo /mezo'karpo/ m. mesocarp.
mesoderma /mezo'dɛrma/ m. mesoderm.
mesofillo /mezo'fillo/ m. mesophyll.
mesofita /me'zɔfita/ f. mesophyte.
mesolitico, pl. **-ci**, **-che** /mezo'litiko, tʃi, ke/ agg. e m. Mesolithic.
mesomorfo /mezo'mɔrfo/ agg. mesomorphic.
mesone /me'zone/ m. meson.
Mesopotamia /mezopo'tamja/ n.pr.f. Mesopotamia.
mesopotamico, pl. **-ci**, **-che** /mezopo'tamiko, tʃi, ke/ **I** agg. Mesopotamian **II** m. (f. **-a**) Mesopotamian.
mesosfera /mezos'fɛra/ f. mesosphere.
mesoteliale /mezote'ljale/ agg. mesothelial.
mesotelio, pl. **-li** /meso'tɛljo, li/ m. mesothelium*.
mesoterapia /mezotera'pia/ f. mesotherapy.
mesotrone /mezo'trone/ m. ANT. *(mesone)* mesotron.
mesozoico, pl. **-ci**, **-che** /mezod'dzɔiko, tʃi, ke/ agg. e m. Mesozoic.
▶ **1.messa** /'messa/ f. **1** RELIG. mass, Mass; ***andare a ~*** to attend mass, to go to mass; ***ascoltare la ~*** to hear Mass FORM.; ***celebrare, dire la ~*** to celebrate, say mass; ***servire (la) ~*** to serve at mass **2** MUS. mass ◆◆ ***~ bassa*** → ***~ piana***; ***~ cantata*** sung Mass; ***~ di mezzanotte*** midnight mass; ***~ nera*** black mass; ***~ piana*** Low Mass; ***~ da requiem*** requiem mass; ***~ serale*** → ***~ vespertina***; ***~ solenne*** High Mass; ***~ di trigesima*** trental; ***~ vespertina*** evening service.
2.messa /'messa/ f. *(il mettere)* ***la ~ in vendita di un prodotto*** putting a product on sale; ***la ~ in circolazione della valuta*** the issue of (new) currency ◆◆ ***~ a fuoco*** FOT. focus, focusing, focalization; ***regolare la ~ a fuoco*** to get the focus right; ***~ in onda*** RAD. TELEV. airing; ***~ in piega*** set; ***farsi fare la ~ in piega*** to have one's hair set; ***~ a punto*** MECC. fine tuning, tune-up; ***~ in scena*** → **messinscena**; ***~ a terra*** EL. earthing BE, grounding AE; ***~ alla vela*** MAR. set.
messaggera /messad'dʒɛra/ f. MAR. messenger.
messaggeria /messaddʒe'ria/ f. = distribution and delivery service for newspapers, books, etc. ◆◆ ***~ postale*** = collecting and delivery service of mail at train stations, airports and seaports.
▷ **messaggero** /messad'dʒɛro/ m. (f. **-a**) messenger, herald, harbinger LETT.; ***~ di pace*** messenger of peace; ***~ di sventura*** harbinger of doom.
messaggiare /messad'dʒare/ [1] intr. (aus. *avere*) TEL. to text.
messaggino /messad'dʒino/ m. COLLOQ. text (message).
▷ **messaggio**, pl. **-gi** /mes'saddʒo, dʒi/ m. **1** *(informazione)* message; ***dare, lasciare un ~ a qcn.*** to give, leave sb. a message; ***trasmettere un ~*** to convey *o* deliver a message; ***posso lasciare un ~?*** can I leave a message? ***un ~ telefonico, registrato*** a telephone, taped message; ***~ cifrato*** coded message; ***scrivere un ~ cifrato*** to write a message in cipher; ***~ di errore*** INFORM. error message **2** *(discorso solenne)* address; ***il ~ del presidente*** the president's address **3** FIG. message; ***un film che trasmette un ~*** a film with a message; ***non riesce a fare capire il suo ~*** his message isn't getting through; ***~ di pace*** message of peace **4** *(SMS)* text (message); ***mandare un ~ a qcn.*** to text sb. ◆◆ ***~ pubblicitario*** commercial; ***~ subliminale*** subliminal message.

messaggistica /messad'dʒistika/ f. TEL. INFORM. messaging.
messale /mes'sale/ m. RELIG. mass-book, missal.
messe /'mɛsse/ f. **1** *(mietitura)* harvest, reaping **2** *(raccolto)* harvest, crop; ***una ~ abbondante*** a good harvest, a bumper crop **3** FIG. crop; ***una larga ~ di consensi*** a return of general consensus.
messere /mes'sɛre/ m. LETT. **1** *(titolo onorifico)* Your Honour **2** *(signore)* sir, squire SCHERZ.
messia /mes'sia/ m.inv. messiah (anche FIG.); ***il Messia*** *(Gesù Cristo)* the Messiah ◆ ***aspettare qcn. come il ~*** to wait with bated breath for sb.
messianesimo /messja'nɛzimo/ → **messianismo**.
messianicità /messjanitʃi'ta/ f.inv. messiahship.
messianico, pl. **-ci, -che** /messi'aniko, tʃi, ke/ agg. messianic.
messianismo /messia'nizmo/ m. RELIG. Messianism.
messicano /messi'kano/ ❥ ***25*** **I** agg. Mexican **II** m. (f. **-a**) Mexican **III** m. GASTR. beef olive.
Messico /'mɛssiko/ ❥ ***33*** n.pr.m. Mexico; ***Città del ~*** Mexico City.
messinese /messi'nɛse/ ❥ ***2*** **I** agg. from, of Messina **II** m. e f. *(persona)* native, inhabitant of Messina **III** m. LING. dialect of Messina.
messinscena /messin'ʃɛna/ f. **1** *(allestimento)* production, staging, mise-en-scène **2** FIG. mise-en-scène, play-acting, sham, put-on AE; ***fare una ~*** to put on an act; ***è stata tutta una ~*** the whole thing was staged.
1.messo /'messo/ **I** p.pass. → **mettere** **II** agg. ***ben ~*** *(di buona stazza)* well-built, well-set; *(ben vestito)* well-dressed.
2.messo /'messo/ m. **1** LETT. *(messaggero)* emissary; ***~ del Cielo*** o ***di Dio*** = angel **2** *(di ente pubblico)* agent; ***~ comunale*** agent for the (town) council.
mestamente /mesta'mente/ avv. sadly, mournfully.
mestare /mes'tare/ [1] **I** tr. to stir [*minestra, polenta*] **II** intr. (aus. *avere*) FIG. *(intrigare)* to scheme, to plot.
mestatore /mesta'tore/ m. (f. **-trice** /tritʃe/) *(intrallazzatore)* schemer, manoeuvrer BE, maneuverer AE.
mestica, pl. **-che** /'mɛstika, ke/ f. PITT. primer, priming coat.
mesticare /mesti'kare/ [1] tr. PITT. to prime [*tela*].
mesticheria /mestike'ria/ f. REGION. *(colorificio)* paint shop.
mestichino /mesti'kino/ m. PITT. palette knife*.
mestierante /mestje'rante/ m. e f. SPREG. hireling.
▶ **mestiere** /mes'tjɛre/ ❥ ***18*** m. **1** *(attività manuale)* trade, craft; *(lavoro, professione)* job, profession, trade; ***cosa fai di ~?*** what do you do for a living? what's your line of business? ***faccio lo scrittore di ~*** I write for a living; ***di ~ fa il cuoco*** he's a cook by trade; ***il ~ di giornalista, di attore*** the journalist's craft, the acting profession; ***imparare un ~*** to learn a trade; ***iniziare qcn. a un ~*** to initiate sb. to a trade; ***conoscere bene il proprio ~*** to be good at one's job, to know one's stuff COLLOQ.; ***le persone del ~*** the professionals, people in the business; ***noi del ~ lo chiamiamo...*** in the trade we call it...; ***essere nuovo del ~*** to be a newcomer to a job; ***essere pratico*** o ***vecchio del ~*** to be an old hand, to know the ropes; ***sbagliare ~*** to be in the wrong job; ***arti e -i*** arts and crafts; ***i ferri del ~*** the tools of the trade, the stock-in-trade; ***i trucchi del ~*** FIG. the tricks of the trade **2** *(ruolo, funzione)* job; ***fare il genitore è un ~ molto impegnativo*** being a parent is a serious business **3** FIG. *(abilità)* skill, expertise, craft; ***avere, non avere ~*** to be experienced, to lack experience **4** SPREG. ***ha fatto della sua arte un ~*** he has made a drudgery of his profession **5** REGION. ***fare i -i*** to do the chores *o* the housework ◆ ***il ~ più antico del mondo*** EUFEM. the oldest profession in the world.
mestieri /mes'tjɛri/ m.inv. ANT. *(bisogno, necessità)* ***essere*** o ***far ~*** to be necessary, to be bidden.
mestizia /mes'tittsja/ f. sadness, mournfulness, melancholy.
mesto /'mɛsto/ agg. [*sguardo, espressione*] sad, mournful, woeful; [*sorriso*] woeful, rueful; [*musica, canzone*] sad, melancholy; [*avvenimento, occasione*] melancholy, joyless.
mestola /'mestola/ f. **1** *(arnese da cucina)* ladle **2** *(cazzuola)* trowel.
mestolata /mesto'lata/ f. **1** *(colpo)* = blow with a ladle **2** *(contenuto)* ladleful.
▷ **mestolo** /'mestolo/ m. ladle, dipper AE.
mestolone /mesto'lone/ m. ZOOL. shoveler.
mestruale /mestru'ale/ agg. [*ciclo, flusso*] menstrual; ***dolori -i*** period pains.
mestruata /mestru'ato/ agg.f. [*donna*] menstruating.
▷ **mestruazione** /mestruat'tsjone/ f. menstruation, period, menses pl. MED.; ***avere le -i*** to menstruate.
mestruo /'mɛstruo/ m. → **mestruazione**.
▷ **meta** /'mɛta/ f. **1** *(punto d'arrivo)* destination; ***vagare senza ~*** to wander aimlessly, to stooge about *o* around; ***giungere alla ~*** to reach one's destination **2** SPORT *(nel rugby)* try; ***realizzare una ~*** to score a try **3** FIG. *(scopo)* goal, aim, purpose; ***prefiggersi una ~*** to set oneself a goal.
▶ **metà** /me'ta/ **I** f.inv. **1** *(ciascuna delle due parti uguali)* half*; ***tagliare, strappare qcs. a ~*** to cut, tear sth. in half; ***~ della pagina*** half (of) the page; ***la ~ di 10 è 5*** half (of) 10 is 5; ***ha la ~ dei miei anni*** he's half my age; ***la prima ~ del mese*** the first half of the month; ***vuoi ~ del panino?*** would you like half of the roll? ***~ di noi*** half of us; ***spendere la ~ in meno*** to spend half as much money *o* half the money; ***fare a ~ con qcn.*** to go halves with sb.; ***dividere qcs. a ~*** to split *o* share sth. fifty-fifty; ***è per ~ spagnolo e per ~ irlandese*** he's half Spanish half Irish; ***era serio solo a ~*** he was only half serious; ***arriva in ritardo ~ delle volte*** he arrives late half (of) the time; ***fare le cose a ~*** to do things by half-measures; ***non fare mai le cose a ~*** never do things by halves **2** *(centro, mezzo)* middle; ***a ~ del cammino*** halfway along the path; ***a ~ degli anni '90*** in the mid-1990's; ***verso la ~ del mese*** toward(s) the middle of the month; ***ho letto ~ dell'articolo*** I'm halfway through the article **3** COLLOQ. *(partner)* ***la mia dolce ~*** my better *o* other half **II** agg.inv. ***~ pomeriggio*** mid-afternoon; ***a ~ settimana*** in midweek; ***a ~ aprile*** in the middle of April, in mid-April; ***a ~ pagina*** halfway down the page; ***a ~ film*** halfway through the film; ***fermarsi a ~ strada*** to stop halfway; ***mi ha interrotto a ~ frase*** she cut me off in mid-phrase; ***vendere a ~ prezzo*** to sell half price; ***è a ~ prezzo*** it's half the price; ***~ campo*** SPORT half; ***linea di ~ campo*** SPORT halfway line.
metabasi /me'tabazi/ f.inv. RET. metabasis*.
metabolicamente /metabolika'mente/ avv. metabolically.
metabolico, pl. **-ci, -che** /meta'bɔliko, tʃi, ke/ agg. [*processo*] metabolic.
metabolismo /metabo'lizmo/ m. metabolism ◆ ***~ basale*** basal metabolism.
metabolizzare /metabolid'dzare/ [1] tr. BIOL. to metabolize.
metacarpale /metakar'pale/ **I** agg. metacarpal; ***osso ~*** metacarpal (bone) **II** m. metacarpal (bone).
metacarpo /meta'karpo/ m. metacarpus*.
metacrilato /metakri'lato/ m. methacrylate.
metacrilico /meta'kriliko/ agg. ***acido ~*** methacrylic acid.
metadone /meta'done/ m. methadone.
metafase /meta'faze/ f. metaphase.
metafisica /meta'fizika/ f. metaphysics + verbo sing.
metafisico, pl. **-ci, -che** /meta'fiziko, tʃi, ke/ **I** agg. **1** [*filosofia, arte*] metaphysical **2** FIG. [*discussione*] metaphysical, abstract **II** m. (f. **-a**) metaphysician.
metafonesi /metafo'nɛzi/ f.inv. LING. mutation, umlaut.
metafonia /metafo'nia/ f. → **metafonesi**.
metafora /me'tafora/ f. metaphor; ***parlare per -e*** to speak in metaphors; ***parlando fuor di ~*** plainly speaking; ***fare -e stravaganti*** to mix one's metaphors.
metaforicamente /metaforika'mente/ avv. metaphorically; ***~ parlando*** metaphorically *o* figuratively speaking.
metaforico, pl. **-ci, -che** /meta'fɔriko, tʃi, ke/ agg. metaphoric(al), figurative.
metagalassia /metaga'lassja/ f. metagalaxy.
metagenesi /meta'dʒɛnezi/ f.inv. metagenesis.
metagenetico, pl. **-ci, -che** /metadʒe'nɛtiko, tʃi, ke/ agg. metagenetic.
metalepsi /meta'lɛpsi/, **metalessi** /meta'lɛssi/ f.inv. metalepsis.
metalingua /meta'lingwa/ f. → **metalinguaggio**.
metalinguaggio, pl. **-gi** /metalin'gwaddʒo, dʒi/ m. metalanguage.
metalinguistica /metalin'gwistika/ f. metalinguistics + verbo sing.
metalinguistico, pl. **-ci, -che** /metalin'gwistiko, tʃi, ke/ agg. metalinguistic.
metallaro /metal'laro/ m. (f. **-a**) metalhead.
▷ **metallico**, pl. **-ci, -che** /me'talliko, tʃi, ke/ agg. **1** *(di metallo)* [*oggetto*] metal attrib.; CHIM. [*composto, sostanza*] metallic; ***filo ~*** wire; ***punto ~*** staple **2** FIG. [*suono*] metallic, tinny; [*sapore*] metallic; ***un rumore ~*** a clang(ing), a clank(ing).
metallifero /metal'lifero/ agg. [*giacimento*] metalliferous.
metallino /metal'lino/ agg. metalline.
metallizzare /metallid'dzare/ [1] tr. to metallize BE, to metalize AE.
metallizzato /metallid'dzato/ **I** p.pass. → **metallizzare** **II** agg. [*colore, verniciatura*] metallic; ***grigio ~*** silver(-grey).
metallizzazione /metalliddzat'tsjone/ f. metallization.
▷ **metallo** /me'tallo/ m. metal; ***lastra di ~*** metal plate; ***contenitore di ~*** metal container; ***usura dei -i*** metal fatigue; ***il vile ~*** FIG. filthy lucre ◆◆ ***~ Babbit*** babbit (metal); ***~ bianco*** white metal; ***~ Britannia*** Britannia metal; ***~ comune*** base metal; ***~ giallo*** yellow metal; ***~***

leggero light metal; ~ ***nobile*** noble metal; ~ ***pesante*** heavy metal; ~ ***prezioso*** precious metal; ~ ***vile*** → ~ **comune**.
metalloceramica /metallotʃe'ramika/ f. cermet.
metallografia /metallogra'fia/ f. metallography.
metallografico, pl. **-ci**, **-che** /metallo'grafiko, tʃi, ke/ agg. metallographic.
metalloide /metal'lɔide/ m. metalloid.
metallurgia /metallur'dʒia/ f. metallurgy.
metallurgico, pl. **-ci**, **-che** /metal'lurdʒiko, tʃi, ke/ **I** agg. [*stabilimento, industria*] metallurgic(al) **II** m. (f. **-a**) *(operaio)* = factory worker in the metallurgic industry.
metallurgista, m.pl. **-i**, f.pl. **-e** /metallur'dʒista/ ➧ ***18*** m. e f. metallurgist.
metalmeccanico, pl. **-ci**, **-che** /metalmek'kaniko, tʃi, ke/ **I** agg. [*industria*] engineering attrib. **II** m. (f. **-a**) *(operaio)* = factory worker in the engineering industry.
metameria /metame'ria/ f. ZOOL. CHIM. metamerism.
metamerico, pl. **-ci**, **-che** /meta'mɛriko, tʃi, ke/ agg. ZOOL. metameric.
metamerismo /metame'rizmo/ m. CHIM. metamerism.
metamero /me'tamero/ m. **1** ZOOL. metamere **2** CHIM. metamer.
metamorfico, pl. **-ci**, **-che** /meta'mɔrfiko, tʃi, ke/ agg. **1** *(di metamorfosi)* [*trasformazione, sviluppo*] metamorphic **2** GEOL. [*rocce*] metamorphic.
metamorfismo /metamor'fizmo/ m. GEOL. metamorphism.
metamorfosare /metamorfo'zare/ [1] **I** tr. GEOL. to metamorphose **II metamorfosarsi** pronom. GEOL. to metamorphose.
metamorfosi /meta'mɔrfozi/ f.inv. metamorphosis* (**in** into) (anche FIG.); ***subire una*** ~ FIG. to undergo a metamorphosis.
metaniera /meta'njɛra/ f. LPG tanker, tanker (for methane).
metanifero /meta'nifero/ agg. ***giacimento*** ~ gas field.
metanizzare /metanid'dzare/ [1] tr. **1** *(dotare di metano)* to instal(l) methane in [*quartiere, città*] **2** *(convertire al metano)* to convert to methane.
metano /me'tano/ m. methane, marsh gas; ***gas*** ~ methane.
metanodotto /metano'dotto/ m. methane pipeline.
metanolo /meta'nɔlo/ m. methanol, methyl alcohol.
metaplasia /metapla'zia/ f. BIOL. MED. metaplasia.
metaplasico, pl. **-ci**, **-che** /meta'plaziko, tʃi, ke/ agg. BIOL. MED. metaplastic.
metaplasma /meta'plazma/ m. LING. metaplasm.
metaplasmo /meta'plazmo/ m. BIOL. metaplasm.
metapsichica /metap'sikika/ f. metapsychics + verbo sing.
metapsichico, pl. **-ci**, **-che** /metap'sikiko, tʃi, ke/ agg. metapsychic(al).
metastabile /metas'tabile/ agg. FIS. metastable.
metastasi /me'tastazi/ f.inv. MED. metastasis*.
metastatico, pl. **-ci**, **-che** /metas'tatiko, tʃi, ke/ agg. MED. metastatic; ***tumore*** ~ secondary tumour.
metastatizzare /metastatid'dzare/ [1] intr. (aus. *avere*), **metastatizzarsi** pronom. MED. to metastasize.
metatarsale /metatar'sale/ **I** agg. metatarsal; ***osso*** ~ metatarsal (bone) **II** m. metatarsal (bone).
metatarso /meta'tarso/ m. metatarsus*.
metatesi /me'tatezi/ f.inv. LING. metathesis*.
metatetico, pl. **-ci**, **-che** /meta'tɛtiko, tʃi, ke/ agg. LING. metathetic.
metazoo /metad'dzɔo/ m. metazoan.
metemoglobina /metemoglo'bina/ f. methemoglobin.
metempsicosi /metempsi'kɔzi/ f.inv. metempsychosis*.
meteo /'mɛteo/ **I** agg.inv. [*previsioni, bollettino*] weather attrib. **II** m.inv. weather forecast; ~ ***marina*** shipping forecast; ***tra poco il*** ~ coming next, the weather.
meteora /me'tɛora/ f. meteor, shooting star ◆ ***passare come una*** ~ to be a flash in the pan.
1.meteorico, pl. **-ci**, **-che** /mete'ɔriko, tʃi, ke/ agg. **1** ASTR. *(di meteora)* [*cratere, ferro*] meteoric; ***sciame*** ~, ***pioggia -a*** meteor shower **2** *(atmosferico)* [*acque*] meteoric.
2.meteorico, pl. **-ci**, **-che** /mete'ɔriko, tʃi, ke/ agg. MED. [*disturbi*] meteoristic.
meteorismo /meteo'rizmo/ ➧ ***7*** m. MED. meteorism.
meteorite /meteo'rite/ m. e f. meteorite.
meteoritico, pl. **-ci**, **-che** /meteo'ritiko, tʃi, ke/ agg. meteoritic(al); ***polvere -a*** meteorite dust, meteoric dust; ***cratere*** ~ meteor crater.
meteorografo /meteo'rɔgrafo/ m. meteorograph.
meteoroide /meteo'rɔide/ m. meteoroid.
meteorologia /meteorolo'dʒia/ f. meteorology.
meteorologico, pl. **-ci**, **-che** /meteoro'lɔdʒiko, tʃi, ke/ agg. [*fenomeno, condizioni*] meteorological; [*stazione, satellite*] weather attrib.; ***bollettino*** ~ weather bulletin; ***previsioni -che*** weather forecast(ing); ***carta -a*** weather chart, weather map; ***pallone*** ~ meteorological balloon.
meteorologo, m.pl. **-gi**, f.pl. **-ghe** /meteo'rɔlogo, dʒi, ge/ ➧ ***18*** m. (f. **-a**) meteorologist, (weather) forecaster.
meteoropatia /meteoropa'tia/ ➧ ***7*** f. meteoropathy.
meteoropatico, pl. **-ci**, **-che** /meteoro'patiko, tʃi, ke/ **I** agg. pertaining to meteoropathy; suffering from meteoropathy **II** m. (f. **-a**) = person suffering from meteoropathy.
meticcio, pl. **-ci**, **-ce** /me'tittʃo, tʃi, tʃe/ **I** agg. **1** [*popolazione, bambino*] mixed race attrib.; ***razza -a*** mixed race **2** [*animale*] hybrid, crossbred **II** m. (f. **-a**) **1** *(persona)* mestizo*, person of mixed race **2** *(animale)* hybrid, crossbreed.
meticillina /metitʃil'lina/ f. methicillin.
meticolosamente /metikolosa'mente/ avv. meticulously, fastidiously.
meticolosità /metikolosi'ta/ f.inv. *(scrupolosità)* meticulousness, meticulosity, scrupulousness; *(pignoleria)* fastidiousness, fussiness, finicalness.
meticoloso /metiko'loso/ agg. [*persona*] meticulous, scrupulous, particular; *(pignolo)* fastidious, fussy, finicky, finickin(g); [*lavoro*] finicky, finickin(g), painstaking; ***essere*** ~ ***nel proprio lavoro*** to be meticulous about one's work.
metilammina /metilam'mina/ f. methylamine.
metilare /meti'lare/ [1] tr. to methylate.
metilato /meti'lato/ m. methylate.
metile /me'tile/ m. methyl.
metilene /meti'lɛne/ m. methylene; ***blu di*** ~ methylene blue.
metilico, pl. **-ci**, **-che** /me'tiliko, tʃi, ke/ agg. methylic, methyl attrib.; ***alcol*** ~ methyl alcohol.
metionina /metio'nina/ f. methionine.
metodica /me'tɔdika/ f. methodology.
metodicamente /metodika'mente/ avv. methodically, systematically.
metodicità /metoditʃi'ta/ f.inv. methodicalness; ***manca di*** ~ he's unmethodical, he's not methodical.
metodico, pl. **-ci**, **-che** /me'tɔdiko, tʃi, ke/ agg. [*approccio*] methodical, disciplined; [*sistema, mente*] orderly; [*persona*] methodical; [*vita*] orderly, regular; ***un uomo*** ~ a man of method; ***avere una mente -a*** to have a tidy mind.
metodismo /meto'dizmo/ m. RELIG. Methodism.
metodista, m.pl. **-i**, f.pl. **-e** /meto'dista/ agg., m. e f. RELIG. Methodist.
metodistico, pl. **-ci**, **-che** /meto'distiko, tʃi, ke/ agg. RELIG. Methodist.
metodizzare /metodid'dzare/ [1] tr. to methodize, to systematize.
▷ **metodo** /'mɛtodo/ m. **1** method, system; ***-i di insegnamento, di coltivazione*** teaching, farming methods; ~ ***scientifico*** scientific method; ~ ***di classificazione*** filing system **2** *(maniera, modo)* way; ***-i sbrigativi, drastici*** brisk, drastic measures; ***con -i illegali*** by illegal means **3** *(sistematicità)* method; ***lavorare con*** ~ to work systematically, to work with method; ***procedere con*** ~ to proceed methodically; ***avere*** ~ to be methodical; ***non avere*** ~ to lack system **4** *(manuale) (per strumenti musicali)* tutor; *(di lingue straniere)* course book BE, textbook AE ◆◆ ~ ***anticoncezionale*** contraceptive method; ~ ***comparativo*** comparative method; ~ ***deduttivo*** deductive method; ~ ***didattico*** teaching method; ~ ***diretto*** *(per l'insegnamento delle lingue)* direct method; ~ ***educativo*** educational method; ~ ***induttivo*** inductive method; ~ ***di lavorazione*** process(ing) technique.
metodologia /metodolo'dʒia/ f. **1** *(disciplina)* methodology **2** *(pratica)* method.
metodologicamente /metodolodʒika'mente/ avv. methodologically.
metodologico, pl. **-ci**, **-che** /metodo'lɔdʒiko, tʃi, ke/ agg. methodological.
metonimia /meto'nimja, metoni'mia/ f. metonymy.
metonimicamente /metonimika'mente/ avv. metonymically.
metonimico, pl. **-ci**, **-che** /meto'nimiko, tʃi, ke/ agg. metonymic(al).
metopa /'mɛtopa/ f. metope.
metraggio, pl. **-gi** /me'traddʒo, dʒi/ m. **1** *(di stoffa)* length; ***vendere a*** ~ to sell by the metre **2** CINEM. footage, film length.
metratura /metra'tura/ f. **1** *(misurazione in metri)* = measurement in metres **2** *(lunghezza in metri)* = length in metres **3** *(area in metri quadrati)* = area in metres; ***"appartamenti di diversa ~"*** = flats of various measurements.
metrica /'mɛtrika/ f. metrics + verbo sing., prosody; ~ ***accentuativa*** accentual metrical system.

1.metrico, pl. **-ci**, **-che** /'metriko, tʃi, ke/ agg. metric, metrical; ***il sistema ~ decimale*** the metric system; ***adottare il sistema ~*** to go metric; ***rotella -a*** METROL. tape (measure), retractable tape.

2.metrico, pl. **-ci**, **-che** /'metriko, tʃi, ke/ agg. LETTER. metric, metrical; ***schema ~*** rhyme scheme.

metrite /me'trite/ ♦ **7** f. MED. metritis.

▶ **1.metro** /'metro/ ♦ ***21, 23, 24*** m. **1** *(misura)* metre BE, meter AE; ***è (lungo) due -i e mezzo*** it's two and a half metres long; ***un muro di cinque -i*** a five-metre high wall; ***vendere qcs. al ~*** to sell sth. by the metre; ***due euro al ~*** two euros per metre; ***i 60, 100, 1500 -i*** SPORT the 60, 100, 1500 metres **2** *(strumento di misura)* (metre BE) rule **3** FIG. *(criterio)* criterion, yardstick; ***giudicare tutti con lo stesso ~*** to use the same yardstick for everybody; ***utilizzare qcs. come ~ di valutazione per*** to use sth. as a measure of; ***è un buon ~ per giudicare il carattere*** it's a good gauge of character ♦♦ ***~ campione*** standard metre; ***~ cubo*** cubic metre; ***~ a nastro*** (measuring) tape, tape measure; ***~ pieghevole*** folding (metre) rule; ***~ quadrato*** o ***quadro*** square metre; ***~ da sarto*** tape (measure).

2.metro /'metro/ m. LETTER. metre BE, meter AE, measure; ***~ giambico*** iambic metre.

3.metro /'metro/ f.inv. (accorc. metropolitana) underground BE, subway AE, metro; *(a Londra)* tube.

metrò /me'tro/ m.inv. → **metropolitana**.

metrologia /metrolo'dʒia/ f. metrology.

metrologico, pl. **-ci**, **-che** /metro'lɔdʒiko, tʃi, ke/ agg. metrological.

metronomo /me'trɔnomo/ m. metronome.

metronotte /metro'nɔtte/ ♦ ***18*** m.inv. night watchman*.

▷ **metropoli** /me'trɔpoli/ f.inv. metropolis.

metropolita /metropo'lita/ m. RELIG. metropolitan (bishop).

▷ **metropolitana** /metropoli'tana/ f. **1** underground BE, subway AE, metro; *(a Londra)* tube; ***linea della ~*** underground BE *o* subway AE line; ***stazione della ~*** underground BE *o* subway AE station; ***andare in ~*** to go by underground BE *o* subway AE **2** *(convoglio)* (underground BE *o* subway AE) train ♦♦ ***~ leggera*** light railway; ***~ sopraelevata*** elevated railway; ***~ di superficie*** → ***~ leggera***.

metropolitano /metropoli'tano/ agg. **1** [*popolazione, traffico*] metropolitan **2** RELIG. [*chiesa*] metropolitan.

metrorragia /metrorra'dʒia/ ♦ **7** f. MED. metrorrhagia.

▶ **mettere** /'mettere/ [60] **I** tr. **1** *(collocare, porre)* to put*, to place, to set* [*oggetto*]; ***metti il vassoio sul tavolo*** put *o* set the tray on the table; ***~ il vino in fresco*** to put the wine in a cool place; ***dove hai messo il libro?*** where have you put the book? ***~ i piatti in tavola*** to put the plates on the table; ***~ una tovaglia*** to put on a tablecloth; ***ti ho messo le lenzuola pulite*** I've changed the sheets for you; ***mi misero in mano 50 dollari*** they gave me 50 dollars in my hand; ***~ i piedi sul tavolo, le mani sulla testa*** to put one's feet on the table, one's hands on one's head; ***~ il riso sul fuoco*** to put the rice on; ***~ la biancheria ad asciugare*** to put the washing out to dry; ***~ un annuncio sul giornale*** to place an advertisement in the paper; ***~ un francobollo su una lettera*** to put a stamp on a letter; ***~ giù (il ricevitore)*** to hang up, to put down the receiver, to ring off BE **2** *(infilare)* ***~ le mani in tasca*** to put one's hands in one's pockets; ***~ un chiodo nel muro*** to drive a nail in(to) the wall **3** *(indossare)* to put* on, to wear* [*abito, gioiello*]; to put* on [*crema, rossetto*]; ***metterò un po' di mascara*** I'll put some mascara on; ***non metto mai il cappello*** I never wear a hat; ***metti la sciarpa!*** put your scarf on! **4** *(porre in una situazione, in uno stato)* ***~ qcn. in una situazione imbarazzante*** to put sb. in an embarrassing situation; ***~ qcn. di buonumore, di cattivo umore*** to put sb. in a good, bad mood; ***~ qcn. contro qcn. altro*** to play sb. off against sb.; ***~ qcn. a dieta*** to put sb. on a diet; ***~ al mondo qcn.*** to give birth to sb.; ***~ a morte*** to put to death; ***~ a posto qcs.*** *(in ordine)* to put sth. away; *(aggiustare)* to put *o* set sth. right, to fix sth.; ***~ alla prova*** to put to the test; ***~ in dubbio*** to question; ***~ in evidenza*** o ***in luce*** to emphasize, to highlight; ***~ in fuga qcn.*** to put sb. to flight; ***~ in guardia qcn.*** to warn sb., to put sb. on their guard (**contro qcs.** about, against sth.); ***~ in libertà*** to set free; ***~ in mostra*** *(esporre)* to display, to exhibit [*oggetto, quadro*]; FIG. *(ostentare)* to flaunt, to show off [*ricchezza*]; ***~ in moto*** to start [*auto*]; FIG. to get [sth.] off the ground, underway [*processo, progetto*]; ***~ in prigione*** to put in prison, to imprison; ***~ qcs. in vendita*** to put sth. up *o* offer sth. for sale; ***~ qcn. a proprio agio*** to put sb. at ease *o* at their ease; ***~ qcn. fuori combattimento*** to put sb. out of action; ***~ a repentaglio qcn., qcs.*** to put sb., sth. in jeopardy; ***~ a repentaglio la propria vita*** to put one's life at risk, to risk one's life **5** *(classificare)* to put*, to rank; ***~ la famiglia davanti a tutto*** to put one's family before everything; ***tra gli scrittori, lo metto al primo posto*** I rank him the best writer of all; ***~ i bambini, la sicurezza davanti a tutto*** to put children, safety first **6** *(appendere, attaccare)* to put* up, to post up [*poster, manifesto*]; ***~ un bottone a una camicia*** to put a button on a shirt **7** MUS. TELEV. to play, to put* on [*disco, cassetta, CD*]; ***~ un po' di musica*** to play music **8** *(installare)* to put* in [*riscaldamento, telefono*]; to lay* on BE [*luce, gas*]; to put* in, to fit* [*doccia, mensola*]; ***fare ~ il telefono*** to have a telephone put in; ***~ la moquette*** to lay a carpet; ***~ una serratura alla porta*** to put a lock on the door; ***~ l'autoradio in macchina*** to put a radio in one's car **9** *(puntare)* to set* [*sveglia*]; ***~ la sveglia alle sette*** to set the alarm for 7 am; ***~ avanti l'orologio*** to put forward *o* on the clock; ***~ indietro l'orologio*** to put *o* turn back the clock **10** *(scrivere, inserire)* to put* in [*parola, virgola*]; ***che cosa devo ~?*** what shall I put? ***bisogna ~ un trattino*** you must put a hyphen in; ***~ la (propria) firma su un documento*** to put one's signature to a document; ***metta una firma qui*** sign here **11** *(rendere, volgere)* to set*, to turn; ***~ in versi*** to put into verse; ***~ un testo in musica*** to set the words to music; ***~ in inglese*** *(tradurre)* to put into English **12** *(aggiungere)* to add, to put* [*ingrediente*]; ***~ del sale nella minestra*** to put some salt in the soup; ***~ (altro) zucchero nel proprio tè*** to put (more) sugar in one's tea **13** *(destinare, assegnare)* ***sono stati messi alla direzione dell'impresa*** they've been put in charge of the company **14** *(dedicare)* to put* (in) [*energia, impegno*]; ***~ tutto l'impegno possibile nel lavoro*** to put one's heart into one's work; ***~ molto impegno a fare*** to put a lot a work into doing; ***~ tutte le proprie energie in qcs.*** to bring all one's energies to bear on sth.; ***mettercela tutta*** to try one's hardest *o* best to do; ***mettici più impegno!*** try harder! ***metterci l'anima*** to give it all one's got COLLOQ. **15** *(impiegare)* ***non metterci tanto*** don't be long; ***ci mette un po' a cuocere*** it takes a while to cook; ***ci ho messo due ore buone*** it took me fully two hours; ***ci hanno messo molto a decidere*** they've been a long time making up their minds; ***ce ne hai messo di tempo!*** you took a long time! **16** *(investire, spendere)* to put*, to sink* [*denaro*] (**in** into); ***~ tutto il proprio denaro in un'attività commerciale*** to put all one's money into one's business; ***che somma potete ~?*** how much can you put in? ***metteranno cento sterline a testa*** they are each putting in £100 **17** COLLOQ. *(fare pagare)* ***a quanto mette le patate?*** what price have you put on the potatoes? what are you asking for potatoes? ***non posso metterglielo a meno di così*** I can't let you have it for less than this **18** *(imporre)* to put* (on), to impose [*tassa*]; ***~ una tassa, un dazio su qcs.*** to put tax, duty on sth. **19** *(infondere, provocare)* to cause, to inspire; ***~ paura a qcn.*** to frighten sb., to give sb. a scare; ***~ allegria*** to cheer, to delight; ***~ sete, fame a qcn.*** to make sb. thirsty, hungry; ***questa musica mi mette sonno*** this music makes me sleepy **20** *(azionare)* ***~ la retromarcia*** to go into reverse, to put the car into reverse; ***~ la seconda*** to shift into second gear AE; ***hai messo la marcia sbagliata*** you're in the wrong gear; ***~ gli anabbaglianti*** to dip one's headlights BE **21** *(fare crescere)* [*albero, pianta*] to put* forth LETT. [*foglie, radici, germogli*]; ***~ un dente, i denti*** [*bambino*] to cut a tooth, to cut one's teeth, to teeth **22** COLLOQ. *(confrontare)* to compare; ***vuoi ~ questo ristorante con quella bettola?*** how can you compare this restaurant with that greasy spoon? ***vuoi mettere?*** there's no comparison! **23** COLLOQ. *(supporre)* to suppose, to assume; ***mettiamo il caso che...*** let's assume that...; ***mettiamo che sia corretto*** let's assume that's correct, assuming that's correct; ***mettiamo che sia vero*** suppose (that) it's true **24** **mettere su** *(formare)* ***~ su famiglia*** to start a family; ***~ su casa*** to set up home *o* house; *(ingrassare)* ***~ su peso, chili*** to put on weight, kilos; *(aizzare)* ***~ su qcn. contro qcn.*** to play off sb. against sb.; *(sul fornello)* ***~ su il caffè*** COLLOQ. to put the coffee on; *(aprire)* ***~ su un negozio*** to set up *o* start up shop; ***~ su un'impresa*** to build up a business; *(allestire)* ***~ su uno spettacolo*** to put on *o* stage a show **25** **mettere sotto** ***~ sotto qcn.*** *(investire)* to run over *o* down sb.; *(fare lavorare)* to work sb. hard, to keep sb. on the trot COLLOQ. **II** intr. (aus. *avere*) **1** *(sfociare)* ***il fiume mette in mare*** the river flows into the sea **2** *(sboccare)* ***l'uscio mette sul cortile*** the outside door gives onto *o* leads to the courtyard **3** COLLOQ. *(regolare)* ***~ sul terzo (canale)*** to switch to channel 3 **III** **mettersi** pronom. **1** *(collocarsi in un luogo, una posizione)* to put* oneself; ***-rsi in un angolo*** to place oneself in a corner; ***-rsi in piedi*** to stand up; ***-rsi lungo disteso*** to lie flat; ***-rsi in ginocchio*** to go *o* get down on one's knees, to kneel; ***-rsi a letto*** to go to bed, to take to one's bed; ***mettiti seduto*** sit down there; ***non sapere dove -rsi*** not to know where to put oneself; ***-rsi a tavola*** to sit down to dinner *o* to a meal **2** *(infilarsi)* ***-rsi le mani in tasca*** to put one's hands in one's pockets; ***-rsi una caramella in bocca*** to pop a sweet in(to) one's mouth; ***-rsi le dita nel naso*** to pick one's nose, to poke one's finger up one's nose **3** *(indossare)* to put* on, to wear* [*abito, gioiello*]; to put* on [*crema, rossetto*]; to wear* [*profumo*]; ***che cosa ti metti stasera?*** what are you wearing tonight? ***non ho niente da mettermi*** I haven't got a thing to wear; ***-rsi del profumo*** to spray on perfume; ***-rsi il borotalco*** to sprinkle oneself with talc; ***mettetevi i cappotti!*** on with your coats! **4** COLLOQ. *(vestirsi in un certo modo)* ***-rsi in pigiama*** to get into one's pyjamas; ***-rsi in nero*** to dress in black; ***ci siamo messi in maschera*** we put on *o* wore fancy dress **5** *(cominciare)* ***-rsi a studiare inglese, a giocare a tennis*** to take up English, tennis; ***-rsi a prendere dei sonniferi*** to start taking sleeping pills; ***-rsi al lavoro*** to go to *o* set to *o* get to work; ***-rsi a bere*** to take to the bottle; ***si è messo a fumare*** he's taken to *o* started smoking; ***-rsi a cantare*** to burst into song, to burst out singing; ***-rsi a correre*** to break into a run **6** *(seguito da verbo impersonale)* ***si è messo a nevicare*** it started to snow *o* snowing; ***si è messo a piovere*** it began to rain; ***sta per -rsi a piovere*** it's going *o* about to start to rain; ***si è messo a far freddo*** it's getting cold **7** *(porsi in una situazione, in uno stato)* ***-rsi dalla parte del torto*** to put oneself in the wrong; ***-rsi nei guai*** to get into trouble; ***-rsi in agitazione*** to get oneself into a state; ***-rsi a proprio agio*** to make oneself comfortable; ***-rsi a dieta*** to go on a diet; ***-rsi in salvo*** to flee to safety; ***-rsi contro qcn.*** to set oneself against sb.; ***-rsi qcn. contro*** *(inimicarsi)* to make an enemy of sb., to get on the wrong side of sb. **8** COLLOQ. ***-rsi insieme*** [*soci, amici*] to team up; [*innamorati*] to pair off; ***-rsi in società con qcn.*** to go into partnership with sb. **9** *(partire)* ***-rsi in cammino*** to hit the road COLLOQ., to take (to) the road; ***-rsi in viaggio*** to go *o* set out on a journey **10** *(evolversi)* ***le cose potrebbero -rsi male*** things could get nasty; ***le cose si mettono male per noi*** things are looking black for us; ***dipende da come si mettono le cose*** it depends how things turn out; ***il tempo si è messo al bello*** the weather is set fair ◆ ***~ qcn. in croce*** to put sb. through it; ***~ dentro qcn.*** COLLOQ. to put away sb., to put sb. inside BE; ***metterla giù dura*** not give no quarter; ***~ un'idea in testa a qcn.*** to put an idea into sb.'s head; ***mettere qcn. alla porta*** to show sb. the door; ***come la mettiamo?*** *(di fronte a difficoltà)* so where do we go from here? *(per chiedere una spiegazione)* what have you got to say for yourself? ***-rsi sotto*** *(impegnarsi)* to set to; ***~ giudizio, cervello*** to get wise, to come to one's senses; ***~ le cose a posto*** *(risolvere)* to put things straight; ***~ a posto qcn.*** *(dare una lezione)* to put sb. in their place; ***lo metto a posto io!*** I'll soon fix him! ***~ da parte*** *(risparmiare)* to put aside *o* away, to save [*soldi*]; *(accantonare)* to cast aside, to put aside, to set aside [*problemi, dubbi, preoccupazioni*]; ***~ in atto un progetto*** to put a plan into action, to execute a plan; ***~ in atto una minaccia*** to carry out *o* follow through a threat; ***~ mano a qcs.*** to lay hands on sth.; ***~ mano al portafoglio*** to put one's hand in one's pocket; ***metterci una pietra sopra*** to let bygones be bygones.

mettimale /metti'male/ m. e f.inv. mischief-maker.

meublé /mo'ble/ agg.inv. ***albergo ~*** bed and breakfast hotel.

mezza /'meddza/ f. *(mezzogiorno, mezzanotte e mezzo)* half past twelve.

mezzacalzetta, pl. **mezzecalzette** /meddzakal'tsetta, meddzekal'tsette/ f. second-rater, small-timer, mediocrity.

mezzacartuccia, pl. **mezzecartucce** /meddzakar'tuttʃa, meddzekar'tuttʃe/ f. runt, pipsqueak.

mezzadria /meddza'dria/ f. métayage, sharecropping AE.

mezzadro /med'dzadro/ m. (f. **-a**) métayer, sharecropper AE.

mezzala, pl. **-i** /med'dzala/ f. SPORT ***~ destra, sinistra*** inside right, inside left.

mezzalana /meddza'lana/ f. linsey-woolsey.

mezzaluna, pl. **mezzelune** /meddza'luna, meddze'lune/ f. **1** *(aspetto della luna)* half-moon; *(figura, forma)* crescent **2** *(emblema dell'Islam)* Crescent; ***~ rossa*** BUROCR. Red Crescent **3** *(arnese da cucina)* (two-handled) chopping knife*.

mezzamanica, pl. **mezzemaniche** /meddza'manika, meddze'manike/ f. **1** *(manica corta)* short sleeve **2** *(per scrivani)* oversleeve **3** SPREG. pen pusher.

mezzamaratona, pl. **-e** /meddzamata'tona/ f. half marathon.

mezzana /med'dzana/ f. **1** MAR. *(vela, albero)* miz(z)en **2** *(ruffiana)* procuress DIR., bawd ANT.

mezzanino /meddza'nino/ m. mezzanine, entresol.

mezzano /med'dzano/ **I** agg. *(di mezzo)* middle, medium, mean; ***di statura -a*** of medium height; ***il fratello ~*** = the middle brother **II** m. (f. **-a**) *(ruffiano)* pimp, pander ANT.

▶ **mezzanotte**, pl. **mezzenotti** /meddza'nɔtte, meddze'nɔtti/ ♦ ***13*** f. **1** *(ora)* midnight, 12 o'clock midnight; ***a ~*** at midnight; ***verso ~*** around midnight; ***è ~ passata*** it's past midnight; ***ben oltre la ~*** well beyond *o* after midnight; ***messa di ~*** midnight mass; ***sole di ~*** midnight sun; ***allo scoccare della ~*** at the stroke of midnight **2** *(punto cardinale) (settentrione)* north; ***essere esposto a ~*** to face north, to have a northern exposure.

mezzaquaresima, pl. **mezzequaresime** /meddzakwa'rezima, meddzekwa'rezime/ f. RELIG. Mid-Lent.

mezz'aria: **a mezz'aria** /amed'dzarja/ agg. e avv. in midair; ***sospeso a ~*** poised *o* suspended in midair.

mezz'asta: **a mezz'asta** /amed'dzasta/ agg. [*bandiera*] at half-mast.

mezzatacca, pl. **mezzetacche** /meddza'takka, meddze'takke/ f. small-timer, pipsqueak.

mezzatinta, pl. **mezzetinte** /meddza'tinte, meddze'tinte/ f. **1** *(tonalità di colore)* halftone **2** FIG. ***uno stile fatto di mezzetinte*** a subdued style **3** TIP. halftone **4** *(arte di incisione)* mezzotint.

mezzeria /meddze'ria/ f. **1** *(punto di mezzo)* middle, midpoint **2** *(di strada)* centre line BE, center line AE.

▶ **1.mezzo** /'mɛddzo/ ♦ ***13*** **I** agg. **1** half; ***una -a mela*** a half apple; ***una -a dozzina di uova*** a half-dozen eggs; ***~ litro*** a half-litre, half a litre; ***-a aspirina*** half an aspirin; ***mezz'ora*** half hour, half an hour; ***-a giornata*** half day; ***due tazze e -a*** two and a half cups; ***ha dieci anni e ~*** she's ten and a half; ***un'ora e -a*** an hour and a half; ***le due e -a*** half past two, half two COLLOQ.; ***comincia a e -a*** it starts at half past **2** *(medio)* middle; ***-a età*** middle age, midlife; ***un uomo di -a età*** a middle-aged man; ***crisi di -a età*** midlife crisis **3** *(con valore attenuativo)* ***avere una -a intenzione di fare*** to have half a mind to do; ***una -a fortuna*** a mixed blessing; ***fare una -a promessa a qcn.*** to make a half promise to sb. **II** m. **1** *(metà)* half*; ***due -i fanno un intero*** two halves make a whole **2** MAT. half*; ***tre -i*** three halves **3** *(punto centrale)* middle, centre BE, center AE **4** *(momento centrale)* middle; ***nel ~ della notte*** in the middle *o* dead of the night; ***nel bel ~ della cena*** right in the middle of dinner **5** **in mezzo a** *(fra due)* between; *(fra molti)* among; *(nella parte centrale)* in the middle of; ***mi sono seduto in ~ a loro due*** I sat between them; ***vivere in ~ al lusso*** to live a life of luxury; ***mettersi in ~*** FIG. *(intervenire)* to come between, to intervene; *(intromettersi)* to interfere; ***essere messo in ~*** FIG. to be caught in the middle **6** **di mezzo** ***seguire, scegliere una via di ~*** to steer *o* take *o* follow a middle course; ***è una via di ~ fra...*** it's something between...; ***togliere*** o ***levare di ~*** to get rid of; *(uccidere)* to do in COLLOQ.; ***levati di ~!*** get out of my way! ***andarci di ~*** to get involved, to be caught up; ***mettere di ~ qcn.*** to involve sb., to bring sb. into **7** **a mezzo** *(a metà)* ***lasciare un lavoro a ~*** to leave a job half finished; ***fare a ~*** to go halves **III** avv. half; ***essere ~ addormentato*** to be half asleep; ***essere ~ morto*** to be half-dead *o* as good as dead; ***essere ~ matto*** to have screw loose ◆ ***~ e ~, mezz'e ~*** half-and-half; *(così così)* so-so; ***il giusto ~*** the golden mean, the happy medium; ***-e misure*** half-measures; ***~ mondo*** a load *o* whole lot of people; ***c'era -a città*** half the town was there; ***parlare senza -i termini*** not to mince matters *o* one's words; ***uomo avvisato ~ salvato*** PROV. forewarned is forearmed; ***peccato confessato è ~ perdonato*** PROV. a fault confessed is half redressed ◆◆ ***~ guanto*** → **mezzoguanto**; ***~ punto*** → **mezzopunto**; ***-a manica*** → **mezzamanica**; ***-a pensione*** half board; ***-a punta*** SPORT inside forward; ***-a stagione*** = autumn or spring.

▶ **2.mezzo** /'mɛddzo/ **I** m. **1** *(modo di procedere)* means*; ***con -i illegali*** by illegal means; ***con ogni ~*** by every possible means, by fair means or foul; ***tutti i -i sono buoni*** any means will do; ***tentare ogni ~*** to do one's utmost **2** BIOL. FIS. *(ambiente, sostanza)* medium* **3** *(veicolo)* means of transport; ***viaggiare con i -i pubblici*** to travel by public transport **4** **per mezzo di, a mezzo** by means of, through; ***per ~ di un amico*** through *o* by means of a friend; ***parlare per ~ di un interprete*** to speak through an interpreter; ***a ~ stampa*** through the medium of the press; ***a ~ posta*** by post **II** **mezzi** m.pl. **1** *(risorse finanziarie)* means, funds, wherewithal; *(sostegni materiali)* resources; ***avere -i*** to be in funds, to be well off; ***avere -i per fare*** to have the means to do; ***non ho i -i per fare*** I haven't got the wherewithal; ***vivere al di sopra dei propri -i*** to live beyond one's means; ***vivere secondo i propri -i*** to live within one's income *o* means; ***ottenere qcs. con i propri -i*** to get somewhere under one's own steam **2** *(capacità personali)* ability; ***un atleta di molti -i*** a resourceful athlete ◆ ***il fine giustifica i -i*** PROV. the end justifies the means ◆◆ ***~ anfibio*** MIL. amphibian; ***~ d'assalto*** MIL. assault craft; ***~ corazzato*** armoured BE *o* armored AE vehicle; ***~ pesante*** heavy lorry; ***~ da sbarco*** MIL. landing craft; ***-i di comunicazione (di massa)*** (mass) media.

mezzobusto, pl. **mezzibusti** /meddzo'busto, meddzi'busti/ m. **1** half-length; ***ritratto a ~*** half-length portrait **2** COLLOQ. *(annunciatore, giornalista televisivo)* talking head.

mezzodì /meddzo'di/ m.inv. → **mezzogiorno**.

mezzofondista, m.pl. **-i**, f.pl. **-e** /meddzofon'dista/ m. e f. SPORT middle distance athlete.
mezzofondo, pl. **-i** /meddzo'fondo/ ♦ ***10*** m. SPORT *(gara)* middle distance race.
▶ **mezzogiorno** /meddzo'dʒorno/ ♦ ***13*** m. **1** *(ora)* midday, noon; ***a ~*** at midday, at 12 noon, at 12 o'clock midday; ***~ e un quarto*** (a) quarter past twelve; ***~ e mezzo*** half past twelve; ***a ~ in punto*** at high noon, at twelve on the dot; ***partiremo verso ~*** we'll leave at around midday *o* noon; ***giovedì a ~*** Thursday lunchtime; ***che cosa si mangia a ~?*** what are we having for lunch? **2** *(punto cardinale) (meridione)* south; ***essere esposto a ~*** to face south, to have a southern exposure **3** *(parte meridionale)* ***il ~ d'Italia*** the south of Italy, the Italian Mezzogiorno.

> **Mezzogiorno** (or the *Meridione*) A term which means southern Italy, including Sicily and Sardinia. The south has a wealth of artistic treasures and beautiful countryside but economically it is less industrialized than the rest of Italy. In 1950 a special public body, the *Cassa del Mezzogiorno*, was set up to finance the development of the south with wide-ranging financial measures. Nowadays the *Cassa del Mezzogiorno* does not exist any more. However, the development of the south still remains a major problem for Italy today.

mezzoguanto, pl. **mezziguanti** /meddzo'gwanto, meddzi'gwanti/ m. fingerless glove, mitt, mitten.
mezzolitro, pl. **mezzilitri** /meddzo'litro, meddzi'litri/ m. *(bottiglia)* half-litre bottle; *(quantità contenuta)* half-litre, half a litre.
mezzomarinaio, pl. **mezzimarinai** /meddzomari'najo, meddzimari'nai/ m. boathook.
mezzopunto, pl. **mezzipunti** /meddzo'punto, meddzi'punti/ m. *(nel ricamo)* tent-stitch, petit point.
mezzora, **mezz'ora** /med'dzora/ f. half hour, half an hour; ***ogni ~*** every half hour, half-hourly; ***alla ~*** on the half hour.
mezzosangue /meddso'sangwe/ m. e f.inv. **1** *(cavallo)* grade, crossbred horse **2** *(animale)* crossbreed, half-blood AE **3** *(persona)* half-breed SPREG., half-caste SPREG., crossbreed SPREG.
mezzoservizio /meddzoser'vittsjo/ m. part-time domestic service; ***donna a ~*** part-time daily service.
mezzosoprano, pl. **mezzosoprani**, **mezzisoprani** /meddzoso'prano, meddzoso'prani, meddziso'prani/ m. *(voce, cantante)* mezzo-soprano*; ***voce di ~*** mezzo-soprano voice; ***parte del ~*** mezzo-soprano part.
mezzuccio, pl. **-ci** /med'dzuttʃo, tʃi/ m. mean expedient; ***ricorrere a dei -ci*** to resort to petty tricks *o* means.
MF /emme'ɛffe/ f. **1** ELETTRON. (⇒ medium frequency media frequenza) MF **2** RAD. (⇒ modulazione di frequenza frequency modulation) FM.
▶ **1.mi** /mi/ v. la nota della voce **io**. pron.pers. **1** *(complemento oggetto)* me; ***lei ~ conosce*** she knows me; ***lasciami andare*** let me go; ***~ sta preparando la colazione*** she is making breakfast for me; ***baciami!*** kiss me! ***guardami*** look at me! **2** *(complemento di termine)* me; ***~ hanno detto la verità*** they told me the truth; ***~ ha scritto*** he wrote to me; ***passami il tuo piatto*** pass me your plate; ***~ dispiace*** I'm sorry; ***non ~ dire che piove di nuovo!*** don't say it's raining again! **3** *(con verbi pronominali)* ***~ sono fatto male*** I've hurt myself; ***~ ruppi la caviglia*** I broke my ankle; ***~ sto lavando le mani*** I'm washing my hands; ***~ tolsi le scarpe*** I took off my shoes **4** *(pleonastico)* ***stammi bene!*** take care! ***salutami tuo fratello*** say hello to your brother for me; ***cosa ~ hai combinato?*** what did you get up to? what have you been up to? ♦ ***eccomi!*** here I am!
2.mi /mi/ m.inv. MUS. E, mi, me; ***~ bemolle*** E flat.
3.mi /mi/ m. e f.inv. *(lettera greca)* mu.
miagolamento /mjagola'mento/ m. miaowing, meowing AE, mewing.
▷ **miagolare** /mjago'lare/ [1] intr. (aus. *avere*) **1** [*gatto*] to miaow, to meow AE, to mew(l); [*gatto in calore*] to caterwaul **2** FIG. [*persona*] *(lamentarsi)* to whine; *(piagnucolare)* to whinge, to snivel.
miagolata /mjago'lata/ f. miaowing, meowing AE, mewing.
miagolio, pl. **-ii** /mjago'lio, ii/ m. miaow, meow AE, mew; *(di gatto in calore)* caterwaul.
mialgia /mial'dʒia/ f. myalgia.
mialgico, pl. **-ci**, **-che** /mi'aldʒiko, tʃi, ke/ agg. myalgic.
miao /'mjao/ inter. e m.inv. miaow, meow AE; ***fare ~*** to miaow, to meow AE; ***il gatto ha fatto ~*** the cat went miaow.
miasma /mi'azma/ m. miasma* FORM.
miasmatico, pl. **-ci**, **-che** /miaz'matiko, tʃi, ke/ agg. miasmal FORM.
miastenia /miaste'nia/ ♦ ***7*** f. myasthenia.
miastenico, pl. **-ci**, **-che** /mias'teniko, tʃi, ke/ agg. myasthenic.
MIB /mib/ m. (⇒ Milano Indice Borsa) = Milan Stock Exchange index.
MIBTEL /'mibtel/ m. (⇒ Milano Indice Borsa Telematico) = computerized Milan Stock Exchange index.
▶ **1.mica** /'mika/ avv. COLLOQ. **1** *(per nulla, affatto)* at all; ***~ scemo!*** there are no flies on him! ***non gli credo ~*** I don't believe him at all; ***non sono ~ ubriaco!*** I'm sober! ***non ti morde ~!*** he won't bite you! ***non ho ~ la peste!*** I haven't got the plague! **2** *(non)* no, not; ***~ una bazzecola*** no light matter; ***~ male!*** not (half) bad! ***~ male la loro casa*** their house isn't half bad; ***"Ti è piaciuto il film?" "~ tanto"*** "Did you like the film?" "It was OK" **3** *(forse, per caso)* possibly; ***hai ~ il suo indirizzo?*** do you happen to have his address? do you have his address by any chance? ***potresti ~ prestarmi un po' di soldi?*** could you possibly lend me some money? **4** *(rafforzativo)* ***non faremo ~ tardi, vero?*** we shan't be late, shall we? ***non ti sarai ~ arrabbiato?*** surely you didn't get angry! ***non lo mangerai ~!*** you're surely not going to eat that!
2.mica, pl. **-che** /'mika, ke/ f. MINER. mica.
micaceo /mi'katʃeo/ agg. micaceous.
micado → **mikado**.
micascisto /mikaʃ'ʃisto/ m. mica schist.
miccia, pl. **-ce** /'mittʃa, tʃe/ f. *(di polveri, ordigni esplosivi)* fuse, match; ***~ a ritardo*** slow match ♦ ***accendere la ~, dare fuoco alla ~*** = to spark off a row *o* a riot.
micelio, pl. **-li** /mi'tʃɛljo, li/ m. BOT. mycelium*.
micella /mi'tʃɛlla/ f. CHIM. micelle.
Micene /mi'tʃɛne/ n.pr.m. Mycenae.
miceneo /mitʃe'nɛo/ **I** agg. [*civiltà, scrittura*] Mycenaean **II** m. **1** *(persona)* Mycenaean **2** LING. Mycenaean.
micete /mi'tʃɛte/ m. *(fungo)* fungus*.
micetologia /mitʃetolo'dʒia/ → **micologia.**
Michea /mi'kɛa/ n.pr.m. Micah.
Michela /mi'kɛla/ n.pr.f. Michelle.
michelaccio, pl. **-ci** /mike'lattʃo, tʃi/ m. *(fannullone)* loafer, idler; ***fare la vita del ~*** to lead *o* live the life of Riley.
michelangiolesco, pl. **-schi**, **-sche** /mikelandʒo'lesko, ski, ske/ agg. Michelangelesque, of Michelangelo, pertaining to Michelangelo.
Michele /mi'kɛle/ n.pr.m. Michael.
michetta /mi'ketta/ f. REGION. = (bread) roll.
micidiale /mitʃi'djale/ agg. **1** *(letale)* [*arma, veleno*] deadly, lethal, fatal **2** *(insopportabile, terribile)* [*caldo, condizioni*] murderous, killing; [*traffico*] fiendish.
micino /mi'tʃino/ m. (f. **-a**) INFANT. COLLOQ. kitten, pussy cat INFANT., kitty COLLOQ.
micio, m.pl. **-ci**, f.pl. **-cie**, **-ce** /'mitʃo, tʃi, tʃe/ m. (f. **-a**) INFANT. COLLOQ. cat, pussy cat, puss, pussy BE.
micione /mi'tʃone/ m. COLLOQ. *(uomo sornione)* pussy cat, teddy bear.
micologia /mikolo'dʒia/ f. mycology.
micologico, pl. **-ci**, **-che** /miko'lɔdʒiko, tʃi, ke/ agg. mycological.
micologo, m.pl. **-gi**, f.pl. **-ghe** /mi'kɔlogo, dʒi, ge/ ♦ ***18*** m. (f. **-a**) mycologist.
micosi /mi'kɔsi/ f.inv. mycosis*.
micotico, pl. **-ci**, **-che** /mi'kɔtiko, tʃi, ke/ agg. mycotic.
micragna /mi'kraɲɲa/ f. REGION. **1** *(miseria)* poverty **2** *(tirchieria)* stinginess.
micragnoso /mikraɲ'ɲoso/ agg. REGION. **1** *(povero)* poor, penniless **2** *(tirchio)* stingy.
microambiente /mikroam'bjɛnte/ m. microenvironment.
microampere /mikroam'pɛre/ m.inv. microampere.
microanalisi /mikroa'nalizi/ f.inv. CHIM. microanalysis*.
microanalitico, pl. **-ci**, **-che** /mikroana'litiko, tʃi, ke/ agg. CHIM. microanalytic.
microbico, pl. **-ci**, **-che** /mi'krɔbiko, tʃi, ke/ agg. [*infezione*] microbial, microbic.
microbilancia, pl. **-ce** /mikrobi'lantʃa, tʃe/ f. microbalance.
microbio, pl. **-bi** /mi'krɔbjo, bi/ m. *(microrganismo)* microbe, microorganism.
microbiologia /mikrobiolo'dʒia/ f. microbiology.
microbiologico, pl. **-ci**, **-che** /mikrobio'lɔdʒiko, tʃi, ke/ agg. microbiological.
microbiologo, m.pl. **-gi**, f.pl. **-ghe** /mikrobi'ɔlogo, dʒi, ge/ ♦ ***18*** m. (f. **-a**) microbiologist.
microbirreria /mikrobirre'ria/ f. microbrewery.
microbo /'mikrobo/ m. **1** *(microrganismo)* microbe **2** FIG. SPREG. *(persona insignificante)* pipsqueak, whiffet.

microcalcolatore /mikrokalkola'tore/ → **microelaboratore**.
microcamera /mikro'kamera/ f. miniature camera.
microcefalia /mikrotʃefa'lia/ f. MED. microcephaly.
microcefalico, pl. **-ci**, **-che** /mikrotʃe'faliko, tʃi, ke/ agg. MED. [*persona*] microcephalous, microcephalic.
microcefalo /mikro'tʃɛfalo/ **I** agg. **1** MED. [*persona*] microcephalous, microcephalic **2** SPREG. *(stupido)* stupid, imbecile **II** m. (f. **-a**) **1** MED. microcephalic **2** SPREG. *(stupido)* imbecile, idiot.
microchirurgia /mikrokirur'dʒia/ f. microsurgery.
microchirurgico, pl. **-ci**, **-che** /mikroki'rurdʒiko, tʃi, ke/ agg. microsurgical.
microcircuito /mikrotʃir'kuito/ m. microcircuit.
microcita /mikro'tʃita/, **microcito** /mikro'tʃito/ m. microcyte.
microclima /mikro'klima/ m. microclimate.
microclino /mikro'klino/ m. microcline.
micrococco, pl. **-chi** /mikro'kɔkko, ki/ m. micrococcus*.
microcomputer /mikrokom'pjuter/ m.inv. → **microelaboratore**.
microcopia /mikro'kɔpja/ f. FOT. microcopy.
microcopiare /mikroko'pjare/ [1] tr. FOT. to microcopy.
microcosmico, pl. **-ci**, **-che** /mikro'kɔsmiko, tʃi, ke/ agg. microcosmic.
microcosmo /mikro'kɔzmo/ m. microcosm (anche FIG.).
microcredito /mikro'kredito/ m. microcredit.
microcriminalità /mikrokriminali'ta/ f.inv. petty crime.
microcristallino /mikrokristal'lino/ agg. MINER. microcrystalline.
microcristallo /mikrokris'tallo/ m. MINER. microcrystal.
microdelinquenza /mikrodelin'kwɛntsa/ f. → **microcriminalità**.
microdissezione /mikrodisset'tsjone/ f. TECN. microdissection.
microeconomia /mikroekono'mia/ f. microeconomics + verbo sing.
microeconomico, pl. **-ci**, **-che** /mikroeko'nɔmiko, tʃi, ke/ agg. microeconomic.
microelaboratore /mikroelabora'tore/ m. INFORM. microcomputer, micro* COLLOQ.
microelettronica /mikroelet'trɔnika/ f. microelectronics + verbo sing.
microelettronico, pl. **-ci**, **-che** /mikroelet'trɔniko, tʃi, ke/ agg. microelectronic.
microfago, pl. **-gi** /mi'krɔfago, dʒi/ m. BIOL. microphage.
microfauna /mikro'fauna/ f. microfauna.
microfibra /mikro'fibra/ f. microfibre BE, microfiber AE.
microfiche /mikro'fiʃ/ f.inv. microfiche, fiche.
microfilm /mikro'film/ m.inv. microfilm; ***lettore di ~*** microfilm reader.
microfilmare /mikrofil'mare/ [1] tr. to microfilm.
microfisica /mikro'fizika/ f. microphysics + verbo sing.
microflora /mikro'flɔra/ f. microflora.
microfonico, pl. **-ci**, **-che** /mikro'fɔniko, tʃi, ke/ agg. microphonic; ***capsula -a*** transmitter.
microfonista, m.pl. **-i**, f.pl. **-e** /mikrofo'nista/ ➧ ***18*** m. e f. microphone technician.
▷ **microfono** /mi'krɔfono/ m. **1** microphone, mike COLLOQ.; ***parlare, cantare al ~*** to speak, sing into the microphone **2** COLLOQ. *(cornetta)* receiver ◆ ***~ a carbone*** carbon microphone; ***~ a clip*** clip-on microphone; ***~ a nastro*** ribbon microphone; ***~ a spillo*** lapel microphone.
microfotografia /mikrofotogra'fia/ f. **1** *(tecnica)* microphotography, photomicrography **2** *(fotografia)* microphotograph, photomicrograph.
microfotometro /mikrofo'tɔmetro/ m. microphotometer.
microfusione /mikrofu'zjone/ f. METALL. precision casting.
micrografico, pl. **-ci**, **-che** /mikro'grafiko, tʃi, ke/ agg. micrographic.
micrografia /mikrogra'fia/ f. micrography.
microgrammo /mikro'grammo/ ➧ ***22*** m. microgram(me).
microgravità /mikrogravi'ta/ f.inv. microgravity.
microhabitat /mikro'abitat/ m.inv. microhabitat.
microierace /mikroje'ratʃe/ m. ZOOL. falconet.
microinformatica /mikroinfor'matika/ f. microcomputing.
microlettore /mikrolet'tore/ m. microreader.
microlinguistica /mikrolin'gwistika/ f. microlinguistics + verbo sing.
microlitro /mikro'litro/ ➧ ***20*** m. microlitre BE, microliter AE.
micrometeora /mikrometeo'rite/ f. micrometeorite.
micrometeorologia /mikrometeorolo'dʒia/ f. micrometeorology.
micrometria /mikrome'tria/ f. micrometry.
micrometrico, pl. **-ci**, **-che** /mikro'mɛtriko, tʃi, ke/ agg. FIS. *(relativo al micrometro)* micrometrical.
1.micrometro /mi'krɔmetro/ m. *(strumento di precisione)* micrometer.
2.micrometro /mikro'mɛtro/ ➧ ***21*** m. METROL. *(micron)* micrometre BE, micrometer AE.
microminiaturizzare /mikrominjaturid'dzare/ [1] tr. to microminiaturize.
microminiaturizzato /mikrominjaturid'dzato/ **I** p.pass. → **microminiaturizzare** **II** agg. [*circuito*] microminiature.
microminiaturizzazione /mikrominjaturiddzat'tsjone/ f. microminiaturization.
micron /'mikron/ ➧ ***21*** m.inv. METROL. micron, micrometre BE, micrometer AE.
Micronesia /mikro'nezja/ n.pr.f. Micronesia.
micronesiano /mikrone'zjano/ **I** agg. Micronesian **II** m. (f. **-a**) Micronesian.
microonda /mikro'onda/ f. microwave; ***forno a -e*** microwave (oven).
microonde /mikro'onde/ m.inv. COLLOQ. *(forno)* microwave (oven); ***cuocere al ~*** to microwave, to nuke AE COLLOQ.
microorganismo /mikroorga'nizmo/ → **microrganismo**.
micropilo /mikro'pilo/ m. ZOOL. BOT. micropyle.
micropolveri /mikro'polveri/ f.pl. *(inquinanti)* fine dust sing.
microprocessore /mikroprotʃes'sore/ m. microprocessor, micro* COLLOQ.
microprogramma /mikropro'gramma/ m. microprogram.
microprogrammazione /mikroprogrammat'tsjone/ f. microprogram(m)ing.
microrganismo /mikrorga'nizmo/ m. microorganism.
microscheda /mikros'kɛda/ f. microfiche.
microscopia /mikrosko'pia/ f. microscopy.
microscopicamente /mikroskopika'mente/ avv. **1** *(per mezzo del microscopio)* microscopically **2** SCHERZ. ***~ piccolo*** microscopically small.
microscopico, pl. **-ci**, **-che** /mikros'kɔpiko, tʃi, ke/ agg. **1** *(eseguito al microscopio)* [*analisi, osservazione*] microscopic; ***tecnica -a*** microtechnique **2** SCHERZ. *(minuscolo)* microscopic, minute, infinitesimal; [*costume da bagno*] scanty.
microscopio, pl. **-pi** /mikros'kɔpjo, pi/ m. microscope; ***al ~*** under the microscope (anche FIG.) ◆◆ ***~ composto*** compound microscope; ***~ elettronico*** electron microscope.
microscopista, m.pl. **-i**, f.pl. **-e** /mikrosko'pista/ ➧ ***18*** m. e f. microscopist.
microsecondo /mikrose'kondo/ m. microsecond.
microsisma /mikro'sizma/ m. microseism.
microsismico, pl. **-ci**, **-che** /mikro'sizmiko, tʃi, ke/ agg. microseismic.
microsismografo /mikrosiz'mɔgrafo/ m. microseismograph.
microsolco, pl. **-chi** /mikro'solko, ki/ m. **1** *(solco)* microgroove; ***un disco a ~*** a microgroove record **2** *(disco)* microgroove record.
microsonda /mikro'sonda/ f. microprobe.
microspia /mikros'pia/ f. bug; ***la stanza è piena di -e*** the room is bugged.
microspora /mikros'pɔra/ f. microspore.
microstruttura /mikrostrut'tura/ f. microstructure.
microstrutturale /mikrostruttu'rale/ agg. microstructural.
microtecnica /mikro'tɛknika/ f. *(tecnica microscopica)* microtechnique.
microtelefono /mikrote'lɛfono/ m. TEL. handset.
microtermo /mikro'tɛrmo/ agg. ***pianta -a*** microtherm.
microtomia /mikroto'mia/ f. microtomy.
microtomo /mi'krɔtomo/ m. microtome.
microtrauma /mikro'trauma/ m. repetitive strain injury.
microvillo /mikro'villo/ m. microvillus*.
microvolt /mikro'vɔlt/ m.inv. microvolt.
Mida /'mida/ n.pr.m. Midas.
midi /'midi/ **I** agg.inv. ***gonna ~*** midi **II** f.inv. *(gonna)* midi.
midolla /mi'dolla/ f. **1** *(mollica)* crumb **2** LETT. *(midollo osseo)* marrow.
midollare /midol'lare/ agg. medullary.
midollo, pl.f. **-a** /mi'dollo/ m. **1** ANAT. marrow, medulla* **2** BOT. pith ◆ ***infreddolito, gelato fino al ~*** o ***alle -a*** chilled, frozen to the marrow; ***spremere qcn. fino al ~*** o ***alle -a*** to bleed sb. white *o* dry; ***essere marcio fino al ~*** to be rotten to the core; ***inglese fino al ~*** o ***alle -a*** English to the core, English through and through; ***essere senza ~*** to be spineless, to have no backbone ◆◆ ***~ allungato*** medulla (oblongata); ***~ osseo*** bone marrow; ***~ spinale*** spinal cord.
midriasi /mi'driazi/ f.inv. mydriasis*.
midriatico, pl. **-ci**, **-che** /midri'atiko, tʃi, ke/ agg. mydriatic.

mie, miei → **mio**.
mielata /mje'lata/ → **melata**.
mielato /mje'lato/ agg. **1** *(addolcito con miele)* honeyed **2** FIG. honeyed, suave.
▷ **miele** /'mjɛle/ **I** m. honey; ***al ~*** made with honey; ***~ d'acacia*** acacia honey; ***dolce come il ~*** (as) sweet as honey **II** m.inv. *(colore)* honey **III** agg.inv. ***color ~*** honey-coloured BE, honey-colored AE ◆ ***essere tutto ~*** to be all sweetness (and light), to be as sweet *o* nice as pie.
mielina /mie'lina/ f. myelin.
mielinico, pl. **-ci**, **-che** /mie'liniko, tʃi, ke/ agg. myelinic.
mielite /mie'lite/ ➧ **7** f. myelitis.
mieloblasto /mielo'blasto/ m. myeloblast.
mielocita /mielo'tʃita/, **mielocito** /mielo'tʃito/ m. myelocyte.
mieloma /mie'lɔma/ m. myeloma*.
mielopatia /mielopa'tia/ ➧ **7** f. myelopathy.
mieloso /mje'loso/ agg. **1** *(simile al miele)* honey-like, sugary **2** FIG. [*tono, parole*] honeyed, suave; [*sorriso*] sugary, suave, saccharine; [*persona*] smooth, suave.
▷ **mietere** /'mjetere/ [2] tr. **1** to reap, to harvest, to mow* [*raccolto, grano*] **2** FIG. *(conseguire)* to achieve, to meet* with [*successi*]; ***~ allori*** to reap honours **3** *(stroncare)* to claim [*vite umane*]; ***~ vittime*** to take a heavy toll.
mietilega, pl. **-ghe** /mjeti'lega, ge/ f. → **mietilegatrice**.
mietilegatrice /mjetilega'tritʃe/ f. AGR. reaper-and-binder, binder.
mietitore /mjeti'tore/ ➧ ***18*** m. (f. **-trice** /tritʃe/) *(persona)* reaper, harvester.
mietitrebbia /mjeti'trebbja/, **mietitrebbiatrice** /mjetitrebbja'tritʃe/ f. combine harvester, harvester-thresher.
mietitrice /mjeti'tritʃe/ f. *(macchina)* reaper, reaping machine, harvester.
mietitura /mjeti'tura/ f. **1** *(operazione)* reaping, harvest **2** *(raccolto)* harvest, crop **3** *(periodo)* reaping time.
migale /'migale/ f. *(ragno)* mygale.
▶ **migliaio**, pl.f. **-a** /miʎ'ʎajo/ **I** m. **1** *(mille)* (a) thousand; *(circa mille)* about a thousand; ***un ~ di persone*** about a thousand people; ***una folla di -a di persone*** a crowd numbering in the thousands; ***danni per -a di sterline*** thousands of pounds' worth of damage; ***un cast di -a di persone*** a cast of thousands; ***decine di -a*** tens of thousands **2** *(grande numero)* ***te l'ho ho detto un ~*** o ***-a di volte*** I've told you thousands of times *o* a thousand times; ***a -a*** in their thousands, in thousands **II** **migliaia** f.pl. MAT. ***decine, centinaia, -a*** tens, hundreds, thousands.
migliarino /miʎʎa'rino/ m. **1** BOT. gromwell **2** ZOOL. reed bunting **3** ARM. *(pallino)* (small) shot.
▷ **1.miglio**, pl.f. **-a** /'miʎʎo/ ➧ ***21, 37*** m. **1** METROL. mile; ***mezzo ~*** half a mile; ***una corsa di due -a*** a two-mile run; ***guidare per -a*** to drive for miles; ***a 50 -a all'ora*** at 50 miles per hour, at 50 mph **2** FIG. *(grande distanza)* ***camminare per -a*** to walk for miles; ***estendersi per -a*** to stretch for miles ◆ ***vedere, riconoscere qcs. lontano un ~*** to see, recognize sth. a mile off; ***ero lontano mille -a dall'immaginare che...*** I never for a moment imagined that...; ***si vede lontano un ~!*** it sticks *o* stands out a mile; ***si sentiva l'odore lontano un ~*** you could smell it a mile off ◆◆ ***~ geografico*** geographical mile; ***~ marino*** sea mile, nautical mile.
2.miglio /'miʎʎo/ m. *(pianta, frutto)* millet; ***granello di ~*** millet (seed) ◆◆ ***~ degli uccelli*** birdseed.
migliorabile /miʎʎo'rabile/ agg. improvable; ***non ~*** unimprovable.
miglioramento /miʎʎora'mento/ m. **1** *(il migliorare)* improvement, amelioration FORM. (**di**, **in** in, of, to); ***è un ~*** it's a change *o* turn for the better; ***~ di se stessi*** self-improvement; ***mostrare un ~ graduale*** to show a progressive improvement; ***non ci sono speranze di ~*** there is no hope of an improvement; ***ci sono stati molti -i in materia di sicurezza*** there have been a lot of safety improvements *o* improvements in safety **2** *(miglioria)* improvement; ***apportare -i a*** to improve [*edificio*]; to make improvements to [*casa*]; ***un ~ della rete stradale*** an improvement to the road network **3** *(lo stare meglio)* ***è in via di ~*** he's improving.
▷ **migliorare** /miʎʎo'rare/ [1] **I** tr. to improve, to better; AGR. to improve [*terreno*]; ***~ qcs.*** to make sth. better; ***~ le condizioni dei pensionati*** to improve the lot of pensioners; ***ha migliorato i risultati dello scorso anno*** she has improved on last year's result; ***~ la propria immagine*** to sharpen up one's image; ***ha migliorato il record di dieci secondi*** she cut *o* lopped ten seconds off the record **II** intr. (aus. *essere*) [*risultati, relazioni*] to improve; [*allievo, sportivo*] to make* progress, to progress; [*malato, salute*] to improve, to get* better, to pick up; [*tempo*] to improve, to clear up; ***è migliorato in matematica*** he has made some improvements in maths; ***il tuo spagnolo sta migliorando*** your Spanish is improving *o* coming along; ***può ~ ancora*** there is still room for improvement; ***il tempo non è migliorato*** the weather is no better; ***la situazione sta migliorando*** the situation is on the mend; ***il paziente sta migliorando*** the patient is making progress *o* is getting better; ***~ con gli anni*** [*vino*] to improve with age **III** **migliorarsi** pronom. to improve oneself, to mend one's ways.
migliorativo /miʎʎora'tivo/ agg. [*provvedimento, intervento*] ameliorative.
▶ **migliore** /miʎ'ʎore/ **I** agg. **1** *(comparativo)* better (**di** than); ***molto ~*** much better; ***il tuo tema è ~ del mio*** your essay is better than mine; ***avere un aspetto ~*** to look better; ***sei ~ di me!*** you're a better man than I am! ***è andato in una scuola ~ della mia*** he went to a better school than I did *o* than me; ***non essere ~ di qcn.*** to be no better than sb.; ***non sarebbe potuto succedere in un momento ~*** it couldn't have been better timed; ***fare un'offerta ~ di qcn.*** to better sb.'s offer; ***i risultati successivi non erano molto -i*** the next results were little better; ***avere conosciuto tempi -i*** to have seen better days **2** *(superlativo)* best (**di** of, in); ***il mio ~ amico*** my best friend; ***il ~ amico dell'uomo*** man's best friend; ***considerare qcn. tra i -i artisti*** to put sb. in the top rank of artists; ***il miglior libro che abbia mai letto*** the best book I've ever read; ***l'albergo ~ della città*** the best hotel in town; ***non è il momento ~ per fare*** it's not the best of times to do; ***~ attore non protagonista*** best supporting actor; ***i -i auguri per...*** wishing you all the best on...; ***i nostri -i auguri*** our best wishes; ***con le -i intenzioni*** with the best of intentions; ***una delle -i orchestre jazz della città*** one of the city's foremost jazz bands; ***nel ~ dei casi, nella ~ delle ipotesi*** at best; ***la parte ~ di sé*** one's better self; ***la cosa ~ è...*** the best thing (about it) is...; ***al miglior prezzo*** [*vendere, acquistare*] at a premium (price); ***andare al ~ offerente*** to go to the highest bidder; ***la propria carta ~*** FIG. one's strongest card **II** m. e f. ***il ~, la ~*** *(fra più di due)* the best; *(fra due)* the better; ***è una delle -i*** she's one of the best; ***è di gran lunga il ~*** he's far and away the best; ***il ~ del mondo*** the best in the world; ***sono sempre i -i che se ne vanno*** it's always the best to go, it happens to the best of us; ***che vinca il ~!*** may the best man win! ◆ ***passare a miglior vita*** EUFEM. to pass away.
miglioria /miʎʎo'ria/ f. improvement, betterment DIR.; ***apportare delle -e a*** to improve [*edificio*]; to make improvements to [*casa*]; ***lavori di ~ della casa*** home improvements.
migliorismo /miʎʎo'rizmo/ m. FILOS. meliorism.
migmatite /migma'tite/ f. migmatite.
mignatta /miɲ'ɲatta/ f. **1** ZOOL. *(sanguisuga)* leech, bloosducker **2** FIG. *(seccatore)* limpet, clinging person **3** FIG. *(usuraio)* loan shark SPREG. **4** MIL. limpet mine.
▷ **mignolo** /'miɲɲolo/ ➧ **4** **I** agg. ***dito ~*** *(della mano)* little finger; *(del piede)* little toe **II** m. *(della mano)* little finger, fourth finger, pinkie AE SCOZZ.; *(del piede)* little toe.
mignon /miɲ'ɲon/ agg.inv. miniature, tiny; ***pasticceria ~*** = small pastries; ***bottiglia ~*** miniature bottle.
mignotta /miɲ'ɲɔtta/ f. VOLG. REGION. slut, whore.
migrante /mi'grante/ agg. **1** [*uccello*] migratory, migrant **2** MED. ***rene ~*** floating kidney.
migrare /mi'grare/ [1] intr. (aus. *essere*) [*animali*] to migrate; [*uccelli*] to flight, to migrate.
migratore /migra'tore/ **I** agg. [*animale, uccello*] migrant, migratory **II** m. *(animale)* migrant; *(uccello)* migrator, migrant.
migratorio, pl. **-ri**, **-rie** /migra'tɔrjo, ri, rje/ agg. **1** [*istinto*] migratory **2** *(che migra)* [*animale, uccello*] migrant, migratory **3** MED. *(migrante)* ***rene ~*** floating kidney.
migrazione /migrat'tsjone/ f. migration; ***~ stagionale*** ZOOL. seasonal migration; ***viaggio di ~*** migratory journey.
mikado /mi'kado/ m.inv. mikado*.
mila /'mila/ agg.inv. ***duecento ~*** two hundred thousand; ***tremila*** three thousand.
milanese /mila'nese/ ➧ **2** **I** agg. **1** Milanese **2** GASTR. **alla milanese** ***risotto alla ~*** = risotto made with white wine, butter and saffron; ***cotoletta alla ~*** = breaded veal cutlet **II** m. e f. Milanese* **III** m. LING. dialect of Milan **IV** f. GASTR. *(cotoletta)* = breaded veal cutlet.
milanista, m.pl. **-i**, f.pl. **-e** /mila'nista/ **I** agg. [*tifoso, giocatore, difesa*] of Milan, Milan attrib. **II** m. e f. **1** *(giocatore)* Milan player **2** *(tifoso)* Milan supporter.
Milano /mi'lano/ ➧ **2** n.pr.f. Milan.
miliardario, pl. **-ri**, **-rie** /miljar'darjo, ri, rje/ **I** agg. ***una vincita -a*** a win worth millions **II** m. (f. **-a**) (multi)millionaire, billionaire; ***essere un ~*** to have millions.
miliardesimo /miljar'dɛzimo/ ➧ ***26*** agg. e m. billionth, thousand millionth BE.

▶ **miliardo** /mi'ljardo/ ♦ *26* m. **1** *(mille milioni)* billion, thousand million BE; ***un ~ di persone*** a billion people; ***due -i di dollari*** two billion dollars **2** *(grande numero)* ***te l'ho detto un ~ di volte*** I've told you millions *o* thousands of times *o* a thousand times.

1.miliare /mi'ljare/ agg. ***pietra ~*** milestone (anche FIG.), milepost.

2.miliare /mi'ljare/ agg. MED. miliary; ***tubercolosi ~*** miliary tuberculosis; ***febbre ~*** sweating sickness.

miliaria /mi'ljarja/ f. MED. prickly heat.

milieu /mi'ljo/ m.inv. milieu* FORM.

milionaria /miljo'narja/ f. millionairess.

milionario, pl. **-ri**, **-rie** /miljo'narjo, ri, rje/ **I** agg. ***essere ~*** to be a millionaire **II** m. (f. **-a**) millionaire.

▶ **milione** /mi'ljone/ ♦ *26* m. **1** million; ***un ~*** a *o* one million; ***tre -i di abitanti*** three million inhabitants; ***-i di persone*** millions of people; ***il romanzo ha venduto -i di copie*** the novel has sold millions (of copies); ***c'è una probabilità su un ~*** the odds are a million to one **2** *(numero enorme)* ***te l'ho detto un ~ di volte!*** I've told you a million times! ***avere un ~ di cose da fare*** to have a million and one things to do; ***-i e -i di*** countless millions of; ***a -i*** *(in grande quantità)* in millions.

milionesimo /miljo'nɛzimo/ ♦ *26* **I** agg. millionth **II** m. (f. **-a**) **1** millionth **2** *(frazione)* millionth.

militante /mili'tante/ **I** agg. [*scrittore, sindacalista*] militant; ***la chiesa ~*** the Church militant **II** m. e f. *(di organizzazione, partito)* militant, activist.

militanza /mili'tantsa/ f. militancy.

▶ **1.militare** /mili'tare/ **I** agg. **1** [*ospedale, polizia, accademia, base, abiti*] military; ***vita ~*** soldiering, army life; ***non ~*** nonmilitary; ***servizio ~*** military service; ***aeronautica ~*** air force; ***fare il saluto ~*** to salute, to give a salute; ***potenza ~*** military strength *o* muscle **2** FIG. [*disciplina*] tight **II** m. serviceman*, soldier; ***i -i*** the army + verbo pl.; ***~ di carriera*** regular *o* career soldier; ***~ di leva*** conscript soldier; ***fare il ~*** *(prestare servizio di leva)* to be in the army; ***ho fatto il ~ con lui*** I served with him.

2.militare /mili'tare/ [1] intr. (aus. *avere*) **1** *(in un corpo militare)* to serve **2** *(agire)* to militate (**per**, **a favore di** for) **3** *(appartenere)* ***milita nel partito comunista*** he's an active member of the Communist Party; ***milita nella nazionale inglese*** he's an England cap.

militaresco, pl. **-schi**, **-sche** /milita'resko, ski, ske/ agg. [*atteggiamento, portamento*] soldierly; ***linguaggio ~*** army slang.

militarismo /milita'rizmo/ m. militarism.

militarista, m.pl. **-i**, f.pl. **-e** /milita'rista/ **I** agg. [*atteggiamento*] militarist **II** m. e f. militarist.

militaristico, pl. **-ci**, **-che** /milita'ristiko, tʃi, ke/ agg. militaristic, militarist.

militarizzare /militarid'dzare/ [1] **I** tr. **1** *(assoggettare)* to mobilize [*operai, ferrovieri*] **2** *(organizzare)* to militarize **3** to militarize [*area*]; ***zona militarizzata*** militarized zone **II militarizzarsi** pronom. to become* militarized.

militarizzazione /militariddzat'tsjone/ f. militarization.

militarmente /militar'mente/ avv. militarily; ***zona occupata ~*** military occupied zone; ***occupare ~ un paese*** to occupy a country with military force; ***salutare ~*** to salute, to give a salute.

militassolto /militas'sɔlto/ **I** agg. = in small ads language, of a person who has completed his compulsory military service **II** m. = in small ads language, a person who has completed his compulsory military service.

milite /'milite/ m. *(soldato)* soldier; ***~ ignoto*** Unknown Soldier, Unknown Warrior.

militesente /milite'zɛnte/ **I** agg. = in small ads language, exempt from compulsory military service **II** m. = in small ads language, a person who is exempt from compulsory military service.

milizia /mi'littsja/ f. **1** *(esercizio delle armi)* soldiering, military life **2** *(corpo armato)* militia*; ***~ operaia*** workers' militia; ***~ di quartiere*** local vigilante group.

miliziano /milit'tsjano/ m. militiaman*.

millantare /millan'tare/ [1] **I** tr. to boast about, to brag about [*nobili origini, amicizie importanti*] **II millantarsi** pronom. to boast, to brag (**di qcs.** about sth.).

millantato /millan'tato/ **I** p.pass. → **millantare II** agg. boasted ◆◆ ***~ credito*** DIR. influence peddling.

millantatore /millanta'tore/ m. (f. **-trice** /tritʃe/) boaster, braggart, vaunter ANT. LETT.

millanteria /millante'ria/ f. boasting, bragging, boastfulness.

▶ **mille** /'mille/ ♦ *26* **I** agg.inv. **1** a thousand, one thousand; ***~ euro*** a *o* one thousand euros; ***milledue*** a thousand and two; ***ha perso ~ dollari e rotti*** he lost a thousand-odd dollars; ***nel millenovecento*** in nineteen hundred; ***nel millenovecentotre*** in nineteen hundred and three; ***l'anno Mille*** the year one thousand; ***"Le ~ e una notte"*** LETTER. "The Arabian Nights" **2** *(gran numero, grande quantità)* ***avere ~ cose da fare*** to have a thousand and one things to do; ***il vaso si ruppe in ~ pezzi*** the vase broke into a thousand pieces; ***te l'ho detto ~ volte*** I told you thousands of times *o* a thousand times; ***~ volte meglio*** a thousand times better; ***sentirsi ~ volte meglio*** to feel heaps better; ***la nuova macchina è ~ volte meglio dell'altra*** the new car is tons better than the other one; ***grazie ~*** thank you very much (indeed), thanks a lot, thanks a million **II** m.inv. **1** thousand, thou* AE COLLOQ.; ***moltiplicare per ~*** to multiply by a thousand **2** STATIST. **per mille** per thousand **III** m.pl. SPORT ***correre i ~*** to run in the thousand metres.

> **I Mille** In May 1860 Giuseppe Garibaldi's expedition to Sicily set off in two ships loaded with just over a thousand volunteers. In October, at the end of the campaign, when Garibaldi delivered the south, taken from the Bourbons, to King Vittorio Emanuele, the *camicie rosse* (Red shirts) had become much greater in number, but the one thousand who had set off from Quarto, near Genoa, remained the symbol of the best-known event in the Italian *Risorgimento*. As such they are still remembered today in the street names of many Italian towns (see also ***Risorgimento***).

millefoglie /mille'fɔʎʎe/ m. e f.inv. GASTR. = small layered cake made of puff pastry filled with cream; napoleon AE.

millefoglio, pl. **-gli** /mille'fɔʎʎo, ʎi/ m. BOT. milfoil, yarrow, thousand-leaf.

millenario, pl. **-ri**, **-rie** /mille'narjo, ri, rje/ **I** agg. **1** *(che ha mille anni)* ***un albero ~*** a thousand-year-old tree; ***essere ~*** to be a thousand years old; ***una civiltà -a*** a thousand-year-old *o* an age-old civilization **2** *(che ricorre ogni mille anni)* millennial **3** RELIG. ***regno ~*** millennium **II** m. *(anniversario)* millennium*, millennial.

millenarismo /millena'rizmo/ m. RELIG. millenarism, millenarianism.

millenarista, m.pl. **-i**, f.pl. **-e** /millena'rista/ **I** agg. → **millenaristico II** m. e f. RELIG. millenary.

millenaristico, pl. **-ci**, **-che** /millena'ristiko, tʃi, ke/ agg. RELIG. millenary.

▷ **millennio**, pl. **-ni** /mil'lɛnnjo, ni/ ♦ *19* m. **1** millennium*, millenary; ***all'alba del terzo ~*** at the dawn of the third millennium; ***per -i*** for thousands of years **2** RELIG. millennium*.

millepiedi /mille'pjɛdi/ m.inv. millipede, millepede, thousand-legs.

millesimato /millezi'mato/ agg. [*vino*] vintage; ***non ~*** [*vino*] nonvintage.

millesimo /mil'lɛzimo/ ♦ *26* **I** agg. thousandth, millesimal; ***la -a pagina*** the thousandth page **II** m. (f. **-a**) **1** thousandth; ***il ~ della fila*** the thousandth in line **2** *(frazione)* thousandth, millesimal; ***un ~ di millimetro*** a thousandth of a millimetre **3** *(anno)* year.

millibar /'millibar/ m.inv. millibar.

milligrammo /milli'grammo/ ♦ *22* m. milligram(me); ***una dose da due -i*** a two-milligram dose.

millilitro /mil'lilitro/ ♦ *20* m. millilitre BE, milliliter AE.

millimetrare /millime'trare/ [1] tr. = to divide into millimetres.

millimetrato /millime'trato/ **I** p.pass. → **millimetrare II** agg. ***carta -a*** graph paper.

millimetrico, pl. **-ci**, **-che** /milli'mɛtriko, tʃi, ke/ agg. **1** millimetric **2** FIG. *(estremamente preciso)* ***ha una precisione quasi -a*** it's accurate to within a millimetre.

▷ **millimetro** /mil'limetro/ ♦ *21* m. millimetre BE, millimeter AE; ***una differenza di tre -i*** a three-millimetre difference; ***non si smuoverà di un ~*** FIG. she will not budge an inch.

millisecondo /millise'kondo/ m. millisecond.

millivolt /milli'vɔlt/ m.inv. millivolt.

milord /mi'lɔrd/ ♦ *1* m.inv. **1** *(appellativo)* milord **2** SCHERZ. nob BE COLLOQ.

miltoniano /milto'njano/ agg. Miltonian, Miltonic.

milza /'miltsa/ f. spleen.

mimare /mi'mare/ [1] tr. to mime [*personaggio, scena*]; ***~ l'azione di bere*** to mime drinking.

mimeografare /mimeogra'fare/ tr. to mimeograph.

mimeografo /mime'ɔgrafo/ m. mimeograph.

mimesi /mi'mɛzi/ f.inv. ART. LETTER. mimesis.

mimetica, pl. **-che** /mi'mɛtika, ke/ f. *(divisa militare)* camouflage fatigues pl.

mimetico, pl. **-ci**, **-che** /mi'mɛtiko, tʃi, ke/ agg. **1** ZOOL. BIOL. mimetic **2** *(mimetizzante)* [*giacca, tenuta*] camouflage attrib.; ***giacca -a*** combat jacket **3** *(imitativo)* [*comportamento*] imitative.

mimetismo /mime'tizmo/ m. **1** ZOOL. BIOL. mimicry, mimesis RAR. **2** FIG. SPREG. *(opportunismo)* opportunism.

▷ **mimetizzare** /mimetid'dzare/ [1] **I** tr. MIL. to camouflage [*carro armato, dispositivo*] (**con** with) **II mimetizzarsi** pronom. **1** to camouflage oneself; ***-rsi tra gli alberi*** to merge into the trees **2** ZOOL. ***molti animali si mimetizzano con l'ambiente*** many animals mimic their surroundings **3** FIG. SPREG. to dissemble.

mimetizzazione /mimetiddzat'tsjone/ f. MIL. camouflage.

mimica /'mimika/ f. **1** *(arte del mimo)* mime **2** *(gestualità, espressività)* gestures pl., expressiveness; ~ ***corporea*** body language; ~ ***facciale*** facial expressions.

mimicamente /mimika'mente/ avv. mimically.

mimico, pl. **-ci, -che** /'mimiko, tʃi, ke/ agg. ***linguaggio*** ~ sign language; ***arte -a*** mime.

mimo /'mimo/ ♦ **18** m. **1** *(attore)* mime (artist); ***fare il*** ~ to mime; ***spettacolo di*** ~ mime show **2** ZOOL. mockingbird.

mimosa /mi'mosa/ f. mimosa.

mimulo /'mimulo/ m. BOT. mimulus.

Min. 1 ⇒ Ministero Minister (Min. GB) **2** ⇒ Ministro Ministry (Min. GB).

1.mina /'mina/ f. **1** *(esplosivo)* mine; ***fare brillare una*** ~ to set off a mine; ***posare*** o ***piazzare una*** ~ to lay a mine; ***posa di -e*** minelaying, mining; ***saltare su una*** ~ to hit *o* strike a mine; ***rivelatore di -e*** mine detector; ***dragaggio di -e*** minesweeping **2** *(cavità)* mine **3** *(di matita)* lead; ***matita a*** ~ ***dura*** hard pencil; ~ ***di ricambio*** *(di matita)* lead refill ◆ ~ ***vagante*** loose cannon ◆◆ ~ ***acustica*** sonic mine; ~ ***anticarro*** antitank mine; ~ ***antiuomo*** antipersonnel mine; ~ ***terrestre*** land mine.

2.mina /'mina/ f. *(moneta antica)* mina*.

▷ **minaccia**, pl. **-ce** /mi'nattʃa, tʃe/ f. threat, menace; ***fare delle -ce a qcn.*** to make threats against sb.; ***cedere alle -ce*** to give in to threats; ***subire -ce*** to come under threat; ~ ***di morte*** death threat; ***costituire una*** ~ ***per*** to pose a threat to; ***con la*** ~ ***di*** under threat of; ***tenere qcn. sotto la*** ~ ***di un'arma, di un coltello*** to hold sb. up at gunpoint, at knife-point; ***rappresenta una*** ~ ***per gli altri automobilisti*** he is a menace to other motorists.

▶ **minacciare** /minat'tʃare/ [1] tr. **1** *(spaventare)* to threaten (**di fare** to do); to menace (**con** with); ~ ***qcn. con un coltello*** to threaten sb. at knife-point; ***essere minacciato*** to be under threat; ***sentirsi minacciato*** to feel threatened; ***essere minacciato di morte*** to be threatened with death; ~ ***qcn. di denuncia*** to threaten sb. with exposure; ~ ***di mettere in carcere qcn.*** to threaten sb. with imprisonment; ***essere minacciato di licenziamento*** to be threatened with the sack **2** FIG. *(preannunciare)* ***minaccia pioggia*** it looks like rain **3** FIG. *(mettere a rischio)* to pose a threat to [*paese, salute*]; ***essere minacciato*** [*equilibrio, tranquillità, economia*] to be in jeopardy, in peril; ***l'innalzamento del livello del mare minaccia la costa*** rising sea levels threaten the coastline **4** FIG. *(rischiare)* ***la caldaia minaccia di esplodere*** the boiler could explode at any moment.

minacciosamente /minattʃosa'mente/ avv. [*guardare, fissare, parlare*] menacingly, threateningly, blackly, darkly; [*avvicinarsi*] menacingly, threateningly.

▷ **minaccioso** /minat'tʃoso/ agg. **1** *(intimidatorio)* [*gesto, espressione, atmosfera*] threatening, menacing; [*presenza, ombra*] ominous; ***non*** ~ nonthreatening; ***aveva uno sguardo*** ~ there was menace in his eyes, he had a glowering look; ***dire in tono*** ~ to say menacingly *o* ominously **2** *(che preannuncia eventi negativi)* [*nubi, mare, cielo*] ominous, angry LETT.; ***il tempo era*** ~ the weather looked threatening **3** FIG. *(imponente)* [*vetta*] mighty LETT.; [*scogliera, dirupo, torre*] looming.

minare /mi'nare/ [1] tr. **1** MIL. to mine [*ponte*] **2** FIG. *(compromettere)* to undermine [*autorità, resistenza, reputazione, salute, fiducia, sicurezza*]; ~ ***le fondamenta di qcs.*** to rock *o* shake sth. to its foundations.

minareto /mina'reto/ m. minaret.

minato /mi'nato/ **I** p.pass. → **minare II** agg. **1** ***campo*** ~ minefield (anche FIG.); ***il terreno è*** ~ the ground is mined **2** FIG. *(compromesso)* ***stare su un campo*** ~ to be on dangerous ground; ***procedere*** o ***avanzare su un campo*** ~ to be treading *o* skating on thin ice; ***salute gravemente -a*** seriously undermined health.

minatore /mina'tore/ ♦ **18** m. (f. **-trice** /tritʃe/) miner, mineworker; *(in miniere di carbone)* coalminer, collier, pit worker; ***fare il*** ~ to work in *o* down the mines, to work down the pit.

minatorio, pl. **-ri, -rie** /mina'tɔrjo, ri, rje/ agg. [*gesto, messaggio*] minatory FORM.; [*lettera, telefonata*] threatening; ***lettere -rie*** hate mail.

minchia /'minkja/ **I** f. VOLG. **1** *(pene)* dick, cock, prick **2** *(nulla, niente)* ***non capire una*** ~ ***di*** to understand fuck-all of **II** inter. bugger me, fuck (me), sod it ◆ ***testa di*** ~ dickhead, prick; ***che*** ~ ***fai?*** what the fuck are you doing? ***che*** ~ ***vuoi?*** what the fuck do you want? ***rompe sempre la*** ~ he's a pain in the arse BE *o* in the ass AE.

minchiata /min'kjata/ f. VOLG. REGION. crap, bullshit.

minchione /min'kjone/ m. (f. **-a**) POP. dupe, sucker, bugger BE.

minchioneria /minkjone'ria/ f. POP. **1** *(dabbenaggine)* credulity, gullibility, foolishness **2** *(stupidaggine)* crap, shit COLLOQ.

▶ **minerale** /mine'rale/ **I** agg. [*regno, sali*] mineral; ***acqua*** ~ mineral water, bottled water; ***olio*** ~ MINER. mineral oil **II** m. mineral; *(grezzo)* ore; ~ ***di ferro*** iron ore, ironstone **III** f. *(acqua minerale)* mineral water.

mineralista, m.pl. **-i**, f.pl. **-e** /minera'lista/ ♦ **18** m. e f. mineralogist, mineralist.

mineralizzare /mineralid'dzare/ [1] tr. to mineralize.

mineralizzatore /mineraliddza'tore/ m. mineralizer.

mineralizzazione /mineraliddzat'tsjone/ f. mineralization.

mineralogia /mineralo'dʒia/ f. mineralogy.

mineralogico, pl. **-ci, -che** /minera'lɔdʒiko, tʃi, ke/ agg. mineralogical.

mineralogista, m.pl. **-i**, f.pl. **-e** /mineralo'dʒista/ ♦ **18** m. e f. → **mineralista**.

minerario, pl. **-ri, -rie** /mine'rarjo, ri, rje/ agg. [*giacimento, industria, bacino, società*] mining; ***concessione -a*** mining concession, mining claim; ***diritti -ri*** mineral *o* mining rights; ***risorse -rie*** mineral wealth.

1.minerva /mi'nɛrva/ m.inv. *(fiammifero)* safety match.

2.minerva /mi'nɛrva/ f. MED. neck support.

Minerva /mi'nɛrva/ n.pr.f. Minerva.

▷ **minestra** /mi'nɛstra/ f. **1** *(brodo, minestrone)* soup; ~ ***di verdura*** vegetable soup; ***un piatto di*** ~ a bowl of soup; ~ ***istantanea*** instant soup; ***cucchiaio da*** ~ soupspoon **2** *(primo piatto)* first course ◆ ***è sempre la solita*** ~ it's always the same old story; ***è un'altra*** ~ that's a different matter, that's another matter altogether; ***è una*** ~ ***riscaldata*** there's nothing new about it, it's old hat; ***o mangi questa*** ~ ***o salti dalla finestra*** PROV. you can like it or you can lump it, beggars can't be choosers, if you can't stand the heat get out of the kitchen.

minestrina /mines'trina/ f. consommé, thin soup.

minestrone /mines'trone/ m. **1** GASTR. minestrone, thick soup **2** FIG. soup, jumble, hotchpotch BE, hodgepodge AE; ***far di tutto un*** ~ to make a hotchpotch of everything.

mingere /'mindʒere/ [24] intr. (irregular forms in past historic *minsi*, *mingesti*, *minse*, *minsero*; forms not attested: past participle and compound tenses) to micturate, to urinate.

mingherlino /minger'lino/ agg. *(di corporatura minuta)* [*persona*] thin, slight, undersized, undergrown; *(gracile)* [*persona*] puny, delicate, gracile.

1.mini /'mini/ agg.inv. tiny; ***è una*** ~ ***piscina*** it's a tiny swimming pool.

2.mini /'mini/ f.inv. *(minigonna)* mini, mini-skirt.

miniabito /mini'abito/ m. minidress.

miniappartamento /miniapparta'mento/ m. flatlet BE, efficiency apartment AE.

miniare /mi'njare/ [1] tr. **1** to illuminate [*manoscritto*] **2** FIG. to describe minutely.

miniato /mi'njato/ **I** p.pass. → **miniare II** agg. [*codice, manoscritto*] illuminated.

miniatore /minja'tore/ m. (f. **-trice** /tritʃe/) → **miniaturista**.

miniatura /minja'tura/ f. **1** ART. *(arte, opera)* illumination, miniature **2** ***in*** ~ *(di dimensioni ridotte)* in miniature; ***villaggio in*** ~ miniature village, model village; ***ferrovia in*** ~ miniature railway, model railway, toy railway; ***è suo padre in*** ~ FIG. he's a small-scale version of his father.

miniaturista, m.pl. **-i**, f.pl. **-e** /minjatu'rista/ ♦ **18** m. e f. illuminator, miniaturist.

miniaturistico, pl. **-ci, -che** /minjatu'ristiko, tʃi, ke/ agg. of illumination, of miniature, illumination attrib., miniature attrib.

miniaturizzare /minjaturid'dzare/ [1] tr. to miniaturize.

miniaturizzazione /minjaturiddzat'tsjone/ f. miniaturization.

minibar /mini'bar/ m.inv. minibar.

minibus /mini'bus/ m.inv. minibus.

minicalcolatore /minikalkola'tore/ m. → **minicomputer**.

minicomputer /minikom'pjuter/ m.inv. minicomputer.

minidisco /mini'disko/ m. minidisc.

minielaboratore /minielabora'tore/ m. → **minicomputer**.

▷ **miniera** /mi'njɛra/ f. **1** *(giacimento)* mine, mine workings, pit; ***lavorare in*** ~ to work in, down the mines, to work at the pit; ***la*** ~ ***è completamente esaurita*** the pit is completely mined out; ***scendere in*** ~ to go down the pit **2** FIG. *(fonte)* mine; ***una*** ~ ***di informazioni*** a mine *o* treasure house of information; ***una*** ~ ***di indirizzi utili*** a source of useful addresses ◆◆ **~ d'argento** silver mine; **~ di carbone** coalmine, coal pit, colliery; **~ a cielo aperto** opencast mine; **~ d'oro** gold mine (anche FIG.); FIG. money spinner BE; **trovare una ~ d'oro** FIG. to strike oil; **~ di salgemma** saltmine; **~ di stagno** tin mine, tinnery, stannary.

minigolf /mini'gɔlf/ ➧ **10** m.inv. *(gioco)* miniature golf, crazy golf BE.

minigonna /mini'gɔnna/ f. mini-skirt.

minima /'minima/ f. **1** MUS. minim BE, halfnote AE; **pausa di ~** minim rest BE, half rest AE **2** METEOR. *(temperatura minima)* minimum temperature, minimum*; **termometro a massima e a ~** maximum minimum thermometer **3** COLLOQ. *(pressione minima)* diastolic pressure **4** COLLOQ. *(pensione minima)* guaranteed minimum pension.

minimale /mini'male/ **I** agg. **tariffa ~** minimum charge **II** m. *(limite minimo)* minimum*.

minimalismo /minima'lizmo/ m. ART. POL. minimalism.

minimalista, m.pl **-i**, f.pl. **-e** /minima'lista/ agg., m. e f. ART. POL. minimalist.

minimalistico, pl. **-ci**, **-che** /minima'listiko, tʃi, ke/ agg. ART. POL. minimalist.

minimamente /minima'mente/ avv. in the least, at all; **non sono ~ preoccupato** I'm not worried in the least, I'm not in the least (bit) worried; **non era ~ geloso** he wasn't the least bit jealous; **non gli ha dato ~ fastidio** it didn't bother him any; **non sospettava ~ che** little did he suspect that; **non mi fido ~ di lui** I don't trust him an inch.

minimarket /mini'market/ m.inv. minimarket, minimart.

minimassimo /mini'massimo/ m. MAT. minimax.

minimax /'minimaks/ m.inv. → **minimassimo**.

minimizzare /minimid'dzare/ [1] tr. **1** *(ridurre al minimo)* to minimize [*costi, danni, rischio*] **2** FIG. *(sminuire)* to minimize, to play down, to downplay COLLOQ. [*incidente, evento, importanza, sconfitta*]; to minimize [*problema, perdita*].

minimizzazione /minimiddzat'tsjone/ f. minimization.

▶ **minimo** /'minimo/ **I** agg. **1** *(il più piccolo)* (the) smallest, (the) least; *(il più basso)* (the) lowest; [*velocità, temperatura*] minimum; **con un ~ sforzo** with (an) economy of effort; **la -a cosa lo irrita** the least thing annoys him; **alla -a provocazione** at the slightest provocation **2** *(in costrutti negativi: nessuno, alcuno)* **non avere la benché -a idea** to have no idea whatever *o* whatsoever; **non ne ho la (benché) -a idea** I haven't (got) a clue, I haven't the least idea, I haven't (got) the remotest *o* faintest *o* slightest idea; **senza la -a esitazione** without the slightest *o* a moment's hesitation; **senza il ~ dubbio** without the slightest doubt; **non hanno la -a possibilità di vincere** they haven't the least chance of winning, they have no chance of winning whatever; **non ha la -a importanza** it doesn't matter in the least; **non ha il ~ senso morale** he hasn't an ounce of decency; **non c'è il ~ fondo di verità** there is not a shadow of truth **3** *(piccolissimo, bassissimo)* very small, very low; [*quantità, aumento, variazione*] minute; [*costo*] minimal, negligible; [*rischio, pericolo*] slight, minimal; [*cambiamento, movimento, esitazione, possibilità, speranza*] slight; [*somiglianza*] remote, slight; **un prezzo ~** a very low price; **la differenza è -a** the difference is minimal *o* negligible; **le possibilità che questo accada sono -e** the chances of it happening are slight *o* slim; **nei -i dettagli** in great *o* minute detail **4** *(al più basso livello necessario o richiesto)* [*età, durata*] minimum; **salario ~** minimum wage; **ben oltre i requisiti -i** over and above the minimum requirement; **una pena -a di 20 anni** a minimum of 20 years **5** MAT. **~ comun denominatore** lowest common denominator; **~ comune multiplo** lowest common multiple; **lui riduce tutto ai -i termini** FIG. he reduces everything to the lowest common denominator **II** m. **1** *(la parte, quantità, misura più piccola)* minimum*; **era il ~ che potessi fare** it was the least I could do; **si è offerto di pagare i danni, mi sembra il ~!** he offered to pay for the damage, as well he might! **il ~ indispensabile** the bare *o* absolute minimum; **il ~ necessario** the necessary minimum; **tenere al ~** to keep to a *o* to the minimum; **ridurre al ~** to reduce to a *o* to the minimum; **l'arredamento della casa è ridotto al ~** the furnishings of the house comprise the base essentials; **essere al ~ storico** to be at an all-time low; **la borsa ha chiuso al ~ storico** the stock market closed at a record low; **un ~ di riguardo** decent respect, consideration; **non ha un ~ di buonsenso** he is sadly lacking in sense; **un ~ d'iniziativa!** an ounce of initiative! **senza un ~ d'interesse** without a glimmer of interest; **~ imponibile** ECON. tax threshold **2** *(nei motori a scoppio)* tick-over BE; **girare al ~** to idle; **motore che tiene bene il ~** engine that ticks over BE *o* idles well **3** RELIG. *(frate)* Minim **4 come minimo** at least, at the very least; **costerà come ~ 200 euro** it will cost a minimum of *o* at least 200 euros; **ha sessant'anni come ~** he must be all of 60; **sono come ~ colpevoli di negligenza** they are at the very least guilty of negligence.

minimosca /mini'moska/ **I** agg.inv. **pesi ~** light flyweight **II** m.inv. light flyweight; **i ~** *(categoria)* light flyweight.

minimoto /mini'mɔto/ f.inv. pocket bike.

mininvasivo /mininva'zivo/ agg. MED. minimally invasive.

minio, pl. **-ni** /'minjo, ni/ m. minium, red lead, lead paint.

miniserie /mini'sɛrje/ f.inv. TELEV. miniseries.

ministeriale /ministe'rjale/ **I** agg. **1** *(di ministro o ministero)* ministerial, departmental; **decreto ~** ministerial decree; **mandato ~** ministry **2** *(governativo)* cabinet attrib.; **crisi ~** cabinet crisis; **rimpasto ~** cabinet reshuffle BE **II** m. e f. = ministry clerk, civil servant.

▷ **ministero** /minis'tɛro/ m. **1** POL. *(governo)* ministry, government; **formare un ~** to form a government **2** POL. *(dicastero, edificio)* ministry; *(in GB)* Office, Department; *(negli USA)* Department **3** DIR. **pubblico ~** public prosecutor BE, prosecuting attorney AE **4** RELIG. ministry, ministration; **svolgere il proprio ~ sacerdotale** to perform *o* carry out one's ministry ◆◆ **~ dell'ambiente** = formerly, the Italian ministry of the environment; **~ dell'ambiente e della tutela del territorio** *(in Italia)* = ministry for the environment and for the care of the land; **~ delle attività produttive** *(in Italia)* = ministry for production; **~ per i beni e le attività culturali** *(in Italia)* = ministry for cultural heritage and cultural activities; **~ del commercio** ministry of trade; *(in GB)* Department for Trade and Industry; *(negli USA)* Department of Commerce; **~ delle comunicazioni** *(in Italia)* = ministry for (media and) communications; **~ della difesa** ministry of defence; *(negli USA)* Department of Defense; **~ dell'economia e delle finanze** *(in Italia)* = ministry of economy and finance; **~ degli (affari) esteri** foreign ministry, ministry of foreign affairs; *(in GB)* FCO; *(fino al 1968)* Foreign Office; *(negli USA)* State Department, Department of State; **~ di grazia e giustizia** = formerly, the Italian ministry of justice; **~ della giustizia** ministry of justice; *(in GB)* Department for Constitutional Affairs; *(negli USA)* Department of Justice; **~ delle infrastrutture e dei trasporti** *(in Italia)* = ministry for infrastructure and transport; **~ dell'interno** ministry of the interior; *(in GB)* Home Office; **~ dell'istruzione** ministry of education; *(in GB)* Department for Education and Skills; *(negli USA)* Department of Education; **~ dell'istruzione, dell'università e della ricerca** *(in Italia)* = ministry of education, university and research; **~ del lavoro** ministry of employment; *(in GB)* Department for Work and Pensions; *(negli USA)* Department of Labor; **~ del lavoro e delle politiche sociali** *(in Italia)* = ministry of employment and welfare; **~ delle politiche agricole e forestali** *(in Italia)* = ministry for agricultural and forestry policies; **~ della pubblica istruzione** = formerly, the Italian ministry of education; **~ della salute** ministry of health; *(in GB)* Department of Health; *(negli USA)* Department of Health and Human Services; **~ della sanità** = formerly, the Italian ministry of health; **~ del tesoro** ministry of the treasury; *(in GB)* Treasury; *(negli USA)* Department of the Treasury; **~ dei trasporti** ministry of transport; *(in GB)* Department for Transport; *(negli USA)* Department of Transportation.

ministrante /minis'trante/ m. RELIG. = any church officer who assists the clergy at a service.

▶ **ministro** /mi'nistro/ ➧ **1** m. **1** POL. *(professione)* minister; *(titolo)* *(in GB)* Secretary (of State); *(negli USA)* Secretary; **signor Ministro** *(uomo)* Minister BE, Mr Secretary AE; *(donna)* Minister BE, Madam Secretary AE; **primo ~** prime minister, premier; **vice primo ~** deputy prime minister; **consiglio dei -i** = council of ministers **2** RELIG. minister, pastor; **~ del culto** minister of religion **3** DIR. *(diplomatico)* minister; **~ plenipotenziario** minister plenipotentiary, envoy extraordinary; **~ residente** (minister) resident ◆◆ **~ dell'ambiente** = formerly, the Italian minister of the environment; **~ dell'ambiente e della tutela del territorio** *(in Italia)* = minister for the environment and for the care of the land; **~ delle attività produttive** *(in Italia)* = minister for production; **~ per i beni e le attività culturali** *(in Italia)* = minister for cultural heritage and cultural activities; **~ del commercio** minister of trade; *(in GB)* Secretary of State for Trade and Industry; *(negli USA)* Secretary of Commerce; **~ delle comunicazioni** *(in Italia)* = minister for (media and) communications; **~ della difesa** minister of defence; *(in GB)* Secretary of State for Defence; *(negli USA)* Defense Secretary; **~ dell'economia e delle finanze** *(in Italia)* = minister of economy and finance; **~ degli (affari) esteri** foreign minister; *(in GB)* Foreign Secretary, Secretary of State for Foreign and Commonwealth

Affairs; *(negli USA)* Secretary of State; **~ di grazia e giustizia** = formerly, the Italian minister of justice; **~ della giustizia** minister of justice; *(in GB)* Lord Chancellor; *(negli USA)* Attorney General; **~ delle infrastrutture e dei trasporti** *(in Italia)* = minister for infrastructure and transport; **~ ad interim** acting minister; **~ dell'interno** minister of the interior; *(in GB)* Home Secretary; **~ dell'istruzione** minister of education; *(in GB)* Secretary of State for Education and Skills; *(negli USA)* Secretary of Education; **~ dell'istruzione, dell'università e della ricerca** *(in Italia)* = minister of education, university and research; **~ del lavoro** minister of employment; *(in GB)* Secretary of State for Work and Pensions; *(negli USA)* Secretary of Labor; **~ del lavoro e delle politiche sociali** *(in Italia)* = minister of employment and welfare; **~ delle politiche agricole e forestali** *(in Italia)* = minister for agricultural and forestry policies; **~ della pubblica istruzione** = formerly, the Italian minister of education; **~ della salute** minister of health; *(in GB)* Secretary of State for Health; *(negli USA)* Secretary of Health and Human Services; **~ della sanità** = formerly, the Italian minister of health; **~ senza portafoglio** minister without portfolio; **~ del tesoro** minister of the treasury; *(in GB)* Chancellor of the Exchequer; *(negli USA)* Treasury Secretary, Secretary of the Treasury; **~ dei trasporti** minister of transport; *(in GB)* Secretary of State for Transport; *(negli USA)* Transportation Secretary, Secretary of Transportation.

minoico, pl. **-ci**, **-che** /mi'nɔiko, tʃi, ke/ agg. Minoan.

▷ **minoranza** /mino'rantsa/ f. **1** *(la parte minore)* minority (**di** of); **essere in ~** to be in the minority; **essere messo in ~** to be outvoted, to be defeated **2** *(gruppo)* minority; **~ etnica, religiosa** ethnic, religious minority; **culture di ~** minority cultures; **musica che piace solo a una ~** music that appeals only to the few **3** POL. *(opposizione)* minority; **governo, partito di ~** minority government, party **4** ECON. *(percentuale più bassa)* **partecipazione di ~** minority interest; **azionista di ~** minority shareholder **5** LING. **comparativo di ~** lower degree comparative.

minorato /mino'rato/ **I** agg. disabled, handicapped **II** m. (f. **-a**) disabled, handicapped person; **-i mentali, fisici** mentally, physically handicapped; **~ mentale** mental defective SPREG.

minorazione /minorat'tsjone/ f. **1** *(diminuzione)* reduction, diminution **2** *(menomazione)* handicap, disability.

Minorca /mi'nɔrca/ ➧ **14** n.pr.f. Menorca, Minorca.

▶ **minore** /mi'nore/ **I** agg. **1** *(più piccolo, più basso)* *(comparativo)* smaller, lower (**di** than); *(superlativo)* smallest, lowest (**di** of, in); **una somma ~** a lesser sum of money; **il mio guadagno è ~ del tuo** my earnings are smaller than yours; **costi -i del previsto** lower costs than expected; **hanno il minor numero di vestiti** they have the fewest clothes; **il paese con il minor numero di sopravvissuti** the country where the fewest survived; **hanno la ~ quantità di cibo** they have the least food; **di ~ valore, importanza** of less value, importance; **in minor grado** to a lesser degree *o* extent **2** *(più breve)* *(comparativo)* shorter (**di** than); *(superlativo)* shortest (**di** of, in); **nel minor tempo possibile** in as short a time as possible; **il percorso ~** *(fra due)* the shorter route; *(fra tanti)* the shortest route **3** *(secondario)* [*artista, ruolo*] minor; **uno scrittore ~** a minor writer; **il Dante ~** Dante's minor *o* lesser works; **le opere -i di un artista** the lesser works of an artist; **un personaggio ~** a minor *o* marginal figure; **reato ~** DIR. minor offence BE *o* offense AE, lesser offence *o* crime **4** *(di età)* *(comparativo)* younger; *(superlativo)* youngest; **mio fratello ~** my younger brother; *(con più di due fratelli)* my youngest brother; **chi di voi (due) è il ~?** which of you is the younger? **è ~ di me di dieci anni** she is ten years younger than me; **ragazzi -i di quattordici anni** boys under fourteen; **~ età** DIR. minority, infancy **5** MUS. minor; **do ~** C minor; **in tono ~** in a minor key **6** RELIG. **ordini -i** minor orders **7** MAT. **se A è ~ di B** if A is less than B; **x è ~ o uguale a y** x is less than or equal to y **II** m. e f. **1** *(il più giovane)* *(di due)* younger; *(di più di due)* youngest; **il ~ è biondo** the youngest is blond-haired; **il ~ dei due figli è sposato** the younger of the two sons is married **2** DIR. *(minorenne)* minor, infant; **corruzione di ~** corruption of a minor; **i -i di quattordici anni** the under-fourteens; **film vietato ai -i di diciotto anni** 18-certificate *o* X-rated film ◆ **il male ~, il ~ dei mali** the lesser of two evils.

▷ **minorenne** /mino'rɛnne/ **I** agg. underage; **delinquente ~** juvenile delinquent, juvenile offender **II** m. e f. minor DIR., infant DIR.; **tribunale per i -i** juvenile court.

minorile /mino'rile/ agg. juvenile; **delinquente ~** young offender, delinquent child *o* youth; **delinquenza ~** juvenile delinquency; **età ~** minority; **lavoro ~** child labour.

minorita /mino'rita/ m. *(frate)* minorite.

minorità /minori'ta/ f.inv. *(età minorile)* infancy, nonage.

minoritario, pl. **-ri**, **-rie** /minori'tarjo, ri, rje/ agg. [*gruppo, tendenza, socio, governo*] minority attrib.

Minosse /mi'nɔsse/ n.pr.m. Minos.

Minotauro /mino'tauro/ n.pr.m. **il ~** the Minotaur.

minuendo /minu'ɛndo/ m. MAT. minuend.

minuetto /minu'etto/ m. minuet.

minugia, pl. **-gie**, **-ge** /mi'nudʒa, dʒe/ f. **1** *(budella)* gut, intestine **2** *(per strumenti musicali)* gutstring, catling RAR. **3** *(filo per suture)* catgut, gutstring.

minuscola /mi'nuskola/ f. small letter; TIP. lower-case letter; **scrivi "signore" con la ~** write "signore" with a small s.

▷ **minuscolo** /mi'nuskolo/ ➧ **28 I** agg. **1** *(in scrittura)* small; **una d -a** a small d; **lettera -a** TIP. lower-case letter; **in lettere -e** TIP. in lower case **2** *(piccolissimo)* [*cosa, persona, stanza*] tiny; [*particella, quantità*] minute; [*oggetto*] teeny (weeny), tiny **II** m. small letter; TIP. lower case, small print; **scrivere in ~** to write in small letters.

minusvalenza /minusva'lɛntsa/ f. capital loss.

minuta /mi'nuta/ f. *(bozza)* draft, rough (copy).

minutaggio, pl. **-gi** /minu'taddʒo, dʒi/ m. minute count.

minutaglia /minu'taʎʎa/ f. **1** *(cianfrusaglie)* bits and bobs pl. COLLOQ., odds and ends pl. COLLOQ. **2** *(piccoli pesci)* small fry.

minutamente /minuta'mente/ avv. **1** *(a pezzettini)* [*tritare, tagliare*] finely, into small pieces **2** *(dettagliatamente)* [*descrivere, analizzare*] minutely, in (minute) detail.

minuteria /minute'ria/ f. **1** *(chincaglieria)* bric-à-brac, knick-knacks pl., trinklets pl. **2** *(di orologio)* movements pl.

minutezza /minu'tettsa/ f. **1** *(piccolezza)* minuteness, smallness, diminutiveness **2** *(minuziosità)* minuteness, meticulousness.

1.minuto /mi'nuto/ **I** agg. **1** *(piccolo)* [*scrittura*] small, minute; [*oggetto*] tiny, small; **denaro ~** small change, coppers BE COLLOQ.; **legna -a** kindling; **frittura -a** small fry **2** *(fine)* **pioggia -a** drizzle, light rain **3** *(esile)* [*persona*] tiny, slight, diminutive; [*donna*] petite; *(delicato)* [*lineamenti*] delicate, fine; **una ragazza -a** a slip *o* wisp of a girl COLLOQ.; **di corporatura -a** small-bodied; **di ossatura -a** fine-boned **4** FIG. *(trascurabile)* [*dettagli*] petty, minute, trifling; [*questioni*] trivial; [*spese*] trifling **5** FIG. *(minuzioso, dettagliato)* [*descrizione, racconto*] minute, detailed **6** LETT. FIG. *(di bassa condizione)* **il popolo ~** the common people **II** m. **vendita al ~** retail; **commercio al ~** retail trade; **commerciante al ~** retailer; **prezzo al ~** retail price; **comprare, vendere al ~** to buy, sell retail.

▶ **2.minuto** /mi'nuto/ ➧ **19, 13** m. **1** *(unità di tempo)* minute; **la lancetta dei -i** the minute hand; **una pausa di dieci -i** a ten-minute break; **tra pochi -i** in a few minutes; **qualche ~ prima, dopo** a few minutes earlier, later; **i -i iniziali** the first few minutes; **-i di recupero** SPORT injury time; **in dieci -i netti** in ten minutes flat; **ogni cinque -i** once every five minutes; **ho perso il treno per cinque -i** I missed the train by five minutes; **meno di dieci -i fa** not ten minutes ago; **è a circa dieci -i di cammino** it's about ten minutes' walk; **due -i di silenzio** a two-minute silence; **giri al ~** revolutions per minute; **battere 60 parole al ~** to type 60 words a minute **2** *(breve momento)* minute, moment, tick BE COLLOQ.; **(solo) un ~** half a minute *o* second *o* tick BE COLLOQ. *o* mo BE COLLOQ.; **sarò pronta in un ~** I'll be ready in a minute; **ci vorrà solo un ~** it won't take a tick; **hai un ~?** can you spare a minute? **non c'è un ~ da perdere** there's not a moment to lose; **dammi un ~** give me a minute; **sono da te tra un ~** I'll be with you in a minute; **scusatemi un ~** please bear with me for a minute; **l'angoscia aumenta di ~ in ~** fear is mounting by the minute; **a -i** *(a momenti)* at any moment, anytime; **aspetta un ~!** wait a minute! hang on a minute! **non resterò un ~ di più** I'm not staying another minute; **non tollererò tutto questo un ~ di più** I won't suffer this a moment longer; **all'ultimo ~** at the last minute, at the eleventh hour; **un cambiamento dell'ultimo ~** a last-minute change **3** *(unità di misura di angolo)* minute ◆ **contare i -i** to count the minutes; **avere i -i contati** to be hard-pressed for time, to work against the clock; **spaccare il ~** [*persona*] to keep precision timing; [*orologio*] to keep perfect time.

minuzia /mi'nuttsja/ f. **1** *(piccolezza)* trifle, trivial detail; **litigano per delle -e** they quarrel over nothing; **badare alle -e** to fuss over petty details; **essere una ~** to be a trifle, to be no great matter **2** *(minuziosità)* meticulousness; **con ~** with meticulous care.

minuziosaggine /minuttsjo'saddʒine/ f. **1** *(pedanteria)* pedantry, nit-picking **2** *(cavillo)* cavil, quibble.

minuziosamente /minuttsjosa'mente/ avv. *(dettagliatamente)* [*descrivere, analizzare*] minutely, in (minute) detail; *(accuratamente)* [*esaminare, controllare*] minutely, scrupulously, thoroughly.

minuziosità /minuttsjosi'ta/ f.inv. *(scrupolosità)* minuteness, meticulousness, scrupulousness; *(pignoleria)* fastidiousness, fussiness.

minuzioso /minut'tsjoso/ agg. **1** [*lavoratore, esaminatore*] meticulous, scrupulous, particular **2** [*lavoro*] finickin, finicking, finicky; [*cura, ricerca*] thorough; [*lettura, descrizione*] very detailed; [*preparazione*] elaborate, thorough; ***descrivere qcs. in modo ~*** to describe sth. in minute detail.

minzione /min'tsjone/ f. urination, micturition, emiction.

▶ **mio**, f. **mia**, m.pl. **miei**, f.pl. **mie** /'mio, 'mia, mi'ɛi, 'mie/ **I** agg.poss. my; ***~ padre*** my father; ***mia madre*** my mother; ***il ~ papà*** COLLOQ. my dad; ***la mia mamma*** COLLOQ. my mum BE, my mom AE; ***i miei genitori*** my parents; ***il ~ vicino*** my neighbour; ***le mie scarpe nere*** my black shoes; ***ci andrò con la mia macchina*** I'll get there in my own car; ***con i miei stessi occhi*** with my own eyes; ***un ~ amico*** a friend of mine; ***alcuni dei miei compagni di classe*** some classmates of mine; ***quel ~ compagno di scuola*** that school friend of mine; ***quattro miei libri*** four books of mine; ***non è sicuramente amico ~!*** he's no friend of mine! ***la macchina di ~ fratello*** my brother's car; ***quell'imbecille di ~ marito*** COLLOQ. that idiot of a husband of mine; ***i miei vecchi*** COLLOQ. *(genitori)* my parents; ***il ~ vecchio*** COLLOQ. *(mio padre)* my old man; ***la mia vecchia*** COLLOQ. *(mia madre)* my old lady *o* woman; ***il ~ solito mal di testa*** my usual headache; ***ai miei tempi*** in my heyday; ***caro ~, ragazzo ~*** my dear boy; ***vecchio ~*** old fellow, my good man; ***come va vecchio ~?*** how are you old boy? how are you, you old devil? ***mia cara*** darling, my dear(est) girl; ***~ Dio! mamma mia!*** oh my! ***di ~ pugno*** in my own hand; ***di mia iniziativa*** of my own accord; ***al posto ~, in vece mia*** in my stead; ***a casa mia*** at my place; ***questo cappello è ~*** this hat is mine; ***il libro non è ~*** the book isn't mine **II il mio**, f. **la mia**, m.pl. **i miei**, f.pl. **le mie** pron.poss. **1** mine; ***non è il tuo libro, è il ~*** it's not your book, it's mine; ***la macchina blu è la mia*** the blue car is mine; ***non ho la macchina della ditta, uso la mia*** I don't have a company car, I use my own; ***i suoi bambini sono più giovani dei miei*** his children are younger than mine; ***le tue scarpe sono marroni, mentre le mie sono nere*** your shoes are brown, while mine are black **2** *(in espressioni ellittiche)* ***voglio dire la mia*** I want to have my say; ***ho il direttore dalla mia*** the director is on my side; ***quando riceverai questa mia...*** when you receive this letter...; ***ho avuto le mie*** I've had my share; ***i miei*** *(genitori)* my parents, my folks COLLOQ.; *(parenti)* my relatives; *(seguaci)* my supporters **3** *(denaro, beni)* ***non voglio spendere del ~*** I don't want to spend my money o to pay out of my own pocket; ***vivo del ~*** I live on my own income.

miocardico, pl. **-ci, -che** /mio'kardiko, tʃi, ke/ agg. myocardial.

miocardio, pl. **-di** /mio'kardjo, di/ m. myocardium*.

miocardiopatia /miokardjopa'tia/ f. myocardiopathy.

miocardite /miokar'dite/ ♦ *7* f. myocarditis.

miocene /mio'tʃɛne/ m. Miocene.

miocenico, pl. **-ci, -che** /mio'tʃɛniko, tʃi, ke/ agg. Miocene, Miocenic.

mioglobina /mioglo'bina/ f. myoglobin.

miologia /miolo'dʒia/ f. myology.

mioma /mi'ɔma/ m. myoma*.

miopatia /miopa'tia/ f. myopathy.

miope /'miope/ **I** agg. **1** MED. [*visione, occhio*] myopic; [*persona*] shortsighted, near-sighted **2** FIG. [*visione, atteggiamento*] myopic, shortsighted; [*persona*] shortsighted **II** m. e f. myope; ***i -i*** shortsighted people.

miopia /mio'pia/ ♦ *7* f. **1** MED. myopia, short sight, shortsightedness, near-sightedness; ***avere una leggera, forte ~*** to be slightly, very shortsighted **2** FIG. myopia, shortsightedness.

miosi /mi'ɔzi/ f.inv. myosis.

miosina /mio'zina/ f. myosin.

miosotide /mio'zɔtide/ f. e m. myosotis*, myosote.

miotomo /mi'ɔtomo/ m. myotome.

mira /'mira/ f. **1** *(atto del mirare)* aim; ***prendere la ~*** to take aim; ***prendere la ~ col fucile*** to sight a gun; ***sbagliare ~*** to miss one's aim; ***alzare, abbassare la ~*** to raise, lower one's aim; ***avere una buona ~*** to have a sure aim, to be a good shot; ***ha una cattiva ~*** his aim is bad, he's a poor shot; ***ha una ~ infallibile*** his aim is deadly, he's a crack shot; ***prendere di ~ qcn.*** FIG. to pick on *o* prey on sb.; ***sentirsi preso di ~*** FIG. to feel one is being got at **2** *(mirino)* sight; ***congegno di ~*** gun-sight; ***tacca di ~*** backsight; ***telescopio da ~*** telescopic sight; ***linea di ~*** line of vision **3** FIG. *(scopo)* aim, goal; ***la sua unica ~ è il potere*** his only goal is power; ***avere -e ambiziose*** to aim high; ***avere delle -e su qcs.*** to have designs on sth.; ***una politica con -e espansionistiche*** an expansionist policy.

mirabile /mi'rabile/ agg. admirable, wonderful, marvellous, wondrous LETT.; ***gesta -i*** heroic feats.

mirabilia /mira'bilja/ f.pl. wonders, marvels, miracles.

mirabilmente /mirabil'mente/ avv. [*esprimersi, eseguire*] admirably, wonderfully, wondrously LETT.

mirabolano /mirabo'lano/ m. BOT. myrobalan, cherry plum.

mirabolante /mirabo'lante/ agg. astonishing, amazing, fabulous.

miracolare /mirako'lare/ [1] tr. to heal through a miracle.

miracolato /mirako'lato/ **I** p.pass. → **miracolare II** agg. [*ammalato, persona*] miraculously cured **III** m. (f. **-a**) = a person on whom a miracle has been worked; ***è un ~*** he has been saved by a miracle.

▶ **miracolo** /mi'rakolo/ m. **1** RELIG. miracle; ***compiere*** o ***fare un ~*** to perform *o* accomplish a miracle; ***credere ai -i*** to believe in miracles; ***corte dei Miracoli*** = area of a city frequented by beggars and thieves **2** *(fatto incredibile)* miracle, marvel, wonder; *(prodigio)* prodigy; ***fare -i*** to work miracles *o* marvels *o* magic, to do *o* work wonders; ***è un ~ che*** it's a miracle *o* wonder *o* mercy that; ***è un ~ che non si sia fatto male nessuno*** it's a miracle no-one was hurt; ***è proprio un ~!*** what a bloody miracle! ***soltanto un ~ può salvarli*** nothing short of a miracle can save them; ***non posso fare -i!*** I can't walk on water! ***un ~ della natura*** a miracle of nature; ***i -i della medicina moderna, della tecnologia*** the wonders of modern medicine, technology; ***un ~ di efficienza*** a miracle of efficiency **3** LETTER. *(dramma sacro)* miracle play **4 per miracolo** ***come per ~*** *(casualmente)* as if by a miracle *o* magic; ***ho preso il treno per ~*** *(per poco)* I (only) just caught the train; ***salvarsi per ~*** to have a narrow escape, to be saved by a miracle; ***sopravvivere per ~*** to survive for a miracle; ***stava in piedi per ~*** *(stentatamente)* it was a miracle he could stand up ◆ ***gridare al ~*** = to hail sth. as a miracle; ***conoscere vita, morte e -i di qcn.*** to know sb. inside out ◆◆ ***~ economico*** economic miracle.

miracolosamente /mirakolosa'mente/ avv. miraculously.

▷ **miracoloso** /mirako'loso/ agg. [*guarigione, cura, medicina*] miraculous, miracle attrib., wonder attrib.; ***soluzione -a*** miracle solution; ***pesca -a*** GIOC. grab bag AE.

miraggio, pl. **-gi** /mi'raddʒo, dʒi/ m. mirage (anche FIG.).

▷ **mirare** /mi'rare/ [1] **I** tr. LETT. to gaze at, to stare at, to contemplate [*persona, paesaggio, quadro*] **II** intr. (aus. *avere*) **1** *(puntare verso)* to aim (**a** at, for); ***~ bene, troppo a sinistra*** to aim accurately, too far left; ***~ a qcs., qcn.*** to take aim at sth., sb.; ***~ a qcs.*** to aim for sth., to aim at sth. (anche FIG.) **2** FIG. *(aspirare)* ***~ a*** to aim for [*impiego, risultato*]; ***~ in alto*** to aim for the top, to be riding high; ***~ troppo in alto*** to pitch one's ambitions too high, to set one's sights too high; ***a che cosa miri?*** what are you driving at? ***a cosa mirano le sue domande?*** what is his line of questioning? **III mirarsi** pronom. LETT. ***-rsi allo specchio*** to admire oneself in the looking-glass.

mirato /mi'rato/ **I** p.pass. → **mirare II** agg. aimed at; [*domanda, osservazione*] pointed; ***intervenire in modo ~*** to operate selectively; ***un intervento ~*** a targeted intervention; ***essere ~ a qcn., qcs.*** to be geared to *o* towards sb., sth.; ***essere ~ a un gruppo*** to be targeted at a group.

miriade /mi'riade/ f. myriad LETT., multitude (**di** of); ***una ~ di stelle*** myriads of stars; ***una ~ di problemi*** countless problems.

miriagrammo /mirja'grammo/ ♦ *22* m. myriagram(me).

miriametro /mi'rjametro/ ♦ *21* m. myriametre BE, myriameter AE.

miriapode /mi'rjapode/ m. myriapod.

mirica /mi'rika/ f. LETT. *(tamerice)* tamarisk.

mirifico, pl. **-ci, -che** /mi'rifiko, tʃi, ke/ agg. LETT. marvellous, wondrous.

miringe /mi'rindʒe/ f. ANAT. eardrum.

mirino /mi'rino/ m. **1** *(di arma da fuoco)* sights pl. **2** FOT. CINEM. viewfinder ◆ ***essere nel ~ di qcn.*** to be in sb.'s sights, to be sb.'s target.

miristica, pl. **-che** /mi'ristika, ke/ f. nutmeg tree.

mirliton /mirli'ton/ m.inv. mirliton.

mirmecofago, pl. **-gi, ghe** /mirme'kɔfago, dʒi, ge/ agg. ZOOL. = that eats ants.

mirmecofilo /mirme'kɔfilo/ agg. ***organismo ~*** myrmecophile.

mirmecologia /mirmekolo'dʒia/ f. myrmecology.

mirmidone /mir'midone/ m. e f. MITOL. myrmidon.

mirra /'mirra/ f. myrrh.

mirride /'mirride/ f. BOT. cicely.

mirteto /mir'teto/ m. myrtle grove.

mirtillo /mir'tillo/ m. bilberry, whortleberry, blueberry AE, huckleberry AE ◆◆ ***~ rosso*** cranberry.

mirto /'mirto/ m. myrtle.

mio - uso del possessivo

I possessivi primari

- Gli aggettivi e i pronomi possessivi variano in italiano e in inglese in funzione del possessore, mentre solo in italiano assumono forme diverse in funzione del genere e del numero della cosa posseduta:

il mio cane	= my dog
il loro cane	= their dog
questo cane è il mio / il loro	= this dog is mine / theirs
la mia scuola	= my school
la loro scuola	= their school
i miei cani	= my dogs
i loro cani	= their dogs
le mie scarpe	= my shoes
le loro scarpe	= their shoes
questi cani sono i miei / i loro	= these dogs are mine / theirs
queste scarpe sono le mie / le loro	= these shoes are mine / theirs

Si ricordi che, a differenza dell'italiano *suo*, l'inglese ha forme diverse a seconda del genere del possessore:

(maschile) *il suo libro*	= his book
la sua penna	= his pen
questo libro è il suo	= this book is his
questa penna è la sua	= this pen is his
(femminile) *il suo libro*	= her book
la sua penna	= her pen
questo libro è il suo	= this book is hers
questa penna è la sua	= this pen is hers
(neutro) *il suo collare*	= its collar
la sua zampa	= its paw

Va notato che non esiste in inglese forma pronominale corrispondente all'aggettivo possessivo neutro *its*, cosicché una frase come *questo collare è il suo* può essere tradotta trasformando il pronome possessivo in aggettivo: *this is its collar*.

- Gli esempi al punto precedente mostrano che in italiano gli aggettivi e i pronomi possessivi sono morfologicamente identici, e si distinguono tra loro per il fatto che l'aggettivo, con o senza articolo determinativo, accompagna sempre un nome, mentre il pronome richiede necessariamente l'articolo e sostituisce un nome; in inglese, aggettivi e pronomi possessivi escludono entrambi la presenza dell'articolo, e si distinguono morfologicamente (*my / mine*, *your / yours*, ecc.) con l'unica eccezione di *his*.
- In italiano, il possessivo può essere preceduto non solo dall'articolo determinativo, ma anche da quello indeterminativo, dai numerali, dai quantificatori, dai dimostrativi, dagli interrogativi, ecc.; in inglese, mentre l'articolo determinativo viene semplicemente eliminato, la presenza di un altro determinante impone la ristrutturazione del sintagma (con la trasformazione dell'aggettivo possessivo in pronome), secondo il modello proposto dagli esempi:

il mio amico	= my friend
un mio amico	= a friend of mine
tre miei amici	= three friends of mine
molti miei amici	= many friends of mine / many of my friends
qualche mio amico / alcuni miei amici	= some friends of mine
questo / quel mio amico	= this / that friend of mine
questi / quei miei amici	= these / those friends of mine
quale mio amico?	= which friend of mine?

- Il significato dell'aggettivo e del pronome possessivo equivale alla preposizione *di* + corrispondente pronome personale (ad es. *nostro* = *di noi*); tuttavia, questa espressione non può liberamente sostituire il possessivo, ma il suo uso è ristretto a particolari contesti:

a) per chiarire il possessore nel caso della terza persona singolare: *la sua casa* = *la casa di lui* oppure *la casa di lei*; la variante *la di lui casa* appare solo nello stile burocratico scritto;

b) per motivi di enfasi o contrasto: *ho bisogno del suo aiuto, non del suo* = *ho bisogno dell'aiuto di lui, non di lei*.

In entrambi questi casi, l'inglese non necessita di una struttura equivalente poiché distingue formalmente *his* e *her*, e può sfruttare l'enfasi data dall'accento: *his house, her house, I need <u>his</u> help, not hers*.

- In italiano, il possessivo può essere sottinteso, sostituito da articoli o da forme clitiche pronominali; queste strutture non sono possibili in inglese, che mantiene l'uso del possessivo:

ho cambiato idea (= ... la mia idea)	= I changed my mind
hai le mani sporche (= le tue mani sono sporche)	= your hands are dirty
lavati la faccia! (= lava la tua faccia!)	= wash your face!
mi sono fatto tagliare i capelli (= ... i miei capelli)	= I had my hair cut
tenne in testa il cappello (= ... il suo cappello)	= he kept his hat on
venne con il fratello (= ... con suo fratello)	= she came with her brother
ho perso l'equilibrio (= ... il mio equilibrio)	= I lost my balance
non gli uscì parola di bocca (= nessuna parola uscì dalla sua bocca)	= no word came out of his mouth
mi piace Londra e ne ammiro i monumenti (= ... e ammiro i suoi monumenti)	= I like London and admire its monuments

- Per altri esempi d'uso e i casi particolari relativi ai singoli possessivi, si vedano le voci **mio**, **tuo**, **suo**, **nostro**, **vostro** e **loro** nel dizionario.

Proprio

- L'aggettivo *proprio*, come l'equivalente inglese *own*, può accompagnare tutti i possessivi, rafforzandone il significato:

l'ho scritto di mio proprio pugno	= I wrote it in my own hand
l'avete fatto di vostra propria iniziativa	= you did it on your own initiative.

- Alla terza persona singolare e plurale, l'aggettivo possessivo italiano può essere sostituito da *proprio*, cosa che *own* non può fare:

a Mike piace guidare la propria auto (= la sua auto) = Mike likes driving his own car.

Si noti che l'uso di *proprio* in questo caso elimina l'ambiguità insita nell'uso dell'italiano *suo*: *a Mike piace guidare la sua auto* potrebbe anche significare *l'auto di qualcun altro* (ad es. della moglie), per cui la traduzione inglese diverrebbe *Mike likes driving her car*.

- L'uso di *proprio* è invece obbligatorio quando c'è un soggetto impersonale o ci si riferisce a un sintagma nominale non specifico; in tal caso, *proprio* si traduce in inglese con *one's* o *one's own*:

si dovrebbe sempre pensare al proprio futuro	= one should always think of one's future
non è facile essere padrone del proprio destino	= it isn't easy to be master of one's (own) fate.

- Per gli altri usi e significati di *proprio*, si veda la voce relativa.

Altrui

- *Altrui* può essere considerato un possessivo equivalente all'espressione *di altri* o *di un altro* (così come, si è detto sopra, i possessivi sono equivalenti a *di* + pronome personale); *altrui*, in italiano forma d'uso letterario, si rende in inglese con *another person's*, *other people's* o *of others*:

non si deve mettere il naso negli affari altrui	= you should not poke your nose into other people's business
ho agito per il bene altrui	= I acted for the good of others.

misandria /mizan'dria/ f. misandry.
misantropia /mizantro'pia/ f. misanthropy FORM.
misantropico, pl. **-ci**, **-che** /mizan'trɔpiko, tʃi, ke/ agg. misanthropic FORM.
misantropo /mi'zantropo/ **I** agg. misanthropic FORM. **II** m. (f. **-a**) misanthrope FORM., misanthropist FORM., timon.
miscela /miʃ'ʃɛla/ f. **1** CHIM. GASTR. mixture; *(di caffè, tè, whisky)* blend; *~ di tabacco* smoking mixture, tobacco blend **2** *(carburante)* mixture **3** FIG. *(miscuglio)* mixture, blend; *una ~ esplosiva* a lethal cocktail *o* mixture ◆◆ *~ povera* CHIM. lean mixture; *~ ricca* CHIM. rich mixture.
miscelare /miʃʃe'lare/ [1] tr. to mix [*ingredienti, sostanze*]; to blend [*caffè*].
miscelatore /miʃʃela'tore/ **I** agg. mixing, blending **II** m. **1** TECN. *(mescolatore)* mixer (anche MUS. CINEM.) **2** *(rubinetto)* mixer tap BE, mixer faucet AE.
miscelatura /miʃʃela'tura/, **miscelazione** /miʃʃelat'tsjone/ f. mixing, blending.
miscellanea /miʃʃel'lanea/ f. **1** *(raccolta di scritti)* miscellany, collectanea **2** *(mescolanza)* mixture.
miscellaneo /miʃʃel'laneo/ agg. miscellaneous, heterogeneous.
mischia /'miskja/ f. **1** *(battaglia, zuffa)* fight, tussle, mêlée, melee, fray FORM.; *~ generale* free-for-all; *gettarsi* o *entrare nella ~* to enter, join the fray (anche FIG.); *rimanere fuori dalla* o *al di sopra della ~* FIG. to keep out of the fray **2** SPORT *(nel rugby)* scrum, scrummage, scrimmage AE; *mediano di ~* scrum half; *~ comandata* set scrum; *entrare in una ~* to scrummage; *fare una ~* to scrum (down); *~ aperta* loose (scrum); *~ chiusa* tight scrum.
mischiare /mis'kjare/ [1] **I** tr. **1** *(amalgamare)* to mix, to blend; *~ il burro e lo zucchero* cream the butter and sugar; *~ tutti gli ingredienti* blend all the ingredients together **2** FIG. *(accostare)* to blend, to mix [*stili*]; to blend, to mingle [*gusti*]; *~ finzione e realtà* to mix (up) fact and fiction; *~ fantasia e realismo* to combine fantasy with realism **3** *(mettere in disordine)* to shuffle, to jumble (up), to scramble (up) [*fogli, lettere*]; GIOC. to shuffle, to make* [*carte da gioco*]; *i miei documenti sono tutti mischiati* my documents are in a muddle; *~ le carte* to give the cards a shuffle **II mischiarsi** pronom. **1** *(unirsi)* [*colori*] to mix, to blend, to merge; *l'olio si mischia male con l'acqua* oil does not mix well with water **2** *(confondersi)* to mingle; *-rsi alla folla* to mingle with the crowd **3** FIG. *(impicciarsi)* to meddle; *-rsi negli affari altrui* to intrude into sb.'s affairs.
mischiata /mis'kjata/ f. (quick) mix; *(alle carte da gioco)* shuffle; *dare una ~ alle carte* to give the cards a shuffle.
miscibile /miʃ'ʃibile/ agg. miscible.
miscibilità /miʃʃibili'ta/ f.inv. miscibility.
misconoscere /misko'noʃʃere/ [31] tr. to underrate, to underestimate [*opera, talento*]; to undervalue [*qualità*].
misconosciuto /miskonoʃ'ʃuto/ **I** p.pass. → **misconoscere II** agg. unrecognized, underrated, undervalued.
miscredente /miskre'dɛnte/ **I** agg. unbelieving, irreligious, nonreligious, creedless **II** m. e f. unbeliever, nonbeliever, misbeliever, miscreant ANT.
miscredenza /miskre'dɛntsa/ f. unbelief, irreligion FORM.
▷ **miscuglio**, pl. **-gli** /mis'kuʎʎo, ʎi/ m. **1** *(accozzaglia)* mixture, mélange; *(di colori)* patchwork; *(di persone, gruppi)* mixture, medley; *uno strano ~* a curious mixture **2** FIG. *(commistione) (di idee)* patchwork, jumble, hotchpotch BE, hodgepodge AE.
mise /miz/ f.inv. outfit, attire SCHERZ.; *una ~ stravagante* an OTT outfit.
▷ **miserabile** /mize'rabile/ **I** agg. **1** *(miserevole)* [*condizioni, stato*] wretched, abject, sorry; [*esistenza*] miserable, poverty-stricken, penurious FORM.; [*quartiere, area*] slummy COLLOQ.; *vestito in modo ~* meanly *o* poorly dressed; *avere un aspetto ~* to have a pitiful appearance, to be a sorry sight; *fare una fine ~* to meet a sad fate **2** SPREG. *(spregevole)* [*traditore, imbroglione*] despicable, mean; *un ~ peccatore* a miserable sinner **3** *(scarso, esiguo)* [*compenso, paga*] miserable, wretched, pitiable, pitiful; [*somma, quantità*] paltry, measly COLLOQ. **II** m. e f. **1** *(indigente)* wretch, pauper **2** SPREG. *(persona disprezzabile)* despicable person, scoundrel.
miserabilmente /mizerabil'mente/ avv. *(poveramente)* [*vivere*] poorly; *(spregevolmente)* despicably, meanly.
miseramente /mizera'mente/ avv. **1** *(poveramente)* [*vivere, vestire*] poorly; *vestito ~* poorly *o* shabbily dressed **2** *(spregevolmente)* despicably, meanly **3** *(miserevolmente)* miserably, abjectly **4** *(pietosamente)* [*fallire*] miserably, dismally, pathetically COLLOQ. SPREG.
miserando /mize'rando/ agg. *(commiserabile)* pitiable, pitiful, wretched, abject.
miserere /mize'rɛre/ m.inv. RELIG. Miserere ◆ *cantare il ~ a qcn.* SCHERZ. to write sb. off; *essere al ~* to be at death's door.
miserevole /mize'revole/ agg. *(miserando)* pitiable, pitiful, wretched, abject.
▶ **miseria** /mi'zɛrja/ f. **1** *(povertà)* poverty, destitution, penury, wretchedness, want LETT.; *vivere nella ~* to live in poverty *o* squalor; *cadere in ~* to fall on hard times, to become destitute; *essere ridotto in ~* to be reduced to poverty; *morire in ~* to die a pauper; *~ nera* grinding poverty; *piangere ~* to bewail one's poverty, to poor-mouth AE COLLOQ. **2** *(grettezza)* meanness, baseness; *~ morale* moral baseness; *nascondere le proprie -e* to conceal one's baseness **3** *(sventura)* misery, misfortune, trouble; *la ~ umana* human misery; *le -e della vita* the troubles of life **4** *(somma ridicola)* pittance, peanuts pl. COLLOQ.; *guadagnare una ~* to earn a mere pittance; *li pagano una ~* they are paid peanuts; *costare una ~* to cost a trifle, to cost next to nothing **5** *(inezia)* trifle; *litigare per una ~* to argue over a trifle **6** BOT. spiderwort, wandering Jew ◆ *per la ~!* good heavens! *porca ~!* holy cow! holy smoke! holy shit! damn it!
▷ **misericordia** /mizeri'kɔrdja/ **I** f. **1** mercy (anche RELIG.), clemency, compassion; *implorare ~* to beg for mercy; *implorare la ~ di Dio* to pray God for mercy; *ti rendiamo grazie per la tua grande ~* we bless you for your great mercy; *angelo di ~* angel of mercy; *usare ~ verso qcn.* to have mercy on sb.; *non avere ~* to be merciless **2** *(pugnale)* misericord **3** ARCH. *(piccola mensola)* misericord **II** inter. *~!* for mercy's sake!
misericordiosamente /mizerikordjosa'mente/ avv. mercifully.
misericordioso /mizerikor'djoso/ agg. [*Dio*] merciful, gracious; [*gesto*] merciful.
▷ **misero** /'mizero/ **I** agg. **1** *(povero)* [*persona*] poor, needy, destitute; [*condizioni, stato*] wretched, abject, sorry; [*esistenza*] miserable, poverty-stricken, penurious FORM.; [*quartiere, area*] slummy COLLOQ.; [*abitazione*] miserable, shabby-looking, squalid **2** *(infelice)* [*persona*] miserable, unhappy, wretched; *~ me!* woe is me! *fare una fine -a* to meet a sad fate **3** *(meschino)* mean, petty, paltry; *fare una -a figura* to cut a poor figure; *avere un animo ~* to be mean-spirited **4** *(scarso, esiguo)* [*compenso, paga, somma, quantità*] miserly, paltry, pitiful, measly COLLOQ.; [*pasto*] beggarly; [*regalo, risultato*] measly COLLOQ.; [*aiuto*] insubstantial; *è un pasto davvero ~!* this is a poor excuse for a meal! *mi pagavano due -e sterline all'ora* I was paid a measly £2 an hour; *50 -i dollari* a miserable 50 dollars; *è una -a consolazione* it is small comfort *o* consolation **II** m. (f. **-a**) destitute person.
miserrimo /mi'zɛrrimo/ superl. → **misero**.
misfatto /mis'fatto/ m. *(malefatta)* misdeed, misdoing, malefaction; *(crimine)* crime; *compiere un ~* to committ an offence.
misirizzi /misi'rittsi/ m.inv. *(pupazzo)* tumbler.
misogamia /mizoga'mia/ f. misogamy.
misoginia /mizodʒi'nia/ f. misogyny.
misogino /mi'zɔdʒino/ **I** agg. [*persona, proposito, libro*] misogynous **II** m. misogynist, woman-hater.
misoneismo /mizone'izmo/ m. misoneism.
misoneista, m.pl. **-i**, f.pl. **-e** /mizone'ista/ **I** agg. misoneistic **II** m. e f. misoneist.
misoneistico, pl. **-ci**, **-che** /mizone'istiko, tʃi, ke/ agg. misoneistic.
miss /mis/ f.inv. miss; *essere eletta Miss Mondo, Miss Italia* to be elected Miss World, Miss Italy.
missaggio, pl. **-gi** /mis'saddʒo, dʒi/ m. mixing; *~ di vari brani musicali* mixing of different tracks; *sala* o *studio di ~* mixing studio; *tecnico del ~* mixer.
missare /mis'sare/ [1] tr. to mix [*suoni, immagini*].
▷ **missile** /'missile/ m. missile; *lanciare un ~* to launch *o* release *o* shoot a missile ◆◆ *~ antiaereo* anticraft missile; *~ anticarro* armour-piercing missile; *~ antimissile* antimissile missile; *~ aria-acqua* air-to-water missile; *~ aria-aria* air-to air missile; *~ aria-terra* air-to-ground missile, air-to-surface missile; *~ balistico* ballistic missile; *~ a corto raggio* short-range missile; *~ da crociera* cruise missile; *~ intercontinentale* intercontinental missile; *~ a lunga gittata* long-range missile; *~ a media gittata* intermediate range missile, medium-range missile; *~ teleguidato* guided missile; *~ termoguidato* heat-seeking missile; *~ a testata multipla* multi-warhead missile; *~ tattico* tactical missile; *~ a testata nucleare* nuclear missile; *~ terra-aria* ground-to-air missile, surface-to-air missile; *~ terra-terra* surface-to-surface missile.
missilistica /missi'listika/ f. missil(e)ry, rocketry.
missilistico, pl. **-ci**, **-che** /missi'listiko, tʃi, ke/ agg. [*base, attacco*] missile attrib., rocket attrib.
missionario, pl. **-ri**, **-rie** /missjo'narjo, ri, rje/ **I** agg. [*ospedale, padre, scuola, suora, vocazione*] missionary; *giornata -a* mission-

ary day; ***medico ~*** medical missionary; ***avere spirito ~*** FIG. to be filled with missionary zeal **II** m. (f. **-a**) missionary, missioner; ***farsi ~*** to become a missionary.

missino /mis'sino/ **I** agg. = of the former Italian right-wing party MSI **II** m. (f. **-a**) = member of the former Italian right-wing party MSI.

▷ **missione** /mis'sjone/ f. **1** *(incarico)* mission; ***~ segreta, speciale, ufficiale*** secret, special, official mission; ***affidare una ~ a qcn.*** to give sb. the task of doing; ***compiere una ~*** to carry out a mission; ***essere in ~*** [*poliziotto*] to be on a mission; ***essere inviato per una ~ di controllo, d'ispezione*** to be sent to make a check, an inspection; ***~ compiuta!*** mission accomplished! (anche SCHERZ.) **2** *(compito, dovere)* ***attribuisce alla scuola la ~ di*** it gives school the job of **3** RELIG. mission; ***la scuola, l'ospedale della ~*** the mission school, hospital **4** MIL. AER. mission; ***compiere trenta -i di volo*** to fly thirty missions ◆◆ ***~ commerciale*** trade mission; ***~ diplomatica*** diplomatic mission; ***~ di guerra*** combat mission; ***~ di mediazione*** mission of mediation; ***~ di pace*** peace mission; ***~ suicida*** suicide mission.

missiva /mis'siva/ f. LETT. missive, letter.

mistagogia /mistago'dʒia/ f. mystagogy.

mistagogico, pl. **-ci**, **-che** /mista'gɔdʒiko, tʃi, ke/ agg. mystagogic(al).

mistagogo, pl. **-ghi** /mista'gɔgo, gi/ m. mystagogue.

mister /'mister/ m.inv. **1** SPORT COLLOQ. *(nel calcio)* coach **2** *(vincitore di concorsi di bellezza)* ***Mister Universo*** Mr Universe **3** SCHERZ. ***~ muscolo*** muscleman, Mr Muscle; ***~ simpatia*** Mr Nice Guy.

misterico, pl. **-ci**, **-che** /mis'tɛriko, tʃi, ke/ agg. **1** *(di culto religioso)* [*riti*] mystery attrib. **2** *(enigmatico)* enigmatic.

misteriosamente /misterjosa'mente/ avv. mysteriously.

misteriosità /misterjosi'ta/ f.inv. mysteriousness, mystery.

▶ **misterioso** /miste'rjoso/ **I** agg. **1** *(incomprensibile)* [*malattia, scomparsa, personaggio*] mysterious; ***in circostanze -e*** under mysterious circumstances **2** *(enigmatico)* [*uomo*] enigmatic, mysterious, deep **II** m. (f. **-a**) ***fare il ~ su qcs.*** to be mysterious about sth., to make a mystery out of sth.

▶ **mistero** /mis'tɛro/ m. **1** *(enigma)* mystery, puzzle; ***il ~ della natura, della vita*** the mystery of nature, of life; ***nel suo diario c'è la chiave del ~*** her diary holds the key to the mystery; ***chiarire un ~*** to solve a mystery; ***avvolto nel ~*** shrouded in mystery; ***per noi è un ~ come, perché*** it's a mystery *o* an enigma to us how, why; ***per me l'economia è un ~*** economics is a closed book to me **2** *(segreto)* mystery, secret; ***non è un ~ per nessuno il fatto che*** it's no secret *o* mystery to anybody *o* it's an open secret that; ***circondare qcs. di ~*** to surround sth. in secrecy; ***"quanto guadagna?" - "~!"*** COLLOQ. "how much does he earn?" - "who knows?" *o* "God only knows!"; ***l'uomo, la donna del ~*** the mystery man, woman **3** *(persona enigmatica)* dark horse, enigmatic person **4** RELIG. mystery; ***il ~ della Trinità, dell'Incarnazione*** the mystery of the Trinity, of the Incarnation; ***i -i eleusini*** the Eleusinian mysteries **5** STOR. TEATR. mystery play ◆ ***non fare ~ di qcs.*** to make no mystery *o* pretence of sth.

mistica /'mistika/ f. **1** RELIG. mystical theology **2** LETTER. mystical literature; ***~ cristiana*** Christian mystical literature.

misticamente /mistika'mente/ avv. mystically.

misticheggiante /mistiked'dʒante/ agg. [*religiosità*] tending to mysticism.

misticismo /misti'tʃizmo/ m. mysticism.

misticità /mistitʃi'ta/ f.inv. mysticality, mysticalness.

mistico, pl. **-ci**, **-che** /'mistiko, tʃi, ke/ **I** agg. mystic(al); [*amore*] spiritual **II** m. (f. **-a**) mystic.

mistificante /mistifi'kante/ agg. mystifying, misleading; ***una versione ~ dei fatti*** a version that distorts the facts.

mistificare /mistifi'kare/ [1] tr. **1** *(falsificare)* ***~ la verità*** to falsify the truth **2** *(ingannare)* to mystify [*individuo*].

mistificatore /mistifika'tore/ m. (f. **-trice** /tritʃe/) mystificator.

mistificatorio, pl. **-ri**, **-rie** /mistifika'tɔrjo, ri, rje/ agg. [*lettera, telefonata*] mystifying; ***fare qcs. con intento ~*** to do sth. to intentionally deceive.

mistificazione /mistifikat'tsjone/ f. *(distorsione)* mystification; *(falsificazione)* sham.

mistilineo, pl. **-ei**, **-ee** /misti'lineo, ei, ee/ agg. mixtilinear.

mistilingue /misti'lingwe/ agg. [*regione*] multilingual.

▷ **misto** /'misto/ **I** agg. **1** *(di elementi diversi)* [*insalata, affettato, antipasto, frutta*] mixed; *(di qualità diversa)* [*pelle*] mixed; *(per i due sessi)* [*squadra*] mixed; [*classe, scuola*] mixed, coeducational; *(di etnie diverse)* [*coppia, razza*] mixed; ***linea -a*** MAT. mixed line; ***matrimonio ~*** intermarriage, mixed marriage; ***sangue ~*** mixed blood; ***doppio ~*** SPORT mixed doubles; ***comitato ~*** joint committee **2** *(mescolato)* ***pioggia -a a neve*** sleety rain, sleet, rain mixed with snow; ***con un timore ~ a rispetto*** with a mixture of fear and respect; ***piacere ~ a rimpianto*** pleasure tinged with regret; ***moderno ~ a rococò*** a cross between modern and rococo; ***gioia -a a dolore*** joy mixed with pain **II** m. **1** *(mescolanza)* ***un ~ di gesso e sabbia*** a mix of chalk and sand; ***~ (di) cotone*** polycotton, cotton blend **2** FIG. ***un ~ di autorità e dolcezza*** a mixture of authority and sweetness.

mistrà /mis'tra/ m.inv. = liqueur made with anis.

mistral /mis'tral/ m.inv. mistral.

mistura /mis'tura/ f. **1** *(miscela)* mix, mixture, blend; ***questa minestra è una disgustosa ~*** this soup is a disgusting brew **2** FIG. ***una ~ di ipocrisia e vizio*** a mixture of hypocrisy and vice.

▶ **misura** /mi'zura/ ♦ **35** f. **1** *(dimensione)* measure, measurement; ***prendere le -e di qcs.*** to take the measurements of sth.; ***prendere le -e a qcn.*** [*sarta*] to take sb.'s measurements; ***farsi prendere le -e*** to be measured up; ***prendere le -e ai fianchi*** to take sb.'s hip measurement; ***(fatto) su ~*** [*vestito, abito, camicia, giacca*] made-to-measure, tailor-made, custom-made; ***è un impiego fatto su ~ per lui*** this job suits him to a T *o* is tailor-made for him; ***a ~ d'uomo*** [*edificio, architettura, città*] on a human scale, man-sized; ***a ~ di bambino*** child-friendly **2** *(taglia)* *(di vestiti, guanti)* size; *(di scarpe)* size, fitting; ***provare la ~ più piccola*** to try the smallest size; ***che ~ ha?*** what size are you? what size do you take? **3** *(misurazione)* measure; ***unità di ~*** measure, unit of measurement; ***il sistema dei pesi e delle -e*** the weights and measures system; ***due -e di latte per una d'acqua*** two parts (of) milk and one (of) water; ***in egual ~*** in equal parts **4** *(moderazione)* moderation; ***non avere*** o ***conoscere ~*** to know no limits; ***con ~*** [*parlare, agire*] carefully, with moderation; ***senza ~*** [*spendere, bere*] wildly, to excess; ***mantenere la giusta ~ in tutte le cose*** to keep a sense of proportion in all things; ***bisogna avere il senso della ~*** you've got to have a sense of proportion; ***senza mezze -e*** without half-measures; ***non ci possono essere mezze -e*** there can be no half-measures **5** *(limite)* ***ti aiuterò nella ~ delle mie possibilità*** I'll help you as much as I can; ***conoscere le proprie -e*** to know one's limits; ***passare*** o ***colmare la ~*** to go too far; ***la ~ è colma!*** it's the last straw; ***oltre ogni ~*** beyond all limits **6** *(maniera)* ***in una certa (qual) ~*** to a certain extent *o* degree; ***nella ~ in cui*** inasmuch as, insofar as; ***in che*** o ***quale ~...?*** to what extent...? ***in larga*** o ***ampia ~*** in large measure, to a great *o* large extent; ***la tua riuscita è dovuta in larga ~ a*** your success is for the most part due to; ***è, in buona ~, vero*** to a large extent it's true, it's largely true; ***in ~ minore*** to a lesser degree; ***la criminalità è aumentata in ~ preoccupante*** crime has increased alarmingly; ***li disprezzava e li invidiava in uguale ~*** he despised them and envied them in equal measure; ***conducente e passeggero sono in ugual ~...*** driver and passenger alike are... **7** *(provvedimento)* measure, step; ***~ economica, precauzionale, preventiva*** economic, precautionary, preventive measure; ***~ disciplinare*** disciplinary measure; ***come -e di sicurezza*** as a safety precaution; ***prendere le -e appropriate per la sicurezza dei passeggeri*** to take the appropriate measures for the passengers' safety **8** MUS. measure, beat; ***~ binaria*** o ***a due tempi*** double time; ***~ ternaria*** o ***a tre tempi*** compound *o* triple time **9 di misura** [*vittoria*] hairline, close, narrow; ***vincere di (stretta) ~*** to win by a slender margin *o* a (short) head ◆ ***l'uomo è la ~ di tutte le cose*** man is the measure of all things; ***fare*** o ***usare due pesi e due -e*** [*persona, istituzione, governo*] to have double standards ◆◆ ***~ di capacità*** measure of capacity; ***~ di lunghezza*** measure of length; ***~ di risanamento*** ECON. recovery measure; ***~ sanitaria*** health measure *o* precaution; ***~ standard*** standard measure; ***~ di superficie*** square measure; ***~ di velocità*** measure of speed.

misurabile /mizu'rabile/ agg. [*pressione, grandezza*] measurable, mensurable; ***non è ~*** it's unmensurable *o* unmeasurable.

misurabilità /mizurabili'ta/ f.inv. measurableness, mensurability RAR.

▶ **misurare** /mizu'rare/ [1] **I** tr. **1** *(determinare la misura di)* to measure [*lunghezza, altezza, peso, volume, oggetto*] (**in** in); to gauge [*diametro, distanza, quantità*]; to meter [*elettricità, gas, acqua*]; to check, to take* [*temperatura, pressione*]; ***~ 20 centimetri di tessuto*** to measure off 20 centimetres of fabric; ***~ 200 grammi di farina*** to weigh 200 grams of flour **2** *(provare, indossare)* to try on [*vestito*]; ***hai misurato la giacca?*** have you tried the jacket on? **3** *(percorrere)* ***~ una stanza a grandi passi*** to pace (up and down) a room **4** FIG. *(valutare)* to measure [*valore, efficacia, difficoltà, rischi, conseguenze*]; ***~ gli effetti di qcs.*** to assess *o* measure the effects of sth.; ***~ la propria forza contro*** o ***con qcn.*** to pit one's strength against sb.; ***~ il successo di qcs. in base a qcs.***

to gauge the success of sth. by sth. **5** *(contenere)* **~ *le parole*** to weigh one's words **6** *(razionare)* **~ *il cibo a qcn.*** to ration sb.'s food **II** intr. (aus. *avere*) to measure; **~ *2 metri di altezza, lunghezza, larghezza*** [*muro*] to measure 2 metres in height, length, width *o* to be 2 metres high, long, wide; **~ *4 metri per 5*** [*terreno*] to measure 4 by 5 metres; **~ *20 metri quadri*** [*stanza*] to be 20 square metres; **~ *20 metri di profondità*** to be 20 metres deep; **~ *1 metro e 70*** [*persona*] to be 1.70 metre tall **III misurarsi** pronom. **1** *(contenersi)* ***-rsi nel bere*** to drink moderately *o* in moderation **2** *(confrontarsi)* ***-rsi con qcn.*** to measure *o* pit oneself against sb.; ***-rsi con un problema*** to tackle a problem; ***-rsi con un campione*** SPORT to have *o* take a tilt at a champion, to compete with a champion.

misuratamente /mizurata'mente/ avv. moderately, in moderation.

misuratezza /mizura'tettsa/ f. moderation.

misurato /mizu'rato/ **I** p.pass. → **misurare II** agg. **1** *(moderato)* [*tono*] measured; [*entusiasmo*] moderate, controlled; ***essere ~ nel fumare*** to smoke moderately *o* in moderation; ***essere ~ nel parlare*** to weigh one's words **2** *(sobrio)* [*spettacolo*] simple, restrained.

misuratore /mizura'tore/ m. meter, gauge ◆◆ **~ *di livello*** hydrostat; **~ *di pressione*** pressure gauge; **~ *di profondità*** depthometer; **~ *di rumore*** noisemeter.

▷ **misurazione** /mizurat'tsjone/ f. measuring, mensuration; **~ *del terreno*** site measuring.

misurino /mizu'rino/ m. measure, measuring spoon; *(per liquori)* jigger.

▷ **mite** /'mite/ agg. **1** *(temperato)* [*clima*] mild, clement, soft; [*temperatura, inverno*] mild **2** *(bonario)* [*persona*] mild, bland, meek, gentle; [*temperamento*] even; [*sguardo*] meek **3** *(moderato)* [*punizione, castigo*] lenient, mild **4** *(mansueto)* [*animale*] tame, meek ◆ **~ *come un agnello*** as meek as a lamb; ***venire a più -i consigli*** to see reason.

mitezza /mi'tettsa/ f. **1** *(di clima)* mildness, clemency **2** *(di carattere)* mildness, gentleness, blandness, meekness **3** *(di punizione)* leniency, mildness **4** *(mansuetudine)* meekness.

mitico, pl. **-ci, -che** /'mitiko, tʃi, ke/ agg. **1** *(del mito)* [*eroe*] mythic(al) **2** *(leggendario)* legendary; ***i -ci anni Sessanta*** the fabulous sixties **3** COLLOQ. *(eccezionale)* ***credimi, era ~*** believe me, it was fantastic; **~!** great!

mitigare /miti'gare/ [1] **I** tr. **1** *(rendere più mite)* to mitigate, to milden [*caldo, freddo*]; to appease [*realtà, rigore, regime, passione*]; to mitigate, to sting* [*effetti, influenza*]; to smooth over [*contrasti*] **2** *(alleviare)* to mitigate [*pena, punizione*] **II mitigarsi** pronom. [*persona*] to calm down; [*temperatura*] to milden, to become* milder.

mitigazione /mitigat'tsjone/ f. **1** *(di effetto)* mitigation, alleviation **2** *(di pena)* mitigation.

mitilicoltura /mitilikol'tura/ f. mussel farming.

mitilo /'mitilo/ m. mussel.

mitizzare /mitid'dzare/ [1] **I** tr. to mythicize, to mythologize **II** intr. (aus. *avere*) to create myths.

mitizzazione /mitiddzat'tsjone/ f. mythicizing.

mito /'mito/ m. **1** *(leggenda)* myth; ***i -i greci*** the Greek myths; ***il ~ di Orfeo, di Dionisio*** the myth of Orpheus, of Dionysus; ***sfatare un ~*** to despell a myth; ***fare crollare un ~*** to destroy *o* explode a myth; ***diventare un ~*** to become a myth **2** *(utopia)* ***l'uguaglianza perfetta è un ~*** perfect equality is a myth **3** COLLOQ. ***sei un ~!*** you're great!

mitocondriale /mitokondri'ale/ agg. mitochondrial.

mitocondrio, pl. **-dri** /mito'kɔndrjo, dri/ m. mitochondrion*.

mitografia /mitogra'fia/ f. mythography.

mitografo /mi'tɔgrafo/ m. (f. **-a**) mythographer.

mitologia /mitolo'dʒia/ f. mythology; **~ *greca, nordica*** Greek, Nordic mythology.

mitologicamente /mitolodʒika'mente/ avv. mythologically.

mitologico, pl. **-ci, -che** /mito'lɔdʒiko, tʃi, ke/ agg. mythological.

mitologista, m.pl. **-i**, f.pl. **-e** /mitolo'dʒista/ m. e f. → **mitologo**.

mitologo, m.pl. **-gi**, f.pl. **-ghe** /mi'tɔlogo, dʒi, ge/ m. (f. **-a**) mythologist.

mitomane /mi'tɔmane/ **I** agg. ***essere ~*** to be a mythomaniac **II** m. e f. mythomaniac.

mitomania /mitoma'nia/ ➧ **7** f. mythomania.

mitopoietico, pl. **-ci, -che** /mitopo'jɛtiko, tʃi, ke/ agg. mythopoeic.

mitosi /mi'tɔzi/ f.inv. mitosis*.

mitotico, pl. **-ci, -che** /mi'tɔtiko, tʃi, ke/ agg. mitotic.

1.mitra /'mitra/ f. **1** RELIG. mitre BE, miter AE; ***ricevere la ~*** = to be made a bishop **2** *(di camino)* (chimney) cowl.

▷ **2.mitra** /'mitra/ m.inv. submachine gun, Tommy gun RAR.

mitraglia /mi'traʎʎa/ f. **1** MIL. *(per cannoni)* case shot **2** COLLOQ. *(mitragliatrice)* machine gun **3** COLLOQ. *(monete)* small change.

mitragliamento /mitraʎʎa'mento/ m. **1** MIL. machine gun fire, machine gunning **2** COLLOQ. FIG. ***un ~ di domande, parole*** a volley of questions, words ◆ **~ *a bassa quota*** strafing.

mitragliare /mitraʎ'ʎare/ [1] tr. **1** MIL. to machine-gun **2** COLLOQ. FIG. **~ *qcn. di domande*** to fire questions at sb., to bombard sb. with questions.

mitragliata /mitraʎ'ʎata/ f. machine gun fire, grapeshot MIL.

mitragliatore /mitraʎʎa'tore/ m. ***(fucile)* ~** light machine gun.

▷ **mitragliatrice** /mitraʎʎa'tritʃe/ f. machine gun; ***una raffica di ~*** a burst of machine-gun fire; ***nido di -i*** machine-gun nest.

mitragliera /mitraʎ'ʎɛra/ f. pompom, pom-pom.

mitragliere /mitraʎ'ʎɛre/ m. machine gunner; **~ *di coda*** rear gunner.

mitraglietta /mitraʎ'ʎetta/ f. submachine gun.

mitraismo /mitra'izmo/ m. Mithraism.

mitrale /mi'trale/ agg. [*valvola*] mitral.

mitralico, pl. **-ci, -che** /mi'traliko, tʃi, ke/ agg. [*insufficienza*] mitral.

mitrato /mi'trato/ agg. mitred.

mitridatismo /mitrida'tizmo/ m. mithridatism.

mitridatizzare /mitridatid'dzare/ [1] tr. to mithridatize.

Mitteleuropa /mitteleu'rɔpa/ n.pr.f. Central Europe.

mitteleuropeo /mitteleuro'pɛo/ agg. Central European.

▷ **mittente** /mit'tɛnte/ m. e f. *(di lettere)* sender; *(di merce)* sender, addresser, dispatcher, originator, forwarder; ***"rispedire al ~"*** "return to sender".

MIUR /mi'ur/ m. (⇒ Ministero dell'Istruzione, dell'Università e della Ricerca) = Italian ministry of education, university and research.

mix /miks/ m.inv. mix; ***un ~ di vari prodotti*** a mix of different products.

mixage /mik'saʒ/ m.inv. → **missaggio**.

mixare /mik'sare/ [1] tr. to mix; **~ *chitarra e basso*** to mix guitar and bass.

mixedema /mikse'dɛma/ ➧ **7** m. myxoedeme.

mixer /'mikser/ m.inv. **1** *(frullatore)* (food) mixer, liquidizer BE **2** MUS. *(tecnico del missaggio)* mixer; *(apparecchio)* mixer, mixing desk; **~ *video*** vision mixer.

mixoma /mik'sɔma/ m. myxoma*.

mixomatosi /miksoma'tɔzi/ ➧ **7** f.inv. myxomatosis.

mixomicete /miksomi'tʃɛte/ m. myxomycete.

1.MLD /emmeelled'di/ m. (⇒ movimento per la liberazione della donna women's lib movement) WLM.

2.MLD ⇒ miliardo billion (bn.).

MMS /emmeemme'ɛsse/ m.inv. *(messaggio)* MMS.

mnemonica /mne'mɔnika/ f. mnemonics + verbo sing.

mnemonicamente /mnemonika'mente/ avv. mnemonically.

mnemonico, pl. **-ci, -che** /mne'mɔniko, tʃi, ke/ agg. **1** *(della memoria)* [*processo, sforzo*] mnemonic; ***arco ~*** PSIC. memory span; ***codice ~*** INFORM. mnemonic **2** *(ripetitivo)* mechanical; ***apprendimento ~*** rote learning.

mnemotecnica /mnemo'tɛknika/ f. mnemonics + verbo sing.

mnemotecnico, pl. **-ci, -che** /mnemo'tɛkniko, tʃi, ke/ agg. [*procedimento, esercizi*] mnemonic.

mo, mo' /mɔ, mo/ avv. REGION. now.

mo', mò /mɔ/ m. ***a ~ di*** as; ***a ~ di scusa*** as an excuse, by way of excuse; ***ricevere un regalo a ~ di ringraziamento*** to receive a present as a thank you; ***sistemato a ~ di croce*** arranged in the shape of a cross; ***a ~ di distrazione*** by way of light relief.

▶ **mobile** /'mɔbile/ **I** agg. **1** *(che si muove)* [*elemento, struttura*] moving, mobile; ***ponte ~*** drawbridge; ***rene ~*** floating kidney; ***sabbie -i*** quicksand, shifting sands; ***scala ~*** escalator; ECON. sliding scale, escalator **2** *(non fisso)* [*festa*] movable; [*virgola*] floating; ***beni -i*** movable goods, movables, chattels; ***caratteri -i*** TIP. movable type; ***squadra ~*** flying squad; ***gene ~*** jumping gene; ***telefonia ~*** mobile communications, mobile telephony **3** *(motorizzato)* [*unità*] mobile **4** *(vivace)* [*occhi*] mobile, darting **5** *(incostante)* fickle, inconstant; ***la donna è ~*** = woman is fickle **II** m. **1** *(arredo)* piece of furniture, stick (of furniture) COLLOQ.; ***i -i*** furniture, furnishing; **~ *antico*** o ***d'antiquariato*** antique; ***un ~ d'epoca*** a piece of period furniture; ***-i da cucina*** kitchen fittings; ***-i per il bagno*** bathroom furniture; ***rinnovare i -i*** to replace one's furniture **2** FIS. moving body **3** ART. mobile ◆◆ **~*-bar*** cocktail cabinet BE, drinks cabinet, drinks cupboard; **~ *letto*** murphy bed AE; ***-i da giardino*** garden *o* lawn *o* patio furniture; ***-i in stile*** reproduction furniture.

mobilia /mo'bilja/ f. furniture, furnishing.

mobiliare /mobi'ljare/ agg. [*credito, patrimonio, proprietà, valori, titoli*] movable; ***mercato ~*** securities market.

mobiliere /mobi'ljɛre/ m. (f. **-a**) **1** *(produttore)* furniture maker, furnisher **2** *(venditore)* furniture seller.

mobilificio, pl. **-ci** /mobili'fitʃo, tʃi/ m. *(fabbrica)* furniture factory; *(negozio)* furniture shop.

mobilio /mo'biljo/ m. → **mobilia**.

mobilità /mobili'ta/ f.inv. **1** ECON. SOCIOL. mobility; *~ **geografica, sociale*** geographical, social mobility; *~ **del lavoro*** job mobility, fluidity of labour **2** *(facoltà di spostarsi)* mobility, movability, movableness; ***la ~ del corpo umano*** the mobility of the human body; *~ **articolare*** articular mobility **3** *(incostanza)* fickleness, inconstancy; *~ **di carattere*** changeableness of character **4** *(vivacità)* liveliness, quickness.

mobilitare /mobili'tare/ [1] **I** tr. **1** MIL. to mobilize [*truppe, esercito*]; to call up [*civili*] (**contro** against) **2** *(radunare, chiamare a raccolta)* to rally, to mobilize [*militanti, amici, masse, forza, volontà, energie*] (**per** for); *~ **i lavoratori attorno ad un progetto, partito*** to get the workers to support a project, a party; ***questo problema ha mobilitato tutta la famiglia*** this problem got the whole family moving **3** BANC. to mobilize [*denaro, fondi, credito, capitale*] **II mobilitarsi** pronom. [*truppe, soldati*] to mobilize; [*militanti, studenti*] to rally, to agitate (**per, in favore di** for; **contro** against).

mobilitazione /mobilitat'tsjone/ f. **1** MIL. mobilization; ***ordinare la ~*** to order (a) mobilization; *~ **generale*** general mobilization; FIG. all-out effort **2** FIG. *(partecipazione)* mobilization; ***chiamare*** o ***incitare alla ~ contro*** to call for mobilization against **3** ECON. mobilization; *~ **di fondi, capitali*** mobilization of funds, of capital.

mobilizzare /mobilid'dzare/ [1] tr. **1** MIL. ECON. *(mobilitare)* to mobilize **2** MED. to mobilize [*arto*].

mobilizzazione /mobiliddzat'tsjone/ f. mobilization.

moca → **moka**.

mocassino /mokas'sino/ m. **1** *(scarpa)* moccasin, slip-on (shoe) **2** *(serpente)* moccasin ◆◆ *~ **acquatico*** cottonmouth, water moccasin.

moccio, pl. **-ci** /'mottʃo, tʃi/ m. COLLOQ. snot; ***un bambino col ~ al naso*** a snotty-nosed child.

moccioso /mot'tʃoso/ **I** agg. *(pieno di moccio)* [*naso*] snotty; [*bambino*] snotty-nosed **II** m. (f. **-a**) COLLOQ. *(bambino)* snot, snotty kid, nipper.

moccolo /'mɔkkolo/ m. **1** *(residuo di cera)* *~ **di candela*** candle-end, butt **2** COLLOQ. *(moccio)* ***avere il ~ al naso*** to be snotty-nosed **3** COLLOQ. *(bestemmia)* oath, swearword ◆ ***reggere il ~*** to be a *o* play gooseberry.

▷ **moda** /'mɔda/ f. **1** *(tendenza, costume passeggero)* fashion, trend, vogue; ***alla ~*** o ***di ~*** in fashion *o* fashionable; ***fuori ~*** out of fashion *o* vogue, unfashionable; ***una ragazza alla ~*** a trendy *o* fashionable girl; ***andare*** o ***essere di ~*** to be in fashion *o* fashionable; ***diventare di ~*** to come into fashion; ***passare di*** o ***andare fuori ~*** to go out (of fashion *o* favour); ***tornare di ~*** to come back into fashion; ***non è più di ~ fare*** it's no longer fashionable to do; ***lanciare una ~*** to start a fashion, to set a trend; ***seguire, non seguire la ~*** to follow, not to follow the fashion *o* trend; ***vestirsi all'ultima ~*** to dress in the latest fashion, to wear trendy clothes; ***portava un cappello all'ultima ~*** she was wearing the latest thing in hats; ***le -e vanno e vengono*** fashions come and go; ***è una ~*** it's a trend; ***va molto di ~, è di gran ~ essere vegetariano*** it's very fashionable to be a vegetarian; ***la ~ dei capelli lunghi, delle minigonne*** the fashion for long hair, mini-skirts; ***quest'inverno sono di ~ i cappotti lunghi*** the fashion is for long coats this winter, long coats are in this winter; ***adesso va di ~ internet*** nowadays internet is very popular **2** *(settore di attività)* fashion (industry); *(modelli)* fashions pl.; *~ **maschile, femminile*** ladies', men's fashions; ***la ~ primaverile, invernale*** the spring, winter fashions; ***la ~ italiana*** Italian fashion; ***lavorare nel campo della*** o ***nella ~*** to work in the fashion business; ***casa di -e*** fashion house; ***rivista di ~*** fashion magazine; ***sfilata di ~*** fashion show; ***creatore*** o ***disegnatore di ~*** fashion designer *o* stylist; ***alta ~*** haute couture.

modaiolo /moda'jɔlo/ **I** agg. trendy **II** m. (f. **-a**) trendy (person).

modale /mo'dale/ **I** agg. **1** LING. modal; ***verbo ~*** modal verb, modal auxiliary **2** FILOS. [*logica*] modal **3** MUS. [*sistema*] modal **II** m. modal, modal verb, modal auxiliary.

modalità /modali'ta/ f.inv. **1** LING. FILOS. modality **2** *(procedura)* modality, method, procedure; *~ **operativa*** INFORM. operational mode; *~ **di pagamento*** terms of payement; *~ **di credito*** credit arrangements; *~ **di rimborso*** terms of repayment; *~ **di finanziamento*** methods of funding; *~ **di trasporto*** method of transport; *~ **di trasmissione*** MED. route of infection; *~ **d'iscrizione*** SCOL. UNIV. enrolment procedure; *~ **di controllo*** methods of assessment; ***le ~ di applicazione della legge*** the terms of application of a law; *~ **d'uso*** directions for use; ***seguire attentamente le ~ d'uso*** *(per medicine)* to be taken as directed; *(per apparecchiature)* follow directions carefully.

modanare /moda'nare/ [1] tr. to mould BE, to mold AE, to bead.

modanatore /modana'tore/ ♦ **18** m. moulder, beader.

modanatura /modana'tura/ f. moulding BE, molding AE, beading.

▷ **modella** /mo'dɛlla/ ♦ **18** f. **1** ART. FOT. model; ***fare da ~ a qcn.*** to pose as a model for sb. **2** *(indossatrice)* (fashion) model, mannequin; ***fare la ~*** to work as a model, to model; ***hai già lavorato come ~?*** have you already done any modelling?

modellabile /model'labile/ agg. mouldable BE, moldable AE.

▷ **modellare** /model'lare/ [1] **I** tr. **1** *(plasmare)* to model, to mould BE, to mold AE, to fashion, to shape [*argilla, cera, creta, statua*] (**in** in, out of, from); *~ **un vaso al tornio*** to throw a pot; *~ **qcs. su qcs.*** to model sth. around sth. **2** *(dare forma)* to style, to shape [*acconciatura*]; *(sagomare)* ***un vestito che modella il corpo*** o ***le forme di qcn.*** a dress moulded to sb.'s body; ***una gonna che modella la figura*** a close-fitting skirt; ***l'erosione ha modellato il paesaggio*** the landscape has been shaped by erosion **3** FIG. *(adattare)* to model, to pattern (**su** on); *~ **il proprio stile su quello dei classici*** to model one's style on the classics; *~ **la propria condotta su quella di qcn.*** to imitate sb.'s behaviour **II modellarsi** pronom. to model oneself (**su** on, upon), to mould BE, to mold BE (**su** to, round); ***-rsi su un esempio*** to follow an example.

modellato /model'lato/ **I** p.pass. → **modellare II** agg. **1** *(lavorato)* shaped, modelled, modeled AE **2** *(fatto)* ***un corpo ben ~*** a well-shaped *o* shapely body **III** m. ART. shaping.

modellatore /modella'tore/ **I** agg. modelling, modeling AE, shaping **II** m. (f. **-trice** /tritʃe/) **1** *(persona)* shaper, modeller, modeler AE **2** *(bustino)* corset.

modellatura /modella'tura/, **modellazione** /modellat'tsjone/ f. modelling, modeling AE, shaping; *(in stampo)* moulding BE, molding AE; *~ **a forno*** stoved moulding BE, stove molding AE; *~ **della cera*** waxwork.

modellino /model'lino/ m. model; *~ **d'aereo*** model aircraft; *~ **di auto*** model car.

modellismo /model'lizmo/ m. modelling, modeling AE, model making.

modellista, m.pl. **-i**, f.pl. **-e** /model'lista/ ♦ **18** m. e f. **1** *(operaio)* model maker, pattern maker **2** *(nel modellismo)* model maker, modelling enthusiast **3** *(nella moda)* designer, clothier.

modellistica /model'listika/ f. modelling, modeling AE, construction of models.

▶ **modello** /mo'dɛllo/ ♦ **18 I** m. **1** *(esempio)* model, example, pattern; ***sul ~ di*** on the pattern of; ***seguire un ~*** to follow a model *o* an example; ***è un ~ da seguire*** he's somebody to look up to; ***non è un ~ da seguire*** he's not a good role model; ***essere un ~ da imitare per qcn.*** to be a suitable model for sb.; ***ispirarsi a un ~*** o ***prendere qcn. a ~*** to model oneself on sb.; ***servire da ~ a qcn., per qcs.*** to be *o* serve as a model for sth.; ***essere un ~ di chiarezza, eleganza, tolleranza*** to be a model of clarity, elegance, tolerance; ***un ~ di virtù*** a paragon of virtue; *~ **di comportamento*** pattern of behaviour; ***un sistema giuridico sul ~ britannico*** a legal system on the British model; *~ **di coniugazione, declinazione*** conjugation, declension pattern; ***completare seguendo il ~*** SCOL. do the exercise following the example **2** COMM. IND. *(di prodotto)* model, design; ***l'ultimo ~*** the latest model; *~ **sportivo, di lusso, standard*** sports, deluxe, standard model; ***un nuovo ~ di auto*** a new model of car; ***i nuovi -i di questa stagione*** this season's new designs; ***la tenda ~ grande*** the large-size tent; ***una Jaguar ~ II*** a Jaguar Mark II **3** SART. ABBIGL. *(di abito)* model, design, style; ***prova questo ~*** try this style; ***scegliere il colore, la taglia e il ~*** to select the colour, size and model; ***un ~ estivo, invernale*** a summer, winter style; ***un ~ che non invecchia mai*** a classic **4** ART. FOT. (male) model, sitter; ***fare da ~ a qcn.*** to pose as a model for sb. **5** *(indossatore)* (male) (fashion) model; ***lavorare come ~*** to work as a model, to model **6** *(schema)* model; *~ **educativo, sociale*** educational, social model; *~ **economico, trasformazionale*** economic, transformational model **7** IND. TECN. *(riproduzione)* model; ***un ~ di cera*** a wax model; *~ **di aereo*** model aircraft **8** BUROCR. *(per la dichiarazione dei redditi)* *~ **740, 730, unico*** = various types of income tax return **II** agg.inv. [*impiegato, marito, scolaro*] model attrib., exemplary; [*cittadino*] upstanding; [*prigione, fabbrica*] model attrib., showcase; ***questo è un ospedale ~*** this hospital is a showpiece ◆◆ *~ **atomico*** atomic theory; *~ **brevettato*** DIR. → *~ **depositato***; *~ **comportamentale*** role model; *~ **depositato*** DIR. registered pattern; *~ **relazionale*** relational model; *~ **in scala (ridotta)*** scale model.

modenese /mode'nese/ ♦ **2 I** agg. of, from Modena **II** m. e f. native, inhabitant of Modena.

moderare /mode'rare/ [1] **I** tr. to moderate, to curb [*spese, ambizione, sentimenti, desideri*]; to moderate, to temper [*foga, entusiasmo*]; to lower [*tono*]; to moderate, to tone down [*propositi, critiche, giudizio, severità*]; to reduce, to limit [*velocità*]; ***~ i termini*** to curb one's tongue, to weigh one's words; ***modera i termini, per favore!*** watch your language, please! **II moderarsi** pronom. [*persona*] to moderate, to control oneself, to limit oneself (**in** in); ***moderati!*** calm down! ***-rsi nel bere, nel mangiare*** to drink, eat with moderation.

moderatamente /moderata'mente/ avv. moderately, mildly, with moderation; ***bere, fumare ~*** to drink, smoke in moderation.

moderatezza /modera'tettsa/ f. moderation, mildness, temperance, (self-)restraint.

moderatismo /modera'tizmo/ m. moderatism.

▷ **moderato** /mode'rato/ **I** p.pass. → **moderare II** agg. **1** *(misurato)* [*persona*] moderate, tempered; *(lieve)* [*vento*] mild, moderate; *(contenuto)* [*costo*] moderate; [*entusiasmo, interesse*] mild; [*successo*] lukewarm; ***la sinistra -a*** POL. the soft left; ***essere ~ nel bere*** to drink in moderation, to be a light drinker; ***cuocere a forno ~*** to bake at a moderate heat; ***guidare a velocità -a*** to drive at a moderate speed, to roll along **2** POL. [*partito, candidato*] moderate **3** MUS. moderato **III** m. (f. **-a**) moderate.

moderatore /modera'tore/ **I** agg. moderating **II** m. (f. **-trice** /tritʃe/) **1** *(persona)* moderator; ***fare il ~ in un dibattito*** to moderate over a debate **2** NUCL. moderator.

moderazione /moderat'tsjone/ f. moderation, mildness, temperance, (self-)restraint; ***con ~*** moderately *o* in moderation; ***senza ~*** without moderation *o* restraint; ***mangiare e bere con ~*** to eat, drink in moderation *o* moderately; ***avere ~ in qcs.*** to be moderate in sth., to do sth. in moderation; ***fare uso di qcs. con ~*** to be sparing with sth.; ***invitare alla ~*** to advocate restraint; ***ha dato prova di grande ~*** he showed remarkable restraint.

modernamente /moderna'mente/ avv. in a modern way, in a modern manner; ***attrezzare ~ un albergo*** to modernize a hotel; ***vestirsi ~*** to wear modern clothes.

modernariato /moderna'rjato/ m. *(oggetti)* modern collectables pl.; *(collezionismo)* modern antique collecting.

modernismo /moder'nizmo/ m. modernism.

modernista, m.pl **-i**, f.pl. **-e** /moder'nista/ **I** agg. modernist **II** m. e f. modernist.

modernistico, pl. **-ci**, **-che** /moder'nistiko, tʃi, ke/ agg. modernistic.

modernità /moderni'ta/ f.inv. modernity.

modernizzare /modernid'dzare/ [1] **I** tr. to modernize [*istituzione, settore, impianti*]; to update, to upgrade [*materiale, sistema*] **II modernizzarsi** pronom. to modernize.

modernizzazione /moderniddzat'tsjone/ f. modernization.

▶ **moderno** /mo'dɛrno/ **I** agg. [*autore, arte, società, età, storia, lingue, danza*] modern; [*attrezzatura, macchinario*] up-to-date; ***latino ~*** New Latin; ***indossare vestiti di taglio ~*** to wear up-to-date clothes **II** m. *(persona, cosa dell'epoca moderna)* modern; ***non mi piace il ~*** I don't like anything modern.

modestamente /modesta'mente/ avv. **1** *(con modestia)* [*vivere*] modestly, humbly; [*parlare, comportarsi*] modestly, humbly, unassumingly **2** *(in modo semplice)* modestly, simply; ***essere vestito ~*** *(senza sfoggio)* to be modestly dressed; *(poveramente)* to be wearing cheap clothes **3** IRON. ***~, sono il migliore!*** if I must say so myself, I'm the best!

▷ **modestia** /mo'dɛstja/ f. **1** *(umiltà)* modesty, humility; ***falsa ~*** false modesty; ***~ a parte*** in all modesty **2** *(pudore)* modesty, coyness, reserve; ***un comportamento che offende la ~*** a behaviour which offends decency **3** *(moderazione)* ***vivere con ~*** to live modestly **4** *(esiguità)* ***la ~ dei loro redditi*** their meagre income.

▷ **modesto** /mo'dɛsto/ agg. **1** *(senza vanità)* [*persona, atteggiamento*] modest, unassuming, coy, demure; ***a mio ~ parere*** IRON. in my humble opinion **2** *(limitato)* [*investimento, premio, costo, somma*] modest; [*affitto, successo*] modest, moderate; [*salario, introito, reddito*] modest, meagre, slender; [*speranza, fortuna*] little; [*interesse*] mild **3** *(mediocre)* [*vino*] mediocre; [*risultato*] undistinguished, mediocre **4** *(senza fasti)* [*appartamento, edificio, ambiente*] humble, modest **5** *(umile)* [*origini*] mean, humble; ***avere un ~ tenore di vita, condurre una vita ~*** to have moderate means, to lead a modest life.

modicità /moditʃi'ta/ f.inv. ***la ~ dei prezzi, della spesa*** the lowness *o* smallness of the prices, of the expenditure; ***la ~ dei prezzi di alcuni articoli*** the cheap price of some of the articles.

modico, pl. **-ci**, **-che** /'mɔdiko, tʃi, ke/ agg. [*somma, risorse, quantità*] modest, moderate; [*prezzi*] reasonable, cheap, small; ***interessi -i*** low interest rates.

▷ **modifica**, pl. **-che** /mo'difika, ke/ f. modification, adjustment, alteration, change; ***apportare*** o ***fare delle -che a qcs.*** to carry out alterations on sth., to modify sth., to make modifications to *o* in sth.; ***adottare un progetto di legge senza -che, con delle -che*** to pass a bill unamended, with amendments; ***il contratto è passibile di -che*** the contract is liable to changes; ***è stata fatta una ~ alla legge*** there has been a change in the law; ***apportare una ~ a un testo, vestito*** to make an alteration on a text, dress.

modificabile /modifi'kabile/ agg. modifiable, alterable; [*orario, rata*] adjustable.

modificabilità /modifikabili'ta/ f.inv. modifiability.

▷ **modificare** /modifi'kare/ [1] **I** tr. **1** to modify, to alter [*rotta, programma, progetto, posizione, cifra, testo*]; to change [*abitudine, mentalità, politica, metodo*]; to deflect [*traiettoria*]; to adjust [*vestito, collo, manica*]; to twart [*motore*]; to amend [*legge*]; ***~ il proprio tenore di vita*** to change one's way of living **2** LING. to modify **II modificarsi** pronom. [*situazione, abitudine, carattere*] to change; [*traiettoria*] to deflect.

modificativo /modifika'tivo/ agg. modifying, modificative.

modificatore /modifika'tore/ **I** agg. modifying **II** m. LING. modifier.

modificazione /modifikat'tsjone/ f. modification, alteration; ***la ~ del corso di un fiume*** the diversion of the course of a river; ***una ~ del programma*** a change in the program; ***~ della legge*** amendment of the law.

modiglione /modiʎ'ʎone/ m. modillion, corbet.

modista /mo'dista/ ♦ **18** f. modiste, hat designer, hatter, milliner.

modisteria /modiste'ria/ f. **1** *(negozio)* hatshop, milliner's shop **2** *(professione)* millinery.

▶ **modo** /'mɔdo/ m. **1** *(maniera)* way, manner; ***in questo ~*** this way, like this; ***il solo, migliore ~ di fare*** the only, best way to do; ***il tuo ~ di mangiare, il ~ in cui mangi*** the way you eat; ***~ di vivere, pensare*** way of living, thinking; ***il loro ~ di fare le cose*** their way of doing things; ***a mio ~ di vedere*** from my point of view, from where I stand; ***è questo il ~ di lavorare?*** is this any way of working? ***in diversi -i*** in different ways; ***in un altro ~*** in another way; ***in tutti i -i possibili*** in every possible way; ***nello*** o ***allo stesso ~*** [*lavorare, agire*] in the same way (**di** of); ***in ~ decisivo*** in a decisive way, decisively; ***in malo ~*** rudely; ***in particolar ~*** especially, particularly; ***parlare in ~ forbito*** to use refined language; ***in che ~ ha proceduto?*** how did you proceed? ***in che ~ erano vestiti?*** how were they dressed? ***ha un ~ tutto suo*** he's got his own peculiar way; ***a ~ mio*** (in) my (own) way; ***vestirsi al ~ degli americani*** to follow the American fashion, to wear American-style clothes; ***c'è ~ e ~ di dire le cose!*** there are other ways of putting it! ***in un ~ o nell'altro*** in one way or another, somehow **2** *(caso)* ***in*** o ***ad ogni ~*** anyway, in any case; ***in nessun ~*** never, in no way **3** *(modalità)* ***~ di pagamento*** terms of payement; ***il ~ di funzionare di qcs.*** the way sth. works **4** *(espediente)* way, method (**di fare** to do); ***è il ~ più sicuro, meno costoso*** it's the safest, cheapest method; ***è un ~ come un altro per passare la serata*** it's as good a way as any to spend the evening **5** *(possibilità)* way, chance; ***c'è ~ di fare*** it is possible to do; ***non c'è ~ di uscirne*** we can't get out of *o* through it; ***non c'era ~ di fare diversamente?*** couldn't you have done it another way? ***non ha avuto ~ di spiegarsi*** he wasn't given a chance to explain himself; ***ho avuto ~ di incontrarlo a Londra*** I managed to meet him in London; ***se tu avessi ~ di comprarlo*** if you could buy it **6** *(comportamento)* manner; ***i tuoi -i non mi piacciono*** I don't like your manners *o* the way you behave; ***avere -i cortesi*** o ***bei -i*** to be polite, to have good manners; ***ha un brutto ~ di fare*** he has a bad manner; ***ma che -i sono questi!*** what manners! ***una persona a ~*** a well-bred person; ***sono scioccato dai suoi -i*** I'm shocked by his behaviour **7** *(limite)* ***oltre ~*** extremely **8** LING. mood; ***~ condizionale, congiuntivo, indicativo*** conditional, subjunctive, indicative mood; ***avverbio di ~*** modal adverb **9** MUS. mode; ***~ maggiore*** major mode **10 in modo da** so that; ***in ~ da non fare di nuovo quell'errore*** so that I won't make, not to make that mistake again **11 in modo di** ***fa' in ~ di essere puntuale*** do what you have to (do) to be on time; ***fare in ~ di fare qcs.*** to arrange for sth. to be done **12 in modo che** ***fa' in ~ che i bambini siano a letto per le nove*** see (to) it that the children are in bed by nine; ***fa' in ~ che lui capisca*** (try to) make him understand; ***fare in ~ che succeda qcs.*** to make sth. happen **13 in modo tale che** ***fare qcs. in ~ tale che*** to do sth. in such a manner *o* way that; ***disposto, formulato in ~ tale che*** so arranged that, so worded that **14 in tal modo** [*agire, comportarsi, mentire*] in such a way; ***non lo intendono in tal ~*** they don't mean it like that; ***compromettendo in tal ~ i futuri negoziati*** thereby compromising further negotiations **15 in certo qual modo** in a way **16 di modo che** so that; ***di ~***

che lei faccia so that she can do; ***di ~ che si possa arrivare in tempo*** so that we can arrive on time, (in order) to arrive on time **17** **modo di dire** idiom; ***è un ~ di dire desueto*** it's an old figure of speech; ***per ~ di dire*** in a manner of speaking; ***l'ho detto per ~ di dire*** it was just a manner of speaking *o* a figure of speech; ***è il presidente solo per ~ di dire*** he is the president in name only; ***una lettera per ~ di dire*** an apology for a letter.

modulabile /modu'labile/ agg. modulable.

1.modulare /modu'lare/ [1] tr. **1** *(regolare)* to inflect, to modulate [*voce, suono*] **2** RAD. TECN. to modulate.

2.modulare /modu'lare/ agg. [*costruzione, programma, sistema*] modular.

modulario, pl. **-ri** /modu'larjo, ri/ m. set of forms, forms pl.

modulatore /modula'tore/ **I** agg. modulating **II** m. modulator ◆◆ ***~ di frequenza*** frequency modulator.

modulazione /modulat'tsjone/ f. **1** FIS. RAD. modulation **2** *(di voce, tono)* modulation, inflection ◆◆ ***~ d'ampiezza*** amplitude modulation; ***~ di fase*** phase modulation; ***~ di frequenza*** frequency modulation; ***essere in ~ di frequenza*** to be on FM; ***radio a ~ di frequenza*** FM radio; ***~ degli impulsi*** pulse modulation.

modulistica /modu'listika/ f. **1** *(tecnica)* = technique relative to the layout and printing of printed forms **2** *(modulario)* set of forms, forms pl.

▷ **modulo** /'mɔdulo/ m. **1** *(stampato)* form; ***compilare*** o ***riempire un ~*** to fill in a form; ***~ per la dichiarazione dei redditi*** (income) tax form, tax return; ***~ d'iscrizione*** entry form, application form, enrolment form; ***~ per fatture*** billhead; ***~ di domanda d'impiego*** application form; ***~ in bianco*** blank form, blank AE **2** *(elemento costitutivo)* unit; ***~ di cucina componibile*** kitchen unit **3** *(unità di misura)* module **4** MAT. FIS. modulus* **5** SCOL. ASTR. module ◆◆ ***~ di comando*** AER. command module; ***~ di elasticità*** modulus of elasticity; ***~ lunare*** lunar module; ***~ di servizio*** AER. service module; ***~ di versamento*** paying-in slip.

modus operandi /'mɔdusope'randi/ m.inv. modus* operandi.

modus vivendi /'mɔdusvi'vɛndi/ m.inv. modus* vivendi.

mofeta /mo'feta, mo'fɛta/ f. GEOL. mofette.

moffetta /mof'fetta/ f. skunk.

Mogadiscio /moga'diʃʃo/ ➧ ***2*** n.pr.f. Mogadishu.

mogano /'mɔgano/ ➧ ***3*** **I** m. *(albero, legno)* mahogany; ***tavolo in ~*** mahogany table **II** m.inv. *(colore)* mahogany **III** agg.inv. mahogany; ***color ~*** mahogany.

moggio, pl. **-gi** /'mɔddʒo, dʒi/ m. **1** *(unità)* bushel **2** METROL. modius ◆ ***mettere la fiaccola sotto il ~*** FIG. to hide one's light under a bushel.

mogio, pl. **-gi**, **-gie** e **-ge** /'mɔdʒo, dʒi, dʒe/ agg. [*persona*] down, depressed, low-spirited; ***essere ~*** to feel down.

▶ **moglie**, pl. **-gli** /'moʎʎe, ʎi/ f. wife*; ***prendere ~*** to marry, to get married, to take a wife ANT.; ***prendere qcn. in ~*** to take sb. as one's wife FORM., to take sb. to wife ANT.; ***cercar ~*** to seek a wife; ***essere marito e ~*** to be husband and wife; ***vivere come marito e ~*** to live as husband and wife; ***sarà una buona ~ per lui*** she will make him a good wife; ***"vi dichiaro marito e ~"*** "I now pronounce you man and wife" ◆ ***non si può avere la botte piena e la ~ ubriaca*** you can't have your cake and eat it, you can't have it both ways; ***tra ~ e marito non mettere il dito*** = never interfere between husband and wife; ***~ e buoi dei paesi tuoi*** it is better to marry over the mixen than over the moor.

mogol /mo'gɔl/ m.inv. ***il Gran Mogol*** the Great *o* Grand Mogul.

mohair /mo'ɛr/ m.inv. mohair; ***un maglione di ~*** a mohair sweater.

mohicano, **moicano** /moi'kano/ **I** agg. Mohican **II** m. (f. **-a**) Mohican; ***l'ultimo dei -i*** the last of the Mohicans.

moietta /mo'jetta/ f. strap, strapping.

moina /mo'ina/ f. ***le -e*** *(comportamento lezioso)* coaxing, wheedling; *(gesto d'affetto)* fondling; ***fare le -e a qcn.*** to try to coax sb.; ***smettila con le tue -e*** stop trying to cajole me; ***lasciarsi ingannare dalle -e di qcn.*** to let oneself be coaxed *o* cajoled by sb.; ***convincere qcn. a fare qcs. con le -e*** to wheedle sb. into doing sth.

moka /'mɔka/ **I** m.inv. *(caffè)* mocha **II** f.inv. *(caffettiera)* = coffee maker.

mol /mɔl/ → **2.mole.**

mola /'mɔla/ f. **1** *(macina)* millstone, grindstone **2** TECN. grindstone, grinding wheel, grinder, strickle **3** MED. mole.

molale /mo'lale/ agg. molal.

1.molare /mo'lare/ [1] tr. to grind*, to bevel [*lente, vetro*]; to whet [*lama, oggetto metallico*].

2.molare /mo'lare/ **I** agg. **1** TECN. ***pietra ~*** grinding wheel **2** ANAT. ***dente ~*** molar, grinding tooth, grinder **II** m. ANAT. molar, grinder.

3.molare /mo'lare/ agg. CHIM. FIS. [*concentrazione, volume*] molar.

molarità /molari'ta/ f.inv. molarity.

molassa /mo'lassa/ f. molasse.

molatore /mola'tore/ ➧ ***18*** m. (f. **-trice** /tritʃe/) *(addetto alla molatura)* grinder.

molatrice /mola'tritʃe/ f. *(macchina)* grinder.

molatura /mola'tura/ f. grinding.

molazza /mo'lattsa/ f. *(macina)* muller.

molazzatura /molattsa'tura/ f. mulling.

Moldava /mol'dava/ ➧ ***9*** n.pr.f. Vltava.

Moldavia /mol'davja/ ➧ ***30, 33*** n.pr.f. *(regione)* Moldavia; *(stato)* Moldavia, Moldova.

moldavo /mol'davo/ ➧ ***30, 25, 16*** **I** agg. *(della regione)* Moldavian; *(dello stato)* Moldavian, Moldovan **II** m. (f. **-a**) **1** *(persona)* *(della regione)* Moldavian; *(dello stato)* Moldavian, Moldovan **2** LING. Moldavian.

▷ **1.mole** /'mɔle/ f. **1** *(volume notevole)* bulk, mass; *(quantità)* volume, amount; ***un uomo di grossa ~*** a hunk; ***la ~ di un libro*** the size of a book; ***la ~ di un elefante*** the bulk of an elephant; ***la ~ di un edificio*** the mass of a building; ***mi cadde addosso con tutta la sua ~*** he fell on me with all his weight; ***questo rappresenta un'enorme ~ di lavoro*** that represents an awful lot of work **2** ARCH. = massive building ◆◆ ***~ adriana*** the mole of Adrian.

2.mole /'mɔle/ f. CHIM. FIS. mole.

molecola /mo'lɛkola/ f. molecule; ***~ d'acqua, d'idrogeno*** water, hydrogen molecule.

molecolare /moleko'lare/ agg. [*peso, biologia, genetica*] molecular.

molecolarità /molekolari'ta/ f.inv. molecularity.

molestare /moles'tare/ [1] tr. **1** *(infastidire)* [*mendicante, giornalista*] to annoy, to bother, to pester **2** *(importunare)* to harass, to molest [*donna*]; to molest [*bambino*] **3** *(disturbare)* ***~ il sonno di qcn.*** to disturb sb.'s rest **4** *(tormentare)* to tease, to torment [*animali*]; ***essere molestato dal mal di denti*** to be plagued by a toothache.

molestatore /molesta'tore/ m. (f. **-trice** /tritʃe/) molester.

molestia /mo'lɛstja/ f. **1** *(fastidio)* ***arrecare ~ a qcn.*** to annoy sb., to bother sb. **2** *(azione molesta)* harassment **U** ◆◆ ***~ sessuale*** sexual harassment.

molesto /mo'lɛsto/ agg. [*persona*] annoying, bothering, vexatious; [*rumore*] troublesome, bothersome, irritating.

molibdato /molib'dato/ m. molybdate.

molibdenite /molibde'nite/ f. molybdenite.

molibdeno /molib'dɛno/ m. molybdenum.

molibdico, pl. **-ci**, **-che** /molib'diko, tʃi, ke/ agg. molybdic.

molinello /moli'nɛllo/ → **mulinello.**

molinismo /moli'nizmo/ m. molinism.

molino /mo'lino/ → **mulino.**

molisano /moli'zano/ ➧ ***30*** **I** agg. from, of Molise **II** m. (f. **-a**) **1** *(persona)* native, inhabitant of Molise **2** LING. dialect of Molise.

molitore /moli'tore/ m. (f. **-trice** /tritʃe/) **1** *(addetto alla molitura)* miller **2** *(macchina)* mill.

molitorio, pl. **-ri**, **-rie** /moli'tɔrjo, ri, rje/ agg. [*industria*] milling attrib., molinary.

molitura /moli'tura/ f. milling.

▷ **molla** /'mɔlla/ **I** f. **1** TECN. spring; *(di materasso)* box spring; ***un meccanismo a ~*** a spring mechanism; ***materasso a -e*** spring *o* (interior) sprung mattress, innerspring mattress AE; ***~ di compressione, flessione, trazione*** compression, flexion, traction spring; ***caricato a ~*** spring loaded; ***~ dell'orologio*** the spring of the watch; ***bilancia a ~*** spring balance; ***caricare, scaricare una ~*** to load, release a spring **2** FIG. mainspring, spring; ***le -e del potere, dell'odio*** the impulse behind power, hatred **II molle** f.pl. *(arnesi)* tongs; *(per tizzoni)* fire tongs ◆ ***prendere qcn. con le -e*** to handle sb. with care, to watch one's step with sb.; ***prendi con le -e quello che dice*** take what he says with a pinch of salt; ***scattare come una ~*** to spring up ◆◆ ***~ d'arresto*** stop spring; ***~ a balestra*** leaf spring; ***~ elicoidale*** coil spring; ***~ a spirale*** spiral spring; ***~ di torsione*** torsion spring.

mollaccione /mollat'tʃone/ m. (f. **-a**) *(pigrone)* lazybones, slowcoach; *(pappamolla)* spineless person, limp-dick POP.

▷ **mollare** /mol'lare/ [1] **I** tr. **1** *(lasciare andare)* to let* go, to release [*persona, oggetto*]; *(allentare)* to slacken, to ease off [*nodo*]; *(lasciare cadere)* to drop; ***ho mollato tutto e sono scappato*** I dropped everything and ran; ***ha mollato la corda*** he's lost his grip on the rope; ***~ la presa*** to let go, to loose one's hold; ***~ l'acceleratore*** to let up on the accelerator **2** MAR. to let* fall [*vela*]; to cast off, to slip [*ormeggi*]; ***~ l'ancora*** to slip anchor **3** COLLOQ. *(abbandonare)* to quit, to chuck (in) [*studi, lavoro*]; to jilt, to drop, to chuck, to ditch [*ragazzo, ragazza*]; to dump [*scocciatore*]; ~

tutto to jack it in, to pack it all in; ***ha mollato tutto per raggiungerla a Roma*** he dropped everything to join her in Rome **4** COLLOQ. *(dare)* to give* [*oggetto, denaro*]; *(appioppare)* to deliver, to land [*sberla, ceffone*]; ***molla la grana!*** hand over the dough! ***~ qcs. a qcn.*** to slip sb. sth., to slip sth. to sb. **5** COLLOQ. *(perseguitare)* ***non mi ha mollato tutto il giorno*** he wouldn't stop bothering me all day **II** intr. (aus. *avere*) **1** *(cedere)* [*atleta*] to flag, to give* in; ***non è il momento di ~*** this is no time to lose one's nerve; ***non ~!*** don't give in *o* up! **2** *(smettere)* to stop; ***quando comincia non molla più*** when he starts he never stops **III mollarsi** pronom. [*coppia*] to split* (up) ◆ ***~ l'osso!*** give it back!

▷ **molle** /'mɔlle/ **I** agg. **1** *(non duro)* [*materia*] soft, yielding; ***cera ~*** soft wax **2** ANAT. [*tessuti, palato*] soft **3** *(allentato)* [*cintura, nodo*] slack, loose **4** *(intriso, zuppo)* [*terreno*] soft, moist, squashy, squelchy; ***~ di pioggia, di sudore*** wet with *o* soaked in rain, sweat **5** *(senza forza)* [*stretta di mano*] flabby, limp; [*gambe*] weak, feeble **6** *(senza energia)* [*carattere*] weak **7** FON. [*consonante*] soft **II** m. ***dormire sul ~*** to sleep on a soft bed; ***camminare sul ~*** to walk on a squelchy *o* soft ground.

molleggiamento /molleddʒa'mento/ m. **1** *(il molleggiare)* springing **2** *(di automobile)* springing system **3** *(elasticità)* springiness, elasticity.

molleggiare /molled'dʒare/ [1] **I** intr. (aus. *avere*) ***il materasso molleggia bene*** the mattress is well-sprung **II** tr. ***~ bene una vettura*** to fit a car with springs **III molleggiarsi** pronom. ***-rsi sulle ginocchia*** to bend *o* flex one's knees.

molleggiato /molled'dʒato/ **I** p.pass. → **molleggiare II** agg. ***un'auto ben -a*** a car with a good suspension system; ***passo ~*** springy step.

molleggio, pl. **-gi** /mol'leddʒo, dʒi/ m. **1** *(di poltrona)* springing **2** *(di auto)* springs pl., suspension.

mollemente /molle'mente/ avv. [*disteso*] languidly, lazily; ***il suo braccio pendeva ~ dal bracciolo della sedia*** her arm hung limply over the arm of the chair.

molletta /mol'letta/ **I** f. *(per appuntare)* ***~ per*** o ***da bucato*** (clothes) peg; ***~ per capelli*** clip, hairclip BE, hairgrip BE, barrette AE **II mollette** f.pl. *(pinze)* ***-e per il ghiaccio*** ice tongs; ***-e per lo zucchero*** sugar tongs.

mollettiera /mollet'tjɛra/ f. puttee.

mollettone /mollet'tone/ m. **1** *(tessuto)* thick flannel, swansdown **2** *(di asse da stiro)* (ironing board) cover; *(di tavolo)* duffel.

mollezza /mol'lettsa/ **I** f. **1** *(di carattere, stretta di mano)* weakness, feebleness **2** *(assenza di autorità)* ***la ~ di un padre verso i figli*** a father's lenience *o* lack of authority towards his sons **3** *(rilassatezza)* ***~ dei costumi*** looseness of morals, moral slackness **4** *(di sostanza)* softness **II mollezze** f.pl. ***vivere nelle -e*** to live in (the lap of) luxury.

mollica, pl. **-che** /mol'lika, ke/ **I** f. ***mangia la ~ e lascia sempre da parte la crosta*** he eats the soft part of the bread and always leaves the crust **II molliche** f.pl. crumbs.

molliccio, pl. **-ci, -ce** /mol'littʃo, tʃi, tʃe/ **I** agg. **1** *(molle)* softish; *(bagnato)* [*terreno*] mushy **2** *(flaccido)* limpish, (rather) flabby **II** m. ***camminare sul ~*** to walk on a mushy ground.

mollo /'mɔllo/ agg. **1** COLLOQ. ***pappa -a*** → **pappamolla 2 a mollo** ***mettere a ~ la biancheria*** to soak the laundry, to put the laundry to soak; ***tenere i piedi a ~*** to bathe one's feet.

molluschicoltore /molluskikol'tore/ ♦ ***18*** m. (f. **-trice** /tritʃe/) mollusc farmer, mollusk AE farmer.

molluschicoltura /molluskikol'tura/ f. mollusc farming, mollusk AE farming.

mollusco, pl. **-schi** /mol'lusko, ski/ m. **1** ZOOL. mollusc, mollusk AE, shellfish **2** COLLOQ. *(pappamolla)* jellyfish ◆◆ ***~ bivalve*** clam; ***~ univalve*** univalve.

▷ **molo** /'mɔlo/ m. pier, quay, jetty, dock AE ◆◆ ***~ di sbarco*** wharf.

Moloc /'mɔlok/ n.pr.m. Moloch.

molosso /mo'lɔsso/ m. Molossian (dog).

molotov /'mɔlotov/ **I** agg.inv. ***bottiglia ~*** Molotov cocktail **II** f.inv. Molotov cocktail.

molteplice /mol'teplitʃe/ agg. **1** *(numeroso)* [*ragioni, occasioni, ripercussioni*] many, several, various; ***dopo -i speculazioni*** after much speculation; ***per -i ragioni*** for a variety of reasons, for various reasons; ***ha -i talenti*** her talents are many and various **2** *(diverso)* [*scopi, cause*] various, manifold; ***una questione dagli aspetti -i*** a multi-faceted, many-sided question; ***si possono dare -i interpretazioni a questo fenomeno*** this phenomenon can be interpreted in many different ways; ***-i punti di vista*** a wide range of views; ***una donna dai -i interessi*** a woman of wide interests.

molteplicità /molteplitʃi'ta/ f.inv. multiplicity, variety; ***una ~ di opinioni, interessi*** a wide range of opinions, interest.

moltiplica, pl. **-che** /mol'tiplika, ke/ f. **1** TECN. gear ratio; *(di bicicletta)* gear wheel **2** COLLOQ. multiplication.

moltiplicabile /moltipli'kabile/ agg. multipliable, multiplicable.

moltiplicando /moltipli'kando/ m. multiplicand.

▷ **moltiplicare** /moltipli'kare/ [1] **I** tr. **1** MAT. to multiply [*cifra*] (**per** by) **2** *(aumentare)* to multiply [*rischi, possibilità, guadagni, rendimento, incidenti, forze*] **II moltiplicarsi** pronom. **1** *(aumentare)* [*succursali, incidenti, arresti, difficoltà, ostacoli*] to multiply, to increase **2** *(riprodursi)* [*animali*] to multiply; [*microbi, insetti*] to multiply, to breed, to spawn ◆ ***andate e moltiplicatevi*** BIBL. go forth and multiply.

moltiplicativo /moltiplika'tivo/ agg. LING. MAT. multiplicative.

moltiplicatore /moltiplika'tore/ **I** agg. multiplicative **II** m. multiplier ◆◆ ***~ di elettroni*** electron multiplier; ***~ di frequenza*** frequence multiplier.

moltiplicazione /moltiplikat'tsjone/ f. **1** *(aumento)* ***una ~ delle difficoltà*** an increase in the number of difficulties; ***(il miracolo del)la ~ dei pani e dei pesci*** the miracle of the loaves and fishes **2** MAT. multiplication; ***fare le -i*** to do multiplication; ***segno di ~*** multiplication sign **3** BIOL. BOT. multiplication ◆◆ ***~ vegetativa*** asexual propagation.

moltitudine /molti'tudine/ f. **1** *(gran numero)* multitude; ***una ~ di insetti*** a multitude of insects; ***una ~ di problemi*** an infinite number of troubles; ***una ~ di regali*** a great number of presents **2** *(folla)* ***una ~ si radunò nella piazza*** a large crowd gathered in the square.

▶ **molto** /'molto/ *Molto* può essere principalmente usato come aggettivo, pronome o avverbio. - Come aggettivo e come pronome, si traduce con *much* davanti o al posto di nomi non numerabili (*molto vino* = much wine; *molta cura* = much care; *ne hai mangiato molto?* = have you eaten much (of it)?) e *many* davanti o al posto di sostantivi plurali (*molti nemici* = many enemies; *molti (di loro) non vivono a Londra* = many (of them) don't live in London). Si noti che *much* e *many* sono preferibilmente usati in frasi negative e interrogative, mentre in frasi affermative sono spesso sostituiti da *a lot (of), lots (of), plenty (of), a good / great deal (of)*: *molte persone* = a lot of people; *guadagno molto* = I earn a lot. - Come avverbio, *molto* si usa dopo un verbo, e in tal caso si traduce *much, very much* o *a lot* (*non bevo mai molto* = I never drink much / very much / a lot); quando precede un altro avverbio o un aggettivo, si traduce con *very* (*molto presto* = very soon; *molto veloce* = very fast), ma se tale avverbio o aggettivo è al comparativo si rende con *much* (*molto più presto* = much sooner; *molto più veloce* = much faster). - v. anche la nota della voce **alcuno**. ♦ ***31*** **I** agg.indef. **1** *(un gran numero di)* many; ***-i fiori*** many flowers; ***-e volte*** many times; ***-e persone*** many *o* a lot of people; ***-i libri*** a lot of *o* a large number of *o* many books; ***hai -i amici?*** have you got many friends? ***non ci sono più -i posti per il concerto*** there aren't many seats left for the concert; ***ha vinto -e partite?*** did he win many matches? **2** *(una gran quantità di)* ***avere -i soldi*** to have lots *o* plenty of *o* a great deal of money; ***non c'è -a gente*** there aren't many people; ***non rimane più ~ pane*** there isn't much bread left; ***c'è ancora ~ tempo*** there's plenty of time; ***-e grazie!*** thank you very much! ***mio figlio mi dà -e preoccupazioni*** my son gives me a lot of worries **3** *(tanto)* ***con -a gentilezza, cura*** with much *o* great kindness, care; ***ha ~ peso nella riuscita del progetto*** it's very important *o* of great importance for the success of the project; ***ho -a sete, fame, paura*** I'm very thirsty, hungry, scared; ***ha -a voglia di partire*** he can't wait to leave; ***fate -a attenzione*** be very careful; ***avere -a fortuna*** to be very lucky, to have a lot of luck **4** *(di spazio, tempo)* ***abbiamo fatto -a strada*** we've gone very far; ***-i anni fa*** many years ago; ***è da -i anni che*** it's a long time that; ***dopo -i e -i anni*** after many years; ***mi aspetti da ~ tempo?*** have you been waiting for me for a long time? **5** *(in un comparativo)* ***~ più, meno denaro*** much more, less money; ***-e meno persone, -i meno libri*** far fewer people, books; ***è ~ più difficile di prima*** it's much more difficult than before **II** pron.indef. **1** *(un gran numero)* ***-i di loro*** many of them; ***tra questi dolci -i mi tentano*** among these sweets, many are tempting; ***-i dei luoghi che abbiamo visitato...*** many of the places we visited... **2** *(tante persone)* ***-i sono pensionati*** many (of them) are pensioners; ***-i sono tentati di crederlo*** many people tend to believe him; ***la sera alcuni leggono, -i guardano la televisione*** in the evening, some people read, many others watch TV **3** *(tanto)* ***vincere, scrivere, rischiare ~*** to win, write, risk a lot; ***ha ancora ~ da imparare*** he still has a lot to learn; ***ho ~ da fare*** I've got a lot of things to do; ***avete già fatto ~ per me*** you've already done so much for me; ***non ci***

vuole ~ a capirlo it doesn't take much understanding; ***~ di quello che dici è falso*** much of what you say is false; ***non me ne intendo ~ di cinema*** I don't know much about cinema **4** *(tanto tempo)* ***è da ~ che non lo vedo*** I haven't seen him for a long time *o* for so long; ***aspetti da ~?*** have you been waiting long? ***non ci vorrà ~ a finire*** it won't take long to finish; ***fra non ~*** before long; ***ho aspettato ~*** I waited for a long time **5** *(una gran cosa)* ***è già ~ se non ci sbatte fuori*** we'll be lucky if he doesn't throw us out; ***è già ~ che sia venuta*** it's already saying a lot that she came; ***è ~ per la tua età*** it's a lot for your age **6 a dir molto** at the utmost; ***a dir ~ ci vorranno ancora due ore*** it would take another two hours at the utmost **III** avv. **1** *(con un verbo)* ***la ringrazio ~*** I thank you very much; ***amare ~ qcn., qcs.*** to love sb., sth. very much; ***lei va ~ a teatro*** she goes to the theater a lot; ***non apprezzo ~ il loro comportamento*** I don't like their behaviour very much; ***il finale del romanzo sorprende ~*** the ending of the novel is very surprising; ***interessarsi ~ a qcs.*** to be very interested in sth.; ***è cambiato ~*** he has changed a lot; ***non mi piace ~*** I don't really like it; ***mi è piaciuto ~ il concerto*** I enjoyed the concert very much *o* a great deal; ***ha faticato ~*** he worked hard **2** *(con un avverbio)* very; ***~ presto, bene*** very quickly, very well; ***sto ~ bene*** I'm really fine, I feel very well; ***la cena è riuscita ~ bene*** the dinner came out very well; ***si è comportato ~ male*** he behaved really badly; ***~ gentilmente, volentieri*** very kindly, with much pleasure; ***~ prima, dopo*** a long time before, after **3** *(con un aggettivo o un participio passato)* ***~ felice, pulito*** very happy, clean; ***~ conosciuto, noto*** very famous; ***~ diffuso*** [*pratica, opinione*] very widespread; ***è ~ amato a scuola, in azienda*** he's very much loved at school, in the firm; ***essere ~ innamorato*** to be deeply in love; ***~ in anticipo, in ritardo*** far in advance, very late; ***~ informato, alla moda*** very well informed, very trendy **4** *(in un comparativo)* ***sta ~ meglio*** he's much better; ***~ meno*** much less; ***lavora ~ più velocemente di me*** he works much faster than me.

Molucche /mo'lukke/ ➧ *14* n.pr.f.pl. ***(isole) ~*** Moluccas, Molucca islands.

molucchese /moluk'keze/ **I** agg. Moluccan **II** m. e f. Moluccan.

molva /'mɔlva/ f. ling*.

momentaneamente /momentanea'mente/ avv. [*interrompere*] temporarily; ***siamo ~ sprovvisti di questo modello*** at the moment *o* at present we're out of this model; ***è ~ assente*** he's not here at the moment.

momentaneo /momen'taneo/ agg. [*ansia, rifiuto, disaccordo, dolore*] momentary; [*interruzione, miglioramento*] temporary.

▶ **momento** /mo'mento/ m. **1** *(brevissima durata di tempo)* moment; ***fra un ~*** in a moment; ***un ~ fa*** a few moments ago; ***è successo tutto in un ~*** it happened all at once; ***hai un ~ di tempo?*** have you got a moment? ***non c'è un ~ da perdere*** there's no time to lose; ***ho avuto un ~ di incertezza*** I hesitated for a moment; ***non ha (mai) un ~ per sé*** she hasn't (ever) got a moment to herself; ***un ~, ho quasi finito!*** just a moment, I've nearly finished! ***gli ultimi -i di qcn.*** sb.'s last moments; ***uscire, entrare un ~*** COLLOQ. to go out, in for a moment; ***smetti (per) un ~ di parlare*** please stop talking for a minute; ***un ~ di disattenzione*** a moment's distraction **2** *(punto nel tempo)* moment; ***nel ~ decisivo, cruciale*** at the decisive, crucial moment; ***in qualsiasi*** o ***in ogni ~*** at any time; ***tutti i -i*** always; ***in questo preciso ~*** in this precise moment; ***in che ~ ha detto così?*** when *o* at what point did he say so? ***in un ~ di collera*** in a moment *o* fit of anger; ***in un ~ di debolezza*** in a weak moment, in a moment of weakness; ***nello*** o ***allo stesso ~*** in the same time; ***nel ~ in cui*** in the moment in which; ***nel ~ stesso in cui*** at the same time in which; ***all'ultimo ~*** at the last minute; ***al ~ dell'incidente, della tua nascita*** at the time of the accident, of your birth; ***ad un certo ~, ad un dato ~*** at a given moment; ***ad ogni ~*** at any time; ***fino all'ultimo ~*** till the last moment; ***fino al ~ in cui*** till the moment in which; ***fino a quel ~*** till that moment; ***(fin) da questo ~*** from this moment, from now on; ***ha cambiato idea da un ~ all'altro*** all of a sudden he changed his mind; ***dovrebbe arrivare da un ~ all'altro*** he should arrive (at) any minute now; ***quando è arrivato il ~ di decidere*** when it came to the point of deciding; ***da quel ~ in poi*** from that moment on; ***una decisione dell'ultimo ~*** a last minute decision; ***sul ~ ho creduto che scherzasse*** for a moment there I thought he was joking; ***per il*** o ***al ~*** for the time being **3** *(periodo)* ***in questo ~*** in this moment *o* period; ***abbiamo vissuto dei bei -i, dei -i difficili insieme*** we had *o* went through some good, difficult times together; ***era un brutto ~*** it was a bad period; ***la cantante ha avuto il suo ~ di gloria*** the singer had her hour of glory; ***i -i salienti del film, dell'incontro*** the film's, match's highlights **4** *(circostanza)* ***un ~ solenne*** a solemn moment; ***ci sono -i in cui ho voglia di mollare tutto*** there are times when I want to give everything up; ***il matrimonio è stato un ~ di grande festa*** the wedding was an occasion of great festivity; ***non è il ~ di polemizzare, di essere ottimista*** it's not the moment to polemize, to be optimistic; ***non è il ~ di piangere, scherzare*** this is no time to cry, for jokes; ***non è più il ~ di fare*** it's no longer the right time for doing; ***è giunto il ~ di partire*** it's time to leave; ***è arrivato il ~ di fare*** it's time *o* time has come to do; ***la misura, decisione è stata presa quando era il ~*** the measure, decision was taken at the right moment; ***fai la domanda, è il ~*** ask, now's the time; ***~ buono*** o ***propizio*** right time; ***arriva sempre al ~ giusto!*** he certainly picks his moment to call! he always arrives at just the right time! **5** MAT. FIS. moment **6 del momento** [*nemico, preoccupazioni, celebrità, uomo*] of the moment; ***i problemi del ~*** the current problems **7 dal momento che** since; ***dal ~ che lo dici tu!*** since you say so! ***dal ~ che sei pronto*** since you're ready **8 a momenti** *(a tratti)* ***a -i è interessante, a -i è noioso*** sometimes it's interesting and sometimes it's boring; *(quasi)* ***a -i cadeva*** he nearly fell; *(tra poco)* ***dovrebbe arrivare a -i*** he'll come any minute ◆◆ ***~ di una forza*** moment of a force; ***~ d'inerzia*** moment of inertia; ***~ magnetico*** FIS. magnetic moment; ***~ torcente*** MECC. moment of torsion, torque.

▷ **monaca**, pl **-che** /'mɔnaka, ke/ f. RELIG. nun; ***farsi ~*** to become a nun ◆◆ ***~ di clausura*** cloistered nun.

monacale /mona'kale/ agg. **1** *(monastico)* [*ordine, rigore*] monastic; ***abito ~*** *(di monaco)* monk's habit; *(di monaca)* nun's habit **2** FIG. ***condurre una vita ~*** to live like a monk.

monacato /mona'kato/ m. monastic condition; *(di monaco)* monkhood; *(di monaca)* nunship, nunhood.

monacazione /monakat'tsjone/ f. = taking of monastic vows.

monachella /mona'kɛlla/ f. ZOOL. **1** *(passero)* black-throated wheatear **2** *(insetto)* praying mantis* **3** FIG. IRON. *(santerellina)* goody-goody.

monachesimo /mona'kezimo/ m. monasticism.

monachina /mona'kina/ f. **1** ZOOL. avocet **2** FIG. IRON. *(santerellina)* goody-goody.

▷ **monaco**, pl. **-ci** /'mɔnako, tʃi/ m. **1** RELIG. monk; ***farsi ~*** to become a monk **2** ARCH. king post, queen post ◆ ***l'abito non fa il ~*** PROV. you can't judge a book by its cover ◆◆ ***~ benedettino*** benedectin monk, black monk; ***~ buddista*** buddhist monk; ***~ cluniacense*** cluniac monk.

1.Monaco /'mɔnako/ ➧ *2* n.pr.f. ***~ (di Baviera)*** Munich.

2.Monaco /'mɔnako/ ➧ *33, 2* n.pr.m. Monaco; ***nel Principato di ~*** in the Principality of Monaco.

monade /'mɔnade/ f. monad.

monadelfo /mona'dɛlfo/ agg. monadelphous.

monadico, pl. **-ci, -che** /mo'nadiko, tʃi, ke/ agg. monadical.

monadismo /mona'dizmo/ m. monadism.

monandria /monan'dria/ f. monandry.

monandro /mo'nandro/ agg. monandrous.

monarca, m.pl. **-chi**, f.pl. **-che** /mo'narka, ki, ke/ **I** m. e f. *(sovrano)* monarch; ***~ per diritto divino*** monarch by divine right **II** m. ZOOL. *(uccello)* monarch; *(farfalla)* milkweed.

monarchia /monar'kia/ f. monarchy; ***restaurare la ~*** to restore the monarchy ◆◆ ***~ assoluta*** absolute monarchy; ***~ costituzionale*** constitutional monarchy; ***~ ereditaria*** hereditary monarchy.

monarchico, pl. **-ci, -che** /mo'narkiko, tʃi, ke/ **I** agg. [*potere, stato*] monarchic(al); [*partito*] monarchist, royalist **II** m. (f. **-a**) monarchist, royalist.

monarchismo /monar'kizmo/ m. monarchism.

▷ **monastero** /monas'tɛro/ m. monastery; ***ritirarsi in un ~*** to retire to *o* to enter a monastry.

monasticamente /monastika'mente/ avv. monastically.

monastico, pl. **-ci, -che** /mo'nastiko, tʃi, ke/ agg. **1** [*regola, ordine, rigore, vita*] monastic; ***abito ~*** *(di monaco)* monk's habit; *(di monaca)* nun's habit **2** FIG. ***condurre una vita -a*** to live like a monk.

monazite /monad'dzite/ f. monazite.

moncherino /monke'rino/ m. *(di braccio, gamba)* stump.

monco, pl. **-chi, -che** /'monko, ki, ke/ **I** agg. **1** [*braccio, mano, gamba*] amputated; [*persona*] maimed, mutilated; ***avere una mano -a*** to have a hand cut off; ***essere ~ di un braccio*** to be one-armed **2** *(incompleto)* [*lavoro, discorso, frase*] incomplete **II** m. (f. **-a**) maimed person, mutilated person, cripple.

moncone /mon'kone/ m. *(di braccio, gamba, dente)* stump; *(di matita)* stub, stump.

monda /'monda/ f. = weeding of the paddyfields.

mondana /mon'dana/ f. EUFEM. prostitute.

mondanamente /mondana'mente/ avv. socially.

mondanità /mondani'ta/ f.inv. **1** *(secolarità)* worldliness, earthliness **2** *(vita mondana)* social life; ***darsi alla ~*** to enjoy the social life **3** *(bel mondo)* jet set, high society.

mondano /mon'dano/ agg. **1** *(dell'alta società)* [*ricevimento, vita, incontro, pettegolezzi*] social; ***fare vita -a*** to have an active social life; ***cronista ~*** gossip columnist; ***rubrica di cronaca -a*** social column; ***cronaca -a*** society news **2** *(di questo mondo)* [*piaceri, beni*] worldly.

mondare /mon'dare/ [1] **I** tr. **1** *(pulire)* to hull [*orzo*]; to peel [*frutta, verdura*]; to shell, to hull [*piselli, noce, granchio, gamberetto*]; to gill [*funghi*]; ***~ il riso*** to weed the paddyfields **2** FIG. LETT. *(purificare)* ***~ l'anima dai peccati*** to cleanse the soul from sin **II mondarsi** pronom. to purify oneself.

mondatura /monda'tura/ f. **1** AGR. *(pulitura)* *(di suolo)* cleaning; *(di frutta, verdura)* peeling; *(di albero)* pruning; *(di noce, granchio, gamberetto)* shelling **2** *(mondiglia)* dross, refuse.

mondezzaio /mondet'tsajo/ → **immondezzaio**.

▶ **mondiale** /mon'djale/ **I** agg. **1** *(del mondo)* [*torneo, letteratura, economia, successo*] world attrib.; [*fama, importanza*] worldwide; [*problema*] global, world attrib.; ***su scala ~*** worldwide, on a worldwide scale; ***di fama ~*** [*pittore, museo, star*] of world renown, world-famous; ***capitale ~ della moda*** fashion capital of the world; ***prima, seconda guerra ~*** World War I, II, First, Second World War; ***banca ~*** ECON. World Bank; ***commercio ~*** international commerce; ***crisi economica ~*** international economic crisis; ***mercato ~*** global market; ***campionato ~*** world championship; ***campione ~*** *(dell'industria)* world leader; *(dello sport)* world champion; ***Organizzazione Mondiale della Sanità*** World Health Organization; ***pace ~*** world peace; ***politica ~*** international politics; ***potenza ~*** world power; ***una prima ~*** *(di spettacolo)* a world première; ***primato ~*** SPORT world record; ***titolo ~*** SPORT world title **2** COLLOQ. *(eccezionale)* ***è stato ~!*** it was great *o* fantastic! **II mondiali** m.pl. ***i -i di calcio*** the World Cup.

mondialismo /mondja'lizmo/ m. globalism, internationalism.

mondializzare /mondjalid'dzare/ [1] tr. to globalize [*mercato, scambi*]; ***~ un conflitto*** to cause a conflict to spread worldwide.

mondializzazione /mondjaliddzat'tsjone/ f. *(di mercato, sport, fenomeno)* globalization; ***la ~ di un conflitto*** the worldwide spread of a conflict.

mondialmente /mondjal'mente/ avv. ***scienziato ~ noto*** a world-famous scientist.

mondiglia /mon'diʎʎa/ f. dross, refuse.

mondina /mon'dina/ ♦ ***18*** f. = rice weeder.

▶ **1.mondo** /'mondo/ m. **1** *(globo terrestre)* world, earth; ***la creazione, fine del ~*** the creation, end of the world; ***in tutto il ~, nel ~ intero*** all over the world, worldwide; ***attraverso*** o ***per il ~*** across *o* throughout the world; ***girare il ~*** to go round the world; ***ha girato mezzo ~*** he has travelled across *o* round the world; ***giro del ~*** world tour; ***mio padre abita all'altro capo*** o ***dall'altra parte del ~*** my father lives on the other side of the world; ***il più grande, il più piccolo del ~*** the biggest, smallest in the world; ***il cuoco peggiore del ~*** the world's worst chef; ***cittadino del ~*** citizen of the world; ***la città più antica del ~*** the oldest city on earth; ***l'isola più grande del ~*** the largest island on the earth *o* globe; ***è la cosa più bella del ~*** FIG. it's the best thing in the world; ***sono i migliori amici del ~*** FIG. they're the best of friends; ***record del ~*** SPORT world record; ***coppa del ~*** World Cup **2** *(parte del globo)* ***il Nuovo Mondo*** the New World; ***il Vecchio Mondo*** the Old World; ***il Terzo, Quarto Mondo*** the Third, Fourth World; ***il ~ occidentale*** the western hemisphere **3** *(globo abitato, umanità)* world; ***la fame, pace nel ~*** world famine, peace; ***lottare per un ~ migliore*** to fight for a better world; ***vuole cambiare il ~*** he wants to change the world; ***il ~ moderno*** the modern world **4** *(vita terrena)* ***non è più di questo ~*** he is no longer with us; ***il ~ dei vivi*** here and now; ***lasciare questo ~*** to depart this world; ***l'altro ~, il ~ ultraterreno*** *(l'adilà)* the next *o* other world; ***andare all'altro ~*** to die, to pass away; ***mandare qcn. all'altro ~*** to send *o* knock sb. to kingdom, to dispatch sb. **5** *(vita profana)* ***rinunciare al ~*** to renounce the world **6** *(ambiente)* world, scene; ***il ~ dell'arte, della medicina*** the art, medical world; ***il ~ degli affari*** the business community *o* world; ***il ~ della politica, della musica*** the world of politics, music; ***il ~ dello spettacolo*** the world of entertainment, the entertainment world, the show business; ***il ~ del cinema*** filmland, movieland; ***il ~ dell'industria*** industry, the industrial world; ***il ~ della droga*** the drug scene **7** *(civiltà)* ***il ~ antico*** the ancient world; ***il ~ arabo*** the Arab world; ***il ~ dei greci, dei romani*** the Greek, Roman world **8** *(sfera)* ***il ~ interiore*** the inside world; ***vive nel suo ~, in un ~ a parte*** he lives in a world of his own, in a world apart; ***il ~ di un bambino*** the world of a child; ***il ~ sensibile, delle idee*** FILOS. the sensitive world, the world of ideas **9** *(regno)* ***il ~ animale*** the animal kingdom; ***il ~ delle favole*** the land of make-believe **10** *(microcosmo)* ***è tutto un ~ a parte*** it's worlds apart **11** *(la gente)* world; ***lo sa tutto il ~*** o ***mezzo ~*** the whole world knows; ***agli occhi del ~*** in the eyes of the world **12** *(alta società)* ***il bel*** o ***gran ~*** the beautiful people, the high society, the caf society; ***frequentare il bel ~*** to move in fashionable circles; ***un uomo di ~*** a man of the world, a man-about-town **13** FIG. *(molto, gran quantità)* ***avere un ~ di cose da fare*** to have loads of things to do; ***sapere un ~ di cose*** to know a lot of things; ***divertirsi un ~*** to have great fun *o* a great time **14** GIOC. hopscotch **15 al mondo** ***mettere al ~ un bambino*** to bring a child into the world; ***venire al ~*** to come into the world; ***non ero ancora al ~*** I wasn't born yet; ***saper stare al ~*** to know how to behave (in society); ***nessuno*** o ***niente al ~ le farà cambiare idea*** nothing in the world will make her change her mind; ***non si perderebbe la partita per niente al ~*** he won't miss the match for (all) the world *o* for all the tea in China; ***per niente al ~ mi convincerei a fare*** nothing on earth would persuade me to do; ***più di qualsiasi cosa al ~*** more than anything in the world; ***nessuno al ~*** no man alive; ***non c'è nessuna ragione al ~*** there's no earthly reason; ***essere i primi al ~ a fare*** to be the first in the world to do; ***è in capo al ~!*** it's in the back of beyond, it's miles from anywhere! ***andrebbe (fino) in capo al ~ per ritrovarla*** he would go to the ends of the earth to find her ◆ ***così va il ~*** that's the way of the world, that's the way it goes *o* the cookie crumbles; ***da che ~ è ~*** since time immemorial, from time immemorial; ***la perfezione non è di questo ~*** perfection is not an earthly thing; ***cose dell'altro ~!*** it's unbelievable! ***~ cane!*** damn! ***cascasse il ~!*** no matter what (happens)! come what may! ***com'è piccolo il ~!*** it's a small world! ***vecchio come il ~*** world-old, as old as the world; ***essere la fine del ~*** to be terrific; ***è successa la fine del ~ quando...*** there was a big fuss when...; ***non è mica la fine del ~!*** it's not the end of the world! ***vivere fuori dal ~*** o ***nel ~ delle nuvole*** to be living in cloud-cuckoo-land *o* in a dreamworld; ***tutto il ~ è paese*** it's *o* people are the same the whole world over; ***il ~ è bello perché è vario*** there's nowt so queer as folk.

2.mondo /'mondo/ agg. LETT. **1** *(pulito)* clean **2** *(sbucciato)* peeled **3** FIG. *(puro)* pure, clean; ***~ da peccati*** purified from sin.

mondovisione /mondovi'zjone/ f. satellite broadcasting, worldwide telecast; ***trasmettere in ~*** to broadcast worldwide via satellite; ***trasmissione in ~*** worldwide TV broadcast.

monegasco, pl. **-schi, -sche** /mone'gasko, ski, ske/ ♦ ***25*** **I** agg. Monegasque **II** m. (f. **-a**) Monegasque.

monelleria /monelle'ria/ f. mischief.

monellesco, pl. **-schi, -sche** /monel'lesko, ski, ske/ agg. [*comportamento*] mischievous, naughty.

monello /mo'nɛllo/ **I** m. (f. **-a**) **1** *(ragazzo di strada)* (street) urchin **2** *(ragazzino vivace)* rascal, brat, scamp **II** agg. [*ragazzino*] mischievous, naughty.

monema /mo'nɛma/ m. moneme.

▷ **moneta** /mo'neta/ ♦ ***6*** f. **1** *(pezzo coniato)* coin; ***~ d'oro, d'argento*** a gold, silver coin; ***~ di rame*** copper; ***una ~ da 50 penny*** a 50p coin *o* piece; ***emettere una ~*** to issue a coin; ***battere ~*** to mint *o* strike coin; ***coniare una ~*** to strike a coinage; ***falsificare una ~*** to counterfeit a coin; ***mettere fuori corso una ~*** to withdraw a coin (from circulation); ***telefono a -e*** coin box **2** *(mezzo di pagamento)* money, coinage; ***~ corrente*** o ***circolante*** o ***in circolazione*** currency; ***usano i gettoni come ~*** they use tokens as currency; ***~ falsa*** counterfeit money; ***rivalutazione, svalutazione della ~*** revaluation, depreciation of currency **3** *(valuta)* currency; ***~ inglese, americana*** English, American currency **4** *(spiccioli)* change, cash; ***non ho ~*** I haven't got any small change; ***hai della ~?*** COLLOQ. have you got any change? ***60 penny in ~*** 60p in change ◆ ***ripagare qcn. con la stessa ~*** to pay sb. back with their own coin, to repay sb. in kind, to give sb. a taste of their own medicine; ***prendere qcs. per ~ corrente*** to take sth. at face value ◆◆ ***~ bancaria*** bank money; ***~ cartacea*** paper currency **U**, paper money **U**, folding money; ***~ comune*** common currency; ***~ di conto*** money of account; ***~ a corso fiduciario*** fiduciary money; ***~ a corso forzoso*** fiat money; ***~ debole*** soft currency, token money; ***~ divisionale, divisionaria*** ECON. divisional coin, fractional currency; ***~ elettronica*** e-money, e-cash; ***~ forte*** hard currency; ***~ legale*** legal tender; ***~ metallica*** specie; ***~ di riserva*** reserve currency; ***~ di scambio*** ECON. trading currency; FIG. bargaining chip; ***gli ostaggi sono serviti come ~ di scambio*** the hostages were used as a bargaining chip; ***~ unica*** single currency.

monetabile /mone'tabile/ agg. **1** *(che si può monetare)* [*metallo*] coinable **2** *(convertibile in denaro)* [*buono, biglietto*] convertible.

monetaggio, pl. **-gi** /mone'taddʒo, dʒi/ m. mintage.
monetare /mone'tare/ [1] tr. to monetize [*oro*].
monetario, pl. **-ri, -rie** /mone'tarjo, ri, rje/ agg. [*valore, stabilità, politica, riforma, ordinamento, corso, accordo, parità*] monetary; [*riserva, crisi*] cash attrib., monetary; [*mercato*] money attrib., monetary, currency attrib.; [*unità*] monetary, currency attrib.; ***sistema ~*** monetary system, coinage; ***Sistema Monetario Europeo*** European Monetary System; ***Unione Monetaria Europea*** European Monetary Unit; ***Fondo Monetario Internazionale*** International Monetary Fund; ***paniere ~*** basket of currencies; ***massa -a*** money supply.
monetarismo /moneta'rizmo/ m. monetarism.
monetarista, m.pl. **-i**, f.pl. **-e** /moneta'rista/ **I** agg. monetarist **II** m. e f. monetarist.
monetaristico, pl. **-ci, -che** /moneta'ristiko, tʃi, ke/ agg. monetarist.
monetazione /monetat'tsjone/ f. coinage, minting, mintage.
monetina /mone'tina/ f. *(moneta piccola)* small coin; ***-e*** *(spiccioli)* small change; ***tirare una ~ in aria*** to toss a coin.
monetizzare /monetid'dzare/ [1] tr. to monetize.
monetizzazione /monetiddzat'tsjone/ f. monetization.
mongolfiera /mongol'fjɛra/ f. (hot air) balloon; ***andare in ~*** to go ballooning.
Mongolia /mon'gɔlja/ ◗ ***33*** n.pr.f. Mongolia.
mongolico, pl. **-ci, -che** /mon'gɔliko, tʃi, ke/ agg. **1** *(relativo ai Mongoli e alla Mongolia)* Mongolian, Mongolic, Mongol; ***lingue -che*** Mongolic **2** ANTROP. [*occhi, tratti*] Mongolian, Mongol.
mongolide /mon'gɔlide/ **I** agg. **1** GEOGR. Mongol, Mongolian **2** MED. mongol, mongoloid **II** m. e f. **1** GEOGR. Mongol **2** MED. mongol, mongoloid.
mongolismo /mongo'lizmo/ ◗ **7** m. mongolism.
mongolo /'mɔngolo/ **I** agg. GEOGR. Mongol, Mongolian; ***l'impero ~*** the Mongolian Empire **II** m. (f. **-a**) **1** *(persona)* Mongol **2** SPREG. *(idiota)* mongol, mongoloid **3** LING. Mongol, Mongolian.
mongoloide /mongo'lɔide/ **I** agg. MED. [*tratti, bambino*] mongoloid, mongol; ***essere ~*** to be mongoloid **II** m. e f. MED. mongoloid, mongol (anche SPREG.).
mongomeri /mon'gɔmeri/ → **montgomery**.
Monica /'mɔnika/ n.pr.f. Monica, Monique.
monile /mo'nile/ m. **1** *(girocollo)* necklace **2** *(gioiello)* jewel.
monismo /mo'nizmo/ m. monism.
monista, m.pl. **-i**, f.pl. **-e** /mo'nista/ m. e f. monist.
monistico, pl. **-ci, -che** /mo'nistiko, tʃi, ke/ agg. monistical.
monito /'mɔnito/ m. (ad)monition, warning; ***il ministro ha rivolto un ~ a*** the minister issued a warning to.
monitor /'mɔnitor/ m.inv. **1** TELEV. INFORM. monitor **2** *(video)* monitor ◆◆ ***~ cardiaco*** heart monitor.
monitoraggio, pl. **-gi** /monito'raddʒo, dʒi/ m. monitoring.
monitorare /monito'rare/ [1] tr. to monitor [*operazione, esperimento*].
monitore /moni'tore/ m. (f. **-trice** /tritʃe/) *(guida)* monitor.
monitorio, pl. **-ri, -rie** /moni'tɔrjo, ri, rje/ **I** agg. [*lettera*] monitory, warning **II** m. monitory.
monitorizzare /monitorid'dzare/ [1] tr. **1** *(controllare)* to monitor **2** *(dotare di monitor)* to equip with a monitor.
monna /'mɔnna/ f. ANT. madonna, lady.
mono /'mono/ agg.inv. (accorc. monofonico) mono.
monoasse /mono'asse/ agg. [*rimorchio*] single-axe attrib.; OTT. [*cristallo*] uniaxial.
monoatomico, pl. **-ci, -che** /monoa'tɔmiko, tʃi, ke/ agg. [*molecola*] monatomic.
monoaurale /monoau'rale/ agg. monaural.
monobasico /mono'baziko/ agg. ***acido ~*** monobasic acid.
monoblocco /mono'blɔkko/ **I** agg.inv. [*motore*] monobloc, one-piece; ***cucina ~*** built-in kitchen unit **II** m. AUT. TECN. monobloc.
monocamera /mono'kamera/ f. one-roomed flat, bedsit.
monocamerale /monokame'rale/ agg. [*sistema*] unicameral.
monocarpico, pl. **-ci, -che** /mono'karpiko, tʃi, ke/ agg. monocarpic.
monocellulare /monotʃellu'lare/ agg. unicellular.
monocentrico, pl. **-ci, -che** /mono'tʃɛntriko, tʃi, ke/ agg. monocentric.
monociclo /mono'tʃiklo/ m. monocycle, unicycle.
monocilindrico, pl. **-ci, -che** /monotʃi'lindriko, tʃi, ke/ agg. [*motore*] single-cylinder attrib.
monocita /mono'tʃita/, **monocito** /mono'tʃito/ m. monocyte.
monoclinale /monokli'nale/ **I** agg. monoclinal **II** f. monocline.
monoclino /mono'klino/ agg. **1** MIN. monoclinic **2** BOT. [*pianta, fiore*] monoclinous.
monoclonale /monoklo'nale/ agg. [*anticorpi*] monoclonal.
monocolo /mo'nɔkolo/ **I** agg. [*persona*] one-eyed, single-eyed, monocular; ***i Ciclopi erano -i*** the Cyclops were one-eyed, had one eye only **II** m. **1** *(lente)* monocle, eyeglass **2** *(cannocchiale)* spy glass.
monocolore /monoko'lore/ agg.inv. [*governo*] single-party attrib.
monocoltura /monokol'tura/ f. monoculture.
monocorde /mono'kɔrde/ agg. [*voce, tono*] flat; [*discorso*] monotonous.
monocordo /mono'kɔrdo/ m. monochord.
monocotiledone /monokoti'lɛdone/ **I** agg. monocotyledonous, monocotyledon **II** f. monocotyledon.
monocromatico, pl. **-ci, -che** /monokro'matiko, tʃi, ke/ agg. monochromatic, monochrome.
monocromatismo /monokroma'tizmo/ m. monochromatism.
monocromatore /monokroma'tore/ m. monochromator.
monocromia /monokro'mia/ f. ***in ~*** in monochrome.
monocromo /mono'krɔmo, mo'nɔkromo/ agg. monochrome.
monoculare /monoku'lare/ agg. [*microscopio*] monocular.
monocultura /monokul'tura/ → **monocoltura**.
monodattilo /mono'dattilo/ agg. monodactylous.
monodia /mono'dia/ f. monody.
monodico, pl. **-ci, -che** /mo'nɔdiko, tʃi, ke/ agg. monodic.
monodose /mono'dɔze/ agg.inv. [*confezione*] single-dose attrib.
monoelica /mono'ɛlika/ agg.inv. [*nave, motore*] single-screw attrib.
monofago, pl. **-gi, ghe** /mo'nɔfago, dʒi, ge/ agg. monophagous.
monofase /mono'faze/ agg.inv. [*corrente*] monophasic, single-phase attrib.
monofisismo /monofi'zizmo/ m. Monophysism.
monofisita, m.pl. **-i**, f.pl. **-e** /monofi'zita/ **I** agg. Monophysite, Monophysitic **II** m. e f. Monophysite.
monofonico, pl. **-ci, -che** /mono'fɔniko, tʃi, ke/ agg. monaural; ***registrazione -a*** mono (recording).
monofora /mo'nɔfora/ **I** agg. ***finestra ~*** single-lancet window **II** f. single-lancet window.
monogamia /monoga'mia/ f. monogamy.
monogamico, pl. **-ci, -che** /mono'gamiko, tʃi, ke/ agg. monogamic.
monogamo /mo'nɔgamo/ **I** agg. monogamous **II** m. (f. **-a**) monogamist.
monogenesi /mono'dʒɛnezi/ f.inv. monogenesis.
monogenetico, pl. **-ci, -che** /monodʒe'nɛtiko, tʃi, ke/ agg. monogenetic.
monogeno /mo'nɔdʒeno/ agg. monogynous.
monoglottico, pl. **-ci, -che** /mono'glɔttiko, tʃi, ke/ agg. unilingual.
monografia /monogra'fia/ f. monograph (**su** on).
monografico, pl. **-ci, -che** /mono'grafiko, tʃi, ke/ agg. [*mostra*] monographic(al); ***corso ~*** UNIV. = series of lectures on a specific subject.
monografista, m.pl. **-i**, f.pl. **-e** /monogra'fista/ m. e f. monographer.
monogramma /mono'gramma/ m. monogram, cipher.
monogrammatico, pl. **-ci, -che** /monogram'matiko, tʃi, ke/ agg. monogrammatical.
monoidrato /monoi'drato/ m. monohydrate.
monokini /mono'kini/ m.inv. monokini, topless swimsuit.
monolingue /mono'lingwe/ **I** agg. [*dizionario, persona*] monolingual **II** m. e f. monolingual.
monolinguismo /monolin'gwismo/ m. monolingualism.
monolitico, pl. **-ci, -che** /mono'litiko, tʃi, ke/ agg. **1** *(blocco unico)* [*colonna*] monolithic **2** FIG. [*partito, carattere*] monolithic.
monolitismo /monoli'tizmo/ m. monolithism, monolithic quality.
monolito /mono'lito, mo'nɔlito/ m. monolith.
monolocale /monolo'kale/ m. one-room flat, one-room apartment, studio, studio apartment AE, studio flat BE, bed-sittingroom BE, efficiency apartment AE.
monologare /monolo'gare/ [1] intr. (aus. *avere*) **1** *(fare un monologo)* to recite a monologue **2** *(parlare da soli)* to talk to oneself.
monologo, pl. **-ghi** /mo'nɔlogo, gi/ m. monologue, monolog AE; ***il ~ di Amleto*** Hamlet's soliloquy ◆◆ ***~ interiore*** interior monologue.
monomandatario, pl. **-ri, -rie** /monomanda'tarjo, ri, rje/ **I** agg. ***agente ~*** one-firm agent **II** m. one-firm agent.
monomane /mo'nɔmane/ m. e f. monomaniac.
monomania /monoma'nia/ ◗ **7** f. monomania.
monomaniacale /monomanja'kale/ agg. monomaniac(al).
monomaniaco, pl. **-ci, -che** /monoma'niako, tʃi, ke/ **I** agg. monomaniac(al) **II** m. (f. **-a**) monomaniac.

monomero /mo'nɔmero/ **I** agg. monomeric **II** m. monomer.
monometallismo /monometal'lizmo/ m. monometallism.
monometrico, pl. **-ci**, **-che** /mono'mɛtriko, tʃi, ke/ agg. monometric.
monomiale /mono'mjale/ agg. monomial.
monomio, pl. **-mi** /mo'nɔmjo, mi/ m. monomial.
monomolecolare /monomoleco'lare/ agg. monomolecular.
monomorfismo /monomor'fizmo/ m. monomorfism.
monomorfico, pl. **-ci**, **-che** /mono'morfiko, tʃi, ke/ agg. monomorfic.
monomotore /monomo'tore/ **I** agg. [*aereo*] single-engine attrib. **II** m. single-engine plane.
mononucleare /mononukle'are/ agg. mononuclear.
mononucleato /mononukle'ato/ **I** agg. mononuclear **II** m. mononuclear.
mononucleosi /mononukle'ɔzi/ ♦ 7 f.inv. mononucleosis.
monoparentale /monoparen'tale/ agg. [*famiglia*] one-parent attrib., single-parent attrib.
monopartitico, pl. **-ci**, **-che** /monopar'titiko, tʃi, ke/ agg. [*sistema*] one-party attrib., single-party attrib.
monopartitismo /monoparti'tizmo/ m. single-party rule.
monopattino /mono'pattino/ m. *(veicolo giocattolo)* scooter.
monopetalo /mono'pɛtalo/ agg. monopetalous.
monopetto /mono'pɛtto/ **I** agg.inv. [*giacca*] single-breasted attrib. **II** m.inv. single-breasted suit.
monoplano /mono'plano/ m. monoplane.
monoplegia /monople'dʒia/ f. monoplegia.
Monopoli® /mo'nɔpoli/ ♦ 10 m.inv. Monopoly®.
monopolio, pl. **-li** /mono'pɔljo, li/ m. **1** monopoly; ***generi di ~*** goods subject to monopoly; ***avere il ~ di*** to have a monopoly of *o* on; ***esercitare, detenere un ~ sull'importazione delle derrate*** to exercise, have a monopoly in food imports **2** FIG. ***la scienza non è più ~ dei soli uomini*** science is no longer just a men's domain; ***la verità non è ~ di nessuno*** truth belongs to no-one ♦♦ ***~ commerciale*** commercial *o* trade monopoly; ***~ imperfetto*** near-monopoly; ***~ perfetto*** absolute *o* pure *o* perfect monopoly; ***~ di stato*** government *o* state monopoly.
monopolista, m.pl. **-i**, f.pl. **-e** /monopo'lista/ **I** agg. [*sistema, economia*] monopolistic **II** m. e f. monopolist.
monopolistico, pl. **-ci**, **-che** /monopo'listiko, tʃi, ke/ agg. [*politica*] monopolistic.
monopolizzare /monopolid'dzare/ [1] tr. **1** *(accentrare)* to monopolize, to sew up, to hog COLLOQ. [*mercato*] **2** FIG. to monopolize [*attenzione*].
monopolizzatore /monopoliddza'tore/ **I** agg. monopolising **II** m. (f. **-trice** /tritʃe/) monopolizer.
monopolizzazione /monopoliddzat'tsjone/ f. **1** COMM. *(di mercato, mezzi di produzione)* monopolization **2** FIG. *(di potere, persona)* monopolization.
monoposto /mono'posto/ **I** agg.inv. [*auto, aereo*] single-seat attrib.; [*bob*] one-man **II** m.inv. AER. single seater **III** f.inv. AUT. single seater.
monoprogrammazione /monoprogrammat'tsjone/ f. monoprogramming.
monopsonio, pl. **-ni** /monop'sɔnjo, ni/ m. monopsony.
monopsonista, m.pl. **-i**, f.pl. **-e** /monopso'nista/ m. e f. monopsonist.
monoptero /mo'nɔptero/ agg. [*tempio*] monopteral.
monoreattore /monoreat'tore/ **I** agg. [*aereo*] single-jet attrib. **II** m. single-jet.
monoreddito /mono'rɛddito/ agg.inv. [*famiglia*] one-income attrib.
monorotaia /monoro'taja/ **I** agg.inv. [*ferrovia*] monorail **II** f. monorail.
monosaccaride /monosak'karide/ m. monosaccharide.
monoscafo /monos'kafo/ **I** agg.inv. [*barca*] monocoque **II** m. *(barca)* monocoque.
monoscì /monoʃ'ʃi/ m.inv. monoski.
monoscocca /monos'kɔkka/ **I** agg.inv. [*auto*] monocoque **II** f.inv. *(auto)* monocoque.
monoscopio, pl. **-pi** /monos'kɔpjo, pi/ m. monoscope, test card BE, test pattern AE.
monosemia /monose'mia/ f. monosemy.
monosemico, pl. **-ci**, **-che** /mono'sɛmiko, tʃi, ke/ agg. monosemic.
monosepalo /mono'sɛpalo/ agg. monosepalous, unisepalous.
monosillabico, pl. **-ci**, **-che** /monosil'labiko, tʃi, ke/ agg. monosyllabic.
monosillabo /mono'sillabo/ **I** agg. monosyllabic **II** m. monosyllable; ***rispondere a -i*** to answer in monosyllables.
monosoma /mono'sɔma/ m. monosome.
monosomia /monoso'mia/ f. monosomy.
monospermo /monos'pɛrmo/ agg. monospermous.
monossido /mo'nɔssido/ m. monoxide ♦♦ ***~ di carbonio*** carbon monoxide.
monoteismo /monote'izmo/ m. monotheism.
monoteista, m.pl. **-i**, f.pl. **-e** /monote'ista/ agg., m. e f. monotheist.
monoteistico, pl. **-ci**, **-che** /monote'istiko, tʃi, ke/ agg. monotheistic.
monotematico, pl. **-ci**, **-che** /monote'matiko, tʃi, ke/ agg. [*composizione musicale*] monothematic; [*libro*] based on a single subject, monothematic.
monotipo /mono'tipo/ m.inv. monotype.
monotonamente /monotona'mente/ avv. [*parlare, ripetere*] monotonously, flatly, dully.
monotonia /monoto'nia/ f. monotony; ***la ~ di un film*** the monotony of a film; ***uscire dalla ~ della vita quotidiana*** to escape the monotony *o* humdrum of everyday life; ***la ~ della sua voce*** the flatness *o* dullness of his voice.
▷ **monotono** /mo'nɔtono/ agg. **1** [*paesaggio, giornate*] monotonous, tedious; [*vita*] dull, boring, humdrum; [*voce*] flat, dull; [*discorso, testo*] boring, dull; ***parlare in modo ~*** to speak in a monotone **2** MAT. [*funzione*] monotonic.
monotremo /mono'trɛmo/ m. monotreme.
monottongo, pl. **-ghi**, **-ghe** /monot'tɔngo, gi, ge/ m. monophthong, pure vowel.
Monotype® /mono'taip/ f.inv. Monotype®.
monouso /mono'uzo/ agg.inv. [*siringa, rasoio, lente*] disposable.
monovalente /monova'lɛnte/ agg. [*siero, vaccino, legame*] monovalent, univalent.
monovalenza /monova'lɛntsa/ f. univalence.
monovitigno /monovi'tiɲɲo/ agg.inv. varietal.
monovolume /monovo'lume/ **I** agg.inv. ***auto ~*** people carrier, space wagon **II** m. e f.inv. AUT. people carrier, space wagon.
monovulare /monovu'lare/ agg. monovular.
monozigote /monoddzi'gɔte/ agg. [*gemelli*] monozygotic, identical.
monozigotico, pl. **-ci**, **-che** /monoddzi'gɔtiko, tʃi, ke/ → **monozigote**.
mons. ⇒ monsignore Monseigneur, Monsignor (Mgr).
monsignore /monsiɲ'ɲore/ ♦ **1** m. *(rivolgendosi a principi e vescovi)* monseigneur; *(rivolgendosi a prelati cattolici)* monsignor.
monsone /mon'sone/ m. monsoon; ***nella stagione dei -i*** during the monsoon (season).
monsonico, pl. **-ci**, **-che** /mon'sɔniko, tʃi, ke/ agg. monsoonal; ***piogge -che*** monsoon rains.
monta /'monta/ f. **1** ALLEV. service, covering; ***stazione di ~*** stud (farm) **2** EQUIT. ***~ inglese*** English riding; ***~ senza sella*** bareback riding **3** ARCH. *(di arco)* rise.
montacarichi /monta'kariki/ m.inv. (service) lift BE, (hoist) elevator AE.
montaggio, pl. **-gi** /mon'taddʒo, dʒi/ m. **1** *(assemblaggio)* assembly, assembling; *(di tenda)* putting up, erection; *(di serratura)* fitting; ***reparto, officina di ~*** assembly shop, plant; ***catena di ~*** assembly line, production line; ***~ in serie*** EL. connection in series; ***istruzioni per il ~*** assembly instructions **2** CINEM. *(di film)* edit, editing, cutting, montage; ***sala di ~*** cutting room; ***tavolo di ~*** cutting table; ***tecnico del ~*** editor; ***tagliare in fase di ~*** to edit out ♦♦ ***~ sonoro*** tape edit.
▶ **montagna** /mon'taɲɲa/ f. **1** *(altura)* mountain, mount; ***~ sottomarina*** seamount; ***scarpone da ~*** climbing boot; ***il discorso della Montagna*** BIBL. the Sermon of the Mount; ***scalare una ~*** to climb a mountain; ***il torrente scorreva veloce giù per la ~*** the stream rushed down the mountainside; ***Montagne Rocciose*** Rocky Mountains, Rockies **2** *(regione montagnosa)* ***la ~*** the mountains; ***una settimana in ~*** a week in the mountains; ***andare in ~*** to go to the mountains; ***di ~*** [*strada, animale*] mountain attrib.; ***nevica in alta, bassa ~*** it's snowing on the upper, lower slopes; ***villaggio situato in alta ~*** village high up in the mountains; ***villaggio di bassa ~*** village on the foothills of the mountains; ***stazione sciistica di mezza ~*** medium altitude ski resort; ***mal di ~*** mountain sickness; ***zona di ~*** alpine *o* mountain area; ***canti di ~*** = folk songs typical of alpine regions **3** *(grande quantità)* mountain, mound, heap, pile (**di** of); ***delle -e di biancheria da stirare, di lavoro, di carte*** mountains of ironing, work, papers; ***ho una ~ di giornali da leggere*** I have a mound of newspapers to read; ***mangiare una ~ di dolci*** to eat tons of sweets; ***abbiamo una ~ di cose da fare*** we've got heaps of things to do ♦ ***la fede smuove le -e*** faith moves mountains; ***grande*** o ***grosso come***

una ~ as big as a mountain; ***se la ~ non va a Maometto, Maometto va alla montagna*** if the mountain will not come to Mohammed, then Mohammed must go to the mountain ◆◆ ***-e russe*** roller-coaster, switchback BE.

montagnardo /montaɲ'ɲardo/ m. STOR. Montagnard.

montagnola /montaɲ'ɲɔla/ f. mound, hillock, hummock, hill.

montagnoso /montaɲ'ɲoso/ agg. [*regione*] mountainous.

montanaro /monta'naro/ **I** agg. [*popolazione, abitudini*] mountain attrib.; ***canti -i*** = folk songs typical of alpine regions **II** m. (f. **-a**) mountain dweller, mountaineer AE.

montano /mon'tano/ agg. [*paesaggio*] mountainous, mountain attrib.; ***comunità -a*** = territorial association in a mountain region.

montante /mon'tante/ **I** agg. [*marea*] incoming, rising **II** m. **1** TECN. upright, strut, stud, stanchion; *(di porta)* (door) jamb, door-post, stile; *(di scala a chiocciola)* newel, string(board); *(di ringhiera)* newel (post) **2** AUT. pillar **3** *(nel calcio)* upright, goal-post **4** *(nel pugilato)* uppercut **5** ECON. amount; *(di debito)* deficiency payment ◆◆ ~ ***compensativo*** (monetary) compensatory amount; ~ ***del morso*** EQUIT. cheekpiece.

▶ **montare** /mon'tare/ [1] **I** tr. **1** *(cavalcare)* to ride*, to straddle [*cavallo*] **2** *(salire)* to mount, to go* up, to climb [*scala, gradini*] **3** ZOOL. *(fecondare)* to mount, to cover, to serve, to service **4** FIG. *(gonfiare, enfatizzare)* to blow* up, to play up, to exaggerate [*notizia*] **5** TECN. *(assemblare)* to assemble [*mobile, apparecchio, macchina*]; to erect, to set* up, to put* up [*tenda*]; *(installare)* to fit [*serratura, porta, finestra*]; to fix (up), to put* up [*scaffale*]; to get* on [*ruota*]; to hang* [*cancello, porta*]; ***ci siamo fatti ~ una nuova cucina*** we had a new kitchen installed; ***è montata la tenda?*** is the tent up? **6** CINEM. to edit, to cut* [*film*] **7** *(incastonare)* to mount, to set* [*pietra preziosa*] **8** *(incorniciare)* to mount [*incisione, stampa, fotografia*] **9** GASTR. to whip [*albume, panna, maionese*]; ***panna da ~*** whipping cream; ~ ***i bianchi a neve*** beat the egg whites until stiff **10** MIL. ~ ***la guardia a qcn., qcs.*** to mount (a) guard over sb., sth. **II** intr. **1** (aus. *essere*) *(salire)* to mount, to climb; ~ ***sulle spalle di qcn.*** to climb *o* mount on sb.'s shoulders; ~ ***su un albero*** to climb a tree; ~ ***in bicicletta*** to get *o* jump on one's bike; ***monta in macchina!*** get in the car! ~ ***in treno*** to get on the train; ~ ***sulla scala*** to climb (up) the ladder; ~ ***in groppa a*** to get (up) on *o* to mount [*asino, cavallo*]; ~ ***in sella*** to climb into the saddle **2** (aus. *avere*) *(cavalcare)* to ride* **3** (aus. *essere*) *(aumentare)* [*marea*] to rise*, to flow; ***il livello delle acque è montato*** the level of the waters has risen **4** (aus. *essere*) FIG. *(crescere d'intensità)* [*collera*] to mount, to surge, to build* up; ***gli è montato il sangue alla testa*** the blood rose *o* rushed to his head **5** (aus. *essere*) *(sorgere)* [*astri*] to rise* **6** (aus. *essere*) MIL. ~ ***di guardia*** to go on guard, to mount guard, to go on watch **III montarsi** pronom. ***-rsi la testa (per qcs.)*** to get a swelled head, to have a swollen head, to get above oneself, to get too big for one's boots *o* breeches; ***hai vinto, ma non montarti la testa*** you've won, but don't let it go to your head ◆ ~ ***la testa a qcn.*** to make sb.'s head swell; ~ ***in bestia*** to fly off the handle, to fly into a rage, to blow a fuse; ~ ***in collera*** to fly into a rage *o* temper, to work oneself into a rage; ~ ***in cattedra*** o ***sul pulpito*** to pontificate, to get on one's high horse.

montata /mon'tata/ f. **1** *(crescita di livello)* rise, rising; ***la ~ della linfa in un albero*** the rising of the sap in a tree **2** FISIOL. ~ ***lattea*** lactation onset; ***quando avviene la ~ lattea*** when the milk comes (in).

montato /mon'tato/ **I** p.pass. → **montare II** agg. **1** GASTR. [*panna, albumi*] whipped **2** GERG. swollen headed, swell headed AE, stuck-up **III** m. (f. **-a**) ***essere un ~*** to have a swollen head, to be swollen headed, to be a swellhead AE.

montatoio, pl. **-oi** /monta'tojo, oi/ m. *(predellino)* running board; *(per montare a cavallo)* mounting block.

montatore /monta'tore/ ▶ ***18*** **I** agg. ***meccanico ~*** fitter; ***macchina -trice*** assembling machine **II** m. (f. **-trice** /trit∫e/) **1** IND. mounter, assembler **2** CINEM. editor.

montatura /monta'tura/ f. **1** *(supporto)* frame, set-up; *(degli occhiali)* mount, frames pl.; ***occhiali con ~ di tartaruga*** horn-rimmed frames, glasses with tortoiseshell frames **2** *(montaggio)* mounting; *(incastonatura)* mounting, setting **3** FIG. *(invenzione)* fabrication, set-up; *(esagerazione)* stunt, puff, puffery.

montavivande /montavi'vande/ m.inv. dumbwaiter.

▶ **monte** /'monte/ m. **1** *(montagna)* mountain; ***-i metalliferi*** metalliferous mountains; ***i piedi, la cima di un ~*** the foot, the peak of a mountain **2** GEOGR. *(seguito da un nome proprio)* mount; ***il ~ Bianco*** Mont Blanc; ***il ~ Everest*** Mount Everest; ***il ~ degli Ulivi*** the Mount of Olives **3** FIG. *(grande quantità)* mountain, mound, heap, pile (**di** of); ***avere un ~ di cose da fare*** to have a mountain *o* heaps of things to do **4** GIOC. *(carte scartate)* discarded cards pl. **5** *(in chiromanzia)* mount **6 a monte** upstream, upriver (**di** of); ***lo sci a ~*** the upper *o* uphill ski; ***risolvere un problema a ~*** to get to the root of the problem; ***andare a ~*** [*progetto, piano*] to fall through, to go down the drain COLLOQ.; ***mandare a ~*** to wreck, to scrap, to scrub, to scuttle [*negoziati, progetti*]; ***mandare a ~ il fidanzamento*** to break (off) the engagement ◆ ***per -i e per valli*** up hill and down dale BE, over hill and dale AE; ***promettere mare e -i a qcn.*** to promise sb. the earth *o* the moon; ***cercare qcs. per mari e per -i*** to search *o* hunt high and low for sth.; ***smuovere mari e -i per ottenere qcs.*** = to work really hard at getting sth. ◆◆ ~ ***ore*** BUROCR. total number of hours; ~ ***dei pegni*** o ***di pietà*** pawnshop; ***impegnare qcs. al ~ di pietà*** to pawn sth.; ~ ***premi*** jackpot, price money; ~ ***dei salari*** total wages; ~ ***di Venere*** ANAT. mons veneris.

montebianco, pl. **-chi** /monte'bjanko, ki/ m. GASTR. = cake made with chestnuts, milk and whipped cream.

Montecarlo /monte'karlo/ ▶ ***2*** n.pr.m. Monte Carlo.

Montecchi /mon'tekki/ n.pr. Montague; ***i ~*** the Montagues.

Montecitorio /montɛtsi'tɔrjo/ n.pr.m. = the Italian Chamber of Deputies.

> **Montecitorio** The *Palazzo di Montecitorio*, in the square of the same name in the centre of Rome, was built between 1650 and 1697 as the seat of the papal courts. Extended and renovated, it has been the home of the Chamber of Deputies of the Italian Parliament since 1871. In the media, the term *Montecitorio* is used to mean the Chamber of Deputies itself (see ***Camera***).

montenegrino /montene'grino/ ▶ ***25*** **I** agg. Montenegrin **II** m. (f. **-a**) Montenegrin.

Montenegro /monte'negro/ ▶ ***33*** n.pr.m. Montenegro.

montepremi /monte'prɛmi/ m.inv. jackpot, price money.

montgomery /mon'gɔmeri/ m.inv. duffel coat.

monticello /monti't∫ɛllo/ m. *(piccolo monte)* monticule; *(montagnola, mucchietto)* mound, hillock, hummock, hill.

montone /mon'tone/ m. **1** ZOOL. ram, tup **2** GASTR. ***(carne di) ~*** mutton; ***collo di ~*** scrag (end) **3** *(pelle)* sheepskin; ***(giacca di) ~*** sheepskin jacket **4** MIL. battering ram.

montuosità /montuosi'ta/ f.inv. mountainousness.

montuoso /montu'oso/ agg. [*paesaggio*] mountainous, mountain attrib.; [*zona, regione*] mountainous, upland; ***catena -a*** mountain range.

monumentale /monumen'tale/ agg. **1** ART. [*scultura, scalinata, cimitero*] monumental **2** *(imponente)* [*opera*] monumental.

monumentalità /monumentali'ta/ f.inv. monumentality.

▶ **monumento** /monu'mento/ m. **1** *(commemorativo)* monument, memorial; ***un ~ ai caduti*** a war memorial; ***un ~ alla memoria delle vittime*** a monument to the dead *o* in memory of the victims; ~ ***funebre*** tomb, funeral monument; ***fare un ~ a*** to erect a monument to [*personaggio*] **2** *(edificio)* ***visitare i -i di Roma*** to go sightseeing in Rome, to see the sights of Rome **3** FIG. monument; ***un ~ della pittura*** a masterpiece of painting ◆◆ ~ ***nazionale*** national monument.

moquettare /moket'tare/ [1] tr. to carpet [*stanza*].

moquette /mo'kɛt/ f.inv. carpet, carpeting, fitted carpet, wall-to-wall carpet, moquette; ***rivestire di ~, mettere la ~ in*** to carpet [*stanza*].

moquettista, m.pl. **-i**, f.pl. **-e** /moket'tista/ ▶ ***18*** m. e f. (carpet) fitter.

1.mora /'mɔra/ f. DIR. *(ritardo)* delay; *(somma)* arrears pl.; ***ingiunzione*** o ***costituzione in ~*** injunction to pay; ***cadere in ~*** to fall into arrears; ***mettere in ~*** to bring a default action; ~ ***nella consegna*** delay in delivery; ***interessi di ~*** interest on delayed payment; ***pagare una ~ di 500 euro*** to pay 500 euros in fines.

2.mora /'mɔra/ f. BOT. *(di gelso)* mulberry; *(di rovo)* blackberry, bramble BE, dewberry.

3.mora /'mɔra/ f. *(donna bruna)* brunette.

▶ **morale** /mo'rale/ **I** agg. **1** *(etico)* [*precetto, codice, legge, dovere*] moral; [*condotta*] ethical; *(dei costumi)* [*corruzione*] moral; ***non avere senso ~*** to have no morals *o* no sense of right and wrong; ***prendere l'impegno ~ di fare qcs.*** to make a binding commitment to do sth.; ***sul piano ~*** morally; ***ente ~*** no-profit organization; ***vincitore ~*** moral winner; ***avere la statura ~ di un presidente*** to have the necessary qualities *o* moral standards to be a president **2** *(spirituale)* [*coraggio, dolore, sostegno*] moral; [*dolore, sofferenza*] mental; ***è stato un vero schiaffo ~ per lui*** it was a real slap in the face for him; ***sul piano ~ come su quello fisico*** mentally and physically **3** *(che riguarda beni immateriali)* [*danno, ricatto*] moral **4** FILOS. [*filosofo*] moral; ***filosofia ~*** moral philosophy, ethics; ***un'o-***

pera di filosofia ~ a work of moral philosophy *o* on ethics **II** m. *(disposizione di spirito)* morale; ***il ~ delle truppe è alto, basso*** the troops' morale is high, low; ***essere su di*** ~ to be in good spirits; ***essere giù di*** ~ to feel down; ***avere il ~ a terra*** to be at an all-time low, to be down in the dumps; ***sollevare*** o ***tirar su il ~ a qcn.*** to cheer sb. up, to raise *o* lift sb.'s morale *o* spirits; ***tenersi su di ~, tenere alto il*** ~ to keep one's spirits up; ***tirarsi su di*** ~ to cheer up; ***rovinare*** o ***buttare giù il ~ di qcn.*** to break sb.'s spirit, to lower sb.'s morale **III** f. **1** *(etica)* morals pl., morality, ethics; ***atteggiamento contrario alla*** ~ immoral attitude; ***essere contrario alla*** ~ not to be ethical, to be unethical; ***agire, giudicare secondo la*** ~ to act, judge according to morals *o* ethics; ***la ~ cristiana, borghese*** Christian, bourgeois morals; ***la loro*** ~ their moral code; ***obbedire a una ~ severa*** to live by a strict moral code, to have strict morals; ***offendere la ~ comune*** to offend public morals; ***non avere alcuna*** ~ to have no morals **2** *(insegnamento)* moral; ***la ~ della favola*** the moral of the story; ***la ~ di tutto ciò*** the moral of all this; ***~ della favola, non siamo più partiti*** to cut a long story short, we didn't leave; ***trarre la ~ da qcs.*** to draw a moral from sth.; ***fare la ~ a qcn.*** to give sb. a lecture.

moraleggiante /moraled'dʒante/ agg. [*persona, discorso, tono, finale*] moralising, preachy.

moraleggiare /moraled'dʒare/ [1] intr. (aus. *avere*) SPREG. *(sentenziare)* to moralize, to preach (**su** on, about).

moralismo /mora'lizmo/ m. moralism (anche FILOS.).

moralista, m.pl. **-i**, f.pl. **-e** /mora'lista/ **I** agg. moralistic (anche SPREG.) **II** m. e f. moralist (anche SPREG.).

moralisticamente /moralistika'mente/ avv. [*parlare, comportarsi*] virtuously, self-righteously.

moralistico, pl. **-ci**, **-che** /mora'listiko, tʃi, ke/ agg. [*atteggiamento, affermazioni*] moralistic.

moralità /morali'ta/ f.inv. **1** *(di persona, azione, società)* morality, morals pl.; ***un individuo di dubbia*** ~ a man of loose morals *o* of doubtful morality; ***essere senza*** ~ to have no morals; ***la ~ pubblica*** public morals **2** LETTER. morality play.

moralizzare /moralid'dzare/ [1] tr. *(rendere conforme ai valori morali)* to moralize [*campagna elettorale, vita pubblica*]; to clean up [*costumi*].

moralizzatore /moraliddza'tore/ **I** agg. [*persona, tono, discorso, storia*] moralizing **II** m. (f. **-trice** /tritʃe/) moralizer.

moralizzazione /moraliddzat'tsjone/ f. **1** *(delle masse, del regime, della stampa)* moralization **2** *(dei costumi)* cleaning up.

moralmente /moral'mente/ avv. **1** *(conformemente alla morale)* morally; ***essere ~ responsabile*** to be morally responsible **2** *(psicologicamente)* morally, psychologically; ***sostenere qcn.*** ~ to give sb. moral support, to back sb. up.

moratoria /mora'tɔrja/ f. moratorium*; ***concedere una*** ~ to grant a moratorium *o* a postponement.

moratorio, pl. **-ri**, **-rie** /mora'tɔrjo, ri, rje/ agg. [*sentenza, interessi*] moratory.

Moravia /mo'ravja/ ➧ ***30*** n.pr.f. Moravia.

moravo /mo'ravo/ ➧ ***30*** **I** agg. Moravian **II** m. (f. **-a**) Moravian.

morbidamente /morbida'mente/ avv. [*atterrare*] softly.

morbidezza /morbi'dettsa/ f. *(di sostanza, carattere)* softness; *(di pelle, capelli)* softness, smoothness; *(di tinte, suoni)* softness, mellowness.

▷ **morbido** /'mɔrbido/ **I** agg. **1** *(soffice)* [*mani, letto, cuscino*] soft; [*capelli, pelle, tessuto*] soft, smooth; [*maglione, pelliccia, tappeto*] soft, fluffy; *(molle)* [*terreno, formaggio*] soft; ***~ al tatto*** soft to the touch **2** *(delicato)* [*voce, colore*] mellow, soft; ***in modo*** ~ [*decollare, atterrare*] softly, gently **3** *(flessibile)* [*cuoio, collo*] soft; ***lenti -e*** soft lenses **4** *(dolce, sinuoso)* [*forma, contorno*] soft, smooth; ***un abito dalla linea -a*** a loose-fitting, loosely tailored dress **5** ART. ***matita (a punta) -a*** soft pencil; ***linea -a*** flowing line; ***tocco*** ~ delicate, soft touch **6** FIG. ***adottare la linea -a con qcn.*** to take a soft line on sb. **II** m. ***cadere, dormire sul*** ~ to fall, sleep on something soft.

morbilità /morbili'ta/ f.inv. MED. *(stato patologico)* morbidity.

morbilliforme /morbilli'forme/ agg. morbilliform.

morbillo /mor'billo/ ➧ ***7*** m. measles pl. + verbo sing., morbilli pl.

morbilloso /morbil'loso/ agg. morbillous.

morbo /'mɔrbo/ ➧ ***7*** m. disease, illness; ***il ~ si diffuse rapidamente*** the epidemic *o* plague spread rapidly ◆◆ ***~ di Alzheimer*** Alzheimer's disease; ***~ blu*** (congenital) cyanosis, cyanotic disease; ***~ di Bright*** Bright's disease; ***~ celiaco*** coeliac *o* celiac AE disease; ***~ di Creutzfeld-Jakob*** Creutzfeld-Jakob disease; ***~ del legionario*** legionnaire's disease; ***~ della mucca pazza*** mad cow disease; ***~ di Parkinson*** Parkinson's disease.

morbosamente /morbosa'mente/ avv. morbidly.

morbosità /morbosi'ta/ f.inv. morbidity.

▷ **morboso** /mor'boso/ agg. **1** MED. [*stato*] pathological, morbid; [*pallore*] unhealthy, sickly **2** FIG. [*gelosia, timidezza*] morbid, pathological; *(perverso)* [*fantasia, curiosità*] morbid, sick, unhealthy.

morchia /'mɔrkja/ f. sludge.

mordace /mor'datʃe/ agg. **1** CHIM. [*acido*] caustic, corrosive **2** *(caustico, pungente)* [*ironia, critica, tono, persona*] biting, caustic, mordacious; [*umorismo*] biting, keen, sharp; ***essere*** ~ to be caustic (**nei confronti di qcn., qcs.** towards sb., sth.); ***avere uno spirito*** ~ to be sharp-tongued.

mordacemente /mordatʃe'mente/ avv. bitingly, caustically.

mordacità /mordatʃi'ta/ f.inv. bite, causticity, mordacity; ***la ~ di un epigramma*** the bite of an epigramme; ***la ~ delle loro osservazioni*** o ***critiche*** the sharpness of their remarks; ***con*** ~ bitingly, caustically.

mordente /mor'dɛnte/ **I** m. **1** CHIM. mordant, stain **2** MUS. mordent **3** *(incisività, grinta)* bite, pungency, spice; ***il suo discorso, film ha*** ~ his speech, film has bite; ***il suo stile ha perso*** ~ his style has lost its edge; ***essere senza*** ~ to lack spice **II** agg. **1** *(pungente)* [*freddo*] biting **2** TECN. ***benna*** ~ grab.

▷ **mordere** /'mɔrdere/ [61] **I** tr. **1** *(addentare)* [*cane, persona*] to bite* [*persona, animale, oggetto*]; [*ragno, serpente*] to bite* [*animale, persona*]; [*persona*] to bite* into [*mela, panino*]; ***~ qcn. alla gamba, al braccio*** to bite sb. on the leg, arm, to bite sb.'s leg, arm; ***il cane mi ha morso il polpaccio, l'orecchio*** the dog bit my calf, ear; ***farsi*** ~ to get bitten (**da** by) **2** *(pungere)* [*zanzara*] to bite*; ***oggi il freddo morde*** FIG. today it's biting cold **3** *(corrodere)* [*acido, ruggine*] to eat* into, to corrode [*metallo, placca*] **4** *(scalfire)* [*lima*] to bite* into [*metallo*] **5** FIG. *(aderire)* ***~ l'asfalto*** [*pneumatici*] to grip the road **II mordersi** pronom. **1** *(se stesso)* ***-rsi le labbra*** to bite one's lip; ***-rsi la lingua*** to bite one's tongue (anche FIG.) **2** *(l'un l'altro)* to bite* each other ◆ ***~ il freno*** to have *o* take the bit between one's teeth, to chafe *o* champ at the bit; ***~ la polvere*** to bite the dust; ***-rsi le mani*** o ***le dita*** to kick oneself; ***can che abbaia non morde*** PROV. one's bark is worse than one's bite; ***mordi e fuggi*** COLLOQ. [*vacanza, viaggio*] very short.

mordicchiare /mordik'kjare/ [1] **I** tr. to nibble, to nip; ***~ la matita*** to chew the pencil **II mordicchiarsi** pronom. ***-rsi le labbra*** to bite one's lips.

mordigallina /mordigal'lina/ f. pimpernel.

mordorè /mordo'rɛ/ agg.inv. [*tonalità*] golden-brown.

morella /mo'rɛlla/ f. morel, nightshade.

morello /mo'rɛllo/ **I** agg. blackish **II** m. (f. **-a**) black horse.

morena /mo'rɛna/ f. moraine.

morenico, pl. **-ci**, **-che** /mo'rɛniko, tʃi, ke/ agg. [*anfiteatro, sabbie*] morainal, morainic.

morente /mo'rɛnte/ **I** agg. **1** *(in punto di morte)* [*persona, animale*] dying (**di** of) **2** *(in declino)* [*sole*] dying, sinking, fading; [*luce*] fading **II** m. e f. dying person.

moresca, pl. **-sche** /mo'resko, ske/ f. *(danza)* Morisco.

moresco, pl. **-schi**, **-sche** /mo'resko, ski, ske/ agg. [*civiltà*] Moorish, Morisco; [*arco, stile, arte*] Moorish, Moresque, Morisco; ***scimitarra -a*** alfange.

moretta /mo'retta/ f. **1** *(brunetta)* brunette **2** *(ragazza di pelle nera)* black girl **3** ZOOL. tufted duck, scaup (duck) ◆◆ ***~ americana*** canvasback; ***~ arlecchino*** harlequin duck; ***~ grigia*** greater scaup.

moretto /mo'retto/ m. **1** *(ragazzo) (dai capelli scuri)* dark-haired boy; *(dalla pelle scura)* dark-skinned boy **2** *(ragazzo di pelle nera)* black boy.

more uxorio /'mɔreuk'sɔrjo/ avv. [*convivere*] as husband and wife; ***convivenza*** ~ common law marriage.

morfema /mor'fɛma/ m. morpheme.

morfematico, pl. **-ci**, **-che** /morfe'matiko, tʃi, ke/ agg. morphemic.

morfemico, pl. **-ci**, **-che** /mor'fɛmiko, tʃi, ke/ agg. morphemic.

Morfeo /mor'fɛo/ n.pr.m. Morpheus ◆ ***essere tra le braccia di*** ~ to be in the arms of Morpheus.

morfina /mor'fina/ f. morphine.

morfinismo /morfi'nizmo/ ➧ ***7*** m. morphinism.

morfinomane /morfi'nɔmane/ m. e f. morphine addict.

morfinomania /morfinoma'nia/ f. morphine addiction.

morfismo /mor'fizmo/ m. morphism.

morfo /'mɔrfo/ m. LING. morph.

morfofonema /morfofo'nɛma/ m. morphophoneme.

morfofonematica /morfofone'matika/ f. → **morfonologia**.

morfofonologia /morfofonolo'dʒia/ f. → **morfonologia**.

morfogenesi /morfo'dʒɛnezi/ f.inv. morphogenesis.

morfologia /morfolo'dʒia/ f. morphology.

morfologicamente /morfolodʒika'mente/ avv. morphologically.
morfologico, pl. **-ci, -che** /morfo'lɔdʒiko, tʃi, ke/ agg. morphological.
morfologista, m.pl. **-i**, f.pl. **-e** /morfolo'dʒista/ m. e f. morphologist.
morfometria /morfome'tria/ f. morphometry.
morfonologia /morfonolo'dʒia/ f. morphophonemics + verbo sing.
morfosintassi /morfosin'tassi/ f.inv. morphosyntax.
morfosintattico, pl. **-ci, -che** /morfosin'tattiko, tʃi, ke/ agg. morphosyntactic.
Morgana /mor'gana/ n.pr.f. Morgan; ***Fata*** ~ Morgan the Fay.
morganatico, pl. **-ci, -che** /morga'natiko, tʃi, ke/ agg. [*matrimonio*] morganatic.
moria /mo'ria/ f. **1** *(epidemia)* plague, pestilence; ~ ***del bestiame*** murrain **2** BOT. blight.
▷ **moribondo** /mori'bondo/ **I** agg. [*persona*] dying, moribund; ***il soldato era*** ~ the soldier lay dying **II** m. (f. **-a**) dying person; ***i -i*** the dying.
morigeratamente /moridʒerata'mente/ avv. soberly, moderately.
morigeratezza /moridʒera'tettsa/ f. moderation, sobriety, temperance.
morigerato /moridʒe'rato/ agg. [*persona, costumi*] moderate, temperate, sober.
moriglione /moriʎ'ʎone/ m. dun-bird, pochard.
1.morione /mo'rjone/ m. STOR. morion.
2.morione /mo'rjone/ m. MINER. morion.
▶ **morire** /mo'rire/ [103] intr. (aus. *essere*) **1** *(cessare di vivere)* [*persona, animale, pianta*] to die; ~ ***di cancro, per una crisi cardiaca*** to die of cancer, of a heart attack; ~ ***di morte naturale, violenta*** to die a natural, violent death; ~ ***per cause naturali*** to die of natural causes; ~ ***di malattia*** to die of *o* from a disease; ~ ***di parto*** to die in childbirth; ~ ***dal dispiacere, di crepacuore*** to die of grief, of a broken heart; ~ ***annegato*** to drown; ~ ***dissanguato*** to bleed to death; ~ ***da eroe*** to die a hero *o* a hero's death; ~ ***ammazzato*** to be murdered; ~ ***avvelenato*** to die of poisoning, to be poisoned; ~ ***soffocato*** to choke to death; ~ ***strangolato*** to be strangled to death; ~ ***nel sonno, nel proprio letto*** to die in one's sleep, bed; ~ ***coi conforti della religione*** to die in the grace of God; ~ ***in guerra*** o ***in battaglia*** to die in battle *o* on the battlefield; ~ ***per la patria, per la libertà*** to die for one's country, for liberty; ~ ***in un incidente d'auto*** to get killed in a car accident; ~ ***all'età di*** o ***a novant'anni*** to die at ninety; ~ ***povero*** to die a pauper; ~ ***giovane*** to die young; ~ ***felice*** to die happy *o* a happy man; ~ ***alla nascita*** [*bambino*] to die at birth; ~ ***sul nascere*** FIG. [*progetto, idea*] to die *o* wither on the vine; ~ ***di fame*** to starve to death, to die of starvation; FIG. to be starving; ~ ***di freddo*** o ***assiderato*** o ***per assideramento*** to freeze to death; ***sto morendo di freddo*** FIG. I'm freezing; ***muoio di sete*** FIG. I'm dying of thirst; ***sto morendo dal*** o ***di sonno*** FIG. I'm dropping with tiredness, I'm asleep on my feet; ~ ***di curiosità*** FIG. to be dying *o* burning with curiosity; ~ ***di paura, di noia*** FIG. to be frightened, bored to death; ~ ***dal ridere*** FIG. to kill oneself *o* die laughing; ~ ***di vergogna*** FIG. to die a thousand deaths; ~ ***dalla voglia di qcs., di fare qcs.*** to be dying *o* pining for sth., to do sth.; ***mangiare tutto questo? vuoi farmi ~!*** SCHERZ. eating all this stuff? do you want to kill me? ***meglio*** ~ o ***preferirei*** ~ ***piuttosto che chiedergli un favore*** I'd sooner *o* rather die than ask him a favour; ***voglio*** ~ ***se..., che io muoia se...*** I'll eat my hat if...; ***che io possa*** ~ ***se è vero!*** may I drop down dead if it's true! ***preferirei ~!*** I'd die first! ***muore per lui*** she's pining for him; ***due ore prima di*** ~ two hours before dying *o* his death; ***gli è morta la nonna*** he has lost his grandmother; ***credevo di*** ~ I thought I'd die; ***volevo*** o ***mi sono sentito*** ~ ***quando*** I wanted to die *o* I could have died when; ***lasciare*** ~ ***qcn.*** to let sb. die (**di qcs.** of sth.); ***lasciarsi*** ~ ***di fame*** to starve oneself (to death); ***fare*** ~ ***una pianta*** to kill a plant (off); ***quella tesi la farà*** ~ FIG. that thesis will be the death of her; ***mi fa*** ~ ***con le sue battute*** FIG. his jokes just kill me; ***l'autore fa*** ~ ***l'eroina al terzo atto*** the author kills off the heroine on the third act **2** *(scomparire, estinguersi)* [*civiltà, tradizione, sentimento, amicizia*] to die* (out); ***queste usanze stanno lentamente morendo*** these costumes are slowly dying out **3** LETT. *(spegnersi)* [*fuoco, fiamma, suono*] to die* (away), to fade (out); ***il giorno sta morendo*** the day is drawing to its close; ***la sua voce andava morendo*** little by little his voice faded; ***lasciare*** ~ ***il discorso*** to let the conversation drop; ***il sorriso gli morì sulle labbra*** the smile disappeared from his lips **4 da morire *triste da*** ~ terribly sad; ***stanco da*** ~ dead tired; ***era arrabbiato da*** ~ he was absolutely furious; ***è bella da*** ~ she's ravishing *o* incredibly beautiful; ***si vergognano da*** ~ they're terribly ashamed; ***fa caldo da*** ~ it's boiling hot; ***fa freddo da*** ~ it's freezing cold; ***fa male da*** ~ it hurts like hell; ***mi piace da*** ~ I like it a lot, I'm mad about it; ***ti voglio bene da*** ~ I love you so much; ***era da*** ~ ***dal ridere!*** it was hilarious! ***i piedi mi fanno male da*** ~ my feet are killing me ◆ ***essere duro a*** ~ [*persona*] to die hard; ~ ***al mondo*** [*monaco, eremita*] to die to the world, to renounce the world; ~ ***dietro a qcn.*** COLLOQ. to be dying for sb.; ~ ***(solo) come un cane*** to die a dog's death, to die alone; ~ ***come le mosche*** to die like flies; ***meglio, peggio di così si muore*** it can't be better, worse than that, you couldn't do better, worse even if you tried; ***più idiota, pigro di lui, si muore!*** they don't come any dumber, lazier! ***chi non muore si rivede!*** PROV. long time no see! ***partire è un po'*** ~ PROV. = to say goodbye is to die a little.
morituro /mori'turo/ **I** agg. LETT. [*persona*] about to die **II** m. LETT. (f. **-a**) = person about to die.
mormone /mor'mone/ m. e f. Mormon.
mormonico, pl. **-ci, -che** /mor'mɔniko, tʃi, ke/ agg. [*setta*] Mormon.
mormonismo /mormo'nizmo/ m. Mormonism.
mormorante /mormo'rante/ agg. [*ruscello*] murmuring.
▷ **mormorare** /mormo'rare/ [1] **I** tr. **1** *(sussurrare)* to murmur; ~ ***qcs. tra i denti*** to mutter sth. between one's teeth; ~ ***qcs. a qcn., all'orecchio di qcn.*** to murmur sth. to sb., into sb.'s ear **2** *(borbottare)* to mutter [*insulti, rimbrotti, preghiera, rosario*]; to mumble [*risposta*] **II** intr. (aus. *avere*) **1** *(sussurrare)* [*persona*] to murmur, to whisper; [*vento*] to whisper; [*ruscello*] to murmur **2** *(bisbigliare con disapprovazione)* to grumble; ~ ***fra sé (e sé)*** to mutter to oneself **3** *(spettegolare)* ~ ***su qcs., sul conto di qcn.*** to gossip about sth., sb.; ***si mormora che*** it is rumoured that, there is rumour that.
mormoratore /mormora'tore/ m. (f. **-trice** /tritʃe/) **1** *(brontolone)* grumbler, mumbler **2** *(chi spettegola)* rumourmonger BE, rumormonger AE, gossip.
mormoreggiare /mormored'dʒare/ [1] intr. **1** *(mormorare)* [*acqua*] to ripple **2** *(mugugnare)* [*folla*] to grumble.
mormorio, pl. **-ii** /mormo'rio, ii/ m. **1** *(di voci, torrente)* murmur(ing); *(di vento)* whisper(ing); *(di mare)* rumble; ~ ***di approvazione, di-sapprovazione*** murmur of agreement, disapproval; ***il*** ~ ***della folla*** the murmur of the crowd **2** *(protesta)* grumbling; ***i -ii*** muttering (**contro** about).
1.moro /'mɔro/ ♦ **3 I** agg. **1** *(di pelle nera)* black **2** [*capelli, carnagione*] dark **II** m. (f. **-a**) **1** STOR. GEOGR. Moor **2** *(di pelle)* black (person) **3** *(di capelli)* dark-haired person; *(di carnagione)* dark-skinned person ◆ ***(marrone) testa di*** ~ dark chocolate.
2.moro /'mɔro/ m. BOT. mulberry (tree) ◆◆ ~ ***bianco*** white mulberry (tree); ~ ***nero*** black mulberry (tree).
morosità /morosi'ta/ f.inv. arrearage; ***sfratto per*** ~ eviction for non-payment of rent.
morosa /mo'rosa/ f. REGION. girlfriend.
1.moroso /mo'roso/ m. REGION. boyfriend.
2.moroso /mo'roso/ agg. DIR. ***essere*** ~ [*debitore, creditore*] to be in arrears.
morra /'mɔrra/ f. mor(r)a.
morsa /'mɔrsa/ f. **1** MECC. vice BE, vise AE; ***serrare*** o ***fissare qcs. in una*** ~ to clamp sth. in a vice **2** *(stretta, presa)* grip **3** FIG. grip, stranglehold; ***essere preso*** o ***stretto in una*** ~ to be caught in a vice-like grip; ***la*** ~ ***si stringe*** the net is tightening (**intorno a** around); ***il nemico stringeva la*** ~ the army was tightening its grip; ***nella*** ~ ***dell'inverno*** in the grip of winter.
morse /'mɔrs/ m.inv. ***(alfabeto*** o ***codice)*** ~ Morse (code); ***apparecchio*** ~ Morse set.
morsetto /mor'setto/ m. **1** TECN. clamp **2** EL. terminal.
morsicare /morsi'kare/ [1] **I** tr. **1** *(mordere)* to bite*; ***il cane mi ha morsicato una mano*** the dog bit my hand **2** *(pungere)* COLLOQ. [*zanzara*] to bite* **II morsicarsi** pronom. to bite* oneself; *(l'un l'altro)* to bite* each other; ***-rsi la lingua*** to bite one's tongue.
morsicatura /morsika'tura/ f. **1** *(morso)* bite; ~ ***di serpente*** snakebite; ***segno di*** ~ bite mark **2** *(di insetto)* bite; ~ ***di una pulce*** fleabite; ~ ***di insetti*** insect bite.
▷ **morso** /'mɔrso/ m. **1** *(morsicatura)* bite; ~ ***di serpente*** snakebite **2** *(azione)* bite, nip; ***dare un*** ~ ***a qcn.*** to bite sb.; ***staccare*** o ***strappare qcs. con un*** ~ to bite sth. off; ***dare un*** ~ ***a qcs.*** to have *o* take a bite of sth. **3** *(boccone)* mouthful, bite; ***un*** ~ ***di pane*** a morsel of bread; ***mangiare qcs. a piccoli -i*** to nibble at sth. **4** EQUIT. bit; ***mettere il*** ~ ***al cavallo*** to bit a horse **5** MECC. *(delle tenaglie)* jaws pl. **6** EDIT. *(di rilegatura)* joint ◆ ***-i della fame*** hunger pangs; ***mettere il*** ~ ***a qcn.*** to curb sb.; ***stringere il*** ~ ***a qcn.*** to tighten the bit on sb.; ***allentare il*** ~ ***(a qcn.)*** to ease up (on sb.) ◆◆ ~ ***della briglia*** EQUIT. curb bit; ~ ***del diavolo*** BOT. devil's bit.
mortadella /morta'dɛlla/ f. mortadella, Bologna sausage.

morta /'mɔrta/ f. **1** *(donna)* dead woman* **2** *(di fiume)* mortlake **3** COLLOQ. FIG. *(stasi)* standstill; *(stagione di inattività)* dead season.

mortaio, pl. **-ai** /mor'tajo, ai/ m. **1** MIL. mortar; ***attaccare con i -ai*** to mortar; ***granata di ~*** mortar shell; ***~ di trincea*** STOR. trench-mortar **2** *(recipiente)* mortar; ***pestare qcs. in un ~*** to pound *o* crush sth. in a mortar ◆ ***pestare l'acqua nel ~*** to flog BE *o* to beat AE a dead horse.

▶ **mortale** /mor'tale/ **I** agg. **1** *(che provoca la morte)* [*colpo, ferita, caduta*] fatal; [*veleno*] deadly, lethal; ***uno scontro*** o ***una lotta ~*** a fight to the death; ***malattia ~*** fatal illness; ***peccato ~*** mortal *o* deadly sin; ***avere un incidente ~*** to have a fatal accident; ***trappola ~*** death trap; ***salto ~*** somersault; ***fare i salti -i per (riuscire a) avere qcs.*** FIG. to do a balancing act to have sth. **2** *(intenso)* [*pallore*] deathlike, deathly; [*angoscia, paura*] mortal; ***di una noia ~*** FIG. [*riunione, spettacolo, persona*] deadly boring; ***è di una noia ~!*** it's a real drag! **3** *(implacabile)* [*nemico, odio*] deadly **4** *(destinato a morire)* [*essere*] mortal; ***spoglie*** o ***resti -i*** mortal remains **II** m. e f. LETT. mortal; ***i comuni*** o ***semplici -i come noi*** SCHERZ. lesser beings *o* mortals like us; ***la maggior parte dei comuni ~ non lo capirebbe*** most ordinary mortals wouldn't understand.

mortalità /mortali'ta/ f.inv. mortality; ***tasso*** o ***indice*** o ***quoziente di ~*** death *o* mortality rate ◆◆ ***~ infantile*** infant mortality.

mortalmente /mortal'mente/ avv. [*colpire, ferire*] fatally; ***~ noioso*** deadly boring.

mortaretto /morta'retto/ m. firecracker, banger BE.

mortasa /mor'taza/ f. mortise, mortice.

mortasare /morta'zare/ [1] tr. to mortise, to mortice.

mortasatrice /mortaza'tritʃe/ f. mortiser.

▶ **morte** /'mɔrte/ f. **1** death; ***~ per asfissia, strangolamento*** death by asphyxiation, strangulation; ***la causa della ~*** the cause of death; ***braccio della ~*** deathhouse, death row AE; ***pena di ~*** death penalty, capital punishment; ***condannare a ~*** to sentence *o* condemn to death; ***squadrone della ~*** death squad; ***morire di ~ naturale*** to die of natural causes; ***fare una bella ~*** to die peacefully of old age; ***morire di ~ violenta*** to die a violent death; ***sul letto di ~*** on one's deathbed; ***essere in punto di ~*** to be at death's door, to be on the verge of death; ***sfidare la ~*** to defy death; ***affrontare la ~*** to face death; ***scampare alla ~*** to escape *o* cheat death; ***scherzare con la ~*** to dice with death; ***minacce di ~*** death threats; ***"alta tensione: pericolo di ~"*** "danger! High voltage"; ***paura della ~*** fear of death; ***desiderare*** o ***volere la ~ di qcn.*** to wish sb. dead; ***desiderare la ~*** to long for death; ***firmare la propria condanna a ~*** FIG. to sign one's own death warrant; ***trovare la ~ in un incidente*** to die in an accident; ***venire a sapere della ~ di qcn.*** to learn of sb.'s death; ***alla ~ di mio zio*** *(in quel momento)* on the death of my uncle; *(poco dopo)* after my uncle died; ***essere a un passo dalla ~*** to be within an inch of death; ***essere sospeso tra la vita e la ~*** to be hovering between life and death; ***battersi*** o ***lottare fino alla ~*** to go down fighting, to fight to the death; ***è una questione di vita o di ~*** it's a matter of life or death; ***bastonare a ~*** to club to death; ***che ~ orrenda!*** what a horrible way to die! ***trovare*** o ***incontrare la ~*** LETT. to meet one's end; ***dare la ~ a qcn.*** LETT. to take sb.'s life; ***darsi la ~*** LETT. to take one's own life; ***essere, mettere qcn. in pericolo di ~*** to be, put sb. in mortal danger; ***~ al re!*** death to the king! **2** *(di stella)* death **3** FIG. *(fine, scomparsa)* death; ***la ~ dell'industria*** the death of manufacturing **4** GASTR. ***la ~ del coniglio è in salmì*** = the best way of cooking a rabbit is to jug it **5 a morte** *(mortalmente)* ***ferito a ~*** fatally injured; ***annoiare qcn. a ~*** to bore sb. stiff *o* to death *o* to tears; ***spaventare a ~ qcn.*** to frighten the life out of sb.; ***essere spaventato a ~*** to be scared witless; ***odiare qcn. a ~*** to hate sb. like poison; ***offeso a ~*** grievously offended; ***avercela a ~ con qcn.*** to have it in for sb. ◆ ***avere la ~ nel cuore*** to be sick at heart; ***brutto come la ~*** as ugly as sin; ***ad ogni ~ di papa*** once in a blue moon; ***vedere la ~ da vicino*** o ***in faccia*** to have a brush with death; ***la ~ non guarda in faccia nessuno*** death is no respecter of persons; ***"finché ~ non ci separi"*** "till death do us part"; ***essere strappato alla ~*** to be snatched from the jaws of death; ***piuttosto la ~!*** over my dead body! ***sembrare la ~ in vacanza*** to look like death warmed up; ***conoscere vita, ~ e miracoli di qcn.*** to know sb. inside out; ***non sapere di che ~ si deve morire*** to know nothing about what will happen ◆◆ ***~ apparente*** catalepsy; ***~ cerebrale*** brain death; ***~ clinica*** clinical death; ***~ in culla*** crib death; ***~ improvvisa*** sudden death; ***~ prematura*** premature death.

mortella /mor'tɛlla/ f. **1** *(nella zona subtropicale)* gale **2** *(nella zona mediterranea)* → **mirto**.

mortifero /mor'tifero/ agg. LETT. [*veleno*] lethal.

mortificante /mortifi'kante/ agg. [*sguardo*] mortifying.

▷ **mortificare** /mortifi'kare/ [1] **I** tr. **1** *(umiliare)* to mortify, to humiliate; ***le sue parole mi hanno mortificato*** I felt mortified by her words **2** RELIG. to mortify [*carne, corpo*] **II mortificarsi** pronom. RELIG. to mortify oneself.

▷ **mortificato** /mortifi'kato/ **I** p.pass. → **mortificare II** agg. **1** *(umiliato)* [*persona, aspetto*] mortified; *(dispiaciuto)* ***sono ~*** I'm very sorry **2** MED. [*tessuto*] mortified.

mortificazione /mortifikat'tsjone/ f. **1** *(umiliazione)* mortification, humiliation; ***è stata una grande ~*** it was a great humiliation **2** RELIG. *(penitenza)* mortification; ***infliggersi delle -i*** to mortify one's flesh; ***la ~ della carne*** the mortification of the flesh.

mortizza /mor'tittsa/ f. mortlake.

▷ **morto** /'mɔrto/ **I** p.pass. → **morire II** agg. **1** *(senza vita)* [*persona, animale, albero, pelle*] dead; ***sembrava ~*** he seemed dead; ***vivo o ~*** dead or alive; ***volere ~ qcn.*** to wish sb. dead; ***non muoverti o sei un uomo ~!*** one move and you're dead (meat AE)! ***essere ~ stecchito*** to be as dead as a doornail *o* mutton; ***cadere ~*** to drop dead; ***~ e sepolto*** dead and buried (anche FIG.); ***fingersi ~*** to play dead; ***nato ~*** stillborn **2** *(paralizzato)* [*arto*] paralyzed, dead **3** FIG. *(sfinito)* ***sono stanco ~ dopo quella camminata!*** I'm absolutely dead *o* I feel done in after that walk! ***mezzo ~*** half dead; ***~ di paura*** dead scared; ***essere ~ dalla fame*** to be starving to death; ***sono ~ dal freddo*** I'm freezing to death **4** *(inattivo)* dead; [*stagione*] slow; [*periodo*] dead, slack; ECON. [*capitale*] idle; ***essere ~*** [*festa*] to be dead; ***il quartiere è ~ di sera*** the area is dead in the evening; ***arrivare*** o ***essere a un punto ~*** [*negoziati, affari*] to come to a standstill, to reach a deadlock; ***peso ~*** dead weight (anche FIG.); ***binario ~*** blind track; ***angolo ~*** blind spot; ***punto ~*** TECN. dead centre **5** *(estinto)* [*lingua*] dead; [*legge*] defunct; ***diventare lettera -a*** to become a dead letter **III** m. *(defunto)* dead person; *(uomo)* dead man*; ***preparare e vestire il ~*** to lay out the body; ***seppellire, cremare un ~*** to bury, cremate a body; ***cassa da ~*** coffin; ***i -i*** the dead; ***culto dei -i*** cult of the dead; ***giorno*** o ***festa dei Morti*** RELIG. All Soul's Day; ***il regno dei -i*** the netherworld; ***avere un ~ sulla coscienza*** to have death on one's conscience; ***fare il ~*** to play dead; *(nel nuoto)* to float (on one's back); ***ci sono stati 12 -i*** there were 12 dead; ***non ci sono stati -i*** there were no fatalities; ***si pensa che i -i siano più di 200*** the dead are thought to number more than 200; ***l'attentato ha causato un solo ~*** the attack claimed only one life; ***qui ci scappa il ~*** COLLOQ. someone is going to get killed; ***essere pallido come un ~*** FIG. to be as pale as a ghost ◆ ***~ di fame*** down-and-out; ***~ di sonno*** sleepyhead; ***(fare la) gatta -a*** to play dumb; ***~ un papa se ne fa un altro*** there are plenty more fish in the sea; ***non te lo dico neanche ~*** wild horses wouldn't drag it out of me; ***occupare il posto del ~*** *(in auto)* = to sit in the front passenger seat; ***fare la mano -a*** to have wandering *o* straying hands; ***sembrare un ~ che cammina*** to look like death warmed up ◆◆ ***-i viventi*** zombies.

mortorio, pl. **-ri** /mor'tɔrjo, ri/ m. FIG. *(ambiente senza brio)* ***questo posto è un ~!*** this place is like a morgue!

mortuario, pl. **-ri, -rie** /mortu'arjo, ri, rje/ agg. ***annuncio ~*** obituary; ***maschera -a*** death mask; ***camera -a*** lych-house, mortuary chapel.

morula /'mɔrula/ f. morula*.

morva /'mɔrva/ ♦ **7** f. glanders + verbo sing. o pl.

mosaicista, m.pl. **-i**, f.pl. **-e** /mozai'tʃista/ ♦ **18** m. e f. mosaicist.

1.mosaico, pl. **-ci** /mo'zaiko, tʃi/ m. **1** *(assemblaggio, arte)* mosaic; ***(decorato) a ~*** [*pavimentazione*] mosaic attrib., tessellated; ***opera a ~*** mosaic work **2** FIG. mosaic, patchwork, pastiche; ***visti dall'aereo i campi formavano un ~*** a patchwork of fields could be seen from the plane **3** AGR. *(malattia)* mosaic (disease); ***~ del tabacco*** tobacco mosaic.

2.mosaico, pl. **-ci, -che** /mo'zaiko, tʃi, ke/ agg. Mosaic; ***legge -a*** Mosaic law.

▷ **mosca**, pl. **-sche** /'moska, ske/ **I** f. **1** *(insetto)* fly; ***essere noioso come una ~*** FIG. to be a pain in the neck **2** COSMET. beauty spot **3** PESC. fly; ***pesca a*** o ***con la ~*** fly-fishing **4** *(barba)* imperial **II** agg.inv. SPORT ***pesi ~*** flyweight **III** m.inv. SPORT flyweight; ***i ~*** *(categoria)* flyweight ◆ ***non farebbe male a una ~*** he wouldn't hurt *o* harm a fly; ***non si sente volare una ~*** it is so quiet you could hear a pin drop *o* the grass growing; ***morire come (le) -sche*** to drop like flies; ***farsi ammazzare come -sche*** to be picked off like flies; ***restare con un pugno di -e*** to have nothing to show for sth.; ***fare di una ~ un elefante*** to make a mountain out of a molehill; ***gli è saltata la ~ al naso*** he's beginning to see red; ***zitto e ~!*** keep it under your hat! ◆◆ ***~ bianca*** rara avis; ***~ della carne*** flesh *o* meat fly; ***~ cavallina*** horsefly; ***~ domestica*** housefly; ***~ delle stalle*** stable fly; ***~ tse tse*** tsetse fly.

Mosca /'moska/ ♦ **2** n.pr.f. Moscow.

moscacieca /moska'tʃɛka/ ♦ *10* f. blind man's buff; ***giocare a ~*** to play blind man's buff.
moscaiola /moska'jɔla/ f. (meat) safe.
moscardina /moskar'dina/ f. **1** ZOOL. musk beetle **2** BOT. muscardine.
moscardino /moskar'dino/ m. **1** *(topo)* dormouse **2** *(mollusco)* eledone.
moscatello /moska'tɛllo/ **I** m. ENOL. muscatel, muscadel **II** agg. ***uva -a*** muscatel, muscadine grape.
moscato /mos'kato/ **I** m. *(uva, vino)* muscat **II** agg. [*uva*] muscat; ***noce -a*** nutmeg.
moscerino /moʃʃe'rino/ m. **1** *(piccola mosca)* midge, gnat **2** FIG. *(persona minuta)* midget ◆◆ ***~ dell'aceto*** fruit fly.
moschea /mos'kɛa/ f. mosque.
moschettata /mosket'tata/ f. musket shot.
moschetteria /moskette'ria/ f. musketry.
moschettiera: **alla moschettiera** /allamosket'tjɛra/ agg. ***stivali alla ~*** highwayman's boots; ***polsino alla ~*** double cuff.
moschettiere /mosket'tjɛre/ m. musketeer; ***i tre Moschettieri*** the Three Musketeers.
moschetto /mos'ketto/ m. **1** MIL. carbine **2** STOR. musket.
1.moschettone /mosket'tone/ m. snap-hook; ALP. karabiner.
2.moschettone /mosket'tone/ m. ORNIT. black-tailed godwit.
moschicida /moski'tʃida/ **I** agg. ***carta ~*** flypaper **II** m. fly spray, insecticide.
moscio, pl. **-sci**, **-sce** /'moʃʃo, ʃi, ʃe/ agg. **1** *(molle)* [*pelle*] flaccid; [*gambe*] flabby; [*cappello, colletto*] soft **2** *(fiacco)* [*persona, temperamento*] dull **3** LING. ***avere l'erre -a*** to speak with a French r.
mosco, pl. **-schi** /'mɔsco, ski/ m. musk deer.
moscone /mos'kone/ m. **1** ZOOL. bluebottle, blowfly **2** MAR. *(pattino)* twin-hulled rowboat **3** COLLOQ. FIG. ***le ronzavano attorno un sacco di -i*** persistent suitors buzzed around her ◆◆ ***~ d'oro*** rose-beetle, rose-chafer.
moscovita, m.pl. **-i**, f.pl. **-e** /mosko'vita/ ♦ *2* **I** agg. Muscovite, Moscovite **II** m. e f. Muscovite, Moscovite.
Mosè /mo'zɛ/ n.pr.m. Moses.
Mosella /mo'zɛlla/ ♦ *9* n.pr.f. Moselle.
▷ **mossa** /'mɔssa/ f. **1** *(azione)* movement, move; ***una ~ brusca, improvvisa*** a sharp, sudden movement; ***fare una ~ con il capo*** to nod one's head; ***~ di karatè*** SPORT karate chop **2** FIG. *(manovra)* move; ***era una buona ~ vendere le azioni*** it was a good *o* shrewd move to sell your shares; ***è una ~ molto abile*** that's a smart *o* shrewd move; ***una ~ accorta*** a sound move; ***sorvegliare le -e di qcn.*** to watch sb.'s movements *o* every move; ***prevedere le -e*** to outguess; ***anticipare le -e di qcn.*** to second-guess sb.; ***~ d'apertura*** opening gambit; ***~ falsa*** false move **3** GIOC. move; ***la sua ultima, prossima ~*** his last, next move; ***~ d'apertura*** opening move; ***mi hanno dato scacco matto in sette -e*** I was checkmated in seven moves; ***prevedere le -e dell'avversario*** to anticipate the moves of one's opponent; ***preparare la propria ~*** to plan one's move; ***tutte le -e sono permesse*** all moves are allowed; FIG. no holds barred **4** *(movimento dei fianchi)* = dancer or actress' movement made by rolling the hips and then suddenly stopping with a jerk ◆ ***darsi una ~*** to get a move on; ***datti una ~!*** shake a leg! ***diamoci una ~!*** let's get things moving! ***prendere le -e da qcs.*** to stem from sth.; ***fare la prima ~*** to make the first move.
mossiere /mos'sjɛre/ m. SPORT starter.
mosso /'mɔsso/ **I** p.pass. → **muovere II** agg. **1** *(agitato)* [*mare*] rough **2** FIG. *(ispirato)* ***~ dalla pietà*** stirred by pity; ***~ da buone, cattive intenzioni*** driven by good, bad intentions **3** *(ondulato)* ***capelli -i*** wavy hair **4** FOT. ***foto -a*** blurred photo **5** *(arato, scavato)* ***terreno ~*** ploughed land **III** avv. MUS. mosso.
mostaccio, pl. **-ci** /mos'tattʃo, tʃi/ m. SPREG. mug.
mostarda /mos'tarda/ f. mustard; ***gas ~*** MIL. mustard gas; ***~ di Cremona*** GASTR. = pickled candied fruit in a spicy syrup.
mosto /'mosto/ m. *(di mele, d'uva)* must; ***~ di malto*** wort.
▷ **mostra** /'mostra/ f. **1** *(azione di mostrare)* show, display; ***far ~ di*** to show [*prudenza, coraggio*]; to display [*spirito, abilità*]; ***fare ~ della propria erudizione*** to make a display of one's erudition; ***mettersi in ~*** to show off, to put on a show; ***mettere in ~ qcs.*** to put sth. on display; ***far bella ~ di sé*** to make the best of oneself **2** *(esposizione)* show, exhibition, exhibit; ***organizzare una ~*** to hold *o* mount an exhibition; ***visitare, inaugurare una ~*** to visit, to inaugurate an exhibition; ***la ~ di*** o ***su Picasso*** the Picasso exhibition **3** COMM. *(presentazione)* ***essere in ~*** [*vestiti, collezione*] to be on view ◆◆ ***~ d'arte*** art exhibit; ***~ canina*** dogshow; ***~ del cinema*** film festival; ***~ floreale*** flower show; ***~ personale*** solo show.

Mostra del cinema di Venezia Also known as the Venice festival, this is the film section of the Biennale. It was started in the 1930s and takes place every year at the end of August at the Palazzo del Cinema on the Venice Lido. One of the largest film festivals in Europe (and indeed the world), it attracts films, actors, directors, and other technicians from around the world and the festival winners are awarded the *Leone d'oro* (Golden Lion).

▶ **mostrare** /mos'trare/ [1] **I** tr. **1** *(fare vedere)* to show* [*oggetto, foto, passaporto*]; ***~ qcs. a qcn.*** to show sb. sth.; ***lasciate che vi mostri la casa*** let me show you around the house; ***~ le gambe*** to display one's legs; ***~ la lingua*** to stick out one's tongue; ***~ il funzionamento di qcs.*** to demonstrate how sth. works **2** *(manifestare)* to show* [*talento, sentimenti, intenzioni, coraggio, disaccordo, atteggiamento*]; to exhibit [*eroismo, devozione*]; ***(non) ~ segni di*** to show (no) signs of [*stress, debolezza, impazienza*]; ***~ segni di presenza umana*** to show signs of habitation; ***~ un certo interesse per*** to nibble at, to show some interest in [*idea, proposta*]; ***~ la propria rabbia per essere stato ingannato*** to show one's anger at being deceived; ***~ il dovuto rispetto nei confronti di qcn., qcs.*** to show due respect *o* consideration for sb., sth.; ***~ affetto, entusiasmo, competenza, determinazione, pregiudizio*** to show affection, enthusiasm, proficiency, resolve, bias; ***~ sentimenti contrastanti riguardo a*** to have mixed feelings about; ***~ avversione, compassione verso qcn.*** to show hostility, mercy to *o* towards sb.; ***non ~ alcuna emozione*** to show no emotion; ***~ grandi capacità di resistenza*** to show great powers of endurance; ***~ la propria ignoranza*** to expose one's ignorance; ***~ una preferenza per qcn.*** to favour sb. **3** *(indicare)* [*cartello*] to point to [*direzione*]; [*quadro, grafico, sondaggio*] to show* [*evoluzione, risultati*]; ***~ a dito qcn., qcs.*** to point one's finger at sb., sth.; ***~ la strada a qcn.*** to show sb. the way (anche FIG.) **4** *(fingere)* to pretend; ***mostrai di non sapere nulla*** I feigned ignorance **II mostrarsi** pronom. **1** *(farsi vedere)* [*persona*] to show* oneself; ***il governo si è mostrato fiducioso*** the government showed itself to be confident; ***il sole si mostra tra le nuvole*** the sun comes out from behind the clouds; ***-rsi in pubblico*** to appear in public **2** *(dimostrarsi)* to show* oneself to be; ***-rsi all'altezza di*** to rise to [*occasione, sfida*]; ***-rsi ostile a*** to be unsympathetic to [*politica*]; ***-rsi per quel che si è veramente*** to show one's true colours; ***-rsi superiore*** to rise above; ***-rsi disponibile*** to show willing; ***-rsi vile*** to show the white feather; ***si è mostrato premuroso*** he was very helpful; ***-rsi eccessivamente pessimisti*** to be overly pessimistic ◆ ***~ i pugni a qcn.*** to show one's fist at sb.; ***~ i denti*** to bare *o* show one's teeth; ***~ i muscoli*** to flex one's muscles.
mostriciattolo /mostri'tʃattolo/ m. fright, (little) monster.
mostrina /mos'trina/ f. flash, shoulder patch AE, tab BE.
▶ **mostro** /'mostro/ m. **1** MITOL. *(essere fantastico)* monster; ***un ~ a sette teste*** a seven-headed monster **2** *(essere deforme)* monster; *(persona)* freak **3** *(personaggio abietto)* monster, brute, fiend; ***un ~ spietato*** a cold-blooded monster; ***un ~ di crudeltà, egoismo*** a cruel, selfish fiend; ***un ~ d'orgoglio, di pigrizia*** a monstrously arrogant, lazy person; ***un ~ d'ingratitudine*** an ungrateful wretch **4** *(fenomeno)* prodigy; ***un ~ di bravura in matematica*** a mathematical genius ◆◆ ***~ marino*** sea monster; ***~ sacro*** superstar; ***un ~ sacro del cinema*** a giant of the cinema.
mostruosamente /mostruosa'mente/ avv. FIG. [*ricco, stupido, difficile, intelligente*] tremendously, horrendously.
mostruosità /mostruosi'ta/ f.inv. **1** *(di crimine)* enormity **2** *(atto crudele)* atrocity, monstrosity; ***le ~ della guerra*** the obscenity of war; ***commettere delle ~*** to commit atrocities.
▷ **mostruoso** /mostru'oso/ agg. **1** *(scioccante)* [*idea, crimine, persona, crudeltà*] monstrous; ***questa calunnia è -a*** this is monstrous slander **2** *(orrendo)* [*persona, aspetto, creatura*] freakish, hideous; ***una faccia ~*** a hideous face **3** *(enorme)* [*rumore, errore*] tremendous; [*lavoro*] huge, colossal **4** *(eccezionale)* ***un'intelligenza -a*** an exceptional intelligence.
mota /'mɔta/ f. mire.
motella /mo'tɛlla/ f. rockling.
motilità /motili'ta/ f.inv. motility.
motivare /moti'vare/ [1] **I** tr. **1** *(stimolare)* to motivate [*persona*] **(a fare** to do); ***~ qcn.*** to strengthen sb.'s resolve; ***~ un impiegato con un aumento di stipendio*** to give an employee the incentive of a pay rise **2** *(causare)* [*avvenimento, risultato*] to lead to [*decisione, azione*] **3** *(spiegare)* to account for oneself **II motivarsi** pronom. [*persona*] to motivate oneself.

motivato /moti'vato/ **I** p.pass. → **motivare II** agg. **1** *(stimolato)* [*persona, squadra*] motivated (**a fare** to do); ***essere fortemente ~ a fare*** to have a strong commitment to doing; ***assumiamo solo persone molto -e*** we only take on people who are really dedicated; ***non sono -i a lavorare*** they have no incentive to work; ***uno studente poco ~*** a student lacking motivation; ***è poco ~*** he lacks motivation **2** *(giustificato)* [*esigenza, ritardo, decisione, lamentela*] justifiable; ***ricusazione -a*** a challenge for cause **3** LING. *(non arbitrario)* motivated.

motivazionale /motivattsjo'nale/ agg. [*ricerca*] motivational.

motivazione /motivat'tsjone/ f. **1** PSIC. motivation; ***~ degli alunni*** pupils' motivation; ***assenza di ~*** lack of motivation **2** *(ragione)* motive; ***-i profonde*** deep-seated motives; ***per -i politiche*** for political reasons **3** LING. *(carattere non arbitrario)* motivation **4** DIR. ***-i di una sentenza*** grounds for a decision.

▶ **motivo** /mo'tivo/ m. **1** *(ragione)* reason, cause, grounds pl. (**di, per** for); ***esporre i -i per fare, per non fare qcs.*** to argument in favour of, against doing sth.; ***(non) c'è ~ di allarmarsi, preoccuparsi*** there is (no) cause for alarm, concern; ***non abbiamo ~ di lamentarci*** we have no occasion for complaint; ***per lo stesso ~*** on the same grounds; ***assente per -i di famiglia*** absent due to family commitments; ***per gravi -i di famiglia*** on compassionate grounds; ***andare in pensione per -i di salute*** to retire on medical grounds; ***per -i personali*** for personal reasons; ***per -i politici, economici*** for political, economic reasons; ***per -i di igiene*** in the interest(s) of hygiene; ***essere ~ di vanto per qcn.*** to reflect well on sb.; ***essere ~ di imbarazzo per qcn.*** to be an embarrassment to sb.; ***era il suo principale ~ di vanto*** this was her (chief) claim to fame; ***non devi aprire la porta per nessun ~*** on no account must you open the door; ***per quale ~?*** for what reason? why? ***per quale ~ ha dato le dimissioni?*** what was his reason for resigning? ***per ovvi -i non ne voglio discutere*** for obvious reasons, I do not wish to discuss this; ***per vari -i*** o ***per più di un ~*** in many respects; ***felice, arrabbiato senza ~*** irrationally happy, angry; ***non vedevano alcun ~ per rifiutare*** they saw no grounds for refusal; ***avere ~ di credere che*** to have reason to believe that; ***non aveva nessun ~ di dire ciò*** there was no call for her to say that; ***se per un qualsiasi ~ sei in ritardo*** if you are late for any reason; ***esaminare i -i per cui*** to consider why; ***il ~ per cui*** the reason why; ***senza alcun ~*** for no reason; ***senza ~ apparente*** for no apparent reason; ***avete un ~ valido?*** do you have a valid reason? ***~ di disputa*** a cause for argument; ***il vero ~*** the real motive **2** *(decorazione)* pattern; ***~ geometrico, floreale, a fogliame*** geometric, floreal, foliage pattern; ***~ cachemire*** paisley pattern **3** *(tema)* ***il ~ dominante di un libro, di un film*** the main theme *o* subject of a book, film **4** MUS. *(melodia)* tune; ***il ~ di una canzone*** the tune of a song; ***fischiettare, canticchiare un ~*** to whistle, hum a tune; ***non riesco a togliermi dalla testa quel ~*** I can't get that tune out of my head ◆◆ ***~ conduttore*** leitmotiv.

▶ **1.moto** /'mɔto/ m. **1** *(movimento)* motion (anche FIS.); ***essere in ~*** [*veicolo*] to be in motion *o* underway; ***mettere in ~*** to start [*veicolo, macchinario, motore*]; ***mettere in ~ qcs.*** FIG. to set sth. in motion, to get sth. underway *o* off the ground; ***il ~ della luna attorno alla terra*** the moon's motion round the earth **2** *(esercizio fisico)* ***fare un po' di ~*** to get some exercise; ***avrei bisogno di fare un po' di ~ - andiamo a correre?*** I could do with some exercise - shall we go jogging? **3** LING. ***verbi di ~*** verbs of motion **4** *(impulso)* impulse; ***un ~ di stizza*** a rush of anger; ***un ~ di pietà*** a surge of pity; ***in un ~ di generosità*** on a generous impulse **5** *(sommossa)* ***-i insurrezionali*** rebel movements; ***i -i del 1821*** the risings of 1821 **6** MUS. ***con ~*** con moto ◆◆ ***~ alternativo*** alternating motion; ***~ apparente diurno*** apparent daily motion; ***~ assoluto*** absolute motion; ***~ browniano*** Brownian motion *o* movement; ***~ curvilineo*** curvilinear motion; ***~ ondoso*** o ***ondulatorio*** wave motion; ***~ oscillatorio*** oscillatory motion; ***~ periodico*** periodic motion; ***~ perpetuo*** perpetual motion; ***~ proprio*** ASTR. proper motion; ***~ retrogrado*** ASTR. retrograde motion; ***~ rotatorio*** rotary motion.

▶ **2.moto** /'mɔto/ f.inv. (accorc. motocicletta) (motor)bike, motorcycle; ***in ~*** by motorbike; ***una corsa di ~*** a motorcycle race ◆◆ ***~ da corsa*** racer; ***~ da cross*** trail bike.

motoaratrice /motoara'tritʃe/ f. motor plough BE, motor plow AE.

motobarca, pl. **-che** /moto'barka, ke/ f. motorboat.

motocarro /moto'karro/ m. three-wheeler, tricar BE.

motocarrozzetta /motokarrot'tsetta/ f. three-wheeler.

▶ **motocicletta** /mototʃi'kletta/ f. motorcycle, motorbike; ***andare in ~*** to ride a motorbike; ***avviare la ~*** to start a motorcycle; *(con il pedale)* to kick-start a motorcycle ◆◆ ***~ da corsa*** racer; ***~ da cross*** trail bike.

▷ **motociclismo** /mototʃi'klizmo/ ◗ ***10*** m. motorcycling, motorcycle racing; ***fare ~*** to race motorcycles.

▷ **motociclista**, m.pl. **-i**, f.pl. **-e** /mototʃi'klista/ m. e f. motorcyclist, rider; ***~ acrobatico*** stunt rider.

motociclistico, pl. **-ci**, **-che** /mototʃi'klistiko, tʃi, ke/ agg. motorcycle attrib.

motociclo /moto'tʃiklo/ m. motorcycle.

motocoltivatore /motokoltiva'tore/ m. (motorized) cultivator.

motocoltura /motokol'tura/ f. mechanized farming.

motocross /moto'krɔs/ ◗ ***10*** m.inv. motocross; ***fare ~*** to go scrambling; ***gara di ~*** scramble.

motofalciatrice /motofaltʃa'tritʃe/ f. power mower.

motolancia, pl. **-ce** /moto'lantʃa, tʃe/ f. motor launch.

Motomondiale /motomon'djale/ m. MotoGP (World Championship).

motonautica /moto'nautika/ f. **1** motor-boating **2** *(attività agonistica)* speedboat racing; ***fare ~*** to go speedboat racing.

motonautico, pl. **-ci**, **-che** /moto'nautiko, tʃi, ke/ agg. ***gara ~*** speedboat race.

motonave /moto'nave/ f. motor ship.

motopeschereccio, pl. **-ci** /motopeske'rettʃo, tʃi/ m. trawler.

motopompa /moto'pompa/ f. power-driven pump.

motopropulsore /motopropul'sore/ **I** agg. engine attrib., motor attrib. **II** m. engine, motor.

motoraduno /motora'duno/ m. motorcycle rally.

▶ **1.motore** /mo'tore/ m. **1** engine; *(elettrico)* motor; ***automobile con ~ posteriore*** rear-engined car; ***avviare, spegnere il ~*** to switch on, off the ignition; ***imballare un ~*** to race an engine; ***il ~ è fastidiosamente rumoroso*** the engine is annoyingly noisy; ***il ~ sta perdendo colpi*** the engine is going; ***un ~ da 90 cavalli*** a 90 horsepower engine; ***guasto al ~*** engine failure; ***un ~ a otto cilindri*** an eight-cylinder engine; ***un ~ a 4 tempi*** a 4-stroke engine; ***un ~ da due litri*** a 2-litre engine; ***blocco ~*** engine assembly; ***vano ~*** engine housing; ***basamento del ~*** crankcase; ***un'automobile con il ~ truccato*** a hot rod; ***lasciare il ~ acceso*** to leave the engine running; ***~!*** CINEM. action! **2** FIG. driving force; ***essere il ~ di qcs.*** [*persona, motivo*] to be the driving force behind sth.; ***qual è il ~ dell'economia?*** what drives the economy? ◆◆ ***~ ausiliario*** donkey engine; ***~ asincrono*** asynchronous motor; ***~ a benzina*** petroleum BE *o* gasoline AE engine; ***~ a cilindri contrapposti*** opposed engine; ***~ a cilindri radiali*** pancake engine; ***~ a combustione interna*** internal combustion engine; ***~ a corrente continua*** direct current motor; ***~ diesel*** diesel engine; ***~ elettrico*** electric motor; ***~ idraulico*** hydraulic engine; ***~ a induzione*** induction motor; ***~ a iniezione*** fuel injection engine; ***~ ionico*** ion engine; ***~ in linea*** o ***lineare*** in-line engine; ***~ a razzo*** rocket engine; ***~ a reazione*** jet engine; ***~ di ricerca*** INFORM. search engine; ***~ rotativo*** rotary engine; ***~ a scoppio*** internal combustion engine; ***~ sincrono*** synchronous motor; ***~ turbo*** turbocharged engine; ***~ a vapore*** steam engine.

▶ **2.motore** /mo'tore/ agg. [*forza, principio*] driving; ***l'automobile ha quattro ruote motrici*** the car has four-wheel drive; ***albero ~*** drive shaft; ***ruota motrice*** driving wheel.

motoretta /moto'retta/ f. COLLOQ. moped.

motorino /moto'rino/ m. **1** *(moto)* moped **2** MECC. ***~ del tergicristallo*** wiper motor ◆◆ AUT. ***~ d'avviamento*** starter.

motorio, pl. **-ri**, **-rie** /mo'tɔrjo, ri, rje/ agg. [*attività, nervo, difetto, afasia*] motor.

motorista, m.pl. **-i**, f.pl. **-e** /moto'rista/ ◗ ***18*** m. e f. mechanic; *(di aerei)* airmechanic.

motorizzare /motorid'dzare/ [1] **I** tr. **1** *(dotare di veicoli a motore)* to motorize [*truppe, polizia, divisione*] **2** *(equipaggiare di motore)* to motorize **II motorizzarsi** pronom. to get* oneself a motor vehicle.

motorizzato /motorid'dzato/ **I** p.pass. → **motorizzare II** agg. **1** *(dotato di veicoli a motore)* motorized; ***truppe -e*** motorized troops **2** COLLOQ. *(dotato di auto)* ***le persone -e, non -e*** people with transport, without transport.

motorizzazione /motoriddzat'tsjone/ f. **1** *(atto ed effetto del motorizzare)* motorization **2** BUROCR. ***(Direzione generale della) Motorizzazione civile*** = government office that issues driving licences and registers vehicles.

▷ **motoscafo** /motos'kafo/ m. motorboat.

motosega, pl. **-ghe** /moto'sega, ge/ f. chain saw.

motosilurante /motosilu'rante/ f. motor torpedo boat.

motoslitta /motoz'litta/ f. snow mobile.

motovedetta /motove'detta/ f. patrol boat; ***~ guardacoste*** coastguard vessel.

motoveicolo /motove'ikolo/ m. = 2-wheeled or 3-wheeled motor vehicle.

motoveliero /motove'ljɛro/ m. motor-sailer.

motozappa /moto'tsappa/ f. Rotovator® BE, Rototiller® AE.
motozattera /motot'tsattera/ f. landing craft.
motrice /mo'tritʃe/ f. engine; ~ ***a vapore*** steam engine; ~ ***diesel*** diesel engine.
motricità /motritʃi'ta/ f.inv. motility.
motteggiamento /motteddʒa'mento/ RAR. → **motteggio**.
motteggiare /motted'dʒare/ [1] **I** intr. (aus. *avere*) to joke, to banter **II** tr. to mock, to tease.
motteggiatore /motteddʒa'tore/ m. (f. **-trice** /tritʃe/) mocker.
motteggio, pl. **-gi** /mot'teddʒo, dʒi/ m. bantery.
mottetto /mot'tetto/ m. MUS. motet.
motto /'mɔtto/ m. **1** *(battuta)* ~ ***(di spirito)*** quip, witticism **2** *(sentenza, aforismo)* saying, motto; ***questo è il mio*** ~ that's my motto **3** *(parola)* ***non fare*** o ***proferire*** ~ to keep mum; ***senza far*** ~ without saying a word.
motuleso /motu'lezo/ m. (f. **-a**) disabled person.
mousse /mus/ f.inv. mousse; ~ ***al cioccolato*** chocolate mousse; ~ ***di salmone*** salmon mousse.
movente /mo'vɛnte/ m. motive; ***il*** ~ ***di un delitto*** the motive for the crime; ***questo non fornì loro alcun indizio sul*** ~ this gave them no clue as to his motives; ***l'attacco ha avuto il razzismo come*** ~ the attack was racially motivated.
movenza /mo'vɛntsa/ f. motion, gait, carriage.
movimentare /movimen'tare/ [1] tr. to liven up [*situazione, riunione, spettacolo, conversazione*]; to stir up [*dibattito*].
movimentato /movimen'tato/ **I** p.pass. → **movimentare II** agg. *(animato)* [*vita, carriera*] colourful BE, colorful AE; [*riunione*] lively; [*viaggio, epoca*] eventful; [*periodo, settimana, giornata*] hectic, eventful; ***la storia -a di una nazione*** a country's turbulent history; ***il mercato immobiliare è molto*** ~ ***in questo momento*** the property market is very active at the moment.
movimentazione /movimentat'tsjone/ f. COMM. handling; ***spese di*** ~ handling charges.
▷ **movimento** /movi'mento/ m. **1** *(gesto)* movement; ***fare un*** ~ to move, to make a move; ***un*** ~ ***brusco del capo*** a toss of the head; ***con un ampio*** ~ ***del braccio*** with a sweep of his arm; ***un*** ~ ***brusco, goffo*** a sudden, clumsy movement; ***fece un*** ~ ***per liberarsi*** he made a move to break away; ***non riesco a fare nessun*** ~ I can't move at all; ~ ***di danza*** dance movement; ~ ***di ginnastica*** gymnastic exercise; ***un*** ~ ***verso l'alto, verso il basso*** an upward, downward movement; ~ ***volontario, involontario*** voluntary, involuntary movement **2** *(esercizio)* exercise; ***dopo avere fatto*** ~ ***le sue guance avevano un colorito acceso*** after the exercise there was a glow in her cheeks; ***fare molto*** ~ ***è il segreto per mantenersi in forma*** exercise is the key to health **3** *(spostamento)* movement, motion (anche FIS.); ***il*** ~ ***delle onde*** the movement of the waves; ***-i sismici*** seismic movements; ~ ***di riflusso*** backward movement; ***il*** ~ ***delle navi all'entrata del porto*** the movements of ships at the entrance to the port; ~ ***di turisti*** flow of tourists; ~ ***ferroviario*** rail traffic; ***libertà di*** ~ freedom of movement; ***la polizia controlla tutti i miei -i*** the police keeps track of me wherever I go; ***il*** ~ ***del personale in una ditta*** staff changes in a company; ~ ***di truppe*** troop movement; ***il*** ~ ***di un pendolo*** the swing of a pendulum; ***la trottola descrive un*** ~ ***rotatorio*** the top describes a rotary motion; ***imprimere un*** ~ ***a qcs.*** to set sth. in motion **4** *(azione)* ***essere sempre in*** ~ to be always on the go; ***mettersi in*** ~ to get moving **5** *(animazione)* bustle; ***c'è*** ~ ***in strada*** there's a lot of bustle in the street; ***là c'è del*** ~***!*** there's where the action is! **6** *(corrente, organizzazione)* LETTER. ART. ~ ***letterario*** literary movement; ~ ***pittorico*** artistic(al) movement; ~ ***romantico*** Romantic movement **7** SOCIOL. *(gruppo)* movement; ~ ***giovanile*** youth movement; ~ ***di protezione, difesa di*** movement for the protection, defence of; ***è una figura determinante all'interno del*** ~ ***democratico*** she's a force in the democratic movement; ***la frangia estremista del*** ~ the extremist fringe of the movement; ~ ***di contestazione*** protest action; ~ ***di opinione a favore, contro*** a groundswell of opinion for, against **8** MUS. *(parte di un'opera)* movement **9** LETTER. *(di racconto, narrativa)* movement **10** MECC. *(di orologio, sveglia)* movement, clockwork ◆◆ ~ ***di capitali*** movement *o* flow of capital; ~ ***di cassa*** cash flow; ~ ***clandestino*** underground movement; ~ ***per i diritti dell'uomo*** human rights movement; ~ ***femminista*** women's movement; ~ ***di Oxford*** Oxford movement; ~ ***pacifista*** anti-war movement; ~ ***sindacale*** trade union movement; ~ ***studentesco*** the student protest movement.
moviola /mo'vjɔla/ f. **1** CINEM. Moviola **2** *(rallentatore)* slow motion; ***alla*** ~ in slow motion.
moxibustione /moksibus'tjone/ f. moxibustion.
mozambicano /moddzambi'kano/ ◗ ***25*** **I** agg. Mozambican **II** m. (f. **-a**) Mozambican.
Mozambico /moddzam'biko/ ◗ ***33*** n.pr.m. Mozambique.
mozarabico, pl. **-ci**, **-che** /moddza'rabiko, tʃi, ke/ agg. Mozarabic.
mozarabo /mod'dzarabo/ m. (f. **-a**) Mozarab.
mozartiano /moddzar'tjano/ agg. ***una rassegna*** ~ a Mozart season.
mozione /mot'tsjone/ f. DIR. POL. motion; ***presentare, appoggiare la*** ~ to table, support the motion; ***approvare, respingere la*** ~ ***con 10 voti a favore e 8 contro*** to carry, defeat the motion by 10 votes to 8; ***l'assemblea ha votato per respingere la*** ~ the assembly voted to reject the motion; ***si pronunciò a favore della*** ~ he spoke in support of the motion ◆◆ ~ ***di fiducia*** motion of confidence; ~ ***minoritaria*** minority report; ~ ***d'ordine*** point of order; ~ ***di sfiducia*** motion of no confidence.
mozzafiato /mottsa'fjato/ agg.inv. [*bellezza, paesaggio, spettacolo, velocità*] breathtaking; ***film*** o ***storia*** o ***racconto*** ~ cliffhanger.
mozzare /mot'tsare/ [1] tr. **1** *(troncare)* to chop off, to cut* off, to hack off [*testa, membra*]; to crop [*coda, orecchie*] **2** VETER. ~ ***le corna a*** to poll [*animale*]; ~ ***la coda a*** to dock [*cane, cavallo*] ◆ ~ ***il fiato a qcn.*** to knock the wind out of sb.
mozzarella /mottsa'rɛlla/ f. *(formaggio)* mozzarella (cheese) ◆ ***sembrare una*** ~ [*persona pallida*] to be as white as snow ◆◆ ~ ***in carrozza*** GASTR. = slices of mozzarella cheese and bread dipped in egg and fried.
mozzetta /mot'tsetta/ f. RELIG. moz(z)etta.
mozzicare /mottsi'kare/ [1] tr. REGION. to bite*.
mozzico, pl. **-chi** /'mottsiko, ki/ m. REGION. bite.
mozzicone /mottsi'kone/ m. end, stump, stub; ~ ***di candela*** candle end; ~ ***di sigaretta*** cigarette end *o* butt.
1.mozzo /'mottso/ agg. **1** *(tagliato)* [*testa*] cut off; ***fucile a canne -e*** sawn-off shotgun BE, sawed-off shotgun AE **2** *(incompleto)* [*parole, frasi*] broken; ***disse qualche parola col fiato*** ~ she gasped (out) a few words.
2.mozzo /'mottso/ m. **1** MAR. shipboy, cabin boy **2** ANT. *(garzone di stalla)* ~ ***di stalla*** groom.
3.mozzo /'mottso/ m. MECC. hub ◆◆ ~ ***di frizione*** clutch hub; ~ ***di ruota*** wheel hub.
MP3 /emmeppi'tre/ m.inv. MP3.
MR 1 ⇒ Magnifico Rettore Chancellor **2** ⇒ Molto Reverendo Most Reverend BE, Father AE.
MSI /emmeesse'i/ m. (⇒ Movimento Sociale Italiano) = right-wing political party created after the Second World War.
MST /emmeesset'ti/ f. (⇒ malattia sessualmente trasmissibile sexually transmitted disease) STD.
▷ **mucca**, pl. **-che** /'mukka, ke/ f. cow; ***portare una*** ~ ***al pascolo*** to put a cow out to pasture ◆◆ ~ ***frisona*** Friesian BE *o* Holstein-Friesian AE cow; ~ ***da latte*** dairy cow; ~ ***pazza*** VETER. mad cow disease.
▶ **mucchio**, pl. **-chi** /'mukkjo, ki/ m. **1** *(insieme disordinato)* pile, heap; ***un*** ~ ***di neve*** a snowdrift; ***un*** ~ ***confuso di libri*** a heap of books; ~ ***di letame*** manure heap; ***un*** ~ ***di fieno*** a heap of hay, a haystack; ***un*** ~ ***di rovine*** a pile of rubble; ***un*** ~ ***di rottami*** a scrap heap **2** FIG. *(grande quantità)* ***un*** ~ ***di*** heaps of, a (whole) load of, a lot of, plenty of; ***un*** ~ ***di bugie*** a pack of lies; ***non crederai a quel*** ~ ***di sciocchezze, vero?*** you don't believe all that rubbish, do you? ***avere un*** ~ ***di cose da fare*** to have loads of things to do; ***fare un*** ~ ***di storie*** to make a dreadful fuss; ***abbiamo un*** ~ ***di tempo*** we've got heaps of time; ***un*** ~ ***di soldi*** a whole lot of money ◆ ***sparare nel*** ~ = to level accusations indiscriminately ◆◆ ~ ***d'ossa*** SCHERZ. bag of bones.
mucico /'mutʃiko/ agg. ***acido*** ~ mucic acid.
mucillagine /mutʃil'ladʒine/ f. mucilage.
mucillaginoso /mutʃilladʒi'noso/ agg. mucilaginous.
muco, pl. **-chi** /'muko, ki/ m. mucus ◆◆ ~ ***cervicale*** cervical mucus; ~ ***nasale*** nasal mucus.
mucolitico, pl. **-ci**, **-che** /muko'litiko, tʃi, ke/ **I** agg. mucolytic **II** m. mucolytic.
mucoproteina /mukoprote'ina/ f. mucoprotein.
mucosa /mu'kosa/ f. mucosa*, mucous membrane.
mucosità /mukosi'ta/ f.inv. mucosity.
mucoso /mu'koso/ agg. mucous.
mucoviscidosi /mukoviʃʃi'dɔzi/ ◗ ***7*** f.inv. mucoviscidosis*.
muda /'muda/ f. moulting, molting AE; ***fare la*** ~ [*uccello*] to moult.
muesli → **müsli**.
muezzin /mued'dzin/ m.inv. muezzin.
▷ **muffa** /'muffa/ f. *(di alimenti)* mould BE, mold AE; *(di piante, legno, stoffa)* mildew; ***sapore di*** ~ mouldy taste; ***un odore di*** ~ a musty smell, a smell of mildew; ***muri coperti di*** ~ walls covered in patches of mildew; ***coperto di*** ~ mildewed; ***avere odore di*** ~ to

smell fusty *o* musty; ***fare la ~*** to go mouldy; ***non resteremo qui a fare la ~ tutto il giorno!*** FIG. we're not going to hang around here all day!

muffire /muf'fire/ [102] intr. (aus. *essere*) RAR. to get* mouldy BE, to get* moldy AE; ***~ in casa*** FIG. to rot *o* to vegetate at home.

muffola /'muffola/ f. **1** ABBIGL. mitten **2** TECN. muffle; ***forno a ~*** muffle kiln; METALL. muffle furnace.

muflone /mu'flone/ m. mouf(f)lon*.

muftì /muf'ti/ m.inv. mufti.

mugghiare /mug'gjare/ [1] intr. (aus. *avere*) **1** *(muggire)* [*mucca*] to low, to moo; [*toro, bue*] to bellow **2** *(urlare di dolore)* to bellow, to roar with pain **3** FIG. [*vento*] to roar, to howl; [*onde, mare, torrente*] to roar.

mugghio, pl. **-ghi** /'muggjo, gi/ m. *(di mucca)* lowing; *(di bue, toro)* bellowing; *(di mare, vento)* roaring.

muggine /'muddʒine/ m. grey mullet BE, gray mullet AE.

▷ **muggire** /mud'dʒire/ [102] intr. (aus. *avere*) [*mucca*] to moo, to low; [*toro, bue*] to bellow.

▷ **muggito** /mud'dʒito/ m. **1** *(di mucca, toro, bue)* mooing; ***emettere dei -i*** to moo **2** *(di onde)* roar; *(di vento)* howling; *(di persona)* howl, yelling.

mughetto /mu'getto/ m. **1** BOT. may lily, lily of the valley **2** MED. thrush.

mugnaiaccio, pl. **-ci** /muɲɲa'jattʃo, tʃi/ m. saddleback.

▷ **mugnaio**, pl. **-ai** /muɲ'ɲajo, ai/ ◗ ***18*** m. (f. **-a**) **1** miller **2 alla mugnaia** GASTR. ***trota, sogliola alla -a*** trout, sole meunière.

mugo, pl. **-ghi** /'mugo, gi/ m. mug(h)o pine, Swiss mountain pine.

mugolare /mugo'lare/ [1] **I** intr. [*cane*] to whimper **II** tr. ***cosa stai mugolando?*** what are you muttering about?

mugolio, pl. **-lii** /mugo'lio, lii/ m. whimpering.

mugugnare /muguɲ'ɲare/ [1] intr. (aus. *avere*) to grumble, to whine.

mugugno /mu'guɲɲo/ m. grumbling, whining.

mujaheddin /muʒaed'din/ m.inv. ***i ~*** the Mujaheddin.

mulattiera /mulat'tjɛra/ f. mule path, mule track.

mulattiere /mulat'tjɛre/ ◗ ***18*** m. mule driver.

mulattiero /mulat'tjɛro/ agg. mule attrib.; ***strada -a*** mule path *o* track.

mulatto /mu'latto/ **I** agg. mulatto; ***una ragazza -a*** a mulatto girl **II** m. (f. **-a**) mulatto*.

muletto /mu'letto/ m. **1** TECN. forklift truck **2** SPORT back-up car.

muliebre /mu'liebre/ agg. LETT. feminine, womanly.

mulinare /muli'nare/ [1] **I** tr. **1** *(far girare)* to twirl [*spada, bastone*] **2** FIG. *(macchinare, meditare)* to hatch **II** intr. (aus. *avere*) **1** *(turbinare)* [*fogli, carte*] to swirl around; [*acqua*] to whirl, to swirl **2** FIG. [*idee, ricordi*] to whirl around.

mulinello /muli'nɛllo/ m. **1** *(movimento)* twirl (anche SPORT); *(d'acqua)* whirlpool, eddy; *(d'aria)* whirlwind, eddy; ***fare -i con un bastone*** to twirl a stick **2** *(di canna da pesca)* reel **3** MAR. winch **4** AER. barrel roll **5** GIOC. *(girandola)* windmill.

▷ **mulino** /mu'lino/ m. mill; ***ruota del ~*** millwheel ◆ ***tirare l'acqua al proprio ~*** to bring grist to one's mill; ***combattere contro i -i a vento*** to tilt at windmills; ***parlare come un ~ a vento*** to talk nineteen to the dozen ◆◆ ***~ ad acqua*** water mill; ***~ glaciale*** GEOL. glacier mill; ***~ da preghiere*** RELIG. prayer wheel; ***~ a vento*** windmill.

mullite /mul'lite/ f. mullite.

▷ **mulo** /'mulo/ m. mule; ***viaggio a dorso di ~*** mule trek ◆ ***essere un ~, fare il ~*** to be pigheaded; ***essere testardo come un ~*** to be as stubborn as a mule; ***essere carico come un ~*** to be overloaded; ***lavorare come un ~*** to work like a horse.

▷ **multa** /'multa/ f. fine; ***una ~ da 50 euro*** a fine of 50 euros; ***~ per eccesso di velocità*** speeding ticket; ***prendere una ~*** to get *o* be given a fine; ***fare una ~ a qcn.*** to impose a fine on sb.; ***pagare 250 euro di ~*** to pay a 250 euro fine; ***non pagare una ~*** to default on a fine; ***prendere una grossa ~*** to be heavily fined.

▷ **multare** /mul'tare/ [1] tr. to fine; [*polizia*] to book [*automobilista*]; ***~ qcn. per sosta vietata*** to fine sb. for illegal parking.

multicanali /multika'nali/, **multicanale** /multika'nale/ agg.inv. [*televisore*] multichannel.

multicellulare /multitʃellu'lare/ agg. multicellular.

multicolore /multiko'lore/ agg. many-coloured BE, many-colored AE, multicoloured BE, multicolored AE.

multiculturale /multikultu'rale/ agg. multicultural.

multiculturalismo /multikultura'lizmo/ m. multiculturalism.

multidimensionale /multidimensjo'nale/ agg. multidimensional.

multidirezionale /multidirettsjo'nale/ agg. multidirectional.

multidisciplinare /multidiʃʃipli'nare/ agg. SCOL. UNIV. cross-curricular, multidisciplinary.

multidisciplinarità /multidiʃʃiplinari'ta/ f.inv. SCOL. UNIV. multidisciplinary system.

multietnico, pl. **-ci**, **-che** /multi'ɛtniko, tʃi, ke/ agg. multi-ethnic.

multifattoriale /multifatto'rjale/ agg. multifactorial.

multiforme /multi'forme/ agg. [*aspetto, vita, realtà*] multiform, many-sided.

multiformità /multiformi'ta/ f.inv. multiformity, diversity.

multifunzionale /multifuntsjo'nale/ agg. [*orologio, calcolatrice, computer*] multi-function; [*attrezzo*] multipurpose.

multifunzionalità /multifuntsjonali'ta/ f.inv. versatility.

multifunzione /multifun'tsjone/ agg.inv. INFORM. multi-function.

multigrade /multi'greid/ agg.inv. ***olio ~*** multigrade motor oil.

multilaterale /multilate'rale/ agg. [*accordo*] multilateral.

multilateralismo /multilatera'lizmo/ m. multilateralism.

multilatero /multi'latero/ agg. multilateral.

multilingue /multi'lingwe/ agg. multilingual.

multilinguismo /multilin'gwizmo/ m. multilingualism.

multimediale /multime'djale/ agg. multimedia.

multimedialità /multimedjali'ta/ f.inv. = use of various forms of media.

multimetro /mul'timetro/ m. multimetre BE, multimeter AE.

multimiliardario, pl. **-ri**, **-rie** /multimiljar'darjo, ri, rje/ m. (f. **-a**) multimillionaire.

multimilionario, pl. **-ri**, **-rie** /multimiljo'narjo, ri, rje/ m. (f. **-a**) multimillionaire.

multinazionale /multinattsjo'nale/ **I** agg. [*gruppo*] multinational **II** f. multinational.

multipara /mul'tipara/ f. multipara*.

multipiano /multi'pjano/ agg. [*parcheggio, edificio*] multilevel.

multipiattaforma /multipjatta'forma/ agg.inv. multiplatform.

multipletto /multi'pletto/ m. multiplet.

multiplo /'multiplo/ **I** agg. **1** *(molteplice)* [*presa, numero*] multiple; ***a scelta -a*** [*questionario*] multiple choice **2** MED. [*nascita, gravidanza, frattura*] multiple **3** TECN. multiplex; ***chiave -a*** box spanner BE, socket wrench AE **II** m. ART. MAT. multiple; ***10 è un ~ di 2*** 10 is a multiple of 2; ***minimo comune ~*** least common multiple.

multipolare /multipo'lare/ agg. multipolar.

multiprocessore /multiprotʃes'sore/ m. multiprocessor.

multiprogrammazione /multiprogrammat'tsjone/ f. multiprogramming.

multiproprietà /multiproprje'ta/ f.inv. time-sharing; ***appartamento in ~*** timeshare.

multirazziale /multirat'tsjale/ agg.inv. [*società, cultura*] multiracial; ***patrimonio genetico ~*** multiracial gene pool.

multirischio, pl. **-schi** /multi'riskjo, ski/ agg.inv. [*assicurazione, polizza*] multiple risk; ***polizza assicurativa ~ (sulla casa)*** comprehensive (household) insurance policy.

multisala /multi'sala/, **multisale** /multi'sale/ **I** agg.inv. ***cinema ~*** multiplex, cinema complex **II** m. e f.inv. multiplex.

multiscafo /multis'kafo/ **I** agg.inv. [*imbarcazione*] multihulled **II** m.inv. multihull.

multischermo /multis'kermo/ agg.inv. multi-screen.

multisecolare /multiseko'lare/ agg. centuries-old.

multistadio /multis'tadjo/ agg.inv. multistage.

multistandard /multis'tandard/ agg.inv. [*televisione, registratore*] multistandard.

multitasking /multi'tasking/ agg.inv. INFORM. multitasking.

multiuso /multi'uzo/ agg.inv. [*sala, apparecchio*] multipurpose; [*utensile, strumento*] all-purpose, multi-tool; [*coltello*] general-purpose; ***pinze ~*** adjustable pliers.

multiutente /multiu'tɛnte/ agg. multiuser.

multivibratore /multivibra'tore/ m. ***~ bistabile*** INFORM. flip-flop.

multivitaminico, pl. **-ci**, **-che** /multivita'miniko, tʃi, ke/ agg. multivitamin.

▷ **mummia** /'mummja/ f. **1** *(cadavere imbalsamato)* mummy **2** FIG. *(vecchio)* fossil; *(asociale)* hermit; *(antiquato)* old fogey.

mummificare /mummifi'kare/ [1] **I** tr. to mummify [*cadavere*] **II mummificarsi** pronom. **1** *(subire un processo di mummificazione)* to become* mummified **2** FIG. *(fossilizzarsi)* [*istituzioni, persona*] to become* fossilized.

mummificazione /mummifikat'tsjone/ f. mummification.

▷ **mungere** /'mundʒere/ [55] tr. **1** *(di animali)* to milk [*mucca, capra, pecora*]; ***~ il latte da una mucca*** to draw milk from a cow **2** FIG. to extract, to squeeze [*denaro*]; ***~ quattrini a qcn.*** to squeeze money out of sb.

mungitoio, pl. **-oi** /mundʒi'tojo, oi/ m. milking parlour BE, milking parlor AE.

mungitore /mundʒi'tore/ ◗ ***18*** m. (f. **-trice** /tritʃe/) *(persona)* milker.

mungitrice /mundʒi'tritʃe/ f. *(macchina)* milking machine.
mungitura /mundʒi'tura/ f. milking ◆◆ ~ ***manuale*** hand milking; ~ ***meccanica*** machine milking.
municipale /munitʃi'pale/ agg. **1** AMM. [*amministrazione, imposta*] local; [*parco, biblioteca*] municipal; ***consiglio*** ~ town *o* city council; ***Polizia Municipale*** local police; ***discarica*** ~ municipal dump **2** SPREG. *(campanilistico)* parochial.
municipalità /munitʃipali'ta/ f.inv. municipality.
municipalizzare /munitʃipalid'dzare/ [1] tr. to municipalize, to bring* [sth.] under municipal control [*azienda*].
municipalizzata /munitʃipalid'dzata/ f. = company brought under municipal ownership or control.
municipalizzato /munitʃipalid'dzato/ **I** p.pass. → **municipalizzare II** agg. = brought under municipal ownership or control.
municipalizzazione /munitʃipaliddzat'tsjone/ f. municipalization.
▷ **municipio**, pl. **-pi** /muni'tʃipjo, pi/ m. AMM. town hall, city hall AE; ***sposarsi in*** ~ to get married in a registry office; ***hanno sfilato dall'ospedale al*** ~ they marched from the hospital to the town hall.
munificenza /munifi'tʃɛntsa/ f. *(generosità)* generosity, munificence FORM.; ***vivere della*** ~ ***di qcn.*** to live off sb.'s generosity.
munifico, pl. **-ci**, **-che** /mu'nifiko, tʃi, ke/ agg. generous, munificent FORM.
munire /mu'nire/ [102] **I** tr. **1** *(fortificare)* to fortify; ~ ***una città di mura*** to fortify a town with walls **2** *(equipaggiare)* to provide, to equip, to supply [*persona*] (**di** with); ~ ***i passeggeri di giubbotti di salvataggio*** to provide passengers with lifejackets; ~ ***un edificio di scala di soccorso*** to equip a building with a life escape; ~ ***una casa di caldaia supplementare*** to put an extra boiler in a house **3** FIG. RELIG. ~ ***qcn. dei conforti religiosi*** to fortify sb. with the last rites **II munirsi** pronom. to provide oneself, to equip oneself (**di** with); ***-rsi di pazienza*** to summon up one's patience; ***-rsi di coraggio*** to pluck up one's courage.
munito /mu'nito/ **I** p.pass. → **munire II** agg. *(equipaggiato)* ***partì*** ~ ***di sci e scarponi*** he left equipped with skis and boots; ***manifestanti -i di sbarre di ferro*** demonstrators carrying iron bars.
munizionare /munittsjo'nare/ [1] tr. to munition.
▷ **munizioni** /munit'tsjoni/ f.pl. ammunition **U**, munitions; ***deposito di*** ~ ammunition *o* munitions dump.
▶ **muovere** /'mwɔvere/ [62] **I** tr. **1** *(mettere in movimento)* [*persona*] to move, to shake* [*braccio, gamba, testa*]; ~ ***una ruota, un meccanismo*** [*molla, acqua*] to move a wheel, cog; ~ ***le dita dei piedi, delle mani*** to wiggle one's toes, fingers; ***muoveva le labbra senza parlare*** he mouthed **2** *(spostare)* to move [*tavolo, sedia, cursore*]; ***il vento muove le foglie*** the breeze stirs the leaves **3** *(nei giochi di società)* to move, to advance [*pedina*]; ***tocca a te*** ~ it's your move **4** FIG. ~ ***qcn. a compassione*** to move sb. to pity; ~ ***qcn. al pianto*** to move sb. to tears; ~ ***al riso*** to provoke laughter **5** FIG. *(spingere)* [*sentimento, desiderio, impulso*] to drive [*persona*]; ***era mosso da un desiderio sfrenato*** he was driven by a powerful desire **6** FIG. *(rivolgere)* to make* [*accusa*]; ~ ***un'obiezione contro*** to object to [*testimone, giurato*] **II** intr. (aus. *essere, avere*) **1** *(avanzare)* ~ ***all'assalto*** MIL. to go over the top; ~ ***incontro a qcn.*** to go to meet sb. **2** *(derivare)* ***il tuo discorso muove da...*** FIG. your speech is based on... **III muoversi** pronom. **1** *(mettersi in movimento)* [*persona, animale*] to move; [*veicolo, treno*] to move off; ***adesso fa fatica a -rsi*** she doesn't get about very well now; ***non muoverti, arrivo!*** don't move, I'm coming! ***spara su tutto ciò che si muove*** he shoots at everything that moves; ***non muovetevi, scatto una foto!*** keep still, I'm taking a photo! **2** *(spostarsi)* [*persona, gruppo*] to move; ***l'autobus si muoveva appena*** the bus was scarcely moving; ***le sue dita si muovevano veloci sui tasti*** his fingers moved rapidly over the keys; ***non si muove più di casa*** he doesn't go out any more **3** FIG. *(sbrigarsi)* ***muoviti! siamo in ritardo*** get a move on! we're late! ***su, muoviti!*** go on, get moving! ***se si fossero mossi con rapidità forse oggi sarebbe vivo*** if they had acted quickly he might well be alive today **4** FIG. *(adoperarsi)* to get* cracking; ***nessuno si mosse per aiutarmi*** nobody made a move *o* intervened to help me **5** FIG. *(cavarsela)* ***-rsi bene in un luogo*** to be well acquainted with a place; ***non sa come -rsi in società*** he's got no social skills **6** FIG. *(recedere)* ***non si muoverà dalla sua posizione*** he won't budge from his position ◆ ~ ***guerra a*** to wage war against *o* on; ***muovi il culo*** o ***le chiappe!*** VOLG. get off your ass! move your arse! BE; ***non*** ~ ***un dito*** not to lift a finger; ~ ***cielo e terra*** to move heaven and earth.
mura /'mura/ f. MAR. tack; ***navigare con (le) -e a sinistra, a dritta*** to go on the port, starboard tack.
muraglia /mu'raʎʎa/ f. great wall; ***la Muraglia cinese, la Grande Muraglia*** the Great Wall of China.
muraglione /muraʎ'ʎone/ m. massive wall.
muraiola /mura'jola/ f. BOT. (wall) pellitory.
muraiolo /mura'jolo/ agg. BOT. ZOOL. ***lucertola -a*** wall lizard; ***picchio*** ~ wallcreeper.
murale /mu'rale/ agg. [*arte, decorazione*] mural; ***carta*** ~ wall map; ***pittura*** ~ ART. mural *o* wall painting.
murales /mu'rales/ m.pl. murals.
muralista, m.pl. **-i**, f.pl. **-e** /mura'lista/ m. e f. muralist.
murare /mu'rare/ [1] **I** tr. **1** *(fissare a muro)* ~ ***una mensola*** to fix *o* put up a shelf; ~ ***un gancio*** to fix a hook in a wall **2** *(chiudere con un muro)* to brick up [*finestra, porta, stanza*]; to wall up [*persona*]; ~ ***a secco*** to build a drystone wall **3** SPORT *(pallavolo)* to block **II murarsi** pronom. to shut* oneself up, to immure oneself; ***dopo la morte della moglie si è murato in casa*** since his wife died, he has shut himself away and stays in all the time.
murario, pl. **-ri**, **-rie** /mu'rarjo, ri, rje/ agg. ***arte -a*** bricklaying, masonry; ***cinta -a*** walls.
▷ **muratore** /mura'tore/ ◗ ***18*** m. **1** EDIL. bricklayer, mason **2** *(massone)* mason; ***franco*** o ***libero*** ~ Freemason.
muratura /mura'tura/ f. **1** *(di finestra, porta)* walling up **2** *(lavoro di muratura, opera)* masonry-work; *(di mattoni)* brickwork; ***lavori di*** ~ building work; ***costruzione in*** ~ permanent structure.
murena /mu'rɛna/ f. moray eel.
muriatico /mu'rjatiko/ agg. ***acido*** ~ hydrochloric *o* muriatic acid.
muriato /mu'rjato/ m. muriate.
murice /'muritʃe/ m. murex*.
▶ **muro** /'muro/ **I** m. **1** wall; ***un*** ~ ***di mattoni, di pietra*** a brick, stone wall; ***costruire*** o ***erigere un*** ~ ***(di mattoni)*** to build a wall (from *o* out of bricks); ***abbattere un*** ~ to knock down a wall; ***saltare giù da un*** ~ to hop off a wall; ***appoggiarsi contro*** o ***a un*** ~ to lean against a wall; ~ ***divisorio*** party wall; ~ ***di recinzione*** o ***di cinta*** perimeter fence; ~ ***esterno*** outer wall; ***armadio a*** ~ built-in wardrobe *o* cupboard; ***orologio a*** o ***da*** ~ wall clock; ***battere i pugni contro il*** ~ to bang (one's fists) on the wall **2** SPORT *(pallavolo)* block **3** FIG. *(ostacolo)* wall; ***un*** ~ ***d'acqua, di fuoco, nebbia, fumo*** a wall of water, fire, fog, smoke; ***imbattersi in un*** ~ ***di silenzio*** to come up against a wall of silence **II mura** f.pl. **1** *(insieme delle pareti)* walls; ***le quattro -a domestiche*** home; ***chiudersi tra le quattro -a*** to shut oneself up; ***il mio segreto non deve uscire da queste quattro -a*** my secret must not go beyond these four walls **2** *(fortificazioni)* wall, rampart; ***le antiche -a della città*** the old walls of the city; ***-a romane*** Roman walls; ***fuori le -a*** beyond the city walls; ***entro le -a*** within the city walls ◆ ***è come parlare al*** o ***a un*** ~ it's like talking to a brick wall; ***mettere al*** ~ ***qcn.*** *(fucilare)* to shoot sb.; ***mettere qcn. con le spalle al*** ~ to have sb. up against the wall; ***essere con le spalle al muro*** to have one's back to the wall; ***è una cosa da rompersi*** o ***sbattere la testa contro il*** ~ it makes you feel like banging your head against the wall; ***i -i hanno orecchie*** walls have ears; ***sbattere contro un*** ~ ***di gomma*** to run into the buffers ◆◆ ***il*** ~ ***di Berlino*** the Berlin Wall; ~ ***a cassa vuota*** cavity wall; ~ ***di faglia*** GEOL. hanging wall; ~ ***maestro*** → ~ **portante**; ~ ***perimetrale*** perimeter wall; ~ ***del pianto*** Wailing Wall; ~ ***portante*** load-bearing wall; ~ ***a secco*** drystone wall; ~ ***di sostegno*** retaining wall; ~ ***del suono*** sound barrier; ***varcare il*** ~ ***del suono*** to break the sound barrier.
musa /'muza/ f. **1** LETTER. MITOL. Muse; ***le nove Muse*** the nine Muses **2** *(ispirazione)* muse; ***è stata la tua*** ~ ***ispiratrice*** she was your inspiration.
muscari /'muskari/ m.inv. grape hyacinth.
muschiato /mus'kjato/ agg. [*rosa, profumo*] musky; ***bue*** ~ musk ox; ***topo*** ~ musk-rat.
▷ **1.muschio**, pl. **-schi** /'muskjo, ski/ m. BOT. moss; ***tappeto di*** ~ moss patch; ***coperto di*** ~ moss-grown ◆ ***pietra smossa non fa*** ~ PROV. a rolling stone gathers no moss ◆◆ ~ ***di Ceylon*** Ceylon moss; ~ ***di Corsica*** worm moss; ~ ***d'Irlanda*** carrageen.
2. muschio, pl. **-schi** /'muskjo, ski/ m. *(sostanza odorosa)* musk.
musco /'musko/ → **1.muschio**.
muscolare /musko'lare/ agg. [*tessuto, forza, malattia*] muscular; ***tono*** ~ tonus, muscle tone; ***affaticamento*** ~ muscle fatigue; ***farsi uno strappo*** ~ to tear a muscle.
muscolatura /muskola'tura/ f. musculature; ***avere una*** ~ ***ben sviluppata*** to have well developed muscles.
▷ **muscolo** /'muskolo/ ◗ ***4*** m. **1** ANAT. muscle; ***contrarre i -i*** to strain one's muscles; ***sciogliere i -i*** to loosen up; ***rilassare i -i*** to let oneself go limp; ***senza muovere un*** ~ without moving a muscle; ***mostrare i -i*** to flex one's muscles (anche FIG.); ***rinforzare i -i delle***

braccia, gambe to develop the arm, leg muscles; ***potenziare i -i*** to build up one's strength; ***essere tutto -i*** COLLOQ. to be all muscle; ***mister ~*** COLLOQ. muscleman **2** *(taglio di carne)* lean meat, brawn **3** ZOOL. mussel ◆ ***tutto -i niente cervello*** all brawn no brains ◆◆ ***~ deltoide*** deltoid; ***~ elevatore*** levator; ***~ flessore*** flexor; ***~ gluteo*** gluteus; ***~ tricipite*** triceps; ***~ involontario*** involuntary muscle; ***-i lisci*** smooth muscle; ***-i striati*** striated muscle.

muscolosità /muskolosi'ta/ f.inv. muscularity, brawniness.

muscoloso /musko'loso/ agg. [*braccio, persona*] muscular; ***essere ~*** to have a muscular build.

muscoso /mus'koso/ agg. [*terreno, pietra, ramo*] mossy, moss-covered.

▶ **museo** /mu'zɛo/ m. museum; ***guardiano del ~*** (museum) keeper; ***il ~ è sovvenzionato dai fondi pubblici*** the museum is supported by public funds; ***casa loro è un ~ degli orrori*** COLLOQ. SCHERZ. everything in their house is indescribably ugly; ***una città ~*** = a city of great historical and artistic importance; ***pezzo da ~*** SCHERZ. museum piece ◆◆ ***~ delle cere*** wax museum, waxworks; ***~ di storia naturale*** natural history museum; ***~ di arte moderna*** museum of modern art.

museografia /muzeogra'fia/ f. museology.

museografico, pl. **-ci**, **-che** /muzeo'grafiko, tʃi, ke/ agg. museological.

museologia /muzeolo'dʒia/ f. museology.

museruola /muze'rwɔla/ f. muzzle; ***mettere la ~ al cane*** to muzzle a dog; ***mettere la ~ a qcn.*** FIG. to muzzle sb.

musetta /mu'zetta/ f. nosebag, feed bag.

musette /my'zɛt/ f.inv. musette.

musetto /mu'zetto/ m. **1** *(di persona)* ***che bel ~!*** what a pretty little face! **2** SPORT *(di auto)* nose.

▶ **musica**, pl. **-che** /'muzika, ke/ f. music; ***la ~ di Bach*** the music of Bach, Bach's music; ***fare ~*** to play music; ***fare ginnastica a suon di ~*** to do exercise to music; ***leggere la ~*** to read music; ***mettere qcs. in ~*** to set sth. to music; ***carta da ~*** music paper; ***lezione, maestro di ~*** music lesson, teacher; ***amante della ~*** music-loving; ***avere orecchio per la ~*** to have an ear for music; ***muoversi a tempo di musica*** to move rhythmically to the music; ***la ~ delle sfere celesti*** the music of the spheres ◆ ***è sempre la stessa ~*** it's always the same old refrain *o* story; ***è cambiata la ~*** things have changed; ***ha la ~ nel sangue*** music is in his blood; ***~ maestro!*** off we go! ***questa è ~ per le mie orecchie!*** this is music to my ears! ◆◆ ***~ d'atmosfera*** mood music; ***~ barocca*** baroque music; ***~ da camera*** chamber music; ***~ classica*** classical music; ***~ da discoteca*** disco music; ***~ dodecafonica*** dodecaphonic music; ***~ elettronica*** electronic music; ***~ da film*** film music; ***~ leggera*** easy listening music; ***~ liturgica*** → ***~ sacra***; ***~ lirica*** o ***operistica*** opera; ***~ orchestrale*** orchestra music; ***~ pop*** pop music; ***~ popolare*** folk music; ***~ rock*** rock music; ***~ sacra*** sacred music; ***~ sinfonica*** symphonic music; ***~ di sottofondo*** background music; *(di programma televisivo)* incidental music.

musicabile /muzi'kabile/ agg. that could be set to music.

▷ **musicale** /musi'kale/ agg. **1** *(relativo alla musica)* [*nota, strumento, accompagnamento, spartito*] musical; ***critica, rivista ~*** music review, magazine; ***trottola ~*** humming top; ***talento ~*** musical abilities; ***ha strani gusti -i*** he has strange tastes *o* a strange taste in music; ***un sottofondo ~*** a background of music **2** *(armonioso)* [*voce, accento, lingua*] singsong.

musicalità /muzikali'ta/ f.inv. musicality.

musicalmente /muzikal'mente/ avv. musically.

musicante /muzi'kante/ m. e f. musician, bandsman*; SPREG. second-rate musician.

musicare /muzi'kare/ [1] tr. to set* [sth.] to music [*poesia, testo*].

musicassetta /muzikas'setta/ f. musicassette.

musichetta /muzi'ketta/ f. jingle, (catchy) tune.

▷ **musicista**, m.pl. **-i**, f.pl. **-e** /muzi'tʃista/ ➧ ***18*** m. e f. musician; ***~ rock*** rocker.

musico, pl. **-ci** /'muziko, tʃi/ m. musician; ***~ di corte*** minstrel.

musicografo /muzi'kɔgrafo/ ➧ ***18*** m. (f. **-a**) music critic.

musicologia /muzikolo'dʒia/ f. musicology.

musicologico, pl. **-ci**, **-che** /muziko'lɔdʒiko, tʃi, ke/ agg. musicological.

musicologo, pl. **-gi** /muzi'kɔlogo, dʒi/ ➧ ***18*** m. (f. **-a**) musicologist.

musicomane /muzi'kɔmane/ m. e f. music lover, music enthusiast.

musicoterapia /muzikotera'pia/ f. music therapy.

musivo /mu'zivo/ agg. **1** *(del mosaico)* ***arte -a*** mosaic art **2** CHIM. ***oro ~*** mosaic gold.

müsli /'mysli/ m.inv. muesli, granola AE.

▷ **muso** /'muzo/ m. **1** *(di animale) (di cane, bovino, ovino)* muzzle; *(di maiale, delfino)* snout **2** COLLOQ. *(viso)* mug; ***uno schiaffo sul ~*** a slap across the chops; ***ti spaccherà il ~!*** he'll flatten you! ***vuoi un pugno sul ~?*** are you looking for a punch on the nose *o* smack in the mouth? **3** COLLOQ. *(broncio)* ***cosa sono quei -i lunghi?*** why all the long faces? ***fare*** o ***avere il ~ lungo*** to pull *o* wear a long face **4** *(di aeroplano, vettura)* nose ◆ ***dire qcs. a qcn. sul ~*** to say sth. to sb.'s face; ***a ~ duro*** resolutely; ***storcere il ~*** to turn up one's nose ◆◆ ***~ giallo*** COLLOQ. SPREG. gook.

musone /mu'zɔne/ m. (f. **-a**) COLLOQ. *(chi tiene il broncio)* sulker, mope(r).

musoneria /muzone'ria/ f. sulkiness.

mussola /'mussola/, **mussolina** /musso'lina/ f. muslin.

mussoliniano /mussoli'njano/ **I** agg. of Mussolini, Mussolini's **II** m. (f. **-a**) STOR. follower of Mussolini.

mussulmano /mussul'mano/ → **musulmano**.

must /mast/ m.inv. must, must-have; ***questo libro è un ~ per tutti quelli che amano il giardinaggio*** this book is a must for all gardeners.

mustang /'mastan, 'mastang/ m.inv. mustang.

musulmano /musul'mano/ **I** agg. [*religione, culto*] Moslem, Muslim **II** m. (f. **-a**) Moslem, Muslim.

1.muta /'muta/ f. **1** ZOOL. *(rinnovamento della pelle) (di uccelli, crostacei)* moult BE, molt AE, moulting BE, molting AE; *(di serpenti, bruchi)* slough, sloughing; *(di insetti)* ecdysis*; ***fare la ~*** to moult BE, to molt AE, to slough **2** *(tuta da subacqueo)* wet suit **3** *(di voce)* breaking; ***durante la ~ della voce non osava più cantare*** while his voice was breaking *o* changing he didn't dare to sing **4** MIL. shift ◆◆ ***~ del vino*** decanting.

2.muta /'muta/ f. VENAT. *(di cani)* pack; *(di cavalli)* team; ***sguinzagliare la ~ su*** to set the pack on.

mutabile /mu'tabile/ agg. changeable, mutable.

mutabilità /mutabili'ta/ f.inv. changeability, mutability.

mutageno /mu'tadʒeno/ **I** agg. mutagenic **II** m. mutagen.

▷ **mutamento** /muta'mento/ m. change, shift, variation (**di** in); ***~ di forma*** change of shape; ***un ~ radicale*** a radical change; ***c'è stato un ~ dell'opinione pubblica*** there has been a shift in public opinion; ***un ~ di significato*** a shift in meaning ◆◆ ***~ linguistico*** shift; ***~ sociale*** social change.

▷ **mutande** /mu'tande/ ➧ ***35*** f.pl. *(da uomo)* briefs, underpants; *(a calzoncino)* boxer shorts; *(da donna)* panties, underpants, knickers BE, pants BE; ***togliersi le ~*** to take off one's underwear ◆ ***perdere le ~, ritrovarsi in ~*** to lose one's shirt; ***lasciare qcn. in ~*** to rob sb. blind; ***farsela nelle ~*** to shit a brick *o* bricks.

mutandine /mutan'dine/ ➧ ***35*** f.pl. **1** *(da donna)* panties, scanties, step-ins; ***un paio di ~, due paia di ~*** a pair, two pairs of panties **2** *(da bambino)* briefs ◆◆ ***~ da bagno*** *(da uomo)* bathing trunks; *(da donna)* bikini bottom; ***~ elastiche*** girdle.

mutandoni /mutan'doni/ m.pl. long johns COLLOQ.

mutante /mu'tante/ **I** agg. BIOL. mutant **II** m. e f. mutant.

▷ **mutare** /mu'tare/ [1] **I** tr. **1** *(cambiare)* to change; ***~ la propria opinione*** to change one's mind; ***~ atteggiamento nei confronti di qcn.*** to change one's attitude towards sb.; ***~ stile di vita*** to change one's lifestyle; ***~ la pelle*** [*serpente*] to shed skin; ***~ le penne*** [*uccello*] to moult BE, to molt AE **2** *(trasformare)* to turn; ***~ l'acqua in ghiaccio*** to turn water into ice; ***~ qcn. in un ranocchio*** [*mago, strega*] to turn sb. into a frog **II** intr. (aus. *essere*) to change; ***mutò d'umore improvvisamente e divenne calmo*** his mood suddenly changed and he became calm; ***il tempo è mutato e non in meglio*** the weather changed, but not for the better; ***~ in meglio, in peggio*** to change for the better, worse **III mutarsi** pronom. **1** *(trasformarsi)* ***-rsi in qcs.*** to turn into sth. **2** *(cambiarsi)* ***-rsi d'abito*** to change (one's clothes).

mutasi /mu'tazi/ f.inv. mutase.

mutazionale /mutattsjo'nale/ agg. BIOL. mutational.

mutazione /mutat'tsjone/ f. **1** *(cambiamento)* change, alteration; ***essere in piena ~*** to be in the process of radical transformation **2** BIOL. MED. MUS. mutation ◆◆ ***~ genetica*** genetic mutation.

mutevole /mu'tevole/ agg. [*circostanza, condizione, situazione, opinione*] changeable; [*tempo*] fickle, changeable; [*umore, comportamento, carattere*] erratic, changeable; [*persona*] moody, inconstant; ***essere di umore ~*** to be moody; ***i gusti sono -i*** tastes change.

mutevolezza /mutevo'lettsa/ f. mutability; *(di comportamento)* fickleness.

mutevolmente /mutevol'mente/ avv. mutably.

mutezza /mu'tettsa/ f. muteness.

mutico, pl. **-ci**, **-che** /'mutiko, tʃi, ke/ agg. muticous, muticate.

mutilare /muti'lare/ [1] tr. **1** *(con amputazione)* to mutilate [*persona, animale, corpo*]; ***è stato mutilato del braccio sinistro*** his left arm got cut off **2** FIG. to mutilate [*testo, articolo, film*].

▷ **mutilato** /muti'lato/ **I** p.pass. → **mutilare** **II** agg. [*persona*] mutilated, maimed **III** m. (f. **-a**) disabled person ◆◆ ~ ***di guerra*** disabled war veteran; ~ ***del lavoro*** = person disabled from an accident at work.

mutilatore /mutila'tore/ m. (f. **-trice** /tritʃe/) mutilator.

mutilazione /mutilat'tsjone/ f. **1** mutilation, maiming; ***subire una*** ~ to be maimed **2** FIG. *(di testo)* mutilation; *(di statua)* defacement ◆◆ ~ ***fraudolenta*** o ***volontaria*** DIR. MIL. self-inflicted injury.

mutilo /'mutilo/ agg. [*codice, manoscritto*] mutilated.

mutismo /mu'tizmo/ ➧ **7** m. **1** PSIC. mutism **2** *(silenzio)* unwillingness to speak; ***chiudersi in un*** ~ ***completo*** to withdraw into total silence.

▷ **muto** /'muto/ **I** agg. **1** [*persona*] dumb, mute; ***sordo e*** ~ deaf and dumb **2** *(che tace)* [*testimone, folla*] silent (**su**, **a proposito di** on); ***rimanere*** ~ to remain silent **3** *(incapace di parlare)* speechless; ***per effetto dello choc rimase -a*** the shock left her speechless; ***(rimanere)*** ~ ***per*** (to be) speechless with [*gioia, orrore, rabbia*] **4** *(inespresso)* [*rimprovero, dolore, rabbia*] silent; ***guardavano con -a ammirazione*** they watched in hushed admiration **5** CINEM. [*cinema, film*] silent; [*ruolo*] non-speaking **6** FON. [*vocale, consonante*] mute; ***diventare*** ~ [*lettera, suono*] to become mute **7** *(senza iscrizione)* [*atlante, cartina geografica*] blank **8** *(privo di suono)* ***il telefono diventò*** ~ the phone went dead **II** m. (f. **-a**) **1** *(persona)* mute, dumb person **2** CINEM. silent screen; ***il passaggio dal*** ~ ***al sonoro*** the transition from the silent screen to the talkies ◆ ***restare*** ~ ***come un pesce*** to keep mum; ***fare scena -a*** not to say one word; GERG. SCOL. not to know a thing; ~ ***come una tomba*** as silent as the grave.

mutria /'mutrja/ f. LETT. haughty expression.

▶ **mutua** /'mutua/ f. COLLOQ. *(organismo di previdenza e assistenza)* National Health Service; *(congedo per malattia)* ***essere in*** ~ to be on sick leave; ***ho dieci giorni di*** ~ I have a sick note for ten days; ***medico della*** ~ National Health doctor.

1.mutuabile /mutu'abile/ agg. ***essere*** ~ [*cura, farmaco, analisi*] to be on the National Health (Service).

2.mutuabile /mutu'abile/ agg. ECON. loanable.

mutualismo /mutua'lizmo/ m. BIOL. mutualism.

mutualistico, pl. **-ci**, **-che** /mutua'listiko, tʃi, ke/ agg. **1** *(relativo alla mutualità)* [*principio*] mutualistic **2** *(previdenziale)* ***ente*** ~ National Health Service Organization; ***assistenza -a*** National Health assistance **3** BIOL. *(riferito al mutualismo)* mutualistic.

mutualità /mutuali'ta/ f.inv. mutuality, mutual aid.

mutuamente /mutua'mente/ avv. LETT. mutually.

mutuante /mutu'ante/ **I** agg. ECON. lending, loaning **II** m. e f. lender.

mutuare /mutu'are/ [1] tr. **1** ECON. RAR. *(prendere o concedere in mutuo)* ~ ***una somma di denaro a un'impresa*** to lend a sum of money to a company; ~ ***una somma di denaro da una banca*** to borrow a sum of money from a bank **2** FIG. to borrow; ~ ***lo stile di qcn.*** to borrow sb.'s style; ***la parola "remuage" è mutuata dal francese*** the word "remuage" is borrowed from French.

mutuatario, pl. **-ri** /mutua'tarjo, ri/ m. (f. **-a**) borrower, mutuary.

mutuato /mutu'ato/ m. (f. **-a**) *(pubblico)* National Health patient; *(privato)* person insured against illness.

mutulo /'mutulo/ m. mutule.

1.mutuo /'mutuo/ agg. mutual; ~ ***soccorso*** mutual aid; ***associazione di*** ~ ***soccorso*** friendly *o* provident society BE, benefit association AE; ***società di -a assicurazione*** mutual insurance society.

▷ **2.mutuo** /'mutuo/ m. loan; ***contrarre un*** ~ to take out a loan; ***estinguere un*** ~ to repay *o* pay off a loan; ***concedere un*** ~ ***a qcn.*** to grant a loan to sb.; ***l'interesse passivo sul*** ~ the interest payable on the loan ◆◆ ~ ***a breve scadenza*** short-term loan; ~ ***edilizio*** home loan; ~ ***garantito*** secured loan; ~ ***ipotecario*** mortgage loan; ~ ***a lunga scadenza*** long-term loan.

n

n, N /'ɛnne/ **I** m. e f.inv. *(lettera)* n, N **II n** f.inv. MAT. n.
n. 1 (anche **n°**) ⇒ numero number (n°) **2** ⇒ nato born (b.).
nababbo /na'babbo/ m. **1** STOR. nabob, nawab **2** *(molto ricco)* very rich person, Croesus ◆ ***vivere da ~*** to live in the lap of luxury, to live the life of Riley BE.
Nabucodonosor /nabukodono'zor/ n.pr.m. Nebuchadnezzar.
nabuk /'nabuk/ m.inv. nubuck.
nacchera /'nakkera/ ➧ **34** f. MUS. castanet; ***le -e*** castanets; ***suonare le -e*** to play the castanets.
nadir /na'dir/ m.inv. nadir.
nafta /'nafta/ f. *(olio combustibile)* oil; CHIM. naphtha; ***serbatoio di ~*** oil tank; ***stufa a ~*** oil stove *o* heater; ***~ da riscaldamento*** heating oil; ***riscaldamento a ~*** oil-fired heating.
naftalene /nafta'lɛne/ m. naphthalene.
naftalina /nafta'lina/ f. **1** CHIM. naphthalene **2** *(tarmicida)* ***pallina di ~*** mothball; ***mettere qcs. in ~*** to put sth. in mothballs (anche FIG.); ***tirare qcs. fuori dalla ~*** to take sth. out of mothballs (anche FIG.).
naftene /naf'tɛne/ m. naphthene.
naftenico, pl. **-ci**, **-che** /naf'tɛniko, tʃi, ke/ agg. naphthenic.
naftile /naf'tile/ m. naphthyl.
naftochinone /naftoki'none/ m. naphthoquinone.
naftolo /naf'tɔlo/ m. naphthol.
1.naia /'naja/ f. ZOOL. naja.
2.naia /'naja/ f. GERG. = compulsory military service; ***essere sotto la ~*** to be doing military service; ***partire per la ~*** to be called up.
naiade /'najade/ f. **1** MITOL. naiad*, water nymph **2** BOT. ZOOL. naiad*.
naif /na'if/ **I** agg.inv. naïve, naive; ***pittura ~*** naïve painting **II** m.inv. naïve painting.
nailon → **nylon**.
Namibia /na'mibja/ ➧ **33** n.pr.f. Namibia.
namibiano /nami'bjano/ ➧ **25 I** agg. Namibian **II** m. (f. **-a**) Namibian.
nanchino /nan'kino/ m. TESS. nankeen.
nandù /nan'du/ m.inv. rhea.
nanerottolo /nane'rɔttolo/ m. (f. **-a**) SPREG. midget, shrimp.
nanismo /na'nizmo/ ➧ **7** m. dwarfism, nanism.
nanna /'nanna/ f. INFANT. bye-byes BE, beddy-byes AE; ***andare a (fare la) ~*** to go to bye-byes BE, to go to beddy-byes AE.
▷ **nano** /'nano/ **I** agg. [*albero, stella*] dwarf; [*cavallo, cane*] miniature **II** m. (f. **-a**) dwarf; ***Biancaneve e i sette -i*** Snow White and the Seven Dwarfs.
nanosecondo /nanose'kondo/ m. nanosecond.
nanotecnologia /nanoteknolo'dʒia/ f. nanotechnology.
napalm /'napalm/ m.inv. napalm; ***bomba, bombardamento al ~*** napalm bomb, attack.
napoleone /napole'one/ m. **1** *(moneta)* napoleon **2** *(bicchiere)* balloon glass, snifter AE.
Napoleone /napole'one/ n.pr.m. Napoleon.
napoleonico, pl. **-ci**, **-che** /napole'ɔniko, tʃi, ke/ agg. Napoleonic; ***le guerre -che*** Napoleonic Wars.
napoletana /napole'tana/ f. **1** *(caffettiera)* Italian coffee maker **2** GASTR. = pizza with tomato, mozzarella cheese, basil and anchovies.
napoletano /napole'tano/ ➧ **2 I** agg. Neapolitan; ***pizza alla -a*** GASTR. = pizza with tomato, mozzarella cheese, basil and anchovies **II** m. (f. **-a**) **1** Neapolitan **2** LING. Neapolitan.
Napoli /'napoli/ ➧ **2** n.pr.f. Naples.
nappa /'nappa/ f. **1** *(ornamento)* tassel **2** *(pelle morbidissima)* nap(p)a leather **3** SCHERZ. *(nasone)* big nose, conk BE, schnoz(zle) AE.
narceina /nartʃe'ina/ f. narceine.
narcisismo /nartʃi'zizmo/ ➧ **7** m. narcissism.
narcisista, m.pl. **-i**, f.pl. **-e** /nartʃi'zista/ m. e f. narcissist.
narcisistico, pl. **-ci**, **-che** /nartʃi'zistiko, tʃi, ke/ agg. [*comportamento, atteggiamento*] narcissistic.
1.narciso /nar'tʃizo/ m. BOT. narcissus*.
2.narciso /nar'tʃizo/ m. *(vanitoso)* narcissist.
Narciso /nar'tʃizo/ n.m.pr. Narcissus.
narcodollari /narko'dɔllari/ m.pl. = money (in US dollars) obtained through drug dealing.
narcolessia /narkoles'sia/ ➧ **7** f. narcolepsy.
narcosi /nar'kɔzi/ f.inv. narcosis*.
narcotest /narko'tɛst/ m.inv. drug test.
narcotici /nar'kɔtitʃi/ agg. e f.inv. ***la (squadra) ~*** the drug *o* narcotics squad.
narcotico, pl. **-ci**, **-che** /nar'kɔtiko, tʃi, ke/ **I** agg. narcotic **II** m. narcotic; *(stupefacente)* drug.
narcotizzare /narkotid'dzare/ [1] tr. MED. to narcotize.
narcotizzazione /narkotiddzat'tsjone/ f. narcotization.
narcotrafficante /narkotraffi'kante/ m. e f. drug dealer.
narcotraffico, pl. **-ci** /narko'traffiko, tʃi/ m. drug dealing.
nardo /'nardo/ m. (spike)nard.
narghilè /nargi'lɛ/ m.inv. hookah, narghile.
narice /na'ritʃe/ f. nostril.
narrabile /nar'rabile/ agg. tellable.
▷ **narrare** /nar'rare/ [1] **I** tr. to tell* [*storia*]; to tell*, to relate [*fatto*]; ***l'opera teatrale narra la storia di una donna*** the play tells the story of a woman **II** intr. (aus. *avere*) ***~ a qcn. di qcs.*** to tell sb. about *o* of sth.
narrativa /narra'tiva/ f. **1** *(genere letterario)* fiction; ***un'opera di ~*** a work of fiction; ***la ~ americana*** American fiction; ***scrivere opere di ~*** to write fiction **2** DIR. narration.
narrativo /narra'tivo/ agg. narrative; ***stile ~*** narrative style; ***poema ~*** narrative poem.
narratologia /narratolo'dʒia/ f. narratology.
narratore /narra'tore/ m. (f. **-trice** /tritʃe/) **1** *(chi narra)* storyteller; ***è un buon ~*** he is a good storyteller **2** *(autore di narrativa)* fiction writer; ***i -i italiani del Novecento*** 20th century Italian fiction writers **3** LETT. narrator, narrative persona*.
narrazione /narrat'tsjone/ f. **1** *(il raccontare)* narration, storytelling; ***è un maestro nell'arte della ~*** he is a master of narrative **2** *(racconto)* tale, story **3** *(in retorica)* narration.

nartece /nar'tɛtʃe/ m. ARCH. narthex.
narvalo /nar'valo/ m. narwhal.
NAS /nas/ m.pl. (⇒ Nucleo Antisofisticazioni) = division of Carabinieri appointed to investigate the adulteration of beverages and foodstuffs.
nasale /na'sale/ **I** agg. **1** *(del naso)* [*deformazione, ostruzione, fossa*] nasal; ***spray*** ~ nasal spray **2** FON. [*vocale, suono, voce*] nasal **II** f. FON. nasal.
nasalità /nasali'ta/ f.inv. nasality.
nasalizzare /nasalid'dzare/ [1] tr. to nasalize [*vocale*].
nasalizzazione /nasaliddzat'tsjone/ f. nasalization.
nasata /na'sata/ f. **1** *(colpo ricevuto sul naso)* blow on the nose **2** FIG. facer, setback.
nascente /naʃ'ʃɛnte/ agg. [*interesse*] budding; [*movimento*] infant; [*sole, luna*] rising; CHIM. nascent; ***è un astro ~*** FIG. he's a rising star.
▶ **1.nascere** /'naʃʃere/ [63] La traduzione in inglese di *nascere* crea due tipi di problemi: innanzitutto, il verbo *nascere* è reso dalla forma passiva di *to bear* (= *partorire, generare*), cosicché *to be born* traduce *nascere* in quanto significa *essere partorito / generato*; ciò spiega l'imperfetta corrispondenza formale nelle due lingue in frasi come *sono nato / nacqui nel 1956* = I was born in 1956 o *era nato in una famiglia povera* = he had been born in a poor family; secondariamente, quando *nascere* è usato in senso letterale ma non in riferimento agli esseri umani oppure in senso figurato, l'inglese utilizza solitamente altri verbi, per i quali vedi sotto le accezioni 2 e seguenti. intr. (aus. *essere*) **1** *(venire al mondo)* [*persona, animale*] to be* born; ***è nata il 5 maggio '99*** she was born on 5 May 1999; ***~ maschio, femmina*** to be born a man, woman; ***il bimbo deve ~ alla fine del mese*** the baby is due at the end of the month; ***quando deve ~ il bambino?*** when is your baby due? ***vorrei non essere mai nato*** I wish I'd never been born; ***è appena nata*** she is a newborn baby; ***vedere ~ qcn.*** to see sb. being born; ***l'ho visto ~*** FIG. I have known him since he was born; ***tutti gli uomini nascono liberi*** all men are born free; ***~ da padre italiano, sconosciuto*** to be born of an Italian, unknown father; ***~ in una famiglia di cinque figli*** to be born into a family of five children; ***~ sotto il segno della Vergine*** to be born under the sign of Virgo; ***~ in anticipo di due settimane*** to be born two weeks premature; ***non è ancora nato chi mi farà cambiare opinione*** SCHERZ. there isn't a person living who could make me change my mind; ***non sono certo nato ieri*** COLLOQ. I wasn't born yesterday **2** *(spuntare)* [*astro*] to rise*; [*dente*] to erupt; [*pianta*] to come* up; ***dove nasce il sole*** where the sun rises **3** *(scaturire)* [*corso d'acqua*] to rise*, to have* its rise (**da** in) **4** FIG. *(cominciare a esistere, manifestarsi)* [*movimento, progetto*] to be* born; [*sentimento*] to spring* up; [*sospetto, dubbio*] to arise*; [*amicizia*] to start; ***~ da*** to spring from [*gelosia, paura, pregiudizio*]; ***far ~*** to give rise to [*speranza, gelosia, conflitto, sorriso*]; ***vedere ~*** to see the birth of [*conflitto, giornale*]; ***problemi che nascono dalla mancanza di comunicazione*** problems arising from lack of communication ◆ ***da cosa nasce cosa*** PROV. one thing leads to another; ***~ sotto una buona, cattiva stella*** to be born under a lucky, unlucky star; ***essere nato con la camicia*** to be born with a silver spoon in one's mouth.
2.nascere /'naʃʃere/ m. **1** *(nascita)* ***il ~ di una civiltà*** the dawning of a civilization **2 sul nascere** ***stroncare qcs. sul ~*** to nip sth. in the bud; ***uccidere qcs. sul ~*** to kill sth. in the egg; ***soffocare un'idea sul ~*** to strangle an idea at birth; ***risolve i problemi sul ~*** she solves problems as they arise.
▶ **nascita** /'naʃʃita/ f. **1** *(inizio della vita)* birth; ***~ prematura*** premature birth; ***data e luogo di ~*** date and place of birth; ***italiano di ~*** of Italian birth; ***essere sordo, cieco dalla ~*** to be born deaf, blind; ***a una settimana dalla sua ~*** within a week of his birth; ***di ~ nobile*** of high birth; ***certificato di ~*** birth certificate; ***controllo delle -e*** birth control; ***boom delle -e*** baby boom **2** FIG. *(inizio) (di opera, movimento, corrente)* birth; *(di prodotto)* first appearance; ***la ~ dell'informatica*** the birth of computer science **3** *(lo spuntare, l'apparire)* ***la ~ del sole*** sunrise; ***la ~ del giorno*** daybreak.
nascituro /naʃʃi'turo/ **I** agg. [*bambino*] unborn, not yet born **II** m. unborn child*.
nascondarello /naskonda'rɛllo/ ♦ **10** m. REGION. hide and seek; ***giocare a ~*** to play hide and seek.
▶ **nascondere** /nas'kondere/ [64] **I** tr. **1** *(sottrarre alla vista)* to hide* [*denaro, corpo, carte, prigioniero, rifugiato*]; ***~ il viso tra le mani*** to bury one's face in one's hands; ***~ qcs. in un cassetto*** to hide sth. away in a drawer; ***~ la propria nudità, il seno*** to cover one's nakedness, one's breasts; ***~ un criminale*** to conceal *o* hide a criminal **2** *(impedire alla vista)* to hide*, to block [*paesaggio, mare, sole, oggetto*]; ***~ qcs.*** to screen sth. from sight or view **3** FIG. *(dissimulare, tener segreto)* [*persona*] to conceal [*verità, fatto*]; to cover up [*errore, crimine*]; to hide*, to conceal [*emozioni*]; to keep* back, to withhold* [*informazione, dettaglio*]; ***~ il proprio imbarazzo*** to hide one's blushes; ***~ i propri sentimenti*** to hide one's feelings; ***~ qcs. a qcn.*** to keep sth. from sb.; ***tu mi stai nascondendo qcs.!*** you're hiding something from me! ***gli ha nascosto la morte del suo cane*** he didn't tell him his dog had died; ***non si può ~ che*** there's no disguising the fact that; ***essere accusato di ~ informazioni alla polizia*** to be accused of withholding information from the police **II nascondersi** pronom. [*persona, animale*] to hide* (**in** in; **dietro** behind); ***un posto sicuro dove -rsi*** a safe place to hide; ***-rsi sotto falso nome*** to masquerade under a false name; ***dietro il suo sorriso si nasconde una profonda tristezza*** behind her smile there lies a deep sadness; ***quale organizzazione si nasconde dietro queste sommosse?*** which organization is behind these riots? ◆ ***-rsi dietro un dito*** to swear that black is white; ***~ il proprio gioco*** to hold *o* keep one's cards close to one's chest; ***~ la testa nella sabbia*** to bury one's head in the sand.
▷ **nascondiglio**, pl. **-gli** /naskon'diʎʎo, ʎi/ m. hiding place, hideout, hideaway; ***la polizia ha seguito le tracce dei terroristi fino al loro ~*** the police tracked the terrorists to their hideout; ***fornire un ~ a*** to harbour [*malvivente, terrorista*].
nascondino /naskon'dino/ ♦ **10** m. hide and seek; ***giocare a ~*** to play hide and seek.
nascostamente /naskosta'mente/ avv. hiddenly, furtively.
nascosto /nas'kosto/ **I** p.pass. → **nascondere II** agg. **1** [*tesoro, angolo, bellezza*] hidden; [*difetto, qualità*] latent; ***il lato ~ di qcs.*** the hidden face of sth.; ***glielo ha tenuto ~ perché non si preoccupassero*** he kept it a secret for them so that they should not be worried **2 di nascosto** [*agire, mangiare, fumare, telefonare*] furtively, on the sly; ***fare qcs. di ~ da*** to do sth. out of sight of sb.
nasello /na'sɛllo/ m. ZOOL. hake*.
nasetto /na'setto/ m. MUS. nut.
▶ **naso** /'naso/ ♦ **4** m. **1** *(parte del corpo)* nose; ***avere il ~ chiuso, che cola*** to have a blocked, runny nose; ***soffiarsi il ~*** to blow one's nose; ***respirare con il ~*** to breathe through one's nose; ***tapparsi il ~*** to hold one's nose; ***tirare su col ~*** to sniff; ***mettersi le dita nel ~*** to poke one's finger up one's nose, to pick one's nose; ***parlare con il ~*** to speak through one's nose; ***ti sanguina il ~, perdi sangue dal ~*** you have a nosebleed *o* a bloody nose, your nose is bleeding; ***mettere qcs. sotto il ~ di*** o ***a qcn.*** COLLOQ. to put sth. right under sb.'s nose; ***mettere*** o ***ficcare il ~ dappertutto, in qcs.*** COLLOQ. to stick *o* poke one's nose into everything, sth.; ***non ho messo il ~ fuori*** I didn't set foot outside; ***non alzare il ~ da qcs.*** never to lift one's head from sth.; ***ce l'hai sotto il ~*** it's under you nose, it's staring you in the face **2** *(fiuto)* nose; ***avere ~ (per qcs.)*** FIG. to have a nose (for sth.); ***a (lume di) ~*** FIG. [*misurare*] roughly; [*decidere*] just like that ◆ ***menare*** o ***prendere qcn. per il ~*** to lead sb. by the nose; ***non vedere più in là del proprio ~*** to see no further than the end of one's nose; ***passare sotto il ~ di qcn.*** to slip through sb.'s fingers; ***mi salta la mosca al ~*** I'm beginning to see red; ***arricciare*** o ***storcere il ~ per qcs.*** to turn one's nose up at sth.; ***rimanere*** o ***restare con un palmo di ~*** to be left dumbfounded *o* flabbergasted; ***avere la puzza sotto il ~*** to be hoity-toity; ***andare a incipriarsi il ~*** SCHERZ. to powder one's nose ◆◆ ***~ adunco*** hook nose; ***~ aquilino*** Roman nose; ***~ dritto*** straight nose; ***~ alla francese*** o ***all'insù*** snub *o* retroussé nose; ***~ a patata*** flat nose; ***~ posticcio*** built up nose; ***~ rincagnato*** pug nose.
nasone /na'sone/ m. (f. **-a**) **1** *(grosso naso)* big nose; ***ha il complesso di avere il ~*** she has a hang-up about her big nose **2** *(persona)* = person with a big nose.
nassa /'nassa/ f. creel, fish pot; ***~ per le aragoste*** lobster pot.
nastia /nas'tia/ f. nastic movement.
nastriforme /nastri'forme/ agg. ribbon-like.
nastrino /nas'trino/ m. MIL. ribbon.
▷ **nastro** /'nastro/ m. **1** *(per decorazione, per legare)* ribbon; *(di cappello)* hatband; *(per capelli)* band, ribbon; ***~ tricolore*** tricolour ribbon BE; ***tagliare il ~*** to cut the ribbon; ***raccogliere i capelli con un ~*** to tie one's hair with a ribbon **2** TECN. tape; *(di macchina da scrivere)* ribbon; ***sega a ~*** band saw; ***metro a ~*** measuring tape; ***riavvolgere un ~*** to rewind a tape ◆◆ ***~ d'acciaio*** steel band *o* strip; ***~ adesivo*** adhesive tape; ***~ biadesivo*** double-sided tape; ***~ caricatore*** ARM. ammunition belt; ***~ isolante*** insulating tape; ***~ magnetico*** magnetic tape; ***~ di Möbius*** Möbius strip; ***~ di partenza*** starting line; ***~ perforato*** INFORM. punched (paper) tape; ***~ trasportatore*** conveyer (belt); *(per bagagli)* baggage carousel.
nastroteca, pl. **-che** /nastro'tɛka, ke/ f. tape library.
nasturzio, pl. **-zi** /nas'turtsjo, tsi/ m. nasturtium.

▶ **natale** /na'tale/ **I** agg. [*città, terra*] native; ***il paese*** ~ *(città)* home town; *(Stato)* home country **II natali** m.pl. ***essere di nobili -i*** to be nobly born, to be of gentle birth; ***essere di umili -i*** to be of low birth; ***la nazione che ha dato i -i a Picasso*** the country that produced Picasso.

▶ **Natale** /na'tale/ m. Christmas; ***a*** ~ *(periodo)* at Christmas; *(25 dicembre)* on Christmas day; ***"Buon ~"*** "Merry Christmas"; ***Babbo*** ~ Father Christmas BE, Santa (Claus); ***albero, regalo di*** ~ Christmas tree, present; ***ci andiamo per*** ~ we are going there for Christmas; ***le vacanze di*** ~ Christmas holiday; ***festeggiare il*** ~ to celebrate Christmas; ***passare il ~ in famiglia*** to spend Christmas at home ◆ ***durare da ~ a Santo Stefano*** = to last a very short time; ***~ con i tuoi, Pasqua con chi vuoi*** PROV. = you should spend Christmas with your family, but you can choose who to spend Easter with.

natalità /natali'ta/ f.inv. STATIST. ***tasso di*** ~ birthrate; ***un aumento del tasso di*** ~ a bulge in the birthrate; ***un tasso di ~ decrescente*** a declining birthrate.

natalizio, pl. **-zi, -zie** /nata'littsjo, tsi, tsje/ agg. ***biglietto*** ~ Christmas card; ***periodo*** ~ Christmastide, Christmas time; ***canto*** ~ Christmas carol.

Natalia /nata'lia/ n.pr.f. Natalie.

Nataniele /nata'njɛle/ n.pr.m. Nathaniel.

natante /na'tante/ **I** agg. floating **II** m. MAR. craft*.

natatoia /nata'toja/ f. *(di pesce)* fin; *(di mammifero)* flipper.

natatorio, pl. **-ri, -rie** /nata'tɔrjo, ri, rje/ agg. natatory; ***vescica -a*** air bladder.

natica, pl. **-che** /'natika, ke/ f. buttock.

natio, pl. **-ii, -ie** /na'tio, io, ie/ agg. **1** [*città, terra*] native; ***il paese*** ~ *(città)* home town; *(Stato)* home country **2** *(congenito)* inborn.

natività /nativi'ta/ f.inv. **1** RELIG. Nativity; ***rappresentazione della Natività (di Cristo)*** TEATR. Nativity play **2** ART. Nativity scene.

nativo /na'tivo/ **I** agg. **1** [*lingua, terra*] native **2** *(originario)* ~ ***di*** native of; ***sono ~ di Torino*** I was born in Turin **3** CHIM. [*minerale*] native **II** m. (f. **-a**) native.

nato /'nato/ **I** p.pass. → **1.nascere II** agg. born; ***la Signora De Marchi -a Rossi*** Mrs De Marchi née Rossi; ***~ da buona famiglia*** highborn; ***non sono ~ per viaggiare*** I'm a poor traveller; ***appena*** ~ [*bambino*] newborn; ***~ morto*** stillborn (anche FIG.); ***un musicista ~, uno scrittore*** ~ a born musician, writer **III** m. ***i -i del 1972*** those born in 1972 ◆ ***essere ~ stanco*** SCHERZ. to be lazy by inclination; ***è suo padre ~ e sputato*** COLLOQ. he is the spitting image of his father.

natrolite /natro'lite/ f. natrolite.

natron /'natron/ m.inv. natron.

natta /'natta/ f. MED. sebaceous cyst.

▶ **natura** /na'tura/ f. **1** *(forza che muove l'universo)* nature; ***lasciare che la ~ segua il suo corso*** to let nature take its course; ***le leggi della*** ~ the laws of nature; ***contro*** ~ against nature; ***secondo*** ~ according to nature **2** *(ambiente naturale)* nature; ***una meraviglia della*** ~ a wonder of nature; ***i colori che si trovano in*** o ***nella*** ~ the colours that are found in nature; ***vivere a contatto con la*** ~ to live close to nature; ***tutela*** o ***difesa della*** ~ nature conservancy; ***una ~ ostile, selvaggia*** a hostile, wild environment; ***essere insensibile alla*** ~ to have no feeling for nature **3** *(indole)* nature, character; ***~ umana*** human nature; ***non è nella sua ~ essere aggressiva*** it's not in her nature to be aggressive; ***la vera ~ di qcn.*** sb.'s true *o* real nature; ***fa parte della ~ degli animali uccidere*** it is in the nature of animals to kill; ***non posso farci nulla, è la mia*** ~ I can't do anything about it, it's just the way I am; ***essere allegro di*** ~ to have a cheerful disposition; ***non comprende affatto la vera ~ della politica*** he has no comprehension of the real nature of politics **4** *(tipo, genere)* nature, kind; ***uno squilibrio di ~ economica e demografica*** an imbalance of an economic and demographical nature; ***qual è la ~ del problema?*** what is the nature of the problem? ◆ ***in*** ~ [*pagare*] in kind; ***scherzo di*** o ***della*** ~ freak of nature ◆◆ ***~ morta*** ART. still life.

▶ **naturale** /natu'rale/ **I** agg. **1** [*legge, diritto, storia, confine, gas*] natural; ***acqua minerale*** ~ still mineral water; ***conservare l'equilibrio*** ~ to preserve the natural balance; ***è una bionda*** ~ her hair is naturally blonde; ***a grandezza*** ~ [*ritratto, quadro, statua*] life-size; ***prova semplicemente ad essere*** ~ just try and act naturally; ***gli viene*** ~ it's second nature to him; ***è ~ fare, che qcn. faccia*** it is natural to do, that sb. should do; ***la cosa più ~ sarebbe protestare*** the natural thing to do would be to protest; ***avere un'inclinazione*** ~ to be naturally talented *o* gifted; ***è del tutto ~ che sia curiosa*** it's only natural for her to be curious; ***allo stato*** ~ in its natural state; ***morte*** ~ death for natural causes; ***alimentazione*** ~ health food; ***numero*** ~ MAT. natural number **2 al naturale** *(senza additivi)* [*yogurt, formaggio*] natural; [*tonno*] in brine; ***da consumare con lo zucchero o al*** ~ to be eaten with sugar or on its own; *(non artefatto)* [*bellezza*] natural **II naturali** m.pl. *(indigeni)* natives ◆ ***vita natural durante*** throughout one's life.

naturalezza /natura'lettsa/ f. **1** *(spontaneità)* naturalness; ***amo la ~ dei bambini*** I like the way children are so natural; ***con*** ~ [*parlare, muoversi*] naturally; ***annunciare qcs. a qcn. con la più grande*** ~ to tell sb. sth. in the most natural way; ***mancare di*** ~ he's not very natural **2** *(fedeltà, aderenza alla natura)* truthfulness; ***descrivere una scena con*** ~ to describe a scene faithfully.

naturalismo /natura'lizmo/ m. naturalism.

naturalista, m.pl. **-i**, f.pl. **-e** /natura'lista/ **I** agg. naturalist(ic) **II** m. e f. **1** *(scienziato)* naturalist **2** LETTER. ART. FILOS. naturalist.

naturalistico, pl. **-ci, -che** /natura'listiko, tʃi, ke/ agg. **1** *(relativo alle scienze naturali)* [*ricerche*] naturalistic **2** LETTER. ART. FILOS. [*romanzo, filosofia*] naturalistic.

naturalizzare /naturalid'dzare/ [1] **I** tr. DIR. to naturalize [*straniero*] **II naturalizzarsi** pronom. **1** DIR. to become* naturalized **2** BIOL. [*pianta, animale*] to become* naturalized.

naturalizzato /naturalid'dzato/ **I** p.pass. → **naturalizzare II** agg. DIR. naturalized; ***~ americano*** naturalized American; ***è -a (cittadina) italiana*** she's a naturalized Italian.

naturalizzazione /naturaliddzat'tsjone/ f. **1** DIR. naturalization; ***documenti di*** ~ naturalization papers **2** BIOL. *(di pianta, animale)* naturalization.

naturalmente /natural'mente/ Fra i diversi equivalenti sotto elencati dell'italiano *naturalmente*, va precisato l'uso di *of course*: è un modo gentile di accondiscendere a una richiesta ma, nel caso di una richiesta d'informazioni, l'uso di *of course* (o della sua variante negativa *of course not*) potrebbe sottolineare che la domanda è ovvia e quindi inutile (*"Lei è già in pensione?" "Naturalmente, no!"* = "Are you retired yet?" "Of course not!"). A parte quando si risponde a una domanda, *of course* non si usa all'inizio di una frase. avv. **1** *(di natura)* naturally; ***un bambino ~ dotato*** a naturally gifted child **2** *(spontaneamente)* naturally; ***cerca di comportarti*** ~ try to act naturally **3** *(ovviamente)* sure enough; ***~, è piovuto*** sure enough it rained **4** *(certamente)* of course; ***"posso farti una domanda?" "~!"*** "can I ask you a question?" "Of course!".

nature /na'tur/ agg.inv. [*vivanda, bellezza*] natural.

naturismo /natu'rizmo/ m. **1** *(nudismo)* naturism, nudism **2** FILOS. RELIG. naturism **3** MED. natur(e)opathy.

naturista, m.pl. **-i**, f.pl. **-e** /natu'rista/ **I** agg. **1** *(nudista)* naturist, nudist **2** MED. naturopathic **II** m. e f. **1** *(nudista)* naturist, nudist **2** *(medico)* naturopath.

naturistico, pl. **-ci, -che** /natu'ristiko, tʃi, ke/ agg. naturistic.

naturopata, m.pl. **-i**, f.pl. **-e** /natu'rɔpata/ ◗ **18** m. e f. naturopath.

naturopatia /naturopa'tia/ f. naturopathy.

naufragare /naufra'gare/ [1] intr. (aus. *essere, avere*) **1** [*nave, imbarcazione*] to be* wrecked, to sink*; [*persona*] to be* shipwrecked; ***la nave naufragò davanti alla costa francese*** the ship went down off the coast of France **2** FIG. *(fallire)* [*progetto, piano*] to go* by the board; [*matrimonio*] to be* on the rocks; [*impresa*] to collapse; ***fare*** ~ to wreck.

▷ **naufragio**, pl. **-gi** /nau'fradʒo, dʒi/ m. (ship)wreck, sinking; ***il ~ del Titanic*** the sinking of the Titanic; ***fare*** ~ to be shipwrecked; ***salvare qcs. dal ~ del proprio matrimonio*** FIG. to salvage sth. from the wreckage of one's marriage; ***il ~ delle speranze di qcn.*** the wreck of sb.'s hopes ◆ ***fare ~ in porto*** = to fail at the last moment.

naufrago, m.pl. **-ghi**, f.pl. **-ghe** /'naufrago, gi, ge/ m. (f. **-a**) shipwrecked person; *(su un'isola)* castaway; ***i -ghi furono raccolti da una nave*** the survivors were picked up by a ship.

nausea /'nauzea/ f. **1** *(sensazione fisica)* nausea; ***la sola idea le faceva venire la*** ~ the very idea filled her with nausea; ***avere la*** ~ to feel sick *o* queasy *o* nauseous; ***avere un attacco di*** ~ to have a bout of nausea; ***mangiare fino alla*** ~ to eat oneself sick **2** FIG. nausea; ***fino alla*** ~ [*ripetere, discutere*] ad nauseam.

nauseabondo /nauzea'bondo/ agg. **1** [*odore*] nauseous, sickening **2** FIG. [*persona, ipocrisia*] nauseating, disgusting.

nauseante /nauze'ante/ agg. [*dolce, piatto, odore*] nauseating; FIG. [*comportamento*] nauseating.

nauseare /nauze'are/ [1] tr. [*cibo, dolce, odore*] to make* [sb.] sick, to nauseate [*persona*]; FIG. [*cosa, comportamento*] to nauseate [*persona*].

nauseato /nauze'ato/ **I** p.pass. → **nauseare II** agg. nauseated, disgusted (**da** at, by, with).

nautica /'nautika/ f. **1** *(scienza)* navigation **2** *(attività)* boating, sailing; ***salone della ~*** boat show.
nautico, pl. **-ci, -che** /'nautiko, tʃi, ke/ agg. [*carta, almanacco, strumento, termine*] nautical; [*scienza*] navigational; ***sci ~*** water-skiing; ***sala -a*** chart room; ***circolo ~*** yacht club.
nautilo /'nautilo/ m. nautilus*.
▷ **navale** /na'vale/ agg. **1** IND. ***industria ~*** shipbuilding industry; ***cantiere ~*** shipyard, boatyard; ***ingegnere ~*** naval architect, marine engineer **2** MIL. [*unità, forze, base, potenza*] naval; ***accademia ~*** naval academy; ***battaglia ~*** naval *o* *sea* battle; GIOC. battleships.
navalmeccanica /navalmek'kanika/ f. marine engineering.
navata /na'vata/ f. *(centrale)* nave; *(laterale)* aisle; ***una chiesa a tre -e*** a church with a nave and two aisles.
▶ **nave** /'nave/ f. ship; ***"abbandonare la ~!"*** "abandon ship!"; ***salì a bordo della ~ ad Atene*** she boarded the ship at Athens; ***c'erano 200 passengeri a bordo della ~*** there were 200 passengers on board the ship; ***la ~ ruppe gli ormeggi*** the ship broke free from *o* of its moorings ◆ ***i topi abbandonano la ~ (che affonda)*** rats leave a sinking ship ◆◆ ***~ ammiraglia*** MIL. flagship; ***~ appoggio*** mother ship; ***~ di cabotaggio*** coaster; ***~ da carico*** freighter; ***~ cisterna*** tanker; ***~ civetta*** Q-boat; ***~ corsara*** corsair; ***~ da crociera*** cruise liner; ***~ dragamine*** minesweeper; ***~ fattoria*** factory ship; ***~ da guerra*** warship, battleship; ***~ di linea*** liner; ***~ mercantile*** merchantman, trader, merchant ship; ***~ ospedale*** hospital ship; ***~ passeggeri*** passenger ship; ***~ portaerei*** aicraft carrier; ***~ posacavi*** cable ship; ***~ rompighiaccio*** icebreaker; ***~ di salvataggio*** lifeboat; ***~ scuola*** cadet ship; ***~ spaziale*** spaceship; ***~ traghetto*** ferry; ***~ a vapore*** steamship; ***~ a vela*** sailing ship.
navetta /na'vetta/ f. **1** *(mezzo di trasporto)* shuttle; ***fare la ~*** to shuttle; ***la ~ è in funzione di sabato?*** does the shuttle service operate on Saturdays? ***autobus ~*** shuttle bus **2** TESS. shuttle ◆◆ ***~ spaziale*** spaceplane.
navicella /navi'tʃɛlla/ f. **1** *(di mongolfiera)* basket; *(di dirigibile)* nacelle, gondola **2** CHIM. boat **3** RELIG. *(contenitore per l'incenso)* incense boat ◆◆ ***~ spaziale*** capsule.
navicolare /naviko'lare/ agg. ANAT. navicular.
navigabile /navi'gabile/ agg. **1** *(che può essere navigato)* navigable; ***canale ~*** ship canal; ***corso d'acqua ~*** waterway **2** AER. *(che può volare)* airworthy; MAR. *(che può navigare)* seaworthy.
navigabilità /navigabili'ta/ f.inv. **1** *(di fiume)* navigability **2** MAR. *(di imbarcazione)* seaworthiness; AER. *(di aeromobile)* airworthiness.
navigante /navi'gante/ **I** agg. [*personale*] MAR. seagoing; AER. flying **II** m. e f. ***i -i*** MAR. the seagoing staff; AER. the air staff; ***avviso ai -i*** shipping forecast.
▷ **navigare** /navi'gare/ [1] **I** tr. to navigate, to sail; ***~ i mari della Cina*** to sail the China seas **II** intr. (aus. *avere*) **1** [*nave, barca, persona*] to sail; ***essere in condizione di ~*** to be seaworthy; ***avere navigato molto*** to have spent a long time on the water; ***~ sopravento*** to sail windward; ***~ controvento*** to sail into the wind; ***~ di bolina*** to sail close to the wind, to be close-hauled; ***~ verso nord*** to sail north; ***~ in direzione sud*** to sail due south; ***~ in acque inesplorate*** to sail in uncharted waters; ***~ lungo la costa*** to hug the coast; ***~ a 15 nodi*** to do 15 knots; ***~ in cattive acque*** FIG. to be in deep waters **2** *(guidare una nave)* to navigate; ***~ con la bussola*** to navigate by compass; ***~ seguendo le stelle*** to navigate by the stars **3** INFORM. ***~ in Internet*** to netsurf, to surf the Net.
navigato /navi'gato/ **I** p.pass. → **navigare II** agg. FIG. [*professionista*] experienced; [*uomo, donna*] worldly-wise.
navigatore /naviga'tore/ m. (f. **-trice** /tritʃe/) **1** *(chi naviga)* navigator, sailor; ***un popolo di -i*** a nation of sailors **2** *(nell'automobilismo)* navigator **3** *(in marina, aeronautica)* navigator **4** INFORM. ***~ in rete*** netsurfer ◆◆ ***~ satellitare*** satellite navigator; ***~ solitario*** solo yachtsman.
navigazione /navigat'tsjone/ f. **1** AER. MAR. navigation; *(traffico marittimo)* shipping; ***strumento di ~*** navigational instrument; ***aperto, chiuso alla ~*** open, closed to shipping; ***è un pericolo per la ~*** it's a danger to shipping; ***compagnia di ~*** shipping company *o* line; ***ci vogliono due giorni di ~ da qui*** it's two days' sail from here **2** INFORM. ***~ in Internet*** netsurfing ◆◆ ***~ costiera*** coasting; ***~ da diporto*** yachting; ***~ fluviale*** o ***interna*** inland navigation; ***~ strumentale*** AER. instrument flying; ***~ a vista*** AER. visual flying.
naviglio, pl. **-gli** /na'viʎʎo, ʎi/ m. **1** ANT. *(nave)* vessel **2** *(flotte)* fleet **3** *(canale)* waterway ◆◆ ***~ da guerra*** navy; ***~ mercantile*** merchant navy.
navone /na'vone/ m. swede BE, rutabaga AE.
nazareno /naddza'rɛno/ **I** agg. Nazarene **II** m. (f. **-a**) Nazarene; ***il Nazareno*** the Nazarene.
nazi /'nattsi, 'naddzi/ agg.inv., m. e f.inv. Nazi.
nazifascismo /nattsifaʃ'ʃizmo, naddzi-/ m. Nazi-Fascism.
nazifascista, m.pl. **-i**, f.pl. **-e** /nattsifaʃ'ʃista, naddzi-/ agg., m. e f. Nazi-Fascist.
▶ **nazionale** /nattsjo'nale/ **I** agg. [*festa, biblioteca, costume, museo, eroe, identità*] national; [*mercato, consumo, politica*] domestic; ***inno ~*** national anthem; ***voli -i*** domestic flights; ***prodotto ~ lordo*** gross national product; ***la stampa ~*** the national press; ***squadra ~ di calcio*** national football team; ***su scala ~*** [*diffondere, sviluppare*] nationally **II** f. **1** SPORT national team; ***la ~ italiana di calcio*** the Italian national football team; ***giocare in*** o ***nella ~*** to play in the national team; ***essere selezionato per la ~ inglese*** to be capped for England **2** COLLOQ. ***le -i*** = cigarettes produced in Italy by the State monopoly **III** m. e f. *(atleta)* international (player); ***~ di rugby*** rugby international **IV nazionali** m.pl. SPORT *(campionati)* national championship sing.
nazionalismo /nattsjona'lizmo/ m. nationalism.
nazionalista, m.pl. **-i**, f.pl. **-e** /nattsjona'lista/ **I** agg. nationalist **II** m. e f. nationalist.
nazionalistico, pl. **-ci, -che** /nattsjona'listiko, tʃi, ke/ agg. nationalist(ic).
nazionalità /nattsjonali'ta/ f.inv. nationality; ***di che ~ è?*** what nationality is he? ***di ~ italiana*** of Italian nationality; ***cambiare la ~*** to change one's nationality; ***gente di tutte le ~*** people of all nationalities *o* from all countries; ***principio di ~*** principle of the self-determination of nations.
nazionalizzare /nattsjonalid'dzare/ [1] tr. to nationalize.
nazionalizzazione /nattsjonaliddzat'tsjone/ f. nationalization.
nazionalpopolare /nattsjonalpopo'lare/ agg. national-popular.
nazionalsocialismo /nattsjonalsotʃa'lizmo/ m. National Socialism.
nazionalsocialista, m.pl. **-i**, f.pl. **-e** /nattsjonalsotʃa'lista/ agg., m. e f. National Socialist.
nazionalsocialistico, pl. **-ci, -che** /nattsjonalsotʃa'listiko, tʃi, ke/ agg. National Socialist.
▶ **nazione** /nat'tsjone/ f. nation, people; *(paese)* country; ***interesse della ~*** national welfare; ***le -i in via di sviluppo*** developing countries; ***Società delle -i*** STOR. League of Nations ◆◆ ***Nazioni Unite*** United Nations.
naziskin /nattsis'kin, naddzi-/ m. e f.inv. Naziskin, skinhead.
nazismo /nat'tsizmo, nad'dzizmo/ m. Nazi(i)sm.
nazista, m.pl. **-i**, f.pl. **-e** /nat'tsista, nad'dzista/ agg., m. e f. Nazi.
nazistico, pl. **-ci, -che** /nat'tsistiko, nad'dzistiko, tʃi, ke/ agg. Nazi attrib.
N.d.A. ⇒ nota dell'autore = author's note.
N.d.E. ⇒ nota dell'editore = publisher's note.
N.d.R. ⇒ nota della redazione = editor's note.
'ndrangheta /'ndrangeta/ f. = organized society of criminals originating in Calabria.
N.d.T. ⇒ nota del traduttore = translator's note.
▶ **1.ne** /ne/ **I** pron. **1** *(di lui, di lei, di loro)* of him, her, them, about him, her, them; ***l'ho conosciuto e ~ ho parlato al direttore*** I've met him and I talked to the manager about him; ***e tua madre? non ~ ho più sentito parlare*** and your mother? I haven't heard any more about her **2** *(di ciò)* of it, about it; ***non ~ sono sicuro*** I'm not sure about that; ***che cosa ~ pensi?*** what do you think? ***te ~ parlerò un giorno o l'altro*** I'll tell you about it sometime; ***parliamone*** let's talk about that; ***se ~ dimenticò*** she forgot; ***~ sono fiero*** I am proud of it; ***non ~ vale la pena*** it's not worth the while; ***no ~ ho voglia*** I don't feel like it; ***non se ~ accorse*** she didn't notice; ***non ~ vedo la necessità*** I can't see the need for it; ***era molto arrabbiata e ~ aveva tutte le ragioni*** she was very annoyed and quite right too; ***se le albicocche sono troppo mature, fanne della marmellata*** if the apricots are bruised make jam with them **3** *(con valore di possessivo)* his, her, their, its; ***lo conosciamo e ~ apprezziamo la sincerità*** we know him and we appreciate his sincerity **4** *(con valore partitivo) (in frasi affermative e nelle offerte)* some; *(in frasi negative e interrogative)* any; ***~ vuole?*** would like some? ***~ voglio un altro, un po', ancora*** I want another (one), some, more; ***~ ho*** I've got some; ***prendetene ancora un po'!*** do have some more! ***non ~ ha*** he hasn't got any; ***non ce n'è quasi più*** there is hardly any left; ***vorrei un po' di tè, se ~ hai*** I'd like some tea, if you have any; ***non ce ~ servono ancora molti*** we don't need many more; ***~ prendo quattro*** I'll take four; ***dammene metà*** give me half; ***ce ~ sono otto*** there are eight of them; ***lui non ~ aveva, ma gli altri bambini ~ aveano uno*** he had none but every other child had one; ***~ ho mangiato solo un po'*** I only ate a little; ***eccone uno, dov'è l'altro?*** here's one of

1.ne

- Il pronome clitico *ne*, che può essere usato per riferirsi a persone o cose indifferentemente, è l'equivalente di una struttura del tipo *di* + nome / pronome oppure *da* + nome / pronome, ciascuna delle quali convoglia significati diversi e pertanto richiede una diversa traduzione in inglese.

Ne = di + nome / pronome

- *Ne* corrisponde a *di* + nome / pronome quando funziona come espansione di un verbo, di un aggettivo o di un nome:

mi hanno offerto un lavoro part time, e ne ho subito approfittato	= I was offered a part-time job, and I availed myself of it at once
ho scritto un articolo interessante, e ne sono fiero	= I wrote an interesting article, and I am proud of it
conosco una brava parrucchiera; te ne darò l'indirizzo	= I know a good hairdresser; I'll give you her address

Come risulta dall'ultimo esempio, quando *ne* funge da complemento di un nome, equivale a un aggettivo possessivo (*ti darò il suo indirizzo*), e come tale è tradotto in inglese; un altro esempio è costituito da:

lo conosco ma non ne ricordo il nome	= I know him but I can't remember his name

- Gli esempi del punto precedente vanno integrati da altri per mostrare che *ne* non si riferisce solamente a cose (un lavoro, un articolo, un indirizzo), ma anche a persone, e che il suo equivalente inglese può essere *about* + nome / pronome, oltre a *of* + nome / pronome e all'aggettivo possessivo:

è la mia studentessa migliore, e ne sono fiero	= she's my best student, and I'm proud of her
e tua madre? non ne ho più sentito parlare	= and your mother? I haven't heard any more about her

Per tradurre *ne* possono essere usate in inglese anche altre preposizioni, se queste sono in rapporto idiomatico con il verbo, aggettivo o sostantivo reggente:

che cosa ne hai fatto?	= what have you done with it?
so che me ne pentirò, ma...	= I know I will be sorry for it, but...

- Sempre in quanto corrispondente alla struttura *di* + nome / pronome, *ne* è anche usato in funzione di pronome partitivo (= *alcuni, qualche, un po'*), da solo o accompagnato da un quantificatore:

"vuoi delle mele?" "sì, ne voglio"	= "would you like some apples?" "yes, I'd like some"
"ne vuoi?" "sì, dammene tre"	= "would you like some?" "yes, give me three"
"ne vuoi due?" "no, ne voglio tre"	= "would you like two?" "no, I want three"
non ne restano molte (di mele)	= there aren't many (of them) left
prendine alcune	= take some
se ne avessi, te ne darei	= if I had any, I would give you some
anche Liz non ne ha	= Liz has none either
ce n'è, di vino?	= is there any wine?
non ce n'è più	= there isn't any left
ne hai portati, di libri?	= have you brought any book?
ne ho letti solo due, però	= I only read two, though
ne ho due molto interessanti	= I have two interesting ones
eccone due	= here are two (of them)

Gli esempi mostrano che *ne* come pronome partitivo va reso in inglese secondo l'uso regolare dei pronomi *some*, *any* e *none*, uso che, diversamente dall'italiano, non prevede la coesistenza fra partitivo e quantificatore (*ne voglio due* = I want two); si noti inoltre che le forme colloquiali marcate del tipo *ce n'è, di vino?* (al posto di *c'è del vino?*) vengono rese in inglese con la struttura standard.

Ne = da + nome / pronome

- Quando *ne* corrisponde a *da* + nome / pronome esprime provenienza in senso figurato o causa efficiente; l'equivalente forma inglese è *from, out of* o anche *by* perché *ne* può esprimere un vero e proprio complemento d'agente:

non ne abbiamo cavato niente	= we didn't get anything out of it
possiamo dedurne che ci ha mentito	= from this we can deduce he lied to us
fu un'esperienza sconvolgente, e ne rimasi colpito	= it was a shocking experience, and I was struck by it
ama i suoi figli e ne è amato	= he loves his children and he is loved by them

- Un altro uso di *ne*, ancora corrispondente a *da* + nome / pronome ma di natura avverbiale, è quello di complemento di moto da luogo, tipicamente dopo verbi quali *uscire*, *fuggire*, *allontanarsi* ecc.:

era in una prigione di massima sicurezza, ma è riuscito a evaderne	= he was in a maximum security prison, but he managed to escape from it
sono atterrato all'aeroporto di Heathrow alle 10 e ne sono ripartito alle 16.30	= I landed at Heathrow airport at 10 and left at 4.30 pm
ce ne andiamo tra 10 minuti	= we're leaving in 10 minutes
andiamocene!	= let's go!
entrò nel caffè mentre io ne uscivo	= he entered the café as I was coming out

Casi particolari dell'uso di *ne*

- *Ne* ha talvolta un uso pleonastico, che in quanto tale non ha alcun equivalente formale in inglese:

ne va della mia vita	= my life is at risk
non statevene lì impalati!	= don't just stand there!
stasera ce ne andiamo al cinema	= we are going to the cinema tonight

- *Ne* compare anche in locuzioni idiomatiche:

ne ho abbastanza delle tue bugie!	= I've had enough of your lies!
Me ne ha dette di tutti i colori	= he called me all sorts of names
quanti ne abbiamo oggi?	= what's the date today?
non ne vale la pena	= it isn't worth it

- Mentre nei due casi precedenti la mancanza di un equivalente diretto di *ne* in inglese dipende dalla natura pleonastica e idiomatica della forma italiana, talvolta *ne* non viene tradotto in inglese con nessuna preposizione perché il corrispondente verbo inglese regge un complemento diretto:

ne ho bisogno	= I need it
non ne dubito	= I don't doubt it
dovresti discuterne con tua moglie	= you should discuss it with your wife

them, where is the other? ~ ***conosco tanti che sarebbero contenti*** I know plenty who would be pleased **5** *(da ciò)* from it, out of it; *(complemento d'agente)* by it; ~ ***ha ricavato qcs.*** he got something out of it; ~ ***derivano gravi conseguenze*** serious consequences stem from it *o* come out of it; ~ ***rimasi colpito*** I was struck by it **6** COLLOQ. *(enfatico)* ***bene! ce ~ ricorderemo di questa domenica!*** well, we won't forget this Sunday in a hurry! ***non me ~ importa nulla delle tue scuse!*** I'm not interested in your excuses! **7** *(in espressioni ellittiche)* ***passarne di tutti i colori*** to go through the mill; ***me ~ ha dette di tutti i colori*** he called me all sorts of names **II** avv. **1** *(moto da luogo)* from here, from there, out of it; ***entrò nella stanza ma ~ uscì subito*** she entered the room but came out (of it) immediately; ***non me ~ vado per colpa tua*** I'm not leaving because of you; ***devo andarmene di qui*** I must get away from here; ***vattene!*** get out! go away! ***uscirne senza un graffio*** to escape without a scratch **2** *(con valore pleonastico)* ***faresti bene a*** *startene a casa* you would be well-advised to stay at home; *se ~ stavano in piedi vicino al bar* they were standing at the bar.

2.ne /ne/ prep. LETT. (in) in; *è scritto ~ "I promessi sposi"* it's written in "The Betrothed".

▶ **né** /ne/ cong. **1** (in correlazione) neither... nor; (in presenza di altra negazione) either... or; *non ho ~ il tempo ~ i soldi* I have neither the time nor the money; *non ho visto ~ Nick ~ Henry* I saw neither Nick nor Henry, I didn't see either Nick or Henry; *non sei ~ sincero ~ giusto* you're not being either truthful or fair; *~ lei ~ io conosciamo la risposta* neither she nor I know the answer; *~ le minacce ~ le promesse gli faranno cambiare parere* neither threats nor promises will make him change his mind; *non parla ~ inglese, ~ tedesco, ~ spagnolo* he speaks neither English, nor German, nor Spanish; *~ l'uno ~ l'altro* neither (of them); *non voglio ~ l'uno ~ l'altro* I want neither; *non ho visto ~ l'uno ~ l'altro* I haven't seen either (of them); *non mi ha detto ~ sì ~ no* she didn't say yes or no; *~ più ~ meno* no more and no less **2** (e nemmeno, e neanche) nor; *non vuole ~ può cambiare* she doesn't want to change, nor can she; *non scrive ~ telefona mai* he never writes or phones; *non l'ha comprato ~ vuole comprarlo* she didn't buy it nor does she want to, she didn't buy it and she doesn't want to buy it either.

▶ **neanche** /ne'anke/ **I** avv. **1** (e così pure) neither, nor; (in presenza di altra negazione) either; *"non sono stato io" - "neanch'io"* "I didn't do it" - "neither *o* nor did I", "I didn't either", "me neither"; *io non lo so e ~ lui* I don't know and neither does he *o* and he doesn't either; *non so nuotare e ~ mia sorella* I can't swim and my sister can't either; *non sono d'accordo neanch'io* I don't agree either; *a lui non è piaciuto il film, a me ~* he didn't like the film and neither did I *o* and I didn't either **2** (rafforzativo in frase negativa) even; *non ha ~ provato* he didn't even try; *senza ~ salutare, scusarsi* without so much as saying goodbye, as an apology; *non voglio ~ sentirne parlare* I won't hear of it; *non me ne ricordo ~ più* I can't even remember; *non mi ha ~ offerto un caffè* he didn't even offer me a coffee; *non ci penso ~!* nothing could be further from my mind! *non sono riuscito a dire ~ una parola* (non sono stato in grado) I couldn't utter a word; (non ho avuto la possibilità) I couldn't get in even a single word; *non se ne parla ~!* nothing doing! no way! *di accettare, non se ne parla ~* to accept is out of question; *"c'era gente?" - "~ un'anima"* "were many people there?" - "not a soul; *"sono rimasti dei soldi?" - "~ un po'"* "is there any money left?" - "none at all"; *non sono preoccupato ~ un po'* I'm not in the least (bit) worried; *~ per sogno!* no way! not a bit of it! **3** (per indicare esclusione) *~ uno ha detto grazie* not one of them said thank you; *~ io ho saputo rispondere* even I didn't know how to answer; *~ tu ci crederesti* not even you could believe that **4** COLLOQ. (così) *non è ~ tanto brutta* she is not even that ugly; *non fa ~ tanto freddo* it's not so cold **II** cong. even; *~ strofinando si riuscirà a fare andare via quella macchina* even scrubbing won't shift that stain; *~ se volessi* o *~ volendo potrei aiutarti* even if I wanted I could not help you; *~ a pagarlo a peso d'oro* even if you paid a fortune for it; *~ a farlo apposta, quel giorno ha piovuto* as ill-luck would have it *o* as if on purpose, it rained that day; *~ a farlo apposta ne ho uno in macchina* by sheer coincidence, I happen to have one in my car.

neandertaliano /neanderta'ljano/ agg. Neanderthal attrib.; *uomo ~* Neanderthal man.

▶ **nebbia** /'nebbja/ f. **1** fog; (foschia) mist, haze; *~ fitta* thick fog; *banco di ~* fog bank; *c'è ~* it's foggy; *una coltre di ~* a blanket of fog; *una ~ che si tagliava con il coltello* a fog so thick you could cut it with a knife; *la ~ si dilegua* o *dirada* the fog clears away; *la ~ è scesa durante la notte* the fog came down overnight; *bloccato dalla ~* fogbound; *aeroporto chiuso per ~* fogbound airport; *dissolversi come ~ al sole* FIG. to vanish into thin air; *sirena da ~* MAR. foghorn; *camera a ~* FIS. cloud chamber **2** FIG. mist, haze; *perso nelle -e del passato* lost in the mists of time **3** BOT. (malattia) blight ◆◆ *~ ghiacciata* freezing fog.

nebbiolo /neb'bjɔlo/ m. ENOL. INTRAD. (Piedmontese red wine).

nebbione /neb'bjone/ m. thick fog, pea soup(er) COLLOQ.

nebbiosità /nebbjosi'ta/ f.inv. fogginess, mistiness, haziness (anche FIG.).

nebbioso /neb'bjoso/ agg. **1** (coperto di nebbia) [*paesaggio, orizzonte, tempo*] foggy, misty **2** FIG. (confuso) hazy, misty, confused.

nebulare /nebu'lare/ agg. nebular.

nebulizzare /nebulid'dzare/ [1] tr. to nebulize, to atomize.

nebulizzatore /nebuliddza'tore/ m. nebulizer, atomizer.

nebulizzazione /nebuliddzat'tsjone/ f. nebulization, atomization.

nebulosa /nebu'losa/ f. nebula*; *~ oscura, planetaria, a spirale* dark, planetary, spiral nebula.

nebulosamente /nebulosa'mente/ avv. nebulously, cloudly.

nebulosità /nebulosi'ta/ f.inv. **1** (nuvolosità) nebulosity **2** FIG. nebulosity, vagueness, haziness.

nebuloso /nebu'loso/ agg. **1** nebulous **2** FIG. (fumoso) [*idea, autore, progetto*] nebulous, vague, hazy.

nécessaire /neses'sɛr/ m.inv. (da toeletta) toilet case; *~ da cucito* sewing kit; *~ per le unghie* manicure set; *~ per il trucco* vanity bag *o* case, make-up case.

necessariamente /netʃessarja'mente/ avv. necessarily, of necessity; *il progresso non è ~ un fatto positivo* progress is not necessarily a blessing; *non ~!* not necessarily! *"ci saranno dei licenziamenti?" - "non ~"* "will there be redundancies?" - "not necessarily"; *(non) ne consegue ~ che* it (doesn't) necessarily follows that; *un'affermazione ~ cauta* a necessarily cautious statement.

▶ **necessario**, pl. **-ri, -rie** /netʃes'sarjo, ri, rje/ **I** agg. **1** necessary (**a, per** for); *assolutamente, veramente ~* absolutely, really necessary; *avere i fondi -ri* to have the necessary funds (**per qcs.** for sth.; **per fare** to do); *condizioni -rie alla produzione, crescita, vita* conditions necessary for production, growth, life; *è ~ fare* it is necessary to do; *trovare, credere ~ fare* to find, to believe it necessary to do; *diventa ~ fare* it is becoming necessary to do; *più del ~* o *di quanto (non) sia ~* more than is necessary; *se (è) ~* if necessary; *quando ~* when necessary; *~ o no* whether necessary or not; *non è ~ verificare* there's no need to check, it isn't necessary to check; *"bisogna prenotare?" - "no, non è ~"* "is it necessary to *o* do we need to make a reservation?" - "no, there's no need", "no, it isn't necessary"; *è ~ che tu (ci) vada* it is necessary for you to go, you have to go; *non è ~ che tu (ci) vada* you don't have to go, there's no need for you to go, it isn't necessary for you to go; *non era ~ che mi sbrigassi* I needn't have hurried; *era ~ che tu spendessi così tanti soldi?* did you have to spend so much money? *i voti -ri per rovesciare il governo* the votes needed (in order) to ovethrow the government **2** FILOS. necessary **II** m. **1** (ciò che si impone) (what is) necessary, what is needed; *fare il ~* to do what is necessary, to do the necessary; *ho fatto il ~* I've seen to it, I've dealt with it **2** (beni, mezzi) essentials pl.; *lo stretto ~* the bare essentials; *il ~ per vivere* the necessities of life, the bare essentials **3** (materiale, attrezzatura) materials pl.; *il ~ per scrivere* writing materials **4** FILOS. necessary; *il ~ e il contingente* the necessary and the contingent.

▶ **necessità** /netʃessi'ta/ f.inv. **1** necessity; (bisogno) need; *per ~* from *o* out of necessity *o* need; *~ urgente, imperiosa* urging, pressing need; *~ di qcs., di fare, di essere* need for sth., to do, to be; *da qui la ~ di una maggiore cooperazione, di migliorare i trasporti pubblici* hence the need for closer cooperation, to improve public transport; *~ per qcn. di qcs., di fare* sb.'s need for sth., to do; *avere la ~ di fare* to need to do; *non ne vedo la ~* I don't see that it is necessary, I can't see the need for it; *in caso di ~* if necessary, if need be, if the need arises; *se si presenterà la ~* if the need arises; *di prima ~* [*articolo, genere*] vital, basic; *prodotti, cure di prima ~* vital commodities, care; *il telefono è diventato una ~* the telephone has become a necessity; *le ~ economiche, di gestione* economic, management demands; *sopperire alle ~ della famiglia* to provide for one's family; *le ~ del momento* the particular contingencies; *in stato di ~* DIR. under necessity **2** (indigenza) poverty, need, necessity; *trovarsi in ~* to be in need; *spinto dalla ~* driven by necessity, need **3** (carattere ineluttabile) necessity; *il caso e la ~* chance and necessity ◆ *~ non conosce legge* PROV. necessity knows no law; *fare di ~ virtù* PROV. to make a virtue of necessity; *la ~ aguzza l'ingegno* necessity is the mother of invention.

necessitare /netʃessi'tare/ [1] **I** tr. to require, to necessitate [*lavoro, operazione*]; to call for [*cambiamento, intervento, miglioramenti*]; *~ poteri maggiori, una riforma* to require more powers, reform **II** intr. (aus. *essere*) **1** (aver bisogno) to need, to require; *necessito del vostro aiuto* I need your help; *il malato necessita di cure* the patient needs medical care **2** (essere necessario) to be* necessary; *necessita l'intervento della polizia* police intervention is necessary.

necessitato /netʃessi'tato/ **I** p.pass. → **necessitare II** agg. obliged, forced; *sentirsi ~ a fare qcs.* to feel obliged to do sth.

necessitismo /netʃessi'tizmo/ m. necessitarianism.

necrofagia /nekrofa'dʒia/ f. necrophagia, necrophagy.

necrofago, pl. **-gi, -ghe** /ne'krɔfago, dʒi, ge/ agg. ZOOL. necrophagous.

necrofilia /nekrofi'lia/ ➧ **7** f. necrophilia.

necrofilo /ne'krɔfilo/ **I** agg. necrophiliac **II** m. (f. **-a**) necrophiliac.

necrofobia /nekrofo'bia/ ➧ **7** f. necrophobia.

necrofobico, pl. **-chi, -che** /nekro'fɔbiko, tʃi, ke/ agg. necrophobic.

necrofobo /ne'krɔfobo/ m. (f. **-a**) necrophobe.

necroforo /ne'krɔforo/ ➧ *18* m. **1** *(becchino)* gravedigger, undertaker **2** ENTOM. necrophorus, carrion beetle.
necrologia /nekrolo'dʒia/ f. **1** *(annuncio)* obituary (notice) **2** *(orazione funebre)* funeral oration.
necrologico, pl. **-ci**, **-che** /nekro'lɔdʒiko, tʃi, ke/ agg. necrological.
necrologio, pl. **-gi** /nekro'lɔdʒo, dʒi/ m. **1** *(registro)* necrology **2** *(annuncio)* obituary (notice).
necrologista, m.pl. **-i**, f.pl. **-e** /nekrolo'dʒista/ ➧ *18* m. e f. necrologist, obituarist.
necropoli /ne'krɔpoli/ f.inv. ARCHEOL. necropolis*.
necropsia /nekro'psia/, **necroscopia** /nekrosko'pia/ f. necropsy.
necroscopico, pl. **-ci**, **-che** /nekros'kɔpiko, tʃi, ke/ agg. necroscopic(al); ***esame ~*** post-mortem examination, autopsy.
necrosi /ne'krɔzi, 'nɛkrozi/ f.inv. necrosis*.
necrotico, pl. **-ci**, **-che** /ne'krɔtiko, tʃi, ke/ agg. necrotic.
necrotizzante /nekrotid'dzante/ agg. necrotizing.
necrotizzare /nekrotid'dzare/ [1] **I** tr. to necrotize **II necrotizzarsi** pronom. to necrotize.
necton /'nɛkton/ m.inv. nekton.
nederlandese /nederlan'dese/, **neerlandese** /neerlan'dese/ **I** agg. Netherlandish **II** m. e f. Netherlander **III** m. *(lingua)* Dutch, Netherlandish.
nefandamente /nefanda'mente/ avv. nefariously.
nefandezza /nefan'dettsa/ f. *(carattere nefando)* nefariousness, infamy, wickedness; *(azione nefanda)* foul deed, wicked deed.
nefando /ne'fando/ agg. infamous, nefarious, wicked.
nefasto /ne'fasto/ agg. **1** *(luttuoso, tragico)* [*evento, notizia*] bad, tragic, baleful **2** *(infausto)* [*influenza, circostanze*] inauspicious, ominous.
nefelina /nefe'lina/ f. nepheline.
nefelografo /nefe'lɔgrafo/ m. nephelograph.
nefelometria /nefelo'metria/ f. nephelometry.
nefelometro /nefe'lɔmetro/ m. nephelometer.
nefeloscopia /nefelosko'pia/ → **nefoscopia.**
nefeloscopio /nefelos'kɔpjo/ → **nefoscopio.**
nefoscopia /nefosko'pia/ f. nephoscopy, nepheloscopy.
nefoscopio, pl. **-pi** /nefos'kɔpjo, pi/ m. nephoscope, nepheloscope.
nefralgia /nefral'dʒia/ ➧ *7* f. nephralgia.
nefrectomia /nefrekto'mia/ f. nephrectomy.
nefrico, pl. **-ci**, **-che** /'nɛfrico, tʃi, ke/ agg. nephric.
1.nefrite /ne'frite/ ➧ *7* f. MED. nephritis.
2.nefrite /ne'frite/ f. MINER. nephrite.
nefritico, pl. **-ci**, **-che** /ne'fritiko, tʃi, ke/ **I** agg. nephritic **II** m. (f. **-a**) nephritic (patient).
nefrolito /nefro'lito/ m. nephrolith.
nefrologia /nefrolo'dʒia/ f. nephrology.
nefrologo, m.pl. **-gi**, f.pl. **-ghe** /ne'frɔlogo, dʒi, ge/ ➧ *18* m. (f. **-a**) nephrologist.
nefropatia /nefropa'tia/ ➧ *7* f. nephropathy.
nefrosi /ne'frɔzi/ ➧ *7* f.inv. nephrosis*.
nefrotomia /nefroto'mia/ f. nephrotomy.
▶ **negare** /ne'gare/ [1] **I** tr. **1** *(smentire)* to deny [*fatto, esistenza, errore, colpa*]; ***~ che*** to deny that; ***~ di aver fatto qcs.*** to deny doing *o* having done sth.; ***~ la propria colpevolezza*** to deny one's guilt; ***non si può ~ la sua popolarità*** there's no denying his popularity; ***non neghiamo che abbia ragione*** we don't deny he is right; ***~ l'evidenza*** to refuse to face up the facts **2** *(rifiutare, non concedere)* to deny [*accesso*]; to refuse, to withhold* [*consenso, permesso*]; ***~ a qcn. l'accesso a un edificio*** to deny sb. admittance to a building; ***~ a qcn. il diritto di fare*** to deny sb. the right to do sth.; ***è stato loro negato il permesso di attraccare in Gran Bretagna*** they were refused permission to dock in Britain; ***vedersi ~ qcs.*** to be refused sth.; ***farsi ~ al telefono*** to get sb. to say that one is not in **II** intr. (aus. *avere*) to say* no; ***nega ostinatamente*** he persists in his denial; ***alla sua domanda negò*** when questioned he denied **III negarsi** pronom. **1** *(privarsi di)* to deny oneself [*piacere*] **2** *(al telefono)* to pretend one is not in **3** *(non concedersi sessualmente)* to refuse to have sex (**a** with).
negativa /nega'tiva/ f. **1** *(negazione)* ***mantenersi sulla ~*** to persist in denying *o* in one's denial **2** FOT. negative.
negativamente /negativa'mente/ avv. [*influenzare*] negatively, badly; [*rispondere*] negatively, in the negatively; ***l'indagine si concluse ~*** the enquiry came to nothing.
negativismo /negati'vizmo/ m. negativism (anche PSIC.).
negatività /negativi'ta/ f.inv. **1** *(di atteggiamento)* negativism **2** *(l'essere negativo)* negativeness.
▷ **negativo** /nega'tivo/ **I** agg. **1** *(non positivo)* [*immagine, esempio, critica, atteggiamento*] negative; ***la risposta è stata -a*** the reply was (in the) negative; ***il suo esame del sangue è risultato ~*** his blood tested negative; ***vede solo i suoi lati -i*** she only sees the bad in him **2** *(nefasto)* [*influenza, conseguenza*] negative, adverse; ***avere un'influenza -a su qcn.*** to affect sb. adversely **3** FIS. FOT. MAT. negative; ***polo ~*** negative (pole); ***una particella con carica -a*** a negatively charged particle; ***Rh ~*** MED. [*soggetto, fattore*] rhesus *o* Rh negative **4** LING. [*proposizione*] negative; ***alla forma -a*** in the negative **II** m. FOT. negative; ***stampare una foto da un ~*** to make a print from a negative **III** avv. *(nei messaggi radio)* negative.
negato /ne'gato/ **I** p.pass. → **negare II** agg. ***essere ~ per*** to be hopeless at, to be no good at [*disciplina, attività*]; ***essere ~ per lo sport*** to be bad at sport; ***essere ~ per i numeri, per le lingue*** to be hopeless with figures, at languages.
negatone /nega'tone/, **negatrone** /nega'trone/ m. negatron, electron.
▷ **negazione** /negat'tsjone/ f. **1** *(il negare)* negation, denial; *(rifiuto)* refusal; ***la ~ dei diritti umani*** the denial of the human rights **2** LING. negative; ***doppia ~*** double negative **3** *(azione o cosa contraria a un'altra)* negation, contrary; ***è la ~ del buonsenso*** it's against all common sense **4** FILOS. negation.
neghittosità /negittosi'ta/ f.inv. LETT. laziness, indolence.
neghittoso /negit'toso/ agg. LETT. lazy, indolent.
negletto /ne'glɛtto/ agg. **1** *(trascurato, sciatto)* [*abito, modo di vestire*] unkempt, slovenly, sloppy; ***essere ~ nel vestire*** to be a sloppy dresser **2** *(mal tenuto)* [*casa, giardino*] unkempt, neglected.
negli /'neʎʎi/ → **in.**
négligé /negli'ʒe/ m.inv. *(vestaglia)* negligee, négligée.
negligente /negli'dʒɛnte/ agg. **1** *(disattento)* [*impiegato, allievo*] negligent, careless; [*proprietario*] neglectful; DIR. negligent; ***è stato ~ da parte sua (fare)*** it was careless of her (to do); ***essere ~ in qcs., nel fare*** to be careless about sth., about doing; ***agire in modo ~*** to act carelessly **2** *(sciatto, trascurato)* unkempt, slovenly, sloppy.
negligentemente /neglidʒente'mente/ avv. carelessly.
negligenza /negli'dʒɛntsa/ f. **1** *(l'essere negligente)* negligence, carelessness; ***dare prova di ~ nel fare*** to be negligent in doing **2** *(grave disattenzione)* negligence; *(omissione)* oversight; ***ci sarebbero state delle -e*** neglicence is alleged **3** *(trascuratezza, trasandatezza)* slovenliness, sloppiness ◆◆ ***~ colposa*** culpable negligence; ***~ professionale*** professional malpractice.
negoziabile /negot'tsjabile/ agg. [*tasso, termini*] negotiable; *(commerciabile)* marketable; ***non ~*** unnegotiable.
negoziabilità /negottsjabili'ta/ f.inv. negotiability.
negoziale /negot'tsjale/ agg. [*base, volontà*] contractual.
▷ **negoziante** /negot'tsjante/ ➧ *18* m. e f. **1** *(commerciante)* dealer, merchant **2** *(chi ha un negozio)* shopkeeper, storekeeper AE; ***in vendita presso il vostro ~ di fiducia*** available at your usual stockist ◆◆ ***~ di ferramenta*** hardware dealer, ironmonger; ***~ all'ingrosso*** wholesaler; ***~ al minuto*** retailer, retail dealer; ***~ di stoffe*** draper BE.
negoziare /negot'tsjare/ [1] **I** tr. **1** COMM. to negotiate [*affare, accordo, prestito*] (**con** with); ***~ un affare con qcn.*** to transact business with sb.; ***~ azioni in borsa*** to negotiate shares on the stock market **2** *(trattare)* to negotiate [*pace, armistizio*] (**con** with) **II** intr. (aus. *avere*) **1** *(trattare)* to negotiate (**con** with) **2** *(commerciare)* to trade, to deal* (**in** in); ***~ in vini*** to deal in wines.
negoziato /negot'tsjato/ **I** p.pass. → **negoziare II** agg. [*titolo, pace, soluzione*] negotiated **III** m. negotiation, talks pl.; ***avviare*** o ***intavolare -i*** to enter into negotiations; ***condurre un ~*** to hold talks; ***interrompere i -i*** to interrupt negotiations; ***(fin) dall'apertura dei -i*** (right) from the start of talks; ***il tavolo dei -i*** the conference *o* negotiating table; ***i -i tra i sindacati e il governo*** the negotiations between the government and the trade unions; ***-i di pace*** peace talks.
negoziatore /negottsja'tore/ m. (f. **-trice** /tritʃe/) negotiator; COMM. transactor ◆◆ ***~ di pace*** peace envoy *o* negotiator.
negoziazione /negottsjat'tsjone/ f. **1** *(trattativa diplomatica)* negotiation; ***-i per il disarmo*** arms negotiations **2** ECON. transaction, deal; ***~ di titoli*** securities trading.
▶ **negozio**, pl. **-zi** /ne'gɔttsjo, tsi/ ➧ *18* m. **1** *(locale)* shop BE, store AE; ***una catena di -zi*** a chain of shops; ***in vendita nei -zi specializzati*** available in specialist shops; ***aprire, gestire un ~*** to open, run a shop; ***andare per -zi*** to go shopping, to round the shops; ***~ ben fornito*** well-stocked shop; ***~ di antiquariato*** antique shop; ***~ di scarpe, di generi alimentari*** shoe, food shop; ***~ di sport*** o ***di articoli sportivi*** sports shop; ***~ di giocattoli*** toyshop; ***~ di animali*** pet shop; ***~ di souvenir*** souvenir shop **2** *(trattativa)* bargain, deal, business; ***concludere un ~*** to make *o* strike a deal **3** LETT. *(occupazione)* activity, occupation ◆◆ ***~ al dettaglio*** retail shop; ***~ giuridico*** DIR. agreement, legal transaction; ***~ all'ingrosso*** wholesale shop.

negra /'negra/ f. black woman*; SPREG. Negress.
negride /'negride/ agg. negritic.
negriero /ne'grjɛro/ **I** agg. ***nave -a*** slaver, slave ship **II** m. **1** STOR. slave-trader, slave merchant **2** FIG. SPREG. slave driver.
negritudine /negri'tudine/ f. negritude.
▷ **negro** /'negro/ **I** agg. [*musica, arte, razza*] Negro, black **II** m. **1** black man*, black; SPREG. Negro*, nigger **2** *(chi scrive per altri)* ghostwriter ◆ ***lavorare come un ~*** to work like a slave. ⚠ Nell'uso italiano attuale la parola *negro* è spesso usata o percepita con valore spregiativo, cosicché in ogni accezione riferibile alle popolazioni di colore va preferito l'aggettivo o il sostantivo *nero*; in inglese *Negro, nigger* e *coloured* sono oggi considerati offensivi e inaccettabili, mentre si usano *black, Afro-American* o *African-American* (soprattutto negli USA) e *Afro-Caribbean* (soprattutto in GB).
negroamericano /negroameri'kano/ agg. Afro-American.
negroide /ne'grɔide/ agg., m. e f. Negroid.
negromante /negro'mante/ m. e f. necromancer.
negromantico, pl. **-ci**, **-che** /negro'mantiko, tʃi, ke/ agg. necromantic.
negromanzia /negroman'tsia/ f. necromancy.
negus /'nɛgus/ m.inv. Negus*.
nei /nei/, **nel** /nel/, **nell'**, **nella** /'nella/, **nelle** /'nelle/, **nello** /'nello/ → **in.**
nelson /'nɛlson/ f.inv. *(nella lotta)* nelson.
nelumbo /ne'lumbo/ m. nelumbo*.
nematode /nema'tɔde/ m. nematode.
nembo /'nembo/ m. **1** *(nuvola)* nimbus*; *(temporalesca)* storm-cloud **2** FIG. *(nugolo)* cloud (**di** of).
nembostrato /nembos'trato/ m. nimbostratus*.
nemerteo /nemer'tɛo/ m. ribbon worm.
nemesi /'nɛmezi/ f.inv. nemesis*; ***la ~ storica*** the nemesis of history.
Nemesi /'nɛmezi/ n.pr.f. Nemesis.
▶ **nemico**, pl. **-ci**, **-che** /ne'miko, tʃi, ke/ **I** agg. **1** [*paese, esercito*] enemy; ***fuoco ~*** enemy fire; ***in territorio ~*** in enemy territory; ***paesi -ci da secoli*** countries which have been enemies for centuriess **2** *(ostile)* [*sorte, fortuna*] hostile; [*persona*] adverse, opposed (**di** to); ***essere ~ di qcs.*** to be opposed to sb.; ***la censura è -a della libertà*** censorship is the enemy of freedom **3** *(nocivo)* harmful; ***l'alcol è ~ del vostro fegato, della vostra salute*** alcohol damages your liver, health **II** m. (f. **-a**) *(di persona, gruppo)* enemy; ***~ acerrimo, giurato, mortale*** bitter, sworn, mortal enemy; ***farsi dei -ci*** to make enemies; ***farsi ~ qcn.*** to make an enemy of sb.; ***passare al ~*** to go over to the enemy; ***cadere nelle mani del ~*** to fall into enemy hands; ***~ pubblico numero uno*** public enemy number one ◆ ***il meglio è ~ del bene*** = perfectionism can be counter-productive.
▶ **nemmeno** /nem'meno/ → **neanche.**
nenia /'nɛnja/ f. **1** *(canto funebre)* dirge **2** *(cantilena)* singsong; *(ninnananna)* lullaby **3** FIG. *(discorso noioso)* monotonous speech; ***è sempre la stessa ~*** it's always the same old song.
nenufero /ne'nufero/, **nenufaro** /ne'nufaro/ m. nenuphar.
neo /'nɛo/ m. **1** *(sul corpo, sul viso)* mole; MED. naevus*; *(finto)* beauty spot **2** FIG. *(difetto)* flaw, imperfection; ***l'inflazione resta l'unico ~*** inflation is the only problem.
neoacquisto /neoak'kwisto/ m. new signing; ***il ~ dell'Atalanta*** Atalanta's latest signing.
neoassunto /neoas'sunto/ **I** agg. newly-engaged **II** m. (f. **-a**) new recruit.
neocapitalismo /neokapita'lizmo/ m. neo-capitalism.
neoclassicismo /neoklassi'tʃizmo/ m. neoclassicism.
neoclassicista, m.pl. **-i**, f.pl. **-e** /neoklassi'tʃista/ m. e f. neoclassicist.
neoclassico, pl. **-ci**, **-che** /neo'klassiko, tʃi, ke/ **I** agg. [*architettura, stile*] neoclassical **II** m. *(stile)* neoclassicism; *(seguace)* neoclassicist.
neocolonialismo /neokolonja'lizmo/ m. neocolonialism.
neocolonialista, m.pl. **-i**, f.pl. **-e** /neokolonja'lista/ agg., m.e f. neocolonialist.
neocolonialistico, pl. **-ci**, **-che** /neokolonja'listiko, tʃi, ke/ agg. neocolonialist.
neodarvinismo, **neodarwinismo** /neodarvi'nizmo/ m. Neo-Darwinism.
neodimio /neo'dimjo/ m. neodymium.
neodiplomato /neodiplo'mato/ **I** agg. [*studente*] newly-qualified **II** m. (f. **-a**) newly-qualified student.
neoebraico, pl. **-ci**, **-che** /neoe'braiko, tʃi, ke/ agg. e m. LING. modern Hebrew.
neoeletto /neoe'lɛtto/ **I** agg. [*presidente, deputato*] newly-elected **II** m. (f. **-a**) newly-elected person.
neoellenico, pl. **-ci**, **-che** /neoel'lɛniko, tʃi, ke/ agg. modern Greek, neo-Hellenic.
neofascismo /neofaʃ'ʃizmo/ m. neofascism.
neofascista, m.pl. **-i**, f.pl. **-e** /neofaʃ'ʃista/ agg., m. e f. neofascist.
neofita, m.pl. **-i**, f.pl. **-e** /ne'ɔfita/ m. e f. neophyte.
neofito /ne'ɔfito/ m. → **neofita**.
neoformazione /neoformat'tsjone/ f. **1** MED. neoformation **2** LING. neologism.
neogene /ne'ɔdʒene/ m. Neocene, Neogene.
neogotico, pl. **-ci** **-che** /neo'gɔtiko, tʃi, ke/ agg. e m. neo-Gothic.
neogreco, pl. **-ci**, **-che** /neo'grɛko, tʃi, ke/ agg. e m. modern Greek.
neohegeliano /neoege'ljano/ **I** agg. neo-Hegelian **II** m. (f. **-a**) neo-Hegelian.
neohegelismo /neoege'lizmo/ m. neo-Hegelianism.
neoimpressionismo /neoimpressjo'nizmo/ m. neo-impressionism.
neokantiano /neokan'tjano/ **I** agg. neo-Kantian **II** m. (f. **-a**) neo-Kantian.
neolatino /neola'tino/ agg. Romance, neo-Latin.
neolaureato /neolaure'ato/ **I** agg. newly-graduated **II** m. (f. **-a**) recent graduate, new graduate.
neoliberalismo /neolibera'lizmo/, **neoliberismo** /neolibe'rizmo/ m. ECON. neo-liberalism.
neolitico, pl. **-ci**, **-che** /neo'litiko, tʃi, ke/ agg. e m. Neolithic.
neologico, pl. **-ci**, **-che** /neo'lɔdʒiko, tʃi, ke/ agg. neologistic.
neologismo /neolo'dʒizmo/ m. neologism.
neomicina® /neomi'tʃina/ f. neomycin.
neon /'nɛon/ m.inv. **1** *(gas)* neon; ***tubo al ~*** neon tube; ***illuminazione al ~*** neon lighting; ***insegna luminosa al ~*** neon sign **2** *(lampada)* neon light.
neonatale /neona'tale/ agg. neonatal.
▷ **neonato** /neo'nato/ **I** agg. **1** [*bambino, cucciolo*] newborn **2** FIG. *(di recente origine)* new(born) **II** m. (f. **-a**) newborn baby, newborn child*; ***shampoo, latte, alimenti per -i*** baby shampoo, milk, food.
neonatologia /neonatolo'dʒia/ f. neonatology.
neonatologo, m.pl. **-gi**, f.pl. **-ghe** /neona'tɔlogo, dʒi, ge/ ➧ ***18*** m. (f. **-a**) neonatologist.
neonazismo /neonat'tsizmo, neonad'dzizmo/ m. Neo-Nazism.
neonazista, m.pl. **-i**, f.pl. **-e** /neonat'tsista, neonad'dzista/ agg., m. e f. neonazi.
neopaganesimo /neopaga'nezimo/ m. new paganism.
neopatentato /neopaten'tato/ m. (f. **-a**) fresh driving license holder, novice driver.
neoplasia /neopla'zia/ f. neoplasia.
neoplasma /neo'plazma/ m. neoplasm.
neoplastico, pl. **-ci**, **-che** /neo'plastiko, tʃi, ke/ agg. neoplastic.
neoplatonico, pl. **-ci**, **-che** /neopla'tɔniko, tʃi, ke/ **I** agg. Neo-Platonic **II** m. (f. **-a**) Neo-Platonist.
neoplatonismo /neoplato'nizmo/ m. Neo-Platonism.
neopositivismo /neopoziti'vizmo/ m. neopositivism.
neopositivista, m.pl. **-i**, f.pl. **-e** /neopoziti'vista/ agg., m. e f. neopositivist.
neopositivistico, pl. **-ci**, **-che** /neopoziti'vistiko, tʃi, ke/ agg. neopositivist.
neoprene® /neo'prɛne/ m. neoprene.
neorealismo /neorea'lizmo/ m. neorealism.
neorealista, m.pl. **-i**, f.pl. **-e** /neorea'lista/ agg., m. e f. neorealist.
neorealistico, pl. **-ci**, **-che** /neorea'listiko, tʃi, ke/ agg. neorealist.
neoscolastica /neosko'lastika/ f. neo-scholasticism.
neoscolastico, pl. **-ci**, **-che** /neosko'lastiko, tʃi, ke/ **I** agg. neo-scholastic **II** m. (f. **-a**) neo-scholastic.
neotenia /neote'nia/ f. neoteny.
neotestamentario, pl. **-ri**, **-rie** /neotestamen'tarjo, ri, rje/ agg. of the New Testament, New Testament attrib.
neotomismo /neoto'mizmo/ m. neo-Thomism.
neotomista, m.pl. **-i**, f.pl. **-e** /neoto'mista/ agg., m. e f. neo-Thomist.
neotomistico, pl. **-ci**, **-che** /neoto'mistiko, tʃi, ke/ agg. neo-Thomist.
neozelandese /neoddzelan'dese/ ➧ ***25*** **I** agg. New Zealand **II** m. e f. New Zealander.
neozoico, pl. **-ci**, **-che** /neod'dzɔiko, tʃi, ke/ agg. e m. Neozoic.
nepalese /nepa'lese/ ➧ ***25*** **I** agg. Nepalese, Nepali **II** m. e f. Nepalese*, Nepali; ***i -i*** the Nepalese, the Nepali(s) **III** m. *(lingua)* Nepali.

nepente /ne'pɛnte/ m. **1** BOT. nepenthe(s) **2** *(bevanda)* nepenthe.
nepotismo /nepo'tizmo/ m. nepotism.
nepotista, m.pl. **-i**, f.pl. **-e** /nepo'tista/ m. e f. nepotist.
nepotistico, pl. **-ci, -che** /nepo'tistiko, tʃi, ke/ agg. nepotic, nepotistic.
▶ **neppure** /nep'pure/ → **neanche.**
nequizia /ne'kwittsja/ f. LETT. iniquity, wickedness.
nerastro /ne'rastro/ agg. blackish.
nerazzurro /nerad'dzurro/ ◗ *3* **I** agg. **1** *(colore)* blue-black **2** SPORT [*tifoso, giocatore, difesa*] = of Inter or Atalanta football club **II** m. *(giocatore)* = Inter or Atalanta player.
nerbata /ner'bata/ f. lash; ***prendere a -e*** to lash, to flog.
nerbo /'nɛrbo/ m. **1** *(scudiscio)* scourge, whip **2** FIG. *(colonna portante)* backbone; ***il ~ dell'esercito*** the backbone of the army **3** *(vigore)* sinew, punch; ***privo di*** o ***senza ~*** [*persona*] spineless; [*stile*] lacking punch, flaccid.
nerboruto /nerbo'ruto/ agg. brawny, strong-limbed.
nereide /ne'rɛide/ f. ZOOL. nereid.
Nereide /ne'rɛide/ f. MITOL. Nereid.
neretto /ne'retto/ **I** agg. [*carattere*] bold **II** m. **1** TIP. bold, boldface AE; ***in ~*** [*lettera, parola, frase*] in bold (type); ***comporre in ~*** to set in bold **2** GIORN. = short article printed in bold.
nerezza /ne'rettsa/ f. blackness.
▶ **nero** /'nero/ ◗ *3* **I** agg. **1** *(colore)* [*abito, fumo, capelli*] black; [*occhi*] dark; ***vino ~*** red wine; ***oro ~*** black gold; ***essere ~ di botte*** to be black and blue; ***fare un occhio ~ a qcn.*** to give sb. a black eye **2** *(sporco)* [*mani, collo*] black, filthy; ***essere ~ di sporcizia*** to be black with grime *o* dirt; ***acque -e*** *(di scarico)* sewage; ***pozzo ~*** cesspit **3** *(buio, scuro)* [*notte, cielo*] dark **4** *(africano)* [*razza, pelle, quartiere, continente*] black **5** *(abbronzato)* ***essere ~*** o ***avere la pelle -a*** to have a dark tan **6** *(illegale, clandestino)* ***lavoro ~*** = work for which no earnings are declared, under the table job; ***borsa -a*** o ***mercato ~*** black market; ***fondi -i*** slush funds **7** *(cupo, negativo)* [*epoca, anno*] bad, bleak; [*giornata, settimana*] black; [*miseria*] dire, abject; ***nella più -a disperazione*** in deepest despair; ***vedere tutto ~*** to look on the dark side; ***è d'umore ~*** she's in one of her dark moods; ***diventare ~ per la rabbia*** to fly into a towering rage; ***cronaca -a*** crime news; ***lunedì ~*** ECON. Black Monday **8** *(cattivo)* [*anima*] wicked, dark; ***pecora -a*** FIG. black sheep; ***messa, magia -a*** black mass, magic **9** *(fascista)* Fascist, Blackshirt; ***le camicie -e*** the Blackshirts; ***terrorismo ~*** = neofascist, extreme right wing terrorism **II** m. (f. **-a**) **1** *(colore)* black; ***il ~ ti sta bene*** black suits you; ***un ~ brillante, opaco*** a shiny, matt black; ***vestire in*** o ***di ~*** to wear black; ***era in ~*** o ***vestito di ~*** he was in black; ***il ~ del velluto sul bianco del raso*** black velvet on white satin; ***bianco e ~*** FOT. CINEM. TELEV. black and white; ***film, fotografia in bianco e ~*** black and white film, photo **2** *(persona di pelle nera)* black, Black; ***i -i*** the blacks, black people; ***i -i d'America*** black Americans, African Americans **3** *(clandestinità)* ***in ~*** off the books, on the side, illegally; ***lavorare in ~*** = to work without declaring one's earnings, under the table; *(come secondo lavoro)* to moonlight; ***fare delle riparazioni, dei lavori in ~*** to do repairs, work on the side **4** GIOC. *(negli scacchi, nella dama, alla roulette)* black; ***prendo i -i*** I'll be black **5** *(fascista)* Fascist; *(neofascista)* neofascist ◆ ***è scritto qui ~ su bianco*** here it is in black and white, it's set down here in black and white; ***essere ~ come la pece*** to be pitch-black; ***essere ~ come il carbone*** to be as black as coal *o* soot; ***dire oggi bianco e domani ~*** to have a different story every day; ***quando uno dice bianco, l'altro dice ~*** they can never agree on anything; ***essere la bestia -a di qcn.*** to be sb.'s pet peeve, to be a bugbear for sb. ◆◆ ***~ d'anilina*** aniline black; ***~ animale*** boneblack; ***~ di seppia*** sepia.
nerofumo /nero'fumo/ ◗ *3* m.inv. gas black, lampblack.
nerognolo /ne'roɲɲolo/ agg. blackish.
nerola /'nɛrola/ f. → **neroli.**
neroli /'nɛroli/ m.inv. neroli; ***olio essenziale di ~*** neroli oil.
Nerone /ne'rone/ n.pr.m. Nero.
neroniano /nero'njano/ agg. Neronian.
nerume /ne'rume/ m. **1** *(patina nerastra)* (layer of) grime **2** *(ammasso di cose nere)* black mass.
nervato /ner'vato/ agg. BOT. nervate, nerved.
nervatura /nerva'tura/ f. **1** ANAT. *(nervi)* nerves pl. **2** ENTOM. nervure, venation **3** BOT. nervation, nervature, venation; ***~ centrale*** midrib **4** ARCH. MECC. rib **5** TIP. rib, raised band **6** SART. pin tuck, rib ◆◆ ***~ a croce*** cross rib; ***~ di rinforzo*** stiffening rib.
nervino /ner'vino/ agg. nervine, nerve attib.; ***gas ~*** nerve gas.
▶ **nervo** /'nɛrvo/ **I** m. **1** ANAT. nerve **2** COLLOQ. *(tendine)* tendon, sinew **3** BOT. vein, nerve, nervure **II nervi** m.pl. *(sistema nervoso)* nerves; ***soffrire di ~*** to suffer from nerves; ***avere un attacco di -i*** to have an attack *o* a fit of nerves; ***essere sull'orlo di una crisi di -i*** to be on the verge of a nervous breakdown; ***i suoi -i non hanno retto*** he went to pieces ◆ ***avere i -i*** to be on edge; ***urtare i -i*** o ***far venire i -i a qcn.*** to be deliberately annoying, to get on sb.'s nerves; ***dare ai*** o ***sui -i a qcn.*** to get on sb.'s nerves; ***aveva i -i a fior di pelle*** his nerves were on edge; ***essere un fascio di -i*** to be all nerves, to be a bundle of nerves; ***avere i -i saldi*** to have steady nerves; ***avere i -i a pezzi*** to be in a state of nerves, to be a nervous wreck; ***avere (dei) -i di acciaio*** to have nerves of steel; ***una guerra di -i*** a war *o* battle of nerves; ***toccare un ~ scoperto*** to touch *o* hit a raw nerve; ***sei rimasto chiuso fuori? chissà che -i!*** you locked yourself out? how frustrating! ◆◆ ***~ acustico*** auditory nerve; ***~ di bue*** pizzle; ***~ cranico*** cranial nerve; ***~ ottico*** visual nerve; ***~ sciatico*** sciatic nerve; ***~ trigemino*** trigeminus, trigeminal (nerve); ***~ vago*** vagus.
nervosamente /nervosa'mente/ avv. nervously; ***camminare ~ avanti e indietro*** to pace fretfully to and fro.
▷ **nervosismo** /nervo'sizmo/ m. *(tensione)* tension, agitation; *(apprensione)* nervousness; ***in uno stato di grande ~*** in a state of extreme nervous tension, in a very nervous state; ***dare segni di ~*** to show signs of agitation; ***si avvertiva un certo ~ nell'aria*** there was a general feeling of tension.
nervosità /nervosi'ta/ f.inv. **1** *(nervosismo)* irritability **2** *(incisività)* vigour BE, vigor AE, incisiveness; ***la ~ di un discorso*** the incisiveness of a speech.
▶ **nervoso** /ner'voso/ **I** agg. **1** ANAT. nerve attrib., nervous; ***cellula -a*** nerve cell; ***centro ~*** nerve centre BE; ***sistema ~ centrale, simpatico, autonomo*** central, sympathetic, autonomic nervous system; ***malattia -a*** nervous disease; ***esaurimento ~*** nervous breakdown, nervous exhaustion; ***tensione -a*** nervous tension; ***soffrire di disturbi -i*** to be suffering from a nervous disorder **2** *(agitato)* [*persona*] nervous, tense; *(irritabile)* irritable, short-tempered, edgy; *(che denota nervosismo)* [*sorriso, risata*] nervous; ***è un tipo molto ~*** he's a nervous type, he is a very tense sort of person; ***non sia così ~, andrà tutto bene*** don't be so nervous, it will all be fine; ***il caffè mi rende ~*** coffee makes me nervous; ***ha una guida -a*** he's (too) nervous when he drives **3** *(di natura emotiva)* [*choc, risata, tosse, tic*] nervous **4** *(vigoroso)* [*motore*] responsive; [*stile, scrittura*] vigorous **5** FIG. [*mercato, borsa*] nervous, jumpy COLLOQ. **II** m. COLLOQ. irritability, nervousness; ***avere il ~*** to be cross, to be on edge, to have *o* get the willies COLLOQ.; ***far venire il ~ a qcn.*** to get on sb.'s nerves, to give sb. the willies COLLOQ.; ***ho perso il treno, che ~!*** I missed the train, how frustrating!
nespola /'nɛspola/ **I** f. medlar **II** inter. ***-e!*** gosh! my word! gee! AE ◆ ***col tempo e con la paglia maturano le -e*** PROV. = everything comes to him who waits ◆◆ ***~ del Giappone*** loquat.
nespolo /'nɛspolo/ m. medlar (tree) ◆◆ ***~ del Giappone*** loquat.
nesso /'nɛsso/ m. **1** *(rapporto, legame)* link, connection, relation, nexus*; ***stabilire un ~*** to find a link (**tra, fra** between); ***non c'è alcun ~ tra i due avvenimenti*** there is no connection *o* link between the two events **2** LING. nexus* ◆◆ ***~ causale*** causal nexus ***~ logico*** logical connection.
nessun /nes'sun/ → **nessuno.**
▶ **nessuno** /nes'suno/ *Nessuno* in italiano, e i suoi equivalenti inglesi, possono essere usati come aggettivi oppure come pronomi. - Come aggettivo, *nessuno* si rende con *no* (*nessuna speranza* = no hope), e con *any* in una frase già negativa (*non fa mai nessun errore* = she never makes any mistakes) o in frase interrogativa dove *nessuno* ha in realtà valore positivo (*nessun'idea? = qualche idea?* = any ideas?). - Più numerosi sono i traducenti inglesi del pronome *nessuno*, poiché, oltre a *nobody* e al suo sinonimo *no-one* (*non è venuto nessuno* = nobody / no-one came), si usano: *anybody* o *anyone*, se c'è già un'altra negazione (*non parlo mai con nessuno* = I never talk to anybody) o in frase interrogativa dove *nessuno* ha in realtà valore positivo (*ho dimenticato nessuno? = ho dimenticato qualcuno?* = have I forgotten anybody?); *none*, se nessuno ha valore partitivo e relativo, non assoluto: *"questi sono i miei compagni di classe" "non ne conosco nessuno"* = "these are my classmates" "I know none (of them)"; *"ci sono delle auto in strada?" "nessuna"* = "are there any cars in the street?" "none"; *any*, al posto di *none* in presenza di un'altra negazione: *non conosco nessuno dei tuoi compagni* = I don't know any of your classmates; *neither*, se *nessuno* si riferisce a due cose o persone: *l'ho chiesto a entrambe, ma nessuna ha risposto* = I asked them both, but neither answered; *either*, al posto di *neither* in presenza di un'altra negazione: *non ho mai conosciuto nessuna (delle due)* = I've never met either. **I** agg.indef. (for the alternation with *nessun* it follows the rules of the article *uno*) **1** *(non uno, alcuno)* no; *(in*

presenza di altra negazione) any; ***lei non ha nessun difetto*** she has no faults, she hasn't got any faults; ***-a persona intelligente l'avrebbe fatto*** no intelligent person would have done it; ***non avrà -a difficoltà ad adattarsi*** she won't have any trouble adapting; ***non c'è più -a speranza*** there's no hope left; ***non hanno nessun motivo per rifiutare*** they have no reason *o* they haven't got any reason to refuse; ***non ho nessun bisogno dei tuoi consigli*** I have no need of your advice; ***non ho -a voglia di partire*** I've no desire to leave; ***non ho -a notizia di lui*** I haven't heard anything from him; ***senza nessun aiuto dal governo*** without any aid from the government; ***non è mai esistito nessun Sherlock Holmes*** no such person as Sherlock Holmes ever existed; ***nessun soldato è ritornato vivo*** none of the soldiers came back alive; ***non ho visto -a mia amica*** I haven't seen any friend of mine; ***in nessun modo*** in no way, not in any way; ***non ero coinvolto nella faccenda in nessun modo*** I wasn't involved in the matter in any way; ***nessun altro*** nobody else; ***nessun altro oltre a te può aiutarmi*** no-one else but you can help me; ***non ha visto nessun altro*** he didn't see anybody else; ***da -a parte, in nessun posto*** nowhere; ***non la si vede da -a parte*** she's nowhere to be seen; ***questo fine settimana non sono andati da -a parte*** they didn't go anywhere this weekend; ***nessun'altra città*** no other town; ***non potrei vivere da nessun'altra parte*** I couldn't bear to live anywhere else **2** *(qualche)* any; ***-a novità?*** is there any news? ***nessun'idea?*** any ideas? **II** pron.indef. **1** *(riferito a persona)* nobody, no-one; *(in presenza di altra negazione)* anybody, anyone; *(partitivo)* none; ***~ è perfetto*** nobody's perfect; ***non accuso ~*** I'm not accusing anybody *o* anyone; ***non mi ha aiutato ~*** nobody helped me; ***non c'era quasi, mai ~*** there was hardly, never anybody there; ***non incontro mai ~ tornando a casa dal lavoro*** I never meet anybody on my way from work; ***non lo conosceva quasi ~*** hardly anybody knew him; ***non hai dimenticato ~?*** you haven't forgotten anybody, have you? ***non ho parlato a ~*** I didn't talk to anybody *o* anyone; ***"chi ha suonato, parlato?" - "~"*** "who rang, spoke?" - "no-one"; ***(che) ~ esca!*** nobody leave! ***che ~ creda che*** don't let anybody think that; ***non ci sono per ~*** if anybody asks for me, I'm not here; ***senza che ~ lo sappia*** without anybody knowing; ***~ di noi, di voi, di loro*** none of us, you, them; ***non conosco ~ dei suoi amici*** I don't know any of his friends; ***non c'è ~ intelligente quanto Jane*** there's none so clever as Jane; ***non l'ho detto a ~ tranne a lui*** I told no-one but him; ***terra di ~*** no-man's land **2** *(riferito a cosa)* none; *(in presenza di altra negazione)* any; ***"hai ricevuto molte lettere?" - "-a!"*** "did you receive many letters?" - "not one!" *o* "none!"; ***ha tre automobili, -a è in grado di funzionare*** he has three cars, none of them works; ***-a delle sedie, delle case*** none of the chairs, houses; ***non ho letto ~ dei vostri libri*** I haven't read any of your books **3** *(tra due cose o persone)* neither; *(in presenza di altra negazione)* either; ***~ dei due libri è adatto*** neither book is suitable; ***-a delle due ragazze rispose*** neither girl replied; ***non mi piace ~ dei due*** I don't like either (of them) **4** *(qualcuno)* anybody, anyone; ***c'è ~?*** is anyone in? ***ha telefonato ~ per me?*** has anyone phoned for me? ***non c'è ~ qui che parli l'italiano?*** does anybody here speak Italian? ***~ ha visto la mia penna?*** has anybody seen my pen? **III** m. nobody; ***non essere ~*** to be a nobody; ***lo conoscevo quando non era ancora ~*** I knew him when he was still a nobody.

nestore /ˈnɛstore/ m. ZOOL. kea.

Nestore /ˈnɛstore/ n.pr.m. Nestor.

nestorianesimo /nestorjaˈnezimo/ m. Nestorianism.

nestoriano /nestoˈrjano/ **I** agg. Nestorian **II** m. Nestorian.

net /net/ m.inv. SPORT net, let.

nettamente /nettaˈmente/ avv. **1** *(chiaramente, distintamente)* [*distinguersi, separare*] clearly; [*differire*] sharply; ***i personaggi sono ~ distinti*** the characters are clearly differentiated **2** *(ampiamente)* [*aumentare*] markedly; [*preferire*] definitely; ***~ migliore, più pulito, meno freddo*** decidedly better, cleaner, warmer; ***vincere ~*** to win handsomely, to be a clear winner **3** *(decisamente)* [*rifiutare, opporsi*] flatly, definitely; [*sostenere*] clearly.

nettapenne /nettaˈpenne/ m.inv. pen-wiper.

nettapiedi /nettaˈpjɛdi/ m.inv. doormat.

1.nettare /ˈnɛttare/ m. nectar (anche FIG.).

2.nettare /netˈtare/ [1] tr. LETT. *(pulire)* to clean.

nettarifero /nettaˈrifero/ agg. nectariferous.

nettarina /nettaˈrina/ agg.f. ***pesca ~*** nectarine.

nettario, pl. **-ri** /netˈtarjo, ri/ m. nectary.

nettezza /netˈtettsa/ f. **1** *(pulizia)* cleanness, cleanliness; FIG. *(candore, innocenza)* candidness, guilelessness **2** *(precisione) (di immagine, contorni)* sharpness, clarity; *(di stile)* clarity, neatness ◆ ***~ urbana*** = service for refuse collection and street cleaning; ***camion della ~ urbana*** refuse lorry, garbage truck AE.

▷ **netto** /ˈnetto/ **I** agg. **1** [*prezzo, stipendio, guadagno, utile, perdita, peso*] net; ***aumento ~ del 2%*** net 2% increase; ***un utile ~ di 50.000 euro*** an income of net 50,000 euros; ***il suo peso ~ è di 20 chili*** it weighs 20 kilos net; ***capitale ~*** ECON. shareholders' equity; ***in dieci minuti -i*** in ten minutes flat **2** *(notevole)* [*cambiamento, aumento, ribasso, miglioramento*] marked, definite, decided **3** *(chiaro, preciso)* [*contorno, profilo*] clear, clear-cut; [*immagine*] clear, sharp, well-shaped; [*differenza, distinzione*] sharp; ***avere la -a sensazione che*** to have the distinct impression that, to have a definite feeling that **4** *(risoluto, inequivocabile)* [*taglio, spaccatura*] clean; [*contrasto*] sharp; [*rifiuto*] flat, straight; [*vittoria*] clear; ***dare un taglio ~ al passato*** FIG. to make a clean break with the past **5** *(pulito)* [*casa, tovaglia*] neat; FIG. *(puro)* [*persona, coscienza*] clear **6** SPORT ***percorso ~*** clear round; ***fare un percorso ~*** to have a clear round **II** avv. **1** clearly, openly; ***parlare chiaro e ~*** to be quite clear, to speak plainly **2 di netto** cleanly; ***tagliare qcs. di ~*** to cut sth. off; ***la corda si è rotta di ~*** the rope snapped; ***la chiave si è spaccata di ~*** the key snapped in two **III** m. AMM. ECON. ***al ~ delle imposte*** after-tax, net of tax; ***al ~ delle spese*** all expenses paid.

nettuniano /nettuˈnjano/ agg. ASTR. GEOL. Neptunian.

1.nettunio /netˈtunjo/ agg. LETT. Neptunian.

2.nettunio /netˈtunjo/ m. CHIM. neptunium.

nettunismo /nettuˈnizmo/ m. neptunism.

Nettuno /netˈtuno/ n.pr.m. **1** MITOL. Neptune **2** ASTR. Neptune.

netturbino /netturˈbino/ ➧ *18* m. street cleaner, roadsweeper, dustman* BE, garbage man* AE.

neuma /ˈnɛuma/ m. neume.

neumatico, pl. **-ci**, **-che** /neuˈmatiko, tʃi, ke/ agg. neumic.

neurale /neuˈrale/ agg. neural.

neurina /neuˈrina/ f. neurine.

neurite /neuˈrite/ ➧ *7* f. neuritis.

neuritico, pl. **-ci**, **-che** /neuˈritiko, tʃi, ke/ agg. neuritic.

neuro /ˈnɛuro/ f.inv. COLLOQ. *(in ospedale)* neurological ward; *(clinica)* mental home, clinic for nervous diseases ◆ ***finire alla ~*** to end up in a lunatic asylum *o* nuthouse.

neurobiologia /neurobioloˈdʒia/ f. neurobiology.

neurobiologo, m.pl. **-gi**, f.pl. **-ghe** /neurobiˈɔlogo, dʒi, ge/ ➧ *18* m. (f. **-a**) neurobiologist.

neuroblasto /neuroˈblasto/ m. neuroblast.

neuroblastoma /neuroblasˈtɔma/ m. neuroblastoma*.

neurochirurgia /neurokirurˈdʒia/ f. neurosurgery.

neurochirurgico, pl. **-ci**, **-che** /neurokiˈrurdʒiko, tʃi, ke/ agg. neurosurgical.

neurochirurgo, m.pl. **-ghi**, f.pl. **-ghe** /neurokiˈrurgo, gi, ge/ ➧ *18* m. (f. **-a**) neurosurgeon.

neurocita /neurotˈʃita/, **neurocito** /neuroˈtʃito/ m. neurocyte.

neurocranio, pl. **-ni** /neuroˈkranjo, ni/ m. neurocranium.

neurodeliri /neurodeˈliri/ f.inv. COLLOQ. lunatic asylum.

neurofibrilla /neurofiˈbrilla/ f. neurofibril.

neurofisiologia /neurofizjoloˈdʒia/ f. neurophysiology.

neurofisiologico, pl. **-ci**, **-che** /neurofizjoˈlɔdʒiko, tsi, ke/ agg. neurophysiological.

neurofisiologo, m.pl. **-gi**, f.pl. **-ghe** /neurofiˈzjɔlogo, dʒi, ge/ ➧ *18* m. (f. **-a**) neurophysiologist.

neurogeno /neuˈrɔdʒeno/ agg. neurogenic.

neurolettico, pl. **-ci**, **-che** /neuroˈlɛttiko, tʃi, ke/ agg. e m. neuroleptic.

neurolinguistica /neurolinˈgwistika/ f. neurolinguistics + verbo sing.

neurologia /neuroloˈdʒia/ f. neurology.

neurologico, pl. **-ci**, **-che** /neuroˈlɔdʒiko, tʃi, ke/ agg. neurological.

neurologo, m.pl. **-gi**, f.pl. **-ghe** /neuˈrɔlogo, dʒi, ge/ ➧ *18* m. (f. **-a**) neurologist.

neuroma /neuˈrɔma/ m. neuroma*.

neuromuscolare /neuromuskoˈlare/ agg. neuromuscular.

neuronale /neuroˈnale/ agg. neuronal.

neurone /neuˈrone/ m. neuron(e).

neuropatia /neuropaˈtia/ ➧ *7* f. neuropathy.

neuropatico, pl. **-ci**, **-che** /neuroˈpatiko, tʃi, ke/ **I** agg. neuropathic **II** m. (f. **-a**) neuropath.

neuropatologia /neuropatoloˈdʒia/ f. neuropathology.

neuropatologo, m.pl. **-gi**, f.pl. **-ghe** /neuropaˈtɔlogo, dʒi, ge/ ➧ *18* m. (f. **-a**) neuropathologist.

neuropsichiatra, m.pl. **-i**, f.pl. **-e** /neuropsiˈkjatra/ ➧ *18* m. e f. neuropsychiatrist ◆◆ ***~ infantile*** child psychiatrist.

neuropsichiatria /neuropsikjaˈtria/ f. neuropsychiatry ◆◆ ***~ infantile*** child psychiatry, child neurology.

neuropsichiatrico, pl. **-ci**, **-che** /neuropsiˈkjatriko, tʃi, ke/ agg. neuropsychiatric.

neuropsicologia /neuropsikolo'dʒia/ f. neuropsychology.
neuropsicologo, m.pl. **-gi**, f.pl. **-ghe** /neuropsi'kɔlogo, dʒi, ge/ ➧ *18* m. (f. **-a**) neuropsychologist.
neurotomia /neuroto'mia/ f. neurotomy.
neurotossico, pl. **-ci**, **-che** /neuro'tɔssiko, tʃi, ke/ agg. neurotoxic.
neurotossina /neurotos'sina/ f. neurotoxin.
neurotrasmettitore /neurotrazmetti'tore/ m. neurotransimitter.
neurotrasmissione /neurotrazmis'sjone/ f. neurotransmission.
neurottero /neu'rɔttero/ m. neuropteran.
neurovascolare /neurovasko'lare/ agg. neurovascular.
neurovegetativo /neurovedʒeta'tivo/ agg. neurovegetative, autonomic.
▷ **neutrale** /neu'trale/ agg. [*osservatore, stato, luogo*] neutral; ***rimanere ~*** to observe neutrality, to remain neutral.
neutralismo /neutra'lizmo/ m. neutralism.
neutralista, m.pl. **-i**, f.pl. **-e** /neutra'lista/ **I** agg. [*politica*] neutralist **II** m. e f. neutralist.
neutralistico, pl. **-ci**, **-che** /neutra'listiko, tʃi, ke/ agg. neutralistic.
neutralità /neutrali'ta/ f.inv. **1** neutrality (anche FIS. CHIM.); ***proclamare la ~*** to proclaim one's neutrality; ***violare la ~*** to violate neutrality; ***~ armata*** armed neutrality **2** *(imparzialità)* neutrality, neutrality.
neutralizzare /neutralid'dzare/ [1] **I** tr. **1** CHIM. MIL. POL. to neutralize **2** *(rendere inefficiente)* to neutralize, to counteract [*concorrente, opposizione, influenza*]; SPORT to block [*avversario*] **3** SPORT *(non computare)* to neutralize, not to count **II neutralizzarsi** pronom. [*effetti*] to cancel each other out.
neutralizzazione /neutraliddzat'tsjone/ f. neutralization.
neutrino /neu'trino/ m. neutrino*.
neutro /'nɛutro/ **I** agg. **1** *(neutrale)* neutral; ***in campo ~*** on neutral ground (anche FIG.) **2** *(medio, indefinibile)* [*colore*] neutral; FIG. [*stile, tono*] neutral **3** CHIM. EL. FIS. [*conduttore, colore, soluzione, reazione*] neutral **4** LING. [*pronome, genere*] neuter **5** ZOOL. [*insetto*] neuter **II** m. **1** LING. neuter; ***al ~*** in the neuter **2** EL. neutral wire.
neutrofilo /neu'trɔfilo/ agg. neutrophil.
neutrone /neu'trone/ m. neutron; ***bomba al ~*** neutron bomb.
neutronico, pl. **-ci**, **-che** /neu'trɔniko, tʃi, ke/ agg. neutron attrib.
nevaio, pl. **-ai** /ne'vajo, ai/ m. snowfield.
nevato /ne'vato/ **I** agg. **1** *(coperto di neve)* [*monte, cima*] snow-covered, snowy **2** *(bianco come la neve)* snow-white **II** m. firn, névé.
▶ **neve** /'neve/ **I** f. **1** snow; ***~ fresca, artificiale, farinosa*** fresh, artificial, powder snow; ***~ sciolta*** slush; ***fiocco di ~*** snowflake; ***palla di ~*** snowball; ***tormenta*** o ***bufera di ~*** snowstorm; ***coperto di ~*** snow-covered; ***pupazzo di ~*** snowman; ***bollettino della ~*** snow report; ***la ~ cadeva fitta*** the snow was falling thickly; ***la ~ era alta mezzo metro*** the snow was half a metre deep; ***essere bloccati in casa dalla ~*** to be snowed in; ***catene da ~*** skid chains, tyre chains, snow chains; ***l'abominevole uomo delle -i*** the abominable snowman; ***montare i bianchi a ~*** GASTR. to beat the egg whites till stiff **2** COLLOQ. *(cocaina)* snow **II** agg. TELEV. ***effetto ~*** snow ◆ ***essere bianco come la ~*** to be snow-white; ***sciogliersi come ~ al sole*** to melt away ◆◆ ***~ carbonica*** carbon snow; ***-i perenni*** eternal *o* perpetual snows.
▷ **nevicare** /nevi'kare/ [1] impers. (aus. *essere, avere*) to snow; ***nevica*** it's snowing; ***nevica a larghe falde*** the snow is falling in large flakes; ***nevica forte*** it's snowing heavily; ***gli è nevicato sui capelli*** SCHERZ. = the years have whitened his hair.
nevicata /nevi'kata/ f. snowfall; ***abbondanti -e*** heavy snowfall.
nevischiare /nevis'kjare/ [1] impers. (aus. *essere, avere*) ***nevischia*** it is sleethy.
nevischio, pl. **-schi** /ne'viskjo, ski/ m. sleet.
nevo /'nɛvo/ m. naevus*.
nevosità /nevosi'ta/ f.inv. **1** *(l'essere nevoso)* snowiness **2** *(quantità di neve caduta)* snowfall; ***qui la ~ media è di 10 cm l'anno*** snowfall here is on average 10 cm a year.
nevoso /ne'voso/ agg. **1** [*cima, tempo, stagione*] snowy **2** *(coperto di neve)* snowy, snow-covered.
nevralgia /nevral'dʒia/ ➧ *7* f. neuralgia ◆◆ ***~ facciale*** facial neuralgia; ***~ del trigemino*** Fothergill's neuralgia.
nevralgico, pl. **-ci**, **-che** /ne'vraldʒiko, tʃi, ke/ agg. neuralgic; ***punto ~*** centre of pain; FIG. key point; ***centro ~*** FIG. nerve centre.
nevrasse /ne'vrasse/ m. neuraxis.
nevrastenia /nevraste'nia/ ➧ *7* f. neurasthenia, nervous exhaustion.
nevrastenico, pl. **-ci**, **-che** /nevras'tɛniko, tʃi, ke/ **I** agg. neurasthenic **II** m. (f. **-a**) neurasthenic.
nevrite /ne'vrite/ ➧ *7* → **neurite.**
nevrosi /ne'vrɔzi/ ➧ *7* f.inv. neurosis* ◆◆ ***~ ossessiva*** obessional neurosis.

nevrotico, pl. **-ci**, **-che** /ne'vrɔtiko, tʃi, ke/ **I** agg. neurotic **II** m. (f. **-a**) neurotic.
nevvero /nev'vero/ inter. ***è molto interessante, ~?*** it is very interesting, isn't it? ***la ami, ~?*** you love her, don't you? ***è uscito, ~?*** he's gone out, hasn't he?
new economy /njue'kɔnomi/ f.inv. new economy.
newton /'njuton/ m.inv. FIS. newton.
newtoniano /njuto'njano/ agg. Newtonian.
newyorchese, **newyorkese** /njujor'kese/ ➧ *2* **I** agg. of New York, New York attrib. **II** m. e f. New Yorker.
1.ni /ni/ **I** avv. COLLOQ. neither yes nor no **II** m.inv. ***sono stufo dei suoi ~*** I'm fed up with his shillyshallying.
2.ni /ni/ m. e f.inv. *(lettera greca)* nu.
niacina /nia'tʃina/ f. niacin.
Niassa /'njassa/ n.pr.m. Nyasa.
nibbio, pl. **-bi** /'nibbjo, bi/ m. kite.
nibelungico, pl. **-ci**, **-che** /nibe'lundʒiko, tʃi, ke/ agg. of the Nibelungs, Nibelung attrib.
Nibelungo, pl. **-ghi** /nibe'lungo, gi/ m. Nibelung.
Nicaragua /nika'ragwa/ ➧ *33* n.pr.m. Nicaragua.
nicaraguegno /nikara'gweɲɲo/ ➧ *25* **I** agg. Nicaraguan **II** m. (f. **-a**) Nicaraguan.
nicaraguense /nikara'gwɛnse/ ➧ *25* agg., m. e f. → **nicaraguegno.**
nicchia /'nikkja/ f. **1** ARCH. niche **2** FIG. *(impiego sicuro)* cushy number BE **3** COMM. ***prodotto di ~*** niche product ◆◆ ***~ ecologica*** ecological niche; ***~ di mercato*** COMM. niche.
nicchiare /nik'kjare/ [1] intr. (aus. *avere*) to hesitate, to shillyshally.
Niccolò /nikko'lɔ/ n.pr.m. Nicholas.
Nicea /ni'tʃɛa/ n.pr.f. Nicaea; ***il Concilio di ~*** the Nicene Council.
niceno /ni'tʃɛno/ agg. Nicene.
nichel /'nikel/ m.inv. nickel.
nichelare /nike'lare/ [1] tr. to nickel, to nickel-plate.
nichelatura /nikela'tura/ f. nickel(l)ing, nickel-plating.
nichelico, pl. **-ci**, **-che** /ni'kɛliko, tʃi, ke/ agg. nickelic.
nichelino /nike'lino/ m. nickel coin, nickel AE.
nichilismo /niki'lizmo/ m. nihilism.
nichilista, m.pl. **-i**, f.pl. **-e** /niki'lista/ agg., m. e f. nihilist.
nichilistico, pl. **-ci**, **-che** /niki'listiko, tʃi, ke/ agg. [*atteggiamento*] nihilistic, nihilist.
nickel → **nichel.**
Nicodemo /niko'dɛmo/ n.pr.m. Nicodemus.
Nicola /ni'kɔla/ n.pr.m. Nicholas.
Nicoletta /niko'letta/ n.pr.f. Nicole.
Nicolò /niko'lɔ/ n.pr.m. Nicholas.
Nicosia /niko'zia/ ➧ *2* n.pr.f. Nicosia.
nicotina /niko'tina/ f. nicotine; ***contenuto di ~*** nicotine content; ***cerotto alla ~*** nicotine patch.
nicotinico, pl. **-ci**, **-che** /niko'tiniko, tʃi, ke/ agg. nicotinic; ***acido ~*** nicotinic acid.
nicotinismo /nikoti'nizmo/ ➧ *7* m. nicotinism.
nicoziana /nikot'tsjana/ f. nicotiana.
nictalope /nik'talope/ **I** agg. nyctalopic **II** m. nyctalope.
nictalopia /niktalo'pia/ f. nyctalopia.
nictalopo /nik'talopo/ → **nictalope.**
nictitropismo /niktitro'pizmo/ m. nyctitropism.
nidiace /ni'djatʃe/ agg. unfledged.
nidiata /ni'djata/ f. **1** *(di uccellini o di piccoli animali)* nest(ful), hatch; *(covata)* brood **2** *(di bambini)* brood.
nidificare /nidifi'kare/ [1] intr. (aus. *avere*) to nest, to nidify.
nidificazione /nidifikat'tsjone/ f. nidification, nest-building.
▷ **nido** /'nido/ m. **1** *(di uccelli, di piccoli animali)* nest; *(di rapaci)* eyrie; ***~ d'uccello*** bird's nest; ***~ di vespe, di formiche*** wasps', ants' nest; ***~ di vipere*** nest of vipers, vipers' den (anche FIG.); ***fare il ~*** to build *o* make its nest; ***lasciare il ~*** FIG. to fly *o* flee *o* leave the nest **2 *a ~ d'ape*** [*disegno, struttura*] honeycomb attrib. **3** *(covo)* den **4** *(asilo)* ***(asilo) ~*** crèche BE, day nursery; ***mio figlio va al ~*** my son is at the day nursery ◆ ***a ogni uccello il suo ~ è bello*** PROV. east or west, home is best ◆◆ ***~ d'amore*** love nest; ***~ d'aquila*** eyrie (anche FIG.); ***~ di mitragliatrici*** MIL. machine-gun nest; ***~ di rondine*** swallow's-nest (anche GASTR.); ***minestra ai -i di rondine*** GASTR. swallow's-nest soup.
niellare /niel'lare/ [1] tr. to niello.
niellatura /niella'tura/ f. niello-work.
niello /ni'ɛllo/ m. niello*.
▶ **niente** /'njɛnte/ *Niente* in italiano, e i suoi equivalenti inglesi, possono essere usati come pronomi e aggettivi, meno spesso

come sostantivi e avverbi. - Il pronome *niente* si traduce solitamente con *nothing*: *non ne sapevo niente* = I knew nothing about it; tuttavia, si usano *anything* se c'è già un'altra negazione (*non mi hanno mai detto niente* = I was never told anything about it) o in frase interrogativa dove *niente* ha in realtà valore positivo (*hai visto niente? = hai visto qualcosa?* = have you seen anything?). - Come aggettivo, *niente* si rende con *no* (*niente imbrogli!* = no cheating!), e con *any* in una frase già negativa o in frase interrogativa dove *niente* ha in realtà valore positivo (*niente soldi nel portafoglio? = dei soldi nel portafoglio?* = any money in your wallet?). - Per gli altri usi di *niente*, si veda la voce qui sotto. Si veda anche la voce **nulla**. **I** pron.indef. **1** *(nessuna cosa)* nothing; *(in presenza di altra negazione)* anything; ***~ è impossibile*** nothing is impossible; ***trascorrere un mese a non fare ~*** to spend a month doing nothing; ***non ne sapevo ~*** I knew nothing about it; ***non sento ~*** I can't hear anything; ***ho deciso di non dire ~*** I decided to say nothing *o* not to say anything; ***non ho ~ da aggiungere*** I've nothing to add; ***non provo più ~ per lei*** I no longer feel anything for her; ***non c'è più ~*** there is nothing left; ***non c'è più ~ da fare*** *(come lavoro)* there's nothing left *o* else to do; *(non c'è speranza)* there's nothing more that can be done; ***non avere ~ addosso*** to have nothing on; ***non ho ~ da mettermi*** I've got nothing to wear; ***non è ~*** *(non mi sono fatto male)* it's nothing; *(non ha nessun va-lore)* it's not worth anything; ***"oh scusa!" - "non è ~"*** "sorry!" - "no problem, it's all right"; ***non possiamo farci ~*** we can do nothing (about it); ***non se ne fa ~*** it's all off; ***e questo è ancora ~!*** you haven't seen anything yet! ***non servire a ~*** to be fit for nothing; ***non serve a ~ piangere*** it's no good *o* use crying; ***non mi stupisco più di ~*** nothing surprises me any more; ***lui non è ~ per me*** he means nothing to me; ***non avere ~ a che fare con qcn.*** to have nothing to do with sb.; ***non avere ~ che vedere con*** to bear no relation to [*verità*]; to have no relevance to [*questione*]; ***~ da fare!*** no go! nothing doing! ***quasi ~*** next to nothing; ***non ha ~ di sua sorella*** she's nothing like her sister; ***la situazione non promette ~ di buono*** it looks *o* things look bad, it doesn't look very promising; ***~ di meno, di più*** nothing less, nothing more (**di, che** than); ***~ di meglio, di peggio*** nothing better, worse (**di, che** than); ***~ di nuovo*** nothing new; ***non ci vedo ~ di male*** I see no harm in it, there's nothing wrong with it; ***non c'è ~ di cui vergognarsi*** it's nothing to be ashamed of; ***non si è rotto ~*** nothing was broken; ***~ di rotto*** no bones broken; ***~ da dichiarare, segnalare*** nothing to declare, to report; ***"grazie" - "di ~"*** "thank you" - "you're welcome", "not at all", "don't mention it"; ***non fa ~*** *(non importa)* never mind, it doesn't mind; ***è meno di ~*** it's nothing at all; ***~ di ~*** absolutely nothing; ***fare qcs. come ~*** to do sth. very easily; ***come ~ (fosse)*** o ***come se ~ fosse*** as if nothing had happened; ***fare finta di ~*** to pretend nothing has happened; *(cercare di non dare nell'occhio)* to try to be incospicuous; ***nient'altro*** nothing else, nothing more; ***non c'è nient'altro da dire*** there's nothing else one can say; ***nient'altro che*** nothing except that; ***la verità, nient'altro che la verità*** the truth, nothing but the truth **2** *(qualcosa)* anything; ***ti serve ~?*** do you need anything? ***mi ha chiesto se avessi visto ~*** he asked me if I had seen anything; ***hai mai fatto ~ per loro?*** have you ever done anything for them? **3 da niente *un lividino da ~*** a tiny bruise; ***una cosa da ~*** a trivial matter; ***perdere tempo in cose da ~*** to waste one's time in trivial things **4 per niente** *(inutilmente)* ***tanta fatica per ~*** all that trouble for nothing; ***fare un sacco di storie per ~*** to make a big fuss about nothing; ***non per ~ sono italiano*** I'm not Italian for nothing; *(gratis)* for nothing, for free; ***avere qcs. per ~*** to have sth. for nothing; ***nessuno fa ~ per ~*** you get nothing for nothing; ***per ~ al mondo*** not for love nor for money, for anything; *(affatto)* at all; ***non è per ~ sicuro, completo*** it is by no means certain, complete; ***non assomiglia per ~ a sua padre*** he is nothing like his father; ***la cosa non mi riguarda per ~*** that doesn't concern me at all *o* in any way; ***non mi preoccupa per ~*** it doesn't bother me in the least; ***per ~!*** not at all! **II** agg.indef. *(nessuno)* no; *(in presenza di altra negazione)* any; ***~ alcolici*** no alcoholic drinks; ***~ paura!*** never fear! have no fear! ***non ho ~ fame*** COLLOQ. I'm not at all hungry; ***~ scherzi!*** none of your tricks! **III** m. **1** nothing; ***un ~ lo irrita*** the slighest thing annoys him; ***un bel ~!*** nothing at all; ***non vedo un bel ~*** I can't see a damned thing; ***in un ~*** in no time at all; ***è venuto su dal ~*** FIG. he is a self-made man **2** FILOS. nothingness **IV** avv. **1** *(neanche un poco)* ***non m'importa ~*** I don't care at all; ***costa praticamente ~*** it costs next to nothing; ***non costa ~ essere gentili*** politeness costs nothing; ***non ci metto ~ a farlo*** I'll do it in no time; ***~ affatto*** not at all, not in the least; ***~ affatto facile, piacevole*** none too easy, pleasant; ***non ero ~ affatto contento*** I was none too happy; ***non vale ~*** it's worth nothing; ***~ male*** not half bad, not bad at all; ***non eri ~ male*** you weren't too bad at all **2** *(in espressioni ellittiche)* ***tutti lo chiamano, ma lui ~!*** everybody calls him, but he won't listen **3 niente niente** COLLOQ. ***(se) ~ ~*** if only; ***se ~ ~ gli si dà ascolto*** once you start listening to him ◆ ***il dolce far ~*** dolce far niente, delightful idleness.

nientedimeno /njentedi'meno/ ANT., **nientemeno** /njente'meno/, **nientepopodimeno** /njentepopodi'meno/ COLLOQ. **I** avv. ***~ che*** *(riferito a persona)* no less than; *(riferito a cosa)* no less than, nothing less than; ***è sposato ~ che con una contessa!*** he's married to a countess, no less! ***~ che l'imperatore*** no less a person than the emperor; ***è venuto al matrimonio, ~!*** he came to the wedding, if you please! **II** inter. you don't say; ***"mi è costato un milione" - "~?"*** "it cost me a milion" - "you don't say!" *o* "that much!"

nietzschianesimo /nittʃa'nezimo/ m. Nietzscheanism, Nietzscheism.

nietzschiano /nit'tʃano/ **I** agg. Nietzschean **II** m. (f. **-a**) Nietzschean.

nife /'nife/ m. nife.

nigella /ni'dʒɛlla/ f. fennelflower.

Niger /'nidʒer/ ➧ ***33*** n.pr.m. Niger.

Nigeria /ni'dʒɛrja/ ➧ ***33*** n.pr.f. Nigeria.

nigeriano /nidʒe'rjano/ ➧ ***25*** **I** agg. Nigerian **II** m. (f. **-a**) Nigerian.

nigerino /nidʒe'rino/ ➧ ***25*** **I** agg. of, from Niger **II** m. (f. **-a**) native, inhabitant of Niger.

nigrosina /nigro'zina/ f. nigrosine.

nilgai /nil'gai/, **nilgau** /nil'gau/ m.inv. nilgai.

Nilo /'nilo/ ➧ ***9*** n.pr.m. Nile ◆◆ ***~ Azzurro*** Blue Nile; ***~ Bianco*** White Nile.

nilotico, pl. **-ci**, **-che** /ni'lɔtiko, tʃi, ke/ **I** agg. Nilotic **II** m. (f. **-a**) Nilotic.

nimbo /'nimbo/ m. LETT. **1** *(nube)* nimbus* **2** *(aureola)* nimbus*, halo*.

ninfa /'ninfa/ f. **1** MITOL. ZOOL. nymph **2** ANAT. ***-e*** *(piccole labbra)* nymphae.

ninfale /nin'fale/ **I** agg. MITOL. ZOOL. nymphal **II** m. LETTER. = poem about nymphs.

ninfea /nin'fɛa/ f. water lily ◆◆ ***~ bianca*** white water lily, nenuphar; ***~ gialla*** yellow water lily, nenuphar.

ninfeo /nin'fɛo/ m. nymphaeum*.

ninfetta /nin'fetta/ f. nymphet.

ninfomane /nin'fɔmane/ f. nymphomaniac.

ninfomania /ninfoma'nia/ ➧ ***7*** f. nymphomania.

ninfosi /nin'fɔzi/ f.inv. nymphosis*.

ninna /'ninna/ f. INFANT. ***(andare a) fare la ~*** to go beddy-byes.

ninnananna /ninna'nanna/ f. lullaby, cradlesong; ***cantare una ~*** to sing a lullaby; ***l'ho fatto addormentare con una ~*** I sang him to sleep.

ninnare /nin'nare/ [1] tr. to lullaby, to lull to sleep.

ninnolo /'ninnolo/ m. **1** *(giocattolo)* plaything, toy **2** *(gingillo)* knick-knack, trinket; ***-i*** trinketry.

niobio /ni'ɔbjo/ m. niobium.

▶ **nipote** /ni'pote/ m. e f. **1** *(di nonni)* *(maschio)* grandson; *(femmina)* granddaughter; *(senza specificazione del sesso)* ***i -i*** the grandchildren **2** *(di zii)* *(maschio)* nephew; *(femmina)* niece **3** LETT. *(discendente)* ***i -i*** posterity sing., progeny sing.

nipplo /'nipplo/ m. nipple.

nipponico, pl. **-ci**, **-che** /nip'pɔniko, tʃi, ke/ ➧ ***25*** **I** agg. Nipponese, Japanese **II** m. (f. **-a**) Nipponese*, Japanese*.

nirvana /nir'vana/ m.inv. nirvana (anche FIG.).

nirvanico, pl. **-ci**, **-che** /nir'vaniko, tʃi, ke/ agg. nirvanic.

nisseno /nis'sɛno/ ➧ ***2*** **I** agg. of, from Caltanissetta **II** m. (f. **-a**) native, inhabitant of Caltanissetta.

nistagmo /nis'tagmo/ m. nystagmus.

nistatina /nista'tina/ f. nystatin.

nitidamente /nitida'mente/ avv. clearly, sharply.

nitidezza /niti'dettsa/ f. **1** *(di disegno, tratto, immagine)* clearness; *(di contorno, profilo)* sharpness **2** *(di cielo, aria)* limpidity, limpidness **3** FIG. *(di stile)* clarity, limpidity; *(di ricordi)* vividness.

nitido /'nitido/ agg. **1** *(ben delineato)* [*fotografia, colori*] clear; [*contorno, profilo*] sharp **2** *(limpido)* [*cielo, aria*] limpid **3** *(senza fruscio)* [*registrazione*] clear **4** *(pulito)* [*casa, vetro*] clean **5** FIG. *(preciso)* [*stile*] clear, limpid; [*ricordo*] vivid.

niton /'niton/ m.inv. niton.

nitore /ni'tore/ m. **1** *(nettezza, splendore)* cleanness, brightness **2** FIG. *(precisione)* *(di stile)* clarity, limpidness.

nitrare /ni'trare/ [1] tr. to nitrate.

nitratare /nitra'tare/ [1] tr. to fertilize with nitrates.

nitratazione /nitratat'tsjone/ f. fertilization with nitrates.
nitrato /ni'trato/ m. nitrate ◆◆ ~ ***di amile*** amyl nitrate; ~ ***d'argento*** silver nitrate; ~ ***di cellulosa*** cellulose nitrate; ~ ***di potassio*** nitre, saltpetre; ~ ***di sodio*** sodium nitrate.
nitratura /nitra'tura/ f. → **nitratazione.**
nitrazione /nitrat'tsjone/ f. nitration.
nitrico, pl. **-ci, -che** /'nitriko, tʃi, ke/ agg. nitric; ***acido*** ~ nitric acid.
nitrificare /nitrifi'kare/ [1] tr. to nitrify.
nitrificazione /nitrifikat'tsjone/ f. nitrification.
nitrile /ni'trile/ m. nitrile.
nitrire /ni'trire/ [102] intr. (aus. *avere*) [*cavallo*] to neigh, to whinny.
1.nitrito /ni'trito/ m. *(di cavallo)* neigh, neighing, whinny.
2.nitrito /ni'trito/ m. CHIM. nitrite.
nitro /'nitro/ m. nitre BE, niter AE ◆◆ ~ ***del Cile*** Chile nitre.
nitrobenzene /nitroben'dzɛne/, **nitrobenzolo** /nitroben'dzɔlo/ m. nitrobenzene.
nitrocellulosa /nitrotʃellu'losa/ f. nitrocellulose.
nitrofosfato /nitrofos'fato/ m. nitrophosphate.
nitroglicerina /nitroglitʃe'rina/ f. nitroglycerin(e).
nitrolico /ni'trɔliko/ agg. nitrolic.
nitrometro /ni'trɔmetro/ m. nitrometer.
nitronio, pl. **-ni** /ni'trɔnjo, ni/ m. nitronium.
nitroparaffina /nitroparaf'fina/ f. nitroparaffin.
nitrosile /nitro'sile/ m. nitrosyl.
nitroso /ni'troso/ agg. nitrous; ***acido*** ~ nitrous acid; ***ossido*** ~ nitrous oxide.
nitrurazione /nitrurat'tsjone/ f. nitriding.
nitruro /ni'truro/ m. nitride.
nittitante /nitti'tante/ agg. ***membrana*** ~ haw, nictitating membrane.
nittitazione /nittitat'tsjone/ f. nictation.
niuno /'njuno/ LETT. → **nessuno.**
nivale /ni'vale/ agg. **1** LETT. *(nevoso)* [*paesaggio*] snowy **2** *(delle nevi)* [*regime, clima, flora*] nival.
nivazione /nivat'tsjone/ f. nivation.
niveo /'niveo/ agg. LETT. snow-white, snowy.
nivometro /ni'vɔmetro/ m. snow gauge.
Nizza /'nittsa/ ➧ *2* n.pr.f. Nice.
nizzardo /nit'tsardo/ ➧ *2* **I** agg. of, from Nice **II** m. (f. **-a**) native, inhabitant of Nice.
NN ⇒ nomen nescio = father's name unknown.
▶ **1.no** /no/ **I** avv. **1** *(indica negazione, disaccordo)* no; ~, ***grazie*** no thanks, no thank you; ***"stai bene?" - "~"*** "are you well?" - "no, I am not"; ***"sai nuotare?" - "~"*** "can you swim" - "no, I can't"; ***"ti è piaciuto il film?" -"~"*** "did you like the film" - "no I didn't"; ~ ***e poi*** ~***!*** absolutely not! no sirree! ***questo*** o ***questa poi*** ~***!*** definitely not! no way! ***allora, (la risposta) è*** ~***?*** so the answer is no? ***assolutamente*** ~ absolutely not, no way; ***"era contento?" - "assolutamente*** ~***!"*** "was he pleased?" - "not at all!"; ***non è contenta,*** ~ ***davvero*** she isn't at all pleased; ~ ***di certo*** certainly not, of course not; ***"ancora caffè?" - "non dico di*** ~***"*** "more coffee?" - "I wouldn't say no"; ***mi è stato impossibile dire di*** ~ I couldn't very well say no; ***dire di*** ~ ***con un cenno del capo*** to shake one's head **2** *(sostituisce una proposizione negativa)* ***penso*** o ***credo di*** ~ I don't think so; ***temo di*** ~ I fear not, I'm afraid not; ***spero proprio di*** ~ I do hope not; ***immagino di*** ~ I suppose not; ***ti dico di*** ~ no, I tell you; ***sembra di*** ~ apparently not; ***meglio di*** ~ better not; ***"ancora torta?" - "meglio di*** ~***"*** "more cake?" - "I'd better not"; ***funziona? lei dice di*** ~ does it work? she claims it doesn't; ***trovi buffo questo? io*** ~ do you think that's funny? I don't; ***Alice è sposata e Claudia*** ~ Alice is married and Claudia isn't **3** *(in una alternativa)* ***che sia d'accordo o*** ~ whether he agrees or not; ***malato o*** ~***, verrò*** I'll come even if I'm hill; ***vieni (sì) o*** ~***?*** are you coming or not? ***accetterà sì o*** ~***?*** will he accept or not? ***non dire né sì né*** ~ not to give a definite answer; ***un giorno sì uno*** ~ every other *o* second day; ***una pagina sì e una*** ~ every other page; ***sì e*** ~ yes and no; ***c'erano sì e*** ~ ***dieci persone*** *(a malapena)* there were barely *o* no more than ten people **4** *(retorico)* ***lo farai,*** ~***?*** you will do it, won't you? ***Stephen è carino,*** ~***?*** Stephen is cute, isn't he? ***te l'avevo detto,*** ~***?*** I told you, didn't I? ***non sembra difficile,*** ~***?*** it doesn't seem difficult, does it? **5** *(con valore enfatico)* ***(oh)*** ~***!*** (oh) no! *(come risposta)* ***come*** ~***!*** I'll bet! indeed! by all means! ***perché*** ~***?*** why not? ***"posso fare domanda?" - "non vedo perché*** ~***"*** "can I apply?" - "I don't see why not" **6** **anzi che no** rather; ***una persona strana anzi che*** ~ a rather strange person **7** **se no** if not, otherwise, or else; ***mangia questo se*** ~ ***dopo hai fame*** eat this or else you'll be hungry later; ***fai attenzione, se*** ~ ***ti tagli*** be careful or you'll cut yourself; ***fai come ti dico, se*** ~***!*** do as you're told or else! **II** agg.inv. COLLOQ. ***una giornata*** ~ an off day **III** m.inv. **1** *(risposta negativa)* no*; ***un*** ~ ***chiaro e tondo*** a clear no; ***il mio*** ~ ***è definitivo*** no, and that's final; ***risponda con (un) sì o con (un)*** ~ answer yes or no **2** *(voto negativo)* ***ci sono stati 60*** ~ there were 60 votes against, 60 "no" votes; ***vincono i*** ~ the nays *o* the noes have it.
2.no /no/ m.inv. *(teatro giapponese)* No, Noh.
Nobel /'nɔbel, no'bɛl/ m.inv. **1** *(premio)* Nobel (prize); ***conferire il*** ~ ***per la letteratura, per la pace a qcn.*** to award sb. with the Nobel prize for literature, for peace **2** *(detentore)* Nobel prizewinner, Nobel laureate; ***un*** ~ ***della fisica*** a Noble prize physicist.
nobelio /no'bɛljo/ m. nobelium.
nobildonna /nobil'dɔnna/ f. STOR. noblewoman*.
▶ **nobile** /'nɔbile/ **I** agg. **1** *(aristocratico)* [*persona*] of noble birth, noble; [*famiglia*] aristocratic, noble; ***di*** ~ ***famiglia, stirpe*** of high birth, high-born, nobly born; ***di*** ~ ***lignaggio*** of noble lineage; ***sangue*** ~ blue blood **2** FIG. *(elevato)* [*sentimenti, disegno, causa, compito*] noble; ***una*** ~ ***missione*** a worthy *o* noble undertaking; ***essere animato da -i sentimenti*** to have noble sentiments, to be high-minded; ***avere un animo*** ~ to be noble-minded **3** CHIM. [*materiale, metallo*] noble **4** *(di qualità superiore)* ***le parti -i di un animale*** choice cuts of meats **II** m. e f. *(aristocratico)* noble, aristocrat; *(uomo)* nobleman*; *(donna)* noblewoman*.
nobiliare /nobi'ljare/ agg. [*titolo*] nobiliary, aristocratic, of nobility; ***pretese*** o ***rivendicazioni -i*** claims to nobility.
nobilitare /nobili'tare/ [1] **I** tr. **1** *(conferire dignità)* to ennoble, to dignify; ***il lavoro nobilita l'uomo*** work ennobles man **2** RAR. *(conferire un titolo nobiliare)* to ennoble, to bestow a title on [*persona, famiglia*] **3** FIG. *(elevare, innalzare)* to dignify; ***non nobiliterei quel dipinto definendolo un'opera d'arte*** I wouldn't dignify that painting by calling it art **II** **nobilitarsi** pronom. to ennoble oneself.
nobilitazione /nobilitat'tsjone/ f. ennoblement, ennobling.
nobilmente /nobil'mente/ avv. nobly.
nobiltà /nobil'ta/ f.inv. **1** *(aristocrazia)* nobility; *(i nobili)* nobility, nobles pl.; ***l'alta*** ~ the nobility; ***la piccola*** ~ the gentry, the minor aristocracy; ***dimostrare la propria*** ~ to prove one's noble birth **2** *(qualità morale)* nobility; ~ ***d'animo*** nobleness of the soul ◆◆ ~ ***di Corte*** STOR. Court nobility; ~ ***di spada*** STOR. old nobility; ~ ***terriera*** landed aristocracy, landed gentry; ~ ***di toga*** noblesse de robe.
nobiluomo, pl. **nobiluomini** /nobi'lwɔmo, nobi'lwɔmini/ m. nobleman*.
nocca, pl. **-che** /'nɔkka, ke/ f. **1** *(delle mani)* knuckle; ***far scrocchiare le -che*** to crack one's knuckles **2** *(del cavallo)* knuckle, fetlock.
nocchiere /nok'kjɛre/, **nocchiero** /nok'kjɛro/ m. **1** LETT. *(di nave)* steersman*, helmsman* **2** MIL. boatswain, bosun.
nocchieruto /nokkje'ruto/ agg. [*legno*] knotted.
nocchio, pl. **-chi** /'nɔkkjo, ki/ m. **1** BOT. knot, knag **2** ANAT. ***i -chi della schiena*** the vertebrae.
▷ **nocciola** /not'tʃɔla/ ➧ **3** **I** f. hazelnut, filbert; ***gelato alla*** ~ hazelnut ice cream; ***cioccolato alle -e*** hazelnut chocolate **II** m.inv. *(colore)* hazel, light brown **III** agg.inv. [*colore, occhi, tessuto*] hazel.
nocciolato /nottʃo'lato/ m. hazelnut chocolate.
noccioleto /nottʃo'leto/ m. hazel grove.
nocciolina /nottʃo'lina/ f. ~ ***americana*** peanut, groundnut BE; ***-e tostate*** roasted peanuts ◆ ***non sono -e!*** that's not peanuts! it's not chicken feed!
1.nocciolo /'nɔttʃolo/ m. **1** *(di frutto)* stone, pit AE; ~ ***di prugna, d'oliva*** plum, olive stone; ***frutta con il*** ~ stone fruit; ***frutta senza*** ~ stoneless fruit; ***togliere il*** ~ ***a una pesca*** to take the stone out of a peach, to stone a peach **2** FIG. *(punto essenziale)* core, heart; ***il*** ~ ***della questione*** the heart of the matter; ***andare*** o ***arrivare al*** ~ to get down to the nitty-gritty; ***veniamo al*** ~***!*** let's come to the point! **3** NUCL. core.
2.nocciolo /not'tʃɔlo/ m. *(albero, legno)* hazel, filbert.
▷ **noce** /'notʃe/ **I** m. *(albero, legno)* walnut; ***mobili in*** ~ walnut furniture **II** f. **1** *(frutto)* walnut; ***pane, formaggio alle -i*** walnut bread, cheese; ***guscio di*** ~ nutshell **2** *(in cucina)* ***una*** ~ ***di burro*** a knob of butter **3** GASTR. *(taglio di carne)* = inner part of the hindquarters; ~ ***di vitello*** = best end of the hindquarters of veal ◆◆ ~ ***d'acagiù*** cashew nut; ~ ***del Brasile*** Brazil nut; ~ ***di cocco*** coconut; ~ ***di cola*** cola nut; ~ ***moscata*** nutmeg; ~ ***di pecan*** pecan; ~ ***vomica*** nux vomica.
nocella /no'tʃɛlla/ f. **1** ANAT. wrist bone **2** *(del compasso)* pivot.
nocepesca, pl. **-sche** /notʃe'pɛska, ske/ f. nectarine.
nocepesco, pl. **-schi** /notʃe'pɛsko, ski/ m. nectarine.
noceto /no'tʃeto/ m. walnut orchard.
nocino /no'tʃino/ m. *(liquore)* walnut liqueur.
nocività /notʃivi'ta/ f.inv. harmfulness.

▷ **nocivo** /no'tʃivo/ agg. [*gas, prodotto, effetto, rifiuti*] noxious, harmful; ~ **per la salute** bad for *o* harmful to one's health; **insetti -i** pests.

NOCS /nɔks/ m.pl. (⇒ Nucleo Operativo Centrale di Sicurezza) = central security anti-terrorist unit.

nocumento /noku'mento/ m. LETT. injury, harm, damage; **essere di ~ a qcn.** to harm sb.

nodale /no'dale/ agg. **1** ANAT. TECN. nodal; **punto ~** nodal point **2** ASTR. nodical **3** FIG. [*problema, questione*] crucial, key attrib.

nodello /no'dɛllo/ m. **1** ZOOL. fetlock **2** BOT. *(di canna)* knot, node.

▷ **nodo** /'nɔdo/ m. **1** knot; ~ **semplice, doppio** single, double knot; **fare il ~ a** to tie [*cravatta, lacci*]; **fare un ~ (allo spago)** to tie a knot (in the string) **2** *(groviglio)* knot, kink **3** *(di vie di comunicazione)* junction; ~ **ferroviario, stradale** railway, road junction **4** BOT. *(di ramo, legno)* knot, knob **5** *(punto nodale)* crux* **6** LETTER. *(di commedia, romanzo, intrigo)* core; *(intreccio)* plot **7** FIG. *(di amicizia, affettivo)* bonds pl., ties pl. **8** FIG. *(senso di afflizione, soffocamento)* knot, lump; **avere un ~ in gola** to have a lump in one's throat **9** EL. ASTR. FIS. LING. MAT. node **10** *(misura di velocità)* knot; **procedere a 15 -i** to sail at 15 knots ◆ **farsi un ~ al fazzoletto** to tie a knot in one's handkerchief; **tutti i -i vengono al pettine** PROV. your sins will find you out ◆◆ ~ **d'amore** love knot; ~ **gordiano** Gordian knot; ~ **margherita** sheepshank; ~ **piano** reef knot, square knot AE; ~ **scorsoio** slipknot; ~ **a turbante** Turk's head; **-i marinari** sailors' knots.

nodosità /nodosi'ta/ f.inv. **1** BOT. knottiness, nodosity **2** MED. node.

nodoso /no'doso/ agg. **1** [*albero, ramo*] gnarled; [*tavola*] knotty; [*mani, dita*] gnarled, knotty **2** MED. nodular.

nodulare /nodu'lare/ agg. MED. GEOL. nodular.

nodulectomia /nodulekto'mia/ f. lumpectomy.

nodulo /'nɔdulo/ m. **1** MED. nodule, lump **2** GEOL. nodule.

noduloso /nodu'loso/ agg. nodulose, nodulous.

Noè /no'ɛ/ n.pr.m. Noah.

noesi /no'ɛzi/ f.inv. noesis*.

noetico, pl. **-ci, -che** /no'ɛtiko, tʃi, ke/ agg. noetic.

no global /no'glɔbal/ **I** agg.inv. [*manifestazione, movimento*] anti-global(ization) **II** m. e f.inv. anti-global activist, anti-globalist.

▶ **noi** /noi/ v. la nota della voce **io**. pron.pers. **1** *(soggetto)* we *(in inglese va sempre espresso)*; **(~) siamo in anticipo** we're early; ~ **che non eravamo pronti abbiamo dovuto...** we weren't ready and we still had to...; **sa che non siamo stati ~ a rompere il vetro** he knows that it wasn't us that broke the window; **siamo ~ i primi** we're first; **"chi è?" - "siamo ~"** "who is it?" - "it's us"; **tu puoi farlo, ~ no** you can do it, we cannot; ~ **italiani amiamo il sole** we Italians love the sun; ~ **stessi** we ourselves; **l'abbiamo fatto ~ stessi** we did it ourselves; **ce ne occuperemo ~ stessi** we'll see to it ourselves; ~ **altri** we; **neanche ~ siamo andati al cinema** we didn't go to the cinema either; **anche ~ pensiamo che abbia ragione** we also think that he is right **2** *(oggetto)* us; **dovreste aiutare ~, non loro** you should help us, not them **3** *(dopo una preposizione)* us; **attorno a, dopo di ~** around, after us; **un regalo per ~** a present for us; **per ~ è molto importante** it's very important to us; **detto tra ~ non è molto intelligente** just between us, he isn't very intelligent; **non scrive a nessuno tranne che a ~** she doesn't write to anyone but us; **senza di ~ non avrebbero potuto cavarsela** they couldn't have come through without us; **a ~ ha raccontato una storia molto diversa** he told us quite a different story; **tocca a ~ scegliere** it's our turn to choose; **pensiamo a ~** let's think of ourselves; **lavora più di ~** he works more than us *o* than we do; **sono più grandi** o **vecchie di ~** they are older than us *o* than we are; **li vedono più spesso di ~** they see them more often than we do **4 da noi** *(a casa nostra) (moto a luogo)* to our house; *(stato in luogo)* with us, at our place; **mia sorella viene a stare da ~** my sister is coming to stay with us; *(nel nostro paese)* in our country; *(da soli)* all by ourselves; **cerchiamo da ~** we'll look for it ourselves **5** *(plurale di maestà, di modestia)* we; **in quest'opera (~) abbiamo tentato di fare** in this work we have tried to do **6** *(impersonale)* we; **se (~) pensiamo che...** if we think that...

▶ **noia** /'nɔja/ **I** f. **1** *(sentimento)* boredom; **ingannare la ~** to escape from boredom; **la ~ di dover aspettare** the boredom of having to wait; **che ~!** what a bore! **fare morire di ~ qcn.** to bore sb. stiff *o* to death *o* to tears; **ripetere qcs. fino alla ~** to repeat sth. ad nauseam; **avere a ~ qcs.** to be fed up with sth. **2** *(persona, cosa noiosa)* bore, drag; **che ~ quel film!** what a drag that film is! **3** *(persona, cosa fastidiosa)* nuisance, pain in the neck COLLOQ. **4** *(fastidio)* **dare ~ a qcn.** [*caldo, luce, fumo*] to bother sb.; **la maglia mi dà ~** the sweater itches *o* is uncomfortable **II noie** f.pl. *(problemi, guai)* problems, troubles; **avere delle -e** to have problems; **ho delle -e con la polizia** I'm in trouble with the police; **procurare** o **dare delle -e a qcn.** to make trouble for sb., to give *o* cause sb. trouble; **ha cercato di procurarmi delle -e** he tried to create problems for me.

noialtri /no'jaltri/ pron.pers. *(rafforzativo di noi)* → **noi.**

noiosità /nojosi'ta/ f.inv. boredom, tiresomeness.

▶ **noioso** /no'joso/ **I** agg. **1** *(che annoia)* [*persona, attività, evento, film, libro*] boring; **è ~ fare sempre la stessa cosa** it's boring doing the same thing all the time; ~ **da morire** o **mortalmente ~** double boring; **Angelo è così ~** Angelo is such a bore **2** *(fastidioso)* annoying, troublesome; **tosse -a** troublesome *o* annoying cough **II** m. (f. **-a**) **1** bore, drag **2** *(seccatore)* nuisance, pain in the neck COLLOQ.

noleggiabile /noled'dʒabile/ agg. hirable.

▷ **noleggiare** /noled'dʒare/ [1] tr. **1** *(prendere a nolo)* to rent, to hire BE [*attrezzatura, veicolo, videocassetta*]; to charter [*aereo, nave*]; ~ **una roulotte per una settimana** to rent a caravan for a week **2** *(dare a nolo)* to rent out, to hire out BE [*attrezzatura, veicolo, videocassetta*]; to charter [*aereo, nave*]; **"si noleggiano roulotte"** "caravans for hire".

noleggiatore /noleddʒa'tore/ ♦ **18** m. (f. **-trice** /tritʃe/) hirer, renter.

noleggio, pl. **-gi** /no'leddʒo, dʒi/ m. **1** *(di sci, veicoli, videocassette)* hire, hiring, renting; *(di aerei)* chartering; *(di navi)* chartering, affreightment; **a ~** on hire; **auto a ~** hire car; **prendere a ~** to hire BE, to rent [*attrezzatura, veicolo, videocassetta*]; to charter [*aereo, nave*]; **dare qcs. ~** to let sth. out on hire, to hire out BE, to rent out [*attrezzatura, veicolo, videocassetta*]; to charter [*aereo, nave*]; **contratto di ~** rental agreement **2** *(luogo)* hire company **3** *(prezzo)* hire (charge), rental; *(per trasporto su nave o aereo)* freight.

nolente /no'lɛnte/ agg. **volente o ~** whether one likes it or not.

noli me tangere /'nolime'tandʒere/ f.inv. BOT. touch-me-not.

nolo /'nɔlo/ m. **1** *(di sci, veicoli, videocassette)* rent, hire; *(di aerei)* chartering; *(di navi)* chartering, affreightment; **auto a ~** hire car; **prendere a ~** to rent, to hire BE [*videocassetta, attrezzatura*]; to charter [*aereo, nave*]; **dare a ~** to rent, to hire out BE; [*attrezzatura, film, bicicletta*]; to charter [*aereo, barca*]; **costo, assicurazione e ~** cost, insurance and freight; **borsa -i** shipping exchange **2** *(prezzo)* hire (charge) ◆◆ ~ **morto** dead freight.

nomade /'nɔmade/ **I** agg. [*persona, vita, tribù, popolazione*] nomadic **II** m. e f. **1** nomad, wanderer; **una vita da ~** a nomadic life **2** *(zingaro)* gypsy.

nomadismo /noma'dizmo/ m. nomadism.

▶ **nome** /'nome/ m. **1** *(designazione)* name; **qual è il ~ di queste piante?** what's the name of these plants? what are these plants called? **degno di questo ~** worthy of the name; **la malattia deve** o **prende il suo ~ da** the disease owes *o* gets its name from; **la lessicografia, come indica il ~ stesso, è...** as its name implies, lexicography is...; **avere solo il ~ di repubblica** to be a republic in name only; **conosciuto con il ~ di** known as; **dare un ~ a** to name; **in ~ di** in the name of; **in ~ della legge, del nostro amore** in the name of the law, of our love; **nel ~ del Padre, del Figlio e dello Spirito Santo** in the name of the Father, of the Son and of the Holy Ghost *o* Spirit; **a ~ di** [*agire, parlare, firmare*] on behalf of BE, in behalf of AE **2** *(nome di battesimo)* name; *(cognome)* surname, last name AE; **cognome e ~** full name, first name and surname; **secondo ~** second name; **qual è il tuo ~?** what's your name? **avere il ~ del padre, nonno** to be named after one's father, grandfather; **una ragazza di ~ Laura** a girl named Laura *o* by the name of Laura; **chiamare qcn. per ~** to refer to sb. by name; **chiedere, conoscere il ~ di qcn.** to ask, know sb.'s name; **conoscere qcn. di ~** to know sb. by name; **lo conosco sotto un altro ~** I know him by another name; **George Orwell, il cui vero ~ era Eric Arthur Blair** George Orwell, whose real name was Eric Arthur Blair; **rispondere al ~ di** to answer to the name of; **prenotare a ~ Bianchi** to book *o* make a reservation in the name of Bianchi; **a ~ mio** in my name; **a loro ~** under their (own) name; **a che ~? a ~ di chi?** under what name? **parlare a ~ proprio** to speak for oneself; **passaporto a ~ di Nell Drury** a passport in the name of Nell Drury; **dare il proprio ~ a qcs.** to give one's name to sth.; **in Inghilterra il prodotto si vende sotto il ~ di "Calex"** in England, the product is marketed under the trade name "Calex"; **sotto falso ~** under an alias, under an assumed name; **fare i -i** to name names; **senza fare -i** naming no names, without mentioning any names; **fuori i -i!** we want the names! **3** *(reputazione)* name; **farsi un ~** to make one's name, to make a name for oneself (**come** as); **si è fatto un ~ nella pubblicità** he made his name in advertising; **infangare il buon ~ della famiglia** to foul one's own nest **4** *(persona eminente)* **i grandi -i dello spettacolo** the big names in showbusiness **5** LING. *(parte del discorso)* noun; **~ proprio** proper noun; **~ comune** common noun, appellative (noun); **~ maschile, femminile, astratto, collettivo, concreto, numerabile** masculine, feminine, abstract, collective, concrete, count name ◆ **dare dei -i a qcn.** to call sb. names; **chiamare le cose col loro ~** to call a spade a spade; **di ~ e di fatto** in word and deed; **non di ~ ma di fatto** in deed if not in name ◆◆ **~ d'arte** *(di scrittore)* pen name; *(di attore)* stage name; **~ di battaglia** nom de guerre; **~ di battesimo** Christian name; **~ in codice** code name; **società in ~ collettivo** DIR. general partnership; **~ commerciale** proprietary name, trade name; **~ depositato** COMM. DIR. (registered) trademark; **~ doppio** double-barrelled name BE, hyphenated name; **~ di famiglia** surname, last name AE; **~ registrato** → **~ depositato**; **~ utente** username.

nomea /no'mɛa/ f. reputation; **farsi la ~ di** to establish a reputation for oneself as; **avere una brutta ~** to have a bad reputation *o* name.

nomenclatore /nomenkla'tore/ **I** agg. nomenclative **II** m. (f. **-trice** /tritʃe/) **1** *(nell'antica Roma)* nomenclator **2** *(chi compila repertori)* nomenclator.

nomenclatura /nomenkla'tura/ f. nomenclature ◆◆ **~ binomia** binomial nomenclature.

nomenklatura /nomenkla'tura/ f. nomenklatura.

nomignolo /no'miɲɲolo/ m. nickname, byname.

▶ **nomina** /'nɔmina/ f. AMM. POL. appointment, nomination; **~ a un posto, un incarico** appointment to a post, commission; **~ a capo di** appointment as head of; **~ agli affari esteri** appointment as foreign secretary; **ottenere la ~** to be appointed; **di fresca ~** newly appointed; **di prima ~** in one's first post; **lettera di ~** letter of appointment.

nominabile /nomi'nabile/ agg. nameable, mentionable.

nominale /nomi'nale/ agg. **1** LING. nominal, noun attrib.; **sintagma ~** noun phrase **2** *(per nome)* **appello ~** roll call **3** TECN. [*potenza, rendimento*] rated **4** ECON. [*rialzo, tasso*] nominal; **salario ~** nominal wages; **valore ~** nominal *o* face value; **affitto ~** nominal rent, peppercorn rent BE **5** *(solo di nome)* [*autorità*] nominal.

nominalismo /nomina'lizmo/ m. nominalism.

nominalista, m.pl. **-i**, f.pl. **-e** /nomina'lista/ agg., m. e f. nominalist.

nominalistico, pl. **-ci**, **-che** /nomina'listiko, tʃi, ke/ agg. nominalistic.

nominalizzare /nominalid'dzare/ [1] tr. to nominalize.

nominalizzazione /nominaliddzat'tsjone/ f. nominalization.

nominalmente /nominal'mente/ avv. nominally.

▶ **nominare** /nomi'nare/ [1] tr. **1** *(citare)* to name, to mention [*complice, albero, pittore*]; **per non ~ nessuno** to name *o* mention no names; **soltanto a sentirmi ~** the mere mention of my name; **non l'ho mai sentito ~** I don't know him from Adam, I've never heard of him **2** *(conferire la nomina a)* to appoint, to nominate; MIL. to commission [*ufficiale*]; *(eleggere)* to elect; **~ qcn. (al posto di) direttore** to appoint sb. director; **~ qcn. segretario** to name sb. to act as secretary **3** *(dare un nome a)* to name, to call; **~ qcn. proprio erede** to make sb. one's heir ◆ **non ~ il nome di Dio invano** Thou shalt not take the name of the Lord thy God in vain.

nominatamente /nominata'mente/ avv. **1** *(per nome)* by name **2** *(espressamente)* expressly.

nomination /nomi'neʃʃon/ f.inv. **1** *(del presidente degli Stati Uniti)* nomination; **ha ottenuto la ~ democratica alla presidenza** the Democratic nomination to presidency went to him **2** *(di film, attori)* nomination; **~ all'Oscar** Oscar nomination.

nominativamente /nominativa'mente/ avv. by name.

nominativo /nomina'tivo/ **I** agg. **1** LING. **caso ~** nominative case **2** ECON. [*titolo, azione*] nominative, registered **3** *(per nome)* [*schedario, elenco*] of names **II** m. **1** LING. *(caso)* nominative; **al ~** in the nominative **2** BUROCR. name.

nominatore /nomina'tore/ m. (f. **-trice**) nominator.

nomografia /nomogra'fia/ f. nomography.

nomogramma /nomo'gramma/ m. nomogram.

▶ **non** /non/ Generalmente, l'avverbio *non* ha il suo equivalente diretto nell'inglese *not*. Si ricordi tuttavia che la frase inglese non ammette una doppia negazione, e che quindi *non* può essere assorbito da un pronome o da un avverbio negativo: *non mi conosce nessuno* = nobody knows me; *non ci vediamo mai* = we never meet. A sua volta, diversamente dall'italiano, l'uso di *not* in frase negativa impone l'uso di un ausiliare se già non ne è presente uno nella frase. - La forma contratta di *not*, ossia *n't*, si lega al verbo ausiliare precedente: *non l'ho vista* = I haven't seen her; *non è qui* = she isn't here; *non è potuta venire* = she couldn't come; si ricordino le particolari forme contratte negative di *will*, *shall* e *can*, cioè *won't*, *shan't* e *can't*. Tutte queste forme contratte si usano solo nella lingua parlata e familiare. - Si noti, infine, l'accezione 3 sotto, che mostra come il negativo *non* davanti ad aggettivi o avverbi può essere reso in inglese mediante un prefisso di valore negativo. avv. **1** *(con verbi)* not *(spesso contratto in* n't *con ausiliari e modali)*; **~ è a casa** she isn't at home; **a loro ~ è piaciuto** they didn't like it; **~ l'ha visto?** hasn't he seen it? **"è sposata?" - "~ penso"** "is she married?" - "I think not"; **ha la fortuna di ~ dover lavorare** he is fortunate in that he doesn't have to work; **si prega di ~ toccare (la merce)** please do not handle (the goods); **ho cercato di ~ ridere** I tried not to laugh; **gli svantaggi di ~ avere la macchina** the inconveniences of having no car; **ti prego di ~ fare il mio nome** please don't mention my name; **dille che ~ deve preoccuparsi** tell her she mustn't worry; **devo chiedervi di ~ fumare** I must ask you not to smoke; **ho una buona ragione per ~ farlo** I have a good excuse for not doing it; **~ si può ~ ammirarla** one can't help but admire her; **~ è che tu ~ mi piaccia** it's not that I don't like you; **~ è che un bambino** he's but a child; **~ che io sappia** not that I know of; **~ che me la sia presa** not that I minded; **~ faremmo meglio a pagare il conto?** hadn't we better pay the bill? **~ hanno scrupoli** they have no scruples; **~ c'è tempo da perdere** there's no time for delay; **~ vivono in case, ma in grotte** they live not in houses, but in caves; **ho riso ~ per il divertimento, ma perché ero nervoso** I laughed, not because I was amused but from nervousness; **~ è un posto dove fermarsi** this is no place to stop; **~ è un mio amico** he's no friend of mine; **~ è stato un compito facile** it was no easy task; **~ c'è molto di che turbarsi** there's little to worry about; **~ c'è di che!** don't mention it! not at all! **2** *(con sostantivi)* not; **~ una sedia, un tavolo** not one *o* a (single) chair, table; **"Non fiori, ma opere di bene"** = "No flowers by request" **3** *(con aggettivi e avverbi)* not; **~ trascurabile** considerable; **aumento ~ previsto** unforeseen increase; **oggetto ~ identificato** unidentified object; **le cose ~ dette** things left unsaid; **essere dichiarato ~ colpevole** to be found not guilty; **~ qui** not here; **~ lontano da** not far from; **~ proprio** not quite, not exactly; **~ tanto X quanto Y** not so much X as Y; **~ molto tempo fa** not long ago; **vieni, ma ~ troppo tardi** come, but not too late; **~ sempre** not always **4** *(con comparativi)* no, not; **~ più di** no more than; **~ meno di** no fewer than; **partire ~ più tardi delle 6** to leave no later than 6; **~ oltre maggio** no later than May **5** *(in doppia negazione)* **~ senza ragione** not without reason; **~ senza difficoltà** not without difficulty; **~ meno difficile** just as difficult; **~ disse, fece nulla** she didn't say, do anything; **~ c'era nessuno in giro** there was no-one about; **~ ho nessuna voglia di studiare** I have no desire to study; **~ metto mai zucchero nel caffè** I never put any sugar in my coffee; **~ le ha fatto un regalo, e ~ le ha nemmeno spedito un biglietto di compleanno** he didn't give her a present or even send her a birthday card **6** *(con* che *restrittivo)* **~ è che un graffio** it's only a scratch, it's nothing but a scratch; **se vuoi che ti aiuti ~ hai che da dirlo** if you need help you, just tell me *o* say so; **~ farai che peggiorare le cose** you'll only make things worse; **~ fa che lamentarsi** she does nothing but moan; **se l'aereo è troppo caro, ~ ha che da prendere il treno** if flying is too expensive he can simply take the train **7** *(pleonastico)* **che cosa ~ farebbe per quella donna!** he would do anything for that woman! **per poco ~ perdevano il treno** they almost missed the train; **resteremo finché ~ si troverà una soluzione** we'll stay until a solution is found; **a meno che ~ ci dicano il contrario, andremo avanti con il lavoro** unless we are told otherwise, we'll go ahead with the work; **verrà ~ appena sarà possibile** she'll come as soon as she can.

nona /'nɔna/ f. **1** RELIG. nones sing. o pl. **2** STOR. *(ora)* none **3** MUS. *(intervallo)* ninth.

nonagenario, pl. **-ri**, **-rie** /nonadʒe'nario, ri, rje/ **I** agg. nonagenarian **II** m. (f. **-a**) nonagenarian.

non aggressione /nonaggres'sjone/ f. nonaggression; **patto di ~** nonaggression pact.

non allineamento /nonallinea'mento/ m. nonalignment.

non allineato /nonalline'ato/ agg. nonaligned.

nonano /no'nano/ m. nonane.

non belligerante /nonbellidʒe'rante/ agg. nonbelligerent.

non belligeranza /nonbellidʒe'rantsa/ f. non-belligerence.

nonchalance /nonʃa'lans/ f.inv. nonchalance; **con ~** nonchalantly.

▷ **nonché** /non'ke/ cong. **1** *(anche, pure)* as well as, as well; **inviterò Marco, ~ sua moglie** I'll invite Marco as well as his wife; **è un lavoro lungo ~ noioso** it's a long job and boring as well **2** *(tanto meno)* still less, let alone.

non collaborazione /nonkollaborat'tsjone/ f. non collaboration.

nonconformismo /nonkonfor'mizmo/ m. nonconformism.

nonconformista, m.pl. **-i**, f.pl. **-e** /nonkonfor'mista/ agg., m. e f. nonconformist.

nonconformistico, pl. **-ci, -che** /nonkonfor'mistiko, tʃi, ke/ agg. nonconformist.
non credente /nonkre'dɛnte/ m. e f. non believer, unbeliever.
noncurante /nonku'rante/ agg. careless, heedless, nonchalant; *~ del pericolo* forgetful *o* mindless of danger.
noncuranza /nonku'rantsa/ f. **1** *(indifferenza)* carelessness, heedlessness, nonchalance, unconcern; *con ~* carelessly, nonchalantly **2** *(trascuratezza)* negligence.
nondimeno /nondi'meno/ cong. nevertheless, nonetheless, however.
non docente /nondo'tʃɛnte/ **I** agg. [*personale*] nonteaching **II** m. e f. nonteaching member of the staff.
none /'nɔne/ f.pl. STOR. Nones.
non essere /non'ɛssere/ m. non-being.
non figurativo /nonfigura'tivo/ agg. nonfigurative.
non fumatore /nonfuma'tore/ m. (f. **-trice** /tritʃe/) nonsmoker; *scompartimento per -i* nonsmoking compartment.
non interventista, m.pl. **-i**, f.pl. **-e** /noninterven'tista/ agg., m. e f. noninterventionist.
non intervento /noninter'vɛnto/ m. nonintervention.
non io /non'io/ m. nonego.
non metallo /nonme'tallo/ m. nonmetal.
▶ **nonna** /'nɔnna/ f. **1** grandmother, grandma COLLOQ., granny COLLOQ.; *~ materna, paterna* maternal, paternal grandmother; *~ Anna* grandma Anna **2** *(donna anziana)* old woman*, (old) granny COLLOQ.
nonnetta /non'netta/ f. **1** *(nonna)* granny COLLOQ., nanny COLLOQ. **2** *(donna anziana)* old woman*, (old) granny COLLOQ.
nonnetto /non'netto/ m. **1** *(nonno)* grandpa COLLOQ., granddaddy COLLOQ. **2** *(uomo anziano)* old man*.
nonnina /non'nina/ f. → **nonnetta.**
nonnino /non'nino/ m. → **nonnetto.**
nonnismo /non'nizmo/ m. GERG. MIL. = bullying, hazing of young recruits by senior soldiers.
▶ **nonno** /'nɔnno/ m. **1** grandfather, grandpa COLLOQ., grandaddy COLLOQ.; *~ materno, paterno* maternal, paternal grandfather; *~ Francesco* granpa Francesco; *i -i (nonno e nonna)* the grandparents **2** *(uomo anziano)* old man*, grandsire ANT. **3** GERG. MIL. = senior soldier about to be discharged.
nonnulla /non'nulla/ m.inv. trifle, mere nothing; *per un ~* [*arrabbiarsi, bisticciare, piangere, prendersela*] for the slightest thing.
▷ **nono** /'nɔno/ ♦ **26 I** agg. ninth; *il ~ giro* the ninth lap **II** m. (f. **-a**) **1** ninth **2** *(frazione)* ninth.
▶ **nonostante** /nonos'tante/ **I** prep. despite, in spite of, notwithstanding; *~ il freddo, il sole* despite the cold, the sun; *~ le apparenze* in spite of appearances; *~ tutti i suoi difetti* for all his faults; *lo ha sposato ~ l'età* she married him in spite of his age; *~ progressi innegabili* although there has been clear progress; *~ l'assenza di legami diplomatici tra i due paesi* although the two countries have no diplomatic ties; *~ ciò* nevertheless; *~ tutto* in spite of all, nevertheless; *~ tutto è mio amico* he's my friend nevertheless **II** cong. although, though; *~ viva in Florida la vedo regolarmente* although she lives in Florida, I sees her regularly; *è venuto a lavorare ~ (che) sia influenzato* he came in to work, although he had flu.
non plus ultra /nonplus'ultra/ m.inv. non plus ultra, height; *il ~ del lusso, comfort* the ultimate in luxury, comfort.
non professionale /nonprofessjo'nale/ agg. **1** *(amatoriale)* [*sport*] nonprofessional, amateur **2** *(di scarsa professionalità)* unbusinesslike, nonprofessional.
non-profit /non'prɔfit/ agg.inv. non-profitmaking, nonprofit AE.
non proliferazione /nonproliferat'tsjone/ f. nonproliferation.
non ritorno /nonri'torno/ m. *punto di ~* point of no return.
nonsenso, **non senso** /non'sɛnso/ m. nonsense **U**, absurdity; *quanto dice è un ~* what you are saying is nonsense.
non so che /nonsok'ke/ m. je ne sais quoi; *avere un certo ~* to have a certain je ne sais quoi *o* a certain something; *c'è un ~ di strano nel suo comportamento* there's something strange in her behaviour *o* the way she's acting.
non stop /non'stɔp/ agg.inv. nonstop.
non tessuto /nontes'suto/ m. disposable fabric.
nontiscordardimé /nontiskordardi'me/ m.inv. forget-me-not.
non udente /nonu'dɛnte/ m. e f. hearing impaired person; *i -i* the hearing impaired.
nonuplo /'nɔnuplo/ **I** agg. nine times greater **II** m. *18 è il ~ di 2* 18 is nine times greater than 2.
non vedente /nonve'dɛnte/ m. e f. visually handicapped person; *i -i* the visually handicapped.
nonviolento, **non violento** /nonvjo'lɛnto/ **I** agg. nonviolent **II** m. (f. **-a**) nonviolent person.
nonviolenza, **non violenza** /nonvjo'lɛntsa/ f. nonviolence.
noradrenalina /noradrena'lina/ f. noradrenalin(e).
▷ **nord** /nɔrd/ ♦ **29 I** m.inv. **1** *(punto cardinale)* north; *Torino è a ~ di Roma* Turin is north of Rome; *più a ~* farther north; *diretto a ~* northbound; *in direzione ~* in a northerly direction; *vento da ~* northerly wind; *esposto a ~* [*casa, stanza*] north-facing attrib.; *passare a ~ di qcs.* to go north of sth. **2** *(regione)* north; *il dell'Italia* the north of Italy; *il Grande Nord* the far North, the frozen North; *Mare del Nord* North Sea; *il ~ dell'Europa, del Giappone* northern Europe, Japan **3** GEOGR. POL. North; *(Italia settentrionale)* the north of Italy, northern Italy; *del ~* [*città, accento*] northern; *il ~ del mondo* the north part of the world **4** *(nei giochi di carte)* North **II** agg.inv. [*facciata, versante, costa*] north; [*frontiera, zona*] northern; *Nord America* North America; *polo Nord* north pole; *nella zona ~ di Londra* in north London; *40 gradi di latitudine ~* 40 degrees latitude north ◆◆ *~ geografico* true north; *~ magnetico* magnetic north.
Nordafrica /nord'afrika/ n.pr.m. North Africa.
nordafricano /nordafri'kano/ **I** agg. North African **II** m. (f. **-a**) North African.
Nordamerica /norda'mɛrika/ n.pr.m. North America.
nordamericano /nordameri'kano/ **I** agg. North American **II** m. (f. **-a**) North American.
nordatlantico, pl. **-ci, -che** /norda'tlantiko, tʃi, ke/ agg. North Atlantic.
nordcoreano /nordkore'ano/ ♦ **25 I** agg. North Korean **II** m. (f. **-a**) North Korean.
nord-est /nor'dɛst/ ♦ **29 I** m.inv. northeast; *vento di ~* northeasterly wind **II** agg.inv. [*facciata, versante*] northeast; [*frontiera, zona*] northeastern.

> **Nordest** This is the area of the Veneto, Trentino and Friuli regions. In the 1990s a hugely successful model of industrial development established itself here with the rapid burgeoning (especially around Vicenza and Treviso) of a number of small and medium-sized businesses, mainly dealing with textiles, footwear and mechanical goods, all with high exports. Later the "northeast model" was debated because of the imbalances it gave rise to (damage to the environment, lack of a general development plan for society, lack of professional training for workers). Today it is in difficulties in the face of globalized competitors and no longer seems to be the winning alternative to the northwest's traditional industrial areas (see also ***Triangolo industriale***).

nordeuropeo /nordeuro'pɛo/ **I** agg. North European **II** m. (f. **-a**) North European.
nordico, pl. **-ci, -che** /'nɔrdiko, tʃi, ke/ agg. **1** GEOGR. [*paese, popolazione, economia*] Nordic; *sci ~* Nordic skiing **2** LING. Nordic.
nordista, m.pl. **-i**, f.pl. **-e** /nor'dista/ **I** agg. Federal, Unionist **II** m. e f. Federal, Unionist.
nord-occidentale /nordottʃiden'tale/ ♦ **29** agg. [*facciata, versante*] northwest; [*frontiera, zona*] northwestern.
nord-orientale /nordorjen'tale/ ♦ **29** agg. [*facciata, versante*] northeast; [*frontiera, zona*] northeastern.
nord-ovest /nor'dɔvest/ ♦ **29 I** m.inv. northwest; *vento di ~* northwesterly wind **II** agg.inv. [*facciata, versante*] northwest; [*frontiera, zona*] northwestern.
noria /'nɔrja/ f. noria.
Norimberga /norim'bɛrga/ ♦ **2** n.pr.f. Nuremberg.
norite /no'rite/ f. GEOL. norite.
▷ **norma** /'nɔrma/ f. **1** *(regola, principio)* norm, rule; *~ di comportamento, di vita* rule of conduct, of life; *la ~ è che* it is a rule that; *è buona ~ rispondere* it's a good rule to answer; *attenersi alla ~* to obey *o* follow the rule; *allontanarsi dalla ~* to deviate from the norm; *rimanere nella ~* to remain within the norm; *ritornare nella ~* to return to normal; *essere considerato come la ~* to be the norm; *deviazione rispetto alla ~* departure from the norm; *per tua ~ (e regola)* for your information; *un'opera, un regista fuori dalla ~* FIG. an extraordinary work, film director **2** *(istruzione scritta)* instruction; *-e per l'uso* instructions for use **3** DIR. rule; *(legge)* law; *(regolamento)* regulation; *le -e vigenti* the regulations in force, the current regulations; *a ~ di legge* according to the law; *a ~ dell'articolo 6* in pursuance of article 6; *"i trasgressori saranno puniti a ~ di legge"* "trespassers will be prosecuted" **4** *(consuetudine, prassi)* rule, custom, norm; *sopra, sotto la ~* above, below the norm; *le*

estati calde sono la ~ qui hot summers are the rule here; ***una temperatura sopra la ~ per maggio*** a temperature above normal for May; ***di ~*** as a rule **5** TECN. IND. COMM. standard, regulation; ***-e di sicurezza*** safety standards, safety regulations; ***-e antincendio*** fire regulations; ***-e governative*** government's regulations; ***fuori ~*** non-standard; ***essere conforme alle -e CEE*** to comply with European standards *o* with EEC regulations **6** MAT. norm ◆◆ ***~ giuridica*** legal rule; ***~ morale*** moral standards.

▶ **normale** /nor'male/ **I** agg. **1** *(non eccezionale)* [*situazione, avvenimento*] normal; *(abituale)* [*età, tariffa*] normal, usual; ***in condizioni -i*** under normal conditions, in the normal course of things; ***vivere una vita ~*** to live a normal life; ***è ~ che*** it is normal that; ***è ~ per qcn. fare*** it is normal for sb. to do; ***è ~ che i treni siano in ritardo d'inverno*** it is normal for trains to be late in winter; ***è ~ che faccia freddo a gennaio*** it's usually cold in January; ***come è ~ in questo periodo dell'anno*** as is usual at this time of year; ***trovare ~ che*** to find it natural that; ***cosa c'è di più ~?*** what could be more natural? ***una persona ~ non può permettersi di avere tre macchine*** the average person cannot afford to have three cars **2** *(sano di mente)* normal; ***nei suoi momenti di lucidità è ~*** in his lucid moments he appears quite normal; ***quello lì non è mica tanto ~*** COLLOQ. he doesn't seem all there to me **3** ***benzina ~*** two-star petrol BE, regular AE **4** MAT. [*retta*] normal **II** m. normal; ***fuori dal ~*** extraordinary, outside the norm; ***inferiore, superiore al ~*** above, below normal *o* average; ***più grande del ~*** bigger than normal **III** f. **1** MAT. normal **2** BUROCR. circular (letter).

> **Normale** The *Scuola Normale Superiore di Pisa* was set up in 1810 as a branch of the Paris Ecole Normale. Today it is an extremely prestigious institute offering first degree courses and research doctorates in science and the humanities.

normalità /normali'ta/ f.inv. normality; ***tornare alla ~*** to return to normal *o* to normality; ***riportare la ~*** to restore normality; ***ritorno alla ~*** return to normal.

normalizzare /normalid'dzare/ [1] **I** tr. **1** *(rendere normale)* to normalize, to bring* back to normal **2** TECN. *(standardizzare)* to standardize **II normalizzarsi** pronom. *(diventare, tornare normale)* to normalize.

normalizzato /normalid'dzato/ **I** p.pass. → **normalizzare II** agg. standardized, standard.

normalizzazione /normaliddzat'tsjone/ f. **1** *(regolarizzazione)* normalization **2** TECN. *(standardizzazione)* standardization.

normalmente /normal'mente/ avv. *(in modo normale)* [*funzionare, comportarsi*] normally; *(solitamente)* normally, usually.

Normandia /norman'dia/ ➧ ***30*** n.pr.f. Normandy.

normanno /nor'manno/ ➧ ***30*** **I** agg. Norman (anche STOR.) **II** m. (f. **-a**) **1** Norman (anche STOR.) **2** LING. Norman French.

normativa /norma'tiva/ f. regulations pl., rules pl., provisions pl.

normatività /normativi'ta/ f.inv. normativeness.

normativo /norma'tivo/ agg. normative, prescriptive (anche LING.).

normocito /normo'tʃito/ m. normocyte.

normografo /nor'mɔgrafo/ m. stencil.

normotipo /normo'tipo/ **I** agg. with a normal structure **II** m. person with a normal structure.

norreno /nor'rɛno/ **I** agg. Old Norse **II** m. LING. Old Norse.

norvegese /norve'dʒese/ ➧ ***25*** **I** agg. Norwegian **II** m. e f. Norwegian **III** m. LING. Norwegian.

Norvegia /nor'vedʒa/ ➧ ***33*** n.pr.f. Norway.

nosocomio, pl. **-mi** /nozo'kɔmjo, mi/ m. hospital.

nosofobia /nozofo'bia/ ➧ ***7*** f. nosophobia.

nosografia /nozogra'fia/ f. nosography.

nosologia /nozolo'dʒia/ f. nosology.

nosologico, pl. **-ci, -che** /nozo'lɔdʒiko, tʃi, ke/ agg. nosological.

nossignore /nossiɲ'ɲore/ avv. **1** *(nelle risposte negative)* no, Sir **2** *(rafforzativo)* not in the least, certainly not, no way COLLOQ.; ***~, non hai ragione*** no Sir, you're not right.

▷ **nostalgia** /nostal'dʒia/ f. nostalgia; ***~ di casa*** homesickness; ***avere ~ della propria casa*** to be homesick; ***sento la ~ di Roma*** I miss Rome; ***avere la ~ degli anni '60*** to be nostalgic for the 60s, to feel nostalgic for the 1960's.

nostalgico, pl. **-ci, -che** /nos'taldʒiko, tʃi, ke/ **I** agg. nostalgic; *(di casa)* homesick **II** m. (f. **-a**) nostalgic (person); ***i -ci degli anni '20*** those who feel nostalgic for the 1920's.

nostrano /nos'trano/ agg. [*vino, specialità, prodotto*] home attrib., local.

▶ **nostro**, f. **nostra**, m.pl. **nostri**, f.pl. **nostre** /'nɔstro, 'nɔstra, 'nɔstri, 'nɔstre/ v. la nota della voce **mio**. **I** agg.poss. our; ***-a madre*** our mother; ***la -a casa*** our house; ***i -i bambini*** our children; ***alla -a età*** when you're our age; ***una -a amica*** a friend of ours; ***non è ~ amico*** he's no friend of ours; ***quel ~ compagno di scuola*** that school friend of ours; ***alcuni -i insegnanti*** some of our teachers, some teachers of ours; ***quattro -i libri*** four books of ours; ***sono venuti durante la -a assenza*** they came while we were away; ***il ~ ritorno è andato bene*** we got back safely; ***la -a sistemazione è provvisoria*** we're not permanently settled; ***abbiamo fatto -e queste idee*** we have adopted these ideas; ***venivano spesso a casa -a*** they were frequent visitors to our house; ***l'idea non è -a*** the idea isn't ours, it's not our idea; ***questa valigia è -a*** this suitcase is ours; ***la macchina blu è -a*** the blue car is ours; ***non abbiamo ancora una casa -a*** we haven't got a house of our own yet; ***il ~ Mario!*** our friend Mario! **II il nostro**, f. **la nostra**, m.pl. **i nostri**, f.pl. **le nostre** pron.poss. **1** ours; ***un mestiere come il ~*** a job like ours; ***la loro macchina è rossa ma la -a è blu*** their car is red but ours is blue; ***la loro alimentazione è molto diversa dalla -a*** their diet is very different from ours; ***che errore era il ~!*** how wrong we were! ***il ~ non è un compito facile*** ours is not an easy task **2** *(in espressioni ellittiche)* ***alla -a!*** cheers! ***sta dalla -a*** he is on our side; ***abbiamo detto la -a*** we've had our say; ***abbiamo avuto le -e*** we've had our share; ***la -a del 3 aprile*** COMM. our letter of *o* dated April 3rd; ***i -i*** *(genitori)* our relatives, our family; *(amici)* our friends; *(soldati)* our soldiers; ***sei dei -i?*** are you with us? will you join our side? ***sei dei -i martedì*** will you join us on Tuesday? ***arrivano i -i!*** our troops *o* soldiers are coming! ***il Nostro*** *(autore)* the author **3** *(denaro, beni)* ***non vorremmo rimetterci del ~*** we would't like to lose any of our money; ***viviamo del ~*** we live on our own income; ***dateci il ~*** give us what is due to us; ***ci accontentiamo del ~*** we are content with what we have; ***niente di ~*** nothing of our own.

nostromo /nos'trɔmo/ m. boatswain.

▷ **nota** /'nɔta/ f. **1** *(appunto)* note; ***prendere ~ di qcs.*** to take note of sth., to note sth. down; ***prendere mentalmente ~ di qcs.*** to make a mental note of sth.; ***degno di ~*** FIG. of note, noteworthy; ***è degno di ~ che*** it is remarkable that **2** *(breve annotazione)* note; *(commento)* note, comment; ***~ a piè di pagina*** footnote; ***~ a margine*** note in the margin; ***i testi citati in ~*** the works referred to; ***fare un'osservazione in ~*** to put an observation in the footnote; ***corredare un testo di -e*** to annotate a text **3** *(comunicazione scritta)* note; ***~ ufficiale*** official note **4** MUS. note; ***una ~ acuta, grave*** a high, low note; ***fare una ~*** to sing a note; ***so leggere le -e*** I can read music; ***mettere in ~ qcs.*** to set sth. to music **5** SCOL. reprimand note; ***scrivere una ~ sul registro*** to write a reprimand note in the register **6** *(elenco)* list; ***~ della spesa*** shopping list; ***mettere qcs. in ~*** to put sth. on a list; ***mettersi in ~ per l'esame*** to add one's name to the exam list, to put one's name down for the exam **7** *(conto)* bill, check AE **8** *(sfumatura)* note; ***una ~ triste, originale*** a note of sadness, originality; ***dare una ~ piccante alla conversazione*** to add spice to the conversation; ***finire con una ~ di ottimismo*** to end on an optimistic note **9** *(segno caratteristico)* mark, feature **10** *(di sigaretta)* pull; ***fammi fare una ~*** let me take a drag on your cigarette ◆ ***dire qcs. a chiare -e*** to say sth. bluntly *o* frankly; ***le dolenti -e*** the bad news ◆◆ ***~ di accredito*** credit note; ***~ di addebito*** debit note; ***~ di biasimo*** reprimand; ***~ biografica*** biographical note; ***~ di consegna*** COMM. delivery slip; ***~ di copertura*** cover note BE; ***~ di credito*** COMM. credit advice; ***~ diplomatica*** diplomatic note; ***~ dell'editore*** publisher's note; ***~ fondamentale*** MUS. ground-note, tonic; ***~ introduttiva*** introductory note, introduction; ***~ d'invio*** dispatch note; ***~ d'ordine*** order form; ***~ di passaggio*** MUS. passing note;***~ del redattore*** o ***della redazione*** editor's note; ***~ di sconto*** COMM. discount note; ***~ spese*** expense account; ***~ stonata*** MUS. false note; FIG. jarring note; ***~ del traduttore*** translator's note; ***~ di vendita*** COMM. sale contract.

nota bene /nota'bɛne/ m.inv. nota bene.

notabile /no'tabile/ **I** agg. notable, remarkable **II** m. e f. notable.

▷ **notaio**, pl. **-ai** /no'tajo, ai/ ➧ ***18*** m. notary (public); ***dinanzi a ~*** before a notary.

▶ **notare** /no'tare/ [1] tr. **1** *(osservare, accorgersi di)* to notice, to note [*cambiamento, differenza, somiglianza, progresso, errore*]; ***non abbiamo notato niente di strano*** we didn't notice anything strange; ***non si nota*** not so as you'd notice, you can't see it; ***la loro entrata è stata notata da molti*** their entrance attracted a lot of attention; ***farsi ~*** to get oneself noticed, to attract attention to oneself; *(distinguersi)* to distinguish oneself **2** *(rilevare)* to notice, to note; *(osservare)* to observe, to comment; ***è interessante ~ che*** it is interesting to notice that; ***mi è stato fatto ~ che*** it has been drawn to my attention that; ***questo è da ~*** this should be noted; ***non ho nulla da rimproverargli, notate (bene), però non mi piace*** I haven't got anything against him, but I don't like him; ***va comunque fatto ~*** it has to be done; ***fare ~ che*** to point out that; ***gli ha fatto ~ che era in ritardo*** she pointed out to him that he was late; ***ti faccio ~ che era una tua idea*** may I remind you that it was you idea **3** *(annotare)* to note down, to make* a note of, to write* down [*indirizzo, data, informazione*] **4** *(contrassegnare)* to mark [*errori*].

notariato /nota'rjato/ m. **1** *(professione)* profession of notary (public); ***si indirizza al ~*** he intends to become a notary **2** *(corpo)* notaries (public) pl.

notarile /nota'rile/ agg. notarial; ***atto ~*** notarial deed; ***certificazione ~*** notarization; ***studio ~*** notary's office.

notazione /notat'tsjone/ f. **1** *(numerazione)* numbering; ***la ~ delle pagine*** the numbering of the pages **2** *(commento, osservazione)* remark, observation **3** *(annotazione)* annotation, note **4** MUS. notation **5** MAT. notation; ***~ algebrica, chimica*** algebraic, chemical notation.

notes /'nɔtes/ m.inv. notebook, notepad.

▶ **notevole** /no'tevole/ agg. **1** *(degno di nota)* remarkable, notable, noteworthy; ***~ per*** conspicuous for [*coraggio, onestà*]; notable for [*chiarezza, aspetto*]; ***quella macchina è davvero ~*** that car is really something; ***a parte alcune -i eccezioni*** with a few notable exceptions **2** *(considerevole)* [*differenza, ritardo, dimensione*] considerable; [*somma, patrimonio*] considerable, sizeable; ***di un'intelligenza, bellezza ~*** remarkably intelligent, beautiful; ***-i investimenti*** extensive investments; ***in misura ~*** to a considerable extent.

notevolmente /notevol'mente/ avv. [*aumentare, abbassare, accelerare, deteriorarsi*] considerably, noticeably, observably; ***essere ~ diverso*** to differ widely *o* markedly.

notifica, pl. **-che** /no'tifika, ke/ f. → **notificazione.**

notificare /notifi'kare/ [1] tr. **1** *(comunicare)* to give* notice of, to advise, to notify BE; ***tutte le richieste devono essere notificate*** all claims should be notified; ***~ un furto alla polizia*** to report a theft to the police **2** DIR. to notify, to serve [*citazione, ingiunzione di pagamento*]; ***~ un mandato a qcn.*** to serve a writ on sb., to serve sb. with a writ **3** BUROCR. ***~ i (propri) redditi*** to return details of one's income, to return one's income.

notificazione /notifikat'tsjone/ f. **1** *(il notificare)* notification; ***ricevere una ~ scritta di qcs.*** to receive written notification of sth.; ***dare ~ di qcs.*** to notify sth.; ***~ del cambio di residenza*** notification of change of address; ***~ dell'ufficiale giudiziario*** writ **2** DIR. service, summons; ***~ di una sentenza*** service of a judgement; ***~ a comparire*** summons to appear.

notista, m.pl. **-i**, f.pl. **-e** /no'tista/ m. e f. political commentator.

▶ **notizia** /no'tittsja/ f. **1** news **U**, information **U**; ***una ~*** a bit *o* piece of news; ***una buona, cattiva ~*** a good, bad piece of news; ***-e frammentarie*** scraps of news; ***hai sentito la ~?*** have you heard the news? ***ottime -e su Henry!*** it's wonderful news about Henry! ***le brutte -e viaggiano in fretta*** bad news travels fast; ***la ~ di*** the news of [*decesso, arresto, matrimonio*]; ***non si hanno -e degli scalatori*** there is no word of the missing climbers; ***aspettiamo -e*** we are waiting for news; ***la ~ mi ha lasciato di stucco*** the news floored me; ***avere -e da*** o ***di*** to hear from [*amico, parente*]; ***nella speranza di ricevere presto vostre -e*** *(nelle lettere)* hoping to hear from you, I look forward to hearing from you soon; ***non ho sue -e*** I have no news of her; ***è un anno che non ho più sue -e*** it's been a year since I last heard from him; ***avere -e da fonti attendibili*** to hear sth. from a reliable source; ***stando alle ultime -e*** according to the latest news; ***quali sono le ultime -e sulle sue condizioni?*** what's the latest on her condition? ***comunicare*** o ***annunciare la ~ a qcn.*** to announce the news to sb.; *(brutta notizia)* to break the news to sb.; ***dammi tue -e*** let me know how you are getting on; ***chiederò tue -e*** I'll hear how you are getting on; ***chiedere -e di qcn.*** to ask after sb.; ***vengo a chiedere -e*** I've come to see what's happened; ***si è diffusa la ~ che*** it got about that; ***"buone -e?"*** "good news?" **2** RAD. TELEV. news **U**; ***una ~*** a news item; ***-e vecchie*** stale news; ***le -e sono cattive*** the news is bad; ***le -e dal fronte*** news from the front; ***-e dall'interno e dall'estero*** news from home and abroad; ***le -e politiche, sportive*** the political, sports news; ***essere una ~ da prima pagina*** to be front page news *o* a lead story; ***la ~ principale*** the main item, the lead story; ***fare ~*** to hit the headlines, to make the news; ***un avvenimento che fa ~*** a newsworthy event; ***bollettino delle -e*** news bulletin; ***-e dell'ultima ora*** fudge *o* stop-press news; ***abbiamo appena ricevuto una ~ dell'ultimo minuto*** there's some news just in; ***una fuga di -e*** a leak; ***le -e in breve*** the news in brief; ***~ flash*** news flash; ***"riassunto delle -e principali"*** "news roundup *o* summary"; ***vi diamo le ultime -e*** we bring you all the latest news **3** *(breve indicazione)* note; ***-e biografiche*** biographical notes.

notiziario, pl. **-ri** /notit'tsjarjo, ri/ m. **1** RAD. TELEV. news **U**, news bulletin; *(telegiornale)* television news **U**; ***ascoltare, guardare il ~*** to listen to, watch the news; ***l'ho sentito dire al ~*** I heard it on the news; ***il ~ della sera*** the evening news; ***~ flash*** news headlines **2** *(pubblicazione)* bulletin, report, newsletter ◆◆ ***~ bibliografico*** bibliographical notes; ***~ medico*** medical bulletin; ***~ sportivo*** sports news; ***~ del traffico*** traffic report.

▶ **noto** /'nɔto/ **I** agg. **1** *(conosciuto)* [*personaggio, luogo, caso, organizzazione*] well-known; [*viso*] known, familiar; [*criminale*] notorious; ***la loro vita privata è -a a tutti*** everybody knows about their private life; ***è universalmente, pubblicamente ~*** it is common, public knowledge; ***è ~ che*** it is a well-known fact that; ***com'è ~*** as everybody knows; ***è ~ a tutti che...*** everybody knows that, it is common knowledge that; ***rendere ~*** to publicize, to make known [*intenzioni, ragioni, questione*]; to publish [*resoconti, cifre*]; to unveil, to reveal [*dettagli, problema*]; ***i risultati saranno resi -i nel pomeriggio*** the results will be announced in the afternoon; ***essere ~ per*** to be notable for [*incompetenza, fallimento*]; to be notoriuos for [*tatto, intelligenza*]; ***sono -i per la loro efficienza*** they have a name for efficiency **2** *(famoso)* [*scrittore, artista*] famous, well-known, acknowledged **II** m. ***il ~ e l'ignoto*** the known and the unknown.

notoriamente /notorja'mente/ avv. *(come è noto)* as everyone knows; SPREG. [*inaffidabile, difficile, corrotto*] notoriously.

notorietà /notorje'ta/ f.inv. notoriety, fame.

notorio, pl. **-ri**, **-rie** /no'tɔrjo, ri, rje/ agg. **1** [*fatto, posizione*] well-known; [*scroccone, stupidità*] notorious; ***è ~ che*** it's common knowledge that **2** DIR. ***atto ~*** attested affidavit.

nottambulismo /nottambu'lizmo/ m. night-wandering, night-time revelling.

nottambulo /not'tambulo/ **I** agg. night-loving, night-wandering **II** m. (f. **-a**) night owl, night-time reveller.

nottata /not'tata/ f. night; ***dopo una ~ di macchina, di treno*** after a night in the car, on the train; ***passa le -e a leggere*** he spends his nights reading; ***ho passato una brutta ~*** I had a bad night; ***per finire il mio lavoro ho fatto ~*** I stayed up all night to finish the work.

nottataccia, pl. **-ce** /notta'tattʃa, tʃe/ f. awful night.

▶ **notte** /'nɔtte/ ♦ **19** **I** f. **1** night; ***le -i si stanno allungando*** the nights are drawing out; ***in una ~*** in one night; ***di ~, nella ~*** at night, in the night; ***questa ~*** tonight; ***tutta la ~*** all night long, throughout the night; ***a ~ fonda*** late at night; ***a ~ inoltrata, a tarda ~*** well on into the night; ***nel cuore della ~, in piena ~*** in the middle of the night, in the dead of night; ***la scorsa*** o ***ieri*** o ***questa ~*** last night; ***le due di ~*** two o'clock in the morning; ***lavorare, discutere fino a tarda ~*** to work, talk late into the night; ***viaggiare di ~*** to travel by night; ***lavorare di ~*** to work nights; ***fare la ~*** o ***il turno di ~*** to be on nights, to work the night shift; ***infermiere, portiere di ~*** night nurse, porter; ***ha passato una ~ d'angoscia*** she had an anxious night; ***fare*** o ***passare una ~ in bianco*** to have a sleepless night, not to get any sleep; ***una ~ d'attesa*** a night of waiting; ***una ~ in albergo*** a night in a hotel; ***una camera da 60 euro a ~*** a room at 60 euros a night; ***sistemazione per la ~*** overnight accommodation, night's lodging; ***ospitare qcn. per la ~*** to put sb. up for the night; ***servizio aperto tutta la ~*** all-night service; ***non riuscire a dormire la ~*** to lie awake at night; ***ho bisogno di una buona ~ di sonno*** I need a decent night's sleep; ***la nebbia è scesa durante la ~*** the fog came down overnight; ***il malato ha passato bene la ~*** the patient had a comfortable night *o* a good night's sleep; ***non supererà la ~*** he won't live through the night; ***stare su*** o ***in piedi tutta la ~*** to sit up all night, to be up all night; ***trascorrere la ~ con qcn.*** to spend the night with sb.; ***passare la ~ a ballare, bere*** to dance, drink the night away; ***passare la ~ ad Atene*** to have an overnight stay in Athens; ***fermarsi una ~*** to make an overnight stop; ***buona ~!*** goodnight! ***augurare la buona ~ a qcn.*** to wish sb. good night, to say goodnight to sb.; ***giorno e ~*** day and night, round-the-clock; ***di giorno come di ~*** by day as well as by night; ***lavorare giorno e ~*** to work around the clock; ***la ~ del 6 ottobre*** on the night of October 6; ***nella ~ tra sabato e domenica*** during the night from Saturday to Sunday; ***dalla ~ dei tempi*** from time out of mind; ***questo si perde nella ~ dei tempi*** this is lost in the mists of time; ***in una ~ di luna, di tempesta*** in a moonlit, stormy night; ***Roma di ~*** Rome by night; ***"le Mille e una Notte"*** "the Arabian Nights" **2** *(oscurità)* night, dark; ***fino, dopo il calar della ~*** until, after dark; ***la ~ stava calando*** dusk was falling; ***è calata la ~ sulla città*** the night fell over the town; ***sul far della ~*** at nightfall **3** **da notte** ***calzino da ~*** bedsock; ***vaso da ~*** chamber pot; ***camicia da ~*** nightdress, nightshirt; ***berretto da ~*** nightcap **II** agg.inv. ***blu ~*** midnight blue; ***effetto ~*** CINEM. day for night; ***zona ~*** sleeping area ◆ ***di ~ tutti i gatti sono bigi*** PROV. all cats are grey in the dark; ***sono il giorno e la ~, ci corre quanto dal giorno alla ~*** they are as different as chalk and cheese; ***peggio che andar di ~*** worse than ever; ***aspetta domani a dare la risposta: la ~ porta consiglio*** wait till tomorrow to give your answer: night is the mother of counsel; ***la ~ è giovane*** the night is young ◆◆ ***~ dei cristalli*** STOR. krystallnacht; ***~ dell'Epifania*** Twelfth Night; ***~ eterna*** eternal night; ***~ di Natale*** Christmas Eve; ***~ di nozze*** wedding night; ***la ~ di San Bartolomeo*** STOR. St. Bartholomew's night; ***~ di San Silvestro*** New Year's Eve; ***~ Santa*** → **~ di Natale.**

nottetempo /notte'tɛmpo/ avv. at night.

nottiluca, pl. **-che** /not'tiluka, ke/ f. noctiluca*.

nottilucente /nottilu'tʃɛnte/ agg. noctilucent.

1.nottola /'nɔttola/ f. ZOOL. noctule.

2.nottola /'nɔttola/ f. *(saliscendi)* latch.

nottolino /notto'lino/ m. **1** TECN. pawl, ratchet **2** *(di serratura)* door latch.

notturna /not'turna/ f. SPORT evening match, evening game; ***giocare in ~*** to play under floodlights.

▷ **notturno** /not'turno/ **I** agg. [*visita, spettacolo, passeggiata*] evening; [*animale*] nocturnal; [*attraversamento, nave, autobus, volo, treno, viaggio*] overnight; [*sessione*] late-night; ***non c'è molta vita -a*** there's not much nightlife; ***servizio ~*** night *o* all-night service; ***festino ~*** midnight feast; ***guardia, ronda -a*** night watchman, patrol; ***farfalla -a*** moth; ***uccello ~*** night bird; ***cecità, visione -a*** night blindness, vision; ***sudori -i*** night sweats **II** m. MUS. ART. nocturne; RELIG. nocturn.

notula /'nɔtula/ f. bill, fee.

noumeno /no'umeno/ m. noumenon*.

Nov. ⇒ novembre november (Nov.).

nova /'nɔva/ f.inv. nova*.

▷ **novanta** /no'vanta/ ➧ ***26, 5, 8*** **I** agg.inv. ninety; ***un angolo di ~ gradi*** MAT. an angle of 90 degrees, a 90-degree angle **II** m.inv. ninety **III** m.pl. *(anni di età)* ***entra nei ~*** he is entering his ninetieth year; ***aver superato i ~, essere sui ~*** to be in one's nineties, to be over ninety ◆ ***pezzo da ~*** big shot; ***la paura fa ~*** PROV. fear is an ugly beast.

novantenne /novan'tɛnne/ **I** agg. ninety-year-old attrib. **II** m. e f. ninety-year-old; ***un ~*** a man in his nineties.

novantesimo /novan'tɛzimo/ ➧ ***26*** **I** agg. ninetieth; ***segnare al ~ minuto*** SPORT to score a goal during the last minute of play **II** m. (f. **-a**) **1** ninetieth **2** *(frazione)* ninetieth.

novantina /novan'tina/ f. **1** *(circa novanta)* about ninety; ***una ~ di studenti manifestavano*** ninety or so students *o* about ninety students were demonstrating; ***dimostrare una ~ d'anni*** to look about ninety; ***una ~ d'anni fa*** about ninety years ago **2** *(età)* ***avvicinarsi alla ~*** to be getting on for ninety BE; ***essere sulla ~*** to be about ninety.

novarese /nova'rese/ ➧ ***2*** **I** agg. from, of Novara **II** m. e f. native, inhabitant of Novara.

novazione /novat'tsjone/ f. DIR. novation.

▶ **nove** /'nɔve/ ➧ ***26, 5, 8, 13*** **I** agg.inv. nine **II** m.inv. **1** *(numero)* nine; ***la prova del ~*** MAT. casting out nines; FIG. the acid *o* litmus test **2** *(giorno del mese)* ninth **3** SCOL. *(voto)* = very high pass mark **III** f.pl. *(ore) (del mattino)* nine am; *(della sera)* nine pm; ***sono le ~*** it's nine o'clock; ***alle ~*** at nine o'clock.

novecentesco, pl. **-schi**, **-sche** /novetʃen'tesko, ski, ske/ agg. [*poesia, pittura*] twentieth-century attrib.

novecentesimo /novetʃen'tɛzimo/ ➧ ***26*** **I** agg. nine-hundredth **II** m. (f. **-a**) **1** nine hundredth **2** *(frazione)* nine hundredth.

novecentista, m.pl. **-i**, f.pl. **e** /novetʃen'tista/ m. e f. **1** *(scrittore)* twentieth-century writer; *(artista)* twentieth-century artist **2** *(studioso)* scholar of the art or literature of the twentieth century.

novecento /nove'tʃɛnto/ ➧ ***26*** **I** agg.inv. nine hundred **II** m.inv. nine hundred.

Novecento /nove'tʃɛnto/ m. *(epoca)* twentieth century.

novella /no'vɛlla/ f. **1** *(racconto)* tale, short story; ***le -e di Boccaccio*** Boccaccio's tales; ***una raccolta di -e*** a collection of tales **2** LETT. *(notizia)* news ◆◆ ***la buona ~*** the Word, the Gospel.

novellare /novel'lare/ [1] intr. (aus. *avere*) LETT. to tell* stories, to tell* tales.

novellatore /novella'tore/ m. → **narratore.**

novelletta /novel'letta/ f. MUS. novelette.

novelliere /novel'ljɛre/ m. (f. **-a**) storyteller, writer of tales.

novellino /novel'lino/ **I** agg. inexperienced, green **II** m. (f. **-a**) newcomer, novice, first-timer COLLOQ.

novellistica /novel'listika/ f. *(genere)* short stories pl.; *(produzione di novelle)* short-story writing.

novellistico, pl. **-ci**, **-che** /novel'listiko, tʃi, ke/ agg. short-story attrib.

novello /no'vɛllo/ agg. **1** *(nato da poco)* new, spring attrib.; ***patate -e*** new potatoes; ***vino ~*** new wine; ***pollo ~*** spring chicken; ***sposi -i*** newlyweds; ***età -a*** tender age **2** *(nuovo)* ***un ~ Michelangelo*** the next Michelangelo.

▶ **novembre** /no'vɛmbre/ ➧ ***17*** m. November; ***in*** o ***a ~*** in November; ***il primo, il due (di) ~*** the first, second of November.

novembrino /novem'brino/ agg. [*nebbia*] November attrib.

novena /no'vɛna/ f. novena*.

novenario, pl. **-ri**, **-rie** /nove'nario, ri, rje/ **I** agg. [*verso*] nine-syllable attrib. **II** m. nine-syllable line.

novennale /noven'nale/ agg. **1** *(di nove anni)* [*piano*] nine-year attrib. **2** *(ogni nove anni)* nine-year attrib., occurring every nine years.

noverare /nove'rare/ [1] tr. **1** *(annoverare)* to count, to enumerate **2** ANT. *(rievocare)* to recall.

novero /'nɔvero/ m. number, list; ***mettere nel ~ dei propri amici*** to include, count among one's friends; ***romanzo che è entrato nel ~ dei best seller*** a novel that entered the bestseller list.

novilunio, pl. **-ni** /novi'lunjo, ni/ m. new moon.

▶ **novità** /novi'ta/ f.inv. **1** *(aspetto nuovo, originalità)* novelty, freshness; ***la ~ di un prodotto, di una legge*** the novelty of a product, law; ***fare qcs. per il gusto della ~*** to do sth. for the novelty; ***la ~ è passata in fretta*** the novelty soon wore off **2** *(cosa nuova)* novelty; *(sviluppo, cambiamento)* innovation, change; *(di idea, sentimento, moda)* newness; ***amare le, essere alla ricerca delle ~*** to like, to look for novelty; ***la (grande) ~ è che le donne sono ammesse*** what's (really) new is that women are admitted; ***non è una ~!*** that's nothing new! ***è una ~ per me*** that's a new one on me; ***l'ultima ~*** the latest word; ***diffidare delle ~*** to be suspicious of anything new; ***toh, fumi! è una ~!*** you're smoking! that's new! ***poche ~ sul fronte politico*** very little movement on the political front; ***presto non sarà più una ~*** the novelty will soon wear off; ***~ d'autunno*** ABBIGL. new autumn fashions; ***le ultime ~ della moda per bambini*** the latest in children's fashion; ***nella rubrica "~ editoriali"*** in the column "just out", "just published" **3** *(notizia)* news **U**; ***le ho raccontato le ~*** I told her the news; ***ci sono ~?*** any news? ***telefonami se ci sono ~*** give me a ring if there is anything new; ***ho delle ~ per te*** I have news for you; ***non ci sono ~ per quanto riguarda i salari*** there's nothing new on the wages front.

noviziato /novit'tsjato/ m. **1** RELIG. noviciate, novitiate **2** *(periodo di apprendistato)* apprenticeship.

novizio, pl. **-zi** /no'vittsjo, tsi/ m. (f. **-a**) **1** RELIG. novice **2** *(principiante)* novice, tyro*.

novocaina® /novoka'ina/ f. Novocain®.

nozionale /nottsjo'nale/ agg. notional; ***grammatica ~*** notional grammar.

nozione /not'tsjone/ f. **1** *(del pericolo, della realtà)* sense, notion; ***perdere la ~ del tempo*** to lose all sense of time **2** *(conoscenza)* knowledge, notion; ***avere delle -i elementari di*** to have a basic knowledge of; ***"Nozioni di botanica"*** "A Botany Primer" **3** FILOS. notion.

nozionismo /nottsjo'nizmo/ m. sciolism.

nozionista, m.pl. **-i**, f.pl. **-e** /nottsjo'nista/ m. e f. sciolist.

nozionistico, pl. **-ci**, **-che** /nottsjo'nistiko, tʃi, ke/ agg. sciolistic.

▷ **nozze** /'nɔttse/ f.pl. wedding sing., nuptials LETT. o SCHERZ.; ***cerimonia, torta, notte di ~*** wedding ceremony, cake, night; ***festa, banchetto di ~*** bridal *o* wedding feast; ***ha sposato in prime ~...*** his first wife was...; ***seconde ~*** remarriage, digamy DIR.; ***convolare a (giuste) ~*** to get married, to walk down to aisle; ***a quando le ~?*** when is the big day? ***fissare la data delle ~*** to name the date; ***coppia in viaggio di ~*** honeymoon couple; ***le ~ di Cana*** the Wedding at Cana; ***le ~ di Figaro*** the Marriage of Figaro ◆ ***andare a ~*** *(gradire particolarmente)* to be ecstatic *o* overjoyed; ***gli scandali sono un invito a ~ per i giornali*** scandals are meat and drink to the press; ***non chiudere a chiave la porta è un invito a ~ per i ladri*** unlocked doors are an open invitation to burglars; ***fare le ~ con i fichi secchi*** to do things on a shoestring ◆◆ ***~ d'argento*** silver wedding *o* anniversary; ***~ di diamante*** diamond wedding *o* anniversary; ***~ d'oro*** golden wedding *o* anniversary.

ns. ⇒ nostro our.

N.T. **1** ⇒ Nuovo Testamento New Testament (NT) **2** ⇒ non trasferibile nontransferable.

NU **1** ⇒ Nazioni Unite United Nations (UN) **2** ⇒ Nettezza Urbana = cleansing department.

nuance /nu'ans/ f.inv. nuance.
nube /'nube/ f. **1** METEOR. cloud; ***un cielo senza -i*** a cloudless sky; ***un banco di -i*** a bank of clouds; ***coltre di -i*** cloud cover; ***~ piovosa*** raincloud; ***felicità senza -i*** FIG. unclouded *o* unmarred happiness **2** *(di polvere, fumo)* haze ◆◆ ***~ elettronica*** electron cloud; ***~ radioattiva*** radioactive cloud; ***~ tossica*** toxic cloud.
Nubia /'nubja/ ➧ ***30*** n.pr.f. Nubia.
nubiano /nu'bjano/ ➧ ***30*** **I** agg. Nubian **II** m. (f. **-a**) Nubian.
nubifragio, pl. **-gi** /nubi'fradʒo, dʒi/ m. cloudburst, downpour.
nubilato /nubi'lato/ m. nubility; DIR. spinsterhood.
nubile /'nubile/ **I** agg. [*donna*] single, unmarried; DIR. spinster; ***è rimasta ~*** she remained unmarried **II** f. single woman*; ***cognome da ~*** maiden name.
▷ **nuca**, pl. **-che** /'nuka, ke/ f. nape, back of the neck; ***un colpo alla ~*** a blow to the back of the head; *(col taglio della mano)* a rabbit punch; *(sparo)* a shot to the back of the head.
nucale /nu'kale/ agg. MED. nuchal.
▷ **nucleare** /nukle'are/ **I** agg. **1** [*arma, esplosione, energia, fissione, fusione, incidente, industria, reazione, ricerca, reattore, tecnologia*] nuclear; ***disarmo ~*** nuclear disarmament; ***scorie -i*** nuclear waste **2** SOCIOL. [*famiglia*] nuclear **3** BIOL. ***membrana ~*** nuclear membrane **II** m. ***il ~*** nuclear energy.
nucleasi /nukle'azi/ f.inv. nuclease.
nucleato /nukle'ato/ agg. nucleate, nucleated.
nucleazione /nukleat'tsjone/ f. nucleation.
nucleico /nu'klɛiko/ agg. ***acido ~*** nucleic acid.
nucleina /nukle'ina/ f. nuclein.
nucleo /'nukleo/ m. **1** ASTR. NUCL. EL. BIOL. nucleus*; GEOL. core; *(di magnete)* core **2** *(unità, reparto)* unit; ***~ antidroga*** drugs BE *o* drug AE squad **3** FIG. *(centro)* core; ***il ~ del problema, della teoria*** the heart of the problem, theory **4** FIG. *(gruppo di persone)* group; ***~ di resistenza*** hard core ◆◆ ***~ atomico*** atomic nucleus; ***~ familiare*** family unit.
nucleoide /nukle'ɔide/ agg. nucleoid.
nucleolare /nukleo'lare/ agg. nucleolar.
nucleolo /nu'klɛolo/ m. nucleolus*.
nucleone /nukle'one/ m. nucleon.
nucleonica /nukle'ɔnika/ f. nucleonics + verbo sing.
nucleoplasma /nukleo'plazma/ m. nucleoplasm.
nucleoside /nukleo'zide/ m. nucleoside.
nucleotide /nukleo'tide/ m. nucleotide.
nuclide /nu'klide/ m. nuclide.
nudamente /nuda'mente/ avv. nudely.
nudismo /nu'dizmo/ m. nudism.
nudista, m.pl. **-i**, f.pl. **-e** /nu'dista/ agg., m. e f. nudist.
nudità /nudi'ta/ **I** f.inv. **1** *(di persona)* nudity, nakedness **2** *(di luogo, muro)* bareness **II** f.pl. *(parti nude)* naked parts, naked body sing.
▶ **nudo** /'nudo/ **I** agg. **1** *(svestito)* [*corpo, parti del corpo*] bare, naked; [*persona*] nude; ***essere ~*** to have nothing on, to be naked; ***essere completamente ~*** to be mother-naked, not to have a stitch on; ***spogliarsi ~*** to strip naked; ***esser mezzo ~*** to be half-naked *o* partially clothed; ***camminare a piedi -i*** to walk barefoot; ***a mani -e*** *(senz'armi)* with one's bare hands; ***a capo ~*** capless, without a hat; ***essere a torso ~*** to be stripped to the waist *o* bare-chested; ***visibile a occhio ~*** visible to the naked eye; ***~ come un verme*** stark naked; ***mettere a ~*** to lay [sth.] bare [*piano, vita privata, segreto*]; to expose [*cavo, filo, osso*]; ***mettere a ~ il proprio cuore*** to bare one's soul *o* heart **2** *(spoglio)* [*muro, stanza, albero*] bare; ***con la spada -a*** with a drawn sword; ***dormire sulla terra -a*** o ***-a terra*** to sleep on the bare ground **3** FIG. ***la -a verità, la verità -a e cruda*** the hard facts, the naked *o* plain *o* unvarnished truth **II** m. ART. nude ◆◆ ***~ integrale*** full-frontal nudity; ***-a proprietà*** bare ownership, residuary of right ownership.
nugolo /'nugolo/ m. **1** LETT. *(nuvola)* cloud **2** *(gran numero)* ***un ~ di cavallette*** a swarm of locusts; ***un ~ di persone*** a swarm of people.
▶ **nulla** /'nulla/ **I** pron.indef. → **niente II** m. **1** nothing; ***creare dal ~*** to create from nothing; ***partire dal ~*** to rise from nothing; ***comparire dal ~*** to appear from nowhere, spring up out of nowhere; ***è come svanito nel ~*** it has vanished into thin air **2** *(cosa da poco)* nothing; ***basta un ~ per impaurirlo*** he gets frightened over the slightest thing **3** FILOS. nothingness **III** avv. ***non ha ~ a che fare con il problema, con lei*** it has nothing to do with the actual problem, her; ***costa praticamente ~*** it costs next to nothing; ***per ~*** not at all, not in the slightest ◆ ***chi troppo vuole ~ stringe*** PROV. grasp all, lose all; ***essere un buono a ~*** to be a good-for-nothing; ***non contare ~*** to count for nothing; ***molto rumore per ~*** much ado about nothing.
nullaosta /nulla'ɔsta/ m.inv. authorization, permission.
nullatenente /nullate'nɛnte/ **I** agg. destitute **II** m. e f. ***i -i*** the destitute.
nullificare /nullifi'kare/ [1] tr. to nullify, to cancel.
nullipara /nul'lipara/ **I** agg. nulliparous **II** f. nullipara*.
nullipora /nul'lipora/ f. nullipore.
nullità /nulli'ta/ f.inv. **1** DIR. *(di atto, contratto)* nullity; *(di matrimonio)* annulment; *(di avviso, promessa)* worthlessness; ***~ di diritto*** nullity in law; ***colpire di ~*** to render void; ***sotto pena di ~*** under penalty of being declared null and void; ***eccezione di ~*** plea of voidance **2** *(di argomento, teorie, opera)* invalidity **3** *(persona che non vale niente)* nonentity, cipher; ***essere una ~*** to be a cipher *o* a nobody ◆◆ ***~ assoluta*** absolute nullity; ***~ relativa*** relative nullity.
nullo /'nullo/ agg. **1** *(senza valore)* [*lavoro, ragionamento, studio, film, romanzo*] worthless **2** DIR. [*matrimonio, testamento, statuto, sentenza*] invalid; [*contratto, accordo, documento*] void, invalid; [*voto, scheda elettorale*] spoiled; ***~, da tenere in nessun conto*** null and void; ***rendere ~*** to invalidate **3** *(inesistente)* [*differenza, pericolo, risultato, effetto*] nonexistent **4** SPORT ***incontro ~*** draw (match), tie (match).
nume /'nume/ m. LETT. **1** *(divinità)* god, deity; ***i -i dell'Olimpo*** the Olympians; ***-i tutelari*** tutelary deities; ***santi -i!*** my goodness! good heavens! **2** *(volontà di dio)* divine will **3** *(personalità eminente)* ***i -i della scienza*** the luminaries of the scientific world.
numerabile /nume'rabile/ agg. numerable; LING. countable; ***nome ~, non ~*** count(able), uncountable noun.
numerabilità /numerabili'ta/ f.inv. numerability; LING. countability.
numerale /nume'rale/ **I** agg. [*sistema*] numeral **II** m. numeral ◆◆ ***~ cardinale*** cardinal number; ***~ ordinale*** ordinal number.
▷ **numerare** /nume'rare/ [1] tr. to number; ***~ le pagine di un libro*** TIP. to page *o* foliate a book.
numerario, pl. **ri** /nume'rarjo, ri/ m. ECON. numeraire.
numerato /nume'rato/ **I** p.pass. → **numerare II** agg. [*incisione, conto, posto*] numbered.
numeratore /numera'tore/ m. **1** MAT. numerator **2** *(macchina per numerare)* numbering machine, counter.
▷ **numerazione** /numerat'tsjone/ f. **1** *(il numerare)* numbering; ***~ dei fogli*** TIP. page numbering *o* foliation **2** *(numeri)* numeration; ***~ araba, romana*** Arabic, Roman numeration.
numericamente /numerika'mente/ avv. numerically; ***eravamo ~ superiori*** we were numerically superior to them.
numerico, pl. **-ci**, **-che** /nu'mɛriko, tʃi, ke/ agg. **1** TECN. [*registrazione, visualizzazione*] numeric, digital; ***controllo ~*** numerical control **2** MAT. [*valore, ordine, grandezza*] numerical; ***caratteri -ci*** numeric signs, numerics.
▶ **numero** /'numero/ ➧ ***26, 35*** m. **1** MAT. number; *(cifra)* figure; ***un ~ di due cifre*** a two-digit number; ***~ positivo, negativo*** positive, negative number; ***la teoria dei -i*** number theory; ***la legge dei grandi -i*** the law of large numbers; ***essere bravo con i -i*** to be clever with figures; ***avere il bernoccolo dei -i*** to have a good head for figures **2** *(cifra che distingue persone e cose)* number; ***~ di telefono, fax*** telephone, fax number; ***~ di codice*** code number; ***~ di casella postale*** PO box, post office number, box number; ***giocare un ~*** to bet on a number (in a lottery); ***estrarre un ~*** to draw *o* extract a number; ***il ~ tre porta bene*** the number three is lucky; ***sbagliare (il) ~*** *(al telefono)* to dial the wrong number; ***non risponde nessuno a quel ~*** there's no reply at that number; ***comporre un ~ al telefono*** to dial a number on the phone; ***abitare al ~ 7*** *(civico)* to live at number 7; ***il ~ due del partito*** the number two party member; ***essere il ~ uno nella ricerca spaziale*** to lead the way in space research; ***nemico pubblico ~ uno*** public enemy number one; ***essere il ~ uno della hit-parade*** to be number one in the charts ; ***regola ~ uno: rimanere calmi*** rule number one is to keep calm **3** *(di scarpe)* (shoe) size; ***che ~ porta?*** what's your shoe size? what size are you? ***portare il ~ X*** to take *o* wear size X shoes **4** *(di giornale, periodico)* issue, number; ***il prossimo ~*** the next issue; ***un ~ arretrato*** a back issue; ***il ~ di maggio*** the May issue; ***"la conclusione nel prossimo ~"*** "to be concluded" **5** *(quantità)* *(di persone, oggetti)* amount; ***fare ~*** to swell the crowd; ***in gran ~*** on a large scale; ***il ~ dei senzatetto è in crescita*** homelessness is on the increase; ***~ di posti a sedere*** seating capacity; ***il ~ crescente, decrescente*** the increasing, decreasing number; ***il ~ dei morti è salito a trenta*** the death toll has risen to thirty; ***il ~ degli iscritti sta diminuendo, aumentando*** membership is declining, increasing; ***un certo ~ di*** some; ***un buon ~ di turisti viene dalla Germania*** quite a few of the tourists come from Germany; ***un gran ~ di*** a great deal of; ***essere pochi di ~*** to be few in number; ***essere uguale in ~*** to be equal in number; ***superare in ~*** to outnumber; ***in ~ uguale*** in equal

numbers; ***essere inferiore, superiore in ~*** to be fewer, larger in number; ***essere schiacciati dal ~, subire la legge del ~*** *(di persone)* to be overcome by sheer weight of numbers; *(di lettere, documenti)* to be defeated by the sheer volume; ***con la forza del ~*** by *o* out of *o* from force of numbers **6** LING. number; ***concordare in ~*** to agree in number **7** *(esibizione)* act, number; ***~ di canto e ballo*** song and dance act *o* routine; ***~ di equilibrismo*** balancing act; ***una serie di -i di cabaret*** a line-up of cabaret acts; ***un ~ comico*** a comic number; ***~ principale*** star turn; ***eseguire un ~ pericoloso*** to do a stunt; ***~ d'apertura*** TEATR. opener **8** ***il Libro dei Numeri, i Numeri*** BIBL. RELIG. the Book of Numbers, the Numbers ◆ ***dare i -i*** to go off one's head, to flip one's lid, to lose one's marbles; ***andare nel ~ dei più*** to cross the great divide; ***avere dei -i*** to have what it takes ◆◆ ***~ d'abbonato*** customer number; ***~ aleatorio*** MAT. random number; ***~ algebrico*** algebraic number; ***~ arabo*** Arabic numeral; ***~ atomico*** CHIM. atomic number; ***~ aureo*** ART. golden section; ***~ di Avogadro*** Avogadro number *o* constant; ***~ base*** base, radix; ***~ cardinale*** cardinal number; ***~ casuale*** MAT. random number; ***~ di collocazione*** accession *o* call number; ***~ complesso*** complex (number); ***~ di conto*** account number; ***~ decimale*** decimal; ***~ dispari*** odd number; ***~ fisso*** TEL. fixed number; ***~ frazionario*** fraction; ***~ di giri*** AUT. number of revolutions; ***~ immaginario*** MAT. imaginary number; ***~ d'immatricolazione*** AUT. registration number; ***~ indice*** ECON. STATIST. index figure; MAT. index number; ***~ interno*** extension; ***~ intero*** integer, whole number; ***~ intero naturale*** natural number; ***~ intero relativo*** integer; ***~ irrazionale*** surd; ***~ legale*** quorum; ***~ di Mach*** Mach number; ***~ di massa*** mass number; ***~ ordinale*** ordinal number; ***~ d'ordine*** order number; ***~ d'oro*** golden number; ***~ naturale*** natural number; ***~ pari*** even number; ***~ di patente*** (driving) licence number; ***~ perfetto*** perfect number; ***~ periodico*** circulating decimal; ***~ primo*** prime (number); ***~ di protocollo*** reference number; ***~ quantico*** quantum number; ***~ razionale*** rational number; ***~ reale*** real number; ***~ reciproco*** reciprocal number; ***~ romano*** Roman numeral; ***~ di serie*** serial number; ***~ di targa*** plate *o* registration BE number; ***~ di telefono*** (tele)phone number; ***~ verde*** Freefone® BE, toll-free number AE; ***~ zero*** *(edizione)* trial issue; ***-i di emergenza*** emergency numbers.

numerologia /numerolo'dʒia/ f. numerology.

numerosità /numerosi'ta/ f.inv. numerousness.

▶ **numeroso** /nume'roso/ agg. [*comunità, popolazione*] large; ***un pubblico ~*** a large audience; ***una famiglia -a*** a large family; ***i suoi -i amici, successi*** his many friends, achievements; ***accorrere -i*** to come in large numbers; ***in -e occasioni*** on numerous occasions; ***essere più -i di*** to outnumber; ***erano troppo -i*** there were too many of them; ***in -i casi in cui*** in several cases where; ***i clienti erano meno, più -i di ieri*** there were fewer, more customers than yesterday; ***arrivano sempre più -i*** they are arriving in ever greater numbers; ***avere -e occasioni di fare*** to have ample opportunity to do; ***avere -i casi da trattare*** to have a heavy caseload.

numida /nu'mida/ **I** agg. Numidian **II** m. e f. Numidian.

Numidia /nu'midja/ n.pr.f. Numidia.

numidico, pl. **-ci**, **-che** /nu'midiko, tʃi, ke/ agg. Numidian.

numinoso /numi'noso/ agg. numinous.

numismatica /numiz'matika/ f. numismatics + verbo sing.

numismatico, pl. **-ci**, **-che** /numiz'matiko, tʃi, ke/ **I** agg. numismatic **II** m. (f. **-a**) numismatist.

nummario, pl. **-ri**, **-rie** /num'marjo, ri, rje/ agg. RAR. nummary.

nummularia /nummo'larja/ f. moneywort.

nummulite /nummu'lite/ f. nummulite.

nummulitico, pl. **-ci**, **-che** /nummu'litiko, tʃi, ke/ agg. nummulitic.

NUMTEL /'numtel/ m. (⇒ Nuovo Mercato Telematico) = computerized Italian new market index.

nuncupativo /nunkupa'tivo/ agg. ***testamento ~*** nuncupative will.

nuncupazione /nunkupat'tsjone/ f. nuncupation.

nunziatura /nuntsja'tura/ f. nunciature.

nunzio, pl. **-zi** /'nuntsjo, tsi/ m. **1** RELIG. nuncio*; ***~ apostolico*** papal nuncio **2** LETT. *(messaggero)* messenger.

nuocere /'nwɔtʃere/ [65] intr. (aus. *avere*) ***~ a*** be harmful to, to harm [*popolazione, economia, persona, ambiente, natura*]; to damage [*armonia, immagine, reputazione, interessi, commercio*]; to do a disservice to [*causa, ideale*]; ***ha fatto questo con l'intenzione di ~*** she did that maliciously; ***in condizione di non ~*** out of harm's way; ***~ agli affari*** to be bad for business; ***può ~ alla crescita del bambino*** it could harm the growing baby; ***~ all'organismo*** to damage the system; ***"il fumo nuoce alla salute"*** "smoking damages your health" ◆ ***non tutti i mali vengono per ~*** PROV. every cloud has a silver lining, it's an ill wind (that blows nobody any good); ***tentar non nuoce*** there is no harm in trying.

▷ **nuora** /'nwɔra/ f. daughter-in-law*.

nuorese /nuo'reze/ ♦ **2** **I** agg. from, of Nuoro **II** m. e f. native, inhabitant of Nuoro **III** m. dialect of Nuoro.

▷ **nuotare** /nwo'tare/ [1] **I** tr. to swim*; ***~ i cento metri*** to swim the hundred metres; ***~ il crawl*** to do *o* swim the crawl **II** intr. (aus. *avere*) **1** to swim*; ***~ a dorso, rana, farfalla*** to do *o* swim the backstroke, breast stroke, butterfly (stroke); ***~ a cagnolino*** to swim doggy fashion, to dog paddle; ***~ bene, male*** to be a good, bad swimmer; ***~ contro corrente*** to swim against the tide (anche FIG.); ***stava nuotando verso riva*** he was swimming ashore *o* for the shore **2** FIG. ***~ nell'abbondanza*** to be *o* live (like a pig) in clover; ***i pomodori nuotano nell'olio*** the tomatoes are swimming in oil ◆ ***~ come un pesce*** to swim like a fish; ***~ nell'oro*** to wallow in luxury, to be rolling in it.

nuotata /nwo'tata/ f. swim; ***andare a fare una ~*** to go for a swim; ***fare una ~ veloce*** to go for a quick swim.

nuotatore /nwota'tore/ m. (f. **-trice** /tritʃe/) swimmer; ***essere un buon ~*** to be a strong swimmer.

▷ **nuoto** /'nwɔto/ ♦ **10** m. **1** *(il nuotare)* ***raggiungere la riva a ~*** to swim ashore; ***attraversare un fiume a ~*** to swim across a river; ***allontanarsi a ~*** to swim away **2** *(sport)* swimming; ***lezione di ~*** swimming lesson; ***fare una gara di ~*** to swim in a race; ***istruttore di ~*** swimming instructor; ***campionato di ~*** swimming championship; ***vincere una coppa nel ~*** to win a cup for swimming ◆◆ ***~ a cagnolino*** dog paddle; ***~ a farfalla*** butterfly stroke; ***~ alla marinara*** side stroke; ***~ a rana*** breast stroke; ***~ sincronizzato*** synchronized swimming; ***~ stile libero*** crawl.

nuova /'nwɔva/ f. news **U**; ***ricevere buone -e*** to receive good news ◆ ***nessuna ~, buona ~*** PROV. no news is good news.

Nuova Caledonia /'nwɔvakale'dɔnja/ ♦ ***14*** n.pr.f. New Caledonia.

Nuova Delhi /'nwɔva'dɛli/ ♦ ***2*** n.pr.f. New Delhi.

Nuova Guinea /'nwɔvagwi'nɛa/ ♦ ***14*** n.pr.f. New Guinea.

nuovamente /nuova'mente/ avv. again; ***ci saranno ~ le elezioni*** the elections are coming round again.

Nuova Inghilterra /'nwɔvaingil'tɛrra/ ♦ ***30*** n.pr.f. New England.

Nuova Orleans /'nwɔvaorle'ans/ ♦ ***2*** n.pr.f. New Orleans.

Nuova Scozia /'nwɔvas'kɔttsja/ ♦ ***30*** n.pr.f. Nova Scotia.

Nuova York /'nwɔva'jɔrk/ ♦ ***2*** n.pr.f. New York.

Nuova Zelanda /'nwɔvadze'landa/ ♦ ***33*** n.pr.f. New Zealand.

Nuove Ebridi /'nwɔve'ɛbridi/ n.pr.f.pl. New Hebrides.

▶ **nuovo** /'nwɔvo/ **I** agg. **1** *(opposto a usato)* new; ***come ~*** as good as new (anche FIG.); ***completamente ~*** completely new; ***~ di zecca*** brand-new; ***abbastanza ~*** newish **2** *(che sostituisce, succede, si aggiunge)* new, further; ***il ~ modello, sistema*** the new *o* latest model, system; ***il ~ inquilino*** the new tenant; ***"-a gestione"*** "under new management"; ***è il ~ Nijinsky*** he is the next Nijinsky; ***farsi fare un vestito ~*** o ***un ~ vestito*** to have a new suit made; ***ha subito una -a operazione*** he had another operation; ***c'è stato un ~ incidente*** there's been another accident; ***fare un ~ tentativo*** to make another *o* a fresh attempt; ***procedere a -i arresti*** to make further arrests; ***il ~ presidente*** the incoming president; ***abbiamo -e prove della loro colpevolezza*** we have further *o* fresh evidence of their guilt; ***aprire -e strade*** to break fresh *o* new grounds; ***poi inizieremo il ~ progetto*** we will then start the next project; ***guardare qcs. con occhi -i*** to take a fresh look to sth.; ***fino a ~ ordine*** till further notice *o* orders; ***anno ~*** New Year **3** *(di recente apparizione)* [*parola, virus, scienza*] new; *(della stagione)* [*patate, vino*] new; ***è ~ questo cappotto?*** is this a new coat? ***questo genere di lavoro è ~ per me*** I'm new to this sort of job; ***una -a società*** an upstart company; ***un ~ conio*** a recent coinage; ***~ arrivato*** new arrival, incomer BE; ***un ~ assunto*** a new recruit; ***un ~ amico*** a newfound friend, a recent acquaintance; ***i -i venuti*** the newcomers; ***il ~ acquisto del Liverpool*** Liverpool's latest signing **4** *(originale)* [*linea, concezione, metodo*] new; ***vedere qcs. sotto una -a luce*** to see sth. in a new light; ***è un modo tutto ~ di affrontare il problema*** it's a very novel approach to the problem; ***questo nome non mi è ~*** that name rings a bell, that name sounds familiar; ***il libro non dice nulla di ~*** the book provides no new insight **5** *(novizio)* ***esser ~ del mestiere*** to be new to the job **II** m. **1** new; ***c'è del ~*** there's been a new development; ***qualcosa, niente di ~*** something, nothing new; ***che cosa c'è di ~?*** what's new? ***il fascino del ~*** the appeal of the new; ***essere vestito di ~*** to be dressed in new clothes; ***ridare a qcs. l'aspetto del ~*** to make sth. look like new **2 di nuovo** *(ancora una volta allo stesso modo)* again, anew; *(daccapo e in modo diverso)* afresh, anew; ***è di ~ in ospedale*** she's back in (the) hospital; ***la minigonna è di ~ di moda*** the mini-skirt is back (in fashion); ***fare di ~ lo stesso errore*** to make the same mistake again *o* twice; ***Stefano è di ~ in ritardo*** Stefano's late again; ***ci saranno di ~ le elezioni*** the elections are coming round again; ***fregato di ~!*** foiled again! **3 a nuovo** ***rimettere a ~*** to recondition [*motore*]; to refurbish, to renovate [*edificio*]; ***riportare a ~*** AMM. to carry forward [*bilancio, totale, somma*] ◆ ***portare -a linfa*** to bring new blood ◆◆ ***~ ricco*** nouveau riche; ***Nuovo Mondo*** New World; ***Nuovo Testamento*** New Testament.

Nuovo Messico /'nwɔvo'mɛssiko/ ◗ ***30*** n.pr.m. New Mexico.

nuraghe, pl. **-ghi** /nu'rage, -gi/ m. nuragh(e*).

nuragico, pl. **-ci**, **-che** /nu'radʒiko, tʃi, ke/ agg. nuraghic.

nurse /nɜrs/ ◗ ***18*** f.inv. *(bambinaia)* nursemaid; *(infermiera)* nurse.

nursery /'nɜrseri/ f.inv. nursery.

nutazione /nutat'tsjone/ f. nutation.

nutraceutico, pl. **-ci** /nutra'tʃɛutiko, tʃi/ m. nutraceutical.

nutria /'nutrja/ f. **1** *(animale)* coypu*, nutria **2** *(pelliccia)* nutria.

nutrice /nu'tritʃe/ ◗ ***18*** f. **1** wet-nurse **2** ZOOL. ***squalo ~*** nurse shark.

▷ **nutriente** /nutri'ɛnte/ agg. nourishing, nutritious; [*verdura, frutta*] nutritious; [*bevanda, pasto*] sustaining; ***una dieta ~*** a rich diet; ***crema ~*** skin cream; ***non è ~*** it's not nutritious.

nutrimento /nutri'mento/ m. nourishment (anche FIG.), food, nutriment, sustenance; ***dare ~ a qcn.*** to give sb. nourishment; ***trarre ~ da qcs.*** to take nourishment from sth.; ***del ~ intellettuale*** intellectual nourishment; ***~ spirituale*** soul food.

▶ **nutrire** /nu'trire/ [3] **I** tr. **1** *(fornire alimenti a)* to feed*, to nourish [*persona, pianta, animale*]; [*terra*] to support [*abitanti*] **2** FIG. to nourish, to foster, to nurture [*sentimento, sogno, speranza*]; to harbour BE, to harbor AE, to nurse [*odio, pregiudizi*]; to entertain [*idea*]; ***~ delle ambizioni per qcn.*** to be ambitious for sb.; ***~ dei dubbi*** to be doubtful *o* in doubt; ***~ rancore nei confronti di qcn.*** to harbour *o* nurse a grudge against sb. **II nutrirsi** pronom. to feed* (anche FIG.); ***-rsi di*** [*persona, animale, pianta*] to feed on; ***-rsi solo di frutta*** to live on *o* off fruit; ***la speculazione, il razzismo si nutre di...*** speculation, racism feeds on...

nutritivo /nutri'tivo/ agg. [*alimento*] nutritious; ***valore ~*** nutritional value; ***crema -a per la pelle*** skin food.

nutrito /nu'trito/ **I** p.pass. → **nutrire II** agg. **1** fed, nourished (anche FIG.); ***ben ~*** well-fed **2** FIG. ***un ~ gruppo di visitatori*** a large group of visitors; ***un programma ben ~*** a very busy schedule.

nutrizionale /nutrittsjo'nale/ agg. [*composizione, informazioni*] nutritional.

nutrizione /nutrit'tsjone/ f. nutrition.

nutrizionista, m.pl. **-i**, f.pl. **-e** /nutrittsjo'nista/ ◗ ***18*** m. e f. nutritionist.

nutrizionistica /nutrittsjo'nistika/ f. *(scienza)* nutrition.

▶ **nuvola** /'nuvola/ f. **1** METEOR. cloud; ***~ temporalesca*** stormcloud; ***un cielo senza -e*** a cloudless sky; ***-e cariche si addensano all'orizzonte*** dark clouds are gathering on the horizon (anche FIG.) **2** *(di polvere, fumo)* cloud, haze ◆ ***essere nelle -e, aver la testa fra le -e*** to have one's head in the clouds; ***scendere dalle -e*** to come back to earth; ***vivere nelle -e*** to be living in a fool's paradise, to be living in cloud-cuckoo-land BE.

nuvolaglia /nuvo'laʎʎa/ f. cloud mass, cloud cover.

nuvoletta /nuvo'letta/ f. **1** *(piccola nuvola)* cloudlet **2** *(fumetto)* balloon.

nuvolo /'nuvolo/ agg. REGION. cloudy.

nuvolone /nuvo'lone/ m. thundercloud.

nuvolosità /nuvolosi'ta/ f.inv. cloudiness.

▷ **nuvoloso** /nuvo'loso/ agg. [*cielo, tempo*] cloudy; [*sistema*] cloud attrib.

▷ **nuziale** /nut'tsjale/ agg. [*messa, cerimonia*] marriage attrib.; [*velo*] bridal; [*marcia, rinfresco, fede*] wedding attrib.; ***banchetto ~*** wedding feast; ***torta ~*** wedding cake.

nuzialità /nuttsjali'ta/ f.inv. ***quoziente di ~*** marriage rate.

▷ **nylon** /'nailon/ m.inv. nylon; ***di*** o ***in ~*** [*camicia, biancheria intima*] nylon; ***calze di ~*** nylons, nylon stockings.

O

o, O /o/ m. e f.inv. o, O.

▶ **1.o** /o/ cong. (also **od** before a vowel sound) **1** *(disgiuntivo)* or; ***con ~ senza zucchero?*** with or without sugar? ***può essere arrostito, grigliato ~ fritto*** it can be roasted, grilled or fried; ***fratelli ~ sorelle?*** any brothers or sisters? ***vieni sì ~ no?*** will you or won't you be coming? ***mi prendi in giro ~ cosa?*** are you making fun of me or what? ***gli comprerò una cravatta ~ qualcosa del genere*** I'll buy him a tie or something like that; ***in un modo ~ nell'altro vinci tu*** either way, you win; ***che ti piaccia ~ no*** whether you like it or not; ***ora ~ mai più*** it's now or never; ***non sapevo se ridere ~ piangere*** I didn't know whether to laugh or cry; ***pioggia ~ non pioggia noi usciamo*** rain or no rain, we're going out **2** *(correlativo)* ***o... o...*** either... or...; ***~ l'uno ~ l'altro*** either one or the other; ***~ lo adori ~ lo detesti*** you either love him or hate him; ***~ lui ~ io*** it's either him or me; ***tra le due cose ~ è sbadato ~ è stupido*** it's one of two things, he's either absent-minded or he's stupid; ***~ la borsa ~ la vita!*** your money or your life! ***~ la va ~ la spacca*** sink or swim **3** *(valutazione approssimativa)* or; ***nella sala c'erano tre ~ quattrocento persone*** there were three or four hundred people in the room; ***una ~ due volte alla settimana*** once or twice a week **4** *(per introdurre correzioni o spiegazioni)* or; ***la conoscevo, ~ almeno credevo di conoscerla!*** I knew her, or at least I thought I did! ***mia figlia, ~ meglio nostra figlia*** my daughter, or rather our daughter; ***X, ~ dovrei dire Mr X*** X, or should I say, Mr X **5** *(altrimenti)* or, otherwise; ***fallo adesso ~ te ne pentirai!*** do it now or you will be sorry! ***andiamo, ~ perderemo l'aereo*** let's go now, otherwise we'll miss our flight.

2.o /o/ inter. **1** *(per invocare)* o; ***~ Signore, aiutami tu!*** good Lord, help me! **2** COLLOQ. *(per chiamare)* hey; ***~ tu, vieni un po' qui!*** hey you, come here!

▷ **oasi** /ˈɔazi/ f.inv. oasis* (anche FIG.); ***un'~ di pace*** a haven of peace.

▶ **obbediente** /obbeˈdjɛnte/ agg. obedient.

obbedientemente /obbedjenteˈmente/ avv. obediently.

▷ **obbedienza** /obbeˈdjɛntsa/ f. obedience (anche RELIG.); ***far voto d'~*** to make a vow of obedience; ***rifiuto d'~*** MIL. insubordination; DIR. contempt of court; ***ridurre*** o ***costringere qcn. all'~*** to bring sb. to heel *o* into line.

▶ **obbedire** /obbeˈdire/ [102] intr. (aus. *avere*) ***~ a*** to obey [*ordine, regole*]; to follow, to adhere to [*principio*]; ***~ a qcn.*** [*soldato*] to obey sb.; [*bambino*] to mind sb., to listen to sb.; ***non discutere, obbedisci!*** don't argue, do as you are told! ***~ senza fiatare*** to obey without a murmur; ***lei si fa ~ dai suoi figli*** her children always do as she says; ***insegnare a un cane a ~*** to teach a dog obedience; ***obbediamo al minimo suo capriccio*** we give in to his slightest whim; ***~ al primo cenno*** o ***ciecamente*** to obey sb. slavishly.

obbiettare /obbjetˈtare/ → **obiettare.**

obbiettivo /obbjetˈtivo/ → **obiettivo.**

obbligante /obbliˈgante/ agg. **1** *(gentile)* obliging **2** ***clausola ~*** binding clause.

▶ **obbligare** /obbliˈgare/ [1] **I** tr. **1** *(costringere)* to oblige, to force, to obligate; ***~ qcn. a fare*** [*persona, polizia, autorità*] to coerce sb. into doing, to compel *o* force sb. to do, to make sb. do; [*legge, regola, contratto*] to bind sb. to do; ***è stato determinante per obbligarlo a dimettersi*** it was decisive in forcing him to resign; ***fu obbligato ad accettare la decisione*** the decision was forced on him; ***fu obbligato a comparire davanti alla corte suprema*** he was bound over to appear before the High Court; ***ci sono diverse ragioni che mi obbligano ad andare*** there are several reasons why I have to go **2** DIR. [*accordo*] to bind* [*persona*]; ***un contratto obbliga le parti contraenti*** a contract is binding on all parties; ***il contratto d'affitto mi obbliga a riparare i danni*** the lease makes me legally responsible for repair **II obbligarsi** pronom. **1** DIR. to bind* oneself, to engage oneself; ***-rsi per contratto*** to be contracted to do **2** *(avere un debito) (per denaro)* to be* in debt; *(per favori)* to owe [sb.] a favour.

obbligato /obbliˈgato/ **I** p.pass. → **obbligare II** agg. **1** *(costretto)* ***essere ~ a fare*** to be bound *o* forced to do; ***sentirsi ~ a fare*** to feel compelled *o* impelled *o* obliged to do; ***non siete -i a frequentare*** you don't have to attend; ***non sentitevi -i a pagare*** don't feel obliged to pay; ***non sei affatto ~ a fare*** you are in no way obliged to do; ***essere ~ a letto*** to be bedridden; ***~ per una questione d'onore*** honour-bound **2** *(inevitabile)* [*misure, provvedimenti*] forced, inevitable; ***scelta -a*** unescapable choice; ***passaggio ~*** FIG. staging post, prerequisite **3** *(riconoscente)* ***essere ~ verso qcn. per qcs., per aver fatto*** to be obliged, grateful to sb. for sth., for doing; ***sentirsi ~ verso qcn.*** to be indebted to sb.; ***~!*** much obliged! ***le sarei molto ~ se*** I'd be very much obliged if **4** MUS. obbligato*.

obbligatoriamente /obbligatorjaˈmente/ avv. obligatorily, compulsorily.

obbligatorietà /obbligatorjeˈta/ f.inv. obligatoriness, compulsoriness.

▷ **obbligatorio**, pl. **-ri, -rie** /obbligaˈtɔrjo, ri, rje/ agg. **1** [*soggetto, frequenza, istruzione, servizio militare*] compulsory; ***essere ~ per legge*** to be required by law; ***rendere ~ per qcn. fare*** to make it obligatory for sb. to do; ***non è ~ che tu lo faccia*** you do not have to do it; ***queste sono le letture -e*** these texts are required reading; ***materie -e*** SCOL. core curriculum; ***figure -e*** SPORT compulsories **2** DIR. [*norme*] mandatory; [*contratto*] binding.

obbligazionario, pl. **-ri, -rie** /obbligattsjoˈnarjo, ri, rje/ agg. [*prestito, mercato*] bond attrib.; ***capitale ~*** loan capital *o* stock.

obbligazione /obbligatˈtsjone/ f. **1** DIR. obligation; ***contrarre un'~ verso qcn.*** to contract an obligation towards sb.; ***adempiere*** o ***assolvere un'~*** to carry out *o* meet *o* fulfil an obligation **2** ECON. bond, stock; ***emissione di -i*** bond issue; ***sottoscrivere delle -i*** to underwrite bonds ◆◆ ***~ convertibile*** convertible bond *o* debenture; ***~ garantita*** secured bond; ***~ non garantita*** debenture bond; ***~ ipotecaria*** mortgage bond; ***~ al portatore*** bearer bond; ***~ al rialzo*** bull note; ***~ di rischio*** junk bond; ***~ di stato*** gilt-edged stock; ***-i irredimibili*** debenture stocks BE; ***-i a tasso fluttuante*** floating rate notes.

obbligazionista, m.pl. **-i**, f.pl. **-e** /obbligattsjoˈnista/ m. e f. bondholder, debenture holder.

▶ **obbligo**, pl. **-ghi** /ˈɔbbligo, gi/ m. obligation, commitment; ***fare onore ai*** o ***onorare i propri -ghi*** to honour one's obligations; ***far fronte ai***

propri -ghi to fulfil one's obligations; ***venir meno ai propri -ghi*** to default on one's obligations; ***"senza ~ di acquisto"*** "no obligation to buy"; ***senza ~ da parte vostra*** with no obligation on your part; ***avere l'~ di fare*** to be bound *o* obliged to do; ***non è un ~ invitarli lunedì*** you don't have to invite them on Monday; ***non hai nessun ~*** you are under no constraint; ***mi sento in ~ di avvertirvi*** I feel I should warn you; ***essere in ~ verso qcn.*** to be much obliged to sb.; ***porsi l'~ di fare*** to feel it one's duty to do; ***imporre a qcn. l'~ di fare qcs.*** to put the onus on sb. to do sth.; ***è fatto ~ di...*** it is obligatory to...; ***avere un ~ verso qcn.*** to feel an obligation towards sb.; ***è d'~ l'abito da sera*** evening dress is required; ***scuola dell'~*** compulsory education; ***essere libero dagli -ghi di leva*** to have done one's military service ◆◆ ***~ legale*** legal requirement; ***~ morale*** moral duty *o* obligation; ***~ di riservatezza*** duty of confidentiality; ***~ scolastico*** compulsory school attendance; ***-ghi di leva*** liability for military service.

obbrobrio, pl. **-bri** /ob'brɔbrjo, bri/ m. **1** *(disonore, ignominia, vergogna)* infamy, dishonour BE, dishonor AE, opprobrium; ***è l'~ della famiglia*** he is a disgrace to his family; ***vivere nell'~*** to live in disgrace **2** *(cosa orrida)* disgrace, horror; ***questa costruzione è proprio un ~*** this building is an eyesore *o* a monstrosity; ***che ~ quella cravatta!*** what a ghastly tie!

obbrobriosamente /obbrobrjosa'mente/ avv. opprobriously, infamously.

obbrobriosità /obbrobrjosi'ta/ f.inv. *(di comportamento)* opprobriousness, infamy.

obbrobrioso /obbro'brjoso/ agg. **1** *(che reca infamia, disonore)* [*comportamento*] opprobrious, infamous, despicable; ***azione -a*** disgraceful act **2** *(brutto)* awful, dreadful; ***una giacca -a*** a ghastly jacket.

obelisco, pl. **-schi** /obe'lisko, ski/ m. obelisk.

oberare /obe'rare/ [1] tr. *(sovraccaricare) (di debiti, responsabilità)* to overburden; ***~ qcn. di lavoro*** to load sb. down with work; ***~ di tasse*** to overtax.

oberato /obe'rato/ **I** p.pass. → **oberare II** agg. **1** *(gravato)* overburdened; ***~ di debiti*** burdened *o* crippled with debts **2** *(sovraccarico, oppresso)* overloaded; ***essere ~ di lavoro*** to be overloaded with work.

obesità /obezi'ta/ f.inv. obesity.

obeso /o'bɛzo/ **I** agg. obese **II** m. (f. **-a**) obese person.

obice /'ɔbitʃe/ m. howitzer.

obiettare /objet'tare/ [1] tr. to object; ***~ che*** to object that; ***"è ingiusto" obiettò*** "it's unfair," she objected; ***hai qualcosa da ~*** do you have any objections? ***non avere nulla da ~*** to have no objections.

obiettivamente /objettiva'mente/ avv. objectively; [*raccontare, scrivere*] impartially.

obiettività /objettivi'ta/ f.inv. objectivity, objectiveness; *(di trasmissione, giornalista)* impartiality; ***dar prova di ~*** to be objective; ***mancare di ~*** to lack objectivity; ***in tutta ~*** objectively.

▷ **obiettivo** /objet'tivo/ **I** agg. [*analisi, giudizio, articolo*] objective, impartial, unbias(s)ed; [*osservatore*] detached, unprejudiced; ***questa relazione non è -a*** this report is biased **II** m. **1** FOT. lens, objective, object-glass; ***~ con fuoco variabile, con zoom*** zoom lens; ***puntare l'~ su qcn.*** to point one's camera at sb. **2** *(scopo)* aim, objective, goal; ***abbiamo come ~ (quello) di fare*** our aim is to do; ***il suo ~ era dirigere una società*** her goal was to run a company; ***-i della politica estera*** foreign policy objectives; ***prefiggersi -i troppo ambiziosi*** to overreach oneself; ***raggiungere il proprio ~*** to achieve one's goal; ***essere senza -i precisi*** to lack direction; ***fornire un ~ per la ricerca*** to provide a focus for research **3** MIL. target, objective ◆◆ ***~ anastigmatico*** FOT. anastigmat; ***~ grandangolare*** FOT. wide-angle lens; ***~ sensibile*** MIL. sensitive target.

obiettore /objet'tore/ m. **1** MIL. ***~ di coscienza*** conscientious objector **2** *(medico)* antiabortionist.

obiezione /objet'tsjone/ f. objection, question; ***sollevare -i*** to object, to make objections; ***ci sono -i?*** are there any objections? ***~ accolta*** objection sustained; ***~ respinta*** objection overruled ◆◆ ***~ di coscienza*** conscientious objection.

obitorio, pl. **-ri** /obi'tɔrjo, ri/ m. morgue, mortuary.

obituario, pl. **-ri** /obitu'arjo, ri/ m. necrology.

oblativo /obla'tivo/ agg. altruistic, disinterested.

oblato /o'blato/ m. RELIG. oblate.

oblatore /obla'tore/ m. (f. **-trice** /tritʃe/) **1** donor **2** DIR. = tenderer of propositional payment.

oblazione /oblat'tsjone/ f. **1** *(offerta)* donation **2** RELIG. oblation; *(offerta dei fedeli)* offering **3** DIR. = cash settlement of a fine.

obliare /obli'are/ [1] tr. LETT. to forget*.

oblio /o'blio/ m. oblivion; ***sottrarre qcs., qcn. all'~*** to rescue sth., sb. from oblivion; ***cadere nell'~*** to be completely forgotten, to sink into oblivion.

obliquamente /oblikwa'mente/ avv. [*posizionare*] at an angle, obliquely, slantwise; [*muoversi*] slantingly, slantwise, sideways; [*tracciare*] obliquely; ***guardare qcn. ~*** to look askance at sb.

obliquità /oblikwi'ta/ f.inv. **1** *(di raggio, terreno)* obliqueness **2** ASTR. MAT. obliquity **3** FIG. indirectness.

obliquo /o'blikwo/ agg. [*tratto, raggio*] oblique, slanted; [*sguardo*] sidelong; ***caso ~*** LING. oblique case; ***muscolo ~*** ANAT. oblique muscle; ***faccia -a*** *(di gemma)* bezel; ***raggi di sole passavano -i attraverso gli alberi, la finestra*** rays of sun slanted through the trees, the window.

obliterare /oblite'rare/ [1] tr. **1** LETT. *(cancellare)* to obliterate, to cancel **2** *(annullare)* to frank, to obliterate [*marca da bollo*]; to punch [*biglietto*] **3** MED. to obstruct [*vaso sanguigno*].

obliteratore /oblitera'tore/ m., **obliteratrice** /oblitera'tritʃe/ f. *(di francobolli)* obliterator; *(di biglietti)* ticket punch.

obliterazione /obliterat'tsjone/ f. **1** *(di francobollo)* obliteration, cancelling BE, canceling AE; *(di biglietto)* punching; *(di memoria, impressione)* obliteration **2** MED. occlusion.

▷ **oblò** /o'blɔ/ m.inv. *(di nave)* porthole; *(di lavatrice)* viewing panel, window; *(di aeroplano)* window; ***~ fisso*** MAR. deadlight.

oblungo, pl. **-ghi**, **-ghe** /o'blungo, gi, ge/ agg. [*tavolo, costruzione*] oblong; BOT. ZOOL. elongate.

obnubilamento /obnubila'mento/ m. obnubilation, clouding; ***~ della coscienza*** obnubilation of the intellect.

obnubilare /obnubi'lare/ [1] tr. to cloud, to obscure [*intelletto, giudizio, emozione*].

oboe /'ɔboe/ ➧ ***34*** m. oboe, hautboy ANT.

oboista, m.pl. **-i**, f.pl. **-e** /obo'ista/ ➧ ***18*** m. e f. obo(e)ist.

obolo /'ɔbolo/ m. **1** STOR. *(moneta greca)* obol **2** *(offerta)* offering; ***dare il proprio ~*** to make one's own contribution; ***~ di san Pietro*** alms-fee, Peter's pence; ***~ della vedova*** widow's mite.

obovato /obo'vato/ agg. BOT. [*foglia*] obverse.

obsolescente /obsoleʃ'ʃɛnte/ agg. obsolescent.

obsolescenza /obsoleʃ'ʃɛntsa/ f. obsolescence; ***~ programmata*** built-in *o* planned obsolescence.

obsoleto /obso'lɛto/ agg. [*metodo, tecnica, vocabolo, espressione*] obsolete, outdated.

oc /ɔk/ avv. ***lingua d'~*** langue d'oc.

OC ⇒ onde corte short wave (SW).

▷ **oca**, pl. **oche** /'ɔka, 'ɔke/ f. **1** ZOOL. goose*; ***fegato d'~*** GASTR. goose liver; ***uno stormo di oche*** a wedge of geese; ***penna d'~*** quill (pen); ***passo dell'~*** MIL. goose-step; ***collo d'~*** MECC. gooseneck **2** *(ragazza stupida)* goose* ◆ ***avere la pelle d'~*** to come out in goose pimples; ***far venire la pelle d'~ a qcn.*** to make sb.'s skin *o* flesh crawl, to give sb. the creeps; ***essere stupida come un'~*** to be as thick as two short planks BE ◆◆ ***~ del Canada*** Canada goose; ***~ colombaccio*** brent goose; ***~ giuliva*** COLLOQ. SPREG. bimbo, silly goose; ***~ delle nevi*** snow goose; ***~ selvatica*** grey-goose, greylag.

ocarina /oka'rina/ ➧ ***34*** f. ocarina.

occamismo /okka'mizmo/ m. Occamism, Ockhamism.

occamista, m.pl. **-i**, f.pl. **-e** /okka'mista/ m. e f. Occamist, Ockhamist.

occasionale /okkazjo'nale/ agg. [*clientela, uso*] occasional; [*incontro, avvenimento*] chance attrib.; [*rapporti sessuali*] casual; ***lavori -i*** odd jobs; ***spese -i*** COMM. incidentals.

occasionalismo /okkazjona'lizmo/ m. FILOS. occasionalism.

occasionalmente /okkazjonal'mente/ avv. **1** *(di tanto in tanto)* occasionally **2** *(per caso)* fortuitously.

occasionare /okkazjo'nare/ [1] tr. to occasion.

▶ **occasione** /okka'zjone/ f. **1** *(circostanza, momento favorevole)* occasion, chance, opportunity; ***un'~ mancata, insperata*** a missed, an undreamed-of opportunity; ***alla prima ~*** at the earliest opportunity; ***questa è la tua ~!*** now's your chance! ***-i come queste sono rarissime*** such opportunities are few and far between; ***cogliere l'~ per fare*** to seize the opportunity to do; ***cogliere l'~ al volo*** to grab the opportunity, to jump at the chance; ***hai perso la tua ~*** you've missed your chance; ***ho di nuovo perso una buona ~ per tacere*** once again I should have kept my mouth shut; ***perdere un'~ d'oro*** to miss a golden opportunity; ***non lasciarti scappare queste -i*** don't let such opportunities go by; ***non ci sarà un'altra ~!*** you won't get a second chance! ***avere numerose -i per fare*** to have ample opportunity to do; ***se dovesse presentarsi l'~*** should the occasion arise; ***aspettare la grande ~*** to be waiting for one's big break; ***ha avuto la sua grande ~ nel 1973*** her big break came in 1973; ***vorrei approfittare dell'~ per dire*** I should like to take this opportunity to say; ***approfitta dell'~ mentre è possibile*** take the offer while it's there; ***all'~, se si presenta l'~*** if the occasion arises; ***in molte -i*** on several *o* numerous occasions; ***in certe -i*** on certain occasions; ***in ogni ~*** on all occasions; ***in ~ di*** on the occasion of; ***per l'~*** for the occasion; ***per le -i speciali*** o ***grandi -i*** for special occasions; ***conservare qcs. per le migliori -i*** to keep sth. for the most special occasions **2** *(merce a prezzo vantaggioso)* bargain; ***questo computer è una vera ~*** this computer is a real bargain; ***il mercato delle -i*** the secondhand market; ***reparto -i*** bargain basement; ***prezzo d'~*** bargain price; ***usato d'~*** nearly new; ***un'auto, una televisione d'~*** a bargain car, television; ***l'ho comprato d'~*** I bought it second-hand **3** *(motivo)* cause, occasion; ***essere ~ di*** to give rise to; ***dare a qcn. ~ di*** to give sb. cause to do **4** *(circostanza)* ***d'~*** [*poema, musica*] occasional ◆ ***l'~ fa l'uomo ladro*** PROV. opportunity makes the thief.

occaso /ok'kazo/ m. LETT. **1** *(tramonto)* sunset; *(occidente)* west **2** FIG. decline.

▷ **occhiaia** /ok'kjaja/ f. **1** *(orbita)* eye socket, orbit **2** *(segno sotto gli occhi)* ***avere le -e*** to have shadows *o* rings under one's eyes.

occhialetto /okkja'letto/ m. **1** *(piccoli occhiali)* pince-nez*; *(con manico)* lorgnette **2** *(monocolo)* monocle, eyeglass.

▷ **occhiali** /ok'kjali/ m.pl. glasses, spectacles, specs COLLOQ.; ***un paio di ~*** a pair of glasses; ***mettersi*** o ***inforcare gli ~*** to put on one's glasses; ***portare gli ~*** to wear glasses ◆◆ ***~ bifocali*** bifocals; ***~ da lettura*** reading glasses; ***~ da miope*** glasses for near-sighted people; ***~ con montatura a giorno*** rimless glasses; ***~ da neve*** snow goggles; ***~ polarizzanti*** polarized sunglasses; ***~ da presbite*** glasses for far-sighted people; ***~ di protezione*** goggles, eye protection; ***~ scuri*** dark glasses; ***~ da sole*** sunglasses; ***~ a stringinaso*** pince-nez; ***~ trifocali*** trifocals; ***~ da vista*** eyeglasses.

occhialino /okkja'lino/ m. **1** → **occhialetto** **2** ***occhialini da nuoto*** goggles.

occhialuto /okkja'luto/ agg. spectacled, four-eyed.

▶ **1.occhiata** /ok'kjata/ f. **1** *(sguardo frettoloso, esame approssimativo)* look, glance, glimpse, peek; ***dare un'~*** to have *o* take a look (**a** at); ***dai un po' un'~!*** get an eyeful of that! ***dare una rapida ~ a*** to give [sth.] a cursory glance, to give [sth.] a look-over, to flip through [*giornale, rivista*]; to run through [*lista, appunti*]; ***diede un'~ alla pagina*** his eyes ran over the page; ***diede un'~ all'orologio*** he cocked *o* glanced an eye at the clock; ***dare un'~ furtiva a qcs.*** to sneak a look; ***dare un'~ in giro*** to look around, to have a look around; ***basta un'~ per vedere che*** you can tell at a glance that **2** *(sguardo intenso e significativo)* glance, look; ***fulminare qcn. con un'~*** to look scathingly at sb.; ***un'~ di rimprovero*** a reproving glance; ***scambiarsi delle -e*** to exchange glances *o* looks; ***lanciare un'~ assassina a qcn.*** to give sb. an evil look; ***squadrare qcn. con un'~*** to eye sb. up and down, to give sb. the once-over; ***~ malevola*** evil eye.

2.occhiata /ok'kjata/ f. ITTIOL. saddled bream.

occhiataccia, pl. **-ce** /okkja'tattʃa, tʃe/ f. nasty look; ***lanciare un'~ a qcn.*** to give sb. a dirty look; ***mi ha lanciato un'~*** I got an ugly look from him.

occhiato /ok'kjato/ agg. [*piume di pavone, farfalla*] ocellated.

occhieggiare /okkjed'dʒare/ [1] **I** tr. to eye (up), to ogle COLLOQ. [*ragazza*]; to eye [*gioiello, dolce*] **II** intr. (aus. *avere*) ***il sole occhieggia tra le nuvole*** the sun is peeping through the clouds.

occhiellatrice /okkjella'tritʃe/ f. **1** *(per asole)* buttonholer **2** IND. eyelet punch.

occhiellatura /okkjella'tura/ f. **1** *(l'occhiellare)* buttonholing **2** *(insieme di occhielli) (di abito)* buttonholes pl.; *(di scarpe, cinture)* line of eyelets.

▷ **occhiello** /ok'kjɛllo/ m. **1** *(di abiti)* buttonhole, eyelet; ***porta un fiore rosso all'~*** he is wearing a red flower in his buttonhole; ***punto ~*** buttonhole stitch; ***gancio con ~*** hook and eyes; ***l'artista è il fiore all'~ della sua città*** FIG. the artist is the boast of the city **2** *(di scarpe, cinture)* eye **3** TIP. *(di libro)* half title, bastard title; GIORN. subhead.

occhiera /ok'kjɛra/ f. eyebath, eyecup.

occhietto /ok'kjetto/ m. **1** ***fare l'~ a qcn.*** to wink at sb. **2** TIP. *(di libro)* half title; GIORN. subhead.

▶ **occhio**, pl. **-chi** /'ɔkkjo, ki/ ♦ **4** m. **1** eye; ***il bianco dell'~*** the whites of one's eyes; ***-chi a mandorla*** almond *o* slanting eyes; ***-chi chiari*** light-coloured eyes; ***-chi scuri*** dark eyes; ***avere gli -chi storti*** to be cross-eyed; ***bambino dagli*** o ***con gli -chi blu*** blue-eyed child; ***-chi da cerbiatto*** doe eyes; ***-chi di gatto*** cat eyes; ***-chi porcini*** piggy eyes; ***-chi bovini*** ox eyes; ***-chi vitrei*** glassy eyes; ***-chi iniettati di sangue*** bloodshot eyes; ***avere gli -chi spiritati*** to have a wild look in one's eyes; ***con gli -chi pieni di tristezza*** with sorrow in one's eyes; ***con gli -chi bassi*** with downcast eyes; ***avere l'~ vivo*** o ***vispo*** to be quick-eyed; ***avere gli -chi annebbiati*** to be bleary-eyed; ***stropicciarsi gli -chi*** to rub one's eyes; ***affaticarsi gli -chi*** to strain one's eyes; ***cieco da un ~*** blind in one eye; ***perdere un ~*** to be blinded in one eye; ***essere strabico da un ~*** to have a cast in one eye; ***avere gli -chi bendati*** to be blindfolded; ***avere le lacrime agli -chi*** to have tears in one's *o* to be tearful; ***i suoi -chi sono gonfi di pianto*** his eyes are swollen with crying; ***non riesco a tenere gli -chi aperti*** I can't keep my eyes open; ***sognare ad ~ aperti*** to day-dream; ***aprire gli -chi*** to open one's eyes; FIG. to get wise; ***tenere gli -chi bene aperti*** FIG. to keep one's eyes skinned *o* peeled; ***aprire gli -chi a qcn. su*** FIG. to awaken sb. to [*pericolo, problema*]; ***apri gli -chi!*** wake up! ***chiudere gli -chi di fronte a qcs.*** to close *o* shut one's eyes to sth.; ***chiudere un ~ su qcs.*** FIG. to turn a blind eye to sth.; ***trovare la strada ad -chi chiusi*** FIG. to find the way blindfold *o* with one's eyes closed; ***potrei farlo a -chi chiusi*** FIG. I could do it in my sleep; ***accettare a -chi chiusi*** FIG. to sign on the dotted line; ***non ho chiuso ~ (per tutta la notte)*** I didn't sleep a wink (all night); ***tenere d'~ qcn.*** to keep an eye on sb.; ***tieni gli -chi sulla palla!*** keep your eye on the ball! ***avere gli -chi incollati a qcn.*** to have one's eyes glued to sb.; ***spalancare gli -chi*** to open one's eyes wide; ***avere gli -chi spalancati dalla meraviglia*** to be wide-eyed in wonder; ***sgranò gli -chi*** her eyes widened; ***visibile a ~ nudo*** visible to the naked eye; ***vedere qcs. con i propri -chi*** to see sth. with one's own eyes; ***sotto gli -chi di qcn.*** in full *o* plain view of sb.; ***ce l'ho sotto gli -chi*** I have it in front of me; ***sotto gli -chi di tutti*** for all the world to see; ***proprio davanti ai nostri -chi*** before our very eyes; ***all'altezza degli -chi*** at eye level; ***quasi non credevo ai miei -chi*** I could hardly believe my eyes; ***cercare qcs. con gli -chi*** to look around for sth.; ***l'ha seguita con gli -chi*** his eyes followed her; ***mettere gli -chi su*** o ***addosso a qcn., qcs.*** FIG. to have one's eye on sb., sth., to set one's sights on sb., sth.; ***non riusciva a togliergli gli -chi di dosso*** FIG. she couldn't take her eyes off him; ***non avere -chi che per qcn.*** to only have eyes for sb.; ***alzare gli -chi (al cielo)*** to raise one's eyes, to cast one's eyes up; ***guardandosi negli -chi*** gazing into each other's eyes; ***dare nell'~*** to attract attention, to be showy, to stand out a mile; ***cerca di non dare nell'~*** try to be inconspicuous; ***era una meraviglia, un piacere per gli -chi*** it was a wonder, joy to behold; ***gettare polvere negli -chi*** FIG. to throw dust in sb.'s eyes; ***guardare qcn. con la coda dell'~*** to see sb. out of the corner of one's eye; ***guardare qcn. con -chi languidi*** to give sb. the glad eye; ***interrogare qcn. con gli -chi*** to give sb. a questioning look; ***a colpo d'~*** at a glance; ***al primo colpo d'~, capii...*** the first time I laid *o* set eyes on it, I knew...; ***per l'~ esperto*** to the expert *o* trained eye; ***vedere qcn., qcs. di buon ~*** to look with favour on sb., sth., to look on sb., sth. with favour *o* favourably; ***sotto l'~ vigile di*** under the watchful, eagle eye of; ***vedere qcn. con gli -chi dell'amore*** to look at sb. with loving eyes; ***vedere qcs. con l'~ della mente*** to see sth. in one's mind's eye; ***Londra vista con gli -chi di un bambino*** London seen through the eyes of a child, a child's eye view of London; ***guardare qcn. dritto negli -chi*** to look sb. straight in the eye *o* face; ***guardare qcs. con ~ critico*** to take a critical look at sth.; ***guardare qcs. con tanto d'-chi*** to goggle at sth.; ***dove hai gli -chi?*** are you blind? ***agli -chi del mondo*** in the eyes of the world; ***agli -chi di mio padre*** in my father's eyes; ***all'~ distratto sembra che*** to the casual eye it seems that; ***vedere qcs. con un altro ~*** to take a different view of sth.; ***luce dei miei -chi*** light of my life; ***a ~ e croce avrà 30 anni*** roughly speaking I would say that he is about 30; ***dimagrisce a vista d'~*** he's getting thinner before our very eyes; ***in un batter d'~*** in the bat of an eye, in less than no time **2** *(buco)* eye, eyelet **3** TIP. face, typeface **4** METEOR. eye **5** GASTR. *(di patata)* eye **6** BOT. eyespot **7** ZOOL. *(del pavone)* eye **8** *(come esclamazione)* ***~!*** watch out! mind! ◆ ***divorare qcs., qcn. con gli -chi*** to eye sth., sb. up and down; ***spogliare qcn. con gli -chi*** to undress sb. with one's eyes; ***mi vien voglia di mangiarti con gli -chi!*** you look good enough to eat! ***fare gli -chi dolci*** o ***da triglia a qcn.*** to make eyes *o* flutter one's eyelashes at sb., to make sheep's eyes at sb.; ***fare l'~ a qcs.*** to get used to sth.; ***fare un ~ nero a qcn.*** to black BE *o* blacken AE sb.'s eye; ***cavare gli -chi a qcn.*** to claw *o* gouge sb.'s eyes out; ***essere un pugno nell'~*** to be an eyesore, to stick out like a sore thumb; ***gli -chi gli uscivano dalle orbite*** his eyes were bulging out of their sockets, his eyes were out on stalks; ***gli sono rimasti solo gli -chi per piangere*** all he can do is cry; ***non l'ha fatto per i tuoi begli -chi*** he didn't do it for love *o* nothing; ***essere tutt'-chi*** to be all eyes; ***riempirsi gli -chi*** to get an eyeful; ***anche l'~ vuole la sua parte*** = you should also please the eye; ***lo vedo come il fumo negli -chi*** I can't bear the sight of him; ***la pasta***

mi esce dagli -chi I've had it up to here with pasta; ***saltare*** o ***balzare agli -chi*** to leap out at sb, to stand out a mile; ***buttare*** o ***gettare l'~ su*** to clap eyes on, to have *o* take a look-see; ***gettare fumo negli -chi a qcn.*** to pull the wool over sb.'s eyes; ***rifarsi gli -chi con qcs.*** to feast one's eyes on sth.; ***avere ~ per*** to have an eye for [*dettagli, colore*]; ***avere gli -chi foderati di prosciutto*** to go around with one's eyes shut; ***avere cento -chi*** to have eyes in the back of one's head; ***a perdita d'~*** as far as the eye can see; ***a portata d'~*** within eyeshot; ***discutere a quattr'-chi*** to discuss in private; ***costare un ~ della testa*** to cost the earth, to cost an arm and a leg; ***avere -chi di lince*** to be lynx-eyed; ***avere un ~ d'aquila*** to be eagle-eyed; ***~ per ~, dente per dente*** PROV. an eye for an eye, a tooth for a tooth; ***lontano dagli -chi, lontano dal cuore*** PROV. out of sight, out of mind; ***gli -chi sono lo specchio dell'anima*** PROV. the eyes are the windows of the soul; ***vedere la pagliuzza nell'~ del prossimo e non la trave nel proprio*** to see the mote in one's brother's eye but not the beam in one's own; ***~ non vede cuore non duole*** PROV. what the eye doesn't see, the heart doesn't grieve over; ***quattro -chi vedono meglio di due*** PROV. two heads are better than one; ***l'~ del padrone ingrassa il cavallo*** the master's eye makes the horse fat; ***essere nell'~ del ciclone*** to be in the eye of the storm ◆◆ ***~ artificiale*** → ***~ di vetro***; ***~ di bue*** ARCH bull's-eye; FOT. snoot; ***all'~ di bue*** [*uovo*] sunny side up; ***~ catodico*** → ***~ magico***; ***~ clinico*** discerning *o* expert eye; ***~ composto*** ZOOL. compound eye; ***~ elettrico*** electric eye; ***~ di gatto*** MINER. cat's-eye; ***~ magico*** magic eye; ***~ di pernice*** *(tessuto)* bird's eye pattern; *(callo)* = small corn between toes; ***~ di pesce*** TECN. fisheye; ***~ di tigre*** tiger's eye; ***~ di vetro*** glass eye.

occhiolino /okkjo'lino/ m. ***fare l'~ a qcn.*** to wink at sb.

occhione /ok'kjone/ m. **1** ZOOL. stone curlew **2** *(nei traini)* ring.

occhiuto /ok'kjuto/ agg. **1** LETT. *(con molti occhi)* many-eyed **2** FIG. *(vigile)* sharp-eyed.

▶ **occidentale** /ottʃiden'tale/ ➧ **29 I** agg. **1** GEOGR. [*zona, costa, frontiera*] western, west; [*vento*] west, westerly; ***la parte ~ della città*** the west side of the town; ***Africa ~*** West Africa; ***Europa ~*** western Europe; ***Indie -i*** West Indies; ***il più ~*** the westernmost **2** POL. Western; ***il mondo ~*** the Western world; ***le potenze -i*** the Western powers; ***la cultura ~*** Western culture **II** m. e f. Westerner.

occidentalismo /ottʃidenta'lizmo/ m. occidentalism.

occidentalista, m.pl. **-i**, f.pl. **-e** /ottʃidenta'lista/ m. e f. occidentalist.

occidentalizzare /ottʃidentalid'dzare/ [1] **I** tr. to occidentalize, to westernize **II occidentalizzarsi** pronom. to become westernized.

occidentalizzazione /ottʃidentaliddzat'tsjone/ f. westernization.

▷ **occidente** /ottʃi'dɛnte/ m. **1** west; ***a ~ di*** west of; ***il sole tramonta a ~*** the sun sets in the west; ***andare a ~*** to go west *o* westward; ***diretto a ~*** westbound **2** *(civiltà)* ***l'Occidente*** the West.

occipitale /ottʃipi'tale/ agg. occipital; ***osso ~*** occipital bone.

occipite /ot'tʃipite/ m. occiput*.

occitanico, pl. **-ci, -che** /ottʃi'taniko, tʃi, ke/ **I** agg. Occitan **II** m. LING. Occitan.

occitano /ottʃi'tano/ **I** agg. Occitan **II** m. LING. Occitan.

occludere /ok'kludere/ [11] tr. **1** *(ostruire)* to stop up, to obstruct [*tubature*] **2** MED. to occlude [*vaso sanguigno*]; to congest [*organo*].

occlusione /okklu'zjone/ f. **1** MED. *(di vaso sanguigno)* occlusion, obstruction **2** CHIM. ANAT. METEOR. occlusion **3** LING. occlusion ◆◆ ***~ intestinale*** intestinal blockage *o* impaction.

occlusiva /okklu'ziva/ f. occlusive, plosive, stop; ***~ sorda, sonora*** voiceless, voiced occlusive.

occlusivo /okklu'zivo/ agg. **1** MED. occlusive **2** LING. [*consonante*] occlusive.

occluso /ok'kluzo/ **I** p.pass. → **occludere II** agg. METEOR. CHIM. [*materiale*] occluded.

occorrente /okkor'rɛnte/ **I** agg. [*tempo, materiale*] necessary **II** m. **1** *(necessario) (per artista, ufficio)* materials pl.; ***portare con sé tutto l'~*** to bring everything necessary; ***l'~ per scrivere*** writing materials **2** LETT. *(ciò che accade)* = what is happening.

occorrenza /okkor'rɛntsa/ f. **1** need, necessity; *(eventualità)* eventuality; ***secondo le -e*** if the need arises; ***premunirsi per ogni ~*** to be prepared for all eventualities; ***all'~*** if need be; ***all'~ prendere le pastiglie*** take the tablets as required *o* needed **2** LING. occurrence.

▶ **occorrere** /ok'korrere/ [32] **I** intr. (aus. *essere*) **1** *(essere necessario)* ***mi, ti, ci occorre qcs., qcn.*** I, you, we need sth., sb. (**per fare** to do); ***occorrono tre uomini per finire il lavoro*** three men are required to finish the work; ***ciò che occorre*** what is needed; ***non è l'attrezzo che occorre*** this isn't the instrument we need *o* the right instrument; ***occorreranno diversi giorni di scavi*** it will require several days' digging; ***occorrono tre ore per arrivare all'albergo*** it takes three hours to get to the hotel; ***occorrerebbe una legge che lo vieti*** there ought to be a law against it; ***che cosa ti occorre?*** what do you need? ***occorrono più soldi*** more money is needed **2** *(accadere)* to happen, to occur **II** impers. ***occorre fare*** we've got to *o* must *o* should do; ***occorre trovare una soluzione*** we've got to *o* must find a solution; ***occorre prenotare i posti con molto anticipo*** you need to book your seats well in advance; ***occorre solo dire che*** it need only be said that; ***non occorre che ti dica che*** I need hardly tell you that; ***occorre che tu faccia*** it's necessary that you do; ***occorre che lui vada*** it is necessary for him to go; ***occorre spiegargli le cose*** they need to have things explained to them; ***tutto ciò che occorre sapere sui computer*** everything you need to know about computers; ***quando occorre*** when necessary; ***non occorre fare molta strada per arrivare a Londra*** it's only a short trip into London.

occultabile /okkul'tabile/ agg. concealable.

occultamente /okkulta'mente/ avv. secretly.

occultamento /okkulta'mento/ m. *(di cadavere, refurtiva)* concealment, cover-up; *(di prova, informazioni, fatti, documenti)* concealment, suppression; ***~ di reato*** misprision of felony.

occultare /okkul'tare/ [1] **I** tr. **1** *(nascondere)* to hide*, to conceal [*prova, refurtiva*] **2** FIG. to conceal [*verità, fatto, questione, problema*] **3** ASTR. [*luna*] to occult [*sole*] **II occultarsi** pronom. to hide*.

occultazione /okkultat'tsjone/ f. **1** *(occultamento)* concealment, cover-up **2** ASTR. occultation.

occultezza /okkul'tettsa/ f. occultness.

occultismo /okkul'tizmo/ m. occultism.

occultista, m.pl. **-i**, f.pl. **-e** /okkul'tista/ m. e f. occultist.

occultistico, pl. **-ci, -che** /okkul'tistiko, tʃi, ke/ agg. occult attrib.

occulto /ok'kulto/ **I** agg. **1** *(relativo all'occultismo)* [*scienze, forze*] occult; [*potere*] mystic; ***alleanza -a*** DIR. ECON. concert party **2** *(segreto)* [*pensieri, ragioni, fondi*] secret **II** m. ***l'~*** the occult; ***il mondo dell'~*** (the world of) the occult.

occupabile /okku'pabile/ agg. occupiable.

occupante /okku'pante/ **I** agg. [*forze, truppe*] occupying **II** m. e f. **1** *(di casa, veicolo, sedile)* occupant; ***essere l'unico ~ di una casa*** to have sole occupancy of a house; ***primo ~*** DIR. first occupier; ***~ abusivo*** squatter **2** MIL. ***l'~*** the occupying force ◆◆ DIR. ***~ in buona fede*** occupant (without a lease).

▶ **occupare** /okku'pare/ [1] **I** tr. **1** *(trovarsi in)* [*persona*] to occupy [*posto, cella*]; to be* in [*doccia*]; to live in, to reside in [*casa, appartamento*]; ***gli inquilini che occupano attualmente la villa*** the tenants who now live in the villa; ***~ il sesto posto della classifica, del campionato*** to be sixth in the ranking, championship; ***~ un posto sul treno*** to occupy a seat on the train; ***il monumento occupa il centro della piazza*** the monument stands in the centre of the square **2** *(riempire)* [*oggetto, mobile*] to take* up [*spazio, volume*]; ***il nuovo tavolo occupa tutta la stanza*** the new table fills up the whole room; ***~ il posto di due persone*** to take up as much room as two people; ***lo sport occupa un grande spazio nella sua vita*** sport plays a great part in his life **3** *(impegnare)* to occupy [*persona, mente*]; to fill (up) [*tempo, giorno, ora*]; ***i miei studi mi occupano molto*** my studies keep me very busy, my studies take up a lot of my time; ***~ il proprio tempo studiando il francese*** to spend one's time studying French; ***~ le proprie giornate con il lavoro*** to fill one's days with work **4** *(avere)* to hold* [*impiego, posizione*]; to fill [*posto*]; ***~ la poltrona presidenziale*** to be President **5** *(impiegare)* [*azienda, settore*] to employ [*persone*] **6** *(invadere)* [*scioperanti*] to occupy [*luogo*]; MIL. [*truppe, esercito*] to occupy, to take* possession of [*paese, capitale*] **7** *(illegalmente)* to stage a sit-in at [*università, fabbrica*]; to squat [*appartamento, casa*] **II occuparsi** pronom. **1** *(provvedere a)* ***-rsi di*** to take* care of, to see* to [*cena, biglietti*]; to deal* with [*spese, contingenze, imprevisti*]; to sort out [*pianificazione, dettagli*]; ***puoi occuparti dell'organizzazione?*** can I leave the arrangements to you? **2** *(dedicare attenzione, lavoro)* ***-rsi di*** to address, to cope with [*problema, questione*]; to give* some attention to [*compito, lavoro*]; to deal* with [*lamentele, emergenze, richieste, situazioni*]; [*dipartimento, ufficiale*] to handle [*immigrazione, inchieste*]; ***l'avvocato si sta occupando di molti casi difficili*** the lawyer is dealing with a lot of difficult cases; ***l'argomento di cui ci occupiamo oggi*** the matter which we are dealing with today; ***non ho ancora avuto il tempo di occuparmene*** I haven't got around to it yet; ***di che cosa ti occupi?*** what do you do? **3** *(prendersi cura)* ***-rsi di*** to look after, to take* care of, to see* to [*bambino, animale, pianta*]; to deal* with [*paziente, clientela, faccenda, pubblico*]; to take* care of [*macchina, giardino, casa*]; ***non preoccupatevi, sono contento di***

occuparmi di Paul don't worry, I'll enjoy looking after Paul **4** *(avere un incarico relativo a)* ***-rsi di*** to be* in charge of [*finanziamento, amministrazione, biblioteca*]; to look after, to work with [*handicappati*]; to mind [*negozio*]; to deal* in [*beni, prodotto, azioni*]; to be* involved in [*affari, progetto*]; ***-rsi di politica*** to be in politics **5** *(immischiarsi)* ***-rsi degli affari degli altri*** to poke one's nose into other people's business; ***occupati degli affari tuoi*** mind your own business.

▷ **occupato** /okku'pato/ **I** p.pass. → **occupare II** agg. **1** *(indaffarato)* [*persona*] busy, pushed COLLOQ.; ***essere molto ~*** to be very busy; ***essere ~ a fare*** to be busy doing *o* occupied in doing; ***tenere qcn. ~*** to keep sb. busy; ***sono abbastanza ~ adesso*** I'm a bit tied up right now; ***tenersi ~ facendo qcs.*** to busy oneself *o* to keep oneself occupied doing sth. **2** *(impegnato)* [*linea telefonica, bagno*] engaged; [*posto, spazio*] taken; ***ho le mani -e*** I've got my hands full; ***sono due ore che Sabrina tiene ~ il bagno*** Sabrina's been in the bathroom for two hours; ***i posti sono tutti -i*** all the seats are taken; ***continuo a trovare ~*** *(al telefono)* I keep getting an engaged tone BE *o* a busy signal AE; ***il numero è ~*** the number is engaged BE *o* busy AE; ***"tutte le nostre linee sono -e, vi preghiamo di attendere"*** "all our lines are busy, please hold on" **3** *(impiegato)* ***siamo -i presso una casa editrice*** we work in a publishing house **4** MIL. [*paese*] occupied **III** m. (f. **-a**) *(chi ha un posto di lavoro)* employee; ***gli -i*** the employed.

occupazionale /okkupattsjo'nale/ agg. [*crisi, ripresa, livello*] occupational, employment attrib.; ***tagli -i*** job cuts.

▶ **occupazione** /okkupat'tsjone/ f. **1** *(lavoro)* employment **U**, job, occupation, work **U**; ***trovare un'~*** to find a job; ***senza ~*** jobless, unemployed; ***~ femminile, giovanile*** employment of women, young people; ***favorire, promuovere l'~*** to promote, stimulate employment; ***piano per l'~*** job creation scheme **2** *(passatempo)* pursuit, occupation; ***trovati un'~*** find yourself something to do; ***avere molteplici -i*** to have numerous occupations **3** *(incarico)* appointment **4** *(di appartamento, terreno)* occupation, occupancy **5** *(per protestare)* occupation; ***decidere l'~ dei locali*** to decide to stage a sit-in; ***~ abusiva*** squatting **6** MIL. occupation (**di** of; **con** by); ***l'~ del paese nemico*** the occupation of the enemy country; ***l'esercito di ~*** the army of occupation; ***zona d'~*** occupied territory ◆◆ ***~ fissa*** permanent *o* steady job.

Oceania /otʃe'anja/ ➧ **33** n.pr.f. Oceania.

oceaniano /otʃea'njano/ **I** agg. Oceanian **II** m. (f. **-a**) Oceanian.

oceanico, pl. **-ci, -che** /otʃe'aniko, tʃi, ke/ agg. **1** *(dell'oceano)* [*fauna, clima*] oceanic **2** *(immenso)* [*folla*] immense, huge.

oceanina /otʃea'nina/ f. LETT. Oceanid*.

▷ **oceano** /o'tʃεano/ ➧ **27** m. **1** ocean; ***~ Antartico*** Antarctic Ocean; ***~ Atlantico*** Atlantic Ocean; ***~ Indiano*** Indian Ocean; ***~ Pacifico*** Pacific Ocean **2** FIG. *(immensa quantità)* ***un ~ di*** oceans of.

oceanografia /otʃeanogra'fia/ f. oceanography.

oceanografico, pl. **-ci, -che** /otʃeano'grafiko, tʃi, ke/ agg. oceanographic(al).

oceanografo /otʃea'nɔgrafo/ ➧ **18** m. (f. **-a**) oceanographer.

ocellato /otʃel'lato/ agg. ocellate(d).

ocello /o'tʃεllo/ m. ZOOL. *(occhio)* eyespot, ocellus*, stemma*; *(sulla coda del pavone)* eye.

ocelot /os'lo, otʃe'lɔt/ m.inv. **1** *(animale)* ocelot **2** *(pelliccia)* ocelot.

ochetta /o'ketta/ f. **1** *(oca)* young goose* **2** FIG. *(ragazza sciocca)* silly goose* **3** *(recipiente)* feeding cup ◆ ***fare le -e*** [*mare*] to be covered with white horses.

ocra /'ɔkra/ ➧ **3 I** f. *(ematite)* ochre BE, ocher AE; ***~ rossa*** reddle, ruddle, red ochre; ***~ gialla*** yellow ochre **II** m.inv. *(colore)* ochre BE, ocher AE **III** agg.inv. ***(color) ~*** ochre BE, ocher AE.

ocraceo /o'kratʃeo/ agg. ochreous, ochrous, ochry.

OCSE /'ɔkse/ f. (⇒ Organizzazione per la Cooperazione e lo Sviluppo Economico Organization for Economic Cooperation and Development) OECD.

octopode /ok'tɔpode/ → **ottopode.**

octopus /'ɔktopus/ m.inv. ZOOL. octopus*.

oculare /oku'lare/ **I** agg. **1** *(relativo agli occhi)* [*muscolo, tessuto*] ocular, eye attrib.; ***globo*** o ***bulbo ~*** eyeball; ***bagno ~*** eyebath; ***affaticamento ~*** eye strain **2** DIR. ***testimone ~*** eyewitness **II** m. *(lente)* eyepiece.

ocularmente /okular'mente/ avv. ocularly.

oculatamente /okulata'mente/ avv. cautiously, wisely.

oculatezza /okula'tettsa/ f. caution, prudence; *(nelle spese)* sparingness, thrift.

oculato /oku'lato/ agg. *(sensato)* [*gestione, strategia*] sound, wise; *(avveduto)* [*persona*] cautious, prudent; *(ponderato)* [*consiglio, scelta*] sensible.

▷ **oculista**, m.pl. **-i**, f.pl. **-e** /oku'lista/ ➧ **18** m. e f. eye specialist, oculist, ophthalmologist.

oculistica /oku'listika/ f. ophthalmology.

oculistico, pl. **-ci, -che** /oku'listiko, tʃi, ke/ agg. ophthalmological; ***fare una visita -a*** to have one's eyes examined; ***gabinetto ~*** ophthalmologist's surgery.

oculomotore /okulomo'tore/ agg. oculomotor.

od /od/ → **1.o.**

odalisca, pl. **-sche** /oda'liska, ske/ f. odalisque.

oddio /od'dio/ inter. my dear, my God; ***~, ci mancava anche questa!*** my God, that's all we need!

Oddone /od'done/ n.pr. Odo.

ode /'ɔde/ f. ode.

O.d.G. ⇒ Ordine del Giorno agenda.

▶ **odiare** /o'djare/ [1] **I** tr. to hate, to loathe, to detest [*persona, cosa*]; ***~ la menzogna, la disonestà*** to hate lies, dishonesty; ***odio i pettegoli*** I can't stand gossip ***farsi ~*** to make oneself hated *o* detested (**da** by); ***ci odia perché abbiamo scelto qualcun altro*** he hates us for choosing somebody else; ***odio vederlo soffrire così*** I hate to see him suffer like that; ***la cosa, la persona che odia di più*** his pet aversion; ***~ a morte qcn.*** to hate sb. like poison; ***~ qcn. con tutta l'anima*** to hate sb.'s guts; ***gli hanno fatto ~ la sua famiglia*** they've poisoned his mind against his family; ***~ fare qcs.*** *(non sopportare)* to hate doing *o* to do sth.; ***odia talmente volare che preferisce andare in nave*** he hates flying so much that he prefers to take the boat; ***Barbara odia che ci si prenda gioco di lei*** Barbara hates it when people make fun of her; **II odiarsi** pronom. **1** *(reciprocamente)* [*persone, nemici*] to hate each other **2** *(se stesso)* ***mi odio per la mia vigliaccheria, per essere stato vigliacco*** I hate myself for my cowardice, being a coward.

odiato /o'djato/ **I** p.pass. → **odiare II** agg. hated, detested, loathed.

odiernamente /odjerna'mente/ avv. nowadays.

odierno /o'djεrno/ agg. **1** *(di oggi)* [*comunicato*] today's attrib., of today mai attrib.; ***in data -a*** today, on this day **2** *(attuale)* [*scoperte*] present, modern.

Odino /o'dino/ n.pr.m. Odin.

▶ **odio**, pl. **odi** /'ɔdjo, 'ɔdi/ m. hatred, hate (**di qcn.** of sb.; **per qcs.** of, for sth.); ***~ religioso, politico, razziale*** religious, political, racial hatred; ***~ viscerale*** visceral hatred; ***senza ~*** without hatred; ***con ~*** with hatred; ***essere consumato dall'~*** to be burnt up with hatred; ***essere accecato dall'~*** to be blinded with hatred; ***attirarsi l'~ di qcn.*** to earn oneself sb's hatred; ***alimentare l'~ di qcn.*** to feed *o* kindle sb.'s hatred; ***agire spinto dall'~*** to act out of hatred; ***nutrire*** o ***provare ~ per qcn.*** to feel hatred for sb., to hate sb.; ***non provava nessun ~*** she was free from *o* of any hatred; ***avere in ~ qcs.*** to abominate sth.; ***prendere qcn., qcs. in ~*** to take a strong dislike to sb., sth.; ***mi ha lanciato uno sguardo di puro ~*** he gave me a look of sheer hatred; ***covare dell'~ per qcs., qcn.*** to harbour hatred for sth., sb.; ***~ di sé*** self-hate, self-loathing.

odiosamente /odjosa'mente/ avv. hatefully, obnoxiously.

odiosità /odjosi'ta/ f.inv. odiousness, loathsomeness, obnoxiousness.

▷ **odioso** /o'djoso/ agg. **1** *(abietto)* [*persona, azione*] hateful, loathsome, odious; [*bugia*] detestable; *(esecrabile)* damnable **2** *(insopportabile)* [*persona, comportamento*] nasty, obnoxious, detestable; [*lavoro*] loathsome; ***essere ~ a qcn.*** to be abhorrent to sb.

odissea /odis'sεa/ f. odyssey; ***la sua vita fu una lunga ~*** her life was full of trial and tribulation.

Odissea /odis'sεa/ n.pr.f. ***l'~*** the Odyssey.

Odisseo /odis'sεo/ n.pr.m. Odysseus.

odografo /o'dɔgrafo/ m. hodograph.

odometro /o'dɔmetro/ m. (h)odometer.

odontalgia /odontal'dʒia/ f. odontalgy, odontalgia.

odontalgico, m.pl. **-ci**, f.pl. **-che** /odon'taldʒiko, tʃi, ke/ agg. odontalgic.

odontoblasto /odonto'blasto/ m. odontoblast.

odontogenesi /odonto'dʒεnezi/ f.inv. odontogenesis.

odontoglosso /odonto'glɔsso/ m. odontoglossum.

odontoiatra, m.pl. **-i**, f.pl. **-e** /odonto'jatra/ ➧ **18** m. e f. dental surgeon, odontologist.

odontoiatria /odontoja'tria/ f. dentistry.

odontoiatrico, pl. **-ci, -che** /odonto'jatriko, tʃi, ke/ agg. [*controllo, cura*] dental; ***studio ~*** dentist's office.

odontologia /odontolo'dʒia/ f. odontology.

odontologico, pl. **-ci, -che** /odonto'lɔdʒiko, tʃi, ke/ agg. odontological.

odontostomatologia /odontostomatolo'dʒia/ f. odonto-stomatology.

odontotecnica /odonto'tɛknika/ f. *(tecnica, specializzazione)* prosthodontics + verbo sing.

odontotecnico, pl. **-ci**, **-che** /odonto'tɛkniko, tʃi, ke/ **I** agg. ***laboratorio ~*** prosthodontic lab **II** ◗ *18* m. (f. **-a**) dental technician, prosthodontist.

▷ **odorare** /odo'rare/ [1] **I** tr. **1** to smell*, to sniff [*fiore*] **2** FIG. *(subodorare)* to scent, to smell*, to sense [*inganno*] **II** intr. (aus. *avere*) to smell* (**di** of, like); ***le rose odorano gradevolmente*** the roses have a pleasant smell; ***~ di cattivo, di buono*** to smell bad, good, to have a bad, nice smell; ***~ di cipolla*** to smell of onion.

odorato /odo'rato/ m. (sense of) smell.

▶ **odore** /o'dore/ **I** m. smell, scent, odour BE, odor AE (**di** of); ***buon, cattivo ~*** nice, rank smell; ***~ penetrante, persistente, rivoltante, inconfondibile*** penetrating, lingering, revolting, unmistakable smell; ***un ~ acido, acre, dolciastro*** an acid, acrid, a sweet smell; ***c'è ~ di gas, di cucina, di sigaretta, di fumo*** there is a smell of gas, cooking, cigarettes, smoke; ***c'è un po' di cattivo ~ qui*** there's a bit of a smell in here; ***sento ~ di bruciato*** I can smell burning; FIG. I smell a rat; ***avere ~ di qcs.*** to smell of sth.; ***avere ~ di rancido*** to smell rancid; ***non avere*** o ***mandare ~*** to be odourless, not to give off any smell; ***non sento nessun ~*** I can't smell anything; ***avere un forte ~*** to smell strongly; ***avere un buon, ottimo ~*** to smell good, very good; ***avere*** o ***mandare un cattivo ~*** to smell ripe; ***cacciare, combattere i cattivi -i*** to get rid of, combat unpleasant odours; ***i cani ritrovano la strada dall'~*** dogs find their way by scent; ***riconoscere qcs. dall'~*** to recognize sth. by its smell **II odori** m.pl. GASTR. (fresh) herbs ◆ ***il denaro non ha ~*** PROV. money has no smell; ***in ~ di santità*** in the odour of sanctity; ***sentire ~ di successo, soldi*** to scent the sweet smell of success, money.

odorifero /odo'rifero/ agg. odoriferous.

odorino /odo'rino/ m. **1** *(odore gradevole)* pleasant smell; ***che ~!*** what a nice smell **2** IRON. *(puzza)* stench, stink.

odorizzare /odorid'dzare/ [1] tr. to odorize.

odorosamente /odorosa'mente/ avv. LETT. odorously.

odoroso /odo'roso/ agg. LETT. odorous.

odoscopio, pl. **-pi** /odos'kɔpjo, pi/ m. hodoscope.

OECE /o'ɛtʃe/ f. (⇒ Organizzazione Europea di Cooperazione Economica Organization for European Economic Cooperation) OEEC.

Ofelia /o'fɛlja/ n.pr.f. Ophelia.

▶ **offendere** /of'fɛndere/ [10] **I** tr. **1** *(ferire, urtare)* [*persona*] to offend, to hurt*, to give* offence to [*persona*]; ***non voleva ~*** she meant no offence; ***finirai per offenderla*** you will end up upsetting her; ***dire qcs. per ~*** to intend sth. as an insult; ***li ha offesi andandosene presto*** he hurt them by leaving early **2** RELIG. to trespass against [*Dio, cielo*] **3** FIG. to offend, to go* against [*giustizia, ragione, moralità, buon gusto*]; to outrage [*sentimenti, pubblico*]; to be* an offence to [*orecchio, occhi*]; to offend [*sensibilità*]; to be* an affront to [*intelligenza*]; to hurt*, to wound, to injure [*amor proprio*]; *(ledere)* to undermine [*onore*]; ***~ la vista*** [*edificio*] to offend the eye **4** DIR. to offend, to outrage [*pudore*] **5** *(lesionare)* to injure, to damage, to wound [*organo vitale*] **II offendersi** pronom. **1** to get* offended (**per** over), to take* offence (**per** at); ***-rsi facilmente, per un nonnulla*** to take offence easily, to be quick to take offence; ***non ti ~, ma...*** no offence intended, but... **2** *(insultarsi reciprocamente)* to exchange insults ◆ ***la verità offende*** PROV. nothing hurts like the truth.

offensiva /offen'siva/ f. MIL. POL. SPORT offensive (**contro** against); ***passare all'~*** to go on *o* take the offensive; ***~ aerea, diplomatica*** air, diplomatic offensive; ***essere sull'~*** to be on the offensive; ***la grande ~*** MIL. the big push; ***~ di pace*** peace offensive.

▷ **offensivo** /offen'sivo/ agg. **1** *(che offende)* [*discorso, atteggiamento, osservazione, comportamento*] offensive (**verso, nei confronti di** to); [*idea, vista, incidente*] distasteful; [*sarcasmo, commento*] wounding; [*linguaggio*] offensive, foul, insulting; [*rifiuto, parole*] hurtful; [*persona*] abusive (**verso**, **nei confronti di** to); ***l'ha trovato un po' ~*** he found it a bit insulting **2** MIL. [*guerra, manovra*] offensive **3** DIR. ***arma -a*** offensive weapon.

offensore /offen'sore/ m. (f. **offenditrice** /offendi'tritʃe/) **1** *(persona che offende)* offender **2** *(aggressore)* aggressor, attacker.

offerente /offe'rɛnte/ m. e f. COMM. bidder; *(a un'asta)* bidder; *(in una gara d'appalto)* tenderer; ***vendere al miglior ~*** to sell to the highest bidder.

▷ **offerta** /of'fɛrta/ f. **1** *(proposta)* offer (anche COMM.), proposal; ***fare, accettare, rifiutare un'~*** to make, accept, decline an offer; ***fare delle -e a qcn.*** COMM. to make approches to sb.; ***un'~ allettante*** a tempting offer; ***prezzo di ~*** asking *o* offer price; ***rilancio della sua ~ precedente*** ECON. improvement on his previous offer; ***~ di merce, di denaro*** offer of goods, money; ***la loro ~ di dialogo*** their offer to talk; ***"~ di impiego*** o ***lavoro"*** "situations vacant"; ***rispondere a un'~ di impiego*** o ***lavoro*** to reply to a job advertisement *o* offer; ***pubblicare un'~ di lavoro*** to advertise a vacancy *o* job; ***questa è la mia ultima ~: prendere o lasciare*** that's my last offer, take it or leave it! ***stanno arrivando -e di aiuto da tutte le parti*** offers of help are coming in thick and fast **2** *(condizione di vendita)* offer; ***~ speciale*** special offer, bargain; ***oggi i pomodori sono in ~*** special offer *o* bargain on tomatoes today; ***le radio erano in ~ a prezzi convenienti*** the radios were being offered at bargain prices **3** *(all'asta)* bid, bidding; *(negli appalti)* tender bid; ***la prima, l'ultima ~*** the opening, closing bid; ***fare un'~ per qcs.*** to make a bid for sth.; ***le -e sono aperte*** the bidding is open; ***alzare*** o ***superare l'~ di 1 milione*** to raise one's bid by 1 million; ***fare salire le -e*** to push up the bidding; ***le -e partivano da 1 milione*** the bidding opened at 1 million; ***presentare un'~ per un appalto*** to put in *o* make a tender for a contract **4** ECON. supply; ***l'equilibrio tra l'~ e la domanda*** the balance between supply and demand; ***l'eccedenza dell'~*** surplus supply **5** *(donazione)* offering, donation; *(promessa di donazione)* pledge; ***come*** o ***in ~*** as an offering; ***fare l'~ di*** to make the offering of; ***un'~ alla chiesa*** an offering for the church; ***piattino delle -e*** collection plate **6** RELIG. ***le -e*** oblations ◆◆ ***~ di acquisto*** bid; ***~ di acquisto in contanti*** cash offer; ***lanciare*** o ***fare un'~ di acquisto*** to launch a bid (**per**, **di** for); ***~ di appalto*** AMM. bid; ***fare un'~ di appalto*** to make a bid for a building contract; ***~ per grazia ricevuta*** thanks offering; ***~ di lancio*** introductory offer; ***~ di mercato*** market supply; ***~ propiziatoria*** BIBL. peace offering; ***~ pubblica di acquisto*** takeover bid, tender offer AE; ***~ pubblica di scambio*** share exchange offer; ***~ pubblica di vendita*** public offer for sale; ***~ di vendita*** offer for sale; ***~ votiva*** votive offering.

offerto /of'fɛrto/ **I** p.pass. → **offrire II** agg. offered.

offertorio, pl. **-ri** /offer'tɔrjo, ri/ m. RELIG. offertory.

▷ **offesa** /of'fesa/ f. **1** *(affronto)* affront, offence BE, offense AE; *(umiliazione)* humiliation; *(insulto)* insult; *(oltraggio)* outrage, indignity; ***perdonare, vendicare un'~*** to forgive, avenge an insult; ***senza ~!*** no insult *o* offence intended! ***è un'~ alla loro memoria, intelligenza*** it's an insult to their memory, intelligence; ***lavare un'~ nel sangue*** to exact retribution in blood for an insult **2** MIL. offensive; ***armi di ~*** weapons of offence ◆◆ ***~ verbale*** DIR. verbal abuse.

▶ **offeso** /of'feso/ **I** p.pass. → **offendere II** agg. **1** *(risentito)* offended, slighted, affronted; ***essere ~ a morte*** to be extremely offended; ***era più scioccato che ~*** he was less offended than shocked; ***parlare con un tono ~*** to speak in a resentful tone; ***sentirsi ~*** to feel offended *o* hurt **2** *(lesionato)* [*gamba*] injured; ***la pelle non è -a*** the skin is not broken **III** m. (f. **-a**) offended person; ***fare l'~*** to be in *o* get into a huff.

officiante /offi'tʃante/ **I** agg. [*sacerdote*] officiating **II** m. e f. officiant.

officiare /offi'tʃare/ [1] **I** tr. ***~ una chiesa*** to serve a church **II** intr. (aus. *avere*) to officiate.

▷ **officina** /offi'tʃina/ f. workshop, shop ◆◆ ***~ di assistenza*** service department; ***~ meccanica*** machine shop; ***~ di montaggio*** IND. AUT. assembly plant; ***~ di riparazione*** repair shop.

officinale /offitʃi'nale/ agg. **1** *(utilizzato in farmacia)* [*erba, pianta*] medicinal, officinal **2** *(iscritto nella farmacopea)* [*farmaco*] officinal.

off-limits /ɔf'limits/ agg.inv. off-limits, out of bounds.

off-line /ɔf'lain/ agg.inv. INFORM. [*sistema, dispositivo*] off-line.

▶ **offrire** /of'frire/ [91] **I** tr. **1** *(in regalo)* to offer, to give*; ***~ qcs. a qcn.*** to offer *o* give sb. sth, to offer sth. to sb.; ***un volo gratuito gentilmente offerto dalla compagnia aerea*** a free flight courtesy of the airline; ***~ la propria vita per qcs.*** to offer up one's life for sth.; ***~ una preghiera*** to offer up a prayer; ***mi ha offerto un pranzo*** he treated me to lunch; ***ti offro una birra*** have a beer on me, I'll buy you a beer; ***offro io!*** it's my treat! it's my round! ***offre la casa!*** the drinks are on the house! ***"questo programma vi è stato offerto da Sudso Soap"*** "brought to you by Sudso Soap" **2** *(mettere a disposizione)* to offer [*sostegno, aiuto, suggerimento*]; to proffer, to offer [*amicizia*]; to provide, to offer [*servizio, denaro*]; ***~ da bere, da mangiare*** to pass around drinks, food; ***~ il braccio, i propri servigi a qcn.*** to offer sb. one's arm, services; ***posso offrirti un whisky?*** can I tempt you to a whisky? ***offrigli una bibita!*** give him a drink! ***~ il proprio aiuto a qcn.*** to offer to help sb.; ***~ rifugio a qcn.*** to provide *o* give cover for sb.; ***~ un posto a qcn.*** to offer sb. a post **3** *(a titolo di scambio)* to offer, to tender [*ricompensa, somma, denaro*];

ECON. COMM. to bid*; ***quanto mi offri per quello?*** how much are you offering? ***ti offro 2 milioni in cambio*** I'll give you 2 million for it; ***1 milione, chi offre di più?*** *(nelle aste)* any advance on 1 million? **4** *(presentare)* to offer [*scelta*]; to present, to provide [*opportunità, vantaggio*]; ***non avere nulla da ~*** to have nothing to offer; ***~ le dimissioni*** to offer *o* tender one's resignation; ***~ le proprie scuse*** to serve up one's excuse; ***questo viaggio ti offrirà l'occasione di fare*** this trip will give you the opportunity to do; ***un lavoro che offre prospettive*** a job with opportunities; ***il mercato offre buone possibilità di successo*** the market has possibilities; ***la finestra vi offre una bella vista sulla chiesa*** the window gives you a good view of the church; ***offre spunti di riflessione*** that's food for thought; ***~ qcs. a qcn. su un vassoio d'argento*** FIG. to hand *o* present sb. sth. on a silver platter **5** *(esporre)* ***~ il petto alle baionette*** to bare one's chest to the bayonets; ***~ il fianco alle critiche*** to lay oneself open to criticism **II offrirsi** pronom. **1** *(proporsi)* ***-rsi come autista*** to hire oneself out as a driver; ***si è offerto di aiutarci*** he offered to help us; ***-rsi volontario per fare*** to volunteer *o* come forward to do **2** *(presentarsi)* [*soluzione, opportunità*] to offer itself (**a** to); ***il paesaggio che si offriva ai nostri occhi era magico*** the landscape before us was magical; ***mi si è offerta l'occasione di andare a Roma*** I've been given the chance to go to Rome.

offset /ˈɔfset/ **I** agg.inv. [*stampa, macchina*] offset **II** m.inv. offset; ***libro stampato in ~*** book printed by offset.

off-shore /ɔfˈʃɔr/ **I** agg.inv. **1** SPORT [*gara, imbarcazione*] offshore **2** *(nell'industria petrolifera)* ***piattaforma ~*** offshore platform **3** *(extraterritoriale)* [*banca*] offshore; ECON. [*commessa*] offshore **II** m.inv. SPORT *(attività)* offshore powerboat racing; *(motoscafo)* offshore powerboat.

offuscamento /offuskaˈmento/ m. **1** *(del cielo)* darkening, obfuscation FORM. **2** *(della mente)* clouding, obfuscation FORM.; *(della reputazione)* tarnishing **3** *(della vista)* dimming, blurring.

offuscare /offusˈkare/ [1] **I** tr. **1** *(privare della luce)* [*nuvole*] to darken [*cielo*]; [*nebbia*] to haze **2** *(attenuare, indebolire)* [*fumo*] to cloud, to blur, to dim [*vista*]; FIG. to cloud [*giudizio, memoria*]; to obscure [*verità, gloria*]; to tarnish [*reputazione, felicità*]; ***~ i sensi*** to dull senses **II offuscarsi** pronom. **1** *(oscurarsi)* [*cielo*] to darken, to cloud (over), to haze; [*immagine, visione*] to be* blurred; [*paesaggio*] to mist over; FIG. [*memoria, ricordi, bellezza*] to dim, to fade; ***mi si è offuscata la vista*** my sight is growing dim **2** *(diventare triste)* [*sguardo*] to waver, to become* sombre.

ofide /oˈfide/ agg. e m. ophidian.

ofidismo /ofiˈdizmo/ m. venom poisoning.

ofiolite /ofjoˈlite/ f. ophiolite.

ofiologia /ofjoloˈdʒia/ f. ophiology, ophidology.

ofite /oˈfite/ f. ophite.

oftalmia /oftalˈmia/ f. ophthalmia.

oftalmico, pl. **-ci, -che** /ofˈtalmiko, tʃi, ke/ agg. [*nervo, vena*] ophthalmic; ***ospedale, clinica ~*** eye hospital, clinic.

oftalmologia /oftalmoloˈdʒia/ f. ophthalmology.

oftalmologico, pl. **-ci, -che** /oftalmoˈlɔdʒiko, tʃi, ke/ agg. ophthalmologic(al).

oftalmologo, pl. **-gi** /oftalˈmɔlogo, dʒi/ ***18*** m. (f. **-a**) ophthalmologist.

oftalmoscopia /oftalmoskoˈpia/ f. ophthalmoscopy.

oftalmoscopico, pl. **-ci, -che** /oftalmosˈkɔpiko, tʃi, ke/ agg. ophthalmoscopic.

oftalmoscopio, pl. **-pi** /oftalmosˈkɔpjo, pi/ m. ophthalmoscope.

oggettistica /oddʒetˈtistika/ f. gifts and fancy goods pl.

oggettivamente /oddʒettivaˈmente/ avv. **1** *(di fatto)* objectively, clearly **2** *(con imparzialità)* objectively.

oggettivare /oddʒettiˈvare/ [1] **I** tr. to objectify, to express in concrete form **II oggettivarsi** pronom. to become* concrete.

oggettivazione /oddʒettivatˈtsjone/ f. objectification.

oggettivismo /oddʒettiˈvizmo/ m. objectivism.

oggettività /oddʒettiviˈta/ f.inv. objectivity; ***dar prova di ~*** to be objective.

oggettivo /oddʒetˈtivo/ agg. **1** *(relativo all'oggetto)* objective (anche FILOS.); ***realtà -a*** objective reality **2** *(imparziale)* objective, unbiased, fair **3** LING. ***proposizione -a*** (direct) object clause.

▶ **oggetto** /odˈdʒɛtto/ **I** m. **1** *(cosa materiale)* object, item, thing; ***~ in legno, metallo*** wooden, metal object; ***-i fragili, di valore*** breakables, valuables; ***~ decorativo*** decorative item; ***-i personali*** personal possessions; AMM. personal effects **2** *(di dibattito, pensiero)* subject; *(di desiderio, odio, amore)* object; ***essere ~ di*** to be the subject of [*ricerca*]; to be the object of [*brama, odio*]; to be singled out for [*inchiesta*]; ***essere ~ di controversia*** to be controversial; ***essere ~ di scherno da parte di qcn.*** to be held up to scorn by sb.; ***essere ~ dell'ammirazione di qcn.*** to be the admiration of sb.; ***essere ~ di critiche da parte di qcn.*** to come under attack from sb.; ***essere ~ di conversazione*** to be a conversation piece **3** *(scopo)* purpose, object; ***la linguistica ha per ~*** the purpose of linguistics is; ***"~: risposta alla vostra lettera del..."*** *(in una lettera)* "re: your letter of..." **4** LING. FILOS. object; ***complemento ~*** direct object **5** DIR. ***~ del contendere*** matter at issue; ***~ di un processo*** subject of an action **II** agg.inv. ***la donna, l'uomo ~*** the woman, man as an object ◆◆ ***~ d'arte*** objet d'art; ***~ d'epoca*** period piece; ***~ sessuale*** sex object; ***~ transizionale*** security blanket; ***~ volante non identificato*** unidentified flying object; ***-i smarriti*** *(alla stazione)* lost and found, lost property.

oggettuale /oddʒettuˈale/ agg. object attrib.

oggettualità /oddʒettualiˈta/ f.inv. objective reality.

▶ **oggi** /ˈɔddʒi/ **I** avv. **1** *(in questo giorno)* today; ***~ pomeriggio*** this afternoon; ***~ stesso*** just today; ***~ a otto*** a week today; ***un mese ~*** a month ago today; ***mio fratello passerà ~*** my brother is coming round today; ***~ fa freddo*** it's cool today; ***fa quarant'anni ~ che sono sposati*** they got married forty years ago today; ***perché proprio ~?*** why today of all days? ***perché ne parli solo ~?*** why didn't you mention it before now? ***che giorno è ~?*** what day is it today? what's today's date? ***quanti ne abbiamo ~?*** what's the date today? ***~ è il 2 maggio*** it's May 2 **2** *(oggigiorno)* today, nowadays; ***~ i bambini sono più intelligenti*** children are more intelligent today **II** m.inv. **1** *(questo giorno)* today; ***nel giornale di ~*** in today's newspaper; ***fino a ~*** to date, to this day; ***ancora ~*** to this day; ***a partire da ~, da ~ in poi*** from this day forth, from today forward, as of today; ***fra una settimana a partire da ~*** a week from today **2** *(l'epoca presente)* ***la gioventù di ~*** the teenagers of today; ***al giorno d'~, ~ come ~*** nowadays; ***dall'~ al domani*** from one day to the next; ***un poeta del mondo di ~*** a poet of the here and now ◆ ***meglio un uovo ~ che una gallina domani*** PROV. a bird in the hand is worth two in the bush; ***non rimandare a domani ciò che puoi fare ~*** PROV. never put off till tomorrow what can be done today.

oggidì /oddʒiˈdi/ avv. → **oggigiorno.**

oggigiorno /oddʒiˈdʒorno/ avv. nowadays, these days, today; ***~ le cose vanno così*** that's the modern way *o* the way things are these days.

ogiva /oˈdʒiva/ f. **1** ARCH. ogive; ***crociera a ~*** intersecting ribs; ***arco a ~*** ogival arch; ***volta a ~*** ogival vault **2** AER. MIL. nose-cone ◆◆ ***~ atomica*** nuclear warhead.

ogivale /odʒiˈvale/ agg. [*arco, volta*] ogival; [*stile, architettura*] Gothic.

ogm /oddʒiˈɛmme/ m.inv. (⇒ organismo geneticamente modificato genetically modified organism) GMO.

▶ **ogni** /ˈoɲɲi, ˈɔɲɲi/ *Ogni* si può tradurre in inglese in tre modi diversi: si usa *every* quando si vuole sottolineare l'omogeneità di un insieme di fatti, avvenimenti, cose o persone (*andiamo a sciare ogni anno* = we go skiing every year); quando invece si vuole sottolineare ciascuno dei fatti ecc. presi separatamente, si preferisce *each* (*la situazione peggiora ogni anno* = each year the situation is getting worse), che è obbligatorio usare se il riferimento è a due fatti, ecc. (*in una partita di pallavolo, ogni squadra è composta da sei giocatori* = in a volleyball match, each team is made up of six players); infine, se *ogni* significa *qualunque, tutti*, si traduce con *any* (*in ogni caso* = in any case). - Si veda anche la voce **ciascuno**. agg.indef. **1** *(ciascuno) (considerato nell'insieme)* every; *(considerato singolarmente)* each; ***~ giorno che passa*** with each passing day; ***~ voce in questo dizionario inzia con un accapo*** each *o* every entry in this dictionary starts on a new line; ***~ violino ha la sua sonorità*** each *o* every violin has its own sound; ***~ cosa a suo tempo!*** all in good time! ***c'è un tempo e un luogo per ~ cosa*** there is a time and place for everything; ***~ cosa che dico lo lascia del tutto indifferente*** everything I say just washes over him; ***la situazione si complica ~ giorno di più*** the situation is becoming more complicated by the day *o* each day *o* every day; ***prendiamo il giornale ~ giorno*** we buy a newspaper every day; ***guido per 15 km ~ giorno*** I drive 15 km every day; ***~ volta che*** whenever; ***~ volta che la incontro ha i capelli di un colore diverso*** whenever *o* every time I meet her, her hair is of a different colour **2** *(qualsiasi, tutti)* ***~ scusa è buona per litigare*** any pretext will do to start a quarrel; ***di ~ sorta*** of any kind; ***in ~ momento*** at any time; ***per loro ~ pretesto è buono*** they'll jump at any excuse; ***a ~ modo*** at any rate; ***a ~ costo*** at any cost, at all costs; ***in ~ caso*** in any case; ***escludere ~ possibilità*** to rule out all possibilities; ***ad ~ angolo*** on every street corner; ***cose di ~ tipo*** all sorts of things **3** *(con funzione distributiva)* ***~ ora, 10 metri*** every hour, ten metres; ***una compressa ~ quattro ore*** one tablet every four hours; ~ ***tre giorni, mesi*** every third day, month, every three days, months; ~ ***quanto?*** how often?

ogniqualvolta /oɲɲikwal'vɔlta/ cong. whenever, every time (that); ~ ***viene, sono felice*** whenever he comes, I'm happy.

Ognissanti /oɲɲis'santi/ m.inv. All Saints' Day.

ognora /oɲ'ɲora/ avv. always.

▶ **ognuno** /oɲ'ɲuno/ *Ognuno* si può tradurre in inglese in modi diversi: si usa *everyone* oppure *everybody* quando si vuole sottolineare l'omogeneità di un insieme di persone (*ognuno ha i suoi difetti* = everyone has their faults); quando invece si vuole alludere a ciascuna delle persone prese separatamente, si preferisce *each* (*ognuno di loro le diede un bacio* = each of them gave her a kiss). Gli esempi nella voce qui sotto documentano due usi particolari legati all'uso di *each (of)* ed *everybody / everyone*: innanzitutto, che è possibile l'alternanza fra *they each* e *each of them* o *we each* e *each of us*; secondariamente, che l'aggettivo possessivo dipendente da *everyone, everybody* o *each (of)* è nell'inglese corrente d'oggi *their*, con valore singolare e indistinto tra maschile e femminile, usato proprio per evitare l'uso generico di *his* o forme pesanti come *his or her* (*ognuno prenda il suo libro!* = everybody take their book! meglio di: everybody take his book! o: everybody take his or her book!) - Si veda anche la voce **ciascuno**. pron.indef. *(ciascuno) (considerato nell'insieme)* everyone, everybody; *(considerato singolarmente)* each; ~ ***di noi*** each of us; ***ha dato a ~ di noi un bacio*** she gave each of us a kiss; ~ ***di loro aveva un occhio nero*** they each had a black eye; ~ ***di loro contribuirà con 1 milione*** they are each putting in 1 million; ~ ***di noi vuole qualcosa di diverso*** we each want something different; ***ha parlato con ~ di noi a turno*** she spoke to each of us in turn; ~ ***ha i suoi difetti*** everyone has their faults; ~ ***ha diritto di avere la propria opinione*** everyone's entitled to their own opinion; ~, ***per quanto povero, inesperto*** everyone, however poor, inexperienced; ***questo è valido per ~ di voi!*** that goes for every one of you! ~ ***decida per conto suo*** let everyone make up his own mind; ~ ***di loro non si fida degli altri*** each one of them distrusts the others; ***ne assaggerò un po' di ~*** I'll try a little of each ◆ ~ ***per sé e Dio per tutti*** every man for himself (and God for us all).

▶ **oh** /ɔ, o/ inter. **1** *(per indicare lo stupore)* oh; ~ ***issa!*** heave-ho! ~, ***povero me!*** oh, woe is me! **2** *(per fermare un animale)* whoa **3** *(per attirare l'attenzione)* hey.

ohé /o'e/ inter. hey (there); ~, ***c'è nessuno?*** hey, is anybody in, there?

▷ **ohi** /ɔi/ inter. *(espressione di dolore)* ouch, ow.

ohibò /oi'bɔ/ inter. **1** *(espressione di stupore e indignazione)* tut-tut **2** *(di ammirazione)* oh, wow **3** *(accorgendosi di un errore)* whoops, oops.

ohimè /oi'mɛ/ inter. alas, alack; ~***! non mi resta più niente!*** oh dear! I have nothing left!

ohm /om/ m.inv. ohm.

ohmmetro /'ɔmmetro/ m. ohmmeter.

oibò → **ohibò.**

OIC /oit'tʃi/ f. (⇒ Organizzazione Internazionale del Commercio International Trade Organization) ITO.

oidio, pl. **-di** /o'idjo, di/ m. oïdium.

oïl /o'il/ avv. ***lingua d'~*** langue d'oïl.

OIL /oi'ɛlle/ f. (⇒ Organizzazione Internazionale del Lavoro International Labour Organization) ILO.

o.k. → **okay**.

okapi /o'kapi/ m.inv. okapi.

okay /o'kɛi/ **I** inter. okay, OK **II** m.inv. OK; ***dare l'~*** to give sb. the go-ahead.

OL ⇒ onde lunghe long wave (LW).

ola /'ɔla/ f.inv. Mexican wave.

olà /o'la/ inter. hey.

Olanda /o'landa/ ➧ ***33*** n.pr.f. Holland.

olandese /olan'dese/ ➧ ***25, 16*** **I** agg. [*cultura, cibo, politica*] Dutch **II** m. e f. *(uomo)* Dutchman*; *(donna)* Dutchwoman*; ***gli -i*** the Dutch **III** m. **1** LING. Dutch **2** *(formaggio)* Edam (cheese).

olé /o'le/ inter. olé.

oleaceo /ole'atʃeo/ agg. oleaginous, oily.

oleandro /ole'andro/ m. oleander, rose-laurel.

oleario, pl. **-ri, -rie** /ole'arjo, ri, rje/ agg. [*mercato*] oil attrib.

oleastro /ole'astro/ m. oleaster.

oleato /ole'ato/ agg. [*carta*] greaseproof.

olefina /ole'fina/ f. olefin(e).

olefinico, pl. **-ci, -che** /ole'finiko, tʃi, ke/ agg. olefinic.

oleico /o'lɛiko/ agg. ***acido ~*** oleic acid.

oleicolo /ole'ikolo/ agg. olive attrib., of olives.

oleicoltore /oleikol'tore/ ➧ ***18*** m. → **olivicoltore.**

oleicoltura /oleikol'tura/ f. → **olivicoltura.**

oleifero /ole'ifero/ agg. [*seme*] oleiferous.

oleificio, pl. **-ci** /olei'fitʃo, tʃi/ m. *(stabilimento)* oil mill.

oleina /ole'ina/ f. olein.

oleodotto /oleo'dotto/ m. (oil) pipeline.

oleografia /oleogra'fia/ f. **1** *(tecnica)* oleography **2** *(dipinto)* oleograph.

oleografico, pl. **-ci, -che** /oleo'grafiko, tʃi, ke/ agg. **1** ART. oleographic **2** FIG. conventional, unoriginal.

oleosità /oleosi'ta/ f.inv. oiliness.

oleoso /ole'oso/ agg. **1** *(che contiene olio)* oily; [*seme*] oleaginous, oleiferous **2** *(simile a olio)* oily, oleaginous.

olezzante /oled'dzante/ agg. sweet-scented, fragrant.

olezzare /oled'dzare/ [1] intr. (aus. *avere*) to be* fragrant with.

olezzo /o'leddzo/ m. **1** *(profumo)* smell, fragrance **2** SCHERZ. stench.

olfattivo /olfat'tivo/ agg. [*organi, sensibilità*] olfactory.

olfatto /ol'fatto/ m. smell, sense of smell; ***l'organo dell'~*** the olfactory organ.

olfattorio, pl. **-ri, -rie** /olfat'tɔrjo, ri, rje/ agg. [*nervo*] olfactory.

▷ **oliare** /o'ljare/ [1] tr. **1** *(ungere con olio)* to oil [*padella*] **2** *(lubrificare)* to oil [*ingranaggio*] **3** FIG. *(corrompere)* to bribe.

oliata /o'ljata/ f. ***dare un'~ a qcs.*** to oil sth.

oliato /o'ljato/ **I** p.pass. → **oliare II** agg. **1** *(unto, condito con olio)* [*insalata*] dressed with oil; [*padella*] oiled **2** *(lubrificato)* [*ingranaggio*] oiled.

oliatore /olja'tore/ m. oilcan, oiler; ~ ***a tazza*** oilcup.

oliatura /olja'tura/ f. TESS. TECN. oiling.

olibano /o'libano/ m. olibanum.

▷ **oliera** /o'ljɛra/ f. cruet.

olifante /oli'fante/ m. oliphant.

oligarca, m.pl. **-chi**, f.pl. **-che** /oli'garka, ki, ke/ m. e f. oligarch.

oligarchia /oligar'kia/ f. oligarchy.

oligarchico, pl. **-ci, -che** /oli'garkiko, tʃi, ke/ **I** agg. oligarchic(al) **II** m. (f. **-a**) = supporter of oligarchy.

oligisto /oli'dʒisto/ m. iron glance, hematite.

oligocene /oligo'tʃɛne/ m. Oligocene.

oligocenico, pl. **-ci, -che** /oligo'tʃɛniko, tʃi, ke/ agg. Oligocene.

oligocitemia /oligotʃite'mia/ f. oligocythemia.

oligoclasio, pl. **-si** /oligo'klazjo, zi/ m. oligoclase.

oligocrazia /oligokrat'tsia/ → **oligarchia.**

oligoelemento /oligoele'mento/ m. micronutrient, trace element, trace mineral.

oligofrenia /oligofre'nia/ f. oligophrenia.

oligomero /oli'gɔmero/ m. oligomer.

oligominerale /oligomine'rale/ agg. with a low mineral content.

oligopolio, pl. **-li** /oligo'pɔljo, li/ m. oligopoly.

oligopolista, m.pl. **-i**, f.pl. **-e** /oligopo'lista/ m. e f. oligopolist.

oligopolistico, pl. **-ci, -che** /oligopo'listiko, tʃi, ke/ agg. oligopolistic.

oligopsonio, pl. **-ni** /oligop'sɔnjo, ni/ m. oligopsony.

oligopsonista, m.pl. **-i**, f.pl. **-e** /oligopso'nista/ **I** agg. oligopsonist **II** m. e f. oligopsonist.

oligospermia /oligosper'mia/ f. oligospermia.

oliguria /oli'gurja, oligu'ria/ f. oliguria.

Olimpia /o'limpja/ n.pr.f. Olympia.

olimpiade /olim'piade/ **I** f. *(nell'antichità)* olympiad **II olimpiadi** f.pl. ***le -i*** the Olympics; ***-i invernali*** Winter Olympics; ***gareggiare alle ~*** to compete in the Olympics; ***la stanno allenando per le -i*** she is being trained for the Olympics.

olimpicità /olimpitʃi'ta/ f.inv. Olympian detachment.

1.olimpico, pl. **-ci, -che** /o'limpiko, tʃi, ke/ agg. **1** *(dell'Olimpo)* Olympian **2** FIG. [*calma*] Olympian.

2.olimpico, pl. **-ci, -che** /o'limpiko, tʃi, ke/ agg. [*giochi, stadio, fiaccola, villaggio, disciplina*] Olympic.

olimpionico, m.pl. **-ci**, f.pl. **-che** /olim'pjɔniko, tʃi, ke/ **I** agg. **1** *(relativo alle olimpiadi)* [*campione*] Olympic **2** ABBIGL. ***costume ~*** Olympic swimsuit **II** m. (f. **-a**) Olympic athlete.

olimpo /o'limpo/ m. *(gruppo di persone)* Hall of Fame.

Olimpo /o'limpo/ n.pr.m. GEOGR. MITOL. Olympus; ***gli dei dell'~*** the gods of Olympus, the Olympians.

▶ **olio**, pl. **oli** /'ɔljo, 'ɔli/ m. **1** *(condimento)* oil; ~ ***di prima spremitura*** oil of the first pressing; ***sardine sott'~*** sardines in vegetable oil; ***un condimento a base di ~ e aceto*** an oil and vinegar dressing; ***macchia d'~*** grease stain; ***diffondersi a macchia d'~*** FIG. to spread like wildfire; ***essere come un ~*** [*mare*] to be like a mill pond *o* as smooth as glass **2** ART. *(dipinto)* oil painting; ***i suoi oli sono più celebri dei suoi acquerelli*** his oil paintings *o* oils are more famous than his watercolours **3** ART. *(tecnica)* ***dipingere a ~*** to paint *o* work in oils; ***il ritratto è (fatto) a ~*** the portrait is (done) in oils; ***colore a ~*** oil colour **4** *(di macchina, motore)* oil; ***filtro dell'~*** oil filter; ***spia dell'~*** oil warning light; ***motore con raffreddamento a ~*** oil-cooled engine; ***cambio dell'~*** oil change; ***fare il cambio dell'~*** to change the oil; ***controllare il livello dell'~*** to check the oil ◆ ***andare liscio come l'~*** to be plain sailing; ***gettare ~ sul fuoco*** to add fuel to the fire ◆◆ ***~ di arachidi*** peanut oil, groundnut oil BE; ***~ da bagno*** bath oil; ***~ di balena*** whale oil, train oil; ***~ canforato*** camphorated oil; ***~ di colza*** rape(seed) oil; ***~ combustibile*** fuel oil, heating oil; ***~ di cotone*** cottonseed oil; ***~ esausto*** AUT. waste oil; ***~ essenziale*** aromatherapy oil, essential oil; ***~ extravergine*** extra virgin olive oil; ***~ di fegato di merluzzo*** cod-liver oil; ***~ di gomito*** SCHERZ. elbow grease; ***~ lampante*** lamp oil; ***~ di lino*** linseed oil; ***~ lubrificante*** lubricating oil, motor oil; ***~ per massaggi*** massage oil; ***~ minerale*** MINER. mineral oil; ***~ per motore*** engine oil; ***~ di noci*** nut-oil; ***~ di oliva*** olive oil; ***~ di palma*** palm oil; ***~ di paraffina*** liquid paraffin; ***~ di ricino*** castor oil; ***~ santo*** holy oil; ***~ (di semi) di girasole*** sunflower oil; ***~ (di semi) di mais*** corn oil; ***~ solare*** COSMET. suntan oil; ***~ di spermaceti*** sperm oil; ***~ da tavola*** salad oil; ***~ vegetale*** vegetable oil; ***~ di vinaccioli*** grapeseed oil.

olismo /o'lizmo/ m. holism.

olistico, pl. **-ci, -che** /o'listiko, tʃi, ke/ agg. holistic.

▶ **oliva** /o'liva/ ➧ **3** **I** f. **1** *(frutto)* olive; ***olio d'~*** olive oil; ***-e schiacciate*** cracked olives; ***-e snocciolate*** stoned olives BE, pitted olives AE **2** ARCH. bead moulding **II** agg.inv. [*verde*] olive; ***color ~*** olive green.

olivaceo /oli'vatʃeo/ agg. olivaceous, olive-coloured BE, olive colored AE.

olivagno /oli'vaɲɲo/ m. oleaster.

olivare /oli'vare/ agg. olivary.

olivastro /oli'vastro/ **I** agg. [*pelle, colorito*] olive **II** m. oleaster, wild olive.

olivenite /olive'nite/ f. olivenite.

Olivetano /olive'tano/ m. RELIG. Olivetan.

oliveto /oli'veto/ m. olive grove.

olivetta /oli'vetta/ f. toggle.

Olivia /o'livia/ n.pr.f. Olive, Olivia.

olivicolo /oli'vikolo/ agg. olive attrib., olive-growing.

olivicoltore /olivikol'tore/ ➧ ***18*** m. (f. **-trice** /tritʃe/) olive grower.

olivicoltura /olivikol'tura/ f. olive-growing.

Oliviero /oli'vjɛro/ n.pr.m. Oliver.

olivina /oli'vina/ f. olivine.

▷ **olivo** /o'livo/ m. olive; ***ramoscello d'~*** olive branch; ***legno di ~*** olive wood; ***offrire un ramoscello d'~*** FIG. to hold out *o* extend an olive branch; ***orto degli Olivi*** BIBL. Garden of Gethsemane; ***monte degli Olivi*** BIBL. Mount of Olives.

olmaia /ol'maja/ f. → **olmeto**.

olmaria /ol'marja/ f. meadowsweet.

olmeto /ol'meto/ m. elm grove.

olmio /'ɔlmjo/ m. holmium.

▷ **olmo** /'olmo/ m. *(albero, legno)* elm; ***~ bianco*** hackberry; ***~ montano*** wych elm.

olocausto /olo'kausto/ m. **1** RELIG. burnt offering, holocaust **2** *(sterminio, genocidio)* holocaust (anche FIG.).

olocefalo /olo'tʃɛfalo/ m. ZOOL. holocephalian.

olocene /olo'tʃɛne/ m. Holocene.

olocenico, pl. **-ci, -che** /olo'tʃɛniko, tʃi, ke/ agg. Holocene.

oloedrico, pl. **-ci, -che** /olo'ɛdriko, tʃi, ke/ agg. holohedral.

Oloferne /olo'fɛrne/ n.pr.m. BIBL. Holofernes.

olofrastico, pl. **-ci, -che** /olo'frastiko, tʃi, ke/ agg. holophrastic.

olografia /olografia/ f. holography.

olografico, pl. **-ci, -che** /olo'grafiko, tʃi, ke/ agg. [*documento*] holographic.

olografo /o'lɔgrafo/ agg. ***testamento ~*** handwritten *o* holograph will.

ologramma /olo'gramma/ m. hologram.

olomorfo /olo'mɔrfo/ agg. holomorphic.

olona /o'lona/ f. TESS. duck, sailcloth.

oloturia /olo'turja/ f. holothurian, bêche-de-mer*.

OLP /oɛllep'pi/ f. (⇒ Organizzazione per la liberazione della Palestina Palestine Liberation Organization) PLO.

oltraggiare /oltrad'dʒare/ [1] tr. to outrage [*persona*]; to violate [*costumi*].

oltraggio, pl. **-gi** /ol'traddʒo, dʒi/ m. outrage, indignity, offence BE, offense AE (**di** of); ***fare*** o ***recare ~ a*** to be an insult to [*persona, memoria, reputazione*]; to be an affront to [*ragione, morale*]; ***gli -gi del tempo*** FIG. the ravages *o* injuries of time ◆◆ ***~ al capo dello Stato*** contempt of the head of state; ***~ alla corte*** contempt of court; ***~ alla pubblica decenza*** affront to public decency; ***~ a pubblico ufficiale*** verbal assault of a policeman; ***~ al pudore*** indecent exposure, indecency.

oltraggiosamente /oltraddʒosa'mente/ avv. abusively; [*parlare*] offensively.

oltraggiosità /oltraddʒosi'ta/ f.inv. abusiveness.

oltraggioso /oltrad'dʒoso/ agg. [*parole*] abusive, offensive; [*comportamento*] outrageous.

oltralpe /ol'tralpe/ **I** m. ***paesi d'~*** transalpine countries, countries north of the Alps **II** avv. [*vivere*] north of the Alps.

oltranza /ol'trantsa/ f. **1** *(esagerazione)* excess; ***l'~ del tuo modo di fare*** your excessive manners **2 a oltranza** *(fino all'ultimo)* ***parlare, polemizzare a ~*** to speak, argue excessively; ***combattere a ~*** to fight to death; ***resistere a ~*** to resist to the bitter end; ***sciopero a ~*** all-out strike.

oltranzismo /oltran'tsizmo/ m. extremism.

oltranzista, m.pl. **-i**, f.pl. **-e** /oltran'tsista/ m. e f. extremist.

oltranzistico, pl. **-ci, -che** /oltran'tsistiko, tʃi, ke/ agg. extremist(ic).

▶ **oltre** /'oltre/ **I** avv. **1** *(nello spazio)* beyond; ***passare ~*** to move beyond; FIG. *(cambiare argomento)* to move *o* pass on; ***andare ~*** to go beyond, to outstep; FIG. *(esagerare)* to go too far; ***guardare ~*** to look beyond; ***fino a Londra e ~*** as far as London and beyond; ***arriverò fino là ma non ~*** I'll go so far but no farther; ***non posso andare ~*** I can't go any further; ***nella sua riflessione è andato ~*** FIG. he carried his thoughts further; ***non puoi sopportare ~*** there's only so much you can take **2** *(nel tempo)* ***non ti tratterrò ~*** I won't detain you any longer, I won't delay you any further; ***senza aspettare ~*** without further delay; ***fino all'anno 2000 e ~*** up to the year 2000 and beyond **3** *(più)* beyond; ***un po', molto ~*** a bit, far beyond; ***il 20% è il limite, non andranno ~*** 20% is the limit, they won't go over that; ***posso arrivare fino a 1.000 euro ma non ~*** I'm quite prepared to go up to 1,000 euros but no more; ***le persone con reddito di 18 milioni di sterline e ~*** those on incomes of 18 million and above **II** prep. **1** *(nello spazio)* ***~ questo limite*** beyond this limit; ***~ le frontiere*** beyond *o* across *o* over the borders; ***~ i mari*** beyond *o* over the seas; ***~ la montagna*** beyond the mountain; ***ben ~ la città*** far beyond *o* past the city; ***questa strada prosegue ~ il cimitero*** this road goes past the cemetery; ***~ ogni aspettativa*** FIG. beyond all expectation(s); ***va ~ ogni immaginazione*** FIG. it is beyond the grasp of the imagination; ***~ ogni possibile dubbio*** FIG. beyond the shadow of a doubt; ***la polizia ha agito ~ i limiti della legge*** FIG. the police went beyond the limits of the law; ***spinto ~ ogni limite di sopportazione*** FIG. driven beyond endurance **2** *(nel tempo)* beyond, over; ***~ una certa scadenza*** beyond a certain deadline; ***siamo stati lì per ~ un'ora*** we were there for over an hour; ***non lo vedo da ~ vent'anni*** I haven't seen him for over twenty years; ***ben ~ la mezzanotte*** well beyond midnight; ***~ la morte*** FIG. beyond the grave **3** *(più di)* over; ***cime di ~ 6.000 metri*** peaks of over 6,000 metres; ***non andare ~ le 5.000 sterline*** don't go any higher than 5,000 pounds; ***~ il 20%*** over 20%; ***i bambini ~ i sei anni*** children (of) over six; ***è ben ~ i 30*** she is well over 30; ***ben ~ i requisiti minimi*** over and above the minimum requirement; ***la temperatura salì bruscamente ~ i 40°*** the temperature soared past *o* above 40° **4 oltre a** in addition to; on top of [*salario, carico di lavoro*]; ***~ a ciò*** over and above that, besides that; ***~ a essere illegale, è anche pericoloso*** apart from being illegal, it's also dangerous; ***~ al mal di testa ho la febbre*** besides having a headache, I've got a temperature; ***~ a tutto il resto devo fare*** on top of everything else I have to do; ***~ ai problemi menzionati*** in addition to the problems mentioned; ***nessuno ~ a voi*** nobody apart from you **5 oltre che** *(in aggiunta)* ***è anche stupido ~ che volgare*** besides being stupid he is also vulgar ◆ ***~ ogni dire*** beyond expression; ***spingersi ~*** to go too far; ***~ misura*** → **oltremisura.**

oltreché /oltre'ke/ cong. ***~ bello è anche utile*** besides *o* apart from being nice it is also useful.

oltreconfine /oltrekon'fine/ avv. ***incursione ~*** border raid.

oltrecortina /oltrekor'tina/ avv. beyond the Iron Curtain.

oltrefrontiera /oltrefron'tjɛra/ avv. across the border.

oltremanica /oltre'manika/ **I** m.inv. ***d'~*** [*giornali, cantante*] British **II** avv. across, beyond the (English) Channel.

oltremare /oltre'mare/ **I** agg.inv. [*blu*] ultramarine; [*paese*] overseas **II** m.inv. **1** *(colore)* ultramarine (blue) **2** ***d'~*** [*colonia, paese, territorio*] overseas **III** avv. [*vivere, viaggiare*] overseas.

oltremarino /oltrema'rino/ agg. **1** *(d'oltremare)* [*colonia, paese*] overseas, transmarine **2** *(colore)* [*azzurro*] ultramarine.

oltremisura /oltremi'zura/ avv. [*cambiare, aumentare*] beyond measure; [*preoccuparsi, ignorare*] unduly.
oltremodo /oltre'mɔdo/ avv. extremely.
oltremondano /oltremon'dano/ agg. ultramundane.
oltremontano /oltremon'tano/ agg. tramontane, transmontane.
oltreoceano /oltreo'tʃɛano/ **I** m. ***d'~*** [*stampa, cantante*] American **II** avv. across the Atlantic.
oltrepassabile /oltrepas'sabile/ agg. passable.
▷ **oltrepassare** /oltrepas'sare/ [1] tr. to cross [*frontiera, traguardo, soglia, fosso*]; to go* beyond [*fiume, montagna*]; to overstep [*limite, confine*]; to walk through [*porta, cancello*]; to pass [*area, edificio*]; to top [*somma, cifra, contributo*]; to overshoot* [*incrocio, semaforo*]; to exceed [*limite di velocità*]; AUT. to go* over, to cross [*linea di mezzeria*]; ***quando avrete oltrepassato il paese, svoltate a destra*** when you have gone through the village, turn right; ***~ le barriere di classe, razziali*** to cross the class, race divide; ***"non ~"*** *(davanti a una recinzione)* "no trespassing" ◆ ***~ i limiti*** to cross the bounds, to carry sth. too far, to overstep the mark; ***~ i limiti del buon gusto*** to cross the border into bad taste; ***la loro fama oltrepassa i confini*** they're internationally famous.
oltrepò /oltre'pɔ/ m.inv. = region or area situated on the opposite side of the Po River.
oltretomba /oltre'tomba/ m.inv. afterworld.
▷ **oltretutto** /oltre'tutto/ avv. moreover, on top of that.
OM **1** ⇒ Ordinanza Ministeriale ministerial decree **2** ⇒ onde medie medium wave (MW).
omaccione /omat'tʃone/ m. ***un ~*** a great hulk of a man.
omaggiare /omad'dʒare/ [1] tr. *(ossequiare)* to pay* homage to, to render homage to.
▷ **omaggio**, pl. **-gi** /o'maddʒo, dʒi/ **I** m. **1** *(manifestazione di rispetto)* homage, tribute, salute; ***in ~ a qcn.*** in homage to sb.; ***rendere ~ a qcn., qcs.*** to pay homage to sb., sth.; ***come ~ per la fedeltà*** as a testimonial *o* tribute to loyalty; ***rendere ~ al coraggio di qcn.*** to pay tribute to sb.'s courage, to praise sb.'s courage; ***rendere ~ a Dio*** to pay homage to God; ***rendere a qcn. l'estremo ~*** to pay one's last respects to sb. **2** *(dono)* free gift, giveaway, freebie COLLOQ.; ***~ floreale*** floral tribute; ***dare qcs. in ~ a qcn.*** to give sth. free to sb.; ***compri il divano, e io le do in ~ la fodera*** buy the sofa, and I'll throw in the cover as well; ***in ~ con il suo abbonamento, voglia gradire questa magnifica sveglia*** as a free gift to new subscribers, we're offering this fabulous alarm clock; ***e in ~, un disco*** and a complimentary record **3** STOR. homage **II** agg.inv. ***copia ~*** complimentary *o* presentation copy; ***biglietto ~*** complimentary ticket; ***buono ~*** gift token **III omaggi** m.pl. *(ossequi, saluti)* devoirs, respects; ***presentare*** o ***porgere i propri -gi*** to pay one's devoirs; ***"con gli -gi dell'autore"*** "with the compliments of the author"; ***"i miei -gi alla sua signora"*** "my compliments to your wife".
Oman /o'man/ ➧ ***33*** n.pr.m. Oman.
omanita /oma'nita/ ➧ ***25*** agg., m. e f. Omani.
omaro /'ɔmaro/ m. lobster.
omaso /o'mazo, 'ɔmazo/ m. omasum*.
ombelicale /ombeli'kale/ agg. [*ernia, fascia, regione, cordone*] umbilical; ***tagliare il cordone ~*** to cut the umbilical cord (anche FIG.).
ombelicato /ombeli'kato/ agg. umbilicate.
▷ **ombelico**, pl. **-chi** /ombe'liko, ki/ ➧ ***4*** m. navel, belly button COLLOQ., umbilicus* MED.
▶ **ombra** /'ombra/ ➧ ***10*** **I** f. **1** *(zona senza sole)* shade, shadow; ***30 gradi all'~*** 30 degrees in the shade; ***all'~ di un fico*** in the shadow of a fig tree; ***l'albero fa ~*** the tree provides shade; ***mi stai facendo ~!*** you're blocking my light! **2** *(immagine scura)* shadow; ***il gioco delle -e sul muro*** the play of shadows against the wall; ***proiettare delle -e sul muro*** to cast shadows on the wall **3** *(sagoma di una persona)* shadow; ***un'~ si aggirava furtiva in giardino*** a shadowy figure was prowling in the garden; ***avere paura della propria ~*** FIG. to be afraid of one's own shadow; ***seguire qcn. come un'~*** to be sb.'s shadow **4** *(penombra)* dusk, half-light **5** FIS. shadow; ***cono d'~*** cone of shadow; ***zona d'~*** shady area **6** ART. shade; ***tratteggiare le -e*** to shade **7** FIG. *(minaccia)* cloud; ***l'~ incombente della guerra*** the gathering clouds of war; ***un'~ minacciosa incombeva sull'Europa*** a dark cloud was gathering all over Europe **8** *(anonimato, clandestinità)* ***agire nell'~*** to operate behind the scenes; ***attendere nell'~*** to be waiting in the wings; ***tenersi nell'~*** to take a back seat; ***rimanere in ~*** to keep *o* maintain a low profile; ***restare nell'~*** [*persona*] to stand in the shadows *o* in the background; [*poeta*] to remain in obscurity; [*dettaglio*] to be left vague; ***manovrare nell'~*** COLLOQ. to pull strings; ***tramare nell'~*** to plot secretly *o* in the dark; ***pittori rinomati o rimasti nell'~*** renowned or obscure painters; ***mettere qcn., qcs. in ~*** to put sb., sth. in the shadows **9** *(traccia)* shadow, trace, hint; ***l'~ di un sorriso*** the flicker *o* trace of a smile; ***un'~ di disgusto*** a hint of disgust; ***senza ~ di*** untinged by *o* with; ***senza ~ di dubbio*** beyond the shadow of a doubt; ***senza l'~ di un sospetto*** without a shadow of suspicion; ***un'~ di rimpianto, di tristezza attraversò il suo volto*** a shadow of regret, a hint of sadness crossed his face; ***non c'è ~ di soluzione*** there is no sign of solution; ***non c'è mai stata ~ di scandalo*** there has never been a sniff of scandal; ***non c'è ~ di verità nelle sue parole*** there is not a shadow of truth in his words; ***non vedere neanche l'~ di qcs.*** not to get even a glimpse of sth.; ***non ho visto neanche l'~ dei guadagni*** I didn't get a sniff of the profits **10** *(relitto, fantasma)* shade; ***un'~ d'uomo*** a human wreck; ***è l'~ di se stessa*** she's a shadow of her former self **11** *(spirito)* shade, ghost; ***il regno delle -e*** the Kingdom of the Shades **12** *(gioco di carte)* ombre, omber, hombre **13 all'ombra di** *(protetto da, vicino a)* ***all'~ di qcn.*** under the protection of *o* near sb.; ***all'~ della legge*** under the protection of the law **II** agg.inv. shadow; ***bandiera ~*** flag of convenience; ***governo ~*** POL. shadow cabinet BE ◆◆ ***~ portata*** FIS. shadow; ***~ propria*** FIS. dark side; ***-e cinesi*** shadow puppets.
ombrare /om'brare/ [1] tr. **1** LETT. *(fare ombra)* to overshadow **2** ART. to shade.
ombreggiamento /ombreddʒa'mento/ m. → **ombreggiatura**.
ombreggiare /ombred'dʒare/ [1] tr. **1** *(fare ombra a)* to shade; ***gli alberi ombreggiano la via*** the trees shade the street; ***il giardino era ombreggiato dagli alberi*** the garden was shaded by trees **2** ART. to shade.
ombreggiato /ombred'dʒato/ **I** p.pass. → **ombreggiare II** agg. **1** *(che ha ombra)* [*parco*] shady **2** ART. shaded; [*effetto*] stippled.
ombreggiatura /ombreddʒa'tura/ f. ART. shading.
ombrella /om'brɛlla/ f. BOT. umbel; ***~ secondaria*** umbellule.
ombrellaio, pl. **-ai** /ombrel'lajo, ai/ ➧ ***18*** m. (f. **-a**) **1** *(fabbricante)* umbrella maker **2** *(venditore)* umbrella seller.
ombrellata /ombrel'lata/ f. ***mi prese a -e*** she laid into me with her umbrella.
ombrellifera /ombrel'lifera/ f. umbellifer.
ombrellifero /ombrel'lifero/ agg. umbelliferous.
ombrellificio, pl. **-ci** /ombrelli'fitʃo, tʃi/ m. umbrella factory.
ombrelliforme /ombrelli'forme/ agg. BOT. umbrella-shaped.
ombrellino /ombrel'lino/ m. *(parasole)* sunshade, parasol.
▷ **ombrello** /om'brɛllo/ m. **1** umbrella, gamp BE COLLOQ.; ***~ pieghevole*** folding umbrella; ***aprire, chiudere l'~*** to open, close one's umbrella; ***ripararsi sotto l'~*** to take shelter under the umbrella **2** FIG. shelter **3** ZOOL. *(di medusa)* umbrella ◆◆ ***~ atomico*** atomic umbrella; ***~ nucleare*** nuclear umbrella.
ombrellone /ombrel'lone/ m. beach umbrella; ***~ da giardino*** sun umbrella.
ombretto /om'bretto/ m. eye shadow.
ombrina /om'brina/ f. umbra*.
ombrinale /ombri'nale/ m. scupper; ***foro di ~*** limber hole.
ombrosità /ombrosi'ta/ f.inv. **1** *(ombra)* shadiness, shadowiness **2** FIG. *(di persone)* touchiness; *(di cavalli)* skittishness.
ombroso /om'broso/ agg. **1** *(che dà ombra)* [*luogo*] shady, shadowy **2** FIG. [*persona*] touchy; [*cavallo*] skittish.
ombudsman /'ɔmbudsman/ m.inv. *(uomo)* ombudsman*; *(donna)* ombudswoman*.
omega /o'mɛga, 'ɔmega/ m. e f.inv. omega; ***l'alfa e l'~ di*** the alpha and omega of; ***dall'alfa all'~*** from A to Z.
omelette /ome'lɛt/ f.inv. omelette; ***~ al prosciutto, ai funghi*** ham, mushroom omelette; ***girare un'~*** to flip over an omelette.
omelia /ome'lia/ f. **1** *(in chiesa)* homily **2** FIG. SCHERZ. sermon.
omelista, m.pl. **-i**, f.pl. **-e** /ome'lista/ m. e f. homilist.
omento /o'mento/ m. ANAT. omentum*.
omeomorfismo /omeomor'fizmo/ m. homeomorphism.
omeomorfo /oemo'mɔrfo/ agg. homeomorphic.
omeopata, m.pl. **-i**, f.pl. **-e** /ome'ɔpata/ ➧ ***18*** m. e f. homeopath.
omeopatia /omeopa'tia/ f. homeopathy.
omeopatico, pl. **-ci**, **-che** /omeo'patiko, tʃi, ke/ agg. [*cura, preparazione, farmacia, medico*] homeopathic; ***a dosi -che*** in small doses (anche FIG.).
omeopatista, m.pl. **-i**, f.pl. **-e** /omeopa'tista/ ➧ ***18*** m. e f. homeopath.
omeostasi /ome'ɔstasi/ f.inv. homeostasis.
omeostatico, pl. **-ci**, **-che** /omeos'tatiko, tʃi, ke/ agg. homeostatic.
omeoteleuto /omeote'lɛuto/ m. homoeoteleuton.
omeotermo /omeo'tɛrmo/ agg. hom(e)othermic.

omerale /ome'rale/ agg. [*arteria*] humeral.
omerico, pl. **-ci**, **-che** /o'mɛriko, tʃi, ke/ agg. **1** LETTER. [*poemi, inni, questione*] Homeric **2** FIG. [*risata*] Homeric; [*appetito*] vast.
omero /'ɔmero/ m. **1** *(osso)* humerus* **2** *(spalla)* shoulder.
Omero /o'mɛro/ n.pr.m. Homer.
omertà /omer'ta/ f.inv. conspiracy of silence; ***la legge dell'~*** the code of silence.
omesso /o'messo/ **I** p.pass. → **omettere II** agg. omitted, left out mai attrib.
omettere /o'mettere/ [60] tr. *(per errore)* to drop [*cifra, lettera, numero*]; *(deliberatamente)* to leave* out, to omit [*parola, riga, nome, fatto*]; to miss out [*evento, dettaglio*]; *(da un testo)* to excise; ***~ un punto di un discorso*** to jump a stage of an argument, to skip a part of a speech; ***~ qcs. da una lista*** to leave sth. off a list; ***~ di fare qcs.*** to omit to do sth.; *(per noncuranza)* to neglect to do sth.
ometto /o'metto/ m. **1** *(bambino)* big boy, little man*; ***il mio ~!*** my little man! **2** *(uomo piccolo)* little man*, little fellow; ***un ~ snello e resistente*** a wiry little man **3** *(gruccia)* clotheshanger, (coat) hanger **4** ARCH. king post.
omiciattolo /omi'tʃattolo/ m. *(uomo piccolo)* dwarf, midget, shrimp; *(uomo insignificante)* nonentity, pipsqueak COLLOQ.
▷ **omicida**, m.pl. **-i**, f.pl. **-e** /omi'tʃida/ **I** agg. [*follia, intento, tendenza, pensiero*] homicidal; ***commando ~*** hit squad; ***istinto ~*** killer instinct, murderousness **II** m. e f. homicide; *(uomo)* murderer; *(donna)* murderess.
▷ **omicidio**, pl. **-di** /omi'tʃidjo, di/ m. murder, homicide; ***tentato ~*** attempted murder; ***duplice ~*** double murder; ***accusa di ~*** murder charge; ***essere accusato di ~*** to be arraigned on a charge of murder, to be under indictment for murder; ***essere sospettato di ~*** to be suspected of murder; ***concorso in ~*** complicity in a murder; ***processo per ~*** murder case *o* trial; ***squadra -di*** murder squad ◆◆ ***~ bianco*** on-the-job fatality; ***~ colposo*** manslaughter, culpable homicide; ***~ per legittima difesa*** justifiable homicide; ***~ premeditato*** premeditated *o* wilful murder; ***~ preterintenzionale*** involuntary manslaughter; ***~ volontario*** voluntary manslaughter.
omicron /'ɔmikron/ m. e f.inv. omicron.
omileta, m.pl. **-i**, f.pl. **-e** /omi'lɛta/ m. e f. homilist.
omiletica /omi'lɛtika/ f. homiletics + verbo sing.
omiletico, pl. **-ci**, **-che** /omi'lɛtiko, tʃi, ke/ agg. homiletic.
ominide /o'minide/ m. hominid.
omino /o'mino/ → **ometto.**
omissione /omis'sjone/ f. omission; *(da un testo)* excision; ***l'~ di una frase*** the omission of a sentence; ***salvo errori e -i*** COMM. errors and omissions excepted; ***peccato d'~*** sin of omission; ***segno di ~*** TIP. caret ◆◆ ***~ di atti di ufficio*** dereliction of duty; ***~ di atto dovuto*** nonfeasance; ***~ di doveri d'ufficio*** negligence of duty; ***~ involontaria*** unintentional omission; ***~ di soccorso*** failure to offer assistance; ***~ volontaria*** intentional omission.
omissis /o'missis/ m.inv. omission; ***una relazione piena di ~*** a report full of deliberate omissions.
omnibus /'ɔmnibus/ **I** agg.inv. **1** EDIT. [*volume, collana*] omnibus **2** DIR. ***legge ~*** omnibus bill **II** m.inv. ANT. *(carrozza)* omnibus.
omnidirezionale /omnidirettsjo'nale/ agg. omnidirectional, nondirectional (anche TECN.); ***radiofaro ~*** omnirange.
omocromia /omokro'mia/ f. protective coloration.
omoerotico, pl. **-ci**, **-che** /omoe'rɔtiko, tʃi, ke/ agg. homoerotic.
omofilia /omofi'lia/ f. homophyly.
omofobia /omofo'bia/ f. homophobia.
omofobico, pl. **-ci**, **-che** /omo'fɔbiko, tʃi, ke/ agg. homophobic; ***persona -a*** homophobe.
omofonia /omofo'nia/ f. LING. MUS. homophony.
omofonico, pl. **-ci**, **-che** /omo'fɔniko, tʃi, ke/ agg. LING. MUS. homophonic.
omofono /o'mɔfono/ **I** agg. LING. MUS. homophonic **II** m. LING. MUS. homophone.
omogamia /omoga'mia/ f. homogamy.
omogeneamente /omodʒenea'mente/ avv. homogeneously.
omogeneità /omodʒenei'ta/ f.inv. homogeneity, homogeneousness.
omogeneizzare /omodʒeneid'dzare/ [1] tr. to homogenize [*sostanza, società, insieme*].
omogeneizzato /omodʒeneid'dzato/ **I** agg. [*latte*] homogenized **II** m. = (homogenized) baby food.
omogeneizzazione /omodʒeneiddzat'tsjone/ f. homogenization.
omogeneo /omo'dʒɛneo/ agg. **1** [*gruppo, insieme, composto, colori, interessi*] homogeneous **2** GASTR. [*salsa, miscuglio, impasto*] smooth, homogeneous.
omogenizzare /omodʒenid'dzare/ → **omogeneizzare.**
omografia /omogra'fia/ f. homography.
omografo /o'mɔgrafo/ **I** agg. homographic **II** m. homograph.
omologare /omolo'gare/ [1] **I** tr. **1** AMM. *(dichiarare uniforme)* to homologate, to approve [*prodotto, apparecchio*] **2** DIR. to prove, to grant probate, to probate AE [*testamento*]; to validate [*atto, delibera*]; to approve [*tariffa*] **3** SPORT to recognize, to ratify [*primato, risultato*] **4** FIG. to standardize [*comportamenti, lingua*] **II omologarsi** pronom. to conform (**a** to); ***-rsi alla norma*** to conform to type.
omologato /omolo'gato/ **I** p.pass. → **omologare II** agg. **1** AMM. homologated, approved; ***casco ~*** homologated helmet **2** DIR. [*testamento*] proven; [*atto, delibera*] validated **3** SPORT recognized, ratified **4** FIG. [*comportamento, cultura*] standardized.
omologazione /omologat'tsjone/ f. **1** AMM. *(di prodotto, apparecchio)* homologation, approval **2** DIR. probate; ***~ testamentaria*** grant of probate **3** SPORT ratification, recognition **4** FIG. standardization.
omologia /omolo'dʒia/ f. homology.
omologico, pl. **-ci**, **-che** /omo'lɔdʒiko, tʃi, ke/ agg. homological.
omologo, pl. **-ghi**, **-ghe** /o'mɔlogo, gi, ge/ **I** agg. **1** *(equivalente)* [*gradi, titoli*] homologous, corresponding, analogous **2** MAT. [*elementi, angoli, membri*] homologous **II** m. (f. **-a**) *(persona)* counterpart, opposite number BE **III** m. CHIM. homologue BE, homolog AE.
omomorfia /omomor'fia/ f. BIOL. homomorphism, isomorphism.
omomorfismo /omomor'fizmo/ m. homomorphism; BIOL. homomorphism, isomorphism.
omomorfo /omo'mɔrfo/ agg. homomorphic; BIOL. homomorphic, isomorphic.
omone /o'mone/ m. strapping man*, beefy man* COLLOQ., hunk COLLOQ.
omonimia /omoni'mia, omo'nimja/ f. homonymy.
omonimico, pl. **-ci**, **-che** /omo'nimiko, tʃi, ke/ agg. homonymic.
omonimo /o'mɔnimo/ **I** agg. homonymous (anche LING.) **II** m. (f. **-a**) **1** LING. homonym **2** *(persona)* namesake, homonym.
omoplata /o'mɔplata, omo'plata/ m. omoplate.
omopolare /omopo'lare/ agg. homopolar; ***legame ~*** homopolar bond.
omosessuale /omosessu'ale/ **I** agg. homosexual **II** m. e f. homosexual, gay COLLOQ.
omosessualità /omosessuali'ta/ f.inv. homosexuality, gayness COLLOQ.
omotopia /omoto'pia/ f. homotopy.
omottero /o'mɔttero/ m. homopteron*.
omozigosi /omoddzi'gɔzi/ f.inv. homozygosity.
omozigote /omoddzi'gɔte/ **I** agg. homozygous **II** m. homozygote.
OMS /oemme'ɛsse/ f. (⇒ Organizzazione Mondiale della Sanità World Health Organization) WHO.
omuncolo /o'munkolo/ m. **1** *(uomo piccolo)* dwarf, midget, shrimp; *(uomo insignificante)* nonentity, pipsqueak COLLOQ. **2** ALCH. homunculus*.
onagro /'ɔnagro, o'nagro/ m. **1** ZOOL. onager, wild-ass **2** MIL. onager.
onanismo /ona'nizmo/ m. onanism.
onanista, m.pl. **-i**, f.pl. **-e** /ona'nista/ m. e f. onanist.
oncia, pl. **-ce** /'ontʃa, tʃe/ ♦ ***33*** f. ounce (anche FIG.); ***senza un'~ di cattiveria*** without an ounce of malice ◆◆ ***~ fluida*** fluid ounce.
onciale /on'tʃale/ **I** agg. [*scrittura, lettera*] uncial **II** f. uncial.
oncocercosi /onkotʃer'kɔzi/ ♦ ***7*** f.inv. MED. river blindness.
oncogene /onko'dʒɛne/ m. oncogene.
oncogenesi /onko'dʒɛnezi/ f.inv. oncogenesis*.
oncogeno /on'kɔdʒeno/ agg. oncogenic, oncogenous, tumorigenic.
oncologia /onkolo'dʒia/ f. oncology, cancerology; ***reparto di ~*** cancer ward.
oncologico, pl. **-ci**, **-che** /onko'lɔdʒiko, tʃi, ke/ agg. oncologic(al); [*reparto*] cancer attrib.
oncologo, m.pl. **-gi**, f.pl. **-ghe** /on'kɔlogo, dʒi, ge/ ♦ ***18*** m. (f. **-a**) oncologist, cancerologist, cancer specialist.
▶ **onda** /'onda/ f. **1** *(del mare)* wave, billow LETT.; *(piccola)* ripple; ***l'~ crescente, frangente*** the gathering, breaking wave; ***provocare delle -e*** [*vento*] to make waves *o* ripples; ***essere in balia delle -e*** to be at the mercy of the waves **2** FIS. wave; ***lunghezza d'~*** wavelength; ***essere sulla stessa lunghezza d'~ di qcn.*** FIG. to be on the same wavelength as sb. **3** RAD. TELEV. ***andare in ~*** [*film, pubblicità*] to go on the air, to be broadcast; ***essere in ~*** to be on the air; ***mandare in ~*** to broadcast, to air [*programma, trasmissione*]; ***trasmissione mandata in ~ al posto di un'altra*** programme broadcast in place of another; ***essere vietato alla messa in ~*** to be banned from

broadcasting; ***sei in ~ fra dieci secondi*** you're on in ten seconds; ***rimanere in ~*** to stay on the air **4** *(di capelli)* wave, ripple; ***farsi le -e*** to have one's hair waved, to ripple one's hair **5** FIG. *(di sentimenti)* surge, rush; ***un'~ di rabbia, di risentimento*** a surge of anger, resentment; ***abbandonarsi all'~ dei ricordi*** to take a trip down memory lane ◆ ***essere sulla cresta dell'~*** to be on the crest of a wave ◆◆ ***~ acustica*** FIS. sound wave; ***~ anomala*** freak *o* rogue wave; ***~ cerebrale*** FISIOL. brainwave; ***~ corta*** RAD. short wave; ***~ elettromagnetica*** FIS. electromagnetic wave; ***~ hertziana*** Hertzian wave; ***~ luminosa*** FIS. light wave; ***~ lunga*** MAR. RAD. long wave; ***~ media*** RAD. medium wave; ***~ morta*** MAR. swell; ***~ nera*** oil slick; ***~ portante*** carrier (wave); ***~ radio*** radio wave; ***~ sinusoidale*** FIS. sine wave; ***~ sismica*** seismic wave; ***~ d'urto*** FIS. shockwave; ***~ verde*** *(di semafori)* = synchronized traffic lights.

ondata /on'data/ f. **1** *(onda)* wave, surge; *(di fumo, vapore)* billow; *(di profumo)* whiff **2** FIG. wave, tide, surge; ***un'~ di arresti, di violenza*** a wave of arrests, of violence; ***la crescente ~ di scontento*** the rising tide of discontent; ***un'~ di scioperi*** a wave *o* rash of strikes; ***a -e*** [*arrivare, attaccare*] in waves ◆◆ ***~ di caldo*** METEOR. heatwave; ***~ di freddo*** METEOR. cold wave *o* spell *o* snap.

onde /'onde/ **I** pron.rel. ANT. LETT. hence, whence, from which; ***~ si deduce che...*** hence it can be assumed that... **II** avv. ANT. LETT. whence, from where; ***~ vieni?*** where do you come from? whence do you come? ***tornò ~ era partito*** he went back from whence he had left **III** cong. ANT. LETT. *(al fine di)* to, in order to; *(affinché)* in order that, so that; ***~ evitare confusioni*** (in order) to avoid confusion; ***Le scrivo ~ informarLa che...*** I'm writing to inform you that...

ondeggiamento /ondeddʒa'mento/ m. *(di barca)* rocking, rolling; *(di andatura)* rolling; *(di movimento)* undulation; *(di grano)* ripple; *(di piante, fiori, erba, bandiera)* swaying, undulation; *(di corpo, ballo)* swaying.

ondeggiante /onded'dʒante/ agg. **1** *(in movimento)* [*barca*] rocking, rolling; [*movimento*] undulating, rocking; [*andatura*] rolling; [*campo di grano*] waving, rippling; [*erba, piante, fiori, linea*] swaying, undulating; [*vestito, tende, bandiera*] fluttering; [*corpo, valzer, tango*] swaying **2** *(tentennante)* [*opinione*] swaying.

ondeggiare /onded'dʒare/ [1] intr. (aus. *avere*) **1** *(fluttuare)* [*acqua, mare*] to ripple; ***la folla ondeggiava per le strade*** FIG. the crowd swayed down the streets **2** *(oscillare)* [*barca*] to rock, to roll, to sway; [*fiamma, luce*] to flicker, to waver; [*grano*] to wave, to ripple; [*erba, piante, fiori*] to sway, to undulate; [*capelli*] to stream; [*vestito, tende, bandiera*] to flutter; ***~ al vento*** to sway *o* stream in the wind **3** *(barcollare)* to undulate, to sway; [*ubriaco*] to sway, to stagger; ***la pila di libri ondeggiò e cadde*** the pile of books swayed and fell **4** FIG. *(tentennare)* to waver, to hover (**tra** between).

ondina /on'dina/ f. **1** MITOL. undine, nixie **2** *(nuotatrice esperta)* = good female swimmer.

ondoso /on'doso/ agg. [*mare*] wavy, billowy LETT.; ***moto ~*** wavemotion.

ondulante /ondu'lante/ agg. **1** *(oscillante)* undulant **2** MED. [*febbre*] undulant.

ondulare /ondu'lare/ [1] **I** tr. to ripple [*capelli*]; ***farsi ~ i capelli*** to have one's hair waved **II** intr. (aus. *avere*) LETT. [*grano*] to wave, to ripple; [*erba*] to undulate, to sway **III ondularsi** pronom. **1** ***-rsi i capelli*** to have one's hair waved **2** *(diventare ondulato)* [*superficie*] to corrugate.

ondulato /ondu'lato/ agg. [*forma, linea*] wavy, undulate; [*paesaggio, colline*] rolling, undulating; [*terreno, strada*] corrugated; [*superficie*] undulating, corrugated; [*capelli*] wavy; ***cartone ~*** corrugated paper; ***lamiera -a*** corrugated iron.

ondulatore /ondula'tore/ m. EL. *(invertitore)* inverter, invertor.

ondulatorio, pl. **-ri**, **-rie** /ondula'tɔrjo, ri, rje/ agg. [*movimento, terremoto*] undulatory; ***meccanica -a*** wave mechanics.

ondulazione /ondulat'tsjone/ f. **1** *(conformazione) (di colline)* undulation; *(di terreno)* corrugation, undulation; *(di capelli)* wave, ripple, curliness **2** *(moto ondoso)* undulation, wave-motion **3** FIS. wave.

onduregno → **honduregno**.

onerare /one'rare/ [1] tr. to burden, to load (**di qcs.** with sth.); ***~ qcn. di tasse*** to burden sb. with taxes, to overtax sb.

onerato /one'rato/ **I** p.pass. → **onerare II** agg. burdened (**di** with); ***~ di debiti*** burdened with debt(s), debt-laden **III** m. (f. **-a**) DIR. lienee.

onere /'ɔnere/ m. burden; ***l'azienda è gravata di -i*** the firm is burdened with taxation; ***capitolato d'~*** specification; ***l'onore e l'~*** honour and burden ◆◆ ***~ fiscale*** tax burden; ***~ della prova*** burden of proof; ***-i d'esercizio*** running costs; ***-i salariali*** labour costs; ***-i sociali*** social security taxes.

onerosità /onerosi'ta/ f.inv. onerousness.

oneroso /one'roso/ agg. **1** *(costoso)* [*spesa, tassa, manutenzione, rinnovamento, condizioni*] onerous, burdensome **2** DIR. [*contratto, negozio*] onerous.

▷ **onestà** /ones'ta/ f.inv. honesty, fairness, integrity, squareness, straightforwardness; ***con ~*** sincerely, squarely, straightforwardly; ***in tutta ~*** in all honesty *o* fairness; ***essere di un'~ ineccepibile, disarmante*** to be uncompromisingly, scathingly honest; ***avere l'~ di fare*** to have the honesty to do; ***trattare qcn. con ~*** to give sb. a fair deal; ***dubitare dell'~ di qcn.*** to doubt sb.'s honesty.

onestamente /onesta'mente/ avv. [*agire, riconoscere*] honestly; [*gestire*] straightforwardly; [*comportarsi*] honestly, honourably BE, honorably AE; [*rispondere, dire*] sincerely, honestly, fairly, squarely; ***guadagnarsi da vivere ~*** to earn *o* make an honest living; ***~, non lo so*** I honestly don't know; ***~, tu gli credi?*** do you honestly believe him?

▶ **onesto** /o'nɛsto/ **I** agg. **1** *(sincero)* [*persona, risposta*] honest, straightforward; [*faccia*] honest **2** *(retto)* [*persona, vita*] honest, honourable BE, honorable AE; [*intenzioni*] honourable BE, honorable AE **3** *(equo, lecito)* [*arbitro, mercato*] fair; [*prezzo*] fair, honest; [*mezzi*] honest; [*proposta, lavoro*] honest **4** *(ragionevole)* [*salario*] respectable, fair; ***è un affare ~*** it's a square deal **II** m. (f. **-a**) **1** *(persona)* honest person **2** *(onestà)* honesty.

onfalocele /onfalo'tʃɛle/ m. MED. omphalocele.

ONG /oenned'dʒi/ f.inv. (⇒ Organizzazione Non Governativa Non-Governmental Organization) NGO.

onice /'ɔnitʃe/ f. onyx; ***spilla di ~*** onyx brooch.

onicofagia /onikofa'dʒia/ f. onychophagia*, nail-biting.

onicosi /oni'kɔzi/ f.inv. onychosis*.

onirico, pl. **-ci**, **-che** /o'niriko, tʃi, ke/ agg. **1** *(simile al sogno)* [*scena, atmosfera*] dreamlike, dreamy, hallucinative **2** *(relativo al sogno)* [*simbolo*] oneiric.

onirismo /oni'rizmo/ m. oneirism.

onirologia /onirolo'dʒia/ f. oneirology.

oniromanzia /oniroman'tsia/ f. oneiromancy.

onisco, pl. **-schi** /o'nisko, ski/ m. woodlouse*.

on line /ɔn'lain/ agg.inv. on-line.

ONLUS /'ɔnlus/ f. (⇒ Organizzazione Non Lucrativa di Utilità Sociale) = non-profit (socially useful) organization.

onnicomprensivo /onnikompren'sivo/ agg. all-embracing; [*regola*] comprehensive; [*legislazione, generalizzazione*] sweeping.

onnipossente /onnipos'sɛnte/ agg. omnipotent.

onnipotente /onnipo'tɛnte/ **I** agg. [*sovrano*] omnipotent, all-powerful; [*Dio*] Almighty, omnipotent; ***Dio ~!*** God Almighty! **II** m. ***l'Onnipotente*** *(Dio)* the Almighty, the Omnipotent.

onnipotenza /onnipo'tɛntsa/ f. omnipotence, all-powerfulness; ***l'~ divina*** God's almightiness; ***l'~ del dollaro*** the almighty dollar.

onnipresente /onnipre'zɛnte/ agg. omnipresent, ever-present, ubiquitous; ***essere ~*** FIG. [*persona*] to be here there and everywhere.

onnipresenza /onnipre'zɛntsa/ f. omnipresence, ubiquity; ***~ di Dio*** God's omnipresence.

onnisciente /onniʃ'ʃɛnte/ agg. omniscient; ***non sono mica ~!*** SCHERZ. I can't (be expected to) know everything!

onniscienza /onniʃ'ʃɛntsa/ f. omniscience.

onniveggente /onnived'dʒɛnte/ agg. all-seeing.

onniveggenza /onnived'dʒɛntsa/ f. all-embracing vision.

onnivoro /on'nivoro/ **I** agg. omnivorous (anche FIG.) **II** m. (f. **-a**) omnivore.

onomasiologia /onomazjolo'dʒia/ f. onomasiology.

onomasiologico, pl. **-ci**, **-che** /onomazjo'lɔdʒiko, tʃi, ke/ agg. onomasiological.

onomastica /ono'mastika/ f. onomastics + verbo sing.

onomastico, pl. **-ci**, **-che** /ono'mastiko, tʃi, ke/ **I** agg. **1** *(relativo all'onomastica)* onomastic **2** *(relativo all'onomastico)* [*giorno*] name **II** m. name day, saint's day; ***(auguri di) buon ~!*** happy name day!

onomatopea /onomato'pɛa/ f. onomatopoeia.

onomatopeico, pl. **-ci**, **-che** /onomato'pɛiko, tʃi, ke/ agg. [*parola*] onomatopoeic, onomatopoetic.

ononide /o'nɔnide/ f. rest arrow.

onorabile /ono'rabile/ agg. [*persona, condotta*] honourable BE, honorable AE.

onorabilità /onorabili'ta/ f.inv. honourableness BE, honorableness AE.

onorabilmente /onorabil'mente/ avv. [*negoziare, ritirarsi*] honourably BE, honorably AE.

onoranza /ono'rantsa/ f. honour BE, honor AE; ***rendere le estreme -e a*** to pay the last honours to ◆◆ ***-e funebri*** funeral honours, last honours.

▷ **onorare** /ono'rare/ [1] **I** tr. **1** *(rendere omaggio a)* to honour BE, to honor AE [*persona, memoria, defunti*] (**di**, **con** with); to honour BE, to honor AE, to celebrate [*Dio*]; ***onora il padre e la madre*** honour thy father and mother; ***~ qcn. della propria fiducia*** to honour sb. with one's trust; ***~ qcn. con la propria presenza*** to grace sb. with one's presence (anche IRON.) **2** *(adempiere)* to honour BE, to honor AE, to fulfil BE, to fulfill AE [*promessa, firma, impegni, parola data*]; *(pagare)* to honour BE, to honor AE, to meet* [*debito, assegno*]; *(rispettare)* to honour BE, to honor AE [*scadenza*] **3** *(rendere fiero)* [*persona*] to be* a credit to [*paese, professione, genitori*] **4** *(dare lustro a)* [*qualità*] to do* [sb.] credit; ***il suo coraggio la onora*** your bravery does you credit **II onorarsi** pronom. to be* proud (**di qcs.** of sth.; **di fare** of doing).

1.onorario, pl. **-ri**, **-rie** /ono'rarjo, ri, rje/ agg. [*membro, presidente*] honorary, titular; [*menzione*] honorary; [*colonna, lapide*] commemorative; ***cittadino ~*** freeman (of the city); ***dare, ricevere la cittadinanza -a*** to give, receive the freedom of a city; ***grado ~*** MIL. brevet.

2.onorario, pl. **-ri** /ono'rarjo, ri/ m. (professional) fee, honorarium*, aires pl.; ***ricevere un ~ di cento euro*** to be paid a fee of 100 euros; ***il loro ~ è alto*** their fees are high.

onorato /ono'rato/ **I** p.pass. → **onorare II** agg. [*compagnia, vita, famiglia, lavoro*] honourable BE, honorable AE, honoured BE, honored AE, respectable; ***sono molto ~ di essere fra di voi*** I am *o* feel very honoured *o* I esteem it an honour to be among you; ***sarei ~ di riceverla*** I would be honoured by your visit; ***~ (di conoscerla)*** I am most honoured (to meet you); ***-a società*** *(in Campania)* = the Camorra; *(in Sicilia)* = the Mafia.

▶ **onore** /o'nore/ **I** m. **1** *(dignità)* honour BE, honor AE; ***senso dell'~*** sense of honour; ***uomo d'~*** man of honour; ***l'~ è salvo*** honour is satisfied; ***attentare all'~ di qcn.*** to cast a slur on sb.'s honour; ***vendicare l'~ di qcn.*** to avenge sb.'s honour; ***dubitare dell'~ di qcn.*** to impugn sb.'s honour; ***ne va del tuo ~*** your honour is at stake; ***farsi un punto d'~*** to make it a point of honour; ***una questione d'~*** an affair of honour; ***promettere, giurare sull'~*** to promise, swear (up)on one's honour; ***essersi impegnato sull'~ a fare*** to be honour-bound to do; ***perdere l'~*** to lose one's honour; ***offendere l'~ di qcn., ferire qcn. nell'~*** to wound sb.'s honour; ***salvare l'~ di qcn.*** to uphold the honour of sb.; ***appellarsi al senso dell'~ di qcn.*** to appeal to sb.'s sense of honour; ***(dare la propria) parola d'~*** (to give one's) word of honour; ***con ~*** [*capitolare, riconciliarsi, combattere, essere eliminato, andarsene*] honourably; ***combattere per l'~*** to fight as a matter of honour **2** *(merito)* honour BE, honor AE, credit; ***fare ~ a qcn., qcs.*** to be an honour *o* a credit to sb., sth., to do sb. proud; ***la sua onestà le fa ~*** her honesty does her proud; ***lei fa ~ al suo paese*** you are a credit to your country; ***non ti fa (molto) ~*** it says very little for you, you don't come out of it very well; ***la vostra scelta vi fa ~*** you brought credit on yourself by your choice; ***queste parole fanno ~ al loro autore*** these words do credit to their author; ***il suo comportamento fa ~ ai suoi genitori*** his behaviour reflects well on his parents; ***l'~ della vittoria va a*** credit for the victory is due to **3** *(privilegio)* honour BE, honor AE; ***avere l'~ di fare*** to have the honour to do *o* of doing; ***considerare qcs. un grande ~*** to consider sth. a great honour; ***l'~ e l'onere*** honour and burden; ***concedere, fare a qcn. l'~ di fare*** to give, do sb. the honour of doing; ***lasciare a qcn. l'~ di fare*** to let sb. have the honour of doing; ***è un ~ (per qcn.) fare*** it is an honour (for sb.) to do; ***è un grande ~ per me fare la sua conoscenza*** it's a great honour for me to make your acquaintance; ***contendersi l'~ di qcs., di fare*** to fight over the honour of sth., of doing; ***posso avere l'~ di questo ballo?*** may I have the pleasure of this dance? ***la sua visita mi farebbe ~*** I would be honoured by your visit; ***con chi ho l'~ di parlare?*** whom do I have the honour of speaking to? ***~ ai vinti!*** loser goes first! ***a te l'~!*** you do the honours! ***lei mi fa troppo ~*** you flatter me; ***l'~ delle armi*** the honours of war; ***ho l'~ di informarla, di farle sapere che*** I'm honoured to inform you that; ***a che (cosa) devo l'~?*** to what do I owe this honour? (anche IRON.); ***quale, che ~!*** what an honour! (anche IRON.); ***d'~*** [*codice, tribunale, debito, giro, guardia, legione, posto*] of honour; ***damigella d'~*** maid of honour, bridesmaid; ***menzione d'~*** honourable mention **4** *(nelle cerimonie, nei festeggiamenti)* ***fare, rendere ~ a qcn.*** to honour *o* salute sb.; ***fare ~ alla tavola*** to do justice to a meal; ***~ a colui, coloro che*** all praise to him, those who; ***in ~ di qcn., qcs.*** in honour of sb., sth.; [*cena, ricevimento, monumento*] for sb., sth.; ***essere l'ospite d'~ a una cena*** to be the guest of honour at a dinner **5** *(titolo giuridico)* ***Vostro Onore*** Your Honour **6** GIOC. *(carta alta)* honour BE, honor AE; ***giocare ~ su ~*** to play honour for honour **II onori** m.pl. **1** *(onorificenze)* honours BE, honors AE; ***ricercare, rifiutare gli -i*** to seek, shun honours; ***essere coperto di -i*** to be loaded with honours; ***trattare qcn. con tutti gli -i*** to do sb. proud; ***con tutti gli -i dovuti al loro rango*** with all the honour due to their rank; ***essere ricevuto con gli -i riservati ai capi di stato*** to be received with the ceremony reserved for heads of State; ***rendere gli estremi -i a*** MIL. to play the last honours to; ***la ricchezza e gli -i*** wealth and glory; ***fare gli -i di casa*** to do the honours, to play host (anche SCHERZ.); ***essere agli -i della stampa*** [*persona, avvenimento*] to be mentioned in the press; ***assurgere, salire agli -i della cronaca*** to hit the headlines **2** *(titoli accademici)* honours BE, honors AE ◆ ***~ al merito!*** PROV. honour where honour is due! credit where credit is due! ◆◆ ***-i funebri*** funeral honours, last honours; ***-i militari*** MIL. military honours.

onorevole /ono'revole/ ♦ *1* **I** agg. **1** *(rispettabile)* [*persona, compagnia, resa, condotta*] honourable BE, honorable AE; [*professione, mestiere, marchio*] honourable BE, honorable AE, reputable; ***il nostro onorevolissimo presidente*** our most honourable president; ***fare ~ ammenda*** to purge one's contempt, to make amends; ***il mio ~ collega*** my honourable *o* learned friend; ***raggiungere, trovare un compromesso ~*** to reach *o* find an honourable compromise **2** POL. ***l'~ deputato*** the Honourable deputy **II** m. e f. the (Honourable) MP.

onorevolmente /onorevol'mente/ avv. [*negoziare, servire, ritirarsi, essere eliminato, uscirne*] honourably BE, honorably AE; [*comportarsi*] honourably BE, honorably AE, honestly.

onorificenza /onorifi'tʃɛntsa/ f. **1** *(tributo)* honour BE, honor AE, distinction, accolade; ***conferire, ricevere un'~*** to confer, to be awarded an honour; ***la massima ~*** the highest honour *o* accolade **2** MIL. *(medaglia)* distinction, award.

onorifico, pl. **-ci**, **-che** /ono'rifiko, tʃi, ke/ agg. [*posto, presidenza, diploma, titoli*] honorary; ***essere nominato presidente a titolo ~*** to be appointed honorary president.

onta /'onta/ f. **1** *(disonore)* disgrace, shame; ***conoscere l'~ della sconfitta*** to know the humiliation of defeat; ***~ incancellabile*** indelible shame **2** *(offesa)* insult, offence; ***lavare l'~ nel sangue*** to wipe out an insult with blood **3 a onta di** in spite of; ***a ~ del divieto*** in spite of the ban.

ontano /on'tano/ m. alder.

ontogenesi /onto'dʒɛnezi/ f.inv. ontogenesis, ontogeny.

ontogenetico, pl. **-ci**, **-che** /ontodʒe'nɛtiko, tʃi, ke/ agg. ontogen(et)ic.

ontologia /ontolo'dʒia/ f. ontology.

ontologico, pl. **-ci**, **-che** /onto'lɔdʒiko, tʃi, ke/ agg. ontological.

ontologismo /ontolo'dʒizmo/ m. ontologism.

ONU /'onu/ f. (⇒ Organizzazione delle Nazioni Unite United Nations Organization) UNO; ***le truppe dell'~*** UN forces; ***un funzionario dell'~*** a UN officer.

onusto /o'nusto/ agg. LETT. laden, loaded (**di** with); ***~ di gloria*** covered in glory.

oocita /oo'tʃita/ m. oocyte.

ooforectomia /ooforekto'mia/ f. oophorectomy.

ooforite /oofo'rite/ f. oophoritis*.

oogamia /ooga'mia/ f. oogamy.

oogenesi /oo'dʒɛnezi/ f.inv. oogenesis*.

oogonio, pl. **-ni** /oo'gɔnjo, ni/ m. oogonium*.

oolite /oo'lite/ f. **1** *(aggregato)* oolite, roestone **2** *(granulo)* oolith.

oolitico, pl. **-ci**, **-che** /oo'litiko, tʃi, ke/ agg. oolitic.

OOPP ⇒ opere pubbliche public works.

oosfera /oos'fɛra/ f. oosphere.

oospora /oos'pɔra/ f. oospore.

OPA /'ɔpa/ f. (⇒ offerta pubblica d'acquisto = takeover bid).

opacità /opatʃi'ta/ f.inv. opacity, opaqueness; *(di colori)* flatness.

opacizzare /opatʃid'dzare/ [1] **I** tr. **1** *(rendere opaco)* to make* [sth.] opaque, to turn [sth.] opaque; to matt [*colore*]; to flat [*vernice*] **2** *(rendere privo di lucentezza)* to matt [*vetro, metallo*] **3** MED. to opacify **II opacizzarsi** pronom. **1** *(diventare opaco)* [*metallo*] to turn opaque **2** MED. to opacify, to become* opaque.

opacizzazione /opatʃiddzat'tsjone/ f. **1** matting **2** MED. opacification.

▷ **opaco**, pl. **-chi**, **-che** /o'pako, ki, ke/ agg. **1** *(che non fa passare la luce)* [*vetro*] opaque, matt **2** *(che non riflette luce)* [*vernice*] matt, flat; [*metallo*] opaque, matt; [*colore*] dull, flat; [*capelli, sguardo, incarnato*] dull; ***superficie -a*** matting **3** MED. [*pasto*] barium **4** FIG.

(insignificante) opaque, dull; SPORT [*prestazione*] lacklustre BE, lackluster AE.

opale /o'pale/ m. e f. opal ◆◆ **~ *di fuoco*** girasol(e).

opalescente /opaleʃ'ʃɛnte/ agg. opalescent.

opalescenza /opaleʃ'ʃɛntsa/ f. opalescence.

opalina /opa'lina/ f. **1** *(vetro)* opaline, milk-glass **2** *(tessuto di cotone)* = light opalescent cotton.

opalino /opa'lino/ agg. opaline; ***vetro ~*** opaline, milk-glass.

ope legis /'ɔpe'lɛdʒis/ avv. e agg.inv. by law.

open /'open/ **I** agg.inv. **1** SPORT [*torneo*] open **2** *(per i biglietti aerei)* [*biglietto*] open **II** m.inv. SPORT open.

open space /'openspeis/ m.inv. open-plan office.

▶ **opera** /'ɔpera/ f. **1** ART. LETTER. *(prodotto singolo)* (piece of) work, oeuvre (**di** by); *(produzione complessiva di un autore)* work, works, oeuvre (**di** by); MUS. work, opus*; ***due -e anteriori al 1500*** two works dating from before 1500; ***raccolta di -e classiche*** collection of classic works; ***~ minore*** lesser work, opuscule; ***~ edita presso, pubblicata da*** writing *o* work published by; ***le -e di Shakespeare*** Shakespeare's works, the writings of Shakespeare; ***l'~ scultorea di Rodin*** the sculptures of Rodin; ***l'~ pittorica di Michelangelo*** the paintings of Michelangelo; ***lasciare un'~ imponente*** to leave an imposing body of work; ***contestare la paternità di un'~*** to question the authorship of a work; ***l'~ è in stampa*** the work is at *o* in (the) press **2** *(lavoro)* work; ***essere all'~*** to be at work; ***mettersi all'~*** to become active, to go *o* set *o* get (down) to work; ***vedere qcn. all'~*** to see sb. in action; ***mettere in ~*** to implement [*idea, decisione*]; to set up [*progetto, impianto*]; ***messa in ~*** *(di idea, decisione)* implementation; *(di progetto, impianto)* setting-up; ***fare ~ di pace*** to act as a peacemaker, to work actively for peace; ***fare ~ di convincimento, persuasione*** to make efforts *o* try to convince, persuade; ***fare ~ di mediazione*** to try to mediate; ***il tempo ha compiuto la sua ~*** time has wrought changes; ***mano d'~*** manpower, labour; ***prestazione d'~*** services; ***prestare la propria ~ a favore di qcn.*** to offer one's services to *o* to work for sb.; ***valersi dell'~ di qcn.*** to avail oneself of sb.'s services; ***a, per ~ di qcn.*** through (the instrument of) sb., by sb. **3** *(risultato di un'azione)* doing; ***essere ~ di qcn.*** to be the work of sb. *o* sb.'s doing; ***quest'attacco è ~ di professionisti*** this attack is work of professionals; ***non è ~ mia*** it's none of my doing; ***fare un'~ durevole*** to create a work of lasting significance **4** MUS. *(lirica)* opera; *(edificio)* opera house; ***le piace l'~ (lirica)?*** do you like opera? ***libretto d'~*** opera book, libretto; ***l'Opera di Parigi*** the Opera in Paris **5** *(azione di agenti naturali)* action (**di** of) **6** *(effetto)* effect; ***l'~ di questi farmaci è troppo blanda*** the effect of these medicines is too mild ◆ ***a compimento dell'~*** to crown it all; ***chi ben comincia è a metà dell'~*** PROV. well begun is half done ◆◆ **~ *d'arte*** work of art; ING. civil engineering structure; ***~ astratta*** ART. abstract; ***~ di bene*** good work *o* deed, charitable act; ***~ di beneficenza*** charity work; ***~ di bottega*** ART. studio work; ***~ buffa*** MUS. comic opera; ***~ di carità*** *(istituto)* charitable institution, charity; *(azione)* good work *o* deed; ***~ comica*** → **~ *buffa***; ***~ di consultazione*** work of reference; *(in biblioteca)* reference book; ***~ fortificata, di fortificazione*** fortification, counterwork; ***~ di genio*** work of genius; ***~ giovanile*** juvenile *o* early work; ***~ inedita*** inedited *o* unpublished *o* unprinted work; ***~ morta*** MAR. floatage, upperworks, topside; ***~ muraria*** brickwork; ***~ omnia*** collected *o* complete works; ***~ pia*** → **~ *di carità***; ***~ postuma*** literary remains; ***~ di sostegno*** retaining work; ***~ teatrale*** play, drama; ***~ di urbanizzazione*** housing development; ***~ viva*** MAR. bottom, quickwork; ***-e assistenziali*** relief work; ***-e giovanili*** juvenilia; ***-e pubbliche*** public works.

operabile /ope'rabile/ agg. [*malato, tumore*] operable; ***non ~*** inoperable.

operabilità /operabili'ta/ f.inv. operability.

▶ **operaio**, pl. **-ai**, **-aie** /ope'rajo, ai, aje/ ➧ ***18*** **I** agg. **1** POL. SOCIOL. [*famiglia, cultura*] working class; [*movimento, partito*] working class, labour BE, labor AE; [*contestazione*] of the workers; [*sindacato*] blue-collar, trade; ***classe -a*** working class, labour; ***prete ~*** worker-priest **2** ZOOL. [*ape*] worker; [*formica*] worker, slave **II** m. (f. **-a**) worker, labourer BE, laborer AE, hand; ***avere 50 -ai (alle proprie dipendenze)*** to have 50 workers (in one's employ), to employ 50 workers; ***~ di fabbrica, di cotonificio, di industria automobilistica*** factory, cotton, car worker ◆◆ ***~ agricolo*** agricultural worker, farm labourer; ***~ altamente specializzato*** highly-trained worker; ***~ avventizio*** occasional, casual BE worker; ***~ alla catena di montaggio*** assembly line worker; ***~ edile*** builder, construction labourer, building worker BE; ***~ di fonderia*** blast furnaceman; ***~ metallurgico*** metalworker, steelworker; ***~ metalmeccanico*** engineering worker; ***~ non specializzato*** unskilled worker; ***~ qualificato*** → **~ *specializzato***; ***~ siderurgico*** ironworker; ***~ specializzato*** skilled *o* trained *o* qualified worker; ***~ tessile*** textile worker, mill worker *o* hand.

operaismo /opera'izmo/ m. labourism BE, laborism AE.

operando /ope'rando/ m. **1** CHIR. = patient about to undergo an operation **2** MAT. INFORM. operand.

operante /ope'rante/ agg. **1** *(attivo)* [*persona*] active, working; [*macchina, dispositivo*] operational, working **2** *(vigente)* [*legge, provvedimento*] operative; ***diventare ~*** to become operative, to come into operation **3** *(efficace)* [*rimedio, farmaco*] operating, effective.

▶ **operare** /ope'rare/ [1] **I** tr. **1** MED. to operate [*malato, organo*]; ***~ qcn. al ginocchio, fegato*** to operate on sb.'s knee, liver; ***~ qcn. di tonsille, appendicite*** to remove sb.'s tonsils, to operate on sb. for appendicitis; ***farsi ~ al ginocchio*** to have an operation on one's knee; ***farsi ~ di appendicite*** to have one's appendicitis removed **2** *(effettuare)* to make* [*scelta, distinzione*]; to operate, to make* [*cambiamento*]; to carry out [*ristrutturazione*] **3** *(produrre)* ***~ miracoli*** [*persona*] to work miracles **II** intr. (aus. *avere*) **1** MED. to operate; ***bisogna ~*** we shall have to operate, an operation is necessary; ***~ a caldo*** to carry out an emergency operation **2** *(agire)* [*persona*] to act, to work, to operate; [*ladro*] to operate; ***il loro modo di ~*** their way to go about things; ***~ su più larga scala*** to operate on a broader *o* wider canvas; ***~ nel settore alimentare*** to be *o* work in the food industry; ***~ per la sua liberazione*** to work for his release **3** *(avere effetto)* [*rimedio, farmaco*] to operate, to work; ***un veleno che opera lentamente*** a slow-acting poison **III operarsi** pronom. **1** *(compiersi)* to take* place, to occurr, to come* about; ***si è operato in lui un gran cambiamento*** a great change came about *o* occurred in him **2** COLLOQ. *(sottoporsi a intervento chirurgico)* to have* surgery, to undergo* surgery, to have* an operation; ***-rsi di appendicite*** to have one's appendicitis removed.

operativamente /operativa'mente/ avv. operatively.

operativismo /operati'vizmo/ m. operationalism.

operatività /operativi'ta/ f.inv. operativeness.

operativo /opera'tivo/ agg. **1** *(operante)* [*legge, provvedimento*] operative; ***essere ~*** to be operative **2** *(esecutivo)* [*ordine*] executory **3** MIL. [*persona*] operational; ***sala -a*** information room, situation room; ***centrale -a*** operations room; ***unità -a*** task force **4** STATIST. MAT. [*ricerca*] operational; [*definizione*] working **5** INFORM. [*sistema*] operating; [*modalità*] operational; ***codice ~*** operation code.

operato /ope'rato/ **I** p.pass. → **operare II** agg. **1** *(che ha subito un'operazione)* operated **2** TESS. textured **III** m. (f. **-a**) **1** *(persona)* operated patient **2** *(insieme delle azioni svolte)* actions pl., conduct, doings pl.; ***rendere conto del proprio ~*** to account for one's conduct, actions; ***approvare l'~ di qcn.*** to approve sb.'s doings.

operatore /opera'tore/ ➧ ***18*** m. (f. **-trice** /tritʃe/) **1** *(persona)* operator **2** MAT. operator **3** INFORM. (computer) operator **4** CINEM. TELEV. cameraman* ◆◆ ***~ di borsa*** stockbroker, dealer; ***~ di borsa merci*** commodity broker; ***~ differenziale*** FIS. differential operator; ***~ ecologico*** street cleaner, sanitation worker AE, sanitary engineer AE; ***~ finanziario*** transactor; ***~ relazionale*** LING. relational operator; ***~ scolastico*** caretaker; ***~ sociale*** social *o* welfare worker; ***~ socioculturale*** community worker; ***~ di strada*** streetworker; ***~ turistico*** tour operator; ***~ umanitario*** aid worker.

operatorio, pl. **-ri**, **-rie** /opera'tɔrjo, ri, rje/ agg. [*tavolo, blocco*] operating; [*shock*] surgical; ***sala -a*** operating theatre BE, operating room AE, surgery AE.

operazionale /operattsjo'nale/ agg. [*amplificatore, calcolo*] operational.

▶ **operazione** /operat'tsjone/ f. **1** MED. operation, surgery; ***era una piccola, grossa ~*** it was a minor, major operation; ***subire un'~*** to have an operation, to have *o* undergo surgery; ***eseguire un'~*** to perform an operation **2** MAT. *(processo)* operation; *(calcolo)* calculation; ***le quattro -i*** the four basic operations; ***il risultato di un'~*** the result of a calculation; ***fare delle -i*** to make *o* do calculations **3** *(azione)* operation, process; ***infilare un ago non è un'~ facilissima*** threading a needle is not an easy operation **4** ECON. *(transazione)* operation, dealing **5** *(serie di azioni coordinate)* operation (anche MIL.); ***~ di polizia*** police operation; ***~ antidroga*** drugs raid; ***teatro di -i*** theatre of operations; ***~ combinata, congiunta*** combined operation ◆◆ ***~ di banca*** banking transaction; ***~ di borsa, borsistica*** stock exchange transaction; ***~ di cambio*** foreign exchange transaction; ***~ chirurgica*** surgical operation, surgery; ***~ commerciale*** business deal; ***~ per contanti*** spot transaction; ***~ a cuore aperto*** open-heart surgery; ***~ immobiliare*** property deal; ***~ di marketing*** marketing exercise; ***~ a pronti*** → **~ *per contanti***; ***~ di recupero*** recovery operation; ***~ al rialzo*** bullish transaction; ***~ al ribasso*** bearish transaction; ~ ***di salvataggio*** rescue operation; ~ ***a termine*** time bargain.

operazionismo /operattsjo'nizmo/ → **operativismo.**

opercolo /o'pɛrkolo/ m. BOT. ZOOL. operculum*.

operetta /ope'retta/ f. MUS. operetta, light opera; ***cantante di ~*** operetta singer; ***da ~*** [*musica*] operetta attrib.; FIG. [*matrimonio, personaggio*] frivolous, foppish.

operettista, m.pl. **-i**, f.pl. **-e** /operet'tista/ m. e f. operettist.

operettistico, pl. **-ci, -che** /operet'tistiko, tʃi, ke/ agg. operetta attrib.

operista, m.pl. **-i**, f.pl. **-e** /ope'rista/ m. e f. operatic composer.

operistico, pl. **-ci, -che** /ope'ristiko, tʃi, ke/ agg. [*musica*] opera; [*compositore, rappresentazione, mondo, associazione*] operatic.

operone /ope'rone/ m. operon.

operosamente /operosa'mente/ avv. operosely.

operosità /operosi'ta/ f.inv. industriousness, busyness, operoseness.

operoso /ope'roso/ agg. [*persona*] industrious, active, operose; [*impiegato*] hard-working.

opificio, pl. **-ci** /opi'fitʃo, tʃi/ m. factory, works pl.

opilione /opi'ljɔne/ m. harvestman*, daddy-long-legs AE.

opimo /o'pimo/ agg. LETT. **1** *(pingue)* fat, pinguid **2** *(fertile)* [*terra, campi*] fat, fertile, rich; *(ricco)* [*città, paese*] rich.

opinabile /opi'nabile/ agg. [*caso, nozione, proporzione*] arguable, disputable, questionable; ***è una questione ~*** that's a moot point.

opinabilità /opinabili'ta/ f.inv. disputableness, questionableness.

opinare /opi'nare/ [1] tr. e intr. LETT. (aus. *avere*) to opine, to moot.

▶ **opinione** /opi'njone/ f. *(giudizio, idea)* opinion, idea, view, belief; ***libertà d'~*** freedom of opinion; ***esprimere, azzardare, sostenere la propria ~*** to express, venture, to uphold one's opinion; ***cambiare ~*** to change one's mind (**su** about), to revise one's opinion (**su** of); ***avere un'alta ~ di sé*** to have a high *o* no mean opinion of oneself; ***chiedere a qcn. la sua ~*** to ask sb.'s opinion (**su** about); ***condividere l'~ di qcn.*** to share sb.'s opinion, to agree with sb.; ***essere dell'~ che*** to be of the opinion that; ***essere della stessa ~*** to be of the same opinion *o* of one mind; ***essere di -i diverse, contrastanti*** to have different, conflicting opinions, to hold different, conflicting views; ***non si cura dell'~ degli altri*** he doesn't care what other people think; ***me ne infischio*** o ***frego della vostra ~*** COLLOQ. I don't give a damn about your opinion, I couldn't care less what you think; ***avere una buona ~ di*** to have a high opinion of, to think better *o* kindly of; ***avere una cattiva ~ di*** to have a low opinion of, not to think much of; ***avere il coraggio delle proprie -i*** to have the courage of one's convictions; ***farsi, formarsi un'~*** to form, arise an opinion (**su** on, about); ***qual è la tua ~?*** what's your opinion *o* view? ***non ho -i sulla questione*** I have no opinion on the matter; ***mi sono già fatto una mia ~*** my mind is made up; ***secondo la mia ~*** in my opinion *o* view; ~ ***sbagliata*** misjudgment, misconception; ~ ***precostituita*** ready-made opinion; ***scambio di -i*** exchange (of opinions), discussion; ***è questione di -i*** it's a matter of opinion; ***è ~ generale che*** it's generally admitted that, the consensus is that; ***sondaggio d'~*** opinion poll, canvass of opinion ◆◆ ~ ***comune*** common opinion, popularly held belief; ~ ***pubblica*** public opinion; ***sfidare l'~ pubblica*** to go against public opinion.

opinionista, m.pl. **-i**, f.pl. **-e** /opinjo'nista/ ➧ ***18*** m. e f. columnist.

oplà /op'la/ inter. **1** *(per incitare il cavallo a saltare)* jump **2** *(saltando)* hey presto **3** *(a un bambino caduto)* upsa-daisy, whoops a daisy.

oplita /o'plita/, **oplite** /o'plite/ m. hoplite.

opossum /o'pɔssum/ m.inv. **1** ZOOL. opossum, possum COLLOQ. **2** *(pelliccia)* opossum.

oppiaceo /op'pjatʃeo/ agg. [*sostanza*] opiate.

oppiare /op'pjare/ [1] tr. to opiate.

oppiato /op'pjato/ **I** agg. [*farmaco*] opiate **II** m. opiate.

oppio /'ɔppjo/ m. opium; ***traffico d'~*** opium traffic; ***fumeria d'~*** opium den; ***fumare ~*** to smoke opium; ***fumatore d'~*** opium smoker; ***mangiatore d'~*** opium eater; ***papavero da ~*** opium poppy; ***pipa da ~*** opium pipe, gong AE COLLOQ.; ***dipendenza da ~*** opium addiction; ***guerra dell'~*** STOR. Opium War ◆ ***la religione è l'~ dei popoli*** religion is the opium of the masses.

oppiofago, m.pl. **-gi**, f.pl. **-ghe** /op'pjɔfago, dʒi, ge/ m. (f. **-a**) opium eater.

oppiomane /op'pjɔmane/ m. e f. opium addict.

oppiomania /oppjoma'nia/ f. opium addiction.

opponente /oppo'nɛnte/ **I** agg. DIR. [*parti, terzi*] opposing **II** m. e f. opponent **III** m. ANAT. opponent muscle.

opponibile /oppo'nibile/ agg. **1** = which can be opposed **2** ANAT. [*pollice*] opposable (**a** to) **3** DIR. [*contratto, argomento*] = which can be used as evidence.

▶ **opporre** /op'porre/ [73] **I** tr. **1** *(porre come ostacolo)* to put* up, to raise [*argini, barriere*]; to oppose [*ragioni, riserve*]; to raise [*argomento, dubbi*]; ~ ***resistenza a*** to put up a fight against [*aggressore, occupazione, regime*]; ***arrendersi ai poliziotti senza ~ resistenza*** to give up to the police without a struggle *o* putting up resistance; ~ ***una difesa coraggiosa*** to put up a spirited defence; ~ ***un secco rifiuto*** to refuse flatly; ~ ***il proprio veto a qcs.*** to put a veto on sth., to veto sth. **2** *(mettere in competizione)* to pit [*persona, squadra*] (**a** against); ***una partita amichevole opporrà gli allievi ai professori*** a friendly match will pit students against teachers, students and teachers will meet in a friendly match **3** *(separare)* to divide, to split*; ***il conflitto che ha opposto i due paesi*** the conflict which set the two countries against each other **II opporsi** pronom. **1** *(contrastare)* ***-rsi a*** to cross, to thwart [*persona*]; to counter [*accusa, delinquenza, minaccia, attacco, offensiva, esercito, tendenza*]; to oppose, to thwart [*candidatura, nomina*]; to stand out against [*sviluppo, cambiamento, decisione*]; to fend off [*concorrente*]; to oppose [*partito*]; to block [*iniziativa*]; to combat [*aggressività*]; to object to, to oppose [*piano, legge*]; to counteract [*sciopero, pubblicità negativa*]; ***-rsi fermamente a qcn., qcs.*** to set one's face against *o* to be flatly opposed to sb., sth.; ***si oppongono fermamente alla costruzione della fabbrica*** they strongly oppose the building of the factory; ***ha incoraggiato i suoi colleghi a -rsi*** he called on his colleagues to oppose it; ***nulla più si oppone al nostro successo*** nothing no longer stands in the way of our success; ***-rsi all'avanzata delle truppe nemiche*** to block the enemy's advance; ***il tempo si opponeva al cammino della spedizione*** the weather hindered the progress of the expedition **2** DIR. ***mi oppongo!*** I object!

opportunamente /opportuna'mente/ avv. advisably, conveniently; [*intervenire*] seasonably; [*equipaggiato*] suitably; ~ ***scelto*** happily chosen.

opportunismo /opportu'nizmo/ m. opportunism, self-interest, time-serving SPREG.; ***fare qcs. per ~*** to do sth. out of self-interest; ***condannare l'~ di qcn.*** to condemn sb. as an opportunist.

opportunista, m.pl. **-i**, f.pl. **-e** /opportu'nista/ **I** agg. **1** *(profittatore)* opportunist **2** MED. [*microrganismo*] opportunistic **II** m. e f. opportunist, trimmer, chancer COLLOQ., time-server SPREG.

opportunisticamente /opportunistika'mente/ avv. opportunistically, conveniently IRON. SPREG.

opportunistico, pl. **-ci, -che** /opportu'nistiko, tʃi, ke/ agg. **1** [*comportamento, scelta*] opportunistic **2** MED. [*infezione*] opportunistic.

opportunità /opportuni'ta/ f.inv. **1** *(convenienza)* expediency, opportuneness, advisability (**di qcs.** of sth.; **di fare** of doing); ***avere dubbi sull'~ di fare qcs.*** to have doubts about the advisability of doing sth.; ***l'~ di un intervento*** the seasonableness of an intervention **2** *(occasione)* opportunity, chance; ***avere l'~ di fare*** to have *o* get the chance to do; ***dare a qcn. l'~ di fare*** to give sb. the opportunity *o* chance to do; ***cogliere, perdere un'~*** to take, miss an opportunity *o* a chance; ***è una grossa ~ che ti si presenta*** it's a wonderful opportunity for you; ***un'altra ~ sprecata*** another wasted opportunity; ***pari ~*** equal opportunities, equality of opportunity; ~ ***di lavoro*** occupational *o* job opportunity; ***questa ~ potrebbe non ripetersi*** the chance may never come again.

▷ **opportuno** /oppor'tuno/ agg. **1** *(giusto)* [*tempo, momento*] opportune, appropriate, convenient, timely; [*luogo*] appropriate, convenient; ***attendere il momento ~*** to bide one's time; ***al momento ~*** [*arrivare, capitare*] opportunely, at (just) the right moment; ***a un'ora -a*** at an appropriate time; ***in un momento poco ~*** at an akward *o* inconvenient time **2** *(adeguato)* [*comportamento, maniere*] appropriate, correct; [*discorso, osservazione, visita*] opportune; [*punizione, cure, provvedimento*] adequate, appropriate **3** *(conveniente)* opportune, expedient, advisable; ***è ~ fare*** it is advisable *o* convenient to do; ***è ~ che tu venga*** it's advisable for you to come; ***è ~ che voi facciate*** you should do, you ought to do; ***sarebbe ~ che tu facessi*** you would be better advised to do; ***le pare ~ avvertirla*** she considers it opportune to warn you; ***ritenere, trovare, credere ~ fare*** to think, find, feel it advisable *o* proper do; ***ho agito come credevo ~*** I did as I thought proper; ***dire ciò che sarebbe stato ~ tacere*** to say what should have been left unsaid.

oppositivo /oppozi'tivo/ agg. oppositive.

oppositore /oppozi'tore/ m. (f. **-trice** /tritʃe/) opposer, opponent, objector (**di** of); ***un appassionato ~*** an ardent opposer; ***gli -i del regime*** the opponents of the regime.

▷ **opposizione** /opposit'tsjone/ f. **1** POL. opposition, Opposition, minority AE; ***essere, restare all'~*** to be, remain in opposition;

dell'~ [*partiti, deputati, gruppo, membro*] opposition attrib.; ***giornale dell'~*** newspaper of the opposition; ***~ radicale, forte, aperta*** root, strong, outspoken opposition; ***passare all'~*** to join the ranks of the opposition **2** *(contrasto)* opposition, contrast; ***essere in ~ con*** to be in opposition *o* contrast to; ***manifestare la propria ~ a*** to show *o* express one's opposition to; ***incontrare una debole, forte ~*** to meet with *o* run into *o* encounter a little, strong opposition (**da parte di** from); ***fare ~ a*** to put up opposition against, to oppose **3** LING. FON. opposition; ***unità in ~*** units in opposition **4** FIS. opposition; ***in ~ di fase*** EL. out of phase **5** ASTR. opposition; ***pianeta in ~*** planet in opposition; ***la luna è in ~ con il sole*** the moon is in opposition to the sun.

▷ **opposto** /op'posto/ **I** p.pass. → **opporre II** agg. **1** *(inverso, contrario)* [*direzione*] opposite, contrary; [*effetto*] opposite; ***dal lato ~ della strada*** on the other *o* opposite side of the road; ***ai lati -i di*** at opposite ends of; ***in*** o ***nella direzione -a*** [*andare*] *(per scelta)* in the opposite direction; *(per errore)* in the wrong direction; ***è andato esattamente dalla parte -a*** *(per scelta)* he went off in exactly the opposite direction; *(per errore)* he went off in completely the wrong direction; ***si sbaglia, la posta è dalla parte -a*** you're wrong, the post office is the other way; ***cadere nell'eccesso ~*** to go to the opposite extreme **2** *(contrastante)* [*parere, opinione, idea*] opposite, contrary (**a** to); [*partito, lati*] opposing; [*forze, fini, strategie, teorie*] conflicting (**a** with), opposite (**a** to); [*interessi, caratteri*] conflicting (**a** with), opposed (**a** to); [*decisione, atteggiamento*] opposite; ***mantengono posizioni -e sulla questione*** they maintain conflicting positions on the matter; ***diametralmente -i*** diametrically opposed (**a** to); ***hanno opinioni -e alle nostre*** they are of the opposite opinion to us **3** MAT. [*numeri, angoli*] opposite; ***angoli -i al vertice*** opposite angles **III** m. *(contrario)* opposite; ***essere l'esatto ~ di*** to be the exact *o* direct opposite of; ***essere tutto l'~ di*** to be the complete opposite of; ***lei è l'~ di sua sorella*** she is the opposite of her sister; ***fa sempre l'~ di quello che gli si dice di fare*** he always does the opposite of what he's told; ***gli -i si attraggono*** opposites attract.

▶ **oppressione** /oppres'sjone/ f. **1** *(costrizione, dittatura)* oppression **2** FIG. *(fastidio)* constriction, oppression; ***una sensazione di ~*** a feeling of constriction; ***l'~ della solitudine*** the oppression of solitude.

▷ **oppressivo** /oppres'sivo/ agg. [*legge, regole, regime*] oppressive, harsh; [*provvedimenti*] harsh; ***in modo ~*** [*governare*] oppressively.

▷ **oppresso** /op'prɛsso/ **I** p.pass. → **opprimere II** agg. **1** *(sottomesso)* [*popolo, classe*] oppressed **2** FIG. *(fisicamente, psicologicamente)* oppressed; ***sentirsi ~*** to feel oppressed; ***sentirsi ~ dal lavoro*** to feel overwhelmed with work **III** m. (f. **-a**) oppressed person; ***gli -i*** the oppressed; ***difendere i deboli e gli -i*** to side with the underdog.

oppressore /oppres'sore/ **I** agg. oppressive **II** m. oppressor; ***ribellarsi all'~*** to rebel *o* turn against the oppressor.

opprimente /oppri'mente/ agg. **1** *(soffocante)* [*aria, estate*] stifling; [*tempo*] oppressive; [*calore*] oppressive, overwhelming; [*stanza*] stuffy **2** *(insopportabile)* [*regime, vita*] constricting; [*persona, genitore*] oppressive, overbearing; [*lavoro*] constricting, overwhelming; [*atmosfera*] oppressive, suffocating, stuffy **3** FIG. [*tristezza, sensazione*] overwhelming, pressing; [*dolore*] overwhelming; [*silenzio*] oppressive.

▶ **opprimere** /op'primere/ [29] tr. **1** *(tiranneggiare)* to oppress, to dominate, to overpower [*popolo*] **2** *(assillare)* [*dispiacere, rimorsi, tempo*] to oppress [*persona*]; [*responsabilità*] to weigh down, to overwhelm [*persona*]; [*persona, genitore*] to oppress, to overbear* [*persona*]; [*fatica, sonno*] to overcome* [*persona*]; [*dolore, lavoro*] to overwhelm [*persona*]; [*paura*] to constrain [*persona*]; [*preoccupazioni*] to weigh down, to overwhelm, to oppress [*persona*] **3** *(soffocare)* [*calore*] to oppress, to overpower, to overwhelm [*persona*].

oppugnabile /oppuɲ'ɲabile/ agg. [*giudizio, contratto*] impugnable; [*teoria, posizione*] refutable, confutable.

oppugnabilità /oppuɲɲabili'ta/ f.inv. *(di giudizio, contratto)* impugnability; *(di teoria, posizione)* refutability.

oppugnare /oppuɲ'ɲare/ [1] tr. to impugn [*giudizio, contratto*]; to refute, to confute [*teoria, posizione*].

oppugnazione /oppuɲɲat'tsjone/ f. *(di giudizio, contratto)* impugnation; *(di teoria, posizione)* refutation.

▶ **oppure** /op'pure/ cong. **1** or; ***vorresti mangiare qui ~ in città?*** would you like to eat here or in town? ***puoi venire a prendermi a casa mia ~ ci aspettiamo davanti al cinema*** you can pick me up at home or we can meet outside the cinema **2** *(altrimenti)* otherwise, or else; ***devi sbrigarti, ~ perderai il treno*** hurry up, otherwise you'll miss the train.

optare /op'tare/ [1] intr. (aus. *avere*) ***~ per qcs.*** to opt for sth., to choose sth.

optimum /'ɔptimum/ m.inv. optimum* (anche BIOL.); ***raggiungere l'~ di qcs.*** to reach the optimal level of sth.

optional /'ɔpʃonal/ m.inv. accessory, (optional) extra, optional feature, option; ***il tettuccio apribile è un ~*** the sunroof is an extra; ***senza ~*** with no frills.

optoelettronica /optoelet'trɔnika/ f. optoelectronics + verbo sing.

optometria /optome'tria/ f. optometry.

optometrista, m.pl. **-i**, f.pl. **-e** /optome'trista/ ◗ ***18*** m. e f. optometrist.

optometro /op'tɔmetro/ m. optometer.

opulento /opu'lɛnto/ agg. **1** *(abbondante)* [*vegetazione*] opulent, luxuriant; [*petto, forme*] ample, voluptuous; *(agiato)* [*vita, società*] affluent; [*paese*] opulent, affluent, wealthy **2** FIG. *(ridondante)* [*stile*] redundant, luxuriant.

opulenza /opu'lɛntsa/ f. **1** *(abbondanza)* opulence, richness, wealthiness **2** *(rotondità)* ampleness, voluptuousness **3** FIG. *(ridondanza)* redundance, luxuriance.

opunzia /o'puntsja/ f. opuntia, nopal.

opuscolo /o'puskolo/ m. brochure, pamphlet, booklet, leaflet; ***-i pubblicitari*** sales literature; ***distribuzione di -i*** distribution of leaflets.

opzionale /optsjo'nale/ agg. [*materia*] optional.

opzione /op'tsjone/ f. **1** *(libertà di scelta)* option (**su** on); ***rinunciare ad un'~*** to cancel an option; ***in ~*** in option **2** DIR. ECON. option; ***diritto d'~*** stock option; ***esercitare il diritto d'~*** to take up an option ◆◆ ***~ di acquisto*** ECON. buyer's option; ***~ call*** ECON. call option; ***~ put*** → ***~ di vendita***; ***~ allo scoperto*** ECON. naked option; ***~ di vendita*** ECON. put option; ***~ zero*** zero option.

or /ɔr/ → **2.ora**.

▶ **1.ora** /'ora/ ◗ ***19, 13*** f. **1** *(sessanta minuti)* hour; ***un'~ di lavoro, di lezione*** an hour's work, lesson; ***due -e di riposo, di attesa*** two hours' rest, wait, a two-hour rest, wait; ***un'~ prima*** an hour before; ***due -e dopo, più tardi*** two hours later; ***in un'~*** in an hour; ***ventiquattr'-e su ventiquattro*** FIG. twenty-four hours a day, round the clock; ***servizio ventiquattr'-e su ventiquattro*** round-the-clock service; ***nell'~ successiva, seguente*** in the next hour, within the hour; ***entro le ventiquattr'-e*** within twenty-four hours; ***fra un'~*** in *o* within an hour; ***un'~ fa*** an hour ago; ***di ~ in ~*** [*aumentare, peggiorare*] from hour to hour; ***seguire qcs. di ~ in ~*** to follow sth. hour by hour; ***ogni due -e*** every two hours; ***c'è un treno ogni ~*** there's a train every hour, a train goes every hour; ***dopo tre -e d'aereo*** after three hours on the plane, after a three-hour flight; ***essere a tre -e di macchina, di treno da Mantova*** to be three hours' drive away from Mantua, to be three hours away from Mantua by train; ***essere a quattro -e di marcia, cammino dal rifugio*** to be a four-hour walk from the refuge; ***fare tre -e di nave, di aereo*** to be on the boat, plane for three hours; ***fare i 60 all'~*** COLLOQ. to do 60 (km per hour); ***essere pagato all'~, a -e*** to be paid by the hour; ***guadagnare 30 euro all'~*** to earn 30 euros per *o* an hour; ***(collaboratrice) domestica a -e*** charwoman, (household) help; ***albergo a -e*** = hotel used by prostitutes; ***la settimana (lavorativa) di 35 -e*** the 35-hour (working) week; ***avere due -e di chimica alla settimana*** to have two hours of chemistry per week; ***un'~ buona*** a good *o* full hour; ***un'~ scarsa*** a little under an hour; ***abbiamo parlato del progetto per delle -e, per -e e -e*** we talked about the project for hours on end; ***è un'~ che ti aspetto!*** COLLOQ. FIG. I've been waiting for hours! **2** *(indicazione di tempo)* time; ***l'~ esatta, precisa, giusta*** the exact *o* right time; ***chiedere, dire l'~*** to ask, tell the time; ***guardare l'~*** to look at the time; ***che ~ è, che -e sono?*** what time is it? what's the time? ***sono le -e 10*** it's 10 o'clock; ***hai l'~?*** have you got the time? ***che ~ fai?*** what time do you make it? ***a che ~...?*** at what time..? ***mezz'~*** half (an) hour; ***quarto d'~*** quarter of an hour; ***fra mezz'~*** in half an hour; ***un'~ e mezza*** an hour and a half; ***alle undici, ~ italiana, di Roma*** at 11, Italian time, Rome time; ***regolare l'~*** to set *o* reset one's watch; ***non sa leggere l'~*** he can't tell the time; ***sbagliarsi d'~*** to get the time wrong **3** *(momento preciso nel tempo)* time; ***l'~ di un appuntamento, della preghiera*** the time of an appointment, for prayer; ***l'~ dell'arrivo, della partenza*** the arrival, departure time; ***all'~ convenuta, stabilita*** at the agreed time; ***nell'~ del pericolo*** in the hour of danger; ***tutti i giorni alla stessa, solita ~*** every day at the same time; ***"panini a tutte le -e"*** "sandwiches available at any time"; ***a un'~ indebita, inopportuna*** at an unearthly hour; ***a un'~ insolita*** at an unusual hour; ***a tarda ~, a un'~ tarda (della notte)*** late (at night); ***fare le -e piccole*** to keep late hours, to stay out until all hours, to get home in the early hours; **di buon'~** [*alzarsi, partire*] early, at an early hour, in good time; **da un'~ all'altra** from one hour to the next; **a quest'~** at this time; **la prossima settimana a quest'~** this time next week; **a quest'~ sarà lontano, deve essere lontano a quest'~** he must be a long way off by now; **il tuo amico non verrà più a quest'~** your friend won't come this late; **è ~, devo andare** it's time, I must go; **è ~ di fare qcs.** it's time to do sth.; **è ~ di partire** it's time to leave, it's time we left; **è ~ che tu faccia** it's time for you to do; **è giunta l'~** the time has come; **della prima ~** [*partigiano, militante*] from the very beginning; **alle prime -e del giorno** in the (wee) small hours, in the early hours, at first light; **notizie dell'ultima ~** last-minute *o* latest news; **avere le -e contate** to be hard-pressed for time, to be living on borrowed time **4** *(periodo della giornata)* time; **~ di pranzo, del tè, di cena** lunchtime, teatime, dinnertime; **all'~ dei pasti, -e pasti** at mealtime(s); **telefonare -e pasti** phone at mealtimes; **durante le -e di scuola, d'ufficio** during school, office hours; **-e diurne** daytime (hours); **-e pomeridiane** afternoon hours; **-e serali** evening hours; **-e libere** free *o* spare time; SCOL. free periods; **libro d'-e** RELIG. book of hours; **recitare, dire le -e** to say the hours; **l'~ è grave** the situation is serious; **ad ogni ~ (del giorno, della notte)** at all times of the day or night; **negozio aperto a tutte le -e** shop open twenty-four hours a day ◆ **la sua ~ si avvicina** his time is drawing near *o* coming; **è arrivata** o **suonata la sua ~** her time has come; **passare un brutto quarto d'~** to spend a few unpleasant minutes; **alla buon'~!** **era ~!** about time too! **non vedere l'~ di fare** to be itching *o* burning to do, to look forward to doing, to long to do; **"vuoi venire con me al mare?" - "non vedo l'~"** "do you want to come to the seaside with me?" -"I can't wait", "I can hardly wait", "I'm looking forward to it" ◆◆ **~ di bordo** MAR. ship's time; **~ canonica** RELIG. canonical hour; **~ esatta** TEL. speaking clock; **~ estiva** AMM. summer time; **~ di Greenwich** Greenwich Mean Time; **~ invernale** AMM. winter time; **~ legale** AMM. daylight saving time; **~ locale** AMM. local time; **~ della morte** → **~ suprema;** **~ di punta** peak *o* rush hour; **nell'~ di punta** at *o* during peak hours, in *o* during the rush hour; **~ siderale, siderea** sideral time; **~ solare** solar time; **~ solare media** mean solar time; **~ solare vera** standard time; **~ suprema** = one's last hour; **l'~ della verità** the moment of truth; **~ X, ~ zero** zero hour (anche FIG.).

▶ **2.ora** /'ora/ **I** avv. **1** *(adesso)* now, at present; **dove andiamo ~?** where shall we go now? **questa casa ~ è sua** it's his house now; **deve aver finito ~** he must have finished by now; **e ~ cedo la parola al mio collega** and now I'll give the floor to my colleague; **~ è il momento di agire** now it's time for action; **ti ho avvertito, ~ fa' ciò che vuoi** I've warned you, now do what you want; **~ era finalmente libero di fare ciò che voleva** at last he was free to do what he wanted; **~ è un anno che...** it's been a year now since...; **e ~?** what now? **a partire da ~** from now on, hence FORM.; **prima d'~** before now; **d'~ in poi, d'~ in avanti** from now on(wards), henceforth FORM.; **fino ad ~** up to now, up until now; **fin, sin d'~** here and now; **grazie fin d'~** thank you in advance; **per ~** for now, for the moment, for the time being; **non ~!** not now (of all times)! **~ come ~** at this moment in time, as things stand now; **~ e sempre** now and forever; **~ o mai più** (it's) now or never; **ora che** now that; **~ che ci penso** now that I think of it, come to think of it; **~ è più difficile** it's more difficult now(adays) **2** *(poco fa, appena)* **l'ho chiamato ~** I've just called him; **è arrivato ~** he's arrived just now, he's just arrived; **stavo parlando di te or ~** I was just talking about you **3** *(tra poco)* **~ vengo** I'm (just) coming, I'll be right there **4** *(in correlazione)* **era ~ calmo ~ brusco** he was sometimes calm (and) sometimes brusque; **~ velocemente, ~ lentamente** now fast, now slowly; **essere ~ felice, ~ depresso** to be happy and depressed by turns; **~ qui, ~ là** one minute here, one minute there **II** cong. **1** *(con valore avversativo)* **credi di aver capito, ~ ti dimostro che non è vero** you think you've understood, but now I'll show you that you haven't **2** *(con valore introduttivo o conclusivo)* now (then); **~ avvenne che...** now it happened that...; **~ dovete sapere che...** now (then), you ought to know that...; **ti ho detto tutto, ~ che cosa ne pensi?** now that I've told you everything, what do you think (about it)?

oracolare /orako'lare/ agg. **1** *(di, da oracolo)* oracular **2** FIG. *(pomposo)* [*tono*] sententious, oracular.

oracoleggiare /orakoled'dʒare/ [1] intr. (aus. *avere*) **1** *(emettere oracoli)* to pronounce oracles **2** FIG. to speak* like an oracle.

oracolo /o'rakolo/ m. **1** *(responso profetico)* oracle **2** *(sacerdote)* oracle; **l'~ di Delfi** the Delphian oracle; **responso dell'~** response of the oracle; **consultare, interpretare l'~** to consult, interprete the oracle; **parlare come un ~** to speak like an oracle **3** *(persona autorevole)* oracle; **ha parlato l'~** IRON. the oracle spoke.

orafo /'ɔrafo/ ◗ **18 I** agg. **l'arte -a** the goldsmith's art **II** m. (f. **-a**) goldsmith.

orale /o'rale/ **I** agg. **1** *(della bocca)* [*cavità*] oral, buccal; [*igiene*] oral; **per via ~** orally; **vaccinazione per via ~** oral vaccination; **fase ~** PSIC. oral stage; **sesso ~** oral sex **2** *(espresso a voce)* [*esame, tradizione, interrogazione, prova, riassunto*] oral **3** LING. **suoni -i** oral sounds **II** m. oral (examination, test); **essere ammesso all'~** to be allowed to take the oral exam; **sostenere gli -i** to take the orals.

oralità /orali'ta/ f.inv. orality (anche PSIC.).

oralmente /oral'mente/ avv. [*comunicare*] orally, by word of mouth; [*testimoniare, esaminare*] orally; **comunicare delle informazioni ~** to communicate some information by word of mouth.

oramai /ora'mai/ → **ormai.**

orangista /oran'dzista/ m. POL. Orangeman*.

orango, pl. **-ghi** /o'rango, gi/ m., **orangutan** /orangu'tan/ m.inv. orang-outang BE, orangutan AE, pongo.

orante /o'rante/ **I** agg. LETT. praying **II** m. e f. **1** LETT. prayer, praying person **2** ART. orans*.

orare /o'rare/ [1] intr. (aus. *avere*) LETT. to pray.

▷ **orario**, pl. **-ri, -rie** /o'rarjo, ri, rje/ **I** agg. **1** *(che si riferisce all'ora)* [*fascia, fuso, angolo, tabella*] time; **segnale ~** time-signal, time check; **disco ~** parking disc; **differenza di fuso ~** time difference; **in senso ~** clockwise, in a clockwise direction **2** *(calcolato a ore)* [*media, paga, rendimento, produzione, tariffa, bollettino*] hourly; [*velocità, chilometri, miglia*] per hour; **un aumento ~ di tre dollari** a pay rise of three dollars per hour **II** m. **1** *(prospetto)* timetable, schedule; **~ ferroviario, dei treni** train schedule *o* timetable; **~ degli autobus** bus schedule *o* timetable; **~ tascabile** pocket timetable; **l'~ delle lezioni** SCOL. school timetable, timetable of classes *o* lessons; **~ delle funzioni** RELIG. hours of worship; **(tabellone degli) -ri d'arrivo** arrivals board **2** *(tempo)* hours pl., times pl., time(table); **~ dei treni** train times; **~ dei traghetti** ferry sailing times; **gli -ri dei treni per Firenze** the times of trains to Florence; **~ di arrivo** arrival time; **ho un buco nell'~** I have a gap in my timetable; **avere un ~ pesante** to work long hours, to have a busy timetable; **avere un ~ flessibile** to work flexitime; **avere un lavoro a ~ ridotto** to be on short time, to work part-time; **fuori ~** out of hours; **fuori dell'~ di lavoro** after (working) hours; **arrivare, essere in ~** [*persona*] to arrive, be on time; [*treno, autobus, aereo*] to arrive, be on schedule *o* time; **essere in anticipo, in ritardo sull'~** [*treno, autobus, aereo*] to arrive ahead of, behind schedule; **essere in perfetto ~** to be dead on time; **avere -i regolari** to keep regular hours ◆◆ **~ di apertura** opening time *o* hours; *(di museo)* visiting hours; *(di negozio)* business hours; **~ di chiusura** closing time; **~ continuato** *(di negozio)* all-day opening; *(di lavoro)* continuous working day; **"~ continuato"** *(su un cartello)* "open all day"; **~ diurno** daytime hours; **~ elastico** → **~ flessibile**; **~ estivo** summer timetable; FERR. summer train times; **~ feriale** weekday timetable; **~ festivo** non-working hours; **~ flessibile** flexible working hours, flexitime; **~ invernale** winter timetable; FERR. winter train times; **~ di lavoro, lavorativo** working hours; **~ notturno** night-time hours; **~ di ricevimento** *(dal medico)* → **orario di visita**; SCOL. consulting hours; **~ ridotto** part-time, short time; **~ spezzato** split shift; **~ di sportello** banking hours; **~ di trasmissione** RAD. TELEV. airtime; **~ d'ufficio** office *o* business hours; **~ di visita** *(dal medico)* consulting time *o* hours, office hours AE; *(in ospedale ecc.)* visiting time *o* hours.

orata /o'rata/ f. (sea) bream, gilthead bream.

▷ **oratore** /ora'tore/ m. (f. **-trice** /tritʃe/) **1** *(declamatore)* (public) speaker, speech maker, orator FORM.; *(conferenziere)* lecturer; **~ principale** keynote speaker; **~ improvvisato** soapbox orator; **~ da strapazzo** SPREG. speechifier, spouter, tub-thumper **2** ANT. *(orante)* prayer.

oratoria /ora'tɔrja/ f. (public) speaking, eloquence, oratory FORM., forensics AE; **~ forense** forensic eloquence; **~ improvvisata** soapbox oratory; **~ da strapazzo** SPREG. speechifying, tub-thumping.

oratoriale /orato'rjale/ agg. MUS. oratorial.

oratoriano /orato'rjano/ m. RELIG. oratorian.

1.oratorio, pl. **-ri, -rie** /ora'tɔrjo, ri, rje/ agg. [*arte, stile, abilità*] oratorical FORM., rhetorical; **arte -a** oratory, forensics AE, art of public speaking.

2.oratorio, pl. **-ri** /ora'tɔrjo, ri/ m. **1** ARCH. oratory **2** RELIG. *(edificio di culto)* oratory; *(ordine)* (anche **Oratorio**) Oratory **3** *(presso una parrocchia)* parish recreation centre **4** MUS. oratorio*; **~ di Natale** Christmas oratorio.

ora/uomo, pl. **ore/uomo** /ora'wɔmo, ore'wɔmo / f. man-hour.

oraziano /orat'tsjano/ agg. Horatian.

Oratorio In Italy there are thousands of these parish recreation centres (usually buildings with playgrounds and playing fields attached to Catholic parishes), where teenagers and younger children go after school to meet up, do different recreational activities (the usual games of football but also many other sports, drama, etc) and have religious education (learning the catechism), run by priests and their lay colleagues. Created by S. Giovanni Bosco, the founder of the Salesians in the mid-nineteenth century, to keep poor children away from immorality and crime, they have become a typical feature of the lives of young Italians from all social backgrounds.

Orazio /o'rattsjo/ n.pr.m. Horace.
orazione /orat'tsjone/ f. **1** *(discorso solenne)* speech, oration FORM. **2** *(preghiera)* prayer, orison ANT.; ***recitare un'~*** to say a prayer; ***essere in ~*** to be at prayer ◆◆ ***~ domenicale*** Lord's Prayer; ***~ funebre*** funeral oration.
orbare /or'bare/ [1] tr. LETT. to bereave* [*persona, famiglia*].
orbato /or'bato/ **I** p.pass. → **orbare II** agg. LETT. [*persona, famiglia*] bereaved.
orbe /'ɔrbe/ m. LETT. *(globo)* orb.
orbene /or'bɛne/ cong. LETT. so, now then, well (then); ***~, quel giorno era uscito senza ombrello*** well, that day he went out without umbrella; ***i musei sono chiusi il lunedì, ~ era proprio un lunedì*** museums are closed on Mondays, well, it was a Monday.
orbettino /orbet'tino/ m. slowworm, blindworm.
orbicolare /orbiko'lare/ agg. ANAT. orbicular.
orbita /'ɔrbita/ f. **1** ASTR. orbit, path; ***in ~*** in orbit; ***essere in ~ attorno a qcs.*** to be in orbit round sth.; ***entrare in ~*** to go into orbit (anche FIG.); ***lanciare, mettere in ~*** to put [sth.] into orbit [*satellite*]; ***messa in ~*** launching into orbit; ***l'~ di un pianeta attorno al sole*** the orbit *o* path of a planet round the sun **2** ANAT. (eye) socket, eye hole; ***aveva gli occhi fuori dalle -e, gli occhi gli uscivano dalle -e*** FIG. his eyes were bulging out of their sockets *o* were popping out of his head **3** FIG. *(sfera d'influenza)* ***cadere nell'~ di*** to fall into the sphere of influence of; ***attrarre nella propria ~*** to bring into one's orbit, to attract into one's sphere of influence **4** FIS. orbit ◆◆ ***~ ellittica*** elliptic(al) orbit; ***~ geostazionaria*** synchronous *o* geostationary orbit; ***~ lunare*** lunar orbit; ***~ osculatrice*** osculating orbit; ***~ terrestre*** earth's orbit.
orbitale /orbi'tale/ **I** agg. **1** ASTR. [*velocità, stazione*] orbital **2** *(di orbita oculare)* orbital **II** m. FIS. CHIM. orbital.
orbitante /orbi'tante/ agg. ***satellite ~*** satellite in orbit.
orbitare /orbi'tare/ [1] intr. (aus. *avere*) **1** ASTR. to orbit, to circle; ***la Terra orbita intorno al Sole*** the Earth orbits the Sun **2** FIG. ***~ intorno a*** to orbit.
orbo /'ɔrbo/ **I** agg. **1** *(cieco)* blind; ***~ dalla nascita*** blind from birth **2** *(guercio)* blind in one eye **3** LETT. *(privo)* bereaved; ***~ del padre*** bereaved of his father **II** m. (f. **-a**) **1** *(cieco)* blind person **2** *(guercio)* person blind in one eye ◆ ***dare botte da -i a qcn.*** to give sb. a good thrashing, to thrash the living daylights out of sb., to bash sb.
orca, pl. **-che** /'ɔrka, ke/ f. **1** ZOOL. killer whale, grampus **2** *(mostro)* sea monster.
Orcadi /'ɔrkadi/ ➧ ***14*** n.pr.f.pl. ***le (isole) ~*** the Orkneys (Islands); ***delle (isole) ~*** Orcadian.
orchessa /or'kessa/ f. ogress (anche FIG.).
orchestia /or'kɛstja/ f. sand hopper.
▷ **orchestra** /or'kɛstra/ f. **1** MUS. orchestra; ***direttore d'~*** director, conductor; ***dirigere un'~*** to conduct *o* lead an orchestra **2** *(fossa per i musicisti)* orchestra pit **3** ARCHEOL. orchestra ◆◆ ***~ d'archi*** string orchestra; ***~ da camera*** chamber orchestra; ***~ filarmonica*** philharmonic orchestra; ***~ jazz*** jazz band; ***~ di ottoni*** brass orchestra; ***~ sinfonica*** symphony orchestra.
orchestrale /orkes'trale/ ➧ ***18*** **I** agg. orchestral **II** m. orchestral player.
orchestrare /orkes'trare/ [1] tr. **1** MUS. to orchestrate, to score **2** FIG. to orchestrate, to choreograph, to stage-manage; ***~ una campagna pubblicitaria*** to orchestrate an advertising campaign.
orchestratore /orkestra'tore/ m. (f. **-trice** /tritʃe/) orchestrator.
orchestrazione /orkestrat'tsjone/ f. **1** MUS. orchestration, scoring **2** FIG. orchestration.
orchestrina /orkes'trina/ f. small orchestra, light orchestra, band ◆◆ ***~ d'archi*** string band; ***~ da ballo*** dance band.
orchidaceo /orki'datʃeo/ agg. orchidaceous.
orchide /'ɔrkide/ f. BOT. orchis.
orchidea /orki'dɛa/ f. orchid.
orchite /or'kite/ ➧ **7** f. orchitis.
orcio, pl. **-ci** /'ortʃo, tʃi/ m. jug, jar, pitcher, cruse ANT.; ***bere dall'~*** to drink from the jug.
orco, pl. **-chi** /'ɔrko, 'orko, ki/ m. ogre (anche FIG.); ***una voce da ~*** a hollow *o* an ogrish voice.
orda /'ɔrda/ f. *(di barbari, turisti)* horde ◆◆ ***~ d'oro*** STOR. Golden Horde.
ordalia /or'dalja, orda'lia/ f. ordeal.
ordigno /or'diɲɲo/ m. **1** *(congegno meccanico o esplosivo)* device; ***~ esplosivo, incendiario*** explosive, incendiary device **2** *(arnese strano)* device, machine COLLOQ.; ***~ diabolico, infernale*** fiendish device ◆◆ ***-i bellici*** weapons of war.
ordinabile /ordi'nabile/ agg. orderable.
ordinale /ordi'nale/ **I** agg. [*numero*] ordinal **II** m. **1** MAT. ordinal **2** RELIG. ordinary.
▷ **ordinamento** /ordina'mento/ m. **1** *(organizzazione)* organization, ordering **2** *(istituzione)* system **3** INFORM. sort ◆◆ ***~ carcerario*** prison system; ***~ fiscale*** system of taxation; ***~ giudiziario*** court system, judicature; ***~ giuridico penale*** criminal justice system; ***~ scolastico*** school system.
ordinando /ordi'nando/ m. ordinand.
ordinanza /ordi'nantsa/ f. **1** DIR. order, ordinance, decree; ***un'~ del tribunale*** an order of the Court; ***presentare un'~*** to issue an order **2** MIL. regulation; ***d'~*** [*pistola, divisa*] service attrib., regulation attrib.; ***soldato d'~*** STOR. orderly; ***ufficiale d'~*** STOR. orderly officer; ***fuori ~*** non-regulation **3** AMM. bylaw ◆◆ ***~ di bancarotta fraudolenta*** criminal bankruptcy order; ***~ giudiziaria*** fiat; ***~ di non luogo a procedere*** nonsuit; ***~ restrittiva*** restraining order; ***~ di rinvio a giudizio*** committal for trial; ***~ di sfratto*** eviction order.
▶ **ordinare** /ordi'nare/ [1] tr. **1** *(mettere in ordine)* to clear up, to tidy up, to sort out [*stanza, armadio*]; to order, to arrange, to sort [*schedario, nomi, date*]; to organize [*libri, carte*]; ***~ alfabeticamente*** to order alphabetically **2** *(comandare)* to order [*chiusura, consegna, inchiesta*]; ***~ a qcn. di fare qcs.*** to order *o* command *o* instruct sb. to do sth.; ***~ a qcn. di andare a casa, a letto*** to order sb. home, to bed; ***~ a qcn. di entrare, uscire*** to order sb. in, out; ***~ di fare qcs.*** to order sth. to be done; ***~ il rilascio di qcn.*** to order the release of sb.; ***~ la ritirata*** MIL. to order the retreat **3** *(prescrivere)* [*medico*] to prescribe [*riposo, cura, medicine*] **4** *(richiedere)* to order, to place an order for [*articolo, prodotto*]; *(in locali pubblici)* to order [*bevanda, piatto*]; ***~ qcs. a qcn.*** to order sth. from sb.; ***ti ho ordinato una pizza*** I've ordered a pizza for you; ***~ delle merci a un fornitore*** to indent on a supplier for goods, to order goods from a supplier; ***~ qcs. per posta*** o ***corrispondenza*** to send away *o* off for sth.; ***siete pronti per ~?*** are you ready to order? **5** RELIG. ***~ qcn. sacerdote*** to ordain *o* induct sb. priest; ***essere ordinato sacerdote*** to be ordained priest, to be inducted into the priesthood.
ordinariamente /ordinarja'mente/ avv. ordinarily.
ordinarietà /ordinarje'ta/ f.inv. **1** *(normalità)* ordinariness, normality **2** *(volgarità)* coarseness, grossness.
▷ **ordinario**, pl. **-ri, -rie** /ordi'narjo, ri, rje/ **I** agg. **1** *(normale, consueto)* [*misure, dimensioni*] ordinary, average; [*qualità, modello*] standard; [*abiti, oggetti, cittadino, uso*] ordinary, normal; [*vita*] ordinary, uneventful; [*funzionamento, procedura*] usual, ordinary; ***posta -a*** = second class (mail); ***-a amministrazione*** office routine; ***affari di -a amministrazione*** ordinary business; ***di -a amministrazione*** FIG. ordinary, routine; ***è -a amministrazione*** FIG. it's all in a day's work **2** *(mediocre)* [*persona, pasto, gusti*] ordinary, common, plain; *(banale)* [*commento, osservazione, problema*] ordinary, banal **3** *(di scarsa qualità)* [*tessuto, vestito*] cheap, plain, low-quality **4** *(rozzo)* coarse, gross **5** DIR. [*assemblea, seduta, membro*] ordinary; [*giudice, console*] ordinary **II** m. (f. **-a**) **1** *(ciò che è consueto)* ordinary; ***fuori dell'~*** out of the ordinary; ***uscire dall'~*** to be out of the ordinary **2** UNIV. full professor; SCOL. regular teacher **3** RELIG. *(prelato)* ordinary; *(vescovo)* ordinary bishop; ***l'~ della messa*** the ordinary of the mass.
1.ordinata /ordi'nata/ f. ***dare un'~ a qcs.*** to give sth. a cleanup *o* tidy-up BE, to tidy sth. up.
2.ordinata /ordi'nata/ f. **1** MAT. ordinate **2** MAR. cant **3** AER. former.
ordinatamente /ordinata'mente/ avv. tidily, neatly.
ordinativo /ordina'tivo/ **I** agg. [*principio*] governing **II** m. COMM. order, indent BE; ***-i arretrati*** back orders; ***passare a qcn. un ~ di qcs.*** to place an order with sb. for sth.
ordinato /ordi'nato/ **I** p.pass. → **ordinare II** agg. **1** *(in ordine)* [*camera, armadio, cassetto*] tidy, neat; [*fila, schieramento, folla*] orderly; ***tenere una stanza -a*** to keep a room tidy **2** *(che ama l'ordine)* [*persona*] neat, tidy; [*segretaria*] neat; ***non è molto -a*** she's not very tidy **3** *(regolato)* [*vita*] orderly, (well-)ordered; [*mente*]

orderly, organized; [*insieme, struttura*] ordered **4** *(commissionato)* ordered, on order.

ordinatore /ordina'tore/ **I** agg. [*criterio, principio*] governing, regulating **II** m. (f. **-trice** /tritʃe/) orderer.

ordinazione /ordinat'tsjone/ f. **1** COMM. order; ***~ per corrispondenza*** mail order; ***fatto su ~*** made to order, custom-made; ***modulo di ~*** order form; ***registro*** o ***libro delle -i*** order book; ***contanti all'~*** cash with order; ***annullamento di un'~*** cancellation of an order; ***fare un'~ a qcn.*** to place an order with sb. **2** *(in locali pubblici)* order; ***su ~*** [*piatto*] made-to-order **3** RELIG. ordination, ordering, induction.

▶ **ordine** /'ordine/ m. **1** *(comando)* order; ***questo è un ~!*** that's an order! ***dare un ~ a qcn.*** to give sb. an order; ***dare a qcn. l'~ di fare*** to give an order for sb. to do, to order sb. to do; ***ricevere l'~ di fare*** to take the order to do; ***eseguire un ~*** to carry out an order; ***prendere -i da qcn.*** to take orders from sb.; ***non prendo -i da nessuno*** I won't *o* don't take orders from anybody; ***agire su*** o ***per ~ di qcn.*** to act on sb.'s order; ***avere l'~ di fare*** to be under *o* have orders to do; ***ho l'~ di fare la guardia alla porta*** my orders are to guard the door; ***essere agli -i di qcn.*** to be under sb.'s orders (anche MIL.); ***agli -i!*** MIL. yes, sir! (anche SCHERZ.); ***per ~ di*** on the orders of; ***fino a nuovo ~*** until further orders; ***parola d'~*** password, parole, countersign **2** *(criterio che ordina)* order; ***in ~ alfabetico, cronologico*** in alphabetical, chronological order; ***mettere in ~ alfabetico*** to order alphabetically, to put in alphabetical order; ***in ~ crescente, decrescente*** in ascending, descending order; ***in ~ di priorità*** in order of priority; ***in ~ di preferenza*** in order of preference; ***in ~ di apparizione*** in order of appearance; ***per ~ di merito*** for order of merit; ***~ numerico*** numerical order; ***l'~ delle parole*** word order; ***procediamo con ~*** first things first; ***devi telefonare, nell'~, in stazione, all'aeroporto, all'albergo*** you've got to phone the station, the airport and the hotel, in that order; ***secondo un ~ preciso*** in strict order; ***in bell'~*** [*essere allineato, avanzare, ritirarsi*] in an orderly fashion; ***avanzare in ~ sparso, serrato*** to advance in scattered, close formation; ***~ di battaglia*** battle order *o* array; ***numero d'~*** order number **3** *(insieme di elementi)* ***primo, secondo ~ di posti in platea*** first, second row of seats in the pit **4** *(sistemazione ordinata)* order; ***senso dell'~*** sense of order; ***essere in ~*** [*casa, armadio*] to be tidy; [*affari, conti*] to be in order; ***tenere una stanza in ~*** to keep a room tidy; ***mettere ~ in*** to clear up, to tidy up, to sort out [*stanza, armadio*]; to order, to arrange, to sort [*schedario, nomi, date*]; to organize [*libri, carte*]; ***mettere ~ nei propri affari*** to put *o* set one's affairs in order; ***far ~ nella propria vita*** to put *o* set one's life in order, to sort out one's life; ***è amante dell'~ e della pulizia*** he likes order and tidiness **5** *(disciplina)* ***mantenere, ristabilire l'~*** [*polizia, governo, insegnante*] to keep, restore order; ***richiamare qcn. all'~*** to call sb. to order; ***~ pubblico*** public order, peace; ***mantenere, ristabilire l'~ pubblico*** to keep, restore public order, the peace; ***disturbare l'~ pubblico*** [*individuo, gruppo di insorti*] to disturb the peace; ***il rispetto dell'~ costituito*** respect for the established order; ***le forze dell'~*** the police; ***servizio d'~*** policing **6** *(natura, categoria)* ***è un problema di ~ economico*** it's a problem of an economic nature; ***è nell'~ delle cose*** it's in the natural order of things; ***dell'~ del 15%*** of BE *o* in AE the order of 15%; ***in quale ~ di grandezza?*** how much approximately? ***di primissimo ~*** of the highest order; ***di prim'~*** first-class, first-rate, high-class; ***di second'~*** second-class, second-rate; ***d'infimo ~*** of the lowest degree **7** ARCH. BIOL. order **8** *(confraternita)* order; ***~ cavalleresco*** order of chivalry; ***l'~ dei medici*** the medical association; ***l'~ degli avvocati*** the Bar, bar association AE; ***essere radiato dall'~*** [*avvocato, medico*] to be struck off the roll **9** RELIG. *(organizzazione)* order; ***~ monastico*** monastic order; ***~ di clausura*** closed *o* cloistered order; ***l'~ cistercense*** the Cistercian order; ***-i maggiori, minori*** major, minor orders **10** RELIG. *(sacramento)* ordination, ordering; ***prendere gli -i*** to take Holy orders **11** STOR. order; ***l'Ordine dei Templari*** the Order of the (Knights) Templars; ***gli hanno conferito l'Ordine della Giarrettiera*** he was awarded the Order of the Garter **12** ECON. order; ***~ d'acquisto, di vendita, di consegna, di pagamento*** buying, selling, delivery, money order; ***pagare all'~ del signor Bianchi*** to pay to the order of Mr Bianchi; ***carnet d'-i*** order book ◆◆ ***~ di arrivo*** SPORT order of arrival; ***~ corinzio*** Corinthian order; ***~ dorico*** Doric order; ***~ gerarchico*** hierarchic(al) *o* pecking order; ***~ del giorno*** order of the day, agenda; ***essere all'~ del giorno*** to be on the agenda (anche FIG.); ***mettere qcs. all'~ del giorno*** to put sth. on the agenda; ***~ di grandezza*** order of magnitude; ***~ ionico*** Ionic order; ***~ di mobilitazione*** MIL. marching orders; ***~ di partenza*** SPORT starting order.

ordire /or'dire/ [102] tr. **1** TESS. to warp **2** FIG. *(imbastire)* to concoct, to lay* [*piano*] **3** *(tramare)* to machinate, to hatch [*complotto*]; to plot, to hatch [*cospirazione, intrigo*].

ordito /or'dito/ m. **1** TESS. warp **2** FIG. *(intreccio)* tissue, web; ***un ~ di menzogne*** a tissue of lies.

orditoio, pl. **-oi** /ordi'tojo, oi/ m. warper.

orditore /ordi'tore/ m. (f. **-trice** /tritʃe/) warper.

orditura /ordi'tura/ f. **1** TECN. warping **2** LETT. plot **3** FIG. machination, plot.

ordoviciano /ordovi'tʃano/ agg. Ordovician.

orecchia /o'rekkja/ f. **1** POP. *(orecchio)* ear **2** *(in libro, quaderno)* fold mark, dog-ear; ***fare un'~, le -e a*** to dog-ear, to turn down [*foglio, pagina*] ◆◆ ***~ di mare*** ZOOL. ormer, ear shell, abalone.

orecchiabile /orek'kjabile/ agg. [*melodia, canzone, musica, motivo*] catchy.

orecchiabilità /orekkjabili'ta/ f.inv. catchiness.

orecchiante /orek'kjante/ **I** agg. **1** *(che canta a orecchio)* = that sings by ear; *(che suona a orecchio)* = that plays by ear **2** FIG. amateur **II** m. e f. **1** *(chi canta a orecchio)* = person who sings by ear; *(chi suona a orecchio)* = person who plays by ear **2** FIG. amateur.

orecchiare /orek'kjare/ [1] tr. **1** *(origliare)* to eavesdrop **2** *(conoscere superficialmente)* to have a nodding acquaintance of.

orecchietta /orek'kjetta/ **I** f. ANAT. auricle **II orecchiette** f.pl. GASTR. = typical short, ear-shaped pasta from Puglia.

▷ **orecchino** /orek'kino/ m. *(a buco, perno)* earring; *(a clip)* clip(-on); ***portare gli -i*** to wear earrings; ***mettere, togliere gli -i*** to put on, take off one's earrings; ***~ pendente*** dangling earring.

▶ **orecchio**, pl. **-chi**, pl.f. **-chie** /o'rekkjo, ki, kje/ ♦ **4** m. **1** *(organo)* ear; ***~ interno, medio, esterno*** inner, middle, outer ear; ***essere sordo da un ~*** to be deaf in one ear; ***da quell'~ non ci sente*** that's his deaf ear; FIG. he won't listen; ***avere mal d'-chi*** to have (an) earache; ***gocce per le -chie*** eardrops; ***dire qcs. nell'~ a qcn.*** to say sth. in sb.'s ear; ***mi ha bisbigliato qcs. all'~*** he whispered sth. in my ear; ***ha le -chie a sventola*** his ears stick out, he's flap-eared; ***dalle -chie lunghe*** long-eared; ***ronzio nelle -chie*** buzzing in one's ears; ***avere le -chie che fischiano*** to have a buzzing in one's ears; ***farsi (fare) i buchi alle -chie*** to have one's ears pierced; ***ha delle perle alle -chie*** she is wearing pearl earrings; ***calcare il berretto sulle*** o ***fino alle -chie*** to pull one's hat down over one's ears; ***imbacuccato fino alle -chie*** all wrapped up; ***coprirsi, tapparsi le -chie con le mani*** to clap one's hands over one's ears, to press one's hands to one's ears; ***tapparsi, turarsi le -chie*** to cover *o* shut *o* stop one's ears; ***sturarsi le -chie*** to clean out one's ears (anche FIG.); ***fare un sorriso che va da un ~ all'altro*** to grin from ear to ear; ***i muri hanno -chi*** walls have ears **2** FIG. ***tendere l'~*** to cock an ear, to keep an ear cocked, to strain one's ears; ***giungere all'~ di qcn.*** to come to *o* reach sb.'s ears; ***porgere*** o ***prestare ~ a qcn.*** to give *o* lend an ear to sb., to give *o* lend sb. a hearing, to listen to sb.; ***ascoltare con un ~ solo*** to listen with (only) half an ear, to only half listen; ***drizzare le -chie*** to prick (up) one's ears; ***non credo alle mie -chie!*** I can't believe my ears! ***tenere le -chie bene aperte*** to keep one's ears open, to pin one's ears back; ***apri bene le -chie!*** pin your ears back! listen carefully! **3** FIG. *(persona)* ***-chie sensibili*** o ***pudiche*** people who are easily shocked; ***al riparo*** o ***lontano da -chie indiscrete*** where no-one can hear **4** *(udito)* ear; ***avere un ~ fino*** to have good ears; ***avere ~*** MUS. to have a musical ear; ***non avere ~*** MUS. to have a tin ear, to be tone-deaf; ***a ~*** [*suonare, cantare*] by ear; ***avere un buon ~*** to have a good ear; ***avere ~ per le lingue*** to have a good ear for languages; ***duro d'-chi*** hard of hearing ◆ ***mettere la pulce nell'~ a qcn.*** to set sb. thinking; ***fare -chie da mercante*** to turn a deaf ear; ***essere tutt'-chi*** to be all ears; ***essere musica per le -chie di qcn.*** to be music to sb.'s ears; ***entrare da un ~ e uscire dall'altro*** to go in one ear and out the other; ***tirare gli -chi, dare una tirata d'-chi a qcn.*** to slap sb. on the wrist, to tell sb. off; ***hai le -chie foderate di prosciutto?*** are you deaf or what? ***con le -chie basse*** [*andarsene, stare*] crestfallen; ***mi fischiano le -chie*** my ears are burning *o* ringing; ***fare fischiare le -chie a qcn.*** to make sb.'s ears sing; ***attaccarsi qcs. all'~*** not to forget sth.; ***arrossire fino alle -chie*** to blush to the roots of one's hair ◆◆ ***~ assoluto*** MUS. absolute pitch; ***~ a cavolfiore*** COLLOQ. *(di pugile)* cauliflower ear; ***~ di Giuda*** BOT. Jew's ear; ***~ d'orso*** BOT. auricola; ***~ di topo*** BOT. mouse-ear; ***-chie d'asino*** dunce's cap.

orecchione /orek'kjone/ ♦ **7 I** m. **1** *(grosso orecchio)* big ear **2** ZOOL. long-eared bat **3** ARRED. wing; ***poltrona con -i*** wingchair **4** VOLG. fairy, queen, queer, faggot **II orecchioni** m.pl. MED. mumps; ***avere gli -i*** to have (the) mumps.

orecchiuto /orek'kjuto/ agg. big-eared.

▷ **orefice** /o'refitʃe/ ♦ **18** m. e f. goldsmith.

oreficeria /orefitʃe'ria/ ♦ **18** f. **1** *(arte)* goldsmith's art **2** *(negozio)* goldsmith's shop; *(laboratorio)* goldsmith's workshop.

Oreste /o'rɛste/ n.pr.m. Orestes.

oretta /o'retta/ f. ***ritorno tra un'~*** I'll be back in about an hour.

▷ **orfano** /'ɔrfano/ **I** agg. orphan, parentless; ***essere ~ di padre, di madre*** to be fatherless, motherless **II** m. (f. **-a**) orphan; ***rendere ~*** to orphan ◆◆ ***~ di guerra*** war orphan.

orfanotrofio, pl. **-fi** /orfano'trɔfjo, fi/ m. orphanage.

Orfeo /or'fɛo/ n.pr.m. Orpheus.

orfico, pl. **-ci**, **-che** /'ɔrfiko, tʃi, ke/ agg. Orphic, Orphean (anche FIG.).

orfismo /or'fizmo/ m. Orphism.

organdi(s) /or'gandi(s)/ m.inv. organdie, organdy AE.

organetto /orga'netto/ ♦ **34** m. **1** MUS. *(piccolo organo)* barrel organ, hand-organ, hurdy-gurdy, piano organ; ***suonare un motivo con un ~*** to grind out a tune on a barrel organ **2** MUS. *(piccola fisarmonica)* melodeon, melodion, small accordion **3** ZOOL. redpoll ◆◆ ***~ di Barberia*** barrel organ, hand-organ, hurdy-gurdy.

organicamente /organika'mente/ avv. organically.

organicismo /organi'tʃizmo/ m. organicism.

organicista, m.pl. **-i**, f.pl. **-e** /organi'tʃista/ m. e f. organicist.

organicistico, pl. **-ci**, **-che** /organi'tʃistiko, tʃi, ke/ agg. organicistic.

organicità /organitʃi'ta/ f.inv. organicity.

▷ **organico**, pl. **-ci**, **-che** /or'ganiko, tʃi, ke/ **I** agg. **1** *(che riguarda gli esseri viventi)* [*chimica, materia, concime, composto*] organic; [*fluido*] bodily, body attrib.; ***rifiuti -ci*** compost heap **2** *(relativo all'organismo umano)* [*malattia*] organic; [*deperimento*] physical **3** *(coerente, funzionale)* [*struttura, sistema, sviluppo, parte, legge*] organic; ***formare un tutto ~*** to form an organic whole **II** m. *(complesso del personale)* staff, workforce, personnel; MIL. manning, cadre; ***~ completo*** complement; ***la riduzione dell'~ sarà progressiva*** staff numbers will be reduced gradually.

organigramma /organi'gramma/ m. organization chart, tree diagram.

organino /orga'nino/ ♦ **34** m. barrel organ, hurdy-gurdy.

▷ **organismo** /orga'nizmo/ m. **1** FISIOL. *(corpo umano)* body, system; ***le difese naturali dell'~*** the body's natural defences; ***nuocere all'~*** to damage the system **2** ZOOL. *(essere vivente)* organism **3** ECON. *(organizzazione)* organism, organization, body ◆◆ ***~ amministrativo*** administrative body; ***~ consultivo*** advisory body; ***~ finanziario*** financial institution; ***~ governativo*** government organization; ***~ pluricellulare*** multicellular organism; ***~ politico*** political organization; ***~ sano*** healthy body; ***~ umano*** human organism; ***~ unicellulare*** unicellular organism; ***~ vegetale*** vegetal organism; ***~ vivente*** living organism.

organista, m.pl. **-i**, f.pl. **-e** /orga'nista/ ♦ **34, 18** m. e f. organist.

organistico, pl. **-ci**, **-che** /orga'nistiko, tʃi, ke/ agg. [*musica, concerto*] organ attrib.

organizer /orga'najzer/ m.inv. (personal) organizer; *(elettronico)* electronic organizer.

organizzabile /organid'dzabile/ agg. organizable.

▶ **organizzare** /organid'dzare/ [1] **I** tr. to organize, to arrange [*festa, cerimonia, serata, meeting, vita, giornata, tempo*]; to engineer [*rivolta, cospirazione, complotto*]; to arrange, to organize, to fix, to plan [*viaggio, riunione*]; to hold* [*gara, concorso, dibattito*]; to stage, to put* on [*dimostrazione*]; to plot [*colpo*]; ***~ qcs. con qcn.*** to organize *o* arrange sth. with sb.; ***~ la propria riflessione attorno a un tema centrale*** to organize one's ideas around a central theme **II organizzarsi** pronom. **1** *(prepararsi)* to organize oneself, to get* organized, to get* one's act together COLLOQ.; ***-rsi per fare*** to organize oneself *o* arrange to do; ***-rsi per, in previsione di qcs.*** to organize oneself for, in anticipation of sth.; ***dovresti organizzarti meglio*** you should try to be more organized; ***perché non ti organizzi mai?*** why don't you ever plan? ***così avrà il tempo di -rsi*** it'll give her time to sort things out **2** *(raggrupparsi, associarsi)* [*dissidenti, disoccupati, opposizione*] to organize oneself (**in** in) **3** BIOL. to grow*.

organizzativo /organiddza'tivo/ agg. [*capacità, problema, struttura, funzioni*] organizational.

organizzato /organid'dzato/ **I** p.pass. → **organizzare II** agg. organized; ***una riunione ben, mal -a*** a well, badly organized meeting; ***criminalità -a*** organized crime; ***manodopera -a*** organized labour; ***viaggio ~*** package tour.

organizzatore /organiddza'tore/ **I** agg. [*comitato*] organizing **II** m. (f. **-trice** /tritʃe/) organizer.

▷ **organizzazione** /organiddzat'tsjone/ f. **1** *(gestione)* organization, organizing, arrangement; ***l'~ di un concerto, di una cerimonia*** the organization of a concert, a ceremony; ***quest'anno hanno migliorato la loro ~*** this year they've improved their organization; ***mancanza di ~*** lack of organization, disorganization; ***~ ineccepibile, carente*** perfect, faulty organization **2** *(ente, associazione)* organization ◆◆ ***Organizzazione per l'Alimentazione e l'Agricoltura*** Food and Agriculture Organization; ***~ aziendale*** business management; ***~ clandestina*** underground, secret organization; ***~ di copertura*** dummy organization; ***~ criminale*** criminal organization; ***~ del lavoro*** working patterns; ***Organizzazione per la Liberazione della Palestina*** Palestine Liberation Organization; ***~ militare*** military organization; ***Organizzazione Mondiale della Sanità*** World Health Organization; ***Organizzazione delle Nazioni Unite*** United Nations Organization; ***~ non governativa*** non-governmental organization; ***~ sindacale*** trade union, syndicate organization; ***Organizzazione degli Stati Americani*** Organization of American States; ***~ terroristica*** terrorist organization.

▷ **organo** /'ɔrgano/ ♦ **34** m. **1** ANAT. organ; ***donare, trapiantare un ~*** to donate, transplant an organ; ***donazione, trapianto d'-i*** organ donation, transplant; ***~ trapiantato*** transplant(ed) organ; ***prelievo di un ~*** removal of an organ **2** MUS. (pipe) organ; ***musica per ~*** organ music; ***registro d'~*** organ stop; ***canna d'~*** organ-pipe; ***cassa d'~*** swell box; ***assolo d'~*** voluntary; ***il grande ~ di Notre-Dame*** the big organ in Notre-Dame **3** DIR. POL. *(organo di stampa)* organ, mouthpiece; *(organismo)* organism, body; ***~ ufficiale di un partito*** official organ of a party **4** MECC. member ◆◆ ***~ amministrativo*** administrative body; ***~ consultivo*** advisory body; ***~ di controllo*** controlling body; ***~ deliberante*** deliberative body; ***~ della digestione*** organ of digestion; ***~ direttivo*** governing body; ***~ elettrico*** MUS. electric organ; ***~ elettronico*** MUS. electronic organ; ***~ esecutivo*** executive arm; ***~ fonatorio*** speech organ; ***~ idraulico*** MUS. hydraulic organ; ***~ d'informazione*** organ of the media; ***~ motorio*** motor organ; ***~ olfattivo*** organ of smell; ***~ positivo*** MUS. chamber organ; ***~ respiratorio*** respiratory organ; ***~ secretivo*** secernent, secretory; ***~ di senso*** o ***sensoriale*** sense organ; ***~ di stampa*** organ, mouthpiece; ***~ del tatto*** organ of touch; ***~ dell'udito*** organ of hearing; ***~ della vista*** organ of sight; ***~ vitale*** vital organ; ***-i genitali*** sexual organs; ***-i interni*** inner organs; ***-i riproduttivi*** reproductive organs; ***-i sessuali*** sexual organs.

organogenesi /organo'dʒɛnezi/ f.inv. organogenesis.

organogeno /orga'nɔdʒeno/ agg. organogenic.

organografia /organogra'fia/ f. organography.

organografico, pl. **-ci**, **-che** /organo'grafiko, tʃi, ke/ agg. organographic.

organolettico, pl. **-ci**, **-che** /organo'lɛttiko, tʃi, ke/ agg. organoleptic.

organologia /organolo'dʒia/ f. organology.

organometallico, pl. **-ci**, **-che** /organome'talliko, tʃi, ke/ agg. organometallic.

organometallo /organome'tallo/ m. organometallic compound.

organoscopia /organosko'pia/ f. organoscopy.

organoterapia /organotera'pia/ f. organotherapy.

organza /or'gandza/ f. organdie, organza.

organzino /organ'dzino/ m. organzine, thrown silk.

orgasmico, pl. **-ci**, **-che** /or'gazmiko, tʃi, ke/ agg. orgasmic.

orgasmo /or'gazmo/ m. **1** *(culmine del piacere)* orgasm, climax; ***avere un ~*** to have an orgasm; ***raggiungere l'~*** to reach *o* achieve orgasm **2** *(agitazione)* excitement, fluster; ***essere in ~*** to be in a state of excitement, to be in a fluster *o* stew COLLOQ.; ***mettersi in ~*** to get excited *o* flustred, to get in a stew COLLOQ. ◆◆ ***~ clitorideo*** clitoral orgasm; ***~ vaginale*** vaginal orgasm.

orgastico, pl. **-ci**, **-che** /or'gastiko, tʃi, ke/ agg. orgastic.

orgia, pl. **-ge** /'ɔrdʒa, dʒe/ f. **1** *(baccanale)* orgy (anche STOR.) **2** FIG. ***un'~ di colori*** a riot of colours.

orgiastico, pl. **-ci**, **-che** /or'dʒastiko, tʃi, ke/ agg. [*riti, feste*] orgiastic.

▷ **orgoglio**, pl. **-gli** /or'goʎʎo, ʎi/ m. **1** *(fierezza, superbia)* pride, proudness; ***ferire qcn. nell'~*** to hurt *o* wound sb.'s pride; ***rintuzzare, placare l'~ di qcn.*** to humble sb.'s pride; ***~ smisurato, ferito*** inordinate, injured pride; ***con ~*** with pride; ***peccare di ~*** to err on the side of pride, to be too proud; ***una persona priva di ~*** a person who has no pride; ***gonfiarsi d'~*** to swell with pride, to feel (about) ten feet tall COLLOQ.; ***aveva il petto gonfio d'~*** her heart swelled with pride; ***un sussulto di ~*** a flush of pride; ***mettere da parte il proprio ~*** to set aside *o* pocket one's pride; ***mette il suo ~ al di sopra di ogni cosa*** he places his pride above everything else **2** *(vanto)* pride, glory; ***essere l'~ della famiglia*** to be the pride of one's family; ***i suoi bambini sono il suo più grande ~*** his children are his greatest pride and joy; ***questo museo è l'~ della città*** this museum is the glory of the town; ***l'~ nazionale*** national pride.

orgogliosamente /orgoʎʎosa'mente/ avv. proudly.

▷ **orgoglioso** /orgoʎ'ʎoso/ agg. **1** *(fiero)* proud, prideful; ***essere ~ di qcn., qcs., di fare*** to be proud of sb., sth., of doing; ***andare ~ di***

qcs. to take pride in sth.; ***la Walt Disney è -a di presentare "Bambi"*** CINEM. Disney Studios proudly present "Bambi" **2** *(altezzoso)* [*risposta*] proud, haughty.

oricello /ori'tʃɛllo/ m. **1** BOT. orchil **2** *(colorante)* orchil, cudbear.

orientabile /orjen'tabile/ agg. [*specchio, braccio*] swivel attrib.; [*proiettore, antenna*] adjustable.

▷ **orientale** /orjen'tale/ ➧ *29* **I** agg. **1** GEOGR. [*zona, costa, frontiera*] eastern, east; [*vento*] east, easterly; ***la parte ~ della città*** the east side of the town; ***Africa ~*** East Africa; ***Europa ~*** eastern Europe; ***Indie -i*** Dutch East Indies; ***il più ~*** the easternmost **2** *(dei paesi orientali)* [*civiltà*] eastern; [*lingue, arte, tappeto*] oriental; ***Chiesa ~*** Eastern Church; ***il blocco ~*** the Eastern bloc **II** m. e f. Oriental.

orientaleggiante /orjentaled'dʒante/ agg. orientalizing.

orientalismo /orjenta'lizmo/ m. orientalism.

orientalista, m.pl. **-i**, f.pl. **-e** /orjenta'lista/ m. e f. orientalist.

orientalistica /orjenta'listika/ f. oriental studies pl.

orientalizzare /orjentalid'dzare/ [1] **I** tr. to orientalize **II orientalizzarsi** pronom. to orientalize.

▷ **orientamento** /orjenta'mento/ m. **1** *(determinazione del luogo)* orientation, bearings pl.; ***senso dell'~*** sense of direction, homing instinct; ***perdere l'~*** to lose one's bearings **2** *(indirizzo)* orientation, direction, trend; ***gli -i dell'arte moderna*** modern art trends; ***corso di ~*** orientation course; ***l'~ dei giovani verso le carriere scientifiche*** encouraging young people towards careers in the sciences **3** *(posizione)* orientation; ***l'edificio ha un ~ a occidente*** the house faces west ◆ ***~ professionale*** careers guidance *o* counselling *o* counseling AE, vocational guidance; ***~ scolastico*** curriculum counselling *o* counseling AE.

▷ **orientare** /orjen'tare/ [1] **I** tr. **1** *(posizionare)* to orient [*edificio*]; to direct, to point, to angle [*antenna, lampada, luce, proiettore*] (**verso** towards); ***~ la casa, la terrazza verso sud*** to orient the house, terrace towards the south, to make the house, terrace south-facing; ***~ il faretto verso il fondo*** to direct the spotlight towards the back **2** *(indirizzare, consigliare)* to orient, to direct, to steer [*persona*] (**verso** at, towards); to direct [*ricerca, campagna*] (**verso** towards); ***~ qcn. verso l'area scientifica*** to direct *o* steer sb. towards science subjects; ***occorre ~ le nostre ricerche in un'altra direzione*** we must take a new direction in our research; ***è ciò che ha orientato le nostre ricerche*** that's what put us on the right track in our research **3** *(rivolgere secondo i punti cardinali)* to orient [*carta geografica*]; MAT. to orient [*asse*] **4** MAR. to trim [*vela*] **II orientarsi** pronom. **1** *(orizzontarsi)* to orient oneself, to find* one's way, to get* one's bearings, to find* one's bearings; ***mi oriento facilmente in questa città*** I know my way around this town; ***-rsi con*** to set one's course by [*sole*]; ***-rsi con le stelle*** [*navigatore*] to navigate by the stars **2** FIG. *(raccapezzarsi)* to see* one's way, to find* one's way; ***non riesco a orientarmi in questa teoria*** I can't make head or tail of this theory **3** *(dirigersi)* [*persona*] to turn (**verso** towards); [*paese, movimento*] to move (**verso** towards); [*conversazione*] to turn (**verso** to); ***-rsi verso l'area scientifica, le carriere scientifiche*** to go in for science subjects, a career in science.

orientativamente /orjentativa'mente/ avv. indicatively, in outline, as a rough guide.

orientativo /orjenta'tivo/ agg. indicative, indicatory; ***un'indagine -a*** a preliminary enquiry; ***a titolo ~*** as a rough guide, in outline.

orientato /orjen'tato/ **I** p.pass. → **orientare II** agg. **1** *(rivolto)* oriented; ***la mia casa è -a sud*** my house faces south my house, is south-facing **2** FIG. [*attività, operazione*] oriented, turned (**verso** towards); ***regione -a al turismo e all'agricoltura*** region geared to tourism and farming; ***essere politicamente ~ a destra*** to be politically oriented towards the right **3** MAT. [*vettore*] directed.

orientazione /orjentat'tsjone/ f. orientation (anche MAT.).

▷ **oriente** /o'rjɛnte/ m. **1** east; ***a ~ di*** east of; ***andare a ~*** to go east *o* eastward; ***diretto a ~*** eastbound **2** *(insieme dei paesi)* ***l'Oriente*** the East, the Orient; ***civiltà dell'~*** civilization of the East *o* the Orient; ***l'Estremo Oriente*** the Far East; ***il Medio Oriente*** the Middle East, the Mideast AE; ***il Vicino Oriente*** the Near East **3** *(nella massoneria)* lodge; ***Grande Oriente*** Grand Lodge.

orifiamma /ori'fjamma/ f. oriflamme.

orifizio, pl. **-zi** /ori'fittsjo, tsi/ m. **1** ANAT. orifice, foramen*, meatus* **2** *(di condotto)* orifice.

origami /ori'gami/ m.inv. origami.

origano /o'rigano/ m. **1** BOT. origan **2** *(erba aromatica)* oregano*.

Origene /o'ridʒene/ n.pr.m. Origen.

▷ **originale** /oridʒi'nale/ **I** agg. **1** *(originario)* [*versione, testo*] original; *(autentico)* [*documento, manoscritto, quadro*] original, authentic, genuine; [*motore*] original; ***in lingua, versione ~*** in the original language, version; ***un modello ~ di Armani*** an exclusive model by Armani **2** *(creativo)* [*personalità, opera, arredamento*] original, creative; ***è ~ come idea*** that's an original idea **3** *(bizzarro, particolare)* [*persona, maniere, vestito*] original, fanciful, odd, unusual **4** RELIG. ***peccato ~*** original sin **II** m. *(opera autentica)* original; TECN. master (copy); ***l'~ si trova al Guggenheim*** the original is at the Guggenheim; ***conforme all'~*** conformable to the original **III** m. e f. *(persona bizzarra)* original, character, curiosity.

originalità /oridʒinali'ta/ f.inv. **1** *(autenticità)* originality, authenticity **2** *(inventiva)* originality, creativity; ***scrittore di grande ~*** writer of great originality; ***privo di ~***, ***senza ~*** unoriginal **3** *(bizzarria)* originality, oddness.

originalmente /oridʒinal'mente/ avv. **1** *(in modo originale)* originally, creatively **2** *(in origine)* originally.

▷ **originare** /oridʒi'nare/ [1] **I** tr. to originate, to cause **II** intr. (aus. *essere*), **originarsi** pronom. to originate; ***dal primo errore si originano gli altri*** one mistake leads to others.

originariamente /oridʒinarja'mente/ avv. originally, initially.

▷ **originario**, pl. **-ri**, **-rie** /oridʒi'narjo, ri, rje/ agg. **1** *(proveniente)* [*pianta, animale*] native (**di** of); *(nativo)* [*persona*] native (**di** of, to); ***prodotto ~ dell'Asia*** product originating (from) Asia; ***Bob è ~ dell'Africa*** Bob is *o* comes from Africa originally **2** *(iniziale)* [*forma, mito, significato*] original, primal; [*membro, obiettivo*] original; *(innato)* [*tara, stato, virtù, deformazione*] original; ***la facciata ha perso l'-a bellezza*** the façade has lost its original beauty.

▷ **origine** /o'ridʒine/ f. **1** *(provenienza)* origin; ***di tutte le -i*** of all origins; ***di ~ italiana*** [*tradizione, parola, tessuto*] of Italian origin; ***essere di ~ greca*** [*persona*] to be of Greek extraction *o* descent *o* origin; ***essere di*** o ***avere nobili -i*** to come from a noble background; ***di ~ cattolica*** born a Catholic; ***di -i umili*** [*famiglia, persona*] of humble origins, humbly born; ***avere -i contadine*** to come from a farming family; ***far risalire le proprie -i a qcn.*** to trace one's line back to sb.; ***prodotto di ~ animale*** animal product; ***paese di ~*** country of origin, homeland, home country; ***certificato d'~*** certificate of origin **2** *(inizio)* origin; ***l'~ della vita, dell'universo*** the origin(s) of life, of the universe; ***la storia della Cina dalle -i ai giorni nostri*** the history of China from its origins (down) to the present day; ***fin dall'~*** right from the start *o* beginning; ***in ~*** originally; ***tornare alle -i*** FIG. to revert to type, to get back to one's roots **3** *(causa)* origin, root; ***conflitto di ~ razziale*** conflict of racial origin; ***malattia di ~ virale*** viral disease; ***inquinamento di ~ agricola, industriale*** agricultural, industrial pollution; ***prendere*** o ***trarre ~ da qcs.*** to originate from sth.; ***avere ~ da*** to have one's origin(s) in, to originate from; ***dare ~ a*** to give rise to, to originate; ***all'~ del conflitto c'è un problema di confine*** the conflict has its origins in a border dispute **4** MAT. origin.

origliare /oriʎ'ʎare/ [1] intr. (aus. *avere*) to eavesdrop, to listen in; ***~ alla porta*** to listen at the door.

orina /o'rina/ f. urine; ***analisi delle -e*** urine test; ***campione di ~*** urine sample *o* specimen.

orinale /ori'nale/ m. urinal.

orinare /ori'nare/ [1] **I** tr. to urinate, to pass [*sangue*] **II** intr. (aus. *avere*) to urinate.

orinatoio, pl. **-oi** /orina'tojo, oi/ m. urinal.

orinazione /orinat'tsjone/ f. urination.

Orinoco /ori'nɔko/ ➧ *9* n.pr.m. Orinoco.

Orione /o'rjone/ n.pr.m. Orion.

oristanese /orista'nese/ ➧ *2* **I** agg. from, of Oristano **II** m. e f. native, inhabitant of Oristano.

oritteropo /orit'tɛropo/ m. aardvark.

oriundo /o'rjundo/ **I** agg. ***una famiglia -a del Piemonte*** a family of Piedmontese descent; ***essere ~ tedesco*** to be of German extraction *o* origin **II** m. (f. **-a**) **1** ***è un ~ italiano*** he has Italian origins, he is of Italian extraction **2** *(calciatore)* = foreign player of Italian origin, who, under Italian sports regulations, may compete for the Italian national team.

▷ **orizzontale** /oriddzon'tale/ **I** agg. [*movimento, posizione, trave*] horizontal; [*tavolo, piano di lavoro*] level; MAT. [*asse, piano, sezione*] horizontal; ***mettersi in posizione ~*** SCHERZ. to lie down **II** f. **1** *(linea orizzontale)* horizontal (anche MAT.); ***a un angolo di 40 gradi rispetto alla ~*** at an angle of 40 degrees to the horizontal **2** SPORT horizontal **III orizzontali** f.pl. *(in enigmistica)* across.

orizzontalmente /oriddzontal'mente/ avv. horizontally.

orizzontare /oriddzon'tare/ [1] **I** tr. to orient [*edificio*] **II orizzontarsi** pronom. **1** *(orientarsi)* to orient oneself, to find* one's way, to get* one's bearings, to find* one's bearings **2** FIG. *(raccapezzarsi)* to see* one's way, to find* one's way; ***non riesco a orizzon-***

tarmi in mezzo a tutti questi documenti I can't find my way among all these papers.

▷ **orizzonte** /orid'dzonte/ m. **1** horizon; ***scrutare l'~*** to scan *o* rake the horizon; ***linea dell'~*** line of the horizon, skyline; ***all'~*** [*essere, comparire, sorgere*] on the horizon; [*scomparire, calare*] below the horizon; ***ci sono delle nuvole all'~*** there are clouds on the horizon; FIG. the road ahead is not clear; ***apparire all'~*** MAR. to heave into sight; ***alto sull'~*** high above the horizon; ***basso sull'~*** low in the sky **2** FIG. *(avvenire)* horizon, outlook; ***l'~ politico è cupo*** the political outlook is gloomy; ***dei pericoli, delle riforme si profilano all'~*** dangers, reforms are beckoning (on the horizon), are heaving into sight; ***questo lavoro mi apre nuovi -i*** this job opens up new horizons *o* perspectives for me **3** FIG. *(universo)* horizon; ***allargare i propri -i*** to widen *o* broaden one's horizons; ***i suoi -i intellettuali sono limitati*** his intellectual horizons are narrow, he has limited intellectual horizons; ***cambiare i propri -i*** to change one's outlook; ***cambiare ~*** to have a change of scene ◆ ***fare un giro d'~*** to make a general survey ◆◆ ***~ artificiale*** AER. artificial horizon.

ORL f. (⇒ otorinolaringoiatria Ear, Nose and Throat) ENT.

Orlando /or'lando/ n.pr.m. Roland.

orlare /or'lare/ [1] tr. *(fare l'orlo a)* to hem [*vestito, lenzuolo, fazzoletto*]; *(bordare)* to edge, to border, to trim [*vestito, lenzuolo, fazzoletto*]; FIG. [*montagne*] to rim [*valle*]; ***~ a giorno*** to hemstitch.

orlatore /orla'tore/ ♦ **18** m. (f. **-trice** /tritʃe/) hemmer; trimmer.

orlatrice /orla'tritʃe/ f. *(macchina)* hemming-machine; *(per bordure)* edger.

orlatura /orla'tura/ f. **1** *(confezione dell'orlo)* hemming; *(confezione della bordura)* edging, trimming **2** *(orlo)* hem; edge, border, trim; ***un'~ di pizzo*** a border of lace.

orleanista, m.pl. **-i**, f.pl. **-e** /orlea'nista/ agg., m. e f. Orleanist.

▷ **orlo** /'orlo/ m. **1** SART. border, edge, hem; *(di indumento)* hem, hemline; ***fare un ~ a*** to put a hem on, to hem [*indumento*]; ***imbastire, cucire un ~*** to baste, sew (up) a hem; ***tirare su, giù l'~ di*** to take up, let down the hem on; ***il mio ~ (si) è disfatto*** my hem has come down *o* dropped; ***avere l'~ scucito*** to have one's hem come unstitched **2** *(bordo, margine)* edge, brim; *(di tazza, bicchiere)* lip, rim; ***riempire qcs. fino all'~*** to fill sth. to the brim; ***la pentola è piena fino all'~*** the pot is filled to the brim; ***all'~ del campo, del bosco*** on the edge of the field, wood **3** FIG. ***essere sull'~ di*** to be on the brink *o* verge of [*precipizio, caos, fallimento, divorzio, successo*]; ***era sull'~ di una crisi di nervi*** his nerves were strained to breaking point ◆◆ ***~ falso*** false hem; ***~ a festone*** scallop hem; ***~ a giorno*** hemstitch; ***~ piatto*** plain hem.

orlon® /'ɔrlon/ m.inv. Orlon®.

▷ **orma** /'orma/ f. **1** *(traccia)* mark, trace, trail; *(di piede)* footmark, footprint; *(di animali)* track, mark; ***-e nella neve, sulla sabbia*** tracks *o* footprints in the snow, in the sand; ***lasciare la propria ~*** FIG. to leave one's mark, to set one's stamp; ***essere sulle -e di qcn.*** to track sb., to dog sb.'s footsteps; ***mettere qcn. sulle -e di qcn.*** to set sb. onto sb. *o* sb.'s track; ***seguire le -e di qcn.*** to follow sb.'s tracks; FIG. to follow in sb.'s footsteps, to tread the same path as sb.; ***un percorso turistico sulle -e di Van Gogh*** FIG. a tourist route following in the steps of Van Gogh **2** *(resto)* ***le -e del passato*** the traces of the past.

▶ **ormai** /or'mai/ avv. **1** *(adesso)* now; *(a questo punto)* by this time, by now; *(a quel punto)* by that time, by then; ***tutti ~ sanno usare il computer*** everybody is able to use the computer now; ***l'estate è ~ vicina*** summer is drawing near now; ***~ dovrebbe avere finito*** he should be finished by now; ***è ~ lontano il tempo in cui...*** it's a long time now since...; ***~ è deciso*** the decision has been made already; ***quando arrivammo era ~ buio*** when we arrived it was already dark; ***~ era tardi*** by then it was too late; ***sono ~ quattro anni che sono qui*** I've been here for four years now; ***~ è fatta*** what's done is done **2** *(quasi)* almost; ***~ siamo arrivati*** we're almost arrived.

ormeggiare /ormed'dʒare/ [1] **I** tr. to berth, to moor, to dock [*barca, nave*]; ***~ al pontile*** to wharf [*barca*]; ***essere ormeggiato a*** to be berthed *o* docked at **II ormeggiarsi** pronom. to dock, to moor.

ormeggio, pl. **-gi** /or'meddʒo, dʒi/ **I** m. **1** *(operazione)* berthing, moorage, mooring, docking; ***boa, cavo, palo d'~*** mooring buoy, rope, post; ***pilone d'~*** AER. mooring-mast **2** *(luogo)* berth, mooring, moorage; *(al pontile)* wharfage; ***la nave è all'~*** the ship is at berth, at its moorings; ***un ~ sicuro*** a safe berth **II ormeggi** m.pl. *(cavi, catene)* moorings; ***mollare gli -gi*** to slip the moorings; ***rompere gli -gi*** [*nave*] to break (free from *o* of) its moorings.

ormonale /ormo'nale/ agg. [*problema, attività, ciclo, terapia, sistema, insufficienza*] hormonal.

ormone /or'mone/ m. hormone ◆◆ ***~ della crescita*** growth hormone; ***~ sessuale*** sex hormone.

ormonico, pl. **-ci**, **-che** /or'mɔniko, tʃi, ke/ agg. hormonic.

ormonoterapia /ormonotera'pia/ f. hormone therapy.

ornamentale /ornamen'tale/ agg. [*disegno, motivo, statua, stile*] decorative, ornamental; [*pianta*] ornamental; ***giardino ~*** flower *o* ornamental garden; ***avere una funzione ~*** to be there (only) for decoration *o* ornament.

ornamentare /ornamen'tare/ [1] tr. to ornament (**con** with).

ornamentazione /ornamentat'tsjone/ f. ornamentation.

ornamento /orna'mento/ m. **1** *(decorazione)* ornament, decoration, embellishment; ***essere di ~*** to be an ornament (**a** to); ***sovraccarico di -i*** overdecorated, overadorned **2** ARCH. ART. ornament, decorative feature, adornment; ***-i architettonici*** architectural ornaments **3** MUS. ornament, grace note.

▷ **ornare** /or'nare/ [1] **I** tr. [*ornamento*] to decorate, to ornament, to adorn, to deck [*casa, giardino, vestito, cappello*] (**con** with); to embellish [*stile, discorso*]; ***(delle) belle incisioni ornavano i muri*** the walls were hung with beautiful prints **II ornarsi** pronom. to adorn oneself, to beautify oneself; ***-rsi di gioielli*** to adorn oneself with jewels.

1.ornato /or'nato/ **I** p.pass. → **ornare II** agg. **1** *(decorato)* ***abito ~ di pizzi*** dress trimmed with laces; ***un cappello ~ di veletta*** a hat embellished *o* trimmed with a veil; ***una stanza -a di quadri*** a room hung *o* adorned with paintings **2** FIG. [*stile*] ornate, embellished, florid.

2.ornato /or'nato/ m. **1** ARCH. *(ornamentazione)* ornamentation **2** *(arte del disegno)* decorative illustration.

orneblenda /orne'blɛnda/ f. hornblende.

ornello /or'nɛllo/ m. manna ash.

ornitofilia /ornitofi'lia/ f. ornithophily.

ornitofilo /orni'tɔfilo/ agg. ornithophilous.

ornitologia /ornitolo'dʒia/ f. ornithology; ***appassionato di ~*** bird-fancier.

ornitologico, pl. **-ci**, **-che** /ornito'lɔdʒiko, tʃi, ke/ agg. [*osservatorio, stazione*] ornithological; ***riserva -a*** bird sanctuary,

ornitologo, m.pl. **-gi**, f.pl. **-ghe** /orni'tɔlogo, dʒi, ge/ ♦ **18** m. (f. **-a**) ornithologist.

ornitomanzia /ornitoman'tsia/ f. ornithomancy.

ornitorinco, pl. **-chi** /ornito'rinko, ki/ m. ornithorhynchus, (duck-billed) platypus.

▶ **oro** /'ɔro/ ♦ **3 I** m. **1** *(metallo)* gold; ***~ 18, 24 carati*** 18-carat, 24-carat gold; ***~ lavorato*** wrought gold; ***~ antico*** old gold; ***d'~*** [*dente, orologio, anello, filo, filone, lingotto, moneta, pepita, polvere*] gold; [*foglia, lamina, corona*] golden; [*occhiali*] gold-rimmed; FIG. [*occasione, regola, voce, periodo*] golden; [*moglie, ragazzo, affare*] priceless, wonderful; ***è in*** o ***d'oro*** it's made of gold; ***~ in foglie, lamine*** gold leaf, foil; ***~ in lingotti*** gold bullion (bars); ***~ in barre, verghe*** gold bars; ***ricamo in ~*** embroidery with gold threads; ***placcare qcs. d'~*** to plate, wash sth. with gold; ***laminare d'~*** to roll with gold; ***~ laminato*** rolled gold; ***titolo dell'~*** title of gold; ***prezzo dell'~*** price of gold; ***miniera d'~*** gold mine (anche FIG.); ***cercatore d'~*** gold digger, gold prospector; *(nei fiumi)* gold washer; ***scoprire un filone d'~*** to strike gold; ***età dell'~*** golden age; ***corsa all'~*** gold rush; ***febbre dell'~*** gold fever; ***avere un cuore d'~*** FIG. to have a heart of gold, to be all heart; ***avere un carattere d'~*** FIG. to be pure gold, to have a wonderful character; ***essere una persona d'~*** FIG. to be as good as gold **2** *(colore)* gold; ***capelli d'~*** golden hair; ***l'~ dei tuoi capelli*** your golden hair **3** SPORT *(medaglia)* gold (medal); ***vincere l'~*** to win the gold medal **4** ARALD. or **II ori** m.pl. **1** *(oggetti in oro)* gold things; *(gioielli)* gold jewels **2** GIOC. *(nelle carte)* = one of the four suits in a pack of typical Italian cards **III** agg.inv. ***color ~*** golden; ***capelli biondo ~*** golden hair ◆ ***è ~ colato*** it's the simple truth; ***prendere qcs. per ~ colato*** to take sth. as gospel (truth); ***non è tutto ~ quello che luccica*** PROV. all that glitters is not gold; ***la parola è d'argento, il silenzio è d'~*** PROV. speech is silver, silence is golden; ***il mattino ha l'~ in bocca*** PROV. early to bed early to rise; ***non lo farei per tutto l'~ del mondo*** I wouldn't do it for (all) the world, for all the money in the world, for all the tea in China; ***nuotare, sguazzare nell'~*** to be rolling, wallowing in money; ***pagare, comprare qcs. a peso d'~*** to pay a fortune for sth.; ***vendere qcs. a peso d'~*** to sell sth. at a very high price; ***valere tanto ~ quanto si pesa*** FIG. to be worth one's weight in gold; ***uccidere la gallina dalle uova d'~*** to kill the golden goose *o* the goose that lays the golden eggs; ***trasformare in ~ tutto ciò che si tocca*** to have the Midas touch; ***sogni d'~!*** golden, sweet, pleasant dreams! ◆◆ ***~ bianco*** white gold; ***~ colato*** refined gold; ***~ fino*** fine gold; ***dorato con ~ fino*** fine gilded; ***~ giallo*** yellow gold; ***~ massic-***

cio solid gold; ~ ***matto*** pinchbeck, oroide; ~ ***moneta*** gold bullion; ~ ***musivo*** mosaic gold; ~ ***nero*** black gold; ~ ***rosso*** red gold; ~ ***zecchino*** pure *o* fine gold.

orobanche /oro'banke/ f.inv. BOT. broomrape.

orofaringe /orofa'rindʒe/ f. oropharynx.

orogenesi /oro'dʒɛnezi/ f.inv. orogenesis, orogeny.

orogenetico, pl. **-ci**, **-che** /orodʒe'nɛtiko, tʃi, ke/ agg. orogen(et)ic.

orografia /orogra'fia/ f. orography.

orografico, pl. **-ci**, **-che** /oro'grafiko, tʃi, ke/ agg. orographic(al); ***carta -a*** relief map.

oroidrografia /oroidrogra'fia/ f. orohydrography.

oroidrografico, pl. **-ci**, **-che** /oroidro'grafiko, tʃi, ke/ agg. orohydrographic(al).

orologeria /orolodʒe'ria/ f. **1** *(meccanismo)* clockwork; ***bomba a ~*** time bomb **2** *(arte)* horology, watchmaking **3** *(negozio)* watchmaker's (shop).

▷ **orologiaio**, pl. **-ai** /orolo'dʒajo, ai/ ♦ ***18*** m. (f. **-a**) watchmaker, clockmaker.

orologiero /orolo'dʒɛro/ agg. watch attrib., clock attrib.

▶ **orologio**, pl. **-gi** /oro'lɔdʒo, dʒi/ m. clock; *(da polso)* (wrist)watch; ***l'~ del campanile*** the clock of the bell tower; ***torre dell'~*** clock tower; ***l'~ batte le ore*** the clock strikes the hour; ***la cassa, le lancette dell'~*** the case, hands of the clock, watch; ***meccanismo dell'~*** clockwork; ***cinturino dell'~*** watchstrap BE, watchband AE; ***caricare, regolare l'~*** to wind up, set a clock, watch; ***spostare, mettere l'~ indietro, avanti di un'ora*** to put the clock, watch forward, back one hour; ***il mio ~ va avanti, indietro*** my watch is fast, slow; ***l'~ è giusto, è fermo*** the clock, watch is right, has stopped; ***l'~ è preciso*** the clock, watch keeps good time, is a good timekeeper; ~ ***che spacca il minuto*** a clock, watch that keeps perfect time; ***guardare l'~*** to look at the clock, at one's watch; ***il mio ~ fa le cinque*** by my watch it is five o'clock; ***l'~ fa tic tac*** the clock, watch ticks; ***ci ha messo tre ore di ~, ~ alla mano*** it took him three hours exactly, by the clock; ***un'ora d'~*** one hour by the clock, a whole hour, exactly one hour; ***con la precisione di un ~*** with clockwork precision ♦ ***essere preciso come un ~*** to be as regular as clockwork; ***avere un ~ in testa*** to have a good sense of time ♦♦ ~ ***ad acqua*** water clock; ~ ***analogico*** analogue clock, watch; ~ ***astronomico*** ASTR. astronomical clock; ~ ***atomico*** FIS. atomic clock; ~ ***automatico*** automatic clock, watch; ~ ***biologico*** BIOL. biological *o* body clock; ~ ***dei coloni*** ORNIT. kookaburra; ~ ***a cucù*** cuckoo clock; ~ ***con datario*** watch, clock with calendar; ~ ***digitale*** digital clock, watch; ~ ***impermeabile*** waterproof watch; ~ ***interno*** internal clock; ~ ***marcatempo*** o ***marcatore*** punch *o* time clock; ~ ***della morte*** ENTOM. death watch beetle; ~ ***a*** o ***da muro*** wall clock; ~ ***numerico*** → ~ **digitale**; ~ ***a*** o ***da parete*** → ~ **a** o **da muro**; ~ ***a pendolo*** grandfather *o* grandmother clock; ~ ***di precisione*** precision watch; ~ ***al quarzo*** quartz clock, watch; ~ ***a ricarica*** stem winder; ~ ***a ripetizione*** repeater; ~ ***solare*** sundial; ~ ***subacqueo*** waterproof watch; ~ ***a sveglia*** alarm clock; ~ ***a suoneria*** striking clock; ~ ***da tasca*** pocket *o* fob watch.

oronasale /orona'sale/ agg. orinasal.

oroscopo /o'rɔskopo/ m. horoscope, stars pl.; ***fare l'~ a, di qcn.*** to cast sb.'s horoscope.

orpellare /orpel'lare/ [1] tr. LETT. **1** *(ricoprire con ornamenti)* to cover with pinchbeck **2** FIG. to tinsel.

orpello /or'pɛllo/ **I** m. LETT. **1** *(similoro)* pinchbeck **2** FIG. tinsel **II orpelli** m.pl. *(fronzoli)* frills, twiddly bits.

orpimento /orpi'mento/ m. orpiment.

orrendamente /orrenda'mente/ avv. horrendously, horribly, hideously.

▷ **orrendo** /or'rɛndo/ agg. **1** *(che desta orrore)* [*omicidio, crimine, attentato, incidente, morte, scena*] horrendous, horrible, awful, ghastly, hideous, appalling; [*stile*] horrible, hideous; [*colore, viso*] hideous, nasty, horrible, ghastly; ***che morte -a!*** what a horrible way to die! ***è ~!*** that's horrible *o* monstrous! it's appalling *o* awful! it's absolutely hideous! **2** *(pessimo)* [*film, vestito, tempo*] terrible, awful, horrible, appalling, abominable; ***comportarsi in maniera -a*** to behave terribly *o* appallingly *o* abominably.

▷ **orribile** /or'ribile/ agg. **1** *(orrendo, spaventoso)* [*omicidio, crimine, incidente, morte, spettacolo*] horrible, awful, ghastly, dreadful; [*creatura, strega, oggetto*] horrible, hideous, monstrous; [*stile, cicatrice*] horrible, hideous; [*colore, viso*] hideous, horrible, nasty, ghastly; ***è ~!*** that's horrible *o* monstrous! it's appalling *o* awful! it's absolutely hideous! ***hai un aspetto ~*** you look awful **2** *(pessimo)* [*film, vestito*] terrible, awful; [*tempo*] horrible, dreadful, awful, appalling **3** *(disgustoso)* [*odore, sapore*] foul, ghastly, nasty.

orribilmente /orribil'mente/ avv. horribly, hideously.

orrido /'ɔrrido/ **I** agg. horrid, hideous, dreadful, horrible **II** m. **1** *(ciò che desta orrore)* ***gusto dell'~*** = a taste for the horrid **2** *(forra)* gorge, ravine.

orripilante /orripi'lante/ agg. **1** *(orribile)* [*avventura*] horryfing, horrific, horrible **2** *(sgradevole)* [*personaggio*] horrid, horrible.

orripilazione /orripilat'tsjone/ f. FISIOL. horripilation.

▶ **orrore** /or'rore/ m. **1** *(raccapriccio)* horror, abhorrence (**davanti a, alla vista di** at); ***destare*** o ***suscitare ~ in qcn.*** to arouse *o* excite horror in sb., to horrify sb.; ***provare ~ alla vista di*** to feel horror at the sight of; ***con ~*** in horror; ***voltarsi dall'altra parte con ~*** to turn away in horror; ***avere ~ di*** o ***provare ~ per qcn., qcs.*** to have a horror *o* an abhorrence of sb., sth.; ***avere in ~ qcs.*** to hold sth. in abhorrence, to abhor sth. **2** *(atrocità)* ***gli -i della guerra*** the horrors *o* atrocities of war; ***camera degli -i*** Chamber of Horrors **3** COLLOQ. *(cosa o persona orribile)* ***essere un ~*** [*persona, cosa, opera*] to be horrible *o* a horror; ***che ~!*** how horrible! that's horrible! ***sono un ~!*** I look a fright! **4** LETTER. CINEM. ***dell'~*** [*film, romanzo*] horror, spine-chilling COLLOQ.

▷ **orsa** /'orsa/ f. **1** ZOOL. she-bear **2** ASTR. ***Orsa Minore*** Little Bear BE *o* Dipper AE, Ursa Minor; ***Orsa Maggiore*** Great Bear BE, Big Dipper AE, Ursa Major.

orsacchiotto /orsak'kjɔtto/ m. **1** *(cucciolo di orso)* bear cub **2** *(pupazzo)* teddy (bear).

orsaggine /or'saddʒine/ f. surliness, bearishness.

orsetto /or'setto/ m. **1** ZOOL. bear cub **2** *(pupazzo)* teddy (bear) ♦♦ ~ ***lavatore*** racoon.

orsino /or'sino/ agg. ursine; ***aglio ~*** ramson; ***branca -a*** brank-ursine, hogweed.

▷ **orso** /'orso/ m. **1** bear; ***caccia all'~*** bear hunting; ***pelle d'~*** bearskin; ***ammaestratore d'-i*** bear tamer **2** FIG. *(persona scorbutica)* surly person, bear; *(persona goffa)* clumsy person, ox; ***è un po' ~*** he's a bit surly; ***un vecchio ~*** an old grump; ***ballare come un ~*** to dance like one has two left feet ♦ ***vendere la pelle dell'~ prima di averlo ammazzato*** PROV. to count one's chickens (before they are hatched) ♦♦ ~ ***bianco*** white bear; ~ ***bruno*** brown *o* cinnamon bear, bruin; ~ ***formichiere*** ant bear; ~ ***grigio*** grizzly (bear); ~ ***labiato*** sloth bear; ~ ***nero*** black bear; ~ ***polare*** polar bear.

Orsola /'orsola/ n.pr.f. Ursula.

orsolina /orso'lina/ f. Ursuline.

orsù /or'su/ inter. LETT. come on.

▷ **ortaggio**, pl. **-gi** /or'taddʒo, dʒi/ m. vegetable; ***-gi*** vegetables, greens BE, truck AE; ***coltivato a -gi*** [*appezzamento*] vegetable attrib. ♦♦ ***-gi primaticci*** early vegetables.

ortensia /or'tɛnsja/ f. hydrangea.

Ortensia /or'tɛnsja/ n.pr.f. Hortense, Hortensia.

▷ **ortica**, pl. **-che** /or'tika, ke/ f. (stinging) nettle; ***puntura d'~*** nettle sting; ***pungersi con le -che*** to get stung in the nettles; ***invaso dalle -che*** [*giardino*] overgrown with nettles; ***minestra di -che*** nettle soup ♦ ***gettare alle -che*** to throw out of the window, to dish, to bungle; ***gettare la tonaca alle -che*** to unfrock oneself ♦♦ ~ ***bianca*** deadnettle.

orticante /orti'kante/ → **urticante.**

orticaria /orti'karja/ ♦ **7** f. urticaria, nettle rash, hives; ***avere l'~*** to have hives *o* a nettle rash ♦ ***far venire l'~ a qcn.*** to get on sb.'s nerves.

orticarico, pl. **-ci**, **-che** /orti'kariko, tʃi, ke/ agg. urticarial.

orticolo /or'tikolo/ agg. horticultural.

orticoltore /ortikol'tore/ ♦ ***18*** m. (f. **-trice** /tritʃe/) horticulturist.

orticoltura /ortikol'tura/ f. horticulture.

orticonoscopio, pl. **-pi** /ortikonos'kɔpjo, pi/ m. orthicon.

1.ortivo /or'tivo/ agg. BOT. [*pianta, erba, radice, coltura*] vegetable garden attrib.

2.ortivo /or'tivo/ agg. ASTR. [*amplitudine*] rising attrib.

▶ **orto** /'ɔrto/ m. (vegetable) garden; ~ ***di casa*** kitchen garden BE; ***verdure del proprio ~*** homegrown vegetables; ***zappare, concimare, innaffiare l'~*** to dig, nourish, water the (vegetable) garden ♦ ***coltivare il proprio ~*** = to look after one's own interests, to go about one's own business ♦♦ ~ ***botanico*** botanical gardens; ***l'~ del Getsemani*** the Garden of Gethsemane.

ortocentro /orto'tʃɛntro/ m. orthocentre.

ortoclasio, pl. **-si** /orto'klazjo, zi/ m. orthoclase.

ortocromatico, pl. **-ci**, **-che** /ortokro'matiko, tʃi, ke/ agg. orthochromatic.

ortodontico, pl. **-ci**, **-che** /orto'dɔntiko, tʃi, ke/ agg. orthodontic.

ortodontista, m.pl. **-i**, f.pl. **-e** /ortodon'tista/ ♦ ***18*** m. e f. orthodontist.

ortodonzia /ortodon'tsia/ f. orthodontics + verbo sing.

ortodossia /ortodos'sia/ f. orthodoxy.

ortodosso /orto'dɔsso/ **I** agg. **1** *(accettato)* orthodox; ***metodi poco -i*** rather unorthodox methods; ***medicina -a*** orthodox medicine **2** RELIG. [*chiesa, principi*] Orthodox **II** m. (f. **-a**) RELIG. member of the Orthodox church.
ortodromia /ortodro'mia, orto'drɔmja/ f. orthodrome.
ortodromico, pl. **-ci**, **-che** /orto'drɔmiko, tʃi, ke/ agg. ***linea -a*** orthodrome.
ortoepia /ortoe'pia/ f. orthoepy.
ortoepico, pl. **-ci**, **-che** /orto'ɛpiko, tʃi, ke/ agg. orthoepic(al).
ortofonia /ortofo'nia/ f. speech therapy.
ortofonista, m.pl. **-i**, f.pl. **-e** /ortofo'nista/ ◗ ***18*** m. e f. speech therapist.
ortofrutticolo /ortofrut'tikolo/ agg. fruit and vegetable attrib.; ***mercato ~*** fruit and vegetable market; ***azienda -a*** market garden BE, truck farm AE.
ortofrutticoltore /ortofruttikol'tore/ ◗ ***18*** m. (f. **-trice** /tritʃe/) market gardener BE, truck farmer AE, trucker AE.
ortofrutticoltura /ortofruttikol'tura/ f. market gardening BE, truck farming AE, trucking AE.
ortogenesi /orto'dʒenezi/ f.inv. orthogenesis.
ortogenetico, pl. **-ci**, **-che** /ortodʒe'nɛtiko, tʃi, ke/ agg. orthogenetic.
ortogonale /ortogo'nale/ agg. [*proiezione*] orthogonal.
ortogonalità /ortogonali'ta/ f.inv. orthogonality.
ortogonalmente /ortogonal'mente/ avv. orthogonally.
ortografia /ortogra'fia/ ◗ ***28*** f. spelling, orthography; ***errore di ~*** spelling mistake, misspelling, orthographic(al) error; ***gara di ~*** spelling bee; ***fa molti errori di ~*** his spelling is careless; ***non fa errori di ~*** he spells well, he's a good speller.
ortograficamente /ortografika'mente/ avv. orthographically.
ortografico, pl. **-ci**, **-che** /orto'grafiko, tʃi, ke/ agg. [*regola*] orthographic(al); ***correttore ~*** INFORM. spellchecker.
▷ **1.ortolano** /orto'lano/ ◗ ***18*** m. (f. **-a**) **1** *(coltivatore)* market gardener BE, truck farmer AE, trucker AE **2** *(commerciante)* fruit and vegetables retailer, greengrocer BE.
2.ortolano /orto'lano/ m. ORNIT. ortolan.
ortomercato /ortomer'kato/ m. fruit and vegetable market.
ortopedia /ortope'dia/ f. orthopaedics + verbo sing., orthopedics AE + verbo sing; ***reparto di ~*** orthopaedic *o* orthopedic AE ward *o* unit.
ortopedico, pl. **-ci**, **-che** /orto'pɛdiko, tʃi, ke/ **I** agg. [*istituto, reparto*] orthopaedic, orthopedic AE; [*scarpe, apparecchio*] orthopaedic, orthopedic AE, surgical; [*letto, materasso*] orthopaedic, orthopedic AE; [*collare, cuscino*] neck attrib.; ***busto ~*** (surgical) corset **II** ◗ ***18*** m. **1** *(medico)* orthopaedist, orthopedist AE, orthopaedic surgeon, orthopedic AE surgeon **2** *(tecnico)* orthopaedist, orthopedist AE.
ortoscopia /ortosko'pia/ f. orthoscopy.
ortoscopico, pl. **-ci**, **-che** /ortos'kɔpiko, tʃi, ke/ agg. orthoscopic.
ortoscopio, pl. **-pi** /ortos'kɔpjo, pi/ m. orthoscope.
ortottero /or'tɔttero/ agg. e m. orthopteran.
ortottica /or'tɔttika/ f. orthoptics + verbo sing.
ortottico, pl. **-ci**, **-che** /or'tɔttiko, tʃi, ke/ agg. orthoptic.
ortottista, m.pl. **-i**, f.pl. **-e** /ortot'tista/ ◗ ***18*** m. e f. orthoptist.
orvieto /or'vjɛto/ m. ENOL. INTRAD. (dry white wine produced in the area near Orvieto).
orza /'ɔrtsa, 'ɔrdza/ f. **1** *(lato sopravvento)* luff; ***andare all'~*** to luff **2** *(cavo)* luff-tackle, bowline.
orzaiolo /ordza'jɔlo/ m. sty(e).
orzare /or'tsare, or'dzare/ [1] intr. (aus. *avere*) [*barca*] to haul off, to luff, to come* round BE, to come* around AE.
1.orzata /or'dzata/ f. *(bevanda)* orgeat, barley water BE.
2.orzata /or'tsata, or'dzata/ f. MAR. luff, haulage.
▷ **orzo** /'ɔrdzo/ m. barley; ***chicco d'~*** barleycorn; ***caffè d'~*** = hot malt drink resembling coffee ◆◆ ***~ mondato*** o ***mondo*** hulled barley; ***~ perlato*** pearl barley.
osanna /o'zanna/ **I** inter. hosanna; ***~ nell'alto dei cieli*** hosanna in the highest **II** m.inv. ***gli ~ della folla*** the acclaim *o* cheers of the crowd.
osannare /ozan'nare/ [1] **I** tr. to cheer, to acclaim, to hail; ***il vincitore fu osannato dalla folla*** the winner was cheered *o* acclaimed by the crowd **II** intr. (aus. *avere*) **1** *(cantare osanna)* to sing* hosanna **2** *(plaudire)* ***il popolo osannava al re*** the people applauded the king.
▶ **osare** /o'zare/ [1] tr. to dare (**fare** do, to do); ***non oso chiedere*** I don't dare, daren't BE ask; ***pochi hanno osato rispondere*** few dared answer; ***l'articolo osa criticare*** the article dares to criticize; ***volevamo guardare ma non abbiamo osato*** we wanted to watch but didn't dare; ***non osava più parlargli*** she no longer dared speak to him; ***non oserà farsi vedere qui*** he wouldn't dare show his face here; ***non oso credere, sperare che*** I daren't believe, hope that, I hardly dare believe, hope that; ***non ~ parlarmi in questo modo!*** don't (you) dare speak to me like that! ***come osi insinuare che*** how dare you suggest that; ***come hai osato partire?*** how did you dare leave? ***come osi!*** how dare you! ***oserei dire che*** I venture to say *o* suggest that; ***~ l'impossibile*** to attempt the impossible.
oscar /'ɔskar/ m.inv. **1** CINEM. Academy Award, Oscar; ***nomination all'~*** Oscar nomination; ***vincere un ~*** to win an Oscar *o* an (Academy) Award; ***~ per il miglior attore*** Oscar *o* Award for Best Actor **2** *(attore)* Oscar-winning actor; *(film)* Oscar-winning film **3** FIG. ***l'~ della cortesia*** the award *o* first prize for kindness.
oscenamente /oʃʃena'mente/ avv. obscenely, lewdly.
oscenità /oʃʃeni'ta/ f.inv. **1** *(sconcezza, indecenza)* obscenity, dirtiness, filth(iness), bawdiness; ***dire, scrivere delle ~*** to utter, write obscenities **2** *(cosa di cattivo gusto)* ***questo quadro è un'~*** this picture is awful *o* a monstrosity.
▷ **osceno** /oʃ'ʃɛno/ agg. **1** *(sconcio)* [*atti*] indecent; [*film, spettacolo, pubblicazione*] indecent, obscene, ruddy; [*libro, barzelletta, idea*] dirty, lewd, ruddy; [*storia, canzone*] dirty, bawdy; [*linguaggio, parole*] obscene, dirty, filthy; ***ha risposto con un gesto ~*** he answered with an obscene *o* rude gesture; ***delle lettere -e*** obscene, dirty letters; ***vestirsi in modo ~*** to dress indecently **2** *(orribile)* horrible, nasty, awful.
oscillante /oʃʃil'lante/ agg. **1** *(che oscilla)* [*pendolo*] swinging; [*barca*] rocking; [*edificio, treno*] swaying **2** *(fluttuante)* [*azioni, obbligazioni, temperatura, prezzi*] fluctuating.
▷ **oscillare** /oʃʃil'lare/ [1] intr. (aus. *avere*) **1** *(ondeggiare)* [*pendolo*] to oscillate, to swing* (back and forth); [*nave*] to rock, to sway; [*edificio, ponte, treno, albero, rami, corpo*] to sway; [*pila di libri, vaso*] to totter **2** *(fluttuare)* [*temperatura, prezzi, tasso*] to fluctuate, to oscillate, to seesaw **3** FIG. [*opinione*] to oscillate, to fluctuate, to swing*; ***~ tra due scelte, persone*** to swing between two choices, people.
oscillatore /oʃʃilla'tore/ m. oscillator; ***quarzo ~*** quartz oscillator.
oscillatorio, pl. **-ri**, **-rie** /oʃʃilla'tɔrjo, ri, rje/ agg. **1** *(ondulatorio)* [*moto*] oscillatory **2** FIG. ***andamento ~ delle quotazioni in borsa*** fluctuations of Stock Exchange prices.
oscillazione /oʃʃillat'tsjone/ f. **1** FIS. TECN. fluctuation, oscillation; ***-i della temperatura*** temperature fluctuations *o* swings **2** *(movimento oscillatorio) (di pendolo)* swing, oscillation; *(di nave, corpo)* sway, rocking; *(di edificio, ponte)* sway, rocking; *(di indicatore)* flicker **3** FIG. *(di moneta, quotazioni)* fluctuation, oscillation.
oscillografo /oʃʃil'lɔgrafo/ m. oscillograph.
oscillogramma /oʃʃillo'gramma/ m. oscillogram.
oscillometria /oʃʃillome'tria/ f. oscillometry.
oscillometro /oʃʃil'lɔmetro/ m. oscillometer.
oscilloscopio, pl. **-pi** /oʃʃillos'kɔpjo, pi/ m. oscilloscope.
osco, pl. **-sci**, **-sche** /'ɔsko, ʃi, ske/ **I** agg. Oscan **II** m. (f. **-a**) **1** *(persona)* Oscan **2** LING. Oscan.
osculare /osku'lare/ [1] tr. to osculate.
osculatore /oskula'tore/ agg. osculatory.
osculazione /oskulat'tsjone/ f. osculation.
osculo /'ɔskulo/ m. ZOOL. osculum*.
oscuramente /oskura'mente/ avv. **1** *(in modo oscuro)* [*scrivere*] obscurely, darkly **2** *(senza fama)* [*vivere*] obscurely.
oscuramento /oskura'mento/ m. **1** *(ottenebramento)* obscuration, darkening; ***~ del sole*** obscuration of the sun **2** *(durante la guerra)* blackout; ***l'~ di una città*** the blackout of a town **3** MED. ***~ della vista*** dimming of one's sight.
oscurantismo /oskuran'tizmo/ m. obscurantism.
oscurantista, m.pl. **-i**, f.pl. **-e** /oskuran'tista/ **I** agg. [*politica*] obscurantist **II** m. e f. obscurantist.
oscurantistico, pl. **-ci**, **-che** /oskuran'tistiko, tʃi, ke/ agg. obscurantist.
oscurare /osku'rare/ [1] **I** tr. **1** *(rendere oscuro)* to darken, to black out [*luogo, casa*]; [*nuvole*] to obscure, to darken [*cielo, luna*] **2** *(schermare)* to screen [*lampada, luce*] **3** RAD. TELEV. to black out [*programma*] **4** FIG. *(eclissare)* to eclipse, to outshine*, to obscure [*persona, fama, nome*] **II oscurarsi** pronom. **1** *(rabbuiarsi)* [*cielo*] to darken, to cloud over, to go* dark; [*paesaggio, orizzonte*] to darken; [*tempo*] to gloom **2** *(accigliarsi)* [*persona*] to become* gloomy, to frown; [*volto, sguardo*] to darken, to cloud over, to become* gloomy; ***si è oscurato in volto*** his face clouded over *o* darkened, he frowned.
▷ **oscurità** /oskuri'ta/ f.inv. **1** *(buio)* dark(ness), blackness; ***completa ~*** pitch darkness; ***nell'~*** in the dark(ness); ***una luce squarciò***

l'~ a light split *o* rent the darkness **2** *(incomprensibilità)* obscurity **3** *(mancanza di notorietà)* obscurity; ***vivere nell'~*** to live in obscurity; ***cadere nell'~*** to sink into obscurity; ***uscire dall'~*** to emerge from obscurity.

▶ **oscuro** /os'kuro/ agg. **1** *(buio)* [*cielo*] dark, overcast, sombre; [*notte, foresta*] dark, black; [*ufficio, stanza*] dark, dim; ***camera -a*** FOT. darkroom, camera obscura **2** *(sconosciuto)* [*persona, luogo, origine*] obscure **3** *(incomprensibile)* [*testo, paragone, concetto, domanda*] obscure, confused; [*autore, poeta*] obscure; [*ragione*] obscure, indiscernible; [*stile*] muddy, confused; ***i punti -i di una vicenda*** the obscure points of a story; ***linguaggio ~*** double talk **4** *(misterioso, inquietante)* [*ruolo, motivo*] obscure; [*segreto*] dark, murky; [*minaccia*] dark; ***il lato ~ di*** the dark side of; ***un ~ presagio*** a dark omen **5** FIG. ***i secoli -i della nostra storia*** the dark *o* murky ages of our history ◆ ***essere all'~ di*** to be in the dark about; ***tenere qcn. all'~ di*** to keep sb. in the dark about.

osé /o'ze/ agg.inv. [*film, libro, scherzo*] ruddy, risqué; [*vestito*] daring.

Osiride /o'ziride/ n.pr.m. Osiris.

Oslo /'ɔzlo/ ◗ **2** n.pr.f. Oslo.

osmiato /oz'mjato/ m. osmiate.

osmico, pl. **-ci, -che** /'ɔzmiko, tʃi, ke/ agg. osmic.

osmio /'ɔzmjo/ m. osmium.

osmiridio /ozmi'ridjo/ m. osmiridium.

osmometro /oz'mɔmetro/ m. osmometer.

osmosi /oz'mɔzi/ f.inv. osmose, osmosis (anche FIG.); ***per ~*** [*imparare*] by osmosis; ***passare per ~*** to osmose (anche FIG.); ***l'~ tra due culture*** FIG. the osmosis between two cultures.

osmoticamente /ozmotika'mente/ avv. osmotically.

osmotico, pl. **-ci, -che** /oz'mɔtiko, tʃi, ke/ agg. [*pressione*] osmotic.

osmunda /oz'munda/ f. osmund(a), royal fern.

▶ **ospedale** /ospe'dale/ m. hospital; ***nave ~*** hospital ship; ***all'~, dall'~*** to, from hospital BE, to, from the hospital AE; ***andare all'~*** [*paziente*] to go (in)to hospital; [*visitatore*] to go to the hospital; ***essere ricoverato all'~*** to be taken *o* admitted to hospital (**per** with); ***ho passato una settimana in*** o ***all'~*** I spent a week in hospital; ***fare un mese d'~*** to spend a month in hospital; ***ricoverare qcn. all'~*** to hospitalize sb.; ***portare qcn. all'~*** to run sb. to hospital; ***essere trasportato d'urgenza all'~*** to be rushed to the hospital; ***dimettere dall'~*** to discharge from hospital; ***lavorare in*** o ***all'~*** to work at the hospital; ***mandare qcn. all'~*** FIG. to put sb. in hospital, to make sb. a hospital case ◆◆ ***~ da campo*** field hospital; ***~ maggiore*** main hospital; ***~ militare*** military hospital; ***~ psichiatrico*** psychiatric(al) *o* mental hospital.

ospedaliero /ospeda'ljɛro/ **I** agg. **1** MED. [*personale, autorità, settore, centro*] hospital attrib.; ***rimborso spese -e*** *(nelle assicurazioni)* reimbursement of hospital expenses **2** RELIG. [*ordine*] charitable **II** m. (f. **-a**) hospital worker.

ospedalizzare /ospedalid'dzare/ [1] tr. to hospitalize.

ospedalizzazione /ospedaliddzat'tsjone/ f. hospitalization.

ospitale /ospi'tale/ agg. [*atmosfera, posto, persona, paese*] hospitable.

▷ **ospitalità** /ospitali'ta/ f.inv. **1** *(accoglienza)* hospitality; ***offrire ~ a qcn.*** to offer hospitality to sb., to play host to sb.; ***essere noto per la propria ~*** to have a reputation for hospitality; ***avere il senso dell'~*** to know how to treat one's guests; ***chiedere ~ a qcn.*** to ask sb. for shelter; ***approfittare dell'~ di qcn.*** to impose on sb.'s hospitality **2** FIG. ***un giornale che dà ~ alle opinioni di tutti*** a newspaper that welcomes everybody's opinions.

ospitalmente /ospital'mente/ avv. hospitably.

ospitante /ospi'tante/ **I** agg. **1** *(che ospita)* [*famiglia*] foster, host; [*paese*] host **2** SPORT ***squadra ~*** home team **II** m. e f. host.

▷ **ospitare** /ospi'tare/ [1] tr. **1** *(accogliere, alloggiare)* [*persona*] to play host to, to host, to put* [sb.] up [*persona, amico*]; [*hotel, rifugio*] to accommodate, to lodge [*persona*]; [*città, paese*] to host; ***potresti ospitarmi questa settimana?*** could you put me up this week? ***ci hanno gentilmente ospitato per la notte*** they kindly gave us a bed for the night; ***abbiamo ospitato mio fratello per le vacanze*** we had my brother staying with us for the holidays; ***hanno ospitato la piccina a casa loro*** they took the little girl in **2** *(contenere)* [*edificio*] to accommodate, to take* in, to lodge [*turisti*]; [*edificio*] to house [*persone, animali, organizzazione, attività, riunione*] **3** FIG. *(dare spazio)* ***un giornale che ospita opinioni diverse*** a newspaper that welcomes various opinions **4** SPORT ***~ una squadra*** to play at home, to play host to a team.

▶ **ospite** /'ɔspite/ **I** agg. [*animale, pianta, cellula, paese*] host; [*cantante, presentatore*] guest; ***squadra ~*** visiting team **II** m. e f. **1** *(chi ospita)* *(uomo)* host; *(donna)* host, hostess **2** *(persona ospitata)* (house)guest, visitor; ***essere ~ di qcn. a pranzo*** to be sb.'s guest for lunch; ***essere ~ di un programma*** to guest on a programme; ***camera degli -i*** guest room, spare room; ***~ gradito, inatteso, indesiderato, fisso*** welcome, unexpected, unwanted, resident guest **3** BIOL. guest **III** m. *(asciugamano)* = small bath towel ◆ ***partire insalutato ~*** to do a (moonlight) flit, to leave without saying goodbye; ***l'~ è come il pesce, dopo tre giorni puzza*** PROV. = a guest has outstayed his welcome after three days ◆◆ ***~ d'onore*** guest of honour, special guest; ***~ pagante*** paying guest; ***~ di passaggio*** temporary guest.

ospizio, pl. **-zi** /os'pittsjo, tsi/ m. *(per pellegrini)* hospice; *(per anziani)* old people's home, institution, nursing home; *(per gli orfani)* children's home, orphanage; *(per i poveri)* poor people's home; ***finire all'~*** [*anziano*] to be put in institutional care, to end up in a home COLLOQ.

ossalato /ossa'lato/ m. oxalate.

ossalico, pl. **-ci, -che** /os'saliko, tʃi, ke/ agg. [*acido*] oxalic.

ossame /os'same/ m. LETT. remains pl., heap of bones.

ossario, pl. **-ri** /os'sarjo, ri/ m. ossuary, charnel house.

ossatura /ossa'tura/ f. **1** ANAT. bone structure, skeleton, frame; ***avere un'~ robusta*** to be strong-boned, big-boned; ***~ del viso*** bone structure **2** ARCH. ING. frame(work), structure, skeleton **3** FIG. frame, skeleton; ***l'~ di un romanzo*** the skeleton of a novel.

osseina /osse'ina/ f. ossein.

osseo /'ɔsseo/ agg. [*crescita, tessuto, malattia*] bone; [*massa, sostanza, pesce*] bony, osseous; ***trapianto di midollo ~*** bone-marrow transplant.

ossequente /osse'kwɛnte/ → **ossequiente.**

ossequiare /osse'kwjare/ [1] tr. ***~ qcn.*** to pay homage *o* one's respects to sb.

ossequiente /osse'kwjɛnte/ agg. LETT. deferential, dutiful, respectful; ***essere ~ a un superiore*** to be respectful to one's superior; ***~ alle leggi*** law-abiding.

▷ **ossequio**, pl. **-qui** /os'sɛkwjo, kwi/ **I** m. *(deferenza)* deference, respect; ***rendere ~ a qcn.*** to offer *o* pay one's respects to sb.; ***in ~ a*** in deference to, out of deference to *o* for, in respect of **II ossequi** m.pl. *(saluti)* regards, respects, devoirs; ***porgere i propri -qui a qcn.*** to pay one's respects *o* devoirs to sb., to give one's regards to sb.; ***i miei -qui!*** my respects! my best regards! ***i miei -qui alla signora*** my compliments to your wife; ***porga i miei -qui a sua madre*** give my regards to your mother.

ossequiosamente /ossekwjosa'mente/ avv. obsequiously, deferentially.

ossequiosità /ossekwjosi'ta/ f.inv. obsequiousness, deference.

ossequioso /osse'kwjoso/ agg. [*impiegato, comportamento*] obsequious, deferential, dutiful (**con, nei confronti di** to).

osservabile /osser'vabile/ agg. observable; ***~ a occhio nudo*** visible to the naked eye.

osservante /osser'vante/ **I** agg. **1** *(rispettoso)* observant; ***~ della legge*** law-abiding **2** *(praticante)* churchgoing; ***cattolico ~*** practising catholic **3** RELIG. ***frati -i*** (Franciscan) Observants **II** m. e f. **1** *(praticante)* churchgoer **2** RELIG. (Franciscan) Observant.

osservanza /osser'vantsa/ f. **1** *(rispetto, conformità)* observance; ***~ alle leggi*** abidance of the law; ***~ alle regole*** adherence to rules **2** *(adempimento)* ***l'~ dei doveri*** the compliance with one's duties **3** RELIG. observance; ***di stretta ~*** of strict observance; ***la stretta ~ della Quaresima*** the strict observance of Lent.

▶ **osservare** /osser'vare/ [1] **I** tr. **1** *(esaminare)* to watch, to observe [*persona, movimento, avversario*]; to observe [*fenomeno, situazione*]; ***~ qcs. al microscopio*** to examine sth. under a microscope **2** *(notare)* to notice, to observe [*cosa, fenomeno, reazione*]; ***"la situazione si sta aggravando" osservò*** "the situation is worsening," he observed; ***fare ~ qcs. a qcn.*** to point sth. out to sb. **3** *(rispettare)* to observe [*regola, legge, riposo*]; to abide by, to observe [*tregua, trattato*]; to keep*, to observe [*digiuno, dieta*]; ***~ il silenzio*** to keep *o* remain quiet; ***~ un minuto di silenzio*** to observe a minute's silence **4** *(obiettare)* ***non avere nulla da ~*** to have nothing to object to **II osservarsi** pronom. [*persone, eserciti, nemici*] to watch each other, to observe each other.

osservatore /osserva'tore/ **I** agg. [*persona, occhio, mente*] observant **II** m. (f. **-trice** /tritʃe/) **1** observer; ***~ acuto, imparziale*** acute, impartial observer; ***essere presente in qualità di ~*** to attend as an observer **2** MIL. observer, spotter.

osservatorio, pl. **-ri** /osserva'tɔrjo, ri/ m. **1** *(per fenomeni naturali)* observatory **2** MIL. observation post **3** *(per prezzi, occupazione)* watchdog; ***~ della concorrenza*** competition watchdog ◆◆ ***~ astronomico*** astronomical observatory; ***~ meteorologico*** meteorological observatory, weather station; ***~ solare*** solar observatory.

▷ **osservazione** /osservat'tsjone/ f. **1** *(analisi, esame)* observation (**di** of); **~ *scrupolosa, accurata*** scrupulous, careful observation; **~ *astronomica, meteorologica*** astronomical, meteorological observation; ***satellite destinato all'~ della Terra*** satellite for surveying the Earth; ***missione di ~*** POL. observer mission; ***campo di ~*** field of observation; ***spirito di ~*** power of observation **2** MED. *(controllo)* observation; ***mettere, tenere qcn. sotto ~*** to put, keep sb. under observation; ***essere in ~*** to be under observation **3** *(nota)* observation; ***annotare le proprie -i su un taccuino*** to note (down) one's observations in a notebook **4** *(considerazione, giudizio)* observation (**su** about, on), remark (**su** about); *(rimprovero)* reproach (**su** to); ***un'~ acuta*** a perceptive remark; ***nessuna ~*** no comment; ***fare un'~*** to make an observation; ***fare un'~ a qcn.*** to reproach sb. (**di**, **per** for).

ossessionante /ossessjo'nante/ agg. [*ricordo, sogno*] obsessive, haunting; [*musica*] haunting; [*problema*] nagging.

ossessionare /ossessjo'nare/ [1] tr. **1** *(turbare)* [*ricordo, sogno, paura, rimorsi*] to haunt [*persona*]; [*idea, problema*] to obsess [*persona*]; ***essere ossessionato dall'idea della morte*** to have an obsession *o* be obsessed with death; ***essere ossessionato da un desiderio di vendetta*** to be obsessed with a desire for revenge **2** *(assillare)* **~ *qcn. con continue domande*** to plague sb. with questions.

▷ **ossessione** /osses'sjone/ f. **1** PSIC. obsession (**di**, **per** with) **2** *(fissazione)* obsession (**di**, **per** with); ***avere l'~ della malattia, morte*** to be obsessed with sickness, death **3** SCHERZ. *(assillo)* ***sei la mia ~!*** what a nag you are!

ossessivamente /ossessiva'mente/ avv. obsessively.

ossessività /ossessivi'ta/ f.inv. obsessiveness.

ossessivo /osses'sivo/ agg. **1** PSIC. [*nevrosi*] obsessive; [*delirio*] obsessional **2** *(ossessionante)* [*pensiero*] obsessive **3** *(tormentoso)* [*musica, ritmo*] haunting.

ossesso /os'sɛsso/ **I** agg. possessed **II** m. (f. **-a**) possessed person ◆ ***gridare come un ~*** to scream *o* yell blue murder, to wail like a banshee; ***dimenarsi come un ~*** to thrash about, around.

ossetico, pl. **-ci**, **-che** /os'sɛtiko, tʃi, ke/ agg. e m. Ossetic.

▶ **ossia** /os'sia/ cong. **1** *(cioè)* that is; ***la matematica, ~ la scienza dei numeri*** mathematics, or the science of numbers; ***tutti i miei risparmi, ~ 2.000 euro*** all my savings, namely 2,000 euros **2** *(per meglio dire)* or rather.

ossiacetilenico, pl. **-ci**, **-che** /ossiatʃeti'lɛniko, tʃi, ke/ agg. oxyacetylene; ***cannello ~*** oxyacetylene burner *o* lamp *o* torch.

ossiacido /ossi'atʃido/ m. oxyacid.

ossianico, pl. **-ci**, **-che** /os'sjaniko, tʃi, ke/ agg. Ossianic.

ossicino /ossi'tʃino/ m. ANAT. ossicle.

ossidabile /ossi'dabile/ agg. [*metallo*] oxidizable.

ossidabilità /ossidabili'ta/ f.inv. oxidizability.

ossidante /ossi'dante/ **I** agg. oxidizing **II** m. oxidizer, oxidant.

ossidare /ossi'dare/ [1] **I** tr. to oxidize [*ferro*] **II** **ossidarsi** pronom. to oxidize; ***l'oro non si ossida*** gold does not oxidize.

ossidasi /ossi'dazi/ f.inv. oxidase.

ossidazione /ossidat'tsjone/ f. oxidation.

ossidiana /ossi'djana/ f. obsidian.

ossido /'ɔssido/ m. oxide ◆◆ **~ *di carbonio*** carbon monoxide; **~ *di ferro*** iron oxide; **~ *di piombo*** lead oxide; **~ *di zinco*** zinc oxide.

ossidoriduzione /ossidoridut'tsjone/ f. oxidation-reduction; ***reazione di ~*** redox reaction.

ossidrico, pl. **-ci**, **-che** /os'sidriko, tʃi, ke/ agg. [*fiamma, cannello*] oxyhydrogen.

ossidrile /ossi'drile/ m. hydroxyl.

ossidrilico, pl. **-ci**, **-che** /ossi'driliko, tʃi, ke/ agg. hydroxy.

ossifero /os'sifero/ agg. ossiferous.

ossificare /ossifi'kare/ [1] **I** tr. to ossify **II** **ossificarsi** pronom. to ossify.

ossificazione /ossifikat'tsjone/ f. ossification.

ossifraga, pl. **-ghe** /os'sifraga, ge/ f. giant petrel, nelly.

ossigenare /ossidʒe'nare/ [1] **I** tr. **1** CHIM. MED. to oxygenate **2** *(decolorare)* to bleach with peroxide [*capelli*] **3** FIG. *(sostenere)* to reinvigorate [*azienda, impresa*] **II** **ossigenarsi** pronom. **1** COLLOQ. ***andare in montagna a -rsi*** to go to the mountains to get some fresh air **2** *(decolorarsi)* ***-rsi i capelli*** to bleach one's hair with peroxide.

ossigenasi /ossidʒe'nazi/ f.inv. oxygenase.

ossigenato /ossidʒe'nato/ **I** p.pass. → **ossigenare** **II** agg. **1** CHIM. MED. oxygenated; ***acqua -a*** (hydrogen) peroxide **2** *(decolorato)* [*capelli*] peroxided; ***bionda -a*** peroxide blonde.

ossigenatore /ossidʒena'tore/ m. oxygenator.

ossigenazione /ossidʒenat'tsjone/ f. **1** CHIM. MED. oxygenation **2** *(decolorazione)* bleaching with peroxide.

▷ **ossigeno** /os'sidʒeno/ m. **1** CHIM. MED. oxygen; ***a ~*** [*maschera, tenda*] oxygen; ***bombola d'~*** oxygen cylinder; ***essere sotto ~*** to be on oxygen **2** *(aria ossigenata)* fresh air; ***fare provvista d'~*** to get some fresh air; ***avere bisogno di ~*** to need fresh air **3** *(aiuto finanziario)* financial help; ***portare ~ a un'azienda*** to reinvigorate a firm ◆◆ **~ *atmosferico*** atmospheric oxygen; **~ *liquido*** liquid oxygen.

ossimoro /ossi'mɔro, os'simoro/ m. oxymoron*.

ossina /os'sina/ f. oxine.

ossitona /os'sitona/ f. oxytone.

ossitono /os'sitono/ agg. oxytone.

ossiuro /ossi'uro/ m. pinworm.

▶ **osso**, pl. **-i**, pl.f. **-a** /'ɔsso/ ♦ **4** m. **1** (pl.f. *-a*) *(elemento dello scheletro)* bone; ***avere (le) -a grosse*** to be big-boned; ***-a del cranio, bacino*** skull, pelvic bones; ***mi fanno male le -a*** my bones ache; ***rompersi l'~ del collo*** to break one's neck **2** (pl. *-i*) *(di animali macellati)* bone; ***carne venduta con, senza (l')~*** meat sold on, off the bone; ***prosciutto con l'~*** ham on the bone; ***rosicchiare un ~*** to chew *o* gnaw a bone **3** (pl.f. *-a*) *(resti)* ***qui giacciono le -a dei caduti*** here lie the remains of those killed in war **4** (pl. *-i*) *(nocciolo)* stone, pit AE; ***l'~ della pesca*** peach stone **5** *(materiale)* bone; ***d'~*** [*pettine, manico*] bone attrib.; ***questo bottone è d'~*** this button is made of bone ◆ ***in carne e -a*** in the flesh, real live; ***essere fatto di carne e -a*** to be (only) flesh and blood; ***essere pelle e -a*** to be a barebones, to be reduced to a skeleton; ***essere un sacco d'-a*** to be a barebones *o* a bag of bones; ***un resoconto ridotto all'~*** a barebones account; ***lavoriamo con un organico ridotto all'~*** we are working with a skeleton crew; ***rompere le -a a qcn.*** to thrash the living daylights out of sb.; ***fare economia fino all'~*** to practise strict economy; ***essere marcio fino alle -a*** to be rotten to the core; ***essere bagnato fino alle -a*** to be soaked to the skin, to be soaked through; ***un ~ duro*** a hardcase, a toughie COLLOQ.; ***molla l'~!*** give it back! put it down! ***sputa l'~!*** let it out! just say it! ◆◆ **~ *di balena*** whalebone; **~ *di seppia*** cuttlebone.

ossobuco, pl. **ossibuchi** /osso'buko, ossi'buki/ m. marrowbone.

ossuto /os'suto/ agg. [*persona*] angular, bony; [*viso, spalle, ginocchio, struttura*] bony.

ostacolare /ostako'lare/ [1] **I** tr. to obstruct [*progetto, negoziati, giustizia*]; to be* in the way of, to stand* in the way of, to hinder, to impede [*discussione, trattive*]; to thwart [*ambizione*]; to hamper, to impede, to obstruct [*progresso*]; to thwart, to foil [*sforzo*]; to hamper, to hinder [*persona*]; to hinder, to impede, to hamper [*azione, corso, carriera, sviluppo, movimento*]; to block, to hold [*traffico*]; ***"non ~ la salita dei passeggeri"*** "do not block passengers boarding"; ***bisogna ~ l'avanzata delle truppe nemiche*** we must block the enemy's advance; ***lei ha ostacolato la mia promozione*** she stood in the way of my promotion **II** **ostacolarsi** pronom. to hinder each other, to get* in each other's way.

ostacolista, m.pl. **-i**, f.pl. **-e** /ostako'lista/ **I** m. e f. SPORT hurdler **II** m. EQUIT. hurdler, showjumper.

▷ **ostacolo** /os'takolo/ m. **1** *(intralcio, difficoltà)* obstacle, hindrance, bar (**a** to); ***aggirare un ~*** to go round an obstacle; ***bruciare l'~*** to make nothing of an obstacle; ***imbattersi in un ~*** to come up against an obstacle; ***superare un ~*** to clear a hurdle, to overcome an obstacle; ***sgomberare la strada da un ~*** to clear the road of an obstacle; ***incontrare -i*** to encounter obstacles; ***la tua età non è un ~*** your age is not a bar; ***ogni ~ alla libertà d'espressione*** any restriction *o* curb on the freedom of speech; **~ *della lingua*** language barrier **2** SPORT hurdle; EQUIT. hurdle, fence, jump; ***corsa a -i*** EQUIT. *(gara)* hurdle race; *(attività)* hurdling; *(in atletica)* obstacle race; FIG. obstacle course; ***i 110 -i*** the 110 metre obstacles; ***superare un ~*** to clear a hurdle; ***rifiutare un ~*** to refuse a fence.

▷ **ostaggio**, pl. **-gi** /os'taddʒo, dʒi/ m. hostage; ***essere preso in ~*** to be taken hostage; ***tenere qcn. in ~*** to hold sb. hostage, to hold sb. to BE *o* for AE ransom.

oste /'ɔste/ ♦ **18** m. (f. **-essa** /essa/) innkeeper, host ◆ ***fare i conti senza l'~*** = to make a decision without consulting the person in charge.

ostealgia /osteal'dʒia/ f. ostalgia.

osteggiare /osted'dʒare/ [1] tr. to be* hostile to, to oppose; **~ *un'iniziativa*** to oppose *o* hamstring an initiative; **~ *l'ascesa politica di qcn.*** to thwart sb.'s rise in politics.

osteite /oste'ite/ f. osteitis.

ostello /os'tɛllo/ m. **1** LETT. dwelling, abode **2** *(della gioventù)* (youth) hostel.

Ostenda /os'tɛnda/ ♦ **2** n.pr.f. Ostend.

ostensione /osten'sjone/ f. RELIG. ostension.

ostensivo /osten'sivo/ agg. FILOS. LING. ostensive.

ostensorio, pl. **-ri** /osten'sɔrjo, ri/ m. ostensory, monstrance.
ostentare /osten'tare/ [1] tr. **1** *(vantare)* to flaunt [*ricchezza, potere, successo*]; to display, to show off, to parade [*sapere, fascino, talento*]; *~ la propria erudizione* to make a display of one's erudition **2** *(fingere)* to feign [*calma*]; to feign, to affect [*pietà, contentezza, indifferenza, tristezza*].
ostentatamente /ostentata'mente/ avv. ostentatiously.
ostentato /osten'tato/ **I** p.pass. → **ostentare II** agg. **1** *(vantato)* [*ricchezza*] ostentatious, flaunted **2** *(finto)* [*ottimismo, volontà, disprezzo, fede, obiettivo*] feigned, affected.
ostentatore /ostenta'tore/ **I** agg. ostentatious **II** m. (f. **-trice** /tritʃe/) boaster, show-off COLLOQ.
ostentazione /ostentat'tsjone/ f. ostentation, ostentatiousness, flaunt; *quest'~ di lusso è indecente* this display of luxury is indecent; *~ di sicurezza* dislay of security.
osteoartrite /osteoar'trite/ ➧ **7** f. osteoarthritis.
osteoblasto /osteo'blasto/ m. osteoblast.
osteoclasta /osteo'klasta/ m. osteoclast.
osteofita /oste'ɔfita/ m. osteophyte.
osteogenesi /osteo'dʒɛnezi/ f.inv. osteogenesis.
osteoide /oste'ɔide/ agg. osteoid.
osteologia /osteolo'dʒia/ f. osteology.
osteologico, pl. **-ci**, **-che** /osteo'lɔdʒiko, tʃi, ke/ agg. osteological.
osteoma /oste'ɔma/ m. osteoma*.
osteomalacia /osteomala'tʃia/ ➧ **7** f. osteomalacia.
osteomielite /osteomie'lite/ ➧ **7** f. osteomyelitis.
osteopata, m.pl. **-i**, f.pl. **-e** /oste'ɔpata/ ➧ **18** m. e f. ostopath.
osteopatia /osteopa'tia/ f. osteopathy.
osteopatico, pl. **-ci**, **-che** /osteo'patiko, tʃi, ke/ agg. osteopathic.
osteoplastica /osteo'plastika/ f. osteoplasty.
osteoporosi /osteopo'rɔzi/ ➧ **7** f.inv. osteoporosis*.
osteosarcoma /osteosar'kɔma/ m. osteosarcoma*.
osteosi /oste'ɔzi/ f.inv. osteosis.
osteotomia /osteoto'mia/ f. osteotomy.
osteria /oste'ria/ **I** f. **1** *(locale)* tavern **2** *(locanda)* inn, hostelry ANT.; *canzone da ~* drinking song **II** inter. POP. REGION. damn.
osteriggio, pl. **-gi** /oste'riddʒo, dʒi/ m. companion.
ostetrica, pl. **-che** /os'tɛtrika, ke/ ➧ **18** f. midwife*.
ostetricia, pl. **-cie**, **-ce** /oste'tritʃa, tʃe/ f. obstetrics + verbo sing., midwifery.
ostetrico, pl. **-ci**, **-che** /os'tɛtriko, tʃi, ke/ **I** agg. **1** obstetric(al); *clinica -a* maternity home, nursing home BE **2** ZOOL. *alite ~* midwife toad, nurse-frog **II** ➧ **18** m. obstetrician.
▷ **ostia** /'ɔstja/ **I** f. RELIG. host; *(sfoglia circolare)* wafer; *consacrare l'~* to consecrate the host **II** inter. damn ◆ *sottile come un'~* wafer-thin, wafery.
ostico, pl. **-ci**, **-che** /'ɔstiko, tʃi, ke/ agg. **1** *(difficile)* [*materia, tema*] difficult; [*compito*] hard, harsh **2** LETT. *(sgradevole)* disgusting.
▷ **ostile** /os'tile/ agg. [*natura, folla, commento*] hostile; [*comportamento*] hostile, unfriendly; *essere ~ a qcn., qcs.* to be hostile to sb., sth.
ostilità /ostili'ta/ f.inv. **1** *(avversione)* hostility (**a** to; **nei confronti di**, **verso** towards); *manifestare ~ verso qcn., qcs.* to show hostility *o* enmity towards sb., sth. **2** MIL. *aprire, cessare, riprendere le ~* to start, cease, resume hostilities; *cessazione delle ~* cessation of hostilities.
ostilmente /ostil'mente/ avv. hostilely.
▷ **ostinarsi** /osti'narsi/ [1] pronom. to persist (**in**, **su** in; **a fare** in doing); to persevere (**in**, **su** with, at; **a fare** in doing); *~ a credere che* to cling to the belief that; *~ a non rispondere* to refuse obstinately to answer; *perché si ostina a farla soffrire?* why is he so determined to make her suffer *o* so hell-bent on making her suffer?
ostinatamente /ostinata'mente/ avv. obstinately, stubbornly.
ostinatezza /ostina'tettsa/ f. → **ostinazione.**
▷ **ostinato** /osti'nato/ **I** agg. **1** *(caparbio)* [*persona, carattere*] obstinate, stubborn **2** *(tenace)* [*sforzi*] obstinate; [*rifiuto*] stubborn, dogged; [*silenzio*] stubborn, obstinate **3** *(insistente)* [*domande*] insistent; *(persistente)* [*tosse*] obstinate, persistent **4** MUS. *basso ~* ground bass **II** m. (f. **-a**) obstinate person.
ostinazione /ostinat'tsjone/ f. obstinacy, obstinateness, stubbornness; *con un'~ incredibile* with amazing obstinacy; *negare qcs. con ~* to deny sth. stubbornly.
ostracismo /ostra'tʃizmo/ m. **1** STOR. ostracism **2** FIG. ostracism; *essere colpito da ~* to be ostracized; *dare l'~ a qcn.* to ostracize sb.
ostracizzare /ostratʃid'dzare/ [1] tr. **1** STOR. to ostracize **2** FIG. *(boicottare)* to ostracize.
ostrega /'ɔstrega/ inter. REGION. damn.
▷ **ostrica**, pl. **-che** /'ɔstrika, ke/ f. oyster; *coltello da -che* oyster knife; *allevamento di -che* oyster farm ◆ *essere chiuso come un'~* to be close-mouthed ◆◆ *~ perlifera* pearl oyster.
ostricaio, pl. **-ai** /ostri'kajo, ai/ ➧ **18** m. **1** *(persona)* oysterman* **2** *(luogo di produzione)* oyster farm.
ostrichiere /ostri'kjɛre/ ➧ **18** m. oyster catcher.
ostricoltore /ostrikol'tore/ ➧ **18** m. (f. **-trice** /tritʃe/) oyster farmer.
ostricoltura /ostrikol'tura/ f. oyster farming.
ostro /'ɔstro/ m. LETT. purple.
ostrogotico, pl. **-ci**, **-che** /ostro'gɔtiko, tʃi, ke/ agg. Ostrogothic.
ostrogoto /ostro'gɔto/ **I** agg. Ostrogothic **II** m. (f. **-a**) **1** STOR. *gli -i* the Ostrogoths **2** SCHERZ. *(lingua incomprensibile) è ~ per me!* it's all Greek *o* double Dutch to me!
ostruente /ostru'ɛnte/ agg. obstruent.
ostruire /ostru'ire/ [102] **I** tr. **1** *(sbarrare)* to obstruct, to block [*passaggio*]; *la frana ha ostruito la strada* the rockslide blocked the road; *le valigie ostruiscono il passaggio* the suitcases are in the way **2** *(otturare)* to obstruct, to block [*condotto*]; to clog up [*grondaia, poro*]; to block (up), to obstruct [*arteria*] **II ostruirsi** pronom. to become* obstructed.
ostruttivo /ostrut'tivo/ agg. obstructive.
ostruzione /ostrut'tsjone/ f. **1** MED. obstruction **2** TECN. *(di condotto, canalizzazione)* obstruction, blockage **3** POL. filibuster; *fare ~* to filibuster **4** SPORT *(fallo di) ~* obstruction, block; *fare (fallo di) ~* to commit an obstruction ◆◆ *~ intestinale* obstruction of the bowels, intestinal blockage.
ostruzionismo /ostruttsjo'nizmo/ m. **1** POL. *(parlamentare)* filibuster, obstructionism, stonewalling; *(sindacale)* work-to-rule; *fare ~* to filibuster, to be obstructive; *fare una politica di ~* to have a policy of obstructionism **2** SPORT obstruction, block.
ostruzionista, m.pl. **-i**, f.pl. **-e** /ostruttsjo'nista/ **I** agg. obstructionist, obstructive **II** m. e f. POL. *(parlamentare)* filibusterer, obstructionist, stonewaller.
ostruzionisticamente /ostruttsjonistika'mente/ avv. obstructively.
ostruzionistico, pl. **-ci**, **-che** /ostruttsjo'nistiko, tʃi, ke/ agg. [*politica, manovra*] obstructionnist, obstructive.
Osvaldo /oz'valdo/ n.pr.m. Oswald.
otalgia /otal'dʒia/ f. otalgia.
otalgico, pl. **-ci**, **-che** /o'taldʒiko, tʃi, ke/ agg. otalgic.
otarda /o'tarda/ f. bustard.
otaria /o'tarja/ f. eared seal.
Otello /o'tɛllo/ n.pr.m. Othello.
otite /o'tite/ ➧ **7** f. otitis, ear infection; *~ esterna, interna* inflammation of the outer, inner ear.
otoiatra, m.pl. **-i**, f.pl. **-e** /oto'jatra/ ➧ **18** m. e f. otologist.
otoiatria /otoja'tria/, **otologia** /otolo'dʒia/ f. otology.
otorino /oto'rino/ ➧ **18** m. COLLOQ. (accorc. otorinolaringoiatra) otolaryngologist, ear nose and throat specialist.
otorinolaringoiatra, m.pl. **-i**, f.pl. **-e** /otorinolaringo'jatra/ ➧ **18** m. e f. oto(rhino)laryngologist.
otorinolaringoiatria /otorinolaringoja'tria/ f. oto(rhino)laryngology.
otorragia /otorra'dʒia/ f. otorrhagia.
otorrea /otor'rɛa/ f. otorrhea.
otoscopio, pl. **-pi** /otos'kɔpjo, pi/ m. otoscope.
otre /'otre/ m. leather bottle, goatskin; *(per acqua)* water-bag; *(per vino)* wine bag ◆ *essere pieno come un ~* to be full to bursting point.
otricolare /otriko'lare/ agg. utricular.
otricolaria /otriko'larja/ f. bladderwort.
otricolo /o'trikolo/ m. utricle, utriculus*.
ott. ⇒ ottobre October (Oct).
ottaedrico, pl. **-ci**, **-che** /otta'ɛdriko, tʃi, ke/ agg. octahedral.
ottaedrite /ottae'drite/ f. octahedrite.
ottaedro /otta'ɛdro/ m. octahedron*.
ottagonale /ottago'nale/ agg. octagonal.
ottagono /ot'tagono/ m. octagon.
ottale /ot'tale/ agg. octal; *sistema ~* octal (system).
ottametro /ot'tametro/ m. octameter.
ottano /ot'tano/ m. octane; *numero di -i* octane number *o* rating; *ad alto numero di -i* high-octane.
▷ **ottanta** /ot'tanta/ ➧ **26, 5, 8 I** agg.inv. eighty **II** m.inv. eighty **III** m.pl. *(anni di età) aver superato gli ~* to be in one's eighties.
ottante /ot'tante/ m. octant.
ottantenne /ottan'tɛnne/ **I** agg. eighty-year-old attrib., octogenarian, octuagenary **II** m. e f. eighty-year-old, octogenarian, octuagenary; *un ~* a man in his eighties.

ottantennio, pl. **-ni** /ottan'tɛnnjo, ni/ m. eighty-year period.
ottantesimo /ottan'tɛzimo/ ◗ *26* I agg. eightieth II m. (f. **-a**) 1 eightieth 2 *(frazione)* eightieth.
ottantina /ottan'tina/ f. 1 *(circa ottanta)* about eighty; ***un'~ di persone*** about eighty people 2 *(età)* ***essere sull'~*** to be about eighty; ***aver superato l'~*** to be over eighty.
ottativo /otta'tivo/ I agg. [*proposizione*] optative II m. optative.
ottava /ot'tava/ f. 1 RELIG. octave 2 MUS. octave, eighth; ***un'~ sopra, sotto*** an octave higher, lower 3 METR. octave.
ottavario, pl. **-ri** /otta'varjo, ri/ m. octavary.
Ottavia /ot'tavja/ n.pr.f. Octavia.
Ottaviano /otta'vjano/ n.pr.m. Octavian.
ottavino /otta'vino/ ◗ *34* m. piccolo*, octave-flute; ***suonatore di ~*** piccoloist.
Ottavio /ot'tavjo/ n.pr.m. Octavius.
▷ **ottavo** /ot'tavo/ ◗ *26, 5* I agg. eighth II m. (f. **-a**) 1 eighth 2 *(frazione)* eighth 3 MUS. ***in sei -i*** in six-eight time 4 TIP. ***volume in ~*** octavo (volume); ***formato in ~*** octavo ◆◆ ***-i di finale*** qualifying heats, matches.
ottemperante /ottempe'rante/ agg. obedient, compliant.
ottemperanza /ottempe'rantsa/ f. obedience, compliance; ***in ~ alle leggi*** in compliance *o* conformity with the laws.
ottemperare /ottempe'rare/ [1] intr. (aus. *avere*) ***~ a un ordine*** to obey *o* comply an order; ***rifiuto, rifiutare di ~*** refusal, to refuse to comply.
ottenebramento /ottenebra'mento/ m. 1 *(oscuramento)* darkening, obscuring 2 FIG. *(annebbiamento)* obfuscation.
ottenebrare /ottene'brare/ [1] I tr. 1 *(oscurare)* to darken, to obscure 2 FIG. *(annebbiare)* to obfuscate; ***i pregiudizi ottenebrano il buonsenso*** prejudices cloud the common sense II **ottenebrarsi** pronom. 1 *(oscurarsi)* to darken 2 FIG. *(annebbiarsi)* to become* obfuscated.
ottenebrato /ottene'brato/ I p.pass. → **ottenebrare** II agg. [*mente*] obfuscated.
▶ **ottenere** /otte'nere/ [93] Le varie accezioni del verbo *ottenere* vengono rese in inglese da equivalenti diversi, come risulta dagli esempi sotto elencati; va anche tenuto presente, tuttavia, che *to obtain* è d'uso formale e risulta spesso innaturale nella lingua parlata o nello scritto informale, dove si preferisce *to get*, che a sua volta non si dovrebbe usare nello scritto formale. tr. 1 *(riuscire ad avere)* to get*, to obtain [*informazioni, prezzi, permesso*]; to obtain, to win* [*premio*]; to get* [*lavoro*]; to achieve, to reach [*accordo, consenso*]; to arrive at, to get* [*totale, somma*]; *(conseguire)* to get*, to obtain [*diploma*]; to get*, to obtain, to achieve [*risultato*]; ***~ la maggioranza dei voti*** to obtain a majority; ***~ una settimana di proroga*** to get one week's grace; ***film ottenne un successo strepitoso*** the film was a great success; ***non ~ risposta*** not to get an answer, to get no answer; ***~ qcs. da, per qcn.*** to get *o* obtain sth. from, for sb.; ***~ da qcn. che faccia*** to get sb. to do; ***non otterrai granché da lui*** you won't get much out of him; ***ha ottenuto che lui resti*** she got him to stay 2 *(ricavare)* to obtain, to extract; ***dalle barbabietole si ottiene lo zucchero*** sugar is extracted from beets.
ottenibile /otte'nibile/ agg. [*permesso*] obtainable; [*risultato*] obtainable, achievable.
ottenimento /otteni'mento/ m. obtaining, getting; ***l'~ di un permesso, di un diploma*** receiving a permit, a diploma; ***l'~ di un visto*** obtaining a visa.
ottentotto /otten'tɔtto/ I agg. Hottentot II m. (f. **-a**) 1 Hottentot 2 LING. Hottentot.
ottetto /ot'tetto/ m. INFORM. FIS. MUS. octet(te).
ottica, pl. **-che** /'ɔttika, ke/ f. 1 FIS. optics + verbo sing. 2 *(complesso di lenti)* optical system; ***l'~ di questo cannocchiale è perfetta*** the optical system of this telescope is perfect 3 FIG. *(punto di vista)* perspective, point of view; ***~ deformata*** distorted perspective; ***visto in quest'~*** from this perspective *o* point of view; ***cambiare ~*** to change one's perspective *o* outlook ◆◆ ***~ elettronica*** electron optics; ***~ fisica*** physical optics.
ottico, pl. **-ci, -che** /'ɔttiko, tʃi, ke/ I agg. 1 ANAT. [*nervo*] optic 2 FIS. [*strumento, illusione*] optical; ***fibra -a*** optical fibre; ***lettore ~*** optical character reader; ***penna -a*** light pen II ◗ *18* m. (f. **-a**) optician.
ottimale /otti'male/ agg. optimal; ***livello ~ di produzione*** optimum level of production; ***preparazione atletica ~*** optimum athletic preparation.
ottimamente /ottima'mente/ avv. optimally.
ottimate /otti'mate/ m. optimate.
ottimismo /otti'mizmo/ m. optimism; ***peccare per eccesso di ~*** to be over-optimistic.
▷ **ottimista**, m.pl. **-i**, f.pl. **-e** /otti'mista/ I agg. optimistic (**su, riguardo a** about) II m. e f. optimist.
ottimisticamente /ottimistika'mente/ avv. optimistically.
ottimistico, pl. **-ci, -che** /otti'mistiko, tʃi, ke/ agg. optimistic.
ottimizzare /ottimid'dzare/ [1] tr. to optimize.
ottimizzazione /ottimiddzat'tsjone/ f. optimization; ***~ energetica*** energy efficiency.
▶ **ottimo** /'ɔttimo/ I agg. [*studente, medico, educazione*] excellent; [*candidato, collaboratore, lavoro*] first-rate; ***un'-a idea*** a splendid idea; ***godere di -a salute*** to enjoy perfect health; ***essere in -a forma*** to be in fine form; ***avere un ~ aspetto*** to look (the) best; ***di ~ umore*** to be in high spirits; ***in ~ stato*** in perfect condition; ***un giocatore, traduttore di ~ livello*** a top-flight player, translator; ***Sara è in -i rapporti con la sua vicina*** Sara is on very good terms with her neighbour; ***la tua battuta non era proprio di ~ gusto*** your joke wasn't in the best of taste; ***avere un ~ gusto nel vestire*** to have exquisite taste in clothes; ***di qui si gode un'-a vista*** from here there is a magnificent view; ***il tuo suggerimento è ~, ci aiuterà molto*** your suggestion is excellent, it will be a great help to us; ***~!*** excellent! II m.inv. 1 *(punto massimo)* optimum*; ***raggiungere l'~*** to reach the optimum 2 SCOL. *(giudizio)* excellent; ***dare, prendere (un) ~ in matematica*** to give *o* get top marks in maths 3 ECON. ***~ paretiano*** Paretan optimum.
▶ **otto** /'ɔtto/ ◗ *26, 5, 8, 13* I agg.inv. eight II m.inv. 1 *(numero)* eight 2 *(giorno del mese)* eighth 3 SCOL. *(voto)* = high pass mark 4 *(traiettoria)* figure of eight; ***descrivere un ~*** to do a figure of eight 5 SPORT *(imbarcazione)* eight; ***~ con*** coxed eight III f.pl. *(ore) (del mattino)* eight am; *(della sera)* eight pm; ***sono le ~*** it's eight o'clock; ***alle ~*** at eight o'clock ◆ ***in quattro e quattr'~*** in a flash, in less than no time, like a dose of salts; ***dare gli ~ giorni*** to give a week's notice; ***oggi a ~*** a week today BE, a week from today AE ◆◆ ***~ volante*** roller coaster.
▶ **ottobre** /ot'tobre/ ◗ *17* m. October; ***in*** o ***a ~*** in October; ***il primo, il due di ~*** the first, the second of October; ***la rivoluzione d'~*** the October Revolution.
ottobrino /otto'brino/ agg. [*sole*] of October.
ottocentesco, pl. **-schi, -sche** /ottotʃen'tesko, ski, ske/ agg. 1 *(dell'Ottocento)* [*poesia, pittura*] nineteenth-century attrib. 2 SPREG. *(antiquato)* antiquated.
ottocentesimo /ottotʃen'tɛzimo/ ◗ *26* I agg. eight-hundredth II m. (f. **-a**) 1 eight hundredth 2 *(frazione)* eight hundredth.
ottocentista, m.pl. **-i**, f.pl. **-e** /ottotʃen'tista/ m. e f. 1 *(scrittore)* nineteenth-century writer; *(artista)* nineteenth-century artist 2 *(studioso)* scholar of the art or literature of the nineteenth-century 3 SPORT eight-hundred-metre runner.
ottocento /otto'tʃɛnto/ ◗ *26* I agg.inv. eight hundred II m.inv. eight hundred III m.pl. SPORT ***correre gli ~*** to run the eight hundred metres.
Ottocento /otto'tʃɛnto/ m. 1 *(epoca)* nineteenth century 2 ART. *(in Italia)* ottocento.
ottomana /otto'mana/ f. *(divano)* ottoman.
ottomano /otto'mano/ I agg. 1 STOR. Ottoman; ***l'impero ~*** the Ottoman Empire 2 TESS. ***tessuto ~*** ottoman II m. (f. **-a**) 1 STOR. Ottoman 2 TESS. ottoman.
ottomila /otto'mila/ ◗ *26* I agg.inv. eight thousand II m.inv. 1 eight thousand 2 ALP. *(cima)* ***i quattordici ~*** the fourteen eight thousand (metres).
ottonaio, pl. **-ai** /otto'najo, ai/ ◗ *18* m. (f. **-a**) brazier.
ottoname /otto'name/ m. brassware.
ottonare /otto'nare/ [1] tr. to coat with brass.
ottonario, pl. **-ri, -rie** /otto'narjo, ri, rje/ I agg. [*verso*] octosyllabic II m. octosyllable.
ottonatura /ottona'tura/ f. brass coating.
▷ **ottone** /ot'tone/ I m. brass; ***di ~*** [*bottone, targa*] brass attrib.; ***questo candeliere è d'~*** this candlestick is made of brass II **ottoni** m.pl. 1 *(oggetti in ottone)* brass + verbo sing., brassware sing. 2 MUS. brass + verbo sing. o pl., brass section sing.
Ottone /ot'tone/ n.pr.m. Otto.
ottopode /ot'tɔpode/ m. octopod.
ottosillabo /otto'sillabo/ m. octosyllable.
ottotipo /ot'tɔtipo/ m. optotype.
ottovolante /ottovo'lante/ m.inv. roller coaster.
ottuagenario, pl. **-ri, -rie** /ottuadʒe'narjo, ri, rje/ I agg. octogenarian, octogenary II m. (f. **-a**) octogenarian, octogenary.
ottundere /ot'tundere/ [51] tr. to blunt, to dull (anche FIG.).
ottundimento /ottundi'mento/ m. blunting, dulling (anche FIG.).
ottuplice /ot'tuplitʃe/ agg. eightfold.
ottuplo /'ɔttuplo/ I agg. octuple, eightfold II m. octuple.

otturamento /ottura'mento/ m. *(di buco, condotto)* blocking (up); *(di scarico)* stopping; *(di grondaia)* clogging (up).

otturare /ottu'rare/ [1] **I** tr. **1** *(ostruire)* to block (up) [*buco, condotto*]; to stop [*scarico*]; to clog (up) [*grondaia*]; to fill in [*fessura*]; ***~ i buchi con del catrame*** to fill (in) the holes with tar **2** MED. to fill [*dente*] **II otturarsi** pronom. [*lavandino, condotto*] to get* blocked (up), to clog (up); [*grondaia*] to clog (up).

otturato /ottu'rato/ **I** p.pass. → **otturare II** agg. **1** *(ostruire)* [*condutture, tubi*] blocked (up); [*scarico*] stopped; [*grondaia*] clogged (up) **2** MED. [*dente*] filled.

otturatore /ottura'tore/ **I** agg. **1** TECN. obturating **2** ANAT. obturator; ***muscolo ~ esterno, interno*** obturator externus, internus **II** m. **1** FOT. shutter **2** TECN. obturator; IDR. cut-off **3** ARM. breechblock, obturator, bolt ◆◆ ***~ centrale*** FOT. interlens shutter; ***~ a tendina*** FOT. focal plane shutter.

otturatorio, pl. **-ri**, **-rie** /ottura'tɔrjo, ri, rje/ agg. ANAT. [*membrana*] obturator.

otturazione /otturat'tsjone/ f. **1** *(otturamento) (di buco, condotto)* blocking (up); *(di scarico)* stopping; *(di grondaia)* clogging (up) **2** MED. *(di dente)* filling; ***fare un'~ dentaria*** to fill a tooth; ***~ in oro*** gold filling.

ottusamente /ottuza'mente/ avv. obtusely.

ottusangolo /ottu'zangolo/ agg. obtuse-angled.

ottusità /ottuzi'ta/ f.inv. obtuseness.

ottuso /ot'tuzo/ agg. **1** MAT. [*angolo*] obtuse **2** FIG. *(non acuto)* [*persona*] obtuse; [*mente*] dull; ***essere ~*** to have a dull wit, to be dull-witted **3** *(cupo)* [*suono*] dull, flat.

oui-ja /wi'ja/ m.inv. Ouija® (board), planchette.

out /aut/ **I** agg.inv. **1** SPORT *(nel tennis, nella boxe)* ***la palla è ~*** *(fuori gioco)* the ball is out (of court); ***essere ~*** *(fuori combattimento)* to be out **2** COLLOQ. *(superato)* ***essere ~*** [*stile, colore*] to be out **II** m.inv. *(nel tennis) (spazio del campo fuori gioco)* out (of court) **III** inter. *(nel tennis, nella boxe)* out.

ouverture /uver'tyr/ f.inv. overture; ***~ del Guglielmo Tell*** overture of William Tell.

ovaia, pl. **-ie** /o'vaja, je/ f. ovary.

ovaio, pl. **-ai** /o'vajo, ai/ m. → **ovaia.**

ovaiola /ova'jɔla/ **I** agg.f. laying; ***gallina ~*** layer **II** f. layer.

▷ **ovale** /o'vale/ **I** agg. [*tavolo, superficie*] oval(-shaped) **II** m. oval; ***a forma di ~*** oval-shaped.

ovalizzare /ovalid'dzare/ [1] **I** tr. to make* oval **II ovalizzarsi** pronom. to become* oval.

ovarico, pl. **-ci**, **-che** /o'variko, tʃi, ke/ agg. ovarian, ovarial.

ovariectomia /ovarjekto'mia/ f. ovariectomy.

ovario, pl. **-ri** /o'varjo, ri/ m. BOT. ANAT. ovary.

ovariotomia /ovarjoto'mia/ f. ovariotomy.

ovarite /ova'rite/ ➧ **7** f. ovaritis, oophoritis.

ovato /o'vato/ agg. ovate.

▷ **ovatta** /o'vatta/ f. **1** FARM. cotton wool; ***batuffolo di ~*** cotton ball **2** TESS. wadding, padding; ***imbottito di, foderato con ~*** wadded.

ovattare /ovat'tare/ [1] tr. **1** TESS. to wad, to pad **2** FIG. *(attutire)* to soften [*suono*].

ovattato /ovat'tato/ **I** p.pass. → **ovattare II** agg. **1** TESS. [*vestito, tessuto*] wadded, padded **2** FIG. *(attutito)* [*atmosfera*] muffled; [*suono, rumore*] softened, muffled.

ovattatura /ovatta'tura/ f. wadding, padding.

ovazione /ovat'tsjone/ f. *(applausi, riconoscimento)* ovation; ***accogliere qcn. con un'~*** to give sb. an ovation; ***ha concluso il suo discorso con l'~ della folla*** he finished his speech to wild applause from the crowd.

ove /'ove/ **I** avv. LETT. where **II** cong. LETT. **1** *(con valore ipotetico)* in case, if; ***~ non fosse possibile*** when *o* where it isn't possible **2** *(con valore avversativo)* whereas.

overdose /over'doze/ f.inv. **1** overdose, OD COLLOQ.; ***un'~ di eroina*** a heroin overdose; ***morire per un'~*** to die from an overdose; ***farsi un'~*** to overdose, to OD COLLOQ. **2** FIG. SCHERZ. overdose; ***farsi un'~ di televisione, di cioccolato*** to overdose on television, chocolate.

▷ **ovest** /'ɔvest/ ➧ **29 I** m.inv. **1** *(punto cardinale)* west; ***andare a ~*** to go west *o* westward(s); ***Torino è a ~ di Milano*** Turin is west of Milan; ***più a ~*** farther west; ***diretto a ~*** westbound; ***in direzione ~*** in a westerly direction; ***vento da ~*** west(erly) wind, westerly; ***esposto a ~*** [*casa, stanza*] west-facing; ***passare a ~ di qcs.*** to go west of sth. **2** *(regione)* west; ***l'~ della Francia*** the west of France; ***l'~ del Giappone*** western Japan **3** *(Stati Uniti e Canada occidentali)* West; ***gli stati dell'~*** the western states **4** *(nei giochi di carte)* West **II** agg.inv. [*facciata, versante, costa*] west; [*frontiera, zona*] western; ***Berlino ~*** STOR. West Berlin; ***nella zona ~ di Londra*** in west London; ***40 gradi di longitudine ~*** 40 degrees longitude west.

ovidiano /ovi'djano/ agg. Ovidian.

Ovidio /o'vidjo/ n.pr.m. Ovid.

ovidotto /ovi'dotto/ m. oviduct.

oviforme /ovi'forme/ agg. oviform.

▷ **ovile** /o'vile/ m. **1** *(riparo)* (sheep)fold **2** RELIG. fold; ***ricondurre all'~ una pecorella smarrita*** to bring a lost sheep back to the fold **3** SCHERZ. *(casa)* ***tornare all'~*** to return to the fold.

▷ **ovino** /o'vino/ **I** agg. ovine; ***carne -a*** mutton; ***allevamento ~*** sheep farm **II** m. sheep*; ***gli -i*** sheep; ***allevatori di -i*** sheep farmers.

oviparo /o'viparo/ **I** agg. oviparous **II** m. (f. **-a**) oviparous animal.

ovocellula /ovo'tʃɛllula/ f. oosphere.

ovocita /ovo'tʃita/ m. oocyte.

ovodonazione /ovodonat'tsjone/ f. egg donation.

ovogamia /ovoga'mia/ f. oogamy.

ovogenesi /ovo'dʒɛnezi/ f.inv. oogenesis*.

ovoidale /ovoi'dale/ agg. ovoid; ***di forma ~*** egg-shaped.

ovolaccio, pl. **-ci** /ovo'lattʃo, tʃi/ m. fly agaric.

ovolo /'ɔvolo/ m. **1** BOT. *(fungo)* royal agaric; *(d'ulivo)* mamelon **2** ARCH. gadroon ◆◆ ***~ malefico*** fly agaric.

ovopositore /ovopozi'tore/ m. ovipositor.

ovovia /ovo'via/ f. cable car.

ovoviviparo /ovovi'viparo/ **I** agg. ovoviviparous **II** m. ovoviviparous animal.

1.ovulare /ovu'lare/ agg. ovular.

2.ovulare /ovu'lare/ [1] intr. (aus. *avere*) to ovulate.

ovulazione /ovulat'tsjone/ f. ovulation.

ovulo /'ɔvulo/ m. **1** ANAT. ovum*, ovule, egg cell **2** BOT. ovule **3** FARM. vaginal suppository.

ovunque /o'vunkwe/ **I** avv. LETT. ***questa marca si trova ~*** you can find this brand everywhere; ***~ eccetto in Australia*** anywhere but Australia **II** cong. LETT. ***~ tu sia*** wherever you are; ***~ lei vada, lui la segue*** anywhere she goes, he goes.

▷ **ovvero** /ov'vero/ cong. **1** *(cioè)* that is; *(per meglio dire)* or rather; ***il Grande Carro, ~ l'Orsa Maggiore*** the Plough, or rather the Great Bear **2** *(oppure)* or.

ovverosia /ovvero'sia/ cong. LETT. *(cioè)* that is; *(per meglio dire)* or rather.

ovviabile /ovvi'abile, ov'vjabile/ agg. that can be obviated.

ovviamente /ovvja'mente/ avv. **1** *(certamente)* obviously, plainly; ***~ no!*** obviously not! ***questo ~ non è il caso*** that is plainly not the case **2** *(evidentemente)* evidently.

ovviare /ovvi'are, ov'vjare/ [1] intr. (aus. *avere*) ***~ a*** to obviate [*ostacolo, male*]; to compensate for [*problema, mancanza, inconveniente*].

ovvietà /ovvje'ta/ f.inv. **1** *(l'essere ovvio)* obviousness **2** *(cosa ovvia)* statement of obvious; ***dire delle ~*** to state the obvious.

▷ **ovvio**, pl. **-vi**, **-vie** /'ɔvvjo, vi, vje/ agg. **1** *(prevedibile, evidente)* obvious; ***è ~ che...*** it's obvious that...; ***una risposta -a*** an obvious answer; ***per -vi motivi*** for obvious reasons **2** *(banale)* banal; ***una conversazione -a*** a banal conversation.

oxoniense /okso'njɛnse/ **I** agg. LETT. Oxonian **II** m. e f. Oxonian.

oziare /ot'tsjare/ [1] intr. (aus. *avere*) to idle, to laze; ***~ tutto il giorno*** to loaf about all day.

▷ **ozio**, pl. **ozi** /'ɔttsjo, 'ɔttsi/ m. idleness; ***vivere nell'~*** to live in idleness, to lead a life of idleness; ***stare in ~*** to idle about ◆ ***l'~ è il padre di tutti i vizi*** PROV. the devil makes works for idle hands.

oziosaggine /ottsjo'saddʒine/ f. idleness, laziness.

oziosamente /ottsjosa'mente/ avv. **1** *(in modo ozioso)* [*stare seduto, vagare*] idly, lazily **2** *(vanamente)* [*conversare*] idly.

oziosità /ottsjosi'ta/ f.inv. **1** *(tendenza all'ozio)* idleness, laziness **2** *(inutilità)* otioseness.

ozioso /ot'tsjoso/ **I** agg. **1** [*persona, vita*] idle; ***passare, trascorrere delle giornate -e*** to idle the days away **2** *(inutile)* [*proposito*] idle; [*litigio, spiegazione*] pointless **II** m. (f. **-a**) idler.

ozocerite /oddzotʃe'rite/, **ozocherite** /oddzoke'rite/ f. ozocerite, ozokerite.

ozonico, pl. **-ci**, **-che** /od'dzɔniko, tʃi, ke/ agg. ozonic.

ozonizzare /oddzonid'dzare/ [1] tr. to ozonize [*acqua*].

ozonizzatore /oddzoniddza'tore/ m. ozonizer.

ozonizzazione /oddzoniddzat'tsjone/ f. ozonisation.

ozono /od'dzɔno/ m. ozone; ***strato di ~*** ozone layer; ***buco nell'~*** hole in the ozone; ***che non danneggia l'~*** ozone friendly.

ozonosfera /oddzonos'fɛra/ f. ozonosphere.

ozonoterapia /oddzonotera'pia/ f. ozonotherapy.

p

p, P /pi/ m. e f.inv. *(lettera)* p, P.
P ⇒ parcheggio parking (P).
p. ⇒ pagina page (p).
PA ⇒ Pubblica Amministrazione public administration.
PAC /piat'tʃi, pak/ f. (⇒ Politica Agricola Comunitaria Common Agricultural Policy) CAP.
paca /'paka/ m.inv. paca.
pacare /pa'kare/ [1] **I** tr. to calm (down), to appease **II pacarsi** pronom. to calm down.
pacatamente /pakata'mente/ avv. [*parlare, rispondere*] calmly.
pacatezza /paka'tettsa/ f. calm, calmness; ***rispondere con ~*** to answer calmly.
pacato /pa'kato/ **I** p.pass. → **pacare II** agg. [*voce, persona*] calm.
pacca, pl. **-che** /'pakka, ke/ f. **1** *(colpo amichevole)* slap, clap (**su** on); ***una ~ amichevole*** a friendly slap; ***dare a una ~ sulle spalle a qcn.*** to give sb. a slap on the back, to slap sb. on the back **2** *(schiaffo)* slap, blow (**su** on); ***mi ha dato una ~ sulla mano*** she slapped my hand.
pacchetto /pak'ketto/ m. **1** *(confezione) (di zucchero)* packet BE, package AE; *(di sigarette, caffè)* packet BE, pack AE; *(di caramelle)* bag; ***le faccio un ~?*** *(per regalare)* would you like it (gift-)wrapped? ***mi può fare un ~?*** *(per regalare)* could you wrap it up, please? **2** *(collo)* parcel, package **3** *(fascio) (di lettere)* bundle **4** SPORT *(nel rugby)* ***~ (degli avanti)*** pack (of forwards) **5** INFORM. TECN. packet **6** POL. package **7** *(nel turismo)* ***~ (turistico)*** package tour *o* holiday BE *o* vacation AE; ***il ~ comprende il viaggio e 5 notti in hotel*** the all-in package covers travel and 5 nights' hotel accommodation ◆◆ ***~ azionario*** ECON. block of shares, holding; ***~ di caricamento*** ARM. cartridge clip; ***~ di dati*** INFORM. data packet; ***~ maggioritario*** o ***di maggioranza*** majority stake.
pacchia /'pakkja/ f. COLLOQ. **1** *(situazione fortunata)* fun; *(colpo di fortuna)* piece of luck; ***che ~!*** what a blast! ***la ~ è finita*** the fun has ended **2** *(lavoro poco faticoso)* piece of cake **3** *(scorpacciata)* feed.
pacchianata /pakkja'nata/ f. something flashy, something showy.
pacchianeria /pakkjane'ria/ f. flashiness, showiness.
pacchiano /pak'kjano/ agg. [*arredamento*] flashy, tacky; [*abito*] flashy, showy, tacky; ***ha dei gusti -i*** his taste is tacky.
pacciamare /pattʃa'mare/ [1] tr. to mulch.
pacciamatura /pattʃama'tura/ f. mulching.
pacciame /pat'tʃame/ m. mulch.
▶ **pacco**, pl. **-chi** /'pakko, ki/ m. **1** *(confezione)* pack, packet; ***le faccio un ~ regalo?*** would you like it gift-wrapped? **2** *(collo)* parcel, package; ***fare, disfare, spedire un ~*** to wrap, undo, send a parcel; ***ufficio -chi*** parcel office; ***servizio -chi postali*** parcel post **3** COLLOQ. *(grossa somma)* ***guadagnare un ~ di soldi*** to earn a packet, to make a bundle **4** COLLOQ. *(bidone, fregatura)* con trick, rip-off; ***questo film è un ~*** this movie is a dud; ***tirare un ~ a qcn.*** *(mancare a un appuntamento)* to stand sb. up ◆◆ ***~ bomba*** parcel *o* mail bomb; ***~ postale*** parcel; ***~ viveri*** food parcel.
paccottiglia /pakkot'tiʎʎa/ f. junk, cheapjack goods pl., ticky-tacky AE.
▶ **pace** /'patʃe/ f. **1** peace; ***~ onorevole, precaria*** honourable, fragile peace; ***in tempo di ~*** in peacetime, in times of peace; ***operare per la ~ nel mondo*** to work for world peace; ***violare, rompere la ~*** to violate, to break the peace; ***assicurare, mantenere la ~*** to assure, to preserve the peace; ***chiedere la ~*** to sue for peace; ***firmare, negoziare la ~*** to sign, to negotiate a peace treaty; ***vivere in ~ col prossimo*** to live in peace with one's neighbour; ***uomo di ~*** man of peace; ***conferenza, trattato, trattative di ~*** peace conference, treaty, talks; ***forze di ~*** peacekeeping force; ***condizioni di ~*** peace terms; ***appello alla ~*** appeal for peace; ***(premio) Nobel per la ~*** Nobel peace prize; ***giudice di ~*** Justice of the Peace; ***fare (la) ~ con qcn.*** to make peace with sb.; ***la ~ di Westfalia*** the Peace of Westfalia **2** *(calma interiore)* peace; ***essere in ~ con se stessi*** to be at peace with oneself; ***la ~ dell'anima*** o ***dello spirito*** peace of mind; ***avere la coscienza in ~*** to have peace of mind **3** *(tranquillità)* peace; ***stare in ~*** to have some peace; ***si chiude nel suo ufficio per stare in ~*** he shuts himself away in his office to get some peace; ***per amor di ~*** for the sake of peace and quiet; ***lasciare in ~ qcn.*** to leave sb. in peace; *(lasciare solo)* to leave sb. alone; ***non dare ~ a qcn.*** to give sb. no peace; ***non trovare ~*** = to be always uneasy **4** *(beatitudine eterna)* ***~ all'anima sua*** peace be with him; ***riposi in ~*** may he rest in peace **5** *(come saluto)* ***la messa è finita, andate in ~*** the Mass is ended, go in peace; ***la ~ sia con voi*** peace be with you ◆ ***se vuoi la ~ prepara la guerra*** PROV. if you want peace, prepare for war; ***mettersi il cuore*** o ***l'anima in ~*** to set one's mind at rest; ***darsi ~, non darsi ~*** = to resign, not to resign oneself; ***avere raggiunto la ~ dei sensi*** = to have no sexual drive any more; ***con buona ~ di...*** without offending... ◆◆ ***~ armata*** armed peace; ***~ eterna*** eternal rest; ***~ interiore*** peace of mind; ***~ negoziata*** negotiated peace; ***~ separata*** separate peace.
pachiderma /paki'dɛrma/ m. **1** ZOOL. pachyderm **2** FIG. *(persona grossa)* elephant; *(persona insensibile)* thick-skinned person; ***da ~*** [*fisico, passo*] heavy.
pachidermico, pl. **-ci**, **-che** /paki'dɛrmiko, tʃi, ke/ agg. pachydermatous.
pachistano /pakis'tano/ ♦ ***25*** **I** agg. Pakistani **II** m. (f. **-a**) Pakistani.
paciere /pa'tʃɛre/ m. (f. **-a**) peacemaker; ***fare da ~*** to act as a peacemaker.
pacificabile /patʃifi'kabile/ agg. pacifiable.
pacificamente /patʃifika'mente/ avv. peacefully, peaceably, pacifically; ***risolvere ~ un contrasto*** to resolve a contrast peacefully; ***occupare ~ un paese*** to occupy a country peacefully.
pacificare /patʃifi'kare/ [1] **I** tr. **1** to pacify [*paese, regione*] **2** *(riconciliare)* to make* peace between [*persone*] **II pacificarsi** pronom. **1** to make* peace (**con** with) **2** *(placarsi)* to calm down.
pacificatore /patʃifika'tore/ **I** agg. [*azione, discorso, ruolo, intervento*] peacemaking, pacificatory **II** m. (f. **-trice** /tritʃe/) peacemaker.
pacificazione /patʃifikat'tsjone/ f. **1** pacification, peacemaking; ***la ~ di un territorio*** the re-establishment of peace in a region **2** *(riconciliazione)* appeasement.

▷ **pacifico**, pl. **-ci**, **-che** /pa'tʃifiko, tʃi, ke/ **I** agg. **1** [*coesistenza, intenzione, soluzione, manifestazione*] peaceful; [*popolo, persona*] peaceful, peace-loving, pacific **2** FIG. *(fuori discussione)* ***è ~ che...*** it is obvious that... **3** GEOGR. [*costa, località*] Pacific **II** m. (f. **-a**) *(persona)* peaceful person.

Pacifico /pa'tʃifiko/ ➧ **27** n.pr.m. ***il ~*** the Pacific (Ocean); ***l'oceano ~*** the Pacific Ocean.

pacifismo /patʃi'fizmo/ m. pacifism.

pacifista, m.pl. **-i**, f.pl. **-e** /patʃi'fista/ **I** agg. pacifist; ***movimento ~*** Peace Movement **II** m. e f. pacifist, peace campaigner.

pacifistico, pl. **-ci**, **-che** /patʃi'fistiko, tʃi, ke/ agg. pacifistic.

pacioccone /patʃok'kone/ **I** agg. fattish and easygoing **II** m. (f. **-a**) fattish and easygoing person.

pacioso /pa'tʃoso/ agg. easygoing.

pack /pak/ m.inv. pack ice.

> **i** **Padania** This is the name used by the *Lega Nord* (Northern League) to mean all of the north of Italy, that is roughly all of the Po basin and the Veneto, which are inhabited by people who are alleged to be of Celtic rather than Latin origin. According to the most extreme members of the league, Padania should aim for secession from the rest of Italy, which is dominated by a "corrupt" Rome, and, in particular, the south, which is considered uncivilized and backward. For opponents and critics of the league, Padania is a meaningless term, which does not correspond to any geographically, historically or linguistically unified area, and the myth of the *Padani* who are direct descendants of the ancient Celtic people is nothing but a ridiculous sham.

padano /pa'dano/ agg. of Po Valley; ***la pianura Padana*** the Po Valley.

padda /'padda/ m. e f.inv. rice-bird.

▷ **padella** /pa'dɛlla/ f. **1** *(da cucina)* pan, skillet; ***~ per friggere*** frying pan BE; ***fare saltare in ~*** to pan-fry **2** *(per malati)* bedpan **3** REGION. *(macchia)* (oil) stain ◆ ***cadere dalla ~ nella brace*** to jump out of the frying pan into the fire ◆◆ ***~ antiaderente*** non-stick pan.

padellata /padel'lata/ f. **1** panful (**di** of) **2** *(colpo dato con una padella)* blow with a pan.

padellino /padel'lino/ m. pannikin.

padiglione /padiʎ'ʎone/ m. **1** *(edificio) (di parco, esposizione)* pavilion; *(di ospedale)* pavilion, wing; ***il ~ svizzero*** the Swiss pavilion; ***il ~ dei malati di AIDS*** the Aids ward **2** ANAT. ***~ auricolare*** auricle, auricula, pinna* **3** *(tenda)* pavilion **4** MUS. *(di strumento)* bell; *(di altoparlante, grammofono)* horn **5** AUT. roof **6** ARALD. pavilion ◆◆ ***~ di caccia*** hunting lodge.

Padova /'padova/ ➧ **2** n.pr.f. Padua.

padovano /pado'vano/ ➧ **2 I** agg. Paduan **II** m. (f. **-a**) Paduan.

▶ **padre** /'padre/ **I** m. **1** *(genitore)* father; ***essere un buon ~*** to be a good father; ***diventare ~*** to become a father; ***da*** o ***per parte di ~*** on one's father's side; ***~ affettuoso, amorevole*** affectionate, loving father; ***è sposato e ~ di due figli*** he is married with two children; ***di ~ in figlio*** [*trasmesso, passare*] from father to son; ***Rossi ~*** Rossi senior; ***fare da ~ a qcn.*** to be a father to sb.; ***essere come un ~ per qcn.*** to be like a father to sb.; ***è tutto suo ~*** he looks just like his father; ***firma del ~ o di chi ne fa le veci*** signature of the father or guardian **2** ZOOL. BIOL. *(d'animale)* male parent; *(di cavallo)* sire **3** RELIG. *(prima persona della Trinità)* Father; ***Dio Padre*** God the Father; ***il Padre eterno*** the eternal Father; ***nel nome del Padre, del Figlio, dello Spirito Santo*** in the name of the Father, of the Son and of the Holy Spirit *o* Ghost; ***Padre nostro che sei nei cieli*** our Father which art in heaven **4** RELIG. *(titolo di monaci o frati)* ***~ Francesco*** Father Francesco; ***un ~ domenicano*** a dominican priest; ***un ~ gesuita*** a Jesuit priest; ***~ superiore*** Father Superior; ***il Santo Padre*** the Holy Father **5** FIG. *(inventore, fondatore)* father; ***il ~ fondatore*** the founding father **II padri** m.pl. *(antenati)* (fore)fathers; ***l'eredità dei nostri -i*** our fathers' legacy ◆ ***tale ~ tale figlio*** like father like son; ***a ~ avaro figlio prodigo*** PROV. = the son has the opposite vice to the father ◆◆ ***~ adottivo*** adoptive father; ***~ biologico*** biological father; ***~ di famiglia*** father; ***da buon ~ di famiglia*** as a responsible tenant; ***essere ~ di famiglia*** to have a family to look after; ***Padre Nostro*** → **padrenostro**; ***~ padrone*** heavy-handed father; ***~ putativo*** putative father; ***~ spirituale*** father confessor; ***Padri della Chiesa*** Church Fathers; ***-i coscritti*** STOR. Conscript Fathers; ***Padri Pellegrini*** Pilgrim Fathers.

padrenostro, pl. **-i** /padre'nɔstro/ m. Lord's Prayer, paternoster; ***recitare il ~*** to say the Lord's Prayer.

padreterno /padre'tɛrno/ m. **1** *(Dio)* eternal Father **2** FIG. God Almighty; ***si crede un ~*** he thinks he's God Almighty.

▷ **padrino** /pa'drino/ Si noti che, diversamente dall'italiano *padrino*, l'equivalente inglese *godfather* non può essere usato come appellativo. m. **1** RELIG. *(di battesimo, cresima)* godfather, sponsor; ***essere il ~ di qcn.*** to be godfather to sb.; ***fare da ~ a qcn.*** to stand as godfather to sb.; ***~ e madrina*** godparents **2** *(di duello)* second **3** *(d'organizzazione mafiosa)* godfather.

▷ **padrona** /pa'drona/ f. **1** *(proprietaria)* owner, proprietor; *(di animale)* mistress; ***~ di casa*** mistress of the house, householder; *(in contrapposizione all'affittuario)* landlady; ***la perfetta ~ di casa*** the perfect hostess **2** *(datrice di lavoro)* employer **3** *(che ha potere, controllo)* ***essere ~ di se stessa*** to be one's own mistress *o* woman; ***essere ~ della situazione*** to be (the) mistress of the situation **4** *(che ha padronanza)* ***essere ~ di una lingua*** to have mastery of a language, to know a language as if it were one's own.

padronale /padro'nale/ agg. *(del proprietario)* owner's; ***casa ~*** manor (house).

padronanza /padro'nantsa/ f. *(conoscenza approfondita) (di tecnica, lingua)* command; *(di argomento)* grasp, mastery; *(di sé)* composure, self-mastery, self-possession, aplomb; ***avere un'eccellente ~ del russo*** to have an excellent command of Russian; ***avere ~ di sé*** to be in command of oneself.

padronato /padro'nato/ m. *(datori di lavoro)* employers pl.

padroncino /padron'tʃino/ m. **1** *(figlio del padrone)* employer's son; *(giovane padrone)* young master **2** *(piccolo imprenditore)* small businessman* **3** *(autotrasportatore, tassista)* owner-driver.

▶ **padrone** /pa'drone/ m. **1** *(proprietario)* owner, proprietor; *(di animale)* master; ***~ di casa*** master of the house, householder; *(in contrapposizione all'affittuario)* landlord; ***un cane e il suo ~*** a dog and his master; ***senza ~*** ownerless **2** *(datore di lavoro)* employer, boss COLLOQ.; ***chiedere un aumento al ~*** to ask the boss for a pay rise; ***lavorare sotto ~*** COLLOQ. to be employed by sb. **3** *(che ha potere, controllo)* ***essere il ~ del paese, della città*** to rule the country, the city; ***il ~ del mondo*** the ruler of the world; ***essere ~ in casa propria*** to be master in one's own house; ***non sono ~ del mio tempo*** my time isn't my own; ***essere ~ di fare*** to be free to do; ***essere ~ di se stesso*** to be master of oneself, to be one's own man; ***essere ~ della situazione*** to be (the) master of the situation; ***essere il ~ del gioco*** to have the upper hand; ***il mio Signore e ~*** RELIG. my Lord and master **4** *(che ha padronanza)* ***essere ~ di una lingua*** to have mastery command of a language; ***essere ~ del proprio mestiere*** to really know one's job ◆ ***farla da ~*** to boss the show, to rule the roost, to throw one's weight about *o* around; ***servire due -i*** to serve two masters; ***i buoni -i fanno i buoni servitori*** = one leads by example.

padroneggiare /padroned'dʒare/ [1] tr. to master, to control [*sentimenti*]; to master [*materia, lingua*].

paella /pa'ɛʎʎa/ f. (pl. **~s**) paella.

▷ **paesaggio**, pl. **-gi** /pae'zaddʒo, dʒi/ m. **1** landscape; *(panorama)* scenery **U**, view; ***~ tetro, industriale*** bleak, industrial landscape; ***~ accidentato*** uneven landscape; ***-gi mediterranei, di montagna*** mediterranean, mountain landscape; ***~ urbano*** urban landscape; ***abbiamo visto dei magnifici -gi*** we saw some beautiful scenery; ***le ciminiere guastano il ~*** the chimneys spoil the view; ***architetto del ~*** landscape architect; ***architettura del ~*** landscape architecture **2** ART. *(genere, quadro)* landscape (painting).

paesaggismo /paezad'dʒizmo/ m. landscape painting.

paesaggista, m.pl. **-i**, f.pl. **-e** /paezad'dʒista/ m. e f. landscape painter, landscapist.

paesaggistica, pl. **-che** /paezad'dʒistika, ke/ f. landscape painting.

paesaggistico, pl. **-ci**, **-che** /paezad'dʒistiko, tʃi, ke/ agg. landscape attrib.

▷ **paesano** /pae'zano/ **I** agg. [*festa*] village attrib. **II** m. (f. **-a**) **1** *(abitante di paese)* villager **2** *(compaesano)* fellow villager.

▶ **paese** /pa'eze/ m. **1** *(stato)* country; ***~ industriale*** industrial country; ***i -i lontani*** distant countries; ***nel mio ~*** where I come from, in my country **2** *(piccolo centro abitato)* village; ***tornare al ~*** to return to one's hometown; ***al mio ~*** where I come from; ***scuola di ~*** village school ◆ ***mandare qcn. a quel ~*** to send sb. about his business, to tell sb. where to get off; ***va' a quel ~!*** drop dead! you can get lost! go and jump in the lake! ***tutto il mondo è ~*** PROV. = it's the same all the world over; ***~ che vai usanza che trovi*** PROV. when in Rome do as the Romans do ◆◆ ***~ della cuccagna*** Cockaigne; ***~ natio*** native country; ***~ d'origine*** homecountry, homeland, country of origin; ***~ ospitante*** host country; ***~ produttore*** producing country; ***~ satellite*** satellite country; ***~ dei sogni*** dreamland; ***~ in***

via di sviluppo developing country; ***-i dell'Est*** East European countries; ***-i del Terzo Mondo*** Third World countries.

paesello /pae'zɛllo/ m. *(piccolo paese)* small village; *(paese natale)* native village.

Paesi Baschi /'paezi'baski/ n.pr.m.pl. ***i*** ~ the Basque Country.

Paesi Bassi /'paezi'bassi/ ➧ 33 n.pr.m.pl. ***i*** ~ Low Countries, the Netherlands; ***nei*** ~ in the Netherlands.

paesista, m.pl. **-i**, f.pl. **-e** /pae'zista/ m. e f. → **paesaggista.**

paesistico, pl. **-ci**, **-che** /pae'zistiko, tʃi, ke/ agg. → **paesaggistico.**

paffuto /paf'futo/ agg. [*bimbo*] chubby; [*persona*] plump; [*guancia, viso*] chubby, plump; ***dalle guance -e*** chubby-cheeked.

pag. ⇒ pagina page (p).

▷ **paga**, pl. **-ghe** /'paga, ge/ **I** f. pay; *(stipendio)* wage; *(salario)* salary; ***la mia ~ mi basta per vivere*** I can live on my pay; ***una buona*** ~ a good pay; ***giorno di*** ~ payday **II** agg.inv. ***busta*** ~ pay-packet, wage packet; ***libro*** ~ payroll; *(cedolino)* pay-sheet; ***essere sul libro ~ di una ditta*** to be on a company's payroll ◆◆ ***~ base*** basic pay; ***~ giornaliera*** daily pay; ***~ minima*** minimum wage; ***~ oraria*** hourly pay; ***~ settimanale*** weekly pay.

pagabile /pa'gabile/ agg. [*somma, merce, assegno*] payable; ***~ in sei rate*** [*somma, merce*] payable in six instalments; ***~ alla consegna*** payable cash on delivery; ***~ all'ordine*** payable cash with order.

pagaia /pa'gaja/ f. paddle.

pagaiare /paga'jare/ [1] intr. (aus. *avere*) to paddle.

▷ **pagamento** /paga'mento/ m. payment; ***fare*** o ***effettuare un*** ~ to make a payment; ***a ~ di*** in payement for [*articolo*]; in payment of [*fattura*]; ***dietro ~ di 10 euro*** on payment of 10 euros; ***dopo il ~ delle tasse*** after they paid their taxes, after taxes; ***agevolazioni di*** ~ easy terms; ***avviso di*** ~ notice to pay; ***bilancia dei -i*** balance of payments; ***condizioni di*** ~ terms of payment; ***scuola a*** ~ fee-paying school; ***canale a*** ~ pay channel; ***l'ingresso è a*** ~ you have to pay to get in ◆◆ ***~ anticipato*** advance payment; ***~ in contanti*** cash payment; ***~ a mezzo assegno*** payment by cheque; ***~ in natura*** payment in kind; ***~ a rate*** o ***rateale*** payment by instalments, deferred payment; ***~ alla scadenza*** payment on maturity.

paganeggiante /paganed'dʒante/ agg. tending towards paganism, paganish.

paganesimo /paga'nezimo/ m. paganism, heathenism.

paganizzare /paganid'dzare/ [1] tr. to paganize, to heathenize.

▷ **pagano** /pa'gano/ **I** agg. pagan, heathen; ***diventare*** ~ to paganize **II** m. (f. **-a**) pagan, heathen.

pagante /pa'gante/ agg. [*pubblico*] paying; ***c'erano 29.000 spettatori -i*** there was a gate of 29,000.

▶ **pagare** /pa'gare/ [1] *To pay*, equivalente inglese di *pagare*, viene impiegato in strutture grammaticali diverse: se si paga un conto, una somma di denaro o il costo di qualcosa, il verbo è seguito direttamente da tale riferimento (*pagare il conto* = to pay the bill; *pagare 100 euro* = to pay 100 euros; *pagare le proprie spese di viaggio* = to pay one's travelling expenses); se il verbo è seguito dall'indicazione della persona che riceve il pagamento, la costruzione inglese prevede sempre un complemento oggetto (*pagare il tassista* = to pay the taxi driver; *pagare alla commessa* = to pay the shop assistant); se il verbo *to pay* regge entrambe le strutture sopra citate, si può usare la costruzione col doppio oggetto (*pagare alla commessa 100 euro* = to pay the shop assistant 100 euros; *pagare il conto al cameriere* = to pay the bill to the waiter); quando *pagare* è seguito dall'indicazione dell'oggetto acquistato o del beneficiario del pagamento, si traduce con *to pay for* (*ho pagato io il tuo biglietto* = I paid for your ticket; *lui ha pagato per noi* = he paid for us); infine, si possono trovare riunite in un'unica frase le precedenti costruzioni (*ho pagato al tassista 35 euro per il viaggio dall'aeroporto all'ufficio* = I paid the taxi driver 35 euros for the drive from the airport to my office). - Si noti che *far pagare qualcosa a qualcuno* si dice in inglese *to charge somebody for something.* **I** tr. **1** *(con denaro)* to pay* for [*articolo, biglietto, lavoro, servizio*]; to pay*, to settle [*fattura, conto, debito*]; to pay* [*somma, tassa, interesse, salario, dipendente*]; to settle up with, to pay* [*fornitore, artigiano*]; ***quanto hai pagato il libro?*** how much did you pay for the book? ***~ il gas, il telefono*** to pay the gas, the phone; ***mi ha pagato l'affitto, una mattinata di lavoro*** he paid me the rent, for a morning's work; ***~ 400 euro di affitto*** to pay 400 euros in rent; ***~ 50 euro di forniture*** to pay 50 euros for the material; ***~ tramite assegno, carta di credito*** to pay by cheque, credit card; ***~ in contanti*** to pay in cash; ***~ qcn. per fare, affinché faccia*** to pay sb. to do; ***non sono pagato per fare questo!*** that's not what I'm paid to do! ***~ qcs. un occhio della testa*** to pay through the nose for sth.; ***non so cosa pagherei per...*** COLLOQ. what I wouldn't give for...; ***~ qcs. salato*** to pay sth. dearly **2** COLLOQ. *(offrire)* ***~ qcs. a qcn.*** to buy sb. sth.; ***~ da bere a qcn.*** to buy *o* stand sb. a drink; ***~ da bere per tutti*** to pay for a round; ***lasciate che paghi io la cena*** let me pay for dinner **3** *(subire delle conseguenze di)* to pay* for [*errore, imprudenza*]; ***~ caro il proprio successo*** to pay dearly for one's success; ***~ cara la propria esitazione*** to pay dearly for dithering; ***me la pagherai (cara)!*** you'll pay for this! I'll make you pay for this! ***ha pagato la sua audacia con la vita*** his rashness cost him his life **II** intr. (aus. *avere*) **1** *(con denaro)* ***in questo caso l'assicurazione non paga*** in this case the insurance doesn't pay (you back); ***il debitore deve*** ~ the debtor has to pay **2** *(ricompensare)* [*pena, sacrificio*] to pay* off; ***è uno sforzo che paga*** that's an effort that pays off; ***il crimine non paga*** crime doesn't pay **3** *(espiare, scontare)* ***~ con la propria vita*** to pay with one's life **III pagarsi** pronom. **1** to treat oneself to [*viaggio, cena*]; ***con questo mi pago l'affitto*** I pay the rent with this; ***lavorare per -rsi l'università*** to work one's way through university **2** *(prendere ciò che è dovuto)* ***si paghi e mi dia il resto*** take what I owe you out of this note ◆ ***chi rompe paga (e i cocci sono suoi)*** PROV. = all breakages must be paid for.

pagato /pa'gato/ **I** p.pass. → **pagare II** agg. [*lavoro, vacanza*] paid; ***lavoro ben, mal*** ~ well-paid, poorly-paid job.

pagatore /paga'tore/ **I** agg. [*organismo, servizio, ufficio*] paying **II** m. (f. **-trice** /tritʃe/) payer.

▷ **pagella** /pa'dʒɛlla/ f. progress report, (school) report BE, (school) report card AE.

pagello /pa'dʒɛllo/ m. sea bream ◆◆ ***~ occhialone*** red sea bream.

paggetto /pad'dʒetto/ m. trainbearer, pageboy; ***acconciatura alla*** ~ pageboy.

paggio, pl. **-gi** /'paddʒo, dʒi/ m. page; ***acconciatura alla*** ~ pageboy.

pagherò /page'rɔ/ m.inv. promissory note ◆◆ ***~ cambiario*** promissory note.

paghetta /pa'getta/ f. pocket money, spending money, allowance AE.

▶ **pagina** /'padʒina/ f. **1** *(di libro, giornale, quaderno)* page; ***segue a ~ 36*** continued on page 36; ***studiate da ~ 22 a ~ 45*** study from page 22 till page 45; ***~ bianca, scritta*** blank, written page; ***in prima, nell'ultima*** ~ on the front, back page; ***le prime tre -e*** the first three pages; ***mettere un segno alla*** ~ to mark the page; ***note a piè di*** ~ footnotes; ***voltare*** ~ to turn over (the page); FIG. to turn over a new leaf **2** *(passo, brano)* ***le più belle -e della poesia irlandese*** the finest passages of Irish poetry **3** FIG. *(episodio)* ***una ~ buia della loro esistenza*** a dark chapter in their lives **4** BOT. face ◆ ***provare l'angoscia della ~ bianca*** [*scrittore*] to have writer's block ◆◆ ***~ dispari*** verso; ***~ pari*** recto; ***-e gialle***® Yellow Pages®.

paginatura /padʒina'tura/, **paginazione** /padʒinat'tsjone/ f. pagination.

▷ **paglia** /'paʎʎa/ ➧ 3 **I** f. **1** AGR. straw; ***~ di riso*** rice straw; ***cappello di*** ~ straw hat; ***filo di*** ~ straw; ***tetto di*** ~ thatched roof; ***uomo di*** ~ FIG. man of straw, frontman, straw man AE **2** TECN. *(difetto)* flaw **II** agg.inv. ***(color)*** ~ straw-coloured ◆ ***essere un fuoco di*** ~ to be a flash in the pan, to be a nine day(s') wonder; ***avere la coda di*** ~ = to have a guilty conscience; ***mettere la ~ accanto al fuoco*** to tempt providence; ***con il tempo e la ~ maturano le nespole*** PROV. everything comes to him who waits ◆◆ ***~ di ferro*** steel *o* wire wool; ***~ e fieno*** GASTR. = yellow and green tagliatelle cooked together and served with a variety of sauces.

pagliaccesco, pl. **-schi**, **-sche** /paʎʎat'tʃesko, ski, ske/ agg. clownish.

pagliaccetto /paʎʎat'tʃetto/ m. romper suit, rompers pl.

pagliacciata /paʎʎat'tʃata/ f. clownery; ***smettila con questa ~!*** enough of this buffoonery *o* this clowning around!

▷ **pagliaccio**, pl. **-ci** /paʎ'ʎattʃo, tʃi/ m. **1** *(di circo)* clown **2** *(buffone)* clown, buffoon; ***fare il*** ~ to play the fool, to clown around BE.

pagliaio, pl. **-ai** /paʎ'ʎajo, ai/ m. **1** *(ammasso di paglia)* straw stack **2** *(edificio)* barn ◆ ***cercare un ago in un*** o ***nel*** ~ to look for a needle in a haystack.

paglericcio, pl. **-ci** /paʎʎe'rittʃo, tʃi/ m. bedstraw, palliasse ANT.

paglierino /paʎʎe'rino/ agg. ***giallo*** ~ straw-yellow; ***capelli biondo*** ~ straw-coloured hair.

paglietta /paʎ'ʎetta/ f. **1** *(cappello)* boater **2** *(paglia di ferro)* steel wool, wire wool.

pagliolato /paʎʎo'lato/, **pagliolo** /paʎ'ʎɔlo/ m. dunnage.

pagliuzza /paʎ'ʎuttsa/ f. **1** *(filino di paglia)* straw **2** *(scaglia) (di metallo)* speck; *(d'oro)* particle ◆ ***vedere la ~ nell'occhio del prossimo e non la trave nel proprio*** to see the mote in one's brother's eye but not the beam in one's own.

pagnotta /paɲ'ɲɔtta/ f. loaf*, cob BE; ***una ~*** a loaf of bread; ***una ~ di pane nero, bianco*** a brown, white loaf ◆ ***lavorare per la ~*** to work for one's bread and butter; ***portare a casa la ~*** to bring home the bacon, to put bread on the table.

pago, pl. **-ghi, -ghe** /'pago, gi, ge/ agg. satisfied (**di**, **per** with); ***essere ~ di qcs.*** to be content with sth.

pagoda /pa'gɔda/ f. pagoda; ***tetto a ~*** pagoda roof.

pagro /'pagro/ m. porgy.

paguro /pa'guro/ m. pagurian.

paillette /pa'jɛt/ f.inv. sequin, spangle.

▶ **paio**, pl.f. **-a** /'pajo/ m. **1** *(due persone, animali, cose)* pair; ***un ~ di scarpe*** a pair of shoes; ***un ~ di buoi*** a yoke *o* couple of oxen; ***un ~ di cani*** a brace of dogs **2** *(oggetto formato da due parti non divisibili)* pair; ***un ~ di*** a pair of [*forbici, occhiali, pantaloni, mutande*]; ***un bel ~ di gambe*** a great pair of legs **3** *(numero limitato, non preci-sabile)* couple; ***potrei raccontarti un ~ di cosette sul suo conto!*** I could tell you a thing or two about him! ***ci vediamo tra un ~ di giorni*** I'll see you in a couple of days ◆ ***è un altro ~ di maniche*** that's a horse of a different colour, that's a different kettle of fish, that's a whole new *o* completely different ballgame COLLOQ.

paiolo /pa'jɔlo/ m. pot, cauldron.

pakistano → **pachistano.**

▷ **pala** /'pala/ f. **1** *(badile)* shovel **2** *(per il pane)* baker's shovel **3** *(di mulino) (ad acqua)* bucket, paddle; *(a vento)* sail, van(e) **4** *(di ventilatore, turbina, elica, remo)* blade **5** ART. RELIG. ***~ d'altare*** altar piece ◆◆ ***~ da carbone*** coal shovel; ***~ meccanica*** mechanical digger.

paladino /pala'dino/ m. (f. **-a**) **1** STOR. paladin **2** FIG. *(difensore)* champion; ***farsi ~ di una causa*** to champion a cause.

palafitta /pala'fitta/ f. **1** *(abitazione)* palafitte*, pile dwelling; *(su lago)* lake dwelling **2** EDIL. *(struttura)* piling.

palafitticolo /palafit'tikolo/ **I** agg. of palafitte, pile dwelling; ***civiltà -a*** pile dwelling civilization **II** m. (f. **-a**) pile dweller; *(su lago)* lake dweller.

palafreniere /palafre'njɛre/ m. groom.

palafreno /pala'freno, pala'frɛno/ m. saddle horse, palfrey ANT.

palamita /pala'mita/ f. bonito*.

palamite /pa'lamite/, **palamito** /pa'lamito/ m. boulter, spiller, trawl.

palanca, pl. **-che** /pa'lanka, ke/ f. **1** *(trave)* plank **2** MAR. gangplank, gangway **3** *(antica fortificazione)* stockade.

palanche /pa'lanke/ f.pl. REGION. POP. *(soldi)* money, bread.

1.palanchino /palan'kino/ m. *(portantina)* palankeen, palanquin.

2.palanchino /palan'kino/ m. *(leva)* crowbar.

palancola /pa'lankola/ f. sheet pile.

palancolata /palanko'lata/ f. sheet piling.

palandrana /palan'drana/ f. **1** *(veste maschile da casa)* man's dressing gown, gaberdine ANT. **2** SCHERZ. *(abito troppo lungo e largo)* sack of potatoes.

palasport /palas'pɔrt/ m.inv. indoor stadium*.

palata /pa'lata/ f. **1** *(quantità contenuta in una pala)* shovelful (**di** of) **2** *(grande quantità)* heap (**di** of); ***a -e*** in plenty; ***fare soldi a -e*** to make big money, to make money hand over fist, to be laughing all the way to the bank, to rake it in **3** *(colpo)* blow with a shovel.

palatale /pala'tale/ **I** agg. **1** ANAT. palatal, palatine **2** FON. [*consonante*] palatal **II** f. palatal.

palatalizzare /palatalid'dzare/ [1] **I** tr. to palatize **II palatalizzarsi** pronom. to become* palatized.

palatalizzazione /palatalizzat'tsjone/ f. palatalization.

palatinato /palati'nato/ m. palatinato.

1.palatino /pala'tino/ agg. STOR. [*elettore, cappella, guardia*] palatine; ***conte ~*** (Count) Palatine; ***il colle Palatino*** Palatine Hill.

2.palatino /pala'tino/ agg. ANAT. palatine; ***volta -a*** hard palate; ***velo ~*** soft palate; ***osso ~*** palatine.

Palatino /pala'tino/ n.pr.m. Palatine Hill.

▷ **1.palato** /pa'lato/ m. **1** ANAT. palate **2** *(gusto)* palate; ***avere il ~ fine*** to have a discriminating palate; ***vino che delizia il ~*** wine that delights the palate; ***stuzzicare il ~*** to tickle the palate ◆◆ ***~ duro*** hard palate; ***~ molle*** soft palate.

2.palato /pa'lato/ agg. ARALD. [*scudo*] paly.

palatoschisi /palatos'kizi/ f.inv. cleft palate.

palazzetto /palat'tsetto/ m. ***~ dello sport*** indoor stadium.

palazzina /palat'tsina/ f. **1** *(signorile)* = bourgeois house usually of two or more floors, surrounded by a garden **2** *(plurifamiliare)* small block of flats.

palazzinaro /palattsi'naro/ m. SPREG. building speculator.

▶ **palazzo** /pa'lattso/ m. **1** *(grande edificio signorile)* palace; ***un ~ del '700*** a palace of the eighteenth century **2** *(corte)* ***congiura di ~*** palace plot; *(governo)* ***critiche della piazza contro il ~*** = popular criticism of the government **3** *(edificio)* building; *(condominio)* block of flats, apartment block, apartment house; ***abita nel mio stesso ~*** she lives in my apartment building; ***gli anonimi -i di periferia*** the anonymous suburban buildings ◆◆ ***~ Chigi*** = the Italian government; ***~ di città*** town *o* city AE hall; ***~ dei congressi*** congress building; ***~ di giustizia*** courthouse; ***~ Madama*** = the Italian senate; ***~ presidenziale*** presidential palace; ***~ reale*** royal palace; ***Palazzo di Vetro*** UN building; ***Palazzi Vaticani*** Vatican Palace.

> **Palazzo Chigi** This is in Piazza Colonna in the heart of Rome, next to the Palazzo di Montecitorio. It was built between the 16th and 17th centuries and since 1961 has been the seat of the Italian government. The media uses *Palazzo Chigi* to mean the Italian government and the prime minister.

palchetto /pal'ketto/ m. **1** *(ripiano)* shelf* **2** TEATR. upper tier box **3** *(di giornale)* box, sidebar AE.

▷ **palco**, pl. **-chi** /'palko, ki/ m. **1** *(tribuna)* platform, stand, tribune, estrade; ***allestire un ~ per un comizio elettorale*** to set up a stand for an electoral meeting **2** *(palcoscenico)* stage **3** TEATR. *(per spettatori)* box **4** MAR. *(dei rematori)* banks pl., thwarts pl. **5** *(corna di cervidi)* antler ◆◆ ***~ delle autorità*** dignitaries stand; ***~ della banda*** bandstand; ***~ di comando*** MAR. bridge; ***~ d'onore*** VIP stand; ***~ di proscenio*** stage box, mezzanine AE.

▷ **palcoscenico**, pl. **-ci** /palkoʃ'ʃɛniko, tʃi/ m. **1** stage; ***animale da ~*** all-round entertainer; ***panico da ~*** stage fright **2** *(teatro, arte teatrale)* theatre, boards pl. ◆◆ ***~ girevole*** revolving stage.

paleoantropologia /paleoantropolo'dʒia/ f. paleoanthropology.

paleobotanica /paleobo'tanika/ f. paleobotany.

paleocene /paleo'tʃɛne/ m. Paleocene.

paleocristiano /paleokris'tjano/ agg. early Christian.

paleoecologia /paleoekolo'dʒia/ f. paleoecology.

paleoetnologia /paleoetnolo'dʒia/ → **paletnologia.**

paleogene /paleo'dʒɛne, pale'ɔdʒene/ m. Paleogene.

paleogeografia /paleodʒeogra'fia/ f. paleogeography.

paleografia /paleogra'fia/ f. paleography, paleology.

paleografico, pl. **-ci, -che** /paleo'grafiko, tʃi, ke/ agg. paleographic.

paleografo /pale'ɔgrafo/ ➧ ***18*** m. (f. **-a**) paleographer, paleologist.

paleolitico, pl. **-ci, -che** /paleo'litiko, tʃi, ke/ **I** agg. Paleolithic **II** m. Paleolithic period; ***l'uomo del ~*** Paleolithic man.

paleologo, m.pl. **-gi**, f.pl. **-ghe** /pale'ɔlogo, dʒi, ge/ ➧ ***18*** m. (f. **-a**) RAR. → **paleografo**.

paleontologia /paleontolo'dʒia/ f. paleontology.

paleontologico, pl. **-ci, -che** /paleonto'lɔdʒiko, tʃi, ke/ agg. paleontological.

paleontologo, m.pl. **-gi**, f.pl. **-ghe** /paleon'tɔlogo, dʒi, ge/ ➧ ***18*** m. (f. **-a**) paleontologist.

paleozoico, pl. **-ci, -che** /paleod'dzɔiko, tʃi, ke/ agg. e m. Paleozoic.

paleozoologia /paleoddzoolo'dʒia/ f. paleozoology.

palermitano /palermi'tano/ ➧ ***2*** **I** agg. from, of Palermo **II** m. (f. **-a**) native, inhabitant of Palermo.

palesare /pale'zare/ [1] **I** tr. to reveal, to disclose [*sentimenti, intenzioni*] **II palesarsi** pronom. to reveal oneself.

palese /pa'leze/ agg. [*soddisfazione*] evident, patent; [*contraddizione*] obvious, straight; ***è ormai ~ che...*** it's now clear that...; ***essere prova ~ di qcs.*** to be a visible proof of sth.; ***essere eletto con votazione ~*** to be elected from the floor; ***rendere ~ qcs.*** to reveal sth.

palesemente /paleze'mente/ avv. evidently, patently.

Palestina /pales'tina/ ➧ ***30*** n.pr.f. Palestine.

palestinese /palesti'nese/ ➧ ***30*** **I** agg. Palestinian; ***la questione ~*** the Palestinian question **II** m. e f. Palestinian.

▷ **palestra** /pa'lɛstra/ f. **1** STOR. pal(a)estra* **2** *(locale)* gymnasium*, gym, sports hall; ***andare in ~*** to go to the gym **3** *(attività)* gymnastics + verbo sing.; ***fare un'ora di ~ al giorno*** to do one hour of gymnastics a day **4** FIG. training ground; ***la scuola è un'utile ~ di vita*** school is good training for life ◆◆ ***~ di roccia*** practice wall.

palestrato /pales'trato/ agg. COLLOQ. SCHERZ. [*persona, fisico*] muscle-bound, buff.

paletnologia /paletnolo'dʒia/ f. paleethnology.

paletnologico, pl. **-ci, -che** /paletno'lɔdʒiko, tʃi, ke/ agg. paleethnological.

paletnologo, m.pl. **-gi**, f.pl. **-ghe** /palet'nɔlogo, dʒi, ge/ ➧ ***18*** m. (f. **-a**) paleoethnologist.

paletot /pal'to/ m.inv. overcoat.

▷ **paletta** /pa'letta/ f. **1** *(piccola pala)* small shovel **2** *(utensile da cucina)* scoop, spatula; *(per servire)* slice **3** *(giocattolo)* spade; ***secchiello e ~*** bucket and spade **4** *(di capostazione, poliziotto)* signal paddle **5** TECN. van(e) **6** *(di sella)* cantle ◆◆ ***~ per dolci*** cake slice *o* knife; ***~ per la spazzatura*** dustpan.

palettata /palet'tata/ f. **1** *(di sabbia)* shovelful; *(di cibo)* scoopful **2** *(colpo di paletta)* blow with a small shovel.

palettizzare /palettid'dzare/ [1] tr. to palletize.

paletto /pa'letto/ m. **1** stake, pole, peg; *(per fissare una tenda)* tent pole, peg; ***piantare un ~ nel terreno*** to set *o* plant a pole in the ground **2** *(nello sci) (per segnalare la pista)* pole; *(per lo slalom)* gate pole **3** *(di serratura)* bolt **4** FIG. *(restrizione)* curb; ***mettere dei -i (a)*** to set *o* put curbs (on).

palificare /palifi'kare/ [1] intr. (aus. *avere*) to drive* piles into the ground.

palificazione /palifikat'tsjone/ f. EDIL. piling.

palina /pa'lina/ f. **1** TOPOGR. sighting stake **2** *(asta indicatrice)* signpost.

palindromo /pa'lindromo/ agg. e m. palindrome.

palingenesi /palin'dʒɛnezi/ f. inv. palingenesis.

palinodia /palino'dia/ f. **1** ANT. LETTER. palinode **2** *(ritrattazione)* recantation.

palinsesto /palin'sɛsto/ m. **1** *(codice)* palimpsest **2** TELEV. schedule.

palio, pl. **-li** /'paljo, li/ m. INTRAD. (traditional horse race which takes place in a number of Italian cities) ◆ ***essere in ~*** to be the prize; ***mettere in ~*** = to put up as a prize; ***la posta in ~*** the stake; ***la posta in ~ è il campionato*** championship is at stake.

> **Palio di Siena** A popular event that takes place twice every year in Siena, on 2nd July and 16th August (*Palio dell'Assunta*). The *contrade* or districts of the city fight for the *palio*, a banner, in a cut-throat race on horseback around the medieval Piazza del Campo. It has deep historical roots but is still passionately followed by the Sienese and is a huge attraction for tourists from all over the world. There is a spectacular historical procession in brightly coloured Renaissance costumes before the race.

paliotto /pa'ljɔtto/ m. frontal, frontlet.

palissandro /palis'sandro/ m. palisander, rosewood.

palizzare /palit'tsare/ [1] tr. to train [*pianta*].

palizzata /palit'tsata/ f. palisade, paling, stockade, picket fence; ***erigere una ~*** to erect a fence.

▶ **palla** /'palla/ ◗ **10** **I** f. **1** ball (anche GIOC. SPORT); ***fare una ~ con l'impasto*** to knead dough into a ball; ***giocare a ~*** to play ball; ***passare la ~ a qcn.*** to play *o* pass the ball to sb.; ***lanciare la ~ in aria*** to throw the ball in(to) the air; ***~ a terra*** *(nel calcio)* drop ball **2** *(tiro)* shot; ***la ~ è buona*** the ball is in play, the shot is good **3** ARM. *(di cannone)* ball; *(di fucile, pistola)* ball, bullet **4** POP. *(frottola)* fib, whopper; ***raccontare un sacco di -e*** to tell a pack of lies; ***(tutte) -e!*** bullshit! ***sono tutte -e*** that's a lot *o* load of balls, it's a load of bollocks BE **5** *(cosa, persona noiosa)* drag; *(scocciatura)* bummer, pain in the arse BE VOLG., pain in the ass AE VOLG., ball-breaker AE; ***che (rottura di) -e!*** what a drag *o* bummer! **II** **palle** f.pl. VOLG. *(testicoli)* balls, nuts, bollocks ◆ ***cogliere la ~ al balzo*** = to seize the opportunity; ***~ al piede*** ball and chain; ***avere una ~ al piede*** to have a millstone round one's neck; ***essere una ~ al piede di qcn.*** to be a millstone round sb.'s neck; ***essere in ~*** to be in shape *o* on song BE; ***avere, non avere le -e*** to have, have no balls; ***avere le -e per fare*** to have the balls to do; ***è una con le -e*** she's got balls; ***far girare le -e a qcn.*** to piss sb. off; ***rompe sempre le -e*** he's a pain in the ass; ***rompersi le -e*** to get pissed off; ***levarsi dalle -e*** to fuck off, to jerk off, to sod off; ***togliti dalle -e!*** get your ass out of here! ***avere le -e piene di qcs.*** to be pissed off with *o* at sth.; ***tuo fratello mi sta sulle -e*** = I can't stand your brother; ***puoi scommetterci le -e (che)*** you can bet your ass (that) ◆◆ ***~ basca*** pelota; ***~ da biliardo*** billiard ball; ***~ da bowling*** bowling ball; ***~ di cannone*** cannonball; ***~ di fuoco*** ball of fire; ***~ da golf*** golf ball; ***~ di lardo*** COLLOQ. fatso; ***~ medica*** medicine ball; ***~ di neve*** snowball; BOT. guelder rose; ***~ ovale*** SPORT rugby ball; ***~ prigioniera*** GIOC. = team game where players hit by the ball become the prisoners of the opposite team; ***~ set*** SPORT set ball; ***~ tagliata*** SPORT sliced shot; ***~ da tennis*** tennis ball.

pallabase /palla'baze/ f. baseball.

▷ **pallacanestro** /pallaka'nɛstro/ ◗ **10** f. basketball; ***giocare a ~*** to play basketball.

pallacorda /palla'kɔrda/ f. SPORT real tennis.

Pallade /'pallade/ n.pr.f. Pallas.

palladiano /palla'djano/ agg. Palladian.

palladico, pl. **-ci**, **-che** /pal'ladiko, tʃi, ke/ agg. palladic.

1.palladio, pl. **-di**, **-die** /pal'ladjo, di, dje/ **I** agg. LETT. Palladian **II** m. palladium*.

2.palladio /pal'ladjo/ m. CHIM. palladium*.

pallamaglio /palla'maʎʎo/ m. e f. pall-mall.

pallamano /palla'mano/ ◗ **10** f. handball.

pallamuro /palla'muro/ ◗ **10** f. fives pl.

pallanuotista, m.pl. **-i**, f.pl. **-e** /pallanwo'tista/ ◗ **18** m. e f. water polo player.

pallanuoto /palla'nwɔto/ ◗ **10** f. water polo.

pallavolista, m.pl. **-i**, f.pl. **-e** /pallavo'lista/ ◗ **18** m. e f. volleyball player.

▷ **pallavolo** /palla'volo/ ◗ **10** f. volleyball.

palleggiamento /palleddʒa'mento/ m. **1** SPORT *(palleggio) (nel tennis)* rally; *(prima della partita)* knock-up; *(nel calcio, nel basket)* dribbling; *(nella pallavolo)* overhand pass **2** FIG. ***è un ~ di responsabilità*** they are passing the buck.

palleggiare /palled'dʒare/ [1] **I** tr. *(far oscillare)* ***~ una lancia*** to juggle, to brandish **II** intr. (aus. *avere*) *(nel tennis)* to rally; *(prima della partita)* to knock up BE; *(nel calcio, nel basket)* to dribble; *(nella pallavolo)* to do an overhand pass; ***~ di testa, di piede*** to play with the ball using one's head, one's feet **III** **palleggiarsi** pronom. ***-rsi la responsabilità*** to pass the buck.

palleggiatore /palleddʒa'tore/ m. (f. **-trice** /tritʃe/) ***un buon ~*** a good dribbler.

palleggio, pl. **-gi** /pal'leddʒo, dʒi/ m. **1** SPORT *(nel tennis)* rally; *(prima della partita)* knock-up; *(nel calcio, nel basket)* dribbling; *(nella pallavolo)* overhand pass; ***fare -gi*** to have a knock-up COLLOQ. **2** FIG. ***il ~ della colpa*** passing the buck, buck-passing.

pallet /'pallet/ m.inv. pallet.

pallettizzare /pallettid'dzare/ → **palettizzare.**

pallettone /pallet'tone/ m. buckshot; ***abbattuto da una scarica di -i*** killed by a discharge of buckshots.

palliativo /pallja'tivo/ agg. e m. palliative (anche MED.).

pallidamente /pallida'mente/ avv. palely, pallidly.

pallidezza /palli'dettsa/ f. paleness, pallor.

▷ **pallido** /'pallido/ agg. **1** [*colore, carnagione*] pale; ***verde ~*** pale green; ***i visi -i*** *(i bianchi)* palefaces; ***come sei -a, non stai bene?*** you look really pale, are you OK? **2** FIG. *(vago)* ***non ne ho la più -a idea*** I haven't the faintest *o* slightest *o* foggiest idea **3** *(scialbo)* ***una -a imitazione*** a pale imitation.

palliduccio, pl. **-ci**, **-ce** /palli'duttʃo, tʃi, tʃe/ agg. paly.

pallina /pal'lina/ f. **1** *(piccola palla)* little ball; *(bilia)* marble **2** GASTR. *(di gelato)* scoop, scoopful ◆◆ ***~ di naftalina*** mothball; ***~ da ping-pong*** table-tennis *o* ping-pong ball; ***~ della roulette*** roulette ball.

pallinatura /pallina'tura/ f. shot-blasting.

pallino /pal'lino/ m. **1** *(nel biliardo)* cue ball; *(nelle bocce)* jack **2** ARM. *(nelle cartucce)* pellet, shot; ***-i di piombo*** lead shot; ***-i piccoli*** small shot **3** *(motivo sulla stoffa)* dot; ***a -i*** [*vestito, stoffa*] dotted, polka dot **4** COLLOQ. FIG. *(mania)* fad, mania; ***ha il ~ delle parole crociate*** doing crosswords is his pet hobby; ***ha il ~ della pulizia*** she is fanatical about cleanliness; ***ha il ~ della pesca*** he is hooked on fishing.

pallio, pl. **-li** /'palljo, li/ m. pallium*.

pallista, m.pl. **-i**, f.pl. **-e** /pal'lista/ m. e f. POP. fibber, (bull)shitter.

pallonaio, pl. **-ai** /pallo'najo, ai/ ◗ **18** m. *(fabbricante)* ball maker; *(venditore)* ball seller.

pallonata /pallo'nata/ f. blow with a ball; ***si è preso una ~ in faccia*** he was hit on the face by a ball.

palloncino /pallon'tʃino/ m. **1** *(pieno di gas, di liquido)* balloon; ***gonfiare un ~*** to blow up a balloon **2** *(lampioncino)* Chinese lantern **3** AUT. COLLOQ. *(per la prova dell'alcol)* Breathalyzer®; ***soffiare nel ~, fare la prova del ~*** to breath into the Breathalyzer.

▷ **pallone** /pal'lone/ ◗ **10** m. **1** *(palla)* ball; ***~ da spiaggia*** beach ball **2** SPORT *(calcio)* soccer, football BE, footy COLLOQ.; ***giocare a ~*** to play football **3** AER. METEOR. balloon **4** CHIM. flask ◆ ***essere nel ~*** to be in a daze; ***andare nel ~*** to go to pieces; ***gonfiarsi come un ~*** to swell with one's own importance; ***essere un ~ gonfiato*** to be a stuffed shirt *o* a swellhead AE; ***avere la testa come un ~*** to feel dazed; ***fare la testa come un ~ a qcn.*** to talk sb.'s head off ◆◆ ***~ aerostatico*** air balloon; ***~ da calcio*** soccer ball, football BE; ***~ frenato*** captive balloon; ***~ meteorologico*** meteorological *o* weather balloon; ***~ osservatorio*** observation balloon; ***~ da pallacanestro*** basketball; ***~ da rugby*** rugby ball; ***~ sonda*** sounding balloon.

pallonetto /pallo'netto/ m. lob; ***fare un ~*** to lob.

pallore /pal'lore/ m. pallor, paleness; ***è di un ~ cadaverico*** he is deadly *o* deathly pale.

palloso /pal'loso/ agg. COLLOQ. [*libro, oratore*] boring, square; ***questo lavoro è veramente ~!*** this job's a real bummer *o* drag!

▷ **pallottola** /pal'lɔttola/ f. **1** *(piccola palla)* pellet; ***fare -e di carta*** to make a paper pellet **2** *(proiettile)* bullet, ball; ***ucciso da una ~*** shot dead; ***è stato ferito da una ~*** he was shot and wounded; ***la ~ è penetrata nel polmone*** the bullet entered the lung ◆◆ ***~ di gomma*** rubber bullet; ***~ di plastica*** plastic bullet; ***~ vagante*** stray.

pallottoliere /pallotto'ljɛre/ m. **1** *(per fare calcoli)* abacus* **2** *(per segnare i punti)* scoreboard.

▷ **1.palma** /'palma/ f. **1** ANAT. palm **2** ZOOL. palama*, web ◆ ***portare qcn. in ~ di mano*** = to hold sb. in high esteem.

▷ **2.palma** /'palma/ f. **1** BOT. palm (tree); ***olio, zucchero di ~*** palm oil, sugar; ***cuori di ~*** palm-hearts **2** RELIG. palm; ***~ del martirio*** palm of martyrdom; ***domenica delle Palme*** Palm Sunday **3** FIG. award; ***ottenere*** o ***riportare la ~*** to take the prize ◆◆ ***~ della cera*** wax palm; ***~ da cocco*** coconut palm; ***~ da datteri*** date (palm); ***~ dum*** doum (palm); ***~ nana*** palmetto; ***~ da olio*** oil palm; ***~ del sagù*** sago (palm).

palmare /pal'mare/ **I** agg. **1** ANAT. palmar **2** FIG. *(evidente)* evident, patent **II** m. INFORM. palmtop, hand-held computer.

palmarès /palma'rɛs/ m.inv. **1** *(classifica)* honours list; *(di concorso artistico)* list of award winners; *(di competizione sportiva)* list of winners **2** *(lista di successi)* record of achievements.

palmato /pal'mato/ agg. ZOOL. BOT. palmate(d).

palmento /pal'mɛnto/ m. *(macina di mulino)* millstone ◆ ***mangiare a quattro -i*** to shovel food into one's mouth.

palmeto /pal'meto/ m. palm grove.

palmetto /pal'metto/ m. palmetto*.

palmiere /pal'mjɛre/ m. LETT. palmer.

palmipede /pal'mipede/ **I** agg. palmiped(e), web-footed **II** m. palmiped(e).

palmitato /palmi'tato/ m. palmitate.

palmitico /pal'mitiko/ agg. ***acido ~*** palmitic acid.

palmitina /palmi'tina/ f. palmitin.

palmizio, pl. **-zi** /pal'mittsjo, tsi/ m. (date) palm.

▷ **palmo** /'palmo/ m. **1** *(misura antica)* span; *(misura moderna)* = linear measure equal to about 25 centimetres; ***largo un ~*** a span in width **2** COLLOQ. *(palma della mano)* palm ◆ ***possedere un ~ di terra*** to possess a small patch of land; ***non cedere nemmeno di un ~*** not to yield an inch; ***a ~ a ~*** *(a poco a poco)* inch by inch; *(alla perfezione)* thoroughly; ***non riuscire a vedere a un ~ dal naso*** = not to see farther than one's nose; ***rimanere con un ~ di naso*** = to be greatly disappointed.

▷ **palo** /'palo/ m. **1** *(grossa asta di legno, metallo, ecc.)* post, pole; *(di sostegno)* stake; EDIL. pile; ***piantare un ~*** to plant a pole; ***sostenere con -i*** to pole; ***legare la bicicletta a un ~*** to chain the bicycle to a post **2** *(di supplizio)* stake **3** SPORT *(nel calcio)* (goal)post; ***colpire*** o ***prendere il ~*** to hit the post **4** GERG. ***fare il ~ a qcn.*** to give gammon to sb. **5** ARALD. pale ◆ ***rimanere fermo al ~*** to be left at the post; ***saltare di ~ in frasca*** = to hop from one subject to another; ***dritto come un ~*** as straight as a post ◆◆ ***~ di arrivo*** EQUIT. winning post; ***~ della luce*** electricity pole *o* post; ***~ di ormeggio*** mooring post; ***~ di partenza*** EQUIT. starting post; ***~ del telegrafo*** telegraph pole *o* post.

palomba /pa'lomba/ f. REGION. *(colomba)* dove; *(colombella)* stock-dove, wood pigeon.

palombaro /palom'baro/ ➧ ***18*** m. deep-sea diver.

palombo /pa'lombo/ m. **1** ITTIOL. smooth dogfish* **2** ORNIT. REGION. pigeon.

palpabile /pal'pabile/ agg. **1** *(che si può toccare)* [*oggetto*] palpable **2** FIG. *(evidente)* [*tensione, errore, verità*] palpable, tangible.

palpabilità /palpabili'ta/ f.inv. **1** *(di corpo, oggetto)* palpability **2** FIG. *(di errore)* palpability; *(di verità)* tangibility.

palpabilmente /palpabil'mente/ avv. palpably.

palpamento /palpa'mento/ m. feeling, fingering.

palpare /pal'pare/ [1] **I** tr. **1** *(esaminare con il tatto)* to feel*, to finger [*oggetto, stoffa, frutto*] **2** *(palpeggiare)* to fondle, to feel* up, to grope COLLOQ. [*persona*] **3** MED. to palpate, to feel* [*parte del corpo*] **II palparsi** pronom. ***-rsi il seno per vedere se ci sono dei noduli*** to feel one's breasts for lumps.

palpata /pal'pata/ f. fondling, grope COLLOQ.

palpazione /palpat'tsjone/ f. MED. palpation.

▷ **palpebra** /'palpebra/ ➧ ***4*** f. (eye)lid; ***~ inferiore, superiore*** lower, upper eyelid; ***battere le -e*** to blink one's eyes; ***chiudere le -e*** to close one's eyes.

palpebrale /palpe'brale/ agg. palpebral; ***rima ~*** palpebral fissure.

palpeggiamento /palpeddʒa'mento/ m. groping.

palpeggiare /palped'dʒare/ [1] tr. to fondle, to grope COLLOQ.

palpitante /palpi'tante/ agg. **1** *(che pulsa)* [*cuore*] palpitant, throbbing, beating; FIG. *(vivo, attuale)* of the moment **2** *(fremente)* trembling, shaking; ***~ d'emozione*** trembling with emotion.

palpitare /palpi'tare/ [1] intr. (aus. *avere*) **1** *(pulsare)* [*cuore*] to palpitate, to throb, to beat* **2** *(fremere)* ***~ di paura*** to tremble with fear.

palpitazione /palpitat'tsjone/ f. **1** MED. palpitation; ***avere le -i*** to have palpitations **2** *(agitazione)* palpitation, pitpat.

palpito /'palpito/ m. **1** *(di cuore)* palpitation; ***-i frequenti*** frequent palpitations **2** *(fremito)* ***~ d'amore*** heartthrob.

palpo /'palpo/ m. palp.

paltò /pal'tɔ/ m.inv. overcoat.

paltoncino /palton'tʃino/ m. child's overcoat.

paludamento /paluda'mento/ **I** m. **1** STOR. paludament **2** *(abito sfarzoso)* flaunting garment **II paludamenti** m.pl. LETT. *(ornamenti stilistici sovrabbondanti)* embellishments.

paludare /palu'dare/ [1] **I** tr. **1** *(vestire in modo sfarzoso)* to dress up **2** LETT. to embellish **II paludarsi** pronom. to dress up.

paludato /palu'dato/ **I** p.pass. → **paludare II** agg. **1** *(vestito in modo sfarzoso)* dressed up **2** *(ampolloso)* [*stile*] bombastic.

▷ **palude** /pa'lude/ f. GEOGR. marsh(land), fen, swamp, bog; ***bonificare una ~*** to reclaim a marsh; ***giunco di ~*** bulrush; ***falco di ~*** marsh harrier.

paludicolo /palu'dikolo/ agg. [*pianta*] moory; [*animale*] of the marsh.

paludismo /palu'dizmo/ m. paludism.

paludoso /palu'doso/ agg. [*terreno*] marshy, fenny, boggy; [*zona*] marshy, swampy.

palustre /pa'lustre/ agg. [*vegetazione, animale*] marsh attrib., fenny, paludal; ***febbre ~*** marsh fever.

pam /pam/ inter. **1** *(di sparo)* bang **2** *(di tonfo)* thump; *(di percossa)* biff.

pampa /'pampa/ f. (pl. **~s**) pampas pl. + verbo sing.

pamphlet /pan'flɛ/ m.inv. satirical pamphlet; ***scrivere un ~ contro qcn.*** to write a pamphlet against sb.

pamphlettista, m.pl. **-i**, f.pl. **-e** /panflet'tista/ m. e f. pamphlet writer, pamphleteer ANT.

pampino /'pampino/ m. vine leaf*.

Pan /pan/ n.pr.m. Pan; ***flauto di ~*** panpipes, pipes of Pan.

panacea /pana'tʃɛa/ f. panacea, cure-all.

panafricanismo /panafrika'nizmo/ m. Pan-Africanism.

panafricano /panafri'kano/ agg. Pan-African.

panama /'panama/ m.inv. *(cappello)* panama (hat).

Panama /'panama/ ➧ ***33, 2*** **I** n.pr.m. *(stato)* Panama; ***il canale di ~*** the Panama Canal; ***istmo di ~*** Isthmus of Panama **II** n.pr.f. *(città)* Panama City.

panamegno /pana'meɲɲo/ ➧ ***25, 2*** **I** agg. Panamian **II** m. (f. **-a**) Panamian.

panamense /pana'mɛnse/ ➧ ***25, 2*** **I** agg. Panamian **II** m. e f. Panamian.

panamericanismo /panamerika'nizmo/ m. Pan-Americanism.

panamericano /panameri'kano/ agg. Pan-American.

panare /pa'nare/ [1] tr. to (bread)crumb.

panasiatico, pl. **-ci**, **-che** /pana'zjatiko, tʃi, ke/ agg. Pan-Asiatic.

▷ **panca**, pl. **-che** /'panka, ke/ f. bench (anche SPORT); *(senza spalliera)* form.

pancaccio, pl. **-ci** /pan'kattʃo, tʃi/ m. plank bed.

pancarré /pankar're/ m.inv. sandwich loaf*.

pancera → **panciera.**

pancetta /pan'tʃetta/ f. **1** GASTR. = pork underbelly; ***~ affumicata*** bacon **2** *(pancia)* (pot) belly; ***metter su ~*** to grow a belly.

panchetta /pan'ketta/ f. → **panchetto.**

panchetto /pan'ketto/ m. **1** *(sgabello)* stool **2** *(poggiapiedi)* footstool.

panchina /pan'kina/ f. **1** *(di parco, giardino)* bench **2** SPORT *(luogo)* bench; *(allenatore)* trainer, coach; ***essere in ~*** to be on the (substitute's) bench *o* on the sidelines.

panchinaro /panki'naro/ m. SPORT SPREG. = player who stays mostly on the bench; bench warmer AE.

▷ **pancia**, pl. **-ce** /'pantʃa, tʃe/ ➧ ***4*** f. **1** *(addome, stomaco)* stomach, tummy COLLOQ.; *(ventre)* belly; ***tirare indietro la ~*** to hold in one's stomach; ***avere la ~*** to have a fat stomach *o* a paunch; ***mettere su ~*** to grow a belly; ***avere mal di ~*** to have a bellyache; ***avere la ~ vuota, piena*** to have an empty, a full stomach; ***riempirsi la ~*** to fill one's belly; ***stare disteso sulla ~*** to lie on one's front *o* stomach; ***stare a ~ in giù*** to lie on one's stomach; ***stare a ~ all'aria*** to lie on one's back; FIG. = to idle; ~ ***a terra*** flat on one's stomach, face down; ~ ***in dentro!*** hold your stomach in! ***tenersi la ~ (dalle risate)*** to hold one's stomach with laughter **2** *(parte panciuta) (di pentola, vaso, barca, aereo)* belly ◆ ***avere la ~ lunga*** to be famished.

panciata /pan'tʃata/ f. **1** ***dare una ~ (in acqua)*** to do a belly flop **2** *(scorpacciata)* bellyful.

panciera /pan'tʃɛra/ f. body belt.

panciolle: **in panciolle** /impan'tʃɔlle/ avv. ***stare in ~*** to loll about.

pancione /pan'tʃone/ m. (f. **-a**) **1** *(pancia grossa)* fat stomach **2** *(pancia di donna incinta)* bump; ***avere il ~*** to be big-bellied **3** *(persona grassa)* fatty.

panciotto /pan'tʃɔtto/ m. waistcoat BE, vest AE.

panciuto /pan'tʃuto/ agg. [*persona*] (big-)bellied, paunchy; [*pentola, vaso, mobile*] rounded.

pancone /pan'kone/ m. **1** *(asse di legno)* plank **2** *(banco di lavoro)* workbench.

pancotto /pan'kɔtto/ m. = bread soup consisting of stale bread boiled with garlic, rosemary and bay leaves.

pancrazio, pl. **-zi** /pan'krattsjo, tsi/ m. STOR. pancratium.

pancreas /'pankreas/ m.inv. pancreas.

pancreatico, pl. **-ci**, **-che** /pankre'atiko, tʃi, ke/ agg. pancreatic.

pancreatina /pankrea'tina/ f. pancreatin.

pancreatite /pankrea'tite/ ➧ **7** f. pancreatitis.

pancromatico, pl. **-ci**, **-che** /pankro'matiko, tʃi, ke/ agg. panchromatic.

panda /'panda/ m.inv. panda ◆◆ ~ ***gigante*** giant panda; ~ ***minore*** lesser panda.

pandano /pan'dano/ m. pandanus.

pandemia /pande'mia/ f. pandemic.

pandemico, pl. **-ci**, **-che** /pan'dɛmiko, tʃi, ke/ agg. pandemic.

pandemonio, pl. **-ni** /pande'mɔnjo, ni/ m. pandemonium, bedlam.

pandette /pan'dɛtte/ f.pl. pandects.

pandispagna /pandis'paɲɲa/ m.inv. GASTR. sponge (cake).

pandit /'pandit/ m.inv. pundit.

pandora /pan'dɔra/ f. MUS. pandora, pandore.

Pandora /pan'dɔra/ n.pr.f. Pandora; ***vaso di ~*** Pandora's box (anche FIG.).

pandoro /pan'dɔro/ m. GASTR. = typical soft cake from Verona made from flour, butter, eggs and brewer's yeast.

▶ **1.pane** /'pane/ m. **1** *(alimento)* bread; ***infornare il ~*** to put the bread in the oven; ***impastare il ~*** to knead the bread; ***il ~ fresco, raffermo*** fresh, stale bread; ***pezzo, fetta di ~*** piece, slice of bread; ***tozzo di ~*** crust; ***briciola di ~*** breadcrumb; ***tre chili di ~*** three kilos of bread; ***il ~ e il vino*** RELIG. the bread and wine; ***essere a ~ e acqua*** to be on bread and water; ***mangiare ~ asciutto*** to eat dry bread **2** *(pagnotta)* loaf* **3** *(mezzo di sostentamento)* bread (and butter); ***guadagnarsi il ~ quotidiano*** to earn one's daily bread **4** *(blocco) (di burro)* pat; *(di sapone, cera)* cake ◆ ***vendersi come il ~*** to sell like hot cakes; ***mangiare ~ a tradimento*** = to be a leech; ***levare*** o ***togliere il ~ di bocca a qcn.*** to take the bread out of sb.'s mouth; ***levarsi*** o ***togliersi il ~ di bocca*** = to make sacrifices to help sb.; ***essere buono come il ~, essere un pezzo di ~*** to be as good as gold; ***non di solo ~ vivrà l'uomo*** man shall not live by bread alone; ***se non è zuppa è pan bagnato*** it's six of one and half a dozen of the other; ***dire ~ al ~ (e vino al vino)*** to call a spade a spade; ***vendere qcs. per un tozzo*** o ***pezzo di ~*** to sell sth. for next to nothing; ***mettere qcn. a ~ e acqua*** to put sb. on bread and water; ***trovar ~ per i propri denti*** to meet one's match; ***questo lavoro è ~ per i suoi denti*** it's a job she can get her teeth into; ***render pan per focaccia*** to give tit for tat; ***essere ~ e cacio*** to be as thick as thieves ◆◆ ~ ***azzimo*** unleavened bread; ~ ***bianco*** white bread; ~ ***casereccio*** homemade bread, home baked bread; ~ ***a*** o ***in cassetta*** sandwich loaf; ~ ***di crusca*** bran loaf; ~ ***eucaristico*** RELIG. Communion bread, Sacrament; ~ ***di glutine*** gluten bread; ***pan grattato*** → **pangrattato**; ~ ***integrale*** wheatmeal bread; ~ ***al latte*** milk loaf; ~ ***nero*** brown bread; ~ ***di segale*** rye bread, blackbread; ***pan di Spagna*** → **pandispagna**; ~ ***tostato*** toast; ~ ***viennese*** Viennese bread; ***pan di zucchero*** sugar loaf; ***Pan di Zucchero*** GEOGR. Sugar Loaf Mountain.

2.pane /'pane/ m. MECC. thread.

panegiricamente /panedʒirika'mente/ avv. RAR. panegyrically.

panegirico, pl. **-ci** /pane'dʒiriko, tʃi/ **I** m. panegyric, eulogy (anche FIG.) **II** agg. panegyrical.

panegirista, m.pl. **-i**, f.pl. **-e** /panedʒi'rista/ m. e f. panegyrist (anche FIG.).

panellenico, pl. **-ci**, **-che** /panel'lɛniko, tʃi, ke/ agg. Panhellenic.

panellenismo /panelle'nizmo/ m. Panhellenism.

panello /pa'nɛllo/ m. oil cake.

▷ **panetteria** /panette'ria/ ➧ **18** f. bakery; *(negozio)* baker's (shop).

▷ **panettiere** /panet'tjɛre/ ➧ **18** m. (f. **-a**) baker; ***andare dal ~*** to go to the baker's.

panetto /pa'netto/ m. pat, cake; ~ ***di burro*** pat of butter.

panettone /panet'tone/ m. GASTR. = typical Christmas cake from Milan made from flour, butter, eggs and sugar, with candied citron and sultanas.

paneuropeo /paneuro'pɛo/ agg. pan-European.

panfilo /'panfilo/ m. yacht.

panflettista → **pamphlettista.**

panforte /pan'fɔrte/ m. GASTR. = typical Christmas cake from Siena made from flour, sugar or honey, spices, candied fruit, almonds and hazelnuts.

pangenesi /pan'dʒɛnezi/ f.inv. pangenesis.

pangolino /pango'lino/ m. pangolin, scaly anteater.

pangrattato /pangrat'tato/ m. breadcrumbs pl.; ***passare qcs. nel ~*** to coat sth. in breadcrumbs.

pania /'panja/ f. **1** VENAT. birdlime **2** FIG. *(allettamento, lusinga)* snare.

1.panico, pl. **-ci**, **-che** /'paniko, tʃi, ke/ **I** agg. Pandean; ***timor ~*** panic fear **II** m. panic; ***attacco di ~*** panic attack; ***un momento di ~*** a momentary panic; ***in preda al ~*** in a panic; ***essere in preda al ~*** to be panic-stricken; ***gettare qcn. nel ~*** to throw sb. into a panic; ***seminare il ~*** to spread panic; ***scatenare il ~ tra la folla*** to panic the crowd; ***niente ~!*** don't panic! ***farsi prendere dal ~*** to get into a panic.

2.panico, pl. **-chi** /pa'niko, ki/ m. BOT. panic (grass).

panicolato /paniko'lato/ agg. paniculate(d).

paniera /pa'njɛra/ f. large basket.

panieraio, pl. **-ai** /panje'rajo, ai/ ➧ **18** m. (f. **-a**) basket maker.

panierata /panje'rata/ f. basketful.

paniere /pa'njɛre/ m. **1** basket; ***un ~ di frutta, uova*** a basket of fruit, eggs **2** ECON. basket ◆ ***rompere le uova nel ~ a qcn.*** to queer sb.'s pitch, to cook sb.'s goose COLLOQ. ◆◆ ~ ***di monete*** ECON. basket of currencies.

panificabile /panifi'kabile/ agg. suitable for making bread.

panificare /panifi'kare/ [1] **I** tr. to make* bread from [*cereale, farina*] **II** intr. (aus. *avere*) [*fornaio*] to make* bread.

panificatore /panifika'tore/ m. (f. **-trice** /tritʃe/) baker.

panificazione /panifikat'tsjone/ f. bread-making.

panificio, pl. **-ci** /pani'fitʃo, tʃi/ ➧ **18** m. bakery; *(negozio)* baker's (shop).

paniforte /pani'fɔrte/ m. laminboard.

▷ **panino** /pa'nino/ m. roll; *(imbottito)* ***fare un ~*** to make a sandwich; ~ ***al formaggio, al prosciutto*** cheese, ham sandwich.

paninoteca, pl. **-che** /panino'tɛka, ke/ f. sandwich bar.

panislamico, pl. **-ci**, **-che** /paniz'lamiko, tʃi, ke/ agg. Panislamic.

panislamismo /panizla'mizmo/ m. Panislamism.

panjabi /pan'dʒabi/ m. e f.inv. LING. Punjabi.

panlogismo /panlo'dʒizmo/ m. panlogism.

▷ **1.panna** /'panna/ ➧ **3 I** f. GASTR. cream; ***fragole con ~*** strawberries and cream; ***caffè con ~*** coffee with cream; ***torta alla ~*** cream cake; ***scaloppina alla ~*** escalope with cream **II** m.inv. *(colore)* cream **III** agg.inv. cream ◆◆ ~ ***acida*** sour cream; ~ ***cotta*** = a creamy sugary pudding; ~ ***liquida*** = single cream; ~ ***da montare*** whipping cream; ~ ***montata*** whipped cream.

2.panna /'panna/ f. MAR. lying-to, heaving-to position; ***mettersi in ~*** to heave to; ***restare in ~*** to be hove to; ***mettere in panna*** to heave [sth.] to [*veliero*].

panne /'panne/ f.inv. breakdown; ***veicolo in ~*** broken-down vehicle; ***rimanere in ~*** to have a breakdown.

panneggiamento /panneddʒa'mento/ m. draping; *(drappeggio)* drapery.

panneggiare /panned'dʒare/ [1] **I** tr. SART. to drape [*vestito*] **II** intr. (aus. *avere*) PITT. to paint drapery; SCULT. to carve drapery.

panneggiato /panned'dʒato/ **I** p.pass. → **panneggiare II** agg. draped.

panneggio, pl. **-gi** /pan'neddʒo, dʒi/ m. drapery.

pannellato /pannel'lato/ agg. panelled, paneled AE.

pannellatura /pannella'tura/ f. panelling, paneling AE.

pannello /pan'nɛllo/ m. EDIL. TECN. panel; ~ ***di legno*** wooden panel; ***rivestire di -i qcs.*** to panel sth. ◆◆ ~ ***di controllo*** control panel; ~ ***isolante*** insulating board; ~ ***radiante*** radiating panel; ~ ***solare*** solar panel.

pannicolo /pan'nikolo/ m. pannicle, panniculus* ◆◆ ~ ***adiposo*** panniculus adiposus.

▷ **panno** /'panno/ **I** m. **1** *(tessuto)* cloth; ***cappotto di ~*** wool coat **2** *(pezzo di stoffa)* cloth; ***pulire con un ~ umido*** to clean with a damp cloth; ***stirare qcs. utilizzando un ~ umido*** to iron sth. under a damp cloth **II panni** m.pl. *(biancheria)* linen sing.; *(vestiti)* clothes; ***lavare i -i*** to do the washing ◆ ***comparire nei -i di Amleto*** to appear as Hamlet; ***essere nei -i di qcn.*** to be in sb.'s shoes; ***mettersi nei -i di qcn.*** to put oneself in sb.'s shoes; ***non vorrei essere nei suoi -i*** I shouldn't like to be in his shoes; ***mettiti nei miei -i!*** put yourself in my position! ***i -i sporchi si lavano in famiglia*** don't wash your dirty linen in public; ***tagliare i -i addosso a qcn.*** to speak ill of sb., to dish the dirt on sb.

▷ **pannocchia** /pan'nɔkkja/ f. **1** BOT. panicle; *(di mais)* cob; *(di graminacee)* ear **2** ZOOL. mantis shrimp.

pannolano /panno'lano/ m. REGION. woollen cloth.

▷ **pannolino** /panno'lino/ m. **1** *(per bambini)* nappy BE, diaper AE; ***cambiare il ~ al bambino*** to change the baby's nappy, to diaper the baby AE **2** *(assorbente igienico)* sanitary towel BE, sanitary napkin AE ◆◆ ***~ usa e getta*** disposable nappy.

pannolone /panno'lone/ m. incontinence pad.

panoplia /pa'nɔplja/ f. **1** STOR. panoply **2** *(trofeo d'armi)* trophy.

▷ **panorama** /pano'rama/ m. **1** panorama, view; ***~ marino*** seascape; ***ammirare il ~*** to admire the panorama **2** FIG. panorama; ***delineare un ~ della letteratura contemporanea*** to outline a survey of contemporary literature; ***il ~ politico europeo*** the political map of Europe; ***il ~ economico*** the economic situation **3** TEATR. cyclorama.

panoramica, pl. **-che** /pano'ramika, ke/ f. **1** CINEM. pan (shot); ***~ orizzontale, verticale*** horizontal, vertical pan (shot) **2** MED. panoramic X-ray **3** *(strada)* scenic road **4** FIG. overview; ***fare una ~ di*** to give an overview of.

panoramicamente /panoramika'mente/ avv. panoramically.

panoramicare /panorami'kare/ [1] **I** tr. to pan **II** intr. (aus. *avere*) to pan.

panoramico, pl. **-ci, -che** /pano'ramiko, tʃi, ke/ agg. **1** [*veduta, visita*] panoramic; [*strada*] panoramic, scenic; ***terrazza -a*** observation deck; ***ruota -a*** Ferris *o* big BE wheel **2** AUT. [*vetro, parabrezza*] wrap-around **3** CINEM. FOT. ***schermo ~*** wide screen; ***ripresa -a*** pan (shot); ***obiettivo ~*** wide-angle lens.

panpepato /pampe'pato/ m. = cake flavoured with spices, honey, almonds, orange peel and candied citron.

panporcino /pampor'tʃino/ m. sowbread.

panromanzo /panro'mandzo/ agg. = common to all Romance languages.

pansé /pan'se/ f.inv. pansy.

panslavismo /panzla'vizmo/ m. Pan-slavism.

panslavista, m.pl. **-i**, f.pl. **-e** /panzla'vista/ agg., m. e f. Pan-slavist.

pantacalza /panta'kaltsa/ f. → **pantacollant.**

pantacollant /pantakol'lan/ m.inv. leggings pl.

pantagonna /panta'gonna, panta'gɔnna/ f. culottes pl., divided skirt.

pantagruelico, pl. **-ci, -che** /pantagru'ɛliko, tʃi, ke/ agg. **1** *(di, da Pantagruele)* Pantagruelian **2** *(enorme)* huge; ***appetito ~*** huge appetite.

pantalonaio, pl. **-ai** /pantalo'najo, ai/ ➧ ***18*** m. (f. **-a**) trouser maker.

pantaloncini /pantalon'tʃini/ ➧ ***35*** m.pl. shorts, short trousers.

pantalone /panta'lone/ agg.inv. ***gonna ~*** culottes, divided skirt; ***tailleur ~*** pant *o* trouser BE suit.

Pantalone /panta'lone/ n.pr.m. Pantaloon.

▷ **pantaloni** /panta'loni/ ➧ ***35*** m.pl. trousers, pants AE; ***un paio di ~*** a pair of trousers; ***~ corti*** short trousers, shorts; ***~ stretti, lunghi*** narrow, long trousers; ***~ da donna*** women's trousers; ***~ di velluto a coste*** corduroys, cords COLLOQ.; ***~ di tela*** canvas trousers; ***~ di flanella, di pelle*** flannel, leather trousers; ***~ con risvolto*** trousers with turnups BE, cuffed pants AE; ***~ del pigiama*** pyjama BE *o* pajama AE trousers; ***infilarsi i ~*** to put on one's trousers; ***togliersi i ~*** to take off one's trousers; ***tirarsi giù i ~*** to pull down one's trousers; ***i miei ~ sono sporchi*** my trousers are dirty ◆ ***portare i ~*** to wear the trousers BE *o* pants AE ◆◆ ***~ da cavallerizzo*** jodhpurs; ***~ alla pescatora*** pedal pushers, clamdiggers AE; ***~ da sci*** ski trousers *o* pants; ***~ a zampa di elefante*** bell-bottoms, flares; ***~ alla zuava*** knickerbockers, plus-fours.

pantana /pan'tana/ f. greenshank.

pantano /pan'tano/ m. **1** *(terreno acquitrinoso)* quagmire, bog **2** *(fango)* mire, mud; ***la pioggia ha reso la strada un ~*** the road has become one big mudslick **3** FIG. (quag)mire, mud; ***cacciarsi in un (bel) ~*** to stick oneself in the mire.

pantanoso /panta'noso/ agg. boggy; *(fangoso)* muddy.

pantegana /pante'gana/ f. sewer rat.

panteismo /pante'izmo/ m. pantheism.

panteista, m.pl. **-i**, f.pl. **-e** /pante'ista/ agg., m. e f. pantheist.

panteistico, pl. **-ci, -che** /pante'istiko, tʃi, ke/ agg. pantheistic(al).

panteon → **pantheon.**

▷ **pantera** /pan'tɛra/ f. **1** *(animale)* panther; ***femmina di ~*** pantheress **2** *(pelliccia)* panther skin **3** FIG. *(donna dalla bellezza aggressiva)* pantheress ◆◆ ***Pantere Nere*** Black Panthers.

pantheon /'panteon/ m.inv. pantheon.

▷ **pantofola** /pan'tɔfola/ ➧ ***35*** f. slipper; *(chiusa dietro)* carpet slipper; ***essere in -e*** to be in one's slippers, to be slippered.

pantofolaio, pl. **-ai** /pantofo'lajo, ai/ **I** agg. ***quanto sei ~, sei proprio ~!*** what a stay-at-home you are! **II** ➧ ***18*** m. (f. **-a**) **1** *(fabbricante)* slipper maker; *(venditore)* slipper seller **2** *(chi ama la vita abitudinaria)* stay-at-home, lazybones.

pantofoleria /pantofole'ria/ f. *(fabbrica)* slipper factory; *(negozio)* slipper shop.

pantografo /pan'tɔgrafo/ m. pantograph.

pantomima /panto'mima/ f. **1** TEATR. (panto)mime, dumb show **2** FIG. *(messinscena)* show; ***fare la ~*** to play it up.

pantomimico, pl. **-ci, -che** /panto'mimiko, tʃi, ke/ agg. pantomimic.

pantomimo /panto'mimo/ m. *(attore)* pantomimist, mime.

panzana /pan'tsana/ f. cock-and-bull story, tall story.

panzanella /pantsa'nɛlla/ f. GASTR. INTRAD. (typical central Italian dish made from lightly toasted stale bread soaked in cold water and seasoned with tomatoes, oil, vinegar, salt and herbs).

panzarotto /pantsa'rɔtto/ → **panzerotto.**

panzer /'pantser/ m.inv. MIL. panzer.

panzerotto /pantse'rɔtto/ m. GASTR. INTRAD. (large ravioli with mozzarella cheese, ricotta cheese, ham or, when sweet, jam).

Paola /'paola/ n.pr.f. Paula.

paolino /pao'lino/ agg. RELIG. Pauline.

Paolo /'paolo/ n.pr.m. Paul.

paolotto /pao'lɔtto/ m. (f. **-a**) **1** RELIG. Vincentian **2** FIG. SPREG. religionist.

paonazzo /pao'nattso/ agg. [*colorito, viso*] purple; ***diventare ~*** to purple.

▶ **papa** /'papa/ ➧ ***1*** m. pope; ***Papa Giovanni Paolo II*** Pope John Paul II ◆ ***andare a Roma e non vedere il ~*** = to leave out the most important thing; ***(a) ogni morte di ~*** once in a blue moon; ***morto un ~ se ne fa un altro*** PROV. there are plenty more fish in the sea; ***stare come un ~*** to live like a king.

▶ **papà** /pa'pa/ m.inv. father, dad, daddy, papa AE, pappy AE; ***la macchina del mio ~*** my father's car; ***vieni da ~*** come to Daddy; ***non dirlo a mamma e a ~!*** don't tell Mum or Dad! ***cosa si prova a essere ~?*** what does it feel like to be a dad? ***giocare alla mamma e al ~*** to play house; ***è la cocca di ~*** she's daddy's little girl; ***figlio di ~*** spoilt boy; ***festa del ~*** Father's Day.

papabile /pa'pabile/ **I** agg. eligible to become pope **II** m. likely candidate.

papaia /pa'paja/ f. *(frutto, albero)* papaya, papaw, pawpaw.

papaina /papa'ina/ f. papain.

papale /pa'pale/ agg. [*benedizione, udienza, bolla*] papal ◆ ***~ ~*** bluntly *o* not to put too fine a point on it; ***detto ~ ~, te ne devi andare*** to speak bluntly, you have to leave.

papalina /papa'lina/ f. skull cap.

papalino /papa'lino/ **I** agg. papal, of the pope **II** m. (f. **-a**) **1** *(papista)* papalist **2** *(soldato)* papal soldier.

paparazzo /papa'rattso/ m. paparazzo*.

papato /pa'pato/ m. papacy.

papaverina /papave'rina/ f. papaverine.

▷ **papavero** /pa'pavero/ m. **1** BOT. (corn) poppy; ***fiore di ~*** poppy flower; ***semi di ~*** poppy seeds **2** FIG. *(pezzo grosso)* big shot, big fish ◆ ***essere rosso come un ~*** to be as red as a beetroot BE *o* beet AE ◆◆ ***~ da oppio*** opium poppy; ***~ orientale*** oriental poppy; ***~ selvatico*** wild poppy.

papaya → **papaia.**

▷ **papera** /'papera/ f. **1** *(oca giovane)* gosling **2** *(errore)* slip (of the tongue); ***prendere una ~*** to make a slip ◆ ***camminare a ~*** to waddle.

Paperina /pape'rina/ n.pr.f. Daisy Duck.

paperine /pape'rine/ f.pl. pumps.

Paperino /pape'rino/ n.pr.m. Donald Duck.

▷ **papero** /'papero/ m. gander, gosling.

Paperone /pape'rone/ n.pr.m. **1** *(personaggio)* Scrooge; ***zio ~*** Uncle Scrooge; ***Paperon de' Paperoni*** Scrooge McDuck **2** FIG. *(persona ricca)* moneybags.

papessa /pa'pessa/ f. **1** woman pope **2** FIG. rich woman*.

papilionaceo /papiljo'natʃeo/ agg. papilionaceous.

papilla /pa'pilla/ f. papilla* ◆◆ ***~ gustativa*** taste bud; ***~ ottica*** optic disk.

papillare /papil'lare/ agg. papillary.
papillato /papil'lato/ agg. papillate.
papilloma /papil'lɔma/ m. papilloma*.
papillon /papi'jɔn/ m.inv. bow tie.
papilloso /papil'loso/ agg. papillose.
papiraceo /papi'ratʃeo/ agg. papyraceous.
papiro /pa'piro/ m. **1** *(pianta, materiale)* papyrus* **2** *(testo)* papyrus*; SCHERZ. *(scritto prolisso)* screed; *(lunga lettera)* long letter.
papirologia /papirolo'dʒia/ f. papyrology.
papirologo, m.pl. **-gi**, f.pl. **-ghe** /papi'rɔlogo, dʒi, ge/ ♦ ***18*** m. (f. **-a**) papyrologist.
papismo /pa'pizmo/ m. papalism; SPREG. papism.
papista, m.pl. **-i**, f.pl. **-e** /pa'pista/ agg., m. e f. papalist; SPREG. papist.
papistico, pl. **-ci**, **-che** /pa'pistiko, tʃi, ke/ agg. papistic(al).
▷ **pappa** /'pappa/ f. **1** *(cibo per bambini)* babyfood, pap; INFANT. din-din **2** *(poltiglia)* mush, pulp; ***il risotto è diventato una ~*** the rice has become mush ◆ ***essere ~ e ciccia*** to be hand in glove; ***avere il cervello in ~*** to be stoned; ***trovare la ~ pronta*** o ***fatta*** = to find everything already done; ***vuole la ~ pronta*** he expects everything on a silver plate ◆◆ ***~ di bario*** barium meal; ***~ molle*** → **pappamolle**; ***~ reale*** royal jelly.
pappafico, pl. **-chi** /pappa'fiko, ki/ m. MAR. fore-topgallant sail.
pappagallescamente /pappagalleska'mente/ avv. parrot-fashion; ***ripetere qcs. ~*** to repeat sth. parrot-fashion.
pappagallesco, pl. **-schi**, **-sche** /pappagal'lesko, ski, ske/ agg. parrot-like.
pappagallino /pappagal'lino/ m. ***~ ondulato*** budgerigar.
pappagallismo /pappagal'lizmo/ m. **1** *(imitazione)* parroting **2** *(l'importunare)* = bothering women on the street.
▷ **pappagallo** /pappa'gallo/ m. **1** ZOOL. parrot **2** FIG. *(chi ripete atti o parole altrui)* parrot **3** *(chi importuna le donne per strada)* = man who bothers women on the street **4** *(orinale)* bed-bottle ◆ ***ripetere come un ~*** to repeat everything parrot-fashion.
pappagorgia, pl. **-ge** /pappa'gɔrdʒa, dʒe/ f. double chin; ***avere la ~*** to have a double chin.
pappamolla /pappa'mɔlla/, **pappamolle** /pappa'mɔlle/ m. e f. inv. milksop, namby-pamby.
pappardella /pappar'dɛlla/ **I** f. COLLOQ. long speech, waffle BE; ***ha scritto una ~*** he wrote reams about it **II pappardelle** f.pl. GASTR. INTRAD. (large noodle egg pasta).
pappare /pap'pare/ [1] tr. COLLOQ. **1** *(mangiare)* to wolf (down), to eat* up **2** FIG. *(intascare)* to pocket.
pappata /pap'pata/ f. COLLOQ. hearty meal, feed, tuck-in BE.
pappataci /pappa'tatʃi/ m.inv. sand fly.
pappatore /pappa'tore/ m. (f. **-trice** /tritʃe/) COLLOQ. big eater.
pappatoria /pappa'tɔrja/ f. COLLOQ. **1** *(scorpacciata)* feeding **2** FIG. *(guadagno illecito)* rake-off.
pappina /pap'pina/ f. **1** *(pappa)* mush, pulp **2** *(impiastro di semi di lino)* linseed poultice **3** COLLOQ. *(ramanzina)* telling-off, dressing-down **4** COLLOQ. *(cazzotto)* slap, smack.
pappo /'pappo/ m. pappus*.
pappone /pap'pone/ m. **1** COLLOQ. *(mangione)* big eater **2** POP. *(protettore di prostitute)* pimp, ponce BE.
1.papposo /pap'poso/ agg. *(semiliquido)* pappy.
2.papposo /pap'poso/ agg. BOT. pappose.
paprica, **paprika** /'paprika/ f. paprika.
pap-test /pap'tɛst/ m.inv. Pap test.
papua /pa'pua, 'papwa/ ♦ ***25*** **I** agg.inv. Papuan **II** m. e f. inv. Papuan.
papuano /papu'ano, pa'pwano/ ♦ ***25*** **I** agg. Papuan **II** m. (f. **-a**) Papuan.
Papua-Nuova Guinea /'papua'nwɔvagwi'nɛa/ ♦ ***33*** n.pr.f. Papua New Guinea.
papuaso /papu'azo, pa'pwazo/ ♦ ***25*** → **papuano.**
papula /'papula/ f. papula*, papule.
papulare /papu'lare/ agg. papular.
para /'para/ f. Parà rubber; ***suole di ~*** Parà rubber soles.
parà /pa'ra/ m.inv. COLLOQ. (accorc. paracadutista) para.
parabasi /pa'rabazi/ f.inv. parabasis*.
parabile /pa'rabile/ agg. [*tiro*] that can be saved.
parabiosi /parabi'ɔzi/ f.inv. parabiosis.
1.parabola /pa'rabola/ f. **1** MAT. parabola **2** *(traiettoria)* trajectory; ***~ di un proiettile*** trajectory of a bullet **3** TECN. *(antenna)* satellite aerial, (satellite) dish.
2.parabola /pa'rabola/ f. BIBL. parable; ***~ del Seminatore*** parable of the Sower.
parabolico, pl. **-ci**, **-che** /para'bɔliko, tʃi, ke/ agg. [*curva, moto*] parabolic; ***antenna -a*** satellite aerial, (satellite) dish.
paraboloide /parabo'lɔide/ m. paraboloid.
parabordo /para'bordo/ m. fender.
▷ **parabrezza** /para'breddza/ m.inv. windscreen BE, windshield AE.
paracadutare /parakadu'tare/ [1] **I** tr. [*aeroplano*] to parachute, to airdrop, to drop [*equipaggiamento, persona, viveri*] **II paracadutarsi** pronom. to parachute; *(in caso di emergenza)* to bail out.
▷ **paracadute** /paraka'dute/ m.inv. parachute, chute COLLOQ.; ***lancio col ~*** airdrop, parachute jump, parachute drop; ***lanciare col ~*** to airdrop, to parachute; ***scendere con il ~*** to come down by parachute ◆◆ ***~ di coda*** → ***~*** **freno**; ***~ d'emergenza*** emergency parachute; ***~ freno*** AER. gravity brake, drogue.
paracadutismo /parakadu'tizmo/ m. parachuting; ***~ ascensionale*** parascending BE; ***fare ~*** to go parachuting.
paracadutista, m.pl. **-i**, f.pl. **-e** /parakadu'tista/ **I** agg. parachute attrib. **II** m. e f. parachutist; MIL. paratrooper; ***un lancio di -i*** a paratroop landing; ***reggimento di -i*** parachute regiment.
paracadutistico, pl. **-ci**, **-che** /parakadu'tistiko, tʃi, ke/ agg. parachute attrib.
paracalli /para'kalli/ m.inv. corn plaster, corn protector.
paracamino /paraka'mino/ m. fireguard, firescreen.
paracarro /para'karro/ m. = post made of stone or other material.
paracentesi /paratʃen'tɛzi, para'tʃɛntezi/ f.inv. paracentesis*.
paracetamolo /paratʃeta'mɔlo/ m. paracetamol.
paracinesia /paratʃine'zia/ f. parakinesia.
Paracleto /para'klɛto/ m. Paraclete.
paraculo /para'kulo/ m. VOLG. dodger.
paradenti /para'dɛnti/ m.inv. gumshield.
paradentosi /paraden'tɔzi/ f.inv. MED. parodontosis.
paradigma /para'digma/ m. paradigm; ***il ~ di un verbo*** the principal parts of a verb.
paradigmaticamente /paradigmatika'mente/ avv. paradigmatically.
paradigmatico, pl. **-ci**, **-che** /paradig'matiko, tʃi, ke/ agg. paradigmatic.
paradisea /paradi'zɛa/ f. bird of paradise.
paradisiaco, pl. **-ci**, **-che** /paradi'ziako, tʃi, ke/ agg. RELIG. paradisiac (anche FIG.).
▶ **paradiso** /para'dizo/ m. **1** RELIG. heaven, paradise; ***il ~ e l'inferno*** heaven and hell; ***essere, andare in ~*** to be in, go to heaven *o* paradise; ***guadagnarsi il ~*** to earn one's place in heaven **2** FIG. heaven, paradise, happy hunting ground; ***un ~ per gli artisti*** an artist's paradise; ***questa spiaggia è un ~ in terra*** this beach is heaven on earth; ***l'hotel era un ~*** the hotel was heaven; ***è un ~ terrestre*** it's a Shangri-La ◆ ***avere dei santi in ~*** = to have friends in high places ◆◆ ***~ artificiale*** drug-induced bliss, opium dream; ***~ fiscale*** tax haven, tax shelter; ***~ terrestre*** BIBL. Eden.
paradorso /para'dɔrso/ m. MIL. parados*.
paradossale /parados'sale/ agg. paradoxical; ***è ~ che*** it is ironic(al) that.
paradossalità /paradossali'ta/ f.inv. paradoxicality.
paradossalmente /paradossal'mente/ avv. paradoxically.
paradosso /para'dɔsso/ m. paradox.
parafa /pa'rafa/ f. = signature.
parafango, pl. **-ghi** /para'fango, gi/ m. *(di bici, moto)* mudguard; *(di auto)* wing, fender AE.
parafare /para'fare/ [1] tr. to sign.
parafarmaceutico, pl. **-ci**, **-che** /parafarma'tʃɛutiko, tʃi, ke/ agg. [*prodotto*] over-the-counter, OTC.
parafarmacia /parafarma'tʃia/ f. *(prodotti)* OTC products.
parafarmaco, pl. **-ci** /para'farmako, tʃi/ m. OTC product.
parafasia /parafa'zia/ ♦ ***7*** f. paraphasia.
parafernale /parafer'nale/ agg. ***beni -i*** paraphernalia.
paraffa /pa'raffa/ → **parafa.**
paraffare /paraf'fare/ → **parafare.**
paraffina /paraf'fina/ f. paraffin (wax); ***olio di ~*** mineral oil.
paraffinico, pl. **-ci**, **-che** /paraf'finiko, tʃi, ke/ agg. paraffinic.
parafrasare /parafra'zare/ [1] tr. to paraphrase.
parafrasi /pa'rafrazi/ f.inv. paraphrase; ***fare la ~ di una poesia*** to paraphrase a poem.
parafrasticamente /parafrastika'mente/ avv. paraphrastically.
parafrastico, pl. **-ci**, **-che** /para'frastiko, tʃi, ke/ agg. paraphrastic.
▷ **parafulmine** /para'fulmine/ m. lightning rod, lightning conductor BE ◆ ***fare da ~*** to act as a lightning rod *o* as a shield.
parafuoco, pl. **-chi** /para'fwɔko, ki/ m. fender, fireguard.

paraggi /pa'raddʒi/ m.pl. neighbourhood sing. BE, neighborhood sing. AE, surrounding area sing.; ***nei ~*** in the neighbourhood, within easy reach; ***deve essere nei ~*** she must be somewhere about; ***sarò nei ~*** I'll be around.
paragoge /para'gɔdʒe/ f. intrusion, paragoge.
paragogico, pl. **-ci, -che** /para'gɔdʒiko, tʃi, ke/ agg. intrusive, paragogic.
paragonabile /parago'nabile/ agg. comparable; ***essere ~ a*** to be on a par with, to be comparable to *o* with; ***non essere ~ a*** to bear no comparison with.
▷ **paragonare** /parago'nare/ [1] **I** tr. to compare, to liken, to paragon; ***~ qcs. con*** to check *o* measure sth. against; ***è stato paragonato a*** he has been likened to; ***i benefici sembrano miseri, se paragonati ai rischi*** the benefits seem paltry, set against the risks **II paragonarsi** pronom. *(mettersi a confronto)* ***-rsi a*** to compare oneself with *o* to.
▷ **paragone** /para'gone/ m. *(confronto)* comparison; ***a ~ di*** compared with, in comparison with; ***senza ~*** without parallel; ***non c'è ~!*** there's no comparison! ***per fare un ~*** by comparison; ***fare un ~ tra qcs. e qcs.*** to draw a comparison between sth. and sth.; ***se fai il ~*** if you compare them; ***pietra di ~*** touchstone; ***non ho termini di ~*** I've no way of making comparisons; ***reggere il ~ con qcs.*** to compare favourably with sth., to measure up with sth.
paragonite /parago'nite/ f. MIN. paragonite.
paragrafare /paragra'fare/ [1] tr. to paragraph.
paragrafo /pa'ragrafo/ m. **1** *(di testo)* paragraph, section; ***fine (del) ~*** paragraph break; ***leggete fino alla fine del ~*** read down to the end of the paragraph **2** *(segno tipografico)* paragraph, section mark.
paraguaiano /paragwa'jano/ ➧ ***25*** **I** agg. Paraguayan **II** m. (f. **-a**) *(persona)* Paraguayan.
Paraguay /para'gwai/ ➧ ***33*** n.pr.m. Paraguay.
paraguayano → **paraguaiano.**
paraletteratura /paralettera'tura/ f. = popular literature.
paralinguistico, pl. **-ci, -che** /paralin'gwistiko, tʃi, ke/ agg. paralinguistic.
▷ **paralisi** /pa'ralizi/ f.inv. MED. palsy, paralysis, paralysation BE, paralyzation AE (anche FIG.); ***~ del braccio*** paralysis of the arm; ***essere colpito*** o ***affetto da ~*** to be palsied *o* stricken with palsy; ***una ~ del traffico*** FIG. a paralysis of traffic; ***~ progressiva*** progressive paralysis ◆◆ ***~ cerebrale*** cerebral palsy; ***~ facciale*** Bell's *o* facial palsy.
paralitico, pl. **-ci, -che** /para'litiko, tʃi, ke/ **I** agg. paralytic **II** m. (f. **-a**) paralytic.
paralizzare /paralid'dzare/ [1] tr. **1** MED. to palsy, to paralyse BE, to paralyze AE **2** *(bloccare)* to halt [*progresso, sviluppo*]; to cripple, to paralyse BE, to paralyze AE [*economia, industria, paese*]; to paralyse BE, to paralyze AE [*mercato, organizzazione, traffico*]; [*sciopero*] to knock out, to paralyse BE, to paralyze AE [*produzione, servizio*]; ***~ il traffico, la città*** to bring the traffic, the city to a stand(still).
▷ **paralizzato** /paralid'dzato/ **I** p.pass. → **paralizzare II** agg. **1** MED. paralysed BE, paralyzed AE; [*braccio, gamba*] paralytic; ***ha il braccio destro ~*** her right arm is paralysed; ***essere ~ dalla vita in giù*** to be paralysed from the waist down **2** FIG. paralysed BE, paralyzed AE; [*economia, industria, paese*] crippled, paralysed BE, paralyzed AE; [*mercato, traffico*] immobilized, paralysed BE, paralyzed AE; ***essere ~ dallo spavento*** to be paralysed with *o* stricken with fright; ***un paese ~ dagli scioperi*** a country paralysed by strikes; ***essere ~ dal traffico*** to be brought to a standstill by traffic.
parallasse /paral'lasse/ f. parallax.
parallattico, pl. **-ci, -che** /paral'lattiko, tʃi, ke/ agg. parallactic.
parallela /paral'lɛla/ f. **1** MAT. parallel **2** SPORT ***-e*** parallel bars; ***-e asimmetriche*** asymmetric bars, uneven bars **3** *(strada)* ***la prima ~ di via Roma*** the first street running parallel to via Roma.
parallelamente /parallela'mente/ avv. parallel (**a** to, with); ***variare ~ a*** to vary in line with; ***le specie si sono evolute ~*** the species evolved parallel to one another.
parallelepipedo /parallele'pipedo/ m. parallelepiped.
parallelismo /paralle'lizmo/ m. MAT. parallelism (**tra** between) (anche FIG.).
▷ **parallelo** /paral'lɛlo/ **I** agg. **1** [*linee, rette, piani*] parallel (**a** to, with); ***la strada corre -a al fiume*** the road runs parallel *o* alongside the river **2** *(simultaneo)* parallel; ***incontro ~*** corresponding meeting; ***corso ~*** twin course **3** *(a margine)* [*mondo, universo*] parallel **II** m. **1** *(paragone)* parallel (**tra** between; **con** to); ***fare, stabilire un ~ tra*** to draw, establish a parallel between **2** GEOGR. parallel, line of latitude **3** EL. ***in ~*** in parallel **4** INFORM. ***in ~*** [*stampante, trasmissione*] parallel; ***elaborazione in ~*** parallel processing.
parallelogramma /parallelo'gramma/, **parallelogrammo** /parallelo'grammo/ m. parallelogram.
paralogismo /paralo'dʒizmo/ m. paralogism.
paraluce /para'lutʃe/ m.inv. gobo*, lens hood; *(sulla stampante)* hood.
paralume /para'lume/ m. (lamp)shade.
paramagnetico, pl. **-ci, -che** /paramaɲ'ɲɛtiko, tʃi, ke/ agg. paramagnetic.
paramagnetismo /paramaɲɲe'tizmo/ m. paramagnetism.
paramano /para'mano/ m.inv. **1** EDIL. facing brick **2** ABBIGL. revers cuff.
paramecio, pl. **-ci** /para'mɛtʃo, tʃi/ m. paramecium*.
paramedico, pl. **-ci, -che** /para'mɛdiko, tʃi, ke/ **I** agg. [*personale*] paramedical **II** m. paramedic.
paramento /para'mento/ m. **1** ING. face **2** RELIG. parament ◆◆ ***-i sacerdotali*** canonicals; ***-i sacri*** vestment.
parametrico, pl. **-ci, -che** /para'mɛtriko, tʃi, ke/ agg. parametric.
parametrizzare /parametrid'dzare/ [1] tr. to parameterize.
parametro /pa'rametro/ m. **1** MAT. INFORM. parameter **2** *(criterio)* parameter; ***definire i -i di*** to define the parameters of **3** ECON. ***-i*** range sing.; ***il dollaro è rientrato nei suoi vecchi -i*** the dollar has returned to its old range.
paramezzale /paramed'dzale/ m. MAR. keelson.
paramilitare /paramili'tare/ agg. paramilitary.
paramine /para'mine/ m.inv. paravane.
paramnesia /paramne'zia/ ➧ ***7*** f. paramnesia.
paramosche /para'moske/ m.inv. = glass covering or metal net used to protect food from flies.
paranasale /parana'sale/ agg. paranasal.
paranco, pl. **-chi** /pa'ranko, ki/ m. TECN. block, hoist; *(per sollevare)* tackle ◆◆ ***~ differenziale*** differential pulley; ***~ di strallo*** stay tackle.
paraneve /para'neve/ m.inv. **1** TECN. snowshed **2** *(per sciatori)* snow gaiter.
paraninfo /para'ninfo/ m. (f. **-a**) **1** STOR. paranymph **2** SCHERZ. matchmaker.
paranoia /para'nɔja/ ➧ ***7*** f. PSIC. paranoia (anche FIG.); ***andare*** o ***cadere in ~*** COLLOQ. to get *o* become paranoid, to freak out; ***un sacco di -e per niente*** endless fussing about nothing; ***avere la ~ che vengano i ladri*** to be paranoid about being burgled.
paranoicamente /paranoika'mente/ avv. paranoi(a)cally.
paranoico, pl. **-ci, -che** /para'nɔiko, tʃi, ke/ **I** agg. paranoid **II** m. (f. **-a**) paranoid.
paranoide /para'nɔide/ **I** agg. PSIC. paranoid; ***schizofrenia ~*** paranoid schizophrenia **II** m. e f. paranoid.
paranormale /paranor'male/ **I** agg. [*esperienza, fenomeno*] paranormal, psychic; ***essere dotato di poteri -i*** to have psychic powers **II** m. paranormal.
paranza /pa'rantsa/ f. MAR. *(imbarcazione)* fishing trawler; *(rete)* trawl.
paraocchi /para'ɔkki/ m.inv. blinkers pl., blinder AE; ***avere i ~*** FIG. to wear blinkers, to have a tunnel vision.
Paraolimpiadi /paraolim'piadi/ f.pl. SPORT Paralympics.
paraolimpico, pl. **-ci, -che** /parao'limpiko, tʃi, ke/ agg. Paralympian.
paraolimpionico, m.pl. **-ci**, f.pl. **-che** /paraolim'pjɔniko, tʃi, ke/ m. (f. **-a**) Paralympian.
paraonde /para'onde/ m.inv. breakwater.
paraorecchi /parao'rekki/, **paraorecchie** /parao'rekkje/ m.inv. *(su un berretto)* earflap; *(fascia)* earmuffs pl.
parapalle /para'palle/ m.inv. butt.
parapendio /parapen'dio/ m.inv. **1** *(paracadute)* paraglider **2** *(sport)* paragliding.
parapetto /para'petto/ m. **1** EDIL. (guard) rail, parapet; *(di torre)* railing **2** MAR. dodger, rail **3** MIL. breastwork, parapet.
parapiglia /para'piʎʎa/ m.inv. hubbub, commotion, hustle and bustle.
paraplegia /paraple'dʒia/ ➧ ***7*** f. paraplegia.
paraplegico, pl. **-ci, -che** /para'plɛdʒiko, tʃi, ke/ **I** agg. paraplegic **II** m. (f. **-a**) paraplegic.
parapsichico, pl. **-ci, -che** /parap'sikiko, tʃi, ke/ agg. parapsychic.
parapsicologia /parapsikolo'dʒia/ f. parapsychology.
parapsicologico, pl. **-ci, -che** /parapsiko'lɔdʒiko, tʃi, ke/ agg. parapsychological.
parapsicologo, m.pl. **-gi**, f.pl. **-ghe** /parapsi'kɔlogo, dʒi, ge/ ➧ ***18*** m. (f. **-a**) psychic investigator, psychic researcher.
▷ **parare** /pa'rare/ [1] **I** tr. **1** *(ornare)* to apparel, to deck, to decorate **2** *(riparare)* to screen; ***~ gli occhi dal sole*** to screen one's eyes

from the sun **3** *(schivare)* to counter, to fend off [*colpo*] **4** SPORT *(nella scherma, nel pugilato)* to parry; *(nel calcio)* to save [*rigore*] **II** intr. (aus. *avere*) **1** *(mirare)* ***andare a ~*** to lead up to; ***dove vuoi andare a ~?*** what are you driving at? ***non si è capito dove volesse andare a ~*** her basic point got lost **2** SPORT *(nella scherma, nel pugilato)* to parry **III pararsi** pronom. **1** *(difendersi)* to cover oneself, to protect oneself; ***-rsi dalla pioggia*** to shelter from the rain **2** *(apparire all'improvviso)* [*ostacolo*] to appear, to surprise, to spring* up **3** RELIG. [*sacerdote*] to vest oneself **4** *(vestirsi vistosamente)* to dress in one's finery, to tog oneself out.

parasartia /para'sartja/ m.inv. MAR. channel, chain-wale.

paraschegge /paras'keddʒe/ m.inv. MIL. traverse.

parascolastico, pl. **-ci**, **-che** /parasko'lastiko, tʃi, ke/ agg. extracurricular.

paraselene /parase'lɛne/ m. paraselene*.

parasimpatico, pl. **-ci**, **-che** /parasim'patiko, tʃi, ke/ agg. parasympathetic; ***sistema nervoso ~*** parasympathetic nervous system.

parasole /para'sole/ m.inv. **1** parasol, sunshade, sunshield, sun umbrella **2** FOT. lens hood.

paraspigolo /paras'pigolo/ m. staff angle.

paraspruzzi /paras'pruttsi/ m.inv. mud flap; *(per lavandino)* splashback.

parassita, m.pl. **-i**, f.pl. **-e** /paras'sita/ **I** agg. **1** *(parassitico)* parasitic(al) (anche FIG.); ***insetto ~*** vermin **2** RAD. TELEV. ***eco ~*** clutter; ***rumori -i*** interference **3** INFORM. ***informazioni -e*** garbage **II** m. BIOL. parasite, guest; ***-i*** vermin **III** m. e f. COLLOQ. FIG. freeloader, hanger-on.

parassitare /parassi'tare/ [1] tr. to parasite.

parassitariamente /parassitarja'mente/ avv. parasitically.

parassitario, pl. **-ri**, **-rie** /parassi'tarjo, ri, rje/ agg. parasitic(al).

parassiticida /parassiti'tʃida/ m. parasiticide.

parassitico, pl. **-ci**, **-che** /paras'sitiko, tʃi, ke/ agg. parasitic(al).

parassitismo /parassi'tizmo/ m. BOT. ZOOL. parasitism (anche FIG.).

parassitologia /parassitolo'dʒia/ f. parasitology.

parassitologico, pl. **-ci**, **-che** /parassito'lɔdʒiko, tʃi, ke/ agg. parasitologic(al).

parassitologo, m.pl. **-gi**, f.pl. **-ghe** /parassi'tɔlogo, dʒi, ge/ m. (f. **-a**) parasitologist.

parassitosi /parassi'tɔzi/ ➧ **7** f.inv. parasitosis.

parastatale /parasta'tale/ agg. parastatal; ***ente ~*** parastatal organization.

parastato /paras'tato/ m. parastate.

parastinchi /paras'tinki/ m.inv. (shin)pad, shin protector.

1.parata /pa'rata/ f. **1** *(nel calcio)* save; ***fare una ~*** to save a goal **2** *(nella scherma, nel pugilato)* parry ◆◆ ***~ in tuffo*** diving save.

2.parata /pa'rata/ f. **1** *(sfilata)* parade, procession; ***fare una ~*** to parade **2** MIL. parade, march-past; ***~ in alta uniforme*** dress parade; ***essere in ~*** to be on parade; ***sfilare in ~*** to parade **3** *(gala)* ***uniforme di*** o ***da ~*** MIL. mess dress, mess kit BE, robes of state ◆ ***vista la mala ~*** seeing that trouble was brewing ◆◆ ***~ aerea*** flyby, flypast BE, flyover AE; ***~ militare*** tattoo.

paratassi /para'tassi/ f.inv. parataxis.

paratattico, pl. **-ci**, **-che** /para'tattiko, tʃi, ke/ agg. paratactic.

paratia /para'tia/ f. MAR. AER. bulkhead; ***~ stagna*** watertight bulkhead.

paratifo /para'tifo/ m. paratyphoid (fever).

paratiroide /parati'rɔide/ f. parathyroid (gland).

parato /pa'rato/ m. **1** *(drappo)* wall hanging **2** *(rivestimento)* ***carta da -i*** wallpaper.

paratoia /para'toja/ f. floodgate.

▷ **paraurti** /para'urti/ m.inv. **1** AUT. bumper; ***~ posteriore*** rear bumper **2** FERR. buffer.

paravalanghe /parava'lange/ m.inv. avalanche shelter.

paravento /para'vɛnto/ m. room divider, screen; *(in spiaggia)* windbreak; ***fare da ~ a qcn.*** FIG. to cover up for sb.

parcella /par'tʃɛlla/ f. **1** fee; ***pagare la ~ all'avvocato*** to pay the lawyer's bill *o* fee; ***presentare la ~*** to present the bill **2** *(particella di terreno)* parcel, scrap.

parcellare /partʃel'lare/ agg. **1** *(particellare)* [*divisione, catasto*] parcel attrib. **2** MED. localized, local.

parcellazione /partʃellat'tsjone/ f. parcellization.

parcellizzare /partʃellid'dzare/ [1] tr. to parcel out [*lavoro*].

parcellizzazione /partʃelliddzat'tsjone/ f. parcelling out.

Parche /'parke/ n.pr.f. Parcae.

▷ **parcheggiare** /parked'dʒare/ [1] tr. **1** *(posteggiare)* to park; ***~ parallelamente al bordo della strada*** to parallel park; ***~ in doppia fila*** to double-park; ***le auto erano parcheggiate su tre file*** cars were parked three deep **2** COLLOQ. *(collocare provvisoriamente)* to park; ***~ i figli dai vicini*** to park the children with the neighbours'.

parcheggiatore /parkeddʒa'tore/ ➧ **18** m. (f. **-trice** /tritʃe/) parking attendant; ***~ abusivo*** unlicensed parking attendant.

▷ **parcheggio**, pl. **-gi** /par'keddʒo, dʒi/ m. **1** *(azione)* parking **2** *(spazio)* parking space; ***c'era un ~ libero*** there was a free parking space **3** *(area di posteggio)* parking, car park BE, parking lot AE; ***"~ riservato ai residenti"*** "residents' parking only" **4** *(sosta)* parking; ***area di ~*** parking area, parking facilities, off-street parking; ***divieto di ~*** "no parking"; ***~ in doppia fila*** double parking; ***limitazioni che regolano il ~*** parking restrictions ◆◆ ***~ incustodito*** unattended car park; ***~ libero*** free parking; ***~ multipiano*** multistorey car park; ***~ a pagamento*** fee parking; ***~ sotterraneo*** underground car park BE, parking garage AE.

parchettatura /parketta'tura/ f. parquetry.

parchettista, m.pl. **-i**, f.pl. **-e** /parket'tista/ ➧ **18** m. e f. parquet layer.

parchetto /par'ketto/ m. → **parquet.**

parchimetro /par'kimetro/ m. meter, parking meter, slot meter.

▶ **1.parco**, pl. **-chi** /'parko, ki/ m. **1** *(giardino pubblico)* park; ***fare un giro nel ~*** to have a walk in the park, to wander around the park **2** *(spazio recintato)* park **3** *(deposito)* fleet ◆◆ ***~ acquatico*** waterpark; ***~ di divertimenti*** amusement park, (fun) fair; ***~ giochi*** playground; ***~ macchine*** car fleet; INFORM. installed base; ***~ marino*** marine reserve; ***~ naturale*** wildlife reserve; ***~ nazionale*** national park; ***~ pubblico*** public park BE, people's park AE; ***~ regionale*** country park; ***~ tecnologico*** science *o* technology park; ***~ a tema*** o ***tematico*** theme park.

2.parco, pl. **-chi**, **-che** /'parko, ki, ke/ agg. economical, sparing; ***una -a cena*** a frugal meal; ***essere ~ nello spendere*** to spend sparingly, to penny pinch; ***essere ~ nel mangiare*** to eat sparingly; ***essere ~ di parole*** to be economical with words, to be tight-lipped; ***essere ~ di complimenti*** to be sparing of *o* pinching with praise.

par condicio /parkon'ditʃo/ f.inv. POL. = situation in which everybody is guaranteed equal opportunity, especially referring to the access to mass media.

pardon /par'don/ inter. **1** *(per chiedere scusa)* sorry, (I beg your) pardon **2** *(per chiedere permesso)* excuse me.

▶ **parecchio**, pl. **-chi**, **-chie** /pa'rekkjo, ki, kje/ v. la nota della voce **alcuno**. **I** agg.indef. **1** quite a lot of, a good deal of; ***-chi*** several, quite a few, a good many; ***~ tempo*** quite a bit of time, a good bit (of time), ages; ***-chie persone, case*** quite a few people, houses; ***-chie volte*** a good many times; ***guadagna -chi soldi*** he earns quite a lot of *o* a good deal of money; ***ho comprato -chi libri*** I bought quite a few *o* a good many books; ***sono -chi giorni che non si vede in giro*** he hasn't been seen for several days; ***c'erano -chie persone*** there were quite a few people **2** *(di tempo)* ***~ tempo fa*** long ago; ***per ~ tempo*** for quite a long time **II** pron.indef. quite a lot, a good deal; ***guadagnare ~*** to earn quite a lot *o* a good deal; ***c'è voluto ~*** it took quite long; ***ti ho aspettato ~*** I've been waiting for you for ages; ***ce n'è ~*** there's quite a lot **III parecchi** pron.indef.pl. (a good) many, quite a few, a good few; ***-chi di voi*** many of you; ***ce ne sono -chi*** there are quite a few *o* a good many; ***-chi di essi erano rotti*** many of them were broken **IV** avv. **1** *(con un verbo)* [*mangiare, preoccuparsi, lavorare*] quite a lot; ***ha bevuto ~*** he drank quite a lot; ***lavorare ~ per fare*** to work quite a lot to do; ***si intende ~ di cinema*** she knows a lot about cinema **2** *(con un aggettivo)* quite; ***~ interessante*** quite interesting; ***~ più lontano, grande*** quite a bit *o* a good bit further, bigger.

pareggiamento /pareddʒa'mento/ m. **1** TECN. levelling **2** COMM. balancing, settling; ***~ dei conti*** settlement of accounts.

▷ **pareggiare** /pared'dʒare/ [1] **I** tr. **1** *(livellare)* to grade, to level off [*terreno*] **2** *(tagliare allo stesso livello)* to straighten [*orlo*]; to trim, to even [*capelli*]; to skive [*cuoio*]; ***~ l'erba*** to trim the grass **3** AMM. COMM. to agree, to balance [*budget, conti, economia*] **4** FIG. *(eguagliare)* to draw* level; ***~ qcn. in qcs.*** to draw with sb. in sth. **II** intr. (aus. *avere*) SPORT to tie, to draw* (a match), to square the score, to square the series; *(nel golf)* to halve; ***hanno pareggiato*** it was a draw **III pareggiarsi** pronom. [*risultati*] to be* equal ◆ ***~ i conti con qcn.*** to settle accounts *o* a score with sb., to settle sb.'s hash.

▷ **pareggio**, pl. **-gi** /pa'reddʒo, dʒi/ m. **1** COMM. balance, break-even; ***bilancio in ~*** balanced budget; ***punto (morto) di ~*** break-even point; ***essere in ~*** [*conti*] to be all square; ***chiudere in ~*** to break even **2** SPORT draw, tie; ***punto del ~*** equalizer; ***terminare l'incontro con un ~*** to end a game in a tie, to draw a match; ***essere in ~*** to be equal, to draw even; ***segnare il punto del ~*** to equalize.

parelio, pl. **-li** /pa'rɛljo, li/ m. parhelion*.

parenchima /pa'rɛnkima/ m. parenchyma.

parenchimatico, pl. **-ci, -che** /parenki'matiko, tʃi, ke/ agg. parenchymal.
parenchimatoso /parenkima'toso/ agg. parenchymatous.
parentado /paren'tado/ m. kinsfolk + verbo pl., kindred **U** + verbo sing. o pl., relatives pl.; ***c'era tutto il* ~** the all tribe was there.
parentale /paren'tale/ agg. **1** *(genitoriale)* [*autorità, diritto*] parental; ***cura* ~** parenting **2** MED. *(ereditario)* ***malattia* ~** hereditary disease.
▷ **parente** /pa'rɛnte/ m. e f. relative, relation, connection, connexion BE; ***-i*** kindred, kinsfolk, people COLLOQ.; ***amici e -i*** kith and kin; ***-i acquisiti*** in-laws; ***siamo -i acquisiti*** we're related by marriage; ***i suoi -i stretti*** his immediate family; ***essere un* ~ *stretto di qcn.*** to be sb.'s next of kin; ***-i da parte di madre*** relations on the mother's side; ***essere* ~ *alla lontana*** o ***lontano* ~ *di*** to be distantly related to; ***i due ragazzi non sono -i*** the two boys are unrelated ◆◆ **~ *collaterale*** DIR. collateral; **~ *povero*** FIG. poor relation; **~ *prossimo*** o ***stretto*** close relation.
▷ **parentela** /paren'tɛla/ f. **1** *(consanguineità)* family ties pl., kindred, kinship; ***grado di* ~** degree of kinship; ***legami di* ~** family relationships; ***non c'è nessun legame*** o ***vincolo di* ~ *tra loro*** they are unrelated **2** FIG. *(legame)* tie **3** *(parentado)* kindred **U**, kinsfolk + verbo pl., relatives pl. **4** LING. cognation ◆◆ **~ *acquisita*** DIR. affinity; **~ *collaterale*** collateral relationship; **~ *naturale*** natural ties.
parenterale /parente'rale/ agg. parenteral.
▷ **parentesi** /pa'rɛntezi/ f.inv. **1** *(digressione)* digression; ***aprire una* ~** to make a digression, to digress; ***chiudiamo la* ~** let's bring this aside to a close **2** *(segno tipografico)* bracket, parenthesis*; ***tra* ~** in brackets *o* parenthesis; ***tra* ~...** *(a proposito)* incidentally..., by the way...; ***mettere tra* ~** to put in brackets, to bracket, to parenthesize; FIG. to put aside; ***aperta* ~, *chiusa* ~** open, close bracket **3** *(intervallo)* interval, break; ***dopo la* ~ *estiva*** after the summer break ◆◆ **~ *graffa*** brace; **~ *quadra*** square bracket; **~ *tonda*** round bracket; **~ *uncinata*** TIP. angle bracket.
parenteticamente /parentetika'mente/ avv. [*notare, osservare*] parenthetically.
parentetico, pl. **-ci, -che** /paren'tɛtiko, tʃi, ke/ agg. parenthetic.
pareo /pa'rɛo/ m.inv. *(in Polinesia)* pareu; *(in Occidente)* beachrobe, sarong.
▶ **1.parere** /pa'rere/ [66] **I** intr. (aus. *essere*) **1** *(sembrare)* to appear, to seem, to look; ***pare felice*** she seems *o* looks happy; **~ *strano, assurdo a qcn.*** to strike sb. as odd, absurd; ***le pare opportuno fare*** she considers it opportune to do; ***il viaggio mi è parso lungo*** the journey seemed long to me **2** *(in base a opinioni)* to seem; ***mi pare un tipo onesto*** he seems to be an honest guy; ***mi pare che abbia torto*** it occurs to me that he's wrong; ***non mi pare un granché*** I don't think much of it; ***mi pare di avere dimenticato i soldi*** I seem to have forgotten my money **3** *(assomigliare)* to look like; ***pare uno spettro*** she looks like a ghost; ***pare tutta sua madre*** COLLOQ. she looks just like her mother **4** *(ritenere, credere)* to think*; ***non ti pare?*** don't you think so? ***non mi pare*** I don't think so; ***mi pare che*** it appears *o* seems to me that; ***mi pare di sì, di no*** I think so, I don't think so; ***e ti pareva!*** did you doubt it! ***mi pareva (strano)!*** I thought so! I guessed as much! ***che te ne pare di questa idea?*** how does the idea strike you? ***è un lavoro interessante, non ti pare?*** how's that for an interesting job? **5** *(volere)* to want; ***fa quello che le pare*** she does what she wants; ***fa' quel che ti pare!*** please yourself! do as you will! ***fa quello che gli pare e piace*** he does his own thing; ***continuate, fate pure come vi pare!*** IRON. carry on, don't mind me! ***sei libero di andare e venire come ti pare*** you can come and go as you please; ***puoi gridare quanto ti pare, tanto vado lo stesso!*** you can shout until you're blue in the face, I'm going anyway! ***mettili giù dove diavolo ti pare*** just put them down any old where **6** *(formula di cortesia)* ***ma Le pare!*** think nothing of it! don't mention it! **II** impers. to seem, to sound; ***così pare*** o ***parrebbe*** so it appears *o* seems, so it would appear *o* seem; ***pare sia divertente!*** it sounds like it should be fun! ***pare proprio che*** it very much seems as if *o* as though; ***pare che abbia cambiato idea*** she is reported to have changed her mind; ***pare che sia un buon hotel*** it's supposed to be a good hotel; ***pare che sia molto ricco*** he is reputed to be very rich; ***pare che siano passate ore da quando siamo partiti*** it seems hours since we left; ***pare che ci sia qualche errore*** there seems to be some mistakes; ***pare che lo zucchero ti faccia male*** it seems that sugar is bad for you; ***a quanto pare*** to all appearances, reputedly; ***a quanto pare, pensa che...*** she seems to think that...; ***a quanto pare, la traversata sarà difficoltosa*** by the sound of it, we're in for a rough crossing; ***i suoi genitori, a quanto pare, erano ambiziosi*** his parents, it appears, were ambitious.

▷ **2.parere** /pa'rere/ m. advice **U**, opinion, judgment, mind, view; **~ *favorevole, sfavorevole*** favourable, adverse opinion; ***a mio* ~, *a parer mio*** in my judgement *o* opinion, personally speaking, speaking for myself, to my mind COLLOQ.; ***a suo* ~** in his view; ***essere dello stesso* ~** to be of one mind; ***i -i sono discordi*** opinion is divided; ***secondo il mio modesto* ~** in my humble opinion; ***dare il proprio* ~** to have one's say; ***cambiare* ~** to change one's mind; ***allora, qual è il tuo* ~?** well, what's the verdict? ***non condivido il suo* ~** I don't share his opinion, I disagree with him; ***il* ~ *scientifico è che*** the scientific view is that; ***chiedere un* ~ *a qcn. riguardo a qcs.*** to seek *o* take advice from sb. about sth.; ***chiedere il* ~ *di un medico*** to seek medical advice; ***cercare il* ~ *di qualcun altro*** to seek *o* get a second opinion; ***dovrò sentire il* ~ *di un avvocato*** I shall have to take legal advice; ***gradiremmo conoscere il suo* ~ *a questo riguardo*** we would welcome your view on this matter.
paresi /pa'rɛzi, 'parezi/ f.inv. paresis*.
parestesia /pareste'zia/ f. paraesthesia*.
▶ **parete** /pa'rete/ f. **1** ING. ARCH. wall, sidewall; ***la* ~ *posteriore*** the back wall; **~ *divisoria*** partition (wall), screen; **~ *doppia, esterna, interna*** double, outside, inside wall; ***appendere un quadro alla* ~** to hang a picture on the wall; ***lampada da* ~** wall light; ***le -i domestiche*** the four walls (of home); ***tra le -i domestiche*** FIG. in the privacy of one's home **2** *(di tunnel, grotta)* side, wall **3** GEOL. *(pendio)* face; **~ *rocciosa*** rock face; **~ *di un dirupo*** cliffside; ***scalare una* ~** to climb a rock face; **~ *di ghiaccio*** a wall of ice **4** SPORT climbing wall **5** ANAT. BIOL. lining, wall; ***la* ~ *dell'utero*** the womb lining, the lining of the womb; ***la* ~ *dello stomaco*** the stomach wall ◆◆ **~ *cellulare*** BIOL. cell wall.
paretico, pl. **-ci, -che** /pa'rɛtiko, tʃi, ke/ agg. paretic.
pargolo /'pargolo/ m. LETT. offspring, fledgling, child*.
▶ **1.pari** /'pari/ **I** agg.inv. **1** *(uguale)* [*abilità, numero, quantità*] equal, same; **~ *opportunità*** equal opportunities, equality of opportunity; ***di* ~ *importanza*** of the same importance; ***di* ~ *grado*** of equal rank; ***essere di* ~ *forza*** to be evenly matched; ***le sei* ~ *in bellezza*** you are as beautiful as her; ***donerò una somma* ~ *alla tua*** I'll match your donation pound for pound; ***una cifra* ~ *a un mese di stipendio*** a sum equal to one month's salary; ***camminare di* ~ *passo*** to walk at the same rate *o* pace; ***andare di* ~ *passo*** FIG. to go hand in hand; ***la povertà e il crimine vanno spesso di* ~ *passo*** FIG. poverty and crime often go together; ***competere ad armi* ~** FIG. to compete on a level playing field; ***essere* ~** to be even *o* quits *o* straight *o* (all) square; ***siamo* ~!** let's call it quits! we're all square now! **2** *(senza dislivello)* [*pavimento, superficie, terreno*] level, even **3** SPORT [*gara, partita*] drawn; **~ *punti*** even scores; ***pari!*** *(nel tennis)* deuce! draw! ***essere* ~** to be (all) square; ***siamo a due giochi* ~** we're two games all **4** *(di cifra)* [*pagine*] even-numbered; ***numeri* ~** MAT. even numbers **5** FIG. LETT. *(all'altezza)* ***essere* ~ *a*** to be adequate *o* equal to; ***essere* ~ *alle aspettative*** to match up to *o* meet expectations; ***essere* ~ *alla propria fama*** to live up to one's reputation **6** ANAT. ***organi* ~** paired organs **II** m. e f.inv. **1** *(dello stesso livello)* equal, peer; ***senza* ~** without parallel, peerless, unexcelled, unmatched; ***bellezza senza* ~** incomparable *o* unsurpassed beauty; ***non avere*** o ***essere senza* ~** to have no equal; ***la sua arguzia non ha* ~** his wit cannot be matched; ***è un tragediografo senza* ~** he's the nonpareil of tragedians; ***non avere* ~ *come chirurgo*** to be without peer *o* to have no peer as a surgeon; ***trattare qcn. come un proprio* ~** o ***da* ~ *a* ~** to treat sb. as an equal; ***parlare con qcn. da* ~ *a* ~** to talk to sb. on their level; ***essere giudicato dai propri* ~** to be tried by one's peers; ***la serata è stata un successo senza* ~** the evening was an unqualified success **2** GIOC. even; ***giocare a* ~ *o dispari*** to play odds and evens; ***puntare sul* ~** to put a stake on the even numbers **III** avv. **1** *(allo stesso livello)* ***erba tagliata* ~** trimmed lawn **2** SPORT *(nel tennis)* ***(sono) 30* ~** (they are) 30 all; *(nel calcio)* ***la partita è finita 2* ~** the match finished in a 2-2 draw **3 alla pari** ***alla* ~** [*competizione*] even; ***scommessa alla* ~** short odds; ***essere alla* ~ *con*** [*competizione*] to be even *o* level with; [*performance*] to be on a par with; ***trattare qcn. alla* ~** to treat sb. as an equal; ***essere dato alla* ~** to be evens favourite; ***ragazza alla* ~** au pair **4 in pari** ***chiudere il bilancio in* ~** to balance the budget; ***mettersi in* ~ *con i pagamenti*** to break even with the bills; ***mettersi in* ~ *con il lavoro*** to catch up with one's work; ***mettersi in* ~ *con il resto della classe*** to catch up with the other students **5 al pari di** as; ***i bambini oltre i 15 anni sono considerati al* ~ *degli adulti*** children over 15 count as adults **6 pari pari** word-for-word; ***copiare qcs.* ~ ~** to copy sth. word-for-word; ***gli ho detto* ~ ~ *quel che pensavo di lui*** I told him plainly *o* exactly *o* flatly what I thought of him **7 a pari merito** ***terminare a* ~ *merito*** to draw; ***sono arrivati a* ~ *merito*** it was a draw; ***arrivare terzo a* ~ *merito*** to come equal third; ***sono arrivati secondi a* ~ *merito*** they

drew for second place, there was a tie for second place; ***X e Y sono arrivati a ~ merito*** X drew with Y **8 sopra la pari** above par; ***essere venduto sopra la ~*** [*azioni*] to be sold at a premium **9 sotto la pari** below par; ***essere venduto sotto la ~*** [*azioni*] to be sold at a discount ◆ ***fare ~ e patta*** SPORT to draw, to (end in a) tie, to finish equal; ***essere ~ e patta*** FIG. to be even *o* quits *o* straight *o* (all) square; ***saltare a piè ~*** to skip (over).

2.pari /'pari/ m.inv. GB POL. peer, lord; ***Camera dei ~*** house of Lords; ***elevare qcn. alla carica di ~*** to elevate *o* raise sb. to the peerage; ***ricevere il titolo di*** o ***essere nominato ~*** to be given a peerage.

1.paria /'parja/ m. e f.inv. **1** pariah **2** FIG. outcast.

2.paria /pa'ria/ f. *(dignità)* peerage.

Paride /'paride/ n.pr.m. Paris.

parietale /parje'tale/ **I** agg. **1** ANAT. BOT. parietal **2** ARCHEOL. ***iscrizione ~*** wall inscription **II** m. parietal.

parietaria /parje'tarja/ f. BOT. pellitory of the wall.

parifica, pl. **-che** /pa'rifika, ke/ → **parificazione**.

parificare /parifi'kare/ [1] tr. **1** to standardize [*pensioni, salari*] **2** *(riconoscere)* ~ ***una scuola*** to recognize a school officially.

parificato /parifi'kato/ **I** p.pass. → **parificare II** agg. [*scuola*] officially recognized.

parificazione /parifikat'tsjone/ f. *(di scuola)* official recognition.

Parigi /pa'ridʒi/ ➧ *2* n.pr.f. Paris ◆ ***~ val bene una messa*** = it is worth it.

parigino /pari'dʒino/ ➧ *2* **I** agg. Parisian **II** m. (f. **-a**) Parisian.

pariglia /pa'riʎʎa/ f. *(di cavalli)* span ◆ ***rendere la ~*** to give tit for tat.

parigrado /pari'grado/ **I** agg.inv. = equal in rank **II** m. e f.inv. ***è un mio ~*** we are the same level.

parimenti /pari'menti/ avv. LETT. *(allo stesso modo)* equally, likewise, in the same way; ***~ potremmo dire che...*** equally we might say that...

pario, pl. **-ri, -rie** /'parjo, ri, rje/ agg. Parian.

paripennato /paripen'nato/ agg. paripinnate.

parisillabo /pari'sillabo/ **I** agg. parisyllabic **II** m. parisyllabic (noun).

▷ **parità** /pari'ta/ f.inv. **1** *(uguaglianza)* equality, parity; ***~ sessuale*** sexual equality; ***a ~ di prezzo*** for the same price; ***a ~ di condizioni*** all conditions being equal; ***lottare per la ~ salariale*** to fight for equal pay; ***a ~ di peso conviene di più il pollo del maiale*** pound for pound chicken is better value than pork **2** SPORT ***in ~*** equal; ***essere in ~*** [*squadre*] to be all square; ***finire in ~*** [*partita*] to end in a tie *o* draw; ***~!*** *(nel tennis)* deuce! **3** ECON. parity, par **4** MAT. INFORM. parity ◆◆ ***~ dei cambi*** o ***cambiaria*** exchange rate parity; ***~ di diritti*** equal rights; ***~ monetaria*** currency parity; ***~ salariale*** pay parity.

paritario, pl. **-ri, -rie** /pari'tarjo, ri, rje/ agg. equal; ***avere un rapporto ~*** to have an equal relationship, to have equality within a relationship.

paritetico, pl. **-ci, -che** /pari'tɛtiko, tʃi, ke/ agg. ***commissione -a*** joint committee.

parka /'parka/ m.inv. parka.

Parkinson /'parkinson/ ➧ *7* n.pr.m. ***morbo di ~*** Parkinson's disease, shaking palsy.

parkinsoniano /parkinso'njano/ **I** agg. parkinsonian **II** m. (f. **-a**) parkinsonian.

parkinsonismo /parkinso'nizmo/ ➧ *7* m. parkinsonism.

1.parlamentare /parlamen'tare/ **I** agg. **1** [*dibattito, elezioni, governo, regime, seduta, sessione*] parliamentary; ***immunità ~*** parliamentary privilege; ***giornalista ~*** lobby correspondent; ***aprire la seduta ~*** to open parliament; ***conquistare un seggio ~*** to win a parliamentary seat **2** FIG. civil; ***un comportamento poco ~*** an unparliamentary behaviour **II** m. e f. parlamentarian, member of parliament; ***~ europeo*** Member of the European Parliament, Euro-MP.

2.parlamentare /parlamen'tare/ [1] intr. (aus. *avere*) to parley (**con** with).

parlamentarismo /parlamenta'rizmo/ m. parlamentarianism.

▷ **parlamento** /parla'mento/ m. POL. parliament; *(in GB)* (Houses of) Parliament; ***il ~ europeo*** the European Parliament; ***i due rami del ~*** the two branches of parliament; ***membro*** o ***deputato del ~*** parlamentarian; *(in GB)* Member of Parliament; ***candidato al ~*** parliamentary candidate; ***candidarsi al ~*** to stand for parliament; ***essere eletto al ~*** to be elected to parliament, to get into parliament; ***convocare, sciogliere il ~*** to summon, to dissolve parliament; ***ottenere la fiducia del ~*** to win a vote of confidence in parliament; ***sottoporre un progetto al ~*** to bring a matter before parliament.

parlante /par'lante/ **I** agg. **1** FIG. *(eloquente)* [*ritratto*] lifelike **2** *(che parla)* [*animale, bambola*] talking **3** *(evidente)* manifest; ***una prova ~*** a proof which speaks for itself **II** m. e f. LING. speaker; ***~ nativo*** native speaker.

parlantina /parlan'tina/ f. COLLOQ. ***~ da venditore*** sales pitch, patter; ***avere una bella ~*** o ***una ~ sciolta*** to have the gift of the gab; ***avere la ~ facile*** to be silver-tongued.

▶ **1.parlare** /par'lare/ [1] Il verbo *parlare* è reso in inglese principalmente da due verbi, *to talk* e *to speak*. *To talk* è d'uso frequente e informale, e significa parlare in modo amichevole e comunque non ostile o distaccato; *to speak* è d'uso più raro e formale, e si usa per indicare il parlare con un certo distacco, in modo spesso poco amichevole o comunque tra estranei, e in alcuni casi particolari (parlare al telefono, parlare in dibattiti o conferenze, parlare le lingue, essere in grado fisicamente di parlare ecc). Rinviando agli esempi d'uso più sotto nella voce, si noti che nell'inglese britannico *to speak with* e *to talk with* designano un modo di parlare più articolato e prolungato di *to speak to* e *to talk to* (il riferimento alla persona a cui si parla deve comunque essere introdotto da *with* o *to*). **I** tr. to speak* [*lingua*]; ***parli inglese?*** do you speak English? ***"si parla francese"*** "French spoken"; ***persone che parlano la stessa lingua*** people who speak the same language (anche FIG.) **II** intr. (aus. *avere*) **1** *(pronunciare parole)* to speak*; ***~ in russo*** to speak Russian; ***~ in fretta*** to speak quickly; ***~ a voce alta, bassa*** to speak in a loud, low voice; ***~ a voce più alta*** to speak up; ***~ sottovoce*** to speak in a whisper; ***~ nel naso*** to speak with a nasal twang *o* through one's nose; ***~ in dialetto*** to speak dialect; ***~ con uno spiccato accento gallese*** to speak in *o* with a broad Welsh accent; ***~ con la bocca piena*** to speak with one's mouth full; ***la bimba ha già cominciato a ~*** the baby has already started to talk **2** *(esprimersi)* to speak*; ***~ chiaro*** to tell it like it is, to speak one's mind; ***~ chiaro e tondo*** to lay it on the line; ***~ a gesti*** to communicate through gestures; ***i muti parlano con la lingua dei segni*** dumb people talk in sign *o* use sign language; ***~ in punta di forchetta*** to speak affectedly; ***~ tra i denti*** to mumble; ***~ in modo forbito*** to speak with garb, to use well turned phrases; ***~ come un libro stampato*** to spout; ***~ con cognizione di causa*** to speak with authority; ***~ col cuore in mano*** to wear one's heart on one's sleeves **3** *(confessare)* to talk; ***far ~ qcn.*** to make sb. talk *o* sing COLLOQ. **4** *(riferire)* to tell*, to mention; ***~ di qcn., qcs. a qcn.*** to mention sb., sth. to sb.; ***non parlarne con loro*** don't tell them about it, don't mention it to them; ***non mi ha mai parlato della sua famiglia*** she never mentioned her family to me **5** *(rivolgersi)* to address; ***~ a*** o ***con qcn.*** to address sb.; ***le devo ~*** I must talk *o* speak to you; ***sto parlando con te!*** I'm talking to you! ***~ in pubblico, alla televisione*** to speak in public, on television; ***è come ~ al muro*** it's like talking to a brick wall; ***è come ~ al vento*** it's (like) whistling in the wind; ***questa musica parla alla fantasia*** this music fires the imagination; ***le tue parole parlano al cuore*** your words go straight to the heart **6** *(discutere)* to talk; ***~ per qcn.*** o ***a nome di qcn.*** to speak for sb.; ***parla per te!*** speak for yourself! ***parla quando vieni interpellato!*** speak when you're spoken to! ***non mi lasci mai ~*** you never let me speak; ***parli seriamente?*** do you mean it? ***~ da uomo a uomo*** to speak as one man to another *o* as man to man; ***senti chi parla!*** look, listen who's talking *o* you're a fine one to talk! ***~ di qcs., di fare*** to talk about sth., about doing; ***si parla molto di...*** there's a lot of talk about...; ***ha parlato molto bene di lei*** he spoke very highly of her; ***~ di affari, di sport*** to talk business, sport; ***parlando da profano*** speaking as a layman; ***metaforicamente parlando*** metaphorically speaking; ***alla riunione se ne è parlato*** something was said about that at the meeting; ***si finì per ~ di politica*** the conversation drifted onto politics; ***per non ~ della spesa*** not to speak of the expense; ***sentire ~ di qcs., qcn.*** to hear of sth., sb.; ***non se ne parla nemmeno*** *(rifiuto)* I wouldn't dream of it, nothing doing COLLOQ.; *(divieto)* it's completely out of the question; ***non parliamone più!*** let's say no more about it! ***non me ne parlare!*** IRON. tell me about it! let's drop it! ***ho sentito molto ~ di te*** I've heard a lot about you; ***non voglio sentirne ~*** I don't want to hear talk of it, I don't want to know; ***per non ~ di*** not mentioning, leaving aside, let alone, to say nothing of; ***fanno presto a ~!*** it's all very well for them to talk! ***facile ~!*** talk is cheap! ***se ne parlerà fra un anno*** we'll talk about it *o* deal with that in a year's time; ***parlava di vendere la casa*** he spoke of selling the house; ***chi parla di espellervi?*** who said anything about throwing you out? **7** *(trattare)* ***~ di*** [*articolo, film, libro*] to deal with, to be about; ***di cosa parla?*** what is it about? ***i giornali ne hanno parlato*** it was in the papers; ***tutto in quella casa parla di lei*** the entire house reflects her **8** *(conversare)* to speak*, to talk; ***~ a*** o ***con qcn.*** to speak to *o* with sb.; ***far ~ di sé*** to get oneself talked about; ***~ bene di qcn.*** to speak well *o* kindly of sb.; ***~ male di qcn.*** to speak ill *o* evil of sb.; ***~ al telefono, al microfono*** to speak on the telephone, into the microphone; ***~ di qcs., qcn. con qcn.*** to have a talk about sth., sb. with sb.; ***si può ~ di tutto con loro*** you can talk about everything with them; ***~ da solo*** o ***tra sé e sé*** to talk to oneself; ***tanto per ~*** for argument's sake, to make a conversation; ***~ a braccio*** to speak without notes; ***~ a quattr'occhi con qcn.*** to talk to sb. privately; ***non smette mai di ~*** he never stops talking; ***dare alla gente qualcosa di cui ~*** to give people something to talk about **9** *(commentare)* ***i dati parlano da sé*** the facts speak for themselves; ***parlando in generale, generalmente parlando*** generally speaking; ***chi sono io per (potere) ~?*** who am I to talk? **10** *(al telefono)* ***pronto, chi parla?*** hello, who's speaking please? **III** **parlarsi** pronom. **1** *(colloquiare)* to talk, to speak*; ***si sono parlati al telefono*** they spoke on the telephone; ***non ricordo l'ultima volta che ci siamo parlati*** I can't remember when we last spoke **2** *(rivolgersi la parola)* to speak*; ***non ci parliamo più*** we don't speak (to each other), we're not on speaking terms ◆ ***~ arabo*** to talk double Dutch; ***bada come parli!*** mind your language! ***~ del più e del meno*** to talk about this and that, to make small talk, to shoot the breeze AE; ***~ a vanvera*** to talk through one's hat, to talk nonsense; ***~ al vento*** to waste one's breath; ***-rsi addosso*** to like the sound of one's own voice; ***con rispetto parlando*** no disrespect (to you), (if you) excuse the expression, saving your presence ANT. FORM.

2.parlare /par'lare/ m. **1** *(modo di esprimersi)* way of speaking, speech; ***~ curato*** polished *o* refined speech; ***questo è un ~ ambiguo*** these are ambiguous words **2** *(idioma)* ***il ~ fiorentino*** the Florentine dialect **3** *(chiacchiere)* talk; ***si fa un gran ~ di qcs.*** there is (a lot of) talk about sth.; ***si farà un gran ~*** tongues will wag; ***tutto questo gran ~ non ci porterà a niente*** all this talk is getting us nowhere.

parlata /par'lata/ f. parlance, way of speaking; ***la ~ fiorentina*** the Florentine dialect.

parlato /par'lato/ **I** p.pass. → **1.parlare** **II** agg. **1** *(orale)* spoken; ***lingua -a*** speech, spoken language; ***nella lingua -a*** in speech **2** CINEM. [*cinema, film*] talking **III** m. **1** *(lingua parlata)* ***il ~*** the spoken word **2** CINEM. ***il ~*** talking pictures, talkies; ***il ~ di un film*** the dialogue of a film **3** MUS. parlando*.

parlatore /parla'tore/ m. (f. **-trice** /tritʃe/) speaker, talker; ***essere un gran ~*** to be a great talker.

parlatorio, pl. **-ri** /parla'tɔrjo, ri/ m. parlour BE, parlor AE.

parlottare /parlot'tare/ [1] intr. (aus. *avere*) to murmur, to chatter.

parlottio, pl. **-ii** /parlot'tio, ii/ m. chatter, chattering, murmuring.

parlucchiare /parluk'kjare/ [1] tr. to have* a smattering of; ***parlucchio un po' di russo*** I have a smattering of Russian.

parmense /par'mɛnse/ ➧ ***2*** **I** agg. from, of Parma **II** m. e f. native, inhabitant of Parma.

parmigiana /parmi'dʒana/ f. GASTR. ***(melanzane alla) ~*** = slices of fried aubergines seasoned with tomato sauce and grated Parmesan cheese baked in the oven.

parmigiano /parmi'dʒano/ ➧ ***2*** **I** agg. from, of Parma **II** m. (f. **-a**) **1** *(persona)* native, inhabitant of Parma **2** GASTR. Parmesan (cheese).

parnaso /par'nazo/ m. Parnassus.

parnassiano /parnas'sjano/ **I** agg. Parnassian **II** m. (f. **-a**) Parnassian.

parodia /paro'dia/ f. **1** parody, burlesque, spoof COLLOQ.; ***una ~ di un film dell'orrore, di un romanzo poliziesco*** a spoof horror film, crime novel; ***mettere in ~*** to parody **2** FIG. *(caricatura)* mockery, parody, travesty SPREG.; ***fare la ~ di qcn.*** to parody sb., to take sb. off; ***una ~ di processo*** a parody of a trial.

parodiare /paro'djare/ [1] tr. to parody, to burlesque, to mimic [*persona, stile*]; to parody, to spoof COLLOQ. [*film, libro*].

parodico, pl. **-ci**, **-che** /pa'rɔdiko, tʃi, ke/ agg. parodic.

parodista, m.pl. **-i**, f.pl. **-e** /paro'dista/ m. e f. parodist.

parodistico, pl. **-ci**, **-che** /paro'distiko, tʃi, ke/ agg. [*attore, show, stile*] burlesque, parodic.

parodontosi /parodon'tɔzi/ → **paradentosi**.

▶ **parola** /pa'rɔla/ f. **1** *(vocabolo)* word; ***-e difficili*** long words; ***-e affettuose*** o ***dolci*** words of endearment; ***-e dure*** tough talk; ***associazione di -e*** PSIC. word association; ***gioco di -e*** pun, word game; ***in una ~*** in a word; ***in altre -e*** in other words; ***con -e semplici*** in words of one syllable; ***con -e tue*** in your own words; ***un uomo di poche -e*** a man of few words; ***esattamente le stesse -e*** the very same words; ***nel senso più ampio della ~*** in the widest sense of the word; ***sprecare le -e*** to waste one's breath; ***dire alcune -e su*** to say a few words about; ***che cosa vuol dire questa ~?*** what does this word mean? ***cercare una ~ nel dizionario*** to look up a word in the dictionary; ***giocare con le -e*** to play with words; ***non ci sono altre -e per dirlo*** there is no other word for it; ***dopo aver detto queste -e, se ne andò*** with these words he left; ***esprimere ciò che si prova a -e*** to put one's feelings into words; ***la ~ "non posso" non esiste*** there's no such word as "can't"; ***"pigro" è la ~ che lo descrive meglio*** lazy is a better word for him; ***~ per ~*** [*ripetere, raccontare*] verbatim, word for word; ***tradurre ~ per ~*** to translate literally *o* word for word; ***non trovare le -e*** o ***non avere -e per esprimere qcs.*** to have no words to express sth.; ***spiegami in due -e*** explain it to me briefly; ***sussurrare -e d'amore a qcn.*** to whisper sweet nothings to sb.; ***togliere le -e di bocca a qcn.*** to take the words right out of sb.'s mouth; ***non sono riuscito a cavarle di bocca una sola ~*** I couldn't get a word out of her; ***avere una ~ buona per tutti*** to have a kind word for everyone; ***non è detta l'ultima ~*** the last word has not been said; ***i fatti contano più delle -e*** actions speak louder than words **2** *(niente)* word; ***non una ~ con nessuno*** not a word to anybody; ***senza dire una ~*** without saying a word; ***non credere a, sentire, capire una ~ di qcs.*** not to believe, hear, understand a word of sth.; ***non credo a una sola ~*** I don't believe a word of it; ***non ne farò ~*** I won't breath a word, it won't pass my lips; ***non ha detto una ~*** he didn't say a word **3** *(facoltà)* speech; ***gli organi della ~*** the organs of speech; ***perdere l'uso della ~*** to lose the power of speech; ***avere la ~ facile*** to be a fluent speaker; ***avere il dono della ~*** to have the gift of speech; ***gli manca solo la ~*** it can almost talk **4** *(possibilità di esprimersi)* ***libertà di ~*** freedom of expression *o* of speech, free speech; ***avere facoltà*** o ***diritto di ~*** to have the right to speak; ***avere, mantenere, prendere la ~*** to have, hold, take the floor; ***ottenere la ~*** to catch the chairman's eye; ***cedere la ~*** to yield the floor; ***prendere la ~ per la difesa*** DIR. to open for the defence; ***l'ultima ~*** the last word; ***avere l'ultima ~*** to have the final word *o* the last say, to win the argument **5** *(promessa, impegno)* word; ***una donna di ~*** a woman of her word; ***mantenere, non mantenere la ~ data*** o ***la propria ~*** to keep, break one's word; ***venire meno alla propria ~*** o ***alla ~ data*** to go back on one's word; ***dare la propria ~*** to pledge one's word; ***mi ha dato la sua ~*** he gave me his word; ***è la sua ~ contro la mia*** it's his word against mine; ***credere a qcn. sulla ~*** to take sb.'s word for it; ***~ d'onore!*** on *o* upon my word (of honour)! ***dare la propria ~ d'onore*** to give one's word of honour; ***hai la mia ~!*** you have my guarantee! ***prendere qcn. in ~*** to take sb. at his word; ***dubitare di, mettere in dubbio la ~ di qcn.*** to doubt, question sb.'s word; ***essere messo in libertà provvisoria sulla ~*** DIR. to be released on unconditional bail **6** *(ordine)* word; ***una tua ~ e sarò là*** just say the word and I'll come; ***la loro ~ è legge*** their word is law **7** RELIG. ***la Parola di Dio*** the Word of God; ***predicare la ~*** to preach the Word **8** INFORM. word; ***~ riservata*** o ***speciale*** reserved word **9** **a parole** ***è tutto facile, a -e*** it only sounds easy *o* everything is easy when you're talking about it; ***a -e è per il femminismo ma...*** he pays lip service to feminism but...; ***mostrate il vostro sostegno con i fatti e non a -e*** show your support by deeds not words, put your money where your mouth is; ***se credi di cavartela a -e!*** you're not going to talk your way out of this one! ***a -e sono tutti tolleranti*** everybody is tolerant when it's only talk ◆ ***senza -e*** dumbstruck, speechless; ***sono senza -e!*** words fail me! I'm at loss for words! I'm speechless! ***le ultime -e famose!*** IRON. famous last words! ***dire una ~ a qcn. su qcs.*** to have a word with sb. about sth.; ***venire a -e con qcn.*** to have words with sb.; ***voleranno -e grosse!*** sparks will fly! ***mettere una buona ~ per qcn.*** to put in a good word for sb.; ***mangiarsi le -e*** to clip one's speech, to slur one's speech *o* words; ***passare ~*** to spread *o* pass the word; ***la ~ è d'argento, il silenzio è d'oro*** PROV. speech is silver, silence is golden; ***tante belle -e, ma...*** talk is all very well but...; ***-e sante!*** how right you are! ***tutte belle -e!*** IRON. those are high words (indeed)! ***è una ~!*** (it's) easier said than done! ***in poche -e*** in a nutshell; ***in -e povere*** in plain English; ***passare dalle -e ai fatti*** *(cominciare a risolvere)* to get down to brass tacks; *(quando la discussione degenera)* to go from words to blows, to suit the action to the words; ***a buon intenditor poche -e*** least said soonest mended, a nod is as good as a wink (to a blind horse); ***scrivere due -e a qcn.*** to write sb. a note ◆◆ ***~ d'accesso,*** password; ***~ chiave*** keyword; ***~ composta*** LING. compound; ***grammaticale*** → ***~*** **vuota**; ***~ macedonia*** portmanteau word; ***~ magica*** magic word; ***~ d'ordine*** password, codeword; MIL. countersign, parole, password, watchword; ***~ piena*** LING. full *o* notional word; ***~ vuota*** LING. empty word; ***-e (in)crociate*** crossword (puzzle).

parolaccia, pl. **-ce** /paro'lattʃa, tʃe/ f. swearword, four-letter word, cussword AE; ***non dice mai -ce*** he never swears.

parolaio, pl. **-ai** /paro'lajo, ai/ **I** agg. *(loquace)* wordy **II** m. (f. **-a**) windbag, gabber.

paroliere /paro'ljɛre/ ➧ ***18*** m. (f. **-a**) lyricist, lyric-writer, songwriter.

parolina /paro'lina/ f. **1** *(cenno affettuoso)* ***sussurrare -e dolci all'orecchio di qcn.*** to whisper sweet nothings into sb.'s ears **2** *(come rimprovero)* ***vorrei scambiare due -e con te*** I'd like to have a few words with you, I'd like a word in your shell-like BE COLLOQ.

parolona /paro'lona/ f. → **parolone**.

parolone /paro'lone/ m. long word; ***un discorso pieno di -i*** a speech full of long words.

paronimo /pa'rɔnimo/ m. paronym.

paronomasia /parono'mazja/ f. paronomasia.

parossismo /paros'sizmo/ m. **1** MED. GEOL. paroxysm **2** FIG. *(grado più alto)* frenzy; ***nel ~ dell'ansia, dell'odio*** in a frenzy of anxiety, hatred; ***il nostro entusiasmo era giunto al ~*** our excitement had reached fever pitch.

parossistico, pl. **-ci**, **-che** /paros'sistiko, tʃi, ke/ agg. **1** MED. GEOL. paroxysmal **2** FIG. feverish, hysterical.

parossitono /paros'sitono/ **I** agg. paroxytone **II** m. paroxytone.

parotide /pa'rɔtide/ f. parotide.

parotideo /paroti'dɛo/ agg. parotid.

parotite /paro'tite/ ◗ *7* f. parotitis.

parquet /par'kɛ/ m.inv. parquet, wood-block floor; ***posare il ~*** to lay parquet; ***pavimentare a ~*** to parquet.

parricida, m.pl. **-i**, f.pl. **-e** /parri'tʃida/ **I** agg. parricidal **II** m. e f. parricide.

parricidio, pl. **-di** /parri'tʃidjo, di/ m. parricide.

parrocchetto /parrok'ketto/ m. **1** ZOOL. parakeet **2** MAR. *(vela)* foretopsail; *(albero)* foretopmast ◆◆ ***~ ondulato*** budgerigar.

▷ **parrocchia** /par'rɔkkja/ f. **1** RELIG. parish **2** SPREG. ***essere della stessa ~*** to be part of the same band *o* clan ◆ ***essere dell'altra ~*** = to be homosexual.

parrocchiale /parrok'kjale/ agg. [*consiglio, registro, chiesa*] parish attrib.; ***libro ~*** church register; ***assemblea ~*** vestry.

parrocchiano /parrok'kjano/ m. (f. **-a**) parishioner; ***-i*** congregation + verbo sing. o pl.

▷ **parroco**, pl. **-ci** /'parroko, tʃi/ m. *(cattolico)* parish priest, parson; *(anglicano)* rector, vicar.

▷ **parrucca**, pl. **-che** /par'rukka, ke/ f. wig; ***portare una ~*** to wear a wig; ***mettersi una ~*** to put on a wig.

parruccaio, pl. **-ai** /parruk'kajo, ai/ ◗ *18* m. (f. **-a**) wig maker.

▷ **parrucchiere** /parruk'kjɛre/ ◗ *18* m. (f. **-a**) hairdresser, hair stylist; ***andare dal ~*** to go to the hairdresser's ◆◆ ***~ da donna*** ladies' hairdresser; ***~ da uomo*** barber, gentlemen's hairdresser.

parrucchino /parruk'kino/ m. hairpiece, scratch wig, toupee.

parruccone /parruk'kone/ m. COLLOQ. SPREG. (f. **-a**) fogey, mossback AE.

parsec /'parsek/ m.inv. parsec.

parsi /'parsi/ **I** agg.inv. Parsee **II** m. e f.inv. Parsee.

Parsifal /'parsifal/ n.pr.m. Perceval.

parsimonia /parsi'mɔnja/ f. sparingness, thrift, thriftiness, parsimoniousness FORM., parsimony FORM.; ***vivere con ~*** to live frugally; ***elogiare con ~*** to be sparing with one's praise.

parsimoniosamente /parsimonjosa'mente/ avv. economically, frugally, skimpingly, thriftily, parsimoniously FORM.

parsimonioso /parsimo'njoso/ agg. [*persona*] parsimonious FORM., skimping, sparing, thrifty, penny-pinching SPREG.; [*uso*] sparing.

parsismo /par'sizmo/ m. Parseeism.

partaccia, pl. **-ce** /par'tattʃa, tʃe/ f. **1** *(rimprovero)* ***fare una ~ a qcn.*** to give sb. a dressing-down *o* an earful *o* a mouthful *o* a telling-off **2** *(brutto tiro)* shabby trick, mean trick.

▶ **parte** /'parte/ f. **1** *(di un intero)* part; ***una ~ del libro, del tempo, del quartiere*** a part of the book, time, district; ***(una) ~ dei suoi soldi*** part of his money; ***un romanzo in tre -i*** a three-part novel; ***una buona ~ della popolazione*** a fair chunk of population; ***per la maggior ~*** for the most part; ***la maggior ~ di*** the bulk of; ***la maggior ~ della gente*** most people; ***una minima ~ di ciò di cui ho bisogno*** a fraction of what I need; ***in -i uguali*** in equal proportions; ***dividere in -i uguali*** to divide equally *o* evenly; ***una ~ di me lo odia*** part of me hates him; ***tutto o (una) ~ di*** all or part of; ***farsi rimborsare tutto o (una) ~ delle spese*** to have all or some of one's expenses paid; ***"fine della prima ~"*** "end of part one" **2** *(porzione)* part, share; ***mischiare X e Y in -i uguali*** mix X and Y in equal parts; ***pagare la propria ~*** to pay one's share; ***fare la propria ~ di lavoro*** to do one's share of the work; ***ha piovuto per una ~ della giornata, della notte*** it rained for part of the day, night; ***l'ultima ~ del secolo*** the latter part of the century; ***dedica loro una ~ del suo tempo libero*** he devotes some of his free time to them; ***passa la maggior ~ del suo tempo al lavoro*** she spends most of her time at work **3** *(componente)* part; ***le -i di ricambio*** spare parts; ***-i di macchina, di motore*** machine, engine parts; ***le -i del corpo*** the parts of the body; ***far ~ di*** to be part of; ***sentirsi ~ di*** to feel part of; ***fa ~ della famiglia*** he's one of the family; ***questo fa ~ dei loro privilegi*** that's one of their privileges; ***fare ~ del passato*** to belong to the past; ***essere ~ integrante di qcs.*** to be an integral part of sth. **4** *(lato)* side (anche FIG.); ***da ogni ~*** from all sides; ***d'altra ~*** FIG. then again, on the other hand; ***da tutte le -i*** from all directions; ***da ambo le -i*** from both sides; ***da ~ a ~*** [*attraversare, trafiggere*] right *o* straight through; ***dall'altra ~ di*** across; ***dalla stessa ~*** on the same side; ***abita dall'altra ~ della strada*** he lives across the street; ***guardare da tutte due le -i*** to look both ways; ***in questa ~ del mondo, dell'Africa*** in this part of the world, of Africa; ***la ~ settentrionale, meridionale della città*** the north, south side of town; ***il tempo è dalla nostra ~*** time is on our side **5** *(direzione)* way, direction; ***da che ~ andate?*** which way are you going? ***sono arrivati da entrambe le -i*** they came from both directions; ***non vado da quella ~*** I'm not going that way *o* in that direction; ***andare dalle -i di Ancona*** to head for Ancona **6** *(luogo)* ***da qualche ~*** somewhere; *(in frasi interrogative)* anywhere; ***da qualsiasi ~*** anywhere, anywhere and everywhere; ***da un'altra ~*** elsewhere, somewhere else; ***da nessuna ~*** nowhere; *(in presenza di altra negazione)* anywhere **7** *(area di un paese)* part; ***da queste -i*** somewhere about *o* around here, in *o* around these parts; ***dalle -i della stazione*** in the neighbourhood of the station; ***sono da queste -i?*** are they around? ***quando passi di nuovo da queste -i*** when you're next over this way; ***se per caso capiti dalle nostre -i*** if you're ever down our way; ***un dolce tipico delle nostre -i*** one of our local cakes; ***che cosa ci fai da queste -i?*** what are you doing in this part of the world? **8** *(punto di vista)* **da** o **per ~ mia** of me, for my part; ***da ~ sua ha dichiarato che...*** for his part he declared that...; ***da una ~... dall'altra...*** on the one hand... on the other hand... **9** *(fazione, campo)* side; ***di ~*** [*spirito, discorso*] partisan; ***essere dalla ~ di qcn.*** to be on sb.'s side; ***dalla ~ britannica, francese*** on the British, French side; ***essere dalla ~ del torto*** to be in the wrong; ***mettersi dalla ~ del torto*** to put oneself in the wrong **10** DIR. party; ***la ~ lesa*** the aggrieved; ***una ~ in causa*** a party to the suit; ***le -i in causa*** the parties hereto; ***le -i interessate*** the interested parties; ***una soluzione accettabile per entrambe le -i*** a solution acceptable to both parties; ***essere ~ contraente di un contratto*** to be a party to a contract **11** *(difese)* ***prendere le -i di*** to take sb.'s part, to side with sb., to stand *o* stick up for sb.; ***prendere le -i dei più deboli*** to side with the underdog **12** TEATR. TELEV. CINEM. *(ruolo)* part, role (anche FIG.); ***~ da protagonista*** lead *o* leading role; ***una ~ da domestica*** a servant's part; ***ho avuto la ~!*** I got the part! ***recitare la ~ di*** to play the part of; ***assegnare le -i*** to cast; ***fare la ~ del cattivo*** to play the villain; ***fare la propria ~*** FIG. to do one's part *o* bit **13** MUS. part; ***la ~ della viola, del tenore*** the viola, tenor part **14 da parte di da ~ di qcn.** *(per quanto riguarda)* by *o* from sb., on the part of sb.; *(per incarico di)* [*agire, scrivere, telefonare*] on behalf of sb.; *(del ramo familiare di)* on sb.'s side; ***salutalo da ~ mia*** give him my best regards; ***da ~ mia*** for my part; ***è stupido da ~ sua fare*** it is stupid of him to do; ***che strano, da ~ di John!*** how unlike John! ***da ~ loro, niente mi stupisce*** nothing they do surprises me; ***ho un regalo per te da ~ di mia sorella*** I've got a present for you from my sister; ***la chiamo da ~ del signor Ferrari*** I'm phoning on behalf of Mr Ferrari; ***da ~ di madre*** on one's mother's side **15 da parte** *(in serbo)* aside; *(in disparte)* apart; ***mettere, lasciare qcs. da ~*** to put, leave sth. to one side *o* aside; ***non ho niente da ~*** I haven't got any money put aside; ***prendere qcn. da ~*** to take sb. to one side, to get sb. alone; ***farsi da ~*** to step *o* move aside **16 a parte** *(separatamente)* apart, separately; *(eccetto, tranne)* apart, besides; ***scherzi a ~*** joking aside *o* apart; ***una razza, un mondo a ~*** a race, a world apart; ***a ~ il giardino*** apart from the garden; ***nessuno lo sa, a ~ Mary*** nobody knows, besides Mary; ***a ~ i cani, gli animali non mi piacciono*** dogs apart, I don't like animals; ***preparate una salsa a ~*** prepare a sauce separately; ***finanze a ~, siamo abbastanza felici*** finances apart, we're quite happy; ***dire qcs. in un a ~*** TEATR. CINEM. to say sth. in *o* as an aside **17 in parte** (in) part, partly; ***in ~ è dovuto a*** in part it's due to; ***in ~ è perché*** part of the reason is; ***in ~ era paura, in ~ avidità*** it was part fear, part greed; ***in ~ scettico, in ~ divertito*** half sceptic, half amused **18 prendere ~ a** to take part in; ***prendiamo ~ al vostro dolore*** we share your grief ◆ ***fare la ~ del leone*** to take the lion's share; ***anche l'occhio vuole la sua ~*** you should also please the eye ◆◆ ***~ del discorso*** LING. part of speech; ***-i basse*** groin; ***-i intime*** private parts, privates COLLOQ.

partecipante /partetʃi'pante/ **I** agg. participant **II** m. e f. partaker, participant; *(ad una discussione)* contributor; *(nello sport)* starter; *~ **a un vertice*** summitteer; ***i -i alla conferenza*** the conference members.

▶ **partecipare** /partetʃi'pare/ [1] **I** tr. to announce; ***~ il proprio matrimonio*** to announce one's wedding **II** intr. (aus. *avere*) **1** *(intervenire)* ~ **a** to take part in, to be involved in [*affare, progetto, rapina, scandalo*]; to attend [*asta, incontro, manifestazione*]; to be engaged in [*attività, pratica, ricerca*]; to enter [*concorso, gara*]; to join in, to take part in [*campagna, discussione, sciopero*]; ***~ in veste di osservatore*** to attend as an observer; ***in classe non partecipa abbastanza*** he doesn't participate *o* join in enough in class; ***~ attivamente a qcs.*** to play an active role *o* part in sth. **2** *(avere parte)* to contribute; ***~ all'affare*** to be in on the deal; ***~ alle spese*** to help with expenses, to share expenses; ***~ agli utili*** ECON. AMM. to share the profits; ***~ a una gara d'appalto*** to tender for a contract; ***~ alla progettazione, all'organizzazione di qcs.*** to have a hand in planning, organizing sth. **3** *(condividere)* to share; ***~ alla gioia di qcn.*** to share sb.'s joy; ***idee che partecipano dell'ideologia dominante*** ideas which draw on the dominant ideology.

partecipativo /partetʃipa'tivo/ agg. participatory; [*gestione, titolo, prestito*] participating, participation attrib.

▷ **partecipazione** /partetʃipat'tsjone/ f. **1** *(presenza)* participation, attendance; *(ad attività, campagna, compito)* involvement; *(a dimostrazione, sciopero, votazioni)* turnout; ***~ del pubblico, degli operai*** audience, worker participation; ***c'è stata una buona ~ all'incontro*** the meeting was well-attended; ***c'è stata un'ampia ~ al concorso*** there was a large entry for the contest; ***c'è stata una grandissima ~ alla parata*** there was a magnificent turnout for the parade; ***con la ~ di Tim Roth*** with special appearance by Tim Roth **2** *(biglietto)* card; ***~ di matrimonio*** wedding (invitation) card **3** COMM. ECON. contribution, equity, interest, stake; ***~ azionaria*** holding; ***-i degli azionisti*** shareholders' equity; ***impresa di ~*** joint venture; ***impresa a ~ statale*** state-controlled enterprise; ***avere una ~ in una società*** to have a share in a company ◆◆ ***~ incrociata*** mutual shareholding; ***~ di maggioranza*** controlling interest *o* share *o* stake, majority interest; ***~ di minoranza*** minority interest; ***~ mista*** joint partnership; ***~ agli utili*** profit sharing.

partecipe /par'tetʃipe/ agg. ***essere ~ del dolore, della gioia di qcn.*** to share in sb.'s sorrow, joy; ***rendere ~ qcn. di qcs.*** to let sb. share in sth., to bring sb. in on sth. COLLOQ.; ***sa renderci -i delle sue emozioni*** he knows how to get his feelings across.

▷ **parteggiare** /parted'dʒare/ [1] intr. (aus. *avere*) to take* sides; ***~ per*** to root for, to support [*atleta, squadra*]; ***~ per qcn.*** to take sb.'s part, to side sb., to back sb.

partenio, pl. **-ni** /par'tɛnjo, ni/ m. BOT. feverfew.

partenogenesi /parteno'dʒɛnezi/ f.inv. parthenogenesis.

partenogeneticamente /partenodʒenetika'mente/ avv. parthenogenetically.

partenogenetico, pl. **-ci, -che** /partenodʒe'nɛtiko, tʃi, ke/ agg. parthenogenetic.

Partenone /parte'none/ n.pr.m. Parthenon.

partenopeo /parteno'pɛo/ **I** agg. Neapolitan **II** m. (f. **-a**) Neapolitan.

▷ **partenza** /par'tɛntsa/ f. **1** *(atto del partire)* departure; ***orario di ~*** departure time; *(di nave)* sailing time; ***tabellone delle -e*** departure board, departures indicator; ***sala -e*** departure lounge; ***atrio -e*** AER. departures hall; ***stazione di ~*** forwarding station; ***ora prevista di ~*** estimated time of departure; ***essere di ~*** to be about to leave; ***ha rinviato la ~ al weekend*** he held off leaving until the weekend; ***ciò ha reso più facile la mia ~*** that made it easier for me to leave; ***darsi appuntamento alla ~ del pullman*** to arrange to meet at the coach departures; ***il treno ha accumulato del ritardo alla ~ da Roma*** the train was late leaving Rome **2** SPORT start; ***falsa ~*** false start (anche FIG.); ***griglia di ~*** (starting) grid; ***linea di ~*** mark, starting line; ***blocco, cancelletto di ~*** starting block, starting gate; ***sulla linea di ~*** lined up at the start; ***disporsi sulla linea di ~*** to toe the line; ***fare una falsa ~*** [*atleta*] to jump the gun, to get off to a false start **3** *(inizio)* start; ***di ~*** [*offerta, prezzo*] opening; ***punto di ~*** base *o* point of departure; FIG. jumping-off place; ***essere di nuovo al punto di ~*** to be back at square one; ***ritornare al punto di ~*** [*persona, situazione*] to come full circle, to go back to square one **4 in partenza** leaving; [*posta*] outgoing; ***in ~ per*** [*aereo, nave, treno, persona*] bound for; ***il treno in ~ dal binario uno*** the train now departing from platform one; ***il treno per Milano è in ~*** the train for Milan is about to leave *o* to depart; ***è una battaglia persa in ~*** FIG. it's a losing battle ◆◆ ***~ da fermo*** SPORT standing start; ***~ lanciata*** SPORT flying start; ***~ in salita*** AUT. hill start; ***~ scaglionata*** staggered start.

parterre /par'tɛr/ m.inv. **1** TEATR. parterre, parquet AE **2** *(aiuola)* parterre.

particella /parti'tʃɛlla/ f. **1** *(piccolo pezzo)* particle **2** FIS. particle; ***acceleratore di -e*** particle accelerator; ***fisica delle -e*** particle physics; ***una ~ con carica negativa*** a negatively charged particle **3** DIR. *(di terra)* scrap, parcel **4** LING. particle ◆◆ ***~ catastale*** DIR. cadastral parcel; ***~ elementare*** FIS. elementary particle; ***~ espletiva*** LING. expletive; ***~ pospositiva*** LING. postposition; ***~ prepositiva*** LING. prepositive.

particellare /partitʃel'lare/ agg. **1** FIS. CHIM. particle attrib. **2** DIR. ***catasto ~*** cadastral map.

particina /parti'tʃina/ f. TEATR. bit part.

participiale /partitʃi'pjale/ agg. participial.

participio, pl. **-pi** /parti'tʃipjo, pi/ m. participle ◆◆ ***~ passato*** past participle; ***~ presente*** present participle.

particola /par'tikola/ f. RELIG. host.

▶ **particolare** /partiko'lare/ **I** agg. **1** *(specifico)* particular; [*bisogno, motivo, ragione, significato*] special; ***segni -i*** distinguishing marks, particulars; ***in questo caso ~*** in this particular instance; ***senza un*** o ***per nessun motivo ~*** for no particular reason; ***l'impresa segue dei processi -i*** the company has its own (particular) procedures; ***ha un modo ~ di esprimersi*** he has a particular way of expressing himself **2** *(speciale)* particular, special; [*affetto, circostanza, importanza, situazione, interesse, occasione*] special; [*attenzioni*] keen; ***niente di ~*** nothing in particular; ***un modo ~ di parlare*** a peculiar way of speaking; ***"che cosa hai visto?" - "niente di ~"*** "what did you see?" - "nothing to speak of" *o* "nothing special"; ***fare uno sforzo ~*** to make a special effort; ***prestare ~ attenzione*** to pay special attention; ***fare qcs. con ~ attenzione, usare una ~ attenzione con qcs.*** to take particular care over sth. **3** *(privato)* ***segretario ~*** personal assistant, social secretary **4 in particolare** especially, in particular; ***perché lei in ~?*** why her especially? ***stai cercando qualcosa in ~?*** are you looking for anything in particular? **5 in particolar modo** *(specialmente)* particularly, in particular, especially, specially, chiefly, mainly, mostly; ***campagna rivolta in particolar modo ai giovani*** campaign aimed at the young in particular; ***tutti i paesi sono interessati, in particolar modo l'Italia*** all countries are concerned and Italy in particular **II** m. **1** *(particolarità)* particular, detail; ***in tutti i -i*** in every particular; ***descrivere qcs. fin nei minimi -i*** to describe sth. down to the smallest details *o* in minute detail; ***esaminare, studiare qcs. nei -i*** to examine, study sth. in depth; ***entrare, scendere nei -i*** to enter, go into details **2** FILOS. particular; ***il generale e il ~*** the general and the particular **3** ART. detail.

particolareggiare /partikolared'dʒare/ [1] tr. to particularize, to itemize.

particolareggiato /partikolared'dʒato/ **I** p.pass. → **particolareggiare** **II** agg. detailed.

particolarismo /partikola'rizmo/ m. POL. RELIG. particularism.

particolarista, m.pl. **-i**, f.pl. **-e** /partikola'rista/ m. e f. POL. RELIG. particularist.

particolaristico, pl. **-ci, -che** /partikola'ristiko, tʃi, ke/ agg. particularistic.

particolarità /partikolari'ta/ f.inv. **1** *(peculiarità)* particularity, peculiarity; ***le ~ climatiche, geologiche di una regione*** the special climatic, geological features of an area; ***le ~ storiche di un paese*** a country's particular historical features; ***ha questa ~, tiene alla sua indipendenza*** what is special about him is that he wants to be independent; ***avere la ~ di fare*** to have the distinction of doing **2** *(caratteristica)* ***la ~ di una malattia*** the particular nature of a disease; ***le ~ di un libro*** the original aspects of a book **3** *(minuzia)* detail.

particolarmente /partikolar'mente/ avv. **1** *(in modo particolare)* notably, particularly, especially; ***non ~*** not particularly; ***~ in riferimento a*** with particular reference to **2** *(molto)* [*interessante, gentile, utile*] specially; ***non mi ispira ~*** it's not particularly inspiring; ***questo dipinto mi piace ~*** this painting is a particular favourite of mine; ***l'hotel non è ~ raccomandabile*** the hotel has little to recommend.

partigianeria /partidʒane'ria/ f. partisanship.

▶ **partigiano** /parti'dʒano/ **I** agg. **1** *(di parte)* partisan **2** *(della Resistenza)* ***guerra -a*** = Resistance fighting **II** m. (f. **-a**) **1** MIL. partisan **2** *(fautore)* partisan, supporter.

▶ **partire** /par'tire/ [3] **I** intr. (aus. *essere*) **1** *(andare via)* to leave*, to get* off, to set* off, to set* out, to start out; ***~ da casa*** to leave from home; ***~ per un viaggio*** to set off *o* out on a journey; ***~ per le vacanze*** to set off on holiday; ***~ in macchina*** to leave by car; ***è ora di ~*** it's time to leave *o* we left; ***sono partiti in aereo o in treno?*** did they fly or did they take the train? ***da che stazione parti?*** which station are you leaving *o* going from? **2** *(per una destinazione)* to leave*, to get* off, to be* off (**per** to); ***è partita per l'Australia*** she's gone out to Australia; ***sono partiti per la Spagna in autostop*** they've left to go hitchhiking to Spain; ~ ***in guerra*** to go off to the war **3** *(mettersi in movimento)* [*persona, treno*] to go*, to leave*, to depart FORM.; [*macchina, motore*] to start (off), to move off, on, to pull away, out, to draw* off, to leave*; ***fare*** ~ to drive away, to start (up) [*automobile*]; to set off, to touch off [*fuochi d'artificio*]; ***fare*** ~ ***la macchina*** to get the car going; ***questa stupida macchina non vuole*** ~***!*** the stupid car won't start! ***il treno per Londra sta per*** ~ the train for London is about to depart *o* leave; ***il treno parte alle sei*** the train goes *o* leaves at six o'clock **4** *(saltar via)* [*colpo, proiettile*] to explode; ***fare, lasciare*** ~ ***un colpo*** to fire, let off a shot; ***giocava con il fucile ed è partito un colpo*** he was playing with the gun and it went off *o* a shot was fired **5** *(iniziare)* [*percorso, strada*] to start; ***il sentiero parte da qui*** the path starts here; ~ ***dal nulla*** o ***da zero*** to start from nothing; ***il terzo partendo da sinistra*** the third (starting) from the left; ***quando parte non lo si ferma più*** COLLOQ. once he gets going, there's no stopping him; ***le trattative partirono piuttosto bene*** the talks got off to a good start **6** *(basarsi)* ~ ***da qcs.*** to proceed from sth.; ***partendo dal principio che*** starting from the principle that; ***organizzeremo un incontro e partiremo da quello*** we'll arrange a meeting and proceed from there; ***fabbricato partendo dal petrolio*** made from oil **7** COLLOQ. *(rompersi)* [*automobile, macchinario*] to conk out; ***il televisore è partito*** the television has packed it; ***il motore è partito*** the engine is burned out; ***è partito un altro bicchiere!*** there's another glass gone west! **8** COLLOQ. *(perdere la testa)* to flip (out); ***è veramente partita per lui*** she's really gone on him **9** *(andare)* to go*; ***metà dei soldi parte per le tasse scolastiche*** half the money goes on school fees **10** SPORT to start; ~ ***favorito*** [*concorrente, candidato*] to start favourite; ~ ***per ultimo*** [*concorrente*] to start last; ***sono partiti!*** they're off! **11 a partire da** *(decorrere)* as from, as of, with effect from; *(cominciare)* from; ***a*** ~ ***da adesso, da aprile*** as from *o* of now, April; ***a*** ~ ***da quel giorno*** from that day on; ***un mese a*** ~ ***da adesso*** one month from now; ***a*** ~ ***dal primo gennaio*** with effect from *o* starting January 1; ***il divieto non sarà più in vigore a*** ~ ***da marzo*** the ban ceases to apply from March; ***il terzo a*** ~ ***dal fondo*** the third from the back; ***l'ottava riga a*** ~ ***dall'inizio della pagina*** eight lines from the top of the page; ***biglietti a*** ~ ***da 5 euro*** tickets at 5 euros and above *o* from 5 euros up(wards) **II partirsi** pronom. LETT. to part, to leave* ◆ ~ ***in quarta*** to speed away, to get off to a flying start; ~ ***col piede sbagliato, giusto*** to start *o* get off on the wrong, right foot; ~ ***per la tangente*** to go off at *o* on a tangent; ~ ***è un po' morire*** PROV. = leaving is a bit like dying.

▶ **partita** /par'tita/ f. **1** GIOC. SPORT match, game; ~ ***di baseball*** ballgame AE; ***una*** ~ ***di tennis*** a game of tennis, a tennis match; ***una*** ~ ***di golf*** a round of golf; ***finale di*** ~ endgame; ***fare una*** ~ ***a carte, a scacchi*** to have *o* play a game of cards, chess; ***vincere, perdere una*** ~ to win, lose a game (anche FIG.); ***disputare una*** ~ to contest a match; ***dare*** ~ ***vinta*** to concede the match; ***chi vuole fare una*** ~ ***a calcio?*** who's for a game of football? ***ha fischiato la fine della*** ~ he blew the whistle for full time; ***la*** ~ ***è persa*** the game's lost *o* up (anche FIG.); ***condurre la*** ~ to be in the lead (anche FIG.); ***abbandonare la*** ~ to throw in one's hand (anche FIG.); ***voglio essere della*** ~ FIG. I want in on the deal, I want to be one of the party **2** *(stock)* batch, consignment, lot; ***la polizia ha sequestrato una*** ~ ***di armi, di eroina*** the police seized an arms, a heroin haul ◆◆ ~ ***amichevole*** friendly match; ~ ***di andata*** first leg; ~ ***di caccia*** hunting expedition, shoot BE, shooting party; ~ ***doppia*** AMM. double entry; ~ ***fuori casa*** away match; ~ ***in casa*** home match; ~ ***di pesca*** fishing expedition; ~ ***di ritorno*** rematch; ~ ***semplice*** AMM. single entry; ***-e invisibili*** ECON. invisibles.

partitario, pl. **-ri** /parti'tarjo, ri/ m. ledger; ~ ***fornitori*** purchase ledger.

partitico, pl. **-ci, -che** /par'titiko, tʃi, ke/ agg. party attrib.

partitismo /parti'tizmo/ m. party politics.

partitivo /parti'tivo/ **I** agg. partitive; ***articolo*** ~ partitive article **II** m. partitive.

1.partito /par'tito/ **I** p.pass. → **partire II** agg. COLLOQ. *(ubriaco)* smashed, slashed; *(innamorato)* smitten, crazy, lost; ***essere*** ~ ***per qcn.*** to be head over heels in love with sb., to be smitten by *o* with sb.

▶ **2.partito** /par'tito/ m. **1** POL. party; ~ ***di sinistra*** leftist *o* left-wing party; ~ ***di centro*** centre party; ~ ***di destra*** rightist *o* right-wing party; ***un*** ~ ***del centrosinistra*** a centre-left party; ~ ***dell'opposizione*** opposition party; ***membro del*** o ***di*** ~ party member; ***dirigente di*** ~ party chief; ***la direzione del*** ~ the party leadership; ***la linea del*** ~ the party line; ***avere la tessera di un*** ~ to be a card-carrying member of a party; ***iscriversi a un*** ~ to join a party; ***essere alla testa di un*** ~ to head a party, be at the head of a party **2** *(soluzione)* solution, option; ***esitare fra due -i*** to hesitate between two options; ***non so che*** ~ ***prendere*** I can't make up my mind **3** ANT. *(persona da sposare)* match; ***un buon*** ~ *(uomo)* an eligible bachelor; *(donna)* a good catch; ***essere un buon*** ~ to be a good catch *o* match; ***sposare un buon*** ~ to make a good match ◆ ***trarre*** ~ ***da*** to take advantage of [*situazione, avvenimento, lezione, invenzione*]; ***cambiare*** ~ to cross the floor, to change sides, to switch parties; ***per*** ~ ***preso*** because of *o* from preconceived ideas.

> **i** **Partiti politici** Italy continues to have a problem with grouping political tendencies into a few large parties. There are still a large number of Italian political parties, divided into three broad areas: left, right and centre. The centre was the cornerstone of political life in the "First Republic", but is divided nowadays: some minor Catholic parties (*La Margherita, UDC, Udeur*) line up with the left, in the alliance called *L'Ulivo* (the Olive Tree) and then *L'Unione* (the Union), others with the right, in the alliance called the *Casa delle Libertà* (House of Liberties). On the left are the *Democratici di sinistra* (*DS*), the ex-Communists who have abandoned Marxism, the more radical *Partito della rifondazione comunista* (*PRC*) and the Ecologists, the "Greens". On the right the *Alleanza Nazionale* (*AN*), the ex-Neofascist party, and the *Lega Nord* (Northern League) with its separatist and xenophobic tendencies. *Forza Italia* (*FI*), the large centre-right party, has brought together ex-Christian Democrats, Socialists and Liberals (see also ***Prima repubblica***).

partitocratico, pl. **-ci, -che** /partito'kratiko, tʃi, ke/ agg. dominated by political parties.

partitocrazia /partitokrat'tsia/ f. = political system in which parties have greater rule than the parliament and the government.

partitura /parti'tura/ f. part, score; ***la*** ~ ***per pianoforte*** the piano part *o* score; ~ ***completa, a parti staccate*** full, short score; ~ ***d'orchestra*** orchestral score.

partizione /partit'tsjone/ f. **1** ANT. *(spartizione)* partition, division **2** MAT. division.

partner /'partner/ m. e f.inv. *(compagno)* partner, helpmate, lover; COMM. DIR. ECON. POL. partner; ~ ***principale*** senior partner; ~ ***commerciale*** trading partner; ***i*** ~ ***della Gran Bretagna nella NATO*** Britain's NATO partners.

partnership /'partnerʃip/ f.inv. DIR. partnership (**con** with; **tra** between); ***gettare le basi per una*** ~ to lay the foundations for a partnership.

▷ **1.parto** /'parto/ m. **1** birth, childbed, childbirth, delivery, parturition; VETER. birth; ***travaglio del*** ~ labour; ***un*** ~ ***difficile, facile*** a difficult, easy birth *o* labour; ***corso di preparazione al*** ~ antenatal class BE; ***sala*** ~ delivery room *o* suite BE; ~ ***in casa*** home birth; ***morire di*** ~ to die in childbirth **2** FIG. product, creation; ~ ***letterario*** literary work *o* product; ~ ***della mente*** brainchild; ***un*** ~ ***della tua immaginazione*** a figment of your imagination ◆◆ ~ ***in acqua*** underwater birth; ~ ***cesareo*** Caesarean *o* Caesarian birth; ~ ***gemellare*** twin-birth; ~ ***indolore*** painless childbirth; ~ ***indotto*** induced labour *o* delivery; ~ ***multiplo*** multiple birth; ~ ***pilotato*** → ~ **indotto**; ~ ***podalico*** breech (delivery); ~ ***prematuro*** premature birth; ~ ***semplice*** single birth; ~ ***a termine*** full term delivery.

2.parto /'parto/ **I** agg. STOR. Parthian **II** m. (f. **-a**) Parthian ◆ ***freccia del*** ~ Parthian shot, parting shot.

partone /par'tone/ m. FIS. parton.

partoriente /parto'rjente/ **I** agg. parturient **II** f. parturient; ***una*** ~ a woman in childbed.

▷ **partorire** /parto'rire/ [102] tr. **1** *(dare alla luce)* [*donna*] to give* birth to, to have*, to deliver, to bear* ANT. LETT.; ***ha partorito due gemelli*** she gave birth to twins; ***partorirà a maggio*** she's having a baby in May; ***partorirai nel dolore*** BIBL. in sorrow thou shalt bring forth children **2** VETER. [*animale*] to give* birth to, to have*, to cub, to drop; [*mucca*] to calve; [*cavalla*] to foal; [*cagna, foca*] to pup **3** FIG. COLLOQ. *(creare)* to produce [*opera, idea*] **4** *(causare)* to breed*; ***la violenza partorisce odio*** violence breeds hatred.

part time /par'taim/ **I** agg.inv. [*lavoro*] part-time; [*lavoratore, posto*] half-time; ***lavoratore*** ~ part-timer **II** avv. ***lavorare*** ~ to be on *o* work part-time **III** m.inv. part-time.

parure /pa'ryr/ f.inv. **1** *(gioielli)* parure, set **2** *(insieme assortito)* set; ***una*** ~ ***di lenzuola*** a set of sheets.

parusia /paru'zia/ f. TEOL. Parousia.

parvenu /parve'ny/ m.inv. parvenu, upstart, social climber, Johnny-come-lately.

parvenza /par'vɛntsa/ f. **1** LETT. *(apparenza)* appearance **2** *(traccia)* semblance; ***una ~ di ordine, normalità*** a *o* some semblance of order, normality.

▷ **parziale** /par'tsjale/ **I** agg. **1** *(non completo)* [*fallimento, riduzione, sordità, verità*] partial; [*successo, vittoria*] incomplete, partial; ***pagamento ~*** part payment; ***invalidità ~*** partial disability; ***eclissi ~*** partial eclipse **2** *(non obiettivo)* [*decisione, opinione*] biased; [*resoconto*] one-sided, biased, unbalanced; [*atteggiamento, giudizio, giudice*] biased, prejudiced; ***essere ~ nei confronti di*** to be biased in favour of **II** m. SPORT part-time score.

parzialità /partsjali'ta/ f.inv. partiality, partisanship; *(di resoconto)* one-sidedness; ***~ politica, dei media*** political, media bias; ***con ~*** partially; ***accusare qcn. di ~*** to accuse sb. of being biased.

parzialmente /partsjal'mente/ avv. **1** *(non completamente)* [*controllato, oscurato, riparato*] partially; ***latte ~ scremato*** semi-skimmed milk **2** *(non obiettivamente)* [*giudicare, trattare*] partially.

pascal /pas'kal/ m.inv. INFORM. Pascal, PASCAL.

pascere /'paʃʃere/ [2] **I** tr. **1** *(mangiare)* to feed* on, to crop; ***~ l'erba*** to graze **2** *(condurre al pascolo)* to pasture [*animale*] **3** FIG. *(alimentare, appagare)* to feast; ***~ la mente*** to feed *o* nourish one's mind; ***~ gli occhi di qcs.*** to feast one's eyes on sth. **II** intr. (aus. *avere*) to pasture **III pascersi** pronom. [*persona*] to feast (**di** on).

pascià /paʃ'ʃa/ m.inv. pasha ◆ ***vivere come un*** o ***da ~*** to live like fighting cocks *o* like a king *o* the life of Riley.

pasciuto /paʃ'ʃuto/ **I** p.pass. → **pascere II** agg. well-fed; ***essere (ben) ~*** to be plump *o* a roly-poly.

▷ **pascolare** /pasko'lare/ [1] **I** tr. AGR. to pasture; ***fare ~*** to graze, to grass AE **II** intr. (aus. *avere*) to graze, to pasture.

▷ **pascolo** /'paskolo/ m. **1** *(terreno)* pasturage, pasture, grazing, grassland, rangeland; ***al ~*** on the range AE; ***~ ricco, permanente*** rich, permanent pasture; ***diritto di ~*** commonage, pasturage; ***servitù di ~*** grazing rights; ***tenere a ~*** to graze [*terreno*]; ***portare una mucca al ~*** to put a cow out to pasture, to pasture a cow **2** *(cibo)* food (stuffs), pasture.

▷ **1.Pasqua** /'paskwa/ f. **1** RELIG. Easter; ***a ~*** at Easter; ***il giorno di ~*** on Easter Day; ***domenica di ~*** Easter Sunday; ***lunedì di ~*** Easter Monday; ***le vacanze di ~*** Easter holidays; ***durante le vacanze di ~*** over Easter; ***uovo di ~*** Easter egg; ***Buona ~!*** Happy Easter! ***~ cade presto, tardi quest'anno*** Easter falls *o* is early, late this year; ***pulizie di ~*** spring-cleaning **2** *(nell'ebraismo)* Passover ◆ ***essere felice come una pasqua*** to be as happy as a lark *o* as Larry *o* as a sandboy BE *o* as a clam AE; ***Natale con i tuoi, ~ con chi vuoi*** PROV. = you should spend Christmas with your family, but you can choose who to spend Easter with.

2.Pasqua /'paskwa/ ♦ **14** n.pr.f. GEOGR. ***isola di ~*** Easter Island.

pasquale /pas'kwale/ agg. Easter attrib., paschal; ***cero ~*** paschal candle; ***agnello ~*** Paschal Lamb; ***periodo ~*** Eastertide.

pasquetta /pas'kwetta/ f. COLLOQ. Easter Monday.

pasquinata /paskwi'nata/ f. pasquinade.

passa: **e passa** /e'passa/ avv. ***avrà trent'anni e ~*** he'll be well over thirty; ***pesa 100 chili e ~*** he is well over 100 kilos.

passabile /pas'sabile/ agg. fairish; [*film*] goodish; [*conoscenza, qualità*] passable; ***il cibo è ~*** the food is reasonable.

passabilmente /passabil'mente/ avv. passably, tolerably.

passacaglia /passa'kaʎʎa/ f. passacaglia.

passacarte /passa'karte/ m. e f. paper pusher.

passacavo /passa'kavo/ m. fairlead.

▶ **passaggio**, pl. **-gi** /pas'saddʒo, dʒi/ m. **1** *(transito, circolazione)* passage, passing, transit; ***il ~ di veicoli, di navi*** the passage of vehicles, ships; ***diritto di ~*** DIR. easement, right of passage; ***permesso di ~*** wayleave; ***il ~ di un corteo*** the passing of a procession, a parade going by; ***la gente si volta al tuo ~*** you make people's heads turn as you go by; ***vietare il ~ dei camion in città*** to ban trucks from (driving through) the city **2** *(traversata)* crossing; ***~ in ferryboat, hovercraft*** ferry, hovercraft crossing; ***~ delle Alpi*** crossing of the Alps **3** *(strappo)* lift, ride AE; ***mi ha chiesto un ~*** she asked me for a lift; ***vuoi un ~?*** can I give you a lift? ***dare un ~ a qcn. fino alla stazione*** to give sb. a lift to the station; ***dare un ~ a un autostoppista*** to pick up a hitcher; ***scroccare un ~*** to bum *o* cadge a lift **4** *(luogo in cui si passa)* passage, passageway, way; *(in treno, aeroplano, cinema)* aisle, gangway; *(tra due costruzioni)* walkway; ***bloccare, intralciare il ~ a qcn.*** to be in *o* stand in *o* block sb.'s way; ***liberare il ~*** to clear the way; ***sbarrare il ~ a qcn.*** to bar sb.'s way; ***"lasciare libero il ~"*** "keep clear" **5** *(varco)* way; ***aprirsi un ~ tra la folla*** to push *o* work one's way through the crowd; ***scavarsi un ~ in qcs.*** to burrow one's way into sth. **6** *(transizione)* changeover, switchover, shift, switch, transition; ***rito di ~*** rite of passage; ***il ~ ai computer*** the changeover *o* switchover to computers; ***il ~ dall'agricoltura all'industria*** the switch (away) *o* shift from agriculture to industry; ***~ alla seconda tappa, alla fase successiva*** progression to the second stage, the next phase; ***il suo ~ alla classe superiore è compromesso*** there is a risk he won't be moved up to the next class **7** *(trasferimento)* change; *(di proprietà, potere)* handover, transfer; ***non c'è stato ~ di denaro*** no money changed hands **8** *(passo)* piece, passage; ***ha letto loro un ~ del libro*** he read them a piece out of the book; ***un ~ difficile*** MUS. a difficult passage **9** RAD. TELEV. ***~ fisso*** spot; ***il tuo ~ televisivo ha destato grande interesse*** your television appearance made a great impact; ***ogni ~ radiofonico della sua canzone le frutterà i diritti d'autore*** you'll get royalties every time your song is played on the radio **10** SPORT pass; ***~ del testimone*** *(nella staffetta)* changeover; ***~ fintato*** dummy pass BE; ***effettuare un ~ a qcn.*** to (make a) pass to sb. **11** MAT. step; ***i candidati dovranno mostrare tutti i -gi*** candidates must show all working **12 di passaggio** *(frequentato)* [*luogo*] very busy; *(per poco tempo)* [*ospite*] short stay; ***una strada di (grande) ~*** a very busy street; ***un automobilista, poliziotto di ~*** a passing motorist, policeman; ***viaggiatori di ~*** travellers who are passing through; ***sono solo di ~*** I'm just passing through; ***è di ~ in Italia, nella nostra città*** he's passing through Italy, our town; ***nota di ~*** MUS. passing note ◆◆ ***~ in avanti*** SPORT forward pass; ***~ all'indietro*** SPORT backward pass; ***~ a livello*** (level) crossing, grade crossing AE; ***~ a nord-ovest*** Northwest Passage; ***~ pedonale*** (pedestrian) crossing, zebra crossing BE, crosswalk AE; ***~ di proprietà*** changeover of title *o* property; ***~ di testa*** SPORT header.

passamaneria /passamane'ria/ f. braid **U**, passementerie, trim, trimming.

1.passamano /passa'mano/ m. *(nastro)* braid **U**, piping (cord).

2.passamano /passa'mano/ m.inv. = the action of passing sth. from hand to hand; ***fare (il) ~*** to form a human chain.

passamontagna /passamon'taɲɲa/ m.inv. balaclava (helmet), ski mask, snood.

passanastro /passa'nastro/ m.inv. **1** *(infilanastri)* bodkin **2** *(pizzo)* lace with eyelets.

▷ **passante** /pas'sante/ **I** agg. ***banda ~*** ELETTRON. passband; ***blocco ~*** ING. perpend; ***un leone ~*** ARALD. a lion passant **II** m. e f. passerby, bystander; ***i -i*** the people walking by **III** m. **1** ABBIGL. loop, tab **2** ***~ ferroviario*** = city rail link, usually underground **3** SPORT *(nel tennis)* passing shot.

passaparola /passapa'rɔla/ m.inv. **1** MIL. = order passed by word of mouth **2** FIG. word-of-mouth advertising, bush telegraph SCHERZ.; ***fare ~*** to pass the word **3** GIOC. Chinese whispers.

passapatate /passapa'tate/ m.inv. potato masher, ricer AE.

▷ **passaporto** /passa'pɔrto/ m. **1** passport; ***~ valido*** valid passport; ***un ~ falso*** a false *o* forged passport; ***~ scaduto*** out-of-date *o* expired passport; ***titolare di ~*** passport holder; ***rilasciare, rinnovare un ~*** to grant, renew a passport; ***apporre un visto su un ~*** to visa a passport; ***controllo (dei) -i*** passport control *o* check *o* inspection; ***il mio ~ è scaduto*** my passport has expired **2** FIG. passport; ***la sua bellezza è un ~ per il successo*** his looks are a passport to success ◆◆ ***~ collettivo*** group passport; ***~ diplomatico*** diplomatic passport.

▶ **1.passare** /pas'sare/ [1] **I** tr. **1** *(attraversare)* to go* past, to go* across, to get* across, to get* over, to pass, to cross [*fiume, ponte*]; ***~ la dogana*** to go *o* get through customs; ***riuscire a ~ la frontiera*** to slip over *o* across the border; ***passato il semaforo, giri a destra*** turn right after the lights **2** *(infilare)* to run*; *(trafiggere)* to run* through; ***~ qcs. tra, da, a, intorno a*** to run sth. between, from, to, around; ***~ la corda nell'anello, intorno all'anello*** to pass *o* run the rope through, round the ring; ***~ qcs. da parte a parte*** to run right *o* straight through sth. **3** *(trasferire)* to move; ***~ qcn. a un altro ufficio*** to move sb. to another office; ***ha passato la borsa dalla mano sinistra alla destra*** she changed her bag from her left hand to her right **4** *(al telefono)* to connect, to put* on, to put* through; ***~ una telefonata a qcn.*** to put a call through to sb.; ***mi ha passato una telefonata di mio marito*** she put through a call from my husband; ***mi passi il direttore commerciale, per favore*** give me the sales manager, please; ***glielo passo*** I'll put him on, I'm putting you through; ***mi hanno passato un altro reparto*** I was put through to another department **5** COLLOQ. *(dare)* to hand [*oggetto*] (**a qcn.** to sb.); *(attaccare)* to pass on [*raffreddore*]; ***~ qcs.*** to pass along sth., to pass sth. around; ***~ qcs. di mano in mano*** to pass sth. along the line; ***passami il tuo piatto*** pass me your plate; ***potete ~ il sale?*** could you pass the salt along please? ***~ il compito in classe a un compagno*** to give a classmate your copy of a test; ***~ le consegne a qcn.*** to hand over to sb. **6** *(far scorrere)* to run*; ***~ le dita su qcs.*** to run one's fingers over sth.; ***~ un panno asciutto sulla superficie*** to go over the surface with a dry cloth; ***~ uno straccio, l'aspirapol-***

vere su qcs. to run a duster, the vacuum cleaner over sth. **7** *(trascorrere)* to spend*, to pass; ***~ una bella giornata*** to have a nice day; ***~ il Natale a casa*** to spend Christmas at home; ***~ la giornata a fare*** to spend the day doing; ***~ la notte a ballare*** to dance the night away; ***~ un brutto momento*** to have a thin time of it; ***~ un brutto quarto d'ora*** to be put on the spot, to have a nasty time of it **8** *(superare)* to pass, to get* through [*esame, test*]; to live out [*inverno, giorno*]; to go* for [*visita medica*]; ***~, non ~ l'esame di guida*** to pass, fail one's driving test; ***non credo che passerà la settimana*** I don't think he'll live out the week **9** *(approvare)* to get* through, to carry, to pass [*legge, decreto, ordine*]; ***~ un progetto di legge*** to pass a bill; ***~ la mozione con 10 voti contro 8*** to carry the motion by 10 votes to 8 **10** *(perdonare)* to forgive*; ***~ qcs. a qcn.*** to let sb. get away with sth.; ***non me ne passa una*** he doesn't let me get away with anything; ***mi passi l'espressione*** if you'll excuse *o* pardon the expression **11** GASTR. *(con il frullatore)* to whizz up; to mash (up), to puree [*frutta, verdura*]; ***~ qcs. al tritacarne*** to put sth. through the mincer **12** *(spalmare)* to rub; ***~ la cera sul tavolo*** to wax the table; ***~ un po' di pomata su una scottatura*** to rub some cream on a sunburn **13** SPORT to pass; ***~ la palla*** to feed *o* pass the ball; ***~ la palla indietro, avanti*** to pass the ball backwards, forwards **14** *(pagare)* to pay*; ***~ gli alimenti*** DIR. to pay maintenance **15** *(comunicare, trasmettere)* ***~ un ordine*** COMM. to place an order **16** RAD. TELEV. ***passo!*** over; ***passo e chiudo!*** over and out! ***passiamo ora la linea ai nostri studi di Roma*** now over to our Rome studios **17** *(oltrepassare)* to be* over; ***~ la cinquantina*** to be over fifty years old, to be in one's fifties; ***~ il segno*** FIG. to go too far, to overshoot *o* overstep the mark; ***hai proprio passato il limite!*** you're way out of line! COLLOQ. **18** *(nel poker)* to check; ***passo!*** no bid **II** intr. (aus. *essere*) **1** *(transitare)* [*persona, veicolo*] to pass; ***fammi ~*** let me pass; ***riesci a ~?*** can you fit *o* get *o* squeeze through? ***~ davanti, accanto a qcn.*** to pass by sb.; ***~ lungo, sopra, attraverso qcs.*** to pass along, over, through sth.; ***passando per*** o ***da*** by way of; ***~ sopra*** [*aereo*] to fly over [*città*]; ***~ con il rosso*** to go through a red light, to shoot *o* jump the lights COLLOQ.; ***~ per un tunnel*** to go through a tunnel; ***~ per Londra, per il centro della città*** to go through London, the town centre; ***andare in Polonia passando per la Germania*** to travel through Germany to Poland; ***~ per i campi*** to cut across the fields; ***l'autobus è appena passato*** the bus has just gone; ***siamo passati davanti al palazzo, vicino al lago*** we went past the palace, the lake; ***passate da quella porta*** go straight through that door; ***è passato attraverso tutti gli stadi della formazione*** FIG. he went through the various different stages of training **2** *(snodarsi)* to go* (**per** through); *(scorrere)* [*acqua, elettricità*] to flow* (**per** through); ***il sentiero passa per il bosco*** the path goes through the wood; ***la manifestazione passerà per questa strada*** the demonstration will come along this avenue; ***è passata molta acqua sotto i ponti*** FIG. a lot of water has flowed under the bridge **3** *(trovarsi momentaneamente, fare un salto)* to drop in, to drop round, to pop in BE COLLOQ.; ***~ da*** to call at [*persona, negozio*]; to call (in) on [*amico, parente*]; to go round to [*scuola, ufficio*]; ***~ in mattinata*** [*idraulico, rappresentante*] to come over *o* call in the morning; ***~ dal panettiere*** to drop in at the baker's; ***devi ~ a trovarci*** you must come by and see us; ***~ a prendere qcn., qcs.*** to pick sb., sth. up; ***passerà oggi*** she's coming round today; ***mentre passi di lì, compra il latte*** buy some milk while you're passing; ***sono solo passata a salutare*** I've just popped in to say hello; ***il postino non è ancora passato*** the postman hasn't been yet **4** *(penetrare attraverso)* to get* through; ***riesci a ~ tra il camion e il muro?*** can you get between the truck and the wall? ***non si può ~ a causa della neve*** we can't get through because of the snow; ***impossibile ~ vista la gente che c'era*** you couldn't get through, there were so many people; ***lasciar ~ qcn.*** to let sb. through; ***~ dalla scala di servizio*** to use the backstairs *o* service stairs AE; ***far ~ qcs. attraverso un buco*** to poke sth. through a hole; ***giralo di lato per farlo ~ dalla porta*** twist it round sideways to get it through the door; ***la persiana lascia ~ un po' di luce*** the shutter lets in a chink of light; ***dai, ci passi*** go on, there's plenty of room to get through; ***è passato dalla finestra*** he got in through the window; ***queste scarpe fanno ~ l'acqua*** these shoes let in water **5** *(svolgersi)* to go*, to pass; ***~ inosservato*** to go *o* pass unnoticed, to escape remark, to remain undetected **6** *(spostarsi)* to go*, to move; ***~ in Italia*** to cross to Italy; ***~ dalla sala da pranzo in salotto*** to move from the dining room to the lounge; ***passi allo sportello numero 3*** go to counter 3; ***~ davanti a qualcuno in una coda*** to cut in front of sb. in a queue **7** *(pensare)* to go* through; ***dire quello che passa per la mente*** to say things off the top of one's head; ***dice tutto quello che gli passa per la testa*** he always says the first thing that comes into his head; ***mi domando cosa le passi per la testa*** I wonder what's going on in her head; ***non mi era mai passato per la testa che...*** it never crossed *o* entered my mind that... **8** FIG. *(essere trasferito, trasmesso)* [*proprietà*] to pass; [*titolo*] to pass down; ***~ di mano in mano*** to change hands; ***~ alla storia come*** to go down in history as; ***~ ai posteri come*** to go down to posterity as; ***passerà alla storia come un grande uomo di stato*** he will go down as a great statesman; ***~ di padre in figlio, di generazione in generazione, ai propri eredi*** to be handed down from father to son, from generation to generation, to one's heirs; ***~ di bocca in bocca*** [*notizia*] to be passed on, to be spread by word of mouth **9** *(variare, cambiare)* to change; ***~ da un tema all'altro*** to skip *o* jump from one subject to another; ***~ a un altro argomento di conversazione*** to switch the conversation to another topic; ***il semaforo è passato dal rosso al verde*** the lights changed from red to green; ***sono passato alla benzina verde*** I've converted to unleaded petrol; ***siamo passati dal riscaldamento a gas a quello elettrico*** we changed over from gas to electric heating; ***~ dall'ottimismo alla disperazione*** to swing from optimism to despair; ***~ dalla teoria alla pratica*** to translate theory into practice, to put theory into practice; ***~ sotto il controllo dell'ONU, dello Stato*** to be taken over by the UN, the government; ***~ a un altro partito*** to cross over to another party; ***~ dalla parte dei repubblicani*** to defect to the republican side; ***~ al (campo) nemico*** to desert to the enemy camp, to go over to the enemy; ***~ sotto il controllo nemico*** to fall into enemy hands; ***~ dalla prima marcia alla seconda*** to shift from first into second AE **10** FIG. *(procedere)* to go* on, to move on, to pass on; ***~ a qualcosa di meglio*** to move on to sth. better; ***passiamo ~ al punto successivo*** let's go *o* move *o* pass on to the next item; ***passiamo ad altro*** let's move on; ***~ all'offensiva*** to go on *o* take the offensive; ***~ alle vie di fatto*** to use force, to come to blows; ***~ in giudicato*** DIR. to finalize [*divorzio*]; ***la sentenza è stata passata in giudicato*** DIR. the decree was made absolute **11** *(essere approvato)* [*legge, regolamento, misura*] to go* through; ***la legge non è passata*** the law failed to go through **12** *(essere ammesso)* [*candidato*] to pass; *(essere promosso)* to be* promoted; ***~ alla classe superiore*** to go up a class; ***~ al primo turno*** POL. to pass at first ballot, to be elected in the first round; ***~ di ruolo*** UNIV. to get tenure; ***è passato generale*** he's been promoted to general **13** *(esaurirsi, venir meno)* [*crisi, sentimento*] to pass; [*dolore, effetto*] to pass off, to subside; [*sensazione*] to wear* off; [*temporale*] to blow* itself out, to blow* over, to spend* itself, to die out; [*amore, odio, rabbia*] to die; ***passerà*** it'll pass, things will get better; ***gli passerà*** he'll get over it; ***quando passa l'effetto del medicinale*** when the drug wears off; ***questo mal di testa non vuole ~!*** this headache just won't go away! ***questa brutta abitudine ti passerà*** it's a bad habit you'll grow out of **14** *(finire)* ***mi è passata la voglia di giocare*** I don't feel like playing any more; ***fare ~ la voglia di sorridere a qcn.*** to wipe the smile off sb.'s face; ***ti passerà la voglia di ridere*** you'll be laughing on the other side of your face **15** *(trascorrere)* [*tempo*] to draw* on, to go* (by), to pass; ***la serata era passata fin troppo in fretta*** the evening had passed all too quickly; ***sono appena passate le sette*** it's just gone seven o'clock; ***il tempo è passato e la gente ha dimenticato*** time has passed and people have forgotten; ***non mi accorgo del tempo che passa*** I don't know where the time goes; ***passarono tre ore prima che...*** three hours went by before...; ***non passa mai un giorno senza che lui mi telefoni*** never a day passes but he phones me **16** *(sopportare)* to go* through; ***ci siamo passati tutti*** we've all gone through it; ***passarne di tutti i colori*** [*automobile, giocattolo*] to take a beating; [*persona*] to go through the mill; ***gliene hanno fatte ~ di tutti i colori*** they gave him a rough *o* hard *o* tough time of it; ***farne ~ di tutti colori*** to put sb. through the mill, to give sb. the business AE COLLOQ.; ***ne ha passate di cotte e di crude a causa sua*** he went through fire and water for her; ***dopo tutto quello che mi hai fatto ~*** after all you've put me through **17** *(chiudere un occhio)* ***lasciare ~*** to let it pass; ***~ sopra a*** to overlook, to pass over [*comportamento, errore*]; ***passi per i giovani, ma...*** that's all right for young people but...; ***per questa volta passi*** I'll let you off, I'll turn a blind eye this time, this time I'll let it go **18** *(dimenticare)* to forget*; ***mi era completamente passato di mente*** it went right *o* clean *o* completely out of my mind; ***tutte queste interruzioni me l'hanno fatto ~ di mente*** all these interruptions have put it out of my head **19** *(essere considerato)* to pass; ***~ per un genio*** to pass for a genius; ***sei tu a ~ per fesso*** the joke is on you, it's you that look the fool; ***potrebbe ~ per un italiano*** he'd pass for an Italian; ***fare ~ qcn. per*** to pass off sb. as; ***fare ~ qcn. per bugiardo*** to make sb. out to be a liar **20** *(spacciarsi)* to pose, to impersonate; ***facendosi ~ per un poliziotto***

impersonating a *o* posing as a policeman **21** *(intercorrere)* to pass between; ***che differenza passa tra i due?*** what's the difference between the two? **22** *(programmare)* [*film*] to show; ***~ in televisione, al cinema*** to be shown on TV, at the cinema **III passarsi** pronom. **1** *(far scivolare)* to run*, to draw*; ***-rsi il pettine tra i capelli*** to run a comb through one's hair; ***-rsi un fazzoletto sulla fronte*** to draw a handkerchief across one's forehead; ***si passò la mano sul viso*** he passed his hand over his face **2** *(reciprocamente)* ***-rsi documenti*** to exchange documents; ***-rsi la palla*** to throw a ball around ◆ ***~ il Rubicone*** to cross the Rubicon; ***~ parola*** to spread *o* pass the word; ***~ da un estremo all'altro*** to go from pole to pole *o* from one extreme to the other; ***temo di dover ~ la mano*** I'm afraid I must pass on that; ***~ in secondo piano*** to take second place; ***~ qcs. sotto silenzio*** to leave sth. unsaid; ***~ di moda*** [*vestito, stile*] to date, to become dated, to go out of fashion; ***~ qcs. al setaccio*** o ***al vaglio*** to put sth. through a sieve; ***come te la passi?*** how are things, how are you getting along? ***passarsela bene*** to be well off; ***passarsela male*** to have a hard *o* bad time, to go through the *o* jump through hoops; ***non mi passa più!*** there's no end to it! ***passarla liscia*** to get away with; ***farla ~ liscia a qcn.*** to let sb. off the hook; ***non pensare di passarla liscia!*** don't imagine you'll get away with it! ***~ a miglior vita*** EUFEM. to pass away; ***~ qcn. a fil di spada*** to put sb. to the sword; ***accontentarsi di*** o ***prendere*** o ***mangiare quel che passa il convento*** to take pot luck (for meal), to take the rough with the smooth.

2.passare /pas'sare/ m. passage, passing; ***il ~ del tempo*** the march *o* passage of time; ***con il ~ degli anni*** with the passing of the years, as years go by; ***con il ~ delle ore*** as the day progressed.

passaruota /passa'rwɔta/ m.inv. wheelbox.

passata /pas'sata/ f. **1** *(breve trattamento)* rub, wipe; ***dare una ~ a qcs.*** to give sth. a quick once-over *o* a rub; ***dare una ~ con l'aspirapolvere al tappeto*** to give the carpet a vacuum (clean); ***dare una ~ con il ferro da stiro a qcs.*** to pass the iron over sth., to give sth. a press **2** *(mano)* ***prima ~*** base coat; ***dare una ~ di vernice a qcs.*** to give sth. a coat of paint **3** *(lettura rapida)* ***dare una ~ al giornale*** to have a glance at the paper **4** GASTR. *(di pomodoro)* tomato puree **5** ARCH. *(campata)* spread.

▷ **passatempo** /passa'tɛmpo/ m. hobby, pastime; ***fare qcs. per ~*** to do sth. as a pastime; ***come ~ gli piace leggere delle riviste*** he reads magazines for light relief; ***il ~ preferito dagli americani*** America's national pastime (anche IRON.).

passatismo /passa'tizmo/ m. = conventionalism, traditionalism, fogydom.

passatista, m.pl. **-i**, f.pl. **-e** /passa'tista/ **I** agg. antiquated **II** m. e f. ***è un ~*** he lives in *o* is attached to the past.

passatistico, pl. **-ci**, **-che** /passa'tistiko, tʃi, ke/ agg. SPREG. antiquated.

▶ **passato** /pas'sato/ **I** p.pass. → **1.passare II** agg. **1** *(trascorso, compiuto)* [*esperienze, generazioni, problemi, secoli*] past; ***nei tempi -i*** in former times, in times past; ***~ di moda*** dated **2** *(scorso)* [*anno, settimana, Natale*] past, last; ***il mese ~*** last month **3** *(più di)* past, over; ***erano le cinque -e*** it was past *o* after five o'clock; ***adesso ha quarant'anni -i*** she's over forty now; ***sono andata a letto a mezzanotte -a*** I went to bed well after midnight, it was past midnight when I went to bed **4** FIG. ***bellezza -a*** overblown beauty **5** *(andato a male)* ***essere un po' ~*** [*formaggio, frutta*] to be past its best **6** *(triturato)* [*cibo*] strained, sieved **III** m. **1** *(tempo trascorso)* past; *(di individuo)* record, history; ***in ~*** in the past, aforetime, formerly; ***tutto il nostro ~*** all our yesterdays; ***il mio ~ di sindacalista, attore*** my past as a trade unionist, an actor; ***che cosa sai del suo ~?*** what do you know about his past? ***scavare nel ~ di qcn.*** to dig in sb.'s past; ***è una cosa che appartiene al ~*** thet's a thing of the past; ***lasciarsi il ~ alle spalle*** to turn one's back on the past; ***ora ci sono più studenti rispetto al ~*** there are more students now than in the past; ***dimentichiamo il ~*** to let bygones be bygones; ***la canzone per me fu un tuffo nel ~*** the song was a blast from the past for me COLLOQ. **2** LING. past (tense); ***al ~*** in the past tense; ***participio ~*** past participle; ***parlare di qcn. al ~*** FIG. to talk about sb. in the past tense **3** GASTR. puree; ***~ di verdura*** vegetable puree, pureed vegetables ◆ ***è acqua -a*** it's all water under the bridge, it's over and done with; ***tagliare i ponti con il ~*** to make a clean break with the past ◆◆ ***~ prossimo*** LING. present perfect; ***~ remoto*** LING. past historic.

passatoia /passa'toja/ f. **1** *(guida) (di scale)* stair carpet; *(di corridoio)* runner **2** FERR. crossing.

passatoio, pl. **-oi** /passa'tojo, oi/ m. stepping stone.

passatore /passa'tore/ m. LETT. *(traghettatore)* ferryman*.

passatutto /passa'tutto/ m.inv. masher, grinder.

passavanti /passa'vanti/ m.inv. gangway.

passaverdura /passaver'dura/, **passaverdure** /passaver'dure/ m.inv. masher, grinder.

passavivande /passavi'vande/ m.inv. (service) hatch, serving hatch, servery BE, pass-through AE.

▷ **passeggero** /passed'dʒɛro/ **I** agg. [*allegria, effetto, fenomeno*] short-lived; [*emozione, piacere, ricordo*] fleeting; [*impulso, indecisione*] momentary; ***un capriccio ~*** a passing fancy; ***un'infatuazione -a*** a passing infatuation **II** m. (f. **-a**) passenger, traveller BE, traveler AE; ***~ in piedi*** standee; ***servizio -i*** passenger service ◆◆ ***~ clandestino*** stowaway.

▷ **passeggiare** /passed'dʒare/ [1] intr. (aus. *avere*) to stroll, to walk, to wander; ***uscire a ~*** to go out walking; ***~ nervosamente su e giù*** to pace fretfully to and fro; ***~ sul lungomare*** to stroll along the seafront; ***passeggiammo tranquillamente per i giardini*** we ambled around the gardens.

▷ **passeggiata** /passed'dʒata/ f. **1** walk, stroll, ramble, wander; ***~ a cavallo, in bici*** horse, bike ride; ***~ in campagna*** country walk; ***andare a fare una ~*** to go for *o* on a walk; ***fare una ~ sul lungomare*** to go for *o* have a walk beside the sea; ***facciamo una ~ nei boschi*** let's take a walk in the woods **2** *(luogo in cui si passeggia)* walk; ***ci sono delle belle -e qui intorno*** there's some lovely walking around here **3** COLLOQ. FIG. (lead-pipe) cinch, pushover, walkaway AE; ***da qui è una ~*** it's downhill from here; ***è stata una ~!*** that was a piece of cake *o* a walk! AE COLLOQ.; ***non è una ~!*** it's no picnic! ***giocare contro quella squadra non è stata una ~*** the team were no pushover ◆◆ ***~ lunare*** moonwalk; ***~ a mare*** promenade, esplanade, front BE; ***~ spaziale*** spacewalk.

passeggiatrice /passeddʒa'tritʃe/ f. EUFEM. streetwalker.

passeggino /passed'dʒino/ m. (baby) buggy BE, pushchair BE, stroller AE.

▷ **passeggio**, pl. **-gi** /pas'seddʒo, dʒi/ m. **1** *(il passeggiare)* walk, stroll; ***andare a ~*** to go for *o* on a walk, to walk (around); ***portare qcn. a ~*** to take sb. out for a walk; ***bastone da ~*** (walking) stick, cane; ***scarpe da ~*** walking shoes **2** *(luogo in cui si passeggia)* walk **3** *(gente che passeggia)* ***guardare il ~*** to watch the comings and goings *o* the strollers.

passe-partout /paspar'tu/ m.inv. **1** *(chiave)* master key, passkey, skeleton key, passe-partout **2** *(cornice)* passe-partout.

passera /'passera/ f. **1** *(passero)* hen sparrow **2** VOLG. pussy, beaver AE ◆◆ ***~ di mare*** plaice, flounder BE; ***~ scopaiola*** dunnock, hedge sparrow.

passeraceo /passe'ratʃeo/ m. passerine.

passerella /passe'rɛlla/ f. **1** *(ponte pedonale)* footbridge; ***~ in legno*** duckboard **2** ARCH. ***~ aerea*** skywalk **3** MAR. bridge, gangplank, gangway; ***~ provvisoria*** o ***volante*** flying bridge **4** TEATR. = forestage **5** *(per sfilate)* catwalk, runway **6** *(esibizione)* parade.

passeriforme /passeri'forme/ m. → **passeraceo.**

▷ **passero** /'passero/ m. sparrow ◆◆ ***~ domestico*** house sparrow.

passerotto /passe'rɔtto/ m. **1** *(passero)* little sparrow **2** *(termine affettuoso)* lovey, toots.

passi /'passi/ m.inv. pass.

passibile /pas'sibile/ agg. liable, subject; ***~ di arresto*** DIR. arrestable; ***~ di condanna*** DIR. punishable; ***~ di un'ammenda*** punishable by a fine; ***essere ~ di*** to carry, to be liable to [*multa, provvedimento*]; ***il contratto è ~ di modifiche*** the contract is liable to changes.

passiflora /passi'flɔra/ f. passion flower.

passim /'passim/ avv. LETT. passim.

passino /pas'sino/ m. colander, cullender, sieve, strainer.

passionale /passjo'nale/ agg. **1** *(ispirato dalla passione)* passionate; ***delitto ~*** crime of passion **2** *(impulsivo)* excitable, passionate, warm-blooded.

passionalità /passjonali'ta/ f.inv. passion.

passionalmente /passjonal'mente/ avv. passionately, with feeling.

passionario, pl. **ri** /passjo'narjo, ri/ m. *(libro)* passional.

▶ **passione** /pas'sjone/ f. **1** *(forte sentimento)* passion; ***~ sfrenata*** inordinate passion; ***-i turbolente, spente*** turbulent, played-out passions; ***un matrimonio senza ~*** a passionless marriage; ***ardere di ~*** to be burning with passion; ***amare con ~*** to love passionately; ***essere schiavo della ~*** to be enslaved by passion; ***è accecato dalla ~*** he's blinded by passion **2** *(entusiasmo)* intense feeling, keenness; ***con ~*** [*descrivere, scrivere, parlare, giocare*] feelingly; [*cantare*] feelingly, heartily; ***collezionare con ~*** to collect avidly; ***parlare con molta ~*** to speak with great feeling **3** *(grande interesse, inclinazione)* passion, fondness, fascination; ***~ per i libri*** bookishness; ***~ per le moto*** motorcycle mania; ***la sua ~ per il gioco*** his compulsive gambling; ***avere una ~ per*** to be keen on, to go in for; ***ha una grandissima ~ per l'opera*** he goes in for opera in a big way; ***può soddisfare la sua ~ per la musica*** she can indulge her love of music **4** BOT. ***fior di ~*** passion flower; ***frutto della ~*** passion fruit.

Passione /pas'sjone/ f. RELIG. Passion; ***la ~*** the Passion; ***domenica, settimana di ~*** Passion Sunday, Passion Week; ***la ~ secondo Matteo*** Saint Matthew's Passion.

passionista, m.pl. **-i**, f.pl. **-e** /passjo'nista/ m. e f. Passionist.

passista, m.pl **-i**, f.pl. **-e** /pas'sista/ m. e f. = bicycle racer who can keep up high speed for long periods or stretches.

passito /pas'sito/ m. ENOL. INTRAD. (strong sweet wine made from raisins).

passivamente /passiva'mente/ avv. passively.

passivare /passi'vare/ [1] tr. CHIM. to passivate.

passivismo /passi'vizmo/ m. passivism.

passività /passivi'ta/ f.inv. **1** *(l'essere passivo)* inertness, passivity, supineness **2** CHIM. passivity **3** ECON. liabilities pl., debit; ***~ correnti*** current liabilities.

▷ **passivo** /pas'sivo/ **I** agg. **1** *(che subisce)* passive; [*compiacenza, sottomissione*] supine; ***fumo ~*** passive *o* slipstream smoking; ***resistenza -a*** passive resistance **2** LING. passive; ***alla forma -a*** in the passive voice **3** ECON. ***bilancio ~*** debit balance; ***interesse ~*** debt *o* red ink interest; ***garanzia -a*** bid bond; ***l'interesse ~ sul mutuo*** the interest payable on the house loan **II** m. **1** LING. passive; ***al ~*** in the passive, passively **2** AMM. *(dare)* debit; COMM. ECON. *(perdita)* liabilities pl., red ink; ***in ~*** broke, in the red; ***nel ~ del bilancio*** on the debit side; ***attivo e ~*** assets and liabilities; ***avere un ~ di 10 milioni di euro*** to have debts for 10 million euros; ***Rossi S.p.A. ha chiuso il bilancio in ~*** Rossi S.p.A. made a loss in the last financial year; ***~ contingente*** contingent liability; ***~ scaduto*** current liabilities; ***~ non scaduto*** non-current liabilities; ***registrare qcs. al ~*** to enter on the debit side.

▶ **1.passo** /'passo/ m. **1** *(movimento)* step, pace; ***fare un ~*** to take a step; ***dirigere i propri -i verso*** to turn one's step towards; ***fare un ~ avanti*** to take a step forward, to step forward; ***fare dei -i avanti*** FIG. to make headway; ***fare un ~ indietro*** to take a pace backwards, to step back; FIG. to backslide; ***non indietreggiare di un ~*** not to give way an inch (anche FIG.); ***camminare a grandi -i*** to stride; ***fare -i da gigante*** to make great strides; ***muovere i primi -i*** [*bambino*] to toddle; FIG. [*organizzazione, scienza*] to be still in its infancy; ***l'inverno arriva a grandi -i*** FIG. winter is fast approaching; ***seguire ~ ~*** to tag along (anche FIG.); ***"un grande ~*** o ***un ~ da gigante per l'umanità"*** "a giant leap for mankind" **2** *(andatura)* pace, tread; ***con ~ tranquillo*** at an easy pace; ***dare il ~*** to set the pace; ***camminare di buon ~*** to walk at a rattling *o* smart *o* cracking pace; ***camminare con ~ felpato*** to pad along *o* around, to be soft-footed; ***camminare con ~ vacillante, incerto*** to walk shakily, reelingly; ***camminare con ~ sicuro*** to walk without faltering; ***andarsene con ~ pesante*** to stump off; ***allungare il ~*** to quicken one's step, to lengthen one's stride; ***affrettare il ~*** to quicken one's pace; ***rallentare il ~*** to slow down the pace; ***rompere il ~*** to break step; ***camminavano a ~ svelto*** they were walking at a brisk pace; ***mettersi al ~ con qcn.*** to fall into step with sb.; ***tenere il ~*** to keep up (the pace) (anche FIG.); ***non riesco a stare al ~*** I can't stand the pace (anche FIG.); ***i prezzi aumentano ma i salari non tengono il ~*** FIG. prices are going up but wages are not keeping pace; ***camminare di pari ~*** to walk at the same rate *o* pace; FIG. to go hand in hand; ***la povertà e il crimine vanno spesso di pari ~*** FIG. poverty and crime often go together; ***andare al ~*** MIL. to march; EQUIT. to walk; ***a ~ d'uomo*** at a walking pace; ***procedere a ~ d'uomo*** [*veicolo*] to crawl along, to drive dead slow; ***"procedere a ~ d'uomo"*** *(su un segnale stradale)* "dead slow" BE, "slow" AE **3** *(rumore)* footfall, step; ***avere il ~ leggero*** to be light on one's feet; ***ho sentito un rumore di -i*** I heard a footfall *o* the sound of footsteps *o* the tramp of feet; ***il rumore dei loro -i risuonava lungo il corridoio*** their steps ran down the corridor; ***il cane lo riconosce dal ~*** the dog can tell him from his footsteps **4** *(orma)* footstep; ***seguire i -i di qcn.*** to follow in sb.'s footsteps; ***tornare sui propri -i*** to backtrack, to retrace one's steps, to double back, to turn back (anche FIG.); ***torna sempre sui suoi -i*** FIG. he's always back-pedalling **5** FIG. *(mossa)* ***~ falso*** slip, false step; ***fare un ~ falso*** to trip up; ***fare il primo ~*** to get to first base, to make the first move; ***è stato fatto un primo ~ verso la liberalizzazione*** there has been a move towards liberalization; ***il primo ~ è il più difficile*** the first step is the hardest; ***un grande ~ avanti per la democrazia*** a great advance for democracy **6** *(breve distanza)* ***a due -i*** on the *o* one's doorstep; ***è a due -i*** it's no distance; ***la stazione è a due -i da qui*** it's a short walk to the station; ***essere a un ~ da qcs.*** to be within an ace *o* inch of sth.; ***essere a un ~ dalla vittoria*** to be two steps away from victory **7** *(precedenza)* ***cedere il ~*** *(guidando)* to give way BE; ***cedere il ~ di fronte a*** to bow to [*necessità, saggezza, sapienza*]; to yield to [*fenomeno, tecnologia*]; ***cedere il ~ a un rivale*** FIG. to give way to a rival **8** *(di danza)* step, pas; ***un ~ di danza*** a dance step; ***conoscere i -i del tango*** to know the steps to the tango **9** *(brano letterario)* section, passage, bit, piece; *(brano musicale)* bit, passage, piece, snatch; ***-i scelti*** selected passages; ***il ~ in cui Amleto muore*** the bit where Hamlet dies; ***il ~ è tratto dal suo ultimo libro*** the passage is taken from his latest book; ***ascolta, questo ~ è magnifico!*** listen this bit is brilliant! ***ricorda solo alcuni -i della canzone*** he remembers odd snatches of the song **10** TECN. *(di un'elica)* pitch; *(di un dado, di una vite)* thread **11** AUT. *(interasse)* wheelbase **12** CINEM. gauge **13** MIL. ***"~...marsc!"*** "slow...march!"; ***~ di corsa*** double march, double time AE; ***a ~ di corsa*** on *o* at the double, in double time AE; ***segnare il ~*** to mark time ◆ ***~ (dopo) ~*** stage by stage, step by step; ***fare il grande ~*** to take the plunge; ***stare, andare al ~ coi tempi*** to keep up, move with the times, to keep abreast of the times; ***non essere al ~ coi tempi*** to be out of step with the times *o* the rest of the world, to be behind the times; ***a ~ di lumaca*** at a snail's pace; ***procedere a -i da gigante*** to come on in leaps and and bounds; ***fare il ~ più lungo della gamba*** to bite off more than one can chew; ***di questo ~*** at this rate; ***e via*** o ***avanti di questo ~*** and so on and so forth; ***di questo ~ non potremo mai permetterci un'automobile*** at this rate we'll never be able to afford a car; ***fare due -i*** to stroll casually; ***andare a fare due -i*** to go for *o* take a (short) walk ◆◆ ***~ cadenzato*** measured pace, clamp AE; ***~ a due*** COREOGR. pas de deux; ***~ di marcia*** march; ***~ dell'oca*** goose-step; ***marciare*** o ***sfilare al ~ dell'oca*** to goose-step; ***~ pattinato*** skating; ***~ scivolato*** glide; ***~ a spina di pesce*** herringbone; ***~ d'uomo*** TECN. manhole.

2.passo /'passo/ m. **1** *(passaggio, transito)* passage, way; ***aprirsi il ~ tra la folla*** to push *o* work one's way through the crowd; ***uccello di ~*** migratory bird, bird of passage **2** GEOGR. *(valico)* col, pass, notch AE ◆◆ ***~ carrabile*** o ***carraio*** driveway; *(nella segnaletica)* "keep clear, vehicle entrance".

3.passo /'passo/ agg. *(secco)* withered, dried; ***uva -a*** raisin.

password /'pasword/ f.inv. password.

▷ **pasta** /'pasta/ f. **1** GASTR. *(impasto) (per il pane)* dough; *(per dolci)* pastry, paste; ***preparare, lavorare, stendere la ~*** to make, knead, roll out dough *o* pastry; ***~ per il pane, per la pizza*** bread, pizza dough; ***formaggio a ~ dura, molle*** hard cheese, soft cheese **2** GASTR. *(alimento)* pasta **U**; ***~ fatta in casa*** homemade pasta; ***~ all'uovo*** egg pasta; ***buttare la ~*** to put the pasta (into the boiling water); ***scolare la ~*** to drain the pasta; ***~ in bianco*** plain pasta; ***~ al pomodoro*** pasta and tomato sauce; ***~ al burro*** pasta with butter; ***~ e fagioli*** = bean and pasta soup **3** GASTR. *(pasticcino)* cake, pastry; ***ho portato le -e*** I've brought some pastries **4** FIG. *(indole)* ***essere della stessa ~*** to be cast in the same mould; ***una ~ d'uomo*** an easy-going man, a good soul COLLOQ., a softy COLLOQ.; ***vediamo di che ~ è fatto*** let's see what he's made of ◆ ***avere le mani in ~*** to have a finger in every pie ◆◆ ***~ d'acciughe*** anchovy paste; ***~ (alimentare)*** pasta; ***~ brisée*** shortcrust pastry; ***~ da carta*** IND. pulp; ***~ dentifricia*** toothpaste; ***~ frolla*** → **pastafrolla**; ***~ di legno*** pulpwood, wood pulp; ***~ di mandorle*** almond paste; ***~ sablé*** → **pastafrolla**; ***~ sfoglia*** puff pastry, flaky pastry; ***~ di vetro*** pâte de verre, decorative sintered glass.

pastafrolla, pl. **pastefrolle** /pasta'frɔlla, paste'frɔlle/ f. short pastry; ***biscotto di ~*** shortbread ◆ ***essere di ~*** to be spineless, to have no backbone; ***avere le mani di ~*** to be butterfingered.

▷ **pastasciutta** /pastaʃ'ʃutta/ f. pasta **U**; ***~ col pomodoro*** pasta and tomato sauce.

pasteggiare /pasted'dʒare/ [1] intr. (aus. *avere*) ***~ a ostriche e champagne*** to dine on champagne and oysters; ***~ a*** o ***con vino rosso*** to have red wine with one's meal.

pastella /pas'tɛlla/ f. batter; ***pesce in ~*** fish in batter.

pastellista, m.pl. **-i**, f.pl. **-e** /pastel'lista/ m. e f. paste(l)list.

pastello /pas'tɛllo/ **I** agg.inv. [*tinta, colore*] pastel **II** m. **1** *(matita)* pastel, crayon **2** *(tecnica)* pastel; ***disegnare a ~*** to work in pastels **3** *(dipinto)* pastel.

pastetta /pas'tetta/ f. **1** REGION. *(pastella)* batter **2** FIG. *(imbroglio)* trick, swindle, fiddle COLLOQ.; *(broglio elettorale)* vote-rigging, poll-rigging.

▷ **pasticca**, pl. **-che** /pas'tikka, ke/ f. **1** *(medicinale)* lozenge, pastille; ***~ per la tosse*** cough drop, cough lozenge; ***~ per la gola*** throat pastille *o* lozenge **2** GERG. *(dose di droga)* pill.

pasticcere → **pasticciere.**

▷ **pasticceria** /pastittʃe'ria/ ◗ *18* f. **1** *(negozio)* cake shop, confectioner's (shop), patisserie; *(industria)* confectionery **U** **2** *(arte)* pastry making, confectionery **U** **3** *(pasticcini)* pastries pl., confectionery **U**, patisserie **U** ◆◆ *~ artigianale* homemade pastries, homemade cakes; *~ fresca* = cream filled or topped pastries or tartlets; *~ industriale* mass-produced confectionery; *~ secca* = pastries or biscuits with neither topping nor filling.

pasticciare /pastit'tʃare/ [1] tr. **1** *(eseguire in modo confuso)* *~ un lavoro* to bungle a piece of work, to make a mess of a job **2** *(scarabocchiare)* *~ un libro* to scribble *o* doodle on a book.

▷ **pasticciere** /pastit'tʃɛre/ ◗ *18* m. (f. **-a**) *(chi produce)* pastry cook, confectioner; *(chi vende)* confectioner; *ha ordinato un dessert dal ~* she ordered a dessert from the cake shop *o* the confectioner's.

▷ **pasticcino** /pastit'tʃino/ m. cake, pastry; *-i* pastries, confectionery, patisserie; *-i da tè* = tea cakes and biscuits.

▷ **pasticcio**, pl. **-ci** /pas'tittʃo, tʃi/ m. **1** GASTR. pie; *~ di carne, di pesce* meat pie, fish pie **2** FIG. *(lavoro mal eseguito)* mess, hash, bungle; *fare* o *combinare un ~* to make a mess *o* botch-up **3** FIG. *(guaio)* trouble, jam COLLOQ., fix COLLOQ.; *un bel ~* a right mess, a pretty *o* fine kettle of fish; *essere in un bel ~* to be in a proper mess *o* a nice jam *o* a fix; *mettersi nei -ci, cacciarsi in un ~* to get into a mess *o* jam *o* scrape *o* fix; *mettere qcn. nei -ci* to get sb. into a mess *o* jam; *tirare fuori qcn. dai -ci* to get sb. out of a hole, to help sb. out of a jam; *che ~!* what a mess! what a muddle! **4** MUS. pastiche, pasticcio*.

pasticcione /pastit'tʃone/ **I** agg. [*scolaro, impiegato*] messy, bungling **II** m. (f. **-a**) muddler, bungler COLLOQ.

pastiche /pas'tiʃ/ m.inv. pastiche.

pastificare /pastifi'kare/ [1] intr. (aus. *avere*) to make* pasta.

pastificazione /pastifikat'tsjone/ f. pasta making.

pastificio, pl. **-ci** /pasti'fitʃo, tʃi/ m. **1** *(stabilimento)* pasta factory **2** *(negozio)* pasta shop.

pastiglia /pas'tiʎʎa/ f. **1** FARM. lozenge, pastille, tablet, pill; *-e per* o *contro la tosse* cough drops *o* lozenges; *~ per la gola* throat pastille *o* lozenge; *~ effervescente* effervescent *o* soluble tablet; *~ per dormire* sleeping pill; *devi prendere la ~ a digiuno* you must take the tablet on an empty stomach; *sciogliere una ~ in un bicchiere d'acqua* to dissolve a tablet in a glass of water **2** *(caramella)* sweet BE, candy AE; *-e di cioccolato* chocolate buttons *o* drops; *~ alla menta* (pepper)mint **3** *(pasta di gesso)* plaster **4** MECC. pad; *~ dei freni* AUT. brake pad.

pastina /pas'tina/ f. = small pasta (used in soup); *~ in brodo* small pasta soup.

pastinaca, pl. **-che** /pasti'naka, ke/ f. **1** ITTIOL. stingray, fire-flair **2** BOT. parsnip.

▷ **pasto** /'pasto/ m. meal; *consumare un ~* to have a meal; *saltare un ~* to skip a meal; *fare tre -i al giorno* to have *o* take three meals a day; *mangiare, bere fuori ~* o *tra un ~ e l'altro* to eat, drink between meals; *medicina da prendere durante i -i* medicine to be taken with meals; *lontano dai -i* between meals; *~ alla carta* à la carte meal; *~ di mezzogiorno, della sera* midday, evening meal; *telefonare ore -i* please call at mealtimes; *buono ~* meal ticket, luncheon voucher; *vino da ~* table wine; *~ caldo, freddo* hot, cold meal; *~ abbondante* big *o* hearty meal; *~ completo* square meal; *~ frugale* frugal meal ◆ *gettare qcn. in ~ ai leoni* to throw sb. to the wolves; *dare qcs. in ~ al pubblico* to take the wraps off sth. ◆◆ *~ opaco* o *radiologico* barium meal.

pastoia /pas'toja/ f. **1** *(fune)* hobble, tether; *mettere le -e ai cavalli* to hobble horses **2** EQUIT. trammel **3** FIG. *le -e dell'autorità, del totalitarismo* the fetters of authority, totalitarianism; *essere preso nelle -e della legge* to be caught in the toil of the law.

pastone /pas'tone/ m. **1** *(mangime)* *(per cani, cavalli, polli)* mash; *(per maiali)* (pig)swill **2** *(pappa)* mush, soggy mess **3** FIG. SPREG. *(accozzaglia)* clutter, hotchpotch, jumble.

pastora /pas'tora/ ◗ *18* f. shepherdess.

1.pastorale /pasto'rale/ **I** agg. **1** LETTER. MUS. [*sinfonia, dramma, commedia, poesia*] pastoral **2** RELIG. [*teologia, visita, lettera*] pastoral; *ufficio ~* pastorate **II** f. **1** MUS. pastorale* **2** RELIG. *(lettera)* pastoral (letter) **III** m. *(bastone)* crosier, pastoral, staff.

2.pastorale /pasto'rale/ m. ZOOL. pastern.

▶ **pastore** /pas'tore/ ◗ *18* m. **1** *(di greggi)* shepherd; *cane (da) ~* shepherd dog, sheep dog **2** *(guida spirituale)* priest, pastor, parson; *(protestante)* clergyman*, minister; *(anglicano)* clergyman*, rector; *il Buon Pastore* RELIG. the Good Shepherd ◆◆ *~ di anime* shepherd of souls; *~ belga* Belgian sheepdog *o* shepherd; *~ dei Pirenei* Pyrenean mountain dog, Pyrenean sheepdog; *~ tedesco* German sheepdog *o* shepherd, Alsatian BE.

1.pastorella /pasto'rɛlla/ f. *(pastora)* young shepherdess.

2.pastorella /pasto'rɛlla/ f. LETT. pastourelle*.

pastorello /pasto'rɛllo/ m. shepherd boy.

pastorizia /pasto'rittsja/ f. sheep-breeding, sheep-farming.

pastorizio, pl. **-zi, -zie** /pasto'rittsjo, zi, zje/ agg. *prodotti -zi* sheep-farming products.

pastorizzare /pastorid'dzare/ [1] tr. to pasteurize.

pastorizzato /pastorid'dzato/ **I** p.pass. → **pastorizzare** **II** agg. [*latte*] pasteurized; *non ~* unpasteurized.

pastorizzazione /pastoriddzat'tsjone/ f. pasteurization.

pastosità /pastosi'ta/ f.inv. **1** *(consistenza)* doughiness, softness **2** FIG. *(di colore, voce)* mellowness **3** ENOL. mellowness.

pastoso /pas'toso/ agg. **1** *(molle)* [*sostanza*] doughy, pasty **2** FIG. [*colore, suono, voce*] mellow **3** ENOL. [*vino*] mellow.

pastrano /pas'trano/ m. greatcoat.

pastrocchio, pl. **-chi** /pas'trɔkkjo, ki/ m. COLLOQ. muddle, mess.

pastura /pas'tura/ f. **1** *(il pascolare)* *portare le mucche alla ~* to drive *o* lead the cows to pasture **2** *(luogo del pascolo)* pasture, pasturage, grazing **3** *(cibo)* pasture, grass **4** *(diritto)* pasturage **5** *(esca)* fish food.

pasturare /pastu'rare/ [1] tr. **1** *(pascolare)* to pasture, to graze **2** PESC. to feed*, to nourish.

patacca, pl. **-che** /pa'takka, ke/ f. **1** *(moneta di scarso valore)* *non vale una ~* it's not worth a brass farthing *o* a bean **2** *(oggetto falso, di poco valore)* piece of junk, junk **U**; *quest'orologio è una ~* this watch is junk *o* rubbish **3** IRON. *(medaglia)* medal, gong BE COLLOQ. **4** COLLOQ. *(macchia)* stain; *un vestito pieno di -che* a dress covered in stains.

patagone /pata'gone/ ◗ *30* **I** agg. Patagonian **II** m. e f. Patagonian.

Patagonia /pata'gɔnja/ ◗ *30* n.pr.f. Patagonia.

pataria /pata'ria/ f. Pataria.

patarino /pata'rino/ m. Patarin, Patarene.

▷ **patata** /pa'tata/ f. potato*; *sbucciare le -e* to peel the potatoes; *-e farinose* mealy potatoes; *-e novelle* new potatoes; *-e lesse* boiled potatoes; *-e fritte* chips BE, (French) fries AE, French fried potatoes AE; *-e al forno* roast *o* baked potatoes; *~ bollita con la buccia* potato boiled in its skin; *purè di -e* mashed potatoes, potato puree ◆ *~ bollente* hot potato; *naso a ~* button nose; *sacco di -e* clumsy person, clodhopper COLLOQ.; *che spirito di ~!* what a weak humour! ◆◆ *~ americana* o *dolce* sweet potato, Spanish potato, yam AE, batata.

pataticoltura /patatikol'tura/ f. potato-growing.

patatina /pata'tina/ f. *-e (fritte)* *(di contorno)* chips BE, (French) fries AE, French fried potatoes AE; *(confezionate)* (potato) crisps BE, chips AE; *un sacchetto di -e* a packet of crisps *o* chips.

patatrac /pata'trak/ **I** inter. crash, crack, bang **II** m.inv. *(guaio, disastro)* disaster; *(crollo finanziario)* crash.

patavino /pata'vino/ **I** agg. Paduan **II** m. (f. **-a**) Paduan.

patchouli /patʃu'li/ m.inv. patchouli; *essenza di ~* patchouli oil.

patchwork /'pɛtʃwork/ **I** agg.inv. [*coperta, cuscino*] patchwork attrib. **II** m.inv. patchwork.

pâté /pa'te/ m.inv. pâté; *~ di fegato* liver pâté; *~ di fegato d'oca* pâté de foie gras ◆◆ *~ casereccio* homemade *o* farmhouse pâté.

patella /pa'tɛlla/ f. **1** ZOOL. limpet **2** ANAT. patella*, kneecap.

patellare /patel'lare/ agg. [*riflesso*] patellar.

patema /pa'tɛma/ m. anxiety, worry, trouble ◆◆ *~ d'animo* anxiety, worry.

patena /pa'tɛna/ f. paten.

patentato /paten'tato/ agg. **1** *(abilitato)* certified, qualified, licensed **2** COLLOQ. FIG. [*bugiardo, imbecille*] out-and-out, absolute, outright; *è un furfante ~* he's a regular crook.

1.patente /pa'tɛnte/ agg. **1** LETT. [*ingiustizia*] patent **2** STOR. *lettera ~* brevet, letter patent.

▷ **2.patente** /pa'tɛnte/ f. **1** *(concessione)* charter, licence BE, license AE **2** *(di guida)* driving licence BE, driver's license AE; *prendere, rinnovare la ~* to get, renew one's driving licence; *esibire la ~ a qcn.* to show *o* produce one's driving licence to sb.; *sospendere la ~ a qcn.* to disqualify *o* ban sb. from driving; *sospensione della ~* disqualification from driving, driving disqualification *o* ban; *guida senza ~* driving without a licence; *~ per motocicli* motorcycle licence; *dare a qcn. la ~ di ladro* FIG. to call sb. a thief ◆◆ *~ di guida* driving licence BE, driver's license AE; *~ di navigazione* certificate of seaworthiness, seaworthy ticket; *~ a punti* = points system driving licence; *~ sanitaria* MAR. bill of health.

patentino /paten'tino/ m. provisional permit, provisional licence BE, provisional license AE ◆◆ *~ di guida* *(foglio rosa)* = provisional driving licence BE, permit AE.

Patente a punti Following reform of the Italian highway code, each driving licence is now given an initial value of 20 points, from which points are deducted if traffic offences are committed. For example, for the more serious offences (overtaking on a bend, drink driving, or driving while under the effect of drugs) 10 points are deducted; going through a red light costs you 6 points; while parking in an area reserved for public transport costs 2 points. Once the number of infringements committed has reduced the initial number of points to zero, the licence is withdrawn and the holder has to re-take his or her driving test. Drivers with the worst records are required to undergo courses of "re-education". The points system is also applied to foreign citizens who are passing through Italy: the penalties are totted up and filed in a special register.

pater /'pater/ m.inv. paternoster, Lord's Prayer; ***dire*** o ***recitare un*** ~ to say a paternoster.

patera /'patera/ f. patera*.

paterazzo /pate'rattso/ m. backstay.

patereccio, pl. **-ci** /pate'rettʃo, tʃi/ m. whitlow.

pater familias /paterfa'miljas/ m.inv. paterfamilias*.

paternale /pater'nale/ f. lecture, talking-to, telling-off; ***fare la ~ a qcn.*** to talk to sb. like a Dutch uncle, to give sb. a lecture *o* a talking-to, to lecture sb.

paternalismo /paterna'lizmo/ m. paternalism.

paternalista, m.pl. **-i**, f.pl. **-e** /paterna'lista/ m. e f. paternalist; ***non fare il ~!*** don't patronize me!

paternalistico, pl. **-ci**, **-che** /paterna'listiko, tʃi, ke/ agg. paternalistic, paternalist.

paternamente /paterna'mente/ avv. paternally.

paternità /paterni'ta/ f.inv. **1** *(condizione di padre)* fatherhood, parenthood; DIR. paternity; ***~ legittima*** legal paternity; ***~ naturale*** natural paternity; ***negare, riconoscere la ~*** to deny, acknowledge paternity; ***test di ~*** paternity test; ***azione di accertamento della ~ naturale*** paternity suit; ***presunzione di ~*** presumption of paternity; ***congedo di ~*** paternity leave **2** *(di opera, autore)* authorship; ***contestare la ~ di un'opera*** to question *o* challenge the authorship of a work.

▷ **paterno** /pa'tɛrno/ agg. **1** *(del padre)* [*affetto, amore*] paternal, fatherly; ***figura -a*** father figure; ***casa -a*** parental home **2** FIG. *(affettuoso)* [*gesto, legame, atteggiamento*] fatherly, fatherlike **3** *(da parte di padre)* [*nonna, zio*] paternal.

paternostro /pater'nɔstro/ m. **1** *(preghiera)* paternoster, Lord's Prayer; ***recitare dieci -i*** to say ten paternosters **2** *(grano del rosario)* paternoster (bead) **3** GASTR. = short tubular type of pasta used in soups ◆ ***sapere qcs. come il ~*** to know sth. backwards, to have sth. at one's fingertips.

pateticamente /patetika'mente/ avv. pathethically.

pateticità /patetitʃi'ta/ f.inv. pathetic nature.

▷ **patetico**, pl. **-ci**, **-che** /pa'tɛtiko, tʃi, ke/ **I** agg. **1** *(commovente, svenevole)* [*sinfonia, discorso, stile, tono*] soppy; *(penoso, inadeguato)* [*sforzo*] pathetic; [*tentativo*] miserable, pathetic **2** ANAT. [*nervo*] pathetic **II** m. ***andare sul, cadere nel ~*** to become sentimental; ***fare il ~*** to sentimentalize, to go all soppy.

patetismo /pate'tizmo/ m. pathos, sentimentalism.

pathos /'patos/ m.inv. pathos; ***parlare con ~ esagerato*** to pile on the pathos.

patibolare /patibo'lare/ agg. [*faccia*] sinister.

patibolo /pa'tibolo/ m. scaffold, gallows*; ***salire sul ~, andare al ~*** to mount the scaffold; ***condannare qcn. al ~*** to send sb. to the gallows; ***camminavano come se stessero andando al ~!*** SCHERZ. they were walking as if they were on their way to a funeral!

patimento /pati'mento/ m. suffering; ***-i dello spirito*** spiritual sorrow.

patina /'patina/ f. **1** *(velatura)* patina; *(sulla lingua)* furring **2** FIG. *(aspetto superficiale)* gloss ◆◆ ***~ del tempo*** FIG. patina of age *o* of time.

patinare /pati'nare/ [1] tr. **1** *(ricoprire di patina)* to apply a finish to, to patinate [*metallo*]; to give* a patina to [*statua*] **2** CART. to size **3** FOT. to glaze.

patinato /pati'nato/ **I** p.pass. → **patinare II** agg. **1** [*metallo*] patinated; [*lingua*] furred, coated **2** CART. [*carta*] glazed, glossy; [*rivista*] glossy, slick AE **3** FIG. [*bellezza*] artificial, fake.

patinatore /patina'tore/ ♦ ***18*** m. (f. **-trice** /tritʃe/) CART. sizer.

patinatrice /patina'tritʃe/ f. CART. *(macchina)* sizer.

patinatura /patina'tura/ f. **1** patination **2** CART. sizing.

patinoso /pati'noso/ agg. [*lingua*] furred, coated.

patio, pl. **-ti** /'patjo, ti/ m. patio*.

▶ **patire** /pa'tire/ [102] **I** tr. **1** *(subire)* to experience, to suffer, to undergo* [*sconfitta, rifiuto, critiche*]; ***~ il supplizio della graticola*** to be roasted alive **2** *(soffrire)* to feel*, to suffer from [*freddo, caldo*]; ***~ la fame*** to go hungry; ***~ il solletico*** to be ticklish; ***~ la differenza di fuso orario*** to suffer from jetlag **3** *(sopportare)* to endure; ***non posso ~*** I can't stand *o* bear [*persona, comportamento*] **II** intr. (aus. *avere*) to suffer (**di**, **per** from); ***~ di stomaco*** to suffer from a bad stomach; ***~ di gelosia*** to suffer the pangs of jealousy.

patito /pa'tito/ **I** p.pass. → **patire II** agg. [*viso*] haggard, pinched; [*bambino*] sickly **III** m. (f. **-a**) *(appassionato)* fan, buff COLLOQ., nut COLLOQ., freak COLLOQ.; ***è un ~ del jazz*** he's a jazz freak; ***è un ~ di cinema*** he's a film buff; ***un ~ della bicicletta*** a cycling nut.

patna /'patna/ m.inv. Patna rice.

patofobia /patofo'bia/ ♦ ***7*** f. pathophobia.

patogenesi /pato'dʒɛnezi/ f.inv. pathogenesis.

patogenetico, pl. **-ci**, **-che** /patodʒe'nɛtiko, tʃi, ke/ agg. pathogenetic.

patogeno /pa'tɔdʒeno/ agg. [*germe*] pathogenic; ***agente ~*** pathogen.

patois /pa'twa/ m.inv. patois*.

patologia /patolo'dʒia/ f. pathology, path; ***ciò rientra nella ~*** it's pathological.

patologicamente /patolodʒika'mente/ avv. pathologically.

patologico, pl. **-ci**, **-che** /pato'lɔdʒiko, tʃi, ke/ agg. pathological; ***anatomia -a*** morbid anatomy; ***un caso ~*** a pathological case; FIG. a hopeless case, a nutcase; ***è un bugiardo ~*** he's a pathological *o* compulsive liar.

patologo, m.pl. **-gi**, f.pl. **-ghe** /pa'tɔlogo, dʒi, ge/ ♦ ***18*** m. (f. **-a**) pathologist.

patos → **pathos.**

▶ **patria** /'patrja/ f. **1** *(nazione)* (native) country, home (country); ***madre ~*** mother country, homeland; ***morire per la ~*** to die for one's country; ***tradire la ~*** to betray one's country; ***difensore della ~*** defender of one's country; ***amor di ~*** love of one's country; ***i senza ~*** the stateless **2** FIG. home, land; ***la mia seconda ~*** my second home; ***Bologna è la ~ dei tortellini*** Bologna is home to *o* the home of tortellini ◆ ***nessuno è profeta in ~*** no-one is a prophet in his own country ◆◆ ***~ d'elezione*** adoptive country.

patriarca, pl. **-chi** /patri'arka, ki/ m. patriarch.

patriarcale /patriar'kale/ agg. [*società, ordine, chiesa*] patriarchal.

patriarcato /patriar'kato/ m. patriarchy; RELIG. patriarchate.

patricida /patri'tʃida/ → **parricida.**

patrigno /pa'triɲɲo/ m. stepfather.

patrilineare /patriline'are/ agg. patrilineal.

patrimoniale /patrimo'njale/ **I** agg. patrimonial; [*interesse, diritto*] proprietary; ***imposta ~*** capital levy, property tax; ***bilancio ~*** balance sheet; ***danno ~*** damage to property; ***accertamento ~*** means test; ***conto ~*** real accounts **II** f. capital levy, property tax, wealth tax BE.

▷ **patrimonio**, pl. **-ni** /patri'mɔnjo, ni/ m. **1** DIR. *(di persona, famiglia)* property **U**, assets pl., estate; ***~ aziendale*** corporate assets; ***dilapidare il ~*** to squander the estate; ***ereditare un grande ~*** to inherit a large estate **2** *(somma rilevante)* fortune; ***spendere un ~ per*** to spend a fortune on; ***mi è costato un ~*** it cost me a fortune **3** *(eredità)* heritage, inheritance; ***~ culturale*** cultural heritage; ***~ linguistico*** linguistic heritage; ***~ monumentale*** architectural heritage; ***~ mondiale (dell'umanità)*** world heritage; *(sito)* world heritage site ◆◆ ***~ ereditario*** BIOL. genetic inheritance *o* heritage; ***~ finanziario*** financial holdings; ***~ genetico*** BIOL. gene pool; ***~ immobiliare*** real estate *o* property.

patrio, pl. **-tri**, **-trie** /'patrjo, tri, trje/ agg. **1** *(della patria)* ***suolo ~*** one's native soil; ***amore ~*** love of one's country; ***tornare ai -tri lidi*** to return to one's native shores **2** *(paterno)* ***-a potestà*** paternal authority, patria potestas.

patriota, m.pl. **-i**, f.pl. **-e** /patri'ɔta/ m. e f. patriot.

patriottardo /patriot'tardo/ **I** agg. SPREG. fanatically patriotic **II** m. SPREG. (f. **-a**) fanatical patriot.

patriotticamente /patriottika'mente/ avv. patriotically.

▷ **patriottico**, pl. **-ci**, **-che** /patri'ɔttiko, tʃi, ke/ agg. [*zelo, sentimento, fervore*] patriotic.

patriottismo /patriot'tizmo/ m. patriotism, flag-waving SPREG.

patristica /pa'tristika/ f. patristics + verbo sing.

patristico, pl. **-ci**, **-che** /pa'tristiko, tʃi, ke/ agg. patristic.

Patrizia /pa'trittsja/ n.pr.f. Patricia.

patriziato /patrit'tsjato/ m. patriciate.

patrizio, pl. **-zi**, **-zie** /pa'trittsjo, tsi, tsje/ **I** agg. **1** STOR. [*casa, stirpe, famiglia*] patrician **2** *(nobile)* patrician; ***di sangue ~*** of noble birth *o* blood **II** m. (f. **-a**) **1** STOR. patrician **2** *(nobile)* patrician.

Patrizio /pa'trittsjo/ n.pr.m. Patrick.
patrocinante /patrotʃi'nante/ **I** agg. **1** *(che sponsorizza)* sponsoring **2** DIR. ***avvocato ~*** pleader, counselor(-at-law) AE **II** m. e f. DIR. pleader, counselor(-at-law) AE.
patrocinare /patrotʃi'nare/ [1] tr. **1** DIR. [*avvocato*] to plead [*causa*] **2** FIG. *(appoggiare)* to sponsor [*manifestazione, serata, spettacolo*]; to be* patron of [*fondazione*].
patrocinatore /patrotʃina'tore/ m. (f. **-trice** /tritʃe/) **1** DIR. pleader, lawyer **2** FIG. *(di fondazioni)* patron, sponsor; ***farsi ~ di una giusta causa*** to become a supporter of a just cause.
patrocinio, pl. **-ni** /patro'tʃinjo, ni/ m. **1** STOR. patronage **2** DIR. defence, advocacy in court; ***gratuito ~*** legal aid **3** FIG. *(appoggio)* patronage; ***col ~ di...*** under the patronage of...
Patroclo /'patroklo/ n.pr.m. Patroclus.
patrologia /patrolo'dʒia/ f. patrology.
patron /pa'trɔn/ m.inv. *(di manifestazione, gara sportiva)* patron.
patrona /pa'trɔna/ f. *(santa protettrice)* patroness, patron saint.
patronale /patro'nale/ agg. patronal; ***festa ~*** patronal festival.
patronato /patro'nato/ m. patronage, sponsorship; ***sotto il ~ di...*** under the patronage of ◆◆ ***~ scolastico*** students' benevolent fund.
patronessa /patro'nessa/ f. patroness.
patronimia /patroni'mia/ f. patronymic system.
patronimico, pl. **-ci, -che** /patro'nimiko, tʃi, ke/ **I** agg. patronymic **II** m. patronymic.
patrono /pa'trɔno/ m. (f. **-a**) **1** RELIG. *(santo protettore)* patron (saint); ***la festa del santo ~*** the patronal festival; ***san Martino è il ~ del mio paese*** St Martin is the patron (saint) of my town **2** STOR. patron **3** *(di iniziativa)* patron, sponsor **4** DIR. advocate.
1.patta /'patta/ f. **1** *(di pantaloni)* fly, flies pl. **2** *(di tasca)* flap.
2.patta /'patta/ f. ***(partita) ~*** drawn match, draw ◆ ***fare pari e ~*** SPORT to draw, to (end in a) tie; ***essere pari e ~*** to be even *o* quits.
3.patta /'patta/ f. MAR. fluke.
patteggiabile /patted'dʒabile/ agg. negotiable, open to negotiation mai attrib.
patteggiamento /patteddʒa'mento/ m. negotiation, deal; DIR. plea bargaining.
patteggiare /patted'dʒare/ [1] **I** tr. to negotiate [*resa, tregua*] **II** intr. (aus. *avere*) to deal*, to negotiate (**con** with; **per** for); ***~ con il nemico*** to negotiate with the enemy; ***~ con la propria coscienza*** to strike a bargain with one's conscience.
patteggiatore /patteddʒa'tore/ m. (f. **-trice** /tritʃe/) negotiator.
▷ **pattinaggio**, pl. **-gi** /patti'naddʒo, dʒi/ ♦ ***10*** m. skating; ***fare ~*** to go skating; ***pista di ~*** skating rink, rollerdrome; *(su ghiaccio)* ice rink ◆◆ ***~ artistico*** figure skating; ***~ su ghiaccio*** ice-skating; ***~ in linea*** rollerblading, in-line skating; ***~ ritmico*** ice dancing; ***~ a*** o ***su rotelle*** roller-skating; ***~ di velocità*** speed skating.
▷ **pattinare** /patti'nare/ [1] intr. (aus. *avere*) **1** *(andare sui pattini)* to skate; *(su ghiaccio)* to iceskate **2** AUT. *(slittare)* [*automobile*] to skid; ***fare ~ la frizione*** to slip the clutch.
pattinatore /pattina'tore/ m. (f. **-trice** /tritʃe/) skater; *(su ghiaccio)* ice skater; *(su rotelle)* roller-skater; *(in linea)* rollerblader; *(artistico)* figure skater; *(ritmico)* ice dancer.
▷ **1.pattino** /'pattino/ m. **1** *(attrezzo per il pattinaggio)* skate **2** *(di slitta)* runner **3** *(di aereo)* skid **4** TECN. sliding block ◆◆ ***~ di coda*** AER. tailskid; ***~ del freno*** AUT. brake block; ***~ da ghiaccio*** iceskate; ***~ in linea*** rollerblade, in-line skate; ***~ a rotelle*** roller-skate.
2.pattino /pat'tino/ m. twin-hulled rowboat.
pattizio, pl. **-zi, -zie** /pat'tittsjo, tsi, tsje/ agg. DIR. pactional.
▶ **patto** /'patto/ m. **1** *(accordo)* pact, agreement; *(tra stati)* convention; ***~ difensivo*** defence pact; ***~ di pace*** peace treaty; ***~ sociale*** social contract; ***fare un ~ con qcn.*** to make a pact with sb.; ***vendere con ~ di riscatto*** to sell with a right of redemption; ***scendere*** o ***venire a -i con qcn.*** to come to an agreement with sb.; ***stare ai -i*** to keep one's side of the bargain, to keep to an agreement; ***violare un ~*** to break an agreement; ***abbiamo fatto un ~: io faccio da mangiare, lui lava i piatti*** we've made a deal: I do the cooking, he does the dishes; ***a un ~*** on one condition; ***antico ~*** BIBL. Old Covenant; ***nuovo ~*** BIBL. New Covenant; ***fare un ~ con il diavolo*** FIG. to make a pact with the devil **2 a patto che** provided that, with the provision that; ***ti darò del denaro solo a ~ che tu me lo renda*** I'll lend you money but only if you repay me **3 a nessun patto** on no account, in no case ◆ ***-i chiari, amicizia lunga*** PROV. short reckonings make long friends, clear understandings breed long friendships, a debt paid is a friend kept ◆◆ ***Patto Atlantico*** STOR. Atlantic Charter; ***~ di non aggressione*** nonaggression pact; ***~ di quotalite*** DIR. champerty; ***~ di stabilità (e di crescita) (nell'UE)*** Stability and Growth Pact; ***Patto di Varsavia*** Warsaw Pact.
▷ **pattuglia** /pat'tuʎʎa/ f. patrol; ***essere di ~*** to be on patrol; ***~ a piedi*** foot patrol; ***~ di polizia*** police patrol; ***~ di ricognizione*** reconnaissance patrol; ***~ stradale*** road *o* highway patrol; ***~ aerea*** air patrol.
pattugliamento /pattuʎʎa'mento/ m. patrol, patrolling.
pattugliare /pattuʎ'ʎare/ [1] tr. e intr. (aus. *avere*) to patrol.
pattuire /pattu'ire/ [102] tr. to accord, to contract, to arrange, to negotiate [*prezzo, compenso*]; ***~ la resa*** to agree the terms of the surrender; ***~ le modalità di pagamento*** to fix the forms *o* terms of payment.
pattuito /pattu'ito/ **I** p.pass. → **pattuire II** agg. [*prezzo*] agreed (upon), settled.
pattuizione /pattuit'tsjone/ f. agreement, settlement, stipulation.
pattume /pat'tume/ m. litter **U**, rubbish **U**, garbage **U** AE, trash **U** AE.
▷ **pattumiera** /pattu'mjɛra/ f. rubbish bin BE, dustbin BE, refuse bin BE, garbage can AE, trashcan AE; ***gettare qcs. nella ~*** to throw sth. out, in the bin BE, in the garbage AE ◆◆ ***~ a pedale*** swingbin, pedal bin BE.
paturnie /pa'turnje/ f.pl. COLLOQ. ***avere le ~*** to be in one of one's moods, to have the sulks.
paulonia /pau'lɔnja/ f. paulownia.
pauperismo /paupe'rizmo/ m. pauperism.
pauperistico, pl. **-ci, -che** /paupe'ristiko, tʃi, ke/ agg. ***un ideale ~*** RELIG. an ideal of poverty.
▶ **paura** /pa'ura/ f. *(timore)* fear (**di** of; **di fare** of doing); *(spavento)* fright (**di** of); ***~ dell'ignoto, della morte, di essere ridicolo*** fear of the unknown, of death, of being ridiculous; ***morto di ~*** scared *o* frightened to death, dead scared COLLOQ.; ***bianco per la*** o ***dalla ~*** white *o* pale with fear; ***fare ~ a qcn.*** to frighten *o* scare sb.; ***fare ~*** to be frightful *o* scary COLLOQ.; ***fare morire qcn. di ~*** to frighten *o* scare sb. to death; ***tremare di ~*** to tremble *o* shake with fear; ***vivere nella ~*** to live in fear (**di** of; **di fare** of doing); ***avere ~*** to be afraid (**di** of; **di fare** to do); ***ha ~ dei cani, del buio*** he's afraid of dogs, of the dark; ***ho ~ che sia troppo tardi!*** I'm afraid it may be too late! ***non ha ~ di niente*** nothing frightens him, he's afraid of nothing; ***che ~!*** what a fright! ***non ti ho sentito entrare, mi hai fatto ~*** I didn't hear you come in, you gave me a fright; ***magro, di una magrezza da fare ~*** terribly *o* pitiably thin; ***essere brutto da fare ~*** to be hideously ugly; ***senza ~*** fearless, without fear; ***per ~ che, di qcs., di fare*** for fear that, of sth., of doing; ***non avere ~! niente ~!*** don't be afraid! have no fear! never fear! ***alimentare, placare le -e*** to bolster *o* calm fears; ***ho solo ~ che piova*** I'm only afraid it will rain; ***ho avuto un momento di ~*** I was afraid for a moment; ***ho avuto una di quelle -e!*** I got such a fright! ***il cavaliere senza macchia e senza ~*** the pure and fearless knight ◆ ***avere una ~ del diavolo*** to have a bad scare, to be scared to death; ***la ~ fa novanta*** fear is an ugly beast; ***farsela addosso dalla ~*** to be scared shitless POP., to shit bricks VOLG.
paurosamente /paurosa'mente/ avv. **1** *(con timore)* fearfully, timidly, timorously **2** *(in modo che fa paura)* frighteningly, wildly.
▷ **pauroso** /pau'roso/ agg. **1** *(pieno di paure)* [*bambino*] fearful, timid, timorous; ***~ come un coniglio*** as timid *o* scared as a rabbit **2** *(che incute paura)* [*incidente*] frightful; [*magrezza, pallore*] dreadful **3** *(straordinario)* [*memoria*] incredible.
▷ **pausa** /'pauza/ f. **1** *(intervallo)* break, pause; ***fare una ~*** to take *o* have a break; ***~ di mezzogiorno, ~ pranzo*** COLLOQ. lunchbreak; ***~ (per il) caffè*** coffee break; ***~ estiva*** summer break; ***~ pubblicitaria*** (commercial) break; ***una ~ di cinque minuti*** a five-minute break; ***dopo la ~ delle vacanze estive*** after the summer break **2** MUS. rest, pause; ***~ di croma*** quaver rest BE, eight rest AE; ***~ di minima*** minim rest BE, half rest AE **3** LING. boundary; ***~ ritmica*** rhythm group boundaries.
pavana /pa'vana/ f. pavane.
paventare /paven'tare/ [1] **I** tr. LETT. to fear, to be* afraid of, to dread [*morte, rischi*] **II** intr. LETT. (aus. *avere*) to fear.
pavesare /pave'zare/ [1] tr. to dress [*nave*].
1.pavese /pa'vese, pa'veze/ ♦ **2 I** agg. from, of Pavia; ***zuppa (alla) ~*** GASTR. INTRAD. (hot broth poured over raw eggs, slices of toast and grated Parmesan cheese) **II** m. e f. native, inhabitant of Pavia.
2.pavese /pa'vese/ m. **1** *(scudo)* pavis(e) **2** MAR. bunting; ***alzare il gran ~*** to dress a ship overall, to dress ship.
pavidità /pavidi'ta/ f.inv. cowardice, poltroonery.
pavido /'pavido/ agg. fearful, timid, timorous, pavid.
pavimentare /pavimen'tare/ [1] tr. to pave, to surface [*strada*]; to floor [*stanza*]; ***~ con cemento*** to concrete; ***~ a parquet*** to parquet.
pavimentatore /pavimenta'tore/ ♦ ***18*** m. (f. **-trice** /tritʃe/) → **pavimentista.**

pavimentazione /pavimentat'tsjone/ f. 1 *(azione)* paving, flooring, road surfacing 2 *(manto stradale)* road surface; *(pavimento)* floor (covering), flooring; **~ in legno** wood flooring; **~ a piastrelle** tile flooring; **~ a lisca di pesce** chevron paving.

pavimentista, m.pl. **-i**, f.pl. **-e** /pavimen'tista/ ◗ *18* m. e f. floor layer.

▷ **pavimento** /pavi'mento/ m. 1 floor; **~ di legno** wooden floor; **lucidare il ~** to polish the floor; **~ lastricato** pavement, flagging 2 ANAT. *(parete)* floor ◆◆ **~ della bocca** ANAT. floor of the mouth; **~ galleggiante** false floor; **~ pelvico** ANAT. pelvic floor.

pavloviano /pavlo'vjano/ agg. PSIC. Pavlovian.

pavona /pa'vona/ → **pavonessa.**

pavoncella /pavon'tʃɛlla/ f. lapwing, peewit ◆◆ **~ combattente** ruff.

▷ **pavone** /pa'vone/ I m. peacock, peafowl; **il ~ fece la ruota** the peacock spread its tail; **una penna di ~** a peacock feather; **farfalla ~** peacock butterfly; **fare il ~** FIG. to (play the) peacock, to be as proud as a peacock II agg.inv. **blu ~** peacock blue.

pavoneggiarsi /pavoned'dʒarsi/ [1] pronom. to (play the) peacock, to strut (about), to flaunt oneself, to swank.

pavonessa /pavo'nessa/ f. peahen.

pavonia /pa'vɔnja/ f. emperor moth.

pazientare /pattsjen'tare/ [1] intr. (aus. *avere*) to have* patience, to wait patiently; **devi ~ ancora un po'** you'll have to hold on a bit longer.

▷ **paziente** /pat'tsjɛnte/ I agg. [*persona*] patient, tolerant; **un ~ lavoro di ricerca** a painstaking piece of research II m. e f. patient; **~ ambulatoriale** ambulatory patient, outpatient.

pazientemente /pattsjente'mente/ avv. [*sopportare, aspettare*] patiently; **portare ~ la propria croce** to resign oneself to one's fate.

▶ **pazienza** /pat'tsjɛntsa/ f. 1 *(qualità)* patience; **mancare di, perdere la ~** to lack, lose patience; **non ha ~** she has no patience; **la mia ~ ha un limite** there are limits to my patience; **sto perdendo la ~** my patience is running out *o* wearing thin; **ci vuole proprio molta ~ per sopportarlo** you need a lot of patience to put up with him; **avere ~ con** to be patient *o* bear with; **avere una ~ infinita, senza limiti** to be endlessly patient; **armarsi di ~** to arm oneself with patience; **un po' di ~, è quasi cotto** be patient, it's almost cooked; **mettere alla prova la ~ di qcn.** to try, test sb.'s patience; **mettere a dura prova la ~ di qcn.** to try sb.'s patience to the limit, to strain *o* test severely sb.'s patience; **avere la ~ di un santo** to have the patience of a saint; **avere la ~ di Giobbe** to have the patience of Job; **porta ~, non tarderà!** be patient, she won't be long! **santa ~!** COLLOQ. for heaven's *o* goodness' sake! **che ~ ci vuole!** give me strength! COLLOQ.; **~!** *(per esprimere rassegnazione)* never mind! 2 BOT. patience dock ◆ **la ~ è la virtù dei forti** PROV. fools rush in where angels fear to tread.

▷ **pazza** /'pattsa/ f. madwoman* COLLOQ., lunatic; **è una ~** she's off her head.

pazzamente /pattsa'mente/ avv. *(come un pazzo)* [*urlare*] madly, wildly; **divertirsi ~** *(moltissimo)* to have a swell time, a whale *o* hell of a time; **essere ~ innamorato di** to be madly in love with, to be head over heels for.

pazzerello /pattse'rɛllo/ agg. [*persona, carattere, umore*] playful, madcap; [*tempo*] crazy, funny; **essere ~** to be a bit cracked *o* a bit of a nut.

pazzerellone /pattserel'lone/ I agg. frolicsome, playful II m. (f. **-a**) joker; **è un ~!** he's great fun!

pazzesco, pl. **-schi**, **-sche** /pat'tsesko, ski, ske/ agg. 1 *(insensato)* [*idea, impresa, progetto, ritmo*] crazy, insane; **è ~ come il tempo passi in fretta!** it's amazing how time flies! **è ~, è sempre in ritardo** he's always maddeningly late 2 COLLOQ. *(eccessivo)* [*rumore, successo*] tremendous, wild; [*divertimento*] great, fantastic; [*velocità*] terrific; [*situazione*] absurd; [*prezzo*] crazy, steep; **ho una fame -a** I'm absolutely starving; **è un lavoro ~** it's a hard slog; **fa un caldo ~** it's boiling hot; **guadagnare somme -sche** to make money hand over fist, to rake it in.

▷ **pazzia** /pat'tsia/ f. madness, lunacy, folly; **un accesso, attacco di ~** a fit of madness, a frenzied attack; **è pura ~** it's sheer madness *o* lunacy; **ha fatto la ~ di accettare** she was crazy enough to accept; **portare qcn. alla ~** to drive sb. mad; **sposarla è stata una ~!** marrying her was (a) folly! **dare segni di ~** to show signs of cracking up; **fare -e** to go mad, to splash out, to lash out.

▶ **pazzo** /'pattso/ I agg. *(matto)* [*persona, idea*] mad, crazy; **essere, diventare ~** to be, go mad; **devi essere ~!** you must be crazy! **non sono mica ~!** I'm not so daft! **bisogna essere -i per fare questo!** you'd have to be mad *o* crazy to do that! **~ furioso** COLLOQ. raving mad, berserk; **~ di gioia, di dolore** mad with joy, with pain; **essere innamorato ~ di qcn.** to be madly in love, head over heels in love with sb.; **non sono così -a** I'm not that far gone; **fare diventare ~ qcn.** to drive sb. mad *o* crazy; **fare delle spese -e** to go on a shopping spree; **morbo della mucca -a** mad cow disease, BSE II m. madman*, lunatic; **gridare come un ~** to shout like a madman; **guidare come un ~** to drive like a lunatic *o* a maniac; **correre, lavorare come un ~** to run, work like anything *o* like mad; **ridere come un ~** to laugh one's head off, to laugh like mad; **un ~ mi ha tagliato la strada!** some madman cut out in front of me! ◆ **andare ~ per, essere ~ di** to be mad, crazy, daft COLLOQ., nuts COLLOQ. about, to rave about; **cose da -i!** it's sheer madness! unbelievable! that's crazy! **darsi alla -a gioia** to have a really wild time of it; **divertirsi da, come -i** to have great fun, a great *o* swell time.

pazzoide /pat'tsɔide/ I agg. crazy, loony, kookie AE COLLOQ., kooky AE COLLOQ. II m. e f. loony, kook AE COLLOQ., dingaling AE COLLOQ.

PC /pit'tʃi/ m.inv. INFORM. (⇒ personal computer personal computer) PC.

PCI /pit'tʃi/ m. (⇒ Partito Comunista Italiano) = Italian Communist Party.

PDCI /piddit'tʃi/ m. (⇒ Partito Dei Comunisti Italiani) = Party of Italian Communists.

PDS /piddi'ɛsse/ m. (⇒ Partito Democratico della Sinistra) = Democratic Party of the Left.

p.e. ⇒ per esempio for example, for instance (eg).

peana /pe'ana/ m.inv. LETT. paean (anche FIG.) (**a** to).

pebrina /pe'brina/ f. pebrine.

pecari /'pɛkari/ m.inv. peccary, razorback AE.

pecca, pl. **-che** /'pɛkka, ke/ f. flaw, fault, defect; **senza -che** flawless, faultless, unflawed.

peccabilità /pekkabili'ta/ f.inv. peccability.

peccaminosamente /pekkaminosa'mente/ avv. [*vivere*] sinfully.

peccaminosità /pekkaminosi'ta/ f.inv. sinfulness.

peccaminoso /pekkami'noso/ agg. [*pensieri, amore*] sinful; [*vita*] immoral, sinful, wicked.

peccare /pek'kare/ [1] intr. (aus. *avere*) 1 *(commettere peccato)* to err, to (commit a) sin; **~ di gola** to be guilty of the sin of gluttony, to overindulge (in food); **~ di superbia** to commit the sin of pride 2 *(sbagliare)* to err; **~ per ignoranza, negligenza** to err through ignorance, carelessness; **~ per eccesso di generosità, di prudenza** to err on the side of generosity, caution, to be overgenerous, overcautious.

▶ **peccato** /pek'kato/ m. 1 *(trasgressione)* sin; **commettere un ~** to commit a sin; **i sette -i capitali** the seven deadly sins; **vivere nel ~** to live in sin *o* a sinful life; **morire nel ~** to die in a state of sin 2 *(dispiacere)* **(che) ~!** what a pity! what a shame! **(che) ~ che...** what a shame that...; **sarebbe un ~ se...** it would be a pity if...; **(è un) ~ che tu non sia potuto venire** (it's) a pity you couldn't come ◆ **essere brutto come il ~** to be as ugly as sin; **~ confessato è mezzo perdonato** PROV. a fault confessed is half redressed ◆◆ **~ capitale** deadly sin; **~ carnale** o **della carne** sin of the flesh; **~ di gioventù** youthful blunder; **~ mortale** mortal *o* deadly sin; FIG. mortal sin; **~ originale** original sin; **~ veniale** venial sin.

▷ **peccatore** /pekka'tore/ m. (f. **-trice** /tritʃe/) sinner; **un ~ incallito** a hardened sinner ◆ **dire il peccato ma non il ~** PROV. to name the sin and not the sinner.

peccatuccio, pl. **-ci** /pekka'tuttʃo, tʃi/ m. peccadillo*.

pecchione /pek'kjone/ m. → **1.fuco.**

pece /'petʃe/ f. pitch; **nero come la ~** pitch-black, pitchy, piceous ◆◆ **~ greca** colophony, rosin; **~ nera** ING. MAR. pitch.

pecetta /pe'tʃetta/ f. *(cerotto)* (sticking) plaster.

pechblenda /pek'blɛnda/ f. pitchblende.

pechinese /peki'nese/ ◗ *2* I agg. Pekinese II m. e f. Pekinese* III m. 1 LING. Pekinese 2 *(cane)* Pekinese*, peke COLLOQ.

Pechino /pe'kino/ ◗ *2* n.pr.f. Beijing, Peking.

pecioso /pe'tʃoso/ agg. pitchy.

▷ **pecora** /'pɛkora/ f. sheep*; *(femmina)* ewe; **allevamento di -e** *(luogo)* sheep farm; *(attività)* sheep farming; **un gregge di -e** a flock of sheep; **~ guidaiola** bellwether; **latte di ~** sheep's milk; **formaggio di ~** sheep's milk cheese; **seguire qcn., qcs. come una ~** to follow sb., sth. like sheep; **contare le -e** FIG. to count sheep ◆ **chi ~ si fa, il lupo se la mangia** PROV. = those who put themselves in positions of meanness will end up being humbled ◆◆ **~ nera** FIG. black sheep.

pecoraggine /peko'raddʒine/ f. bovine submissiveness.

pecoraio, pl. **-ai** /peko'rajo, ai/ ◗ *18* m. (f. **-a**) 1 *(guardiano di pecore)* shepherd 2 FIG. SPREG. *(rozzo)* boor, yokel, lout.

pecoreccio, pl. **-ci**, **-ce** /peko'rettʃo, tʃi, tʃe/ agg. 1 RAR. sheep attrib. 2 *(volgare)* [*film, spettacolo*] coarse, vulgar, smutty.

pecorella /peko'rɛlla/ f. **1** small sheep*, young sheep* **2** *(nuvola)* ***cielo a -e*** mackerel sky, fleecy clouds, woolly clouds **3** RELIG. flock; ***una delle mie -e*** one of my flock ◆ ***cielo a -e, acqua a catinelle*** PROV. a mackerel sky is never long dry ◆◆ ***~ smarrita*** FIG. lost sheep.

pecorino /peko'rino/ **I** agg. [*lana*] sheep attrib., of sheep **II** m. GASTR. INTRAD. (hard Italian cheese made from ewe's milk) ◆ ***alla -a*** [*fare l'amore*] doggy fashion.

pecorone /peko'rone/ m. large sheep*; FIG. sheep*; ***sono una massa di -i*** SPREG. they are a load of sheep.

pectico, pl. **-ci**, **-che** /'pɛktiko, tʃi, ke/ agg. pectic.

pectina /pek'tina/ f. pectin.

peculato /peku'lato/ m. peculation, embezzlement.

peculiare /peku'ljare/ agg. [*qualità, tratto*] peculiar, characteristic, distinctive; ***essere ~ di qcn., qcs.*** to be peculiar *o* special to sb., sth.

peculiarità /pekuljari'ta/ f.inv. peculiarity, trait, characteristic; ***essere una ~ di qcn., qcs.*** to be a feature of sb., sth.; ***presentare delle ~*** to have some distinctive features *o* peculiarities; ***la ~ di questa nuova tecnologia è...*** what is peculiar to this new technology is...

peculio, pl. **-li** /pe'kuljo, li/ m. **1** ANT. *(gregge)* flock **2** *(gruzzolo)* savings pl., nest egg, wad.

pecunia /pe'kunja/ f. SCHERZ. money.

pecuniario, pl. **-ri**, **-rie** /peku'njarjo, ri, rje/ agg. pecuniary; [*prestazione*] fee-paying; ***pena -a*** fine.

pedaggio, pl. **-gi** /pe'daddʒo, dʒi/ m. toll; ***autostrada a ~*** toll motorway BE, toll road AE; ***pagare il ~*** to pay the toll.

pedagogia /pedago'dʒia/ f. pedagogy, pedagogics + verbo sing., science of education.

pedagogicamente /pedagodʒika'mente/ avv. pedagogically.

pedagogico, pl. **-ci**, **-che** /peda'gɔdʒiko, tʃi, ke/ agg. [*attività, ricerca, teoria*] pedagogic(al), teaching; ***metodi -ci*** teaching methods.

pedagogista, m.pl. **-i**, f.pl. **-e** /pedago'dʒista/ m. e f. pedagogist, educationalist.

pedagogo, m.pl. **-ghi**, f.pl. **-ghe** /peda'gɔgo, gi, ge/ m. (f. **-a**) pedagogue.

pedalabile /peda'labile/ agg. [*strada*] good for cycling on.

▷ **pedalare** /peda'lare/ [1] intr. (aus. *avere*) **1** to pedal; ***~ all'indietro*** to back-pedal; ***~ a tutta forza*** to pedal hard *o* furiously; ***~ lungo, verso*** to pedal along, towards **2** COLLOQ. FIG. ***pedala!*** *(vattene)* take a hike! get your skates on! on your bike! ◆ ***hai voluto la bicicletta, e ora pedala*** you've made your bed, now you must lie in it.

pedalata /peda'lata/ f. thrust on a pedal, push on a pedal; ***una ~ vigorosa*** a hard thrust on a pedal.

pedalatore /pedala'tore/ m. (f. **-trice** /tritʃe/) pedaller, cyclist.

▷ **pedale** /pe'dale/ m. pedal (anche MUS.); ***i -i della bicicletta*** bicycle pedals; ***~ del freno*** brake pedal; ***~ dell'acceleratore*** accelerator pedal, gas pedal AE; ***~ della frizione*** clutch pedal; ***schiaccia il ~ fino in fondo*** press the pedal right down; ***freno, pompa a ~*** foot brake, foot pump ◆◆ ***~ di risonanza*** MUS. sustaining pedal; ***~ di sordina*** MUS. soft pedal.

pedaleggiare /pedaled'dʒare/ [1] intr. (aus. *avere*) MUS. to pedal, to use the pedals.

pedaliera /peda'ljɛra/ f. **1** *(di organo)* pedalboard, pedal keyboard; *(di pianoforte)* pedals pl. **2** AER. rudder bar.

pedalina /peda'lina/ f. TIP. (foot-operated) platen press.

pedalino /peda'lino/ m. (man's) sock.

pedalò® /peda'lɔ/ m.inv. pedalo* BE; ***andare in ~*** to go out on a pedalo.

pedana /pe'dana/ f. **1** *(elemento rialzato)* platform; ***~ della cattedra*** platform, dais **2** SPORT *(per le prove ginniche)* trampoline, springboard; *(nel baseball)* box, mound AE.

pedante /pe'dante/ **I** agg. [*professore, tono*] pedantic, fastidious; [*funzionario, amministrazione*] rigid, pedantic **II** m. e f. pedant, nit-picker.

pedanteggiare /pedanted'dʒare/ [1] intr. (aus. *avere*) to play the pedant, to be* pedantic.

pedantemente /pedante'mente/ avv. pedantically, overnicely.

pedanteria /pedante'ria/ f. pedantry, hair splitting.

pedantesco, pl. **-schi**, **-sche** /pedan'tesko, ski, ske/ agg. pedantic.

pedata /pe'data/ f. **1** *(calcio)* kick; ***prendere qcn. a -e*** to kick sb.; ***buttare fuori qcn. a -e*** to kick sb. out **2** *(orma)* footprint, footmark **3** EDIL. *(di scalino)* tread.

pedemontano /pedemon'tano/ agg. **1** [*ghiacciaio, zona, pianura*] piedmont **2** LETT. *(piemontese)* Piedmontese.

pederasta /pede'rasta/ m. pederast, paederast.

pederastia /pederas'tia/ f. pederasty.

pedestre /pe'dɛstre/ agg. *(banale)* pedestrian.

pediatra, m.pl. **-i**, f.pl. **-e** /pe'djatra/ ➧ **18** m. e f. pediatrician, paediatrician.

pediatria /pedja'tria/ f. pediatrics + verbo sing., paediatrics + verbo sing.

pediatrico, pl. **-ci**, **-che** /pe'djatriko, tʃi, ke/ agg. [*reparto, ospedale*] pediatric, paediatric.

pedice /'pɛditʃe/ m. subscript.

pedicellato /peditʃel'lato/ agg. BOT. [*fiore*] pedicellate.

1.pedicello /pedi'tʃɛllo/ m. BOT. ZOOL. pedicel.

2.pedicello /pedi'tʃɛllo/ m. REGION. *(brufolo)* spot, pimple.

pediculosi /pediku'lɔzi/ ➧ **7** f.inv. pediculosis*, lousiness.

pedicure /pedi'kure, pedi'kyr/ ➧ **18** **I** f.inv. *(trattamento)* pedicure, chiropody; ***farsi la ~*** to have a pedicure **II** m. e f.inv. *(persona)* pedicure, chiropodist.

pediera /pe'djɛra/ f. footboard.

pedigree /pedi'gri/ m.inv. pedigree; ***il mio cane ha il ~*** my dog is a pedigree; ***cane con il ~*** pedigree dog.

pediluvio, pl. **-vi** /pedi'luvjo, vi/ m. footbath; ***fare un ~*** to bathe one's feet, to have a footbath.

pedina /pe'dina/ f. **1** *(a dama)* man*, piece, draught BE, draughtsman* BE, checker AE; *(negli scacchi)* pawn; ***muovere una ~*** to move a pawn *o* a piece; ***mangiare*** o ***soffiare una ~*** to take a piece **2** FIG. pawn; ***essere una ~ nelle mani di qcn.*** to be just a pawn (in sb.'s hands).

pedinamento /pedina'mento/ m. shadowing, tailing COLLOQ.

pedinare /pedi'nare/ [1] **I** tr. to shadow, to dog, to tail COLLOQ.; ***fare ~ qcn.*** to have sb. shadowed, to put a tail on sb. COLLOQ. **II** intr. (aus. *avere*) [*uccelli selvatici*] to hop.

pedissequo /pe'dissekwo/ agg. [*adattamento, traduzione, imitatore*] slavish.

pedivella /pedi'vɛlla/ f. pedal crank.

pedofilia /pedofi'lia/ f. paedophilia, pedophilia AE.

pedofilo /pe'dɔfilo/ **I** agg. paedophile, pedofile AE, paedophiliac, pedophiliac AE **II** m. (f. **-a**) paedophile, pedophile AE.

pedogenesi /pedo'dʒɛnezi/ f.inv. GEOL. pedogenesis.

1.pedologia /pedolo'dʒia/ f. GEOL. pedology.

2.pedologia /pedolo'dʒia/ f. PSIC. pedology.

pedologico, pl. **-ci**, **-che** /pedo'lɔdʒiko, tʃi, ke/ agg. pedological.

pedologo, m.pl. **-gi**, f.pl. **-ghe** /pe'dɔlogo, dʒi, ge/ ➧ **18** m. (f. **-a**) pedologist.

pedometro /pe'dɔmetro/ m. pedometer.

pedonale /pedo'nale/ agg. [*zona, isola, strada, accesso, traffico*] pedestrian; ***attraversamento, passaggio ~, strisce -i*** pedestrian crossing, zebra crossing BE, crosswalk AE.

pedonalizzare /pedonalid'dzare/ [1] tr. to pedestrianize [*strada, centro storico*].

pedonalizzazione /pedonaliddzat'tsjone/ f. pedestrianization.

▷ **pedone** /pe'done/ m. **1** *(che cammina a piedi)* pedestrian; ***riservato ai -i*** for pedestrians only **2** *(negli scacchi)* pawn.

pedopornografia /pedopornogra'fia/ f. child pornography.

peduccio, pl. **-ci** /pe'duttʃo, tʃi/ m. **1** ARCH. archstone, corbel **2** REGION. *(di maiale)* knuckle, trotter.

pedula /'pɛdula, pe'dula/ f. hiking boot, climbing shoe.

pedule /'pɛdule, pe'dule/ m. *(di calza, calzino)* foot*.

peduncolare /pedunko'lare/ agg. peduncular.

peduncolato /pedunko'lato/ agg. BOT. ZOOL. pedunculate, pedicellate.

peduncolo /pe'dunkolo/ m. **1** BOT. peduncle, footstalk, flower stalk **2** ZOOL. peduncle, (foot)stalk, pedicel, petiole **3** ANAT. peduncle.

peeling /'piling/ m.inv. exfoliation; ***fare un ~*** to have a (face, body) peel.

Pegaso /'pɛgazo/ n.pr.m. MITOL. Pegasus.

▶ **peggio** /'pɛddʒo/ **I** agg.inv. **1** *(in un comparativo di minoranza)* *(peggiore)* worse (**di** than); ***questo film è ~ dell'altro*** this film is worse than the other one; ***oggi il tempo è ~ di ieri*** today the weather is worse than yesterday; ***sarebbe ~ non avvisarle*** it would be worse not to let them know; ***non arrabbiarti, altrimenti sarà ~*** don't get angry, otherwise you'll make it worse; ***è brutta e, quel che è ~, cattiva*** she is ugly and, what is worse, she's nasty; ***c'è di ~*** there's worse, worse things happen at sea; ***ho visto di ~*** I've seen worse; ***non c'è niente di ~ che...*** there's nothing worse than... **2** POP. REGION. *(in un superlativo relativo)* ***questo posto è il ~ di tutti per bere una birra*** this is the worst of all places to have a beer **II** m.inv. *(la cosa, parte peggiore)* worst; ***il ~ è che...*** the worst of it all is that...; ***aspettarsi, temere il ~*** to expect, fear the worst; ***il ~***

deve ancora venire there's worse to come *o* in the store; ***avere superato, passato il*** ~ to be out of the wood(s), to be over the worst; ***è quanto di ~ potesse capitarmi*** it's the worse thing that could have happened to me; ***essere il ~ del ~*** to be the lowest of the low; ***essere preparato al ~*** to be prepared for the worst; ***volgere al ~*** [*situazione*] to take a turn for the worse **III** avv. **1** *(comparativo) (in modo peggiore)* worse (**di** than); ***con questi occhiali vedo ~*** with these glasses I see (even) worse than before; ***suona il piano ~ di te!*** he plays the piano worse than you! ***sta ~ di ieri*** she feels worse than yesterday; ***loro stanno ~ di noi*** *(in condizioni economiche peggiori)* they are worse off than we are; ***guida ~ di prima*** he drives worse than he did before; ***cambiare in ~*** to change for the worse; ***~ del previsto, del solito*** worse than expected, than usual; ***ancora ~*** even worse, worse still; ***molto ~*** much *o* a lot worse; ***~ che mai*** worse than ever; ***poteva andare ~*** it could have been worse; ***sempre ~*** worse and worse; ***tanto ~!*** so much the worse! too bad! ***~ per loro!*** so much the worse for them! ***~ di così si muore*** it couldn't be any worse, things couldn't be worse; ***di male in ~*** from bad to worse **2** *(superlativo) (nel modo peggiore)* ***i lavoratori ~ pagati*** the worst-paid labourers **3 alla peggio** at (the) worst, if the worst were to happen, when push comes to shove COLLOQ. **4 alla meno peggio** ***cavarsela alla meno ~*** to muddle *o* struggle through; ***fare qcs. alla meno ~*** to do sth. in a slapdash way ◆ ***avere la ~*** to get the worst of it, to come off worst; ***~ che andar di notte*** it couldn't be any worse, things couldn't be worse.

▷ **peggioramento** /peddʒora'mento/ m. *(di situazione, crisi, conflitto)* worsening; *(di salute)* worsening, decline, aggravation; *(del tempo)* worsening, deterioration.

▷ **peggiorare** /peddʒo'rare/ [1] **I** tr. to worsen, to aggravate, to make* worse [*malattia, condizioni*]; ***non farai che ~ le cose!*** you'll only make things *o* it worse! **II** intr. (aus. *essere*) [*situazione, condizione*] to get* worse, to worsen; [*malato*] to get* worse; [*salute*] to worsen, to decline, to deteriorate; [*qualità*] to fall*, to drop, to go* down; [*tempo*] to get* worse, to worsen; [*vista*] to fail.

peggiorativo /peddʒora'tivo/ agg. e m. pejorative.

▷ **peggiore** /ped'dʒore/ **I** agg. **1** *(comparativo)* worse (**di** than); ***questo libro è ~ dell'altro*** this book is worse than the other one; ***oggi il tempo è ~ di ieri*** today the weather is worse than yesterday; ***non c'è cosa ~ di...*** there's nothing worse than...; ***c'è una sola cosa ~ di, che*** there's only one thing worse than; ***la decisione non sarebbe potuta arrivare in un momento ~*** the decision couldn't have come at a worse time **2** *(superlativo relativo)* worst (**di** of, in); ***il mio peggior nemico*** my worst enemy; ***il mio peggior difetto*** my worst fault; ***è uno dei -i film che abbia mai visto*** it's one of the worst films I've ever seen; ***si fornisce presso i grossisti -i*** he buys from the worst wholesalers; ***un bugiardo della peggior specie*** a liar of the worst kind, sort; ***fare qcs. nel ~ dei modi*** to do sth. in the worst possible way; ***nel ~ dei casi, nella ~ delle ipotesi*** at (the) worst, if the worst were to happen, if the worst came to the worst, when push comes to shove; ***la cosa ~ di lei è (che)*** the worst thing about her is (that) **II** m. e f. ***il ~, la ~*** the worst (**di** of, in); ***è il ~ della squadra*** he's the worst in the team; ***il ~ degli imbecilli*** the biggest fool; ***il ~ dei due*** the worse of the two ◆ ***non c'è peggior sordo di chi non vuole sentire*** PROV. there are none so deaf as those who will not hear.

pegmatite /pegma'tite/ f. pegmatite.

pegno /'peɲɲo/ m. **1** *(garanzia)* pawn, pledge, security **U**, surety **U**, guarantee; ***lasciare il proprio orologio in ~*** to pawn one's watch, to leave one's watch as security *o* surety; ***prestare su ~*** to lend against surety **2** DIR. lien; ***dare un ~ a un creditore*** to give a creditor security; ***contratto di ~*** contract of pledge; ***monte dei -i*** *(istituto pubblico)* pawnshop **3** GIOC. *(penitenza)* forfeit; ***pagare ~*** to pay one's forfeit; ***giocare con -i*** to play forfeits **4** *(prova)* pledge; ***come ~ della sua amicizia*** as a pledge *o* token of her friendship.

peiote → **peyote.**

pelagianismo /peladʒa'nizmo/ m. Pelagianism.

pelagiano /pela'dʒano/ agg. e m. Pelagian.

pelagico, pl. **-ci**, **-che** /pe'ladʒiko, tʃi, ke/ agg. [*fauna, flora, vita*] pelagic.

pelago, pl. **-ghi** /'pɛlago, gi/ m. LETT. open sea, high sea.

pelame /pe'lame/ m. fur **U**, hair **U**, coat, pelage.

pelandrone /pelan'drone/ m. (f. **-a**) idler, slouch, sluggard, loafer, lazybones COLLOQ.

pelapatate /pelapa'tate/ m.inv. potato peeler, parer, paring knife.

pelare /pe'lare/ [1] **I** tr. **1** *(sbucciare)* to peel, to skin, to pare [*frutta, cipolle*] **2** *(spennare)* to pluck [*pollo*] **3** *(togliere la pelle)* to skin [*coniglio*] **4** *(radere a zero)* ***~ qcn.*** to shave sb.'s head **5** COLLOQ. *(lasciare senza soldi)* to soak [*cliente*]; ***mi sono fatto ~ in quel negozio*** I got ripped off in that shop; ***lo hanno pelato al casinò*** he's been cleaned out *o* fleeced at the casino **II pelarsi** pronom. *(perdere i capelli)* to lose* one's hair ◆ ***avere una gatta da ~*** to have a hard row to hoe; ***è bella gatta da ~!*** it's a hard nut to crack! ***avere altre gatte da ~*** to have other fish to fry; ***prendersi una (bella) gatta da ~*** to get oneself into a tight corner.

pelargonio, pl. **-ni** /pelar'gɔnjo, ni/ m. pelargonium.

pelasgico, pl. **-ci**, **-che** /pe'lazdʒiko, tʃi, ke/ agg. Pelasgic.

pelata /pe'lata/ f. **1** *(batosta)* ***dare una ~ a qcn.*** to rip sb. off, to fleece sb. **2** SCHERZ. *(testa calva)* bald head, baldy SPREG.; ***ha una ~*** he has a bald spot *o* patch.

pelato /pe'lato/ **I** p.pass. → **pelare II** agg. **1** *(calvo)* [*testa*] bald; [*persona*] bald, bald-headed, baldpated; ***diventare ~*** [*persona*] to go bald **2** *(senza buccia)* [*pomodoro*] peeled **III** m. *(uomo calvo)* baldhead, baldpate **IV pelati** m.pl. = tinned peeled tomatoes ◆ ***~ come un uovo*** COLLOQ. as bald as a coot.

pelatrice /pela'tritʃe/ f. MECC. peeler.

pelatura /pela'tura/ f. **1** *(di verdure)* peeling, paring **2** *(di animali)* skinning.

pellaccia, pl. **-ce** /pel'lattʃa, tʃe/ f. **1** *(persona resistente)* tough (person), toughie COLLOQ. **2** *(persona senza scrupoli)* rogue, rascal ◆ ***avere la ~ dura*** to be thick-skinned, to have a thick skin; ***essere una ~*** to be a tough character.

pellagra /pel'lagra/ ➧ ***7*** f. pellagra.

pellagroso /pella'groso/ agg. pellagrous.

pellaio, pl. **-ai** /pel'lajo, ai/ ➧ ***18*** m. (f. **-a**) *(chi concia)* tanner; *(chi vende)* skinner.

pellame /pel'lame/ m. hides pl., skins pl.; ***lavorazione del ~*** tanning.

▶ **pelle** /'pɛlle/ ➧ ***4*** f. **1** *(cute)* skin; ***avere la ~ grassa, secca, delicata, con le rughe*** to have greasy, dry, sensitive, wrinkled skin; ***avere la ~ morbida*** to have soft skin; ***avere una bella ~*** to have lovely skin; ***avere una ~ vellutata*** to have lovely soft skin; ***una ragazza dalla ~ chiara*** a fair-skinned *o* light-skinned girl; ***avere la ~ dura*** FIG. to be thick-skinned; ***essere (tutto) ~ e ossa*** FIG. to be all skin and bone, to be nothing but skin and bones, to be a barebones; ***ridursi ~ e ossa*** FIG. to be reduced to a skeleton **2** *(di animale)* skin, hide, pelt; ***~ di vitello*** calf(skin); ***~ di vacca*** cowhide; ***~ di cavallo*** horsehide; ***~ di leopardo*** leopardskin; ***~ di cinghiale*** pigskin; ***~ di foca*** sealskin; ***~ di lucertola*** lizardskin; ***~ di serpente*** snakeskin; ***erano vestiti con -i di animali*** they were dressed in animal skins *o* hides **3** *(pelle conciata)* leather; ***vera, finta ~*** genuine leather, imitation leather; ***pantaloni di ~*** leather trousers; ***giacca in ~ di montone*** sheepskin jacket; ***guanti, giacca in, di ~*** leather gloves, jacket; ***borsa in ~ di serpente*** snakeskin bag; ***rilegato in ~*** leather-bound **4** *(buccia) (di frutta, ortaggi)* skin, peel; *(di agrumi)* peel; *(del salame)* rind; *(di salsiccia)* skin, casing **5** COLLOQ. FIG. *(vita)* ***rischiare la ~*** to risk one's life; ***volere la ~ di qcn.*** to want sb. dead; ***lasciarci la ~*** to lose one's life; ***vendere cara la ~*** to sell one's life dearly; ***fare la ~ a qcn.*** to do sb. in, to bump sb. off; ***riportare a casa*** o ***salvare la ~*** to save one's (own) skin *o* bacon ◆ ***vendere la ~ dell'orso prima di averlo ucciso*** to count one's chickens (before they are hatched); ***ho i nervi a fior di ~*** my nerves are on edge *o* are jangling; ***essere amici per la ~*** to be as thick as thieves; ***avere la ~ d'oca*** to have goose flesh *o* pimples; ***fare venire la ~ d'oca a qcn.*** *(per la paura)* to make sb.'s skin *o* flesh crawl, to give sb. the creeps COLLOQ.; ***non stare più nella ~ dalla gioia*** to be beside oneself with joy; ***essere nella ~ di qcn.*** to be in sb.'s shoes ◆◆ ***~ di daino*** *(panno)* chamois leather, shammy (leather); ***~ di tamburo*** MUS. drumhead; ***~ d'uovo*** TESS. muslin.

pellegrina /pelle'grina/ f. ABBIGL. pelerine.

pellegrinaggio, pl. **-gi** /pellegri'naddʒo, dʒi/ m. pilgrimage; ***luogo di ~*** place of pilgrimage; ***andare in ~, fare un ~ a Lourdes*** to go on *o* make a pilgrimage to Lourdes.

▷ **pellegrino** /pelle'grino/ **I** agg. ***falco ~*** peregrine (falcon); ***padri -i*** STOR. Pilgrim Fathers **II** m. (f. **-a**) pilgrim; ***bastone del ~*** pilgrim's staff.

▷ **pellerossa** /pelle'rossa/ m. e f.inv. American Indian, Red Indian SPREG., redskin SPREG., redman* AE SPREG.

pellet /'pɛllet/ m.inv. TECN. pellet.

▷ **pelletteria** /pellette'ria/ f. **1** *(oggetti in pelle)* leather goods pl. **2** *(negozio)* leather (goods) shop.

pellettizzare /pellettid'dzare/ [1] tr. to pelletize.

pellettizzazione /pellettiddzat'tsjone/ f. pelletization.

pellicano /pelli'kano/ m. pelican.

pellicceria /pellittʃe'ria/ ➧ ***18*** f. **1** *(lavorazione)* fur dressing **2** *(articoli in pelliccia)* furs pl. **3** *(negozio)* furrier's (shop).

▷ **pelliccia**, pl. **-ce** /pel'littʃa, tʃe/ f. **1** *(indumento)* fur (coat); ***indossava una ~*** she was dressed in furs; ***foderato, guarnito di ~***

lined, trimmed with fur; ~ ***sintetica*** imitation fur, fun fur; ~ ***di castoro*** beaver (fur); ~ ***di volpe*** fox fur; ~ ***di zibellino*** sable **2** *(mantello) (di animale vivo)* fur, coat; *(di animale morto)* pelt, skin.

pellicciaio, pl. **-ai** /pellit'tʃajo, ai/ **I** agg. ***muscolo*** ~ orofacial *o* cutaneous muscle **II** ➧ ***18*** m. (f. **-a**) **1** *(conciatore)* furrier, fur dresser **2** *(negoziante)* furrier.

pellicciotto /pellit'tʃɔtto/ m. fur jacket.

pellicina /pelli'tʃina/ f. ANAT. *(dell'unghia)* cuticle.

▷ **pellicola** /pel'likola/ f. **1** ANAT. *(sottile membrana)* pellicle, cuticle **2** GASTR. *(cellofan)* ~ ***trasparente (per alimenti)*** (protective) film, clingfilm BE **3** CINEM. FOT. ~ ***cinematografica*** movie film, (cine) film; ~ ***fotografica*** (photographic) film; ~ ***a colori, in bianco e nero*** colour, black and white film; ***una ~ da 24 foto(grammi)*** a 24 exposure film; ***(fare) sviluppare una ~*** to develop a film, to have a film developed; ***impressionare una ~*** to expose a film; ***girare una ~*** to shoot *o* make a film ◆◆ ~ ***dosimetrica*** film badge; ~ ***in rotolo*** FOT. roll film; ~ ***vergine*** unexposed film.

pellicolare /pelliko'lare/ agg. pellicular; ***effetto*** ~ skin effect.

pellirossa /pelli'rossa/ → **pellerossa.**

pellucidità /pellutʃidi'ta/ f.inv. pellucidity.

pellucido /pel'lutʃido/ agg. pellucid.

▶ **pelo** /'pelo/ m. **1** *(dell'uomo, degli animali)* hair; ***privo di -i*** hairless; ***avere dei -i sulle gambe*** to have hairy legs; ***strappare i -i bianchi della barba*** to pull the white hairs out of one's beard; ***ci sono dei -i di cane sulla poltrona*** there are dog hairs on the armchair; ***perdere il ~*** [*gatto, cane*] to moult, to shed hair; ***cavalcare a ~*** to ride bareback; ***lisciare il ~ a qcn.*** FIG. to soft-soap sb., to butter sb. up; ***un ragazzo di primo ~*** FIG. a fledg(e)ling **2** COLLOQ. *(pelliccia)* coat, hair **U**, fur **U**; ***a ~ corto, lungo*** [*animale*] short-haired, long-haired; ~ ***setoloso*** bristled *o* brushy coat **3** *(di tessuto)* nap; *(di tappeto)* pile; *(di indumenti di lana)* fluff; ***un maglione che perde, lascia i -i*** a pullover that loses fluff **4** *(superficie)* ***il ~ dell'acqua*** the surface of the water **5** BOT. hair, down **U** **6** COLLOQ. ***per un ~*** by the skin of one's teeth, by a hair('s breadth), by a whisker; ***ci è mancato un ~ che facessi*** I was within a whisker of doing; ***salvarsi per un ~*** to escape by the skin of one's teeth; ***c'è mancato un ~ che la pallottola mi colpisse*** the bullet missed me by a whisker; ***ho preso il treno per un ~*** I (only) just caught the train; ***essere a un ~ da*** to be within a hair's breadth of ◆ ***il lupo perde il ~ ma non il vizio*** PROV. a leopard cannot change his spots; ***cercare il ~ nell'uovo*** to be a nit-picker, to nit-pick; ***avere il ~ sullo stomaco*** to be ruthless; ***non avere -i sulla lingua*** to be outspoken, not to mince one's words; ***fare ~ e contropelo a qcn.*** to tear sb. apart ◆◆ ~ ***radicale*** BOT. root-hair; ~ ***urticante*** BOT. sting, stinging hair; ***-i superflui*** unwanted hair.

peloponnesiaco, pl. **-ci**, **-che** /peloponne'ziako, tʃi, ke/ agg. Peloponnesian.

Peloponneso /pelopon'nɛso/ ➧ ***30*** n.pr.m. Peloponnese.

pelosella /pelo'sɛlla/ f. BOT. mouse-ear.

pelosità /pelosi'ta/ f.inv. hairiness; BOT. ZOOL. pilosity.

▷ **peloso** /pe'loso/ agg. **1** [*persona, animale, insetto*] hairy **2** BOT. hairy, comose, pilose **3** *(morbido)* [*vestito, tessuto*] fluffy.

pelota /pe'lɔta/ ➧ ***10*** f.inv. pelota.

pelta /'pɛlta/ f. STOR. pelta*.

peltasta /pel'tasta/ m. STOR. peltast.

peltato /pel'tato/ agg. BOT. [*foglia*] peltate.

peltro /'peltro/ m. pewter.

pelucco, pl. **-chi** /pe'lukko, ki/ m. fluff.

peluche /pe'luʃ/ m.inv. **1** *(materiale)* plush; ***giocattoli di ~*** fluffy, furry, soft, cuddly BE toys; ***orso di ~*** teddy (bear) **2** *(animaletto)* fluffy, furry, soft, cuddly BE toy.

peluria /pe'lurja/ f. **1** *(sulla cute)* down **U** **2** *(sui tessuti)* fluff **3** BOT. bloom, down **U**.

pelvi /'pɛlvi/ f.inv. pelvis*; ***grande, piccola ~*** upper, lower pelvis.

pelvico, pl. **-ci**, **-che** /'pɛlviko, tʃi, ke/ agg. [*cavità, osso, pavimento*] pelvic.

▶ **pena** /'pena/ f. **1** *(pietà)* pity; ***povera Anna, mi fa ~*** poor Anna, I feel sorry for her; ***mi fa ~ vederlo così triste*** it hurts me to see him so sad; ***faceva ~ vederlo*** he looked a sorry sight, it was heartbreaking to see him; ***faceva ~ vedere una cosa simile*** it was sad to see such a thing; ***mi fai quasi ~!*** IRON. you're pathetic! **2** *(dispiacere, sofferenza)* pain, sorrow, woe; ~ ***d'amore*** love pang, heartache; ***mi dà molta ~ pensare che*** I find it heartbreaking to think that; ***confidare tutte le proprie -e a qcn.*** to tell sb. of all one's afflictions **3** DIR. *(sanzione, punizione)* punishment, sentence, penalty; ***sotto ~ di*** on *o* under penalty of; ***infliggere, comminare una ~*** to impose a penalty, to inflict a punishment; ***scontare una ~*** to serve a sentence; ***condonare una ~ a qcn.*** to give sb. remission; ***aggravio di ~*** increase in sentence; ***sospensione della ~*** reprieve; ***ottenere una riduzione della ~ per buona condotta*** to get time off for good behaviour; ***essere passibile di ~*** to be liable *o* subject to penalty; ***casa di ~*** *(luogo)* prison **4** *(sforzo)* ***darsi la ~ di fare qcs.*** to take the trouble to do sth., to be at pains to do sth.; ***ne è valsa la ~!*** it was really worth it! ***non vale la ~ fare un viaggio così lungo per un giorno*** it's not worth travelling so far just for one day; ***questa idea vale la ~ di essere sottoposta a qcn.*** it's worth(while) submitting the idea to sb.; ***non vale neanche la ~ dirgli che*** it is not even worth telling him that **5** *(preoccupazione)* ***essere, stare in ~ per qcn.*** to be worried for sb.; ***non si è neanche preso la ~ di informarci*** he didn't even bother to inform us *o* let us know ◆ ***patire le -e dell'inferno*** to go through hell; ***fare patire le -e dell'inferno a qcn.*** to put sb. through hell; ***anima in ~*** tormented soul; ***vagare come un'anima in ~*** to mope around *o* about, to go round like a lost soul ◆◆ ~ ***capitale*** capital punishment; ~ ***corporale*** corporal punishment; ~ ***detentiva*** custodial *o* prison sentence, detention; ~ ***eterna*** eternal punishment; ~ ***di morte*** death penalty; ~ ***pecuniaria*** fine.

▷ **penale** /pe'nale/ **I** agg. [*causa, accusa, tribunale, inchiesta, giustizia, responsabilità, procedura, azione, sanzione*] criminal; [*codice*] penal, criminal; [*colonia, legge*] penal; ***clausola ~*** penalty clause; ***diritto ~*** criminal *o* crown law; ***avere la fedina ~ pulita*** to have a clean sheet, to have no criminal record, (police) record; ***avere la fedina ~ sporca*** to have a criminal record; ***essere giudicato secondo il diritto ~*** to be tried in a criminal court **II** f. penalty, fine, forfeit; ***pagare una ~ per*** to pay a penalty, fine for.

penalista, m.pl. **-i**, f.pl. **-e** /pena'lista/ ➧ ***18*** m. e f. **1** *(esperto di diritto penale)* penologist **2** *(avvocato)* criminal lawyer.

penalistico, pl. **-ci**, **-che** /pena'listiko, tʃi, ke/ agg. penological.

penalità /penali'ta/ f.inv. **1** *(sanzione penale)* penalty, fine, forfeit **2** SPORT penalty.

penalizzare /penalid'dzare/ [1] tr. **1** to penalize [*squadra, concorrente*] **2** FIG. to penalize [*categoria*].

penalizzazione /penaliddzat'tsjone/ f. **1** *(di squadra, concorrente)* penalty; ***una ~ di dieci punti per una risposta errata*** a ten-point penalty for a wrong answer **2** FIG. *(di categoria)* penalization.

penalmente /penal'mente/ avv. penally; ***essere perseguibile ~*** to be criminally negligent; ***agire ~*** to prosecute; ***perseguire qcn. ~*** to prosecute sb.

penalty /'pɛnalti/ m. e f.inv. penalty (kick).

penare /pe'nare/ [1] intr. (aus. *avere*) **1** *(soffrire)* to suffer; ***ha finito di ~*** his sufferings are over; ***non ha ancora finito di ~*** his sufferings are far from over; ***fare ~ qcn.*** to cause sb. distress, to distress sb. **2** *(faticare)* to have* difficulty, to have* a lot of trouble, to struggle; ~ ***per trovare un lavoro*** to have a lot of trouble finding a job; ~ ***a fare i compiti*** to struggle with one's homework.

penati /pe'nati/ m.pl. Penates, household gods.

pencolare /penko'lare/ [1] intr. (aus. *avere*) **1** *(pendere)* to lean*, to sway **2** FIG. *(esitare)* to hesitate, to waver.

pendaglio, pl. **-gli** /pen'daʎʎo, ʎi/ m. pendant, fob, lavalier AE ◆◆ ~ ***da forca*** gallows bird ANT.

pendant /pan'dan/ m.inv. companion (**di** to); ***fare da ~ a qcs., fare ~ con qcs.*** to match sth., to be the companion to sth.

pendente /pen'dɛnte/ **I** agg. **1** *(che pende)* [*lampada*] hanging (**da** from); [*orecchino*] dangling; [*tetto*] sloping, slanting **2** *(inclinato)* ***la torre ~ di Pisa*** the leaning tower of Pisa **3** *(irrisolto)* [*controversia, questione*] outstanding **4** DIR. [*causa, carico*] pending; [*credito, debito*] outstanding **II** m. **1** *(ciondolo)* pendant, fob, lavalier AE **2** *(orecchino)* drop earring.

pendenza /pen'dɛntsa/ f. **1** *(inclinazione)* slope, slant, inclination, incline, rake, tilt; *(di tetto)* pitch, slope; ***una strada in ~*** a steep road; ***una forte, lieve ~*** a steep, slight slope; ***essere in ~*** [*pavimento*] to be on a slope, to slope, to slant **2** *(grado di inclinazione)* gradient; ***avere una ~ del 20%*** to have a gradient of one in five, of 20%; ***linea di massima ~*** fall line **3** DIR. pending suit **4** COMM. outstanding account; ***regolare una ~*** to pay *o* settle an outstanding account; ***sistemare una vecchia ~*** FIG. to settle an old score.

▷ **pendere** /'pɛndere/ [2] intr. (forms not attested: past participle and compound tenses) **1** *(essere inclinato)* [*oggetto, torre, albero, muro*] to lean*, to tilt; [*quadro*] to slant; [*strada*] to slope, to slant, to incline, to tilt; ~ ***a sinistra, destra*** to slope *o* tilt to the left, right **2** *(essere sospeso, appeso)* [*lampadario, frutto*] to hang* (**da** from); [*braccio, gamba*] to hang*, to dangle; [*orecchini*] to dangle **3** *(propendere)* ~ ***per*** to incline *o* tend *o* lean toward(s) [*soluzione, decisione*] **4** DIR. [*causa*] to be* pending ◆ ***fare ~ la bilancia in favore di, contro*** to tilt *o* tip the balance in favour of, away from; ~ ***dalle labbra di qcn.*** to hang on sb.'s words *o* on sb.'s every word.

pendice /pen'ditʃe/ f. slope; ***le -i del monte*** the mountainside.

▷ **pendio**, pl. **-dii** /pen'dio, dii/ m. *(pendenza, pendice)* slope, incline, declivity; *(versante di una collina)* hillside, slope; ***un ~ dolce, ripido*** a gentle, steep slope; ***strada in ~*** downhill road; ***in cima a un ~*** at the top of a hill.

pendola /'pɛndola/ f. grandfather clock, grandmother clock.

1.pendolare /pendo'lare/ [1] intr. (aus. *avere*) to pendulate, to oscillate.

2.pendolare /pendo'lare/ **I** agg. **1** [*moto, vibrazione*] pendular **2** [*traffico*] commuter attrib. **II** m. e f. commuter, straphanger COLLOQ.; ***fare il ~ tra Milano e Torino*** to commute between Milan and Turin; ***treno (per) -i*** commuter *o* shuttle train.

pendolarismo /pendola'rizmo/ m. commuting.

pendolarità /pendolari'ta/ f.inv. condition of being a commuter.

1.pendolino /pendo'lino/ m. *(dei rabdomanti)* pendulum used by diviners.

2.pendolino /pendo'lino/ m. = Italian high-speed electric train.

3.pendolino /pendo'lino/ m. ZOOL. penduline.

▷ **pendolo** /'pɛndolo/ m. **1** FIS. pendulum; *(peso)* bob; ***le oscillazioni del ~*** the swings of the pendulum **2** *(orologio)* ***orologio a ~*** pendulum-clock, grandfather clock, grandmother clock **3** *(archipendolo)* plumb rule ◆◆ ***~ di Foucault*** Foucault('s) pendulum; ***~ matematico, semplice*** simple pendulum.

pendulo /'pɛndulo/ agg. **1** [*orecchie*] floppy **2** ANAT. ***velo ~*** (palatine) uvula.

▷ **pene** /'pɛne/ m. penis*; ***invidia del ~*** PSIC. penis envy.

Penelope /pe'nɛlope/ n.pr.f. Penelope; ***la tela di ~*** Penelope's weaving.

penepiano /pene'pjano/ m. peneplain.

penero /'pɛnero/ m. TESS. thrum.

penetrabile /pene'trabile/ agg. **1** penetrable **2** FIG. *(comprensibile)* understandable.

penetrabilità /penetrabili'ta/ f.inv. penetrability (anche FIG.).

penetrali /pene'trali/ m.pl. LETT. penetralia (anche FIG.).

penetrante /pene'trante/ agg. [*sguardo*] piercing, sharp, penetrating; [*odore, profumo, umidità*] pervasive; [*voce, suono*] penetrating; [*grido*] earsplitting; [*vento, aria*] penetrating, piercing, keen; [*freddo*] penetrating, biting, piercing; [*pioggia*] penetrating, drenching; [*parole*] incisive; [*analisi*] acute, insightful, penetrating; ***pulce ~*** sand flea, chigoe, jigger.

penetranza /pene'trantsa/ f. penetrative capacity.

▷ **penetrare** /pene'trare/ [1] **I** tr. **1** [*pioggia, liquido*] to soak in, to seep into, to permeate [*terreno, tessuto*] **2** *(svelare)* to penetrate [*mistero, segreto*] **3** *(sessualmente)* to penetrate **II** intr. (aus. *essere*) **1** *(infiltrarsi)* ***~ in*** [*luce, freddo, odore*] to enter, to get* in [*luogo*]; ***è da lì che penetra l'acqua, il freddo*** that's where the cold, the water gets in; ***il freddo mi è penetrato nelle ossa*** the cold went right through my bones **2** *(impregnare)* ***~ in*** [*crema, lozione*] to penetrate, to sink in [*pelle, cuoio capelluto*]; [*cera, vernice*] to penetrate [*mobile, legno*]; ***fare ~ la pomata massaggiando dolcemente*** to let the ointment absorb by massaging gently.

penetrativo /penetra'tivo/ agg. penetrative.

penetrazione /penetrat'tsjone/ f. **1** penetration (**in** into) **2** FIG. *(capacità di comprendere)* penetration.

penicillina /penitʃil'lina/ f. penicillin.

penicillio, pl. **-li** /peni'tʃilljo, li/ m. penicillium*, blue mould BE, blue mold AE.

penicillo /peni'tʃillo/ m. penicillus*.

peninsulare /peninsu'lare/ agg. peninsular.

penisola /pe'nizola/ f. **1** peninsula; ***~ iberica*** Iberian Peninsula **2** *(Italia)* Italy **3** ARRED. ***tavolo a ~*** breakfast bar.

penitente /peni'tɛnte/ **I** agg. [*peccatore*] penitent, repentant **II** m. e f. penitent.

▷ **penitenza** /peni'tɛntsa/ f. **1** RELIG. *(espiazione)* penance, penitence; ***fare ~ (per espiare i propri peccati)*** to do penance (for one's sins); ***recitare il rosario per ~*** to say the rosary for one's penance **2** *(punizione)* punishment; ***non ha fatto la sua ~*** he hasn't done the task he was given as punishment; ***per ~ stasera andrai a letto presto*** as a punishment, this evening you're going to bed early; ***imporre a qcn. una ~*** to punish sb., to give sb. a punishment **3** GIOC. *(pegno)* forfeit; ***devi fare la ~!*** you've got to pay the forfeit!

penitenziale /peniten'tsjale/ agg. penitential; ***i Salmi -i*** the penitential psalms.

penitenziario, pl. **-ri**, **-rie** /peniten'tsjarjo, ri, rje/ **I** agg. [*istituto, stabilimento*] penal; [*regime*] prison attrib. **II** m. prison, penitentiary AE.

penitenziere /peniten'tsjɛre/ m. RELIG. penitentiary.

penitenzieria /penitentsje'ria/ f. RELIG. penitentiary.

▷ **penna** /'penna/ **I** f. **1** *(piumaggio)* feather; ***mettere le -e*** to fledge; ***mutare le -e*** to moult; ***cane da ~*** bird dog, gundog **2** *(per scrivere)* pen; ***intingere la ~ nel calamaio*** to dip the quill in the inkpot; ***prendere carta e ~ per...*** to put pen to paper to..., to take up one's pen to...; ***scritto a ~*** written in ink; ***disegno a ~*** pen-and-ink drawing; ***amico, amica di ~*** pen friend *o* pal **3** *(scrittore)* writer **4** MAR. peak **5** *(parte allungata) (di martello)* peen **6** *(Alpini)* ***le -e nere*** = the Italian alpine troops **II penne** f.pl. GASTR. = short thin diagonally cut tubular pasta ◆ ***rimetterci, lasciarci le -e*** to lose one's life; ***lasciare qcs. nella ~*** to leave sth. out, to omit sth. ◆◆ ***~ biro*** → ***~ a sfera***; ***~ copritrice*** tectrix*; ***~ luminosa*** → ***~ ottica***; ***~ d'oca*** quill; ***~ ottica*** electronic stylus, light pen, optical wand; ***~ primaria*** primary (feather); ***~ remigante*** ZOOL. pinion; ***~ a sfera*** ballpoint (pen), rollerball, biro®; ***~ stilografica*** fountain pen, cartridge pen; ***~ timoniera*** tail feather.

pennacchio, pl. **-chi** /pen'nakkjo, ki/ m. **1** panache, plume; ***cappello con ~*** plumed hat **2** *(di fumo)* plume (**di** of) **3** ARCH. pendentive.

pennaccino /pennat'tʃino/ m. MAR. dolphin striker, martingale.

▷ **pennarello** /penna'rɛllo/ m. felt-tip (pen), fibre tip.

1.pennato /pen'nato/ agg. **1** *(provvisto di piume)* pennate **2** BOT. [*foglia*] pinnate.

2.pennato /pen'nato/ m. pruning knife, bill hook.

pennecchio, pl. **-chi** /pen'nekkjo, ki/ m. bunch of staple (on the distaff).

pennellare /pennel'lare/ [1] tr. to paint [*persiane, infissi*]; ***~ una superficie di giallo*** to paint a surface yellow.

pennellata /pennel'lata/ f. **1** (brush)stroke; ***dare qualche ~ a qcs.*** to give sth. a lick of paint; ***dare l'ultima ~ a qcs.*** to give *o* put the final touch to sth.; ***una ~ sicura*** a confident *o* bold brushwork; ***quella pittrice si riconosce dalla ~*** that painter can be identified by her brushwork **2** FIG. *(tratto)* trait, stroke; ***descrivere con poche -e*** to describe in a few traits, to make a thumbnail sketch.

pennellatura /pennella'tura/ f. MED. painting; ***fare -e in gola*** to paint one's throat.

pennellessa /pennel'lessa/ f. flat brush.

pennellificio, pl. **-ci** /pennelli'fitʃo, tʃi/ m. brush factory.

▷ **pennello** /pen'nɛllo/ m. **1** brush; *(per dipingere)* paintbrush; ***~ di setole*** bristle brush; ***~ da pasticciere*** pastry brush; ***intingere il ~*** to dip the brush; ***tavolozza e -i*** palette and paintbrushes; ***sapere maneggiare il ~, essere abile con il ~*** to be a good painter, to be handy with a paintbrush; ***truccarsi con un ~*** to apply make-up with a brush; ***l'arte del ~*** painting, the painter's art **2** *(pittore)* painter; *(pittrice)* paintress RAR. **3** IDR. groyne BE, groin AE **4** MAR. *(piccola ancora)* back ancor ◆ ***a ~*** perfectly, to perfection; ***andare, stare a ~*** to be a good *o* perfect fit, to suit to a T, to fit like a glove ◆◆ ***~ da barba*** shaving brush; ***~ elettronico*** electron beam; ***~ luminoso*** FIS. pencil beam.

pennichella /penni'kɛlla/ f. nap, snoze, doze; ***fare una ~*** to have *o* take a nap.

Pennine /pen'nine/ n.pr.f.pl. (anche **Alpi ~**) Pennine Alps.

pennino /pen'nino/ m. (pen-)nib; ***con il ~ d'oro*** gold-nibbed.

pennivendolo /penni'vendolo/ m. SPREG. hack writer, inkslinger.

pennone /pen'none/ m. **1** *(asta)* mast; ***~ di bandiera*** flagpole **2** MAR. yard **3** *(stendardo)* banner ◆◆ ***~ di gabbia*** topsail yard; ***~ di maestra*** main yard; ***~ di trinchetto*** foreyard; ***~ di velaccio*** topgallant yard.

pennuto /pen'nuto/ **I** agg. [*animale*] feathered, pennate **II** m. bird.

penny /'pɛnni/ ➧ *6* m.inv. penny*; ***cinquanta ~*** fifty p, pence.

penombra /pe'nombra/ f. semidarkness, dusk, half-light; ***in ~*** in the half-light.

penosamente /penosa'mente/ avv. pitifully.

penosità /penosi'ta/ f.inv. painfulness.

▷ **penoso** /pe'noso/ agg. **1** *(triste)* [*situazione*] painful, distressing **2** *(doloroso)* ***mi è ~ doverle comunicare che...*** I regret to inform you that... **3** *(sgradevole)* [*trasmissione, risultato, gioco*] pathetic **4** *(imbarazzante)* [*comportamento*] pathetic **5** *(miserevole)* [*fine, esistenza, stato*] pitiful, miserable; [*spettacolo*] sorry.

pensabile /pen'sabile/ agg. thinkable; ***non è ~ che...*** it is hardly *o* not thinkable that...

pensante /pen'sante/ agg. thinking; ***l'uomo è un essere ~*** man is a thinking being.

▶ **pensare** /pen'sare/ [1] **I** tr. **1** *(avere un'opinione)* to think*; ***mi ha detto ciò che pensava del professore, del film*** he told me what he thought of the teacher, film; ***che cosa ne pensi?*** what do you think of it? ***non so cosa ~ di questo libro, di lui, della situazione*** I don't know what to make *o* think of this book, of him, of the situation; ***dire ciò che si pensa*** to say what one thinks, to speak one's mind; ***se pensiamo che*** if one thinks that **2** *(credere)* to think*, to believe (**che** that); ***penso che abbia ragione*** I think (that) he's right; ***è proprio come pensavo!*** just as I thought, I thought as much! ***penso (di sì)*** I think so; ***non penso, penso di no*** I don't think so, I think not FORM.; ***penso di avere fatto un buon lavoro*** I think I did a good job; ***non avrei mai pensato questo di lui*** I would never have thought that of him; ***non è così stupido come si pensa*** he's not as stupid as people think (he is); ***non pensa una sola parola di quello che dice*** he doesn't believe a word of what he's saying; ***tutto fa ~ che*** there's every indication that **3** *(avere l'intenzione di)* to think*; ***~ di fare qcs.*** to think *o* be thinking of doing sth., to intend to do sth.; ***penso di venire domani*** I think I'll come *o* I'm going to come tomorrow; ***pensa di traslocare presto*** she intends to move soon; ***che cosa pensi di fare adesso?*** what do you think you'll do now? what do you intend to do now? **4** *(ideare)* ***un astuccio pensato per poter entrare facilmente in tasca*** a case designed to fit neatly into your pocket **5** *(immaginare)* to think*; ***pensa cosa potrebbe succedere!*** just think what might happen! ***pensa, ti saresti potuto fare male!*** just think, you could have been hurt! ***pensa, un milione di sterline!*** a million pounds, think of that! ***chi l'avrebbe pensato!*** who'd have thought it! ***non puoi ~ i problemi che ho avuto*** you can't imagine the trouble I've had; ***pensa che si è ricordata come mi chiamo!*** fancy her remembering my name! ***ma pensa un po'!*** fancy that! **II** intr. (aus. *avere*) **1** *(formare dei pensieri)* to think*; ***penso dunque sono*** I think, therefore I am; ***modo di ~*** way of thinking; ***~ ad alta voce*** to think out loud, to think aloud **2** *(badare a, preoccuparsi di)* ***~ a*** to think of *o* about [*persona, problema, offerta*]; ***a che cosa pensi?*** what are you thinking of *o* about? ***~ ad altro*** to be miles away; ***non posso ~ a tutto*** I can't think of everything; ***pensa solo a se stesso, al denaro, a divertirsi*** he only thinks of himself, about money, about enjoying himself; ***pensa a quello che dici!*** think about what you're saying! ***pensa a quello che ti ha detto il dottore!*** *(tenere a mente)* remember what the doctor told you! ***mi fa ~ a mio padre*** it makes me think *o* it reminds me of my father; ***pensa agli affari tuoi!*** mind your own business! **3** *(prendersi cura di)* ***penserò io ai bambini*** I'll look after the children **4** *(avere il pensiero rivolto a)* ***ti penso giorno e notte*** I think about you day and night **5** *(giudicare)* ***~ bene di qcn., qcs.*** to think well of sb., sth.; ***~ male di qcn., qcs.*** to think ill *o* badly of sb., sth. **6 pensarci *ora che ci penso..., a pensarci bene...*** come to think of it...; ***solo a pensarci mi sento male*** the mere thought makes me ill, it makes me ill just thinking about it; ***è semplice, bastava pensarci*** it's easy, it just required some thinking; ***non pensarci neanche! è troppo pericoloso!*** don't even think about it! it's too dangerous! ***pensandoci meglio...*** on second thoughts; ***ci penserò (su)*** I'll think about it; ***pensaci bene!*** think twice about it! think it over! think hard! ***ci penso io!*** I'll see about *o* to it! I'll arrange it! ***non pensiamoci più*** let's forget about it! ***non ci avevo neanche pensato*** it hadn't even occurred to me; ***non ci penso proprio!*** nothing could be further from my mind! no way am I doing that! COLLOQ. **7 pensarla *la penso come te*** I think the same as you, I am of the same mind; ***gli ho detto come la penso!*** I gave him a piece of my mind! ◆ ***una ne fa e cento ne pensa*** he is always up to sth., there's no end to his tricks, he's always got sth. new up his sleeve; ***dare da ~*** to worry, to give cause for anxiety; ***è una faccenda che dà da ~*** the whole affair sets you thinking; ***e ~ che...*** and to think that...; ***pensa e ripensa*** after long thought, after much racking of one's brains; ***pensa alla salute!*** don't worry!

pensata /pen'sata/ f. idea; ***avere una bella ~*** to have a good *o* bright *o* brilliant idea.

pensato /pen'sato/ **I** p.pass. → **pensare II** agg. ***ben, mal ~!*** well, badly thought out!

pensatoio, pl. **-oi** /pensa'tojo, oi/ m. SCHERZ. = place where one goes to think.

pensatore /pensa'tore/ m. (f. **-trice** /tritʃe/) thinker; ***libero ~*** freethinker, freethinking person.

pensierino /pensje'rino/ m. **1** SCOL. sentence **2** *(regalino)* small present, small gift ◆ ***fare un ~ su qcs.*** to think over *o* about sth.

▶ **pensiero** /pen'sjɛro/ m. **1** *(facoltà)* thought; ***il cervello, la sede del ~*** the brain, seat of thought; ***il ~ distingue l'uomo dagli animali*** thought distinguishes man from animals **2** *(ciò che si pensa)* thought; ***essere perso nei propri -i*** to be deep *o* lost in thought, in one's thoughts; ***questo sì che è un ~ profondo!*** IRON. how profound! ***al ~ che, di fare*** at the thought that, of doing; ***mi piacerebbe conoscere fino in fondo il tuo ~*** I'd like to know what you really think deep down; ***mi era passato per la testa il ~ che*** the thought had crossed my mind that; ***leggere nel ~ di qcn.*** to read sb.'s mind *o* thoughts **3** *(mente)* ***volgere il ~ a qcn., qcs.*** to turn one's mind to sb., sth.; ***saremo con voi con il ~*** we'll be with you in spirit **4** *(filosofia)* thought; ***il ~ moderno, greco, marxista*** modern, Greek, Marxist thought; ***il ~ di Hegel, Machiavelli*** the thought of Hegel, Machiavelli **5** *(preoccupazione)* ***essere, stare in ~ per qcn., qcs.*** to be worried for sb., sth., to be concerned about sb., sth.; ***darsi ~ per qcn., qcs.*** to worry about *o* over sb., sth.; ***il ~ non mi dà pace*** the thought gives me no peace; ***ho già abbastanza -i*** I've got enough to worry about; ***mi sono tolto il ~*** that's a load *o* weight off my mind **6** *(dono)* present; *(attenzione)* thought; ***è solo un ~*** it's just a small gift; ***che ~ gentile!*** what a kind thought! ***è il ~ che conta*** it's the thought that counts ◆ ***essere sopra ~*** to be lost in thought, to be miles away.

pensierosamente /pensjerosa'mente/ avv. thoughtfully, pensively.

pensierosità /pensjerosi'ta/ f.inv. thoughtfulness.

pensieroso /pensje'roso/ agg. *(assorto)* thoughtful, pensive; *(preoccupato)* worried.

pensile /'pɛnsile/ **I** agg. **1** *(appeso)* ***mobile ~*** wall cupboard **2** *(su terrazze)* [*giardino*] hanging **3** GEOGR. ***valle ~*** hanging valley **II** m. wall cupboard.

pensilina /pensi'lina/ f. *(alla fermata dell'autobus)* bus shelter; *(alla stazione)* platform roof.

pensionabile /pensjo'nabile/ agg. **1** *(della pensione)* ***essere in età ~*** to be of retirement, pensionable age **2** *(che può andare in pensione)* [*dipendente*] pensionable.

pensionamento /pensjona'mento/ m. retirement; ***ci saranno dei -i*** a number of people will be asked to retire; ***~ anticipato*** early retirement; ***~ posticipato*** delayed *o* late retirement; ***piano di ~*** pension plan *o* scheme.

pensionante /pensjo'nante/ m. e f. boarder, paying guest, lodger.

pensionare /pensjo'nare/ [1] tr. to pension (off), to retire.

▷ **pensionato** /pensjo'nato/ **I** p.pass. → **pensionare II** agg. retired, pensioned, pensionary **III** m. (f. **-a**) **1** *(chi percepisce una pensione)* pensioner, retired person, pensionary, retiree AE **2** *(istituto) (per studenti, lavoratori)* hostel; *(per anziani)* retirement home, old people's home.

▶ **pensione** /pen'sjone/ f. **1** *(cessazione d'attività)* retirement; ***in ~*** retired; ***la ~ a 60 anni*** retirement at 60; ***andare in ~*** to retire; ***mandare in ~*** to pension (off); ***è rimasto a Parigi fino alla ~*** he stayed *o* lived in Paris until he retired; ***è in ~ da due anni*** he has been retired for two years; ***essere vicino alla ~*** to near *o* approach retirement **2** *(somma)* pension; ***una ~ da operaio*** a worker's pension; ***maturare il diritto alla ~*** to accumulate pension rights; ***ritirare, riscuotere la ~*** to draw one's pension; ***fondo ~*** pension fund, superannuation fund; ***libretto della ~*** pension book **3** *(prestazione di vitto e alloggio)* board; ***mezza ~*** half-board; ***tenere a ~ qcn.*** to take sb. as a lodger; ***sono stato a ~ da loro per tre mesi*** I boarded with them for three months **4** *(esercizio alberghiero) (in Europa)* pension; *(in Gran Bretagna)* boarding house, guesthouse ◆◆ ***~ di anzianità*** retirement pension; ***~ completa*** full board, bed and board; ***~ di guerra*** war pension; ***~ integrativa*** occupational pension scheme; ***~ di invalidità*** disability pension; ***~ minima*** guaranteed minimum pension; ***~ di reversibilità*** widow's pension, reversion benefit; ***~ di vecchiaia*** old-age pension.

pensionistico, pl. **-ci, -che** /pensjo'nistiko, tʃi, ke/ agg. [*sistema*] pension attrib., pensionary; ***sistema ~ capitalizzato*** funded pension plan, pension plan by capitalization; ***sistema ~ ripartito*** contributory pension scheme *o* plan; ***programma ~ aziendale*** company pension scheme; ***piano ~ personalizzato*** personal pension plan *o* scheme.

pensosamente /pensosa'mente/ avv. pensively, meditatively, thoughtfully.

pensosità /pensosi'ta/ f.inv. pensiveness, meditativeness, thoughtfulness.

pensoso /pen'soso/ agg. [*aria, viso*] pensive, contemplative, thoughtful.

pentacolo /pen'takolo/ m. pentacle.

pentacordo /penta'kɔrdo/ m. pentachord.

pentadattilo /penta'dattilo/ agg. pentadactyl.

pentaedrico, pl. **-ci, -che** /penta'ɛdriko, tʃi, ke/ agg. pentahedral.

pentaedro /penta'ɛdro/ m. pentahedron*.

pentagonale /pentago'nale/ agg. pentagonal.

▷ **pentagono** /pen'tagono/ m. MAT. pentagon.

Pentagono /pen'tagono/ n.pr.m. POL. ***il ~*** the Pentagon.

pentagramma /penta'gramma/ m. **1** MUS. staff, stave **2** FILOS. pentagram.

pentametro /pen'tametro/ m. pentameter.

pentano /pen'tano/ m. pentane.

pentasillabo /penta'sillabo/ agg. pentasyllabic.
Pentateuco /penta'tɛuko/ n.pr.m. Pentateuch.
pentathlon /'pɛntatlon/ m.inv. pentathlon; **~ *moderno*** modern pentathlon.
pentatleta, m.pl. **-i**, f.pl. **-e** /penta'tlɛta/ m. e f. pentathlete.
pentatlon → **pentathlon.**
pentatonico, pl. **-ci, -che** /penta'tɔniko, tʃi, ke/ agg. [*scala*] pentatonic.
pentavalente /pentava'lɛnte/ agg. pentavalent.
pentecostale /pentekos'tale/ **I** agg. [*movimento*] Pentecostal, Pentecostalist **II** m. Pentecostalist.
pentecostalismo /pentekosta'lizmo/ m. Pentecostalism.
Pentecoste /pente'kɔste/ f. Pentecost, Whit(sun); ***domenica di ~*** Whit Sunday; ***lunedì di ~*** Whit Monday.
pentimento /penti'mento/ m. **1** *(rimorso, rammarico)* repentance, contrition FORM.; ***non mostrare segno di ~*** to show no repentance **2** *(ripensamento)* second thought.
▷ **pentirsi** /pen'tirsi/ [3] pronom. to regret; ***~ di qcs., di avere fatto qcs.*** to regret sth., having done sth.; ***~ dei propri peccati*** to repent (of) one's sins; ***non te ne pentirai!*** you won't regret it! ***te ne pentirai finché vivrai*** you'll regret this for as long as you live; ***si è pentito di avere abbandonato gli studi*** he regrets giving up his studies.
pentitismo /penti'tizmo/ m. GIORN. = collaboration of a person who has turned state's evidence.
pentito /pen'tito/ **I** p.pass. → **pentirsi II** agg. [*peccatore*] repentant **III** m. (f. **-a**) = terrorist or criminal who has turned state's evidence.
pentodo /'pɛntodo/ m. pentode.
▷ **pentola** /'pɛntola, 'pentola/ f. **1** *(recipiente)* pot, casserole; ***mettere la ~ sul fuoco*** to put on a pot, to put a pot on the cook; ***mettere il coperchio sulla ~*** to put the lid on the pot; ***~ d'acciaio inossidabile*** stainless steel casserole; ***~ di terracotta*** earthenware pot **2** *(pentolata)* potful; ***una ~ di minestrone, di patate*** a potful of soup, potatoes ◆ ***qualcosa bolle in ~*** there's something brewing *o* cooking; ***essere una ~ di fagioli*** = to be a grumbler; ***il diavolo fa le -e ma non i coperchi*** PROV. = truth will out ◆◆ ***~ a pressione*** pressure cooker.
pentolame /pento'lame/ m. pots and pans pl.
pentolata /pento'lata/ f. **1** *(contenuto)* potful; ***una ~ di fagioli*** a potful of beans **2** *(colpo di pentola)* ***dare una ~ in testa a qcn.*** to hit sb. over the head with a pot.
pentolino /pento'lino/ m. kettle, small saucepan.
pentosano /pento'zano/ m. pentosan.
pentosio /pen'tɔzjo/, **pentoso** /pen'tɔzo/ m. pentose.
pentotal®, **pentothal**® /pento'tal/ m.inv. pentothal®.
penultimo /pe'nultimo/ **I** agg. last but one, second last, penultimate; ***la -a riga*** the second last line; ***il ~ edificio, cavallo*** the last building, horse but one; ***-a sillaba*** LING. penultimate **II** m. (f. **-a**) last but one; ***il ~ di una famiglia di cinque figli*** the second youngest of five children.
penuria /pe'nurja/ f. penury, shortage, scarcity, lack; ***~ d'acqua*** shortage *o* lack of water; ***c'è ~ di capitali*** there is shortage of capital.
penzolante /pendzo'lante/ agg. [*lingua*] lolling, hanging out.
penzolare /pendzo'lare/ [1] intr. (aus. *avere*) [*gambe, braccia, corda*] to dangle; [*lingua*] to loll.
penzoloni /pendzo'loni/ **I** agg.inv. **1** ***aveva la lingua ~*** his tongue was hanging out **2** *(sospeso)* ***seduto con le gambe, braccia ~*** seated with legs, arms dangling **II** avv. ***stare ~*** to dangle, to hang down.
peonia /pe'ɔnja/ f. peony.
pepaiola /pepa'jɔla/ f. **1** *(pepiera)* pepper pot, (pepper) shaker, (pepper-)caster **2** *(macinapepe)* pepper mill.
pepare /pe'pare/ [1] tr. to pepper [*piatto, salsa*].
pepato /pe'pato/ **I** p.pass. → **pepare II** agg. **1** *(piccante)* [*piatto, salsa, sugo*] peppery, peppered **2** FIG. [*risposta*] sharp, caustic, pungent; [*storiella*] juicy.
▷ **pepe** /'pepe/ m. **1** *(spezia)* pepper; ***~ in grani*** whole peppercorns; ***manca un po' di ~ nella minestra*** there isn't enough pepper in the soup; ***~ macinato*** ground pepper; ***~ macinato grosso*** coarse-ground pepper; ***un filetto al ~ verde*** a steak with green peppercorns, a green pepper steak; ***un pizzico di ~*** a pinch of pepper; ***condire qcs. con sale e ~*** to season sth. with salt and pepper; ***pianta del ~*** pepper tree; ***capelli sale e ~*** pepper-and-salt hair **2** FIG. ***il rischio dà ~ alla vita*** danger adds a bit of spice to life; ***una ragazza tutto ~*** a high-spirited girl ◆◆ ***~ d'acqua*** smartweed; ***~ bianco*** white pepper; ***~ di Caienna*** cayenne pepper; ***~ di Giamaica*** Jamaica pepper, pimento; ***~ nero*** black pepper.
peperina /pepe'rina/ agg.f. ***erba ~*** BOT. dropwort; ***menta ~*** BOT. peppermint.
1.peperino /pepe'rino/ m. *(persona vivace)* high-spirited person, (real) live wire.
2.peperino /pepe'rino/ m. GEOL. peperino.
peperonata /pepero'nata/ f. GASTR. INTRAD. (dish consisting of sliced peppers cooked in oil, with onions and tomatoes).
▷ **peperoncino** /peperon'tʃino/ m. ***~ rosso*** chilli pepper, hot pepper, chilli*; ***~ in polvere*** chilli powder; ***condire con il ~*** to season with chillies *o* chilli powder; ***spaghetti aglio, olio e ~*** = spaghetti seasoned with garlic, oil and chilli pepper.
▷ **peperone** /pepe'rone/ m. **1** *(ortaggio)* (sweet) pepper, capsicum, bell pepper AE; ***~ verde, rosso*** green, red pepper; ***-i ripieni*** stuffed peppers **2** *(pianta)* capsicum ◆ ***rosso come un ~*** as red as a beetroot; ***avere un naso come un ~*** to have a big red nose.
pepiera /pe'pjɛra/ f. pepper pot, (pepper) shaker, (pepper-)caster.
pepita /pe'pita/ f. nugget; ***~ d'oro*** gold nugget.
peplo /'pɛplo/ m. peplos*.
peppola /'pɛppola/ f. brambling.
pepsina /pep'sina/ f. pepsin.
peptico, pl. **-ci, -che** /'pɛptiko, tʃi, ke/ agg. peptic; ***ulcera -a*** peptic ulcer.
peptide /pep'tide/ m. peptide.
peptizzare /peptid'dzare/ [1] tr. to peptize.
peptone /pep'tone/ m. peptone.
peptonizzare /peptonid'dzare/ [1] tr. to peptonize.
▶ **per** /per/ **I** prep. **1** *(moto per luogo)* ***girovagare ~ le strade*** to wander through the streets; ***passare ~ la finestra*** to pass through the window; ***viaggiare ~ il mondo*** to wander *o* go around *o* travel the world; ***ha tagliato ~ i campi*** he cut across the fields; ***viaggiare ~ l'Europa*** to travel across Europe **2** *(destinazione)* for; ***il treno ~ Londra*** the train for *o* to London, the London train; ***l'aereo ~ Milano*** the plane to Milan; ***partire ~ il Messico, l'Australia*** to leave for Mexico, Australia **3** *(stato in luogo)* ***~ terra*** on the ground *o* floor; ***~ aria*** in the air; ***~ strada*** in the street **4** *(fine)* ***~ questo bisognerà fare*** for that, you'll have to do; ***era ~ scherzo*** it was a joke; ***andare ~ funghi*** to go mushroom picking **5** *(causa)* ***siamo in ritardo ~ colpa tua!*** we're late because of you! ***preoccuparsi ~ un nonnulla*** to worry about nothing; ***era triste ~ la sconfitta*** she was sad because of the defeat; ***picchiarsi ~ una donna*** to fight over a woman; ***diventare rosso ~ la rabbia*** to become *o* get red with anger; ***gridare ~ il dolore*** to cry out in pain; ***solo ~ il fatto che sei più vecchio*** just because you're older; ***lo fa ~ interesse, ambizione*** he does it out of interest, ambition; ***~ caso*** by chance, by coincidence, by accident; ***~ amor suo*** out of love for her; ***"chiuso ~ lutto"*** "closed: death in the family"; ***~ la sua funzione*** *(in virtù di)* owing to *o* thanks to her position; ***~ legge*** by law **6** *(vantaggio, svantaggio)* ***dopo tutto quello che abbiamo fatto ~ te!*** after all we did for you! ***peggio ~ te!*** so much the worse for you! ***qcs. ~ il mal di testa, raffreddore*** sth. for headaches, colds; ***pregare ~ qcn., qcs.*** to pray for sb., sth.; ***danni enormi ~ l'economia*** enormous damage to the economy; ***i compiti sono ~ la prossima settimana*** the homework is for next week; ***amore ~ la patria*** love of one's country; ***~ il tuo bene*** for your own good *o* sake; ***pensa solo ~ sé*** he only thinks of himself; ***un libro di testo ~ il livello intermedio*** an intermediate level textbook; ***ha una passione ~ l'opera*** he goes in for opera, he's an opera fan; ***votare ~ un candidato*** to vote for a candidate; ***è ~ la ricerca sul cancro*** it's for *o* in aid of cancer research; ***sono ~ i Verdi*** I'm for the ecologists *o* the Green party; ***2 a 1 ~ l'Italia*** SPORT 2-1 for Italy; ***tengo ~ la Juventus*** I support Juventus **7** *(tempo continuato)* ***ti ho aspettato ~ ore e ore*** I waited for you for hours; ***~ i primi tre anni*** for the first three years; ***~ un istante*** for a moment; ***~ molto tempo*** for a long time; ***~ tutta la notte*** all night (long); ***~ tutta la durata delle vacanze*** throughout the holiday, for the entire holiday; ***è stato male ~ tutto il viaggio*** he was sick throughout the journey; ***~ quanto tempo hai vissuto a Torino?*** how long did you live in Turin? ***non ne ho ~ molto*** I won't be long; ***ne ho ancora ~ due ore*** it'll take (me) another two hours; ***ne ho ~ un minuto*** it'll only take a minute **8** *(tempo determinato)* for; ***sarà pronto ~ venerdì?*** will it be ready for *o* by Friday? ***~ dopo, ~ oggi*** for later, for today; ***~ ora, adesso, il momento*** for the moment, for the time being; ***~ quand'è il battesimo?*** when is the christening? ***dovremmo arrivare ~ le sei*** *(circa, verso)* we should be there by six o'clock **9** *(mezzo)* ***~ via aerea*** by airmail; ***~ mare*** by sea; ***~ telefono*** by phone; ***spedire ~ posta*** to send by post *o* by mail; ***~ via diplomatica*** through diplomatic channels; ***prendere qcs. ~ il manico*** to pick sth. up by the handle **10** *(modo, maniera)* ***~ favore*** please; ***te lo chiedo ~ favore, puoi stare zitto?*** would you please be quiet? ***~ gradi*** by degrees, by

per

- *Per*, preposizione e congiunzione, si traduce in inglese in vari modi a seconda del valore semantico che convoglia (moto, stato, fine, causa, vantaggio, tempo, mezzo ecc.), come mostrano le varie accezioni della voce qui sotto.
- È importante distinguere l'uso di *per* davanti a un nome o un pronome (*l'aereo per Roma* = the plane for Rome; *per colpa tua* = because of you; *l'ho fatto per te* = I did it for you; *per venerdì* = by Friday, ecc.), e il suo uso davanti a un verbo, che prevede i seguenti casi: nel senso di fine o scopo, *per* si traduce con *to* o, nel linguaggio formale *in order to*, davanti all'infinito (*sono uscito per comprare il giornale* = I went out to buy a newspaper; *per mettere fine alle ostilità* = in order to put an end to hostilities); nello stesso senso ma in frase negativa, *per non* si rende con *so as not to* o *in order not to* (*l'ho fatto per non cadere* = I did it so as not to fall); quando *per* collega due azioni distinte senza rapporto di causa ed effetto, si traduce con *and* + verbo declinato (*si addormentò per svegliarsi due ore più tardi* = she fell asleep only to wake up two hours later).
- In molte locuzioni o espressioni idiomatiche, non c'è corrispondenza prevedibile fra l'italiano *per* e il suo equivalente inglese:

sono negato per le lingue	=	I'm hopeless at languages
l'ho fatto per errore	=	I did it by mistake
l'ho fatto per scherzo	=	I did that in fun
sono venuto a Londra per affari	=	I came to London on business
l'ho fatto per ordine del capo	=	I did it on my boss's orders
per telefono	=	on the phone.

Per altri esempi, usi particolari ed eccezioni, si veda la voce **per**. Sarà spesso utile consultare la voce relativa alla parola introdotta dalla preposizione; inoltre, la consultazione delle note lessicali poste alla fine della sezione italiano-inglese del dizionario potrà risolvere particolari dubbi d'uso e di traduzione.

stages; ***prendere qcn. ~ mano*** to take sb. by the hand; ***chiamare ~ nome*** to call by name **11** *(concessione)* ***~ quanto intelligente sia*** however intelligent he is *o* may be, intelligent though he may be; ***~ poco traffico che ci sia, arriveremo in ritardo*** even though there's not much traffic we'll still be late; ***~ quanto il compito sia difficile, non possiamo arrenderci*** however difficult the task may be, we can't give up; ***~ quanto ci provasse, non riusciva a dimenticare*** try as he might, he could not forget it; ***~ ricco che sia*** however rich he may be, rich as he may be **12** *(per quanto riguarda)* ***~ te è troppo pesante*** it's too heavy for you; ***è alto ~ la sua età*** he is tall for his age; ***~ quanto (ne) sappia io*** as *o* so far as I know; ***~ quel che mi riguarda*** as far as I am concerned; ***~ me hai torto*** as far as I am concerned, you're wrong; ***che cos'è ~ te? un amico?*** what's he to you? as a friend? ***"ti parlerà del Giappone" - "~ quel che mi interessa!"*** "he'll talk to you about Japan" - "I can't say I'm very interested!"; ***~ una volta*** for once **13** *(prezzo, stima)* for; ***comprare qcs. ~ 100 euro*** to buy sth. for 100 euros; ***non è la macchina migliore del mondo, ma ~ quella cifra va benissimo*** it's not the best car in the world, but it's great at the price; ***grazie ~ tutto il lavoro che hai fatto*** thank you for all the work you did **14** MAT. ***moltiplicare, dividere ~ due*** to multiply, divide by two; ***3 ~ 3 fa 9*** 3 by 3 is 9; ***~ cento*** *(proporzione)* → **percento** **15** *(distributivo)* ***1 litro di benzina ~ 15 chilometri*** 1 litre of petrol every 15 kilometres; ***~ persona*** per head, each; ***mese ~ mese*** month by month; ***giorno ~ giorno*** day by day; ***preparo la lezione volta ~ volta*** I prepare a lesson at a time; ***poco ~ volta*** little by little; ***due, tre ~ volta*** two, three at a time; ***~ file di 12*** in rows of 12; ***dividere ~ età*** to divide according to age **16** *(sostituzione)* ***ti ho scambiato ~ tuo fratello*** I (mis)took you for your brother **17** *(in funzione predicativa)* ***ho solo te ~ amico*** you're the only friend I've got; ***dare qcs. ~ scontato*** to take sth. for granted; ***finire ~ fare qcs.*** to end up doing sth.; ***finirai ~ farti male*** you'll end up hurting yourself; ***dare qcn. ~ morto*** to give sb. up *o* write sb. off for dead; ***avere qcn. ~ professore*** to have sb. as a professor **18** *(per indicare il futuro prossimo)* ***stavo ~ telefonarti*** I was going to *o* I was just about to phone you; ***sta ~ nevicare*** it's going to snow **19** *(in esclamazioni)* ***~ Giove!*** by Jove! ***~ carità! ~ l'amor di Dio!*** for God's *o* heaven's sake! **20** *(in locuzioni varie)* ***~ esempio*** for example *o* instance; ***~ l'appunto*** just, precisely; ***sapere ~ certo che*** to know for cert *o* certain *o* sure *o* a fact that; ***~ di più*** besides, and what is more, moreover; ***~ lo più*** for the most part, generally; ***ho comprato quella casa ~ poco prezzo*** I got that house at a low price; ***~ poco non mi ferivano*** I just *o* narrowly missed being injured; ***~ di qua*** this way; ***~ tempo*** in (good) time; ***ti avviso ~ tempo*** I am giving you fair warning; ***finire qcs. ~ tempo*** to finish sth. in time; ***~ traverso*** edgeways, edgewise, sideways; ***andare ~ traverso*** [*boccone*] to go down the wrong way; ***~ sempre*** forever; ***~ fortuna*** by good fortune, luckily **II** cong. **1** *(valore consecutivo)* ***è troppo bello ~ essere vero*** it's too good to be true; ***ha abbastanza soldi ~ comprare una macchina*** he has enough money to buy a car **2** *(finale)* ***vado a Londra ~ imparare l'inglese*** I'm going to London to learn English; ***~ andare a Roma passo da Milano*** I go via Milan to get to Rome; ***uscire ~ comprare il giornale*** to go out to buy the newspaper; ***lo dico ~ non offenderti*** I say this in order not to offend you **3** *(causale)* ***è stato punito ~ avere copiato*** he was punished for copying *o* having copied; ***fu arrestato ~ avere rapinato la banca*** he was arrested for robbing the bank **4** *(limitativa)* ***~ mangiare, mangio, ma non ingrasso*** I do eat but I don't (seem to) put on any weight; ***~ andare va, ma è una vecchia carretta*** I'm not saying it doesn't run, but it's an old banger ◆ ***~ così dire*** as it were, so to say *o* speak; ***filo ~ e ~ segno*** [*conoscere*] backwards (and forwards), like the back of one's hand; [*raccontare, descrivere*] in great detail; ***avere qcs. ~ le mani*** *(a disposizione)* to have sth. at hand, to have sth. going COLLOQ.; ***~ amore o ~ forza*** willy-nilly.

▷ **pera** /'pera/ f. **1** *(frutto)* pear; ***torta alle -e*** pear pie *o* cake; ***succo di ~*** pear juice; ***-e cotte*** stewed pears; ***a (forma di) ~*** pear-shaped **2** GERG. *(dose di eroina)* ***farsi una ~*** to shoot up, to get a fix, to mainline **3** COLLOQ. *(clistere)* enema* ◆ ***a ~*** SCHERZ. [*ragionamento, discorso*] burbling, rambling; ***cadere come una ~ cotta*** *(addormentarsi di colpo)* to fall fast asleep, to drop into a deep sleep; *(innamorarsi)* to fall head over heels in love.

peracido /pe'ratʃido/ m. peracid.

peraltro /pe'raltro/ avv. **1** *(del resto)* ***quell'intervento è costoso e ~ inutile*** that operation is not only expensive but also useless; ***un problema ~ complesso*** a problem which is in some respects complex **2** *(d'altra parte)* on the other hand, however.

peramele /pera'mɛle/ m. ZOOL. bandicoot.

perbacco /per'bakko/ inter. *(di meraviglia, stupore)* golly, good Lord, goodness; *(di consenso)* of course, sure.

perbene /per'bɛne/ **I** agg.inv. [*persona, carattere*] proper; ***gente ~*** decent *o* respectable people; ***ha un'aria ~*** he looks respectable **II** avv. properly, neatly, in the proper way.

perbenino /perbe'nino/ **I** avv. properly, neatly; ***fare le cose ~*** to do things properly **II** agg.inv. ***una signora tutta ~*** IRON. a proper little madam.

perbenismo /perbe'nizmo/ m. = conformism, bourgeois respectability.

perbenista, m.pl. **-i**, f.pl. **-e** /perbe'nista/ m. e f. = conformist, bourgeois, prissy person.

perbenistico, pl. **-ci**, **-che** /perbe'nistiko, tʃi, ke/ agg. = conformist, bourgeois, straight-laced, prissy.

perborato /perbo'rato/ m. perborate.

perborico, pl. **-ci**, **-che** /per'bɔriko, tʃi, ke/ agg. perboric.

perca, pl. **-che** /'pɛrka, ke/ f. ITTIOL. perch, darter.

percalle /per'kalle/ m. gingham.

percallina /perkal'lina/ f. percaline.

percentile /pertʃen'tile/ m. percentile.

percento /per'tʃɛnto/ **I** avv. ***il 50 ~*** 50 per cent; ***zero ~*** nought per cent; ***fare uno sconto del 30 ~ a qcn.*** to give sb. a 30 per cent allowance; ***ridurre il prezzo del 10 ~*** to lop 10 per cent off the price; ***avere ragione al cento ~*** to be a hundred per cent correct **II** m.inv. per cent, percentage.

percentuale /pertʃentu'ale/ **I** f. **1** MAT. STATIST. percentage, per cent (**di** of; **su** on); ***un'alta, una bassa ~*** a high, small percentage; ***la ~ dei disoccupati, delle nascite, dei divorzi*** the unemployment, birth, divorce rate; ***~ di astensione*** rate of abstention (from voting); ***~ d'invalidità*** degree of disability; ***in quell'esame la ~ dei promossi, dei bocciati è del 60%*** the pass, failure rate for that exam is 60% **2** *(contenuto)* ***~ di albumina, alcolemia, di zucchero*** albumin, blood alcohol, blood sugar level; ***cotone, lana in ~ maggiore*** wool, cotton blend **3** *(compenso)* commission; ***pagare qcn. a ~*** to pay sb. by commission; ***essere a ~*** to be on commission; ***guadagnare una ~ su*** to get a percentage *o* commission on [*vendite*] **II** agg. [*punto, guadagno, valore*] percentage attrib.; ***tasso ~*** percentage.

percentualizzare /pertʃentualid'dzare/ [1] tr. to express [sth.] as a percentage [*dati*].

percepibile /pertʃe'pibile/ agg. **1** *(percettibile)* [*rumore*] perceptible (**a**, **per** to); *(riconoscibile)* [*dettaglio, sfumatura*] detectable, perceptible; ***non*** ~ unobservable **2** COMM. [*somma*] cashable, receivable.

percepibilità /pertʃepibili'ta/ f.inv. perceptibility.

percepire /pertʃe'pire/ [102] tr. **1** FISIOL. *(attraverso i sensi)* to perceive, to detect [*colore*]; to detect, to be* aware of [*odore*]; to discern, to be* aware of [*suono*]; to feel* [*vibrazione*]; to make* out [*figura, rumore*] **2** *(intuire)* to appreciate [*significato, gravità*]; to perceive, to become* aware of [*cambiamento*]; to feel* [*presenza*]; ***essere percepito come*** to be seen as; ~ ***una punta di ostilità*** to feel a prickle of hostility **3** *(ricevere)* to receive, to earn, to get* [*stipendio*]; to collect, to get* [*pensione*]; to receive [*diritti d'autore*]; to receive, to collect [*affitto*]; ~ ***un sussidio*** to get benefit(s), to be on benefit(s) BE; ~ ***il sussidio di disoccupazione*** to be on the dole BE.

percettibile /pertʃet'tibile/ agg. [*suono, sfumatura*] perceptible (**a**, **per** to); ***la differenza è appena*** ~ the difference is barely perceptible; ***in modo*** ~ in *o* to a perceptible degree, perceptibly.

percettibilità /pertʃettibili'ta/ f.inv. perceptibility.

percettibilmente /pertʃettibil'mente/ avv. perceptibly, perceivably, discernibly.

percettività /pertʃettivi'ta/ f.inv. perceptiveness, percipience, percipiency.

percettivo /pertʃet'tivo/ agg. perceptive, percipient.

percetto /per'tʃɛtto/ m. percept.

percettore /pertʃet'tore/ **I** agg. [*organo*] sensory **II** m. (f. **-trice** /tritʃe/) receiver, collector.

percezione /pertʃet'tsjone/ f. **1** *(atto del percepire)* perception; ~ ***dei colori, suoni*** perception of colours, sounds; ~ ***visiva*** visual perception **2** FILOS. PSIC. perception **3** COMM. DIR. *(riscossione)* perception, collection ◆◆ ~ ***extrasensoriale*** extrasensory perception.

▶ **perché** /per'ke/ Perché si usa innanzitutto nelle interrogative dirette e indirette; si ricordi che in inglese queste ultime, diversamente dalle prime, non richiedono l'uso dell'ausiliare e l'inversione soggetto / ausiliare: *perché l'ha buttata via?* = why did he throw it away? *non so perché l'abbia buttata via* = I don't know why he threw it away. - Nelle risposte si usa invece *because*, che è anche usato con valore causale (= poiché, siccome) accanto a *since* o *as*: *è già andata a dormire, perché domani si deve alzare alle 5.30* = she's already gone to bed, because / since / as tomorrow she has to get up at 5.30. Quando è usato con valore causale, *because* non può stare all'inizio della frase: l'esempio precedente può essere riformulato solo come since / as tomorrow..., she's already gone to bed. - Per gli altri usi di *perché*, si veda la voce qui sotto. **I** avv. *(in interrogazioni dirette e indirette)* why; ~ ***ripete sempre la stessa cosa?*** why does he keep repeating the same thing? ~ ***questo libro?*** why this book? ~ ***questo?*** why? ~ ***mai?*** why on earth? ~ ***no?*** why not? ~ ***non trascorrere un weekend a Venezia?*** what *o* how about a weekend in Venice? ~ ***io?*** why me? ~ ***tanta fretta?*** why the haste? ~ ***ridi?*** why are you laughing? ~ ***questa prudenza, tanto mistero?*** why so cautious, so mysterious? ~ ***non l'hai fatto prima?*** why didn't you do it before? ~ ***hai deciso di partire?*** why have you decided to leave? ~ ***privarsene?*** why deny oneself? why do without? ***dimmi*** ~ ***te ne vai senza di me*** tell me why you are going away without me; ***dimmi*** ~ ***piangi*** tell me why you are crying; ***senza sapere*** ~ without knowing why; ***senza sapere né come né*** ~ without knowing how or why; ***mi domando (chissà)*** ~ I wonder why; ***vai a sapere*** ~***!*** God knows why! ***ecco*** ~ that's why; ***"mi occorrono le forbici" - "~?"*** "I need the scissors" - "why?"; ***non vedo*** ~ I don't see why **II** cong. **1** *(poiché) (utilizzato solo nelle risposte)* because, since, as; ***è deluso, primo*** ~ ***piove, secondo...*** he's disappointed, one because it's raining and two...; ***faccio questo lavoro*** ~ ***mi piace*** I do this job because I like it; ***"~ non sei venuto?" - "~ ero stanco"*** "why didn't you come?" - "because I was tired"; ***"~ non gli hai telefonato?" - "~ no!"*** "why haven't you phoned him?" - "because I haven't, that's why!"; ***"~ urli?" - "~ sì!"*** "why are you screaming?" - "because I am!"; ***solo*** ~ ***sei tu!*** only because it's you! ***non è*** ~ ***è ricco che può permettersi di insultarci*** it's not because he's rich that he can afford to insult us; ***non foss'altro*** ~ if only because; ~ ***questa è la nostra volontà*** because this is what we want **2** *(affinché)* so that; ***insistere*** ~ ***qcn. faccia*** to insist on sb. doing; ***ti faccio una piantina*** ~ ***tu non ti perda*** I'll draw you a map so (that) you won't get lost; ***che cosa fare*** ~ ***capisca?*** how can we get her to understand? **3** *(da, tanto da)* to; ***l'acqua era troppo fredda*** ~ ***si potesse fare il bagno*** the water was too cold to have a swim; ***è troppo tardi*** ~ ***tu possa correre ai ripari*** it's too late for you to take measures *o* to mend the situation now **III** m.inv. reason; ***il*** ~ ***e il percome*** the whys and (the) wherefores; ***fare qcs. senza un*** ~ to do sth. without a reason; ***qual è il*** ~ ***di tutta questa agitazione?*** what is the reason for all this commotion? ***non possiamo rispondere a tutti i*** ~ we cannot go into all the whys and wherefores.

▶ **perciò** /per'tʃɔ/ cong. therefore, so, for this reason; ***la sua automobile non è partita,*** ~ ***è arrivata in ritardo*** her car wouldn't start, so she was late; ***la sua auto è molto vecchia,*** ~ ***la cambierà*** his car is very old so he's going to change it; ***sembra che lei non abbia ricevuto la mia prima lettera,*** ~ ***le allego una fotocopia*** it appears that you didn't receive my first letter, I therefore enclose a photocopy; ***non rispondeva nessuno,*** ~ ***me ne sono andata*** nobody answered, so I left; ~ ***è così di cattivo umore!*** that's why she's in such a bad mood!

perclorato /perklo'rato/ m. perchlorate.

perclorico, pl. **-ci**, **-che** /per'klɔriko, tʃi, ke/ agg. [*acido*] perchloric.

percloruro /perklo'ruro/ m. perchloride.

percolazione /perkolat'tsjone/ f. percolation.

percome /per'kome/ m.inv. ***il perché e il*** ~ the whys and (the) wherefores.

percorrenza /perkor'rɛntsa/ f. distance covered, haul; ***tempo di*** ~ travelling time; ***treno a lunga*** ~ long distance train.

percorrere /per'korrere/ [32] tr. **1** *(compiere un tragitto)* to do*, to cover [*distanza*]; *(a piedi)* to walk; *(in macchina)* to drive*; *(in volo)* to fly*; [*bicicletta, auto, aereo*] to travel over [*paese, continente*]; ~ ***un luogo alla ricerca di*** to scour a place in search of; ***c'è ancora un lungo tratto da*** ~ there's still a long way to go **2** *(attraversare)* to run* through, to run* across, to pass through; ***la ferrovia percorre tutta la regione*** the railway runs right across the region; ~ ***in lungo e in largo*** to stride along [*strade, corridoio*]; ***un brivido mi percorse la schiena*** a shiver ran down my spine.

percorribile /perkor'ribile/ agg. [*strada, sentiero*] passable, practicable, negotiable; ~ ***a piedi*** walkable; ***distanza*** ~ ***in tre ore*** distance that can be covered in three hours.

percorribilità /perkorribili'ta/ f.inv. practicability; ***informazioni sulla*** ~ ***delle strade*** information on road conditions.

percorso /per'korso/ m. **1** *(tragitto)* way; *(di fiume, gara)* course; *(di mezzi di trasporto, autostrada)* route; ~ ***segnalato*** marked path; ~ ***obbligato*** *(in una gara)* set course; *(strada obbligatoria)* set route; ~ ***alternativo*** relief road, alternative route; ~ ***comune*** *(di autobus)* joint section; ~ ***a ostacoli*** FIG. obstacle course; ***scegliere il*** ~ ***più breve*** to choose the shortest way; ***fare*** o ***effettuare un*** ~ to make a journey; ***coprire un*** ~ ***in due ore*** to cover a distance in two hours; ***un*** ~ ***turistico sulle orme di Van Gogh*** FIG. a tourist route following the steps of Van Gogh **2** SPORT course; EQUIT. course, round; ***fare un*** ~ ***di prova*** to go over *o* walk a course; ~ ***di golf*** golf course, round of golf; ***ha fatto un*** ~ ***eccellente*** *(in una gara)* he had an excellent race **3** *(carriera)* career; ~ ***politico, professionale*** political, professional career; ***incidente di*** ~ hitch, snag, mishap **4** INFORM. path ◆◆ ~ ***di guerra*** MIL. assault *o* obstacle course; ~ ***di lettura*** = a guide and help on how to read a text or a work; ~ ***netto*** EQUIT. clear round.

percossa /per'kɔssa/ f. *(botta)* blow, stroke; ***segni di -e*** marks and bruises of a beating; ***-e e lesioni*** DIR. assault and battery.

percuotere /per'kwɔtere/ [67] **I** tr. **1** *(picchiare)* to beat*, to hit* **2** TECN. to strike* **3** MED. to percuss [*organo, articolazione*] **II percuotersi** pronom. ***-rsi il petto*** to beat one's breast, to pound one's chest.

percussione /perkus'sjone/ f. **1** MUS. ***-i, strumenti a*** ~ percussion (instruments); ***a*** ~ [*suono*] percussive **2** MED. percussion **3** MIL. TECN. percussion; ***proiettile, capsula a*** ~ percussion bullet, percussion cap; ***perforatrice a*** ~ percussion drill; ***sonda a*** ~ churn drill.

percussionista, m.pl. **-i**, f.pl. **-e** /perkussjo'nista/ ♦ ***18*** m. e f. percussionist, percussion player, drummer.

percussore /perkus'sore/ m. firing pin, striker, lock.

percutaneo /perku'taneo/ agg. percutaneous.

perdente /per'dɛnte/ **I** agg. [*numero, squadra*] losing **II** m. e f. loser; ***onore ai -i!*** losers go first!

▶ **perdere** /'pɛrdere/ [68] **I** tr. **1** *(cessare di possedere)* to lose* [*denaro, amico, lavoro, vista, voce*]; DIR. to forfeit, to be* deprived of [*diritto, privilegio*]; ~ ***un bottone della camicia*** to lose a button from one's shirt; ~ ***qcs., qcn. di vista*** to lose sight of sth., sb. (anche FIG.); ~ ***5.000 euro su una vendita*** to lose 5,000 euros on a sale; ~ ***la vita, la memoria*** to lose one's life, memory; ~ ***peso*** to lose weight, to get one's weight down, to slim down; ~ ***sangue*** to lose blood, to bleed; ***perdo i capelli*** I'm losing my hair; ***non hai nulla,***

hai tutto da ~ you've got nothing, everything to lose; ***~ il sostegno, la stima di qcn.*** to lose sb.'s support, respect; ***~ il proprio inglese*** to lose one's English; ***~ la pazienza*** to lose patience *o* one's temper; ***~ la concentrazione, l'equilibrio*** to lose one's concentration, one's foothold; ***~ la fiducia in qcn.*** to lose confidence *o* trust in sb.; ***~ la calma*** to lose one's head *o* composure *o* temper; ***~ il controllo del veicolo*** to lose control of one's vehicle; ***~ quota*** to lose height; ***le loro azioni hanno perso il 9%*** their shares have dropped 9%; ***senza ~ il sorriso, ha continuato*** still smiling, she went on; ***~ i sensi*** to faint; ***~ una fortuna al gioco*** to lose a fortune in gambling; ***~ la voglia di vivere*** to lose the will to live; ***fare ~ la voglia di sorridere a qcn.*** to wipe the smile off sb.'s face; ***~ la speranza*** to lose *o* give up hope **2** *(mancare)* to miss [*treno, autobus, aereo, spettacolo, avvenimento*]; ***un film da non ~*** a film not to be missed; ***non ~ una sola parola di quello che qcn. dice*** to hang on sb.'s every word; ***~ l'anno*** SCOL. = to have to repeat a year (in the same class); ***~ un'occasione d'oro*** *(sciupare)* to miss a golden opportunity **3** *(avere una perdita di)* [*recipiente, rubinetto*] to leak; ***una botte che perde da tutte le parti*** a cask that leaks like a sieve **4** *(restare privo di)* to shed* [*foglie, fiori*]; ***il tuo cane perde il pelo*** your dog is moulting; ***il tuo cappotto perde i peli*** your coat is shedding **5** *(vedere morire)* to lose* [*genitori, amico*] **6** *(non vincere)* to lose* [*elezioni, battaglia, processo*]; ***saper, non saper ~*** to be a good, bad loser; ***il Manchester ha perso contro la Juventus*** Manchester lost to Juventus **7** *(sprecare)* to waste, to lose* [*giornata, mese, anno*]; ***~ tempo*** to waste one's time; ***non c'è tempo da ~*** there's no time for delay, there's no time to waste; ***non ~ tempo, dobbiamo finire alle quattro*** don't waste your time, we've got to finish at four; ***perde il suo tempo a guardare la televisione*** he wastes his time watching television; ***è venuto senza ~ (neanche) un minuto*** he didn't waste any time in coming **8** *(non seguire)* to lose*; ***~ le tracce di un animale*** to lose the trail of an animal **9** *(di abiti)* ***perdo le scarpe*** my shoes are too big; ***perdo i pantaloni*** my trousers are coming down **II** intr. (aus. *avere*) **1** *(essere perdente)* to lose*; ***~ alle elezioni*** to lose the election; ***ci perdo*** I lose out **2** *(diminuire)* ***~ in credibilità*** to lose credibility; ***~ di importanza*** to lose importance **3 a perdere** ***vuoto a ~*** one-way *o* nonreturnable bottle; ***imballaggio a ~*** throwaway packaging **III perdersi** pronom. **1** *(smarrirsi)* [*persona, animale*] to get* lost, to go* astray, to lose* one's way; ***-rsi tra la folla*** to melt *o* get lost into the crowd **2** *(confondersi)* ***-rsi in chiacchiere*** to get bogged down in chatter; ***non si perda in dettagli*** don't get bogged down in details **3** *(sparire)* [*urlo, richiamo*] to be* lost; ***una tradizione le cui origini si perdono nella notte dei tempi*** a tradition whose origins are lost in the mists of time **4** *(essere assorto)* to be* lost; ***-rsi nei propri pensieri*** to be lost in thought; ***-rsi nella contemplazione di qcs.*** to gaze contemplatively at sth.; ***l'autore si perde in digressioni interminabili*** the author loses his way in endless digressions **5** *(lasciarsi sfuggire)* ***-rsi qcs.*** to miss sth.; ***non ti sei perso nulla (non venendo)*** you didn't miss anything (by not coming); ***non li conosci? non ti perdi nulla*** don't you know them? you're not missing much ◆ ***lasciare ~*** *(abbandonare, rinunciare)* to give up [*lavoro, attività*]; to drop, to forget [*progetto, argomento*]; ***lasciamo ~*** (let's) forget (about) it, let's call the whole thing off; ***lascia ~!*** let it go! you'd better not! ***lascialo ~!*** leave him alone! leave him to it! ***lascia ~ i libri e vieni a farti un giro*** give your books a miss and come for a stroll; ***~ colpi*** [*persona*] to slip, to lose one's grip; [*auto, motore*] to miss, to go; ***~ la testa, la ragione*** *(impazzire)* to go crazy *o* out of one's mind; *(farsi prendere dal panico)* to lose one's head; *(innamorarsi)* to fall head over heels in love; ***~ la tramontana*** o ***bussola*** to lose one's bearings; ***~ il treno*** o ***tram*** to miss the boat *o* bus; ***~ le staffe*** to lose one's temper, to fly off the handle COLLOQ.; ***-rsi d'animo*** to lose heart; ***~ il sonno per qcs.*** to lose one's sleep over sth.; ***~ terreno*** to lose ground; ***~ la faccia*** to lose face; ***-rsi in un bicchier d'acqua*** to make a mountain out of a molehill; ***il lupo perde il pelo ma non il vizio*** PROV. a leopard cannot change his spots.

perdiana /per'djana/ inter. *(di sorpresa)* golly, gosh; *(di irritazione)* for goodness' sake.

perdifiato: **a perdifiato** /aperdi'fjato/ avv. ***correre a ~*** to run like hell, to run until one is gasping for breath; ***gridare a ~*** to shout at the top of one's voice.

perdigiorno /perdi'dʒorno/ m. e f.inv. loafer, idler, dawdler, lounger.

perdinci /per'dintʃi/, **perdindirindina** /perdindirin'dina/ inter. *(di meraviglia)* golly, gosh; *(di impazienza)* for goodness' sake.

perdio /per'dio/ inter. by God, holy smoke.

▶ **perdita** /'pɛrdita/ f. **1** *(smarrimento)* loss; ***la ~ di quell'anello fu un vero trauma per lei*** losing that ring was a real shock for her **2** *(diminuzione, calo)* loss; ***~ di peso*** weight loss; ***~ di memoria*** loss of memory, memory loss; ***~ dell'udito*** hearing loss; ***la ~ di fiducia*** the plunge in confidence; ***~ di velocità*** loss of speed **3** *(privazione)* deprivation; ***~ dei diritti civili*** the deprivation of civil rights; ***la ~ dell'indipendenza*** loss of independence; ***~ di controllo*** loss of control; ***~ di conoscenza*** loss of consciousness, blackout **4** ECON. loss; ***~ di denaro, finanziaria*** money, financial loss; ***-e al gioco*** gambling losses; ***vendere, lavorare in ~*** to sell, work at a loss; ***subire delle -e*** to suffer losses; ***l'azienda era in ~*** the company was losing money; ***profitti e -e*** profits and losses; ***conto profitti e -e*** profit and loss account **5** *(scomparsa, morte)* loss; ***la ~ di un caro*** the loss *o* death of a loved one; ***ci furono delle gravi -e di vite umane*** there was great loss of life; ***senza -e di vite umane*** without loss of life; ***nessuna somma di denaro potrebbe compensare questa ~*** no sum of money could compensate this loss; ***ci sono state gravi, lievi -e*** MIL. there were heavy, light casualties **6** *(spreco)* waste, loss; ***è una ~ di tempo*** it's a waste of time; ***ridurre le -e di tempo*** to cut down in time-wasting **7** *(dispersione)* loss; ***~ di energia*** power loss; ***~ di calore*** heat loss **8** *(fuoriuscita)* leak, leakage, escape, blowout; ***~ d'acqua, d'olio*** water, oil leak; ***~ di petrolio*** oil spill; ***c'è una ~ nel radiatore*** there's a leak in the radiatior **9** MED. ***-e bianche*** whites; ***-e vaginali*** vaginal discharge; ***-e premestruali*** show; ***avere -e di sangue*** to bleed ◆ ***a ~ d'occhio*** as far as the eye can see; ***non è una gran ~*** *(riferito a cosa)* that's not much of a loss; *(riferito a persona)* he's no great loss ◆◆ ***~ indiretta*** consequential loss; ***~ secca*** ECON. dead loss.

perditempo /perdi'tɛmpo/ **I** m.inv. *(perdita di tempo)* waste of time **II** m. e f.inv. *(persona)* time-waster, idler; ***"no ~"*** "no time-wasters".

perdizione /perdit'tsjone/ f. **1** *(rovina morale)* ruin, perdition; ***luogo di ~*** sinful place; ***essere sulla via della ~*** to be on the road to perdition; ***condurre alla ~*** to lead to ruin **2** RELIG. perdition, damnation; ***la ~ dell'anima*** the damnation of the soul.

perdonabile /perdo'nabile/ agg. [*delitto, colpa*] forgivable; [*errore, ritardo*] pardonable, excusable.

▶ **perdonare** /perdo'nare/ [1] **I** tr. **1** *(accordare il perdono a)* to forgive*, to pardon [*colpa, errore, offesa, peccato*]; ***~ qcs. a qcn.*** to forgive sb. sth., to pardon sb. for sth.; ***~ a qcn. di*** o ***per aver fatto qcs.*** to forgive sb. for doing sth.; ***non le posso ~ di averlo detto*** I can't forgive her for saying that; ***non gliele perdonerò mai!*** I'll never forgive him for that! ***un reato del genere non si può ~*** such a crime cannot be forgiven; ***la sua gentilezza fa ~ la sua goffaggine*** his kindness makes up for his clumsiness **2** *(scusare)* to pardon, to excuse; ***perdoni la mia curiosità*** pardon my curiosity; ***perdoni la sua giovane età*** excuse him, he's just a boy; ***mi si perdoni l'espressione*** if you'll excuse my expression **3** *(avere riguardi)* ***la morte non perdona nessuno*** death does not spare anyone **II** intr. (aus. *avere*) ***~ a qcn.*** to forgive sb.; ***non gli ho ancora perdonato*** I haven't forgiven him yet; ***bisogna saper ~*** one must learn to forgive; ***una malattia che non perdona*** an incurable disease **III perdonarsi** pronom. [*persona*] to forgive* oneself; ***non me lo perdonerò mai*** I'll never forgive myself for that ◆ ***peccato confessato è mezzo perdonato*** PROV. a fault confessed is half redressed.

▷ **perdono** /per'dono/ m. **1** forgiveness, pardon (anche RELIG.); ***~ dei peccati*** remission of sins; ***chiedere ~ a qcn.*** to ask for *o* beg sb.'s forgiveness; ***(ti chiedo) ~!*** forgive me! ***gli ho chiesto ~*** I begged his forgiveness; ***concedere il ~ a qcn.*** to forgive sb. **2** *(scusa)* ***chiedo ~, posso dire una cosa?*** excuse me, may I say one thing? ***chiedo ~ per il ritardo*** I'm sorry I'm late ◆ ***la miglior vendetta è il ~*** PROV. = the noblest vengeance is to forgive.

perdurare /perdu'rare/ [1] intr. (aus. *essere, avere*) **1** [*situazione, conflitto, fenomeno, sintomo*] to go* on, to continue; [*sentimento*] to last **2** *(ostinarsi)* to persist; ***~ nel fare qcs.*** to persist in doing sth.

perdutamente /perduta'mente/ avv. [*innamorato*] madly, deeply.

perduto /per'duto/ **I** p.pass. → **perdere II** agg. **1** *(perso)* [*illusione, libertà, amore, gioia*] lost; ***andare ~*** to get lost; ***tutto, non tutto è ~*** all is, is not lost; ***ho ritrovato l'anello ~*** I found the ring I had lost **2** *(sprecato)* [*tempo, giornata, occasione*] wasted **3** ECON. ***capitale a fondo ~*** grant **4** *(corrotto)* [*donna*] fallen **5** *(spacciato)* ***sentirsi ~*** to give up hope; ***siamo -i!*** we're done for!

peregrinare /peregri'nare/ [1] intr. (aus. *avere*) to wander, to roam, to peregrinate ANT. SCHERZ.

peregrinazione /peregrinat'tsjone/ f. LETT. wandering, peregrination.

peregrino /pere'grino/ agg. **1** *(singolare, bizzarro)* [*idea*] weird, peculiar **2** ANT. *(straniero)* peregrine.

perenne /pe'rɛnne/ agg. **1** *(eterno)* [*neve*] never-ending, perpetual; [*sorgente*] perennial; [*gloria, memoria*] everlasting; ***pianta ~***

(hardy) perennial; ***limite delle nevi -i*** snowline 2 *(continuo)* [*odio*] everlasting, never-ending.

perennemente /perenne'mente/ avv. 1 *(eternamente)* perennially, eternally 2 *(continuamente)* continuously, perpetually.

perennità /perenni'ta/ f.inv. LETT. perpetuity.

perentoriamente /perentorja'mente/ avv. peremptorily, with finality.

perentorietà /perentorje'ta/ f.inv. peremptoriness, finality.

perentorio, pl. **-ri**, **-rie** /peren'tɔrjo, ri, rje/ agg. 1 DIR. [*prova, argomento*] peremptory 2 *(categorico)* [*termine, risposta, ordine*] peremptory, final; ***con un tono ~*** in a peremptory tone; ***in modo ~*** with finality, peremptorily.

perenzione /perent'tsjone/ f. DIR. peremption.

perequazione /perekwat'tsjone/ f. 1 AMM. *(delle pensioni, dei salari)* adjustment 2 ECON. adjustment, proportional assessment 3 STATIST. smoothing ◆◆ ***~ fiscale*** equalization of taxes; ***~ salariale*** equalization of wages.

perestroika /peres'trɔika/ f. perestroika, perestrojka.

peretta /pe'retta/ f. 1 EL. pear-switch 2 *(da clistere)* rubber syringe, enema*.

perfettamente /perfetta'mente/ avv. 1 *(alla perfezione)* perfectly; ***fare qcs. ~*** to do sth. to perfection; ***parla ~ il francese*** she speaks perfect French; ***capisco ~*** I understand perfectly well, I fully understand; ***quella giacca veste ~*** that jacket is a perfect fit 2 *(assolutamente)* absolutely; ***hai ~ ragione*** you're absolutely *o* quite right; ***sono ~ consapevole di, che*** I'm totally aware of, that; ***è ~ inutile*** it's completely useless.

perfettibile /perfet'tibile/ agg. perfectible.

perfettibilità /perfettibili'ta/ f.inv. perfectibility.

perfettivo /perfet'tivo/ agg. [*aspetto*] perfective.

▶ **perfetto** /per'fɛtto/ **I** agg. 1 *(senza difetti)* [*persona, bellezza, accordo, piano, forma, modello*] perfect; [*esecuzione, lavoro, ragionamento*] perfect, faultless; ***nessuno è ~*** nobody's perfect; ***delitto ~*** perfect crime; ***avere un fisico ~*** to have a perfect body; ***avere una pelle -a*** to have clear *o* flawless skin; ***essere in -a salute*** to be perfectly healthy 2 *(completo, totale)* [*somiglianza, uguaglianza, imitazione*] perfect; [*imbecille*] complete, utter; ***comportarsi da ~ idiota*** to behave like a complete fool; ***un silenzio ~*** total *o* perfect silence; ***avere una -a conoscenza di qcs.*** to have a thorough knowledge of sth.; ***essere in ~ orario*** to be right on time 3 *(ideale)* ***essere ~ per un ruolo, un lavoro*** to be ideally suited for a role, job 4 *(con valore avverbiale)* ***non hai studiato? ~! non passerai l'esame*** you haven't studied? great! you won't pass the exam 5 MAT. [*numero*] perfect 6 ZOOL. ***insetto ~*** imago 7 MUS. ***accordo ~*** common chord **II** m. LING. *(tempo)* perfect (tense); ***più che ~*** past perfect ◆ ***filare il ~ amore*** = to be happily in love.

perfezionabile /perfettsjo'nabile/ agg. improvable, perfectible.

perfezionamento /perfettsjona'mento/ m. improvement, perfecting (**di** of); ***un rapido ~ dei mezzi di produzione*** a rapid improvement in the means of production; ***corso di ~*** specialization course; ***apportare un ~ a qcs.*** to improve sth.

perfezionare /perfettsjo'nare/ [1] **I** tr. 1 *(affinare, migliorare)* to improve, to perfect [*conoscenze, tecnica*]; to polish, to refine [*strategia, politica, idea, stile*]; ***~ il francese*** to improve one's French 2 DIR. to draw* up [*contratto*] **II perfezionarsi** pronom. [*tecnica, attrezzi*] to improve; ***-rsi in francese*** to improve one's French.

perfezionato /perfettsjo'nato/ **I** p.pass. → **perfezionare II** agg. [*macchinario, sistema*] advanced.

▷ **perfezione** /perfet'tsjone/ f. perfection, flawlessness; ***raggiungere la ~*** to reach perfection; ***mirare alla ~*** to aim at perfection; ***fare qcs. a*** o ***alla ~*** to do sth. to perfection; ***ci capiamo alla ~*** we get along perfectly; ***sapere qcs. alla ~*** to know sth. inside out ◆ ***la ~ non è di questo mondo*** PROV. perfection is not of this world.

perfezionismo /perfettsjo'nizmo/ m. perfectionism.

perfezionista, m.pl. **-i**, f.pl. **-e** /perfettsjo'nista/ m. e f. perfectionist.

perfezionistico, pl. **-ci**, **-che** /perfettsjo'nistiko, tʃi, ke/ agg. perfectionistic, perfectionist attrib.

perfidamente /perfida'mente/ avv. perfidiously, wickedly.

perfidia /per'fidja/ f. 1 *(carattere malvagio)* perfidiousness, wickedness, treacherousness 2 *(atto malvagio)* perfidy, wicked act.

perfido /'pɛrfido/ **I** agg. 1 *(malvagio)* [*persona, consiglio, intenzione*] perfidious, wicked, deceitful 2 *(pessimo)* [*giornata, tempo*] awful **II** m. (f. **-a**) wicked person ◆◆ ***la -a Albione*** perfidious Albion.

▶ **perfino** /per'fino/ v. la nota della voce **anche**. avv. even; ***c'erano dei rifiuti ~ sotto il tavolo*** there was garbage even under the table; ***lo sapevano tutti, ~ lui*** everybody knew it, even him; ***avere paura ~ a guardare*** to be frightened even to watch; ***è coscienzioso, ~ troppo*** he's conscientious, perhaps too much.

perfogliato /perfoʎ'ʎato/ agg. perfoliate.

perforabile /perfo'rabile/ agg. perforable, pierceable.

perforamento /perfora'mento/ m. perforation, piercing.

perforante /perfo'rante/ agg. 1 MED. [*ulcera*] perforating 2 MIL. [*proiettile*] armour-piercing BE, armor-piercing AE.

perforare /perfo'rare/ [1] **I** tr. 1 *(forare)* to pierce, to perforate, to penetrate, to hole [*superficie*]; to perforate, to punch [*schede, carta*] 2 MED. to puncture [*polmone*]; to rupture [*appendice*]; to perforate [*timpano*] **II perforarsi** pronom. to become* perforated, to become* pierced; [*polmone*] to puncture; [*appendice*] to rupture.

perforato /perfo'rato/ **I** p.pass. → **perforare II** agg. 1 *(forato)* pierced, perforated 2 INFORM. [*scheda*] punch(ed); ***carta -a*** punch card; ***nastro ~*** (punched) paper tape 3 MED. [*ulcera*] perforated.

perforatore /perfora'tore/ **I** agg. [*strumento*] punching, perforating **II** ➧ ***18*** m. (f. **-trice** /tritʃe/) 1 *(chi fora asfalto, roccia)* perforator, borer 2 MIN. drill(er) 3 *(insetto)* borer.

perforatrice /perfora'tritʃe/ f. 1 TECN. perforator; ***~ pneumatica ad aria compressa*** hammer drill 2 *(di carta, cartone)* hole-punch 3 MIN. drill(er) 4 INFORM. (key) punch.

perforazione /perforat'tsjone/ f. 1 TECN. perforation, piercing; *(di metallo, roccia)* drilling, boring, digging 2 EL. punching 3 *(serie di fori)* tear-off perforations pl.; ***strappare lungo la ~*** tear along dotted line 4 MED. *(di polmone)* puncture; *(di timpano)* perforation; *(di ossa)* drilling.

performativo /performa'tivo/ agg. e m. performative.

perfosfato /perfos'fato/ m. superphosphate.

perfusione /perfu'zjone/ f. perfusion.

pergamena /perga'mɛna/ f. parchment.

pergamenaceo /pergame'natʃeo/ agg. [*codice*] pergameneous.

pergamenato /pergame'nato/ agg. [*carta*] parchment attrib.

pergamo /'pɛrgamo/ m. pulpit.

pergola /'pɛrgola/ f. arbour BE, arbor AE, pergola.

pergolato /pergo'lato/ m. → **pergola**.

perianzio, pl. **-zi** /peri'antsjo, tsi/ m. perianth.

periartrite /periar'trite/ ➧ ***7*** f. periarthritis.

periastro /peri'astro/ m. periastron*.

pericardico, pl. **-ci**, **-che** /peri'kardiko, tʃi, ke/ agg. pericardial, pericardiac.

pericardio, pl. **-di** /peri'kardjo, di/ m. pericardium*.

pericardite /perikar'dite/ ➧ ***7*** f. pericarditis*.

pericarpo /peri'karpo/ m. pericarp.

pericolante /periko'lante/ agg. 1 *(fatiscente)* [*costruzione, edificio*] unsafe, tumbledown 2 FIG. [*situazione, governo*] shaky, tottering.

▶ **pericolo** /pe'rikolo/ m. 1 *(rischio)* danger, risk, peril; ***in ~*** in danger; [*nave*] in distress; ***in ~ di vita*** in peril of one's life; ***segnale di ~*** danger *o* distress signal; ***essere in ~*** to be in danger; ***essere fuori ~*** to be out of danger; ***mettere in ~*** to endanger, to jeopardize, to imperil [*libertà, futuro, salute*]; ***mettere in ~ la vita di qcn.*** to put sb.'s life at risk; ***a proprio rischio e ~*** at one's own risk; ***in caso di ~*** in case of danger; ***senza ~*** without any danger, safely; ***"~!"*** "danger!"; ***non c'è ~*** there is no danger; ***andiamo pure, non c'è ~*** let's go, it's safe 2 *(rischio preciso)* danger, risk; ***un ~ grave, mortale*** a serious, mortal danger; ***il più grande ~ è la disoccupazione*** the greatest risk is unemployment; ***un ~ per qcn., qcs.*** a risk for sb., sth.; ***affrontare dei -i*** to face certain dangers; ***i -i del mare*** the perils of the sea; ***correre un (grande) ~*** to run a (great) risk *o* danger; ***far correre un (grande) ~ a qcn.*** to put sb. in (serious) danger; ***"~ di frana"*** "danger! risk of landslides"; ***"alta tensione: ~ di morte"*** "danger! high voltage"; ***"~ d'incendio"*** "fire hazard" 3 *(persona pericolosa)* menace; ***~ ambulante*** SCHERZ. walking disaster; ***al volante è un vero ~*** he's a real menace at the wheel 4 COLLOQ. *(probabilità)* danger, fear; ***non c'è ~!*** IRON. no fear! ***non c'è ~ che venga*** there is no fear of his *o* him coming, there is no danger that he will come; ***non c'è ~ che capiti a me!*** there is no chance of that happening to me! ◆◆ ***~ giallo*** POL. yellow peril; ***~ pubblico*** public menace (anche FIG.).

pericolosamente /perikolosa'mente/ avv. [*vivere*] dangerously; ***essere ~ vicino a*** to be perilously close to.

pericolosità /perikolosi'ta/ f.inv. dangerousness, perilousness, riskiness.

▶ **pericoloso** /periko'loso/ agg. 1 *(rischioso)* [*attività, operazione*] dangerous, hazardous, perilous; [*curva, viaggio*] dangerous, unsafe; ***guida -a*** dangerous driving; ***la strada è -a per i bambini*** the road is a danger to children; ***è ~ sporgersi*** it is dangerous to lean out; ***è ~ parlare con gli sconosciuti*** it's not safe to talk to strangers;

essere su un terreno ~ FIG. to be on a shaky ground **2** *(nocivo)* [*sostanza*] dangerous, hazardous **3** *(insidioso)* [*persona, animale*] dangerous; ***zona -a*** danger area.

pericondrio, pl. **-dri** /peri'kɔndrjo, dri/ m. perichondrium*.

pericondrite /perikon'drite/ ➧ **7** f. perichondritis.

pericope /pe'rikope/ f. pericope.

peridotite /perido'tite/ f. peridotite.

peridoto /peri'dɔto/ m. peridot.

peridurale /peridu'rale/ **I** agg. [*anestesia*] epidural **II** f. epidural.

perielio, pl. **-li** /peri'ɛljo, li/ m. perihelion*.

▷ **periferia** /perife'ria/ f. **1** *(insieme di quartieri)* outskirts pl., suburbs pl.; ***immediata, intermedia ~*** inner, intermediate suburbs; ***~ sud, nord*** southern, northern suburbs; ***all'estrema ~ della città*** on the edge of the city, on the outer fringes of the city; ***alla ~ della capitale*** on the outskirts of the capital; ***Mirafiori è in ~*** Mirafiori is in the suburbs; ***università, ospedale di ~*** suburban university, hospital; ***i problemi delle -e*** the social problems of the suburbs; ***vivere in ~*** to live in the suburbs **2** *(quartiere)* suburb; ***una ~ industriale*** an industrial suburb; ***la ~ operaia*** the working class suburb; ***~ dormitorio*** dormitory suburb; ***~ residenziale*** garden suburb, suburbia **3** *(zona esterna)* periphery, edge.

periferica, pl. **-che** /peri'fɛrika, ke/ f. INFORM. peripheral (device).

periferico, pl. **-ci**, **-che** /peri'fɛriko, tʃi, ke/ agg. **1** *(esterno)* [*quartiere, zona*] peripheral, suburban, outlying **2** *(marginale)* marginal, peripheral **3** INFORM. ***unità -a*** peripheral unit *o* device **4** MED. [*sistema nervoso, visione*] peripheral.

perifrasi /pe'rifrazi/ f.inv. periphrase, periphrasis*.

perifrasticamente /perifrastika'mente/ avv. periphrastically.

perifrastico, pl. **-ci**, **-che** /peri'frastiko, tʃi, ke/ agg. periphrastic.

perigastrico, pl. **-ci**, **-che** /peri'gastriko, tʃi, ke/ agg. perigastric.

perigeo /peri'dʒɛo/ m. perigee.

periglaciale /perigla'tʃale/ agg. periglacial.

periglio, pl. **-gli** /pe'riʎʎo, ʎi/ m. ANT. peril, danger.

perilunio, pl. **-ni** /peri'lunjo, ni/ m. perilune.

perimetrale /perime'trale/ agg. perimetric(al); ***muro ~*** perimeter wall.

perimetro /pe'rimetro/ m. **1** *(contorno)* perimeter; ***calcolare il ~*** to calculate the perimeter **2** *(linea esterna)* perimeter, boundary, bounds pl.; ***entro il ~ della fabbrica, della scuola*** on the factory, school premises **3** MED. perimeter.

perinatale /perina'tale/ agg. perinatal.

perineale /perine'ale/ agg. perineal.

perineo /peri'nɛo/ m. perineum*.

periodicamente /periodika'mente/ avv. [*manifestarsi*] periodically.

periodicità /perioditʃi'ta/ f.inv. **1** *(frequenza)* periodicity **2** *(ripetizione)* recurrence.

periodico, pl. **-ci**, **-che** /peri'ɔdiko, tʃi, ke/ **I** agg. **1** *(che si ripete a intervalli regolari)* [*crisi*] periodic(al), recurrent **2** CHIM. FIS. [*moto*] periodic(al); ***tavola -a (degli elementi)*** periodic table **3** *(nell'editoria)* [*pubblicazione*] periodical **4** MED. [*febbre, malattia*] recurrent **5** MAT. [*funzione, frazione*] periodic; ***numero (decimale) ~*** circulating *o* repeating decimal **II** m. periodical, magazine; ***~ letterario*** literary journal; ***~ settimanale*** weekly.

▶ **periodo** /pe'riodo/ m. **1** *(arco di tempo)* period, time, span; *(momento)* moment; ***~ di tempo*** span of time; ***in questo ~ non lavoro*** at the moment *o* in this period I'm not working; ***leggo meno in questo ~*** I'm reading less these days; ***in questo ~ dell'anno*** at this time of year; ***durante un ~ di*** over a period of; ***per un breve, lungo ~*** for a short, long period *o* spell; ***nel breve, lungo ~*** in the short, long term *o* run; ***essere in un ~ fortunato*** to be on a winning streak; ***ci aspetta un ~ difficile*** there are troubled times ahead of us; ***attraversare un brutto ~*** o ***un ~ difficile*** to have a hard *o* rough *o* tough time (of it), to go through a hard *o* rough period; ***l'ultimo ~ della sua vita*** the final period of his life; ***in quel ~ dell'anno fa molto caldo*** it's very warm at that time of year; ***abitavo a Dublino in quel ~*** I was living in Dublin then *o* at the time; ***un ~ di tempo mite*** a mild spell; ***~ di siccità, di caldo*** a dry, warm period *o* spell; ***siamo in (pieno) ~ elettorale, di crisi*** we're right in the middle of an election, a crisis; ***prendere un ~ di aspettativa*** to take a leave; ***il ~ di attesa è stato lungo*** the wait was very long **2** *(epoca)* period, age; ***in quel ~*** at that time; ***il ~ georgiano, vittoriano*** the Georgian, Victorian period; ***il ~ (del) Barocco*** the Baroque period; ***il ~ prebellico*** the prewar period *o* years; ***di che ~ è quel quadro?*** what period does that picture belong to? ***~ di decadenza*** times of decadence; ***il ~ d'oro di Hollywood*** the golden days *o* age of Hollywood **3** *(stagione)* season; ***il ~ delle vacanze*** the holiday season; ***~ estivo, invernale*** summertime, wintertime; ***~ di pioggia*** rainy period; ***~ di fioritura*** blooming period; ***il ~ natalizio, di Natale*** the Christmas season, Christmas time, Christmastide; ***il ~ pasquale, di Pasqua*** Easter time, Eastertide **4** MIL. ***~ di addestramento*** training **5** MAT. *(di funzione)* period; *(di frazione)* repetend **6** GEOL. ASTR. period; ***il ~ carbonico*** o ***carbonifero*** the Carboniferous **7** MUS. FIS. CHIM. period **8** LING. period; ***sintassi del ~*** syntax of the period **9** ART. ***il ~ blu di Picasso*** Picasso's blue period ◆ ***andare a -i*** to have highs and lows ◆◆ ***~ base*** STATIST. base period; ***~ di detenzione*** term of imprisonment; ***~ di dimezzamento*** FIS. half-life; ***~ di incubazione*** incubation period; ***~ ipotetico*** LING. conditional clause; ***~ morto*** slack period; ***~ nero*** slump; ***~ d'oro*** golden age, heyday; ***~ di prova*** trial period.

periodontale /perjodon'tale/ agg. periodontal.

periodontite /perjodon'tite/ ➧ **7** f. periodontitis.

periodonto /perjo'dɔnto/ m. periodontium*.

periostio, pl. **-sti** /peri'ɔstjo, sti/ m. periosteum*.

periostite /perjos'tite/ ➧ **7** f. periostitis.

peripatetica, pl. **-che** /peripa'tɛtika, ke/ f. SCHERZ. *(passeggiatrice)* streetwalker.

peripateticismo /peripateti'tʃizmo/ m. FILOS. peripateticism, Peripateticism.

peripatetico, pl. **-ci**, **-che** /peripa'tɛtiko, tʃi, ke/ **I** agg. FILOS. peripatetic, Peripatetic **II** m. (f. **-a**) FILOS. peripatetic, Peripatetic.

peripezia /peripet'tsia/ f. **1** *(incidente, avvenimento, avventura)* ***dopo molte -e*** after many vicissitudes; ***un viaggio pieno di -e*** a journey full of mishaps **2** LETTER. TEATR. peripet(e)ia.

periplo /'pɛriplo/ m. circumnavigation, periplus*; ***fare il ~ di un'isola*** to sail round an island.

periptero /pe'riptero/ agg. [*tempio*] peripteral.

perire /pe'rire/ [102] intr. (aus. *essere*) **1** *(morire)* to perish, to die*; ***~ in un incidente*** to die in an accident **2** LETT. FIG. *(finire)* ***la sua gloria non perirà*** his fame will never die.

periscopico, pl. **-ci**, **-che** /peris'kɔpiko, tʃi, ke/ agg. periscopic; ***a quota -a*** at periscope depth.

periscopio, pl. **-pi** /peris'kɔpjo, pi/ m. periscope.

perissodattilo /perisso'dattilo/ m. perissodactyl.

peristalsi /peris'talsi/ f.inv. peristalsis*.

peristaltico, pl. **-ci**, **-che** /peris'taltiko, tʃi, ke/ agg. [*movimento*] peristaltic.

peristilio, pl. **-li** /peris'tiljo, li/ m. peristyle.

peritale /peri'tale/ agg. ***relazione ~*** expert's report; ***spese -i*** DIR. assessor's fees.

peritarsi /peri'tarsi/ [1] pronom. LETT. to hesitate; ***~ di fare qcs.*** not to dare to do sth.; ***non ~ di fare qcs.*** to have no hesitation about doing sth.

peritecio, pl. **-ci** /peri'tɛtʃo, tʃi/ m. perithecium*.

perito /pe'rito/ m. (f. **-a**) **1** *(specialista)* expert (**in** in); ***~ informatico*** computer expert; ***~ medico*** DIR. medical expert; ***il parere del ~*** the expert's opinion; ***~ del tribunale*** DIR. assessor **2** *(tecnico diplomato)* = someone who has obtained a diploma from a technical high school ◆◆ ***~ agrario*** agronomist; ***~ assicurativo*** o ***dell'assicurazione*** (insurance) assessor; ***~ calligrafo*** handwriting expert; ***~ edile*** building surveyor; ***~ liquidatore*** loss adjuster; ***~ misuratore*** quantity surveyor.

peritoneale /peritone'ale/ agg. peritoneal.

peritoneo /perito'nɛo/ m. peritoneum*.

peritonite /perito'nite/ ➧ **7** f. peritonitis.

perituro /peri'turo/ agg. [*opera, essere*] perishable.

perizia /pe'rittsja/ f. **1** *(stima di un esperto)* survey, valuation; ***effettuare una ~*** to do *o* carry out a survey, to survey **2** *(competenza)* expertise, skill ◆◆ ***~ balistica*** ballistic report; ***~ calligrafica*** DIR. handwriting analysis; ***~ dei danni*** damage appraisal, assessment of damage; ***~ giudiziaria*** judicial examination; ***~ giurata*** sworn testimony; ***~ medico-legale*** forensic tests; ***~ psichiatrica*** psychiatric examination; ***~ del tribunale*** → **~ giudiziaria**.

periziare /perit'tsjare/ [1] tr. to value [*gioiello, quadro*].

perizoma /perid'dzɔma/ m. loincloth; *(tanga)* G-string.

▷ **perla** /'pɛrla/ ➧ **3** **I** f. **1** *(d'ostrica)* pearl; *(pallina di vetro, plastica)* bead; ***pescatore di -e*** pearl diver; ***pesca delle -e*** pearl diving; ***andare a pesca di -e*** to pearl; ***collana di -e*** pearl necklace; ***filo di -e*** string of pearls **2** *(capsula)* capsule; ***-e da bagno*** bath pearls **3** FIG. *(persona o cosa eccezionale)* pearl, gem, jewel; ***è una ~ di marito*** he's a jewel *o* gem of a husband; ***è una ~ di ragazza!*** she's a gem! ***questa chiesa è una ~ dell'arte barocca*** this church is a perfect example of the Baroque; ***-e di saggezza*** pearls of wisdom **4** COLLOQ. *(errore grossolano)* gem, howler **5** LETT. *(goccia)* pearl, bead; ***~ di rugiada*** dewdrop; ***~ di sangue*** drop(let) of blood; ***-e di sudore*** beads of sweat **6** CHIM. pellet **II** m.inv. *(colore)* pearl **III** agg.inv. ***grigio ~*** pearl grey ◆ ***gettare*** o ***dare le -e ai porci*** to cast pearls before swine ◆◆ ~ ***artificiale*** imitation pearl; ~ ***coltivata*** cultured pearl; ~ ***falsa*** → ~ **artificiale**; ~ ***rara*** FIG. real treasure, gem; ~ ***sintetica*** → ~ **artificiale**; ~ ***vera*** natural pearl.

perlaceo /per'latʃeo/ agg. pearly.

perlaquale, **per la quale** /perla'kwale/ **I** agg.inv. *(per bene)* decent; ***è un tipo non troppo*** ~ he's not a very respectable chap **II** avv. decently, properly; ***il lavoro non mi va troppo*** ~ my work is not going as well as it should.

perlassa /per'lassa/ f. pearl-ash.

perlato /per'lato/ agg. **1** *(color perla)* [*grigio, rosa*] pearly, pearl attrib. **2** ***orzo*** ~ pearl barley **3** TESS. [*cotone*] pearl attrib. **4** *(ornato di perle)* [*ricamo, abito*] beaded.

perlé /per'le/ agg.inv. ***cotone*** ~ pearl cotton.

perlifero /per'lifero/ agg. [*ostrica*] pearl attrib.

perlina /per'lina/ f. **1** *(piccola perla) (di plastica, vetro)* bead; *(di ostrica)* seed pearl; ***-e colorate*** coloured beads; ***collana di -e*** string of beads **2** *(listello di legno)* matchboard.

perlinato /perli'nato/ **I** agg. beaded **II** m. matchboarding.

perlinatura /perlina'tura/ f. matchboarding.

perlinguale /perlin'gwale/ agg. perlingual.

perlite /per'lite/ f. **1** GEOL. perlite **2** METALL. pearlite.

perlomeno, **per lo meno** /perlo'meno/ avv. **1** *(almeno)* at least; ~ ***è sincero*** at least he's sincere **2** *(a dir poco)* to say the least; ***vale ~ 10 milioni di dollari*** it's worth 10 million dollars to say the least.

perlopiù, **per lo più** /perlo'pju/ avv. **1** *(di solito)* usually, generally; ~ ***si alza alle 7*** he usually wakes up at 7 **2** *(per la maggior parte)* mostly, mainly.

perlustrare /perlus'trare/ [1] tr. **1** *(ispezionare)* to search, to scour [*boscaglia, terreno*]; [*polizia*] to patrol [*zona*] **2** MIL. to reconnoitre BE, to reconnoiter AE [*strada, terreno*].

perlustrazione /perlustrat'tsjone/ f. scouring, searching, sweep; *(di polizia)* patrol, search; MIL. reconnaissance; ***stanno facendo un giro di*** ~ they're out on patrol; ***andare in*** ~ [*polizia*] to patrol, to cruise, to scout, to have a scout around; [*soldati*] to make a reconnaissance.

permafrost /pɛrma'frɔst/ m.inv. permafrost.

permagelo /perma'dʒɛlo/ m. → **permafrost**.

permalosità /permalosi'ta/ f.inv. touchiness, prickliness.

▷ **permaloso** /perma'loso/ agg. touchy, prickly.

permanentare /permanen'tare/ [1] tr. to perm [*capelli*]; ***farsi ~ i capelli*** to get a perm, to have one's hair permed.

permanentato /permanen'tato/ **I** p.pass. → **permanentare II** agg. [*capelli*] permed.

permanente /perma'nɛnte/ **I** agg. **1** *(che resta in funzione)* [*ufficio, mostra, accordo*] permanent; [*comitato, commissione*] standing; [*esercito, ufficiale*] standing, regular BE; *(che perdura)* [*stato*] perpetual; [*tensione, sforzo, pericolo*] constant; [*disoccupazione*] persistent; [*danno*] lasting; [*invalidità, incapacità*] permanent; ***è un invalido*** ~ he's permanently disabled, he's crippled for life; ***formazione*** ~ continuing education; ***archivio*** ~ INFORM. master file; ***ordine*** ~ standing order; ***assemblea*** ~ work-in; ***i denti -i*** the second teeth **2** FIS. [*calamita, gas*] permanent **II** f. perm, permanent AE; ~ ***a caldo, a freddo*** hot, cold perm; ***fare una ~ a qcn.*** to perm sb.'s hair; ***farsi fare una*** ~ to get a perm; ***avere la*** ~ to have a perm.

permanentemente /permanente'mente/ avv. [*fissato*] permanently; ***il mio portafoglio è ~ vuoto*** my wallet is always empty.

permanenza /perma'nɛntsa/ f. **1** *(presenza continua)* permanence, permanency; ***in*** ~ permanently; ~ ***in carica*** incumbency, tenure of an office; ***dopo una breve ~ nella pubblica amministrazione*** after a short period in public office **2** *(soggiorno)* stay; ***durante la mia*** ~ during my stay; ***buona ~!*** enjoy your stay!

permanere /perma'nere/ [79] intr. (forms not attested: past participle and compound tenses) [*timore, dubbio, traccia*] to linger, to remain; [*nebbia, nuvole*] to hang*; [*inflazione*] to continue; ***il cattivo tempo permane sul Piemonte*** the bad weather is continuing in Piedmont.

permanganato /permanga'nato/ m. permanganate; ~ ***di potassio*** potassium permanganate.

permanganico, pl. **-ci**, **-che** /perman'ganiko, tʃi, ke/ agg. permanganic.

permeabile /perme'abile/ agg. permeable (**a** to).

permeabilità /permeabili'ta/ f.inv. permeability (**a** to).

permeanza /perme'antsa/ f. permeance.

permeare /perme'are/ [1] tr. **1** *(penetrare)* to permeate; ***l'umidità ha permeato il muro*** the wall is full of humidity **2** FIG. to permeate, to pervade, to penetrate; [*idea*] to pervade, to inform [*libro, opera*]; ***la società italiana è permeata di cattolicesimo*** Italian society is imbued with Catholicism.

permeazione /permeat'tsjone/ f. permeation.

▶ **permesso** /per'messo/ **I** p.pass. → **permettere II** agg. permitted, allowed **III** m. **1** *(autorizzazione)* permission; ***chiedere il*** ~ to ask for permission; ***chiedere a qcn. il ~ di fare*** to ask (for) sb.'s permission to do; ***senza neanche chiedere il*** ~ without so much as a by-your-leave, without even asking permission; ***dare*** o ***concedere a qcn. il ~ di fare*** to give sb. leave to do; ***avere il ~ di fare*** to have permission to do; ***non ha il ~ di uscire la sera*** she's not allowed to go out at night; ***avere da qcn. il ~ per fare*** to have sb.'s leave to do; ~ ***accordato!*** permission granted! ***con ~!*** by *o* with your leave! **2** BUROCR. *(licenza)* license, leave; MIL. home leave; ***essere in*** ~ to be on leave; ***prendere un*** ~ [*impiegato*] to take time off; ***prendere tre giorni di*** ~ to take three days leave; ***chiedi un ~ al tuo capo*** ask your boss for some time off; ***mi hanno dato un*** ~ I got time off; ***assentarsi senza*** ~ MIL. to be *o* go absent without leave **3** *(modulo)* permit, authorization; ***rilasciare un*** ~ to grant a permit; ***per entrare in biblioteca c'è bisogno di un*** ~ you need a pass to enter the library ◆ ***(è) ~?*** *(per entrare)* may I come in? ***~!*** *(per passare)* excuse me! ◆◆ ~ ***di demolizione*** demolition consent; ~ ***d'entrata*** entry permit; ~ ***di espatrio*** = authorization to leave the country; ~ ***di lavoro*** DIR. work permit; ~ ***non retribuito*** unpaid leave; ~ ***di passaggio*** wayleave; ~ ***di soggiorno*** DIR. residence permit.

> **Permesso di soggiorno** This permit authorizes foreigners who have entered Italy with a passport and visa to stay in the country and has to be applied for within eight days of arriving, from the State Police (ie at a *Questura* or a *Commissariato*). It is usually given to people who want to work or study. It lasts for a period from three months to two years, depending on circumstances, and is renewable. It gives the holder the right to have an identity card and a tax code (see ***Carta d'identità, Codice fiscale***).

▶ **permettere** /per'mettere/ [60] **I** tr. **1** *(autorizzare)* to allow, to permit, to authorize; ***non lo permetterò*** I won't allow it; ~ ***a qcn. di fare qcs.*** to allow sb. to do sth., to give sb. permission to do sth.; ***il medico gli ha permesso di alzarsi*** the doctor said he could get out of bed; ***mi permetta di accompagnarla*** allow me to accompany you; ***permettimi di dirti che...*** let me tell you that...; ***permette che mi sieda?*** may I take a seat? ***permette questo ballo?*** may I have this dance? ***mi permetta di aggiungere che*** I would like to add that; ***mi permetta di presentarle mia moglie*** allow me to introduce my wife; ***se permetti, so quello che faccio!*** if you please, I know what I'm doing! ***se permette, tocca prima a me*** it's my turn, if you don't mind; ***beh, su questo mi permetta di dubitare*** well, I have my doubts about that; ***mi permetta di aiutarla, signora*** permit me, Madam, to assist you; ***mi permetta!*** allow me! ***qui non è permesso fumare*** this is a no-smoking area, smoking is not permitted here **2** *(tollerare)* ***non permetto che si parli male di lei*** I won't hear a word against her; ***non permetto che mi parlino in quel modo*** I won't let them talk to me like that **3** *(rendere possibile)* to permit, to enable; ***questo permette una migliore tenuta di strada*** it makes for *o* ensures better road holding; ***tempo permettendo*** weather permitting; ***non appena le circostanze lo permetteranno*** as soon as circumstances allow *o* permit; ***questo procedimento permette di consumare meno energia*** this system makes it possible to use less energy; ***questo mi ha permesso di lavorare più a lungo, di risparmiare*** this allowed me to work longer, to save money; ***la mia salute non mi permette di fare sport*** my health prevents me from doing any sport **II permettersi** pronom. **1** *(concedersi)* ***-rsi di fare*** to allow *o* permit oneself to do; ***-rsi il lusso di fare qcs.*** to have *o* enjoy the luxury of doing; ***non posso permettermi di comprare una nuova macchina*** I can't afford to buy a new car; ***mi posso ~ questo genere di battute con lui*** I can get away with telling him this kind of joke; ***-rsi una vacanza*** to treat oneself to a holiday **2** *(prendersi la libertà)* ***si è permesso di entrare senza bussare*** he took the liberty of coming in without knocking; ***ma come ti sei permesso!*** how did you dare? ***mi sono permesso di farglielo notare*** I ventured to point it out to him; ***non posso permettermi di fare il difficile*** I can't afford to be choosy; ***mi permetto di scrivervi a proposito di...*** I'm writing to you in regards to...; ***se posso permettermi di farle una domanda indiscreta*** if you don't mind my asking.

permettività /permettivi'ta/ f.inv. permittivity.

permiano /per'mjano/ agg. e m. Permian.

permico, pl. **-ci**, **-che** /'pɛrmiko, tʃi, ke/ → **permiano**.

permissivismo /permissi'vizmo/ m. permissiveness.

permissività /permissivi'ta/ f.inv. permissiveness.
permissivo /permis'sivo/ agg. [*educazione*] permissive; [*legge*] lax; [*professore, genitore*] lenient, permissive.
permuta /'pɛrmuta/ f. **1** *(cambio)* exchange; ***diritto di ~*** right to exchange **2** *(contratto)* permutation; ***fare una ~*** to make a swap; ***dare qcs. in ~*** to trade sth. in; ***dare in ~ l'auto*** to trade one's car in.
permutabile /permu'tabile/ agg. **1** *(scambiabile)* [*elemento, funzione, uso*] interchangeable, exchangeable **2** MAT. permutable.
permutabilità /permutabili'ta/ f.inv. permutability.
permutare /permu'tare/ [1] tr. **1** *(scambiare)* to exchange **2** MAT. to permute.
permutazione /permutat'tsjone/ f. **1** *(scambio)* exchange **2** MAT. permutation.
pernacchia /per'nakkja/ f. rapsberry, Bronx cheer AE; ***fare una ~*** to blow a rapsberry.
pernice /per'nitʃe/ f. ORNIT. partridge; ***uno stormo di -i*** a covey; ***occhio di ~*** FIG. *(callo)* = small corn between toes; *(disegno su tessuto)* bird's eye pattern ◆◆ ***~ bianca*** ptarmigan, snow grouse; ***~ bianca nordica*** willow grouse; ***~ grigia*** grey partridge; ***~ di mare*** pratincole; ***~ rossa*** red-legged partridge.
perniciosamente /pernitʃosa'mente/ avv. perniciously, banefully.
perniciosità /pernitʃosi'ta/ f.inv. perniciousness.
pernicioso /perni'tʃoso/ agg. **1** *(funesto)* [*effetto*] pernicious, baneful **2** MED. [*anemia*] pernicious.
perno /'pɛrno/ m. **1** TECN. MECC. (king)pin, gudgeon; *(cardine)* pivot, hinge; ***fare ~ su qcs.*** to hinge *o* pivot on sth. **2** FIG. pivot, kingpin, mainstay; ***il ~ della famiglia*** the linchpin of the family; ***il ~ dell'economia*** the mainstay of economy ◆◆ ***~ di banco*** crankshaft bearing; ***~ di biella*** crank pin; ***~ filettato*** o ***a vite*** grub screw.
pernottamento /pernotta'mento/ m. overnight stay.
pernottare /pernot'tare/ [1] intr. (aus. *avere*) to stay overnight, to overnight, to spend* the night; ***~ in albergo*** to spend the night in a hotel; ***~ a Chicago*** to overnight in Chicago.
▷ **pero** /'pero/ m. *(albero)* pear (tree); *(legno)* pearwood.
▶ **però** /pe'rɔ/ **I** cong. **1** *(con valore avversativo)* but, however, nevertheless; ***è strano, ~ è così*** it's strange but true; ***~ sussiste un'ambiguità*** there is, however, an ambiguity; ***è intelligente, ~ è svogliato*** he's intelligent but lazy **2** *(in compenso)* but; ***non è bello, ~ è molto simpatico*** he's not handsome but he's very nice **3** *(nondimeno)* but, though; ***è una moto vecchia, ~ funziona ancora bene*** it's an old motorbike but it still runs well; ***avresti potuto fare attenzione ~!*** you should have been more careful, though! **II** inter. well; ***~, sembra incredibile ma ce l'ha fatta!*** well, it seems incredible but he did it! ***~, niente male!*** wow, not bad! ***~ esageri!*** now you're exaggerating!
perone /pe'rone, 'pɛrone/ m. fibula*.
peronismo /pero'nizmo/ m. Peronism.
peronista, m.pl. **-i**, f.pl. **-e** /pero'nista/ agg., m. e f. Peronist.
peronospora /pero'nɔspora/ f. ***~ della patata*** potato blight.
perorare /pero'rare/ [1] **I** tr. to plead; ***~ la causa di qcn., la propria causa*** to plead sb.'s, one's case **II** intr. (aus. *avere*) to perorate, to plead; ***~ in difesa di qcn.*** to plead in sb.'s defence.
perorazione /perorat'tsjone/ f. **1** *(discorso di difesa)* pleading, advocacy **2** RET. peroration.
perossido /pe'rɔssido/ m. peroxide ◆◆ ***~ di idrogeno*** hydrogen peroxide.
▷ **perpendicolare** /perpendiko'lare/ **I** agg. [*retta*] perpendicular (**a** to); ***una strada ~ a un corso*** a street at right angles to a boulevard; ***stile gotico ~*** ARCH. perpendicular style **II** f. perpendicular; ***condurre la ~ alla retta A-B*** to draw a line perpendicular to A-B.
perpendicolarità /perpendikolari'ta/ f.inv. perpendicularity.
perpendicolarmente /perpendikolar'mente/ avv. perpendicularly (**a** to); ***tagliare ~ al filo*** to cut across the grain.
perpendicolo /perpen'dikolo/ m. plum line; ***a ~*** perpendicularly.
perpetrare /perpe'trare/ [1] tr. to perpetrate, to commit [*delitto, attentato*].
perpetratore /perpetra'tore/ m. (f. **-trice** /tritʃe/) perpetrator.
perpetrazione /perpetrat'tsjone/ f. perpetration.
perpetua /per'pɛtua/ ♦ ***18*** f. **1** *(domestica del parroco)* priest's housekeeper **2** *(domestica anziana e ciarliera)* = talkative elderly housekeeper.
perpetuamente /perpetua'mente/ avv. **1** *(in eterno)* perpetually, eternally **2** *(di continuo)* perpetually, continually.
perpetuare /perpetu'are/ [1] **I** tr. to perpetuate [*specie, reputazione*]; to immortalize [*ricordo, nome*] **II perpetuarsi** pronom. [*specie*] to be* perpetuated; [*ricordo*] to be* immortalized.
perpetuatore /perpetua'tore/ m. (f. **-trice** /tritʃe/) perpetuator.
perpetuazione /perpetuat'tsjone/ f. perpetuation.
perpetuità /perpetui'ta/ f.inv. perpetuity.
perpetuo /per'pɛtuo/ agg. **1** *(continuo)* [*moto, calendario*] perpetual; ***vite -a*** endless screw, worm **2** *(eterno)* [*esilio*] permanent; ***carcere ~*** life imprisonment; ***a -a memoria*** in everlasting memory; ***in ~*** in perpetuity.
perplessità /perplessi'ta/ f.inv. **1** *(esitazione)* perplexity, hesitation; ***con ~*** perplexedly **2** *(dubbio)* perplexity, puzzlement; ***avere delle ~ su qcs.*** to be puzzled about sth.
perplesso /per'plɛsso/ agg. perplexed, puzzled, baffled; ***rendere*** o ***lasciare ~*** to perplex, to puzzle; ***ti lascia ~*** it puzzles you.
perquisire /perkwi'zire/ [102] tr. to search [*casa, stanza*]; to body search, to frisk [*persona*].
perquisizione /perkwizit'tsjone/ f. search; *(di persona)* body search, frisk; ***mandato di ~*** search warrant; ***eseguire*** o ***fare una ~*** to carry out a search ◆◆ ***~ domiciliare*** house search; ***~ personale*** (intimate) body search.
persecutore /perseku'tore/ **I** agg. persecutory, persecuting **II** m. (f. **-trice** /tritʃe/) persecutor.
persecutorio, pl. **-ri**, **-rie** /perseku'tɔrjo, ri, rje/ agg. persecutory.
persecuzione /persekut'tsjone/ f. **1** persecution; ***~ degli ebrei, dei cristiani*** the persecution of the Jews, of the Christians; ***~ razziale*** racial harassment; ***~ religiosa*** religious persecution; ***mania di ~*** persecution complex *o* mania; ***sfuggire a una ~*** to flee from persecution **2** *(persona, cosa molesta)* plague, nuisance, pest; ***la sua insistenza è una vera ~*** his insistence is a real nuisance.
Persefone /per'sɛfone/ n.pr.f. Persephone.
perseguibile /perse'gwibile/ agg. DIR. [*reato*] indictable, punishable by law, actionable; ***essere ~ penalmente*** to be criminally negligent.
perseguibilità /persegwibili'ta/ f.inv. suability.
perseguimento /persegwi'mento/ m. pursuit, furtherance.
perseguire /perse'gwire/ [3] tr. **1** *(cercare di realizzare)* to pursue [*intento, scopo*]; to promote [*politica*] **2** DIR. to prosecute [*reato*].
perseguitare /persegwi'tare/ [1] tr. **1** *(fare oggetto di persecuzioni)* to persecute [*popolo, cristiani*]; ***~ qcn. per motivi politici*** to persecute sb. for political reasons **2** *(tormentare)* to pursue, to harass, to hound; [*incubo, sogno*] to haunt [*persona*]; ***~ qcn. con il proprio odio*** to harass sb. out of one's hatred; ***è perseguitato dai creditori*** he's being hounded by his creditors; ***la sfortuna lo perseguita*** he's dogged by misfortune.
perseguitato /persegwi'tato/ **I** p.pass. → **perseguitare II** agg. pursued, hounded; ***~ dai sensi di colpa*** guilt-ridden **III** m. (f. **-a**) persecuted person; ***~ politico*** victim of political persecution.
Perseo /per'sɛo, 'pɛrseo/ n.pr.m. Perseus.
perseverante /perseve'rante/ agg. [*persona*] persevering, persistent; ***essere ~ nello sforzo*** to persevere in one's efforts.
perseveranza /perseve'rantsa/ f. perseverance, persistance, persistancy (**in qcs.** in sth.; **nel fare qcs.** in doing sth.); ***studiare con ~*** to persevere in one's studies.
perseverare /perseve'rare/ [1] intr. (aus. *avere*) [*persona, squadra*] to persevere, to persist (**in qcs.** in sth.; **nel fare qcs.** in doing sth.); ***~ nell'errore*** to keep on making the same mistake ◆ ***errare è umano, ~ è diabolico*** PROV. = to err is human, but to keep on making the same mistake is foolish.
Persia /'pɛrsja/ n.pr.f. Persia.
▷ **persiana** /per'sjana/ f. *(imposta)* (window-)shutter; ***la casa aveva le -e chiuse*** the house was shuttered up ◆◆ ***~ avvolgibile*** roller shutter.
persiano /per'sjano/ **I** agg. Persian **II** m. (f. **-a**) **1** *(persona)* Persian **2** LING. Persian **3** *(gatto)* Persian (cat) **4** *(pelliccia)* Persian lamb.
1.persico, pl. **-ci**, **-che** /'pɛrsiko, tʃi, ke/ agg. Persian; ***il Golfo Persico*** the Persian Gulf.
2.persico, pl. **-ci** /'pɛrsiko, tʃi/ **I** agg. ***pesce ~*** bass, perch **II** m. bass, perch ◆◆ ***~ sole*** sunfish; ***~ trota*** largemouth bass.
▷ **persino** /per'sino/ → **perfino.**
persistente /persis'tɛnte/ agg. **1** *(che persiste)* [*nebbia, odore, profumo*] persistent, lingering; [*febbre, tosse*] persistent, obstinate; [*pioggia*] persistent, steady; *(che non si dimentica)* [*impressione, immagine, ricordo*] lasting **2** BOT. [*calice*] persistent.
persistenza /persis'tɛntsa/ f. persistence, persistency; ***la ~ del dolore, dell'odore*** the persistence of the pain, smell; ***la ~ della tosse*** the obstinacy of the cough; ***~ delle immagini*** FISIOL. persistence of vision.
persistere /per'sistere/ [21] intr. (aus. *avere*) **1** *(protrarsi)* [*dolore, febbre, malattia, sintomi, effetto*] to persist; [*odore*] to persist, to hang*, to linger; [*dubbio, problema*] to linger; ***il maltempo persisterà sulla regione*** the bad weather will continue over the region **2**

(ostinarsi) to persist, to persevere (**in qcs.** in sth.; **nel fare qcs.** in doing sth.); ~ ***nell'errore*** to keep on making the same mistake; ~ ***nel proprio tentativo*** to keep on trying; ~ ***nel rifiutare*** to keep saying no; ~ ***nella menzogna*** to keep on telling lies; ~ ***nella propria convinzione*** to hold fast to one's opinions.

perso /ˈpɛrso/ **I** p.pass. → **perdere II** agg. **1** *(perduto)* [*partita, elezioni, causa*] lost; ***sentirsi*** ~ to feel lost; ***a tempo*** ~ in one's spare time; ***andare*** ~ [*oggetto*] to get lost **2** *(sprecato)* ***è tutto tempo*** ~ it's all just a waste of time **3** *(vago)* [*sguardo*] blank **4** *(incapace di intendere)* ***ubriaco*** ~ dead drunk, smashed; ***essere (innamorato)*** ~ ***di qcn.*** to be head over heels in love with sb. ◆ ***dare qcs. per*** ~ to give sth. up for lost; ~ ***per*** ~ having nothing else to lose.

persolfato /persolˈfato/ m. persulfate.

▶ **persona** /perˈsona/ Person, l'equivalente inglese dell'italiano *persona*, ha come plurale la forma *people*: *sono venute molte persone* = a lot of people came; il plurale *persons* è d'uso molto formale, e solitamente limitato al linguaggio burocratico: *questo ascensore può portare 12 persone* = this elevator may carry 12 persons. f. **1** *(individuo)* person; ***-e*** people, persons FORM.; ***molte, poche -e pensano che...*** many, few people think that...; ***la maggior parte delle -e*** most people; ***le -e anziane*** the elderly; ***tutte le -e per bene*** all the upstanding people; ***una brava*** ~ a good person; ***una*** ~ ***cara*** someone dear; ***dieci euro per*** o ***a*** ~ ten euros each *o* a head; ***un gruppo di venti -e*** a group of twenty people; ***le -e interessate*** those (who are) concerned; ***delle -e importanti*** some important people; ***c'erano molte -e alla festa*** there were many people at the party; ***il 50% delle -e interrogate*** 50% of those interviewed; ***un viaggio per due -e*** a trip for two; ***la*** ~ ***amata*** the (be)loved one; ***una*** ~ ***di fiducia*** a trustworthy person, someone trustworthy; ***deve esserci uno scambio di*** ~ it must be the wrong person, it must be a case of mistaken identity; ***le -e della Trinità*** the three persons of the Trinity; ***delitti contro la*** ~ offences against the person; ~ ***scomparsa*** missing person; ~ ***di servizio*** domestic (servant) **2** *(individuo in sé)* ***trovare un alleato nella*** ~ ***del ministro*** to find an ally in the person of the minister; ***è sufficiente per la mia umile*** o ***modesta*** ~ it's quite enough for my humble self; ***il rispetto, i diritti della*** ~ ***(umana)*** respect for, right of the individual; ***tutta la sua*** ~ ***ispirava rispetto*** his whole being inspired respect; ***il ministro in*** ~ the minister himself *o* in person; ***tua madre in*** ~ your mother herself; ***è proprio lui in*** ~***!*** it's really him! ***ci ha ricevuti di*** ~ he met with us personally; ***se ne occupa di*** ~ he's dealing with it personally; ***andarci di*** ~ to go there in person; ***è la cupidità in*** o ***fatta*** ~ he's greed personified; ***essere la pazienza, generosità fatta*** ~ to be the personification of patience, generosity; ***parlare in prima*** ~ to speak for oneself; ***trovare la*** ~ ***giusta*** to find the right person **3** *(corpo)* ***un abito poco adatto alla sua*** ~ a dress that doesn't suit her; ***avere cura della propria*** ~ to take care of one's personal appeareance **4** *(genericamente: qualcuno)* ***c'è una*** ~ ***che chiede di te*** there's somebody looking for you; *(nessuno)* ***non c'è*** ~ ***al mondo che conosca questo segreto*** no-one in the world knows this secret; ***non c'è*** ~ ***disposta a crederti*** nobody will believe you **5** LING. person; ***terza*** ~ ***del plurale*** third person plural; ***la prima*** ~ first person; ***scritto in prima*** ~ written in the first person **6** PSIC. persona* ◆◆ ~ ***a carico*** DIR. dependent; ~ ***fisica*** DIR. natural person; ~ ***giuridica*** DIR. body corporate, legal *o* artificial person; ~ ***grata*** DIPL. persona grata; ~ ***non grata*** DIPL. persona non grata.

▶ **personaggio**, pl. **-gi** /persoˈnaddʒo, dʒi/ m. **1** LETTER. TEATR. CINEM. character; ***i -gi di un romanzo, di un film*** the characters in a novel, in a film; ***i -gi di Pirandello*** Pirandello's characters; ***i -gi di un'opera teatrale*** the characters in a play, the dramatis personae; ~ ***principale*** o ***centrale*** main character, protagonist; ***-gi e interpreti*** cast; ***interpretare il*** ~ ***di Otello*** to play (the role of) Othello **2** *(personalità)* figure, personage, personality; ***un*** ~ ***della politica*** a political figure; ***un*** ~ ***controverso*** a controversial figure; ***un*** ~ ***importante*** an important personage *o* figure; ***il*** ~ ***chiave*** the key figure; ***è un*** ~ ***importante del XX secolo*** he's an important figure of the 20th century; ***i grandi -gi della storia*** the great history makers; ***un*** ~ ***celebre*** a celebrity; ***un grande*** ~ ***dello sport*** a sporting personality; ***è diventato un*** ~ ***pubblico*** he's become public property; ***è un*** ~ ***molto in vista nell'ambiente letterario*** he enjoys a high profile in the literary world; ***è diventato un*** ~ ***di culto*** he has achieved cult status **3** *(persona strana, curiosa)* character; ***è un*** ~ ***singolare*** he's a real character.

personal /ˈpɛrsonal/, **personal computer** /ˈpɛrsonalkomˈpjuter/ m.inv. personal computer.

▶ **personale** /persoˈnale/ **I** agg. **1** *(individuale)* [*dati, impegno, patrimonio, assicurazione, vittoria, invito, responsabilità, opinione*] personal; [*iniziativa, contributo, caratteristica*] personal, individual; ***soddisfazione*** ~ personal *o* inward satisfaction; ***dati -i*** particulars **2** *(privato)* [*effetti, beni*] personal; [*interessi, aereo, segretaria*] personal, private; [*auto*] private; ***questioni di carattere*** ~ personal matters; ***non farne una questione*** ~***!*** don't take it personally! ***per uso*** ~ for personal use; ***sul piano*** ~ on a personal level; ***a titolo*** ~ in a private capacity **3** MED. [*igiene*] personal **4** DIR. ***lesioni -i*** bodily harm, mayhem AE; ***perquisizione*** ~ (intimate) body search **5** *(originale)* [*stile*] personal **6** LING. [*forma, pronome, verbo*] personal **II** f. *(mostra)* solo show; ***una*** ~ ***di Fontana*** an exhibition dedicated to Fontana **III** m. **1** *(organico) (di hotel, ospedale, scuola)* staff; *(di azienda)* staff, personnel, payroll; ***siamo a corto di*** ~ we're understaffed; ***esubero di*** ~ overmanning, overstaffing; ***ufficio del*** ~ personnel department; ***capo del*** ~ head of personnel, personnel officer; ***riservato al*** ~ staff only; ***il*** ~ ***femminile*** female staff; ***il*** ~ ***militare, civile*** the military, civilian personnel; ***il*** ~ ***fu molto servizievole*** the staff were very helpful **2** *(figura)* ***avere un bel*** ~ to have a good figure ◆◆ ~ ***di bordo*** AER. cabin crew; ~ ***docente*** (teaching) staff; ~ ***fisso*** permanent staff; ~ ***impiegatizio*** clerical staff, employees; ~ ***di servizio*** domestic staff; ~ ***di terra*** AER. groundstaff, ground crew; ~ ***viaggiante*** FERR. train staff; ~ ***di volo*** AER. flight personnel.

personalismo /personaˈlizmo/ m. personalism.

personalista, m.pl. **-i**, f.pl. **-e** /personaˈlista/ m. e f. personalist.

personalistico, pl. **-ci**, **-che** /personaˈlistiko, tʃi, ke/ agg. personalistic.

▷ **personalità** /personaliˈta/ f.inv. **1** PSIC. personality; ***sviluppo della*** ~ personality development; ***sviluppare la propria*** ~ to develop one's own personality; ***disturbo della*** ~ personality disorder; ***culto della*** ~ personality cult; ***sdoppiamento della*** ~ dual *o* split personality; ~ ***multipla*** multiple personality **2** *(carattere)* personality, character; ***avere*** ~ to have personality *o* character; ***avere una spiccata*** ~ to have a very strong personality; ***mancare di*** ~ to be characterless, to lack character *o* personality **3** *(persona influente)* personality, personage; ***una*** ~ ***in vista*** an eminent figure **4** DIR. ~ ***giuridica*** legal status.

personalizzare /personalidˈdzare/ [1] tr. **1** *(dare una nota personale a)* to personalize [*casa, uniforme*] **2** *(adattare)* to customize [*orario, contratto*].

personalizzato /personalidˈdzato/ **I** p.pass. → **personalizzare II** agg. [*offerta, busta, insegnamento*] personalized; [*orario, contratto, programma*] customized; ***automobile -a*** custom car; ***targa -a*** vanity plate.

personalizzazione /personaliddzatˈtsjone/ f. personalization.

personalmente /personalˈmente/ avv. personally; ***me l'ha detto*** ~ he told me that himself; ***occuparsi*** ~ ***di qcs.*** to deal with sth. personally; ***ci si è recato*** ~ he went there in person; ~***, sono contrario all'idea*** personally, I'm against the idea; ~***, io credo che*** I for one think that; ~***, lo odio*** personally speaking, I hate him.

personificare /personifiˈkare/ [1] tr. **1** *(rappresentare un'astrazione)* to personify [*virtù*] **2** *(simboleggiare, impersonare)* to embody, to symbolize, to epitomize; ***il Virgilio di Dante personifica la ragione umana*** Dante's Virgil embodies human reason.

personificato /personifiˈkato/ **I** p.pass. → **personificare II** agg. ***essere la pazienza, generosità -a*** to be the personification of patience, generosity.

personificazione /personifikatˈtsjone/ f. personification; ***essere la*** ~ ***della pazienza, della generosità*** to be the personification of patience, generosity.

perspicace /perspiˈkatʃe/ agg. [*persona*] perceptive, discerning, perspicacious FORM.; [*mente, osservazione*] sharp, insightful, keen; ***come sei*** ~***!*** how perceptive of you!

perspicacemente /perspikatʃeˈmente/ avv. perceptively, keenly.

perspicacia /perspiˈkatʃa/ f. perceptiveness, insight, clear-sightedness, perspicacity FORM.; ***mancare di*** ~ to lack insight; ***avere molta*** ~ to be very sharp *o* perceptive.

perspicuamente /perspikuaˈmente/ avv. perspicuously.

perspicuità /perspikuiˈta/ f.inv. perspicuity.

perspicuo /persˈpikuo/ agg. perspicuous.

perspirazione /perspiratˈtsjone/ f. perspiration.

▷ **persuadere** /persuaˈdere/ [69] **I** tr. **1** *(convincere)* to persuade, to convince (**di** of; **che** that); ~ ***qcn. a fare*** to persuade *o* convince sb. to do, to talk sb. into doing; ***lasciarsi*** ~ to allow oneself to be persuaded, to let oneself be persuaded; ***tentai di persuaderlo*** I tried to convince him; ***non riesci a persuaderlo?*** can't you get through to *o* round him? **2** *(ottenere approvazione)* ***un film che ha persuaso la critica*** a film that convinced the critics; ***quel tipo non mi persuade affatto*** there's something about that guy I don't trust **II persuadersi** pronom. to persuade oneself, to convince oneself (**di** of; **che** that).

persuadibile /persua'dibile/, **persuasibile** /persua'zibile/ agg. persuadable.

persuasione /persua'zjone/ f. **1** *(convincimento)* persuasion; ***forza di ~*** power of persuasion; ***fare opera di ~ presso qcn.*** to try to persuade sb. **2** *(opinione)* persuasion, belief.

persuasiva /persua'ziva/ f. persuasiveness, persuasion.

persuasivo /persua'zivo/ agg. **1** *(convincente)* [*tono*] persuasive; ***forza -a*** power of persuasion **2** *(che piace)* [*interpretazione*] convincing.

persuaso /persu'azo/ **I** p.pass. → **persuadere II** agg. persuaded, convinced.

persuasore /persua'zore/ m. (f. **persuaditrice** /persuadi'tritʃe/) persuader ◆◆ ***-i occulti*** hidden persuaders.

▷ **pertanto** /per'tanto/ cong. therefore, so, thence FORM.; ***sono stanco, ~ non esco*** I'm tired, so I won't go out.

pertica, pl. **-che** /'pɛrtika, ke/ f. **1** *(bastone lungo)* pole, rod, perch; *(da barcaiolo)* bargepole, punt-pole **2** *(attrezzo da ginnastica)* pole; ***arrampicarsi sulla ~*** to climb up a pole **3** METROL. perch, rod **4** COLLOQ. FIG. *(spilungone)* beanpole.

pertinace /perti'natʃe/ agg. pertinacious, persistent, tenacious.

pertinacemente /pertinatʃe'mente/ avv. pertinaciously, tenaciously.

pertinacia /perti'natʃa/ f. pertinacity, tenacity.

pertinente /perti'nɛnte/ agg. [*domanda, risposta, osservazione*] relevant, pertinent; ***rispondere in maniera ~*** to answer pertinently; ***essere ~ a qcs.*** to be pertinent *o* material to sth.; ***la sua risposta non è ~ alla domanda*** your answer is not relevant; ***un dettaglio non ~*** an extraneous *o* irrelevant detail.

pertinentemente /pertinente'mente/ avv. pertinently.

pertinenza /perti'nɛntsa/ f. **1** *(l'essere pertinente) (di domanda, dettaglio)* relevance, pertinence **2** *(spettanza)* ***essere di ~ di*** to pertain to; ***la questione non è più di mia ~*** the matter is out of my hands **3** DIR. appendant, appurtenances pl.

pertosse /per'tosse/ ➧ **7** f. whooping cough, pertussis.

pertugio, pl. **-gi** /per'tudʒo, dʒi/ m. **1** *(foro)* hole **2** *(fessura)* crack, fissure.

perturbamento /perturba'mento/ m. → **perturbazione.**

perturbare /pertur'bare/ [1] **I** tr. **1** *(turbare)* to perturb, to disturb [*equilibrio interiore*] **2** *(sconvolgere)* to disturb, to perturb [*ordine pubblico*] **II perturbarsi** pronom. **1** *(perdere la calma)* to become* upset **2** METEOR. [*cielo*] to cloud over.

perturbatore /perturba'tore/ **I** agg. [*elemento, ruolo*] disturbing **II** m. (f. **-trice** /tritʃe/) disturber, troubler, perturber.

perturbazione /perturbat'tsjone/ f. **1** METEOR. ***~ atmosferica*** (atmospheric) disturbance **2** ASTR. perturbation **3** *(agitazione politica, sociale, economica)* disturbance, upheaval, unrest.

Perù /pe'ru/ ➧ **33** n.pr.m. Peru ◆ ***valere un ~*** = to be worth a fortune.

perugino /peru'dʒino/ ➧ **2 I** agg. from, of Perugia **II** m. (f. **-a**) native, inhabitant of Perugia.

peruviano /peru'vjano/ ➧ **25 I** agg. Peruvian **II** m. (f. **-a**) Peruvian.

pervadere /per'vadere/ [58] tr. to pervade, to permeate, to penetrate (anche FIG.); ***il fumo ha pervaso la stanza*** the smoke filled the room; ***~ l'anima di tristezza*** to fill one's soul with sadness.

pervasivo /perva'zivo/ agg. [*sentimento*] pervasive.

pervaso /per'vazo/ **I** p.pass. → **pervadere II** agg. ***essere ~ da*** to be pervaded by [*idea, sentimento*]; ***una poesia -a di tristezza*** a poem imbued with sadness; ***la stanza era -a dal profumo dei fiori*** the smell of flowers permeated the room; ***fui ~ da un grande senso di sollievo*** a strong feeling of relief poured over me.

pervenire /perve'nire/ [107] intr. (aus. *essere*) **1** *(giungere)* [*lettera, notizia, voce*] to arrive; ***~ a*** to come to, to reach [*accordo, soluzione, conclusione*]; ***far ~ qcs. a qcn.*** to forward sb. sth., to send sth. (on) to sb.; ***te ne farò ~ una copia*** I'll have a copy sent, I'll send a copy across to you; ***mi è pervenuta una sua lettera*** I received a letter from him **2** *(raggiungere)* to reach; ***~ alla cima del monte*** to reach the top of the mountain; ***~ al grado di colonnello*** FIG. to attain the rank of colonel.

perversamente /perversa'mente/ avv. perversely.

perversione /perver'sjone/ f. **1** *(alterazione)* perversion, corruption (**di** of) **2** *(depravazione)* perversion **3** *(deviazione, atto perverso)* perversity; ***-i sessuali*** sexual perversions.

perversità /perversi'ta/ f.inv. perversity.

perverso /per'vɛrso/ agg. **1** *(cattivo)* [*animo, azione*] wicked; ***provare un piacere ~ nel fare*** to take a perverse pleasure in doing **2** *(depravato)* [*gioco*] perverted; ***bisogna essere -i per apprezzare una cosa simile*** you'd be depraved to appreciate a thing like that; ***avere una mente -a*** to have a twisted mind **3** *(negativo)* [*effetto, conseguenza, logica*] pernicious.

pervertimento /perverti'mento/ m. perversion, corruption; ***~ della morale, del gusto*** corruption of morals, taste.

pervertire /perver'tire/ [3] **I** tr. to pervert, to corrupt **II pervertirsi** pronom. to be* perverted; ***i costumi si sono pervertiti*** morals have become corrupted.

pervertito /perver'tito/ **I** p.pass. → **pervertire II** agg. perverted **III** m. (f. **-a**) pervert.

pervertitore /perverti'tore/ m. (f. **-trice** /tritʃe/) perverter.

pervicace /pervi'katʃe/ agg. obstinate, stubborn.

pervicacia /pervi'katʃa/ f. obstinacy, stubbornness.

pervietà /pervje'ta/ f.inv. MED. patency.

pervinca, pl. **-che** /per'vinka, ke/ **I** f. *(pianta)* periwinkle **II** m.inv. *(colore)* periwinkle(-blue) **III** agg.inv. ***blu ~*** periwinkle-blue.

pervio, pl. **-vi, -vie** /'pɛrvjo, vi, vje/ agg. LETT. accessible.

p.es. ⇒ per esempio for example, for instance (eg).

pesa /'pesa/ f. **1** *(bilancia)* weighing machine **2** *(pesatura)* weighing **3** *(luogo in cui avviene la pesatura)* weigh-house ◆◆ ***~ pubblica*** weigh-house.

pesabambini /pesabam'bini/ m. e f.inv. baby scales pl.

pesabile /pe'sabile/ agg. weighable.

▶ **pesante** /pe'sante/ agg. **1** *(greve)* [*oggetto, valigia, pacco*] heavy, weighty; ***~ da trasportare*** heavy to carry **2** *(caldo e spesso)* [*coperta, giacca*] heavy, thick **3** *(che dà un senso di pesantezza)* [*gambe, stomaco, testa*] heavy; ***mi sento*** o ***ho la testa ~*** I've got a bit of a headache; ***ha gli occhi -i (di sonno)*** her eyes are heavy with sleep **4** *(profondo)* ***avere il sonno ~*** to be a heavy *o* sound sleeper **5** *(indigesto)* [*pasto, alimento, vino*] heavy; ***~ da digerire*** heavy on the stomach, hard to digest **6** *(maleodorante, cattivo)* [*alito*] bad **7** *(duro, forte)* [*droghe*] hard **8** *(denso)* ***acqua ~*** heavy water **9** IND. [*industria*] heavy **10** MIL. [*armamento, equipaggiamento, artiglieria, carro*] heavy **11** *(oneroso)* [*ammenda, fiscalità*] heavy **12** *(grave)* [*condanna, accusa, sconfitta*] heavy; [*responsabilità*] heavy, weighty **13** *(ingombrante)* [*struttura*] unwieldy **14** *(massiccio, impacciato)* [*corpo, figura*] heavy, ungainly; ***avere il passo ~, camminare con passo ~*** to walk with a heavy step **15** *(volgare)* [*scherzo, battuta*] vulgar, tasteless, heavy **16** *(noioso)* [*persona, scrittore, romanzo*] heavy, stodgy, dull; [*stile*] ponderous; ***suo marito è ~!*** her husband is a bore! **17** *(opprimente)* [*atmosfera, silenzio, clima*] heavy, leaden, oppressive **18** *(faticoso)* [*giornata*] hard, wearisome; [*esame, lavoro*] hard; ***avere un orario ~*** to have a heavy timetable **19** SPORT [*pista, terreno*] slow, heavy; ***gioco ~*** rough play; ***atletica ~*** weightlifting and wrestling **20** ECON. *(mediocre)* [*mercato*] sluggish ◆ ***avere la mano ~*** to be heavy-handed; ***andarci ~*** o ***avere la mano ~ con il sale, con il profumo*** to be heavy on salt, perfume; ***ci è andato giù ~!*** he came on strong!

pesantemente /pesante'mente/ avv. **1** *(fortemente)* [*criticare*] highly, heavily; ***insistere ~ su*** to keep going on about **2** *(con pesantezza)* [*cadere, camminare, muoversi*] heavily; *(in modo pesante)* ***~ truccato*** heavily made-up; ***essere insultato ~*** to be badly insulted; ***essere ~ influenzato da*** to be heavily *o* strongly influenced by.

pesantezza /pesan'tettsa/ f. **1** *(peso) (di oggetto, persona, abito)* heaviness, weight **2** *(stanchezza)* heaviness; ***camminare, muoversi con ~*** to walk, move about heavily *o* clumsily; ***sentire una gran ~ nelle membra*** to feel one's limbs heavy **3** MED. ***avere una ~ di stomaco*** to have sth. lying heavily on one's stomach, to feel bloated **4** *(noia)* dullness **5** *(di terreno)* heaviness, sogginess **6** *(del mercato)* sluggishness **7** *(di stile)* clumsiness, heaviness.

pesapersone /pesaper'sone/ m. e f.inv. bathroom scales pl., weighing machine.

▶ **pesare** /pe'sare/ [1] **I** tr. **1** *(misurare il peso)* to weigh [*persona, oggetto*] **2** *(valutare)* to weigh; ***~ le parole*** to weigh one's words **II** intr. (aus. *avere, essere*) **1** *(essere pesante, avere un peso)* to weigh; ***quanto pesi?*** how much do you weigh? what do you weigh? ***peso 80 kg*** I weigh 80 kilos; ***~ molto*** to weigh a lot, to be very heavy; ***questa valigia pesa troppo*** this suitcase is too heavy; ***quella ragazza non pesa niente!*** that girl doesn't weigh a thing! ***~ una tonnellata*** to weigh a ton, to be a ton weigh BE (anche FIG.); ***~ più, meno di 1 chilo*** to be under, over 1 kilo in weight **2** *(essere gravoso)* to weigh; ***la solitudine mi pesa*** loneliness weighs heavily on me; ***mi pesa andarmene così presto*** I find it hard to leave so early **3** *(gravare)* to weigh, to lie* (heavily); ***~ sulla coscienza*** to weigh on one's conscience; ***su di lui pesa un sospetto*** a suspect hangs upon him **4** *(avere importanza)* to carry weight; ***~ su una decisione*** to have a decisive influence in *o* on a decision **III pesarsi** pronom. to weigh oneself.

pesarese /peza'rese/ ➧ **2 I** agg. of, from Pesaro **II** m. e f. native, inhabitant of Pesaro.

pesata /pe'sata/ f. **1** *(operazione)* weighing **2** *(quantità)* weight; ***una ~ di 50 kg*** a weight of 50 kg.

pesatura /pesa'tura/ f. weighing.

▷ **1.pesca**, pl. **-sche** /'pɛska, ske/ ◗ **3** **I** f. peach; ***marmellata di -sche*** peach jam; ***yoghurt alla ~*** peach yoghurt; ***pelle di ~*** peaches and cream complexion **II** m.inv. *(colore)* peach **III** agg.inv. *(colore)* peach ◆◆ ***~ bianca*** white peach; ***~ gialla*** yellow peach; ***~ Melba*** peach melba; ***~ noce*** nectarine; ***~ di vigna*** vineyard peach.

▷ **2.pesca** /'peska/ f. **1** *(attività)* fishing; ***~ marittima, fluviale*** sea, freshwater fishing; ***~ del tonno, della trota, del salmone*** tuna, trout, salmon fishing; ***~ alle balene*** whaling; ***~ delle cozze*** mussel gathering *o* picking; ***~ dei gamberetti*** shrimping; ***~ dei granchi*** crabbing; ***~ delle perle, delle spugne*** pearl, sponge diving; ***"riserva di ~"*** "fish preserve"; ***zona di ~*** piscary; ***andare a ~*** to go fishing; ***andare a ~ di trote*** to go fishing for trout; ***canna da ~*** fishing rod; ***rete da ~*** fishing net; ***licenza di ~*** licence to fish, fishing permit; ***"divieto di ~"*** "fishing prohibited"; ***la (stagione della) ~ è aperta*** the fishing season is open **2** *(pesci catturati)* catch, take, haul; ***fare una buona ~*** to have a good catch **3** *(lotteria)* lottery, raffle ◆◆ ***~ d'altomare*** o ***d'altura*** deep-sea *o* offshore fishing; ***~ di beneficenza*** raffle, prize draw; ***~ con la canna*** → **~ con la lenza**; ***~ costiera*** inshore fishing; ***~ con il cucchiaino*** spinning; ***~ con esca viva*** live-bait fishing; ***~ con la fiocina*** harpoon fishing; ***~ di fondo*** ground-angling; ***~ al lancio*** casting; ***~ con la lenza*** line fishing, angling; ***~ miracolosa*** → **~ di beneficenza**; ***~ con la mosca*** fly-fishing; ***~ sportiva*** sportfishing; ***~ a strascico*** trawling, trolling; ***~ subacquea*** underwater fishing; ***~ alla traina*** → **~ a strascico**.

pescaggio, pl. **-gi** /pes'kaddʒo, dʒi/ m. draught BE, draft AE; ***la barca ha un ~ di 6 metri*** the ship draws 6 metres.

pescaia /pes'kaja/ f. weir.

pescanoce, pl. **peschenoci** /peska'notʃe, peske'notʃi/ f. nectarine.

▷ **pescare** /pes'kare/ [1] **I** tr. **1** PESC. to fish for, to catch* [*pesci*]; to catch* [*crostacei*]; to dive for [*perle, spugne*]; ***~ trote*** to fish for trout, to trout; ***ho pescato una trota nel fiume*** I caught a trout in the river; ***~ gamberetti*** to shrimp **2** COLLOQ. *(trovare)* to get*, to find*, to fish; ***dov'è andato a ~ questi vestiti, quest'idea?*** where did he get this outfit, idea from? **3** COLLOQ. *(prendere a caso)* to draw*, to pick (up); ***pesca una carta, una qualsiasi*** pick a card, any card; ***~ il biglietto vincente*** to draw the winning ticket **4** COLLOQ. *(sorprendere)* to catch*; ***~ qcn. a fare qcs.*** to catch sb. doing sth. **II** intr. (aus. *avere*) **1** *(andare a pesca)* [*persona*] to fish; ***andare a ~*** to go fishing; ***~ in un fiume*** to fish a river; ***~ col cucchiaino*** to spin; ***~ con esca viva*** to fish with live bait; ***~ in alto mare*** to go deep-sea fishing; ***~ con la canna, la lenza*** to angle, to fish with a rod and line; ***~ con la mosca*** to fly-fish; ***~ con la rete a strascico*** o ***alla traina*** to trawl, to troll **2** MAR. [*nave*] to draw*; ***la barca pesca nell'acqua per 6 metri*** the ship draws 6 metres ◆ ***~ nel torbido*** to fish in troubled waters; ***~ qcn. con le mani nel sacco*** to catch sb. red-handed.

pescarese /peska'rese/ ◗ **2** **I** agg. of, from Pescara **II** m. e f. native, inhabitant of Pescara.

pescata /pes'kata/ f. **1** *(azione)* ***fare una ~*** to fish **2** *(quantità di pesce pescato)* take, catch, haul.

pescatora: **alla pescatora** /allapeska'tora/ agg.inv. **1** ABBIGL. ***pantaloni alla ~*** pedal pushers, clamdiggers AE **2** GASTR. [*pasta, risotto*] = with a fish and seafood sauce.

▷ **pescatore** /peska'tore/ ◗ **18** m. (f. **-trice** /tritʃe/) fisher; *(uomo)* fisherman*; ***villaggio di -i*** fishing village; ***~ d'altura*** deep-sea fisherman; ***~ con la lenza*** angler; ***~ di perle, spugne*** pearl, sponge diver; ***-i di uomini*** RELIG. fishers of men.

pescatrice /peska'tritʃe/ f. (anche **rana ~**) angler fish*, monkfish*.

▶ **pesce** /'peʃʃe/ m. **1** ZOOL. fish*; ***~ d'acqua dolce*** freshwater fish; ***~ di mare*** saltwater *o* sea fish; ***~ azzurro*** = anchovies, sardines and mackerels; ***banco di -i*** school *o* shoal of fish; ***un fiume pieno di -i*** a river full of fish; ***latte di ~*** (soft) roe, milt **2** GASTR. fish **U**; ***del ~ crudo, surgelato*** raw, frozen fish; ***~ fresco*** fresh fish; ***~ fritto*** fried fish; ***bastoncini di ~*** fish fingers BE *o* sticks AE; ***zuppa di ~*** fish soup; ***mangiare, cucinare (il) ~*** to eat, cook fish; ***pulire il ~*** to clean the fish; ***posate da ~*** fish knife and fork; ***lisca, spina di ~*** fish bone; ***a spina di ~*** in a herringbone pattern; ***parquet a spina di ~*** chevron paving; ***colla di ~*** fish glue, isinglass **3** TIP. omission **4** VOLG. cock, prick ◆ ***nuotare come un ~*** to swim like a fish; ***non essere né carne né ~*** to be neither fish nor fowl (nor good red herring); ***essere come un ~ fuor d'acqua*** to be like a fish out of water; ***trattare qcn. a -i in faccia*** to treat sb. like dirt; ***non permetterò che mi trattino a -i in faccia!*** I won't be kicked about *o* around by anybody! ***buttarsi a ~ su qcs.*** to jump *o* throw oneself at sth.; ***stare muto come un ~*** to keep mum; ***non saper che -i pigliare*** not to know where to turn *o* which way to turn; ***essere sano come un ~*** to be as sound as a bell *o* as fit as a fiddle; ***l'ospite è come il ~, dopo tre giorni puzza*** PROV. = a guest has outstayed his welcome after three days; ***chi dorme non piglia -i*** it's the early bird that catches the worm ◆◆ ***~ ago*** needlefish, pipefish; ***~ angelo*** angelfish; ***~ d'aprile*** *(scherzo)* April Fool's joke o trick; ***~ d'aprile!*** *(esclamazione)* April Fool! ***fare un ~ d'aprile a qcn.*** to make an April Fool of sb.; ***~ cartilagineo*** cartilaginous fish; ***~ chirurgo*** surgeon-fish; ***~ cofano*** cowfish; ***~ elefante*** elephant fish; ***~ gatto*** catfish; ***~ lanterna*** lantern fish; ***~ lesso*** boiled fish; ***essere un ~ lesso*** FIG. to be a dope; ***~ luna*** moonfish; ***~ lupo*** wolf-fish; ***~ martello*** hammer-fish; ***~ osseo*** bony fish; ***~ pagliaccio*** clown fish; ***~ palla*** globefish, puffer, swellfish; ***~ pappagallo*** parrot fish, scarus; ***~ persico*** bass, perch; ***~ pilota*** pilot *o* rudder fish; ***~ rondine*** → **~ volante**; ***~ rosso*** goldfish; ***~ san Pietro*** dory, John Dory; ***~ scatola*** → **~ cofano**; ***~ sega*** sawfish; ***~ spada*** → **pescespada**; ***~ trombetta*** snipe fish; ***~ vela*** marlin; ***~ volante*** flying fish; ***~ volpe*** thrasher; ***-i grossi*** FIG. bigwigs; ***-i piccoli*** FIG. small fry.

pescecane, pl. **pescicani**, **pescecani** /peʃʃe'kane, peʃʃi'kani, peʃʃe'kani/ m. **1** *(squalo)* dogfish*, shark **2** FIG. shark.

pescespada, pl. **pescispada** /peʃʃes'pada, peʃʃis'pada/ m. swordfish*.

▷ **peschereccio**, pl. **-ci**, **-ce** /peske'rettʃo, tʃi, tʃe/ **I** agg. [*flotta, porto*] fishing **II** m. fishing boat, smack; *(per la pesca a strascico)* drag boat, trawler.

▷ **pescheria** /peske'ria/ ◗ **18** f. fishmonger's (shop).

peschiera /pes'kjɛra/ f. fish tank.

Pesci /'peʃʃi/ ◗ **38** m.pl. ASTR. ASTROL. Pisces, the Fishes; ***essere dei ~, essere (un) ~*** to be (a) Pisces.

pesciaiola /peʃʃa'jɔla/ f. **1** GASTR. fish kettle, poacher AE **2** ZOOL. smew.

pescicoltore /peʃʃikol'tore/ ◗ **18** → **piscicoltore**.

pescicoltura /peʃʃikol'tura/ → **piscicoltura**.

pesciera /peʃ'ʃɛra/ f. **1** *(pentola)* fish kettle, poacher AE **2** *(vassoio)* fish tray.

pesciolino /peʃʃo'lino/ m. fingerling, tiddler BE; *(d'acqua dolce)* minnow; ***~ d'argento*** silver fish, shiner AE; ***~ rosso*** goldfish.

pescivendola /peʃʃi'vendola/ ◗ **18** f. fishwife*.

pescivendolo /peʃʃi'vendolo/ ◗ **18** m. fishmonger BE, fish vendor AE; ***andare dal ~*** to go to the fishmonger's.

▷ **pesco**, pl. **-schi** /'pɛsko, ski/ m. peach (tree); ***fiori di ~*** peach blossom.

pesconoce, pl. **peschinoce** /pesko'notʃe, peski'notʃe/ m. nectarine.

pescosità /peskosi'ta/ f.inv. ***la ~ di un fiume*** the abundance of fish in a river.

pescoso /pes'koso/ agg. ***un fiume ~*** a river well stocked with fish, a river full of fish.

peseta /pe'zɛta, pe'sɛta/ ◗ **6** f. (pl. **~s**) peseta.

pesiera /pe'sjɛra/ f. set of weights.

pesista, m.pl. **-i**, f.pl. **-e** /pe'sista/ m. e f. **1** *(chi pratica il sollevamento pesi)* weight-lifter **2** *(chi pratica il lancio del peso)* shot-putter.

pesistica /pe'sistika/ f. weight-lifting.

▶ **1.peso** /'peso/ ◗ **22** m. **1** weight; ***una cassa del ~ di 10 chili*** a crate weighing 10 kilos; ***unità di ~*** unit of weight; ***vacillare, cedere sotto il ~ di qcs.*** to stagger, give way under the weight of sth.; ***gravare con tutto il proprio ~ contro, su qcs.*** to put one's full weight against, on sth.; ***vendere a ~*** to sell by the weight; ***controllare il proprio ~*** to watch one's weight; ***prendere, perdere ~*** to put on, lose weight; ***hanno lo stesso ~*** they're the same weight; ***rubare sul ~*** to give short weight; ***mi ha fregato sul ~*** he gave me a short measure; ***la mia valigia supera di 10 chili il ~ consentito*** my suitcase is 10 kilos overweight; ***buttare fuori, sollevare qcn. di ~*** to throw sb. out, to lift sb. bodily **2** *(pesantezza)* heaviness **3** *(carico)* weight, load; ***un ~ di 200 kg*** a 200 kg weight; ***è capace di sollevare dei -i enormi*** he can lift a terrific weight **4** FIG. *(importanza)* weight, clout; ***argomento di un certo ~*** weighty argument; ***un avversario di un certo ~*** an opponent to be reckoned with; ***avere un certo ~*** to carry weight, to have clout; ***non avere ~, essere di poco ~*** not to carry much weight; ***non ha nessun ~ politico*** he hasn't got any political stature; ***dare ~ a qcs.*** to give, lend weight to sth.; ***non dare ~ a quello che dice*** don't mind what he says **5** FIG. *(fardello)* burden; ***sentire il ~ degli anni*** to feel one's age *o* the burden of one's years; ***cedere sotto il ~ della fatica*** to sink under the weight of fatigue; ***il ~ della colpa, delle responsabilità*** the burden of guilt, responsibility; ***scaricare il ~ su qcn.*** to dump the load on sb.; ***essere prostrato dal ~ dei debiti*** to be bowed down by the burden of debt; ***essere un ~ per qcn.*** to be a burden to sb. **6** FIG. *(fa-*

stidio, cruccio) ***togliersi un ~ dalla coscienza*** o ***dal cuore*** to make a clean breast of sth.; ***avere un ~ sulla coscienza*** to have a guilty conscience; ***avere un ~ sullo stomaco*** to feel a weight on one's chest; ***togliersi un ~ dallo stomaco*** to get sth. off one's chest, to take a load off one's mind; ***mi sento come se mi avessero tolto un grosso ~*** I feel like a great weight has been lifted from my mind *o* shoulders; ***la casa è diventata un ~ per loro*** the house has become a weight on their shoulders **7** *(di bilancia)* weight; ***-i in ottone*** brass weights **8** SPORT *(per il lancio)* shot; *(per il sollevamento)* weight; ***lanciare il ~*** to put the shot; ***il lancio del ~*** shot put; ***lanciatore del ~*** shot-putter; ***sollevamento -i*** weight-lifting; ***fare sollevamento -i*** to do weight-lifting; ***un campione di sollevamento -i*** a champion weight-lifter; ***fare -i*** *(in palestra)* to weight train **9** *(nella boxe)* ***un ~ medio*** a middleweight (boxer); ***il titolo dei -i massimi*** the heavyweight title; ***verifica*** o ***controllo del ~*** weigh-in **10** *(pezzo di ingranaggio)* weight; ***i -i dell'orologio*** the weights of a clock; ***equilibrare i -i di una bilancia*** to balance the weights of a set of scales ◆ ***avere*** o ***usare due -i e due misure*** [*persona, istituzione, governo*] to have double standards; ***pagare qcs. a ~ d'oro*** to pay a fortune for sth.; ***vendere qcs. a ~ d'oro*** to sell sth. at a very high price ◆◆ ***~ atomico*** atomic weight; ***~ corporeo*** body weight; ***~ forma*** ideal weight; ***~ molecolare*** molecular weight; ***~ morto*** TECN. dead weight (anche FIG.); ***cadere a ~ morto*** to flop down; ***~ netto*** IND. net weight; ***~ netto sgocciolato*** IND. drained weight; ***~ a pieno carico*** gross weight; ***~ pubblico*** weighting-house; ***~ specifico*** specific weight *o* gravity; ***~ a vuoto*** tare, curb weight AE.

2.peso /'peso/ ➧ ***6*** m. (pl. **~s**) *(moneta)* peso.

pessario, pl. **-ri** /pes'sarjo, ri/ m. pessary.

pessimamente /pessima'mente/ avv. terribly, very badly.

pessimismo /pessi'mizmo/ m. pessimism.

pessimista, m.pl. **-i**, f.pl. **-e** /pessi'mista/ **I** agg. pessimistic; ***essere ~ su qcs.*** to be pessimistic *o* negative about sth. **II** m. e f. pessimist.

pessimisticamente /pessimistika'mente/ avv. pessimistically.

pessimistico, pl. **-ci**, **-che** /pessi'mistiko, tʃi, ke/ agg. pessimistic.

▷ **pessimo** /'pɛssimo/ agg. awful, terrible, very bad; ***-a qualità*** very poor quality; ***-a pronuncia*** terrible pronunciation; ***un tempo ~*** awful weather; ***avere un ~ carattere*** to have a nasty *o* bad temper; ***di ~ gusto*** [*osservazione, barzelletta*] in very poor taste; ***arredato con ~ gusto*** furnished in appallingly bad taste; ***un ~ soggetto*** a nasty individual; ***una -a cuoca*** a rotten cook; ***in ~ stato*** in terrible condition; ***essere di ~ umore*** to be in a foul *o* awful mood; ***avere una -a opinione di qcn.*** to think the worst of sb.

pesta /'pesta/ f. *(orma)* track, footprint ◆ ***trovarsi*** o ***essere nelle -e*** to be in trouble *o* in a bind; ***lasciare qcn. nelle -e*** to leave sb. in the lurch.

pestaggio, pl. **-gi** /pes'taddʒo, dʒi/ m. **1** *(linciaggio)* ***subire un ~*** to get a beating up **2** *(rissa)* fight, rough-and-tumble.

▷ **pestare** /pes'tare/ [1] **I** tr. **1** *(schiacciare, triturare)* to grind [*pepe, cereali*]; to crush [*aglio, noci*] **2** *(calpestare)* to trample (down), to step on [*erba, aiuola*]; to crush, to step on [*insetto*]; ***~ una cacca di cane*** to step on dog poop; ***~ un piede a qcn.*** to stamp on sb.'s foot **3** COLLOQ. *(picchiare)* to beat (up), to bash (up), to rough up; ***~ qcn. a sangue*** to beat the hell out of sb. **4** *(strimpellare)* ***~ sul pianoforte*** to hammer on *o* pound away at the piano **II pestarsi** pronom. to fight*, to come* to blows ◆ ***~ l'acqua nel mortaio*** to flog BE *o* beat AE a dead horse; ***~ i piedi*** to stamp *o* thump one's feet; ***~ i piedi, i calli a qcn.*** to tread *o* step on sb.'s toes, to tread on sb.'s corns.

pestata /pes'tata/ f. **1** *(il pestare)* grinding, crushing; ***dare una ~ a qcs.*** to grind sth. **2** *(il calpestare)* ***dare una ~ al piede di qcn.*** to stamp on sb.'s foot **3** *(pestaggio)* ***dare una ~ a qcn.*** to give sb. a beating up.

pestatura /pesta'tura/ f. grinding, crushing.

▷ **peste** /'pɛste/ ➧ **7** f. **1** MED. plague; *(pestilenza)* pestilence; ***morire di ~*** to die from the plague; ***la ~ si diffonde e infuria*** the plague spreads and rages; ***puoi sederti, non ho la ~!*** COLLOQ. SCHERZ. have a seat, I haven't got the plague! **2** FIG. *(male, rovina)* plague, curse **3** COLLOQ. FIG. *(bambino troppo vivace)* pest; ***piccola ~!*** you little pest *o* brat *o* terror! ◆ ***fuggire*** o ***evitare qcn., qcs. come la ~*** to avoid sb., sth. like the plague; ***dire ~ e corna di qcn.*** to do sb. down, to tear sb. to bits ◆◆ ***~ aviaria*** fowl pest; ***~ bovina*** rinderpest, cattle plague; ***~ bubbonica*** (bubonic) plague; ***~ nera*** Black Death; ***~ suina*** swine fever.

pestello /pes'tɛllo/ m. pestle.

pesticida /pesti'tʃida/ **I** agg. pesticidal **II** m. pesticide.

pestifero /pes'tifero/ agg. **1** MED. plaguey **2** *(pestilenziale)* [*odore, miasma*] stinky, stenchy **3** FIG. ***quel bambino è davvero ~*** that child is a real pest.

pestilenza /pesti'lɛntsa/ f. **1** MED. pestilence **2** FIG. *(male, rovina)* plague, curse, calamity.

pestilenziale /pestilen'tsjale/ agg. **1** *(contagioso)* [*epidemia*] pestilential, pestiferous **2** *(fetido)* [*odore, miasma*] stinky, stenchy.

pesto /'pesto/ **I** agg. **1** *(tumefatto)* ***occhio ~*** black eye **2** *(fitto)* ***buio ~*** pitch darkness; ***era buio ~*** it was pitch-black *o* pitch-dark **II** m. ***~ (alla genovese)*** = sauce of crushed basil, pine nuts, garlic, cheese and olive oil served with pasta and other food.

pestone /pes'tone/ m. *(pestata)* ***dare un ~ a qcn.*** to stamp *o* tread on sb.'s foot.

▷ **petalo** /'pɛtalo/ m. petal; ***~ di rosa*** rose petal.

▷ **petardo** /pe'tardo/ m. **1** (fire)cracker, banger, cherry bomb AE; ***fare scoppiare un ~*** to let off a banger **2** MIL. STOR. petard.

petare /pe'tare/ [1] intr. (aus. *avere*) VOLG. to fart POP., to let* off.

petauro /pe'tauro/ m. petaurist.

petecchia /pe'tekkja/ f. petechia*.

petecchiale /petek'kjale/ agg. [*febbre, tifo*] petechial.

petizione /petit'tsjone/ f. **1** *(istanza)* petition; ***una ~ contro, a favore di qcs.*** a petition protesting against, calling for sth.; ***presentare una ~*** to petition; ***diritto di ~*** DIR. right of petition **2** FILOS. ***~ di principio*** petitio principii.

peto /'peto/ m. VOLG. fart; ***tirare un ~*** to fart, to break wind.

petraia /pe'traja/ → **pietraia.**

Petrarca /pe'trarka/ n.pr.m. Petrarch.

petrarchesco, pl. **-schi**, **-sche** /petrar'kesko, ski, ske/ agg. **1** *(del Petrarca)* Petrarchan, of Petrarch; ***sonetto ~*** Petrarchan sonnet **2** *(a imitazione del Petrarca)* Petrarchan.

petrarchismo /petrar'kizmo/ m. Petrarchism.

petrarchista, m.pl. **-i**, f.pl. **-e** /petrar'kista/ m. e f. Petrarchist.

petrificare /petrifi'kare/ → **pietrificare.**

petrochimico, pl. **-ci**, **-che** /petro'kimiko, tʃi, ke/ → **petrolchimico.**

petrodollaro /petro'dɔllaro/ m. petrodollar.

petrogenesi /petro'dʒɛnezi/ f.inv. petrogenesis.

petrografia /petrogra'fia/ f. petrography.

petrografico, pl. **-ci**, **-che** /petro'grafiko, tʃi, ke/ agg. petrographic.

petrografo /pe'trɔgrafo/ m. (f. **-a**) petrographer.

petrolato /petro'lato/ m. petroleum jelly, petrolatum.

petrolchimica /petrol'kimika/ f. petrochemistry.

petrolchimico, pl. **-ci**, **-che** /petrol'kimiko, tʃi, ke/ agg. petrochemical.

▷ **petroliera** /petro'ljɛra/ f. (oil) tanker, oiler, petrol tanker BE.

petroliere /petro'ljɛre/ ➧ ***18*** m. *(magnate del petrolio)* oil tycoon; *(chi lavora nell'industria petrolifera)* oil man*.

petroliero /pero'ljɛro/ agg. petroliferous, oil attrib., petroleum attrib.

petrolifero /petro'lifero/ agg. [*embargo, compagnia, paese, giacimento, pozzi, crisi*] oil attrib.; [*industria*] oil attrib., petroleum attrib.; [*roccia, regione*] oil-bearing, petroliferous; ***piattaforma -a*** (oil) rig; ***ingegnere ~*** petroleum engineer.

▶ **petrolio**, pl. **-li** /pe'trɔljo, li/ **I** m. oil, petroleum; ***del ~*** [*industria, prezzo, derivati, magnate*] oil attrib.; ***di ~*** [*giacimento, produzione, pozzo, barile, raffineria*] oil attrib.; ***trovare, estrarre il ~*** to strike, remove oil; ***lampada a ~*** paraffin BE *o* kerosene AE lamp **II** m.inv. *(colore)* dark blue-green **III** agg.inv. ***verde ~*** dark blue-green ◆◆ ***~ greggio*** raw petroleum, crude (oil), coal oil.

petrologia /petrolo'dʒia/ f. petrology.

petrologico, pl. **-ci**, **-che** /petro'lɔdʒiko, tʃi, ke/ agg. petrologic(al).

petroso /pe'troso/ agg. ANAT. petrous.

pettegola /pet'tegola/ f. ORNIT. redshank.

pettegolare /pettego'lare/ [1] intr. (aus. *avere*) to gossip, to (tittle-)tattle; ***~ su qcn.*** to gossip *o* (tittle-)tattle about sb.

▷ **pettegolezzo** /pettego'lettso, pettego'leddzo/ m. gossip **U**, (tittle) tattle **U**, rumour BE, rumor AE; ***un ~*** a piece of gossip; ***sono solo -i*** it's mere gossip; ***fare -i su qcn.*** to gossip about sb.; ***-i mondani*** society gossip; ***rubrica di -i mondani*** gossip column.

pettegolio, pl. **-ii** /pettego'lio, ii/ m. gossiping.

▷ **pettegolo** /pet'tegolo/ **I** agg. gossipy **II** m. (f. **-a**) gossip; ***è proprio una -a!*** she's a real gossip!

▷ **pettinare** /petti'nare/ [1] **I** tr. **1** *(ravviare) (con il pettine)* to comb [*capelli*]; *(con la spazzola)* to brush [*capelli*]; *(acconciare)* ***~ qcn.*** to dress *o* do *o* coif sb.'s hair; ***pettina solo gli uomini*** he only does men's hair; ***si fa ~ da Rodolfo*** her hair is styled by Rodolfo; ***i capelli ricci sono difficili da ~*** curly hair is difficult to brush **2** TESS. to comb **3** COLLOQ. FIG. *(picchiare)* to beat* up; *(rimproverare)* to tell* off **II pettinarsi** pronom. to comb one's hair; ***si pettina i capelli all'indietro*** he combs his hair back.

pettinata /petti'nata/ f. **1** *(ravviata ai capelli)* comb, combing; ***darsi una ~*** to give one's hair a comb **2** COLLOQ. *(rimprovero)* telling off; ***dare una ~ a qcn.*** to tell sb. off.

pettinato /petti'nato/ **I** p.pass. → **pettinare II** agg. **1** *(acconciato)* combed; ***è mal -a*** her hair is unbrushed; ***era ben ~*** his hair was neatly combed; ***-a così sembra sua madre*** with that hairstyle she looks like her mother **2** TESS. [*lana, filato*] combed **III** m. TESS. worsted, combed yarn.

pettinatore /pettina'tore/ ♦ *18* m. (f. **-trice** /tritʃe/) TESS. *(operaio)* comber.

pettinatrice /pettina'tritʃe/ ♦ *18* f. **1** *(parrucchiera)* hairdresser; ***andare dalla ~*** to go to the hairdresser's, to have one's hair done **2** TESS. *(macchina)* combing machine, comber.

▷ **pettinatura** /pettina'tura/ f. **1** *(il pettinare)* combing **2** *(acconciatura)* hairstyle, hairdo COLLOQ.; ***cambiare ~*** to change one's hairstyle; ***la ~ non ha tenuto a lungo*** the hairstyle didn't last long; ***mi faccia quella ~*** do my hair like that; ***questa ~ la ringiovanisce*** this haistyle makes her look younger; ***~ alla maschietta*** shingle **3** TESS. combing; ***cascami di ~*** combing waste.

▷ **pettine** /'pɛttine/ m. **1** *(per i capelli)* comb; ***passarsi il ~ tra i capelli*** to run a comb through one's hair; ***sciogliere i nodi con un ~*** to comb the knots out of one's hair; ***~ d'osso, di tartaruga*** bone, tortoiseshell comb; ***parcheggiare a ~*** = to park diagonally **2** TESS. comb **3** *(delle gondole)* = decoration on Venetian gondolas **4** ZOOL. pecten, scallop; ***conchiglia di ~*** scallop shell ♦ ***tutti i nodi vengono al ~*** PROV. your sins will find you out ♦♦ ***~ africano*** Afro comb BE, pick AE; ***~ a coda*** tail comb; ***~ a denti larghi, radi*** wide-tooth(ed) comb; ***~ a denti stretti*** fine-tooth(ed) comb, toothcomb; ***~ di Venere*** BOT. Venus's comb.

pettinella /petti'nɛlla/ f. fine-tooth(ed) comb.

pettinino /petti'nino/ m. **1** *(piccolo pettine)* small comb **2** *(fermaglio)* comb.

pettino /pet'tino/ m. **1** *(pettorina di grembiule)* bib **2** *(parte anteriore di camicia maschile)* shirtfront.

▷ **pettirosso** /petti'rosso/ m. robin (redbreast), redbreast, ruddock.

▶ **petto** /'pɛtto/ ♦ *4* m. **1** *(torace)* chest; ***~ muscoloso, villoso*** muscly, hairy chest; ***dolori al ~*** chest pains; ***malato di ~*** ANT. consumptive; ***essere debole di ~*** to have a bad chest; ***un grido gli uscì dal ~*** he uttered a cry; ***~ in fuori!*** chest out! ***gonfiare il ~*** to stick out *o* puff one's chest; ***do di ~*** high C; ***voce di ~*** voice from the chest **2** *(seno)* bosom, bust, breasts pl.; ***avere un bambino al ~*** to have a child at one's breast; ***~ prosperoso, generoso*** ample bosom, large breasts; ***non ha molto ~*** she's rather small-breasted; ***circonferenza di ~*** bust size *o* measurement; ***stringersi qcn. al ~*** to hug *o* press sb. to one's bosom *o* breast **3** GASTR. breast; ***punta di ~*** brisket; ***~ di pollo*** chicken breast; ***~ d'agnello, di vitello*** lamb, veal breast **4** *(di abito)* ***giacca a un ~*** single-breasted jacket; ***giacca (a) doppio ~*** double-breasted jacket ♦ ***battersi il ~*** to beat one's breast, to pound one's chest; ***prendere*** o ***affrontare qcs. di ~*** to tackle sth. head-on; ***prendere qcn. di ~*** to face up to sb.

pettorale /petto'rale/ **I** agg. **1** ANT. ZOOL. [*muscolo, pinna*] pectoral **2** RELIG. ***croce ~*** pectoral **II** m. **1** SPORT ***correre con il ~ (numero) 28*** to wear number 28 in a race **2** *(di cavallo)* breast-harness **3** *(di corazza)* breast-plate **4** ANAT. ***i -i*** pectorals, pecs.

pettorina /petto'rina/ f. **1** *(di abiti femminili)* plastron, stomacher **2** *(di grembiule, pantaloni)* bib.

pettoruto /petto'ruto/ agg. **1** [*uomo*] large-chested, chesty; [*donna*] large-breasted, bosomy **2** FIG. *(impettito)* puffed up, strutting.

petulante /petu'lante/ agg. **1** *(insistente)* pestering, insistent **2** *(molesto)* annoying, tiresome, nagging.

petulanza /petu'lantsa/ f. **1** *(insistenza)* insistence, insistency **2** *(l'essere molesto)* tiresomeness.

petunia /pe'tunja/ f. petunia.

peyote /pe'jɔte/ m.inv. peyote.

▷ **pezza** /'pɛttsa/ f. **1** *(pezzo di stoffa)* piece of cloth; *(straccio)* rag; *(toppa)* patch; ***~ da polvere*** duster; ***una bambola di ~*** a rag doll; ***mettere una ~ a un vestito*** to patch a dress **2** *(rotolo di tessuto)* bolt, roll **3** *(su mantello di animale)* patch, spot, speckle; ***un cavallo bianco con -e nere*** a white horse with black spots **4** BUROCR. *(documento)* ***~ giustificativa, d'appoggio*** written evidence, proof, documentary evidence **5** ARALD. ***le -e onorevoli dello scudo*** the (honourable) ordinaries of the shield ♦ ***mettere una ~ a qcs.*** to patch sth. up; ***trattare qcn. come una ~ da piedi*** to treat sb. like dirt.

pezzato /pet'tsato/ **I** agg. [*pelo, cavallo, mucca*] brindle(d), pied, dapple(d), speckled; ***cavallo ~ di nero*** a black dappled horse; ***sauro ~*** skewbald; ***la razza -a rossa*** the breed of red and white cattle **II** m. dapple, piebald, pinto*.

1.pezzatura /pettsa'tura/ f. spots pl., speckles pl., patches pl.

2.pezzatura /pettsa'tura/ f. COMM. size; ***~ piccola, media*** small, medium size.

pezzente /pet'tsɛnte/ m. e f. **1** *(mendicante)* tramp, beggar; ***vestirsi come un ~*** to look like a tramp **2** FIG. *(tirchio)* miser; ***non fare il ~!*** don't be such a miser!

▶ **pezzo** /'pɛttso/ m. **1** *(parte, porzione)* piece, bit; ***un ~ di pane*** a piece *o* bit *o* morsel of bread; ***un ~ di carta*** a piece *o* slip of paper; ***un ~ di terreno*** a piece *o* plot *o* patch of land; ***due -i di torta*** two pieces *o* slices of cake; ***un ~ di ferro, legno*** a piece of iron, wood; ***un ~ di sapone*** a cake *o* bar of soap; ***in -i*** in pieces *o* bits; ***ho visto un ~ di spettacolo*** I saw part of the show; ***dividere qcs. in tre -i*** to divide sth. into three pieces; ***~ per ~*** bit by bit, piece by piece; ***a -i*** [*carne*] in cubes; ***essere a -i*** *(rotto)* [*oggetto*] to be in pieces; FIG. [*persona*] to be beat, to be dead tired; ***avere le gambe a -i*** to have stiff legs; ***ho la schiena a -i*** my back is killing me; ***avere il fegato a -i*** to have a wrecked liver; ***ho i nervi a -i*** my nerves are in shreads; ***tagliare qcs. a*** o ***in -i*** to chop sth. to pieces, to cut sth. up small; ***rompere, mandare qcs. in (mille) -i*** to break sth. into (a thousand) pieces, to smash sth. to pieces *o* bits; ***andare, volare in (mille) -i*** to come to, break into pieces; ***cadere a*** o ***in -i*** to fall apart *o* to pieces; ***fare a -i*** *(rompere)* to break [sth.] into pieces [*oggetto*]; FIG. *(criticare)* to take *o* tear [sth.] apart [*opera, libro, film*]; ***fare a -i qcn.*** FIG. to tear sb. to pieces **2** *(tratto di strada)* ***facemmo un ~ di strada insieme*** we travelled together for part of the way; ***è un bel ~ di strada!*** it's quite a way! ***l'ultimo ~ del sentiero*** the last stretch of the path **3** GASTR. *(in macelleria)* cut; ***un bel ~*** a nice cut **4** *(elemento di assemblaggio)* part; ***un ~ difettoso*** a defective part; ***-i di un motore*** engine parts **5** *(unità, elemento)* piece, item; ***un puzzle da 1000 -i*** a 1000-piece puzzle; ***un ~ degli scacchi*** a chess piece; ***servizio da tavola di 18 -i*** 18-piece dinner service; ***(costume a) due -i*** two-piece swimsuit; ***un ~ dell'equipaggiamento*** a piece of equipment; ***venduto al ~*** sold separately *o* individually; ***costano 20 sterline al ~*** they cost 20 pounds apiece *o* a piece *o* each **6** ART. MUS. *(opera, brano)* piece; ***un ~ di Rossini*** a piece by Rossini; ***~ per pianoforte*** piano piece; ***~ teatrale*** play; ***suonare, scrivere un ~*** to play, write a piece; ***ha letto un ~ del suo libro, dell'Amleto*** he read a passage from his book, from Hamlet **7** GIORN. piece, (newspaper) article **8** *(banconota)* note; *(moneta)* piece; ***un ~ da 50 penny*** a 50p piece **9** *(periodo di tempo)* ***è un ~ che...*** it's a long time that...; ***non lo vedo da un (bel) ~*** I haven't seen him for quite a while; ***ne avremo per un bel ~*** it will take us a long time **10** COLLOQ. *(riferito a persona)* ***un bel ~ di ragazza*** a nice bit of stuff BE, a nice piece; ***un (bel) ~ d'uomo*** a hunk; ***quel ~ d'idiota non ha neanche...*** that (stupid) idiot didn't even...; ***~ d'imbecille!*** you (stupid) idiot! ***che ~ d'asino!*** what an ass *o* a fool! ♦ ***essere un ~ di ghiaccio*** to be an iceberg; ***essere tutto d'un ~*** to have a sterling character; ***vendere qcs. per un ~ di pane*** to sell sth. for next to nothing; ***essere un ~ di pane*** to be as good as gold ♦♦ ***~ d'antiquariato*** antique; ***~ d'artiglieria*** piece of artillery; ***~ di bravura*** MUS. bravura passage; ***~ di carta*** COLLOQ. *(titolo di studio)* = diploma, degree; ***~ da collezione*** collector's item; ***~ da esposizione*** exhibitory item, showpiece; ***~ forte*** pièce de résistance; *(di collezione)* centre-piece; *(cavallo di battaglia)* TEATR. speciality act BE, specialty number AE; MUS. set piece; ***~ grosso*** big shot *o* noise, big cheese SPREG., bigwig SPREG.; ***~ di merda*** VOLG. piece of shit; ***~ da museo*** museum piece (anche SCHERZ.); ***~ di ricambio*** spare part.

pezzuola /pet'tswɔla/ f. **1** *(pezza di stoffa)* cloth **2** *(fazzoletto)* handkerchief.

p.f. ⇒ per favore please.

PG **1** ⇒ Procuratore Generale = Director of Public Prosecutions GB, Attorney General US **2** ⇒ Polizia Giudiziaria = investigative police.

pH /pi'akka/ m.inv. pH; ***~ neutro, acido*** neutral, acid pH.

phon /fɔn/ m.inv. hairdrier, hairdryer.

pi /pi/ m. e f.inv. *(lettera)* p, P ♦♦ ***~ greco*** pi.

PI ⇒ Pubblica Istruzione Ministry of Education.

piacente /pja'tʃɛnte/ agg. attractive; ***alla sua età è ancora ~*** she's still attractive at her age.

piacentino /pjatʃen'tino/ ♦ *2* **I** agg. of, from Piacenza **II** m. (f. **-a**) **1** *(persona)* native, inhabitant of Piacenza **2** LING. dialect of Piacenza.

▶ **1.piacere** /pja'tʃere/ [54] Il verbo *to like*, equivalente semantico dell'italiano *piacere*, se ne distacca per alcune peculiarità grammaticali: non si usa mai nella forma progressiva, utilizza una costruzione personale (*a me piace* = I like), è seguito dal gerundio quando si fa un'affermazione generale (*ti piace ascoltare la musica?* = do you like listening to music?) e da *to* + infinito quando ci si riferisce a un caso particolare (*da giovane mi piaceva ascoltare la musica* = as a young man I liked to listen to music) o quando è usato al condizionale (*ti piacerebbe venire a trovarci?* = would you like to come and see us?). **I** intr. (aus. *essere*) ***a qcn. piace qcs., qcs. piace a qcn.*** sb. likes sth.; ***mi piace moltissimo*** I like it very much, I love it; ***mi piaci*** I like you; ***mi piace la musica pop*** I like pop music, I'm fond of pop music; ***la giacca, la casa mi piace*** I like the jacket, the house; ***prendi tutto quello che ti piace*** have whatever takes your fancy; ***gli piacciono le bionde*** he likes *o* fancies blondes; ***il mio nuovo lavoro mi piace*** I like my new job; ***il film gli è piaciuto molto*** he really liked *o* enjoyed the film; ***quel tizio non mi è mai piaciuto*** I have never liked that guy, I've always disliked that guy; ***i tuoi modi non mi piacciono per niente*** I don't like your manners at all; ***ti piace questo dolce?*** do you like this dessert? ***piace agli uomini*** men find her attractive; ***una soluzione che piacerà a tutti*** a solution that will appeal to everybody; ***mi piace viaggiare, ballare, nuotare*** I like travelling, dancing, swimming; ***gli piace contraddire tutti*** he enjoys contradicting everybody; ***mi piace dormire fino a tardi la domenica*** on Sundays I like to sleep in late; ***mi piace pensare che*** I like to think that; ***non mi piace per niente vederla uscire con lui*** I really don't like her going out with him; ***vi piacerebbe unirvi a noi?*** would you like to join us? ***mi piacerebbe andare in Grecia*** I'd like to go to Greece; ***mi piacerebbe che fossimo in vacanza*** I wish we were on holiday; ***come più le piace, come vi piace!*** as you like it, as you prefer! ***così mi piace*** that's the way I like it; ***così mi piaci!*** now that's what I like to see! ***non mi piacerebbe essere al suo posto*** I wouldn't like to be in her shoes; ***lo farò, vi piaccia o no, piaccia o non piaccia*** I'll do it, whether you like it or not; ***faccio come mi pare e piace*** I do as I please; ***è un modello, prodotto che piace molto*** it's a very popular model, product; ***lo spettacolo è piaciuto molto*** the show was very successful, the show was a hit **II** **piacersi** pronom. **1** *(a se stesso)* to like oneself; ***mi piaccio con questo cappello*** I like myself in this hat **2** *(reciprocamente)* ***si sono subito*** o ***immediatamente piaciuti*** they liked each other right away ◆ ***non è bello ciò che è bello, ma è bello ciò che piace*** PROV. beauty is in the eye of the beholder; ***a Dio piacendo*** God willing.

▶ **2.piacere** /pja'tʃere/ m. **1** *(sensazione piacevole)* pleasure, delight; ***dal*** o ***di*** ~ [*arrossire, fremere*] with pleasure; ***~ dei sensi, degli occhi*** sensual, aesthetic pleasure; ***il ~ di regalare*** the joy of giving; ***il ~ di leggere, giocare*** the pleasure reading, playing; ***guardare, ascoltare con (grande) ~*** to look, listen with (great) pleasure; ***"vuoi ballare?" "con grande ~!"*** "would you like to dance?" "I'd love to!"; ***ho appreso con ~ che*** I was delighted to hear that; ***che ~ vederti!*** how nice to see you! ***è per me un vero ~ annunciarvi che*** it gives me great pleasure to announce that; ***provare ~ nel*** o ***a fare*** to enjoy doing; ***provo sempre ~ ad ascoltarlo*** I always enjoy listening to him; ***provare un ~ perverso nel fare*** to take a perverse pleasure *o* a fiendish delight in doing; ***avrei ~ che tu...*** I would like you to...; ***ho avuto il ~ di fare la loro conoscenza, di cenare con loro*** I had the pleasure of meeting them, of dining with them; ***ho il ~ di informarvi che*** I am pleased to inform you that; ***se ti fa ~, se la cosa può farti ~*** if it'll make you happy; ***se ti fa ~, è stata licenziata*** if it gives you any satisfaction, she has been fired; ***mi fa ~ essere consultato*** I appreciate being consulted; ***non sai quanto mi faccia ~*** you don't know how pleased I am; ***le ha fatto ~ che*** it pleased her that; ***mandale dei fiori, fa sempre ~*** send her flowers, they're always welcome; ***mi fa molto ~ vedervi*** I'm delighted to see you; ***fare una cosa per il puro ~ di farla*** to do something for the sheer joy of doing it, for its own sake **2** *(in formule di cortesia)* ***(tanto) ~*** how do you do, nice to meet you; ***~ di conoscerla, di fare la sua conoscenza*** nice *o* pleased to meet you; ***il ~ è tutto mio*** the pleasure is all mine **3** *(godimento)* pleasure; ***-i raffinati, proibiti*** refined, forbidden pleasures; ***-i mondani*** earthly pleasures; ***i -i della carne*** the pleasures of the flesh, carnal pleasures; ***i piccoli -i della vita*** the simple pleasures of life; ***amare i -i della tavola*** to enjoy good food; ***uno dei -i della vita all'estero*** one of the good things about living abroad; ***viaggio di ~*** holiday trip; ***sei a Londra per affari o per ~?*** are you in London for business or pleasure? ***alla mia età i -i sono rari*** at my age there are few pleasures left to enjoy; ***una vita dedita ai -i*** a life devoted to pleasure; ***essere amante dei -i*** to be pleasure-loving; ***è un ~ al quale non rinuncio mai*** it's a pleasure that I never deny myself; ***è un ~ guardarla*** she's a pleasure to watch **4** *(sessuale)* pleasure; ***di ~*** [*urla, gemiti, fremiti*] of pleasure; ***procurare, provare ~*** to give, feel pleasure **5** *(favore)* favour BE, favor AE, kindness; ***fare un ~ a qcn.*** to do sb. a favour *o* a good turn; ***mi faresti un ~ se venissi prima*** I'd appreciate it if you could come earlier; ***verrò, ma solo per farti un ~*** I'll come, but only because you want me to; ***fammi il ~ di rivolgerti a me con un altro tono!*** don't use that tone of voice with me! ***fammi il ~!*** IRON. do me a favour! ***mi faccia il ~ di tacere!*** (would you) shut up please! **6** **per piacere** please; ***il pieno per ~*** fill it up, please; ***te lo chiedo per ~*** I'm begging you **7** **a piacere** at will, pleasure ◆ ***prima il dovere, poi il ~*** PROV. = duty comes first; ***andare giù che è un ~*** [*cibo, vino*] to go down well; ***piove che è un ~!*** it's pouring! ***questa macchina va che è un ~*** this car handles like a dream.

▷ **piacevole** /pja'tʃevole/ agg. **1** *(che piace)* [*soggiorno, luogo, persona, ambiente*] pleasant, nice; [*lettura, spettacolo*] enjoyable, entertaining; ***una persona con cui è ~ stare*** a nice person to be with; ***una città in cui è ~ vivere*** a pleasant city to live in; ***che ~ sorpresa!*** what a nice surprise! ***una ~ serata*** a nice *o* pleasant evening; ***una compagnia ~*** good company **2** *(gradevole)* [*aspetto*] pleasant, pleasing; ***~ alla vista, al tatto, all'orecchio*** pleasant *o* pleasing to the eye, to the touch, to the ear.

piacevolezza /pjatʃevo'lettsa/ f. **1** *(amabilità)* pleasantness, agreeableness **2** *(battuta)* pleasantry, joke.

piacevolmente /pjatʃevol'mente/ avv. pleasantly, agreeably; ***~ sorpreso*** pleasantly surprised; ***trascorrere il tempo ~*** to have a pleasant time.

piacimento /pjatʃi'mento/ m. liking; ***a ~*** at one's pleasure; ***prendine pure a ~*** take as much as you want; ***fai pure a tuo ~*** do as you like *o* prefer; ***manipolano i fatti a loro ~*** they twist the facts to suit themselves.

piada /'pjada/, **piadina** /pja'dina/ f. GASTR. INTRAD. (unleavened flat bread typical of Romagna).

piaffare /pjaf'fare/ [1] intr. (aus. *avere*) EQUIT. to piaffe.

▷ **piaga**, pl. **-ghe** /'pjaga, ge/ f. **1** *(ulcerazione)* sore; *(ferita)* wound; ***un corpo coperto di -ghe*** a body covered in sores; ***la ~ è aperta*** the sore is open **2** *(calamità)* plague; ***le dieci -ghe d'Egitto*** BIBL. the ten plagues of Egypt; ***la ~ della povertà, della disoccupazione*** FIG. the curse *o* scourge of poverty, unemployment **3** COLLOQ. FIG. *(cosa o persona noiosa, fastidiosa)* plague, pest; ***quel ragazzino, che ~!*** what plague *o* pest that boy is! ***smettila di fare la ~!*** stop complaining! don't be such a pain in the neck! ◆ ***rigirare il coltello nella ~*** to twist the knife, to rub salt in the wound; ***mettere il dito nella ~*** to touch on a sore point; ***riaprire vecchie -ghe*** to reopen old wounds ◆◆ ***~ da decubito*** bedsore; ***~ sociale*** social evil.

piagare /pja'gare/ [1] **I** tr. to produce a sore in, to wound [*corpo*] **II** **piagarsi** pronom. ***gli si sono piagate le mani dal freddo*** his hands were blistered from the cold.

piagato /pja'gato/ **I** p.pass. → **piagare** **II** agg. ***un corpo ~*** a body covered in sores.

piaggeria /pjaddʒe'ria/ f. flattery.

piaggia, pl. **-ge** /'pjaddʒa, dʒe/ f. **1** LETT. *(pendio)* slope **2** ANT. *(luogo)* country, region.

piagnisteo /pjaɲɲis'tɛo/ m. whining, snivelling BE, sniveling AE; ***non sopporto più i suoi -i*** I can't stand her whining any more.

piagnone /pjaɲ'ɲone/ m. (f. **-a**) **1** *(chi si lamenta sempre)* whiner, moaner **2** *(bambino)* crybaby, whiner.

piagnucolamento /pjaɲɲukola'mento/ m. whining.

piagnucolare /pjaɲɲuko'lare/ [1] intr. (aus. *avere*) [*persona*] to whine, to moan, to snivel; [*bambino*] to whine, to whimper, to carry on COLLOQ.

piagnucolio, pl. **-ii** /pjaɲɲuko'lio, ii/ m. moaning, whining, snivelling BE, sniveling AE.

piagnucolone /pjaɲɲuko'lone/ m. (f. **-a**) crybaby, whiner, moaner.

piagnucoloso /pjaɲɲuko'loso/ agg. **1** *(lamentoso)* [*voce, tono*] whining **2** *(chi piagnucola)* [*persona, bambino*] whining, moaning.

pialla /'pjalla/ f. plane, jointer ◆◆ ***~ per scanalature*** grooving plane.

piallaccio, pl. **-ci** /pjal'lattʃo, tʃi/ m. veneer, scale board.

piallare /pjal'lare/ [1] tr. to plane, to shave [*asse*].

piallata /pjal'lata/ f. *(piallatura)* planing; *(colpo di pialla)* stroke with a plane; ***dare una ~ a qcs.*** to plane sth.

piallatore /pjalla'tore/ ▸ ***18*** m. (f. **-trice** /tritʃe/) planer.

piallatrice /pjalla'tritʃe/ f. *(macchina)* planer, planing machine.

piallatura /pjalla'tura/ f. planing.

pialletto /pjal'letto/ m. **1** *(per lisciare)* smoothing plane **2** *(frattazzo)* trowel, float BE.

piallone /pjal'lone/ m. trying plane.

piamadre, pl. **piemadri** /pia'madre, pie'madri/ f. pia mater.

piamente /pia'mente/ avv. piously.

piana /'pjana/ f. plain; ***~ salina*** salt flat; ***la ~ del Somerset*** the Somerset levels.

pianale /pja'nale/ m. **1** *(terreno pianeggiante)* level ground **2** FERR. *(di merci)* flat wagon, flatcar AE.

▷ **pianeggiante** /pjaned'dʒante/ agg. [*terreno*] level, flat; [*strada, territorio, zona*] flat.

pianella /pja'nɛlla/ f. **1** *(pantofola)* slipper, mule **2** *(mattonella)* flat tile.

pianerottolo /pjane'rɔttolo/ m. landing.

▷ **1.pianeta** /pja'neta/ m. **1** ASTR. planet; ***il ~ Terra*** planet Earth; ***la posizione dei -i*** the position of the planets; ***i -i del sistema solare*** the planets of the solar system **2** FIG. world, universe; ***il ~ donna*** the world of women ◆ ***-i esterni*** outer planets; ***-i inferiori*** inferior planets; ***-i interni*** inner planets; ***-i superiori*** superior planets.

2.pianeta /pja'neta/ f. RELIG. chasuble.

pianetino /pjane'tino/ m. planetoid.

piangente /pjan'dʒɛnte/ agg. **1** *(in lacrime)* [*persona*] crying, weeping **2** BOT. ***salice ~*** weeping willow.

▶ **piangere** /'pjandʒere/ [70] **I** tr. **1** *(lamentare)* to mourn (for), to grieve for, to grieve over, to bemoan, to lament [*defunto, amico, perdita*]; ***~ la morte di qcn.*** to mourn sb.'s death **2** *(versare)* ***~ lacrime amare, di gioia*** to cry bitter tears, to weep tears of joy **II** intr. (aus. *avere*) **1** *(singhiozzare)* [*bambino, adulto*] to cry, to weep*; ***~ per qcs.*** to cry about sth.; ***piange per un nonnulla*** he cries at the slightest thing; ***~ in silenzio*** to weep *o* cry in silence; ***stare per ~*** to be close to tears, to be on the verge of tears; ***volere ~*** to feel like crying; ***scoppiare a ~*** to burst out crying, to burst into tears; ***mettersi a ~*** to start crying; ***fare ~ qcn.*** [*persona, storia, film*] to make sb. cry, to reduce sb. to tears; ***mi viene da ~*** I'm about to cry; ***mi sarei messo a ~!*** I wanted to cry! ***~ dalla gioia*** to cry for joy; ***~ dalla rabbia*** to cry with rage; ***~ dal ridere*** to cry with laughing, to laugh so hard one cries; ***smettila di ~!*** stop crying! **2** *(affliggersi)* ***~ su qcs., qcn.*** to shed tears over sth., sb.; ***~ sulle proprie disgrazie*** to grieve over one's sorrows **3** COLLOQ. *(lamentarsi)* ***andare a ~ da qcn.*** to complain to sb. **4** *(gocciolare) (versare lacrime)* [*occhi*] to water; *(stillare linfa)* [*albero, vite*] to bleed*; ***il fumo mi fa ~*** smoke makes my eyes water ◆ ***~ come un bambino*** to cry like a baby; ***~ come una fontana*** to cry buckets, to turn on the waterworks; ***~ tutte le proprie lacrime, come un vitello, come una vite tagliata*** to cry one's eyes *o* heart out, to cry fit to burst; ***~ (a) calde lacrime*** to cry as though one's heart would break; ***gli sono rimasti solo gli occhi per ~*** all he can do is cry; ***-rsi addosso*** to feel sorry for oneself; ***andare a ~ sulla spalla di qcn.*** to cry on sb.'s shoulder; ***~ miseria*** to cry poverty, to bewail one's poverty, to make a poor mouth AE; ***mi piange il cuore di dovergli dare questa notizia*** it breaks my heart to have to tell him this; ***è inutile ~ sul latte versato*** PROV. (it's) no good crying over spilt milk; ***chi è causa del suo mal pianga se stesso*** PROV. as you make your bed so you must lie in it.

piangiucchiare /pjandʒuk'kjare/ [1] intr. (aus *avere*) [*persona*] to whine, to snivel; [*bambino*] to whine, to whimper, to carry on COLLOQ.

pianificabile /pjanifi'kabile/ agg. that can be planned.

pianificare /pjanifi'kare/ [1] tr. to plan [*produzione, economia, vacanze, futuro, attacco, spazio rurale*].

pianificato /pjanifi'kato/ **I** p.pass. → **pianificare II** agg. [*sviluppo, vendita*] planned; ***economia -a*** planned economy.

pianificatore /pjanifika'tore/ **I** agg. [*azione*] planning **II** m. (f. **-trice** /tritʃe/) planner; *(urbanista)* (town, city) planner.

pianificazione /pjanifikat'tsjone/ f. planning; *(di territorio, regione, città)* (development) planning; ***~ aziendale*** corporate planning; ***~ a lungo termine*** forward planning ◆◆ ***~ del bilancio*** budgeting; ***~ centralizzata*** central planning; ***~ familiare*** family planning; ***~ territoriale*** town-and-country planning; ***~ urbanistica*** town *o* urban planning.

pianino /pja'nino/ avv. ***(pian*** o ***pianin) ~*** *(lentamente)* slowly (but surely).

pianissimo /pja'nissimo/ **I** m.inv. MUS. pianissimo* **II** avv. MUS. pianissimo.

pianista, m.pl. **-i**, f.pl. **-e** /pja'nista/ ♦ ***18*** m. e f. pianist, piano player; ***un ~ di talento*** a talented pianist; ***un ~ jazz*** a jazz pianist.

pianistico, pl. **-ci**, **-che** /pja'nistiko, tʃi, ke/ agg. **1** *(di pianista)* [*tecnica*] pianistic **2** *(di pianoforte)* [*musica, concerto, concorso, studi*] piano attrib.

▶ **1.piano** /'pjano/ **I** agg. **1** *(piatto)* [*superficie, terreno*] flat, level, even; ***piatto ~*** dinner plate **2** MAT. FIS. [*geometria, figura*] plane **3** *(semplice)* [*spiegazione, discorso*] plain, clear, simple **4** LING. ***parola -a*** = word having an accent on the penultimate syllable **5** SPORT ***cento metri -i*** hundred metres sprint; ***corsa -a*** EQUIT. flat race **6** RELIG. ***messa -a*** low mass **7 in piano** *(orizzontalmente)* ***posare, mettere qcs. in ~*** to lay sth. (down) flat **II** avv. **1** *(con misura, delicatezza)* [*partire, frenare*] slowly, gently; ***aprire, chiudere ~ una porta*** to open, shut a door gently; ***camminava ~ per non far scricchiolare il pavimento*** he walked softly so that the floorboards wouldn't creek; ***~! ~!*** easy (does it)! steady! ***~ con il gin!*** go easy on the gin! ***~, bambini!*** careful, children! ***vacci ~!*** COLLOQ. easy does it! **2** *(a bassa voce)* [*parlare*] softly, gently, quietly; ***parla più ~*** lower your voice; ***parlava così ~ che lo si sentiva appena*** he spoke so softly that he could scarcely be heard **3** *(lentamente)* [*avvicinarsi, camminare*] slowly; ***vai più ~!*** slow down! **4** MUS. piano **5** **pian(o) piano ~ ~ *le cose si aggiusteranno*** little by little things will come out right ◆ ***chi va ~ va sano e va lontano*** PROV. slow and steady wins the race.

▶ **2.piano** /'pjano/ Quando ci si riferisce al piano di un edificio, bisogna ricordare che in inglese britannico *piano terra* si dice *ground floor* mentre *primo / secondo... piano* si traducono *first / second... floor*. In inglese americano, *piano terra* si dice invece *first floor*, cosicché il primo piano sarà *second floor* ecc. Si ricordi anche che si usa *floor* per indicare il singolo piano (*abito al quinto piano* = I live on the fifth floor) ma *storey* per indicare il numero dei piani di un edificio (*un grattacielo di 55 piani* = a 55-storey skyscraper). m. **1** *(superficie piana)* flat surface; *(di tavolo, mobile)* top **2** *(terreno pianeggiante)* plain, flat land; ***scendere al ~*** to go down to the plain **3** *(livello)* level; ***mettere due persone sullo stesso ~*** to put two people on the same level; ***è un problema che l'attualità pone in primo ~*** this problem is at the forefront of the news; ***balzare in primo ~*** [*notizia, problema*] to come to the fore; ***passare in secondo ~*** [*persona, problema*] to be pushed (in)to the background, to take second place; ***di primo ~*** [*personaggio, ruolo*] leading; [*opera, evento*] major; ***di secondo ~*** [*personaggio, ruolo, evento*] minor; ***sul ~ politico, personale*** on a political, personal level; ***sul ~ dell'efficacia*** from the point of view of efficiency **4** MAT. FIS. plane; ***il ~ orizzontale, verticale*** the horizontal, vertical plane **5** CINEM. FOT. *(inquadratura)* ***primo ~*** close-up; ***in primo ~*** in close-up, in the foreground; ***secondo ~*** middle distance **6** *(di edificio)* floor, storey BE, story AE; *(di autobus, aereo)* deck; ***il primo ~*** the first BE *o* second AE floor; ***all'ultimo ~*** on the top floor; ***abitare al quinto ~*** to live on the fifth floor; ***un edificio su*** o ***di tre -i*** a three-storey building; ***a tutti i -i*** on every floor; ***al ~ superiore*** o ***di sopra*** upstairs, on the next floor; ***al ~ inferiore*** o ***di sotto*** downstairs, on the floor below; ***i vicini del ~ di sopra*** o ***di sotto*** the upstairs, downstairs neighbours ◆◆ ***~ alare*** AER. main plane; ***~ americano*** CINEM. thigh shot; ***~ ammezzato*** mezzanine, entresol; ***~ di caricamento*** loading platform; ***~ di cottura*** hob, cooktop AE; ***~ di faglia*** GEOL. fault plane; ***~ inclinato*** inclined plane; ***~ d'insieme*** CINEM. long shot; ***~ interrato*** basement; ***~ di lavoro*** work top; ***~ medio*** CINEM. medium close-up, mid shot; ***~ orbitale*** ASTR. orb; ***~ ravvicinato*** CINEM. waist shot; ***~ sequenza*** CINEM. sequence shot; ***~ di simmetria*** plane of symmetry; ***~ stradale*** roadway, road surface.

▶ **3.piano** /'pjano/ m. **1** *(progetto, programma)* plan, scheme, programme BE, program AE, project; ***un ~ occupazionale*** a plan for employment, an employment programme; ***un ~ antinflazionistico*** an anti-inflation plan *o* programme; ***un ~ quinquennale*** a five-year plan; ***fare -i*** to make plans; ***il governo ha presentato il suo ~ per il rilancio economico*** the government has presented its plan to boost the economy; ***ho un ~, ecco che cosa faremo*** I have a plan, here's what we'll do; ***i miei -i per il futuro*** my plans for the future; ***tutto è andato secondo i -i*** everything went according to plan **2** *(progetto, planimetria)* plan, layout; ***il ~ di un nuovo edificio, per la costruzione di un ponte*** the plans for a new building, for the construction of a bridge ◆◆ ***~ di ammortamento*** repayment schedule *o* plan; ***~ d'azione*** plan of action; ***~ di battaglia*** MIL. battle map; FIG. plan of action; ***~ dei conti*** = code of legal requirements in accounting practice; ***~ edilizio*** area plan for building; ***~ di emergenza*** emergency plan; ***~ finanziario*** financial plan; ***~ d'investimento*** investment plan; ***~ Marshall*** Marshall plan; ***~ pensionistico*** o ***di pensionamento*** pension plan; ***~ regolatore*** = urban planning regulations; ***~ di risanamento*** recovery package; ***~ di risparmio*** saving plan; ***~ di studi*** UNIV. = list of courses that a university student plans to take in a term; ***~ di sviluppo*** development plan; ***~ di volo*** flight plan.

▷ **4.piano** /'pjano/ ♦ ***34*** → **pianoforte.**

piano-bar /pjano'bar/ m.inv. piano bar.

pianoconcavo /pjano'kɔnkavo/ agg. [*lente*] plano-concave.

pianoconvesso /pjanokon'vɛsso/ agg. [*lente*] plano-convex.

▷ **pianoforte** /pjano'fɔrte/ ♦ ***34*** m. piano*, pianoforte; ***suonare qcs. al ~*** to play sth. on the piano; ***accompagnare qcn. al ~*** to accompany sb. on the piano; ***mettersi*** o ***sedersi al ~*** to sit down at a piano; ***concerto per ~ e orchestra*** concerto for piano and orchestra; ***maestro di ~*** piano teacher; ***prendere lezioni di ~*** to take piano lessons; ***musica, sonata per ~*** piano music, sonata ◆◆ ***~ a coda*** grand (piano); ***~ da concerto*** concert grand; ***~ meccanico*** player-piano; ***~ a mezza coda*** baby grand; ***~ verticale*** upright (piano).

pianola /pja'nɔla/ ▶ ***34*** f. player-piano*, pianola®.

pianoro /pja'nɔro/ m. plateau*, tableland.

▷ **pianoterra** /pjano'tɛrra/ m.inv. → **pianterreno.**

▶ **pianta** /'pjanta/ f. **1** *(vegetale)* plant; *(albero)* tree; ***curarsi con le -e*** to use herbal medicine; ***innaffiare le -e*** to water the plants; ***-e da riproduzione*** breed stock **2** ANAT. ***~ (del piede)*** sole (of the foot) **3** *(cartina)* map, plan; *(proiezione, progetto)* plan, layout; ***~ stradale*** street map; ***~ della città, della metropolitana*** city, underground map; ***la ~ di un nuovo edificio*** the layout of a new building **4 di sana pianta** [*creare, inventare*] entirely, completely; [*copiare*] wholesale, word by word **5 in pianta stabile** *(fisso)* ***essere un impiegato in ~ stabile*** to be a permanent employee; *(sempre)* ***è in ~ stabile a casa mia*** he's always round at my place; *(definitivamente)* ***si è trasferito in ~ stabile a Torino*** he settled down for good in Turin ◆◆ ***~ acquatica*** water plant; ***~ annua(le)*** annual; ***~ d'appartamento*** houseplant, pot plant; ***~ biennale*** biennial; ***~ carnivora*** carnivore; ***~ da frutto*** fruit tree; ***~ di ghiaccio*** ice plant; ***~ grassa*** succulent, cactus; ***~ medicinale*** o ***officinale*** herb; ***~ ornamentale*** ornamental plant; ***~ perenne*** (hardy) perennial; ***~ rampicante*** creeper, rambler, vine; ***~ rupestre*** rock plant; ***~ di serra*** hothouse plant; ***~ tessile*** fibre plant.

piantabile /pjan'tabile/ agg. plantable.

piantaggine /pjan'taddʒine/ f. plantain ◆◆ ***~ femmina*** ribwort.

piantagione /pjanta'dʒone/ f. **1** plantation; ***~ di tè, di caucciù, di canna da zucchero*** tea, rubber, sugar plantation **2** *(il piantare)* planting; ***~ di alberi*** tree planting.

piantagrane /pjanta'grane/ m. e f.inv. troublemaker.

piantana /pjan'tana/ f. **1** ING. upright **2** *(di lampada)* base; ***(lampada a) ~*** standard lamp, floor lamp AE.

▶ **piantare** /pjan'tare/ [1] **I** tr. **1** to plant [*rosaio, patate, pomodori*]; to bed [*piantina*]; ***~ un terreno a viti*** to plant a vineyard; ***questi fiori si piantano in primavera*** these flowers have to be planted in the spring **2** *(conficcare)* to drive* [*chiodo*]; ***~ un palo nel terreno*** to pound *o* sink a stake into the ground; ***~ un coltello nella schiena di qcn.*** to stick a knife in sb.'s back; ***~ le unghie nel braccio di qcn.*** to dig one's nails in sb.'s arm; ***~ una bandiera al polo Sud*** to put up a flag at the South Pole **3** *(tirare su)* to raise [*tenda*]; ***~ le tende*** *(accamparsi)* to make *o* pitch camp; ***ha piantato le tende a casa mia*** FIG. he settled down at my house **4** COLLOQ. *(abbandonare)* to jilt, to drop, to ditch [*ragazzo, fidanzata*]; to quit [*lavoro*]; ***~ tutto*** to jack it in, to pack it all in; ***mi ha piantato lì ed è saltato su un taxi*** he left me standing there and jumped into a taxi **5 piantarla** to stop (**di fare** doing); ***piantala di dire sciocchezze!*** stop saying nonsense! ***piantala di fare la vittima!*** stop playing the victim! ***piantala!*** stop it! **II piantarsi** pronom. **1** COLLOQ. *(lasciarsi)* [*coppia*] to split* (up) **2** *(conficcarsi)* [*chiodo, palo*] to dig* (**in** into); ***-rsi una spina, un chiodo nel piede*** to get a thorn, nail in one's foot **3** COLLOQ. *(porsi di fronte)* ***-rsi davanti a qcs., qcn.*** to stand in front of sth., sb. **4** COLLOQ. *(fermarsi)* ***-rsi in casa di qcn.*** to settle down at sb.'s house **5** COLLOQ. *(bloccarsi)* [*computer, programma*] to crash ◆ ***~ in asso qcn.*** to leave sb. stranded *o* in the lurch; ***~ gli occhi addosso a qcn.*** to stare at sb.; ***~ casino*** to make a racket *o* a row; ***andare a ~ cavoli*** = to retire; ***~ grane*** to raise a fuss, to kick up *o* cause a stink; ***~ baracca e burattini*** to pack it all in, to up sticks and leave.

piantato /pjan'tato/ **I** p.pass. → **piantare II** agg. **1** *(coltivato)* ***un campo ~ a grano*** a field planted with wheat **2** *(conficcato)* [*spina, chiodo, palo*] embedded (**in** in) **3** *(robusto)* ***ben ~*** [*uomo, giovanotto*] well-built, sturdy; ***una ragazza ben -a*** a big strapping girl **4** COLLOQ. *(fermo)* ***stava ~ davanti al negozio*** he was planted in front of the shop.

piantatoio, pl. **-oi** /pjanta'tojo, oi/ m. dibble, dibber; ***fare un buco con un ~*** to dibble.

piantatore /pjanta'tore/ ▶ ***18*** m. (f. **-trice** /tritʃe/) planter; ***~ di tè*** tea planter.

piantatrice /pjanta'tritʃe/ f. *(macchina)* planter.

piantatura /pjanta'tura/ f. planting.

▷ **pianterreno** /pjanter'reno/ m. ground floor BE, bottom floor BE, first floor AE; ***appartamento al ~*** ground-floor flat BE, first-floor apartment AE; ***abitare al ~*** to live on the ground floor *o* at ground-floor level.

piantina /pjan'tina/ f. **1** *(pianta giovane)* seedling; *(da trapiantare)* bedder **2** *(cartina)* map, plan; ***la ~ della città*** the map of the city; ***ti faccio una ~*** I'll draw you a map.

▷ **pianto** /'pjanto/ m. **1** *(il piangere)* weeping, crying; ***passava dal riso al ~*** he alternated between laughing and crying; ***prorompere*** o ***scoppiare in ~*** to burst into tears; ***farsi un (bel) ~*** COLLOQ. to have a good cry; ***avere il ~ facile*** to be a weepy person, to be a crybaby SPREG.; ***crisi di ~*** fit of crying; ***parlare con voce rotta dal ~*** to talk with a sob in one's voice; ***aveva gli occhi arrossati dal ~*** her eyes were red from crying *o* with weeping; ***ci sarà ~ e stridore di denti*** BIBL. there will be wailing and gnashing of teeth; ***il muro del ~*** RELIG. the Wailing Wall **2** *(lacrime)* tears pl.; ***avere gli occhi velati di ~*** to have tears in one's eyes **3** FIG. *(disastro)* ***la stanza è un ~*** the room is a mess, the room is a sight for sore eyes.

piantonamento /pjantona'mento/ m. stakeout, surveillance.

piantonare /pjanto'nare/ [1] tr. to keep* watch on [*casa, edificio*]; to guard [*detenuto*].

1.piantone /pjan'tone/ m. MIL. *(di guardia)* guard, sentry; *(di servizio)* orderly; ***essere di ~*** to be on orderly duty; ***stare di ~*** to be on sentry; FIG. to wait around.

2.piantone /pjan'tone/ m. MECC. ***~ (dello sterzo)*** steering column.

▶ **pianura** /pja'nura/ f. plain; ***si sparsero a ventaglio su tutta la ~*** they fanned out across the plain; ***la ~ Padana*** the Po valley ◆◆ ***~ alluvionale*** flood plain.

pianuzza /pja'nuttsa/ f. plaice*.

piastra /'pjastra/ f. **1** *(lastra)* plate; ***~ di marmo*** slab; ***~ d'acciaio*** steel plate; ***armatura a -e*** STOR. scale armour **2** *(fornello)* hotplate **3** *(padella piatta)* griddle; ***cuocere alla ~*** to griddle, to cook on the griddle **4** *(della serratura)* plate **5** NUMISM. piastre, piaster **6** ELETTRON. *(parte dell'accumulatore)* accumulator plate ◆◆ ***~ da camino*** fireback; ***~ di registrazione*** tape deck, cassette deck; ***~ di terra*** ELETTRON. earth-plate.

piastrella /pjas'trɛlla/ f. **1** *(per rivestimento)* tile; ***pavimento di -e*** tiled floor; ***rivestire di -e*** to tile **2** GIOC. ***gioco delle -e*** quoits.

piastrellaio, pl. **-ai** /pjastrel'lajo, ai/ ▶ ***18*** m. (f. **-a**) → **piastrellista.**

piastrellamento /pjastrella'mento/ m. tiling.

piastrellare /pjastrel'lare/ [1] **I** tr. to tile [*pavimento, stanza*] **II** intr. (aus. *avere*) MAR. AER. [*idrovolante, aereo*] to bounce.

piastrellista, m.pl. **-i**, f.pl. **-e** /pjastrel'lista/ ▶ ***18*** m. e f. tiler.

piastrina /pjas'trina/ f. BIOL. (blood) platelet ◆◆ ***~ d'identificazione*** *(di cane)* dog tag; ***~ di riconoscimento*** MIL. identity tag *o* disc, dog tag AE.

piastrone /pjas'trone/ m. **1** *(di schermidore, di armatura)* plastron **2** *(di tartaruga)* plastron.

piatire /pja'tire/ [102] **I** tr. COLLOQ. to beg [*favori*] **II** intr. LETT. (aus. *avere*) **1** *(contendere in giudizio)* to plead, to contend in debate **2** *(litigare)* to wrangle.

piattabanda /pjatta'banda/ f. platband, straight arch.

piattaforma /pjatta'forma/ f. **1** platform; ***~ per elicotteri*** helipad; *(sulle navi)* helideck **2** *(di autobus, tram)* platform **3** POL. platform; ***arrivare al potere grazie a una ~ di riforme economiche*** to come to power on a platform of economic reform **4** GEOGR. platform **5** SPORT platform **6** INFORM. platform ◆◆ ***~ di carico*** loading bay; ***~ continentale*** continental shelf; ***~ girevole*** FERR. turntable; ***~ di lancio*** launch platform; ***~ mobile*** CINEM. dolly; ***~ di perforazione*** drilling rig; ***~ petrolifera*** oil rig; ***~ salariale*** pay guidelines.

piattaia /pjat'taja/ f. plate-rack.

piattamente /pjatta'mente/ avv. [*esprimersi*] unimaginatively.

piattello /pjat'tɛllo/ m. *(bersaglio)* clay pigeon; ***tiro al ~*** clay pigeon, trap shooting.

piattezza /pjat'tettsa/ f. *(di discorso, racconto)* flatness, dullness, platitude.

piattina /pjat'tina/ f. **1** *(filo elettrico)* twin lead **2** *(nastro metallico)* metal strip **3** MIN. *(carrello)* trolley.

piattino /pjat'tino/ m. **1** *(piccolo piatto)* saucer **2** *(manicaretto)* tasty dish, delicacy ◆◆ ***~ da dessert*** dessert plate.

▶ **piatto** /'pjatto/ **I** agg. **1** *(senza rilievi)* [*fondo, superficie, paesaggio, seno, forme*] flat; [*mare*] smooth; ***un terreno perfettamente ~*** a perfectly even plot of land; ***una donna -a*** a flat-chested woman; ***elettroencefalogramma ~*** MED. flat electroencephalograph **2** *(poco profondo)* [*cappello*] flat; ***barca a fondo ~*** flat-bottomed boat **3** *(senza spessore)* [*sasso*] flat; [*orologio, calcolatrice*] slim(line) **4** MAT. ***angolo ~*** straight angle **5** FIG. *(monotono)* [*stile, traduzione, vita, conversazione*] unimaginative, unexciting, flat, dull; ***un'interpretazione -a*** a soulless interpretation; ***una calma -a*** a dead calm **II** m. **1** *(stoviglia)* plate; *(di portata, per cuocere)* dish; ***~ di porcellana, d'argento*** china, silver dish *o* plate; ***finisci quello che hai nel ~*** finish what's on your plate; ***smettila di piluccare nel ~ (di portata)*** stop picking (things out of the serving dish); ***lavare i -i*** to do the dishes, to do the washing up BE; ***asciugare i -i*** to dry up, to do the drying up BE **2** *(vivanda)* dish; ***~ freddo, caldo*** cold, hot dish;

un ~ di spaghetti, di carne a dish of spaghetti, meat **3** *(di bilancia)* pan **4** *(di giradischi)* turntable **5** GIOC. kitty; ***aggiudicarsi il ~*** to win the kitty; ***il ~ piange*** the kitty's short **6** MUS. cymbal; ***suonare i -i*** to play the cymbals ◆ ***la vendetta è un ~ che va consumato freddo*** PROV. revenge is a dish best eaten cold; ***servire qcs. a qcn. su un ~ d'argento*** to hand sb. sth. on a silver plate *o* platter; ***sputare nel ~ in cui si mangia*** to bite the hand that feeds you ◆◆ ***~ di carta*** paper plate; ***~ da dessert*** dessert plate; ***~ fondo*** soup plate; ***~ forte*** GASTR. main course; FIG. main item; ***~ del giorno*** today's special; ***~ piano*** dinner plate; ***~ di portata*** serving dish; ***~ pronto*** ready meal.

piattola /'pjattola/ f. **1** crab louse* **2** FIG. ***essere una ~*** [*persona*] to be a pain in the neck.

▶ **piazza** /'pjattsa/ f. **1** *(spiazzo)* square; ***la ~ del paese*** the village square; ***la ~ del mercato*** the marketplace; ***la folla si è riversata in ~*** the crowd surged (out) onto the streets; ***scendere in ~*** FIG. to take to the streets; ***~ Rossa*** Red Square **2** ECON. COMM. market; ***la ~ di Londra*** the London market; ***è il migliore attore comico, cuoco sulla ~*** he's the best comedian, chef in the business *o* on the market **3** FIG. *(la gente, la massa)* ***la reazione della ~*** the reaction of the crowd **4** *(di letto)* ***letto a una ~*** single bed; ***letto a due -e*** double bed ◆ ***mettere in ~ qcs.*** to publicize sth.; ***mettere in ~ i propri affari*** to wash one's dirty linen in public; ***fare ~ pulita*** to sweep the board, to make a clean sweep; ***rovinare la ~ a qcn.*** to put a spoke in sb.'s wheel ◆◆ ***Piazza Affari*** ECON. the Milan Stock Exchange; ***~ d'armi*** MIL. parade ground; ***~ finanziaria*** ECON. financial market.

> **Piazza Affari** The Milan Stock Exchange, the most important one in Italy, goes back to 1808, and is today housed in the *Palazzo della Borsa* (built between 1928 and 1931), in Piazza degli Affari in the centre of the city. The media use the term *Piazza Affari* to mean the Milan Stock Exchange.

piazzaforte, pl. **piazzeforti** /pjattsa'fɔrte, pjattse'fɔrti/ f. stronghold (anche FIG.); ***entrare nella ~*** FIG. to get in on the inside.

▷ **piazzale** /pjat'tsale/ m. *(di chiesa, stazione)* square; *(di supermercato, centro commerciale)* foreground; *(di aeroporto)* apron.

piazzamento /pjattsa'mento/ m. placing; ***~ individuale, di squadra*** individual, team ranking; ***lottare per ottenere un buon ~*** to jockey for position.

▷ **piazzare** /pjat'tsare/ [1] **I** tr. **1** *(collocare, sistemare)* to place [*oggetto*]; to position [*persona, soldato*]; to plant [*bomba, esplosivo, registratore*]; to lay* [*mina*]; ***~ degli uomini attorno ad una casa*** to position men around a house; ***~ qcn. come domestico presso*** o ***da qcn.*** COLLOQ. to place sb. as a servant in sb.'s household **2** *(smerciare)* to pass [*merce rubata, moneta falsa*] **3** SPORT *(mandare a segno)* to land [*pugno*]; ***~ la palla*** *(nel tennis)* to place one's ball; *(nel calcio)* to place the ball **II piazzarsi** pronom. **1** *(classificarsi)* to be* placed, to come* (in); ***-rsi al terzo posto*** [*corridore, cavallo*] to be placed third, to come third **2** *(sistemarsi)* to settle; ***-rsi davanti al televisore*** to plonk oneself down in front of the TV; ***si è piazzato davanti alla porta*** he went and stood in front of the door.

piazzata /pjat'tsata/ f. (stormy) scene, performance COLLOQ.; ***fare una ~*** to make a scene, to make a good performance.

piazzato /pjat'tsato/ **I** p.pass. → **piazzare II** agg. **1** *(messo a segno)* ***ben ~*** [*colpo, pugno*] well-aimed **2** SPORT ***calcio ~*** *(nel rugby)* penalty kick; *(nel calcio)* placekick **3** EQUIT. [*cavallo, cane*] placed; ***giocare un cavallo ~ e vincente*** to back a horse each way BE, to back a horse across the board AE; ***non ~*** unplaced **4** *(robusto)* ***ben ~*** [*uomo, giovanotto*] well-built.

piazzista, m.pl. **-i**, f.pl. **-e** /pjat'tsista/ ♦ ***18*** m. e f. sales representative, solicitor AE.

piazz(u)ola /pjat'ts(w)ɔla/ f. **1** MIL. emplacement **2** *(per la sosta)* lay-by, pull-in ◆◆ ***~ di emergenza*** emergency lay-by.

pica, pl. **-che** /'pika, ke/ f. **1** ZOOL. magpie **2** MED. pica **3** TIP. pica.

picaresco, pl. **-schi, -sche** /pika'resko, ski, ske/ agg. [*romanzo, eroe*] picaresque; ***il genere ~*** the picaresque.

picaro /'pikaro/ m. picaro.

1.picca, pl. **-che** /'pikka, ke/ **I** f. **1** STOR. *(soldato)* pikeman* **2** STOR. *(alabarda)* pike **3** *(lancia)* lance; ***ricevere dei colpi di ~*** [*toro*] to be stuck with a lance **II picche** f.pl. GIOC. *(seme)* spades + verbo sing. o pl.; ***carta di -che*** spade; ***giocare -che*** to play spades; ***il due di -che*** the two of spades; ***re di -che*** king of spades ◆ ***contare come il fante*** o ***il due di -che*** = to count for nothing; ***essere*** o ***parere il fante di -che*** to put on airs; ***rispondere -che*** to refuse flatly *o* point-blank.

2.picca /'pikka/ f. *(ripicca)* pique; ***fare qcs. per ~*** to do sth. in *o* out of pique *o* revenge.

▷ **piccante** /pik'kante/ agg. **1** *(forte, saporito)* [*salsa, curry, piatto*] hot; [*formaggio*] sharp **2** *(licenzioso)* [*storiella, battuta*] spicy, juicy; ***rendere la storia più ~*** to spice up the story; ***la nota ~ di questa storia*** what was so spicy about the story.

Piccardia /pikkar'dia/ ♦ ***30*** n.pr.f. Picardy.

piccardo /pik'kardo/ ♦ ***30*** **I** agg. of, from Picardy **II** m. (f. **-a**) **1** native, inhabitant of Picardy **2** LING. Picardy dialect.

piccarsi /pik'karsi/ [1] pronom. **1** *(pretendere)* to claim (**di** to); ***~ di saper fare*** to claim to be able to do; ***~ di (conoscere la) filosofia*** to pretend to know philosophy; ***~ di farcela da solo*** to claim that one can manage on one's own **2** *(impermalirsi)* to take* offence BE, to take* offense AE (**per** at); ***si è piccata per la tua battuta*** she took offence at your joke.

piccata /pik'kata/ f. GASTR. INTRAD. (fried veal slice cooked in chopped parsley and lemon juice).

piccato /pik'kato/ **I** p.pass. → **piccarsi II** agg. ***essere ~*** [*persona*] to be in high dudgeon, to be resentful.

picchè /pik'kɛ/ → **piqué.**

picchettaggio, pl. **-gi** /pikket'taddʒo, dʒi/ m. picketing **U**.

picchettare /pikket'tare/ [1] tr. **1** *(segnare con picchetti)* to stake out, to peg out [*strada, terreno*] **2** *(in uno sciopero)* to picket [*fabbrica, luogo*].

picchettatura /pikketta'tura/ f. staking out.

picchetto /pik'ketto/ m. **1** *(per delimitare)* stake **2** *(da tenda)* tent peg **3** *(durante uno sciopero)* picket; ***superare il ~*** to cross the picket line **4** MIL. ***ufficiale di ~*** orderly officer; ***essere di ~*** to be on picket duty **5** *(gioco di carte)* piquet ◆◆ ***~ antincendio*** MIL. fire picket; ***~ d'onore*** MIL. guard of honour, honour guard.

▶ **1.picchiare** /pik'kjare/ [1] **I** tr. **1** *(malmenare)* to beat*, to batter [*persona, bambino*]; ***non ~ il tuo cane!*** don't beat your dog! ***~ qcn. con la scopa*** to beat sb. with a broom; ***~ qcn. con un bastone, una frusta*** to beat sb. with a stick, whip; ***~ qcn. a calci e pugni*** to kick and punch sb. repeatedly; ***~ duro*** o ***sodo qcn.*** to beat sb. up **2** *(battere dei colpi)* to hit*, to bang; ***~ un chiodo col martello*** to hit a nail with a hammer; ***~ il pugno sul tavolo*** to bang one's fist on the table **3** *(urtare inavvertitamente)* to bump, to hit* [*ginocchio, testa*] (**contro** on); ***~ il piede contro un sasso*** to stub one's toe on a stone; ***picchiò la testa contro il tavolo*** his head struck the table **II** intr. (aus. *avere*) **1** *(dare colpi ripetuti)* to thump, to knock (**su** on); ***i chicchi di grandine picchiavano sul vetro*** hailstones hammered against the windowpane; ***~ alla porta*** to knock *o* bang at *o* on the door **2** FIG. *(insistere)* to insist (**su** on) **3** COLLOQ. FIG. *(essere caldo)* [*sole*] to beat* down; ***il sole picchia sulla spiaggia*** it's baking (hot) on the beach; ***(il sole) picchia, oggi!*** it's a scorcher today! **4** AUT. *(far rumore)* ***~ in testa*** [*motore*] to knock **III picchiarsi** pronom. **1** *(darsi dei colpi)* ***-rsi il petto*** to beat one's breast; ***-rsi la fronte con la mano*** to slap one's forehead **2** *(malmenarsi)* to fight*, to come* to blows; ***i loro bambini non smettono mai di -rsi*** their children are always beating each other up ◆ ***~ qcn. di santa ragione*** to thrash the living daylights out of sb.

2.picchiare /pik'kjare/ intr. (aus. *avere*) *(scendere in picchiata)* [*aereo*] to nose-dive, to plunge.

1.picchiata /pik'kjata/ f. **1** *(serie di colpi)* knocking **2** *(serie di percosse)* hiding; ***prendersi una ~*** to get a hiding.

2.picchiata /pik'kjata/ f. AER. nose-dive; ***scendere in ~*** to nose-dive.

picchiatello /pikkja'tɛllo/ **I** agg. nutty, pixillated **II** m. (f. **-a**) nut, space cadet AE.

picchiato /pik'kjato/ **I** p.pass. → **1.picchiare II** agg. COLLOQ. [*persona*] crazy, cracked COLLOQ., dotty BE; ***quella è -a!*** she's completely crazy!

picchiatore /pikkja'tore/ m. **1** POL. goon **2** *(boxe)* slogger; ***essere un ~*** to pack a punch.

picchiere /pik'kjɛre/ m. STOR. pikeman*.

picchierellare /pikkjerel'lare/ [1] intr. (aus. *avere*) [*pioggia, grandine*] to patter (**su** on), to drum (**su** on); ***la pioggia picchierella sul tetto*** the rain is drumming on the roof; ***~ con le dita sul tavolo*** to drum one's fingers on the table.

picchiettare /pikkjet'tare/ [1] **I** tr. **1** *(punteggiare)* to dot, to speckle (**di, con** with) **2** *(dare colpi brevi e rapidi)* to tap (**su** on; **contro** against) **II** intr. (aus. *avere*) to tap, to patter; *(su una tastiera)* to tap away; ***picchietto sulla tastiera tutto il giorno*** I tap away at the keyboard all day long; ***sentivamo la pioggia ~ sul tetto della baracca*** we heard the rain pattering on the roof of the hut.

picchiettato /pikkjet'tato/ **I** p.pass. → **picchiettare II** agg. dotted, spotted.

picchiettio, pl. **-ii** /pikkjet'tio, ii/ m. patter, pitpat, tapping.
picchio, pl. **-chi** /'pikkjo, ki/ m. woodpecker ◆◆ *~ **muratore*** nuthatch; *~ **rosso*** spotted woodpecker; *~ **verde*** green woodpecker, rainbird.
picchiotto /pik'kjɔtto/ m. *(di porta)* knocker.
piccineria /pittʃine'ria/ f. **1** *(meschinità)* meanness **2** *(azione meschina)* mean trick.
▷ **piccino** /pit'tʃino/ **I** agg. **1** *(molto piccolo)* tiny, weeny COLLOQ.; ***un bambino ~ (~)*** a little bitty baby; ***due manine -e*** two tiny weeny hands; ***farsi ~ (~) davanti a qcn.*** FIG. to cower away from sb. **2** *(meschino)* [*animo, persona*] mean **II** m. (f. **-a**) baby, moppet COLLOQ., kiddy COLLOQ.; ***è preoccupata per il suo ~*** she's worried about her little baby; ***c'erano tutti, grandi e -i*** they were all there, grown-ups and children (alike); ***per grandi e -i*** for young and old (alike); ***povero ~!*** poor thing!
picciolato /pittʃo'lato/ agg. [*foglia*] petiolate.
picciolo /pit'tʃɔlo/ m. *(di foglia, fiore)* stem; *(di ciliegia, mela)* stalk BE, stem AE; *(di fragola)* hull; BOT. petiole; ***staccare il ~ da*** to remove the stalk from BE, to stem AE [*ciliegia, mela*].
piccionaia /pittʃo'naja/ f. **1** *(per i piccioni)* pigeon house, dovecot(e) **2** *(soffitta)* garret **3** TEATR. SCHERZ. peanut gallery, Gods.
piccioncino /pittʃon'tʃino/ m. **1** *(piccolo del piccione)* young pigeon **2** SCHERZ. ***-i*** *(giovani innamorati)* lovebirds.
▷ **piccione** /pit'tʃone/ m. pigeon; ***allevatore di -i*** pigeon fancier ◆ ***prendere due -i con una fava*** to kill two birds with one stone ◆◆ ***~ di gesso*** clay pigeon; ***~ viaggiatore*** carrier *o* homing pigeon; ***inviare un messaggio tramite ~ viaggiatore*** to send a message by carrier pigeon, pigeon post BE.
picciotto /pit'tʃɔtto/ m. REGION. **1** *(ragazzo)* youngster **2** STOR. = young Sicilian who fought with Garibaldi to liberate his country **3** *(nella gerarchia mafiosa)* = person at the bottom of the Mafia hierarchy.
▷ **picco**, pl. **-chi** /'pikko, ki/ m. **1** *(di montagna)* peak; ***i -chi dell'Himalaya*** the peaks of the Himalayas; ***l'aereo sorvolò i -chi innevati*** the plane flew over snow-covered peaks **2** *(di grafico)* peak, spike; ***~ di natalità*** peak in the birthrate; ***un ~ sul grafico*** a peak *o* rise on a graph **3** *(momento di forte intensità)* peak, high; ECON. surge (**di** in); ***raggiungere un ~ di*** to peak at; ***un'attività che raggiunge alti -chi stagionali*** an activity with seasonal highs; ***un bambino che ha dei -chi di febbre di 40°C*** a child whose temperature shoots up to 40°C; ***il traffico ha il suo ~ tra le 8 e le 9 del mattino*** traffic reaches a peak between 8 and 9 in the morning **4 a picco** MAR. apeak; [*parete, scogliera, costa*] sheer; ***levarsi a ~*** [*parete, scogliera*] to rise sheer; ***scendere a ~*** [*sentiero, strada*] to drop away; ***cadere a ~*** [*scogliera*] to fall in a sheer drop; ***colare*** o ***andare a ~*** *(affondare)* [*nave, oggetto*] to go straight down, to sink to the bottom; [*affare, impresa*] to go under, to sink ◆◆ ***~ di ascolto*** TELEV. peak (viewing) time; ***~ da carico*** MAR. derrick.
piccolezza /pikko'lettsa/ f. **1** *(di grado, estensione, statura)* littleness; *(di oggetto, persona, gruppo)* smallness **2** *(meschinità)* meanness, pettiness; ***~ di spirito*** petty-mindedness **3** *(inezia)* little thing, trifle, triviality; ***litigare per delle -e*** to quarrel about trifles.
▶ **piccolo** /'pikkolo/ L'aggettivo *piccolo* è reso in inglese principalmente da *small* e *little*. Pur rinviando agli esempi d'uso più sotto nella voce, si può anticipare che *small* descrive semplicemente le dimensioni di qualcosa, mentre *little* connota il termine a cui si riferisce come qualcosa o qualcuno di gradevolmente piccolo oppure di poco importante. **I** agg. **1** *(di grandezza)* [*persona, parte del corpo, oggetto*] small, little; ***è ~ per la sua età*** he's short for his age; ***fucile di ~ calibro*** small-bore rifle; ***questi caratteri così -i mi fanno venire male agli occhi*** print this small makes my eyes hurt; ***abbiamo esaurito la taglia più -a*** the smaller size is out of stock; ***la taglia più -a*** the next size down; ***essere (un po') ~*** to be (a bit) on the small size; ***il mondo è ~!*** it's a small world! ***farsi ~ ~*** FIG. to feel *o* look small; ***il ~ schermo*** FIG. the small screen **2** *(di lunghezza, durata)* [*gita, distanza, pausa*] short; ***a -e tappe*** in easy stages **3** *(di età)* young, little; ***è troppo ~ per capire*** he's too young to understand; ***è la più -a*** she's the youngest; ***i due bambini più -i*** the two younger children; ***ti ho conosciuto quando eri ~*** I met you when you were little; ***ha parlato di quando era ~*** he spoke of when he was a child; ***è il nostro figlio più ~*** he's our youngest **4** *(in quantità)* [*somma, volume, aumento, gruppo*] small; [*cenno, sorriso*] little; [*porzione, razione*] undersized, small; ***fai un ~ sforzo*** make a bit of an effort; ***è sopportabile a -e dosi*** he's all right in small doses; ***da prendere a -e dosi*** to be taken in moderation *o* a little bit at a time; ***in -e proporzioni*** on a small scale; ***banconota di ~ taglio*** low denomination banknote **5** *(irrisorio, di poca importanza)* [*particolare, difetto, operazione, preoccupazione*] minor; [*esagerazione, movimento, pausa, esitazione*] slight; [*inconveniente, incidente*] slight, minor; [*cambiamento*] slight, small; ***un ~ criminale, furto*** a petty criminal, theft; ***c'è il ~ particolare dei soldi che mi devi*** there's the small matter of the money you owe me; ***i -i lussi della vita*** little extras in life; ***subire un ~ intervento*** to have a minor operation; ***le sue -e gelosie*** his petty jealousies; ***-e spese*** petty expenses; ***pesci -i*** FIG. small fry **6** *(per minimizzare)* ***un ~ dono, segreto*** a little gift, secret; ***un ~ favore*** a little favour; ***le tue -e cortesie nei miei confronti*** your little kindnesses towards me; ***le -e ironie della sorte*** one of life's little ironies; ***conosco tutte le sue -e abitudini*** I know all her little ways; ***ha bisogno di una -a spinta*** he needs a gentle prod **7** *(meschino, ristretto)* [*persona*] petty, mean; ***ha una mente -a*** he is narrow-minded **8** *(in proporzioni ridotte)* ***vuol fare il Nerone in ~*** he wants to be a little Nero; ***è una ~ star*** she's a child star; ***un ~ miracolo*** a minor miracle **9** *(di secondo piano)* ***-a impresa*** small business; ***-i azionisti*** small investors; ***~ imprenditore*** small businessman; ***-a nobiltà*** minor aristocracy **II** m. (f. **-a**) **1** *(bambino)* baby, child*; ***i -i*** the little ones; ***giochi da -i*** children's games; ***povero ~!*** poor little mite! you poor dear! ***da ~ era un monello*** when he was little he was a pest; ***ho imparato a nuotare da ~*** I learnt (how) to swim when I was a child **2** *(cucciolo di animale)* baby; ***~ di scimmia, di pinguino*** baby monkey, penguin; ***i mammiferi allattano i loro -i*** mammals suckle their young; ***la leonessa e i suoi -i*** the lioness and her cubs; ***il babbuino e i suoi -i*** the baboon and its little ones **3 in piccolo** in small; [*rappresentare, riprodurre*] on a small scale; ***è Versailles in ~*** it's a miniature Versailles ◆ ***nel mio, suo ~*** in my, his own small way; ***ore -e*** small hours; ***fare le ore -e*** to stay out until all hours; ***i -i ruscelli fanno i grandi fiumi*** PROV. big *o* great oaks from little acorn grow ◆◆ ***~ trotto*** EQUIT. jog trot.
piccolo borghese /pikkolobor'geze/ **I** agg.inv. petit burgeois **II** m. e f. petit burgeois*.
picconare /pikko'nare/ [1] **I** tr. **1** to pickaxe BE, to pickax AE **2** FIG. to lambast(e), to criticize [sth.] severely **II** intr. (aus. *avere*) to pickaxe BE, to pickax AE.
picconata /pikko'nata/ f. **1** blow with a pickaxe BE, blow with a pickax AE **2** FIG. brickbat.
piccone /pik'kone/ m. pickaxe BE, pickax AE, pick; ***dare il primo colpo di ~*** FIG. to put one's hand to the plough.
piccozza /pik'kɔttsa/ f. (ice) pick, ice axe BE, ice ax AE.
picnic /pik'nik/ m.inv. picnic; ***andare a fare un ~ in campagna*** to go for *o* on a picnic in the country.
picnometro /pik'nɔmetro/ m. pycnometer.
picofarad /piko'farad/ m.inv. picofarad.
picozzo /pi'kɔttso/ m. VETER. central incisor.
picrato /pi'krato / m. picrate.
pidiessino /pidies'sino/ **I** agg. = of the Italian party PDS **II** m. (f. **-a**) = member of the Italian party PDS.
pidocchieria /pidokkje'ria/ f. **1** *(avarizia)* stinginess, niggardliness **2** *(comportamento meschino)* meanness **3** *(atto meschino)* mean trick.
▷ **pidocchio**, pl. **-chi** /pi'dɔkkjo, ki/ m. **1** *(insetto)* louse*; ***avere i -chi*** to have nits *o* lice **2** *(spilorcio)* skinflint; ***che ~!*** what a louse! ◆◆ ***~ del capo*** headlouse; ***~ dei libri*** booklouse; ***~ delle piante*** plant louse; ***~ del pube*** crab louse.
pidocchiosamente /pidokkjosa'mente/ avv. stingily.
pidocchioso /pidok'kjoso/ agg. **1** *(pieno di pidocchi)* lousy, pediculous **2** *(spilorcio)* stingy, mean.
piduista, m.pl. **-i**, f.pl. **-e** /pidu'ista/ **I** agg. = of the P2 Masonic lodge **II** m. e f. = member of the P2 Masonic lodge.
piè /pjɛ/ m.inv. foot*; ***nota a ~ (di) pagina*** TIP. footnote; ***a ~ fermo*** resolutely; ***Achille (il) ~ veloce*** the swift-footed Achilles; ***a ogni ~ sospinto*** at every turn; ***saltare qcs. a ~ pari*** FIG. to skip (over) sth.
piedarm, pied'arm /piɛ'darm/ **I** inter. order arms **II** m.inv. order arms.
pied-à-terre /pjeda'tɛr/ m.inv. pied-à-terre*.
pied-de-poule /pjed'pul/ m.inv. houndstooth (check), dog-tooth check.
▶ **piede** /'pjɛde/ ♦ **4, 21** m. **1** *(parte del corpo)* foot*; ***la pianta del ~*** the sole of the foot; ***essere a -i nudi*** to be barefooted, to have bare feet; ***avere male ai -i*** to be footsore; ***queste scarpe mi fanno male ai -i*** these shoes hurt my feet; ***saltare a -i uniti*** to jump with one's feet together; ***mettere un ~ in fallo*** to slip; FIG. to take a false step; ***a -i*** on foot; ***sono venuto a -i*** I came on foot, I walked; ***è raggiungibile a -i*** it is within walking distance; ***essere ai -i di qcn.*** to be at sb.'s feet (anche FIG.); ***gettarsi ai -i di qcn.*** to throw oneself at sb.'s feet; ***non riuscire più a mettere un ~ davanti all'altro*** to be unable to put one foot in front of the other; ***strascicare i -i*** to shuf-

fle, to drag one's feet; ***battere il ~*** to stamp one's foot; *(a tempo di musica)* to tap one's foot; ***spingere via qcs. col ~*** to push sth. away with one's foot; ***dalla testa ai -i, da capo a -i*** from head to foot; ***non ho mai messo ~ in casa sua*** I've never set foot in her house; ***avere un ~ nell'editoria*** FIG. to have a foothold in publishing; ***sta attento a dove metti i -i*** watch your step; ***non rimettere mai più ~ qui!*** don't ever darken my door again! SCHERZ.; ***in punta di -i*** on tiptoe; ***era appeso per i -i*** he was strung up by the heels; ***"siete pregati di pulirvi i -i"*** "please wipe your feet"; ***essere legato mani e -i*** to be bound *o* tied hand and foot **2** *(parte inferiore)* ***ai -i di*** at the foot of; ***abitare ai -i delle montagne*** to live at the foot of the mountains; ***ai -i dell'albero*** at the foot of the tree; ***ai -i del letto*** at the foot of the bed **3** *(unità di misura)* foot*; ***è alto sei -i e qualcosa*** he's six foot something; ***un palo alto 40 -i*** a forty foot pole **4** LETTER. *(in metrica)* foot* **5 in piedi** ***"in -i, entra la corte!"*** "all rise!"; ***siamo rimasti in -i tutta la notte*** we were up all night; ***cena in -i*** fork supper; ***lo ho aiutato a mettersi*** o ***alzarsi in -i*** I helped him to his feet; ***saltare*** o ***balzare in -i*** to leap *o* jump to one's feet; ***stare in -i*** [*persona*] to stand up; [*ragionamento*] to hold up; ***essere (di nuovo) in -i*** *(dopo una malattia)* [*persona*] to be out and about; ***dormire in -i*** to be asleep on one's feet; ***non si reggeva più in -i per la stanchezza*** he was ready *o* fit to drop; ***sono rimaste in -i solo poche case*** only a few houses were left standing ◆ ***su due -i*** off the top of one's head; ***così su due -i, non saprei*** offhand, I don't know; ***essere licenziato su due -i*** to be out on one's ear COLLOQ.; ***mettere in -i qcs.*** to set sth. up; ***rimettere qcs. in -i*** to get sth. back on its feet again; ***prendere ~*** to take off, to catch on; ***stare coi*** o ***tenere i -i per terra*** to keep both *o* one's feet on the ground; ***ritornare con i -i per terra*** to come down to earth; ***andarci con i -i di piombo*** to tread carefully *o* warily; ***cadere in -i*** to fall *o* land on one's feet; ***avere le ali ai -i*** to have wings on one's feet; ***pestare i -i a qcn.*** to stand *o* tread *o* step on sb.'s toes; ***mettere i -i in testa a qcn.*** to walk over sb.; ***tenere il ~ in due staffe*** o ***scarpe*** to have a foot in both camps; ***darsi la zappa sui -i*** to shoot oneself in the foot; ***puntare i -i*** to dig in one's heel; ***fare qcs. con i -i*** to do sth. in a slapdash way; ***ragionare con i -i*** to reason like a fool; ***essere con un ~ nella fossa*** to have one foot in the grave; ***uscire da un luogo coi -i davanti*** to leave somewhere feet first; ***partire col ~ giusto, sbagliato*** to get off on the right, wrong foot; ***alzarsi con il ~ sinistro*** to get out of bed on the wrong side; ***far mancare la terra sotto i -i a qcn.*** to cut the ground *o* rug out from under sb.'s feet; ***sul ~ di guerra*** on a war footing; ***a ~ libero*** at large; ***essere, avere una palla al ~*** to be, have a millstone round one's neck; ***togliti*** o ***levati dai -i!*** go take a running jump! get out of my way! ***stare tra i -i a qcn.*** to be *o* get under sb.'s feet; ***avere i -i di argilla*** to have feet of clay; ***leccare i -i a qcn.*** to lick sb.'s boots; ***avere il morale sotto i -i*** to be an all-time low; ***avere il mondo ai propri -i*** to have the world at one's feet; ***lasciare qcn. a -i*** to leave sb. stranded ◆◆ ***~ d'atleta*** athlete's foot; ***~ equino*** club foot; ***~ di mosca*** TIP. paragraph (mark); ***~ di porco*** crowbar; ***~ talo*** talipes; ***-i piatti*** flat feet.

piedestallo /pjedes'tallo/ → **piedistallo.**

piedino /pje'dino/ m. **1** *(di macchina da cucire)* presser foot **2** COLLOQ. ***fare (il) ~ a qcn.*** to play footsie with sb.

piedipiatti /pjedi'pjatti/ m. e f.inv. *(poliziotto)* cop(per), flat foot* BE.

piedistallo /pjedis'tallo/ m. pedestal; ***porre*** o ***mettere qcn. su un ~*** FIG. to put sb. on a pedestal; ***fare scendere qcn. dal ~*** FIG. to knock sb. off their pedestal *o* perch.

piedritto /pje'dritto/ m. ARCH. pier.

▷ **piega**, pl. **-ghe** /'pjɛga, ge/ f. **1** *(ondulazione) (di foglio di carta, cartina, ventaglio, tessuto)* fold; ***la gonna, tenda ricadeva in morbide -ghe*** the skirt, curtain hung in soft folds **2** *(piegatura)* pleat; ***gonna a -ghe*** pleated skirt; ***pantaloni con la ~*** pleated trousers; *(permanente)* permanent-press trousers; ***fare stirare le -ghe*** to press the pleats flat **3** *(grinza)* crease; ***la tua camicia, la tua giacca fa delle -ghe*** your shirt, jacket is all creased; ***togliere le -ghe a*** to smooth the creases from [*tessuto, vestito*] **4** *(di capelli)* set; ***messa in ~*** hair set; *(con l'asciugacapelli)* blow-dry; ***farsi fare la messa in ~*** to have one's hair set **5** *(sulla pelle) (di occhi, bocca)* line; *(di addome)* fold; *(di gomito, ginocchio)* bend; ***la ~ inguinale*** (the fold of) the groin **6** GEOL. fold **7** FIG. *(andamento) (di evento, situazione)* turn; ***prendere una brutta ~*** [*persona, situazione, vicenda*] to take a turn for the worse; ***le cose hanno preso una ~ inaspettata*** matters *o* events have taken an unexpected turn *o* twist; ***gli eventi presero una ~ tragica*** events turned tragic **8** FIG. *(profondità)* ***le -ghe della coscienza*** the recesses of one's conscience ◆ ***non fare una ~*** *(essere coerente)* [*ragionamento*] to be flawless; *(rimanere impassibile)* [*persona*] not to turn a hair.

piegamento /pjega'mento/ m. **1** *(il piegare)* bending **2** SPORT *(sulle gambe)* flexion; *(sulle braccia)* push-up.

▶ **piegare** /pje'gare/ [1] **I** tr. **1** *(ripiegare)* to fold [*carta, vestito*]; to fold up [*sedia, sdraio*]; ***~ qcs. in due, in tre*** to fold sth. in two, three; ***~ in due*** to double (over) [*coperta, tovaglia*]; ***~ l'angolo della pagina*** to fold *o* turn down the corner of the page **2** *(flettere, curvare)* to bend* [*gambo, ramo, oggetto, parte del corpo*]; to flex [*dito*]; ***~ la forchetta in due*** to bend the fork in half; ***non riesco a ~ il braccio*** my arm won't bend; ***~ il busto all'indietro*** to lean back; ***~ il capo*** to bend one's head; FIG. to bow one's head **3** *(sottomettere)* to submit [*persona*] (**a** to); to weaken [*volontà, resistenza*]; to crush [*nemico, ribelli, esercito*]; ***~ qcn. alla propria volontà*** to bend sb. to one's will **II** intr. (aus. *avere*) to turn; ***la strada piega a destra, a sinistra*** the road turns right, left **III piegarsi** pronom. **1** *(curvarsi)* [*persona, braccia, gambe*] to bend*; [*ramo*] to droop, to bend* down; [*albero*] to bow; [*asse*] to sag; ***la mensola si piega sotto il peso dei libri*** the shelf sinks under the weight of books **2** FIG. *(cedere, sottomettersi)* to bend*, to submit, to give* in; ***-rsi alle minacce di qcn.*** to yield to sb.'s threats; ***-rsi al regolamento*** to submit to the rules; ***-rsi alla volontà della maggioranza*** to yield *o* submit to the wishes of the majority; ***-rsi a delle esigenze*** to bow to necessities **3** FIG. *(propendere)* to lean* towards ◆ ***-rsi*** o ***essere piegato in due dal ridere, dal dolore*** to be bent double with laughter, pain.

piegatore /pjega'tore/ ➧ ***18*** m. (f. **-trice** /tritʃe/) folder.

piegatrice /pjega'tritʃe/ f. *(macchina)* folder.

piegatura /pjega'tura/ f. **1** *(il piegare)* folding, bending, plication **2** *(piega) (di fogli stampati)* fold; *(di tubi)* bend.

pieghettare /pjeget'tare/ [1] tr. to pleat, to crimp [*tessuto*].

pieghettatura /pjegetta'tura/ f. **1** *(il pieghettare)* pleating, crimping **2** *(insieme delle pieghe)* pleats pl., crimp.

pieghevole /pje'gevole/ **I** agg. **1** *(che si può ripiegare)* [*sedia, tavolino, bicicletta, letto*] folding; ***passeggino ~*** push chair BE, stroller AE; ***seggiolino ~*** folding stool; *(a teatro)* hinged seat; ***inserto ~*** *(in una rivista)* gatefold **2** *(che si può piegare)* pliable, pliant **II** m. foldout.

pieghevolezza /pjegevo'lettsa/ f. pliability, pliableness.

piego, pl. **-ghi** /'pjɛgo, gi/ m. → **plico.**

pielite /pie'lite/ ➧ ***7*** f. pyelitis.

pielografia /pielogra'fia/ f. pyelography.

piemia /pie'mia/ f. pyaemia.

Piemonte /pje'monte/ ➧ ***30*** n.pr.m. Piedmont.

piemontese /pjemon'tese/ ➧ ***30*** **I** agg. Piedmontese **II** m. e f. Piedmontese* **III** m. LING. Piedmontese.

▷ **piena** /'pjɛna/ f. **1** *(di corso d'acqua)* flood; ***in ~*** [*fiume, torrente*] in flood, swelling, swollen; ***la ~ sta calando*** the floods have gone down; ***~ improvvisa*** flash flood **2** FIG. *(calca)* ***c'era una ~ eccezionale alla riunione*** there were masses of people at the meeting **3** FIG. *(foga, impeto)* heat; ***nella ~ della discussione*** in the heat of the discussion.

pienamente /pjena'mente/ avv. fully; ***avere ~ coscienza di qcs.*** to be fully aware of sth.; ***essere ~ favorevole*** to be all for it; ***essere ~ funzionante*** to be fully operational; ***concordo ~ con il suo punto di vista*** I fully support your point of view.

pienezza /pje'nettsa/ f. **1** *(interezza)* fullness; ***la ~ del suono*** the fullness *o* richness of sound; ***agire nella ~ dei propri poteri*** to exercise one's functions *o* powers to the full **2** *(culmine)* height; ***nella ~ delle sue forze*** at the height of his powers.

▶ **pieno** /'pjɛno/ **I** agg. **1** *(colmo)* full (**di** of); ***~ fino all'orlo*** filled to the brim; ***~ zeppo*** [*treno, museo, luogo*] packed, chock-a-block; [*valigia, borsa*] bulging (**di** with); ***il posto è ~ (zeppo) di turisti*** the place is packed *o* crammed with tourists; ***il teatro era ~ zeppo (di persone)*** the theatre was packed, full to capacity; ***il tuo rapporto è ~ (zeppo) di inesattezze*** your report is full of inaccuracies; ***essere ~ di allusioni, riferimenti*** to be littered with allusions, references; ***una stanza -a di fumo*** a smoke-filled room; ***una stanza -a di mobili*** a room crammed full of furniture; ***aveva gli occhi -i di lacrime*** his eyes brimmed with tears; ***essere ~ di vita*** [*persona*] to be full of life; [*luogo*] to bustle with activity; ***essere ~ di sé*** to be full of oneself; ***essere ~ di idee*** to be full of ideas; ***essere ~ di debiti*** to be debt-laden; ***essere ~ di energia*** to be full of go; ***un uomo ~ di risorse*** a man of (great) resource; ***essere ~ di soldi*** to be made of money; ***una gonna -a di macchie*** a skirt covered with stains; ***respirare aria fresca a -i polmoni*** to take long draughts of cool air; ***bere, nuotare a stomaco ~*** to drink, swim on a full stomach; ***non parlare con la bocca -a!*** don't speak with your mouth full! ***spendere a -e mani*** FIG. to spend freely; ***una giornata, una vita -a*** FIG. a busy, full day, life; ***un camion a ~ carico*** a fully loaded truck; ***a -a pagina*** TIP.

full-page **2** *(non vuoto)* [*mattone, muro*] solid **3** *(florido)* [*gote, viso*] plump, round **4** *(completo)* [*potere, consenso, adesione*] full; [*soddisfazione, confidenza, successo*] complete; ***dare -i poteri a qcn.*** to grant sb. full power; ***a tempo ~*** full-time; ***avere la -a responsabilità di qcs.*** to have full responsibility for sth.; ***essere in -a forma*** to be in good form; ***essere nel ~ possesso delle proprie facoltà*** to have full command of one's faculties; ***nel ~ significato del termine*** in the fullest sense of the word; ***rendere -a confessione*** to make a full confession; ***essere in ~ accordo con qcs.*** to be (all) of a piece with sth.; ***girare*** o ***funzionare a ~ regime*** [*macchina*] to operate at full capacity; [*impianto*] to be stretched to capacity; ***luna -a*** full moon **5** *(nel bel mezzo di)* ***in ~ petto*** in the middle of the chest; ***colpire qcn. in ~ volto*** to hit sb. full in the face; ***in -a notte*** in the middle of the night; ***in -a campagna*** in the depths of countryside; ***in -a fioritura*** in full bloom; ***in ~ agosto*** right in the middle of August; ***in ~ giorno*** in broad daylight; ***in ~ sole*** in full daylight; ***in ~ inverno*** in midwinter; ***in ~ mare*** far out at sea; ***essere in ~ svolgimento*** to be in full swing; ***subire un interrogatorio in -a regola*** to be given a thorough interrogation **II** m. **1** *(di serbatoio)* ***fare il ~ di*** to fill up with [*acqua, carburante*]; FIG. [*museo*] to get a lot of [*visitatori*]; ***fermarsi per fare il ~*** to stop to fill up; ***questa macchina fa 700 km con un ~*** this car does 700 km on a tankful; ***il ~ per piacere*** fill it up please **2** FIS. ***i -i e i vuoti*** plenums and vacuums **3** *(in calligrafia)* ***i -i e i filetti*** the downstrokes and upstrokes **4 in pieno** ***l'aereo si è schiantato in ~ contro l'edificio*** the plane crashed straight into the building; ***centrare in ~ il bersaglio*** to hit the target in the centre **5 nel pieno di** ***nel ~ dell'inverno*** in the dead *o* dephts of winter; ***nel ~ del cambiamento, della guerra*** in the midst of change, war; ***nel ~ della proprie forze*** [*persona*] at the height of one's power ◆ ***averne le tasche -e (di qcs.)*** to be fed up (with sth.); ***ne ho le palle -e*** VOLG. I've had enough of this shit; ***essere ~ fino agli occhi*** o ***come un uovo*** to be full to bursting point.

pienone /pje'none/ m. ***fare il ~*** TEATR. to have a full house, to play to packed house; ***il concerto ha fatto il ~*** the concert is sold out.

pienotto /pje'nɔtto/ agg. [*persona*] chubby; [*braccia, gambe*] plump; ***essere ~*** to be a roly-poly.

pierre /pi'ɛrre/ m. e f.inv. PR person, PR officer.

▶ **pietà** /pje'ta/ f.inv. **1** *(compassione, indulgenza)* pity, mercy; ***sentire*** o ***avere ~ per qcn.*** to feel pity for sb., to pity sb.; ***avere ~ di qcn.*** to take pity on sb., to have mercy on sb.; ***abbiate ~ di noi!*** take pity on us! have mercy on us! ***Signore, abbi ~ di noi!*** Lord, have mercy on us! ***fare ~ a qcn., ispirare ~ a qcn.*** to stir sb. to pity; ***implorare, pregare qcn. di avere ~*** to plead with sb. for mercy; ***magro da far ~*** pitiably thin; ***senza ~*** [*criticare*] mercilessly; ***per ~!*** for pity's sake! ***~ per le mie povere orecchie!*** think of my poor ears! **2** RELIG. piety; ***di ~*** [*articoli, libri*] devotional **3** ART. Pietà.

pietanza /pje'tantsa/ f. dish; ***una ~ prelibata*** a delicacy; ***una ~ di pesce*** a fish dish.

pietismo /pje'tizmo/ m. **1** STOR. Pietism **2** *(religiosità affettata)* pietism.

pietista, m.pl. **-i**, f.pl. **-e** /pje'tista/ m. e f. **1** STOR. Pietist **2** *(bigotto)* pietist.

pietistico, pl. **-ci**, **-che** /pje'tistiko, tʃi, ke/ agg. **1** STOR. [*influenza*] pietistic **2** FIG. [*atteggiamento*] pietistic.

pietosamente /pjetosa'mente/ avv. **1** *(con pietà)* mercifully **2** *(che desta pietà)* pitifully, piteously **3** *(in modo insoddisfacente)* [*cantare, recitare*] pitifully.

▷ **pietoso** /pje'toso/ agg. **1** *(che manifesta pietà)* [*persona, frase*] merciful, pitying; ***una bugia -a*** a white lie **2** *(che suscita compassione)* [*condizione, stato*] piteous, pitiable; ***essere in uno stato ~*** to be in a sorry state; ***un'esistenza -a*** a miserable life; ***in modo ~*** [*lamentarsi, gemere*] pitifully **3** *(misero, scarso)* [*spettacolo, film, risultato, prestazione*] pathetic, lamentable; ***ha lasciato la casa in uno stato ~*** she left the house in a terrible state *o* mess ◆ ***stendere un velo ~ su qcs.*** to draw a veil over sth.

▶ **pietra** /'pjɛtra/ f. **1** *(materia)* stone; ***un ponte, un muro di*** o ***in ~*** a stone bridge, wall; ***una casa in ~ locale*** a house in local stone; ***una cava di ~*** a stone quarry; ***una lastra di ~*** a flagstone; ***Età della ~*** Stone Age **2** *(sasso, roccia)* stone, rock; ***un mucchio di -e*** a pile *o* heap of stones; ***tirare una ~ contro qcs.*** to throw a stone at sth.; ***spaccare -e*** to split stones; ***posare*** o ***porre la prima ~*** to lay the foundation stone; FIG. to lay the foundations **3** *(gemma)* ***~ falsa*** paste, artificial stone; ***montare una ~*** to set *o* mount a precious stone ◆ ***chi è senza peccato scagli la prima ~*** PROV. people in glass houses shouldn't throw stones; ***avere un cuore di ~*** to have a heart of stone; ***c'è un sole che spacca le -e*** there's a blazing sun; ***mettiamoci una ~ sopra!*** let bygones be bygones! ***~ smossa non fa muschio*** PROV. a rolling stone gathers no moss; ***la ~ dello scandalo*** = a bad example ◆◆ ***~ d'allume*** alunite; ***~ angolare*** cornerstone (anche FIG.); ***~ da calce*** limestone; ***~ da costruzione*** building stone; ***~ da cote*** hone; ***~ dura*** semiprecious stone; ***~ filosofale*** philosopher's stone; ***~ focaia*** firestone; ***~ da gesso*** gypsum; ***~ di luna*** moonstone; ***~ miliare*** milestone (anche FIG.); ***~ molare*** burrstone; ***~ di paragone*** touchstone (anche FIG.); ***~ pomice*** pumice (stone); ***~ preziosa*** precious stone; ***~ sepolcrale*** → ***~ tombale***; ***~ da taglio*** freestone; ***~ tombale*** gavestone, headstone, tombstone.

pietraia /pje'traja/ f. **1** *(luogo sassoso)* scree **2** *(cava)* stone quarry.

pietrame /pje'trame/ m. EDIL. road metal.

pietrificare /pjetrifi'kare/ [1] **I** tr. **1** *(mutare in pietra)* to petrify **2** FIG. to transfix, to petrify; ***la notizia ci ha pietrificati*** we were transfixed by the news **II pietrificarsi** pronom. **1** to become* petrified **2** FIG. *(per lo spavento, lo stupore)* to be* transfixed, to be* petrified.

pietrificato /pjetrifi'kato/ **I** p.pass. → **pietrificare II** agg. **1** [*foresta*] petrified **2** FIG. ***rimanere come ~*** to stand there as if turned to stone; ***era ~ dalla paura*** he was literally petrified with fear.

pietrificazione /pjetrifikat'tsjone/ f. petrifaction, petrification.

pietrina /pje'trina/ f. flint.

pietrisco, pl. **-schi** /pje'trisko, ski/ m. rubble, metalling BE, metaling AE.

Pietro /'pjɛtro/ n.pr.m. Peter; ***~ il Grande*** Peter the Great; ***denaro di san ~*** alms-fee, Peter's pence; ***erba di san ~*** costmary; ***pesce san ~*** John Dory ◆ ***questo si chiama ~ (e torna indietro)*** COLLOQ. he's called Jack (and comes back).

pietroso /pje'troso/ agg. [*sentiero, campo*] stony, rocky.

pievano /pje'vano/ m. parish priest.

pieve /'pjɛve/ f. STOR. parish.

piezoelettricità /pjeddzoelettritʃi'ta/ f.inv. piezoelectricity.

piezoelettrico, pl. **-ci**, **-che** /pjeddzoe'lɛttriko, tʃi, ke/ agg. piezoelectric.

piezometrico, pl. **-ci**, **-che** /pjeddzo'mɛtriko, tʃi, ke/ agg. piezometric.

piezometro /pjed'dzɔmetro/ m. piezometer.

pifferaio, pl. **-ai** /piffe'rajo, ai/ m. (f. **-a**) fifer, piper; ***il ~ magico*** the Pied Piper.

piffero /'piffero/ m. fife, pipe; ***suonare il ~*** to play the fife.

▷ **pigiama** /pi'dʒama/ m. pyjamas BE, pajamas AE; ***un ~*** a pair of pyjamas; ***essere in ~*** to be in one's pyjamas; ***mettersi in ~*** to put on one's pyjamas; ***uscire in ~*** to go out in one's pyjamas; ***giacca del ~*** pyjama jacket *o* top; ***pantaloni del ~*** pyjama trousers *o* bottoms.

pigia pigia /pidʒa'pidʒa/ m.inv. crush; ***c'era un ~ davanti al cinema*** there was a rush *o* pack in front of the cinema.

pigiare /pi'dʒare/ [1] **I** tr. **1** *(pressare, schiacciare)* to force down, to squash down [*oggetti*]; to pack [*vestiti*] (**in** in); to press down [*terra*]; to tamp down [*tabacco*] (**in** in); to tread* [*uva*]; ***~ l'acceleratore*** COLLOQ. to step on the gas **2** *(accalcare, spingere)* to crowd, to cram [*persone*] (**in** into); ***gli ospiti furono pigiati nelle poche stanze rimanenti*** guests were crowded into the few remaining rooms **II pigiarsi** pronom. [*persone*] to crowd (**in** in); ***c'è posto per tutti se ci pigiamo un po'*** there's room for everyone if we crowd in a bit.

pigiato /pi'dʒato/ **I** p.pass. → **pigiare II** agg. packed, squeezed; ***erano -i sul sedile posteriore della macchina*** they were all packed together in the back of the car ◆ ***essere -i come sardine*** to be packed *o* squashed (in) like sardines.

pigiatore /pidʒa'tore/ m. (f. **-trice** /tritʃe/) treader.

pigiatrice /pidʒa'tritʃe/ f. *(macchina)* winepress.

pigiatura /pidʒa'tura/ f. *(di uva)* treading.

pigino /pi'dʒino/ m. tobacco stopper.

pigionante /pidʒo'nante/ m. e f. tenant.

pigione /pi'dʒone/ f. **1** *(locazione)* renting (out); ***stare a ~*** to live in rented accommodation; ***dare, prendere a ~*** to rent out, to rent [*casa, appartamento*] **2** *(prezzo)* rent; ***pagare la ~*** to pay the rent.

pigliamosche /piʎʎa'moske/ m.inv. **1** BOT. (Venus) flytrap **2** ORNIT. flycatcher.

▶ **pigliare** /piʎ'ʎare/ [1] → **prendere.**

1.piglio, pl. **-gli** /'piʎʎo, ʎi/ m. ***dare di ~ a qcs.*** *(afferrare)* to seize *o* grab *o* grasp sth.; FIG. *(iniziare)* to set to sth.

2.piglio, pl. **-gli** /'piʎʎo, ʎi/ m. **1** *(atteggiamento)* manner; ***~ sicuro*** sureness of touch; ***con ~ risoluto*** in a resolute manner **2** *(tono)* tone.

pigmalione /pigma'ljone/ m. talent scout, patron; ***è stato il loro ~*** FIG. he made them.

Pigmalione /pigma'ljone/ n.pr.m. Pygmalion.

pigmentare /pigmen'tare/ [1] **I** tr. to pigment **II pigmentarsi** pronom. to pigment.

pigmentario, pl. **-ri**, **-rie** /pigmen'tarjo, ri, rje/ agg. [*cellula*] pigmental, pigmentary.
pigmentato /pigmen'tato/ **I** p.pass. → **pigmentare II** agg. pigmented.
pigmentazione /pigmentat'tsjone/ f. pigmentation.
pigmento /pig'mento/ m. pigment.
pigmeo /pig'mɛo/ **I** agg. [*razza*] pygm(a)ean **II** m. (f. **-a**) **1** Pygmy, Pigmy **2** FIG. *(persona di bassa statura)* pygmy, pigmy.
▷ **pigna** /'piɲɲa/ f. **1** BOT. cone; *(di pino)* pine cone; *(di abete)* fir cone **2** ARCH. crown, vertex* **3** TECN. inlet filter ◆ ***avere le -e in testa*** = to have some crazy ideas.
pignatta /piɲ'ɲatta/ f. **1** *(pentola)* pot **2** *(laterizio forato)* hollow block.
pignoleggiare /piɲɲoled'dʒare/ [1] intr. (aus. *avere*) to split* hairs, to quibble (**su** about).
pignoleria /piɲɲole'ria/ f. **1** *(carattere)* fussiness, nit-picking; ***è di una ~ insopportabile*** he's unbearably fussy **2** *(dettaglio)* quibble, trifle.
pignolesco, pl. **-schi**, **-sche** /piɲɲo'lesko, ski, ske/ agg. pedantic.
pignolo /piɲ'ɲɔlo/ **I** agg. nit-picking, pernickety BE, persnickety AE **II** m. (f. **-a**) nit-picker, fussy person, hair-splitter.
1.pignone /piɲ'ɲone/ m. **1** ARCH. gable; ***una casa a ~*** a gabled house **2** ING. groyne BE, groin AE.
2.pignone /piɲ'ɲone/ m. MECC. pinion.
pignorabile /piɲɲo'rabile/ agg. DIR. [*reddito*] attachable; [*beni*] distrainable.
pignoramento /piɲɲora'mento/ m. DIR. seizure, attachment, foreclosure; ***eseguire un ~*** to make a seizure ◆◆ ***~ presso terzi*** garnishment.
pignorante /piɲɲo'rante/ m. e f. garnisher, distrainer.
pignorare /piɲɲo'rare/ [1] tr. **1** DIR. ***~ i beni di qcn.*** to distrain upon sb.'s goods **2** *(dare in pegno)* to pawn [*gioielli, oggetti di valore*].
pignoratario, pl. **-ri** /piɲɲora'tarjo, ri/ m. garnisher, distrainer.
pignoratizio, pl. **-zi**, **-zie** /piɲɲora'tittsjo, tsi, tsje/ agg. ***debitore ~*** pledger, pledgor; ***creditore ~*** pledgee.
pigolare /pigo'lare/ [1] intr. (aus. *avere*) **1** [*pulcino, uccellino*] to chirp, to cheep, to peep **2** FIG. *(lagnarsi)* [*persona*] to whimper, to whine.
pigolio, pl. **-lii** /pigo'lio, lii/ m. **1** *(di uccellini, pulcini)* cheeping, chirping **2** FIG. *(di persona)* whimpering.
pigramente /pigra'mente/ avv. lazily.
▷ **pigrizia** /pi'grittsja/ f. laziness; ***per ~*** out of laziness; ***essere di una ~ inconcepibile*** to be inconceivably lazy ◆◆ ***~ intestinale*** sluggish bowels; ***~ mentale*** lazy thinking.
▷ **pigro** /'pigro/ **I** agg. [*persona, gesto*] lazy; ***essere ~ di natura*** to be lazy by inclination, to be naturally lazy; ***è così ~ quando si tratta di fare i lavori di casa!*** he's so lazy about doing the housework! ***intestino ~*** FISIOL. sluggish bowels **II** m. (f. **-a**) lazy person.
pigrone /pi'grone/ m. (f. **-a**) COLLOQ. lazybones*.
PIL /pil/ m. (⇒ Prodotto Interno Lordo Gross Domestic Product) GDP.
▶ **1.pila** /'pila/ f. **1** *(mucchio) (disordinato)* pile; *(ordinato)* stack; ***prova a guardare in quella ~ di giornali*** try looking through that pile of papers; ***tirò fuori alcuni fogli da sotto una ~ di libri*** she took out some papers from underneath a pile of books **2** EL. battery; ***a -e*** [*giocattolo, sveglia, trapano*] battery-operated attrib.; ***la ~ si sta scaricando*** the battery is going **3** *(lampadina tascabile)* torch; ***fare luce con una ~ su qcs.*** to flash a torch on *o* at sth. **4** ARCH. *(di ponte)* pier **5** INFORM. stack ◆◆ ***~ alcalina*** alkaline battery; ***~ elettrica*** voltaic pile; ***~ fotoelettrica*** solar cell; ***~ nucleare*** atomic pile; ***~ a secco*** dry cell; ***~ solare*** solar cell; ***~ termoelettrica*** thermopile; ***~ voltaica*** voltaic pile.
2.pila /'pila/ f. **1** *(recipiente)* ***la ~ di una fontana*** the basin of a fountain; ***~ dell'acquasanta*** stoup **2** *(lavatoio)* laver.
pilaf /'pilaf, pi'laf/ **I** agg.inv. ***riso ~*** pilau (rice), pilaf(f) **II** m.inv. pilau (rice), pilaf(f).
pilare /pi'lare/ [1] tr. to hull, to husk [*riso*].
▷ **pilastro** /pi'lastro/ m. **1** EDIL. pillar **2** FIG. *(di dottrina, economia, istituzione)* mainstay; *(persona) (di comunità, chiesa, società)* pillar **3** ANAT. pillar.
Pilato /pi'lato/ n.pr.m. ***Ponzio ~*** Pontius Pilate.
pilatura /pila'tura/ f. *(di riso)* husking.
pile /pail/ m.inv. *(tessuto)* pile fabric, fleece.
pilifero /pi'lifero/ agg. ***zona -a*** piliferous layer; ***follicolo ~*** hair follicle; ***bulbo ~*** hair bulb.
pillo /'pillo/ m. TECN. rammer, tamper.
▷ **pillola** /'pillola/ f. **1** *(pastiglia)* pill **2** *(contraccettivo)* pill; ***prendere la ~*** *(abitualmente)* to be on the pill; ***smettere (di prendere) la ~*** to come off the pill **3** FIG. *(situazione, cosa spiacevole)* ***ingoiare la ~*** to take one's medicine; ***trovare amara la ~*** to find it a bitter pill to swallow ◆ ***indorare la ~ a qcn.*** to sugar the pill for sb.; ***prendere qcs. in -e*** to take sth. in small doses ◆◆ ***~ del giorno dopo*** morning-after pill.
pilo /'pilo/ m. STOR. pilum*.
pilone /pi'lone/ m. **1** *(traliccio)* pylon; RAD. TELEV. mast; ***i -i sono stati messi a 100 metri uno dall'altro*** the pylons were spaced 100 metres apart; ***~ di teleferica*** cableway support **2** ING. *(di ponte)* pier **3** SPORT *(nel rugby)* prop (forward) **4** *(piccola costruzione)* shrine ◆◆ ***~ di ormeggio*** mooring-mast.
pilorico, pl. **-ci**, **-che** /pi'lɔriko, tʃi, ke/ agg. pyloric.
piloro /pi'lɔro/ m. pylorus*.
▷ **pilota** /pi'lɔta/ ♦ **18** **I** m. e f. *(di aereo, nave)* pilot; *(di autoveicolo)* driver; ***secondo ~*** co-pilot; ***brevetto di ~*** pilot licence; ***prendere un brevetto di ~*** to get one's wings AER.; ***è un ~ della Ferrari*** he drives for Ferrari **II** agg.inv. **1** pilot; ***progetto ~*** pilot scheme; ***studio ~*** pilot study; ***impianto ~*** pilot plant; ***scuola ~*** experimental school; ***trasmissione ~*** TELEV. pilot **2** TECN. ***fiammella ~*** pilot burner ◆◆ ***~ acrobatico*** stunt pilot; ***~ automatico*** automatic pilot; ***~ da caccia*** fighter pilot; ***~ collaudatore*** test pilot; ***~ di linea*** airline pilot.
pilotabile /pilo'tabile/ agg. **1** that can be piloted **2** FIG. that can be manipulated.
pilotaggio, pl. **-gi** /pilo'taddʒo, dʒi/ m. pilotage, piloting; ***cabina di ~*** cockpit, flight deck.
pilotare /pilo'tare/ [1] tr. **1** *(guidare, condurre)* to pilot, to fly* [*aereo*]; to pilot, to steer [*nave*]; to drive* [*auto da corsa*]; ***questo aereo è facile da ~*** this plane is easy to fly **2** FIG. to pilot, to steer.
pilotato /pilo'tato/ **I** p.pass. → **pilotare II** agg. ***parto ~*** induced delivery.
pilotina /pilo'tina/ f. pilot boat.
piluccare /piluk'kare/ [1] tr. **1** to pick at; ***~ un grappolo d'uva*** to pick at the grapes (from the bunch) **2** *(sbocconcellare)* to pick at, to peck at [*cibo*]; ***non mangia, pilucca!*** she doesn't eat, she just nibbles!
pimento /pi'mento/ m. allspice, pimento*, Jamaica pepper.
pimpante /pim'pante/ agg. **1** *(allegro)* [*persona*] brisk, lively, jaunty **2** *(sgargiante)* [*cravatta, vestito*] showy.
pimpinella /pimpi'nɛlla/ f. BOT. burnet.
pinacoteca, pl. **-che** /pinako'tɛka, ke/ f. picture gallery.
pinastro /pi'nastro/ m. pinaster.
pince /pɛns/ f.inv. dart, tuck; ***fare delle ~ in vita*** to put darts in at the waist; ***fare delle ~ ad una giacca*** to put darts in a jacket; ***un paio di pantaloni con le ~*** trousers with a pleated waist.
pince-nez /pɛns'ne/ m.inv. pince-nez*.
1.pinco, pl. **-chi** /'pinko, ki/ m. **1** *(sciocco)* twit, fool **2** *(persona qualsiasi)* ***Pinco Pallino*** Mr Whatnot; ***chiedilo a un Pinco Pallino qualsiasi*** go and ask just anybody.
2.pinco, pl. **-chi** /'pinko, ki/ m. STOR. pink.
pindarico, pl. **-ci**, **-che** /pin'dariko, tʃi, ke/ agg. Pindaric; ***fare un volo ~*** FIG. = to jump from one subject to another.
Pindaro /'pindaro/ n.pr.m. Pindar.
pineale /pine'ale/ agg. [*ghiandola, corpo*] pineal.
pinella /pi'nɛlla/ f. *(nel gioco della canasta)* deuce.
▷ **pineta** /pi'neta/ f. pinewood.
ping-pong /ping'pɔng/ ♦ **10** m.inv. ping-pong, table tennis; ***giocare a ~*** to play ping-pong; ***racchetta da ~*** table tennis bat.
pingue /'pingwe/ agg. **1** *(in carne)* [*persona, animale*] stout **2** *(fertile)* [*terreno, pascolo*] pinguid, fertile **3** FIG. *(ricco)* [*patrimonio, guadagno*] big.
pinguedine /pin'gwɛdine/ f. stoutness, pinguidity.
pinguicola /pin'gwikola/ f. butterwort.
▷ **pinguino** /pin'gwino/ m. **1** ZOOL. penguin **2** GASTR. *(gelato)* choc-ice ◆◆ ***~ imperatore*** ZOOL. emperor penguin; ***~ reale*** ZOOL. king penguin.
▷ **pinna** /'pinna/ f. **1** ZOOL. *(di pesce)* fin; *(di mammifero, rettile)* flipper; ***-e pettorali, pelviche*** pectoral, pelvic fins **2** MAR. AER. AUT. fin **3** *(attrezzo per nuotare)* flipper ◆◆ ***~ anale*** anal fin; ***~ caudale*** caudal fin; ***~ dorsale*** dorsal fin; ***~ nasale*** ANAT. ala of the nose.
pinnacolo /pin'nakolo/ m. **1** ARCH. pinnacle **2** GIOC. pinochle.
pinnato /pin'nato/ agg. **1** ZOOL. pinnated **2** SPORT ***nuoto ~*** swimming with flippers.
pinnipede /pin'nipede/ m. pinniped.
pinnula /'pinnula/ f. ZOOL. BOT. pinnule.
▷ **pino** /'pino/ m. pine; ***legno di ~*** pine(wood); ***sedia, cucina in (legno di) ~*** pine chair, kitchen; ***ago di ~*** pine-needle; ***essenza di ~*** pine (essence) oil ◆◆ ***~ bianco*** white pine; ***~ domestico*** stone-pine; ***~ marittimo*** pinaster, maritime pine; ***~ mugo*** mugho pine; ***~ nero*** Austrian pine; ***~ silvestre*** Scots pine.

pinolo /pi'nɔlo/ m. pine kernel.
pinta /'pinta/ f. pint.
▷ **pinza** /'pintsa/ f. **1** *(arnese)* ***un paio di -e*** a pair of pliers *o* pincers, nippers *o* tongs **2** ZOOL. *(chela)* pincer, claw ◆◆ ***~ da carbone*** coal tongs; ***~ fermacarte*** bulldog clip; ***-e da bucato*** clothes pegs, clothes pins AE; ***-e per ciclisti*** bicycle clips; ***-e del dentista*** dental forceps; ***-e emostatiche*** haemostatic forceps; ***-e da ghiaccio*** ice tongs; ***-e per lumache*** snail tongs; ***-e multiuso*** adjustable pliers; ***-e tagliafili*** wire cutters; ***-e universali*** universal pliers.
pinzare /pin'tsare/ [1] tr. **1** *(attaccare insieme)* to staple (together) [*carte, documenti*] **2** REGION. *(pungere)* [*insetto*] to bite* **3** COLLOQ. *(cogliere in flagrante)* to nab, to catch*.
pinzatrice /pintsa'tritʃe/ f. stapler, staple gun.
pinzatura /pintsa'tura/ f. **1** *(di punti metallici)* stapling **2** TESS. burling.
▷ **pinzetta** /pin'tsetta/ f. ***un paio di -e*** a pair of tweezers.
pinzimonio, pl. **-ni** /pintsi'mɔnjo, ni/ m. GASTR. INTRAD. (a sauce made with olive oil, vinegar, salt and pepper into which raw vegetables may be dipped).
pinzochero /pin'tsɔkero/ m. (f. **-a**) *(bigotto)* bigot.
▷ **1.pio**, pl. **pii, pie** /'pio, pii, pie/ agg. **1** *(devoto)* [*persona*] pious, devout; [*atto, lettura*] pious, devotional **2** *(volto a fini religiosi)* [*luogo*] sacred **3** *(caritatevole)* charitable; ***rivolgere un pensiero ~ a qcn.*** to remember sb. in one's prayers; ***opera -a*** charitable act ◆◆ ***~ desiderio*** IRON. wishful thinking.
2.pio /'pio/ inter. e m.inv. ***~ ~*** cheep-cheep; ***fare ~ ~*** to pip.
Pio /'pio/ n.pr.m. Pius.
piodermite /pioder'mite/ ➧ **7** f. pyoderma.
piogeno /pi'ɔdʒeno/ agg. [*germe*] pyogenic.
pioggerella /pjoddʒe'rɛlla/ f. drizzle, mizzle; ***una ~ sottile*** a light rain.
▶ **pioggia**, pl. **-ge** /'pjɔddʒa, dʒe/ f. **1** rain; ***sotto la ~*** in the rain; ***cadeva, scendeva la ~*** the rain was falling, coming down; ***sotto la ~ battente*** in the pouring rain; ***cadeva una ~ sottile*** it was drizzling; ***giorno di ~*** rainy day; ***fummo sorpresi dalla ~*** we got caught in the rain; ***le nubi preannunciavano ~*** the clouds promised rain; ***la ~ cadeva a raffiche*** the rain was falling in drifts; ***rovescio di ~*** downpour; ***-ge sparse*** METEOR. occasional *o* scattered showers; ***-ge violente, estive*** heavy, summer showers; ***la stagione delle -ge*** the rainy season, the rains **2** FIG. *(profusione) (di missili)* volley; *(di scintille, frammenti, petali, cenere)* shower; *(di lamentele)* rush; *(di insulti)* hail; ***accogliere qcn. con una ~ di coriandoli*** to give sb. a ticker tape welcome; ***attirarsi una ~ di critiche*** to bring a storm down about one's ears **3 a pioggia** ***cadere a ~*** [*proiettili, scintille*] to rain down; ***buttare il riso a ~ nel latte bollente*** to sprinkle the rice into the boiling milk ◆◆ ***~ acida*** acid rain; ***~ meteorica*** meteor shower.
piolo /pi'ɔlo/ m. **1** *(paletto)* stake; *(più corto)* peg **2** *(di scala)* rung, spoke; ***scala a -i*** ladder.
piombaggine /pjom'baddʒine/ f. **1** *(grafite)* plumbago* **2** BOT. plumbago*.
piombaggio, pl. **-gi** /pjom'baddʒo, dʒi/ m. **1** *(piombatura)* sealing (with lead seals) **2** CHIR. plombage.
▶ **1.piombare** /pjom'bare/ [1] intr. (aus. *essere*) **1** *(cadere, precipitare)* to fall*; ***una parte dell'hotel piombò nel mare*** part of the hotel collapsed into the sea; ***un fulmine è piombato sull'albero*** lightning struck the tree **2** *(assalire improvvisamente)* **~ su** [*soldati, polizia*] to fall on, to swoop on *o* upon [*persona, gruppo*]; [*rapace*] to swoop down on *o* upon [*preda*]; [*animale predatore*] to pounce on [*preda*]; ***all'improvviso l'automobile mi piombò addosso*** the car was suddenly right on top of me COLLOQ. **3** FIG. *(sprofondare)* **~ in** [*persona*] to sink into [*disperazione, tristezza*]; ***niente potrebbe evitare che il paese piombi nel caos*** nothing could prevent the country's plunge into chaos **4** FIG. *(sopraggiungere all'improvviso)* **~ *in casa di qcn.*** to descend on sb.; ***gli piombò addosso una disgrazia*** he was struck by misfortune **5** *(cadere bene, a piombo)* to hang* well; ***~, non ~ bene*** [*vestito, tenda*] to hang, not to hang properly.
2.piombare /pjom'bare/ [1] tr. **1** MED. to fill [*dente*] **2** *(sigillare)* to seal (with a leaden seal) [*pacco*] **3** *(per appesantire)* to weight [*lenza, tenda*].
piombato /pjom'bato/ **I** p.pass. → **2.piombare II** agg. **1** *(sigillato)* [*pacco, vagone*] sealed (with lead) **2** *(otturato con piombo)* [*dente*] filled **3** *(ricoperto di piombo)* coated with lead; ***lamiera -a*** terne plate.
piombatoio, pl. **-oi** /pjomba'tojo, oi/ m. machicolation.
piombatura /pjomba'tura/ f. **1** *(sigillatura con piombo)* sealing **2** *(otturazione di dente)* filling.
piombico, pl. **-ci, -che** /'pjombiko, tʃi, ke/ agg. plumbic.
piombifero /pjom'bifero/ agg. plumbiferous.
piombino /pjom'bino/ m. **1** *(di lenza, rete)* sinker, bob **2** *(sigillo)* lead seal **3** *(proiettile)* lead pellet ◆◆ ***~ dello scandaglio*** MAR. sounding lead.
▷ **piombo** /'pjombo/ ➧ **3 I** m. **1** *(metallo)* lead; ***senza ~*** [*benzina*] unleaded; ***cielo di ~*** LETT. leaden sky; ***mi sento le gambe di ~*** my legs feel like lead; ***soldatino di ~*** tin soldier; ***avvelenamento da ~*** lead poisoning; ***lega di ~*** alloy of lead; ***ossido di ~*** lead oxide; ***acetato di ~*** lead acetate **2** *(nella pesca)* lead, plummet, sinker **3** *(sigillo)* lead seal **4** FIG. *(proiettili)* lead, bullets; ***riempire qcn. di piombo*** COLLOQ. to fill *o* pump sb. full of lead; ***gli anni di ~*** GIORN. = the years of terrorism **5** TIP. ***caratteri di ~*** metal type **6 a piombo** *(a perpendicolo)* [*roccia, scogliera*] sheer; ***finestra a ~*** leaded window; ***filo a ~*** plumb line; ***non essere a ~*** [*parete, muro*] to be off *o* out of plumb **II** agg.inv. *(colore)* ***grigio ~*** gunmetal grey BE *o* gray AE ◆ ***pesante come il ~*** as heavy as lead; ***andarci con i piedi di ~*** to tread carefully *o* warily ◆◆ ***~ dello scandaglio*** MAR. sounding lead.
piomboso /pjom'boso/ agg. **1** *(che contiene piombo)* lead ATTRIB. **2** CHIM. plumbous.
pioniere /pjo'njɛre/ m. (f. **-a**) **1** STOR. pioneer; ***carovana dei -i*** wagon train **2** FIG. *(precursore)* pioneer, pathfinder, trail blazer; ***essere un ~ del socialismo, dell'immunologia*** a pioneer socialist, immunologist.
pionierismo /pjonje'rizmo/ m. pioneering work.
pionieristico, pl. **-ci, -che** /pjonje'ristiko, tʃi, ke/ agg. **1** *(di pioniere)* pioneer attrib. **2** FIG. *(che denota intrapredenza)* [*operazione, studio, ricerca, esperimento*] pioneering; [*idea*] groundbreaking.
pioppaia /pjop'paja/ f., **pioppeto** /pjop'peto/ m. poplar grove.
pioppicoltura /pjoppikol'tura/, **pioppicultura** /pjoppikul'tura/ f. poplar growing.
▷ **pioppo** /'pjɔppo/ m. poplar ◆◆ ***~ bianco*** white poplar, abele; ***~ italico*** Lombardy poplar; ***~ nero*** black poplar; ***~ tremulo*** aspen.
piorrea /pjor'rɛa/ ➧ **7** f. pyorrh(o)ea ◆◆ ***~ alveolare*** periodontitis.
piota /'pjɔta/ f. sod, turf*.
piovanello /pjova'nɛllo/ m. ***~ maggiore*** knot; ***~ pancia nera*** dunlin; ***~ tridattilo*** sanderling; ***~ violetto*** purple sandpiper, winter snipe.
piovano /pjo'vano/ agg. ***acqua -a*** rainwater.
piovasco, pl. **-schi** /pjo'vasko, ski/ m. shower.
▶ **piovere** /'pjɔvere/ [71] **I** impers. (aus. *essere, avere*) to rain; ***piove*** it's raining; ***sembra che voglia ~*** it looks like rain; ***piove a goccioloni*** the rain is falling in big drops; ***piove a dirotto*** it's pouring (with rain); ***~ a catinelle, come Dio la manda*** COLLOQ. to rain buckets *o* cats and dogs; ***l'auto non parte quando piove*** the car won't start in the wet; ***non piove da settimane*** it hasn't rained in weeks; ***se continua a ~ non vado*** if the rain keeps up I'm not going **II** intr. (aus. *essere*) [*colpi, complimenti*] to rain down, to shower; [*offerte di lavoro, soldi, lettere, richieste*] to pour in; ***piovono le cattive notizie*** bad news is coming in thick and fast; ***~ dal cielo*** FIG. to come out of the blue ◆ ***piove (sempre) sul bagnato*** unto those that have shall more be given; ***su questo non ci piove*** that's flat *o* a fact.
pioviccicare /pjovittʃi'kare/, **piovigginare** /pjoviddʒi'nare/ [1] impers. (aus. *essere, avere*) to drizzle, to mizzle.
piovigginoso /pjoviddʒi'noso/ agg. [*tempo, giorno*] drizzly, mizzly.
piovosità /pjovosi'ta/ f.inv. **1** *(l'essere piovoso)* raininess **2** *(quantità di pioggia)* rainfall.
▷ **piovoso** /pjo'voso/ agg. [*anno, giornata, stagione, regione*] rainy, wet.
piovra /'pjɔvra/ f. **1** ZOOL. octopus* **2** FIG. *(persona)* ***è una vera ~!*** he's so clingy! he's all hands! **3** FIG. *(organizzazione)* octopus*.
▷ **1.pipa** /'pipa/ f. **1** *(per fumare)* pipe; ***fumare la ~*** to smoke a pipe; ***accendere la ~*** to light up; ***caricare la ~*** to fill the pipe; ***fare un tiro di ~*** to draw on *o* at one's pipe; ***~ in radica, in terracotta*** briar, clay pipe; ***~ di schiuma*** meerschaum pipe; ***tabacco da ~*** pipe tobacco **2** LING. inverted circumflex ◆◆ ***~ da oppio*** opium pipe.
2.pipa /'pipa/ f. ZOOL. Suriname toad.
pipaio, pl. **-ai** /pi'pajo, ai/ ➧ *18* m. (f. **-a**) pipe-maker.
pipata /pi'pata/ f. **1** *(quantità di tabacco)* pipeful **2** *(tirata)* ***tirare una ~*** to draw a puff on one's pipe.
piperazina /piperad'dzina/ f. piperazine.
piperita /pipe'rita/ agg.f. ***menta ~*** peppermint.
pipetta /pi'petta/ f. **1** CHIM. pipette **2** LING. inverted circumflex.
pipì /pi'pi/ f.inv. COLLOQ. pee, wee BE, piddle; ***fare (la) ~*** to pee, to wee BE, to piddle; ***farsi la ~ addosso*** to wet oneself, to have an accident; ***fare la ~ a letto*** to wet the bed.

Pipino /pi'pino/ n.pr.m. Pepin ◆◆ *~ il Breve* Pepin the Short.
▷ **pipistrello** /pipis'trɛllo/ m. **1** ZOOL. bat **2** *(mantello)* inverness cloak **3** ABBIGL. *manica a ~* dolman sleeve ◆◆ *~ nano* pipistrellus.
pipita /pi'pita/ f. **1** VETER. pip **2** *(pellicola intorno alle unghie)* agnail, hangnail.
pippa /'pippa/ f. VOLG. **1** *(masturbazione)* handjob; *farsi una ~* to give oneself a handjob, to jerk off, to wank off, to whack off AE **2** *(persona inetta)* pipsqueak.
pippiolino /pippjo'lino/ m. picot.
piqué /pi'ke/ m.inv. piqué.
pira /'pira/ f. pyre.
piralide /pi'ralide/ f. pyralid.
piramidale /pirami'dale/ agg. **1** *(a piramide)* [*costruzione*] pyramidal, pyramid-shaped; FIG. [*gerarchia*] pyramid attrib. **2** ANAT. [*osso, cellula, sistema*] pyramidal.
piramidalmente /piramidal'mente/ avv. pyramidally.
▷ **piramide** /pi'ramide/ f. pyramid (anche ARCHEOL.); *tronco di ~* truncated pyramid; *una ~ di scatolette in una vetrina* a pyramid of tins in a shop window ◆◆ *~ di Cheope* Great Pyramid; *~ dell'età* age pyramid; *~ della popolazione* population pyramid; *-i di Malpighi* Malpighian pyramids.
pirandelliano /pirandel'ljano/ agg. Pirandellian.
piranha /pi'raɲɲa/ m.inv. piranha.
pirargirite /pirardʒi'rite/ f. pyrargyrite.
▷ **pirata** /pi'rata/ **I** agg.inv. [*video, cassetta*] pirated; *radio ~* pirate radio; *nave ~* pirate ship **II** m. pirate; FIG. freebooter, pirate ◆◆ *~ dell'aria* skyjacker; *~ informatico* (computer) hacker; *~ della strada* hit and run driver.
piratare /pira'tare/ [1] tr. to pirate [*disco, videocassetta*].
pirateria /pirate'ria/ f. **1** *(brigantaggio)* piracy; *atto di ~* act of piracy **2** FIG. *(contraffazione)* piracy **3** *(ruberia)* swindlery ◆◆ *~ aerea* skyjack(ing); *~ informatica* (computer) hacking.
piratesco, pl. **-schi**, **-sche** /pira'tesko, ski, ske/ agg. [*aggressione*] piratical.
pireliometro /pire'ljɔmetro/ m. pyrheliometer.
pirenaico, pl. **-ci**, **-che** /pire'naiko, tʃi, ke/ agg. Pyrenean.
Pirenei /pire'nɛi/ n.pr.m.pl. Pyrenees.
piressia /pires'sia/ f. pyrexia.
piretico, pl. **-ci**, **-che** /pi'rɛtiko, tʃi, ke/ agg. pyretic, pyrexic.
piretrina /pire'trina/ f. pyrethrin.
piretro /pi'rɛtro/ m. pyrethrum.
pirico, pl. **-ci**, **-che** /'piriko, tʃi, ke/ agg. *polvere -a* gunpowder.
piridina /piri'dina/ f. pyridine.
piriforme /piri'forme/ agg. pyriform.
pirimidina /pirimi'dina/ f. pyrimidine.
pirite /pi'rite/ f. pyrite.
piritico, pl. **-ci**, **-che** /pi'ritiko, tʃi, ke/ agg. pyritic(al).
pirla /'pirla/ m.inv. REGION. POP. twit, jerk AE.
piroclastico, pl. **-ci**, **-che** /piro'klastiko, tʃi, ke/ agg. pyroclastic.
piroelettricità /piroelettritʃi'ta/ f.inv. pyroelectricity.
piroelettrico, pl. **-ci**, **-che** /piroe'lɛttriko, tʃi, ke/ agg. pyroelectric.
piroetta /piro'etta/ f. **1** *(di ballerino, pattinatore)* pirouette, spin, twirl; *fare delle -e* [*ballerino, pattinatore*] to pirouette; *le -e di un clown* the cavortings of a clown **2** EQUIT. pirouette.
piroettare /piroet'tare/ [1] intr. (aus. *avere*) [*ballerino*] to pirouette, to spin*; *~ sui tacchi* to spin on one's heels.
pirofila /pi'rɔfila/ f. oven dish.
pirofilo /pi'rɔfilo/ agg. [*vetro, porcellana*] heat-resistant.
piroforico, pl. **-ci**, **-che** /piro'fɔriko, tʃi, ke/ agg. pyrophoric, pyrophorous.
piroga, pl. **-ghe** /pi'rɔga, ge/ f. pirogue.
pirogallico /piro'galliko/ agg. *acido ~* pyrogallic acid.
pirogeno /pi'rɔdʒeno/ agg. pyrogenic.
pirografare /pirogra'fare/ [1] tr. to pyrograph [*disegno*].
pirografia /pirogra'fia/ f. pyrography, pokerwork.
pirografico, pl. **-ci**, **-che** /piro'grafiko, tʃi, ke/ agg. pyrographic.
pirografista, m.pl. **-i**, f.pl. **-e** /pirogra'fista/ m. e f. pokework artist.
pirografo /pi'rɔgrafo/ m. poker.
pirolegnoso /pirolеɲ'ɲoso/ agg. pyroligneous; *acido ~* wood vinegar.
piroletta /piro'letta/ → **piroetta.**
pirolisi /piro'lizi/ f.inv. pyrolysis.
pirolo /pi'rɔlo/ m. MUS. (tuning) peg.
pirolusite /pirolu'zite/ f. pyrolusite.
piromane /pi'rɔmane/ m. e f. pyromaniac.
piromania /piroma'nia/ ♦ **7** f. pyromania.
piromanzia /piroman'tsia/ f. pyromancy.
pirometallurgia /pirometallur'dʒia/ f. pyrometallurgy.
pirometria /pirome'tria/ f. pyrometry.
pirometrico, pl. **-ci**, **-che** /piro'mɛtriko, tʃi, ke/ agg. pyrometric.
pirometro /pi'rɔmetro/ m. pyrometer.
piromorfite /piromor'fite/ f. pyromorphite.
piropo /pi'rɔpo/ m. pyrope.
piroscafo /pi'rɔskafo/ m. steamship ◆◆ *~ da carico* freighter; *~ di linea* liner.
piroscissione /piroʃʃis'sjone/ f. cracking; *sottoporre a ~* to crack.
pirosfera /piros'fɛra/ f. pyrosphere.
pirosi /pi'rɔzi/ f.inv. pyrosis.
pirosolfato /pirosol'fato/ m. pyrosulphate.
pirosolforico /pirosol'fɔriko/ agg. *acido ~* pyrosulphuric acid.
pirossenite /pirosse'nite/ f. piroxenite.
pirosseno /pi'rɔsseno/ m. pyroxene.
pirotecnia /pirotek'nia/, **pirotecnica** /piro'tɛknika/ f. pyrotechny, pyrotechnics.
pirotecnico, pl. **-ci**, **-che** /piro'tɛkniko, tʃi, ke/ **I** agg. [*spettacolo, arte*] pyrotechnic(al); *lo spettacolo si concluse con un finale ~* FIG. the play ended in a great show of fireworks **II** ♦ **18** m. (f. **-a**) pyrotechnist.
pirottino /pirot'tino/ m. pastry case.
pirrica, pl. **-che** /'pirrika, ke/ f. pyrrhic.
pirrichio, pl. **-chi** /pir'rikjo, ki/ m. pyrrhic.
Pirro /'pirro/ n.pr.m. Pyrrhus ◆◆ *una vittoria di ~* a Cadmean *o* Pyrrhic victory.
pirrolo /pir'rɔlo/ m. pyrrole.
pirronismo /pirro'nizmo/ m. pyrrhonism.
pirrotite /pirro'tite/ f. pyrrhotite.
pisano /pi'sano/ ♦ **2** **I** agg. Pisan **II** m. (f. **-a**) Pisan.
piscia /'piʃʃa/ f. POP. piss.
pisciare /piʃ'ʃare/ [1] **I** tr. POP. *~ sangue* to piss blood **II** intr. (aus. *avere*) POP. *(urinare)* [*persona, animale*] to piss; *mi scappa da ~* I need a piss; *~ a letto* to wet the bed **III pisciarsi** pronom. POP. *-rsi addosso* to piss oneself; *-rsi addosso dal ridere* to piss oneself laughing.
pisciata /piʃ'ʃata/ f. POP. *fare una ~* to have *o* take a piss.
pisciatoio, pl. **-oi** /piʃʃa'tojo, oi/ m. POP. piss-house, john.
piscicoltore /piʃʃikol'tore/ ♦ **18** m. (f. **-trice** /tritʃe/) pisciculturist, fish farmer.
piscicoltura /piʃʃikol'tura/ f. pisciculture, fish farming.
pisciforme /piʃʃi'forme/ agg. pisciform.
▷ **piscina** /piʃ'ʃina/ f. swimming pool ◆◆ *~ all'aperto* open-air *o* outside swimming pool; *~ comunale* public *o* city swimming pool; *~ coperta* indoor swimming pool; *~ olimpionica* Olympic swimming pool.
piscio /'piʃʃo/ m. POP. piss; *è ~ di gatto* FIG. it's gnat's piss.
piscione /piʃ'ʃone/ m. (f. **-a**) POP. bedwetter.
▷ **pisello** /pi'sɛllo, pi'zɛllo/ ♦ **3** **I** m. **1** *(pianta, legume)* pea; *sgranare dei -i* to shell peas; *zuppa di -i* pea soup; *purè di -i* mushy peas; *-i secchi* split peas; *baccello di ~* pea pod **2** COLLOQ. INFANT. *(pene)* willy, weeny BE, wiener AE **II** m.inv. *(colore)* pea green **III** agg.inv. *(colore)* *verde ~* pea green ◆◆ *~ mangiatutto* BOT. mangetout, sugar pea; *~ odoroso* BOT. sweet pea.
pisiforme /pizi'forme/ **I** agg. pisiform **II** m. pisiform.
pisolare /pizo'lare/ [1] intr. (aus. *avere*) to have* a snooze, to take* a nap.
▷ **pisolino** /pizo'lino/ m. doze, snooze, nap; *fare* o *schiacciare un ~* to have a doze *o* snooze, to have *o* take a nap.
pisolite /pizo'lite/ f. pisolith.
Pisolo /'pizolo/ n.pr.m. Sleepy.
pispola /'pispola/ f. **1** ORNIT. titlark, pipit **2** *(fischietto)* bird call.
pissidato /pissi'dato/ agg. *lichene ~* cup-moss.
pisside /'pisside/ f. **1** RELIG. pyx **2** BOT. pyxis*.
pissi pissi /'pissi'pissi/ m.inv. COLLOQ. *fare ~* to whisper.
▷ **pista** /'pista/ f. **1** *(traccia)* track, trail; *seguire, battere una ~* to follow, blaze a trail; *essere su una buona ~* to be on the right track; *essere su una ~ sbagliata* to be on the wrong track; *avere più -e da seguire* to have a number of leads to pursue **2** SPORT *(di stadio, autodromo)* track; *(d'ippodromo)* racecourse BE, racetrack AE; *fare un giro di ~* to do a lap (of the track); *essere di nuovo in ~* FIG. to be back in the running, to be up and running again **3** SPORT *(nello sci)* *(di fondo)* trail; *(di discesa)* ski run, ski slope; *~ per principianti* nursery slope; *sciare fuori ~* to go off-piste skiing; *incidenti in ~ e fuori ~* accidents on and off the piste; *~!* mind! out of the way! **4** *(percorso battuto)* track, trail **5** *(di cassetta)* track; *registratore a due -e* twin-track recorder **6** GERG. *(di cocaina)* line ◆◆ *~ di atletica* athletics track; *~ d'atterraggio* AER. landing strip, runway; *~ da ballo* dance floor; *~ da bowling* bowling alley; *~ per*

cavalieri bridle path; ~ *ciclabile* bikelane, bikeway, cycle lane; ~ *del circo* ring; ~ *di collaudo* test track; ~ *di decollo* AER. takeoff strip, runway; ~ *di lancio* *(nello sci)* takeoff track; ~ *di pattinaggio* *(su ghiaccio)* ice rink; *(a rotelle)* roller-skating rink; ~ *di rullaggio* AER. taxi track, taxiway; ~ *sonora* CINEM. soundtrack.

▷ **pistacchio**, pl. **-chi** /pis'takkjo, ki/ ➧ **3 I** m. **1** *(seme)* pistachio* (nut); *gelato al* ~ pistachio ice cream **2** *(pianta)* pistachio* (tree) **II** m.inv. *(colore)* pistachio (green) **III** agg.inv. [*verde, color*] pistachio.

pistillifero /pistil'lifero/ agg. pistillate.

pistillo /pis'tillo/ m. pistil.

pistoiese /pisto'jese/ ➧ **2 I** agg. from, of Pistoia **II** m. e f. native, inhabitant of Pistoia.

▷ **1.pistola** /pis'tɔla/ **I** f. *(arma)* gun, pistol; *(a tamburo)* revolver; *colpo di* ~ gunshot; *sparare con una* ~ to fire a pistol; *estrarre, caricare una* ~ to draw, load a gun; *puntare una* ~ *alla testa di qcn.* to hold a gun to sb.'s head; *calcio della* ~ pistol grip; *togliere la sicura alla* ~ to release *o* slip off the safety catch of a gun; *la migliore* ~ *del West* the fastest gun in the West **II** m.inv. SCHERZ. twit, jerk AE ◆◆ ~ *ad acqua* water pistol, squirt gun AE; ~ *ad aria compressa* air *o* pop gun; ~ *automatica* automatic gun; ~ *avvitatrice* wrench; ~ *a due canne* double-barrelled gun; ~ *lanciarazzi* rocket gun; ~ *mitragliatrice* submachine gun; ~ *d'ordinanza* regulation revolver; ~ *scacciacani* cap gun; ~ *a spruzzo* spray gun; ~ *dello starter* starting pistol.

2.pistola /pis'tɔla/ f. NUMISM. pistole.

pistolero /pisto'lɛro/ m. (f. **-a**) gun fighter.

pistolettata /pistolet'tata/ f. pistol shot, gunshot.

pistolino /pisto'lino/ m. COLLOQ. willy, weeny BE, wiener AE.

pistolotto /pisto'lɔtto/ m. **1** SCHERZ. *(sermone)* lecture **2** TEATR. tirade.

pistone /pis'tone/ m. **1** TECN. piston; *motore a -i* piston engine; *motore a -i rotanti* rotary engine; ~ *di pompa* bucket; *guarnizione del* ~ gasket; *testa del* ~ piston-head **2** MUS. *(di strumenti)* valve; *tromba a -i* cornet.

Pitagora /pi'tagora/ n.pr.m. Pythagoras; *teorema di* ~ Pythagorean theorem.

pitagorico, pl. **-ci, -che** /pita'gɔriko, tʃi, ke/ **I** agg. FILOS. MAT. [*pensiero, dottrina, numero*] Pythagorean; *tavola -a* multiplication table **II** m. (f. **-a**) Pythagorean.

pitagorismo /pitago'rizmo/ m. Pythagorism.

pitale /pi'tale/ m. chamber pot.

pitecantropo /pite'kantropo/ m. pithecanthropus*.

pitiriasi /piti'riazi/ ➧ **7** f.inv. pityriasis*.

pitoccheria /pitokke'ria/ f. beggarliness, stinginess.

pitocco, pl. **-chi, -che** /pi'tɔkko, ki, ke/ **I** agg. *(avaro)* stingy **II** m. **1** *(pezzente)* beggar **2** *(avaro)* skinflint; *fare economie da* ~ to make cheeseparing economies.

pitone /pi'tone/ m. python ◆◆ ~ *reale* royal python; ~ *reticolato* reticulated python; ~ *verde* green python.

pitonessa /pito'nessa/ f. STOR. pythoness.

pitonico, pl. **-ci, -che** /pi'tɔniko, tʃi, ke/ agg. pythonic.

pitosforo /pi'tɔsforo/ → **pittosporo.**

1.pittima /'pittima/ f. ORNIT. godwit.

2.pittima /'pittima/ f. **1** *(decotto)* poultice, cataplasm **2** FIG. nuisance, bore.

pittografia /pittogra'fia/ f. pictography, picture writing.

pittografico, pl. **-ci, -che** /pitto'grafiko, tʃi, ke/ agg. pictographic.

pittogramma /pitto'gramma/ m. pictogram, pictograph.

▶ **pittore** /pit'tore/ ➧ **18** m. **1** *(artista)* painter; ~ *astratto, figurativo, paesaggista* abstract, representational, landscape painter; *un* ~ *di talento* a painter of talent; ~ *di nature morte* still-life painter; ~ *di ritratti* portrait painter, portraitist; ~ *da strapazzo* COLLOQ. lightweight painter; ~ *a tempo perso* Sunday painter **2** *(decoratore)* painter **3** FIG. *(di romanziere)* portrayer.

pittoresco, pl. **-schi, -sche** /pitto'resko, ski, ske/ **I** agg. [*luogo, espressione, stile*] picturesque; [*personaggio*] colourful BE, colorful AE; *il lato* ~ *di qcs.* the picturesque quality of sth. **II** m. *il* ~ the picturesque.

pittoricamente /pittorika'mente/ avv. pictorially.

pittoricità /pittoritʃi'ta/ f.inv. LETT. picturesqueness.

pittorico, pl. **-ci, -che** /pit'tɔriko, tʃi, ke/ agg. [*arte, tecnica, rappresentazione*] pictorial.

pittosporo /pit'tɔsporo/ m. butterbush.

▷ **pittrice** /pit'tritʃe/ ➧ **18** f. paintress.

▷ **pittura** /pit'tura/ f. **1** *(vernice, tinteggiatura)* paint; *"~ fresca"* "wet paint"; *dare una mano di* ~ *a* to apply a coat of paint to [*parete, superficie*] **2** *(arte, tecnica)* painting; ~ *su tela, seta* painting on canvas, silk; *la* ~ *impressionista* Impressionist painting **3** *(quadro)* painting **4** FIG. *(descrizione)* portrayal; *una vivace* ~ *della società contemporanea* a vivid portrayal of contemporary society ◆◆ ~ *ad acquerello* watercolour BE, watercolor AE; ~ *astratta* abstract painting; ~ *su ceramica* ceramic-painting; ~ *di genere* genre; ~ *a guazzo* gouache painting; ~ *murale* wall painting; ~ *a olio* oil painting; ~ *rupestre* cave painting; ~ *a smalto* enamel paint; ~ *su vetro* glass-painting.

pitturare /pittu'rare/ [1] **I** tr. **1** *(verniciare)* to paint [*muro, stanza*]; ~ *qcs. di bianco* to paint sth. white **2** *(ornare di pitture)* to paint **II** **pitturarsi** pronom. COLLOQ. to paint one's face.

pituitario, pl. **-ri, -rie** /pitui'tarjo, ri, rje/ agg. [*ghiandola, mucosa*] pituitary.

▶ **più** /pju/ **I** avv. **1** *(comparativo di maggioranza)* more; *è* ~ *vecchio di me* he's older than me; *Raymond è* ~ *bello di Richard* Raymond is more handsome than Richard; *non è* ~ *onesto di sua sorella* he is no more honest than his sister; *è ancora* ~ *simpatica di quanto pensassi* she's even nicer than I thought; *molto* ~ *difficile* much more difficult; *sempre* ~ *veloce* faster and faster; *sempre* ~ *interessante* more and more interesting; *tre volte* ~ *lungo di* three times longer than, three times as long as; *mangia, lavora* ~ *di me* she eats, works more than I do *o* more than me; *le mancano* ~ *di quanto non dia a vedere* she misses them more than she lets on; *lei mangia due volte, tre volte* ~ *di lui* she eats twice, three times as much as he does **2** *(superlativo relativo)* *(il)* ~, *(la)* ~, *(i)* ~, *(le)* ~ the most; *è di gran lunga il* ~ *costoso* it's by far the most expensive; *è la* ~ *simpatica di tutte, del gruppo* she's the nicest of all, of the lot; *è l'estate* ~ *calda che sia mai stata registrata* it's the hottest summer on record; *potrebbe farmelo sapere al* ~ *presto possibile?* can you let me know as early as possible; *il mio* ~ *grande desiderio* my dearest wish; *non aveva la* ~ *pallida idea di chi fossi* he hadn't the slightest idea who I was; *un individuo tra i* ~ *spregevoli* a most despicable individual; *sono io che ci vado* ~ *spesso* I go there the most often; *quale parte del libro ti è piaciuta di* ~*?* which part of the book did you like most? **3** *(piuttosto)* ~ *che uno stimolo è un freno* it's more of a discouragement than an incentive; ~ *che un avvertimento era una minaccia* it wasn't so much a warning as a threat **4** *(in costruzioni correlative)* *si è comportato* ~ *o meno come gli altri* he behaved much the way the others did; *la canzone fa* ~ *o meno così* the song goes something like this; ~ *o meno piace a tutti* everybody likes it more or less; *le sue dimissioni erano un espediente per salvare la faccia, né* ~*, né meno* his resignation was nothing more than a face-saver; ~ *studio questa materia,* ~ *difficile diventa* the more I study this subject, the more difficult it becomes; ~ *lo vedo e meno mi piace* the more I see him, the less I like him **5** **non... più** *(tempo)* no longer, no more; *(in presenza di altra negazione)* any longer, any more; *(quantità)* no more; *(in presenza di altra negazione)* any more; *non fuma* ~ she doesn't smoke any more *o* any longer; *non abitano* ~ *qui* they no longer live here; *non* ~ *di 12 persone per volta* no more than 12 people at any one time; *non voglio* ~ *avere a che fare con lei* I don't want any further dealings with her; *non ha* ~ *vent'anni* he's not twenty any more, he's no longer twenty; *partire non* ~ *tardi delle 6* to leave no later than 6; *non c'è* ~ *pane* there is no more bread, there's no bread left; *non ne voglio* ~ I don't want any more; *non lo farò mai* ~ I'll never do it again **6** **di più** *(in quantità, qualità maggiore)* *una volta di* ~ once more, once again; *ancora di* ~ *perché* the more so because; *allontanarsi sempre di* ~ to get farther and farther away; *spazientirsi sempre di* ~ to grow more and more impatient; *nessuno avrebbe potuto fare di* ~ no-one could have done more; *me ne serve di* ~ I need more of it; *è attivo quanto lei, se non di* ~ he is just as active as her, if not more so *o* or even more so; *(con valore superlativo)* *i bambini soffrono di* ~ the children suffer (the) worst; *quel che mi manca di* ~ what I miss most; *quale foto assomiglia di* ~ *allo stupratore?* which photo fits the rapist most closely? **7** **non di più** *cinque minuti, non di* ~ five minutes, no longer; *te ne darò 10, non di* ~*!* I'll give you 10 but that's it! *non un soldo di* ~ not a penny more **8** **niente di più** *è carina, niente di* ~ she's nice looking but nothing special; *non occorre dire niente di* ~ nothing more need be said **9** **in più** *mi dia due mele in* ~ give me two more apples; *ci abbiamo messo due ore in* ~ *dell'ultima volta* it took us two hours longer than last time; *ho bisogno di due ore in* ~ I need two more hours; *è lo stesso modello con in* ~ *il tettuccio apribile* it's the same model, only with a sunroof; *è tutto il ritratto di suo padre, con in* ~ *i baffi* he's the image of his father, only with a moustache **10** **per di più** moreover, furthermore, what's more **11** **tutt'al più** at the most **12** **più che** *pratico* ~ *che decorativo* practical rather than decorative; *grazie, è* ~ *che abbastanza* *(quando viene offerto del cibo)* thank you, that's more than ample; *ce n'è* ~ *che a*

più

- L'uso maggiormente frequente di *più* è quello avverbiale nel comparativo di maggioranza e nel superlativo.
- L'inglese distingue tra gli aggettivi corti (monosillabici e bisillabici terminanti in *-er*, *-y*, *-ly* e *-ow*), che aggiungono il suffisso *-er* per il comparativo ed *-est* per il superlativo, e tutti gli altri che premettono all'aggettivo, rispettivamente, *more* e *(the) most*:

più alto	= taller / higher	*il più alto*	= the tallest / the highest
più piccolo	= smaller	*il più piccolo*	= the smallest
più bravo	= cleverer	*il più bravo*	= the cleverest
più facile	= easier	*il più facile*	= the easiest
più stretto	= narrower	*il più stretto*	= the narrowest
più bello	= more beautiful	*il più bello*	= the most beautiful
più interessante	= more interesting	*il più interessante*	= the most interesting.

- Ci sono casi particolari, come il raddoppiamento della consonante finale in certi monosillabi (*più grande* = bigger, *il più grande* = the biggest), mutamenti ortografici (*carina* = pretty, *più carina* = prettier, *la più carina* = the prettiest), doppia formazione (*più bello* = handsomer o more handsome, *il più semplice* = the simplest o the most simple).
- Le medesime regole valgono per la formazione del comparativo e del superlativo degli avverbi, anche se gli avverbi in *-ly* non ammettono la formazione a suffisso (*più lentamente* = more slowly, *lentissimamente* = most slowly).

Per questi e gli altri impieghi di *più* si veda la voce relativa.

sufficienza per tutti there's more than enough for everybody; ***più che mai*** more than ever before **13 al più tardi** at the latest **14 al più presto** at the earliest **15 tanto più** all the more; ***tanto ~ che*** all the more so because **16 a più non posso** COLLOQ. [*lavorare, tirare, spingere, correre*] as hard as one can, for all one is worth **II** agg.inv. **1** *(in maggiore quantità)* more; ***~... che, ~... di*** more... than; ***mangia ~ pane di me*** he eats more bread than me; ***hanno molti ~ amici di lui*** they've got many more friends than he does; ***offrire ~ possibilità*** to offer more opportunities; ***il sistema ha ~ successo in campagna*** the system is more succesful in the country **2** *(parecchi)* several; ***l'annuncio per il posto è stato pubblicato ~ volte*** the post has been advertised several times; ***~ persone me l'hanno detto*** several people told me about it; ***ci vorranno ~ giorni per la riparazione*** the repairs will take several days **3** *(con valore di superlativo relativo)* most; ***è quello che ha ~ esperienza*** he is the one with the most experience; ***chi pensi prenderà ~ voti?*** who do you think will get (the) most votes? **III** prep. **1** *(oltre a)* plus, besides; ***ho mangiato un hamburger ~ un gelato*** I ate a hamburger plus an ice cream **2** MAT. plus; ***due ~ cinque fa sette*** two plus five is seven **IV** m.inv. **1** *(la maggior parte)* most; ***il ~ è fatto*** most (of it) is done; ***il ~ è convincerlo*** the main thing *o* the most difficult thing is to persuade him **2** MAT. *(segno)* plus (sign) **V i più** m.pl. *(la maggioranza)* most people; ***è opinione dei ~ che...*** most people think that... ◆ ***parlare del ~ e del meno*** to talk about this and that.

piuccheperfetto /pjukkeper'fɛtto/ m. past perfect, pluperfect.

▷ **piuma** /'pjuma/ **I** f. *(di uccello)* feather; ***sollevare qcs. come (fosse) una ~*** to pick *o* to lift sth. up as though it were as light as a feather; ***guanciale di -e*** feather pillow **II** agg.inv. SPORT ***pesi ~*** featherweight **III** m.inv. SPORT featherweight; ***i ~*** *(categoria)* featherweight ◆ ***leggero come una ~*** light as a feather.

piumaggio, pl. **-gi** /pju'maddʒo, dʒi/ m. plumage, feathering.

piumato /pju'mato/ agg. [*cappello*] plumed.

piumetta /pju'metta/ f. BOT. plumule.

piumino /pju'mino/ m. **1** *(per imbottitura)* down; ***~ d'oca*** goose-down **2** *(coperta)* eiderdown, duvet BE, continental quilt BE, comforter AE **3** ABBIGL. down jacket **4** *(per spolverare)* feather duster **5** *(per cipria)* powder puff **6** *(proiettile)* dart.

piumone® /pju'mone/ m. *(coperta)* eiderdown, duvet BE, continental quilt BE, comforter AE.

piumoso /pju'moso/ agg. feathery.

piuria /pi'urja, piu'ria/ f. pyuria.

▶ **piuttosto** /pjut'tɔsto/ L'avverbio *piuttosto*, nel significato di *alquanto* o *abbastanza*, si può rendere in inglese in vari modi. *Rather* è d'uso abbastanza formale e dà spesso una sfumatura negativa: *fa piuttosto freddo qui dentro* = it's rather cold in here. *Fairly*, *quite* e *somewhat* non introducono alcuna connotazione: *sta piuttosto bene* = he's fairly well; *il suo ultimo romanzo è piuttosto bello* = her lastest novel is quite good; *il prezzo è piuttosto alto* = the price is somewhat high. *Pretty* è usato soprattutto nell'inglese americano e nella lingua parlata: *quell'attrezzo è piuttosto utile* = that tool is pretty useful. avv. **1** *(invece, anzi)* instead; ***chiedi ~ ad Amanda*** ask Amanda instead; ***prendi ~ quello là*** take that one instead; ***ho ~ la tendenza a non prendermela, ad ingrassare*** I'm more the kind not to worry, to put on weight; ***perché non dici ~ che non hai voglia di farlo?*** why don't you just say that you don't want to do it? ***lascia perdere la teoria e concentrati ~ sulla pratica*** forget the theory and just concentrate on the practice **2** *(alquanto)* rather, quite, fairly, somewhat; ***~ piacevole, deludente, infastidito*** rather nice, disappointing, annoyed; ***~ spesso*** quite *o* fairly often; ***la notizia è stata accolta ~ bene, male*** the news went down rather well, badly; ***in modo ~ ironico*** somewhat ironically; ***sto ~ bene qui*** I'm quiet content here; ***è un reclamo ~ frequente*** it's a common enough complaint; ***sono ~ di fretta*** I'm in rather a hurry; ***è ~ normale*** it's very much the norm **3** *(più spesso)* ***in questa regione piove ~ nei mesi estivi che nei mesi invernali*** in this region it rains more during the summer months than during the winter ones **4 piuttosto che, di** *(anziché)* rather than; ***preferisco camminare ~ che prendere l'autobus*** I prefer to walk rather than to take the bus; ***preferisco chiamarti ~ che scriverti*** I'd rather phone you than write to you; ***~ di mangiare questa roba digiuno!*** I'd rather go hungry than eat that! ***perché lui ~ che un altro?*** why him and not somebody else? ***mangiate prodotti freschi ~ che surgelati*** it's better to eat fresh products than frozen ones ◆ ***~ la morte!*** over my dead body!

piva /'piva/ f. bagpipes pl. ◆ ***tornare con le -e nel sacco*** = to return empty-handed.

pivello /pi'vɛllo/ m. (f. **-a**) COLLOQ. colt, greenhorn.

piviale /pi'vjale/ m. pluvial, cope.

piviere /pi'vjɛre/ m. plover ◆◆ ***~ dorato*** golden plover; ***~ tortolino*** dotterel.

pivot /pi'vo/ m.inv. SPORT *(nel basket)* centre BE, center AE, pivot.

pixel /'piksel/ m.inv. pixel.

pizia /'pittsja/ f. Pythian.

▷ **pizza** /'pittsa/ f. **1** GASTR. pizza; ***trancio di ~*** slice of pizza **2** CINEM. *(la scatola)* can; *(la pellicola)* reel **3** FIG. pill, bore; ***che ~!*** what a yawn *o* pain! ◆◆ ***~ da asporto*** take-out pizza; ***~ al taglio*** pizza by the slice.

> **Pizza** This "global food" was for centuries a speciality only known in the city of Naples, and it was believed that it could not be appreciated outside that city. From medieval times *pizze* (flattened pieces of bread dough) were eaten in Naples with garlic and lard or cheese and basil, or little fish. The modern pizza with tomato first appeared at the end of the 18th century. The first *pizzeria* was opened in Naples around 1830 (before that pizza was sold and eaten in the street). In 1889 the *pizzaiolo* (pizza maker) Raffaele Esposito prepared a pizza for Queen Margherita, the wife of King Umberto I of Italy, with tomato, mozzarella and a few basil leaves (red, white and green, the colours of the Italian flag). This type of pizza, now the most popular one in the world, has been called the *pizza margherita* ever since.

pizzaiolo /pittsa'jɔlo/ ♦ ***18*** m. pizza maker ◆ ***alla -a*** GASTR. = cooked with tomato sauce, garlic, oil and oregano.

pizzardone /pittsar'done/ m. REGION. SCHERZ. traffic cop.

▷ **pizzeria** /pittse'ria/ f. pizzeria, pizza place, pizza parlour BE, pizza parlor AE.

pizzetto /pit'tsetto/ m. goatee, Vandyke (beard); ***portare il ~*** to have a goatee.

pizzicagnolo /pittsi'kaɲɲolo/ ♦ ***18*** m. (f. **-a**) grocer.

▷ **pizzicare** /pittsi'kare/ [1] **I** tr. **1** *(stringere con le dita)* to pinch; ***~ il braccio, sedere di qcn.*** to pinch sb.'s arm, bottom **2** *(irritare)* [*cibi*] to burn* [*lingua*]; ***questa sciarpa pizzica il collo*** this scarf is scratchy **3** *(pungere)* [*zanzara*] to bite* [*persona*]; [*fumo*] to sting* [*naso, gola*] **4** MUS. to pluck [*corde, chitarra*] **5** COLLOQ. *(sorprendere)* to nick BE, to pinch AE; [*polizia*] to cop, to nab [*criminale, ladro*]; ***sua madre l'ha pizzicato mentre rubava dei cioccolatini nella dispensa*** his mother caught him stealing chocolates from the cupboard; ***si è fatto ~ mentre barava all'esame*** he got caught cheating in the exam; ***farsi ~*** to get nabbed **II** intr. (aus. *avere*) **1** *(prudere)* [*occhi, pelle*] to prick; ***mi pizzicano gli occhi*** my eyes are pricking; ***mi sento ~ dappertutto*** my skin feels prickly; ***mi pizzicano le guance dal*** o ***per il freddo*** the cold makes my cheeck tingle **2** *(essere piccante)* [*senape, salsa*] to be* hot, to burn*; [*formaggio, vino*] to be* sharp **3** *(essere frizzante)* [*bibita*] to be* fizzy, to be* sparkling **III pizzicarsi** pronom. **1** *(schiacciarsi)* to catch* oneself; ***mi sono pizzicato le dita nella porta*** I caught *o* trapped my fingers in the door; ***-rsi il dito in qcs.*** to nip one's finger in sth. **2** *(darsi un pizzicotto)* to pinch oneself; ***-rsi le guance*** to pinch one's cheeks **3** COLLOQ. *(stuzzicarsi)* to tease each other.

pizzicata /pittsi'kata/ f. → **pizzico.**

pizzicato /pittsi'kato/ **I** m. MUS. pizzicato* **II** avv. pizzicato.

pizzicheria /pittsike'ria/ ♦ ***18*** f. grocery.

pizzichino /pittsi'kino/ agg. COLLOQ. [*cibo*] hot; [*bevanda*] fizzy.

▷ **pizzico**, pl. **-chi** /'pittsiko, ki/ m. **1** *(quantità minima)* pinch, sprinkle; ***un ~ di sale, pepe*** a pinch of salt, pepper **2** FIG. touch, bit; ***un ~ di buon senso*** a scrap *o* an ounce of common sense; ***un ~ di umorismo*** a dash of humour; ***un ~ di fortuna*** a bit of luck; ***un ~ di fantasia*** a touch of fantasy **3** *(pizzicotto)* ***dare un ~ sulla guancia a qcn.*** to give sb. a pinch on the cheek **4** *(puntura d'insetto)* bite.

pizzicore /pittsi'kore/ m. **1** *(prurito)* itch **2** *(voglia)* ***avere il ~ di fare qcs.*** to have an itch to do sth.

pizzicottare /pittsikot'tare/ [1] tr. to pinch [*guance, braccia*].

pizzicotto /pittsi'kɔtto/ m. nip, pinch; ***gli diede un ~ per svegliarlo*** she gave him a pinch to wake him up.

▷ **pizzo** /'pittso/ m. **1** *(barba)* goatee, chin-tuft **2** *(merletto)* lace; ***in ~*** made of lace; ***un fazzoletto di ~*** a lace handkerchief; ***essere bordato di ~*** to be bordered with lace **3** *(estremità)* edge, corner; ***il ~ di un fazzoletto*** the corner of a handkerchief; ***i -i di uno scialle*** the corners of a shawl **4** *(cima)* peak, mountain top **5** GERG. protection money ◆◆ ***~ ad ago*** needle lace; ***~ al tombolo*** bobbin lace; ***~ all'uncinetto*** crochet.

placabile /pla'kabile/ agg. placable.

placare /pla'kare/ [1] **I** tr. **1** *(calmare)* to appease [*rivalità, ira, inquietudine*]; to pacify, to appease [*persona, folla*] **2** *(attenuare)* to satisfy, to appease [*fame, desiderio*]; to appease, to quench [*sete*] **II placarsi** pronom. **1** *(calmarsi)* [*persona*] to calm down; [*agitazione, rivolta*] to die down; ***aspetta che gli animi si plachino*** wait until tempers have cooled **2** *(attenuarsi)* [*vento, temporale*] to die down; [*curiosità, fame, dolore, desiderio*] to subside.

placca, pl. **-che** /'plakka, ke/ f. **1** *(lamina)* plate **2** *(distintivo)* badge **3** *(targhetta)* plaque **4** MED. plaque; ***sclerosi a -che*** multiple sclerosis **5** GEOL. plate; ***tettonica a -che*** plate tectonics ◆◆ ***~ batterica*** dental plaque.

placcaggio, pl. **-gi** /plak'kaddʒo, dʒi/ m. *(tecnica)* tackling; *(azione)* tackle.

placcare /plak'kare/ [1] tr. **1** *(rivestire)* to plate; *(mediante galvanostegia)* to electroplate **2** *(nel rugby)* to tackle.

placcato /plak'kato/ **I** p.pass. → **placcare II** agg. plated; ***~ d'oro, d'argento*** gold-, silver-plated.

placcatore /plakka'tore/ ♦ ***18*** m. (f. **-trice** /tritʃe/) **1** *(artigiano)* plater **2** SPORT tackler.

placcatura /plakka'tura/ f. plating; ***~ in oro, in argento*** gold, silver plating.

placebo /pla'tʃɛbo/ **I** m.inv. placebo*; ***somministrare un ~ a qcn.*** to give sb. a placebo **II** agg.inv. ***effetto ~*** placebo effect.

placenta /pla'tʃɛnta/ f. placenta*.

placentale /platʃen'tale/, **placentare** /platʃen'tare/ agg. placental.

placet /'platʃet/ m.inv. approval; DIR. placet; ***dare il ~*** to give (one's) approval; ***ricevere il ~ da qcn.*** to win sb.'s approval.

placidamente /platʃida'mente/ avv. placidly.

placidità /platʃidi'ta/ f.inv. placidity, calmness.

placido /'platʃido/ agg. [*mare, persona, carattere*] placid, calm; [*notte*] peaceful.

placito /'platʃito/ m. STOR. decree, verdict.

placoide /pla'kɔide/ agg. placoid.

plafond /pla'fɔn/ m.inv. **1** *(soffitto)* ceiling **2** *(limite massimo)* ceiling, upper limit **3** AER. ceiling.

plafoniera /plafo'njɛra/ f. ceiling light, overhead light.

plaga, pl. **-ghe** /'plaga, ge/ f. LETT. region, land.

plagiare /pla'dʒare/ [1] tr. **1** *(copiare)* to plagiarize [*opera, autore*] **2** *(soggiogare psicologicamente)* to subjugate morally [*persona*].

plagiario, pl. **-ri** /pla'dʒarjo, ri/ **I** agg. plagiaristic **II** m. (f. **-a**) plagiarist.

plagio, pl. **-gi** /'pladʒo, dʒi/ m. **1** *(copiatura, furto)* plagiarism; ***questo libro è un ~*** this book is plagiarism; ***essere accusato di ~*** to be accused of plagiarism **2** *(l'assoggettare)* subjugation.

plaid /plɛid/ m.inv. tartan rug BE, plaid blanket AE.

planamento /plana'mento/ m. gliding.

1.planare /pla'nare/ agg. planar.

2.planare /pla'nare/ [1] intr. (aus. *avere*) [*aereo, uccello*] to glide, to plane.

planata /pla'nata/ f. glide; ***traiettoria di ~*** glide path.

plancia, pl. **-ce** /'plantʃa, tʃe/ f. **1** MAR. *(ponte di comando)* bridge **2** MAR. *(passerella)* gangplank, gangway **3** *(cruscotto)* dashboard.

plancton /'plankton/ m.inv. plankton.

planctonico, pl. **-ci**, **-che** /plank'tɔniko, tʃi, ke/ agg. planktonic.

planetario, pl. **-ri**, **-rie** /plane'tarjo, ri, rje/ **I** agg. **1** *(di pianeta)* [*sistema, movimento*] planetary **2** *(mondiale)* worldwide; ***conflitto ~*** worldwide conflict **II** m. **1** ASTR. planetarium* **2** MECC. orrery.

planetoide /plane'tɔide/ m. planetoid.

planetologia /planetolo'dʒia/ f. planetology.

planimetria /planime'tria/ f. **1** MAT. planimetry **2** *(pianta)* plan.

planimetrico, pl. **-ci**, **-che** /plani'mɛtriko, tʃi, ke/ agg. planimetric(al).

planimetro /pla'nimetro/ m. planimeter.

planisfero /planis'fɛro/ m. planisphere.

plantageneto /plantadʒe'nɛto/ agg. Plantagenet.

Plantageneti /plantadʒe'nɛti/ n.pr.m.pl. Plantagenets.

plantare /plan'tare/ **I** agg. plantar **II** m. insole ◆◆ ***~ ortopedico*** orthopedic insole.

plantigrado /plan'tigrado/ **I** agg. [*animale*] plantigrad **II** m. (f. **-a**) **1** *(animale)* plantigrad **2** FIG. *(persona lenta)* slowcoach BE, slowpoke AE.

plasma /'plazma/ m. plasma ◆◆ ***~ sanguigno*** blood plasma.

plasmabile /plaz'mabile/ agg. **1** *(malleabile)* [*materiale, creta*] mouldable BE, moldable AE, malleable **2** FIG. [*carattere*] malleable, pliable.

plasmabilità /plazmabili'ta/ f.inv. malleability.

plasmaferesi /plazma'fɛrezi/ f.inv. plasmapheresis.

plasmare /plaz'mare/ [1] tr. **1** *(modellare)* to work, to mould BE, to mold AE [*argilla, cera, pasta*] **2** FIG. to mould BE, to mold AE, to shape [*individuo, personalità, carattere*]; ***~ la vita di qcn.*** to shape sb.'s life.

plasmatico, pl. **-ci**, **-che** /plaz'matiko, tʃi, ke/ agg. plasmatic.

plasmidio, pl. **-di** /plaz'midjo, di/ m. plasmid.

plasmina /plaz'mina/ f. plasmin.

plasmodio, pl. **-di** /plaz'mɔdjo, di/ m. plasmodium*.

▷ **plastica**, pl. **-che** /'plastika, ke/ f. **1** *(materiale)* plastic; ***borsa, bicchiere di ~*** plastic bag, cup **2** ART. plastic art **3** MED. plastic surgery; ***farsi fare una ~ al naso*** to have a rhinoplasty *o* nose job; ***farsi fare una ~ al seno*** to have a mammoplasty.

plasticamente /plastika'mente/ avv. **1** plastically **2** FIG. visually.

plasticismo /plasti'tʃizmo/ m. plasticism.

plasticità /plastitʃi'ta/ f.inv. **1** *(malleabilità)* plasticity (anche FIG.); ***la ~ della cera*** the plasticity of wax **2** ART. plasticity.

plastico, pl. **-ci**, **-che** /'plastiko, tʃi, ke/ **I** agg. **1** MED. [*chirurgo, chirurgia*] plastic **2** CHIM. ***materie -che*** plastics **3** *(malleabile)* [*materia*] plastic **4** *(elegante e armonioso)* ***posa -a*** statuesque pose **II** m. **1** *(modello)* scale model **2** *(esplosivo)* plastique*, plastic explosive; ***bomba al ~*** plastic bomb.

plastidio, pl. **-di** /plas'tidjo, di/ m. plastid.

plastificare /plastifi'kare/ [1] tr. **1** CHIM. to plasticize **2** *(ricoprire con plastica)* to coat [sth.] with plastic.

plastificato /plastifi'kato/ **I** p.pass. → **plastificare II** agg. [*carta*] plastic-coated.

plastificazione /plastifikat'tsjone/ f. **1** CHIM. plasticization **2** *(di documento)* plastic coating.

plastilina® /plasti'lina/ f. Plasticine®.

platanaria /plata'narja/ f. Norway maple.

▷ **platano** /'platano/ m. plane (tree) ◆◆ ***~ americano*** buttonwood, sycamore.

platea /pla'tɛa/ f. **1** *(di teatro)* stalls pl. BE, orchestra AE; ***essere in ~*** to be in the stalls BE, to have orchestra seats AE **2** *(pubblico)* audience; ***la ~ si alzò in piedi per applaudire il suo discorso*** her speech brought the audience to its feet **3** EDIL. concrete bed **4** GEOL. shelf*, plateau* ◆◆ ***~ continentale*** continental shelf.

plateale /plate'ale/ agg. **1** *(palese)* [*errore*] glaring **2** *(ostentato)* [*gesto*] dramatic.

platealità /plateali'ta/ f.inv. **1** *(evidenza)* blatancy **2** *(ostentazione)* ostentatiousness.

platealmente /plateal'mente/ avv. blatantly, openly.

plateatico, pl. **-ci** /plate'atiko, tʃi/ m. stallage.

plateau /pla'to/ m.inv. **1** GEOL. plateau* **2** *(cassetta per frutta, verdura)* crate.

platelminta /platel'minta/ m. platyhelminth.
plateresco, pl. **-schi**, **-sche** /plate'resko, ski, ske/ agg. [*stile*] plateresque.
platessa /pla'tessa/ f. plaice*.
platina /'platina/ f. TIP. platen ◆◆ ~ ***tipografica*** platen press.
platinare /plati'nare/ [1] tr. **1** TECN. to platinize **2** *(tingere di biondo platino)* to dye [sth.] platinum blonde [*capelli*].
platinato /plati'nato/ **I** p.pass. → **platinare II** agg. **1** *(placcato di platino)* [*puntina*] platinum plated **2** *(color platino)* [*capelli*] platinum blond; ***una bionda -a*** a platinum blonde.
platinatura /platina'tura/ f. platinization.
platinico, pl. **-ci**, **-che** /pla'tiniko, tʃi, ke/ agg. platinic.
platinifero /plati'nifero/ agg. [*minerale*] platinous.
▷ **platino** /'platino/ ❻ **3 I** m. platinum* **II** agg.inv. ***biondo*** ~ platinum blond ◆◆ ~ ***iridio*** platiniridium.
platinoide /plati'nɔjde/ agg. platinoid.
platinotipia /platinoti'pia/ f. platinotype.
platirrina /platir'rina/ f. ZOOL. cebid.
platirrino /platir'rino/ **I** agg. ZOOL. ANTROP. platyrrhine **II** m.*(scimmia)* plathyrrine.
Platone /pla'tone/ n.pr.m. Plato.
platonicamente /platonika'mente/ avv. platonically.
platonico, pl. **-ci**, **-che** /pla'tɔniko, tʃi, ke/ **I** agg. **1** *(relativo a Platone)* [*filosofia*] Platonic **2** *(spirituale)* [*amore, relazione*] platonic **II** m. (f. **-a**) Platonist.
platonismo /plato'nizmo/ m. Platonism.
plaudente /plau'dɛnte/ agg. LETT. plausive.
plaudire /plau'dire/ [109] intr. (aus. *avere*) to applaud.
plausibile /plau'zibile/ agg. [*spiegazione, scusa, storia, alibi*] plausible; ***è ~ che sia vero*** it could conceivably be true.
plausibilità /plauzibili'ta/ f.inv. plausibility.
plausibilmente /plauzibil'mente/ avv. [*parlare*] plausibly; ***~, potrei arrivare prima delle 10*** conceivably, I could arrive before 10.
plauso /'plauzo/ m. **1** LETT. *(applauso)* applause; ***ricevere il ~ della folla*** to receive applause from the crowd **2** FIG. *(approvazione)* approval, acclaim; ***il libro ha ottenuto il ~ della critica*** the book has met with critical acclaim.
Plauto /'plauto/ n.pr.m. Plautus.
play(-)back /plei'bɛk/ m.inv. **1** MUS. miming, lip syncing; ***cantare in*** ~ to lip-sync; ***suonare in*** ~ to mime to music **2** CINEM. playback.
plebaglia /ple'baʎʎa/ f. mob, rabble.
plebe /'plɛbe/ f. **1** STOR. plebs; ***tribuno della*** ~ tribune of the people **2** SPREG. mob, rabble; ***fomentare la*** ~ to incite the mob.
plebeo /ple'bɛo/ **I** agg. [*origine, atteggiamento*] plebeian **II** m. (f. **-a**) plebeian; ***i patrizi e i -i*** patricians and plebeians.
plebiscitario, pl. **-ri**, **-rie** /plebiʃʃi'tarjo, ri, rje/ agg. **1** *(attuato mediante plebiscito)* [*regime, sistema, decisione, voto*] plebiscitary **2** *(unanime)* [*consenso*] unanimous.
plebiscito /plebiʃ'ʃito/ m. **1** POL. plebiscite; ***votare con un*** ~ to vote overwhelmingly in favour of [*persona, programma*]; ***essere eletto con un*** ~ to be elected by an overwhelming majority **2** *(consenso generale)* general approval.
pleiade /'plɛjade/ f. *(schiera eletta)* pleiad.
Pleiadi /'plɛjadi/ n.pr.f.pl. ASTR. Pleiades.
pleistocene /pleisto'tʃɛne/ m. Pleistocene.
pleistocenico, pl. **-ci**, **-che** /pleisto'tʃɛniko, tʃi, ke/ agg. Pleistocene.
plenario, pl. **-ri**, **-rie** /ple'narjo, ri, rje/ agg. **1** *(generale)* [*assemblea, sessione*] plenary **2** *(totale)* ***indulgenza -a*** plenary indulgence.
plenilunio, pl. **-ni** /pleni'lunjo, ni/ m. full moon.
plenipotenziario, pl. **-ri**, **-rie** /plenipoten'tsjarjo, ri, rje/ **I** agg. [*ministro, ambasciatore*] plenipotentiary **II** m. (f. **-a**) plenipotentiary.
plenum /'plɛnum/ m.inv. plenum*.
pleonasmo /pleo'nazmo/ m. pleonasm.
pleonasticamente /pleonastika'mente/ avv. pleonastically.
pleonastico, pl. **-ci**, **-che** /pleo'nastiko, tʃi, ke/ agg. [*figura, locuzione*] pleonastic.
plesiosauro /plezjo'sauro/ m. plesiosaur.
plessimetro /ples'simetro/ m. pleximeter.
plesso /'plɛsso/ m. **1** ANAT. plexus* **2** FIG. *(complesso)* complex ◆◆ ~ ***cardiaco*** cardiac plexus; ~ ***solare*** solar plexus.
pletora /'plɛtora/ f. **1** *(quantità eccessiva)* plethora; ***c'è una ~ di*** there is a plethora of **2** MED. plethora.
pletoricamente /pletorika'mente/ avv. excessively.
pletorico, pl. **-ci**, **-che** /ple'tɔriko, tʃi, ke/ agg. **1** *(sovrabbondante)* [*quantità*] excessive **2** MED. plethoric.
plettro /'plɛttro/ m. MUS. plectrum*.
pleura /'plɛura/ f. pleura*.
pleurale /pleu'rale/, **pleurico**, pl. **-ci**, **-che** /'plɛuriko, tʃi, ke/ agg. pleural.
pleurite /pleu'rite/ ❻ **7** f. pleurisy.
pleuritico, pl. **-ci**, **-che** /pleu'ritiko, tʃi, ke/ agg. pleuritic.
plexiglas® /'plɛksiglas, pleksi'glas/ m.inv. plexiglas®.
PLI /pielle'i/ m. (⇒ Partito Liberale Italiano) = Italian Liberal Party.
plica, pl. **-che** /'plika, ke/ f. ANAT. MUS. plica*.
plicato /pli'kato/ agg. BOT. plicate.
plico, pl. **-chi** /'pliko, ki/ m. *(insieme di carte)* bundle, sheaf, wad; *(involucro)* parcel, cover; *(busta)* envelope, cover; ~ ***postale*** parcel sent by mail; ***un ~ urgente*** an urgent letter; ***in ~ sigillato*** in a sealed envelope; ***in ~ a parte*** o ***separato*** under separate cover.
pliniano /pli'njano/ agg. Plinian.
Plinio /'plinjo/ n.pr.m. Pliny ◆◆ ~ ***il Giovane*** Pliny the Younger; ~ ***il Vecchio*** Pliny the Elder.
plinto /'plinto/ m. **1** ARCH. EDIL. plinth **2** SPORT vaulting horse.
pliocene /plio'tʃɛne/ m. Pliocene.
pliocenico, pl. **-ci**, **-che** /plio'tʃɛniko, tʃi, ke/ agg. Pliocene.
plissé /plis'se/ **I** agg.inv. [*gonna*] knife pleated **II** m.inv. pleated fabric, plissé.
plissettare /plisset'tare/ [1] tr. to pleat [*tessuto*].
plissettato /plisset'tato/ **I** p.pass. → **plissettare II** agg. [*gonna*] knife pleated.
plissettatura /plissetta'tura/ f. *(lavorazione)* pleating; *(insieme di pieghe)* pleats pl.
Plotino /plo'tino/ n.pr.m. Plotinus.
▷ **plotone** /plo'tone/ m. **1** MIL. platoon + verbo sing. o pl., squad **2** SPORT pack; ***nel ~ di testa*** in the leading pack ◆◆ ~ ***di esecuzione*** firing squad.
plotter /'plɔtter/ m.inv. (graph) plotter.
plumbeo /'plumbeo/ agg. **1** *(di piombo)* leaden, leady, plumbeous **2** *(scuro)* [*cielo, nubi*] leaden, livid; ***il cielo era*** ~ the sky was the colour of lead **3** FIG. *(opprimente)* [*atmosfera*] oppressive, dull.
▷ **plurale** /plu'rale/ **I** m. LING. plural; ***al*** ~ in the plural; ***volgere al*** ~ to pluralize, to make plural **II** agg. LING. plural; ***sostantivo*** ~ plural noun; ***prima persona*** ~ first person plural ◆◆ ~ ***maiestatico*** → **pluralis maiestatis.**
pluralis maiestatis /plu'ralismajes'tatis/ m.inv. = the royal "we".
pluralismo /plura'lizmo/ m. pluralism.
pluralista, m.pl. **-i**, f.pl. **-e** /plura'lista/ **I** agg. → **pluralistico II** m. e f. pluralist.
pluralistico, pl. **-ci**, **-che** /plura'listiko, tʃi, ke/ agg. [*società, sistema*] pluralist(ic), plural.
pluralità /plurali'ta/ f.inv. **1** *(molteplicità)* plurality, multiplicity, diversity **2** *(maggioranza)* majority.
pluralizzare /pluralid'dzare/ [1] tr. LING. *(volgere al plurale)* to pluralize [*sostantivo*].
pluriaggravato /pluriaggra'vato/ agg. DIR. [*reato*] = having more than one aggravating circumstance.
pluriboll® /'pluribol/ m.inv. bubblewrap.
pluricanale /plurika'nale/ agg.inv. TELEV. multichannel.
pluricellulare /pluritʃellu'lare/ agg. [*organismo*] multicellular.
pluriclasse /pluri'klasse/ f. = class, especially in elementary schools, made up of mixed age groups.
pluridecennale /pluridetʃen'nale/ agg. decades-long; ***un contratto*** ~ a contract lasting several decades.
pluridecorato /plurideko'rato/ **I** agg. ***un veterano*** ~ a bemedalled and beribboned veteran **II** m. = a person who has received many decorations.
pluridimensionale /pluridimensjo'nale/ agg. multidimensional.
pluridimensionalità /pluridimensjonali'ta/ f.inv. multidimensionality.
pluridirezionale /pluridirettsjo'nale/ agg. multidirectional.
pluridisciplinare /pluridiʃʃipli'nare/ agg. SCOL. UNIV. multidisciplinary.
pluridisciplinarità /pluridiʃʃiplinari'ta/ f.inv. SCOL. UNIV. multidisciplinary system.
pluriennale /plurien'nale/ agg. [*contratto, progetto*] long-term; ***esperienza ~ in*** long experience in.
plurietnico, pl. **-ci**, **-che** /pluri'ɛtniko, tʃi, ke/ agg. multi-ethnic.
plurifamiliare /plurifami'ljare/ agg. [*edificio*] = divided into flats for a number of families.
plurigemellare /pluridʒemel'lare/, **plurigemino** /pluri'dʒɛmino/ agg. ***parto*** ~ multiple birth.
plurilaterale /plurilate'rale/ agg. multilateral.
plurilingue /pluri'lingwe/ agg. multilingual.
plurilinguismo /plurilin'gwizmo/ m. multilinguism.

plurimandatario, pl. **-ri**, **-rie** /plurimanda'tarjo, ri, rje/ **I** agg. [*agente*] working for different firms **II** m. (f. **-a**) = agent working for different firms.

plurimiliardario, pl. **-ri**, **-rie** /plurimiljar'darjo, ri, rje/ **I** agg. multimillion **II** m. (f. **-a**) multimillionaire.

plurimilionario, pl. **-ri**, **-rie** /plurimiljo'narjo, ri, rje/ **I** agg. multimillion **II** m. (f. **-a**) multimillionaire.

plurimillenario, pl. **-ri**, **-rie** /plurimille'narjo, ri, rje/ agg. thousands of years old.

plurimo /'plurimo/ agg. **1** *(vario, molteplice)* multiple, plural, various **2** *(multiplo)* [*parto*] multiple **2** POL. [*voto*] plural.

plurimotore /plurimo'tore/ **I** agg. multi engine **II** m. multi engine aircraft.

plurinazionale /plurinattsjo'nale/ agg. [*organizzazione*] multinational.

plurinominale /plurinomi'nale/ agg. [*collegio*] plurinominal.

pluriomicida, m.pl. **-i**, f.pl. **-e** /pluriomi'tʃida/ m. e f. = person who has committed many murders.

pluripara /plu'ripara/ f. multipara*.

pluripartitico, pl. **-ci**, **-che** /pluripar'titiko, tʃi, ke/ agg. [*sistema, governo*] multi-party; [*accordo*] multipartite.

pluripartitismo /pluriparti'tizmo/ m. multi-party system.

plurisecolare /pluriseko'lare/ agg. [*tradizione*] centuries-old.

plurisillabo /pluri'sillabo/ → **polisillabo.**

pluristadio /pluris'tadjo/ agg.inv. AER. multistage.

plurivalente /pluriva'lɛnte/ agg. CHIM. polyvalent, multivalent.

plurivalenza /pluriva'lɛntsa/ f. CHIM. multivalence, multivalency, polyvalence.

plusvalenza /plusva'lɛntsa/ f. ECON. capital gain.

plusvalore /plusva'lore/ m. ECON. *(nella teoria marxista)* surplus value.

Plutarco /plu'tarko/ n.pr.m. Plutarch.

pluteo /'pluteo/ m. **1** ARCH. pluteus* **2** MIL. ANT. pluteus* **3** ZOOL. pluteus*.

plutocrate /plu'tɔkrate/ m. e f. plutocrat.

plutocratico, pl. **-ci**, **-che** /pluto'kratiko, tʃi, ke/ agg. plutocratic.

plutocrazia /plutokrat'tsia/ f. plutocracy.

plutone /plu'tone/ m. GEOL. pluton.

Plutone /plu'tone/ n.pr.m. **1** MITOL. Pluto **2** ASTR. Pluto.

plutoniano /pluto'njano/ agg. ASTR. Plutonian, Plutonic.

plutonico, pl. **-ci**, **-che** /plu'tɔniko, tʃi, ke/ agg. **1** MITOL. *(relativo a Plutone)* Plutonian **2** GEOL. [*roccia*] Plutonic.

plutonio /plu'tɔnjo/ m. CHIM. plutonium.

plutonismo /pluto'nizmo/ m. GEOL. plutonism.

pluviale /plu'vjale/ **I** agg. pluvial, rain attrib.; ***acqua ~*** meteoric water; ***foresta ~*** rain forest **II** m. drainpipe, downpipe BE, downspout AE.

pluviografo /plu'vjɔgrafo/ m. pluviograph.

pluviometria /pluvjome'tria/ f. pluviometry.

pluviometrico, pl. **-ci**, **-che** /pluvjo'mɛtriko, tʃi, ke/ agg. pluviometric(al); ***carta -a*** rain chart.

pluviometro /plu'vjɔmetro/ m. pluviometer, rain gauge, ombrometer.

pluvioscopio, pl. **-pi** /pluvjos'kɔpjo, pi/ m. pluvioscope.

1.P.M. ⇒ polizia militare military police (MP).

2.P.M. /pi'ɛmme/ m. DIR. (⇒ pubblico ministero) = public prosecutor BE, prosecuting attorney AE.

PMI /piemme'i/ f. (⇒ Piccola e Media Impresa Small and Medium Enterprise) SME.

pneuma /'pnɛuma/ m. MUS. FILOS. pneuma.

pneumatica /pneu'matika/ f. pneumatics + verbo sing.

pneumaticamente /pneumatika'mente/ avv. pneumatically.

1.pneumatico, pl. **-ci**, **-che** /pneu'matiko, tʃi, ke/ agg. TECN. pneumatic, air attrib.; ***cassone ~*** ING. caisson, cofferdam; ***freno ~*** pneumatic brake; ***martello ~*** pneumatic drill, hammer drill, jackhammer; ***posta -a*** pneumatic dispatch; ***sospensione -a*** air suspension.

▷ **2.pneumatico**, pl. **-ci** /pneu'matiko, tʃi/ m. (pneumatic) tyre BE, (pneumatic) tire AE; ***-ci anteriori, posteriori*** front, back tyres; ***~ scoppiato, sgonfio*** burst, flat tyre; ***pressione degli -ci*** tyre pressure ◆◆ ***~ antisdrucciolevole*** nonskid, nonslip; ***~ chiodato*** studded tyre; ***~ per fuoristrada*** all-terrain tyre; ***~ da neve*** snow tyre; ***~ radiale*** (radial) tyre; ***~ ricostruito*** retread, remould BE, recap AE.

pneumatologia /pneumatolo'dʒia/ f. FILOS. pneumatology.

pneumatometro /pneuma'tɔmetro/ m. MED. pneumatometer, spirometer.

pneumococco, pl. **-chi** /pneumo'kɔkko, ki/ m. pneumococcus*.

pneumoconiosi /pneumoko'njɔzi/ f.inv. pneumoconiosis.

pneumogastrico, pl. **-ci**, **-che** /pneumo'gastriko, tʃi, ke/ agg. [*nervo*] pneumogastric.

pneumografia /pneumogra'fia/ f. pneumography.

pneumografo /pneu'mɔgrafo/ m. pneumograph.

pneumologia /pneumolo'dʒia/ f. pneumology.

pneumologo, m.pl. **-gi**, f.pl. **-ghe** /pneu'mɔlogo, dʒi, ge/ ♦ ***18*** m. (f. **-a**) lung specialist.

pneumonectomia /pneumonekto'mia/ f. pneumonectomy.

pneumotorace /pneumoto'ratʃe/ m. pneumothorax*.

PNF /pienne'ɛffe/ m. STOR. (⇒ Partito Nazionale Fascista) = Italian Fascist Party.

PNL /pienne'ɛlle/ m. (⇒ prodotto nazionale lordo gross national product) GNP.

PNN /pienne'ɛnne/ m. (⇒ prodotto nazionale netto) = net national product.

PO ⇒ posta ordinaria second class (mail).

po' /pɔ/ → **poco.**

poc'anzi /pok'antsi/ avv. not long ago, a little while ago, just now.

pochade /pɔʃ'ʃad/ f.inv. TEATR. light comedy, humorous sketch.

pochette /pɔʃ'ʃɛt/ f.inv. **1** *(borsetta)* pochette, clutch bag, clutch AE **2** *(fazzoletto da taschino)* pocket handkerchief **3** MUS. pochette.

pochetto /po'ketto/ → **pochino.**

pochezza /po'kettsa/ f. **1** *(scarsezza)* littleness, scarcity; ***~ di mezzi*** scarcity of means **2** FIG. meanness, narrowness, pettiness.

pochino /po'kino/ **I** m. *(quantità minima)* a little bit; ***un ~ di aglio*** a touch of garlic **II** avv. very little; ***un ~ troppo forte*** a shade too loud.

▶ **poco**, pl. **-chi**, **-che** /'pɔko, ki, ke/ *Poco* può essere usato come aggettivo, pronome, sostantivo e avverbio. - Come aggettivo e pronome, *poco* si traduce con *little* davanti o al posto di nomi non numerabili e con *few* davanti o al posto di nomi plurali: *poco zucchero* = little sugar; *aggiunse poco a quanto aveva già detto* = she added little to what she had already said; *pochi libri* = few books; *ne ho letti pochi* = I read few of them. Attenzione a non confondere *few* = pochi (cioè, un numero insufficiente) con *a few* = alcuni (cioè, un numero ridotto, ma non necessariamente insufficiente). - Come sostantivo, *poco* compare in espressioni quali *il poco che...* = the little... / what little..., *un po'* / un poco di... = a little (of), a bit (of), some, any: si vedano sotto gli esempi. - Come avverbio, *poco* si traduce con *little* o *not much* con i verbi (*lo vedo molto poco* = I see him very little) o con forme al comparativo (*sono poco più grasso di lui* = I'm little / not much fatter than him), e con *not very* davanti ad aggettivi e avverbi (*poco pulito* = not very clean; *poco chiaramente* = not very clearly). - Questi e altri esempi nella voce mostrano come *poco* si rende spesso in inglese con la negazione di *molto*: *pochi studenti* = few students / not many students; *ho poco da dire* = I've got little to say / I don't have much to say; *ho dormito poco* = I slept little / I didn't sleep very much, ecc. ♦ ***31*** **I** agg.indef. **1** *(un numero esiguo di)* few, not many; ***-chi visitatori, -che lettere*** not many *o* few visitors, letters; ***troppo -che persone*** too few people; ***troppo -chi soldi*** too little money; ***pochissime case, famiglie*** very few houses, families; ***sono di -che pretese*** their demands are few, they are undemanding; ***un uomo di -che parole*** a man of few words; ***conosco -che persone a Milano*** I know few people in Milan, I don't know many people in Milan; ***ci sono stati -chi danni*** little damage was done **2** *(una piccola quantità di)* little, not much; ***beve ~ vino*** he doesn't drink much wine; ***spendere ~ denaro*** to spend little money; ***c'è ~ zucchero nel caffè*** there's not much sugar in the coffee; ***è caduta -a neve quest'inverno*** there hasn't been much snow this winter **3** *(scarso)* little, not much; ***-a speranza, -che possibilità*** little hope, chance; ***ha -a pazienza*** he's not very patient, he's low on patience; ***c'è ~ rumore*** there's not much noise; ***avere -a memoria*** to have a poor memory; ***ho -a stima di lui*** I rate him pretty low **4** *(di spazio, tempo)* ***abbiamo fatto -a strada*** we haven't gone far (anche FIG.); ***c'è -a distanza fra le nostre case*** there's a short distance between our houses; ***~ tempo fa*** a short time ago, not long ago; ***rimarrò qui per ~ tempo*** I am staying here for a short time; ***c'è così ~ tempo*** there's so little time **5** *(in frasi esclamative)* ***-che chiacchiere!*** cut the cackle! ***-che storie!*** don't make a fuss! **II** pron.indef. **1** *(piccola quantità, scarsa misura)* ***voglio spendere ~*** I don't want to spend much; ***"è rimasto del gelato?" - "~"*** "is there any ice cream left?" - "not much"; ***so ~ di lui*** I don't know much about him; ***ne ha letti -chi*** he read few of them; ***ci vuole ~ a...*** it doesn't take much to...; ***c'è mancato ~*** that was a close shave; ***c'è mancato ~ che annegasse*** he narrowly escaped drowning; ***basta ~ per essere felici*** it doesn't take much to be happy; ***so accontentarmi di ~*** my needs are few **2** *(esiguo numero di persone)* few; ***-chi hanno fiducia in lui*** few *o* not many people trust him; ***siamo in -chi*** there are only a few of us; ***erano in -chi a sapere nuotare*** few of them could swim; ***-chi ma buoni*** the chosen, the happy few **3** *(in espressioni di tempo)* ***manca ~ alle due*** it's nearly two o'clock, it's going on for two; ***ci ha impiegato ~*** it didn't take him long; ***ci sono rimasto ~*** I didn't stay there (for) long *o* a long time; ***è arrivato da ~*** he hasn't been here long, he's just arrived; ***lavoro qui da ~*** I've worked here for a short time; ***~ fa*** a short while ago; ***~ prima, dopo*** shortly before, afterwards; ***sono le cinque passate da ~*** it's just turned five o'clock; ***fra*** o ***tra ~*** shortly, before long, very soon; ***sarà qui tra ~*** he'll be here before much longer; ***di lì a ~*** before long, soon afterwards **4 per poco, di poco** ***ha mancato per*** o ***di ~ l'altra macchina*** he just missed the other car; ***mancare di ~ il bersaglio*** to strike short of the target, to miss the target by a little **5 per poco (non)** *(quasi)* ***per ~ (non) moriva*** he almost died; ***per ~ (non) perdevano il treno*** they almost missed the train; ***per ~ non mi catturavano*** I just *o* narrowly missed being captured **6 per poco che** ***per ~ che sia*** however little it is; ***per ~ che valga, lo tengo io*** however little it may be worth, I'm keeping it **7 a poco, per poco** *(a buon mercato)* [*comprare, vendere, ottenere*] cheap; ***l'ho avuto per ~*** I got it cheap **8 poco da** ***ho ~ da dire*** I've got little to say; ***c'è ~ da mangiare*** food is short *o* there's little to eat; ***c'è ~ da ridere*** it's no laughing matter; ***c'è ~ da scegliere*** there's not much to choose; ***c'è ~ da meravigliarsi se*** (it's) no *o* little wonder (that) **9 da poco** *(di scarsa importanza)* ***una cosa da ~*** a small thing; ***non è cosa da ~!*** *(impresa impegnativa)* it's no light matter! *(buon risultato)* that's no mean feat! that's no mean *o* small accomplishment! ***una persona da ~*** a worthless person **10 a dir poco** to say the least, to put it mildly; ***era sorpresa, a dir ~*** she was surprised, to say the least (of it); ***sono a dir ~ testardo!*** I'm nothing if not stubborn! **III** m. **1** *(piccola quantità)* little; ***quel ~ che ha*** what little she has; ***quel ~ che ho visto non era molto bello*** the little I saw wasn't very good; ***ho fatto quel ~ che ho potuto*** I did what little I could; ***ho detto loro quel ~ che sapevo*** I told them the *o* what little I knew **2 un po' di** *(un poco)* a little of, a bit of, some, any; *(con nomi plurali)* a few, some; ***voglio un po' di caffè*** I want a little *o* some coffee; ***c'è ancora un po' di gelato?*** is there any ice cream left? ***bevi ancora un po' di birra!*** have some more beer! ***posso averne un po' di più?*** can I have a little more? ***un po' di tutto*** a bit of everything; ***parlo un po' di inglese*** I speak a little English; ***un po' di tempo fa*** a little while ago; ***un po' di persone*** a few people **3 un bel po' di** COLLOQ. *(una grande quantità)* quite a lot of, a fair amount of; ***un bel po' di persone*** quite a few people, a lot of people; ***abbiamo aspettato un bel po' di ore*** we waited for a good few hours; ***un bel po' di tempo fa*** a good *o* long while ago **4 un bel po'** *(parecchio)* ***per un bel po'*** for a good while; ***un bel po' dopo*** a good while later; ***abbiamo camminato un bel po'*** we walked quite a way; ***costa un bel po'*** it costs a fair bit; ***continuò per un bel po'*** it continued for some (considerable) time; ***non si hanno sue notizie da un bel po'*** he hasn't been heard of for quite a while; ***è un bel po' che non ci si vede!*** long time no see! **5 un po' po' di** COLLOQ. ***un po' po' di lavoro*** a whole load of work; ***che po' po' di imbroglione!*** what a dirty trickster! **IV** avv. **1** *(con un verbo)* little, not much; ***lavora, parla ~*** he doesn't work, talk much; ***ho dormito ~*** I didn't sleep (very) much; ***guadagna troppo ~*** she earns very *o* too little; ***esco ~ la sera*** I don't go out very much in the evening; ***ci vado molto ~*** I go there very little; ***ci vede ~*** he can't see very well; ***ricorda molto ~*** he remembers very little; ***mi tratterrò ~*** I won't stay long **2** *(con un avverbio)* ***sta ~ bene*** he's not well; ***~ lontano da qui*** not far away from here; ***~ chiaramente*** not very clearly; ***~ male!*** *(non importa)* no harm done! *(tanto meglio)* just as well! **3** *(con un aggettivo o un participio passato)* not very; ***è ~ educato*** he's not very polite; ***sei ~ attento*** you're not very attentive; ***un individuo ~ raccomandabile*** a disreputable character; ***un lavoro ~ pagato*** a poorly paid job; ***i suoi libri sono ~ letti*** his books are little read; ***un romanzo ~ conosciuto*** a little-known novel **4** *(con forme comparative)* little, not much; ***è ~ più alto di me*** he is little *o* not much taller than me; ***~ più di un'ora fa*** little more than an hour ago **5 un po'** *(per un certo tempo)* ***dormi, rimani ancora un po'*** sleep, stay a little longer; ***aspetta un po'!*** wait a bit! ***ci vorrà un po'*** it will take some time; ***studio da un po'*** I've been studying for some time; ***ci ho pensato un (bel) po'*** I've thought about it quite a bit; *(in una certa quantità)* ***prendine ancora un po'*** take some more; *(leggermente)* ***un po' timido*** a bit shy; ***ti senti un po' meglio?*** are you feeling any better? ***potresti spostarti un po'?*** could you move over a bit? ***l'arrosto è un po' bruciato*** the roast is a bit *o* slightly burned; *(abbastanza)* ***"parli tedesco?" - "un po'"*** "do you speak German?" - "a little bit"; *(con valore rafforzativo)* ***sta un po' zitto!*** just keep quiet! ***sta un po' a sentire!*** get an earful of this! ***vediamo un po'*** let's see, let me see; ***(ma) pensa, guarda un po'!*** fancy that! ***ma di' un po'!*** I ask you! BE; *(seguito da altro avverbio)* ***mangia un po' di più*** eat a bit more; ***parla un po' più forte*** speak little *o* a bit louder; ***va' un po' meno, più veloce*** go a bit slower, faster; ***fa un po' meno freddo di ieri*** it's a little less cold than yesterday; ***si trucca un po' troppo*** she wears a bit too much make-up **6 a poco a poco** little by little; ***a ~ a ~ le nuvole si dissolveranno*** the clouds will gradually clear **7 non poco** ***ero non ~ sorpreso*** I was not a little surprised ◆ ***sapere di ~*** *(essere insipido)* to be tasteless; *(essere poco interessante)* to be dull; ***un po' per volta*** in dribs and drabs; ***né molto né ~*** not at all, no way; ***~ o nulla*** little or nothing; ***non ti credo neanche un po'*** you don't fool me for a minute; ***meglio ~ che niente*** a little is better than none; ***non è ~!*** that's saying a lot! ***un po' per la depressione un po' per la disoccupazione*** what with the depression and unemployment; ***è un ~ di buono*** he's an ugly customer, he's a bad lot; ***è una ~ di buono*** she's a slut POP.

podagra /po'dagra/ ➧ **7** f. podagra, gout.

podagrico, pl. **-ci, -che** /po'dagriko, tʃi, ke/ → **podagroso.**

podagroso /poda'groso/ **I** agg. podagral **II** m. (f. **-a**) gout sufferer.

podalico, pl. **-ci, -che** /po'daliko, tʃi, ke/ agg. [*presentazione*] breech attrib.; ***parto ~*** breech (delivery).

poderale /pode'rale/ agg. farm attrib., holding attrib., estate attrib.

▷ **podere** /po'dere/ m. farm, holding, estate.

poderosamente /poderosa'mente/ avv. powerfully, mightily ANT.

poderoso /pode'roso/ agg. **1** *(forte)* [*fisico, muscoli*] powerful, mighty **2** FIG. *(formidabile)* [*intelligenza*] sturdy.

podestà /podes'ta/ m.inv. STOR. **1** *(nei comuni medievali)* podestà **2** *(durante il fascismo)* = head of a town appointed by central government to carry out the duties of the mayor and town council.

podestarile /podesta'rile/ agg. STOR. of a podestà.

podice /'pɔditʃe/ m. ANAT. breech.

podio, pl. **-di** /'pɔdjo, di/ m. **1** ARCHEOL. *(in un anfiteatro)* podium* **2** *(nelle gare sportive)* podium*; ***salire sul ~*** to mount the podium **3** *(palco per oratori, autorità)* podium*, platform, dais **4** *(del direttore d'orchestra)* music stand.

podismo /po'dizmo/ ➧ ***10*** m. SPORT *(corsa)* running; *(marcia)* walking.

podista, m.pl. **-i**, f.pl. **-e** /po'dista/ ➧ ***18*** m. e f. **1** SPORT *(corridore)* runner; *(marciatore)* walker **2** *(camminatore)* walker, hiker.

podistico, pl. **-ci, -che** /po'distiko, tʃi, ke/ agg. SPORT ***gara -a*** footrace, track event.

podofillo /podo'fillo/ m. BOT. May apple.

podologia /podolo'dʒia/ f. MED. podology, podiatry AE.

podologo, m.pl. **-gi**, f.pl. **-ghe** /po'dɔlogo, dʒi, ge/ ➧ ***18*** m. (f. **-a**) podiatrist AE; *(callista)* chiropodist.

podometro /po'dɔmetro/ m. *(contapassi)* pedometer.

poema /po'ɛma/ m. **1** *(componimento)* poem; ***~ cavalleresco*** poem of chivalry; ***~ didascalico*** didactic poem; ***~ epico*** epic; ***i -i omerici*** Homeric poems **2** MUS. poem **3** SCHERZ. *(scritto lungo)* epic; ***scrivere un ~*** to write screeds **4** *(persona, cosa straordinaria)* wonder, marvel; ***è un vero ~*** it's quite something ◆◆ ***~ in prosa*** LETTER. prose poem; ***~ sinfonico*** MUS. symphonic poem, tone poem.

poemetto /poe'metto/ m. short poem.

▶ **poesia** /poe'zia/ f. **1** *(arte, attività)* poetry; ***~ dialettale*** vernacular poetry; ***~ didascalica*** didactic poetry; ***~ epica*** epic poetry; ***~ lirica*** lyrical poetry **2** *(forma metrica)* poetry, verse; ***scrivere in ~*** to write in verse; ***volgere*** o ***mettere in ~*** to put into verse **3** *(componimento)* poem, piece of poetry; ***scrivere una ~*** to write a poem; ***la raccolta completa delle -e di Yeats*** the collected poems of Yeats; ***un libro di -e*** a book of poems *o* verse **4** *(complesso della produzione)* poetry; ***generi di ~*** verse forms; ***la ~ romantica*** romantic poetry; ***la ~ di Pope*** the poetry of Pope **5** FIG. poetry, poetic quality; ***la ~ di un dipinto*** the poetry of a painting; ***essere privo di ~*** to have no poetry, to lack poetry **6** FIG. *(illusione)* illusion, daydream, fantasy.

▶ **poeta** /po'ɛta/ ➧ ***18*** m. **1** *(autore di poesie)* poet; ***~ laureato*** poet laureate; ***~ lirico*** lyricist, lyrist **2** FIG. *(sognatore)* (day)dreamer; ***avere un animo di ~*** to have the soul of a poet.

poetare /poe'tare/ [1] intr. (aus. *avere*) to write* poetry.

poetastro /poe'tastro/ m. (f. **-a**) SPREG. poetaster, rhymester, versemonger.

▷ **poetessa** /poe'tessa/ ➧ ***18*** f. poet.

poetica, pl. **-che** /po'ɛtika, ke/ f. poetics + verbo sing.

poeticamente /poetika'mente/ avv. poetically.

poeticità /poetitʃi'ta/ f.inv. poeticalness.

poeticizzare /poetitʃid'dzare/ [1] tr. *(rendere poetico)* to poeticize.

▷ **poetico**, pl. **-ci, -che** /po'ɛtiko, tʃi, ke/ agg. **1** *(relativo alla poesia)* [*opera, produzione, linguaggio, termine*] poetic(al); *(del poeta)* [*vena, estro*] poetic(al); ***licenza -a*** poetic licence **2** FIG. *(sensibile)* [*animo*] poetic, sensitive.

poetizzare /poetid'dzare/ [1] tr. *(rendere poetico)* to poeticize.

POF /pɔf/ m.inv. SCOL. (⇒ Piano dell'Offerta Formativa) = all of the teaching and extracurricular activities offered by an individual teaching establishment.

pogare /po'gare/ intr. (aus. *avere*) *(ballare il pogo)* to pogo.

poggia, pl. **-ge** /'pɔddʒa, dʒe/ f. MAR. *(lato sottovento)* lee, leeward.

poggiamano /poddʒa'mano/ m.inv. → **appoggiamano.**

poggiapiedi /poddʒa'pjɛdi/ m.inv. *(sgabello)* footrest, footstool; *(sbarra)* footrest, footboard.

1.poggiare /pod'dʒare/ [1] **I** tr. *(posare)* to lean*, to rest [*parte del corpo, oggetto*] (**su** on; **a, contro** against); ***~ il capo sul cuscino*** to lean *o* nestle *o* lay one's head on the pillow; ***~ i gomiti sul tavolo*** to rest *o* lean one's elbows on the table **II** intr. (aus. *essere*) **1** *(reggersi)* to rest, to stand* (**su** on); ***l'edificio poggia su queste colonne*** the building is supported by these columns **2** FIG. *(basarsi)* ***~ su*** to rest on, to be based on [*teoria, indizi, testimonianza*] **III poggiarsi** pronom. LETT. **1** *(reggersi)* to rest, to stand* (**su** on) **2** FIG. *(basarsi)* ***~ su*** to rest on, to be based on [*teoria, indizi, testimonianza*].

2.poggiare /pod'dʒare/ [1] intr. (aus. *avere*) MAR. **1** to sail to leeward **2** *(rifugiarsi in porto)* [*imbarcazione*] to seek* shelter.

poggiatesta /poddʒa'tɛsta/ m.inv. AUT. head rest, head restraint.

poggio, pl. **-gi** /'pɔddʒo, dʒi/ m. knoll, hillock.

poggiolo /pod'dʒɔlo/ m. balcony.

pogo /'pɔgo/ m.inv. **1** GIOC. pogo, pogo-stick **2** *(ballo)* pogo.

pogrom /'pɔgrom/ m.inv. pogrom.

▶ **poi** /pɔi/ **I** avv. **1** *(successivamente)* then; *(più tardi)* later, afterwards; ***ho guardato la televisione e ~ sono andato a dormire*** I watched television and then I went to bed; ***~ ho cominciato a pensare che*** then I got to thinking that; ***andare a Roma e ~ proseguire fino a Napoli*** to go to Rome then on to Naples; ***lo farò ~*** I'll do it afterwards; ***abbiamo visto un film, siamo andati al ristorante, e ~ siamo andati a casa*** we saw a film, went to the restaurant then went home afterwards; ***prima mi dice una cosa, ~ un'altra*** first she tells me one thing, then something else; ***d'ora in ~*** from now on(wards); ***da oggi in ~*** from today onwards *o* forwards, from this day forth; ***da allora in ~*** from then on, from that day forth *o* forward **2** *(inoltre)* besides, secondly; ***non ho voglia di uscire e ~ ho mal di testa*** I don't feel like going out, besides I've got a headache; ***e ~ bisogna anche tenere conto del costo del biglietto*** and then there's the fare to consider; ***e ~ non c'era abbastanza da mangiare*** besides, there wasn't enough to eat **3** *(con valore avversativo)* ***io te lo dico, tu ~ fai quel che vuoi*** I'll tell you, but (then) you do what you like; ***volevo telefonare ~ invece ho scritto*** I was going to phone but I wrote instead **4** *(alla fine)* at last, in the end; ***l'hai ~ vista?*** have you seen her at last? ***quale ha ~ scelto?*** whichever did he choose in the end? **5** *(tutto sommato)* ***non è ~ così forte*** he's not all that strong; ***la vacanza non è andata ~ così male*** the holiday wasn't such a failure; ***la festa non era ~ un granché*** the party didn't amount to much; ***non è ~ così avaro!*** he's not as greedy as (all) that! **6** *(in espressioni enfatiche)* ***che cosa ho fatto ~ di male?*** what harm did I do anyway? ***lei ~ che c'entra?*** where does she come in? ***per quanto riguarda ~ il menù...*** and as for the menu...; ***bisogna ~ dire che...*** it must also be said that... **II** m. *(il futuro)* ***pensare al ~*** to think of the future ◆ ***e ~?*** and? and then what? ***mai e ~ mai!*** never ever! ***qualcosa che non farei mai e ~ mai*** something I would never ever do; ***no e ~ no!*** no sirree! no, and that's final! ***prima o ~*** sooner or later, eventually, at some point in future; ***prima o ~ ti pagherò*** I'll pay you sometime; ***questa ~ (è bella)!*** well I never (did)! the very idea! ***col senno di ~*** with (the benefit *o* wisdom of) hindsight; ***giudicare col senno di ~*** to be wise after the event.

poiana /po'jana/ f. buzzard.

▶ **poiché** /poi'ke/ cong. **1** *(causale)* as, since, forasmuch as FORM.; ***~ pioveva sono rimasto a casa*** since it was raining I stayed at home; ***~ eri uscito, ti ho lasciato un biglietto*** as you were out, I left a note; ***~ non sanno nuotare, non è una buona idea andare al lago*** seeing that *o* as they can't swim, going to the lake is not a good idea **2** LETT. *(dopo che)* thereafter.

poinsettia /poin'sɛttja/ f. poinsettia.

pointer /'pɔinter/ m.inv. *(razza, cane)* pointer.

pointillisme /pwenti'jizm, pwentil'lizm/ m.inv. PITT. pointillism.

pois /pwa/ m.inv. (polka) dot, spot; ***a ~*** spotted, dotted, spotty; ***un vestito rosso a ~ bianchi*** a red dress with white spots.

poker /'pɔker/ ➧ **10** m.inv. **1** *(gioco)* poker; ***giocare a ~*** to play poker; ***~ all'americana*** stud poker **2** *(combinazione di carte)* ***~ di donne, fanti, re*** four queens, jacks, kings; ***avere un ~ d'assi*** to have four aces.

poker-dadi /poker'dadi/ ➧ **10** m.inv. poker dice.

pokerista, m.pl. **-i**, f.pl. **-e** /poke'rista/ m. e f. poker player.

polacca, pl. **-che** /po'lakka, ke/ f. **1** MUS. COREOGR. polonaise **2** *(stivaletto)* → **polacchina 3** ABBIGL. polonaise.

polacchina /polak'kina/ f. = laced ankle boot.

polacco, pl. **-chi, -che** /po'lakko, ki, ke/ ➧ **25, 16 I** agg. Polish **II** m. (f. **-a**) **1** Pole; ***i -chi*** the Polish **2** LING. Polish.

polare /po'lare/ agg. **1** GEOGR. [*regione, calotta*] polar; [*spedizione*] Arctic; ***Circolo Polare Artico*** Arctic Circle; ***Circolo Polare Antartico*** Antarctic Circle; ***orso ~*** polar bear; ***volpe ~*** arctic *o* white fox **2** FIG. [*clima, temperatura*] Arctic; ***freddo ~*** bitterly cold, freezing cold **3** ASTR. ***stella ~*** pole star, Polaris, North Star; ***distanza ~*** codeclination **4** CHIM. EL. [*attrazione, molecola*] polar.

polarimetria /polarime'tria/ f. polarimetry.

polarimetro /pola'rimetro/ m. polarimeter.

polariscopio, pl. **-pi** /polaris'kɔpjo, pi/ m. polariscope.

polarità /polari'ta/ f.inv. **1** EL. FIS. polarity; ***~ inversa*** reversed polarity **2** FIG. *(antitesi)* polarity, antithesis.

polarizzabilità /polariddzabili'ta/ f.inv. polarizability.

polarizzare /polarid'dzare/ [1] tr. **1** EL. FIS. to polarize **2** FIG. *(calamitare)* to focus, to attract, to magnetize [*attenzione*].

polarizzato /polarid'dzato/ **I** p.pass. → **polarizzare II** agg. [*luce*] polarized; ***occhiali polarizzati*** polarized sunglasses.

polarizzatore /polariddza'tore/ **I** agg. [*filtro, prisma*] polarizing **II** m. polarizer.

polarizzazione /polariddzat'tsjone/ f. **1** EL. FIS. polarization **2** FIG. focusing.

polarografia /polarogra'fia/ f. polarography.

polaroid® /pola'rɔid/ **I** agg.inv. [*pellicola, apparecchio, foto*] Polaroid® attrib. **II** m.inv. *(materiale)* Polaroid® **III** f.inv. *(macchina fotografica)* Polaroid®, instant camera; *(fotografia)* Polaroid®.

polca, pl. **-che** /'pɔlka, ke/ → **polka.**

polder /'pɔlder/ m.inv. polder.

▷ **polemica**, pl. **-che** /po'lɛmika, ke/ f. **1** *(disputa)* polemic, controversy, debate; ***una ~ contro qcn., qcs.*** a polemic against sb., sth.; ***suscitare violente -che*** to arouse bitter controversy; ***la questione ha suscitato violente -che*** the affair has sparked off a fierce debate; ***entrare in ~ con qcn.*** to cross swords with sb. **2** COLLOQ. *(discussione sterile)* argument, squabble; ***smettetela di fare -che!*** stop being so argumentative!

polemicamente /polemika'mente/ avv. polemically.

polemicità /polemitʃi'ta/ f.inv. polemic character.

polemico, pl. **-ci, -che** /po'lɛmiko, tʃi, ke/ agg. **1** [*opera, dichiarazione, scritto*] polemical **2** *(combattivo)* [*tono, persona*] polemical, argumentative, contentious FORM.; [*affermazione*] challenging.

polemista, m.pl. **-i**, f.pl. **-e** /pole'mista/ m. e f. **1** *(autore)* polemicist, polemist, controversialist **2** *(persona polemica)* polemical, argumentative person.

polemizzare /polemid'dzare/ [1] intr. (aus. *avere*) **1** to polemize, to enter into a debate, to take issue (**con** with) **2** COLLOQ. to be* argumentative; ***non è il momento di ~*** this is no time to make an issue *o* to be awkward.

polemologia /polemolo'dʒia/ f. polemology.

polena /po'lɛna/ f. MAR. figurehead.

▷ **polenta** /po'lɛnta/ f. **1** GASTR. INTRAD. (dish made from maize flour cooked in salted water to accompany various foods or with various dressings) **2** SPREG. *(minestra appiccicosa)* mush, pap.

polentone /polen'tone/ m. (f. **-a**) **1** *(persona goffa e lenta)* pudding SPREG., slowcoach BE COLLOQ., slowpoke AE COLLOQ. **2** SPREG. *(settentrionale)* = person from northern Italy.

POLFER /'pɔlfer/ f. (⇒ polizia ferroviaria) = Italian railway police.

poliacrilico, pl. **-ci, -che** /polia'kriliko, tʃi, ke/ agg. polyacrylic.

poliambulatorio, pl. **-ri** /poliambula'tɔrjo, ri/ m. polyclinic, health clinic, health centre BE.

poliammide /poliam'mide/ f. polyamide; ***filato di ~*** polyamide yarn.

poliammidico, pl. **-ci, -che** /poliam'midiko, tʃi, ke/ agg. [*fibre*] polyamide attrib.

poliandria /polian'dria/ f. ETNOL. polyandry.

poliandrico, pl. **-ci, -che** /poli'andriko, tʃi, ke/ agg. ETNOL. polyandrous.

poliandro /poli'andro/ agg. BOT. polyandrous.
poliarchia /poliar'kia/ f. polyarchy.
poliartrite /poliar'trite/ ♦ 7 f. polyarthritis.
poliatomico, pl. **-ci, -che** /polia'tɔmiko, tʃi, ke/ agg. polyatomic.
polibasico, pl. **-ci, -che** /poli'baziko, tʃi, ke/ agg. polybasic.
polibasite /poliba'zite/ f. polybasite.
polibutadiene /polibutadi'ɛne/ m. polybutadiene.
policarbonato /policarbo'nato/ m. polycarbonate.
policarpico, pl. **-ci, -che** /poli'karpiko, tʃi, ke/ agg. polycarpous.
policiclico, pl. **-ci, -che** /poli'tʃikliko, tʃi, ke/ agg. polycyclic.
policistico, pl. **-ci, -che** /poli'tʃistiko, tʃi, ke/ agg. MED. polycystic.
policitemia /politʃite'mia/ f. polycythaemia, polycythemia.
policlinico, pl. **-ci** /poli'kliniko, tʃi/ m. general hospital.
policondensazione /polikondensat'tsjone/ f. polycondensation.
policromatico, pl. **-ci, -che** /polikro'matiko, tʃi, ke/ agg. polychromatic.
policromia /polikro'mia/ f. polychromy.
policromo /po'likromo/ agg. polychrome, polychromatic.
polidattilo /poli'dattilo/ **I** agg. polydactyl **II** m. (f. **-a**) polydactyl.
poliedricità /poliedritʃi'ta/ f.inv. **1** MAT. polyhedral configuration, polyhedral nature **2** FIG. *(eclettismo)* many-sidedness, versatility.
poliedrico, pl. **-ci, -che** /poli'ɛdriko, tʃi, ke/ agg. **1** MAT. [*figura, forma*] polyhedral **2** FIG. *(eclettico)* [*ingegno, persona*] versatile, eclectic; [*personalità*] many-sided; [*artista*] multi-talented.
poliedro /poli'ɛdro/ m. polyhedron*.
poliene /poli'ɛne/ m. polyene.
poliennale /polien'nale/ agg. long-term, long-standing.
poliestere /poli'ɛstere/ **I** m. polyester **II** agg. polyester attrib.
polietilene /polieti'lɛne/ m. polyethylene, polythene BE.
polifagia /polifa'dʒia/ f. polyphagy.
polifago, pl. **-gi, -ghe** /po'lifago, dʒi, ge/ agg. polyphagous.
polifase /poli'faze/ agg.inv. [*corrente*] polyphase.
Polifemo /poli'fɛmo/ n.pr.m. Polypheme.
polifonia /polifo'nia/ f. polyphony.
polifonico, pl. **-ci, -che** /poli'fɔniko, tʃi, ke/ agg. polyphonic; ***canto ~*** part song.
polifunzionale /polifuntsjo'nale/ agg. [*centro, sala, complesso*] multipurpose, all-purpose.
poligala /po'ligala/ f. polygala, milkwort, snakeroot.
poligamia /poliga'mia/ f. polygamy.
poligamico, pl. **-ci, -che** /poli'gamiko, tʃi, ke/ agg. of polygamy, pertaining to polygamy.
poligamo /po'ligamo/ **I** agg. polygamous **II** m. (f. **-a**) polygamist.
poligenesi /poli'dʒɛnezi/ f.inv. polygenesis.
poligenismo /polidʒe'nizmo/ m. polygenism.
poliginia /polidʒi'nia/ f. polygyny.
poliglotta, m.pl. **-i**, f.pl. **-e** /poli'glɔtta/ **I** agg. [*persona*] polyglot; [*testo*] polyglot, multilingual **II** m. e f. *(persona)* polyglot.
poliglottismo /poliglot'tizmo/ m. polyglottism.
poligonale /poligo'nale/ agg. MAT. polygonal.
poligono /po'ligono/ m. **1** MAT. polygon **2** MIL. SPORT (anche **~ di tiro**) (rifle) range, butts pl.
poligrafia /poligra'fia/ f. TIP. *(tecnica)* hectograph; *(copia)* hectographic copy.
1.poligrafico, pl. **-ci, -che** /poli'grafiko, tʃi, ke/ **I** agg. ***officina -a*** print shop **II** m. *(stabilimento)* print works pl. **III** m. (f. **-a**) printer, print worker.
2.poligrafico, pl. **-ci, -che** /poli'grafiko, tʃi, ke/ agg. TIP. hectographic; ***copia -a*** hectographic copy.
poligrafo /po'ligrafo/ m. TIP. *(strumento)* hectograph.
poliinsaturo /poliin'saturo/ agg. [*grasso*] polyunsaturated; ***ricco di grassi -i*** high in polyunsaturates.
polimerasi /polime'razi/ f.inv. polymerase.
polimeria /polime'ria/ f. BIOL. polymerism.
polimerico, pl. **-ci, -che** /poli'mɛriko, tʃi, ke/ agg. CHIM. polymeric.
polimerismo /polime'rizmo/ m. CHIM. polymerism.
polimerizzare /polimerid'dzare/ [1] **I** tr. to polymerize **II polimerizzarsi** pronom. to polymerize.
polimerizzazione /polimeriddzat'tsjone/ f. polymerization.
polimero /po'limero/ **I** agg. **1** BIOL. [*animale, vegetale*] polymerous **2** CHIM. polymeric **II** m. CHIM. polymer.
polimetro /po'limetro/ **I** m. METR. = poem written using various meters **II** agg. METR. [*componimento*] = containing various meters.
polimorfismo /polimor'fizmo/ m. BIOL. CHIM. MINER. polymorphism.
polimorfo /poli'mɔrfo/ agg. **1** BIOL. polymorphous **2** CHIM. MINER. polymorphous, polymorphic.
Polinesia /poli'nɛzia/ n.pr.f. Polynesia.
polinesiano /poline'zjano/ **I** agg. Polynesian **II** m. (f. **-a**) **1** *(persona)* Polynesian **2** *(lingua)* Polynesian.
polineurite /polineu'rite/, **polinevrite** /poline'vrite/ ♦ 7 f. polyneuritis.
polinomiale /polino'mjale/ agg. polynomial, multinomial.
polinomio, pl. **-mi** /poli'nɔmjo, mi/ m. polynomial, multinomial.
polio /'pɔljo/ f.inv. COLLOQ. (accorc. poliomielite) polio.
poliomielite /poljomie'lite/ ♦ 7 f. poliomyelitis; ***vaccino contro la ~*** polio vaccine.
poliomielitico, pl. **-ci, -che** /poljomie'litiko, tʃi, ke/ **I** agg. poliomyelitic; ***è ~*** he has polio **II** m. (f. **-a**) poliomyelitis sufferer.
poliovirus /poljo'virus/ m.inv. poliovirus.
polipaio, pl. **-ai** /poli'pajo, ai/ m. polypary.
polipeptide /polipep'tide/ m. polypeptide.
polipetalo /poli'pɛtalo/ agg. polypetalous.
poliploide /poli'plɔjde/ agg. polyploid.
poliploidia /poliploj'dia/ f. polyploidy.
▷ **polipo** /'pɔlipo/ m. **1** ZOOL. polyp **2** *(polpo)* octopus* **3** MED. polyp, polypus*.
polipodio, pl. **-di** /poli'pɔdjo, di/ m. BOT. polypod, polypody.
polipoide /poli'pɔide/ agg. polypoid.
poliposi /poli'pɔzi/ ♦ 7 f.inv. polyposis.
polipropilene /polipropi'lɛne/ m. polypropylene.
poliritmia /polirit'mia/ f. polyrhythm.
polis /'pɔlis/ f.inv. polis*, city state.
polisaccaride /polisak'karide/ m. polysaccharide.
polisemantico, pl. **-ci, -che** /polise'mantiko, tʃi, ke/ agg. → **polisemico.**
polisemia /polise'mia/ f. polysemy.
polisemico, pl. **-ci, -che** /poli'sɛmiko, tʃi, ke/ agg. polysemous.
polisenso /poli'sɛnso/ **I** agg. polysemous **II** m. *(gioco enigmistico)* = game based on guessing a word or phrase which has different meanings.
polisillabico, pl. **-ci, -che** /polisil'labiko, tʃi, ke/ agg. polysyllabic.
polisillabo /poli'sillabo/ **I** agg. polysyllabic **II** m. polysyllable.
polisillogismo /polisillo'dʒizmo/ m. sorites*.
polisindeto /poli'sindeto/ m. polysyndeton.
polisintetico, pl. **-ci, -che** /polisin'tɛtiko, tʃi, ke/ agg. LING. polysynthetic.
polisolfuro /polisol'furo/ m. polysulphide.
polisportiva /polispor'tiva/ f. sports club.
polisportivo /polispor'tivo/ agg. sports attrib.
polista, m.pl. **-i**, f.pl. **-e** /po'lista/ m. e f. polo player.
polistirene /polisti'rɛne/ m. polystyrene.
polistirolo /polisti'rɔlo/ m. polystyrene; ***fiocchi, globuli di ~*** polystyrene chips, granules ◆◆ ***~ espanso*** expanded polystyrene.
politeama /polite'ama/ m. theatre.
politecnico, pl. **-ci, -che** /poli'tɛkniko, tʃi, ke/ **I** agg. polytechnic **II** m. = university institute of engineering and architecture with relative postgraduate schools.

> **Politecnico** In Italy there are three *politecnici*, ie universities of science and technology which include faculties of engineering and architecture with their various specializations. The two oldest and most renowned are in Turin (founded 1859) and Milan (1863). The Bari *politecnico* is a more recent addition.

politeismo /polite'izmo/ m. polytheism.
politeista, m.pl. **-i**, f.pl. **-e** /polite'ista/ **I** agg. → **politeistico II** m. e f. polytheist.
politeistico, pl. **-ci, -che** /polite'istiko, tʃi, ke/ agg. polytheistic.
politene /poli'tɛne/ → **polietilene.**
politezza /poli'tettsa/ f. LETT. **1** *(levigatezza, lucentezza)* smoothness, polish **2** FIG. *(raffinatezza)* polish, elegance.
▶ **politica**, pl. **-che** /po'litika, ke/ f. **1** *(scienza, arte)* politics + verbo sing.; ***fare ~*** to be politically involved, to be a politician; ***occuparsi di ~*** to be in politics; ***entrare in ~*** to go into *o* enter politics; ***la ~ italiana, locale*** Italian, local politics; ***discutere*** o ***parlare di ~*** to talk politics COLLOQ. **2** *(modo di governare)* policy; ***~ estera, interna, agricola, sociale*** foreign, domestic, agricultural, social policy; ***la ~ del governo in materia di educazione*** the government's education policy; ***un cambiamento di ~*** a shift of policy **3** *(linea di condotta, strategia)* policy; ***la nostra ~ dei prezzi*** our pricing policy; ***la nostra ~ è che*** it is our policy that **4** *(diplomazia)* diplomacy; *(astuzia)* shrewdness, craftiness; ***ci vuole un po' di ~*** it takes a little diplomacy ◆ ***praticare la ~ dello struzzo*** to stick *o* bury one's head in the sand ◆◆ ***~ aziendale*** company policy; ***~ economica*** eco-

questo vaso è di ~ this vase is made of china **2** *(oggetti)* ***-e*** china, chinaware, porcelain (ware); ***una ~*** a piece of china *o* porcelain; ***-e rare*** rare china; ***fare collezione di -e*** to collect porcelain **3** ZOOL. cowrie, cowry ◆◆ ***~ dura*** ironstone china; ***~ fine*** bone china; ***~ di Sèvres*** Sèvres (china *o* porcelain); ***~ vetrosa*** vitreous china.

2.porcellana /portʃel'lana/ f. BOT. purslane.

porcellanare /portʃella'nare/ [1] tr. to porcelainize.

porcellanato /portʃella'nato/ **I** p.pass. → **porcellanare** **II** agg. [*stoviglie, vasca*] porcelain attrib., glazed, enamelled, enameled AE.

porcellino /portʃel'lino/ m. (f. **-a**) **1** *(maialino)* piggy, piglet; ***~ da latte*** suck(l)ing pig **2** FIG. SCHERZ. *(bambino che si sporca)* little pig; ***sei un ~!*** you mucky pup! **3** *(salvadanaio)* piggy bank; ***rompere il ~*** to raid *o* break one's piggy bank ◆◆ ***~ d'India*** ZOOL. guinea-pig, cavy.

porcello /por'tʃɛllo/ m. (f. **-a**) **1** *(maiale giovane)* hogling **2** FIG. *(persona sporca)* pig, hog, filthy person **3** FIG. *(persona grassa)* fatty SPREG., slob COLLOQ.

porcellone /portʃel'lone/ m. (f. **-a**) **1** FIG. *(persona sporca)* pig, hog, filthy person **2** FIG. SCHERZ. *(persona scurrile)* pig, swine.

▷ **porcheria** /porke'ria/ f. **1** *(sporcizia)* dirt, filth, muck; ***raccogli quella ~ dal pavimento*** clean that rubbish up off *o* from the floor **2** FIG. *(atto indecente)* obscenity, hanky-panky; *(espressione indecente)* dirt **U**, filth **U**, smut **U**; ***dire -e*** to say smutty *o* dirty things; ***giornali pieni zeppi di -e*** magazines packed with smut **3** FIG. *(cibo cattivo)* junk food, muck, rubbishy food; ***mangia solo delle -e*** he only eats junk food **4** FIG. *(azione sleale)* dirty trick, mean trick; ***fare una ~ a qcn.*** to play a dirty trick on sb. **5** FIG. *(cosa fatta male)* rubbish **U**, trash **U**, muck; ***è una vera e propria ~*** it's complete and utter rubbish; ***il libro, film è una vera ~*** the book, film is (absolute) trash.

porchetta /por'ketta/ f. GASTR. INTRAD. (oven or spit roasted suckling pig flavoured with salt, pepper, rosemary, garlic and other seasonings).

porciglione /portʃiʎ'ʎone/ m. water rail.

porcile /por'tʃile/ m. **1** *(ricovero per i maiali)* pigsty, piggery, sty, hogpen, pigpen AE **2** FIG. *(luogo sudicio)* pigsty, piggery, pigpen AE; ***questa stanza è un vero ~*** this room is a pigsty.

porcino /por'tʃino/ **I** agg. *(di porco)* porcine, pig attrib.; FIG. *(simile a porco)* swinish; ***carne -a*** pork (meat); ***avere gli occhi -i*** FIG. to have piggy eyes **II** m. *(fungo)* edible boletus*.

▷ **porco**, pl. **-ci**, **-che** /'pɔrko, tʃi, ke/ **I** m. **1** *(maiale)* pig, swine, hog AE; ***allevamento di -ci*** pig farming **2** *(carne)* pork; ***~ salato*** salted pork **3** FIG. *(persona spregevole)* pig, hog, lecher, swine*; ***vecchio ~*** dirty old man; ***lurido ~!*** you dirty swine! ***brutto ~!*** filthy beast! ***è proprio un ~*** he is so hoggish, he is a real pig **II** agg. POP. SPREG. ***fa un freddo ~ fuori*** it's brass monkey weather outside; ***fa sempre i suoi -ci comodi*** he always does what the hell he likes ◆ ***mangiare come un ~*** to be a greedy pig, to eat like a pig; ***essere sudicio come un ~*** to be filthy dirty; ***gettare le perle ai -ci*** to cast pearls before swine; ***-a miseria!*** holy cow! holy smoke! ***~ mondo!*** bloody hell!

porcospino /porkos'pino/ m. **1** *(istrice)* porcupine **2** COLLOQ. *(riccio)* hedgehog **3** FIG. *(individuo scontroso)* bear.

pordenonese /pordeno'nese/ ➧ **2** **I** agg. from, of Pordenone **II** m. e f. native, inhabitant of Pordenone **III** m. dialect of Pordenone.

porfido /'pɔrfido/ m. porphyry.

porfina /por'fina/ f. porphin.

porfiria /porfi'ria/ f. porphyria.

porfirico, pl. **-ci**, **-che** /por'firiko, tʃi, ke/ agg. GEOL. porphyritic.

porfirite /porfi'rite/ f. porphyrite.

porfirizzare /porfirid'dzare/ [1] tr. to pulverize.

porfiroide /porfi'rɔjde/ m. porphyroid.

▷ **porgere** /'pɔrdʒere/ [72] **I** tr. **1** *(dare)* to give*, to hand; *(passare)* to pass; ***porgimi il sale*** pass (me) the salt; ***porgimi il tuo piatto*** pass me your plate; ***~ la mano a qcn.*** to hold out one's hand to sb.; ***~ il braccio a qcn.*** to give *o* offer one's arm to sb. **2** FIG. *(offrire, presentare)* to convey, to pass on [*saluti, scuse, ringraziamenti*] (**a** to); ***~ i propri omaggi a qcn.*** to pay one's respects to sb.; ***~ le proprie congratulazioni a qcn.*** to offer one's congratulations to sb.; ***gli porga i miei saluti*** give him my greetings; ***la prego di porgergli i miei migliori auguri*** please give him my best wishes; ***~ aiuto a qcn.*** to offer sb. help **II** intr. (aus. *avere*) *(recitare)* to deliver (one's lines) ◆ ***~ orecchio*** to lend an ear; ***~ l'altra guancia*** to turn the other cheek.

porifero /po'rifero/ m. porifer, poriferan.

porno /'pɔrno/ **I** agg.inv. porn attrib., porno COLLOQ.; ***film ~*** porn film, blue film, skin flick COLLOQ.; ***rivista ~*** porn magazine, skin magazine **II** m.inv. porn.

pornodivo /porno'divo/ m. (f. **-a**) → **pornostar**.

pornofilm /porno'film/ m.inv. porn film.

pornografia /pornogra'fia/ f. pornography.

pornografico, pl. **-ci**, **-che** /porno'grafiko, tʃi, ke/ agg. [*film, rivista, romanzo*] pornographic.

pornografo /por'nɔgrafo/ m. (f. **-a**) pornographer.

pornoshop /pornoʃ'ʃɔp/ m.inv. porn shop, sex shop.

pornoshow /pornoʃ'ʃo/ m.inv. porn show.

pornostar /pornos'tar/ f.inv. porn star.

poro /'pɔro/ m. ANAT. BOT. pore; ***i -i della pelle*** the pores of the skin; ***-i dilatati*** enlarged pores ◆ ***sprizzare gioia da tutti i -i*** to be all smiles, to radiate joy; ***sprizzare salute da tutti i -i*** to be glowing with health; ***sprizzare rabbia da tutti i -i*** to be fuming with anger.

porosità /porosi'ta/ f.inv. porosity, porousness.

poroso /po'roso/ agg. [*legno, roccia, sostanza*] porous.

porpora /'porpora/ ➧ **3** **I** f. **1** *(colorante)* purple dye **2** *(tessuto)* purple (cloth); *(veste)* purple (robe) **3** *(dignità di cardinale)* ***la ~*** the purple **4** MED. purpura **II** m.inv. *(colore)* purple **III** agg.inv. purple, crimson; ***rosso ~*** purple-red.

porporato /porpo'rato/ **I** agg. clothed in purple **II** m. *(cardinale)* cardinal.

porporina /porpo'rina/ f. purpurin.

porporino /porpo'rino/ agg. purple, purplish; ***rondine -a*** purple martin AE.

▶ **porre** /'porre/ [73] **I** tr. **1** *(mettere)* to put*; *(posare)* to lay* down, to put* down; *(collocare)* to set*, to place; ***~ i fiori nel vaso*** to put *o* place the flowers in a vase; ***mi pose la mano sulla fronte*** he laid *o* put his hand on my forehead; ***~ gli occhi, lo sguardo su qcn.*** to set one's eyes *o* gaze on sb.; ***~ la propria firma*** to affix one's signature; ***~ rimedio a*** to cure, to remedy [*disoccupazione, inflazione*]; ***~ mente a qcs.*** to give *o* put one's mind to sth.; ***~ l'assedio a qcs.*** to lay siege to sth.; ***~ le fondamenta*** to lay foundations (anche FIG.); ***~ la prima pietra*** to lay the foundation stone; ***~ un freno a*** to put *o* place a check on, to check [*inflazione, immigrazione, crescita*]; ***~ fine*** o ***termine a qcs.*** to put an end *o* stop to sth., to bring sth. to an end; ***~ fine alle sofferenze di qcn.*** EUFEM. to put sb. out of their misery; ***~ fine ai propri giorni*** to end one's life; ***~ l'accento su qcs.*** to lay stress *o* emphasis on sth., to put *o* place the stress on sth.; ***si porrà l'accento sulla salute*** the focus will be on health; ***senza por tempo in mezzo*** without delay **2** *(seguito da preposizione)* ***~ in atto un progetto*** to put a plan into action, to execute a plan; ***~ a confronto*** to compare; ***~ in dubbio*** to doubt, to question; ***~ in essere*** to carry out, to realize; ***~ in evidenza*** o ***in luce*** to emphasize; ***~ in fuga qcn.*** to put sb. to flight; ***~ in libertà*** to set free **3** *(fissare, stabilire)* to lay* down [*condizione*]; ***~ una scadenza*** to set a deadline; ***devi ~ un limite a un certo punto*** you've got to draw the line somewhere **4** FIG. *(supporre, ammettere)* to suppose, to assume; ***poniamo (il caso) che...*** let's assume that...; ***poniamo che tu passi l'esame*** (let's) suppose you pass the exam; ***poniamo che tu abbia un incidente*** say you have an accident **5** *(rivolgere, presentare)* to pose, to put* [*domanda*]; to pose, to set* [*problema*]; ***~ una domanda a qcn.*** to put a question to sb., to ask sb. a question; ***~ degli interrogativi*** to pose questions **6** *(in iscrizioni commemorative)* to erect, to set* up; ***i familiari posero*** erected by the family **II porsi** pronom. **1** *(mettersi, collocarsi)* to put* oneself; ***-rsi a sedere*** to sit down; ***-rsi a tavola*** to sit down to dinner *o* to a meal; ***-rsi a letto*** to get into bed; ***-rsi in salvo*** to flee to safety **2** *(accingersi)* ***-rsi al lavoro*** to go *o* set *o* get to work; ***-rsi in cammino*** to take (to) *o* set forth *o* hit COLLOQ. the road **3** *(proporsi)* ***-rsi una domanda*** to ask oneself a question; ***-rsi delle domande riguardo a qcn., qcs.*** to wonder about sb., sth. **4** *(esistere)* [*problema, caso, questione*] to arise*; ***il problema non si pone*** there's no question of it; ***il problema si pone se*** the question arises whether; ***si pone la questione di chi pagherà il conto*** the question arises as to who is going to pay the bill.

porro /'pɔrro/ m. **1** BOT. leek, scallion; ***erba da -i*** greater celandine **2** *(verruca)* wart.

▶ **porta** /'pɔrta/ f. **1** door; ***la ~ della terrazza, della cucina*** the door to the terrace, kitchen; ***aprire, chiudere la ~*** to open, shut the door; ***chiudere la ~ a chiave*** to lock the door; ***suonare alla ~*** to ring at the door, to ring the doorbell; ***bussare alla ~*** to knock at the door; ***stare sulla ~*** to be on the door; ***c'è qualcuno alla ~*** there's someone at the door; ***accompagnare qcn. alla ~*** to see *o* show *o* usher sb. to the door; ***sbattere la ~*** to slam the door; ***chiudere, sbattere la ~ in faccia a qcn.*** (anche FIG.) to slam the door in sb.'s face; ***abitiamo ~ a ~*** we're nextdoor neighbours; ***vendita ~ a ~*** door-to-door selling; ***la ragazza della ~ accanto*** the girl next door; ***giornata a -e aperte*** open day; ***politica della ~ aperta*** ECON. POL. open-door policy; ***a -e***

aperte DIR. in open court; ***a -e chiuse*** behind closed doors; DIR. in camera, in closed court; ***discutere una causa a -e chiuse*** to hear a case in chambers **2** *(di città, mura)* gate; ***alle -e della città*** at the city gates; ***abitare fuori*** ~ to live just outside town; ***il nemico è alle -e*** the enemy is at the gate; ***Natale è alle -e*** FIG. Christmas is just around the corner **3** FIG. *(mezzo d'accesso)* gateway, door; ***per gli inglesi Dover è la ~ per l'Europa*** Dover is England's gateway to Europe; ***questo gli aprirà (del)le -e*** this will open doors for him; ***la vittoria gli apre le -e della finale*** the victory clears the way to the final for him **4** SPORT *(nello sci)* gate; *(nel calcio)* goal; *(nell'hockey)* cage; ***area di*** ~ goal area; ***specchio della*** ~ goal mouth; ***giocare in*** ~ to keep goal, to play in goal; ***tirare in*** ~ to have *o* take a shot at goal, to shoot at goal **5** *(di veicolo)* door; ***un'automobile a quattro -e*** a four-door car **6** INFORM. port ◆ ***bussare a tutte le -e*** to knock on everybody's door; ***prendere la*** ~ to leave; ***entrare dalla ~ principale*** to start at the top; ***sfondare una ~ aperta*** to preach to the converted; ***la mia ~ è sempre aperta*** my door is always open; ***lasciare la ~ aperta a qcs.*** to leave the door open for *o* to sth.; ***si chiude una ~, se ne apre un'altra*** one door shuts, another opens; ***mettere qcn. alla*** ~ to show sb. the door, to give sb. the gate AE ◆◆ ~ ***antincendio*** fire door; ~ ***basculante*** up-and-over door; ~ ***blindata*** = door with steel plating; ~ ***girevole*** revolving door; ~ ***d'ingresso*** front door; ~ ***parallela*** INFORM. parallel port; ~ ***scorrevole*** sliding door; ~ ***seriale*** INFORM. serial port; ~ ***di servizio*** back door; ~ ***a soffietto*** accordion door; ~ ***a vento*** swing door BE, swinging door AE; ~ ***a vetri*** glass door.

portaabiti /porta'abiti/ → **portabiti.**

portaattrezzi /porta'attrettsi/ → **portattrezzi.**

▷ **portabagagli** /portaba'gaʎʎi/ **I** agg.inv. luggage attrib., baggage attrib.; ***carrello*** ~ luggage trolley **II** m.inv. **1** *(facchino)* luggage handler, porter **2** AUT. *(portapacchi)* roof rack; FERR. (overhead) luggage rack **3** COLLOQ. *(bagagliaio)* boot BE, trunk AE.

portabandiera /portaban'djɛra/ m. e f.inv. **1** standard-bearer, flag-bearer **2** FIG. standard-bearer.

portabastoni /portabas'toni/ m.inv. **1** stick rack **2** SPORT *(nel golf)* caddie.

portabiancheria /portabjanke'ria/ m.inv. laundry basket, linen basket.

portabiciclette /portabitʃi'klette/ m.inv. bicycle rack.

portabiglietti /portabiʎ'ʎetti/ m.inv. card case.

portabile /por'tabile/ agg. **1** *(non pesante)* transportable **2** *(indossabile)* [*vestito, maglione*] wearable.

portabilità /portabili'ta/ f.inv. **1** *(di abito)* wearability **2** TEL. ~ ***del numero*** number portability.

portabiti /por'tabiti/ m.inv. *(attaccapanni)* (coat)stand, rack.

portaborse /porta'borse/ m. e f.inv. SPREG. *(di personaggio importante)* flunkey* BE, flunky* AE, legman*.

portabottiglie /portabot'tiʎʎe/ **I** agg.inv. ***scaffale*** ~ bottle rack **II** m.inv. **1** *(mobile)* bottle rack, wine rack **2** *(cesto)* bottle crate.

portaburro /porta'burro/ m.inv. butter dish.

portacappelli /portakap'pɛlli/ m.inv. hatbox, bandbox.

portacarri /porta'karri/ m.inv. tank transporter.

portacarte /porta'karte/ m.inv. *(custodia)* paper holder; *(borsa)* briefcase, document case.

portacassette /portakas'sette/ m.inv. cassette rack, cassette holder.

portacatino /portaka'tino/ m. basin-stand.

porta-cd /portattʃid'di/ m.inv. CD caddy.

portacellulare /portatʃellu'lare/ m. mobile (phone) holder.

▷ **portacenere** /porta'tʃenere/ m.inv. ashtray.

▷ **portachiavi** /porta'kjavi/ m.inv. key-ring.

portacipria /porta'tʃiprja/ m.inv. (powder) compact.

portacontainer /portakon'tɛjner/ **I** m.inv. *(autocarro)* container truck **II** f.inv. *(nave)* container ship.

portacravatte /portakra'vatte/ m.inv. tie rack.

portadischi /porta'diski/ m.inv. **1** *(piatto)* turntable **2** *(mobile)* record rack **3** *(valigetta)* record case.

portadocumenti /portadoku'menti/ m.inv. *(custodia)* document holder, document wallet; *(valigetta)* briefcase, document case.

portaelicotteri /portaeli'kɔtteri/ **I** agg.inv. ***nave*** ~ helicopter carrier **II** f.inv. helicopter carrier.

portaerei /porta'ɛrei/ **I** agg.inv. ***nave*** ~ aircraft carrier **II** f.inv. *(nave)* aircraft carrier, flattop COLLOQ.

portaferiti /portafe'riti/ m.inv. stretcher-bearer.

portafiammiferi /portafjam'miferi/ m.inv. *(scatola)* matchbox; *(astuccio)* match holder.

▷ **portafinestra**, pl. **portefinestre** /portafi'nɛstra, portefi'nɛstre/ f. French window, French doors pl. AE.

portafiori /porta'fjori/ m.inv. *(vaso)* flower holder.

portafogli /porta'fɔʎʎi/ m.inv. (anche **portafoglio**) **1** wallet, billfold AE **2** *(cartella)* briefcase.

▷ **portafoglio**, pl. **-gli** /porta'fɔʎʎo, ʎi/ m. **1** wallet, billfold AE; ***alleggerire qcn. del*** ~ SCHERZ. to relieve sb. of his wallet; ***avere il ~ gonfio*** COLLOQ. to have a fat *o* bulging wallet; ***mettere mano al*** ~ to get one's wallet out **2** *(cartella)* briefcase **3** POL. portfolio*; ***ministro senza*** ~ minister without portfolio; ~ ***della Difesa, delle Finanze*** defence, finance portfolio **4** ECON. portfolio*; ***gestione di*** ~ portfolio management ◆◆ ~ ***azionario*** share portfolio, portfolio of shares; ~ ***estero*** foreign bills; ~ ***obbligazionario*** loan portfolio; ~ ***titoli*** securities portfolio.

▷ **portafortuna** /portafor'tuna/ **I** agg.inv. ***braccialetto*** ~ charm bracelet; ***ciondolo*** ~ lucky charm **II** m.inv. **1** *(amuleto)* lucky charm, amulet; ***indossare qcs. come*** ~ to wear sth. for luck **2** *(mascotte)* lucky mascot.

portafotografie /portafotogra'fie/ m.inv. → **portaritratti.**

portafrutta /porta'frutta/ **I** agg.inv. ***piatto*** ~ fruit dish **II** m.inv. fruit bowl.

portafusibile /portafu'zibile/ m. fuse holder.

portaghiaccio /porta'gjattʃo/ m.inv. ice bucket.

portagioie /porta'dʒɔje/, **portagioielli** /portadʒo'jɛlli/ m.inv. jewel case, jewel box, jewellery box BE, jewellery case BE.

portaimmondizie /portaimmon'dittsje/ m.inv. *(bidone)* dustbin BE, garbage can AE; *(cestino)* rubbish bin BE.

portainnesto /portain'nɛsto/ m. (root)stock.

portalampada /porta'lampada/, **portalampade** /porta'lampade/ m.inv. socket, light fitting; ~ ***a baionetta*** bayonet socket.

portale /por'tale/ m. ARCH. INFORM. portal; ~ ***verticale*** vortal.

portalettere /porta'lɛttere/ ➧ ***18*** m. e f.inv. *(uomo)* postman*; *(donna)* postwoman*.

portamatita /portama'tita/ m.inv. pencil holder.

portamatite /portama'tite/ m.inv. *(portapenne)* pencil box, pencil case.

portamento /porta'mento/ m. **1** *(andatura)* bearing, carriage, posture; ***avere un bel*** ~ to have good posture **2** *(condotta)* behaviour BE, behavior AE, conduct **3** MUS. portamento*, slide.

portamina /porta'mina/ m.inv. **1** *(portamine)* propelling pencil BE **2** *(portamatita)* pencil holder.

portamine /porta'mine/ m.inv. propelling pencil BE.

portamissili /porta'missili/ **I** m.inv. rocket carrier, missile carrier **II** agg.inv. rocket attrib., missile attrib.

portamonete /portamo'nete/ m.inv. purse, change purse AE.

portamunizioni /portamunit'tsjoni/ m.inv. ammunition carrier.

portante /por'tante/ **I** agg. **1** TECN. [*muro, trave*] bearing, load-bearing, supporting; ***muro non*** ~ curtain wall **2** RAD. TEL. [*corrente, frequenza*] carrier attrib.; ***onda*** ~ carrier (wave) **3** FIG. *(fondamentale)* fundamental, basic **II** f. RAD. TEL. carrier (wave) **III** m. *(ambio)* amble.

portantina /portan'tina/ f. **1** STOR. *(sedia)* sedan chair; *(lettiga)* litter; *(palanchino)* palankeen, palanquin **2** *(barella)* stretcher, litter.

portantino /portan'tino/ ➧ ***18*** m. **1** *(negli ospedali)* (hospital) porter, stretcher-bearer **2** STOR. *(di portantina)* sedan bearer.

portanza /por'tantsa/ f. **1** *(capacità di carico)* carrying capacity **2** AER. lift.

portaoggetti /portaod'dʒɛtti/ **I** agg.inv. ***vano*** ~ glove box, glove compartment; ***vetrino*** ~ OTT. stage **II** m.inv. **1** *(contenitore)* holder; *(ripiano)* shelf **2** OTT. *(vetrino)* stage.

portaombrelli /portaom'brɛlli/ m.inv. umbrella stand.

portaordini /porta'ordini/ m.inv. MIL. dispatch rider.

portapacchi /porta'pakki/ m.inv. **1** *(di auto)* roof rack; *(di bicicletta)* carrier **2** *(fattorino)* delivery man*.

portapenne /porta'penne/ **I** agg.inv. ***astuccio*** ~ pencil box, pencil case **II** m.inv. **1** *(astuccio)* pencil box, pencil case **2** *(asticella)* pen holder.

portapillole /porta'pillole/ m.inv. pillbox.

portapipe /porta'pipe/ m.inv. pipe rack.

portapunta /porta'punta/ m.inv. MECC. drill chuck.

portarazzi /porta'raddzi/ m.inv. e agg.inv. → **portamissili.**

▶ **portare** /por'tare/ [1] Tra i verbi inglesi che traducono l'italiano *portare*, *to bring* e *to take* sottolineano il movimento e la direzione verso cui si porta qualcosa: *to bring* implica l'idea di venire verso chi parla o ascolta, *to take* l'idea di allontanarsi da chi parla o ascolta (*cameriere, mi porti il conto per favore!* = waiter, bring me the bill, please!; *prenditi l'ombrello!* = take your umbrella with you!). Il verbo *to carry*, invece, non implica alcuna direzione ma piuttosto l'idea di trasportare qualcosa, o portare qualcosa con sé: *mi porti tu questi libri, per favore?* =

will you carry these books for me, please? *non porto mai molti soldi con me* = I never carry much money with me. Tra gli equivalenti più specifici di *portare*, tutti elencati nella voce qui sotto, si noti in particolare *to wear*, cioè *indossare*. **I** tr. **1** *(verso chi parla)* to bring*; *(andare a prendere)* to fetch; ***portami quella sedia*** bring me that chair; ***~ dei fiori, un regalo a qcn.*** to bring sb. flowers, a cake; ***ci ha portato dei regali dal suo viaggio*** he brought us back presents from his trip; ***portami qualcosa da bere*** get me something to drink; ***portagli una sedia, per favore*** fetch him a chair please; ***te ne porto un altro*** I'll fetch you another one **2** *(lontano da chi parla)* to take*; ***~ qcs. a qcn.*** to take sb. sth., to take sth. to sb.; ***porta questo maglione a Silvia*** take this sweater to Silvia; ***~ delle sedie in giardino*** to take chairs into the garden; ***~ la macchina dal meccanico*** to take the car to the garage **3** *(trasportare)* to carry; ***~ una valigia*** to carry a suitcase; ***~ qcs. sulle spalle*** to carry sth. on one's back; ***fu portato via in barella*** he was carried away on a stretcher; ***~ in braccio un bambino*** to hold a baby in one's arms; ***essere portato dal vento*** to be blown along by the wind, to be borne on the wind, to be windborne **4** *(prendere con sé)* to take*, to bring* [*oggetto*]; ***hai portato la macchina fotografica?*** have you brought your camera? ***non dimenticare di ~ un ombrello*** don't forget to take an umbrella; ***posso portarti il cappotto?*** can I get you your coat? **5** *(accompagnare)* to take*; *(condurre con sé)* to bring* [*amico, cane*]; ***~ qcn. a scuola, al lavoro, all'ospedale*** to take sb. to school, to work, to the hospital; ***ti porto a casa*** I'll take you home; ***~ qcn. a ballare*** to take sb. dancing; ***~ a spasso*** o ***passeggio un bambino*** to take a child for a walk; ***~ qcn. a una festa*** to bring *o* take sb. to a party **6** *(condurre)* to bring*, to lead* (anche FIG.); ***il sentiero ti porta alla chiesa*** the path brings you to the church; ***i Giochi hanno portato gente in città*** the Games brought people to the city; ***il mio viaggio mi ha portato in cinque paesi*** my trip took me to five countries; ***un autobus ti porterà in albergo*** a bus will take you to the hotel; ***cosa ti ha portato a Roma?*** what brought you to Rome? ***~ un caso, una vertenza in tribunale*** to bring a case, a dispute before the court; ***questa discussione non ci sta portando da nessuna parte*** FIG. this discussion is leading *o* getting us nowhere; ***piangere non ti porterà a niente*** FIG. crying isn't going to get you anywhere; ***~ qcn. alla follia, alla disperazione*** FIG. to drive sb. to madness, despair **7** *(arrecare, causare, generare)* to cause, to bring* about; ***~ danno*** to cause *o* do harm; ***~ fortuna, sfortuna a qcn.*** to bring sb. good, bad luck; ***porta bene, male fare*** it's good, bad luck to do; ***~ frutti*** to bear fruit **8** *(indurre)* to induce; ***~ qcn. a essere diffidente*** to make sb. cautious; ***tutto porta a credere che*** there is every indication that, all the indications are that; ***questo ci porta alla conclusione che*** this leads us to the conclusion that **9** *(avere)* to wear* [*barba, capelli*]; ***~ i baffi*** to wear a moustache; ***porta i capelli lunghi*** she wears her hair long **10** ➧ **35** *(indossare)* to wear*, to have* on [*vestito, cappotto*]; to wear* [*gioiello, occhiali, lenti a contatto*]; to take* [*taglia*]; ***che taglia porti?*** what size are you? what size do you take? ***che numero porti di scarpe?*** what size shoes do you take? ***porto il 40 di scarpe*** I take size 40 shoes; ***~ gonne lunghe*** to wear one's skirts long, to wear long skirts; ***~ il lutto*** to wear mourning *o* black; ***~ i pantaloni*** FIG. SCHERZ. to wear the pants COLLOQ. *o* the trousers BE **11** *(avere)* to bear*, to have* [*nome, titolo*]; ***non ~ data*** not to have a date, to be undated; ***non portano lo stesso nome*** they have different names; ***porto il nome di mia nonna*** I'm named after my grandmother; ***~ i segni di*** to bear the marks *o* signs of; ***ne porta ancora i segni*** FIG. he still bears the scars **12** *(reggere, sostenere)* [*colonna, struttura*] to bear*, to hold*, to support [*tetto, peso*]; [*persona, animale*] to bear* [*peso*]; ***questa trave porta una tonnellata*** this beam will bear *o* support a ton **13** COLLOQ. *(guidare)* to drive* [*auto, camion*]; ***sai ~ la moto?*** can you drive a motorbike? **14** *(nutrire, provare un sentimento)* to bear*, to nourish [*amore, rancore*]; ***l'amore che portava verso suo padre*** the love she bore her father; ***~ rispetto a qcn.*** to have respect for sb.; ***porta pazienza!*** be patient! have some patience! ***~ rancore a qcn.*** to bear BE *o* hold AE a grudge against sb. **15** *(addurre)* to adduce, to put* forward [*ragione, motivazioni*]; ***~ delle prove*** to bring forward *o* produce evidence; ***~ un esempio*** to cite an example **16** *(comunicare, riferire)* ***ci porta delle buone notizie?*** have you brought back good news? ***porta loro i miei saluti*** send them my regards; ***porta i miei affettuosi saluti a Jo*** give my love to Jo **17** MAT. COLLOQ. to carry; ***scrivo 3, porto 2*** I put down 3 and carry 2 **18 portare via** *(prendere con sé)* to take* away; ***~ via qcs., qcn.*** to carry sb., sth. off *o* away; ***lo portarono via a forza*** they carted him off COLLOQ.; ***~ via la spazzatura*** to clear away the rubbish; ***"due hamburger da ~ via"*** "two hamburgers to take out *o* away" BE, "two hamburgers to go" AE; *(rubare)* to steal*; ***mi hanno portato via la bicicletta*** my bike has been stolen, thay have taken my bike; *(trasportare)* [*acqua, vento*] to bear* away, to carry away [*persona, barca*]; [*fiume, piena*] to sweep* away [*persona*]; ***il vento gli portò via il cappello*** the wind blew his hat off *o* away; *(far morire)* [*malattia*] to carry off [*persona, animale*]; ***un tumore lo portò via in pochi mesi*** he was carried off by cancer in a few months; *(richiedere)* to take* (up) [*tempo*]; ***è un lavoro che porta via molto tempo*** it's a job that takes a long time **19 portare avanti** *(proseguire)* to follow through, to pursue [*idea, teoria*]; to carry out [*campagna, indagine*]; ***stanno portando avanti il loro progetto*** they are going ahead with the project; ***~, non ~ avanti la questione*** to take the matter further, no further; ***~ avanti l'orologio*** *(mettere avanti)* to put forward *o* on the clock **20 portare indietro** to take* back, to return [*merce*]; ***~ indietro l'orologio*** *(mettere indietro)* to put *o* turn back the clock **21 portare su** to carry up, to take* upstairs; ***come faremo a ~ su il piano?*** how are we going to get the piano upstairs? ***~ su i prezzi*** *(far aumentare)* to force up prices **22 portare giù, sotto** to bring* down, to take* downstairs; ***~ giù le valigie dal solaio*** to bring the suitcases down from the attic **23 portare dentro** to bring* inside; ***porta dentro la biancheria, piove!*** fetch in the washing, it's raining! **24 portare fuori** to carry out, to fetch out; ***~ fuori il cane*** to take the dog for a walk, to walk the dog; ***~ fuori l'immondizia*** to put the garbage out **II** intr. (aus. *avere*) **1** *(condurre)* to lead* (**a** to); ***questa strada porta alla chiesa*** this road leads to the church; ***la strada che porta a nord*** the road north **2** ARM. ***un cannone che porta a 2500 metri*** a cannon with a range of 2500 metres **III portarsi** pronom. **1** *(andare)* to go*; *(venire)* to come*; *(spostarsi)* to move; ***-rsi sul luogo dell'incidente*** to go to the scene of the crime; ***-rsi a destra, sinistra*** to move to the right, left; ***-rsi in testa alla classifica*** to get to first place **2** *(con sé)* to bring* along; ***-rsi qcs.*** to bring sth. with one; ***-rsi il lavoro a casa*** to take one's work home; ***-rsi a casa un premio*** to carry off a prize, to walk away *o* off with a prize; ***-rsi a letto qcn.*** to get sb. into bed **3** *(sentirsi)* ***-rsi bene*** to be *o* feel well **4** *(comportarsi)* to behave; ***-rsi bene, male*** to behave well, badly **5 portarsi dietro** to bring* along [*persona*]; to carry over, to take* round [*oggetto*]; ***si porta sempre dietro sua madre*** she always brings her mother along; ***se l'è portato dietro a una riunione d'affari*** she dragged him along to a business meeting; ***un'abitudine che ci si porta dietro dall'infanzia*** a habit that is carried over from childhood **6 portarsi avanti** *(progredire)* ***mi sono portata avanti nel lavoro*** I've got well ahead with my work ◆ ***porta bene i suoi anni*** he doesn't look his age, he's worn very well; ***qual buon vento ti porta?*** what brings you here? ***(che) il diavolo ti porti!*** may you rot in hell! ***tutte le strade portano a Roma*** PROV. all roads lead to Rome.

portarinfuse /portarin'fuze/ **I** agg.inv. ***nave ~*** bulk carrier **II** f.inv. bulk carrier.

portaritratti /portari'tratti/ m.inv. photograph holder, picture frame.

portariviste /portari'viste/ m.inv. magazine rack.

portarocchetto /portarok'ketto/ m. reel stick.

portasapone /portasa'pone/ m.inv. soapdish.

portascì /portaʃ'ʃi/ m.inv. ski rack.

portasciugamani /portaʃʃuga'mani/ m.inv. → **portasciugamano.**

portasciugamano /portaʃʃuga'mano/ m. towel rail, towel horse, towel rack.

portasigarette /portasiga'rette/ m.inv. cigarette case.

portasigari /porta'sigari/ m.inv. cigar case.

portaspilli /portas'pilli/ m.inv. *(puntaspilli)* pincushion; *(contenitore per spilli)* pin box.

portassegni /portas'seɲɲi/ m.inv. chequebook case BE, checkbook case AE.

▷ **portata** /por'tata/ f. **1** *(a tavola)* course; ***~ principale*** main course; ***piatto da ~*** (serving) dish, platter; ***pasto di tre, cinque -e*** three, five-course meal **2** *(capacità di carico)* capacity; *(di nave)* tonnage, burden; ***~ lorda*** MAR. dead weight **3** *(di fiume, tubo)* (rate of) flow **4** *(di arma da fuoco, strumento ottico)* range; ***arma a lunga, corta, media ~*** long-, short-, medium-range weapon; ***avere una ~ di 20 chilometri*** to range over 20 km; ***essere fuori ~*** to be out of range **5** FIG. *(importanza, valore)* importance, extent, significance; ***la ~ di una decisione, delle parole di qcn.*** the impact *o* weight of a decision, of sb.'s words; ***un provvedimento di vasta ~*** a far-reaching *o* sweeping measure **6** *(possibilità, capacità di arrivare)* ***tenere qcs. fuori dalla ~ di qcn.*** to keep sth. out of sb.'s way *o* reach; ***"tenere fuori dalla ~ dei bambini"*** "keep out of reach of children"; ***essere a ~ di voce*** *(per chi parla)* to be within hailing *o* shouting distance; *(per chi ascolta)* to be within earshot *o* hearing; ***a ~ d'occhio*** within eyeshot **7 a portata di mano** *(vicino, a disposizione)* handy, (close) at hand, ready to hand, within sb.'s reach; ***tenere qcs. a ~ di mano*** to keep sth. handy; ***hanno il successo a ~ di mano*** FIG. *(facilmente conseguibile)* success is within their grasp **8 alla portata di** *(che può essere compreso, fatto)* ***essere alla ~ di qcn.*** to be within sb.'s reach *o* grasp; ***essere fuori della ~ di qcn.*** to be above *o* over sb.'s head, to be out of sb.'s reach; ***l'esame è ampiamente alla tua ~*** the exam is well within your capacities; *(economicamente)* ***alla ~ di tutti*** affordable for all; ***non è alla ~ di tutte le borse*** o ***tasche*** not everybody can afford it.

portatelevisore /portatelevi'zore/ m. television cabinet.

portatessere /porta'tɛssere/ m.inv. card wallet.

portatile /por'tatile/ **I** agg. [*televisore, computer*] portable, handheld; ***lampada ~*** flash light **II** m. *(computer)* (hand)portable, laptop, transportable; *(televisore)* transportable, portable.

portato /por'tato/ **I** p.pass. → **portare II** agg. **1** *(dotato)* inclined; *(incline)* prone, given, inclined; ***essere ~ per le lingue*** to have a feel *o* a facility for languages; ***essere ~ per l'arte, la musica*** to be artistically, musically inclined, to be artistic, musical; ***uno studente molto ~ per la musica*** a musically gifted student; ***non essere ~ per fare*** to be bad at doing; ***essere ~ alla violenza*** to be prone to violence; ***essere ~ alla vita spirituale*** to be spiritually inclined; ***sono ~ a credergli*** I'm inclined to believe him **2** FIG. *(pervaso)* overwhelmed, carried away; ***essere ~ dalla passione*** to be swept away by passion **III** m. FIG. *(effetto, risultato)* effect, result, outcome.

portatore /porta'tore/ m. (f. **-trice** /tritʃe/) **1** *(chi porta)* bearer; *(in una spedizione)* porter; ***~ di fiaccola*** torchbearer **2** *(messaggero)* *(di notizie, lettere)* bearer **3** MED. carrier; ***è ~ del virus HIV*** he is carrying the HIV virus **4** COMM. bearer; ***assegno al ~*** bearer cheque; ***pagabile al ~*** payable to bearer ◆◆ ***~ di handicap*** handicapped person; ***~ sano*** MED. symptom-free carrier.

portatovagliolo /portatovaʎ'ʎɔlo/ m. **1** *(anello)* napkin ring **2** *(custodia)* napkin holder.

portattrezzi /portat'trettsi/ m.inv. *(cassetta)* toolbox.

portauova /porta'wɔva/ m.inv. egg box.

portauovo /porta'wɔvo/ m.inv. eggcup.

portautensili /portauten'sili/ m.inv. *(supporto)* toolhead, tool post.

portavalori /portava'lori/ **I** agg.inv. ***furgone ~*** security van; ***cassetta ~*** safe-deposit box **II** ➧ ***18*** m. e f.inv. security guard.

portavasi /porta'vazi/ m.inv. jardinière, flower stand.

portavivande /portavi'vande/ **I** agg.inv. ***carrello ~*** food trolley **II** m.inv. **1** *(carrello)* food trolley **2** *(contenitore)* = container for keeping food hot.

portavoce /porta'votʃe/ **I** m. e f.inv. spokesperson, mouthpiece; *(uomo)* spokesman*; *(donna)* spokeswoman*; ***farsi ~ di*** to act as a spokesperson for, to be the mouthpiece of; ***~ del governo*** government spokesperson **II** m.inv. *(tubo metallico)* speaking tube.

portellino /portel'lino/ m. *(oblò)* porthole, scuttle.

portello /por'tɛllo/ m. **1** *(piccola porta)* (small) door **2** MAR. AER. port, hatchway; ***~ di carico*** MAR. cargo hatchway.

portellone /portel'lone/ m. **1** MAR. AER. hatch, door; ***~ di carico, di sicurezza*** cargo, safety hatch **2** AUT. ***~ posteriore*** hatch(back).

portento /por'tɛnto/ m. **1** *(prodigio)* portent, prodigy, marvel; ***i -i della natura*** the prodigies of nature; ***questo farmaco è un ~*** this medicine works marvels **2** *(persona)* prodigy; ***quel pianista è un vero ~*** that pianist is a phenomenon; ***è un ~ d'intelligenza*** he's a marvel *o* prodigy of intelligence.

portentoso /porten'toso/ agg. **1** *(miracoloso)* [*rimedio, cura, prodotto, medicina*] miraculous **2** *(straordinario)* [*forza*] prodigious, phenomenal.

portfolio /port'fɔljo/ m.inv. **1** ART. FOT. portfolio* **2** GIORN. *(inserto)* insert.

porticato /porti'kato/ m. arcade, colonnade.

▷ **portico**, pl. **-ci** /'pɔrtiko, tʃi/ m. **1** portico*, arcade, porch; ***passeggiare sotto i -ci*** to walk under the arcades **2** *(di casa rurale)* porch.

▷ **portiera** /por'tjɛra/ f. **1** AUT. door; ***~ posteriore*** back door, rear door **2** *(tenda)* door curtain.

portierato /portje'rato/ m. porter's job.

▷ **portiere** /por'tjɛre/ ➧ ***18*** m. (f. **-a**) **1** *(in uno stabile)* porter, caretaker, door keeper, door porter; *(in un albergo)* (hall) porter, commissionaire BE; *(uomo)* doorman*; ***~ di notte*** night porter **2** SPORT goalkeeper, goalie COLLOQ.

portinaia /porti'naja/ f. **1** *(in uno stabile)* porter, caretaker, door keeper, door porter **2** SPREG. COLLOQ. *(donna pettegola)* ***è una vera ~*** she's a real gossip *o* a nosy parker.

portinaio, pl. **-ai** /porti'najo, ai/ ➧ ***18*** **I** m. *(in uno stabile)* porter, caretaker, door keeper, door porter, gatekeeper **II** agg. *(in un convento)* ***suora -a*** portress.

▷ **portineria** /portine'ria/ f. *(guardiola)* porter's lodge, caretaker's lodge; *(appartamento)* porter's flat, caretaker's flat.

▶ **1.porto** /'pɔrto/ m. **1** harbour BE, harbor AE, port; ***~ naturale, artificiale*** natural, artificial harbour; ***~ marittimo, di mare*** seaport, maritime port; ***~ fluviale*** river port; ***~ commerciale, industriale*** trading, industrial port; ***lavorare al ~*** to work in *o* at the port; ***entrare in ~*** to come into port; ***uscire dal ~*** to leave port **2** FIG. *(rifugio)* haven, harbour BE, harbor AE ◆ ***andare in ~*** [*affare, progetto*] to go through, to come off, to be successful; ***condurre in ~*** to pull off [*affare*]; ***questa casa è un ~ di mare*** this house is like a train station ◆◆ ***~ franco*** free port; ***~ d'imbarco*** port of embarkation; ***~ d'immatricolazione*** home port; ***~ interno*** close port; ***~ militare*** naval base; ***~ peschereccio*** fishing port; ***~ di sbarco*** port of entry; ***~ di scalo*** port of call; ***~ di scarico*** port of despatch; ***~ turistico*** marina.

2.porto /'pɔrto/ m. COMM. carriage, freight; ***franco di ~*** post-free, carriage (pre)paid ◆◆ ***~ affrancato*** COMM. post free; ***~ d'armi*** gun licence BE *o* license AE; ***avere il ~ d'armi*** to be licensed to carry a gun; ***~ assegnato*** COMM. carriage forward, freight forward BE *o* collect AE.

3.porto /'pɔrto/ m.inv. ENOL. port; ***~ rosso*** ruby port.

Portogallo /porto'gallo/ ➧ ***33*** n.pr.m. Portugal.

portoghese /porto'gese/ ➧ ***25, 16*** **I** agg. Portuguese **II** m. e f. **1** *(abitante)* Portuguese* **2** FIG. *(chi entra senza biglietto)* gatecrasher, ligger; *(chi viaggia senza biglietto)* fare dodger **III** m. *(lingua)* Portuguese.

portolano /porto'lano/ m. MAR. pilot's book.

▷ **portone** /por'tone/ m. main door, main entrance, street door.

portoricano /portori'kano/ ➧ ***25*** **I** agg. Puerto Rican **II** m. (f. **-a**) Puerto Rican.

Portorico /porto'riko/ ➧ ***33*** n.pr.f. Puerto Rico.

portuale /portu'ale/ ➧ ***18*** **I** agg. [*città, quartiere, impianti*] port attrib., harbour attrib. BE, harbor attrib. AE; ***zona ~*** docks, dockland(s); ***strutture -i*** harbour facilities; ***diritti -i*** harbour dues *o* fees **II** m. *(lavoratore)* docker, dockworker; ***sciopero dei -i*** dock strike.

portuario, pl. **-ri, -rie** /portu'arjo, ri, rje/ agg. [*regolamento, vigilanza*] port attrib., harbour attrib. BE, harbor attrib. AE.

portulaca, pl. **-che** /portu'laka, ke/ f. portulaca.

Porzia /'pɔrtsja/ n.pr.f. Portia.

porzionatore /portsjona'tore/ m. *(per gelato)* scoop.

porzione /por'tsjone/ f. **1** *(parte)* part, share, portion; ***dividere in -i uguali*** to share out equally; ***ha avuto la sua ~ di guai*** FIG. he's had his share of trouble **2** *(di cibo)* helping, serving, portion; ***una ~ doppia*** a double helping; ***ne prenderò un'altra ~*** I'll take another helping; ***prese un'altra ~ di patate*** he took another helping of potatoes.

posa /'pɔsa/ f. **1** *(di piastrelle, moquette, cavo, vetro, tende, binari)* laying; ***~ della prima pietra*** the laying of the foundation stone; ***~ di mine*** minelaying, mining **2** ART. FOT. pose, sitting; ***mettersi in ~*** to pose; ***assumere una ~*** to adopt a pose; ***restare in ~*** to hold *o* keep a pose; ***teatro di ~*** CINEM. studio **3** FIG. *(atteggiamento)* pose, attire; ***assumere una ~*** to strike a pose *o* an attire; ***è solo una ~*** it's just a pose **4** FOT. exposure; ***tempo di ~*** exposure time, shutter speed; ***una pellicola da 24 -e*** a 24 exposure film **5** *(sedimento)* sediment, dregs pl. **6 senza posa** without a pause, incessantly, ceaselessly.

posacavi /posa'kavi/ **I** agg.inv. ***nave ~*** cable ship **II** f.inv. cable ship.

▷ **posacenere** /posa'tʃenere/ m.inv. → **portacenere.**

posamine /posa'mine/ **I** agg.inv. ***nave ~*** minelayer **II** f.inv. minelayer.

posapiano /posa'pjano/ m. e f.inv. COLLOQ. SCHERZ. slowcoach BE, slowpoke AE.

▶ **posare** /po'sare/ [1] **I** tr. **1** *(deporre, mettere giù)* to lay* (down), to put* down, to set* down [*libro, giornale, tazza*]; *(adagiare)* to lean*, to rest [*parte del corpo*] (**su** on); ***~ il giornale sul tavolo*** to lay the newspaper on the table; ***ha posato il bicchiere*** he put *o* set down his glass; ***~ la mano sul braccio di qcn.*** to lay *o* place one's hand on sb.'s arm; ***~ la testa sul cuscino*** to lay one's head on the pillow; ***~ le armi a terra*** MIL. to ground arms; ***~ le armi*** FIG. to lay down one's arms **2** TECN. to lay* [*piastrelle, moquette, cavo, vetro, pietra, mine*] **3** FIG. *(fissare)* ***~ gli occhi su qcn., qcs.*** to set one's eye on sb., sth.; ***~ lo sguardo su qcn.*** to set one's gaze on sb. **II** intr. (aus. *avere*) **1** *(poggiare)* to rest, to stand* (**su** on); ***l'edificio posa su queste colonne*** the building is supported by these columns **2** FIG. *(basarsi)* ***~ su*** to rest on, to be* based on, to rely on [*teoria, indizi, testimonianza*]; ***il suo ragionamento posa su solidi principi*** his reasoning is based on sound principles **3** ART. FOT. to pose, to model (**per** for); ***~ nudo*** to pose (in the) nude; ***~ per un***

ritratto to pose for one's portrait **4** FIG. *(atteggiarsi)* to pose, to put* on airs; ***vuol ~ a intellettuale*** she wants to be taken for an intellectual; ***~ a genio incompreso*** to act *o* play the misunderstood genius **5** *(sedimentare)* to settle; ***lascia ~ il vino*** let the wine settle **III posarsi** pronom. **1** *(poggiarsi)* [*uccello, insetto*] to alight, to settle; *(appollaiarsi)* [*uccello*] to perch (**su** on); [*polvere, neve*] to settle (**su** on); [*aereo*] to land, to touch down, to come* down; ***l'imbarcazione si posò sul fondo*** the boat settled on the bottom **2** *(sedimentarsi)* to settle **3** FIG. *(soffermarsi)* ***-rsi su qcn., qcs.*** [*occhi, sguardo*] to rest *o* light on sb., sth.

▷ **posata** /po'sata/ **I** f. *(coltello)* knife*; *(forchetta)* fork; *(cucchiaio)* spoon **II posate** f.pl. cutlery **U**, flatware AE **U**; ***-e da pesce*** fish cutlery; ***-e da insalata*** salad servers; ***-e d'argento*** silverware, flat silver AE; ***servizio di -e*** set of cutlery.

posateria /posate'ria/ f. cutlery **U**.

posatezza /posa'tettsa/ f. composure, staidness, sedateness.

posato /po'sato/ **I** p.pass. → **posare II** agg. [*persona*] *(riflessivo)* sedate, staid, composed; *(calmo)* calm, quiet; [*carattere*] staid; ***è un tipo molto ~*** he's a very together guy COLLOQ.

posatoio, pl. **-oi** /posa'tojo, oi/ m. perch, roost; *(per polli)* hen-roost.

posatore /posa'tore/ ♦ ***18*** m. (f. **-trice** /tritʃe/) **1** *(addetto alla posa)* layer; ***~ di moquette*** carpet fitter **2** FIG. *(persona affettata)* poseur, poser.

poscia /'pɔʃʃa/ avv. LETT. ANT. then, later, afterwards; ***~ che*** *(dopo che)* after, once; *(poiché)* as, since.

poscritto /pos'kritto/ m. postscript.

posdomani /pozdo'mani/ avv. RAR. the day after tomorrow.

Poseidone /pozei'done/ n.pr.m. Poseidon.

positiva /pozi'tiva/ f. OTT. FOT. positive.

positivamente /pozitiva'mente/ avv. [*reagire, valutare*] positively.

positivismo /poziti'vizmo/ m. FILOS. positivism.

positivista, m.pl. **-i**, f.pl. **-e** /poziti'vista/ m. e f. FILOS. positivist.

positivistico, pl. **-ci**, **-che** /poziti'vistiko, tʃi, ke/ agg. FILOS. positivistic.

positività /pozitivi'ta/ f.inv. positiveness.

▷ **positivo** /pozi'tivo/ **I** agg. **1** *(buono, vantaggioso)* [*risultato, lato*] positive, good; ***la cosa -a è che*** the good thing is that; ***il lato ~*** the sunny *o* plus side; ***vedere il lato ~*** to look on the bright, sunny side **2** *(favorevole)* [*critica, giudizio, reazione*] positive, favourable BE, favorable AE; ***ha parlato di lui in termini molto -i*** he spoke of him in highly favourable terms *o* very positively **3** *(concreto, realista)* [*persona, mente*] practical, matter-of-fact; *(costruttivo)* [*atteggiamento, comportamento*] positive, constructive; ***pensare in modo ~*** to think positive(ly) *o* constructively **4** *(oggettivo, sperimentale)* [*conoscenza, risultato, dato, metodo*] positive, empirical; ***scienze -e*** exact sciences; ***filosofia -a*** positivism **5** *(affermativo)* [*risposta*] positive **6** MED. [*esame, test, reazione*] positive **7** MAT. [*segno*] plus; ***numero ~*** positive (number); ***fattore ~*** plus factor **8** EL. positive; ***polo ~*** positive (pole); ***a carica -a*** positively charged **9** LING. ***grado ~*** positive; ***di grado ~*** in the positive **10** MUS. ***organo ~*** chamber organ **II** m. FOT. positive.

positone /pozi'tone/, **positrone** /pozi'trone/ m. positron, positon.

positronio, pl. **-ni** /pozi'trɔnjo, ni/ m. positronium.

positura /pozi'tura/ f. *(posizione)* position; *(postura)* posture.

posizionale /pozittsjo'nale/ agg. positional.

posizionamento /pozittsjona'mento/ m. positioning; ***tempo di ~*** TECN. seek time.

posizionare /pozittsjo'nare/ [1] **I** tr. **1** *(collocare)* to place, to position **2** TECN. MECC. to position, to locate **II posizionarsi** pronom. *(collocarsi)* to place oneself.

▶ **posizione** /pozit'tsjone/ f. **1** *(nello spazio)* position, location; ***in ~ orizzontale, verticale*** horizontally, vertically; ***mettere qcs. in ~ verticale*** to stand sth. up on (its) end; ***non vedo niente da questa ~*** I can't see anything from this position; ***la casa si trova in un'ottima ~*** the house is in a good position; ***in ~ comoda*** conveniently situated *o* located; ***in ~ ideale*** opportunely *o* ideally situated; ***essere in (una) ~ favorevole*** to be favourably situated; ***mettere qcs. sulla ~ "on", "off"*** to turn sth. to "on", "off"; ***in ~ "off"*** in the "off" position; ***in che ~ gioca?*** SPORT what position does he play? **2** *(postura)* position, attitude, posture; ***essere in ~ prona, supina*** to lie prone, to be supine; ***~ eretta*** erectness, uprightness; ***avere una ~ eretta*** to have an upright bearing; ***in ~ fetale*** in the foetal position; ***essere seduto in una ~ scomoda*** to be sitting in an awkward position; ***assumere una ~*** to adopt a stance **3** *(in una classifica)* position, place, placing; ***essere in terza ~*** to be in third position *o* place; ***arrivare in quarta ~*** to arrive fourth; ***perdere -i in classifica*** to fall in the charts; ***salire, guadagnare -i in classifica*** to improve one's ranking **4** FIG. *(situazione)* position; ***trovarsi in una ~ imbarazzante*** to be in an awkward position; ***mettere qcn. in una ~ difficile*** to put sb. in a difficult position; ***non essere nella ~ giusta per fare*** to be in no position to do; ***trovarsi in una ~ delicata*** to be in a tricky situation; ***essere in una ~ di forza*** to be in a position of strength *o* in a strong position **5** FIG. *(professionale, sociale)* position, status*, standing; ***~ sociale*** position, social standing; ***una ~ di responsabilità*** a position of responsibility; ***farsi una ~*** to rise; ***raggiungere una ~*** to rise to a rank *o* position; ***rafforzare la propria ~ di leader*** to strengthen one's lead **6** FIG. *(punto di vista)* position, view; ***mantenere, irrigidire la propria ~*** to maintain, harden one's position *o* stance; ***avere delle -i estremiste*** to be extreme in one's views; ***presa di ~*** stance, stand (**su qcs.** on sth.); ***prendere (una) ~*** to take sides, to take *o* adopt a stance; ***prendere ~ su qcs.*** to take *o* make a stand on sth.; ***non prendere ~*** to sit on the fence; ***prendere una ~ moralista*** to take the moral high ground; ***restare sulle proprie -i*** to stand one's ground; ***cambiare ~*** to shift one's ground *o* position; ***rivedere la propria ~*** to revise one's position; ***la loro ~ nelle trattative è cambiata*** there has been a change in their negotiating position; ***qual è la tua ~ riguardo all'aborto?*** where do you stand on abortion? **7** MIL. position, line; ***guerra di ~*** war of position; ***bombardare le -i nemiche*** to bomb the enemy's positions; ***hanno mantenuto le loro -i*** they held their line **8** BANC. (bank) balance; ***chiedere la propria ~*** to ask for the balance of one's account; ***essere in ~ creditoria, debitoria*** [*conto*] to be in credit, debit **9** COREOGR. position; ***prima, quinta ~*** first, fifth position.

posologia /pozolo'dʒia/ f. **1** *(branca della medicina)* posology **2** *(di farmaco)* dosage.

posporre /pos'porre/ [73] tr. **1** *(mettere dopo)* to place [sth.] after, to put* [sth.] after; ***~ il cognome al nome*** the place the surname after the first name **2** FIG. *(subordinare)* to subordinate, to put* [sth.] after; ***~ l'utile al dilettevole*** to put business after pleasure **3** *(posticipare)* to postpone, to defer [*data, viaggio, riunione*] **4** LING. to place [sth.] after; ***~ il verbo al soggetto*** to put the verb after the subject.

pospositivo /pospozi'tivo/ agg. postpositive; ***particella -a*** postposition, postpositive (particle).

posposizione /pospozit'tsjone/ f. **1** *(rinvio)* postponement **2** LING. postposition.

possa /'pɔssa/ f. LETT. might, strength, vigour BE, vigor AE; ***a tutta ~*** with all one's might.

▶ **possedere** /posse'dere/ [88] tr. **1** *(detenere)* to own, to possess [*proprietà, opera d'arte, automobile, fortuna, arma, materiale*]; to hold*, to have* [*azioni, potere, laurea*]; ***possiede il 10% del capitale*** he owns 10% of the capital; ***la sua famiglia non possiede più nulla*** his family has nothing left **2** *(essere dotato di, avere)* to have*, to possess [*abilità, qualità, grazia, istinto, talento*]; ***pianta che possiede delle virtù curative*** plant with healing properties; ***~ un vasto sapere*** to be extremely knowledgeable **3** *(conoscere a fondo)* to speak* [sth.] fluently [*lingua*]; to have* a thorough knowledge of [*tecnica, materia*]; ***possiede molto bene il proprio mestiere*** she is extremely skilled at her job; ***possiede perfettamente la propria arte*** he is a perfect master of his art **4** *(sessualmente)* to have*, to take*, to possess [*donna*] **5** *(dominare)* to possess; ***essere posseduto da*** to be possessed by *o* with [*demone, passione*].

possedimento /possedi'mento/ m. **1** *(proprietà terriera, tenuta)* property, estate; ***vasti -i*** large estate **2** *(colonia)* possession, colony.

posseduto /posse'duto/ **I** p.pass. → **possedere II** agg. possessed; ***~ dal demonio*** possessed by the devil **III** m. (f. **-a**) demoniac, person possessed.

possente /pos'sɛnte/ agg. [*persona, animale, fisico, voce*] powerful; [*colpo*] hefty, mighty.

possessione /posses'sjone/ f. **1** *(possesso)* possession; *(possedimento)* property, estate **2** *(invasamento)* possession.

possessività /possessivi'ta/ f.inv. possessiveness.

possessivo /posses'sivo/ **I** agg. **1** LING. [*pronome, aggettivo*] possessive **2** [*persona, comportamento*] possessive **II** m. LING. possessive.

▷ **possesso** /pos'sɛsso/ m. **1** *(di casa, terre, ricchezze)* ownership, possession; *(di diploma, droga, armi)* possession; ***essere in ~ di*** to be in possession of [*passaporto, prove, laurea, droga, armi*]; ***è obbligatorio essere in ~ di un passaporto*** you must have a passport; ***avere qcs. in proprio ~*** to have sth. in one's possession; ***cadere in ~ di qcn.*** [*oggetto*] to come into sb.'s possession; ***entrare in*** o ***prendere ~ di qcs.*** to take possession of sth.; ***prendere ~ di***

un'eredità to come into an inheritance; ***prendere ~ di una carica*** to take office; ***presa di ~*** seizure; ***assicurarsi il ~ di qcs.*** to gain possession of sth.; ***essere nel pieno ~ delle proprie facoltà*** to be in possession of all one's faculties **2** *(padronanza) (di lingua, tecnica, materia)* mastery **3** *(possedimento)* possession; *(proprietà)* property, estate **4** SPORT **~ *di palla*** possession; ***essere in ~ della palla*** to be in *o* have possession; ***entrare in, perdere ~ della palla*** to win, lose possession ◆◆ **~ *di azioni*** shareholding; **~ *immobiliare*** leasehold.

possessore /posses'sore/ m. (f. **posseditrice** /possedi'tritʃe/) *(di beni, oggetti)* owner, possessor FORM.; *(di veicolo)* owner; *(di titolo di studio, carta d'identità, azioni)* holder; *(di passaporto)* bearer; **~ *di una carta di credito*** credit-card holder; ***"riservato ai -i di biglietto"*** "ticket holders only" ◆◆ **~ *di buona fede*** DIR. bona fide holder, good faith possessor.

possessorio, pl. **-ri, -rie** /posses'sɔrjo, ri, rje/ agg. possessory; ***azione -a*** possessory action.

▶ **possibile** /pos'sibile/ **I** agg. **1** *(realizzabile)* possible; ***se (è) ~*** if possible; ***se è mai ~*** if it is at all possible; ***non appena ~*** as soon as possible; ***dovrebbe essere ~ un accordo*** it should be possible to come to an agreement; ***è ~ fare qcs.*** it is possible to do sth.; ***umanamente ~*** humanly possible; ***è tecnicamente ~*** it's technically possible; ***verrò ogni volta che sarà ~*** I'll come whenever I can; ***è sempre ~ rinunciare*** it's always possible to give up; ***non è ~ farlo diversamente*** there's no other way of doing it; ***oggi non mi sarà ~ spostarmi*** I won't be able to get out today; ***non gli sarà ~ passare da lei prima di mezzogiorno*** he won't be able to get to you before noon; ***questo non mi sarà ~ se non mi vengono concesse maggiori disponibilità finanziarie*** I won't be able to do it unless I'm give more funds; ***rendere ~ qcs.*** to make sth. possible; ***sarebbe ~ avere un caffè?*** any chance of a coffee? COLLOQ.; ***spiacente, non è ~*** *(rifiuto)* I'm sorry, it's just not possible; ***tutte le precauzioni -i*** every possible precaution; ***tutto il coraggio ~*** the utmost courage; ***tutta la volontà ~*** every determination; ***tutti i casi -i e immaginabili*** every conceivable case; ***al prezzo più alto ~*** [*vendere*] at the highest possible price; ***il più tardi ~*** as late as possible; ***il più vicino ~ alla stazione*** as close to the station as possible; ***vai indietro il più ~*** go back as far as you can; ***fare il più, meno ~*** to do as much, little as possible; ***le auguro una permanenza il più piacevole ~*** I wish you a most pleasant stay; ***il maggior numero ~ di informazioni*** as much information as possible; ***andare il più lontano ~*** to go as far away as possible *o* as one can; ***ritarderò il più ~ la mia partenza*** I'm going to delay my departure as much as I can; ***nel più breve tempo ~*** as quickly as possible; ***il più rapidamente, presto ~*** as quickly, soon as possible; ***il meglio ~*** as good as one can; ***pagare il meno ~*** to pay as little as possible; ***fare il minor numero ~ di errori in un dettato*** to make as few mistakes as possible in a dictation; ***cercare di fare il minor male ~*** to try to do the least possible harm; ***per quanto ~*** as much as possible, insofar as (it is) possible, where possible; ***per quanto ~ limitare gli spostamenti*** to keep travelling down to a minimum **2** *(che può accadere, potenziale)* possible; ***si annunciano -i disagi sulle linee aeree*** there is a possibility of airline delays; ***abbiamo selezionato dei -i candidati*** we have selected some potential candidates; ***è un ~ nuovo elemento della squadra*** she's a possible for the team; ***tutto è ~*** anything is possible; ***non è ~, ma come è ~!*** I don't believe it! that can't be true! ***~?*** can this be possible? ***come è ~ che certi problemi vengano ignorati?*** how does *o* can it happen that such problems are ignored? ***che lei abbia dei problemi è -issimo, ma...*** I'm sure you do have problems, but...; ***è ~ che un tempo la casa sia stata una locanda*** the house was possibly once an inn; ***non è ~, piove ancora!*** I don't believe it, it's raining again! **II** m. ***il ~*** (the) possible; ***è nei limiti del ~*** it's within the realms of possible; ***fare (tutto) il ~*** to do one's best, to do everything possible; ***abbiamo fatto tutto il ~ per aiutarli*** we did everything possible to help them; ***farò il ~ per venire*** I'll do my best to come.

possibilismo /possibi'lizmo/ m. POL. possibilism.

possibilista, m.pl. **-i**, f.pl. **-e** /possibi'lista/ agg., m. e f. POL. possibilist.

possibilistico, pl. **-ci, -che** /possibi'listiko, tʃi, ke/ agg. possibilist.

▶ **possibilità** /possibili'ta/ **I** f.inv. **1** *(eventualità)* possibility; *(probabilità)* likelihood; ***la ~ di un rifiuto, di un fallimento*** the possibility of a refusal, failure; ***una ~ remota*** a faint *o* remote possibility; ***è una ~*** it's a possibility; ***la ~ di fare qcs.*** the possibility of doing sth.; ***c'è la ~ che venga*** there's a possibility that he might come; ***la ~ è stata ventilata*** the possibility has been hinted at; ***quali sono le sue ~ di recupero?*** what are his chances of recovery? ***c'è la pur minima ~ che...?*** is it at all likely that...? ***quante ~ ci sono che...?*** what's the betting that...? ***ci sono buone ~ che sia vero*** there's a strong possibility that it's true; ***escludere la ~ che*** to rule out the possibility that; ***avere una ~ su cinque*** to have a one-in-five chance **2** *(occasione)* opportunity, chance; ***le ~ di trovare un lavoro*** the chances of finding a job; ***valutare tutte le ~*** to weigh up all the options; ***non ho altra ~ che accettare*** I have no choice but to accept; ***offrire*** o ***dare a qcn. la ~ di fare*** to give sb. the chance to do *o* of doing; ***avere la ~ di scelta*** to have the choice; ***offrire a qcn. molte ~ di scelta*** to give sb. a wide range of options; ***se solo ne avessi la benché minima ~*** if given half a chance; ***c'è (ancora) una ~ per raggiungere la pace*** there's (still) a chance of peace; ***l'idea ha buone ~ di successo*** the idea has possibilities; ***non ho la ~ di fare fotocopie*** I have no facilities for photocopying **II** f.pl. **1** *(capacità)* abilities **2** *(mezzi economici)* means, income sing.; ***nel limite delle proprie ~*** according to one's means; ***donate secondo le vostre ~*** please give what you can afford; ***vivere secondo le, al di sopra delle proprie ~*** to live within, beyond one's income *o* means.

possibilmente /possibil'mente/ avv. if possible.

possidente /possi'dɛnte/ **I** agg. propertied, property-owning **II** m. e f. propertied person, property owner; *(di terre)* landowner.

▶ **posta** /'pɔsta/ f. **1** *(servizio)* mail, post BE; ***le Poste*** *(ente)* the post GB, the Postal Service US; ***inviare per ~*** to send [sth.] by mail *o* post BE, to mail, to post BE; ***a (stretto) giro di ~*** by return of post; ***ricevere qcs. per ~*** to get sth. through the post; ***a mezzo ~*** per post; ***fermo ~*** poste restante BE, general delivery AE; ***spedire qcs. fermo ~*** to send sth. poste restante; ***le -e funzionano bene*** the postal service is very good; ***le Poste assumono*** there are vacancies for postal workers; ***privatizzare le Poste*** to privatize the postal service; ***voto per ~*** postal BE *o* absentee AE ballot; ***furgoncino della ~*** post office van BE, mail truck AE **2** *(ufficio)* post office **3** *(corrispondenza)* mail, post BE; ***sbrigare la ~*** to deal with *o* answer one's post; **~ *in arrivo, in partenza*** incoming, outgoing mail; ***c'è ~ per me?*** is there any post for me? ***è arrivato con la ~ di oggi*** it came in today's post; ***a che ora è la levata della ~?*** what time is the post collected? **4** *(e-mail)* mail; ***c'è ~ per te*** you've got mail; **~ *in arrivo, in uscita*** inbox, outbox **5** *(rubrica)* **~ *dei lettori*** letters to the editor **6** ANT. *(stazione)* stage; ***cavallo da ~*** post horse **7** VENAT. hide BE, blind AE; ***mettersi, stare alla ~*** to lie in wait; ***cacciare alla ~*** to hunt game from a hide; ***fare la ~ a*** FIG. to keep a look-out for [*persona*] **8** *(in una stalla)* stall **9** GIOC. stake; **~ *alta, bassa*** high, low stake; ***avere una grossa ~ in gioco*** to play for high stakes; ***raddoppiare la ~*** to double the stakes; ***rilanciare la ~*** to raise the stakes **10 a bella posta** on purpose ◆◆ **~ *aerea*** airmail; ***spedire per ~ aerea*** to airmail; **~ *centrale*** main post office, General Post Office; **~ *del cuore*** agony BE *o* advice AE column; **~ *elettronica*** electronic mail, e-mail; ***avere la ~ elettronica*** to be on e-mail; **~ *ordinaria*** = second class (mail); **~ *pneumatica*** pneumatic post; **~ *prioritaria*** = first class (mail).

postaccensione /postattʃen'sjone/ f. postignition.

postacelere /posta'tʃɛlere/ m. e f.inv. = fast postal delivery service.

postagiro /posta'dʒiro/ m.inv. postal transfer, giro* BE.

▷ **postale** /pos'tale/ **I** agg. postal, mail attrib., post attrib. BE; ***codice (di avviamento) ~*** post BE *o* zip AE code; ***cartolina ~*** postcard; ***pacco ~*** parcel; ***conto corrente ~*** post office account; ***assegno ~*** postal giro BE *o* cheque BE; ***vaglia ~*** postal order BE; ***casella ~*** P.O. Box; ***spedire qcs. in franchigia ~*** to send sth. post free; ***timbro ~*** postmark; ***"fa fede il timbro ~"*** "date as postmark"; ***spese -i*** postage; ***le spese -i sono a carico del cliente*** we charge postage to the customer; ***tariffe -i*** postage rates; ***ufficio ~*** post office; ***furgone ~*** mail van; ***diligenza ~*** mail coach; ***vagone*** o ***vettura ~*** mail coach *o* car AE; ***battello ~*** mail boat **II** m. **1** *(nave)* mail boat, packet (-boat) **2** *(treno)* mail train **3** *(furgone)* mail van **4** *(aereo)* mail plane.

postare /pos'tare/ [1] tr. MIL. to post, to station [*guardia, soldato*].

postazione /postat'tsjone/ f. **1** MIL. post, station, emplacement ***bombardare le -i nemiche*** to bomb the enemy's positions **2** TEL. GIORN. position ◆◆ **~ *di artiglieria*** gun emplacement; **~ *di tiro*** firing point.

postbellico, pl. **-ci, -che** /post'bɛlliko, tʃi, ke/ agg. postwar attrib.

postbruciatore /postbrutʃa'tore/ m. afterburner.

postcombustione /postkombus'tjone/ f. afterburning.

postcommunio /postkom'munjo/ m. e f.inv. post-communion.

postcomunismo /postkomu'nizmo/ m. postcommunism.

postcomunista, m.pl. **-i**, f.pl. **-e** /postcomu'nista/ agg., m. e f. postcommunist.

postconsonantico, pl. **-ci, -che** /postkonso'nantiko, tʃi, ke/ agg. post-consonantal.

postdatare /postda'tare/ [1] tr. to postdate.

postdatato /postda'tato/ **I** p.pass. → **postdatare II** agg. postdated; ***assegno*** ~ postdated cheque.

postdatazione /postdatat'tsjone/ f. postdating.

posteggiare /posted'dʒare/ [1] tr. to park [*macchina, autobus*].

▷ **posteggiatore** /posteddʒa'tore/ ◗ ***18*** m. (f. **-trice** /tritʃe/) parking attendant; ~ ***abusivo*** unlicensed parking attendant.

▷ **posteggio**, pl. **-gi** /pos'teddʒo, dʒi/ m. **1** *(il posteggiare)* parking; *(area)* car park, parking lot AE **2** *(in un mercato)* pitch BE; ***tassa di*** ~ stallage BE ◆◆ ~ ***custodito*** = car park with a parking attendant; *"~ gratuito"* free parking; ~ ***incustodito*** unattended car park; ~ ***a pagamento*** paying car park; ~ ***di taxi*** taxi rank BE *o* stand AE.

postelegrafonico, pl. **-ci, -che** /postelegra'fɔniko, tʃi, ke/ **I** agg. postal, telegraph and telephone attrib. **II** m. (f. **-a**) post office employee.

poster /'pɔster/ m.inv. poster.

postergato /poster'gato/ agg. ***azione -a*** deferred share.

▷ **posteriore** /poste'rjore/ **I** agg. **1** *(nello spazio)* [*parte, sezione, fila*] back; AUT. [*asse, vetro, portiera, sedile, sospensione, ruota*] rear, back; ***ingresso*** ~ back *o* rear entrance; ***un bernoccolo sulla parte ~ della testa*** a lump on the back of the head; ***le zampe -i*** the hind legs; ***trazione*** ~ rear-wheel drive; ***fanale*** ~ rear-light, taillight **2** FON. back; ***vocale*** ~ back vowel **3** *(nel tempo)* [*data*] later; [*avvenimento, opera*] subsequent; ***uno scrittore ~ a Dickens*** a writer who came after Dickens; ***questa invenzione è ~ al 1960*** this invention dates from after 1960 **II** m. COLLOQ. SCHERZ. bottom, behind, rear.

posteriorità /posterjori'ta/ f.inv. posteriority.

posteriormente /posterjor'mente/ avv. **1** *(dietro)* in the back, at the back (**a** of) **2** *(dopo)* later (on), subsequently.

posterità /posteri'ta/ f.inv. **1** *(posteri)* posterity; ***passare alla*** o ***entrare nella*** ~ [*nome, persona*] to go down in history; [*opera*] to become part of the cultural heritage **2** *(discendenza)* descendants pl., issue.

postero /'pɔstero/ **I** agg. future **II posteri** m.pl. descendants, posterity sing.

postfazione /postfat'tsjone/ f. afterword.

postglaciale /postgla'tʃale/ agg. postglacial.

posticcio, pl. **-ci, -ce** /pos'tittʃo, tʃi, tʃe/ **I** agg. [*naso, barba, ciglia, capelli*] false **II** m. **1** *(parrucchino)* hairpiece, toupee **2** AGR. *(vivaio)* nursery.

posticino /posti'tʃino/ m. **1** *(posto)* little place, spot **2** *(luogo piccolo e grazioso)* ***un ~ tranquillo*** a quiet spot; ***un bel*** ~ *(locale)* a pleasant little place.

posticipare /postitʃi'pare/ [1] tr. to postpone, to defer [*partenza, riunione, decisione*]; ~ ***la vendita della casa*** to defer selling the house.

posticipato /postitʃi'pato/ **I** p.pass. → **posticipare II** agg. [*partenza, riunione, decisione*] postponed, deferred; ***pagamento*** ~ deferred payment.

posticipazione /postitʃipat'tsjone/ f. postponement.

posticipo /pos'titʃipo/ m. SPORT *(nel campionato di calcio di serie A)* Sunday evening kick-off.

postiglione /postiʎ'ʎone/ m. postil(l)ion.

postilla /pos'tilla/ f. marginal note, annotation.

postillare /postil'lare/ [1] tr. to annotate.

postimpressionismo /postimpressjo'nizmo/ m. postimpressionism.

postimpressionista, m.pl. **-i**, f.pl. **-e** /postimpressjo'nista/ agg., m. e f. postimpressionist.

▷ **postina** /pos'tina/ ◗ ***18*** f. postwoman*.

postindustriale /postindus'trjale/ agg. postindustrial.

postinfartuale /postinfartu'ale/ agg. post-infarction attrib.

▷ **postino** /pos'tino/ ◗ ***18*** m. postman*, mailman* AE.

postlaurea /post'laurea/ agg.inv. postgraduate.

postliminio, pl. **-ni** /postli'minjo, ni/ m. postliminium*.

postludio, pl. **-di** /post'ludjo, di/ m. postlude.

postmodernismo /postmoder'nizmo/ m. postmodernism.

postmoderno /postmo'dɛrno/ agg. postmodern.

postnatale /postna'tale/ agg. postnatal; ***depressione*** ~ postnatal depression, baby blues COLLOQ.

▶ **1.posto** /'pɔsto, 'posto/ m. **1** place; ***mettere qcs. in un ~ sicuro*** to put sth. in a safe place; ***in qualche*** ~ somewhere, some place AE; ***ti viene in mente qualche ~ in cui potrebbe essere?*** can you think of anywhere she might be? ***in nessun*** ~ nowhere, no place AE; ***in nessun ~ tranne in Piemonte*** nowhere but in Piedmont **2** *(spazio)* room, space; ***avere*** ~ to have room *o* space; ***avere il ~ per fare*** to have enough room *o* space to do; ***fare ~ a qcn., qcs.*** to make room *o* space for sb., sth.; ***potrebbe farmi ~ per favore?*** could you please move over? ***c'è ancora ~ sufficiente per due persone, valigie*** there's enough room *o* space left for two people, suitcases **3** *(collocazione, posizione assegnata)* place, position; ***prendere il ~ di qcn.*** to take sb.'s place; ***non darei il mio ~ per tutto l'oro del mondo*** I wouldn't change places for the world; ***restare al proprio*** ~ to remain at one's post; ***bisogna saper rimanere al proprio*** ~ you must know your place; ***occupa un ~ importante*** he holds a very high position; ***avere*** o ***occupare un ~ molto importante nella vita di qcn.*** to play a large part *o* a very important part in sb.'s life; ***occupare il proprio ~ nella società*** to take one's place in society; ***in questo ambiente mi sento fuori*** ~ I feel out of place here; ***ogni cosa al suo*** ~ everything in its place; ***i dizionari sono fuori ~, non sono al loro*** ~ the dictionaries aren't in the right place *o* where they should be; ***era perfetto, non aveva un capello fuori*** ~ he was perfect, not a hair out of place; ***tu, che cosa avresti fatto al mio ~?*** what would you have done in my place? ***(se fossi) al tuo*** ~ if I were in your position *o* in your shoes, if I were you; ***al tuo ~ avrei fatto lo stesso*** in your place, I'd have done the same; ***telefonagli tu, non posso farlo io al tuo ~!*** phone him yourself, I can't do it for you! **4** *(in una classifica)* place; ***tre concorrenti si contendono il primo*** ~ there are three contenders for first place; ***piazzarsi al terzo*** ~ to be placed third; ***è ai primi, agli ultimi -i*** he's up toward(s) the top, down toward(s) the bottom; ***questo problema viene al primo, all'ultimo ~ tra le priorità del governo*** the problem is at the top, bottom of the government's list of priorities; ***che ~ bisogna riservare*** o ***dare all'arte?*** what place can be afforded to art? **5** *(sito, località)* place, spot; ***un ~ dove*** a place where; ***Devon è un bel ~ dove abitare*** Devon is a nice place to live; ***sei andato in qualche bel ~?*** did you go anywhere nice? ***non siamo andati in nessun ~ interessante*** we didn't go anywhere interesting; ***stiamo cercando un ~ dove mangiare*** we're looking for somewhere to eat; ***un ~ dove si mangia bene*** a good place to eat; ***siamo venuti nel ~ giusto, sbagliato*** we've come to the right, wrong place; ***farsi vedere nei -i giusti*** to be seen in all the right places; ***essere nel ~ giusto al momento giusto*** to be in the right place at the right time; ***stesso ~, stessa ora*** same time, same place; ***non è un ~ per bambini*** it's no place for a child; ***questo è il ~ che fa per me*** this is the place for me; ***spostarsi da un ~ all'altro*** to move from place to place **6** *(per sedersi)* seat, place; *(in una coda, sull'autobus)* place; ***automobile a quattro -i*** four-seater (car); ***divano a tre -i*** three-seater sofa; ***prenotare un*** ~ to book a seat; ***un ~ di prima, seconda classe*** a first-class, second-class seat; ***accompagnare qcn. al proprio*** ~ to show sb. to his, her place; ***cedi il tuo ~ alla signora!*** give the lady your seat! ***è libero questo ~?*** is this seat free? ***tienimi il, un*** ~ save my seat, save me a seat; ***prendere*** ~ to take one's seat; ***una sala da 200 -i*** a 200-seat auditorium; ***aggiungere un ~ a tavola*** to set another place **7** *(impiego)* job, post; ***un ~ di insegnante*** a job as a teacher; ~ ***alla difesa*** defence post; ***-i vacanti*** job openings, unfilled vacancies; ***avere un buon*** ~ to have a good job; ***trovare un*** ~ to find *o* get a job; ***perdere il*** ~ to lose one's job; ***avere un ~ fisso*** to have a steady job *o* a permanent position; ***creazione di -i di lavoro*** job creation; ***tagli di -i di lavoro*** job cuts **8** *(posteggio)* parking place; ***non ho trovato ~ per parcheggiare*** I couldn't find a parking place *o* a place to park; ***un parcheggio da 500 -i*** a car park for 500 cars **9 a posto** *(in ordine)* tidy; ***mettere a*** ~ to tidy (up) [*stanza*]; *(aggiustare)* to set [sth.] right [*meccanismo, orologio*]; to sort out [*finanze, affari*]; ***prima di andare via metti a ~ i giocattoli*** before leaving put your toys away; ***questo dovrebbe mettere le cose a*** ~ FIG. that ought to fix it; ***tutto è a*** ~ everything is in its place; ***mettersi a*** ~ *(rassettarsi)* to make oneself presentable; ***mettersi a ~ i capelli*** to fix one's hair; ***mettersi la coscienza a*** ~ to salve one's conscience; ***ho la coscienza a*** ~ my conscience is clear; ***lo metto a ~ io*** I'll sort him out; ***siamo a ~!*** IRON. we're in a fine mess now! ***sei a ~ con un marito così!*** you're in a bad way with a husband like that! ***tenere la lingua a*** ~ to hold one's tongue; ***non sa tenere le mani a*** ~ he can't keep his hands to himself; *(perbene, affidabile)* ***è un tipo a*** ~ he's a regular guy, he's okay; ***mettere la testa a*** ~ to get oneself sorted out; ***adesso ha messo la testa a*** ~ she's a lot more settled now; *(bene di salute)* ***non mi sento per niente a*** ~ I don't feel well at all; ***"prendi della carne" - "grazie sono a ~"*** "have some meat" - "I already have some, thank you" **10 al posto di** *(in sostituzione di)* in place of; *(invece)* instead of; ***X sta giocando al ~ di Y*** X is playing in place of Y; ***ho messo il vaso al ~ del posacenere*** I put the vase where the ashtray was; ***usate olio al ~ del burro*** use oil instead of butter; ***non vorrei essere al ~ di Marco*** I wouldn't change places with Marco; ***non poteva partecipare e allora suo figlio è andato al ~ suo*** she couldn't attend so her son went instead **11 del posto** ***la gente del*** ~ the people around here; ***non è del ~*** she's not from around here; ***il lavoro è stato dato a uno del ~*** the job went to a local man **12 sul posto** [*andare, mandare, recarsi*] to the scene; [*arrivare*] on the scene; [*essere, trovarsi*] at the scene; ***la nostra corrispondente sul ~*** our correspondent on the spot; ***una squadra di cinque uomini è stata mandata sul ~*** a five-person crew has been sent to the scene; ***studiare le lingue sul ~*** to study languages where they are spoken ◆ ***chi va all'osto perde il ~*** PROV. leave your place and you (will) lose it; ***un ~ per ogni cosa e ogni cosa al suo ~*** PROV. a place for everything and everything in its place; ***mandare qcn. in quel ~*** to send sb. packing; ***prendersela in quel ~*** to be screwed, to be conned; ***va' a prendertelo in quel ~*** go to hell, get stuffed BE; ***si è preso una pallonata in quel ~*** the ball hit him you know where; ***andare in quel ~*** *(gabinetto)* to pay a visit ◆◆ ***~ di blocco*** roadblock; ***istituire un ~ di blocco*** to set up a roadblock; ***~ di comando*** command post; ***~ di combattimento*** MIL. action station; ***~ di controllo*** checkpoint; ***~ di dogana*** customs post *o* shed; ***~ di frontiera*** frontier post; ***~ di guardia*** sentry *o* watch post; ***~ di guida*** driving *o* driver's seat; ***~ letto*** *(in ospedale)* bed; ***la roulotte ha 4 -i letto*** the caravan sleeps four (people); ***~ macchina*** = private parking place; ***~ di manovra*** FERR. signal box BE *o* tower AE; ***~ d'onore*** place of honour; ***~ di osservazione*** MIL. observation post; ***~ di pilotaggio*** AER. flight deck, cockpit; ***~ di polizia*** police station; ***~ di pronto soccorso*** first-aid station; MIL. dressing station; ***~ a sedere*** seat; ***~ al sole*** a place in the sun (anche FIG.); ***~ di villeggiatura*** holiday resort; ***-i in piedi*** standing room.

2.posto /ˈpɔsto, ˈposto/ **I** p.pass. → **porre II** agg. **1** *(situato)* placed, situated, set; ***una casa -a tra gli alberi*** a house set among the trees **2 posto che** *(dato che)* given that, since; *(ammesso che)* provided that, assuming that.

postoperatorio, pl. **-ri, -rie** /postoperaˈtɔrjo, ri, rje/ agg. post-operative; ***assistenza -a*** aftercare.

post partum /pɔstˈpartum/ **I** m.inv. post-partum period **II** agg.inv. post-partum, after childbirth attrib.

postprandiale /postpranˈdjale/ agg. postprandial.

postproduzione /postprodutˈtsjone/ f. CINEM. TELEV. post-production.

postraumatico, pl. **-ci, -che** /postrauˈmatiko, tʃi, ke/ agg. post-traumatic.

postrefrigeratore /postrefridʒeraˈtore/ m. aftercooler.

postribolo /posˈtribolo/ m. brothel.

post scriptum /pɔstˈskriptum/ m.inv. postscript.

postsincronizzare /postsinkronidˈdzare/ [1] tr. to postsynchronize.

postsincronizzazione /postsinkroniddzatˈtsjone/ f. postsynchronization.

postulante /postuˈlante/ m. e f. **1** *(richiedente)* petitioner, solicitor **2** RELIG. postulant.

postulare /postuˈlare/ [1] tr. **1** *(sollecitare)* to solicit, to postulate RAR. **2** MAT. FILOS. to postulate **3** *(presuporre)* to postulate, to assume.

postulato /postuˈlato/ m. postulate.

postulatore /postulaˈtore/ m. RELIG. postulator.

postulazione /postulatˈtsjone/ f. postulation.

postumo /ˈpɔstumo/ **I** agg. posthumous; ***figlio ~*** posthumous child; ***fama -a*** posthumous fame **II postumi** m.pl. **1** MED. after-effect sing.; ***avere i -i di una sbronza*** to have a hangover **2** *(conseguenza)* after-effect sing., aftermath **U**.

postuniversitario, pl. **-ri, -rie** /postuniversiˈtarjo, ri, rje/ agg. postgraduate.

postura /posˈtura/ f. posture.

posturale /postuˈrale/ agg. postural.

postvendita /postˈvendita/ agg.inv. after-sales attrib.

postvocalico, pl. **-ci, -che** /postvoˈkaliko, tʃi, ke/ agg. postvocalic.

postvulcanico, pl. **-ci, -che** /postvulˈkaniko, tʃi, ke/ agg. postvolcanic.

potabile /poˈtabile/ agg. **1** *(bevibile)* drinkable, potable; ***acqua ~*** drinkable *o* drinking water; ***acqua non ~*** undrinkable water **2** COLLOQ. *(passabile)* decent; ***non c'è un solo film ~*** there isn't a single decent film.

potabilità /potabiliˈta/ f.inv. potability.

potabilizzare /potabilidˈdzare/ [1] tr. to make* [sth.] drinkable, to purify.

potabilizzazione /potabiliddzatˈtsjone/ f. purifying.

potamologia /potamoloˈdʒia/ f. potamology.

potare /poˈtare/ [1] tr. **1** AGR. to prune, to lop [*albero*]; to trim, to clip [*cespuglio, siepe*] **2** FIG. *(sfrondare)* to reduce, to cut* down.

potassa /poˈtassa/ f. potash ◆◆ ***~ caustica*** caustic potash.

potassico, pl. **-ci, -che** /poˈtassiko, tʃi, ke/ agg. potassic.

potassiemia /potassjeˈmia/ f. kalaemia BE, kalemia AE.

potassio /poˈtassjo/ m. potassium; ***bromuro, permaganato di ~*** potassium bromide, permanganate; ***carbonato di ~*** potassium carbonate, potash; ***cloruro, cianuro di ~*** potassium chloride, cyanide; ***nitrato di ~*** potassium nitrate, nitre BE *o* niter AE.

potatoio, pl. **-oi** /potaˈtojo, oi/ m. pruning hook, pruning knife*.

potatore /potaˈtore/ ◗ ***18*** m. (f. **-trice** /tritʃe/) pruner.

potatura /potaˈtura/ f. *(di albero)* pruning, lopping; *(di cespuglio, siepe)* trimming.

potentato /potenˈtato/ m. **1** *(Stato potente)* potentate, power **2** *(sovrano)* potentate, ruler.

▶ **potente** /poˈtɛnte/ **I** agg. **1** *(influente)* [*persona, organizzazione, settore*] powerful; [*paese*] powerful, mighty **2** *(intenso)* [*voce*] powerful; [*odore*] strong, intense **3** TECN. [*motore, veicolo, computer, bomba*] powerful; ***il mio aspirapolvere non è abbastanza ~*** my vacuum cleaner isn't powerful enough **4** *(efficace)* [*antidoto, detergente*] powerful; [*veleno, rimedio, farmaco*] potent **II** m. powerful person; ***i -i*** the mighty, the powerful.

potentilla /potenˈtilla/ f. cinquefoil.

potentino /potenˈtino/ ◗ ***2*** **I** agg. from, of Potenza **II** m. (f. **-a**) native, inhabitant of Potenza.

▶ **potenza** /poˈtɛntsa/ f. **1** power; *(forza)* strength; ***la ~ divina*** divine power; ***la ~ dell'amore*** the power of love; ***la ~ militare di un paese*** the military power of a country; ***la loro ~ industriale è superiore alla nostra*** their industrial power is superior to ours; ***all'apice della propria ~*** at the height of one's power **2** *(nazione)* power; ***la prima ~ nucleare, commerciale del mondo*** the foremost nuclear, commercial power in the world; ***~ mondiale*** world power; ***le grandi -e*** the big powers; ***una ~ straniera*** a foreign power; ***un'antica ~ coloniale*** a former colonial power; ***il vertice delle grandi -e*** the great powers summit **3** *(persona potente)* powerful person; ***è diventato una ~*** SCHERZ. he's become an authority **4** FIS. EL. power; ***la ~ di un motore*** the power of an engine, the engine power; ***un amplificatore da 60 watt di ~*** a 60-watt amplifier; ***perdiamo ~*** we're losing power; ***cavallo ~*** AUT. horsepower **5** MAT. power; ***dieci alla terza ~*** ten to the power (of) three; ***elevare un numero alla nona ~*** to raise a number to the power (of) nine **6** *(efficacia) (di veleno, medicinale)* potency **7** *(entità soprannaturale)* ***le -e occulte*** the occult powers; ***le -e infernali, delle tenebre*** the powers of darkness; ***le -e celesti*** the heavenly powers, the powers above ◆ ***in ~*** [*pericolo, artista, campione*] potential; [*essere pericoloso*] potentially ◆◆ ***~ acustica*** acoustic power; ***~ effettiva*** effective power; ***~ fiscale*** AUT. engine rating; ***~ al freno*** MECC. brake horsepower; ***~ di fuoco*** fire power; ***~ sessuale*** potence.

potenziale /potenˈtsjale/ **I** agg. **1** [*nemico, pericolo, rivale, acquirente, campione, compratore, mercato*] potential; ***energia ~*** FIS. potential energy **2** LING. potential **II** m. **1** *(forze, mezzi disponibili)* potential (**come** as; **per** for); ***~ umano, industriale*** human, industrial potential; ***~ di crescita, di vendita*** growth, sales potential; ***~ bellico*** military strength **2** LING. potential (mood) **3** FIS. tension; ***~ elettrico, magnetico*** electric, magnetic potential; ***differenza di ~*** potential difference.

potenzialità /potentsjaliˈta/ f.inv. **1** *(capacità)* potentiality, potential, capability (**come** as); ***~ finanziaria*** financial potential; ***avere le ~ per diventare uno scrittore di successo*** to have all the makings of a successful writer **2** *(eventualità)* possibility, potentiality.

potenzialmente /potentsjalˈmente/ avv. potentially.

potenziamento /potentsjaˈmento/ m. *(rafforzamento)* strengthening; *(sviluppo)* development.

potenziare /potenˈtsjare/ [1] **I** tr. **1** to strengthen [*equipaggio, muscoli*]; to develop [*industria, commercio*]; to supplement [*servizio*] **2** INFORM. to upgrade [*memoria, sistema*] **II potenziarsi** pronom. [*muscoli*] to strengthen.

potenziometro /potenˈtsjɔmetro/ m. potentiometer.

▶ **1.potere** /poˈtere/ [74] mod. (the use of the auxiliary *essere* or *avere* in compound tenses depends on the verb in the infinitive that follows) **1** *(riuscire, essere in grado di)* can, to be* able to; ***puoi sollevare questa scatola?*** can you lift this box? ***i computer possono elaborare i dati rapidamente*** computers can process data rapidly; ***il cinema può contenere 1.000 persone*** the cinema can hold 1,000 people; ***speriamo di poter partire quest'anno*** we hope to be able to go away this year; ***non potrà venire*** he won't be able to come; ***non appena potrò*** as soon as I can; ***se potrò permettermelo, comprerò una macchina*** if I can afford it, I'll buy a car; ***potevo appena respirare*** I could hardly breathe; ***mi sono aggiustato come ho potuto*** I managed as best as I could; ***sono contento che siate potuti venire*** I'm glad you could come; ***potrebbe fare (di) meglio*** he could do better; ***avrebbe potuto farlo*** she could have

1.potere

- Gli equivalenti inglesi del verbo modale italiano *potere* sono *can* (al negativo *cannot* o *can't*), *could* (al negativo *could not* o *couldn't*), *may* (al negativo *may not*) e *might* (al negativo *might not* o *mightn't*), oltre alle forme suppletive *to be able to, to be likely / possible to* e *to be allowed / permitted to.*
- Gli equivalenti inglesi di *potere* condividono con tutti gli altri modali inglesi alcune caratteristiche: non prendono la terminazione *-s* alla terza persona singolare del presente; non sono mai preceduti da un ausiliare; sono seguiti da un verbo all'infinito senza *to* (con l'eccezione delle forme suppletive).

***Potere* = can**

- L'italiano *potere* si traduce con *can* quando, al tempo presente, si vuole indicare:
  a) la capacità di fare qualcosa: *può nuotare per un'ora senza fermarsi* = he can swim for an hour without stopping;
  b) la possibilità di fare qualcosa: *posso preparare una macedonia, se volete* = I can make a fruit salad, if you like, *quella porta può venire chiusa a chiave* = that door can be locked;
  c) il permesso, dato o richiesto, di fare qualcosa: *potete lasciare qui il vostro bagaglio* = you can leave your luggage here, *si può parcheggiare qui?* = can one park here?
  d) l'offerta, la proposta o il suggerimento di fare qualcosa: *posso aiutarti?* = can I help you? *possiamo scrivere una lettera di scuse* = we can write a letter of apology;
  e) altri usi secondari, con una forte componente idiomatica, vengono esemplificati nella voce **1.potere 7-10**.
- Si noti che quando *potere* indica capacità può essere espresso in italiano anche mediante altri verbi; solo talvolta anche il modale *can* è sostituito da una forma verbale:
  a) mediante *sapere (fare qualcosa)*: *so parlare correntemente il russo* = I can speak Russian fluently, *sapete nuotare?* = can you swim? *sai cucinare i funghi?* = can you cook mushrooms? / do you know how to cook mushrooms?
  b) mediante *riuscire (a fare qualcosa)*: *riesci a vederla laggiù?* = can you spot her down there? *come riesci a rimanere così magra?* = how do you manage to stay so slim? *sei riuscito a parlarle?* = did you succeed in talking to her?
  c) mediante *essere in grado / capace (di fare qualcosa)*: *non sono capace di guidare* = I can't drive.

  Mentre in italiano verbi di percezione quali *vedere* o *sentire* non richiedono necessariamente l'uso del modale *potere*, la forma *can* non può mancare in inglese davanti a questi verbi e ad altri come *to find, to manage, to speak* e *to understand*:

non ci vedo più!	= I can't see any longer!
lo vedi?	= can you see him?
parla più forte, non ti sento	= speak louder, I can't hear you
non trovo gli occhiali	= I can't find my glasses
ce la fate da soli?	= can you manage alone?
Lei parla l'inglese, vero?	= you can speak English, can't you?
non capisco Helmut quando parla in tedesco	= I can't understand Helmut when he speaks German.

- In inglese, come in italiano, la forma di modale al presente è seguita da un infinito composto quando il riferimento temporale è al passato:

non posso aver detto una cosa del genere!	= I can't have said something like that!
non può essere già arrivato!	= he can't have arrived already!

***Potere* = could**

- L'italiano *potere* si traduce con *could* quando, al tempo passato o al modo condizionale, si vuole indicare:
  a) al tempo passato, una capacità relativa al passato (espressa anche mediante *saper fare*): *potevano anche lavorare dodici ore al giorno* = they could even work twelve hours a day, *da giovane, sapevo giocare a scacchi molto bene* = when I was young, I could play chess very well;
  b) al condizionale, una capacità: *potrebbe costruirlo lui, è un ingegnere* = he could build it, he's an engineer;
  c) al condizionale, una possibilità o eventualità remota: *potrebbe farlo lui, se glielo chiedessimo* = he could do it, if we asked him to, *potrebbero essere morti* = they could be dead;
  d) al condizionale, una richiesta cortese: *per favore, potresti prestarmi 200 euro?* = could you please lend me 200 euros? *potrebbe passarmi il sale, per favore?* = could you pass me the salt, please?
  e) al condizionale, la proposta o il suggerimento di fare qualcosa: *potrei finirlo io* = I could finish it, *potreste passare l'estate in montagna* = you could spend the summer in the mountains;
  f) al condizionale composto, una possibilità non realizzata: *sarebbe potuto venire anche lui, se gli fosse stato chiesto* = he could have come as well, if he had been asked to.

  Si noti che il condizionale composto di *potere* si costruisce in inglese con *could* + infinito composto del verbo retto, cosicché l'inglese rende nello stesso modo due forme italiane, diverse per struttura e significato:

avrebbe potuto dirglielo John (= poteva farlo, ma sicuramente non l'ha fatto)	= John could have told him
potrebbe averglielo detto John (= poteva farlo, e non si sa se l'abbia fatto o no)	= John could have told him

  Si ricordi anche che nell'italiano corrente il condizionale composto è spesso sostituito dall'imperfetto indicativo, ma in inglese la traduzione non cambia:

poteva dirglielo John	= John could have told him.

***Potere* = to be able to**

- *To be able to* è una forma suppletiva del modale *can*, che si usa solamente per esprimere i tempi e i modi non resi mediante *can* e *could*, come il futuro, i tempi composti o le forme infinitive:

potrai parlargli appena arriverà a casa	= you'll be able to speak to him as soon as he gets home
non ho ancora potuto parlargli	= I have not been able to speak to him yet
non potendo venire, ci mandò un messaggio di posta elettronica	= not being able to come, he sent us an e-mail message
è bello poter / saper parlare le lingue straniere	= it's nice to be able to speak foreign languages.

- Se è possibile, tuttavia, bisogna usare le forme *can* e *could*; ad esempio, una forma di futuro come *will be able to* non sostituirà *can* se, come normalmente avviene in inglese, il futuro può essere espresso dal presente accompagnato da un'adeguata espressione avverbiale di tempo:

potrai parlargli dopodomani	= you can speak to him the day after tomorrow.

- In alcuni rari casi l'uso di *can / could* ovvero della forma suppletiva *to be able to* serve a distinguere e convogliare significati diversi:
  a) negli esempi che seguono, mentre la forma infinitiva, e quindi *to be able to*, si usa quando la frase principale e quella secondaria hanno il medesimo soggetto, la forma coniugata, e quindi *could*, si usa per marcare la distinzione fra il soggetto della principale e quello della secondaria: *le spiaceva di non poter incontrare le sue ex compagne* = she was sorry not to be able to meet her former classmates, *gli spiaceva che lei non potesse incontrare le sue ex compagne* = he was sorry she couldn't meet her former classmates
  b) *was / were able to* non è semplice sostituto di *could* al passato, ma gli si contrappone nell'indicare il raggiungimento di un obiettivo tramite una capacità piuttosto che l'indicazione al passato del semplice possesso di una capacità: *quand'ero giovane, potevo mangiare di tutto* = when I was young, I could eat anything, *ha potuto / è stato capace di mangiare un intero tacchino farcito!* = he was able to eat a whole stuffed turkey! Si noti che questo contrasto semantico è marcato in italiano dall'uso dell'imperfetto rispetto al passato prossimo o remoto: *potevo / sapevo / ero capace di farlo* = I could do it, *potei / ho potuto / seppi / ho saputo / fui capace di / sono stato capace di farlo* = I was able to do it.

***Potere* = may**

- L'italiano *potere* si traduce con *may* quando, al tempo presente, si vuole indicare:
  a) la possibilità di fare qualcosa: *penso che possa aiutarci lui* = I think he may help us;
  b) una probabilità: *può nevicare da un momento all'altro* = it may snow any time;
  c) il permesso, dato o richiesto, di fare qualcosa: *puoi dirglielo, se vuoi* = you may tell her, if you want to, *posso uscire?* = may I go out? (quest'uso di *may* è più formale rispetto al corrispondente impiego di *can*);
  d) un augurio: *possiate essere felici!* = may you be happy! *possa vivere altri cent'anni!* = may he live another one hundred years!
- Quando *potere* esprime probabilità, l'italiano si può avvalere della struttura *può darsi che* + congiuntivo, che tuttavia non ha alcun corrispondente formale in inglese:

può darsi che nevichi da un momento all'altro	=	it may snow any time
può darsi che quella porta sia chiusa a chiave	=	that door may be locked

Si ricordi che *may* in questa accezione di probabilità non è normalmente usato nella frase interrogativa, che pertanto andrebbe riformulata in inglese: *domani può nevicare?, può darsi che nevichi domani?* = do you think it will snow tomorrow?

Bisogna anche fare attenzione a non confondere la struttura *può darsi che* + congiuntivo con la locuzione avverbiale *può darsi*, traducibile in inglese con gli avverbi *maybe, perhaps* o *possibly*:

può darsi che Paul sia a casa	=	Paul may be at home
"pioverà stasera?" "può darsi"	=	"is it going to rain tonight?" "possibly"

- In inglese come in italiano, la forma di modale al presente è seguita da un infinito composto quando il riferimento temporale è al passato:

posso aver sbagliato, ma...	=	I may have made a mistake, but...
può essere stato George	=	it may have been George.

***Potere* = might**

- L'italiano *potere* si traduce con *might* quando, al tempo passato o al modo condizionale, si vuole indicare:
  a) il passato di *may*, ossia *might* è di solito usato al passato solo quando la concordanza dei tempi richiede tale tempo verbale: *chiesi se potevo aprire la porta* = I asked if I might open the door (frase al discorso indiretto, rapportabile a *chiesi: "posso aprire la porta?"* = I asked: "may I open the door?"), *sperando che potesse arrivare in tempo, salii sul treno* = hoping he might arrive in time, I got on the train. *Might* non si usa al passato come verbo principale; pertanto, quando una forma del genere è presente in italiano, la si traduce in inglese con una forma suppletiva (si veda sotto) o con *may* + infinito composto: *ieri ho potuto parlarle* = I was allowed to speak to her yesterday, *poteva essere lui, ma non ne sono sicuro* = it may have been him, but I'm not sure about it;
  b) al condizionale, una possibilità o una probabilità remota: *non si sa mai, potrebbe anche arrivare in tempo* = you never know, he might even be here in time;
  c) al condizionale, un suggerimento: *potresti mandarle dei fiori* = you might send her some flowers;
  d) al condizionale, una proposta o una domanda in forma cortese: *potrei parlarLe, per favore?* = might I talk to you, please?
  e) al condizionale composto, una possibilità non realizzata: *sarebbe potuto arrivare in tempo, se non gli si fosse rotta la macchina* = he might have arrived in time, if his car hadn't broken down.

Si noti che il condizionale composto di *potere* si costruisce in inglese con *might* + infinito composto del verbo retto, cosicché l'inglese rende nello stesso modo due forme italiane, diverse per struttura e significato:

sarebbe potuto arrivare in tempo (= poteva farlo, ma sicuramente non l'ha fatto)	=	he might have arrived in time
potrebbe essere arrivato in tempo (= poteva farlo, e non si sa se l'abbia fatto o no)	=	he might have arrived in time

Si ricordi anche che nell'italiano corrente il condizionale composto è spesso sostituito dall'imperfetto indicativo, ma in inglese la traduzione non cambia:

poteva venire anche lui	=	he might have come too.

***Potere* = to be permitted / allowed / likely / possible to**

- Come *can / could* possono essere sostituiti dalla forma suppletiva *to be able to*, così *may / might* vengono sostituiti da *to be permitted to* o *to be allowed to* quando si deve esprimere il senso di permesso, e da *to be likely to* o *to be possible to* quando si deve esprimere il senso di possibilità / probabilità. Gli esempi qui sotto mostrano che le prime tre di queste forme vengono impiegate in una struttura personale, solo l'ultima in una struttura impersonale:

non potremo fumare durante il volo	=	we wont' be permitted to smoke during the flight
potendo star fuori fino a tardi, rientrò alle due del mattino	=	being allowed to stay out until late, he got back home at 2 o'clock in the morning
può arrivare / è probabile che arrivi tardi	=	she is likely to arrive late
può arrivare / è possibile che arrivi tardi	=	it is possible for her to arrive late.

- Si ricordi tuttavia che, sebbene alcuni tempi verbali del modale italiano non abbiano un corrispondente formale diretto nel modale inglese, la forma suppletiva non è necessaria poiché può essere diversa e disponibile la forma verbale da impiegare in inglese:

non potendo dormire, ho letto fino all'alba	=	as I could not sleep, I read until dawn.

Casi particolari e locuzioni idiomatiche

- Si è visto che i due elementi delle coppie *can / could* e *may / might* si oppongono tra loro nel marcare la distinzione tra presente e passato indicativo (*posso / potevo*) oppure quella tra indicativo presente e condizionale presente (*posso / potrei*); si è pure visto che questa seconda distinzione non conta tanto dal punto di vista formale, ma da quello semantico nel sottolineare una possibilità più o meno remota, una richiesta o proposta più o meno gentile ecc.; pertanto, non ci si deve sorprendere nel trovare casi in cui non c'è corrispondenza formale tra il modale italiano e quello inglese, se tale corrispondenza si ritrova invece a livello semantico e pragmatico:

mi può aiutare, per favore?	=	could you please help me?
può nevicare come può far bello	=	it might snow or it might be fine
non toccarlo, potresti romperlo	=	don't touch it, you may break it.

- Il verbo *potere* compare in frasi del tipo *è troppo lontano perché io ci possa arrivare in tempo* o *questa frase è troppo difficile perché voi la possiate tradurre*; poiché l'inglese prevede in questi casi una struttura infinitiva, il modale *potere* non viene tradotto: it is too far for me to get there in time, this sentence is too difficult for you to translate it.
- Si noti la traduzione inglese della struttura *vorrei poter / saper fare qualcosa*:

vorrei potergli rendere i suoi soldi	=	I wish I could give his money back to him
vorrei che Jean sapesse guidare la macchina	=	I wish Jean could drive a car.

- Alcune locuzioni idiomatiche con *potere*:

non può non vincere	=	he's bound to win
non poteva che sentirsi felice	=	he could scarcely be other than happy
non ci posso fare niente	=	I can't do anything about it.

done it; ***non posso farci niente*** there's nothing I can do about that; ***faccio quello che posso*** I'm doing my best; ***per quel che posso*** insofar as I can; ***si fa quel che si può*** you do what you can; ***non posso fare niente per voi*** there's nothing I can do for you; ***non ne posso più*** I've had it; ***non ne posso più di tutta questa storia*** I'm fed up with the whole business **2** *(per esprimere possibilità)* can, may; *(più remota)* could, might; *(per esprimere probabilità, opportunità)* may, to be* likely; *(più remota)* might; ***possiamo andare in macchina o in treno*** we can go by car or by train; ***posso benissimo andarci a piedi*** I can just as easily walk; ***chiunque può iscriversi*** anyone can enrol; ***può anche essere usato per asciugare i vestiti*** it can also be used to dry clothes; ***non puoi averlo dimenticato!*** you can't have forgotten! ***il computer non può aver fatto un errore*** the computer couldn't *o* can't have made an error; ***potrebbe essere Andrew*** it may be Andrew; *(meno probabile)* it might be Andrew; ***può essere stato George*** it may have been George; ***potrebbe essere che...*** it could be that...; ***potrei sbagliarmi*** I could be wrong; ***potrebbe aver detto una bugia*** he might have told a lie; ***potrebbe capitare che io parta*** I could *o* might leave; ***puoi sempre cambiarlo*** you can always change it; ***può fare molto freddo a gennaio*** it can get very cold in January; ***può nevicare come può far bello*** it might snow or it might be fine; ***potevano essere state le dieci*** it was probably about ten o'clock; ***non può non vincere*** he's bound to win; ***non poteva fare a meno di sentirsi triste, non poteva non sentirsi triste*** he couldn't help but feel sad; ***non poteva che sentirsi sollevato*** he could scarcely be other than relieved; ***può darsi*** maybe, perhaps, possibly; ***anche se lo invito può darsi che non venga*** even if I invite him he may not come; ***può darsi che sia così, ma...*** that's as may be, but...; ***può darsi che i prezzi aumentino a giugno*** prices may *o* might rise in June; ***"vieni?" - "può darsi"*** "will you come" - "I might"; ***"pioverà stasera?" - "può darsi"*** "is it going to rain tonight?" - "possibly" **3** *(per esprimere permesso, autorizzazione)* can, to be* allowed to, may FORM.; ***posso entrare?*** may I come in? ***puoi tenerlo*** you can keep it; ***posso usare la tua auto?*** can I use your car? ***posso sedermi?*** may I sit down? ***gli studenti non possono uscire dall'edificio senza autorizzazione*** pupils can't *o* may not leave *o* are not allowed to leave the school without permission; ***non possiamo lasciar entrare i cani nel bar*** we can't allow dogs in the café; ***si può fumare qui?*** is smoking allowed here? ***potevamo uscire solo nei fine settimana*** we could only go out at weekends **4** *(nelle richieste)* can; *(più cortese)* would, could; ***puoi farmi un favore?*** can you do me a favour? ***potrebbe indicarmi la strada per Viù?*** could you please show me the way to Viù? ***potrei parlare con John?*** could I speak to John? ***può tenermi (aperta) la porta, per favore?*** could *o* would you hold the door (open) for me please? ***potreste fare silenzio, per favore?*** would you please be quiet? **5** *(nelle offerte)* can; ***posso darti una mano?*** can I give you a hand? ***che cosa posso fare per lei?*** what can I do for you? ***puoi prenderlo in prestito se vuoi*** you can borrow it if you want **6** *(per suggerire, dare un consiglio)* can, could; ***potremmo andare al cinema stasera*** we could go to the cinema tonight; ***puoi comprargli una camicia*** you can buy him a shirt; ***non potrebbero invece andare in campeggio?*** couldn't they go camping instead? **7** *(essere nella condizione, posizione di)* can; ***non si può certo biasimarla*** one can hardly blame her; ***non può non, che accettare*** he has no option but to accept; ***non posso dire di essere d'accordo*** I can't say I agree; ***non potevo assolutamente accettare il denaro*** I couldn't possibly accept the money; *(per esprimere rimprovero)* ***come hai potuto!*** how could you! ***avrebbero potuto, potevano avvertirci*** they could have warned us; ***non potevi dirmelo subito?*** why couldn't you have told me that right away? why didn't you tell me that right away? *(per esprimere sorpresa)* ***che può mai volere da me?*** what can she possibly want from me? **8** *(in espressioni ellittiche)* ***cosa non può l'amore!*** nothing can get in the way of love; ***l'esempio può più delle parole*** a picture is worth a thousand words; ***una persona che può*** *(che ha denaro)* a person of means; *(che ha potere)* a very influential person; ***lui può*** IRON. he's got a lot of pull **9** *(in espressioni ottative)* ***possa il nuovo anno esaudire tutti i vostri desideri*** wishing you everything you could want for the new year; ***possa la vostra vita essere felice*** may you live happily **10 a più non posso** [*correre*] as fast as one can; [*lavorare*] as hard as one can, flat out; [*mangiare*] as much as one can; ***gridare a più non posso*** to shout one's head off, to shout at the top of one's voice; ***ridere a più non posso*** to give a full-throated laugh ◆ ***se gioventù sapesse, se vecchiaia potesse*** PROV. if the young man did but know, and the old man were but able; ***volere è ~*** PROV. where there's a will, there's a way.

▶ **2.potere** /po'tere/ m. **1** *(capacità)* ability, capability, power; ***avere il ~ di fare*** to be able to do; ***hai il ~ di cambiare le cose*** it is in your power *o* you have it in your power to change things; ***-i magici, soprannaturali*** magic, supernatural powers; ***~ sbiancante di un detersivo*** whitening power of a detergent; ***il ~ della parola scritta*** the power of the printed word **2** *(influenza)* power, influence (**su** over); ***il ~ di qcn. su qcn.*** sb.'s power over sb.; ***la tiene in suo ~*** he's got her in his power; ***esercitare un ~ su qcn.*** to hold sway over sb. **3** *(autorità)* power, authority; ***non avere nessun ~ su qcn.*** to have no power *o* influence over sb.; ***non ho il ~ di prendere una decisione simile*** I'm not the one who decides **4** POL. power; ***~ assoluto, del re*** absolute, royal power; ***abuso di ~*** abuse of power; ***gioco di ~*** power game; ***lotta per il ~*** power struggle; ***dopo quindici anni di ~*** after fifteen years in power; ***essere al ~*** to be in power; ***i democratici sono al ~*** Democrats are in; ***esercitare il ~*** to exercise power; ***prendere*** o ***assumere il ~*** to take power; ***arrivare*** o ***giungere al ~*** to come to power; ***rimanere al ~*** to stay in power; ***perdere il ~*** to fall from power; ***separazione*** o ***divisione dei -i*** separation of powers; ***in virtù dei -i conferitici, a noi conferiti*** by the power vested in me; ***dare, conferire pieni -i a qcn.*** to give sb. full powers, to confer full powers on sb.; ***avere, esercitare pieni -i*** to have, exercise all powers; ***pieno ~*** full power; ***il quarto ~*** the fourth estate; ***il quinto ~*** = the broadcasting media **5** AMM. DIR. power; ***la legge attribuisce nuovi -i a*** the act gives new powers to; ***delegare i propri -i a qcn.*** to delegate powers to sb. ◆◆ ***~ d'acquisto*** buying *o* purchasing *o* spending power; ***~ calorifico*** calorific value; ***il ~ costituito*** the powers that be; ***~ discrezionale*** discretionary power; ***~ economico*** economic power; ***~ esecutivo*** executive power; ***il ~ giudiziario*** the judiciary; ***~ legislativo*** legislative power; ***~ separatore*** FIS. resolving power; ***~ spirituale*** spiritual power; ***~ temporale*** temporal power; ***-i straordinari*** emergency power.

1.potestà /potes'ta/ f.inv. **1** *(potere)* power; ***no ho ~ di farlo*** it is out of my power to do it **2** DIR. authority; ***patria ~*** parental authority **3** TEOL. ***le Potestà*** the Powers.

2.potestà /potes'ta/ → **podestà.**

pot-pourri /popur'ri/ m.inv. **1** *(per profumare)* pot-pourri **2** *(accozzaglia)* medley, hotchpotch BE, hodgepodge AE **3** MUS. pot-pourri, medley.

pouf /puf/ m.inv. pouf(fe), hassock AE.

pourparler /purpar'le/ m.inv. pourparler, informal preliminary discussion.

povera /'pɔvera/ f. poor woman*.

poveraccia, pl. **-ce** /pove'rattʃa, tʃe/ f. poor woman*, down-and-out.

poveraccio, pl. **-ci** /pove'rattʃo, tʃi/ m. poor man*, down-and-out, poor fellow.

poveramente /povera'mente/ avv. [*ricompensare, pagare, vestirsi*] poorly; [*vivere*] poorly, in poverty.

poverello /pove'rɛllo/ m. poor man* ◆◆ ***il Poverello di Assisi*** St Francis of Assisi.

poveretto /pove'retto/, **poverino** /pove'rino/ m. (f. **-a**) poor thing, poor devil; ***~!*** you poor (old) thing, poor little fellow.

▶ **povero** /'pɔvero/ **I** agg. **1** *(senza risorse)* [*persona, quartiere, paese*] poor **2** *(carente, misero)* [*suolo, alimentazione*] poor; [*raccolto*] scanty, poor; *(sterile)* [*terreno*] barren, poor; ***~ di elementi nutritivi, ossigeno*** poor *o* lacking in nutrients, oxygen; ***dieta -a di zuccheri*** *(insufficiente)* diet lacking in sugar; *(consigliata)* low-sugar diet; ***minerale ~ di metallo*** ore with a low metal content; ***piatto ~*** humble *o* simple dish; ***~ di fantasia*** lacking in imagination **3** *(disadorno, spoglio)* [*lingua, stile*] plain **4** *(infelice)* [*persona*] poor, wretched; ***~ bambino!*** poor child! ***~ te, me!*** poor you, me! ***un ~ Cristo*** COLLOQ. a poor chap BE *o* guy AE; ***~ diavolo*** poor devil; ***~ te, se lo fai un'altra volta*** *(guai)* just you dare to do it again **5** *(defunto)* poor, late; ***il mio ~ marito*** my late husband **II** m. poor man*, pauper; ***i -i*** the poor; ***ci sono molti -i*** there are a lot of poor people; ***donare ai -i*** to give to the poor; ***i nuovi -i*** the new poor; ***beati i -i di spirito*** BIBL. blessed are the poor in spirit ◆ ***~ in canna*** as poor as a church mouse; ***in parole -e*** to put it simply, in plain words.

▷ **povertà** /pover'ta/ f.inv. **1** *(miseria)* poverty; ***in condizioni di ~*** in poor circumstances; ***vivere in (estrema) ~*** to live in (extreme) poverty; ***vivere al di sotto della, vicino alla soglia di ~*** to live below, near the poverty line *o* level **2** *(scarsità)* poverty, shortage; *(mancanza)* lack; ***~ di mezzi*** lack of means; ***~ intellettuale*** intellectual poverty; ***~ di idee*** paucity *o* lack of ideas **3** *(di terreno)* poorness ◆ ***~ non è vizio*** PROV. poverty is no disgrace *o* sin.

poveruomo, pl. **poveruomini** /pove'rwɔmo, pover'wɔmini/ m. **1** *(povero)* poor man*, poor fellow **2** *(persona da poco)* nonentity, pathetic individual.

pozione /pot'tsjone/ f. potion ◆◆ *~ magica* magic potion.
pozza /'pottsa/ f. 1 *(pozzanghera)* pool, puddle 2 *(liquido versato)* pool; *~ di sangue* pool of blood.
pozzanghera /pot'tsangera/ f. puddle, pool.
pozzetta /pot'tsetta/ f. *(nelle guance, nel mento)* dimple.
pozzetto /pot'tsetto/ m. 1 *(di accesso)* manhole 2 *(per acqua di scolo)* sump, well; *~ intercettatore* stench-trap 3 MAR. cockpit 4 AUT. *(per i piedi)* footwell.
▶ **pozzo** /'pottso/ m. 1 *(per l'acqua)* well; *attingere* o *tirare l'acqua da un ~* to draw water from a well 2 *(per estrazione o usi tecnici)* shaft, pit 3 *(grande quantità)* lots, loads COLLOQ.; *avere un ~ di quattrini* to have pots of money ◆ *essere (come) il, un ~ di san Patrizio* to be like a widow's cruse; *mostrare la luna nel ~ a qcn.* to lead sb. up the garden path ◆◆ *~ artesiano* artesian well; *~ dell'ascensore* lift BE *o* elevator AE shaft; *~ di drenaggio* sump; *~ esplorativo* wildcat (well); *~ di estrazione* mineshaft; *~ inclinato* incline shaft; *~ nero* cesspit, cesspool; *~ petrolifero* o *di petrolio* oil well; *~ di scienza* prodigy *o* wellspring of learning; *~ di ventilazione* air *o* ventilation shaft.
pozzolana /pottso'lana/ f. pozz(u)olana.
pp. ⇒ pagine pages (pp.).
p.p. 1 ⇒ per procura per procurationem (pp) 2 ⇒ pacco postale parcel post (pp).
PP 1 ⇒ porto pagato carriage paid (CP) 2 ⇒ profitti e perdite profit and loss (P/L, PL).
PPI /pippi'i/ m. (⇒ partito popolare italiano) = Italian political party based on Catholic ideals.
1.PR 1 ⇒ Procuratore della Repubblica state prosecutor 2 ⇒ Piano Regolatore urban planning regulations.
2.PR /pi'ɛrre/ m. (⇒ Partito radicale) = Radical Party.
3.PR /pi'ɛrre/ m. e f. → **pierre.**
PRA /pra/ m. (⇒ Pubblico Registro Automobilistico) = office where motor vehicles are registered.
pracrito /'prakrito/ agg. e m. Prakrit.
Praga /'praga/ ➧ 2 n.pr.f. Prague; *la primavera di ~* STOR. Prague Spring.
praghese /pra'gese/ ➧ 2 I agg. from, of Prague, Prague attrib. II m. e f. native, inhabitant of Prague.
pragmatica /prag'matika/ f. pragmatics + verbo sing.
pragmatico, pl. **-ci**, **-che** /prag'matiko, tʃi, ke/ agg. 1 *(concreto)* pragmatic; *procedere in modo ~* to proceed pragmatically 2 LING. pragmatic; *linguistica -a* pragmatics.
pragmatismo /pragma'tizmo/ m. pragmatism.
pragmatista, m.pl. **-i**, f.pl. **-e** /pragma'tista/ m. e f. pragmatist.
pragmatistico, pl. **-ci**, **-che** /pragma'tistiko, tʃi, ke/ agg. pragmatistic.
pralina /pra'lina/ f. praline.
pralinare /prali'nare/ [1] tr. to coat [sth.] with boiled sugar, almonds, or chocolate etc.
prammatica /pram'matika/ f. *essere di ~* to be the custom, to be customary; *una risposta di ~* a regular answer; *l'abito da sera è di ~* evening dress is required.
prammatico, pl. **-ci**, **-che** /pram'matiko, tʃi, ke/ agg. pragmatic; *-a sanzione* pragmatic Sanction.
pranoterapeuta, m.pl. **-i**, f.pl. **-e** /pranotera'pɛuta/ ➧ *18* m. e f. → **pranoterapista.**
pranoterapeutico, pl. **-ci**, **-che** /pranotera'pɛutiko, tʃi, ke/ agg. → **pranoterapico.**
pranoterapia /pranotera'pia/ f. faith healing.
pranoterapico, pl. **-ci**, **-che** /pranote'rapiko, tʃi, ke/ agg. faith-healing.
pranoterapista, m.pl. **-i**, f.pl. **-e** /pranotera'pista/ ➧ *18* m. e f. faith healer.
pranzare /pran'dzare/ [1] intr. (aus. *avere*) *(consumare il pasto principale)* to dine, to have* dinner; *(a mezzogiorno)* to lunch, to have* lunch; *~ fuori* to dine out; *a che ora si pranza?* what time are we eating? *di solito pranzo presto* I usually take my lunch early.
▶ **pranzo** /'prandzo/ m. *(pasto principale)* dinner; *(pasto di mezzogiorno)* lunch, luncheon FORM.; *(con invitati)* dinner party; *a ~* at dinner; *invitare qcn. a ~* to invite *o* ask sb. to lunch; *un invito a ~* an invitation to lunch; *vieni a ~ (da noi)* come round for lunch; *restare a ~* to stay for lunch; *è andata a ~* she's gone to lunch, she's at lunch; *vado spesso fuori a ~* I often go out for lunch; *portare qcn. fuori a ~* to take sb. out for *o* to lunch; *per, a ~ ho mangiato un panino* I had a sandwich for lunch; *che cosa c'è per ~?* what's for lunch? *offrire un ~ a qcn.* to treat sb. to lunch; *preparare il ~* to make *o* prepare lunch; *dare un ~* to give a dinner; *il ~ è pronto* dinner is ready; *il ~ è servito* lunch is served; *lauto ~, ~ luculliano* spread; *all'ora di ~* at lunchtime; *dopo ~* after dinner, after lunch; *pausa (per il) ~* lunchbreak; *sala da ~* dining room; *tavolo da ~* dining table; *zona ~* dining area ◆◆ *~ d'affari* business lunch; *~ di lavoro* working lunch; *~ di Natale* Christmas dinner; *~ di nozze* wedding banquet; *~ al sacco* packed *o* box AE lunch.
praseodimio, pl. **-mi** /praseo'dimjo, mi/ m. praseodymium.
prasio, pl. **-si** /'prazjo, zi/ m. MIN. prase.
prassi /'prassi/ f.inv. 1 FILOS. praxis* 2 *(procedimento abituale)* standard procedure, normal practice; *attenersi alla* o *seguire la ~* to follow the usual procedure; *contrariamente alla ~* against normal practice; *è loro ~ fare* they make it a practice to do; *come faccio di ~* as is my usual practice.
prataiolo /prata'jɔlo/ I agg. field attrib., meadow attrib. II m. *(fungo)* meadow, field mushroom.
prateria /prate'ria/ f. prairie, grassland.
pratese /pra'tese/ ➧ 2 I agg. from, of Prato II m. e f. native, inhabitant of Prato.
▶ **pratica**, pl. **-che** /'pratika, ke/ f. 1 *(contrapposto a teoria)* practice; *la teoria e la ~* theory and practice; *mettere qcs. in ~* to put sth. into practice; *questo può essere vero in teoria, ma non lo è nella ~* this may be true in theory, but not in practice; *in ~* in practice, virtually; *(a tutti gli effetti)* for all practical purposes; *in ~ non lo conosce nessuno* practically no-one knows him; *in ~, che cosa proponete?* in concrete terms, what are you proposing? 2 *(esercizio, esperienza)* practice, experience, practical experience; *(conoscenza)* knowledge; *avere una lunga ~ della medicina* to have many years of experience in medicine; *avere ~ con i computer* to have experience with computers; *le manca la ~* she lacks (practical) experience; *avere ~ nel fare qcs.* to have experience in *o* at doing sth.; *fare ~* to practise; *ho fatto ~ su un diverso tipo di macchina* I trained on a different type of machine; *è solo questione di ~* it's just a matter of practice; *avere poca ~ con qcs.* to be unacquainted with sth. 3 *(operazione, rituale)* practice; *alcune -che culturali, funerarie* certain cultural, funerary practices; *le -che religiose* religious practices 4 *(faccenda)* matter, affair; *regolare una ~* to settle an affair; *-che illecite* illegal activity 5 *(abitudine)* practice, custom; *una ~ corrente* a common practice; *è ~ corrente fare* it is customary to do 6 AMM. BUROCR. dossier, file; *-che* paperwork; *istruire una ~ su qcn., qcs.* to open a file on sb., sth.; *la ~ è stata affidata ad Ada* the file has been handed over to Ada; *archiviare la ~* to close the file *o* case; *iniziare le -che di divorzio* to start divorce proceedings 7 *(tirocinio) fare ~ presso qcn.* to be apprenticed to sb. 8 MAR. pratique ◆ *val più la ~ che la grammatica* PROV. practice makes perfect.
praticabile /prati'kabile/ I agg. 1 *(transitabile)* [*percorso, strada, sentiero*] practicable, passable; *difficilmente ~* scarcely passable 2 *(agibile)* [*campo da gioco*] playable 3 *(che si può praticare)* [*sport*] that can be played 4 *(realizzabile)* [*idea, progetto, suggerimento*] workable, feasible II m. CINEM. TEATR. platform.
praticabilità /pratikabili'ta/ f.inv. 1 *(di strada)* practicability 2 *(di campo da gioco)* playability 3 *(di idea, progetto, suggerimento)* workability, feasibility.
praticamente /pratika'mente/ avv. 1 *(quasi)* practically, virtually; *~ cieco* as good as blind; *quando siamo arrivati il film era ~ finito* when we arrived the film was all but over; *costa ~ niente* it costs next to nothing; *i trasporti pubblici sono ~ inesistenti* there is virtually no public transport; *~ ha provato tutto* he's tried practically *o* virtually everything; *~ mai* hardly ever 2 *(in sostanza)* in practice, for all practical purposes; *la loro relazione è ~ finita* their relationship has practically come to an end; *mi ha ~ dato del bugiardo* he as good as called me a liar 3 *(in modo pratico)* practically, in a practical way 4 *(come intercalare)* well, you know.
praticantato /pratikan'tato/ m. training, practice.
praticante /prati'kante/ I agg. 1 RELIG. [*persona, cattolico*] practising BE, practicing AE; *non è ~* he doesn't practise (his religion); *musulmano non ~* non-practising Muslim; *è credente, ma non ~* he believes in God but doesn't practise his faith 2 *(tirocinante)* training II m. e f. 1 RELIG. *(cattolico)* practising Catholic BE, practicing Catholic AE, churchgoer; *(musulmano)* practising Muslim BE, practicing Muslim AE; *(ebreo)* practising Jew BE, practicing Jew AE 2 *(apprendista, tirocinante)* apprentice, trainee.
▷ **praticare** /prati'kare/ [1] I tr. 1 *(esercitare)* to play [*sport*]; to practise BE, to practice AE [*professione*]; *qui si pratica lo sci, l'equitazione, il canottaggio tutto l'anno* here you can go skiing, horseback riding, rowing all year long; *~ la professione di medico, di avvocato* to practise medicine, law; *~ la magia* to practise magic 2 *(eseguire)* to make* [*incisione, taglio, passaggio, apertura*]; to carry out [*aborto*]; *~ un'iniezione a qcn.* to give sb. an injection;

*~ **la respirazione artificiale a qcn.*** to give sb. artificial respiration; ***~ il sesso sicuro*** to practice safe sex **3** *(applicare)* to pursue [*politica*]; to charge [*tassi d'interesse*]; to give* [*sconto*]; to practise BE, to practice AE [*metodo*]; ***tutte le imprese praticano questa strategia*** all companies follow this strategy; ***~ una politica di apertura*** to pursue a policy openness; ***praticano delle tariffe molto competitive*** they offer very competitive rates **4** *(frequentare)* to frequent [*luogo, locale*]; to associate with, to keep* company with [*persona*]; *(percorrere)* to travel [*strada*] **5** RELIG. to follow, to practise BE, to pratice AE [*religione*] **II** intr. (aus. *avere*) **1** *(esercitare)* to practise BE, to practice AE; ***è medico, ma non pratica*** he is a doctor, but he does not practise **2** *(frequentare)* ***~ con qcn.*** to associate with sb., to keep company with sb.

praticità /pratitʃi'ta/ f.inv. **1** *(comodità, funzionalità)* convenience, practicalness **2** *(carattere, valore pratico)* practicalness, matter-of-factness.

▶ **pratico**, pl. **-ci**, **-che** /'pratiko, tʃi, ke/ **I** agg. **1** *(non teorico)* [*applicazione, esercizio, metodo, dimostrazione*] practical; [*esperienza, addestramento*] hands-on; ***quali sono le sue conoscenze -che in questo campo?*** how much practical experience do you have in the field? **2** *(utile)* [*manuale, informazione, consiglio, mezzo*] practical; [*attrezzo, sistema*] convenient; ***un modo ~ di fare*** a convenient way to do *o* of doing **3** *(comodo da usare)* [*apparecchio, oggetto*] handy, practical; [*tecnica, vestito, arredamento*] practical; [*formato, taglia*] handy, convenient; [*sistema*] workable; ***questo tessuto è ~, non si stira*** this material is practical, you don't have to iron it **4** *(concreto)* [*problema, dettaglio, ragione*] practical; ***all'atto ~*** for all practical purposes, in practice **5** *(che ha esperienza)* experienced, familiar (**di** with); ***essere ~ di qcs.*** to be conversant with sth.; ***essere ~ di computer*** to be experienced *o* to have experience in working with computers; ***essere ~ del mestiere*** to be skilled in one's trade; ***essere ~ della zona, del posto*** to be familiar with the area, place **6** *(pragmatico)* [*persona*] practical; ***senso ~*** common sense; ***essere dotato di, avere senso*** o ***spirito ~*** to be practical; ***non avere nessun senso*** o ***spirito ~*** to be totally impractical **II** m. (f. **-a**) practical person.

praticolo /pra'tikolo/ agg. prairie attrib., grassland attrib.

praticoltura /pratikol'tura/ f. grassland farming.

praticone /prati'kone/ m. (f. **-a**) old hand.

prativo /pra'tivo/ agg. [*terreno, conca, valle*] meadow attib., grass attib.; ***erba ~*** meadow grass.

▶ **prato** /'prato/ m. **1** grass **U**, meadow; *(all'inglese)* lawn; ***rasare il ~*** to mow the lawn **2** SPORT *(terreno)* lawn; ***tennis su ~*** lawn tennis.

pratolina /prato'lina/ f. daisy.

pravo /'pravo/ agg. wicked, evil.

PRC /piɛrret'tʃi/ m. (⇒ Partito della Rinfondazione Comunista) = left-wing political party based on Communist ideals.

preaccensione /preattʃen'sjone/ f. pre-ignition.

preaccordo /preak'kɔrdo/ m. preliminary agreement.

preadamitico, pl. **-ci**, **-che** /preada'mitiko, tʃi, ke/ agg. pre-adamitic, pre-adamite.

preadolescente /preadoleʃ'ʃɛnte/ agg., m. e f. pre-teen, preadolescent.

preadolescenza /preadoleʃ'ʃɛntsa/ f. preadolescence.

preaffrancato /preaffran'kato/ agg. [*busta, cartolina*] prepaid, stamped.

preallarme /preal'larme/ m. readiness, alert; ***stato di ~*** state of readiness.

Prealpi /pre'alpi/ n.pr.f.pl. Prealps.

prealpino /preal'pino/ agg. of the Prealps.

preambolo /pre'ambolo/ m. **1** *(introduzione)* preamble, opening remark **2** *(giro di parole)* ***dire qcs. senza tanti -i*** to say sth. right away *o* straight out *o* without beating about the bush.

preamplificatore /preamplifika'tore/ m. preamplifier.

preanestesia /preaneste'zia/ f. premedication, basal anaesthesia BE, basal anesthesia AE.

preannunciare /preannun'tʃare/ [1] **I** tr. **1** *(annunciare in anticipo)* to preannounce, to announce [sth.] in advance **2** *(far presagire)* to announce, to foreshadow, to forebode FORM.; ***le nubi preannunciavano pioggia*** the clouds promised rain **II preannunciarsi** pronom. ***il futuro si preannuncia migliore*** the future looks more promising.

preannuncio, pl. **-ci** /prean'nuntʃo, tʃi/ m. **1** preannouncement **2** *(presagio)* sign, foretoken, presage.

preannunziare /preannun'tsjare/ → **preannunciare.**

preannunzio, pl. **-zi** /prean'nuntsjo, tsi/ → **preannuncio.**

Preappennini /preappen'nini/ n.pr.m.pl. Preappenines.

preappenninico, pl. **-ci**, **-che** /preappen'niniko, tʃi, ke/ agg. of the Preappenines.

preatletica /prea'tlɛtika/ f. preparatory exercises pl.

preatletico, pl. **-ci**, **-che** /prea'tlɛtiko, tʃi, ke/ agg. preparatory, warming-up.

preavvertimento /preavverti'mento/ m. forewarning.

preavvertire /preavver'tire/ [3] tr. to forewarn.

preavvisare /preavvi'zare/ [1] tr. **1** *(preavvertire)* to forewarn, to inform [sb.] in advance; ***ci preavvisò del suo arrivo*** he told us in advance he would come **2** DIR. to give* prior notice.

▷ **preavviso** /preav'vizo/ m. notice; ***senza ~*** without notice; ***dietro ~*** upon notice; ***un ~ di un mese, un mese di ~*** a month's notice; ***non ci è stato dato alcun ~*** we were given no notice; ***fare qcs. con poco ~*** to do sth. at short notice; ***due giorni di ~ sono pochi*** two days is very short notice; ***~ di licenziamento*** dismissal notice; ***essere licenziato con tre settimane di ~*** to get *o* to be given three weeks' notice.

prebarba /pre'barba/ **I** agg.inv. pre-shave; ***lozione ~*** pre-shave lotion **II** m.inv. *(lozione)* pre-shave lotion; *(crema)* pre-shave cream.

prebellico, pl. **-ci**, **-che** /pre'bɛlliko, tʃi, ke/ agg. [*periodo*] prewar.

prebenda /pre'bɛnda/ f. **1** RELIG. prebend **2** *(guadagno facile)* easy money, profit.

prebendario, pl. **-ri** /prenben'darjo, ri/ m. prebendary.

precambriano /prekam'brjano/ agg. e m. Precambrian.

precampionato /prekampjo'nato/ m. SPORT prechampionship; ***incontro di ~*** prechampionship match.

precanceroso /prekantʃe'roso/ agg. precancerous.

precariamente /prekarja'mente/ avv. precariously.

precariato /preka'rjato/ m. **1** *(condizione)* temporary employment; *(nella scuola)* temporary teaching **2** *(insieme dei precari)* temporary employees pl.; *(nella scuola)* temporary teachers pl.

precarietà /prekarje'ta/ f.inv. precariousness.

precario, pl. **-ri**, **-rie** /pre'karjo, ri, rje/ **I** agg. **1** [*esistenza, posizione, felicità*] precarious; [*impiego, sistemazione*] non permanent; [*salute*] precarious, poor; ***lavoro ~*** temporary job; ***insegnante ~*** temporary teacher; ***personale ~*** temporary employees **2** DIR. precarious; ***possesso ~ (di un bene)*** precarious holding (of property); ***domicilio, occupante ~*** precarious tenancy, occupier **II** m. (f. **-a**) temporary employee; *(nella scuola)* temporary teacher.

precauzionale /prekauttsjo'nale/ agg. [*misura*] precautionary.

▷ **precauzione** /prekaut'tsjone/ f. **1** *(misura preventiva)* precaution; ***per ~*** out of prevention; ***-i igieniche*** hygiene precautions; ***prendere -i*** to take precautions; ***prendere tutte le -i necessarie*** to take every precaution; ***prendere la ~ di fare*** to take the precaution of doing; ***senza nessuna, la minima ~*** without any, the slightest precaution; ***maneggiare un oggetto con mille*** o ***infinite -i*** to handle an object extremely carefully **2** *(cautela)* caution, care; ***procedere con ~*** to proceed with caution; ***scendere con ~ da*** to pick one's way down.

prece /'prɛtʃe/ f. LETT. → **preghiera.**

▶ **precedente** /pretʃe'dɛnte/ **I** agg. [*giorno, incontro, direttore, articolo*] previous; ***il pomeriggio ~*** the afternoon before, the previous afternoon; ***in una ~ occasione*** on a previous occasion; ***com'è il tuo nuovo lavoro rispetto al ~?*** how does this job compare with the last one? ***il mio ~ datore di lavoro*** my former employer; ***un impegno ~*** a prior engagement; ***nella discussione, analisi ~*** in the foregoing discussion, analysis; ***in una vita ~*** in an earlier *o* a previous life; ***la settimana ~ il*** o ***al vostro arrivo*** the week before your arrival **II** m. *(fatto anteriore)* precedent; ***creare un ~*** to create *o* set a precedent; ***senza -i*** without precedent, unprecedented, unexampled; ***un fatto senza -i*** an unprecedented fact, a fact without precedent; ***avere dei -i di disturbi di cuore in famiglia*** to have a family history of heart trouble **III precedenti** m.pl. *(condotta anteriore)* record sing.; ***avere dei buoni, cattivi -i*** to have a good, bad (track) record; ***-i penali*** DIR. criminal record.

precedentemente /pretʃedente'mente/ avv. previously, before; ***tagliate a cubetti le verdure ~ pelate*** dice the previously peeled vegetables.

▷ **precedenza** /pretʃe'dɛntsa/ f. **1** *(nella circolazione)* priority, right of way; ***avere la ~*** to have right BE *o* the right AE of way (**su** over); ***dare, non dare la ~ a un veicolo*** to give way, to refuse to give way to a vehicle; ***~ a destra*** priority to the right; ***cartello*** o ***segnale di ~*** give-way *o* yield AE sign **2** *(maggiore importanza)* precedence, priority; ***dare la ~ a qcs.*** to give priority to sth.; ***avere la ~ su qcs., qcn.*** to take *o* have precedence over sth., sb.; ***dare la ~ a qcn., qcs.*** to put sb., sth. first; ***in ordine di ~*** in order of precedence **3 in precedenza** previously, before, on a previous occasion; ***ci siamo già incontrati in ~*** we've met previously.

▶ **precedere** /pre'tʃɛdere/ [2] tr. **1** *(essere posto davanti)* to precede, to go* before, to come* before; ***una guida precedeva il***

gruppo a guide led the group; ***l'auto, l'uomo che mi precedeva*** the car, man in front of me; ***mi precedeva nella coda*** she was *o* came before me in the queue; ***nel paragrafo che precede*** in the above *o* preceding paragraph; ***far precedere il discorso da qualche parola di ringraziamento*** to precede a speech with a few words of thanks; ***Mario precede Aldo nella graduatoria*** Mario comes before Aldo in the rankings **2** *(nel tempo)* [*avvenimento, periodo, crisi*] to precede, to lead* up to; ***i sei mesi che precedettero la guerra, la loro morte*** the six months leading up to the war, their death; ***il mese che precede Natale*** the month before Christmas; ***le generazioni che ci hanno preceduto*** the generations that came before us; ***mi aveva preceduto di cinque minuti*** he'd got there five minutes ahead of me; ***l'ha preceduto come presidente*** he preceded him as president **3** *(anticipare)* to anticipate [*movimento, persona*].

precessione /pretʃes'sjone/ f. precession; ***~ degli equinozi*** precession of the equinoxes.

precettare /pretʃet'tare/ [1] tr. **1** MIL. to call up, to mobilize **2** ***i lavoratori sono stati precettati*** workers have been ordered back to work; ***mi ha precettato per i lavori domestici*** SCHERZ. she conscripted me to do the housework.

precettazione /pretʃettat'tsjone/ f. **1** MIL. call-up, mobilization **2** *(di lavoratori in sciopero)* order to resume work.

precettistica /pretʃet'tistika/ f. **1** *(di arte, disciplina)* precepts pl. **2** SPREG. *(insegnamento)* teaching by precepts, pedantic teaching.

precettistico, pl. **-ci**, **-che** /pretʃet'tistiko, tʃi, ke/ agg. [*insegnamento*] preceptive, pedantic.

precetto /pre'tʃɛtto/ m. **1** *(norma)* precept, rule **2** RELIG. precept, obligation; ***festa di ~*** RELIG. day of obligation **3** DIR. precept, order **4** MIL. ***cartolina ~*** call-up papers, draft card AE.

precettore /pretʃet'tore/ m. (f. **-trice** /tritʃe/) preceptor, tutor.

precipitante /pretʃipi'tante/ m. precipitant.

▶ **precipitare** /pretʃipi'tare/ [1] **I** tr. **1** *(scaraventare)* to hurl down, to throw* down (headlong), to precipitate; ***~ un paese nel caos*** FIG. to throw a country into chaos **2** *(affrettare)* to hasten [*ritorno*]; to precipitate [*avvenimenti, rivolta*]; ***è meglio non ~ le cose*** it's better not to rush *o* hasten things; ***~ una decisione*** to rush into a decision **3** CHIM. to precipitate **II** intr. (aus. *essere*) **1** *(cadere)* [*oggetto, persona*] to fall* (anche FIG.); [*aereo*] to crash; [*prezzi, vendite*] to slump; ***~ nel burrone*** to fall into the ravine; ***la scena è precipitata nel dramma*** FIG. the scene suddenly turned dramatic; ***~ nella disperazione*** FIG. to plunge into desperation **2** *(peggiorare, accelerare)* [*azione, avvenimento, crisi*] to come* to a head; ***fare ~ la crisi*** to bring the crisis to a head **3** CHIM. to precipitate **III precipitarsi** pronom. **1** *(gettarsi giù)* to throw* oneself, to hurl oneself; ***si è precipitato nel vuoto*** he jumped off; ***-rsi dall'alto di un edificio*** to jump off *o* to throw oneself off the top of a building **2** *(dirigersi precipitosamente)* to rush, to dash; ***-rsi alla porta, finestra*** to rush to the door, window; ***quando l'ho visto cadere, mi sono precipitato*** when I saw him fall, I rushed over; ***-rsi in aiuto di qcn.*** to rush to sb.'s aid, to rush to help sb.; ***-rsi verso qcn.*** to rush towards sb.; ***-rsi a fare*** to rush to do; ***-rsi su qcn., qcs.*** to rush at sb., sth.; ***-rsi dentro*** to rush *o* dash in(to); ***-rsi fuori da*** to rush *o* dash out of **3** *(affrettarsi)* to rush, to hurry; ***non è il caso di -rsi*** no point in rushing, hurrying.

precipitato /pretʃipi'tato/ **I** p.pass. → **precipitare II** agg. [*partenza, decisione*] hasty **III** m. precipitate.

precipitazione /pretʃipitat'tsjone/ f. **1** METEOR. ***-i*** rainfall **U**, precipitation **U**; ***-i scarse, abbondanti*** heavy, low rainfall; ***~ nevosa*** snowfall **2** *(fretta)* rashness, precipitation, precipitancy FORM.; ***agire con ~*** to act rashly *o* hastily **3** CHIM. precipitation ◆◆ ***~ radioattiva*** fallout.

precipitevole /pretʃipi'tevole/ agg. → **precipitoso.**

precipitevolissimevolmente /pretʃipitevolissimevol'mente/ avv. SCHERZ. very hurriedly, headlong ◆ ***chi troppo in alto sale, cade sovente ~*** PROV. = hasty climbers have sudden falls.

precipitevolmente /pretʃipitevol'mente/ avv. → **precipitosamente.**

precipitosamente /pretʃipitosa'mente/ avv. [*partire, scappare*] hastily, hurriedly, headlong; [*agire, decidere*] rashly, impulsively.

precipitoso /pretʃipi'toso/ agg. [*partenza, ritorno, decisione*] hasty, hurried, precipitate; [*persona, gesto*] rash, impulsive, precipitate; ***un giudizio ~*** a snap judgement; ***essere troppo ~ nel fare*** to be too hasty in doing.

precipizio, pl. **-zi** /pretʃi'pittsjo, tsi/ m. **1** *(baratro)* precipice, cliff; ***cadere in un ~*** to fall from a cliff; ***essere sull'orlo del ~*** FIG. to be on the brink of collapse **2 a precipizio** ***la scogliera scende a ~ sul mare*** the cliff drops into the sea; ***cadere a ~*** to fall headlong; ***correre a ~*** to run headlong; ***scendere a ~ le scale*** to tear down *o* to rush down the stairs.

precipuamente /pretʃipua'mente/ avv. mainly, chiefly.

precipuo /pre'tʃipuo/ agg. [*interesse, scopo*] principal, main, chief.

precisamente /pretʃiza'mente/ avv. **1** *(con esattezza)* precisely, exactly; ***è impossibile datarlo più ~*** it's impossible to date it more precisely; ***che cosa stavi facendo ~?*** what exactly were you doing? ***l'Europa, e più ~ la Francia*** Europe, and France in particular **2** *(proprio)* just, exactly; ***è ~ quello che penso*** that's just *o* precisely what I think; ***~!*** just so! that's it! that's right!

▷ **precisare** /pretʃi'zare/ [1] tr. **1** *(determinare, definire)* to specify, to state, to define (precisely) [*data*]; ***precisare meglio qcs.*** to be more precise about sth.; ***luogo, momento, numero non precisato*** unspecified place, time, number **2** *(puntualizzare)* to clarify [*idea, programma*]; ***ha precisato che il suo paese era deluso*** he added that his country was disappointed.

precisazione /pretʃizat'tsjone/ f. specification, detail, clarification; ***è necessaria una ~*** more precise information is needed.

▷ **precisione** /pretʃi'zjone/ f. precision; *(accuratezza)* accuracy; ***di ~*** [*strumento, bilancia*] precision attrib.; ***un tiro di notevole ~*** a remarkably accurate shot; ***con ~*** [*calcolare, misurare, stimare, ricordare, descrivere*] accurately, exactly; [*dosare, cesellare*] with precision; ***colpire con ~*** to hit cleanly; ***con ~ millimetrica*** with an accuracy to within one millimetre; ***è stato in estate, a luglio per la ~*** it was in summer, July to be exact; ***due paesi, per la ~ Italia e Spagna*** two countries, namely Italy and Spain.

▶ **preciso** /pre'tʃizo/ agg. **1** *(esatto)* [*valore, somma, misura, momento, istante, luogo*] precise, exact; [*strumento, orologio, descrizione, valutazione, calcolo*] accurate; ***essere ~ come un orologio*** to be as regular as clockwork; ***essere ~ nei minimi dettagli*** to be correct in every detail; ***puoi essere più ~?*** can you be more precise *o* exact? ***in questo, quel ~ momento dell'anno*** at this, that particular time of year; ***in quel ~ istante*** at that very instant; ***alle due -e*** at exactly two o'clock, at two o'clock on the dot; ***a dodici centimetri, per essere -i*** twelve centimetres away, to be precise; ***dammi l'indirizzo ~*** give me the exact address **2** *(ben definito)* [*programma, criterio, regolamento*] specific; [*impegno, idea, data*] definite, determinate; [*ricordo, contorno*] clear; [*ordini*] precise, specific; ***non è stata fissata nessuna data -a*** no definite date has been fixed *o* set; ***avere un'idea ben -a di qcs.*** to have a clear picture in one's mind of sth.; ***alla -a condizione che*** on the express condition that; ***con il ~ scopo di fare*** with the express aim of doing; ***secondo un ordine ~*** in strict order **3** *(coscienzioso, puntuale)* precise, careful, thorough **4** *(identico)* identical (**a** to); ***è ~ a suo padre*** he's exactly like his father, he looks just like his father **5 di preciso** exactly; ***non so di ~ quanti saremo*** I don't know exactly how many of us there will be; ***a che ora sono partiti di ~?*** what time did they actually leave? ***stai cercando qualcosa di ~?*** are you looking for anything in particular?

precitato /pretʃi'tato/ agg. above-mentioned, aforesaid.

preclassico, pl. **-ci**, **-che** /pre'klassiko, tʃi, ke/ agg. preclassical.

precludere /pre'kludere/ [11] tr. **1** to bar, to block, to preclude; ***~ ogni via di scampo*** to bar every means of escape, to cut off all routes of escape; ***~ a qcn. ogni possibilità di successo*** to bar sb.'s chances of success **2** DIR. to estop.

preclusione /preklu'zjone/ f. **1** exception, bar **2** DIR. estoppel.

preclusivo /preklu'zivo/ agg. preclusive.

precoce /pre'kɔtʃe/ agg. **1** *(maturo prima del tempo)* [*bambino, ragazza, intelligenza, sessualità*] precocious; ***è ~ per la sua età*** he is advanced for his age **2** *(anticipato)* [*frutta, verdura, stagione, diagnosi*] early attrib.; ***a fioritura ~*** early-flowering **3** *(prematuro)* [*rughe, senilità, demenza*] premature; [*morte*] untimely, early; ***eiaculazione ~*** premature ejaculation.

precocemente /prekotʃe'mente/ avv. precociously; *(prematuramente)* prematurely.

precocità /prekotʃi'ta/ f.inv. precocity, precociousness; *(di pianta)* earliness; *(di rughe, senilità)* prematurity.

precognizione /prekoɲɲit'tsjone/ f. precognition.

precolombiano /prekolom'bjano/ agg. pre-Columbian.

precombustione /prekombus'tjone/ f. precombustion; ***camera di ~*** precombustion chamber.

precompressione /prekompres'sjone/ f. prestress.

precompresso /prekom'prɛsso/ **I** p.pass. → **precomprimere II** agg. [*cemento, trave*] prestressed **III** m. prestressed concrete.

precomprimere /prekom'primere/ [29] tr. to prestress.

preconcetto /prekon'tʃɛtto/ **I** agg. preconceived, prejudiced; ***avere idee -e*** to have preconceived ideas *o* notions **II** m. preconception, prejudice, bias.

preconfezionare /prekonfettsjo'nare/ [1] tr. to prepack, to prepackage.

preconfezionato /prekonfettsjo'nato/ **I** p.pass. → **preconfezionare** **II** agg. **1** *(venduto in confezioni)* [*carne, verdura*] prepacked **2** ABBIGL. [*abito*] ready-made, off-the-peg **3** COLLOQ. *(non originale)* standard.

precongressuale /prekongressu'ale/ agg. [*fase, discussione*] pre-congress attrib.

preconizzare /prekonid'dzare/ [1] tr. **1** *(presagire)* to predict, to foretell* [*futuro, successo*] **2** RELIG. to preconize [*vescovo*].

preconoscenza /prekonoʃ'ʃɛntsa/ f. foreknowledge, precognition.

preconscio, pl. **-sci, -sce** /pre'kɔnʃo, ʃi, ʃe/ agg. e m. preconscious.

preconsonantico, pl. **-ci, -che** /prekonso'nantiko, tʃi, ke/ agg. preconsonantal.

precordiale /prekor'djale/ agg. precordial.

precordio, pl. **-di** /pre'kɔrdjo, di/ m. ANAT. precordium*.

precorrere /pre'korrere/ [32] tr. **1** *(anticipare)* to forerun*, to anticipate [*desideri, avvenimenti*]; **~ *i tempi*** to be ahead of *o* in advance of the times **2** LETT. *(precedere nella corsa)* **~ *qcn.*** to run ahead of sb.

precorritore /prekorri'tore/ → **precursore.**

precostituire /prekostitu'ire/ [102] tr. to pre-establish, to establish [sth.] in advance.

precostituito /prekostitu'ito/ **I** p.pass. → **precostituire** **II** agg. [*maggioranza*] pre-established.

precotto /pre'kɔtto/ **I** agg. precooked **II** m. precooked food.

precottura /prekot'tura/ f. precooking.

precristiano /prekris'tjano/ agg. pre-Christian.

precursore /prekur'sore/ **I** agg. precursory; ***i segni -i della tempesta*** signs that herald a storm, the harbingers of an impending storm **II** m. (f. **precorritrice** /prekorri'tritʃe/) foregoer, forerunner, precursor; ***un ~ del Romanticismo*** a precursor of Romanticism.

▷ **preda** /'prɛda/ f. **1** prey; *(animale cacciato)* quarry; ***animale, uccello da ~*** beast, bird of prey; ***diventare la ~ di qcn., qcs.*** to fall prey to sb., sth. **2** FIG. prey, victim (**a** to); ***la sua generosità la rende una facile ~ dei parassiti*** her generosity makes her easy prey for scroungers; ***quando ha divorziato è stato la ~ dei giornali scandalistici*** he was prey to the gutter press when he divorced; ***l'edificio era in ~ alle fiamme*** the building was in flames; ***in ~ alla disperazione, al panico*** in despair, in a panic, panic-stricken; ***essere in ~ al dubbio, all'ansia*** to be prey to doubt, anxiety; ***essere in ~ al dolore*** to be seized by pain; ***cadere ~ del fascino di qcn.*** to fall victim to sb.'s charm **3** *(bottino)* booty, plunder; **~ *di guerra*** booty of war.

predare /pre'dare/ [1] tr. **1** *(cacciare)* [*animale*] to prey on **2** *(saccheggiare)* [*soldati, nemico*] to plunder, to pillage.

predatore /preda'tore/ **I** agg. [*pesce, uccello*] predatory, predaceous, predacious; [*bande, orda*] plundering **II** m. (f. **-trice** /tritʃe/) **1** *(animale)* predator **2** *(predone)* plunderer, sacker.

predatorio, pl. **-ri, -rie** /preda'tɔrjo, ri, rje/ agg. predatory.

predazione /predat'tsjone/ f. predation.

predecessore /predetʃes'sore/ **I** m. predecessor **II** **predecessori** m.pl. *(antenati)* forefathers, ancestors.

predella /pre'dɛlla/ f. **1** *(pedana)* platform **2** *(dell'altare)* predella, altar-step **3** ART. predella.

predellino /predel'lino/ m. *(di vettura)* footboard; *(di automobile)* running board.

predestinare /predesti'nare/ [1] tr. **1** to predestine, to destine, to doom; **~ *qcn. a qcs., a fare*** to predestine sb. for sth., to do **2** RELIG. to predestinate.

predestinato /predesti'nato/ **I** p.pass. → **predestinare** **II** agg. **1** predestined, destined; **~ *al fallimento*** doomed for disaster; ***essere la vittima -a*** to be the intended *o* chosen victim **2** RELIG. predestinated, predestined.

predestinazione /predestinat'tsjone/ f. **1** *(destino stabilito)* fate, destiny **2** RELIG. predestination.

predestinazionismo /predestinattsjo'nizmo/ m. predestinarianism.

predeterminare /predetermi'nare/ [1] tr. to predetermine.

predeterminazione /predeterminat'tsjone/ f. predetermination.

predetto /pre'detto/ **I** p.pass. → **predire** **II** agg. aforesaid, abovementioned.

prediale /pre'djale/ agg. predial.

▷ **predica**, pl. **-che** /'prɛdika, ke/ f. **1** RELIG. sermon; ***fare una ~*** to preach a sermon **2** COLLOQ. *(ramanzina)* lecture, talking-to; ***fare la ~ a qcn.*** to give sb. a lecture *o* a talking-to; ***senti da che pulpito viene la ~!*** it's the pot calling the kettle black! look who's talking!

predicamento /predika'mento/ m. predicament.

▷ **predicare** /predi'kare/ [1] **I** tr. **1** RELIG. to preach; **~ *la Buona Novella*** to spread the Word **2** *(raccomandare)* to preach, to teach*, to advocate; **~ *la pace*** to preach peace **3** *(ripetere)* to preach, to lecture; ***è da tempo che gli predico di fare*** I've told him so many times to do **4** FILOS. to predicate **II** intr. (aus. *avere*) RELIG. to preach ◆ **~ *bene e razzolare male*** not to practise what one preaches; **~ *al deserto*** o ***vento*** to waste one's words.

predicativo /predika'tivo/ agg. predicative, predicate; ***con*** o ***in funzione -a*** predicatively.

predicato /predi'kato/ m. **1** LING. FILOS. predicate **2 in predicato** ***essere in ~ per*** to be in line for.

predicatore /predika'tore/ **I** agg. preaching; ***frati -i*** preaching friars **II** m. (f. **-trice** /tritʃe/) **1** preacher **2** *(sostenitore)* advocate; ***un ~ della pace*** a peace advocate.

predicatorio, pl. **-ri, -rie** /predika'tɔrjo, ri, rje/ agg. predicatory, sermonizing; ***parlare in tono ~*** to speak in a sermonizing tone.

predicazione /predikat'tsjone/ f. **1** RELIG. preaching **2** LING. FILOS. predication.

predicozzo /predi'kɔttso/ m. SCHERZ. lecture, talking-to; ***fare il ~ a qcn.*** to give sb. a lecture *o* a talking-to.

predigerito /predidʒe'rito/ agg. predigested.

predigestione /predidʒes'tjone/ f. predigestion.

prediletto /predi'lɛtto/ **I** agg. [*figlio*] dearest, favourite BE, favorite AE; [*scrittore, sport*] favourite BE, favorite AE **II** m. (f. **-a**) darling, pet; ***il ~ della famiglia*** the darling of the family; ***il ~ della mamma*** mummy's boy, mother's pet.

predilezione /predilet'tsjone/ f. **1** *(preferenza)* predilection, partiality, preference; ***avere una ~ per qcn.*** to have a predilection for sb. **2** *(persona, cosa prediletta)* favourite BE, favorite AE; ***il cinema è la sua ~*** cinema is his passion.

prediligere /predi'lidʒere/ [75] tr. to have* a preference for, to prefer; *(fra due)* to like better; *(fra molti)* to like best; ***la figlia che predilige*** the daughter she holds dearest; ***tra tutti gli sport prediligo il tennis*** of all the sports I like tennis best.

▷ **predire** /pre'dire/ [37] tr. to foretell*, to predict; **~ *il futuro a qcn.*** to tell *o* predict sb.'s future.

▷ **predisporre** /predis'porre/ [73] **I** tr. **1** *(disporre)* to arrange [sth.] beforehand, to prearrange; ***è stato tutto predisposto per lo spettacolo*** everything has been arranged *o* set up for the show **2** *(psicologicamente)* to predispose, to prepare; **~ *qcn. a qcs., a fare*** to predispose sb. to sth., to do; **~ *qcn. a una brutta notizia*** to prepare sb. for some bad news **3** to preordain [*decreto, ordine*] **4** MED. to predispose **II** **predisporsi** pronom. to prepare oneself, to get* ready.

predisposizione /predispozit'tsjone/ f. **1** *(inclinazione)* predisposition, aptitude; ***non ha nessuna ~ per questo lavoro*** he has no aptitude for this work; ***mostrare una ~ per la musica*** to show a talent for music **2** *(preparazione)* prearrangement, preparation **3** MED. predisposition; **~ *al diabete*** predisposition to diabetes.

predisposto /predis'posto/ **I** p.pass. → **predisporre** **II** agg. **1** *(preparato)* (pre)arranged, prepared; ***gli incontri -i non avranno luogo*** the scheduled meetings will not take place **2** *(incline, propenso)* disposed; ***il direttore è ben, mal ~ nei miei confronti*** the boss thinks highly, doesn't think much of me **3** MED. predisposed; ***essere ~ a una malattia*** to be predisposed *o* prone to a disease.

predittivo /predit'tivo/ agg. FILOS. LING. predictive.

predizione /predit'tsjone/ f. prediction, foretelling.

prednisolone /prednizo'lone/ m. prednisolone.

prednisone /predni'zone/ m. prednisone.

predominante /predomi'nante/ agg. **1** *(che prevale per importanza)* predominant, prevalent, leading **2** *(che prevale per quantità)* predominant, prevailing.

predominantemente /predominante'mente/ avv. predominantly.

predominanza /predomi'nantsa/ f. predominance, predominancy, prevalence (**su** over).

predominare /predomi'nare/ [1] intr. (aus. *avere*) **1** *(dominare)* to predominate, to dominate **2** *(prevalere)* [*colore, gusto, profumo*] to predominate, to prevail; [*argomento, questione*] to dominate.

predominio, pl. **-ni** /predo'minjo, ni/ m. **1** *(supremazia)* predominance, supremacy (**su** over); ***il ~ della ragione sull'istinto*** the predominance of reason over instinct; ***avere, esercitare il ~*** to rule **2** *(preponderanza)* predominance, preponderance.

predone /pre'done/ m. marauder, raider, plunderer.

preeclampsia /preeklamp'sia/ f. pre-eclampsia.

preelettorale /preeletto'rale/ agg. pre-election attrib.

preellenico, pl. **-ci, -che** /preel'lɛniko, tʃi, ke/ agg. pre-Hellenic.

preesame /pree'zame/ m. preliminary examination, prelim COLLOQ.

preesistente /preezis'tɛnte/ agg. pre-existing, pre-existent; *~ a qcs.* existing before sth., prior to sth.

preesistenza /preezis'tɛntsa/ f. pre-existence.

preesistere /pree'zistere/ [21] intr. (aus. *essere*) to pre-exist; *~ a qcs.* to predate sth.

pref. ⇒ prefazione preface (pref.).

Pref. ⇒ Prefettura prefecture (pref.).

prefabbricare /prefabbri'kare/ [1] tr. to prefabricate.

prefabbricato /prefabbri'kato/ **I** p.pass. → **prefabbricare II** agg. prefabricated, prefab COLLOQ. **III** m. *(casa, costruzione)* prefabricated house, prefabricate building, prefab COLLOQ.

prefabbricazione /prefabbrikat'tsjone/ f. prefabrication.

prefatore /prefa'tore/ m. (f. **-trice** /tritʃe/) prefacer.

prefazio, pl. **-zi** /pre'fattsjo, tsi/ m. RELIG. preface.

prefazione /prefat'tsjone/ f. preface, foreword (**di** by); *scrivere* o *redigere la ~ di un libro* to preface a book.

▷ **preferenza** /prefe'rɛntsa/ f. **1** preference; *avere una (spiccata) ~ per qcn., qcs.* to have a (clear) preference for sb., sth., to have a (special) liking for sb., sth.; *non avere -e* to have no preference; *dare la ~ a qcn., qcs.* to give preference to sb., sth., to prefer sb., sth.; *di ~* preferably, mostly; *compro di ~ questa marca* I prefer buying this brand; *in ordine di ~* in order of preference **2** *(favoritismo)* partiality, favouritism BE, favoritism AE; *fare -e* to show favouritism **3** *(voto)* preference; *dare la ~ a qcn.* to give sb. one's vote, to vote for sb.; *voto di ~* preferential vote.

preferenziale /preferen'tsjale/ agg. [*tariffa, trattamento*] preferential; *titolo ~* preferential title; *corsia ~* bus lane; FIG. fast-track.

preferenzialmente /preferentsjal'mente/ avv. preferentially.

preferibile /prefe'ribile/ agg. preferable (**a** to); *è ~ fare* it is preferable to do; *la terapia farmacologica è ~ alla radioterapia* drug treatment is preferable to radiotherapy.

preferibilmente /preferibil'mente/ avv. preferably; *(più volentieri)* more willingly; *prenda le compresse ~ prima dei pasti* take the tablets preferably before a meal; *la vitamina C va presa ~ la mattina* vitamin C is best taken in the morning; *~ non prima delle 10* preferably not before 10 o'clock; *da consumarsi ~ entro...* best before...

▶ **preferire** /prefe'rire/ [102] tr. to prefer; *(tra due)* to like better; *(tra molti)* to like best; *~ Simona a Sabina* to prefer Simona to Sabina; *questo è il film che preferisco* this is the film I like best; *come preferisci il tè?* how do you like your tea? *~ fare* to prefer to do *o* doing; *preferisco telefonare piuttosto che scrivere* I prefer phoning to writing; *preferisco camminare piuttosto che prendere l'autobus* I prefer to walk rather than to take the bus; *~ che qcn. faccia, non faccia* to prefer sb. to do, not to do; *preferisco che tu venga più tardi* I would rather you came later; *preferirei che tu facessi, non facessi* I'd rather you did, you didn't; *preferirei che tu non fumassi* I would prefer you didn't smoke; *preferirei non dirlo* I'd rather not say; *preferirei di no* I'd rather not; *preferirei di gran lunga fare* I would much rather do; *avrei preferito non venirlo mai a sapere* I wish I'd never found out; *(fa') come preferisci* (it's) as you prefer *o* wish *o* please.

preferito /prefe'rito/ **I** p.pass. → **preferire II** agg. favourite BE, favorite AE **III** m. (f. **-a**) **1** favourite BE, favorite AE; *(prediletto)* pet, darling; *uno dei suoi -i* a favourite of his **2** GASTR. = large chocolate filled with liqueur.

prefestivo /prefes'tivo/ agg. before a holiday.

prefettizio, pl. **-zi**, **-zie** /prefet'tittsjo, tsi, tsje/ agg. prefectorial, prefect's.

▷ **prefetto** /pre'fɛtto/ m. AMM. STOR. RELIG. prefect ◆◆ *~ apostolico* prefect apostolic; *~ degli studi* = master responsible for discipline.

prefettura /prefet'tura/ f. prefecture.

prefica, pl. **-che** /'prɛfika, ke/ f. **1** *(donna pagata per piangere)* weeper, professional mourner **2** SCHERZ. moaner, sniveller, sniveler AE.

prefiggere /pre'fiddʒere/ [14] **I** tr. to arrange, to fix [*termine*] **II prefiggersi** pronom. to set* oneself [*scopo*]; *-rsi di fare* to be determined to do, to establish *o* intend to do; *-rsi come scopo, missione* to make it one's aim, mission (to do); *-rsi come obiettivo di perdere 15 chili* to set oneself the target of losing 15 kilos.

prefigurare /prefigu'rare/ [1] tr. to prefigure.

prefigurazione /prefigurat'tsjone/ f. prefiguration.

prefinanziamento /prefinantsja'mento/ m. pre-financing.

prefinanziare /prefinan'tsjare/ [1] tr. to pre-finance.

prefioritura /prefjori'tura/ f. early flowering.

prefissale /prefis'sale/ agg. prefixal.

1.prefissare /prefis'sare/ [1] **I** tr. *(stabilire in precedenza)* to fix in advance, to prearrange **II prefissarsi** pronom. to set* oneself.

2.prefissare /prefis'sare/ [1] tr. LING. to prefix.

1.prefissato /prefis'sato/ **I** p.pass. → **1.prefissare II** agg. fixed in advance, prearranged.

2.prefissato /prefis'sato/ **I** p.pass. → **2.prefissare II** agg. [*parola*] prefixed **III** m. LING. prefixed word.

prefissazione /prefissat'tsjone/ f. LING. prefixation.

prefisso /pre'fisso/ **I** p.pass. → **prefiggere II** agg. fixed, prearranged **III** m. **1** LING. prefix **2** TEL. dialling code BE, area code AE; *~ di dipartimento, paese* area, country code.

prefissoide /prefis'sɔide/ m. prefixoid.

prefiorazione /preflorat'tsjone/ f. (a)estivation.

preformare /prefor'mare/ [1] tr. to preform.

preformazione /preformat'tsjone/ f. BIOL. preformation.

prefrontale /prefron'tale/ agg. ANAT. prefrontal.

▶ **pregare** /pre'gare/ [1] tr. **1** *(chiedere a)* to ask, to beg; *(richiedere)* to request; *~ qcn. di fare* to ask sb. to do; *"fermatevi, vi prego!"* "stop, I beg (of) you!"; *chiunque sappia dove lui si trovi è pregato di contattare la polizia* any person who knows of his whereabouts is requested to contact the police; *non c'è bisogno di pregarla per fare* she needs no encouragement to do; *ti prego di non fare il mio nome* please don't mention my name; *"i visitatori sono gentilmente pregati di fare"* "visitors are kindly requested to do"; *"si prega di non toccare (la merce)"* "please do not handle (the goods)"; *"si prega di chiudere il cancello all'uscita"* "please shut the gate after you"; *"si prega di non fumare"* "please do not smoke", "please refrain from smoking"; *non si è fatto ~* he didn't wait to be asked twice; *ama farsi ~* she likes to be coaxed **2** RELIG. to pray (**per qcn., qcs.** for sb., sth.); *preghiamo che tutto vada bene* let's keep our fingers crossed; *~ perché piova, perché faccia bel tempo* to pray for rain, fair weather; *ti prego, fa che tocchi a me!* please, let it be me next!

pregevole /pre'dʒevole/ agg. **1** *(prezioso)* [*cosa*] valuable, excellent **2** *(stimato)* [*persona*] valued, estimable.

pregevolezza /predʒevo'lettsa/ f. value, worth.

▷ **preghiera** /pre'gjɛra/ f. **1** RELIG. prayer; *dire una ~* to say a prayer (**a** to); *dire le -e* to say one's prayers; *le sue -e furono esaudite* his prayers were answered; *~ di ringraziamento (prima dei pasti)* grace, prayer of thanksgiving; *la ~ della sera, del mattino* morning, evening prayer; *luogo di ~* place of prayer; *una giornata all'insegna della ~* a day of prayer; *intenzione di ~* bidding prayer; *libro di -e* prayer book; *tappeto di ~* prayer mat; *mulino da -e* prayer wheel **2** *(domanda, richiesta)* request; *(supplica)* entreaty; *rivolgere una ~ a qcn.* to make a request to sb.; *essere sordo alle -e di qcn.* to be deaf to sb.'s entreaties.

pregiare /pre'dʒare/ [1] **I** tr. to value, to esteem **II pregiarsi** pronom. LETT. to be* pleased, to have* the pleasure; *mi pregio di informarla che* I am pleased to inform you that.

▷ **pregiato** /pre'dʒato/ agg. **1** *(di qualità superiore)* [*vino*] fine, rare **2** *(prezioso)* [*merce*] valuable; [*pietra, metallo*] precious; *valuta -a* hard currency **3** *(nelle lettere)* *in risposta alla -a Sua del 10 luglio* in reply to your letter of the 10th July; *pregiatissimo Signor Rossi* Dear Mr Rossi.

▷ **pregio**, pl. **-gi** /'prɛdʒo, dʒi/ m. **1** *(qualità)* quality, merit; *questo libro ha i suoi -gi* the book has its merits; *l'unico ~ di qcn.* sb.'s saving grace, sb.'s only asset; *l'unico ~ del film* the film's saving grace *o* redeeming feature; *avere il ~ di essere* to have the merit of being; *farsi ~ di fare qcs.* *(vanto)* to be vain about doing sth. **2** *(considerazione)* esteem, regard; *essere tenuto in gran ~* to be held in high esteem **3** *(valore)* value, worth; *di ~* valuable; *residenza di ~* desirable residence.

pregiudicare /predʒudi'kare/ [1] tr. *(compromettere)* to prejudice, to compromise [*possibilità, qualità*]; *(danneggiare)* to impair, to damage [*tentativo, prestazione, salute*]; *~ il corso della giustizia* to prejudice the course of justice.

pregiudicato /predʒudi'kato/ **I** p.pass. → **pregiudicare II** agg. *(destinato a fallire)* compromised **III** m. (f. **-a**) previous offender.

pregiudiziale /predʒudit'tsjale/ **I** agg. [*questione*] prejudicial, preliminary **II** f. preliminary question; *porre qcs. come ~* to lay sth. down as a precondition.

pregiudizialità /predʒudittsjali'ta/ f.inv. preliminary nature.

pregiudizievole /predʒudit'tsjevole/ agg. prejudicial (**per** to).

▷ **pregiudizio**, pl. **-zi** /predʒu'dittsjo, tsi/ m. **1** *(preconcetto)* prejudice, bias; *~ di classe, razza* class, racial prejudice; *essere pieno di -zi* to be very prejudiced; *mostrare ~* to display bias; *superare i propri -zi* to overcome one's prejudices; *avere un ~ contro qcn., qcs.* to have a prejudice against sb., sth. **2** *(danno)* prejudice, detriment, harm; *recare ~ a qcn.* to prejudice sb.; *essere di ~ a* o *per qcn.* to be prejudicial *o* detrimental to sb.; *con (grave) ~ della sua*

salute to the (great) detriment of his health; ***senza ~ di*** without prejudice to; ***in ~ di*** to the prejudice of **3** *(superstizione)* superstition.

preglaciale /pregla'tʃale/ agg. preglacial.

preg.mo ⇒ pregiatissimo Dear; ***~ Signor Bianchi*** Dear Mr Rossi.

pregnante /preɲ'ɲante/ agg. **1** *(denso di significato)* [*frase, parola*] pregnant **2** RAR. *(gravida)* pregnant.

pregnanza /preɲ'ɲantsa/ f. pregnancy, significance.

pregno /'preɲɲo/ agg. **1** *(gravido)* [*animale*] pregnant **2** *(pieno)* full; ***un evento ~ di conseguenze*** an event fraught with consequences; ***un cuore ~ d'odio*** a heart filled with hate **3** *(impregnato)* impregnated (**di** with).

▶ **prego** /'prɛgo/ inter. **1** *(per rispondere a "grazie")* not at all, don't mention it, you're welcome; ***"grazie mille!" - "~!"*** "thanks a lot" - "not at all!", "it's a pleasure *o* my pleasure" **2** *(per invitare a fare qualcosa)* please; ***silenzio, ~*** quiet, please; ***attenzione ~*** attention please; ***~ si accomodi*** please, take a seat *o* do sit down; ***attenda in linea ~*** hold the line, please; ***"posso fare una telefonata?" - "~, faccia pure"*** "can I use your phone?" - "yes, feel free"; ***"posso entrare?" - "~"*** "may I come in?" - "by all means!", "please do!"; ***~!*** *(dopo di lei)* after you! you go first! **3** *(per invitare a ripetere)* pardon, sorry BE, excuse me AE; ***"devo incontrare il signor McLaughlin" - "~?"*** "I have to meet Mr McLaughlin" - "sorry?" **4** *(per rivolgersi a un cliente)* can I help you? Si noti che *prego!* come risposta a *grazie!* viene spesso reso in Gran Bretagna da un semplice sorriso.

pregresso /pre'grɛsso/ agg. previous, past.

pregustare /pregus'tare/ [1] tr. to foretaste, to anticipate.

preindoeuropeo /preindoeuro'pɛo/ agg. pre-Indo-European.

preindustriale /preindus'trjale/ agg. pre-industrial.

preiscrizione /preiskrit'tsjone/ f. early enrolment, preregistration AE.

preistoria /preis'tɔrja/ f. **1** prehistory **2** FIG. *(origini lontane)* prehistory, early history (**di** of).

preistorico, pl. **-ci, -che** /preis'tɔriko, tʃi, ke/ agg. prehistoric (anche FIG.); ***d'origine -a*** prehistoric in origin; ***nell'era -a*** in prehistoric times.

prelatino /prela'tino/ agg. pre-Latin.

prelatizio, pl. **-zi, -zie** /prela'tittsjo/ agg. prelatic(al).

prelato /pre'lato/ m. prelate.

prelatura /prela'tura/ f. prelacy, prelature.

prelavaggio, pl. **-gi** /prela'vaddʒo, dʒi/ m. prewash.

prelazione /prelat'tsjone/ f. pre-emption; ***diritto di ~*** pre-emption right, right of pre-emption.

prelevamento /preleva'mento/ m. **1** *(di denaro)* withdrawal, withdrawing; ***fare un ~ di 200 euro dal proprio conto*** to make a withdrawal of 200 euros from one's account **2** COMM. *(di merci)* collection.

prelevare /prele'vare/ [1] tr. **1** MED. GEOL. *(per un'analisi)* to take* a sample of [*sangue, midollo, acqua*] (**da** from); *(per un trapianto)* to remove [*organo*]; ***~ un campione di terreno*** to take a soil sample **2** ECON. *(da un conto bancario)* to withdraw*, to draw* (out) (**da** from) **3** ECON. to collect, to levy [*tasse, contributi*] **4** *(catturare, arrestare)* to take*, to arrest **5** SCHERZ. *(passare a prendere)* to pick up, to collect [*persona*].

prelibatezza /preliba'tettsa/ f. *(l'essere prelibato)* tastiness, deliciousness; *(cibo prelibato)* delicacy, titbit BE, tidbit AE.

prelibato /preli'bato/ agg. dainty, delicious, choice.

prelievo /pre'ljɛvo/ m. **1** GEOL. MED. *(il prelevare)* sampling; *(campione)* sample; ***fare un ~ di sangue*** to take a blood sample; ***il ~ va fatto al mattino*** the sample should be taken in the morning; ***mi faranno un ~, farò un ~*** I'll have some blood taken **2** ECON. *(somma)* withdrawal (**da** from); ***fare un ~ di 300 euro*** to make a withdrawal of 300 euros ◆◆ ***~ automatico*** automatic cash withdrawal; ***~ fiscale*** charging.

preliminare /prelimi'nare/ **I** agg. [*commento, esame, fase, studio*] preliminary; [*incontro, rapporto*] preliminary, preparatory; ***inchiesta ~*** preliminary investigation *o* inquiry; ***udienza ~*** pretrial hearing **II** m. preliminary; ***come ~ a*** as a preliminary to **III preliminari** m.pl. **1** *(trattative)* preliminaries; ***-i della pace*** preliminaries to peace **2** *(amorosi)* foreplay **U**.

preliminarmente /preliminar'mente/ avv. preliminarily.

prelogico, pl. **-ci, -che** /pre'lɔdʒiko, tʃi, ke/ agg. prelogical.

preludere /pre'ludere/ [11] intr. (aus. *avere*) **1** *(preannunciare)* **~ a** to prelude, to foreshadow, to announce **2** *(introdurre)* to introduce.

preludiare /prelu'djare/ [1] intr. (aus. *avere*) to prelude.

preludio, pl. **-di** /pre'ludjo, di/ m. **1** MUS. prelude **2** FIG. prelude, sign, foreshadow; ***come ~ a*** as a prelude to; ***il ~ di una guerra*** the prelude to a war **3** *(introduzione)* introduction, preface.

premaman /prema'man/ **I** agg.inv. [*vestito*] maternity **II** m.inv. maternity clothes pl.

prematrimoniale /prematrimo'njale/ agg. premarital; ***rapporti -i*** premarital sex.

prematuramente /prematura'mente/ avv. [*nascere, invecchiare, agire*] prematurely; ***morire ~*** to die before one's time.

prematuro /prema'turo/ **I** agg. [*decisione, parto, neonato*] premature; [*morte*] early; ***è ~ fare*** it is premature to do; ***fare una fine -a*** to come to an untimely end **II** m. (f. **-a**) premature baby.

premeditare /premedi'tare/ [1] tr. to premeditate, to plan [*colpo, vendetta, omicidio*]; to plan [*fuga*]; ***~ di fare*** to plan to do.

premeditatamente /premeditata'mente/ avv. premeditatedly.

premeditato /premedi'tato/ **I** p.pass. → **premeditare II** agg. DIR. [*omicidio, crimine*] premeditated; ***non ~*** unpremeditated.

premeditazione /premeditat'tsjone/ f. premeditation, forethought **U**; ***con, senza ~*** [*agire*] with, without premeditation.

premente /pre'mɛnte/ agg. pressing; ***pompa ~*** force pump.

▷ **premere** /'prɛmere/ [2] **I** tr. **1** to press [*pulsante, interruttore, campanello*]; to pull, to squeeze [*grilletto*]; to press, to put* one's foot on [*acceleratore, pedale, freno*]; ***~ un tampone, un panno contro qcs.*** to press a blotter, cloth against sth. **2** *(incalzare)* [*esercito*] to bear* down on [*nemico*] **3** LETT. *(opprimere)* to oppress, to overwhelm **II** intr. (aus. *avere*) **1** *(appoggiare)* **~ su qcs.** to press sth., to press against sth.; ***~ sull'acceleratore*** to step on the accelerator **2** *(gravare)* to press, to weigh (**su** on); ***le coperte mi premono sulla gamba*** the blankets are pressing (down) on my leg **3** *(accalcarsi)* to crowd, to push (**contro** against) **4** FIG. *(fare pressioni)* **~ su qcn.** to press sb., to urge sb.; ***~ su qcn. perché faccia qcs.*** to press sb. to do sth. **5** *(insistere)* to insist (**su** on); ***~ su un punto*** to stress a point **6** *(essere urgente)* to be* urgent, to be* pressing **7** FIG. *(stare a cuore)* to matter, to interest; ***mi preme saperlo, che lui lo sappia*** I'm anxious to know, for him to know; ***gli preme l'avvenire di suo figlio*** his son's future is close to his heart; ***mi preme mantenermi in forma*** I like to keep fit.

premessa /pre'messa/ f. **1** *(preliminare)* preliminary remarks pl., preamble; ***fare una ~*** to make some preliminary remarks **2** *(introduzione)* preface, introduction **3** FILOS. premise **4** *(condizione)* basis*, condition; ***ci sono tutte le -e per*** there are all the makings of ◆◆ ***~ maggiore*** FILOS. major premise; ***~ minore*** FILOS. minor premise.

premestruale /premestru'ale/ agg. premenstrual; ***sindrome ~*** premenstrual syndrome.

premettere /pre'mettere/ [60] tr. to premise, to state beforehand; ***~ alcune considerazioni*** to make some preliminary remarks; ***premesso che...*** since..., granted that...; ***ciò premesso*** that being stated.

▷ **premiare** /pre'mjare/ [1] tr. **1** *(con un premio)* to give* a prize, to award a prize to; ***hanno premiato il film russo*** they awarded a prize to the Russian film; ***fu premiato con una medaglia*** he was awarded a medal **2** *(ricompensare)* to reward, to recompense [*diligenza*].

premiato /pre'mjato/ **I** p.pass. → **premiare II** agg. award-winning, prize-winning **III** m. (f. **-a**) award winner, prizewinner.

premiazione /premjat'tsjone/ f. prize-giving.

premier /'prɛmjer/ m. e f.inv. premier, prime minister.

premierato /premje'rato/ m. = presidential style of government.

première /pre'mjɛr/ f.inv. première, premiere.

preminente /premi'nɛnte/ agg. leading, pre-eminent.

preminenza /premi'nɛntsa/ f. pre-eminence.

> **Premio Strega** Set up in 1947 and sponsored by a rich liqueur manufacturer (the producer of the liqueur "Strega"), this is the best-known Italian literary prize. Among its winners are Eduardo De Filippo, Pier Paolo Pasolini and Umberto Eco. It is awarded each year, on the first Thursday in July, after selected literature lovers cast their vote in the 16th century *Ninfeo* (an internal garden with a monumental fountain) in Villa Giulia, in Rome.

▶ **premio**, pl. **-mi** /'prɛmjo, mi/ **I** m. **1** *(riconoscimento)* prize, award; ***vincere, consegnare un ~*** to win, present an award; ***ottenere il primo, secondo ~*** to win first, second prize; ***~ in denaro*** cash prize; ***è il primo ~ del concorso Chopin*** she won the first prize in the Chopin competition; ***il ~ per il miglior attore*** the award for the best actor; ***monte -i*** jack pot **2** *(ricompensa)* reward **3** *(di assicurazione)* premium **4** ECON. bonus; ***contratto a ~*** option; ***fare ~ su*** [*valuta*] to be above par to **5** SPORT ***Gran Premio*** Grand Prix; ***Gran Premio di Monza*** Monza Grand Prix **II** agg.inv. prize attrib.; ***viag-***

gio ~ prize trip; ***bollino ~*** trading stamp ◆ ***la virtù è ~ a se stessa*** virtue is its own reward ◆◆ ***~ di anzianità*** seniority *o* long-service bonus; ***~ di assicurazione*** insurance bonus; ***~ di consolazione*** consolation prize; ***~ all'esportazione*** export bounty, bounty on export; ***~ di fine d'anno*** year-end *o* Christmas bonus; ***~ di incoraggiamento*** incentive bonus; ***~ letterario*** literary prize; ***~ Nobel*** *(onorificenza)* Noble prize; *(persona)* Nobel laureate *o* prizewinner; ***~ partita*** match bonus; ***~ di produzione*** productivity bonus.

premistoffa /premis'tɔffa/ m.inv. presser(-foot).

premistoppa /premis'toppa/ m.inv. stuffing box.

premolare /premo'lare/ agg. e m. premolar.

premonitore /premoni'tore/ agg. premonitory.

premonitorio, pl. **-ri**, **-rie** /premoni'tɔrjo, ri, rje/ agg. premonitory.

premonizione /premonit'tsjone/ f. premonition, forewarning.

premorienza /premo'rjɛntsa/ f. predecease.

premorire /premo'rire/ [103] intr. (aus. *essere*) to predecease.

premorte /pre'mɔrte/ f. → **premorienza.**

premunire /premu'nire/ [102] **I** tr. *(proteggere)* to protect, to guard (**contro** against) **II premunirsi** pronom. to protect oneself (**contro** against); ***-rsi contro il raffreddore*** to protect oneself from catching a cold; ***-rsi contro un pericolo*** to take protective measures against a danger; ***si premunì di un fucile*** he armed himself with a rifle; ***-rsi di pazienza*** to summon up one's patience.

premura /pre'mura/ f. **1** *(riguardo, attenzione)* care, attention, consideration; *(cortesia)* kindness; ***colmare qcn. di -e*** to shower attentions upon sb.; ***avere delle -e per qcn.*** to be attentive to sb.; ***si è avuta la ~ di servire del tè*** tea was thoughtfully served **2** *(sollecitudine, cura)* care, thoughtfulness; ***sarà mia ~ farle avere il campionario*** I'll see to it to let you have the pattern book **3** *(fretta)* hurry, haste; ***agire con ~*** to act in haste; ***mostrare poca ~ a fare*** to show very little haste in doing ◆ ***darsi ~ per*** to take pains over; ***fare ~ a qcn.*** to hurry sb. up.

premurarsi /premu'rarsi/ [1] pronom. to take* care (**di fare** to do); ***mi sono premurato di avvisarla*** I took care to warn you.

premurosamente /premurosa'mente/ avv. **1** *(con cura)* attentively **2** *(con gentilezza)* kindly.

premurosità /premurosi'ta/ f.inv. attentiveness, thoughtfulness.

premuroso /premu'roso/ agg. attentive, considerate, thoughtful (**con**, **verso** towards); ***un marito, genitore ~*** a caring husband, parent; ***essere, mostrarsi ~ nei confronti di qcn.*** to be considerate towards sb.

prenatale /prena'tale/ agg. [*chirurgia, esame, diagnosi*] antenatal BE, prenatal AE.

prenatalizio, pl. **-zi**, **-zie** /prenatalit'tsjo, tsi, tsje/ agg. pre-Christmas.

▶ **prendere** /'prɛndere/ [10] **I** tr. **1** to take*; *(afferrare)* to grasp, to grab, to seize; *(afferrare in movimento)* to catch* [*persona, animale, pallone*]; *(raccogliere)* to pick up; ***~ qcs. sullo scaffale, nella credenza, nel cassetto*** to take sth. off the shelf, out of the cupboard, in the drawer; ***~ qcn. per il braccio, per (la) mano, per la vita*** to take sb. by the arm, hand, waist; ***~ qcn. sottobraccio*** to take sb.'s arm; ***il martello si prende per il manico*** you hold a hammer by the handle; ***tieni, prendi!*** here! catch! ***~ qcs. al volo*** to catch sth. in midair; ***~ in mano una farfalla*** to pick up a butterfly **2** *(sorprendere)* to catch*; *(catturare)* to catch*, to capture; MIL. *(conquistare)* to take*, to seize [*città, fortezza*]; ***l'hanno preso a rubare*** they caught him stealing; ***farsi ~*** to be *o* get caught; ***prendetelo!*** stop him! ***~ qcn. alla sprovvista*** to catch sb. off guard *o* flat-footed; ***farsi ~ con le mani nel sacco*** to be caught red-handed; ***farsi ~ dal panico*** to get *o* fly into a panic; ***farsi ~ dal nervoso*** to be a bundle of nerves **3** *(utilizzare)* to take* [*autobus, metropolitana, taxi, treno, aereo, auto, autostrada*]; ***ha preso l'aereo per andare a Madrid*** he went to Madrid by air; ***sei riuscito a prendere l'aereo?*** did you manage to catch the plane? ***~ la strada più breve*** to take the shortest route; ***abbiamo preso il treno delle cinque*** we took the five o'clock train; ***prendi la prima a destra, sinistra*** take the first turn on the right, left; ***~ una curva*** *(imboccare)* to go around a bend **4** *(portare)* to bring*; *(portare via con sé)* to take* [*oggetto, abiti, viveri, documento*]; *(rubare)* to take*, to steal*; ***non dimenticare di ~ gli stivali*** don't forget to bring the boots; ***non ho preso abbastanza soldi*** I haven't brought enough money; ***prendi la sciarpa, fa freddo*** take your scarf, it's cold; ***~ dei soldi dalla cassa*** to take money from the till; ***mi hanno preso tutti i gioielli*** I had all my jewellery stolen **5** *(ritirare)* to get*; ***~ dei soldi al bancomat*** to get some money out of the cash dispenser; ***~ alcuni libri in biblioteca*** to get a few books out of the library; ***~ dell'acqua (d)al pozzo*** to get water from the well; ***~ indietro*** to take back [*regalo, oggetto prestato, articolo, merce*] **6** *(prelevare)* ***andare a ~ qcn., qcs.*** to collect sb., pick up sb., sth.; ***devo andare a prendere i bambini a scuola*** I have to collect the children from school; ***è venuta a prendermi alla stazione*** she picked me up at the station; ***passare a ~ qcn., qcs.*** to call for *o* pick up sb., sth.; ***mandare qcn. a ~ qcs.*** to send sb. out for sth.; ***vado a ~ un altro bicchiere*** I'll fetch another glass **7** *(consumare)* to have* [*bevanda, alimento, pasto*]; to take* [*medicina, droga*]; ***non prendi qcs. (da bere, da mangiare)?*** won't you have sth. to eat or drink? ***prenderò del pesce*** I'll have the fish; ***ma non hai preso niente!*** you've hardly taken any! ***in Cina il tè si prende senza zucchero*** in China they don't put sugar in their tea; ***quel pasticcino era squisito, posso prenderne un altro?*** that cake was delicious, can I have another? ***andare a ~ un caffè, una birra*** to go for a coffee, beer; ***~ una compressa*** to take a pill; ***la vitamina C va presa preferibilmente al mattino*** vitamin C is best taken in the morning; ***il medico mi fa ~ degli antibiotici*** the doctor has put me on antibiotics **8** *(scegliere)* to take*; ***~ quella rossa, il meno caro fra i due, la (camera) doppia*** to take the red one, the cheaper one, the double room; ***~ qcn. in sposo, sposa*** to take sb. to be one's husband, wife; ***~ marito, moglie*** to take a husband, a wife ANT.; ***~ qcn. in moglie*** to take sb. to wife ANT.; ***~ posizione*** to take sides; ***~ posizione su qcs.*** to take a stand on sth.; ***~ una decisione*** to make *o* take a decision **9** *(comprare)* to get* [*cibo, biglietti, giornale, posto*]; ***a 5000 euro la prendo*** at 5000 euros, I'll take it; ***ne prenderò un chilo*** I'll have a kilo; ***prendi anche del prosciutto*** get some ham too; ***di solito prendiamo il Guardian*** we usually take the Guardian **10** *(ricevere, ottenere)* to get* [*denaro, stipendio, premio, diploma*]; to take* [*lezioni*]; *(far pagare)* to charge; *(assumere)* to take* over [*direzione, potere*]; to assume [*controllo*]; *(accumulare)* to put* on [*peso*]; *(captare)* [*televisione*] to get* [*canale*]; ***prendo due milioni al mese*** I get two million a month; ***ho preso un bel voto*** I got a high mark; ***~ una laurea*** to get *o* take a degree, to graduate; ***con la nuova parabola prendo la CNN*** I can get CNN with my new dish; ***quanto prende all'ora, per un taglio?*** how much does she charge an hour, for a cut? ***~ una telefonata*** to take a telephone call; ***~ ordini da qcn.*** to take orders from sb.; ***~ un bustarella, del denaro*** to take a bribe, some money; ***~ gli ordini*** RELIG. to go into *o* enter the Church **11** *(subire)* to get* [*schiaffo, scossa, contravvenzione*]; ***quante ne ha prese!*** COLLOQ. what a beating he got! ***le strigliate le prendo sempre io!*** I'm always the one who gets it in the neck! ***~ una mazzata*** COLLOQ. to take a hammering; *(dare)* ***~ qcn. a calci*** to kick sb.; ***~ qcn. a pugni*** to punch sb. **12** *(accettare)* to take*; ***bisogna ~ le persone così come sono*** you must take people as you find them; ***~ le cose come vengono*** to take things as they come; ***prendere male qcs.*** to take sth. badly; ***~ qcn. in simpatia, in antipatia*** to take a liking, disliking to sb.; ***meglio prenderla sul ridere*** you might as well laugh **13** *(acquisire)* to take* on [*sguardo, colore, significato*]; ***~ un'aria, un'espressione*** to put on an air, expression; ***~ il cognome del marito*** to take one's husband's name; ***~ gusto a qcs.*** to develop *o* acquire a taste for sth.; ***~ un accento*** to pick up an accent; ***~ un'abitudine*** to pick up a habit; ***~ cattive abitudini, vizi*** to get into bad habits; ***~ informazioni*** to inform oneself, to inquire (**su** about); ***~ da qcn.*** *(assomigliare)* to take after sb. **14** *(cominciare)* ***~ a fare*** to start doing; ***~ a parlare, a piangere*** to start speaking, crying **15** *(contrarre)* to get*, to catch* [*malattia, virus, influenza*]; ***~ il raffreddore*** to catch *o* get a cold; ***~ freddo*** to catch a chill **16** *(colpire, raggiungere)* to hit*, to strike* [*bersaglio*]; *(sbattere contro)* to hit*, to run* into, to go* into [*albero, muro, marciapiede*]; ***la pietra lo ha preso in fronte*** the stone hit him on the forehead; ***ho preso un colpo contro il banco*** I bumped into the desk **17** *(occupare)* to take* up [*spazio, tempo*]; ***i tuoi libri prendono troppo spazio*** your books take up too much room; ***quando tempo ti prenderà la riunione?*** how long will you be in the meeting? ***costruire il muro non prenderà tanto tempo*** the wall won't take long to build; ***~ tempo*** *(temporeggiare)* to hold off, to stall, to play for time **18** *(prendere alle dipendenze)* to take* [sb.] on [*impiegato, assistente, apprendista*]; ***non mi hanno preso*** they didn't take me on; ***~ qcn. come balia*** to take sb. on as a nanny; ***~ un avvocato, una guida*** to engage a lawyer, a guide; ***~ qcn. come socio*** to take sb. into partnership; ***~ servizio*** to come on duty **19** *(coinvolgere)* to involve; ***essere preso da un libro, film*** to be involved in a book, film; ***farsi ~ da*** to get involved in **20** *(considerare)* to take*; ***prendiamo Nina, per esempio*** take Nina, for example; ***prendiamo la situazione in Italia*** let us take the situation in Italy; ***~ qcn., qcs. sul serio*** to take sb., sth. seriously; ***mi prende per un imbecille*** he takes me for a fool; ***per chi mi prendi?*** what do you take me for? ***mi hai preso forse per la tua serva?*** I'm not your slave, you know! ***non prenderla come una critica*** don't take it as a criticism; ***~ qcs. alla lettera, alla leggera*** to take sth. literally, lightly; *~ qcs. in considerazione* to take sth. into consideration; *~ qcn. per qcn. altro (confondere)* to mistake sb. for sb. else **21** *(trattare)* to handle; ***mio fratello è molto gentile se lo sai ~*** my brother is very nice when you know how to handle him; ***lui sa come prenderla*** he knows how to manage her; ***~ qcn. con le buone*** to deal gently with sb. **22** *(misurare)* to take* [*misure, pressione, polso*]; ***la febbre si prende al mattino*** one's temperature should be taken in the morning; ***farsi ~ le misure per*** to get oneself measured for; ***~ le impronte digitali a qcn.*** *(ricavare)* to take sb.'s fingerprints **23** *(annotare)* to take* down; ***prendo il suo indirizzo*** let me just take down your address; ***~ appunti*** to take notes; ***è fuggito, ma ho preso il numero della targa*** he drove off but I took down his registration number; ***~ nota di qcs.*** to take note of sth., to note [sth.] down **24** *(partecipare)* ***~ parte a*** to take* part in, to join in [*manifestazione, campagna, gioco, attività*]; to be* engaged in, to join in [*discussione, dialogo, negoziati*] **25** *(possedere sessualmente)* to take* [*persona*] **26** *(in locuzioni)* ***~ in prestito*** to borrow [*denaro, oggetto, abito*] (**da qcn.** from sb.); ***~ in affitto*** to rent [*appartamento, camera*]; ***~ fuoco*** [*benzina, legno*] to catch fire; ***~ posto*** to take one's seat; ***~ piede*** to catch on, to take root; ***~ corpo*** to take shape; ***~ forma*** to take form **27 prenderle** COLLOQ. *(essere picchiato)* to get* a beating, to cop it BE; ***le ha prese di santa ragione*** he got a sound beating **II** intr. (aus. *avere*) **1** *(andare, dirigersi)* ***~ a sinistra, verso il nord*** to go left, north; ***~ per i campi*** to head off across the fields, to stroll through the fields; ***~ per la costa*** to follow the coast **2** *(infiammarsi)* [*fuoco, legno*] to catch* **3** *(rapprendersi)* [*cemento, gesso*] to set* **4** *(riuscire bene)* [*tinta*] to take* **5** *(capitare addosso improvvisamente)* to come* over; ***mi è preso un terribile mal di testa*** I've just got a splitting headache; ***cosa ti prende?*** COLLOQ. what's come over you? ***non so che cosa mi ha preso*** I don't know what came over me **6** *(attecchire)* [*pianta*] to take* root **III prendersi** pronom. **1** ***-rsi il piede sinistro con la mano destra*** to take one's left foot in one's right hand; ***-rsi le dita nella porta*** to catch one's fingers in the door **2** *(assumersi)* to take* on [*impegno*]; to take* [*merito*]; *(concedersi)* to take*; ***-rsi la responsabilità di nascondere la verità a qcn.*** to take it upon oneself to hide the truth from sb.; ***-rsi a cuore qcn., qcs.*** to take sb., sth. to heart; ***-rsi cura di qcn.*** to take care of sb. to look after sb.; ***-rsi la libertà di fare qcs.*** to take the liberty of doing sth. **3** *(subire)* to get* [*schiaffo, sgridata*]; ***-rsi l'influenza*** to come down with flu; ***-rsi uno spavento*** to have *o* get a fright **4** *(con valore intensivo)* ***chi si è preso la mia penna?*** who's gone off with my pen? ***mi prenderò il mercoledì*** COLLOQ. I'm going to take Wednesday off **5** *(con valore reciproco)* ***-rsi per mano*** to join hands **6 prendersela** *(preoccuparsi)* to get* worked up; *(arrabbiarsi)* to take* sth. amiss; ***prendersela con qcn.*** *(incolpare)* to go on at sb., to pick on sb.; *(sfogarsi)* to take it out on sb; ***prendersela con il tempo, con il sistema*** to blame the weather, the system ◆ ***~ o lasciare*** take it or leave it; ***~ qcn. per il verso giusto*** to handle sb. the right way; ***non mi prendono più!*** COLLOQ. I won't be taken in again! ***~ il volo*** to take to the air, to take flight: *(scappare)* to flee; ***~ il largo*** MAR. to put to sea, to push off; *(fuggire)* to flee, to do a bunk BE; ***~ la mano a*** *(abituarsi)* to get one's hand in; ***farsi ~ la mano*** to lose control of the situation; ***~ qcs. alla lontana*** to approach sth. in a roundabout way; ***prender(se)la comoda, con comodo*** to take one's time; ***~ in giro qcn.*** *(canzonare)* to tease sb.; *(ingannare)* to kid sb., to pull sb.'s leg; ***~ per il culo qcn.*** to take the piss out of sb., to fuck sb. around *o* about; ***va' a prendertelo in quel posto*** go to hell, get stuffed BE; ***prendersela in quel posto*** to be screwed *o* conned; ***averlo preso in, nel culo*** VOLG. to be fucked (up), to be buggered BE.

prendibile /pren'dibile/ agg. takeable.

prendisole /prendi'sole/ m.inv. sundress.

prenditore /prendi'tore/ m. (f. **-trice** /tritʃe/) **1** COMM. *(beneficiario)* payee **2** SPORT catcher.

prenome /pre'nome/ m. **1** first name **2** STOR. praenomen.

▷ **prenotare** /preno'tare/ [1] **I** tr. to book, to reserve [*tavolo, camera, biglietto, vacanza, posto a teatro*]; ***~ qcs. per qcn.*** to book sth. for sb.; ***~ una camera d'albergo per qcn.*** to book sb. into a hotel, to book a hotel room for sb.; ***avete prenotato?*** do you have a reservation? ***si consiglia di prenotare*** you are advised to book; ***i turisti hanno prenotato tutte le camere*** tourists have booked up all the rooms; ***"per ~ rivolgersi alla reception"*** "reservations can be made at the reception desk" **II prenotarsi** pronom. to put* one's name down, to make* a reservation.

prenotato /preno'tato/ **I** p.pass. → **prenotare II** agg. [*posto, camera*] booked, reserved; ***viaggiatori -i*** booked passengers.

▷ **prenotazione** /prenotat'tsjone/ f. reservation, booking BE; ***ufficio -i*** booking office; ***fare una ~*** to make a reservation; ***annullare, cancellare una ~*** to cancel a reservation; ***~ obbligatoria*** obligatory booking.

prensile /'prɛnsile/ agg. prehensile; ***coda ~*** prehensile tail.

prensione /pren'sjone/ f. prehension.

preoccupante /preokku'pante/ agg. worrying, worrisome; ***la sua situazione è ~*** his situation gives cause for concern; ***la cosa ~ è che*** the worrying thing is that; ***il giorno dell'esame si avvicina in modo ~*** the exam is uncomfortably near.

▶ **preoccupare** /preokku'pare/ [1] **I** tr. to worry, to concern, to trouble; ***che cosa ti preoccupa?*** what's worrying you? ***lo preoccupava non trovare le chiavi*** it worried him that he couldn't find the keys; ***lo preoccupa la salute di suo fratello*** he's worried about his brother's health; ***il fenomeno comincia a ~ gli specialisti*** specialists are beginning to be concerned about the phenomenon **II preoccuparsi** pronom. **1** *(allarmarsi)* to worry, to be* worried; ***-rsi per qcs., qcn.*** to worry about, over sth., sb.; ***non ti ~, sarà stato trattenuto da qualcosa*** don't worry, he must have been delayed; ***non c'è motivo di -rsi*** there's no cause for concern; ***non c'è nulla di cui -rsi*** there's nothing to worry about; ***telefona ai tuoi genitori, se no si preoccuperanno*** telephone your parents, otherwise they'll get *o* be worried; ***è solo mezzogiorno, non mi preoccupo*** I'm not worried, it's only twelve o'clock; ***comincio a preoccuparmi*** I'm beginning to get worried; ***mi preoccupo perché oggi non l'ho visto*** I'm worried that I haven't seen him today; ***glielʼho tenuto nascosto perché non si preoccupassero*** I kept it a secret from them so that they should not be worried; ***è soprattutto per lui che mi preoccupo*** it's him in particular that I'm worried about **2** *(prendersi la briga, provvedere a)* to take* care, to take* the trouble; ***non si è neanche preoccupata di avvertirmi*** she didn't even take the trouble to tell me; ***non si è preoccupato di sapere se la cosa mi andava bene*** he didn't think to ask if it would suit me.

▶ **preoccupato** /preokku'pato/ **I** p.pass. → **preoccupare II** agg. *(allarmato)* worried (**per** about); *(turbato)* anxious (**per** about, over), concerned (**per** about), troubled (**per** about); ***avere l'aria -a*** to look worried; ***un'espressione -a*** an expression of concern; ***non sono minimamente ~*** I'm not worried in the least; ***essere ~ per la notizia*** to be concerned at the news; ***era visibilmente -a*** her anxiety was obvious.

▶ **preoccupazione** /preokkupat'tsjone/ f. worry, concern, anxiety; ***gravi -i*** serious concerns; ***la mia unica, principale ~ è che*** my only, main worry is that; ***destare ~*** to give rise to *o* cause concern; ***ho già abbastanza -i*** I've got enough to worry about; ***ha espresso ~ per i miei risultati, per la mia salute*** he expressed concern at my results, for my health; ***dare delle -i a qcn.*** to be an anxiety to sb.; ***è l'ultima delle nostre -i*** that's the least of our worries *o* problems *o* troubles; ***avere scarsi motivi di ~*** to have small cause *o* reason for worrying *o* to worry; ***liberare qcn. da ogni ~*** to free sb. from all their worries.

preolimpico, pl. **-ci, -che** /preo'limpiko, tʃi, ke/, **preolimpionico**, pl. **-ci, -che** /preolim'pjɔniko, tʃi, ke/ agg. [*gara, prova*] pre-Olympic.

preomerico, pl. **-ci, -che** /preo'mɛriko, tʃi, ke/ agg. pre-Homeric.

preoperatorio, pl. **-ri, -rie** /preopera'tɔrjo, ri, rje/ agg. preoperative, pre-op COLLOQ.

preordinare /preordi'nare/ [1] tr. to prearrange, to preordain.

preordinato /preordi'nato/ **I** p.pass. → **preordinare II** agg. prearranged, preordained.

preordinazione /preordinat'tsjone/ f. prearrangement, pre-ordination.

prepagamento /prepaga'mento/ m. prepayment.

prepagato /prepa'gato/ agg. prepaid.

prepalatale /prepala'tale/ agg. prepalatal.

▶ **preparare** /prepa'rare/ [1] **I** tr. **1** to prepare; *(predisporre, approntare)* to get* [sth.] ready [*vestiti, attrezzi, documenti*]; to prepare [*camera, discorso*]; *(progettare)* to prepare, to plan [*campagna elettorale, spettacolo*]; to arrange [*incontro, vacanza*]; to mount [*attacco militare, operazione militare*]; to plan [*azione, strategia*]; *(redigere)* to draw up*, to draft [*lista, piano, contratto, bilancio, budget, dossier*]; to make* out [*conto, fattura*]; ***~ la tavola*** to lay *o* set the table; ***~ la valigia*** to pack one's suitcase; ***~ il terreno*** FIG. to prepare the ground **2** *(cucinare)* to prepare, to make* [*caffè, piatto, cena*] **3** *(predisporre, addestrare)* to prepare (**a** for); SPORT to train, to coach [*atleta, squadra, sportivo*]; ***cerca di prepararla prima di darle la notizia*** try and break the news to her gently; ***~ qcn. per un esame*** to prepare *o* coach *o* groom sb. for an exam; ***~ qcn. a fare*** to prepare sb. to do; ***i suoi genitori non l'hanno preparato ad affrontare il mondo*** his parents did not prepare him for the world **4** SCOL. UNIV. to prepare for, to study for [*esame, con-*

corso] **5** *(riservare)* ***chissà cosa ci prepara il futuro?*** who knows what the future holds? **6** GASTR. *(pulire)* to dress [*pesce, pollo*]; ***~ la verdura*** to wash and cut vegetables **II preparsi** pronom. **1** *(fare i preparativi)* [*persona*] to prepare (oneself), to get* ready (**per qcs.** for sth.; **a fare** to do); ***mi stavo preparando ad uscire quando è suonato il telefono*** I was just getting ready to go out when the phone rang; ***l'esercito si prepara ad invadere il paese vicino*** the army is getting ready *o* gearing up to invade the neighbouring country **2** *(allenarsi)* to prepare (**per** for); *(per una professione)* to train; ***-rsi per un esame*** to prepare for an exam; ***-rsi a qcs., a fare qcs.*** to prepare for sth., to do sth.; ***-rsi al peggio*** to prepare for the worst; ***preparati a ricevere una brutta notizia*** prepare yourself for some bad news; ***la popolazione si prepara a passare un inverno difficile*** the people are preparing for a harsh winter **3** *(essere imminente)* [*temporale, disgrazia*] to be* brewing **4** *(fare per sé)* ***-rsi una tazza di tè, della minestra*** to make, fix AE oneself a cup of tea, some soup; ***-rsi un bagno*** to run a bath.

preparativo /prepara'tivo/ m. preparation; ***fare i -i per*** to make preparations for, to get things ready for [*vacanze*].

preparato /prepa'rato/ **I** p.pass. → **preparare II** agg. **1** *(pronto)* ready, prepared; ***la tavola è -a*** the table is laid **2** *(psicologicamente)* prepared (**per** for); ***essere ~ al peggio*** to be prepared for the worst **3** *(competente)* [*insegnante, lavoratore*] competent **4** *(ferrato)* [*studente*] prepared **III** m. preparation; *(per dolci)* mix ◆◆ ***~ microscopico*** specimen; ***-i chimici*** chemicals, chemical compounds.

preparatore /prepara'tore/ m. (f. **-trice** /tritʃe/) **1** TECN. *(chi prepara)* preparer **2** *(allenatore)* coach, trainer.

preparatorio, pl. **-ri**, **-rie** /prepara'tɔrjo, ri, rje/ agg. [*lavoro*] preparatory, preparative; *(preliminare)* [*riunione, fase*] preliminary.

▷ **preparazione** /preparat'tsjone/ f. **1** *(di pasto, evento, lezione)* preparation; ***la cosa richiede una lunga ~*** this requires lengthy preparation; ***di ~*** [*esercizio, tempo, lavoro*] preparation attrib.; ***essere in ~*** [*libro, film, spettacolo, legge*] to be in preparation **2** *(preparato)* preparation; ***~ farmacologica*** pharmaceutical preparation **3** *(formazione)* qualification, grounding; ***non ha la ~ necessaria*** he hasn't got the necessary qualifications **4** *(di sportivo)* training; ***~ atletica*** athletic training.

prepensionamento /prepensjona'mento/ m. early retirement; ***andare in ~*** to take early retirement, to retire early.

preponderante /preponde'rante/ agg. preponderant, prevailing, predominant; ***giocare*** o ***avere un ruolo ~*** to play a predominant role.

preponderantemente /preponderante'mente/ avv. preponderantly.

preponderanza /preponde'rantsa/ f. *(prevalenza)* preponderance, preponderancy (**su** over); *(superiorità)* superiority, predominance; ***avere la ~*** to have predominance; ***a ~ straniera*** predominantly foreign.

preporre /pre'porre/ [73] tr. **1** *(anteporre)* to place before, to put* before, to prepose; ***~ il soggetto al verbo*** to put the subject before the verb **2** *(preferire)* to put* before; ***~ il dovere al piacere*** to put duty before pleasure **3** *(mettere a capo di)* ***~ qcn. a qcs.*** to put sb. in charge of sth., to put sb. at the head of sth.

prepositivo /prepozi'tivo/ agg. prepositive; ***particella -a*** prepositive (particle); ***locuzione -a*** prepositional phrase.

prepositura /prepozi'tura/ f. provostship.

prepositurale /prepozitu'rale/ agg. provost attrib., provostal.

preposizionale /prepozittsjo'nale/ agg. prepositional.

preposizione /prepozit'tsjone/ f. preposition.

preposto /pre'posto/ **I** p.pass. → **preporre II** agg. *(messo a capo)* in charge (**a** of) **III** m. **1** RELIG. provost **2** *(persona a capo)* head, person in charge.

▷ **prepotente** /prepo'tɛnte/ **I** agg. **1** *(arrogante)* [*uomo*] domineering, overbearing, bossy COLLOQ. **2** *(irresistibile)* [*sentimento*] powerful; [*desiderio, bisogno, voglia*] pressing **II** m. e f. bully, domineering person; ***fare il ~*** to bully, to be a bully.

prepotentemente /prepotente'mente/ avv. **1** *(arrogantemente)* overbearingly **2** *(in modo irresistibile)* forcefully, powerfully.

▷ **prepotenza** /prepo'tɛntsa/ f. **1** *(atteggiamento)* overbearingness, arrogance, bullying **2** *(azione)* abuse, bullying; ***subire le -e di qcn., qcs.*** to be tyrannized by sb., sth. **3 di prepotenza** overbearingly; FIG. forcefully, powerfully.

prepotere /prepo'tere/ m. excessive power.

prepuberale /prepube'rale/, **prepubere** /pre'pubere/ agg. prepuberal.

prepubertà /prepuber'ta/ f.inv. prepuberty.

prepuziale /preput'tsjale/ agg. preputial, prepucial.

prepuzio, pl. **-zi** /pre'puttsjo, tsi/ m. prepuce.

preraffaellismo /preraffael'lizmo/ m. Pre-Raphaelitism.

preraffaellita, m.pl. **-i**, f.pl. **-e** /preraffael'lita/ agg., m. e f. Pre-Raphaelite.

preraffreddamento /preraffredda'mento/ m. precooling.

preraffreddare /preraffred'dare/ [1] tr. to precool.

preregistrare /preredʒis'trare/ [1] tr. to prerecord.

preregistrato /preredʒis'trato/ **I** p.pass. → **preregistrare II** agg. prerecorded.

prerinascimentale /prerinaʃʃimen'tale/ agg. pre-Renaissance attrib.

preriscaldamento /preriskalda'mento/ m. preheating.

preriscaldare /preriskal'dare/ [1] tr. to preheat.

preriscaldatore /preriskalda'tore/ m. preheater.

prerogativa /preroga'tiva/ f. **1** *(privilegio)* prerogative, privilege; ***~ regia*** royal prerogative; ***-e del capo dello stato, del regime*** prerogatives of the head of State, of the regime; ***è una tua ~*** that is your prerogative; ***allora viaggiare era una ~ dei ricchi*** travel was then the privilege of the rich **2** *(caratteristica peculiare)* prerogative.

preromanico, pl. **-ci**, **-che** /prero'maniko, tʃi, ke/ agg. = pre-Romanesque.

preromano /prero'mano/ agg. pre-Roman.

preromanticismo /preromanti'tʃizmo/ m. pre-Romanticism.

preromantico, pl. **-ci**, **-che** /prero'mantiko, tʃi, ke/ **I** agg. pre-Romantic **II** m. (f. **-a**) pre-Romantic.

▷ **presa** /'presa/ f. **1** *(conquista)* capture, taking; ***la ~ della Bastiglia*** STOR. the storming of the Bastille **2** *(appiglio)* handhold, grip, hold; ***faticare a trovare una ~*** to have trouble finding a hold; ***avere una ~ sicura su qcs.*** to have a firm grip on sth.; ***stringere la ~ su qcs.*** to tighten one's grip on sth.; ***allentare la ~ su qcs.*** to relax *o* loosen one's grip on sth.; ***lasciare la ~*** to let go; ***mantenere la ~ su qcs.*** to keep (a) hold of *o* on sth.; ***è riuscita a sfuggire alla sua ~*** she managed to slip from his grasp; ***fare ~*** FIG. [*notizia*] to catch on, to take hold; ***uno slogan che fa ~*** FIG. a catchy slogan **3** SPORT catch, hold; *(del portiere)* save; *(nel wrestling)* hold; ***~ alla cintura*** waist hold; ***~ di testa*** headlock; ***eseguire una ~ su qcn.*** to have sb. in a hold; ***effettuare una ~*** [*portiere*] to take *o* make a catch, to get hold (of the ball); ***avere una buona ~*** [*portiere*] to have a safe pair of hands **4** GIOC. *(alle carte)* trick; ***~ supplementare*** *(nel bridge)* overtrick; ***fare una ~*** to take a trick **5** *(tenuta)* grasp, grip, hold **6** *(solidificazione)* setting; ***cemento a ~ rapida*** quick-drying *o* quick-setting cement **7** EL. plug, socket, outlet AE, tap AE; ***~ a due, a tre spine*** two-pin, three-pin plug; ***una ~ della corrente*** a mains plug **8** *(pizzico)* pinch; ***una ~ di tabacco*** a pinch of snuff **9** CINEM. take, shot; ***macchina da ~*** (cine)camera, movie camera; ***~ sonora*** sound recording; ***in ~ diretta*** live; ***il giornale è in ~ diretta con l'attualità*** FIG. the newspaper has its fingers on the pulse of events **10** TECN. mesh; ***essere in ~ diretta*** AUT. [*motore*] to be in gear ◆ ***essere alle -e con*** to be caught up in [*dovere, lavoro, difficoltà, problema*]; ***venire alle -e con qcs.*** to come to grips with sth. ◆◆ ***~ d'acqua*** catchment; ***~ d'aria*** air inlet *o* intake; ***~ d'assalto*** MIL. storming; ***~ di contatto informale*** COMM. networking; ***~ di coscienza*** consciousness raising, awareness; ***~ in esame*** account-taking, consideration; ***~ in giro*** leg-pull, mocking, teasing, mick-take BE; ***~ di posizione*** stance; ***~ di possesso*** seizure; ***~ di potere*** POL. takeover; ***~ di terra*** EL. earth BE, ground AE.

presagibile /preza'dʒibile/ agg. foreseeable, predictable.

presagio, pl. **-gi** /pre'zadʒo, dʒi/ m. **1** *(segno, presentimento)* foreboding, foretoken, presage FORM.; ***funesto ~*** harbinger of doom; ***carico di -gi*** full of foreboding; ***è un ~ infausto*** the writing is on the wall; ***essere il ~ di qcs.*** to come as *o* be an early warning of sth. **2** *(predizione)* omen, augury, portent; ***trarre un ~*** to augur.

presagire /preza'dʒire/ [102] tr. *(annunciare)* to forerun*; *(profetizzare)* to augur, to portend; ***lasciare*** o ***fare ~*** to adumbrate; ***la cosa non presagisce niente di buono*** this does not bode well; ***questo incontro non mi lascia ~ nulla di buono*** I can't see any good coming from this meeting; ***la sua gioventù non lasciava ~ nulla della sua successiva felicità*** her early life foretold nothing of her future happiness.

presago, pl. **-ghi**, **-ghe** /pre'zago, gi, ge/ agg. ***~ di qcs.*** (fore)boding sth.

presalario, pl. **-ri** /presa'larjo, ri/ m. student's special grant.

presame /pre'same/ m. rennet.

presbiopia /prezbjo'pia/ ♦ **7** f. long sightedness, presbyopia.

presbite /'prɛzbite/ **I** agg. long-sighted, presbyopic **II** m. e f. long-sighted person, presbyope.

presbiterale /prezbite'rale/ agg. presbyteral, presbyterial.

presbiterato /prezbite'rato/ m. presbyterate.

presbiterianesimo /prezbiterja'nezimo/, **presbiterianismo** /prezbiterja'nizmo/ m. Presbyterianism.

presbiteriano /prezbite'rjano/ **I** agg. Presbyterian **II** m. (f. **-a**) Presbyterian.

presbiterio, pl. **-ri** /prezbi'tɛrjo, ri/ m. **1** ARCH. presbytery **2** *(consiglio)* presbyterate, presbytery + verbo sing. o pl. **3** *(canonica)* manse, parsonage.

presbitero /prez'bitero/ m. presbyter.

presbitismo /prezbi'tizmo/ ♦ 7 m. → **presbiopia.**

prescegliere /preʃ'ʃeʎʎere/ [83] tr. to select, to single out.

prescelto /preʃ'ʃelto/ **I** p.pass. → **prescegliere II** agg. elected, selected **III** m. (f. **-a**) chosen person.

presciente /preʃ'ʃɛnte, preʃʃi'ɛnte/ agg. prescient.

prescienza /preʃ'ʃɛntsa, preʃʃi'ɛntsa/ f. prescience.

prescindere /preʃ'ʃindere/ [2] intr. to prescind (**da** from); ***a ~ da*** *(a parte)* aside from; *(senza considerare)* regardless of, irrespective of; ***a ~ dall'età, dal prezzo*** regardless of age, cost.

prescolare /presko'lare/ agg. preschool attrib.; ***bambino in età ~*** infant BE, preschooler AE.

prescolastico, pl. **-ci, -che** /presko'lastiko, tʃi, ke/ agg. [*anni*] preschool attrib.

prescrittibile /preskrit'tibile/ agg. prescriptible; DIR. [*diritto, titolo*] prescriptive.

prescrittibilità /preskrittibili'ta/ f.inv. prescriptibility.

prescrittivismo /preskritti'vizmo/ m. prescriptivism.

prescrittivo /preskrit'tivo/ agg. prescriptive.

prescritto /pres'kritto/ **I** p.pass. → **prescrivere II** agg. **1** MED. [*medicina, trattamento*] prescribed **2** *(in prescrizione)* statute-barred.

▷ **prescrivere** /pres'krivere/ [87] **I** tr. **1** MED. to give*, to prescribe [*medicina*]; ***~ un esame a qcn.*** to order sb. to do a test **2** DIR. to prescribe [*pena, crimine, debito, diritto*] **3** *(stabilire)* to prescribe, to establish, to set* **II prescriversi** pronom. DIR. [*crimine, pena, debito*] to be* subject to limitation by lapse of time.

prescrizione /preskrit'tsjone/ f. **1** MED. prescript, prescription; ***questo farmaco è acquistabile senza ~ medica*** this medicine is available over the counter; ***"da assumere secondo la ~ medica"*** "to be taken as directed" **2** *(direttiva)* ***-i*** prescription **3** DIR. prescription; ***termine di ~*** period of limitation; ***legge sulla ~*** statute of limitations; ***andare*** o ***cadere in ~*** to expire; ***caduto in ~*** statute-barred ◆◆ ***~ estintiva*** negative prescription.

presegnalare /preseɲɲa'lare/ [1] tr. to signal, warn in advance, beforehand.

presegnale /preseɲ'ɲale/ m. warning signal, sign.

preselettore /preselet'tore/ m. preselector.

preselezionare /preselettsjo'nare/ [1] tr. to preselect.

preselezione /preselet'tsjone/ f. **1** preselection; *(di candidato)* shortlisting, shortlist; ***superare la ~*** to be shortlisted **2** AUT. ***cambio a ~*** preselector gearbox.

presentabile /prezen'tabile/ agg. presentable; ***sei ~?*** are you decent? ***non sono ~!*** I'm not fit to be seen!

presentabilità /prezentabili'ta/ f.inv. presentability, fitness to be seen.

▶ **presentare** /prezen'tare/ [1] **I** tr. **1** *(far conoscere)* to introduce, to present (**come** as); ***~ qcn. a*** to introduce sb. to; ***posso presentarle mio figlio Pietro?*** may I introduce *o* present my son Pietro? ***vi hanno presentati?*** have you been introduced? ***ti presento mia sorella Francesca*** this is my sister Francesca; ***Lorenzo, ti presento il tuo nuovo capo, Barbara*** Lorenzo, meet your new boss, Barbara; ***l'ha presentata come la sua segretaria*** he introduced her as his secretary; ***non c'è bisogno che vi presenti Giorgio*** Giorgio needs no introduction from me; ***essere presentato a corte*** to be presented at court **2** *(sottoporre)* to bring* forward, to present, to submit [*conto, emendamento, mozione, piano*]; to introduce [*documento, proposta*]; to set* out, to present [*conclusioni, idee, proposte*]; DIR. to file [*reclamo, richiesta*]; DIR. to serve [*ingiunzione*]; ***~ qcn. a*** to put sb. forward for, to enter sb. for [*elezione, concorso, esame*]; ***~ qcn. come candidato*** to put sb. forward as a candidate; ***~ le dimissioni*** to resign; ***~ una domanda di impiego*** to put in *o* make an application for a job; ***~ una petizione*** to petition; ***~ domanda per il passaporto*** to apply for a passport; ***~ dei progetti a una commissione*** to put proposals before a committee; ***~ istanza di fallimento*** to file *o* present a petition in bankruptcy; ***~ un reclamo a qcn.*** to make *o* submit a complaint to sb.; ***~ un mandato di comparizione*** to serve a summons **3** *(esprimere)* to offer [*condoglianze*] (**a** to); ***~ le proprie scuse*** to make *o* give one's apologies; ***~ i propri rispetti*** o ***omaggi a qcn.*** to offer *o* pay one's respects to sb. **4** *(descrivere)* to present, to represent [*persona, situazione*]; ***~ qcs. sotto una buona luce*** to present sth. in a good light; ***essere presentato come (un) modello*** to be presented as a model **5** *(esibire, mostrare)* to present, to produce, to exhibit [*biglietto, documento, passaporto*] **6** *(comportare)* to present, to involve [*problema, rischio*]; ***presenta degli inconvenienti*** it has its drawbacks **7** *(produrre)* to present [*attore, mostra, produzione, star*]; to model [*abito, design*]; to show* [*collezione di moda*]; ***la Disney è orgogliosa di ~ "Bambi"*** CINEM. Disney Studios proudly present "Bambi" **8** RAD. TELEV. to compère, to host, to present [*spettacolo*] **9** *(manifestare)* [*paziente*] to develop, to show* [*sintomo*]; ***~ i sintomi di qcs.*** to show symptoms of sth. **II presentarsi** pronom. **1** *(comparire, apparire)* to report, to show* up, to turn up; ***-rsi in jeans*** to turn up in jeans; ***-rsi alla reception, dal capitano*** to report to reception, to the captain; ***-rsi al proprio reparto*** MIL. to report to one's unit; ***-rsi all'udienza*** DIR. to appear in court; ***il ministro si presenta bene in televisione*** the minister performs well on television; ***indovina chi si è presentato alla stazione*** guess who turned up at the station; ***una scena straordinaria mi si presentò alla vista*** an amazing sight greeted me *o* met my eyes; ***non ci si presenta a casa della gente a mezzanotte*** you don't call on people at midnight **2** *(farsi conoscere)* to introduce oneself (**a** to); ***-rsi come*** to introduce oneself as; ***permettetemi di presentarmi*** allow me to introduce myself, let me introduce myself **3** *(proporsi come candidato)* ***-rsi a*** to attend [*colloquio*]; to go in for [*esame*]; ***-rsi a un'elezione*** POL. to run for election; ***-rsi per un lavoro*** to put oneself forward for a post; ***-rsi come candidato alle elezioni*** to stand for election **4** *(sopraggiungere)* [*opportunità, dubbio, problema, questione*] to arise*, to occur; ***aspettare che si presenti la persona giusta*** to wait for the right person to come along; ***se si presenterà la necessità*** if the need arises; ***se dovesse presentarsi l'occasione*** should the occasion arise **5** *(esistere)* [*farmaco, prodotto*] ***-rsi sotto forma di*** to come in the form *o* shape of **6** MED. [*infezione, malattia*] to occur; [*condizione, bambino, paziente, sintomo*] to present; ***come si presenta il bambino?*** how is the baby presenting? ***il bambino si presenta in posizione podalica*** the baby is in the breech position ◆ ***~ il conto a qcn.*** to bring sb. to book.

presentat'arm, **presentatarm** /prezenta'tarm/ inter. present arms!

presentatore /prezenta'tore/ ♦ *18* m. RAD. TELEV. *(di show)* host, presenter; *(di quiz)* question master, quiz master; ***~ televisivo, radiofonico*** television, radio presenter.

presentatrice /prezenta'tritʃe/ ♦ *18* f. RAD. TELEV. anchorwoman*, linkwoman*; *(di talk show)* hostess.

▷ **presentazione** /prezentat'tsjone/ f. **1** introduction, presentation FORM.; ***fare le -i*** to make *o* do the introductions; ***"il nostro prossimo ospite non ha bisogno di -i"*** "our next guest needs no introduction"; ***una lettera di ~*** a letter of introduction **2** *(di piatto, compito, idee, prodotto)* presentation; ***la ~ è disordinata*** the presentation is cluttered **3** POL. AMM. *(di progetto di legge)* introduction; *(di appello, reclamo)* lodgement, lodging; *(di proposta, relazione)* presentation, submission; ***~ di istanza*** DIR. the filing of a petition **4** *(esibizione) (di biglietto, documento)* production; *(di collezione)* view, viewing; ***~ della collezione invernale*** showing of the winter collection; ***sarete ammessi soltanto su ~ di un visto*** you will be admitted subject to producing a visa; ***farmaco vendibile dietro ~ di ricetta medica*** = prescription drug **5** ECON. presentment; ***~ all'incasso*** presentment for payment **6** RELIG. Presentation; ***la ~ di Gesù al tempio*** the Presentation of Christ in the Temple **7** MED. *(di neonato)* presentation; ***~ podalica*** breech presentation; ***~ cefalica*** cephalic presentation.

▶ **1.presente** /pre'zɛnte/ **I** agg. **1** *(in un luogo)* [*persona*] present; ***non ero ~*** I wasn't there; ***le persone -i*** those present; ***il qui ~ sig. Bianchi*** Mr Bianchi, who is here with us; ***essere ~ a*** to attend, to be present at; ***"~!"*** *(in un appello)* "here!", "present!"; ***tutti -i!*** MIL. all present and correct! ***segnare qcn. ~*** to mark sb. present; ***ero ~ col pensiero*** FIG. I was there in spirit **2** *(esistente)* present; ***essere ~ in*** [*sostanza, virus*] to be present in [*popolazione, sangue, vino*]; ***la violenza è ~ in ogni pagina*** violence is there on every page; ***la società, ~ da poco in questo settore*** the company, which has recently moved into this sector **3** *(partecipe)* active; ***la nostra ditta è molto ~ sul mercato*** our company is very active on the market; ***mia madre è sempre stata molto ~*** my mother has always been there for me; ***un attore, un cantante molto ~ sulla scena*** an actor, a singer with a strong stage presence **4** *(attuale)* [*momento, situazione, epoca, stato*] present; ***nel caso ~*** in the present case **5** *(in causa)* present; ***la ~ dichiarazione*** the present statement; ***con la ~ lettera*** DIR. hereby **6** LING. [*tempo, participio*] present **7** ***fare ~*** *(pun-*

tualizzare) to point out; ***avere ~*** *(ricordare)* to remember, to have fresh in one's mind; ***tenere ~ qcs.*** *(considerare)* to take sth. into account, to take account of sth.; ***non tenere ~ qcs.*** to disregard *o* neglect sth.; ***senza tenere ~ i nostri desideri*** without regarding our wishes; ***e poi bisogna anche tenere ~ il costo del biglietto*** and then there's the fare to consider **II** m. e f. ***i -i*** the assembled company, those present; ***la metà dei -i*** half of those present; ***tutti i -i*** all those present, everybody present; ***parlo a nome di tutti i -i*** I speak for everyone here; ***fare il conteggio dei -i*** to do a headcount; ***esclusi i -i*** present company excepted; ***le persone qui -i*** DIR. those persons here present **III** m. **1** *(periodo)* ***il ~*** the here and now, the present **2** LING. *(tempo)* present present tense; ***al ~*** in the present (tense); ***~ storico*** historic present **IV** f. BUROCR. *(lettera)* ***allegato alla ~*** enclosed; ***la ~ fa seguito alla mia chiamata*** this letter is a follow-up to my call; ***con la ~ mi impegno a, dichiaro che*** AMM. DIR. I hereby promise, declare that.

2.presente /pre'zɛnte/ m. *(dono)* present, gift; ***fare un ~ a qcn.*** to give sb. a present.

presentemente /prezente'mente/ avv. at present.

presentimento /presenti'mento/ m. foreboding, feeling, presentiment FORM.; ***avere il ~ che, di qcs.*** to have a foreboding *o* premonition that, to have forebodings about sth.; ***avevo il ~ che ti avrei visto*** I had a feeling (that) I might see you; ***ho un brutto ~ riguardo a questo*** I've got a bad feeling about this.

presentire /presen'tire/ [3] tr. to have* a foreboding, to forebode FORM.; ***~ un pericolo*** to have an intimation of danger.

▶ **presenza** /pre'zɛntsa/ f. **1** *(l'essere presente)* presence; ***in*** o ***alla ~ di qcn.*** in sb.'s presence, in the presence of sb.; ***in mia ~*** in my presence; ***essere ammesso alla ~ di qcn.*** to be admitted to sb.'s presence; ***onorare qcn. con la propria ~*** to grace *o* honour sb. with one's presence (anche IRON.); ***fare atto di ~*** to put in *o* make an appearance; ***è richiesta la sua ~ a*** your presence is requested at; ***firmato in ~ di X*** DIR. signed in the presence of X; ***segnalare la ~ di*** [*radar*] to pick up [*oggetto*]; ***gettone di ~*** director's fee, attendance fee **2** *(di truppe, membri)* presence; ***~ militare, dell'ONU*** military, UN presence; ***una massiccia ~ di polizia*** a heavy police presence; ***mantenere la propria ~ in un paese*** to maintain a presence in a country **3** *(di sostanza, fenomeno)* presence (**in** in); ***in ~ di un acido si produce una reazione*** a reaction occurs when an acid is present; ***è stata riscontrata la ~ di bacilli nell'acqua*** bacilli have been found in that water **4** *(di essere, fantasma)* presence; ***~ soprannaturale*** ghostly presence; ***sentire una ~*** to sense a presence **5** SCOL. ***-e*** attendance; ***registro delle -e*** attendance register; ***obbligo di ~*** compulsory attendance; ***prendere le -e*** to take the register *o* attendance AE **6** *(aspetto)* presence; ***~ scenica*** stage presence; ***"si richiede bella ~"*** "smart appearance essential" **7** RELIG. ***~ reale*** real presence ◆ ***fare sentire la propria ~*** to make one's presence felt ◆◆ ***~ di spirito*** presence of mind; ***conservare la propria ~ di spirito*** to have *o* keep (all) one's wits about.

presenzialismo /presentsja'lizmo/ m. = the tendency to be present at every social event in order to get noticed.

presenzialista, m.pl. **-i**, f.pl. **-e** /prezentsja'lista/ m. e f. = person who tends to be present at every social event in order to get noticed.

presenziare /prezen'tsjare/ [1] intr. FORM. (aus. *avere*) to assist (**a** at).

presepe /pre'zɛpe/, **presepio**, pl. **-pi** /pre'zɛpjo, pi/ m. crèche, (Christmas) crib BE.

> **Presepe** (or *Presepio*) The model of the nativity and the adoration of the Magi with statues made of wood or terracotta against a painted background goes back to the 13th-14th century in Tuscany. However, the development of extravagant nativities created in churches, full of scenes of everyday life that were reproduced in amazing detail in terms of the setting and the people, the clothes and the work tools, took place primarily in Naples in the 1700s and 1800s, between the Baroque and the Rococo periods. The 19th century saw the spread of the custom of families making a nativity scene in their own home for the Christmas period, with terracotta, chalk or papier-mâché figures. In the last few decades this practice has become less popular because of the growth in the use of the Northern European Christmas tree.

preservare /preser'vare/ [1] tr. to preserve [*costruzione, diritto, linguaggio, manoscritto, memoria*]; to conserve [*foresta, paesaggio*].

preservativo /preserva'tivo/ **I** agg. preservative **II** m. condom, protective AE, safety AE COLLOQ.

preservatore /preserva'tore/ m. (f. **-trice** /tritʃe/) preserver.

preservazione /preservat'tsjone/ f. preservation.

▷ **preside** /'prɛside/ ♦ *18, 1* m. e f. **1** SCOL. head teacher, principal; *(uomo)* headmaster; *(donna)* headmistress **2** UNIV. dean, provost, master BE.

▶ **presidente** /presi'dɛnte/ ♦ *1* m. e f. president (anche POL.), chairperson; *(uomo)* chairman*; *(donna)* chairwoman*; ***il ~ in carica*** the incumbent *o* serving president; ***eleggere qcn. ~*** to elect sb. (as) president; ***essere nominato ~ a vita*** to be president for life; ***Signor Presidente*** *(rivolgendosi a un uomo)* Mr Chairman; *(rivolgendosi a una donna)* Madam Chairman; ***il ~ Kennedy*** President Kennedy ◆◆ ***~ del Consiglio dei Ministri*** prime minister, premier; ***~ della giuria*** DIR. foreman of the jury; ***~ ad interim*** caretaker president; ***~ onorario*** titular president; ***~ della Repubblica*** President of the Republic; ***~ di seggio*** returning officer BE; ***~ uscente*** departing *o* outgoing president.

> **Presidente del Consiglio** This is the title of the Italian prime minister, the head of the government and of the council of ministers. Nominated by the President of the Republic, he proposes the ministers. He controls and is responsible for government policy.

> **Presidente della Repubblica** The head of state who represents the nation. He or she is elected by parliament and remains in office for seven years. As Italy is a parliamentary republic the duties of the president are: to enact laws, to dissolve parliament and call new elections when necessary, to nominate the prime minister and ratify his choice of the ministers, and to grant pardons. He or she also chairs the body which oversees the appointment of judges.

presidentessa /presiden'tessa/ ♦ *1* f. chairwoman*.

presidenza /presi'dɛntsa/ f. **1** *(funzione)* chairmanship, presidentship, presidency; ***la corsa alla ~*** the presidential contest *o* race; ***un candidato alla ~*** a presidential candidate; ***essere candidato alla ~*** to stand BE *o* run AE for president; ***proporre qcn. come candidato alla ~*** to nominate sb. for president; ***assumere la ~*** to take the chair; ***essere eletto alla ~*** to be elected to the presidency **2** SCOL. headmastership, UNIV. deanship; *(ufficio)* SCOL. headmaster's office; UNIV. faculty office.

presidenziale /presiden'tsjale/ agg. [*elezione, governo, mandato*] presidential.

presidenzialismo /presidentsja'lizmo/ m. presidentialism.

presidiare /presi'djare/ [1] tr. **1** MIL. [*truppe*] to garrison [*città, zona*]; to man [*barricate*] **2** *(tenere sotto controllo)* to defend, to protect, to guard.

presidio, pl. **-di** /pre'sidjo, di/ m. **1** MIL. garrison; ***città di ~*** garrison town; ***essere*** o ***stare di ~*** to garrison **2** FIG. *(protezione)* defence, protection; ***misure a ~ della salute pubblica*** public health safety measures *o* safeguards.

presidium /pre'sidjum/ m.inv. POL. presidium*.

presiedere /pre'sjɛdere/ [2] **I** tr. **1** *(dirigere)* to preside at, to preside over, to chair [*meeting*] **2** DIR. *(essere presidente di)* to be* at the head of **II** intr. (aus. *avere*) **1** *(dirigere)* to moderate, to officiate **2** FIG. *(regolare)* ***~ a*** to control; ***la tiroide presiede al metabolismo*** the thyroid controls metabolism.

presina /pre'sina/ f. pot holder.

presistole /pre'sistole/ f. presystole.

preso /'preso/ **I** p.pass. → **prendere II** agg. **1** *(occupato)* [*posto a sedere*] taken, engaged; ***i posti sono tutti -i*** all the seats are taken **2** *(indaffarato)* busy, pushed COLLOQ.; ***sono molto ~*** I am heavily committed, I have a lot to do **3** *(intento, coinvolto)* engrossed: ***completamente ~ da*** engrossed in [*libro, spettacolo*] **4** *(innamorato)* smitten.

presocratico, pl. **-ci**, **-che** /preso'kratiko, tʃi, ke/ **I** agg. pre-Socratic **II** m. pre-Socratic.

pressa /'prɛssa/ f. press; ***stirare qcs. con una ~*** to give sth. a press, to press sth. ◆◆ ***~ a cilindri*** rolling press; ***~ idraulica*** hydraulic press; ***~ per imballare*** packing press; ***~ per imbutitura*** IND. stamping press; ***~ a mano*** hand press; ***~ meccanica*** power press; ***~ da mele*** cider press; ***~ per paglia*** hay press; ***~ a vite*** screw press.

pressaforaggi /pressafo'raddʒi/, **pressaforaggio** /pressafo'raddʒo/ m.inv. hay press.

pressante /pres'sante/ agg. [*bisogno, invito*] pressing; [*richiesta*] urgent; [*tattica, tecnica*] high pressure attrib.

pressantemente /pressante'mente/ avv. insistently, pressingly.

pressapaglia /pessa'paʎʎa/ m.inv. baler.

pressa(p)pochismo /pressa(p)po'kizmo/ m. sloppiness.

pressa(p)pochista, m.pl. **-i**, f.pl. **-e** /pressa(p)po'kista/ m. e f. slapdash person, sloppy person.

pressa(p)poco /pressa(p)'pɔko/ avv. about, roughly.

pressare /pres'sare/ [1] tr. **1** TECN. to press **2** *(schiacciare)* to press, to squeeze; ***la folla lo pressava contro le transenne*** the crowd was squashing him up against the crash barriers **3** FIG. *(sollecitare)* to call on, to press, to urge; ***~ un debitore*** to push a debtor to pay.

pressato /pres'sato/ **I** p.pass. → **pressare II** agg. TECN. pressed.

pressatore /pressa'tore/ m. (f. **-trice** /tritʃe/) presser.

pressatura /pressa'tura/ f. pressing.

pressing /'prɛssing/ m.inv. pressure; ***fare ~ sulla squadra avversaria*** to put pressure on the opposing team.

▶ **pressione** /pres'sjone/ f. **1** FIS. TECN. MECC. pressure; ***~ dell'olio, del vapore*** oil, vapour pressure; ***~ degli pneumatici*** tyre pressure; ***indicatore di ~*** pressure indicator; ***sotto ~*** under pressure; ***pentola a ~*** steamer, pressure cooker; ***bottone a ~*** snap fastener; ***gas, vapore, cilindro ad alta ~*** high pressure gas, steam, cylinder; ***gas, tubo a bassa ~*** low-pressure gas, tube; ***aumento di ~*** pressure increase; ***aumentare la ~*** to raise the pressure; *(di acqua)* to get up *o* raise steam; ***regolare la ~*** to adjust the pressure **2** METEOR. pressure; ***alta, bassa ~*** high, low pressure; ***zona di alta, bassa ~*** high, low; ***un'area di bassa ~*** a belt of low pressure; ***un sistema di alta ~*** a high-pressure system **3** FIG. *(costrizione, insistenza)* pressure, strain; ***essere sotto ~*** to be under pressure *o* strain; ***siamo sotto ~*** the heat is on, we are pushed, we're (kept) on the hop COLLOQ.; ***mettere sotto ~*** to strain, to pressurize; ***lavorare sotto ~*** to work under pressure; ***esercitare -i su*** to bring pressure to bear on, to get at COLLOQ.; ***fare ~ su qcn.*** to put pressure on sb., to twist sb.'s arm; ***sopportare la ~*** to take the strain; ***cedere alla ~*** to bow to pressure; ***siamo sottoposti a -i affinché facciamo*** we're coming under pressure to do; ***alleggerire la ~ su qcn.*** to take the heat off sb.; ***gruppo di ~*** pressure group, ginger group BE; POL. lobby (group), (special) interest group **4** *(azione)* press, squeezing (anche FIG.); ***fare ~ con un dito*** to press with one's finger; ***esercitare una ~ su qcs.*** to exert pressure on sth., to give sth. a press; ***la ~ di un tasto*** the push of a button; ***alla minima ~*** under the slightest pressure **5** MED. pressure; ***calo*** o ***abbassamento di ~*** pressure drop; ***misurare la ~ a qcn.*** to take sb.'s blood pressure; ***avere la ~ alta, bassa*** to have high, low blood pressure; ***mi è salita, scesa la ~*** my blood pressure rose, fell ◆◆ ***~ arteriosa*** arterial *o* blood pressure; ***~ atmosferica*** air pressure; ***~ fiscale*** tax burden; ***~ parziale*** partial pressure; ***~ radicale*** BOT. root pressure; ***~ sanguigna*** MED. blood pressure; ***~ tributaria*** → **~ fiscale**.

▶ **presso** /'prɛsso/ **I** avv. nearby, close at hand; ***abitiamo qui ~*** we live nearby *o* near here; ***vieni qua ~*** come closer **II** prep. **1** *(da)* to; ***reclamare ~*** to complain to; ***ambasciatore ~ l'ONU*** UN ambassador; ***direttamente disponibile ~ il produttore*** available direct from the manufacturer; ***intercedere ~ qcn. a favore di qcn.*** to intercede with sb. on sb.'s behalf **2** *(vicino)* by, beside, next to; ***~ il mare*** by the sea **3** *(alle dipendenze di)* to, with; ***lavorare come apprendista ~ qcn.*** to work as an apprentice with sb.; ***fare pratica ~ qcn.*** to be apprenticed to sb.; ***andare a servizio ~ qcn.*** to go into service with sb. **4** *(nella sede di)* at, with; ***depositare qcs. ~ l'avvocato*** to deposit sth. with the solicitor; ***avere un conto ~*** to bank with; ***avere un conto aperto ~ un negozio*** to have an account at a shop **5** *(a casa di)* with; ***sistemazione ~ privati*** private accommodation; ***essere a pensione ~*** to board with **6** *(fra)* among, with; ***~ i Romani, i Greci*** among the Romans, the Greeks; ***essere malvisto ~*** to be in disfavour with; ***diventare famoso ~*** to become popular with; ***avere successo ~ i critici*** to score with the critics **7** *(nella corrispondenza)* care of; ***John Smith, ~ il sig. e la sig.ra Rossi*** John Smith, care of Mr and Mrs Rossi **III pressi** m.pl. **1** ***nei -i*** nearby **2** ***nei -i di*** in the vicinity of, in the precincts of; ***nei -i di Venezia*** somewhere around Venice ◆ ***a un di ~*** more or less, approximately, roughly.

pressoché /presso'ke/ avv. almost, nearly, just about, more or less.

pressofondere /presso'fondere/ [51] tr. to die-cast.

pressofusione /pressofu'zjone/ f. die-casting.

pressostato /pres'sɔstato/ m. barostat.

pressurizzare /pressurid'dzare/ [1] tr. to pressurize.

pressurizzato /pressurid'dzato/ **I** p.pass. → **pressurizzare II** agg. pressurized; ***cabina -a*** pressure cabine; ***tuta -a*** pressure suit.

pressurizzazione /pressuriddzat'tsjone/ f. pressurization.

prestabilire /prestabi'lire/ [102] tr. **1** to prearrange, to arrange [sth.] in advance, to pre-establish, to preconcert **2** RELIG. FILOS. to preordain.

prestabilito /prestabi'lito/ **I** p.pass. → **prestabilire II** agg. **1** preconcerted; ***in giorni -i*** on stated days **2** RELIG. FILOS. preordained.

prestampare /prestam'pare/ [1] tr. to preprint.

prestampato /prestam'pato/ **I** p.pass. → **prestampare II** agg. preprinted **III** m. form.

prestanome /presta'nome/ m. e f.inv. figurehead, dummy.

prestante /pres'tante/ agg. well-set; ***un uomo ~*** a fine figure of a man.

prestanza /pres'tantsa/ f. presence.

▶ **prestare** /pres'tare/ [1] **I** tr. **1** *(dare in prestito)* to lend*; ***~ qcs. a qcn.*** to lend sb. sth., to give sb. the loan of sth.; ***farsi ~ qcs. da qcn.*** to borrow sth. from sb.; ***~ denaro al 10%*** to lend money at 10%; ***ho prestato la mia bicicletta a Daniela*** I lent my bicycle to Daniela, I lent Daniela my bicycle **2** *(accordare)* to give*, to lend* [*aiuto, assistenza, sostegno*]; ***~ assistenza a qcn.*** to give assistance to sb.; ***~ i primi soccorsi a qcn.*** to give sb. first aid; ***~ attenzione a*** to pay attention to, to take heed *o* notice of; ***~ orecchio a qcn.*** to give *o* lend an ear to sb., to give *o* lend sb. a hearing; ***~ giuramento*** to swear an oath, to take the oath; ***~ servizio militare*** to serve one's time (in the army); ***~ fede a qcs.*** to give credence to sth., to place credit in sth. **II prestarsi** pronom. **1** *(accondiscendere)* to offer oneself; ***-rsi a qcs., qcn.*** to make oneself available for sth., sb. **2** *(essere adatto)* ***-rsi a*** to lend oneself to; ***-rsi a due diverse interpretazioni*** [*frase, testo*] to permit of two interpretations FORM.; ***-rsi all'adattamento televisivo*** to be adaptable for TV; ***i suoi romanzi non si prestano a diventare film*** her novels do not lend themselves to being filmed ◆ ***~ il fianco alle critiche*** to lay oneself open for criticism; ***~ il fianco al nemico*** to offer one's flank to the enemy.

prestasoldi /presta'sɔldi/ m. e f.inv. money-lender.

prestatore /presta'tore/ m. (f. **-trice** /tritʃe/) lender ◆◆ ***~ su pegno*** pawnbroker; ***~ d'opera*** employee.

prestazione /prestat'tsjone/ f. **1** *(azione)* service, performance **2** SPORT *(risultato, record)* performance, showing; ***offrire una buona, cattiva ~*** [*squadra*] to perform well, badly; ***una ~ pietosa*** a pathetic contribution; ***una ~ degna di un campione*** a performance worthy of a champion **3** TECN. *(di aereo, macchina)* performance; ***ad elevata ~*** high-preformance attrib.; ***questo pneumatico offre buone -i sul bagnato*** the tyre performs well in the wet; ***l'auto dà buone, cattive -i su un terreno collinoso*** the car is a good, bad performer on hilly terrain.

prestidigitatore /prestididʒita'tore/ ♦ ***18*** → **prestigiatore**.

prestidigitazione /prestididʒitat'tsjone/ f. prestidigitation, legerdemain **U**.

▷ **prestigiatore** /prestidʒa'tore/ ♦ ***18*** m. (f. **-trice** /tritʃe/) conjurer.

▷ **prestigio**, pl. **-gi** /pres'tidʒo, dʒi/ m. **1** *(reputazione)* prestige, status **U**, kudos COLLOQ.; ***avere ~*** to have status; ***acquistare ~ per qcs.*** to gain (the) kudos for sth.; ***conferire ~ a qcn.*** to give sb. stature **2** *(illusione)* ***gioco di ~*** conjuring trick, legerdemain **U**, trick; ***fare giochi di ~*** to conjure, to do *o* perform tricks.

prestigiosamente /prestidzosa'mente/ avv. prestigiously.

prestigioso /presti'dʒoso/ agg. prestigious.

prestissimo /pres'tissimo/ **I** m.inv. MUS. prestissimo* **II** avv. MUS. prestissimo.

▶ **prestito** /'prɛstito/ m. **1** ECON. borrowing **U**, lending, loan; ***aumento dei -i*** increase in borrowing; ***costi del ~*** borrowing costs; ***~ senza interessi*** o ***a tasso zero*** interest-free loan; ***un ~ di 10.000 euro*** a 10,000 euro loan, a loan of 10,000 euros; ***un ~ con restituzione a due anni*** a two-year deferred loan; ***chiedere un ~*** to ask for a loan; ***concedere un ~*** to lend, to give a loan; ***ottenere un ~*** to secure a loan; ***restituire un ~*** to pay back *o* redeem a loan; ***non restituire un ~*** to default on a loan; ***concedere un ~ al 15%*** to lend at 15%; ***concedere -i con la garanzia di qcs.*** to lend against sth.; ***il ~ non era disponibile*** the loan was not forthcoming; ***la banca ha rifiutato loro il ~*** the bank refused them the loan **2** *(azione)* loan; ***prendere in ~ qcs. da qcn.*** to borrow sth. from sb.; ***dare in ~*** to lend; ***essere in ~*** [*oggetto di museo*] to be on loan; ***questo libro è escluso dal ~*** this book is not for loan; ***il libro è già in ~*** the book is already on loan; ***il ~ del libro è scaduto*** the book is overdue; ***ho avuto in ~ una bicicletta*** I've been lent a bicycle **3** *(oggetto)* loan; ***è un ~ da un museo, a una biblioteca*** it's a loan from a museum, to a library **4** *(di idea, stile, genere)* borrowing; *(culturale)* import; ***un ~ da un autore*** a borrowing from an author **5** LING. *(processo,* *elemento)* borrowing; ~ ***da*** borrowing from; ~ ***linguistico*** loan word; ◆◆ ~ ***bancario*** bank loan; ~ ***a breve termine*** short-term loan; ~ ***compensativo*** bridging *o* compensatory loan; ~ ***complementare*** top-up loan; ~ ***consolidato*** consolidated loan; ~ ***forzoso*** forced loan; ~ ***garantito*** guaranteed *o* secured loan; ~ ***gratuito*** interest-free loan; ~ ***a interesse*** loan at interest; ~ ***a lungo termine*** long-term loan; ~ ***a medio termine*** medium-term loan; ~ ***a termine*** term *o* time loan; ~ ***obbligazionario*** bond issue; ~ ***su pegno*** loan on pawn; ~ ***personale*** personal loan.

▶ **presto** /'prɛsto/ **I** avv. **1** *(di buonora)* early; ***la mattina*** ~ early in the morning; ***è ancora*** ~ it's still early; ***partire*** ~ to make an early start; ***pranzare, andare a letto, avere lezione*** ~ to have an early lunch, night, class **2** *(in anticipo)* early, soon; ***abbastanza*** ~ soon enough; ***andare in pensione*** ~ to retire early; ***Pasqua cade ~ quest'anno*** Easter falls *o* is early this year; ***siamo arrivati troppo*** ~ we arrived too soon; ***questo mi diede una scusa per andare via*** ~ this gave me an excuse to leave early; ***è troppo ~ per dirlo*** it's too early to say; ***ho parlato troppo ~!*** I spoke too soon! **3** *(in fretta)* quickly, quick, soon; ***~!*** quick! jump to it! ***fai ~!*** be quick! hurry up! ***guarisci ~!*** get well soon! ***è stato ~ fatto!*** that was smart work! ***il più ~ possibile*** as soon as possible; ***tuo fratello fa ~ a imparare*** your brother is a quick learner *o* is quick to learn; ***le sarei grato se mi rispondesse*** ~ I'd appreciate it if you could reply soon; ***l'usanza si è ~ generalizzata*** the practice soon became universal; ***imparerai ~ a usare il computer*** you'll soon get the hang of the computer; ***il progetto fu ~ abbandonato*** the plan was soon abandoned; ***fanno ~ a parlare*** it's all very well *o* all right for them to talk; ***~, prima che rimaniamo senza!*** quick, before we run out! **4** *(entro breve tempo)* before long, soon; ***sarà qui*** ~ he'll be here before long; ~ ***sarà inverno*** before long it will be winter; ***più ~ è, meglio è*** the sooner, the better; ***il libro sarà ~ pubblicato*** the book will be published soon; ***verremo ~ a sapere se è riuscito*** we'll soon learn whether he succeeded; ***scrivimi*** ~ write me soon; ***spero di avere ~ tue notizie*** I look forward to hearing from you; ~ ***sarà di nuovo il mio compleanno*** my birthday will soon be round again **5 al più ~** ***domani al più*** ~ tomorrow at the soonest; ***lo farò al più ~ (possibile)*** I'll do it as soon as possible; ***ho bisogno di aiuto al più*** ~ I need help fast; ***prenotate al più*** ~ please book early *o* now; ***dobbiamo chiederglielo al più*** ~ we must ask them about it soon; ***sarò a casa alle 6 al più*** ~ I won't be back till 6 o'clock at the earliest **6** MUS. presto* **II** m.inv. MUS. presto* ◆ ~ ***e bene raro avviene*** PROV. more haste less speed; ~ ***o tardi*** sooner or later; ***a ~!*** bye for now! see you soon!

presule /'prɛzule/ m. = bishop.

▷ **presumere** /pre'zumere, pre'sumere/ [23] **I** tr. to assume, to presume (**che** that); ***presumo che lei sappia*** I assume *o* presume she knows; ***domani, presumo*** tomorrow, I assume; ~ ***che qcn. sia qcs.*** to suppose sb. to be sth.; ***presumono che non sia in grado di farlo*** they just assume (that) he can't do that **II** intr. (aus. *avere*) ~ ***di sé*** to have an exalted opinion of oneself.

presumibile /prezu'mibile/ agg. presumable.

presumibilmente /prezumibil'mente/ avv. presumably, presumedly, allegedly; ***una vedova ~ ricca*** a supposedly wealthy widow.

presuntivamente /prezuntiva'mente, presuntiva'mente/ avv. presumptively.

presuntivo /prezun'tivo/ agg. [*prova*] presumptive.

presunto /pre'zunto/ **I** p.pass. → **presumere II** agg. [*confessione, cospirazione, crimine, vittima*] alleged, presumed; [*polmonite, sabotaggio*] suspected; DIR. [*erede*] presumptive; [*beneficio, possessore, testimone, vantaggio*] proposed; ~ ***innocente, colpevole*** presumed innocent, guilty; ***disperso ~ morto*** missing presumed dead; ~ ***assassino*** murder suspect, alleged murderer; ***il suo ~ tentativo di...*** his alleged attempt to...

presuntuosamente /prezuntwosa'mente/ avv. presumptuously, conceitedly, overweeningly; ***parlare*** ~ to brag.

presuntuosità /prezuntwosi'ta/ f.inv. presumptuousness, bigheadedness COLLOQ. SPREG.

presuntuoso /prezun'twoso/ **I** agg. assuming, conceited, presumptuous, bigheaded COLLOQ. SPREG.; ***sarebbe ~ da parte tua fare*** it would be presumptuous of you to do; ***fare osservazioni -e*** to make boastful *o* conceited remarks **II** m. (f. **-a**) conceited person, bighead COLLOQ. SPREG.; ***essere un*** ~ to have a big head.

presunzione /prezun'tsjone/ f. **1** DIR. presumption; ~ ***di legge*** intendment, presumption of law; ~ ***di innocenza*** presumption of innocence; ***nella ~ che*** on the presumption that **2** *(supposizione)* presumption **3** *(boria)* conceit, conceitedness, presumption, self-importance; ***senza*** ~ without being boastful; ***essere pieno di*** ~ to have an inflated ego; ***peccare di*** ~ to be presumptuous, to pride oneself.

presupporre /presup'porre/ [73] tr. **1** *(supporre)* to postulate, to presume, to assume; ***si presuppone che lui sia d'accordo*** we presume *o* assume that he'll agree **2** *(richiedere)* to presuppose, to imply; ***quel lavoro presuppone una perfetta conoscenza del russo*** that job implies a perfect knowledge of Russian.

presupposizione /presupposit'tsjone/ f. presumption, presupposition.

presupposto /presup'posto/ m. **1** *(premessa)* assumption, presupposition; ***partendo dal ~ che...*** on the basis that; ***agire con il ~ che...*** to work on the assumption that... **2** *(condizione)* postulate, prerequisite; ***creare i -i per qcs.*** to create the necessary conditions for sth.

prêt-à-porter /prɛtapɔr'te/ **I** agg.inv. made-up, ready-made, ready-to-wear, off-the-peg, off-the-rack **II** m.inv. ready-made clothes, prêt-à-porter.

▶ **prete** /'prɛte/ m. **1** *(sacerdote)* priest, clergyman*; ***farsi*** ~ to enter the priesthood, to become a priest **2** *(scaldino)* bedwarmer ◆ ***boccone del*** ~ COLLOQ. parson's nose; ***scherzo da*** ~ = very nasty joke, lousy trick ◆◆ ~ ***operaio*** worker-priest.

pretendente /preten'dɛnte/ **I** m. e f. **1** DIR. *(a un titolo)* claimant **2** *(reale)* pretender; ~ ***al trono*** pretender to the throne **II** m. *(corteggiatore)* suitor, admirer.

▶ **pretendere** /pre'tɛndere/ [10] **I** tr. **1** *(esigere)* to claim [*parte*]; to demand [*attenzione, pagamento*]; to exact [*obbedienza, riscatto*]; ~ ***che qcn. faccia*** to demand that sb. do; ~ ***qcs. da qcn.*** to demand sth. for sb.; ~ ***troppo da qcn.*** to overtax sb.; ~ ***di essere ubbidito*** to expect to be obeyed, to demand *o* exact obedience; ~ ***la luna*** to expect the earth; ***pretende, giustamente, che*** she claims, quite rightly, that; ~ ***rispetto*** to stand on one's dignity, to demand respect; ~ ***la restituzione dei propri soldi*** to demand one's money back; ***non si può ~ che io sappia tutto*** I can't be expected to know everything **2** *(presumere)* to pretend, to think*; ~ ***di fare*** to purport to do; ~ ***di sapere, di capire*** to pretend to know, understand; ***non pretendo di essere un esperto*** I don't set myself up, I don't claim to be an expert; ***non ho mai preteso che fosse un'analisi seria*** I never intended it to be a serious analysis; ***pretende di imparare una lingua in poche settimane*** he claims he's able to learn a language in a few weeks; ***Francesca ~ di essere più intelligente di sua sorella*** Francesca thinks she's more intelligent than her sister **II** intr. (aus. *avere*) to pretend; ~ ***al trono*** to pretend *o* lay claim to the throne.

pretensionatore /pretensjona'tore/ m. seatbelt tensioner.

pretensione /preten'sjone/ f. **1** ANT. LETT. *(pretesa)* claim **2** *(alterigia)* arrogance.

pretensiosità /pretensjosi'ta/ → **pretenziosità.**

pretensioso /preten'tsjoso/ → **pretenzioso.**

pretenziosamente /pretentsjosa'mente/ avv. pretentiously.

pretenziosità /pretentsjosi'ta/ f.inv. pretentiousness.

pretenzioso /preten'tsjoso/ agg. [*gesto, performance, persona*] pretentious, camp; [*idee, modi*] highfalutin(g); [*casa*] ostentatious.

preterintenzionale /preterintentsjo'nale/ agg. DIR. ***crimine*** ~ crime in excess of intention; ***omicidio*** ~ involuntary manslaughter.

preterintenzionalità /preterintentsjonali'ta/ f.inv. DIR. = legal requirement to consider a crime as done in excess of intention.

preterito /pre'tɛrito/ **I** agg. LETT. *(passato)* preterite, bygone **II** m. **1** LING. preterite; ***al*** ~ in the preterite **2** COLLOQ. SCHERZ. *(deretano)* behind, posterior.

preterizione /preterit'tsjone/ f. preterition.

pretermissione /pretermis'sjone/ f. pretermission.

preternaturale /preternatu'rale/ agg. preternatural.

▷ **pretesa** /pre'tesa/ f. **1** *(aspirazione)* claim, demand, pretension; ***senza -e*** [*persona, costruzione, maniere*] unassuming; [*gusti, musica*] middlebrow; [*romanzo*] unambitious; ***avere la ~ di fare*** to purport to do, to have pretensions to doing, to claim to do; ***avere grandi -e*** to have high standards; ***sono di poche -e*** their demands are few, they have low standards; ***la sua ~ di essere in grado di fare*** his claim(s) to be able to do **2** *(rivendicazione)* claim; ***rivendicare*** o ***avanzare -e a*** to make claims to, to lay claim to [*titolo, trono*]; ***rinunciare alle proprie -e*** to withdraw a claim.

pretesco, pl. **-schi, -sche** /pre'tesko, ski, ske/ agg. SPREG. sanctimonious.

pretesta /pre'tɛsta/ f. (toga) praetexta.

▷ **pretesto** /pre'tɛsto/ m. **1** *(scusa)* pretext, excuse, put-off (**per** for; **per fare** for doing); ***solamente come ~*** purely as a pretext; ***era solo un ~*** it was just a blind; ***addurre un ~*** to advance an excuse; ***con il ~ di fare qcs.*** under cover of doing sth., in the guise of doing sth., on *o* under the pretence of doing sth.; ***con il ~ di qcs.*** under cover of sth. **2** *(appiglio)* peg, opportunity; ***usare qcs. come un ~ per introdurre un discorso*** to use sth. as a peg to hang a discussion on; ***fornire un ~ a qcn. per fare qcs.*** to give sb. a chance to do sth.

pretestuosamente /pretestuosa'mente/ avv. with excuses.

pretestuosità /pretestuosi'ta/ f.inv. SPREG. spuriousness; ***la ~ di questa scusa è evidente*** this is clearly an excuse.

pretestuoso /pretestu'oso/ agg. [*scusa, motivazione*] spurious, specious.

pretino /pre'tino/ **I** agg. SPREG. priest-like, priestly **II** m. *(giovane prete)* young priest.

▷ **pretore** /pre'tore/ ♦ ***18, 1*** m. **1** DIR. magistrate, lower court judge **2** STOR. praetor.

pretoriano /preto'rjano/ m. **1** STOR. praetorian **2** FIG. SPREG. henchman*.

pretorio, pl. **-ri**, **-rie** /pre'tɔrjo, ri, rje/ **I** agg. STOR. praetorian; ***coorte -a*** praetorian guard **II** m. STOR. praetorium*.

prettamente /pretta'mente/ avv. purely, typically.

pretto /'prɛtto/ agg. plain, pure; ***è la -a verità*** it's the honest *o* literal *o* simple truth.

pretura /pre'tura/ f. **1** DIR. magistrate's court **2** STOR. praetorship.

prevalente /preva'lɛnte/ agg. *(predominante)* [*opinione*] dominant, predominant, prevalent; *(principale)* foremost, principal; ***venti -i da*** METEOR. prevailing winds from.

prevalentemente /prevalente'mente/ avv. predominantly, chiefly, mainly; ***cielo ~ sereno*** mainly clear skies; ***influenzato ~ da*** predominantly influenced by.

▷ **prevalenza** /preva'lɛntsa/ f. predominance, preponderance; ***in ~*** predominantly, chiefly, mainly; ***i fiori erano in ~ rosa*** the flowers were predominantly pink; ***si distingue dai governi precedenti per la ~ di ministri al di sotto dei 60 anni di età*** it differs from previous governments in the preponderance of ministers below the age of 60.

▷ **prevalere** /preva'lere/ [96] intr. (aus. *avere, essere*) **1** *(imporsi)* to predominate, to preponderate (**su** over); ***fare ~ il proprio punto di vista*** to drive home one's point of view **2** *(vincere)* [*abilità, buonsenso, virtù, vizio*] to prevail (**su** against); ***è prevalso il buonsenso*** sanity prevailed; ***i vantaggi prevalgono sugli svantaggi*** the advantages outweigh the disadvantages **3** *(dominare)* [*argomento, questione*] to dominate; ***tale è il sentimento che prevale nell'opinione pubblica*** this is the prevailing public mood; ***in questo autore l'emozione prevale sulla riflessione*** in this author's work emotion prevails over thought; ***in lui prevale l'immaginazione*** with him, imagination is all-important *o* of prime importance **4** *(avere la meglio)* ***~ sul nemico*** to beat the enemy.

prevaricare /prevari'kare/ [1] intr. (aus. *avere*) to abuse one's power.

prevaricatore /prevarika'tore/ m. (f. **-trice** /tritʃe/) person who abuses his power.

prevaricazione /prevarikat'tsjone/ f. misuse of power (anche DIR.).

▶ **prevedere** /preve'dere/ [97] tr. **1** *(supporre)* to forecast*, to foresee* [*reazione, risultato*]; ***è difficile ~ chi vincerà le elezioni*** it is hard to judge who will win the election; ***possiamo ~ con sicurezza che*** it is safe to predict that; ***è previsto un calo degli investimenti*** investment is forecast to fall; ***l'inizio dei lavori è previsto per il 23 marzo*** the work is scheduled to start on 23 March; ***si prevede pioggia per domani*** METEOR. the outlook for tomorrow is rain; ***per domani è previsto bel tempo*** METEOR. sunshine is forecast for tomorrow **2** DIR. AMM. *(contemplare)* [*accordo, clausola, legge*] to provide for; ***la legge prevede che qcs. sia fatto*** the law provides for sth. to be done; ***una delle condizioni del contratto prevede 37 ore lavorative settimanali*** it is a condition of the contract that you work 37 hours per week **3** *(pianificare)* to calculate, to anticipate [*conseguenze, effetti, probabilità*]; ***il progetto generale prevede di fare*** the general plan is to do **4** *(aspettarsi)* to anticipate [*problema, ritardo, vittoria*]; ***~ le mosse di qcn.*** to outguess sb.; ***prevedo che perderò*** I expect I'll lose; ***prevedono una grande affluenza*** they are anticipating large crowds; ***non potevo ~ che cambiasse idea*** I couldn't have foreseen he would change his mind.

▷ **prevedibile** /preve'dibile/ agg. foreseeable, expectable, predictable; ***una reazione ~*** an unsurprising reaction; ***sei così ~*** you're so predictable.

prevedibilità /prevedibili'ta/ f.inv. predictability.

prevedibilmente /prevedibil'mente/ avv. unsurprisingly.

preveggente /preved'dʒɛnte/ agg. foresighted.

preveggenza /preved'dʒɛntsa/ f. second sight; ***avere il dono della ~*** to have (the gift of) second sight.

prevendita /pre'vendita/ f. advance sale.

prevenire /preve'nire/ [107] tr. **1** *(anticipare)* to anticipate, to forestall [*evento, desiderio, gesto, persona*]; to head off [*domanda, lamentela*] **2** *(preavvertire)* to warn; ***~ la popolazione dei rischi di esplosione*** to warn the population about the risks of explosion **3** *(influenzare negativamente)* to prejudice; ***lo hanno prevenuto contro di me*** he has been prejudiced against me **4** *(evitare)* to prevent [*malattia*]; to avert [*crisi, critica, disastro*]; ***~ la carie*** to prevent decay ♦ ***~ è meglio che curare*** PROV. prevention is better than cure, better safe than sorry.

preventivamente /preventiva'mente/ avv. preventively.

preventivare /preventi'vare/ [1] tr. **1** to estimate, to budget; ***non avevo preventivato la spesa di una nuova automobile*** I hadn't budgeted for a new car **2** FIG. *(mettere in conto)* to plan.

▷ **preventivo** /preven'tivo/ **I** agg. **1** [*azione*] anticipative, precautionary, preventive; [*attacco*] MIL. pre-emptive **2** DIR. [*carcerazione*] preventive **II** m. COMM. estimate, quotation, quote; ***un ~ più alto, basso*** a higher, lower estimate; ***fare un ~ per qcs.*** to put in an estimate for sth., to estimate for sth.; ***ci hanno fatto un ~ di 500 euro per la riparazione della macchina*** they quoted us 500 euros for repairing the car; ***mettere in ~*** to budget.

prevenuto /preve'nuto/ **I** p.pass. → **prevenire II** agg. prejudiced, biased; ***essere ~ nei confronti di*** to be biased against; ***guardare qcs. con animo ~*** to look on sth. with a jaundiced eye **III** m. (f. **-a**) DIR. ***il ~*** the accused.

prevenzione /preven'tsjone/ f. **1** *(azione preventiva)* prevention; ***~ del crimine, degli incendi*** crime, fire prevention; ***~ degli incidenti stradali, degli infortuni*** accident prevention; ***la battaglia per la ~ dell'AIDS*** the battle to prevent AIDS **2** *(pregiudizio)* bias, prejudice ♦♦ ***~ generale*** DIR. deterrence.

preverbo /pre'vɛrbo/ m. preverb.

previamente /prevja'mente/ avv. previously.

previdente /previ'dɛnte/ agg. far-sighted, long-sighted, forehanded, provident FORM.

▷ **previdenza** /previ'dɛntsa/ f. **1** *(prudenza)* far-sightedness, long-sightedness, providence FORM. **2** *(assistenza)* ***~ sociale*** welfare services, social security; ***fondo di ~*** provident fund, national insurance fund; ***sistema di ~ sociale*** welfare system; ***vivere con il sussidio di ~*** to live off social security BE, to be (living) on welfare AE; ***ministero della ~ sociale*** = (*in GB*) Department of Social Security (*negli USA*) Department of Health and Human Services.

previdenziale /previden'tsjale/ agg. social security attrib.; ***contributi -i*** National Insurance contributions.

previo, pl. **-vi**, **-vie** /'prɛvjo, vi, vje/ agg. ***-a sua approvazione*** subject to his approval; ***~ accordo*** subject to agreement; ***~ appuntamento*** by appointment; ***~ pagamento*** against *o* upon payment.

previsionale /previsjo'nale/ agg. previsional; ***decisione ~*** planning decision.

▷ **previsione** /previ'zjone/ f. **1** foresight, expectation, prediction, prevision; ***fare delle -i*** to forecast; ***in ~ di fare*** with a view to doing; ***in ~ del disastro imminente*** in contemplation of the imminent disaster; ***contro tutte le -i*** against all expectation(s); ***essere cauto nel fare -i*** to be circumspect about predicting; ***è in linea con le -i*** it is in line with expectation(s); ***vincere contro ogni ~*** to win against the odds; ***le -i dicono che ci sarà il sole*** the outlook is sunny **2** COMM. ECON. forecast ♦♦ ***~ di spesa*** AMM. estimate; ***~ degli utili*** profit(s) forecast; ***~ delle vendite*** sales forecast; ***-i di bilancio*** budget forecast; ***-i economiche*** COMM. ECON. economic forecasting; ***-i meteorologiche*** o ***del tempo*** weather forecast(ing).

previsto /pre'visto/ **I** p.pass. → **prevedere II** agg. [*attacco, reazione, vendite*] expected; [*caduta, crescita, deficit, domanda, cifra, somma*] estimated; [*condizioni d'uso*] intended; ***come ~*** *(come annunciato)* as anticipated; *(secondo i piani)* according to plan *o* schedule; ***durata -a*** TECN. life expectancy; ***tempo ~*** time-frame; ***ora -a d'arrivo, di partenza*** estimated time of arrival, departure; ***salvo nei casi -i*** DIR. AMM. except as provided; ***entro i termini -i*** within the allotted time; ***le cifre -e sono...*** the projected figures are...; ***ci sono cinque argomenti -i nel programma di storia*** there are five set topics on the history syllabus; ***non era ~*** that wasn't meant to happen **III** m. what is expected, expectation; ***più, peggio del ~*** more, worse than expected; ***la riunione è durata molto più del ~*** the meeting took much longer than expected; ***la conferenza è durata un'ora più del ~*** the lecture overran by an hour; ***spendere meno del ~*** AMM. ECON. to underspend.

prevocalico, pl. **-ci**, **-che** /prevo'kaliko, tʃi, ke/ agg. prevocalic.

prevosto /pre'vɔsto/ m. provost.

prevostura /prevos'tura/ f. provostship.

preziosamente /prettsjosa'mente/ avv. richly; ***custodire ~ un ricordo*** to cherish a memory.

preziosismo /prettsjo'sizmo/ m. *(ricercatezza)* refined detail, preciosity (anche LETTER.).

preziosità /prettsjosi'ta/ f.inv. **1** *(valore materiale)* invaluableness, pricelessness, value **2** *(ricercatezza)* refinement.

▶ **prezioso** /pret'tsjoso/ **I** agg. **1** *(di valore)* [*metallo, pietra*] precious; [*regalo*] valuable **2** *(utile)* [*aiuto, consiglio, esperienza*] invaluable; [*bene, lezione, risorsa, tempo*] valuable, precious; [*contributo, opinione*] valued; ***il tempo è ~*** time is at a premium; ***essere un ~ rimedio nel trattamento di*** to be valuable in treating [*malattia*]; ***la biblioteca è una risorsa -a*** the library is a valuable resource; ***fermarsi voleva dire perdere secondi -i*** stopping meant losing vital seconds **3** *(caro)* [*ricordo*] treasured **4** *(affettato)* [*stile*] precious **II preziosi** m.pl. *(gioielli)* jewellery BE sing., jewelry AE sing. ◆ ***fare il ~*** to play hard to get.

prezzare /pret'tsare/ [1] tr. **1** *(indicare il prezzo di)* to put* price tags on **2** *(attribuire un prezzo a)* to price [*prodotto*].

prezzario, pl. **-ri** /pret'tsarjo, ri/ m. price list.

prezzatrice /prettsa'tritʃe/ f. pricing machine.

prezzatura /prettsa'tura/ f. pricing.

▷ **prezzemolo** /pret'tsemolo/ m. parsley ◆ ***essere come il ~*** to turn up like a bad penny.

▶ **prezzo** /'prɛttso/ m. **1** *(costo)* price, cost, value; *(tariffa)* fare, money, rate; ***~ del biglietto aereo, del treno, dell'autobus*** air, train, bus fare; ***~ della corsa*** *(di taxi)* taxi fare; ***a un ~ alto*** at great cost; ***a basso ~*** at a low price; ***a ~ ridotto*** on the cheap; ***a -i competitivi, interessanti, accessibili*** at competitive, attractive, affordable prices; ***(a) ~ stracciato*** dirt cheap COLLOQ.; ***i -i sono tutto compreso*** prices are all-inclusive; ***la colazione è compresa nel ~*** breakfast is included in the price; ***blocco*** o ***congelamento dei -i*** price freeze; ***fissazione dei -i*** price fixing; ***rialzo dei -i*** price rise; ***al ~ di 100 euro*** at a cost of 100 euros; ***il ~ al chilo, a persona*** the price per kilo, head; ***alzare, abbassare i -i*** to put up prices, to cut *o* mark down prices; ***tirare sul ~*** to bargain, to haggle; ***chiedere il ~ di qcs.*** to ask the price of sth.; ***vendere qcs. a un buon ~*** to sell sth. at *o* for a good price; ***fate il vostro ~*** name your price; ***questa spilla non ha ~*** this brooch is priceless; ***i -i sono aumentati*** prices have risen *o* increased; ***le automobili sono aumentate, scese di ~*** cars have gone up, fallen in price; ***pagare qcs. a caro ~*** FIG. to pay dearly, to pay a high price for sth.; ***ogni cosa ha il suo ~*** FIG. you can't expect a free ride, nothing is for nothing; ***il ~ del silenzio*** COLLOQ. FIG. hush money **2** *(cartellino)* price label, price tag; ***su alcuni articoli non c'era il ~*** certain items were unpriced **3** *(sacrificio)* price, cost; ***il ~ di vite umane è stato alto*** the cost in human lives was great; ***è il ~ che si deve pagare per la fama*** that's the price one pays for being famous; ***puoi raggiungere il successo, ma a che ~?*** you can achieve success, but at a price! ***vuole riuscire nella vita, a qualsiasi ~*** she wants to get on in life, at any price; ***la perdita dell'indipendenza è stata un caro ~ da pagare per la pace*** loss of independence was a high price to pay for peace; ***nessun ~ sarebbe troppo caro pur di ottenere il loro sostegno*** no price is too high for winning their support **4** *(valore affettivo, morale)* price, value; ***l'amicizia non ha ~*** you can't put a price *o* value on friendship ◆◆ ***~ d'acquisto*** purchase price; ***~ base*** COMM. reserve (price), target price; *(alle aste)* upset price AE; ***~ di chiusura*** ECON. closing price; ***~ di compensazione*** making-up price; ***~ consigliato*** recommended retail price; ***~ al consumo*** consumer price; ***~ controllato*** controlled price; ***~ di copertina*** retail price; ***~ di costo*** cost price; ***~ di domanda*** ECON. bid price; ***~ di equilibrio*** COMM. AMM. break-even price; ***~ di fabbrica*** factory price; ***~ fisso*** set price; ***menu a ~ fisso*** fixed *o* set menu; ***~ forfettario*** lump-sum price; ***~ garantito*** guaranteed price; ***~ all'ingrosso*** wholesale price; ***~ intero*** full price; ***~ di listino*** list price; ***~ massimo*** COMM. ECON. ceiling price; ***~ di mercato*** market price; ***~ migliore*** premium price; ***~ minimo*** *(alle aste)* reserve price BE; ***~ al minuto*** retail price; ***~ netto*** net price; ***~ nominale*** nominal price; ***~ d'occasione*** bargain price; ***~ di offerta*** COMM. asking *o* offer price; ***~ di produzione*** output price; ***~ di riferimento*** benchmark; ***~ tutto compreso*** ECON. overheaded price; ***~ di vendita*** sale price, selling price; ***~ ufficiale*** COMM. AUT. sticker price; ***~ unitario*** COMM. unit price; ***-i correnti*** prices current.

prezzolare /prettso'lare/ [1] tr. to hire [*sicario, spia*].

prezzolato /prettso'lato/ **I** p.pass. → **prezzolare II** agg. [*sicario, spia*] hired; [*giornalista, stampa*] mercenary; ***killer ~*** contract killer.

PRI /piɛrre'i, pri/ m. (⇒ Partito Repubblicano Italiano) = Italian Republican Party.

pria /'pria/ ANT. LETT. → **1.prima**.

Priamo /'priamo/ n.pr.m. Priam.

priapeo /pria'pɛo/ agg. priapic.

priapismo /pria'pizmo/ ❯ **7** m. priapism.

Priapo /'priapo/ n.pr.m. Priapus.

▶ **prigione** /pri'dʒone/ f. prison, jail; ***essere, andare in ~*** to be in, go to jail *o* prison; ***è stato condannato a tre anni di ~*** he received a three-year sentence, he was sentenced to three years' imprisonment; ***evadere di ~*** to break out of prison, to escape from custody; ***mandare, mettere qcn. in ~*** to send sb. to prison, to put sb. in prison; ***fare*** o ***scontare tre anni di ~*** to go to jail for three years, to serve three years; ***uscire di ~*** to get out of prison; ***essere mandato, sbattuto in ~*** to be consigned to, to be cast into prison; ***vivere in una ~ dorata*** FIG. to be a bird in a gilded cage; ***quella casa era per lei una ~*** her house felt like a prison ◆◆ ***~ militare*** military prison, stockade AE.

prigionia /pridʒo'nia/ f. **1** *(reclusione)* captivity, detention, imprisonment; ***campo di ~*** prison camp, prisoner of war camp **2** FIG. LETT. yoke, prison; ***la ~ del peccato*** the enslavement *o* yoke of sin.

▶ **prigioniero** /pridʒo'njɛro/ **I** agg. captive, imprisoned; ***palla -a*** GIOC. = team game where players hit by the ball become the prisoners of the opposite team **II** m. (f. **-a**) captive, prisoner; ***fare qcn. ~*** to take sb. captive *o* prisoner; ***tenere qcn. ~*** to hold sb. captive *o* prisoner ◆◆ ***~ di guerra*** prisoner of war; ***~ politico*** political prisoner *o* detainee.

prillare /pril'lare/ [1] intr. REGION. (aus. *avere*) to spin* (round), to twirl (round).

▶ **1.prima** /'prima/ **I** avv. **1** *(nel tempo)* before, beforehand, in advance; ***come ~*** as before; ***~ e dopo*** before and after; ***molto ~*** long before; ***meno, più di ~*** less, more than before; ***sei settimane ~*** six weeks before; ***era stato là due mesi ~*** he had been there two months before; ***sei già stato in India ~?*** have you been to India before? ***non ci sono mai stato ~*** I had never been there before; ***avresti dovuto dirmelo ~*** you should have told me before; ***i giornalisti lo sapevano già da ~*** journalists knew beforehand; ***come si fa a saperlo ~?*** how can one know in advance? ***li avevamo visti cinque minuti ~*** we had seen them five minutes beforehand; ***avrebbe dovuto essere fatto ~*** it should have been done before; ***telefonami se hai bisogno ~*** phone if you need me before then **2** *(un tempo)* once; ***~ andavo a scuola in bici*** once I used to cycle to school; ***non è più quello di ~*** he's a shadow of his former self **3** *(in primo luogo, per prima cosa)* first; ***~ le cose importanti*** first things first; ***~ dobbiamo decidere*** first we must decide; ***~ le signore*** ladies before gentlemen; ***~ le donne e i bambini*** women and children first; ***~ mescolate le uova e lo zucchero*** first mix the eggs and sugar **4** *(più presto)* earlier, sooner; ***domani, se non ~*** tomorrow, if not sooner; ***~ possibile, quanto ~*** as soon as possible; ***~ è meglio è*** the sooner the better; ***se l'avessi saputo ~*** had I only known it before(hand); ***non puoi arrivare a casa ~?*** can't you get home earlier? **5** *(nello spazio)* before; ***due pagine ~*** two pages back **6** *(in una gerarchia)* before; ***~ tu!*** you go first! **7 di prima** former, previous; ***gli inquilini di ~*** the former *o* previous tenants; ***com'è il tuo lavoro rispetto a quello di ~?*** how does this job compare with your last one? **8 prima di** *(nel tempo)* before, until, previous to; *(nello spazio)* before; ***partire ~ di qcn.*** to leave before sb.; ***~ della mia partenza*** before my leaving, before I left; ***~ di notte*** before dark; ***il giorno ~ del colloquio*** the day before the interview; ***~ di fare*** before doing; ***~ di andare, vorrei dire che*** before I go *o* before going, I would like to say that; ***me ne sono andata ~ della fine*** I left before the end; ***non mi era mai successo ~ d'ora*** it had never happened before; ***poco ~ di mezzanotte*** shortly before midnight; ***non sarà pronto ~ della settimana prossima*** it won't be ready until next week; ***non saprò niente ~ di martedì*** I won't know until Tuesday; ***non si vedevano da ~ della guerra*** they hadn't met since before the war; ***"agitare ~ dell'uso"*** "shake before use"; ***è arrivata mezz'ora ~ degli altri*** she arrived half an hour in advance of the others; ***~ di tutto*** first (of all); ***~ di abitare qui, lui...*** previous to living here, he...; ***il tuo nome è ~ del mio nella lista*** your name comes before *o* is above mine on the list; ***la G viene ~ della H nell'alfabeto*** G comes before H in the alphabet; ***per lui il lavoro viene ~ di tutto*** for him, work comes before everything; ***molto, appena ~ del ponte*** well, just before the bridge; ***~ dell'incrocio giri a sinistra*** turn left before the crossroads **9 prima che** before; ***ci volle un po' di tempo ~ che riuscisse di nuovo a camminare*** it was some time before she was able to walk again; ***era molto ~ che tu nascessi*** it was long before your time, it was well before you were born; ***ah, ~ che mi dimentichi, ti sei ricordato di imbucare la lettera?*** oh, before I forget, did you remember to post that letter?

uscite, ~ che chiami la polizia! get out of here before I call the police! **II** agg.inv. *(precedente)* before, back, previous; ***il giorno, la settimana, il mese ~*** the day, the week, the month before, the previous day, week, month; ***la mattina ~*** the previous morning; ***questa pagina e quella ~*** this page and the one before; ***prendere il treno ~*** to catch the earlier train.

2.prima /'prima/ f. **1** SCOL. first year, first form BE; ***faccio la ~*** I'm in the first year *o* form **2** TEATR. CINEM. première, opening (night), first (night); ***~ mondiale*** world première *o* first **3** MUS. prime, unison **4** COREOGR. first position **5** AUT. first gear, bottom gear BE; ***essere in ~*** to be in first; ***ingranare*** o ***mettere la ~*** to change *o* shift AE into first (gear), to put a car into first gear **6** *(su treni, ecc.)* first class; ***biglietto di ~*** first class ticket; ***viaggiare in ~*** to travel first class **7** SPORT *(nell'alpinismo)* first ascent; *(nella scherma)* prime; ***punizione di ~*** *(nel calcio)* direct free kick; ***giocare la palla di ~*** to play the ball first time **8** RELIG. *(ora)* prime.

prima donna /prima'dɔnna/ f. TEATR. CINEM. leading lady, prima donna; ***fare la ~*** FIG. to be a (real) prima donna.

> **Prima repubblica** This is the name given to the system of political power, often based on corruption and the illegal financing of parties, which collapsed in 1992-93 following the scandals which emerged from the *Mani pulite* inquiry, but also because of the fading of the ideological contrasts of the Cold War. The major government parties of the time, including in particular the *Democrazia Cristiana* (Christian Democrats) and the *Partito Socialista* (Socialist Party), were disbanded and new parties which are still active today took their place (see ***Mani pulite, Partiti politici***).

primariamente /primarja'mente/ avv. in the first place, first and foremost.

primariato /prima'rjato/ m. top post of a clinician, consultancy BE.

primario, pl. **-ri, -rie** /pri'marjo, ri, rje/ **I** agg. **1** *(principale)* elemental, primary; ***essere di -a importanza*** to be of paramount *o* primary *o* prime importance; ***una società di -a importanza*** a major company; ***colore ~*** primary colour; ***infezione -a*** primary infection; *(elementare)* ***scuola -a*** primary school **2** EL. primary; ***avvolgimento ~*** primary coil **3** ECON. primary; ***settore ~*** primary industry *o* sector **4** GEOL. [*roccia*] primary **5** ZOOL. primary; ***penna -a*** primary (feather) **II** m. **1** MED. top clinician, consultant BE **III primarie** f.pl. POL. *(negli USA) (elezioni)* primary election sing.

1.primate /pri'mate/ m. RELIG. primate, Primate; ***il ~ d'Inghilterra*** the Primate of all England.

2.primate /pri'mate/ m. ZOOL. primate.

primaticcio, pl. **-ci, -ce** /prima'tittʃo, tʃi, tʃe/ agg. [*fiore, frutto*] early; [*pianta*] forward.

primatista, m.pl. **-i**, f.pl. **-e** /prima'tista/ m. e f. record-breaker, record holder.

▷ **primato** /pri'mato/ m. **1** *(preminenza)* primacy, supremacy; ***avere il ~*** to have primacy **2** RELIG. primacy, Primacy; ***~ papale*** papal supremacy **3** SPORT record; ***stabilire, detenere un ~*** to set, hold a record; ***ha migliorato il ~ mondiale di dieci secondi*** she cut ten seconds off the world record.

▶ **primavera** /prima'vɛra/ ♦ ***32*** f. **1** *(stagione)* spring, springtime; ***in ~*** in the spring *o* springtime; ***equinozio di ~*** spring *o* vernal equinox; ***c'è aria di ~*** spring is in the air; ***è arrivata la ~*** spring has sprung; ***pulizie di ~*** spring-cleaning; ***nella ~ della vita*** FIG. in the prime of life; ***collezione ~-estate*** spring-summer collection **2** SCHERZ. COLLOQ. *(anno)* summer, winter; ***ha parecchie -e*** he is no spring chicken; ***un giovane con sedici -e alle spalle*** LETT. a youth of sixteen summers **3** SPORT *(squadra giovanile)* youth team, boys team, excellence **4** BOT. ***~ odorosa*** cowslip; ***~ maggiore*** oxlip **5** GASTR. ***involtino ~*** spring roll ◆ ***una rondine non fa ~*** PROV. one swallow doesn't make a summer.

primaverile /primave'rile/ agg. [*fiore, giornata, sole, tempo*] spring attrib.

primazia /primat'tsia/ f. RELIG. primateship.

primeggiare /primed'dʒare/ [1] intr. (aus. *avere*) to excel (**in** at, in; **nel fare** at, in doing); ***~ nel proprio campo*** to lead in one's field; ***vuole sempre ~*** she always wants to be first.

primiero /pri'mjɛro/ agg. ANT. first.

primigenio, pl. **-ni, -nie** /primi'dʒɛnjo, ni, nje/ agg. primigenial.

primina /pri'mina/ f. COLLOQ. = first year of elementary school for children under the age of six, before moving on by examination to the second year in a state school.

primipara /pri'mipara/ **I** agg.f. primiparous **II** f. primipara.

primitiva /primi'tiva/ f. MAT. primitive.

primitivamente /primitiva'mente/ avv. primitively.

primitivismo /primiti'vizmo/ m. primitivism.

primitività /primitivi'ta/ f.inv. primitiveness.

▷ **primitivo** /primi'tivo/ **I** agg. **1** *(originario)* [*significato, stato*] primary **2** ANTROP. primitive; ***l'uomo ~*** primitive Man; ***gli uomini -i*** early men; ***la vita allo stadio ~*** primordial life **3** *(poco evoluto)* primitive, barbaric; [*forma di vita*] simple; ***sembra ~ per gli standard occidentali*** it seems primitive by western standards **4** *(rudimentale)* [*attrezzo*] rudimentary **5** MAT. primitive **6** LING. primitive; ***lessema ~*** root word **II** m. (f. **-a**) **1** primitive **2** ART. primitive.

▷ **primizia** /pri'mittsja/ f. **1** firstling, first fruits pl. **2** FIG. *(notizia)* titbit, hot news **U**, scoop.

▶ **primo** /'primo/ ♦ ***26*** **I** agg. **1** *(in una serie, in un gruppo)* first; *(tra due)* former; ***le -e tre pagine, persone*** the first three pages, people, the three first pages, people; ***le -e tre vie*** the first three streets; ***i -i gradini della scala*** the first few steps of the stairs; ***i -i minuti*** the first few minutes; ***il ~ scalino*** the bottom stair; ***~ piano*** first floor BE, second floor AE; ***"libro ~"*** "book one"; ***la -a persona a fare*** the first person to do; ***articolo ~ del codice penale*** first article of the penal code; ***la mia -a automobile (in assoluto)*** my first car ever; ***non male come ~ tentativo!*** not bad for a first attempt! ***essere tra i -i tre*** to be in the top three; ***il ~ esercizio è semplice, il secondo è complesso*** the former exercise is simple, the latter is complex; ***per la -a volta*** for the first time; ***per la -a e ultima volta*** for the first and last time; ***è la -a volta che vengo qui*** this is the first time I've been here, it's my first time here; ***è la -a volta che lo sento!*** that's the first I've heard of it! ***non era la -a volta che lo avvertivo che*** I warned him not for the first time; ***lo incontrai a Oxford per la -a volta*** I first met him in Oxford; ***per -a cosa domani telefono*** I'll ring first thing tomorrow; ***ha passato l'esame di guida al ~ colpo*** she passed her driving test first time round; ***-a pagina*** front page; ***finire in -a pagina*** to hit the headlines; ***essere una notizia da -a pagina*** to be front page news **2** *(nel tempo)* early; ***nel ~ pomeriggio*** in the early afternoon, early in the afternoon; ***i -i romanzi dell'autore*** the author's early novels; ***un Picasso -a maniera*** an early Picasso, an example of Picasso's early work; ***in una delle sue -e apparizioni*** in an early role, in one of his early roles; ***i*** o ***nei -i tempi andava tutto bene*** at first things went well; ***nei -i anni '60*** in the early 60's **3** *(prossimo)* first, next; ***deve scendere alla -a fermata*** you must get off at the next stop; ***prendere il ~ treno, volo*** to leave on the first train, flight **4** *(per superiorità)* foremost; ***di -a classe*** first class; ***di prim'ordine*** [*artista, scrittore*] leading, top; ***essere il ~*** [*alunno, studente*] to be top; ***di -a scelta*** prime, select; ***la frutta di -a scelta*** the pick of the crop; ***il ~ produttore mondiale di vino*** the world leading wine producer; ***un articolo di -a necessità*** an article of prime necessity; ***essere al ~ posto*** to be in the *o* have the lead; ***mettere il proprio lavoro al ~ posto*** to put one's work first; ***materia -a*** raw material **5** LING. ***-a persona singolare, plurale*** first person singular, plural; ***scritto in -a persona*** written in the first person **6** MIL. ***-a linea*** forward troops; ***essere in -a linea*** FIG. to be first in the firing line, to be in the forefront, to be in BE *o* on AE the front line **7** FILOS. [*verità, causa*] first; ***principio ~*** first principle; ***~ motore*** prime mover **8** *(nelle parentele)* first; ***cugino ~*** first cousin **9** MAT. prime; ***numero ~*** prime (number); ***equazione di ~ grado*** simple equation **10** DIR. ***omicidio di ~ grado*** murder in the first degree AE; ***figli di ~ letto*** children of the first marriage **11** TELEV. ***il ~ canale*** channel one **12 in primo luogo** to begin with, firstly, in the first instance *o* place; ***in ~ luogo non avrei dovuto dirglielo*** I wish I hadn't told her to begin with **13 sulle prime** at first, initially; ***sulle -e ho pensato che ti fossi sbagliato*** at first I thought you were mistaken **14 di primo acchito** on the face of it, at face value; ***di ~ acchito, sembra facile*** on the face of it, it sounds easy; ***di ~ acchito, sembra una buona idea*** at face value, it looks like a good idea **15 di primo piano** leading; ***un direttore, attore di ~ piano*** a leading director, actor; ***avere un ruolo di ~ piano in qcs.*** to play a prominent part *o* role in sth. **16 in primo piano** in the foreground; ***mettere qcs. in ~ piano*** to bring sth. to the fore, to foreground sth., to bring sth. into sharp focus; ***la questione dovrebbe essere portata in ~ piano*** the issue should be brought to the forefront **II** m. (f. **-a**) **1** *(in una successione)* first; *(tra due)* former; ***lei è il ~ a dirmelo*** you are the first to tell me; ***sarebbe la -a a lamentarsi, ad ammetterlo*** she'd be the first to complain, to admit it; ***fu tra i -i ad arrivare*** he was one of *o* among the first to arrive; ***scegliere per ~*** to get the first pick; ***preferisco il ~*** I prefer the first one; ***il ~ dei miei figli*** *(tra due)* my elder son; *(tra più di* *due)* my eldest son **2** *(in una classifica)* first; ***essere il ~*** to be the first; ***essere il ~ della classe*** to be top of the class **3** *(giorno iniziale)* first; ***il ~ (di) maggio*** the first of May; ***il ~ dell'anno*** New Year's Day **4** *(minuto primo)* minute **5** *(prima portata)* first course **6** TELEV. *(canale)* channel one **7 per primo** first; ***arrivare per ~*** to get there first **III** avv. first; ***ci sono due ragioni: ~...*** there are two reasons: first...; ***non ci andrò, ~ perché non ho tempo e poi perché non ho voglia*** I'm not going first because I'm busy and then because I don't feel like it ◆ ***a -a vista*** at first sight *o* glance; ***alle -e armi*** [*artista, professionista*] fledg(e)ling, inexpert, raw ◆◆ ***~ attore*** TEATR. principal; ***~ ballerino*** principal dancer; ***~ cittadino*** mayor; ***-a colazione*** breakfast; ***-a comunione*** First Communion; ***~ ministro*** prime minister, premier; ***~ piano*** CINEM. close-up; ***~ premio*** first prize; ***~ soccorso*** emergency *o* first aid; ***~ stadio*** primary stage; ***~ trombettiere*** trumpet major; ***~ violino*** first *o* lead violin.

primogenito /primo'dʒɛnito/ **I** agg. first-born **II** m. (f. **-a**) first-born; ***il mio ~*** my eldest; ***il loro ~*** their first-born son; ***la loro -a*** their first-born daughter.

primogenitore /primodʒeni'tore/ m. (f. **-trice** /tritʃe/) primogenitor.

primogenitura /primodʒeni'tura/ f. birthright, primogeniture.

primordiale /primor'djale/ agg. [*caos, stadio*] primordial; [*istinto*] gut, primeval; [*condizione, forza, innocenza, terrore*] primeval; [*forma di vita*] low; ***la foresta ~*** the primeval forest; ***brodo ~*** BIOL. primeval *o* primordial soup.

primordialmente /primordjal'mente/ avv. primevally, primordially.

primordio, pl. **-di** /pri'mɔrdjo, di/ m. beginning, origin; ***ai -i*** in its infancy; ***i -di della letteratura*** the dawning of literature.

primula /'primula/ f. **1** BOT. primula, primrose, cowslip; ***~ maggiore*** polyanthus **2** STOR. ***~ rossa*** Scarlet Pimpernel (anche FIG.).

primulacea /primu'latʃea/ f. primulaceous plant.

princesse /pren'sɛs/ f.inv. = simple woman's dress cut in one piece.

▶ **principale** /printʃi'pale/ **I** agg. **1** *(il più importante)* principal, main, primary; [*bisogno, fatto, tema*] basic, principal; [*messaggio, ruolo*] central; [*ragione*] principal, chief; [*fattore, candidato, sospetto*] prime; ***via ~*** main *o* high street; ***ingresso*** o ***entrata ~*** main entrance; ***sede ~*** head office, headquarters; ***partner ~*** senior partner; ***ruolo ~*** lead *o* leading role; TEATR. title role, name part; ***la ~ attrazione*** the main attraction; ***la mia ~ preoccupazione è che*** my main worry is that; ***il mio ~ difetto*** my greatest fault; ***le -i vie della droga*** the main drug routes; ***fare il ruolo ~*** to play the lead **2** LING. [*accento*] primary; [*proposizione*] principal **3** DIR. [*azione, erede, responsabilità*] principal; ***avvocato ~*** leader, leading counsel; ***essere l'avvocato ~ di*** to lead for [*accusa, difesa*] **II** m. e f. *(capo)* boss, head.

principalmente /printʃipal'mente/ avv. chiefly, mainly, primarily, principally.

principato /printʃi'pato/ **I** m. **1** *(carica)* princedom, principality **2** *(territorio)* princedom, principality; ***il ~ di Monaco*** the Principality of Monaco **II principati** m.pl. TEOL. principalities.

▶ **principe** /'printʃipe/ ♦ **1 I** m. prince (anche FIG.); ***il ~ Carlo*** Prince Charles; ***vestito come un ~*** dressed like a prince **II** agg.inv. *(principale, primo)* principal, main; ***l'argomento ~*** the main topic; ***edizione ~*** FILOL. editio princeps ◆ ***vivere come un ~*** to live like a prince *o* lord ◆◆ ***~ degli apostoli*** Prince of the Apostles; ***~ azzurro*** Prince Charming; ***~ della Chiesa*** Prince of the Church; ***~ consorte*** prince consort; ***~ elettore*** STOR. prince-elector; ***~ ereditario*** crown prince; ***~ del foro*** FIG. = outstanding barrister; ***~ di Galles*** TESS. Prince-of-Wales; ***~ reggente*** prince regent; ***~ di sangue reale*** prince of the blood; ***~ delle tenebre*** prince of darkness.

principescamente /printʃipeska'mente/ avv. in a princely way, royally.

principesco, pl. **-schi, -sche** /printʃi'pesko, ski, ske/ agg. **1** *(di principe)* princely **2** FIG. [*salario, somma, stile*] princely; ***accogliere qcn. in modo ~*** to give sb. a (right) royal welcome.

▶ **principessa** /printʃi'pessa/ ♦ **1** f. princess; ***la ~ Anna*** Princess Anne ◆ ***~ ereditaria*** crown princess.

principiante /printʃi'pjante/ **I** agg. inexperienced, inexpert **II** m. e f. beginner, novice, first-timer COLLOQ.; ***~ assoluto*** absolute beginner; ***corso per -i*** beginners' class; ***"Spagnolo per -i"*** "Spanish for beginners"; ***fortuna del ~!*** beginner's luck! ***è un ~*** SPREG. he's a greenhorn *o* learner.

principiare /printʃi'pjare/ [1] tr. e intr. (aus. *essere, avere*) LETT. to commence (**a fare** doing).

principino /printʃi'pino/ m. princeling.

▶ **principio**, pl. **-pi** /prin'tʃipjo, pi/ **I** m. **1** *(inizio, origine)* beginning, start; ***in ~*** in *o* at the beginning, at first; ***(fin) dal ~*** all along, (right) from the start; ***dal ~ alla fine*** from beginning to end, from start to finish; ***al ~ dell'universo*** at the beginning of the world; ***i -pi della civiltà*** the beginning of civilization; ***il ~ di ogni male*** the origin of all evil; ***Dio come ~ di ogni cosa*** God as the principle behind all things; ***cominciare dal ~*** to start from the beginning; ***ho un ~ di raffreddore*** I've got a cold coming on, I've got the beginnings of a cold; ***in ~ era il Verbo*** in the Beginning was the Word **2** *(regola morale)* principle, value; ***-pi morali*** morals; ***per ~*** on principle, as a matter of principle; ***in linea di ~*** in principle; ***secondo i suoi -pi*** in accordance with her principles; ***una donna di -pi*** a woman of principle; ***avere come ~ il fare*** to make it a principle to do; ***è una questione di ~*** it's the principle of the thing, it's a point *o* matter of principle; ***avere sani -pi*** to have high principles, to be principled; ***essere privo di -pi morali*** to have no morals; ***persona di nobili -pi*** high-principled person; ***agire secondo -pi*** to act on one's principles **3** *(fondamento)* principle, tenet; ***partire dal ~ che*** to work on the assumption that; ***gestito secondo -pi socialisti*** run on socialist principles **4** MAT. FIS. principle, law; ***il secondo ~ della termodinamica*** the second law of thermodynamics; ***si fonda sul ~ che l'acqua evapora*** it relies on the principle that water evaporates **5** CHIM. FARM. principle; ***i -pi attivi contenuti in un farmaco*** the active principles of a medicine **II principi** m.pl. *(rudimenti)* rudiment sing., element sing.; ***-pi di grammatica*** elements of grammar ◆ ***~ di Archimede*** Archimedes' principle; ***~ attivo*** active ingredient; ***~ di causalità*** causality; ***~ di esclusione di Pauli*** FIS. Pauli's exclusion principle; ***~ d'identità*** identical proposition; ***~ di indeterminazione*** uncertainty principle; ***~ del piacere*** pleasure principle; ***~ primo*** first principle; ***~ di realtà*** PSIC. reality principle; ***-i di base*** ground rules.

prione /pri'one/ m. prion.

priora /pri'ora/ f. prioress.

priorato /prio'rato/ m. priorate, priorship.

priore /pri'ore/ m. prior.

prioria /prio'ria/ f. priorate.

priorità /priori'ta/ f.inv. **1** *(importanza)* priority **U**, precedence, previousness; ***in ordine di ~*** in order of priority; ***avere la ~ su qcs.*** to have first call on sth., to have *o* take priority over sth. **2** *(fatto più importante)* priority; ***essere, non essere tra le proprie ~*** to be high, to be low on one's list; ***elencate le ~ in ordine di importanza*** list the priorities in order of importance.

prioritariamente /prioritarja'mente/ avv. with priority.

prioritario, pl. **-ri, -rie** /priori'tarjo, ri, rje/ agg. **1** *(più importante)* overriding, prior; [*caso, chiamata, debito, spesa*] priority attrib.; ***la sicurezza costituisce il fattore ~*** safety is the overriding consideration **2** *(più veloce)* ***posta -a*** = first-class (mail); ***francobollo per posta -a*** = first-class stamp.

prisco, pl. **-schi, -sche** /'prisko, ski, ske/ agg. LETT. ancient.

prisma /'prizma/ m. prism; ***~ polarizzatore*** polarizer.

prismatico, pl. **-ci, -che** /priz'matiko, tʃi, ke/ agg. prismatic(al).

prismoide /priz'mɔide/ m. prismoid.

pristino /'pristino/ agg. LETT. pristine, former.

pritaneo /prita'nɛo/ m. prytaneum.

privacy /'praivasi, 'privasi/ f.inv. privacy; ***violare la ~ di qcn.*** to encroach *o* invade sb.'s privacy.

▷ **privare** /pri'vare/ [1] **I** tr. **1** *(togliere)* to deprive (**di** of); ***~ qcn. di qcs.*** to deprive *o* rob sb. of sth.; ***essere privato di*** to be deprived of; ***~ qcn. delle sue forze, energie*** to drain sb. of strength, energy; ***~ qcn. del piacere di fare*** to deprive sb. of the pleasure of doing; ***~ qcn. della libertà*** to deprive sb. of their freedom; ***~ qcs. di ogni significato*** to make sth. totally meaningless; ***~ qcn. della vita*** to take sb.'s life **2** DIR. POL. ***~ qcn. dei diritti civili, elettorali*** to disenfranchise sb.; ***~ della cittadinanza*** to denaturalize **II privarsi** pronom. ***-rsi di qcs.*** to deny oneself sth., to stint oneself of sth.; ***non -rsi di nulla*** not to to deny oneself anything, to want for nothing; ***perché privarsene?*** why stint ourselves?

privatamente /privata'mente/ avv. privately; ***finanziato ~*** privately funded *o* financed; ***esercitare ~*** [*medico*] to work *o* be in private practice; ***farsi curare ~*** MED. to go private.

privatezza /priva'tettsa/ f. privateness.

privatista, m.pl. **-i**, f.pl. **-e** /priva'tista/ m. e f. **1** *(candidato)* = external student who enters for an exam without having attended official state-run courses **2** *(studioso di diritto privato)* expert in private law.

privatistico, pl. **-ci, -che** /priva'tistiko, tʃi, ke/ agg. ECON. based on private enterprise.

privativa /priva'tiva/ f. COMM. franchise; ***diritto di ~*** DIR. patent right.

privativo /priva'tivo/ agg. privative (anche LING.).

privatizzare /privatid'dzare/ [1] tr. to privatize, to denationalize.

privatizzazione /privatiddzat'tsjone/ f. privatization, denationalization.

▶ **privato** /pri'vato/ **I** p.pass. → **privare II** agg. **1** *(non statale)* [*ospedale, scuola, stazione radio, televisione*] independent, private; ***a gestione -a*** privately managed; ***settore ~*** private sector **2** *(non destinato al pubblico)* [*cappella, collezione, festa, jet, spiaggia*] private; ***proprietà ~*** private grounds *o* land *o* ownership; ***"proprietà -a"*** *(su cartello)* "private property"; ***strada -a*** private road **3** *(non ufficiale)* private; ***invitare qcn. in veste -a*** to invite sb. informally; ***il matrimonio sarà celebrato in forma -a*** the wedding will be private **4** *(personale)* private; ***insegnante ~*** tutor, home teacher AE; ***autista ~*** chauffeur; ***investigatore ~*** private detective, inquiry agent BE, private investigator AE; ***segretario ~*** private *o* personal secretary; ***vita -a*** personal *o* private life; ***immischiarsi nella vita -a di qcn.*** to invade sb.'s privacy **III** m. (f. **-a**) **1** *(cittadino)* private citizen, private individual; ***sistemazione presso -i*** private accommodation; ***vendita a -i*** private sale; ***il dipinto è nelle mani di un ~*** the painting is in private hands **2** *(settore)* ECON. POL. private sector **3 in ~** in private, privately, off-screen; ***incontrare qcn. in ~*** to get sb. on their own; ***parlare con qcn. in ~*** to have a quiet word with sb.; ***posso parlare in ~?*** may I speak to you in private?

privazione /privat'tsjone/ f. **1** *(perdita)* deprival, deprivation; ***~ della cittadinanza*** DIR. POL. denaturalization; ***~ della libertà*** loss of liberty **2** *(rinuncia)* privation, deprivation, hardship; ***una vita di -i*** a life of privation; ***subire delle -i*** to suffer privation; ***imporsi delle -i*** to make sacrifices; ***sopportarono molte -i*** they suffered many hardships.

privilegiare /privile'dʒare/ [1] tr. **1** *(favorire)* to favour BE, to favor AE **2** *(preferire)* to privilege, to grant a privilege to.

privilegiato /privile'dʒato/ **I** p.pass. → **privilegiare II** agg. **1** advantaged, favoured BE, favored AE; [*minoranza, posizione, vita*] privileged **2** ECON. ***azione -a*** priority *o* preference BE share; ***azioni -e*** (prior) preferred stock AE; ***creditore ~*** preferred creditor; ***legami -i*** POL. special relationship **III** m. (f. **-a**) privileged person; ***i -i*** the advantaged *o* privileged; ***pochi -i*** a select few.

▷ **privilegio**, pl. **-gi** /privi'lɛdʒo, dʒi/ m. **1** privilege; ***diritti e -gi*** rights and privileges; ***godere di un ~*** to enjoy a privilege; ***concedere*** o ***accordare un ~ a qcn.*** to grant sb. a privilege; ***abolire un ~*** to abolish a privilege; ***avere il ~ di incontrare qcn., vedere qcs.*** to be privileged to meet sb., to see sth.; ***lo reputo un ~*** I look on it as a privilege; ***avere il ~ di avere ricevuto una buona istruzione*** to be privileged to have had a good education; ***è stato un grande ~ lavorare con lei*** it's been a great privilege to work with you **2** *(prerogativa)* prerogative, privilege; ***viaggiare era allora un ~ dei ricchi*** travel was then the privilege *o* prerogative of the rich ◆◆ ***~ paolino*** RELIG. Pauline privilege; ***-gi fiscali*** tax privileges.

▶ **privo** /'privo/ agg. ***~ di coraggio*** without courage; ***~ di tatto*** tactless; ***~ di senso*** empty of meaning, meaningless; ***~ di talento*** untalented; ***stile ~ di inventiva*** unadventurous *o* uninventive style; ***essere ~ di qcs.*** to lack sth., to be lacking *o* wanting in sth.; ***un discorso ~ di ardore*** a speech wanting in fervour; ***essere ~ di mordente*** to lack spice; ***essere ~ di fondamento*** to lack substance, to be unsubstantiated; ***è completamente ~ di scrupoli*** he is completely unscrupulous; ***giaceva ~ di sensi sul pavimento*** he lay senseless *o* unconscious on the floor; ***la lettera era -a di firma*** the letter was unsigned.

pro /prɔ/ **I** prep. for, pro COLLOQ.; ***votare ~ o contro un disegno di legge*** to vote for or against a bill; ***sei ~ o contro?*** are you for or against? ***una raccolta di fondi ~ alluvionati*** a fund-raising for flood victims *o* on behalf of flood victims **II** m.inv. ***i ~ e i contro*** the pros and cons, pros and contras; ***valutare i ~ e i contro*** to balance the pros and cons *o* the pluses and minuses ◆ ***buon ~ gli faccia!*** much good may it do him! ***a che ~?*** what's the use? what's the good of it?

▷ **probabile** /pro'babile/ agg. probable, likely; ***il ~ vincitore*** the probable winner; ***è ~ che*** it is *o* seems likely that; ***è poco ~*** it's hardly likely, it's improbable *o* unlikely; ***è molto ~*** it is highly *o* very likely; ***è abbastanza ~ che*** it is quite likely that; ***è ~ che piova*** it's liable to rain; ***è ~ che qcn. faccia*** there is a chance that sb. will do, the odds are in favour of sb. doing; ***è ~ che non ci siano*** it's likely that they are out; ***è ~ che fallisca*** he looks likely to fail; ***le elezioni sono -i*** an election is a probability; ***è molto ~ che vincano*** they're set to win; ***è poco ~ che ci riescano*** they are unlikely to succeed; ***è ~ che il concerto venga annullato*** the concert might very well be cancelled; ***è ~ che abbia perso il treno*** the likelihood is that she has missed the train; ***essere un candidato ~ per il lavoro*** to be a likely candidate for the job.

probabilismo /probabi'lizmo/ m. FILOS. TEOL. probabilism.

probabilista, m.pl. **-i**, f.pl. **-e** /probabi'lista/ m. e f. FILOS. TEOL. MAT. probabilist.

probabilistico, pl. **-ci**, **-che** /probabi'listiko, tʃi, ke/ agg. FILOS. TEOL. MAT. probabilistic.

▷ **probabilità** /probabili'ta/ f.inv. **1** *(possibilità)* chance, likelihood, probability **U**; ***ha delle buone ~*** she has a good chance; ***ci sono poche ~ di vittoria*** there's little chance *o* probability of winning; ***ci sono buone ~ che vincano*** there is a sporting chance that they'll win; ***avere delle buone ~ di riuscire a fare qcs.*** to be in a fair way to do sth.; ***avere buone ~ di passare gli esami*** to be likely to pass one's exams; ***con ogni*** o ***tutta ~*** in all likelihood *o* probability; ***ci sono alcune, poche ~ di stabilire la pace*** there is some, little likelihood of peace **2** *(opportunità favorevole)* chance, odds pl.; ***c'era una ~ su cento*** it was a hundred to one chance; ***c'è una ~ su un milione*** the odds are a million to one; ***le ~ che qcs. avvenga sono al 50%*** the odds on sth. happening are even **3** MAT. STATIST. probability; ***calcolo delle ~*** theory of probability, probability theory; ***secondo la legge delle ~*** by the law of averages.

probabilmente /probabil'mente/ avv. likely, probably; ***molto ~*** most *o* very probably; ***~ vivranno là per anni*** they will probably live there for years; ***~ potrebbero vincere*** they could conceivably win; ***se ne avrà l'occasione molto ~ lo farà*** if you give him half a chance, he is very likely to do it.

probante /pro'bante/ agg. **1** *(convincente)* convincing; ***non ~*** inconclusive **2** DIR. → **probatorio**.

probativo /proba'tivo/ agg. probative.

probatorio, pl. **-ri**, **-rie** /proba'tɔrjo, ri, rje/ agg. DIR. evidential; ***elemento ~*** evidential matter; ***atti*** o ***documenti -ri*** muniments.

probiotico, pl. **-ci**, **-che** /probi'ɔtiko, tʃi, ke/ agg. probiotic.

probità /probi'ta/ f.inv. probity.

▶ **problema** /pro'blɛma/ m. **1** MAT. problem; ***risolvere un ~*** to solve a problem **2** *(difficoltà)* problem, trouble **U**, matter; ***-i meccanici*** engine trouble; ***un ~ tecnico*** a technical hitch; ***dare, creare dei -i a qcn.*** to give, cause sb. trouble; ***avere dei -i con*** to have problems with; ***avere -i di peso*** to have a weight problem; ***è un vero ~*** it's a real problem; ***è un piccolo ~*** it's a bit of a problem; ***il mio ~ è che...*** my problem *o* trouble is that...; ***per me non è un ~ farlo*** it wouldn't be any problem to me *o* trouble for me to do it; ***questo è il ~*** that's the trouble; ***non c'è ~!*** (it's *o* there's) no problem! ***qual è il ~?*** what's the problem *o* matter? ***c'è qualche ~?*** is anything the matter? ***non vedo dove è il ~*** I don't see what all the fuss is about **3** *(preoccupazione)* problem, worry; ***essere un ~ per qcn.*** to be a problem to sb.; ***è l'ultimo dei miei -i!*** that's the least of my problems *o* worries! ***il loro figlio sta diventando un vero ~*** their son is becoming a real problem **4** *(questione)* issue, problem, question; ***il ~ della disoccupazione*** the problem of unemployment; ***il ~ dell'inquinamento*** the question of pollution; ***il ~ dell'immigrazione*** the immigration issue; ***il nocciolo*** o ***l'essenza di un ~*** the essence of a problem.

problematica, pl. **-che** /proble'matika, ke/ f. problems pl., issues pl.

problematicamente /problematika'mente/ avv. problematically.

problematicità /problematitʃi'ta/ f.inv. problematic nature.

problematico, pl. **-ci**, **-che** /proble'matiko, tʃi, ke/ agg. problematic(al).

problematizzare /problematid'dzare/ [1] tr. to make* a problem of.

probo /'prɔbo/ agg. LETT. honest, upright.

proboscidato /proboʃʃi'dato/ agg. e m. proboscidean, proboscidian.

proboscide /pro'bɔʃʃide/ f. **1** ZOOL. *(di elefante)* trunk; *(di insetti)* proboscis* **2** SCHERZ. *(naso)* snout, schnozzle.

proboviro, pl. **-probiviri** /probo'viro, probi'viri/ m. arbitrator.

procaccia /pro'kattʃa/ m. e f.inv. messenger, courier.

procacciamento /prokattʃa'mento/ m. procurement, procuring, provision.

procacciare /prokat'tʃare/ [1] **I** tr. to provide, to obtain, to procure (**a** for); ***~ affari, voti*** to tout for business, votes **II procacciarsi** pronom. *(procurarsi)* ***-rsi qcs.*** to get hold of sth., to obtain sth.; ***-rsi da vivere*** to get *o* earn a living; ***-rsi clienti*** to drum up clients.

procacciatore /prokattʃa'tore/ m. (f. **-trice** /tritʃe/) ***~ d'affari*** broker.

procace /pro'katʃe/ agg. **1** *(provocante)* [*ragazza*] seductive, provocative; ***avere un aspetto ~*** to be provocative **2** LETT. *(insolente)* impudent.

procacità /prokatʃi'ta/ f.inv. **1** *(l'essere provocante)* seductiveness **2** LETT. *(insolenza)* impudence.
procaina® /proka'ina/ f. procaine.
pro capite /pro'kapite/ **I** avv. per head, per capita **II** agg.inv. per capita; ***reddito ~*** per capita income; ***consumo ~*** per capita consumption; ***imposta ~*** poll tax.
procavia /pro'kavja/ f. rock rabbit.
▶ **1.procedere** /pro'tʃɛdere/ [2] intr. (aus. *essere, avere*) **1** (aus. *essere*) *(andare avanti)* [*persona, veicolo*] to proceed, to move (along); ***~ con prudenza*** to proceed with caution *o* care; ***~ velocemente*** to rush along; ***~ a passo d'uomo*** [*veicolo*] to be reduced to a crawl; [*guidatore*] to drive dead slow; ***~ a grandi passi*** to stride along; ***~ a tentoni*** to feel around *o* about, to feel one's way (anche FIG.); ***~ di pari passo*** FIG. to go hand in hand; ***~ a fatica*** [*persona*] to plough through, to struggle along (anche FIG.); ***si procede a fatica*** the going is heavy (anche FIG.) **2** (aus. *essere*) *(progredire)* [*lavori, libro, progetto, studi*] to come* along, to get* along, to proceed, to progress; ***~ senza intoppi*** to proceed *o* run smoothly, to pass off without a hitch; ***come procede la tua tesi?*** how's your thesis coming *o* getting along? ***tutto procede secondo i piani*** everything is proceeding *o* going according to plan **3** (aus. *avere*) *(continuare)* [*persona*] to go* on, to carry on, to proceed; ***proceda pure*** please proceed; ***non so bene come ~*** I'm not sure how to proceed; ***~ con ordine*** to put first things first, to go about things methodically; ***~ per gradi*** to proceed by degrees, to take things step by step; ***procedeva lentamente con il suo lavoro*** he was wading through his work **4** (aus. *avere*) *(passare, dare avvio)* to proceed, to pass on, to go* on (**a** to); ***~ al ballottaggio*** to proceed with the ballot; ***~ alla votazione di qcs.*** to put sth. to the vote; ***~ all'esame dei fatti*** to get down to examining the facts **5** (aus. *avere*) DIR. ***~ contro qcn.*** to proceed against sb.; ***~ per via legale contro qcn.*** to bring a *o* take legal action against sb.; ***autorizzazione a ~*** mandate; ***non-luogo a ~*** nonsuit **6** (aus. *avere*) *(agire)* to proceed; ***come intendi ~ al riguardo?*** how are you going to go about it? **7** (aus. *essere*) LETT. *(derivare)* ***lo Spirito Santo procede dal Padre e dal Figlio*** the Holy Ghost proceeds from the Father and the Son.
2.procedere /pro'tʃɛdere/ m. ***con il ~ del tempo*** with the passing of time, as time goes by.
procedibile /protʃe'dibile/ agg. prosecutable, pursuable.
▷ **procedimento** /protʃedi'mento/ m. **1** *(metodo)* procedure, proceeding, process; ***seguire un ~*** to follow a procedure; ***mettere a punto, migliorare un ~*** to develop, refine a technique; ***analizzare il ~ attraverso il quale il bambino impara a parlare*** to analyse the process by which a child learns to speak **2** *(azione giudiziaria)* proceedings pl.; ***unione dei -i*** joinder; ***intraprendere un ~ contro qcn.*** to bring *o* take *o* institute proceedings against sb. ◆◆ ***~ accusatorio*** adversary proceeding AE; ***~ fallimentare*** bankruptcy proceedings; ***~ giudiziario*** prosecution; ***~ legale*** legal proceedings; ***-i disciplinari*** disciplinary proceedings; ***-i penali*** criminal proceedings.
▷ **procedura** /protʃe'dura/ f. **1** procedure, practice; ***è una ~ standard, comune*** it's standard, common practice; ***la ~ normale consiste nel fare*** (the) normal procedure is to do; ***questione di ~*** point of order; ***seguire una ~*** to follow procedure; ***stabilire una ~*** to establish a procedure; ***fare qcs. in conformità*** o ***conformemente alla ~*** to do sth. in compliance with procedure **2** DIR. procedure; ***apertura di una ~ legale*** institution of legal proceedings; ***atto di ~*** judicial process; ***riformare la ~*** to reform the procedure; ***vizio di ~*** legal irregularity, procedural mistake; ***codice di ~*** adjective law **3** INFORM. procedure ◆◆ ***~ di atterraggio*** AER. approach, landing procedure; ***~ di estradizione*** extradition proceedings; ***~ fallimentare*** bankruptcy proceedings; ***~ parlamentare*** parliamentary procedure; ***~ penale*** criminal procedure; ***-e legali*** legal mechanisms *o* transactions.
procedurale /protʃedu'rale/ agg. [*cambiamento, dettaglio*] procedural; ***linguaggio ~*** INFORM. procedural language.
procella /pro'tʃɛlla/ f. LETT. tempest, storm.
procellaria /protʃel'larja/ f. Mother Carey's chicken, (storm) petrel.
processabile /protʃes'sabile/ agg. triable, justiciable.
▷ **1.processare** /protʃes'sare/ [1] tr. to try; ***~ qcn. per omicidio, per frode*** to try sb. for murder, fraud.
2.processare /protʃes'sare/ [1] tr. INFORM. to process [*dati*].
processionale /protʃessjo'nale/ **I** agg. processional **II** m. *(libro)* processional.
processionaria /protʃessjo'narja/ f. processionary moth.
▷ **processione** /protʃes'sjone/ f. **1** RELIG. procession; ***andare in ~*** to go *o* walk in procession; ***~ del Corpus Domini*** Corpus Christi procession **2** *(fila)* train; ***~ di prigionieri*** column of prisoners.
▶ **processo** /pro'tʃɛsso/ m. **1** DIR. trial, action, case (**contro** against); ***~ per omicidio*** murder case *o* trial; ***essere sotto ~*** to be on trial; ***subire un ~*** to go on *o* stand trial; ***intentare un ~ contro qcn.*** to bring an action against sb.; ***mettere qcn. sotto ~*** to put sb. on trial; ***presiedere*** o ***condurre un ~*** to conduct a trial **2** *(critica)* process; ***fare un ~ alle intenzioni*** to judge sb. on mere intent **3** *(metodo)* process; ***~ di fabbricazione*** manufacturing process **4** *(svolgimento)* process; ***il ~ di pace*** the peace process; ***~ di apprendimento*** learning process; ***il ~ di invecchiamento, di guarigione*** the ageing, healing process **5** INFORM. process **6** BOT. ZOOL. process ◆◆ ***~ chimico*** chemical process; ***~ civile*** lawsuit; ***~ per direttissima*** = trial for serious criminal offences when the offender has been caught in the act of the crime; ***~ esemplare*** STOR. show trial; ***~ Martin-Siemens*** open-hearth process; ***~ nullo*** mistrial; ***~ penale*** criminal trial; ***~ senza giusta causa*** malicious prosecution.
processore /protʃes'sore/ m. INFORM. processor; ***~ principale*** back end processor.
processuale /protʃessu'ale/ agg. [*azione, caso*] court attrib.; ***diritto ~*** adjective law; ***spese -i*** (legal) costs; ***essere condannato al pagamento delle spese -i*** to pay costs; ***ottenere il rimborso delle spese -i*** to be awarded costs.
procinto /pro'tʃinto/ m.inv. ***in ~ di*** about to; ***essere in ~ di fare*** to be on the brink *o* point *o* verge of doing, to be about to do.
procione /pro'tʃone/ m. raccoon, coon AE.
proclama /pro'klama/ m. proclamation.
▷ **proclamare** /prokla'mare/ [1] **I** tr. **1** *(annunciare)* to proclaim, to declare [*assedio, guerra, indipendenza*]; to call [*sciopero*]; ***~ qcn. vincitore*** to declare *o* announce sb. the winner **2** *(dichiarare)* to declare; [*manifesto, documento*] to proclaim [*libertà, sovranità*]; ***~ la propria innocenza*** to declare one's innocence **3** DIR. to promulgate [*legge*] **II proclamarsi** pronom. to proclaim oneself; ***-rsi cristiano, comunista*** to proclaim oneself a Christian, communist.
proclamazione /proklamat'tsjone/ f. declaration, proclamation; ***la ~ dei risultati elettorali*** the declaration of the poll.
proclisi /'prɔklizi/ f.inv. proclisis.
proclitico, pl. **-ci**, **-che** /pro'klitiko, tʃi, ke/ agg. proclitic.
proclive /pro'klive/ agg. LETT. inclined, prone; ***~ all'indulgenza*** prone to indulgence.
proclività /proklivi'ta/ f.inv. proclivity.
procombente /prokom'bɛnte/ agg. procumbent.
proconsolare /prokonso'lare/ agg. STOR. [*provincia*] proconsular.
proconsolato /prokonso'lato/ m. STOR. proconsulate, proconsulship.
proconsole /pro'kɔnsole/ m. STOR. proconsul.
procrastinabile /prokrasti'nabile/ agg. deferrable, postponable.
procrastinare /prokrasti'nare/ [1] **I** tr. to postpone, to defer, to delay **II** intr. *(aus. avere)* to procrastinate.
procrastinatore /prokrastina'tore/ m. (f. **-trice** /tritʃe/) procrastinator.
procrastinazione /prokrastinat'tsjone/ f. procrastination.
procreare /prokre'are/ [1] tr. to procreate, to beget* ANT.
procreativo /prokrea'tivo/ agg. procreative.
procreatore /prokrea'tore/ m. (f. **-trice** /tritʃe/) procreator.
procreazione /prokreat'tsjone/ f. procreation ◆◆ ***~ assistita*** assisted reproduction.
proctologia /proktolo'dʒia/ f. proctology.
procura /pro'kura/ f. **1** DIR. power of attorney, procuratory, proxy; *(documento)* letter of attorney; ***per ~*** by proxy, per procuration; ***voto per ~*** proxy vote; ***agire per ~*** to proxy; ***avere la ~ di qcn.*** to stand proxy for sb., to have power of attorney for sb.; ***conferire una ~ a qcn.*** to give sb. power of attorney **2** *(ufficio del procuratore)* attorney's office; ***la ~ della Repubblica*** = the Public Prosecutor's Office ◆◆ ***~ generale*** DIR. general *o* full power of attorney; *(ufficio del procuratore generale)* = office of the Director of Public Prosecution.
▶ **procurare** /proku'rare/ [1] **I** tr. **1** *(essere la causa di)* to bring* (on), to give*, to cause; ***~ uno shock a qcn.*** to cause sb. a shock; ***~ noie*** o ***grane a qcn.*** to bring sb. trouble; ***~ la morte di qcn.*** to cause sb.'s death **2** *(fornire)* to provide, to get* [*cibo, lavoro, riparo, servizio*]; ***~ qcs. a qcn.*** to provide sb. with sth., to fix sb. up with sth., to obtain, sth. for sb.; ***~ un biglietto a qcn.*** to ensure sb. a ticket **3** *(fare in modo)* to manage; ***procura di essere qui alle sei*** try and be sure to be here at six; ***procurate di essere puntuali!*** try *o* manage to be on time! **II procurarsi** pronom. **1** to get* hold of [*biglietto, documento, informazione, libro*]; to obtain, to secure [*averi, soldi*]; to win* [*appoggio*]; to drum up [*avventori, clienti*] **2** *(causare a se stesso)* to pick up [*problemi*]; ***-rsi uno stiramento alla schiena*** to strain one's back.

procuratore /prokura'tore/ ♦ *18, 1* m. (f. **-trice** /tritʃe/) **1** AMM. COMM. procurer, proxy; ***il ~ di una società*** the authorized representative of a company; ***essere il ~ di qcn.*** to be sb.'s proxy **2** DIR. attorney, prosecuting attorney AE, prosecutor AE; ***sostituto ~*** deputy prosecutor **3** STOR. procurator ♦♦ ***~ distrettuale*** = District Attorney; ***~ generale*** = Director of Public Prosecutions GB, Attorney General US; ***~ legale*** = solicitor GB, attorney(-at-law) US; ***~ militare*** judge advocate; ***~ della Repubblica*** state prosecutor.

procuratorio, pl. **-ri, -rie** /prokura'tɔrjo, ri, rje/ agg. procuratorial.

proda /'prɔda/ f. LETT. *(riva)* shore; *(margine)* edge.

prode /'prɔde/ **I** agg. [*soldato*] valiant; ***il ~ Ivanoe*** ANT. LETT. the good ship Ivanhoe **II** m. valiant man*, brave man*; ***i -i*** the brave.

prodezza /pro'dettsa/ f. **1** *(coraggio)* prowess **U**, valiance **2** *(impresa)* feat, valiance; SPREG. *(azione sconsiderata)* bravado **U**, stunt AE COLLOQ.; ***compiere una ~*** to perform a feat; ***bella ~!*** IRON. a fine feat indeed! big deal!

prodigalità /prodigali'ta/ f.inv. prodigality, extravagance SPREG.

prodigalmente /prodigal'mente/, **prodigamente** /prodiga'mente/ avv. prodigally, thriftlessly.

prodigare /prodi'gare/ [1] **I** tr. **1** *(elargire)* to lavish [*ricchezze, onori, lodi*]; to ladle out [*complimenti, informazioni*]; to expend, to lavish [*attenzioni*]; to hand out SPREG. [*consigli*] **2** *(sperperare)* to be* prodigal of, to lavish, to squander [*averi, soldi*] **II prodigarsi** pronom. **1** *(profondersi)* ***-rsi in elogi a qcn.*** to bestow effusive praise on sb. **2** *(adoperarsi)* to do* one's best (**per** for); ***-rsi per i propri figli*** to do all one can for one's children.

prodigio, pl. **-gi** /pro'didʒo, dʒi/ **I** m. **1** *(fenomeno)* portent, prodigy, wonder; ***compiere -gi*** to work wonders; ***un ~ dell'ingegneria*** a wonder of engineering **2** *(persona)* prodigy, marvel; ***un ~ della musica, del tennis*** a music, tennis prodigy; ***è un ~ di pazienza*** she's a marvel of patience **II** agg.inv. ***bambino ~*** child *o* infant prodigy.

prodigiosamente /prodidʒosa'mente/ avv. prodigiously.

prodigiosità /prodidʒosi'ta/ f.inv. prodigiousness.

prodigioso /prodi'dʒoso/ agg. prodigious; [*riuscita*] wonderful; ***crescere in maniera -a*** to grow prodigiously.

prodigo, pl. **-ghi, -ghe** /'prɔdigo, gi, ge/ **I** agg. **1** *(dissipatore)* extravagant, lavish, prodigal, thriftless **2** FIG. generous, free, lavish; ***essere ~ di complimenti, consigli*** to be free with compliments, advice **3** BIBL. ***il figliol ~*** the prodigal son (anche FIG.) **II** m. (f. **-a**) spendthrift, unthrift.

proditoriamente /proditorja'mente/ avv. FORM. traitorously.

proditorio, pl. **-ri, -rie** /prodi'tɔrjo, ri, rje/ agg. FORM. traitorous; [*atto, offesa*] treasonable.

▶ **prodotto** /pro'dotto/ m. **1** *(articolo)* product; ***-i della terra*** produce of the land; ***gamma di -i*** product range; ***-i di marca*** branded goods; ***~ leader sul mercato*** COMM. brand *o* market leader; ***differenziazione dei -i*** COMM. product differentiation **2** *(risultato)* product; ***era il ~ di una certa epoca*** he was the product of a certain era; ***è un ~ della tua immaginazione*** it's a figment of your imagination **3** MAT. product ♦♦ ***~ agricolo*** agriproduct; ***~ alimentare*** food product; ***~ di bellezza*** beauty product; ***~ chimico*** chemical; ***~ detergente*** cleaning product; ***~ finanziario*** financial product; ***~ finito*** COMM. end *o* finished product; ***~ interno lordo*** gross domestic product; ***~ di lusso*** luxury product; ***~ nazionale lordo*** gross national product; ***~ petrolchimico*** petrochemical; ***~ principale*** ECON. staple; ***~ secondario*** by-product, spin-off; ***~ succedaneo*** substitute; ***-i di consumo*** consumer products; ***-i farmaceutici*** pharmaceuticals; ***-i di scarto*** IND. waste products; ***-i tessili*** textiles.

prodromico, pl. **-ci, -che** /pro'drɔmiko, tʃi, ke/ agg. prodromal; ***sintomo ~*** early warning symptom.

prodromo /'prɔdromo/ m. **1** prodrome; ***i -i della rivoluzione*** the rumblings *o* birth pangs of revolution **2** MED. prodrome, premonitory symptom.

producente /produ'tʃɛnte/ agg. productive.

producibile /produ'tʃibile/ agg. producible.

producibilità /produtʃibili'ta/ f.inv. productibility.

▶ **produrre** /pro'durre/ [13] **I** tr. **1** *(fabbricare)* to produce, to manufacture, to turn out [*beni, merci*]; ***~ in serie*** to mass-produce; ***~ in eccesso*** to overproduce; ***l'impianto può ~ 10 tonnellate al giorno*** the plant has an output of 10 tons per day **2** AGR. *(far nascere)* [*pianta, terra*] to bear*, to produce, to yield [*frutti, raccolto*] **3** *(generare, provocare)* to produce [*calore, effetto, elettricità, energia, suono*]; to generate, to produce [*guadagno, spreco*]; ***ci vorrà del tempo prima che questi provvedimenti producano i loro effetti*** it will be some time before these measures will have any effect **4** MED. *(secernere)* [*ghiandola*] to produce **5** CINEM. MUS. RAD. TEATR. TELEV. to produce [*film, trasmissione, show*] **6** *(creare)* [*era, paese, scuola*] to produce [*artista, scienziato*]; ***~ un'opera d'arte*** to produce a work of art **7** DIR. to bring* forward [*testimone*]; ***~ qcs. in tribunale*** to bring sth. to court; ***~ qcs. come prova*** to produce sth. as proof; ***~ falsa testimonianza*** to bear false witness **II prodursi** pronom. **1** *(avere luogo, crearsi)* [*buco, rottura*] to develop; [*situazione*] to happen, to come* along **2** *(provocarsi)* ***-rsi una ferita*** to cause oneself an injury.

produttivamente /produttiva'mente/ avv. productively.

produttivistico, pl. **-ci, -che** /produtti'vistiko, tʃi, ke/ agg. = geared to increasing production or productivity.

produttività /produttivi'ta/ f.inv. productiveness, productivity; ***avere una scarsa ~*** to show low productivity; ***aumentare la ~*** to increase productivity; ***incremento*** o ***aumento della ~*** gains in productivity; ***premio di ~*** productivity bonus ♦♦ ***~ del capitale*** productivity of capital stock; ***~ lavorativa*** o ***del lavoro*** productivity of labour.

produttivo /produt'tivo/ agg. **1** *(che frutta, rende)* [*capitale, fase, giorno, lavoratore, industria, settore*] productive; ***essere ~*** [*miniera, impianto petrolifero*] to be in operation **2** *(della produzione)* production attrib.; ***ciclo ~*** production cycle; ***processo ~*** manufacturing process **3** AGR. [*terreno*] fertile, fruitful.

▷ **produttore** /produt'tore/ ♦ *18* **I** agg. producing; ***paese ~ di petrolio*** oil-producing country; ***regione produttrice di vino*** wine-producing region **II** m. (f. **-trice** /tritʃe/) **1** ECON. *(di beni, macchinari, prodotti)* producer, manufacturer; *(di cibo, vino)* maker; ***il maggiore ~ mondiale di tè*** the world's leading tea producer; ***dal ~ al consumatore*** from the producer to the consumer **2** CINEM. RAD. TELEV. producer ♦♦ ***~ cinematografico*** film *o* movie producer; ***~ esecutivo*** TELEV. commissioning editor; CINEM. executive producer; ***~ indipendente*** CINEM. MUS. indie COLLOQ.

▶ **produzione** /produt'tsjone/ f. **1** *(azione)* make, production; *(in una fabbrica)* output, production, throughput; *(di dati, elettricità, reddito, traffico)* generation; ***capacità di ~*** manufacturing *o* production capacity; ***costi di ~*** manufacturing *o* production costs; ***metodi di ~*** production methods, modes of production; ***piano di ~*** production schedule; ***linea fuori ~*** COMM. discontinued line; ***sistema di ~ industriale*** factory system; ***unità di ~ (industriale)*** factory unit; ***direttore di ~*** production manager; ***premio di ~*** productivity bonus; ***essere in piena ~*** [*fabbrica*] to be in full production; ***un leader mondiale nella ~ di automobili*** a world leader in car manufacturing; ***~ propria*** = own production; ***birra di ~ propria*** home brew(ed) beer **2** *(insieme dei prodotti)* production, yield; ***~ agricola*** crop production; ***la ~ annuale di latte*** the annual milk yield; ***la ~ è diminuita del 5%*** production fell by 5% **3** BIOL.FIS. *(di anticorpi, cellule, energia, suono)* production **4** CINEM. TELEV. ***~ cinematografica*** film production; ***~ teatrale*** stage production; ***segretaria di ~*** continuity girl; ***segretario di ~*** continuity man; ***lavorare nella ~ televisiva*** to work in TV production **5** *(di compositore, scrittore)* work, output; ***~ letteraria*** literary work **6** DIR. *(di prove)* production ♦♦ ***~ assistita dall'elaboratore*** computer-aided manufacturing; ***~ industriale*** industrial *o* manufacturing output; ***~ in serie*** mass production.

proemio, pl. **-mi** /pro'ɛmjo, mi/ m. proem.

proencefalo /proen'tʃɛfalo/ m. forebrain.

proenzima /proen'dzima/ m. proenzyme.

prof /prɔf/ m. e f.inv. COLLOQ. (accorc. professore) prof.

prof. ⇒ professore professor (Prof).

profanamente /profana'mente/ avv. profanely.

profanare /profa'nare/ [1] tr. **1** RELIG. to profane, to defile, to desecrate, to violate [*altare, reliquia*] **2** FIG. to profane [*onore, tradizione*].

profanatore /profana'tore/ **I** agg. profanatory, desecrating **II** m. (f. **-trice** /tritʃe/) defiler RELIG., desecrator, violator.

profanazione /profanat'tsjone/ f. RELIG. defilement, desecration; violation, profanation FORM. (anche FIG.).

profanità /profani'ta/ f.inv. profaneness, profanity.

profano /pro'fano/ **I** agg. profane; [*persona*] uninitiated **II** m. (f. **-a**) **1** *(persona)* layperson*; ***i -i*** the laity + verbo sing. o pl., the uninitiated + verbo pl.; ***l'opinione dei -i*** lay opinion; ***parlando da ~...*** speaking as a layman... **2** *(non sacro)* ***il sacro e il ~*** the sacred and the profane; ***mescolare il sacro con il ~*** to confound *o* mix things sacred and profane.

profase /pro'faze/ f. prophase.

proferibile /profe'ribile/ agg. utterable.

proferire /profe'rire/ [102] tr. **1** *(pronunciare)* to utter [*parola*]; ***senza ~ parola*** without uttering a word **2** LETT. *(offrire)* to proffer [*consiglio*].

professare /profes'sare/ [1] **I** tr. **1** *(dichiarare)* to confess, to profess [*credenza, fede*]; *(praticare)* to follow [*religione*] **2**

(esercitare) to practice; **~ *la medicina, l'avvocatura*** to practice medicine, law **II professarsi** pronom. *(proclamarsi)* to profess oneself; ***-rsi innocente*** to claim innocence, to enter a plea of *o* plead not guilty; ***-rsi colpevole*** to enter a plea of guilty; ***si professa mio amico*** he claims to be my friend.

▶ **professionale** /professjo'nale/ agg. **1** *(relativo alla professione)* [*attività, opportunità, sbocco*] occupational; [*dovere, esperienza, incompetenza, qualificazione, situazione*] professional; [*formazione*] occupational, vocational; ***rischio ~*** occupational hazard; ***deformazione ~*** professional bias; ***malattia ~*** industrial *o* occupational disease; ***reinserimento ~*** industrial rehabilitation; ***orientamento ~*** career(s) counselling, vocational guidance; ***consulente per l'orientamento ~*** careers consultant; ***etica ~*** professional etiquette *o* ethics; ***codice di etica ~*** code of conduct; ***centro di formazione ~*** training centre; ***corso di formazione ~*** vocational course; ***ha avuto una formazione ~*** he is professionally trained **2** *(professionistico)* professional; ***cinepresa ~*** professional cinecamera.

professionalità /professjonali'ta/ f.inv. professionalism; ***la ~ che lo contraddistingue*** the professionalism which is his trademark.

professionalizzare /professjonalid'dzare/ [1] tr. professionalize.

professionalizzazione /professjonaliddzat'tsjone/ f. professionalization.

professionalmente /professjonal'mente/ avv. professionally; ***~ qualificato*** professionally qualified.

▶ **professione** /profes'sjone/ f. **1** *(attività)* profession, occupation, trade; ***le -i liberali*** the professions; ***qual è la sua ~?*** what's your occupation? ***di ~*** by profession, professional; ***un muratore di ~*** a professional mason; ***essere panettiere di ~*** to be a baker by trade; ***di ~ fa l'architetto*** he is an architect by profession; ***~ di scrittore*** authorship; ***~ di medico*** doctoring, medical profession; ***la ~ di insegnante*** the teaching profession; ***iniziare una ~*** to enter a profession; ***intraprendere la ~ di ragioniere*** to go into accountancy; ***esercitare una ~*** to practice; ***esercitare la ~*** to be in practice; ***è un pettegolo di ~*** IRON. he's a professional gossip **2** *(dichiarazione)* profession, statement; ***~ di fede*** statement of belief; ***fare ~ d'amicizia*** to declare one's friendship.

professionismo /professjo'nizmo/ m. **1** professionalism **2** SPORT professionalism; ***passare al ~*** to turn professional.

▷ **professionista**, m.pl. **-i**, f.pl. **-e** /professjo'nista/ **I** agg. [*ballerino, attore, cantante*] professional, trained; [*calciatore*] professional; ***pugile ~*** prize fighter; ***un ladro ~*** a master thief; ***è un cantante ~*** he sings professionally **II** m. e f. practitioner, professional; ***libero ~*** freelance, freelancer; ***passare ~*** to turn pro; ***ha agito da ~*** he acted like a professional; ***ha fatto un lavoro da ~*** he did a very professional job; ***sono dei -i*** they are professional people.

professionistico, pl. **-ci**, **-che** /professjo'nistiko, tʃi, ke/ agg. professional; ***pugilato ~*** prize fighting.

professo /pro'fɛsso/ **I** agg. RELIG. [*frate, monaca*] professed **II** m. (f. **-a**) = person who has taken religious vows.

professorale /professo'rale/ agg. **1** [*dignità, esperienza*] professorial **2** *(saccente)* donnish.

professorato /professo'rato/ m. professorship.

▶ **professore** /profes'sore/ Mentre *professore* si usa in italiano con riferimento sia ai docenti della scuola sia a quelli dell'università, in Gran Bretagna *professor* qualifica solo il livello più alto dei docenti universitari (ed equivale a *professore ordinario* in Italia), gerarchicamente seguito da *reader, senior lecturer* e *lecturer*, che è la qualifica più bassa. Il sistema universitario italiano, organizzato su tre e non quattro livelli, è più vicino a quello americano, per cui si possono tradurre *professore ordinario, professore associato* e *ricercatore* con, rispettivamente, *full professor, associate professor* e *assistant professor*. ➧ **18, 1** m. (f. **-essa** /essa/) *(in scuola secondaria)* schoolteacher, teacher; *(in università) (ordinario)* professor; ***~ di inglese, musica*** English, music teacher; ***titolo di ~*** professorship; ***~ emerito*** emeritus professor; ***il professor Barker*** *(in scuola secondaria)* Mr Barker; *(in università)* Professor Barker; ***parlare come un ~*** to speak like a professor; ***fare il ~*** SPREG. to be pedantic ◆◆ ***~ abilitato*** qualified *o* certified AE teacher; ***~ associato*** UNIV. associate, associate professor AE, = lecturer BE; ***~ incaricato*** visiting professor; ***~ ordinario*** UNIV. professor BE, full professor AE; ***~ di ruolo*** tenured professor; ***~ straordinario*** = full Italian University professor in the three year period after passing a competitive exam before obtaining tenure.

profeta /pro'fɛta/ m. prophet, prophesier; ***~ minore*** minor prophet; ***il Profeta*** *(Maometto)* the Prophet; ***il libro dei Profeti*** BIBL. the (Book of) Prophets ◆ ***nessuno è ~ in patria*** PROV. no-one is a prophet in his own land ◆◆ ***~ di sciagure*** prophet of doom.

profetare /profe'tare/ → **profetizzare.**

profetessa /profe'tessa/ f. prophetess.

profeticamente /profetika'mente/ avv. prophetically.

profetico, pl. **-ci**, **-che** /pro'fɛtiko, tʃi, ke/ agg. predictive, prophetic(al).

profetizzare /profetid'dzare/ [1] tr. to prophesy; ***~ che*** to make a prophecy that.

profezia /profet'tsia/ f. prophecy, foretelling, prediction; ***la ~ si è compiuta*** the prophecy was fulfilled.

profferta /prof'fɛrta/ f. LETT. proffer.

proficuamente /profikua'mente/ avv. profitably.

proficuo /pro'fikuo/ agg. [*affare, investimento, mercato*] profitable; [*discussione, incontro*] useful, worthwhile; ***un ~ impiego di tempo*** a useful expenditure of time.

profilare /profi'lare/ [1] **I** tr. **1** to profile, to outline [*disegno, figura*]; *(delineare)* to delineate, to outline; ***~ un personaggio*** to outline a character **2** SART. to pipe [*colletto, cuscino*] **3** TECN. to profile [*lamiere*] **II profilarsi** pronom. **1** to stand* out, to be* profiled, to be* silhouetted (**contro** against) **2** *(apparire imminente)* [*crisi, esame, guerra*] to loom up, to impend.

profilassi /profi'lassi/ f.inv. prophylaxis*, prophylactic, preventive treatment.

profilato /profi'lato/ **I** p.pass. → **profilare II** agg. **1** *(delineato)* outlined **2** SART. piped **3** TECN. [*lamiera, metallo*] profiled **III** m. section bar, draw piece; ***~ di acciaio*** structural steel.

profilattico, pl. **-ci**, **-che** /profi'lattiko, tʃi, ke/ **I** agg. prophylactic **II** m. prophylactic, condom, protective AE, safety AE COLLOQ.

profilatura /profila'tura/ f. **1** TECN. profiling **2** SART. piping.

▷ **profilo** /pro'filo/ m. **1** *(contorno)* profile, outline, contour; ***il ~ dei monti*** the outline of the mountains; ***il ~ lontano di qcs.*** the distant shape of sth.; ***~ delineato dai fari*** figure picked out by the headlights; ***il campanile stagliava il suo ~ contro il cielo*** the steeple was outlined against the sky **2** *(volto visto di fianco)* profile, outline, side-face; ***di ~*** in profile, sideways on, in silhouette; ***essere di ~*** to be turned sideways; ***un ~ delicato*** a delicate profile; ***disegnare un ~ di donna*** to draw a woman in profile **3** *(descrizione)* profile (anche GIORN.), sketch; ***~ del lettore*** reader profile; ***~ psicologico*** psychological profile; ***delineare il ~ di una proposta*** to spell out the shape of a proposal; ***dare un ~ di qcs.*** to give a sketch of sth. **4** SART. piping **5** *(punto di vista)* aspect, face; ***sotto questo ~*** seen from this angle; ***sotto il ~ della qualità*** from the point of view of quality; ***imbarazzante sotto il ~ diplomatico*** diplomatically embarrassing ◆ ***di alto, basso ~*** high-profile, low-profile ◆◆ ***~ alare*** AER. wing profile; ***~ longitudinale*** longitudinal section; ***~ professionale*** career brief.

profiterole /profite'rɔl/ m.inv. profiterole.

profittare /profit'tare/ [1] intr. (aus. *avere*) **1** *(progredire)* to progress, to make* progress **2** *(approfittare)* ***~ di qcs.*** to profit by *o* from sth., to take advantage of sth.

profittatore /profitta'tore/ m. (f. **-trice** /tritʃe/) profiteer, exploiter ◆◆ ***~ di guerra*** war profiteer.

profittevole /profit'tevole/ agg. profitable, useful.

▷ **profitto** /pro'fitto/ m. **1** *(vantaggio)* profit; ***studiare con ~*** to study to advantage; ***trarre ~ da qcs.*** to put *o* turn sth. to (good) account, to take advantage of *o* make capital out of sth.; ***ne trarrò il massimo ~*** I will benefit the most; ***la stampa ha tratto grossi -i dallo scandalo*** the press had a field day with the scandal **2** COMM. ECON. profit, gain, cleaning, return; ***-i*** earnings, gainings; ***margine di ~*** (profit) margin; ***ricavare un ~ da*** to make *o* turn a profit on; ***vendere qcs. con ~*** to sell sth. profitably *o* at a profit; ***realizzazione dei -i*** profit taking; ***perdite e -i*** losses and gains, profit and loss; ***conto -i e perdite*** profit and loss account ◆ ***~ lordo*** gross profit; ***~ mercantile*** AMM. trading profit; ***~ netto*** ECON. attributable profit, net profit.

profluvio, pl. **-vi** /pro'fluvjo, vi/ m. **1** LETT. flow, stream **2** FIG. flood; ***fu accolto da un ~ di insulti*** he was greeted with a stream of insults; ***~ di lacrime, di parole*** flood of tears, words.

profondamente /profonda'mente/ avv. [*respirare, soffrire, detestare, commuovere*] deeply; [*odiare, disprezzare*] intensely; [*credere*] passionately; [*scavare, sotterrare, tagliare*] deep; [*sperare, desiderare*] earnestly; ***~ influenzato, traumatizzato*** profoundly affected, traumatized; ***dormire ~*** to be sound *o* fast asleep; ***soffrire ~*** to suffer in full measure *o* greatly; ***~ indignato*** in high dudgeon; ***l'ha ~ impressionato*** it left a deep impression on him; ***essere ~ legato a un'ideologia*** to be entangled with an ideology; ***essere ~ infelice, arrabbiato*** to be bitterly unhappy, to be extremely angry; ***un'abitudine ~ radicata*** a deep-rooted *o* deeply ingrained habit; ***sono ~ consapevole di questi problemi*** I am acutely aware of these problems.

profondere /pro'fondere/ [51] **I** tr. to lavish [*denaro, parole, elogi*] **II profondersi** pronom. ***-rsi in scuse*** to apologize profusely; ***-rsi in elogi*** to bestow effusive praise, to lavish praise; ***-rsi in inchini*** to bow and scrape; ***si è profuso in convenevoli*** he was effusive in pleasantries.

profondimetro /profon'dimetro/ m. depth gauge.

▷ **profondità** /profondi'ta/ **I** f.inv. **1** *(distanza)* depth, deepness; ***misurare la ~ di un lago*** to measure how depth a lake is; ***un'immagine che dà l'effetto della ~*** an image that gives the idea of depth; ***il lago ha una ~ di 13 m*** the lake is 13 m deep; ***a un chilometro di ~*** one kilometre below the surface; ***scavare a una ~ di 10 m, più in ~*** to dig to a depth of 10 m *o* 10 m deep, deeper; ***altezza, larghezza e ~*** MAT. height, width and depth **2** FIG. *(intensità) (di sentimento)* depth, soulfulness; *(di voce)* richness; *(complessità) (di conoscenza)* profundity FORM., depth; *(di personaggio, romanzo, analisi)* depth; ***~ di pensiero*** profundity of thought; ***studiare, esaminare qcs. in ~*** to study, examine sth. in depth **3** SPORT ***in ~*** [*colpire, calciare*] deep **II profondità** f.pl. depths; ***le ~ del mare, del bosco*** the depths of the sea, wood; ***si gettò nelle ~ del lago*** she dived deep into the lake; ***nelle ~ dello spazio*** deep in space; ***le ~ dell'animo (umano)*** the depths of the soul ◆◆ ***~ di campo*** FOT. depth of field; ***~ di fuoco*** FOT. depth of focus.

▶ **profondo** /pro'fondo/ **I** agg. **1** [*cratere, insenatura, buco, solco*] deep, profound; [*rughe*] deep, marked; ***nel più ~ di*** in the depths of (anche FIG.); ***poco ~*** shallow; ***~ 12 m*** 12 m in depth *o* deep; ***avere una scollatura -a*** to show a lot of cleavage; ***quant'è -a la ferita?*** how deep is the wound? ***radici -e*** BOT. deep roots (anche FIG.); ***pulizia -a*** COSMET. deep cleansing **2** *(intenso)* [*dolore, amore, fede, depressione, amicizia, scontento, silenzio, notte, mistero*] deep, profound; [*speranza, desiderio*] earnest; [*repulsione, avversione*] sheer; [*sonno*] deep, sound; [*suono, voce*] rich, low; ***fare un ~ respiro*** to take a deep *o* heavy breath; ***essere nella disperazione più -a*** to be in the depths of despair; ***avere una -a conoscenza di*** to have an intimate knowledge of; ***un ~ senso di malessere*** a deep-seated malaise **3** *(importante)* [*significato, cambiamento*] profound; [*esperienza*] meaningful; ***le nostre convinzioni più -e*** our most deeply held convictions; ***dopo un ~ esame di coscienza*** after much heart-searching **4** *(penetrante)* [*osservazione, pensiero*] profound, deep; [*analisi, critica*] penetrating, deep; ***quello che dici è ~*** what you're saying is profound **II** m. ***il ~ della sua anima*** his innermost self *o* being; ***dal ~ del cuore*** from the bottom of one's heart; ***nel ~ di se stessa sapeva che*** deep down she knew that; ***nel ~ della sua coscienza*** in the depths of his consciousness, deep in his unconsciuos; ***il ~ della foresta*** the depths of the forest; ***la sorgente proveniva dal ~ della terra*** the spring came from a source deep in the earth; ***vivono nel ~ del Galles*** SCHERZ. they live in deepest Wales; ***mi ha turbato nel ~ dell'anima*** it shook me to the core; ***psicologia del ~*** PSIC. depth psychology **III** avv. deeply, deep down; ***scavare ~*** to dig deeply.

proforma /pro'forma/ f. LING. pro-form.

pro forma /pro'forma/ **I** avv. ***soltanto ~*** purely as a matter of form **II** agg.inv. [*inchino, saluto*] perfunctory; COMM. pro forma; ***fattura ~*** pro forma invoice **III** m.inv. formality.

▷ **profugo**, pl. **-ghi, -ghe** /'prɔfugo, gi, ge/ **I** m. (f. **-a**) refugee, displaced person; ***ondata di -ghi*** tide of refugees; ***campo -ghi*** refugee camp **II** agg. [*persona, popolazione*] displaced ◆◆ ***~ politico*** political refugee.

▷ **profumare** /profu'mare/ [1] **I** tr. [*odore*] to scent, to sweeten, to fill [*ambiente, aria*]; to perfume, to scent [*fazzoletto, biancheria*] **II** intr. (aus. *avere*) [*fiore, aria, giardino*] to smell good; ***~ di pulito*** to smell clean; ***~ di rose*** to smell of roses **III profumarsi** pronom. to put* on perfume.

profumatamente /profumata'mente/ avv. [*pagare, ricompensare*] handsomely.

▷ **profumato** /profu'mato/ **I** p.pass. → **profumare II** agg. **1** *(che profuma)* [*fiore*] (sweet-)scented, sweet-smelling, fragrant; [*sostanza, cibo, spezia*] fragrant; *(cui è stato aggiunto profumo)* [*fazzoletto*] perfumed, scented; [*sapone, carta*] scented; ***~ alla rosa, al limone*** rose-, lemon-scented; ***non ~*** [*cosmetico*] fragrance-free, odourless; *(che si è messo del profumo)* ***una signora tutta -a*** a lady soaked in perfume **2** *(lauto)* [*onorario, mancia*] generous.

profumeria /profume'ria/ f. perfumery.

profumiera /profu'mjɛra/ f. *(vaso)* scent bottle.

profumiere /profu'mjɛre/ ♦ ***18*** m. (f. **-a**) perfumer.

profumiero /profu'mjɛro/ agg. [*industria*] perfume attrib.

profumino /profu'mino/ m. *(odorino)* lovely smell; ***c'è un buon ~ in cucina*** it smells delicious in the kitchen.

▶ **profumo** /pro'fumo/ m. **1** *(essenza)* perfume; ***una boccetta di ~*** a bottle of perfume; ***~ forte, dolce, pungente, dolciastro, inebriante*** strong, sweet, pungent, sickly sweet, heady perfume; ***darsi*** o ***mettersi il ~*** to put on perfume; ***si era riempita di ~*** she was drenched in perfume **2** *(fragranza, odore)* fragrance, sweet smell, scent; ***avere un buon ~*** to smell lovely *o* sweet; ***che ~ manda questo arrosto!*** this roast smells delicious! ***il ~ di lavanda*** the scent of lavender; ***sapone al ~ di rosa*** rose-scented soap **3** FIG. ***il ~ di soldi*** the scent of money.

profusamente /profuza'mente/ avv. [*ringraziare*] profusely; [*descrivere*] expansively.

profusione /profu'zjone/ f. **1** profusion; ***una ~ di dettagli*** a wealth of details; ***una ~ di colori*** a riot of colours; ***~ d'idee*** flood *o* torrent of ideas **2 a profusione** [*regali, fiori*] by the armful; [*spendere*] lavishly; ***avere tutto a ~*** to have everything in abundance; ***ha idee a ~*** he's full of ideas; ***dare a ~*** to ladle out [*soldi, informazioni, consigli*].

profuso /pro'fuzo/ **I** p.pass. → **profondere II** agg. [*scuse, lodi, ringraziamenti*] profuse.

progenie /pro'dʒɛnje/ f.inv. LETT. **1** *(stirpe)* progeny **2** *(discendenza)* descendants pl., offspring*.

progenitore /prodʒeni'tore/ m. (f. **-trice** /tritʃe/) **1** *(avo)* ancestor, progenitor **2** *(capostipite)* stirps*.

progesterone /prodʒeste'rone/ m. progesterone.

progestina /prodʒes'tina/ f. progestin.

progestinico, pl. **-ci, -che** /prodʒes'tiniko, tʃi, ke/ agg. progestational.

▷ **progettare** /prodʒet'tare/ [1] tr. **1** to plan [*viaggio, vacanza, matrimonio*]; to plan, to work out [*azione, strategia*]; ***~ di fare*** to plan *o* make plans to do **2** TECN. to design, to plan [*edificio*]; to plan [*autostrada, galleria, oleodotto*]; to style, to design [*auto, cucina*]; to design [*nuovo motore*].

progettazione /prodʒettat'tsjone/ f. design, styling; ***~ d'interni*** interior design; ***~ di sistemi*** systems design; ***~ di giardini*** landscape gardening, landscaping; ***in fase di ~*** [*azione, idea*] in the planning stage; ***l'edificio è un capolavoro di ~*** the building is a marvel of design ◆◆ ***~ assistita dall'elaboratore*** computer-aided design.

progettista, m.pl. **-i**, f.pl. **-e** /prodʒet'tista/ ♦ ***18*** m. e f. designer, planner; ING. project manager; ***~ di giardini*** landscape gardener; ***~ industriale*** product designer.

progettistica /prodʒet'tistika/ f. design engineering.

progettistico, pl. **-ci, -che** /prodʒet'tistiko, tʃi, ke/ agg. [*attività*] design attrib.

▶ **progetto** /pro'dʒɛtto/ m. **1** *(proposito)* plan; ***fare dei -i per l'avvenire*** to make plans for the future; ***realizzare un ~*** to carry out a plan; ***mettere in atto un ~*** to put a plan into action; ***i nostri -i sono ancora per aria*** our plans are still totally up in the air; ***un ~ ambizioso*** an ambitious plan *o* project; ***avete dei -i per l'estate?*** do you have any plans for the summer? ***avere in ~ di fare qcs.*** to have a plan *o* make plans to do sth.; ***è impossibile fare -i*** it is impossible to plan ahead **2** *(fase preparatoria)* ***il ~ è in ritardo*** the project is falling behind schedule; ***~ di un dizionario*** dictionary project; ***presentare dei -i a una commissione*** to put proposals before a committee; ***hai bisogno di un'autorizzazione per il tuo ~*** you need clearance for your plan; ***allo stadio di ~*** at the planning stage; *(piano sistematico)* ***secondo il ~ del governo...*** under the government's scheme...; ***un ~ per incoraggiare i giovani di talento*** a scheme to encourage young talent **3** *(bozza) (di romanzo, contratto, legge)* draft **4** ARCH. EDIL. *(schema d'esecuzione) (di edificio, locale, oggetto)* design, project, plan; ***acquistare, vendere una casa allo stato di ~*** to buy, sell a house still on paper; ***il ~ di costruzione della casa*** the project to build the house **5** IND. TECN. *(di macchina, apparecchio)* plan; ***i -i del nuovo (aereo da) caccia*** the blueprint for the new fighter plane ◆◆ ***~ di bilancio*** budget proposal, draft budget; ***~ commerciale*** business plan; ***~ edile*** building project; ***~ di legge*** bill; ***~ di legge finanziaria*** finance bill; ***~ di massima*** discussion paper; ***~ pilota*** pilot scheme; ***~ preliminare*** project outline; ***~ di riforma*** POL. reform bill.

progettuale /prodʒettu'ale/ agg. ***in fase ~*** at the planning stage; ***attività ~*** planning; ***difetto ~*** design fault.

progettualità /prodʒettuali'ta/ f.inv. = ability to plan.

proglottide /pro'glɔttide/ f. proglottis*.

prognatismo /proɲɲa'tizmo/ m. prognathism.

prognato /proɲ'ɲato/ agg. prognathous.

prognosi /'prɔɲɲozi/ f.inv. **1** MED. prognosis*; ***sciogliere la ~*** to take sb. off the critical *o* danger list **2** *(pronostico, previsione)* prediction, forecast; ***fare una ~*** to make forecasts ◆◆ ***~ economica*** economic forecasting; ***in ~ riservata*** on the critical *o* danger list, in a critical condition.

prognostico, pl. **-ci, -che** /proɲ'ɲɔstiko, tʃi, ke/ agg. MED. prognostic.

▶ **programma** /pro'gramma/ m. **1** TELEV. CINEM. programme BE, program AE; ~ ***religioso, per bambini*** religious, children's programme; ***-i per le scuole*** broadcasts for schools; ***è in ~ al Rex*** it's on at the Rex; ***guida dei -i TV*** TV guide; ~ ***contenitore*** magazine; ***-i educativi*** AE educational television; ***scegliamo in anticipo i -i che vogliamo guardare*** we plan our viewing ahead; ***"i -i riprenderanno il più presto possibile"*** "normal service will be resumed as soon as possible" **2** TEATR. *(cartellone)* programme; ***che cosa c'è in ~?*** what's on? ***Amleto è ancora in ~*** Hamlet is still on **3** *(piano)* plan, schedule; ***il migliore ~ sarebbe restare qui*** the best plan would be to stay here; ***il ~ della gita scolastica*** the plans for the school trip; ***preparare un ~ suddiviso in sei punti*** to draw up a six-point plan; ***fare -i*** to make plans; ***avere in ~ di fare*** to plan on doing; ***che cosa c'è in ~ per oggi?*** what's on the programme for today? ***cambiamento di ~*** change of plan *o* in the schedule; ***non ho niente di particolare in ~ (per stasera)*** I have no particular plans (for tonight); ***avete dei -i per questa sera?*** have you got anything arranged *o* on for this evening? ***i nostri -i sono andati a gambe all'aria*** COLLOQ. our plans have been thrown topsy-turvy; ***secondo il ~ devo parlare alle 2*** I am scheduled to speak at 2.00; ~ ***di lavoro*** work schedule; ***un ~ pieno di impegni*** a full *o* crowded schedule; ***seguire un ~ di lavoro molto rigido*** to work to a strict timetable; ***come da ~*** according to schedule, as planned; ***sostenere un ~ politico*** to support a political platform; ***cos'hai in ~?*** FIG. what do you have in view? ~ ***di allenamento*** SPORT exercise programme; ***è tutto un ~!*** SCHERZ. that'll take some doing! **4** SCOL. UNIV. syllabus, curriculum*; ***un ~ di studi*** a course of study; ***il ~ di geografia*** the geography syllabus; ***il ~ del primo anno*** the first-year syllabus; ***in ~*** on the syllabus; ***elaborazione dei -i (di studio)*** curriculum development; ***svolgeremo metà del ~ durante questo trimestre*** we will cover half the syllabus this term; ***ci sono cinque argomenti previsti nel ~ di storia*** there are five set topics on the history syllabus; ***inserire un argomento nel ~*** to set a subject for study **5** INFORM. (computer) program; ***lanciare un ~*** to start up a program; ~ ***di elaborazione testi, compilatore*** word processing, compiler program ◆◆ ~ ***applicativo*** INFORM. application program; ~ ***economico*** economic plan; ~ ***elettorale*** election manifesto, electoral programme, platform; ~ ***d'esame*** coursework; ~ ***di espansione*** COMM. expansion scheme; ~ ***industriale*** industrial blueprint; ~ ***di investimento*** investment project *o* scheme; ~ ***di lavaggio*** washing cycle; ~ ***monetarista*** monetarist blueprint.

programmabile /program'mabile/ agg. programmable (anche TECN. INFORM.); ~ ***con anticipo*** that can be planned beforehand.

programmare /program'mare/ [1] tr. **1** *(mettere in programma)* [*cinema*] to put* on [*film*] **2** *(progettare)* to plan, to schedule, to time [*lavoro, vacanze, visita, giornata*]; to plan [*cura, trattamento*]; to budget, to organize [*tempo*]; ~ ***la produzione di un'azienda*** to plan the production of a company; ~ ***un esame*** to set an exam **3** *(impostare secondo un programma)* to programme BE, to program AE, to set* [*videoregistratore*]; to preset* [*temperatura, accensione*] **4** INFORM. to program [*sistema, computer*]; ~ ***in BASIC*** to program in BASIC.

programmatico, pl. **-ci, -che** /program'matiko, tʃi, ke/ agg. ***discorso ~*** POL. keynote speech; ***documento ~*** POL. policy document.

programmato /program'mato/ **I** p.pass. → **programmare II** agg. [*istruzione, economia, produzione, visita*] planned; ***come ~*** as scheduled.

programmatore /programma'tore/ ♦ ***18*** m. (f. **-trice** /tritʃe/) **1** INFORM. designer, (computer) programmer **2** ECON. planner.

programmazione /programmat'tsjone/ f. **1** *(il programmare) (di viaggio, visita, lavoro)* planning, programming, scheduling; *(di videoregistratore, macchina)* presetting, programming **2** ECON. planning, scheduling **3** INFORM. (computer) programming BE, programing AE, scheduling; ~ ***in parallelo*** parallel programming; ***linguaggio di ~*** programming language, computer language **4** RAD. TELEV. schedule, programming; TEATR. run; ***essere in ~*** CINEM. to be showing; ***c'è un nuovo film in ~*** there's a new film on; ***il film non sarà più in ~ da giovedì*** the film finishes on Thursday; ***il film resterà in ~ ancora una settimana*** the film will run (for) another week; ***inserire un film nella ~*** to slot a film into the timetable; ***uscire dalla ~*** to be no longer showing; ***la trasmissione offre una buona ~ di musica moderna*** the programme's coverage of modern music is good ◆◆ ~ ***di bilancio*** budget planning.

programmista, m.pl. **-i**, f.pl. **-e** /program'mista/ ♦ ***18*** m. e f. RAD. TELEV. programme planner.

progredire /progre'dire/ [102] intr. (aus. *essere, avere*) **1** *(andare avanti)* [*persona, civilizzazione, tecnica, malattia*] to advance; [*lavoro, ricerca, studi*] to progress; ***lavorare per ~ nel campo dei diritti umani*** to work for progress on human rights **2** *(migliorare)* [*tecnologia*] to progress; [*industria, regione*] to take* off; ~ ***nella carriera*** to progress *o* advance in one's career; ***è progredito moltissimo*** he has made a lot of progress.

progredito /progre'dito/ **I** p.pass. → **progredire II** agg. [*paese*] developed; [*tecnica*] advanced.

progressione /progres'sjone/ f. **1** progress, progression; ***la ~ inesorabile della malattia*** the inexorable progression of the disease; ***in termini di ~*** in terms of growth; ***seguire la ~ di*** to track [*uragano, temporale*] **2** MAT. progression; ~ ***aritmetica*** arithmetic progression **3** MUS. progression **4** LING. progression ◆ ***crescere in ~ geometrica*** to increase exponentially.

progressismo /progres'sizmo/ m. progressivism.

▷ **progressista**, m.pl. **-i**, f.pl. **-e** /progres'sista/ **I** agg. [*persona*] progressive, forward-looking; [*idea, politica*] progressive **II** m. e f. progressionist, progressist, progressive.

progressistico, pl. **-ci, -che** /progres'sistiko, tʃi, ke/ agg. progressive.

progressività /progressivi'ta/ f.inv. progressiveness; ~ ***dell'imposizione fiscale*** progressive rate of taxation.

progressivamente /progressiva'mente/ avv. [*diffondersi*] gradually, progressively; [*aumentare, diminuire*] steadily.

▷ **progressivo** /progres'sivo/ agg. **1** *(continuo)* [*paralisi, degenerazione, malattia, aumento, cambiamento*] progressive; [*crescita, accumulo, declino*] steady; ***perdita -a della memoria*** progressive loss of memory **2** *(in progressione)* ***in ordine ~*** in ascending order **3** ECON. [*imposta, tassa*] graduated, progressive **4** LING. continuous, progressive; ***è al presente ~*** it's in the present continuous.

▷ **progresso** /pro'grɛsso/ m. **1** *(avanzamento, miglioramento)* progress **U**, improvement; ***l'ultimo decennio ha visto enormi -i tecnologici*** the last decade has witnessed tremendous advances in technology; ***i recenti -i in campo medico*** recent advances in medicine; ***grandi -i della chirurgia*** major developments in surgery; ***fare (dei) -i*** [*persona*] to make progress, to come along, to get ahead, to make headway; ***fare enormi -i*** to come on in leaps and bounds; ***abbiamo fatto pochi -i*** we've made little progress; ***non ho fatto -i*** I'm no further forward, I'm getting nowhere; ***non hanno fatto -i nella loro ricerca*** they're no further along in their research; ***ha fatto dei -i in matematica*** she has made some improvement in maths; ***ora sì che facciamo -i!*** now we're getting somewhere! ***in nome del ~*** in the name of progress; ***ostacolare il ~*** to stand in the way of progress; ***non si può fermare il ~!*** IRON. you can't stop progress! ***pubblicità ~*** social marketing **2** *(il progredire) (di una malattia)* progress **U** ◆◆ ~ ***economico*** economic improvement; ~ ***sociale*** social advancement; ~ ***tecnologico*** technological advance.

▶ **proibire** /proi'bire/ [102] tr. to forbid*, to prohibit, to ban [*film, commercio, pubblicità, opera*]; ~ ***qcs. a qcn.*** to forbid sb. sth.; ~ ***a qcn. di fare*** to forbid sb. to do, to bar sb. from doing, to prohibit sb. from doing; ***le autorità hanno proibito la vendita di alcolici*** the authorities prohibited *o* banned the sale of alcohol; ***la sua religione gli proibiva di sposarsi*** his religion bared him from marrying; ***il medico gli ha proibito l'alcol*** the doctor told him he isn't allowed alcohol; ***ti proibisco di parlare male di lei*** I won't hear a word against her.

proibitivo /proibi'tivo/ agg. [*prezzo*] prohibitive; [*leggi*] prohibitory; ***condizioni meteorologiche -e*** hazardous *o* treacherous weather conditions.

proibito /proi'bito/ **I** p.pass. → **proibire II** agg. [*scrittore, libro, arma, droga*] forbidden, banned; ***sogni -i*** forbidden dreams; ***è assolutamente ~ fare*** it is strictly forbidden to do; ***(è) ~ fumare*** smoking is (expressly) forbidden; ~ ***per legge*** forbidden by law; ***il frutto ~*** BIBL. the forbidden fruit; ***un colpo ~*** SPORT a foul; ***sferrare un colpo ~ al proprio avversario*** to foul one's opponent **III** m. ***il fascino del ~*** the temptation of the forbidden.

proibizione /proibit'tsjone/ f. ban, prohibition; ~ ***di fare qcs.*** ban on doing sth.; ~ ***dello straordinario*** overtime ban.

proibizionismo /proibittsjo'nizmo/ m. prohibitionism; ***anni del ~*** prohibition years.

proibizionista, m.pl. **-i**, f.pl. **-e** /proibittsjo'nista/ **I** agg. [*legge, partito*] prohibition attrib. **II** m. e f. prohibitionist.

proibizionistico, pl. **-ci, -che** /proibittsjo'nistiko, tʃi, ke/ agg. prohibitionist attrib.

▷ **proiettare** /projet'tare/ [1] **I** tr. **1** to cast*, to throw* [*ombra, immagine*] **2** *(scagliare)* [*vulcano*] to throw* out [*lava, lapilli*]; [*geyser*] to spout [*getti d'acqua*]; to project [*oggetto*] **3** CINEM. to project, to screen, to show*, to unreel [*film*]; to project [*diapositive*] (**su** onto) **4** PSIC. to project [*colpa, dubbi, ansia*] (**su** onto) **5** MAT. to project [*solido*] **II proiettarsi** pronom. **1** *(lanciarsi)* to leap, to jump; ***-rsi nel vuoto*** to leap *o* jump into space **2** *(andare a cadere)* [*raggio*] to sweep* (**su** on, over) **3** FIG. ***-rsi nel futuro*** to project oneself into the future, to travel forward in time.

▷ **proiettile** /pro'jɛttile/ m. *(oggetto lanciato)* projectile, missile; *(proietto)* projectile, shell; *(pallottola)* bullet, ball; ***a prova di ~*** bulletproof; ***sparare -i a qcn.*** to fire shells at sb.; ***fucile a -i di gomma*** baton gun ◆◆ ***~ di cannone*** cannonball; ***~ dirompente*** fragmentation shell; ***~ dumdum*** dumdum (bullet); ***~ esplosivo*** explosive bullet; ***~ illuminante*** star shell; ***~ incendiario*** incediary round; ***~ a percussione*** percussion bullet; ***~ perforante*** armour-piercing shell; ***~ tracciante*** MIL. tracer; ***~ vagante*** stray.

proiettività /projettivi'ta/ f.inv. projectivity.

proiettivo /projet'tivo/ agg. projective.

proietto /pro'jɛtto/ m. MIL. projectile, shell ◆◆ ***-i vulcanici*** volcanic ejecta.

proiettore /projet'tore/ m. **1** *(faro)* floodlight; *(orientabile)* searchlight **2** AUT. headlight; ***accendere i -i*** to switch on one's headlights **3** FOT. CINEM. projector ◆◆ ***~ alogeno*** halogenous projector; ***~ cinematografico*** cine-projector, movie projector; ***~ per diapositive*** slide projector; ***~ per lucidi*** overhead projector.

proiezione /projet'tsjone/ f. **1** CINEM. projection, screening, showing, view; ***sala di ~*** screening room; ***cabina di ~*** projection room; ***operatore di ~*** cinematographer; ***~ dell'immagine*** projection of an image; ***una ~ privata*** a private screening; ***la ~ delle 10*** the 10 o'clock screening **2** MAT. PSIC. projection; ***piano di ~*** projection plan **3** GEOGR. STATIST. projection ◆◆ ***~ cilindrica*** cylindrical projection; ***~ cinematografica*** showing, screening; ***~ conica*** conical projection; ***~ di diapositive*** slide show; ***~ di Mercatore*** Mercator's projection; ***~ ortogonale*** MAT. orthogonal projection; ***~ parallela*** parallel projection; ***~ policonica*** polyconic projection; ***-i elettorali*** STATIST. election forecasts.

proiezionista, m.pl. **-i**, f.pl. **-e** /projettsjo'nista/ ♦ ***18*** m. e f. projectionist.

prolammina /prolam'mina/ f. prolamine.

prolassare /prolas'sare/ [1] intr. (aus. *essere*) [*organo*] to prolapse.

prolasso /pro'lasso/ m. prolapse ◆◆ ***~ del retto*** prolapse of the rectum; ***~ dell'utero*** prolapse of the uterus.

prolattina /prolat'tina/ f. prolactin.

prole /'prɔle/ f. **1** offspring*, issue; SCHERZ. brood; ***senza ~*** issueless, childless **2** *(di animali)* offspring* ◆◆ ***~ illegittima*** illegitimate children; ***~ legittima*** legitimate children.

prolegomeni /prole'gɔmeni/ m.pl. prolegomena.

prolessi /pro'lɛssi/ f.inv. RET. LING. prolepsis*.

proletariato /proleta'rjato/ m. *(condizione)* proletarianism; *(classe)* proletariat, working class.

▷ **proletario**, pl. **-ri**, **-rie** /prole'tarjo, ri, rje/ **I** agg. [*coscienza, classe, origini*] proletarian, working class attrib.; ***rivoluzione -a*** workers' *o* proletarian revolution **II** m. (f. **-a**) proletarian, worker; ***"-ri di tutto il mondo, unitevi!"*** "workers of the world, unite!".

proletarizzare /proletarid'dzare/ [1] tr. to proletarianize.

proletarizzazione /proletariddzat'tsjone/ f. proletarization.

prolетticamente /prolettika'mente/ avv. proleptically.

prolettico, pl. **-ci**, **-che** /pro'lɛttiko, tʃi, ke/ agg. proleptic; LING. anticipatory.

proliferare /prolife'rare/ [1] intr. (aus. *avere*) **1** BIOL. ZOOL. to proliferate; [*batteri*] to flourish **2** FIG. ***in questa zona proliferano i negozi etnici*** Ethnic shops are popping up everywhere in this area.

proliferazione /proliferat'tsjone/ f. BIOL. proliferation; ***~ cellulare*** cell proliferation; ***non~*** nonproliferation.

prolifero /pro'lifero/ agg. [*pianta*] prolific.

prolificare /prolifi'kare/ [1] intr. (aus. *avere*) **1** BIOL. to procreate, to proliferate **2** FIG. to proliferate.

prolificazione /prolifikat'tsjone/ f. proliferation (anche FIG.).

prolificità /prolifitʃi'ta/ f.inv. prolificacy (anche FIG.), prolificity.

prolifico, pl. **-ci**, **-che** /pro'lifiko, tʃi, ke/ agg. [*scrittore*] fluent, prolific, voluminous; [*persona*] prolific; [*animale*] prolific, proliferous.

prolina /pro'lina/ f. proline.

prolissamente /prolissa'mente/ avv. prolixly.

prolissità /prolissi'ta/ f.inv. *(di argomentazione, discorso)* lengthiness, long-windedness; *(di persona)* long-windedness.

prolisso /pro'lisso/ agg. [*descrizione, scrittore, persona, romanzo, oratore*] expatiatory, long-winded, wordy; [*discorso*] windy; [*stile*] diffusive.

pro loco /prɔ'lɔko/ f.inv. = local office which organises cultural and athletic events.

prologo, pl. **-ghi** /'prɔlogo, gi/ m. **1** *(introduzione)* prologue **2** *(inizio)* beginning, prelude; ***è stato solo il ~ ai suoi guai*** it was only the beginning of his problems.

▷ **prolunga**, pl. **-ghe** /pro'lunga, ge/ f. *(di tavolo)* extension, leaf; EL. extension (cable), extension lead ◆◆ ***~ d'artiglieria*** gun carriage.

prolungabile /prolun'gabile/ agg. extendable, extensible.

prolungabilità /prolungabili'ta/ f.inv. extensibility, extendability.

prolungamento /prolunga'mento/ m. *(nello spazio)* prolongation; *(di strada, ferrovia, muro, mensola)* extension, continuation, lengthening; *(nel tempo) (delle vacanze)* lengthening; ***il ~ della linea ferroviaria*** the extension of the railway; ***un buon utensile funziona come un ~ della mano*** a good tool functions as an extension of the hand; ***il ~ dello spettacolo è dovuto all'enorme successo*** the show has been held over owing to its enormous success; ***chiedono il ~ delle trattative*** they are calling for talks to be extended; ***il sindacato ha accettato un ~ dell'orario di lavoro*** the union agreed to longer working hours.

▷ **prolungare** /prolun'gare/ [1] **I** tr. to prolong, to extend, to lengthen [*vacanza, viaggio, dibattito, percorso, attesa, visita*]; to draw* out, to run* on [*riunione, discorso, pranzo*]; to extend [*strada*]; to hold over [*mostra*]; MAT. to produce [*retta*]; ***~ il proprio soggiorno*** to stay longer than planned; ***~ l'orario di apertura dei negozi*** to extend the opening hours of shops **II prolungarsi** pronom. **1** *(nello spazio)* ***il viale si prolunga fino alla villa*** the avenue continues to *o* goes as far as the villa **2** *(nel tempo)* [*spettacolo, discussione*] to go* on, to continue; [*visita, silenzio*] to lengthen; [*siccità*] to spread.

prolungatamente /prolungata'mente/ avv. protractedly.

prolungato /prolun'gato/ **I** p.pass. → **prolungare II** agg. [*assenza, soggiorno, attesa, permanenza, visita, garanzia, contratto*] prolonged, extended; [*sforzo, applauso, periodo*] sustained; [*sguardo*] lingering, long.

prolusione /prolu'zjone/ f. **1** prolusion **2** UNIV. inaugural lecture BE.

promanare /proma'nare/ [1] tr. e intr. (aus. *essere*) LETT. [*calore, profumo*] to emanate (**da** from).

promemoria /prome'mɔrja/ m.inv. memo, memorandum* (**di** of; **del fatto che** that); ***un ~ a qcn. perché faccia*** a reminder to sb. to do; ***~ di pagamento*** COMM. prompt note.

▶ **1.promessa** /pro'messa/ f. **1** *(impegno)* promise, pledge; ***fare una ~ a qcn.*** to make a promise *o* give a pledge to sb.; ***fare grandi -e*** to make grand promises; ***manterrò la mia ~*** I'll keep my promise; ***venir meno alla ~ (fatta)*** to break one's word, to default on a promise, to fail to keep a promise, to welsh on a promise; ***non essere in grado di mantenere una ~*** to fall down on a promise; ***non ti obbligherò, ti obbligherò a mantenere la tua ~*** I won't keep, I'll hold you to your promise; ***sciogliere qcn. da una ~*** to release sb. from a promise; ***essere vincolato ad una ~*** to be bound by a promise; ***hai la mia ~ che*** you have my word that; ***recedere da una ~*** to backtrack on a promise; ***false -e*** empty promises **2** *(speranza)* ***essere una ~*** [*persona, autore, atleta*] to be full of promise; ***una delle nostre più brillanti -e dell'atletica*** one of our brightest hopes in athletics; ***una grande ~ della musica*** a promising young musician ◆ ***ogni ~ è debito*** PROV. promise is debt ◆◆ ***~ da*** o ***di marinaio*** sailor's promise; ***~ di matrimonio*** promise of marriage, marriage pledge; ***~ solenne*** sacrament, vow; ***~ di vendita*** agreement of sale; ***-e matrimoniali*** marriage vows.

2.promessa /pro'messa/ f. *(fidanzata)* fiancée.

promesso /pro'messo/ **I** p.pass. → **promettere II** agg. **1** [*dono*] promised; ***sposa -a*** fiancée; ***i Promessi Sposi*** the Bethrothed **2** RELIG. ***Terra Promessa*** Promised Land **III** m. *(fidanzato)* fiancé.

prometeico, pl. **-ci**, **-che** /prome'tɛiko, tʃi, ke/ agg. Promethean (anche FIG.).

prometeo /pro'mɛteo/ m. → **promezio.**

Prometeo /pro'mɛteo/ n.pr.m. Prometheus.

promettente /promet'tɛnte/ agg. [*inizio, scrittore, atleta, lettera, notizia, risultato, situazione*] promising; [*candidato*] likely, up and coming; [*avvenire, futuro*] rosy; [*carriera*] budding, promising; ***un attore ~*** an exciting new acting talent, a promising actor.

▶ **promettere** /pro'mettere/ [60] **I** tr. **1** *(impegnarsi a dare)* to promise [*ricompensa*]; to pledge, to promise [*sostegno, aiuto*]; to swear, to assure [*amore eterno*]; ***~ qcs. a qcn.*** to promise sb. sth.; ***~ a qcn. di fare, che*** to promise sb. to do, that; ***~ di essere fedele a qcn.*** to pledge fidelity to sb.; ***fare più di quanto si è promesso*** to be better than one's word; ***proprio come promesso*** exactly as promised; ***mi promise che sarebbe venuta*** she promised me (that) she would come; ***fare ~ a qcn. di fare*** to pin sb. down to doing; ***"potresti farlo per domani?" - "non ti prometto niente"*** "could you do it by tomorrow?" - "I can't promise anything"; ***"promettimi di non parlarne con nessuno" - "te lo prometto!"*** "promise me that you won't tell anybody about it" - "I promise!" **2** *(annunciare)* ***non ~ nulla di buono*** [*tempo, risultato, progetto*] to look bad, not to look very promising; ***la giornata promette bene*** it promises to be a fine day; ***un dibattito che promette di essere interessante*** a debate that promises to be interesting **3** *(destinare)* ***~ la propria figlia in moglie a qcn.*** to promise one's daughter in marriage to sb. **II** intr. (aus. *avere*) *(avere un futuro)* ***~ bene*** [*persona, autore, atleta, situazione, avvenimento*] to promise well; [*azienda*] to be up and coming, to show promise; ***promette molto bene*** she shows great promise; ***un giovane musicista che promette bene*** a promising young musician; ***promette bene questo bambino!*** IRON. that child is going to be a handful! **III promettersi** pronom. **1** *(a se stesso)* to promise oneself [*viaggio*] **2** *(l'un l'altro)* ***si sono promessi di non lasciarsi mai più*** they have vowed never to be parted **3** *(impegnarsi)* ***-rsi a qcn.*** to pledge one's heart *o* love *o* hand to sb.; ***-rsi a Dio*** to dedicate oneself to God ◆ ***~ mari e monti*** o ***la luna (a qcn.)*** to promise (sb.) the earth *o* moon.

promezio /pro'mɛttsjo/ m. CHIM. promethium.

prominente /promi'nɛnte/ agg. [*naso, mascella, mento*] prominent; [*sopracciglia*] beetling; [*pancia*] bulging; [*roccia*] jutting.

prominenza /promi'nɛntsa/ f. **1** *(di struttura, edificio, oggetto)* prominence; *(di pancia)* rotundity **2** ZOOL. torus*.

promiscuamente /promiskua'mente/ avv. promiscuously.

promiscuità /promiskui'ta/ f.inv. promiscuity, promiscuousness; ***vivere nella ~*** to live in promiscuity.

promiscuo /pro'miskuo/ agg. **1** [*comportamento*] promiscuous; [*scuola*] coeducational; [*matrimonio, coppia, società, cultura*] mixed; ***trasporto ~*** = transport of people and freight **2** LING. [*genere*] epicene.

promissario, pl. **-ri** /promis'sarjo, ri/ m. (f. **-a**) obligee, promisee.

promissorio, pl. **-ri, -rie** /promis'sɔrjo, ri, rje/ agg. promissory.

promittente /promit'tɛnte/ m. e f. DIR. promisor.

▷ **promontorio**, pl. **-ri** /promon'tɔrjo, ri/ m. GEOGR. promontory, cape, foreland, headland; GEOL. spit.

promosso /pro'mɔsso/ **I** p.pass. → **promuovere II** agg. SCOL. UNIV. [*candidato*] successful; [*alunno*] promoted, successful **III** m. (f. **-a**) SCOL. UNIV. successful candidate; ***in quell'esame la percentuale dei -i è del 60%*** the pass *o* success rate for that exam is 60%.

promoter /pro'mɔter/ m.inv. promoter; ***~ commerciale*** sales coordinator.

promotore /promo'tore/ **I** agg. [*comitato*] organizing, promoting **II** m. (f. **-trice** /tritʃe/) *(di prodotti, mostre, eventi)* promoter; *(di spettacoli)* plugger; *(di iniziative)* prime mover; *(di proposta, mozione, legge)* sponsor; ***i -i di una riforma*** the spearheads of a reform; ***~ immobiliare*** property developer.

promozionale /promottsjo'nale/ agg. [*campagna, iniziativa, offerta, attività*] promotional; ***vendita ~*** sales promotion; ***materiale ~*** publicity material; ***video ~*** promotional, sample, promo COLLOQ.

▷ **promozione** /promot'tsjone/ f. **1** *(avanzamento)* promotion, advancement, career move; ***ottenere una ~*** to gain a promotion, to move up; ***le -i vengono assegnate in base all'anzianità*** promotion goes by seniority; ***posso dire addio alla mia ~*** bang goes my promotion COLLOQ. **2** COMM. promotion; *(singola offerta)* (bargain) offer; AMM. preferment; ***fare delle -i*** to have special offers **3** SCOL. pass; ***studiare per ottenere la ~*** to study to pass one's exams **4** SPORT promotion; ***~ in serie A*** promotion in the first division ◆◆ ***~ delle vendite*** sales promotion.

promulgare /promul'gare/ [1] tr. **1** DIR. to enact, to promulgate [*legge*]; ***~ un decreto*** to issue an edict; ***~ delle leggi contro la discriminazione, pornografia*** to legislate against discrimination, pornography **2** *(diffondere)* to promulgate [*teoria*].

promulgativo /promulga'tivo/ agg. ***atto ~*** promulgating act.

promulgatore /promulga'tore/ **I** agg. promulgating **II** m. (f. **-trice** /tritʃe/) promulgator.

promulgazione /promulgat'tsjone/ f. **1** DIR. enactment, promulgation; ***la ~ di una legge*** the promulgation of a law **2** *(diffusione)* promulgation.

▷ **promuovere** /pro'mwɔvere/ [62] tr. **1** *(sostenere, appoggiare)* to promote [*idea, azione, pace, sport, commercio*]; to advance [*ricerca, conoscenza*]; to patronize [*arti*]; to foster, to promote [*attività, immagine*]; to further [*causa*]; to initiate [*miglioramento, riorganizzazione*]; to present [*petizione*]; ***~ una campagna contro il fumo*** to launch an antismoking campaign; ***~ un disegno di legge*** POL. to promote a bill **2** COMM. to promote, to merchandise [*prodotto, marca*]; to publicize [*film, opera*] **3** *(far avanzare di grado)* to promote, to upgrade; ***~ qcn. (al rango di) sergente*** to promote sb. (to the rank of) sergeant **4** SPORT to move up, to promote [*squadra*] **5** SCOL. UNIV. to pass, to put* up, to promote [*alunno, candidato*]; ***è stato promosso in seconda elementare*** he is going into second form.

pronao /'prɔnao/ m. pronaos*.

pronatore /prona'tore/ m. ANAT. pronator.

pronazione /pronat'tsjone/ f. pronation.

pronipote /proni'pote/ m. e f. **1** *(di bisnonno)* great grandchild*; *(maschio)* great grandson; *(femmina)* great granddaughter **2** *(di prozio) (maschio)* grandnephew, great nephew; *(femmina)* grandniece, great niece **3** *(discendente)* ***i -i*** the descendants.

prono /'prɔno/ agg. **1** [*persona*] prone, procumbent; ***giaceva ~*** he was lying face down *o* prone; ***mettersi ~*** to lie flat on one's stomach **2** FIG. *(incline, propenso)* inclined, prone (**a** to).

pronome /pro'nome/ m. pronoun ◆◆ ***~ complemento*** object pronoun; ***~ dimostrativo*** demonstrative pronoun; ***~ indefinito*** indefinite pronoun; ***~ interrogativo*** interrogative pronoun; ***~ personale*** personal pronoun; ***~ possessivo*** possessive pronoun; ***~ riflessivo*** reflexive pronoun.

pronominale /pronomi'nale/ agg. [*uso, verbo, particella*] pronominal.

pronominalmente /pronominal'mente/ avv. pronominally.

pronosticare /pronosti'kare/ [1] tr. **1** *(prevedere)* to prognosticate, to foretell* [*vittoria, sconfitta*]; to forecast* [*avvenire*] **2** SPORT EQUIT. to forecast*; ***~ il tris vincente*** to give a winning tip on the horses **3** *(far presagire)* ***questi nuvoloni pronosticano cattivo tempo*** these big clouds foretell a storm.

pronosticatore /pronostika'tore/ m. (f. **-trice** /tritʃe/) prognosticator, tipster.

pronosticazione /pronostikat'tsjone/ f. forecast.

pronostico, pl. **-ci** /pro'nɔstiko, tʃi/ m. forecast, prevision, prognostication; ***fare*** o ***azzardare un ~*** to make forecasts; ***il suo ~ si è avverato*** his prediction has come true.

prontamente /pronta'mente/ avv. [*replicare, chiedere, dire*] briskly, promptly, readily; [*reagire, intervenire*] quickly; ***saper reagire ~*** to be quick to react; ***dobbiamo agire ~*** we must act quickly; ***si è mosso ~ per smentire le accuse*** he moved swiftly to deny the allegations.

▷ **prontezza** /pron'tettsa/ f. *(mentale)* readiness, agility; *(fisica)* promptness, quickness, swiftness; ***la ~ delle sue risposte*** the cleverness *o* readiness *o* slickness of his replies; ***con ~*** [*muoversi*] swiftly; ***reagire con ~*** to think on one's feet ◆◆ ***~ di riflessi*** quickness of reflex; ***~ di spirito*** presence of mind; *(nel replicare)* quick wit.

▶ **pronto** /'pronto/ agg. **1** *(preparato)* ready (**a, per** to, for); ***~ per l'uso*** ready for use; ***essere ~ a partire*** to be set to leave; [*corridori*] to be under starter's orders; ***essere ~ a difendere i propri amici*** to be quick to defend one's friends; ***sei ~?*** are you ready? ***essere quasi ~*** to be just about ready; ***sarò -a in un minuto*** I'll be ready in a minute; ***il pranzo è ~, venite a tavola!*** lunch is ready, come and get it! ***tenersi ~ per*** to be ready *o* to brace for; ***essere ~ a intervenire*** [*dottore, esercito, servizi di emergenza*] to stand by, to be on standby; ***essere -i al peggio*** to be prepared for the worst; ***siamo -i ad affrontare tutte le sfide*** we are ready for all challenges; ***ha sempre una scusa -a*** he's never short of an excuse *o* he's always got an excuse ready; ***tutto ~ al lancio!*** AER. all systems are go! ***per quando deve essere ~ il tema?*** when is the essay for? ***sarà ~ per sabato*** it'll be ready (for) Saturday; ***allora è tutto ~?*** it's all arranged *o* set then? ***non sono ancora ~ per gli esami*** I'm not ready for the exams yet; ***si sedette lì, -a per scrivere*** she sat there, pen poised; ***stare ~ a cogliere al volo*** to listen out for [*idee, informazioni*]; ***non era -a ad affrontare il problema*** she wasn't equipped *o* prepared *o* ready to cope with the problem; ***non è affatto ~*** he's not nearly ready; ***-i, partenza, via!*** ready, steady, go! ***ai posti di partenza! -i! via!*** on your marks, (get) set, go! ***merce in -a consegna*** off-the-shelf goods **2** *(disposto)* ***essere ~ a fare*** to be ready to do; ***sono -i a pagare un tanto a veicolo*** they are willing to pay so much per vehicle; ***è ~ a tutto*** he's game *o* ready for anything; ***sono ~ a discutere*** I'm open to argument; ***ho trovato in mia zia una persona -a ad ascoltare*** I found a ready listener in my aunt; ***essere ~ a criticare, scusarsi*** to be ready with one's criticism, excuses; ***ero scioccato da quello che era ~ a fare*** I was shocked by the lengths he was prepared to go to; ***essere ~ ad ammettere i propri errori*** to be quick to admit one's mistakes; ***sarei ~ a giurarlo*** I'll take my oath on it; ***sarei ~ a scommettere che...*** I'd be willing to wager that...; ***il governo non era ~ a fornire informazioni*** no information was forthcoming from the government **3** *(rapido)* prompt; ***i migliori auguri di -a guarigione*** best wishes for a speedy recovery; ***ha sempre la risposta*** o ***battuta -a*** she is quick on the draw; ***una risposta -a sarà***

gradita an early reply would be appreciated; ***sei stato un po' troppo ~ a dare la colpa a lei*** you were a bit quick off the mark (in) blaming her **4** *(sveglio)* [*mente*] quick, clever, nimble, agile, quick-witted; ***avere i riflessi -i*** to have quick *o* good reflexes **5** *(al telefono)* **~!** hello! **6 bell'e pronto** [*risposta, pretesto, soluzione*] ready-made ◆◆ ***~ soccorso*** first aid; *(reparto)* emergency ward.

prontuario, pl. **-ri** /prontu'arjo, ri/ m. **1** *(manuale)* handbook, reference book; ***~ di calcoli*** ready reckoner **2** FARM. formulary.

pronubo /'prɔnubo/ m. **1** LETT. paranymph **2** ENTOM. pollinator.

▷ **pronuncia**, pl. **-ce** /pro'nuntʃa, tʃe/ f. **1** FON. pronunciation; ***fare errori di ~*** to make pronunciation errors *o* mistakes; ***ha una buona, pessima ~*** his pronunciation is good, terrible; ***~ scorretta*** mispronunciation; ***difetto di ~*** speech defect *o* impediment; ***~ strascicata*** drawl; ***~ blesa*** lisp; ***~ nasale*** twang **2** DIR. *(di sentenza)* pronouncement.

pronunciabile /pronun'tʃabile/ agg. pronounceable, utterable; ***facilmente ~*** simple to pronounce.

pronunciamiento /pronunsja'mjento/ m.inv. army coup.

▶ **pronunciare** /pronun'tʃare/ [1] **I** tr. **1** FON. to pronounce [*suono, parola*]; to sound [*lettera*]; ***~ male*** to mispronounce; ***la "h" si pronuncia?*** is the letter "h" pronounced? ***una parola difficile da ~*** a crackjaw word; ***non riesco a pronunciarlo*** I can't get my tongue round it **2** *(proferire)* to utter, to speak* [*parola, frase*]; ***~ i voti*** RELIG. to take one's vows; ***~ un discorso*** to give *o* deliver an address; ***basta ~ il suo nome e piange*** if you mention his name, she cries **3** *(emettere)* to pass, to pronounce, to render [*giudizio, condanna, verdetto*]; ***~ una sentenza di non luogo a procedere nei confronti di qcn.*** to nonsuit sb.; ***~ una condanna a morte*** to pass a death sentence **II pronunciarsi** pronom. *(manifestare la propria opinione)* ***-rsi contro, a favore di qcs.*** to pronounce against, for sth., to decide against, in favour of sth.; ***-rsi in favore di qcn.*** to speak (out) in sb.'s favour; ***non si è ancora pronunciato*** he hasn't yet given his opinion, he's still not saying; ***-rsi su qcs.*** to pronounce *o* adjudicate on sth.

pronunciato /pronun'tʃato/ **I** p.pass. → **pronunciare II** agg. **1** *(prominente)* [*mento*] protruding, protrusive; [*fronte, zigomi*] prominent **2** *(spiccato)* [*sapore, odore*] strong; [*accento*] heavy, pronounced, marked **III** m. DIR. sentence.

pronunzia /pro'nuntsja/ → **pronuncia.**

pronunziabile /pronun'tsjabile/ → **pronunciabile.**

propagabile /propa'gabile/ agg. propagable.

propagamento /propaga'mento/ m. propagation.

▷ **propaganda** /propa'ganda/ f. propaganda; COMM. advertising, publicity; ***campagna di ~*** propaganda campaign; ***film, cartellone, materiale di ~*** propaganda film, poster, material; ***fare ~ per una causa*** to campaign for a cause; ***fare ~ a un prodotto*** to propagandize *o* plug *o* push a product; ***fare ~ politica*** POL. to canvass ◆◆ ***~ elettorale*** electioneering; ***~ personale*** self-advertisement; ***~ radiofonica*** radio advertising; ***~ televisiva*** television advertising *o* commercial.

▷ **propagandare** /propagan'dare/ [1] tr. to propagandize, to disseminate [*idee, informazioni*]; to advertise [*prodotto*].

propagandista, m.pl. **-i**, f.pl. **-e** /propagan'dista/ m. e f. propagandist.

propagandistico, pl. **-ci**, **-che** /propagan'distiko, tʃi, ke/ agg. [*scritto*] propagandistic; [*materiale*] advertising, propagandistic.

propagare /propa'gare/ [1] **I** tr. **1** *(diffondere)* to spread*, to propagate, to peddle [*idea, dottrina, pettegolezzi, false notizie*]; to spread* [*malattia, infezione, germi*]; ***un forte vento contribuì a ~ l'incendio*** a strong wind helped to spread the blaze **2** BIOL. FIS. to carry [*sostanza*]; to propagate [*onda, suono*] **3** AGR. to propagate [*pianta*] (**da** from) **II propagarsi** pronom. **1** *(diffondersi)* [*idea, notizia*] to take* hold, to spread*; [*incendio*] to rip through, to spread*, to sweep; [*disoccupazione*] to spread*, to grow*; [*follia, moda*] to spring* up; [*malattia, epidemia*] to take* hold, to spread* **2** FIS. [*luce, suono, onda*] to travel; [*materia, fluido, particella*] to propagate **3** AGR. to propagate.

propagatore /propaga'tore/ m. (f. **-trice** /tritʃe/) propagator.

propagazione /propagat'tsjone/ f. **1** *(di notizia, idea)* propagation; *(di malattia, infezione)* spread **2** FIS. BIOL. propagation; ***velocità di ~*** velocity of propagation; ***la ~ del campo magnetico*** the propagation of the magnetic field; ***~ delle onde*** propagation of waves; ***~ del calore*** propagation of heat.

propagginare /propaddʒi'nare/ [1] tr. AGR. to layer, to propagate.

propagginazione /propaddʒinat'tsjone/ f. AGR. layering, propagation; ***riprodurre per ~*** to reproduce by layering.

propaggine /pro'paddʒine/ f. **1** AGR. layer; *(propagginazione)* layering **2** FIG. *(diramazione)* ramification; ***le -i di un nervo*** the ramifications of a nerve; *(di montagna)* foothill; ***le -i delle Alpi*** the foothills of the Alps.

propalare /propa'lare/ [1] tr. LETT. to spread*, to divulgate.

propalazione /propalat'tsjone/ f. LETT. divulgation.

propano /pro'pano/ m. propane.

proparossitono /proparos'sitono/ agg. [*parola*] proparoxytone.

propedeutica /prope'dɛutika/ f. propaedeutics + verbo sing.

propedeutico, pl. **-ci**, **-che** /prope'dɛutiko, tʃi, ke/ agg. [*anno, corso*] preparatory, propaedeutic(al).

propellente /propel'lɛnte/ **I** agg. [*sostanza*] propulsive **II** m. propellant ◆◆ ***~ liquido*** liquid propellant; ***~ per missili*** propellant for missiles.

propellere /pro'pɛllere/ [48] tr. to boost [*razzo, missile*].

propendere /pro'pɛndere/ [10] intr. (aus. *avere*) to incline, to lean* (**per**, **verso** towards); ***~ per il sì, per il no*** to be in favour, against sth.; ***~ verso l'opinione che*** to be inclined *o* tend towards the opinion that.

propensione /propen'sjone/ f. **1** *(preferenza)* liking **2** *(inclinazione, tendenza naturale)* inclination (**a**, **per** to, towards), penchant (**per** for), propensity (**a**, to, for); ***avere una ~ al risparmio*** to have a propensity to save; ***avere ~ a fare*** to have a penchant for doing; ***una ~ per l'America*** an American bias.

propenso /pro'pɛnso/ **I** p.pass. → **propendere II** agg. inclinable, inclined (**a** to), slanted (**verso** to, towards); ***essere poco ~ a fare qcs.*** to be rather unwilling to do sth.; ***sono ~ a credere che*** I tend to think that.

propergolo /proper'gɔlo/ m. rocket fuel.

Properzio /pro'pɛrtsjo/ n.pr.m. Propertius.

propilene /propi'lɛne/ m. propylene.

propileo /propi'lɛo/ m. propylaeum*.

propilico, pl. **-ci**, **-che** /pro'piliko, tʃi, ke/ agg. propylic.

propilite /propi'lite/ f. propylite.

propina /pro'pina/ f. compensation.

propinare /propi'nare/ [1] tr. **1** *(dare)* to administer [*veleno*] **2** SCHERZ. to palm off [*merce scadente*]; ***~ a qcn.*** to ram *o* thrust [sth.] down sb.'s throat [*pasto cattivo*].

propinquità /propinkwi'ta/ f.inv. LETT. **1** propinquity, affinity **2** *(parentela)* propinquity.

propinquo /pro'pinkwo/ **I** agg. close, near **II** m. (f. **-a**) *(congiunto)* relative.

propiziare /propit'tsjare/ [1] **I** tr. to propitiate [*dei, divinità*] **II propiziarsi** pronom. ***-rsi il favore di qcn.*** to endear oneself to sb.

propiziatore /propittsja'tore/ **I** m. (f. **-trice** /tritʃe/) propitiator **II** agg. propitiatory.

propiziatorio, pl. **-ri**, **-rie** /propittsja'tɔrjo, ri, rje/ agg. [*sacrificio*] propitiatory.

propiziazione /propittsjat'tsjone/ f. propitiation.

propizio, pl. **-zi**, **-zie** /pro'pittsjo, tsi, tsje/ agg. [*sorte*] favourable, propitious; [*evento*] merciful; ***poco ~*** scarcely propitious; ***aspettare il momento ~*** to wait for the right moment (**per qcs.** for sth.; **per fare qcs.** to do sth.); ***rendersi -zi gli dei*** to propitiate the gods; ***la fortuna gli fu -a*** fortune smiled on him.

propoli /'prɔpoli/ m. e f.inv. bee-glue, propolis.

proponente /propo'nɛnte/ m. e f. mover, proposer.

proponibile /propo'nibile/ agg. proposable.

proponimento /proponi'mento/ m. resolution; ***fare buoni -i*** to make good resolutions.

▶ **proporre** /pro'porre/ [73] **I** tr. **1** *(suggerire)* to propose, to propound, to suggest [*riunione, dibattito, soluzione, passeggiata*]; ***~ di fare*** to propose doing; ***~ qcs. a qcn.*** to try sth. on sb. [*idea, possibilità*]; ***~ qcn. per un premio*** to name *o* propose sb. for a prize; ***~ qcn. come presidente*** to nominate *o* propose *o* put sb. up for president; ***~ che la questione sia messa ai voti*** to move that the matter (should) be put to the vote; ***~ un brindisi*** to propose a toast; ***propongo di andarcene tutti*** I propose *o* vote we all go **2** *(offrire)* to offer [*aiuto, denaro, stage, escursione*] (**a qcn.** to sb.); ***ti proponiamo di lavorare con noi*** we would like you to come and work with us **3** *(sottoporre, presentare)* to put* forward [*soluzione, misura, strategia, progetto, argomento*]; to bring* forward [*mozione, piano*]; to submit [*nomina, dimissioni*]; ***~ la candidatura di qcn.*** to put sb. forward as candidate **II proporsi** pronom. **1** *(offrirsi)* ***-rsi per*** to put oneself in *o* up for [*candidatura, lavoro, promozione*]; ***-rsi per fare*** to offer to do **2** *(avere l'intenzione)* ***-rsi di fare*** to contemplate *o* propose doing, to mean *o* plan *o* set out to do ◆ ***l'uomo propone e Dio dispone*** PROV. Man proposes, God disposes.

proporzionabile /proportsjo'nabile/ agg. proportionable.

proporzionabilmente /proportsjonabil'mente/ avv. proportionally, proportionately.

proporzionale /proportsjo'nale/ **I** agg. proportional (**a** to); ***essere direttamente ~ a qcs.*** MAT. to be directly proportional *o* in direct ratio to sth.; ***inversamente* ~ *a*** MAT. in inverse proportion *o* ratio to; ***l'offerta è* ~ *alla domanda*** supply is relative to demand; ***una multa* ~ *al reddito*** a means-tested fine; ***le tasse dovrebbero essere -i al reddito*** tax should be in proportion to income; ***imposta* ~** proportional tax; ***rappresentanza* ~** POL. proportional representation; ***essere eletto con il sistema* ~** to be elected by proportional representation **II** m. e f. POL. proportional representation.

proporzionalità /proportsjonali'ta/ f.inv. proportionality (anche MAT.), proportionateness.

proporzionalmente /proportsjonal'mente/ avv. proportionally, proportionately.

proporzionare /proportsjo'nare/ [1] tr. to proportion; ***~ le tasse al reddito*** to proportion *o* set tax to income.

proporzionatamente /proportsjonata'mente/ avv. proportionately.

proporzionato /proportsjo'nato/ **I** p.pass. → **proporzionare II** agg. **1** *(armonico)* proportionate; ***ben* ~** [*donna*] well-proportioned, shapely; ***una figura ben -a*** an hourglass *o* a neat figure; ***la porta è -a rispetto al resto dell'edificio*** the door is in proportion with the rest of the building **2** *(adeguato)* [*punizione, pena*] condign, suitable.

▷ **proporzione** /propor'tsjone/ f. **1** *(rapporto)* proportion, ratio; ***una* ~ *crescente, una relativa* ~ *di donne*** a growing, relative proportion of women; ***una* ~ *di 10 disoccupati per 35 stipendiati*** 10 unemployed workers for every 35 working; ***la* ~ *studenti/insegnanti*** the student-teacher ratio, the proportion of pupils to teachers; ***con una* ~ *di cinque a uno*** in a ratio of five to one; ***in* ~ *a*** in proportion to; ***in* ~, *sono pagati meglio*** they are proportionately better paid; ***in* ~ *di 3 a 5*** in *o* by a ratio of 3 to 5; ***essere in* ~ *diretta, inversa*** MAT. to be in direct, inverse proportion *o* ratio **2** *(equilibrio)* ***non c'è* ~ *tra gli sforzi e i risultati*** the results don't match the efforts; ***fatte le debite -i*** relatively speaking; ***perdere il senso delle -i*** to let things get out of perspective **3** *(dimensioni)* dimension, proportion; ***un edificio dalle -i imponenti*** a nobly proportioned building; ***la cosa ha assunto -i tali da*** it has become so serious that; ***cambiamenti di vaste -i*** extensive changes; ***una devastazione di grandi -i*** a widespread devastation; ***non considerare qcs. nelle sue giuste -i*** to get sth. out of all proportion; ***in piccole -i*** on a small scale **4** ART. ARCH. proportion; ***dalle -i classiche*** classically proportioned.

propositivo /propozi'tivo/ agg. propositional.

▶ **proposito** /pro'pɔzito/ m. **1** *(intenzione)* aim, intention, purpose; ***col* ~ *di fare*** with the intention *o* aim of doing; ***essere animato da buoni -i*** to be well-meaning *o* full of good intentions; ***questo vanifica tutti i nostri -i di fare*** that defeats the whole purpose of doing; ***-i per l'anno nuovo*** New Year's resolutions **2** *(argomento)* ***non ho niente da dire a questo* ~** I don't have anything to say about that; ***ho letto qcs. a tale* ~ *sul "Times"*** I read about it in the "Times"; ***"vorrei parlarti" - "a quale*** o ***che* ~?"** "I would like to speak to you" - "what about?" ***a questo* ~ *vorrei dire che...*** concerning this *o* in this connection I'd like to say that...; ***differiscono a questo* ~** they are different in this respect; ***c'è tutta una storia a questo* ~** thereby hangs a tale **3** *(occasione)* ***ne parlano a ogni* ~** they talk about it on every occasion **4 di proposito** *(intenzionalmente)* [*dire, agire*] on purpose, by design, designedly, with intent; [*ferire, ingannare*] intentionally; *(risoluto)* [*persona*] strong-willed **5 a proposito** *(per introdurre un discorso)* ***a* ~, *hai visto...?*** by the way *o* incidentally, did you see...? ***a* ~, *hai prenotato un tavolo?*** speaking of which, have you booked a table? *(opportunamente)* ***a* ~** [*capitare, arrivare*] at the right moment, just in time; [*parlare*] to the point; ***niente potrebbe accadere più a* ~!** nothing could be more welcome! **6 a proposito di *a* ~ *di film, tennis...*** talking of *o* about films, tennis...; ***a* ~ *del pranzo, di Nancy...*** speaking of lunch, of Nancy...; ***a* ~ *del tuo scoperto di conto...*** about *o* regarding your overdraft...; ***hai sentito che cosa dice a* ~ *della riforma elettorale?*** have you heard him on electoral reform? **7 in proposito *non so nulla in* ~** I know nothing of the matter; ***chiedere spiegazioni in* ~** to ask for explanations on the subject.

proposizionale /propozittsjo'nale/ agg. MAT. INFORM. propositional.

▷ **proposizione** /propozit'tsjone/ f. **1** FILOS. proposition **2** LING. clause; ***~ consecutiva, subordinata, temporale*** consecutive, subordinate, time clause **3** MAT. proposition; ***calcolo delle -i*** predicate calculus.

▶ **proposta** /pro'posta/ **I** f. *(suggerimento)* suggestion; *(offerta)* proposal, proposition, offer; *(offerta di acquisto)* approach; ***fare, avanzare una* ~** to make, put forward a proposal; ***accettare, rifiutare una* ~** to accept, reject an offer; ***~ tecnica, commerciale*** technical, business proposition; ***ha ricevuto delle -e da diverse case editrici*** he has been approached by several publishers; ***su* ~ *del sindaco*** at the mayor's suggestion *o* instigation **II proposte** f.pl. *(sessuali)* ***fare delle -e a qcn.*** to make avances on sb., to proposition sb. ◆◆ ***~ di emendamento*** DIR. bill of amendment; ***~ di compromesso*** compromise proposal; ***~ di legge*** DIR. bill; ***~ di matrimonio*** marriage proposal, proposal of marriage; ***~ di pace*** peace proposal.

proposto /pro'posto/ **I** p.pass. → **proporre II** agg. proposed; ***in alternativa al corso* ~** as an alternative to the course on offer.

propretore /propre'tore/ m. STOR. propraetor.

propriamente /proprja'mente/ avv. **1** *(strettamente)* strictly; ***le istituzioni* ~ *finanziarie*** purely financial institutions; ***una questione* ~ *europea*** a specifically European issue **2** *(in senso stretto, proprio)* ***~ detto*** in the strict sense of the word; ***la gara* ~ *detta*** the competition proper; ***non si sono* ~ *lamentati*** they didn't actually complain **3** *(prettamente)* ***una malattia* ~ *infantile*** a disease typical of childhood.

▷ **proprietà** /proprje'ta/ f.inv. **1** *(possesso)* ownership, property; ***diritto di* ~** proprietary right; ***reato contro la* ~** crimes *o* offences against property; ***violazione della* ~** trespass; ***l'abolizione della* ~ *privata*** the abolition of private ownership; ***certificato di* ~** proof of ownership; ***passaggio di* ~** transfer of property; ***cessione di* ~** remise; ***possedere qcs. in piena* ~** to be the sole *o* exclusive owner of sth., to have sole ownership of sth.; ***nuda* ~** bare ownership, residuary of right ownership **2** *(bene immobile, terreno)* property, estate, possessions pl.; ***la sua* ~ *è stata divisa tra i suoi eredi*** his estate was divided among *o* between his heirs; ***l'incidente non è avvenuto sulla nostra* ~** the accident happened off our premises; ***la* ~ *appartiene a lui di diritto*** the property belongs to him as of right **3** *(caratteristica)* property, characteristic; ***una pianta con* ~ *antinfiammatorie, medicinali*** a plant with anti-inflammatory, medicinal properties **4** *(esattezza)* propriety, correctness; ***parlare con, senza* ~ *di linguaggio*** to speak with, without correctness of speech **5 di proprietà *questi veicoli sono di* ~ *della società*** these vehicles are company property; ***è di* ~ *pubblica*** it is common property ◆◆ ***~ artistica e letteraria*** copyright; ***~ assoluta*** fee simple, freehold (possession); ***~ collettiva*** public ownership *o* property; ***~ in comune*** communal ownership; ***~ esclusiva*** complete *o* absolute ownership; ***~ fondiaria*** landed estate; ***~ immobiliare*** real estate *o* property; ***~ indivisa*** joint ownership; ***~ industriale*** patent rights; ***~ intellettuale*** intellectual property; ***~ mobiliare*** personal property; ***~ privata*** private property *o* ownership; ***~ pubblica*** public ownership; ***~ terriera*** → **~ fondiaria**.

proprietaria /proprje'tarja/ f. owner, landlady, proprietress.

proprietario, pl. **-ri** /proprje'tarjo, ri/ m. owner, landlord, proprietor; ***un piccolo* ~** a small-scale property owner; ***in questo paese ci sono più -ri che affittuari*** in this country there are more homeowners than tenants; ***~ di una casa*** home owner, houseowner; ***è* ~ *di tre negozi e di un bar*** he owns three shops and a café; ***cambiare di* ~** to change hands; ***~ di un cane, di un'auto*** dog, car owner; ***~ di beni immobili*** property owner; ***vecchio*** o ***precedente* ~** old *o* previous owner; ***~ legittimo*** legal *o* rightful owner ◆◆ ***~ terriero*** landholder, landowner, gentleman-farmer.

▶ **1.proprio**, pl. **-ri, -rie** /'prɔprjo, ri, rje/ v. la nota della voce **mio**. **I** agg.poss. **1** his (own), her (own), its (own), their (own) *(quando è preceduto da un articolo quest'ultimo non si traduce)*; ***essere padrone del* ~ *destino*** to be (the) master of one's fate; ***vedere qcn., qcs. con i -ri occhi*** to see sb., sth. with one's own eyes; ***si occupano solo dei -ri interessi*** they just look after their own interests; ***l'ha scritto di* ~ *pugno*** he wrote it himself *o* in his own hand; ***vivere per conto* ~** to live on one's own; ***tutti fecero il* ~ *dovere*** everyone did their duty; ***è difficile ammettere i -ri errori*** it's difficult to admit one's mistakes **2** *(con valore rafforzativo)* ***l'ho comprato con i miei -ri soldi*** I bought it with my own money; ***"Sue Proprie Mani"*** *(sulle buste)* "by hand" **II** agg. **1** *(peculiare)* ***~ di qcs., di qcn.*** peculiar to sth., sb.; ***facoltà, malattia -a degli esseri umani*** human faculty, illness; ***termine, stile* ~ *del gergo amministrativo*** term, style peculiar to bureaucracy; ***il riso è* ~ *dell'uomo*** laughter is typical of humans **2** *(personale, specifico)* ***avere uno stile* ~** to have a style of one's own; ***manca di una personalità -a*** he doesn't have a personality of one's own; ***avere le -e idee*** to have a mind of one's own; ***ogni paese ha delle leggi che gli sono -e*** each country has its own particular laws; ***essere sicuro del fatto* ~** to be sure of one's ground **3** *(appropriato)* ***usare un linguaggio* ~** to use fitting language; ***chiamare le cose col* ~ *nome*** FIG. to speak clearly **4** *(autentico)* ***è una vera e -a schifezza*** it's complete and utter rubbish; ***mi sono sentito un vero e* ~ *stupido*** I felt a proper *o* real fool! **5** *(letterale)* literal, exact; ***in senso* ~** literally **6** LING. [*nome*] proper **III** pron.poss. ***fece passare il braccio di lui sotto il* ~** she drew his arm through hers; ***non scambiatevi i libri: ognuno usi i -ri*** don't swap books: everyone should use their own **IV** m. **1** *(proprietà personale)* ***rimetterci del ~*** to lose one's own money **2 in proprio** *(per conto proprio)* ***mettersi in ~*** to set up business on one's own account, to branch out on one's own; ***lavorare in ~*** to freelance, to be self-employed; ***rispondere in ~ di qcs.*** *(personalmente)* to be directly responsible for sth. **3** *(caratteristica)* ***il ~ dei Santi*** the proper of Saints.

▶ **2.proprio** /'prɔprjo/ avv. **1** *(esattamente)* just; ***è ~ ciò che volevo dire*** that's just what I wanted to say; ***ti è ~ di fronte*** it's right in front of you; ***stavo per telefonarti ~ ora*** I was just about to call you; ***~ adesso*** just now, right now; ***ora non è ~ il momento adatto*** now is not a very convenient time; ***non ~*** *(non precisamente)* not quite; *(non completamente)* not entirely **2** *(caratteristica)* really; ***sei ~ sicuro?*** are you really *o* quite sure? ***un film ~ bello*** a very good film; ***devi ~ venire*** you really must come; ***spero ~ di sì!*** I should certainly hope so! ***se ~ ci tieni*** if you really like **3** *(in espressioni negative) (affatto)* ***non vuole ~ ascoltare*** she just won't listen; ***non è ~ il mio tipo*** he's definitely not my type **4** *(con tono di sorpresa, dispetto)* ***~ oggi doveva succedere!*** it had to happen today of all days! ***mi sei ~ di grande aiuto!*** IRON. great help you are! ***parli ~ tu!*** you're a fine one to talk!

propugnare /propuɲ'ɲare/ [1] tr. to defend, to support, to fight* for.

propugnatore /propuɲɲa'tore/ m. (f. **-trice** /tritʃe/) assertor, proponent.

propugnazione /propuɲɲat'tsjone/ f. support, defence.

propulsione /propul'sjone/ f. propulsion; ***~ a razzo*** rocket propulsion; ***~ a reazione*** jet propulsion; ***forza di ~*** propulsive force.

propulsivo /propul'sivo/ agg. propulsive.

propulsore /propul'sore/ **I** agg. [*meccanismo, apparecchio*] propelling, impulsive **II** m. TECN. propulsor, propeller; ***~ di un razzo*** rocket engine ◆◆ ***~ a elica*** propeller; ***~ a getto*** o ***a reazione*** jet engine.

propulsorio, pl. **-ri, -rie** /propul'sɔrjo, ri, rje/ agg. → **propulsivo**.

prora /'prɔra/ f. MAR. **1** *(prua)* bow, stem **2** *(direzione)* ***a ~*** at the bow, forward.

proravia: **a proravia** /aprora'via/ avv. before.

proroga, pl. **-ghe** /'prɔroga, ge/ f. *(di termine di consegna, prestito, contratto)* extension, respite; POL. prorogation; ***chiedere, ottenere una ~*** to ask, get an extension; ***concedere una ~ a qcn.*** to grant a respite to sb.; ***hai una settimana di ~ per fare*** you have one week's grace *o* respite to do.

prorogabile /proro'gabile/ agg. [*contratto*] extendible.

prorogabilità /prorogabili'ta/ f.inv. extendibility.

prorogare /proro'gare/ [1] tr. to extend [*validità, contratto*]; to defer [*data, scadenza, partenza*].

prorompente /prorom'pɛnte/ agg. [*sensualità*] unbridled.

prorompere /pro'rompere/ [81] intr. (aus. *avere*) **1** *(riversarsi con impeto)* [*acqua*] to gush out; [*folla*] to rush out **2** *(esclamare)* ***"stai mentendo!" proruppe con rabbia*** "you're lying!" he burst out angrily **3** FIG. ***~ in rimproveri contro qcn.*** to heap reproaches on sb.; ***~ in lacrime*** to burst into tears.

▷ **prosa** /'prɔza/ f. **1** *(forma letteraria)* prose; ***poesia in ~*** prose poem; ***scrivere in ~*** to write in prose; ***opera in ~*** prose work, work in prose **2** FIG. prosaicness, mundaneness **3** TEATR. *(genere teatrale)* drama; ***attore, stagione di ~*** theatre actor, season ◆◆ ***~ letteraria*** literary prose; ***~ poetica*** poetic prose.

prosaicamente /prozaika'mente/ avv. prosaically, prosily.

prosaicismo /prozai'tʃizmo/ m. prosaicism.

prosaicità /prozaitʃi'ta/ f.inv. prosaicness; ***la ~ della vita quotidiana*** the mundaneness of everyday life.

prosaico, pl. **-ci, -che** /pro'zaiko, tʃi, ke/ agg. [*stile*] prosaic; [*esistenza, persona*] prosy, commonplace; [*voce, tono*] matter-of-fact, down-to-earth.

prosastico, pl. **-ci, -che** /pro'zastiko, tʃi, ke/ agg. **1** *(in prosa)* ***opera -a*** prose work, work in prose **2** *(banale)* prosy.

prosatore /proza'tore/ m. (f. **-trice** /tritʃe/) proser, prose writer.

proscenio, pl. **-ni** /proʃ'ʃɛnjo, ni/ m. TEATR. forestage, proscenium*.

proscimmia /proʃ'ʃimmja/ f. prosimian.

prosciogliere /proʃ'ʃɔʎʎere/ [28] tr. **1** *(liberare)* to free, to exonerate; ***~ qcn. da una promessa*** to release *o* free sb. from a promise **2** DIR. to acquit, to clear [*imputato*]; ***~ qcn. dall'accusa di (aver fatto) qcs.*** to acquit sb. of (doing) sth.

proscioglimento /proʃʃoʎʎi'mento/ m. **1** *(liberazione)* exoneration, release **2** DIR. acquittal.

prosciugabile /proʃʃu'gabile/ agg. drainable.

prosciugamento /proʃʃuga'mento/ m. **1** AGR. TECN. drainage **2** *(di mercato finanziario, casse dello Stato)* draining.

▷ **prosciugare** /proʃʃu'gare/ [1] **I** tr. **1** *(asciugare, vuotare)* to drain [*palude, suolo, pozzo*]; [*calore, siccità*] to dry up [*fiume, stagno*] **2** FIG. to drain [*forze, energie, risorse, fondi*]; to mop up [*risparmi, guadagni*] **II prosciugarsi** pronom. **1** *(asciugarsi)* [*sorgente, pozzo*] to dry up; [*fiume, risorse*] to run* dry **2** *(esaurirsi)* [*forze, fondi*] to drain away; [*denaro, riserve*] to dry up.

prosciugatoio, pl. **-oi** /proʃʃuga'tojo, oi/ m. FOT. squeegee.

▷ **prosciutto** /proʃ'ʃutto/ m. **1** ham; ***panino al*** o ***col ~*** ham sandwich; ***una fetta di ~*** a slice of ham; ***due etti di ~*** two hundred grams of ham **2** COLLOQ. *(coscia)* = thigh ◆ ***avere gli occhi foderati di ~*** to go around with one's eyes shut; ***avere le orecchie foderate di ~*** to have wax in one's ears ◆◆ ***~ affumicato*** smoked ham; ***~ cotto*** cooked ham; ***~ crudo*** raw *o* cured ham; ***~ con l'osso*** ham on the bone; ***~ di Parma*** Parma ham; ***~ salato*** salted ham; ***~ di spalla*** = cooked ham of lesser quality.

proscritto /pros'kritto/ **I** p.pass. → **proscrivere II** agg. proscribed **III** m. (f. **-a**) exile.

proscrittore /proskrit'tore/ m. (f. **-trice** /tritʃe/) proscriber.

proscrivere /pros'krivere/ [87] tr. **1** *(vietare)* to proscribe, to ban [*opere, alcolici, alimenti*] **2** POL. *(bandire)* to banish [*persona*] **3** STOR. to proscribe, to exile.

proscrizione /proskrit'tsjone/ f. **1** *(divieto)* proscription; ***lista di ~*** proscription list **2** POL. *(esilio)* banishment, exile.

prosecco /pro'sɛkko/ m. ENOL. INTRAD. (dry white wine from the hills around Treviso).

prosecuzione /prosekut'tsjone/ f. **1** *(di studi, opera)* continuation, prosecution **2** *(di strada)* extension.

proseguimento /prosegwi'mento/ m. **1** *(il proseguire)* continuation; ***~ del viaggio*** continuation of the journey; ***buon ~!*** *(in viaggio)* enjoy the rest of your trip! *(a una cena, festa)* enjoy your stay! **2** *(prolungamento)* extension.

▷ **proseguire** /prose'gwire/ [3] **I** tr. to continue, to carry on [*viaggio, passeggiata, racconto, ricerche, attività, discussione*]; to pursue, to continue [*studi*] **II** intr. (aus. *avere, essere*) **1** (aus. *avere*) *(andare avanti)* [*persona*] to go* on; *(con automobile)* to drive* on; ***~ lungo la strada*** to carry on down *o* along the road, to follow the road ahead; ***andare a Roma e poi ~ fino a Napoli*** to go to Rome then on *o* onwards to Naples; ***proseguì senza fermarsi*** he passed on without stopping **2** (aus. *avere, essere*) *(continuare il tragitto)* [*veicolo*] to go* on **3** (aus. *avere, essere*) *(prolungarsi)* [*strada, viaggio*] to continue (on); [*intervista, conversazione, processo*] to proceed; ***questa strada prosegue oltre il cimitero*** this road goes *o* runs past the cemetery **4** (aus. *avere*) *(continuare)* [*persona*] to go* on, to carry on; *(in un discorso)* to continue; ***~ in qcs.*** to carry on *o* pursue sth.; ***~ negli studi*** to keep up one's studies; ***cominciate dall'alto e proseguite verso il basso*** start at the top and work your way down; ***proseguì citando*** he went on *o* continued by citing.

proselite /pro'zɛlite/ → **proselito.**

proselitismo /prozeli'tizmo/ m. proselytism; ***fare opera di ~*** to proselytize; ***fare (del) ~ politico, femminista*** to preach one's politics, feminism.

proselito /pro'zɛlito/ m. (f. **-a**) proselyte; ***fare -i*** *(fare opera di proselitismo)* to proselytize; *(avere seguito, successo)* to be successful (**tra** among).

prosenchima /pro'zɛnkima/ m. prosenchyma*.

prosenchimatico, pl. **-ci, -che** /prozenki'matiko, tʃi, ke/ agg. prosenchymatous.

prosettore /proset'tore/ m. (f. **-trice** /tritʃe/) prosector.

prosieguo /pro'sjɛgwo/ m.inv. course, continuation; ***in ~ di tempo*** later.

prosit /'prɔzit/ inter. prosit.

prosodia /prozo'dia/ f. prosody.

prosodicamente /prozodika'mente/ avv. prosodically.

prosodico, pl. **-ci, -che** /pro'zɔdiko, tʃi, ke/ agg. prosodic(al).

prosodista, m.pl. **-i**, f.pl. **-e** /prozo'dista/ m. e f. prosodist.

prosopopea /prozopo'pɛa/ f. **1** RET. prosopopoeia **2** FIG. ***con ~*** with arrogance.

prosopopeico, pl. **-ci, -che** /prozopo'pɛiko, tʃi, ke/ agg. prosopopoeic(al).

prosperamente /prospera'mente/ avv. prosperously.

prosperare /prospe'rare/ [1] intr. (aus. *avere*) [*azienda, pianta, democrazia, economia, società, mercato, affari*] to flourish, to prosper, to grow*, to thrive*.

prosperità /prosperi'ta/ f.inv. prosperity, prosperousness; ***un periodo di ~*** a time of plenty; ***ha portato ~ alla regione*** it has brought prosperity to the region.

prospero /'prɔspero/ agg. **1** *(favorevole)* [*anno, stagione*] prosperous, propitious; [*vento*] favourable **2** FIG. *(florido)* [*commercio, nazione, economia, paese, affari, industria, città*] prosperous, booming, flourishing **3** *(agiato)* ***vivere in condizioni -e*** to live comfortably.

prosperosamente /prosperosa'mente/ avv. prosperously.

prosperosità /prosperosi'ta/ f.inv. prosperousness.

prosperoso /prospe'roso/ agg. **1** *(florido)* prosperous, flourishing **2** *(fiorente)* [*seno*] ample; [*donna*] buxom.

prospettare /prospet'tare/ [1] **I** tr. **1** *(guardare, fronteggiare)* [*edificio*] to front (onto BE *o* on AE), to look onto [*mare, giardino*] **2** *(presentare)* to present, to point out [*difficoltà, successi*] **3** *(proporre)* to advance, to propose, to put* forward [*affare*] **II prospettarsi** pronom. to seem, to look; ***la situazione si prospetta difficile*** the situation promises to be difficult.

prospetticamente /prospettika'mente/ avv. in perspective.

prospettico, pl. **-ci, -che** /pros'pɛttiko, tʃi, ke/ agg. [*effetto*] perspective attrib.

▷ **prospettiva** /prospet'tiva/ f. **1** ARCH. ART. perspective; ***in ~*** [*disegno*] in perspective; [*disegnare*] in perspective, perspectively; ***le leggi della ~*** the laws of perspective; ***errore di ~*** an error of perspective (anche FIG.) **2** *(vista panoramica)* view; ***di qui si gode una bella ~ sulla vallata*** there is a lovely view of the valley from here **3** *(ottica)* perspective, angle; ***in una ~ nuova, storica*** in a new, historical perspective; ***vedere qcs. sotto un'altra ~*** to see sth. from a different perspective **4** *(possibilità)* prospect, opportunity (**di** of; **di fare** of doing); ***questa invenzione apre delle -e fantastiche*** this invention opens up fantastic possibilities; ***pare che ci siano poche -e di pace*** there seems to be little promise of peace; ***lavoro senza -e*** dead-end job; ***-e di avanzamento di carriera*** promotion *o* career prospects; ***le -e economiche sono brillanti*** the economic outlook is bright; ***in ~ delle vacanze*** with holidays in mind; ***non è una ~ molto entusiasmante*** it's not a very exciting prospect; ***la ~ della festa non mi entusiasma*** I'm not looking forward to the party; ***mi trovo davanti alla ~ di rimanere disoccupato*** I'm facing the prospect of being unemployed, I might soon be unemployed ◆◆ ***~ aerea*** aerial perspective; ***~ lineare*** linear perspective.

prospetto /pros'pɛtto/ m. **1** *(veduta)* view; ***di ~*** [*ritrarre, fotografare*] full-face **2** *(facciata)* front, façade **3** ARCH. elevation **4** *(tavola)* table; ***~ delle spese*** statement of expenses ◆◆ ***~ informativo*** prospectus.

prospettore /prospet'tore/ ➧ **18** m. (f. **-trice** /tritʃe/) prospector, wildcatter; ***~ di petrolio*** oil prospector.

prospezione /prospet'tsjone/ f. COMM. GEOL. prospecting, test bore; ***~ di oro, minerale, petrolio*** gold, mineral, oil prospecting.

prospiciente /prospi'tʃɛnte/ agg. ***~ (su) qcs.*** [*finestra*] overlooking.

prossemica /pros'sɛmika/ f. proxemics + verbo sing.

prosseneta /prosse'nɛta/ m. LETT. mediator.

prossimale /prossi'male/ agg. proximal.

prossimamente /prossima'mente/ avv. soon, shortly; ***~ sui vostri schermi*** coming soon to your cinema.

prossimità /prossimi'ta/ f.inv. **1** *(nello spazio) (di persona, oggetto, luogo)* nearness, proximity; ***in ~ di*** near, in the proximity of **2** *(nel tempo) (di un evento)* closeness, nearness; ***in ~ del Natale, ...*** as Christmas approaches, ...; ***siamo in ~ di Natale*** Christmas is drawing near.

▶ **prossimo** /'prɔssimo/ **I** agg. **1** *(seguente) (nel tempo, nello spazio)* next; ***l'anno, il mese ~*** next *o* the coming year, month; ***deve essere fatto per lunedì ~*** it must be done by next Monday; ***nella primavera -a*** next spring; ***nei -i anni*** in years to come; ***nelle -e ore, nei -i giorni*** in the next few hours, days; ***le -e generazioni*** succeeding generations; ***la sua -a mossa*** GIOC. his next move; ***alla -a occasione*** at the next *o* first opportunity; ***la -a volta*** next time; ***alla -a!*** COLLOQ. see you! ***"il seguito alla -a puntata"*** "to be continued"; ***scendo alla -a fermata*** I'm getting off at the next stop **2** *(imminente)* [*libro, evento, elezione, stagione*] forthcoming; [*concerto, tour*] upcoming **3** *(molto vicino)* ***essere ~ a*** to be close to *o* near [*luogo*]; to face, to be near [*sconfitta, licenziamento, rovina*]; ***essere ~ al crollo*** to be close to collapse; ***essere -i a partire*** to be about *o* going to leave, to be on the point of leaving; ***un uomo ~ alla quarantina*** a man nearly *o* approaching forty *o* in his late thirties **4** *(stretto)* [*parente*] close **5** COMM. proximo **6** FILOS. [*causa*] immediate, direct **7** LING. ***passato ~*** present perfect; ***trapassato ~*** past perfect **II** m. **1** neighbour (anche RELIG.); ***ama il tuo ~*** love thy neighbour **2** *(chi segue)* ***lei è il ~ sulla lista*** you are next on the list.

prostaglandina /prostaglan'dina/ f. prostaglandin.

prostata /'prɔstata/ f. **1** prostate **2** COLLOQ. *(prostatismo)* prostatism.

prostatectomia /prostatekto'mia/ f. prostatectomy.

prostatico, pl. **-ci, -che** /pros'tatiko, tʃi, ke/ agg. prostatic.

prostatismo /prosta'tizmo/ m. prostatism.

prostatite /prosta'tite/ ➧ **7** f. prostatitis.

prosternare /proster'nare/ [1] **I** tr. LETT. to prostrate **II prosternarsi** pronom. to prostrate oneself (**davanti a** before); ***-rsi davanti all'altare*** to be prostrate before the altar.

prosternazione /prosternat'tsjone/ f. prostration (**davanti a** before).

prostesi /'prɔstezi/ f.inv. LING. intrusion.

prostetico, pl. **-ci, -che** /pros'tɛtiko, tʃi, ke/ agg. LING. prosthetic.

prostilo /'prɔstilo/ agg. e m. prostyle.

prostituire /prostitu'ire/ [102] **I** tr. **1** *(indurre alla prostituzione)* to prostitute [*persona*] **2** FIG. to prostitute [*talento*] **II prostituirsi** pronom. **1** to prostitute oneself **2** FIG. [*scrittore*] to prostitute oneself, to sell* oneself.

▷ **prostituta** /prosti'tuta/ f. prostitute; ***~ d'alto bordo*** courtesan.

prostituto /prosti'tuto/ m. male prostitute, rent boy BE.

prostituzione /prostitut'tsjone/ f. prostitution (anche FIG.); ***sfruttamento della ~*** pimping; ***indurre alla ~*** DIR. to procure ◆◆ ***~ minorile*** child prostitution.

prostrare /pros'trare/ [1] **I** tr. **1** *(sfinire)* [*malattia, difficoltà*] to prostrate, to exhaust, to wear* out [*persona*] **2** FIG. *(umiliare)* to humiliate **II prostrarsi** pronom. **1** *(inginocchiarsi)* to prostrate oneself (**davanti a** before); ***-rsi davanti all'altare*** to be prostrate before the altar **2** FIG. *(umiliarsi)* to grovel (**davanti a** before).

prostrato /pros'trato/ **I** p.pass. → **prostrare II** agg. prostrate (anche FIG.).

prostrazione /prostrat'tsjone/ f. prostration (anche FIG.).

protagonismo /protago'nizmo/ m. SPREG. = desire to be the centre of attention; ***essere malato di ~*** = to need to be the centre of attention.

▷ **protagonista**, m.pl. **-i**, f.pl. **-e** /protago'nista/ m. e f. **1** *(in un romanzo)* main character, protagonist **2** *(attore principale)* protagonist; *(uomo)* leading actor; *(donna)* leading actress; ***ruolo da ~*** leading role; ***chi era il ~ maschile, femminile?*** who was the male, female lead? ***"migliore attore non ~"*** "best supporting actor" **3** FIG. *(di evento, vicenda)* protagonist; *(di negoziazione, crisi)* player.

protammina /protam'mina/ f. protamine.

protasi /'prɔtazi/ f.inv. ART. LING. protasis*.

proteasi /prote'azi/ f.inv. protease.

▶ **proteggere** /pro'tɛddʒere/ [59] **I** tr. **1** *(preservare, difendere)* to protect [*casa, beni, specie, frontiera, diritto, ambiente, persona, reputazione*] (**contro** against; **da** from); ***~ qcn. da qcs.*** to protect *o* shelter *o* shield sb. from sth., to keep sb. safe from sth.; ***~ gli occhi dal sole*** to screen *o* shield one's eyes from the sun; ***~ l'anonimato di qcn.*** to preserve sb.'s anonymity; ***che Dio ti protegga!*** Godspeed! **2** *(favorire)* to encourage, to promote [*arte, sport, commercio*] **3** INFORM. to lock [*file*]; to protect [*programma, dischetto*] **II proteggersi** pronom. **1** *(ripararsi)* to protect oneself (**da** from; **contro** against); ***-rsi dal freddo*** to keep oneself warm; ***-rsi dalla pioggia*** to keep out the rain **2** ECON. ***-rsi da*** to hedge against [*perdite, rischi*].

proteico, pl. **-ci, -che** /pro'tɛiko, tʃi, ke/ agg. [*sostanza*] proteinic, proteinaceous; ***contenuto ~*** protein content.

proteiforme /protei'forme/ agg. protean.

proteina /prote'ina/ f. protein; ***ricco, povero di -e*** high-protein, low-protein; ***carenza di -e*** protein deficiency ◆◆ ***~ vegetale*** vegetable protein.

proteinasi /protei'nazi/ f.inv. proteinase.

proteinico, pl. **-ci, -che** /prote'iniko, tʃi, ke/ → **proteico.**

pro tempore /prɔ'tɛmpore/ avv. [*presidente*] pro tempore, pro tem.

protendere /pro'tɛndere/ [10] **I** tr. *(tendere)* to stretch out, to hold* out; ***~ le braccia*** to stretch out one's arms **II protendersi** pronom. [*persona*] to lean; [*capo, penisola*] to jut (**in** into); ***-rsi verso qcn., qcs.*** to reach *o* lean out towards sb., sth.; ***-rsi in avanti*** to lean forward; ***la scogliera si protende nel mare*** the cliff projects *o* extends out into the sea.

proteo /'prɔteo/ m. olm.

Proteo /'prɔteo/ n.pr.m. Proteus.

proteolisi /proteo'lizi/ f.inv. proteolysis.

proteolitico, pl. **-ci, -che** /proteo'litiko, tʃi, ke/ agg. proteolytic.

proteoma /prote'ɔma/ m. proteome.

proterozoico, pl. **-ci, -che** /protero'zɔiko, tʃi, ke/ agg. e m. Proterozoic.

protervia /pro'tɛrvja/ f. arrogance.

protervo /pro'tɛrvo/ agg. arrogant.

protesi /'prɔtezi/ f.inv. **1** MED. prosthesis*; *(dentiera)* denture; ***~ acustica*** hearing aid; ***~ dell'anca*** hip replacement **2** LING. prothesis*.

protesico, pl. **-ci**, **-che** /pro'tɛziko, tʃi, ke/ agg. MED. prosthetic.

protesista, m.pl. **-i**, f.pl. **-e** /prote'zista/ ♦ *18* m. e f. prosthodontist.

proteso /pro'teso/ **I** p.pass. → **protendere II** agg. [*persona*] outstretched, leaning forward; [*capo, penisola*] jutting.

▷ **protesta** /pro'tɛsta/ f. **1** *(manifestazione di dissenso)* protest (**contro** against); ***in segno di ~, per ~*** in protest *o* protestation; ***parole, lettera, gesti di ~*** words, letter, gestures of protest; ***una marcia*** o ***un corteo di ~ contro, in favore di qcs.*** a march in protest at, in favour of sth., a protest march against, in favour of sth.; ***un'ondata di -e*** a storm of protest; ***grido di ~*** outcry; ***grida di ~*** howls of protest, cries of foul; ***ricevere delle -e da parte di qcn.*** to receive representations from sb. **2** *(dichiarazione esplicita)* ***le sue -e d'innocenza non erano convincenti*** his insistence that he was innocent was not convincing; ***fare grandi -e d'amore*** to make great professions of love.

protestante /protes'tante/ **I** agg. [*chiese, pastore*] Protestant **II** m. e f. Protestant.

protestantesimo /protestan'tezimo/ m. Protestantism.

▷ **protestare** /protes'tare/ [1] **I** tr. **1** *(asserire)* to protest, to declare; ***~ la propria innocenza*** to protest one's innocence **2** DIR. to protest [*effetto, biglietto, cambiale*] **3** COMM. to reject, to refuse [*merce*] **II** intr. (aus. *avere*) to protest (**contro** against; **con, presso** to; **per** about, at, over); ***i vicini iniziarono a ~*** the neighbours started to object; ***~ per essere stato scelto*** to protest at being chosen ***~ contro una decisione*** to appeal against a decision **III protestarsi** pronom. to declare oneself; ***-rsi innocente*** to declare oneself innocent.

protestatario, pl. **-ri**, **-rie** /protesta'tarjo, ri, rje/ agg. [*comportamento*] protesting.

protestatore /protesta'tore/ m. (f. **-trice** /tritʃe/) protester.

protesto /pro'tɛsto/ m. DIR. COMM. *(documento)* protest; ***~ per mancato pagamento*** protest on nonpayment; ***~ per mancata accettazione*** protest on nonacceptance; ***avviso di ~*** notice of protest; ***accettare con ~*** to accept under protest; ***mandare in ~*** to protest [*cambiale*] ◆◆ ***~ cambiario*** protest of a bill.

protetico, pl. **-ci**, **-che** /pro'tɛtiko, tʃi, ke/ agg. LING. prosthetic.

protettivamente /protettiva'mente/ avv. protectively.

protettivo /protet'tivo/ agg. protective; ***crema -a*** barrier cream; ***sotto l'occhio ~ del padre*** under the protective gaze of one's father; ***una madre troppo -a*** an overprotective mother; ***casco ~*** safety helmet, head protection; ***schermo ~*** shield; ***rivestimento ~*** protective coating *o* padding.

protetto /pro'tɛtto/ **I** p.pass. → **proteggere II** agg. protected, preserved, sheltered; ***area -a*** conservation area, nature reserve **III** m. (f. **-a**) protégé.

protettorato /protetto'rato/ m. **1** POL. protectorate **2** *(tutelare)* protectorship.

▷ **protettore** /protet'tore/ **I** agg. ***santo ~*** patron (saint) **II** m. (f. **-trice** /tritʃe/) **1** *(santo)* patron (saint) **2** *(difensore)* guardian; *(dei diritti)* protector **3** *(mecenate)* patron; ***~ delle arti*** patron of the arts **4** *(di prostitute)* pimp.

▷ **protezione** /protet'tsjone/ f. **1** *(il proteggere)* protection (**contro, da** against, from; **per** for); ***~ dell'ambiente*** environmental protection; ***~ elettrica, termica*** electric, thermal protection; ***garantire la ~ di qcn.*** to ensure sb.'s protection; ***essere sotto la ~ di qcn.*** to be under sb.'s protection *o* umbrella; ***usare qcs. come ~ contro*** o ***da qcs.*** to use sth. as protection against sth.; ***invocare la ~ di Dio*** to invoke God's protection; ***di ~*** [*occhiali, griglia, misure*] protective; [*zona, sistema*] protection; ***casco di ~*** safety helmet, head protection; ***il fattore di ~ di una crema solare*** the protection factor of a suntan lotion; ***senza ~*** [*sesso*] unprotected **2** *(dispositivo che protegge)* protective device **3** *(pizzo)* protection money **4** INFORM. protection, security; *(con password)* lock; ***~ dei dati*** data protection *o* security; ***~ da scrittura*** write protection **5** FIG. insurance, safety net; ***considero i miei investimenti come una specie di ~ contro l'inflazione*** I see my investments as a form of insurance against inflation ◆◆ ***~ civile*** civil defence; ***~ solare*** COSMET. suntan lotion, sunblock.

protezionismo /protettsjo'nizmo/ m. protectionism, (trade) protection.

protezionista, m.pl. **-i**, f.pl. **-e** /protettsjo'nista/ **I** agg. [*tariffa, sistema*] protective, protectionist **II** m. e f. protectionist.

protezionistico, pl. **-ci**, **-che** /protettsjo'nistiko, tʃi, ke/ agg. [*tariffa, sistema*] protective.

protide /pro'tide/ m. proteid(e).

protio /'prɔtjo/ → **2.prozio**.

protiro /'prɔtiro/ m. prothyrum*.

protista /pro'tista/ m. BIOL. protist.

proto /'prɔto/ m. TIP. overseer.

protoattinio /protoat'tinjo/ m. protactinium.

1.protocollare /protokol'lare/ [1] tr. to protocol.

2.protocollare /protokol'lare/ agg. formal, ceremonial.

protocollo /proto'kɔllo/ m. **1** *(cerimoniale)* protocol, etiquette; ***osservare strettamente il ~*** to strictly observe the protocol; *(di Stato)* ***capo del ~*** head of protocol **2** POL. *(accordo)* protocol; ***~ d'intesa*** draft agreement; ***firmare il ~*** to sign the protocol **3** INFORM. protocol **4** BUROCR. *(registro notarile, di enti pubblici)* register; ***ufficio ~*** stamp duty office; ***numero di ~*** reference number; ***foglio ~*** foolscap.

protomartire /proto'martire/ m. e f. protomartyr.

protone /pro'tone/ m. proton.

protonico, pl. **-ci**, **-che** /pro'tɔniko, tʃi, ke/ agg. [*massa*] protonic.

protonio /pro'tɔnjo/ m. protonium.

protonotario, pl. **-ri** /protono'tarjo, ri/ m. RELIG. STOR. protonotary.

protoplasma /proto'plazma/ m. protoplasm.

protoplasmatico, pl. **-ci**, **-che** /protoplaz'matiko, tʃi, ke/ agg. protoplasmatic, protoplasmic.

protoplasto /proto'plasto/ m. protoplast.

protorace /proto'ratʃe/ m. prothorax*.

protosincrotrone /protosinkro'trone/ m. proton synchrotron.

protossido /pro'tɔssido/ m. protoxide; ***~ di azoto*** nitrous oxide.

protostella /protos'tella/ f. protostar.

protostoria /protos'tɔrja/ f. proto-history.

protostorico, pl. **-ci**, **-che** /protos'tɔriko, tʃi, ke/ agg. proto-historic.

prototipico, pl. **-ci**, **-che** /proto'tipiko, tʃi, ke/ agg. prototypic(al).

prototipo /pro'tɔtipo/ **I** agg. [*veicolo, aereo*] prototype **II** m. prototype, experiment model.

protozoico, pl. **-ci**, **-che** /protod'dzɔiko, tʃi, ke/ agg. protozoan.

protozoo /protod'dʒɔo/ m. protozoan, protozoon*.

protrarre /pro'trarre/ [95] **I** tr. **1** *(prolungare)* to protract, to drag out, to draw* out, to prolong [*riunione, discussione*]; to extend [*spettacolo*] **2** *(rimandare)* to prolong [*termine*] **II protrarsi** pronom. *(prolungarsi)* [*riunione, discussione*] to drag on; ***-rsi per*** [*festività, corso*] to stretch over; ***-rsi fino a settembre*** to extend into September; ***lo sciopero della settimana prossima dovrà -rsi*** next week's strike is to go ahead.

protrattile /pro'trattile/ agg. protractile.

protratto /pro'tratto/ **I** p.pass. → **protrarre II** agg. protracted.

protrazione /protrat'tsjone/ f. *(prolungamento)* protraction.

protrombina /protrom'bina/ f. prothrombin.

protrudere /pro'trudere/ [11] **I** tr. to protrude [*labbra*] **II** intr. (aus. *essere*) [*occhi*] to protrude; [*vene*] to stand* out.

protrudibile /protru'dibile/ agg. protrusile.

protrusione /protru'zjone/ f. protrusion.

protuberante /protube'rante/ agg. bulgy, protuberant.

protuberanza /protube'rantsa/ f. bulge, knob, protuberance, bump, swelling.

proustiano /prus'tjano/ agg. Proustian.

proustite /prus'tite/ f. prustite.

prov. ⇒ provincia province (prov.).

▶ **prova** /'prɔva/ f. **1** *(elemento provante, dimostrazione)* proof **U**, evidence **U** (**che** that; **di** of; **a favore di** for; **contro** against); ***una ~*** a piece of evidence; ***abbiamo delle -e?*** is there any evidence? do we have (any) proof? ***~ inconfutabile, conclusiva*** absolute, conclusive proof; ***è la ~ che*** it's a sure sign that; ***~ probante*** conclusive proof; ***addurre la ~ di, che*** to offer proof of, that; ***chiedere, fornire delle ulteriori -e*** to ask for, to provide further proof; ***dare ~ di*** to show, to exercise [*fermezza, coraggio*]; ***essere la ~ di*** to testify to, to bear testimony to [*fatto, ostilità, presenza*]; ***-e alla mano*** with concrete proof; ***dare buona ~ di sé*** [*persona*] to give a good account of oneself, to acquit oneself well; ***fino a ~ contraria*** until proved otherwise; ***~ dell'esistenza di Dio*** proof of God's existence **2** DIR. evidence, proof; *(documento)* exhibit; ***ammettere qcs. come ~*** to admit sth. in evidence; ***produrre qcs. come ~*** to produce sth. as proof; ***insufficienza di prove*** insufficient evidence; ***~ sufficiente*** prima facie evidence; ***~ rilevante*** relevant document; ***~ scritta*** written evidence *o* proof; ***cadere per mancanza di -e*** [*caso*] to fail through lack of proof; ***fornire -e per la difesa*** to give evidence for the defence; ***essere usato come ~ contro qcn.*** to be used in *o* as evidence against sb.; ***non ci sono -e a favore*** there's no evidence for that; ***la polizia non ha -e contro di me*** the police have got nothing on me; ***fu condannato sulla base di -e*** he was convicted on the strength of the evidence; ***l'onere della ~*** the burden of proof; ***-e aggiuntive*** cumulative evidence; ***~ imperfetta*** adminicle **3** MAT. *(operazione di verifica) (di divisione, moltiplicazione)* proof **4**

AUT. IND. TECN. *(collaudo)* trial, trial run; ***fare delle -e*** to run trials; ***il nuovo modello è in ~*** the new model is undergoing trials; ***modello di ~*** demonstration model; ***prendere una macchina in ~*** to take a car for a test run; ***~ in volo, a terra*** flight, ground test; ***~ su strada*** road test, test drive; ***~ al banco*** bench test; ***volo di ~*** test flight; ***giro di ~*** test run **5** *(analisi, esperimento)* test, venture; ***fare delle -e*** to do *o* run tests; ***il medicinale è in ~*** the drug is being tested; ***~ di laboratorio*** laboratory test; ***~ con la cartina di tornasole*** litmus test, acid test; ***~ al carbone di legna*** charcoal test **6** *(verifica di valore, resistenza)* test (anche FIG.); ***mettere alla ~*** to challenge, to test, to try [*capacità, resistenza*]; ***mettere qcn. alla ~*** to put sb. through the hoops; ***mettere a dura ~*** to put a strain on, to rack *o* strain *o* task *o* try to the limit [*persona, pazienza, nervi, amicizia, relazione*]; ***la crisi mise a dura ~ il loro rapporto*** the crisis was a real test of their relationship; ***sottoporre qcs. a una ~*** to put sth. through a test; ***una ~ di forza*** a test *o* trial of strength; ***essere all'altezza della ~*** to rise to *o* meet the challenge; ***ho bisogno di un lavoro che mi metta alla ~*** I need a job that stretches *o* challenges me; ***procedere alla ~ di un apparecchio*** to test a device; ***"uno, due, tre, ~"*** *(quando si prova un microfono)* "one, two, three, testing"; ***a ~ di bomba*** [*rifugio*] shell-proof; FIG. [*pazienza, solidità*] bombproof; ***superare la ~ del tempo*** to stand the test of time; ***la ~ del fuoco*** ordeal by fire; ***a ~ di fuoco*** [*chiusura, indumento*] fireproof; ***~ finale*** dry run; ***~ generale*** practice run; ***~ di funzionamento*** dummy run; ***~ preliminare*** preliminary test; ***~ di resistenza*** endurance test; ***a ~ di scasso*** [*casa, lucchetto, cassaforte*] burglar-proof, tamper-proof; ***a ~ d'urto*** crash-proof; ***a ~ di umidità*** damp-proof; ***a tutta ~*** [*coraggio*] unflinching; ***~ di stampa*** TIP. proof; ***banco di ~*** IND. TECN. testing-bench, test-bed, test-bench; FIG. proving ground **7** *(verifica) (di candidato, impiegato)* trial, test; *(tentativo)* try; ***fare una ~*** to have a try; ***prendere*** o ***assumere qcn. in ~*** to give sb. a trial, to try sb. (out); ***di ~*** [*settimana, stagione*] experimental *o* trial ATTRIB.; ***in ~*** on a trial basis; ***essere in ~ per tre mesi*** to be on three months' probation *o* trial; ***periodo di ~*** trial *o* probational period; ***"scommetto che non sai la risposta" - "mettimi alla ~!"*** "I bet you don't know the answer" - "try me!" **8** *(parte di esame)* test, exam; ***~ orale*** oral examination; ***-e scritte*** written proof *o* examinations; ***~ pratica*** practical; ***la seconda ~ del concorso di piano*** the second part of the piano competition **9** *(momento difficile)* ordeal, hardship; ***una successione di -e*** a succession of ordeals; ***sopportare molte -e*** to suffer many hardships; ***superare una ~*** to go through an ordeal **10** *(manifestazione) (di sentimenti)* show, demonstration; ***~ d'amore*** demonstration of love; ***essere la ~ vivente di*** to be living proof of; ***come ~ della sua amicizia*** as a pledge of her friendship **11** SPORT event; ***-e eliminatorie*** heats; ***-e selettive*** trails; ***~ di velocità*** speed trial **12** TEATR. MUS. rehearsal; ***la ~ generale*** the dress rehearsal, the trial run; ***fare le -e*** to practise; ***~ del coro*** choir practice **13** SART. fitting; ***cabina di ~*** changing cubicle *o* room; ***camerino di ~*** fitting room; ***andare a fare una ~*** to go for a fitting ◆◆ ***~ d'acquisto*** proof of purchase; ***~ di affidabilità*** reliability test; ***~ per assurdo*** reductio ad absurdum; ***~ biologica*** bioassay; ***~ a carico*** evidence for the prosecution; ***~ a cronometro*** SPORT time trial; ***~ diretta*** DIR. original evidence; ***~ a discarico*** evidence for the defence; ***~ documentale*** DIR. documentary *o* primary evidence; ***~ d'esame*** examination *o* exam paper; ***~ incriminante*** DIR. incriminatory evidence; ***~ indiretta*** DIR. secondary evidence; ***~ indiziaria*** circumstantial evidence; ***~ d'iniziativa*** PSIC. initiative test; ***~ materiale*** material proof; ***~ del nove*** MAT. casting out nines; FIG. litmus test, acid test; ***~ di resistenza*** SPORT MIL. endurance test; ***~ di volo*** practice flight; ***-e di collaudo*** MAR. acceptance trials.

provabile /pro'vabile/ agg. provable.

provabilità /provabili'ta/ f.inv. provableness.

▶ **provare** /pro'vare/ [1] tr. **1** *(sottoporre a test)* to run* trials on, to test [*arma, aereo, prodotto, auto, macchinario*]; *(sperimentare)* to try (out), to test [*sport, prodotto, ristorante, metodo, rimedio*]; *(misurare)* to try on [*vestito, cappello, scarpe, taglia*]; *(assaggiare)* to sample, to try [*cibo, vino*]; ***dovresti ~ di persona*** you should try it for yourself; ***dovresti ~ l'omeopatia*** you should try homeopathy; ***~ a dare qcs. a qcn.*** to try sth. on sb.; ***con lui ho provato di tutto*** I've tried everything with him; ***provalo per vedere se ti sta bene*** try that for size *o* to see if it suits you; ***~ i piaceri di Londra*** to sample the delights of London; ***~ la propria forza, il proprio talento*** to test one's strength, one's skill **2** *(tentare)* to try; ***si può sempre ~*** we can always try; ***"il computer non funziona" - "prova a riavviarlo"*** "the computer doesn't work" - "try restarting it"; ***ho provato a raggiungerli, ma non ci sono riuscito*** I tried to reach them, but I couldn't; ***prova un po' e vedrai!*** just try it and you will see! ***prova a indovinare!*** try and guess! ***che male c'è a ~?*** what's wrong with trying? ***almeno ci hai provato!*** nice try! ***posso sempre ~*** I can but try; ***continuerò a ~*** I'll keep trying; ***a forza di ~*** by trial and error; ***hai provato in farmacia?*** have you tried the chemist's? ***ho provato a fare sci nautico*** I had a try at water skiing; ***prova col sapone, con l'alcol*** try using soap, alcohol; ***provarle tutte*** to try everything; ***~ a fare qcs.*** to try to do, to have a shot *o* try at doing sth., to take a stab at doing; ***non ~ a imbrogliare, a commuovermi!*** don't try to cheat, soften me up! ***per quanto ci provasse, non riusciva a dimenticare*** try as he might, he could not forget it; ***potremmo ~ a telefonargli*** we could try and phone him **3** *(sentire)* to feel*, to experience [*rimpianto, amore, sensazione, desiderio, disagio, emozione, piacere*]; ***~ una sensazione di solitudine*** to feel a sense of isolation; ***cosa si prova a essere papà?*** how does it feel *o* what does it feel like to be a dad? ***~ tenerezza per qcn.*** to have tender feelings for *o* towards sb.; ***~ orrore per qcs., a fare*** to have a horror of sth., of doing; ***~ curiosità per qcs.*** to be curious about sth.; ***~ vergogna per*** to feel shame at, to be embarrassed by *o* about; ***~ un brivido di eccitazione*** to tingle with excitement; ***non provava nessun rancore, odio*** she was free from *o* of any bitterness, hatred; ***provava solo risentimento nei suoi confronti*** he bore her nothing but resentment; ***~ gelosia*** to be jealous; ***mi piace la sensazione che si prova a toccare la seta*** I like the feel of silk; ***~ una sensazione di freddo*** to feel cold; ***~ un sentimento d'abbandono, d'impotenza*** to feel abandoned, powerless; ***~ piacere a fare*** to take delight *o* find pleasure in doing; ***provo sempre lo stesso piacere a scriverti*** I still enjoy writing to you **4** *(dimostrare)* to prove [*teoria, teorema*]; to establish, to prove, to demonstrate [*colpevolezza, innocenza, proprietà, paternità, fatti*]; to document [*caso*]; ***la tua ipotesi è tutta da ~*** your hypothesis has yet to be proved; ***~ oltre ogni dubbio*** to prove beyond doubt; ***~ a qcn. che*** to show sb. that; ***~ qcs. a qcn.*** to prove sth. to sb.; ***il candidato dovrà ~ di avere capacità organizzative*** the candidate will have demonstrable organizing skills **5** *(far soffrire)* [*decesso, avvenimento*] to distress [*persona*]; [*epidemia, tempesta, crisi*] to hit* [*popolazione, regione*]; ***il bambino è stato molto provato da quello che ha visto*** the child was very distressed by what he saw **6** *(sperimentare personalmente)* to know*, to experience [*fame, freddo, povertà, amore, crisi, fallimento*]; to enjoy [*gloria, successo*]; *(assaporare)* to have* a taste of [*libertà, indipendenza, potere, piacere*]; ***~ l'umiliazione della sconfitta*** to know *o* experience the humiliation of defeat; ***ha provato la prigione*** he has been to prison before **7** TEATR. MUS. to rehearse, to practise BE, to practice AE, to go* through, to run* through [*scena, canzone*] **8 provarci dai, provaci!** go on, have a bash! come on, try it! ***non provarci!*** don't you dare! ***provaci ancora!*** keep trying! ***se pensi di essere tanto bravo, provaci da solo!*** if you think you are so hot, try it yourself! ***vorrei che ci provassi tu!*** I'd like to see you try! ***tuttavia continuano a provarci*** they go on trying nevertheless; *(fare delle avances)* ***provarci con qcn.*** to try it on with sb., to make a move on sb., to make a pass at sb.; *(cercare di imbrogliare)* ***ci stanno provando!*** they're just trying it on! it's a try-on! ***provarci gusto a fare pcs.*** to enjoy *o* get fun doing sth. ◆ ***~ per credere*** the proof of the pudding is in the eating.

provato /pro'vato/ **I** p.pass. → **provare II** agg. **1** *(messo duramente alla prova)* exhausted, tried; ***~ dalla vita*** buffeted by life **2** *(dimostrato)* [*competenza, affidabilità, talento*] proven; [*formula*] proven, tested; ***qualcuno di -a capacità*** someone of proven ability **3** *(collaudato)* [*metodo, tecnica*] tested.

provenienza /prove'njɛntsa/ f. *(origine)* origin, provenance, derivation, source; ***luogo, paese di ~*** place, country of origin; ***indicare la ~ delle merci*** to indicate the country of origin of the goods; ***pezzi di ricambio di ~ sconosciuta*** spare parts of unknown origin; ***l'intercity 520 in ~ da Roma e diretto a Torino*** inter-city number 520 from Rome to Turin; ***di ~ sospetta, dubbia*** suspect; ***notizie di ~ certa*** news from a reliable source.

▷ **provenire** /prove'nire/ [107] intr. (aus. *essere*) **1** [*oggetto, capitali, profitto, diceria, tradizione, ordine, grida, insulti*] to come* (**da** from); ***~ da*** [*merce*] to come *o* originate from, to be sourced from; [*roccia, dati*] to be derived from; ***i quadri provengono da collezioni private*** the paintings come from private collections; ***il rumore proveniente dall'appartamento di sopra*** the noise from the apartment above; ***un'auto proveniente dalla direzione opposta*** an oncoming car; ***~ da una fonte attendibile*** [*notizia*] to come out from a reliable source **2** *(derivare)* ***questa parola proviene dal latino*** this word derives from Latin **3** *(essere il risultato di)* [*problema*] to arise* from **4** *(discendere)* ***~ da origini borghesi*** to come from a middle-class background.

provento /pro'vɛnto/ m. ***i -i di una vendita*** the proceeds of a sale.

Provenza /pro'vɛntsa/ ♦ ***30*** n.pr.f. Provence.

provenzale /proven'tsale/ ⧫ *30* **I** agg. **1** Provençal **2** GASTR. ***alla ~*** (à la) Provençale **II** m. e f. Provençal **III** m. LING. Provençal.
proverbiale /prover'bjale/ agg. proverbial; ***la sua ~ saggezza*** his proverbial wisdom; ***è di una avarizia ~*** he is proverbially mean.
proverbialmente /proverbjal'mente/ avv. proverbially.
▷ **proverbio**, pl. **-bi** /pro'vɛrbjo, bi/ m. proverb; ***il libro dei Proverbi*** BIBL. the Book of Proverbs; ***come dice il ~*** as the saying goes; ***passare in ~*** to become proverbial.
provetta /pro'vetta/ f. test tube; ***bambino concepito in ~*** test-tube baby.
provetto /pro'vɛtto/ agg. [*sciatore, insegnante, falegname*] expert; [*soldato, veterano*] seasoned.
▶ **provincia**, pl. **-cie, -ce** /pro'vintʃa, tʃe/ f. **1** *(suddivisione territoriale)* province; *(ente locale)* provincial administration; ***la ~ votò per entrare nella federazione*** the province voted to join the federation **2** *(in contrapposizione alle grandi città e alla capitale)* ***la ~*** the provinces; ***vivere, stabilirsi in ~*** to live, settle in the provinces; ***città di ~*** provincial town.

> **Provincia** In Italy's system of local government, each province is made up of a group of neighbouring municipalities, the most important of which acts as the provincial capital. Each province is served by a provincial council, a committee, and a president. There are more than 100 Italian provinces in all.

▶ **provinciale** /provin'tʃale/ **I** agg. **1** *(della provincia)* [*giornale, strada, amministrazione*] provincial **2** SPREG. [*stile di vita, mentalità*] provincial, insular, small-town **II** m. e f. *(chi abita in provincia)* provincial (anche SPREG.); ***i -i*** people from the provinces **III** m. RELIG. provincial.
provincialismo /provintʃa'lizmo/ m. provincialism, insularism.
provincialità /provintʃali'ta/ f.inv. provincialism.
provino /pro'vino/ m. **1** RAD. TELEV. audition; ***partecipare a un ~*** to go for an audition; ***fare un ~*** to audition, to try out **2** FOT. proof, test strip **3** CINEM. audition, screen test, film test **4** TECN. sample **5** *(campione)* sample.
provitamina /provita'mina/ f.inv. provitamin.
provocabile /provo'kabile/ agg. provokable.
provocante /provo'kante/ agg. [*atteggiamento, comportamento, abito*] provocative; [*sguardo*] provocative, tantalizing.
▶ **provocare** /provo'kare/ [1] tr. **1** *(causare)* to cause, to bring* about [*incidente, esplosione, danni, morte, guerra, disastro, ribellione, rivolta, panico*]; to bring* on, to cause [*attacco, emicrania, fitta*]; to create [*disordine, crisi*]; *(suscitare)* to induce, to provoke, to produce [*reazione, rabbia, emozione*]; *(indurre a una reazione violenta)* to provoke [*persona*]; ***~ un incendio*** to start a fire; ***il quadro mi provocò una certa ripugnanza*** the picture aroused a feeling of disgust in me; ***~ qcn. oltre ogni limite di sopportazione*** to provoke sb. beyond endurance; ***non mi ~!*** don't push me! don't start me off! **2** *(indurre)* ***~ il parto*** to induce labour **3** *(sessualmente)* to lead* on, to arouse.
provocatore /provoka'tore/ **I** agg. [*atteggiamento, persona*] confrontational, teasing; ***agente ~*** agent provocateur **II** m. (f. **-trice** /tritʃe/) provoker, taunter, teaser, stirrer COLLOQ.
provocatoriamente /provokatorja'mente/ avv. defiantly.
provocatorio, pl. **-ri, -rie** /provoka'tɔrjo, ri, rje/ agg. [*atteggiamento, affermazione, sguardo, libro, film, titolo*] challenging, provocative, provoking; [*comportamento*] defiant.
▷ **provocazione** /provokat'tsjone/ f. provocation (**nei confronti di** to); ***è solo una ~!*** it's just for shock value! ***reagire alla minima ~*** to react at the slightest provocation.
provola /'prɔvola/ f. GASTR. INTRAD. (cow buffalo's or cow's milk cheese typical of Southern Italy).
provolone /provo'lone/ m. GASTR. INTRAD. (cow's milk hard cheese typical of Southern Italy).
▶ **provvedere** /provve'dere/ [97] **I** tr. ***~ qcn. di qcs.*** to endow sb. with sth. **II** intr. (aus. *avere*) **1** *(far fronte)* ***~ a*** to provide for [*bisogni, spese, sicurezza, sostituzione*]; to meet [*necessità*]; ***~ al mantenimento della famiglia*** to provide for one's family needs; ***~ al proprio sostentamento*** to pay for one's keep **2** *(in senso assoluto)* ***bisogna ~ al più presto*** we must act *o* take steps as soon as possible ◆ ***Dio vede e provvede*** PROV. God sees our needs and provides for them.
▷ **provvedimento** /provvedi'mento/ m. action **U**, measure, step (**contro** against; **per fare** to do); ***prendere -i contro qcn.*** to take action *o* measures *o* steps against sb.; ***il ~ è stato respinto*** POL. DIR. the measure was defeated; ***prendere -i per il futuro*** to make provisions for the future; ***non prendere -i*** to sit by ◆◆ ***~ cautelare*** caution measure; ***~ coercitivo*** coercive measure; ***~ disciplinare*** disciplinary action; SCOL. punishment; ***~ d'emergenza*** stopgap measure; ***~ straordinario*** extraordinary measure; ***-i restrittivi*** restrictive measures.
provveditorato /provvedito'rato/ m. BUROCR. superintendency; ***~ agli studi*** = local education authority.
provveditore /provvedi'tore/ m. BUROCR. superindendent; ***~ agli studi*** = education superintendent.
provveduto /provve'duto/ **I** p.pass. → **provvedere II** agg. provided, supplied (**di** with).
▶ **provvidenza** /provvi'dɛntsa/ f. **1** (anche **Provvidenza**) RELIG. providence, Providence; ***la divina ~*** divine providence **2** *(fortuna)* ***questo lavoro è stato una vera ~*** this job was a real godsend **3** *(provvedimento)* provision.
provvidenziale /provviden'tsjale/ agg. **1** *(capitato al momento giusto)* [*aiuto, rimedio*] opportune, timely, providential **2** RELIG. providential, heaven-sent.
provvidenzialmente /provvidentsjal'mente/ avv. providentially.
provvido /'prɔvvido/ agg. LETT. **1** *(previdente)* provident **2** *(utile)* useful.
provvigione /provvi'dʒone/ f. commission; *(intermediazione)* brokerage; ***ricevere una ~ del 5% su ogni articolo*** to get a 5% commission on each item; ***lavorare su ~*** to work on a commission basis *o* on commission ◆◆ ***~ bancaria*** bank commission.
provvisionale /provvizjo'nale/ **I** agg. provisional **II** f. interim compensation precept.
provvisoriamente /provvizorja'mente/ avv. provisionally, temporarily, pro tempore; ***sistemarsi ~ da amici*** to move in temporarily with friends.
provvisorietà /provvizorje'ta/ f.inv. temporariness.
▷ **provvisorio**, pl. **-ri, -rie** /provvi'zɔrjo, ri, rje/ agg. [*accordo, bilancio, governo, giudizio*] provisional, interim; [*provvedimento*] provisional, stopgap; [*costruzione, installazione, soluzione*] temporary; [*conclusione, offerta, piano, prenotazione*] tentative; ***a titolo ~*** on a temporary basis; ***essere in libertà -a*** DIR. to be (out) on bail; ***amministrazione -a*** caretaker administration.
▷ **provvista** /prov'vista/ **I** f. *(di cibo, legna, acqua)* supply, stock, store; ***fare ~ di qcs.*** to lay in (a store of) sth., to lay up sth. **II provviste** f.pl. provisions, stores, supplies; ***fare -e*** to shop for food, to get in supplies *o* provisions; ***le nostre -e scarseggiano*** our stocks are rather low; ***insufficienza di -e*** stock shortage.
provvisto /prov'visto/ **I** p.pass. → **provvedere II** agg. **1** *(dotato)* provided, supplied (di with); ***essere ~ di qcs.*** to be provided with sth. **2** *(assortito)* ***un negozio ben ~*** a well-stocked shop.
prozia /prot'tsia, prod'dzia/ f. great aunt.
1.prozio, pl. **-zii** /prot'tsio, prod'dzio, ii/ m. great uncle.
2.prozio /'prɔttsjo / m. CHIM. protium.
prua /'prua/ f. MAR. bow, fore, forepart, prow, stem; ***ponte di ~*** foredeck; ***vento di ~*** headwind; ***a dritta di ~*** on the starboard bow; ***affondare di ~*** to go down by the bows.
prude /prud/ **I** agg.inv. prudish **II** m. e f.inv. prude.
▷ **prudente** /pru'dɛnte/ agg. **1** *(cauto)* [*persona, comportamento*] careful, cautious, prudent; [*automobilista*] safe, careful; [*atteggiamento, modo, risposta*] cautious, wary; ***non si è mai troppo -i*** you can't be too careful; ***è ~ nel prendere impegni*** he's cautious about *o* chary of committing himself; ***avere un approccio molto ~*** to take a softly-softly approach; ***buon viaggio, e sii ~!*** have a safe journey, and be careful! **2** *(giudizioso)* prudent, wise; ***la cosa più ~ da fare sarebbe andarsene*** the safest thing to do would be to leave; ***hai ragione, è più ~*** you are right, it's wiser.
prudentemente /prudente'mente/ avv. [*osservare, agire, ammettere*] cautiously, carefully.
▷ **prudenza** /pru'dɛntsa/ f. **1** *(cautela)* caution, carefulness, prudence, cautiousness; ***procedere con ~*** to proceed with care *o* caution; ***dar prova di ~*** to show caution; ***fare un appello alla ~*** to sound a note of caution; ***sbagliare per troppa ~*** to err on the side of caution; ***con ~*** [*parlare, reagire, maneggiare, utilizzare*] cautiously, carefully; ***agire con ~*** to play it safe *o* for safety; ***con la massima ~*** with the greatest caution **2** RELIG. prudence ◆ ***la ~ non è mai troppa*** PROV. better safe than sorry.
▷ **prudere** /'prudere/ [2] intr. (forms not attested: past participle and compound tenses) to itch; ***mi prude la schiena*** my back is itching; ***mi sento ~ dappertutto*** I feel itchy all over; ***ti prude molto?*** is it itching a lot? ***queste calze mi fanno ~ i piedi*** these socks make my feet itch; ***quando sente simili cose gli prudono le mani*** FIG. when he hears things like that he feels like hitting somebody.
pruderie /prude'ri/ f.inv. pruderie.

prueggiare /prued'dʒare/ [1] intr. (aus. *avere*) to bow.
▷ **prugna** /'pruɲɲa/ ➧ *3* **I** f. *(frutto)* plum **II** m.inv. *(colore)* plum **III** agg.inv. plum ◆◆ ***~ secca*** prune.
prugno /'pruɲɲo/ m. plum (tree).
prugnola /'pruɲɲola/ f. sloe.
1.prugnolo /'pruɲɲolo/ m. *(arbusto)* sloe, blackthorn.
2.prugnolo /pruɲ'ɲɔlo/ m. *(fungo mangereccio)* St. George mushroom.
pruina /pru'ina/ f. bloom.
prunaio, pl. **-ai** /pru'najo, ai/ m. bramble patch.
prunella /pru'nɛlla/ f. **1** BOT. prunella **2** *(acquavite)* prunelle **3** TESS. prunella.
pruneto /pru'neto/ m. bramble patch.
pruno /'pruno/ m. thornbush, sloe ◆◆ ***~ selvatico*** blackthorn.
prurigine /pru'ridʒine/ f. prurigo*.
pruriginoso /prurid͡ʒi'noso/ agg. pruriginous (anche FIG.).
▷ **prurito** /pru'rito/ m. **1** *(irritazione)* itch; MED. pruritus; ***le punture di zanzara provocano ~*** mosquito bites cause itching; ***avere ~*** to be itchy **2** FIG. *(voglia)* itch, hankering, craving.
Prussia /'prussja/ n.pr.f. Prussia.
prussiano /prus'sjano/ **I** agg. Prussian **II** m. (f. **-a**) Prussian.
prussiato /prus'sjato/ m. prussiate.
prussico /'prussiko/ agg. ***acido ~*** prussic acid.
1.P.S. /pi'ɛsse/ **I** f. (⇒ pubblica sicurezza) = public security guard **II** m. post scriptum postscriptum (PS).
2.P.S. ⇒ Partita Semplice = single entry.
PSDI /piessed'di, psdi/ m. (⇒ Partito Socialdemocratico italiano) = Italian Social Democratic Party.
psefologia /psefolo'dʒia/ f. psephology.
psefologo m.pl. **-gi**, f.pl. **-ghe** /pse'fɔlogo, dʒi, ge/ m. (f. **-a**) psephologist.
pseudepigrafi /pseude'pigrafi/ m.pl. pseudepigrapha.
pseudoartrosi /pseudoar'trɔzi/ f.inv. nearthrosis*.
pseudococco /pseudo'kɔkko/ m. mealybug.
pseudogravidanza /pseudogravi'dantsa/ f. pseudopregnancy.
pseudomorfo /pseudo'mɔrfo/ agg. pseudomorphous.
pseudomorfosi /pseudomor'fɔzi/ f.inv. pseudomorphism.
pseudonimo /pseu'dɔnimo/ m. pseudonym, alias, nom de plume, pen name; ***sotto ~*** under a pseudonym; ***scrive sotto lo ~ di Eve Quest*** she writes under the name Eve Quest.
pseudopodio, pl. **-di** /pseudo'pɔdjo, di/ m. pseudopodium.
pseudoscientifico, pl. **-ci**, **-che** /pseudoʃʃen'tifiko, tʃi, ke/ agg. pseudoscientific.
pseudoscienza /pseudoʃ'ʃɛntsa/ f. pseudoscience.
psi /psi/ m. e f.inv. *(lettera greca)* psi.
PSI /piesse'i, psi/ m. (⇒ Partito Socialista Italiano) = Italian Socialist Party.
psicagogia /psikago'dʒia/ f. psychagogy.
psicanalisi /psika'nalizi/ → **psicoanalisi.**
psicanalista, m.pl. **-i**, f.pl. **-e** /psikana'lista/ ➧ *18* → **psicoanalista.**
psicanalitico, pl. **-ci**, **-che** /psikana'litiko, tʃi, ke/ → **psicoanalitico.**
psicanalizzare /psikanalid'dzare/ → **psicoanalizzare.**
psicastenia /psikaste'nia/ ➧ *7* → **psicoastenia.**
psicastenico, pl. **-ci**, **-che** /psikas'tɛniko, tʃi, ke/ → **psicoastenico.**
1.psiche /'psike/ f.inv. PSIC. psyche.
2.psiche /'psike/ f.inv. *(specchiera)* cheval glass.
Psiche /'psike/ n.pr.f. Psyche.
psichedelico, pl. **-ci**, **-che** /psike'dɛliko, tʃi, ke/ agg. [*luci*] psychedelic; [*esperienza*] mind-expanding; ***stato ~*** psychedelic state; ***musica -a*** psychedelia.
▷ **psichiatra**, m.pl. **-i**, f.pl. **-e** /psi'kjatra/ ➧ *18* m. e f. psychiatrist; ***sono in cura da uno ~*** I'm seeing a psychiatrist.
▷ **psichiatria** /psikja'tria/ f. psychiatry; ***reparto di ~*** psychiatry ward.
psichiatricamente /psikjatrika'mente/ avv. psychiatrically.
psichiatrico, pl. **-ci**, **-che** /psi'kjatriko, tʃi, ke/ agg. [*cure, reparto, trattamento*] psychiatric(al); ***ospedale ~*** psychiatric hospital, mental hospital *o* institution; ***clinica -a*** mental home.
psichiatrizzare /psikjatrid'dzare/ [1] tr. to psychiatrize.
psichicamente /psikika'mente/ avv. psychically.
psichico, pl. **-ci**, **-che** /'psikiko, tʃi, ke/ agg. [*attività, disturbi, sviluppo*] psychic; ***determinismo ~*** psychic determinism.
psicoanalisi /psikoa'nalizi/ f.inv. psychoanalysis*; ***sottoporsi a ~*** to undergo psychoanalysis.
psicoanalista, m.pl. **-i**, f.pl. **-e** /psikoana'lista/ ➧ *18* m. e f. psychoanalyst.
psicoanalitico pl. **-ci**, **-che** /psikoana'litiko, tʃi, ke/ agg. [*terapia, seduta*] psychoanalytic(al).
psicoanalizzare /psikoanalid'dzare/ [1] tr. to psychoanalyse BE, to psychoanalyze AE [*persona*].
psicoastenia /psikoaste'nia/ ➧ *7* f. psychastenia.
psicoastenico, pl. **-ci**, **-che** /psikoas'tɛniko, tʃi, ke/ agg. psychastenic.
psicoattivo /psikoat'tivo/ agg. psychoactive, mood-altering.
psicochirurgia /psikokirur'dʒia/ f. psychosurgery.
psicocinesi /psikotʃi'nɛzi/ f.inv. psychokinesis, telekinesis.
psicocinetico, pl. **-ci**, **-che** /psikotʃi'netiko, tʃi, ke/ agg. psychokinetic.
psicodiagnostica /psikodiaɲ'ɲɔstika/ f. psychodiagnostics + verbo sing.
psicodinamica /psikodi'namika/ f. psychodynamics + verbo sing.
psicodinamico, pl. **-ci**, **-che** /psikodi'namiko, tʃi, ke/ agg. psychodynamic.
psicodramma /psiko'dramma/ m. psychodrama, role-play.
psicofarmaco, pl. **-ci** /psiko'farmako, tʃi/ m. psychotropic drug.
psicofarmacologia /psikofarmakolo'dʒia/ f. psychopharmacology.
psicofarmacologico, pl. **-ci**, **-che** /psikofarmako'lɔdʒiko, tʃi, ke/ agg. psychopharmacological.
psicofisica /psiko'fizika/ f. psychophysics + verbo sing.
psicofisico, pl. **-ci**, **-che** /psiko'fiziko, tʃi, ke/ agg. psychophysical.
psicofisiologia /psikofizjolo'dʒia/ f. psychophysiology.
psicofisiologico, pl. **-ci**, **-che** /psikofizjo'lɔdʒiko, tʃi, ke/ agg. psychophysiological.
psicogenesi /psiko'dʒɛnezi/ f.inv. psychogenesis*.
psicogeno /psi'kɔdʒeno/ agg. psychogenic, psychogenetic.
psicografia /psikogra'fia/ f. psychography.
psicografo /psi'kɔgrafo/ m. psychograph.
psicolabile /psiko'labile/ **I** agg. psychologically unstable **II** m. e f. psychologically unstable person.
psicolinguista, m.pl. **-i**, f.pl. **-e** /psikolin'gwista/ m. e f. psycholinguist.
psicolinguistica /psikolin'gwistika/ f. psycholinguistics + verbo sing.
psicolinguistico, pl. **-ci**, **-che** /psikolin'gwistiko, tʃi, ke/ agg. psycholinguistic.
▷ **psicologia** /psikolo'dʒia/ f. **1** *(disciplina)* psychology **2** *(intuizione)* (psychological) insight **3** *(mentalità)* psychology; ***~ maschile*** male psychology ◆◆ ***~ clinica*** clinical psychology; ***~ comportamentale*** behavioural psychology; ***~ dell'età evolutiva*** developmental psychology; ***~ infantile*** child psychology; ***~ del profondo*** depth psychology; ***~ sociale*** social psychology.
psicologicamente /psikolodʒika'mente/ avv. psychologically.
▷ **psicologico**, pl. **-ci**, **-che** /psiko'lɔdʒiko, tʃi, ke/ agg. [*disturbi, stress*] psychologic(al); ***assistenza -a*** counselling; ***trauma ~*** psychological damage; ***guerra -a*** psychological warfare.
psicologismo /psikolo'dʒizmo/ m. psychologism.
▷ **psicologo**, m.pl. **-gi**, f.pl. **-ghe** /psi'kɔlogo, dʒi, ge/ ➧ *18* m. (f. **-a**) psychologist; ***~ clinico*** clinical psychologist; ***~ dell'educazione*** educational psychologist; ***~ del lavoro*** industrial *o* occupational psychologist.
psicometria /psikome'tria/ f. psychometrics + verbo sing.
psicometrico, pl. **-ci**, **-che** /psiko'mɛtriko, tʃi, ke/ agg. psychometric.
psicomotorio, pl. **-ri**, **-rie** /psikomo'tɔrjo, ri, rje/ agg. psychomotor.
psicomotricità /psikomotritʃi'ta/ f.inv. psychomotion.
psiconeurosi /psikoneu'rɔzi/ ➧ *7* → **psiconevrosi.**
psiconevrosi /psikone'vrɔzi/ ➧ *7* f.inv. psychoneurosis*.
psicopatia /psikopa'tia/ f. psychopathy.
psicopatico, pl. **-ci**, **-che** /psiko'patiko, tʃi, ke/ **I** agg. psychopathic **II** m. (f. **-a**) psychopath.
psicopatologia /psikopatolo'dʒia/ f. psychopathology.
psicopatologico, pl. **-ci**, **-che** /psikopato'lɔdʒiko, tʃi, ke/ agg. psychopathologic(al).
psicopatologo m.pl. **-gi**, f.pl. **-ghe** /psikopa'tɔlogo, dʒi, ge/ ➧ *18* m. (f. **-a**) psychopathologist.
psicopedagogia /psikopedago'dʒia/ f. educational psychology.
psicopedagogico, pl. **-ci**, **-che** /psikopeda'gɔdʒiko, tʃi, ke/ agg. = relating to educational psychology.
psicopedagogista, m.pl. **-i**, f.pl. **-e** /psikopedago'dʒista/ ➧ *18* m. e f. educational psychologist.
psicoprofilattico, pl. **-ci**, **-che** /psikoprofi'lattiko, tʃi, ke/ agg. [*parto*] psychoprophylactic.
psicosensoriale /psikosenso'rjale/ agg. psychosensorial.
psicosessuale /psikoses'swale/ agg. psychosexual.

psicosi /psi'kɔzi/ ➧ **7** f.inv. **1** MED. PSIC. psychosis* **2** *(ossessione)* **~ *della guerra*** obsessive fear of war; **~ *collettiva*** mass panic; **~ *maniaco-depressiva*** manic depression.
psicosico, pl. **-ci, -che** /psi'kɔziko, tʃi, ke/ → **psicotico.**
psicosociale /psikoso'tʃale/ agg. psychosocial.
psicosociologia /psikosotʃolo'dʒia/ f. psychosociology.
psicosociologico, pl. **-ci, -che** /psikosotʃo'lɔdʒiko, tʃi, ke/ agg. psychosociological.
psicosociologo, m.pl. **-gi**, f.pl. **-ghe** /psikoso'tʃɔlogo, dʒi, ge/ ➧ **18** m. (f. **-a**) psychosociologist.
psicosomatica /psikoso'matika/ f. psychosomatics + verbo sing.
psicosomatico, pl. **-ci, -che** /psikoso'matiko, tʃi, ke/ agg. [*malattia, disturbi*] psychosomatic.
psicotecnica /psiko'tɛknika/ f. psychotechnics + verbo sing., applied psychology.
psicotecnico, pl. **-ci, -che** /psiko'tɛkniko, tʃi, ke/ **I** agg. [*test*] psychotechnic(al) **II** ➧ **18** m. (f. **-a**) psychotechnologist.
psicoterapeuta, m.pl. **-i**, f.pl. **-e** /psikotera'pɛuta/ ➧ **18** m. e f. psychotherapist.
psicoterapeutico, pl. **-ci, -che** /psikotera'pɛutiko, tʃi, ke/ agg. psychotherapeutic.
psicoterapia /psikotera'pia/ f. psychotherapeutics + verbo sing.
psicoterapico, pl. **-ci, -che** /psikote'rapiko, tʃi, ke/ agg. psychotherapeutic.
psicoterapista, m.pl. **-i**, f.pl. **-e** /psikotera'pista/ ➧ **18** → **psicoterapeuta.**
psicotico, pl. **-ci, -che** /psi'kɔtiko, tʃi, ke/ **I** agg. psychotic **II** m. (f. **-a**) psychotic.
psicotossico, pl. **-ci, -che** /psiko'tɔssiko/ agg. psychotoxic.
psicotropo /psi'kɔtropo/ **I** agg. [*farmaco*] psychotropic, mood-altering **II** m. psychotropic.
psicrometro /psi'krɔmetro/ m. psychrometer.
psittacosi /psitta'kɔzi/ ➧ **7** f.inv. psittacosis*, parrot fever.
psoas /'psɔas/ m.inv. psoas*.
psoriasi /pso'riazi/ ➧ **7** f.inv. psoriasis*.
pss /ps/, **pst** /pst/ inter. psst.
PT /pit'ti/ f.pl. (⇒ Poste e Telecomunicazioni) post and telecommunications service.
pteridofita /pteri'dɔfita/ f. pterydophyte.
pterigoideo /pterigoi'dɛo/ agg. pterygoid.
pterodattilo /ptero'dattilo/ m. pterodactyl.
pteropode /pte'rɔpode/ m. pteropod.
pterosauro /ptero'sauro/ m. pterosaur.
ptialina /ptia'lina/ f. ptyalin.
ptialismo /ptia'lizmo/ m. ptyalism.
ptomaina /ptoma'ina/ f. ptomaine.
ptosi /'ptɔzi/ f.inv. ptosis*.
puah /pwa/ inter. pah, phew, pish, ugh.
pub /pab/ m.inv. pub.
pubblicabile /pubbli'kabile/ agg. printable, publishable.
pubblicamente /pubblika'mente/ avv. publicly.
pubblicano /pubbli'kano/ m. STOR. publican.
▷ **pubblicare** /pubbli'kare/ [1] tr. to publish [*libro, rivista, autore*]; to advertise [*inserzione, annuncio*]; GIORN. to print, to release [*foto, storia, intervista*]; to produce, to print [*volantino, brochure, guida*]; *(rendere pubblico)* to publish [*bando*]; to issue [*lettera, legge*]; to post [*messaggio, risultati*]; ***l'articolo verrà pubblicato oggi*** the article will appear *o* run today; **~ *una smentita*** to issue a disclaimer; **~ *a puntate*** to publish in instalments, to serialize; **~ *sulla gazzetta ufficiale*** to gazette; ***l'annuncio per il posto è stato pubblicato sul giornale locale*** the post has been advertised in the local paper.
pubblicato /pubbli'kato/ **I** p.pass. → **pubblicare II** agg. published; **~ *da Paravia*** published under the Paravia imprint; **~ *a puntate*** serialized; ***il mio ultimo libro, ~ da...*** my latest book, published by...
pubblicazione /pubblikat'tsjone/ **I** f. **1** *(il pubblicare)* publication; *(di romanzo, articolo)* appearance; *(di libro)* issue; ***data di ~*** date of publication; ***la ~ del libro è prevista per maggio*** the book is due to be published *o* to come out in May; **~ *annuale*** annual; **~ *periodica*** periodical; **~ *trimestrale*** quarterly; **~ *a puntate*** serial, serialization **2** *(opera pubblicata)* publication; ***-i universitarie*** academic publications **II pubblicazioni** f.pl. *(di matrimonio)* banns; ***fare le -i*** to publish the banns.
pubblicista, m.pl. **-i**, f.pl. **-e** /pubbli'tʃista/ ➧ **18** m. e f. **1** *(giornalista)* freelance journalist, contributor **2** DIR. publicist.
pubblicistica /pubbli'tʃistika/ f. **1** = journalism on current events **2** DIR. public law doctrine.
pubblicistico, pl. **-ci, -che** /pubbli'tʃistiko, tʃi, ke/ agg. **1** = pertaining to journalism on current events **2** DIR. public law ATTRIB.
▷ **pubblicità** /pubblitʃi'ta/ f.inv. **1** *(attività, professione)* advertising, publicity; ***lavora nel settore della ~*** he works in advertising; ***entrare in ~*** to go into advertising; ***fare ~ ad un prodotto*** to advertise *o* publicize a product; ***fare molta ~ a qcn., qcs.*** to give sb., sth. a boost *o* a lot of publicity; ***fare una buona ~ a qcs.*** to give sth. a good build-up; ***il suo nome farà ~ al film*** her name will help to sell the film; ***fare ~ a un candidato*** to promote a candidate; ***farsi ~*** to promote oneself; ***linguaggio della ~*** adspeak **2** *(annuncio)* ad(vertisement); RAD. TELEV. commercial (break); *(materiale pubblicitario)* publicity; ***piccola ~*** small ad *o* advertisement; **~ *televisiva, radiofonica*** television, radio commercial; ***mandare in onda una ~ in televisione, alla radio*** to run a commercial on television, on the radio; ***mandare ~ per posta*** to do a mail shot **3** *(notorietà)* publicness ◆◆ **~ *comparativa*** comparative advertising; **~ *diretta per corrispondenza*** direct mail *o* mailing; **~ *indiretta*** indirect advertising; **~ *ingannevole*** misleading advertising; **~ *istituzionale*** corporate advertising; **~ *mirata*** targeted advertising; **~ *progresso*** social marketing; **~ *redazionale*** advertising feature BE, reading notice AE; **~ *delle udienze*** open debate.
▷ **pubblicitario**, pl. **-ri, -rie** /pubblitʃi'tarjo, ri, rje/ **I** agg. [*campagna, oggetto, vendita*] advertising; ***annuncio ~*** advertisement; ***a scopo ~*** for the purposes of advertisement; ***agenzia -a*** advertising *o* publicity agency; ***cartellone ~*** board, placard; ***lancio ~*** boost, publicity launch; ***interruzione -a*** commercial break; ***stampe -rie*** junk mail; ***martellamento ~*** advertising overkill; ***trovata -a*** publicity stunt **II** ➧ **18** m. (f. **-a**) advertiser, publicist, hype artist; ***è un ~, fa il ~*** he is a publicist.
pubblicizzare /pubblitʃid'dzare/ [1] tr. **1** *(fare pubblicità)* to publicize, to advertise, to merchandise, to promote, to plug COLLOQ.; ***questo libro è stato pubblicizzato molto*** there has been a lot of hype about this book **2** *(rendere di pubblico dominio)* to publicize, to divulge.
pubblicizzazione /pubblitʃiddzat'tsjone/ f. publicizing, promotion.
▶ **1.pubblico**, pl. **-ci, -che** /'pubbliko, tʃi, ke/ **I** agg. **1** *(statale)* [*denaro, scuola*] public, state attrib.; [*azienda*] state-owned; ***il debito ~*** national *o* public debt; ***ospedale ~*** state-run hospital; ***servizio ~*** public service *o* utility **2** *(della collettività)* [*pericolo, opinione, salute*] public; ***nemico ~*** public enemy **3** *(accessibile a tutti)* [*luogo*] public; ***diventare di dominio ~*** to fall in the public domain; ***rendere ~*** to release **II** m. ***il ~*** the public sector; ***il ~ e il privato*** the public and the private sectors ◆◆ ***-a amministrazione*** civil service; **~ *ministero*** public prosecutor BE, prosecuting attorney AE; ***-che relazioni*** public relations.
▶ **2.pubblico**, pl. **-ci** /'pubbliko, tʃi/ m. **1** *(gente)* public; ***aperto al ~*** open to the public; ***orario di apertura al ~*** opening hours to the public; ***"vietato l'ingresso al ~"*** "no admittance"; ***"avviso al ~"*** "public notice"; ***portare qcs. a conoscenza del ~*** to make sth. public; ***uno spettacolo che piace al grande ~*** a very popular show **2** *(spettatori)* audience, spectators pl.; *(ascoltatori)* audience, listeners pl.; ***si udivano delle risate dal ~*** there was laughter in the audience **3** *(seguito)* ***avere un proprio ~*** to have a following; ***uno scrittore con un ~ fedele, giovane*** a writer with a loyal, young following; ***deludere il proprio ~*** to disappoint one's public **4 in pubblico** [*parlare, esibirsi*] in public; ***non sa come comportarsi in ~*** he doesn't know how to behave in social situations.
pube /'pube/ m. *(osso)* pubis*; *(regione)* pubes*.
puberale /pube'rale/ agg. [*età*] puberal, pubertal, pubescent.
pubere /'pubere/ agg., m. e f. pubescent.
pubertà /puber'ta/ f.inv. puberty; ***nella ~*** at puberty.
pubescente /pubeʃ'ʃɛnte/ agg. pubescent.
pubescenza /pubeʃ'ʃɛntsa/ f. pubescence.
pubico, pl. **-ci, -che** /'pubiko, tʃi, ke/ agg. pubic; ***osso ~*** pubic bone; ***peli -ci*** pubic hair.
puddellaggio, pl. **-gi** /puddel'laddʒo, dʒi/ m. puddling; ***forno di ~*** puddler, finery.
puddellare /puddel'lare/ [1] tr. to puddle.
puddinga /pud'dinga/ f. puddingstone.
pudenda /pu'dɛnda/ f.pl. pudenda.
pudibonderia /pudibonde'ria/ f. prudishness.
pudibondo /pudi'bondo/ agg. prudish.
pudicamente /pudika'mente/ avv. [*arrossire, sorridere*] modestly, maidenly.
pudicizia /pudi'tʃittsja/ f. modesty.
pudico, pl. **-chi, -che** /pu'diko, ki, ke/ agg. modest, self-conscious.
pudore /pu'dore/ m. **1** *(riserbo)* modesty, decency; *(vergogna)* shame; ***senza ~*** shamelessly; ***non avere alcun*** o ***essere senza ~*** to have no shame; ***ferire*** o ***offendere il ~ di qcn.*** to offend sb.'s sense

of decency; ***falso ~*** false modesty; ***comune senso del ~*** decencies; ***oltraggio al ~*** indecent exposure **2** *(discrezione, decenza)* decency; ***abbiate il ~ di tacere*** have the decency to keep quiet.

puericultore /puerikul'tore/ ◗ ***18*** m. **1** *(neonatologo)* neonatologist **2** *(infermiere)* male pediatric nurse.

puericultrice /puerikul'tritʃe/ ◗ ***18*** f. **1** *(neonatologa)* neonatologist **2** *(infermiera)* pediatric nurse.

puericultura /puerikul'tura/ f. pediatric nursing.

puerile /pue'rile/ agg. **1** *(fanciullesco)* [*attività, giochi*] childish, juvenile; ***età ~*** childhood **2** SPREG. [*comportamento, reazione, atteggiamento*] babyish, childish, infantile, juvenile, puerile.

puerilismo /pueri'lizmo/ m. puerilism.

puerilità /puerili'ta/ f.inv. *(di atteggiamento, comportamento)* childishness, puerility FORM.

puerizia /pue'rittsia/ f. childhood.

puerocentrismo /puerotsen'trizmo/ m. child-centred education.

puerpera /pu'ɛrpera/ f. = woman during puerperium.

puerperale /puerpe'rale/ agg. [*febbre*] puerperal.

puerperio, pl. **-ri** /puer'pɛrjo, ri/ m. puerperium*.

puffino /puf'fino/ m. shearwater.

puffo /'puffo/ m. smurf; ***i -i*** the smurfs.

▷ **pugilato** /pudʒi'lato/ ◗ ***10*** m. boxing, pugilism FORM.; ***~ professionistico*** prize fighting; ***un incontro, campione di ~*** boxing match, champion; ***fare ~*** to box.

▷ **pugile** /'pudʒile/ ◗ ***18*** m. boxer, fighter, pugilist; ***guanto da ~*** boxing glove; ***~ professionista*** prize fighter.

pugilistico, pl. **-ci, -che** /pudʒi'listiko, tʃi, ke/ agg. boxing attrib., pugilistic FORM.

Puglia /'puʎʎa/ n.pr.f., **Puglie** /'puʎʎe/ ◗ ***30*** n.pr.f.pl. Apulia.

pugliese /puʎ'ʎese/ ◗ ***30*** **I** agg. Apulian **II** m. e f. Apulian **III** m. LING. Apulian dialect.

pugna /'puɲɲa/ f. LETT. fight, battle.

pugnace /puɲ'ɲatʃe/ agg. ANT. pugnacious.

pugnacemente /puɲɲatʃe'mente/ avv. pugnaciously.

pugnacità /puɲɲatʃi'ta/ f.inv. pugnacity.

pugnalare /puɲɲa'lare/ [1] tr. to stab; ***~ qcn. alle spalle*** to backstab sb., to stab sb. in the back (anche FIG.).

pugnalata /puɲɲa'lata/ f. stab; ***una ~ alle spalle*** a stab in the back (anche FIG.).

pugnalatore /puɲɲala'tore/ m. (f. **-trice**) stabber.

▷ **pugnale** /puɲ'ɲale/ m. dagger, poniard.

pugnare /puɲ'ɲare/ [1] intr. (aus. *avere*) LETT. to fight*.

▶ **pugno** /'puɲɲo/ m. **1** *(mano chiusa)* fist; ***stringere i -i dalla rabbia*** to clench one's fists in fury; ***battere il ~ sul tavolo*** to bang *o* slam one's fist on the table; ***batteva i -i contro la porta*** she was hammering her fists against the door; ***mostrare i -i a qcn.*** to shake one's fist at sb. **2** *(colpo)* punch; ***tirare un ~ a qcn.*** to take a poke at sb.; ***vuoi un ~ sul muso?*** COLLOQ. are you looking for a smack in the mouth? ***mi ha dato un ~ in faccia, sul naso*** he punched me in the face, on the nose; ***prendersi a -i*** to slog it out; ***fare a -i*** to get in *o* have a fist fight; FIG. *(stridere)* [*colori*] to clash (**con** with) **3** *(manciata)* fistful, handful; ***un ~ di riso*** a handful of rice; ***un ~ di persone*** a handful *o* trickle of people ◆ ***un ~ di ferro in un guanto di velluto*** an iron fist in a velvet glove; ***avere in ~ qcn.*** to have sb. in one's power, to hold sb. in one's grasp *o* in the palm of one's hand; ***avere la situazione in ~*** to be on top of a situation; ***avere la vittoria in ~*** to have victory within one's grasp; ***rimanere con un ~ di mosche*** to have nothing to show for sth.; ***essere un ~ nell'occhio*** to be an eyesore, to be a blot on the landscape, to stick out like a sore thumb; ***prendere a -i qcn.*** to punch sb.; ***di proprio ~*** [*scrivere, firmare*] in one's own hand *o* writing ◆◆ ***~ di ferro*** *(tirapugni)* knuckle-duster; *(fermezza)* iron fist; ***comandare con ~ di ferro*** to rule with an iron rod.

1.pula /'pula/ f. AGR. chaff.

2.pula /'pula/ f. GERG. *(polizia)* fuzz + verbo pl.

▷ **pulce** /'pultʃe/ **I** f. **1** ZOOL. flea, lop COLLOQ.; ***morso di ~*** fleabite; ***infestato dalle -i*** flea-ridden; ***il mercato delle -i*** the flea market **2** GIOC. ***gioco della ~*** tiddlywinks **II** m. *(colore)* puce **III** agg.inv. puce ◆ ***mettere la ~ nell'orecchio a qcn.*** = to arouse sb.'s suspicions; ***fare le -i a qcn.*** to pick holes in sb.'s work ◆◆ ***~ d'acqua*** water-flea; ***~ di mare*** beach flea; ***~ penetrante*** chigoe, jigger, sand flea.

pulcinaio, pl. **-ai** /pultʃi'najo, ai/ m. chicken house.

pulcinella /pultʃi'nɛlla/ m.inv. **1** *(persona inaffidabile)* buffoon, fool **2** ZOOL. ***~ di mare*** puffin.

Pulcinella /pultʃi'nɛlla/ n.pr.m. *(maschera)* Punch, Punchinello; ***segreto di ~*** open secret.

▷ **pulcino** /pul'tʃino/ m. **1** ZOOL. chick **2** COLLOQ. *(termine affettivo)* ***~ mio*** my tot **3** SPORT colt, player under the age of eleven; ***i -i*** the under eleven ◆ ***essere bagnato come un ~*** to look like a drowned rat.

pulcioso /pul'tʃoso/ agg. COLLOQ. flea-bitten.

puledra /pu'ledra/ f. filly.

▷ **puledro** /pu'ledro/ m. colt, foal.

puleggia, pl. **-ge** /pu'leddʒa, dʒe/ f. pulley ◆◆ ***~ di carico*** gin block; ***~ del contrappeso*** sash pulley; ***~ folle*** idler; ***~ a gola*** sheave; ***~ a gradini*** stepped pulley; ***~ di trasmissione*** driving pulley.

puleggio, pl. **-gi** /pu'leddʒo, dʒi/ m. BOT. pennyroyal.

pulente /pu'lɛnte/ agg. ***agente ~*** cleaning agent.

pulicaria /puli'karja/ f. fleabane.

pulimentare /pulimen'tare/ [1] tr. to polish.

pulimentazione /pulimentat'tsjone/ f. polishing.

▶ **pulire** /pu'lire/ [102] **I** tr. **1** *(rendere pulito)* to clean [*luogo, oggetto, mani, fiume, condotto, occhiali, ferita*]; to clear up [*spiaggia, giardino*]; *(mettere in ordine)* to clean up [*stanza*]; to clear out [*dispensa*]; *(lavare)* to wash [*abito, pavimento, superficie*]; ***~ qcs. con uno straccio, una spugna*** to wipe, to sponge sth.; ***~ qcs. strofinando*** to scour *o* scrub sth., to scrape sth. clean; ***~ qcs. a fondo*** to clean sth. down, to give sth. a thorough cleaning; ***far ~ qcs. a secco*** to have sth. dry-cleaned **2** GASTR. to clean [*pollo, vegetali*]; to gill, to clean, to gut [*pesce*] **3** COLLOQ. *(rovinare)* to clean out [*persona*] **II** intr. (aus. *avere*) *(fare le pulizie)* to clean, to do* the housework; ***ho passato la mattinata a ~*** I've been cleaning all morning **III pulirsi** pronom. **1** *(aver cura di se stesso)* [*animali*] to clean itself; ***-rsi i denti*** to pick one's teeth; ***-rsi il naso, i piedi*** to wipe one's nose, feet; ***-rsi le mani*** to clean one's hands; ***si è pulito la bocca con la mano*** he wiped his hand across his mouth **2** *(poter essere lavato)* ***queste maniglie si puliscono facilmente*** these handles clean easily.

puliscipiedi /puliʃʃi'pjɛdi/, **pulisciscarpe** /puliʃʃi'skarpe/ m.inv. shoescraper, mud scraper.

pulisciunghie /puliʃʃi'ungje/ m.inv. nail-cleaner.

pulita /pu'lita/ f. ***dare una ~ a qcs.*** to give sth. a clean *o* scrub *o* wipe.

pulitezza /puli'tettsa/ f. RAR. cleanliness.

▶ **pulito** /pu'lito/ **I** p.pass. → **pulire II** agg. **1** *(privo di sporcizia)* [*persona, abito, pavimento, acqua, ferita*] clean; [*ambiente*] clean, sanitary; *(che non fa sporcare)* [*lavoro*] clean; ***ti sembra ~ quel piatto?*** do you call that plate clean? ***ho le mani -e*** my hands are clean (anche FIG.); ***non ho più niente di ~ da mettermi*** I haven't got anything clean *o* fresh to wear; ***pagina -a*** *(senza cancellature)* clean page **2** *(che ama la pulizia)* [*persona, animale*] clean; ***il gatto è un animale ~*** cats are clean animals **3** *(non inquinante)* [*energia*] clean, ecological, enviromentally friendly **4** *(onesto, legale)* [*persona, vita, affare, denaro*] clean, honest; [*coscienza*] clear; [*divertimento*] wholesome; ***una faccenda poco -a*** a shady business; ***mi sono informato su di lui, è ~*** COLLOQ. I've checked him out, he's clean; ***avere una fedina penale -a*** to have kept a clean sheet, to have no criminal *o* police record **5** *(decente, morale)* ***barzelletta -a*** clean joke **6** *(preciso)* [*gioco, pronuncia*] clear; [*linea, profilo*] clean; ***ha un'intonazione -a*** she hits the notes cleanly **7** COLLOQ. *(senza una lira)* penniless, cleaned up **III** m. *(luogo, cosa pulita)* ***profuma di ~*** it smells clean ◆ ***fare piazza -a*** to sweep the board.

pulitore /puli'tore/ m. (f. **-trice** /tritʃe/) *(persona)* cleaner.

pulitrice /puli'tritʃe/ f. TECN. *(per le pulizie)* cleaner; *(per lucidare)* buffer, mill.

pulitura /puli'tura/ f. **1** *(di abiti, superfici)* cleaning; *(di anelli, metallo)* buffing; ***~ a secco*** dry-cleaning **2** TECN. *(lucidatura)* polishing.

▷ **pulizia** /pulit'tsia/ f. **1** *(assenza di sporcizia)* cleanliness, cleanness, neatness; ***è maniaco della ~*** he is obsessed with tidiness **2** *(il pulire)* ***le -e*** cleaning; ***fare le -e*** to clean, to do the housework *o* cleaning; ***impresa di ~*** contract cleaners; ***addetto alle -e*** cleaner; ***signora delle -e*** cleaning lady, daily help; ***-e di primavera*** spring-cleaning **3** *(lo sgomberare, il mettere in ordine)* ***fare ~*** to clear everything out **4** COSMET. *(della pelle)* cleansing; ***~ profonda*** deep cleansing **5** *(correttezza, sobrietà)* plainness **6** MIL. mopping up ◆◆ ***~ etnica*** ethnic cleansing; ***~ delle strade*** street cleaning.

▷ **pullman** /'pulman/ m.inv. bus, coach; FERR. pullman.

▷ **pullover** /pul'lɔver/ m.inv. pullover.

pullulare /pullu'lare/ [1] intr. (aus. *avere*) **1** *(essere gremito)* to pullulate, to swarm; ***le strade pullulavano di turisti*** the streets were seething with tourists; ***il fiume pullula di pesci*** the river is teeming with fish **2** *(moltiplicarsi, propagarsi)* to proliferate, to spring* up.

pulmino /pul'mino/ m. minibus.

pulpite /pul'pite/ ◗ ***7*** f. pulpitis.

▷ **pulpito** /'pulpito/ m. pulpit, lectern; ***salire sul*** ~ to step up into the pulpit (anche FIG.) ◆ ***da che ~ viene la predica!*** look who's talking!

1.pulsante /pul'sante/ agg. [*cuore, vena*] pulsating, pulsatory, beating, throbbing; [*ritmo*] pulsating; [*dolore, musica*] throbbing.

▷ **2.pulsante** /pul'sante/ m. **1** *(di interruttore, campanello)* (push) button; *(di lavatrice, televisore, videoregistratore)* switch; ***premere il*** ~ to press *o* push the button; ~ ***di chiamata*** *(di ascensore)* call button **2** INFORM. ~ ***di opzione*** radio button.

pulsar /'pulsar/ f.inv. pulsar.

pulsare /pul'sare/ [1] intr. (aus. *avere*) **1** [*cuore, vena*] to beat*, to pulsate, to throb **2** FIG. ***la vita pulsa nelle strade*** the streets throb with life.

pulsatilla /pulsa'tilla/ f. pulsatilla.

pulsazione /pulsat'tsjone/ f. **1** MED. FISIOL. beat, pulsation; ~ ***cardiaca*** heartbeat; ***70 -i al minuto*** 70 beats per minute **2** EL. FIS. pulse.

pulsimetro /pul'simetro/ m. MED. pulsimeter.

pulsionale /pulsjo'nale/ agg. drive attrib.

pulsione /pul'sjone/ f. drive, instinct, urge; ***delle violente -i*** violent impulses *o* urges; ~ ***di morte, vita*** PSIC. death, life instinct ◆◆ ~ ***sessuale*** sex urge.

pulsogetto /pulso'dʒɛtto/ m. pulse-jet.

pulsometro /pul'sɔmetro/ m. pulsometer.

pulvinare /pulvi'nare/ m. pulvinar.

pulviscolo /pul'viskolo/ m. dust; ~ ***radioattivo, interstellare*** radioactive, cosmic dust.

pulzella /pul'tsɛlla/ f. ANT. SCHERZ. maid.

puma /'puma/ m.inv. puma, cougar, mountain cat, mountain lion.

punching ball /pantʃing'bɔl/ m.inv. punch ball.

punciotto /pun'tʃɔtto/ m. MIN. gad.

pungente /pun'dʒɛnte/ agg. **1** *(aguzzo)* [*spina, ago*] sharp, prickly; *(spinoso)* [*cespuglio*] prickly, brambly; *(che punge)* [*barba, lana*] prickly **2** FIG. *(molto intenso)* [*freddo, vento*] biting, bitter, brisk, cutting, piercing, sharp; [*odore*] acrid, pungent, sour, tang; [*dolore*] sharp, stinging; *(aspro, duro)* [*critica, battuta, commento, humour*] barb(ed), biting, cutting, stinging; [*tono, osservazione*] acrid, dry, biting; [*domanda*] sharp **3** *(sarcastico)* [*battuta, parole, ironia*] dry, keen, scathing; [*satira*] pungent.

▷ **pungere** /'pundʒere/ [2] **I** tr. **1** *(ferire)* [*vespa, zanzara, pulce, medusa*] to bite*, to sting*; [*ago, ortica, cardo, rosa*] to prick; ***lo scorpione l'ha punto ad un braccio*** the scorpion stung his arm; ~ ***nel vivo*** FIG. to go (straight) for the jugular **2** *(irritare la pelle)* [*vestito, lana*] to prickle; ***punge!*** [*ortica, pianta spinosa*] it stings! ***hai la barba che punge stamattina*** you are all bristly this morning **3** *(offendere)* [*parole*] to sting*, to wound [*persona*] **II pungersi** pronom. to prick oneself; ***-rsi con*** to prick oneself with [*ago, chiodo*]; ***-rsi un dito*** to prick one's finger; ***-rsi con le ortiche*** to get stung by nettles.

pungiglione /pundʒiʎ'ʎone/ m. *(di insetto)* sting, piercer, spine; *(di scorpione)* sting.

pungitopo /pundʒi'tɔpo/ m.inv. butcher's broom, ruscus.

pungolare /pungo'lare/ [1] tr. **1** *(stimolare col pungolo)* to goad, to prod [*animale*] **2** FIG. *(stimolare)* to goad, to sting* [sb.] into action [*persona*].

pungolo /'pungolo/ m. **1** *(bastone)* gad, goad **2** FIG. goad.

punibile /pu'nibile/ agg. [*reato*] punishable (**con** with).

punibilità /punibili'ta/ f.inv. punishability.

punico, pl. **-ci, -che** /'puniko, tʃi, ke/ **I** agg. [*guerre*] Punic **II** m. (f. **-a**) **1** *(persona)* Punic **2** *(lingua)* Punic.

▷ **punire** /pu'nire/ [102] tr. to punish [*criminale, crimine*]; MIL. to gig; ~ ***qcn. duramente*** to come down heavily on sb.; ~ ***corporalmente qcn.*** to give sb. a flogging; ~ ***un crimine con la morte*** to punish a crime by death; ***è stato punito per la sua pigrizia*** he has been punished for his laziness; ~ ***qcn. per aver fatto*** to punish *o* penalize sb. for doing.

punitivo /puni'tivo/ agg. [*spedizione, azione*] punitive; DIR. vindicatory.

punitore /puni'tore/ m. (f. **-trice** /tritʃe/) RAR. punisher.

▷ **punizione** /punit'tsjone/ f. **1** *(castigo)* punishment, judgment; DIR. penalty; ~ ***collettiva*** collective punishment; ***come*** o ***per ~ farai*** as punishment you will do; ***infliggere a qcn. una ~ esemplare*** to make an example of sb. **2** SPORT *(nel calcio)* **(calcio di)** ~ free kick ◆◆ ~ ***corporale*** corporal punishment, flogging.

Punjab /pan'dʒab/ ❥ ***30*** n.pr.m. Punjab.

punk /pank/ **I** agg.inv. [*moda, musica*] punk **II** m. e f.inv. punk.

punkabbestia /pankab'bestja/ m. e f.inv. GERG. = young punk who usually has no permanent home and lives with one or more dogs.

▶ **1.punta** /'punta/ f. **1** *(parte finale) (di coltello, ago, spillo, matita, stella)* point; *(di freccia, arpione, lancia)* head, fluke; *(di scarpe, calze)* toe; *(di dita, naso, lingua, coda, ala, sci, scarpe, bastone)* tip; *(di ramo, capelli)* end; ***pungersi il dito sulla ~ di un coltello*** to prick one's finger on the point of a knife; ***fare la ~ a*** to sharpen [*matita*]; ***a ~*** [*cappello, mento*] pointed; ***potare un cespuglio a ~*** to shape a bush into a point; ***doppie -e*** *(di capelli)* split ends; ***toccare qcs. con la ~ delle dita*** to touch sth. with one's fingertips; ***sulla ~ del naso*** on *o* at the tip *o* end of one's nose **2** *(cima) (di colle, campanile)* top **3** *(piccola quantità)* touch, hint, pinch; *(accenno)* hint, touch; ***aggiungete una ~ d'aglio, di cannella*** add a touch of garlic, cinnamon; ***una ~ d'ironia*** a hint *o* touch of irony; ***una ~ di colore*** a touch of colour; ***una ~ di crudeltà*** a cruel streak **4** *(fitta di dolore)* spasm, sting, twinge **5** GEOGR. *(capo)* point, promontory, headland **6** COREOGR. *(estremità di scarpetta da ballo)* point; ***danzare sulle -e*** to dance on point(s), to point one's toes **7** MECC. *(di trapano)* (drill) bit **8** ARALD. point **9** SPORT forward, striker; ***giocare come ~*** to play forward; ***mezza ~*** inside forward **10** STATIST. peak, bulge; ***una ~ demografica*** a demographic bulge **11 di punta** *(molto avanzato)* [*tecnologia, tecnica, campo, settore, industria*] leading-edge; [*figura*] leading; ***prodotto di ~*** market leader; *(di massima intensità)* ***nelle ore di ~*** at *o* during peak time *o* rush hour; ***la metropolitana è gremita perché è l'ora di ~*** the metro is packed because it's rush hour; ***evitate le ore di ~*** avoid peak times; SPORT *(nel canottaggio)* ***vogatore di ~*** bowman ◆ ***parlare in ~ di forchetta*** = to speak affectedly; ***prendere qcn. di ~*** to attack sb. head-on; ***arrossire fino alla ~ dei capelli*** to blush to the roots of one's hair; ***avere qcs. sulla ~ della lingua*** to have sth. on the tip of one's tongue; ***sapere qcs. sulla ~ delle dita*** to have sth. at one's fingertips, to know sth. like the back of one's hand ◆◆ ~ ***d'asparago*** asparagus tip; ~ ***a centro*** FAL. centre bit ~ ***di diamante*** diamond point; **(tagliato) a ~ *punta di diamante*** ARCH. cut into diamond points; ***essere la ~ di diamante di*** FIG. to be the jewel in the crown of; ***la ~ dell'iceberg*** the tip of the iceberg (anche FIG.); ~ ***di petto*** GASTR. brisket; ~ ***del piede*** toes, tiptoe; ***tendere la ~ del piede*** to point one's toes; ***stare, camminare in ~ di piedi*** to stand, walk on tiptoe *o* on the tip of one's toes (anche FIG.); ***è entrata in ~ di piedi*** she tiptoed in (anche FIG.); ~ ***per tracciare*** scriber.

2.punta /'punta/ f. VENAT. (dead) set; ***cane da ~*** pointer.

puntale /pun'tale/ m. **1** *(di ombrello, bastone)* tip; *(di laccio)* tag **2** MAR. depth.

puntamento /punta'mento/ m. pointing, aiming; ***congegno di ~*** bombsight.

▶ **1.puntare** /pun'tare/ [1] **I** tr. **1** *(appoggiare con forza)* to rest, to lean, to brace; ~ ***i gomiti sul tavolo*** to lean *o* rest one's elbows on the table; ~ ***le racchette (da sci)*** to plant the ski poles; ~ ***i piedi*** to brace one's feet against the ground; FIG. to dig in one's heels **2** *(dirigere)* to aim, to point, to direct [*arma*] (**contro** at); to turn, to point [*telecamera, telescopio*] (**su** at); ~ ***una pistola alla testa di qcn.*** to hold a gun to sb.'s head; ~ ***il dito contro qcn.*** FIG. to point the finger at sb.; ~ ***gli occhi*** to focus *o* fix one's eyes (**su** on); ~ ***la sveglia alle*** to set the alarm clock for **3** *(scommettere)* to bet*, to place a bet, to gamble (**su** on); ~ ***sul dieci, sul rosso*** to place a bet on (the) ten, (the) red; ~ ***sul cavallo perdente*** to back the wrong horse (anche FIG.); ~ ***sul cavallo vincente*** to be on to a winner (anche FIG.); ~ ***tutto su qcs.*** to stake one's all on sth. **4** SART. *(con spilli)* to pin [*orlo, vestito*] **5** VENAT. [*cane*] to point; ~ ***un fagiano*** to point a pheasant **II** intr. (aus. *avere*) **1** *(dirigersi)* to head; ~ ***verso nord*** to head north; ~ ***verso un'isola*** to head for an island **2** *(fare affidamento su)* ~ ***su qcn., qcs.*** to count on sb., sth. **3** *(tendere)* ~ ***a qcs., a fare*** to aim at sth., at doing; ~ ***al primo posto*** to shoot *o* go for first place; ~ ***in alto*** to aim high, to reach for the stars; ~ ***più in alto*** to raise one's sights; ~ ***troppo in alto*** to set one's sights too high.

2.puntare /pun'tare/ [1] tr. **1** *(marcare con un punto)* to dot, to mark [sth.] with a dot [*lettera, abbreviazione*] **2** MUS. to dot [*nota*].

puntasecca, pl. **puntesecche** /punta'sekka, punte'sekke/ f. drypoint.

puntaspilli /puntas'pilli/ m.inv. pincushion.

1.puntata /pun'tata/ f. **1** *(rapida visita)* (quick) trip, flying visit; ***il luogo merita una ~*** the place is worth the trip; ***fare una ~ in città*** to pop into town **2** MIL. *(incursione)* raid, strike **3** GIOC. bet, stake; ***una ~ di 50 sterline*** a 50 pound bet; ***perdere la ~*** to lose one's bet **4** *(colpo di arma bianca)* thrust.

2.puntata /pun'tata/ f. *(di serie televisiva, radiofonica)* episode, part; *(di libro, narrazione)* instalment, installment AE; ***il seguito alla prossima ~*** to be continued; ***fine della prima ~*** end of part one; ***film in tre -e*** a three-part film; ***romanzo a -e*** serialized novel; ***pubblicare qcs. a -e settimanali*** to publish sth. in weekly instalments.

1.puntato /pun'tato/ I p.pass. → **1.puntare** II agg. 1 *(appoggiato)* resting 2 *(diretto)* [*arma*] pointed, aimed; [*dito*] pointed 3 *(appuntato)* [*spilla*] clipped.

2.puntato /pun'tato/ I p.pass. → **2.puntare** II agg. 1 *(contrassegnato da un punto)* dotted 2 MUS. [*nota*] dotted.

puntatore /punta'tore/ m. (f. **-trice** /triʃe/) 1 SPORT *(nelle bocce)* shot bowler 2 MIL. (gun) layer, predictor 3 *(scommettitore)* better 4 INFORM. pointer.

puntazione /puntat'tsjone/ f. ANT. *(punteggiatura)* punctuation.

puntazza /pun'tattsa/ f. TECN. *(di palo, paletto)* pile shoe.

punteggiamento /punteddʒa'mento/ m. dotting.

punteggiare /punted'dʒare/ [1] tr. 1 *(tracciare con dei puntini)* to dot 2 *(macchiettare)* to stipple 3 *(fornire di segni d'interpunzione)* to punctuate 4 *(traforare)* to prick 5 FIG. *(intercalare)* to punctuate; ***~ un discorso di citazioni*** to pepper a speech with citations.

punteggiatura /punteddʒa'tura/ ➧ 28 f. 1 LING. punctuation; ***segno di ~*** punctuation mark 2 *(macchiettatura)* punctation.

▷ **punteggio**, pl. **-gi** /pun'teddʒo, dʒi/ m. *(di gara sportiva, concorso, test)* score; ***realizzare un buon ~*** to score well *o* highly; ***ottenere il ~ massimo*** to get the maximum score; ***~ finale*** final score; ***~ pari*** tie, draw; ***~ pieno*** perfect score.

puntellamento /puntella'mento/ m. 1 ING. underpinning, propping 2 MAR. shoring.

puntellare /puntel'lare/ [1] I tr. 1 ING. to underpin, to (under)prop [*muro, soffitto*] 2 MAR. to shore 3 FIG. to support, to underpin, to underset* [*teoria, dimostrazione*] (**con** with) II **puntellarsi** pronom. ***-rsi a qcs.*** to prop oneself against sth.; ***-rsi a una parete*** to lean against a wall.

puntellatura /puntella'tura/ f. 1 ING. *(il puntellare)* propping; *(insieme dei puntelli)* props pl. 2 MAR. shoring.

puntello /pun'tɛllo/ m. 1 ING. prop, shore; *(di miniera)* gib, sprag, pit prop 2 MAR. bilge block 3 FIG. prop; ***essere il ~ della famiglia*** to be the prop of the family.

punteria /punte'ria/ f. 1 MIL. aiming, pointing 2 MECC. tappet.

punteruolo /punte'rwɔlo/ m. 1 *(di ricamatrice, calzolaio, falegname)* (brad)awl, bodkin 2 ZOOL. weevil.

puntiforme /punti'forme/ agg. punctiform.

puntiglio, pl. **-gli** /pun'tiʎʎo, ʎi/ m. 1 *(testardaggine)* stubbornness, obstinacy; ***per ~*** out of *o* in pique 2 *(meticolosità)* punctiliousness, meticulousness; ***studiare con ~*** to study meticulously.

puntigliosamente /puntiʎʎosa'mente/ avv. 1 *(ostinatamente)* stubbornly, obstinately 2 *(meticolosamente)* punctiliously, meticulously.

puntigliosità /puntiʎʎosi'ta/ f.inv. 1 *(testardaggine)* stubbornness, obstinacy 2 *(meticolosità)* punctiliousness, meticulousness.

puntiglioso /puntiʎ'ʎoso/ agg. 1 *(ostinato)* stubborn, obstinate 2 *(meticoloso)* precise, punctilious, meticulous; ***essere ~ sul lavoro*** to be punctilious about (one's) work.

puntina /pun'tina/ f. 1 *(da disegno)* drawing pin BE, pushpin AE, thumbtack AE; ***fissare con -e*** to pin down, to thumbtack AE [*cartina, foglio*] 2 *(di giradischi)* stylus*, needle ◆◆ ***~ platinata*** AUT. point.

puntinismo /punti'nizmo/ m. pointillism, stipple.

puntinista, m.pl. **-i**, f.pl. **-e** /punti'nista/ m. e f. pointillist.

puntino /pun'tino/ m. 1 *(piccolo punto)* dot; ***a -i rossi e gialli*** with red and yellow dots *o* spots; ***un ~ luminoso*** a pinpoint of light; ***un ~ all'orizzonte*** a speck on the horizon 2 *(segno ortografico)* dot; ***"-i -i"*** "dot, dot, dot"; ***mettere un ~ su*** to dot [*lettera*] 3 **a puntino** *(perfettamente)* perfectly *o* to perfection; ***fare qcs. a ~*** to do sth. properly, to perfection; ***l'abito le sta a ~*** the dress suits you to a T; ***essere vestito a ~*** to be well turned-out; ***essere cotto a ~*** [*cibo*] to be done to a turn, to be cooked to perfection ◆ ***mettere i -i sulle i*** to dot the i's (and cross the t's) ◆◆ ***-i di sospensione*** suspension points.

▶ **1.punto** /'punto/ ➧ 28 I m. 1 *(luogo)* point; ***un ~ preciso del globo, su una cartina*** a particular point on the earth, on a map; ***nel ~ in cui il sentiero si divide*** at the point where the path divides; ***~ di raccolta*** rallying point; *(per doni, riciclaggio)* collection point; *(per passeggeri)* pickup point; ***~ di ritrovo*** meeting-place; ***serratura a tre 3 -i di chiusura*** 3 point lock; ***-i di ingrassaggio*** lubricating points 2 *(situazione, momento)* point, position; ***essere sul ~ di fare*** to be on the point of doing, to be (just) about to do, to be close to doing; ***in ~*** sharp, on the dot; ***mezzogiorno in ~*** high noon; ***alle 9 in ~*** at 9 o'clock sharp *o* on the dot; ***a quel ~ mi sono arreso*** at that point I gave up; ***arrivare al ~ in cui*** to reach the point *o* stage where; ***arrivare al ~ di fare*** to go so far as to do; ***al ~ in cui sono, ciò non ha importanza!*** I've reached the point where it doesn't matter any more! ***è arrivato al ~ di accendersi una sigaretta appena alzato*** he's got to the stage *o* point where he lights a cigarette as soon as he gets up; ***essere in ~ di morte*** to be at death's door *o* at the point of death *o* at one's last gasp; ***di ~ in bianco*** FIG. point-blank, out of the blue, all of a sudden; ***fare il ~ di*** MAR. to take a fix on [*nave, imbarcazione*]; ***fare il ~ di*** o ***su*** FIG. to take stock of [*situazione*]; ***fare il ~ sulla situazione del traffico*** to give an up-to-the-minute report on the traffic 3 *(livello)* degree, extent; ***a che ~ siamo?*** where are we? ***a che ~ sono arrivati col lavoro?*** how far have they got with the work? ***sono sempre allo stesso ~ (di ieri, di un anno fa)*** I'm still exactly where I was (yesterday, last year); ***fino a che ~...?*** to what extent...? ***fino a questo ~ va bene, ma...*** it's OK as far as it goes, but...; ***non lo credevo stupido, collerico fino a questo ~*** I didn't think he was that stupid, quick-tempered; ***so fino a che ~ è triste, sensibile*** I know how sad, sensitive she is; ***se tu sapessi fino a che ~ mi infastidisce!*** if you only knew how much he annoys me! ***al ~ che*** to the extent that; ***a un ~ tale che, a tal ~ che*** to such a degree *o* an extent that, so much so that; ***doloroso, danneggiato a un ~ tale che*** o ***al ~ che*** so painful, badly damaged that; ***la situazione si è aggravata al ~ che hanno dovuto chiamare la polizia*** the situation became so bad that the police had to be called in; ***non sono ancora arrivato a tal ~*** I haven't got to that stage yet; ***è testardo a un ~ tale!*** he's so incredibly stubborn! ***fino a un certo ~*** up to a point, to a certain extent *o* degree; ***a un certo ~*** at one point; ***essere a buon ~ (nel fare)*** to be partway through (doing), to be progressing well, to be quite far ahead 4 *(questione, argomento)* point; ***un programma in tre -i*** a three-point plan; ***un ~ fondamentale, marginale (di un testo)*** a basic, minor point (in a text); ***su questo ~*** on this point; ***vorrei ritornare su quest'ultimo ~*** I would like to come back to this last point; ***un ~ controverso*** a point of disagreement; ***riprendere un testo ~ per ~*** to go through a text point by point; ***venire, andare (diritto) al ~*** to come, get (straight) to the point; ***non è questo il ~*** that's not the point *o* issue 5 *(segno grafico)* dot; ***le città sono contrassegnate sulla cartina da un ~*** towns are marked on the map by a dot; FIG. *(figura appena visibile)* ***un ~ luminoso, rosso in lontananza*** a point of light, a red dot in the distance; ***ben presto la nave fu solo un ~ all'orizzonte*** soon, the ship was a mere speck on the horizon 6 INFORM. ***~ com*** dot com 7 LING. *(nella punteggiatura)* full stop BE, period AE; ***mettere un ~*** to put a full stop *o* a period; ***due -i*** colon; ***essere di nuovo ~ e a capo*** FIG. to be back at square one; ***~ e basta!*** FIG. and that's (the end of) that! that's final! full stop! BE, period! AE; ***non ci andrò, ~ e basta!*** COLLOQ. I'm not going, and that's the end of that! ***va' a dormire, ~ e basta!*** COLLOQ. you're going to bed and that's final! 8 MAT. point; ***~ d'intersezione*** point of intersection 9 MUS. dot 10 TIP. point 11 *(punteggio)* point (anche GIOC. SPORT); ***segnare, perdere -i*** to score, lose points (anche FIG.); ***contare i -i*** to keep (the) score; ***avere sette -i di vantaggio*** to have a lead of seven points *o* a seven-point lead, to be seven points ahead *o* up; ***avere dieci -i di svantaggio, essere dieci punti sotto*** to be ten points down; ***non ce l'ho fatta per tre -i*** I failed by three points; ***vincere ai -i*** to win on points; ***togliere un ~ per ogni errore*** to take a mark off for each mistake; ***ottenere 27 -i su 40*** to get 27 out of 40; ***fare la raccolta -i*** *(di supermercato, ecc.)* to collect points; ***essere un ~ a favore di qcn.*** COLLOQ. to be a point in sb.'s favour *o* a plus point for sb.; ***essere un ~ a sfavore di qcn.*** COLLOQ. to be a black mark against sb. 12 *(in un sistema di calcolo)* point; ***la sterlina ha perso tre -i*** the pound lost three points; ***le Lunottica hanno guadagnato*** o ***preso due -i*** Lunottica gained two points; ***il tasso di disoccupazione è aumentato di 0,8 -i (percentuali)*** the unemployment rate rose by 0.8 points; ***ha perso sette -i (percentuali) nei sondaggi*** he's gone down seven points in the polls 13 SART. stitch; ***dare un ~ a qcs.*** to stitch up, to put a stitch in sth.; ***~ di ricamo*** embroidery stitch; ***pizzo a ~ Venezia*** Venetian lace 14 MED. CHIR. stitch; ***mi hanno dato cinque -i*** I had five stitches; ***farsi togliere i -i*** to have one's stitches out II avv. 1 **a punto** ***essere a ~*** to be in order; ***controllare che tutto sia a ~*** to make sure that everything is in order; ***mettere a ~*** *(definire)* to develop [*teoria, sistema, questione, metodo, tecnica, strategia*]; *(registrare)* to adjust, to fine-tune, to regulate [*macchina, meccanismo, apparecchio*]; to tune (up) [*motore*]; ***messa a ~*** *(di teoria, sistema, metodo, tecnica, medicina, vaccino)* development; *(di macchina, meccanismo)* adjustment, fine tuning 2 **di tutto punto** [*vestito, vestirsi*] fastidiously; [*armato*] from head to foot; ***era bardato di tutto ~*** he was rigged out in his best clothes ◆ ***dare dei -i a qcn.*** to knock spots off sb.; ***un ~ in tempo ne salva cento*** PROV. a stitch in time saves nine; ***per un ~ Martin perse la cappa*** = a miss is as good as a mile ◆◆ ***~ di ancoraggio*** MAR. anchor; ***~ d'appoggio*** foothold; MIL. base of operations; FIS. fulcrum; ***~ d'arresto*** TECN. sticking point; ***~ d'arrivo*** finishing point; ***~ di attracco*** mooring post, moorage; ***~ caldo*** FIG. hot *o* trouble spot; ~ ***calza*** SART. stocking stitch; ~ ***(e) a capo*** full stop, new paragraph; ~ ***cardinale*** FIS. GEOGR. compass *o* cardinal point; ~ ***catenella*** *(nel ricamo)* chain stitch; ~ ***cieco*** blind spot; ~ ***in comune*** mutual interest; ***abbiamo molti -i in comune*** we have a lot in common; ~ ***di congelamento*** freezing point; ~ ***di contatto*** point of contact; ~ ***critico*** critical *o* crisis point; ~ ***(a) croce*** *(nel ricamo)* cross-stitch; ~ ***debole*** weak point *o* spot; ~ ***dolente*** sore point *o* spot; ~ ***di domanda*** → ~ **interrogativo**; ~ ***di ebollizione*** boiling point; ~ ***erba*** *(nel ricamo)* stem stitch; ~ ***esclamativo*** exclamation mark BE *o* point AE; ~ ***fermo*** FIG. anchor; ~ ***festone*** *(nel ricamo)* blanket stitch; ~ ***di forza*** strong point, strength; ~ ***franco*** entrepôt; ~ ***di fuga*** ART. ARCH. vanishing point; ~ ***di fusione*** melting point; ~ ***G*** ANAT. G spot; ~ ***a giorno*** SART. hemstitch; ~ ***di imbastitura*** SART. basting stitch; ~ ***d'incontro*** meeting point (anche FIG.); ~ ***indietro*** SART. backstitch; ~ ***di infiammabilità*** flashpoint; ~ ***interrogativo*** question mark, interrogation mark; ~ ***legaccio*** *(nella maglia)* garter stitch; ~ ***a maglia*** knitting stitch; ~ ***metallico*** *(grappetta)* staple; *(nei cambi)* gold point; ~ ***morto*** TECN. dead centre; FIG. deadlock, standstill, stalemate; ***essere a un ~ morto*** FIG. [*affari, consumazione, negoziazioni*] to be at (a) deadlock *o* standstill; ~ ***nero*** MED. blackhead; FIG. *(azione riprovevole)* black mark; *(inconveniente)* drawback; ~ ***di non ritorno*** point of no return; ~ ***(a) occhiello*** SART. buttonhole stitch; ~ ***d'onore*** point of honour; ~ ***dell'oro*** gold point; ~ ***panoramico*** viewpoint; ~ ***di partenza*** point of departure, starting point (anche FIG.); ***tornare al ~ di partenza*** to come full circle, to go back to square one; ~ ***percentuale*** percentage point; ~ ***pieno*** *(nel ricamo)* plumetis; ~ ***radiante*** ASTR. radiant; ~ ***rammendo*** SART. darning stitch; ~ ***raso*** SART. satin stitch; ~ ***di riferimento*** *(temporale, personale)* point of reference, reference point; *(spaziale)* bench-mark, landmark (anche FIG.); ~ ***riso*** *(nella maglia)* moss stitch; ~ ***di rottura*** breaking point; ~ ***rovescio*** *(nella maglia)* purl; ~ ***di rugiada*** dew point; ~ ***di saturazione*** saturation point; ~ ***sopraggitto*** SART. whipstitch; ~ ***spiga*** *(nel ricamo)* featherstitch; ~ ***a spina*** *(nel ricamo)* herringbone stitch; ~ ***di sutura*** MED. stitch; ~ ***a treccia*** *(nella maglia)* cable stitch; ~ ***(di) vendita*** outlet, point of sale, sales point; ~ ***e virgola*** semicolon; ~ ***di vista*** perspective, point of view, outlook; ***da un ~ di vista economico*** from an economic point of view; ~ ***zero*** FIS. ground zero, zero point.

2.punto /'punto/ **I** agg.indef. LETT. REGION. *(alcuno)* ***non ho -a voglia di fare*** I have no wish to do **II** avv. REGION. *(affatto)* *(in frasi negative)* at all; ***non mi dispiace ~*** I don't mind at all; ***non ne ho ~*** I don't have any (at all).

puntone /pun'tone/ m. EDIL. rafter, strut.

▷ **puntuale** /punt'uale/ agg. **1** [*persona, consegna*] punctual; [*pagamento*] prompt; ***essere ~*** to be punctual *o* on time (**per** for; **a fare** in doing); ***i treni sono -i*** the trains are running on time **2** FIG. *(preciso)* [*analisi, studio, relazione, lavoro*] accurate, precise; ***un'osservazione ~*** a sharp remark **3** LING. punctual.

puntualità /puntuali'ta/ f.inv. **1** *(di persona, consegna)* punctuality, punctualness; *(di pagamento)* promptness, promptitude; ***raccomandare a qcn. la ~*** to advise sb. to be punctual *o* on time; ***mancanza di ~*** unpunctuality; ***essere di una ~ cronometrica*** to be a stickler to punctuality; ***non contare sulla loro ~*** don't rely on their being on time **2** *(precisione)* accuracy, precision.

puntualizzare /puntualid'dzare/ [1] tr. to define precisely, to pinpoint.

puntualizzazione /puntualiddzat'tsjone/ f. precise definition.

puntualmente /puntual'mente/ avv. **1** [*arrivare*] punctually, on time; [*pagare*] promptly **2** *(immancabilmente)* invariably, unfailingly, always; ***le sue previsioni si avverano ~*** his predictions always come true **3** *(precisamente)* accurately, precisely; ***come lei fa ~ notare...*** as she perceptively observes...

▷ **puntura** /pun'tura/ f. **1** *(iniezione)* injection, shot; ***una ~ di penicillina*** an injection *o* shot of penicillin; ***fare una ~ a qcn.*** to give sb. a shot; ***farsi fare una ~*** to have an injection **2** *(ferita)* *(di spina, ortica)* sting; *(di ago)* prick; *(di spillo)* pinprick; *(di insetto)* bite, sting; ~ ***d'ape, di vespa*** bee, wasp sting; ~ ***di zanzara*** mosquito bite **3** *(dolore, fitta)* spasm, sting, twinge ◆◆ ~ ***lombare*** lumbar puncture, spinal tap.

puntuto /pun'tuto/ agg. [*oggetto, arma, naso, mento*] sharp, pointed.

punzecchiamento /puntsekkja'mento/ m. **1** *(puntura)* prickling, pricking **2** FIG. *(provocazione)* teasing, banter.

punzecchiare /puntsek'kjare/ [1] **I** tr. **1** *(pungere)* [*persona*] to prod; [*erba*] to prickle [*pelle, membra*]; GASTR. to prick [*patata, torta*]; ~ ***qcn. con un ago*** to prick sb. with a needle **2** FIG. *(stuzzicare)* [*persona*] to dig* at, to tease, to banter, to needle [*persona*] **II punzecchiarsi** pronom. to tease each other, to dig* at each other.

punzecchiatura /puntsekkja'tura/ f. → **punzecchiamento**.

punzonare /puntso'nare/ [1] tr. to punch, to stamp [*lamiera, metallo*]; to punch [*oro, argento*].

punzonatore /puntsona'tore/ m. (f. **-trice** /tritʃe/) piercer, puncher.

punzonatrice /puntsona'tritʃe/ f. *(macchina)* hole-puncher, punching machine.

punzonatura /puntsona'tura/ f. punching.

punzone /pun'tsone/ m. **1** *(asticciola in acciaio)* stamp; TIP. die, block **2** *(punteruolo)* puncheon, punch(er).

1.pupa /'pupa/ f. **1** *(bambola)* doll **2** COLLOQ. *(bambina)* baby-girl, little girl **3** COLLOQ. *(ragazza)* doll, babe, chick; ***una bella ~*** a pretty doll; ***la ~ di un gangster*** a gangster's moll; ***bulli e -e*** guys and dolls.

2.pupa /'pupa/ f. ZOOL. pupa*.

puparo /pu'paro/ ♦ ***18*** m. = Sicilian puppet master.

pupattola /pu'pattola/ f. doll (anche FIG.).

pupazzetto /pupat'tsetto/ m. *(disegnato)* stick figure; *(di carta)* cut-out doll, paper doll; ***ritagliare dei -i di cartone*** to cut out little cardboard people.

pupazzo /pu'pattso/ m. **1** *(marionetta)* puppet; *(bambolotto)* doll; ~ ***del ventriloquo*** ventriloquist's dummy **2** FIG. *(fantoccio)* puppet, dummy, lay figure ◆◆ ~ ***di neve*** snowman; ~ ***di pezza*** soft toy.

▷ **pupilla** /pu'pilla/ f. **1** ANAT. pupil; ***dilatazione della ~*** dila(ta)tion *o* enlargement of the pupil; ***restringimento della ~*** contraction of the pupil **2** *(occhio)* eye; ***guardare qcn. fisso nelle -e*** to look sb. straight in the eye **3** LETT. ***amare qcn. come la ~ dei propri occhi*** to love sb. more than life itself; ***essere la ~ degli occhi di qcn.*** to be the apple of sb.'s eye.

1.pupillare /pupil'lare/ agg. ANAT. [*dilatazione*] pupil(l)ary.

2.pupillare /pupil'lare/ agg. DIR. [*amministrazione*] pupillary.

pupillo /pu'pillo/ m. (f. **-a**) **1** DIR. ward (of court); ***beni del ~*** pupillary estate **2** *(protetto)* darling, pet; ***è il ~ del professore*** he's the teacher's pet *o* blue-eyed boy BE *o* fair-haired boy AE.

pupo /'pupo/ m. **1** *(bambino)* baby-boy, little boy **2** *(marionetta)* = Sicilian string puppet; ***opera dei -i*** = Sicilian string puppet theatre.

pur /pur/ → **pure.**

puramente /pura'mente/ avv. purely, only; ***il valore ~ sentimentale di un oggetto*** the purely sentimental value of an object; ***ogni riferimento a fatti o persone è ~ casuale*** any similarity to actual persons or events is entirely coincidental (and unintentional); ***su un piano ~ pratico*** on a purely practical level.

▶ **purché** /pur'ke/ cong. **1** *(a condizione che)* as long as, provided (that); ***parto oggi ~ venga anche tu*** I'll go today provided (that) you come with me; ***è possibile, ~ tu sia residente in quel paese*** it's possible as long as you are resident in the country; ~ ***tu mi tenga informato*** as long as you keep me informed **2** *(in frase esclamativa)* let's hope; ~ ***sia vero!*** let's hope it is true! ~ ***duri!*** long may it last! let's hope it lasts!

purchessia /purkes'sia/ agg.inv. any; ***bisogna prendere una decisione ~*** whatever it is, a decision has to be made; ***passami una matita ~*** pass me a pencil, any one (will do).

▶ **pure** /'pure/ v. la nota della voce **anche**. **I** avv. **1** *(anche)* too, also, as well; ***lui parte oggi e io ~*** he's leaving today and so am I; ***c'ero ~ io*** I was there too *o* as well; ~ ***lui non ama la musica classica*** he doesn't like classical music either; ***il prezzo della benzina, come ~ quello delle sigarette, è aumentato del 10 %*** the price of petrol, as well as that of tobacco, has risen by 10%; ***insegna latino, greco e ~ storia*** she teaches Latin, Greek and history too *o* as well; ***ho lavorato sabato e ~ domenica*** I worked on Saturday as well as on Sunday; ***punirò te e così ~ lui*** I'll punish you and I'll do the same with him; ***fosse ~ per ragioni umanitarie non lo farei*** even if it were a humanitarian gesture, I wouldn't do it; ***non solo è disonesto, (ma) se ne vanta ~*** not only is he dishonest but on top of that he boasts about it; ***ci mancava ~ questa!*** this is just too much! as if we didn't have enough problems! ***l'ho aspettato ~ troppo*** I've waited far too long for him; ***pur con tutta la buona volontà*** even with the best will in the world; ~ ***il padre lo sa*** the father himself knows it **2** *(dopotutto)* well; ***avrò ~ il diritto di scherzare?*** I can joke about it, can't I? ***te l'avevo pur detto che aveva torto*** after all, I told you he was wrong; ***bisogna pur farlo*** it has to be done; ***bisogna pur riconoscere che*** it can be said, with some justice, that; ***bisognerà pur abituarsi*** we'll just have to get used to it; ***è pur vero*** it's true though *o* all the same; ***bisognerà pur dirglielo*** they'll have to be told though **3** *(enfatico)* ***fra tutti ci sarà ~ qualcuno che mi presterà del denaro?*** surely one of them will lend me some money? ***c'è la pur minima possibilità che...?*** is it at all likely that...? **4** *(esortativo)* ***siedi ~ accanto a me!*** do sit here next to me! ***entra ~!*** do come in! ***andiamo ~!*** let's go! ~***! parla ~*** go ahead, have your say! ***diglielo*** ~ tell him, if you like; ***passa ~!*** go on, there's plenty of room! ***dica*** ~ can I help you? ***dì ~ quello che vuoi...*** (you can) say what you like...; ***chiedete ~!*** feel free to ask! ***si accomodi ~!*** do have *o* take a seat! ***fai ~ (come vuoi)!*** suit yourself! ***va' ~, fa' solo attenzione!*** you can go, only be careful! ***faccia ~ con comodo!*** take your time over it! ***faccia ~ come se fosse a casa sua*** make yourself at home; ***non si disturbi per me, continui ~!*** don't mind me, go on! **II** cong. **1** *(sebbene)* although, even if, (even) though; ***pur sapendo che era colpevole, lei lo difendeva*** she defended him although she knew he was guilty; ***pur ammettendo che non l'abbiano fatto apposta...*** even if we admit that they didn't do it on purpose...; ***pur cucinando, non perdeva di vista i bambini*** although she was cooking, she still kept an eye on the children; ***pur detestandolo, gli sorridi*** even if you hate him, you still smile at him; ***pur volendolo, non potrei farlo*** I couldn't do it even if I wanted to **2** *(tuttavia)* yet, but; ***è molto debole, ~ lavora lo stesso*** she's very weak, yet she works all the same; ***è un tipo strano, ~ mi piace*** he's a strange chap, but I still like him; ***studio molto, ~ trovo anche il tempo per divertirmi*** I study hard, but I still find the time to have fun **3 pur di** (in order) to; ***pagherei qualsiasi cifra pur di averlo*** I'd pay any price to get it; ***è capace di tutto pur di mantenere il suo lavoro*** he would do anything to keep his job; ***essere disposto a (fare) qualunque cosa pur di fare*** to be willing to go to any lengths to do **4 quando pure**, **se pure**, **pure se** even if, even though; ***quando*** ~ o ~ ***se lo volessi, non potrei accontentarti*** even if I wanted to, I couldn't help you; ***se ~ me lo regalassi, non lo vorrei*** even if you were to give it to me, I wouldn't want it **5 sia pure** although; ***sia ~ a malincuore, devo andarmene*** although I hate to, I really must go; ***e sia ~!*** so be it!

▷ **purè** /pu'rɛ/ m. e f.inv., **purea** /pu'rɛa/ f. GASTR. *(di frutta, verdura)* puree; ~ ***di patate*** mashed potatoes, mash BE; ~ ***in fiocchi*** instant mashed potatoes, instant mash BE; ***fare un ~ di, ridurre in ~*** to puree [*frutta, verdura*].

▷ **purezza** /pu'rettsa/ f. **1** *(di lingua, razza)* purity; ~ ***della razza*** racial purity **2** *(di aria, suono)* clearness, purity, pureness; ~ ***cristallina*** crystal clearness; ***saggiare la ~ di*** to assay [*minerale*] **3** *(semplicità)* ***la ~ dello stile romanico*** the purity of the Romanesque style **4** FIG. *(candore)* purity, chastity; ***la ~ del cuore*** the purity of the heart; ***perdere la ~*** *(verginità)* to lose one's virginity.

▷ **purga**, pl. **-ghe** /'purga, ge/ f. **1** MED. FARM. purge, purgative; ***prendere una ~*** to take a purgative **2** POL. purge, purgation; ***le -ghe staliniane*** the Great purge **3** TESS. scouring.

purgante /pur'gante/ **I** agg. **1** FARM. *(che purga)* [*medicinale*] purgative, purging, laxative **2** TEOL. ***anime -i*** the souls in purgatory **II** m. purgative, laxative; ***prendere un ~*** to take a purgative.

purgare /pur'gare/ [1] **I** tr. **1** MED. FARM. to purge (**da** of) **2** *(depurare)* to cleanse, to purify, to depurate [*sangue*]; to expurgate [*testo*]; to polish [*stile*] **3** LETT. to purge; ~ ***l'anima*** to cleanse *o* purify the soul **4** DIR. to redeem [*ipoteca*] **5** POL. to purge **6** TESS. to scour **II purgarsi** pronom. **1** MED. FARM. [*persona*] to take* a purgative **2** FIG. LETT. to purge oneself.

purgativo /purga'tivo/ agg. [*confetto, sciroppo*] purgative, purging.

purgato /pur'gato/ **I** p.pass. → **purgare II** agg. [*stile*] polished; [*testo*] expurgated.

purgatorio, pl. **-ri** /purga'tɔrjo, ri/ m. RELIG. purgatory (anche FIG.); ***le anime del ~*** the souls in purgatory; ***andare in ~*** to go to purgatory; ***sembrare un'anima del ~*** to mope around *o* about.

purgatura /purga'tura/ f. TESS. scouring.

purgazione /purgat'tsjone/ f. **1** *(purificazione)* purgation, purging (anche MED.) **2** DIR. redemption.

purificante /purifi'kante/ agg. [*crema, maschera, lozione*] cleansing, purifying.

purificare /purifi'kare/ [1] **I** tr. **1** *(depurare)* to purify [*aria, acqua*]; CHIM. to edulcorate [*olio, vino*] **2** LETT. to cleanse, to purify [*persona, anima*] (**da** of) **II purificarsi** pronom. [*organismo, persona*] to purify oneself (anche FIG.).

purificatore /purifika'tore/ **I** agg. *(che purifica)* [*fuoco, rito, cerimonia*] purificatory, purifying (anche FIG.) **II** m. (f. **-trice** /tritʃe/) purifier.

purificazione /purifikat'tsjone/ f. **1** *(depurazione) (di metalli, aria, acqua)* purification; *(di olio, vino)* edulcoration **2** RELIG. *(di persona, anima)* purging, purification; ***la Purificazione della Vergine*** the purification of the Virgin Mary.

purina /pu'rina/ f. purine.

purino /pu'rino/ m. liquid manure.

purismo /pu'rizmo/ m. purism.

purista, m.pl. **-i**, f.pl. **-e** /pu'rista/ m. e f. purist, precisionist.

puristico, pl. **-ci**, **-che** /pu'ristiko, tʃi, ke/ agg. [*atteggiamento*] puristic(al), purist.

purità /puri'ta/ f.inv. purity.

puritanesimo /purita'nezimo/ m. Puritanism; FIG. puritanism.

puritano /puri'tano/ **I** agg. **1** RELIG. Puritan, puritanical **2** FIG. *(austero)* puritan, prudish **II** m. (f. **-a**) **1** RELIG. Puritan **2** FIG. puritan, prude.

▶ **puro** /'puro/ **I** agg. **1** *(non mescolato)* [*miele, razza, lingua*] pure; [*oro, argento*] pure, fine; [*alcol*] pure, absolute; [*whisky, liquore*] neat, straight; ***bere il vino ~*** to drink one's wine straight *o* undiluted; ***allo stato ~*** in the pure state; FIG. full-blooded, undiluted; ***un metallo allo stato ~*** an unalloyed metal; ***è un egoista allo stato ~*** FIG. he's a complete and utter egoist **2** *(non alterato)* [*gusto, colore*] pure; *(limpido)* [*aria, acqua, suono*] clear, pure **3** *(semplice)* [*stile, bellezza, sentimento*] pure; ***una -a formalità*** a mere formality, just a formality; ***è la -a verità*** it's the naked *o* honest *o* simple truth; ***è ~ masochismo*** it's sheer *o* pure masochism; ***è -a follia*** it's sheer lunacy; ***nella più -a tradizione popolare*** in the true popular tradition; ~ ***e semplice*** [*bugia, rifiuto*] pure and simple, outright; [*pigrizia, ignoranza*] plain; ***è -a e semplice finzione*** it's pure make-believe, it's fiction, pure and simple; ***per ~ caso*** by pure chance, by sheer accident; ***per -a curiosità, coincidenza*** out of pure *o* idle curiosity, by sheer coincidence **4** *(innocente)* [*persona, morale*] pure *o* lily-white; ***dal cuore ~*** pure-hearted; ~ ***come un giglio*** as pure as the driven snow **5** *(teorico)* [*scienza, matematica*] pure **II** m. (f. **-a**) ***i -i*** the pure-hearted; ***beati i -i di cuore*** BIBL. blessed are the pure in heart ◆◆ ~ ***cotone*** pure cotton; ***-a lana (vergine)*** pure (virgin) wool; ***-a seta*** pure silk.

purosangue /puro'sangwe/ **I** agg.inv. **1** ZOOL. [*cavallo*] purebred, thoroughbred, pure-blooded, full-blooded **2** SCHERZ. ***un piemontese ~*** a full-blooded Piedmontese **II** m.inv. purebred, thoroughbred.

purpureo /pur'pureo/ agg. LETT. purple, purplish.

purpurico, pl. **-ci**, **-che** /pur'puriko, tʃi, ke/ agg. CHIM. MED. purpuric.

purpurina /purpu'rina/ f. purpurin.

▶ **purtroppo** /pur'trɔppo/ avv. unfortunately, regrettably; ~ ***non è possibile*** unfortunately that's not possible; ~ ***qui non c'è niente da fare*** unfortunately there's nothing to do around here; ~ ***no*** unfortunately not, I'm afraid not; ~ ***per lui*** regrettably for him; ***pare, ~, che non sia questo il caso*** it seems, most regrettably, that this is not the case; ***"stai male?" "~!"*** "are you ill?" "worse luck!"; ***non sono ricco, ~*** I'm not rich, more's the pity.

purulento /puru'lɛnto/ agg. [*ferita, focolaio*] purulent; ***materia -a*** matter, pus.

purulenza /puru'lɛntsa/ f. purulence.

pus /pus/ m.inv. pus, matter; ***fare*** o ***formare ~, secernere ~*** to produce, discharge pus; ***focolaio di ~*** hotbed of pus; ***sacca di ~*** accumulation of pus.

pusillanimamente /puzillanima'mente/ avv. pusillanimously.

pusillanime /puzil'lanime/ **I** agg. pusillanimous FORM., cowardly, weak-hearted, hen-hearted **II** m. e f. pusillanimous person, coward.

pusillanimità /puzillanimi'ta/ f.inv. pusillanimity, pusillanimousness, cowardliness.

pustola /'pustola/ f. pimple, spot, pustule MED.; ***coprirsi di -e*** [*viso*] to break out in spots *o* in pimples ◆◆ ~ ***acneica*** acne pimple.

pustoloso /pusto'loso/ agg. [*viso*] pimply, pustular, pustulated.

puszta /'pusta/ f.inv. puszta.

putacaso, **puta caso** /puta'kazo/ avv. ***se, ~, vincessi...*** if by any chance I won...

putativamente /putativa'mente/ avv. RAR. putatively.

putativo /puta'tivo/ agg. DIR. [*padre*] reputed, putative, supposed; [*figlio*] reputed, supposed; ***matrimonio ~*** putative marriage.

puteale /pute'ale/ m. well-curb.

putiferio, pl. **-ri** /puti'fɛrjo, ri/ m. **1** *(finimondo)* uproar, fuss, rumpus COLLOQ.; ***sollevare*** o ***fare scoppiare un ~*** to cause an uproar, to kick up a fuss *o* a rumpus, to put *o* set the cat among the pigeons **2** *(disordine)* fuss.

putredine /pu'trɛdine/ f. **1** *(putrefazione)* putridity, putridness **2** FIG. putridity.

putrefare /putre'fare/ [8] **I** tr. RAR. to decompose, to putrefy, to rot [*cadavere, carne*] **II** intr. (aus. *avere*) [*cadavere*] to decay, to decompose, to putrefy, to rot **III putrefarsi** pronom. (form not attested: imperative) [*cadavere*] to decay, to decompose, to putrefy, to rot.

putrefatto /putre'fatto/ **I** p.pass. → **putrefare II** agg. **1** *(marcito)* [*carne*] rotten, corrupt **2** FIG. [*società*] rotten, decayed.

putrefazione /putrefat'tsjone/ f. putrefaction, decay, rot; ***puzzo, odore di*** ~ smell of rotting; ***cadavere in stato di*** ~ putrefying *o* decaying *o* decomposing corpse; ***in avanzato stato di*** ~ in an advanced state of decay.

putrella /pu'trɛlla/ f. girder; ***affondare una*** ~ ***nel cemento*** to embed a girder in concrete.

putrescente /putreʃ'ʃɛnte/ agg. [*carne, materia*] rotting, putrescent, putrefying, decaying.

putrescenza /putreʃ'ʃɛntsa/ f. putrescence, putrefaction, decay, rot.

putrescibile /putreʃ'ʃibile/ agg. [*sostanza*] putrescible, putrefiable.

putrescina /putreʃ'ʃina/ f. putrescine.

putridità /putridi'ta/ f.inv. putridity, putridness.

putrido /'putrido/ **I** agg. **1** *(marcio)* [*pesce, carne*] rotten, putrid; [*acqua*] foul, putrid; *(prodotto da putrefazione)* [*odore*] foul **2** FIG. [*società*] rotten, decayed, corrupt **II** m. FIG. rottenness, corruption, decay.

putridume /putri'dume/ m. **1** *(marciume)* rottenness **2** FIG. corruption, decay, rottenness.

putsch /putʃ/ m.inv. putsch.

putt /pat/ m.inv. putt; ***effettuare un*** ~ to putt, to sink a putt.

▷ **puttana** /put'tana/ **I** f. VOLG. **1** *(prostituta)* whore, tart; *(donna facile)* whore, slut; *(come insulto)* bitch; ***fare la*** ~ to whore; ***andare a -e*** [*uomo*] to whore; FIG. [*affare, trattativa*] to go down the tubes; ***è andato tutto a -e!*** FIG. it's all fucked! there's been a fuck-up! ***mandare a -e*** to fuck [sth.] up, to balls [sth.] up; ***figlio di*** ~ *(imprecazione)* (you) son of a bitch, (you) motherfucker; ***porca*** ~***!*** fuck (me)! son-of-a-bitch! **2** FIG. *(chi si presta a tutto per interesse)* prostitute **II** agg.f. ***è un po'*** ~ she's a bit sluttish *o* whorish.

puttanaio, pl. **-ai** /putta'najo, ai/ m. VOLG. *(luogo disordinato)* ***questa stanza è un*** ~ this room is a real dump; *(situazione confusa)* ***che*** ~***!*** what a fuck-up! *(grande quantità)* ***ho un*** ~ ***di cose da fare*** I have so fucking much to do.

puttanata /putta'nata/ f. VOLG. **1** *(stupidaggine)* ***dire*** o ***sparare -e*** to (talk) bullshit *o* crap; ***fare -e*** to fuck up; ***che*** ~***!*** what (a bunch of) crap! **2** *(azione perfida)* dirty trick, rotten trick.

puttaneggiare /puttaned'dʒare/ intr. (aus. *avere*) VOLG. **1** *(fare la puttana)* to whore **2** *(comportarsi come una puttana)* to whore around COLLOQ.

puttanella /putta'nɛlla/ f. VOLG. little tramp, slut.

puttanesca: **alla puttanesca** /allaputta'neska/ agg. e avv. GASTR. = served with a sauce made of tomato sauce, black olives, capers, anchovies and chilli pepper.

puttanesco, pl. **-schi**, **-sche** /putta'nesko, ski, ske/ agg. VOLG. [*comportamento*] sluttish, whorish.

puttaniere /putta'njɛre/ m. VOLG. whoremonger.

putto /'putto/ m. ART. putto.

puzza /'puttsa/ f. smell, stink, stench; ***che*** ~***!*** what a smell! ***c'è*** ~ ***di cavolo, fumo*** it smells of cabbage, cigarette smoke; ***c'è una*** ~ ***terribile qui*** there's an awful stink in here; ***c'è*** ~ ***di marcio*** it smells rotten; ***c'è*** ~ ***di fritto*** there's a smell of frying; ***c'è*** ~ ***di bruciato*** there's a smell of burning; FIG. I smell a rat ◆ ***avere la*** ~ ***sotto il naso*** to be a snob *o* hoity-toity COLLOQ. *o* snooty COLLOQ.

▷ **puzzare** /put'tsare/ [1] intr. (aus. *avere*) **1** *(emanare odore sgradevole)* to smell*, to stink*, to reek (**di** of); ~ ***di benzina, di gas*** to stink of petrol, gas; ***come puzza qui!*** it stinks in here! ***che cos'è che puzza così?*** what's this (awful) smell? ~ ***di piedi, di ascelle*** to have smelly feet, armpits; ***ti puzzano i piedi*** your feet stink; ~ ***di sudore*** to be stinky and sweaty; ***avere l'alito che puzza*** to have bad *o* smelly breath; ***ha l'alito che puzza di vino*** his breath smells of wine; ~ ***di marcio, di muffa*** to smell rotten, musty; ***il pesce comincia a*** ~ the fish is beginning to smell; ~ ***lontano un chilometro*** to stink *o* smell to high heaven **2** *(essere poco chiaro)* ***la cosa mi puzza un po'*** it sounds a bit fishy to me ◆ ~ ***come un caprone*** to stink like a pig; ***ti puzzano i soldi?*** do you turn your nose up at money? ***gli puzza ancora la bocca di latte*** he is wet behind the ears; ***il denaro non puzza*** PROV. money has no smell; ***l'ospite è come il pesce, dopo tre giorni puzza*** PROV. = a guest has outstayed his welcome after three days.

puzzle /'pazol, 'putsle/ m.inv. **1** GIOC. jigsaw (puzzle); ***fare un*** ~ to do a jigsaw puzzle; ***un*** ~ ***di 500 pezzi*** a 500-piece jigsaw **2** FIG. puzzle.

▷ **puzzo** /'puttso/ m. smell, stink, stench; ***un*** ~ ***insopportabile*** an unbearable smell; ***c'è*** ~ ***di fumo, di muffa*** it smells of cigarettes, it smells musty; ~ ***di marcio*** rotten smell; ***c'è*** ~ ***di imbroglio*** COLLOQ. FIG. I smell a rat.

puzzola /'puttsola/ f. polecat.

puzzolente /puttso'lɛnte/ agg. [*animale, formaggio*] smelly, stinking, reeking; [*piedi, ascelle*] stinky, smelly; [*odore*] bad; [*alito*] bad, smelly; ***fialetta*** ~ stink-bomb.

puzzone /put'tsone/ m. (f. **-a**) REGION. **1** *(persona che puzza)* smelly person **2** FIG. *(fetente, carogna)* swine, stinkpot.

p.v. ⇒ prossimo venturo proximo (prox.).

PVC /pivit'tʃi/ m. (⇒ polivinilcloruro polyvinyl chloride) PVC; ***tubi in*** ~ PVC tubes.

pyrex® /'pireks/ m.inv. Pyrex®; ***in*** ~ Pyrex®.

p.za ⇒ piazza square (Sq.).

q

q, Q /ku/ m. e f.inv. q, Q.
Qatar /ka'tar/ ♦ *33* n.pr.m. Qatar; ***nel ~*** in Qatar; ***del ~*** Qatari.
qb ⇒ quanto basta = just enough.
Q.G. /kud'dʒi/ m. (⇒ Quartier Generale (General) Headquarters) (G)HQ.
QI /ku'i/ m. (⇒ quoziente intellettivo, di intelligenza intelligence quotient) IQ.
qu /ku/ m. e f.inv. *(lettera)* q, Q.
▶ **1.qua** /kwa/ avv. **1** *(stato e moto)* here; ***~ fa freddo*** it's cold here; ***il libro è ~ sul tavolo*** the book is over here on the table; ***stai ~*** stay here; ***~ in Italia*** here in Italy; ***vieni ~*** come (over) here; ***portalo ~*** bring it over here; ***mettilo ~ (dentro)*** put it (in) here; ***niente paura, siamo ~ noi*** never fear, we are here; ***~ e là*** here and there; ***correre ~ e là*** to run this way and that; ***si potevano vedere delle case ~ e là*** you could see houses scattered here and there; ***da ~*** from here; ***da ~ a là*** from here to there; ***~ dentro*** in here; ***~ sopra*** up here; ***il tuo libro è ~ sopra*** your book is up here; ***~ sotto*** under here; *(in testo)* here below; ***il dossier è ~ sotto*** the file is under here; ***~ vicino*** near here; ***~ giù*** down here; ***~ fuori*** out here; ***~ dietro*** behind here; ***~ intorno*** around here, hereabouts **2** *(per rafforzare un dimostrativo)* ***chi è questo ~?*** who's this one here? ***questo ~ è il vino migliore*** this one here is the best wine; ***voglio questi ~*** I want these ones (here) **3** *(con valore enfatico)* ***ecco ~ i tuoi soldi!*** here is your money! ***eccoti ~!*** there you are! ***guarda ~ che confusione!*** look what a mess! ***dai ~!*** give it here! ***dammi ~ la valigia!*** give me the suitcase! **4** *(in frasi ellittiche)* ***~ la mano!*** put it there! shake! ***non sono potuto venire, tutto ~!*** I couldn't come, that's all! **5** *(a questo punto)* ***~ ti volevo!*** now let's see what you can do! ***~ viene il bello*** now comes the best of it **6 in qua** *(da questa parte)* this way; ***guardare in ~*** to look this way; ***spostati in ~*** step *o* move (over) this way; *(con valore temporale)* ***da un anno, un po' di tempo in ~*** for a year, some time now; ***da quando in ~ rispondi a tua madre?*** since when do you answer your mother back? **7 di qua** *(da questo luogo)* from here; *(da questa parte)* through here; *(in questo luogo)* here; ***di ~ e di là*** here and there; ***di ~ non mi muovo*** I'm staying right here; ***via di ~!*** get away from here! ***fuori di ~!*** get out of here! ***l'uscita è di ~*** the way out is through here; ***di ~! ho trovato qualcosa*** come here! I've found something! ***è passato di ~*** he's gone this way; *(di questo posto)* ***essere uno di ~*** to be from around here **8 di qua da, al di qua di** on this side of [*montagna, fiume*] ♦ ***essere più di là che di ~*** to be more dead than alive.
2.qua /kwa/ inter. e m.inv. quack; ***fare ~ ~*** to quack; ***l'anatra fa ~ ~*** ducks (go) quack.
Qua /kwa/ n.pr.m. *(personaggio dei fumetti)* Louie.
quacchera /'kwakkera/ f. **1** RELIG. Quakeress, Quaker Friend **2** *(rigorista)* puritan.
quaccherismo /kwakke'rizmo/ m. Quakerism, Quakerdom.
quacchero /'kwakkero/ **I** agg. **1** RELIG. Quaker **2** *(rigoroso)* puritan **II** m. (f. **-a**) **1** RELIG. Quaker, Friend; ***i -i*** the Quakers, the Society of Friends **2** *(rigorista)* puritan.
▷ **quaderno** /kwa'dɛrno/ m. **1** SCOL. notebook, exercise book; ***~ a quadretti, a righe*** squared, ruled notebook; ***copiare qcs. sul ~*** to copy sth. into one's exercise book **2** *(fascicolo)* quire ♦♦ ***~ ad anelli*** ring binder; ***~ di bella*** fair copybook; ***~ di brutta*** practice book, rough copybook; ***~ dei compiti*** homework book; ***~ degli esercizi*** exercise book, workbook; ***~ a spirale*** spiral-bound notebook.
quadra /'kwadra/ f. **1** MAR. square sail **2** *(parentesi)* bracket, square bracket AE; ***aperta, chiusa ~*** open, closed square bracket.
quadragenario, pl. **-ri, -rie** /kwadradʒe'narjo, ri, rje/ **I** agg. quadragenarian **II** m. (f. **-a**) quadragenarian.
quadragesima /kwadra'dʒɛzima/ f. Quadragesima.
quadragesimale /kwadradʒezi'male/ agg. quadragesimal.
quadrangolare /kwadrango'lare/ agg. **1** *(quadrangolo)* quadrangular; ***un cortile ~*** a quadrangle **2** SPORT ***incontro ~*** = four-team tournament.
quadrangolo /kwa'drangolo/ **I** agg. quadrangular **II** m. quadrangle.
quadrante /kwa'drante/ m. **1** MAT. ASTR. quadrant **2** *(di orologio)* dial, (clock) face **3** *(di contatore, barometro)* dial **4** TECN. *(strumento)* quadrant ♦♦ ***~ luminoso*** luminous dial; ***~ solare*** sundial.
quadrare /kwa'drare/ [1] **I** tr. **1** *(rendere quadrato)* to square **2** MAT. to quadrate, to square [*cerchio, superficie*]; to square [*numero*] **3** *(verificare)* to balance [*conti, bilancio*] **II** intr. (aus. *essere, avere*) **1** *(corrispondere)* ***~ con qcs.*** to square with, to figure with [*fatto, teoria, affermazione*]; ***le uscite quadrano con le entrate*** the debit and credit sides balance; ***fare ~ il bilancio*** to balance the budget, to make the budget balance; ***fare ~ i conti*** to get the accounts square, to make ends meet; ***tutto quadra!*** COLLOQ. it all adds up! it all fits into place! **2** *(essere esatto)* [*cifre, libri contabili, conti*] to balance; ***c'è qualcosa che non quadra in questa storia*** something doesn't quite fit, there's something fishy in this story; ***i conti non quadrano*** the accounts don't balance; FIG. it doesn't add up **3** *(piacere)* ***il suo comportamento non mi quadra*** I don't like his behaviour **4** *(addirsi)* ***questo mestiere gli quadra perfettamente*** this job suits him down to the ground.
quadratico, pl. **-ci, -che** /kwa'dratiko, tʃi, ke/ agg. [*equazione*] quadratic.
quadratino /kwadra'tino/ m. **1** *(piccolo quadrato)* small square **2** MAR. gunroom **3** TIP. en.
▷ **quadrato** /kwa'drato/ **I** agg. **1** *(quadro)* [*oggetto, forma*] square; ***scarpe a punta -a*** square-toed shoes **2** *(squadrato)* [*viso, scollatura*] square; ***avere le spalle -e*** to be square-shouldered; FIG. to have a broad back **3** MAT. METROL. [*millimetro, centimetro, metro, chilometro, radice*] square; ***prezzo per, al metro ~*** price per square metre **4** ANAT. [*muscolo*] quadrate **5** *(equilibrato)* [*persona*] balanced, sensible, level-headed **II** m. **1** MAT. *(figura geometrica)* square; ***disegnare un ~*** to draw a square; ***l'area di un ~*** the area of a square **2** MAT. *(potenza)* square; ***il ~ dell'ipotenusa*** the square of the length of the hypotenuse; ***elevare un numero al ~*** to square a number; ***il ~ di due*** the square of two, two squared; ***due al ~ fa quattro*** two squared is four **3** *(forma quadrata)* square; ***un ~ di terreno, di cielo*** a square of land, sky **4** MIL. square; ***formare un ~*** to form up in a square **5** MAR. wardroom, officers' mess **6** SPORT ring **7** TIP. quadrat ♦♦ ***~ magico*** magic square.

quadratone /kwadra'tone/ m. TIP. em.
quadratura /kwadra'tura/ f. **1** MAT. ASTR. FIS. quadrature; ***eseguire la ~ di*** to square [*cerchio, superficie*]; ***cercare la ~ del cerchio*** FIG. to square the circle **2** *(contabilità)* ***la ~ dei conti*** the squareness of the accounts **3** FIG. ***~ mentale*** squareness **4** PITT. quadrature.
quadrello /kwa'drɛllo/ m. **1** *(mattonella)* quarry tile, quarrel **2** *(righello)* square ruler **3** *(dardo)* quarrel.
quadreria /kwadre'ria/ f. picture gallery.
quadrettare /kwadret'tare/ [1] tr. **1** *(dividere)* to divide [sth.] up into squares [*foglio*]; to square [*mappa*] **2** *(decorare)* to chequer BE, to checker AE [*tessuto*].
quadrettato /kwadret'tato/ **I** p.pass. → **quadrettare** **II** agg. [*carta, foglio*] squared; [*tessuto*] check(ed), chequered BE, checkered AE.
quadrettatura /kwadretta'tura/ f. **1** *(di foglio)* division into squares **2** *(di tessuto)* chequering BE, checkering AE.
quadretto /kwa'dretto/ m. **1** *(piccolo quadrato)* small square; *(motivo)* check, chequer BE, checker AE; ***a -i*** [*tessuto, gonna, camicia*] check(ed), chequered BE, checkered AE; [*carta*] squared, graph; [*quaderno, foglio*] squared; ***a -i piccoli, grandi*** large-squared, small-squared **2** *(piccolo pezzo quadrato)* small square; ***un ~ di cioccolato*** a (small) piece of chocolate **3** *(piccolo quadro)* little picture **4** *(scena graziosa)* picture; ***bambini che giocano in un giardino, che ~ incantevole*** children playing in a garden, what a charming picture.
quadrica, pl. **-che** /'kwadrika, ke/ f. quadric.
quadricipite /kwadri'tʃipite/ m. quadriceps*.
quadrico, pl. **-ci**, **-che** /'kwadriko, tʃi, ke/ agg. quadric.
quadricromia /kwadrikro'mia/ f. four-colour process BE, four-color process AE.
quadriennale /kwadrien'nale/ **I** agg. **1** *(che dura quattro anni)* [*piano, corso*] four-year attrib. **2** *(che ricorre ogni quattro anni)* [*fiera, mostra*] occurring every four years, quadrennial **II** f. quadrennial (exhibition, event).
quadriennio, pl. **-ni** /kwadri'ɛnnjo, ni/ m. four-year period, quadrennium*.
quadrifogliato /kwadrifoʎ'ʎato/ agg. quadrifoliate.
▷ **quadrifoglio**, pl. **-gli** /kwadri'fɔʎʎo, ʎi/ m. **1** BOT. four-leaf clover, quatrefoil ANT. **2** AUT. (anche **interscambio a ~**) cloverleaf junction.
quadrifonia /kwadrifo'nia/ f. quadraphonics + verbo sing., quadraphony; ***in ~*** in quadraphonic sound.
quadrifonico, pl. **-ci**, **-che** /kwadri'fɔniko, tʃi, ke/ agg. quadraphonic; ***registrazione -a*** quadraphonic recording.
quadrifora /kwa'drifora/ **I** f. = mullioned window with four lights **II** agg. ***finestra ~*** mullioned window with four lights.
quadriga, pl. **-ghe** /kwa'driga, ge/ f. quadriga*.
quadrigemino /kwadri'dʒɛmino/ agg. **1** *(multiplo)* ***parto ~*** birth of quadruplets **2** ANAT. [*corpi*] quadrigeminal.
quadrigetto /kwadri'dʒɛtto/ m. four-engined jet plane.
quadriglia /kwa'driʎʎa/ f. *(danza)* foursome reel, quadrille, square dance, hoedown AE ◆◆ ***~ dei lancieri*** lancers.
quadrigliato /kwadriʎ'ʎato/ m. GIOC. quadrille.
quadrilatero /kwadri'latero/ **I** agg. quadrilateral, four-sided **II** m. **1** MAT. quadrilateral, quadrangle; ***~ irregolare, regolare*** irregular, regular quadrilateral **2** MIL. quadrilateral.

> **Quadrilatero della moda** This "Fashion Quadrilateral" is in the centre of Milan and is made up of a few blocks bordered by via Montenapoleone, via della Spiga, via Manzoni and via Sant'Andrea. It is where the most famous Italian designers, such as Armani, Trussardi, Valentino, Versace, Prada, Gucci, Missoni, Dolce & Gabbana have their offices, shops and showrooms.

quadrilingue /kwadri'lingwe/ agg. quadrilingual.
quadrilione /kwadri'ljone/ m. quadrillion.
quadrimestrale /kwadrimes'trale/ agg. **1** *(che dura quattro mesi)* [*corso, abbonamento*] four-month attrib. **2** *(che ricorre ogni quattro mesi)* [*raduno, pagamento*] four-monthly; *(che si pubblica ogni quattro mesi)* [*rivista*] four-monthly.
quadrimestre /kwadri'mɛstre/ m. **1** *(lasso di tempo)* four-month period **2** SCOL. = school-term of four months.
quadrimotore /kwadrimo'tore/ **I** agg. [*aereo*] four-engined **II** m. four-engined plane.
quadrinomio, pl. **-mi** /kwadri'nɔmjo, mi/ m. quadrinomial.
1.quadripartito /kwadripar'tito/ **I** agg.inv. POL. *(formato da quattro partiti)* [*governo*] four-party attrib.; [*colloquio, accordo*] quadripartite **II** m. four-party government.
2.quadripartito /kwadripar'tito/ agg. *(diviso in quattro parti)* quadripartite.
quadripartizione /kwadripartit'tsjone/ f. quadripartition.
quadripolo /kwadri'pɔlo/ m. quadripole.
quadriportico, pl. **-ci** /kwadri'pɔrtiko, tʃi/ m. four-sided portico*.
quadrireattore /kwadrireat'tore/ **I** agg. [*aereo*] four-engined **II** m. four-engined jet plane.
quadrireme /kwadri'rɛme/ f. quadrireme.
quadrisillabico, pl. **-ci**, **-che** /kwadrisil'labiko, tʃi, ke/ agg. [*verso*] quadrisyllabic, tetrasyllabic.
quadrisillabo /kwadri'sillabo/ **I** agg. [*parola*] quadrisyllabic, tetrasyllabic **II** m. quadrisyllable, tetrasyllable.
quadrivalente /kwadriva'lɛnte/ agg. quadrivalent, tetravalent.
quadrivio, pl. **-vi** /kwa'drivjo, vi/ m. **1** *(crocevia)* crossroads* + verbo sing., junction **2** STOR. quadrivium.
1.quadro /'kwadro/ agg. **1** *(quadrato)* [*oggetto, forma*] square; ***parentesi -a*** bracket, square bracket; ***testa -a*** FIG. bullhead, blockhead **2** MAT. square; ***metro ~*** square metre **3** MAR. ***vela -a*** square sail.
▶ **2.quadro** /'kwadro/ **I** m. **1** *(dipinto)* painting, picture; ***~ a olio, a pastello*** oil, pastel painting; ***~ di Matisse*** painting by Matisse; ***dipingere, incorniciare un ~*** to paint, frame a picture; ***attaccare, appendere un ~ alla parete*** to nail a picture to *o* to hang a picture on a wall; ***attribuire un ~ a qcn.*** to attribute a painting to sb. **2** *(descrizione)* picture, description; ***tracciare un ~ fosco della situazione*** to paint a gloomy picture of the situation; ***il ~ attuale degli avvenimenti*** the curent pattern of events; ***fare, dare un ~ chiaro, esauriente di qcs.*** to give, present a clear, accurate picture of sth.; ***per completare il ~*** to cap it all **3** *(spettacolo)* picture; ***che ~ incantevole!*** what a charming picture! ***gli si presentò un ~ agghiacciante*** a dreadful sight struck his eyes **4** *(tabella)* board; ***~ riassuntivo*** summary table; ***~ delle partenze, degli arrivi*** arrivals, departures indicator board; ***~ orario*** timetable **5** *(pannello)* board, panel; ***~ dei fusibili*** fuse box **6** *(quadrato)* check; ***a -i*** [*stoffa, motivo*] check(ed), chequered BE, checkered AE **7** TEATR. scene; ***atto di tre -i*** act in three scenes **8** CINEM. TELEV. frame; ***fuori ~*** out of frame; ***frequenza di ~*** frame frequency **9** MIL. AMM. cadre **10** ***nel ~ di*** within the frame(work) of [*iniziativa, inchiesta, negoziati, politica*] **II** agg.inv. ***accordo ~*** outline agreement; ***legge ~*** outline *o* skeleton law **III quadri** m.pl. GIOC. diamonds; ***asso, fante di -i*** ace, jack of diamonds ◆◆ ***~ clinico*** clinical picture; ***~ di comando, (dei) comandi*** TECN. control panel; ***~ comune europeo di riferimento*** Common European Framework of Reference; ***~ dei conti*** financial statement; ***~ elettrico*** electric panel; ***~ di poppa*** MAR. upper stern; ***~ di riferimento*** FIG. frame of reference; ***~ (degli) strumenti*** AER. AUT. instrument panel; ***~ svedese*** SPORT window ladder; ***~ vivente*** tableau vivant, living picture; ***-i direttivi*** o ***dirigenti*** senior staff, top management; ***-i industriali*** industrial management; ***-i intermedi*** middle management; ***-i militari*** cadres of the army; ***-i di partito*** political cadres; ***-i subalterni*** lower management.
quadrone /kwa'drone/ m. flagstone.
quadrotta /kwa'drɔtta/ agg. ***carta ~*** = squarish paper.
quadruccio, pl. **-ci** /kwa'druttʃo, tʃi/ m. CINEM. aperture plate.
quadrumane /kwa'drumane/ **I** agg. [*animale*] quadrumanous **II** m. quadrumane.
quadrumvirato /kwadrumvi'rato/, **quadrunvirato** /kwadrunvi'rato/ m. quadrumvirate.
quadrumviro /kwa'drumviro/, **quadrunviro** /kwa'drunviro/ m. quadrumvir.
quadrupede /kwa'drupede/ **I** agg. quadruped(al), four-footed **II** m. quadruped.
quadruplicare /kwadrupli'kare/ [1] **I** tr. **1** *(moltiplicare per quattro)* to quadruple, to quadruplicate, to multiply [sth.] by four [*numero*] **2** *(accrescere)* ***~ gli sforzi*** to redouble one's efforts **II quadruplicarsi** pronom. to quadruple, to increase fourfold; ***le entrate si sono quadruplicate*** the revenues have increased fourfold.
quadruplicazione /kwadruplikat'tsjone/ f. quadruplication.
quadruplice /kwa'druplitʃe/ agg. fourfold; ***in ~ copia*** in four copies; ***l'obiettivo è ~*** the aims are fourfold.
quadruplo /'kwadruplo/ **I** agg. [*numero, somma*] quadruple; ***ha uno stipendio ~ del mio*** his salary is four times mine, he earns four times as much as I do **II** m. quadruple; ***il ~ di questa quantità*** four times this amount, quadruple this amount; ***guadagna il ~ di prima, di me*** he earns four times as much as before, as I do; ***il numero dei senzatetto è il ~ rispetto a vent'anni fa*** the number of homeless people is four times what it was twenty years ago.
quadrupolo /kwadru'pɔlo/ m. quadrupole.
quaggiù /kwad'dʒu/ avv. **1** *(qui in basso)* down here; ***c'è nessuno ~?*** is there anybody down here? ***da ~ non si vede nulla*** you can't

see anything from down here; ***vieni ~!*** come down here! **2** FIG. *(qui a sud)* ~ ***in Sicilia non piove mai*** down here in Sicily it never rains **3** *(su questa terra)* in this world, here below; ***le cose di*** ~ the things of this world.

quaglia /'kwaʎʎa/ f. quail*; ***re di -e*** land rail, corncrake ◆◆ ~ ***della Virginia*** bobwhite (quail).

quagliare /kwaʎ'ʎare/ [1] intr. (aus. *essere*) **1** REGION. [*latte*] to curdle, to congeal **2** FIG. *(concretarsi)* ***l'affare non quaglia*** the business does not gel *o* jell.

▶ **qualche** /'kwalke/ v. la nota della voce **alcuno**. agg.indef. **1** *(alcuni) (in frasi affermative e nelle offerte)* some, a few; *(in frasi interrogative)* any; ~ ***anno fa*** a few *o* some years ago; ***tra*** ~ ***giorno partirò*** I'll be leaving in a few days; ***ce l'ho da*** ~ ***mese*** I have had it for the last few months; ***sarà qui tra*** ~ ***minuto*** he'll be here in a few minutes; ***vi è rimasto*** ~ ***scatolone?*** do you have any boxes left? ***c'è ancora*** ~ ***biscotto?*** are there any biscuits left *o* any more biscuits? ~ ***mio, suo amico*** some of my, his friends, some *o* a few friends of mine, his; ***ha*** ~ ***soldo da parte*** he has some money saved *o* tucked away; ~ ***cosa*** something **2** *(uno) (in frasi affermative e nelle offerte)* some, a few; *(in frasi interrogative)* any; ***probabilmente sarà andato a trovare*** ~ ***amico*** he's probably gone to see some friend of his; ***troverà di certo*** ~ ***altro mezzo per riuscirci*** he's sure to find some other way of managing it; ***troverò*** ~ ***scusa*** I'll make *o* find an excuse; ***un*** ~ ***quadro*** a picture of some kind; ***per un*** ~ ***motivo non è venuto*** for some reason (or other) he didn't come; ~ ***problema?*** is anything the matter? any problems? ***in*** ~ ***modo*** *(in un modo o nell'altro)* somehow, one way or another; ***mi sento in*** ~ ***modo colpevole*** I feel somehow guilty; ***c'entrano in*** ~ ***modo*** they have something to do with it; ***da*** ~ ***parte*** *(in frasi affermative)* somewhere; *(in frasi interrogative)* anywhere; ***sono da*** ~ ***parte in Austria*** they are somewhere (or other) in Austria; ***hai visto le mie chiavi da*** ~ ***parte?*** have you seen my keys anywhere? ***da*** ~ ***altra parte*** somewhere else; ***in*** ~ ***posto*** *(in frasi affermative)* somewhere, someplace AE; *(in frasi interrogative)* anywhere, anyplace AE; ***sarà pur in*** ~ ***posto!*** I'm sure it is somewhere! ~ ***giorno*** *(un giorno o l'altro)* one of these days **3** *(un certo) (in frasi affermative e nelle offerte)* some, a few; *(in frasi interrogative)* any; ***abbiamo avuto*** ~ ***difficoltà a capirci*** we had some difficulty in understanding each other; ***ho avuto*** ~ ***difficoltà a convincerlo*** I had some trouble persuading him; ***da*** ~ ***tempo*** for some time; ~ ***tempo fa*** some time ago; ***questo libro è di*** ~ ***interesse*** this book is of some interest; ***se il libro fosse di (un)*** ~ ***interesse, te lo presterei*** if the book was in any way interesting, I would lend it to you **4** *(appropriato)* ***ci deve essere un*** ~ ***modo per riuscirci*** there must be some way to manage it **5** **qualche volta** *(talvolta)* sometimes; *(una volta o l'altra)* sometime; ~ ***volta fa troppo caldo in questo ufficio*** sometimes it gets too hot in this office; ~ ***volta ti farai male*** you'll get hurt sometime.

qualcheduno /kwalke'duno/ → **qualcuno.**

▶ **qualcosa** /kwal'kɔsa/ **I** pron.indef. **1** *(una o più cose) (in frasi affermative e nelle offerte)* something; *(in frasi interrogative e ipotetiche)* anything; ***le serve*** ~***?*** do you need anything? ***c'è*** ~ ***da fare?*** is there anything to be done? ***bisogna fare*** ~***!*** we've got to do something! something must be done! ~ ***da fare, da mangiare*** something to do, to eat; ***sta capitando*** ~ ***(di insolito)*** there's something (funny) going on; ***forse gli è successo*** ~ maybe something's happened to him; ***se le dovesse succedere*** ~ if anything should happen to her; ***se posso fare*** ~ ***per aiutarti*** if I can do anything to help you; ***c'è*** ~ ***che non va*** there's something wrong, something's wrong; ~ ***del genere*** something like that; ***mi ha risposto*** ~ ***del tipo "la richiameremo"*** he told me they'd phone me, or something like that; ***è rimasta*** ~ ***come tre ore*** she stayed for something like *o* for about three hours; ~ ***di meglio, di meno caro*** something better, cheaper; ~ ***di nuovo, bello*** something new, nice; ***c'è*** ~ ***di strano in lei, ha*** ~ ***di strano*** there's something odd about her; ***ha*** ~ ***di suo nonno*** he has a look of his grandfather about him; ***a quei tempi fare il maestro significava*** ~ in those days it was quite something to be a primary school teacher; ***è già*** ~ that's something anyway; ***è già*** ~ ***che ti abbia chiesto scusa!*** at least he apologized, that's something! ***mi dice*** ~ it reminds me of something, it rings a bell; ~ ***mi dice che...*** something tells me (that)...; ***ne so*** ~ I know what you mean; ***portati*** ~ ***da leggere*** take something to read with you **2** *(con valore enfatico)* ***quel libro è*** ~ ***di straordinario*** that book is something extraordinary; ***il goal è stato*** ~ ***di spettacolare*** the goal was truly dramatic **3** **qualcos'altro** *(in frasi affermative e nelle offerte)* something else; *(in frasi interrogative e ipotetiche)* anything else; ***non hai qualcos'altro da metterti?*** don't you have anything else to wear? **II** m. **1** RAR. *(persona di prestigio)* ***è*** ~ ***nel suo campo*** he's (really) somebody in his field **2** *(cosa indefinibile)* ***un*** ~ a certain something; ***un*** ~ ***di strano*** something odd *o* strange.

▶ **qualcuno** /kwal'kuno/ v. la nota della voce **alcuno**. **I** pron.indef. **1** *(riferito a persona) (in frasi affermative)* somebody, someone; *(in frasi interrogative e ipotetiche)* anybody, anyone; ~ ***mi ha detto che era malata*** somebody *o* someone told me she was sick; ~ ***ha bussato*** somebody knocked; ***c'è*** ~***?*** is there anyone around? is anybody there? ***squilla il telefono,*** ~ ***può rispondere?*** the phone is ringing, could somebody answer it? ***se telefona*** ~ ***durante la mia assenza*** should anybody phone *o* if anybody phones while I'm out; ***ne hai combinata -a delle tue*** *(riferito a cosa)* you've been up to mischief again **2** *(alcuni) (riferito a cose o persone) (in frasi affermative)* some, a few; *(in frasi interrogative e ipotetiche)* any; ~ ***di voi*** some of you; ***conosci*** ~ ***dei suoi parenti?*** do you know any of his relatives? ***tra tutti i soldati, solo*** ~ ***è sopravvissuto*** of all the soldiers, only a few survived; ~ ***dice che*** some (people) say that; ***-a di loro ha preferito non uscire*** some of them preferred to stay in; ***se*** ~ ***non ha capito lo dica*** if anyone hasn't understood say so; ***ho letto*** ~ ***dei suoi libri*** I've read some of his books; ***ho delle fragole, ne vuoi -a?*** I've got some strawberries, do you want some? ***guarda tra i vecchi dischi se ce n'è*** ~ ***che ti interessa*** have a look through these old records and see if there are any you'd like **3** **qualcun altro** *(in frasi affermative)* somebody else, someone else; *(in frasi interrogative e ipotetiche)* anybody else, anyone else; ***qualcun altro l'ha già detto prima di lui*** somebody else said that before him **4** **qualcun'altra** *(riferito a cose)* something else; ***ne vuoi qualcun'altra?*** do you want some other ones? **II** m. *(personalità)* ***si crede (di essere)*** ~ he thinks he's somebody; ***un giorno diventerà*** ~ one day, he's going to be somebody.

▶ **quale** /'kwale/ v. la nota della voce **1.che**. **I** agg.interr. *(fra un numero limitato di elementi)* which; *(fra un numero indeterminato di elementi)* what; ~ ***borsa vuole?*** which bag would you like? ~ ***biglietto hai comprato?*** which *o* what ticket did you buy? ***-i pittori appartenevano a questa scuola?*** what *o* which painters belonged to this school? ***in -i paesi hai vissuto?*** what countries have you lived in? ***con*** ~ ***diritto entri in casa mia?*** what gives you the right to come into my house? ***a*** ~ ***scopo?*** what for? ***con*** ~ ***scopo è venuto?*** what was his purpose in coming? ***a*** ~ ***fermata scendi?*** which stop are you getting off at? ***per*** ~ ***fatalità si trovava a Roma?*** what twist of fate brought him to Rome? ***da*** ~ ***fonte avete saputo che...?*** from which source have you heard that...? ***secondo*** ~ ***principio funziona questa macchina?*** on what principle does this machine work? **II** pron.interr. *(fra un numero limitato di elementi)* which (one); *(fra un numero indeterminato di elementi)* what; ~ ***vuoi?*** which (one) do you want? ***qual è la tua auto preferita?*** what is your favourite car? ~ ***di queste due medicine è più efficace?*** which of these two medicines is more effective? ~ ***di questi anelli preferisci?*** which of these rings do you prefer? ***di tutti questi impiegati, -i sono i più competenti?*** of all the employees, who are the most competent? ***tra queste auto, mi chiedo*** ~ ***sia la più sicura*** of all these cars, I wonder which one is the safest; ***"ho visto un film di Tarantino" - "~?"*** "I have seen a film by Tarantino" - "which one?"; ***tra tutti i suoi figli, di*** ~ ***ti ha parlato di più?*** out of all her children, which (one) did she tell you most about? ***a*** ~ ***dei tuoi amici hai scritto?*** which of your friends did you write to? ***con*** ~ ***di questi personaggi vi identificate?*** which of these characters do you identify with? ***non so a*** ~ ***di questi annunci rispondere*** I don't know which of these ads I should reply to **III** agg.esclam. what; ~ ***onore!*** what an honour! ~ ***gioia*** what bliss! **IV** agg.rel. **1** *(come)* such as; ***una catastrofe,*** ~ ***nessuno l'aveva mai vista*** a catastrophe such as had never been seen before; ***città -i Roma e Firenze*** such cities as *o* cities such as Rome and Florence **2** *(in qualità di)* as; ~ ***presidente dell'associazione*** as president of the association **3** **tale (e) quale** *(identico)* exactly the same, just like; ***l'ho trovato tale e*** ~ I found him exactly the same, I found he hasn't changed a bit; ***la situazione è rimasta tale*** ~ the situation is exactly the same; ***essere tale (e)*** ~ ***a qcn.*** to be the spitting *o* very image of sb.; ***ho un vestito tale (e)*** ~ ***a questo*** I have a dress just like this one; ***riferì il discorso, tale (e)*** ~ ***lo aveva sentito*** he reported the speech just like he had heard it *o* word for word **V** **il quale**, **la quale**, **i quali**, **le quali** pron.rel. **1** *(soggetto) (persona)* who, that; ***ha dato il pacco al custode, il*** ~ ***me l'ha consegnato*** he gave the package to the caretaker, who gave it to me; ***coloro i -i*** those who **2** *(complemento) (persona)* who, whom FORM., that; *(cosa)* which, that; ***l'amico al*** ~ ***hai scritto*** the friend to whom you wrote, the friend (who) you wrote to; ***le persone contro le -i sono state prese alcune misure*** the people against whom some measures were taken; ***il tavolo sul*** ~ ***hai posato la tazza*** the table on which you put the cup, the table (which) you put the cup on; ***la regione dalla ~ sono fuggiti*** the region from which they escaped, the region (which) they escaped from; ***le persone dalle -i siamo andati*** the people whose house we went to; ***la donna della ~ ti ho parlato*** the woman who(m) I told you about; ***lo stato di tristezza nel ~ si trova*** the grief (which *o* that) she was experiencing **3 del quale**, **della quale**, **dei quali**, **delle quali** *(possessivo)* whose; ***ha un fidanzato il nome del ~ è Joseph*** she's got a boyfriend whose name is Joseph **4 nel quale** *(tempo)* when; *(spazio)* where; ***la città nella ~ viviamo*** the town where we live, the town we live in **5 per la quale** FAM. *(bene)* ***non sentirsi per la ~*** not to feel very fit; *(per bene)* ***una persona per la ~*** a decent sort of person, a proper person **VI** agg.indef. **1** *(qualunque)* ***~ che*** whatever; ***~ che sia il suo parere...*** whatever his opinion...; ***~ che sia la ragione...*** whatever the reason...; ***accetto la sua proposta, -i che siano i rischi*** I accept your proposal, whatever the risks **2** *(rafforzativo)* ***vi era un certo qual dolore nelle sue parole*** there was a touch of sadness in her words; ***in una certa qual misura*** to a certain extent; ***in un certo qual modo*** in a way.

qualifica, pl. **-che** /kwa'lifika, ke/ f. **1** *(appellativo)* label, name; ***appioppare a qcn. la ~ d'imbecille*** to label sb. as stupid **2** *(titolo)* qualification, status; ***~ di ingegnere*** status of qualified engineer; ***cognome, nome e ~*** surname, first name and qualification **3** *(titolo scolastico)* qualification; ***esame di ~*** = exam sat at the end of the third year in a technical or professional school **4** *(qualificazione)* ***avere la ~ richiesta per*** to have the necessary qualification for ◆◆ ***~ professionale*** vocational qualification.

qualificabile /kwalifi'kabile/ agg. qualifiable; ***essere difficilmente ~*** to be difficult to define.

qualificante /kwalifi'kante/ agg. **1** *(che qualifica)* qualifying **2** *(significativo)* ***i punti -i di un discorso*** the key points of a speech.

▷ **qualificare** /kwalifi'kare/ [1] **I** tr. **1** *(definire)* to describe, to qualify [*persona, situazione, metodo*]; ***~ qcn., qcs. come qcs.*** to describe sb., sth. as sth, to call sb., sth. sth.; ***come ~ il suo comportamento?*** how can we describe his behaviour? **2** *(formare)* [*lavoro*] to qualify [*persona*] (**per** for); ***~ qcn. come operaio specializzato*** to qualify sb. as a skilled worker **3** SPORT [*vittoria, rete*] to qualify [*squadra, sportivo*] (**per** for) **4** LING. [*aggettivo*] to qualify [*nome*] **II qualificarsi** pronom. **1** *(identificarsi)* ***-rsi come impiegato*** to describe oneself as *o* to call oneself a clerk **2** *(ottenere una qualifica)* to qualify **3** SPORT [*giocatore, paese*] to qualify (**per** for); ***si sono qualificati senza difficoltà*** they qualified easily; ***la squadra, la giocatrice si è qualificata per la finale*** the team, player has qualified for the final.

qualificativo /kwalifika'tivo/ agg. qualifying, qualificatory; ***aggettivo ~*** qualifier.

qualificato /kwalifi'kato/ **I** p.pass. → **qualificare II** agg. **1** *(competente)* [*persona*] qualified, competent; [*lavoro, manodopera*] skilled; [*ostetrica, allenatore, tecnico*] qualified; [*personale, operaio*] qualified, trained; ***giudizio ~*** qualified judgement; ***sei ~ per quel lavoro*** you are qualified for that job; ***altamente ~*** highly-trained; ***non essere ~*** to be untrained (**per** in) **2** POL. ***maggioranza -a*** qualified majority.

qualificazione /kwalifikat'tsjone/ f. **1** *(qualifica)* ***è richiesta un'alta ~ per questo impiego*** you need good qualifications for this job; ***lavoratori privi di ogni ~*** totally unskilled *o* untrained workers **2** SPORT qualification (**per** for); ***partita di ~*** qualifying match, qualifier; ***girone di ~*** qualifying round; ***superare le -i*** to get through the qualifying round **3** LING. qualification ◆◆ ***~ professionale*** vocational qualification.

▶ **qualità** /kwali'ta/ f.inv. **1** *(valore)* quality; ***di ~*** [*prodotto, spettacolo, materiale*] quality attrib.; ***buona, cattiva ~*** good, poor quality; ***di ~ migliore*** (of) better (quality); ***di ~ superiore*** high-grade, top-of-the-range, of superior quality; ***di ~ inferiore*** low-grade, of inferior quality; ***di prima ~*** first-rate, of prime quality; ***di primissima ~*** premium attrib.; ***di alta ~*** high-quality; ***di bassa ~*** low-quality; ***di media ~*** mid-range *o* medium-quality; ***merci di infima ~*** goods of the lowest quality; ***~ dell'aria*** air quality **2** AMM. IND. quality; ***sistema, verifica di ~*** quality system, audit; ***gestione, garanzia della ~*** quality management, assurance; ***controllo di ~*** quality control; ***certificato di ~*** certificate of quality; ***servizio di ~*** quality department; ***marchio di ~*** seal of quality; ***miglioramento della ~*** improvement of quality, quality improvement; ***avere un buon rapporto ~ /prezzo*** to be a good value for money **3** *(attributo)* quality; ***una persona con ~ straordinarie*** a person with extraordinary qualities; ***senza particolari ~*** without any particular qualities; ***~ morali, artistiche*** moral, artistic qualities; ***avere molte ~*** to have many qualities, to have a lot going for one; ***la franchezza non è la sua ~ principale*** frankness isn't his greatest quality; ***~ nascoste*** latent qualities; ***ha delle ~ nascoste*** there's more to him than meets the eye **4** *(genere)* kind; ***abbiamo diverse ~ di champagne*** we have different kinds of champagne **5 in qualità di** as; ***parlo in ~ di padre*** I speak as a father; ***in ~ di dottore*** in one's capacity as a doctor ◆◆ ***~ della vita*** quality of life; ***~ totale*** IND. total quality management.

qualitativamente /kwalitativa'mente/ avv. qualitatively.

qualitativo /kwalita'tivo/ **I** agg. [*studio, inchiesta*] qualitative; ***controllo ~*** quality control; ***in termini -i*** in terms of quality; ***analisi -a*** qualitative analysis **II** m. quality.

qualora /kwa'lora/ cong. if, in case; ***~ venisse, sarei pronto ad accoglierlo*** if he comes *o* should he come, I would be ready to welcome him; ***~ vi fossero dei problemi*** should there be any problems.

▶ **qualsiasi** /kwal'siasi/ **I** agg.indef.inv. **1** *(qualunque)* any; ***~ cappello, penna andrà bene*** any hat, pen will do; ***~ bambino può partecipare a questo gioco*** any child can join in this game; ***"~ riferimento a fatti o persone è puramente casuale"*** "any similarity with people or events is purely coincidental"; ***~ uomo che si rispetti*** any man worth his salt; ***~ persona*** anybody, anyone; ***in ~ posto*** anywhere; ***come in ~ altro posto*** like everywhere else; ***in ~ momento*** anytime, at any time; ***vieni, chiamami in ~ momento*** come, call anytime; ***potrebbe tornare in ~ momento*** he might return at any time; ***a ~ costo, prezzo*** at any cost, price, whatever the cost, price; ***mi guardo bene da ~ interpretazione frettolosa*** I'm wary of making any hasty interpretation; ***"per ~ informazione rivolgersi a..."*** "for further information inquire at..."; ***in ~ modo*** in any way; *(ogni)* ***~ cosa*** anything; ***dipende da lei per ~ cosa*** he relies on her for everything; ***farebbe ~ cosa per lei*** he'd do anything for her; ***darei ~ cosa per, per fare*** I'd give anything *o* the world for, to do; ***va bene ~ cosa*** anything goes *o* will do; ***con ~ mezzo*** by any means, by hook or by crook **2** *(preceduto dall'articolo indeterminativo)* ***uno ~*** any (one); ***uno studente ~*** any student; ***un ~ giorno della settimana*** any day of the week; ***una persona ~*** anybody, anyone; ***uno ~ di voi*** any (one) of you; ***"quale colore ti piacerebbe?" "uno ~"*** "which colour would you like?" - "any"; ***un cappello, una penna ~ andrà bene*** any hat, pen will do; ***dammi un libro ~*** give me any book; ***un ~ oggetto che tagli*** any sharp object; ***dubito che ci sia un ~ rapporto tra i due avvenimenti*** I doubt there's any link between the two events; ***se per un ~ motivo non potesse venire*** if for any reason he couldn't come; ***con un pretesto ~*** on some pretext or other **3** *(insignificante)* ordinary, common; ***è un attore ~*** he's a second-rate actor; ***una ragazza ~*** an ordinary girl; ***mio padre non è uno ~*** my father's not just anybody **II** agg.rel.inv. *(fra un numero indeterminato di elementi)* whatever; *(fra un numero limitato di elementi)* whichever; ***~ strada, decisione si prenda*** whatever *o* whichever road, decision we take; ***accetta ~ lavoro gli offrano*** he accepts whatever job he's offered; ***~ persona arrivi, non disturbatemi!*** no matter who comes, don't disturb me; ***da ~ parte andiamo*** whichever way we go; ***~ cosa*** whatever; ***~ cosa possano pensare*** whatever they may think; ***~ cosa egli abbia fatto*** no matter what he did; ***~ cosa accada*** whatever happens; ***~ cosa io possa fare per aiutarti*** whatever I may do to help you; ***~ cosa tu abbia detto*** whatever you said.

qualsisia /kwalsi'sia/, **qualsivoglia** /kwalsi'vɔʎʎa/ agg.indef.inv. LETT. any.

▶ **qualunque** /kwa'lunkwe/ → **qualsiasi**.

qualunquismo /kwalun'kwizmo/ m. **1** STOR. = political movement founded in Rome after the Second World War to defend the ordinary man's rights **2** FIG. = indifferent and sceptical behaviour towards politics.

qualunquista, m.pl. **-i**, f.pl. **-e** /kwalun'kwista/ **I** agg. → **qualunquistico II** m. e f. **1** STOR. *(sostenitore)* = follower of qualunquismo **2** FIG. = person who shows an indifferent and sceptical behaviour towards politics.

qualunquistico, pl. **-ci**, **-che** /kwalun'kwistiko, tʃi, ke/ agg. **1** STOR. *(del qualunquismo)* = relating to qualunquismo **2** FIG. = indifferent and sceptical towards politics.

qualvolta /kwal'vɔlta/ cong. LETT. ***ogni ~ (che)...*** each *o* every time (that)...

quandanche /'kwan'danke/ cong. even if.

▶ **quando** /'kwando/ I due principali usi di *quando* e del suo equivalente inglese *when* sono quelli di avverbio e congiunzione; come mostrano gli esempi nella voce, *when* congiunzione non può introdurre un verbo al futuro: *quando arriverà, glielo diremo* = when he arrives, we'll tell him; *quando sarà arrivato, se ne accorgerà* = when he has arrived, he'll realize it. - Si noti che *da quando* si dice *since* (non *since when*), e che *quando* si rende con *whenever* se il significato richiesto è *tutte le volte che*. **I** avv. **1** *(in quale momento, periodo)* when; ***~ arriva?*** when is he arriving? **~ verrai?** when will you come? **~ torni?** when are you coming back? **quand'è il concerto?** when is the concert? **quand'è che è morto?** when was it that he died? **non so ~ arriverà** I don't know when she'll get here; **~ avete fatto l'ultima riunione?** when was your last meeting? **da ~ abitate qui?** how long have you been living here? **a cominciare da ~?** since when? **da ~ sei qui?** how long have you been here? **da ~ in qua rispondi a tua madre?** since when do you answer your mother back? **di quand'è la lettera?** what is the date on the letter? **di quand'è questa riforma?** when did this reform take effect? **a ~ risale questa storia?** when did all this happen? **a ~ il lieto evento?** when is the happy day *o* the baby due? **a ~ la settimana di 30 ore?** when will we have the 30-hour week? **a ~ le nozze?** when is the big day? **fino a ~ ti fermi a Oxford?** how long are you staying in Oxford? **per ~ sarà pronto?** when will it be ready? **per ~ è previsto?** when is it scheduled for? **2** *(ora...ora)* sometimes; **~ uno, ~ l'altro** sometimes one, sometimes the other **3 di quando in quando** *(nel tempo)* every now and then, every now and again, every so often, every once in a while; *(nello spazio)* here and there; **di ~ in ~ vado a ballare** every now and then I go dancing; **si potevano vedere delle case di ~ in ~** you could see houses here and there **II** cong. **1** *(nel momento in cui)* when; **~ arrivò sul posto, capì** when he got there, he understood; **~ arriverà, gli darete la notizia** when he gets here, you can *o* will tell him the news; **~ avrà finito** when she's finished; **~ lavora non ama essere disturbata** she doesn't like to be disturbed when she's working; **mi chiami ~ l'auto sarà pronta** call me when the car is ready; **mangerai il dolce ~ avrai finito la carne** you'll have your dessert when you have finished your meat; **~ assunse la carica nel 1980, la situazione era già catastrofica** when he took up his post in 1980, the situation was already catastrophic; **~ finisci di mangiare, partiamo** when you have finished your meal, we're going; **le cose sono rimaste come ~ ero piccolo** things are just the same as when I was a child; **~ meno me l'aspettavo è arrivato** when I least expected it he arrived; **ero appena uscito ~ si mise a piovere** I had just gone out when it started raining **2** *(preceduto da preposizione)* **da ~ si sono riconciliati** since they were reconciled, since their reconciliation; **da ~ sa nuotare, adora l'acqua** he has loved water ever since he learned to swim; **da ~ mi ricordo** for as long as I can remember; **la cosa risale a ~ ero studentessa** it goes back to when I was a student *o* to my student days; **è più sano di ~ era bambino** he is healthier than in his childhood; **parlaci di ~ eri in Francia** tell us about when you were in France; **fino a ~** till, until; **non guardare fino a ~ non te lo dico io** don't look until I tell you to; **portati una mela per ~ ti verrà fame** take an apple with you in case you get hungry **3** *(ogni volta che)* whenever; **~ deve prendere l'aereo è sempre molto nervosa** whenever she has to fly she gets nervous; **~ piove (per) più di tre giorni la cantina si allaga** whenever it rains for more than three days, the cellar floods; **~ si arrabbiava, tutti tremavano** everybody shook with fear whenever he got angry; **~ si tratta di bere un bicchiere non dice mai di no** when he's offered a drink, he never refuses it; **cambia atteggiamento ~ si tratta di suo figlio** his attitude changes when it comes to his son; **saper punire ~ è necessario** to be strict when necessary **4** *(in frasi esclamative)* **~ penso che mia figlia ha quasi dieci anni!** to think that my daughter's almost ten (years old)! **5** *(in cui)* when; **mi ricordo quella volta ~ ti ho incontrato** I remember that time when I met you **6** *(mentre)* when; **perché partire ~ tutto ci spinge a restare?** why leave when there's every reason to stay? **osi lamentarti ~ c'è gente che muore di fame!** you dare to complain when there are people starving! **l'ha lasciato solo ~ invece avrebbe dovuto aiutarlo** she let him down when she should have helped him **7** *(visto che)* since; **~ le cose stanno così non ho niente da aggiungere** since it's like that I have nothing else to say **8** *(qualora)* if, when; **~ ti capita di vederlo, salutalo da parte mia** if you happen to see him, say hello to him for me; **~ ci ripensassi, fammi una telefonata** if you change your mind, call me! **9 quand'anche** even if; **quand'anche venisse** even if he should come; **quand'anche cascasse il mondo, lui continuerebbe a dormire** even if the earth opened up, he'd keep on sleeping; **quand'anche fosse vero** even if it were true **10 quand'ecco** when all of a sudden; **stavo per andare a letto quand'ecco suona il telefono** I was just going to bed when all of a sudden the phone rang **III** m. **il come e il ~** how and when.

quantico, pl. **-ci**, **-che** /'kwantiko, tʃi, ke/ agg. [*numero*] quantum attrib.; **salto ~** quantum leap.

quantificabile /kwantifi'kabile/ agg. [*dati*] quantifiable; [*fenomeno*] measurable.

quantificare /kwantifi'kare/ [1] tr. ECON. MAT. to quantify, to measure; **~ i costi** to quantify costs.

quantificatore /kwantifika'tore/ m. quantifier.

quantificazione /kwantifikat'tsjone/ f. quantification.

quantistico, pl. **-ci**, **-che** /kwan'tistiko, tʃi, ke/ agg. [*meccanica, fisica, statistica*] quantum attrib.

▶ **quantità** /kwanti'ta/ ♦ **31** f.inv. **1** *(numero)* quantity, amount (**di** of); **una certa ~ di qcs.** a certain quantity *o* amount of sth.; **grandi ~** large *o* great quantities; **~ enorme** enormous *o* huge amount; **in ~** [*pane, vino*] in large amounts; [*libri*] in large numbers; **in grande ~** in (a large) quantity, in (large) quantities; **in piccola ~** in a small quantity, in small quantities; **~ massima** maximum quantity; **in ~ industriale** SCHERZ. in vasty *o* huge amounts **2** *(moltitudine)* **c'era una ~ incredibile di gente** there was an incredible number of people **3** LING. MUS. quantity ◆◆ **~ di elettricità** FIS. quantity of electricity; **~ di moto** FIS. quantity of motion.

quantitativamente /kwantitativa'mente/ avv. quantitatively.

quantitativo /kwantita'tivo/ **I** agg. **1** *(relativo alla quantità)* [*differenza*] quantitative; **analisi -a** quantitative analysis **2** LING. [*verso*] quantitative **II** m. quantity; **un grosso ~ di merci, di libri** a large quantity of goods, books.

quantizzare /kwantid'dzare/ [1] tr. FIS. ELETTRON. to quantize.

quantizzazione /kwantiddzat'tsjone/ f. FIS. ELETTRON. quantization.

▶ **1.quanto** /'kwanto/ **I** agg.interr. *(con nomi non numerabili)* how much; *(con nomi plurali)* how many; **~ zucchero vuoi?** how much sugar would you like? **~ tempo è rimasto?** how much time is there left? **~ tempo hai impiegato** o **ci hai messo per venire?** how long did you take to come? **non so ~ tempo durerà** I don't know how long it will last; **-a birra bevi?** how much beer do you drink? **-i chilometri ci sono tra le due città?** how far apart are the two towns? **-i chilometri ci sono da qui a Leeds?** how far is it to Leeds? **-i soldi hai?** how much money have you got? **-i giorni occorrono per andarci?** how many days does it take to get there? **-i anni hai?** how old are you? **sai -e macchine circolano per Parigi?** do you know how many cars there are in Paris? **-e volte?** *(numero di volte)* how many times? *(frequenza)* how often? **tra -i anni intendi avere dei figli?** in how many years' time do you intend to start a family? **di ~ pane hai bisogno?** how much bread do you need? **sei qui da ~ tempo?** how long have you been here? **fra ~ tempo arriviamo?** when will we get there? **II** pron.interr. how much; pl. how many; **-i siete, -i sono?** how many of you, of them are there? **non so -i partiranno con noi** I don't know how many (people) will be leaving with us; **a ~ andava la macchina?** how fast was the car going? **a ~ ammontano le perdite?** how much *o* what do the losses come to? **~ manca ancora?** *(di tempo)* how much longer is it? *(di spazio)* how much further is it? **~ c'è da qui al mare?** how far is it to the sea? **~ dura il film?** how long is the film? how long does the film last? **per ~ ne hai?** how long will you be? **ogni ~ lo vedi?** how often do you see him? **questo succede ogni ~?** how often does this happen? **da ~ abiti qui?** how long have you been living here? **fra ~ potrai uscire?** when will you be able to get away? **~ dista casa tua?** how far is your house? **-i ne abbiamo oggi?** what's the date today? what's today's date? **III** agg.esclam. what a lot of; **-i regali! -a gente!** what a lot of gifts, people! **-e caramelle ha mangiato!** what a lot of sweets he ate! **~ tempo ci abbiamo messo!** what a long time we took! **IV** pron.esclam. **~ ci sarebbe ancora da dire!** a lot more could be said (about that)! **V** agg.rel. **1 prendi ~ denaro ti occorre** take as much money as you need; **puoi restare -i giorni vuoi** you can stay as long as you like **2** *(preceduto da preposizione)* **hai notato con -a cattiveria gli ha risposto?** did you notice how snappily she answered him? **tutti sanno con ~ coraggio lei ha compiuto la sua missione** everybody knows how bravely you carried out your mission; **per -i problemi possano avere, ce la faranno** however many problems they may have, they will make it **VI** pron.rel. **1** *(quello che)* what; **ho ~ occorre** I have what I need; **ho fatto ~ potevo** I did what I could; **non credo a ~ mi ha detto** I don't believe what he told me; **tutto ~** everything; **questo è ~** that's it; **-i** *(coloro che)* those who; **-i vogliono iscriversi devono...** those who wish to sign up should...; **tutti -i** everybody, one and all; *(in espressioni superlative)* **è ~ di meglio si possa trovare** this is the best that could be found; **è ~ di peggio possa capitare a qcn.** it's the worst that can happen to sb. **2** *(preceduto da preposizione)* **a ~ dicono** if they're to be believed; **da ~ ho capito** as I understand it; **per ~ ne so** for all I know, as far as I'm aware, to my knowledge; **per ~ mi riguarda** as far as I'm concerned **3** *(in correlazione con tanto)* **ho tanti problemi -i ne ha lui** I have as many problems as he (does) **VII** avv. **1** *(in frasi interrogative)* how much; **~ costa?** how much *o* what does it cost? **~ fa?** how much is it? **~ ti devo?** how much do

I owe you? ~ ***vale il quadro?*** how much *o* what is the picture worth? ~ ***è grande il giardino?*** how big is the garden? ~ ***guadagni all'ora?*** how much do you earn per hour? ***mi piacerebbe sapere ~ ha pagato il suo abito*** I'd like to know how much *o* what she paid for her dress; ~ ***sei alto?*** how tall are you? what's your height? ~ ***pesi?*** how heavy are you? how much do you weigh? ~ ***ci si può fidare di lui?*** to what extent can he be trusted? **2** *(in che misura)* ***è triste vedere ~ la situazione sia degenerata*** it's sad to see how much the situation has deteriorated; ***vede ~ le cose sono cambiate*** you can see how much things have changed; ***Federico sottolinea ~ è prezioso l'aiuto dei suoi colleghi*** Federico stresses how valuable his colleagues' help is to him; ***se tu sapessi ~ mi irrita!*** if you only knew how much he annoys me! **3** *(in frasi esclamative)* ***"è furbo lui!" - "sapessi ~*** o ***ma ~!"*** "he's sly!" - "isn't he just!"; ***un lavoro interessante ma ~ difficile!*** an interesting but very difficult job! ***quant'è grande, brutto!*** how big, ugly it is! ***è stupefacente ~ ti assomigli!*** it's amazing how much he looks like you! ~ ***sono contento!*** how glad *o* happy I am! ~ ***lo odio!*** how I hate him! ~ ***mi dispiace!*** how sorry I am! ***ma ~ sei carina!*** how nice you look! **4** *(in un comparativo) (con aggettivo)* ***è bravo ~ lui*** he's as good as him; ***è tanto bella ~ intelligente*** she's just as pretty as she is intelligent; ***era più lontano di ~ non mi ricordassi*** it was further away than I remembered; *(con verbo)* ***rimani pure ~ vuoi*** stay as long as you like; ***lavoro tanto ~ te*** I work as much as you do; ***ti aiuterò ~ è possibile*** I'll help you insofar as I can; ***ho fatto ~ è possibile*** I did as much as possible; ***grande ~ basta*** big enough (**per** to); ~ ***basta per due*** just about enough for two; ***impegnarsi ~ basta*** to put enough effort; ***aggiungere sale ~ basta*** add salt to taste; *(con avverbio)* ***diglielo ~ prima*** tell him as soon as possible; *(molto)* ~ ***mai*** ever so; ***è ~ mai simpatica*** she's ever so nice; *(talmente)* ***non è uscito da ~ stava male*** he was so sick that he didn't go out **5 quanto più ~ *più guadagna, tanto più spende*** the more he earns, the more he spends **6 quanto meno ~ *meno si allena, tanto più ingrassa*** the less he trains, the more weight he puts on **7 per quanto** *(sebbene)* ***per ~ siano competenti*** however competent they may be; ***per ~ io l'ammiri*** however much I admire him, much as I admire him; ***per ~ ci provi non riesco a farlo*** try as I might, I can't do it **8 in quanto** *(poiché)* ***non ti ho telefonato in ~ pensavo fossi via*** I didn't call you because I thought you were away; *(in qualità di)* ***in ~*** as; ***in ~ lessicografo*** as a lexicographer; ***in ~ tale*** as such **9 in quanto a, quanto a** as for, concerning, regarding; ***in ~ a voi, lei, Lele*** as for you, her, Lele; ~ ***alla cena, ai bambini, non c'è fretta*** as for dinner, the children, there's no hurry; ***(in) ~ a partire, a sposarmi, mai!*** as for leaving, getting married, never! ***non mi ha detto niente ~ all'ora della riunione*** he didn't say anything to me concerning *o* about the time of the meeting.

2.quanto /'kwanto/ m. **1** *(quantità)* quantity **2** FIS. quantum*; ***teoria dei -i*** quantum theory.

quantomeno /kwanto'meno/ avv. at least; ***costerà ~ cento euro*** it will cost at least one hundred euros; ***potevi ~ scusarti*** you could have at least said you were sorry, you might at least have apologized.

quantunque /kwan'tunkwe/ cong. although, though, albeit FORM.; ~ ***poveri, sono generosi*** although poor, they're generous; ~ ***non se lo meriti, l'aiuterò*** though he doesn't deserve it, I'll help him; ***stiamo meglio qui che a Parigi, ~...*** we're better off here than in Paris, but then (again)...

▶ **quaranta** /kwa'ranta/ ➧ ***26, 5, 8, 13*** **I** agg.inv. forty; ***Alì Babà e i ~ ladroni*** Ali Baba and the forty thieves **II** m.inv. forty **III** m.pl. *(età)* ***avvicinarsi, essere vicino ai ~*** to go on forty, to get on for forty BE; ***aver passato i ~*** to be in one's forties *o* over forty; ***è sui ~*** he's in his forties.

quarantacinque /kwaranta'tʃinkwe/ ➧ ***26, 8*** **I** agg.inv. forty-five; ***un disco ~ giri*** a forty-five **II** m.inv. forty-five ◆◆ ~ ***(giri)*** MUS. forty-five.

quarantena /kwaran'tɛna/ f. quarantine; ***(essere) in ~*** (to be) in quarantine; ***essere messo in ~*** to be placed in *o* to go into quarantine (anche FIG.); ***mettere in ~*** to place in quarantine, to quarantine; ***bandiera di ~*** quarantine flag.

quarantennale /kwaranten'nale/ **I** agg. **1** *(di quarant'anni)* forty-year attrib. **2** *(che ricorre ogni quarant'anni)* occurring every forty years **II** m. fortieth anniversary celebration.

quarantenne /kwaran'tɛnne/ **I** agg. forty-year-old attrib. **II** m. e f. forty-year-old; ***un ~*** a man in his forties.

quarantennio, pl. **-ni** /kwaran'tɛnnjo, ni/ m. forty-year period.

quarantesimo /kwaran'tɛzimo/ ➧ ***26*** **I** agg. fortieth **II** m. (f. **-a**) **1** fortieth; ~ ***anniversario (di matrimonio)*** fortieth (wedding) anniversary, ruby wedding **2** *(frazione)* fortieth.

quarantina /kwaran'tina/ f. **1** *(circa quaranta)* about forty; ***una ~ di persone*** about forty people, forty people or so; ***dimostrare una ~ d'anni*** to look about forty **2** *(età)* ***essere sulla ~*** to be about forty; ***avvicinarsi alla ~*** to be going on forty, to get on for forty BE.

quarantottesco, pl. **-schi, -sche** /kwarantot'tesko, ski, ske/ agg. of 1848.

quarantotto /kwaran'tɔtto/ ➧ ***26*** **I** agg.inv. forty-eight **II** m.inv. **1** forty-eight **2** (anche **Quarantotto**) STOR. ***il ~, l'anno delle insurrezioni*** 1848, the year of the risings **3** FIG. *(confusione)* mess, shambles, bedlam ◆ ***fare un ~*** to make a mess *o* shambles, to raise hell.

quaresima /kwa'rezima/ f. Lent; ***fare, osservare la ~*** to keep, observe Lent; ***il periodo della ~*** the season of Lent ◆ ***lungo come la ~*** [*persona*] = very slow; [*funzione, discorso*] = never-ending.

quaresimale /kwarezi'male/ **I** agg. [*digiuno, periodo*] Lenten **II** m. Lent sermon.

quark /kwark/ m.inv. quark.

quarta /'kwarta/ f. **1** SCOL. fourth year, fourth form BE; ***faccio la ~*** I'm in the fourth year **2** MUS. fourth; ***intervallo di ~*** interval of a fourth **3** COREOGR. fourth position **4** AUT. fourth (gear); ***mettere, ingranare la ~*** to change, shift into fourth gear; ***partire in ~*** FIG. to speed away, to get off to a flying start **5** MAT. ***dieci alla ~*** ten to the power (of) four; ***elevare un numero alla ~*** to raise a number to the power of four **6** SPORT *(nella scherma)* quart; ***mettersi in posizione di ~*** to quart ◆◆ ~ ***di copertina*** TIP. back cover.

quartabuono /kwarta'bwɔno/ m. mitre-square BE, miter-square AE.

quartana /kwar'tana/ f. quartan.

quartano /kwar'tano/ agg. [*febbre*] quartan.

quarterone /kwarte'rone/ m. (f. **-a**) quadroon.

quartettista, m.pl. **-i**, f.pl. **-e** /kwartet'tista/ m. e f. **1** *(esecutore)* member of a quartet **2** *(compositore)* composer of quartets.

quartetto /kwar'tetto/ m. **1** *(gruppetto)* quartet, foursome COLLOQ. **2** MUS. quartet; ~ ***d'archi*** string quartet.

quartica /'kwartika/ f. quartic.

▶ **quartiere** /kwar'tjɛre/ m. **1** *(zona)* quarter, district, area, neighbourhood BE, neighborhood AE; ***nel mio ~*** in my neighbourhood *o* area; ***una cartina del ~*** a map of the area; ***il ~ degli affari*** the business district; ~ ***degli artisti*** artists' quarter; ~ ***commerciale, operaio*** shopping, working class area *o* district; ~ ***periferico*** peripheral district *o* suburb; ~ ***residenziale*** residential quarter; ~ ***satellite*** satellite district; ~ ***degradato*** o ***povero*** slum; ~ ***malfamato*** disreputable *o* ill-famed district; ~ ***a luci rosse*** red light district; ***i -i alti*** the fashionable districts; ~ ***arabo, cinese*** Arab quarter, Chinatown; ***di ~*** [*medico, vita, poliziotto*] local; [*negozio, scuola*] neighbourhood attrib.; ***la gente del ~*** the locals; ***lei è del ~?*** are you from around here? **2** MIL. quarters pl.; ***ritirarsi nei propri -i*** to retire to one's quarters **3** FIG. *(tregua)* ***non dare ~*** to give no quarter **4** EQUIT. skirt ◆ ***lotta senza ~*** fight to the death ◆◆ ~ ***dormitorio*** dormitory suburb BE, bedroom suburb AE; ***quartier generale*** MIL. general headquarters (anche FIG.); ***il Quartiere Latino*** the Latin Quarter; ***-i d'inverno*** o ***invernali*** MIL. winter quarters.

quartiermastro /kwartjer'mastro/ m. ANT. quartermaster.

quartile /kwar'tile/ m. quartile.

quartina /kwar'tina/ f. **1** METR. quatrain **2** MUS. quadruplet.

quartino /kwar'tino/ m. quarter; ***bersi un ~*** to drink a quarter of wine.

▶ **quarto** /'kwarto/ ➧ ***26, 5*** **I** agg. fourth **II** m. (f. **-a**) **1** *(in ordine)* fourth; *(a carte)* ***fare il ~*** to make up a four **2** *(quarta parte)* quarter (**di** of) (anche ASTR. GASTR.); ***un ~ di mela*** a quarter of an apple; ***un ~ di bue*** a quarter of beef; ***un ~ di pollo, di formaggio*** a quarter chicken, cheese; ***primo, ultimo ~ di luna*** moon's first, last quarter; ~ ***di libbra*** quarter pound, quartern; ***un ~ di secolo*** a quarter century; ***possiede i tre -i del capitale*** he owns three quarters of the capital; ***un ritratto, una foto di tre -i*** a portrait, photo in three-quarter profile; ***stare di tre -i*** to stand three quarters **3** *(frazione)* fourth **4** *(nell'indicazione dell'ora)* quarter (**di** of); ***un ~ d'ora*** a quarter of an hour; ***tre -i d'ora*** three quarters of an hour; ***ogni ~ d'ora*** every quarter of an hour; ***sono le tre e un ~*** it's a quarter past three; ***sono le tre meno un ~*** it's a quarter to three; ***il ~ d'ora accademico*** UNIV. = in Italian universities, traditional fifteen minute delay before beginning a lecture; ***far passare un brutto ~ d'ora a qcn.*** FIG. to give sb. a hard time **5** MUS. ***in due -i, tre -i, quattro -i*** in two-four time, three-four time, four-four time **6** SART. ***manica tre -i*** three-quarter sleeve **7** TIP. quarto*; ***rilegato in ~*** bound in quarto; ***formato in ~*** quarto size **8** *(di nobiltà)* ***tre -i di nobiltà*** three quarters of nobility; ***avere i propri -i di nobiltà*** to be of noble lineage **9** ARALD. quarter **10** MAR. watch; ***essere di ~*** to be on watch ◆◆ ***-a dimensione*** fourth dimension; ~ ***di finale*** SPORT quarterfinal; ***farsi eliminare ai -i***

di finale to be eliminated from the quarterfinals; ***Quarto Mondo*** Fourth World; ***~ potere*** fourth estate; ***il ~ stato*** the proletariat; ***~ di tono*** quarter tone; ***~ uomo*** SPORT fourth official; ***la -a età*** very old age.

quartultimo /kwar'tultimo/ **I** agg. last but three, fourth from the last, fourth from the end **II** m. (f. **-a**) last but three, fourth from the last, fourth from the end.

quarzifero /kwar'tsifero/ agg. [*filone, porfido*] quartziferous.

quarzite /kwar'tsite/ f. quartzite.

quarzo /'kwartso/ m. quartz; ***al ~*** [*orologio, lampada, filtro*] quartz attrib.; ***di ~*** [*cristallo, deposito*] quartz attrib.; ***vetro di ~*** quartz glass ◆◆ ***~ affumicato*** smoke stone, cairngorm; ***~ piezoelettrico*** piezo-electric quartz; ***~ rosa*** rose quartz.

quarzoso /kwar'tsoso/ agg. quartzose, quartzous.

quasar /'kwazar/ m. e f.inv. quasar.

▶ **quasi** /'kwazi/ **I** avv. **1** *(in frasi affermative)* almost, nearly; ***~ la metà*** almost half; ***sono ~ le otto*** it's almost *o* nearly *o* (just) about eight o'clock; ***la ~ totalità degli studenti*** almost all the students; ***questo costa ~ 10 euro*** it costs nearly *o* almost 10 euros; ***una tela di ~ due metri per tre*** a canvas measuring almost 2 m by 3 m; ***è ~ ora di andare*** it's almost *o* nearly time to go; ***è ~ un mese che aspetto*** I've been waiting close to a month *o* for nearly a month; ***~ sempre*** almost *o* nearly always; ***era ~ certamente innocente*** she was almost certainly innocent; ***siamo ~ pronti*** we're almost *o* (just) about ready; ***~ sicuro*** pretty sure *o* certain; ***~ uguali*** almost *o* mostly the same, nearly identical; ***mi è ~ impossibile venire*** it's almost impossible for me to come; ***c'erano ~ tutti*** almost *o* just about *o* mostly everybody was there; ***tutti o ~*** everybody or almost everybody; ***in ~ tutti i casi*** in most cases; ***siamo ~ arrivati*** we're almost *o* nearly there; ***ha ~ finito*** she's almost *o* nearly finished; ***la notizia lo ha ~ distrutto*** this news nearly finished him; ***riuscire ~ a fare*** to come close *o* near to doing **2** *(in frasi negative)* hardly, scarcely; ***non c'era ~ nessuno*** hardly *o* scarcely anybody was there; ***non resta ~ nulla*** there's hardly *o* scarcely anything left; ***non ne vale ~ la pena*** it's hardly worth it; ***non ha mangiato niente o ~*** she ate hardly anything *o* little or nothing *o* next to nothing; ***non succede ~ mai*** it hardly *o* scarcely ever happens; ***non nevica ~ più*** it has almost stopped snowing **3** *(forse)* ***oserei ~ dire che...*** I would almost venture to say that... **4** *(per poco)* ***stava ~ per annegare*** o ***~ annegava*** she was nearly drowning; ***~ cadevo*** I almost *o* nearly fell; ***~ speravo che*** I was half hoping (that) **5** *(iterato per esprimere desiderio)* ***~ ~ vengo anch'io*** I might just come as well, I have half a mind to come too; ***una birra? - ~ ~*** a beer? - why not? **6** *(in composti)* quasi; ***~-particella*** quasi-particle; ***un ~ stato*** a quasi-state **II** cong. *(seguito da congiuntivo)* as if; ***la tratta molto male, ~ la odiasse*** he treats her very badly, as if he hated her; ***non ha parlato, ~ (che) la cosa non lo riguardasse*** she didn't speak, as though this had nothing to do with her.

quasimodo /kwazi'modo/ m.inv. RELIG. Quasimodo (Sunday), Low Sunday.

quassia /'kwassja/ f. quassia.

▷ **quassù** /kwas'su/ avv. **1** *(qui in alto)* up here; ***~ in montagna*** up here in the mountains; ***da*** o ***di ~ si gode un'ottima vista*** from up here there is a magnificent view; ***vieni ~!*** come up here! **2** FIG. *(qui a nord)* ***~ in Piemonte c'è sempre la nebbia*** up here in Piedmont it's always foggy.

quaterna /kwa'tɛrna/ f. **1** GIOC. = set of four winning numbers **2** *(lista di quattro persone)* = list of four people.

quaternario, pl. **-ri**, **-rie** /kwater'narjo, ri, rje/ **I** agg. **1** GEOL. Quaternary; ***era -a*** Quaternary era **2** CHIM. quaternary **II** m. GEOL. Quaternary.

quaternione /kwater'njone/ m. MAT. quaternion.

quatto /'kwatto/ agg. squatting, crouching; ***restare*** o ***starsene ~ (~)*** to squat quietly.

quattordicenne /kwattordi'tʃɛnne/ **I** agg. fourteen-year-old **II** m. e f. fourteen-year-old; *(ragazzo)* fourteen-year-old boy; *(ragazza)* fourteen-year-old girl.

quattordicesima /kwattordi'tʃɛzima/ f. *(indennità mensile)* = fourteenth month salary.

quattordicesimo /kwattordi'tʃɛzimo/ ♦ ***26, 5*** **I** agg. fourteenth **II** m. (f. **-a**) **1** fourteenth **2** *(frazione)* fourteenth.

▷ **quattordici** /kwat'torditʃi/ ♦ ***26, 5, 8, 13*** **I** agg.inv. fourteen **II** m.inv. **1** *(numero)* fourteen **2** *(giorno del mese)* fourteenth **III** f.pl. *(ore)* two pm; ***sono le ~*** it's two o'clock (in the afternoon); ***alle ~*** at two o'clock (pm).

▷ **quattrino** /kwat'trino/ **I** m. **1** NUMISM. quatrin **2** *(moneta di poco valore)* penny BE, cent AE; ***non avere il becco di un ~*** to be without a penny *o* cent, not to have a single penny BE *o* a red cent AE *o* a bean COLLOQ.; ***senza il becco di un ~*** flat broke **II quattrini** m.pl. money sing., dough sing. COLLOQ.; ***guadagnare fior di -i*** o ***far -i a palate*** to make big money, to make money hand over fist; ***essere a corto di -i*** to be strapped for money.

▶ **quattro** /'kwattro/ ♦ ***26, 5, 8, 13*** **I** agg.inv. four; ***a ~ mani*** MUS. four-handed; ***trazione a ~ ruote*** four-wheel drive; ***a ~ porte*** [*automobile*] four-door; ***a ~ zampe*** on all fours, on (one's) hands and knees; ***amico a ~ zampe*** four-legged friend; ***i ~ cantoni*** GIOC. puss in the corner; ***per ~ soldi*** FIG. for a penny, for a song COLLOQ., for peanuts COLLOQ.; ***da ~ soldi*** FIG. dirt cheap **II** m.inv. **1** *(numero)* four **2** *(giorno del mese)* fourth **3** SPORT ***bob a ~*** four men bob; *(canottaggio)* ***~ con, senza*** coxed, coxless four **4** SCOL. *(voto)* = low fail **III** f.pl. *(ore) (del mattino)* four am; *(della sera)* four pm; ***sono le ~*** it's four o'clock; ***alle ~*** at four o'clock ◆ ***dirne ~ a qcn.*** to give sb. a piece of one's mind; ***fare ~ chiacchiere con qcn.*** to have a chat with sb.; ***mangiare a ~ palmenti, per ~*** to eat like a horse, to shovel food into one's mouth; ***ai ~ venti*** [*spargere*] to the four winds; ***urlare qcs. ai ~ venti*** to shout sth. from the rooftops, to tell the world about sth.; ***parlare a quattr'occhi*** to talk face to face *o* one-to-one *o* tête-à-tête; ***in ~ e quattr'otto*** in a flash, in less than no time, like a dose of salts; ***fare ~ passi*** to go for a stroll, to go for a little *o* short walk; ***è a ~ passi da qui*** it's within walking distance; ***salire, scendere gli scalini a ~ a ~*** to go up, down the stairs four at a time; ***essere fra ~ assi*** to be six foot *o* feet under; ***farsi in ~ per qcn.*** to bend over backwards for sb., to do one's very best for sb.; ***è chiaro come due più due fa ~*** it's as plain as day *o* as the nose on your face; ***c'erano solo ~ gatti*** there was hardly anybody *o* a soul ◆◆ ***~ stagioni*** = pizza with mozzarella cheese, ham, mushrooms and artichokes in oil.

quattrocchi /kwat'trɔkki/ **I** m. e f.inv. SPREG. four eyes **II** m.inv. ORNIT. goldeneye, garrot.

quattrocentesco, pl. **-schi**, **-sche** /kwattrotʃen'tesko, ski, ske/ agg. [*poesia, pittura*] fifteenth-century attrib.; ART. *(in Italia)* quattrocento attrib.

quattrocentesimo /kwattrotʃen'tɛzimo/ ♦ ***26*** **I** agg. four-hundredth **II** m. (f. **-a**) **1** four hundredth **2** *(frazione)* four hundredth.

quattrocentista, m.pl. **-i**, f.pl. **-e** /kwattrotʃen'tista/ m. e f. **1** *(scrittore)* fifteenth-century writer; *(artista)* fifteenth-century artist; *(in Italia)* quattrocentist **2** *(studioso)* = scholar of the art or literature of the fifteenth century **3** SPORT four-hundred-metre runner BE, four-hundred-meter sprinter AE.

quattrocento /kwattro'tʃɛnto/ ♦ ***26*** **I** agg.inv. four hundred **II** m.inv. four hundred **III** m.pl. SPORT ***correre i ~*** to run in the four hundred metres.

Quattrocento /kwattro'tʃɛnto/ m. **1** *(epoca)* fifteenth century **2** ART. *(in Italia)* quattrocento.

quattrofoglie /kwattro'fɔʎʎe/ m.inv. ARALD. quatrefoil.

quebecchese /kebek'kese/ ♦ ***30*** **I** agg. [*gente, cultura*] Quebec attrib. **II** m. e f. Quebec(k)er, Quebecois.

quechua /'kɛtʃwa/ m.inv. LING. Quechua.

quegli /'kweʎʎi/ **I** pron.dimostr.m.sing. LETT. that man, he **II** agg. → **quello**.

▶ **quello** /'kwello/ (**quel**, **quell'** /kwel/; pl. **quegli** /'kweʎʎi/, **quei** /'kwei/, **quelle** /'kwelle/; the form *quell'* is used only before a vowel; the masculine plural form is *quei* before a consonant followed by a vowel and before *f, p, t, c, v, b, d, g* followed by *l* or *r*; in all other cases *quelli* or *quegli*; today, the plural form *quelli* is used only when it follows a noun or does not immediately precede it) v. la nota della voce **questo**. **I** agg.dimostr. **1** that, pl. those; ***quel ragazzo*** that boy; ***quell'uomo laggiù*** that man over there; ***chiudi -a finestra!*** close that window! ***-e ragazze sono molto simpatiche*** those girls are very nice; ***in quei tempi lontani*** in those far-off days; ***in -a casa*** in that house; ***in quel medesimo istante*** at that very instant *o* moment; ***~ stesso giorno*** that same day; ***quell'anno*** o ***in ~ stesso anno*** that (same) year; ***è andato da -a parte*** he went that way; ***questa sedia e -a poltrona*** this chair and that armchair; ***preferisco quel colore a questo*** I prefer that colour to this one; *(seguito da proposizione relativa)* ***chi è quell'uomo che abbiamo incontrato?*** who's that man (that) we met? ***non è uno di quegli uomini che mancano di parola*** he's not someone who goes back on his word **2** *(con valore enfatico)* ***ho uno di quei raffreddori!*** I've got such a cold! ***quel pigro di tuo figlio*** that lazy son of yours; ***non pensavo che avrebbe avuto -a fortuna, quell'audacia*** I never thought he would be so lucky, cheeky **3** *(seguito da possessivo)* ***quel suo modo di fare mi irrita*** that manner of his gets on my nerves; ***hai finito quel tuo libro?*** have you finished that book of yours? **II** pron.dimostr. **1** that (one), pl. those (ones); ***che cos'è, chi è ~?*** what's, who's that? ***lo vedi ~? è mio fratello*** (do you) see that man over there? he *o* that is my brother; ***"quale delle due?" - "-a (là)"*** "which one of the two?" - "that one (over there)"; ***-i lì, -e là*** those over there; ***questo o ~ per me non fa differenza*** this one or that one for me makes no difference; ***questo è per noi e ~ nell'angolo è per voi*** this is for us and the one in the corner is for you **2** COLLOQ. *(con valore enfatico)* ***sta esagerando, ~ lì!*** that guy is pushing it a bit! ***che idiota, -a là!*** what an idiot that woman is! ***ma guarda -a lì!*** get her! ***guardate ~ lì! non si è neanche fatto la barba!*** look at that guy! he hasn't even shaved! **3** *(seguito da preposizione)* ***i secoli passati e -i a venire*** centuries past and those to come; ***i tuoi occhi sono azzurri, -i di tuo fratello sono neri*** your eyes are blue, your brother's are dark; ***il treno del mattino o ~ delle 17?*** the morning train or the 5 o'clock one? ***la sua reazione è stata -a di un uomo innocente*** his reaction was that of an innocent man; ***non è il momento di esitare, ma ~ di agire*** now is not the time to hesitate, but to take action; ***le persone che abitano di fianco o -i del primo piano?*** the people next door or the ones on the first floor? ***~ del gas*** COLLOQ. the gas man; ***-i di*** *(abitanti)* those *o* the people who live in; ***-i di Roma*** the people in Rome, the Romans **4** *(seguito da proposizione relativa)* ***quale vicina? -a che abita di fronte?*** which neighbour? the one who lives opposite? ***Franco è di -i che credono di sapere tutto*** Franco is the sort who thinks he knows everything; ***tutti -i che sono muniti di tessera*** all those who have a card; ***questi libri non sono -i che avevo scelto*** these books are not the ones I chose; ***"quale disco?" - "~ di cui parlavo"*** "which record?" - "the one I was talking about"; *(preceduto dal verbo essere)* ***dei tuoi amici, è ~ che preferisco*** of all your friends, he's the one I like best; ***è -a la sua grande passione*** that's his great passion **5** *(seguito da aggettivo qualificativo)* ***quale vuoi? ~ verde?*** which do you want? the green one? ***compra -i più piccoli*** buy the smallest ones **6** *(in un comparativo)* ***è più intelligente di ~ che pensavo*** he's more intelligent than I thought **7** *(ciò)* what; ***fai ~ che vuoi*** do what you want *o* like; ***è proprio ~ che ho detto*** that's just what I said; ***so ~ che pensi*** I know what you think; ***hai tutto ~ che ti occorre?*** do you have everything you need? ***~ che voglio sapere è chi l'ha rotto*** what I want to know is who broke it; ***per quel che mi riguarda*** as far as I'm concerned; ***per quel che ne so io*** as far as I can tell, for all I know **8** *(in espressioni ellittiche)* ***la sai -a del pescatore?*** have you heard the one about the fisherman? ***in ~, in -a*** at that very moment **9** *(con valore di pronome personale)* ***io parlavo e ~ non mi ascoltava*** I was talking and he wasn't listening to me; *(lo stesso)* ***è sempre ~*** he's always the same; ***non è più ~ di prima*** he's a shadow of his former self **10 in quel di** ***in quel di Torino*** in *o* around *o* near Turin.

quercetina /kwertʃe'tina/ f. quercetin.

querceto /kwer'tʃeto/ m. oak wood, oak grove.

▷ **quercia**, pl. **-ce** /'kwɛrtʃa, tʃe/ f. **1** *(albero)* oak; ***foresta, bosco di -ce*** oak forest, wood **2** *(legno)* oak; ***tavolo di ~*** oak table **3** POL. ***la Quercia*** = the symbol used by the Democratic Party of the Left ◆ ***essere forte come una ~*** to be as strong as an ox ◆◆ ***~ bianca*** white oak; ***~ rossa*** red oak; ***~ spinosa*** kermes oak; ***~ da sughero*** cork oak.

quercino /kwer'tʃino/ agg. oaken, oak attrib.; ***legno ~*** oak (wood).

querciola /kwer'tʃɔla/ f. → **querciolo**.

querciolo /kwer'tʃɔlo/ m. oakling.

quercite /kwer'tʃite/ f. → **quercitolo**.

quercitolo /kwertʃi'tɔlo/ m. quercitol.

quercitrone /kwertʃi'trone/ m. quercitron.

querela /kwe'rɛla/ f. action, lawsuit; ***sporgere ~ contro qcn.*** to bring an action against sb., to lay *o* file a complaint against sb., to sue sb.; ***ritirare una ~*** to withdraw an action; ***~ per diffamazione*** libel action.

querelante /kwere'lante/ **I** agg. plaintive; ***parte ~*** plaintiff **II** m. e f. complainant, plaintiff.

querelare /kwere'lare/ [1] **I** tr. ***~ qcn.*** to bring an action against sb., to lay *o* file a complaint against sb., to sue sb. **II querelarsi** pronom. LETT. to sue, to lay* a complaint.

querelle /ke'rɛl/ f.inv. controversy.

querimonia /kweri'mɔnja/ f. LETT. *(lamentela)* complaint, complaining.

querulo /'kwɛrulo/ agg. querulous; ***con voce -a*** querulously; ***un vecchio ~*** a querulous old man.

quesito /kwe'zito/ m. question, query (**su** about); ***rivolgere un ~ a qcn.*** to ask sb. a question; ***sciogliere un ~*** to solve a problem.

questi /'kwesti/ pron.dimostr.m.sing. LETT. this man.

questionare /kwestjo'nare/ [1] intr. (aus. *avere*) **1** *(discutere)* ***~ di*** to argue about [*argomento, politica*] **2** *(litigare)* to argue, to quarrel.

questionario, pl. **-ri** /kwestjo'narjo, ri/ m. questionnaire; ***preparare, compilare un ~*** to make, compile a questionnaire; ***rispondere a un ~*** to fill in a questionnaire.

▶ **questione** /kwes'tjone/ f. **1** *(problema)* matter, question, issue; ***sollevare una ~*** to bring up *o* raise *o* pose a question *o* an issue; ***risolvere una ~*** to settle *o* sort out *o* decide a matter; ***lasciar cadere la ~*** to let the matter drop; ***sottoporre una ~ a qcn.*** to bring a matter before sb.; ***~ spinosa, scottante*** tricky, burning question *o* issue *o* matter; ***~ controversa*** contentious *o* controversial issue; ***il nocciolo*** o ***nodo della ~*** the heart *o* nub *o* crux of the matter; ***è una ~ politica, sociale*** it's a political, social question; ***ne ha fatto una ~ personale*** he took it personally; ***farne una ~ di stato*** to make too much of it, to make a big issue *o* thing out of it COLLOQ.; ***è una ~ di famiglia*** it's a family affair **2** *(faccenda)* question, matter; ***è una ~ di soldi*** it's a money matter; ***questa è una ~ a parte*** that's another matter *o* question; ***è partito per una ~ urgente*** he's gone off on some urgent business; ***la ~ non cambia*** that doesn't change a thing; ***la ~ si presenta bene, male*** things are looking good, bad; ***la ~ è chiusa*** the matter is closed; ***~ d'abitudine!*** it's a matter of habit! ***è solo ~ di fortuna*** it's the luck of the draw; ***è ~ di vita o di morte*** it's a matter of life and death *o* a life or death matter; ***è solo ~ di pratica*** it's just a question of practice; ***è una ~ di tempo, (buon) gusto, buon senso*** it's a matter of time, taste, common sense; ***è ~ di pochi giorni, di un quarto d'ora*** it's a matter of a few days, a quarter of an hour; ***ne fa una ~ di principio*** he's making an issue of it **3** *(discussione)* ***in ~*** at issue, in question; ***il punto in ~*** the point at issue, the matter under discussion; ***(ri)mettere in ~ qcs.*** to call sth. into question (again), to bring sth. up (again); ***rimettersi in ~*** to take a new look at oneself; ***che voi accettiate è fuori ~*** it's out of the question for you to accept; ***~ in sospeso*** open question, pending matter; ***senza fare -i*** without argument; ***far -i su tutto*** to cause problems about everything ◆◆ ***~ di fatto*** DIR. issue of fact; ***~ di fiducia*** POL. question of confidence; ***~ di fondo*** root question *o* issue; ***~ giuridica*** DIR. issue of law; ***~ di lana caprina*** captious question; ***~ d'onore*** affair of honour; ***~ operaia*** = problems dealing with the conditions of the working class; ***~ d'Oriente*** STOR. eastern question; ***~ palestinese*** Palestinian question; ***~ preliminare*** POL. preliminary question; ***~ di principio*** point of principle; ***~ procedurale*** o ***di procedura*** point of order.

▶ **questo** /'kwesto/, f. **questa** /'kwesta/, m.pl. **questi** /'kwesti/, f.pl. **queste** /'kweste/ **I** agg.dimostr. **1** this pl. these; ***~ libro è mio*** this book is mine; ***-a casa è immensa*** this house is huge; ***-i ragazzi e -e ragazze*** these boys and girls; ***quest'anno*** this year; ***~ mese*** this month; ***-a mattina*** this morning; ***~ pomeriggio*** this afternoon; ***-a sera*** this evening, tonight; ***-a notte*** *(scorsa)* last night; *(a venire)* tonight; ***quest'oggi*** today; ***uno di -i giorni*** one of these days; ***~ venerdì*** this (coming) Friday; ***allora cresce ~ bambino?*** how's the baby doing? ***in -a casa*** in this house; ***in ~ momento*** at the moment; ***a ~ proposito*** in this respect, on this point; ***a ~ scopo*** to this *o* that end; ***prendi ~ libro (qui) piuttosto che quello (là)*** take this book (here) rather than that one (there); ***-a sedia e quella poltrona*** this chair and that armchair; ***in -i giorni è piovuto molto*** it's been raining a lot these days **2** *(tale, simile)* ***è meglio non uscire con ~ freddo*** it's better not to go out in this cold; ***non sopporto che mi risponda con ~ tono*** I won't allow her to take that tone with me **3** *(seguito da un possessivo)* ***-e vostre osservazioni sono del tutto inutili*** these remarks of yours are completely useless **4** *(con valore enfatico)* ***l'ho visto con -i occhi!*** I've seen it with my own eyes! **II** pron.dimostr. **1** this (one), pl. these (ones); ***che cos'è, chi è ~?*** what's, who's this? ***quale delle due? -a?*** which of the two? this one? ***vuoi ~ o quello?*** do you want this one or that one? ***-i, -e sono migliori*** these ones are better; ***l'ha raccontato a ~ e a quello*** he told everybody about it; ***~ qua*** o ***qui*** this one (here) **2** *(seguito da aggettivo qualificativo)* ***quale vuoi? ~ verde?*** which do you want? this green one? **3** *(ciò)* this; ***prenda ~!*** take this! ***arrangiati con ~!*** try and make do with this! ***~ è molto strano*** this is very strange; ***vorrei dirti ~...*** this is what I wanted to tell you...; ***è andato tutto bene, e ~ grazie ai vostri sforzi*** everything went well, and that was all thanks to you; ***eccetto*** o ***tolto ~, hanno gli stessi gusti*** except that, they are like-minded; ***mi limiterò a ~*** I'll confine myself to this; ***detto ~, ci siamo lasciati*** having said that *o* that said, we parted; ***per ~ sono venuti da me*** that's why they came to me; ***con ~ concludo*** by saying this I conclude; ***e con ~?*** so what? ***cosa intende dire con ~?*** what do you mean by that remark? ***~ è tutto*** that's all; ***non abbiamo parlato di ~*** we didn't speak about this subject; ***in ~ hai ragione*** in that way you're right; ***~ mai!*** never! ***~ sì!*** definitely! ***~ sì che è un pensiero profondo!*** how profound! ***~ no!*** no way! absolutely not! ***oltre a ~*** besides that, furthermore; ***per ~*** for this

questo – uso dei pronomi dimostrativi

questo e *quello*

- Nell'italiano di oggi, il sistema dei dimostrativi è composto da due termini, *questo* e *quello*, che ben corrispondono ai termini inglesi *this* e *that*; a livello formale, la differenza sta nel fatto che i termini italiani marcano il genere, maschile o femminile, e il numero, singolare o plurale (*questo / questa / questi / queste, quello / quella / quelli / quelle*), mentre quelli inglesi solo il numero (*this / these, that / those*); a livello semantico, invece, italiano e inglese corrispondono nell'indicare con *questo* e *this* la prossimità nello spazio e nel tempo, e con *quello* e *that* la lontananza nello spazio e nel tempo:

prendi questo libro	= take this book
queste matite sono mie	= these pencils are mine
questa mattina ha piovuto	= it rained this morning
in queste sere sono a casa di rado	= I am rarely at home these evenings
prendi quella sedia in giardino	= take that chair in the garden
quei quadri non sono in vendita	= those pictures are not on sale
quell'anno	= that year
in quei giorni lontani	= in those far-off days.

- Gli esempi appena riportati documentano l'uso aggettivale dei dimostrativi *questo* e *quello* e delle corrispondenti forme inglesi. Quando i dimostrativi italiani sono usati come pronomi, vengono normalmente tradotti con *this (one) / these* e *that (one) / those*:

vuoi questo o quello?	= do you want this one or that one?
queste sono rotte	= these are broken
me ne dia un po' di quelle	= give me some of those.

- Poiché, come si è detto, in inglese non c'è distinzione di genere nell'uso di *questo* e *quello*, un'unica forma può tradurre una doppia indicazione dell'italiano:

questi ragazzi e queste ragazze	= these boys and girls
quei fogli dattiloscritti e quelle buste	= those typewritten sheets and envelopes.

- Quando l'aggettivo dimostrativo è accompagnato da un aggettivo qualificativo, entrambi precedono il nome in inglese:

quell'anziana signora / quella signora anziana	= that elderly lady
questi vecchi giornali / questi giornali vecchi	= these old newspapers.

- Si noti la particolare costruzione inglese da usare quando l'aggettivo dimostrativo è seguito in italiano da un aggettivo possessivo o dal caso del possesso:

quelle tue parole mi hanno turbato	= those words of yours shocked me
mi piace moltissimo questa sua foto	= I like this picture of hers very much
quei libri di John non vanno spostati	= those books of John's are not to be removed
questo vestito rosso di Mary costa 300 euro	= this red dress of Mary's costs 300 euros.

- Si noti la particolare costruzione inglese da usare quando il pronome dimostrativo è seguito da un aggettivo qualificativo:

"quale vuoi?" "questo verde"	= "which do you want?" "this green one"
"quale vuoi?" "quello verde"	= "which do you want?" "the green one"
preferisco quelli verdi	= I like the green ones better.

- I dimostrativi *questo* e *quello* possono essere rafforzati da particelle avverbiali, rispettivamente *qui* o *qua* e *lì* o *là*, che specificano meglio la posizione della persona o cosa indicata dal dimostrativo; analoga struttura è possibile, ma non obbligatoria, in inglese:

prendo questo qui	= I'll take this one (here)
dammi quello là	= give me that one (there).

- Usi particolari di *questo* e *quello*:
  a) si noti l'ambiguità e la diversa traduzione inglese dell'espressione avverbiale *questa notte*, che può fare riferimento alla notte appena trascorsa (e allora si traduce *last night*) oppure alla notte a venire (e allora si traduce *tonight*);
  b) *quello* e *that* si possono usare per indicare che il parlante mostra distacco, e il più delle volte disapprovazione, verso una cosa o persona: *sei ridicolo con quel cappello!* = you look ridiculous in that hat! *quel ragazzo mi dà sui nervi* = that boy gets on my nerves;
  c) nella lingua letteraria i pronomi *questo* e *quello* assumono la forma *questi* e *quegli* nel riferirsi a una persona maschile singolare: *questi non era altri che il professor Rossi* = this was no other than Professor Rossi;
  d) *questo* e *quello* per il maschile, come *questa* e *quella* per il femminile, possono essere resi rispettivamente da *the latter* e *the former*: *sia Doug sia Tim sono degli sportivi: questo è un giocatore di basket, quello è un tuffatore* = both Doug and Tim are sportsmen: the latter is a basketball player, the former is a diver;
  e) per l'uso di *questo* e *quello* nel significato e valore di *ciò*, si veda una successiva sezione di questa nota;
  f) per gli altri usi di *questo* e *quello* (con valore enfatico, in espressioni ellittiche, ecc.), si vedano le voci relative.

codesto

- Nell'italiano antico, e ancora oggi nel toscano, accanto a *questo* e *quello* si usa *codesto* (*codesta* per il femminile, *codesti* e *codeste* per il plurale), che indica persone o cose vicine al destinatario dell'enunciato; in questo caso, come equivalente inglese si usa *that / those*:

codesto vestito è molto elegante	= that dress is very elegant
codeste finestre danno sul parco	= those windows face the park
preferisco codesta	= I like that one better.

ciò

- *Ciò* è pronome dimostrativo sinonimo di *questo* e *quello*, che si usa solo in riferimento a cose; va tradotto con *this* o *that*:

per fare ciò (o *questo*), *dovrei traslocare*	= in order to do that, I would have to move.

- Quando introducono una frase relativa, *ciò che* o *quello che* si traducono con *what*:

ciò (*quello*) *che voglio sapere è chi l'ha rotta*	= what I want to know is who broke it.

- Per le locuzione varie costruite con *questo* e *quello* come sinonimi di *ciò*, si vedano le voci relative.

costui e *colui*

- *Costui* (al femminile *costei*, al plurale *costoro*) e *colui* (al femminile *colei*, al plurale *coloro*) corrispondono rispettivamente a *questo* e *quello*, ma funzionano solo come pronomi e, in ogni caso, sono d'uso raro nella lingua parlata. Gli equivalenti inglesi rendono il significato di tali pronomi dimostrativi con forme d'uso solitamente più comune:

costui	= this man, he (se soggetto), him (se complemento)
costei	= this woman, she (se soggetto), her (se complemento)
costoro	= these people, they (se soggetto), them (se complemento)
colui che	= the man who(m), the one who(m), he who(m)
colei che	= the woman who(m), the one who(m), she who(m)
coloro che	= the people who(m), those who(m), they who(m).

- L'uso di *costui, costei* e *costoro* dà spesso una sfumatura peggiorativa all'enunciato, suggerendo se non altro un certo distacco da parte del parlante:

chi sono costoro?	= who are they?
non parlerei mai con costoro	= I would never speak to these people
non ho niente da dire contro costei	= I have nothing to say against her.

- *Colui, colei* e *coloro* vengono usati nel linguaggio formale a introdurre una frase relativa con significato indeterminato (di solito, vengono impiegati in tale uso *quello / quella / quelli / quelle che* oppure *chi*):

colui il quale mente sarà punito	= he who lies will be punished
coloro i quali hanno terminato possono uscire	= those who have finished may leave.

Altri dimostrativi

- Per le modalità d'uso, equivalenti inglesi ed esempi dei dimostrativi *medesimo, stesso* e *tale*, si vedano le voci relative nel dizionario.

(reason); ***è per ~ che è partito*** that's why he left; ***senza per ~ fare*** without necessarily doing; ***non abbandonerò per ~*** I'm not going to give up for all that; ***senza per ~ modificare tutto*** without necessarily changing everything; ***a parte ~, è andato tutto bene*** except for that, everything went well **4** *(in espressioni ellittiche)* ***-a è bella!*** that's a good one! I like that! ***ci mancava anche -a! -a proprio non ci voleva!*** that's all we needed! that's done it! this is just too much! ***senti -a!*** get this! cop a load of this! COLLOQ.; ***-a poi!*** well I never (did)! no way! ***-a non me l'aspettavo!*** I didn't expect as much!

questore /kwes'tore/ ♦ *18* m. **1** *(funzionario)* = officer in charge of police force, public order and relative administrative services **2** STOR. qu(a)estor.

questua /'kwɛstua/ f. collection of alms; ***fare la ~*** to collect alms.

questuante /kwestu'ante/ **I** agg. begging, mendicant **II** m. e f. beggar, mendicant.

questuare /kwestu'are/ [1] **I** tr. to beg for [*cibo, soldi, approvazione, pietà, sostegno*] **II** intr. (aus. *avere*) [*mendicante*] to beg.

▷ **questura** /kwes'tura/ f. **1** *(organo)* = offices responsible for police force, public order and relative administrative services **2** STOR. qu(a)estorship.

> **Questura** This is the provincial headquarters of the police force. Crimes are reported to the Questura and passports and permits for foreigners are renewed there.

questurino /kwestu'rino/ m. COLLOQ. cop, copper.

queto /'kweto/ → **quieto.**

▶ **qui** /kwi/ avv. **1** *(stato e moto)* here; ***stai ~*** stay here; ***~ in Italia*** here in Italy; ***vieni ~ vicino a me*** come here near me; ***firmi ~ per favore*** sign here please; ***è proprio ~ che furono firmati gli accordi*** the agreements were signed right here, it was in this very place that the agreements were signed; ***~ si vendono francobolli, schede telefoniche*** stamps, phonecards sold here; ***~ si fanno buoni affari!*** good bargains this way! ***pronto? buongiorno, ~ (parla) Miletto*** hello? good morning, Miletto speaking; ***~ Sandra Seitan, da Tokyo, a voi Roma*** this is Sandra Seitan in Tokyo, back to you in Rome; ***~ siete come a casa vostra!*** make yourself at home! ***"dove sei?" - "sono ~"*** "where are you?" - "I'm here"; ***ed io sono ~ ad aspettare*** and here I am, waiting; ***già ~?*** here already? ***"~ torre di controllo"*** "Control Tower here"; ***ci vuole un'automobile per venire sin ~*** you need a car to get here; ***~ (subito)!*** *(a un cane)* come here! heel! ***mi fa male ~*** it hurts me here; ***è ~ che scendiamo*** this is where we get off; ***avere l'acqua fin ~*** to be up to here in water; ***~ e là*** here and there; ***~ dentro*** in here; ***~ sopra*** up here; ***~ sotto*** under here; *(in testo)* here below; ***~ vicino*** near here; ***~ fuori*** out here; ***~ dietro*** behind here; ***~ davanti*** opposite here; ***~ intorno*** around here, hereabouts **2** *(per rafforzare un dimostrativo)* ***chi è questo ~?*** who's this one here? ***questo ~ è il vino migliore*** this one here is the best wine; ***voglio questi ~*** I want these ones (here) **3** *(con valore enfatico)* ***senti ~ cosa dice il giornale*** have a listen to what the newspaper says; ***ecco ~ i tuoi soldi!*** here is your money! ***eccomi ~!*** here I am! ***guarda ~ che confusione!*** look what a mess! ***tieni ~!*** here (you are)! ***dammi ~!*** give it (here) to me! ***tutto ~?*** will that be all? ***il problema è tutto ~*** that's the whole point of the matter; ***non sono potuto venire, tutto ~!*** I couldn't come, that's all! ***è tutto ~ quello che hai da dire?*** is that all you have to say? **4** *(a questo punto)* ***fermiamoci ~*** let's stop here; ***finiamo ~ la nostra conversazione*** let's stop the conversation right here; ***~ devo fare una precisazione*** here I must specify; ***~ scoppiò in lacrime*** at this point she burst into tears; ***~ viene*** o ***comincia il bello*** now comes the best of it; *(su questo punto)* ***è ~ che ti sbagli*** that's where you're wrong; *(in questo frangente)* ***~ ci vuole molta calma*** here we have to be calm; *(finora)* ***fin ~*** so far, up to here, until now **5 di qui** *(da questo luogo)* ***di ~ a lì*** from here to there; ***fuori di ~!*** get out of here! ***di ~ in avanti*** from here on(wards); *(da questa parte)* ***l'uscita è (per) di ~*** the way out is through here; ***è passato di ~*** he's gone this way; *(del posto)* ***la gente di ~*** the people from around here; *(di tempo)* ***di ~ in avanti*** from now on(wards); ***di ~ a poco*** before long; ***di ~ a domani, all'anno 2010*** by tomorrow, by the year 2010; ***di ~ a due giorni*** two days hence *o* from now; ***di ~ a una settimana*** at this time next week, one week from now **6 da qui** *(da questo luogo)* ***da ~ a laggiù*** o ***a lì*** from here to (down) there; ***non è lontano da ~*** it's not far from here; ***da ~ non si vede niente*** you can't see anything from here; ***le vuole bene, ma da ~ a sposarla...*** FIG. he likes her, but as for marrying her...

Qui /kwi/ n.pr.m. *(personaggio dei fumetti)* Huey.

quid /kwid/ m.inv. something, je ne sais quoi; ***in lui c'è un ~ che non mi piace*** he has a certain something *o* air about him that I don't like.

quiddità /kwiddi'ta/ f.inv. quiddity.

quiescente /kwjeʃ'ʃɛnte/ agg. **1** BIOL. BOT. quiescent; *(inattivo)* ***vulcano ~*** dormant volcano **2** *(acquiescente)* [*persona*] acquiescent, accommodating.

quiescenza /kwjeʃ'ʃɛntsa/ f. **1** BIOL. BOT. quiescence, quiescency; *(di vulcano)* dormancy **2** BUROCR. retirement; ***porre qcn. in ~*** to send sb. into retirement; ***trattamento di ~*** retirement pension **3** FIG. acquiescence.

quietamente /kwjeta'mente/ avv. quietly, calmly, restfully.

quietanza /kwje'tantsa/ f. receipt, acquittance; ***rilasciare una ~ per*** to give a receipt for; ***"per ~"*** "received with thanks"; ***firmare una ~*** to sign a receipt.

quietanzare /kwjetan'tsare/ [1] tr. to receipt [*fattura, ricevuta*].

quietanzato /kwjetan'tsato/ **I** p.pass. → **quietanzare II** agg. receipted, acquitted; ***fattura -a*** receipted invoice.

quietare /kwje'tare/ [1] **I** tr. **1** *(placare)* to calm, to soothe [*persona*]; ***~ gli animi*** to calm things down **2** *(appagare)* to slake [*desiderio*]; to edge [*appetito, ira*] **II quietarsi** pronom. **1** *(calmarsi)* ***quando si sarà quietato potremo parlargli*** when he has calmed down we'll talk to him **2** *(attenuarsi)* [*vento, tempesta*] to abate, to subside.

▷ **quiete** /'kwjɛte/ f. **1** *(immobilità)* still(ness); ***la ~ del mare, dell'aria*** the stillness of the sea, the air; ***la ~ notturna*** the still(ness) of the night **2** *(pace)* calm(ness), quiet; ***la ~ della campagna*** the quiet of the countryside; ***la ~ di una casa*** the peace of a house; ***~ dell'anima*** peace of mind **3** FIS. rest; ***stato di ~ di un corpo*** state of rest of a body ◆ ***la ~ prima della tempesta*** the calm *o* lull before the storm ◆◆ ***~ pubblica*** peace; ***turbare la ~ pubblica*** to disturb the peace.

quietismo /kwje'tizmo/ m. **1** RELIG. Quietism **2** *(indifferenza)* quietism.

quietista, m.pl. **-i**, f.pl. **-e** /kwje'tista/ m. e f. **1** RELIG. Quietist **2** *(indifferente)* quietist.

quietistico, pl. **-ci**, **-che** /kwje'tistiko, tʃi, ke/ agg. quietist.

▷ **quieto** /'kwjɛto/ agg. **1** *(immobile)* [*mare, aria*] still **2** *(pacifico)* [*persona, indole*] calm, quiet; ***stai ~!*** keep calm! ◆◆ ***~ vivere*** quiet life; ***per amore del ~ vivere*** for a quiet life.

quinario, pl. **-ri**, **-rie** /kwi'narjo, ri, rje/ **I** agg. MAT. quinary **II** m. **1** NUMISM. quinarius* **2** METR. five-syllable line, pentasyllabic line.

quinci /'kwintʃi/ avv. LETT. **1** *(da questo momento)* from this time on, henceforward **2** *(da qui)* from here, hence; *(per di qua)* through here, this way ◆ ***parlare in ~ e quindi*** to speak affectedly *o* stiltedly.

quindecenvirato /kwindetʃenvi'rato/ m. quindecemvirate.

quindecenviro /kwinde'tʃɛnviro/ m. quindecemvir.

▶ **quindi** /'kwindi/ **I** avv. **1** *(in seguito)* then, afterwards; ***prima arrivò l'insegnante, ~ gli allievi*** the teacher came first, then the pupils **2** *(di conseguenza)* therefore, hence; ***era più snella e ~ più attiva*** she was slimmer and hence more active **II** cong. so; ***non ha telefonato, ~ non verrà*** he hasn't called, so he won't be *o* isn't coming; ***è giovane, ~ inesperta*** she is young and so she lacks experience; ***disponiamo di pochissimo tempo, ~ è importante fare in fretta*** we've got very little time, so *o* therefore we've got to act quickly; ***gli uomini sono mortali, io sono un uomo, ~ sono mortale*** all men are mortal, I am a man, therefore I am mortal ◆ ***parlare in quinci e ~*** to speak affectedly *o* stiltedly.

quindicennale /kwinditʃen'nale/ agg. **1** *(che dura quindici anni)* fifteen-year attrib.; ***mutuo ~*** fifteen-year loan **2** *(che ricorre ogni quindici anni)* occurring every fifteen years.

quindicenne /kwindi'tʃɛnne/ **I** agg. fifteen-year-old **II** m. e f. fifteen-year-old; *(ragazzo)* fifteen-year-old boy; *(ragazza)* fifteen-year-old girl.

quindicennio, pl. **-ni** /kwindi'tʃɛnnjo, ni/ m. fifteen-year period.

quindicesimo /kwindi'tʃɛzimo/ ➧ ***26, 5*** **I** agg. fifteenth **II** m. (f. **-a**) **1** fifteenth **2** *(frazione)* fifteenth.

▶ **quindici** /'kwinditʃi/ ➧ ***26, 5, 8, 13*** **I** agg.inv. fifteen; ***ogni ~ giorni*** every two weeks, every fortnight BE; ***Luigi ~*** ARRED. Louis Quinze **II** m.inv. **1** *(numero)* fifteen **2** *(giorno del mese)* fifteenth **III** f.pl. *(ore)* three pm; ***sono le ~*** it's three o'clock (in the afternoon); ***alle ~*** at three o'clock (pm).

quindicina /kwindi'tʃina/ f. **1** *(circa quindici)* about fifteen; ***una ~ di studenti*** fifteen or so students, about fifteen students; ***una ~ d'anni fa*** about fifteen years ago **2** *(due settimane)* ***la prima ~ di agosto*** the first half *o* two weeks of August, the first fortnight in August BE **3** *(paga di quindici giorni)* two-weeks' pay, fortnightly pay BE.

quindicinale /kwinditʃi'nale/ **I** agg. **1** *(che dura quindici giorni)* lasting for two weeks, fortnight's attrib. BE **2** *(che ricorre ogni quindici giorni)* [*rivista, pubblicazione*] biweekly, bimonthly, fortnightly BE **II** m. biweekly publication, bimonthly publication, fortnightly publication BE.

quindicinalmente /kwinditʃinal'mente/ avv. biweekly, bimonthly, fortnightly BE.

quinquagenario, pl. **-ri**, **-rie** /kwinkwadʒe'narjo, ri, rje/ **I** agg. quinquagenarian **II** m. (f. **-a**) quinquagenarian.

quinquagesima /kwinkwa'dʒɛzima/ f. Quinquagesima (Sunday), Shrove Sunday.

quinquennale /kwinkwen'nale/ **I** agg. **1** *(che dura cinque anni)* five-year attrib., quinquennial; ***piano ~*** five-year plan **2** *(che ricorre ogni cinque anni)* occurring every five years, quinquennial **II** m. fifth anniversary, quinquennium*.

quinquennio, pl. **-ni** /kwin'kwɛnnjo, ni/ m. five-year period, quinquennium*, lustrum*.

quinquereme /kwinkwe'rɛme/ f. quinquereme.

quinta /'kwinta/ f. **1** SCOL. fifth year, fifth form BE; ***faccio la ~*** I'm in the fifth year **2** TEATR. wings pl., coulisse; ***dietro le -e*** backstage, offstage, behind the scenes (anche FIG.) **3** MUS. fifth, quint; ***intervallo di ~*** interval of a fifth **4** COREOGR. fifth position **5** AUT. fifth (gear), top (gear); ***mettere*** o ***ingranare la ~*** to change *o* shift AE into fifth gear, to put a car into fifth gear; FIG. to go into overdrive **6** SPORT *(nella scherma)* quinte ◆ ***operare*** o ***lavorare dietro le -e*** to work behind the scenes.

▷ **quintale** /kwin'tale/ m. quintal.

quintana /kwin'tana/ f. **1** MED. quintan **2** STOR. *(torneo)* quintain.

quinterno /kwin'tɛrno/ m. = five sheets of paper folded in two.

quintessenza /kwintes'sɛntsa/ f. quintessence (**di** of) (anche FIG.); ***la ~ della bellezza*** the quintessence of beauty.

quintessenziale /kwintessen'tsjale/ agg. RAR. quintessential.

quintessenzialmente /kwintessentsjal'mente/ avv. quintessentially.

quintetto /kwin'tetto/ m. **1** MUS. quintet; ***~ vocale*** vocal quintet **2** *(gruppo di cinque persone)* fivesome, quintet; ***formate proprio un bel ~*** SCHERZ. you really are quite a bunch **3** SPORT *(nel calcio)* forward line.

quintilione /kwinti'ljone/ m. trillion BE, quintillion AE.

quintina /kwin'tina/ f. MUS. quintuplet.

Quintino /kwin'tino/ n.pr.m. Quentin, Quintin.

▶ **quinto** /'kwinto/ ➧ ***26, 5*** **I** agg. fifth **II** m. (f. **-a**) **1** fifth **2** *(frazione)* fifth ◆◆ ***-a colonna*** STOR. fifth column.

Quinto /'kwinto/ n.pr.m. Quintus.

quintogenito /kwinto'dʒɛnito/ **I** agg. [*figlio*] fifth(-born) **II** m. (f. **-a**) fifth-born.

quintultimo /kwin'tultimo/ **I** agg. last but four, fifth from the last, end **II** m. (f. **-a**) last but four, fifth from the last, fifth from the end.

quintuplicare /kwintupli'kare/ [1] **I** tr. to quintuple [*somma, guadagno*] **II quintuplicarsi** pronom. to quintuple.

quintuplo /'kwintuplo/ **I** agg. [*numero*] quintuple, fivefold; ***una somma -a di un'altra*** an amount five times more than another **II** m. quintuple; ***il ~ di questa quantità*** five times the amount; ***la loro puntata è fruttata loro il ~*** they got five times their bet back.

qui pro quo, **quiproquò** /kwipro'kwɔ/ m.inv. misunderstanding, quid pro quo*.

Quirinale /kwiri'nale/ n.pr.m. Quirinal; ***il ~*** = the President's palace or the President of the Italian Republic.

> **i** **Quirinale** This is a sixteenth-century building on the Quirinale hill, in Rome, and is now the residence of the President of the Republic. It was formerly the summer residence of the popes and then of the kings of Italy. There is a magnificent garden inside.

Quirino /kwi'rino/ n.pr.m. Quirinus.

quirite /kwi'rite/ m. e f. STOR. quiritian.

quisquilia /kwis'kwilja/ f. LETT. trifle, bagatelle FORM.

quivi /'kwivi/ avv. LETT. **1** *(in tal posto)* there **2** *(allora)* then.

quiz /kwits, kwidz/ m.inv. quiz*; ***gioco a ~*** quiz game, quiz show; ***partecipare a un ~*** to take part in a quiz show.

Quo /kwɔ/ n.pr.m. *(personaggio dei fumetti)* Dewey.

quondam /'kwɔndam/ agg.inv. quondam, former.

quorum /'kwɔrum/ m.inv. quorum, legal number; ***raggiungere il ~*** to have a quorum.

quota /'kwɔta/ f. **1** *(somma da pagare o riscuotere)* share, amount, portion, part; *(contributo periodico)* subscription; ***pagare*** o ***versare la propria ~*** to pay one's share; ***la ~ è di 50 euro all'anno*** the subscription is 50 euros for the year; ***quest'anno non ho pagato la mia ~*** I haven't paid my contributions this year; ***~ di abbonamento*** subscription fee; ***~ associativa*** o ***di associazione*** membership fee; ***~ d'iscrizione*** registration fee **2** DIR. share (**di** in, of); ***avere delle -e in una società*** to have shares in a company **3** ECON. *(quantità)* quota; ***-e d'esportazione, di produzione*** export, production quotas; ***-e latte*** milk quotas **4** *(altitudine)* altitude, height; ***perdere, prendere ~*** [*aereo, mongolfiera*] to lose, gain altitude; ***a bassa, alta ~*** [*nevicare, volare*] at a low, high altitude; ***sorvolare una città a bassa ~*** to fly low over a city; ***a 2.000 metri di ~*** at an altitude of 2,000 metres; ***in ~*** at altitude; ***stazione in ~*** mountain resort; ***riprendere ~*** FIG. [*inflazione*] to creep, go up again **5** *(in cartografia)* ***~ 451*** hill 451 **6** TECN. ARCH. *(nei disegni)* dimension **7** *(nel totocalcio)* payoff, payout; *(nell'ippica)* odds pl. **8** BANC. quotations pl. **9** SPORT *(punteggio)* ***essere a ~ dieci*** to have ten points ◆◆ ***~ d'ammortamento*** depreciation allowance, amortization quota; ***~ disponibile*** disposable portion, disposable share of estate; ***~ ereditaria*** share of an inheritance; ***~ esente*** personal allowances; ***~ d'immigrazione*** immigrant *o* immigration quota; ***~ di mercato*** market share; ***~ parte*** *(nelle assicurazioni)* share; ***~ di partecipazione*** stake, contribution; ***~ periscopica*** periscope depth; ***~ sociale*** dues.

quotare /kwo'tare/ [1] **I** tr. **1** COMM. ECON. *(fissare il prezzo)* to quote [*titolo, valuta*]; ***essere quotato 2 euro*** [*titolo*] to be quoted at 2 euros; ***essere quotato in borsa*** to be listed *o* quoted on the Stock Exchange **2** *(valutare)* to value [*quadro*]; to price [*auto*]; ***~ 6 a 1*** *(nell'ippica)* to be quoted at 6-1 **3** FIG. *(apprezzare)* ***è poco, molto quotato*** the odds on him are short, long **4** TECN. to dimension [*disegno industriale, carta topografica*] **II quotarsi** pronom. to subscribe.

quotato /kwo'tato/ **I** p.pass. → **quotare II** agg. **1** ECON. ***~ in Borsa*** [*titolo, azione*] quoted, listed (on the Stock Exchange); ***azioni non -e*** unlisted *o* unquoted shares **2** FIG. ***un artista molto ~*** a highly-rated *o* appreciated artist; ***essere molto ~*** to be very popular *o* well thought of *o* highly-rated.

quotazione /kwotat'tsjone/ f. **1** ECON. *(di borsa)* quotation, listing; ***-i di borsa*** Stock Exchange quotations *o* prices; ***~ d'apertura*** opening price *o* quotation; ***~ dei cambi*** exchange rate; ***~ di chiusura*** closing price *o* quotation; ***~ ufficiale*** official quotation; ***ammissione alle -i di borsa*** Stock Exchange listing; ***le -i salgono*** o ***sono in rialzo, scendono*** o ***sono in ribasso*** listings are on the uptrend, are going down; ***chiudere le -i in rialzo, in ribasso a 392*** to close up, down at 392, to close higher, lower at 392 **2** COMM. *(di auto d'occasione, francobollo)* quoted value **3** *(nelle scommesse)* betting, odds pl.; ***la ~ è di 20 a 1*** the odds are 20 to 1 **4** FIG. reputation.

quotidianamente /kwotidjana'mente/ avv. daily, every day; ***le transazioni vengono effettuate ~*** transactions are carried out every day; ***confrontarsi ~ con il razzismo, la povertà*** to experience racism, poverty every day; ***faccio ~ un po' di sport*** I play some sport *o* get some exercise every day.

quotidianità /kwotidjani'ta/ f.inv. everyday nature, daily nature (**di** of).

▶ **quotidiano** /kwoti'djano/ **I** agg. [*routine, visita, passeggiata*] daily; [*lavoro, vita*] everyday; ***un problema di vita -a*** an everyday problem; ***uso ~*** ordinary use; ***la stampa -a*** the daily press; ***il tran tran ~*** the daily round (of activities), the daily grind; ***ho fatto la mia buona azione -a*** I did my good deed for the day; ***dacci oggi il nostro pane ~*** give us this day our daily bread; ***febbre -a*** MED. quotidian **II** m. *(giornale)* daily (newspaper); ***i -i nazionali*** the national dailies.

quotista, m.pl. **-i**, f.pl. **-e** /kwo'tista/ m. e f. = partner in a limited liability company.

quotizzare /kwotid'dzare/ [1] tr. **1** *(suddividere)* to apportion, to share out **2** *(lottizzare)* to divide [sth.] into lots.

quoto /'kwɔto/ m. quotient.

quoziente /kwot'tsjɛnte/ m. **1** MAT. quotient **2** STATIST. rate ◆◆ ***~ elettorale*** POL. electoral quota; ***~ intellettivo*** o ***d'intelligenza*** intelligence quotient, IQ; ***~ di natalità*** birthrate; ***~ respiratorio*** respiratory quotient.

QWERTY /'kwɛrti/ agg.inv. ***tastiera ~*** QWERTY keyboard.

r

r, R /'erre/ m. e f.inv. *(lettera)* r, R.
R. ⇒ raccomandata = letter or parcel sent by recorded delivery.
rabarbaro /ra'barbaro/ m. **1** BOT. rhubarb; ***marmellata di ~*** rhubarb jam **2** *(liquore)* rhubarb liqueur ◆◆ ~ ***dei contadini*** BOT. meadow rue.
rabberciamento /rabbertʃa'mento/ m. → **rabberciatura.**
rabberciare /rabber'tʃare/ [1] tr. **1** *(rattoppare)* to patch up, to patch together **2** FIG. ~ ***un saggio in venti minuti*** to dash an essay off in twenty minutes.
rabberciatura /rabbertʃa'tura/ f. patching up.
▶ **rabbia** /'rabbja/ f. **1** MED. VETER. rabies + verbo sing.; ***essere colpito dalla ~*** to have rabies; ***vaccino contro la ~*** rabies vaccine **2** *(furore)* rage, anger (**per** over, at); ***uno scoppio*** o ***un accesso di ~*** a fit of anger, an access of rage; ***essere cieco dalla ~*** to go into a blind rage; ***essere fuori di sé per la ~*** to be beside oneself with rage *o* with anger; ***fremere, schiumare dalla ~*** to dance, foam with rage; ***diventare paonazzo dalla ~*** to go purple with rage; ***essere nero dalla ~*** to be in a rage; ***stringere i pugni per la ~*** to clench one's fists in fury; ***la ~ delle onde*** *(impeto)* the rush of the waves; ***con ~*** angrily ◆ ***che ~!*** what a damned nuisance! ***fare ~ a qcn.*** to annoy *o* madden sb., to make sb. livid; ***mi fa ~ vederlo così infelice*** it makes me angry *o* it annoys me to see him so unhappy.
rabbico, pl. **-ci, -che** /'rabbiko, tʃi, ke/ agg. rabic, rabid.
rabbinato /rabbi'nato/ m. rabbinate.
rabbinico, pl. **-ci, -che** /rab'biniko, tʃi, ke/ agg. rabbinic(al).
rabbinismo /rabbi'nizmo/ m. rabbinism.
rabbinista, m.pl. **-i**, f.pl. **-e** /rabbi'nista/ m. e f. rabbinist.
rabbino /rab'bino/ m. rabbi; ***il Rabbino Capo*** the Chief Rabbi.
rabbiosamente /rabbjosa'mente/ avv. furiously, angrily.
rabbioso /rab'bjoso/ agg. **1** MED. VETER. rabid; ***un cane ~*** a rabid dog **2** FIG. *(collerico)* [*persona*] angry, furious; ***uno sguardo ~*** an angry *o* a furious look; ***con tono ~*** in a furious tone **3** FIG. *(impetuoso)* ***una tempesta -a*** a raging *o* furious storm.
rabboccare /rabbok'kare/ [1] tr. **1** *(riempire)* to fill up, to top up [*bottiglia*] **2** EDIL. to point, to level, to grout [*muro*].
rabboccatura /rabbokka'tura/ f. → **rabbocco.**
rabbocco, pl. **-chi** /rab'bokko, ki/ m. **1** *(riempimento)* filling up, topping up **2** EDIL. pointing, grouting, levelling BE, leveling AE.
rabbonire /rabbo'nire/ [102] **I** tr. to calm down, to appease [*persona*] **II rabbonirsi** pronom. [*persona*] to calm down.
rabbrividire /rabbrivi'dire/ [102] intr. (aus. *avere, essere*) *(di freddo, paura, orrore)* to shiver, to shudder (**di, da, per** with); ~ ***al pensiero, alla vista di qcs.*** to shudder at the thought, sight of sth.; ***il solo pensiero mi fa ~!*** I shudder to think!
rabbuffare /rabbuf'fare/ [1] **I** tr. **1** *(arruffare)* to ruffle, to tousle [*capelli*] **2** *(sgridare)* to scold, to reprimand [*persona*] **II rabbuffarsi** pronom. [*tempo*] to grow* stormy.
rabbuffato /rabbuf'fato/ **I** p.pass. → **rabbuffare II** agg. **1** *(arruffato)* [*capelli*] ruffled, tousled **2** *(corrucciato)* frowning, glowering.
rabbuffo /rab'buffo/ m. scolding, reprimand.
rabbuiare /rabbu'jare/ [1] **I** impers. (aus. *essere*) ***rabbuia*** it's getting dark **II rabbuiarsi** pronom. **1** *(oscurarsi)* ***il cielo si è rabbuiato*** the sky has darkened **2** FIG. [*viso, sguardo*] to darken; ***alla notizia il suo viso si rabbuiò*** her face darkened when she heard the news.
rabbuiato /rabbu'jato/ **I** p.pass. → **rabbuiare II** agg. [*viso, sguardo*] gloomy.
rabdomante /rabdo'mante/ m. e f. dowser, rhabdomancer, water diviner BE; ***bacchetta da ~*** dowsing *o* divining rod.
rabdomantico, pl. **-ci, -che** /rabdo'mantiko, tʃi, ke/ agg. dowsing, divining.
rabdomanzia /rabdoman'tsia/ f. dowsing, rhabdomancy, (water) divining.
rabescare /rabes'kare/ → **arabescare.**
rabesco, pl. **-schi** /ra'besko, ski/ → **arabesco.**
raccapezzare /rakkapet'tsare/ [1] **I** tr. RAR. **1** *(mettere insieme)* to scrape together [*denaro*] **2** *(capire)* to grasp, to figure out, to understand* **II raccapezzarsi** pronom. ***-rsi in qcs.*** to make* *o* figure sth. out; ***non riesco a raccapezzarmi in questa teoria*** I can't make head or tail of this theory; ***non mi ci raccapezzo più*** I'm at a loss; ***con tutte queste date, non mi raccapezzo*** I don't know where I am with all these dates; ***ci sono troppi cambiamenti, non ci raccapezziamo più*** there are too many changes, we don't know if we're coming or going.
raccapricciante /rakkaprit'tʃante/ agg. [*immagine, racconto*] horrifying, gruesome, bloodcurdling; ***la scena dell'incidente era davvero ~*** the scene of the accident was a horrible sight.
raccapricciare /rakkaprit'tʃare/ [1] **I** intr. (aus. *essere*) to be* horrified, to be* appalled, to shudder; ***uno spettacolo che fa ~*** a bloodcurdling scene **II raccapricciarsi** pronom. to be* horrified, to be* appalled, to shudder.
raccapriccio, pl. **-ci** /rakka'prittʃo, tʃi/ m. horror; ***provare ~ per qcs.*** to have a horror of sth.; ***destare ~ in qcn.*** to make sb. horrified; ***guardare qcs. con ~*** to look at sth. in horror.
raccattapalle /rakkatta'palle/ m. e f.inv. *(ragazzo)* ballboy; *(ragazza)* ball girl.
raccattare /rakkat'tare/ [1] tr. COLLOQ. **1** *(raccogliere da terra)* to pick up [*palle da tennis*] **2** *(mettere insieme)* to pick up [*notizie, aneddoti*]; to scrape together [*denaro*].
▷ **racchetta** /rak'ketta/ f. **1** *(da tennis, badminton)* racket; *(da ping-pong)* (table tennis) bat, paddle AE; *(da volano)* battledore; ***fare incordare una ~*** to string a racket **2** *(tennista)* tennis player; ***è una buona ~*** she's a good player **3** *(per camminare nella neve)* snow shoe; *(da sci)* ski pole, ski stick.
racchio, pl. **-chi, -chie** /'rakkjo, ki, kje/ **I** agg. REGION. ugly **II racchia** f. *(donna brutta e sgraziata)* dog POP.
▷ **racchiudere** /rak'kjudere/ [11] tr. to contain, to hold*; ~ ***una teoria in una sola formula*** to encapsulate a theory in a single formula; ~ ***nel cuore un segreto*** to hide a secret in one's heart; ***lo scrigno racchiude un tesoro*** the casket contains a treasure.
racchiuso /rak'kjuso/ **I** p.pass. → **racchiudere II** agg. hidden, shut in.

raccoglibriciole /rakkoʎʎi'britʃole/ m.inv. crumb collector.

▶ **raccogliere** /rak'kɔʎʎere/ [28] **I** tr. **1** *(prendere da terra)* to collect, to pick up [*conchiglie, sassi*]; to gather [*legna*]; to clean up, to clear up [*immondizia*]; **~ *le briciole*** to sweep up the crumbs **2** *(cogliere)* to pick, to harvest, to crop [*frutta, verdura*]; to pick, to gather [*fiori*]; to harvest, to reap, to bring* in [*uva, grano*]; [*ape*] to collect [*polline*]; [*persona*] to pick, to gather [*funghi*]; **~ *i frutti del proprio lavoro*** o ***dei propri sforzi*** FIG. to reap the rewards of one's efforts *o* the fruit of one's labour **3** *(radunare, mettere assieme)* to collect, to get* together, to gather [*oggetti sparsi*]; *(registrare)* to record [*impressioni, opinioni*]; to take* down [*deposizione*]; *(ritirare)* to collect [*giornali vecchi, immondizia*]; SCOL. to take* in, to collect [*quaderni, compiti*]; to round up [*gregge*]; **~ *le idee*** to collect *o* gather one's thoughts; **~ *le proprie forze*** to gather *o* collect *o* muster one's strength; **~ *intorno a sé i propri sostenitori*** to rally one's supporters around *o* behind one **4** *(piegando, arrotolando)* to draw* in, to haul in [*reti*]; to brail in, to furl [*vele*]; **~ *i capelli in uno chignon*** to put *o* wear *o* gather (up) one's hair in a bun **5** *(accumulare)* to collect, to raise [*somma*]; to collect [*firme*]; to win* [*punti*]; to gather (together), to collect [*testimonianze, informazioni, dati*]; *(collezionare)* to collect [*monete, francobolli*]; **~ *materiale per un libro*** to collect material for a book; **~ *denaro per beneficenza*** to collect money for charity **6** COLLOQ. *(sollevare)* to pick up [*bambino, anziano, ubriaco*]; **~ *qcn. dalla strada*** FIG. to pick sb. up out of the gutter **7** *(ricevere, ottenere)* to obtain [*voti, notizie*]; to receive [*eredità*]; to win*, to gain [*applausi, lodi*]; **~ *consensi*** to meet with approval **8** *(convogliare)* to collect [*acqua, resina*]; ***catino per ~ l'acqua*** bucket to catch the water; **~ *profughi in centri di accoglienza*** to shelter *o* house refugees in emergency centres **9** *(accettare)* to respond to, to react to [*provocazione*]; to accept [*invito*]; *(accogliere)* to take* in, to collect BE [*orfano, animale abbandonato*]; **~ *una sfida*** to take up *o* respond to a challenge **10** *(capire)* to take*, to catch* [*allusione*]; ***gliel'ho detto, ma lui non ha raccolto*** I told him but he missed the point **II raccogliersi** pronom. **1** *(radunarsi)* to collect, to gather (**attorno a** around) **2** *(concentrarsi, meditare)* to concentrate, to collect one's thoughts; ***-rsi prima di entrare in scena*** to collect oneself before going on stage; ***-rsi in preghiera*** to collect one's thoughts in prayer, to compose one's thoughts for prayer **3** *(rannicchiarsi)* ***-rsi prima di saltare*** to crouch before jumping ◆ ***essere da ~ con il cucchiaino*** to be pooped *o* knackered POP.; **~ *i propri quattro stracci*** to pack up and go; ***chi semina vento raccoglie tempesta*** PROV. he who sows the wind reaps the whirlwind; ***ognuno raccoglie quel che semina*** PROV. what goes around comes around, you reap what you sow, as you sow, so shall you reap.

raccoglimento /rakkoʎʎi'mento/ m. **1** *(meditazione)* contemplation, meditation; ***una vita di solitudine e ~*** a life of solitary contemplation; ***in un profondo ~*** in deep meditation **2** *(atteggiamento di rispetto)* ***sostare in ~ sulla tomba di qcn.*** to remain in silent contemplation at sb.'s grave; ***un minuto di ~*** a minute's silence.

raccogliticcio, pl. **-ci, -ce** /rakkoʎʎi'tittʃo, tʃi, tʃe/ **I** agg. **1** *(di fortuna)* [*truppe*] irregular, raked up, tumultuary; [*squadra*] scratch **2** *(superficiale)* [*lavoro*] rushed, botched, careless **II** m. jumble, ragbag, hotchpotch BE, hodgepodge AE.

raccoglitore /rakkoʎʎi'tore/ m. (f. **-trice** /tritʃe/) **1** *(persona)* picker, gatherer; **~ *di funghi*** mushroom picker; **~ *di cotone*** cotton picker; **~ *di francobolli, cartoline*** *(collezionista)* stamp, postcard collector **2** *(cartellina)* (loose-leaf) binder, (loose-leaf) folder, file (folder); **~ *ad anelli*** ring binder; **~ *a molla*** spring binder **3** *(recipiente)* container; **~ *per il vetro*** bottle bank.

raccoglitrice /rakkoʎʎi'tritʃe/ f. *(macchina)* picker.

▷ **raccolta** /rak'kɔlta/ f. **1** *(il raccogliere)* *(di conchiglie, sassi)* collecting; *(di funghi, fiori, legna)* gathering; *(di foglie)* picking up; *(di fondi)* collection, raising; *(di informazioni, dati, testimonianze)* collection, gathering; *(di firme, abiti smessi, rifiuti)* collection; ***"~ carta"*** "paper bin"; ***bacino di ~*** GEOGR. catchment (basin) **2** *(il raccogliere i frutti della terra)* harvesting; *(del cotone, delle mele)* picking **3** AGR. *(periodo)* harvest-time; *(raccolto)* crop, harvest; ***una ~ abbondante, scarsa*** a good, poor harvest **4** *(collezione)* collection; **~ *di francobolli, quadri*** stamp, art collection **5** *(insieme)* collection; *(di novelle, poesie)* collection, anthology; **~ *di favole*** book of fables, storybook; **~ *di leggi*** body of laws; **~ *di sentenze*** DIR. casebook **6** *(raduno)* ***luogo di ~*** meeting point; ***punto*** o ***centro di ~*** collection point; ***chiamare a ~*** to gather, to muster (up) [*forze, coraggio, sostenitori*] ◆◆ **~ *differenziata*** separate refuse collection, waste separation.

raccoltamente /rakkolta'mente/ avv. with concentration; ***pregare ~*** to be absorbed in prayer.

1.raccolto /rak'kɔlto/ **I** p.pass. → **raccogliere II** agg. **1** *(rannicchiato)* curled up **2** [*capelli*] gathered (up); ***capelli -i in treccia*** plaited *o* braided hair AE **3** FIG. *(assorto, concentrato)* rapt, absorbed, intent; **~ *in preghiera*** [*fedele*] rapt in prayer **4** *(tranquillo)* [*atmosfera*] cosy BE, cozy AE.

▷ **2.raccolto** /rak'kɔlto/ m. **1** AGR. harvest, crop, yield; ***400 tonnellate di ~ sono andate perdute*** 400 tonnes of the crop were lost; **~ *abbondante*** good harvest; **~ *scarso*** o ***magro*** crop failure, poor harvest; ***riporre*** o ***mettere al riparo il ~*** to get in the harvest; ***festa del ~*** harvest festival **2** FIG. *(profitto)* harvest.

raccomandabile /rakkoman'dabile/ agg. **1** *(consigliabile)* advisable, recommendable; ***l'hotel non è molto ~*** the hotel has little to recommend **2** *(affidabile)* recommendable, reliable; ***poco ~*** [*persona*] disreputable, untrustworthy.

▶ **raccomandare** /rakkoman'dare/ [1] **I** tr. **1** *(affidare)* to entrust; **~ *i figli alle cure di qcn.*** to leave one's children in sb.'s care; **~ *l'anima a Dio*** RELIG. to commend *o* confide one's soul to God **2** *(consigliare)* to recommend [*film, medico*]; to advise, to counsel [*prudenza, puntualità*]; ***con questo piatto lo chef raccomanda (di bere) un vino bianco*** the chef recommends a white wine with the dish; **~ *a qcn. di fare*** to urge sb. to do; **~ *a qcn. la massima discrezione*** to advise sb. to be extremely discreet; **~ *a qcn. di non dire nulla*** to advise sb. not to say anything; ***per i soggiorni in Africa si raccomanda la vaccinazione*** vaccination is recommended for visits to Africa; ***il dottore mi ha raccomandato di stare a letto*** the doctor recommended (that) I should stay in bed; ***quel tipo lì, te lo raccomando!*** IRON. watch your step with that fellow! watch out for that one! **3** *(appoggiare, favorire)* to recommend [*candidato*] (**a** to); **~ *qcn. per un impiego*** to recommend sb. for a job **4** ANT. LETT. *(assicurare)* to tie; **~ *qcs. a un palo*** to tie sth. to a stake **II raccomandarsi** pronom. **1** *(implorare)* ***-rsi a Dio*** to commend oneself to God; ***-rsi alla clemenza di qcn.*** to throw oneself on sb.'s mercy **2** *(esortare)* to urge, to ask; ***si raccomandò che arrivassi in tempo*** he urged me to arrive on time; ***mi raccomando, finisci i compiti!*** do finish *o* you'd better finish your homework! **3** *(essere stimato per)* ***-rsi per*** [*persona, luogo*] to be well-known *o* famous for.

raccomandata /rakkoman'data/ f. **1** = letter or parcel sent by recorded delivery; ***spedire*** o ***fare una ~*** to register a letter **2** *(spedizione)* recorded delivery BE, certified mail AE; ***spedire qcs. per ~*** to send sth. by recorded delivery BE *o* certified mail AE ◆◆ **~ *con ricevuta di ritorno*** = letter or parcel with advice of delivery.

raccomandatario, pl. **-ri** /rakkomanda'tarjo, ri/ m. (f. **-a**) **1** *(persona a cui si raccomanda qualcuno)* = person to whom somebody is recommended **2** COMM. MAR. ship's husband.

raccomandato /rakkoman'dato/ **I** p.pass. → **raccomandare II** agg. **1** *(consigliato)* [*precauzione, ristorante, film*] recommended **2** *(appoggiato)* [*candidato*] recommended; ***essere ~ da qcn.*** to be recommended by sb. **3** *(di posta)* [*lettera, pacco*] sent by recorded delivery BE, sent by certified mail AE; ***in plico ~*** by recorded delivery **III** m. recommended person; *(uomo)* placeman* ◆ ***essere un ~ di ferro*** = to have friends or connections in high places.

▷ **raccomandazione** /rakkomandat'tsjone/ f. **1** *(favoritismo, appoggio)* recommendation; ***lettera di ~*** letter of recommendation; ***su ~ di qcn.*** on the recommendation of sb.; ***ho ottenuto il lavoro grazie alla sua ~*** I got the job on her recommendation; ***ha fatto carriera a forza di -i*** he got on (in his job) by pulling strings **2** *(esortazione)* recommendation (**a** to; **su** on); ***fare delle -i a qcn.*** to make recommendations to sb. **3** *(consiglio)* advice **U**, recommendation; ***vedere un film dietro ~ di qcn.*** to see a film on sb.'s advice *o* recommendation; ***non ha seguito la mia ~*** he didn't follow my advice **4** *(in posta)* registration.

raccomodare /rakkomo'dare/ [1] **I** tr. *(riparare)* to repair, to mend, to fix [*tetto, macchina*]; *(rammendare)* to mend, to darn [*biancheria*] **II raccomodarsi** pronom. *(mettere a posto)* ***-rsi la cravatta*** to straighten one's tie; ***-rsi l'acconciatura*** to fix *o* neaten *o* tidy up one's hair.

racconciare /rakkon'tʃare/ → **raccomodare.**

raccontabile /rakkon'tabile/ agg. fit to be told, worth telling.

▶ **raccontare** /rakkon'tare/ [1] tr. **1** *(riferire)* to tell*; **~ *qcs. a qcn.*** to tell sth. to sb. *o* sb. sth.; **~ *a qcn. come, dove, perché*** to tell sb. how, where, why; ***raccontaci cos'è successo*** tell us what happened; ***dopo l'incidente raccontò come si erano svolti i fatti*** after the accident he described how it had happened; ***è andato a ~ tutto***

alla polizia he spilled everything to the police; ***che mi racconti (di bello)?*** what's new? ***su*** o ***dai, racconta!*** come on, tell me about it! ***lascia che ti racconti!*** let me tell you about it! ***raccontami tutto!*** tell me all about it! tell me the whole story! ~ ***bugie*** to tell lies; ***si racconta*** o ***raccontano che...*** it is said that...; ***ci ha raccontato che si era perso*** he told us that he had got lost; ***raccontano un sacco di frottole sul suo conto*** a lot of silly things are said about him **2** *(narrare)* [*persona*] to tell* [*storia, favola*]; [*film, libro*] to tell* of [*battaglia, vita*]; ~ ***una storiella su qcs.*** to have a joke about sth.; ~ ***una barzelletta*** to tell *o* crack a joke; ***è, non è bravo a ~*** he's a good, bad storyteller ◆ ~ ***qcs. per filo e per segno*** to tell sth. in great detail; ***raccontarne delle belle*** o ***di cotte e di crude*** o ***di tutti i colori*** to tell all sorts of things; ***poterla ~*** to live to tell the tale; ***saperla ~*** to be a real storyteller; ***valla a ~ a qualcun altro!*** COLLOQ. tell me another! tell it to the marines! ***non me la ~!*** don't give me that!

▷ **racconto** /rak'konto/ m. **1** *(narrazione)* account; ***il ~ delle mie avventure*** the account of my adventures; ***fare un ~ dettagliato dell'accaduto*** to give a detailed report of what happened; ***interrompere il ~*** to break off one's account; ***un ~ strappalacrime*** a hard-luck *o* sob story **2** *(componimento letterario)* (short) story, tale; ***un ~ di avventure*** an adventure story, a tale of adventure; ~ ***di fate*** fairy tale; ~ ***poliziesco*** detective story; ~ ***a puntate*** serial.

raccorciare /rakkor'tʃare/ [1] **I** tr. to shorten [*maniche, cappotto*] **II raccorciarsi** pronom. [*indumento*] to shrink*.

raccordare /rakkor'dare/ [1] **I** tr. **1** *(unire)* to connect, to join [*tubi, canali*]; to connect [*linee ferroviarie*] **2** CINEM. to link [sth.] together [*scene, piani*] **3** SPORT to string* [*racchetta*] **II raccordarsi** pronom. [*tubi, cavi*] to join.

raccordatura /rakkorda'tura/ f. stringing.

raccordo /rak'kɔrdo/ m. **1** *(giunzione) (di tubazioni)* joint, connection; *(allacciamento)* connection (**a** to) **2** *(collegamento, intersezione) (di strade)* ~ ***stradale*** feeder, branch road; ~ ***autostradale*** slip road; ***binario di ~*** crossover, feeder (line), sidetrack, spur (track); ***interfaccia di ~*** INFORM. attachment unit interface **3** CINEM. link shot **4** TECN. ~ ***filettato*** nipple; ~ ***a gomito*** elbow ◆◆ ~ ***anulare*** ringroad BE, beltway AE; ~ ***ferroviario*** crossing.

raccostare /rakkos'tare/ [1] **I** tr. **1** *(avvicinare)* to draw* [sth.] near, to move [sth.] close [*oggetto*] **2** *(paragonare)* to compare [*tinte, opere*] **II raccostarsi** pronom. [*persona, cosa*] to move close, to draw* near (**a** to).

racemico, pl. **-ci, -che** /ra'tʃɛmiko, tʃi, ke/ agg. [*sostanza*] racemic.

racemizzazione /ratʃemiddzat'tsjone/ f. racemization.

racemo /ra'tʃɛmo/ m. BOT. raceme.

racemoso /ratʃe'moso/ agg. racemose.

Rachele /ra'kɛle/ n.pr.f. Rachel.

rachicentesi /rakitʃen'tɛzi/ f.inv. lumbar puncture, spinal tap.

rachide /'rakide/ m. e f. **1** ANAT. BOT. rachis* **2** ZOOL. *(di piuma)* rachis*, shaft, stem.

rachideo /raki'dɛo/, **rachidiano** /raki'djano/ agg. rachidian; ***bulbo ~*** medulla oblongata.

rachischisi /rakis'kizi/ ➧ **7** f.inv. rachischisis*, spina bifida.

rachitico, pl. **-ci, -che** /ra'kitiko, tʃi, ke/ **I** agg. **1** MED. [*persona*] rachitic, rickety **2** FIG. [*animale, pianta*] stunted, scrawny, undersized **II** m. (f. **-a**) = person who suffers from rickets.

rachitismo /raki'tizmo/ ➧ **7** m. rickets + verbo sing., rachitis* RAR.

racimolare /ratʃimo'lare/ [1] tr. *(raccogliere qua e là)* to glean, to gather [*notizie, informazioni*]; to scrape together [*soldi*].

racimolatura /ratʃimola'tura/ f. *(attività)* gleaning; *(ciò che si è raccolto)* gleanings pl.

racimolo /ra'tʃimolo/ m. bunch of grapes.

racket /'raket/ m.inv. racket; ***il ~ della droga*** the drugs racket.

rad /rad/ m.inv. rad.

rada /'rada/ f. road(stead), roads pl.; ***nella ~ di Portofino*** in Portofino roads; ***essere ormeggiato in ~*** to lie at anchor.

radar /'radar/ **I** m.inv. radar; ***con il ~*** by radar **II** agg.inv. [*schermo, onda, rilevazione*] radar; ***uomo ~*** air-traffic controller.

radarastronomia /radarastrono'mia/ f. radar astronomy.

radarista, m.pl. **-i**, f.pl. **-e** /rada'rista/ ➧ ***18*** m. e f. radar operator.

radarsonda /radar'sonda/ f. radar-sonde.

raddensamento /raddensa'mento/ m. thickening, condensation.

raddensare /radden'sare/ [1] **I** tr. to thicken **II raddensarsi** pronom. to thicken.

raddobbare /raddob'bare/ [1] tr. to refit, to repair [*nave*].

raddobbo /rad'dɔbbo/ m. refit, repair; ***la nave è al ~*** the ship is under refit *o* under repair *o* in dry dock; ***bacino di ~*** dry dock, graving dock.

raddolcimento /raddoltʃi'mento/ m. **1** *(di suoni, colori)* softening, toning down **2** FIG. softening (**di** of); ***il ~ del suo carattere è dovuto a te*** he has mellowed under your influence; ~ ***della pena*** extenuation *o* mitigation of the sentence **3** FON. palatalization, softening.

raddolcire /raddol'tʃire/ [102] **I** tr. **1** *(addolcire)* to sweeten [*bevanda*] **2** *(attenuare)* to soften, to tone down [*suoni, colori*] **3** FIG. to soften up, to mellow [*persona*] **4** METALL. to soften **II raddolcirsi** pronom. [*persona*] to mellow, to soften; ***si è raddolcito con l'età*** time has mellowed him.

raddoppiamento /raddoppja'mento/ m. **1** *(di quantità, dipendenti, quote)* (re)doubling **2** FIG. *(rafforzamento)* reinforcement **3** LING. *(di sillaba)* reduplication; *(di lettera)* gemination.

raddoppiare /raddop'pjare/ [1] **I** tr. **1** *(moltiplicare per due)* to (re)double [*capitale, prezzo, numero*]; ~ ***la posta*** GIOC. to double the stakes (anche FIG.); ***in cinque anni ha raddoppiato il suo patrimonio*** he doubled his fortune in five years **2** *(intensificare)* ~ ***la prudenza, le attenzioni*** to be twice as *o* much more careful, attentive; ~ ***gli sforzi*** to redouble one's efforts **3** *(piegare in due)* to double (over) [*giornale, coperta*] **4** MUS. to double; ~ ***una parte*** to double a part **5** LING. to reduplicate [*consonante, sillaba*] **II** intr. (aus. *essere*) **1** *(moltiplicarsi per due)* [*quantità, cifra*] to (re)double; ~ ***di valore*** to double in value **2** *(aumentare)* ~ ***di volume*** to increase in volume; ***il traffico è raddoppiato*** traffic has redoubled *o* has increased twice as much.

raddoppiato /raddop'pjato/ **I** p.pass. → **raddoppiare II** agg. **1** *(doppio)* [*prezzo, guadagno*] (re)doubled **2** FIG. *(accresciuto)* redoubled, renewed; ***con ~ impegno*** with redoubled vigour **3** *(piegato in due)* doubled (over).

raddoppio, pl. **-pi** /rad'doppjo, pi/ m. **1** *(raddoppiamento) (di quota, quantità)* (re)doubling **2** FERR. ***il ~ di una linea*** the doubling of a line, the laying of a second track **3** *(nel biliardo)* double **4** MUS. double **5** LING. *(di sillaba)* reduplication; *(di lettera)* gemination.

raddrizzamento /raddrittsa'mento/ m. **1** *(rimessa in forma)* straightening **2** EL. rectification **3** *(manovra)* straightening up.

▷ **raddrizzare** /raddrit'tsare/ [1] **I** tr. **1** *(far tornare dritto)* to straighten up [*picchetto, barra*]; to straighten out [*sbarra, paraurti*]; to straighten [*denti, chiave, arnese*]; to straighten, to set* [sth.] straight [*quadro*]; ~ ***le spalle*** to straighten one's shoulders; ~ ***un malato*** to sit a sick person up; ~ ***i fiori in un vaso*** to put the flowers straight in a vase **2** *(dopo una manovra)* to straighten up [*barca a vela, aliante, volante*]; ***raddrizza!*** straighten up! **3** *(dopo un errore)* to redress, to rectify, to turn around [*situazione*]; ~ ***le ingiustizie sociali*** FIG. to redress social injustice; ***ti raddrizzo io!*** COLLOQ. I'll teach you! **4** EL. to rectify **II raddrizzarsi** pronom. **1** *(mettersi dritto)* to straighten (up), to push oneself upright **2** *(riprendere vigore)* [*pianta*] to pick up again, to recover **3** *(dopo una manovra)* [*barca a vela, aliante*] to straighten up ◆ ~ ***le gambe ai cani*** to milk the bull *o* the ram; ~ ***le ossa a qcn.*** to beat sb. up.

raddrizzatore /raddrittsa'tore/ m. rectifier.

raddrizzatura /raddrittsa'tura/ f. → **raddrizzamento.**

radente /ra'dɛnte/ agg. **1** *(che rasenta)* [*palla*] grazing; [*luce, raggio*] oblique; [*volo*] hedgehopping, grazing; ***attrito ~*** MECC. sliding friction **2** MIL. *(rasoterra)* [*tiro*] grazing.

radenza /ra'dɛntsa/ f. grazing movement.

▷ **radere** /'radere/ [58] **I** tr. **1** *(rasare)* to shave* [*persona, testa, viso, gambe*] (**con** with); to shave* off [*barba, capelli, baffi*]; ***questo rasoio rade bene, male*** this razor shaves well, badly; ~ ***perfettamente*** to give a close shave; ~ ***a zero qcn.*** to shave sb.'s head **2** *(devastare)* [*ciclone, pioggia, esplosione*] to flatten [*alberi, edifici*]; ~ ***al suolo*** to demolish, to level, to raze [sth.] to the ground [*edificio, città*] **3** *(sfiorare)* to graze, to skim **II radersi** pronom. **1** *(rasarsi)* to shave*, to have* a shave (**con** with); ***-rsi perfettamente*** to give oneself a close shave; ***-rsi la barba, i baffi*** to shave off one's beard, moustache **2** *(depilarsi)* ***-rsi le gambe*** to shave one's legs.

radezza /ra'dettsa/ f. scarcity, scantiness.

radiale /ra'djale/ **I** agg. **1** AUT. MECC. [*pneumatico, trapano, turbina*] radial **2** MAT. FIS. [*velocità, spinta, sezione, simmetria*] radial **3** ANAT. [*muscolo, arteria, nervo*] radial **II** f. *(strada)* radial road **III** m. *(pneumatico)* radial, radial tyre BE, radial tire AE.

radialmente /radjal'mente/ avv. radially.

radiante /ra'djante/ **I** agg. [*calore, energia*] radiant; ***riscaldamento a pannelli -i*** radiant heating; ***punto ~*** ASTR. radiant **II** m. MAT. radian.

radiare /ra'djare/ [1] tr. **1** BUROCR. ~ ***qcn. da una lista*** to remove sb. from a list; ~ ***un nome da una lista*** to cross a name off a list; ~ ***un medico*** to strike off a doctor, to strike a doctor off the roll; ~

un avvocato to disbar a lawyer **2** MAR. ~ ***una nave*** to condemn a ship.

1.radiato /ra'djato/ agg. [*cappella, corona*] radiate.

2.radiato /ra'djato/ **I** p.pass. → **radiare II** agg. [*medico*] struck off; [*avvocato*] disbarred.

radiatore /radja'tore/ m. **1** AUT. AER. FIS. radiator **2** *(di riscaldamento)* radiator, heater; ***alzare, abbassare il*** ~ to turn up, down a radiator; ~ ***ad accumulo*** storage heater; ~ ***ad alette*** finned radiator; ~ ***a convezione*** convector heater; ~ ***elettrico*** electric heater; ~ ***soffiante*** fan heater.

▷ **1.radiazione** /radjat'tsjone/ f. FIS. radiation **U**; ***esposizione alle -i*** radiation exposure; ***sorgente di -i*** source of radiation ◆◆ ~ ***alfa*** alpha radiation; ~ ***beta*** beta radiation; ~ ***cosmica*** cosmic radiation; ~ ***cosmica di fondo*** background radiation; ~ ***elettromagnetica*** electromagnetic radiation; ~ ***gamma*** gamma radiation; ~ ***infrarossa*** infrared radiation; ~ ***ionizzante*** ionizing radiation; ~ ***nucleare*** nuclear radiation; ~ ***solare*** solar radiation; ~ ***ultravioletta*** ultraviolet radiation.

2.radiazione /radjat'tsjone/ f. expulsion; *(da un albo)* disbarment.

radica /'radika/ f. **1** *(legno) (della radice del noce)* burr walnut, walnut root; *(della radice della scopa da ciocco)* brierwood, briarwood; ***pipa di*** ~ briar (pipe) **2** RAR. *(radice)* root.

▷ **radicale** /radi'kale/ **I** agg. **1** BOT. [*apparato*] root attrib.; ***cuffia*** ~ root-cap, calyptra; ***pelo*** ~ root-hair **2** MAT. radical **3** FIG. *(drastico)* [*cura, soluzione*] drastic; [*cambiamento, riforma*] radical, sweeping, far-reaching **4** POL. [*partito, deputato, opposizione*] radical **5** LING. [*sillaba, vocale*] radical **II** m. e f. POL. radical **III** m. **1** CHIM. radical; ***-i liberi*** free radicals; ~ ***acido*** acid radical **2** MAT. root sign **3** LING. radical, root.

radicalismo /radika'lizmo/ m. radicalism.

radicalizzare /radikalid'dzare/ [1] **I** tr. to radicalize [*politica, rivendicazioni*]; to toughen [*atteggiamento*] **II radicalizzarsi** pronom. **1** *(diventare radicale)* [*persona, gruppo*] to radicalize, to become* more radical **2** *(irrigidirsi)* [*atteggiamento*] to toughen; [*politica*] to harden.

radicalizzazione /radikaliddzat'tsjone/ f. radicalization.

radicalmente /radikal'mente/ avv. **1** *(drasticamente)* [*cambiare*] radically, drastically, dramatically **2** *(profondamente)* [*opposto, diverso*] radically.

radicamento /radika'mento/ m. *(il radicarsi)* rooting, taking root; *(l'essere radicato)* rootedness.

radicando /radi'kando/ m. radicand.

radicare /radi'kare/ [1] **I** tr. to implant [*idea, pregiudizio, principio*] **II** intr. (aus. *essere*) [*pianta*] to take* root, to root, to radicate **III radicarsi** pronom. [*abitudine, idea, pregiudizio*] to take* root; [*persona*] to put* down roots.

radicato /radi'kato/ **I** p.pass. → **radicare II** agg. FIG. [*tradizione, pregiudizio, credenza, uso*] (deep-)rooted, entrenched, ingrained (**in** in); ***essere*** ~ ***nelle proprie abitudini*** to be set in one's ways; ***essere*** ~ ***in qcs.*** to be firmly rooted *o* deeply ingrained in sth.

radicchio, pl. **-chi** /ra'dikkjo, ki/ m. radicchio*.

▷ **radice** /ra'ditʃe/ **I** f. **1** BOT. root; ***mettere -i*** to take root, to root; FIG. to put down roots **2** FIG. *(fonte)* root; ***essere alla*** ~ ***di qcs.*** to be at the root of sth.; ***estirpare il male alla*** ~ to strike at the root of the problem; ***andare alla*** o ***individuare la*** ~ ***del problema*** to get to the root of the problem; ***la*** ~ ***di tutti i mali*** the root of all evil **3** ANAT. root **4** MAT. root; ***calcolare, estrarre la*** ~ ***di un numero*** to extract the root of a number; ***la*** ~ ***quarta di*** the fourth root of; ***estrazione di*** ~ extraction of root **5** LING. root; ***la*** ~ ***di una parola*** the root of a word **II radici** f.pl. FIG. *(origini)* roots; ***non ha -i*** he has no roots, he hasn't got any roots; ***una credenza che ha -i profonde*** a deep-rooted belief ◆ ***vedere l'erba dalla parte delle -i*** to be pushing up (the) daisies ◆◆ ~ ***aerea*** aerial root; ~ ***avventizia*** adventitious root; ~ ***commestibile*** root vegetable, root crop; ~ ***cubica*** cube root; ~ ***dentaria*** root (of the tooth); ~ ***ennesima*** nth root; ~ ***fascicolata*** fasciculate, fasciate(d) root; ~ ***a fittone*** taproot; ~ ***linguale*** root of the tongue; ~ ***del naso*** bridge (of the nose); ~ ***quadrata*** square root; ~ ***seconda*** → ~ **quadrata**; ~ ***secondaria*** rootlet; ~ ***terza*** → ~ **cubica**; ~ ***dell'unghia*** root of the nail.

radichetta /radi'ketta/ f. rootlet.

radicolare /radiko'lare/ agg. radicular.

radicolite /radiko'lite/ f. MED. radiculitis.

radiestesia /radjeste'zia/ → **radioestesia.**

▶ **1.radio** /'radjo/ **I** f.inv. **1** *(apparecchio)* radio*, radio set; ***accendere la*** ~ to switch *o* turn on the radio; ***spegnere la*** ~ to switch *o* turn off the radio; ***alzare, abbassare (il volume del)la*** ~ to turn up, down the radio; ~ ***di bordo*** on-board radio; ~ ***a pile*** battery-operated radio **2** *(radiodiffusione)* radio*; ***per*** o ***alla*** ~ on the radio; ***parlare alla*** ~ to talk on the radio; ***trasmettere qcs. per*** o ***alla*** ~ to broadcast sth. (on the radio); ***ascoltare qcn., qcs. alla*** ~ to listen to sb., sth. on the radio; ***abbiamo sentito la notizia alla*** ~ we heard the news on the radio; ***domani sera la*** ~ ***trasmetterà un concerto*** a concert will be broadcast on the radio tomorrow evening; ***lavora alla*** ~ he works in radio *o* in broadcasting **3** *(stazione)* radio station; ***ascoltare una*** ~ ***inglese*** to listen to an English radio station; ~ ***a modulazione di frequenza*** FM radio **4** *(radiotelegrafia)* radio*; ***comunicare per*** ~ to communicate by radio; ***chiedere aiuto via*** ~ to radio for help; ***trasmettere qcs. via*** ~ ***a qcn.*** to radio sth. to sb.; ***chiamata via*** ~ radio call **II** agg.inv. [*collegamento, comunicazioni, segnale, ponte, copertura*] radio; ***onde*** ~ radio waves, airwaves; ***stazione*** ~ radio station; ***apparecchio*** ~ radio (set); ***giornale*** ~ radio news (broadcast), news bulletin BE, news cast AE ◆◆ ~ ***a galena*** crystal set; ~ ***guida*** AER. → **radioguida**; ~ ***libera*** independent radio station; ~ ***locale*** local radio (station); ~ ***pirata*** pirate radio (station); ~ ***privata*** private radio company; ~ ***sveglia*** → **radiosveglia.**

2.radio, pl. **-di** /'radjo, di/ m. ANAT. radius*.

3.radio /'radjo/ m. CHIM. radium; ***ago di*** ~ radium needle.

radioabbonato /radjoabbo'nato/ m. (f. **-a**) radio subscriber.

radioaltimetro /radjoal'timetro/ m. radio altimeter.

radioamatore /radjoama'tore/ m. (f. **-trice** /tritʃe/) CB user, (radio) ham COLLOQ., CBer AE COLLOQ.

radioamatoriale /radjoamato'rjale/ agg. [*attività*] radio amateur attrib., ham radio COLLOQ. attrib.

radioascoltatore /radjoaskolta'tore/ m. (f. **-trice** /tritʃe/) (radio) listener.

radioascolto /radjoas'kolto/ m. radio listening.

radioassistenza /radjoassis'tɛntsa/ f. radio assistance.

radioastronomia /radjoastrono'mia/ f. radio astronomy.

radioastronomo /radjoas'trɔnomo/ m. (f. **-a**) radio astronomer.

radioattività /radjoattivi'ta/ f.inv. radioactivity.

radioattivo /radjoat'tivo/ agg. [*contaminazione, materiale, minerale, pioggia*] radioactive; ***scorie -e*** nuclear waste.

radiobiologia /radjobiolo'dʒia/ f. radiobiology.

radiobussola /radjo'bussola/ f. radio compass.

radiocanale /radjoka'nale/ m. radio channel.

radiocarbonio /radjokar'bɔnjo/ m. radiocarbon.

radiochimica /radjo'kimika/ f. radiochemistry.

radiocobalto /radjoko'balto/ m. cobalt 60, radio-cobalt.

radiocollegamento /radjokollega'mento/ m. radio link.

radiocomandare /radjokoman'dare/ [1] tr. to radio-control.

radiocomandato /radjokoman'dato/ **I** p.pass. → **radiocomandare II** agg. [*giocattolo*] radio-controlled; ***aereo*** ~ robot plane.

radiocomando /radjoko'mando/ m. radio control.

radiocomunicazione /radjokomunikat'tsjone/ f. radio communication.

radiocronaca, pl. **-che** /radjo'krɔnaka, ke/ f. (radio) commentary, (running) commentary.

radiocronista, m.pl. **-i**, f.pl. **-e** /radjokro'nista/ ♦ ***18*** m. e f. (radio) commentator; ~ ***sportivo*** sports commentator.

radiodiagnostica /radjodiaɲ'ɲɔstika/ f. radiodiagnostics + verbo sing.

radiodiffondere /radjodif'fondere/ [51] tr. to broadcast* (by radio).

radiodiffusione /radjodiffu'zjone/ f. (radio) broadcasting.

radiodiffuso /radjodif'fuzo/ **I** p.pass. → **radiodiffondere II** agg. broadcast(ed).

radiodisturbo /radjodis'turbo/ m. radio interference, radio noise.

radiodramma /radio'dramma/ m. radio play.

radioecologia /radjoekolo'dʒia/ f. radioecology.

radioelemento /radjoele'mento/ m. radioelement.

radioelettrico, pl. **-ci**, **-che** /radjoe'lɛttriko, tʃi, ke/ agg. radio attrib.

radioestesia /radjoeste'zia/ f. dowsing, divining.

radioestesista, m.pl. **-i**, f.pl. **-e** /radjoeste'zista/ m. e f. dowser, diviner.

radiofaro /radjo'faro/ m. (radio) beacon; ~ ***di atterraggio*** landing beacon; ~ ***a impulsi*** radar beacon.

radiofonia /radjofo'nia/ f. radio transmission.

radiofonicamente /radjofonika'mente/ avv. **1** *(alla radio)* on the radio **2** *(via radio)* by radio, over the radio.

radiofonico, pl. **-ci**, **-che** /radjo'fɔniko, tʃi, ke/ agg. [*stazione, trasmissione, intervista, annunciatore, pubblicità*] radio attrib.; ***tecniche -che*** (radio) broadcasting techniques; ***giornalista*** ~ (radio) news broadcaster, radio journalist.

radiofoto /radjo'fɔto/ f.inv. (accorc. radiofotografia) radiophoto(graphy).

radiofotografia /radjofotogra'fia/ f. radiophotography.

radiofrequenza /radjofre'kwɛntsa/ f. radio frequency.

radiogalassia /radjoga'lassja/ f. radio galaxy.

radiogiornale /radjodʒor'nale/ m. (radio) news (broadcast), (radio) news bulletin BE, (radio) news cast AE.
radiogoniometria /radjogonjome'tria/ f. radiogoniometry.
radiogoniometrico, pl. **-ci**, **-che** /radjogonjo'mɛtriko, tʃi, ke/ agg. [*antenna*] radiogoniometric(al).
radiogoniometro /radjogo'njɔmetro/ m. radiogoniometer, direction finder.
radiografare /radjogra'fare/ [1] tr. to radiograph, to X-ray.
radiografia /radjogra'fia/ f. **1** MED. X-ray (photograph); ***fare una ~ ai polmoni*** to have a chest X-ray; ***il dottore mi ha fatto una ~ al piede*** the doctor X-rayed my foot; ***dalla ~ si può vedere...*** on the X-ray you can see... **2** FIG. *(esame approfondito)* in-depth analysis; ***fare una ~ a qcn., qcs.*** to analyze sb., sth. carefully.
radiograficamente /radjografika'mente/ avv. radiographically.
radiografico, pl. **-ci**, **-che** /radjo'grafiko, tʃi, ke/ agg. [*apparecchio, esame*] radiographic.
1.radiogramma /radjo'gramma/ m. radiograph.
2.radiogramma /radjo'gramma/ m. → **radiotelegramma.**
radioguida /radjo'gwida/ f. AER. radio control; ***~ da terra*** ground control.
radioguidare /radjogwi'dare/ [1] tr. to radio-control.
radiointervista /radjointer'vista/ f. radio interview.
radioisotopo /radjoi'zɔtopo/ m. radioisotope.
radiolario, pl. **-ri** /radjo'larjo, ri/ m. radiolarian.
radiolarite /radjola'rite/ f. radiolarite.
radiolina /radjo'lina/ f. portable (transistor) radio*.
radiolisi /ra'djɔlizi/ f.inv. radiolysis*.
radiolocalizzatore /radjolokaliddza'tore/ m. radar, radiolocator.
radiolocalizzazione /radjolokaliddzat'tsjone/ f. radiolocation.
radiologia /radjolo'dʒia/ f. FIS. MED. radiology.
radiologico, pl. **-ci**, **-che** /radjo'lɔdʒiko, tʃi, ke/ agg. [*apparecchio, esame*] radiological; ***pasto ~*** barium meal.
radiologo, m.pl. **-gi**, f.pl. **-ghe** /ra'djɔlogo, dʒi, ge/ ♦ ***18*** m. (f. **-a**) radiologist, radiographer.
radiomessaggio, pl. **-gi** /radjomes'saddʒo, dʒi/ m. radio message, radiogram.
radiometria /radjome'tria/ f. radiometry.
radiometrico, pl. **-ci**, **-che** /radjo'mɛtriko, tʃi, ke/ agg. radiometric.
radiometro /ra'djɔmetro/ m. radiometer.
radiomicrofono /radjomi'krɔfono/ m. radio microphone.
radiomobile /radjo'mɔbile/ f. patrol car, radio car, cruiser AE, prowl car AE.
radionavigazione /radjonavigat'tsjone/ f. radio navigation.
radionuclide /radjonu'klide/ m. radionuclide.
radioonda /radjo'onda/ f. radio wave, airwave.
radioopaco, pl. **-chi**, **-che** /radjoo'pako, ki, ke/ agg. radiopaque.
radiopilota /radjopi'lɔta/ m. radio control.
radioprotezione /radjoprotet'tsjone/ f. radiation protection, radio-protection.
radioregistratore /radjoredʒistra'tore/ m. radio cassette recorder, radio tape recorder.
radioricevente /radjoritʃe'vɛnte/ **I** agg. [*stazione, apparecchio*] radio-receiving **II** f. radio receiver.
radioricevitore /radjoritʃevi'tore/ m. radio receiver.
radioricezione /radjoritʃet'tsjone/ f. radio reception.
radioripetitore /radjoripeti'tore/ m. relay station, radio relay.
radiosamente /radjosa'mente/ avv. [*sorridere*] brightly.
radioscopia /radjosko'pia/ f. radioscopy.
radioscopico, pl. **-ci**, **-che** /radjos'kɔpiko, tʃi, ke/ agg. [*esame*] radioscopic.
radiosegnale /radjoseɲ'ɲale/ m. radio signal.
radiosensibile /radjosen'sibile/ agg. radiosensitive.
radiosensibilità /radjosensibili'ta/ f.inv. radiosensitivity.
radiosentiero /radjosen'tjɛro/ m. glide path.
radiosità /radjosi'ta/ f.inv. radiance, brightness.
radioso /ra'djoso/ agg. **1** *(splendente)* [*sole*] dazzling **2** *(soleggiato)* [*tempo, mattino*] sunny, bright **3** *(raggiante)* [*viso, sorriso, aspetto*] bright, radiant; [*bellezza, persona*] radiant **4** *(promettente)* [*futuro*] glorious, bright.
radiosonda /radjo'sonda/ f. radiosonde.
radiosondaggio, pl. **-gi** /radjoson'daddʒo, dʒi/ m. radiosonde investigation.
radiosorgente /radjosor'dʒɛnte/ f. radio source ♦♦ ***~ discreta*** radio star.
radiospia /radjos'pia/ f. bug.
radiostazione /radjostat'tsjone/ f. radio station.
radiostella /radjos'tella/ f. radio star.
radiosveglia /radjoz'veʎʎa/ f. radio alarm (clock), clock radio.
radiotaxi /radjo'taksi/ m.inv. radio taxi, radio-controlled taxi.
radiotecnica /radjo'tɛknika/ f. radio engineering.
radiotecnico, pl. **-ci**, **-che** /radjo'tɛkniko, tʃi, ke/ m. (f. **-a**) radio engineer.
radiotelecomando /radjoteleko'mando/ m. → **radiocomando.**
radiotelefonia /radjotelefo'nia/ f. radiotelephony.
radiotelefono /radjote'lɛfono/ m. radio(tele)phone; *(telefonino)* mobile (phone), cellphone, cellular (tele)phone.
radiotelegrafare /radjotelegra'fare/ [1] tr. to radiotelegraph, to wireless ANT.
radiotelegrafia /radjotelegra'fia/ f. radiotelegraphy, wireless telegraphy.
radiotelegrafico, pl. **-ci**, **-che** /radjotele'grafiko, tʃi, ke/ agg. [*chiamata, messaggio*] radiotelegraphic.
radiotelegrafista, m.pl. **-i**, f.pl. **-e** /radjotelegra'fista/ ♦ ***18*** m. e f. radiotelegraphist, radio-operator, wireless operator.
radiotelegrafo /radjote'lɛgrafo/ m. radiotelegraph, wireless.
radiotelegramma /radjotele'gramma/ m. radiotelegram, radiogram, wireless message.
radiotelescopio, pl. **-pi** /radjoteles'kɔpjo, pi/ m. radio telescope.
radiotelevisione /radjotelevi'zjone/ f. *(ente)* broadcasting company.
radiotelevisivo /radjotelevi'zivo/ agg. broadcast(ing); ***trasmissione -a*** programme broadcast on radio and television.
radioterapia /radjotera'pia/ f. **1** *(con raggi X)* radiotherapy, radiation therapy, radiotherapeutics + verbo sing. **2** *(con radio)* radium therapy.
radioterapico, pl. **-ci**, **-che** /radjote'rapiko, tʃi, ke/ agg. [*trattamento*] radiotherapeutic.
radioterapista, m.pl. **-i**, f.pl. **-e** /radjotera'pista/ ♦ ***18*** m. e f. radiotherapist.
radiotrasmettere /radjotraz'mettere/ [60] tr. to broadcast*.
radiotrasmettitore /radjotrazmetti'tore/ m. radio transmitter.
radiotrasmissione /radjotrazmis'sjone/ f. **1** *(trasmissione radiofonica)* (radio) broadcast **2** *(il trasmettere mediante radio)* (radio) broadcasting.
radiotrasmittente /radjotrazmit'tɛnte/ **I** agg. [*apparecchio, impianto, stazione*] broadcasting **II** f. **1** *(stazione)* (radio) broadcasting station **2** *(apparecchio)* (radio) transmitter.
radioutente /radjou'tɛnte/ m. e f. *(radioascoltatore)* radio listener; *(radioabbonato)* radio subscriber, (radio) licence holder.
radium /'radjum/ m.inv. → **3.radio.**
radiumterapia /radjumtera'pia/ f. radium therapy.
▷ **rado** /'rado/ agg. **1** *(non fitto)* [*pubblico, folla*] thin; [*barba, capelli*] sparse, thinning; [*vegetazione*] sparse; [*pettine*] wide-toothed **2** *(a trama larga)* [*tessuto*] loose **3** *(poco frequente)* ***di ~*** rarely, seldom; ***non di ~*** not infrequently, rather often; ***farsi più ~*** [*lettere, visite*] to become less frequent.
radome /'radom/ m.inv. radome.
radon /'radon/ m.inv. radon.
radula /'radula/ f. radula*.
radunabile /radu'nabile/ agg. collectable.
▷ **radunare** /radu'nare/ [1] **I** tr. **1** *(riunire)* to gather, to collect [*libri*]; to muster (up), to assemble, to rally, to summon (up) [*truppe*]; to gather, to round up [*persone, militanti*]; to herd, to round up [*mandria, gregge*] **2** *(accumulare)* to accumulate, to amass, to hoard SPREG. [*ricchezze*]; to store up, to stockpile, to hoard SPREG. [*provviste*] **II radunarsi** pronom. [*truppe, navi*] to rally; [*persone, militanti*] to gather, to collect; ***-rsi attorno a qcn.*** to gather around sb.; ***-rsi sotto il segno di*** to rally to the cause of.
radunata /radu'nata/ f. **1** *(raggruppamento)* assembly, gathering; ***~ sediziosa*** riotous assembly, unlawful assembly **2** MIL. muster.
raduno /ra'duno/ m. **1** *(raggruppamento, riunione)* gathering, rally, convention, meeting; ***punto di ~*** meeting-place; ***~ nazionale*** national gathering; ***~ automobilistico*** car rally **2** SPORT meet, meeting BE.
radura /ra'dura/ f. clearing, glade.
rafano /'rafano/ m. horseradish; ***salsa al ~*** horseradish sauce.
raffa /'raffa/ f. ***di riffa o di ~*** by hook or by crook.
Raffaele /raffa'ɛle/ n.pr.m. Raphael; ***l'Arcangelo ~*** the Archangel Raphael.
raffaellesco, pl. **-schi**, **-sche** /raffael'lesko, ski, ske/ agg. ART. *(relativo a Raffaello)* Raphael's; *(che ricorda lo stile di Raffaello)* Raphaelesque.
Raffaello /raffa'ɛllo/ n.pr.m. Raphael; ***le Madonne di ~*** Raphael's Madonnas.
raffazzonamento /raffattsona'mento/ m. → **raffazzonatura.**
raffazzonare /raffattso'nare/ [1] tr. to botch (up) [*lavoro*]; to throw* together, to patch together [*discorso*].

raffazzonato /raffattso'nato/ **I** p.pass. → **raffazzonare II** agg. [*lavoro*] botched, careless, rushed; [*discorso*] patched together.
raffazzonatore /raffattsona'tore/ m. (f. **-trice** /tritʃe/) botcher, slapdash worker; *(scrittore, artista)* hack.
raffazzonatura /raffattsona'tura/ f. *(il raffazzonare)* botching(-up), patching(-up); *(lavoro mal fatto)* botch(-up), bungle.
rafferma /raf'ferma/ f. MIL. re-enlisting.
raffermare /raffer'mare/ [1] **I** tr. MIL. to re-enlist [*soldato*]; ***~ qcn. nella carica di*** to confirm sb. as **II raffermarsi** pronom. MIL. to re-enlist.
raffermato /raffer'mato/ **I** p.pass. → **raffermare II** agg. re-enlisted.
raffermo /raf'fermo/ agg. [*pane, dolce*] hard, stale; ***diventare ~*** to go stale.
raffia /'raffja/ → **rafia.**
▷ **raffica**, pl. **-che** /'raffika, ke/ f. **1** *(di vento)* gust, squall; *(di pioggia)* shower, burst; *(di neve)* flurry, squall; ***vento che soffia a -che*** gusty *o* squally wind; ***-che di vento che raggiungono le 60 miglia orarie*** winds gusting up to 60 mph **2** *(di arma da fuoco)* burst, volley; ***colpi a ~*** firing in bursts; ***sparare a ~ su*** to blast away at [*persona*]; ***-che di mitragliatrice*** rounds of machine-gun fire **3** FIG. barrage, volley; ***~ di domande*** barrage of questions, rapid-fire questions; ***una ~ d'insulti*** a shower *o* hail of insults; ***parlare a ~*** to talk nonstop, to talk nineteen to the dozen, to talk a mile a minute AE.
raffigurabile /raffigu'rabile/ agg. representable.
raffigurare /raffigu'rare/ [1] **I** tr. **1** *(descrivere)* [*persona*] to depict [*paesaggio, scena, situazione*]; to portray [*persona*] **2** *(simboleggiare)* to symbolize, to represent, to stand* for; ***il leone raffigura Venezia*** the lion is the symbol of Venice **3** LETT. *(riconoscere)* to recognize **II raffigurarsi** pronom. *(immaginare)* ***-rsi qcs.*** to picture *o* imagine sth.
raffigurazione /raffigurat'tsjone/ f. **1** *(rappresentazione)* depiction, representation, portrayal **2** *(simbolo)* symbol.
raffilare /raffi'lare/ [1] tr. RAR. **1** *(riaffilare)* to resharpen, to sharpen [sth.] again [*forbici*] **2** *(rifilare)* to trim [*bordi*].
raffilatura /raffila'tura/ f. *(l'affilare)* sharpening, whetting.
raffinamento /raffina'mento/ m. **1** *(raffinazione)* refinement, refining, polishing **2** FIG. refinement.
raffinare /raffi'nare/ [1] **I** tr. **1** *(digrossare)* to refine [*petrolio, metalli, zucchero*]; to clarify [*burro, miscela*] **2** FIG. to refine [*maniere, stile, gusto*] **II raffinarsi** pronom. to refine, to become* refined (anche FIG.).
raffinatamente /raffinata'mente/ avv. refinedly.
raffinatezza /raffina'tettsa/ f. **1** *(di persona, civiltà)* refinement, distinction; ***dimostrare ~ nei modi*** to have refined manners **2** *(di ambiente, abbigliamento)* sophistication (**di** of) **3** *(sottigliezza)* refinement; ***-e stilistiche*** stylistic refinements.
▷ **raffinato** /raffi'nato/ **I** p.pass. → **raffinare II** agg. **1** *(ricercato, fine)* [*persona*] refined, polished, cultivated; [*maniere*] polished, elegant; [*cucina, piatto*] refined, delicate; [*scrittura, stile*] refined, polished; [*gusti*] sophisticated, refined; [*pubblico*] sophisticated **2** *(trattato per raffinatura)* [*petrolio, zucchero*] refined; ***non ~*** unrefined, raw **III** m. (f. **-a**) refined person.
raffinatore /raffina'tore/ ♦ ***18*** m. (f. **-trice** /tritʃe/) refiner.
raffinatura /raffina'tura/, **raffinazione** /raffinat'tsjone/ f. refining; ***~ del petrolio, dello zucchero*** oil, sugar refining.
▷ **raffineria** /raffine'ria/ f. **1** *(impianto di raffinazione)* refinery; ***~ di petrolio, di zucchero*** oil, sugar refinery; ***~ di sale*** saltern, saltworks **2** *(laboratorio clandestino)* ***~ di crack*** crack factory.
raffio, pl. **-fi** /'raffjo, fi/ m. MAR. PESC. gaff, grapnel, grapple, grappling iron.
▷ **rafforzamento** /raffortsa'mento/ m. **1** *(consolidamento) (di potere, economia, posizione)* consolidation, strengthening; *(di amicizia, relazione)* strengthening; ***il ~ del dollaro nei confronti dell'euro*** the steadying of the dollar against the euro **2** *(di dighe, costruzioni, materiali)* reinforcement, strengthening.
▷ **rafforzare** /raffor'tsare/ [1] **I** tr. **1** *(consolidare)* to strengthen [*autorità, potere, posizione, convinzione, fede, amicizia*]; to reinforce [*controllo*]; [*misura*] to steady [*mercato, fluttuazione*]; ***~ qcn. in*** to confirm sb. in [*propositi, opinioni*] **2** EDIL. to reinforce, to strengthen [*diga, costruzione*] **II rafforzarsi** pronom. **1** *(consolidarsi)* [*regime, autorità*] to get* stronger, to consolidate; [*amicizia, relazione*] to strengthen **2** *(irrobustirsi)* [*muscoli, vento*] to strengthen; [*mercato, economia, industria*] to harden, to strengthen (**rispetto a** against).
rafforzativo /raffortsa'tivo/ agg. LING. [*pronome, forma*] disjunctive; ***elemento ~*** intensifier.
rafforzato /raffor'tsato/ **I** p.pass. → **rafforzare II** agg. **1** *(consolidato)* strengthened **2** EDIL. [*diga, costruzione*] strengthened, reinforced.
raffreddamento /raffredda'mento/ m. **1** METEOR. drop in temperature; ***~ del clima*** cooler weather **2** TECN. NUCL. cooling; ***circuito, tubo, torre, aletta di ~*** cooling circuit, pipe, tower, fin; ***piscina di ~*** deactivation pool; ***liquido di ~*** coolant; ***~ ad acqua*** water-cooling; ***~ ad aria*** air cooling **3** *(di relazioni, sentimenti)* cooling.
▷ **raffreddare** /raffred'dare/ [1] **I** tr. **1** *(abbassare la temperatura di)* [*dispositivo*] to cool down [*motore*]; [*nebbia, vento*] to cool, to chill [*atmosfera, aria*]; [*ghiaccio*] to chill [*acqua*]; ***fare*** o ***lasciare ~ qcs.*** to leave sth. to cool **2** *(calmare)* [*persona, notizia*] to dampen, to cool [*ardore, entusiasmo*] **3** *(scoraggiare)* ***~ qcn.*** [*notizia, fallimento, accoglienza*] to dampen sb.'s spirits **II raffreddarsi** pronom. **1** *(diventare freddo)* [*acqua, minestra, caffè*] to get* cold, to go* cold; ***cominciate a mangiare, se no si raffredda*** start eating or it will get cold; ***vai a lavarti, l'acqua nella vasca si raffredda*** go and wash, your bath will be getting cold **2** FIG. [*entusiasmo, zelo, passione, legame*] to cool; ***i rapporti tra loro si sono raffreddati*** relations between them have cooled **3** *(prendere un raffreddore)* [*persona*] to catch* a cold.
raffreddato /raffred'dato/ **I** p.pass. → **raffreddare II** agg. **1** *(refrigerato)* ***~ ad acqua, ad aria*** water-cooled, air-cooled **2** MED. ***essere ~*** to have a cold.
raffreddatore /raffredda'tore/ **I** agg. [*sistema*] cooling **II** m. METALL. chill.
▷ **raffreddore** /raffred'dore/ ♦ **7** m. cold; ***un brutto ~*** a bad cold; ***prendersi il ~*** to catch a cold; ***mi ha attaccato il ~*** he gave me his cold; ***un ~ di testa*** a head cold; ***finirai per prenderti un ~*** you'll wind up with a cold ♦♦ ***~ da fieno*** hay fever.
raffrenare /raffre'nare/ [1] **I** tr. **1** *(tenere a freno)* to keep* a tight rein on [*cavallo*] **2** FIG. *(contenere, trattenere)* to curb, to control [*sentimento, risposta*] **II raffrenarsi** pronom. to control oneself, to restrain oneself.
raffrontabile /raffron'tabile/ agg. comparable.
raffrontare /raffron'tare/ [1] tr. to compare [*esperienze, testi*] (**con** with; **a** to); ***se si raffrontano il lavoro svolto e il risultato*** if one compares the amount of work done to the result.
raffronto /raf'fronto/ m. comparison (**tra**, **fra** between; **con** with); ***fare un ~*** to compare, to make a comparison; ***non ho termini di ~*** I have no way of making a comparison.
rafia /'rafja/ f. **1** *(fibra)* raffia; ***una stuoia, un cestino di ~*** a raffia mat, basket; ***un filo di ~*** a piece of raffia **2** *(albero)* raffia palm.
raficero /ra'fitʃero/ m. ***~ campestre*** steenbok.
rag. ⇒ ragioniere accountant.
raga /'raga/ m.inv. MUS. ragga.
ragade /'ragade/ f. rhagas*.
raganella /raga'nɛlla/ f. **1** ZOOL. tree frog **2** MUS. GIOC. rattle.
▶ **ragazza** /ra'gattsa/ f. **1** *(giovane donna)* girl; ***una ~ di sedici anni*** a sixteen-year(-old) girl, a girl of sixteen *o* aged sixteen; ***è una brava ~*** she's a good girl; ***da ~ era molto timida*** when (she was) a girl she was very shy; ***fin da ~, io...*** ever since I was a girl, I...; ***una ~ perbene, ammodo*** a nice *o* proper girl; ***una ~ di buona famiglia*** a girl from a good family; ***un bel pezzo di ~*** COLLOQ. a dish, a bit of crumpet BE **2** *(nubile)* unmarried woman; ***cognome da ~*** maiden name; ***~ da marito*** girl of marriageable age, nubile FORM. **3** *(fidanzata)* girlfriend; ***avere, farsi la ~*** to have, get a girlfriend ♦♦ ***~ copertina*** cover girl; ***~ madre*** single mother; ***~ pompon*** cheerleader, pompom girl; ***~ squillo*** call girl.
ragazzaccio, pl. **-ci** /ragat'tsattʃo, tʃi/ m. bad boy.
ragazzata /ragat'tsata/ f. childish action, childish trick, mischief.
ragazzina /ragat'tsina/ f. young girl, little girl, kid; ***da ~*** [*aspetto*] girlish.
ragazzino /ragat'tsino/ m. little boy, kid; ***con quel vestito sembri proprio un ~!*** you look like a little boy in that dress!
▶ **ragazzo** /ra'gattso/ m. **1** *(giovane uomo)* boy, kid COLLOQ., lad COLLOQ., guy COLLOQ.; ***un ~ di sedici anni*** a sixteen-year(-old) boy, a boy of sixteen *o* aged sixteen; ***è un bravo ~*** he's a good boy *o* guy; ***un ~ di buona famiglia*** a boy from a good family; ***essere un bel ~*** o ***un ~ carino*** to be a handsome fellow *o* guy; ***mio caro ~!*** my dear boy! ***è ancora un ~!*** he's still a boy! ***il suo aspetto da ~*** her boyish looks; ***da ~ era molto timido*** when (he was) a boy he was very shy; ***fin da ~, io...*** ever since I was a boy, I...; ***è un gioco*** o ***giochetto da -i*** that's child's play, it's kid's stuff COLLOQ.; ***hey, -i!*** hey, you guys! ***forza -i!*** come on lads! ***i -i di oggi*** *(gioventù)* today's young people *o* youth **2** *(fidanzato)* boyfriend; ***avere, farsi il ~*** to have, get a boyfriend **3** *(garzone)* boy; ***il ~ del bar*** the barman; ***~ dell'ascensore*** lift attendant BE, lift-operator BE, liftboy BE, ele-

vator attendant AE, elevator operator AE **4** *(figlio maschio)* son, boy ◆◆ **~ *di bottega*** *(fattorino)* errand boy; *(apprendista)* apprentice; **~ *padre*** single father; **~ *di vita*** male prostitute, rent boy BE.

ragazzona /ragat'tsona/ f. big (strapping) girl.

ragazzone /ragat'tsone/ m. big (strapping) boy.

raggelante /raddʒe'lante/ agg. freezing, chilling, icy (anche FIG.).

raggelare /raddʒe'lare/ [1] **I** tr. **1** *(gelare)* to freeze* **2** FIG. [*persona, sguardo*] to intimidate; [*discorso, frase*] to chill [*atmosfera, pubblico*]; **~ *il sangue a qcn.*** to chill sb.'s blood; ***la paura gli raggelò il sangue*** fear made his blood run cold **II raggelarsi** pronom. to freeze* (anche FIG.); ***-rsi per l'orrore, per lo stupore*** to freeze with horror, surprise; ***il sangue le si raggelò nelle vene*** her blood ran cold.

raggiante /rad'dʒante/ agg. **1** *(radioso)* [*viso, sorriso, aspetto, persona*] beaming, radiant; ***essere ~ di gioia*** to be radiant *o* beaming with joy; ***essere ~ di felicità*** to be glowing with happiness **2** FIS. [*energia*] radiant.

raggiare /rad'dʒare/ [1] **I** tr. LETT. to radiate; ***il suo volto raggiava felicità*** his face radiated joy **II** intr. (aus. *avere*) **1** *(emettere raggi)* [*sole*] to shine* **2** *(gioire)* to beam; **~ *di gioia*** to beam with joy.

raggiato /rad'dʒato/ **I** p.pass. → **raggiare II** agg. **1** *(a raggiera)* [*simmetria*] radial **2** BOT. rayed.

raggiera /rad'dʒɛra/ f. halo* (with rays); ***(disposto) a ~*** [*strade*] radial, radiating.

▶ **raggio**, pl. **-gi** /'raddʒo, dʒi/ m. **1** MAT. radius*; ***un ~ di 10 cm*** a radius of 10 cm; ***tracciate un cerchio di ~ r*** draw a circle of radius r **2** *(distanza)* radius*; ***nel ~ di 10 km*** within a 10 km radius; **~ *d'azione*** *(di armi)* range; FIG. sphere of activity; ***aereo a lungo ~*** long-range aircraft; ***missile a corto ~*** short-range missile; ***volo a lungo, medio, breve ~*** long, medium, short haul flight **3** *(di luce, corpo celeste)* beam, ray; ***un ~ di sole*** a ray of sunshine *o* of sunlight, a sunbeam; **~ *di luna*** moonbeam; ***ho approfittato di un ~ di sole per uscire*** I took advantage of a moment's sunshine to go out; ***svegliarsi ai primi -gi del sole*** to wake up at the peep of day; ***un ~ di speranza*** FIG. a ray *o* gleam of hope **4** MED. *(radiazione)* X-ray, radiation **U**; ***farsi fare i -gi*** to have an X-ray; ***sottoporre ai -gi X un oggetto*** to X-ray an object; ***essere curato con i -gi*** to undergo radiation treatment; ***fare i -gi a qcn., qcs.*** FIG. to give sb., sth. a close look **5** FIS. **~ *incidente*** incident ray; **~ *laser*** laser beam **6** *(di ruota)* spoke **7** EDIL. wing ◆◆ **~ *di curvatura*** radius of curvature; **~ *luminoso*** ray of light, light ray; **~ *di sterzata*** AUT. lock; **~ *terrestre*** radius of the Earth; **~ *ultravioletto*** ultraviolet ray; **~ *verde*** green flash; **~ *vettore*** radius vector; **~ *visivo*** visual ray; ***-gi alfa*** alpha rays; ***-gi beta*** beta rays; ***-gi catodici*** cathode rays; ***-gi cosmici*** ASTR. cosmic rays; ***-gi gamma*** gamma rays; ***-gi infrarossi*** infrared rays; ***-gi X*** X-rays.

raggirabile /raddʒi'rabile/ agg. dupable.

raggirare /raddʒi'rare/ [1] tr. to deceive, to dupe, to trick, to take* in [*cliente, uomo*]; to get* round [*legge*]; ***lasciarsi*** o ***farsi ~*** to let oneself be taken in *o* be cheated; **~ *qcn. perché faccia*** to deceive sb. into doing.

raggiro /rad'dʒiro/ m. deceit, deception, dupery; ***essere vittima di un ~*** to be cheated.

▶ **raggiungere** /rad'dʒundʒere/ [55] tr. **1** *(arrivare a, trovare)* [*persona, veicolo*] to reach, to get* to [*luogo, confine*]; to catch* up with, to join [*persona*]; to reach [*valore, somma, età pensionabile*]; **~ *la riva a nuoto*** to swim ashore; **~ *il largo*** to reach the open sea; **~ *la vetta della montagna*** to reach the top of the mountain; **~ *qcn. telefonicamente*** to get in touch with sb. by telephone, to get through to sb. on the phone; ***ti raggiungo subito*** I'll catch up with you in a minute; ***ci raggiungeranno fra un'ora*** they'll catch up with us in an hour; **~ *qcs. con la mano*** to reach sth. with one's hand; ***essere facile da ~*** to be within easy reach; ***la temperatura può ~ i 30° all'ombra*** the temperature can get up to *o* can reach 30° in the shade; ***un albero che può ~ i 40 metri*** a tree which can grow up to 40 metres high; **~ *delle proporzioni notevoli*** to reach huge proportions; ***l'auto può ~ i 200 km/h*** the car can do up to 200 km/h; **~ *l'apice, il culmine*** [*carriera*] to peak, to reach its climax; **~ *la prima base*** *(nel baseball)* to get to first base **2** *(colpire)* [*proiettile*] to hit* [*obiettivo, bersaglio*] **3** *(conseguire)* to achieve, to attain [*risultati, meta, gloria, equilibrio, scopo*]; to reach [*record*]; to come* to, to reach [*intesa, accordo, compromesso*]; to get*, to secure [*maggioranza*] **4** *(riprendere)* to catch* up with, to overtake* [*concorrente, veicolo*] ◆ **~ *la pace eterna*** to be at peace.

raggiungibile /raddʒun'dʒibile/ agg. [*luogo*] reachable, accessible; [*obiettivo*] achievable, attainable.

raggiungimento /raddʒundʒi'mento/ m. *(il raggiungere)* reaching; *(conseguimento)* achievement, attainment; **~ *della maggiore età*** coming of age.

raggomitolare /raggomito'lare/ [1] **I** tr. to roll [sth.] into a ball, to wind* (into a ball) [*lana*] **II raggomitolarsi** pronom. *(accoccolarsi)* [*persona, gatto*] to curl up (into a ball), to snuggle (**in** in, into; **contro** against); ***-rsi nel letto, su una poltrona*** to curl up in bed, in a chair.

raggomitolato /raggomito'lato/ **I** p.pass. → **raggomitolare II** agg. **1** *(avvolto a gomitolo)* [*lana*] rolled up into a ball **2** *(accoccolato, rannicchiato)* [*persona, gatto*] curled up.

raggranellare /raggranel'lare/ [1] tr. to scrape together, to scratch together AE [*denaro*].

raggrinzimento /raggrintsi'mento/ m. *(di pianta)* withering, wizening; *(di viso, pelle)* wrinkling, wizening.

raggrinzire /raggrin'tsire/ [102] **I** tr. [*sole*] to wrinkle [*pelle*] **II** intr. (aus. *essere*) [*viso, pelle*] to wizen, to wrinkle, to crease **III raggrinzirsi** pronom. [*viso, pelle*] to wizen, to wrinkle, to crease; [*tessuto*] to wrinkle, to cockle.

raggrinzito /raggrin'tsito/ **I** p.pass. → **raggrinzire II** agg. [*pelle, viso*] wizened, wrinkled; [*frutto*] wrinkled.

raggrumare /raggru'mare/ [1] **I** tr. to congeal, to thicken **II raggrumarsi** pronom. [*sangue*] to clot, to coagulate, to congeal; [*salsa*] to become* lumpy.

raggrumato /raggru'mato/ **I** p.pass. → **raggrumare II** agg. [*sangue*] clotted, coagulated, congealed; [*salsa*] lumpy.

raggruppamento /raggruppa'mento/ m. **1** *(il raggruppare) (di persone)* grouping, assembling; *(di truppe)* rallying, regrouping; *(di terreni)* grouping; *(di società)* grouping, consolidation; **~ *delle informazioni*** INFORM. batching **2** *(gruppo, insieme) (di persone)* group; *(di cose)* assemblage.

▷ **raggruppare** /raggrup'pare/ [1] **I** tr. *(mettere insieme)* to group (together) (**in** into) [*oggetti, persone, parole*]; to rally [*sostenitori, esercito*]; to assemble [*dati*]; AMM. to group (together), to consolidate [*province, territori*]; **~ *qcs. secondo il prezzo*** to group sth. according to price; **~ *per campi semantici*** to group by semantic fields; ***le tre scuole raggruppano 3.000 alunni*** the three schools have a combined roll of 3,000 people **II raggrupparsi** pronom. [*persone*] to group (together), to gather, to cluster; [*imprese*] to group (together), to combine, to merge.

ragguagliare /raggwaʎ'ʎare/ [1] tr. **1** *(informare)* to inform (**su, circa** of, about), to brief (**su, circa** on); **~ *qcn. sull'accaduto*** to bring sb. up to date on what has happened **2** *(pareggiare)* to level **3** *(mettere a confronto)* to compare.

ragguaglio, pl. **-gli** /rag'gwaʎʎo, ʎi/ m. **1** *(informazione)* information **U**, detail; ***dare -gli a qcn. su qcs.*** to inform sb. about sth., to brief sb. on sth. **2** *(confronto)* comparison.

ragguardevole /raggwar'devole/ agg. **1** *(notevole, considerevole)* [*somma*] substantial, considerable, sizeable **2** *(degno di riguardo)* respectable, notable, distinguished.

ragià /ra'dʒa/ m.inv. rajah.

▷ **ragionamento** /radʒona'mento/ m. **1** *(serie di argomentazioni)* reasoning **U**, (line of) argument; **~ *confuso, solido, debole*** confused, sound, unsound reasoning; ***le lacune del tuo ~*** the gaps in your reasoning; ***seguire il ~ di qcn.*** to follow sb.'s argument *o* reasoning; ***tutti i -i impliciti*** all the underlying lines of reasoning; ***fare lo stesso ~ per*** to apply the same reasoning to; ***secondo lo stesso ~*** by the same argument; ***seguire un ~ secondo il quale...*** to argue that...; ***fa il seguente ~*** his argument is as follows; ***il suo ~ non fa una piega*** his reasoning is flawless, his argument makes perfect sense; ***io non faccio lo stesso ~*** I have a different way of reasoning; ***ma che -i fai!*** whatever are you talking about? **2** *(operazione del pensiero)* reasoning **U**; **~ *logico, analogico, pratico*** logical, analogical, practical reasoning; ***forma, metodo di ~*** form, method of reasoning; ***fondato sul ~*** based on reason **3** *(tipo di pensiero)* thinking; **~ *economico, politico*** economic, political thinking ◆◆ **~ *per analogia*** analogical reasoning; **~ *per assurdo*** reductio ad absurdum.

▷ **ragionare** /radʒo'nare/ [1] intr. (aus. *avere*) **1** *(pensare)* to think*; **~ *bene, male*** to think correctly, incorrectly; **~ *con la propria testa*** to think for oneself, to have a mind of one's own; **~ *in termini economici*** to think in economic terms; **~ *su un problema*** to consider a problem; ***modo di ~*** way of reasoning; ***che modo di ~ è questo?*** what nonsense! ***adesso cominciamo a ~!*** now we're talking business! **2** *(riflettere attentamente)* to think* carefully; **~ *prima di agire*** to think carefully before acting; ***cerca di ~!*** try and be reasonable! think about it a minute! **3** *(conversare)* to discuss, to reason; ***con lui non si può proprio ~!*** there's no reasoning with him! **~ *di storia, di politica*** ANT. to discuss history, politics ◆ **~ *con i piedi*** to talk nonsense.

ragionatamente /radʒonata'mente/ avv. in a rational way.

ragionato /radʒo'nato/ **I** p.pass. → **ragionare II** agg. **1** *(meditato, prudente)* [*osservazione, discorso, pensiero*] reasoned; [*espansione, politica*] moderate; [*scelta*] rational, sensible, reasonable **2** *(ordinato razionalmente)* [*storia, biografia*] critical; [*bibliografia*] annotated; [*grammatica*] analytical.

ragionatore /radʒona'tore/ **I** agg. [*persona, intelletto*] argumentative **II** m. (f. **-trice** /tritʃe/) reasoner, thinker.

▶ **ragione** /ra'dʒone/ f. **1** *(razionalità)* reason **U**; ***la ~ è propria dell'uomo*** reason is unique to humans; ***età della ~*** age of discretion; ***ricondurre*** o ***riportare qcn. alla ~*** to make sb. see reason; ***fare appello alla ~*** to appeal to people's common sense; ***conforme a ~*** rational **2** *(causa, motivo)* reason; ***non avere nessuna ~ per*** to have no reason to; ***non senza qualche ~*** not without reason; ***senza una buona ~*** for no good reason, without good reason; ***senza ~ (apparente)*** for no (apparent) reason; ***per una ~ o per l'altra*** for some reason or other; ***per la buona, semplice ~ che*** for the (very) good, simple reason that; ***per nessuna ~ al mondo*** for nothing in the world, not for all the tea in China; ***per -i di salute*** for health reasons; ***per -i economiche, umanitarie, politiche*** for economic, humanitarian, political reasons; ***per -i di economia, di igiene*** for reasons of economy, hygiene; ***non si sa per quale ~*** for unknown reasons; ***c'è una ~ per questo*** there's a reason for that; ***la ~ per cui*** the reason why; ***non c'è ~ di preoccuparsi*** there is no cause for concern; ***non vedo la ~ di fare*** I don't see the point of doing; ***avere tutte le -i per fare*** to have every reason for doing *o* to do; ***avere delle buone -i per pensare, sospettare che*** to have good reasons for thinking, suspecting that; ***farsi una ~ di qcs.*** to resign oneself to sth.; ***~ di più per fare, non fare*** all the more reason to do, not to do; ***in ~ di*** *(a causa di)* owing to, on (the) grounds of **3** *(diritto, giusta pretesa)* ***avere ~*** to be right; ***non avere del tutto ~*** not to be completely right; ***avere in parte, mille volte ~*** to be partly, absolutely right; ***dare (totalmente) ~ a qcn.*** to agree with sb. (completely); ***essere dalla parte della ~*** to be in the right; ***la ~ è dalla sua parte*** she is in the right **4** *(spiegazione)* reason; ***chiedere (a qcn.) ~ di qcs.*** to call (sb.) to account for sth.; ***sentire -i*** to listen to *o* see reason **5** MAT. *(rapporto)* ratio; ***~ di una progressione aritmetica*** ratio of a progression; ***in ~ del 15%*** at the rate of 15%; ***in ~ diretta, inversa*** in direct, inverse ratio, proportion ◆ ***a maggior ~*** all the more reason, even more so; ***a ragion veduta*** after due consideration; *(di proposito)* deliberately, intentionally; ***a*** o ***con ~*** rightly; ***a torto o a ~*** whether mistakenly or not, rightly or wrongly; ***avere ~ di qcn., di qcs.*** to get the better of sb., sth.; ***perdere (il lume del)la ~*** to lose one's reason *o* one's mind; ***darle a qcn. di santa ~*** to thrash the living daylights out of sb., to give sb. a good thrashing; ***prenderle di santa ~*** to get a beating *o* thrashing; ***il cliente ha sempre ~*** the customer is always right; ***contro la forza ragion non vale*** PROV. might makes right ◆◆ ***ragion d'essere*** reason for existence, raison d'être; ***ragion pratica*** FILOS. practical reason; ***ragion pura*** FILOS. pure reason; ***~ sociale*** DIR. company *o* corporate name; ***ragion di stato*** POL. reason of state.

ragioneria /radʒone'ria/ f. **1** *(disciplina)* accountancy; ***fare degli studi di ~*** to study accountancy; ***seguire un corso di ~*** to do *o* take an accountancy course **2** *(reparto)* ***(ufficio) ~*** accounts department ◆◆ ***~ dello Stato*** national accounts.

▷ **ragionevole** /radʒo'nevole/ agg. **1** *(non troppo elevato)* [*distanza, costo*] reasonable; ***vendono auto a prezzi -i*** the cars they sell are reasonably priced, they sell cars at reasonable prices **2** *(misurato)* [*persona, obiettivo*] reasonable **3** *(sensato)* [*persona, idea, soluzione*] sensible; ***è, non è ~ fare*** it is, isn't sensible *o* reasonable to do; ***i termini sembrano -i*** the terms seem reasonable **4** *(fondato)* [*dubbio, preoccupazione*] reasonable.

ragionevolezza /radʒonevo'lettsa/ f. *(buon senso)* reasonableness, sensibleness; ***supera di gran lunga i limiti della ~*** it is far in excess of what is reasonable.

ragionevolmente /radʒonevol'mente/ avv. **1** *(adeguatamente)* [*alto, basso*] reasonably, acceptably **2** *(legittimamente)* [*supporre, esigere*] reasonably **3** *(razionalmente)* [*pensare, agire*] rationally.

▷ **ragioniere** /radʒo'njɛre/ ♦ ***18*** m. (f. **-a**) accountant; ***~ iscritto all'albo*** chartered accountant BE, certified public accountant AE.

raglan /ra'glan/ **I** agg.inv. raglan; ***a(lla) ~*** [*maniche, taglio*] raglan **II** m.inv. raglan.

ragliare /raʎ'ʎare/ [1] intr. (aus. *avere*) **1** [*asino*] to bray **2** FIG. *(cantare male)* to bray, to howl.

raglio, pl. **-gli** /'raʎʎo, ʎi/ m. *(dell'asino)* bray (anche FIG.) ◆ ***~ d'asino non sale al cielo*** PROV. sticks and stones may break my bones (but words will never harm me).

ragna /'raɲɲa/ f. **1** *(rete per uccelli)* bird's net **2** LETT. *(ragnatela)* (spider's) web, cobweb **3** ANT. *(ragno)* spider.

▷ **ragnatela** /raɲɲa'tela/ f. **1** *(tela del ragno)* (spider's) web, cobweb **2** FIG. web.

▷ **ragno** /'raɲɲo/ **I** m. ZOOL. spider **II** agg.inv. ***uomo ~*** acrobat, contortionist; ***Uomo Ragno*** Spiderman ◆ ***non cavare un ~ dal buco*** = to get nowhere ◆◆ ***~ crociato*** diademed spider; ***~ tessitore*** retiary (spider).

ragtime /rɛg'taim/ m.inv. ragtime (music).

ragù /ra'gu/ m.inv. = sauce of minced meat, tomato, and onion; ***spaghetti al ~*** = spaghetti Bolognese.

ragusano /ragu'zano/ ♦ ***2*** **I** agg. from, of Ragusa **II** m. (f. **-a**) native, inhabitant of Ragusa.

RAI /rai/ f.inv. (⇒ Radio Audizioni Italiane, Radiotelevisione Italiana) = Italian national TV and radio corporation.

raid /raid/ m.inv. **1** MIL. raid; ***~ aereo*** air raid; ***fare un ~*** to carry out a raid, to raid **2** SPORT *(a piedi, con gli sci)* trek; ***fare un ~ con una slitta trainata da cani*** to go dog-sleigh trekking, to go mushing AE.

Raimondo /rai'mondo/ n.pr.m. Raymond.

raion® /'rajon/ m.inv. rayon.

RAI-TV /raitiv'vu/ → **RAI**.

rajah /ra'ʒa/ m.inv. → **ragià**.

ralenti /'ralenti/ m.inv. slow motion; ***al ~*** in slow motion.

ralinga, pl. **-ghe** /ra'linga, ge/ f. bolt-rope.

ralingare /ralin'gare/ [1] tr. to rope [*vela*].

ralla /'ralla/ f. MECC. fifth wheel.

rallegramento /rallegra'mento/ **I** m. *(gioia)* joy **II rallegramenti** m.pl. congratulations; ***-i per il tuo successo, per la nascita di tuo figlio!*** congratulations on your success, on the birth of your new baby!

▷ **rallegrare** /ralle'grare/ [1] **I** tr. **1** *(fare piacere a)* to gladden, to cheer (up) [*persona*]; ***mi rallegra il cuore*** it gladdens my heart **2** *(rendere più piacevole)* to brighten up [*giornata, vita, atmosfera*] **II rallegrarsi** pronom. **1** *(gioire)* ***-rsi per qcs.*** to brighten up *o* rejoice at sth.; ***-rsi all'idea*** o ***al pensiero che*** to be delighted at the thought that **2** *(congratularsi)* ***-rsi con qcn. per qcs.*** to congratulate sb. on sth.; ***mi rallegro!*** congratulations! ***-rsi con se stessi*** to congratulate oneself.

rallentamento /rallenta'mento/ m. **1** *(processo)* slowing down (**di** of); ***effetto di ~*** CINEM. slow motion **2** *(diminuzione, recessione)* slowdown; ***~ dell'attività economica, del mercato immobiliare*** slowdown in the economy, in the housing market; ***si assiste a un ~ della crescita del lavoro temporaneo*** there is a slowdown in the growth of temporary work **3** *(sulle strade)* delay, hold-up.

rallentando /rallen'tando/ **I** m.inv. MUS. rallentando* **II** avv. MUS. rallentando.

▷ **rallentare** /rallen'tare/ [1] **I** tr. **1** *(rendere più lento)* to slow down, to delay [*traffico, progresso*]; to slow down [*produzione, passo*]; [*veicoli*] to reduce [*velocità*]; to slacken [*ritmo*]; ***~ la corsa*** to slow down **2** FIG. *(ridurre di intensità)* to ease up on, to slacken [*disciplina*]; *(diradare)* to space out [*visite*] **II** intr. (aus. *essere, avere*) [*velocità, veicoli*] to slow down, to slow up; ***~ in curva*** to slow down at a bend; ***"~"*** AUT. "reduce speed now" **III rallentarsi** pronom. *(diminuire)* [*produzione*] to slacken, to ease off; [*entusiasmo*] to drop.

rallentato /rallen'tato/ **I** p.pass. → **rallentare II** agg. [*ritmo, crescita*] slackened.

rallentatore /rallenta'tore/ m. **1** CINEM. slow motion; ***scena, caduta (filmata) al ~*** scene, fall (filmed) in slow motion; ***girare al ~*** to shoot in slow motion **2** *(lentamente)* ***fare qcs. al ~*** to do sth. in slow motion *o* very slowly.

rallista, m.pl. **-i**, f.pl. **-e** /ral'lista/ ♦ ***18*** m. e f. competitor in a rally.

rallo /'rallo/ m. rail.

rally /'rɛlli/ m.inv. rally; ***correre un ~*** to race in a rally; ***il ~ di Monte Carlo*** the Montecarlo rally.

RAM /ram/ f.inv. (⇒ random access memory memoria ad accesso casuale) RAM.

ramadan /rama'dan/ m.inv. Ramadan; ***fare il ~*** to keep Ramadan.

ramages /ra'maʒ/ m.pl. ***a ~*** [*tessuto*] with a floral pattern.

ramaglia /ra'maʎʎa/ f. brushwood.

ramaio, pl. **-ai** /ra'majo, ai/ ♦ ***18*** m. (f. **-a**) coppersmith.

ramaiolo /rama'jɔlo/ m. *(mestolo)* ladle.

ramanzina /raman'dzina/ f. COLLOQ. *(sgridata)* dressing-down, telling-off, talking-to; ***fare una ~ a qcn.*** to give sb. a lecture; ***prendersi una ~*** to be scolded, to get told off, to get an earful.

ramare /ra'mare/ [1] tr. **1** TECN. to copper [*metallo*] **2** AGR. to spray [sth.] with copper sulphate [*vigna*].

ramarro /ra'marro/ m. green lizard.

ramato /ra'mato/ **I** p.pass. → **ramare II** agg. **1** *(color rame)* [*capelli*] copper, copper-coloured BE, copper-colored AE **2** *(che contiene rame)* [*acqua*] coppery **III** m. copper sulphate.

ramatura /rama'tura/ f. 1 TECN. coppering 2 AGR. spraying with copper sulphate.
ramazza /ra'mattsa/ f. besom, broom.
ramazzare /ramat'tsare/ [1] tr. to sweep* [*cortile, foglie*].
rambo /'rambo/ m.inv. Rambo*.
▷ **rame** /'rame/ I m. 1 CHIM. METALL. copper; ***età del ~*** Copper Age; ***moneta, vaso di ~*** copper coin, vase; ***col fondo di ~*** copper-bottomed; ***questa pentola è di ~*** this pot is made of copper; ***collezione di oggetti in ~*** collection of copperware 2 *(incisione su rame)* copperplate II **rami** m.pl. *(oggetti di rame)* copperware.
rameico, pl. **-ci**, **-che** /ra'mɛiko, tʃi, ke/ agg. [*metallo, ossido*] cupric.
ramengo /ra'mengo/ m. REGION. ***andare a ~*** *(in rovina)* to go to rack (and ruin) *o* to the dogs *o* to pot; ***ma va' a ~!*** get lost! go and jump in the lake!
rameoso /rame'oso/ agg. [*metallo, ossido*] cuprous.
ramia /'ramja/ f. → **ramiè.**
ramiè /ra'mjɛ/ m.inv. ramie.
ramificare /ramifi'kare/ [1] I intr. (aus. *avere*) to branch, to ramify II **ramificarsi** pronom. [*tronco, stelo, nervo, vena, strade*] to branch (**in** into).
ramificato /ramifi'kato/ I p.pass. → **ramificare** II agg. branched; ***famiglia molto -a*** FIG. family with many branches.
ramificazione /ramifikat'tsjone/ f. 1 BOT. ANAT. ramification; ***le -i di un albero*** the tree branches 2 *(di organizzazione)* ***le -i di una società segreta*** the network of a secret society; ***una società con molte -i in Europa*** a company with several offshoots in Europe 3 *(di storia, complotto)* ramification 4 *(di strada)* fork; *(di fiume)* branch.
ramingo, pl. **-ghi**, **-ghe** /ra'mingo, gi, ge/ agg. wandering, roving; ***andare ~ per il mondo*** to go wandering round the world.
ramino /ra'mino/ ◗ ***10*** m. rummy.
rammagliare /rammaʎ'ʎare/ [1] tr. to mend a run in, to mend a ladder in BE [*calze, reti*].
rammagliatura /rammaʎʎa'tura/ f. mending (a run, a ladder BE).
rammaricare /rammari'kare/ [1] I tr. to afflict, to sadden [*persona*] II **rammaricarsi** pronom. *(dispiacersi)* ***-rsi di*** o ***per*** to regret [*situazione, azioni*]; ***-rsi di aver fatto qcs.*** to regret doing sth.; ***-rsi che qcn. faccia*** to regret *o* be sorry that sb. does; ***-rsi per l'assenza di dibattito*** to regret the absence of debate; ***"non c'è dialogo", si rammarica un impiegato*** "there's no dialogue", complains one employee.
rammarico, pl. **-chi** /ram'mariko, ki/ m. regret; ***con ~*** [*consentire, abbandonare, confessare, vendere*] with regret; ***apprendo con ~ che*** I'm sorry to hear that; ***con mio grande ~*** much to my regret, to my great regret.
▷ **rammendare** /rammen'dare/ [1] tr. to darn, to mend [*calze, pullover*]; ***filo per ~*** darning thread.
rammendatore /rammenda'tore/ ◗ ***18*** m. (f. **-trice** /tritʃe/) mender.
rammendatura /rammenda'tura/ f. → **rammendo.**
▷ **rammendo** /ram'mɛndo/ m. *(il rammendare)* darning, mending; *(la parte rammendata)* darn, mend; ***ago, filo, uovo da ~*** darning needle, thread, egg; ***~ invisibile*** invisible mending; ***punto ~*** darning stich; ***fare un ~ a qcs.*** to darn sth.
rammentare /rammen'tare/ [1] I tr. 1 *(ricordare)* to remember, to recall; ***~ il viso di qcn.*** to recall sb.'s face 2 *(richiamare alla memoria)* ***~ qcs. a qcn.*** to remind sb. of sth.; ***gli rammentò che doveva andare in farmacia*** she reminded him to go to the chemist's II **rammentarsi** pronom. ***-rsi (di) qcn., qcs.*** to remember sb., sth.; ***-rsi dell'accaduto*** to remember what happened.
rammodernamento /rammoderna'mento/ m. *(di tecnologia)* updating, modernization; *(di mobili, guardaroba)* renewal.
rammodernare /rammoder'nare/ [1] tr. to modernize [*istituzione, settore economico, organizzazione*].
rammollimento /rammolli'mento/ m. 1 MED. softening; ***~ cerebrale*** softening of the brain 2 FIG. *(dei costumi)* relaxing.
rammollire /rammol'lire/ [102] I tr. 1 *(ammorbidire)* to soften 2 FIG. *(indebolire)* to weaken [*fisico, animi*] II **rammollirsi** pronom. 1 *(ammorbidirsi)* [*materia*] to become* soft, to soften 2 FIG. to weaken; ***-rsi nel lusso*** to grow soft in the lap of luxury.
rammollito /rammol'lito/ I p.pass. → **rammollire** II agg. 1 *(ammorbidito)* softened 2 FIG. [*persona*] soft, spineless III m. (f. **-a**) softy, weakling, weed BE.
rammorbidire /rammorbi'dire/ [102] I tr. 1 *(ammorbidire)* to soften 2 FIG. *(mitigare)* to smooth over [*contrasti*] II **rammorbidirsi** pronom. 1 *(diventare morbido)* [*materia*] to become* soft, to soften 2 FIG. *(mitigarsi)* [*carattere*] to mellow.
ramno /'ramno/ m. buckthorn.
▶ **ramo** /'ramo/ m. 1 *(d'albero)* branch; ***~ nodoso*** gnarled *o* knotty branch; ***~ fiorito*** flowering branch, branch in bloom; ***~ secco*** dead wood *o* branch; FIG. dead wood *o* stock AE; ***senza -i*** branchless 2 *(settore, ambito)* trade, field, line; ***lo stesso ~ d'attività*** the same field; ***essere un esperto nel proprio ~*** to be an expert in one's field *o* line; ***qual è il tuo ~?*** what's your line? ***in ogni ~ professionale*** in every professional field; ***scegliere tra il ~ letterario e quello scientifico*** to choose between the arts or the science subjects; ***i -i del parlamento*** the chambers of Parliament; ***il ~ assicurazioni*** the insurance business 3 *(diramazione)* *(di fiume)* branch, effluent; *(di lago)* arm; *(di ferrovia)* branch 4 *(di famiglia, lingua)* branch 5 ANAT. ramus*, branch 6 MAT. ***~ di una curva*** branch of a curve 7 ZOOL. ***i -i delle corna del cervo*** the prongs of a stag's antlers ◆ ***avere un ~ di pazzia*** to have a touch of insanity *o* a streak of madness ◆◆ ***~ cadetto*** cadet line, younger branch; ***~ maestro*** o ***primario*** limb; ***~ primogenito*** elder branch.
ramolaccio, pl. **-ci** /ramo'lattʃo, tʃi/ m. radish.
ramoscello /ramoʃ'ʃɛllo/ m. twig, branchlet; ***un fascio di -i*** a bunch of twigs; ***~ di olivo*** olive branch.
ramoso /ra'moso/ agg. branchy, ramose, ramous.
rampa /'rampa/ f. 1 *(piano inclinato)* ramp; ***~ di accesso*** ramp; ***~ di carico*** FERR. loading ramp 2 *(di scale)* flight (of stairs, of steps) ◆◆ ***~ di lancio*** MIL. launch(ing) pad (anche FIG.).
rampante /ram'pante/ I agg. 1 ARALD. [*leone*] rampant 2 FIG. *(che mira al successo)* [*giovane, politico*] high-flying, go-getting COLLOQ. 3 ***arco ~*** flying buttress II m. *(rampa di scale)* flight (of stairs, of steps).
rampare /ram'pare/ [1] intr. (aus. *avere*) [*animale*] to ramp.
rampata /ram'pata/ f. steep slope.
rampicante /rampi'kante/ I agg. [*rosa, pianta*] climbing, creeping, rambling, trailing; [*uccello*] climbing II m. climber, creeper, rambler.
rampichino /rampi'kino/ m. 1 ORNIT. spider catcher 2 COLLOQ. *(bicicletta)* mountain bike ◆◆ ***~ alpestre*** ORNIT. tree creeper.
rampinare /rampi'nare/ [1] tr. MAR. to grapple.
rampino /ram'pino/ m. 1 *(gancio)* hook, drag; ***a ~*** hooked, hook-shaped 2 MAR. grapnel, grapple, grappling iron 3 *(pretesto)* pretext, cavil, quibble.
rampista, m.pl. **-i**, f.pl. **-e** /ram'pista/ ◗ ***18*** m. e f. ramp attendant.
rampogna /ram'poɲɲa/ f. rebuke, reprimand, reproach.
rampognare /rampoɲ'ɲare/ [1] tr. to rebuke, to reprimand, to reproach.
rampollare /rampol'lare/ [1] intr. (aus. *essere*) 1 *(sgorgare)* [*acqua*] to gush (out), to spout (out) 2 BOT. [*pianta*] to burgeon, to sprout, to shoot* 3 FIG. ***~ da*** to descend from [*famiglia*] 4 FIG. *(avere origine)* [*idee*] to originate, to spring* up.
rampollo /ram'pollo/ m. 1 *(discendente)* descendant, offspring, scion FORM.; ***l'ultimo ~ di una nobile famiglia*** the last scion of a noble family 2 *(germoglio)* (off)shoot, sprout.
rampone /ram'pone/ m. 1 *(grosso arpione)* harpoon, holdfast, hook 2 ALP. climbing iron, crampon.
ramponiere /rampo'njɛre/ m. harpooner.
Ramsete /ram'sɛte/ n.pr.m. Ramses.
▷ **rana** /'rana/ I f. 1 ZOOL. frog; ***cosce di ~*** frogs' legs; ***uova di ~*** frog-spawn 2 *(stile di nuoto)* breast stroke; ***nuotare a ~*** to do *o* swim the breast stroke II agg.inv. ***uomo ~*** frogman ◆◆ ***~ pescatrice*** angler fish, monkfish; ***~ rossa*** grass frog; ***~ toro*** bullfrog; ***~ verde*** edible frog.
rancidezza /rantʃi'dettsa/ f. rancidness, rancidity.
rancidire /rantʃi'dire/ [102] intr. (aus. *essere*) [*olio, burro*] to go* rancid.
rancido /'rantʃido/ I agg. 1 [*olio, burro*] rancid 2 FIG. *(antiquato)* fusty, musty, stale 3 FIG. *(inacidito)* [*persona*] crabby II m. ***avere odore di ~*** to smell rancid.
rancidume /rantʃi'dume/ m. 1 *(cibo rancido)* rancid stuff 2 *(sapore di rancido)* rancid taste; *(odore di rancido)* rancid smell.
rancio, pl. **-ci** /'rantʃo, tʃi/ m. mess rations pl.; ***distribuire il ~*** to serve out mess rations; ***il ~ è pronto!*** grub up!
▶ **rancore** /ran'kore/ m. grudge, resentment, ill will, rancour BE, rancor AE; ***provare del ~ per*** o ***verso qcn.*** to be full of resentment against sb.; ***accumulare -i*** to store up resentment; ***serbare ~ nei confronti di qcn.*** to bear BE *o* hold AE a grudge against sb., to bear sb. ill will; ***nutrire ~ contro qcn.*** to harbour *o* nurse a grudge against sb.; ***senza ~!*** no hard feelings!
rancorosamente /rankorosa'mente/ avv. rancorously, spitefully.
rancoroso /ranko'roso/ agg. rancorous, spiteful.
randa /'randa/ f. MAR. spanker.

▷ **randagio**, pl. **-gi**, **-gie** e **-ge** /ran'dadʒo, dʒi, dʒe/ agg. **1** *(senza padrone)* [*cane, gatto*] stray **2** FIG. *(errante, ramingo)* [*vita*] wandering, vagabond.

randagismo /randa'dʒizmo/ m. straying.

randeggiare /randed'dʒare/ [1] intr. (aus. *avere*) to (hug the) coast.

randellare /randel'lare/ [1] tr. to club, to cudgel, to bludgeon.

randellata /randel'lata/ f. blow with a cudgel; ***prendere a -e qcn.*** to set about sb. with a cudgel, to club *o* cudgel *o* bludgeon sb.; ***uccidere qcn. a -e*** to bludgeon sb. to death.

randello /ran'dɛllo/ m. club, cudgel, bludgeon.

Randolfo /ran'dɔlfo/ n.pr.m. Randolph.

randomizzare /randomid'dzare/ [1] tr. to randomize.

randomizzazione /randomiddzat'tsjone/ f. randomization.

ranetta /ra'netta/ → **renetta.**

ranghinatore /rangina'tore/ m. side-delivery rake.

▷ **rango**, pl. **-ghi** /'rango, gi/ m. **1** *(fila)* rank (anche MIL.); ***fare disporre i soldati su due -ghi*** to draw up soldiers in two ranks; ***silenzio nei -ghi!*** silence in the ranks! ***i -ghi di un esercito*** the rank and file, the ranks; ***serrare i -ghi*** to close ranks (anche FIG.); ***rientrare nei -ghi*** to fall in; FIG. to fall into line, to toe the line; ***uscire dai -ghi*** to break ranks; FIG. to break ranks, to step out of line **2** *(classe)* rank; ***~ inferiore, subalterno*** lower rank; ***di alto, basso ~*** of high, low rank; ***un funzionario di alto ~*** a top-grade civil servant; ***una donna di alto ~*** a woman of high social standing **3** LING. rank.

ranista, m.pl. **-i**, f.pl. **-e** /ra'nista/ m. e f. breast-stroke swimmer.

rannicchiare /rannik'kjare/ [1] **I** tr. ***~ le gambe*** to curl up one's legs **II rannicchiarsi** pronom. to curl up, to huddle, to crouch (down); ***-rsi nel letto*** to curl up in bed, to snuggle down in one's bed; ***-rsi tra le braccia di qcn.*** to snuggle up in sb.'s arms; ***-rsi sotto ai cespugli, in un angolo*** to huddle under the bushes, in a corner.

rannicchiato /rannik'kjato/ **I** p.pass. → **rannicchiare II** agg. curled up, huddled; ***essere ~ su se stesso*** to be hunched up.

ranno /'ranno/ m. lye ◆ ***perdere il ~ e il sapone*** to waste time, effort and money.

rannodare /ranno'dare/ → **riannodare.**

rannuvolamento /rannuvola'mento/ m. clouding over.

rannuvolare /rannuvo'lare/ [1] **I** tr. **1** METEOR. to cloud [*cielo*] **2** FIG. *(offuscare)* to (over)cloud **II** intr. e impers. (aus. *essere*) ***sta rannuvolando*** it's getting cloudy, it's clouding over **III rannuvolarsi** pronom. **1** METEOR. [*cielo*] to cloud over, to gloom, to overcast* **2** FIG. *(diventare scuro)* [*volto, sguardo*] to cloud over, to become* gloomy.

rannuvolato /rannuvo'lato/ **I** p.pass. → **rannuvolare II** agg. **1** METEOR. [*cielo*] overcast, cloudy **2** FIG. gloomy, dark.

ranocchio, pl. **-chi** /ra'nɔkkjo, ki/ m. (f. **-a**) **1** ZOOL. frog **2** SPREG. runt **3** SCHERZ. *(bambino)* kid, brat ◆◆ ***~ verde*** tree frog.

rantolare /ranto'lare/ [1] intr. (aus. *avere*) [*morente, ferito*] to gasp, to wheeze, to groan.

rantolio, pl. **-ii** /ranto'lio, ii/ m. gasping, wheezing, groaning.

rantolo /'rantolo/ m. **1** *(respiro ansimante)* gasp, wheeze, death rattle **2** MED. rale.

ranuncolino /ranunko'lino/ m. ***~ muschiato*** moschatel.

ranuncolo /ra'nunkolo/ m. buttercup, ranunculus* ◆◆ ***~ dei campi*** corn buttercup *o* crowfoot.

▷ **rapa** /'rapa/ f. **1** BOT. turnip; ***cime di ~*** turnip tops *o* greens; ***cavolo ~*** kohlrabi; ***sedano ~*** celeriac **2** *(persona stupida)* dunce, blockhead **3** *(testa rapata)* shaved head; *(testa pelata)* baldhead, baldpate ◆ ***testa di ~*** cabbagehead, blockhead, pinhead, cabbage BE, meathead AE; ***cavare sangue da una ~*** to get blood out of a stone.

▷ **rapace** /ra'patʃe/ **I** agg. **1** ZOOL. predatory, predaceous, predacious, raptorial; ***uccello ~*** bird of prey, rapacious bird, raptor **2** FIG. *(avido)* [*persona*] rapacious, greedy **II** m. *(uccello)* bird of prey, raptor.

rapacemente /rapatʃe'mente/ avv. rapaciously.

rapacità /rapatʃi'ta/ f.inv. rapaciousness, rapacity, predatoriness.

rapanello /rapa'nɛllo/ → **ravanello.**

rapare /ra'pare/ [1] **I** tr. to crop [*capelli*]; ***~ la testa di qcn.***, ***~ qcn. a zero*** to shave sb.'s head **II raparsi** pronom. ***-rsi a zero*** to shave one's head, to have one's head shaved.

rapata /ra'pata/ f. crop.

rapato /ra'pato/ **I** p.pass. → **rapare II** agg. [*capelli*] (close-) cropped; [*testa*] shaved.

raperonzolo /rape'rontsolo/ m. rampion.

rapida /'rapida/ f. rapids pl., shoot, chute; ***scendere le -e*** to shoot *o* ride the rapids.

rapidamente /rapida'mente/ avv. **1** *(velocemente)* [*correre, parlare*] quickly, rapidly, fast; ***la notizia ha fatto ~ il giro del paese*** the news spread rapidly through the village **2** *(prontamente)* [*intervenire, reagire*] quickly, swiftly; [*giudicare, capire, decidere*] quickly.

▷ **rapidità** /rapidi'ta/ f.inv. *(velocità)* speed, fastness; *(prontezza)* quickness, promptness, rapidity; ***con la ~ del fulmine*** with the speed of lightning, as quick as lightning; ***~ nel rispondere, nel reagire*** quickness to respond, react; ***la ~ del suo gesto*** his quick movement; ***se si fossero mossi con ~*** if they had acted quickly.

▶ **rapido** /'rapido/ **I** agg. **1** *(fatto in breve tempo)* [*progresso, sviluppo, invecchiamento, crescita, combustione*] rapid; [*consegna, intervento*] quick; *(che scorre veloce)* [*fiume, corrente*] fast-flowing; ***una -a lettura del giornale*** a skim through the newspaper; ***lavaggio ~*** quick wash; ***treno ~*** express **2** *(pronto)* [*decisione*] prompt; [*servizio, movimento, gesto*] quick; ***dare una -a occhiata a*** to glance cursorily at sth., to give sth. a cursory glance **II** m. express (train).

▷ **rapimento** /rapi'mento/ m. **1** DIR. kidnapping, abduction; ***essere accusato di complicità in un ~*** to be accused of complicity in a kidnapping **2** *(estasi)* rapture, ravishment.

▷ **rapina** /ra'pina/ f. robbery; *(con aggressione)* mugging; ***compiere una ~*** to commit a robbery; ***~ in banca*** bank robbery *o* raid *o* job COLLOQ.; ***tentata ~*** attempted robbery; ***~ a mano armata*** hold-up, armed robbery, stick-up COLLOQ.

rapinare /rapi'nare/ [1] tr. *(derubare)* to rob, to hold* up [*banca, negozio, persona*]; ***~ qcs. a qcn.*** o ***~ qcn. di qcs.*** to rob sb. of sth.

rapinatore /rapina'tore/ m. (f. **-trice** /tritʃe/) robber, mugger.

▷ **rapire** /ra'pire/ [102] tr. **1** *(sottrarre con violenza)* to kidnap, to abduct [*persona*] **2** *(avvincere)* [*voce, paesaggio*] to entrance, to enrapture, to ravish **3** *(carpire)* to snatch.

rapito /ra'pito/ **I** p.pass. → **rapire II** agg. **1** *(in ostaggio)* [*persona*] kidnapped, abducted **2** *(estasiato)* [*sguardo*] entranced, ravished; ***lo guardava -a*** she was looking at him spellbound **III** m. (f. **-a**) kidnapped person.

rapitore /rapi'tore/ m. (f. **-trice** /tritʃe/) kidnapper, abductor.

rappacificamento /rappatʃifika'mento/ m. → **rappacificazione.**

rappacificare /rappatʃifi'kare/ [1] **I** tr. **1** *(riconciliare)* to bring* together, to reconcile [*persone*]; ***~ Carla e*** o ***con Luciano*** to bring Carla and Luciano back together **2** *(placare)* to calm; ***~ gli animi*** to ease people's minds **II rappacificarsi** pronom. [*coppia, amici*] to make* up, to make* (one's) peace, to become* reconciled; ***si sono finalmente rappacificati*** they made up in the end.

rappacificazione /rappatʃifikat'tsjone/ f. reconciliation, reconcilement.

rappattumare /rappattu'mare/ [1] **I** tr. to patch up, to bring* together [*litiganti*] **II rappattumarsi** pronom. ***si sono rappattumati*** they've patched things up.

rappezzamento /rappettsa'mento/ m. → **rappezzo.**

rappezzare /rappet'tsare/ [1] tr. **1** *(rammendare)* to patch (up), to mend [*lenzuolo*] **2** FIG. to cobble together [*articolo*]; to patch up [*amicizia*].

rappezzatura /rappettsa'tura/ f. **1** *(il rattoppare)* patching up **2** *(rattoppo)* patch, mend.

rappezzo /rap'pettso/ m. **1** *(rattoppo)* patch, mend **2** FIG. stopgap, makeshift.

rapportabile /rappor'tabile/ agg. comparable.

rapportare /rappor'tare/ [1] **I** tr. **1** *(mettere in relazione)* to compare [*grandezze*]; ***~ qcs. a qcs.*** to compare sth. to *o* and sth. **2** *(riprodurre)* to reproduce, to scale; ***~ una pianta sulla scala di 1:100.000*** to make a map on a 1:100,000 scale **3** *(riferire)* to report, to tell* **II rapportarsi** pronom. **1** *(riferirsi)* ***-rsi a qcs.*** to refer to sth. **2** *(relazionarsi)* ***avere problemi a -rsi con gli altri*** to have problems relating (to others).

rapportato /rappor'tato/ **I** p.pass. → **rapportare II** agg. compared, referred.

rapportatore /rapporta'tore/ m. (f. **-trice** /tritʃe/) TECN. MAT. protractor.

▶ **rapporto** /rap'pɔrto/ m. **1** *(resoconto)* report; ***~ ufficiale*** official report; ***~ di polizia, della commissione d'inchiesta*** police, select committee report; ***redigere un ~*** to draw up a report **2** *(relazione)* relationship, relation; ***-i commerciali*** business *o* trade relations; ***-i amichevoli, di amicizia*** friendly relations, friendships; ***-i di buon vicinato*** neighbourly relations; ***non c'è alcun ~ di parentela tra loro*** they're not related; ***essere in ~ con qcn.*** to be in contact with sb.; ***rompere i -i con qcn.*** to break with sb., to break away from sb.; ***essere in -i amichevoli con qcn.*** to be on a friendly footing *o* on friendly terms with sb.; ***avere*** o ***intrattenere buoni, cattivi -i con***

qcn. to be on good, bad terms with sb.; ***ha un ~ difficile con sua madre*** he has a difficult relationship with his mother; ***essere in -i d'affari con qcn.*** to have business dealings with sb.; ***~ di lavoro*** working relationship; ***indennità di fine ~*** severance pay **3** *(nesso, collegamento)* connection, link; ***stabilire un ~ fra*** to make *o* establish a connection between; ***non avere alcun ~ con*** to have no connection with, to have nothing to do with; ***i due avvenimenti non hanno alcun ~ (tra loro)*** the two events are unrelated *o* unconnected **4** *(rapporto sessuale)* ***avere dei -i con qcn.*** to have sex *o* intercourse with sb.; ***-i prematrimoniali*** premarital sex; ***-i (sessuali) occasionali*** casual sex **5** MAT. ratio*; ***in un ~ 1 a 10*** in a ratio of 1 to 10; ***il ~ uomini/donne è di tre a uno*** the ratio of men to women is three to one; ***avere un buon, cattivo ~ qualità/prezzo*** to be a good, poor value (for money) **6** *(paragone)* comparison; ***non è possibile fare un ~ tra loro*** it's not possible to draw a comparison between them **7** MECC. gear; ***cambiare ~*** to change gear **8** MIL. report; ***chiamare a ~ qcn.*** to debrief sb. **9** TESS. repeat **10 in rapporto a** in relation to, with relation to; ***il numero di auto in ~ al numero di abitanti*** the number of cars in relation to the number of inhabitants ◆◆ ***~ anale*** anal intercourse; ***~ di causalità*** chain of causation; ***~ di compressione*** TECN. compression ratio; ***~ di coppia*** couple relationship; ***~ epistolare*** correspondence; ***~ giuridico*** privity; ***~ orale*** oral sex; ***~ protetto*** safe sex; ***~ di trasmissione*** TECN. gear (ratio); ***-i sessuali*** sexual intercourse, sex.

rapprendere /rap'prɛndere/ [10] **I** tr. to thicken [*salsa*]; to congeal [*olio, grasso*] **II rapprendersi** pronom. [*olio, grasso*] to congeal; [*salsa*] to thicken; [*sangue*] to clot, to coagulate, to congeal.

rappresaglia /rappre'saʎʎa/ f. reprisal (**contro** against; **da parte di** on the part of); ***compiere -e contro il nemico*** to take reprisals against the enemy; ***per ~*** in retaliation; ***per paura di ~*** for fear of reprisals.

rappresentabile /rapprezen'tabile/ agg. **1** *(che si può rappresentare)* ***i risultati sono -i con un grafico*** the results can be shown in the form of a graph **2** TEATR. [*commedia, opera*] performable.

rappresentabilità /rapprezentabili'ta/ f.inv. performability.

▶ **rappresentante** /rapprezen'tante/ ➧ **18** m. e f. **1** *(delegato)* representative (**di** of); ***~ dei professori, del partito*** teachers', party representative; ***~ di classe*** SCOL. class president AE; *(ragazzo)* head boy BE; *(ragazza)* head girl BE; ***~ della legge*** law officer **2** COMM. sales rep(resentative), salesperson, traveller BE; *(uomo)* salesman*; *(donna)* saleswoman*; ***il ~ della casa editrice*** the salesman of the publishing house; ***~ esclusivo*** sole agent; ***~ di vini, di prodotti di bellezza*** sales rep(resentative) for a wine merchant, a cosmetics firm; ***fa il ~ di enciclopedie*** he's an encyclopedia salesman *o* he travels in encyclopedias BE ◆◆ ***~ di commercio*** sales rep(resentative), salesperson, traveller BE; *(uomo)* salesman; *(donna)* saleswoman; ***~ sindacale*** shop steward, trade union representative.

▷ **rappresentanza** /rapprezen'tantsa/ f. **1** *(ruolo di mandatario, delegato)* representation; ***la ~ nazionale*** POL. the representatives of the country; ***~ degli studenti*** student delegation; ***in ~ di qcn.*** on behalf of sb.; ***mandatario che assicura la ~ del proprio mandante*** DIR. proxy who represents his, her principal **2** COMM. *(attività)* ***~ commerciale*** sales agency; ***avere la ~ esclusiva di*** to have the sole agency for [*prodotto*] **3** *(immagine)* ***spese di ~*** entertainment expenses; ***sala di ~*** boardroom; ***avere solo un ruolo di ~*** to be reduced to nothing more than a puppet ◆◆ ***~ diplomatica*** diplomatic representation, foreign service; ***~ legale*** legal representation; ***~ proporzionale*** proportional representation.

▶ **rappresentare** /rapprezen'tare/ [1] tr. **1** *(riprodurre)* [*quadro, disegno*] to depict, to show, to represent [*paesaggio*]; [*pittore*] to depict [*scena, persona, natura*]; ***è stato rappresentato come un eroe*** he has been portrayed as a hero; ***~ qcs. fedelmente, in scala*** to reproduce sth. accurately, to scale **2** *(agire per conto di)* to represent [*persona, comunità, organizzazione, impresa*]; ***farsi ~ da*** to be represented by; ***~ l'Italia all'UE, a un congresso*** to represent Italy at the EU, at a conference; ***~ qcn. in tribunale*** to represent sb. in court **3** TEATR. to perform [*opera teatrale*] **4** *(simboleggiare)* to represent; ***~ i suoni con dei simboli*** to represent sounds by symbols; ***che cosa rappresenta questo segno?*** what does this sign represent *o* mean? ***il leone rappresenta la forza*** the lion symbolizes strength **5** *(significare, equivalere a)* to be*, to constitute; ***i bambini rappresentano i due terzi della popolazione*** children make up two thirds of the population; ***il vino rappresenta il 60% del consumo di alcolici*** wine accounts for 60% of alcohol consumption; ***questo rappresenta un problema per noi*** this is a problem for us; ***cosa mi rappresenta (questo)?*** COLLOQ. what's this supposed to mean?

rappresentativa /rapprezenta'tiva/ f. **1** SPORT representative team, selected team **2** *(rappresentanza)* delegation.

rappresentatività /rapprezentativi'ta/ f.inv. representativeness; ***la debole ~ di un sindacato*** the weak representation of a union; ***riconoscere la ~ di un sindacato, di un partito*** to acknowledge that a union, a party is representative; ***partiti che hanno dato prova della loro ~*** parties having proved their status as representatives.

rappresentativo /rapprezenta'tivo/ agg. **1** *(che rappresenta)* ***campione ~ della popolazione*** representative cross-section *o* sample of the population; ***emblema, simbolo ~ della monarchia*** emblem, symbol of the monarchy **2** *(caratteristico)* typical, representative; ***un autore ~ della sua epoca*** an author who symbolizes his age; ***molto, poco ~*** very, not very typical (**di** of) **3** POL. [*assemblea, sistema*] representative **4** SPORT ***squadra -a*** representative *o* selected team.

▷ **rappresentazione** /rapprezentat'tsjone/ f. **1** *(raffigurazione)* representation (**di** of); ***~ di un suono con un simbolo*** representation of a sound by a symbol; ***~ allegorica delle virtù*** allegorical representation of the virtues; ***~ tridimensionale di un oggetto*** three-dimensional representation of an object **2** FIG. *(descrizione)* description **3** TEATR. performance; ***~ serale*** evening performance; ***prima ~*** first *o* opening night, first performance; ***sacra ~*** miracle play, mystery play; ***~ della Natività*** Nativity Play **4** PSIC. FILOS. *(percezione, immagine mentale)* perception; ***~ intellettuale*** mental perception **5** DIR. representation ◆◆ ***~ grafica*** graphic representation; ***~ in virgola mobile*** floating point representation.

rappreso /rap'preso/ **I** p.pass. → **rapprendere II** agg. [*sangue*] clotted, coagulated, congealed; [*latte*] congealed; [*salsa*] thickened; [*gelatina*] set.

rapsodia /rapso'dia/ f. rhapsody.

rapsodico, pl. **-ci, -che** /rap'sɔdiko, tʃi, ke/ agg. rhapsodic(al).

rapsodo /rap'sɔdo/ m. rhapsode, rhapsodist.

raptus /'raptus/ m.inv. **1** PSIC. MED. raptus **2** *(entusiasmo)* raptus, fit of inspiration.

raramente /rara'mente/ avv. seldom, rarely; ***ci capita ~ di incontrare casi di*** we rarely come across cases of; ***mi è capitato ~ di vedere un film così bello*** seldom have I seen such a good film.

rarefare /rare'fare/ [8] **I** tr. to rarefy [*aria, gas*] **II rarefarsi** pronom. (form not attested: imperative) [*nebbia*] to become* thinner; [*gas, atmosfera*] to rarefy.

rarefattivo /rarefat'tivo/ agg. rarefactive.

rarefatto /rare'fatto/ **I** p.pass. → **rarefare II** agg. **1** *(meno denso)* [*aria*] rarefied, thin; [*gas*] rarefied **2** *(etereo)* [*atmosfera*] rarefied.

rarefazione /rarefat'tsjone/ f. *(di aria, gas)* rarefaction; ***~ del credito*** ECON. credit crunch, squeeze.

rarità /rari'ta/ f.inv. **1** *(l'essere raro)* rarity; ***la ~ di una malattia*** the rarity of an illness **2** *(cosa rara)* rarity, curiosity; ***questo libro è una ~*** this book is a rarity.

▷ **raro** /'raro/ agg. **1** *(poco comune)* [*persona, oggetto, animale, pianta*] rare; ***essere una delle -e persone che*** to be one of the few (people) who **2** *(poco frequente)* [*caso, parola, malattia*] rare; [*visita*] infrequent, rare; ***essere più unico che ~*** to be one in a million; ***tua sorella è un caso più unico che ~!*** SCHERZ. your sister is a real case! ***i clienti sono -i in questo periodo dell'anno*** we have very few customers at this time of year; ***qualche ~ visitatore*** a few occasional visitors; ***è ~ fare*** it is unusual to do; ***non è ~ fare*** it isn't uncommon *o* unusual to do; ***è ~ che venga in treno*** it is unusual for him to come by train; ***non è ~ che rimanga a cena*** it's not unusual for him to stay for dinner; ***non è affatto ~*** there's nothing unusual about it; ***con qualche -a eccezione*** with a few rare exceptions **3** *(eccezionale)* [*qualità, talento, bellezza*] rare; [*coraggio*] exceptional; ***avere un'intelligenza -a*** to be exceptionally intelligent; ***è uno dei -i esempi di*** he is a rare example of **4** CHIM. [*gas*] noble, rare ◆ ***essere una perla -a*** to be a real treasure *o* a gem; ***presto e bene ~ avviene*** PROV. more haste less speed.

ras /ras/ m.inv. **1** *(titolo di dignitario etiopico)* ras **2** FIG. SPREG. petty despot, ras.

▷ **rasare** /ra'sare, ra'zare/ [1] **I** tr. **1** *(radere)* to shave* [*persona, testa*]; to shave* off [*barba, baffi*]; ***~ qcn. a zero*** to shave sb.'s head **2** *(pareggiare)* to trim [*siepe, prato*] **II rasarsi** pronom. to shave*.

rasatello /rasa'tɛllo, raza'tɛllo/ m. sateen, satinet(te).

rasato /ra'sato, ra'zato/ **I** p.pass. → **rasare II** agg. **1** *(raso)* [*testa, capelli*] shaved, shaven; ***~ di fresco*** freshly shaven **2** *(tagliato)* [*siepe, prato*] trimmed **3** TESS. ***velluto ~*** sateen velvet; ***punto ~*** stocking stitch **III** m. sateen.

rasatore /rasa'tore, raza'tore/ ➧ **18** m. (f. **-trice** /tritʃe/) cropper.

rasatura /rasa'tura, raza'tura/ f. **1** *(di barba, capelli)* shaving **2** *(di siepe, prato)* trimming **3** TESS. cropping **4** EDIL. smoothing; ***stucco per ~*** surface filler.

raschiamento /raskja'mento/ m. **1** *(il raschiare)* scraping **2** MED. curettage.
raschiaolio /raskja'ɔljo/ m.inv. ***(anello)*** **~** scraper ring.
raschiare /ras'kjare/ [1] **I** tr. **1** *(per grattare via)* to scratch out, to scrape off [*vernice, ruggine*]; *(per ripulire)* to scour [*pentola*]; *(per spianare)* to plane [*legno, superficie*]; *(con carta vetro)* to sand [*superficie*] **2** MED. to curette **II raschiarsi** pronom. ***-rsi la gola*** to clear one's throat ◆ ***~ il fondo del barile*** to scrape the bottom of the barrel.
raschiata /ras'kjata/ f. scrape; ***dare una ~ a qcs.*** to give sth. a scrape.
raschiatoio, pl. **-oi** /raskja'tojo, oi/ m. **1** *(raschietto)* scraper; METALL. rabble **2** MED. curette.
raschiatore /raskja'tore/ **I** agg. scraping **II** m. *(raschietto)* scraper.
raschiatura /raskja'tura/ f. **1** *(azione)* scraping, scratching **2** *(segno lasciato)* scrape mark **3** *(residui)* scraping.
raschiettare /raskjet'tare/ [1] tr. to scrape [*superficie*].
raschiettatura /raskjetta'tura/ f. scraping.
raschietto /ras'kjetto/ m. **1** *(raschino)* scraper **2** *(per macchie di inchiostro)* erasing knife **3** *(per scarpe)* (door-)scraper, boot scraper.
raschino /ras'kino/ m. scraper.
1.raschio, pl. **-schi** /'raskjo, ski/ m. *(irritazione)* tickling (in the throat); ***mi è venuto un ~ alla gola*** I have (a) tickling in my throat.
2.raschio, pl. **-ii** /ras'kjo, ii/ m. *(rumore)* scraping.
rasentare /razen'tare/ [1] tr. **1** *(sfiorare)* [*vettura, autista*] to shave*, to keep* close to, to hug [*palo, muro*]; [*uccello*] to skim [*alberi*]; [*proiettile*] to graze [*persona*] **2** FIG. to border on [*insolenza, grossolanità, follia*]; to verge on [*stupidità*]; to come* close to [*successo*]; ***~ la cinquantina*** to be nearly fifty; ***~ il ridicolo*** to be verging on the ridiculous; ***un'affermazione che rasenta la stupidità*** a statement verging on stupidity; ***l'accusa rasenta l'assurdo*** the accusation borders on the absurd.
rasente /ra'zɛnte/ prep. ***~ (a) qcs.*** close to sth.; ***camminare ~ al muro*** to walk close to the wall; ***passare ~ qcs.*** [*aereo, uccello*] to skim over *o* across *o* along sth.; ***il proiettile gli passò ~*** the bullet whizzed past him.
rasiera /ra'sjɛra, ra'zjɛra/ f. METROL. strickle.
1.raso /'raso, 'razo/ **I** p.pass. → **radere II** agg. **1** *(rasato)* [*barba*] shaven; ***a pelo ~*** [*animale*] short-haired **2** *(liscio, spianato)* [*superficie*] flat; *(privo di alberi)* [*montagna*] bare **3** *(pieno fino all'orlo)* [*misura, cucchiaino*] level; [*bicchiere*] full to the brim **4 raso terra** → **rasoterra** ◆ ***tabula -a*** tabula rasa; ***far tabula -a*** to wipe the slate clean.
2.raso /'raso, 'razo/ m. satin; ***scarpe di ~*** satin shoes; ◆◆ ***~ di cotone*** satinized cotton; ***~ di poliestere*** polyester satin; ***~ di seta*** (silk) satin.
rasoiata /raso'jata, razo'jata/ f. razor cut, razor slash.
▷ **rasoio**, pl. **-oi** /ra'sojo, ra'zojo, oi/ m. razor; ***affilato come la lama di un ~*** razor sharp ◆ ***essere*** o ***trovarsi sul filo del ~*** to be on a razor('s) edge *o* knife-edge ◆◆ ***~ a batteria*** battery shaver; ***~ elettrico*** (electric) shaver; ***~ a mano libera*** cut-throat razor; ***~ di sicurezza*** safety razor; ***~ usa e getta*** disposable razor.
rasoterra /raso'tɛrra, razo'tɛrra/ **I** avv. close to the ground; ***tagliare una pianta ~*** to cut a plant down to ground level; ***volare ~*** to fly close to the ground **II** agg.inv. ***tiro ~*** level shot **III** m.inv. SPORT level shot.
raspa /'raspa/ f. *(lima)* rasp.
raspamento /raspa'mento/ m. rasping.
raspare /ras'pare/ [1] **I** tr. **1** *(con una raspa)* to rasp [*legno, metallo*] **2** FIG. [*bevanda*] to tickle [*gola*] **3** *(grattare)* [*cane, gallina*] to scratch [*terreno, cortile*]; ***il cane raspava la porta*** the dog was scratching at the door **4** COLLOQ. *(rubare)* to pinch **II** intr. (aus. *avere*) **1** *(irritare)* [*lana, maglia*] to tickle, to make* itchy **2** *(grattare)* to scratch **3** FIG. *(frugare)* to rummage; ***~ in tutti i cassetti*** to rummage through all the drawers.
raspatura /raspa'tura/ f. **1** *(di legno, metallo)* rasping **2** *(materiale)* scraping ◆◆ ***~ di gallina*** COLLOQ. *(scrittura disordinata)* hen tracks, chicken scratch.
raspino /ras'pino/ m. TECN. riffler.
raspo /'raspo/ m. *(di uva)* (grape) stalk.
rasposo /ras'poso/ agg. rough.
▷ **rassegna** /ras'seɲɲa/ f. **1** MIL. review, muster; ***passare in ~*** to inspect, to review [*truppe, armamenti*] **2** *(controllo, esame)* review; ***fare la ~ di qcs.*** examine sth.; ***passare in ~*** to inspect [*materiale*]; to examine [*proposte*]; ***abbiamo passato in ~ tutti i grandi ristoranti di Roma*** we went through a list of the best restaurants in Rome **3** *(resoconto)* report; ***~ dei problemi economici*** report on economic problems **4** *(mostra)* show; CINEM. TEATR. MUS. season; ***una ~ di film italiani*** a season of Italian films; ***una ~ mozartiana*** a Mozart season; ***una ~ di musica corale*** a choir festival ◆◆ ***~ cinematografica*** film show; ***~ stampa*** GIORN. review of the papers.
▶ **rassegnare** /rasseɲ'ɲare/ [1] **I** tr. **1** *(rinunciare)* to resign [*mandato, carica*]; ***~ le dimissioni*** to set in *o* hand in one's resignation, to resign **2** ANT. MIL. *(passare in rassegna)* to review [*truppe*] **II rassegnarsi** pronom. to resign oneself (**a** to; **a fare** to doing); ***non mi ci posso ~*** I can't resign myself to it; ***nella vita bisogna -rsi*** in life you have to learn to accept things; ***-rsi alla propria sorte*** to resign oneself to one's fate.
rassegnato /rasseɲ'ɲato/ **I** p.pass. → **rassegnare II** agg. [*persona, tono, sguardo*] resigned; ***essere ~ a qcs., alla propria sorte*** to be resigned to sth., to one's fate; ***non ~*** unresigned.
▷ **rassegnazione** /rasseɲɲat'tsjone/ f. resignation (**a** to); ***la sua ~ è solo apparente*** he only seems to be resigned; ***con ~*** with resignation, resignedly.
rasserenamento /rasserena'mento/ m. **1** *(di cielo)* clearing (up); ***è previsto un ~ nel fine settimana*** the weather is to brighten up over the weekend **2** FIG. *(di animo, persona)* brightening.
rasserenante /rassere'nante/ agg. [*parole, notizia*] comforting.
rasserenare /rassere'nare/ [1] **I** tr. **1** *(sgombrare dalle nubi)* [*vento*] to clear [*cielo*] **2** FIG. [*notizia*] to brighten [*persona*] **II rasserenarsi** pronom. **1** [*cielo*] to clear (up), to brighten up **2** FIG. [*viso, persona*] to brighten.
rasserenato /rassere'nato/ **I** p.pass. → **rasserenare II** agg. **1** *(sgombro da nubi)* [*cielo*] clear, bright **2** FIG. [*viso, persona*] happier.
rasserenatore /rasserena'tore/ **I** agg. [*parole, dichiarazione*] comforting **II** m. (f. **-trice** /tritʃe/) comforter.
rassettare /rasset'tare/ [1] **I** tr. **1** *(mettere in ordine)* to tidy up [*casa, stanza*] **2** *(aggiustare)* to mend [*indumento*] **3** FIG. to settle, to set* right [*situazione*] **II rassettarsi** pronom. to tidy oneself up; ***-rsi prima di uscire*** to tidy oneself up before going out.
rassettatura /rassetta'tura/ f. **1** *(il mettere in ordine)* tidying up **2** *(l'aggiustare)* mending, repairing.
rassicurante /rassiku'rante/ agg. [*parole, voce, dichiarazione, atmosfera, persona*] reassuring; [*idea*] reassuring, comfortable; ***un individuo poco ~*** a suspicious customer.
▷ **rassicurare** /rassiku'rare/ [1] **I** tr. to reassure [*persona*] (**su** about); ***le sue parole la rassicurano*** his words put her mind at ease **II rassicurarsi** pronom. to be* reassured; ***rassicurati, va tutto bene adesso*** don't worry, everything's all right now.
rassicurato /rassiku'rato/ **I** p.pass. → **rassicurare II** agg. reassured; ***mi sento ~ nel saperti guarito*** my mind's at rest now that you're better.
rassicurazione /rassikurat'tsjone/ f. reassurance; ***nonostante le sue -i*** despite her assurances.
rassodamento /rassoda'mento/ m. **1** *(di muscoli, seno)* toning (up) **2** FIG. *(di potere, autorità)* consolidation.
rassodante /rasso'dante/ agg. [*crema, gel*] toning; ***crema ~ per il seno*** breast-toning cream.
rassodare /rasso'dare/ [1] **I** tr. **1** *(rendere sodo)* [*esercizio, ginnastica, lozione, crema*] to tone up [*pelle, seno, muscoli*] **2** FIG. *(consolidare)* to strengthen, to consolidate [*autorità, potere*] **II rassodarsi** pronom. **1** *(diventare solido)* [*argilla*] to set* **2** *(diventare tonico)* [*muscoli, seno*] to tone (up) **3** FIG. *(consolidarsi)* [*potere, autorità*] to strengthen.
rassodato /rasso'dato/ **I** p.pass. → **rassodare II** agg. [*muscoli, seno*] toned.
rassomigliante /rassomiʎ'ʎante/ agg. [*ritratto*] lifelike; ***è molto ~*** it's a true *o* good likeness.
rassomiglianza /rassomiʎ'ʎantsa/ f. likeness, resemblance, similarity (**con** to; **tra**, **fra** between); ***una vaga ~ tra le due sorelle*** a faint resemblance *o* likeness between the two sisters; ***la ~ con tuo padre è sorprendente*** your resemblance to your father is striking.
▷ **rassomigliare** /rassomiʎ'ʎare/ [1] **I** intr. (aus. *avere*) ***~ a*** to look like, to be like, to resemble [*persona, oggetto*]; ***~ molto a qcn.*** to be *o* look very much like sb. **II rassomigliarsi** pronom. [*persone, oggetti*] to resemble each other; ***non vi rassomigliate molto*** you are not very much alike ◆ ***-rsi come due gocce d'acqua*** to be as like as two peas in a pod.
rasta /'rasta/ agg.inv., m. e f.inv. (accorc. rastafariano) Rasta.
rastafariano /rastafa'rjano/ **I** agg. Rastafarian **II** m. (f. **-a**) Rastafarian.
rastello /ras'tɛllo/ → **rastrello.**

rastrellamento /rastrella'mento/ m. **1** *(di terreno)* raking **2** MIL. *(perlustrazione)* combing; ***procedere al ~ di una regione*** to proceed to comb an area; ***un ~ delle SS*** an SS search **3** *(di zone minate)* mine clearing **4** ECON. *(di azioni, titoli)* buying up.

rastrellare /rastrel'lare/ [1] tr. **1** *(ripulire)* to rake (over) [*giardino, viale*] **2** *(raccogliere)* to rake up [*foglie morte, fieno*] **3** *(perlustrare)* to comb [*regione, zona*]; ***hanno rastrellato il quartiere alla ricerca dei malviventi*** they combed the district looking for the criminals **4** MAR. to drag [*fondo del mare, lago*] **5** ECON. *(incettare)* to buy* up [*titoli, azioni*].

rastrellata /rastrel'lata/ f. **1** *(il rastrellare)* raking; ***dare una ~ al giardino*** to rake over the garden **2** *(quantità)* raking **3** *(colpo di rastrello)* ***si è preso una ~ in testa*** he got hit over the head with the rake.

rastrellatura /rastrella'tura/ f. raking.

rastrelliera /rastrel'ljɛra/ f. **1** AGR. rack, cratch **2** *(struttura di sostegno)* rack; *(per piatti)* plate-rack; *(per stecche da biliardo)* cue rack; *(per biciclette)* (bi)cycle rack **3** TESS. creel ◆◆ ~ ***portabottiglie*** (wine) rack.

▷ **rastrello** /ras'trɛllo/ m. **1** AGR. rake **2** *(del croupier)* rake.

rastremare /rastre'mare/ [1] **I** tr. to taper [*colonna*] **II rastremarsi** pronom. [*colonna*] to taper.

rastremato /rastre'mato/ **I** p.pass. → **rastremare II** agg. [*colonna*] tapered.

rastremazione /rastremat'tsjone/ f. tapering.

rastro /'rastro/ m. **1** LETT. *(rastrello)* rake **2** AGR. cultivator **3** MUS. music pen.

rasura /ra'zura, ra'sura/ f. *(sulle pergamene)* erasure.

▷ **rata** /'rata/ f. instalment, installment AE; ***a -e*** in instalments; ***pagabile in sei -e*** payable in six instalments; ***versare una ~*** to pay an instalment; ***la ~ è di 100 euro*** the instalment due is 100 euros; ~ ***annuale***, ***mensile*** annual, monthly instalment.

ratafià /rata'fja/ m.inv. *(liquore)* ratafia.

rataplan /rata'plan/ m.inv. rataplan, rub-a-dub.

▷ **rateale** /rate'ale/ agg. [*pagamento*] instalment attrib., by instalments; ***vendita ~*** hire purchase BE, installment plan AE.

ratealmente /rateal'mente/ avv. [*pagare*] in instalments; [*vendere*] on hire purchase BE, on installment plan AE.

rateare /rate'are/ [1] tr. → **rateizzare.**

rateazione /rateat'tsjone/ f. → **rateizzazione.**

rateizzare /rateid'dzare/ [1] tr. **1** *(suddividere in rate)* to divide [sth.] into instalments [*pagamento*] **2** *(suddividere nel tempo)* ***il pagamento fu rateizzato in dieci anni*** the instalment payment was spread over ten years.

rateizzazione /rateiddzat'tsjone/ f. division into instalments.

ratelo /ra'tɛlo/ m. ratel.

rateo /'rateo/ m. **1** *(rateazione)* division into instalments **2** ECON. accrual; ~ ***attivo*** accrued income; ~ ***passivo*** accrued expense.

ratifica, pl. **-che** /ra'tifika, ke/ f. **1** DIR. *(approvazione)* ratification, confirmation (**di** of; **da** by); ***la ~ del trattato di Maastricht*** the ratification of the Maastricht treaty **2** *(conferma)* confirmation (**di** of).

ratificante /ratifi'kante/ m. e f. ratifier.

ratificare /ratifi'kare/ [1] tr. **1** DIR. to ratify, to confirm [*contratto, trattato*] **2** *(confermare)* to confirm.

ratificazione /ratifikat'tsjone/ f. → **ratifica.**

ratina /ra'tina/ f. frieze, ratine.

ratinare /rati'nare/ [1] tr. to frieze.

rat musqué /ramus'ke/ m.inv. *(pelliccia)* musquash; ***una giacca di ~*** a musquash jacket.

rato /'rato/ agg. sanctioned, ratified; ***matrimonio ~ e consumato*** sanctioned and consumed marriage.

ratticida /ratti'tʃida/ m. rat poison.

1.ratto /'ratto/ m. *(rapimento)* abduction; ***il ~ delle Sabine*** STOR. the rape of the Sabine women; ***il Ratto del serraglio*** MUS. the Abduction from the Seraglio.

2.ratto /'ratto/ m. ZOOL. rat ◆◆ ~ ***d'acqua*** water rat; ~ ***di fogna*** sewer rat.

rattoppare /rattop'pare/ [1] tr. **1** *(aggiustare)* to patch (up) [*indumento*]; to cobble [*scarpe*] **2** FIG. to patch up [*situazione*].

rattoppato /rattop'pato/ **I** p.pass. → **rattoppare II** agg. [*pantaloni, giacca, abito*] patched (up).

rattoppatura /rattoppa'tura/ f. → **rattoppo.**

rattoppo /rat'tɔppo/ m. **1** *(il rattoppare)* patching (up) **2** *(toppa)* patch; ***una tovaglia piena di -i*** a tablecloth covered in patches **3** FIG. *(di situazione)* patching up.

rattrappimento /rattrappi'mento/ m. *(di muscoli, nervi)* contraction, cramp.

rattrappire /rattrap'pire/ [102] **I** tr. [*freddo*] to contract, to cramp [*mani, muscoli*] **II rattrappirsi** pronom. [*gambe, mani, muscoli*] to become* contracted, to be* cramped.

rattrappito /rattrap'pito/ **I** p.pass. → **rattrappire II** agg. [*arto, muscolo, nervo*] contracted, cramped.

▷ **rattristare** /rattris'tare/ [1] **I** tr. [*notizia, avvenimento*] to sadden, to make* sad [*persona*]; ***mi ha rattristato venire a sapere*** I was sad to hear **II rattristarsi** pronom. to be* saddened (**per qcs.** by sth.).

rattristato /rattris'tato/ **I** p.pass. → **rattristare II** agg. [*persona*] saddened, sad.

rattristire /rattris'tire/ [102] → **rattristare.**

raucedine /rau'tʃɛdine/ ➧ **7** f. hoarseness, raucousness; ***avere la ~*** to be hoarse.

▷ **rauco**, pl. **-chi**, **-che** /'rauko, ki, ke/ agg. [*persona*] hoarse; [*voce*] hoarse, raucous; ***diventare ~*** [*voce*] to go hoarse; [*cantante, oratore*] to make oneself hoarse; ***diventare ~ a forza di gridare*** to shout oneself hoarse.

raunare /rau'nare/ → **radunare.**

▷ **ravanello** /rava'nɛllo/ m. radish.

ravennate /raven'nate/ ➧ **2 I** agg. from, of Ravenna **II** m. e f. native, inhabitant of Ravenna.

ravioli /ravi'ɔli/ m.pl. ravioli.

ravizzone /ravit'tsone/ m. oilseed rape.

ravvalorare /ravvalo'rare/ [1] tr. **1** *(rafforzare)* to back up, to bear* out [*tesi, ipotesi*] **2** *(rimettere in vigore)* to revive [*legge, regola*].

ravvedersi /ravve'dersi/ [97] pronom. to mend one's ways, to reform; ***spero che si ravveda*** I hope he will mend his ways.

ravvedimento /ravvedi'mento/ m. reformation.

ravveduto /ravve'duto/ **I** p.pass. → **ravvedersi II** agg. reformed, repentant; ***un criminale ~*** a reformed criminal.

ravvenamento /ravvena'mento/ m. recharge.

ravviare /ravvi'are/ [1] **I** tr. **1** *(mettere in ordine)* to tidy (up) [*casa, capelli*] **2** *(sbrogliare)* to disentangle [*matassa*] **II ravviarsi** pronom. to tidy oneself up; ***-rsi i capelli*** to comb one's hair.

ravviata /ravvi'ata/ f. ***dare una ~ alla stanza*** to tidy up a room; ***darsi una ~*** to tidy oneself up; ***dare*** o ***darsi una ~ ai capelli*** to give one's hair a comb.

ravvicinamento /ravvitʃina'mento/ m. **1** *(l'accostare)* drawing up, placing together **2** *(riconciliazione)* reconciliation.

ravvicinare /ravvitʃi'nare/ [1] **I** tr. **1** *(accostare)* to draw* up, to pull up [*sedia, sgabello*]; ~ ***i letti*** to push the beds close together; ~ ***qcs. a qcs.*** *(mettere vicino)* to move *o* bring sth. close to sth.; *(mettere più vicino)* to move sth. closer to sth., to bring sth. nearer to sth. **2** FIG. *(conciliare)* to bring* together, to reconcile [*famiglie, amici*] **3** FIG. *(confrontare)* to compare [*tesi opposte*] **II ravvicinarsi** pronom. **1** *(accostarsi) (vicino)* to draw* near, to draw* close; *(più vicino)* to draw* nearer, to draw* closer (**a** to) **2** FIG. *(riconciliarsi)* to make* up (**con** with).

ravvicinato /ravvitʃi'nato/ **I** p.pass. → **ravvicinare II** agg. **1** *(nello spazio)* close; ***sparare a qcn. a distanza -a*** to shoot sb. at close range; ***incontri -i*** close encounters; ***combattimento ~*** close combat **2** *(nel tempo)* close together; ***i giorni di consegna sono più -i*** delivery days are closer together; ***a intervalli -i*** in quick succession.

ravviluppare /ravvilup'pare/ [1] **I** tr. to wrap **II ravvilupparsi** pronom. ***-rsi in qcs.*** to wrap oneself in sth.

ravvisabile /ravvi'zabile/ agg. recognizable.

ravvisare /ravvi'zare/ [1] tr. **1** *(individuare)* to identify, to recognize [*aspetto*] **2** *(riconoscere)* to recognize [*persona*].

ravvivamento /ravviva'mento/ m. *(di fuoco)* rekindling; *(di colore)* brightening up; FIG. *(di passione, ricordo, speranza)* rekindling.

ravvivare /ravvi'vare/ [1] **I** tr. [*persona, vento*] to rekindle [*fuoco, fiamma*]; [*prodotto*] to revive [*colori*]; FIG. [*fatto, avvenimento*] to rekindle [*passione, desiderio, ricordo, speranza*]; to liven (up) [*serata, conversazione*]; to reawaken [*interesse*]; ~ ***una stanza con dei fiori*** to brighten up a room with flowers; ~ ***la fede di qcn.*** to rekindle sb.'s faith **II ravvivarsi** pronom. [*fuoco, fiamma*] to rekindle; FIG. [*passione, ricordo, speranza*] to rekindle; [*conversazione*] to liven up.

ravvolgere /rav'vɔldʒere/ [101] **I** tr. to wrap (up), to envelop; ~ ***qcn. in una coperta*** to wrap sb. up in a blanket; ~ ***qcs. nel cellofan*** to wrap sth. in Cellophane **II ravvolgersi** pronom. **1** *(avvilupparsi)* ***-rsi in*** to wrap oneself (up) in **2** *(arrotolarsi)* [*filo, fune*] to wind* (**attorno a** round); [*serpente*] to coil (itself) (**attorno a** round).

ravvoltolare /ravvolto'lare/ [1] **I** tr. to wrap [sth.] carelessly (**in** in) **II ravvoltolarsi** pronom. **1** *(avvilupparsi)* to wrap oneself **2** *(roto-*

larsi) to roll about; ***-rsi nella neve, nel fango*** to roll about in snow, in mud.

rayon → **raion.**

raziocinante /rattsjotʃi'nante/ agg. [*essere, individuo*] rational; [*facoltà*] reasoning.

raziocinare /rattsjotʃi'nare/ [1] intr. (aus. *avere*) to reason.

raziocinatore /rattsjotʃina'tore/ m. (f. **-trice** /tritʃe/) raeasoner.

raziocinio, pl. **-ni** /rattsjo'tʃinjo, ni/ m. **1** *(facoltà mentale)* reasoning **2** *(buon senso)* common sense; ***mancare di ~*** to lack common sense.

▷ **razionale** /rattsjo'nale/ **I** agg. **1** *(dotato di ragione)* [*essere*] rational **2** *(basato sulla ragione, sul buon senso)* [*comportamento, metodo, scelta, alimentazione*] rational; ***il pensiero ~*** rational thinking **3** *(funzionale)* [*arredamento, architettura*] functional, serviceable **4** MAT. [*numeri*] rational **II** m. FILOS. ***il ~*** the rational.

razionalismo /rattsjona'lizmo/ m. rationalism.

razionalista, m.pl. **-i**, f.pl. **-e** /rattsjona'lista/ agg., m. e f. rationalist.

razionalisticamente /rattsjonalistika'mente/ avv. rationalistically.

razionalistico, pl. **-ci**, **-che** /rattsjona'listiko, tʃi, ke/ agg. rationalistic.

razionalità /rattsjonali'ta/ f.inv. rationality.

razionalizzare /rattsjonalid'dzare/ [1] tr. to rationalize.

razionalizzazione /rattsjonaliddzat'tsjone/ f. rationalization.

razionalmente /rattsjonal'mente/ avv. **1** *(in modo logico)* rationally **2** *(in modo ragionevole)* reasonably **3** *(in modo funzionale)* functionally.

razionamento /rattsjona'mento/ m. rationing; ***~ dell'acqua*** water rationing; ***~ di generi alimentari*** food rationing; ***sottoporre a ~*** to impose rationing on [*popolazione*].

razionare /rattsjo'nare/ [1] tr. ECON. to ration [*cibo, benzina*].

razione /rat'tsjone/ f. **1** *(porzione)* ration (anche MIL.); ***~ giornaliera*** daily ration; ***una doppia ~*** a double portion; ***una ~ di fieno*** a hay ration; ***una ~ di pane, riso per persona*** a ration of bread, rice per person; ***a -i ridotte, intere*** on short, full rations **2** FIG. ration, portion (**di** of); ***una bella ~ di bastonate*** SCHERZ. a good hiding; ***ho avuto la mia ~ di guai, oggi*** I've had my share of troubles today ◆◆ ***-i di riserva*** iron rations; ***-i di sopravvivenza*** emergency rations.

▶ **1.razza** /'rattsa/ f. **1** *(di esseri umani)* race; ***senza distinzione di ~*** irrespective of race; ***di ~ pura*** [*persona*] full-blooded; ***purezza della ~*** racial purity **2** *(famiglia, stirpe)* race, breed; ***essere di buona ~*** to come from a good stock **3** ZOOL. breed, strain; ***di ~ (pura)*** [*animale*] purebred, highbred, well-bred, pedigree attrib.; [*cavallo*] thoroughbred; ***cavalli di ~*** (blood)stock; ***-e bovine, canine*** breeds of cattle, dog; ***fare ~*** to breed **4** COLLOQ. *(categoria di persone)* race; ***gente di ogni ~*** all kinds of people; ***un bugiardo della peggior ~*** a liar of the worst ilk; ***gli individui della tua ~*** people of your breed; ***che brutta ~!*** what a bad bunch! **5** FIG. SPREG. ***~ di stupido!*** you stupid idiot! ***che ~ di lavoro è questo?*** do you call this work? ***che ~ di domanda, risposta è questa?*** what kind of a question, an answer is that? ***che ~ di modi!*** how rude! ***che ~ di meccanico, di dottore!*** some mechanic, doctor he is! ◆ ***fare ~ a sé*** to be a race apart ◆◆ ***~ bianca*** white race; ***~ gialla*** yellow race; ***~ meticcia*** o ***mista*** mixed race; ***~ umana*** human race.

2.razza /'raddza/ f. ITTIOL. ray, skate ◆◆ ***~ bianca*** white skate; ***~ chiodata*** thornback (ray).

3.razza /'raddza/ f. TECN. spoke.

razzia /rat'tsia/ f. **1** *(scorreria)* raid **2** *(ruberia)* raid, plundering; ***fare ~*** to plunder; ***fare ~ nel frigorifero*** to raid the fridge; ***fare ~ di cioccolato*** to gobble all the chocolate.

razziale /rattsi'ale/ agg. [*discriminazione, integrazione*] racial; [*odio, scontri, legge*] race attrib.

razziare /rat'tsiare/ [1] tr. **1** *(rubare)* to steal*, to raid, to rustle AE [*bestiame*] **2** *(saccheggiare)* to plunder, to loot [*villaggio*].

razziatore /rattsja'tore/ m. (f. **-trice** /tritʃe/) raider, plunderer.

razzismo /rat'tsizmo/ m. racism, racialism.

razzista, m.pl. **-i**, f.pl. **-e** /rat'tsista/ agg., m. e f. racist, racialist.

razzistico, pl. **-ci**, **-che** /rat'tsistiko, tʃi, ke/ agg. racist, racialist.

▷ **razzo** /'raddzo/ m. **1** *(in pirotecnica)* rocket; ***lanciare un ~*** to launch a rocket **2** AER. *(missile)* rocket; ***motore a ~*** rocket engine; ***propulsione a ~*** rocket propulsion ◆ ***partire a*** o ***come un ~*** to take off like a rocket ◆◆ ***~ illuminante*** flare; ***~ di segnalazione*** distress rocket; ***~ vettore*** carrier rocket.

razzolare /rattso'lare/ [1] intr. (aus. *avere*) [*polli*] to scratch about, around ◆ ***predicare bene e ~ male*** not to practise what one preaches.

RDA /erred'dia/ f. (⇒ recommended daily amount dose giornaliera raccomandata) RDA.

RDT /erreddit'ti/ f. STOR. (⇒ Repubblica Democratica Tedesca German Democratic Republic) GDR.

▶ **1.re** /re/ **1** m.inv. **1** *(sovrano)* king; ***(il) ~ Carlo*** King Charles; ***il ~ di Spagna*** the king of Spain; ***viva il ~!*** long live the King! ***il libro dei Re*** BIBL. the Book of Kings **2** *(senza rivali nel suo campo)* king; ***~ degli animali, della foresta*** the king of the beasts, of the forest; ***il ~ del rock, della moda*** the king of rock, of fashion **3** *(magnate)* tycoon; ***il ~ dell'acciaio*** the steel magnate; ***il ~ del petrolio*** the oil baron **4** GIOC. *(nelle carte, negli scacchi)* king; ***~ di quadri*** king of diamonds; ***giocare un ~*** to play a king; ***scacco al ~*** check; ***dare scacco al ~*** to put the king in check ◆ ***trattare qcn. come un ~*** to treat sb. like royalty; ***vivere da ~*** to live like a king; ***piatto, banchetto da ~*** dish, feast fit for a king; ***essere più realista del ~*** to be more Catholic than the Pope; ***nel regno dei ciechi anche un guercio è ~*** PROV. in the country of the blind, the one-eyed man is king; ***in casa sua ciascuno è ~*** PROV. an Englishman's BE *o* a man's AE home is his castle ◆◆ ***~ Artù*** King Arthur; ***i Re Magi*** BIBL. the Magi; ***~ di quaglie*** corncrake; ***il Re dei Re*** the King of Kings; ***il Re Sole*** STOR. the Sun King.

2.re /rɛ/ m.inv. *(nota)* D, re, ray; ***~ maggiore, minore*** D major, minor; ***~ bemolle, diesis*** D flat, sharp.

reagente /rea'dʒɛnte/ **I** agg. reactive **II** m. reactant, reagent.

▷ **reagire** /rea'dʒire/ [102] intr. (aus. *avere*) **1** *(avere una reazione)* [*persona, gruppo*] to react (**a** to); [*paziente, organismo*] to respond, to react (**a** to); ***~ in modo eccessivo*** to overreact; ***~ con violenza*** to react violently; ***devi ~!*** you'll have to do something! ***~ a uno stimolo*** to react *o* respond to a stimulus; ***~ a una terapia*** to respond to a therapy **2** CHIM. to react.

▶ **1.reale** /re'ale/ **I** agg. **1** *(non immaginario)* real; *(concreto)* true, actual; ***fatti -i*** real *o* true facts; ***rischio ~*** real risk; ***tempo ~*** real time; ***elaborazione in tempo ~*** real-time processing **2** ECON. [*reddito, tasso d'interesse, capitale, salario*] real **3** MAT. FIS. real; ***i numeri -i*** real numbers **4** FILOS. real; ***la presenza ~ di Cristo nell'Eucaristia*** TEOL. the real presence of Christ in the Eucharist **5** DIR. [*garanzia, diritto*] real; [*danni, vantaggio*] material **II** m. LETTER. FILOS. ***il ~*** the real; ***il ~ e l'immaginario*** the reality and the imaginary.

▶ **2.reale** /re'ale/ **I** agg. **1** *(di sovrani)* [*famiglia, coppia, palazzo, potere, decreto*] royal; ***Altezza Reale*** Royal Highness **2** *(detto di alcune varietà di animali e vegetali)* ***aquila ~*** golden eagle; ***gufo ~*** eagle owl **3** GIOC. ***scala ~*** straight flush; ***scala ~ all'asso*** royal flush **II reali** m.pl. ***i -i*** *(stirpe)* royalty; *(coppia)* the royal couple.

realismo /rea'lizmo/ m. **1** *(senso della realtà)* realism; ***affrontare qcs. con ~*** to face sth. with realism, to be a realist about sth.; ***dare un tocco di ~ a qcs.*** to lend realism to sth. **2** FILOS. ART. LETTER. realism ◆◆ ***~ magico*** LETTER. magical realism; ***~ socialista*** socialist realism.

1.realista, m.pl. **-i**, f.pl. **-e** /rea'lista/ **I** agg. **1** *(che ha senso della realtà)* [*persona*] realist **2** FILOS. ART. LETTER. [*pittore, romanziere*] realist **II** m. e f. realist.

2.realista, m.pl. **-i**, f.pl. **-e** /rea'lista/ agg., m. e f. *(sostenitore della monarchia)* royalist ◆ ***essere più ~ del re*** to be more Catholic than the Pope.

realisticamente /realistika'mente/ avv. realistically.

realistico, pl. **-ci**, **-che** /rea'listiko, tʃi, ke/ agg. **1** *(fondato sulla realtà)* [*visione, rappresentazione*] realistic; [*approccio*] realistic, down-to-earth **2** FILOS. ART. LETTER. realistic.

realizzabile /realid'dzabile/ agg. **1** *(attuabile)* feasable; ***un piano ~*** a practicable plan; ***un sogno ~*** a realizable dream **2** ECON. realizable.

realizzabilità /realiddzabili'ta/ f.inv. **1** feasability; *(di piano)* practicability; *(di sogno)* realizability **2** ECON. realizability.

▶ **realizzare** /realid'dzare/ [1] **I** tr. **1** *(rendere reale)* to realize, to fulfil BE, to fulfill AE [*sogno*]; to fulfil BE, to fulfill AE [*ideale*]; to achieve, to fulfil BE, to fulfill AE [*ambizione*]; ***~ i sogni di qcn.*** to make sb.'s dreams come true **2** *(eseguire)* to make* [*modellino, mobile*]; to carry out [*sondaggio, piano, progetto*] **3** CINEM. TEATR. TELEV. to direct **4** SPORT to score [*gol, canestro*]; ***~ un buon punteggio*** to get a good score **5** *(rendersi conto di)* to realize (**che** that); ***improvvisamente realizzai chi era*** I suddenly realized who he was **6** ECON. to realize [*bene, proprietà*]; ***~ degli utili*** to make a sale *o* profit **II realizzarsi** pronom. **1** *(diventare reale)* [*sogno*] to come* true; [*promessa, predizioni*] to be* fulfilled **2** *(affermarsi)* to fulfil oneself BE, fulfill oneself AE (**in** in); ***~ recitando*** to find fulfilment in acting.

realizzatore /realiddza'tore/ m. (f. **-trice** /tritʃe/) **1** *(chi mette in atto)* realizer **2** SPORT scorer.

realizzazione /realiddzat'tsjone/ f. **1** *(di sogno)* realization, fulfilment BE, fulfillment AE; *(di ambizione)* achievement, fulfilment

BE, fulfillment AE **2** *(di studio, sondaggio)* carrying out, achievement; ***concezione e ~*** design and construction; ***di facile, difficile ~*** easy, difficult to put into action; ***lanciarsi nella ~ di un progetto*** to throw oneself into the achievement of a project; ***progetto in fase di ~*** project in progress **3** CINEM. TEATR. TELEV. production **4** ECON. *(di utili, profitti)* making ◆◆ ***~ scenica*** scenery.

realizzo /rea'liddzo/ m. ECON. realization; ***prezzo di ~*** break-up price; ***vendita a prezzi di ~*** sale at break-up prices.

realmente /real'mente/ avv. **1** *(nella realtà)* really, actually; ***fatti ~ accaduti*** real events; ***queste misure non sono mai state ~ applicate*** these measures have never really *o* actually been applied; ***un personaggio ~ esistito*** a person who actually existed, a real person **2** *(veramente)* truly, really; ***sono ~ mortificato*** I am truly sorry.

realpolitik /realpoli'tik/ f.inv. realpolitik.

▶ **realtà** /real'ta/ f.inv. **1** *(il reale)* reality; ***la dura ~*** the grim reality; ***~ e finzione*** fact and fiction; ***mescolare finzione e ~*** to mix (up) fact and fiction; ***percezione, senso della ~*** perception, sense of reality; ***perdere contatto con la ~*** to lose touch with reality; ***affrontare, negare la ~*** to face, deny reality; ***guardare in faccia la ~*** to face facts; ***evadere dalla ~*** to escape reality; ***confrontarsi con la ~*** to face reality; ***essere fedele alla ~*** to be true to life; ***questo fa parte della nostra ~ quotidiana*** it's part of our everyday life; ***la ~ supera la fantasia*** truth is stranger than fiction; ***in ~*** actually, really, in reality; ***in ~ ha ragione lui*** in actual fact he is right; ***si tratta in ~ di suo cugino, di fare*** it's actually his cousin, a question of doing; ***questo posto in ~ gli serviva da copertura*** this position actually served as a cover for him **2** *(situazione)* ***la ~ politica, economica di un paese*** the political, economic reality of a country **3** *(carattere reale)* ***la ~ del problema, del mercato*** the real nature of the problem, of the market **4** *(fatto concreto)* reality; ***diventare ~*** [*sogno, progetto*] to become (a) reality; ***è già una ~*** it is already a reality; ***mettere qcn. di fronte alla ~*** to expose sb. to reality, to face sb. with reality; ***attenersi alla ~ (dei fatti)*** to keep a firm grip on facts, to keep to facts ◆◆ ***~ virtuale*** virtual reality.

reame /re'ame/ m. ANT. realm.

reatino /rea'tino/ ➧ **2 I** agg. from, of Rieti **II** m. (f. **-a**) native, inhabitant of Rieti.

▷ **reato** /re'ato/ m. offence BE, offense AE; *(più grave)* crime; ***commettere un ~*** to commit an offence *o* a crime, to offend; ***accusare qcn. di un ~*** to accuse sb. of an offence *o* a crime; DIR. to charge sb. with an offence *o* a crime; ***corpo del ~*** corpus delicti; ***~ flagrante*** flagrant crime; ***in flagranza di ~*** in flagrante delicto; ***il furto costituisce ~*** theft constitutes an offence ◆◆ ***~ comune*** nonpolitical crime; ***~ d'omissione*** nonfeasance; ***~ politico*** political crime.

reattanza /reat'tantsa/ f. reactance.

reattivamente /reattiva'mente/ avv. reactively.

reattività /reattivi'ta/ f.inv. CHIM. FIS. PSIC. reactivity.

reattivo /reat'tivo/ **I** agg. CHIM. FIS. PSIC. reactive; ***sostanza -a*** reactive substance, reagent; ***carta -a*** test paper **II** m. **1** CHIM. reagent **2** PSIC. test.

reattore /reat'tore/ m. **1** NUCL. reactor **2** AER. jet engine **3** CHIM. reactor ◆◆ ***~ ad acqua bollente*** boiling water reactor; ***~ autofertilizzante*** breeder (reactor); ***~ autofertilizzante a neuroni veloci*** fast breeder reactor; ***~ a fusione*** fusion reactor; ***~ nucleare*** nuclear reactor; ***~ pressurizzato*** pressurized water reactor; ***~ termico*** thermal reactor.

reazionario, pl. **-ri, -rie** /reattsjo'narjo, ri, rje/ **I** agg. [*governo, politica*] reactionary **II** m. (f. **-a**) reactionary.

reazionarismo /reattsjona'rizmo/ m. reactionarism.

▷ **reazione** /reat'tsjone/ f. **1** *(in parole, azioni)* reaction (**a** to; **contro** against); ***avere una ~ violenta, esagerata*** to have a violent reaction, an overreaction; ***per ~ a*** in reaction to; ***non ha avuto alcuna ~*** he didn't react; ***la ~ naturale è di...*** the natural reaction is to...; ***la sua ~ al problema fu di...*** he responded to the question by...; ***questo provocherà (delle) -i*** people are bound to react; ***questo susciterà vive -i nel pubblico*** it will provoke a strong public reaction; ***ha avuto una ~ inattesa*** his reaction was unexpected **2** POL. reaction **3** FIS. CHIM. reaction (**con** with; **tra** between); ***motore a ~*** reaction engine, jet engine; ***aereo a ~*** jet (aircraft); ***capacità di ~*** reagency **4** MED. reaction, response; ***avere una ~ allergica*** to have an allergic reaction **5** PSIC. reaction; ***tempo di ~*** reaction time ◆◆ ***~ acida*** acid reaction; ***~ alcalina*** alkaline reaction; ***~ basica*** base reaction; ***~ a catena*** chain reaction (anche FIG.); ***~ chimica*** chemical reaction; ***~ immunitaria*** immune reaction; ***~ indotta*** induced reaction; ***~ nucleare*** nuclear reaction.

rebbio, pl. **-bi** /'rebbjo, bi/ m. *(di forca, forchetta)* prong, tine.

Rebecca /re'bɛkka/ n.pr.f. Rebecca.

reboante /rebo'ante/ → **roboante.**

rebus /'rɛbus/ m.inv. **1** *(in enigmistica)* rebus*; ***risolvere un ~*** to solve a rebus **2** FIG. *(mistero)* enigma*, puzzle.

recalcitrante /rekaltʃi'trante/ agg. [*cavallo*] restive; [*persona*] reluctant, recalcitrant FORM.

recalcitrare /rekaltʃi'trare/ [1] intr. (aus. *avere*) **1** [*cavallo, mulo*] to kick **2** FIG. [*persona*] to balk (**a**, **contro** at).

recapitare /rekapi'tare/ [1] tr. to deliver [*lettera, pacco*].

recapito /re'kapito/ m. **1** *(consegna)* delivery; ***il ~ di una lettera, di un pacco*** the delivery of a letter, of a package; ***mancato ~*** nondelivery; ***in caso di mancato ~, restituire al mittente*** if undelivered please return to sender **2** *(indirizzo)* forwarding address; ***non ho il suo ~*** I don't know how to get in touch with him; ***lasciare un ~*** to leave an address; ***cambiare ~*** to change one's address ◆◆ ***~ a domicilio*** home delivery; ***~ postale*** post address; ***~ telefonico*** (tele)phone number.

recare /re'kare/ [1] **I** tr. **1** LETT. *(portare)* to bring*, to bear* [*dono, notizia*] (**a** to); ***~ qcs. in dono*** to bring sth. as a present **2** *(avere su di sé)* to have* [*data, iniziali*]; to bear* [*sigillo*]; ***~ tracce di sangue*** to bear traces of blood **3** FIG. *(arrecare)* to cause, to produce [*dolore, pena, danni*]; ***~ danno a qcn.*** to cause harm to sb.; ***~ oltraggio a qcn.*** to be an insult to sb.; ***~ conforto, sollievo a qcn.*** to give *o* bring comfort, relief to sb.; ***non vorrei recarle disturbo*** I don't want to cause you any inconvenience **II recarsi** pronom. to go*; ***-rsi a Roma, in Cina, in città*** to go to Rome, to China, to town; ***-rsi al lavoro*** to go to work; ***-rsi dal medico*** to go to the doctor's.

recedere /re'tʃɛdere/ [2] intr. (aus. *avere*) **1** *(desistere)* ***~ da*** to back out of [*impegno*]; to go back on [*promessa, decisione*]; to give up [*pretesa*] **2** MED. [*malattia*] to recede **3** DIR. ***~ da*** to withdraw from [*contratto*].

recensibile /retʃen'sibile/ agg. [*libro, film*] reviewable.

recensione /retʃen'sjone/ f. **1** *(critica)* LETTER. review; CINEM. TEATR. review, notice; ***fare la ~ di*** to review [*pubblicazione, opera teatrale, spettacolo*]; ***avere una ~ positiva, negativa*** [*film*] to be well, badly reviewed **2** FILOL. recension.

recensire /retʃen'sire/ [102] tr. to review [*pubblicazione, opera teatrale*].

recensore /retʃen'sore/ m. reviewer.

▶ **recente** /re'tʃente/ agg. recent; ***il suo libro più ~*** her latest book; ***di ~ nomina*** newly appointed; ***un quartiere di ~ costruzione*** a recently *o* newly built district; ***di ~*** recently, lately; ***molto di ~*** very recently; ***l'ho vista di ~*** I saw her recently; ***questo sistema è stato introdotto di ~*** this system is a recent introduction.

recentemente /retʃente'mente/ avv. recently, lately; ***l'importanza ~ attribuita alla formazione*** the new emphasis on training.

recepire /retʃe'pire/ [102] tr. **1** *(accogliere)* to acknowledge **2** DIR. to absorb [*norma, direttiva*] **3** *(comprendere)* to understand* [*idea, concetto, principio*].

reception /re'sɛpʃon/ f.inv. reception (desk).

recessione /retʃes'sjone/ f. **1** *(da un impegno)* backing out; *(da un patto)* withdrawal **2** ECON. recession; ***entrare in una fase di ~*** to go into recession **3** ASTR. ***~ delle galassie*** recession of galaxies.

recessività /retʃessivi'ta/ f.inv. recessiveness.

recessivo /retʃes'sivo/ agg. **1** BIOL. [*carattere*] recessive **2** ECON. [*fase*] recessionary.

recesso /re'tʃɛsso/ m. **1** LETT. recess; ***i -i di una foresta*** the depths *o* recesses of a forest; ***i -i dell'anima*** the (innermost) depths of the soul; ***nei -i della sua mente*** in the recesses of her mind **2** DIR. withdrawal; ***in caso di ~*** in case of withdrawal **3** MED. recess.

recettivo /retʃet'tivo/ → **ricettivo.**

recettore /retʃet'tore/ **I** agg. receiving **II** m. BIOL. receptor.

recezione /retʃet'tsjone/ → **ricezione.**

recidere /re'tʃidere/ [35] **I** tr. to cut* (off) [*ramo, rosa*]; to sever, to cut* [*vena, fune*]; to sever [*legame*] **II recidersi** pronom. [*legami*] to be* severed.

recidiva /retʃi'diva/ f. **1** DIR. second offence BE, second offense AE; ***in caso di ~*** in the event of a second offence; ***la ~ comporta un aggravamento della pena*** sentences are stiffer for a second offence; ***è accusato di furto con ~*** he has been charged with a second offence of theft **2** MED. relapse.

recidivante /retʃidi'vante/ agg. [*malattia*] recurring.

recidivare /retʃidi'vare/ [1] intr. (aus. *avere*) **1** DIR. to reoffend, to relapse **2** MED. to relapse.

recidività /retʃidivi'ta/ f.inv. **1** DIR. recidivism **2** MED. recurring nature, recidivism.

recidivo /retʃi'divo/ **I** agg. **1** DIR. [*delinquente*] habitual **2** MED. [*malattia*] recurring **II** m. (f. **-a**) DIR. recidivist, persistent offender, habitual offender.

recingere /re'tʃindʒere/ [24] tr. to encircle, to enclose, to surround [*terreno, giardino*].

recintare /retʃin'tare/ [1] tr. to fence (in) [*terreno, giardino*]; **~ *il giardino con con una siepe*** to surround the garden with a hedge.

▷ **recinto** /re'tʃinto/ m. **1** *(spazio recintato)* enclosure; *(per animali)* pen; ***~ per il bestiame*** stockyard; ***~ per le pecore*** sheep fold **2** *(recinzione)* fence, enclosure; ***innalzare un ~ attorno a*** to build a fence around **3** *(box per bambini)* playpen ◆◆ ***~ elettrico*** electric fence; ***~ alle*** o ***delle grida*** floor, trading post.

recinzione /retʃin'tsjone/ f. **1** *(il recingere)* encircling, enclosing, surrounding **2** *(struttura)* fence, enclosure.

▷ **recipiente** /retʃi'pjɛnte/ m. container, vessel; ***riempire un ~ di*** to fill (up) a container with; ***~ di vetro*** glass container; ***~ per l'acqua*** water container ◆◆ ***~ graduato*** measuring jug.

reciprocamente /retʃiproka'mente/ avv. reciprocally, mutually; ***aiutarsi ~*** to help each other.

reciprocità /retʃiprotʃi'ta/ f.inv. reciprocity, mutuality; ***di ~*** mutual, reciprocal.

▷ **reciproco**, pl. **-ci**, **-che** /re'tʃiproko, tʃi, ke/ **I** agg. **1** [*aiuto, sentimento, fiducia*] reciprocal, mutual; ***non lo sopporto, e la cosa è -a*** I can't stand him and the feeling's mutual **2** MAT. reciprocal **3** LING. [*verbo*] reciprocal **4** FILOS. *(in logica)* [*proposizione*] converse **II** m. reciprocal.

recisamente /retʃiza'mente/ avv. firmly, flatly.

recisione /retʃi'zjone/ f. **1** *(il recidere)* cutting (off); *(di braccio, gamba)* amputation **2** FIG. *(risolutezza)* firmness.

reciso /re'tʃizo/ **I** p.pass. → **recidere II** agg. **1** *(tagliato)* [*fiore*] cut **2** FIG. *(netto)* [*risposta, tono*] clipped; ***dire un no ~*** to give a curt no.

▷ **recita** /'rɛtʃita/ f. **1** *(rappresentazione)* performance, play **2** *(recitazione)* recitation; ***~ di beneficenza*** charity performance.

recital /'rɛtʃital, 'resital/ m.inv. recital.

recitante /retʃi'tante/ **I** agg. MUS. ***voce ~*** narrator **II** m. MUS. narrator.

▶ **recitare** /retʃi'tare/ [1] **I** tr. **1** *(dire a memoria)* to recite [*poesia*]; to say* [*preghiera*]; ***~ la lezione*** to reel off the lesson (anche IRON.) **2** TEATR. CINEM. [*attore*] to act (out), to play [*parte, ruolo*]; to play [*opera teatrale*]; ***~ qcs. sottotono*** to underact, to underplay sth. **3** FIG. *(interpretare, fingere)* ***~ la commedia*** to put on an act, to act; ***~ la parte della vedova sconsolata*** to act the grief-stricken widow **4** *(affermare)* to state; ***l'articolo 1 della Costituzione recita...*** article 1 of the Constitution reads... **II** intr. (aus. *avere*) **1** TEATR. CINEM. [*attore*] to act, to play; ***~ in un film*** to act in a film; ***~ sottotono*** to underact **2** FIG. *(fingere)* to put on an act, to act; ***smettila di ~!*** stop acting!

recitativo /retʃita'tivo/ **I** agg. of the recitation; MUS. recitative **II** m. recitative.

recitazione /retʃitat'tsjone/ f. **1** *(di un testo, una poesia)* recitation **2** TEATR. *(modo di recitare)* acting; ***attore dalla ~ molto fisica*** an actor who gives a very physical performance **3** *(arte)* drama; ***insegnante, scuola di ~*** drama teacher, school.

reclamante /rekla'mante/ m. e f. DIR. claimant.

▷ **reclamare** /rekla'mare/ [1] **I** tr. *(richiedere)* to demand [*giustizia, aumento*]; to claim, to demand [*diritti*]; ***~ la propria parte di eredità*** to claim one's part of the inheritance; ***~ la restituzione di una somma*** to demand repayment of a sum; ***la situazione reclama urgentemente un intervento*** the situation calls for urgent action **II** intr. (aus. *avere*) *(protestare)* to complain, to protest (**presso** to; **per** about); ***~ contro i disservizi postali*** to complain about the inefficiency of the postal service.

réclame /re'klam/ f.inv. **1** *(pubblicità)* adveritising, publicity; ***fare ~ a qcs.*** to advertise sth.; ***fare una buona, cattiva ~ a qcn., qcs.*** to be a good, bad publicity for sb., sth. **2** *(avviso pubblicitario)* advertisement, advert BE COLLOQ. ◆◆ ***~ luminosa*** neon sign; ***~ televisiva*** television commercial *o* advertisement, TV advert COLLOQ.

reclamistico, pl. **-ci**, **-che** /rekla'mistiko, tʃi, ke/ agg. advertising.

reclamizzare /reklamid'dzare/ [1] tr. to advertise, to publicize [*prodotto*].

▷ **reclamo** /re'klamo/ m. complaint, claim; ***~ ingiustificato*** unjustified complaint; ***lettera di ~*** letter of complaint; ***fare, presentare, ricevere un ~*** to make, lodge, receive a complaint; ***ufficio -i*** (customer) complaints department.

reclinabile /rekli'nabile/ agg. [*sedile, poltrona*] reclining; ***essere ~*** [*sedile*] to recline.

reclinare /rekli'nare/ [1] tr. to recline, to bow [*capo*]; to recline [*sedile*].

reclinato /rekli'nato/ **I** p.pass. → **reclinare II** agg. **1** reclined, bowed; ***tenere il capo ~*** to keep one's head bowed **2** BOT. reclined.

recludere /re'kludere/ [11] tr. **1** LETT. to confine, to seclude **2** DIR. to imprison, to confine.

reclusione /reklu'zjone/ f. **1** LETT. *(prigionia, isolamento)* confinement **2** DIR. imprisonment, confinement; ***~ a vita*** life sentence; ***condannato a dieci anni di ~*** sentenced to ten years' imprisonment.

recluso /re'kluzo/ **I** p.pass. → **recludere II** agg. [*persona*] secluded; ***trascorre le giornate -a nella sua casa di campagna*** she spends her days shut up in her country house **III** m. (f. **-a**) prisoner, convict.

▷ **recluta** /'rɛkluta/ f. **1** MIL. recruit, rookie AE COLLOQ. **2** FIG. *(di associazione, ditta)* recruit, newcomer; *(novellino)* beginner; ***le -e di un partito*** new recruits to a party; ***le -e del calcio, del cinema*** football, cinema newcomers.

reclutamento /rekluta'mento/ m. **1** MIL. recruitment, recruiting; ***~ di volontari*** recruitment of volunteers; ***campagna di ~*** recruitment campaign **2** FIG. *(di personale)* recruitment, recruiting, employment; ***~ di nuovi dipendenti*** recruitment of new employees; ***la compagnia ha difficoltà con il ~ del personale*** the company is having staffing problems.

reclutare /reklu'tare/ [1] tr. **1** MIL. to recruit [*soldati*] **2** FIG. to recruit, to hire [*operai, collaboratori*]; to recruit, to attract [*nuovi iscritti*].

recondito /re'kɔndito/ agg. **1** LETT. [*luogo*] hidden, remote **2** FIG. [*significato*] hidden, recondite FORM.; ***pensieri ~*** hidden thoughts.

▷ **record** /'rɛkord/ **I** m.inv. **1** SPORT record; ***~ nazionale, europeo, mondiale*** national, European, world record; ***il ~ stagionale*** the season's best; ***battere, stabilire il ~ mondiale*** to break, set the world record; ***migliorare il ~ di 2 secondi*** to lop 2 seconds off the record; ***detenere il ~ maschile di nuoto*** to hold the men's swimming record **2** FIG. record (**di** for); ***a tempo di ~*** in record time; ***sono stati battuti tutti i ~ d'affluenza*** *(per un film, una mostra)* attendance figures have reached record levels **3** INFORM. record **II** agg.inv. [*livello, velocità, incassi, crescita*] record attrib.; ***in tempo ~*** in record time.

recriminare /rekrimi'nare/ [1] **I** tr. to regret [*parole, fatti*] **II** intr. (aus. *avere*) to recriminate (**contro** against); ***~ non serve a nulla*** there is no point in recriminating; ***~ sul passato*** to haul up the past.

recriminatorio, pl. **-ri**, **-rie** /rekrimina'tɔrjo, ri, rje/ agg. recriminatory, reproachful.

recriminazione /rekriminat'tsjone/ f. recrimination.

recrudescente /rekrudeʃ'ʃɛnte/ agg. recrudescent.

recrudescenza /rekrudeʃ'ʃɛntsa/ f. *(di violenza)* fresh upsurge, fresh outbreak; *(di malattia, epidemia)* recurrence; *(di conflitto)* flare-up; ***la ~ del freddo*** the return of cold weather; ***temono una ~ della febbre*** they're afraid his fever may go up again.

recto /'rɛkto/ m.inv. **1** BIBLIOT. recto*, face **2** NUMISM. front, obverse.

recuperabile /rekupe'rabile/ agg. **1** *(riguadagnabile)* [*somma, credito*] recoverable, retrievable; ***il ritardo nella produzione è ancora ~*** the production delay can still be made up **2** *(redimibile)* [*delinquente*] redeemable **3** *(guaribile)* [*malato*] curable.

▷ **recuperare** /rekupe'rare/ [1] **I** tr. **1** *(ritornare in possesso di)* to get* back, to recover, to retrieve [*oggetto, refurtiva, denaro*]; ***sono andato a ~ il pallone dai vicini*** I went to get *o* fetch the ball back from the neighbours; ***ha recuperato lo scontrino in fondo alla pattumiera*** he retrieved the receipt from the bottom of the bin **2** FIG. *(riacquistare)* to recover [*salute, forze*]; to recover, to regain [*vista*]; to regain [*libertà*] **3** *(raccogliere per riutilizzare)* to reclaim, to salvage [*ferro, vetro, stracci, vecchi giornali*]; ***ho recuperato qualche asse al cantiere*** I picked up a few planks from the building site **4** *(mettere in salvo)* to salvage [*merce*]; to rescue [*naufrago*] **5** *(riguadagnare)* to make* up for [*tempo perduto, ritardo, sonno*]; to make* up [*punti, ora, giornata lavorativa*]; ***~ uno svantaggio*** to close the gap; ***dovrò ~ le ore perdute*** I'll have to make up the hours **6** ECON. to recover [*somma, credito*] **7** *(reinserire)* to rehabilitate [*criminale, tossicodipendente*] **II** intr. (aus. *avere*) *(in una gara)* to catch* up, to pull up; *(nel lavoro)* to catch* up.

recuperatore /rekupera'tore/ m. **1** ARM. recuperator **2** MAR. salvor ◆◆ ***~ di calore*** TECN. recuperator.

recuperatorio, pl. **-ri**, **-rie** /rekupera'tɔrjo, ri, rje/ agg. MED. recuperative.

recupero /re'kupero/ m. **1** *(di oggetto, denaro)* recovery **2** FIG. *(riacquisto)* *(di salute, forze, vista)* recovery; ***capacità di ~*** recuperative powers **3** *(raccolta)* *(di ferro, vetro, stracci)* reclaim, reclamation; ***una capanna costruita con materiali di ~*** a shack built of salvaged materials **4** *(salvataggio)* *(di merce)* salvage; *(di naufrago)* rescue **5** *(di tempo perduto, ritardo, ora, giornata lavorativa)* making up; ***corso, classe di ~*** SCOL. remedial lesson, class

6 ECON. *(di somma, credito)* recovery **7** *(di criminale)* rehabilitation **8** *(rimonta)* recovery; ***il ~ del candidato della maggioranza nei sondaggi*** the recovery of the ruling party's candidate in the opinion polls; ***il ~ del dollaro sul marco*** the rallying of the dollar against the mark **9** SPORT *(partita)* replay; ***(minuti di) ~*** injury time **10** EDIL. *(di quartiere)* development ◆◆ ***~ crediti*** ECON. credit recovery.

redancia, pl. **-ce** /re'dantʃa, tʃe/ f. thimble.

redarguire /redargu'ire/ [102] tr. to reproach, to reprimand (**per** for); ***si è fatta ~ aspramente da sua madre*** she was severely reprimanded *o* scolded by her mother.

redattore /redat'tore/ ⧫ *18* m. (f. **-trice** /tritʃe/) **1** *(di documento, testo)* compiler, author, writer; ***il ~ di un rapporto*** the compiler of a report **2** *(di giornale)* copy editor, reader editor AE; ***essere ~ in un giornale*** to be on the editorial staff of a newspaper **3** *(in una casa editrice)* editor; ***i -i di un dizionario*** the editors of a dictionary ◆◆ ***~ capo*** editor-in-chief; ***~ pubblicitario*** copywriter; ***~ sportivo*** sports editor.

redazionale /redattsjo'nale/ agg. [*ufficio, norma*] editorial; ***articolo ~*** copy; ***pubblicità ~*** advertorial.

redazionalmente /redattsjonal'mente/ avv. editorially.

▷ **redazione** /redat'tsjone/ f. **1** *(stesura) (di articolo, opera)* writing; *(di lista, bilancio)* compilation; *(di documento, decreto)* drafting; ***la prima ~ di un testo*** the first draft of a text; ***la ~ del testamento*** the drawing up of the will **2** *(compilazione) (di giornale)* editing **3** *(insieme dei redattori)* editorial staff; *(ufficio)* editorial office; ***segretaria di ~*** editorial assistant.

redazza /re'dattsa/ f. swab.

redazzare /redat'tsare/ [1] tr. to swab.

redditiere /reddi'tjɛre/ m. (f. **-a**) = beneficiary of an income.

redditività /redditivi'ta/ f.inv. profitability; ***i grossi investimenti talvolta hanno una ~ a lungo termine*** large-scale investment is sometimes slow to yield a profit.

redditizio, pl. **-zi, -zie** /reddi'tittsjo, tsi, tsje/ agg. [*affare, attività, prodotto, nicchia di mercato*] profitable, payable; ***non è ~ fare*** it isn't profitable *o* it doesn't pay to do.

▷ **reddito** /'rɛddito/ m. ECON. income, revenue; ***avere un ~ alto, basso*** to have a large, low income; ***avere un ~ di 30.000 euro all'anno*** to be on an income of 30,000 euros per year; ***non avere ~*** to have no income; ***famiglie a basso ~*** low-income households; ***trarre un ~ da*** to get an income from; ***dichiarare il ~*** to declare one's income; ***politica dei -i*** incomes policy; ***imposta sul ~*** income tax; ***fascia di ~*** income bracket; ***fonte di ~*** source of income *o* of revenue; ***a ~ fisso*** fixed-income ◆◆ ***~ annuo*** o ***annuale*** yearly *o* annual income; ***~ aziendale*** company *o* business income; ***~ di capitali*** unearned income; ***~ disponibile*** disposable income; ***~ fisso*** regular *o* fixed income; ***~ globale*** total income; ***~ imponibile*** taxable income; ***~ d'impresa*** business income; ***~ da lavoro*** earned income; ***~ da lavoro autonomo*** income from self-employment, self-employment income; ***~ da lavoro dipendente*** income from employment, earned income; ***~ da locazione*** rental income; ***~ lordo*** gross income; ***~ mensile*** monthly income; ***~ mobiliare*** → ***~ di capitali***; ***~ nazionale*** national income; ***~ netto*** net income; ***~ nominale*** nominal income; ***~ personale*** private income; ***~ pro capite*** per capita income.

redditometro /reddi'tɔmetro/ m. income assessment system.

reddituale /redditu'ale/ agg. [*analisi*] income attrib.

redento /re'dɛnto/ **I** p.pass. → **redimere II** agg. **1** *(riscattato)* [*terre, popolo*] liberated **2** RELIG. [*umanità*] redeemed; ***~ dal peccato*** redeemed from sin **III** m. ***i -i*** the redeemed.

redentore /reden'tore/ **I** agg. RELIG. redemptive **II Redentore** m. RELIG. ***il Redentore*** the Redeemer.

redenzione /reden'tsjone/ f. **1** *(liberazione)* liberation, deliverance; ***lottare per la ~ del proprio paese*** to fight for the liberation of one's country **2** RELIG. redemption; ***la ~ dal peccato*** redemption from sin **3** LETT. ANT. *(scampo, rimedio)* escape.

redibitorio, pl. **-ri, -rie** /redibi'tɔrjo, ri, rje/ agg. DIR. redhibitory; ***vizio ~*** redhibitory defect; ***azione -a*** redhibition *o* redhibitory action.

redibizione /redibit'tsjone/ f. redhibition.

redigere /re'didʒere/ [76] tr. *(scrivere)* to write* [*articolo, testo*]; to draw* up [*contratto, atto, documento, bilancio, testamento, rapporto, programma, lista, questionario*]; to compile [*voce, dizionario*]; ***~ il verbale*** to draw up the minutes.

redimere /re'dimere/ [77] **I** tr. **1** *(liberare)* to liberate (**da** from); ***~ un popolo dalla schiavitù*** to liberate *o* deliver a people from bondage **2** RELIG. [*Dio*] to redeem [*umanità*] (**con** through) **3** DIR. COMM. *(estinguere)* to pay* off [*debito*]; to redeem [*ipoteca*] **II redimersi** pronom. to redeem oneself (**facendo** by doing); ***-rsi da una colpa, dal peccato*** to redeem oneself from guilt, sin.

redimibile /redi'mibile/ agg. [*debito, prestito*] redeemable.

redimibilità /redimibili'ta/ f.inv. redeemableness.

redine /'rɛdine/ f. EQUIT. rein (anche FIG.); ***tenere le -i*** to hold the reins (anche FIG.); ***mettere le -i a un cavallo*** to rein a horse; ***allentare le -i*** to slacken the reins; ***prendere le -i del governo*** FIG. to take over the reins of government; ***prendere in mano le -i di un'azienda*** FIG. to take the helm of a business.

redingote /redin'gɔt/ f.inv. **1** *(da uomo)* redingote, frock coat **2** *(da donna)* redingote, dress coat.

redistribuire /redistribu'ire/ → **ridistribuire**.

redivivo /redi'vivo/ **I** agg. **1** *(ritornato in vita)* restored to life; ***quel ragazzo sembra suo padre ~*** that boy is the image for his father **2** FIG. *(secondo)* ***un Michelangelo ~*** a new Michelangelo **II** m. (f. **-a**) **1** *(ritornato in vita)* = person recalled from the grave **2** FIG. SCHERZ. ***ecco il ~!*** look, he's back in the land of the living!

redolente /redo'lɛnte/ agg. LETT. redolent.

reduce /'rɛdutʃe/ **I** agg. returned, back; ***un soldato ~ dal fronte*** a soldier who survived the front; ***essere ~ da*** to be back from [*viaggio*]; to be none the worse for [*esperienza disastrosa*]; to be on the mend after [*malattia*]; ***essere ~ dalle patrie galere*** IRON. to be a jailbird **II** m. *(sopravvissuto)* survivor; *(di guerra)* veteran; ***i -i dei campi di concentramento*** the survivors of concentration camps; ***i -i del Vietnam*** Vietnam veterans.

reduplicare /redupli'kare/ [1] tr. **1** *(raddoppiare)* to redouble **2** LING. to reduplicate.

reduplicativo /reduplika'tivo/ agg. LING. reduplicative.

reduplicazione /reduplikat'tsjone/ f. reduplication (anche LING.).

reduttasi /redut'tazi/ f.inv. reductase.

referendario, pl. **-ri, -rie** /referen'darjo, ri, rje/ **I** agg. [*campagna, progetto di legge*] referendum attrib.; ***consultazione -a*** referendum **II** m. *(magistrato)* = referendary.

▷ **referendum** /refe'rɛndum/ m.inv. referendum* (**su** on); ***indire un ~*** to hold a referendum; ***~ sull'aborto*** referendum on abortion ◆◆ ***~ abrogativo*** = referendum to abrogate a law; ***~ propositivo*** = referendum to propose a bill.

referente /refe'rɛnte/ **I** agg. reporting, referring; ***discusso in sede ~*** = discussed by the Parliamentary committee **II** m. **1** *(punto di riferimento)* point of reference **2** LING. referent.

referenza /refe'rɛntsa/ **I** f. LING. reference **II referenze** f.pl. references, testimonials; ***si richiedono -e*** references required; ***avere ottime -e*** to have excellent references; ***presentare le proprie -e*** to produce one's references ◆◆ ***-e bancarie*** banker's reference.

referenziale /referen'tsjale/ agg. LING. referential.

referenziare /referen'tsjare/ [1] **I** tr. ***~ qcn.*** to write *o* give sb. a reference **II** intr. (aus. *avere*) to supply references.

referenziato /referen'tsjato/ **I** p.pass. → **referenziare II** agg. [*personale*] supplied with references; ***cercasi segretaria -a*** wanted secretary with references.

referto /re'fɛrto/ m. MED. DIR. report ◆◆ ***~ dell'autopsia*** o ***autoptico*** post-mortem report.

refettorio, pl. **-ri** /refet'tɔrjo, ri/ m. refectory, eating hall, dining hall; MIL. mess hall.

refezione /refet'tsjone/ f. meal, refection ANT. ◆◆ ***~ scolastica*** school meals pl.

refill /'refil/ m.inv. refill.

reflazione /reflat'tsjone/ f. reflation.

reflazionistico, pl. **-ci, -che** /reflattsjo'nistiko, tʃi, ke/ agg. reflationary.

reflex /'rɛfleks/ **I** agg.inv. FOT. reflex; ***macchina (fotografica) ~*** reflex camera **II** m. e f.inv. reflex ◆◆ ***~ monoculare*** single-lens reflex.

refluo /'rɛfluo/ agg. refluent; ***acque -e*** sewage.

reflusso /re'flusso/ m. MED. reflux.

refolo /'rɛfolo/ m. gust of wind.

refrain /re'frɛn/ m.inv. refrain.

refrattariamente /refrattarja'mente/ avv. refractorily.

refrattarietà /refrattarje'ta/ f.inv. refractoriness.

refrattario, pl. **-ri, -rie** /refrat'tarjo, ri, rje/ agg. **1** *(resistente al calore)* refractory; ***argilla -a*** fireclay; ***mattone ~*** firebrick **2** MED. [*soggetto, malattia*] refractory **3** SCHERZ. *(insensibile)* impervious, insensitive (**a** to); ***essere ~ allo studio*** to be allergic to studying; ***essere ~ al matrimonio*** to be averse to getting married.

refrigerante /refridʒe'rante/ **I** agg. **1** *(rinfrescante)* [*bibita*] cooling, refreshing **2** TECN. [*apparecchio, sistema, fluido*] cooling, refrigerant; ***cella ~*** refrigerating room **3** FARM. refrigerant **II** m. *(fluido)* refrigerant.

refrigerare /refridʒe'rare/ [1] **I** tr. **1** *(rinfrescare)* [*bevanda*] to cool, to chill [*persona, gola*] **2** *(gelare)* to refrigerate, to chill [*alimento*] **II refrigerarsi** pronom. *(rinfrescarsi)* to refresh oneself.

refrigeratore /refridʒera'tore/ **I** agg. refrigeratory **II** m. **1** *(apparecchio)* refrigerator, cooler **2** *(fluido)* refrigerant.

refrigerazione /refridʒerat'tsjone/ f. refrigeration; ***~ ad acqua*** water cooling.

refrigerio, pl. **-ri** /refri'dʒɛrjo, ri/ m. **1** *(sensazione di fresco)* refreshment; ***cercare un po' di ~ all'ombra*** to look for a cool place in the shade **2** FIG. *(sollievo)* relief; ***dare ~ a qcn.*** to relieve sb.

refurtiva /refur'tiva/ f. stolen goods pl., stuff **U** COLLOQ.; ***recuperare la ~*** to get back the stolen goods.

refuso /re'fuzo/ m. misprint, printer's error.

refutare /refu'tare/ [1] tr. to refute [*accusa*].

refutazione /refutat'tsjone/ f. refutal.

▶ **regalare** /rega'lare/ [1] **I** tr. **1** *(dare in regalo)* ***~ qcs. a qcn.*** to give sb. sth. as a present; ***cosa gli regali per Natale?*** what are you giving him for Christmas? ***mi ha regalato un orologio*** she gave me a watch; ***ti piace questo cappello? te lo regalo!*** do you like this hat? it's yours! **2** COLLOQ. *(vendere a un prezzo conveniente)* to give* away; ***me l'hanno praticamente regalato*** I got this for next to nothing; ***non lo regalano certo!*** IRON. they're not exactly giving it away **3** IRON. *(dare)* ***~ uno schiaffo a qcn.*** to slap sb. (across the face); ***~ un pugno a qcn.*** to give sb. a thump **II regalarsi** pronom. to buy* oneself [*fiori, vestito, cappello*]; to treat oneself to [*vacanza*].

regalato /rega'lato/ **I** p.pass. → **regalare II** agg. **1** *(dato in regalo)* given, presented **2** COLLOQ. *(molto conveniente)* ***a quel prezzo è ~!*** at that price, it's a gift *o* giveaway COLLOQ.! **3** COLLOQ. *(concesso per distrazione o incapacità)* ***è stato un gol ~*** it was a gift of a goal.

regale /re'gale/ agg. **1** *(proprio di un re)* [*dignità, autorità*] regal, royal **2** FIG. *(maestoso)* ***portamento ~*** regal bearing.

regaleco, pl. **-ci** /rega'lɛko, tʃi/ m. ribbonfish.

regalia /rega'lia/ f. **1** *(mancia)* gratuity **2** STOR. royalty.

regalismo /rega'lizmo/ m. regalism.

regalità /regali'ta/ f.inv. **1** *(dignità di re)* regality, royalty **2** *(di portamento)* regality.

regalmente /regal'mente/ avv. regally.

▶ **regalo** /re'galo/ **I** m. **1** *(dono)* present, gift (**per** for); ***~ di compleanno, di Natale, di battesimo, di nozze*** birthday, Christmas, christening, wedding present; ***fare un ~ a qcn.*** to give sb. a present; ***dare qcs. in ~ a qcn.*** to give sb. sth. as a present; ***compri il divano, e io le do in ~ la fodera*** buy the sofa, and I'll throw in the cover as well; ***è (per) un ~*** it's for a gift; ***farsi un ~*** to treat oneself; ***articoli da ~*** gifts, giftware; ***carta da ~*** gift wrap(ping), wrapping paper **2** *(piacere)* favour BE, favor AE; ***mi faresti proprio un ~ venendomi a trovare*** it would be a great treat for me if you came to visit; ***bel ~ mi hai fatto!*** IRON. a fine mess you've landed me in! **3** *(cosa a buon prezzo)* ***a quel prezzo è un ~!*** at that price, it's a gift *o* giveaway COLLOQ.! **II** agg.inv. ***confezione ~*** gift wrapping, presentation box; ***idea ~*** gift.

regata /re'gata/ f. regatta ◆◆ ***~ storica*** historical regatta; ***~ velica*** sailing regatta.

regesto /re'dʒɛsto/ m. **1** *(registro)* register **2** *(riassunto di documento storico)* document summary.

reggae /'rɛgge/ agg. e m.inv. reggae.

reggente /red'dʒɛnte/ **I** agg. **1** POL. ***principe ~*** prince regent **2** LING. [*proposizione, verbo*] governing; ***elemento ~*** governor **II** m. e f. regent.

reggenza /red'dʒɛntsa/ **I** f. **1** POL. *(carica, periodo)* regency; ***esercitare la ~*** to act as regent; ***consiglio di ~*** regency council; ***la Reggenza*** STOR. the Regency **2** LING. government **II** agg.inv. [*stile*] Régence.

▶ **reggere** /'rɛddʒere/ [59] **I** tr. **1** *(impedire la caduta di)* [*persona*] to hold* [*scala*]; to hold* up [*anziano, ubriaco*]; [*cintura*] to hold* up [*pantaloni*]; *(tenere in mano)* [*persona*] to hold* [*oggetto*]; ***reggimi gli sci, il vassoio*** please, hold the skis, the tray **2** *(sostenere)* [*colonna, struttura*] to bear*, to hold*, to support [*tetto, peso*]; ***~ qcs. sulle spalle*** to carry sth. on one's back; ***~ un bambino tra le braccia*** to hold a baby in one's arms; ***il ramo non ti regge*** the branch won't hold you; ***le gambe non mi reggevano più*** my legs couldn't carry me any longer **3** *(resistere a, far fronte a)* to stand* [*prova*]; to withstand*, to absorb [*impatto*]; to handle [*stress, pressione*]; to stand*, to handle [*ritmo*]; to bear* [*dolore*]; ***~ il confronto con qcs., qcn.*** to compare favourably *o* stand comparison with sth., sb.; ***non ~ il confronto con qcs., qcn.*** to compare unfavourably with sth., sb.; ***~ lo sguardo di qcn.*** to hold sb.'s gaze; ***~ l'alcol*** to (be able to) hold one's drink, liquor; ***~ il mare*** [*nave*] to be seaworthy; ***~ l'acqua*** [*materiale, calzatura*] to be waterproof; ***quella donna non la reggo*** I can't stand that woman **4** *(guidare)* to drive*; ***~ il timone*** to be at the helm **5** *(governare)* to rule [*paese*]; to rule over [*impero*]; *(amministrare)* to manage, to run* [*azienda*] **6** LING. [*verbo, preposizione*] to govern, to take* [*complemento, modo verbale*] **II** intr. (aus. *avere*) **1** *(resistere)* ***~ a*** to withstand [*assalto, urto, colpo, shock*]; to stand up to [*sforzo, fatica*]; to stand [*fame, sete*]; ***~ alla tensione*** [*persona*] to take the strain; ***~ al confronto*** to bear comparison; ***non reggerà a un esame attento*** it won't stand close scrutiny; ***dice di aver smesso di fumare, ma non reggerà a lungo!*** she says she's given up smoking, but she'll never last out! **2** *(essere valido)* [*teoria, ipotesi*] to hold* (good); [*accusa*] to hold* up; ***la sua argomentazione non regge granché*** his argument doesn't hold together; ***il tuo alibi non regge più*** your alibi no longer stands up **3** COLLOQ. *(durare)* [*tempo*] to last, to hold*; [*alimenti*] to keep*; ***il loro matrimonio regge ancora*** their marriage is still holding together **III reggersi** pronom. **1** *(sostenersi)* to stand*; ***-rsi in piedi*** to stand up; ***fa fatica a -rsi in piedi*** she can hardly stand; ***non si regge sulle gambe*** she can't stand up **2** *(aggrapparsi)* ***~ a*** to hold on to, to cling on to [*ringhiera*]; ***reggiti forte!*** hold tight! **3** *(tratternersi)* to contain oneself; ***non si resse più e disse quello che pensava*** he couldn't hold it in any longer and said what he thought **4** *(governarsi)* to rule oneself; ***-rsi a repubblica, a monarchia*** to be a republic, a monarchy ◆ ***~ il moccolo*** o ***la candela*** COLLOQ. to play gooseberry; ***~ il sacco a qcn.*** to aid and abet sb.; ***~ il colpo*** to tough it out.

reggetta /red'dʒetta/ f. hoop-iron.

reggia, pl. **-ge** /'rɛddʒa, dʒe/ f. **1** *(residenza reale)* royal palace; ***la ~ di Versailles*** the palace of Versailles **2** FIG. palace; ***la sua casa? sembra una ~!*** his house? it looks like a palace!

reggiano /red'dʒano/ ➧ **2 I** agg. from, of Reggio Emilia **II** m. (f. **-a**) **1** *(abitante)* native, inhabitant of Reggio Emilia **2** *(formaggio)* Parmesan (cheese).

reggicalze /reddʒi'kaltse/ m.inv. suspender belt BE, garter belt AE.

reggilibri /reddʒi'libri/, **reggilibro** /reddʒi'libro/ m.inv. bookend.

reggimentale /reddʒimen'tale/ agg. regimental.

▷ **reggimento** /reddʒi'mento/ m. **1** MIL. *(unità)* regiment; ***un ~ di cavalleria*** a cavalry regiment; ***prendere il comando di un ~*** to take command of a regiment; ***comandante di ~*** commanding officer of the regiment **2** FIG. crowd, regiment; ***ce n'è per un ~!*** there's enough to feed an army!

reggino /red'dʒino/ ➧ **2 I** agg. from, of Reggio Calabria **II** m. (f. **-a**) native, inhabitant of Reggio Calabria.

reggipetto /reddʒi'pɛtto/ m. → **reggiseno**.

reggiposata /reddʒipo'sata/, **reggiposate** /reddʒipo'sate/ m.inv. knife-rest.

reggiseno /reddʒi'seno/ ➧ **35** m. bra, brassière; ***allacciare, slacciare il ~*** to fasten, unfasten the bra ◆◆ ***~ per allattamento*** nursing bra; ***~ a balconcino*** half-cup *o* balconette bra.

reggispinta /reddʒis'pinta/ m.inv. thrust bearing, thrust block.

regia /re'dʒia/ f. **1** CINEM. TELEV. TEATR. direction; ***~ di Kubrik*** directed by Kubrik; ***curare la ~ di*** to direct [*spettacolo, film*]; ***cabina di ~*** control room **2** *(organizzazione)* organization; ***la ~ della cerimonia*** the organization of the cerimony **3** ECON. monopoly.

regicida, m.pl. **-i**, f.pl. **-e** /redʒi'tʃida/ **I** agg. regicidal **II** m. e f. regicide.

regicidio, pl. **-di** /redʒi'tʃidjo, di/ m. regicide.

▷ **regime** /re'dʒime/ m. **1** POL. *(sistema di governo)* regime, system of government; ***rovesciare un ~*** to overthrow a regime; ***gli oppositori del ~*** the opponents of the regime **2** MED. regime, regimen FORM.; ***essere, mettersi a ~*** to be, go on a diet; ***essere a ~ secco*** SCHERZ. to be on the wagon **3** ECON. regime, system; ***~ degli scambi*** system of trade **4** MECC. *(ritmo)* (running) speed; ***basso, alto ~*** low, high speed; ***girare a pieno ~*** [*motore*] to run at top speed; ***la fabbrica lavora a pieno ~*** FIG. the factory is working at full stretch *o* is operating at full capacity **5** GEOGR. METEOR. regime; ***il ~ dei venti*** the regime of winds ◆◆ ***~ aureo*** gold standard; ***~ fiscale*** tax treatment; ***~ matrimoniale*** marriage settlement; ***~ militare*** military regime; ***~ parlamentare*** parliamentary government; ***~ valutario*** currency regime.

▶ **regina** /re'dʒina/ ➧ **1 I** f. **1** *(sovrana)* queen; ***la ~ Anna*** Queen Anne; ***la ~ d'Inghilterra*** the queen of England **2** FIG. ***la ~ della festa*** the belle of the ball **3** GIOC. *(nelle carte, negli scacchi)* queen **II** agg. ***ape ~*** queen bee ◆ ***vivere, vestirsi come una ~*** to live, to be dressed like a queen ◆◆ ***~ madre*** queen mother; ***~ dei prati*** meadowsweet.

Reginaldo /redʒi'naldo/ n.pr.m. Reginald.

reginetta /redʒi'netta/ f. queen; ***la ~ del ballo*** the belle of the ball ◆◆ ***~ di bellezza*** beauty queen.

regio, pl. **-gi, -gie** /'rɛdʒo, dʒi, dʒe/ agg. **1** [*potere, decreto*] royal **2** CHIM. ***acqua -a*** aqua regia.

▷ **regionale** /redʒo'nale/ agg. AMM. GEOGR. [*autonomia*] regional; [*usanze, parlata*] regional, local; ***consiglio ~*** = region council; ***consigliere ~*** = member of a region council; ***programma a diffusione ~*** *(televisivo)* regional TV broadcast; *(radiofonico)* regional radio broadcast.

regionalismo /redʒona'lizmo/ m. POL. LING. regionalism.

regionalista, m.pl. **-i**, f.pl. **-e** /redʒona'lista/ agg., m. e f. regionalist.

regionalistico, pl. **-ci**, **-che** /redʒona'listiko, tʃi, ke/ agg. regionalistic.

regionalizzare /redʒonalid'dzare/ [1] tr. to regionalize.

regionalizzazione /redʒonaliddzat'tsjone/ f. regionalization.

regionalmente /redʒonal'mente/ avv. regionally.

▷ **regione** /re'dʒone/ f. **1** AMM. region; ***le -i d'Italia*** the regions of Italy **2** GEOGR. region, land; ***le -i tropicali, fredde*** tropical, cold lands; ***~ desertica*** desert region; ***~ montagnosa*** highland; ***~ vinicola*** wine-growing region; ***~ industriale*** industrial area **3** MIL. command **4** ANAT. region **5** FIG. *(ambito)* realm, domain; ***le -i del sapere*** the realms of knowledge ◆◆ ***~ addominale*** abdominal region; ***~ inguinale*** inguinal region; ***~ lombare*** lumbar region.

> **Regione** Italy is subdivided into 20 regions, 5 of which have a special political autonomy. All of the regions have been given greater powers in the last few years, however, in preparation for Italy's reorganization on federal lines. Each region is subdivided in its turn into provinces and municipalities. The regions can pass laws. They also have administrative duties which can be delegated to the provinces and the municipalities. Each region is served by a council, a committee and a regional president.

▷ **regista**, m.pl. **-i**, f.pl. **-e** /re'dʒista/ ➧ ***18*** m. e f. CINEM. TELEV. TEATR. director; ***~ cinematografico*** movie director; ***aiuto ~*** assistant director; ***sedia da ~*** director's chair.

registrabile /redʒis'trabile/ agg. **1** [*brano, album*] recordable **2** TECN. ***chiave ~*** adjustable wrench *o* spanner.

▷ **registrare** /redʒis'trare/ [1] tr. **1** *(scrivere in un registro)* to register [*nascita, morte, matrimonio, veicolo, atto, contratto*]; to file [*fattura*]; to record [*ordinazione*]; ***~ una voce in contabilità*** to enter an item in the books; ***~ l'arrivo, la partenza dei clienti*** to check in, out the guests **2** *(annotare, riportare)* to record, to report [*ricette, fatti*]; LING. to record [*parola, espressione*] (**in** in) **3** *(rilevare)* to record, to register [*temperatura, velocità*]; ***si è registrato un terremoto del sesto grado della scala Richter*** an earthquake registering six on the Richter scale was recorded **4** *(ottenere)* to register [*perdite, guadagni, vittoria, successo*]; to set* [*record*]; ***~ il tutto esaurito*** [*spettacolo*] to be fully booked, to be a sellout **5** RAD. TELEV. to record [*disco, cassetta*]; ***registrano un album a Londra*** they're recording an album in London; ***~ qcs. su cassetta*** to record sth. on cassette; ***~ qcs. su nastro magnetico, videonastro*** to tape, videotape sth. **6** TECN. *(mettere a punto)* to adjust [*freni*]; to set* [*orologio*].

registrato /redʒis'trato/ **I** p.pass. → **registrare II** agg. **1** *(depositato in un registro)* [*atto, contratto, società*] registered; ***marchio ~*** proprietary brand *o* name, registered trademark; ***le spese -e quest'anno*** the expenses on record this year **2** RAD. TELEV. [*nastro, voce, intervista, musica, trasmissione*] recorded **3** TECN. adjusted.

▷ **registratore** /redʒistra'tore/ **I** agg. [*apparecchio*] recording **II** m. **1** *(apparecchio)* recorder; *(a cassette)* cassette recorder; *(a nastro)* tape recorder; ***~ a due piste*** twin-track recorder **2** TECN. recorder ◆◆ ***~ di cassa*** cash register; ***~ di volo*** flight recorder.

▷ **registrazione** /redʒistrat'tsjone/ f. **1** *(di nascita, morte, matrimonio, veicolo, atto, contratto)* registration; ***~ di addebito, di accreditamento*** debit, credit entry **2** *(annotazione) (di fatti, dati)* recording **3** *(rilevamento) (di temperatura, velocità)* recording, registration **4** RAD. TELEV. recording; *(su cassetta)* cassette recording; ***la ~ non rende bene i bassi*** the low notes don't come out well in the recording; ***l'apparecchio ha problemi di ~*** the machine has problems recording; ***piastra di ~*** tape deck, cassette deck; ***studio di ~*** recording studio **5** TECN. *(messa a punto) (di freni)* adjustment; ***~ delle punterie*** tuning **6** INFORM. record **7** MUS. tuning ◆◆ ***~ digitale*** digital recording; ***~ del suono*** sound recording.

▷ **registro** /re'dʒistro/ m. **1** *(quaderno)* register, book; ***tenere un ~*** to keep a register **2** AMM. COMM. book, register; ***i -i della polizia*** police records; ***essere iscritto al ~ del commercio*** to be a registered company; ***ufficio del ~*** Registry of Deeds **3** LING. register; ***~ colloquiale, formale*** colloquial, formal register; ***etichetta di ~*** register label; ***cambiare ~*** to change register; FIG. to change one's tune **4** MUS. register, stop; ***~ alto, medio, grave*** upper, middle, lower register **5** INFORM. TECN. register **6** TIP. register; ***mettere in ~ qcs.*** to register sth. ◆◆ ***~ degli azionisti*** shareholders' register; ***~ catastale*** cadastral register; ***~ di classe*** SCOL. class roll *o* register; ***~ dei clienti*** *(in albergo)* guest book; ***~ degli indagati*** DIR. = register of people under investigation; ***~ delle nascite*** birth register; ***~ navale*** Register of Shipping; ***~ delle ordinazioni*** order book; ***~ d'organo*** MUS. organ stop, reed stop; ***~ parrocchiale*** parish register; ***~ delle presenze*** SCOL. attendance register; ***~ a scorrimento*** INFORM. shift register; ***~ di stato civile*** register of births, marriages and deaths.

regnante /reɲ'ɲante/ **I** agg. [*dinastia, famiglia*] regnant, reigning; FIG. [*opinione*] dominant **II** m. e f. sovereign.

▷ **regnare** /reɲ'ɲare/ [1] intr. (aus. *avere*) **1** POL. [*sovrano*] to reign, to rule; ***~ su un paese*** to reign over *o* rule a country; ***~ per trent'anni*** to reign thirty years **2** FIG. *(predominare)* [*confusione, silenzio, ottimismo, timore, armonia*] to reign; ***~ sovrano*** [*disordine, caos*] to reign supreme; ***nella sua stanza regna il disordine*** chaos reigns in his room; ***tra i giovani regna l'inquietudine*** anxiety reigns among the young; ***far ~*** to establish a reign of [*sicurezza, ingiustizia*]; to impose [*ordine*]; ***i ribelli hanno fatto ~ il terrore, la violenza nel paese*** the rebels have inflicted a reign of terror, violence to the country; ***faceva ~ il terrore nell'azienda*** he imposed a reign of terror in the company.

▶ **regno** /'reɲɲo/ m. **1** POL. *(paese)* kingdom, realm; *(esercizio e durata)* reign; ***il ~ di Napoli*** the kingdom of Naples; ***sotto il ~ di Enrico IV*** under the reign of Henry IV **2** FIG. kingdom; ***il ~ animale, vegetale*** the animal, plant kingdom; ***il ~ della fantasia*** the realm of imagination; ***la biblioteca è il suo ~*** the library is his realm ◆◆ ***Regno dei Cieli*** kingdom of heaven; ***Regno di Dio*** kingdom of God; ***~ millenario*** millenium; ***~ dei morti*** world of the dead.

Regno Unito /'reɲɲou'nito/ n.pr.m. United Kindom; ***~ di Gran Bretagna e dell'Irlanda del Nord*** United Kingdom of Great Britain and Northern Ireland.

▶ **regola** /'rɛgola/ f. **1** *(norma)* rule; ***~ di grammatica*** grammatical rule; ***~ di comportamento*** rule of conduct; ***le -e del galateo*** the rules of etiquette; ***le -e del gioco*** the rules of the game (anche FIG.); ***rispettare le -e del gioco*** to play by the rules (anche FIG.); ***fare di qcs. una ~ di vita*** to make sth. a rule *o* practice *o* way of life; ***secondo le -e*** according to the rules; ***a ~ d'arte*** by the rule book; ***rispettare, infrangere le -e*** to obey, break the rules; ***fare uno strappo alla ~*** to bend the rules; ***l'eccezione conferma la ~*** the exception proves the rule **2** *(uso stabilito)* ***è la ~*** that's the rule; ***è buona ~ rispondere*** it is customary to reply **3** RELIG. rule; ***la ~ di san Benedetto*** the rule of St Benedict, the Benedictine rule **4** *(moderazione)* moderation; ***senza ~*** without moderation **5 di regola** as a rule; ***di ~ mi alzo presto*** I get up early as a rule **6 in regola** [*documenti, conti*] in order; [*lavoratore*] with regular contract; ***essere in ~ con i pagamenti*** to be up-to-date with one's payments; ***avere (tutte) le carte in ~*** to fulfil *o* meet *o* satisfy the requirements; ***mettersi in ~ con il fisco*** to get one's tax affairs properly sorted out **7 in piena regola** regular; ***subire un interrogatorio in piena ~*** to undergo a full-scale interrogation ◆ ***per sua norma e ~*** for your information ◆◆ ***~ aurea*** RELIG. golden rule; ***~ monastica*** monastic rule; ***~ d'oro*** MAT. golden rule; ***~ di riscrittura*** rewrite rule; ***~ del tre semplice*** MAT. rule of three.

regolabile /rego'labile/ agg. [*altezza, pressione, velocità, posizione, sedile*] adjustable.

regolabilità /regolabili'ta/ f.inv. adjustability (**di** of).

1.regolamentare /regolamen'tare/ agg. **1** *(richiesto)* [*uniforme*] regulation attrib.; [*formato*] prescribed; [*procedura*] statutory **2** *(legiferante)* [*potere*] ruling **3** SPORT ***tempo ~*** normal time.

2.regolamentare /regolamen'tare/ [1] tr. to regulate, to control [*prezzo*]; to regulate [*traffico, uso, commercio*].

regolamentazione /regolamentat'tsjone/ f. **1** *(insieme di regole)* regulations pl. **2** *(controllo)* regulation, control; ***~ dei prezzi*** regulation of prices.

▷ **regolamento** /regola'mento/ m. **1** *(regole)* regulations pl.; ***è contrario al ~*** it's contrary to *o* against the regulations; ***attenersi al ~*** to adhere to regulations; ***conforme al ~*** in keeping with regulations; ***infrazione al ~*** infringement of the rules **2** *(pagamento)* payment; ***~ di un conto*** settlement of an account ◆◆ ***~ amministrativo*** administrative regulations ***~ aziendale*** company regulations; ***~ comunitario*** EEC regulations; ***~ di condominio*** = rules in a block of flats; ***~ di conti*** settling of scores (**tra**, **fra** between); ***~ edilizio*** building regulations; ***~ interno*** rules and regulations; ***~ di polizia*** police regulations; ***~ scolastico*** school regulations; ***~ di sicurezza*** safety regulations.

▶ **1.regolare** /rego'lare/ agg. **1** *(conforme alle regole)* [*documenti, scrutinio*] regular **2** *(normale)* [*statura*] average, medium; [*lineamenti*] regular, neat; [*vita*] regular **3** *(costante)* [*versamenti, arrivi*] regular; [*flusso, polso, respiro*] steady, regular; [*ritmo*] steady, smooth; [*passo*] even, steady; [*atleta*] consistent; ***a intervalli -i*** at regular intervals; ***lavorare a ritmo ~*** to work at a steady rate; ***avere abitudini -i*** to be regular in one's habits; ***avere contatti -i con qcn.*** to be regularly in touch with sb.; ***essere ~ nei pagamenti*** to be regular with one's payments **4** MAT. [*poligono*] regular **5** *(piano)* [*superficie*] even; *(uniforme)* [*scrittura*] regular **6** LING. [*plurale, verbo*] regular **7** MIL. [*esercito, truppe*] regular **8** RELIG. [*clero*] regular.

▶ **2.regolare** /rego'lare/ [1] **I** tr. **1** *(disciplinare, governare)* to regulate [*traffico, scambi commerciali*]; ***le norme giuridiche che regolano i rapporti fra gli stati*** laws governing relations between states **2** *(mettere a punto)* to adjust [*altezza, microfono, riscaldamento, illuminazione*]; to regulate, to adjust [*meccanismo*]; to regulate, to govern [*velocità*]; to regulate [*flusso, funzionamento*]; *(programmare)* to control, to regulate [*temperatura*]; ***~ l'orologio*** to set the clock; ***~ la pressione sul 3*** to set the pressure at 3; ***~ il forno a*** o ***sui 180 gradi*** to set the oven to 180 degrees **3** *(pagare)* to settle [*conto, debito, fattura*]; ***~ i conti con qcn.*** FIG. to settle accounts *o* a score with sb., to square one's account(s) with sb.; ***ho un vecchio conto da ~ con lei*** I have an old score to settle with her **4** *(risolvere)* to settle [*questione*] **5** *(adattare)* ***~ la propria condotta su quella di qcn.*** to model one's behaviour on sb.'s **6** *(moderare)* to limit [*spese, consumo*] **II regolarsi** pronom. **1** *(comportarsi)* to behave; ***non sapere come -rsi*** not to know how to act (**con qcn., qcs.** with sb., sth.) **2** *(moderarsi)* to control oneself; ***-rsi nel mangiare*** to moderate one's eating.

regolarità /regolari'ta/ f.inv. **1** *(legalità)* regularity; ***la ~ dell'elezione*** the conformance of the election **2** *(normalità) (di vita)* regularity, orderliness; *(di lineamenti)* regularity, neatness **3** *(costanza) (di versamenti, arrivi)* regularity; *(di polso, respiro)* steadiness, regularity; *(di ritmo)* steadiness, uniformity; *(di passo)* evenness, steadiness; ***avvenire con una certa ~*** to occur fairly regularly; ***con perfetta ~*** with unfailing regularity **4** *(l'essere piano) (di superficie)* evenness; *(uniformità) (di scrittura)* regularity.

regolarizzare /regolarid'dzare/ [1] **I** tr. *(rendere legale)* to straighten out [*posizione, documenti*]; ***~ la propria unione*** to formalize one's union **II regolarizzarsi** pronom. [*polso, traffico*] to become* regular.

regolarizzazione /regolariddzat'tsjone/ f. *(di situazione)* regularization; ***~ di un documento*** regulation of a document.

regolarmente /regolar'mente/ avv. **1** *(secondo le regole)* [*iscritto, eletto*] properly, duly; ***la merce è stata consegnata ~*** goods were delivered in compliance with the rules; ***arrivare ~ in ritardo*** IRON. to regularly arrive late **2** *(a intervalli regolari)* [*spedire, incontrare, prodursi*] regularly; [*battere*] steadily **3** *(puntualmente)* punctually; ***pagare le bollette ~*** to pay the bills regularly.

regolata /rego'lata/ f. ***dare una ~ a*** to adjust, to tune [*motore, meccanismo*] ◆ ***darsi una ~*** to get it together, to clean up one's act.

regolatamente /regolata'mente/ avv. moderately.

regolatezza /regola'tettsa/ f. moderation; ***~ nel bere e nel mangiare*** moderation in drinking and eating.

regolato /rego'lato/ **I** p.pass. → **2.regolare II** agg. **1** *(sottoposto a regole)* regulated; ***ben ~*** well-regulated **2** *(moderato)* [*vita*] regular; ***essere ~ nel bere*** to be moderate in one's drinking.

regolatore /regola'tore/ **I** agg. [*meccanismo, funzione*] regulating; ***piano ~*** land use; ***svolgere un'azione -trice*** to act as a regulator **II** m. *(dispositivo)* regulator (**di** of) ◆◆ ***~ automatico*** controller; ***~ delle piante*** AGR. phytohormone; ***~ di pressione*** pressure regulator; ***~ di temperatura*** thermoregulator; ***~ dei toni*** tone control (button); ***~ di velocità*** speed regulator.

regolazione /regolat'tsjone/ f. **1** *(controllo)* regulation, control; ***meccanismo di ~ dei cambi*** exchange control mechanism; ***~ del traffico*** traffic control **2** *(messa a punto) (di meccanismo)* adjustment; *(di velocità, temperatura, pressione, volume)* regulation; ***~ della frizione, dei freni*** clutch, brake adjustment; ***con ~ automatica*** [*riscaldamento, forno*] with a timing device.

regolizia /rego'littsja/ f. COLLOQ. liquorice, licorice AE.

1.regolo /'rɛgolo/ m. **1** *(righello)* rule, ruler **2** METALL. regulus* **3** GIOC. *(negli scacchi) (orizzontale)* rank; *(verticale)* file ◆◆ ***~ calcolatore*** slide rule BE, slide ruler AE.

2.regolo /'rɛgolo/ m. ZOOL. goldcrest, kinglet, regulus*.

regredire /regre'dire/ [102] intr. (aus. *essere*) **1** *(diminuire)* [*livello delle acque, inondazione*] to recede; [*produzione, disoccupazione*] to go* down, to decrease; [*economia*] to regress; ***fare ~ il razzismo*** to curb racism **2** *(peggiorare)* to get* worse; ***è regredito negli studi*** he slipped back in his studies **3** MED. [*febbre*] to dimish, to drop **4** PSIC. to regress; ***~ allo stadio infantile*** to regress to childhood.

regressione /regres'sjone/ f. **1** *(involuzione)* regression; ***~ della cultura*** cultural regression; ***~ della malattia*** remission of an illness; ***la mortalità infantile è in fase di ~*** infant mortality is decreasing **2** PSIC. regression; ***~ allo stadio infantile*** regression to childhood **3** GEOL. regression; ***~ marina*** marine regression **4** STATIST. regression; ***di ~*** [*curva, coefficiente*] regression attrib.

regressivamente /regressiva'mente/ avv. regressively.

regressività /regressivi'ta/ f.inv. regressiveness.

regressivo /regres'sivo/ agg. **1** [*evoluzione, processo*] regressive **2** ECON. [*imposta*] regressive.

regresso /re'grɛsso/ m. **1** *(involuzione)* regress, regression; ***~ economico*** recession; ***essere in ~*** [*cultura, industria, economia*] to be in decline; ***avere un ~ nello studio*** to slip back in one's studies **2** DIR. recourse; ***azione di ~*** action of recourse.

reidratante /reidra'tante/ agg. **1** CHIM. rehydrating **2** COSMET. moisturizing.

reidratare /reidra'tare/ [1] tr. **1** CHIM. to rehydrate **2** COSMET. to moisturize [*pelle*].

reidratazione /reidratat'tsjone/ f. **1** CHIM. rehydration **2** COSMET. moisture.

reietto /re'jɛtto/ **I** agg. [*persona*] rejected **II** m. (f. **-a**) outcast; ***i -i della società*** society's outcasts; ***vivere da ~*** to live as an outcast.

reiezione /rejet'tsjone/ f. rejection (anche DIR.).

reificare /reifi'kare/ [1] tr. to reify [*arte, cultura*].

reificazione /reifikat'tsjone/ f. reification.

reimbarcare /reimbar'kare/ [1] **I** tr. to re-embark, to reship [*passeggeri, truppe*] **II reimbarcarsi** pronom. [*passeggeri*] to re-embark, to reship.

reimbarco, pl. **-chi** /reim'barko, ki/ m. re-embarkation, reshipment.

reimpermeabilizzare /reimpermeabilid'dzare/ [1] tr. to re-proof.

reimpiantare /reimpjan'tare/ [1] tr. **1** to re-establish [*fabbrica, industria*] **2** MED. to reimplant [*dente, arto*].

reimpianto /reim'pjanto/ m. **1** *(di fabbrica, industria)* re-establishment **2** *(di dente, arto)* reimplantation.

reimpiegare /reimpje'gare/ [1] tr. **1** to reuse [*materiali*]; ECON. to reinvest [*capitali*] **2** to re-employ [*personale*].

reimpiego, pl. **-ghi** /reim'pjɛgo, gi/ m. **1** *(di materiali)* reuse; ECON. *(di capitali)* reinvestment **2** *(di personale)* re-employment.

reimporre /reim'porre/ [73] tr. to reimpose.

reimportare /reimpor'tare/ [1] tr. to reimport.

reimportazione /reimportat'tsjone/ f. reimport (**di** of).

reina /re'ina/ f. ANT. → **regina.**

reincarnare /reinkar'nare/ [1] **I** tr. to reincarnate; ***quel ragazzo sembra ~ il padre*** that boy is his father all over again COLLOQ. **II reincarnarsi** pronom. to be* reincarnated, to be* reborn (**in qcn., qcs.** as sb., sth.).

reincarnazione /reinkarnat'tsjone/ f. reincarnation; ***credere nella ~*** to believe in reincarnation.

reincrocio, pl. **-ci** /rein'krotʃo, tʃi/ m. backcross.

reinfettare /reinfet'tare/ [1] **I** tr. to reinfect **II reinfettarsi** pronom. to become* reinfected.

reinfezione /reinfet'tsjone/ f. reinfection.

reinserimento /reinseri'mento/ m. reintegration, rehabilitation (anche SOCIOL.); ***~ professionale*** industrial rehabilitation; ***il ~ degli emarginati nella società*** the reintegration of outcasts into society; ***centro di ~*** rehabilitation centre.

reinserire /reinse'rire/ [102] **I** tr. to reintegrate, to rehabilitate [*persona*]; ***~ qcn. nella società*** to reintegrate sb. into society **II reinserirsi** pronom. [*persona*] to become* reintegrated; ***-rsi nel mondo del lavoro*** to get back into the working world.

reintegrare /reinte'grare/ [1] **I** tr. **1** *(ripristinare)* to replenish [*scorte*]; to restore [*forze, capitali*]; ***~ le proprie forze*** to recover one's strength **2** *(reinserire)* to reintegrate; ***~ qcn. nelle sue funzioni*** to reinstate sb. in their job; ***~ qcn. nella società*** to reintegrate sb. into society; ***~ qcn. nei suoi diritti*** to restore sb.'s rights **II reintegrarsi** pronom. to become* reintegrated; ***-rsi nella società*** to take one's place in society again.

reintegrativo /reintegra'tivo/ agg. reintegrative.

reintegrazione /reintegrat'tsjone/ f. **1** *(il ripristinare) (di scorte)* replenishment (**di** of); *(di forze, capitali)* restoration (**di** of) **2** *(reinserimento)* reinstatement; ***~ di qcn. nel proprio posto*** reinstatement of sb. in their post.

reintegro /re'integro/ m. → **reintegrazione.**

reinterpretare /reinterpre'tare/ [1] tr. to reinterpret.

reintrodurre /reintro'durre/ [13] **I** tr. to reintroduce [*argomento*] (**in** in); to reinsert [*chiave*] (**in** in) **II reintrodursi** pronom. to get* back (**in** into).

reintroduzione /reintrodut'tsjone/ f. *(di argomento)* reintroduction.

reinventare /reinven'tare/ [1] tr. **1** *(rinnovare)* to reinvent [*genere, arte*] **2** *(ricreare)* to recreate [*personaggio*].

reinvestimento /reinvesti'mento/ m. reinvestment.

reinvestire /reinves'tire/ [3] tr. to reinvest [*capitali, profitti*].

reiterabile /reite'rabile/ agg. repeatable.

reiterare /reite'rare/ [1] tr. **1** to reiterate FORM., to repeat [*domanda, ordine*] **2** UNIV. ***~ un esame*** = to repeat an exam attending a different course.

reiteratamente /reiterata'mente/ avv. repeatedly.

reiterato /reite'rato/ **I** p.pass. → **reiterare II** agg. [*sforzi, attacchi*] repeated.

reiterazione /reiterat'tsjone/ f. reiteration, repetition.

relais → **relè**.

relativamente /relativa'mente/ avv. relatively, comparatively; ***essere ~ soddisfatto*** to be relatively satisfied; ***è ~ facile*** it's relatively easy; ***~ a*** in relation to, relative to; ***~ alla Vostra richiesta*** with reference to your request.

relativismo /relati'vizmo/ m. relativism.

relativista, m.pl. **-i**, f.pl. **-e** /relati'vista/ agg., m. e f. relativist.

relativistico, pl. **-ci**, **-che** /relati'vistiko, tʃi, ke/ agg. relativistic.

relatività /relativi'ta/ f.inv. relativity; ***la teoria della ~*** the theory of relativity; ***la teoria della ~ ristretta, generale*** the theory of special, general relativity.

relativizzare /relativid'dzare/ [1] tr. to relativize.

relativizzazione /relatividdzat'tsjone/ f. relativization.

▷ **relativo** /rela'tivo/ **I** agg. **1** *(attinente)* relating (**a** to); ***in un articolo ~ ai diritti dei dipendenti*** in an article relating to employees' rights; ***le leggi -e al divorzio*** the laws relating to divorce; ***documenti -i alla pensione*** papers concerning pension rights **2** *(rispettivo)* respective; ***i -i meriti di Sara e di Daniela*** the relative merits of Sara and Daniela; ***le mie colleghe e i -i mariti*** my colleagues and their husbands **3** *(non assoluto)* [*verità, maggioranza, importanza, successo*] relative; ***tutto è ~*** it's all relative; ***il rischio è molto ~*** the risk is relatively slight; ***avere un interesse ~*** to be relatively *o* slightly interested **4** FIS. MAT. relative **5** LING. [*pronome, avverbio, proposizione, superlativo*] relative **6** MUS. relative **II** m. LING. *(pronome)* relative **III relativa** f. LING. *(proposizione)* relative (clause).

relatore /rela'tore/ **I** agg. [*persona, giudice*] reporting **II** m. (f. **-trice** /tritʃe/) **1** *(di conferenza)* speaker **2** POL. proposer of a bill **3** UNIV. supervisor BE, thesis director AE.

relax /re'laks, 'relaks/ m.inv. relaxation; ***concedersi, prendersi un'oretta di ~*** to take an hour off, to have an hour's rest.

relazionale /relattsjo'nale/ agg. **1** PSIC. [*attitudini, qualità*] relational; ***avere dei problemi -i*** to have relational problems **2** INFORM. [*operatore, database*] relational.

relazionare /relattsjo'nare/ [1] tr. **1** *(mettere al corrente)* ***~ qcn. su qcs.*** to report sth. to sb. **2** RAR. *(mettere in relazione)* to relate.

▶ **relazione** /relat'tsjone/ **I** f. **1** *(nesso)* connection (**con** with; **tra**, **fra** between); ***~ di causa ed effetto*** relationship of cause and effect; ***essere in ~ con qcs.*** to be connected with sth.; ***non c'è nessuna ~ tra i due casi*** there is no connection between the two cases; ***le due cose non sono in ~ tra di loro*** the two things aren't connected; ***mettere in ~ due fatti*** to establish a connection between two facts, to relate two facts **2** *(legame)* relationship (**con** with; **tra**, **fra** between); *(d'amore)* affair, liaison (**con** with; **tra**, **fra** between); ***~ d'affari*** business contact; ***~ amorosa*** love affair; ***~ extraconiugale*** extramarital relationship; ***mantenere, avere buone -i con qcn.*** to keep up, have a good relationship with sb.; ***intrattenere -i amichevoli con qcn.*** to be on a friendly footing with sb.; ***essere, entrare in ~ con qcn.*** to be, get in touch with sb.; ***avere una ~ con qcn.*** to have an affair with sb.; ***avere una ~ d'affari con qcn.*** to have business dealings with sb.; ***rompere una ~*** to break off a relationship; ***~ di parentela*** family connection; ***~ medico-paziente*** doctor-patient relationship **3** MAT. relation **4** *(esposizione)* account, report; ***~ preliminare*** preliminary report; ***presentare una ~*** to present a report; ***fare una ~ su qcs.*** to write a report on sth.; ***stendere una ~*** to draw up a report **5 in relazione a** with relation to, in connection with; ***in ~ agli ultimi avvenimenti*** in the light of the latest events; ***in ~ alle Sue richieste*** with regards to your requests **II relazioni** f.pl. *(scambi)* relations (**con** with); ***le -i culturali, diplomatiche, commerciali*** cultural, diplomatic, trade relations; ***-i internazionali*** international relations; ***pubbliche -i*** public relations; ***hanno delle -i epistolari*** they correspond ◆◆ ***-i sessuali*** sexual relations; ***-i umane*** human relations.

relè /re'lɛ/ m.inv. relay ◆◆ ***~ a induzione*** induction relay; ***~ di massima corrente*** overload relay.

relegare /rele'gare/ [1] **I** tr. **1** *(esiliare)* ***~ qcn.*** to exile sb. (**in** to) **2** *(isolare, mettere in disparte)* to relegate [*persona*] (**in** to); to banish, to consign [*oggetto*] (**in** to); ***~ qcn., qcs. in secondo piano*** to push sb., sth. into the background; ***~ qcn. nell'ultima fila*** to put sb. in the back row; ***~ una vecchia lampada in soffitta*** to consign an old lamp to the attic **II relegarsi** pronom. to confine oneself (**in** to).

relegazione /relegat'tsjone/ f. relegation, confinement.

▷ **religione** /reli'dʒone/ f. **1** *(senso del sacro, culto organizzato)* religion; ***la ~ cristiana, ebraica, musulmana*** the Christian, Jewish, Muslim religion; ***~ monoteistica, politeistica*** monotheistic, polytheistic religion; ***professare una ~*** to profess a religion; ***di che ~ è?*** what religion is he? ***storia delle -i*** history of religion; ***libertà di ~*** freedom of religion; ***insegnante di ~*** teacher of religion; ***guerra di ~*** STOR. war of religion; ***non c'è più ~!*** IRON. is nothing sacred? **2** FIG. *(cura, devozione)* religion; ***il lavoro è la sua ~*** work is her religion; ***avere la ~ della patria*** to worship one's home country **3** *(attenzione)* ***ascoltare qcn. con ~*** to listen to sb. religiously ◆◆ ***~ naturale*** natural religion; ***~ positiva*** positive religion; ***~ rivelata*** revealed religion; ***~ di stato*** established religion.

religiosamente /relidʒosa'mente/ avv. **1** *(in modo religioso)* [*vivere*] religiously **2** *(scrupolosamente)* [*obbedire*] religiously, scrupulously.

religiosità /relidʒosi'ta/ f.inv. **1** religiosity, religiousness **2** FIG. ***con ~*** [*ascoltare, eseguire, osservare*] religiously, scrupulously.

▷ **religioso** /reli'dʒoso/ **I** agg. **1** RELIG. [*culto, cerimonia, festa, ordine, vita, persona*] religious; [*scuola, matrimonio, funzione*] church attrib.; ***portava l'abito ~*** he was wearing a religious habit; ***dare una sepoltura -a a qcn.*** to give sb. a religious burial **2** FIG. [*silenzio*] reverent; [*venerazione, attenzione, cura*] religious **II** m. (f. **-a**) religious.

reliquia /re'likwja/ f. RELIG. relic (anche FIG.); ***conservare, tenere qcs. come una ~*** to keep sth. as a relic; ***le -e del passato*** the relics of the past.

reliquiario, pl. **-ri** /reli'kwjarjo, ri/ m. reliquary.

relitto /re'litto/ **I** agg. **1** LETT. abandoned **2** BIOL. GEOGR. [*fauna, flora*] relict **II** m. **1** *(di nave, aereo)* wreck (anche FIG.); ***~ umano*** human derelict; ***un ~ della società*** an outcast of society **2** BIOL. GEOGR. relict **3** LING. relict.

rem /rɛm/ m.inv. FIS. rem.

Rem, **REM** /rɛm/ **I** m.inv. (⇒ rapid eye movements rapidi movimenti oculari) REM **II** agg.inv. ***sonno ~*** REM sleep.

rema /'rɛma/ m. rheme.

remainder /re'mainder/ m.inv. **1** *(libro)* remainder **2** *(negozio)* discount bookshop.

remake /ri'meik/ m.inv. remake.

▷ **remare** /re'mare/ [1] intr. (aus. *avere*) to row; ***~ contro corrente*** to row against the current; ***~ contro*** FIG. to spike the guns.

remata /re'mata/ f. **1** *(il remare)* ***ho fatto una lunga ~ sul lago*** I went for a long row on the lake **2** *(colpo di remo)* stroke; ***sbagliare la ~*** to catch a crab.

rematore /rema'tore/ m. rower, oarsman*, oar.

rematrice /rema'tritʃe/ f. rower, oarswoman*, oar.

remigante /remi'gante/ **I** agg. **1** LETT. rowing **2** ORNIT. ***penna ~*** remex*, pinion **II** m. LETT. oar, rower.

remigare /remi'gare/ [1] intr. (aus. *avere*) **1** LETT. to oar **2** ORNIT. to flap one's wings.

reminiscenza /reminiʃ'ʃɛntsa/ f. **1** *(ricordo)* reminiscence; ***salvo qualche vaga ~*** apart from a vague recollection **2** *(riecheggiamento)* reminiscence; ***ci sono in quest'opera delle -e di Petrarca*** this work is reminiscent of Petrarch **3** PSIC. reminiscence.

remissibile /remis'sibile/ agg. [*peccato, pena*] remissible.

remissione /remis'sjone/ f. **1** *(di debito, pena)* remission, remittal; *(di peccati)* remission, forgiveness **2** MED. remission.

remissività /remissivi'ta/ f.inv. submissiveness.

remissivo /remis'sivo/ agg. submissive, remissive; ***essere ~ nei confronti di qcn.*** to be submissive to sb.

▷ **remo** /'rɛmo/ m. oar; ***colpo di ~*** stroke; ***impugnatura del ~*** oar grip; ***pala del ~*** oar blade; ***mettere i -i nell'acqua*** to put the oars in the water; ***tirare i -i in barca*** to ship the oars; FIG. to throw in the towel; ***barca a -i*** rowing boat ◆◆ ***~ alla battana*** double-bladed oar; ***~ da bratto*** scull; ***~ di coppia*** scull; ***~ a pagaia*** paddle.

Remo /'rɛmo/ n.pr.m. Remus.

1.remora /'rɛmora/ f. **1** *(scrupolo)* scruple, hesitation, objection; ***senza alcuna ~*** without any hesitation; ***è una persona senza*** o

priva di -e he is a person without any scruples **2** *(resistenza)* impediment **3** MAR. eddy water.

2.remora /'rɛmora/ f. ITTIOL. remora.

▷ **remoto** /re'mɔto/ agg. **1** *(nello spazio)* [*quartiere, zona, paese*] remote, distant **2** *(nel tempo)* [*epoca, avvenimento*] remote; ***in tempi -i*** in far-off times **3** FIG. [*somiglianza, causa*] remote; ***una -a possibilità*** an off-chance, an outside chance **4** LING. ***passato ~*** past historic; ***trapassato ~*** past perfect.

remunerare /remune'rare/ → **rimunerare.**

remuneratività /remunerativi'ta/ → **rimuneratività.**

remunerativo /remunera'tivo/ → **rimunerativo.**

remuneratore /remunera'tore/ → **rimuneratore.**

remunerazione /remunerat'tsjone/ → **rimunerazione.**

rena /'rena/ f. sand.

renaiola /rena'jɔla/ f. spurry.

renale /re'nale/ agg. [*arteria, colica*] renal; [*insufficienza, calcolo, infezione*] kidney attrib.

Renania /re'nanja/ ➧ **30** n.pr.f. Rhineland.

Renania-Palatinato /re'nanjapalati'nato/ ➧ **30** n.pr.f. Rhineland Palatinate.

renano /re'nano/ agg. Rhenish.

Renata /re'nata/ n.pr.f. Renée.

▶ **rendere** /'rɛndere/ [10] **I** tr. **1** *(restituire)* to give* back, to return [*oggetto prestato*]; to give* back, to restore [*vista*]; to give* back [*libertà*]; ***prestami 10 euro, te li renderò domani*** lend me 10 euros, I'll pay you back tomorrow; ***vuoto a ~*** returnable bottle **2** *(ricambiare)* to return [*saluto, invito*]; ***a buon ~!*** I owe you one! **3** *(dare, tributare)* ***~ conto di qcs. a qcn.*** to account for sth. to sb., to answer to sb. for sth.; ***dovrai ~ conto delle tue azioni*** you'll have to account for your actions; ***non devo ~ conto a te di nulla*** I don't have to answer to you; ***~ omaggio a qcn.*** to pay homage *o* tribute to sb.; ***~ giustizia a qcn.*** to do sb. justice, to do justice to sb.; ***~ grazie a qcn.*** to thank sb.; ***~ grazie a Dio*** to say grace; ***che Dio gliene renda merito!*** bless his, her heart! **4** *(fruttare)* [*investimento*] to yield [*denaro*]; [*terra, campo*] to produce [*raccolto*]; ***un'azienda agricola che rende 60.000 euro all'anno*** a farm which brings 60,000 euros a year; ***le azioni rendono il 10%*** the shares yield *o* return 10%; ***le mie vigne mi rendono molto denaro*** my vineyards bring me in a good income; ***non rende niente*** it doesn't pay **5** *(esprimere, tradurre)* to render, to convey [*sentimento, idea*]; *(riprodurre)* to convey, to render [*atmosfera, sfumatura*]; to depict [*luce*]; to reproduce [*suono*]; ***rendo l'idea?*** have I got it across? ***traduzione che non rende il ritmo dell'originale*** translation that fails to catch the rhythm of the original; ***sapere ~ un'emozione*** [*attore*] to be good at putting across *o* over an emotion; ***~ l'espressione di un volto*** [*pittore, fotografo*] to capture the expression on a face **6** *(fare diventare)* to make*, to render; ***~ qcn. felice, celebre*** to make sb. happy, famous; ***~ qcs. possibile, difficile*** to make sth. possible, difficult; ***~ qcs. inoffensivo*** to render sth. harmless; ***l'illuminazione rende lugubre la stanza*** the lighting makes the room look gloomy; ***~ qcn. madre, padre*** to make sb. mother, father; ***~ pubblico*** to make public [*relazione, vita privata*]; to make [sth.] known [*verità, notizia*] **II** intr. (aus. *avere*) **1** *(fruttare)* ***~ (bene)*** [*terra*] to be productive; [*coltura*] to do well; [*attività, commercio*] to be profitable; ***un investimento che non rende*** an unremunerative investment **2** *(dare un rendimento)* ***a scuola non rende*** he's not getting on at school; ***il motore rende bene*** the engine performs well; ***questa carne non rende come l'altra*** this meat doesn't go as far as the other; ***rende meglio a colori*** it comes out better in colour **III rendersi** pronom. **1** *(diventare)* to make* oneself; ***-rsi indispensabile*** to make oneself indispensable; ***-rsi ridicolo*** to make a spectacle of oneself **2** ***-rsi conto di*** to appreciate, to realize; ***-rsi conto che*** to be *o* become aware that, to come to the realization that, to realize that; ***sì, me ne rendo conto*** yes, I can appreciate that; ***ti rendi conto di quanto costa?*** do you realize how expensive that is? ◆ ***~ l'anima a Dio*** to give up the ghost; ***~ pan per focaccia*** to give tit for tat; ***~ la pariglia*** to return the favour IRON., to give tit for tat.

rendez-vous /rande'vu/ m.inv. rendezvous*, appointment.

rendiconto /rendi'konto/ m. **1** COMM. account, financial statement **2** *(relazione)* report, account **3** *(atti)* report of proceedings ◆◆ ***~ annuale*** annual report; ***~ finanziario*** account; ***~ mensile*** monthly statement.

rendimento /rendi'mento/ m. **1** *(di terreno)* yield; *(di fabbrica)* production; ***~ annuo*** yearly production; ***~ all'ettaro*** yield per hectare **2** *(di lavoratore)* output; *(di studente)* progress, performance; *(di atleta)* performance; ***~ scolastico*** progress at school; ***~ muscolare*** muscular performance; ***~ del lavoro*** working performance; ***è un lavoratore di scarso ~*** he's an inefficient worker **3** *(di macchina)* output; *(di motore)* efficiency; ***macchina ad alto ~*** efficient machine; ***il ~ di un'automobile*** the (fuel) efficiency of a car; ***~ termico*** heat *o* thermal efficiency **4** *(di investimento)* yield, return; ***obbligazione ad alto ~*** high yield bond; ***~ delle azioni*** equity yield; ***il ~ di un'impresa*** the returns of a business; ***avere un ~ del 40%*** to be 40% efficient; ***la legge dei -i decrescenti*** the law of diminishing returns.

rendita /'rɛndita/ f. **1** *(privata)* unearned income; *(pubblica)* revenue; *(da azioni, investimenti)* yield; ***vivere di ~*** to live on a private income *o* private means; ***~ del 5%*** yield of 5% **2** DIR. annuity; ***cartella di ~*** annuity bond ◆◆ ***~ ammortizzabile*** redeemable stock; ***~ da capitale*** return on capital; ***~ catastale*** cadastral rent; ***~ differita*** deferred annuity; ***~ fondiaria*** land revenue; ***~ immediata*** immediate annuity; ***~ perpetua*** perpetual annuity; ***~ vitalizia*** perpetuity, life(time) annuity.

▷ **rene** /'rɛne/ ➧ **4** m. kidney; ***trapianto di ~*** kidney transplant; ***donatore di -i*** kidney donor ◆◆ ***~ artificiale*** artificial kidney, kidney *o* dialysis machine; ***~ mobile*** floating kidney.

renella /re'nɛlla/ f. MED. gravel.

renetta /re'netta, re'nɛtta/ f. *(mela)* rennet.

reni /'reni/ ➧ **4** f.pl. loins; ***avere male alle ~*** to feel a pain in the small of one's back; ***tirarsi su con un colpo di ~*** to heave oneself up; ***avere le ~ rotte per la fatica*** FIG. to be tired out; ***spezzare le ~ a qcn.*** FIG. to trample sb. underfoot.

reniforme /reni'forme/ agg. reniform.

renina /re'nina/ f. renin.

renio /'rɛnjo/ m. rhenium.

renitente /reni'tɛnte/ **I** agg. reluctant, recalcitrant, renitent; ***essere ~ alla legge*** to resist the law **II** m. MIL. ***~ alla leva*** = person who fails to report for military service.

renitenza /reni'tɛntsa/ f. **1** *(l'essere renitente)* reluctance, recalcitrance, renitency; ***ha mostrato una certa ~ a obbedire*** he showed a certain reluctance to obey **2** MIL. ***~ alla leva*** = failure to report for military service.

renna /'rɛnna/ f. **1** ZOOL. reindeer* **2** *(pelle)* buckskin; ***una giacca di ~*** a buckskin jacket.

rennina /ren'nina/ f. rennin.

Reno /'reno/ ➧ **9** n.pr.m. Rhine; ***vino del ~*** Rhine wine.

renoso /re'noso/ agg. [*terreno*] sandy.

rentrée /ran'tre/ f.inv. return, comeback.

reo /'rɛo/ **I** agg. **1** guilty; ***essere ~ di qcs.*** to be guilty of sth.; ***~ di peculato*** peculator **2** LETT. *(malvagio)* wicked **II** m. (f. **-a**) offender ◆◆ ***~ confesso*** self-confessed criminal; ***essere ~ confesso*** to have confessed; ***~ presunto*** accused, defendant.

reoforo /re'ɔforo/ m. rheophore.

reologia /reolo'dʒia/ f. rheology.

reometro /re'ɔmetro/ m. rheometer.

reoscopio, pl. **-pi** /reos'kɔpjo, pi/ m. rheoscope.

reostato /re'ɔstato/ m. rheostat.

▷ **reparto** /re'parto/ m. **1** *(di impresa, amministrazione)* department, division; *(di fabbrica)* floor; *(di officina)* shop; ***~ amministrativo*** administrative department; ***~ contabilità*** accounts; ***~ vendite*** sales (division); ***~ di montaggio*** assembly shop; ***capo ~*** departmental chief; *(di fabbrica)* factory supervisor **2** *(di grandi magazzini)* department, section; ***~ alimentari*** food section *o* department; ***~ giocattoli*** toy department; ***~ profumi*** perfume counter **3** *(di ospedale)* department, ward; ***~ maternità*** maternity ward; ***~ di psichiatria, di cardiologia*** psychiatric, cardiology department; ***~ di isolamento*** isolation ward; ***~ di terapia intensiva*** intensive care unit; ***~ grandi ustionati*** burns unit **4** MIL. unit, party; ***~ celere*** riot police; ***-i paracadutisti*** paratroops.

repellente /repel'lɛnte/ **I** agg. **1** *(che provoca disgusto)* [*odore*] revolting, foul; [*comportamento*] repellent, repulsive **2** FIS. [*forza*] repulsive **II** m. CHIM. *(insettifugo)* insect repellent.

repellere /re'pɛllere/ [48] intr. (aus. *avere*) ***~ a qcn.*** to repel *o* revolt sb.

repentaglio /repen'taʎʎo/ m. ***mettere a ~*** to endanger [*libertà, futuro, sopravvivenza, salute*]; ***mettere a ~ la reputazione di qcn.*** to jeopardize sb.'s reputation; ***salvò il bambino mettendo a serio ~ la propria vita*** he saved the child at considerable risk to himself.

repente /re'pɛnte/ **I** agg. LETT. sudden **II** avv. LETT. suddenly.

repentinamente /repentina'mente/ avv. all of a sudden.

repentinità /repentini'ta/ f.inv. suddenness.

repentino /repen'tino/ agg. [*cambiamento*] sudden; [*partenza*] sudden, hasty.

reperibile /repe'ribile/ agg. [*merce, materiale, persona*] available; ***è ~ telefonicamente*** he can be contacted *o* reached by phone; ***è***

sempre ~ durante i pasti you can always get in touch with him at mealtime; ***non so se è ~*** I don't know if it can be found; ***non è ~ da nessuna parte*** she is not to be found anywhere; ***~ sul mercato*** available on the market.

reperibilità /reperibili'ta/ f.inv. availability; ***dare la ~*** to make oneself available.

reperimento /reperi'mento/ m. finding; ***il ~ di commesse*** the search for sales assistants; ***~ dei dati*** INFORM. data retrieval.

reperire /repe'rire/ [102] tr. **1** *(rinvenire)* to find* [*prove, corpo del reato*] **2** *(rintracciare)* to find* [*persona*]; ***dove posso reperirLa?*** where can I find you? **3** *(raccogliere)* to find*, to raise [*fondi*]; to gather, to find* [*dati*].

reperto /re'pɛrto/ m. **1** find; ***~ archeologico*** archeological find **2** DIR. exhibit **3** MED. (medical) report; ***~ radiologico*** radiology report.

repertorio, pl. **-ri** /reper'tɔrjo, ri/ m. **1** *(elenco)* index*, list; ***~ bibliografico*** bibliography **2** MUS. TEATR. repertoire, repertory; *(di attore)* range; ***inserire un pezzo, un ruolo nel proprio ~*** to add a piece, a role to one's repertoire; ***il ~ classico*** the classics; ***compagnia di ~*** repertory company; ***fare teatro di ~*** to work in repertory **3** TELEV. ***immagini di ~*** library pictures **4** FIG. *(raccolta)* repertoire, stock; ***avere tutto un ~ di aneddoti, di insulti*** to have an extensive repertoire of anecdotes, of insults.

replay /re'plɛi/ m.inv. action replay BE, instant replay AE; ***fare vedere il ~ di un gol*** to show an action replay of a goal; ***~ al rallentatore*** slow-motion replay.

replica, pl. **-che** /'rɛplika, ke/ f. **1** *(ripetizione)* repetition **2** ART. replica **3** TEATR. repeat, rerun; TELEV. repeat, rerun, rebroadcast; ***~ di un film*** repeat of a film; ***trasmissione in ~*** rebroadcast, repeat **4** *(risposta)* answer, reply, retort; ***una ~ vivace*** a spirited rejoinder **5** *(obiezione)* objection, retort; DIR. repleader; ***non ammetto, non sono ammesse -che!*** I won't listen to any objections! ***parlò con un tono che non ammetteva -che*** he spoke in a definitive tone; ***diritto di ~*** DIR. repleader **6** LING. token.

replicante /repli'kante/ m. e f. replicant.

replicare /repli'kare/ [1] tr. **1** *(rifare, ridire)* to repeat [*azione, battuta*] **2** TEATR. to repeat, to rerun* [*commedia*]; TELEV. to repeat, to rerun*, to rebroadcast* [*programma, film, sceneggiato*]; ***questa sera si replica*** tonight we are repeating performance **3** *(rispondere)* to answer, to reply, to retort; ***~ a*** to respond to [*obiezione, critica, attacco*].

replicazione /replikat'tsjone/ f. BIOL. replication.

reportage /repor'taʒ/ m.inv. GIORN. RAD. TELEV. reportage, press story, press report, feature ◆◆ ***~ fotografico*** picture story; ***~ di guerra*** war report; ***~ radiofonico*** radio documentary; ***~ televisivo*** television reportage.

reporter /re'pɔrter/ ◗ *18* m. e f.inv. reporter ◆◆ ***~ radiofonico*** radio reporter; ***~ televisivo*** television reporter.

reprensibile /repren'sibile/ → **riprensibile.**

reprensione /repren'sjone/ → **riprensione.**

repressione /repres'sjone/ f. **1** POL. DIR. repression, suppression; ***la sanguinosa ~ contro gli oppositori*** the bloody suppression of opponents; ***la ~ della sommossa*** the suppression of the uprising **2** PSIC. suppression.

repressività /repressivi'ta/ f.inv. repressiveness.

repressivo /repres'sivo/ agg. **1** [*azione, regime, legge*] repressive; [*educazione*] strict; ***misure -e*** clampdown **2** PSIC. suppressive.

represso /re'prɛsso/ **I** p.pass. → **reprimere II** agg. **1** [*invidia, nervosismo*] repressed; [*sorriso, sbadiglio*] suppressed, stifled **2** PSIC. [*istinto, pulsione, conflitto*] suppressed; ***persona -a*** suppressed person **III** m. (f. **-a**) suppressed person.

reprimenda /repri'mɛnda/ f. reprimand, rebuke.

▷ **reprimere** /re'primere/ [29] **I** tr. **1** *(soffocare, trattenere)* to repress [*emozione, sentimento, desiderio*]; to hold* back, to stifle [*lacrime, rabbia*]; to suppress, to stifle [*sorriso, sbadiglio*]; ***~ un grido*** to muffle a cry; ***~ uno starnuto*** to hold back a sneeze **2** POL. to put* down, to suppress [*rivolta, sciopero, disordini*] **3** PSIC. to suppress **II reprimersi** pronom. to restrain oneself.

reprimibile /repri'mibile/ agg. repressible.

reprobo /'rɛprobo/ **I** agg. reprobate **II** m. (f. **-a**) reprobate.

reps /rɛps/ m.inv. TESS. rep, repp, reps.

reptante /rep'tante/ agg. BOT. reptant.

reptazione /reptat'tsjone/ f. reptation.

▶ **repubblica**, pl. **-che** /re'pubblika, ke/ f. POL. republic; ***proclamare la ~ in un paese*** to proclaim a country a republic; ***la Repubblica Italiana*** the Italian Republic; ***Repubblica di Salò, Repubblica Sociale Italiana*** STOR. = state created by Mussolini during the Second World War after the collapse of Fascism ◆◆ ***~ delle banane*** banana republic; ***~ democratica*** democratic republic; ***~ federale*** federal republic; ***~ delle lettere*** = the literati; ***~ parlamentare*** parliamentary republic; ***~ popolare*** people's republic; ***~ presidenziale*** presidential republic.

> **Repubblica** The republic was founded in Italy after the end of World War II, and was based on the results of the referendum of 2nd June 1946, which abolished the monarchy in favour of a republican state. The constitution drawn up in 1948 established the fact that it was a parliamentary republic (see also ***Costituzione***).

repubblicanesimo /repubblika'nezimo/ m. republicanism; POL. *(negli USA)* Republicanism.

▷ **repubblicano** /repubbli'kano/ **I** agg. republican; *(negli USA e nell'Irlanda del Nord)* Republican **II** m. (f. **-a**) republican; *(negli USA e nell'Irlanda del Nord)* Republican.

repubblichino /repubbli'kino/ **I** agg. STOR. SPREG. [*esercito*] = of the Repubblica Sociale Italiana **II** m. STOR. SPREG. = adherent to the Repubblica Sociale Italiana.

repulisti /repu'listi/ m.inv. ***fare (un) ~*** *(mettere in ordine)* to clean out everything; *(mangiare)* to eat up everything; *(rubare)* to clean out; ***questa casa ha bisogno di un bel ~*** this house needs a good cleaning.

repulsione /repul'sjone/ f. **1** *(ripugnanza)* repulsion, revulsion; ***provare (un sentimento di) ~ per qcn.*** to be repelled by sb.; ***guardare qcs. con ~*** to regard sth. with revulsion **2** FIS. repulsion.

repulsività /repulsivi'ta/ f.inv. repulsiveness.

repulsivo /repul'sivo/ agg. **1** *(ripugnante)* repulsive; ***c'è qualcosa di ~ nel suo comportamento*** there is something repulsive about his behaviour **2** FIS. [*forza*] repulsive.

reputare /repu'tare/ [1] **I** tr. to consider; ***tutti lo reputano un buon padre*** everyone considers him a good father; ***se lo reputi necessario, parti pure*** if you think it necessary, you can leave **II reputarsi** pronom. to consider oneself; ***-rsi fortunato*** to consider oneself lucky; ***si reputa una persona importante*** he thinks of himself as an important person.

reputato /repu'tato/ **I** p.pass. → **reputare II** agg. esteemed; ***molto ~*** highly esteemed.

reputazione /reputat'tsjone/ f. reputation, standing; ***avere una buona, cattiva ~*** to have a good, bad reputation; ***farsi una ~*** to make a name for oneself; ***difendere la propria ~*** to defend one's reputation; ***nuocere alla, offuscare la ~ di qcn.*** to damage sb.'s reputation; ***ha la ~ di tenace donna d'affari*** she has a reputation as a tough businesswoman.

requie /'rɛkwje/ f. *(quiete)* peace; *(tregua)* rest; ***non riesco a trovare un po', un minuto di ~*** I can't find a moment's peace; ***i bambini non mi danno ~*** the children won't give me a second of peace; ***i creditori non gli danno ~*** the creditors just won't let up; ***cercare ~ nel sonno*** to go to sleep to try to find some peace; ***senza ~*** incessantly.

requiem /'rɛkwjem/ m.inv. requiem; ***messa da ~*** requiem mass; ***il Requiem di Mozart*** Mozart's Requiem.

requisire /rekwi'zire/ [102] tr. to requisition, to confiscate [*veicoli, locali*]; MIL. to commandeer [*uomini, beni*]; to impound [*passaporto*]; ***è stato*** o ***lo hanno requisito per tutta la sera*** SCHERZ. they cornered *o* captured him all evening.

requisito /rekwi'zito/ **I** p.pass. → **requisire II** m. requirement, requisite, qualification; ***-i per l'ammissione*** entrance *o* entry requirements; ***-i per ricevere sussidi*** qualification for benefits; ***~ indispensabile*** prerequisite, precondition; ***essere in possesso dei*** o ***avere i -i necessari*** [*persona, prodotto*] to have the necessary requirements, to fulfil *o* meet *o* satisfy the requirements, to measure up; ***avere tutti i -i per fare qcs.*** to be fully qualified, to have the necessary *o* right qualifications *o* requirements for doing, to do sth.

requisitoria /rekwizi'tɔrja/ f. **1** DIR. = public prosecutor's closing speech **2** *(rimprovero)* lecture, scolding.

requisizione /rekwisit'tsjone/ f. requisition, commandeering.

▷ **resa** /'resa/ f. **1** MIL. surrender, capitulation; ***~ condizionata*** conditional surrender; ***~ incondizionata*** unconditional surrender; ***condizioni di ~*** terms of surrender; ***accettare, firmare la ~*** to accept, sign the (terms of) surrender; ***intimare la ~ al nemico*** to summon the enemy to surrender; ***costringere un pugile alla ~*** SPORT to force a boxer to give up **2** COMM. *(di merce invenduta)* return **3** *(riconsegna)* return, restitution; ***la ~ di un libro*** the restitution of a book; ***la ~ di un prestito*** the repayment of a loan **4** *(rendimento)* return, performance, outturn; *(ricavo)* profit, yield; ***questo prodotto ha***

un'ottima ~ the performance of this product is excellent; ***queste azioni hanno una buona ~*** these shares have *o* give a good return ◆◆ ~ ***dei conti*** rendering of accounts; FIG. showdown; ***alla ~ dei conti*** when the chips are down, when it comes to the crunch.

rescindere /reʃ'ʃindere/ [86] tr. to rescind, to resile from, to terminate, to cancel, to disaffirm [*contratto*].

rescindibile /reʃʃin'dibile/ agg. rescindable, determinable.

rescissione /reʃʃis'sjone/ f. rescission, termination, cancellation.

rescissorio, pl. **-ri**, **-rie** /reʃʃis'sɔrjo, ri, rje/ agg. [*azione*] rescissory.

rescritto /res'kritto/ m. rescript.

resecare /rese'kare/ [1] tr. **1** *(risecare)* to cut* [*rami, spese*] **2** CHIR. to resect.

reseda /re'zɛda, 'rezeda/ f. reseda, mignonette.

resezione /reset'tsjone/ f. CHIR. resection.

residence /'rɛsidens/ m.inv. residencial development, apartment complex AE.

residente /resi'dɛnte/ **I** agg. resident; ***un italiano ~ all'estero*** an Italian who lives abroad; ***è ~ a Londra*** he's resident in London, he's London-based; ***ministro ~*** minister resident; ***canonico ~*** canon residentiary **II** m. e f. **1** resident; ***non ~*** nonresident; ***i -i nel centro storico*** those who live *o* those residents living in the city centre **2** *(ministro)* (minister) resident.

▷ **residenza** /resi'dɛntsa/ f. **1** AMM. *(domicilio)* (place of) residence, residency; ***luogo di ~*** dwelling place, place of residence; ***cambiare ~*** to change one's (place of) residence *o* address; ***prendere ~*** o ***stabilire la propria ~ in Italia, a Roma*** to take up residence in Italy, in Rome; ***ci vogliono cinque anni di ~ nel paese*** you must have been resident in the country for five years; ***notificare il cambio di ~*** to notify one's change of address; ***certificato di ~*** certificate of residence; ~ ***ufficiale*** official residence **2** *(edificio)* residence, house; ***la ~ dell'ambasciatore*** the ambassador's residence; ~ ***di campagna*** country house *o* seat **3** *(sede)* seat, headquarters pl.; ***la ~ della ditta è Torino*** the company's head office is in Turin ◆◆ ~ ***estiva*** summer residence; ~ ***fissa*** fixed residence, permanent address.

residenziale /residen'tsjale/ agg. [*quartiere, zona*] residential; ***complesso ~*** residential block, housing complex.

residuale /residu'ale/ agg. residual.

residuato /residu'ato/ **I** agg. [*materiali, somme*] residual **II** m. surplus; ***-i bellici*** war surplus.

▷ **residuo** /re'siduo/ **I** agg. residual, remaining, remanent; ***somma -a*** residual amount; ***magnetismo ~*** remnant *o* residual magnetism **II** m. **1** *(resto, avanzo)* remnant, residue, remains pl.; ***-i di unto su un piatto*** traces of grease on a dish; ***c'è un ~ di vino nel bicchiere*** there's some wine *o* there are a few drops of wine left in the glass; ~ ***di merce*** remaining goods, left-overs; ***i -i di un incendio*** the remains of a fire; ***-i industriali, radioattivi*** industrial, radioactive waste **2** CHIM. residual, residue, residuum*; ~ ***di calcinazione*** calx; ~ ***di combustione*** residual combustion products **3** COMM. *(resto)* rest; *(saldo)* balance.

resiliente /resi'ljɛnte/ agg. [*metallo*] resilient.

resilienza /resi'ljɛntsa/ f. resilience.

resina /'rɛzina, 'rezina/ f. resin; ~ ***di pino*** pine resin, galipot; ~ ***naturale, artificiale*** natural, synthetic resin; ~ ***vinilica*** vinyl resin.

resinare /rezi'nare/ [1] tr. to resin.

resinato /rezi'nato/ **I** p.pass. → **resinare II** agg. ***vino ~*** resinated wine **III** m. CHIM. resinate.

resinifero /rezi'nifero/ agg. resiniferous.

resinificare /rezinifi'kare/ [1] **I** tr. to resinify **II resinificarsi** pronom. to resinify.

resinoide /rezi'nɔjde/ agg. resinoid; ***sostanza ~*** resinoid.

resinoso /rezi'noso/ agg. resinous.

resistente /resis'tɛnte/ **I** agg. **1** *(robusto)* [*persona, sportivo, animale*] strong, tough, resilient; [*pianta*] hardy, sturdy; [*virus*] resistant; [*muro*] stout, resistant **2** *(che resiste)* [*materiale, metallo*] resistant; [*tessuto, vestito, cuoio, plastica*] hard-wearing; ***essere ~ a*** [*persona*] to be able to stand, to tolerate [*caldo, freddo*]; to be resistant to [*malattia*]; [*materiale, oggetto*] to resist [*alte temperature, usura*]; ~ ***all'acqua*** water-resistant, waterproof; ~ ***al calore*** heat-proof; ~ ***alla ruggine*** rust-proof; ~ ***al fuoco*** fire-resistant, fireproof, flameproof **II** m. e f. STOR. MIL. Resistance fighter.

▶ **resistenza** /resis'tɛntsa/ f. **1** *(opposizione)* resistance; ~ ***passiva, non violenta*** passive, nonviolent resistance; ***fare ~*** to resist; ***fare ~ all'arresto*** to resist arrest; ***la ~ al cambiamento*** resistance to change; ***opporre ~ a*** to put up resistance to, a fight against [*aggressore, occupazione, regime*]; ***arrendersi ai poliziotti senza opporre ~*** to give oneself up to the police without a fight *o* struggle *o* without putting up any resistance; ***incontrare ~*** o ***delle -e*** to encounter *o* meet opposition *o* resistance; ***vincere le -e di qcn.*** to break through sb.'s reserve; ***movimento di ~*** resistance movement **2** STOR. ***la Resistenza*** the Resistance **3** *(capacità di sopportare fisicamente)* *(di persona, soldato, sportivo)* resistance, endurance, resilience; *(di pianta)* hardiness; *(di germe, cellula)* resistance; ***ha poca ~*** his resistance is low; ***atleta che dà prova di*** o ***dimostra una grande ~*** an athlete who shows staying-power *o* a lot of stamina; ***mancare di ~*** to lack stamina, to have little endurance *o* resistance; ***prova di ~*** endurance test **4** *(capacità di sopportare moralmente)* endurance, resistance **5** PSIC. resistance **6** FIS. strength, tolerance; ~ ***alla corrosione*** resistance to corrosion; ~ ***alla rottura, alla trazione*** breaking, tensile strength; ***studiare la ~ dei materiali*** to study the strength of materials; ~ ***dell'aria*** air *o* wind resistance; ***limite di ~*** ultimate strength; ***coefficiente di ~*** AUT. AER. drag coefficient **7** EL. resistance, resistor, bar; ***una ~ di*** o ***da 75 ohm*** a resistance *o* resistor of 75 ohms; ***una delle -e si è bruciata*** one of the elements is gone; ~ ***a immersione*** immersion heater.

> **i** **Resistenza** On 8th September 1943 Italy, Hitler's ally, surrendered to the British and American forces. The Germans reacted immediately by invading most of the peninsula, which had not yet been occupied by the allies, and installed a regime of harsh oppression against their former ally. Soldiers from the disbanded army and anti-fascist civilians got together in partisan divisions and fought against the Germans and their fascist collaborators, behind the front, until Liberation in 1945. The ideals of liberty and democracy that the partisans were fighting for, and their unity of action notwithstanding their different political ideas, were the foundation for the new Italian republic born after the war. For this reason the Resistance continues to hold a strong political resonance even today.

▶ **resistere** /re'sistere/ [21] intr. (aus. *avere*) **1** *(opporsi)* ~ ***a*** to resist, to withstand [*assalto, attacco, occupazione*]; ***il ladro ha cercato di ~ all'arresto*** the thief tried to resist arrest; ~ ***con la violenza*** to put up violent resistance; ~ ***con non violenza*** to resist by non violent means **2** *(sopportare, reggere)* ~ ***a*** [*persona, cuore, organo, animale*] to stand [*sforzo fisico*]; to be able to stand [*sete, clima*]; [*materiale, legno, oggetto*] to withstand [*forza, spinta, intemperie, calore*]; ***lo stereo non resisterà a lungo ad un simile trattamento*** the stereo won't last long if you treat it like that, the stereo won't stand up to rough treatment; ***tessuto che resiste a lavaggi frequenti*** material that will stand frequent washing; ***colore che resiste al sole*** colour that won't fade in the sun, fade-resistant colour; ***lo stabile, il muro non ha resistito*** the building, wall collapsed *o* gave way; ~ ***agli urti*** to be shockproof **3** *(tenere duro)* to hold* on, to endure; ***resisti!*** hang on (in there)! **4** *(sopportare moralmente)* to bear* up; ~ ***a*** [*persona*] to endure, to get through [*prova, dispiacere, tragedia*] **5** *(essere più forte di)* ~ ***a*** [*intesa, amicizia*] to withstand [*separazione, differenze*]; to overcome [*convenzioni, opposizione*]; [*economia, paese, regime, industria*] to withstand [*crisi, invasione, cambiamento*]; ~ ***alla concorrenza di*** to stand the competition from; ***il governo non ha resistito alla pressione dell'opinione pubblica*** the government had to give in to public opinion; ~ ***al tempo*** o ***alla prova del tempo*** to stand the test of time; ***il loro amore ha resistito all'opposizione dei loro genitori*** their love was stronger than their parents' opposition **6** *(tenere testa)* ~ ***a*** to resist [*persona, influenza, pressione, fascino*]; ***nessuno gli può ~*** nobody stands up to him **7** *(respingere)* to resist; ~ ***alla tentazione*** to resist temptation; ~ ***ai tentativi di qcn. di fare*** to defy sb.'s efforts to do; ***non ho potuto ~, ho comprato un cappello nuovo*** I couldn't resist (it), I bought a new hat; ~ ***senza sigarette fino alla fine della settimana*** to resist (without) cigarettes *o* to refrain from smoking till the end of the week.

resistibile /resis'tibile/ agg. resistible.

resistività /resistivi'ta/ f.inv. resistivity.

resistore /resis'tore/ m. resistor.

1.reso /'reso/ **I** p.pass. → **rendere II** m. *(nell'editoria)* = unsold copies.

2.reso /'rɛzo/ m. ZOOL. rhesus monkey.

▷ **resoconto** /reso'konto/ m. **1** *(di seduta, incontro, viaggio)* account, record, report; ***fare il ~ di*** to give an account of, to (make a) report on [*dibattito, lavori*]; ***fare un ~ dettagliato di*** to give a breakdown of [*dibattito, avvenimento*]; ***farà un ~ al Parlamento sui negoziati*** he will report to Parliament on the negotiations **2** *(rendiconto)* statement; ~ ***delle spese*** statement of expenses.

respingente /respin'dʒɛnte/ m. buffer, bumper AE, fender AE.

▶ **respingere** /res'pindʒere/ [24] **I** tr. **1** *(allontanare)* to drive* back, to repel, to push away [*individuo, folla, manifestanti, animale*]; [*esercito, truppe*] to counter, to fight* off, to force back, to repulse, to resist [*nemico, attacco*] **2** *(rifiutare)* to reject, to refuse, to decline [*offerta, proposta*]; to reject [*teoria, iniziativa, alleanza, consiglio, offerta, decisione*]; to refuse, to turn down [*corte, avances*]; to reject [*corteggiatore*]; to turn away [*candidato*]; ***essere respinto alla frontiera*** to be turned back at the border **3** AMM. DIR. to dismiss, to defeat [*ricorso, causa, mozione, progetto di legge, istanza*]; to repudiate [*accuse*]; ECON. to bounce [*assegno*] **4** *(rispedire)* to return, to send* back [*posta, lettera*]; ***"~ al mittente"*** "return to sender" **5** SPORT to clear [*pallone*] **6** *(bocciare)* to fail, to keep* back [*studente*]; ***è stato respinto all'esame*** he failed the exam **II respingersi** pronom. FIS. [*elettroni, calamite*] to repel.

respinta /res'pinta/ f. SPORT clear, clearance.

respinto /res'pinto/ **I** p.pass. → **respingere II** agg. **1** *(non approvato, accettato)* [*proposta*] refused, turned down; [*innamorato*] rejected; ***~ al mittente*** returned to sender **2** SCOL. failed **III** m. failed student.

respirabile /respi'rabile/ agg. breathable, respirable; ***l'aria nelle grandi città non è più ~*** the air in the big cities is no longer breathable.

▶ **respirare** /respi'rare/ [1] **I** intr. (aus. *avere*) **1** *(inalare)* to breathe, to respire; ***~ dal*** o ***col naso*** to breathe through one's nose; ***~ dalla*** o ***con la bocca*** to breathe through one's mouth; ***~ profondamente, a pieni polmoni*** to breathe deeply, to take a deep breath; ***~ affannosamente*** to gasp (for breath); ***~ con difficoltà*** to have difficult breathing; ***con quest'afa non si respira!*** it's so hot and sticky it's hard to breathe! **2** FIG. *(avere pace)* ***non abbiamo un minuto per ~*** we don't have a moment to catch our breath; ***lasciami ~!*** let me get my breath back! ***dopo anni di stenti finalmente respirano un po'*** after years of difficulty, they've finally got some breathing space **II** tr. *(inalare)* to breathe (in), to inhale [*aria, gas, fumo, polvere*]; ***~ aria fresca a pieni polmoni*** to take long draughts of cool air; ***si respira un'aria nuova*** FIG. there's a breath of fresh air.

respiratore /respira'tore/ m. **1** MED. inhalator, inhaler, inspirator; ***~ automatico*** o ***artificiale*** ventilator **2** *(per immersioni subacquee)* breathing apparatus; *(tubo con boccaglio)* snorkel BE, schnorkel AE.

respiratorio, pl. **-ri, -rie** /respira'tɔrjo, ri, rje/ agg. [*sistema, apparato, quoziente*] respiratory; ***vie -rie*** respiratory tract, airway; ***difficoltà -rie*** breathing difficulties; ***ritmo ~*** respiration rate; ***avere problemi -ri*** to have a weak chest.

▷ **respirazione** /respirat'tsjone/ f. respiration, breathing; ***~ esterna, polmonare*** external, pulmonary respiration; ***avere una ~ affannosa*** to pant; ***avere una ~ difficoltosa*** to have breathing difficulties; ***esercizio di ~*** breathing exercise ◆◆ ***~ artificiale*** artificial respiration *o* ventilation; ***~ assistita*** assisted ventilation; ***~ bocca a bocca*** mouth-to-mouth resuscitation.

▷ **respiro** /res'piro/ m. **1** *(respirazione)* breathing, respiration; ***~ regolare, irregolare*** regular, irregular respiration *o* breathing; ***trattenere il ~*** to catch *o* hold one's breath; ***qui dentro manca il ~*** it's stuffy in here **2** *(singolo atto)* breath; ***-i regolari*** regular breaths; ***"faccia un ~!"*** "breathe! take a breath!"; ***"faccia un ~ profondo"*** "take a deep breath"; ***tirare un ~ di sollievo*** to sigh with relief; ***esalare*** o ***rendere l'ultimo ~*** FIG. to draw one's last breath, to breathe one's last; ***fino all'ultimo ~*** FIG. to the last, till one's dying breath; ***togliere il ~*** to take one's breath away; ***da togliere il ~*** [*bellezza, velocità*] breathtaking; ***il corso è ad ampio ~*** FIG. the course has great breadth *o* is wide ranging **3** FIG. *(sollievo, riposo)* respite, breathing space; ***lavorare senza ~*** to work relentlessly *o* without a break; ***avere ancora tre giorni di ~*** to still have three days' peace *o* respite; ***non avere un attimo di ~*** not to have a moment's rest; ***prendersi un attimo di ~*** to give oneself breathing space.

▶ **responsabile** /respon'sabile/ **I** agg. **1** *(colpevole)* responsible, guilty; ***è ~ della distruzione della foresta*** he's responsible for destroying the forest; ***l'alcol è ~ di molti incidenti*** alcohol is responsible *o* is to blame for many accidents; ***sentirsi ~*** to feel guilty *o* responsible; ***ritenere qcn. ~ di qcs.*** to hold sb. responsible for sth. **2** *(che deve rispondere dei propri atti)* responsible, accountable; ***essere ~ delle proprie azioni*** to be responsible for one's actions; ***si è -i di ciò che si dice, scrive*** you are responsible for what you say, write; ***essere ~ di fronte a qcn.*** to be responsible to sb.; ***~ civilmente*** civilly liable **3** *(incaricato)* ***essere ~ di qcs., qcn.*** to be responsible for *o* in charge of sb., sth.; ***sono ~ del negozio*** I am responsible for the shop **4** *(ragionevole)* [*persona*] responsible, reliable, trustworthy; [*comportamento, azione*] responsible **II** m. e f. **1** *(chi ha la responsabilità)* person responsible, person in charge; ***vorrei parlare con il ~*** I'd like to talk to the person in charge; ***chi è il ~ qui?*** who's in charge here? who's running things here? ***secondo un ~ politico*** according to a political leader; ***il Signor Bianchi, ~ di una piccola impresa*** Mr Bianchi, the manager of a small company **2** *(colpevole)* culprit; ***i -i della catastrofe*** those *o* the people responsible for the catastrophe; ***i -i saranno puniti*** those responsible will be punished; ***è lui il ~*** he's (the one) to blame *o* the guilty one.

▶ **responsabilità** /responsabili'ta/ f.inv. **1** *(l'essere responsabile)* responsibility; ***avere la propria parte di ~ in qcs.*** to share some of the responsibility for sth.; ***avere, dividere la ~ di qcs.*** to have *o* share the responsibility for sth.; ***avere sulle spalle tutte le ~*** to have *o* bear all the responsibility; ***ne ha la piena ~*** he bears full responsibility for it; ***è una pesante ~*** it's a great responsibility; ***avere molte ~*** to have many responsibilities; ***affidare la ~ di qcs. a qcn.*** to give sb. responsibility for sth.; ***un posto di ~*** a position of responsibilities; ***sotto la ~ di qcn.*** under the supervision of sb.; ***evitare le ~*** to shun responsibilities; ***attribuire delle ~ a qcn.*** to give sb. responsibilities; ***prendersi le proprie ~*** to face up to sb.'s responsibilities **2** *(colpa)* responsibility, guilt; ***non ha nessuna ~ per l'accaduto*** he's not guilty *o* responsible for what happened; ***la ~ è sua*** he's (the one) to blame; ***respingere*** o ***negare ogni ~ in qcs.*** to deny all responsibility for sth.; ***scaricarsi la ~ l'uno con l'altro*** to blame each other **3** DIR. liability; ***società a ~ limitata*** limited liability company; ***la ~ di un datore di lavoro*** an employer's liability; ***"la direzione declina ogni ~ in caso di furto"*** "the management disclaims all responsibility for loss due to theft" ◆◆ ***~ civile*** civil liability; ***~ collettiva*** collective liability; ***~ contrattuale*** contractual liability; ***~ penale*** criminal liability.

responsabilizzare /responsabilid'dzare/ [1] **I** tr. to give* [sb.] a sense of responsibility [*giovani, dipendenti*] **II responsabilizzarsi** pronom. to assume, take* one's responsibilities, to become* responsible.

responsabilizzazione /responsabiliddzat'tsjone/ f. assumption of responsibility; ***il principio è basato sulla ~ dei dipendenti*** the principle is based on staff being given a sense of responsibility.

responsabilmente /responsabil'mente/ avv. [*agire, comportarsi*] responsibly.

responso /res'pɔnso/ m. response, answer; ***il ~ della giuria*** the jury's verdict; ***il ~ delle urne*** the election results; ***il ~ dell'oracolo*** the response of the oracle; ***il ~ del medico*** the doctor's response; ***stiamo tutti attendendo il tuo ~*** SCHERZ. we're all waiting for your verdict.

responsorio, pl. **-ri** /respon'sɔrjo, ri/ m. responsory, response.

ressa /'rɛssa/ f. crowd, rush, crush, squash; ***fare ~*** to crowd, to throng.

1.resta /'rɛsta/ f. rest; ***lancia in ~*** lance in rest ◆ ***partire (con la) lancia in ~*** to go full tilt.

2.resta /'rɛsta/ f. **1** *(lisca)* fishbone **2** BOT. arista, beard.

3.resta /'rɛsta/ f. *(filza)* string.

restabue, pl. **restabuoi** /resta'bue, resta'bwoi/ m. restharrow.

restante /res'tante/ **I** agg. [*denaro, somma*] remaining, residuary, left over mai attrib. **II** m. rest.

▶ **restare** /res'tare/ [1] intr. (aus. *essere*) **1** *(in un luogo)* to stay; ***~ dentro, in città*** to stay indoors, in town; ***~ a casa*** to stay at home, to stay in, to stop in BE; ***non ~ al sole, sotto la pioggia*** don't stay in the sun, out in the rain; ***~ a letto*** to lie in, to stay in bed; ***resta dove sei, quanto vuoi*** stay where you are, as long as you like; ***gli altri sono andati via, ma lei è restata per aiutarmi*** the others left but she stayed behind to help me; ***non posso ~*** I can't stay; ***~ un momento a chiacchierare*** to stay to chat for a while; ***~ a cena*** to stay for dinner; ***~ indietro*** [*persona*] to stay *o* hang *o* fall behind, to drop back; [*orologio*] to run slow, to lose time; ***che resti tra noi!*** FIG. this is strictly between you and me! ***~ fuori da qcs.*** to stay outside sth.; FIG. not to get involved in sth. **2** *(in una posizione, condizione)* to remain, to stay; ***~ seduto, in piedi*** to remain seated, standing; ***restate comodi!*** don't get up! ***~ al potere*** to remain in power; ***~ fermo*** o ***immobile*** to keep *o* stand *o* remain still; ***~ calmo*** to keep *o* stay calm; ***~ sveglio*** to stay awake; ***~ in contatto con qcn.*** to keep in touch with sb.; ***~ in silenzio*** to keep *o* remain silent, quiet; ***~ paralizzato dopo un incidente*** to be left paralysed after an accident; ***~ vedova*** to be left a widow; ***~ orfano*** to be orphaned, to be left an orphan; ***~ scapolo*** to remain a bachelor; ***~ impunito*** to go *o* remain unpunished; ***~ in linea*** *(al telefono)* to hang on, to hold the line; ***~ impresso nella memoria di qcn.*** to stick in sb.'s memory; ***restiamo in attesa di una Vostra cortese risposta*** we look forward to your reply; ***le condizioni del malato restano gravi*** the patient's conditions are still critical; ***il negozio resterà chiuso fino...*** the shop will be closed till...; ***~ in*** o ***nel dubbio*** to be *o* remain doubtful; ***restò morto sul colpo*** he died instantly **3** *(avanzare, rimanere)* to remain, to be* left; ***il poco tempo che resta*** the little time that's left; ***è il solo amico che mi resta*** he's the ony friend I have left; ***ciò che resta della città*** what remains *o* is left of the town; ***ciò che resta del pranzo*** the leftovers; ***dimmi cosa resta da fare*** tell me what's left to do; ***restano 50 km da percorrere, 100 euro da pagare*** there's still another 50 km to go, 100 euros to pay; ***gli anni passano, il ricordo resta*** the years go by, but the memories live on *o* don't fade; ***restano ancora alcuni minuti, alcune mele*** there are still some minutes, apples left; ***mi restano solo 50 sterline*** I've only got 50 pounds left; ***mi resta solo lui*** he's all I've got left; ***resta molto da fare*** there's still a lot to do, a lot remains to be done; ***non ti resta che scusarti*** it only remains for you to apologize; ***resta da sapere, decidere se*** it remains to be seen, it still has to be decided whether; ***resta da risolvere il problema dell'alloggio*** the housing problem remains *o* still has to be solved; ***resta il fatto che*** the fact remains that **4** *(trovarsi)* ***casa mia resta proprio in cima alla collina*** my house is *o* stands right on the top of the hill **5** *(mettersi d'accordo)* ***restiamo (d'accordo) che mi telefoni tu*** let's agree that you call me; ***come siete restati (d'accordo)?*** what did you agree to do? what did you decide? ***resta inteso che*** it's agreed that; ***restiamo (d'accordo) così*** let's leave it like that **6 restarci** *(essere meravigliato)* to be struck dumb; *(morire)* to meet one's end *o* Maker, to drop dead; ***restarci male*** to be hurt *o* disappointed ◆ ***~ senza parole*** to remain speechless; ***~ a bocca aperta*** to stand open-mouthed; ***~ di stucco*** → **~ a bocca aperta.**

restaurabile /restau'rabile/ agg. [*quadro, affresco, mobile*] restorable, repairable; [*democrazia*] restorable.

restaurare /restau'rare/ [1] tr. **1** ART. to restore, to repair [*chiesa, edificio, facciata, quadro, affresco, manoscritto*] **2** FIG. to restore [*monarchia, pace*].

restauratore /restaura'tore/ ➧ ***18*** m. (f. **-trice** /tritʃe/) restorer (anche FIG.).

restaurazione /restaurat'tsjone/ f. **1** *(ripristino)* restauration, reestablishment; ***la ~ della monarchia*** the restauration of the monarchy **2** STOR. ***la Restaurazione*** the Restauration.

restauro /res'tauro/ m. *(di quadri, manoscritti)* restauration; *(di immobili)* renovation, restauration, renewal; ***lavori di ~*** renovations, repairs, renovation works; ***essere in ~*** to be undergoing renovations.

restio, pl. **-ii, -ie** /res'tio, ii, ie/ agg. **1** [*asino, cavallo*] restive **2** [*persona, carattere*] reluctant; ***essere ~ a fare qcs.*** to be reluctant to do sth., to do sth. reluctantly, to hang back; ***è ~ a spendere*** he's unwilling to spend.

restituibile /restitu'ibile/ agg. [*oggetto*] returnable; [*prestito, somma, denaro*] repayable.

▷ **restituire** /restitu'ire/ [102] tr. **1** *(ridare)* to return, to give* back, to hand* back [*oggetto, regalo*]; to bring* back, to restore [*memoria, vista, colore, lucentezza, splendore*]; to return, to retrocede [*territorio*]; to hand in, to hand over, to turn in, to give* back [*chiavi*]; [*macchina*] to regurgitate [*gettoni, monete*]; ***~ la libertà a qcn.*** to give sb. back his freedom; ***restituiscilo!*** give it back! ***mi ha restituito il libro*** she gave me back my book; ***ho restituito il libro alla biblioteca*** I returned the book to the library; ***se non mi restituiscono il passaporto, non posso lasciare il paese*** unless I get my passport back I can't leave the country; ***da ~ entro il 6 aprile*** returnable by 6 April, due 6 April; ***hanno restituito i quadri rubati al museo*** they returned the stolen paintings to the museum; ***ha restituito il foglio in bianco all'esame*** he handed in a blank paper at the end of his exam; ***~ qcn. alla vita*** to bring sb. back to life; FIG. to give sb. a new lease of life; ***~ il sorriso a qcn.*** to put the smile back on sb.'s face; ***un nuovo metodo di rilassamento che le restituirà il sonno*** a new relaxation method that will help you sleep again; ***la vacanza gli ha restituito la serenità*** he's much more rested after his holidays **2** *(rimborsare)* to repay*, to return, to pay* off [*prestito, somma, debito*]; ***prestami 50 euro, te li restituirò domani*** lend me 50 euros, I'll pay you back tomorrow; ***~ i soldi a un amico*** to give a friend his money back **3** *(contraccambiare)* to return [*complimenti, critica, favore, visita*]; ***gli restituì il bacio*** she kissed him back **4** LETT. *(ristabilire)* to restore [*equilibrio*].

restituzione /restitut'tsjone/ f. **1** *(di oggetto)* restitution, return; *(di diritti)* restauration; *(di soldi)* repayment, refund; ***chiedere la ~ di un biglietto, di un libro*** to call in *o* recall a ticket, book; ***chiedere la ~ di un prestito*** to ask for the repayment of a loan, to demand one's money back, to reclaim one's money **2** *(in contraccambio)* return; ***in ~ di una gentilezza*** in return for a favour.

▶ **resto** /'rɛsto/ **I** m. **1** *(ciò che avanza)* rest, remain, remainder; ***il ~ del mondo, del tempo, dei libri*** the rest of the world, the time, the books; ***pagare un terzo in anticipo, il ~ (della somma) alla fine*** to pay one third in advance, the rest at the end; ***metti tre sedie qui e il ~ in giardino*** put three chairs here and the others in the garden; ***per il ~ dei miei giorni*** for the rest of my life; ***passare il ~ della giornata a leggere*** to spend the rest of the day reading; ***ti puoi immaginare il ~*** I'll leave the rest to your imagination; ***prepara il pranzo, io mi occupo del ~*** make the dinner, I'll do the rest; ***per il ~, quanto al ~*** for the rest; ***la mia famiglia viene prima di tutto il ~*** my family comes first and foremost; ***oltre a tutto il ~*** above all else; ***e tutto il ~*** and all that, and all the rest of it; ***avete il passaporto e tutto il ~?*** have you got your passports and everything? ***e non sai ancora il ~!*** and you don't know the half of it! ***per il ~*** for the rest, otherwise; ***per il ~, è simpatico*** apart from that, he's nice **2** *(denaro)* change; ***dare il ~*** to give the change *o* rest; ***non ho da darLe il ~*** I have no change to give you; ***tenga il ~*** keep the change; ***mi ha dato 6 penny di ~*** she gave me 6p change **3** MAT. residual, remainder; ***il 2 nel 5 sta 2 volte con ~ di 1*** 2 into 5 goes 2 and one over **4 del resto** besides; ***del ~ non c'ero*** besides, I wasn't there; ***ha un'aria preoccupata, ma del ~ ce l'ha sempre*** he looks a bit anxious, but then he always does; ***la scusa del mio mal di testa, del ~ reale, mi ha permesso di andarmene prima*** the excuse of having a headache, which I might add was true, allowed me to leave earlier; ***del ~, è troppo caro*** it's too expensive, anyway **II resti** m.pl. **1** *(di pasto, edificio)* remains, remnant sing.; ***abbiamo finito i -i della cena*** we've finished up the leftovers from the dinner; ***i -i di una macchina*** the remains of a car; ***i -i di un antico castello*** the ruins of an old castle **2** *(cadavere)* ***i -i di qcn.*** the human remains *o* the bones of sb.; ***-i mortali*** mortal remains.

▷ **restringere** /res'trindʒere/ [36] **I** tr. **1** *(rendere più stretto)* to narrow [*passaggio, strada*]; to shrink* [*vestito*]; ***il lavaggio l'ha ristretto*** it shrunk in the wash **2** *(fare contrarre)* [*luce*] to contract [*pupilla*] **3** FIG. to narrow (down) [*campo d'indagine, ambito, orizzonte*]; to reduce, to limit [*libertà, numero*] **4** GASTR. to reduce [*salsa, sciroppo, brodo*]; ***fate ~ il composto*** allow the mixture to reduce **II restringersi** pronom. **1** *(diventare più stretto)* [*sentiero, valle, fiume, cerchio*] to narrow, to grow* narrow, to become* narrow; [*vestito*] to shrink* **2** *(contrarsi)* [*pupilla*] to contract **3** FIG. [*campo d'indagine, ambito, possibilità*] to be* narrowed **4** GASTR. [*sugo, sciroppo*] to reduce; [*funghi, spinaci*] to shrink*; ***i funghi si restringono con la cottura*** mushrooms cook down.

restringimento /restrindʒi'mento/ m. **1** *(di sentiero, vallata, fiume)* narrowing **2** *(di stoffe)* shrinkage **3** MED. *(di pupilla)* contraction; *(di arteria)* constriction, stricture, stenosis*.

restrittivamente /restrittiva'mente/ avv. restrictively.

restrittivo /restrit'tivo/ agg. **1** [*misure, condizioni, clausola*] restrictive, limiting; ***ordinanza -a*** restraining order **2** LING. [*proposizione*] restrictive.

restrizione /restrit'tsjone/ f. restriction, restraint, limitation; ***-i commerciali, di bilancio*** trade, budget restrictions; ***-i di credito*** credit restrictions, cash squeeze; ***~ all'esportazione, importazione*** export, import restriction; ***-i valutarie*** currency restrictions; ***~ mentale*** mental reservation.

resupinato /resupi'nato/ agg. resupinate.

resurrezione /resurret'tsjone/ → **risurrezione.**

resuscitare /resuʃʃi'tare/ → **risuscitare.**

retablo /re'tablo/ m.inv. retable.

retaggio, pl. **-gi** /re'taddʒo, dʒi/ m. legacy, heritage; ***il ~ del dittatore si fa ancora sentire*** the dictator's legacy can still be felt.

retata /re'tata/ f. **1** *(della polizia)* (police) raid, swoop, bust; ***fare una ~*** to swoop, to round up, to make a raid **2** *(di pesci)* netful, haul, catch.

▷ **rete** /'rete/ f. **1** net; ***gettare, tirare le -i*** to cast, haul in the nets; ***~ alla deriva*** drift net; ***prendere con la ~*** to net **2** SART. TECN. TESS. netting; *(di metallo)* mesh, meshwork, wire netting; ***~ di cotone*** cotton netting; ***calze a ~*** fishnet stockings; ***questo acrobata lavora senza ~*** this acrobat performs without a safety net **3** *(di condutture, strade, canali)* network, system, grid; ***~ del gas*** gas network **4** *(di persone)* network; ***~ di spie, di trafficanti di droga*** a spy, drug dealers network, a spy, drug ring **5** SPORT *(nel tennis)* net; *(nel calcio)* net, goal; *(goal)* goal; ***scendere a ~*** to come up to the net; ***tirare in ~*** to shoot the ball in; ***andare in ~*** to score (a goal); ***mandare il pallone in fondo alla ~, mettere la palla in ~*** to put the ball into (the back of) the net; ***una partita a -i inviolate*** a goalless *o* scoreless match; ***vincere 4 -i a 2*** to win by 4 goals to 2 **6** TELEV. network; ***~ pubblica*** public network; ***~ privata*** independent *o* private network **7** INFORM. network; ***la Rete*** the Net; ***~ locale*** local area network; ***collegare in*** ~ to network [*computer*] **8** *(del letto)* sprung bed base **9** FIG. *(insidia)* net, trap; ***prendere qcn. nella rete*** to catch sb. in a trap; ***finire*** o ***cadere nella*** ~ to fall into a trap *o* the net **10** ANAT. ZOOL. rete* ◆◆ ~ ***cablata*** cable network; ~ ***per capelli*** hairnet; ~ ***di comunicazione*** communications network; ~ ***di distribuzione*** *(di prodotti)* distribution network; *(di servizi)* supply system; ~ ***elettrica*** electricity network; ~ ***idrografica*** river system; ~ ***da pesca*** fishing net; ~ ***portabagagli*** luggage rack; ~ ***di protezione*** safety net; ~ ***stradale*** road network; ~ ***telefonica*** telephone system *o* network; ~ ***dei trasporti*** transport system; ~ ***di vendita*** sales network.

reticella /reti'tʃɛlla/ f. **1** *(per la spesa)* mesh bag **2** *(per capelli)* hairnet **3** TECN. (wire) gauze, wire mesh; ~ ***a incandescenza*** (gas) mantle **4** FERR. ~ ***portabagagli*** (luggage) rack.

reticente /reti'tʃɛnte/ agg. **1** DIR. [*testimone*] reticent **2** *(riluttante)* ***sulla questione mi è parso un po'*** ~ he appeared to be a bit reserved on the subject.

reticenza /reti'tʃɛntsa/ f. reticence, reserve, hesitancy, reluctance; ***parlare senza -e*** to speak up, to speak frankly *o* without reserve; ***le sue -e su ciò che concerne il passato*** his reticence about his past; ***riscontrare delle -e nelle testimonianze*** to point out omissions in the evidence; ***"ogni ~ da parte dell'assicurato"*** "failure on the part of the insured to declare all relevant facts".

Retiche /'rɛtike/ n.pr.f.pl. (anche **Alpi** ~) Rhaetian Alps.

retico, pl. **-ci**, **-che** /'rɛtiko, tʃi, ke/ agg. *(della Rezia, dei Reti)* Rhaetic.

reticolare /retiko'lare/ agg. reticular (anche ANAT.).

reticolato /retiko'lato/ **I** agg. **1** BIOL. reticulate, cancellate(d) **2** GEOL. [*terreni*] reticulate **II** m. **1** *(rete metallica)* wire netting, mesh **2** *(disegno a forma di rete)* graticule, grid; ~ ***geografico*** grid map **3** MIL. barbed wire entanglement.

reticolatura /retikola'tura/, **reticolazione** /retikolat'tsjone/ f. FOT. reticulation.

reticolo /re'tikolo/ m. **1** *(struttura a graticcio)* network, grid, cross hairs pl. **2** BIOL. ZOOL. reticulum* **3** FIS. OTT. reticle, graticule ◆◆ ~ ***cristallino*** crystal lattice; ~ ***di diffrazione*** diffraction grating; ~ ***protoplasmatico*** cellular network.

retiforme /reti'forme/ agg. retiform.

1.retina /'rɛtina/ f. ANAT. retina*; ***distacco della*** ~ detachment of the retina.

2.retina /re'tina/ f. *(per capelli)* hairnet.

retinare /reti'nare/ [1] tr. **1** TIP. to screen (by halftone screen) **2** TECN. to wire.

retinico, pl. **-ci**, **-che** /re'tiniko, tʃi, ke/ agg. retinal.

retinite /reti'nite/ ➧ **7** f. retinitis.

retino /re'tino/ m. **1** *(per farfalle)* butterfly net **2** *(per pesci)* landing net **3** TIP. halftone screen.

retinolo /reti'nɔlo/ m. retinol.

retinopatia /retinopa'tia/ f. retinopathy.

retinoscopia /retinosko'pia/ f. retinoscopy.

retore /'rɛtore/ m. rhetorician.

retorica /re'tɔrika/ f. **1** rhetoric; ***trattato di*** ~ treatise on rhetoric; ***padroneggiare i mezzi della*** ~ to master rhetorical forms **2** SPREG. ***è tutta*** ~ they're just words; ***fare della*** ~ to mouth rhetoric; ***fare un discorso gonfio di*** ~ to give a rhetorical speech.

retoricamente /retorika'mente/ avv. rhetorically (anche SPREG.).

retorico, pl. **-ci**, **-che** /re'tɔriko, tʃi, ke/ **I** agg. **1** [*procedimento, effetto*] rhetorical; ***figura*** ~ rethorical figure, figure of speech; ***domanda -a*** rethorical question; ***fare una domanda -a*** to ask sth. rethorically **2** SPREG. [*stile, discorso*] rethorical, declamatory; [*gesto*] emphatic **II** m. rhetorician.

retoromanzo /retoro'mandzo/ **I** agg. Rhaeto-Romanic, Rhaeto-Romance **II** m. Rhaeto-Romance.

retrattile /re'trattile/ agg. [*unghie*] retractile; [*punta*] retractable; AER. [*carrello*] rentractable.

retrattilità /retrattili'ta/ f.inv. retractility.

retrattore /retrat'tore/ **I** agg. ***muscolo*** ~ retractor (muscle) **II** m. MED. retractor.

retribuire /retribu'ire/ [102] tr. to remunerate, to pay* [*persona, lavoro*].

retribuito /retribu'ito/ **I** p.pass. → **retribuire II** agg. [*festività, lavoro*] paid; ***permesso non*** ~ unpaid licence *o* leave; ***è un lavoro mal*** ~ it's an underpaid *o* a badly paid job.

retributivo /retribu'tivo/ agg. [*quadro, livello*] wage attrib.; ***aumento*** ~ salary increase, wage rise; ***sistema*** ~ pay system; ***scala -a*** pay *o* salary scale.

retribuzione /retribut'tsjone/ f. pay, salary, wage; ***aumento della*** ~ salary increase, wage rise; ***fascia di*** ~ rate of pay; ***un lavoro a bassa*** ~ a low-paid job.

retrivo /re'trivo/ **I** agg. [*mentalità, tendenze*] reactionary, conservative **II** m. (f. **-a**) reactionary.

1.retro /'rɛtro/ **I** m. *(di oggetto, veicolo)* back; *(di edificio)* back, rear; *(di foglio, assegno, fotografia, moneta)* back, reverse; ***sul*** ~ ***della fotografia, busta*** on the back of the picture, envelope; ***sul*** ~ ***della casa*** at the back of the building; ***i bidoni sono sul*** ~ the bins are out back, round the back; ***il giardino sul*** ~ the back *o* rear garden **II** avv. LETT. behind; ***vedi*** ~ see overleaf, please turn over.

2.retro /'rɛtro/ m.inv. → **retrobottega**.

3.retro /'rɛtro/ f.inv. → **retromarcia**.

rétro /re'tro/ agg.inv. retro.

retroagire /retroa'dʒire/ [102] intr. (aus. *avere*) to retroact.

retroattivamente /retroattiva'mente/ avv. retroactively.

retroattività /retroattivi'ta/ f.inv. AMM. DIR. retroactivity.

retroattivo /retroat'tivo/ agg. AMM. DIR. [*provvedimento, legge*] retroactive, retrospective; ***un aumento di stipendio con effetto ~ a partire dal primo gennaio*** a pay rise backdated to 1 January; ***la legge non ha effetto*** ~ the law cannot be applied retrospectively.

retroazione /retroat'tsjone/ f. **1** *(retroattività)* retroaction **2** *(feedback)* feedback.

retrobocca /retro'bokka/ m.inv. back of the mouth.

retrobottega /retrobot'tega/ m. e f.inv. backshop.

retrocarica /retro'karika/ f. ***a*** ~ [*arma, fucile*] breechloading.

retrocedere /retro'tʃɛdere/ [2, 30] **I** tr. **1** DIR. to recede [*beni*] **2** MIL. AMM. to downgrade, to relegate, to demote [*impiegato*]; to reduce (in rank), to degrade [*militare*]; ~ ***qcn. al grado inferiore*** to reduce sb. to a lower rank **3** SPORT to relegate, to move down, to put* down [*squadra*] **II** intr. (aus. *essere*) **1** *(tornare indietro)* to retreat, to back away, to move backwards, to retrocede; ~ ***davanti al nemico*** to pull back in front of the enemy; ~ ***da una decisione*** FIG. to go back on a decision **2** SPORT [*squadra*] to be* relegated; ***la squadra è retrocessa in serie B*** the team has gone down to the second division.

retrocessione /retrotʃes'sjone/ f. **1** *(il retrocedere)* retrocession, regression **2** *(di impiegato)* demotion, downgrading, relegation; *(di militare)* degrading **3** SPORT relegation, demotion; ***la ~ in serie B*** the relegation to the second division **4** DIR. reconveyance.

retrocucina /retroku'tʃina/ m. e f.inv. back kitchen, scullery BE.

retrodatare /retroda'tare/ [1] tr. **1** BUROCR. to backdate, to antedate, to predate [*fattura, documento*] **2** to date back [*opera d'arte, testo*].

retrodatato /retroda'tato/ agg. [*documento, fattura*] backdated, antidated.

retrodatazione /retrodatat'tsjone/ f. **1** BUROCR. backdating, antedating (**di** of) **2** attribution of an earlier date (**di** to).

retrodiffusione /retrodiffu'sjone/ f. backscattering.

retrofit /'rɛtrofit/ m.inv. AUT. retrofit (catalyst).

retroflessione /retrofles'sjone/ f. retroflexion.

retroflesso /retro'flɛsso/ agg. **1** MED. [*utero*] retroflex **2** LING. retroflex.

retroformazione /retroformat'tsjone/ f. LING. back formation.

retrogradare /retrogra'dare/ [1] intr. (aus. *avere*) to retrograde.

retrogradazione /retrogradat'tsjone/ f. retrogradation.

retrogrado /re'trɔgrado/ **I** agg. **1** *(che va all'indietro)* [*senso di marcia*] retrograde, retrogressive; ***moto ~ apparente*** apparently retrograde motion; ***moto ~ reale*** retrograde motion; ***amnesia -a*** retrograde amnesia **2** FIG. *(retrivo)* [*persona*] reactionary, conservative; [*atteggiamento*] regressive, backward-looking; ***un'idea -a*** an idea behind the times **II** m. (f. **-a**) reactionary, stick-in-the-mud COLLOQ.

retroguardia /retro'gwardja/ f. **1** MIL. rear(guard) **2** SPORT defence BE, defense AE **3** FIG. ***stare alla*** ~ to hang back.

retrogusto /retro'gusto/ m. aftertaste (anche FIG.).

retroilluminato /retroillumi'nato/ agg. [*schermo, display*] backlit.

retromarcia, pl. **-ce** /retro'martʃa, tʃe/ f. *(movimento all'indietro)* reverse motion, backing; *(disposivo di cambio)* reverse (gear); ***luce di*** ~ reversing light, backup light AE; ***mettere*** o ***innestare la*** ~ to go into reverse; ***uscire dal garage in*** ~ to back out of the garage, to reverse a car out of the garage; ***fare*** ~ to back (up), to go into reverse, to reverse, to go back; FIG. to back off, to back-pedal, to backtrack, to climb down.

retronebbia /retro'nebbja/ m.inv. rear foglamp.

retroproiezione /retroprojet'tsjone/ f. rear projection.

retropulsione /retropul'sjone/ f. retropulsion.

retrorazzo /retro'raddzo/ m. retrorocket, retroengine.

retrorso /re'trɔrso/ agg. retrorse.

retroscena /retroʃ'ʃɛna/ **I** f. *(di teatro antico)* backstage **II** m.inv. FIG. ***i ~ della politica*** the backstage political events; ***si ignorano i*** ~

del caso we don't know what's behind this affair; ***svelare tutti i ~*** to reveal all the hidden details *o* what went on behind the scenes.

retrospettiva /retrospet'tiva/ f. ART. retrospective; ***~ su Bergman, Kitano*** a retrospective (show) of Bergman, Kitano; ***una ~ su Van Gogh, Picasso*** a retrospective (exhibition) of Van Gogh, Picasso; ***~ degli eventi dell'anno*** a retrospective view of the events of the year.

retrospettivamente /retrospettiva'mente/ avv. in retrospect, retrospectively.

retrospettivo /retrospet'tivo/ agg. [*analisi, mostra, sguardo, giudizio*] retrospective.

retrospezione /retrospet'tsjone/ f. retrospection.

retrostante /retros'tante/ agg. at the back; ***gli edifici -i*** the buildings at the back; ***i locali -i al negozio*** the rooms behind the shop.

retroterra /retro'tɛrra/ m.inv. **1** *(entroterra)* hinterland, inland **2** FIG. background.

retrotreno /retro'trɛno/ m. rear axle.

retroversione /retrover'sjone/ f. **1** MED. retroversion **2** LING. back translation.

retroverso /retro'vɛrso/ agg. retroverted.

retrovia /retro'via/ f. rear, zone behind the front line; ***nelle -e*** behind the lines; ***hanno attaccato le nostre -e*** they attacked us in the rear; ***sorvegliare*** o ***proteggere le -e*** to watch one's rear.

retrovirus /retro'virus/ m.inv. retrovirus.

retrovisivo /retrovi'zivo/ agg. ***specchietto ~*** rear-view mirror, driving mirror.

retrovisore /retrovi'zore/ **I** agg. ***specchietto ~*** rear-view *o* driving mirror **II** m. rear-view mirror, driving mirror.

▷ **1.retta** /'rɛtta/ f. ***dare ~ a qcn.*** to pay attention *o* heed to sb., to listen to sb.; ***dammi ~!*** listen to me! ***non dare ~ ai pettegolezzi*** don't mind the gossip, don't listen to the gossip; ***se dovessi dare ~ a tutto quel che si dice...*** if I should pay attention to everything the people say...; ***non vuole dare ~ a nessuno*** he doesn't want to follow anybody's advice.

2.retta /'rɛtta/ f. *(somma pagata) (per il vitto)* (boarding) charge; *(per la scuola)* tuition fees pl.

▷ **3.retta** /'rɛtta/ f. MAT. (straight) line; ***-e parallele*** parallel lines.

rettale /ret'tale/ agg. [*temperatura*] rectal.

rettamente /retta'mente/ avv. [*comportarsi, agire*] honestly; [*giudicare*] righteously.

rettangolare /rettango'lare/ agg. rectangular.

▷ **rettangolo** /ret'tangolo/ **I** agg. [*triangolo, trapezio*] right-angled **II** m. **1** rectangle **2** SPORT ***~ di gioco*** pitch.

rettifica, pl. **-che** /ret'tifika, ke/ f. **1** *(di calcolo, tracciato, strada, atto)* adjustment, rectification; *(di legge)* amendment; *(nella stampa)* correction **2** TECN. grinding, refacing.

rettificabile /rettifi'kabile/ agg. rectifiable.

rettificare /rettifi'kare/ [1] tr. **1** *(modificare, correggere)* to correct, to adjust, to amend [*errore, documento, calcolo*]; ***"solo uno," rettificò*** "just one," he corrected; ***~ la posizione*** MIL. to straighten up **2** *(rendere retto)* to straighten [*strada, fiume, tracciato*] **3** MAT. to rectify [*curva*] **4** CHIM. to rectify **5** TECN. to grind.

rettificato /rettifi'kato/ **I** p.pass. → **rettificare** **II** agg. rectified **III** m. CHIM. rectified product.

rettificatore /rettifika'tore/ ♦ *18* m. (f. **-trice** /tritʃe/) **1** CHIM. rectificator **2** *(operaio)* grinder.

rettificatrice /rettifika'tritʃe/ f. *(macchina)* grinder, grinding machine.

rettificazione /rettifikat'tsjone/ f. **1** *(correzione)* correction, adjustment, amendment **2** MAT. rectification; ***~ di un arco*** act rectification **3** TECN. grinding.

rettifilo /retti'filo/ m. straight stretch (of road).

rettilario, pl. **-ri** /retti'larjo, ri/ m. reptile house.

▷ **rettile** /'rɛttile/ **I** m. reptile (anche SPREG.), reptilian **II** agg. BOT. reptant.

▷ **rettilineo** /retti'lineo/ **I** agg. **1** [*viale, strada, percorso*] rectilinear, rectilineal, straight **2** FIS. [*propagazione, moto*] rectilinear, rectilineal **3** FIG. *(coerente)* [*condotta*] upright **II** m. straight stretch (of road); ***l'ultimo ~ prima dell'arrivo*** the last straight stretch before the arrival ◆ ***~ d'arrivo*** SPORT (home) straight.

rettitudine /retti'tudine/ f. (up)rightness, rectitude.

▷ **retto** /'rɛtto/ **I** agg. **1** *(diritto)* straight, right, linear **2** FIG. *(onesto)* [*persona, vita*] straight, honest, upright; *(corretto, esatto)* [*giudizio*] correct, right; *(leale)* loyal **3** MAT. [*linea, cono, cilindro, prisma*] straight; [*angolo*] right; ***in linea -a*** in a straight line; ***ad angolo ~*** right-angled, square; ***ad angolo ~ con*** at right angles to **II** m. **1** ANAT. rectum* **2** TIP. recto* ◆ ***la -a via*** the straight and narrow path, the path of righteousness; ***seguire la, allontanarsi dalla -a via*** to keep to, stray from the straight and narrow.

rettorale /retto'rale/ agg. [*decisione*] rectorial.

rettorato /retto'rato/ m. **1** *(carica)* rectorship, rectorate **2** *(ufficio)* rector's office.

rettore /ret'tore/ m. **1** *(di università)* rector; *(in GB)* chancellor, provost; ***magnifico Rettore*** Rector of the University **2** *(di seminario, istituto religioso)* rector.

rettoscopia /rettosko'pia/ f. rectoscopy.

rettoscopio, pl. **-pi** /rettos'kɔpjo, pi/ m. rectoscope.

retuso /re'tuzo/ agg. retuse.

reuma /'rɛuma/ m. rheumatism.

reumatico, pl. **-ci, -che** /reu'matiko, tʃi, ke/ **I** agg. [*dolori, febbre*] rheumatic **II** m. (f. **-a**) rheumatic.

reumatismo /reuma'tizmo/ ♦ *7* m. rheumatism, rheumatics + verbo sing. COLLOQ.; ***avere i -i*** to suffer from rheumatism ◆◆ ***~ articolare (acuto)*** articular rheumatism; ***~ muscolare*** muscular rheumatism.

reumatizzato /reumatid'dzato/ agg. rheumaticky.

reumatoide /reuma'tɔide/ agg. [*artrite*] rheumatoid.

reumatologia /reumatolo'dʒia/ f. rheumatology.

reumatologo, m.pl. **-gi**, f.pl. **-ghe** /reuma'tɔlogo, dʒi, ge/ ♦ *18* m. (f. **-a**) rheumatologist.

Rev. ⇒ Reverendo Reverend (Rev, Revd).

revanscismo /revan'ʃizmo/ m. revanchism.

revanscista, m.pl. **-i**, f.pl. **-e** /revan'ʃista/ m. e f. revanchist.

revanscistico, pl. **-ci, -che** /revan'ʃistiko, tʃi, ke/ agg. revanchist.

reverendo /reve'rɛndo/ ♦ *1* **I** agg. reverend; ***il ~ Jones, padre Duval*** the Reverend Jones, Father Duval; ***-a madre*** Reverend Mother; ***il molto ~ Felix Bush*** the Right *o* Very Reverend Felix Bush **II** m. reverend, priest.

reverenza /reve'rɛntsa/ → **riverenza.**

reverenziale /reveren'tsjale/ agg. reverential; ***timore ~*** (reverential) awe.

reversale /rever'sale/ **I** agg. ***nota ~*** order of collection **II** f. ***~ ferroviaria*** consignment receipt; ***~ d'incasso*** collection voucher.

reversibile /rever'sibile/ agg. **1** CHIM. FIS. [*processo*] reversible; ***coma ~*** MED. reversible coma **2** DIR. [*diritti*] reversionary.

reversibilità /reversibili'ta/ f.inv. **1** CHIM. FIS. reversibility **2** DIR. ECON. reversion; ***pensione di ~*** reversionary pension.

reversione /rever'sjone/ f. **1** DIR. reversion; ***diritti di ~*** reversionary rights **2** BIOL. reversion.

revisionare /revizjo'nare/ [1] tr. **1** *(riesaminare, rivedere)* to revise, to correct, to check [*articolo, bozze*] **2** TECN. to overhaul, to service [*macchina, veicolo, motore*]; ***fare ~ la macchina*** to have one's car serviced **3** DIR. BUROCR. to revise, to amend [*contratto, processo, documento*]; to review [*bilancio*].

revisione /revi'zjone/ f. **1** *(riesame) (di posizione, codice, contratto, tariffe, processo, accordo)* revision, review, reviewal; *(di documento, contratto)* revision, amendment; ***~ al rialzo, al ribasso*** upward, downward revision; ***~ di un processo*** rehearing of a trial **2** *(controllo) (di macchina, automobile, caldaia, motore)* overhaul, service; ***portare la macchina alla ~*** to have one's car serviced **3** *(di testo)* edit; ***~ delle bozze*** proofreading ◆◆ ***~ dei conti*** audit.

revisionismo /revizjo'nizmo/ m. revisionism.

revisionista, m.pl. **-i**, f.pl. **-e** /revizjo'nista/ agg., m. e f. revisionist.

revisionistico, pl. **-ci, -che** /revizjo'nistiko, tʃi, ke/ agg. revisionist.

revisore /revi'zore/ ♦ *18* m. reviser, check clerk; *(di testi)* editor ◆◆ ***~ di bozze*** proofreader; GIORN. press corrector; ***~ contabile*** o ***dei conti*** auditor.

reviviscente /reviviʃ'ʃɛnte/ agg. reviviscent.

reviviscenza /reviviʃ'ʃɛntsa/ f. **1** BIOL. reviviscence, revivification **2** FIG. LETT. revival.

revoca, pl. **-che** /'rɛvoka, ke/ f. **1** *(di testamento, provvedimento, ordine)* revocation, cancellation; *(di legge)* repeal, reversibility; *(di contratto)* termination; ***~ di sequestro*** release from seizure **2** *(di embargo, sciopero)* lifting; *(di stato d'assedio)* raising; *(di sovvenzione, pensione)* suspension **3** *(di funzionario, ambasciatore)* removal.

revocabile /revo'kabile/ agg. revocable.

revocabilità /revokabili'ta/ f.inv. revocability.

revocare /revo'kare/ [1] tr. **1** *(invalidare)* to revoke, to cancel [*decreto, provvedimento, atto, decisione, testamento, credito, pensione*]; *(annullare)* to revoke, to countermand [*divieto, ordine, decisione*]; ***~ uno sciopero*** to call off a strike **2** *(rimuovere da un incarico)* to remove [*funzionario*].

revocativo /revoka'tivo/, **revocatorio**, pl. **-ri, -rie** /revoka'tɔrjo, ri, rje/ agg. revocatory, revoking.

revolver /re'vɔlver/ m.inv. **1** *(pistola)* revolver, gun **2** MECC. ***tornio a ~*** capstan *o* turret lather.

revolverata /revolve'rata/ f. revolver shot.

revulsivo /revul'sivo/ **I** agg. revulsant, resulsive **II** m. counter-irritant.
RFT /erreeffe'ti/ f. (⇒ Repubblica Federale Tedesca Federal Republic of Germany) FRG.
rgt. ⇒ reggimento regiment (regt).
Rh /erre'akka/ m.inv. (⇒ Rhesus Rhesus) Rh; ***fattore*** **~** Rhesus factor; ***la madre è*** **~** ***positivo*** his mother is Rh positive; ***un individuo*** **~** ***negativo*** a Rh(esus) negative person.
rho /ro/ m. e f.inv. rho.
Rhodesia /ro'dɛzja/ ➧ ***33*** n.pr.f. Rhodesia.
Rhodesiano /rode'zjano/ ➧ ***25*** **I** agg. Rhodesian **II** m. (f. **-a**) Rhodesian.
rhum → **rum.**
RI ⇒ Repubblica Italiana Italian Republic.
riabbassare /riabbas'sare/ [1] **I** tr. **1** *(ridurre di nuovo) (d'intensità)* to lower again, to reduce again, to turn down again [*volume, riscaldamento*]; to lower again, to dim again [*luce*]; *(d'altezza)* to lower again [*muro, siepe*] **2** *(tirare giù di nuovo)* to pull down again [*saracinesca, maniche*]; to wind* down again [*finestrino*] **3** to lower again, to cast* down again [*occhi*]; to lower again [*voce*]; **~ *lo sguardo*** to look down again **II riabbassarsi** pronom. **1** *(diminuire di nuovo)* [*temperatura*] to lower again, to drop again, to go* down again; [*luce*] to dim again, to lower again; [*prezzi*] to decrease again **2** *(chinarsi di nuovo)* to lower oneself again, to bend* down again.
riabbellire /riabbel'lire/ [102] tr. to embellish again.
riabbottonare /riabbotto'nare/ [1] **I** tr. to button (up), do* up, fasten (up) [sth.] again [*vestito*] **II riabbottonarsi** pronom. to button oneself (up) again; ***-rsi il cappotto*** to button (up) one's coat again.
riabbracciare /riabbrat'tʃare/ [1] **I** tr. **1** *(abbracciare di nuovo)* to hug [sb.] again [*persona*] **2** *(aderire di nuovo a)* to embrace again [*partito, fede religiosa*] **3** *(rivedere)* to meet* again, to see* again; ***vorrei riabbracciarti*** I'd like to meet you again *o* to be with you again **II riabbracciarsi** pronom. to meet* again.
riabilitante /riabili'tante/ agg. [*terapia*] rehabilitative.
riabilitare /riabili'tare/ [1] **I** tr. **1** *(reintegrare, rendere nuovamente idoneo)* to re-establish, to reinstate **2** *(rendere nuovamente degno di stima)* to rehabilitate [*persona, passato, istituzione*]; **~ *il proprio nome*** to clear one's name, to recover one's reputation **3** DIR. to rehabilitate [*accusato*] **4** MED. to rehabilitate [*arto*] **5** ECON. **~ *un fallito*** to discharge a bankrupt **II riabilitarsi** pronom. [*persona*] to clear one's name, to recover one's reputation.
riabilitativo /riabilita'tivo/ agg. [*trattamento*] rehabilitative; ***centro*** **~** rehabilitation centre.
riabilitazione /riabilitat'tsjone/ f. **1** *(reintegrazione)* re-establishment, reinstatement **2** FIG. *(di reputazione)* rehabilitation **3** DIR. rehabilitation **4** MED. rehabilitation; ***terapia di*** **~** rehabilitative *o* rehabilitation therapy **5** ECON. discharge.
riabituare /riabitu'are/ [1] **I** tr. to reaccustom; **~ *qcn. a qcs.*** to get sb. used to sth. again, to reaccustom sb. to sth. **II riabituarsi** pronom. to reaccustom oneself; **~ *a qcs.*** to get* used to sth. again.
riaccadere /riakka'dere/ [26] intr. (aus. *essere*) to happen again.
riaccendere /riat'tʃɛndere/ [10] **I** tr. **1** to light* [sth.] again, to rekindle [*fuoco*]; to light* [sth.] again [*candela, pipa*]; to turn [sth.] on again, to switch [sth.] on again [*luce, radio, gas*]; to restart [*motore*] **2** FIG. to revive, to inflame [sth.] again [*disputa, passione, desiderio*]; **~ *la speranza in qcn.*** to give sb. new hope **3** DIR. to raise [sth.] again [*debito, ipoteca*] **II riaccendersi** pronom. **1** [*fuoco*] to rekindle; [*legna*] to catch* fire again; [*motore*] to restart **2** FIG. [*disputa, passione, desiderio, speranza*] to revive, to rekindle.
riacchiappare /riakkjap'pare/ [1] tr. COLLOQ. to catch* [sb.] again, to recapture [*ladro*]; to catch*, to seize [sth.] again [*oggetto, pallone*].
riacciuffare /riattʃuf'fare/ [1] tr. COLLOQ. to catch* [sb.] again, to recapture [*ladro, evaso*].
riacclimatare /riakklima'tare/ [1] **I** tr. to reacclimatize **II riacclimatarsi** pronom. to get* used to sth. again.
riaccomodare /riakkomo'dare/ [1] **I** tr. **1** *(riparare)* to fix [sth.] again, to repair [sth.] again [*oggetto*]; to mend [sth.] again [*cappello, vestito*] **2** FIG. *(appianare di nuovo)* to settle [sth.] again [*disputa*] **II riaccomodarsi** pronom. **1** *(tornare in buoni rapporti)* to make* (it) up again, to make* friends again **2** *(rimettersi a sedere)* to sit* down again (**su** on).
riaccompagnare /riakkompaɲ'ɲare/ [1] tr. to take* back, to lead* back; **~ *qcn. (a casa)*** to bring *o* take sb. home; *(in auto)* to drive sb. home; ***quando lo riaccompagnarono in cella*** when they got *o* walked him back to his cell.
riaccorciare /riakkor'tʃare/ [1] → **raccorciare.**
riaccordare /riakkor'dare/ [1] tr. to re-string* [*racchetta*]; to retune [*strumento musicale*].
riaccostare /riakkos'tare/ [1] **I** tr. to half close [sth.] again [*porta, finestra*] **II riaccostarsi** pronom. to move* close again, to draw* close again (anche FIG.); ***-rsi alla finestra*** to go near the window again; ***-rsi alla fede*** to return to one's faith.
▷ **riacquistare** /riakkwis'tare/ [1] tr. **1** *(ricomprare)* to repurchase, to buy* back; *(acquistare di nuovo)* to buy* again **2** FIG. to regain, to recover [*vista, equilibrio, parola, sicurezza, libertà*]; **~ *le forze*** to get back one's strength; **~ *peso*** to put on weight again, to gain back weight.
riacquisto /riak'kwisto/ m. repurchase, buyback; *(di proprietà)* retrieval.
riacutizzare /riakutid'dzare/ [1] **I** tr. to reheighten, to worsen [*sintomi*]; FIG. to make* [sth.] worse, to sharpen [*dolore*] **II riacutizzarsi** pronom. **1** MED. [*sintomo, malattia*] to flare up, to worsen **2** FIG. [*crisi*] to worsen; [*dolore*] to sharpen.
riacutizzazione /riakutiddzat'tsjone/ f. MED. flare-up, worsening; FIG. worsening.
riadattamento /riadatta'mento/ m. readjustment, conversion; MUS. LETTER. reworking.
riadattare /riadat'tare/ [1] **I** tr. to readjust, to alter [*vestito*]; to rework [*musica, opera, libro*] **II riadattarsi** pronom. to readjust, to readapt; ***-rsi all'ambiente*** to readapt to the new environment.
riaddestramento /riaddestra'mento/ m. retraining.
riaddestrare /riaddes'trare/ [1] tr. to retrain.
riaddormentare /riaddormen'tare/ [1] **I** tr. ***(fare)*** **~ *un bambino*** to put a child to sleep again **II riaddormentarsi** pronom. to get* back to sleep, to go* back to sleep.
riaffacciare /riaffat'tʃare/ [1] **I** tr. *(proporre di nuovo)* to propose again; **~ *una proposta*** to put forward a proposal again **II riaffacciarsi** pronom. **1** *(affacciarsi di nuovo)* to show* oneself again; ***-rsi alla finestra*** to reappear at the window **2** FIG. [*pensiero, ricordo*] to occur again; [*volto*] to show* up again.
riaffermare /riaffer'mare/ [1] **I** tr. to reaffirm; ***riaffermo quello che ho detto prima*** I confirm what I said before **II riaffermarsi** pronom. to reaffirm oneself.
riaffermazione /riaffermat'tsjone/ f. reaffirmation, reassertion, confirmation.
riaffiorare /riaffjo'rare/ [1] intr. (aus. *essere*) to resurface.
riaffittare /riaffit'tare/ [1] tr. **1** *(dare di nuovo in affitto)* to relet* **2** *(prendere di nuovo in affitto)* to rent again.
riagganciare /riaggan'tʃare/ [1] **I** tr. to couple [sth.] again, to hitch [sth.] again [*vagone, rimorchio*]; to put* [sth.] on again [*sci*]; to fasten [sth.] again [*collana, braccialetto*]; to hang* up [*cornetta, telefono*]; ***aveva riagganciato male (il telefono)*** he didn't put the phone down, he didn't hang up properly **II riagganciarsi** pronom. *(fare riferimento)* ***-rsi a*** to refer back to, to go back to; ***mi riaggancio a quello che hai detto prima*** I refer *o* go back to what you said before.
riaggiustare /riaddʒus'tare/ [1] **I** tr. to repair [sth.] again [*lavatrice, radio*] **II riaggiustarsi** pronom. to readjust [*cravatta, cappello*].
riagguantare /riaggwan'tare/ [1] tr. to catch* again, to seize again.
rialesare /riale'zare/ [1] tr. to rebore.
rialesatura /raleza'tura/ f. rebore.
riallacciare /riallat'tʃare/ [1] **I** tr. **1** to tie [sth.] up again [*lacci, scarpe*]; to fasten [sth.] again [*cintura di sicurezza, collana*]; *(con bottoni)* to button [sth.] (up) again [*cappotto, vestito*] **2** FIG. *(ristabilire)* to renew, to resume [*amicizia, rapporti*] **3** TECN. *(ricollegare)* to reconnect [*telefono, corrente, linea telefonica*] **II riallacciarsi** pronom. **1** ***-rsi la cintura di sicurezza*** to fasten one's seatbelt again; ***-rsi gli stivali*** to do up one's boots again **2** FIG. *(ricollegarsi)* [*opera, artista, soggetto, problema*] to be* linked, to be* connected (**a qcs.** to sth.).
riallestire /rialles'tire/ [102] tr. to remount [*mostra*].
riallineamento /riallinea'mento/ m. realignment (anche ECON.).
riallineare /ralline'are/ [1] **I** tr. to realign (anche ECON.) **II riallinearsi** pronom. to realign.
riallocare /riallo'kare/ [1] tr. INFORM. to relocate.
riallocazione /riallokat'tsjone/ f. INFORM. relocation.
rialloggiare /riallod'dʒare/ [1] tr. to rehouse.
rialto /ri'alto/ m. *(prominenza)* rise, height.
▷ **rialzare** /rial'tsare/ [1] **I** tr. **1** *(alzare di nuovo)* to lift up (again); *(sollevare da terra)* to pick up, to lift up; **~ *lo sguardo*** to look up again; **~ *la testa*** FIG. to hold one's head up again **2** *(rendere più alto)* to raise, to take* up [*edificio*]; **~ *gli argini di un fiume*** to raise the banks of a river **3** *(aumentare)* to increase, to raise [*prezzi*] **II** intr. (aus. *essere*) to raise; ***il livello del fiume sta rialzando*** the level

of the river is growing *o* raising **III rialzarsi** pronom. **1** *(sollevarsi)* [*bambino*] to get* up, to rise*, to pick oneself up **2** FIG. *(riprendersi)* ***-rsi da una disgrazia*** to get over a tragedy **3** *(aumentare, crescere)* [*temperatura*] to go* up.

rialzato /rial'tsato/ **I** p.pass. → **rialzare II** agg. lifted, upturned; ***piano ~*** mezzanine.

rialzista, m.pl. **-i**, f.pl. **-e** /rial'tsista/ **I** agg. ECON. bull attrib.; ***campagna ~*** bull campaign **II** m. e f. ECON. bull, stag BE.

rialzo /ri'altso/ m. **1** *(aumento) (di affitti, domanda, salari, temperatura)* rise, increase; ***forte, lieve ~ dei prezzi*** sharp, slight increase in prices; ***rivedere*** o ***ritoccare al ~*** to revise upwards **2** *(in borsa)* rise; ***al ~*** [*corsa, obbligazione, mercato*] bull attrib.; ***in ~*** [*valore, titolo*] bullish, buoyant, surging; ***speculare al ~*** to speculate for *o* on a rise, to bull; ***il mercato ha chiuso in ~*** the market closed up *o* higher; ***essere in ~, andare al ~*** to be on the rise, to rise, to turn up; ***tendenza al ~*** upward trend *o* tendency, uptrend; ***tendere al ~*** to trend up; ***mercato tendente al ~*** the bullish market; ***in ~ di 10 punti*** up 10 points **3** *(di terreno)* rise, height **4** *(spessore)* wedge, chock, shim; *(per scarpe)* insert, support, lift; ***scarpe con il ~*** built-up shoes.

riamare /ria'mare/ [1] tr. **1** *(contraccambiare l'amore)* to love in return, to return sb.'s love **2** *(amare di nuovo)* to love again.

riambientarsi /riambjen'tarsi/ [1] pronom. to readjust, to readapt.

riammalarsi /riamma'larsi/ [1] pronom. to fall* ill again.

riammettere /riam'mettere/ [60] tr. to readmit [*allievo, studente, socio*].

riammissione /riammis'sjone/ f. readmission, readmittance.

riammobiliare /riammobi'ljare/ [1] tr. to refurnish.

riandare /rian'dare/ [1] intr. (aus. *essere*) **1** to go* back, to return; ***~ in un luogo*** to return to a place **2** FIG. ***~ al passato*** to visit the past, to go down memory lane; ***riandò con la memoria al passato, alla giovinezza*** her mind wandered *o* travelled back to her past, youth.

rianimare /riani'mare/ [1] **I** tr. **1** *(far riprendere coscienza)* to reanimate, to revive, to resuscitate [*persona, malato*] **2** *(rinvigorire, rallegrare)* [*aria, passeggiata, incontro*] to revive, to cheer up [*persona*] **3** *(movimentare, riaccendere)* to reanimate [*dibattito, conversazione*] **II rianimarsi** pronom. **1** *(riprendere coscienza)* to revive, to regain consciousness, to come* round COLLOQ. **2** *(riaccendersi)* [*ardore, fiamma, dibattito*] to be* rekindled; [*conversazione*] to liven up **3** *(prendere coraggio)* to take* heart again.

rianimazione /rianimat'tsjone/ f. reanimation; MED. resuscitation, intensive care; ***reparto (di) ~*** resuscitation unit; ***sala di ~*** recovery room; ***essere in ~*** to be in the recovery room.

riannessione /riannes'sjone/ f. reannexation.

riannettere /rian'nɛttere, rian'nettere/ [17] tr. to reannex.

riannodare /rianno'dare/ [1] tr. **1** to tie [sth.] again, to knot [sth.] again [*lacci, corda*] **2** FIG. to renew [*amicizia*].

riapertura /riaper'tura/ f. *(di scuole, negozi, negoziati)* reopening; ***la ~ dei corsi*** the beginning *o* start of classes.

riappacificare /riappatʃifi'kare/ → **rappacificare.**

riappacificazione /riappatʃifikat'tsjone/ → **rappacificazione.**

riapparire /riappa'rire/ [47] intr. (aus. *essere*) [*persona, sole*] to reappear, to re-emerge; ***~ dopo una lunga assenza*** to return *o* reappear after a long absence.

riapparizione /riapparit'tsjone/ f. reappeareance.

riappropriarsi /riappro'prjarsi/ [1] pronom. ***~ di*** to regain possession of [*cosa, opera*]; ***~ del potere*** to come back in *o* to power; ***~ della libertà*** to regain one's freedom.

riappropriazione /riappropriat'tsjone/ f. reappropriation.

▷ **riaprire** /ria'prire/ [91] **I** tr. **1** [*persona*] to reopen, to open [sth.] again [*porta, tenda, baule, occhi*]; ***~ l'acqua*** to turn the water back on; ***~ vecchie ferite*** FIG. to reopen old wounds **2** *(rimettere in servizio)* to reopen [*negozio, strada*]; ***il teatro riapre i battenti a settembre*** the theatre will reopen in September **3** *(riprendere, ricominciare)* to reopen [*dibattito, dialogo*]; ***~ un caso*** DIR. to retry *o* reopen a case **II** intr. (aus. *avere*) [*negozio, scuola, museo, teatro*] to reopen **III riaprirsi** pronom. [*porta, finestra, ferita, ombrello*] to be* reopened, to be* opened again.

riarmare /riar'mare/ [1] **I** tr. **1** *(munire di armi)* to rearm **2** *(equipaggiare)* to refit, to recommission [*nave*] **II riarmarsi** pronom. [*paese, gruppo*] to rearm.

riarmo /ri'armo/ m. **1** *(di nazione)* rearmament; ***una politica di ~*** a rearmament policy **2** MIL. *(di nave)* refitting, recommissioning.

riarruolare /riarrwo'lare/ [1] **I** tr. to re-enlist **II riarruolarsi** pronom. to re-enlist.

riarso /ri'arso/ agg. [*terra, gola*] parched, dry; ***~ dal sole*** sunbaked.

riascendere /riaʃ'ʃendere/ [10] intr. (aus. *essere*) to reascend; ***~ al trono*** to reascend the throne.

riascoltare /riaskol'tare/ [1] tr. to listen to [sth.] again [*musica, conversazione*]; to replay, to play [sth.] again [*disco, cassetta*]; ***fare ~ una canzone a qcn.*** to play a song back to sb.

riasfaltare /riasfal'tare/ [1] tr. to asphalt again, to tar again.

riassaporare /riassapo'rare/ [1] tr. to taste, relish, savour BE, savor AE [sth.] again [*bevanda, cibo*]; FIG. to taste, enjoy [sth.] again [*pace, silenzio, libertà*].

riassegnare /riasseɲ'ɲare/ [1] tr. to reallocate, to reassign [*missione, sovvenzione*]; to reassign, to give* [sth.] again [*premio*].

riassestamento /riassesta'mento/ m. **1** *(di impresa)* reorganization **2** *(di terreno)* resettlement.

riassestare /riasses'tare/ [1] **I** tr. **1** *(risistemare)* to rearrange; ***~ un carico sulle spalle*** to rearrange a load on one's shoulders **2** *(rimettere in sesto)* to reorganize [*economia, impresa*] **II riassestarsi** pronom. **1** [*paese, economia*] to be* reorganized **2** [*terreno*] to settle again, to resettle.

riassettare /riasset'tare/ [1] **I** tr. to tidy up [*casa, stanza*] **II riassettarsi** pronom. to tidy oneself up.

riassetto /rias'sɛtto/ m. **1** *(rimessa in ordine)* tidying up **2** *(nuovo ordinamento)* reorganization.

riassicurare /riassiku'rare/ [1] **I** tr. to reinsure, to reassure **II riassicurarsi** pronom. to reinsure oneself, to reassure oneself.

riassicuratore /riassikura'tore/ m. (f. **-trice** /tritʃe/) reinsurer.

riassicurazione /riassikurat'tsjone/ f. reinsurance, reassurance.

riassorbimento /riassorbi'mento/ m. **1** *(il riassorbire)* reabsorption **2** FIG. *(di lavoratori, mano d'opera)* re-employment, taking back **3** MED. resorption.

riassorbire /riassor'bire/ [109] **I** tr. **1** [*sabbia, terra*] to reabsorb [*acqua*] **2** FIG. to take* back, to re-employ [*mano d'opera*] **3** MED. ***fare ~*** to reabsorb *o* reduce [*ematoma*] **II riassorbirsi** pronom. **1** [*acqua*] to be* reabsorbed **2** MED. [*ematoma*] to be* reabsorbed, to be* reduced.

riassortimento /riassorti'mento/ m. *(di merci)* restocking.

▷ **riassumere** /rias'sumere/ [23] tr. **1** *(riprendere)* to take* [sth.] again, to reassume [*carica, responsabilità*]; to return to [*potere, guida del partito*] **2** *(al lavoro)* to re-employ, to re-engage, to reinstate [*impiegato*] **3** *(condensare)* to summarize, to sum up [*testo, racconto, idea*]; ***l'ha riassunto in due parole*** he put it in a nutshell; ***questo aneddoto riassume il personaggio*** this anecdote says everything you need to know about the character; ***riassumendo dirò che*** to sum up *o* in summary I can say that.

riassumibile /riassu'mibile/ agg. **1** *(che può essere assunto di nuovo)* [*impiegato, operaio*] re-employable, re-engageable **2** *(che può essere riassunto)* ***un testo facilmente ~*** a text that can be easily summed up.

riassuntivo /riassun'tivo/ agg. [*quadro, rapporto*] resumptive.

riassunto /rias'sunto/ m. **1** *(esposizione succinta)* summary, summing up, résumé; ***fare il ~ di qcs.*** to make *o* give a summary of sth., to summarize sth.; ***per fare un ~ della situazione*** to summarize *o* to sum up the situation; ***"~ delle puntate precedenti"*** "the story so far" **2** SCOL. summary.

riassunzione /riassun'tsjone/ f. re-engagement, reinstatement.

riattaccare /riattak'kare/ [1] **I** tr. **1** *(attaccare di nuovo)* to reattach; *(allacciare di nuovo)* to turn on [sth.] again [*corrente*]; to reconnect [*contatto*]; *(ricucire)* to sew* [sth.] back on [*bottone*]; *(appendere di nuovo)* to hang* (up) [sth.] again [*tende, quadro*]; *(incollare di nuovo)* to stick* [sth.] on again [*adesivo, etichetta, poster*]; *(con la colla)* to glue [sth.] on again [*fogli*] **2** *(al telefono)* ***~ (la cornetta*** o ***il telefono)*** to hang up (the phone), to get off the line, to ring off BE; ***~ il telefono (in faccia) a qcn.*** to hang up on sb.; ***aveva riattaccato male (il telefono)*** he didn't put the phone down properly, he didn't hang up properly **3** *(ricominciare)* to start again, to begin* again **II** intr. (aus. *avere*) to start again, to begin* again; ***gli operai riattaccano alle due*** the workers start again at two; ***~ a parlare*** to start talking again **III riattaccarsi** pronom. [*adesivo*] to stick* again.

riattare /riat'tare/ [1] tr. to restore [*edificio*].

riattivare /riatti'vare/ [1] tr. **1** to reactivate [*linea telefonica, circuito elettrico*]; to put* [sth.] back in service [*impianto*]; to reopen [*strada, fabbrica*]; ***il servizio (di) pullman è stato riattivato*** buses are back to normal, buses are running normally again; ***~ la circolazione stradale*** to get the traffic moving again **2** *(reintrodurre)* to offer [sth.] again [*insegnamento*] **3** MED. to stimulate [*circolazione sanguigna*] **4** CHIM. to reactivate.

riattivazione /riattivat'tsjone/ f. **1** *(di impianto, fabbrica, servizio)* reactivation **2** *(di insegnamento)* ***quest'anno c'è stata la ~ del***

corso this year the course is available again **3** MED. stimulation **4** CHIM. reactivation.

riattizzare /riattit'tsare/ [1] tr. **1** to fan [sth.] again, to poke [sth.] again [*fuoco*] **2** FIG. to rekindle [*passione, gelosia*].

riattraversare /riattraver'sare/ [1] tr. to recross [*ponte, fiume, strada*].

riattrezzare /riattret'tsare/ [1] **I** tr. to re-equip, to retool [*fabbrica*] **II riattrezzarsi** pronom. to re-equip, to retool.

riattrezzatura /riattrettsa'tura/ f. retooling.

▷ **riavere** /ria'vere/ [5] **I** tr. **1** *(avere di nuovo)* to have* [sth.] again [*febbre*]; to regain [*vista, libertà*]; ***~ fame, sete*** to be hungry, thirsty again **2** *(avere indietro)* to have* back, to get* back; ***riavrà i suoi bambini*** she's going to get her children back; ***vorrei ~ (indietro) i dischi che ti ho prestato*** I'd like to have the records I lent you back; ***ha riavuto il suo vecchio lavoro*** she got her old job back **II riaversi** pronom. to recover one's senses, to come* round; ***-rsi da*** to collect oneself from, to get over [*sorpresa, spavento*]; to recover from [*malattia, crisi, dissesto*].

riavvalorare /riavvalo'rare/ [1] tr. to give* new strength to [*tesi*].

riavviare /riavvi'are/ [1] **I** tr. to restart [*macchina*]; to reboot [*computer*] **II riavviarsi** pronom. to restart.

riavvicinamento /riavvitʃina'mento/ m. reapproaching; FIG. reapproaching, rapprochement; ***un ~ alla religione*** a move towards religion.

riavvicinare /riavvitʃi'nare/ [1] **I** tr. **1** *(avvicinare di nuovo)* to bring* [sth.] close again, to move [sth.] close again [*oggetto*] (**a qcn., qcs.** to sb., sth.) **2** *(riconciliare)* to reconcile, to bring* [sb.] together [*famiglie, amici*]; ***il dolore ci ha riavvicinato*** pain brought us closer together **II riavvicinarsi** pronom. **1** *(riaccostarsi)* to move close again, to draw* close again (**a qcn., qcs.** to sb., sth.); ***-rsi alla meta, alla fine*** to be close to one's destination, the end again **2** FIG. *(riconciliarsi)* to become* reconciled, to make* it up again (**a qcn.** with sb.).

riavvolgere /riav'vɔldʒere/ [101] **I** tr. **1** *(arrotolare di nuovo)* to roll up [sth.] again [*cordicella, fascia, bobina*]; to rewind*, to run* back, to wind* back [*cassetta, nastro, film*] **2** *(avvolgere di nuovo)* to wrap [sth.] (up) again [*scatola, pacchetto*]; ***~ un bambino in una coperta*** to wrap a child back up in a blanket; ***~ qcs. nel cellofan*** to wrap sth. up in cellophane **II riavvolgersi** pronom. **1** *(riarrotolarsi)* [*fascia, filo*] to roll up again, to rewind*; [*cassetta, film, nastro*] to rewind*, to run* back (**attorno a** around; **su** on) **2** *(avvilupparsi di nuovo)* ***~ in*** to wrap oneself up again in [*cappotto, scialle*].

riavvolgimento /riavvoldʒi'mento/ m. rewind(ing); ***tasto di ~*** rewind button ◆◆ ***~ rapido*** fast rewind.

ribadire /riba'dire/ [102] tr. **1** *(ribattere)* to clinch, to rivet [*chiodo*] **2** FIG. to reassert, to confirm [*intenzione, accusa*]; ***ha ribadito la sua disapprovazione*** he confirmed his disapproval; ***vorrei ~ che...*** I'd like to stress *o* underline that...; ***ribadì che non voleva partire*** he repeated he didn't want to leave.

ribaditoio, pl. **-oi** /ribadi'tojo, oi/ m. riveting hammer, clinching iron.

ribaditrice /ribadi'tritʃe/ f. riveter.

ribaditura /ribadi'tura/ f. clinch(ing), riveting.

ribalderia /ribalde'ria/ f. **1** *(l'essere ribaldo)* roguishness **2** *(azione)* roguery.

ribaldo /ri'baldo/ m. rogue, rascal.

ribalta /ri'balta/ f. **1** *(di tavolo, scrivania)* (drop) leaf*, flap; ***letto a ~*** folding *o* foldaway bed; ***tavolo a ~*** drop-leaf *o* tilt-top table **2** TEATR. *(proscenio)* apron stage; ***luci della ~*** footlights, limelights; ***chiamare gli attori alla ~*** to make a curtain call; ***presentarsi alla ~*** to take a curtain call **3** FIG. limelight, fore(front); ***essere alla ~*** to be in the limelight; ***venire*** o ***salire alla ~*** to come to the fore, to come into the limelight; ***tornare alla ~*** [*attore, artista, politico*] to make a comeback.

ribaltabile /ribal'tabile/ **I** agg. **1** [*mobile, scala, letto, tavolo*] folding, foldaway; [*sedile*] folding **2** AUT. ***camion con cassone ~*** tipper lorry, dump(er) truck **II** m. tipper lorry, dump(er) truck.

ribaltamento /ribalta'mento/ m. **1** *(di tavolo, sedile)* folding; ***dispositivo di ~*** TECN. tilter **2** *(capottamento)* overturning; ***il ~ di un'auto*** the overturning of a car **3** FIG. *(capovolgimento)* reversal, overturning.

ribaltare /ribal'tare/ [1] **I** tr. **1** *(ripiegare)* to fold down [*sedile, schienale, letto*]; to fold up [*sedia*] **2** *(capovolgere)* to tip over, to turn over [*tavolo, poltrona*] **3** FIG. to reverse, to overturn [*governo, situazione, risultato*] **II ribaltarsi** pronom. **1** [*veicolo*] to overturn, to turn over, to roll over; [*barca*] to capsize, to roll over; [*letto*] to fold over; [*schienale, sedile*] to be* lowered **2** FIG. [*situazione*] to overturn, to swing*.

ribaltina /ribal'tina/ f. *(di libro)* jacket flap.

ribaltone /ribal'tone/ m. **1** *(scossone)* jerk, jolt **2** FIG. *(capovolgimento)* reversal; ***~ politico*** = sudden change in political alliances.

ribassare /ribas'sare/ [1] **I** tr. **1** *(ridurre)* to reduce, to cut*, to pull down [*somma, percentuale, prezzi, tariffe*] **2** ARCH. to lower [*arco*] **II** intr. (aus. *essere*) ***il dollaro è ribassato di molto*** the dollar is much on the decline, the value of the dollar has greatly decreased.

ribassato /ribas'sato/ **I** p.pass. → **ribassare II** agg. **1** *(ridotto)* [*prezzo*] reduced, cut down **2** ARCH. [*arco*] lowered **3** AUT. [*telaio*] low-slung.

ribassista, m.pl. **-i**, f.pl. **-e** /ribas'sista/ **I** agg. ECON. bear attrib. **II** m. e f. ECON. bear.

ribasso /ri'basso/ m. **1** ECON. fall, decline; ***al ~*** [*corsa, obbligazione, mercato*] bear attrib.; ***in ~*** [*valore, titolo*] bearish; ***speculare al ~*** to speculate for *o* on a fall, to bear; ***il mercato ha chiuso in ~*** the market closed down *o* lower; ***essere in ~, andare al ~*** to be on the decline *o* in decline, to decline, to slide; ***tendenza al ~*** downward trend *o* tendency, downtrend, downturn; ***tendere al ~*** to trend lower; ***mercato tendente al ~*** bearish market; ***in ~ di 10 punti*** down 10 points **2** *(sconto)* discount, mark-down, allowance, rebate; ***ottenere un ~ del 20%*** to obtain a 20% discount.

ribattere /ri'battere/ [2] **I** tr. **1** *(battere di nuovo)* to beat* again; to remake* [*tappeto*]; to repeat [*nota*] **2** *(ribadire)* to rivet, to clinch [*chiodo*] **3** *(a macchina)* to retype [*lettera*] **4** SPORT *(respingere)* to hit* back [*palla*] **5** SART. to fell [*costura*] **6** FIG. *(respingere)* to reject [*accusa*] **7** *(confutare)* to refute, to disprove [*argomentazioni*] **8** *(ridire)* to reply, to retort; ***ha sempre qualcosa da ~*** he's always got something to say; ***ha ribattuto che non era affar mio*** he replied it was none of my business **II** intr. (aus. *avere*) **1** *(alla porta)* to knock again **2** *(insistere)* ***~ su qcs.*** to harp on sth., to keep on about sth.; ***continuare a ~ sullo stesso argomento*** to harp on the same subject; ***batti e ribatti*** by dint of insisting **3** *(replicare)* to answer back, to talk back.

ribattezzare /ribatted'dzare/ [1] tr. **1** *(con il battesimo)* to rebaptize [*persona*] **2** *(rinominare)* to rename, to rechristen [*strada, partito, città*].

ribattino /ribat'tino/ m. rivet, clinch.

ribattitura /ribatti'tura/ f. SART. fell.

ribattuta /ribat'tuta/ f. **1** VENAT. beating **2** SPORT return.

ribeca, pl. **-che** /ri'bɛka, ke/ f. rebec(k).

▶ **ribellare** /ribel'lare/ [1] **I** tr. ANT. ***~ qcn. contro qcs.*** to turn *o* rouse sb. against sth., to incite sb. to revolt against sth. **II ribellarsi** pronom. to rebel, to revolt, to fight* (**a, contro** against); ***il paese si è ribellato*** the country has risen up; ***gli operai, i contadini si ribellano*** the workers, farmers are rebelling *o* on the rebellion; ***-rsi ai genitori*** to react *o* rebel against one's parents.

▷ **ribelle** /ri'bɛlle/ **I** agg. **1** MIL. [*forze, capo, soldato*] rebel attrib. **2** *(insorto)* [*popolazione, contadini*] rebellious; *(che rifiuta l'autorità)* [*figlio, bambino*] rebellious, mutinous, untamed; ***essere ~ alla disciplina*** to be unamenable to discipline, to be intractable **3** *(indocile)* [*capelli*] unmanageable, unruly; ***ciuffo ~*** cowlick **4** MED. refractory, resistant **II** m. e f. rebel.

▷ **ribellione** /ribel'ljone/ f. **1** *(insurrezione)* rebellion, rising, insurrection, revolt (**contro** against); ***atto di ~*** rebellious act; ***essere in aperta ~*** to be in open rebellion *o* revolt; ***incitare qcn. alla ~*** to incite sb. to revolt; ***provocare, reprimere una ~*** to stir up, put down a revolt **2** *(disubbidienza)* revolt.

ribellismo /ribel'lizmo/ m. rebelliousness.

ribes /'ribes/ m.inv. currant ◆◆ ***~ nero*** blackcurrant; ***~ rosso*** redcurrant.

riboccare /ribok'kare/ [1] intr. (aus. *essere, avere*) **1** (aus. *essere*) *(traboccare)* [*acqua, latte*] to bubble over, to boil over, to overflow **2** (aus. *avere*) FIG. ***la piazza, il teatro riboccava di gente*** the square, theatre was full to overflowing.

riboflavina /ribofla'vina/ f. riboflavin.

ribollimento /ribolli'mento/ m. **1** *(di liquido)* bubbling, foaming (anche FIG.) **2** GEOL. boil.

ribollio, pl. **-ii** /ribol'lio, ii/ m. bubbling.

ribollire /ribol'lire/ [108] **I** tr. to boil again, to reboil **II** intr. (aus. *avere*) **1** *(bollire di nuovo)* to boil again **2** FIG. *(fremere)* [*persona*] to boil, to seethe; ***~ di*** to be boiling with, to seethe *o* simmer with [*impazienza, rabbia*]; ***mi fa ~ il sangue!*** it makes my blood boil! **3** *(agitarsi)* ***l'odio ribolle in lui*** he's eaten away by hate **4** *(fermentare)* to ferment.

ribollita /ribol'lita/ f. GASTR. = Tuscan soup made with beans, red cabbage and bread cooked one day in advance and reheated.

ribollitura /ribolli'tura/ f. reboiling.

ribonucleasi /ribonukle'azi/ f.inv. ribonuclease.

ribonucleico /ribonu'klɛiko/ agg. ***acido* ~** ribonucleic acid.
ribosio /ri'bɔzjo/ m. ribose.
ribosoma /ribo'sɔma/ m. ribosome.
ribrezzo /ri'breddzo, ri'brettso/ m. disgust, horror; ***provare ~ per qcn., qcs.*** to be disgusted at sb., sth.; ***fare ~*** to disgust, to loathe; ***il pesce crudo mi fa ~*** raw fish makes me sick.
ributtante /ributˈtante/ agg. [*odore, gusto, aspetto, spettacolo*] disgusting, repulsive, horrible.
ributtare /ributˈtare/ [1] **I** tr. **1** *(buttare indietro)* to throw* back, to fling* back [*palla*]; *(in acqua)* to throw* back [*pesce*] **2** *(respingere)* to force back, to repulse [*nemico*] **3** FIG. *(rifiutare)* to reject [*accusa*] **4** *(vomitare)* to throw* up **II** intr. (aus. *avere*) **1** *(provocare ribrezzo)* **~ *a qcn.*** to disgust sb. **2** *(rimettere germogli)* [*pianta*] to sprout again **III ributtarsi** pronom. to throw* oneself again, to fling* oneself again; ***-rsi sul letto*** to fling oneself again onto the bed; ***-rsi in acqua*** to jump back in the water.
ricacciare /rikatˈtʃare/ [1] **I** tr. **1** *(mandare via di nuovo)* to throw* out again, to chase away again **2** *(respingere)* to force back, to repulse [*nemico*]; to turn back [*immigrati, folla*] **3** *(infilare di nuovo)* to shove back, to thrust back (**in** in); **~ *le mani in tasca*** to put one's hands back in one's pockets **4** FIG. *(reprimere)* to fight* back, to blink back, to force back [*lacrime*]; to hold* back [*urlo*]; ***ti ricaccerò in gola le tue parole*** I'll make you swallow your words **II ricacciarsi** pronom. ***-rsi nei guai*** to get into trouble again.
▷ **ricadere** /rikaˈdere/ [26] intr. (aus. *essere*) **1** *(cadere di nuovo)* [*persona, oggetto*] to fall* again; **~ *nel peccato, nell'errore*** FIG. to fall back into evil ways **2** *(cadere a terra)* to fall*; ***saltare e ~ di pancia*** to jump and fall on one's belly; **~ *al suolo*** [*persona, proiettile, pallone*] to land; **~ *sulle zampe*** [*gatto*] to land on one's feet; ***i fumi tossici ricadono sotto forma di pioggia acida*** toxic fumes come down as acid rain **3** *(pendere)* to hang*, to fall*, to flop, to droop; ***i capelli gli ricadevano sul volto, sulle spalle*** his hair fell across his face, over his shoulders; ***la donna scostò la ciocca che le ricadeva sugli occhi*** the woman pushed back the hair which was hanging in her eyes; ***la gonna, la tenda ricadeva in morbide pieghe*** the skirt, curtain hung in soft folds **4** *(incombere)* **~ *su qcn.*** [*responsabilità, fastidi*] to fall on sb.; ***le colpe dei padri ricadono sui figli*** BIBL. the sins of the fathers will be visited on the sons; ***tu fai delle stupidaggini e le conseguenze ricadono su di me*** you behave stupidly and I have to pay for it **5** MED. *(riammalarsi)* to relapse.
▷ **ricaduta** /rikaˈduta/ f. **1** MED. relapse (anche FIG.); ***avere una ~*** to relapse, to have a relapse; ***una ~ nel peccato, in un errore*** FIG. a relapse into sin, error **2** FIG. *(effetto)* effect, spin-off, fallout (**su** on); ***i provvedimenti avranno delle -e favorevoli sull'impiego*** the measures will have a favourable effect *o* a spin-off on employment ◆◆ **~ *radioattiva*** radioactive fallout.
ricalcabile /rikalˈkabile/ agg. traceable.
ricalcare /rikalˈkare/ [1] tr. **1** *(copiare)* to trace (out) [*disegno*]; **~ *qcs. su qcs.*** to trace (out) sth. from sth. **2** *(imitare)* to imitate, to copy, to follow **3** TECN. to upset* ◆ **~ *le orme di qcn.*** to follow in sb.'s footsteps.
ricalcatoio, pl. **-oi** /rikalkaˈtojo, oi/ m. tracer.
ricalcatura /rikalkaˈtura/ f. **1** *(ricalco)* tracing **2** *(imitazione)* imitation, copy **3** TECN. upsetting.
ricalcificare /rikaltʃifiˈkare/ [1] **I** tr. to recalcify **II ricalcificarsi** pronom. to recalcify.
ricalcificazione /rikaltʃifikatˈtsjone/ f. recalcification.
ricalcitrante /rikaltʃiˈtrante/ → **recalcitrante**.
ricalcitrare /rikaltʃiˈtrare/ → **recalcitrare**.
ricalco, pl. **-chi** /riˈkalko, ki/ m. tracing; SART. transfer; ***fare un ~*** to make a tracing (**di** of); ***carta da ~*** tracing paper.
ricalescenza /rikaleʃˈʃɛntsa/ f. recalescence.
▷ **ricamare** /rikaˈmare/ [1] tr. **1** TESS. to embroider [*tovaglia, motivo*] (**con** with); **~ *a punto croce*** to cross-stitch **2** *(arricchire di dettagli)* **~ *su una storia, una descrizione*** to embroider *o* embellish a story, a description.
ricamato /rikaˈmato/ **I** p.pass. → **ricamare II** agg. embroidered; **~ *con le mie iniziali*** embroidered with my initials.
ricamatore /rikamaˈtore/ ➧ ***18*** m. (f. **-trice** /tritʃe/) embroiderer.
▷ **ricambiare** /rikamˈbjare/ [1] **I** tr. **1** *(contraccambiare)* to return, to exchange, to reciprocate [*saluto, gentilezza, favore, invito, complimento, auguri, sentimenti*]; **~ *una visita*** to return sb.'s visit, to make a return visit; **~ *il sorriso di qcn.*** to smile back at sb.; ***Paolo ha ricambiato il mio bacio*** Paolo kissed me back; ***il mio amore non era ricambiato*** my love was not returned; ***come posso ~?*** how can I return your favour? how can I pay you back? **2** *(cambiare di nuovo)* to change again; **~ *posto a qcs.*** to move sth. again **II** intr. (aus. *essere*) to change again **III ricambiarsi** pronom. *(d'abito)* to change again, to get* changed again.
▷ **ricambio**, pl. **-bi** /riˈkambjo, bi/ m. **1** *(il cambiare)* change; ***qui c'è bisogno di un ~ d'aria*** we need some fresh air in here **2** *(contraccambio)* return, reciprocation **3** *(sostituzione)* change; ***un abito, paio di calze di ~*** a change of suit, socks; ***fogli di ~*** refill **4** *(elemento sostitutivo)* **(*pezzo di*) ~** spare (part), replacement; ***ruota di ~*** spare wheel **5** *(avvicendamento)* turnover, changeover; **~ *politico*** political turnover; **~ *del personale*** staff turnover **6** MED. metabolism; ***malattie del ~*** metabolism diseases.
ricambista, m.pl. **-i**, f.pl. **-e** /rikamˈbista/ ➧ ***18*** m. e f. spare parts dealer.
▷ **ricamo** /riˈkamo/ m. **1** *(arte)* embroidery; **~ *a mano*** hand-embroidery; ***telaio da ~*** embroidery frame **2** *(lavoro)* (piece of) embroidery, fancywork, needlework, stitch-work; **~ *di*** o ***in seta*** silk embroidery; ***eseguire dei -i*** to do embroidery **3** FIG. tracery; ***l'ombra delle foglie disegna un ~*** the shadow of the leaves draws a lacey picture; ***raccontare un fatto senza tanti -i*** not to embellish an episode too much ◆◆ **~ *a giorno*** faggoting; **~ *a punto croce*** cross stitching.
ricanalizzare /rikanalidˈdzare/ [1] tr. to recanalize.
ricanalizzazione /rikanaliddzatˈtsjone/ f. recanalization.
ricandidare /rikandiˈdare/ [1] **I** tr. to present as a candidate again, to put* forward as a candidate again **II ricandidarsi** pronom. to present oneself as a candidate again.
ricapitalizzare /rikapitalidˈdzare/ [1] tr. to recapitalize.
ricapitalizzazione /rikapitaliddzatˈtsjone/ f. recapitalization.
ricapitare /rikapiˈtare/ [1] intr. (aus. *essere*) **1** *(ritornare)* to (happen to) come* again, to turn up again **2** *(ripresentarsi)* ***se ricapita l'occasione lo farò*** if I get the chance again I'll do it **3** *(succedere di nuovo)* to happen again.
ricapitolare /rikapitoˈlare/ [1] tr. to sum up, to summarize, to recapitulate FORM., to recap COLLOQ. [*discorso*]; ***ricapitoliamo brevemente i punti principali*** let's run over the main points; ***ricapitolando...*** to sum up..., in short...
ricapitolazione /rikapitolatˈtsjone/ f. summary, summation, summing-up, recapitulation FORM., recap COLLOQ.
ricarica, pl. **-che** /riˈkarika, ke/ f. **1** *(di accendino, penna)* recharge, refill; *(di batteria)* recharge; *(di arma)* reload; *(di orologio, sveglia)* key, winder **2** *(azione)* recharging; *(di orologio, sveglia)* rewinding **3** TEL. *(di cellulare)* top-up (card).
ricaricabile /rikariˈkabile/ agg. [*batteria, pila, scheda telefonica*] rechargeable; [*accendino, penna*] refillable, rechargeable.
ricaricare /rikariˈkare/ [1] **I** tr. **1** *(con un nuovo carico)* to reload [*veicolo*] **2** *(con una nuova carica)* to refill, to recharge [*accendino, penna*]; to rewind* [*orologio, sveglia, carillon*]; to reload [*fucile*] **3** EL. to recharge [*batteria, pila*] **4** TEL. [*cellulare*] to top up **5** FIG. *(dare nuova forza)* ***la vittoria l'ha ricaricato*** the victory bucked him up **II ricaricarsi** pronom. **1** [*batteria*] to recharge **2** FIG. *(recuperare energie)* to charge one's batteries.
ricascare /rikasˈkare/ [1] intr. (aus. *essere*) **1** *(cascare di nuovo)* to fall* again **2** FIG. to fall* again, to relapse; **~ *nello stesso errore*** to make the same mistake again **3 ricascarci** FIG. *(farsi ingannare di nuovo)* to fall* for it again; *(rifare lo stesso errore)* to make* the same mistake again.
ricattabile /rikatˈtabile/ agg. liable to be blackmailed.
▷ **ricattare** /rikatˈtare/ [1] tr. to blackmail; ***mi ricatta minacciando il suicidio, divorzio*** he's using threats of suicide, divorce to blackmail me.
ricattatore /rikattaˈtore/ m. (f. **-trice** /tritʃe/) blackmailer.
ricattatorio, pl. **-ri**, **-rie** /rikattaˈtɔrjo, ri, rje/ agg. [*lettera*] blackmailing, blackmail attrib.
▷ **ricatto** /riˈkatto/ m. blackmail; ***cedere a un ~*** to give in to blackmail; ***subire un ~ da qcn.*** to be blackmailed by sb.; **~ *morale, psicologico*** psychological, moral blackmail; ***ma questo è un ~!*** that's nothing short of blackmail!
ricatturare /rikattuˈrare/ [1] tr. to recapture.
ricavabile /rikaˈvabile/ agg. obtainable.
▷ **ricavare** /rikaˈvare/ [1] tr. **1** *(estrarre)* to obtain, to extract (**da** from); ***è un seme da cui si ricava l'olio*** oil is extracted from this seed; **~ *una sostanza da*** to extract a substance from **2** *(ottenere)* **~ *un ripostiglio dal sottoscala*** to make a closet under the stairs **3** *(trarre)* to draw* [*conclusione*]; to obtain, to have* [*vantaggio, beneficio*]; to get*, to derive [*soddisfazione*] (**da** from); **~ *una lezione, una morale da qcs.*** to draw a lesson, a moral from sth. **4** *(guadagnare)* to gain, to make*, to get* [*denaro*] (**da** from); to derive, to make*, to turn [*profitto*]; ***ne ho ricavato solo dei fastidi*** it gave me nothing but troubles; **~ *il massimo da un affare*** to get the best of a deal.

ricavato /rika'vato/ m. 1 *(somma)* proceeds pl., receipts pl., takings pl.; ***il ~ di una vendita*** the revenue from a sale; ***il ~ del concerto è stato devoluto all'UNICEF*** the money raised from the concert was donated to UNICEF 2 *(risultato)* result.

ricavo /ri'kavo/ m. proceeds pl., receipts pl., takings pl. ◆◆ ***~ lordo*** gros proceeds *o* receipts; ***~ netto*** net proceeds *o* receipts.

riccamente /rikka'mente/ avv. richly.

Riccardo /rik'kardo/ n.pr.m. Richard ◆◆ ***~ Cuor di Leone*** Richard the Lion-Heart.

▷ **ricchezza** /rik'kettsa/ **I** f. 1 wealth, richness, affluence, wealthiness; ***essere una fonte di ~ per*** to be a source of wealth for; ***la nostra ~ principale*** our main source of wealth; ***essere la ~ di un paese, di una città*** [*attività, petrolio*] to bring wealth to a country, a town; ***vivere nella ~*** to live in (the lap of) luxury; ***questo pezzo di terra è tutta la nostra ~*** this plot of land is all we have 2 *(lusso, sontuosità) (di stoffa, abito)* richness 3 *(abbondanza) (di vegetazione, fauna, vocabolario, collezione)* richness **II ricchezze** f.pl. 1 *(beni materiali)* riches, wealth sing.; ***accumulare -e*** to accumulate wealth 2 *(oggetti di grande valore)* treasures; ***le -e artistiche dell'Italia*** Italy's artistic treasures.

▷ **1.riccio**, pl. **-ci**, **-ce** /'rittʃo, tʃi, tʃe/ **I** agg. *(crespo)* [*capelli, barba*] curly; [*persona*] curly-haired, curly-headed; ***velluto ~*** crushed velvet **II** m. 1 *(di capelli)* curl, lock, ringlet 2 *(di violino)* scroll.

2.riccio, pl. **-ci** /'rittʃo, tʃi/ m. 1 ZOOL. hedgehog 2 *(di castagna)* husk ◆ ***chiudersi a ~*** to shut up like a clam ◆◆ ***~ di mare*** (sea) urchin, echinus, porcupine fish.

ricciolino /rittʃo'lino/ **I** agg. [*persona*] curly-haired, curly-headed **II** m. (f. **-a**) 1 *(piccolo ricciolo)* curl, lock, ringlet 2 *(bambino ricciuto)* curly-haired child*.

▷ **ricciolo** /'rittʃolo/ **I** agg. [*persona*] curly-haired, curly-headed **II** m. 1 *(di capelli)* curl, lock, ringlet 2 *(di violino)* scroll ◆◆ ***~ di burro*** butterball.

riccioluto /rittʃo'luto/ agg. [*persona*] curly-haired, curly-headed.

ricciuto /rit'tʃuto/ agg. [*capelli, barba*] curly; [*persona*] curly-haired, curly-headed.

▶ **ricco**, pl. **-chi**, **-che** /'rikko, ki, ke/ **I** agg. 1 *(benestante)* [*persona*] rich, wealthy, well off, well-to-do; *(prospero)* [*paese, regione, città*] rich, wealthy; ***non sono molto ~*** I'm not very well off; ***essere ~ di famiglia*** to come from a wealthy family; ***essere ~ sfondato*** COLLOQ. to be loaded, to be filthy rich, to be rolling with money 2 *(considerevole)* [*vegetazione, fauna, collezione, vocabolario*] rich; *(in quantità)* [*fonte, commenti, osservazioni, illustrazioni*] rich, copious, abundant (**di** in); ***questo autore ha lasciato un ~ carteggio*** this author left a wealth of correspondence 3 *(per il contenuto)* [*terra, soggetto, minerale, pensiero, lingua, alimento*] rich (**di** in); ***~ di sapore*** [*frutto*] tasty, rich-tasting; ***essere ~ di grassi*** to have a high fat content; ***~ di boschi*** densely wooded; ***-chi pascoli*** rich pastures; ***un'epoca -a di opere d'arte*** a period rich in works of art; ***la regione è -a di siti archeologici*** the region is full of archaeological sites; ***alimento ~ di fibre, proteine*** food that is high *o* rich in fibre, protein; ***un paese ~ di petrolio, uranio*** an oil-bearing, uranium-rich country; ***~ di promesse*** full of promise; ***-a di un passato medievale, questa piccola città...*** with its significant Medieval past, this small town...; ***essere troppo ~ di ossigeno, ferro*** to contain too much oxygen, iron 4 *(lussuoso)* [*abito, stoffa*] rich 5 *(ridondante)* [*stile*] rich, elaborate **II** m. (f. **-a**) rich person; ***i -chi*** the rich, the affluent, the better-off, the wealthy, the well-off, the well-to-do; ***club, passatempo da*** o ***per -chi*** club, hobby for the rich; ***i -chi e i poveri*** the haves and the have-nots; ***quartiere di -chi*** wealthy part of town; ***nuovo ~*** nouveau riche.

riccone /rik'kone/ m. (f. **-a**) moneybags, fat cat.

▶ **ricerca**, pl. **-che** /ri'tʃerka, ke/ f. 1 *(studio)* research (**su** into, on); *(risultato dello studio)* study, survey, piece of research; ***~ e sviluppo*** research and development; ***fondi per la ~*** research funding; ***~ sul campo*** field study, fieldwork; ***essere, lavorare nella ~*** to be, work in research; ***fare ~ in*** to (do) research in; ***fare una ~ su qcs.*** to make a study on sth.; ***sta facendo (delle) -che sul cancro*** she's doing some research on cancer; ***centro, laboratorio di ~*** research centre, laboratory; ***gruppo, istituto di ~*** research unit, establishment; ***borsa di ~*** research grant 2 *(perlustrazione)* search, hunt, researches pl.; ***dopo due ore di ~*** after a two-hour search; ***tutti hanno partecipato alle -che*** everybody took part in the search; ***le -che per ritrovare il bambino non hanno dato risultati*** the search for the child drew a blank 3 *(il cercare)* research, quest, pursuit; ***la ~ di un libro*** the search for a book; ***la ~ della felicità*** the pursuit of happiness; ***la loro ~ della verità*** their quest for the truth; ***essere alla ~ di qcn., qcs.*** to hunt for sb. sth., to be after sb., sth., to quest for *o* after sb., sth.; ***sono alla ~ di una casa*** they're looking for a house; ***rovistare nella borsa alla ~ di qcs.*** to fumble *o* rummage in one's bag for sth.; ***alla ~ di una soluzione, della pace*** in (the) search of a solution, for peace; ***essere*** o ***mettersi alla ~ di un lavoro*** to be looking for a job, to go job-hunting; ***imprenditori alla ~ di nuovi talenti*** employers on the look-out for new talents 4 *(indagine)* investigation, inquiry; ***fare -che su*** to inquire into, to do research on; ***faremo -che più approfondite*** we will inquire further into the matter 5 SCOL. (research) project, topic 6 INFORM. search, look-up; ***motore di ~*** search engine ◆◆ ***~ applicata*** applied research; ***~ assistita dall'elaboratore*** computer-aided retrieval; ***~ binaria*** INFORM. binary search; ***~ sul cancro*** cancer research; ***~ di mercato*** market research; ***~ militare*** military research; ***~ operativa*** operational research; ***~ pura*** pure research; ***~ scientifica*** scientific research; ***~ spaziale*** space research.

ricercabile /ritʃer'kabile/ agg. [*soluzione*] searchable.

▷ **ricercare** /ritʃer'kare/ [1] tr. 1 *(cercare di nuovo)* to look for [sth., sb.] again [*oggetto, persona*] 2 *(cercare di trovare)* to look for, to seek* [*oggetto, persona*]; to try to find [*spiegazione, soluzione*]; to seek*, to hunt [*evaso, delinquente*]; *(perseguire)* to pursue, to seek* [*felicità*]; ***~ nuove fonti di energia*** to look for *o* to try to find new sources of energy; ***~ le cause di un incidente, di un fenomeno*** to look into the causes of an accident, of a phenomenon; ***è ricercato per omicidio, dalla polizia, in tutto il mondo*** he's wanted for murder, by the police, the world over.

ricercatamente /ritʃerkata'mente/ avv. [*vestito, decorato, scritto*] elegantly, refinedly.

ricercatezza /ritʃerka'tettsa/ f. 1 *(cura, raffinatezza)* refinement; *(affettazione)* preciousness, affectedness; *(di stile, linguaggio)* refinement, preciosity; *(di abiti)* elegance, sophistication, spruceness; ***con ~*** [*vestito, decorato, scritto*] elegantly 2 *(dettaglio raffinato)* refinement.

ricercato /ritʃer'kato/ **I** p.pass. → **ricercare II** agg. 1 *(richiesto)* [*modella*] sought-after; ***è un articolo, prodotto molto ~*** there's a great demand for this article, product, this article, product is in great demand 2 *(curato, studiato, elegante)* [*ornamento, abito, stile, linguaggio, scrittura, stile*] refined, elegant; *(sofisticato)* [*pettinatura*] sophisticated; *(affettato)* [*stile, linguaggio, gesto*] affected, mannered **III** m. (f. **-a**) wanted person.

ricercatore /ritʃerka'tore/ ♦ ***18*** m. (f. **-trice** /tritʃe/) 1 *(studioso)* researcher, research worker; ***è ~ in un laboratorio*** he's a researcher in a lab; ***biologo, fisico ~*** research biologist, physicist; ***~ in genetica*** genetic researcher; ***~ scientifico*** research scientist; ***~ di letteratura americana*** researcher in American literature 2 *(apparecchio)* detector; ***~ di mine*** mine detector ◆◆ ***~ universitario*** researcher.

ricetrasmettitore /ritʃetrazmetti'tore/ m. transceiver, two-way radio.

ricetrasmittente /ritʃetrazmit'tɛnte/ **I** agg. ***apparecchio ~*** transceiver, two-way radio **II** f. transceiver, two-way radio.

▷ **ricetta** /ri'tʃɛtta/ f. 1 MED. prescription; ***~ ripetibile*** repeat prescription; ***farmaco venduto solo dietro presentazione di ~ medica*** prescription drug 2 GASTR. recipe; ***provare una nuova ~*** to try a new recipe; ***mi dai la ~ della torta?*** can you give me the recipe for the cake? ***libro di -e*** recipe book, cookbook 3 *(rimedio, metodo)* method, remedy; ***una ~ contro la noia*** a remedy for boredom; ***non esiste ~ per far fortuna, per essere felici*** there's no (magic) formula for making a fortune, for happiness; ***una ~ infallibile per dormire bene*** a golden remedy to sleep well.

ricettacolo /ritʃet'takolo/ m. 1 *(oggetto, luogo di raccolta)* receptacle; ***è il ~ delle acque fluviali*** it receives the fluvial waters; ***il ~ delle immondizie della città*** the town tip, the city garbage dump 2 FIG. vessel; ***un ~ di germi*** a breeding ground for germs; ***~ di ladri*** den of thieves 3 BOT. receptacle.

ricettare /ritʃet'tare/ [1] tr. DIR. to handle, to receive, to fence COLLOQ. [*merce rubata*].

ricettario, pl. **-ri** /ritʃet'tarjo, ri/ m. 1 MED. prescription book 2 GASTR. recipe book, cookbook.

ricettatore /ritʃetta'tore/ m. (f. **-trice** /tritʃe/) handler, receiver (of stolen goods), fence COLLOQ.

ricettazione /ritʃettat'tsjone/ f. receiving, fencing COLLOQ.

ricettività /ritʃettivi'ta/ f.inv. 1 *(sensibilità a ricevere)* receptiveness, receptivity, recipiency, responsiveness; ***essere dotato di molta ~*** to be very responsive 2 MED. susceptibility (**a** to) 3 RAD. TELEV. receptivity 4 *(di strutture turistiche)* accommodation capacity.

ricettivo /ritʃet'tivo/ agg. 1 *(sensibile)* responsive; ***essere ~ a qcs.*** to be responsive to sth. 2 MED. susceptible; ***essere ~ a una malattia***

to be susceptible to an illness **3** RAD. TELEV. receptive **4** *(nel settore turistico)* ***capacità -a*** accommodation capacity; ***strutture -e*** accommodation facilities.

ricetto /ri'tʃɛtto/ m. **1** LETT. *(rifugio, nascondiglio)* shelter, refuge **2** STOR. *(borgo)* = Medieval defensive structure surrounded by fortified walls and towers.

ricevente /ritʃe'vɛnte/ **I** agg. [*antenna, stazione*] receiving **II** m. e f. **1** BUROCR. receiver, recipient; ***firma del ~*** signature of the receiver **2** MED. *(di organo, sangue)* recipient **3** LING. receiver.

▶ **ricevere** /ri'tʃevere/ [2] tr. **1** *(essere il destinatario di)* to receive, to get* [*regalo, denaro, telefonata, lettera, complimento, consiglio, risposta, rimproveri*] (**da** from); *(percepire)* to get*, to draw*, to take* [*stipendio, remunerazione*]; *(accettare)* to accept [*prenotazioni*]; ***~ molte critiche*** to be much criticized; ***~ un rifiuto*** to be refused, to be turned down; ***~ notizie di qcn.*** to hear from sb., to have news from sb.; ***~ un calcio, un pugno nello stomaco*** to get kicked, punched in the stomach; ***il provvedimento ha ricevuto un'accoglienza favorevole da parte degli insegnanti*** the measure met with approval from teachers; ***non ho ricevuto alcun incoraggiamento da parte sua*** he gave me no encouragement at all; ***non riceveva molte visite*** she didn't often have visitors **2** *(accogliere)* to welcome, to receive [*amici, invitati*]; *(in modo ufficiale)* to receive [*ministro, ambasciatore, delegazione*]; ***ci ha ricevuti molto cordialmente nella sua villa*** he very kindly welcomed us in his villa; ***~ qcn. freddamente*** to give sb. a cold reception; ***non riceviamo spesso (degli ospiti)*** we don't entertain much; ***è stato ricevuto dal ministro*** the minister granted him audience; ***~ in udienza*** to grant an audience **3** *(per una consultazione)* to see*, to receive [*pazienti, clienti*]; ***questo medico riceve soltanto su appuntamento*** this doctor only sees patients by appointment; ***l'avvocato riceve il lunedì*** the lawyer receives on Monday, the lawyer's office is open on Monday; ***il professore riceve fra le 14 e le 17*** the professor's office hours are between 2 and 5 pm; ***il direttore la riceverà nel suo ufficio*** the manager will see you in his office **4** RAD. TELEV. *(captare)* to receive [*segnale, onde*]; ***questo canale si riceve male*** the reception of this channel is bad; ***la ricevo forte e chiaro*** RAD. I am receiving you *o* I can read you loud and clear; ***ricevuto!*** roger! wilco! ten four! **5** *(prendere)* to get* [*sole, pioggia*]; ***questa regione riceve 500 millimetri di pioggia all'anno*** this region gets 500 millimetres of rain a year; ***la stanza non riceve mai la luce del sole*** the room never gets any sun; ***il fiume riceve parecchi affluenti*** several tributaries flow into the river **6** RELIG. to receive [*sacramenti*]; ***~ il battesimo*** to be baptized, to receive the sacrament of baptism **7** SPORT to catch* [*palla*]; *(nella pallavolo)* to retrieve [*palla*].

▷ **ricevimento** /ritʃevi'mento/ m. **1** *(intrattenimento)* reception, party; ***dare un ~*** to hold a reception, to give a party; ***dare -i*** to entertain; ***sala*** o ***salone di ~*** reception *o* function room **2** *(fatto di essere ammesso)* admission; ***il ~ di un musicista all'Accademia di Santa Cecilia*** the admission of a musician to the Academy of Santa Cecilia; ***discorso di ~*** welcoming speech **3** *(di posta, merce)* receipt, acceptance; ***bisogna pagare al ~ della fattura*** payment is due on receipt of the bill; ***occuparsi del ~ delle merci*** to take delivery of the goods; ***avviso di ~*** confirmation of receipt, advice of delivery; ***raccomandata con avviso di ~*** = registered letter or parcel with advice of delivery **4** ***orario di ~*** *(dal medico)* consulting time *o* hours, office hours AE; SCOL. consulting hours.

ricevitore /ritʃevi'tore/ **I** agg. receiver; ***bobina -trice*** take-up spool **II** m. **1** BUROCR. collector **2** TEL. *(apparecchio ricevente)* receiver, earpiece; ***abbassare, alzare il ~*** to pick up, put down the receiver **3** RAD. TELEV. receiver **4** SPORT *(nel baseball)* catcher, (wide) receiver, backstop ◆◆ ***~ acustico*** sounder; ***~ a galena*** crystal set.

ricevitoria /ritʃevito'ria/ f. *(delle imposte)* tax office; *(del totocalcio)* football pools office; *(delle scommesse sui cavalli)* betting office.

▷ **ricevuta** /ritʃe'vuta/ f. receipt; *(scontrino)* receipt, (sales) slip; *(quietanza)* quittance; ***~ dell'affitto*** rent receipt; ***~ di pagamento della bolletta della luce*** electricty receipt; ***rilasciare una ~*** to give *o* issue a receipt; ***accusare ~ di*** to confirm *o* acknowledge receipt of ◆◆ ***~ di consegna*** proof of delivery, delivery note; ***~ doganale*** docket; ***~ fiscale*** till receipt; ***~ di pagamento*** proof of payment, receipt for payment; ***~ di pegno*** pawn ticket; ***~ di ritorno*** advice of delivery; ***~ a saldo*** receipt in full (settlement); ***~ di spedizione*** proof of postage; ***~ di versamento*** bank receipt.

ricevuto /ritʃe'vuto/ **I** p.pass. → **ricevere II** agg. received ◆ ***per grazia -a*** for favours received.

ricezione /ritʃet'tsjone/ f. **1** *(di posta, merce)* receipt; ***occuparsi della ~ delle merci*** to take delivery of the goods **2** RAD. TELEV. *(di segnali, onde)* reception, pickup; ***zona di ~*** coverage; ***~ radio(fonica), televisiva*** radio, television reception **3** *(accoglienza)* reception; ***il film, libro ha avuto una buona ~ da parte del pubblico*** the film, book was much appreciated by the public **4** SPORT catching.

richiamabile /rikja'mabile/ agg. **1** [*militari*] recallable, liable to recall **2** *(che si può ricordare)* recallable **3** [*capitale*] callable.

▶ **richiamare** /rikja'mare/ [1] **I** tr. **1** *(chiamare di nuovo)* to call again; *(al telefono)* to call back, to phone back, to ring* back; ***Ludovico chiede che tu lo richiami in ufficio*** Ludovico would like you to call him back at his office; ***la prego di ~ più tardi*** please call back later; ***non mi ha richiamato*** he didn't return my call **2** *(fare ritornare indietro)* to call [sb.] back, to call [sb.] off [*persona, cane*]; MIL. POL. *(ritirare)* to recall, to summon back, to withdraw* [*truppe, esercito, ambasciatore*]; ***~ qcs. alla memoria*** FIG. to bring *o* call sth. (back) to mind, to bring back memories of sth. **3** *(rimproverare)* to rebuke, to reprimand; ***~ qcn. all'ordine*** to call sb. to order; ***~ qcn. al dovere*** to recall sb. to his duty; ***~ qcn. all'obbedienza*** to bring sb. to heel **4** *(attirare)* to attract, to draw* [*folla, interesse*]; ***~ l'attenzione su qcs.*** to draw *o* focus attention on sth. **5** *(ricordare)* to remind **II richiamarsi** pronom. **1** *(appellarsi)* to appeal (**a qcs.** to sth.) **2** *(fare riferimento)* to refer (**a qcn., qcs.** to sb., sth.).

richiamata /rikja'mata/ f. TEL. ***tasto di ~*** redial button; ***~ su occupato*** callback facility, camp on BE; ***attivare la ~ su occupato*** to camp on.

▷ **richiamo** /ri'kjamo/ m. **1** *(per attirare l'attenzione)* call, cry; ***accorrere ai -i di qcn.*** to answer sb.'s cries for help **2** *(verso) (di uccelli)* call note, cry **3** MIL. *(alle armi)* call-up; ***ricevere la cartolina di ~ (alle armi)*** [*soldato*] to get one's call-up papers **4** *(fascino)* appeal, call, allure, lure; ***esercitare un grande ~*** to have wide appeal; ***un evento di grande ~*** a crowd-pulling event; ***il ~ della foresta*** the call of the forest *o* wild; ***il ~ di*** the pull of [*mare aperto*] **5** *(rimprovero)* admonition, warning; ***~ all'ordine, alla decenza, al senso del dovere*** call to order, decency, duty **6** MED. *(di vaccinazione)* booster **7** ART. *(ripetizione di colore, motivo)* repeat **8** VENAT. lure; ***(uccello da) ~*** call-bird, decoy; ***~ per uccelli*** bird call **9** *(rimando, riferimento)* reference; *(di nota)* cross-reference; ***segno di ~*** cross-reference mark.

richiedente /rikje'dɛnte/ **I** agg. [*parte*] applying **II** m. e f. **1** DIR. applicant, applier, claimant, petitioner **2** TEL. calling party.

▶ **richiedere** /ri'kjɛdere/ [27] tr. **1** *(domandare di nuovo)* ***~ qcs. a qcn.*** to ask sb. sth. again **2** *(domandare)* to ask; *(con insistenza)* to demand; *(sollecitare)* to ask for, to request [*soccorso, protezione*]; ***~ di essere inclusi*** to demand to be included; ***come da Lei, Voi richiesto*** as requested **3** *(esigere)* to exact, to demand [*puntualità*] **4** *(necessitare)* [*lavoro, compito*] to require, to entail, to involve [*sforzi, attenzione, pazienza, sacrifici*]; to require, to claim [*qualità, cura, competenze, unanimità*]; [*pianta, animale*] to need [*attenzione*]; *(comportare)* [*progetto*] to entail [*investimenti*]; ***il tennis richiede (una) grande energia, concentrazione*** tennis requires a lot of energy, concentration; ***questo lavoro richiede il trasferimento*** the job would necessitate your moving; ***tutto ciò richiederà molto tempo, un certo impegno*** all this will take a long time, will take some doing; ***organizzare la festa ha richiesto molto lavoro*** a lot of effort went into organizing the party; ***"non si richiede esperienza"*** "no experience required"; ***per questo lavoro si richiedono conoscenza dell'inglese e patente di guida*** knowledge of English and driving licence are necessary for this job; ***è richiesto l'abito scuro*** black tie *o* formal dress is required **5** *(fare domanda)* to apply for [*passaporto, visto*]; to claim, to apply for [*sussidio, rimborso*]; to apply for, to sue for [*divorzio*].

▷ **richiesta** /ri'kjɛsta/ f. **1** *(domanda, sollecitazione)* request, claim; *(invito insistente)* demand, call, plea; *(esigenza)* requirement; ***una ~ di denaro*** a request for money; ***una ~ di riforma, di fondi*** a call for reform, funds; ***~ di risarcimento danni*** refund request *o* claim; ***una ~ di sussidio di disoccupazione*** a claim for unemployment benefit; ***a ~*** on demand *o* request; ***su ~ di*** at the request of; ***a grande ~*** by popular demand *o* request; ***fare una ~*** to make a request; ***rispondere alla ~ di qcn.*** to grant sb.'s request; ***soddisfare le -e di qcn.*** to meet sb.'s requirements, to satisfy sb.'s demands; ***fermata a ~*** request stop BE **2** *(domanda scritta, istanza)* application; ***fare ~ di*** to apply for [*sovvenzionamento, visto, passaporto, trasferimento, asilo, lavoro*]; ***la loro ~ di adozione è stata respinta*** their adoption application has been turned down; ***pubblicare una ~ d'impiego*** to advertise in the wanted column **3** *(salario richiesto)* ***qual è la vostra ~?*** what (salary) are you asking for? ***indichi le sue -e economiche*** state salary required **4** DIR. motion, petition **5** ECON. COMM. call, demand; ***non c'è ~ di questo articolo*** there's no call for this article ◆◆ ~ ***di estradizione*** extradition request; ~ ***di matrimonio*** marriage proposal; ~ ***di soccorso*** distress call.

richiesto /ri'kjɛsto/ **I** p.pass. → **richiedere II** agg. **1** *(ricercato)* [*articolo, modella*] sought-after; [*destinazione, servizio*] in demand; ***è un cantante molto ~*** he's in great demand as a singer **2** *(necessario)* [*documenti, informazioni, condizioni, qualifiche*] requested, necessary; *(sollecitato)* [*parere*] requested; ***non ~*** unrequired, unwanted.

richiudere /ri'kjudere/ [11] **I** tr. *(chiudere di nuovo)* to close [sth.] again, to shut* [sth.] again [*porta, finestra, scatola, cassetto*]; ~ ***a chiave*** to lock again; ~ ***una bottiglia*** to put the top back on a bottle **II richiudersi** pronom. [*trappola*] to snap; [*porta, finestra*] to close again, to shut* again; [*ferita*] to heal up, to close; [*fiore, conchiglia*] to close ◆ ***-rsi nel proprio guscio*** to go back into one's shell.

riciclabile /ritʃi'klabile/ agg. [*rifiuti, carta*] recyclable; [*materiale*] recyclable, reclaimable.

riciclaggio, pl. **-gi** /ritʃi'kladdʒo, dʒi/ m. **1** *(di materiali)* recycling; ~ ***del vetro*** glass recycling **2** ECON. *(di capitali)* recycling; ~ ***di denaro sporco*** money-laundering **3** TECN. recirculation.

riciclare /ritʃi'klare/ [1] tr. **1** *(per riutilizzare)* to recycle, to reclaim [*materiale*]; FIG. to rehash, to warm over AE [*idea*]; ~ ***qcn. in un altro settore dell'impresa*** to retrain sb. in another sector of the company; ~ ***un regalo*** to recycle a gift **2** *(reinvestire)* to recycle [*capitali*]; *(illegalmente)* to launder [*denaro sporco*] **3** TECN. to recirculate [*gas, liquido*].

riciclato /ritʃi'klato/ **I** p.pass. → **riciclare II** agg. recycled.

riciclo /ri'tʃiklo/ m. → **riciclaggio**.

ricina /ri'tʃina/ f. ricin.

ricino /'ritʃino/ m. castor oil plant; ***olio di ~*** castor oil.

ricinoleico /ritʃino'lɛjko, tʃi, ke/ agg. ***acido ~*** ricinoleic acid.

ricinoleina /ritʃinole'ina/ f. ricinolein.

rickettsia /ri'kɛttsja/ f. rickettsia*.

riclassificare /riklassifi'kare/ [1] **I** tr. to reclassify **II riclassificarsi** pronom. ***-rsi al terzo posto*** to come in third again.

riclassificazione /riklassifikat'tsjone/ f. reclassification.

ricognitivo /rikoɲɲi'tivo/ agg. **1** MIL. [*missione, pattuglia, giro, volo*] reconnaissance attrib. **2** DIR. ***atto ~*** act of acknowledgment, ascertainment.

ricognitore /rikoɲɲi'tore/ **I** agg. [*aereo*] reconnaissance attrib. **II** m. *(aereo, mezzo navale)* reconnoitrer BE, reconnoiterer AE.

ricognizione /rikoɲɲit'tsjone/ f. **1** MIL. reconnaissance, patrol; ***di ~*** [*missione, pattuglia, giro, volo*] reconnaissance attrib.; ***aereo da ~*** reconnaissance *o* spotter plane, grasshopper AE COLLOQ.; ***fare un volo di ~ su qcs.*** to make a pass over sth.; ***andare in*** *o* ***fare una ~*** to reconnoitre BE, to reconnoiter AE, to carry out a patrol; FIG. to scout around, to have a look around; ***mandare qcn. in ~*** to send sb. out on reconnaissance; ***giro di ~*** SPORT sighting lap **2** DIR. acknowledgment; ***atto di ~*** act of acknowledgment, ascertainment ◆◆ ~ ***aerea*** air patrol.

ricollegare /rikolle'gare/ [1] **I** tr. **1** TECN. to reconnect, to link again; *(alla rete)* to reconnect [*acqua, gas, elettricità, televisione, telefono, cavo*] **2** FIG. *(mettere in relazione)* to connect, to link, to associate [*opera, artista*] (**a** to); ~ ***due avvenimenti*** to connect *o* link up two episodes **II ricollegarsi** pronom. **1** *(essere in connessione)* to be* connected **2** FIG. to refer (**a qcs.** to sth.).

ricollocamento /rikolloka'mento/ m. replacement.

ricollocare /rikollo'kare/ [1] tr. to replace.

ricolmare /rikol'mare/ [1] tr. **1** *(colmare nuovamente)* to fill up again; *(riempire fino all'orlo)* to fill (to the brim), to fill up **2** FIG. to overwhelm; ~ ***qcn. di doni*** to load *o* shower sb. with gifts; ~ ***qcn. di attenzioni*** to lavish attentions on sb.

ricolmo /ri'kolmo/ agg. full, brimful, overflowing; ***un piatto ~ di dolci*** a dish heaped *o* piled high with cakes; ***avere il cuore ~ di gioia*** FIG. to have one's heart overflowing with joy.

ricolorire /rikolo'rire/ [102] tr. to colour BE again, to color AE again.

ricombinante /rikombi'nante/ **I** agg. recombinant; ***DNA ~*** recombinant DNA **II** m. recombinant.

ricombinare /rikombi'nare/ [1] **I** tr. to recombine **II ricombinarsi** pronom. to recombine.

ricombinazione /rikombinat'tsjone/ f. recombination.

▶ **ricominciare** /rikomin'tʃare/ [1] **I** tr. *(riprendere)* to go* back to, to return to, to restart, to resume [*lavoro, attività*]; ***dobbiamo ~ tutto*** we must go back to the beginning *o* start all over again; ~ ***qcs. da zero*** o ***da capo*** to start *o* begin doing sth. afresh *o* anew *o* all over again; ~ ***a fare qcs.*** to begin *o* start doing, to do sth. again; ~ ***a lavorare, a vivere*** to start working, living again; ~ ***a fumare, a sciare*** to take up smoking, skiing again; ***eccolo che ricomincia a parlare delle sue imprese!*** he's off again talking about his exploits! **II** intr. **1** (aus. *essere*) [*attività*] to restart, to start again, to begin* again; [*scuola*] to reopen, to start again; ***il rumore ricomincia*** there's the noise again; ***le lezioni ricominciano a settembre*** classes start again *o* resume in September; ***la partita è ricominciata dopo 10 dieci minuti*** the match was resumed after 10 minutes **2** (aus. *avere*) ***ecco che ricominciano!*** they're at it again! there they go again! ***non ~!*** COLLOQ. don't start that again! ~ ***da zero*** o ***da capo*** to make a fresh *o* new start, to start over **III** impers. (aus. *essere, avere*) ***ricomincia a nevicare, piovere*** it's beginning to snow, rain again.

ricommettere /rikom'mettere/ [60] tr. **1** *(commettere di nuovo)* to commit [sth.] again [*delitto*]; ~ ***lo stesso errore*** to make the same mistake again **2** *(ricongiungere)* to rejoin, to put* together again.

ricompaginare /rikompadʒi'nare/ [1] tr. **1** *(rimettere in ordine)* to round up, to put* in order again **2** TIP. to make* up (into pages) again.

ricomparire /rikompa'rire/ [47] intr. (aus. *essere*) [*sole*] to reappear, to come* out again; [*persona*] to reappear, to show* up again, to surface; [*dolore, sintomi, malattia*] to recur, to reappear; ~ ***dopo una lunga assenza*** to come back after a time away.

ricomparsa /rikom'parsa/ f. *(di persona)* reappereance, return, comeback; *(di sintomo, malattia)* recurrence; ***fare una ~*** to reappear.

▷ **ricompensa** /rikom'pɛnsa/ f. reward, payoff, recompense FORM.; ***per ~ di*** as a reward for, in payment for; ***offrire una ~ per qcs.*** to offer a reward for sth.; ***ricevere qcs. come*** o ***per*** o ***in ~*** to receive sth. as a reward; ***una misera*** o ***magra ~*** a poor reward; ***è questa la ~ per l'aiuto che ti ho dato?*** is this my return *o* what I get for helping you?

ricompensabile /rikompen'sabile/ agg. rewardable.

▷ **ricompensare** /rikompen'sare/ [1] tr. to reward (**per** for; **con** with); ~ ***qcn. con un premio*** to reward sb. with a prize; ***i suoi sforzi furono ricompensati dal successo*** her efforts were crowned by success; ***come potrò mai ricompensarti per la tua gentilezza?*** how can I ever repay you for your kindness?

ricomperare /rikompe'rare/ → **ricomprare**.

ricomporre /rikom'porre/ [73] **I** tr. **1** *(comporre di nuovo)* to recompose, to rewrite* [*lettera*]; to piece together, to reassemble [*puzzle*] **2** TIP. to reset* [*pagina*] **3** TEL. to redial [*numero*] **4** FIG. ~ ***il viso*** to compose one's face **5** FIG. *(appianare)* to smooth out, to settle [*lite*] **II ricomporsi** pronom. to compose oneself, to re-collect oneself.

ricomposizione /rikompozit'tsjone/ f. **1** *(il ricomporre)* recomposition **2** TIP. resetting **3** FIG. *(appianamento)* smoothing out.

ricomprare /rikom'prare/ [1] tr. **1** *(recuperare un oggetto venduto)* to buy* back **2** *(acquistare di nuovo)* to buy* [sth.] again [*articolo, merce*].

riconcentrare /rikontʃen'trare/ [1] **I** tr. to concentrate, gather [sth.] again [*truppe, esercito*]; to concentrate [sth.] again [*attenzione*] **II riconcentrarsi** pronom. to concentrate again (**su** on).

riconciliabile /rikontʃi'ljabile/ agg. reconcilable.

▷ **riconciliare** /rikontʃi'ljare/ [1] **I** tr. **1** *(conciliare di nuovo)* to reconcile; ~ ***Giorgio e*** o ***con Fabrizio*** to bring Giorgio and Fabrizio back together; ~ ***la morale con la politica*** to reconcile morality with politics **2** *(riconquistare)* to win* back, to regain; ***il suo discorso gli ha riconciliato la simpatia di tutti*** his speech won him back everybody's support **II riconciliarsi** pronom. [*coppia, amici*] to make* up, to come* together; [*nazioni*] to be* reconciled, to become* reconciled; ***-rsi con*** to make up with [*nemico, nazione, dottrina*]; ***-rsi con se stesso*** to learn to live with oneself.

riconciliatore /rikontʃilja'tore/ **I** agg. reconciling **II** m. (f. **-trice** /tritʃe/) peacemaker.

riconciliazione /rikontʃiljat'tsjone/ f. **1** *(rappacificazione)* reconcilement, reconciliation, rapprochement (**di qcn. con qcn.** of sb. with sb.); ***la ~ delle due famiglie*** the reconciliation between the two families; ***in segno di ~*** as a mark of reconciliation **2** DIR. reconciliation.

riconducibile /rikondu'tʃibile/ agg. referable, ascribable, amenable (**a** to).

▷ **ricondurre** /rikon'durre/ [13] tr. **1** *(condurre di nuovo)* to lead*, bring*, take* [sb., sth.] again **2** *(riportare indietro)* to bring* back; ***la polizia l'ha ricondotto alla frontiera*** the police escorted him back to the border; ~ ***qcn. a casa*** to take sb. back home **3** FIG. ~ ***qcn. alla ragione*** to make sb. see reason; ~ ***qcn. alla realtà*** to bring sb. down to earth *o* back to reality; ~ ***il discorso all'argomento di partenza*** to go back to what was said at the beginning; ~

qcn. sulla retta via to lead someone back to the straight and narrow **4** FIG. *(far risalire)* to trace back; ~ ***un fenomeno alla sua causa*** to trace a phenomenon back to its origin; ***l'incidente è da ~ a un errore umano*** the accident can be ascribed *o* put down to human error.

riconduzione /rikondut'tsjone/ f. DIR. renewal; ***rinnovabile per tacita ~*** renewal by tacit agreement.

riconferma /rikon'ferma/ f. **1** *(rinnovo)* reconfirmation, reappointment; ***ottenere la ~ dell'incarico di sindaco*** to be reconfirmed as mayor **2** *(riaffermazione)* confirmation; ***a ~ di quanto ho detto*** in confirmation of what I said.

riconfermare /rikonfer'mare/ [1] **I** tr. **1** *(rinnovare)* to reconfirm, to renew [*mandato, accordo, contratto, sostegno, fiducia*] **2** *(riaffermare)* to (re)confirm, to reassert [*opinione*] **II riconfermarsi** pronom. **1** *(riaffermarsi)* to confirm oneself again; ***si è riconfermato campione*** he won the championship twice in a row **2** *(rafforzarsi)* ***-rsi in un'idea, un progetto*** to be even more convinced of an idea, a project.

riconfortare /rikonfor'tare/ [1] **I** tr. to comfort, to cheer up **II riconfortarsi** pronom. to cheer oneself up.

ricongiungere /rikon'dʒundʒere/ [55] **I** tr. to rejoin, to put* back together **II ricongiungersi** pronom. [*strade, persone*] to rejoin; ***-rsi alla famiglia*** to rejoin one's family, to be reunited with one's family.

ricongiungimento /rikondʒundʒi'mento/ m. rejoining, reunion; ***~ familiare*** family reunion.

ricongiunzione /rikondʒun'tsjone/ f. rejoining.

riconnessione /rikonnes'sjone/ f. reconnection.

riconnettere /rikon'nɛttere/ [17] **I** tr. to reconnect **II riconnettersi** pronom. to be* reconnected (**a qcs.** to sth.).

riconoscente /rikonoʃ'ʃɛnte/ agg. grateful, thankful (**a qcn.** to sb.; **per qcs.** for sth.); ***essere ~ a qcn. per aver fatto*** to be obliged to sb. for doing; ***ti sono infinitamente ~*** I'm infinitely grateful to you.

▷ **riconoscenza** /rikonoʃ'ʃɛntsa/ f. gratitude, gratefulness, thankfulness; ***essere pieno di ~*** to be full of gratitude, to be very grateful; ***con profonda ~*** with deep gratitude; ***sorridere con ~*** to smile gratefully; ***esprimere*** o ***testimoniare la propria ~ a qcn.*** to show one's appreciation *o* gratitude to sb.; ***gesto di ~*** mark of gratitude; ***debito di ~*** debt of gratitude; ***parole di ~*** words of thanks; ***in*** o ***come segno di ~ per*** in acknowledgement of, as a mark of appreciation of [*aiuto, servizio*]; ***avere, provare ~ per qcn.*** to be, feel grateful to sb.

▶ **riconoscere** /riko'noʃʃere/ [31] **I** tr. **1** *(identificare)* to recognize, to know* [*persona, voce, suono, luogo, odore*] (**da** by); to pick out, to identify [*sospetto*]; to place, to identify, to recognize [*accento*]; to recognize, to read*, to interpret [*segno*]; to spot, to know*, to recognize [*affare*]; ***la riconosco dalla camminata*** I know her by her walk; ***la si riconosce immediatamente dal cappello*** she is immediately recognizable by her hat; ***lo riconoscerai dalla barba nera*** you'll spot him by his black beard; ***mi è sembrato di ~ la sua voce*** I thought his voice sounded familiar; ***si riconosce al tatto che*** you can tell by the feel (that); ***scusami, non ti avevo riconosciuto*** sorry, I didn't recognize you; ***non ti riconosco più!*** you're no longer the person you were! ***ti riconoscerei fra mille*** I'd recognize *o* know you anywhere **2** *(ammettere)* to acknowledge, to admit [*torto, errore, fatti, meriti, peccati, colpa, abilità, problema*]; to grant, to concede [*verità, validità*]; ***riconosco di aver mentito*** I admit I lied; ***bisogna ~ che non è un lavoro eccitante*** you have to admit that it's not exciting work; ***~ qcn. come capo, come il miglior economista del paese*** to acknowledge sb. as leader, to be the best economist in the country; ***~ delle qualità a qcn.*** to recognize that sb. has their good points; ***bisogna riconoscergli che...*** you've got to hand it to him..., you've got to admit that he...; ***bisogna riconoscergli una certa franchezza*** you have to admit that he is quite open; ***è più intelligente di quanto gli si riconosca*** he's more intelligent than he is given credit for; ***~ a qcn. il merito di qcs., di fare*** to credit *o* give sb. (the) credit *o* merit for sth., for doing; ***sa cantare, devo riconoscerglielo*** she can sing, I'll give her that **3** *(giudicare)* ***~ qcn. colpevole*** to find sb. guilty **4** *(considerare come legittimo)* to recognize [*governo, autorità, sindacato, regime, diritto*]; *(come valido)* to recognize [*diploma*]; to accredit, to approve [*istituzione, qualifica*]; to acknowledge [*debito*]; ***~ qcs. ufficialmente*** to give state recognition of sth.; ***~ un bambino*** to recognize a child legally **5** *(distinguere)* to distinguish, to tell*; ***~ il vero dal falso*** to sort out *o* tell truth from falsehood; ***~ il maschio dalla femmina*** to tell the male from the female **II riconoscersi** pronom. **1** *(identificarsi)* ***-rsi in qcn.*** to recognize *o* see *o* identify oneself in sb.; ***mi riconosco in lei*** I see myself in her **2** *(l'un l'altro)* to recognize each other **3** *(essere identificabile)* ***-rsi da qcs.*** to be recognizable by sth. **4** *(dichiararsi)* ***-rsi colpevole*** to admit one's guilt **5** *(considerare come legittimo)* ***ci riconosciamo il diritto di*** we feel that we have the right to ◆ ***gli amici si riconoscono nel momento del bisogno*** PROV. a friend in need is a friend indeed.

riconoscibile /rikonoʃ'ʃibile/ agg. recognizable, identifiable (**da qcs.** by sth.).

riconoscibilità /rikonoʃʃibili'ta/ f.inv. recognizability.

riconoscibilmente /rikonoʃʃibil'mente/ avv. recognizably.

▷ **riconoscimento** /rikonoʃʃi'mento/ m. **1** *(azione di riconoscere)* identification, recognition; ***~ di un cadavere*** identification of a body; ***fare un segno di ~*** to give a sign of recognition; ***fece loro un cenno di ~ con la mano*** he acknowledged them with a wave **2** *(ammissione di torti, errori, qualità, meriti)* acknowledgement; ***il ~ della propria debolezza*** admitting one's own weakness **3** *(di diritto, indipendenza, Stato)* acknowledgement; ***~ dell'autorità di qcn.*** acknowledgement of sb.'s authority **4** *(accettazione)* ***~ di paternità*** o ***di un bambino*** legal recognition of a child **5** *(ricompensa, premio)* award **6** INFORM. recognition; ***~ delle forme*** INFORM. pattern recognition ◆◆ ***~ di debito*** acknowledgement of debt; ***~ onorifico*** award; ***~ ottico dei caratteri*** optical character recognition; ***~ vocale*** speech *o* voice recognition.

riconosciuto /rikonoʃ'ʃuto/ **I** p.pass. → **riconoscere II** agg. [*fatto, diploma, titolo, medico*] recognized; [*principio, metodo, idea*] approved, (well-)known; [*istituzione*] recognized, accredited, acknowledged; [*artista, talento*] acknowledged, well-known; ***paese ~ dal 1990*** country that was recognized in 1990; ***~ dalla legge*** recognized by law; ***è il leader ~ del suo partito*** he's acknowledged as the party's leader; ***~ come cittadino italiano*** recognized as an Italian citizen; ***un fatto universalmente ~*** a fact that is given common currency, a commonly accepted fact.

riconquista /rikon'kwista/ f. **1** *(di territorio, città)* recapture, reconquest **2** *(di libertà)* regaining; *(di diritto)* recovery.

▷ **riconquistare** /rikonkwis'tare/ [1] tr. **1** MIL. to recapture, to regain, to reconquest, to retake* [*territorio, città*] **2** FIG. to win* back [*dignità, fiducia, amore, maggioranza*]; to regain, to gain back [*libertà*]; to recover [*diritto*]; ***~ il primo posto*** to gain back first place; ***~ qcn.*** to win back sb.'s love *o* heart.

riconsacrare /rikonsa'krare/ [1] tr. to reconsecrate.

riconsacrazione /rikonsakrat'tsjone/ f. reconsecration.

riconsegna /rikon'seɲɲa/ f. **1** *(restituzione)* return **2** COMM. new delivery, redelivery.

riconsegnare /rikonseɲ'ɲare/ [1] tr. **1** *(consegnare di nuovo)* to hand [sth.] in again [*rapporto, compito, lavoro*]; to hand [sb.] over again [*criminale, prigioniero*] **2** COMM. to deliver [sth.] again [*merce*] **3** *(restituire)* to return [*chiavi*]; to give* [sth.] back [*denaro*].

riconsiderare /rikonside'rare/ [1] tr. to reconsider, to reassess, to review [*problema, questione, posizione*]; to reappraise, to review [*politica*].

riconsiderazione /rikonsiderat'tsjone/ f. reconsideration, reassessment, reappraisal.

ricontare /rikon'tare/ [1] tr. to re-count [*denaro*].

ricontrollare /rikontrol'lare/ [1] tr. to check again, to double-check.

riconversione /rikonver'sjone/ f. reconversion; ***incentivi per la ~*** incentives for a company's conversion to a new line of production.

riconvertire /rikonver'tire/ [3] **I** tr. **1** to reconvert, to change back **2** ECON. to restructure, to reorganize [*industria, economia*]; to convert [*fabbrica, edificio*] **3** RELIG. to reconvert **II riconvertirsi** pronom. **1** *(trasformarsi)* [*azienda, impianti*] to be* converted; ***la fabbrica si è riconvertita nel tessile*** the factory has switched to textiles **2** RELIG. to be* reconverted.

riconvocare /rikonvo'kare/ [1] tr. to reconvene [*assemblea*]; DIR. to resummon [*persona*].

riconvocazione /rikonvokat'tsjone/ f. reconvention; DIR. resummons.

ricoperto /riko'pɛrto/ **I** p.pass. → **ricoprire II** agg. **1** *(coperto completamente)* covered (**di** with); ***~ di neve*** snow-covered; ***un animale ~ di scaglie*** an animal covered in scales; ***~ di muschio, erbacce*** moss-grown, weed-grown; ***~ d'acciaio*** steel-plated **2** GASTR. *(con uno strato)* topped (**di** with); *(completamente rivestito)* coated; ***mandorle -e di zucchero, cioccolato*** sugar-coated, chocolate-coated almonds **III** m. GASTR. *(gelato)* choc-ice, ice-cream bar on a stick.

ricopertura /rikoper'tura/ f. **1** *(procedimento)* covering **2** *(rivestimento)* cover, covering.

▷ **ricopiare** /riko'pjare/ [1] tr. **1** *(trascrivere)* to copy out [*testo, citazione*]; *(annotare)* to copy down [*indirizzo*] **2** *(mettere in bella)* to recopy, to make* a fair copy of **3** *(riprodurre fedelmente)* to copy [sth.] (from the original) [*opera d'arte*].

ricopiatura /rikopja'tura/ f. copying.

▶ **ricoprire** /riko'prire/ [91] **I** tr. **1** *(coprire completamente)* to cover (**di** with); ***la neve ricopriva il terreno*** snow covered the ground; ~ ***dei mobili con delle fodere*** to cover furniture with dust sheets; ***giornali, libri e vestiti sporchi ricoprivano il pavimento*** newspapers, books and dirty clothes were strewn all over the floor **2** *(coprire di nuovo)* to cover [sb.] up again [*malato, bambino*] **3** *(rivestire)* to upholster [*cuscino, sofà*]; to face, to dress [*muro, facciata*] (**di**, **con** with) **4** *(esercitare una funzione)* to hold*, to fill [*cariche, funzioni*]; ~ ***la carica di amministratore*** to hold a directorship **5** FIG. *(ricolmare)* ~ ***qcn. di regali, onori*** to lavish presents, honours on sb. **6** FIG. *(mascherare, nascondere)* to cover up [*errori*] **7** GASTR. *(con uno strato)* to top (**di** with); *(completamente)* to coat (**di** in, with) **II ricoprirsi** pronom. **1** *(rivestirsi)* to become* covered (**di** with); ***-rsi di ghiaccio*** to become covered with ice, to ice up; ***-rsi di chiazze rosse*** to come out *o* break in a rash **2** *(procurarsi)* ***-rsi di gloria, vergogna*** to cover oneself with glory, shame.

ricordanza /rikor'dantsa/ f. LETT. remembrance.

▶ **ricordare** /rikor'dare/ [1] *Ricordare* e *ricordarsi* si traducono in inglese con *to remember*, quando significano *tenere a mente* o *farsi venire in mente qualcosa*, mentre *ricordare qualcosa a qualcuno* si traduce con *to remind somebody of something*. Va notato anche il diverso significato indicato dalla reggenza grammaticale di *to remember*: *to remember* + gerundio traduce *ricordare /-rsi di avere fatto qualcosa* (*mi ricordo di averlo scritto da qualche parte* = I remember writing it somewhere), mentre *to remember* + *to* + infinito rende *ricordare /-rsi di fare qualcosa* (*devo ricordarmi di ringraziarla* = I must remember to thank her). **I** tr. **1** *(tenere a mente)* to remember [*fatto, nome, viso, luogo*]; ~ ***di aver letto*** to remember reading; ~ ***come, perché, che*** to remember how, why, that; ~ ***qcs. a memoria*** to know sth. by heart; ***non riesco proprio a*** ~ ***il suo nome*** I just can't think of his name; ***una serata da*** ~ an evening to remember **2** *(richiamare alla memoria)* to remind; ~ ***qcs. a qcn.*** to remind sb. of sth.; ~ ***agli insegnanti i loro doveri*** to remind teachers of their duties; ***libro, mostra che ricorda la vita di Calvino*** book, exhibition recalling Calvino's life; ***che cosa ti ricorda?*** what does it suggest to you? ***perché me lo devi sempre ~?*** why do you always have to remind me? **3** *(assomigliare)* ***mi ricorda mia sorella*** she reminds me of my sister; ***ricorda sua padre*** she has a look of her father about her **4** *(menzionare)* to mention [*meriti, imprese*]; ***vorrei ringraziare Giorgio, Paola e tutti gli altri, troppi per ricordarli tutti*** I'd like to thank Giorgio, Paola and others too numerous to mention **II ricordarsi** pronom. *(rammentarsi di)* ***-rsi qcn., qcs.*** to remember sb., sth.; ~ ***di fare*** to remember to do; ***sto cercando di ricordarmi dov'era la casa*** I'm trying to think just where the house was; ***-rsi perfettamente di qcs.*** to have total recall of sth., to remember sth. perfectly; ***non me ne ricordo molto bene*** I can't remember it very well; ***-rsi di qcn. nel testamento*** to remember sb. in one's will; ***ricordati che cosa è successo con i bambini di Bruno*** remember what happened with Bruno's kids.

ricordino /rikor'dino/ m. **1** *(regalino)* souvenir, keepsake **2** *(cartoncino con foto)* *(di santo)* holy picture; *(di defunto)* remembrance card.

▶ **ricordo** /ri'kɔrdo/ **I** m. **1** *(immagine del passato)* memory; ***serbare un buon, cattivo*** ~ ***di qcs.*** to have happy, bad memories of sth.; ***ormai è solo un brutto*** ~ it's just a bad memory; ***-i di scuola, dell'esercito, della prigionia*** memories of schooldays, of the army, of captivity; ***-i di guerra*** wartime memories; ***-i d'infanzia*** childhood memories; ***un*** ~ ***sfocato, vago*** a blurred, dim memory; ***frugare tra i -i*** to sift through one's memories; ***suscitare in qcn. bei, brutti -i*** to bring back good, bad memories (to sb.); ***portarsi dentro un*** ~ to carry a memory in one's mind; ***mantenere vivo il*** ~ ***di qcn.*** to keep sb.'s memory alive *o* green; ***presto le auto a benzina saranno un*** ~ ***del passato*** soon petrol-driven cars will be a thing of the past **2** *(segno)* souvenir; ***questa cicatrice è un*** ~ ***dell'incidente*** this scar is a little souvenir of the accident **3** *(oggetto)* *(di un luogo, avvenimento)* souvenir; *(di persona)* memento, keepsake; ***me l'ha dato per*** ~ she gave it to me as a keepsake **4** *(saluto nelle lettere)* ***un caro*** ~ yours ever **II** agg.inv. ***foto*** ~ souvenir photo.

ricoricare /rikori'kare/ [1] **I** tr. ~ ***qcn.*** to put sb. back to bed **II ricoricarsi** pronom. to go* back to bed.

ricorreggere /rikor'rɛddʒere/ [59] tr. to correct [sth.] again.

ricorrente /rikor'rɛnte/ **I** agg. **1** *(frequente)* [*motivo, sogno, pensiero*] recurring **2** MED. [*febbre*] relapsing **3** MAT. recursive **II** m. e f. petitioner, claimant.

ricorrenza /rikor'rɛntsa/ f. **1** *(il ripetersi)* recurrence **2** *(anniversario)* anniversary, occasion; ***festeggiare la*** ~ to mark *o* celebrate the occasion.

▶ **ricorrere** /ri'korrere/ [32] intr. (aus. *essere*) **1** *(fare ricorso)* ~ ***a*** to have recourse to [*rimedio, tecnica*]; to resort to [*espediente, stratagemma*]; to turn to [*amico*]; to draw on [*esperienza, abilità, risparmi*]; ~ ***alle vie legali*** to take legal action, to start legal proceedings **2** DIR. *(presentare ricorso)* to appeal (**in**, **davanti a** to); ~ ***in cassazione, davanti alla Corte di Cassazione*** to file an appeal to the Supreme Court **3** *(ripetersi nel tempo)* ***oggi ricorre il nostro decimo anniversario di nozze*** today is our tenth wedding anniversary **4** *(comparire con frequenza)* [*data, idea, tema*] to recur **5** *(correre di nuovo)* to run* again **6** FIG. *(ritornare)* to think* back; ***continuo a*** ~ ***con il pensiero al giorno in cui arrivai qui*** I keep thinking back to the day I arrived here.

ricorsività /rikorsivi'ta/ f.inv. recursion.

ricorsivo /rikor'sivo/ agg. recursive.

ricorso /ri'korso/ **I** p.pass. → **ricorrere II** m. **1** *(appello)* recourse, resort; ***fare*** ~ ***a*** to have recourse to [*rimedio, tecnica*]; to resort to [*espediente, stratagemma*]; to turn to [*amico*]; to draw on [*esperienza, abilità, risparmi*]; ***avere qcs. a cui fare*** ~ to have sth. to fall back on **2** DIR. appeal; ***fare*** ~ ***in appello sostenendo l'infermità mentale*** to lodge an appeal on the grounds of insanity; ***un*** ~ ***che non è ammissibile*** an appeal that will not lie; ***vuole presentare*** ~ ***contro la sospensione adottata nei suoi confronti*** she wants to appeal against her suspension **3** *(il ripetersi)* ***studiare i corsi e i -i della storia*** to study historical recurrences; ***la storia è un eterno*** ~ history is constantly repeating itself ◆◆ ~ ***in cassazione*** appeal to the Supreme Court; ~ ***per grazia*** petition for mercy; ~ ***per vizio di forma*** appeal on grounds of procedural errors.

ricostituente /rikostitu'ɛnte/ **I** agg. [*medicinale, dieta*] restorative, fortifying, tonic **II** m. tonic.

ricostituire /rikostitu'ire/ [102] **I** tr. **1** *(costituire di nuovo)* to reform, to reconstitute [*esercito, associazione, partito*] **2** *(rinvigorire)* to fortify, to restore **II ricostituirsi** pronom. **1** *(costituirsi di nuovo)* to reform, to be* reconstituted **2** *(ristabilirsi)* to recover.

ricostituzione /rikostitut'tsjone/ f. *(di associazione, partito)* reconstitution; *(di attività commerciale)* re-establishment.

ricostruibile /rikostru'ibile/ agg. that can be reconstructed.

▷ **ricostruire** /rikostru'ire/ [102] tr. **1** *(costruire di nuovo)* to rebuild*, to reconstruct [*edificio, cattedrale*]; to rebuild* [*città, muro, economia*]; *(da frammenti)* to piece together [*lettera, vaso*] **2** FIG. to reconstruct [*crimine, avvenimento, testo*]; ~ ***la dinamica dei fatti*** to piece the facts together, to reconstruct the scene **3** CINEM. TELEV. to reconstruct [*epoca, scenario*] **4** AUT. to retread, to recap AE [*pneumatico*] **5** CHIR. to reconstruct.

ricostruttivo /rikostrut'tivo/ agg. CHIR. reconstructive.

ricostruzione /rikostrut'tsjone/ f. **1** *(di edificio, città)* reconstruction, rebuilding **2** FIG. *(di crimine, avvenimento, testo, fatti)* reconstruction; *(di epoca, scenario)* recreation; ~ ***storica*** historical reconstruction; ~ ***di carriera*** career record.

ricotta /ri'kɔtta/ f. GASTR. ricotta cheese ◆ ***avere le mani di*** ~ to be butterfingered.

ricottura /rikot'tura/ f. **1** *(ulteriore cottura)* successive cooking **2** METALL. annealing.

▷ **ricoverare** /rikove'rare/ [1] **I** tr. **1** *(in ospedale)* to hospitalize; *(in un ospizio)* to put* [sb.] in institutional care, to put* [sb.] in a home; ***essere ricoverato (in ospedale)*** to be admitted to hospital; ***farsi*** ~ to go into hospital; ~ ***qcn. d'urgenza*** to rush sb. to hospital **2** *(offrire riparo)* ~ ***qcn.*** to shelter sb., to give sb. shelter **II ricoverarsi** pronom. **1** *(entrare in un istituto)* ***-rsi in ospedale*** to go into hospital **2** *(trovare ricovero)* to take* refuge; ***-rsi in una capanna*** to take shelter in a hut.

ricoverato /rikove'rato/ **I** p.pass. → **ricoverare II** agg. ***è -a (in ospedale) per fare una biopsia*** she's in for a biopsy **III** m. (f. **-a**) **1** *(in ospedale)* in-patient **2** *(in un istituto)* guest, patient.

▷ **ricovero** /ri'kovero/ m. **1** *(in istituto)* admission; *(in ospedale)* hospitalization; ***-i in ospedale*** admissions to a hospital **2** *(riparo)* shelter, refuge; ***cercare, trovare un*** ~ to seek, find refuge *o* shelter **3** *(ospizio)* home; ***casa di*** ~ retirement *o* nursing home, old people's home **4** MIL. ~ ***sotterraneo*** funk hole.

ricreare /rikre'are/ [1] **I** tr. **1** *(creare di nuovo)* to recreate **2** *(ristorare)* to refresh **3** *(divertire)* to amuse **II ricrearsi** pronom. *(divertirsi)* to amuse oneself, to recreate.

ricreativo /rikrea'tivo/ agg. [*attività*] recreational; *(divertente)* entertaining; ***centro*** ~ recreation *o* leisure centre.

▷ **ricreazione** /rikreat'tsjone/ f. **1** SCOL. *(alle elementari)* playtime BE, recess AE; *(alle superiori)* break BE, recess AE; ***stanno***

facendo la ~ they are having their break; ***durante la ~*** at break, during playtime **2** *(svago)* recreation; *(pausa)* break; ***concedersi*** o ***prendersi un po' di ~*** to take a break, to allow oneself some fun.

ricredersi /ri'kredersi/ [2] pronom. to change one's mind; ***~ su qcn., qcs.*** to change one's mind about sb., sth; ***mi sono ricreduto sul suo conto*** I've changed my mind about him.

ricrescere /ri'kreʃʃere/ [33] intr. (aus. *essere*) to grow* again, to regrow*; ***farsi ~ i capelli, la barba*** to let one's hair, beard grow (back) again.

ricrescita /ri'kreʃʃita/ f. *(di vegetazione)* regrowth; *(di capelli tinti)* roots pl.

rictus /'riktus/ m.inv. rictus*.

ricucinare /rikutʃi'nare/ [1] tr. **1** *(cucinare nuovamente)* to cook [sth.] again **2** FIG. to serve up [*idea, progetto, politica*].

ricucire /riku'tʃire/ [108] tr. **1** SART. to sew* up [*orlo, bottone*] **2** FIG. to repair [*rapporti*] **3** MED. to stitch up [*ferita*].

ricucitura /rikutʃi'tura/ f. **1** SART. *(azione)* sewing up; *(risultato)* stitching **2** FIG. reconciliation.

ricuocere /ri'kwɔtʃere/ [34] tr. **1** GASTR. to cook [sth.] again **2** TECN. to anneal [*metallo*]; to refire [*ceramica*].

ricuperabile /rikupe'rabile/ → **recuperabile.**

ricuperare /rikupe'rare/ → **recuperare.**

ricuperatore /rikupera'tore/ → **recuperatore.**

ricuperatorio /rikupera'tɔrjo/ → **recuperatorio.**

ricupero /ri'kupero/ → **recupero.**

ricurvo /ri'kurvo/ agg. [*persona*] stooping, bent; [*schiena*] bowed, hunched; [*ramo*] drooping; [*becco, lama, corna*] curved; [*coda, ciglia*] curly.

ricusa /ri'kuza/ f. LETT. refusal.

ricusabile /riku'zabile/ agg. DIR. open to challenge.

ricusare /riku'zare/ [1] tr. **1** *(rifiutare)* to refuse [*invito*] **2** DIR. to challenge [*testimone, giurato, giudice*].

ricusazione /rikuzat'tsjone/ f. DIR. challenge, challenging; ***~ motivata, immotivata*** DIR. a challenge for, without cause; ***~ di giurato*** objection to a juror; ***diritto di ~*** right of challenge.

ridacchiare /ridak'kjare/ [1] intr. (aus. *avere*) to chuckle, to giggle, to snigger, to snicker AE.

ridanciano /ridan'tʃano/ agg. **1** *(incline al riso)* prone to laugh **2** *(che suscita il riso)* [*storiella*] comic, funny.

▷ **ridare** /ri'dare/ [7] tr. **1** *(dare di nuovo)* to give* again; ***~ qcs. a qcn.*** to give sb. sth. again, to give sth. to sb. again; ***ridammi il tuo numero di telefono*** give me your phone number again; ***~ una spazzata in cucina*** to give the kitchen another sweep; ***~ una mano di vernice alla porta*** to give the door another coat of varnish **2** *(infondere nuovamente)* ***~ coraggio, fiducia a qcn.*** to restore sb.'s courage, confidence; ***~ speranza a qcn.*** to give sb. renewed hope, to restore sb.'s hopes; ***~ forza, energia a qcn.*** to restore sb.'s strength, energy; ***~ la vita a qcn.*** [*notizia*] to give sb. a new lease of *o* on life; ***~ vigore all'economia di un paese*** to revive a country's economy **3** *(restituire)* to return, to give* back [*oggetto, denaro*] (**a** to); ***ho riportato il libro e mi hanno ridato i soldi*** I took the book back and they refunded the money; ***ridateci i soldi!*** we want our money back! **4** *(ritrasmettere)* to rerun* [*film, programma*] **5** GIOC. ***~ le carte*** to deal the cards again **6** *(sottoporsi di nuovo a)* to resit* [*esame*]; to take* again [*esame di guida*] ◆ ***dagli e ridagli ce l'ha fatta*** after repeated efforts he managed to do it.

ridarella /rida'rɛlla/ f. COLLOQ. ***avere un attacco*** o ***una crisi di ~*** to have an attack *o* a fit of giggles; ***farsi prendere dalla ~*** to collapse into giggles, to get the giggles.

ridda /'ridda/ f. **1** *(danza)* round dance **2** FIG. *(di cifre, idee)* jumble; *(di dettagli, indizi, domande)* mass ◆◆ ***~ delle streghe*** witches' rant.

ridecorare /rideko'rare/ [1] tr. to redecorate.

ridefinire /ridefi'nire/ [102] tr. to redefine.

ridefinizione /ridefinit'tsjone/ f. redefinition.

ridente /ri'dɛnte/ agg. **1** [*occhi, espressione*] laughing, smiling; [*viso*] happy **2** *(ameno)* [*paesaggio*] nice, joyful.

▶ **1.ridere** /'ridere/ [35] **I** intr. (aus. *avere*) **1** to laugh; ***scoppiare a ~*** to burst into laughter, to burst out laughing; ***~ sguaiatamente*** to guffaw; ***~ a crepapelle*** to be in stitches; ***~ di cuore*** to laugh heartily; ***~ per un nonnulla*** to laugh at the slightest thing; ***~ come un matto*** to be in hysterics; ***sbellicarsi dal ~*** to laugh till one's sides ache; ***far ~ qcn.*** to make sb. laugh; ***non c'è nulla*** o ***niente da ~, c'è poco da ~!*** it's no laughing matter! there's nothing to laugh about! ***~ delle barzellette di qcn.*** to laugh at sb.'s jokes; ***~ tra sé e sé*** to laugh to oneself; ***farsi ~ dietro da tutta la scuola*** to become the laughing stock of the whole school; ***~ in faccia a qcn.*** to laugh in sb.'s face; ***~ fino alle lacrime*** to cry with laughter; ***si trattenne dal ~*** she stopped herself from laughing; ***smettetela di ~!*** cut out the laughing! ***fare qcs. (così*** o ***tanto) per ~*** to do sth. for a laugh; ***non riuscivano a smettere di ~*** they were helpless with laughter; ***ma non farmi ~*** COLLOQ. don't make me laugh, don't be ridicolous **2** *(deridere, prendere in giro)* to laugh (**di qcn., qcs.** at sb., sth.); ***non ~ del mio cappello*** don't laugh at my hat; ***tutti ridono di lui*** everybody's laughing at him **3** LETT. *(avere un'espressione gaia)* ***le ridono gli occhi*** she has laughing eyes **II ridersi** pronom. **1** *(burlarsi)* to laugh (**di qcn., qcs.** at sb., sth.); ***-rsi della dabbenaggine di qcn.*** to laugh at sb.'s credulity **2 ridersela** COLLOQ. not to give* a hoot; ***ridersela di qcs.*** to laugh at sth. ◆ ***ride bene chi ride ultimo*** PROV. he who laughs last laughs longest; ***~ verde*** to give a forced laugh; ***chi ride il venerdì, piange la domenica*** if you sing before breakfast you'll cry before night; ***fare ~ i polli*** (to be enough) to make a cat laugh; ***~ sotto i baffi*** to laugh up one's sleeve; ***~ alle spalle di qcn.*** to laugh behind sb.'s back.

2.ridere /'ridere/ m. laughing, laughter; ***buttare*** o ***mettere qcs. sul ~*** to laugh sth. off; ***morire*** o ***crepare dal ~*** to kill oneself laughing, to die laughing; ***tenersi la pancia dal ~*** to split one's sides with laughter.

ridestare /rides'tare/ [1] **I** tr. **1** *(risvegliare)* to wake* [sb.] up again **2** FIG. to revive, to reawaken [*paura, passione, ricordo*] **II ridestarsi** pronom. **1** *(risvegliarsi)* to wake* up again **2** FIG. [*speranze, entusiasmo*] to revive, to reawaken.

ridicolaggine /ridiko'laddʒine/ f. **1** *(caratteristica)* ridiculousness, absurdity **2** *(cosa ridicola)* ridiculous thing, nonsense **U**; ***dire -i*** to talk nonsense.

ridicolizzare /ridikolid'dzare/ [1] tr. to ridicule [*idea, proposta, avversario*].

ridicolmente /ridikol'mente/ avv. ridiculously; ***un salario ~ basso*** a ridiculously low salary.

▶ **ridicolo** /ri'dikolo/ **I** agg. **1** *(degno di derisione)* ridiculous; ***rendersi ~*** to make a fool *o* an ass *o* a spectacle of oneself; ***è ~*** it's ridiculous; ***vestito in modo ~*** dressed ridiculously; ***lo ha reso ~ agli occhi dei telespettatori, degli elettori*** he made him look foolish *o* ridiculous in the eyes of the viewers, electorate **2** *(insensato)* ludicrous, absurd; ***sostenere una cosa diversa è ~*** to suggest otherwise is ludicrous **3** *(insignificante)* [*somma, offerta*] laughable **II** m. ridicule; ***mettere qcn., qcs. in ~*** to hold sb., sth. up to ridicule, to make a mockery of sb., sth.; ***essere messo in ~*** to be met with ridicule.

ridimensionamento /ridimensjona'mento/ m. *(di industria, progetto)* reorganization; *(dell'organico, dei prezzi)* cut, reduction; ***un ~ della spesa pubblica*** cutbacks in public spending.

ridimensionare /ridimensjo'nare/ [1] **I** tr. **1** *(riorganizzare)* to reorganize, to run* down [*impresa*]; to trim down [*progetto, organico, stima*]; to cut* down [*spese, prezzi*] **2** FIG. *(ricondurre alle giuste proporzioni)* ***~ qcn., qcs*** to put sb., sth. back in his, its right perspective **3** *(indurre a cambiare atteggiamento)* to cut* [sb.] down to size, to take* [sb.] down a peg or two **4** INFORM. to size [*finestra*] **II ridimensionarsi** pronom. **1** [*impresa, organizzazione*] to slim down **2** FIG. ***le sue pretese si sono ridimensionate*** his demands have scaled down.

ridipingere /ridi'pindʒere/ [24] tr. to repaint.

ridire /ri'dire/ [37] tr. **1** *(ripetere)* to tell* [sth.] again; ***non te lo ridirò un'altra volta!*** I won't tell you again! ***gliel'ho detto e ridetto mille volte*** I've told him over and over again **2** *(criticare)* ***avere*** o ***trovare qualcosa da ~ su qcs.*** to find fault with sth.; ***avete qualcosa da ~ sul loro lavoro?*** have you got anything to say about their work? ***non avere nulla da ~*** to have no complaints, to have nothing to say; ***sulla qualità non c'è nulla da ~*** from the point of view of quality, it can't be faulted; ***ha sempre qualcosa da ~*** he's always finding fault **3** *(riferire)* to repeat; ***non andare a ~ quello che ti ho raccontato*** don't go and repeat what I have told you **4** *(esporre)* to recite [*poesia, lezione*] **5** LETT. *(esprimere, narrare)* ***una gioia che non si può ~*** I cannot describe the joy I feel.

ridiscendere /ridiʃ'ʃendere/ [10] **I** tr. [*persona*] to go* back down, to climb back down [*scale, gradini*]; ***abbiamo ridisceso la collina a piedi*** we walked back down the hill **II** intr. (aus. *essere*) [*persona, ascensore, teleferica, aereo*] *(considerato dall'alto)* to go* back down; *(considerato dal basso)* to come* back down; [*prezzi, tassi, temperatura*] to go* down again; ***preferisco ~ per le scale*** I prefer to go back down by the stairs; ***sono ridisceso in fondo al pozzo, alla scogliera*** I went back down to the bottom of the well, to the foot of the cliff; ***~ dal treno*** to get off the train again; ***~ da*** [*persona*] to step back off [*marciapiede, scala*]; ***far ~ la temperatura*** to lower the temperature; MED. to lower one's temperature.

ridiscutere /ridis'kutere/ [39] tr. **1** to discuss [sth.] again **2** DIR. to retry [*caso*].

ridisegnare /ridiseɲ'ɲare/ [1] tr. **1** *(disegnare di nuovo)* to redraw* **2** FIG. to redraw* [*confini*]; to restructure [*amministrazione*]; to replan [*quartiere*].
ridisfare /ridis'fare/ [8] **I** tr. to undo* [sth.] again **II ridisfarsi** pronom. to come* undone again.
ridisporre /ridis'porre/ [73] tr. to rearrange.
ridisputare /ridispu'tare/ [1] tr. to replay [*incontro*].
ridistribuire /ridistribu'ire/ [102] tr. to redistribute [*ricchezze*]; to reapportion, to reallocate [*terre, denaro, compiti*].
▷ **ridistribuzione** /ridistribut'tsjone/ f. redistribution; *(dei compiti)* reallocation.
ridivenire /ridive'nire/ [107], **ridiventare** /ridiven'tare/ [1] intr. (aus. *essere*) to become* again; ~ ***povero, normale*** to become poor, normal again; ***se ridiventassi giovane*** if I had my time over again.
ridomandare /ridoman'dare/ [1] tr. **1** *(chiedere di nuovo)* ~ ***qcs. a qcn.*** *(per sapere)* to ask sb. sth. again; *(per ottenere)* to ask sb. for sth. again **2** *(in restituzione)* ~ ***qcs. a qcn.*** to ask sb. for sth. back.
ridonare /rido'nare/ [1] tr. ~ ***qcs. a qcn.*** *(donare di nuovo)* to give sb. sth. again, to give sth. to sb. again; *(restituire)* to give sb. back sth., to give sth. back to sb.; ***prodotto che ridona lo splendore ai capelli*** product which puts the shine back in one's hair.
ridondante /ridon'dante/ agg. **1** [*stile*] luxuriant, verbose; [*parola*] superfluous, redundant **2** INFORM. LING. redundant.
ridondanza /ridon'dantsa/ f. **1** redundance, redundancy, superabundance **2** LING. INFORM. TECN. redundance, redundancy; ***a*** ~ [*codice, sistema*] redundant; ***controllo per*** ~ redundance *o* redundancy check.
ridondare /ridon'dare/ [1] intr. (aus. *essere*) LETT. to superabound (**di qcs.** in, with sth.).
ridosso /ri'dɔsso/ m. **1** *(riparo)* shelter **2 a ridosso di** *(al riparo)* under cover; *(vicino)* ***trovarsi*** o ***essere a*** ~ ***di qcs.*** [*montagna*] to be at the back of sth., to be behind sth.; [*casa, villaggio*] to be close to sth.; ***essere a*** ~ ***di qcn.*** to be close to sb.; ***siamo a*** ~ ***dell'estate*** summer is close at hand.
ridotta /ri'dotta/ f. **1** MIL. redoubt **2** AUT. underdrive.
ridotto /ri'dotto/ **I** p.pass. → **ridurre II** agg. **1** *(diminuito)* [*tassi, attività, manodopera*] reduced; [*quantità, entusiasmo, livello*] diminished; ***avere la visibilità -a*** to have restricted visibility; ***a velocità -a*** at a low speed, slowly; ***mobilità -a*** impaired *o* reduced mobility; ***edizione -a*** abridged edition **2** *(scontato)* ***biglietto*** ~ ticket at a reduced price; ***tariffa -a*** reduced fare, special price; TEL. cheap *o* reduced rate; ***viaggiare a tariffa -a*** to travel at *o* for half fare; ***volo a tariffa -a*** discount flight; ***avere diritto alla tariffa -a*** to be entitled to travel half fare; ***a prezzo*** ~ [*comprare, vendere*] on the cheap, on sale **3** *(piccolo)* [*dimensioni*] small; ***occupare uno spazio*** ~ not to take up much room; ***in scala -a, in formato*** ~ [*oggetto*] small-scale, small-sized **4** *(trasformato)* ~ ***in cenere*** [*città, costruzione*] reduced *o* burned to ashes; ***guarda come sei*** ~***!*** FIG. you're a sight! **5** MAT. [*equazione*] reduced **III** m. **1** MIL. redoubt **2** TEATR. foyer, front of the house BE ◆ ***essere mal*** ~ *(fisicamente)* to be in poor health, to be pretty bad; *(economicamente)* to be flat broke.
riducente /ridu'tʃɛnte/ **I** agg. CHIM. reducing **II** m. CHIM. reducing agent.
riducibile /ridu'tʃibile/ agg. **1** *(che può essere ridotto)* [*spese, organico*] reducible; ***prezzi -i del 20%*** prices which can be cut by 20%; ***una cultura non è*** ~ ***ai desideri degli individui che la compongono*** a culture is more than just the desires of the individuals comprising it **2** CHIM. MAT. reducible **3** MED. [*frattura*] reducible.
riducibilità /ridutʃibili'ta/ f.inv. reducibility.
▶ **ridurre** /ri'durre/ [13] **I** tr. **1** *(diminuire)* to reduce, to cut* [*imposte, spese, costi, personale*]; to reduce [*dimensioni, lunghezza, velocità, disuguaglianze, distanza*]; to reduce, to shorten [*durata, ritardo*]; to narrow [*divario*]; to reduce, to lessen [*rischi, probabilità*]; to reduce, to bring* down [*disoccupazione*]; to reduce, to limit [*scelta, influenza*]; ~ ***il consumo di alcolici*** to cut down on alcohol; ~ ***l'inflazione dell'1%*** to cut 1% off inflation; ~ ***di un quarto*** to reduce by a quarter; ~ ***qcs. al minimo*** to reduce sth. to the minimum; ***abbiamo ridotto a tre il numero dei candidati*** we've whittled the number of applicants down to three **2** *(nelle dimensioni)* to reduce [*foto, documento*]; to cut*, to abridge [*testo*]; GASTR. to boil down [*sugo*] **3** *(trasformare)* to reduce (**in** to); ~ ***qcs. in polvere*** to reduce *o* crush sth. to (a) powder; ~ ***qcs. in poltiglia*** to reduce *o* crush sth. to a pulp; ~ ***il grano in farina*** to grind wheat into flour; ~ ***un'automobile a un rottame*** to write off a car, to total a car; ~ ***qcs. a brandelli*** to tear sth. to ribbons *o* shreds **4** *(ricondurre)* ~ ***un problema all'essenziale*** to reduce a problem to its bare essentials; ***sbagliate a*** ~ ***questo conflitto a...*** you are wrong to consider this conflict as no more than... **5** *(obbligare)* ~ ***qcn. al silenzio*** to reduce sb. to silence; ~ ***qcn. in miseria*** to reduce sb. to begging; ~ ***un popolo in schiavitù*** to reduce a nation to slavery; ~ ***qcn. alla sottomissione*** to beat sb. into submission **6** CHIM. to reduce [*composto*] **7** MED. to reset* [*osso fratturato*] **8** MAT. to reduce [*frazione*]; ~ ***delle frazioni a un denominatore comune*** to reduce fractions to a common denominator **9** MAR. ~ ***le vele*** to shorten sail **II ridursi** pronom. **1** *(diminuire)* [*costi, ritardo*] to be* reduced; [*rischi, spese, velocità, quantità, disoccupazione, prezzo, livello*] to decrease; [*divario*] to narrow, to close **2** *(limitarsi)* ***il loro contributo si riduce a qualche sacco di grano*** their contribution consists merely of a few sacks of wheat; ***tutto si riduce al fatto che*** it all comes down to the fact that **3** *(diventare)* ***la sua voce si ridusse a un sussurro*** his voice dropped to a whisper; ***la strada si riduceva a un sentiero*** the road narrowed to a track **4** GASTR. [*sugo, sciroppo*] to boil down, to reduce ◆ ***-rsi all'ultimo (momento)*** to leave things to the last minute; ***-rsi in miseria*** to be reduced to poverty.
riduttivamente /riduttiva'mente/ avv. reductively.
riduttivo /ridut'tivo/ agg. **1** *(che riduce)* ***misure -e dei costi*** cost-cutting measures **2** *(che sminuisce)* [*analisi, slogan*] reductionist; [*teoria, spiegazione*] reductive.
riduttore /ridut'tore/ **I** agg. **1** CHIM. reducing **2** MECC. ***ingranaggio*** ~ reduction gear **II** m. (f. **-trice** /tritʃe/) **1** *(di testo)* adapter **2** EL. adaptor **3** CHIM. reducing agent ◆◆ ~ ***di corrente*** EL. step-down transformer; ~ ***di velocità*** MECC. speed reducer.
▶ **riduzione** /ridut'tsjone/ f. **1** *(sconto)* discount, reduction; *(concesso a un gruppo particolare)* concession; ~ ***del 5%*** 5% reduction *o* discount; ~ ***per studenti, famiglie numerose*** concession *o* discount for students, large families **2** *(diminuzione) (di spese, sovvenzioni, produzione, salario, costi)* cutting, cut; *(di armamenti, disuguaglianze)* reducing; ~ ***delle imposte*** tax cut; ***una*** ~ ***del divario tra*** a narrowing of the gap between; ~ ***dei consumi*** decrease in spending; ~ ***dell'organico di un'azienda*** a company's cut in personnel; ***ha accettato una*** ~ ***del salario*** he agreed to take a cut in salary **3** *(semplificazione)* ***la*** ~ ***di una teoria ad alcuni principi di base*** reducing a theory to a few basic principles **4** CHIM. MED. MAT. reduction **5** CINEM. TELEV. TEATR. dramatization; ***una*** ~ ***cinematografica, televisiva, teatrale*** a dramatized version ◆◆ ~ ***cromatica*** BIOL. reduction division; ~ ***della pena*** DIR. remission; ~ ***in scala*** small-scale model.
riduzionista, m.pl. **-i**, f.pl. **-e** /riduttsjo'nista/ **I** agg. reductionist **II** m. e f. reductionist.
riduzionistico, pl. **-ci**, **-che** /riduttsjo'nistiko, tʃi, ke/ agg. reductionist.
riecco /ri'ɛkko/ avv. ~ ***Samantha!*** here's Samantha again! ***rieccoci!*** here we are again! ***rieccolo là!*** there he goes again! ***rieccoci al punto di partenza*** we are back to square one.
riecheggiamento /riekeddʒa'mento/ m. LETT. **1** *(eco)* resounding, re-echoing **2** *(similarità)* imitation.
riecheggiare /rieked'dʒare/ [1] **I** tr. to echo; ***uno stile che riecheggia D. H. Lawrence*** a style that recalls D. H. Lawrence **II** intr. (aus. *essere*) **1** *(risuonare)* to resound, to ring*, to re-echo; ***nello stadio riecheggiavano i canti dei tifosi*** the stadium echoed with the chants of the football fans **2** FIG. to echo; ***nei suoi dipinti riecheggiavano le lunghe notti d'inverno*** his painting evoked the long winter nights.
riedificare /riedifi'kare/ [1] tr. to rebuild*, to reconstruct.
riedificazione /riedifikat'tsjone/ f. rebuilding, reconstruction.
riedito /ri'ɛdito/ agg. reissued, republished.
riedizione /riedit'tsjone/ f. **1** EDIT. reissue, re-edition; ~ ***in formato tascabile*** new paperback edition **2** *(di film)* reissue **3** *(di opera teatrale)* revival **4** COLLOQ. *(riproposizione) (di cosa, situazione)* rereading.
rieducare /riedu'kare/ [1] tr. **1** MED. to restore normal functioning to [*arto*]; to rehabilitate [*disabile*] **2** *(educare in modo diverso)* to re-educate [*ragazzo*].
rieducativo /rieduka'tivo/ agg. [*trattamento*] rehabilitative.
rieducazione /riedukat'tsjone/ f. **1** MED. *(di movimenti)* physiotherapy; *(di disabile)* rehabilitation; ~ ***all'uso della parola*** speech therapy **2** *(di delinquente)* ***centro di*** ~ rehabilitation centre **3** *(nuova educazione)* re-education; ~ ***morale, ideologica*** moral, ideological re-education ◆◆ ~ ***motoria analitica*** MED. restoration of motor reflexes; ~ ***motoria funzionale*** MED. restoration of motor function.
rielaborare /rielabo'rare/ [1] tr. to revise [*testo, opera*].
rielaborazione /rielaborat'tsjone/ f. revision, reworking.
rieleggere /rie'lɛddʒere/ [59] tr. to re-elect.
rieleggibile /rieled'dʒibile/ agg. re-eligible.

rieleggibilità /rieleddʒibili'ta/ f.inv. re-eligibility.
rielezione /rielet'tsjone/ f. re-election.
riemergere /rie'mɛrdʒere/ [19] intr. (aus. *essere*) **1** *(risalire in superficie)* [*persona, sommergibile*] to resurface **2** FIG. [*dubbio, pregiudizio*] to resurface; [*problema*] to re-emerge.
riemettere /rie'mettere/ [60] tr. to reissue [*azioni*]
riempimento /riempi'mento/ m. **1** *(di contenitore, serbatoio)* filling **2** *(di modulo)* filling-in, filling-up **3** TECN. ***materiale di ~*** *(per scavi)* backfill; *(per strade)* ballast; *(per muri, argini)* filling.
▶ **riempire** /riem'pire/ [111] **I** tr. **1** *(colmare)* to fill [*recipiente, bicchiere, piatto, borsa, cassetto*] (**di, con** with); to fill [*vuoto*] (anche FIG.); ***~ qcs. fino all'orlo*** to fill sth. to the brim; ***vuotò il bicchiere tutto d'un fiato e lo riempì di nuovo*** he drained his glass and refilled it; ***~ qcs. a metà*** to half fill sth.; ***~ qcs. per i due terzi*** to fill sth. two thirds full; ***~ la vasca da bagno*** to run a bath; ***il fumo riempiva la stanza*** smoke filled the room; ***~ la casa di fiori, di pezzi d'antiquariato*** to fill one's house with flowers, antiques; ***~ un vuoto di mercato*** to fill a gap in the market **2** *(compilare)* to fill in, to complete [*modulo, questionario*]; to make* out [*assegno*]; ***~ gli spazi vuoti*** fill in the blanks; ***devi ~ i formulari*** you have to fill out forms **3** FIG. ***~ qcn. di gioia, speranza, amarezza*** to fill sb. with joy, hope, bitterness; ***~ l'animo, il cuore di qcn. di*** to fill sb.'s mind, heart with; ***~ qcn. di baci*** to cover sb. with kisses **4** *(occupare)* ***la scrittura riempie le sue giornate*** her days are fully taken up with writing **II** intr. (aus. *avere*) *(dare sazietà)* ***le patate riempiono*** potatoes fill you up, potatoes are very filling **III riempirsi** pronom. [*sala, strada, recipiente, cielo*] to fill (up) (**di** with); ***i suoi occhi si riempirono di lacrime*** her eyes filled with tears; ***-rsi la bocca di cibo*** to stuff food into one's mouth; ***-rsi di dolci, pane*** to fill up on sweets, bread; ***-rsi la bocca di luoghi comuni*** to mouth platitudes ♦ ***~ qcn. di botte*** to give sb. a going-over *o* working-over; ***~ qcn. di piombo*** to fill *o* pump sb. full of lead; ***~ a qcn. la testa di chiacchiere*** to fill sb.'s head with nonsense; ***-rsi le tasche*** to feather one's (own) nest.
riempita /riem'pita/ f. COLLOQ. ***dare una ~ a qcs.*** to fill sth. up.
riempitivo /riempi'tivo/ **I** agg. ***materiale ~*** filler **II** m. **1** filler; *(di testi, discorsi)* padding; ***usare qcs. come ~*** to use sth. as a filler **2** CHIM. filler **3** LING. expletive.
riempitrice /riempi'tritʃe/ f. filler.
riempitura /riempi'tura/ f. filling.
rientrabile /rien'trabile/ agg. [*scaletta, mobile*] fold away attrib; [*carrello*] retractable.
rientrante /rien'trante/ agg. [*costa*] indented; [*superficie*] sunken, depressed.
rientranza /rien'trantsa/ f. *(di costa)* indentation; *(di muro)* recess.
▶ **rientrare** /rien'trare/ [1] **I** intr. (aus. *essere*) **1** *(entrare di nuovo)* *(andare dentro)* to go* back in; *(venire dentro)* to come* back in; ***sono usciti e poi rientrati cinque minuti più tardi*** they went out only to come back in (again) five minutes later; ***il satellite sta per ~ nell'atmosfera*** the satellite is about to re-enter the atmosphere; ***i bambini rientrarono in classe svogliatamente*** the children reluctantly trailed back into the classroom **2** *(tornare)* to come* back, to get* back, to return; ***mio sorella è rientrata a notte fonda*** my sister got back late at night; ***~ per mezzanotte*** to be in by midnight; ***rientra dal lavoro alle cinque*** she comes in from work at five; ***quando sei rientrato in Italia?*** when did you get back to Italy? ***mio marito rientrerà il 17*** my husband will be home on the 17th; ***~ in servizio*** to go back to work *o* to one's duties; ***~ in possesso di qcs.*** to regain possession of sth.; ***~ alla base*** MIL. to return to base; ***~ nei ranghi*** to fill in; FIG. to fall into line **3** *(non avere realizzazione)* [*progetto*] to be* dropped **4** *(attenuarsi)* [*scandalo*] to die away **5** *(formare una rientranza)* to curve inwards, to turn inwards **6** *(recuperare)* ***~ delle spese*** to recoup one's costs; ***speriamo di ~ nelle spese*** we're looking to break even **7** FIG. *(far parte)* ***~ in*** to be part of, to fall within; ***~ nei piani di qcn.*** to enter into sb.'s plans; ***~ nei propri compiti*** to fall within sb.'s brief; ***~, non ~ in una categoria*** to fall into, outside a category; ***~ nelle possibilità di qcn.*** [*spesa*] to be within sb.'s reach **8** *(ritrarsi)* [*ruote, aerofreni*] to retract; [*letto*] to fold away **II** tr. TIP. to indent [*riga*] ♦ ***~ in sé*** to come to oneself.
rientro /ri'entro/ m. **1** return; ***al mio ~ a Roma*** on *o* upon my return to Rome; ***buon ~!*** have a nice trip back *o* home! ***il ~ del personale dopo pranzo*** the end of the staff's lunch hour; ***si sta preparando al ~ nel proprio paese*** he's getting ready to return *o* go back to his own country; ***sono previsti (degli) scioperi al ~ (dalle ferie)*** strikes are expected after the summer break; ***grande ~*** = mass return home after the holidays **2** ASTR. re-entry; ***punto di ~ di un missile*** re-entry point of a missile.
riepilogare /riepilo'gare/ [1] tr. to sum up, to recapitulate, to recap COLLOQ.
riepilogativo /riepiloga'tivo/ agg. [*tabella*] resumptive.
riepilogo, pl. **-ghi** /rie'pilogo, gi/ m. summing up, recapitulation, recap COLLOQ.; ***fare il ~ di qcs.*** to sum up sth.
riequilibrare /riekwili'brare/ [1] **I** tr. **1** *(riportare in equilibrio)* ***~ i poteri*** POL. to restore the balance of power **2** AUT. to balance [*ruote*] **3** ECON. ***~ la bilancia dei pagamenti*** to restore the balance of payments **II riequilibrarsi** pronom. to reach an equilibrium, to reach a new equilibrium.
riequilibrio, pl. **-bri** /riekwi'librjo, bri/ m. restoration of an equilibrium.
riergere /ri'ɛrdʒere/ [24] tr. to re-erect.
riesame /rie'zame/ m. *(di progetto, dossier)* re-examination; *(di decisione)* reconsideration.
riesaminare /riezami'nare/ [1] tr. to re-examine [*progetto, bilancio, dossier*]; to reconsider [*decisione, candidatura*]; to reassess [*situazione, problema*]; ***~ qcs. alla luce di*** to review sth. in the light of [*nuove prove*].
riesplodere /ries'plɔdere/ [49] **I** tr. to fire [sth.] again [*colpi di pistola*] **II** intr. (aus. *essere*) *(scatenarsi di nuovo)* [*conflitto, polemica*] to break* out again.
riesportare /riespor'tare/ [1] tr. to re-export.
riesportazione /riesportat'tsjone/ f. re-exportation; ***il volume delle -i*** the volume of re-exports.
riessere /ri'ɛssere/ [4] intr. *(tornare a essere)* to be* again; *(ritornare)* to be* back again ♦ ***ci risiamo!*** here we go again!
riesumare /riezu'mare/ [1] tr. **1** *(esumare)* to exhume [*cadavere*] **2** FIG. to unearth, to uncover [*documento*] (**da** from); to dig* up, to uncover [*scandalo*]; to revive [*stile, tradizione*].
riesumazione /riezumat'tsjone/ f. **1** *(di cadavere)* exhumation **2** FIG. *(di documento)* unearthing; *(del passato)* resurrection.
rietino /rje'tino/ → **reatino.**
rievocare /rievo'kare/ [1] tr. **1** *(ricordare)* [*persona*] to recall [*passato, amico, ricordi*]; [*oggetto, suono, immagine*] to bring* back [*ricordo*]; to be* reminiscent of [*infanzia*]; [*libro, esposizione*] to recall [*scrittore*] **2** *(commemorare)* to commemorate [*vittoria, avvenimento*]; to remember, to commemorate [*morte*].
rievocativo /rievoka'tivo/ agg. [*tema, immagine, sensazione, nome*] evocative; ***~ di qcn., qcs.*** recalling sb., sth.
rievocazione /rievokat'tsjone/ f. **1** *(il ricordare)* evocation; ***~ di ricordi*** bringing back recollection of memories; ***~ utile, dolorosa del passato*** useful, painful reminder of the past **2** *(commemorazione)* commemoration.
rifacimento /rifatʃi'mento/ m. **1** *(di facciata, costruzione, tetto)* repairing; *(di strada)* mending; *(di edificio, ponte)* rebuilding; ***"in ~"*** [*edificio*] "restoration work in progress" **2** CINEM. remake **3** *(di testo)* rewrite.
▶ **rifare** /ri'fare/ [8] v. la voce **1.fare. I** tr. **1** *(fare di nuovo)* to do* [sth.] again, to redo* [*esercizio, calcolo, lavoro*]; to remake* [*letto, vestito, film*]; ***~ la valigia*** to repack one's suitcase; ***~ gli stessi errori*** to make the same mistakes again; ***~ la stessa strada*** to go back the same way; ***~ un numero di telefono*** to redial a phone number; ***rifarò le tende della tua camera*** I'll make some new curtains for your bedroom; ***si doveva ~ tutto da capo*** it all had to be done all over again **2** *(cambiare completamente)* ***voler ~ il mondo, la società*** to want to change the world, society; ***non si può ~ la storia*** you can't rewrite history; ***farsi ~ il naso, il seno*** to have a nose job, breast job done; ***~ qcs. da capo a piedi*** o ***di sana pianta*** to redo sth. from head to toe **3** *(rinnovare, risistemare)* to redo* [*pavimento, grondaia*]; to resurface [*strada*]; ***~ i tacchi delle scarpe*** to reheel the shoes **4** *(imitare)* to imitate **5** *(risarcire)* to compensate **II rifarsi** pronom. **1** *(diventare di nuovo)* to become* again; ***si è rifatto rosso in viso*** his face has become red again **2** *(recuperare)* ***-rsi del tempo, sonno perduto*** to make up for lost time, sleep **3** *(riferirsi)* to relate (**a** to); ***quella parte della metafisica che si rifà alla natura dell'essere*** that part of metaphysics which relates to the nature of being **4** *(rivalersi)* ***-rsi su qcn.*** to take it out on sb.; ***-rsi delle perdite*** to recoup one's costs **5** COLLOQ. *(tramite chirurgia plastica)* ***-rsi il naso, seno*** to have a nose job, breast job ♦ ***-rsi gli occhi con qcn., qcs.*** to feast one's eyes on sb., sth.; ***-rsi una vita (con un'altra persona)*** to start a new life (with sb. else); ***-rsi la bocca*** to rinse one's mouth out; ***-rsi una verginità*** to re-establish one's good reputation.
rifatto /ri'fatto/ **I** p.pass. → **rifare II** agg. ***villano ~*** upstart, Johnny-come-lately.
riferibile /rife'ribile/ agg. **1** *(che si può riferire)* reportable, repeatable **2** *(relazionabile)* that can be related (**a** to, with).

riferimento /riferi'mento/ m. **1** *(relazione, connessione)* reference (**a** to); ***in*** o ***con ~ a*** in reference to; ***in ~ alla vostra lettera*** COMM. with reference to your letter; ***si prega di fare ~ alla presente*** COMM. please quote this reference; ***fare ~ a*** to refer to, to make reference to; ***se si fa ~ a questo periodo, legge*** if one refers to this period, law; ***pieno di -i*** littered with references; ***ogni ~ a fatti o persone è puramente casuale*** any similarity to actual persons or events is entirely coincidental (and unintentional); ***~ bibliografico*** (bibliographic) reference **2** *(modello, esempio)* ***data, anno di ~*** date, year of reference; ***punto di ~*** reference point; GEOGR. landmark; FIG. point of reference, benchmark; ***la società ha perso i suoi punti di ~ tradizionali*** society has lost its traditional points of reference; ***prezzo di ~*** reference price; ***tasso di ~*** BANC. base rate; ***prodotto di ~*** leading product; ***figura, opera di ~*** authority; ***numero di ~*** reference number; ***quadro di ~*** frame of reference **3** LING. reference **4** TOPOGR. datum*.

▶ **riferire** /rife'rire/ [102] **I** tr. **1** *(raccontare, riportare)* to report, to relate [*fatto, parole*]; to retail [*pettegolezzo*]; ***mi ha riferito tutto*** she told me everything; ***~ qcs. nei minimi dettagli*** to relate sth. in detail; ***ti riferirò!*** I'll let you know! ***riferirò!*** I'll pass on the message! **2** *(mettere in relazione)* to relate (**a qcs.** to sth.) **II** intr. (aus. *avere*) ***~ a qcn. su qcs.*** to report to sb. on sth. **III riferirsi** pronom. **1** *(essere in rapporto con)* to relate (**a** to); ***le cifre si riferiscono allo scorso anno*** the figures relate to last year **2** *(fare riferimento)* ***-rsi a*** to refer to [*data, persona, articolo, legge*]; ***a chi ti riferisci?*** to whom are you referring? ***a che cosa si riferisce questa data?*** what does this date here refer to?

1.riffa /'riffa/ f. *(lotteria)* raffle.

2.riffa /'riffa/ f. ***di ~ o di raffa*** by hook or by crook.

rifiatare /rifja'tare/ [1] intr. (aus. *avere*) to get* one's breath back; FIG. to have* a rest.

rifilare /rifi'lare/ [1] tr. **1** *(tagliare a filo)* to trim [*carta*]; TIP. to bleed* **2** FIG. to palm off (**a qcn.** on sb.); ***mi hanno rifilato una banconota falsa*** somebody palmed a forged note off on me; ***~ un ceffone a qcn.*** to slap sb. in the face; ***è un lavoro che non rifilerei a nessuno*** it's a job I wouldn't wish on anyone; ***non cercare di rifilarmi articoli dell'anno scorso!*** don't try fobbing off last year's goods on me!

rifilatura /rifila'tura/ f. trimming.

rifinanziamento /rifinantsja'mento/ m. refinancing.

rifinanziare /rifinan'tsjare/ [1] tr. to refund, to refinance.

▷ **rifinire** /rifi'nire/ [102] tr. *(completare)* to finish off; *(perfezionare)* to put* the finishing touches to.

rifinitezza /rifini'tettsa/ f. finish.

rifinitore /rifini'tore/ ♦ ***18*** m. (f. **-trice** /tritʃe/) **1** *(operaio specializzato, artigiano)* finisher **2** SPORT assist man*.

rifinitura /rifini'tura/ f. *(processo)* finishing; *(risultato)* finish; ***fare le -e*** to put the finishing touches (**di** on); ***un mobile dalle -e curate*** a beautifully finished piece of furniture.

rifiorente /rifjo'rente/ agg. **1** *(che rifiorisce)* [*rosa, fragola*] remontant **2** FIG. [*ideologia, democrazia*] re-emergent.

rifiorire /rifjo'rire/ [102] intr. (aus. *essere*) **1** *(fiorire nuovamente)* to blossom again **2** FIG. *(riprendere vigore)* to flourish again **3** *(ricomparire)* [*macchia, muffa*] to come* out again.

rifioritura /rifjori'tura/ f. **1** *(di fiori, piante)* new blossoming (anche FIG.) **2** *(di macchia)* reappearance.

rifiutabile /rifju'tabile/ agg. refusable.

▶ **rifiutare** /rifju'tare/ [1] **I** tr. **1** *(non accettare)* to refuse [*regalo*]; to turn down, to refuse [*offerta, posto di lavoro, suggerimento, invito*]; to refuse to accept [*evidenza*]; to reject [*accusa*]; ***~ di fare qcs.*** to refuse to do sth.; ***non sono stata capace di ~*** I didn't have it in me to refuse **2** *(negare)* to refuse [*permesso, credito, ingresso*]; to deny [*accesso*]; ***~ qcs. a qcn.*** to refuse *o* deny sb. sth.; ***vedersi ~ qcs.*** to be refused sth., to be denied sth. **3** *(non tollerare)* to reject [*ingiustizia, razzismo, bambino, straniero, emarginato*]; ***~ radicalmente qcs.*** to reject sth. root and branch **4** EQUIT. ***~ l'ostacolo*** to refuse a fence **II** intr. (aus. *avere*) MAR. [*vento*] to veer forward, to haul **III rifiutarsi** pronom. to refuse (**di fare** to do).

▷ **rifiuto** /ri'fjuto/ **I** m. **1** *(il non accettare)* refusal (**di qcs.** of sth.; **di fare** to do); ***~ della violenza*** repudiation of violence; ***è un valido motivo di ~*** it's a valid reason for refusing; ***non accetto -i!*** I won't take no for an answer! ***la possibilità di un ~*** the possibility of a refusal; ***scontrarsi con un secco ~*** to meet with a complete rebuff; ***~ della morte, malattia*** refusal to accept the idea of death, being ill; ***il suo ~ a cooperare li ha irritati*** his refusal to cooperate angered them; ***lettera di ~*** rejection letter **2** EQUIT. refusal **3** FIG. ***essere un ~ della società*** to be a social reject **II rifiuti** m.pl. **1** *(scarti)* waste **U**; ***-i industriali, nucleari, chimici, tossici*** industrial, nuclear, chemical, toxic waste; ***smaltimento dei -i*** waste disposal **2** *(immondizia)* refuse **U** BE, garbage **U** AE; ***-i domestici*** kitchen waste, household refuse *o* garbage; ***smaltimento dei -i domestici*** refuse *o* garbage disposal; ***mucchio di -i*** rubbish heap BE, pile of garbage AE ♦♦ ***~ d'obbedienza*** MIL. insubordination; ***~ di ottemperare*** refusal to comply.

riflessibilità /riflessibili'ta/ f.inv. reflexibility.

▷ **riflessione** /rifles'sjone/ f. **1** *(considerazione)* remark (**su** on); ***fare delle -i*** to make remarks; ***tieniti le tue -i per te*** keep your remarks to yourself; ***annotare alcune -i*** to write down some remarks **2** *(meditazione)* thinking, reflection, consideration; ***la cosa richiede ~*** it needs *o* requires thinking about; ***dopo un'attenta, una lunga ~*** after careful, long deliberation; ***dopo accurata ~*** after due consideration; ***essere materia di ~*** to be food for thought **3** FIS. reflection, reflexion; ***~ del suono*** reflection of sound; ***angolo di ~*** angle of reflection; ***coefficiente di ~*** reflectance.

riflessivamente /riflessiva'mente/ avv. reflectively.

riflessività /riflessivi'ta/ f.inv. **1** thoughtfulness, reflectiveness **2** OTT. reflexibility.

riflessivo /rifles'sivo/ **I** agg. **1** *(posato)* [*persona*] thoughtful, reflective **2** LING. [*pronome, verbo*] reflexive **II** m. LING. reflexive.

▶ **1.riflesso** /ri'flɛsso/ m. **1** *(riverbero)* reflection; ***il ~ di un raggio di sole sullo stagno*** the reflections of sunlight on the pond **2** FISIOL. reflex; ***avere buoni -i*** to have quick *o* good reflexes; ***mancare di -i*** to be slow to react; ***rendere pronti i propri -i*** to sharpen one's reflexes **3** FIG. ***questa linea d'azione avrà -i negativi*** this course of action will have negative repercussions **4** *(sfumatura di colore diverso)* ***capelli castani con -i rossicci*** brown hair with red highlights; ***fogliame dai -i argentati*** foliage with a silvery shimmer; ***pietra grigia con -i blu*** grey stone with a bluish sparkle **5 di riflesso, per riflesso** as a consequence, as a result; ***fare qcs. per ~*** to do sth. automatically *o* without thinking ♦♦ ***~ condizionato*** conditioned reflex (anche FIG.); ***~ patellare*** knee-jerk reflex; ***~ rotuleo*** → ***~ patellare***; ***~ della suzione*** sucking reflex.

2.riflesso /ri'flɛsso/ **I** p.pass. → **riflettere II** agg. **1** FIS. [*raggio, suono, luce*] reflected **2** *(rispecchiato)* ***immagine -a*** reflection **3** FISIOL. [*atto, movimento*] reflex.

riflessologia /riflessolo'dʒia/ f. PSIC. reflexology.

riflessologo, m.pl. **-gi**, f.pl. **-ghe** /rifles'sɔlogo/ ♦ ***18*** m. (f. **-a**) reflexologist.

riflessoterapia /riflessotera'pia/ f. reflexotherapy.

riflettente /riflet'tɛnte/ agg. [*materiale, superficie*] reflective.

riflettenza /riflet'tɛntsa/ f. reflectance.

▶ **riflettere** /ri'flɛttere/ [84] **I** tr. **1** *(rispecchiare)* to reflect; ***lo specchio rifletteva la luce della stanza*** the mirror reflected the light in the room **2** FIS. to reflect [*onda, suono, luce, calore*] **3** FIG. to reflect, to mirror; ***il suo volto rifletteva la sua emozione*** her emotion showed in her face **II** intr. (aus. *avere*) to think* (**su** about, over); ***parlare senza ~*** to speak without thinking; ***ti fa ~*** it makes you think; ***per favore rifletti su ciò che ho detto*** please think over what I've said; ***vorrei più tempo per rifletterci*** I'd like more time to think things over; ***ci ho riflettuto a lungo*** I have thought it through *o* over very carefully **III riflettersi** pronom. **1** FIS. to be* reflected (**in** in; **su** on) **2** *(rispecchiarsi)* ***gli alberi si riflettevano nell'acqua calma del lago*** the trees were reflected in the still water of the lake **3** FIG. *(ripercuotersi)* to be* reflected, to have* repercussions; ***la preoccupazione per la situazione economica si rifletteva sul budget del governo*** concern for the economic situation was reflected in the government's budget.

▷ **riflettore** /riflet'tore/ **I** m. **1** *(di teatro, cinema)* spotlight; *(di stadio)* floodlight; ***una piazza illuminata dai -i*** a floodlit square **2** TECN. reflector **II** agg. ***telescopio ~*** reflecting telescope ♦ ***essere sotto i -i*** to be in *o* under the spotlight.

rifluire /riflu'ire/ [102] intr. (aus. *essere*) **1** *(scorrere indietro)* [*liquido, sangue*] to flow back; FIG. [*folla*] to surge back(wards); ***fluire e ~*** [*marea*] to ebb and flow **2** *(fluire nuovamente)* to flow again; ***il traffico, sangue tornò a ~*** the blood, traffic flowed again.

riflusso /ri'flusso/ m. **1** *(il rifluire)* reflux, flowing back; ***il ~ del sangue*** the reflux of blood **2** *(calo)* decline **3** *(bassa marea)* ebb; ***il flusso e il ~*** the ebb and flow **4** FIG. *(regresso)* ***~ culturale*** cultural reaction.

rifocillamento /rifotʃilla'mento/ m. refreshment.

rifocillare /rifotʃil'lare/ [1] **I** tr. to feed* [*persona*] **II rifocillarsi** pronom. to have* something to eat, to refresh oneself.

rifoderare /rifode'rare/ [1] tr. to reline.

rifondare /rifon'dare/ [1] tr. to refound.

rifondazione /rifondat'tsjone/ f. refoundation ♦♦ ***Rifondazione Comunista*** = hardline communist party.

rifondere /ri'fondere/ [51] tr. **1** METALL. to recast* [*metallo, oggetto*] **2** FIG. *(rielaborare)* to recast* [*testo*] **3** *(rimborsare)* to reimburse; ***rifonderemo ogni danno al cliente*** we will refund the customer for any loss or damage, customers will be refunded for any loss or damage.

riforestazione /riforestat'tsjone/ f. reafforestation BE, reforestation AE.

▷ **riforma** /ri'forma/ f. **1** *(modifica)* reform; ***~ dell'insegnamento, dell'ortografia*** teaching, spelling reform; ***una richiesta di ~*** a call for reform; ***votare per la ~*** to vote for reform **2** MIL. discharge for unfitness **3** STOR. RELIG. ***la Riforma*** the Reformation ◆◆ ***~ agraria*** land reform; ***~ elettorale*** electoral reform; ***~ sociale*** social reform.

riformabile /rifor'mabile/ agg. reformable.

▷ **riformare** /rifor'mare/ [1] **I** tr. **1** *(formare di nuovo)* to reform, to form again **2** *(sottoporre a riforma)* to reform [*amministrazione*] **3** MIL. ***~ qcn. per motivi di salute*** to invalid sb. out of the army BE; ***farsi ~*** to get oneself discharged for unfitness **II riformarsi** pronom. [*ghiaccio*] to reform, to form again.

riformativo /riforma'tivo/ agg. reformative.

riformato /rifor'mato/ **I** p.pass. → **riformare II** agg. **1** RELIG. reformed; ***la Chiesa -a*** the Reformed Church **2** MIL. *(per motivi caratteriali)* declared unfit for service; *(per motivi di salute)* invalided out **III** m. (f. **-a**) **1** *(seguace della riforma)* Protestant **2** MIL. = person who has been declared unfit for service.

riformatore /riforma'tore/ **I** agg. [*partito, ideologia*] reforming; ***movimento ~*** movement of reform **II** m. (f. **-trice** /tritʃe/) reformer.

riformatorio, pl. **-ri** /riforma'tɔrjo, ri/ m. young offenders' institution, reformatory AE.

riformattare /riformat'tare/ [1] tr. to reformat.

riformismo /rifor'mizmo/ m. reformism.

riformista, m.pl. **-i**, f.pl. **-e** /rifor'mista/ **I** agg. [*politica, socialista*] reformist **II** m. e f. reformist.

riformistico, pl. **-ci**, **-che** /rifor'mistiko, tʃi, ke/ agg. reformist.

riformulare /riformu'lare/ [1] tr. to reformulate [*pensiero, discorso*]; to rephrase [*affermazione*].

riformulazione /riformulat'tsjone/ f. reformulation.

▷ **rifornimento** /riforni'mento/ **I** m. *(di viveri, generi di prima necessità)* supply; *(di benzina, carburante)* refuelling BE, refueling AE; ***assicurare il ~ idrico in una città*** to guarantee a town's water supply; ***andare a fare ~ di benzina*** to go refuel; ***stazione di ~*** filling station, petrol BE *o* gas AE station; ***abbondante ~ di soldi, munizioni*** a plentiful supply of money, bullets **II rifornimenti** m.pl. *(provviste)* (food) supplies; *(per una gita)* provisions.

rifornire /rifor'nire/ [102] **I** tr. **1** *(munire di viveri, acqua)* to supply [*città*] (**con**, **di** with); ***~ qcn. di qcs.*** to provide sb. with fresh supplies of sth.; ***~ qcn. di birra*** COLLOQ. to keep sb. in beer **2** *(munire di carburante)* to refuel, to fuel up [*aereo, nave*]; ***~ in volo*** to refuel in flight **3** COMM. to replenish, to stock [*scaffale, negozio, magazzino*] **II rifornirsi** pronom. **1** *(procurarsi viveri, materiale)* to stock up (**di** on, with); ***-rsi di qcs.*** to get in a supply of sth.; ***la società si rifornisce di carta direttamente dalla fabbrica*** the company gets its supplies of paper directly from the factory **2** *(fare rifornimento di carburante)* to refuel.

rifornitore /riforni'tore/ **I** agg. ***velivolo ~*** tanker aircraft **II** m. (f. **-trice** /tritʃe/) supplier, purveyor.

rifrangente /rifran'dʒɛnte/ agg. [*corpo, lente*] refractive.

rifrangenza /rifran'dʒɛntsa/ f. refractiveness.

rifrangere /ri'frandʒere/ [52] **I** tr. to refract **II rifrangersi** pronom. to be* refracted.

rifrangibile /rifran'dʒibile/ agg. refrangible.

rifrangibilità /rifrandʒibili'ta/ f.inv. refrangibility.

rifrattività /rifrattivi'ta/ f.inv. **1** *(rifrangenza)* refractiveness **2** *(rifrazione specifica)* refractivity.

rifratto /ri'fratto/ **I** p.pass. → **rifrangere II** agg. [*raggio*] refracted.

rifrattometro /rifrat'tɔmetro/ m. refractometer.

rifrattore /rifrat'tore/ **I** agg. refracting, refractive **II** m. **1** ASTR. refractive telescope **2** TECN. refractor.

rifrazione /rifrat'tsjone/ f. refraction; ***~ della luce, del suono*** refraction of light, sound; ***angolo di ~*** angle of refraction; ***indice di ~*** index of refraction.

rifriggere /ri'friddʒere/ [53] tr. **1** *(friggere di nuovo)* to refry, to fry [sth.] again **2** FIG. to rehash [*idee*].

rifritto /ri'fritto/ **I** p.pass. → **rifriggere II** agg. **1** *(fritto di nuovo)* fried (up) again **2** FIG. *(trito)* stale, hackneyed; ***una discussione fritta e -a*** an argument that has been trotted out a thousand times; ***cose fritte e -e*** old hat, things that have been hashed and rehashed.

rifrittura /rifrit'tura/ f. **1** *(cibo rifritto)* fried up food **2** FIG. rehash.

rifuggire /rifud'dʒire/ [3] **I** tr. *(evitare)* to avoid, to shun; ***~ la compagnia di qcn.*** to avoid *o* shun sb.'s company **II** intr. (aus. *essere*) **1** *(fuggire nuovamente)* to run* away again **2** FIG. to shy away (**da** from), to recoil (**da** from).

▷ **rifugiarsi** /rifu'dʒarsi/ [1] pronom. **1** *(cercare, trovare rifugio)* to take* refuge (**in** in; **da qcn.** with sb.); ***~ nella foresta*** to take to the forest **2** FIG. to take* refuge (**in** in); ***~ nel mondo dei sogni*** to retreat into a dream world; ***~ nel bere*** to take refuge in drink.

rifugiato /rifu'dʒato/ m. (f. **-a**) refugee ◆◆ ***~ politico*** political refugee.

▷ **rifugio**, pl. **-gi** /ri'fudʒo, dʒi/ m. **1** *(riparo, protezione)* refuge, shelter; ***dare ~ a qcn.*** to give sb. shelter; ***cercare, trovare ~*** to seek, find refuge; ***trovare ~ in una grotta*** to find shelter in a cave; ***trovare ~ nella solitudine, nella religione*** to find refuge in solitude, religion; ***la famiglia è il suo ~*** family is his sanctuary **2** *(ritrovo abituale)* ***quel pub è il loro ~*** that pub is their nest **3** *(in montagna)* refuge, mountain hut; ***i -gi erano disseminati lungo il fianco della montagna*** huts straggled down the mountainside **4** ECON. ***investimento, moneta (di) ~*** safe investment, currency ◆◆ ***~ antiaereo*** air-raid shelter; ***~ antiatomico*** nuclear shelter.

rifulgere /ri'fuldʒere/ [78] intr. (aus. *essere, avere*) LETT. [*sole*] to shine* brightly; [*cromo*] to gleam; [*diamante*] to sparkle.

rifusione /rifu'zjone/ f. **1** *(nuova fusione)* recast **2** FIG. *(rimaneggiamento) (di scritto)* rewriting **3** *(rimborso)* reimbursement, refund.

▷ **riga**, pl. **-ghe** /'riga, ge/ f. **1** *(tratto)* line; *(di abito)* stripe; ***una ~ verticale, orizzontale, diritta*** a vertical, horizontal, straight line; ***tracciare una ~*** to draw *o* rule a line; ***sottolineare una parola con una ~ rossa*** to underline a word in red **2** *(scriminatura)* parting BE, part AE; ***farsi la ~ in mezzo, di lato*** to part one's hair in the middle, on the side, to make a part in the middle, on the side **3** *(linea di testo)* line; ***la terza ~ dall'alto*** three lines from the top; ***se vai avanti fino alla penultima ~*** if you go down to the second to last line; ***essere pagato un tanto a ~*** to be paid by the line; ***scrivere*** o ***buttar giù due -ghe a qcn.*** to drop sb. a line; ***scrivete due -ghe sui vostri passatempi*** write a few lines about your hobbies; ***scribacchiare due -ghe a qcn.*** to scribble a note to sb. **4** *(graffio)* scratch; *(segno sul pavimento)* scuff **5** *(attrezzo per disegnare)* ruler; ***tracciare linee con la ~*** to draw straight lines with a ruler **6** MIL. SPORT *(allineamento)* row, rank; ***mettersi in ~*** [*soldato*] to line up, to get into line, to fall into line; ***rompere le -ghe*** [*soldato*] to break ranks; ***rompete le -ghe!*** fall out! ***in ~!*** fall in! ***rimettere in ~ qcn.*** FIG. to bring sb. into line **7 a righe** striped; ***tessuto a -ghe*** striped cloth; ***una giacca a -ghe blu*** a blue striped jacket; ***divano a -ghe bianche e gialle*** a white and yellow striped sofa; ***quaderno a -ghe*** ruled exercise book; ***foglio a -ghe*** ruled paper ◆ ***leggere tra le -ghe*** to read between the lines ◆◆ ***~ di assorbimento*** absorption line; ***~ di emissione*** emission line.

rigabello /riga'bɛllo/ m. STOR. regal.

rigaggio, pl. **-gi** /ri'gaddʒo, dʒi/ m. linage.

rigaglia /ri'gaʎʎa/ **I** f. TESS. flock **II rigaglie** f.pl. giblets.

rigagnolo /ri'gaɲɲolo/ m. **1** *(piccolo ruscello)* small stream, rivulet **2** *(ai lati delle strade)* gutter.

rigare /ri'gare/ [1] **I** tr. **1** TIP. to rule [*foglio*] **2** *(graffiare)* to scratch [*macchina, disco*]; to scuff [*pavimento*] **3** FIG. ***le lacrime gli rigavano il volto*** tears streamed down his face **4** ARM. to rifle; ***~ la canna di un'arma*** to rifle a gun barrel **II rigarsi** pronom. to become* scratched ◆ ***~ dritto*** to toe the line; ***far ~ dritto qcn.*** to keep sb. in line.

rigatino /riga'tino/ m. TESS. = striped linen or cotton cloth.

rigato /ri'gato/ **I** p.pass. → **rigare II** agg. **1** *(con righe)* [*carta*] lined, ruled **2** *(a strisce)* [*tessuto, maglia*] striped **3** *(graffiato)* [*mobile*] scratched **4** FIG. ***~ di lacrime*** tear-stained, tear-stricked; ***~ di sudore*** sweat-stained **5** ARM. ***a canna -a*** rifled **6** GASTR. [*penne, pipe, conchiglie*] = with a ridged surface.

rigatoni /riga'toni/ m.pl. GASTR. = pasta in the form of short hollow ridged tubes.

rigattiere /rigat'tjɛre/ ➧ ***18*** m. (f. **-a**) second-hand dealer, junkman* AE; ***negozio del ~*** second-hand shop, junk shop AE.

rigatura /riga'tura/ f. **1** TIP. ruling **2** ARM. rifling.

rigelo /ri'dʒɛlo/ m. regelation.

rigenerabile /ridʒene'rabile/ agg. regenerable.

rigenerare /ridʒene'rare/ [1] **I** tr. **1** *(generare di nuovo)* to regenerate (anche BIOL.) **2** CHIM. to regenerate **3** TECN. to retread, to remould BE, to remold AE [*pneumatico*] **II rigenerarsi** pronom. **1** BIOL. [*cellule*] to regenerate **2** FIG. [*corpo, persona*] to regain one's forces.

rigenerativo /ridʒenera'tivo/ agg. [*processo*] regenerative.

rigeneratore /ridʒenera'tore/ **I** agg. regenerative; ***crema -trice dell'epidermide*** rejuvenating cream **II** m. restorer; ***~ per capelli*** hair restorer.

rigenerazione /ridʒenerat'tsjone/ f. **1** *(rinascita)* regeneration (anche FIG.); ***la ~ di cellule nel corpo*** the regeneration of cells in the body **2** CHIM. TECN. regeneration; ***~ dei pneumatici*** retreading, remoulding BE, remolding AE.

rigettare /ridʒet'tare/ [1] **I** tr. **1** *(gettare di nuovo)* to throw* [sth.] again **2** *(gettare indietro)* to throw* back [*palla*]; [*mare, marea*] to wash up [*corpo, rifiuti*] **3** FIG. *(rifiutare, respingere)* to reject [*mozione, richiesta*]; to dismiss [*ricorso*] **4** *(vomitare)* [*malato*] to bring* up, to vomit [*cibo, bile, sangue*] **5** MED. [*organismo*] to reject [*innesto*]; ***dopo il trapianto il suo corpo rigettò il nuovo cuore*** after the transplant his body rejected the new heart **6** *(cacciare)* [*esercito, truppe*] to push back, to drive* back [*nemico, assalitori*] (**fuori da** out of) **7** METALL. to recast* **II** intr. (aus. *avere*) *(germogliare)* to bud **III rigettarsi** pronom. to throw* oneself again, to fling* oneself again.

rigetto /ri'dʒɛtto/ m. **1** MED. rejection; ***crisi di ~*** rejection (crisis) **2** FIG. *(rifiuto)* rejection, refusal **3** DIR. *(di ricorso)* dismissal; *(di richiesta)* denial **4** GEOL. shift; ***~ orizzontale*** heave.

righello /ri'gɛllo/ m. ruler, rule.

righettato /riget'tato/ agg. pinstriped.

righino /ri'gino/ m. **1** *(riga sottile)* pinstripe **2** TIP. ***~ ladro*** widow line **3** MAR. rubbing strake.

rigidamente /ridʒida'mente/ avv. rigidly, stiffly.

rigidezza /ridʒi'dettsa/ f. **1** *(di materiale)* stiffness, rigidity **2** FIG. *(intransigenza)* strictness, severity; *(di principi)* inflexibility **3** *(di clima)* harshness, hardness.

rigidità /ridʒidi'ta/ f.inv. **1** *(di materiale)* stiffness, rigidity **2** FIG. *(mancanza di flessibilità)* inelasticity (anche ECON.); ***la ~ della struttura sociale*** the rigidities of the social structures **3** *(di carattere, abitudini)* strictness, severity **4** MED. rigidity **5** FIG. *(di clima)* inclemency, bleakness ◆◆ ***~ cadaverica*** cadaveric *o* postmortem rigidity; ***~ muscolare*** muscular rigidity.

▷ **rigido** /'ridʒido/ agg. **1** *(duro)* [*materiale, supporto*] rigid; [*cartone, colletto*] stiff; ***lenti a contatto -e*** hard contact lenses; ***disco ~*** INFORM. hard disk **2** *(irrigidito)* stiff; ***sentirsi ~ dopo una lunga camminata*** to feel stiff after a long walk; ***avere il collo ~*** to have a stiff neck; ***~ come un bastone, manico di scopa*** FIG. (as) stiff as a poker **3** FIG. *(severo)* [*persona, regolamento, morale, disciplina*] strict; ***essere estremamente ~ con qcn.*** to be extremely *o* very strict with sb.; ***un uomo dai -i principi*** a man of rigid principles; ***avere idee troppo -e*** to have overly fixed ideas **4** *(non flessibile)* [*orario*] rigid **5** *(inclemente)* [*clima, stagione*] harsh, severe; [*temperatura*] harsh **6** ECON. inelastic.

rigiocare /ridʒo'kare/ [1] tr. to replay [*incontro*].

rigirare /ridʒi'rare/ [1] **I** tr. **1** *(girare ripetutamente)* to turn [sth.] over; ***~ qcs. tra le mani*** to turn sth. over in one's hands; ***~ una frittata*** to toss an omelette **2** FIG. to turn around [*domanda, frase*]; ***girare e ~ una proposta per capirne le implicazioni*** to look at a proposal from every angle to work out the implications **3** FIG. *(raggirare)* ***~ qcn.*** to twist *o* wrap sb. around one's little finger **4** BANC. to endorse a second time [*assegno*] **II** intr. (aus. *avere*) *(andare in giro)* ***girare e ~ per i negozi*** to wander in and out of the shops **III rigirarsi** pronom. **1** *(girarsi di nuovo)* to turn over; ***girarsi e -rsi nel letto tutta la notte*** to toss and turn all night long **2** COLLOQ. *(raggirare)* ***-rsi qcn. (come si vuole)*** to twist *o* wrap sb. around one's little finger ◆ ***~ il coltello nella piaga*** to twist the knife in the wound, to rub salt into the wound; ***~ la frittata*** to twist an argument; ***gira e rigira*** *(alla fin fine)* at the end of the day, all things considered.

rigo, pl. **-ghi** /'rigo, gi/ m. **1** TIP. line **2** MUS. staff, stave BE.

rigoglio, pl. **-gli** /ri'goʎʎo, ʎi/ m. **1** BOT. luxuriance, vigour BE, vigor AE; ***andare in ~*** to run to leaf **2** FIG. ***in grande ~*** in full bloom.

rigogliosamente /rigoʎʎosa'mente/ avv. [*svilupparsi, crescere*] luxuriantly, vigorously.

rigogliosità /rigoʎʎosi'ta/ f.inv. luxuriance.

rigoglioso /rigoʎ'ʎoso/ agg. **1** BOT. [*pianta*] vigourous, blooming, thriving; [*foresta, vegetazione, natura*] luxuriant, flourishing **2** *(florido, sano)* ***una donna giovane e -a*** a young woman in her prime.

rigogolo /ri'gɔgolo/ m. golden oriole.

rigonfiamento /rigonfja'mento/ m. **1** *(il rigonfiare) (di pneumatico, pallone)* reinflating **2** *(parte rigonfia) (di parte del corpo)* swelling; *(della pelle)* lump; *(di muro, intonaco, tubo)* bulge.

rigonfiare /rigon'fjare/ [1] **I** tr. *(gonfiare di nuovo)* to reinflate [*pneumatico, pallone*] **II rigonfiarsi** pronom. [*fiume, parte del corpo*] to swell* (up) again.

rigonfio, pl. **-fi**, **-fie** /ri'gonfjo, fi, fje/ **I** agg. **1** *(molto gonfio)* [*ghiandola*] swollen; [*borsa*] bulging, bulgy; [*ventre*] bloated **2** FIG. puffed up; ***~ d'orgoglio*** full of pride, swollen with pride **II** m. bulge.

▷ **rigore** /ri'gore/ m. **1** *(inclemenza)* harshness, severity; ***affrontare i -i dell'inverno*** to withstand the rigours of winter **2** *(severità)* strictness; ***punire qcn. col massimo ~*** to punish sb. with the utmost severity; ***incorrere nei -i della legge*** to fall foul of the law; ***~ morale*** moral rigidity **3** *(precisione)* rigour BE, rigor AE; ***un'analisi di grande ~*** a very rigorous analysis; ***dare prova di ~*** to be rigorous; ***studio fatto con ~*** study meticulously carried out; ***il loro lavoro manca di ~*** their work is not rigorous enough; ***~ accademico, intellettuale*** academic, intellectual rigour **4** POL. ECON. stringency; ***~ monetario*** monetary austerity **5** SPORT penalty (kick); ***tirare*** o ***calciare*** o ***battere un ~*** to take a penalty kick; ***assegnare*** o ***concedere un ~*** to award a penalty; ***segnare un ~*** to score a penalty; ***area di ~*** penalty area; ***dischetto del ~*** penalty spot **6 di rigore** ***i guanti bianchi sono di ~*** white gloves are to be worn, white gloves must be worn; ***cella di ~*** solitary confinement cell ◆ ***a rigor di logica*** logically speaking.

rigorismo /rigo'rizmo/ m. rigorism, precisianism.

rigorista, m.pl. **-i**, f.pl. **-e** /rigo'rista/ m. e f. **1** *(persona intransigente)* rigorist, precisian **2** SPORT penalty kicker.

rigoristico, pl. **-ci**, **-che** /rigo'ristiko, tʃi, ke/ agg. [*attitudine*] rigoristic; [*morale*] rigorist.

rigorosamente /rigorosa'mente/ avv. [*applicare, rispettare*] stringently; ***bisogna attenersi ~ ai fatti*** one must keep a firm grip on the facts; ***è ~ vietato*** it is strictly forbidden.

rigorosità /rigorosi'ta/ f.inv. rigorousness, strictness.

rigoroso /rigo'roso/ agg. **1** *(severo)* [*morale, disciplina*] strict, rigorous; [*persona*] strict **2** *(preciso)* [*analisi, logica*] rigorous; [*osservazione, ricerca, dimostrazione, descrizione*] meticulous, scrupulous; [*controllo*] rigid; ***essere ~ nelle proprie osservazioni, analisi*** to be rigorous *o* meticulous in one's observations, analysis; ***la struttura -a di un romanzo*** the tight structure of a novel.

rigovernare /rigover'nare/ [1] tr. **1** *(lavare)* to wash up; ***~ (i piatti)*** to wash up, to do the dishes **2** *(accudire animali)* to take* care of, to look after, to tend [*bestiame*]; to groom [*cavallo*].

rigovernata /rigover'nata/ f. washing up; ***dare una ~ ai piatti*** to do the washing up.

rigovernatura /rigoverna'tura/ f. **1** *(delle stoviglie)* washing up **2** *(acqua sporca)* dishwater, washing-up water.

riguadagnare /rigwadaɲ'ɲare/ [1] **I** tr. **1** *(guadagnare di nuovo)* to earn again [*denaro*] **2** *(riconquistare)* to win* back [*stima, rispetto*]; ***~ terreno*** [*esercito, squadra, ideologia*] to regain ground; [*disoccupazione*] to creep up again, to go up again **3** FIG. *(recuperare)* to make* up; ***~ il tempo perduto*** to make up for lost time **4** *(raggiungere)* to get* back; ***~ la strada maestra*** to get back to the main road **II riguadagnarsi** pronom. to regain, to win* back [*fiducia, confidenza*].

riguardante /rigwar'dante/ agg. concerning; ***documenti, statistiche -i la politica economica*** documents, statistics relating to economic policy.

▶ **riguardare** /rigwar'dare/ [1] **I** tr. **1** *(concernere)* [*cosa*] to concern [*persona*]; [*provvedimento, accordo, divieto*] to apply to; ***l'accordo riguarda una ventina di persone*** the agreement concerns twenty-odd people; ***la tassa riguarda i beni di lusso*** the tax applies to luxury goods; ***il problema non riguarda soltanto le persone anziane*** the problem is not confined to the elderly; ***per quanto mi riguarda*** as far as I am concerned; ***questo non mi riguarda affatto!*** it's *o* that's not my problem! *o* this is no concern of mine! ***quello che fa nella sua vita privata non ti riguarda affatto*** it's no business of yours what he does in his private life; ***si comporta come se non la riguardasse*** she acts as though it had nothing to do with her; ***per quanto riguarda i bambini*** in *o* with regard to the children, as for the children; ***la appassiona tutto ciò che riguarda quel cantante*** she's mad about everything that's got to do with this singer **2** *(guardare di nuovo)* ***guardai e riguardai, ma non vidi nessuno*** I looked carefully but I saw no-one; ***dopo poco riguardai le foto*** a bit later I looked over the photos again **3** *(rivedere)* to go* over [*documenti*]; to check through [*conti*] **II riguardarsi** pronom. *(avere cura di sé)* to look after one's health, to take* care of oneself.

riguardata /rigwar'data/ f. ***dare una ~ a qcs.*** to give sth. the once-over.

riguardevole /rigwar'devole/ → **ragguardevole**.

▶ **riguardo** /ri'gwardo/ m. **1** *(attenzione, cura)* care; ***trattare con ~*** to be gentle with, to treat [sb.] gently [*malato, convalescente*];

annunciategli la notizia con molto ~ break the news to them gently; ***avere dei -i per qcn.*** to behave considerately towards sb. **2** *(rispetto)* regard, consideration, respect; ***mancare di ~ (a qcn.)*** to show a lack of consideration (for sb.); ***fare qcs. per ~*** to do sth. out of consideration; ***mostrare il dovuto ~ nei confronti di qcn., qcs.*** to show due consideration *o* respect for sb., sth.; ***per ~ verso i suoi sentimenti*** out of regard for his feelings; ***senza ~ per le regole, i diritti dell'uomo*** without regard for the rules, human rights; ***ospite di ~*** distinguished guest **3** *(rapporto, attinenza)* **a questo** ~ in this respect *o* regard; ***nei -i di qcs.*** in relation to sth.; ***nei -i di qcn.*** towards sb.; ***era totalmente sprovveduta al ~*** she was innocent about such things; ***non so niente al ~*** I know nothing of the matter **4 riguardo a** about, with regard to, concerning; ***era scettica ~ a ciò*** she was doubtful *o* skeptical about this; ***la nostra posizione ~ a questo problema*** our position with regard to this problem; ***porsi delle domande ~ a qcn., qcs.*** to wonder about sb., sth.; ***~ all'albergo...*** as for the hotel...

riguardosamente /riguardosa'mente/ avv. regardfully.

riguardoso /rigwar'doso/ agg. [*persona, atteggiamento*] considerate.

rigurgitare /rigurdʒi'tare/ [1] **I** tr. [*animale*] to regurgitate; [*bambino*] to puke up, to throw* up, to regurgitate **II** intr. **1** (aus. *avere*) *(traboccare)* [*fogna, canale*] to overflow* **2** (aus. *essere*) *(rifluire)* to flow* back **3** (aus. *avere*) FIG. to be* packed (**di** with); ***il teatro rigurgitava di spettatori*** the theatre was packed to capacity.

rigurgito /ri'gurdʒito/ m. **1** *(di fogna, canale)* gush, overflow **2** *(vomito)* regurgitation; ***avere un ~*** [*bambino*] to regurgitate **3** FIG. *(ritorno)* revival; ***un ~ di nazionalismo*** a new burst of nationalism **4** FIG. *(moto improvviso)* flash, outburst.

▷ **rilanciare** /rilan'tʃare/ [1] **I** tr. **1** *(lanciare di nuovo)* to throw* [sth.] again; *(lanciare a propria volta)* to throw* [sth.] back, to fling* [sth.] back **2** FIG. *(dare impulso a)* to relaunch [*impresa, offensiva, progetto*]; to reopen [*negoziato*]; to boost [*investimento, produzione*]; to revitalize, to kick-start [*economia*] **3** FIG. *(rendere di nuovo attuale)* to revive [*idea, moda, tradizione*] **4** *(nel gioco delle carte)* ~ ***la posta*** to raise the stakes; ***rilancio di 200 dollari*** I'll raise you 200 dollars **5** *(nelle aste)* ~ ***un'offerta, un prezzo*** to make a higher bid, to outbid, to overbid **II rilanciarsi** pronom. *(lanciarsi di nuovo)* to throw* oneself again, to fling* oneself again; ***-rsi con il paracadute*** to parachute again.

rilancio, pl. **-ci** /ri'lantʃo, tʃi/ m. **1** SPORT *(nel calcio)* outlet passes **2** FIG. *(ripresa)* revitalization, revival **3** *(nel poker)* raise **4** *(nelle aste)* higher bid, overbid.

▷ **rilasciare** /rilaʃ'ʃare/ [1] **I** tr. **1** *(liberare)* to release, to set* free, to let* go [*ostaggio*]; ***essere rilasciato su cauzione*** to be released on bail; ***gli ostaggi saranno rilasciati dietro riscatto*** hostages will be released on payment of a ransom **2** *(consegnare)* to issue [*certificato, passaporto, autorizzazione, ricevuta*]; ***la ditta non ci ha ancora rilasciato la fattura*** the company hasn't yet billed us, the company hasn't given us their invoice **3** *(concedere)* to give* [*intervista*]; ~ ***una dichiarazione alla stampa*** to make *o* issue *o* release a statement to the press; ***non intende ~ dichiarazioni*** he is not available for comment **4** *(rilassare, allentare)* to relax [*muscoli*] **II rilasciarsi** pronom. **1** *(distendersi)* [*musculatura*] to relax **2** *(separarsi di nuovo)* [*persone*] to part again; [*coppia*] to split* up again, to break* up again.

rilascio, pl. **-sci** /ri'laʃʃo, ʃi/ m. **1** *(liberazione)* release; ***chiedere il ~ di tutti gli ostaggi*** to demand the release of all the hostages **2** *(di certificato, licenza, passaporto)* issue; *(di patente)* grant **3** MAR. ***navigare di ~*** to put in **4** FARM. ***a ~ prolungato*** [*capsula, farmaco*] sustained-release ◆◆ ~ ***su cauzione*** release on bail.

rilassamento /rilassa'mento/ m. **1** *(allentamento)* relaxation, slackening **2** *(distensione, quiete)* relaxation; ***sensazione di ~*** feeling of relaxation; ***terapia di ~*** relaxation therapy **3** FIG. *(della morale, dei costumi)* looseness, relaxation; *(della disciplina)* slackening, relaxation.

rilassante /rilas'sante/ agg. [*attività fisica, serata, bagno, vacanza, posizione, lettura*] relaxing; [*musica, parole*] soothing.

▷ **rilassare** /rilas'sare/ [1] **I** tr. to relax [*muscoli, corpo, mente, persona*] **II rilassarsi** pronom. **1** *(distendersi)* [*persona, muscoli*] to relax; ***quando si è in vacanza bisogna -rsi*** when on holiday you should relax; ***cerca di rilassarti*** try and relax; ***quello che preferisce fare per -rsi*** his favourite way of relaxing **2** *(infiacchirsi)* [*morale, costumi*] to become* loose.

rilassatezza /rilassa'tettsa/ f. *(di morale, costumi)* looseness.

rilassato /rilas'sato/ **I** p.pass. → **rilassare II** agg. **1** *(disteso)* [*persona, corpo, muscoli, posa, atteggiamento*] relaxed; [*atmosfera, serata*] relaxed, free and easy; ***sentirsi ~*** to be in a relaxed mood; ***i colloqui si svolgono in un clima più ~*** talks are taking place in a more relaxed atmosphere **2** FIG. [*morale, costumi*] loose, lax.

rilavare /rila'vare/ [1] **I** tr. to re-wash, to wash [sth.] again **II rilavarsi** pronom. to wash again.

rilavorare /rilavo'rare/ [1] tr. to reprocess, to rework.

rilavorazione /rilavorat'tsjone/ f. reprocessing.

rilegare /rile'gare/ [1] tr. to bind* [*libro*]; ~ ***un libro in tela, pelle*** to bind a book in canvas, leather.

rilegato /rile'gato/ **I** p.pass. → **rilegare II** agg. [*libro*] bound; ~ ***in tessuto*** cloth-bound; ~ ***in pelle*** leather-bound; ***libro ~ in cartoncino*** paperback.

rilegatore /rilega'tore/ ➧ **18** m. (f. **-trice** /tritʃe/) bookbinder.

rilegatura /rilega'tura/ f. binding; ~ ***in pelle, cartone*** leather, board binding; ~ ***in*** o ***a mezza pelle*** half-binding; ~ ***flessibile*** limp binding; ~ ***a spirale*** spiral binding.

▷ **rileggere** /ri'lɛddʒere/ [59] tr. to reread*, to read* again [*autore, testo*]; *(rivedere attentamente)* to go* over; ***vorrei ~ quel libro*** I'd like to read that book again; ***voglio ~ questo articolo ancora una volta prima di consegnarlo*** I want to go over this article once more before I hand it in.

rilento: **a rilento** /ari'lɛnto/ avv. ***gli affari vanno a ~*** business is slow at the moment; ***il colloquio procedeva a ~*** the interview was heavy going.

rilettura /rilet'tura/ f. **1** *(nuova lettura)* rereading; ***il documento necessita di un'attenta ~*** this document needs a careful going-over *o* re-reading **2** *(nuova interpretazione)* new reading; ***una ~ di un testo*** a new reading of a text.

rilevabile /rile'vabile/ agg. detectable.

rilevamento /rileva'mento/ m. **1** *(raccolta di dati)* survey; ***secondo l'ultimo ~ statistico*** according to the latest statistical survey **2** TOPOGR. survey; ~ ***di un'area*** survey of an area; ***fare un ~ topografico di qcs.*** to survey sth. **3** COMM. ECON. *(acquisizione)* takeover **4** MAR. bearing ◆◆ ~ ***aereo*** air survey; ~ ***bussola*** compass bearing; ~ ***radar*** tracking; ~ ***vero*** true bearing.

rilevante /rile'vante/ agg. **1** *(degno di considerazione)* [*avvenimento, cambiamento*] important, significant; ***avere un ruolo ~ in qcs.*** to play *o* have an important role in sth. **2** *(cospicuo)* [*danno, numero*] considerable, large; ***una parte ~ delle risorse è destinata a questi test*** this testing consumes a major share of the resources.

rilevanza /rile'vantsa/ f. *(di avvenimento, questione)* importance, significance; *(di quantità, somma)* large size; ***avere scarsa ~ per qcs.*** to have little bearing on sth.

▷ **rilevare** /rile'vare/ [1] **I** tr. **1** *(constatare)* to notice, to point out [*errori, contraddizione, fatto*]; to note [*progresso, fenomeno*]; to detect [*tracce, cambiamenti*]; *(annotare)* to take* down, to note down [*nome, dati*]; ~ ***la più piccola imprecisione*** to seize on the slightest inaccuracy; ***il rapporto rilevava che*** the report noted that **2** *(registrare)* [*strumento*] to register, to take*; ***il terremoto non è stato rilevato*** the earthquake went unregistered; ***strumenti che possono ~ piccole quantità di radiazioni*** instruments that can detect minute amounts of radiation **3** TOPOGR. MAR. AER. to survey **4** *(dare il cambio)* to relieve [*sentinella, lavoratore*] **5** *(acquisire)* to take* over [*società, fabbrica, attività commerciale*]; to buy* out [*parte, quota*]; ***l'azienda è stata rilevata da una multinazionale americana*** the firm has been taken over *o* bought out by an American multinational **II** intr. (aus. *avere*) *(spiccare)* to stand* out (anche FIG.).

rilevatario, pl. **-ri** /rileva'tarjo, ri/ m. (f. **-a**) purchaser.

rilevato /rile'vato/ **I** p.pass. → **rilevare II** agg. *(rialzato)* prominent, in relief **III** m. embankment.

rilevatore /rileva'tore/ m. (f. **-trice** /tritʃe/) **1** STATIST. *(chi fa rilevamenti)* data collector **2** *(strumento)* detector ◆ ~ ***di mine*** mine detector.

rilevazione /rilevat'tsjone/ f. *(raccolta di dati)* ***-i statistiche*** gathering of statistical data; ~ ***radar, sottomarina*** radar, submarine detection; ~ ***barometrica*** barometer reading.

▷ **rilievo** /ri'ljɛvo/ m. **1** GEOGR. relief **U**; ***studio dei -i montagnosi*** study of mountain relief; ***il ~ sottomarino*** the relief of the sea bed **2** *(sporgenza)* relief **U**; ***in ~*** [*mappamondo*] in relief; [*lettere, motivi*] embossed; ***cartina in ~*** relief map; ***il braille è una scrittura in ~*** Braille is a type of raised *o* relief script **3** *(nella scultura)* relief **4** *(risalto)* ***mettere in ~*** to highlight; ***dare ~ a qcs.*** to give prominence to sth.; ***occupare una posizione di ~*** to hold a prominent position; ***di scarso, grande ~*** of little, great importance **5** TOPOGR. survey; ***prendere un ~*** to survey.

rilievografia /riljevogra'fia/ f. letterpress.

rilievografico, pl. **-ci, -che** /riljevo'grafiko, tʃi, ke/ agg. ***stampa -a*** relief printing.

riloga, pl. **-ghe** /ri'lɔga, ge/ f. curtain rail, traverse rod AE.
rilucente /rilu'tʃɛnte/ agg. shining, gleaming.
rilucere /ri'lutʃere/ [2] intr. LETT. [*lampada*] to shine*; [*metallo*] to gleam.
riluttante /rilut'tante/ agg. unwilling, reluctant (**a fare** to do); ***essere, mostrarsi ~ a un'idea*** to be, seem hostile to an idea.
riluttanza /rilut'tantsa/ f. **1** *(reticenza)* reluctance, unwillingness; ***con ~*** reluctantly; ***mostrare ~*** [*persona*] to show reluctance **2** FIS. reluctance.
▷ **1.rima** /'rima/ **I** f. rhyme; ***~ per l'occhio*** eye rhyme; ***fare ~ con*** to rhyme with **II rime** f.pl. *(componimenti)* ***le Rime del Petrarca*** Petrarch's rhymes ◆ ***rispondere per le -e*** to respond in kind ◆◆ ***~ accoppiata*** → ***~*** **baciata**; ***~ alternata*** alternate rhyme; ***~ baciata*** rhyming couplet; ***~ femminile*** feminine rhyme; ***~ imperfetta*** near rhyme; ***~ incatenata*** linking rhyme; ***~ incrociata*** enclosed rhyme; ***~ interna*** internal rhyme; ***~ maschile*** masculine rhyme; ***~ piana*** → ***~*** **femminile**; ***~ ricca*** rich rhyme; ***~ tronca*** → ***~*** **maschile**.
2.rima /'rima/ f. ANAT. ***~ palpebrale*** palpebral fissure.
rimagliare /rima'ʎʎare/ [1] tr. to mend (the mesh of) [*tessuto lavorato a maglia*].
rimalmezzo /rimal'mɛddzo/ f.inv. internal rhyme.
rimandabile /riman'dabile/ agg. postponable.
▶ **rimandare** /riman'dare/ [1] tr. **1** *(mandare di nuovo)* to send* [sth.] again **2** *(mandare indietro)* to throw* back [*pallone*]; to return [*pacco, lettera*]; to return, to send* back [*merce*] **3** *(far tornare)* to send* [sb.] back; ***~ qcn. a scuola, all'ospedale*** to send back to school, to (the) hospital; ***~ qcn. al proprio paese*** to send sb. back to his own country; ***~ qcn. a casa*** to send sb. back home; ***~ alla commissione un progetto di legge*** to send a bill to committee **4** *(differire)* to postpone, to put* off [*dibattito, decisione, appuntamento, visita, viaggio, riunione*] (**a** until); ***~ qcs. a giugno, a dopo Natale*** to put sth. off until June, until after Christmas; ***~ a una data successiva*** to postpone [sth.] until a later date; ***~ un progetto sine die*** to postpone a project indefinitely; ***~ momentaneamente un progetto*** to put a project on hold **5** SCOL. = in the past school system, to make a student sit an exam (at the beginning of the Autumn term) on those subjects in which he or she was insufficient in the previous term **6** *(fare riferimento)* ***~ a*** to refer to; ***l'asterisco rimanda alle note*** the asterisk refers to the notes; ***~ il lettore a un articolo, libro*** to refer the reader to an article, book; ***la nozione di giustizia rimanda alla morale*** the notion of justice relates back to ethics ◆ ***~ qcs. alle calende greche*** = to postpone sth. indefinitely; ***non ~ a domani quello che puoi fare oggi*** PROV. never put off till tomorrow what you can do today.
rimandato /riman'dato/ **I** p.pass. → **rimandare II** agg. postponed **III** m. (f. **-a**) = in the past school system, a student who had to sit an exam (at the beginning of the Autumn term) on those subjects in which he or she was insufficiently prepared in the previous term.
rimando /ri'mando/ m. **1** *(differimento)* postponement **2** TIP. *(riferimento) (in un libro, dizionario)* cross-reference; *(in un discorso)* reference; *(simbolo tipografico)* reference mark; ***~ a pagina*** page reference **3** SPORT *(rinvio)* clearance **4 di rimando *"e poi?" chiese di ~*** "and then what?" he prompted.
rimaneggiamento /rimaneddʒa'mento/ m. **1** *(modifica)* reworking, recast, revision **2** POL. *(rimpasto)* reshuffle.
rimaneggiare /rimaned'dʒare/ [1] tr. **1** *(riorganizzare)* to rework, to redraft [*manoscritto*]; to recast*, to rework, to revise [*testo, progetto, edizione*]; to revise [*opera*] **2** POL. to reshuffle.
rimanente /rima'nɛnte/ **I** agg. [*parte, spazio*] remaining; [*denaro*] left-over **II** m. *(eccedenza)* rest, remaining part **III rimanenti** m. e f.pl. ***i -i*** *(gli altri)* the remainder, the rest, the others.
rimanenza /rima'nɛntsa/ f. rest; *(di soldi)* rest, balance; ***le -e*** COMM. the unsold items, the leftover stock ◆◆ ***~ di cassa*** COMM. cash balance.
▶ **rimanere** /rima'nere/ [79] intr. (aus. *essere*) **1** *(in un luogo)* to stay, to remain; ***~ a casa*** to stay (at) home; ***~ in città*** to stay in town; ***è rimasto un anno a Roma*** he stayed a year in Rome, he stayed in Rome for a year; ***rimani dove sei, quanto vuoi*** stay where you are, for as long as you like; ***non posso ~ a lungo*** I can't stay long; ***gli altri sono andati via, ma lei è rimasta per aiutarmi*** the others left but she stayed behind to help me; ***la nave era rimasta là per anni*** the boat had lain there for years; ***~ a letto*** to lie *o* stay in bed; ***~ fuori sotto la pioggia*** to stand *o* stay out in the rain; ***~ fuori tutta la notte*** to stay out all night **2** FIG. *(non essere divulgato)* ***che rimanga tra noi!*** this is strictly between you and me! **3** *(in una posizione, condizione) (essere, manifestarsi)* to remain, to stay; ***~ seduto, in piedi*** to remain seated, standing; ***~ sveglio, alzato*** to stay awake, up; ***sono rimasto in piedi per tutto il viaggio*** I had to stand for the whole journey; ***non ~ lì con le mani in mano*** FIG. don't just stand there, do something! ***~ in silenzio*** to keep *o* remain *o* stay silent; ***dobbiamo ~ calmi*** we must stay calm; ***~ in contatto con*** to stay in touch with; ***~ impassibile, attento, fedele*** to remain impassive, alert, faithful; ***~ senza soldi*** to run out of money; ***rimaniamo in attesa di...*** *(nelle lettere)* looking forward to...; ***può ~ in linea un minuto?*** *(al telefono)* can you hang on a minute? ***avrei potuto ~ ucciso!*** I might have been killed! ***~ paralizzato dopo un incidente*** to be left paralysed after an accident; ***~ vedova*** to be widowed, to be left a widow; ***~ orfano, orfana*** to be orphaned, to be left an orphan **4** *(avanzare, restare)* to be* left, to remain; ***è il solo amico che mi rimane*** he's the only friend I have left; ***gran parte di quello che rimane è inutilizzabile*** much of what remains is useless; ***dimmi che cosa rimane da fare*** tell me what there is left to do; ***ci rimane del denaro*** there is some money left over; ***non ci ~ altro che sperare*** all we can do is hope; ***rimane da provare*** it remains to be proved; ***rimane da risolvere questo problema*** this problem remains to be solved; ***rimangono 100 dollari da pagare*** there is still another 100 dollars to pay; ***rimane ancora qualche mela*** there are still a few apples left; ***me ne rimane uno*** I've got one left **5** *(continuare ad esistere)* to live on; ***Mozart è morto ma rimane la sua musica*** Mozart is dead but his music lives on **6** *(andare in eredità)* ***la casa rimarrà a suo figlio*** his son will inherit the house **7** *(fermarsi)* ***~ a*** to go no further than; ***siamo rimasti ai preliminari*** we didn't get beyond the preliminaries; ***è rimasto all'Ottocento*** SPREG. he's stuck in the 19th century; ***allora, dove ero rimasto?*** now then, where was I? where did I stop? ***continuare da dove si era rimasti*** to carry on *o* continue where one left off **8** COLLOQ. *(trovarsi)* ***rimane proprio in cima alla collina*** it's right on top of the hill **9** COLLOQ. *(essere d'accordo)* ***come siete rimasti (d'accordo)?*** what did you agree to do? what did you decide on? **10 rimanerci** *(restare sorpreso)* to be* flabbergasted; COLLOQ. *(morire)* to meet* one's end; COLLOQ. *(restare incinta)* to get* pregnant, to be* up the spout BE; ***rimanerci malissimo*** COLLOQ. to be as sick as a parrot ◆ ***~ sullo stomaco*** to stick in one's craw; ***~ a bocca aperta*** to stand open-mouthed with surprise; ***~ di stucco*** to stand rooted to the spot *o* ground.
rimangiare /riman'dʒare/ [1] **I** tr. to eat* again **II rimangiarsi** pronom. to take* back [*promessa*]; ***-rsi la propria parola*** to eat one's words.
rimarcare /rimar'kare/ [1] tr. to point out [*errore*].
rimarchevole /rimar'kevole/ agg. [*persona, evento, libro*] notable, remarkable.
rimarchevolmente /rimarkevol'mente/ avv. remarkably, notably.
rimare /ri'mare/ [1] **I** tr. *(far rimare)* to rhyme **II** intr. (aus. *avere*) **1** *(poetare)* to write* verse **2** *(fare rima)* [*verso, parola*] to rhyme (**con** with).
rimarginare /rimardʒi'nare/ [1] **I** tr. to heal (anche FIG.); ***il tempo rimargina tutte le ferite*** time heals all sorrows **II** intr. (aus. *essere*), **rimarginarsi** pronom. **1** MED. [*ferita, taglio*] to heal up, to heal over, to close **2** FIG. to heal.
rimario, pl. **-ri** /ri'marjo, ri/ m. rhyming dictionary.
rimaritarsi /rimari'tarsi/ [1] pronom. to marry again, to remarry.
rimasterizzare /rimasterid'dzare/ [1] tr. to remaster.
rimasticare /rimasti'kare/ [1] tr. **1** *(masticare nuovamente)* to chew [sth.] again **2** FIG. to brood over, to ruminate on [*problema*] **3** SPREG. *(ripetere)* to rehash.
rimasticatura /rimastika'tura/ f. **1** *(il rimasticare)* chewing again **2** FIG. SPREG. rehash.
rimasuglio, pl. **-gli** /rima'suʎʎo, rima'zuʎʎo, ʎi/ m. remnant, remainder, leftovers pl.; ***un ~ di prosciutto, salame*** an end of ham, sausage.
rimato /ri'mato/ **I** p.pass. → **rimare II** agg. [*poesia, versi*] rhymed.
rimatore /rima'tore/ m. (f. **-trice** /tritʃe/) *(chi compone versi)* rhymer.
rimbaldanzire /rimbaldan'tsire/ [102] **I** tr. [*esperienza, successo*] to embolden [*persona*] **II** intr. (aus. *essere*), **rimbaldanzirsi** pronom. to become* bolder.
▷ **rimbalzare** /rimbal'tsare/ [1] intr. (aus. *essere, avere*) **1** [*palla*] to bounce, to rebound; [*pietra*] to skim; ***far ~ la palla per terra, contro il muro*** to bounce the ball on the ground, against the wall; ***fare ~ dei sassolini sul lago*** to skim pebbles over the lake **2** FIG. *(diffondersi)* to spread*.
rimbalzello /rimbal'tsɛllo/ m. GIOC. ***giocare a ~*** to play ducks and drakes.
rimbalzo /rim'baltso/ m. **1** *(di palla, pietra)* bounce, rebound; *(di proiettile)* ricochet; ***doppio ~*** double bounce; ***prendere, colpire la***

palla di ~ to catch, hit the ball on the rebound; ***calcio di ~*** drop kick **2** FIG. ***di ~*** indirectly.

rimbambimento /rimbambi'mento/ m. COLLOQ. fuddle.

rimbambire /rimbam'bire/ [102] **I** tr. [*droghe, alcol*] to fuddle [*persona*]; ***la televisione lo ha rimbambito*** television had turned him into a moron **II** intr. (aus. *essere*), **rimbambirsi** pronom. to go* gaga, to go* soft in the head, to turn into a moron.

rimbambito /rimbam'bito/ **I** p.pass. → **rimbambire II** agg. dopey, fuddled; [*vecchio*] doddering; ***diventare ~*** to turn into a moron, COLLOQ. to go gaga **III** m. (f. **-a**) moron; *(vecchio)* dotard.

rimbeccare /rimbek'kare/ [1] **I** tr. to retort **II rimbeccarsi** pronom. to squabble with each other, to bicker with each other.

rimbecillire /rimbetʃil'lire/ [102] **I** tr. to turn [sb.] into a fool, to stun **II** intr. (aus. *essere*), **rimbecillirsi** pronom. to go* soft in the head, to go* weak in the head.

rimbecillito /rimbetʃil'lito/ **I** p.pass. → **rimbecillire II** agg. dopey, fuddled; ***essere ~*** to be soft *o* weak in the head **III** m. (f. **-a**) moron, imbecile.

rimbiancare /rimbjan'kare/ [1] tr. to whitewash again [*facciata, muro*].

▷ **rimboccare** /rimbok'kare/ [1] **I** tr. to fold back, to roll up [*maniche, pantaloni*]; ***~ le lenzuola, coperte a qcn.*** to tuck sb. up, to tuck sb. in **II rimboccarsi** pronom. ***-rsi le maniche*** to roll up one's sleeves (anche FIG.).

rimboccatura /rimbokka'tura/ f., **rimbocco**, pl. **-chi** /rim'bokko, ki/ m. rolling up, tucking up.

rimbombante /rimbom'bante/ agg. **1** *(fragoroso)* [*voce, suono, eco*] booming **2** FIG. pompous, bombastic.

rimbombare /rimbom'bare/ [1] intr. (aus. *essere, avere*) [*suono, tuono, colpo*] to rumble; [*passi*] to reverberate; [*luogo*] to echo; ***~ nelle orecchie di qcn.*** to ring in sb.'s ears.

rimbombo /rim'bombo/ m. *(di tuono, artiglieria)* rumble; *(di voci)* boom; *(di tamburi)* roll.

rimborsabile /rimbor'sabile/ agg. [*prestito, debito*] repayable; [*cure mediche*] refundable; ***~ in 10 anni*** repayable over 10 years.

▷ **rimborsare** /rimbor'sare/ [1] tr. to pay* back, to repay*, to reimburse, to refund; ***farsi ~ qcs.*** to get a refund on sth.; ***farsi ~ le spese*** to get one's expenses paid; ***mi hanno rimborsato il biglietto aereo*** they gave me a refund for my plane ticket; ***~ le spese di viaggio a qcn.*** to pay sb.'s travel costs ◆ ***"soddisfatti o rimborsati"*** "your money refunded if not completely satisfied".

rimborso /rim'borso/ m. reimbursement, repayment; COMM. refund; ***"lo spettacolo è annullato, ~ dei biglietti alla cassa"*** "the performance is cancelled, tickets will be refunded at the box office"; ***chiedere il ~ delle spese*** to claim expenses; ***modalità di ~*** terms of repayment; ***~ spese su ricevuta*** expenses will be reimbursed *o* refunded on productions of receipts; ***~ spese mediche*** reimbursement *o* refunding of medical expenses; ***ottenere il ~ delle spese processuali*** to be awarded costs ◆◆ ***~ chilometrico*** mileage allowance; ***~ fiscale*** tax rebate.

rimboscamento /rimboska'mento/ → **rimboschimento.**

rimboscare /rimbos'kare/ [1] → **rimboschire.**

rimboschimento /rimboski'mento/ m. re(af)forestation.

rimboschire /rimbos'kire/ [102] **I** tr. to re(af)forest [*parco, foresta*] **II** intr. (aus. *essere*), **rimboschirsi** pronom. to become* wooded again.

rimbrottare /rimbrot'tare/ [1] tr. to rebuke, to scold.

rimbrotto /rim'brɔtto/ m. telling-off; ***fare un ~ a qcn.*** to give sb. a telling-off.

rimbruttire /rimbrut'tire/ → **imbruttire.**

rimediabile /rime'djabile/ agg. [*errore, gaffe*] redeemable; [*danno, perdita*] recoverable.

▷ **rimediare** /rime'djare/ [1] **I** tr. **1** *(correggere)* to repair [*errore*] **2** COLLOQ. *(procurarsi)* to wangle; ***riuscì a ~ un invito per me*** she wangled me an invitation; ***puoi ~ abbastanza denaro per comprare una macchina?*** can you scrape up enough money to buy a car? **3** COLLOQ. *(ricavare)* ***~ una giacca da un cappotto*** to get a jacket out of a coat **II** intr. (aus. *avere*) ***~ a*** to put right, to set right [*sbaglio, errore*]; to remedy [*situazione*]; to make up for [*perdita, danno*]; to compensate for [*inconveniente, omissione*]; ***non tocca a me ~ alle tue mancanze*** it's not for me to make up for your shortcomings.

▷ **rimedio**, pl. **-di** /ri'mɛdjo, di/ m. **1** *(soluzione)* cure (**a, contro** for), remedy (**a, contro** for); ***porre ~ a*** to cure [*disoccupazione, inflazione*]; ***trovare un ~*** to find a cure *o* remedy for sth.; ***il ~ è peggiore del male*** the cure is worse than the disease; ***essere senza ~*** to be beyond cure, to be beyond all remedy; ***un ~ infallibile*** a golden remedy **2** *(medicina)* medicine; ***un ~ universale*** a universal panacea ◆ ***a mali estremi, estremi -di*** PROV. desperate diseases require desperate remedies ◆◆ ***~ della nonna*** old wives' remedy.

rimembranza /rimem'brantsa/ f. LETT. remembrance; ***parco della ~*** garden of remembrance.

rimembrare /rimem'brare/ [1] **I** tr. LETT. ***~ qcs.*** to remember sth. **II rimembrarsi** pronom. LETT. ***-rsi di qcs.*** to remember sth.

rimeritare /rimeri'tare/ [1] tr. LETT. to recompense, to reward; ***che Dio ve ne rimeriti*** God bless you.

rimescolamento /rimeskola'mento/ m. **1** *(il rimescolare)* mixing again **2** FIG. *(turbamento)* upset.

rimescolare /rimesko'lare/ [1] **I** tr. **1** *(mescolare di nuovo)* to reshuffle [*carte*] **2** *(rimestare)* to mix again [*minestra*]; to toss [*insalata*]; *(mescolare a lungo)* to mix up **3** FIG. *(rivangare)* to rake up, to stir up **II rimescolarsi** pronom. **1** *(confondersi)* to mingle; ***-rsi tra la folla*** to mingle with the crowd **2** FIG. *(turbarsi)* to be* upset ◆ ***~ il sangue a qcn.*** *(di paura)* to make sb.'s blood run cold; *(di ira)* to make sb.'s blood boil; ***~ le carte*** to reshuffle the cards.

rimescolata /rimesko'lata/ f. ***dare una ~ alle carte*** to give the cards a reshuffle; ***dare una ~ al sugo*** to give the sauce a stir.

rimescolio, pl. **-ii** /rimesko'lio, ii/ m. **1** *(rimescolamento prolungato)* continuous stir **2** *(turbamento)* turmoil.

rimessa /ri'messa/ f. **1** *(il mettere di nuovo)* replacement; ***~ in funzione*** reactivation; ***~ a punto*** *(di macchina)* readjustement; ***~ in scena*** TEATR. revival **2** *(magazzino)* shed; ***~ per gli attrezzi*** tool shed **3** *(deposito di veicoli) (per auto)* garage; *(per tram, bus)* depot; *(per barche)* boathouse; *(per locomotive)* locomotive shed **4** COMM. *(di denaro, merce)* remittance; ***~ di fondi*** remittance of funds; ***~ di un effetto*** o ***valore all'incasso*** remittance of a bill for collection **5** SPORT ***~ in gioco*** *(nel rugby)* dropout; ***~ laterale*** *(nel calcio)* throw-in; *(nel rugby)* line-out; ***~ dal fondo*** *(nel calcio)* goal kick **6** BOT. offshoot ◆◆ ***~ in vigore*** DIR. re-enactment.

rimessaggio, pl. **-gi** /rimes'saddʒo, dʒi/ m. garaging.

rimestare /rimes'tare/ [1] tr. **1** *(rimescolare)* to stir [*minestra*] **2** FIG. to rake over, to rake up.

▶ **rimettere** /ri'mettere/ [60] **I** tr. **1** *(mettere di nuovo)* to put* [sth.] again; *(ricollocare)* to put* [sth.] back; ***~ qcs. in, su*** to put sth. back in, on; ***~ qcs. al suo posto*** to return sth. to its place; ***rimettete la bottiglia al fresco*** put the bottle back to cool; ***rimetti quel libro al suo posto!*** put that book back where it belongs! ***~ qcs. a cuocere*** *(sui fornelli)* to put sth. back on the ring; *(nel forno)* to put sth. back in the oven; ***~ qcn. in prigione*** to send sb. back to prison; ***~ la valigia sopra l'armadio*** to place the suitcase back on the wardrobe; ***~ la spada nel fodero*** to put up one's sword; ***~ in funzione il tergicristallo*** to switch the windscreen wipers on again; ***~ qcs. sul*** o ***di lato*** to put sth. back on its side; ***~ in piedi qcs.*** FIG. to get sth. back on its feet again; ***~ in ordine*** to tidy up [*stanza, casa*]; ***~ insieme qcs.*** to put sth. back together; ***~ insieme i cocci (della propria vita)*** to pick up the pieces (of one's life), to put the pieces (of one's life) back together again; ***~ qcs. a nuovo*** to renovate sth. completely; ***il dottore ti rimetterà presto in sesto*** FIG. the doctor will soon sort you out **2** *(indossare di nuovo)* to wear* again, to put* back on; ***non ~ queste calze, sono sporche*** don't wear these socks again, they're dirty; ***bisognerà ~ gli stivali, è inverno*** we'll have to start wearing our boots again, it's winter; ***fa freddo, rimettiti la giacca*** it's cold, put your jacket back on **3** *(demandare)* to refer (**a** to) **4** COMM. ECON. to remit [*denaro, merce di valore*]; ***~ dei fondi*** to dispatch cash **5** *(vomitare)* to vomit, to bring* up; ***la medicina mi ha fatto ~*** the medicine made me throw up; ***aver voglia di ~*** to feel sick **6** *(condonare)* ***~ una pena a qcn.*** to give sb. remission; ***~ i peccati a qcn.*** to forgive sb.'s sins **7** SPORT ***~ in gioco*** to throw in **8 rimetterci** ***nell'incidente ci ha rimesso una gamba*** he has lost a leg in the accident; ***ci hanno rimesso nella vendita della casa*** they lost on the sale of the house; ***non sarai tu a -rci*** you won't be the loser by it; ***-rci la salute*** to ruin one's health; ***lo farò, anche se dovessi -rci la pelle*** o ***le penne!*** COLLOQ. I'll do it, even if it kills me! **II rimettersi** pronom. **1** *(ricollocarsi)* ***-rsi in un posto*** to go *o* get back to a place; ***rimettiti là, davanti a lui*** get back there, in front of him; ***-rsi a letto, a tavola*** to go back to bed, to the table; ***-rsi al proprio posto*** to go back to one's seat; ***-rsi in fila*** to get back in line; ***-rsi in piedi*** to stand up again; ***-rsi in sella*** to remount a horse **2** *(mettersi di nuovo)* ***-rsi del mascara, del rossetto*** to put on some more mascara, lipstick **3** *(ricominciare)* ***-rsi al lavoro*** to get back to work; ***-rsi a fare qcs.*** to start doing sth. again; ***-rsi a bere*** to go back on the bottle; ***-rsi a scrivere*** to go back to writing; ***-rsi in cammino*** to get back on the road; ***-rsi in funzione*** o ***moto*** [*motore*] to start again **4** *(indossare di nuovo)* ***-rsi i jeans, la gonna*** to wear jeans, a skirt again; ***puoi rimetterti il cappotto, ce ne andiamo*** you can put your coat back on, we are leaving **5** *(ristabilirsi)* ***-rsi da*** to recover from [*malattia, parto, incidente*]; to get over [*shock, situazione difficile*]; ***non c'è niente come una bella vacanza per -rsi in forma*** there's nothing like a good vacation to set you up **6** *(affidarsi)* ***-rsi al giudizio, all'esperienza di qcn.*** to defer to sb.'s judgement, experience; ***-rsi alla sorte*** to trust to luck **7** *(riprendere una relazione)* ***-rsi con qcn.*** to get back together with sb.; ***-rsi insieme*** to get back together ◆ ***~ in riga qcn.*** to bring sb. into line.

rimilitarizzazione /rimilitariddzat'tsjone/ f. remilitarization.

riminese /rimi'nese/ ➧ **2 I** agg. from, of Rimini **II** m. e f. native, inhabitant of Rimini.

rimirare /rimi'rare/ [1] **I** tr. LETT. to contemplate [*quadro, paesaggio*] **II rimirarsi** pronom. to gaze at oneself.

rimischiare /rimis'kjare/ [1] tr. to reshuffle [*carte*].

rimisurare /rimizu'rare/ [1] tr. to measure [sth.] again.

rimmel® /'rimmel/ m.inv. mascara; ***mettersi il ~*** to put mascara on; ***il tuo ~ è colato*** your mascara is running.

rimminchionire /rimminkjo'nire/ [3] intr. (aus. *essere*) VOLG. to go* soft in the head.

rimodellare /rimodel'lare/ [1] tr. to reshape.

rimodernamento /rimoderna'mento/ m. modernization.

rimodernare /rimoder'nare/ [1] **I** tr. to modernize **II rimodernarsi** pronom. to be* modernized.

rimonta /ri'monta/ f. **1** SPORT recovery; ***fare una bella ~*** to make a good recovery **2** MIL. remount; ***un cavallo da ~*** a remount.

rimontare /rimon'tare/ [1] **I** tr. **1** *(risalire)* [*persona, auto*] to go* up [sth.] again [*strada, pendio*]; [*pesce*] to swim* up [*fiume, corrente*] **2** SPORT *(recuperare)* to catch* up with [*avversario*]; to recover [*svantaggio*] **3** *(montare di nuovo)* to put* [sth.] back together [*oggetto*]; to reassemble [*motore, macchina*]; ***si diverte a smontare e a ~ i suoi giocattoli*** he's having fun taking his toys apart and putting them back together **II** intr. (aus. *essere*) **1** *(salire di nuovo)* to remount; ***~ a cavallo*** to remount a horse; ***~ in macchina, in treno*** to get back in the car, on the train **2** *(progredire)* ***~ nei sondaggi*** [*politico, partito*] to move up in the opinion polls; ***~ dal quindicesimo posto al terzo*** [*sportivo, squadra*] to move up from fifteenth to third position; ***~ di due punti*** to go up two points **3** *(avere origine)* ***~ a*** [*avvenimento, opera, tradizione*] to go back to [*epoca, data*]; ***tradizioni che rimontano al medioevo*** traditions that date back to the Middle Ages ◆ ***~ la china*** to get back on one's feet.

rimorchiamento /rimorkja'mento/ m. trackage.

rimorchiare /rimor'kjare/ [1] tr. **1** *(trascinare)* to tow [*veicolo*]; to tow, to tug [*nave*]; ***~ una nave in porto*** to tow a ship into harbour **2** FIG. to drag [sb.] along **3** COLLOQ. *(abbordare)* to be* on the pull, to cat around AE; ***~ le ragazze*** to pull the birds, to pick up the girls.

rimorchiatore /rimorkja'tore/ m. tug(boat), towboat.

▷ **rimorchio**, pl. **-chi** /ri'mɔrkjo, ki/ m. **1** *(azione)* towage, tow, towing; ***cavo di ~*** towline; ***barra di ~*** tow bar; ***prendere un'auto a ~*** to tow a car; ***andare a ~ di qcn.*** FIG. to ride on sb. coat-tails; ***avere qcn. a ~*** FIG. to have sb. in tow **2** *(veicolo trainato)* trailer; ***camion con ~*** truck with trailer; ***camion con ~ ribaltabile*** tipper lorry BE, dump truck.

rimordere /ri'mɔrdere/ [61] tr. **1** *(mordere di nuovo)* to bite* [sth.] again; *(a propria volta)* to bite* back **2** FIG. *(tormentare)* to prick; ***mi rimordeva la coscienza*** my conscience pricked me.

▷ **rimorso** /ri'mɔrso/ m. remorse **U**; ***roso dal ~*** eaten up with remorse; ***senza il più piccolo ~*** without the slightest remorse; ***non vi era alcuna traccia di ~ sul volto dell'assassino*** any sign of remorse was absent from the killer's face; ***pieno di -i*** remorseful; ***avere*** o ***provare autentico ~ per aver fatto*** to feel true remorse for doing; ***~ di coscienza*** prick of conscience.

rimosso /ri'mɔsso/ **I** p.pass. → **rimuovere II** agg. removed; PSIC. repressed **III** m. PSIC. ***il ~*** repressed content *o* experience.

rimostranza /rimos'trantsa/ f. complaint, grievance; ***le -e degli operai riguardo al fatto di essere mal pagati sono giustificate*** the workers' complaints that they are badly paid are justified; ***presentare le proprie -e*** to present a list of one's grievances; ***fare (le proprie) -e a*** to make a complaint to, to expostulate with, to remonstrate with FORM.

rimostrare /rimos'trare/ [1] **I** tr. to show* [sth.] again (**a qcn.** to sb.) **II** intr. (aus. *avere*) to complain.

rimovibile /rimo'vibile/ agg. [*colletto, fodera*] detachable; [*mensola, sedile, parete*] removable.

rimozione /rimot'tsjone/ f. **1** *(spostamento)* removal, clearing; *(di veicoli)* towing away; ***è incaricato della ~ dei rifiuti*** he's responsible for the removal of the rubbish; ***~ dei sigilli*** breaking of the seals; ***~ delle barriere*** FIG. opening up; ***zona di ~ forzata*** o ***coatta*** towaway zone **2** *(destituzione)* removal **3** PSIC. repression.

rimpacchettare /rimpakket'tare/ [1] tr. to pack [sth.] up again.

rimpagliare /rimpaʎ'ʎare/ [1] tr. to make* a new straw bottom to [*sedia*].

rimpallare /rimpal'lare/ [1] intr. (aus. *avere*) **1** *(nel biliardo)* to come* into collision twice **2** *(nel calcio)* [*palla*] to rebound (off).

rimpallo /rim'pallo/ m. **1** *(nel biliardo)* counterblow **2** *(nel calcio)* rebound, bounce back.

rimparare /rimpa'rare/ [1] tr. to learn* [sth.] again; ***~ a fare qcs.*** to learn (how) to do sth. again.

rimpastare /rimpas'tare/ [1] tr. **1** *(impastare di nuovo)* to knead [sth.] again **2** FIG. to reshuffle [*ministero*].

rimpasto /rim'pasto/ m. **1** *(il rimpastare)* kneading again; *(nuovo impasto)* mixture kneaded again **2** FIG. reshuffle; ***~ ministeriale*** cabinet reshuffle.

rimpatriare /rimpa'trjare/ [1] **I** tr. to repatriate [*esuli, immigrati clandestini*] **II** intr. (aus. *essere*) to return to one's native country.

rimpatriata /rimpa'trjata/ f. get-together, reunion; ***fare una ~*** to have a get-together.

rimpatrio, pl. **-tri** /rim'patrio, tri/ m. repatriation ◆◆ ***~ obbligatorio*** involuntary repatriation.

rimpetto /rim'pɛtto/ → **dirimpetto.**

▷ **rimpiangere** /rim'pjandʒere/ [70] tr. **1** *(sentire la mancanza)* to miss [*persona, passato, luogo*]; ***~ il tempo in cui*** to miss the time when; ***lo rimpiangerai*** you'll miss it; ***adesso che mi sono trasferito fuori città rimpiango i giorni in cui andavo al lavoro a piedi*** now that I've moved out of town I really miss walking to work **2** *(rammaricarsi)* to regret; ***non hai niente da ~*** you have nothing to regret; ***non rimpiango nulla*** I have no regrets; ***~ di aver fatto*** to regret doing *o* having done; ***~ qcs. per tutta la vita*** to live to regret sth.

▷ **rimpianto** /rim'pjanto/ **I** p.pass. → **rimpiangere II** agg. *(compianto)* lamented; ***il nostro ~ collega*** our late lamented colleague **III** m. regret; ***senza -i*** with no regrets; ***ho un solo ~, quello di non averlo ascoltato*** my only regret is that I didn't listen to him.

rimpiattino /rimpjat'tino/ m. hide and seek.

rimpiazzare /rimpjat'tsare/ [1] tr. **1** *(sostituire)* to replace; ***il vinile è stato quasi completamente rimpiazzato dal compact disc*** vinyl records have been largely superseded by compact discs; ***~ una lampadina*** to change a (light) bulb **2** *(fare le veci di) (temporaneamente)* to stand* in for, to fill in for [*collega, impiegato, professore*]; *(a tempo indeterminato)* to replace, to succeed [*persona*].

rimpiazzo /rim'pjattso/ m. substitute; ***trovare un ~*** to find a substitute.

rimpicciolimento /rimpittʃoli'mento/ m. reduction, shrinking.

rimpicciolire /rimpittʃo'lire/ [102] **I** tr. to reduce; *(in proporzione)* to scale down [*disegno*] **II** intr. (aus. *essere*), **rimpicciolirsi** pronom. [*vestito, persona*] to shrink.

rimpinguare /rimpin'gware/ [1] **I** tr. FIG. ***~ le casse dello stato*** to fill the nation's coffers **II rimpinguarsi** pronom. **1** *(ingrassare)* to grow* fat **2** FIG. to be* enriched.

rimpinzare /rimpin'tsare/ [1] **I** tr. **1** *(riempire di cibo)* to fill up (**di** with); ***ci rimpinzò di dolci*** she stuffed us with cakes **2** FIG. ***~ un discorso di citazioni*** to cram a speech with quotations **II rimpinzarsi** pronom. to fill oneself up, to stuff oneself; ***-rsi di caramelle*** to cram oneself with sweets; ***-rsi fino alla nausea*** to eat oneself sick.

rimpolpare /rimpol'pare/ [1] **I** tr. **1** *(ingrassare)* to fatten up **2** FIG. *(arricchire)* to flesh out [*articolo, discorso*] **II rimpolparsi** pronom. to put* on weight.

▷ **rimproverare** /rimprove'rare/ [1] **I** tr. **1** *(sgridare)* to scold, to tell* [sb.] off, to yell at [*persona, bambino, allievo*]; ***~ qcn. per aver fatto qcs.*** to scold sb. for doing sth.; ***farsi ~*** to get told off, to get a scolding **2** *(rinfacciare)* to reproach, to blame, to criticize; ***~ a qcn. la sua disonestà, negligenza, il suo egoismo*** to criticize *o* reproach sb. for his dishonesty, ingratitude, selfishness; ***sul piano personale non ho nulla da rimproverarti*** I've got nothing against you on a personal level; ***lo rimproverò di non essersi ricordato del loro anniversario*** she yelled at him for forgetting their anniversary; ***non gli si può ~ nulla*** he is beyond reproach **II rimproverarsi** pronom. ***-rsi qcs.*** to reproach oneself for *o* with sth.; ***non hai nulla da rimproverarti*** you have nothing to reproach yourself for; ***-rsi di fare*** to blame *o* reproach oneself for doing.

▷ **rimprovero** /rim'prɔvero/ m. reproach, scolding; ***fare*** o ***rivolgere dei -i a qcn.*** to reproach sb. (**su**, **per** for); ***ricevere dei -i*** to be criticized (**da** by); ***fare dei severi -i a qcn.*** to give sb. a good talking-to; ***atteggiamento che merita dei -i*** reprehensible attitude; ***di ~*** [*tono, sguardo*] reproachful.

rimuginare /rimudʒi'nare/ [1] **I** tr. to chew over, to brood over [*problema*]; to ruminate on [*evento, decisione*] **II** intr. (aus. *avere*)

non serve ~ sui tuoi sbagli it doesn't help to brood over your mistakes; ***quando è depresso si siede a ~ per ore*** when he's depressed he sits brooding for hours.

rimunerare /rimune'rare/ [1] **I** tr. to pay* [*persona*]; to pay* for [*lavoro, servizio*] **II** intr. (aus. *avere*) ***fare l'agente immobiliare rimunera bene*** working as an estate agent is a lucrative business.

rimuneratività /rimunerativi'ta/ f.inv. profitability.

rimunerativo /rimunera'tivo/ agg. [*investimento, lavoro*] lucrative, profitable.

rimuneratore /rimunera'tore/ m. RAR. rewarder.

rimunerazione /rimunerat'tsjone/ f. *(ricompensa)* reward; *(paga)* pay, payment; ***ricevere una buona ~*** to be very well paid ◆◆ ***~ di capitale*** FIN. return on capital.

rimuovere /ri'mwɔvere/ [62] tr. **1** *(togliere)* to take* away, to remove [*oggetto*]; to move, to remove [*veicolo*]; to clear away [*macerie, terra*]; to wash off, to clean off [*macchia*] **2** FIG. to remove [*ostacolo, difficoltà*] **3** *(destituire)* to remove, to dismiss (**da** from); ***~ qcn. da un incarico*** o ***dalle sue funzioni*** to dismiss sb. from his office **4** *(distogliere)* ***~ qcn. dal proprio dovere*** to distract sb. from his duty **5** PSIC. to repress.

rinascenza /rinaʃ'ʃɛntsa/ f. **1** LETT. rebirth, revival **2** RAR. *(Rinascimento)* Renaissance.

▷ **rinascere** /ri'naʃʃere/ [63] intr. (aus. *essere*) **1** *(ricominciare a vivere)* [*regione, teatro, persona*] to come* back to life; ***far ~ una regione, un'attività*** to revive a region, an activity; ***si sente ~*** he feels he's coming back to life; ***l'aria fresca mi ha fatto ~*** the fresh air has revived me; ***la cura mi ha fatto ~*** the treatment gave me a new lease on life; ***~ alla vita, all'amore*** to rediscover life, love **2** *(rifiorire)* [*vegetazione*] to spring* up again **3** *(riapparire)* [*desiderio, paura, forze*] to return; [*speranza, entusiasmo*] to revive; ***far ~ la speranza, l'amore*** to bring new hope, love.

rinascimentale /rinaʃʃimen'tale/ agg. ***arte, stile ~*** Renaissance art, style.

Rinascimento /rinaʃʃi'mento/ **I** agg.inv. Renaissance attr. **II** m. Renaissance.

rinascita /ri'naʃʃita/ f. **1** *(ricrescita) (di capelli, erba)* regrowth **2** FIG. *(ripresa di vitalità)* revival; RELIG. rebirth; ***la ~ del nazionalismo*** the revival of nationalism **3** RAR. *(rinascimento storico, culturale)* renaissance.

rincagnato /rinkaɲ'ɲato/ agg. ***naso ~*** pug nose; ***dal naso ~*** pug-nosed.

rincalzare /rinkal'tsare/ [1] tr. **1** AGR. to earth up [*pianta, radici*] **2** *(sostenere)* to prop up [*tavolo*]; to buttress [*muro*] **3** *(rimboccare)* to fold back; ***~ le lenzuola*** to fold back the sheet; ***~ le coperte a qcn.*** to tuck up sb., to tuck sb. in.

rincalzatura /rinkaltsa'tura/ f. AGR. earthing up.

rincalzo /rin'kaltso/ m. **1** *(rinforzo)* wedge **2** MIL. ***truppe di ~*** support troops **3** SPORT reserve (player), substitute (player).

rincamminarsi /rinkammi'narsi/ [1] pronom. to resume walking, to start out, to set* out again; ***è ora di rincamminarci verso casa*** it's time to head back home.

rincanalare /rinkana'lare/ [1] tr. to rechannel.

rincantucciare /rinkantut'tʃare/ [1] **I** tr. to put* into a corner, to drive* into a corner **II rincantucciarsi** pronom. to go* into a corner; FIG. to snuggle (up).

▷ **rincarare** /rinka'rare/ [1] **I** tr. **1** *(aumentare)* to mark up, to push up, to raise [*prezzi*] **2** FIG. ***~ la dose*** to add to it, to pile it on COLLOQ., to lay it on thick AE COLLOQ. **II** intr. (aus. *essere*) [*merci*] to get* dearer, to get* more expensive; [*prezzi*] to go* up, to increase, to rise*.

rincarnare /rinkar'nare/ → **reincarnare.**

rincarnazione /rinkarnat'tsjone/ → **reincarnazione.**

rincaro /rin'karo/ m. rise, increase; ***il ~ degli affitti*** rent increase; ***i prezzi hanno subito un incredibile ~ del 40%*** prices rose by an astonishing 40%.

rincartare /rinkar'tare/ [1] tr. to wrap again, to rewrap.

rincasare /rinka'sare/ [1] intr. (aus. *essere*) to go* (back) home, to come* home, to get* home, to return home; ***dovere ~ presto*** to be due back home soon; ***~ per mezzanotte*** to be in by midnight.

▷ **rinchiudere** /rin'kjudere/ [11] **I** tr. to shut* in [*animale, persona*]; *(in cella, ghetto, stanza)* to confine (**a, in** to, in); *(in ospedale psichiatrico, prigione)* to put* away, to lock up; ***~ qcn. in una stanza*** to lock sb. in a room; ***fare ~ qcn. in prigione*** to commit sb. to jail; ***~ un ostaggio, un prigioniero*** to lock a hostage, a captive up; ***~ un animale in un recinto*** to fence an animal in; ***~ in convento*** to cloister; ***abbiamo dovuto rinchiuderlo*** he had to be put away; ***lo si dovrebbe ~!*** COLLOQ. he should be locked up! **II rinchiudersi** pronom. **1** *(isolarsi)* to shut* oneself away; ***si rinchiude in camera sua per lavorare*** he shuts himself in his room to work; ***-rsi in convento*** to retire to a convent **2** FIG. ***-rsi nel silenzio*** to close up *o* to retreat into silence; ***-rsi in se stesso*** to become withdrawn, to withdraw into oneself.

rincitrullire /rintʃitrul'lire/ [102] **I** tr. to fuddle, to drive* [sb.] round the bend **II** intr. (aus. *essere*), **rincitrullirsi** pronom. COLLOQ. to go* gaga, to go* soft in the head, to go* weak in the head.

rincitrullito /rintʃitrul'lito/ **I** p.pass. → **rincitrullire II** agg. COLLOQ. soft in the head, weak in the head, gaga.

rincivilimento /rintʃivili'mento/ m. refinement, refining.

rincivilire /rintʃivi'lire/ [102] **I** tr. to civilize [*persona*] **II** intr. (aus. *essere*), **rincivilirsi** pronom. to become* more civilized.

rinco /'rinko/ agg.inv. VOLG. (accorc. rincoglionito) brain dead; ***ma sei ~?*** are you brain dead or something? are you a zombie or what?

rincoglionire /rinkoʎʎo'nire/ [102] **I** tr. VOLG. to turn [sb.] into a moron **II** intr. (aus. *essere*), **rincoglionirsi** pronom. VOLG. *(rimbecillirsi)* to get* brain dead; [*anziano*] to be* slipping, to be* losing one's grip; ***smettila di rincoglionirti davanti alla tele!*** stop numbing *o* frying your mind *o* vegging out in front of TV!

rincoglionito /rinkoʎʎo'nito/ **I** p.pass. → **rincoglionire II** agg. VOLG. **1** *(intontito)* brain dead **2** *(senile)* soft in the head, weak in the head, daft; ***un vecchio ~*** a geriatric, a dotard; ***essere un vecchio ~*** to be in one's dotage.

rincollare /rinkol'lare/ [1] tr. ***~ qcs.*** to glue sth. back on; ***~ insieme due cose*** to glue two things back together.

rincorare /rinko'rare/ → **rincuorare.**

rincorniciare /rinkornit'ʃare/ [1] tr. to remount [*quadro*].

rincorporare /rinkorpo'rare/ [1] tr. to reincorporate.

▷ **rincorrere** /rin'korrere/ [32] **I** tr. to go* after, to run* after, to chase [*persona*]; ***~ il successo*** to chase (after) success **II rincorrersi** pronom. to run* after each other, to chase each other; ***smettetela di rincorrervi in casa*** stop chasing one another round the house; ***giocare a -rsi*** to play tag.

rincorsa /rin'korsa/ f. run, run-up BE; ***salto con ~*** running jump; ***prendere la ~*** to take a run(-up); ***prendere la ~ per saltare*** to take a run at [*staccionata, torrente*]; ***saltare con la ~*** to take a flying leap *o* jump; ***calcolare la ~*** SPORT to judge one's run-up.

rincrescere /rin'kreʃʃere/ [33] intr. (aus. *essere*) **1** *(dispiacere)* to be* sorry, to regret; ***mi rincresce che le cose non abbiano funzionato, di essere stato scortese*** I'm sorry that things didn't work out, if I was rude **2** *(dare fastidio)* to mind; ***se non ti rincresce*** if you don't mind; ***ti rincresce tenermi il posto, aprire la finestra?*** do you mind keeping my seat for me, opening the window?

rincrescimento /rinkreʃʃi'mento/ m. regret, displeasure; ***con grande ~ di*** much to the displeasure of; ***decidere, accettare con ~*** to decide, accept regretfully; ***esprimere il proprio ~*** to express one's regret.

rincretinimento /rinkretini'mento/ m. brainlessness, idiocy.

rincretinire /rinkreti'nire/ [102] **I** tr. to make* [sb.] dumb, to make* [sb.] stupid **II** intr. (aus. *essere*), **rincretinirsi** pronom. COLLOQ. to go* soft in the head, to go* weak in the head, to become* a moron.

rincretinito /rinkreti'nito/ **I** p.pass. → **rincretinire II** agg. COLLOQ. soft in the head, weak in the head, gaga.

rincrudire /rinkru'dire/ [102] **I** tr. to exacerbate [*dolore, situazione*]; [*esperienza*] to embitter [*persona*] **II** intr. (aus. *essere*), **rincrudirsi** pronom. ***il freddo (si) è rincrudito*** it grew bitter cold.

rinculare /rinku'lare/ [1] intr. (aus. *essere*) **1** *(indietreggiare)* [*cavallo*] to back away, to draw* back, to recoil **2** ARM. [*arma*] to kick, to recoil.

rinculata /rinku'lata/ f. drawing back, recoiling.

rinculo /rin'kulo/ m. **1** *(arretramento)* backing **2** ARM. kick, recoil.

rincuorante /rinkwo'rante/ agg. heartening, cheering.

rincuorare /rinkwo'rare/ [1] **I** tr. to hearten, to cheer (up), to back up; ***fummo rincuorati dalla notizia*** we were heartened by the news **II rincuorarsi** pronom. to take* heart, to cheer up.

rindirizzare /rindirit'tsare/ [1] tr. to readdress, to redirect.

rinegoziabile /rinegot'tsjabile/ agg. renegotiable.

rinegoziare /rinegot'tsjare/ [1] tr. to renegotiate [*affare, contratto*]; to reschedule [*debito, rimborso*].

rinegoziazione /rinegottsjat'tsjone/ f. renegotiation; ECON. rescheduling.

rinfacciare /rinfat'tʃare/ [1] tr. ***~ qcs. a qcn.*** to cast sth. up at sb., to hold sth. against sb., to throw sth. in sb.'s teeth; ***~ a qcn. che*** to hold it against sb. that; ***non c'è bisogno di rinfacciarlo continuamente!*** there's no need to rub it in!

rinfiancare /rinfjan'kare/ [1] tr. **1** EDIL. to reinforce laterally, to buttress **2** FIG. to back, to support, to buttress.

rinfianco, pl. **-chi** /rin'fjanko, ki/ m. **1** EDIL. buttress, spandrel **2** FIG. support, buttress.

rinfilare /rinfi'lare/ [1] tr. to re-string* [*collana, perle*].

rinfocare /rinfo'kare/ → **rinfocolare.**

rinfocolamento /rinfokola'mento/ m. **1** *(di fuoco)* poking, stocking **2** FIG. fomentation, foment.

rinfocolare /rinfoko'lare/ [1] **I** tr. **1** *(riattizzare)* to fan, to poke, to stoke, to rekindle [*fuoco*] **2** FIG. to foment [sth.] again, to stir up [sth.] again, to rekindle [*odio, ostilità, passione*] **II rinfocolarsi** pronom. to rekindle (anche FIG.).

rinfoderare /rinfode'rare/ [1] tr. **1** *(rimettere nel fodero)* to scabbard, to sheathe [*pugnale, spada*] **2** *(ritirare)* to sheathe [*artigli*].

rinforzando /rinfor'tsando/ **I** m.inv. MUS. rinforzando* **II** avv. MUS. rinforzando.

rinforzante /rinfor'tsante/ agg. invigorating.

rinforzare /rinfor'tsare/ [1] **I** tr. **1** *(rendere più resistente)* to strengthen [*muscoli*]; to toughen [*cuoio, plastica*] **2** *(rendere più stabile)* to back, to strengthen [*struttura*]; ING. to brace, to buttress, to reinforce, to toughen [*muro*] **3** FIG. to consolidate, to enforce, to reinforce [*ipotesi, opinione, teoria*]; ***~ un legame*** to strengthen a bond **II** intr. (aus. *essere*) [*vento*] to increase, to strengthen **III rinforzarsi** pronom. [*muscoli*] to strengthen.

rinforzato /rinfor'tsato/ **I** p.pass. → **rinforzare II** agg. [*muro*] reinforced, braced; [*suola*] cleated; ***scarpe con la punta -a*** shoes with a toe cap.

▷ **rinforzo** /rin'fɔrtso/ **I** m. **1** *(azione)* backing, strengthening **2** TECN. ING. *(di muro)* brace; *(di suola)* cleat; *(di tacco)* tip; ***nervatura di ~*** SART. stiffening rib **3** FOT. intensification **4** FIG. reinforcement, support; ***a ~ della*** o ***di ~ alla sua tesi citò ulteriori dati*** he added other data to strengthen his thesis **II rinforzi** m.pl. MIL. backup sing., backup troops; FIG. reinforcements; ***truppe senza -i*** unsupported troops; ***avere bisogno dei -i*** [*poliziotto, truppe*] to need backup; ***attendere i -i*** to wait for reinforcements; ***chiamare i -i*** to ask for *o* to summon reinforcements; ***mandare a chiamare i -i*** to send for reinforcements.

rinfrancare /rinfran'kare/ [1] **I** tr. **1** *(ridare coraggio)* to hearten, to reassure, to encourage; ***sentirsi rinfrancato*** to feel uplifted *o* reassured **2** *(rinvigorire)* to revive, to invigorate **II rinfrancarsi** pronom. to perk up, to cheer up.

rinfrescante /rinfres'kante/ **I** agg. cooling, refreshing **II** m. *(lassativo)* mild laxative.

▷ **rinfrescare** /rinfres'kare/ [1] **I** tr. **1** *(refrigerare)* to refresh, to cool down [*persona*]; to cool [*stanza*]; ***~ l'aria*** [*temporale*] to clear the air **2** FIG. to brush up [*lingua, materia*]; ***~ la memoria a qcn.*** to refresh *o* jog sb.'s memory; ***questo mi rinfrescherà le idee*** that will blow away the cobwebs **3** *(rinnovare)* to do* up, to renovate, to freshen up [*vestito*]; to redecorate, to refurbish [*stanza*] **II** impers. (aus. *essere, avere*) ***di notte rinfresca molto*** it gets *o* grows very cool at night **III rinfrescarsi** pronom. [*aria*] to cool; [*persona*] to refresh oneself.

rinfrescata /rinfres'kata/ f. **1** *(lavata sommaria)* quick wash; ***darsi una ~*** to freshen up, to have a (wash and) brush up BE **2** METEOR. cooling **3** *(riverniciatura)* ***dare una ~ alle pareti*** to give a fresh coat of painting to the walls; ***tutta la casa ha bisogno di una bella ~*** the whole house needs to be decorated **4** *(ripassata)* brushup; ***devo dargli una ~*** I must brush up on it, I must brush it up; ***dare una ~ al proprio francese*** to give one's French a brushup.

▷ **rinfresco**, pl. **-schi** /rin'fresko, ski/ **I** m. *(ricevimento)* buffet, reception; ***~ nuziale*** wedding breakfast, wedding reception; ***offrire*** o ***dare un piccolo ~*** to give *o* hold a small reception; ***ci sarà un ~*** refreshments will be served **II rinfreschi** m.pl. *(cibi e bevande)* refreshments.

rinfuocare /rinfuo'kare/ → **rinfocolare.**

rinfusa: **alla rinfusa** /allarin'fuza/ **I** agg.inv. MAR. *(non imballato)* [*carico, merce, trasporto*] (in) bulk **II** avv. *(in disordine)* higgledy-piggledy, pell-mell, haphazardly; ***essere gettato alla ~*** to be jumbled together.

ring /ring/ m.inv. boxing ring, prize ring, ring; ***a bordo ~*** at the ringside; ***abbandonare il ~ all'età di 35 anni*** to retire from the ring aged *o* at 35.

ringagliardire /ringaʎʎar'dire/ [102] **I** tr. to strengthen, to fortify **II ringaglirdirsi** pronom. to strengthen, to become* strong.

ringalluzzire /ringallut'tsire/ [102] **I** tr. to make* [sb.] jaunty, to make* [sb.] cocky **II ringalluzzirsi** pronom. to become* jaunty, to become* cocky.

ringalluzzito /ringallut'tsito/ **I** p.pass. → **ringalluzzire II** agg. perky, jaunty, cocky; ***mi sento (tutto) ~*** I feel much brighter.

▷ **ringhiare** /rin'gjare/ [1] intr. (aus. *avere*) **1** *(abbaiare)* [*cane*] to growl, to snarl; ***il cane mi ha ringhiato*** the dog snarled at me **2** FIG. to rumble, to snarl, to snap; ***"allora?" ringhiò*** "well?" he rumbled.

▷ **ringhiera** /rin'gjɛra/ f. *(di balcone)* (hand)rail, railing; *(delle scale)* banister, bannister BE; ***appoggiandosi alla ~*** leaning on the banister; ***scivolare sulla ~*** to slide down the banister.

▷ **ringhio**, pl. **-ghi** /'ringjo, gi/ m. growl, snarl.

ringhioso /rin'gjoso/ agg. **1** [*cane*] snarling **2** FIG. doggish, snappish.

ringhiottire /ringjot'tire/ [102] tr. *(reprimere)* to swallow back [*rabbia*].

ringiovanimento /rindʒovani'mento/ m. rejuvenation, rejuvenescence.

ringiovanire /rindʒova'nire/ [102] **I** tr. to rejuvesce, to rejuvenate (anche FIG.); ***dimagrire ti ringiovanisce!*** losing weight takes years off you! ***mi sento ringiovanito di dieci anni*** I feel ten years younger **II** intr. (aus. *essere*) to rejuvesce, to rejuvenate (anche FIG.).

ringoiare /ringo'jare/ [1] tr. **1** *(ingoiare di nuovo)* to swallow [sth.] again **2** FIG. *(rimangiarsi, ritrattare)* to take* back, to withdraw* **3** *(reprimere)* to swallow back [*rabbia*].

ringranare /ringra'nare/ [1] tr. TECN. AUT. to re-engage.

▷ **ringraziamento** /ringrattsja'mento/ **I** m. **1** thanks pl., thank you; ***una lettera di ~*** a letter of appreciation *o* thanks, a thank you letter; ***discorso di ~*** vote of thanks; ***due parole di ~*** a note of thanks; ***profondersi in -i*** to thank profusely; ***esprimere il proprio ~*** to express one's thanks, to thank; ***con i più sentiti -i*** with grateful thanks; ***bel ~!*** IRON. thanks a lot *o* a bunch *o* a bundle! **2** RELIG. thanksgiving; ***preghiera di ~*** grace **II ringraziamenti** m.pl. *(in un libro ecc.)* acknowledgements; CINEM. TELEV. credit line sing. ◆ ***giorno del Ringraziamento*** Thanksgiving (Day).

▶ **ringraziare** /ringrat'tsjare/ [1] tr. to thank, to say* thank you (**di**, **per** for; **per avere fatto** for doing); ***la ringrazio*** I thank you; ***andarsene senza ~*** to leave without saying thank you *o* without thanking; ***ecco come mi ringraziano!*** this is the thanks I get! ***solo due parole per ringraziarti*** just a line to say thank you; ***infine, vorrei ~...*** finally I would like to thank...; ***devi solo ~ te stesso!*** you've only got yourself to thank! ***avrebbero almeno potuto ringraziarci*** they might have had the decency to thank us; ***non ho avuto il tempo di ringraziarti per bene*** I didn't have time to thank you properly; ***sia ringraziato il Signore*** thanks be to God; ***ringrazia il cielo che non l'ho fatto*** you should think *o* count yourself lucky that I didn't do it; ***ringraziamo il cielo che ha solo due ore di ritardo*** let's be grateful that it is only two hours late; ***ringraziando anticipatamente*** *(in una lettera)* thanking you in anticipation, in advance.

ringrosso /rin'grɔsso/ m. TESS. slub.

ringuainare /ringwai'nare/ [1] tr. to scabbard, to sheathe [*pugnale, spada*].

rinite /ri'nite/ ♦ **7** f. rhinitis.

rinnegamento /rinnega'mento/ m. renunciation; ***il ~ di Cristo da parte di san Pietro*** BIBL. Peter's denial of Christ.

▷ **rinnegare** /rinne'gare/ [1] tr. to disaffirm [*affermazione*]; to disavow [*impegno, opinione*]; to disown [*persona*]; to deny, to renounce [*Dio, religione*]; to abjure [*vizio*]; ***~ la propria fede*** to renounce one's faith.

rinnegato /rinne'gato/ **I** p.pass. → **rinnegare II** agg. renegade **III** m. (f. **-a**) renegade; ***diventare un ~*** to renegade.

rinnovabile /rinno'vabile/ agg. **1** *(prolungabile)* [*contratto, permesso, visto*] extendable, renewable; ***non ~*** nonrenewable; ***credito ~*** ECON. rollover credit **2** *(non soggetto a esaurimento)* ***risorsa ~*** renewable, sustainable resource.

rinnovabilità /rinnovabili'ta/ f.inv. renewability.

rinnovamento /rinnova'mento/ m. *(di interesse)* renewal; *(di paese, persona)* self-renewal.

▷ **rinnovare** /rinno'vare/ [1] **I** tr. **1** *(prolungare la validità)* to renew [*abbonamento, contratto, passaporto, prestito*]; to roll over [*debito, prestito*]; ***~ la propria iscrizione*** to renew one's membership; ***non ~ la propria iscrizione*** to let one's membership lapse *o* expire **2** *(ristrutturare)* to renovate [*costruzione, statua*]; to furbish, to refurbish [*stanza*] **3** *(cambiare)* to renew, to change; ***~ l'aria in una stanza*** to change the air in a room, to let fresh air into a room **4** *(ammodernare)* to refresh, to update, to repackage [*immagine, stile*]; ***devo ~ il mio guardaroba*** I need a new wardrobe **5** *(ripetere)* to reissue [*avviso, invito*] **6** FIG. *(ridestare)* to call up, to evoke [*ricordo*]; ***~ i rapporti*** to renew links **II rinnovarsi** pronom. **1** *(ripetersi)* to repeat itself **2** *(modernizzarsi)* [*autore, artista*] to update.

rinnovato /rinno'vato/ **I** p.pass. → **rinnovare** **II** agg. **1** *(nuovo)* [*interesse, ottimismo*] renewed; [*spettacolo, squadra*] new-look attrib. **2** *(ripetuto)* [*voto, promesse*] renewed.

rinnovatore /rinnova'tore/ **I** agg. [*spirito*] renewing, renovating, revolutionary **II** m. (f. **-trice**) renewer.

rinnovellare /rinnovel'lare/ [1] tr. **1** LETT. *(rimettere a nuovo)* to renew **2** LETT. *(ripetere)* to repeat.

▷ **rinnovo** /rin'nɔvo/ m. **1** *(di abbonamento, passaporto)* renewal; *(di debito, prestito)* rollover; ***mancato ~*** nonrenewal; ***~ della patente*** renewal of one's driving licence **2** *(il rimettere a nuovo)* refurbishment; ***"la direzione si scusa con i clienti per gli inconvenienti arrecati dai lavori di ~"*** "the management apologizes for any inconvenience caused to customers during renovations".

▷ **rinoceronte** /rinotʃe'ronte/ m. rhinoceros*, rhino*; ***scarabeo ~*** rhinoceros beetle ◆◆ ***~ bianco*** white rhino(ceros).

rinofaringe /rinofa'rindʒe/ f. nasopharynx, rhinopharynx.

rinofaringeo /rinofarin'dʒɛo/ agg. nasopharyngeal.

rinofaringite /rinofarin'dʒite/ ♦ **7** f. rhinopharyngitis.

rinologia /rinolo'dʒia/ f. rhinology.

rinomanza /rino'mantsa/ f. renown.

▷ **rinomato** /rino'mato/ agg. renowned, reputed, famous; ***essere ~ per*** to be widely known for; ***città -a per le sue ceramiche*** pottery town; ***siamo -i per la qualità del nostro servizio*** we have a reputation for good service; ***è la nostra merce d'esportazione più -a*** it's our best-known export.

rinominare /rinomi'nare/ [1] tr. **1** *(nominare di nuovo)* to rename (anche INFORM.), to renominate **2** *(rieleggere)* to reappoint, to reassign (**a** to).

rinoplastica /rino'plastika/ f. rhinoplasty.

rinorrea /rinor'rɛa/ f. rhinorrhea.

rinoscopia /rinosko'pia/ f. rhinoscopy.

rinoscopio, pl. **-pi** /rinos'kɔpjo, pi/ m. rhinoscope.

rinovirus /rino'virus/ m.inv. rhinovirus.

rinsaccare /rinsak'kare/ [1] **I** tr. **1** *(insaccare di nuovo)* to sack [sth.] again, to bag [sth.] again **2** *(comprimere)* to shake* down, to pack down **II rinsaccarsi** pronom. **1** *(affondare la testa nelle spalle)* to shrug one's shoulders **2** EQUIT. to hit* the saddle, to be* jolted.

rinsaldamento /rinsalda'mento/ m. reinforcement, consolidation.

rinsaldare /rinsal'dare/ [1] **I** tr. to cement [*alleanza, relazioni*]; to affirm [*popolarità, sostegno*]; ***~ i rapporti con*** to mend relations with **II rinsaldarsi** pronom. [*posizione*] to consolidate.

rinsanguare /rinsan'gware/ [1] **I** tr. **1** *(rinvigorire)* to fortify, to bring* new life into **2** FIG. *(rifornire di denaro)* to replenish; ***~ le casse dello stato*** to fill the State coffers **II rinsanguarsi** pronom. **1** *(riprendere forza)* to grow* stronger, to recover one's strength **2** *(finanziariamente)* to recover one's wealth.

rinsanire /rinsa'nire/ [102] intr. (aus. *essere*) **1** *(guarire)* to recover one's health **2** *(rinsavire)* to come* to one's senses.

rinsavire /rinsa'vire/ [102] intr. (aus. *essere*) to come* to one's senses; ***fare ~ qcn.*** to knock *o* hammer *o* pound AE some sense into sb.

rinsecchire /rinsek'kire/ [102] **I** intr. (aus. *essere*) *(diventare secco)* [*pianta*] to wither, to wizen, to dry up **II rinsecchirsi** pronom. *(diventare magro)* [*persona*] to wizen, to become* a stick, to grow* skinny.

rinsecchito /rinsek'kito/ **I** p.pass. → **rinsecchire** **II** agg. **1** [*pianta*] withered; [*frutta, verdura*] shrivelled, shriveled AE **2** [*persona*] wizened, stick-thin.

rinselvatichire /rinselvati'kire/ [102] **I** tr. to make* [sth.] wild again **II** intr. (aus. *essere*), **rinselvatichirsi** pronom. [*animale, giardino*] to grow* wild again, to go* wild again.

rinserrare /rinser'rare/ [1] **I** tr. to lock up [sth.] again, to shut* [sth.] again [*porta*] **II rinserrarsi** pronom. ***-rsi in casa*** to shut oneself up *o* in at home.

rintanarsi /rinta'narsi/ [1] pronom. **1** [*animale*] to go* back to its den **2** [*persona*] to hole up, to shut* oneself up.

rintascare /rintas'kare/ [1] tr. to pocket [sth.] again.

rintegrare /rinte'grare/ → **reintegrare.**

rintelare /rinte'lare/ [1] tr. to back [*dipinto*].

rinterrare /rinter'rare/ [1] tr. **1** *(piantare di nuovo)* to replant **2** *(riempire di terra)* to fill [sth.] with earth.

rinterro /rin'tɛrro/ m. fill; ***opere di ~*** embankment work.

rintoccare /rintok'kare/ [1] intr. (aus. *essere, avere*) [*campana*] to ring*, to toll, to peal out; [*orologio*] to strike*, to chime.

rintocco, pl. **-chi** /rin'tokko, ki/ m. *(di campana)* toll, tolling, chime; *(di orologio)* stroke; ***~ funebre*** death knell *o* toll; ***suonare otto -chi*** to ring eight bells; ***udimmo dieci -chi di campana*** we heard the bell ring ten times; ***al terzo ~ saranno le...*** at the third stroke the time will be...

rintonacare /rintona'kare/ [1] tr. to replaster.

rintonacatura /rintonaka'tura/ f. replastering.

rintontimento /rintonti'mento/ m. daze, wooziness.

rintontire /rinton'tire/ [102] **I** tr. [*colpo, notizia*] to numb, to stun, to daze, to stupefy **II** intr. (aus. *essere*), **rintontirsi** pronom. *(istupidirsi)* to be* dazed, to be* stupefied.

rintontito /rinton'tito/ **I** p.pass. → **rintontire** **II** agg. numb, stunned, dopey, dazed.

rintorbidare /rintorbi'dare/ [1] **I** tr. to muddy [sth.] again [*acqua*] **II rintorbidarsi** pronom. [*acqua*] to become* muddy again.

rintracciabile /rintrat'tʃabile/ agg. traceable; ***facilmente ~*** [*colpa, file*] easily traceable; ***non è ~ in questo momento*** he can't be reached at the moment.

rintracciabilità /rintrattʃabili'ta/ f.inv. traceability.

▷ **rintracciare** /rintrat'tʃare/ [1] tr. to run* down, to track down [*persona*]; to trace [*chiamata, ladro, file, fonte, fuggitivo*]; ***~ la causa di*** to trace the cause of; ***cerco di rintracciarla da questa mattina*** I've been trying to contact you since this morning.

rintristire /rintris'tire/ [102] intr. (aus. *essere*), **rintristirsi** pronom. [*persona*] to become* sadder.

rintrodurre /rintro'durre/ → **reintrodurre.**

rintronamento /rintrona'mento/ m. **1** *(rimbombo)* boom, thunder, rumbling **2** *(stordimento)* stupor, daze, fuddle.

rintronare /rintro'nare/ [1] **I** tr. **1** *(stordire)* to stun **2** *(assordare)* to deafen **II** intr. (aus. *avere, essere*) [*macchinari, tuono, voce*] to rumble, to boom (out).

rintronato /rintro'nato/ **I** p.pass. → **rintronare** **II** agg. *(stordito)* stunned; *(assordato)* deafened; ***sono ~*** my head's muzzy.

rintuzzare /rintut'tsare/ [1] tr. **1** *(respingere)* to drive* back, to counter [*assalto*]; *(ribattere)* to retort [*accusa*] **2** *(reprimere)* to repress [*orgoglio*] **3** *(spuntare)* to blunt [*lama*].

rinumerare /rinume'rare/ [1] tr. to renumber.

▷ **rinuncia**, pl. **-ce** /ri'nuntʃa, tʃe/ f. **1** *(rifiuto, abbandono)* renouncement, renunciation, relinquishment FORM.; *(cessione)* cession; *(a eredità, nazionalità, successione)* renunciation; *(a diritto, richiesta, titolo)* abdication, demission; ***fare atto di ~ a qcs.*** RELIG. to renounce sth. **2** *(privazione)* sacrifice, renunciation, deprivation; ***una vita piena di -ce*** a life of sacrifice.

▶ **rinunciare** /rinun'tʃare/ [1] intr. (aus. *avere*) to give* up, to renounce; ***~ a*** to give up, to abandon, to drop [*idea, piano, pretesa*]; to abdicate, to abjure FORM. [*diritto, potere, responsabilità*]; to remise [*proprietà*]; ***~ a tutto*** to drop everything; ***~ a fare*** to abandon the attempt to do, to quit doing; ***stava per ~*** he came close to giving up; ***~ ai propri diritti su qcs.*** to waive one's claim to sth.; ***~ al mondo*** to renounce the world; ***è inutile, ci rinuncio!*** it's hopeless, I give up! ***ho rinunciato del tutto all'idea di trasferirmi*** I've given up all thoughts of moving.

rinunciatario, pl. **-ri**, **-rie** /rinuntʃa'tarjo, ri, rje/ **I** agg. renunciative **II** m. (f. **-a**) renouncer.

rinunzia /ri'nuntsja/ → **rinuncia.**

rinunziare /rinun'tsjare/ → **rinunciare.**

rinvangare /rinvan'gare/ → **rivangare.**

rinvasare /rinva'zare/ [1] tr. to repot.

rinvasatura /rinvaza'tura/ f. repotting.

rinvaso /rin'vazo/ m. repotting.

rinvenibile /rinve'nibile/ agg. retraceable, recoverable.

1.rinvenimento /rinveni'mento/ m. **1** *(ripresa dei sensi)* regaining of consciousness, coming to, revival **2** METALL. tempering.

2.rinvenimento /rinveni'mento/ m. **1** *(ritrovamento, scoperta)* find, discovery **2** *(oggetto ritrovato)* finding; ***-i archeologici*** archeological findings.

1.rinvenire /rinve'nire/ [107] intr. (aus. *essere*) **1** *(riprendere i sensi)* [*persona*] to revive, to come* to (life), to regain consciousness **2** [*piante*] to revive **3** GASTR. [*cibi secchi*] to soften up **4** METALL. to temper.

2.rinvenire /rinve'nire/ [107] tr. to find*, to discover; ***~ i resti di un'antica civiltà*** to discover the remains of an ancient civilization.

rinverdire /rinver'dire/ [102] **I** tr. **1** *(far tornare verde)* to make* [sth.] green again, to green [sth.] again **2** FIG. to refresh, to revive **II** intr. (aus. *essere*), **rinverdirsi** pronom. to grow* green again, to turn green again; ***la campagna si è rinverdita*** the countryside has become green again.

rinviabile /rin'vjabile/ agg. ***una decisione ~*** a decision that can be deferred *o* delayed.

▷ **rinviare** /rinvi'are/ [1] tr. **1** *(rispedire)* to return, to send* back; ***"~ al mittente"*** "return to sender" **2** *(posticipare)* to defer, to delay, to put* back [*decisione, partenza, riunione, viaggio*] (**a** until); to put* off [*incontro, matrimonio*]; **~ l'acquisto, la decisione** to hold off buying, making a decision; **~ qcs. a data da destinarsi** to postpone sth. to a date to be arranged **3** BUROCR. *(aggiornare)* to adjourn [*incontro, processo*]; **~ un progetto sine die** to postpone a project indefinitely **4** DIR. to remand [*accusato, caso*]; **~ una sentenza** to adjourn a sentence; **il caso è stato rinviato di una settimana** the case was remanded for a week; **~ qcn. a giudizio** to commit *o* remand *o* send sb. (to a court) for trial **5** *(rimandare)* to refer; **~ qcn. a** [*critica, testo*] to refer sb. to [*articolo, nota*] **6** SPORT *(nel tennis ecc.)* to get* back, to return; **~ con un calcio** to kick *o* toss back [*pallone*].

rinvigorimento /rinvigori'mento/ m. reinvigoration, revivification, strengthening.

rinvigorire /rinvigo'rire/ [102] **I** tr. **1** *(rafforzare)* to fortify, to perk up, to reinvigorate, to strengthen **2** FIG. to revive **II rinvigorirsi** pronom. **1** *(irrobustirsi)* to fortify oneself, to strengthen **2** FIG. [*speranze*] to revive.

▷ **rinvio**, pl. **-ii** /rin'vio, ii/ m. **1** *(rispedizione)* return **2** *(proroga)* deferment, postponement, put-off; **il ~ della data dell'esame ha contrariato molte persone** the fact that the date of the exam was put back upset a lot of people; **chiedere il ~ degli obblighi di leva** to apply for deferment of military service; **concedere a qcn. il ~ del servizio militare** to defer sb.'s military service **3** BUROCR. *(aggiornamento)* adjournment **4** SPORT return; **calcio di ~** goal kick **5** DIR. *(di una seduta)* adjournment, continuance AE; **~ di una causa di otto giorni** adjournment for a week; **ordinanza di ~ a giudizio** committal for trial **6** *(rimando)* cross-reference; **segno di ~** reference (mark); **fare un ~ da qcs. a qcs.** to cross-refer sth. to sth. ◆◆ **~ a giudizio** remand; **~ a nuova udienza** adjournment; **~ (del servizio militare)** MIL. deferment of military service.

rinzaffare /rintsaf'fare/ [1] tr. ING. to render [*muro, superficie*].

rinzaffo /rin'tsaffo/ m. ING. render, rendering, rock dash AE.

1.rio, pl. **rii** /'rio, 'rii/ m. **1** brooklet, rivulet, stream **2** REGION. canal.

2.rio, pl. **rii, rie** /'rio, 'rii, 'rie/ agg. LETT. black-hearted, felon, foul, wicked.

rioccupare /riokku'pare/ [1] tr. to reoccupy [*posizione, territorio*].

rioccupazione /riokkupat'tsjone/ f. reoccupation.

riolite /rio'lite/ f. rhyolite.

rionale /rio'nale/ agg. quarter attrib., district attrib.; [*mercato, cinema*] local.

▷ **rione** /ri'one/ m. quarter, district; **~ periferico** suburban district.

riordinamento /riordina'mento/ m. reorganization.

▷ **riordinare** /riordi'nare/ [1] **I** tr. **1** *(rimettere in ordine)* to tidy up, to smarten up [*stanza*]; to sort out [*armadio, scrivania*]; **~ le idee** to (re-)collect *o* gather one's thoughts **2** *(dare un nuovo ordinamento)* to reorganize [*pubblica amministrazione*] **3** *(fare una nuova ordinazione)* to restock **II riordinarsi** pronom. to tidy, to fix [*capelli*].

riordino /ri'ordino/ m. reorganization.

riorganizzare /riorganid'dzare/ [1] **I** tr. to reorganize, to remodel, to rebuild*, to reshape [*industria*] **II riorganizzarsi** pronom. [*persona, industria*] to reorganize.

riorganizzazione /riorganiddzat'tsjone/ f. reorganization.

riottosità /riottosi'ta/ f.inv. LETT. quarrelsomeness.

riottoso /riot'toso/ agg. LETT. quarrelsome, rowdy.

ripa /'ripa/ f. **1** LETT. bank **2** VENAT. **uccello di ~** shore bird, waterfowl **3** *(dirupo)* crag, cliff.

▷ **ripagare** /ripa'gare/ [1] tr. **1** *(pagare di nuovo)* to repay*, to pay* [sth.] again **2** *(risarcire)* **~ qcn. di qcs.** to compensate sb. for sth. **3** FIG. *(ricompensare)* to pay* off, to repay*; **alla fine la sua fatica è stata ripagata** his hard work finally paid off; **come potrò ripagarti?** how can I repay you? ◆ **~ qcn. della sua stessa moneta** to pay sb. back in their own coin, to repay sb. in kind, to give sb. a taste of their own medicine.

riparabile /ripa'rabile/ agg. **1** *(che può essere riparato)* [*oggetto*] repairable; **è ~** it can be repaired, it's repairable **2** FIG. *(rimediabile)* [*errore, sbaglio*] repairable; [*crimine, peccato*] atonable.

▶ **1.riparare** /ripa'rare/ [1] **I** tr. **1** *(proteggere)* to protect, to screen, to shelter, to shield (**da** from); **~ un fiammifero con la mano** to cup one's hands around a match; **il giardino è riparato da mura** the garden is sheltered by walls **2** *(aggiustare)* to fix, to mend, to repair [*auto, giocattolo, oggetto, orologio, scarpe, strada, tetto*]; **mandare un elettrodomestico a ~** to send an appliance away to be mended; **fare ~ la macchina** to get the car repaired **3** *(porre rimedio)* to redress [*errore, torto*]; to undo* [*male*]; **~ una malefatta** to rectify a misdeed; **~ un torto** to right a wrong **4** SCOL. COLLOQ. = in the previous secondary school system, to sit an exam in September on subjects that the student did not pass in June **II** intr. (aus. *avere*) **~ a** to repair, to atone [*errore, sgarbo*] **III ripararsi** pronom. *(proteggersi)* to protect oneself, to defend oneself, to shelter (**da** from); **-rsi dalla pioggia** to keep out of the rain, to take refuge *o* shelter from rain; **portava un cappello per -rsi gli occhi dal sole** she wore a hat to screen her eyes from the sun; **-rsi dietro qcn.** to hide behind sb.; **-rsi sotto un albero** to shelter under a tree.

2.riparare /ripa'rare/ [1] intr. (aus. *essere*) *(rifugiarsi)* **~ all'estero** to escape abroad.

riparato /ripa'rato/ **I** p.pass. → **1.riparare II** agg. **1** *(protetto)* sheltered, shielded **2** *(aggiustato)* fixed, repaired, mended.

riparatore /ripara'tore/ **I** agg. [*misure*] remedial; **matrimonio ~** forced wedding, shotgun wedding **II** m. (f. **-trice** /tritʃe/) mender, repairer.

▷ **riparazione** /riparat'tsjone/ **I** f. **1** *(aggiustatura)* repair, mending, fixing; **officina di -i** repair shop; **essere in ~** to be undergoing renovations; **la macchina è in ~** the machine has gone in for servicing; **questa macchina ha bisogno di -i** this machine requires servicing; **"chiuso per -i"** "closed for repairs"; **siamo specializzati nella ~ di computer** we specialize in repairing computers; **la ~ del tetto è costata 900 euro** the repairs to the roof cost 900 euros; **abbiamo effettuato le -i necessarie** we have carried out the necessary repairs **2** FIG. *(risarcimento)* redress, compensation (anche DIR.); *(di crimine, errore, peccato)* atonement; **chiedere, ottenere ~ (per vie legali)** to seek, obtain (legal) redress; **a (titolo di) ~ di tutto il male che hai commesso** to make up for all the harm you've done **3** SCOL. **esame di ~** = in the previous secondary school system, an exam in September on subjects the student did not pass in June **II riparazioni** f.pl. POL. **-i di guerra** reparations.

riparia /ri'parja/ f. sand martin.

ripario, pl. **-ri, -rie** /ri'parjo, ri, rje/ agg. **granchio ~** shore-crab.

riparlare /ripar'lare/ [1] **I** intr. (aus. *avere*) **~ di qcs.** to talk about sth. again; **ne riparleremo!** you've not heard the last of it! **in Messico, di cui riparleremo più avanti** in Mexico, of which more later **II riparlarsi** pronom. *(dopo una lite)* to be* on speaking terms again.

▷ **riparo** /ri'paro/ m. **1** *(protezione)* shelter **U**, cover; **al ~** under cover; **al ~!** take cover! **al ~ di** in the shelter of; **dare ~ a qcn.** to give sb. shelter; **mettersi al ~** to take cover; **correre al ~** to run *o* dash for cover; **essere al ~ da** to be out of [*pioggia, sole*]; to be safe from [*attacco, curiosità*]; **mettersi al ~ da** to take refuge *o* shelter from, to shelter from [*agenti atmosferici, pericolo, persone*]; **l'albero offre ~ dalla pioggia** the tree offers protection from the rain; **al ~ da occhi indiscreti** safe from prying eyes; **mettere la propria fortuna al ~** to safeguard one's fortune **2** *(rimedio)* remedy; **correre ai -i** to batten down the hatches, to take measures **3** *(rifugio)* shelter **U**, cover, sconce; *(per animali)* cote, shed; **~ di fortuna** makeshift shelter **4** MIL. cover.

ripartibile /ripar'tibile/ agg. divisible, apportionable (**tra** among, between).

▷ **1.ripartire** /ripar'tire/ [102] intr. (aus. *essere*) **1** *(dopo una fermata)* to leave* again, to set* off again, to drive* on; [*automobile*] to start (off) again; **riparti di già?** are you leaving already? **il circo è ripartito** the circus is on the move again; **far ~ l'auto** to restart the car, to get the car going again **2** *(ricominciare)* to start again; **~ da capo** to start all over again; **~ da zero** to start again with a clean slate, to start afresh.

2.ripartire /ripar'tire/ [102] tr. *(suddividere)* to divide up, to split* up; *(distribuire)* to distribute, to share [*carico, peso, tasse, lavoro, responsabilità, soldi, spesa*]; to apportion [*colpa*] (**tra** among, between); [*organizzazione, persona*] to share out, to distribute [*cibo, provviste, profitti*]; DIR. to partition [*proprietà*]; **~ un rischio** to spread a risk; **cerchiamo di ~ il lavoro da fare** let's try and spread the load; **le risorse devono essere equamente ripartite tra i due progetti** the resources must be evenly spread between the two projects.

ripartitore /riparti'tore/ m. (f. **-trice** /tritʃe/) mail sorter.

ripartizione /ripartit'tsjone/ f. share-out, sharing, division, parcelling, apportionment, repartition; *(di carico, peso)* distribution; DIR. *(di proprietà)* partition; **una ~ dei votanti in base al sesso, all'età** a breakdown of the voters according to sex, age; **la ~ della ricchezza** POL. the distribution of wealth; **~ degli utili** profit sharing.

▷ **ripassare** /ripas'sare/ [1] **I** tr. **1** *(riattraversare)* to recross [*confine, fiume*] **2** *(porgere nuovamente)* to pass back [*attrezzo, sale*]; **puoi ripassarmi il piatto, per piacere?** can you pass me the plate back, please? **3** *(disegnando)* to go* over [*disegno*]; **~ un disegno a inchiostro** to go over a sketch in ink, to ink a drawing in **4** *(ritoccare, riverniciare)* to repaint **5** *(stirare)* to iron **6** *(al telefono, in* *televisione)* to pass back; ***ti ripasso Anna*** I'll pass you back to Anna; ***le ripasso il centralino*** I'm putting you back to the switchboard; ***"ora ripassiamo la linea allo studio"*** "we'll pass you back to the studio now" **7** SCOL. UNIV. *(rileggere)* to revise BE, to review AE [*lezione, materia*]; ***~ la propria parte*** [*attore*] to go over one's lines; ***ho ripassato l'intera procedura insieme a lui*** I went through the whole procedure with him **8** *(rivedere)* to review, to go* over, to check [*conti*] **II** intr. (aus. *essere*) **1** *(nello stesso luogo)* [*ciclisti, processione*] to pass by again; ***~ in automobile, in bicicletta*** to drive, cycle past again; ***~ davanti a qcs.*** to go past sth. again; ***passava e ripassava davanti a casa mia*** he was going up and down in front of my house **2** *(ritornare)* to call back; ***ripasserò domani*** I'll look in again tomorrow; ***quando ripassi da queste parti*** when you're next over this way.

ripassata /ripas'sata/ f. **1** *(riverniciatura)* new coat of paint **2** *(ristiratura)* ironing; ***dare una ~ a qcs.*** to give sth. a quick ironing, to run the iron over sth. **3** *(lettura veloce, ripetizione)* brushup; ***dare una ~ al proprio francese*** to give one's French a brushup; ***devo dargli una ~*** I must brush up on it *o* brush it up **4** COLLOQ. *(sgridata)* mouthful, scolding; ***prendersi una ~*** to get a mouthful *o* an earful *o* a scolding; ***dare una ~ a qcn.*** to give sb. an earful *o* a mouthful *o* a scolding.

ripasso /ri'passo/ m. revision, review AE; ***è in pieno ~*** she's busy revising.

▷ **ripensamento** /ripensa'mento/ m. **1** *(nuova riflessione)* afterthought; ***quasi fosse un ~*** almost as an afterthought **2** *(mutamento di parere)* rethink, second thoughts pl.; ***avere un ~*** to have second thoughts *o* a rethink; ***avere dei -i sul fare*** to have second thoughts about doing.

▶ **ripensare** /ripen'sare/ [1] intr. (aus. *avere*) **1** to rethink*, to think* back, to go* over; ***ha ripensato agli avvenimenti della giornata*** she went over the events of the day in her mind **2** *(riflettere)* to look back; ***ripensandoci*** as an afterthought, on second thoughts; ***ripensandoci, credo di avere preso la decisione giusta*** looking back on it, I think I made the right decision **3** *(cambiare opinione)* to think* again, to change one's mind, to reconsider, to back off; ***ripensarci*** to think better of it; ***le chiediamo di ripensarci*** we ask you to reconsider; ***ci ho ripensato, resto qui*** I've changed my mind, I'm staying here.

ripercorrere /riper'korrere/ [2] tr. **1** *(percorrere di nuovo)* to retrace; ***~ la propria strada*** to retrace one's path *o* route **2** FIG. to trace; ***~ l'evoluzione del femminismo*** to chronicle the growth of feminism.

ripercuotere /riper'kwɔtere/ [67] **I** tr. to hit* [sth.] again **II ripercuotersi** pronom. **1** FIS. [*suono*] to reverberate, to echo; ***il boato si ripercosse per tutta la vallata*** the boom echoed throughout the valley **2** FIG. ***-rsi su*** to rebound on, to affect; ***l'aumento dei salari si ripercuoterà sui prezzi*** the rise in wages will affect prices; ***i suoi problemi si ripercuotono sul suo umore*** her problems affect her mood.

ripercussione /riperkus'sjone/ f. **1** FIS. *(di suono)* repercussion **2** FIG. repercussion, reverberation, ripple, shock wave, side effect, comebacks pl.; ***avere delle -i*** to have repercussions; ***che -i avrà sulla scuola?*** how is this going to reflect on the school? ***questa misura avrà delle -i nell'economia*** this measure will send ripples through the economy.

ripercussivo /riperkus'sivo/ agg. repercussive.

ripescaggio, pl. **-gi** /ripes'kaddʒo, dʒi/ m. *(di oggetti)* recovery.

▷ **ripescare** /ripes'kare/ [1] tr. **1** to dredge up, to fish out, to fish up, to recover [*corpo, oggetto*]; ***hanno ripescato l'automobile nel fiume*** they recovered the car from the river **2** FIG. *(ritrovare, recuperare)* to find* [sth.] again, to dig* out, to unearth; ***andò a ~ un vecchio progetto*** he dug out an old project; ***dove hai ripescato quella foto?*** where on earth did you dig up that photo?

▷ **ripetente** /ripe'tɛnte/ **I** agg. [*studente*] repeating **II** m. e f. = pupil repeating a year.

▶ **ripetere** /ri'pɛtere/ [2] **I** tr. **1** *(ridire)* to repeat; ***non ti seguo, puoi ~?*** I'm not with you, can you repeat that? ***non si ripete mai abbastanza che*** it cannot be repeated often enough that; ***ripetete dopo di me*** repeat after me; ***fare ~ a qcn. ciò che deve dire*** to coach sb. in what to say; ***come non si stancano mai di ripeterci*** as they never tire of telling us; ***non ~ ciò che dico io, ma...*** don't quote me on this, but...; ***non se l'è fatto ~ (due volte)!*** he didn't need to be told twice! ***non ha avuto bisogno di farselo ~*** she needed no second bidding; ***ripetilo se ne hai il coraggio!*** I dare you to say that again! ***potrai ripetermelo all'infinito, tanto non ti crederò*** however often you tell me, I still won't believe you; ***sono stufo di ripetertelo*** if I've told you once, I've told you a hundred times; ***non si può ~ ciò che ha detto*** what she said just *o* is unrepeatable *o* isn't quotable **2** *(rifare)* to duplicate, to reduplicate [*azione, lavoro*]; to resit*, to retake* [*esame*]; ***~ una gara*** to rerun a race; ***~ lo stesso errore*** to make the same mistake again *o* twice **3** *(riprodurre)* to echo [*idea, opinione*] **4** SCOL. to repeat [*anno*] **5** DIR. to claim back **II ripetersi** pronom. **1** *(ridire)* to repeat oneself; ***~ che*** to tell oneself that; ***sta ripetendosi il discorso che vuole fargli*** she's practising what to say to him **2** *(ripresentarsi)* [*avvenimento, errore, problema, sogno, tema*] to recur; ***la storia si ripete*** history repeats itself; ***un ciclo che si ripete ogni 60 anni*** a cycle which is repeated every 60 years; ***se si ripete questo genere di incidente...*** if this kind of accident happens again...; ***che la cosa non si ripeta!*** don't let it happen again! ◆ ***Paganini non ripete*** = once is enough.

ripetibile /ripe'tibile/ agg. repeatable; ***ricetta ~*** repeat prescription.

ripetibilità /ripetibili'ta/ f.inv. repeatability.

ripetitività /ripetitivi'ta/ f.inv. repetitiveness.

ripetitivo /ripeti'tivo/ agg. [*compito, lavoro*] mindless, repetitive, repetitious.

ripetitore /ripeti'tore/ **I** agg. ***stazione ripetitrice*** RAD. TELEV. booster station, relay station **II** m. (f. **-trice** /tritʃe/) **1** RAD. TELEV. booster, translator, relay **2** EL. repeater **3** TEATR. prompter.

▷ **ripetizione** /ripetit'tsjone/ **I** f. **1** *(il ripetere)* repetition, repeat, replay **2** DIR. claiming back, claiming for the return **3 a ripetizione** quick-fire (anche FIG.); ***fucile a ~*** quick-firer; ***arma a ~*** repeater, repeating firearm **II ripetizioni** f.pl. SCOL. coaching **U**, private lessons, tutoring **U**; ***andare a*** o ***prendere -i*** to take private lessons; ***dare -i a qcn. di*** to coach sb. in, to give sb. private lessons in.

ripetutamente /ripetuta'mente/ avv. time after time, again and again, repeatedly; ***colpire qcn. ~*** to hit sb. over and over (again).

ripetuto /ripe'tuto/ **I** p.pass. → **ripetere II** agg. *(frequente)* repeated, repeat attrib., consistent; ***-e volte*** several times; ***battere -i colpi alla porta*** to knock again and again at the door.

ripianamento /ripjana'mento/ m. **1** levelling off, levelling out **2** ECON. settlement.

ripianare /ripja'nare/ [1] tr. **1** to level off, to level out **2** ECON. to settle.

ripiano /ri'pjano/ m. **1** *(mensola)* bookshelf*, shelf*; *(di forno, frigorifero)* shelf*; ***~ più alto, più basso*** top, bottom shelf **2** GEOL. *(di ghiaccio, roccia)* shelf*.

ripiantare /ripjan'tare/ [1] tr. to replant.

ripicca, pl. **-che** /ri'pikka, ke/ f. pique, spite; ***per ~*** in a fit of pique, out of spite.

ripidamente /ripida'mente/ avv. steeply.

ripidezza /ripi'dettsa/ f. steepness, precipitousness.

ripidità /ripidi'ta/ f.inv. → **ripidezza**.

▷ **ripido** /'ripido/ agg. [*scala, strada*] steep, precipitous FORM.; [*parete rocciosa, scogli*] sheer; [*pendio, sentiero*] steep.

ripidolite /ripido'lite/ f. ripidolite.

ripiegabile /ripje'gabile/ agg. [*bicicletta, letto, tavolo*] folding; [*ombrello*] folding, telescopic; [*scala*] collapsible.

ripiegamento /ripjega'mento/ m. **1** folding; ***~ su se stesso*** withdrawal **2** MIL. falling back, withdrawal, retreat; ***effettuare un ~ strategico*** to effect a strategic withdrawal **3** FIG. *(cedimento)* falling back.

▷ **ripiegare** /ripje'gare/ [1] **I** tr. **1** to bend* over [*oggetto*]; to fold [*carta geografica, foglio*]; to fold, to sheathe [*ali*] **2** SART. *(rivoltare)* to fold down [*colletto*] **II** intr. (aus. *avere*) **1** *(ricorrere)* ***~ su qcs.*** to fall back on sth.; ***devo ~ su un'altra soluzione*** I have to fall back on another solution **2** MIL. to fall* back, to retire (**su** to) **III ripiegarsi** pronom. **1** to bend*; ***i rami si ripiegano sotto il peso dei frutti maturi*** the branches are bending under the weight of the ripe fruit **2** FIG. ***-rsi in se stessi*** [*persona*] to retreat into oneself, to be wrapped up in oneself.

ripiegatura /ripjega'tura/ f. **1** *(azione)* folding, bending **2** *(piega)* bend, fold.

ripiego, pl. **-ghi** /ri'pjɛgo, gi/ m. makeshift, stopgap; ***mi rifiuto di accontentarmi di un ~*** I refuse to settle for *o* take second best; ***come soluzione di ~, immagino che vada bene*** as a second best, I suppose it will do.

ripiena /ri'pjɛna/ f. MIN. backfilling.

▷ **ripieno** /ri'pjɛno/ **I** agg. **1** *(pieno)* full **2** *(farcito)* [*carne, verdura*] stuffed; ***cioccolatino ~*** cream; ***cioccolato ~*** soft centre; ***caramelle -e*** sweets with soft centres; ***una torta -a di marmellata*** a cake filled with jam *o* with a jam filling **II** m. **1** *(di cuscino, materasso)* stuffing **2** *(farcia)* filling, stuffing, dressing AE; ***~ di marroni*** chestnut stuffing.

ripigliare /ripiʎ'ʎare/ [1] **I** tr. COLLOQ. *(prendere di nuovo)* to collect; ***ripiglia le tue cose e vattene!*** pick your things up and be gone! **II ripigliarsi** pronom. COLLOQ. *(riaversi)* to collect oneself, to collect one's wits.

ripiglino /ripiʎ'ʎino/ m. cat's cradle.

ripiombare /ripjom'bare/ [1] **I** tr. to plunge back **II** intr. (aus. *essere*) to plunge back, to sink* back; *~ nella disperazione* to plunge *o* sink back into despair; *~ in un sonno profondo* to fall back into a deep sleep.

riplasmare /riplaz'mare/ [1] tr. FIG. to remould BE, to remold AE [*persona, personalità*].

ripopolamento /ripopola'mento/ m. **1** repopulation **2** PESC. VENAT. restocking.

ripopolare /ripopo'lare/ [1] **I** tr. **1** to repopulate [*paese, città, regione*] **2** PESC. VENAT. to restock [*fiume, foresta*] **II ripopolarsi** pronom. (aus. *avere*) to be* repopulated; FIG. [*spiaggia, locale*] to come* back to life.

▷ **riporre** /ri'porre/ [73] tr. **1** *(porre di nuovo)* to put* back [*oggetto*]; *(mettere via)* to put* away, to tidy away [*giocattoli, stoviglie*]; to put* away [*libri, vestiti*]; *~ i libri nello scaffale* to shelve the books; *~ le camicie nel cassetto* to put the shirts back into the drawer **2** FIG. to fix, to place, to put* [*speranze*]; *~ la propria fiducia in qcn.* to put one's confidence *o* to place one's trust in sb.; *~ le proprie speranze in qcs.* to build *o* pin *o* set one's hopes on sth.; *riponeva le sue speranze nel fatto che sarebbe andato all'università* his hopes were fixed on going to university.

▶ **riportare** /ripor'tare/ [1] **I** tr. **1** *(portare di nuovo, restituire)* to bring* back; *~ un libro in biblioteca* to bring a book back to the library; *riportami i miei libri appena puoi* bring back my books as soon as you can; *aspetto che mi riportino la macchina* I'm waiting for my car to be brought back **2** FIG. *(ricondurre)* to bring* back; *~ qcn. alla realtà* to bring sb. back down to earth; *~ all'ordine* to heel [*bambino, impiegato*]; *~ in vita qcn.* to bring sb. back to life, to restore sb. to life; *~ alla mente ricordi di qcs.* to dredge up, bring back memories of sth.; *~ un dibattito in un contesto internazionale* to set a debate back in an international context; *~ alla luce* to dig up [*rovine, tesoro*]; *~ qcn. indietro di molti anni* to take sb. back several years; *questa cosa ci riporta molto indietro nel tempo* that's going back a long time **3** *(riaccompagnare)* *ti riporto a casa in macchina* I'll drive you back home; *~ un fuggiasco in prigione* to take an escapee back to prison **4** *(citare, riferire)* to quote, to report [*fatto, notizia*]; to retail [*pettegolezzo*] **5** *(conseguire)* *~ una vittoria schiacciante* to pull off *o* score a massive victory, to sweep to victory; *~ un grande successo* to score a hit **6** *(subire)* to suffer; *~ gravi ferite* to suffer serious injuries, to be seriously injured; *l'auto non ha riportato molti danni* not much damage was done to the car **7** *(trascrivere)* to transfer, to recopy **8** MAT. to carry; *scrivo 3 e riporto 2* I write down 3 and carry 2 **II** intr. (aus. *avere*) VENAT. [*cane*] to retrieve **III riportarsi** pronom. to go* back to; *riportiamoci al momento dell'incidente* let's go back to the moment of the accident.

riporto /ri'pɔrto/ m. **1** *(il riportare indietro)* bringing back, taking back **2** MAT. = number to be carried; *hai dimenticato il ~ delle decine* you forgot to carry over from the tens column **3** *(di capelli)* = lock of hair combed over a bald spot **4** EDIL. *materiale di ~* filling material **5** ECON. COMM. balance in hand, brought forward, carry-forward, carry-over; *contratto di ~* carry-over transaction; *tasso di ~* contango; *~ in esercizi precedenti* carry-back **6** SART. *(applicazione)* insert **7** TECN. insert **8** VENAT. *cane da ~* retriever.

riposante /ripo'sante/ agg. [*periodo, vacanza, colore, hobby, musica*] relaxing, restful; [*calza*] support attrib.; [*crema, lozione*] soothing.

▶ **1.riposare** /ripo'sare/ [1] **I** tr. to rest [*gambe, piedi*] **II** intr. (aus. *avere*) **1** *(rilassarsi, dormire)* to rest; *dopo pranzo vado a ~* I have a rest *o* take a nap after lunch; *fermiamoci a ~* let's stop for a rest; *devi ~ di più* you must rest more; *fare ~ il cavallo* to rest the horse **2** *(essere seppellito)* to rest, to repose FORM.; *~ in pace* EUFEM. to be at *o* rest in peace; *riposi in pace* may he rest in peace; *"qui riposa..." (su una lapide)* "here lies..." **3** GASTR. [*impasto*] to stand*; *lasciare ~ qcs.* to let sth. stand **4** *(poggiare)* *~ su qcs.* to be based on sth. **5** AGR. *(essere incolto)* to lie* untilled, to lie* fallow **III riposarsi** pronom. to have* a rest, to take* a rest, to rest up; *-rsi un momento* to rest for a while; *avere bisogno di -rsi* to feel ready for a rest ◆ *~ sugli allori* to rest on one's laurels.

2.riposare /ripo'sare/ [1] **I** tr. *(poggiare di nuovo)* to put* down [sth.] again [*oggetto*] **II riposarsi** pronom. to place oneself again.

riposato /ripo'sato/ **I** p.pass. → **1.riposare II** agg. [*persona, viso*] fresh, rested; *avere un aspetto ~* to look fresh.

riposino /ripo'sino/ m. nap, rest; *fare un ~* to have *o* take a nap.

▶ **riposo** /ri'pɔso/ m. **1** *(inattività)* rest, refreshment, repose FORM.; *un giorno di ~* a day of rest; *concedersi qualche minuto di ~* to steal a few minutes' peace, to give oneself a breathing space; *essere costretto al ~* to be forced *o* compelled to rest; *consigliare sei settimane di ~* to recommend six weeks' rest; *ha proprio bisogno di ~* he really needs a rest; *muscolo a ~* relaxed muscle **2** *(sospensione dal lavoro)* rest; *~ festivo* Sunday rest; *giorno di ~* day off; *è la mia mezza giornata di ~* it's my half day; *il giovedì è giorno di ~ settimanale* Thursday is the weekly day off **3** *(pensione)* *a ~* retired; *collocare qcn. a ~* to retire *o* superannuate sb. **4** AGR. *stare a ~* [*terreno*] to lie fallow *o* untilled **5** MIL. *~!* as you were! at ease! stand easy! *soldati in posizione di ~* soldiers standing at ease **6** *(dormita)* rest, sleep; *buon ~!* have a good rest! sleep tight! **7** *(ospizio)* *casa di ~* retirement home, rest home, old people's home, nursing home **8** **di tutto riposo** relaxing; *un lavoro di tutto ~* a soft job, a cushy number BE COLLOQ. ◆◆ *eterno ~* EUFEM. eternal rest.

ripostiglio, pl. **-gli** /ripos'tiʎʎo, ʎi/ m. closet, glory hole, box room BE; *~ per gli attrezzi* potting shed.

riposto /ri'posto/ **I** p.pass. → **riporre II** agg. **1** *(appartato)* *nell'angolo più ~ di un cassetto* at the very bottom of a drawer **2** *(recondito)* remote; *in un angolo ~ della mia memoria* in the back of my mind.

▶ **riprendere** /ri'prɛndere/ [10] **I** tr. **1** *(prendere di nuovo)* to regain [*controllo, comando, titolo*]; to recover [*territorio*]; to take* back [*impiegato, regalo*]; [*creditore, padrone*] to repossess [*beni, proprietà*]; *stasera riprendiamo il battello* we're sailing back tonight; *a che ora riprendi il treno?* what time is your train back? *~ sonno* to fall asleep again, to go back to sleep; *riprendete i vostri posti per favore* TEATR. *(dopo l'intervallo)* take your seats please; *~ marito, moglie* *(riposarsi)* to marry again, to remarry **2** *(catturare di nuovo)* to recapture [*prigioniero*] **3** *(riavere)* to retrieve [*oggetto*]; [*persona*] to revert to [*abitudine, nome*]; *non vuole riprenderlo con sé* she won't have him back **4** *(prelevare)* to pick up; *vieni a riprendermi alle 8* come and pick me up at 8 **5** *(ricominciare)* to go* back to, to restart, to resume, to return to [*lavoro, scuola*]; to pick up, to take* up, to resume [*conversazione, carriera*]; to renew, to restart, to resume [*negoziati*]; *~ servizio* to report back for duty; *~ gli studi* to go back to being a student; *~ la lettura* to return to one's book; *~ a lavorare* to go back to work; *~ la propria ricerca* to resume one's quest; *riprendendo la lezione di ieri...* following on from yesterday's lecture...; *bene, riprendiamo il lavoro* now then, let's get back down to work; *le trattative sono riprese questa mattina* dealing resumed this morning **6** *(recuperare)* *~ il filo di* to pick up the thread of [*conversazione, storia*]; *~ quota* to gain height again; *~ terreno* to catch up; *~ coraggio* to recollect *o* renew one's courage; *~ le forze* to build oneself up, to build up *o* recover one's strength; *~ fiato* to catch *o* recover one's breath; *~ conoscenza* to come round BE *o* around AE *o* to life, to regain consciousness; *sta riprendendo colore, finalmente* he's getting his colour back at last **7** CINEM. FOT. to shoot* [*soggetto*]; *(con videocamera)* to video, to videotape **8** SART. *(stringere)* to take* in [*vestito, cucitura*]; *~ una maglia* o *un punto* to pick up a stitch **9** *(utilizzare di nuovo)* to draw* on [*idea, tesi*] **10** *(sgridare)* to pick up, to pull up, to tell* off, to reprehend FORM.; *mi ha ripreso perché lavoro troppo lentamente* he pulled me up for working too slowly **11** MUS. to repeat, to reprise [*movimento*] **II** intr. **1** (aus. *essere*) *(ricominciare)* [*attività, ciclo*] to restart, to resume; [*discussione, processo, scuola*] to reopen, to resume; *~ da dove si era rimasti* to carry on *o* pick up *o* continue from where one left off; *"i programmi riprenderanno il più presto possibile"* RAD. TELEV. "normal service will be resumed as soon as possible" **2** (aus. *essere*) *(ritornare)* to come* back; *mi è ripreso il mal di denti* my toothache has come back **3** (aus. *avere*) *(continuare)* to continue; *"è molto strano," riprese lui* "it's very strange", he continued **III** **impers.** (aus. *avere*) to start again, to begin* again; *ha ripreso a piovere* it started raining again **IV riprendersi** pronom. **1** *(ristabilirsi)* to recover, to gather oneself; *(riaversi)* to collect one's wits, to collect oneself, to perk up, to recollect oneself; *-rsi da uno shock* to recover from *o* get over the shock; *-rsi lentamente* to make a slow recovery; *non possiamo dire con certezza se si riprenderà* we cannot say with any certainty whether he will recover; *essersi ripreso da* to be over [*malattia, operazione, perdita*]; *il governo non si è ancora ripreso dopo la sconfitta* the government is still reeling after its defeat **2** *(rinverdire)* [*pianta*] to perk up; [*fiori appassiti*] to revive **3** ECON. [*commercio, economia*] to pep up, to perk up, to recover, to revive **4** *(correggersi)* to correct oneself.

riprensibile /ripren'sibile/ agg. FORM. reprehensible.
riprensione /ripren'sjone/ f. FORM. admonition.
▷ **ripresa** /ri'presa/ f. **1** *(il riprendere)* *~ delle ostilità* renewal of hostilities; *la ~ delle lezioni è il 10 marzo* lessons resume on March 10 **2** *(da malattia)* recovery, revival MED. **3** CINEM. shoot, shot, take; *-e (cinematografiche)* camerawork, filming, shooting; *~ dal basso* low-angle shot; *~ dall'alto* high-angle shot; *-e esterne* exterior shots; *nuova ~* retake; *una ~ al rallentatore* a slow-motion shot; *avere le -e della partita* to have the film coverage of the match **4** TEATR. revival **5** ECON. *(recupero, miglioramento)* recovery, rally, pickup, revival; *domanda in ~* catch-up demand; *effetto di ~* catch-up effect; *essere in ~* [*economia, vendite*] to pick up, to recover, to be on the mend; *dare un impulso alla ~ economica* to give an impulse to economic recovery; *si è verificata una ~ economica* the economy has staged a recovery **6** AUT. pickup; *avere una buona ~* to have a good acceleration *o* pickup **7** SPORT *(nella boxe)* round; *(nel calcio)* restart **8** MUS. repeat, reprise **9** SART. dart **10** *(ritornello)* refrain **11** **a più riprese** repeatedly, consistently, at various times.
ripresentare /riprezen'tare/ [1] **I** tr. to re-present **II ripresentarsi** pronom. **1** *(andare di nuovo)* *-rsi a* to re-enter for [*gara, concorso*]; *-rsi all'esame* to present oneself for re-examination **2** *(riaccadere, ripetersi)* [*fenomeno*] to arise* again; *se si ripresenta l'occasione...* if the opportunity arises again...; *speriamo che il problema non si ripresenti più* let's hope there will be no recurrence of the problem **3** *(ricandidarsi)* *-rsi alle elezioni* to come up *o* run *o* stand BE for re-election.
ripristinare /ripristi'nare/ [1] tr. **1** *(rimettere in funzione)* to reestablish [*contatti*]; *~ la circolazione* to get the traffic moving again, to restore circulation to normal; *~ la corrente* to turn the electricity back on **2** *(risistemare)* to restore, to renovate [*edificio*] **3** *(reintrodurre)* to bring* back [*democrazia, monarchia, uso*]; to reinstate, to re-establish [*legislazione*]; to restore [*tradizione*]; *~ l'ordine* to restore *o* re-establish order.
ripristino /ri'pristino/ m. **1** *(rimessa in funzione)* re-establishment **2** *(restauro)* restoration **3** *(reintroduzione)* reinstatement, restoration.
riprocessare /riprotʃes'sare/ [1] tr. to retry.
riproducibile /riprodu'tʃibile/ agg. reproducible.
riproducibilità /riprodutʃibili'ta/ f.inv. reproducibility.
riprodurre /ripro'durre/ [13] **I** tr. **1** *(ricreare)* to reproduce; *(ripetere)* to replicate [*risultato*]; *~ fedelmente la realtà* [*film, libro*] to be true to life **2** *(copiare)* to copy, to replicate [*documento, lettera*]; to reproduce, to duplicate [*dipinto*]; *riproducono dei quadri famosi con il gesso* they reproduce famous paintings in chalk **3** TECN. to reproduce [*suono*] **II riprodursi** pronom. **1** BIOL. [*animale, pianta*] to reproduce (oneself), to breed*; [*cromosomi, virus*] to replicate **2** *(formarsi di nuovo)* to form again **3** *(ripetersi)* [*cambiamento, situazione, fenomeno*] to repeat itself, to happen again, to occur again.
riproduttività /riproduttivi'ta/ f.inv. reproductiveness.
riproduttivo /riprodut'tivo/ agg. [*apparato, ciclo, processo*] reproductive.
riproduttore /riprodut'tore/ **I** agg. reproductive, breeding; *organi -i* reproductive organs **II** m. (f. **-trice** /tritʃe/) **1** *(animale)* breed animal; *(cavallo)* stud **2** *(apparecchio)* reproducer.
▷ **riproduzione** /riprodut'tsjone/ f. **1** BIOL. *(di animali, piante)* reproduction, breeding; *terreno* o *luogo di ~* breeding ground; *stagione della ~* breeding period *o* season; *piante da ~* breeding stock; *animale da ~* breeding animal; *cavalla da ~* brood *o* stud mare **2** *(copia)* duplication; *diritti di ~* reproduction rights **3** TECN. *(di suoni)* playback **4** ART. copy, reproduction; *(scultura)* facsimile; *~ a colori* colour reproduction; *il quadro è soltanto una ~* the picture is merely a reproduction ◆ *~ asessuata* asexual *o* sexless reproduction; *~ sessuata* sexual reproduction.
riprogettare /riprodʒet'tare/ [1] tr. to redesign [*area, costruzione*].
riprografia /riprogra'fia/ f. reprography.
riprografico, pl. **-ci, -che** /ripro'grafiko, tʃi, ke/ agg. reprographic.
riprogrammare /riprogram'mare/ [1] tr. to reprogram(me).
riprogrammazione /riprogrammat'tsjone/ f. *(di data, tempo)* rescheduling.
ripromettere /ripro'mettere/ [60] **I** tr. to promise [sth.] again **II ripromettersi** pronom. to promise oneself; *-rsi qcs.* to promise oneself sth.; *-rsi di fare* to promise oneself to do, to make a resolution to do, to vow to do; *mi sono ripromesso di tornarci* I promised myself I would go there again *o* return one day.
riproporre /ripro'porre/ [73] **I** tr. **1** *(sollevare di nuovo)* to pose [sth.] again [*questione*] **2** *(rifare)* to ask [sth.] again [*domanda*] **II riproporsi** pronom. **1** *(presentarsi di nuovo)* to arise* again; *il problema si ripropone* the problem has come up again **2** *(ripromettersi)* to promise oneself; *-rsi di fare qcs.* to promise oneself *o* to make a resolution to do sth. **3** *-rsi come candidato* to come up *o* run *o* stand BE for re-election.
riprova /ri'prɔva/ f. **1** confirmation, validation, proof; *questa è la ~ di quanto ti ho detto* this confirms what I told you, this proves my point **2 a riprova di** in confirmation of.
riprovabile /ripro'vabile/ agg. → **riprovevole.**
1.riprovare /ripro'vare/ [1] **I** tr. **1** *(sentire di nuovo)* to feel* [sth.] again **2** *(reindossare)* to try [sth.] on again **II** intr. (aus. *avere*) *(ritentare)* to try again **III riprovarsi** pronom. to try again.
2.riprovare /ripro'vare/ [1] tr. *(biasimare)* to reprobate, to reprehend FORM.
riprovazione /riprovat'tsjone/ f. blame, reproachfulness, reprobation, reprehension FORM.
riprovevole /ripro'vevole/ agg. [*persona*] reproachful, reproachable, reprehensible FORM.; [*comportamento*] objectionable, obnoxious.
riprovevolmente /riprovevol'mente/ avv. [*comportarsi*] objectionably, reproachably, obnoxiously.
ripubblicare /ripubbli'kare/ [1] tr. to republish.
ripudiare /ripu'djare/ [1] tr. **1** to repudiate [*moglie*] **2** *(disconoscere)* to renounce, to disown [*amico, famiglia, fede*].
ripudiatore /ripudja'tore/ m. (f. **-trice**) repudiator.
ripudio, pl. **-di** /ri'pudjo, di/ m. **1** *(di moglie)* repudiation **2** *(di dottrina, diritti, libertà)* denial; *(di amico, famiglia)* renunciation.
ripugnante /ripuɲ'ɲante/ agg. repugnant, repulsive, revolting, disgusting, sickening, loathsome; *un uomo dall'aspetto ~* a man of repulsive aspect.
ripugnanza /ripuɲ'ɲantsa/ f. repugnance, revulsion, repulsion, disgust; *provare ~ per qcs.* to disrelish sth., to be revolted by sth.
ripugnare /ripuɲ'ɲare/ [1] intr. (aus. *avere*) *mi ripugna* it disgusts *o* repels me.
▷ **ripulire** /ripu'lire/ [102] **I** tr. **1** *(pulire di nuovo)* to clean [sth.] again **2** *(pulire a fondo)* to clean out [*armadio, stanza*]; *~ il mare dal petrolio* to skim oil from the sea **3** FIG. *(liberare)* to clean up [*città, strada*] **4** *(perfezionare)* to polish up, to clean up, to put* the finishing touches on [*testo, articolo, saggio*] **5** *(lasciare senza soldi)* [*ladro*] to clean out [*casa*]; *~ qcn.* to take sb. to the cleaners COLLOQ. **II ripulirsi** pronom. to clean oneself ◆ *~ il piatto* to lick the platter clean.
ripulisti /ripu'listi/ → **repulisti.**
ripulita /ripu'lita/ f. **1** clean-out, cleanup, going-over, turnout; *dare una ~ a qcs.* to give sth. a cleanup; *questa stanza ha bisogno di una bella ~* this room needs a good going-over; *darsi una ~* to tidy oneself up **2** FIG. *la polizia ha fatto una ~ nel quartiere* the police cleaned up the district.
ripulitura /ripuli'tura/ f. **1** *(azione)* cleaning **2** *(ciò che si toglie)* rubbish **3** *(rifinitura, correzione)* finishing touches pl.
ripulsa /ri'pulsa/ f. repulsion.
ripulsione /ripul'sjone/ → **repulsione.**
ripulsivo /ripul'sivo/ → **repulsivo.**
ripuntatura /ripunta'tura/ f. AGR. subsoiling.
riquadrare /rikwa'drare/ [1] tr. to square [*blocco di pietra*] ◆ *~ la testa a qcn.* to knock *o* hammer *o* pound AE some sense into sb.
riquadro /ri'kwadro/ m. **1** *(spazio delimitato)* square **2** TIP. box; *~ pubblicitario* boxed advert **3** *(su una pagina)* inset; *"nel ~: (foto del)l'autore"* "inset: the writer".
riqualificare /rikwalifi'kare/ [1] **I** tr. *(formare professionalmente)* to retrain, to reskill [*personale*]; *(fornire di qualifica superiore)* to upgrade **II riqualificarsi** pronom. to retrain oneself.
riqualificazione /rikwalifikat'tsjone/ f. *(formazione professionale)* retraining, requalification; *(riconoscimento)* upgrading; *corso di ~* conversion course.
risacca, pl. **-che** /ri'sakka, ke/ f. backwash, undertow.
▷ **risaia** /ri'saja/ f. ricefield, paddyfield.
risaldare /risal'dare/ [1] **I** tr. to resolder **II risaldarsi** pronom. [*frattura, ossa*] to knit* (together), to set*; [*ferita*] to heal up, to heal over.
▶ **risalire** /risa'lire/ [104] **I** tr. **1** *(percorrere in salita)* to remount [*collina, scala*]; [*battello*] to go* up [*fiume, canale*]; *~ la corrente* [*salmone*] to swim upstream; [*imbarcazione*] to sail *o* go against the current **2** *(salire di nuovo)* *mi ha fatto ~ le scale di corsa* he made me run back up the stairs **II** intr. (aus. *essere*) **1** *(salire di nuovo)* [*persona*] to go* up again; *~ su* [*persona*] to step back onto [*marciapiede*]; *~ in macchina* to get back in the car; *~ a cavallo* to get up on the horse again, to get back on *o* remount a horse; *~ in*

superficie per respirare to come up for air; ***resta qui, io risalgo in soffitta*** stay here, I'm going back up into the attic; ***puoi ~ a prendermi la borsa?*** can you go back upstairs and get my bag? ***siamo risaliti per il sentiero*** we walked back up by the path **2** *(aumentare)* [*interessi, prezzi*] to rise* again, to go* up again, to rebound; ***i prezzi sono risaliti*** prices have gone up *o* increased *o* risen again; ***il livello del fiume è risalito*** the river has gone up *o* risen again **3** *(avere origine)* ***~ a*** [*avvenimento, tradizione, opera*] to go *o* date back to; ***~ al 1700*** to go *o* date back to 1700; ***la chiesa risale al XVII secolo*** the church dates from *o* back to the 17th century; ***~ all'epoca in cui*** to date back to the days when **4** *(indagare)* ***~ a*** to trace; ***~ alla causa di*** to trace the cause of ◆ ***~ la china*** to get back on one's feet.

risalita /risa'lita/ f. **1** *(atto del risalire)* reascent **2** *(in montagna)* ***impianto di ~*** ski tow.

risaltare /risal'tare/ [1] **I** intr. **1** (aus. *avere*) *(spiccare)* [*colore, dettaglio*] to show* up, to stand* out; ***~ su*** to be defined against, to stand out against [*sfondo*]; ***il rosso risalta sul bianco*** red stands out against white, red shows up well on white; ***fare ~*** to bring out [*colore, dettaglio, melodia, sapore*]; to set off [*abbronzatura, vestito*]; to bring to the fore [*qualità, talento*] **2** (aus. *avere*) FIG. *(distinguersi)* to stand* out; ***~ su tutti*** to stand out against all the others **3** (aus. *essere*) *(saltare di nuovo)* to jump again, to jump back; ***risaltò a cavallo*** he jumped back on the horse **II** tr. to jump, to hop over [sth.] again [*muro, ostacolo*].

risalto /ri'salto/ m. **1** *(piena evidenza)* prominence, emphasis, stress; ***mettere in ~*** to bring out [*colore, dettaglio, melodia, sapore*]; to set off [*abbronzatura, vestito*]; to pick out [*lettera, titolo*]; ***la cornice mette in ~ il quadro*** the frame sets off the painting; ***il taglio del vestito le mette in ~ la vita snella*** the cut of the dress shows off her slim waist; ***dare ~ a qcs.*** to put the emphasis on sth., to make a feature of sth., to highlight *o* accent sth.; ***il rapporto dava molto ~ allo scandalo*** the report made much of the scandal **2** TECN. projecting part **3** *(sporgenza rocciosa)* ledge, overhang.

risanabile /risa'nabile/ agg. **1** [*terreno*] reclaimable **2** FIG. [*economia*] that can be recovered.

risanamento /risana'mento/ m. **1** *(guarigione)* recovery **2** *(di terreno)* reclaim, reclamation; *(di centro cittadino, sito)* development, redevelopment; ***piano di ~*** recovery plan; ***~ dell'economia*** upturn, recovery in the economy; ***~ urbano*** urban renewal.

risanare /risa'nare/ [1] **I** tr. **1** to cure [*malato*] **2** *(bonificare)* to reclaim [*foresta, terreno inquinato*] **3** FIG. *(rimettere in sesto)* to develop, to redevelop [*centro cittadino, quartiere degradato*]; to turn around [*compagnia, economia*] **II** intr. (aus. *essere*) to recover.

risapere /risa'pere/ [82] tr. *(venire a sapere)* to know*, to get* to know, to hear*; ***che non si venga a ~ quel che ti ho detto*** what I told you must not leak out *o* get about.

risaputo /risa'puto/ **I** p.pass. → **risapere II** agg. well-known, widely known; ***è ~ che*** it is well-known that, it is a well-known fact that; ***ormai è ~ che si dimentica sempre le chiavi*** it's a stand-in joke that she always forgets her keys; ***è cosa vecchia e -a!*** COLLOQ. it's common knowledge!

risarcibile /risar'tʃibile/ agg. refundable, reimbursable.

risarcimento /risartʃi'mento/ m. indemnification, amends pl.; DIR. compensation, recompense, restitution; ***come ~ per*** o ***di*** as *o* by way of compensation for; ***richiesta di ~ danni*** claim for damages, insurance claim; ***richiedere il ~ dei danni*** to claim for damages; ***intentare contro qcn. una causa per ~ danni*** to file a claim for damages against sb.; ***ottenere il ~ dei danni*** to recover damages; ***hanno ottenuto il ~ dei danni*** they have been awarded damages ◆◆ ***~ danni concordato*** agreed damages; ***~ per danni di guerra*** reparations; ***~ esemplare*** DIR. exemplary *o* punitive damages; ***~ simbolico*** DIR. nominal damages.

risarcire /risar'tʃire/ [102] tr. *(indennizzare)* to compensate [*persona, danno*]; ***è stato risarcito*** he got compensation; ***~ un'offesa*** FIG. to make amends for a wrong.

▷ **risata** /ri'sata/ f. laugh; ***~ fragorosa, sguaiata*** guffaw, horselaugh; ***~ grassa*** belly laugh; ***~ contagiosa, omerica*** infectious, Homeric laughter; ***udì delle -e*** she could hear laughter; ***fare una ~*** to give a laugh; ***fare una sonora ~*** to roar with laughter; ***ci siamo fatti una bella ~*** we had a good laugh; ***se vuoi farti una ~ devi sentirlo cantare!*** if you want a laugh listen to him sing! ***sai che -e*** IRON. it was a barrel of laughs *o* fun ◆ ***piegarsi in due dalle -e*** to curl up *o* be bent double *o* be doubled up with laughter; ***sbellicarsi dalle -e*** to be laughing fit to burst, to rock *o* shake *o* scream with laughter, to be in stitches AE COLLOQ.; ***sganasciarsi dalle -e*** to laugh like a drain, to laugh one's head off ◆◆ ***-e registrate*** laughtrack.

risatina /risa'tina/ f. chortle, giggle, snigger; ***-e*** chortling, sniggering; ***~ nervosa*** giggly laughter, nervous titter.

▷ **riscaldamento** /riskalda'mento/ m. **1** *(utilizzazione di calore artificiale)* heat, heating; ***impianto di ~*** heating apparatus *o* plant; ***un appartamento con ~ centralizzato*** a centrally heated flat; ***accendere, spegnere il ~*** to turn the heat *o* heating on, off; ***alzare, abbassare il ~*** to turn the heat *o* heating up, down; ***con il ~ al massimo*** with the heating up full *o* at full blast *o* on the highest setting; ***il ~ è acceso, spento*** the heating is on, off; ***il ~ si accende da solo alle 6*** the heating comes on automatically at 6 **2** TECN. *(azione di riscaldare)* heating up; ***il ~ di un metallo*** the heating of a metal **3** *(aumento della temperatura)* warming; ***il ~ globale*** global warming **4** MUS. SPORT TEATR. warm-up; ***esercizi di ~*** warming-up *o* warm-up exercises ◆◆ ***~ a carbone*** coal heating; ***~ centralizzato*** central heating; ***~ a energia solare*** solar heating; ***~ a gas*** gas heating; ***~ a induzione*** induction heating; ***~ a pannelli radianti*** radiant heating.

▷ **riscaldare** /riskal'dare/ [1] **I** tr. **1** *(aumentare la temperatura di)* to heat [*casa, forno, piscina, stanza*]; ***fare ~*** to heat, to warm up [*acqua, piatto, biberon*]; ***~ qcn.*** [*persona*] to keep sb. warm, to warm up sb.; ***~ il forno a 180°C*** to heat the oven to 180°C; ***~ una stanza*** to keep a room warm, to heat a room; ***abbiamo riscaldato il salotto*** we got the sitting room warm; ***~ il cuore a qcn.*** FIG. to warm sb.'s heart **2** *(scaldare di nuovo)* to heat up, to reheat, to warm over AE [*cibo*] **3** FIG. to warm up [*pubblico*]; ***~ gli animi*** to stir the blood, to get people going; ***~ l'atmosfera*** to liven up the atmosphere **II** intr. (aus. *essere*) **1** *(produrre calore)* [*termosifone*] to heat **2** *(surriscaldarsi)* [*forno, motore*] to overheat **III riscaldarsi** pronom. **1** *(cercare calore)* [*persona*] to warm oneself, to warm up; ***-rsi le mani, i piedi*** to warm one's hands, feet; ***-rsi davanti al camino*** to toast oneself in front of the fire; ***si strinsero attorno al fuoco per -rsi*** they huddled round the fire for warmth **2** *(diventare caldo)* [*casa*] to warm up, to heat through; [*aria, bevanda, cibo*] to heat up; [*ferro da stiro, forno, motore*] to get* hot; ***le acque del lago si sono riscaldate per via dell'inquinamento*** the water temperature in the lake has risen because of pollution; ***da un paio giorni l'aria comincia a -rsi*** the weather's started to warm up in the last couple of days **3** FIG. *(infervorarsi)* [*persona*] to get* excited; [*animi*] to flare up; [*partita*] to heat, to hot (up); ***non ti ~!*** don't get excited! don't get narky! BE COLLOQ. **4** SPORT to warm up.

riscaldata /riskal'data/ f. **1** *(di persone)* warming (up); ***datti una ~*** go get warmed up **2** *(di alimenti)* warming (up); ***dare una ~ a qcs.*** to warm sth. up.

riscaldato /riskal'dato/ **I** p.pass. → **riscaldare II** agg. **1** [*piscina*] heated **2** *(scaldato di nuovo)* [*cibo, caffè*] warmed up, reheated ◆ ***è la solita minestra -a*** it's old hat.

riscaldatore /riskalda'tore/ m. heater.

riscattabile /riskat'tabile/ agg. ECON. [*azione, prestito*] callable, redeemable.

riscattare /riskat'tare/ [1] **I** tr. **1** to ransom [*prigioniero, proprietà*] **2** ECON. to redeem [*azione, debito, prestito, pegno*]; to surrender [*polizza assicurativa*] **3** FIG. *(salvare)* ***un film mediocre riscattato dalla recitazione di Dustin Hoffmann*** a mediocre film redeemed by Dustin Hoffmann's performance **II riscattarsi** pronom. to redeem oneself (**facendo** by doing); ***-rsi agli occhi di qcn.*** to redeem oneself in sb.'s eyes.

riscattatore /riskatta'tore/ m. (f. **-trice** /tritʃe/) ransomer.

▷ **riscatto** /ris'katto/ m. **1** *(liberazione)* liberation, redemption **2** *(prezzo)* ransom (money); ***chiedere, pagare un ~ per*** to demand, pay a ransom for **3** DIR. redemption; *(di polizza assicurativa)* surrender; ***valore di ~*** surrender value; ***affitto a ~*** leasing; ***diritto di ~ dell'ipoteca*** equity of redemption; ***vendere con patto di ~*** to sell with a right of redemption.

rischiaramento /riskjara'mento/ m. lightening up, brightening up.

rischiarare /riskja'rare/ [1] **I** tr. to illuminate, to illumine, to lighten, to light* [*stanza*]; to lighten [*colore*] **II** intr. (aus. *essere*) to clear; ***l'orizzonte comincia a ~*** the sky is clearing **III rischiararsi** pronom. **1** *(rasserenarsi)* [*cielo*] to get* lighter, to grow* lighter, to clear (up), to brighten up; FIG. [*espressione, volto*] to lighten, to brighten up **2** FIG. *(chiarirsi)* [*situazione*] to brighten up.

▶ **rischiare** /ris'kjare/ [1] **I** tr. **1** *(mettere in pericolo)* to risk, to hazard [*salute, vita*]; to stake [*reputazione*]; ***~ la vita*** to put one's life at risk, to take one's life in one's hands, to risk one's life (and limb); ***~ l'osso del collo*** COLLOQ. to risk one's neck; ***~ tutto*** to risk all **2** *(essere passibile di)* to face, to look at [*multa, sospensione*]; ~

il licenziamento to face redundance **II** intr. (aus. *avere*) **~ *di*** to be capable of; **~ *di cadere*** to be heading for a fall; **~ *di fallire, di aumentare*** to be likely to fail, increase; **~ *di vincere, di essere arrestato*** to be liable to win, to get arrested; **~ *di morire*** to risk death; ***non hanno il coraggio di*** **~** they don't dare take the risk; ***non voglio*** **~** I'm taking no chances; ***non vale la pena*** **~** it's not worth the risk; ***la bomba rischia di esplodere*** the bomb is capable of exploding **III** impers. (aus. *avere*) ***rischia di piovere*** it's liable to rain ◆ **~ *il tutto per tutto*** to go for broke, to risk one's all; **~ *grosso*** to put one's head on the chopping block.

▶ **rischio**, pl. **-schi** /'riskjo, ski/ m. **1** *(pericolo)* risk, chance, hazard, peril; **~ *d'incendio*** fire hazard *o* risk; ***una componente di*** **~** an element of risk; ***un*** **~** ***calcolato*** a safe gamble; ***essere un*** **~** ***per la salute, l'ambiente*** to be a health, an environmental hazard; ***c'è il*** **~** ***che prenda la malattia*** there's a risk of him catching the illness *o* that he'll catch the illness; ***a*** **~** ***di*** o ***con il*** **~** ***di sembrare ingrato*** at the risk of seeming ungrateful; ***mettere a*** **~** to adventure, to stake, to risk; ***correre un*** **~** to take a chance; ***correre il*** **~** ***di fare*** to take a chance on doing, to chance doing, to be in danger of doing; ***fare correre dei -schi a qcn.*** to place *o* put sb. at risk; ***per non correre -schi*** to be on the safe side; ***è un*** **~** ***che ho intenzione di correre*** it's a chance I'm willing to take; ***a tuo*** **~** ***(e pericolo)*** at your peril, at your own risk **2** ECON. exposure; *(nelle assicurazioni)* risk; ***massimale di*** **~** maximum coverage; ***indennità di*** **~** danger money; ***capitale di*** **~** risk *o* venture capital; ***fattore di*** **~** risk factor; ***a basso*** **~** [*investimento*] low-risk; ***una polizza contro tutti i -schi*** an all-risks policy; ***frazionare*** o ***ripartire un*** **~** to spread a risk **3 a rischio** at risk; ***bambini a*** **~** children at risk; ***specie a*** **~** endangered species; ***essere a*** **~** [*lavoro, vita*] to be on the line; ***ad alto*** **~** [*gruppo, persona*] high-risk; ***la fabbrica è a*** **~** ***di chiusura*** the factory is at risk of closure ◆◆ **~ *assicurabile*** DIR. insurable risk; **~ *professionale*** occupational hazard *o* risk; ***-schi del mestiere*** = risks that come with the job.

rischiosamente /riskjosa'mente/ avv. imprudently, incautiously, perilously.

rischiosità /riskjosi'ta/ f.inv. riskiness, perilousness.

rischioso /ris'kjoso/ agg. [*investimento, piano, progetto*] chancy, risky; [*lavoro, viaggio*] hazardous, risky; ***è un affare*** **~** it's a chancy *o* dicey COLLOQ. business; ***è un po'*** **~** that's a bit of a gamble.

▷ **risciacquare** /riʃʃak'kware/ [1] **I** tr. to rinse [*bucato, stoviglie*] **II risciacquarsi** pronom. to rinse (out); ***-rsi le mani, la bocca*** to rinse one's hands, mouth.

risciacquata /riʃʃak'kwata/ f. rinse; ***dare una*** **~** ***a qcs.*** to give sth. a rinse.

risciacquatura /riʃʃakkwa'tura/ f. **1** rinse, rinsing **2** *(acqua)* dishwater; **~ *di piatti*** slops, dishwater; ***sembra*** **~** ***di piatti*** FIG. it tastes like dishwater.

risciacquo /riʃ'ʃakkwo/ m. **1** rinse, rinsing **2** *(in lavatrici e lavastoviglie)* rinse; ***ciclo di*** **~** rinse cycle.

risciò /riʃ'ʃɔ/ m.inv. rickshaw.

riscolo /'riskolo/ m. kali.

riscontare /riskon'tare/ [1] tr. to rediscount [*cambiale*].

risconto /ris'konto/ m. rediscount.

riscontrabile /riskon'trabile/ agg. traceable.

riscontrare /riskon'trare/ [1] **I** tr. **1** *(paragonare)* to compare; **~ *la copia con l'originale*** to compare the copy with the original **2** *(controllare)* to control, to countercheck; **~ *le bozze*** to check the proofs **3** *(rilevare)* to find*, to discover; **~ *alcuni errori*** to notice some mistakes **II** intr. (aus. *avere*) to correspond.

riscontro /ris'kontro/ m. **1** *(confronto)* comparison; ***fare un*** **~** to make a comparison; ***mettere a*** **~** ***due documenti*** to compare *o* collate two documents **2** *(controllo)* countercheck, verification **3** *(conferma)* confirmation; ***trovare*** **~** ***nella realtà*** to be confirmed *o* be borne out of the facts **4** BUROCR. *(risposta nelle lettere)* reply; ***in attesa di un Vostro cortese*** **~** awaiting your kind reply ◆◆ **~ *di cassa*** till check; **~ *dei conti*** audit.

riscoperta /risko'pɛrta/ f. rediscovery; ***andare alla*** **~** ***delle proprie origini*** to try to get back to one's roots.

riscoprire /risko'prire/ [91] tr. to rediscover.

riscossa /ris'kɔssa/ f. **1** *(riconquista)* reconquest **2** *(controffensiva)* counter-charge ◆ ***alla*** **~*!*** to the rescue! ***andare alla*** **~** to go to the rescue.

riscossione /riskos'sjone/ f. *(di affitto, soldi, tasse)* collecting, collection, raising ◆◆ **~ *delle imposte*** tax collection.

riscosso /ris'kɔsso/ **I** p.pass. → **riscuotere II** agg. [*assegno*] cashed; ***tasse non -e*** uncollected taxes.

riscrittura /riskrit'tura/ f. rewrite; ***regola di*** **~** rewrite rule.

riscrivere /ris'krivere/ [87] tr. **1** to rewrite*; **~ *la storia*** to rewrite history; **~ *un'opera teatrale in forma di romanzo*** to rewrite a play as a novel **2** *(rispondere per iscritto)* to write* back.

riscrivibile /riskri'vibile/ agg. [*compact disc*] rewritable; ***disco non*** **~** INFORM. write once read many disk.

▷ **riscuotere** /ris'kwɔtere/ [67] **I** tr. **1** *(incassare)* to cash, to cash in AE [*assegno*]; to collect [*multa, pensione, soldi, tariffa*]; to gather, to collect, to levy, to raise [*tasse*]; **~ *i dazi*** to collect tolls **2** *(ottenere)* to meet* with [*successo*]; to win* [*approvazione*]; **~ *la stima di qcn.*** to enjoy sb.'s esteem; **~ *un grande successo di pubblico*** to be a hit with the public **3** *(risvegliare)* to awake*, to rouse; **~ *qcn. dal sonno*** to arouse sb. from sleep **II riscuotersi** pronom. *(trasalire)* to jump, to start; *(riprendersi)* to pull oneself together; ***-rsi dalla depressione*** to shake off one's depression.

riscuotibile /riskwo'tibile/ agg. cashable.

risedere /rise'dere/ [88] intr. (aus. *essere*), **risedersi** pronom. to sit* down again.

risega, pl. **-ghe** /ri'sega, ge/ f. EDIL. setoff.

riseminare /risemi'nare/ [1] tr. to reseed, to resow*.

▷ **risentimento** /risenti'mento/ m. **1** ill feeling, resentment, rancour BE, rancor AE; ***nutrire, provare*** **~** ***nei confronti di qcn.*** to harbour, nurse a grudge against sb.; ***covare*** **~** FIG. to have a chip on one's shoulder; ***una persona piena di*** **~** a resentful person; ***c'era sempre un sottofondo di*** **~** ill-feeling was always there in the background; ***provava solo*** **~** ***nei suoi confronti*** he bore her nothing but resentment **2** MED. after-effect.

▷ **risentire** /risen'tire/ [3] **I** tr. **1** *(sentire di nuovo)* to hear* [sth.] again [*rumore*]; *(riascoltare)* to listen to [sth.] again [*concerto*] **2** *(avvertire)* to feel*; **~ *gli effetti della crisi*** to feel the effects of the crisis **II** intr. (aus. *avere*) **1** *(avvertire gli effetti)* **~ *di qcs.*** to suffer from sth., to feel the effects of sth., to be affected by sth.; ***il paese risente del suo isolamento*** the country suffers from its isolation; ***il mondo dell'industria ne risentirà*** the industry will be affected **2** *(subire l'influenza)* to be* influenced; ***il suo stile risente di quello del maestro*** his style is influenced by his master's **III risentirsi** pronom. **1** *(offendersi)* to get* offended, to take* offence; ***-rsi per*** to take exception to; ***-rsi con qcn.*** to get angry with sb.; ***si è risentito per quello che ho detto*** he resented my words **2** *(sentirsi di nuovo)* ***ci risentiamo domani*** I'll call back tomorrow ◆ ***a risentirci!*** goodbye for now!

risentito /risen'tito/ **I** p.pass. → **risentire II** agg. *(irritato)* [*persona*] resentful, bitter; [*commento, tono*] bitter; ***era -a per il modo in cui l'avevano trattata*** she felt bitter *o* resented about the way they had treated her; ***fra noi non c'è mai stata una parola -a*** we've never had a cross word.

riserbo /ri'sɛrbo/ m. reserve, discretion; ***mantenere il*** **~** ***su qcs.*** to keep sth. private; ***mantenere il massimo*** **~** ***sulla questione*** to keep the matter a closely-guarded secret; ***uscire dal*** **~** to drop one's reserve; ***disse con il*** **~** ***che lo distingue che*** he said with an understatement typical of him that.

riseria /rise'ria/ f. rice-processing factory.

▶ **riserva** /ri'sɛrva/ f. **1** *(scorta)* reserve, standby, supply, stock; ***-e petrolifere*** oil reserves; ***-e di capitale, di valuta*** capital, currency reserves; ***di*** **~** spare; ***avere una batteria, un'auto di*** **~** to have an extra battery, car; ***ho una chiave di*** **~** ***nella credenza*** I keep a spare key in the cupboard **2** *(limitazione, incertezza)* reserve, reservation, qualification; ***senza -e*** [*accettare*] without reservation *o* reserve; [*sostegno, appoggio*] unquestioning, unreserved; ***accettare qcs. senza -e*** to accept sth. without qualification *o* no questions asked, to completely accept sth.; ***accettare con*** **~** to accept conditionally; ***l'unica mia*** **~** ***è che*** my only doubt is (that); ***avere delle -e su qcs.*** to have reservations about sth.; ***abbandonare ogni*** **~** to lose one's reserve, to let go completely; ***non senza alcune -e*** not without some reservations **3** *(territorio protetto)* reserve, sanctuary; **~ *per animali*** animal sanctuary; **~ *ornitologica*** bird sanctuary; **~ *di caccia*** game reserve *o* preserve; **~ *naturale*** nature reserve, wildlife reserve *o* park *o* sanctuary **4** MIL. reserve; ***esercito di*** **~** reserve army **5** AUT. ***essere in*** **~** to be low *o* short on petrol BE *o* gas AE **6** SPORT reserve (player), substitute (player), second string **7** ENOL. reserve; **~ *1990*** 1990 reserve *o* vintage ◆◆ **~ *aurea*** gold reserve; **~ *bancaria*** bank reserve; **~ *indiana*** Indian reservation; **~ *mentale*** mental reservation; **~ *statutaria*** capital reserves; ***-e metalliche*** bullion reserves; ***-e monetarie*** cash reserves.

▶ **riservare** /riser'vare/ [1] **I** tr. **1** *(prenotare)* to book, to reserve; **~ *qcs. per qcn.*** to book sth. for sb., to book sb. sth.; **~ *un tavolo al ristorante*** to make a reservation at the restaurant, to reserve a table at the restaurant **2** *(destinare)* to reserve, to set* aside, to save;

~ un caloroso benvenuto a qcn. to reserve a warm welcome to sb.; *~ un trattamento di favore a qcn.* to show favour for sb., to show sb. favour; *~ un ballo per qcn.* to save a dance for sb.; *vi ho riservato una copia del mio libro* I've kept a copy of my book for you **3** *(tenere in serbo)* to reserve; *chissà che cosa ci riserva il futuro?* who knows what lies ahead? who knows what the future holds *o* might bring *o* has in store? **II riservarsi** pronom. *(tenere per sé, proporsi di)* to reserve; *-rsi il giudizio* to suspend (one's) judgment; *-rsi il diritto di fare qcs.* to reserve the right to do sth.; *-rsi di decidere* to keep one's options open; *la direzione si riserva il diritto di rifiutare l'ammissione* the management reserves the right to refuse admission.

riservatamente /riservata'mente/ avv. reservedly.

riservatezza /riserva'tettsa/ f. **1** *(segretezza)* confidentiality, confidentialness, privateness; *la ~ di una lettera* the confidentiality of a letter; *diritto alla ~* right to privacy; *con la massima ~* in the utmost secrecy **2** *(discrezione)* discretion, reserve, unobtrusiveness.

▷ **riservato** /riser'vato/ **I** p.pass. → **riservare II** agg. **1** *(prenotato)* [*posti*] booked, reserved **2** *(destinato)* [*area, zona*] dedicated; *"ingresso ~ ai soci"* "members only"; *"ingresso ~ ai possessori di biglietto"* "admission by ticket only" **3** *(segreto)* [*informazione, documento*] confidential, classified; *"~"* "confidential"; *informazione non -a* nonclassified information **4** *(discreto)* [*persona*] reserved, discrete, buttoned up; [*comportamento, carattere, contegno*] demure **5** MED. *prognosi -a* prognosis withheld; *in prognosi -a* on the danger list ◆ *tutti i diritti -i* all rights reserved.

riservista, m.pl. **-i**, f.pl. **-e** /riser'vista/ m. e f. reservist.

risguardo /riz'gwardo/ m. endpaper, flyleaf*.

risibile /ri'sibile/ agg. [*proposta, tentativo*] laughable, risible; [*somma*] wretched.

risibilità /risibili'ta/ f.inv. risibility.

risicare /rizi'kare/ [1] tr. REGION. to risk ◆ *chi non risica non rosica* PROV. nothing ventured nothing gained.

risicato /rizi'kato/ **I** p.pass. → **risicare II** agg. *(appena sufficiente)* [*vittoria*] narrow; [*maggioranza*] scanty.

risicolo /ri'sikolo/ agg. rice-growing attrib.

risicoltore /risikol'tore/ ➧ **18** m. (f. **-trice** /tritʃe/) rice grower, rice farmer.

risicoltura /risikol'tura/ f. rice growing, rice farming.

risiedere /ri'sjɛdere/ [2] intr. (aus. *avere*) **1** to reside, to live; *~ a Londra* to be based in *o* at London, to be resident in London **2** [*regnante, ambasciatore*] to reside **3** FIG. *(consistere)* to reside, to lie*; *~ in* [*difficoltà, soluzione, problema, differenza*] to lie in.

risiero /ri'sjɛro/ agg. *industria -a* rice industry.

risificio, pl. **-ci** /risi'fitʃo, tʃi/ m. rice-processing factory.

risintonizzare /risintonid'dzare/ [1] tr. to retune.

risipola /ri'zipola/ ➧ **7** f. erysipelas.

risistemare /risiste'mare/ [1] tr. to tidy up [*oggetti*]; to rearrange [*mobili, stanza*].

risma /'rizma/ f. **1** *(di carta)* ream **2** SPREG. kind, sort; *sono della stessa ~* they are all of a *o* one kind, they are birds of a feather; *gente della peggior ~* people of the worst kind *o* of the blackest dye.

▷ **1.riso** /'riso/ m. **1** *(pianta, prodotto, vivanda)* rice; *un chicco di ~* a grain of rice; *~ a chicchi lunghi, corti* long, short grain rice; *~ bollito* boiled rice; *~ in bianco* plain rice; *~ alla cantonese* egg fried rice; *-i e bisi* GASTR. INTRAD. (typical dish of rice and peas from Veneto) **2** *(nei lavori a maglia)* *punto ~* moss stitch **3** ART. *carta di ~* rice paper ◆◆ *~ bianco* white rice; *~ degli Indiani* wild rice; *~ integrale* brown rice; *~ pilaf* pilau (rice); *~ vestito* paddy.

▷ **2.riso**, f.pl. **risa** /'riso, 'risa/ m. **1** *(risata)* laugh, laughter **U**; *~ soffocato* chuckle; *un ~ irrefrenabile* a fit of laughter; *reprimere il ~* to hold back one's laughter; *suscitare, muovere il ~* to get, raise a laugh **2** FIG. *(aspetto gioioso)* splendour ◆ *volgere tutto in ~* = to take nothing seriously; *sbellicarsi dalle -a* to be laughing fit to burst, to rock *o* shake *o* scream with laughter; *il ~ abbonda sulla bocca degli stolti* PROV. laughter abounds in the mouths of fools; *il ~ fa buon sangue* = laughter is the best medicine.

risolare /riso'lare/ → **risuolare.**

risolatura /risola'tura/ → **risuolatura.**

risolino /riso'lino/ m. giggle, titter, snigger, snicker AE.

risollevamento /risolleva'mento/ m. *(di persona, animi)* uplift.

risollevare /risolle'vare/ [1] **I** tr. **1** to lift [sth.] again [*oggetto*] **2** FIG. *(riproporre)* to raise [sth.] again [*problema*]; *~ una vecchia questione* to bring up *o* raise an old question **3** FIG. to turn around [*economia, industria, situazione*]; to uplift, to perk up [*persona*]; *~ il morale di qcn.* to cheer sb. up; *~ le sorti di un'azienda* to turn a company around; *~ qcn. dalla miseria* to free sb. from poverty; *sentirsi risollevato* to feel uplifted **II risollevarsi** pronom. **1** *(rialzarsi)* to rise*, to get* up again **2** FIG. to revive; *ci risollevammo presto* our spirits soon revived.

risolto /ri'sɔlto/ **I** p.pass. → **risolvere II** agg. **1** [*enigma*] solved; *non ~* [*mistero, omicidio*] unsolved **2** MED. [*malattia*] cured.

risolubile /riso'lubile/ agg. resoluble.

risolutamente /risoluta'mente/ avv. [*agire, dire, dichiarare*] decidedly, decisively, unwaveringly; [*opporsi*] resolutely, staunchly.

risolutezza /risolu'tettsa/ f. resoluteness, resolution, resolvedness; *agire con ~* to act with resolve.

risolutivo /risolu'tivo/ agg. **1** DIR. resolutive; *clausola -a* let-out *o* resolutive clause; *condizione -a* condition subsequent **2** *(decisivo)* [*arma, successo, vittoria*] ultimate, decisive.

risoluto /riso'luto/ agg. [*persona*] decisive, purposeful, resolute, single-minded; [*maniere, tono*] crisp, decided, decisive; [*aria, espressione*] determined, resolute; *una donna -a* a woman of decision.

risoluzione /risolut'tsjone/ f. **1** *(soluzione)* resolution; *consigli per la ~ del conflitto* guidance as to the resolution of conflict; *la questione è in via di ~* the matter is being settled **2** *(decreto)* resolution; *approvare una ~* to pass a resolution **3** MAT. resolution; *~ in fattori* resolution into factors, factorization **4** INFORM. resolution; *ad alta ~* high-resolution; *alta ~ grafica* high-resolution graphics **5** MED. resolution **6** ECON. *(di contratto, polizza)* cancellation; *la ~ di un contratto* the rescission of a contract **7** DIR. defeasance; *~ non giudiziaria* repudiation **8** CHIM. FIS. resolution **9** MUS. resolution.

risolvente /risol'vɛnte/ agg. **1** MED. resolutive **2** OTT. *potere ~* definition **3** MAT. *equazione ~* resolvent.

▷ **risolvere** /ri'sɔlvere/ [22] **I** tr. **1** *(trovare la soluzione a)* to solve, to clear up, to work out, to sort out [*mistero, problema, difficoltà*]; to riddle, to solve [*indovinello*]; *~ la faccenda* to smooth things over; *~ un'equazione* MAT. to solve an equation; *mi ci vorranno delle ore per ~ questo pasticcio* it will take me hours to sort this mess out **2** *(appianare)* to resolve, to settle [*conflitto, contraddizione, controversia, disputa*]; *risolvete le cose tra di voi* settle it among yourselves **3** FIS. CHIM. to resolve (**in** into) **4** DIR. *(rescindere)* to cancel, to rescind, to disaffirm [*contratto*] **5** MED. to resolve, to clear up [*infiammazione*] **6** MUS. to resolve **II risolversi** pronom. **1** to resolve itself **2** *(concludersi)* to turn in(to) [*disastro, farsa*]; *-rsi in un fiasco* to end in fiasco; *-rsi in nulla* to come to naught **3** *(decidersi)* to decide, to resolve; *-rsi a fare* to resolve on doing, to determine (up) on doing, to resolve *o* decide to do **4** MED. [*infezione*] to clear up.

risolvibile /risol'vibile/ agg. **1** [*problema*] resoluble, resolvable, solvable **2** DIR. [*contratto*] rescindable, determinable.

risolvibilità /risolvibili'ta/ f.inv. resolvability, solvability.

risonante /riso'nante/ agg. **1** [*voce*] ringing, resounding, resonant FORM.; [*suono*] reverberant **2** EL. FIS. TECN. [*circuito*] resonant.

risonanza /riso'nantsa/ f. **1** EL. FIS. TECN. resonance; *frequenza di ~* resonant frequency; *entrare in ~* to resonate **2** MUS. *pedale di ~* sustaining pedal; *foro di ~* sound hole; *cassa di ~* sound box, sounding-board; *fare da cassa di ~* FIG. to act as a sounding-board **3** *(eco)* resonance, echo **4** FIG. stir, sensation; *un evento di grande ~* a much-publicized event; *avere grande ~* [*azione, fatto*] to resound, to cause a great stir *o* sensation; [*dibattito*] to reverberate ◆◆ *~ magnetica* magnetic resonance, MRI; *(farsi) fare una ~ magnetica* to have on MRI taken.

risonare /riso'nare/ → **risuonare.**

risonatore /risona'tore/ m. FIS. resonator.

risone /ri'sone/ m. paddy.

▷ **risorgere** /ri'sordʒere/ [72] intr. (aus. *essere*) **1** *(sorgere di nuovo)* [*sole*] to rise* again **2** *(risuscitare)* to resurrect, to rise*; *~ dai morti* to rise from the dead **3** FIG. *(rinascere)* to resurrect, to revive, to flourish again; *~ a nuova vita* to take (on) a new lease of life; *~ dalle rovine* to rise again from its ruins; *~ dalle ceneri* to rise from one's ashes.

risorgimentale /risordʒimen'tale/ agg. of the Risorgimento.

risorgimento /risordʒi'mento/ m. LETT. revival, renaissance.

> **Risorgimento** This is the name given to the historic period of struggle for independence and Italian unity from its first movements (1820-21, 1831) to the insurrections in 1848-49. The major events were the three wars of independence against the Austro-Hungarians (1848-49, 1859 and 1866) and the expedition of Garibaldi's Thousand in 1860. The moderate monarchist line prevailed over the republican revolutionary tendency of Giuseppe Mazzini, and the House of Savoy took the throne of Italy in 1861. Rome became the capital in 1871.

Risorgimento /risordʒi'mento/ n.pr.m. Risorgimento.
risorgiva /risor'dʒiva/ f. resurgence.
risorgivo /risor'dʒivo/ agg. resurgent.
▷ **risorsa** /ri'sorsa/ f. **1** *(ricchezza)* resource; ***-e naturali, energetiche, finanziarie*** natural, energy, financial resources; ***-e alimentari*** food supply *o* sources; ***-e minerarie*** mineral wealth; ***le -e mondiali di carbone, petrolio*** the world's resources of coal, oil; ***-e umane*** human resources; ***è una grande ~ per la squadra*** she's a great asset to the team **2** FIG. *(possibilità)* resort, means pl.; ***avere molte -e*** to be resourceful; ***non ha -e interiori*** he has no inner resources; ***superiore alle proprie -e*** beyond one's resources; ***avere un'ultima ~*** to have something to fall back on; ***come ultima ~*** as a last resort; ***una donna di molte -e*** a woman of (many) parts, a resourceful woman **3** INFORM. resource; ***gestione -e*** resource management.
risorto /ri'sorto/ **I** p.pass. → **risorgere II** agg. **1** RELIG. risen **2** FIG. revived ◆ ***il (Cristo) Risorto*** the risen Christ.
risotto /ri'sɔtto/ m. risotto*.
▶ **risparmiare** /rispar'mjare/ [1] **I** tr. **1** *(economizzare)* to save, to put* aside, to put* away [*soldi*]; ***~ tempo*** to save time; ***~ le forze*** to reserve *o* save one's strength; ***non ~ fatiche*** to spare no effort **2** *(evitare)* to save [*fatica, spesa, viaggio*]; ***~ a qcn. il disturbo di fare*** to save sb. the trouble of doing; ***ti risparmierò i dettagli*** I will spare you the details; ***ci hanno risparmiato la storia completa*** SCHERZ. we were spared the full story **3** *(salvare)* to spare; ***~ la vita a*** o ***di qcn.*** to spare sb.'s life; ***supplicare di essere risparmiato*** to beg to be spared; ***la sua critica non risparmia nessuno*** his criticism spares nobody; ***la malattia, la morte non risparmia nessuno*** illness, death is no respecter of persons **II** intr. (aus. *avere*) to save (up); ***~ per*** to save up for *o* towards [*automobile, casa*]; ***stiamo risparmiando per fare una vacanza*** we are saving toward a holiday **III risparmiarsi** pronom. **1** *(non consumare forze)* to save oneself; ***non -rsi nel fare qcs.*** to be unsparing in one's efforts to do sth. **2** *(evitare)* to save oneself, to spare oneself; ***-rsi la spesa dell'albergo*** to save oneself the expense of a hotel; ***-rsi la fatica di fare*** to spare oneself the trouble of doing ◆ ***risparmia il fiato!*** save your breath!
risparmiatore /risparmja'tore/ m. (f. **-trice** /tritʃe/) economizer, saver; ***piccolo ~*** small saver.
▷ **risparmio**, pl. **-mi** /ris'parmjo, mi/ **I** m. **1** *(economia)* saving; ***un ~ del 25%*** a 25% saving; ***con ~ di spazio*** in limited space; ***avere il senso del ~*** to be careful with money; ***senza ~ di forze*** sparing no effort, unsparingly; ***la lavastoviglie è un bel ~ di tempo*** a dishwasher is a real timesaver **2** BANC. ECON. saving; ***libretto di ~*** passbook, savings book; ***certificato di ~*** savings certificate; ***piano di ~*** savings plan; ***buono di ~*** savings bond; ***cassa di ~*** savings bank **II risparmi** m.pl. savings; ***attingere dai propri -mi*** to dip into one's savings; ***vivere dei propri -mi*** to live off one's savings ◆◆ ***~ energetico*** energy saving, fuel saving; ***~ forzato*** forced saving; ***~ negativo*** dissaving.
▷ **rispecchiare** /rispek'kjare/ [1] **I** tr. **1** *(riflettere)* to reflect, to mirror **2** FIG. to reflect, to mirror; ***il volto rispecchiava la sua emozione*** his emotion showed in his face; ***il suo discorso rispecchia l'opinione della maggioranza*** his speech reflects *o* mirrors the majority opinion **II rispecchiarsi** pronom. *(riflettersi)* ***-rsi in qcs.*** to be reflected *o* mirrored in sth. (anche FIG.).
rispedire /rispe'dire/ [102] tr. **1** *(spedire di nuovo)* to send* back, to readdress, to redirect **2** *(mandare indietro, respingere)* to send* back; ***~ qcn. a casa*** to send sb. back home; ***"~ al mittente"*** "return to sender".
rispedizione /rispedit'tsjone/ f. *(nuova spedizione)* reshipment, forwarding; *(rinvio al mittente)* return.
rispettabile /rispet'tabile/ agg. **1** *(perbene)* [*famiglia, persona*] respectable, decent; ***tra gente ~*** in respectable society **2** *(ragguardevole)* [*dimensione, numero*] respectable; [*età*] considerable; ***piazzarsi a un ~ quarto posto*** to finish a respectable fourth.
rispettabilità /rispettabili'ta/ f.inv. respectability, reputability.
▶ **rispettare** /rispet'tare/ [1] **I** tr. **1** *(considerare con rispetto)* to respect, to honour BE, to honor AE [*genitori, defunti, coniuge*]; ***~ il punto di vista di qcn.*** to be considerate of sb.'s point of view, to respect sb.'s point of view; ***~ la vita privata di qcn.*** to respect sb.'s privacy; ***farsi ~*** to command respect; ***rispetta chi è più vecchio di te*** respect your elders; ***che si rispetti*** self-respecting; ***ogni insegnante che si rispetti lo sa*** any self-respecting teacher *o* any teacher worth his salt knows that **2** *(avere cura di)* to be* considerate towards [*persona*]; to respect [*natura*]; ***è un prodotto che rispetta l'ambiente*** it's an environmentally friendly product **3** *(osservare)* to comply with, to keep* to, to abide* by [*ordine, regola*]; to fulfil BE, to fulfill AE [*condizioni*]; RELIG. to keep* [*festa*]; ***~ la legge*** to obey *o* observe the law; ***~ le regole*** to go by the rules, to obey the rules; ***~ le scadenze*** to work *o* adhere to deadlines, to meet deadlines; ***non ~ una scadenza*** to miss a deadline; ***non ~ la coda*** to jump the queue; ***fare ~*** to enforce, to uphold [*legge, ordinanza*] **4** *(adempiere)* to honour BE, to honor AE [*accordo, contratto, impegni*] **II rispettarsi** pronom. to respect oneself.
rispettato /rispet'tato/ **I** p.pass. → **rispettare II** agg. **1** respected; ***molto ~*** [*persona*] well-respected **2** *(osservato)* [*ordine*] followed, upheld; [*legge*] inviolate FORM.
rispettivamente /rispettiva'mente/ avv. respectively; ***i suoi figli hanno ~ due e cinque anni*** his children are two and five years old respectively.
rispettivo /rispet'tivo/ agg. *(relativo)* respective, relative, several FORM.; ***i -i meriti di X e Y*** the relative merits of X and Y; ***sono venuti con le -e mogli*** they came with their respective wives; ***ci siamo scambiati i -i indirizzi*** we exchanged our addresses; ***le tazze con i -i piattini*** teacups and saucers.
▶ **rispetto** /ris'pɛtto/ **I** m. **1** *(riguardo)* respect, deference; ***~ di sé*** self-respect; ***per ~ di*** out of respect for; ***in segno di ~ mi salutò*** as a mark *o* token of his respect he greeted me; ***mancanza di ~*** disrespect; ***mancare di ~ a qcn.*** to show disrespect to *o* towards sb.; ***pretendere*** o ***esigere ~*** to demand respect; ***esigere il ~ di qcn.*** to compel sb.'s respect; ***meritarsi il ~ di qcn.*** to earn sb.'s respect; ***mostrare il dovuto ~ per la tradizione*** to show proper respect for tradition; ***con il ~ che gli è dovuto*** no disrespect to him; ***con tutto il dovuto ~ per X*** with all due deference *o* respect to X; ***per ~ delle convenienze sociali*** for the sake of decency **2** *(osservanza di diritto, legge)* respect; *(di regole)* abidance; *(di scadenze)* adherence; ***mancato ~ dei segnali*** signal violation **3** MAR. ***ancora di ~*** spare anchor **4 rispetto a** *(in confronto)* compared to; *(relativamente a)* as regards, with respect, as for; ***in anticipo ~ a qcn.*** in advance of sb.; ***essere in vantaggio ~ a qcn.*** to be ahead of sb., to have the edge over *o* on sb.; ***essere indietro ~ agli altri*** to be behind the others; ***come sono l'uno ~ all'altro?*** how do they compare? ***la forza del dollaro ~ alla sterlina*** the strength of the dollar against the pound; ***i nostri affari sono raddoppiati ~ all'estate scorsa*** we are doing twice as much as last summer; ***si è seduto dall'altro lato della scrivania ~ a me*** he sat down across the desk from me **II rispetti** m.pl. respects; ***i miei -i alla signora*** FORM. my compliments to your wife; ***presentare i propri -i a qcn.*** to offer *o* pay one's respects to sb. ◆ ***con ~ parlando*** no disrespect (to you), (if you) excuse the expression, saving your presence ANT. FORM.; ***di tutto ~*** considerable, highly respectable.
rispettosamente /rispettosa'mente/ avv. respectfully, reverently.
rispettosità /rispettosi'ta/ f.inv. respectfulness.
rispettoso /rispet'toso/ agg. [*comportamento, persona*] deferential, dutiful, observant, respectful; [*distanza, silenzio*] respectful; [*atteggiamento, espressione*] reverent; ***cittadino ~ della legge*** law-abiding citizen; ***restare a -a distanza*** to keep at a respectful distance.
risplendente /risplen'dɛnte/ agg. [*sole*] shining, bright, gleaming; [*acqua, metallo*] sparkling.
▷ **risplendere** /ris'plɛndere/ [2] intr. **1** [*luna, sole*] to shine*, to beam; [*stella*] to glitter; [*luci*] to blaze (away); [*casa, cucina*] to shine*; ***~ di luci*** to be ablaze with lights **2** FIG. [*occhi, viso*] to glow, to shine*; ***~ di felicità*** to sparkle *o* glow with happiness; ***il suo viso risplendeva di salute*** her cheeks glowed with health.
rispolverare /rispolve'rare/ [1] tr. **1** to dust again **2** FIG. to revamp [*legge, programma politico*]; to pose [sth.] again [*questione*]; ***~ una vecchia teoria*** to dig up *o* out an old theory **3** *(ripassare)* to brush up [*nozioni*].
rispolverata /rispolve'rata/ f. **1** dusting **2** *(ripassata)* brushup; ***devo dare una ~ al mio francese*** I have to brush up my French.
rispondente /rispon'dɛnte/ agg. **1** *(corrispondente)* corresponding; ***non ~ al vero*** not true to life **2** *(adatto)* adequate.
rispondenza /rispon'dɛntsa/ f. FORM. correspondence, congruity, respondence, respondency.
▶ **rispondere** /ris'pondere/ [64] **I** intr. (aus. *avere*) **1** *(replicare)* to answer, to reply; ***~ a*** to reply to, to answer [*domanda, lettera*]; ***~ a qcn.*** to answer sb.; ***~ che*** to answer that; ***~ affermativamente, negativamente*** to answer *o* reply in the affirmative, negative; ***non ~*** to make no reply; ***~ a monosillabi*** to answer in monosyllables; ***~ con un cenno del capo*** to answer with a nod; ***~ all'appello*** to answer the call (anche FIG.) ; ***gli rispose con un sorriso*** she answered him with a smile; ***risponderò alla sua lettera*** I'll write back (to him) **2** *(al telefono)* ***~ al telefono*** to answer the telephone; ***non risponde (nessuno)*** there's no answer, it's not answering BE; ***non risponde***

nessuno a quel numero there's no reply at that number; ***rispondo io!*** I'll get it! **3** *(essere insolente)* to talk back, to answer back BE, to mouth off AE; ***non osare rispondermi!*** don't you dare talk back to me! **4** *(controbattere)* ~ ***a*** to meet [*accusa, obiezione*]; ~ ***alla violenza con la violenza*** to answer violence with violence **5** *(essere conforme a)* ~ ***a*** to answer, to meet, to supply [*bisogno, esigenze*]; to live up, to match [*aspettative*]; ~ ***alle aspettative di qcn.*** to live up to sb.'s expectations; ***non abbiamo visto nessuno che rispondesse a quella descrizione*** we saw nobody answering that description; ***un prestito che risponde alle vostre esigenze*** a loan that suits your needs **6** *(reagire)* [*automobile, motore, organismo*] to respond; ***non ~ al trattamento*** to fail to respond to treatment; ***freni che rispondono bene*** responsive brakes; ***la macchina risponde, non risponde ai comandi*** the car handles *o* steers well, badly **7** *(chiamarsi)* ~ ***al nome di Sara*** to answer to the name of Sara; ***un ragazzo che risponde al nome di Fabio*** a boy by the name of Fabio **8** *(rendere conto)* to answer for; ~ ***per qcn.*** to answer for sb.; ~ ***dell'onestà di qcn.*** to answer for sb.'s honesty; ***non risponderò delle mie azioni*** I won't be responsible for my actions **9** DIR. to answer; ***facoltà di non ~*** right of silence; ***rifiutarsi di ~ al giudice*** to stand mute; ~ ***all'accusa*** to counter-charge; ~ ***dei debiti di qcn.*** to be liable for sb.'s debts; ***era in tribunale per ~ ad accuse di furto*** he was in court to answer charges of theft **10** GIOC. ~ ***con lo stesso seme*** to follow suit; ***non ~ a seme*** to revoke **11** MIL. to return; ~ ***al fuoco di qcn.*** to return sb.'s fire **12** RELIG. to respond **II** tr. to answer; ***non rispose una parola*** he didn't even say one word; ~ ***due righe*** to reply with a few words ◆◆ ~ ***picche*** to refuse flatly *o* point-blank; ~ ***per le rime*** to respond in kind.

risponditore /rispondi'tore/ m. TEL. answerer.

risposare /rispo'zare/ [1] **I** tr. to remarry **II risposarsi** pronom. to remarry, to marry again.

▶ **risposta** /ris'posta/ f. **1** *(replica)* answer, reply, response; ***una ~ pronta*** a quick reply; ***una ~ per iscritto*** an answer in writing; ***avere, dare una ~*** to get, give an answer; ***in ~ a*** in reply *o* response to; ***in ~ alla vostra domanda*** *(in una lettera)* in answer to *o* with reference to your inquiry; ***stiamo ancora aspettando una ~*** we're still waiting for a reply; ***"in attesa di una ~"*** COMM. "I look forward to hearing from you"; ***la sua lettera è rimasta senza ~*** her letter remained unanswered *o* unacknowledged; ***ha sempre la ~ pronta*** she has an answer for everything; ***per tutta ~ si mise a ridere*** her only answer was to laugh; ***la ~ italiana a Marilyn Monroe*** SCHERZ. Italy's answer to Marilyn Monroe **2** *(reazione)* response (anche MED.); ***la ~ dell'organismo a una cura*** the body's reaction to treatment; ***la ~ del pubblico è stata favorevole*** the public responded favourably **3** SCOL. UNIV. *(soluzione)* answer; ***la ~ giusta, sbagliata*** the right, wrong answer; ***domanda a ~ chiusa*** yes-no question **4** MUS. answer ◆ ***botta e ~*** crosstalk, snip-snap; ***avere una ~ a tutto*** to have a solution for everything.

rispuntare /rispun'tare/ [1] intr. (aus. *essere*) **1** to reappear **2** [*persona*] to turn up.

▷ **rissa** /'rissa/ f. fight, fighting, brawl, row, scrap, dust-up COLLOQ.; ***cercare la ~*** to pick a fight; ***provocare una ~*** to get into *o* have a fight; ***è scoppiata una ~ nel bar*** a brawl broke out in the bar.

rissare /ris'sare/ [1] intr. (aus. *avere*) to fight*, to brawl.

rissosamente /rissosa'mente/ avv. in a quarrelsome way.

rissosità /rissosi'ta/ f.inv. rowdiness, quarrelsomeness.

rissoso /ris'soso/ agg. quarrelsome.

ristabilimento /ristabili'mento/ m. *(di democrazia, ordine, pace)* re-establishment, restoration.

▷ **ristabilire** /ristabi'lire/ [102] **I** tr. to restore, to re-establish [*democrazia, ordine*]; ~ ***la pace in un paese*** to bring peace to a country; ~ ***l'equilibrio*** to redress the balance **II ristabilirsi** pronom. **1** [*malato*] to recover, to pick up; ***-rsi in fretta*** to make a quick recovery **2** [*tempo*] to clear up.

ristagnamento /ristaɲɲa'mento/ m. → **ristagno.**

ristagnare /ristaɲ'ɲare/ [1] intr. (aus. *avere*) **1** *(arrestare il proprio flusso)* [*acqua, stagno*] to stagnate; [*odore*] to cling* **2** FIG. [*economia*] to stagnate; [*affari, commercio*] to slack off, to slacken (off).

ristagno /ris'taɲɲo/ m. **1** *(di acqua)* stagnation **2** MED. stagnation, stasis* **3** FIG. *(dell'economia)* slackening, stagnation; ***mercato in ~*** COMM. flat market, shake-out; ~ ***culturale*** cultural backwater.

ristampa /ris'tampa/ f. **1** TIP. *(nuova stampa)* impression, reprint; ***il libro è in ~*** the book is being reprinted **2** *(opera ristampata)* reprint, reissue; ***terza ~*** third reprint.

ristampare /ristam'pare/ [1] tr. to reprint, to reissue [*libro*].

▶ **ristorante** /risto'rante/ m. restaurant; ~ ***esclusivo, di lusso*** exclusive, high class restaurant; ***vagone ~*** restaurant *o* dining car, diner; ***gestire un ~*** to keep *o* manage a restaurant.

ristorare /risto'rare/ [1] **I** tr. **1** [*bevanda, riposo, vacanza*] to refresh **2** FIG. to restore [*spirito*] **3** LETT. *(risarcire)* to compensate for **II ristorarsi** pronom. to refresh oneself.

ristoratore /ristora'tore/ **I** agg. [*riposo, sonno*] refreshing, restorative **II** ♦ **18** m. (f. **-trice** /tritʃe/) restaurateur.

ristorazione /ristorat'tsjone/ f. catering.

ristoro /ris'tɔro/ m. **1** *(conforto)* comfort, relief, solace; ***cercare ~*** to look for relief, to seek solace *o* comfort; ***trovare ~ nel sonno*** to draw solace from sleep; ***dare ~*** [*bevanda, cibo*] to refresh; [*persona*] to give *o* bring comfort **2** *(bevanda, cibo)* refreshment **3** *(servizio bar)* ***posto di ~*** refreshment bar, refreshment stall, refreshment stand.

ristrettezza /ristret'tettsa/ f. **1** narrowness **2** FIG. *(scarsità)* scarcity; ***-e*** straits; ***in -e*** in straitened *o* reduced FORM. circumstances; ***in periodo di -e*** at a time of shortage; ***essere in -e economiche*** to feel the squeeze ◆◆ ~ ***di vedute*** narrow-mindedness, small-mindedness.

ristretto /ris'tretto/ **I** p.pass. → **restringere II** agg. **1** *(stretto)* [*spazio*] narrow, constricted **2** *(limitato)* [*campo, confini, punto di vista, scelta*] narrow; [*vocabolario*] limited; [*gruppo*] closed, cliquey; [*atteggiamento*] blinkered; ***la cerchia -a*** the inner circle; ***in un ~ numero di casi*** in a small *o* limited number of cases; ***avere una mentalità -a*** to be small-minded *o* narrow-minded; ***una persona di orizzonti -i*** a person of narrow horizon *o* with a short-sighted attitude **3** *(non diluito)* [*sugo*] concentrated; [*caffè*] (extra-)strong; ***brodo ~*** stock **4** ECON. [*prezzo*] rock-bottom; ***mercato ~*** Unlisted Securities Market.

ristrutturabile /ristruttu'rabile/ agg. [*soffitta, camera*] that can be renovated.

ristrutturare /ristruttu'rare/ [1] tr. **1** *(rinnovare)* to remodel, to remould BE, to remold AE, to shake* up [*azienda*] **2** to do* up, to remodel [*appartamento*]; to remodel [*città*]; ~ ***una vecchia cascina*** to renovate an old farmhouse.

ristrutturazione /ristrutturat'tsjone/ f. **1** *(di azienda)* reorganization, retooling; COMM. IND. shake-out; ***il settore è destinato alla ~*** the sector is a candidate for restructuring **2** EDIL. *(di edificio)* conversion; ***lavori di ~*** renovations; ***un piano di ~ edilizia*** a building improvement scheme; ***essere in (fase di) ~*** [*edificio*] to be under repair.

ristudiare /ristu'djare/ [1] tr. **1** to study [sth.] again **2** *(riesaminare)* to re-examine.

risucchiare /risuk'kjare/ [1] tr. [*corrente, fango, vento*] to suck; ***essere risucchiato*** to be sucked down *o* under; ***essere risucchiato in*** FIG. to get sucked into.

risucchio, pl. **-chi** /ri'sukkjo, ki/ m. **1** *(movimento)* suck, suction **2** *(vortice)* eddy, whirlpool.

risulta /ri'sulta/ f. ***materiali di ~*** debris.

risultante /risul'tante/ **I** agg. resultant **II** f. MAT. FIS. resultant.

risultanza /risul'tantsa/ f. BUROCR. outcome, result; ***-e processuali*** the outcome of the trial.

▶ **risultare** /risul'tare/ [1] intr. (aus. *essere*) **1** *(derivare)* to result, to ensue; ~ ***da*** to issue *o* result from; ***ne risulta che...*** it follows that **2** *(dimostrarsi)* to prove, to turn out; ~ ***influente, prioritario*** to emerge as an influence, a priority; ***risulta chiaramente da questo rapporto che*** it is plain *o* clear from this report that; ***se risulta che mi sono sbagliato*** if I prove to be mistaken; ***la maglia risultò troppo grande*** the jumper came out too big; ***la decisione risultò costosa*** the decision proved to be costly **3** *(riuscire)* to come* out; ~ ***vincitore*** to come out the winner **4** *(sembrare)* to seem, to appear; ***risulta che*** it turns out that; ***mi risulta che*** it seems to me that; ***mi risulta difficile crederlo*** I find it hard to believe it; ***non mi risulta*** not as far as I know; ***il suo nome non mi risulta nuovo*** his name rings a bell; ***per quanto mi risulta*** to the best of my belief, to my certain knowledge, as far as I know.

▶ **risultato** /risul'tato/ m. **1** *(esito)* result (anche MAT.), accomplishment, outcome, issue; *(punteggio)* score; ~ ***finale*** end result; ***i -i del voto*** the result of the poll; ***-i degli esami, delle partite*** exam(ination) results, match results; ***ottenere dei -i*** to get results; ***ottenere un buon ~*** SPORT to score well *o* highly; ***avere il ~ sperato*** to meet one's target; ***rovesciare il ~*** to tip the result the other way; ***usare qcs. con buoni -i*** to use sth. to good effect **2** *(conseguenza)* result; ***come ~ di*** as a result of; ***senza ~*** without result; ***con il ~ che la compagnia fece bancarotta*** with the result that the company went bankrupt.

risuolare /riswo'lare/ [1] tr. to resole, to sole.

risuolatura /riswola'tura/ f. resoling.

▷ **risuonare** /riswo'nare/ [1] **I** intr. (aus. *essere, avere*) **1** *(rimbombare)* [*campana*] to boom, to clang; [*musica, suono*] to boom out, to pound out, to throb, to thump **2** *(echeggiare)* to (re-)echo (**di** with); [*parole, passi, risate*] to ring* (out); [*rumore, voce*] to resonate, to resound; [*sala*] to resonate, to resound, to throb; ***le sue parole mi risuonavano ancora nelle orecchie*** his words were still ringing in my ears; ***il rumore dei loro passi risuonava lungo il corridoio*** their steps rang down the corridor; ***la casa risuonava di risate*** the house rang with laughter **II** tr. *(suonare di nuovo)* to ring* [sth.] again [*campanello*]; to play [sth.] again [*brano*].

risuonatore /riswona'tore/ m. resonator.

risurrezione /risurret'tsjone/ f. **1** resurrection **2** RELIG. ***la Risurrezione*** the Resurrection; ***la ~ della carne*** the resurrection of the body **3** *(rinascita)* renewal, revival.

▷ **risuscitare** /risuʃʃi'tare/ [1] **I** tr. **1** to raise [sb.] from the dead, to resurrect; ***~ qcn.*** to raise sb. from the dead **2** FIG. to resurrect, to revive; ***~ qcs.*** to breathe new life into sth.; ***questo vino fa ~ i morti!*** this wine would bring the dead back to life **II** intr. (aus. *essere*) **1** to rise* from the dead, to resurrect **2** FIG. to resurrect, to revive, to come* back to life; ***dopo la cura è risuscitato*** he was his old self again after the treatment.

risvegliare /rizveʎ'ʎare/ [1] **I** tr. **1** *(svegliare)* to wake* (up), to awake*, to awaken, to arouse; ***~ qcn. dal sonno*** to arouse sb. from sleep **2** FIG. to reawaken, to rouse [*entusiasmo, interesse*]; to awake*, to awaken [*paura, sospetto*]; to wake*, to awake*, to awaken, to call up [*ricordo*]; to wake*, to stir up [*sensazioni*]; ***~ la bestia che c'è in qcn.*** to bring out the beast in sb. **II risvegliarsi** pronom. **1** *(svegliarsi)* to wake* (up), to awake*, to awaken **2** *(riprendere conoscenza)* to come* to life, to regain consciousness **3** FIG. [*natura*] to wake*; [*sensazione*] to revive; [*ricordi*] to stir.

risveglio, pl. **-gli** /riz'veʎʎo, ʎi/ m. **1** awakening; ***brusco ~*** rude awakening (anche FIG.); ***al mio ~ se ne era andata*** I awoke to find her gone **2** FIG. awakening; ***~ dell'economia*** economic recovery *o* upswing.

risvolto /riz'vɔlto/ m. **1** *(di manica)* cuff; *(di pantaloni)* turnup BE, cuff AE; *(di tasca)* flap; *(di giacca)* lapel; *(per accorciare)* tuck **2** *(nell'editoria)* ***~ di copertina*** blurb **3** FIG. *(implicazione)* implication: ***il ~ politico di una vicenda*** the political implications *o* overtones *o* connotations of a matter.

ritagliare /ritaʎ'ʎare/ [1] **I** tr. **1** to cut* out [*foto, articolo*]; ***~ qcs. a forma di stella*** to cut sth. into the shape of a star **2** *(tagliare di nuovo)* to cut* [sth.] again [*siepe*] **II ritagliarsi** pronom. to carve out [*tempo, spazio*].

ritaglio, pl. **-gli** /ri'taʎʎo, ʎi/ m. **1** *(di stoffa)* scrap, remnant **2** *(di giornale)* press clipping, press cutting; *(di foto, figurina)* cutting out, cut-out **3** *(scarto)* scrap; ***-gli di carne*** scraps of meat **4** FIG. ***nei -gli di tempo*** in one's spare time.

ritappezzare /ritappet'tsare/ [1] tr. to repaper [*parete, stanza*]; to reupholster [*divano, sedia*].

ritardabile /ritar'dabile/ agg. postponable.

ritardando /ritar'dando/ **I** m.inv. MUS. ritardando* **II** avv. MUS. ritardando.

ritardante /ritar'dante/ **I** agg. **1** retarding **2** CHIM. [*agente*] retardant **II** m. retarder.

▷ **ritardare** /ritar'dare/ [1] **I** tr. **1** *(rinviare)* to delay, to put* off [*decisione, partenza*]; ***la nebbia ha ritardato il decollo*** the fog delayed the take-off **2** *(rallentare)* to slow down [*marcia, cammino*]; to hold* back, to put* back, to set* back [*produzione, progresso, sviluppo*]; ***il cattivo tempo ha ritardato le operazioni di salvataggio*** the bad weather held up the rescue operation **II** intr. (aus. *avere*) **1** *(essere, arrivare in ritardo)* to be* late; ***il treno ha ritardato di due ore*** the train was two hours late; ***fare ~ qcn.*** to hold sb. up, to make sb. late, to delay sb.; ***~ a fare*** to be late in doing **2** [*orologio*] to be* slow; ***il mio orologio ritarda di cinque minuti*** my watch is five minutes slow.

ritardatario, pl. **-ri**, **-rie** /ritarda'tarjo, ri, rje/ **I** agg. late **II** m. (f. **-a**) latecomer.

ritardato /ritar'dato/ **I** p.pass. → **ritardare II** agg. **1** *(rallentato)* delayed; ***avere un effetto ~*** to have a delayed effect; ***a scoppio ~*** delayed action attrib. **2** *(in ritardo)* [*telegramma*] delayed, late **3** PSIC. MED. [*persona*] retarded BE, retardated AE; ***~ mentale*** mentally retarded **III** m. (f. **-a**) ***~ (mentale)*** mentally retarded, retardee AE.

▶ **ritardo** /ri'tardo/ **I** m. **1** *(di treno, aereo, posta)* delay, lateness; *(di persona)* lateness; ***leggero, forte ~*** slight, major delay; ***scusate il ~*** I'm sorry I'm late; ***accumulare ~*** to fall *o* get behind; ***recuperare il ~*** to pull back, to catch up; ***i voli possono subire -i*** flights are subject to delay; ***avere un ~ di un'ora, un'ora di ~*** to be an hour late; ***cominciare con tre mesi di ~*** to start three months late; ***se il pagamento avviene con più di tre giorni di ~*** if the payment is more than three days late; ***in ~*** late; *(rispetto a un programma)* behind schedule; ***partire in ~*** to be late leaving; ***essere (molto) in ~ con il lavoro*** to be (a long way) behind with one's work; ***siamo in ~ di mezz'ora*** we are running 30 minutes behind schedule; ***i lavori in ~ non saranno valutati*** late essays will not be marked; ***la sua domanda arrivò in ~*** her application was *o* arrived late **2** MUS. retardation **II** agg.inv. ***preparato ~*** slow-releasing drug; ***insulina ~*** delayed (action) insulin ◆◆ ***~ d'accensione*** AUT. TECN. delayed ignition; ***~ mentale*** backwardness, retardation AE.

ritegno /ri'teɲɲo/ m. **1** *(moderazione)* restraint; ***mancare di ~*** to lack restraint; ***perdere ogni ~*** to lose one's inhibitions; ***bere, mangiare senza ~*** to drink, eat to excess **2** *(riserbo)* reserve; ***non avere ~*** to be shameless *o* regardless **3** TECN. ***valvola di ~*** check valve.

ritelefonare /ritelefo'nare/ [1] intr. (aus. *avere*) to phone back, to call back, to ring* back BE.

ritemprare /ritem'prare/ [1] **I** tr. **1** *(ridare la tempra)* to temper [sth.] again [*metallo*] **2** FIG. to restore [*forze*]; to fortify [*spirito, animo*] **II ritemprarsi** pronom. to restore oneself, to recover one's strength.

ritendere /ri'tɛndere/ [10] **I** tr. to tighten up (again), to tauten (again) [*filo, corda*] **II ritendersi** pronom. [*corda*] to tighten up (again), to tauten (again).

▶ **ritenere** /rite'nere/ [93] **I** tr. **1** *(considerare, stimare)* to consider, to reckon, to think*; *(credere)* to believe, to hold*; ***~ qcn. responsabile*** to hold sb. responsible; ***è ritenuta una spia*** she is believed to be a spy; ***lo ritengo un insulto*** I see it as an insult; ***riteniamo che questa sia la soluzione migliore*** we reckon that this solution is the best; ***ritengo che sia mio dovere avvertirla*** I consider it my duty to warn you; ***~ necessario fare*** to consider it necessary to do; ***~ doveroso fare*** to make a point of doing; ***ritengo doveroso fargli le scuse*** I feel he deserves an apology; ***l'operazione fu ritenuta un grande successo*** the operation was judged a great success; ***si ritiene che sia ricco*** he is supposed *o* believed to be rich **2** *(ricordare)* to remember, to retain [*nomi, date*] **3** *(trattenere, controllare)* to retain, to hold* back [*impulso*]; MED. to retain [*urina*] **4** AMM. *(detrarre)* to deduct [*somma*]; ***le imposte sono ritenute alla fonte*** tax is deducted at source **5** ANT. *(mantenere)* to keep* [*se-greto*] **II ritenersi** pronom. to consider oneself, to regard oneself; ***-rsi privilegiato*** to consider oneself (to be) privileged; ***non mi ritengo soddisfatto*** I'm not completely satisfied.

ritentare /riten'tare/ [1] tr. **1** *(tentare di nuovo)* to try again, to make* another attempt (**di fare** to do) **2** *(indurre di nuovo in tentazione)* to tempt [sb.] again.

ritentivo /riten'tivo/ agg. retentive.

ritenuta /rite'nuta/ f. **1** AMM. deduction, stoppage BE; ***~ sullo stipendio di qcn.*** deduction from sb.'s salary; ***effettuare una ~*** to make a deduction **2** MAR. guy **3** TECN. ***valvola di ~*** check valve; ***anello di ~*** retaining ring ◆◆ ***~ d'acconto*** withholding tax; ***~ fiscale*** deduction of tax; ***~ alla fonte*** deduction of tax at source, withholding tax.

ritenzione /riten'tsjone/ f. **1** MED. retention **2** PSIC. retentivity, retention **3** DIR. ***diritto di ~*** lien ◆◆ ***~ idrica*** water retention; ***~ urinaria*** water *o* urine retention.

ritingere /ri'tindʒere/ [24] tr. to dye [sth.] again [*capelli, vestito*].

ritinteggiare /ritinted'dʒare/ tr. to repaint.

▶ **ritirare** /riti'rare/ [1] **I** tr. **1** *(tirare di nuovo)* to pull [sth.] again [*corda*] **2** *(lanciare di nuovo)* to throw* [sth.] again [*palla*] **3** *(ritrarre)* to withdraw*, to pull back, to draw* back [*mano, piede, testa*] **4** *(richiamare)* to withdraw*, to pull out [*truppe*]; to recall [*ambasciatore*]; ***~ un bambino da scuola*** to remove a child from school **5** FIG. *(ritrattare)* to withdraw* [*candidatura*]; to withdraw*, to take* back [*insulti, affermazioni, parole, offerta, aiuto*]; DIR. to drop, to withdraw* [*querela, denuncia*] **6** *(recuperare)* to collect, to pick up [*bagaglio, pacco, biancheria*]; PESC. to haul in [*reti*]; ***~ qcs. dalla tintoria*** to collect sth. from the cleaners **7** *(riscuotere)* to draw* [*pensione, stipendio*]; *(in banca)* to withdraw* [*denaro*] **8** *(revocare)* to revoke [*patente*]; to withdraw*, to retain [*passaporto*]; to suspend, to revoke [*licenza, permesso, ordine*]; ***farsi ~ la patente*** to lose one's driving licence; ***gli è stata ritirata la patente per un anno*** his licence was suspended for a year **9** *(togliere dalla circolazione)* to withdraw*, to call in [*prodotto, merce, monete*]; to recall [*prodotto difettoso*]; ***~ qcs. dalla circolazione*** to withdraw sth. from circulation **II ritirarsi** pronom. **1** *(tirarsi indietro)* to draw* back; *(retrocedere)* to retreat; [*esercito*] to withdraw*, to retreat, to pull back, to pull out **2** *(andarsene)* to retire, to withdraw*; ***-rsi nella propria camera*** to retire to one's room; ***-rsi a vita privata*** to retire to private life **3** *(rientrare a casa)* to go* home; *(andare a letto)* to go* to bed, to retire (to bed) ANT. **4** *(abbandonare)* to withdraw*, to retire; [*studente*] to drop out; [*candidato*] to withdraw*, to pull out; SPORT to retire, to pull out; ***-rsi dall'area, dai negoziati, dalle olimpiadi*** to pull out of the area, negotiations, Olympics; ***-rsi dagli affari*** to go out of *o* give up business; ***-rsi dalla politica*** to retire from politics; ***-rsi per infortunio*** to retire with an injury *o* injured **5** DIR. [*corte, giuria*] to retire **6** *(restringersi)* [*tessuto*] to shrink* **7** *(defluire)* [*acqua, ghiacciaio*] to retreat; [*marea*] to recede; [*fiume, piena*] to subside.

▷ **ritirata** /riti'rata/ f. **1** MIL. retreat, withdrawal; ~ ***strategica*** strategic retreat (anche FIG.); ***suonare la*** ~ to sound *o* beat the retreat; ***battere in*** ~ to beat *o* make a retreat; ***battere velocemente in*** ~ FIG. to beat a hasty retreat **2** *(rientro in caserma)* tattoo; ***suonare la*** ~ to beat *o* sound the tattoo **3** *(gabinetto)* lavatory.

ritirato /riti'rato/ **I** p.pass. → **ritirare II** agg. [*vita*] secluded, sequestered FORM.

ritiro /ri'tiro/ m. **1** *(di candidatura, candidato, querela, atleta, studente, truppe)* withdrawal; ~ ***graduale delle truppe*** phased withdrawal of troops **2** *(dalla circolazione)* calling in, return; *(di merce, prodotto)* return **3** *(recupero) (di pacco)* collection; *(di somma, stipendio)* withdrawal; ***pronto per il*** ~ ready for collection **4** *(revoca, requisizione) (di permesso, licenza)* revocation, suspension; ~ ***della patente*** the suspension of (sb.'s) driving licence **5** *(il ritirarsi, isolamento)* retirement; ***il*** ~ ***dalla vita politica*** retirement from political life **6** SPORT SCOL. withdrawal, dropping out **7** *(luogo appartato)* retreat **8** RELIG. *(vita ritirata)* retreat; ***essere in*** ~ to be in retreat; ***andare in*** ~ to go into *o* on a retreat **9** SPORT *(per la preparazione)* training camp **10** *(il restringersi) (di tessuto)* shrinkage ◆◆ ~ ***bagagli*** baggage reclaim; ~ ***spirituale*** spiritual retreat.

ritmare /rit'mare/ [1] tr. **1** to mark (the rhythm) of **2** *(cadenzare)* to pattern [*passo*].

ritmato /rit'mato/ **I** p.pass. → **ritmare II** agg. rhythmic(al), measured.

ritmica /'ritmika/ f. MUS. rhythmics + verbo sing.

ritmicamente /ritmika'mente/ avv. rhythmically.

ritmicità /ritmitʃi'ta/ f.inv. rhythmicity.

ritmico, pl. **-ci**, **-che** /'ritmiko, tʃi, ke/ agg. [*battito, movimento*] rhythmic, rhythmical; [*accento, schema*] rhythmic; ***sezione -a*** rhythm section; ***ginnastica -a*** eurhythmics BE, eurythmics AE.

▷ **ritmo** /'ritmo/ m. **1** LETTER. MUS. rhythm; ~ ***lento, veloce*** slow, rapid rhythm; ***avere il senso del*** ~ to have a good sense of rhythm; ***avere il*** ~ ***nel sangue*** to have a natural sense of rhythm; ***a*** ~ ***di*** to the rhythm of; ***ballare a*** ~ ***di samba*** to dance to the rhythm of a samba; ***ritmi latino-americani*** Latin American rhythms **2** *(andamento) (di crescita, produzione)* rate; *(di passo, vita, cambiamento)* pace; ***il*** ~ ***infernale della vita cittadina*** the hectic pace of city life; ***andare al proprio*** ~ to go at one's own pace; ***tenere il*** ~ to keep up with the pace; ***rallentare il*** ~ to slow down the pace; ***non riusciva a reggere il*** ~ he couldn't handle the pace; ***vivere secondo il*** ~ ***delle stagioni*** to live according to the rhythm of the seasons; ***a pieno*** ~ at full steam; ***lavorare a*** ~ ***regolare, indiavolato*** to work at a steady, terrific rate; ***trovare il*** ~ ***giusto*** to get into one's stride; ***fare perdere il*** ~ ***a qcn.*** to put sb. off their stroke; ***la situazione peggiora a un*** ~ ***crescente*** the situation is deteriorating rapidly; ***al*** ~ ***di*** at the rate of; ***al*** ~ ***di 300.000 all'anno*** at the rate of 300,000 per year ◆◆ ~ ***binario*** duple rhythm *o* time; ~ ***biologico*** biorhythm; ~ ***cardiaco*** heart rate; ~ ***di crescita*** growth rate; ~ ***di lavoro*** pace of work; ~ ***respiratorio*** respiration rate; ~ ***ternario*** triple rhythm *o* time.

▷ **rito** /'rito/ m. **1** *(cerimonia)* rite, ceremony; *(liturgia)* rite, ritual; ***il*** ~ ***battesimale*** the rite of baptism; ***celebrare un*** ~ to perform a rite; ***sposarsi secondo il*** ~ ***religioso, civile*** to be married in church, in a civil ceremony **2** FIG. *(abitudine)* ritual, custom, practice; ***il*** ~ ***del tè*** the ritual of tea; ***di*** ~ ritual, customary; ***fece i ringraziamenti di*** ~ he went through the ritual of thanking people ◆◆ DIR. ~ ***abbreviato*** summary procedure; ~ ***ambrosiano*** Ambrosian rite; ~ ***funebre*** mortuary *o* burial rite; ~ ***di iniziazione*** initiation rite; ~ ***nuziale*** nuptial rite; ~ ***di passaggio*** rite of passage; ~ ***romano*** Roman rite; ***-i magici*** magic rites.

▷ **ritoccare** /ritok'kare/ [1] **I** tr. **1** *(modificare leggermente)* to retouch, to touch up [*immagine, fotografia*]; to alter [*vestito*]; COSMET. to touch up [*trucco*] **2** *(toccare di nuovo)* to touch [sth.] again **3** FIG. *(aumentare)* to readjust [*prezzi, salari*] **II** intr. (aus. *essere*) ***a qcn. ritocca fare qcs.*** sb. will have to do sth. again **III ritoccarsi** pronom. ***-rsi il trucco*** to touch up *o* freshen up one's make-up.

ritoccata /ritok'kata/ f. **1** *(correzione)* ***dare una*** ~ ***a qcs.*** to touch sth. up **2** COSMET. ***dare*** o ***darsi una*** ~ ***al trucco, alle labbra*** to touch up one's make up, one's lipstick **3** FIG. *(aumento)* ***dare una*** ~ ***ai prezzi*** to readjust the prices.

ritoccatore /ritokka'tore/ ◆ **18** m. (f. **-trice** /tritʃe/) FOT. retoucher.

ritoccatura /ritokka'tura/ f. → **ritocco.**

ritocco, pl. **-chi** /ri'tokko, ki/ m. **1** *(correzione) (di foto, quadro)* touch-up, retouch; *(di vestito)* alteration; ***dare a qcs. gli ultimi -chi*** to give sth. the finishing touches; ***dare un*** ~ ***al trucco*** to touch up *o* freshen up one's make-up **2** *(di prezzi, salari)* readjustment.

ritorcere /ri'tɔrtʃere/ [94] **I** tr. **1** *(torcere di nuovo)* to twist [sth.] again; *(con forza)* to wring* out **2** FIG. to retort [*accusa*] **3** TESS. to twist, to twine **II ritorcersi** pronom. ***-rsi contro qcn.*** to turn against sb., to backfire *o* boomerang on sb.; ***le sue argomentazioni gli si sono ritorte contro*** his arguments backfired on him.

ritorcitura /ritortʃi'tura/ f. twisting.

▶ **ritornare** /ritor'nare/ [1] **I** tr. REGION. *(restituire)* to return, to give* back [*libro, denaro*] **II** intr. (aus. *essere*) **1** *(essere di ritorno, rientrare)* to get* back, to return; *(venendo)* to come* back; *(andando)* to go* back (**da** from; **a** to); ~ ***al proprio posto*** to return to one's seat; ***ritorno fra un attimo*** I'll be back in a minute; ~ ***dal dentista, medico per un'ulteriore visita*** to go back to the dentist's, doctor's for another examination; ~ ***a scuola, in ufficio*** to go back to school, to the office; ***stasera ritorno tardi*** I'm coming back late tonight; ***partì per non*** ~ ***più*** he left never to return; ~ ***in fretta*** to hurry *o* rush back; ~ ***di corsa*** to come back running; ~ ***a piedi*** to walk back; ~ ***in macchina*** to drive back; ~ ***a cavallo, in bicicletta*** to ride, cycle back; ~ ***sui propri passi*** to turn *o* double back, to retrace one's steps, to backtrack **2** *(tornare ad uno stato, condizione precedente)* to go* back, to return (**a** to); ***animale che è ritornato allo stato brado*** animal that has gone back to its wild state; ~ ***alla normalità*** to get back *o* return to normality; ~ ***al potere*** to return to power; ~ ***in sé*** FIG. to come to, to come round **3** *(riprendere)* ~ ***a*** to go* back to, to return to [*metodo, concezione*]; ~ ***all'argomento, problema*** to come back to the topic, to the problem; ~ ***su*** to go back over [*questione*]; to go back on [*decisione, promessa*] **4** *(ricomparire)* [*macchia, raffreddore, dolore, stagione*] to come* back; ***è ritornato l'inverno*** winter has set in again; ***spero che ritorni il bel tempo*** I hope for a return of the fine weather; ***il nome mi ritornerà in mente*** the name will come back to me **5** *(ricorrere)* [*evento, problema, tema, frase*] to recur **6** *(diventare di nuovo)* to become* again; ***è ritornato come nuovo*** it is as good as new **III ritornarsene** pronom. to go* back; ***ritornarsene a casa*** to go* back home.

▷ **ritornello** /ritor'nɛllo/ m. **1** MUS. chorus, refrain, burden **2** FIG. *(solfa)* refrain, theme song; ***è solito*** ~***!*** it's the same old story!

▶ **ritorno** /ri'torno/ m. **1** return (**a** to; **da** from); ***il mio*** ~ ***a Londra*** my return to London; ~ ***a casa*** homecoming; ***il*** ~ ***è andato bene*** we got back safely; ***è cominciato a piovere durante il*** ~ it started raining as we were on our way back; ***bisogna pensare al*** ~ we must think about getting back; ***un*** ~ ***trionfale*** a triumphant return; ***festeggiare il*** ~ ***di qcn.*** to celebrate sb.'s return; ***al suo*** ~ ***dal fronte, dall'estero*** on his return from the front, from abroad; ***al nostro*** ~ when we get back; ***al*** ~ ***ci siamo fermati per pranzare*** we stopped for lunch on the way back; ***essere sulla via del*** ~ to be on one's way back; ***viaggio a Madrid e*** ~ journey to Madrid and back; ***viaggio di*** ~ homeward journey; ***(biglietto di)*** ~ return ticket BE, round trip (ticket) AE; ***biglietto di andata e*** ~ return (ticket) (**per** to); ***mi pagano l'andata, non il*** ~ they're paying for my outward journey but not for the return; ***essere di*** ~ to be back, to be on one's way back; ***sarò di*** ~ ***prima di mezzanotte*** I'll be back by midnight; ***di*** ~ ***a casa*** back home **2** *(allo stato precedente)* return; ~ ***alla normalità*** return to normal; ***si attende il*** ~ ***alla calma*** people are waiting for things to calm down; ~ ***alla vita civile*** return to civilian life; ~ ***alla terra*** going back to the land; ~ ***alla natura*** return to nature; ***un*** ~ ***ai valori tradizionali*** a return to traditional values; ***analfabetismo di*** ~ = the losing of one's ability to read and write through lack of practice **3** *(ricomparsa)* return; *(di musicista, attore, politico)* comeback; ***il*** ~ ***del bel tempo, dell'inverno*** the return of the fine weather, of winter; ***il*** ~ ***delle rondini*** the swallows' return; ***il*** ~ ***della moda degli anni '60*** the return of 60s fashion; ***il*** ~ ***di un cantante dopo quindici anni di silenzio*** a singer's comeback after 15 years of silence **4** COMM. *(resa) (di recipiente, bottiglia)* return; ***carico di*** ~ backload; ***ricevuta di*** ~ advice of delivery **5** ECON. *(rendimento)* yield **6** BUROCR. ***conto di*** ~ account of redraft **7** SPORT ***(incontro*** o ***partita di)*** ~ return match **8** TECN. return; *(di molla)* recoil; ~ ***automatico del carrello*** automatic carriage return; ***corsa di*** ~ MECC. return stroke; ***punto di non*** ~ AER. point of no return (anche FIG.) ◆◆ ~ ***di fiamma*** TECN. backfire; FIG. backfiring.

ritorsione /ritor'sjone/ f. DIR. POL. *(rappresaglia)* retaliation; ***per*** ~ in retaliation; ***compiere delle -i*** to retaliate.

ritorta /ri'tɔrta/ f. *(ramoscello)* withe, withy.

ritorto /ri'tɔrto/ **I** p.pass. → **ritorcere II** agg. [*filo*] twisted **III** m. TESS. twisted thread.

ritradurre /ritra'durre/ [13] tr. **1** *(tradurre nuovamente)* to translate [sth.] again **2** *(tradurre nuovamente nella lingua d'origine)* to retranslate, to translate back.

ritraduzione /ritradut'tsjone/ f. **1** *(nuova traduzione)* new translation **2** *(retroversione)* back translation.

▷ **ritrarre** /ri'trarre/ [95] **I** tr. **1** *(ritirare)* to draw* in, to pull in, to retract [*unghie, artigli*]; to withdraw* [*mano*] **2** *(distogliere)* to turn away [*sguardo*] **3** ART. *(fare il ritratto)* to portray; FOT. to photograph **4** *(descrivere)* to portray, to paint, to describe [*personaggio, situazione, epoca*] **II ritrarsi** pronom. **1** *(tirarsi indietro)* to withdraw*, to draw* back, to recoil: FIG. to withdraw* (**da** from), to back out (**da** from); ***-rsi disgustato*** to recoil in disgust **2** *(fare un ritratto a se stesso)* to portrait oneself.

ritrascrivere /ritras'krivere/ [87] tr. to retranscribe, to transcribe [sth.] again.

ritrascrizione /ritraskrit'tsjone/ f. retranscription.

ritrasmettere /ritras'mettere/ [60] tr. **1** [*televisione, radio*] to rebroadcast*, to rerun* [*film, programma*] **2** TECN. RAD. to retransmit [*segnale*].

ritrasmissione /ritrasmis'sjone/ f. **1** *(di messaggio, appello)* rebroadcast **2** TECN. RAD. retransmission.

ritrattabile /ritrat'tabile/ agg. [*offerta, affermazione*] revocable, retractable.

ritrattamento /ritratta'mento/ m. NUCL. reprocessing.

ritrattare /ritrat'tare/ [1] tr. **1** to retract, to withdraw* [*accusa, affermazione*]; *(formalmente o pubblicamente)* to recant **2** *(trattare di nuovo)* to deal* with [sth.] again [*argomento*].

ritrattatore /ritratta'tore/ m. (f. **-trice** /tritʃe/) recanter.

ritrattazione /ritrattat'tsjone/ f. retraction, retractation, withdrawal; *(pubblicamente o formalmente)* recantation.

ritrattista, m.pl. **-i**, f.pl. **-e** /ritrat'tista/ ➧ ***18*** **I** agg. [*pittore, disegnatore*] portrait attrib. **II** m. e f. ART. FOT. portraitist, portrait painter.

ritrattistica /ritrat'tistika/ f. portraiture, portrait painting.

ritrattistico, pl. **-ci**, **-che** /ritrat'tistiko, tʃi, ke/ agg. portrait painting attrib.

▶ **ritratto** /ri'tratto/ **I** p.pass. → **ritrarre II** agg. **1** *(ritirato)* withdrawn, retracted **2** *(riprodotto)* portrayed **III** m. **1** ART. FOT. portrait; ***~ di famiglia, di gruppo*** family, group portrait; ***fare il ~ di*** o ***a qcn.*** to paint sb.'s portrait; ***posare per un ~*** to pose for one's portrait; ***farsi fare il ~*** to have one's portrait painted; ***un ~ fedele*** a faithful portrait; ***~ a olio*** oil portrait; ***~ a grandezza naturale*** life-size portrait; ***~ a figura intera, a mezzo busto*** full-length, half-length portrait **2** LETT. *(descrizione)* picture, description; ***fare il ~ di qcn., qcs.*** to paint a picture of sb., sth.; ***un ~ poco lusinghiero*** an unflattering portrait **3** FIG. *(copia)* portrait; ***essere il ~ vivente di qcn.*** to be the living image of sb.; ***sei il ~ di tuo padre*** you're the spitting image of your father; ***essere il ~ della salute*** to be the picture of health.

ritrazione /ritrat'tsjone/ f. retraction.

ritrito /ri'trito/ agg. ***trito e ~*** hackneyed, well-worn.

ritrosia /ritro'sia/ f. **1** *(riluttanza)* reluctance **2** *(timidezza)* bashfulness, shyness, coyness.

ritroso /ri'troso/ agg. **1** *(riluttante)* reluctant, loath; ***essere ~ a fare qcs.*** to be loath to do sth. **2** *(timido)* bashful, coy **3 a ritroso** backwardly, backwards; ***andare a ~*** to go backwards; ***andare a ~ nel tempo*** FIG. to travel back in time.

ritrovabile /ritro'vabile/ agg. findable.

ritrovamento /ritrova'mento/ m. **1** *(il ritrovare)* finding; ***il ~ di un oggetto rubato*** the retrieval of a stolen object **2** *(scoperta)* finding, find.

▶ **ritrovare** /ritro'vare/ [1] **I** tr. **1** *(trovare di nuovo)* to find* [sth.] again [*oggetto, strada*]; ***vorrei ~ la stessa stoffa*** I would like to find the same fabric again; ***ritroviamo questo tema nel suo ultimo romanzo*** we come across this theme again in his last novel **2** *(trovare ciò che si era smarrito)* to find* [*borsa, cane, persona*]; to recover, to retrieve [*denaro, veicolo*]; ***~ la strada*** to find one's way; ***~ vivo qcn.*** to find sb. alive; ***hanno perso quasi ogni speranza di ritrovarlo*** they don't hold out much hope of finding him; ***le ho ritrovato gli occhiali*** I found her glasses for her **3** *(scoprire)* to discover, to find* [*arma, cadavere*] **4** *(riacquistare)* to regain, to recover [*forza, forma, salute*]; ***~ la parola*** to regain the power of speech, to find one's voice again; ***~ la fiducia in se stesso*** to recover one's confidence; ***ha ritrovato il sorriso*** he's able to smile again; ***~ la forma*** to return to form **5** *(rivedere)* to meet* [sb.] again; ***un amico che ho ritrovato vent'anni dopo*** a friend I met again after 20 years; ***l'aveva lasciato bambino, lo ritrovò uomo*** she had left him a child and returned to find a man; ***~ le cose tali e quali*** to find things as they were **6** *(riconoscere)* to recognize, to see; ***~ qcn., qcs. in qcn., qcs.*** to recognize sb, sth. in sb., sth.; ***in lei ritrovo sua madre*** I can see her mother in her **II ritrovarsi** pronom. **1** *(riunirsi)* to meet*; *(vedersi di nuovo)* to meet* again; ***di tanto in tanto ci si ritrova tra amici*** we get together with a few friends once in a while **2** *(andare a finire)* to find* oneself; ***-rsi (steso) per terra, incastrato*** to find oneself lying on the floor, trapped; ***-rsi (a) faccia a faccia con qcs., qcn.*** to find oneself face to face with sth., sb.; ***-rsi orfano, vedovo, senza soldi*** to be left an orphan, a widower, penniless; ***-rsi solo*** to be left on one's own; ***-rsi in ospedale, disoccupato, in prigione*** to end up in hospital, unemployed, in prison; ***-rsi allo stesso punto*** to be back to square one; ***ci ritrovammo a casa di Silvia*** we wound up at Silvia's house **3** *(essere presente)* [*qualità*] to be* found; ***questo istinto si ritrova in tutti gli animali*** it is an instict found in all animals **4** *(orientarsi)* ***-rsi in*** to find one's way around in [*luogo, confusione*] **5** *(sentirsi a proprio agio)* to be* at ease, to feel* at ease; ***in questo posto non mi ritrovo*** I don't feel at ease in this place **6** SCHERZ. *(avere)* to have*; ***con 'sto fratello che mi ritrovo!*** with the brother I've got! ***con la macchina che mi ritrovo non potrò di certo partire!*** with the car I've got, I'll never be able to leave! ◆ ***per uno perso, cento ritrovati*** PROV. there are plenty more fish in the sea.

ritrovato /ritro'vato/ m. **1** *(scoperta)* discovery **2** *(invenzione)* invention **3** *(espediente)* contrivance, expedient.

▷ **ritrovo** /ri'trɔvo/ m. **1** *(luogo d'incontro)* meeting-place, haunt, hang-out COLLOQ.; ***un ~ abituale degli artisti*** a regular haunt of artists **2** *(riunione)* meeting, gathering; ***luogo di ~*** meeting-place.

ritto /'ritto/ agg. **1** *(dritto in piedi)* upright; ***stare ~*** to stand up straight **2** *(in posizione verticale)* straight, upright, erect; ***mettere qcs. ~*** to place sth. vertically, to stand sth. on end; ***aveva i capelli -i per lo spavento*** his hair stood on end with fright.

rituale /ritu'ale/ **I** agg. **1** *(proprio di un rito)* ritual **2** *(abituale)* usual, customary **II** m. **1** *(insieme di regole)* ritual, ceremonial; ***osservare*** o ***seguire il ~*** to go through the ritual **2** *(libro)* service book, ritual.

ritualismo /ritua'lizmo/ m. ritualism.

ritualista, m.pl. **-i**, f.pl. **-e** /ritua'lista/ **I** agg. ritualistic **II** m. e f. ritualist.

ritualisticamente /ritualistika'mente/ avv. ritualistically.

ritualistico, pl. **-ci**, **-che** /ritua'listiko, tʃi, ke/ agg. ritualistic.

ritualità /rituali'ta/ f.inv. rituality.

ritualizzare /ritualid'dzare/ [1] tr. to ritualize.

ritualizzazione /ritualiddzat'tsjone/ f. ritualization.

ritualmente /ritual'mente/ avv. ritually.

riunificare /riunifi'kare/ [1] **I** tr. to reunify **II riunificarsi** pronom. to reunify.

riunificazione /riunifikat'tsjone/ f. reunification.

▶ **riunione** /riu'njone/ f. **1** AMM. POL. *(convegno)* meeting, assembly (**tra** between); ***~ di gabinetto, del personale*** cabinet, staff meeting; ***~ pubblica*** public meeting; ***~ del consiglio di amministrazione*** board meeting; ***convocare*** o ***indire una ~*** to call a meeting; ***essere in ~*** [*persona*] to be at *o* in a meeting; ***partecipare a una ~*** to attend a meeting; ***tenere una ~*** to hold a meeting; ***sala -i*** assembly hall *o* room, meeting room; ***libertà di ~*** freedom of assembly **2** *(incontro)* gathering; ***~ familiare*** o ***di famiglia*** family gathering *o* reunion **3** *(ricongiungimento)* reunion **4** SPORT meeting; ***~ ippica*** race meeting.

▶ **riunire** /riu'nire/ [102] **I** tr. **1** *(radunare)* [*congresso, manifestazione*] to bring* together [*partecipanti*]; [*organizzatore*] to get* together, to assemble [*partecipanti*]; *(convocare)* to convene [*consiglio, assemblea*] **2** *(invitare)* to have* over, to have* round BE, to bring* together [*parenti*]; ***~ gli amici per il proprio compleanno*** to have friends around for one's birthday **3** *(ricongiungere)* to reunite, to rejoin [*persone*] **4** POL. to unite [*stati, provincia*]; ***~ due province in una sola*** to unite *o* merge two provinces **5** *(raccogliere)* to collect, to get* together [*documenti, carte*] **II riunirsi** pronom. **1** *(essere convocato)* [*delegati, comitato*] to meet*, to assemble; *(ritrovarsi)* [*amici, parenti*] to meet*, to get* together, to gather; ***-rsi con degli amici*** to have a get-together with friends **2** *(ricongiungersi)* [*strade*] to meet* **3** *(tornare insieme)* to be* reunited **4** POL. [*nazioni*] to unite.

riunito /riu'nito/ **I** p.pass. → **riunire II** agg. **1** *(messo insieme)* [*forze, qualità*] combined; *(raccolto)* [*documenti, carte*] collected **2** *(radunato)* [*consiglio, persone, famiglia*] assembled; ***il comitato centrale, ~ dalla settimana scorsa*** the central committee, which has been in session since last week **3** COMM. *(associato)* associated; ***esportatori -i*** associated exporters.

▶ **riuscire** /riuʃ'ʃire/ [106] Tra le molte possibili traduzioni inglesi di *riuscire*, si notino *to manage* e *to succeed*, che reggono una diversa costruzione: *sono riuscito a finirlo per le sei* = I managed to finish it by 6 o'clock / I succeeded in finishing it by 6 o'clock. - Quando il verbo *riuscire* è usato in frase negativa, si può rendere con *to fail to, to be unable to, not to be able to* o *can't*: *non sono riuscito a finirlo per le sei* = I failed to / was unable to / wasn't able to / couldn't finish it by six o'clock. intr. (aus. *essere*) **1** *(essere capace di)* to succeed, to manage, to be* able; ***~ a fare*** to succeed in doing, to manage to do; ***riuscì a nuotare fino alla riva prima di svenire*** he was able to swim ashore before he fainted; ***~ a raggiungere i propri obiettivi*** to manage to achieve one's goals; ***~ a non cadere*** to manage not to fall; ***siamo riusciti a guadagnare tempo*** we managed to buy some time; ***non riesco a far funzionare lo stereo*** I can't get the stereo to work; ***non riesco a capire il perché*** I can't see why; ***non riusciva a togliergli gli occhi di dosso*** she couldn't take her eyes off him; ***riuscirà mai a dimenticare?*** will she ever forget? ***non è riuscito a dormire per settimane*** he couldn't sleep for weeks; ***non riuscirono a mettersi d'accordo*** they couldn't *o* failed to agree; ***ci riesci?*** can you manage? ***non ci riesco*** I can't do it **2** *(avere successo, raggiungere l'obiettivo)* [*azione, operazione chirurgica, tentativo, serata, evento*] to be* successful; [*progetto, scherzo*] to come* off; ***la torta mi è riuscita bene*** the cake turned out well; ***le foto non sono riuscite bene*** the photos didn't come out well **3** *(rivelare un'attitudine)* [*persona*] to do* well (**in** in), to be* good (**in** at); ***~ in latino*** to do well in Latin; ***~ nella vita, negli affari*** to do well *o* succeed in life, in business; ***lui è riuscito dove lei aveva fallito*** he succeeded where she had failed **4** *(risultare, apparire)* to be*; *(mostrarsi)* to prove; ***riesce simpatico a tutti*** everybody likes him; ***questo viso non mi riesce nuovo*** this face looks familiar; ***mi riesce difficile, facile fare*** I find it difficult, easy to do; ***~ utile*** to come in handy; ***imparare gli riesce naturale*** learning comes naturally to him **5** *(avere sbocco)* to lead* (**in** to); ***una via che riesce in una piazza*** a road that leads to a square **6** *(uscire di nuovo)* to go* out again.

▷ **riuscita** /riuʃ'ʃita/ f. *(esito)* result, outcome; *(successo)* success; ***contribuire alla ~ della serata*** to contribute to the success of the evening; ***cattiva ~*** failure, lack of success; ***queste scarpe hanno fatto una buona ~*** these shoes lasted well *o* have worn well; ***sta facendo un'ottima ~ come manager*** she's shaping up really well as a manager.

riuscito /riuʃ'ʃito/ **I** p.pass. → **riuscire II** agg. **1** *(portato a buon fine)* [*esperienza, operazione, serata*] successful **2** *(ben fatto)* [*spettacolo, opera, foto*] accomplished, well-made; ***una torta ben -a*** a well-made cake.

riutilizzabile /riutilid'dzabile/ agg. reusable.

riutilizzare /riutilid'dzare/ [1] tr. to reuse.

riutilizzazione /riutiliddzat'tsjone/ f., **riutilizzo** /riuti'liddzo/ m. reuse.

▶ **riva** /'riva/ f. **1** *(di fiume)* bank; *(di mare, lago)* shore; ***in ~ al fiume*** by the riverside, on the bank of the river; ***in ~ al lago*** by the lakeside; ***in ~ al mare*** on the seashore; ***a ~*** ashore; ***giungere a ~*** to come *o* go ashore; ***raggiungere la ~ a nuoto*** to swim ashore; ***gettato a ~*** washed ashore **2** MAR. ***a ~*** aloft.

rivaccinare /rivattʃi'nare/ [1] tr. to revaccinate.

rivaccinazione /rivattʃinat'tsjone/ f. revaccination.

▷ **rivale** /ri'vale/ **I** agg. [*nazioni, squadre, persone*] rival, competing, contending **II** m. e f. rival; ***-i in affari*** business rivals *o* contenders; ***-i in amore*** rivals in love; ***essere senza -i*** to be without rivals, to be unrivalled.

rivaleggiare /rivaled'dʒare/ [1] intr. (aus. *avere*) to rival, to compete; ***~ con qcn.*** to compete *o* contend with sb.; ***~ con qcn. in popolarità*** to rival sb. in popularity.

rivalersi /riva'lersi/ [96] pronom. **1** *(servirsi di nuovo)* to avail oneself again, to make* use again **2** *(rifarsi)* to make* up (**di** for) **3** *(vendicarsi)* to get* even (**su** with).

rivalità /rivali'ta/ f.inv. rivalry (**fra, tra** between); ***~ accanita, di vecchia data*** bitter, long-standing rivalry.

rivalorizzare /rivalorid'dzare/ [1] tr. to revalue, to rassess.

rivalorizzazione /rivaloriddzat'tsjone/ f. revalorization, revaluation.

rivalsa /ri'valsa/ f. **1** *(soddisfazione, vendetta)* revenge; ***prendersi una ~ su qcn.*** to take one's revenge on sb.; ***fare qcs. per ~*** to do sth. for vengeance **2** *(risarcimento)* recoupment **3** DIR. ***cambiale di ~*** redraft.

rivalutare /rivalu'tare/ [1] **I** tr. **1** *(riesaminare, valutare nuovamente)* to re-evaluate, to revalue, to reassess; ***ho fatto ~ i miei quadri*** I had my paintings revalued **2** ECON. to raise [*salario, pensione*]; to revalue [*moneta*]; ***rivalutando il titolo del 15%*** by increasing the bond by 15% **3** *(riconoscere il giusto valore)* to reappraise; ***~ il lavoro manuale, la formazione tecnica*** to reassert the value of manual work, technical studies; ***dopo aver letto il suo ultimo romanzo ho rivalutato questo scrittore*** I reassessed this writer after reading his last novel **II rivalutarsi** pronom. to appreciate; ***l'appartamento si è rivalutato negli anni*** the flat has increased its value over the years.

rivalutativo /rivaluta'tivo/ agg. revaluation attrib.

rivalutazione /rivalutat'tsjone/ f. **1** ECON. revaluation, revalorization; ***la ~ dell'euro sul dollaro*** the revaluation of the euro against the dollar; ***un accordo che prevede una ~ dei salari del 3%*** an agreement which allows for a 3% wage increase; ***la ~ degli onorari dei medici avrà come effetto...*** the increase in doctors' fees will result in... **2** *(riconoscimento del giusto valore)* reappraisal, reassessment; ***la ~ della professione di docente, degli studi letterari*** the enhanced prestige of the teaching profession, literary studies **3** *(nuova valutazione)* revaluation.

rivangare /rivan'gare/ [1] tr. **1** *(vangare di nuovo)* to dig* [sth.] up again **2** *(rievocare)* to drag up, to stir up, to dredge up [*passato*].

rivascolarizzazione /rivaskolariddzat'tsjone/ f. revascularization.

▶ **rivedere** /rive'dere/ [97] **I** tr. **1** *(riconsiderare)* to revise [*proposta, trattato, stime*]; to review [*metodo, pensione, politica, caso*]; *(ritoccare)* to readjust, to revise [*tariffe*]; ***~ il proprio giudizio, la propria posizione*** to revise one's judgement, position **2** *(ricontrollare)* to go* over [*compito, prova*]; to check through [*contabilità, conti*]; to revise [*testo*] **3** *(vedere di nuovo)* to see* [sb., sth.] again [*persona, luogo, film*]; ***spero di rivederli l'anno prossimo*** I hope to see them again next year; ***non lo rivedeva da dieci anni*** he hadn't seen him for ten years; ***~ il mare, qcn. un'ultima volta*** to see the sea, sb. one last time; ***sono andato a ~ la casa dove sono nato*** I went back to see the house where I was born; ***non vorrei ~ una scena simile*** I hope I never see anything like that again **4** *(ricordare, immaginare)* to see*; ***la rivedo ancora col suo vestitino blu*** I can still see her in her little blue dress **5** SCOL. *(ripassare)* [*studente, allievo*] to review, to revise BE [*materia*]; to go* over [*lezione*] **6** *(revisionare)* to overhaul; ***fare ~ un motore*** to have an engine overhauled **II rivedersi** pronom. **1** *(incontrarsi di nuovo)* [*persone*] to meet* again, to see* each other again; ***non si sono mai più rivisti*** they never saw each other again; ***ci siamo rivisti una volta sola*** we only saw each other once again **2** *(nel ricordo)* to see* oneself; ***mi rivedo sempre mentre entravo a casa sua*** I can still see myself going into his house ◆ ***chi non muore si rivede!*** PROV. you're still in the land of the living! long time no see!

rivedibile /rive'dibile/ agg. **1** revisable, reviewable **2** MIL. temporarily unfit.

rivedibilità /rivedibili'ta/ f.inv. MIL. temporary unfitness.

riveduto /rive'duto/ **I** p.pass. → **rivedere II** agg. revised; ***edizione -a e corretta*** revised edition.

rivelabile /rive'labile/ agg. revealable.

▶ **rivelare** /rive'lare/ [1] **I** tr. **1** *(svelare)* to reveal, to disclose [*fatto, cifra, nome, verità, piano, segreto*] (**a** to); ***~ il contenuto di un fascicolo*** to disclose the contents of a file; ***~ che*** to reveal that **2** *(manifestare)* to reveal, to show*, to display [*natura, personalità*]; to show* [*talento, sentimento*]; *(non intenzionalmente)* to betray, to reveal [*caratteristica, interesse, emozione*] **3** TECN. [*strumento*] to detect **II rivelarsi** pronom. **1** RELIG. *(manifestarsi)* to reveal oneself; ***Dio si è rivelato a*** God revealed Himself to **2** *(dimostrarsi)* to prove, to turn out; ***-rsi falso, importante*** to turn out to be wrong, important; ***-rsi vero*** to prove true; ***si rivela essere*** he proves to be; ***le mie paure si sono rivelate infondate*** my fears proved groundless; ***il cambio si è rivelato molto vantaggioso per noi*** the exchange *o* swap turned out great for us.

rivelato /rive'lato/ **I** p.pass → **rivelare II** agg. [*religione, verità*] revealed.

rivelatore /rivela'tore/ **I** agg. [*dettaglio, fatto*] revealing, telling; ***un fatto ~ del clima attuale*** an incident which says a lot about the current social climate; ***uno sguardo ~*** a telltale glance; ***parole -trici*** revealing words **II** m. **1** FOT. developer **2** FIS. TECN. detector ◆◆ ***~ di fughe (di gas)*** gas detector; ***~ di fumo*** smoke detector; ***~ di mine*** mine detector.

▷ **rivelazione** /rivelat'tsjone/ f. **1** *(di segreto, progetto, piano)* revelation, disclosure, betrayal; ***fare delle -i*** to make revelations *o* disclosures **2** RELIG. ***la ~ di Giovanni*** the Revelation (of St John the Divine) **3** FIG. *(scoperta)* discovery; *(sorpresa)* revelation, eye-opener COLLOQ.; ***è una vera ~*** she's a real discovery; ***essere la ~***

dell'anno to be the discovery of the year; ***questo viaggio per me fu una vera ~*** this trip was a real revelation to me.

▷ **rivendere** /ri'vendere/ [2] tr. **1** *(vendere ciò che si è acquistato)* to resell*, to sell* back; ***mi ha rivenduto la macchina che aveva comprato da me l'anno scorso*** he sold me back the car he bought from me last year; ***è un modello che si rivende con facilità*** it's a model which is easy to resell **2** *(vendere al dettaglio)* to sell* [sth.] retail, to retail (**a** to) **3** FIG. *(riferire)* to repeat; ***te lo rivendo esattamente come l'ho letto*** I'm giving it to you exactly as I read it.

rivendibile /riven'dibile/ agg. resalable.

▷ **rivendicare** /rivendi'kare/ [1] tr. **1** *(reclamare)* to demand, to assert [*diritto, aumento, uguaglianza*]; to claim, to lay* claim to [*trono, territorio, sovranità*]; ***~ la paternità di un quadro*** to claim to be the painter of a picture **2** *(dichiararsi responsabile)* to claim responsibility for [*attentato, azione*]; ***l'attentato non è stato rivendicato*** no-one has claimed responsibility for the attack **3** DIR. to lay* claim to [*eredità*].

rivendicativo /rivendika'tivo/ agg. ***programma ~*** set of claims; ***piattaforma -a*** POL. the set of trade union demands.

rivendicatore /rivendika'tore/ m. (f. **-trice** /tritʃe/) claimer, claimant.

rivendicazione /rivendikat'tsjone/ f. **1** *(richiesta)* claim, demand; ***-i sociali*** social demands; ***-i salariali*** wage demands *o* claims; ***fare una ~ salariale*** to make a wage claim; ***-i sindacali*** union demands; ***-i territoriali*** territorial claims; ***la ~ di un territorio da parte di uno stato*** the claim of a state to a territory; ***la ~ di un diritto*** the demanding of a right **2** *(assunzione di responsabilità)* claiming of responsibility (**di** for); ***~ di un attentato*** the claiming of responsibility for an attack.

rivendita /ri'vendita/ f. **1** *(di oggetto, automobile, casa)* resale, reselling **2** *(negozio)* shop, store AE; ***~ di generi alimentari*** food shop; ***~ di tabacchi*** tobacconist's.

rivenditore /rivendi'tore/ ◗ *18* m. (f. **-trice** /tritʃe/) **1** *(al minuto)* retailer, dealer; *(negoziante)* shopkeeper; ***in vendita presso il vostro ~ di fiducia*** available at your usual stockist **2** *(rigattiere)* second-hand dealer.

rivendugliolo /riven'duʎʎolo/ m. hawker, bric-à-brac trader.

riverberare /riverbe'rare/ [1] **I** tr. to reverberate [*suono*]; to reverberate, to reflect [*luce, calore*] **II riverberarsi** pronom. [*suono*] to reverberate; [*luce, calore*] to reverberate, to be* reflected.

riverberazione /riverberat'tsjone/ f. reverberation.

riverbero /ri'vɛrbero/ m. **1** *(di suono)* reverberation, reflection; *(di luce, calore)* reverberation **2** *(lume)* ***lampada a ~*** reflecting lamp **3** TECN. ***forno a ~*** reverberatory furnace.

riverente /rive'rɛnte/ agg. reverent, respectful.

riverenza /rive'rɛntsa/ f. **1** LETT. *(rispetto)* reverence, respect; ***trattare qcn. con ~*** to treat sb. with deference **2** *(saluto)* bow; *(di donna)* curts(e)y*; ***fare la ~*** to bow; [*donna*] to make *o* drop a curts(e)y.

riverire /rive'rire/ [102] tr. **1** *(onorare)* to revere **2** *(ossequiare)* to pay* one's respects to.

riverito /rive'rito/ **I** p.pass. → **riverire II** agg. revered, respected.

riverniciare /riverni'tʃare/ [1] tr. to repaint, to paint [sth.] again; *(a spruzzo)* to respray; *(a smalto)* to revarnish.

riverniciata /riverni'tʃata/ f. (quick) repainting.

riverniciatura /rivernitʃa'tura/ f. repainting.

riversare /river'sare/ [1] **I** tr. **1** *(versare di nuovo)* to pour [sth.] again [*liquido*]; ***~ da bere a qcn.*** to pour sb. another drink **2** *(spargere)* to spill*, to pour [*liquido, sostanza*] **3** FIG. *(rivolgere)* to pour out [*insulti*]; to lavish [*affetto*]; ***ha riversato la sua collera su di lui*** she vented her anger on him **4** INFORM. to copy, to transfer [*dati*] **II riversarsi** pronom. **1** *(traboccare)* [*liquido*] to flood, to spill*, to gush; ***l'intero contenuto del camion si è riversato sulla strada*** the entire contents of the tanker were spilled all over the roadway **2** *(irrompere)* [*folla*] to flood, to overflow*, to pour (**in** into); ***si riversarono sui gradini, nelle strade*** they overflowed onto the steps, into the streets **3** *(ricadere)* [*responsabilità*] to fall* (**su** on).

riverso /ri'vɛrso/ agg. **1** *(supino)* on one's back **2** RAR. *(rovesciato)* backwards.

▷ **rivestimento** /rivesti'mento/ m. **1** ING. TECN. cover, covering, coating; *(di cavo, tubo)* casing; ***-i murali*** wall coverings; ***~ in plastica, in vinile*** plastic, vinyl sheeting *o* covering; ***~ in legno*** timber cladding, wainscotting; ***~ isolante*** lagging jacket **2** ARCH. facing; ***~ di pietra, di stucco*** stone, stucco facing **3** *(di scatola, cassetto)* lining **4** *(di sedili, poltrone, divani)* upholstery **5** AER. MAR. skin.

▶ **rivestire** /rives'tire/ [3] **I** tr. **1** *(ricoprire)* to cover [*pavimento*]; to face [*muro*]; to sheath [*cavo*]; *(con uno strato)* to coat; BIOL. [*cellula, mucosa*] to line [*organo, cavità*]; ***~ un muro con la carta da parati*** to paper a wall **2** *(foderare)* to line [*scatola, scaffale*]; to cover [*divano, cuscino*]; to upholster [*sedile, poltrona*]; ***abbiamo fatto ~ il divano*** we had the sofa covered **3** to hold* [*carica, posizione, grado*]; ***~ l'incarico di*** to perform the office of **4** *(avere)* to have* [*aspetto, significato*]; ***~ grande importanza*** to be of great importance **5** *(vestire di nuovo)* to dress [sb.] again; *(vestire con abiti nuovi)* to clothe **II rivestirsi** pronom. **1** *(vestirsi di nuovo)* to dress (oneself) again **2** *(procurarsi abiti nuovi)* to get* new clothes **3** *(ricoprirsi)* to become* covered (**di** with).

rivestito /rives'tito/ **I** p.pass. → **rivestire II** agg. **1** *(ricoperto)* covered; *(con uno strato)* coated; *(con legno)* wainscotted; *(foderato)* [*scatola, scaffale*] lined; [*divano*] covered; [*sedile, poltrona*] upholstered **2** *(vestito di nuovo)* dressed again; *(vestito con abiti nuovi)* clothed, dressed.

rivestitura /rivesti'tura/ f. → **rivestimento.**

rivettare /rivet'tare/ [1] tr. to rivet.

rivettatrice /rivetta'tritʃe/ f. riveter.

rivetto /ri'vetto/ m. rivet ◆◆ ***~ a testa piana*** flathead rivet; ***~ tubolare*** tubular rivet.

riviera /ri'vjɛra/ f. **1** *(costa)* coast; ***~ ligure*** the Italian Riviera **2** EQUIT. water jump.

rivierasco, pl. **-schi, -sche** /rivje'rasko, ski, ske/ **I** agg. *(lungo un fiume)* riverside attrib.; *(lungo un lago)* lakeside attrib.; *(sul mare)* coast attrib. **II** m. (f. **-a**) = person who lives on the coast.

rivincere /ri'vintʃere/ [98] tr. **1** *(vincere nuovamente)* to win* [sth.] again **2** *(recuperare quanto perduto al gioco)* to win* [sth.] back.

▷ **rivincita** /ri'vintʃita/ f. **1** *(rivalsa)* revenge; ***prendersi la ~*** to get *o* take one's revenge **2** SPORT GIOC. *(partita)* return match; ***dare*** o ***concedere la ~ a qcn.*** to agree with sb. to a return match.

rivisitare /rivizi'tare/ [1] tr. **1** *(visitare di nuovo)* to revisit **2** FIG. *(reinterpretare)* to revisit [*testo, periodo*].

rivisitazione /rivizitat'tsjone/ f. *(di testo)* revisitation.

▷ **rivista** /ri'vista/ f. **1** MIL. *(rassegna)* review; *(ispezione)* inspection; *(parata)* parade; ***passare in ~*** to review [*truppe, esercito*] **2** *(pubblicazione)* review, journal; *(rotocalco)* magazine, mag COLLOQ.; ***~ settimanale, mensile*** weekly, monthly magazine; ***~ d'informatica, di moda, di fotografia, di cinema*** computer, fashion, photography, film magazine; ***~ femminile*** women's magazine; ***~ scientifica*** scientific journal; ***~ patinata*** glossy magazine **3** *(spettacolo)* revue.

rivisto /ri'visto/ **I** p.pass. → **rivedere II** agg. *(sottoposto a revisione)* [*motore*] overhauled.

rivitalizzante /rivitalid'dzante/ agg. [*crema, lozione*] revitalizing.

rivitalizzare /rivitalid'dzare/ [1] **I** tr. revitalize **II rivitalizzarsi** pronom. to be* revitalized.

rivitalizzazione /rivitaliddzat'tsjone/ f. revitalization.

rivivere /ri'vivere/ [99] **I** intr. (aus. *essere*) **1** *(vivere di nuovo)* to live again **2** *(tornare in uso, in auge)* to be* revived, to have* a revival; ***moda che rivive a distanza di anni*** fashion that has a revival after years **3** *(rinascere)* to come* alive again; ***mi sento ~*** I've come alive again; ***l'aria fresca mi ha fatto ~*** the fresh air has revived me; ***dopo l'esame di questa mattina, mi sento ~!*** I can breathe again after this morning's exam! **4** *(continuare a vivere)* to live again (**in, attraverso** in); ***vede ~ il padre nei propri figli*** she sees her father again in her children; ***fare ~*** FIG. to bring [sth.] back to life [*epoca, avvenimento*] **II** tr. *(vivere di nuovo)* to relive [*avvenimento, esperienza*].

rivo /'rivo/ m. LETT. brook, stream.

rivolere /rivo'lere/ [100] tr. **1** *(volere ancora)* to want [sth.] again **2** *(chiedere in restituzione)* to want [sth.] back.

▶ **rivolgere** /ri'vɔldʒere/ [101] **I** tr. **1** *(indirizzare)* to turn [*attenzione*]; to address [*domanda, appello, dichiarazione, minaccia*] (**a** to); to direct [*critiche, attacchi*] (**contro** against); ***~ la parola a qcn.*** to speak to sb.; ***~ uno sguardo a qcn.*** to look at sb.; ***~ un sorriso d'intesa a qcn.*** to give sb. a conspiratorial smile **2** *(orientare)* to turn [*lampada, luce, proiettore, getto*] (**verso** towards; **su** on) **II rivolgersi** pronom. **1** *(girarsi)* to turn (away) **2** *(indirizzarsi)* to address; ***-rsi alla nazione, all'assemblea*** to address the nation, the meeting; ***non so a chi rivolgermi per chiedere consiglio*** I don't know who to turn to for advice; ***-rsi a un esperto, consulente*** to bring an expert, consultant in; ***rivolgetevi al vostro medico*** contact your doctor; ***-rsi a qcn. chiamandolo...*** to address sb. as...; ***come ci si rivolge a un vescovo?*** what is the correct form of address for a bishop? ***non ci rivolgiamo la parola*** we're not on speaking terms.

rivolgimento /rivoldʒi'mento/ m. **1** *(sovvertimento)* upheaval, unrest, trouble; ***~ sociale, politico*** social, political upheaval **2** *(cambiamento)* change.

rivolo /'rivolo/ m. **1** *(ruscello)* tricklet, brook **2** FIG. trickle; ***un ~ di sangue*** a trickle of blood.

▷ **rivolta** /ri'vɔlta/ f. **1** revolt, rebellion, riot; ***~ armata*** armed revolt; ***~ carceraria*** prison riot; ***reprimere una ~ (nel sangue)*** to put down *o* crush a revolt *o* rebellion (with bloodshed); ***essere in ~ contro*** to be in revolt against; ***essere in aperta ~*** to be in open revolt **2** MAR. mutiny.

rivoltante /rivol'tante/ agg. revolting, disgusting.

▷ **rivoltare** /rivol'tare/ [1] **I** tr. **1** *(girare dall'altra parte)* to turn over [*bistecca, frittata, cassa*]; to turn [*materasso*] **2** *(mettere a rovescio)* to turn inside out [*vestito, borsa*] **3** *(disgustare)* to revolt; ***mi fa ~ lo stomaco*** it turns my stomach **4** AGR. *(girare a più riprese)* to ted, to turn, to turn over [*terra*] **II rivoltarsi** pronom. **1** *(rigirarsi)* [*persona coricata*] to turn over; ***-rsi nella tomba*** FIG. to turn in one's grave **2** *(voltarsi indietro)* to turn round **3** *(ribellarsi)* to revolt, to rebel, to riot (**contro** against).

rivoltato /rivol'tato/ **I** p.pass. → **rivoltare II** agg. *(messo a rovescio)* turned (out); *(con l'interno verso l'esterno)* turned inside out; ***manica -a*** turned back cuff.

rivoltella /rivol'tɛlla/ f. gun, revolver; ***~ a sei colpi*** six-shooter.

rivoltellata /rivoltel'lata/ f. revolver shot.

rivolto /ri'vɔlto/ **I** p.pass. → **rivolgere II** agg. **1** *(indirizzato)* addressed (**a** to), aimed (**a** at) **2** *(orientato)* [*sguardo, fascio di luce*] turned (**verso** towards); [*arma*] aimed (**verso** towards); [*appartamento, casa*] facing; ***essere ~ verso est, ovest, nord, sud*** to face east, west, north, south; ***essere ~ a sinistra*** to face left; ***~ al passato, futuro*** backward-, forward-looking.

rivoltolare /rivolto'lare/ [1] **I** tr. to roll over, to turn over (**in** in) **II rivoltolarsi** pronom. to wallow.

rivoltoso /rivol'toso/ **I** agg. *(ribellato)* rebellious, riotous **II** m. (f. **-a**) rebel, rioter.

rivoluzionamento /rivoluttsiona'mento/ m. revolutionizing.

rivoluzionare /rivoluttsjo'nare/ [1] tr. **1** to revolutionize [*scienze, pensiero*] **2** *(mettere in disordine)* to upset*, to disrupt; ***~ la vita a qcn.*** to disrupt sb.'s life; ***~ l'appartamento*** to transform *o* revolutionize the flat.

▷ **rivoluzionario**, pl. **-ri**, **-rie** /rivoluttsjo'narjo, ri, rje/ **I** agg. revolutionary (anche FIG.) **II** m. (f. **-a**) revolutionary.

rivoluzionarismo /rivoluttsjona'rizmo/ m. revolutionism.

▶ **rivoluzione** /rivolut'tsjone/ f. **1** POL. revolution; ***provocare una ~*** to bring about a revolution; ***fare la ~*** to fight in a revolution; ***causare una ~ in*** to revolutionize; ***la ~ americana*** the American Revolution; ***la ~ francese*** the French Revolution; ***la ~ russa*** the Russian Revolution **2** FIG. *(confusion)* mess **3** ASTR. MAT. revolution; ***la ~ della terra attorno al sole*** the revolution of the earth round the sun ◆◆ ***~ industriale*** Industrial Revolution; ***~ scientifica*** scientific revolution; ***~ culturale*** Cultural Revolution; ***la ~ d'ottobre*** the October Revolution.

rizoide /rid'dzɔide/ m. rhizoid.

rizoma /rid'dzɔma/ m. rhizome.

rizomatoso /riddzoma'toso/ agg. rhizomatous.

rizopode /rid'dzɔpode/ m. rhizopode.

rizza /'rittsa/ f. MAR. lasher, lashing.

1.rizzare /rit'tsare/ [1] **I** tr. **1** *(mettere in posizione dritta)* to raise [*palo, testa, coda, aculei*]; ***animale che rizza le orecchie*** animal that pricks up its ears; ***~ gli orecchi*** FIG. to prick up one's ears; ***il gatto ha rizzato il pelo*** the cat's fur bristled; ***il freddo fa ~ i peli*** the cold makes your body hair stand on end **2** *(erigere)* to put* up, to erect [*statua, edificio*]; *(montare)* [*persona*] to put* up, to pitch, to erect [*tenda*] **II rizzarsi** pronom. **1** *(alzarsi, mettersi in posizione eretta)* to stand* up, to straighten up; ***il cane si rizzò sulle zampe posteriori*** the dog stood up on its hind legs **2** *(diventare dritto)* [*capelli*] to stand* on end; [*peli*] to bristle ◆ ***fare ~ i capelli in testa a qcn.*** to make sb.'s hair curl *o* stand on end; ***da fare ~ i capelli*** hair-raising.

2.rizzare /rit'tsare/ [1] tr. MAR. to lash, to frap.

RMN /erremme'ɛnne/ f. (⇒ risonanza magnetica nucleare nuclear magnetic resonance) NMR.

RNA /errenne'a/ m. (⇒ acido ribonucleico ribonucleic acid) RNA.

roano /ro'ano/ **I** agg. roan **II** m. *(cavallo)* roan.

roast beef /'rɔzbif/ m.inv. → **rosbif.**

▶ **roba** /'rɔba/ f. COLLOQ. **1** *(oggetti)* stuff, things pl.; ***che cos'è quella ~ nella scatola, sul tavolo?*** what's that stuff in the box, on the table? ***questa ~ puzza!*** this stuff stinks! ***cos'è tutta questa ~ nell'entrata?*** what's all this stuff in the hall? ***è ~ tua?*** are these things yours? ***ti do un po' di ~ da fare*** I'll give you something to do; ***e ~ del genere*** and things *o* stuff like that **2** *(beni, proprietà)* goods pl., property; *(oggetti personali)* belongings pl., stuff; ***non è ~ tua*** that's not your property; ***ha lasciato tutta la sua ~ alla figlia*** he left all his things to his daughter; ***ho lasciato tutta la mia ~ a casa sua*** I left all my stuff at her house **3** *(vestiti)* clothes pl., gear; ***~ estiva, invernale*** summer, winter clothes; ***togliersi la ~ bagnata di dosso*** to take off one's wet things; ***questo negozio ha della bella ~*** this shop sells good stuff **4** *(merce)* goods pl.; ***~ rubata*** stolen goods **5** *(cibo)* food, foodstuff, eats pl., grub; *(bibite)* things to drink, stuff; ***porta della ~ da mangiare, da bere*** bring something to eat, to drink; ***se posso farne a meno evito di mangiare ~ preconfezionata*** I don't eat pre-packaged stuff if I can help it; ***gin? non tocco mai quella ~*** gin? never touch the stuff; ***è ~ forte*** it's strong stuff; ***~ cara, il caviale*** expensive stuff, caviar **6** *(faccenda)* affair, matter; ***è meglio non immischiarsi in quella ~*** it's better not to mix up in things like that **7** GERG. *(droga)* dope, scag AE; ***procurarsi la ~*** to connect, to score COLLOQ. ◆ ***è ~ da pazzi*** o ***matti*** o ***da chiodi*** it's sheer madness; ***bella ~!*** IRON. great deal! ***(guarda) che ~!*** look at that! ***~ da non credere*** unbelievable; ***non è ~ per me*** it's not my cup of tea; ***è ~ da poco*** it's small beer, potatoes AE; ***non è ~ da poco*** it is no slight matter; ***~ che scotta*** hot stuff; ***~ vecchia*** old hat; ***non desiderare la ~ d'altri*** BIBL. thou shalt not covet thy neighbour's goods.

robaccia, pl. **-ce** /ro'battʃa, tʃe/ f. junk, rubbish, trash; ***mangiare ~*** to eat junk (food).

robbia /'robbja/ f. *(pianta, tintura)* madder.

Roberta /ro'bɛrta/ n.pr.f. Roberta.

Roberto /ro'bɛrto/ n.pr.m. Robert.

robetta /ro'betta/ f. **1** *(cosa di scarso valore)* cheap rubbish, worthless stuff **2** *(cosa poco importante)* small beer BE, small potatoes pl. AE.

robinia /ro'binja/ f. robinia, false acacia ◆◆ ***~ del Giappone*** pagoda tree.

robiola /ro'bjɔla/ f. GASTR. INTRAD. (soft cheese typical of Lombardy and Piedmont).

robivecchi /robi'vɛkki/ ▸ ***18*** m. e f.inv. second-hand dealer, junk dealer.

roboante /robo'ante/ agg. **1** *(rimbombante)* [*suono, rumore*] booming, resonant **2** *(altisonante)* [*stile, discorso*] pompous, bombastic, inflated.

robot /ro'bo, 'rɔbot, ro'bɔt/ m.inv. robot (anche FIG.) ◆◆ ***~ da cucina*** food processor; ***~ industriale*** industrial robot.

robotica /ro'bɔtika/ f. robotics + verbo sing.

robotico, pl. **-ci**, **-che** /ro'bɔtiko, tʃi, ke/ agg. robotic.

robotizzare /robotid'dzare/ [1] **I** tr. to robotize [*fabbrica, laboratorio, produzione*] **II robotizzarsi** pronom. **1** *(dotarsi di robot)* to be* robotized, to be* automated **2** FIG. *(diventare come un robot)* to become* a robot.

robotizzazione /robotiddzat'tsjone/ f. robotization, automation.

robustezza /robus'tettsa/ f. **1** *(di persona)* stoutness, sturdiness; *(di oggetto)* toughness, resilience **2** *(forza)* strength, vigour.

▶ **robusto** /ro'busto/ agg. **1** *(corpulento)* stout; *(forte)* [*persona, animale, costituzione*] robust, sturdy, hardy; [*appetito*] robust, healthy; [*vino*] robust, full-bodied; ***di sana e -a costituzione*** hale and healthy **2** *(resistente)* [*macchina, veicolo*] sound, solid; [*plastica, serratura, batteria*] heavy-duty; [*equipaggiamento*] rugged; [*scarpe*] stout.

rocambolesco, pl. **-schi**, **-sche** /rokambo'lesko, ski, ske/ agg. [*avventura, storia, fuga*] fantastic, incredible.

▷ **1.rocca**, pl. **-che** /'rɔkka, ke/ f. **1** *(fortezza)* stronghold, fortress **2** ANT. *(roccia)* rock **3** ANAT. *(osso)* ***~ petrosa*** petrosal bone.

2.rocca, pl. **-che** /'rokka, ke/ f. TESS. distaff.

roccaforte, pl. **roccheforti**, **roccaforti** /rokka'fɔrte, rokke'fɔrti, rokka'fɔrti/ f. stronghold (anche FIG.); ***una ~ del nazionalismo, del socialismo*** FIG. a nationalist, socialist stronghold.

rocchettaro → **rockettaro.**

rocchettiera /rokket'tjɛra/ f. TESS. winding frame.

▷ **1.rocchetto** /rok'ketto/ m. **1** TESS. *(bobina)* reel, spool; ***~ di cotone*** cotton reel **2** EL. coil ◆◆ ***~ di accensione*** ignition coil; ***~ d'induzione, di Ruhmkorff*** induction coil.

2.rocchetto /rok'ketto/ m. RELIG. rochet.

rocchio, pl. **-chi** /'rɔkkjo, ki/ m. **1** ARCH. *(di colonna)* drum **2** FIG. *(pezzo cilindico)* roll.

▷ **roccia**, pl. **-ce** /'rɔttʃa, tʃe/ f. **1** *(blocco di pietra)* rock; ***saldo come una ~*** as firm *o* solid as a rock **2** GEOL. rock; ***~ solida, fusa*** solid, molten rock **3** *(alpinismo)* rock climbing; ***fare ~*** to go rock climbing ◆◆ ***~ basaltica*** whinstone; ***~ basica*** basic rock; ***~ dolomitica*** dolomitic rock; ***~ eruttiva*** eruptive rock; ***~ ignea*** igneous rock; ***~ lamellare*** foliated rock; ***~ lunare*** moon rock; ***~ madre*** parent rock; ***~ sedimentaria*** sedimentary rock; ***~ vulcanica*** volcanic rock; ***-ce calcaree*** calcareous rocks.

rocciatore /rottʃa'tore/ m. (f. **-trice** /tritʃe/) rock climber.
▷ **roccioso** /rot'tʃoso/ agg. [*costa, scogliera, terreno*] rocky; ***fondale*** ~ rocky bottom; ***parete -a*** rock face; ***formazione -a*** rock formation; ***giardino*** ~ rock garden, rockery BE.
rock /rɔk/ **I** m.inv. rock **II** agg.inv. [*musica, concerto, festival*] rock ◆◆ ~ ***and roll*** rock and roll, rock'n'roll.
rockettaro /rokket'taro/ m. (f. **-a**) *(cantante, musicista rock, appassionato di rock)* rocker.
rock-star /rɔk'star, 'rɔkstar/ f.inv. rock star.
roco, pl. **-chi**, **-che** /'rɔko, ki, ke/ agg. [*voce*] hoarse, raucous.
rococò /roko'kɔ/ agg. e m.inv. rococo.
▷ **rodaggio**, pl. **-gi** /ro'daddʒo, dʒi/ m. **1** AUT. running in; ***questa macchina è in*** ~ this car is being run in; ***fare il*** ~ ***a una macchina*** to run in a car **2** FIG. trial stage, setting in; ***la squadra è ancora in*** ~ the team is still limbering up *o* getting into shape.
Rodano /'rɔdano/ ➧ **9** n.pr.m. Rhone.
rodare /ro'dare/ [1] tr. **1** AUT. *(sottoporre a rodaggio)* to run* in [*veicolo, motore*] **2** FIG. *(mettere a punto)* to bring* [sth.] up to scratch, to get* [sth.] into shape [*spettacolo, metodo*].
rodato /ro'dato/ **I** p.pass. → **rodare II** agg. **1** [*veicolo, motore*] run in **2** FIG. tried and tested, well-oiled.
1.rodeo /ro'dɛo/ m. rodeo*.
2.rodeo /'rɔdeo/ m. ITTIOL. bitterling.
▷ **rodere** /'rodere/ [80] **I** tr. **1** *(rosicchiare)* to gnaw **2** *(corrodere)* to corrode, to eat* into [*metallo*] **3** FIG. to eat*, to gnaw, to nag; ***avevo ancora un dubbio che mi rodeva*** I still had a nagging doubt; ***ho un tarlo che mi rode*** I have a niggle at the back of my mind; ***che cosa ti rode?*** what's eating you? **II rodersi** pronom. **1** *(rosicchiarsi)* ***-rsi le unghie*** to bite one's nails **2** FIG. *(tormentarsi)* to worry, to be* troubled; ***-rsi dall'invidia*** to be consumed by *o* with envy; ***-rsi il fegato*** to eat one's heart out.
Rodi /'rɔdi/ ➧ **14, 2** n.pr.f. Rhodes.
rodico, pl. **-ci**, **-che** /'rɔdiko, tʃi, ke/ agg. rhodic.
rodiese /ro'djese/ agg., m. e f. Rhodian.
rodigino /rodi'dʒino/ ➧ **2 I** agg. of, from Rovigo **II** m. (f. **-a**) native, inhabitant of Rovigo.
rodimento /rodi'mento/ m. **1** *(il rosicchiare)* gnawing **2** *(tormento)* anxiety, worry.
rodio /'rɔdjo/ m. rhodium.
roditore /rodi'tore/ agg. e m. rodent.
rodocrosite /rodokro'zite/ f. rhodochrosite.
rododendro /rodo'dɛndro/ m. rhododendron*.
Rodolfo /ro'dɔlfo/ n.pr.m. Rudolf, Rudolph.
rodomontata /rodomon'tata/ f. rodomontade.
rodomonte /rodo'monte/ m. braggart, boaster.
Rodrigo /ro'drigo/ n.pr.m. Roderick.
roentgen /'rœntgen/ m.inv. → **röntgen.**
rogare /ro'gare/ [1] tr. DIR. to draw* up [*atto*].
rogatoria /roga'tɔrja/ f. rogatory letter.
rogatorio, pl. **-ri**, **-rie** /roga'tɔrjo, ri, rje/ agg. DIR. rogatory.
rogazione /rogat'tsjone/ **I** f. STOR. rogation **II rogazioni** f.pl. RELIG. rogations.
roggia, pl. **-ge** /'rɔddʒa, dʒe/ f. REGION. = irrigation ditch.
rogito /'rɔdʒito/ m. (notarial) deed; ***stendere un*** ~ to draw up a deed.
▷ **rogna** /'roɲɲa/ ➧ **7** f. **1** MED. scabies; ***puoi sederti accanto a me non ho la*** ~ SCHERZ. COLLOQ. you can sit next to me, you won't catch anything **2** VETER. mange **3** BOT. scab **4** COLLOQ. *(cosa fastidiosa)* hassle; *(persona fastidiosa)* pain in the neck; ***dare -e a qcn.*** to give sb. hassle; ***sarà una*** ~ it's going to be a bitch of a job ◆ ***cercar*** ~ o ***-e*** to be looking for trouble.
rognone /roɲ'ɲone/ m. GASTR. kidney; ***-i di manzo, di agnello*** beef, lamb kidney.
rognoso /roɲ'ɲoso/ agg. **1** [*animale*] mangy, scabby; [*pianta*] scabby **2** FIG. troublesome, annoying; ***un lavoro*** ~ a bitch of a job.
rogo, pl. **-ghi** /'rɔgo, gi/ m. **1** *(supplizio)* stake; ***essere condannato al*** ~ to go to the stake; ***essere bruciato sul*** ~ to be burnt at the stake **2** *(incendio)* fire, blaze.
Rolando /ro'lando/ n.pr.m. Rowland, Roland.
rollare /rol'lare/ [1] **I** tr. **1** *(arrotolare)* to roll up [*tenda*] **2** to roll [*sigaretta, spinello*] **II** intr. (aus. *avere*) [*nave*] to roll.
rollata /rol'lata/ f. MAR. rolling.
rollino /rol'lino/ m. → **rullino.**
rollio, pl. **-ii** /rol'lio, ii/ m. AER. MAR. roll.
rom /rɔm/ agg.inv., m. e f.inv. Romany.
Roma /'roma/ ➧ **2** n.pr.f. Rome ◆ ***tutte le strade portano a*** ~ PROV. all roads lead to Rome; ~ ***non fu fatta in un giorno*** PROV. Rome wasn't built in a day.
romagnolo /romaɲ'ɲɔlo/ ➧ **30 I** agg. Romagnol(e) **II** m. (f. **-a**) Romagnol(e).
romaico, pl. **-ci**, **-che** /ro'maiko, tʃi, ke/ agg. e m. Romaic.
romancio, pl. **-ci**, **-ce** /ro'mantʃo, tʃi, tʃe/ agg. e m. Romans(c)h.
romando /ro'mando/ **I** agg. French-speaking attrib.; ***Svizzera -a*** French-speaking Switzerland **II** m. Swiss French.
romanesco, pl. **-schi**, **-sche** /roma'nesko, ski, ske/ **I** agg. [*dialetto*] of Rome, Roman **II** m. LING. Roman dialect.
Romania /roma'nia/ ➧ **33** n.pr.f. Romania.
romanico, pl. **-ci**, **-che** /ro'maniko, tʃi, ke/ **I** agg. [*arte, chiesa, arco*] Romanesque **II** m. ***il*** ~ the Romanesque.
romanista, m.pl. **-i**, f.pl. **-e** /roma'nista/ **I** agg. SPORT of Roma, Roma attrib. **II** m. e f. **1** FILOL. Romanist, expert in Romance languages **2** DIR. Romanist **3** SPORT *(giocatore)* Roma player; *(tifoso)* Roma supporter.
romanistica /roma'nistika/ f. **1** FILOL. Romance philology **2** DIR. study of Roman law.
romanistico, pl. **-ci**, **-che** /roma'nistiko, tʃi, ke/ agg. **1** FILOL. concerning Romance philology **2** DIR. concerning Roman law.
romanità /romani'ta/ f.inv. **1** *(tradizioni romane)* Roman traditions pl. **2** *(mondo romano)* Roman world.
romanizzare /romanid'dzare/ [1] **I** tr. to Romanize **II romanizzarsi** pronom. to become* Romanized.
romanizzazione /romaniddzat'tsjone/ f. Romanization.
▶ **romano** /ro'mano/ ➧ **2 I** agg. **1** *(di Roma antica o moderna)* Roman **2** [*numero*] Roman **3** TIP. [*carattere*] Roman **4** RELIG. [*Chiesa, rito*] Roman **II** m. (f. **-a**) **1** Roman; ***i Romani*** STOR. the Romans **2** LING. Roman dialect ◆ ***pagare*** o ***fare alla -a*** to go Dutch ◆◆ ***un*** ~ ***di Roma*** COLLOQ. = a Roman born and bred.
romanticamente /romantika'mente/ avv. romantically.
romanticheria /romantike'ria/ f. mawkishness, sentimentality.
romanticismo /romanti'tʃizmo/ m. **1** ART. LETTER. MUS. Romanticism **2** *(sentimentalismo)* romanticism, sentimentalism.
▷ **romantico**, pl. **-ci**, **-che** /ro'mantiko, tʃi, ke/ **I** agg. **1** ART. LETTER. MUS. Romantic; ***i poeti -ci*** the Romantic poets **2** *(sentimentale)* romantic, sentimental **II** m. (f. **-a**) **1** ART. LETTER. MUS. Romantic, Romanticist **2** *(persona sentimentale)* romantic; ***essere un inguaribile*** ~ to be incurably romantic.
romanticume /romanti'kume/ m. SPREG. romantic nonsense.
romanza /ro'mandza/ f. MUS. romance.
romanzare /roman'dzare/ [1] tr. **1** *(presentare sotto forma di romanzo)* to fictionalize, to novelize **2** *(modificare fantasiosamente)* to romanticize.
romanzato /roman'dzato/ **I** p.pass. → **romanzare II** agg. **1** fictionalized, novelized; ***biografia -a*** novelized biography **2** *(modificato fantasiosamente)* romanticized.
romanzesco, pl. **-schi**, **-sche** /roman'dzesko, ski, ske/ **I** agg. **1** LETTER. [*letteratura, personaggio*] novel attrib., of a novel, fictional; ***la tecnica -a*** the technique of the novel **2** *(straordinario)* [*situazione, storia*] out of this world **II** m. ***questa vicenda ha del*** ~ it's a story out of a book.
romanzetto /roman'dzetto/ m. **1** SPREG. *(romanzo)* novelette, airport novel **2** *(storia d'amore)* love affair.
romanziere /roman'dzjɛre/ ➧ **18** m. (f. **-a**) novelist.
▷ **1.romanzo** /ro'mandzo/ m. **1** *(opera)* novel; ***un*** ~ ***di Buzzati*** a novel by Buzzati; ***il*** ~ ***è ambientato a Monaco, negli anni '50*** the novel is set in Munich, in the 1950's; ***questo capita solo nei -i*** that only happens in books **2** *(genere letterario)* novel, fiction; ***il*** ~ ***americano*** American fiction *o* novel **3** *(storia incredibile)* fiction; ***la sua vita è un vero*** ~ his life is like something out of a novel **4** *(opera medievale)* romance **5** *(storia d'amore)* love affair, romance ◆◆ ~ ***d'amore*** love story, romance; ~ ***d'appendice*** serial story; ~ ***d'avventura*** adventure story; ~ ***di cappa e spada*** cloak-and-dagger novel; ~ ***cavalleresco*** courtly romance; ~ ***a chiave*** roman-à-clef; ~ ***di costume*** novel of manners; ~ ***epistolare*** epistolary novel; ~ ***d'evasione*** escapist fiction; ~ ***di fantascienza*** science fiction novel; ~ ***di formazione*** Bildungsroman; ~ ***giallo*** detective story, whodun(n)it; ~ ***gotico*** Gothic novel; ~ ***nero*** roman noir; ~ ***dell'orrore*** horror story; ~ ***poliziesco*** → ~ ***giallo***; ~ ***psicologico*** psychological novel; ~ ***rosa*** romantic novel; ~ ***sceneggiato*** = novel adapted for TV; ~ ***storico*** historical novel; ~ ***a tesi*** novel with a message, roman-à-thèse.
2.romanzo /ro'mandzo/ agg. [*lingua, filologia*] Romance, Romanic.
rombare /rom'bare/ [1] intr. (aus. *avere*) [*motore*] to roar, to vroom; [*cannone, tuono, valanga*] to thunder, to boom; ***passare davanti a qcs. rombando*** to roar past sth.
rombencefalo /romben'tʃɛfalo/ m. hindbrain, rhombencephalon.

rombico, pl. **-ci**, **-che** /'rombiko, tʃi, ke/ agg. rhombic.
1.rombo /'rombo/ m. *(di motore)* roar, vroom; *(di valanga, cannone)* boom, thunder; *(di tuono)* grumble, roll.
▷ **2.rombo** /'rombo/ m. **1** MAT. rhomb, rhombus*; *(losanga)* diamond, lozenge; ***a forma di ~*** diamond-shaped, rhombic **2** MAR. *(della bussola)* rhumb, point.
3.rombo /'rombo/ m. ITTIOL. ***~ candido*** whiff; ***~ chiodato*** turbot; ***~ liscio*** brill.
romboedrico, pl. **-ci**, **-che** /rombo'ɛdriko, tʃi, ke/ agg. rhombohedral.
romboedro /rombo'ɛdro/ m. rhombohedron*.
romboidale /romboi'dale/ agg. rhomboid(al).
romboide /rom'bɔide/ **I** agg. [*muscolo*] rhomboid **II** m. **1** MAT. rhomboid **2** ANAT. rhomboid (muscle).
romeno /ro'mɛno/ ♦ ***25, 16*** **I** agg. Romanian **II** m. (f. **-a**) **1** *(persona)* Romanian **2** *(lingua)* Romanian.
1.romeo /ro'mɛo/ **I** agg. ***strada -a*** pilgrim route (to Rome) **II** m. (f. **-a**) *(pellegrino)* pilgrim (going to Rome).
2.romeo /ro'mɛo/ m. *(innamorato)* Romeo.
romice /'romitʃe/ m. dock.
romito /ro'mito/ **I** agg. LETT. secluded, lonely **II** m. hermit.
romitorio, pl. **-ri** /romi'tɔrjo, ri/ m. hermitage.
Romolo /'rɔmolo, 'romolo/ n.pr.m. Romulus.
▶ **rompere** /'rompere/ [81] **I** tr. **1** *(mandare in pezzi)* to break* [*oggetto, osso, macchina, vetro*]; to crack [*noce, nocciola*]; to break*, to crack [*uova*]; *(strappare)* to rip, to tear* [*stoffa, calze, pantaloni*]; ***è così maldestro, rompe tutto!*** he's so clumsy, he breaks everything! ***~ qcs. in due*** to break sth. in two; ***~ un braccio, una costola, un dente a qcn.*** to break sb.'s arm, rib, tooth; ***~ il muso a qcn.*** POP. to smash sb.'s face; ***~ gli argini*** [*fiume*] to break its banks **2** *(interrompere, far cessare)* to break* [*monotonia, legami, silenzio*]; to upset* [*equilibrio*]; to end [*isolamento*]; to break* off [*fidanzamento, relazione, trattative*]; ***~ il digiuno*** to break one's fast; ***~ l'incantesimo*** to break the spell; ***~ le righe*** MIL. to fall out; ***rompete le righe!*** fall out! ***~ il passo*** to break step; ***~ il ghiaccio*** FIG. to break the ice **3** COLLOQ. *(seccare)* to be* a pain in the neck; ***~ le scatole a qcn.*** to be on sb.'s case, to pester the life out of sb., to brass sb. off BE; ***~ le palle, i coglioni a qcn.*** VOLG. to piss sb. off, to be a pain in the arse to sb.; ***mi rompe che*** I'm pissed off that **II** intr. (aus. *avere*) **1** *(farla finita)* ***~ con*** to break up with, to break away from [*persona, gruppo*]; to break with [*tradizione, dottrina*]; to make a break with [*passato*]; to break away from [*partito, ambiente*]; ***hanno rotto*** they've broken up; ***hanno deciso di ~*** they decided to break it off **2** *(scoppiare)* to burst*; ***~ in lacrime*** to burst into tears **III rompersi** pronom. **1** *(spezzarsi)* [*manico, borsa, corda, ramo, vetro, dente, braccio, gamba, osso*] to break*; *(strapparsi)* to rip, to tear*; ***la porcellana si rompe facilmente*** china breaks easily; ***il vaso si ruppe in mille pezzi*** the vase broke into a thousand pieces; ***mi si è rotto il vestito*** my dress has torn *o* ripped **2** *(fratturarsi)* ***-rsi una gamba, un braccio*** to break one's leg, arm; ***-rsi la schiena, il collo*** to break one's back, one's neck; ***-rsi la schiena a fare qcs.*** to break one's back doing sth., to bust a gut doing sth. AE; ***-rsi la testa*** *(scervellarsi)* COLLOQ. to rack one's brains **3** *(seccarsi)* to be* fed up (**di** with), to be* tired (to death) (**di** of), to be* sick and tired (**di** of) ♦ ***chi rompe paga e i cocci sono suoi*** = all breakages must be paid for.
rompi /'rompi/ m. e f.inv. pain in the neck, pest.
rompiballe /rompi'balle/ → **rompipalle.**
rompibile /rom'pibile/ agg. breakable.
rompicapo /rompi'kapo/ m. **1** *(indovinello)* puzzle, riddle **2** *(problema di difficile soluzione)* worry, hassle, stinker.
rompicazzo /rompi'kattso/, **rompicoglioni** /rompikoʎ'ʎoni/ m. e f.inv. VOLG. pain in the arse BE, pain in the ass AE.
rompicollo /rompi'kɔllo/ m. e f.inv. daredevil, madcap ♦ ***a ~*** at breakneck speed.
rompighiaccio /rompi'gjattʃo/ m.inv. **1** *(nave)* ice-breaker **2** ALP. ice axe **3** *(punteruolo)* ice pick.
rompimento /rompi'mento/ m. *(seccatura)* nuisance, hassle.
rompipalle /rompi'palle/ m. e f.inv. VOLG. pain in the arse BE, pain in the ass AE, ball-breaker AE, ball-buster AE.
rompiscatole /rompis'katole/ m. e f.inv. COLLOQ. bother, pain in the neck, pest.
Ronaldo /ro'naldo/ n.pr.m. Ronald.
ronca, pl. **-che** /'ronka, ke/ f. → **roncola.**
roncinato /rontʃi'nato/ agg. BOT. runcinate.
ronco, pl. **-chi** /'ronko, ki/ m. ITTIOL. bramble shark.
roncola /'ronkola/ f. bill hook.
roncolare /ronko'lare/ [1] tr. RAR. to prune.
roncolo /'ronkolo/ m. pruning knife.
ronda /'ronda/ f. *(di poliziotti, soldati)* patrol, beat; ***agente di ~*** policeman on the beat; ***essere di ~*** to be on patrol; ***fare la ~*** to patrol (one's beat), to do one's rounds; ***cammino di ~*** parapet walk ♦♦ ***fare la ~ a una ragazza*** to hang round a girl.
rondella /ron'dɛlla/ f. washer ♦♦ ***~ elastica*** spring washer; ***~ ermetica, di tenuta*** seal washer.
▷ **rondine** /'rondine/ f. ZOOL. swallow; ***nido di ~*** bird's nest (anche GASTR.); ***incastro a coda di ~*** dovetail (joint); ***giacca a coda di ~*** swallowtailed coat ♦ ***una ~ non fa primavera*** PROV. one swallow doesn't make a summer ♦♦ ***~ comune*** common swallow BE, barn swallow AE; ***~ di mare*** common tern; ***~ delle rive*** sand martin.
rondinino /rondi'nino/, **rondinotto** /rondi'nɔtto/ m. young swallow.
1.rondò /ron'dɔ/ m.inv. MUS. rondo*; LETTER. rondeau*.
2.rondò /ron'dɔ/ m.inv. *(rotatoria)* roundabout BE, rotary AE.
rondone /ron'done/ m. swift.
ronfamento /ronfa'mento/ m. **1** *(il russare)* snoring **2** *(del gatto)* purring.
ronfare /ron'fare/ [1] intr. (aus. *avere*) COLLOQ. **1** *(russare, dormire profondamente)* to snore **2** [*gatto*] to purr.
röntgen /'rœntgen/ m.inv. roentgen.
röntgenogramma /rœntgeno'gramma/ m. roentgenogram.
röntgenterapia /rœntgentera'pia/ f. roentgenotherapy.
▷ **ronzare** /ron'dzare/ [1] intr. (aus. *avere*) **1** *(emettere ronzii)* [*insetto*] to buzz, to drone; [*motore, aereo*] to hum, to drone; ***quel rumore mi fa ~ le orecchie*** that noise makes my ears ring **2** FIG. *(girare)* ***un pensiero mi ronza in testa*** a thought keeps buzzing around in my head **3** FIG. *(cercare di sedurre)* ***~ intorno a qcn.*** to hover around sb., to hang round sb.
ronzino /ron'dzino/ m. nag, hack.
▷ **ronzio**, pl. **-zii** /ron'dzio, dzii/ m. **1** *(d'insetto)* buzz, buzzing, drone; *(di motore, aereo)* hum, humming **2** FIG. ***sento un ~ in testa*** I can hear a buzzing in my head; ***~ nelle orecchie*** ringing in the ears.
rorido /'rɔrido/ agg. LETT. dewy.
ROS /rɔs/ m.pl. (⇒ raggruppamento operativo speciale) = special task force of the carabinieri.
▶ **1.rosa** /'rɔza/ f. **1** BOT. rose; ***~ artificiale, di seta, di carta*** artificial, silk, paper rose; ***~ a cespuglio*** shrub rose; ***bocciolo di ~*** rosebud; ***un mazzo di -e*** a bunch of roses; ***marmellata di ~*** rose jam; ***essenza di ~*** attar of roses; ***acqua di -e*** rose-water; ***legno di ~*** rosewood; ***la Guerra delle due Rose*** STOR. the Wars of the Roses **2** *(selezione di persone)* shortlist; ***la ~ dei candidati*** the shortlist; ***sono stato selezionato nella ~ dei candidati per il posto*** I've been shortlisted for the job **3** ARCH. rose window ♦ ***non c'è ~ senza spine*** PROV. there is no rose without a thorn; ***essere fresco come una ~*** to be as fresh as a daisy; ***stare su un letto di -e*** to be on a bed of roses; ***la vita non è tutta -e e fiori*** life is not a bed of roses, life is not all sunshine and roses; ***se sono -e fioriranno*** we'll have to wait and see; ***all'acqua di -e*** FIG. [*rimedio, soluzione*] milk-and-water, wishy-washy ♦♦ ***~ canina*** dog rose, wild rose; ***~ centifoglia*** cabbage rose; ***~ damascena*** damask rose; ***~ del deserto*** desert *o* rock rose; ***~ di Gerico*** Resurrection plant; ***~ di maggio*** button rose; ***~ multiflora*** multiflora (rose); ***~ muschiata*** musk rose; ***~ muscosa*** moss rose; ***~ di Natale*** Christmas rose; ***~ rampicante*** rambling rose; ***~ tea*** tea rose; ***~ dei venti*** GEOGR. windrose, compass card.
▶ **2.rosa** /'rɔza/ ♦ ***3*** **I** agg.inv. **1** [*tessuto, pittura, marmo*] pink; ***diventare ~*** to go *o* turn pink; ***maglia ~*** SPORT pink jersey; ***foglio ~*** = provisional driving licence **2** *(romantico)* [*romanzo, letteratura*] romantic; ***cronaca ~*** gossip column **II** m.inv. *(colore)* pink; ***~ chiaro, scuro*** light, dark pink; ***vestito di ~*** dressed in pink; ***dipingere, tingere qcs. di ~*** to paint, dye sth. pink; ***il ~ ti sta così bene*** pink really suits you; ***le tende erano di un bel ~*** the curtains were a lovely pink ♦ ***vedere tutto ~*** to see the world through rose-coloured spectacles *o* glasses ♦♦ ***~ antico*** old rose; ***~ corallo*** coral pink; ***~ incarnato*** carnation pink; ***~ salmone*** salmon pink; ***~ shocking*** shocking rose *o* pink.
Rosa /'rɔza/ n.pr.f. Rose.
rosacea /ro'zatʃea/ ♦ **7** f. **1** MED. (acne) rosacea **2** BOT. rosaceous plant.
rosaceo /ro'zatʃeo/ agg. rosaceous; ***acne -a*** (acne) rosacea.
rosacroce /roza'krotʃe/ agg. e m.inv. Rosicrucian.
rosacrociano /rozakro'tʃano/ agg. e m. Rosicrucian.
rosaio, pl. **-ai** /ro'zajo, ai/ m. **1** *(roseto)* rosegarden **2** *(cespuglio)* rose bush.
Rosalia /roza'lia/ n.pr.f. Rosalie.
Rosalinda /roza'linda/ n.pr.f. Rosalind.

Rosamunda /roza'munda/ n.pr.f. Rosamund.
rosanero /roza'nero/ **I** agg. [*tifoso, giocatore, difesa*] = of Palermo football club **II** m. *(giocatore)* = Palermo player.
rosanilina /rozani'lina/ f. rosaniline.
▷ **rosario**, pl. **-ri** /ro'zarjo, ri/ m. **1** RELIG. *(preghiera)* rosary; *(oggetto)* rosary (beads), (prayer) beads; ***recitare il ~*** to say the rosary, to say *o* tell one's beads **2** COLLOQ. FIG. train, string; ***un ~ di offese*** a string of abuse.
rosatello /roza'tɛllo/ m. rosé.
rosato /ro'zato/ **I** agg. **1** *(di colore rosa)* roseate, rosy, pinkish **2** *(con essenza di rose)* rose attrib. **II** m. ENOL. rosé.
rosbif /'rɔzbif/ m.inv. roast beef.
rosé /ro'ze/ **I** agg.inv. [*vino*] rosé **II** m.inv. rosé.
▷ **roseo** /'rɔzeo/ agg. **1** *(rosato)* rosy, rose-coloured BE, rose-colored AE; ***dalle guance -e*** rosy-cheeked **2** FIG. *(improntato all'ottimismo)* rosy, bright; ***futuro ~*** bright future; ***vedere tutto ~*** to see the world through rose-coloured spectacles *o* glasses; ***descrivere qcs. a tinte -e*** to paint a rosy picture of sth.
roseola /ro'zɛola/ f. roseola.
roseto /ro'zeto/ m. *(giardino)* rosegarden; *(cespuglio)* rose bush.
rosetta /ro'zetta/ f. **1** *(taglio di diamanti)* rose; ***diamante a ~*** rose diamond **2** *(coccarda)* rosette **3** BOT. rosette **4** MECC. *(rondella)* washer **5** GASTR. = rose-shaped roll.
rosicare /rosi'kare/ [1] tr. *(rodere)* to gnaw (at) ◆ ***chi non risica non rosica*** PROV. nothing ventured, nothing gained.
rosicchiamento /rosikkja'mento/ m. gnawing.
rosicchiare /rozik'kjare/ [1] **I** tr. **1** *(mangiucchiare)* [*topo*] to gnaw, to nibble [*formaggio*]; [*cane*] to chew, to crunch [*osso*] **2** *(mordicchiare)* [*persona*] to nibble **3** SPORT [*corridore, concorrente*] to gain [*secondi, vantaggio, metri*]; ***in campionato ha rosicchiato tre posizioni*** she crept up three places in the championships **II rosicchiarsi** pronom. ***-rsi le unghie*** to bite *o* chew one's nails.
rosicoltore /rozikol'tore/ ➧ ***18*** m. (f. **-trice** /tritʃe/) rosegrower.
▷ **rosmarino** /rozma'rino/ m. rosemary.
roso /'roso/ **I** p.pass. → **rodere II** agg. gnawed, eaten; ***mobile ~ dai tarli*** worm-eaten table.
rosolaccio, pl. **-ci** /rozo'lattʃo, tʃi/ m. (corn) poppy.
rosolare /rozo'lare/ [1] **I** tr. GASTR. to brown **II rosolarsi** pronom. **1** GASTR. to brown **2** SCHERZ. ***-rsi al sole*** to bake in the sun.
rosolata /rozo'lata/, **rosolatura** /rozola'tura/ f. browning.
rosolia /rozo'lia/ ➧ **7** f. German measles + verbo sing., rubella; ***avere la ~*** to have rubella.
rosolida /ro'zɔlida/ f. (round leaved) sundew.
rosolio, pl. **-li** /ro'zɔljo, li/ m. rosolio.
rosone /ro'zone/ m. **1** ARCH. rose window **2** *(motivo decorativo)* rosette.
▷ **rospo** /'rɔspo/ m. ZOOL. toad ◆ ***ingoiare il ~*** to bite (on) the bullet, to lump it; ***sputa il ~!*** spit it out!
Rossana /ros'sana/ n.pr.f. Roxanne, Roxana.
rossastro /ros'sastro/ agg. reddish.
rosseggiante /rossed'dʒante/ agg. [*riflesso, cielo*] ruddy, reddish.
rosseggiare /rossed'dʒare/ [1] intr. (aus. *avere*) **1** *(essere rosso)* to be* reddish, to glow **2** *(diventare rosso)* to turn red.
rossetta /ros'setta/ f. *(pipistrello)* flying fox.
rossetto /ros'setto/ m. lipstick; ***mettersi*** o ***darsi il ~*** to put on lipstick.
rossiccio, pl. **-ci**, **-ce** /ros'sittʃo, tʃi, tʃe/ **I** agg. [*capelli, pelo, fogliame*] reddish, ginger **II** m. reddish colour, ginger.
Rossiglione /rossiʎ'ʎone/ n.pr.m. Roussillon.
rossiniano /rossi'njano/ **I** agg. Rossinian, of Rossini **II** m. (f. **-a**) follower of Rossini.
rossino /ros'sino/ agg. ***mal ~*** diamond skin disease.
▶ **rosso** /'rosso/ ➧ **3 I** agg. **1** red; ***un vestito ~*** a red dress; ***diventare ~*** to go *o* turn red; ***il semaforo è ~*** the lights are red; ***carne -a*** red meat; ***cartellino ~*** SPORT red card; ***cavolo ~*** red cabbage; ***Croce Rossa*** Red Cross; ***Mar Rosso*** Red Sea; ***piazza Rossa*** Red Square; ***Camicie -e*** Red shirts; ***film a luci -e*** pornographic film, blue film COLLOQ.; ***quartiere a luci -e*** red light district **2** [*persona, viso, guancia, capelli*] red, flushed; ***~ in viso*** red in the face; ***era tutta -a per la corsa*** she was flushed *o* red in the face from having run; ***avere il colorito ~*** to have a high colour; ***aveva gli occhi -i*** his eyes were red; ***~ per la*** o ***dalla vergogna, rabbia*** red with shame, fury; ***Cappuccetto Rosso*** (Little) Red Riding Hood **3** POL. *(comunista)* red; ***Armata Rossa*** Red Army; ***bandiera -a*** red flag **II** m. (f. **-a**) **1** *(colore)* red; ***~ acceso*** fiery red; ***~ vivo, intenso*** bright, deep red; ***dipingere, tingere qcs. di rosso*** to paint, dye sth. red; ***vestirsi di ~*** to dress in red; ***~ chiaro, scuro*** light, dark red; ***il ~ non le sta bene, dona*** red doesn't suit her; ***correggere qcs. in ~*** to red-pencil sth.; ***tutta la gamma dei -i*** the whole range of reds **2** *(persona dai capelli rossi)* red-haired person, readhead **3** AUT. *(semaforo)* red light; ***passare col ~*** to go through a red light, to jump the lights BE; ***attraversare col ~*** to cross when the lights are red; ***fermarsi al ~*** to stop at the red light **4** ENOL. red (wine); ***preferire il bianco al ~*** to prefer white (wine) to red; ***un bicchiere di ~*** COLLOQ. a glass of red (wine) **5** ECON. IND. red; ***essere in ~*** to be in the red; ***essere in ~ di 5.000 euro*** to be 5,000 euro in the red **6** POL. COLLOQ. *(comunista)* red ◆ ***essere ~ come un peperone, un gambero*** to be as red as a beetroot BE *o* beet AE; ***vedere (tutto) ~*** to see red; ***~ di sera bel tempo si spera*** red sky at night, shepherd's delight; ***~ di mattina, la pioggia si avvicina*** PROV. red sky at night, shepherd's delight; red sky in the morning, sheperd's warning ◆◆ ***-a di Maranello*** = Ferrari racing car; ***~ bruno*** russet; ***~ cardinale*** cardinal red; ***~ carminio*** carmine; ***~ ciliegia*** cherry red; ***~ corallo*** coral red; ***~ fulvo*** tawny red; ***~ fuoco*** bright red; ***~ mattone*** brick red; ***~ porpora*** o ***purpureo*** burgundy red; ***~ rubino*** ruby red; ***~ sangue*** bloodred; ***~ scarlatto*** scarlet; ***~ tiziano*** Titian; ***~ d'uovo*** egg yolk.
rossoblu /rosso'blu/ **I** agg.inv. [*tifoso, giocatore, difesa*] = of Bologna football club, of Genoa fooball club **II** m.inv. *(giocatore)* = Bologna player, Genoa player.
rossonero /rosso'nero/ **I** agg. [*tifoso, giocatore, difesa*] = of Milan football club **II** m. *(giocatore)* = Milan player.
rossore /ros'sore/ m. blush, flush; ***quelle parole gli fecero salire il ~ alle guance*** those words made him blush.
▷ **rosticceria** /rostittʃe'ria/ f. rotisserie.
rosticciere /rostit'tʃɛre/ ➧ ***18*** m. (f. **-a**) seller of roast meat, owner of a rotisserie.
rosticcio, pl. **-ci** /ros'tittʃo, tʃi/ m. METALL. dross.
rostrato /ros'trato/ agg. **1** ARCH. rostral, rostrated **2** RAR. ORNIT. rostrated, beaked.
rostro /'rɔstro/ **I** m. **1** MAR. rostrum* **2** ORNIT. ENTOM. rostrum* **3** EDIL. rostrum* **II rostri** m.pl. STOR. rostra + verbo sing.
rota /'rɔta/ f. ***la Sacra ~*** the (sacred) Rota.
rotabile /ro'tabile/ **I** agg. **1** [*strada*] carriage attrib. **2** FERR. ***materiale ~*** rolling stock **II** f. carriage road.
rotacismo /rota'tʃizmo/ m. rhotacism.
rotacizzare /rotatʃid'dzare/ [1] **I** tr. to rhotacize **II rotacizzarsi** pronom. to rhotacize.
rotacizzazione /rotatʃiddzat'tsjone/ f. rhotacization.
▷ **rotaia** /ro'taja/ f. **1** FERR. *(barre)* rail, track; ***uscire dalle -e*** to leave the track; FIG. to go off the rails **2** *(mezzo di trasporto)* rail; ***su ~*** [*viaggiare*] by rail; ***trasporto su ~*** rail transport ◆◆ ***~ a dentiera*** rack rail; ***~ tramviaria*** tramline; ***~ a gola*** girder rail.
rotante /ro'tante/ agg. revolving.
rotare /ro'tare/ → **ruotare.**
rotariano /rota'rjano/ **I** agg. Rotarian **II** m. (f. **-a**) Rotarian.
rotativa /rota'tiva/ f. rotary press, rotary printing press.
rotativo /rota'tivo/ agg. **1** *(che ruota)* rotatory, rotative **2** AGR. ***sistema ~*** rotation **3** COMM. ***credito ~*** revolving credit.
rotatoria /rota'tɔrja/ f. roundabout BE, rotary AE.
rotatorio, pl. **-ri**, **-rie** /rota'tɔrjo, ri, rje/ agg. **1** rotatory, rotative, rotating **2** ANAT. ***muscolo ~*** rotator.
rotazionale /rotattsjo'nale/ agg. rotational; ***isola ~*** roundabout.
rotazione /rotat'tsjone/ f. **1** *(movimento su se stesso)* rotation; ***~ attorno a un asse*** rotation on an axis; ***~ della Terra attorno all'asse dei poli*** rotation of the Earth on the Polar axis; ***asse di ~*** axis of rotation; ***movimento di ~*** rotational movement; ***eseguire una ~ completa*** to rotate fully; ***solido di ~*** rotation solid; ***qual è il senso di ~*** which way does it turn *o* go? **2** *(avvicendamento) (di personale, merce)* turnover; ***a ~*** by turns; ***~ delle mansioni*** job rotation **3** SPORT *(torsione)* rotation **4** AGR. rotation; ***~ delle colture*** crop rotation ◆◆ ***~ consonantica*** consonant shift.
roteare /rote'are/ [1] **I** tr. to whirl (round), to twirl [*lazo, bastone*]; to swing* [*braccia*]; ***~ gli occhi*** to roll one's eyes **II** intr. (aus. *avere*) [*ballerino, ruota*] to twirl; [*occhi*] to roll; *(volteggiare)* [*avvoltoio, aquila*] to gyrate.
roteazione /roteat'tsjone/ f. whirling, rolling.
▷ **rotella** /ro'tɛlla/ f. **1** *(piccola ruota)* wheel; *(di sedia, tavolo)* castor, caster; ***pattino a -e*** roller-skate **2** TECN. *(fresa)* roulette **3** ANAT. *(rotula)* rotula* ◆ ***essere solo una ~ dell'ingranaggio*** to be a tiny cog in the machine; ***ha qualche ~ fuori posto*** he's not all there, he doesn't have all his marbles, he has a screw loose ◆◆ ***~ dentata*** MECC. trundle; ***~ metrica*** tape measure; ***~ tagliapasta*** pastry cutting wheel.
rotifero /ro'tifero/ m. rotifer.
rotismo /ro'tizmo/ m. wheelwork, gearing.

rotocalco, pl. **-chi** /roto'kalko, ki/ m. **1** TIP. rotogravure **2** GIORN. (illustrated) magazine.

rotocalcografia /rotokalkogra'fia/ f. rotogravure.

rotocalcografico, pl. **-ci**, **-che** /rotokalko'grafiko, tʃi, ke/ agg. rotogravure attrib.

rotolamento /rotola'mento/ m. rolling.

▷ **rotolare** /roto'lare/ [1] **I** tr. to roll [*botte, pneumatico, tronco d'albero*] **II** intr. (aus. *essere*) [*palla, pietra, tronco, persona*] to roll; *~ **nel fango, nell'erba*** to roll in the mud, in the grass; ***far ~ qcn. per terra, nella polvere*** to make sb. roll on the ground, in the dust; ***~ giù da*** to roll down; ***rotolare giù da un burrone*** [*persona, veicolo*] to roll down into a ravine; ***~ giù per le scale*** to tumble down the stairs; ***~ di qua e di là*** [*bilie, monete*] to roll around *o* about BE **III rotolarsi** pronom. to roll; ***-rsi sull'erba*** to roll around on the grass; ***-rsi in*** to roll in [*fieno*]; to wallow in [*fango*]; ***-rsi per terra*** [*bambino*] to roll (about) on the floor.

rotolio, pl. **-lii** /roto'lio, lii/ m. rolling.

▷ **rotolo** /'rɔtolo/ m. **1** *(di carta, tessuto, nastro)* roll; *(di corda, filo spinato)* coil; ***~ di carta igienica, di carta da parati*** roll of toilet paper, of wallpaper; ***un ~ di pergamena, stagnola*** a roll of parchment, of tin foil; ***essere venduto al ~*** to be sold by the roll **2** GASTR. roll; ***~ al cioccolato, alla marmellata*** chocolate, jam roll **3** *(libro antico)* scroll ◆ ***andare a -i*** to go downhill *o* to the dogs; ***mandare a -i qcs.*** to make a hash of sth., to botch sth. up, to mess sth. up AE.

rotolone /roto'lone/ m. COLLOQ. fall, tumble; ***fare un ~ per le scale*** to tumble down the stairs.

rotoloni /roto'loni/ avv. tumbling; ***cadere ~*** to tumble down.

rotonda /ro'tonda/ f. **1** *(rotatoria)* roundabout, rotary AE **2** ARCH. *(edificio a pianta circolare)* rotunda **3** *(terrazza)* round terrace.

rotondeggiante /rotonded'dʒante/ agg. roundish.

rotondetto /roton'detto/ agg. plump, roundish.

rotondità /rotondi'ta/ **I** f.inv. **1** roundenss **2** *(di vino)* smoothness **II** f.pl. SCHERZ. ***~ femminili*** curves.

▷ **rotondo** /ro'tondo/ agg. **1** *(di forma rotonda)* [*oggetto, viso*] round; ***i Cavalieri della Tavola Rotonda*** the Knights of the Round Table; ***tavola -a*** FIG. round table, panel discussion **2** *(grassoccio)* rotund, plump, chubby **3** *(senza asprezza)* [*stile*] sonorous, rotund **4** [*vino, gusto*] smooth.

rotore /ro'tore/ m. rotor.

1.rotta /'rotta/ f. **1** *(rottura degli argini)* break **2** *(sconfitta)* rout ◆ ***a ~ di collo*** at breakneck pace, speed; ***essere in ~ con qcn.*** to be on bad terms *o* on the outs AE with sb.

▷ **2.rotta** /'rotta/ f. course, route; ***allontanarsi, deviare dalla propria ~*** to go off course; ***essere, andare fuori ~*** to be, go off course; ***cambiare ~*** to change route; ***fare ~ verso*** o ***per*** to be on a course for, to set (a) course for, to head for; ***fare ~ verso sud*** to head southwards; ***tenere*** o ***mantenere una ~*** to be on *o* hold *o* steer a course; ***tracciare una ~*** to plot a course; ***invertire la ~*** to put about, to sheer; ***inversione di ~*** turnabout, turnaround, sheer; FIG. turnaround ◆◆ ***~ aerea*** air route, flight path; ***~ di bussola*** compass course; ***~ di collisione*** collision course; ***essere in ~ di collisione*** to be on a collision course (anche FIG.); ***~ navale*** sea route.

rottamaggio, pl. **-gi** /rotta'maddʒo, dʒi/ m. scrapping.

rottamaio, pl. **-ai** /rotta'majo, ai/ ♦ ***18*** m. **1** *(deposito)* scrap yard **2** *(rivenditore)* scrap (metal) dealer, scrap merchant.

rottamare /rotta'mare/ [1] tr. to scrap; ***la tua macchina è da ~*** your car is ready for the scrap yard.

rottamazione /rottamat'tsjone/ f. **1** scrapping **2** COMM. ***incentivi per la ~*** = car trading with government's incentives.

rottame /rot'tame/ m. **1** *(ferraglia)* scrap (metal), wreck; *(veicolo)* wreck, crock COLLOQ.; ***-i*** wreckage; ***vendere qcs. come ~*** to sell sth. for scrap; ***deposito di -i*** scrap yard; ***tirare fuori qcs. dai -i*** to pull sth. from the wreckage **2** COLLOQ. SPREG. wreck; ***~ umano*** human wreck; ***quell'uomo è ridotto a un ~*** that man is nothing more than a derelict.

rottamista /rotta'mista/ ♦ ***18*** m. scrap (metal) dealer, scrap merchant.

▶ **rotto** /'rotto/ **I** p.pass. → **rompere II** agg. **1** [*sedia, manico, giocattolo, vetro, vaso, lavatrice*] broken; [*uovo*] broken, cracked; *(interrotto)* [*voce, fidanzamento*] broken; *(fratturato)* [*gamba, braccio*] broken; ***il computer è di nuovo ~*** the computer is down again; ***legamento ~*** torn ligament; ***voce -a dall'emozione, dai singhiozzi*** voice cracked with emotion, by sobs **2** *(lacerato, strappato)* [*abito, stoffa, calze*] torn **3** *(avvezzo)* accustomed, hardened; ***~ alla fatica*** accustomed to hard work **4** COLLOQ. *(indolenzito)* exhausted; ***essere, sentirsi tutto ~*** to be aching all over **III rotti** m.pl. *(spiccioli)* small change sing.; ***10 euro e -i*** 10 euros and over ◆ ***per il ~ della cuffia*** [*salvarsi, farcela*] by the skin of one's teeth.

▷ **rottura** /rot'tura/ f. **1** *(il rompere)* breaking (**di** of); *(parte rotta)* break; ***la ~ di*** the breaking of [*vetro, diga, argine, tubazione, membrana*]; ***incidente dovuto alla ~ di un asse*** accident caused by a broken axle *o* by an axle breaking; ***limite di ~*** stress limit; ***punto di ~*** breaking point; ***resistenza, sollecitazione alla ~*** breaking stress, strength **2** FIG. *(cessazione di relazioni, di alleanza, rapporti)* breaking-off, break-up; *(con persona, famiglia)* break, breakaway; *(spaccatura)* rift; ***la ~ di un accordo*** the breaking-off of an agreement; ***~ di fidanzamento*** breaking-off of an engagement; ***~ della promessa di matrimonio*** breach of promise; ***~ col passato, con la tradizione*** break with the tradition, with the past; ***auspicano la ~ delle relazioni commerciali, dei negoziati*** they are hoping to break off trade relations, the negotiations; ***la ~ del dialogo con l'OLP ha portato a...*** the breakdown in the talks with PLO led to...; ***portare una situazione al punto di ~*** to bring a situation to breaking point **3** MED. rupture; *(frattura)* fracture; ***causare la ~ di un vaso sanguigno*** to cause a blood vessel to bust **4** COLLOQ. hassle, pain in the neck; ***la ~ di (fare) qcs.*** the hassle of (doing) sth.; ***che ~ (di scatole)!*** what a bummer! ***è stata una gran ~*** it was an awful grind; ***una vera ~ di palle*** POP. a real pain in the arse BE *o* ass AE ◆◆ ***~ di un aneurisma*** MED. ruptured aneurysm; ***~ di contratto*** DIR. breach of contract.

rotula /'rɔtula/ f. rotula*, patella*, kneecap.

roulette /ru'lɛt/ ♦ ***10*** f.inv. roulette (wheel); ***tavolo della ~*** roulette table; ***alla ~*** at roulette; ***giocare alla ~*** to play roulette ◆◆ ***~ russa*** Russian roulette.

▷ **roulotte** /ru'lɔt/ f.inv. caravan, trailer AE.

roulottista, m.pl. **-i**, f.pl. **-e** /rulot'tista/ m. e f. caravanner.

round /raund/ m.inv. SPORT round.

routinario, pl. **-ri**, **-rie** /ru'tinarjo, ri, rje/ agg. routine attrib.

routine /ru'tin/ f.inv. **1** *(abitudini)* routine; ***~ quotidiana*** daily routine; ***uscire dalla ~*** to get out of the rut; ***lavoro, controllo di ~*** routine work, cheque; ***sarebbe un bel cambiamento rispetto alla solita ~*** it would be a break from routine **2** INFORM. routine; ***~ di entrata, principale*** input, main routine; ***~ di interfaccia*** interface routine.

rovello /ro'vɛllo/ m. nagging thought, vexation.

rovente /ro'vɛnte/ agg. [*metallo, lava, carbone*] red-hot; [*sabbia, superficie*] scorching (hot); ***farsi ~*** to boil up (anche FIG.).

rovere /'rovere/ m. e f. durmast; ***rivestito di pannelli di ~*** oak-panelled.

rovescia: **alla rovescia** /allaro'vɛʃʃa/ agg.inv. e avv. *(sottosopra)* upside down; *(con il dentro fuori)* inside out; *(con il davanti dietro)* back to front; *(al contrario)* backwards; *(male)* wrong; ***le cose sono andate alla ~*** things went wrong; ***conto alla ~*** countdown; ***fare il conto alla ~*** to count down.

rovesciabile /roveʃ'ʃabile/ agg. [*indumento*] double-face.

rovesciamento /roveʃʃa'mento/ m. **1** *(il rovesciare)* overturning, upsetting; *(di liquido)* spill, spillage **2** MAR. *(di barca)* capsizing **3** FIG. reversal; ***~ dei ruoli tradizionali*** reversal of traditional roles; ***il ~ di una situazione*** the turnaround of a situation **4** POL. *(di governo)* overthrowing.

▶ **rovesciare** /roveʃ'ʃare/ [1] **I** tr. **1** *(far cadere)* to knock over [*bottiglia, vaso, secchio*] **2** *(capovolgere)* to turn over [*zolle, carta da gioco*]; [*manifestanti, vandali*] to overturn [*automobile*]; [*onda*] to overturn [*barca*]; ***~ la situazione*** FIG. to reverse *o* upset the situation; ***~ il risultato*** to tip the result the other way **3** *(mettere al rovescio)* to turn [*colletto*]; *(con l'interno all'esterno)* to turn inside out; *(con il davanti dietro)* to turn back to front **4** *(versare inavvertitamente)* to spill* [*liquido, contenuto*]; ***~ del vino sulla moquette*** to spill wine on the carpet; ***gli ho rovesciato il caffè sui pantaloni*** I spilled coffee on his trousers **5** *(svuotare)* to tip out [*cassetto, contenuto*]; to turn out [*borsa, tasca*]; ***~ il contenuto della borsa sul tavolo*** to tip the contents of the handbag (out) on the table **6** *(piegare all'indietro)* to throw* back, to tilt back; ***~ la testa all'indietro*** to tip *o* tilt one's head back **7** POL. to overthrow*, to topple, to bring* down [*tiranno, regime, governo*] **8** FIG. *(riversare)* to pour, to shower [*insulti, accuse*] (**su** on); to lay* [*responsabilità*] (**su** on); ***~ un diluvio di improperi*** to let fly a stream of abuse **II rovesciarsi** pronom. **1** *(cadere)* [*oggetto, bottiglia*] to fall* over; [*sedia*] to overturn, to tip over **2** *(capovolgersi)* [*barca*] to capsize; [*macchina*] to overturn **3** *(essere versato inavvertitamente)* [*liquido, contenuto*] to spill* **4** *(riversarsi)* [*folla, gente*] to pour (**in** into) **5** *(abbandonarsi)* to drop, to throw* oneself; ***-rsi su un divano*** to throw oneself on a sofa.

rovesciata /roveʃ'ʃata/ f. overhead kick.

▷ **rovescio**, pl. **-sci** /ro'vɛʃʃo, ʃi/ **I** agg. **1** *(dal lato contrario)* reverse **2** *(supino)* supine, on one's back **3** *(nel cucito)* ***punto ~***

purl (stitch) **II** m. **1** *(lato contrario) (di tessuto, moneta, maglione)* back, reverse (side); ***il ~ della medaglia*** the other side of the coin (anche FIG.) **2** METEOR. downpour, drench, shower **3** *(manrovescio)* backhander **4** *(nel tennis)* backhand; ***avere un ~ potente*** to have a strong backhand; ***giocare sul ~ di qcn.*** to play sb.'s backhand **5** *(dissesto)* reversal, reverse **6 a rovescio** *(sottosopra)* upside down; *(con il dentro fuori)* inside out; *(con il davanti dietro)* back to front; *(al contrario)* backwards; *(male)* wrong; ***hai la camicia a ~*** your shirt is inside out; ***mettere qcs. al ~*** to put sth. on backwards; ***capire qcs. a ~*** to get sth. backwards ◆ ***ogni medaglia ha il suo ~*** PROV. there are two sides to everything.

roveto /ro'veto/ m. bramble-bush ◆◆ ***~ ardente*** BIBL. burning bush.

rovigotto /rovi'gɔtto/ ➧ *2* → **rodigino.**

▷ **rovina** /ro'vina/ **I** f. **1** *(crollo)* collapse, fall **2** *(stato di distruzione) (di edificio)* ruin; *(di area)* decay; ***essere in ~*** to be in ruins, to be in a state of ruin; ***andare, cadere in ~*** to fall into ruin **3** *(di persona, azienda, paese, reputazione)* ruin; ***causare la ~ di qcn., qcs.*** to ruin sb., sth., to lead to sb.'s ruin, to lead to the ruin of sth.; ***essere la ~ di qcn.*** to be the ruin of sb.; ***essere sull'orlo della ~*** to be on the brink of financial ruin; ***correre verso la propria ~*** to be heading for financial ruin; ***le donne saranno la sua ~*** women will be the ruin of him; ***il bere fu la causa della sua ~*** drink proved to be his downfall **II rovine** f.pl. *(ruderi)* ruins; *(macere)* ruins, debris sing.; ***le -e di Cartagine*** the ruins of Carthage.

▶ **rovinare** /rovi'nare/ [1] **I** tr. **1** *(danneggiare)* to damage, to ruin [*raccolto*]; to ruin [*porta, muro*]; [*medicina, alcol*] to ruin, to mess up [*stomaco, salute, fegato*]; [*freddo, prodotto*] to damage [*pelle, mani*]; to spoil, to mar [*bellezza*]; ***non rovinate il libro scrivendo nei margini*** do not deface the book by writing in the margins; ***i mobili sono stati rovinati durante il trasporto*** the furniture was badly damaged in the transit **2** *(ridurre in miseria)* to ruin **3** FIG. *(compromettere)* to damage [*reputazione, carriera, rapporti, trattative*]; to spoil [*evento, serata, gioco, divertimento*]; to foul up [*opportunità*]; ***~ qcs. a qcn.*** to spoil sth. for sb.; ***~ il divertimento a qcn.*** to spoil sb.'s enjoyment; ***perché hai rovinato tutto?*** why did you go and spoil *o* ruin everything? ***ci sta rovinando la vita*** it is ruining our lives **II** intr. (aus. *essere*) *(precipitare)* to hurtle down; ***il masso rovinò a valle*** the boulder hurtled down to the valley **III rovinarsi** pronom. **1** *(deteriorarsi)* [*edificio, statua*] to get* damaged, to decay; ***i muri si rovinano con l'umidità*** the walls are getting damaged by the damp **2** *(procurarsi danni)* ***-rsi la vista, la salute*** to ruin one's health, eyesight **3** *(cadere in miseria)* to be* ruined, to ruin oneself (**facendo** doing); ***-rsi giocando in borsa*** to lose everything on the stock exchange; ***-rsi per una donna*** to spend everything one has on a woman; ***-rsi al gioco*** to spend all one's money gambling, to ruin oneself gambling ◆ ***mi voglio ~!*** hang the expense! to hell with it!

rovinato /rovi'nato/ **I** p.pass. → **rovinare II** agg. **1** *(in rovina)* ruined, in ruins; ***essere ~*** [*edificio*] to be in ruins **2** FIG. *(compromesso)* [*vita, reputazione, vacanza, pasto, salute*] ruined; ***siamo -i!*** we've had it! we're sunk!

rovinoso /rovi'noso/ agg. **1** *(finanziariamente)* [*spesa, guerra, affare*] ruinous, costly **2** *(disastroso)* [*comportamento, politica, metodo*] detrimental **3** *(violento)* [*temporale*] devastating, destructive; ***caduta -a*** disastrous fall.

rovistare /rovis'tare/ [1] tr. e intr. (aus. *avere*) ***~ (in)*** to rummage through, to go through [*armadio, cassetto, tasche, borsa*]; to ransack [*casa*]; ***~ in cerca di qcs.*** to forage (about *o* around) for sth.

▷ **rovo** /'rovo/ m. blackberry bush, bramble.

rozza /'rɔttsa, 'roddza/ f. nag.

rozzamente /roddza'mente/ avv. [*comportarsi, parlare*] grossly, coarsely.

rozzezza /rod'dzettsa/ f. **1** *(fattura grossolana)* roughness **2** FIG. grossness, coarseness, roughness.

▷ **rozzo** /'roddzo/ agg. **1** *(grezzo)* rough, coarse **2** FIG. *(non raffinato)* gross, coarse, uncouth; ***avere dei modi -i*** to be coarse in one's ways.

RP 1 ⇒ Reverendo Padre Reverend Father **2** ⇒ relazioni pubbliche public relations (PR) **3** ⇒ riservata personale confidential.

RR ⇒ ricevuta di ritorno advice of delivery.

RSI /erreesse'i/ f. (⇒ Repubblica Sociale Italiana) = organization founded by Mussolini during the Second World War after the collapse of Fascism.

RSU /erreesse'u/ f.pl. (⇒ rappresentanze sindali unitarie) = Trade Union representatives organizations.

Ruanda /ru'anda/ ➧ *33* n.pr.m. Rwanda.

ruandese /ruan'dese/ ➧ *25* agg., m. e f. Rwandan.

ruba: **a ruba** /a'ruba/ avv. ***andare a ~*** [*prodotto*] to sell like hot cakes.

rubacchiare /rubak'kjare/ [1] tr. COLLOQ. to pilfer.

rubacuori /ruba'kwɔri/ **I** m. e f.inv. heartbreaker **II** agg.inv. bewitching.

rubamazzetto /rubamat'tsetto/, **rubamazzo** /ruba'mattso/ ➧ *10* m. = snap.

▶ **rubare** /ru'bare/ [1] Diversi verbi inglesi, talvolta con costruzioni particolari, traducono l'italiano *rubare*; innanzitutto, *to steal* ha come oggetto la cosa rubata, mentre *to rob* la persona derubata: *lui ha rubato il portafoglio a Sheila* = he stole Sheila's wallet / he robbed Sheila of her wallet. Per designare il furto in una casa o in un ufficio, si usa *to burgle* (*to burglarize* in inglese americano): *ci hanno rubato in casa* = our house has been burgled. *Farsi rubare qualcosa* si traduce con *to have / to get something stolen.* tr. **1** *(sottrarre)* to steal* [*oggetto*] (**a qcn.** from sb.); *(con scasso)* to burgle, to burglarize AE; *(scippare)* to snatch [*borsa, gioiello*]; ***gli hanno rubato la macchina*** he had his car stolen, his car's been stolen; ***ci hanno rubato i bagagli dalla macchina*** our luggage was stolen from the car; ***ci hanno rubato in casa*** our house has been burgled; ***rubare impunemente, a man salva*** to plunder; ***~ il denaro da un registratore di cassa*** to rob the till; ***~ sul peso*** to give short weight; ***~ sul prezzo*** to overcharge; ***non ~*** BIBL. thou shalt not steal **2** FIG. *(appropriarsi indebitamente di)* to steal* [*idea, segreto, posto di lavoro*]; to steal*, to snatch [*bacio*]; ***~ lo stipendio*** to skive (off) BE; ***~ il mestiere a qcn.*** to steal sb.'s job; ***~ le ore al sonno*** to lose sleep; ***~ il marito a qcn.*** to steal sb.'s husband; ***~ (il) tempo a qcn.*** to take up sb.'s time; ***~ il merito di qcs.*** to steal the credit for sth.; ***posso rubarti un momento?*** can I have a moment of your time? **3** *(conquistare)* ***~ il cuore a qcn.*** to steal sb.'s heart; ***~ la palla a qcn.*** SPORT to dispossess sb.; ***~ la scena*** TEATR. to rob *o* steal the show ◆ ***~ la parola di bocca a qcn.*** to take the words right out of sb.'s mouth.

rubato /ru'bato/ **I** p.pass. → **rubare II** agg. [*merce, denaro*] stolen **III** m. MUS. rubato*.

rubellite /rubel'lite/ f. rubellite.

ruberia /rube'ria/ f. stealing, robbery.

rubicondo /rubi'kondo/ agg. [*viso, colorito*] ruddy, florid, rubicund LETT.

Rubicone /rubi'kone/ n.pr.m. Rubicon ◆ ***passare il ~*** to cross the Rubicon.

rubidio /ru'bidjo/ m. rubidium.

rubinetteria /rubinette'ria/ f. taps and fittings pl.

▷ **rubinetto** /rubi'netto/ m. tap BE, faucet AE; ***~ dell'acqua calda*** hot (water) tap; ***~ dell'acqua fredda*** cold (water) tap; ***aprire, chiudere il ~*** to turn the tap on, off; ***il ~ è aperto*** the tap is running; ***il ~ perde*** the tap is leaking; ***acqua del ~*** tap water ◆◆ ***~ d'arresto*** stopcock; ***~ del gas*** gas tap.

rubino /ru'bino/ ➧ *3* **I** m. *(pietra, gioiello)* ruby; *(di orologio)* jewel; ***una collana con -i incastonati*** a necklace set with rubies **II** m.inv. *(colore)* ruby (red) **III** agg.inv. ***rosso ~*** ruby red.

rubizzo /ru'bittso, ru'biddzo/ agg. sprightly, vigorous.

rublo /'rublo/ ➧ *6* m. rouble.

rubrica, pl. **-che** /ru'brika, ke/ f. **1** *(quaderno)* index book; ***~ degli indirizzi*** address book **2** TELEV. daily programme, feature **3** GIORN. column, section; ***tenere una ~ in un giornale*** to have a column in a newspaper **4** FILOL. RELIG. rubric ◆◆ ***~ cinematografica*** film section; ***~ femminile*** women's page; ***~ finanziaria*** finance section; ***~ letteraria*** books section; ***~ di pettegolezzi*** gossip column; ***~ politica*** political column; ***~ degli spettacoli*** entertainment(s) section; ***~ sportiva*** sports column; ***~ telefonica*** telephone (index) book.

rubricare /rubri'kare/ [1] tr. **1** *(contrassegnare in rosso)* to rubricate **2** *(prendere nota di)* to enter, to record [*indirizzi, numeri telefonici*].

rubricista, m.pl. **-i**, f.pl. **-e** /rubri'tʃista/ ➧ *18* m. e f. **1** GIORN. columnist **2** RELIG. rubrician.

ruche /ryʃ/ f.inv. ruche.

ruchetta /ru'ketta/, **rucola** /'rukola/ f. rocket.

▷ **rude** /'rude/ agg. **1** *(rozzo)* [*maniere, persona*] rough, gross, bearish, crude; [*tratti*] coarse **2** *(robusto)* [*montanaro, marinaio*] rugged, tough **3** *(severo)* [*tono, persona, carattere*] harsh, direct.

rudemente /rude'mente/ avv. **1** *(rozzamente)* roughly, coarsely **2** *(duramente)* [*parlare, trattare*] harshly.

rudere /'rudere/ **I** m. **1** *(casa fatiscente)* ruin; ***ormai la loro casa è solo un ~*** their house is nothing more than a ruin **2** *(persona in cattive condizioni)* wreck **II ruderi** m.pl. *(resti)* ruins, remains.

rudezza /ru'dettsa/ f. *(rozzezza)* roughness, grossness; *(durezza)* harshness.

rudimentale /rudimen'tale/ agg. **1** *(elementare)* [*metodo, strumento*] rudimental, rudimentary, ruddy; [*riparo, rifugio*] rough; ***conoscenze -i della lingua svedese*** rudimentary knowledge of

Swedish; ***costruito in modo ~*** rudimentarily built **2** BIOL. [*organo*] rudimentary.

rudimentalità /rudimentali'ta/ f.inv. rudimentariness.

rudimentalmente /rudimental'mente/ avv. rudimentarily.

rudimento /rudi'mento/ **I** m. BIOL. rudiment; ***un ~ di coda*** a rudimentary tail **II rudimenti** m.pl. rudiments, elements; ***apprendere i primi -i di*** to learn the rudiments of; ***possedere alcuni -i di*** to have a rudimentary knowledge of.

rudista /ru'dista/ f. rudistid.

ruffiana /ruf'fjana/ f. **1** *(mezzana)* bawd, procuress **2** FIG. *(adulatrice)* bootlicker, crawler BE.

ruffianeggiare /ruffjaned'dʒare/ [1] intr. (aus. *avere*) **1** *(fare il ruffiano)* to procure **2** *(fare l'adulatore)* to suck up, to crawl.

ruffianeria /ruffjane'ria/ f. toadying **U**, sycophantic behaviour **U**.

ruffianesco, pl. **-schi, -sche** /ruffja'nesko, ski, ske/ agg. creeping, bootlicking.

ruffiano /ruf'fjano/ m. **1** *(mezzano)* pander, pimp **2** FIG. *(adulatore)* bootlicker, crawler BE.

▷ **ruga**, pl. **-ghe** /'ruga, ge/ f. wrinkle, line; ***un volto segnato dalle -ghe*** a face seamed with wrinkles; ***fa venire le -ghe*** it gives you wrinkles; ***senza -ghe*** unwrinkled.

rugbista /rag'bista/ m. rugby player.

rugby /'ragbi/ ♦ ***10*** m.inv. rugby; ***giocare a ~*** to play rugby; ***un giocatore di ~*** a rugby player.

ruggente /rud'dʒɛnte/ agg. roaring ◆ ***gli anni -i*** the roaring Twenties.

Ruggero /rud'dʒɛro/ n.pr.m. Roger.

rugghio, pl. **-ghi** /'ruggjo, gi/ LETT. → **ruggito.**

▷ **ruggine** /'ruddʒine/ ♦ ***3*** **I** f. **1** CHIM. rust; ***la ~ corrode il ferro*** rust corrodes iron; ***corroso dalla ~*** rust eaten; ***resistente alla ~*** rustproof; ***fare la ~*** to get rusty; ***macchia di ~*** iron mould BE *o* mold AE; ***coperto di ~*** rusty, covered with rust **2** FIG. *(animosità)* bad blood, grudge; ***c'è della ~ tra loro*** there's bad blood between them **3** BOT. rust; ***~ del grano*** wheat rust **II** m.inv. *(colore)* rust brown, russet **III** agg.inv. rust brown, rust-coloured BE, rust-colored AE.

rugginoso /ruddʒi'noso/ agg. **1** *(arrugginito)* rusty **2** *(color ruggine)* rust brown, rubiginous.

▷ **ruggire** /rud'dʒire/ [102] **I** tr. to roar, to bellow [*ordine, insulto, minaccia*] **II** intr. (aus. *avere*) **1** ZOOL. [*tigre, leone*] to roar; FIG. *(urlare)* [*persona*] to roar; ***~ di rabbia, di dolore*** to roar with rage, pain **2** *(rumoreggiare)* [*vento, mare, motore*] roar.

▷ **ruggito** /rud'dʒito/ m. **1** *(del leone)* roar **2** FIG. *(fragore)* roar, roaring.

rughetta /ru'getta/ → **ruchetta.**

▷ **rugiada** /ru'dʒada/ f. dew; ***goccia di ~*** dewdrop; ***punto di ~*** dew point; ***umido di ~*** [*erba, fiore*] dewy, wet with dew; ***bagnare di ~*** to dew; ***scese la ~*** it dewed.

rugiadoso /rudʒa'doso/ agg. **1** *(bagnato di rugiada)* [*prato, notte*] dewy **2** FIG. [*occhi*] dewy.

rugosità /rugosi'ta/ f.inv. **1** *(della pelle)* wrinkledness **2** *(scabrosità)* roughness, coarseness.

rugoso /ru'goso/ agg. **1** *(ruvido)* [*pelle, mano, viso*] wrinkled, lined **2** *(scabro)* rough, coarse **3** BOT. rugose.

rullaggio, pl. **-gi** /rul'laddʒo, dʒi/ m. AER. taxiing; ***pista di ~*** taxi track.

rullare /rul'lare/ [1] **I** intr. (aus. *avere*) **1** *(risuonare)* [*tamburo*] to roll **2** AER. [*aereo*] to taxi; MAR. [*nave*] to roll **II** tr. to roll [*campo, prato*].

rullata /rul'lata/ f. AER. taxiing.

rullatura /rulla'tura/ f. AGR. TECN. rolling.

rullino /rul'lino/ m. (roll of) film; ***un ~ da 24 pose*** a 24-exposure film; ***far sviluppare un ~*** to have a film developed ◆◆ ***~ in bianco e nero*** black and white (roll of) film; ***~ a colori*** colour (roll of) film.

rullio, pl. **-ii** /rul'lio, ii/ m. *(di tamburo)* rolling, beating.

▷ **rullo** /'rullo/ m. **1** *(di tamburo)* (drum)roll, beating; ***~ di tamburo*** beat of the drum **2** TIP. TECN. AGR. *(elemento cilindrico)* roller; *(per tinteggiare)* (paint) roller; ***cuscinetto a -i*** MECC. roller bearing **3** FOT. roll **4** MUS. piano roll ◆◆ ***~ compressore*** roadroller, steamroller; FIG. steamroller; ***~ inchiostratore*** inker, ink roller; ***~ per macchina da scrivere*** platten; ***~ per pittura*** TECN. paint roller; ***~ di trascinamento*** capstan.

rum /rum/ m.inv. rum ◆◆ ***~ bianco*** white rum; ***~ bruno*** dark rum.

rumba /'rumba/ f. rumba.

rumeno /ru'mɛno/ ♦ ***25, 16*** → **romeno.**

ruminante /rumi'nante/ agg. e m. ruminant.

ruminare /rumi'nare/ [1] **I** tr. **1** ZOOL. to ruminate **2** FIG. *(rimuginare)* to ruminate, to chew over **II** intr. (aus. *avere*) **1** ZOOL. to ruminate, to chew the cud **2** FIG. *(rimuginare)* to ruminate, to chew the cud.

ruminazione /ruminat'tsjone/ f. rumination (anche FIG.).

rumine /'rumine/ m. rumen*.

▶ **rumore** /ru'more/ m. **1** *(suono)* noise; ***sentire un ~*** to hear a noise; ***non si sente il minimo ~*** you can't hear a sound; ***~ forte, leggero*** loud, soft noise; ***lieve ~*** faint noise; ***~ improvviso*** sudden noise; ***~ soffocato*** thud; ***il ~ del traffico, di un treno*** the noise of traffic, of a train; ***~ di pentole, di piatti*** clatter of saucepans, of plates; ***sento il ~ dei suoi passi per le scale*** I can hear the sound of his steps on the stairs; ***sembra il ~ di un motore*** it sounds like an engine; ***il motore fa uno strano ~*** the engine is making a funny noise; ***dal ~ il muro sembra vuoto*** the wall sounds hollow **2** *(chiasso)* noise, din; ***fare ~*** to make a noise, to be noisy; ***fai troppo ~*** you're too noisy, you're making too much noise; ***non fare ~, lui dorme*** don't make any noise, he's asleep; ***c'è ~*** it's noisy; ***il ~ copriva le urla*** their cries were lost in the din; ***lavorare in mezzo al ~*** to work in a noisy environment; ***senza fare ~*** [*funzionare*] without making any noise; ***camminare senza fare ~*** to sneak, to slink **3** FIG. *(scalpore)* ***il suo film ha fatto molto ~*** his film attracted a lot of attention; ***si è fatto molto ~ attorno a questo libro*** this book caused quite a stir; ***-i di borsa*** stock market rumors; ***fare molto ~ per nulla*** to make a lot of fuss about nothing **4** MED. sound, murmur; ***-i cardiaci*** heart murmur **5** TECN. noise **6** LETT. *(clamore)* ***lontano dal ~ del mondo*** far from the madding crowd **7** CINEM. *(effetti sonori)* sound effects pl. ◆◆ ***~ bianco*** FIS. white noise; ***~ di fondo*** background noise; ***-i molesti*** DIR. disturbance of the peace.

rumoreggiare /rumored'dʒare/ [1] intr. (aus. *avere*) **1** *(rimbombare)* [*tuono*] to roar, rumble **2** *(brontolare)* to clamour BE, to clamor AE, to grumble; ***il pubblico cominciò a ~*** the audience began to grumble noisily **3** ANT. FIG. ***si rumoreggia che...*** the story goes that..., the story has it that...

rumorio, pl. **-ii** /rumo'rio, ii/ m. faint noise, low rumbling.

rumorista, m.pl. **-i**, f.pl. **-e** /rumo'rista/ ♦ ***18*** m. e f. *(uomo)* sound-effect man*; *(donna)* sound-effects woman*.

rumorosamente /rumorosa'mente/ avv. [*ridere, masticare, starnutire*] loudly; [*entrare, uscire*] noisily.

rumorosità /rumorosi'ta/ f.inv. noisiness.

▷ **rumoroso** /rumo'roso/ agg. **1** *(pieno di rumore)* noisy **2** *(che fa molto rumore)* [*persona, folla*] noisy; [*risata*] loud.

runa /'runa/ f. rune.

runico, pl. **-ci, -che** /'runiko, tʃi, ke/ agg. [*alfabeto, iscrizione*] runic.

ruolino /rwo'lino/ m. MIL. (duty) roster, list; ***~ di marcia*** marching orders.

▷ **ruolo** /'rwɔlo/ m. **1** TEATR. CINEM. TELEV. part, role; ***un ~ da*** o ***di comparsa*** a walk-on part; ***il ~ di Amleto*** the role of Hamlet; ***~ principale*** lead, leading role; ***ebbe un ~ da protagonista*** he played a leading role; ***interpretare un ~*** to play a role; ***recitare nel ~ di Cordelia*** to play the character of Cordelia **2** *(funzione)* role; ***ridurre il ~ dello Stato*** to reduce the role of the State; ***avere un ~ di spicco, di primo piano*** to play a prominent part *o* role, to play a leading part *o* role; ***il ~ di qcn. in un affare*** sb.'s part *o* role in an affair; ***riveste il ~ di segretario generale*** he's serving as general secretary; ***ho rivestito vari -i*** I've been employed in various capacities; ***invertire i -i*** to reverse roles; ***i membri dell'organizzazione avranno il ~ di osservatori*** the members of the organization will act as observers; ***non sei molto convincente nel ~ del padre autoritario*** you're not very really believable when you try to act the heavy-handed father **3** SPORT position; ***il suo ~ di portiere*** his position as goalkeeper **4** BUROCR. *(elenco)* list, roll; ***di ~*** [*insegnante, personale*] regular, permanent; [*docente universitario*] tenured; ***essere di ~*** [*insegnante, personale*] to be on the regular staff; [*docente universitario*] to be tenured; ***passare di ~*** [*insegnante, personale*] to be made permanent; [*docente universitario*] to get tenure, to be given tenure; ***non di, fuori ~*** temporary **5** DIR. *(registro)* register, docket AE; ***iscrivere una causa a ~*** to enter a case for trial, to docket a case AE **6** MAR. roll; ***~ di equipaggio*** muster-roll ◆◆ ***~ catastale*** cadastre BE; ***~ dei contribuenti*** list of taxpayers; ***~ delle imposte*** tax roll.

▶ **ruota** /'rwɔta/ f. **1** *(di veicolo, oggetto, gioco)* wheel; ***~ anteriore, posteriore*** front, back wheel; ***cambiare la ~ di una macchina*** to change the wheel on a car; ***un veicolo a quattro, due -e*** a four-wheeled, two-wheeled vehicle; ***avere una ~ a terra*** to have a flat tyre BE *o* tire AE; ***le -e sono diventate lisce*** the tyres are worn smooth; ***~ del timone*** wheel; ***~ della roulette*** roulette wheel; ***due ~*** *(veicolo)* two-wheeler; ***piroscafo a ~*** paddle steamer **2** *(ingranaggio)* wheel; ***~ di mulino*** millwheel **3** *(strumento di tortura)* wheel, rack; ***mettere qcn. alla ~*** to put sb. on the rack, to rack sb. **4** SPORT *(nella ginnastica)* cartwheel; ***fare la ~*** to do *o* turn a cartwheel **5** *(del lotto)* lottery drum; ***è uscito il 5 sulla ~ di Napoli*** number 5 was drawn in Naples **6** ABBIGL. ***mantello a ~*** circular cape; ***gonna a ~*** flared skirt **7** RELIG. *(nei conventi)* revolving door **8** ***fare la ~*** [*pavone*] to display, to spread one's tail; FIG. to strut *o* parade around ◆ ***essere l'ultima ~ del carro*** to be fifth wheel, to be at the bottom of the heap; ***mettere i bastoni fra le -e a qcn.*** to put a spoke in sb.'s wheel, to put an ostacle in sb.'s way; ***parlare a ~ libera*** to blabber on; ***seguire a ~ qcn.*** to follow hot on sb.'s heels; ***ungere le -e*** to soft-soap, to bribe one's way ◆◆ ***~ dentata*** cog(wheel), spur *o* toothed wheel; ***~ dentata d'arresto*** ratchet wheel; ***~ della fortuna*** FIG. wheel of fortune; ***~ di frizione*** frictional wheel; ***~ idraulica*** water wheel; ***~ libera*** MECC. freewheel; ***andare a ~ libera*** to freewheel; ***~ motrice*** driving wheel; ***veicolo a quattro -e motrici*** four-wheel-drive vehicle; ***~ a pale*** paddle wheel; ***~ panoramica*** Ferris wheel, big wheel BE; ***~ di scorta*** spare wheel, spare tyre BE *o* tire AE; ***~ di trasmissione*** toothed gear.

▷ **ruotare** /rwo'tare/ [1] **I** tr. to roll [*spalle, occhi*]; ***~ qcs. di mezzo giro, nel senso sbagliato*** to turn sth. halfway, the wrong way **II** intr. (aus. *avere*) *(girare) (su di un perno)* [*porta, sedia*] to rotate, to revolve; [*trottola*] to spin*; *(attorno a qcs.)* [*pianeta, stella*] to revolve; ***ha fatto ~ il telescopio di 180 gradi*** he swung the telescope through 180 degrees.

ruotino /rwo'tino/ m. *(ruota di scorta)* minispare.

ruotismo /rwo'tizmo/ → **rotismo.**

rupe /'rupe/ f. crag, rock; ***la ~ tarpea*** Tarpeian rock.

rupestre /ru'pɛstre/ agg. **1** *(che cresce sulle rocce)* [*pianta, flora*] rupestral, rock attrib. **2** ART. [*pittura, disegno*] rock attrib., cave attrib., rupestrian; ***incisione ~*** rock carving.

1.rupia /'rupja/ f. MED. rupia.

2.rupia /ru'pia/ ➧ ***6*** f. NUMISM. rupee.

rurale /ru'rale/ **I** agg. [*ambiente, economia, comunità*] rural; [*vita*] country attrib.; ***l'Inghilterra ~*** rural England **II** m. e f. ***i -i*** people who live in the country, country people.

ruralità /rurali'ta/ f.inv. rural nature.

ruscelletto /ruʃʃel'letto/ m. streamlet, brooklet, rivulet.

ruscello /ruʃ'ʃɛllo/ m. stream, brook.

ruspa /'ruspa/ f. excavator, scraper, bulldozer.

ruspante /rus'pante/ agg. [*pollo*] free-range, farmyard attrib.

ruspare /rus'pare/ [1] **I** tr. to scrape [*terreno*] **II** intr. (aus. *avere*) [*volatile*] to scratch around.

ruspista, m.pl. **-i**, f.pl. **-e** /rus'pista/ ➧ ***18*** m. e f. scaper operator.

▷ **russare** /rus'sare/ [1] intr. (aus. *avere*) to snore.

Russia /'russja/ ➧ ***33*** n.pr.f. Russia.

russificare /russifi'kare/ [1] **I** tr. to Russify, to Russianize **II** **russificarsi** pronom. [*quartiere, regione*] to become Russianized.

russificazione /russifikat'tsjone/ f. russification.

russismo /rus'sizmo/ m. LING. Russian loan word.

russista, m.pl. **-i**, f.pl. **-e** /rus'sista/ m. e f. Russianist.

russo /'russo/ ➧ ***25, 16*** **I** agg. Russian; ***rivoluzione -a*** Russian Revolution; ***roulette -a*** Russian roulette **II** m. (f. **-a**) **1** *(persona)* Russian **2** *(lingua)* Russian ◆◆ ***~ Bianco*** White Russian.

russofilo /rus'sɔfilo/ m. (f. **-a**) Russophile.

russofobia /russofo'bia/ f. Russophobia.

russofobo /rus'sɔfobo/ m. (f. **-a**) Russophobe.

russofono /rus'sɔfono/ **I** agg. Russian-speaking **II** m. (f. **-a**) Russian speaker.

rusticale /rusti'kale/ agg. ANT. rustic, rural.

rusticamente /rustika'mente/ avv. [*arredato, costruito*] rustically, in country style.

rusticano /rusti'kano/ agg. rustic, country attrib.; ***cavalleria -a*** = governing relations between rural communities in Southern Italy.

rustichezza /rusti'kettsa/ f. *(rozzezza)* rusticity, roughness, rustic manners pl.

rusticità /rustitʃi'ta/ f.inv. **1** *(rozzezza)* rusticity, roughness, rustic manners pl. **2** *(di edificio)* rusticity, rustic nature.

▷ **rustico**, pl. **-ci**, **-che** /'rustiko, tʃi, ke/ **I** agg. **1** *(di campagna)* [*casa, cascina*] rustic, country attrib., rural; *(semplice)* [*pasto, arredamento, vita*] rustic, country-style; ***stile ~*** rustic *o* country style **2** *(rozzo)* [*persona, modi*] rustic, rough, uncouth **II** m. **1** *(deposito per gli attrezzi)* outhouse; *(abitazione di famiglia contadina)* labourer's cottage **2** *(casetta di campagna)* cottage **3** EDIL. *(edificio non rifinito)* shell.

ruta /'ruta/ f. rue, herb of grace.

rutenico, pl. **-ci**, **-che** /ru'tɛniko, tʃi, ke/ agg. ruthenic.

rutenio /ru'tɛnjo/ m. ruthenium.

ruteno /ru'tɛno/ **I** agg. Ruthenian **II** m. (f. **-a**) Ruthenian.

rutenoso /rute'noso/ agg. ruthenious.

rutherford /'ruterford/ m.inv. rutherford.

rutherfordio /ruter'fɔrdjo/ m. rutherfordium.

rutilante /ruti'lante/ agg. *(risplendente)* glowing, gleaming, shining (**di** with).

rutilo /'rutilo/ m. rutile.

▷ **ruttare** /rut'tare/ [1] **I** tr. LETT. *(eruttare)* [*vulcano*] to spew out, to eject **II** intr. (aus. *avere*) to belch, to burp COLLOQ.

ruttino /rut'tino/ m. burp COLLOQ.; ***far fare il ~ a un bebè*** to burp a baby.

▷ **rutto** /'rutto/ m. belch, burp COLLOQ.

ruttore /rut'tore/ m. EL. contact breaker, trembler.

ruvidamente /ruvida'mente/ avv. *(bruscamente)* brusquely, rudely, roughly.

ruvidezza /ruvi'dettsa/ f. **1** *(ruvidità)* roughness, coarseness **2** *(bruschezza)* brusqueness, rudeness, roughness.

ruvidità /ruvidi'ta/ f.inv. → **ruvidezza.**

ruvido /'ruvido/ agg. **1** *(al tatto)* [*stoffa*] coarse, scratchy; [*mani, pelle*] rough, coarse **2** FIG. *(brusco)* [*persona*] brusque, rude, rough; [*modi*] coarse, rough, gross.

ruzzare /rud'dzare/ [1] intr. (aus. *avere*) [*animali, bambini*] to romp, to frisk.

ruzzolare /ruttso'lare/ [1] **I** intr. (aus. *essere*) **1** *(cadere rotolando)* [*persona*] to topple, to tumble (down); ***~ giù dalle scale*** to tumble down the stairs **2** *(rotolare)* [*oggetto*] to roll; ***la palla ruzzolò giù dalle scale*** the ball bounced down the steps **II** tr. *(far rotolare)* to roll [*sasso*].

ruzzolata /ruttso'lata/ f. *(ruzzolone)* tumble, heavy fall.

ruzzolone /ruttso'lone/ m. **1** *(capitombolo)* tumble, heavy fall; ***fare un ~*** to take a tumble, to fall *o* go head over heels **2** FIG. *(fallimento, tracollo)* failure; ***fare un ~*** to come a cropper BE COLLOQ.

ruzzoloni /ruttso'loni/ avv. ***(a) ~*** tumbling down; ***cadere (a) ~*** to tumble down; ***cadere ~ per le scale*** to tumble down the stairs.

S

s, S /'ɛsse/ m. e f.inv. *(lettera)* s, S; ***curva a ~*** S-bend; ***a forma di ~*** S-shaped.
s' → **1.si.**
S. ⇒ santo Saint (St).
SA /esse'a/ f. (⇒ Società Anonima) = public company.
sab. ⇒ sabato Saturday (Sat).
Saba /'saba/ n.pr.f. Sheba; ***la regina di ~*** the Queen of Sheba.
sabadiglia /saba'diʎʎa/ f. sabadilla.
sabatico, pl. **-ci, -che** /sa'batiko, tʃi, ke/ → **sabbatico.**
▶ **sabato** /'sabato/ ➧ ***11*** m. **1** Saturday; ***oggi è ~*** today is Saturday; ***~ andrò in montagna*** I'm going to the mountains on Saturday; ***di*** o ***il ~ vado in montagna*** I go to the mountains on Saturdays; ***tutti i ~*** every Saturday; ***~ scorso*** last Saturday; ***~ prossimo*** next Saturday *o* Saturday next; ***~ mattina, pomeriggio, sera*** Saturday morning, Saturday afternoon, Saturday evening; ***sono nato di ~*** I was born on a Saturday **2** *(nella religione ebraica)* sabbath, Sabbath ◆◆ ***~ grasso*** = Saturday before Lent; ***~ santo*** Holy Saturday.
sabaudo /sa'baudo/ agg. Savoy attrib., of (the House of) Savoy.
sabba /'sabba/ m.inv. witches' Sabbath.
sabbatico, pl. **-ci, -che** /sab'batiko, tʃi, ke/ agg. **1** RELIG. sabbatical, Sabbatical **2** UNIV. [*anno, congedo*] sabbatical; ***prendere un anno ~*** to take a *o* to go on sabbatical; ***essere in anno ~*** to be on sabbatical.
▶ **sabbia** /'sabbja/ ➧ ***3*** **I** f. **1** sand; *(più grossolana)* grit; ***un granello di ~*** a grain of sand; ***castello di ~*** sand castle; ***tempesta di ~*** sandstorm; ***cava di ~*** sandpit; ***banco di ~*** sand bank; ***bagno a ~*** CHIM. sandbath **2** MED. urinary sand **II** agg.inv. ***(color) ~*** sandy ◆ ***costruire*** o ***edificare sulla ~*** to build on sand ◆◆ ***-e mobili*** quicksand, shifting sands (anche FIG.).
sabbiare /sab'bjare/ [1] tr. to sandblast [*superficie*].
sabbiatore /sabbja'tore/ ➧ ***18*** m. (f. **-trice** /tritʃe/) sandblaster.
sabbiatrice /sabbja'tritʃe/ f. *(macchina)* sandblaster.
sabbiatura /sabbja'tura/ f. **1** *(terapia)* sandbath **2** IND. sandblast(ing); ***~ metallica*** shot-blasting.
sabbiera /sab'bjɛra/ f. **1** *(di locomotiva)* sandbox **2** *(spandisabbia)* gritter.
sabbione /sab'bjone/ m. **1** *(distesa di sabbia)* sands pl. **2** *(sabbia grossolana)* coarse sand.
sabbioso /sab'bjoso/ agg. **1** *(di sabbia)* [*suolo, terreno*] sandy, gritty, beachy **2** *(friabile)* [*terra*] sandy.
sabelliano /sabel'ljano/ agg. e m. RELIG. Sabellian.
sabellico, pl. **-ci, -che** /sa'bɛlliko, tʃi, ke/ agg. STOR. Sabellian.
sabello /sa'bɛllo/ **I** agg. STOR. Sabellian **II** m. (f. **-a**) STOR. ***i Sabelli*** the Sabellians.
sabeo /sa'bɛo/ **I** agg. Sab(a)ean **II** m. (f. **-a**) **1** *(persona)* Sab(a)ean **2** LING. Sab(a)ean.
sabina /sa'bina/ f. BOT. savin(e).
sabino /sa'bino/ **I** agg. Sabine **II** m. (f. **-a**) Sabine; ***il ratto delle Sabine*** STOR. the rape of the Sabine women.
▷ **sabotaggio**, pl. **-gi** /sabo'taddʒo, dʒi/ m. sabotage; *(di macchinari)* wrecking; ***fare azioni di ~*** to do acts of sabotage; ***fare del ~*** to commit sabotage.
▷ **sabotare** /sabo'tare/ [1] tr. **1** *(danneggiare)* to sabotage [*materiale, veicolo*] **2** *(ostacolare)* to sabotage [*negoziato, politica, progetto*].
sabotatore /sabota'tore/ **I** agg. ***azione -trice*** act of sabotage **II** m. (f. **-trice** /tritʃe/) saboteur; *(di macchinari)* wrecker.
sabra /'sabra/ m. e f.inv. sabra.
saburra /sa'burra/ f. saburra.
saburrale /sabur'rale/ agg. saburral.
S.acc. ⇒ Società in accomandita limited partnership.
sacca, pl. **-che** /'sakka, ke/ f. **1** *(grossa borsa)* bag; *(zaino)* pack, knapsack, haversack, backpack AE; ***~ da marinaio*** sea bag; ***~ sportiva*** sports bag BE, gym bag AE; ***~ da viaggio*** travel *o* duffel bag; ***~ militare*** barracks bag, haversack **2** *(insenatura)* cove, inlet **3** ANAT. MED. sac **4** MIL. pocket **5** FIG. *(area sociale)* pocket; ***~ di resistenza, opposizione*** pocket of resistance, of opposition ◆◆ ***~ d'aria*** air pocket; ***~ pollinica*** BOT. pollen sac.
saccarasi /sakka'razi/ f.inv. invertase, saccharase, sucrase.
saccarato /sakka'rato/ m. saccharate.
saccarico, pl. **-ci, -che** /sak'kariko, tʃi, ke/ agg. saccharic.
saccaride /sak'karide/ m. saccharide.
saccarifero /sakka'rifero/ agg. **1** *(contenente zucchero)* sacchariferous **2** *(relativo alla produzione di zucchero)* [*industria*] sugar attrib.
saccarificare /sakkarifi'kare/ [1] tr. to saccharify.
saccarificazione /sakkarifikat'tsjone/ f. saccharification.
saccarimetria /sakkarime'tria/ f. saccharimetry.
saccarimetro /sakka'rimetro/ m. saccharimeter.
saccarina /sakka'rina/ f. saccharin.
saccaroide /sakka'rɔjde/ agg. saccharoid(al).
saccarometria /sakkarome'tria/ → **saccarimetria.**
saccarometro /sakka'rɔmetro/ m. saccharometer.
saccaromicete /sakkaromi'tʃɛte/ m. saccharomycete.
saccarosio /sakka'rɔzjo/ m. saccharose, sucrose.
saccata /sak'kata/ f. sackful, sackload; ***una ~ di patate*** a sackful of potatoes.
saccatura /sakka'tura/ f. METEOR. trough.
saccente /sat'tʃɛnte/ **I** agg. [*persona*] conceited, self-important; [*aria, tono*] pedantic, opinionated **II** m. e f. smartie, smart alec(k), know-all BE COLLOQ., know-it-all AE COLLOQ.; ***fare il ~*** to be a smart alec(k).
saccenteria /sattʃente'ria/ f. conceit, self-importance, opinionatedness.
saccheggiamento /sakkeddʒa'mento/ → **saccheggio.**
▷ **saccheggiare** /sakked'dʒare/ [1] tr. **1** *(depredare)* to plunder, to pillage, to loot, to sack LETT. [*città*] **2** *(rapinare)* to rob, to raid, to ransack [*negozio, casa*] **3** SCHERZ. *(svuotare)* to raid [*frigorifero*] **4** FIG. *(copiare)* to plagiarize [*opera, autore*].
saccheggiatore /sakkeddʒa'tore/ **I** agg. plundering **II** m. (f. **-trice** /tritʃe/) plunderer, sacker, ransacker, looter.
saccheggio, pl. **-gi** /sak'keddʒo, dʒi/ m. **1** *(razzia)* plunder, plundering, pillage, looting, sack LETT. **2** *(plagio)* plagiarism.
▷ **sacchetto** /sak'ketto/ m. **1** *(piccolo sacco)* bag; ***~ di carta*** paper bag; ***~ di plastica*** plastic *o* polythene bag; ***~ per aspirapolvere*** dust

bag; ~ ***per congelare*** freezer bag; ~ ***di sabbia*** sandbag **2** *(contenuto)* bagful*, bag; ~ ***di cioccolatini*** bag of chocolates **3 a sacchetto** ABBIGL. ***vestito a*** ~ sack dress.

sacchificio, pl. **-ci** /sakki'fitʃo, tʃi/ m. sack factory.

sacciforme /sattʃi'forme/ agg. ANAT. sacciform, saccular; ***aneurisma*** ~ saccular aneurism.

▶ **sacco**, pl. **-chi** /'sakko, ki/ m. **1** *(contenitore)* sack; ~ ***per patate*** potato sack; ~ ***di iuta*** jute bag, gunnysack, hopsack AE; ~ ***postale*** mailbag, postbag BE; ***tela da*** ~ sackcloth, sacking, bagging; ~ ***dell'immondizia*** bin liner BE, trash bag AE; ***pranzo al*** ~ packed lunch, box lunch AE; ***corsa nei -chi*** GIOC. sack race **2** *(contenuto)* sack, sackful, bagful; ~ ***di farina*** sack of flour; ***un*** ~ ***pieno di giocattoli*** a sackful of toys **3** *(borsa)* bag; *(zaino)* pack, knapsack, haversack, backpack AE; ~ ***a tracolla*** shoulder bag; ~ ***da viaggio*** travel *o* duffel bag **4** *(saccheggio)* plunder, pillage, sack LETT.; ***mettere a*** ~ to sack LETT. [*città, regione*] **5** *(scherzo) (in caserme ecc.)* apple pie bed; ***fare il*** ~ to make an apple pie bed **6** ANAT. BOT. sac **7** SPORT *(nella boxe)* punchbag BE, punching bag AE **8** GERG. *(mille vecchie lire)* = a thousand-lira note **9** SCHERZ. *(stomaco)* belly, stomach; ***riempirsi il*** ~ to fill up one's belly **10 un sacco** COLLOQ. *(moltissimo)* a lot; ***sciare mi piace un*** ~ I like skiing an awful lot; ***divertirsi un*** ~ to have a great *o* terrific time, to have a blast COLLOQ.; ***lavorare un*** ~ to work flat out COLLOQ.; ***annoiarsi un*** ~ to be bored stiff **11 un sacco di** COLLOQ. loads of, lots of [*cose, soldi, tempo ecc.*]; ***un*** ~ ***di gente*** a (whole) load of people; ***un*** ~ ***di cose*** a whole bunch of things; ***avere un*** ~ ***di soldi*** to have loads *o* piles *o* lots and lots of money; ***un*** ~ ***di bugie*** a pack *o* parcel of lies; ***un*** ~ ***di spazio*** acres (and acres) of room; ***c'era un*** ~ ***di roba da mangiare*** there was loads to eat; ***dice un*** ~ ***di sciocchezze*** he talks a load of rubbish; ***(mi) è costato un*** ~ ***di soldi*** it cost (me) a packet; ***ho avuto un*** ~ ***di problemi*** I had loads of trouble; ***darsi un*** ~ ***di arie*** to put on a grand air; ***dare a qcn. un*** ~ ***di botte*** to give sb. a good thrashing **12 a sacco** ABBIGL. ***vestito a*** ~ sack dress ◆ ~ ***d'ossa*** *(persona troppo magra)* barebones; ***essere un*** ~ ***d'ossa*** to be a bag of bones; ~ ***di pulci*** *(animale)* fleabag; ***un*** ~ ***e una sporta*** loads, lots; ***essere un*** ~ ***di patate*** to be clumsy; ***vuotare il*** ~ to spill the beans COLLOQ., to come clean COLLOQ.; ***essere preso con le mani nel*** ~ to be caught red-handed, to be caught with the goods COLLOQ.; ***mettere qcn. nel*** ~ *(ingannare)* = to deceive sb.; ***non si fa mettere nel*** ~ ***da nessuno*** there are no flies on her; ***non è farina del suo*** ~ this is not his own work; ***reggere il*** ~ ***a qcn.*** to aid and abet sb. ◆◆ ~ ***amniotico*** ANAT. amniotic sac; ~ ***embrionale*** ANAT. embryo sac; ~ ***erniario*** ANAT. hernial sac; ~ ***lacrimale*** ANAT. lachrymal sac; ~ ***a pelo*** sleeping bag; ~ ***pollinico*** BOT. pollen sac; ***il*** ~ ***di Roma*** STOR. = the sack of Rome.

saccoccia, pl. **-ce** /sak'kɔttʃa, tʃe/ f. REGION. *(tasca)* pocket.

saccone /sak'kone/ m. *(paglericcio)* bedstraw, pallet, palliasse.

saccopelismo /sakkope'lizmo/ m. backpacking **U**.

saccopelista, m.pl. **-i**, f.pl. **-e** /sakkope'lista/ m. e f. backpacker, packtripper AE.

sacculare /sakku'lare/ agg. saccular.

sacculo /'sakkulo/ m. ANAT. saccule.

sacello /sa'tʃɛllo/ m. ARCH. sepulchral chapel.

sacerdotale /satʃerdo'tale/ agg. [*veste, paramenti, dignità, vocazione*] priestly, sacerdotal FORM.

sacerdotalismo /satʃerdota'lizmo/ m. sacerdotalism.

▷ **sacerdote** /satʃer'dɔte/ m. **1** RELIG. priest, clergyman*; ***gran*** o ***sommo*** ~ high priest; ***essere ordinato*** ~ to be inducted into the priesthood; ***fu ordinato*** ~ he was ordained priest **2** FIG. *(propugnatore)* devotee; ***un*** ~ ***della giustizia*** a devotee of justice.

sacerdotessa /satʃerdo'tessa/ f. priestess.

sacerdozio, pl. **-zi** /satʃer'dɔttsjo, tsi/ m. **1** RELIG. priesthood, ministry; ***30 anni di*** ~ 30 years in the priesthood **2** FIG. vocation.

1.sacrale /sa'krale/ agg. RELIG. sacral; *(sacro)* sacred.

2.sacrale /sa'krale/ agg. ANAT. [*vertebra, nervo, macchia*] sacral.

sacralità /sakrali'ta/ f.inv. sacredness.

sacralizzare /sakralid'dzare/ [1] tr. to make* sacred.

sacralizzazione /sakraliddzat'tsjone/ f. sacralization.

sacramentale /sakramen'tale/ **I** agg. **1** RELIG. [*rito, formula*] sacramental **2** FIG. *(rituale)* ritual **II** m. RELIG. sacramental.

sacramentare /sakramen'tare/ [1] **I** tr. RELIG. to administer the sacraments to [*persona*] **II** intr. (aus. *avere*) POP. *(bestemmiare)* to swear*, to curse.

sacramentario, pl. **-ri**, **-rie** /sakramen'tarjo, ri, rje/ agg. e m. sacramentarian.

▷ **sacramento** /sakra'mento/ m. **1** RELIG. sacrament; ***accostarsi ai*** o ***ricevere i -i*** to receive the Sacraments; ***i sette -i*** the seven sacraments; ***il Santissimo Sacramento*** the Blessed *o* Holy Sacrament **2** *(bestemmia)* swearword, curse ◆ ***con tutti i -i*** in strict accordance with the rules.

sacrario, pl. **-ri** /sa'krarjo, ri/ m. **1** STOR. sacrarium* **2** *(monumento alla memoria)* memorial **3** FIG. *(intimità)* intimacy.

sacrestano /sakres'tano/ → **sagrestano.**

sacrestia /sakres'tia/ → **sagrestia.**

sacrificabile /sakrifi'kabile/ agg. sacrificable, expendable.

sacrificale /sakrifi'kale/ agg. [*agnello, offerta, vittima, altare*] sacrificial.

▷ **sacrificare** /sakrifi'kare/ [1] **I** tr. **1** *(immolare)* to sacrifice (**a** to); to offer up [*animale*] (**a** to); ~ ***molte vite umane*** to sacrifice many human lives; ~ ***la propria vita per qcn., qcs.*** to lay down *o* give one's life for sb., sth. **2** *(rinunciare a)* ~ ***il proprio tempo libero per qcs.*** to give up one's free time for sth.; ~ ***la famiglia al lavoro*** to put one's work before one's family; ***abbiamo dovuto*** ~ ***gli ultimi due capitoli*** we had to sacrifice the last two chapters **3** *(non valorizzare)* ~ ***un armadio in un angolo*** to waste a closet by putting it in a corner **II** intr. (aus. *avere*) **1** *(offrire un sacrificio)* to offer sacrifices, to make offerings **2** *(rendere omaggio)* ~ ***alla bellezza*** to pay homage to beauty **III sacrificarsi** pronom. **1** *(immolarsi)* to sacrifice oneself (**per** for); ***-rsi per la patria*** to give one's life for one's country **2** *(fare sacrifici)* to make* sacrifices (**per qcn., qcs.** for sb., sth.); ***-rsi per la famiglia*** to make sacrifices for the family.

sacrificato /sakrifi'kato/ **I** p.pass. → **sacrificare II** agg. **1** *(offerto in sacrificio)* [*persona, animale*] sacrificed **2** *(disagiato)* ***una vita -a*** a life of sacrifice **3** *(non valorizzato)* [*oggetto, mobile*] wasted.

sacrificatore /sakrifika'tore/ m. (f. **-trice** /tritʃe/) sacrificer.

▶ **sacrificio**, pl. **-ci** /sakri'fitʃo, tʃi/, **sacrifizio**, pl. **-zi** /sakri'fittsjo, tsi/ m. **1** *(rituale)* sacrifice, offering; ***fare un*** ~ to make an offering; ***un*** ~ ***umano*** a human sacrifice; ***offrire in*** ~ to sacrifice; ~ ***propiziatorio*** propitiatory sacrifice **2** *(rinuncia)* sacrifice, privation; ~ ***di sé*** self-sacrifice; ***fare un*** ~***, tanti -ci per qcn.*** to make a sacrifice, many sacrifices for sb.; ***fare grossi -ci*** to make great sacrifices; ***i nostri -ci furono vani*** all our sacrifices were wasted.

sacrilegio, pl. **-gi** /sakri'lɛdʒo, dʒi/ m. RELIG. sacrilege (anche FIG.); ***un*** ~ an act of sacrilege; ***è un*** ~ ***fare*** it's sacrilege to do.

sacrilego, pl. **-ghi**, **-ghe** /sa'krilego, gi, ge/ agg. **1** *(empio)* [*furto, atto*] sacrilegious **2** FIG. SCHERZ. *(offensivo)* sacrilegious.

sacripante /sakri'pante/ m. **1** *(uomo robusto)* hulk, giant **2** *(spaccone)* braggart, boaster, swashbuckler **3** *(persona furba)* rascal.

sacrista /sa'krista/ m. → **sagrestano.**

sacristia /sakris'tia/ → **sagrestia.**

▶ **1.sacro** /'sakro/ **I** agg. **1** RELIG. [*oggetto*] sacred; [*luogo*] holy, sacred, blessed; [*arte, musica*] religious; ***paramento*** ~ vestment; ***considerare qcs.*** ~ to hold sth. sacred; ***essere uniti nel*** ~ ***vincolo del matrimonio*** to be united in holy matrimony **2** *(consacrato)* [*terra*] holy, consecrated, hallowed **3** *(degno di rispetto)* [*regola, legame, diritto*] sacred; ***una -a memoria*** a hallowed memory; ***il giuramento è*** ~ an oath is sacred; ***le mie serate sono -e*** SCHERZ. my evenings are sacred **II** m. ***il*** ~ ***e il profano*** the sacred and the profane ◆ ***avere il*** ~ ***fuoco*** to be full of zeal *o* enthusiasm ◆◆ ***Sacra Bibbia*** Holy Bible; ***Sacro Collegio*** Sacred College; ***Sacro Cuore (di Gesù)*** Sacred Heart; ***Sacro Romano Impero*** Holy Roman Empire; ***Sacro Sudario*** → **Sacra Sindone**; ***Sacra Famiglia*** Holy Family; ***Sacra Rota*** (sacred) Rota; ***Sacra Sindone*** Holy Shroud, Turin Shroud; ***Sacre Scritture*** Holy Writ, Holy Scripture(s).

2.sacro /'sakro/ **I** agg. ANAT. ***osso*** ~ sacrum*, rump bone COLLOQ. **II** m. ANAT. sacrum*.

3.sacro /'sakro/ m. ZOOL. saker.

sacroiliaco, pl. **-ci**, **-che** /sakroi'liako, tʃi, ke/ agg. sacroiliac.

sacrolombare /sakrolom'bare/ agg. sacrolumbar.

sacrosanto /sakro'santo/ agg. **1** RELIG. sacrosanct, sacred **2** *(inviolabile)* [*regola, diritto*] sacrosanct, inviolable **3** *(indiscutibile)* ***parole -e!*** how right you are! ***è la -a verità*** it's gospel truth **4** *(meritato, legittimo)* well-deserved; ***è*** ~ ***che vengano puniti*** it is right and proper that they should be punished.

sadduceo /saddu'tʃɛo/ **I** agg. Sadducean **II** m. (f. **-a**) Sadducean, Sadducee.

sadicamente /sadika'mente/ avv. sadistically.

sadico, pl. **-ci**, **-che** /'sadiko, tʃi, ke/ **I** agg. sadistic **II** m. (f. **-a**) sadist.

sadismo /sa'dizmo/ m. sadism.

sadomaso /sado'mazo/ **I** agg.inv. (accorc. sadomasochistico) sadomasochistic **II** m. e f.inv. (accorc. sadomasochista) sadomasochist.

sadomasochismo /sadomazo'kizmo/ m. sadomasochism.

sadomasochista, m.pl. **-i**, f.pl. **-e** /sadomazo'kista/ **I** agg. sadomasochistic **II** m. e f. sadomasochist.

sadomasochistico, pl. **-ci**, **-che** /sadomazo'kistiko, tʃi, ke/ agg. sadomasochistic.

saetta /sa'etta/ f. **1** *(freccia)* arrow, dart **2** *(fulmine)* bolt of lightning, lightning bolt, thunderbolt **3** *(punta di trapano)* (drill) bit **4** SPORT *(calcio)* cannonball ◆ ***veloce come una ~*** (as) quick as a flash.

saettare /saet'tare/ [1] tr. **1** *(lanciare saette)* to shoot* arrows at [*persona*] **2** FIG. to dart [*sguardi*]; ***~ occhiate feroci a qcn.*** to shoot piercing glances at sb.

saettiforme /saetti'forme/ → **sagittato.**

saettone /saet'tone/ m. **1** ZOOL. coluber **2** EDIL. strut.

safari /sa'fari/ m.inv. safari; ***tenuta da ~*** safari suit; ***andare, essere in ~*** to go on, to be on safari ◆◆ ***~ fotografico*** photographic safari.

safena /sa'fɛna/ f. saphenous vein, saphena.

safeno /sa'fɛno/ agg. [*vena, nervo*] saphenous.

saffico, pl. **-ci**, **-che** /'saffiko, tʃi, ke/ agg. **1** LETTER. [*verso, lirica*] Sapphic **2** *(lesbico)* Sapphic, lesbian.

saffismo /saf'fizmo/ m. *(lesbismo)* sapphism, lesbianism.

Saffo /'saffo/ n.pr.f. Sappho.

saga, pl. **-ghe** /'saga, ge/ f. saga (anche LETTER.); ***una ~ familiare*** a domestic saga.

sagace /sa'gatʃe/ agg. [*risposta*] witty, sagacious FORM.; [*persona*] shrewd, astute, sagacious FORM.

sagacemente /sagatʃe'mente/ avv. shrewdly, sagaciously FORM.

sagacia /sa'gatʃa/ f. sagacity, sagaciousness, shrewdness.

sagacità /sagatʃi'ta/ f.inv. → **sagacia.**

▷ **saggezza** /sad'dʒettsa/ f. wisdom; ***~ popolare*** folk wisdom; ***la voce della ~*** the voice of reason; ***dare prova di ~*** to show common sense; ***è una persona di grande ~*** she's a fund of wisdom; ***infinita ~*** manifold wisdom; ***perle di ~*** pearls of wisdom.

saggia, pl. **-ge** /'saddʒa, dʒe/ f. wise woman*, sage.

saggiamente /saddʒa'mente/ avv. [*agire, scegliere, consigliare*] wisely, sagely.

saggiare /sad'dʒare/ [1] tr. **1** *(valutare)* to assay [*argento, oro*] **2** FIG. *(sondare)* to test, to try out, to essay LETT.; ***~ il terreno*** to test the ground; ***~ il nemico*** to put the enemy to the test; ***~ le proprie forze*** to try out one's strength.

saggiatore /saddʒa'tore/ ➧ ***18*** m. (f. **-trice** /tritʃe/) **1** *(analizzatore)* assayer **2** *(bilancia)* assay balance.

saggiatura /saddʒa'tura/ f. **1** *(operazione)* assaying **2** *(segno sul metallo)* hallmark.

saggiavino /saddʒa'vino/ m.inv. *(ciotola)* wine taster.

saggina /sad'dʒina/ f. sorghum, broomcorn, Indian millet.

▷ **1.saggio**, pl. **-gi**, **-ge** /'saddʒo, dʒi, dʒe/ **I** agg. *(giudizioso)* [*persona*] wise, sage; *(ponderato)* [*parole, decisione*] wise, sensible, sage; ***sarebbe ~ fare*** it would be wise *o* sensible to do; ***è ~ da parte tua aspettare*** you're wise to wait; ***dubitare che sia ~ fare*** to doubt *o* question the wisdom of doing **II** m. wise man*, sage; ***i -gi*** the wise; ***i sette -gi*** the Seven Sages.

2.saggio, pl. **-gi** /'saddʒo, dʒi/ m. **1** *(analisi)* test, trial; MINER. CHIM. assay; ***~ alla tocca*** CHIM. spot test **2** *(dimostrazione)* example; ***dare un ~ della propria bravura*** to give proof of one's talents **3** *(campione)* sample, specimen; ***copia di ~*** advance copy **4** *(assaggio)* sample; ***un ~ di vino*** a sample of wine **5** *(esibizione)* display, performance; ***~ di danza*** dance recital; ***~ di ginnastica*** gymnastics performance **6** *(scritto)* essay, paper; ***~ filosofico, politico*** philosophical, political essay; ***-gi critici*** critical essays **7** BANC. *(tasso)* rate.

saggista, m.pl. **-i**, f.pl. **-e** /sad'dʒista/ ➧ ***18*** m. e f. essayist.

saggistica /sad'dʒistika/ f. **1** *(arte, tecnica)* essay writing **2** *(genere)* nonfiction.

saggistico, pl. **-ci**, **-che** /sad'dʒistiko, tʃi, ke/ agg. *(relativo ai saggi)* essay attrib.; *(relativo alla saggistica)* nonfiction attrib.

sagittale /sadʒit'tale/ agg. ANAT. [*sutura*] sagittal.

sagittario, pl. **-ri** /sadʒit'tarjo, ri/ m. ANT. archer, bowman*.

Sagittario /sadʒit'tarjo/ ➧ ***38*** m.inv. ASTROL. Sagittarius, the Archer; ***essere del ~*** o ***(un) ~*** to be (an) Archer, to be (a) Sagittarius, to be (a) Sagittarian.

sagittato /sadʒit'tato/ agg. [*foglia*] sagittate.

sagola /'sagola/ f. halyard, halliard; ***~ di salvataggio*** lifeline.

sagoma /'sagoma/ f. **1** *(linea di contorno)* outline, silhouette, profile; *(figura poco definita)* shape **2** *(campione)* template; METALL. strickle **3** *(bersaglio)* target **4** COLLOQ. FIG. *(persona stravagante)* character; ***che ~!*** what a character!

sagomare /sago'mare/ [1] tr. *(modellare)* to mould BE, to mold AE, to shape, to model.

sagomato /sago'mato/ **I** p.pass. → **sagomare II** agg. moulded BE, molded AE, shaped, modelled, modeled AE.

sagomatrice /sagoma'tritʃe/ f. *(macchina)* shaper, miller, milling machine.

sagomatura /sagoma'tura/ f. *(il sagomare)* moulding BE, molding AE, shaping; *(profilo)* outline, profile.

sagra /'sagra/ f. feast, festival; ***~ del vino*** wine festival ◆◆ ***la Sagra della Primavera*** MUS. the Rite of Spring.

sagrato /sa'grato/ m. parvis.

sagrestano /sagres'tano/ ➧ ***18*** m. sexton, verger.

sagrestia /sagres'tia/ f. sacristy, vestry.

sagù /sa'gu/ m.inv. sago*; ***palma del ~*** sago palm.

Sahara /sa'ara/ n.pr.m. Sahara; ***il deserto del ~*** the Sahara desert; ***~ occidentale*** Western Sahara.

sahariana /saa'rjana/ f. *(giacca)* safari jacket, bush jacket.

sahariano /saa'rjano/ agg. Saharan, Sahara attrib.

saia /'saja/ f. TESS. twill.

saint-honoré /sentono're/ f.inv. GASTR. = cream-filled tart topped with cream puffs and caramel.

saintpaulia /sen'paulja/ f. African violet.

saio, pl. **sai** /'sajo, sai/ m. habit, frock; ***vestire il ~*** to be a monk.

sakè /sa'kɛ/ m.inv. saki, sake.

▶ **1.sala** /'sala/ f. **1** *(vasto locale)* hall, room; ***cinema a cinque -e*** five-screen cinema; ***recitare a ~ piena*** to play to a full house; ***c'è un medico in ~?*** is there a doctor in the house? **2** *(spettatori)* audience **3** *(soggiorno)* living room, sitting room, lounge ◆◆ ***~ d'aspetto*** *(di studio medico)* waiting room; *(di stazione, aeroporto)* lounge; ***~ d'aste*** auction room(s), auction mart *o* gallery AE; ***~ d'attesa*** → **~ d'aspetto**; ***~ da ballo*** ballroom, dance hall; ***~ cinematografica*** cinema, movie theater AE; ***~ (per) concerti*** concert hall; ***~ conferenze*** lecture room BE *o* hall AE; ***~ contrattazioni*** ECON. dealing room, trading pit; ***~ di controllo*** TELEV. control room; ***~ corse*** betting hall BE; ***~ giochi*** amusement arcade BE, video arcade AE; ***~ da gioco*** card room; ***~ d'imbarco*** AER. departure lounge; ***~ di lettura*** reading room; ***~ macchine*** MAR. engine room; ***~ di montaggio*** CINEM. cutting room; ***~ operativa*** MIL. operations *o* situation *o* information room; ***~ operatoria*** MED. operating theatre BE *o* room AE; ***~ parto*** MED. delivery room *o* suite BE; ***~ da pranzo*** dining room; ***~ professori*** staff room; ***~ di rappresentanza*** state room; ***~ di rianimazione*** MED. recovery room; ***~ riunioni*** assembly hall *o* room, meeting hall; ***~ stampa*** pressroom; ***~ da tè*** tearoom, tea shop; ***~ del trono*** throne room; ***~ delle udienze*** DIR. presence chamber.

2.sala /'sala/ f. MECC. *(asse)* axle.

3.sala /'sala/ f. BOT. cat's tail, bur reed.

salacca, pl. **-che** /sa'lakka, ke/ f. ITTIOL. allis shad.

salace /sa'latʃe/ agg. **1** *(scurrile)* [*storia, allusione, battuta*] salacious, lewd, risqué, spicy **2** *(mordace)* [*frase, parole*] biting, pungent.

salacità /salatʃi'ta/ f.inv. **1** *(scurrilità)* salaciousness, lewdness, spiciness **2** *(mordacità)* bite, pungency.

salagione /sala'dʒone/ f. *(salatura del pesce)* salting.

salamandra /sala'mandra/ f. salamander.

▷ **salame** /sa'lame/ m. **1** GASTR. salami, sausage; ***una fetta di ~*** a slice of salami; ***~ all'aglio*** garlic sausage; ***~ piccante*** spicy *o* hot salami **2** FIG. *(persona impacciata)* fool, moron ◆ ***legare qcn. come un ~*** to truss sb. up.

salamelecco, pl. **-chi** /salame'lɛkko, ki/ m. salaam; ***senza troppi -chi*** without ceremony; ***fare (mille) -chi*** to bow and scrape, to kowtow.

salamoia /sala'mɔja/ f. brine, pickle; ***mettere dei cetrioli in ~*** to brine *o* pickle cucumbers; ***conservare in ~*** to pickle in brine; ***olive in ~*** olives in brine.

salangana /salan'gana/ f. salangane.

▷ **salare** /sa'lare/ [1] tr. to salt, to add salt to [*cibi*]; ***~ la minestra, la bistecca*** to put salt in the soup, on the steak; ***~ e pepare*** to season with salt and pepper.

salariale /sala'rjale/ agg. [*aumento, livello, trattativa, rivendicazione*] wage attrib., pay attrib.; ***blocco ~*** wage freeze; ***minimo ~*** minimum wage; ***differenziale ~*** pay *o* wage differential; ***parità ~*** pay parity; ***fascia ~*** salary range *o* bracket; ***vertenza ~*** pay dispute.

salariare /sala'rjare/ [1] tr. to pay* a salary to [*dipendente*]; to pay* wages to [*manodopera*].

salariato /sala'rjato/ **I** p.pass. → **salariare II** agg. [*operaio, lavoro*] waged; ***lavoratore non ~*** unwaged worker **III** m. (f. **-a**) (wage) earner; ***i -i*** the waged.

▷ **salario**, pl. **-ri** /sa'larjo, ri/ m. wage(s), pay, salary; ***percepire il ~*** to earn a salary; ***riscuotere il ~*** to draw one's pay; ***~ da fame*** starvation wages; ***aumento dei -ri*** pay increase; ***riduzione dei -ri*** cut in salary; ***parità dei -ri*** equal pay; ***blocco*** o ***congelamento dei -ri*** wage freeze; ***adeguamento dei -ri*** salary adjustment; ***monte -ri*** (total) wage bill ◆◆ ~ ***annuo*** annual salary; ~ ***base*** basic wage; ~ ***a cottimo*** piece wage; ~ ***indicizzato*** index-linked wage; ~ ***iniziale*** starting salary; ~ ***lordo*** gross pay; ~ ***mensile*** monthly salary; ~ ***di sussistenza*** subsistence wage.

salassare /salas'sare/ [1] tr. **1** MED. to bleed*, to leech **2** FIG. to fleece COLLOQ., to soak COLLOQ.; ~ ***le proprie finanze*** to make a hole in one's budget; ***in quel ristorante ti salassano*** they bleed you white in that restaurant.

salasso /sa'lasso/ m. **1** MED. bleeding, bloodletting; ***fare un ~ a qcn.*** to bleed sb. **2** FIG. drain; ~ ***fiscale*** tax bite; ***il conto è stato un ~*** the bill fleeced us.

salatino /sala'tino/ m. appetizer.

▷ **salato** /sa'lato/ **I** p.pass. → **salare II** agg. **1** *(contenente sale)* [*acqua, lago*] salt attrib.; ***il mare è ~*** the sea is salty **2** *(addizionato di sale)* [*alimento, piatto*] salty, savoury BE, savory AE; [*burro, noccioline*] salted; *(conservato sotto sale)* [*pesce, carne*] salt attrib.; ***essere ~*** to taste salty; ***il riso è troppo ~*** there's too much salt in the rice **3** FIG. *(mordace)* [*frase, parole*] biting, pungent; *(piccante)* [*storia, allusione, battuta*] salacious, lewd, risqué, spicy **4** FIG. *(molto elevato)* [*prezzo*] steep, fancy; [*conto*] steep, stiff **III** avv. ***non mi piace mangiare ~*** I don't like a lot of salt on my food **IV** m. salty taste; ***preferisco il ~ al dolce*** I prefer savoury *o* salty food to sweet things.

salatoio, pl. **-oi** /sala'tojo, oi/ m. salting room.

salatore /sala'tore/ ◗ **18** m. (f. **-trice** /tritʃe/) *(di alimenti)* salter, curer.

salatura /sala'tura/ f. *(di alimenti)* salting, curing.

salcerella /saltʃe'rɛlla/ f. BOT. loosestrife.

salciccia /sal'tʃittʃa/ → **salsiccia.**

salda /'salda/ f. *(appretto)* starch.

saldabile /sal'dabile/ agg. **1** TECN. weldable, solderable **2** COMM. [*debito*] payable.

saldabilità /saldabili'ta/ f.inv. TECN. weldability. solderability.

saldaconti /salda'konti/, **saldaconto** /salda'konto/ m.inv. AMM. account book, ledger.

saldamente /salda'mente/ avv. **1** *(fermamente)* [*legare, agganciare*] firmly; [*afferrare*] tightly, firmly; [*incollato*] fast **2** FIG. firmly, unshak(e)ably; ***essere ~ radicato in qcs.*** to be firmly rooted in sth.

▷ **saldare** /sal'dare/ [1] **I** tr. **1** TECN. to solder, to weld; ~ ***a punti*** to spot-weld, to tack weld **2** MED. to join [*frattura*] **3** FIG. *(collegare)* to join, to link, to dovetail; ***dovresti ~ meglio la prima e la seconda parte del racconto*** you should create a better link between the first part of the story and the second **4** COMM. to pay*, to settle [*conto*]; to pay* (off), to clear, to liquidate [*debito*]; ~ ***in contanti, tramite assegno*** to pay cash, by cheque **II saldarsi** pronom. **1** TECN. [*metalli*] to solder, to weld **2** MED. [*ossa*] to set*, to knit* (together) ◆ ~ ***i conti con qcn.*** to get even with sb., to pay sb. in full, to fix sb. COLLOQ.

saldatoio, pl. **-oi** /salda'tojo, oi/ m. soldering iron.

saldatore /salda'tore/ ◗ **18** m. (f. **-trice** /tritʃe/) **1** *(persona)* welder **2** *(attrezzo)* soldering iron.

saldatrice /salda'tritʃe/ f. *(macchina)* welder; ~ ***ad arco*** arc welder.

▷ **saldatura** /salda'tura/ f. **1** TECN. welding, soldering; *(tratto saldato)* weld, solder; ***pinze per ~*** welder's tongs **2** MED. *(di osso)* setting, knitting **3** FIG. connection, link; ***la ~ tra le varie parti di una storia*** the ties between the different parts of a story ◆◆ ~ ***ad arco*** arc welding; ~ ***ad argento*** silver soldering; ~ ***autogena*** autogenous welding; ~ ***elettrica*** electric welding; ~ ***a fusione*** fusion welding; ~ ***a ottone*** brazing; ~ ***a punti*** spot-welding, tack welding; ~ ***a scintillio*** flash welding.

saldezza /sal'dettsa/ f. **1** *(solidità)* firmness, steadiness, solidity **2** FIG. *(fermezza morale)* steadfastness, tenacity, strength.

1.saldo /'saldo/ agg. **1** *(resistente)* [*muro, appoggio*] solid, sturdy; ***non è ~ sulle gambe*** he's not very steady on his feet; ***tienti ~!*** hold on tight! ***avere nervi -i*** to have steady nerves; ***mantenere i nervi -i*** to keep one's nerve, to steady one's nerves **2** FIG. *(forte)* [*legame*] strong, secure; [*amicizia*] permanent; *(incrollabile)* [*fede*] steady; *(irremovibile)* [*idea, principio*] steadfast, unshak(e)able, unshaken; ***restare ~ nelle proprie convinzioni*** to hold firm to one's beliefs, to be steadfast in one's belief.

▷ **2.saldo** /'saldo/ m. **1** BANC. COMM. *(differenza)* balance; ***c'è un ~ di 1.000 euro a tuo credito*** there is a balance of 1,000 euros in your favour; ***fare il ~ di un conto*** to settle an account **2** *(ammontare dovuto)* settlement, payment, quittance; ***versare il ~*** to pay the balance; ***ricevuta a ~ del conto*** received in full and final payment; ***ora si richiede di pagare a ~*** payment in full is now requested **3** *(svendita)* sale, clearance sale; ***vestiti in ~*** sale clothes; ***questa giacca è in ~*** this jacket is on sale; ***fare i -i*** to have *o* hold a sale; ***ci sono i -i*** the sales are on; ***i -i estivi, invernali*** the summer, January sales; ***l'ho comprato ai -i*** I bought it at *o* in the sales ◆◆ ~ ***attivo*** o ***a credito*** credit balance; ~ ***a debito*** → ~ **passivo**; ~ ***debitore*** balance due; ~ ***passivo*** debit balance.

▶ **sale** /'sale/ **I** m. **1** GASTR. salt; ***un pizzico di ~*** a pinch of salt; ***dieta senza ~*** salt-free diet; ***pane senza ~*** unsalted bread; ***acciughe sotto ~*** salted anchovies; ***questa minestra manca di ~*** this soup needs salt; ***spargere il ~ su una strada*** to salt a road *o* to put salt on a road **2** CHIM. FARM. sal, salt; ~ ***di sodio*** sodium salt **3** FIG. *(senno)* common sense, mother wit **4** FIG. *(arguzia, mordacità)* piquancy, wit; ***parole senza ~*** insipid words **II sali** m.pl. FARM. salts; ***annusare i -i*** to sniff smelling salts ◆ ***capelli ~ e pepe*** salt-and-pepper, pepper-and-salt hair; ***essere il ~ della terra*** BIBL. to be the salt of the earth; ***statua di ~*** BIBL. pillar of salt; ***la diversità è il ~ della vita*** variety is the spice of life; ***restare*** o ***rimanere di ~*** to be dumbfounded; ***avere ~ in zucca*** to have common sense *o* gumption COLLOQ. ◆◆ ~ ***alcalino*** → ~ **basico**; ~ ***amaro*** → ~ **inglese**; ~ ***ammoniaco*** sal ammoniac; ~ ***attico*** *(arguzia)* Attic salt *o* wit; ~ ***basico*** basic salt; ~ ***comune*** common salt; ~ ***da cucina*** cooking salt; ~ ***fino*** fine-grained *o* table salt; ~ ***grosso*** coarse salt; ~ ***marino*** sea salt; ~ ***di sedano*** celery salt; ~ ***da tavola*** table salt; ***-i da bagno*** COSMET. bath salts; ***-i di Epsom*** o ***inglesi*** Epsom salts; ***-i minerali*** mineral salts.

salep /'salep/ f.inv. saloop.

salernitano /salerni'tano/ ◗ **2** **I** agg. from, of Salerno **II** m. (f. **-a**) **1** *(persona)* native, inhabitant of Salerno **2** LING. dialect of Salerno.

salesiano /sale'zjano/ **I** agg. Salesian **II** m. (f. **-a**) Salesian.

salgemma /sal'dʒɛmma/ m.inv. rock salt, halite; ***miniera di ~*** salt-mine.

▷ **salice** /'salitʃe/ m. *(albero, legno)* willow ◆◆ ~ ***piangente*** weeping willow; ~ ***da vimine*** basket-willow.

saliceto /sali'tʃeto/ m. willow plantation.

salicilato /salitʃi'lato/ m. salicylate.

salicilico /sali'tʃiliko/ agg. ***acido ~*** salicylic acid.

salicina /sali'tʃina/ f. CHIM. FARM. salicin.

salico, pl. **-ci**, **-che** /'saliko, tʃi, ke/ agg. ***legge -a*** Salic law.

salicornia /sali'kɔrnja/ f. glasswort, (marsh) samphire.

saliente /sa'ljɛnte/ **I** agg. **1** *(sporgente)* [*angolo*] protruding, projecting **2** FIG. [*fatto, episodio*] salient, striking, outstanding; ***i momenti -i del film*** the highlights *o* salient moments in the film **II** m. **1** ARCH. MIL. salient, bulge **2** *(sporgenza)* protrusion, projection.

▷ **saliera** /sa'ljɛra/ f. saltcellar, saltshaker.

salifero /sa'lifero/ agg. saliferous, salt attrib.

salificare /salifi'kare/ [1] tr. to salify.

salificazione /salifikat'tsjone/ f. salification.

salina /sa'lina/ f. **1** *(impianto)* saltworks + verbo sing. o pl. **2** *(giacimento naturale)* saltpan, salt pit, salina **3** *(cava di salgemma)* salt-mine.

salinaio, pl. **-ai** /sali'najo, ai/ m. (f. **-a**) salter.

salinità /salini'ta/ f.inv. salinity, saltiness.

salino /sa'lino/ agg. **1** *(di, del sale)* saline, salty, salt attrib.; ***deposito ~*** saline *o* salt deposit; ***piana -a*** salt flat **2** CHIM. saline; ***soluzione -a*** saline (solution), salt solution.

▶ **salire** /sa'lire/ [104] **I** intr. (aus. *essere*) **1** *(andare su)* to go* up; *(venire su)* to come* up; *(arrampicarsi)* to climb; ~ ***al piano di sopra*** to go upstairs; ~ ***al terzo piano*** to go *o* come up to the third floor; ***sei salito a piedi?*** did you walk up? ~ ***su una scala*** to go up *o* climb a ladder; ~ ***su un albero, una montagna*** to climb up a tree, a mountain; ***preferisco ~ per le scale*** I prefer to go up by the stairs; ***siamo saliti lungo il sentiero, la strada*** we walked up by the path, the road **2** *(montare su un mezzo)* ~ ***in*** to get* in, to get* into [*auto*]; ~ ***su*** to get* on [*autobus, treno, moto, bicicletta*]; to go* aboard, to board [*nave, aereo*]; ~ ***sul pullman*** to get on the coach; ***non è mai salito su un aereo*** he's never been on a plane; ~ ***a bordo*** to go *o* climb aboard, to go on board; ***salì a bordo della nave ad Atene*** she boarded the ship at Athens **3** *(con un mezzo)* ***sei salito in ascensore?*** did you come up in the lift BE *o* elevator AE? ***è salito al valico in bicicletta, in auto*** he cycled, drove up to the pass **4** *(levarsi)* to mount, to rise*, to climb; [*fumo*] to rise* up; [*razzo*] to climb; *(sorgere)* [*sole*] to rise*, to climb; ***l'aria calda fa ~ i palloni aerostatici*** warm air makes balloons rise; ***la nebbia saliva dal fiume*** the fog was rising from the river; ~ ***al*** o ***in cielo*** EUFEM. to ascend into Heaven; ***il sangue gli salì al viso*** blood mounted to his cheeks **5** *(essere in salita)* [*sentiero, strada, terreno*] to go* uphill, to climb, to rise*; *(ergersi)* [*montagna*] to rise* (up); **~ dolcemente** to slope up gently; **~ bruscamente** to climb steeply; **la strada sale verso la montagna** the road goes up the mountain **6** *(crescere, aumentare)* [*temperatura, prezzi, numero*] to rise*, to go* up, to climb; [*febbre*] to go* up; [*marea*] to rise*, to come* in, to come* up; FIG. [*tensione, pressione*] to rise*, to mount; [*sentimento, emozione*] to mount, to surge; **il livello delle acque è salito** the water level has risen; **l'euro è salito rispetto al dollaro** the euro has risen *o* gone up against the dollar; **è salito il prezzo della benzina** petrol has gone up (in price); **~ alle stelle** [*prezzi*] to shoot up, to skyrocket, to soar; **fare ~ i prezzi** to send prices up; **fare ~ la tensione** FIG. to raise the tension *o* temperature **7** FIG. *(progredire)* to rise*, to move up; **~ di grado** to rise in rank; **~ nella gerarchia** to rise in the hierarchy; **~ nella stima** o **considerazione di qcn.** to rise in sb.'s estimation; **~ in classifica** to improve one's ranking; **~ al trono** to accede to the throne, to mount *o* ascend FORM. the throne; **~ al potere** to come to power **II** tr. *(percorrere dal basso verso l'alto)* to go* up, to climb [*scale*]; *(scalare)* to climb, to go* up [*montagna*]; **~ le scale di corsa** to run up the stairs; **ho dovuto ~ sei piani** I had to climb six floors; **~ la scala sociale** FIG. to move uptown; **~ i gradini della gerarchia** FIG. to go *o* rise onwards and upwards.

salisburghese /salizbur'gese/ ♦ *2* **I** agg. from, of Salzburg **II** m. e f. native, inhabitant of Salzburg.

Salisburgo /saliz'burgo/ ♦ *2* n.pr.f. Salzburg.

saliscendi /saliʃ'ʃendi, saliʃ'ʃɛndi/ m.inv. **1** *(chiavistello)* latch **2** *(tratto a discese e salite)* **la strada è tutta un ~** the road is all ups and downs **3** FIG. **il ~ della sorte** the ups and downs of fate.

▷ **salita** /sa'lita/ f. **1** *(il salire)* ascent, climb(ing); **è meno difficile la discesa della ~?** is the climb down less difficult than the climb up? **2** *(pendio)* climb, (uphill) slope, rise, ascent; *(pendenza)* gradient; **una ~ ripida** a steep climb; **bloccarsi sulla ~** to stall on the climb; **in questo punto della strada c'è una leggera ~** there's a slight rise in the road here **3** FIG. *(aumento)* rise, increase; **~ dei prezzi** price rise **4 in salita** *(salendo)* [*procedere, camminare*] uphill; *(in pendenza)* [*strada, sentiero*] uphill, upward; **partenza in ~** AUT. hill start; **il sentiero era in ~** the path led *o* ran uphill; **è una strada tutta in ~** it's uphill all the way (anche FIG.).

▷ **saliva** /sa'liva/ f. saliva, spit, spittle; **secernere ~** to secrete saliva.

salivale /sali'vale/ → **2.salivare**.

1.salivare /sali'vare/ [1] intr. (aus. *avere*) to salivate.

2.salivare /sali'vare/ agg. [*ghiandola*] salivary.

salivazione /salivat'tsjone/ f. salivation.

Sallustio /sal'lustjo/ n.pr.m. Sallust.

salma /'salma/ f. corpse, body.

salmastro /sal'mastro/ **I** agg. [*acqua*] brackish; [*sapore*] salty, briny **II** m. salty taste.

salmerie /salme'rie/ f.pl. MIL. baggage (train) sing.

salmerino /salme'rino/ m. ZOOL. char(r).

salmì /sal'mi/ m.inv. GASTR. salmi; **lepre in ~** jugged hare.

salmista, m.pl. **-i**, f.pl. **-e** /sal'mista/ m. e f. psalmist, psalmodist.

salmistrare /salmis'trare/ [1] tr. GASTR. to corn.

salmistrato /salmis'trato/ **I** p.pass. → **salmistrare II** agg. GASTR. [*lingua*] corned.

salmo /'salmo/ m. psalm; **i Salmi** o **il libro dei Salmi** the (Book of) Psalms; **~ penitenziale** penitential psalm ♦ **tutti i -i finiscono in gloria** PROV. follow the river and you'll get to the sea.

salmodia /salmo'dia/ f. psalmody, chant.

salmodiare /salmo'djare/ [1] **I** tr. to chant [*preghiere*] **II** intr. (aus. *avere*) to chant, to intone.

salmodico, pl. **-ci**, **-che** /sal'mɔdiko, tʃi, ke/ agg. psalmodic.

salmonato /salmo'nato/ agg. salmon attrib.; **trota -a** salmon trout.

▷ **salmone** /sal'mone/ **I** m. salmon*; **trancio** o **fetta di ~** salmon steak; **pesca del ~** salmon fishing **II** m.inv. *(colore)* salmon (pink) **III** agg.inv. **rosa ~** salmon pink ♦♦ **~ affumicato** smoked salmon, lox AE; **~ rosso** red salmon, sockeye.

salmonella /salmo'nɛlla/ f. salmonella*.

salmonellosi /salmonel'lɔzi/ ♦ *7* f.inv. salmonellosis*, salmonella poisoning.

salmonide /sal'mɔnide/ m. salmonoid.

salnitro /sal'nitro/ m. saltpetre BE, saltpeter AE, nitre BE, niter AE.

Salomè /salo'mɛ/ n.pr.f. Salome.

Salomone /salo'mone/ **I** n.pr.m. STOR. Solomon **II** n.pr.f.pl. GEOGR. **le (isole) ~** the Solomon Islands.

salomonico, pl. **-ci**, **-che** /salo'mɔniko, tʃi, ke/ agg. Solomonic, Solomonian.

▷ **salone** /sa'lone/ m. **1** *(vasto locale)* (large) hall, reception room; **~ di bellezza** beauty salon; **~ del parrucchiere** hairdressing salon, hairdresser's; **vettura ~** FERR. parlour car BE, parlor car AE, palace car AE **2** *(soggiorno)* living room, sitting room, lounge **3** *(esposizione)* show, fair; **~ dell'automobile** motor show; **~ del libro** book fair.

Salonicco /salo'nikko/ ♦ *2* n.pr.f. Salonica.

salopette /salo'pɛt/ f.inv. dungarees pl., overalls pl. AE.

salottiero /salot'tjɛro/ **I** agg. **1** drawing-room attrib., sitting-room attrib. **2** *(frivolo)* **chiacchiere -e** small talk **II** m. (f. **-a**) lounge lizard.

▷ **salotto** /sa'lɔtto/ m. **1** *(soggiorno)* living room, drawing room, sitting room, lounge **2** *(mobilio)* living room furniture **U**, lounge suite BE **3** *(riunione)* salon; **~ letterario** literary salon ♦ **conversazione da ~** dinner party conversation; **fare ~** to gossip.

salpare /sal'pare/ [1] **I** tr. **~ l'ancora** to raise (the) anchor, to weigh anchor, to up-anchor **II** intr. (aus. *essere*, *avere*) **1** *(partire da un luogo di ancoraggio)* [*nave*] to sail, to put* off, to put* out (to sea); **~ da, per** to set sail from, for; **la nave è salpata** the ship left port; **salpiamo, la nave salpa alle 10** we sail, the ship sails at 10 am **2** SCHERZ. *(andarsene)* to leave*, to decamp; **~ per lontani lidi** to set sail for distant shores.

salpinge /sal'pindʒe/ f. ANAT. salpinx*.

salpingite /salpin'dʒite/ ♦ *7* f. salpingitis.

▷ **1.salsa** /'salsa/ f. sauce; **~ di pomodoro** tomato sauce; **~ di soja** soy(a) sauce; **~ piccante** hot *o* spicy sauce; **granchi, aragosta in ~** dressed crab, lobster ♦ **in tutte le -e** in every possible way ♦♦ **~ tartara** tartar sauce; **~ verde** = parsley and garlic garnish.

2.salsa /'salsa/ f. GEOL. mud volcano.

3.salsa /'salsa/ f.inv. MUS. salsa.

salsapariglia /salsapa'riʎʎa/ f. BOT. smilax, sarsaparilla AE.

salsedine /sal'sɛdine/ f. **1** *(elementi salini)* salt; **l'odore di ~** the salty tang of the sea **2** *(salinità)* saltiness, salinity.

salsefrica /sal'sɛfrika/ f. BOT. salsify.

▷ **salsiccia**, pl. **-ce** /sal'sittʃa, tʃe/ f. (pork) sausage, banger BE COLLOQ. ♦ **fare -ce di qcn.** to make mincemeat of sb.

salsicciotto /salsit'tʃɔtto/ m. large sausage, frankfurter.

salsiera /sal'sjɛra/ f. gravy boat, sauceboat.

salso /'salso/ **I** agg. *(salato)* [*acqua*] salt attrib., salty **II** m. *(salsedine)* saltiness.

salsoiodico, pl. **-ci**, **-che** /salso'jɔdiko, tʃi, ke/ agg. = containing sodium chloride and iodide.

saltabeccare /saltabek'kare/ [1] intr. (aus. *avere*) to hop, to skip.

saltamartino /saltamar'tino/ m. **1** *(gioco)* jack-in-the-box **2** REGION. *(grillo)* cricket **3** COLLOQ. *(bambino vivace)* fidget, rascal.

▶ **saltare** /sal'tare/ [1] **I** intr. **1** (aus. *avere*) *(sollevarsi di slancio)* to jump; **~ a piedi uniti** to jump with one's feet together; **~ su un piede solo** to hop; **~ dalla gioia** to jump for joy; **~ con la rincorsa** to take a flying leap *o* jump; **~ da fermo** to make a jump from a standing start **2** (aus. *essere*) *(fare un balzo)* to jump, to leap*, to spring*; **~ a terra** to jump (down) to the ground; **~ giù da un muro** to hop off a wall; **~ al di là di un fosso** to jump across *o* over a ditch; **~ sulla panca** to jump onto the bench; **~ in acqua** to jump (into the water); **~ dalla finestra** to jump out of the window; **~ giù dal letto** to jump out of bed; **~ di ramo in ramo** to leap through the trees *o* from branch to branch; **si è uccisa saltando nel vuoto** she jumped to her death **3** (aus. *essere*) *(montare, salire)* **~ a cavallo, in sella** to jump on a horse, to climb into the saddle; **~ su un taxi, un treno** to jump *o* hop into a taxi, onto a train; **salta su!** hop in! **4** (aus. *essere*) *(staccarsi, schizzare via)* [*bottone*] to come* off, to pop (off); [*vernice*] to chip (away), to come* off; [*tappo*] to pop (off) **5** (aus. *essere*) *(esplodere)* **~ in** o **per aria** [*edificio, ponte*] to blow* up, to explode, to go* up; **è saltato in aria su una mina** he was blown up by a mine; **fare ~ una cassaforte** to blow a safe; **fare ~ il banco** GIOC. to break the bank; **farsi ~ le cervella** *(uccidersi)* to blow one's brains out COLLOQ. **6** (aus. *essere*) COLLOQ. *(bloccarsi, guastarsi)* [*cinghia, catena della bicicletta*] to come* off; [*fusibile*] to blow*; **è saltata la luce** the power has gone off; **fare ~ i fusibili** to blow fuses; **la terza salta** AUT. the third gear keeps slipping **7** (aus. *essere*) *(non avere luogo)* [*trasmissione, riunione*] to be* cancelled, to be* canceled AE; *(essere destituito)* [*persona*] to be* dismissed, to be* removed from power; **l'accordo è saltato** the deal's off; **fare ~ il governo** to bring down *o* topple the government; **fare ~ qcn.** *(licenziare)* to fire sb. **8** (aus. *essere*) FIG. *(passare)* **~ da un argomento all'altro** to skip from one subject to another; **saltai direttamente all'ultima pagina** I jumped to the last page **9** (aus. *avere*) SPORT **~ in alto, in lungo** to do the high, long jump; **~ con l'asta** to pole vault **10 saltare fuori** (aus. *essere*) *(venire fuori)* [*verità, segreto*] to come* out; [*problema, questione*] to come* up, to crop up; *(essere ritrovato)* [*oggetto*] to turn up, to pop up BE COLLOQ.;

da dove salti fuori? where did you spring from? ***da dove saltano fuori queste scatole?*** where do these boxes spring from? ***è saltato fuori che*** it came out that; ***è saltato fuori con una proposta*** he came out with a proposal **11 saltare su** (aus. *essere*) *(intromettersi in modo inatteso)* to come* up with; ***saltò su a dire che*** he popped in with saying that **II** tr. **1** *(oltrepassare, attraversare con un salto)* to jump (over), to leap* (over), to clear, to hop (over) [*fosso, ostacolo, siepe*]; ***~ gli ultimi tre gradini*** to skip the last three steps; ***~ il muro senza toccarlo*** to jump clear over the wall; ***~ la corda*** to skip rope BE, to jump rope AE **2** SPORT *(raggiungere una misura)* ***~ tre metri*** to jump *o* leap three metres; ***saltò due metri al salto in alto*** she cleared 2 metres at the high jump; ***~ otto metri in lungo*** to do eight metres in the long jump **3** FIG. *(omettere)* to skip [*pagina, paragrafo*]; *(involontariamente)* to miss (out), to leave* out [*parola, riga*]; *(essere assente a)* to skip, to miss [*lezione, scuola*]; *(non consumare)* to skip, to miss [*pasto*]; ***~ un punto*** to jump a stage; ***~ il (proprio) turno*** GIOC. to miss one's turn; ***~ un anno*** SCOL. to skip a year **4** GASTR. to sauté, to toss [*carne, verdure*] ◆ ***~ agli occhi di qcn.*** *(essere evidente)* to leap at sb.; *(aggredire)* to jump on sb., to lay into sb.; ***quelle parole gli saltarono agli occhi*** those words leaped off the page at him; ***non ~ alle conclusioni!*** don't jump *o* leap to conclusions! ***~ di palo in frasca*** = to hop from one subject to another; ***fare ~ i nervi a qcn.*** to drive sb. up the wall; ***~ il fosso*** to take the plunge; ***~ al collo a qcn.*** *(aggredire)* to jump down sb.'s throat COLLOQ.; ***~ addosso a qcn.*** *(aggredire fisicamente)* to jump sb.; *(assalire verbalmente)* to jump on sb.; ***che ti salta in mente?*** what's the big idea? ***gli è saltata la mosca al naso*** he lost his temper.

saltarello /salta'rɛllo/ m. *(danza)* saltarello.

saltato /sal'tato/ **I** p.pass. → **saltare II** agg. GASTR. sauté, sauté(e)d; ***~ in olio d'oliva*** tossed in olive oil.

saltatore /salta'tore/ **I** agg. ZOOL. [*animale*] saltatory, saltatorial; [*uccello*] hopping **II** m. (f. **-trice** /tritʃe/) **1** SPORT jumper; ***~ in alto, in lungo*** high jumper, long jumper; ***~ con l'asta*** pole vaulter **2** *(cavallo)* showjumper.

saltellamento /saltella'mento/ m. jumping, skipping, hopping.

saltellante /saltel'lante/ agg. hopping, skipping; ***seme ~*** BOT. (Mexican) jumping bean.

saltellare /saltel'lare/ [1] intr. (aus. *avere*) to hop, to skip, to trip; ***~ qua e là*** to hop about *o* around; ***un coniglio attraversò la strada saltellando*** a rabbit hopped across the road.

saltello /sal'tɛllo/ m. hop, skip; ***fare un ~*** to give a (little) skip.

saltelloni /saltel'loni/ avv. ***(a) ~*** hippety-hoppety; ***camminare a ~*** to lollop.

salterellare /salterel'lare/ [1] intr. (aus. *avere*) → **saltellare.**

salterello /salte'rɛllo/ m. **1** *(saltello)* hop, skip **2** *(danza)* → **saltarello 3** *(fuoco d'artificio)* (fire)cracker.

salterio, pl. **-ri** /sal'tɛrjo, ri/ ♦ ***34*** m. **1** BIBL. psalmbook, psalter **2** MUS. psaltery.

salticide /sal'titʃide/ m. saltigrade.

saltimbanco, pl. **-chi** /saltim'banko, ki/ ♦ ***18*** m. **1** *(acrobata)* acrobat, tumbler **2** FIG. SPREG. *(ciarlatano)* charlatan, mountebank LETT.

saltimbocca /saltim'bokka/ m.inv. GASTR. = rolled piece of veal garnished with ham and sage and cooked in a frying pan.

saltimpalo /saltim'palo/ m. stonechat.

▶ **salto** /'salto/ ♦ ***10*** m. **1** *(atto del saltare)* jump, leap, spring, bound; ***fare un ~*** to take a leap *o* to jump; ***con un ~*** in *o* at one leap, with a hop; ***fare un ~ sul posto*** to leap in the air; ***~ con rincorsa*** running jump; ***fare un ~ in avanti*** to leap forward; ***fare un ~ indietro*** to jump back; ***un grande ~ in avanti in qcs.*** FIG. a great leap forward in sth.; ***fare -i di gioia*** to jump for joy; ***fare un ~ per lo spavento*** to jump out of one's skin **2** COLLOQ. *(breve visita)* flying visit, quick call; *(breve viaggio)* short hop; ***fare un ~ da qcn.*** to pop in *o* drop in on sb.; ***farò un ~ più tardi*** I'll drop round later; ***fare un ~ dai vicini*** to pop next door BE; ***fare un ~ di sotto*** to nip downstairs; ***fare un ~ dal panettiere*** to drop in at the baker's; ***fare un ~ a Parigi*** to make a flying visit to Paris, to hop over *o* across to Paris **3** SPORT *(attività)* ***il ~*** jumping; ***essere bravo nel ~*** to be a good jumper; ***~ dal trampolino*** ski jumping **4** *(dislivello)* drop; ***è un bel ~ dalla cima della scogliera*** it's quite a drop from the top of the cliff **5** FIG. *(passaggio)* jump, leap; ***~ di qualità*** qualitative leap; ***fare il ~ dal giornalismo alla narrativa*** to make the leap from journalist to novelist; ***ha fatto un ~ nella carriera passando da sostituta a direttrice*** she's made the jump from deputy to director; ***l'azione ha fatto un ~ del 50%*** the stock has leaped up by 50% **6** *(omissione)* gap; ***c'è un ~ di due righe*** there's a gap of two lines; ***la narrazione fa un ~ in avanti fino al 1950*** the narrative leaps forward to 1950; ***nel film c'è un ~ dal 1800 al 1920*** the film jumps from 1800 to 1920 **7** INFORM. jump; ***~ pagina*** page break **8** MUS. leap **9** GASTR. ***al ~*** sauté *o* sauté(e)d ◆ ***fare un ~ nel buio*** o ***vuoto*** to take a leap *o* shot in the dark; ***fare due*** o ***quattro -i*** to hop; ***fare i -i mortali*** to do all one can ◆◆ ***~ in alto*** SPORT high jump; ***~ con l'asta*** SPORT pole vault(ing); ***praticare il ~ con l'asta*** to pole vault; ***~ carpiato*** SPORT pike; ***~ condizionato*** INFORM. conditional jump; ***~ dorsale*** SPORT Fosbury flop; ***~ in lungo*** SPORT long jump, broad jump AE; ***~ mortale*** somersault, flip; ***~ mortale all'indietro*** backward somersault, back flip; ***~ ostacoli*** EQUIT. showjumping; ***~ quantico*** FIS. quantum leap; ***~ triplo*** SPORT triple jump; ***~ di vento*** METEOR. change of wind; ***~ ventrale*** SPORT straddle (jump).

saltuariamente /saltuarja'mente/ avv. occasionally, now and then; ***sono anni che lavora ~ al romanzo*** she's been working at the novel on and off for years.

saltuarietà /saltuarje'ta/ f.inv. discontinuity, irregularity, desultoriness.

saltuario, pl. **-ri**, **-rie** /saltu'arjo, ri, rje/ agg. [*contatti*] occasional, irregular; [*lavoro*] odd, casual.

salubre /sa'lubre/ agg. [*aria, clima, ambiente*] healthy, wholesome, salubrious.

salubrità /salubri'ta/ f.inv. healthiness, wholesomeness, salubriousness FORM., salubrity FORM.

salumaio, pl. **-ai** /salu'majo, ai/ ♦ ***18*** m. (f. **-a**) → **salumiere.**

salumeria /salume'ria/ ♦ ***18*** f. = shop where cold meats and sometimes cheese are sold.

▷ **salumi** /sa'lumi/ m.pl. = various kinds of cold meat, usually made of pork.

salumiere /salu'mjɛre/ ♦ ***18*** m. (f. **-a**) = person who owns or works in a shop that sells cold meats.

salumificio, pl. **-ci** /salumi'fitʃo, tʃi/ m. = place where various kinds of cold meat are produced.

1.salutare /salu'tare/ agg. **1** *(benefico)* [*clima, aria*] healthy, wholesome **2** FIG. *(utile)* [*esperienza, lezione, consiglio*] beneficial, salutary; ***avere un effetto ~*** to have a healing effect.

▶ **2.salutare** /salu'tare/ [1] **I** tr. **1** *(rivolgere un saluto) (incontrandosi)* to greet, to say* hello to [*persona*]; *(separandosi)* to say* goodbye to, to wish [sb.] goodbye [*persona*]; ***potresti anche ~*** you might say hello; ***se ne andò senza neanche ~*** he left without even saying goodbye; ***~ qcn. con un gesto della mano*** *(incontrandosi)* to greet sb. with a wave; *(separandosi)* to wave goodbye to sb.; ***~ qcn. per strada*** to greet sb. in the street; ***~ qcn. con un cenno del capo*** to nod to sb.; ***~ qcn. togliendosi il cappello*** to raise *o* tip one's hat to sb.; ***lo salutammo alla stazione*** we saw him off at the station **2** *(portare i saluti)* ***saluta Massimo da parte mia*** remember me *o* give my love to Massimo; ***ti saluta il dottor Smith*** Dr Smith sends his regards; ***salutali da parte mia*** give them my regards; ***salutalo per me*** say hello to him for me; ***mi ha pregato di salutarti*** she asks to be remembered to you **3** MIL. to salute [*soldato, ufficiale, bandiera*] **4** *(fare visita a)* to look up; ***uno di questi giorni verrò a salutarti*** I'll drop in one of these days; ***sono stato a salutarlo ieri*** I went round to see him yesterday **5** *(accogliere)* to greet [*persona*]; to welcome [*decisione, nomina, notizia*]; ***~ qcn. al grido di*** to greet sb. with cries of; ***~ qcn. con applausi*** to greet sb. with applause **6** LETT. *(acclamare, proclamare)* ***~ qcn. re*** to hail sb. as king; ***~ qcs. come qcs.*** to hail sth. as (being) sth. **II salutarsi** pronom. *(incontrandosi)* to greet each other, to exchange greetings; *(separandosi)* to say* goodbye to each other; ***-rsi con una stretta di mano*** to shake hands; ***non si salutano più*** they are no longer on speaking terms.

salutazione /salutat'tsjone/ f. LETT. salutation; ***la ~ angelica*** RELIG. the angelic salutation.

▶ **salute** /sa'lute/ **I** f. **1** *(benessere)* health; ***stato di ~*** state of health; ***godere (di) buona ~*** to enjoy good health; ***in cattive condizioni di ~*** in a poor state of health; ***non essere in buona ~*** to be in failing health; ***in piena ~*** in the very best of health; ***essere in perfetta ~*** to be perfectly healthy, to be in perfect health; ***scoppiare di ~*** to be vibrant with health; ***rovinarsi la ~*** to ruin one's health; ***mantenersi in ~*** to keep oneself healthy; ***rimettersi in ~*** to recover one's health; ***essere di ~ cagionevole*** to be frail *o* delicate; ***avere una ~ di ferro*** to have an iron constitution, to be in rude health LETT.; ***fare bene alla ~*** to be good for one's health; ***essere il ritratto della ~*** to be the picture of health; ***come va la ~?*** how are you? ***per motivi di ~*** for health reasons, on (the) grounds of ill-health; ***ha dei problemi di ~*** he's got health problems, he's not a well man; ***fumare è dannoso alla ~*** smoking is bad for your health **2** LETT. *(salvezza)* salvation **II** inter. **1** *(bevendo)* ***alla ~!*** cheers! good health! ***bere alla ~ di qcn.*** to drink (to) sb.'s health; ***alla (tua) ~!*** here's (to your) health! ***bere alla ~ di qcn.*** to drink a toast to sb. **2** *(a chi starnutisce)* ***~!*** bless you! **3** *(per esprimere meraviglia)* golly, good Lord, goodness; ***~! che appetito!*** heavens, what an appetite! ◆◆ ***~ mentale*** mental health; ***~ pubblica*** public welfare.

salutista, m.pl. **-i**, f.pl. **-e** /salu'tista/ m. e f. **1** *(igienista)* health fanatic **2** *(appartenente all'esercito della Salvezza)* salvationist.

▶ **saluto** /sa'luto/ **I** m. **1** *(atto del salutare)* greeting, salutation; *(incontrandosi)* hello, greeting; *(separandosi)* goodbye; ***in segno di ~*** in salutation *o* in salute; ***mi lanciò un ~*** he waved at me; ***aprì le braccia in segno di ~*** she spread her arms wide in greeting; ***ricambiare il ~*** to return the greeting; ***fare un cenno di ~ a qcn.*** *(con la mano)* to give sb. a wave, to wave at sb.; *(con il capo)* to nod at sb.; ***accennare un ~*** *(con la mano)* to wave slightly; *(con il capo)* to nod slightly; ***togliere il ~ a qcn.*** to stop talking to sb., to snub sb. **2** *(ossequio)* homage; ***rendere a qcn. l'estremo ~*** to pay one's last respects to sb. **3** MIL. *(gesto)* salute; ***fare il ~ militare*** to give a salute; ***fare il ~ a un ufficiale*** to salute an officer **II saluti** m.pl. **1** *(formula di cortesia)* regards, greetings; ***Claudia (ti) manda i suoi -i*** Claudia sends her love (to you); ***portale i miei -i*** give my love to her, remember me to her, give her my best (regards); ***gli porga i miei -i*** give him my greetings **2** *(in chiusura di lettera)* ***cari -i*** love, all the best; ***cordiali -i*** Yours sincerely, Sincerely yours AE, Best wishes; ***distinti -i*** Yours sincerely, Yours faithfully **3** COLLOQ. *(invito a troncare il discorso)* ***e tanti -i!*** and that's that.

salva /'salva/ f. **1** *(in segno di saluto)* salute, salvo*; MIL. *(scarica di colpi)* volley, discharge; ***una ~ di 21 colpi di cannone*** a 21-gun salute; ***sparare una ~*** to fire a salute **2** FIG. *(scroscio)* salvo*, burst; ***una ~ di applausi*** a burst of applause; ***una ~ di insulti*** a volley of insults **3 a salve** ***colpo a -e*** blank shot; ***sparare a -e*** to fire blanks.

salvabile /sal'vabile/ **I** agg. salvable, savable **II** m. ***salvare il ~*** to save whatever possible.

salvacondotto /salvakon'dotto/ m. safe-conduct, pass; ***rilasciare a qcn. un ~*** to issue sb. with a safe-conduct.

▷ **salvadanaio**, pl. **-ai** /salvada'najo, ai/ m. moneybox; *(a forma di porcellino)* piggy bank.

salvadoregno /salvado'reɲɲo/ ➧ ***25*** **I** agg. Salvador(e)an **II** m. (f. **-a**) Salvador(e)an.

▷ **salvagente** /salva'dʒɛnte/ **I** m.inv. **1** *(ciambella)* lifebuoy, life preserver; *(giubbotto)* lifejacket, life preserver, life vest AE **2** *(isola spartitraffico)* traffic island, safety island AE **II** agg.inv. ***giubbotto ~*** lifejacket, life vest AE.

salvaguardare /salvagwar'dare/ [1] **I** tr. to safeguard [*patrimonio, diritti*] (**da** against, from); to preserve [*tradizioni, unità*]; to protect, to conserve [*ambiente*] **II salvaguardarsi** pronom. to defend oneself, to protect oneself (**da** against, from).

salvaguardia /salva'gwardja/ f. safeguard, preservation, protection; ***~ dell'ambiente*** environmental protection.

salvamotore /salvamo'tore/ m.inv. TECN. overload cut-out.

salvapunte /salva'punte/ m.inv. **1** *(per matite)* pencil cap **2** *(per scarpe)* toe cap, toe piece.

▶ **salvare** /sal'vare/ [1] **I** tr. **1** *(sottrarre al pericolo, alla morte)* to save, to rescue (**da** from); ***~ la vita a qcn.*** to save sb.'s life; ***~ delle vite*** to save lives; ***~ qcn. dall'annegamento*** to save sb. from drowning; ***~ la pelle*** to save one's (own) skin, to save one's bacon COLLOQ. **2** *(preservare)* to save, to protect [*natura, ambiente*]; to save, to salvage [*matrimonio, reputazione*]; to save, to redeem [*situazione*]; SPORT to save [*partita, risultato*]; ***~ qcs. dall'oblio*** to rescue sth. from oblivion; ***~ qcs. in extremis*** to save sth. in extremity; ***~ le apparenze*** to keep up appearances; ***~ la faccia*** to save face; ***Dio ci salvi!*** God preserve us! **3** RELIG. to save, to redeem [*credente, anima*] **4** *(rendere accettabile)* ***è ciò che lo salva*** it's his saving grace; ***di questo film non si salva nulla*** this film has no redeeming features **5** INFORM. to save [*file, dati*] **II salvarsi** pronom. **1** *(sottrarsi al pericolo)* to save oneself (**da** from); ***-rsi per miracolo*** to have a narrow escape **2** *(rifugiarsi)* ***-rsi all'estero*** to escape abroad **3** *(difendersi, proteggersi)* to defend oneself, to protect oneself; ***-rsi dalle critiche*** to be safe from criticism ◆ ***si salvi chi può!*** every man for himself! ***~ il salvabile*** to save whatever possible; ***~ capra e cavoli*** to have it both ways; ***uomo avvisato mezzo salvato*** PROV. forewarned is forearmed.

salvaschermo /salvas'kermo/ m.inv. INFORM. screen saver.

salvaslip /salvaz'lip/ m.inv. panty-liner.

salvaspazio /salvas'pattsjo/ agg.inv. space-saving.

salvastrella /salvas'trɛlla/ f. burnet.

salvataggio, pl. **-gi** /salva'taddʒo, dʒi/ m. **1** *(operazione di soccorso)* rescue; MAR. salvage; ***~ in mare*** sea rescue; ***squadra di ~*** rescue team; ***corso di ~*** lifesaving training course; ***scialuppa*** o ***lancia di ~*** lifeboat; ***zattera di ~*** life raft; ***stazione di ~*** lifeboat station; ***giubbotto di ~*** lifejacket **2** FIG. *(aiuto)* rescue; ***~ dal fallimento*** ECON. bailout; ***piano di ~*** ECON. rescue package **3** SPORT *(parata)* save **4** INFORM. save; ***~ automatico*** autosave.

▷ **salvatore** /salva'tore/ **I** agg. saving, rescuing **II** m. (f. **-trice** /tritʃe/) rescuer, saviour BE, savior AE; ***il Salvatore*** RELIG. the Saviour, Our Saviour.

1.salvavita /salva'vita/ agg.inv. ***farmaci ~*** lifesaving drugs.

2.salvavita® /salva'vita/ m.inv. EL. circuit breaker.

▷ **salve** /'salve/ inter. hello, hail, hi COLLOQ., howdy AE COLLOQ.; ***~ a tutti!*** hello everybody!

Salve Regina, salveregina /salvere'dʒina/ m. e f.inv. Salve Regina, salve.

▷ **salvezza** /sal'vettsa/ f. **1** *(scampo)* salvation, escape, safety; ***essere la ~ di qcn.*** to be sb.'s salvation; ***dovere la propria ~ a*** to owe one's salvation to; ***raggiungere la ~*** to reach safety; ***ancora di ~*** FIG. sheet anchor; ***Esercito della ~*** RELIG. Salvation Army, Sally Army BE COLLOQ. **2** RELIG. *(redenzione)* salvation; ***la ~ dell'anima*** the salvation of the soul; ***ottenere la ~*** to find salvation.

▷ **salvia** /'salvja/ **I** f. *(pianta)* sage **II** m.inv. *(colore)* sage (green) **III** agg.inv. sage green.

salvietta /sal'vjetta/ f. **1** *(tovagliolo)* (table) napkin, serviette BE **2** COSMET. wipe **3** REGION. *(asciugamano)* towel.

salvifico, pl. **-ci, -che** /sal'vifiko, tʃi, ke/ agg. [*virtù, grazia*] saving, redeeming.

▷ **salvo** /'salvo/ **I** agg. **1** *(incolume)* safe, unhurt; ***ho avuto -a la vita*** my life was spared; ***sano e ~*** safe and sound; ***sono arrivato sano e ~*** I arrived safely; ***la malata è -a*** *(fuori pericolo)* the patient is out of danger **2** FIG. [*onore, reputazione*] intact; ***l'onore è ~*** honour is satisfied **II** m. ***essere in ~*** to be safe; ***mettere in ~ qcn.*** to rescue sb.; ***mettersi in ~*** to flee to safety; ***mettetevi in ~!*** run for your life! COLLOQ. **III** prep. **1** *(tranne, eccetto)* except(ing), barring, save ANT., saving ANT. FORM.; ***mi alzo presto ogni mattina, ~ la domenica*** I get up early every morning except Sunday; ***sono libero tutti i giorni, ~ domani*** I'm free every day except *o* but tomorrow; ***tutti ~ uno*** all bar one **2** *(con riserva)* ***~ contrordine*** unless countermanded, failing instructions to the contrary; ***~ imprevisti*** all things being equal, if all goes well; ***~ indicazione contraria*** unless otherwise specified; ***~ nei casi previsti*** except as provided; ***~ buon fine*** COMM. subject to collection, under usual reserve; ***~ errori od omissioni*** BUROCR. errors and omissions excepted **3 salvo che** *(a meno che)* unless; ***mangeremo fuori ~ che (non) piova*** we'll eat outside unless it rains; *(eccetto che)* except that; ***non ne so nulla, ~ che è una faccenda importante*** I don't know anything about it, except that it's an important matter ◆ ***rubare a man -a*** to steal with impunity.

Samant(h)a /sa'manta/ n.pr.f. Samantha.

samara /'samara/ f. samara.

Samarcanda /samar'kanda/ ➧ ***2*** n.pr.f. Samarkand.

Samaria /sa'marja, sama'ria/ ➧ ***30*** n.pr.f. Samaria.

samario /sa'marjo/ m. samarium.

samaritano /samari'tano/ ➧ ***30*** **I** agg. Samaritan **II** m. (f. **-a**) Samaritan; ***il buon ~*** BIBL. the Good Samaritan (anche FIG.); ***essere un buon ~*** FIG. to be a good Samaritan.

samba /'samba/ m. e f.inv. samba.

sambernardo /samber'nardo/ → **sanbernardo.**

1.sambuca /sam'buka/ f. = kind of anisette.

2.sambuca, pl. **-che** /sam'buka, ke/ f. MUS. sambuca.

1.sambuco, pl. **-chi** /sam'buko, ki/ m. BOT. elder; ***fiore di ~*** elderflower; ***bacca di ~*** elderberry; ***vino di ~*** elderberry wine.

2.sambuco, pl. **-chi** /sam'buko, ki/ m. MAR. dhow.

sammarinese /sammari'nese/ ➧ ***25, 2*** **I** agg. from, of San Marino **II** m. e f. native, inhabitant of San Marino.

Samoa /sa'mɔa/ ➧ ***14*** n.pr.f.pl. Samoa sing.

samoano /samo'ano/ **I** agg. Samoan **II** m. (f. **-a**) **1** *(persona)* Samoan **2** LING. Samoan.

samoiedo /samo'jɛdo/ **I** agg. Samoyed(e), Samoyedic **II** m. (f. **-a**) **1** *(persona)* Samoyed(e) **2** LING. Samoyed(e), Samoyedic **3** *(cane)* Samoyed(e).

samosa /sa'mosa/ m.inv. GASTR. samosa.

Samotracia /samo'tratʃa/ ➧ ***14*** n.pr.f. Samothrace.

samovar /samo'var/ m.inv. samovar.

sampdoriano /sampdo'rjano/ **I** agg. [*tifoso, giocatore, difesa*] of Sampdoria, Sampdoria attrib. **II** m. (f. **-a**) **1** *(giocatore)* Sampdoria player **2** *(tifoso)* Sampdoria supporter.

sampietro /sam'pjɛtro/ m. ZOOL. John Dory.

Samuele /samu'ɛle/ n.pr.m. Samuel.

samurai /samu'rai/ m.inv. samurai*.

san /san/ agg. → **santo.**

sanabile /sa'nabile/ agg. **1** *(guaribile)* [*ferita*] healable **2** *(rimediabile)* [*situazione*] repairable, remediable **3** ECON. [*perdita*] retrievable.

sanamente /sana'mente/ avv. *(in modo salutare)* healthily, healthfully, wholesomely.

sanare /sa'nare/ [1] **I** tr. **1** *(rendere sano)* to cure [*persona, malato*]; to heal [*ferita*]; FIG. to heal [*dolore, sofferenza*]; ***il tempo sana ogni ferita*** FIG. time heals all wounds **2** *(bonificare)* to reclaim [*terreno*] **3** ECON. to balance [*bilancio*]; to make* up [*perdita*] **II sanarsi** pronom. *(rimarginarsi)* [*ferita*] to heal (up); FIG. [*dolore, sofferenza*] to be* healed.

sanatoria /sana'tɔrja/ f. DIR. act of indemnity, act of amendment, deed of indemnity.

1.sanatorio, pl. **-ri**, **-rie** /sana'tɔrjo, ri, rje/ agg. DIR. indemnifying; ***atto*** o ***provvedimento*** ~ act of indemnity *o* of amendment, deed of indemnity.

2.sanatorio, pl. **-ri** /sana'tɔrjo, ri/ m. sanatorium* BE, sanitarium* AE.

sanbernardo, san Bernardo /samber'nardo/ m.inv. *(cane)* Saint Bernard, St Bernard.

sancire /san'tʃire/ [102] tr. **1** *(ratificare)* to sanction [*legge*]; to ratify [*trattato*] **2** *(convalidare)* to sanction [*uso*].

sancta sanctorum /'sanktasank'tɔrum/ m.inv. **1** *(nel tempio di Gerusalemme)* holy of holies, (inner) sanctum* **2** *(nelle chiese cattoliche)* tabernacle **3** FIG. SCHERZ. *(luogo accessibile a pochi intimi)* holy of holies, (inner) sanctum*.

sanculotto /sanku'lɔtto/ m. (f. **-a**) STOR. sansculotte.

1.sandalo /'sandalo/ m. **1** *(albero)* sandal, sandalwood **2** *(essenza)* sandalwood; ***olio di*** ~ sandalwood oil.

▷ **2.sandalo** /'sandalo/ ➧ ***35*** m. *(calzatura)* sandal; ~ ***infradito*** flip-flop, thong AE AUSTRAL.

sandolino /sando'lino/ m. scull, sculler.

sandolista, m.pl. **-i**, f.pl. **-e** /sando'lista/ m. e f. sculler.

sandracca /san'drakka/ f. *(resina)* (gum) sandarac.

sandwich /'sɛndwitʃ/ **I** m.inv. **1** GASTR. sandwich **2** TECN. ***struttura a*** ~ sandwich construction **II** agg.inv. ***uomo*** ~ sandwich man.

sanfedismo /sanfe'dizmo/ m. **1** STOR. = reactionary religious movement of the late eighteenth century in Italy **2** *(atteggiamento reazionario)* reactionaryism, reactionism.

sanfedista, m.pl. **-i**, f.pl. **-e** /sanfe'dista/ m. e f. **1** STOR. = follower of sanfedismo **2** *(reazionario)* reactionary.

sanforizzare /sanforid'dzare/ [1] tr. to Sanforize®.

sanforizzato /sanforid'dzato/ agg. Sanforized®.

sangallo /san'gallo/ m.inv. broderie anglaise.

sangiovese /sandʒo'vese/ m.inv. ENOL. INTRAD. (red wine typical of Tuscany and Romagna).

sangria /san'gria/ f.inv. sangria.

▶ **sangue** /'sangwe/ **I** m. **1** blood; ***donare il*** ~ to give blood; ***donatore di*** ~ blood donor; ***banca del*** ~ blood bank; ***goccia di*** ~ drop of blood; ***grumo di*** ~ blood clot; ***analisi del*** ~ blood test *o* screening; ***fare le analisi del*** ~ to do bloods *o* to have bloodtests done; ***cavare il*** ~ to draw blood; ***fare un prelievo di*** ~ to take a blood sample; ***trasfusione di*** ~ blood transfusion; ***perdita di*** ~ loss of blood; ***perdere*** ~ ***dal naso*** to have a nosebleed; ***perdeva*** ~ ***dalla testa*** he was bleeding from the head; ***sputare*** ~ to spit (out) blood; ***animale a*** ~ ***caldo, freddo*** warm-blooded, cold-blooded animal; ***pozza di*** ~ pool of blood; ***macchiato di*** ~ bloodstained; ***al*** ~ GASTR. [*carne, bistecca*] rare, underdone BE; ***vuole il mio ~!*** FIG. he's after my blood! COLLOQ. **2** *(stato d'animo, sentimento)* ***farsi il*** ~ ***cattivo, avvelenarsi il*** ~ to eat one's heart out **3** *(discendenza)* ~ ***reale*** royal blood; ***un principe di*** ~ ***reale*** a prince of the blood; ***ha*** ~ ***danese da parte di madre*** there is Danish blood on his mother's side; ***fratello di*** ~ blood brother; ***legami di*** ~ blood ties; ***essere dello stesso*** ~ to be kin; ***di*** ~ ***misto*** of mixed blood **II** agg. ***rosso*** ~ bloodred, bloody ◆ ***un combattimento all'ultimo*** ~ a fight to the death; ***versare*** o ***spargere*** ~ to shed blood; ***versare il proprio*** ~ ***per la patria*** to spill *o* shed one's blood for one's country; ***bagno di*** ~ bloodbath; ***finire in un bagno di*** ~ to end in bloodshed; ***un fatto di*** ~ an act of violence; ***assetato di*** ~ bloodthirsty; ***lavare un'offesa nel*** ~ to wipe out an insult with blood; ***spargere*** ~ to spill blood; ***spargimento di*** ~ bloodshed; ***senza spargimento di*** ~ [*crimine, azione*] bloodless, victimless; ***picchiare qcn. a*** ~ to beat up sb., to beat sb. black and blue; ***avere il*** ~ ***caldo*** to be hot-blooded; ~ ***freddo*** cold-bloodedness, sangfroid; ***a*** ~ ***freddo*** in cold blood, cold-bloodedly; ***mantenere il*** ~ ***freddo*** to keep a cool *o* level head; ***uccidere qcn. a*** ~ ***freddo*** to kill sb. in cold blood; ***scritto nel*** ~ written in blood; ***ha la musica nel*** ~ music is in her blood; ***ce l'ha nel*** ~ it's in his genes SCHERZ.; ***piangere lacrime di*** ~ to cry one's eyes out; ***sudare*** o ***sputare*** ~ ***per qcs.*** to sweat blood over sth.; ***non avere*** ~ ***nelle vene*** *(essere insensibile)* to be cold-hearted; *(non avere carattere)* to have no guts; ***fra loro non corre buon*** ~ there is bad blood between them; ***succhiare il*** ~ ***a qcn.*** to suck sb. dry; ***avere le mani sporche del*** ~ ***di qcn.*** to have sb.'s blood on one's hands; ***il*** ~ ***mi andò alla testa*** the blood rushed to my head; ***fare ribollire il*** ~ ***a qcn.*** to make sb.'s blood boil; ***mi si gela il*** ~ my blood runs cold; ***fare raggelare il*** ~ ***a qcn.*** to chill sb.'s blood; ***il*** ~ ***non è acqua*** blood is thicker than water; ***buon*** ~ ***non mente*** PROV. blood tells; ***non si cava*** ~ ***da una rapa*** PROV. you can't make a silk purse out of a sow's ear ◆◆ ~ ***arterioso*** arterial blood; ~ ***blu*** blue blood; ***di*** ~ ***blu*** blue-blooded; ~ ***di Cristo*** RELIG. blood of Christ; ~ ***di drago*** BOT. dragon's blood; ~ ***venoso*** venous blood.

sanguemisto /sangwe'misto/ m. **1** *(animale)* hybrid, crossbreed **2** *(persona)* mestizo*, person of mixed race.

sanguificazione /sangwifikat'tsjone/ f. *(vascolarizzazione)* vascularization; *(emopoiesi)* haemopoiesis BE, hemopoiesis AE, sanguification.

sanguigna /san'gwiɲɲa/ f. ART. *(disegno, matita)* sanguine.

▷ **sanguigno** /san'gwiɲɲo/ agg. **1** MED. FISIOL. blood attrib., sanguineous; ***gruppo*** ~ blood group *o* type; ***pressione -a*** blood pressure **2** *(rosso)* [*viso*] ruddy; ***arancia -a*** blood orange **3** *(impetuoso)* full-blooded, hot-tempered; ***temperamento*** ~ impulsive character; ***è un tipo*** ~ he's hot-headed.

sanguinaccio, pl. **-ci** /sangwi'nattʃo, tʃi/ m. blood pudding, black pudding BE, blood sausage AE.

sanguinamento /sangwina'mento/ m. bleeding **U**.

sanguinante /sangwi'nante/ agg. **1** [*ferita*] bleeding **2** *(poco cotto)* [*bistecca*] rare **3** FIG. ***un cuore*** ~ a bleeding heart.

▷ **sanguinare** /sangwi'nare/ [1] intr. (aus. *avere*) to bleed* (anche FIG.); ***avere il naso che sanguina*** to have a bloody nose *o* a nosebleed; ***mi sanguina il dito*** my finger's bleeding; ***mi sanguina il cuore*** FIG. my heart bleeds!

sanguinaria /sangwi'narja/ f. BOT. **1** *(in America settentrionale)* bloodroot, sanguinaria **2** *(erba annua)* crab-grass.

sanguinariamente /sangwinarja'mente/ avv. sanguinarily.

sanguinario, pl. **-ri**, **-rie** /sangwi'narjo, ri, rje/ **I** agg. [*regime, dittatura*] bloody, sanguinary FORM.; [*assassino, tiranno*] bloody, bloodthirsty **II** m. (f. **-a**) bloodthirsty person.

sanguinella /sangwi'nɛlla/ f. BOT. dogberry, dogwood.

sanguinello /sangwi'nɛllo/ **I** m. blood orange **II** agg. ***arancia -a*** red-blooded orange.

sanguinolento /sangwino'lɛnto/ agg. **1** *(che sanguina)* [*ferita*] bleeding; *(pieno di sangue)* [*espettorato*] sanguinolent **2** *(poco cotto)* [*bistecca*] rare **3** FIG. *(cruento)* [*film, spettacolo*] gory.

sanguinoso /sangwi'noso/ agg. **1** *(insanguinato)* bloody, bleeding, bloodstained **2** *(violento)* [*incidente, epoca, battaglia, repressione*] bloody, gory **3** FIG. *(oltraggioso)* [*affronto, ingiuria*] cruel.

sanguisorba /sangwi'sɔrba/ f. → **salvastrella.**

sanguisuga, pl. **-ghe** /sangwi'suga, ge/ f. **1** ZOOL. bloodsucker, leech **2** FIG. *(persona avida)* bloodsucker, leech; *(persona importuna)* nuisance, pest ◆ ***attaccarsi a qcn. come una*** ~ to cling to sb. like a leech.

sanicola /sa'nikola/ f. sanicle.

sanificare /sanifi'kare/ [1] tr. to sanitize.

sanificazione /sanifikat'tsjone/ f. sanitization.

sanità /sani'ta/ f.inv. **1** *(condizione di buona salute)* healthiness, soundness, health; ~ ***mentale*** saneness, sanity **2** AMM. *(sistema sanitario)* health service; ~ ***pubblica*** public health; ***ministero della*** ~ *(in GB)* Department of Health; *(negli USA)* Department of Health and Human Services; ***Organizzazione mondiale della Sanità*** World Health Organization **3** MIL. medical corps pl.; ***soldato di*** ~ medical orderly, medic **4** *(salubrità)* healthiness, wholesomeness **5** FIG. *(integrità)* integrity; ~ ***di principi*** high principles.

▷ **sanitario**, pl. **-ri**, **-rie** /sani'tarjo, ri, rje/ **I** agg. **1** [*regolamento, personale, controllo*] health attrib.; ***assistenza -a*** health care; ***assicurazione -a*** medical insurance; ***cordone*** ~ cordon sanitaire; ***ufficiale*** ~ health officer; ***ispettore*** ~ health inspector **2** *(igienico)* [*impianti*] sanitary; ***articoli -ri*** sanitaryware **II** m. *(medico)* doctor **III sanitari** m.pl. *(impianti da bagno)* bathroom fittings *o* fitments.

San Marino The republic of San Marino forms an enclave within Italian territory but is an independent sovereign state completely surrounded by Italian soil, lying between Emilia-Romagna and the Marche, not far from the Adriatic coast. At just over 60 km² in area, it is one of the smallest states in the world.

San Lorenzo /sanlo'rɛntso/ ➧ *9* n.pr.m. GEOGR. St Lawrence.
sannita, m.pl. **-i**, f.pl. **-e** /san'nita/ **I** agg. Samnite **II** m. e f. Samnite.
sannitico, pl. **-ci**, **-che** /san'nitiko, tʃi, ke/ agg. Samnite.
▶ **sano** /'sano/ agg. **1** *(in buona salute)* [*corpo*] sound, healthy; [*persona, dente*] healthy; ***essere ~ di mente*** to be sane, to be of sound mind; ***~ e salvo*** safe and sound; ***sono arrivato ~ e salvo*** I arrived safely; ***portatore ~*** MED. symptom-free carrier; *(che rivela buona salute)* [*aspetto*] wholesome, healthy **2** *(benefico)* [*clima, attività, vita*] healthy; [*cibo, dieta*] healthy, wholesome, healthful, health-giving; [*ambiente, aria*] healthy; ***è un divertimento ~*** it's good clean fun; ***vita -a*** clean-living; ***in modo ~*** [*mangiare, bere*] healthily, wholesomely **3** *(non bacato)* [*frutto*] sound; *(intatto)* [*bicchiere*] intact, whole **4** *(normale)* [*competizione, curiosità, scetticismo*] healthy; [*buonsenso*] robust; ***avere un ~ rispetto per qcn.*** to have a healthy respect for sb. **5** *(retto)* ***avere -i principi*** to have high principles, to be principled; ***ha -e idee politiche*** she's politically sound, her ideas are politically sound ◆ ***essere ~ come un pesce*** to be as sound as a bell *o* as fit as a fiddle; ***copiare di -a pianta*** to copy wholesale; ***questa storia è inventata di -a pianta*** that story is pure *o* complete invention; ***chi va piano, va ~ e va lontano*** PROV. slow and steady wins the race.
San Pietroburgo /sampjetro'burgo/ ➧ *2* n.pr.f. St Petersburg.
sansa /'sansa/ f. marc.
sanscritista, m.pl. **-i**, f.pl. **-e** /sanskri'tista/ m. e f. Sanskritist, Sanskrit scholar.
sanscrito /'sanskrito/ agg. e m. Sanskrit.
sansevieria /sanse'vjɛrja/ f. sansevieria, mother-in-law's tongue.
san Silvestro /sansil'vɛstro/ m. ***notte di ~*** New Year's Eve.
sansimoniano /sansimo'njano/ **I** agg. Saint-Simonian **II** m. (f. **-a**) Saint-Simonian.
sansimonismo /sansimo'nizmo/ m. Saint-Simonianism.
sansimonista, m.pl. **-i**, f.pl. **-e** /sansimo'nista/ agg., m. e f. → **sansimoniano.**
Sansone /san'sone/ n.pr.m. Samson.
santabarbara, pl. **santebarbare** /santa'barbara, sante'barbare/ f. **1** MAR. MIL. powder magazine **2** FIG. dynamite.
santamente /santa'mente/ avv. holily; ***vivere ~*** to lead a holy life.
santarellina /santarel'lina/, **santerellina** /santerel'lina/ f. IRON. goody-goody; ***una ~*** a demure young lady; ***non fare la ~*** don't be such a goody-goody.
santarello /santa'rɛllo/, **santerello** /sante'rɛllo/ m. (f. **-a**) goody-goody.
Santiago /san'tjago/ ➧ *2* n.pr.f. *(in Cile)* Santiago; ***~ de Compostela*** *(in Spagna)* Santiago (de Compostela).
santificante /satifi'kante/ agg. sanctifying.
santificare /santifi'kare/ [1] **I** tr. **1** *(rendere santo)* to sanctify, to make* [sth.] holy [*vita, azione*] **2** *(osservare)* to keep*, to observe [*domenica*]; ***~ le feste*** to hallow the feasts **3** *(venerare)* to sanctify, to hallow LETT.; ***sia santificato il Tuo nome*** BIBL. hallowed be Thy name **4** *(canonizzare)* to canonize **II santificarsi** pronom. to become* holy.
santificatore /santifika'tore/ m. (f. **-trice** /tritʃe/) sanctifier.
santificazione /santifikat'sjone/ f. sanctification.
santimonia /santi'mɔnja/ f. sanctimoniousness, sanctimony.
santino /san'tino/ m. = holy picture reproduced on a card.
Santippe /san'tippe/ n.pr.f. Xanthippe.
santissimo /san'tissimo/ **I** agg. most holy, most sacred **II** m. RELIG. ***il Santissimo*** *(Eucarestia)* the Blessed *o* Holy Sacrament ◆◆ ***il Santissimo Padre*** the Holy Father; ***il Santissimo Sacramento*** the Blessed *o* Holy Sacrament; ***Santissima Trinità*** Holy Trinity; ***la Santissima Vergine*** the Blessed Virgin.
santità /santi'ta/ f.inv. **1** holiness, sanctity; *(di persona)* saintliness **2** *(titolo)* ***Sua, Vostra Santità*** His, Your Holiness ◆ ***in odore di ~*** in the odour of sanctity.
▶ **santo** /'santo/ **I** agg. (the masculine form is *santo* before proper nouns that begin with *s* followed by a consonant; it becomes *sant'* before proper nouns that begin with a vowel and *san* before proper nouns that begin with a consonant) **1** *(sacro)* [*acqua, guerra, città*] holy; ***terra -a*** Holy Land; ***settimana -a*** Holy Week; ***giovedì ~*** Maundy Thursday; ***venerdì ~*** Good Friday; ***sabato ~*** Holy Saturday; ***~ patrono*** patron saint; ***-a patrona*** patroness, patron saint; ***lo Spirito Santo*** the Holy Spirit **2** *(seguito da nome proprio)* Saint; *(abbreviato)* S, St; ***san Marco*** Saint Mark; ***sant'Agostino*** St Augustine; ***sant'Ignazio di Loyola*** St Ignatius Loyola; ***san Tommaso d'Aquino*** Aquinas; ***san Francesco d'Assisi*** St Francis of Assisi; ***Santo Stefano*** *(26 dicembre)* Boxing Day BE; ***estate di san Martino*** St Martin's summer **3** *(pio, devoto)* [*persona*] good, godly, pious; ***è un sant'uomo*** he's a saintly man; ***condurre una vita -a*** to live the life of a saint **4** *(indubitabile)* ***parole -e!*** how right you are! **5** COLLOQ. *(con uso pleonastico)* ***tutto il ~ giorno*** the whole blessed day; ***tutti i -i giorni*** each and every day, every blessed day; ***fatemi il ~ piacere di stare zitti*** will you kindly shut up **6** *(in esclamazioni)* ***-a pazienza!*** good Lord! ***~ cielo!*** heavens (above)! oh dear! God! ***-i numi!*** my goodness! heavens (above)! ***~ Dio!*** Holy Moses! ***Madonna -a!*** Good Heavens! **II** m. (f. **-a**) **1** *(canonizzato)* saint; ***i -i*** *(collettivamente)* the saintdom, the sainthood; ***i Santi, la festa dei Santi*** o ***di tutti i Santi*** All-Hallowmas, All-Hallows, All Saints' Day BE; ***dichiarare*** o ***fare ~ qcn.*** to canonize sb.; ***la comunione dei -i*** the communion of saints **2** FIG. *(persona pia, paziente)* saint, godly person; ***quell'uomo è un ~*** that man's a saint **3** COLLOQ. *(patrono)* patron (saint) **4** COLLOQ. *(onomastico)* name day, saint's day ◆ ***non è uno stinco di ~*** he's no angel; ***avere un ~*** o ***dei -i in paradiso*** to have friends in high places; ***non so a che ~ votarmi*** I don't know which way *o* where to turn; ***avere la pazienza di un ~*** to have the patience of a saint; ***non c'è ~ che tenga*** there's no getting round it; ***darle*** o ***suonarle a qcn. di -a ragione*** to thrash the living daylights out of sb., to give sb. a good thrashing; ***essere come il diavolo e l'acqua -a*** to be (like) oil and water; ***fare qcs. in -a pace*** to do sth. in peace and quiet; ***passata la festa gabbato lo ~*** PROV. once on shore, we pray no more; ***scherza coi fanti e lascia stare i -i*** PROV. = don't mix the sacred with the profane ◆◆ ***~ Graal*** (Holy) Grail, sangrail, sangreal; ***Santo Padre*** Holy Father; ***Santo Sepolcro*** Holy Sepulchre; ***Santa Alleanza*** STOR. Holy Alliance; ***Santa Madre Chiesa*** mother church, Mother Church; ***Santa Sede*** Holy See; ***la santa Vergine*** the Blessed Virgin.

> **i** **I Santi** (or *Ognissanti*) Public holiday and religious festival celebrating all the saints. Typically, cakes made with nuts and raisins, which vary from region to region, are eaten during this festival. People go to the cemetery to take flowers for their dead loved ones, although the Festival of the Dead (*I Morti*) is the following day, 2nd November, which is not a holiday.

> **i** **Santo patrono** In Italy worship of the saints is very strong. The patron saint of a town or community is considered to be its protector. His or her saint's day is a religious holiday on which schools, offices and most shops are closed. It is celebrated with a special mass and processions. In towns and cities illuminations are put up and there are stalls and sometimes a fair, in a mixture of the sacred and the secular.

santone /san'tone/ m. (f. **-a**) **1** *(eremita)* hermit **2** SPREG. *(guru)* guru.
santonica /san'tɔnika/ f. santonica.
santonina /santo'nina/ f. santonin.
santoreggia /santo'reddʒa/ f. savory.
Santorino /santo'rino/ ➧ *14* n.pr.f. Santorin.
santuario, pl. **-ri** /santu'arjo, ri/ m. sanctuary (anche FIG.), shrine.
san Valentino /sanvalen'tino/ m. ***la festa di ~*** St Valentine's Day, Valentine('s) Day.
sanzionare /santsjo'nare/ [1] tr. **1** *(sancire)* to sanction, to ratify [*legge*] **2** *(approvare, riconoscere)* to give* official recognition to [*studi, formazione*] **3** *(applicare sanzioni)* to punish [*colpa, colpevole*].
sanzione /san'tsjone/ f. **1** DIR. AMM. *(punizione)* sanction; ***imporre -i contro*** to impose sanctions on; ***mantenere, togliere le -i*** to maintain, lift sanctions; ***-i economiche, commerciali*** economic, trade sanctions; ***poteri di ~*** powers of sanction; ***emettere una ~ contro un giocatore*** to penalize a player **2** *(approvazione, ratifica)* sanction; ***ricevere una ~ ufficiale*** to be given official sanction; ***prammatica ~*** STOR. pragmatic sanction ◆◆ ***~ amministrativa*** fine; ***~ disciplinare*** AMM. disciplinary measure; ***~ penale*** DIR. legal *o* criminal sanction.
▶ **1.sapere** /sa'pere/ [82] Attenzione a distinguere l'uso di *saper fare qualcosa* e *sapere qualcosa*: nel primo caso, *sapere* funziona da verbo modale, non può avere per soggetto una cosa, e si traduce con *can, to be able to* o *to know how*; nel secondo caso, funziona da verbo lessicale e si traduce con *to know*. Si veda sotto per gli esempi d'uso e i casi minori. **I** mod. *(essere capace, potere)* can, to be* able to; ***saper fare*** to be able to do; ***~ come fare*** to know how to do; ***non sa ancora guidare*** she can't drive yet; ***sa battere a macchina?*** can he type? ***a quattro anni sapevo leggere*** I could read at the age of four; ***sai aggiustarlo?*** do

you know how to fix it? ***non sa dire di no*** he can't say no; ***saper perdonare*** to be able to forgive; ***saper ascoltare*** to be a good listener; ***ha saputo capirla*** he could understand her **II** tr. **1** *(conoscere)* to know* [*verità, risposta*]; ***lo so*** I know; ***non lo so*** I don't know; ***~ tutto*** to know everything; ***~ qcs. su qcn.*** to know sth. about sb.; ***~ quando, perché*** to know when, why; ***~ chi, cosa*** to know who, what; ***so per certo che*** I know for certain *o* sure that, I know for a fact that; ***lo so che è difficile*** I know it's difficult; ***sapevo che l'avresti detto*** I knew you would say that; ***non sa più quello che dice*** she doesn't know what she's saying; ***non ne so niente*** I don't know anything about it; ***buono a -rsi*** that's handy to know; ***come faccio a saperlo?*** how should I know? ***senza saperlo*** unknowingly; ***non so chi*** somebody or other; ***ha non so quanti quadri*** she's got who knows how many pictures; ***ne sai di cose!*** you really know a thing or two! ***come ben sai*** as you well know *o* as you know full well; ***se proprio vuoi saperlo*** if you must know; ***caso mai non lo sapessi*** in case you didn't know; ***ha ragione, sai*** he's right, you know; ***sai una cosa?*** (do) you know something? ***sai cosa? sono proprio stufo*** you know what? I'm really fed up; ***sappiate che nell'ufficio è vietato fumare*** you should know that smoking is forbidden in the office; ***sappi che non lo permetterò!*** I won't stand for it, I tell you! ***se sapessi!*** little do you know! ***se sapessi come sono contento!*** you can't imagine how happy I am! ***che io sappia*** as far as I know; ***non che io sappia*** not that I know of; ***che (cosa) ne so io!*** how should I know! ***per quanto ne so*** to my knowledge; ***senza che lo sapessi*** without my knowledge; ***non saprei*** I wouldn't know; ***vai a ~! chi lo sa!*** who knows? ***non si sa mai*** o ***non si può mai ~*** you never know; ***a saperlo! se avessi saputo!*** if only I had known! ***ne so quanto prima*** I'm none the wiser; ***lo si sapeva ricco*** he was known to be rich **2** *(avere imparato)* to know*; ***sa la geografia*** he knows geography; ***~ il cinese*** to know Chinese; ***~ bene il giapponese*** to have a good knowledge of Japanese; ***~ qcs. a memoria*** o ***mente*** to know sth. by heart; ***~ qcs. a menadito*** to know sth. inside out *o* backwards; ***~ per esperienza*** to know from experience **3** *(essere, venire a conoscenza)* to hear*, to learn*; ***venire a ~ che*** to hear (it said) that; ***ho saputo del tuo incidente*** I heard about your accident; ***so che ha dei problemi*** I hear he's got some problems; ***se sei interessato, fammelo ~*** if you are interested, please let me know; ***~ qcs. da fonte sicura*** to be reliably informed that; ***come l'hai saputo?*** how did you find out? ***fammi ~ se*** let me know if; ***ha fatto ~ che*** she let it be known that; ***venire a ~ della morte di qcn.*** to learn of *o* about sb.'s death; ***come siete venuti a ~ della nostra organizzazione?*** how did you get to know *o* hear of our organization? **III** intr. (aus. *avere*) **1** *(essere colto)* ***un uomo che sa*** a cultivated man; ***sa di musica*** she's well-versed in music **2** *(avere sapore)* to taste, to savour BE, to savor AE (**di** of); *(avere odore)* to smell* (**di** of); ***~ di sale*** to taste salty; ***la carne sa di bruciato*** the meat tastes burnt; ***non sa di niente*** it has no taste **3** FIG. *(sembrare)* ***~ d'ipocrisia*** to savour of hypocrisy; ***sa di fregatura*** it sounds dodgy; ***mi sa che*** I have a shrewd idea that; ***mi sa che perdiamo la partita*** I've got a feeling we're going to lose the match, something tells me we're going to lose the match **IV sapersi** pronom. *(essere cosciente di essere)* ***-rsi amato*** to know one is loved; ***-rsi perduto*** to know one is done for ◆ ***saperci fare con i bambini*** to have a way with children, to be good with children; ***con gli uomini ci sa fare*** she knows how to handle men; ***non ~ dove sbattere la testa*** to be at one's wits' end; ***saperla lunga in fatto di qcs.*** to know a thing or two about sth.; ***è uno che la sa lunga*** he's been around; ***la sai l'ultima?*** have you heard the latest? ***saperne una più del diavolo*** to have more than one trick up one's sleeve; ***~ il fatto proprio*** to know what's what; ***non voglio più saperne di lui*** I don't want to hear from him any more; ***non ne vuole ~*** he won't hear of it.

2.sapere /sa'pere/ m. **1** *(cultura, erudizione)* learning, erudition; ***un uomo di vasto ~*** a man of great learning; ***la sete di ~*** the thirst for knowledge **2** *(scienza)* knowledge; ***il ~ medico*** medical knowledge; ***tutte le branche del ~*** all branches of knowledge.

sapidità /sapidi'ta/ f.inv. flavour BE, flavor AE, sapidity LETT.; ***esaltatore di ~*** flavour-enhancer BE, flavor-enhancer AE.

sapido /'sapido/ agg. **1** [*cibo*] savoury BE, savory AE, tasty, sapid LETT. **2** FIG. *(arguto)* [*persona, frase*] witty, sharp.

▷ **sapiente** /sa'pjɛnte/ **I** agg. **1** *(saggio)* wise, sage **2** *(colto)* learned, erudite **3** *(competente)* skilful BE, skillful AE, masterly; ***in modo ~*** expertly; ***~ esecuzione*** clever workmanship **4** *(ammaestrato)* [*animale*] trained, performing **II** m. e f. **1** *(persona saggia) (uomo)* wise man*; *(donna)* wise woman* **2** *(persona colta)* scholar.

sapientemente /sapjente'mente/ avv. *(in modo saggio)* wisely, sagely; *(in modo colto)* learnedly; *(in modo competente)* skilfully BE, skillfully AE, ably.

sapientone /sapjen'tone/ m. (f. **-a**) know-all BE COLLOQ., know-it-all AE COLLOQ., smart alec(k) COLLOQ.

sapienza /sa'pjɛntsa/ f. **1** *(saggezza)* wisdom; ***il Libro della Sapienza*** BIBL. the Book of Wisdom **2** *(erudizione)* learning, erudition **3** *(competenza)* skill, ability, mastery.

sapienziale /sapjen'tsjale/ agg. sapiential.

saponaceo /sapo'natʃeo/ agg. saponaceous.

saponaria /sapo'narja/ f. saponaria, soapwort.

saponario, pl. **-ri, -rie** /sapo'narjo, ri, rje/ → **saponiero.**

saponata /sapo'nata/ f. lather, soapsuds pl.

saponato /sapo'nato/ agg. [*acqua*] soapy, sudsy.

▷ **sapone** /sa'pone/ m. soap; ***~ in scaglie*** soapflakes; ***pezzo di ~*** (bar of) soap ***~ da bagno*** bath soap; ***bolla di ~*** soap bubble; ***finire in una bolla di ~*** FIG. to come to nothing ◆ ***acqua e ~*** [*viso*] = without make-up; [*ragazza*] = fresh and natural ◆◆ ***~ da barba*** shaving soap; ***~ liquido*** liquid *o* soft soap; ***~ di Marsiglia*** Marseilles *o* kitchen soap; ***~ neutro*** mild soap; ***~ in polvere*** soap powder; ***~ da toeletta*** toilet soap.

saponetta /sapo'netta/ f. **1** *(sapone)* cake of soap, bar of soap **2** ANT. *(orologio)* hunter.

saponiere /sapo'njɛre/ ♦ ***18*** m. (f. **-a**) soap manufacturer.

saponiero /sapo'njɛro/ agg. [*industria*] soap attrib.

saponificabile /saponifi'kabile/ agg. saponifiable.

saponificare /saponifi'kare/ [1] tr. to saponify.

saponificazione /saponifikat'tsjone/ f. saponification.

saponificio, pl. **-ci** /saponi'fitʃo, tʃi/ m. soap factory.

saponina /sapo'nina/ f. saponin.

saponoso /sapo'noso/ agg. soapy.

▶ **sapore** /sa'pore/ **I** m. **1** *(gusto)* taste, flavour BE, flavor AE; ***avere un buon ~*** to taste good; ***avere un ~ disgustoso*** to taste foul; ***dal ~ gradevole*** pleasant-tasting; ***un forte ~ di aglio*** a strong taste of garlic; ***che ~ ha?*** what does it taste like? ***senza ~*** tasteless, flavourless BE, flavorless AE; ***dar ~ a qcs.*** to flavour sth.; ***lasciare un cattivo ~ in bocca*** to leave a bad *o* nasty taste in the mouth; ***il ~ del vino migliorerà*** the wine will improve in flavour **2** FIG. *(carattere)* taste, relish, spice; ***il ~ della libertà*** the taste of freedom; ***il ~ amaro della sconfitta*** the bitter aftertaste of defeat **II sapori** m.pl. herbs.

saporitamente /saporita'mente/ avv. **1** *(con gusto)* with gusto, with relish **2** FIG. ***dormire ~*** to sleep soundly; ***ridere ~*** to laugh heartily.

saporito /sapo'rito/ agg. **1** *(gustoso)* [*piatto, condimento*] tasty, savoury BE, savory AE; ***essere ~*** to be full of flavour *o* fully-flavoured **2** *(troppo salato)* salty **3** FIG. *(arguto)* witty, racy, sharp **4** FIG. *(costoso)* [*conto*] steep, stiff **5** FIG. *(fatto con gusto)* [*sonno*] sound; [*risata*] hearty.

saporoso /sapo'roso/ agg. **1** tasty, savoury BE, savory AE **2** FIG. witty, racy, sharp.

saprofago pl. **-gi, -ghe** /sa'prɔfago, dʒi, ge/ agg. saprophagous.

saprofita /sa'prɔfita/ **I** agg. → **saprofito II** f. saprophyte.

saprofito /sa'prɔfito/ agg. saprophytic.

saprogeno /sa'prɔdʒeno/ agg. [*batterio*] saprogenic, saprogenous.

sapropel /sapro'pɛl/ m.inv. → **sapropelite.**

sapropelico, pl. **-ci, -che** /sapro'pɛliko, tʃi, ke/ agg. sapropelic.

sapropelite /saprope'lite/ f. sapropel, sapropelite.

saputello /sapu'tɛllo/ m. (f. **-a**) know-all BE COLLOQ., know-it-all AE COLLOQ.; ***fare il ~*** to be a smart alec(k) COLLOQ.

saputo /sa'puto/ **I** p.pass. → **1.sapere II** agg. **1** LETT. *(dotto)* learned **2** *(noto)* ***~ e risaputo*** well-known, trite SPREG. **III** m. (f. **-a**) SPREG. smart alec(k) COLLOQ., know-all BE COLLOQ., know-it-all AE COLLOQ.

Sara /'sara/ n.pr.f. Sara(h).

sarabanda /sara'banda/ f. **1** COREOGR. MUS. sarabande **2** FIG. *(confusione)* bedlam, hubbub, hullabaloo COLLOQ.

saracco, pl. **-chi** /sa'rakko, ki/ m. ripsaw; ***~ a costola*** backsaw.

saraceno /sara'tʃɛno/ **I** agg. **1** STOR. Saracenic **2** BOT. GASTR. ***grano ~*** buckwheat **II** m. (f. **-a**) STOR. Saracen.

saracinesca, pl. **-sche** /saratʃi'neska, ske/ f. **1** *(serramento metallico)* shutter; ***alzare, abbassare la ~*** to raise, lower the shutter **2** *(di castello, fortezza)* portcullis **3** IDR. sluice gate; ***valvola a ~*** gate valve, slide valve.

Saragozza /sara'gɔttsa/ ♦ ***2*** n.pr.f. Saragossa.

sarcasmo /sar'kazmo/ m. **1** *(derisione)* sarcasm; ***fare del ~*** to be sarcastic; ***una punta di ~*** a touch of sarcasm **2** *(osservazione)* sarcastic remark.

sarcasticamente /sarkastika'mente/ avv. sarcastically.
sarcastico, pl. **-ci**, **-che** /sar'kastiko, tʃi, ke/ agg. [*tono, aria, commento*] sarcastic.
sarchiare /sar'kjare/ [1] tr. to weed, to hoe, to spud [*campo*].
sarchiatore /sarkja'tore/ ▸ **18** m. (f. **-trice** /tritʃe/) weeder.
sarchiatrice /sarkja'tritʃe/ f. *(macchina)* weeding machine.
sarchiatura /sarkja'tura/ f. weeding.
sarchiello /sar'kjɛllo/ m., **sarchio**, pl. **-chi** /'sarkjo, ki/ m. weeder, spud.
sarcocele /sarko'tʃɛle/ m. sarcocele.
1.sarcode /sar'kɔde/ f. BOT. snow-plant.
2.sarcode /sar'kɔde/ m. BIOL. sarcode, protoplasm.
sarcofaga, pl. **-ghe** /sar'kɔfaga, ge/ f. flesh-fly, meat-fly.
sarcofago, pl. **-gi** e **-ghi** /sar'kɔfago, dʒi, gi/ m. sarcophagus*.
sarcoide /sar'kɔide/ m. sarcoid.
sarcoidosi /sarkoj'dɔzi/ ▸ **7** f.inv. sarcoidosis*.
sarcolemma /sarko'lɛmma/ m. sarcolemma.
sarcoma /sar'kɔma/ m. sarcoma*.
sarcomatosi /sarkoma'tɔzi/ ▸ **7** f.inv. sarcomatosis.
sarcomatoso /sarkoma'tozo/ agg. sarcomatous.
1.sarda /'sarda/ → **sardina.**
2.sarda /'sarda/ f. MINER. sard.
sardagnolo /sardaɲ'ɲɔlo/ → **sardegnolo.**
sardana /sar'dana/ f. COREOGR. sardana.
Sardanapalo /sardana'palo/ n.pr.m. Sardanapalus.
Sardegna /sar'deɲɲa/ ▸ **30, 14** n.pr.f. Sardinia.
sardegnolo /sardeɲ'ɲɔlo/ ▸ **30 I** agg. [*animale*] Sardinian; SPREG. [*persona*] Sardinian **II** m. (f. **-a**) SPREG. Sardinian.
sardella /sar'dɛlla/ COLLOQ. → **sardina.**
▷ **sardina** /sar'dina/ f. pilchard; *(giovane)* sardine; ***-e sott'olio*** sardines in oil; ***scatola di -e*** tinned BE *o* canned AE sardines ◆ ***essere*** o ***stare stretti*** o ***pigiati come -e*** to be packed *o* squashed (in) like sardines.
sardo /'sardo/ ▸ **30 I** agg. Sardinian **II** m. (f. **-a**) **1** *(persona)* Sardinian **2** LING. Sardinian.
sardonica /sar'dɔnika/ f. sardonyx.
sardonicamente /sardonika'mente/ avv. sardonically.
sardonico, pl. **-ci**, **-che** /sar'dɔniko, tʃi, ke/ agg. [*riso, ghigno*] sardonic.
Sargassi /sar'gassi/ ▸ **27** n.pr.m.pl. ***Mar dei ~*** Sargasso Sea.
sargasso /sar'gasso/ m. sargasso*.
sari /'sari/ m.inv. sari.
sariga /'sariga/ f. → **opossum.**
sarmata /'sarmata/ **I** agg. → **sarmatico II** m. e f. Sarmatian.
sarmatico, pl. **-ci**, **-che** /sar'matiko, tʃi, ke/ agg. Sarmatian.
sarmento /sar'mento/ m. *(di vite)* sarment.
sarmentoso /sarmen'toso/ agg. [*vite, ramo*] sarmentose, sarmentous.
SARS /sars/ f. MED. SARS.
▷ **sarta** /'sarta/ ▸ **18** f. **1** *(chi confeziona indumenti)* seamstress, tailor; *(da donna)* dressmaker **2** *(stilista)* (dress) designer, fashion designer.
sartia /'sartja/ f. MAR. shroud.
sartiame /sar'tjame/ m. rigging, shrouds pl., cordage **U**.
▷ **sarto** /'sarto/ ▸ **18** m. **1** *(chi confeziona indumenti)* tailor; *(da donna)* dressmaker; ***pietra da ~*** tailor's chalk; ***manichino da ~*** tailor's dummy; ***forbici da ~*** sewing scissors **2** *(stilista)* (dress) designer, fashion designer.
▷ **sartoria** /sarto'ria/ f. **1** *(laboratorio)* tailor's shop, dressmaker's shop, design studio; ***un abito di ~*** a tailored suit **2** *(arte)* tailoring, dressmaking.
sartoriale /sarto'rjale/ agg. [*industria*] tailoring attrib., dressmaking attrib.
sartorio, pl. **-ri** /sar'tɔrjo, ri/ m. (anche **muscolo ~**) sartorius*.
s.a.s. /sas/ f. (⇒ società in accomandita semplice) = limited partnership.
sasanide /sa'sanide/ **I** agg. Sassanid, Sassanian **II** m. e f. Sassanid, Sassanian.
sassafrasso /sassa'frasso/ m. sassafras.
sassaia /sas'saja/ f. **1** *(luogo sassoso)* stony place **2** *(argine di sassi)* stone barrier.
sassaiola /sassa'jɔla/ f. hail of stones, volley of stones.
sassarese /sassa'rese/ ▸ **2 I** agg. from, of Sassari **II** m. e f. native, inhabitant of Sassari.
sassata /sas'sata/ f. blow (with a stone); ***prendere a -e qcn.*** to stone sb., to pelt sb. with stones; ***tirare una ~ a qcn.*** to throw a stone at sb.
sassello /sas'sɛllo/ m. redwing.
sasseto /sas'seto/ m. → **sassaia.**
sassicolo /sas'sikolo/ agg. ZOOL. BOT. saxicoline, saxicolous.
sassifraga, pl. **-ghe** /sas'sifraga, ge/ f. saxifrage.
▶ **sasso** /'sasso/ m. *(pietra)* stone; *(roccia)* rock; ***tirare un ~*** to throw a stone; ***una scarica di -i*** a hail of stones; ***una grotta scavata nel ~*** a cave carved in the rock ◆ ***essere duro come un ~*** to be as hard as stone *o* as a rock; ***dormire come un ~*** to sleep like a log, to be dead to the world; ***è una cosa da far piangere i -i*** it would melt a heart of stone; ***tirare -i in piccionaia*** to foul one's own nest; ***rimanere di ~*** to be riveted to the spot, to be flabbergasted; ***digerire anche i -i*** to have a cast-iron stomach; ***lanciare un ~ nello stagno*** to put *o* set the cat among the pigeons BE; ***tirare il ~ e nascondere la mano*** to attack from under cover.
sassofonista, m.pl. **-i**, f.pl. **-e** /sassofo'nista/ ▸ **34, 18** m. e f. saxophonist, sax player COLLOQ.
sassofono /sas'sɔfono/ ▸ **34** m. saxophone, sax COLLOQ.
sassofrasso /sasso'frasso/ → **sassafrasso.**
sassolino /sasso'lino/ m. pebble.
sassolite /sasso'lite/ f. sassolite.
sassone /'sassone/ **I** agg. [*codice*] Saxon; ***genitivo ~*** LING. possessive case **II** m. e f. Saxon **III** m. LING. Saxon.
Sassonia /sas'sonja/ ▸ **30** n.pr.f. Saxony.
sassoso /sas'soso/ agg. [*suolo, strada, campo*] rocky, stony.
Satana /'satana/ n.pr.m. Satan, the Devil ◆ ***vade retro ~*** don't tempt me.
satanasso /sata'nasso/ m. **1** POP. *(diavolo)* devil **2** FIG. *(persona irrequieta)* restless person; *(persona violenta)* fiend ◆ ***urlare come un ~*** to yell like a fiend.
satanicamente /satanika'mente/ avv. satanically.
satanico, pl. **-ci**, **-che** /sa'taniko, tʃi, ke/ agg. **1** *(malvagio)* [*ghigno, sorriso*] satanic, diabolical **2** *(di Satana)* [*culto, setta, rito*] satanic.
satanismo /sata'nizmo/ m. satanism, Satanism.
satanista, m.pl. **-i**, f.pl. **-e** /sata'nista/ m. e f. satanist, Satanist.
satellitare /satelli'tare/ agg. [*orbita, stazione, ricevitore, telefono*] satellite attrib.; ***antenna ~*** satellite aerial, (satellite) dish.
▷ **satellite** /sa'tɛllite/ **I** m. **1** *(astro, missile)* satellite; ***~ artificiale*** artificial satellite; ***~ per telecomunicazioni*** communications satellite; ***collegamento via ~*** satellite link-up; ***trasmissione via ~*** broadcasting by satellite; ***televisione via ~*** satellite television **2** POL. *(paese)* satellite state, client state **3** MECC. *(pignone)* planet wheel **4** *(seguace)* follower, henchman* SPREG. **II** agg.inv. ***stato ~*** satellite state, client state; ***città ~*** satellite town, overspill town ◆◆ ***~ killer*** killer satellite; ***~ meteorologico*** weather satellite; ***~ d'osservazione*** observation satellite; ***~ di ricognizione*** reconnaissance satellite; ***~ spia*** spy satellite, spy-in-the-sky COLLOQ.
sati /'sati/ **I** f.inv. *(sposa)* suttee **II** m.inv. *(sacrificio)* suttee.
satin /sa'tɛn/ m.inv. satin.
satinare /sati'nare/ [1] tr. **1** to satinize, to glaze [*carta, stoffa*] **2** to satinize, to gloss [*metallo*].
satinato /sati'nato/ **I** p.pass. → **satinare II** agg. **1** *(lucido)* [*carta, stoffa*] satinized, glazed; [*metallo*] satinized, glossed; ***una vernice -a*** a paint with a silk finish **2** FIG. [*pelle*] silky (smooth).
satinatrice /satina'tritʃe/ f. *(macchina)* glazer, glazing machine.
satinatura /satina'tura/ f. glazing, satinizing.
satira /'satira/ f. satire, lampoon; ***fare la ~ di*** o ***mettere in ~ qcn., qcs.*** to satirize sb., sth.; ***autore di -e*** satirist, lampooner.
satireggiare /satired'dʒare/ [1] **I** tr. to satirize, to lampoon **II** intr. (aus. *avere*) **1** *(fare della satira)* to be* satirical **2** *(scrivere satire)* to write* satires.
satiresco, pl. **-schi**, **-sche** /sati'resko, ski, ske/ agg. *(di satiro)* satyric(al).
satiriasi /sati'riazi/ f.inv. satyriasis.
satiricamente /satirika'mente/ avv. satirically.
satirico, pl. **-ci**, **-che** /sa'tiriko, tʃi, ke/ **I** agg. [*tono, poesia, poeta*] satiric(al) **II** m. (f. **-a**) satirical writer, satirist.
satirione /sati'rjone/ m. stink horn.
satiro /'satiro/ m. **1** MITOL. satyr **2** *(uomo lascivo)* satyr, lecher.
satollare /satol'lare/ [1] **I** tr. to surfeit, to satiate **II satollarsi** pronom. to surfeit oneself (with food), to eat* one's fill.
satollo /sa'tollo/ agg. surfeited, satiated, sated, replete, glutted with food.
satrapia /satra'pia/ f. satrapy.
satrapo /'satrapo/ m. satrap (anche FIG.).
satsuma /sat'suma/ f.inv. satsuma (ware).
saturabile /satu'rabile/ agg. saturable.
saturare /satu'rare/ [1] **I** tr. **1** CHIM. to saturate; *(impregnare)* to permeate **2** FIG. to saturate, to glut [*attività, settore, mercato*]; ***~ la mente di nozioni*** to cram one's mind with information **II saturarsi**

pronom. **1** *(diventare saturo)* to become* saturated **2** FIG. to stuff oneself, to glut oneself.

saturatore /satura'tore/ m. saturant.

saturazione /saturat'tsjone/ f. **1** CHIM. saturation; ***punto di ~*** saturation point **2** FIG. saturation, glut; ***arrivare al punto di ~*** to reach a saturation point.

satureia /satu'rɛja/ f. savory.

saturnale /satur'nale/ **I** agg. MITOL. Saturnalian **II saturnali** m.pl. STOR. Saturnalia + verbo sing. o pl.

saturniano /satur'njano/ **I** agg. ASTR. Saturnian **II** m. (f. **-a**) LETTER. Saturnian.

saturnino /satur'nino/ agg. **1** *(di Saturno)* of Saturn **2** FIG. *(malinconico)* saturnine, gloomy, sullen **3** MED. ***colica -a*** painter's colic.

saturnio, pl. **-ni, -nie** /sa'turnjo, ni, nje/ **I** agg. **1** MITOL. Saturnian **2** LETTER. Saturnian **II** m. LETTER. Saturnian verse.

saturnismo /satur'nizmo/ ◗ **7** m. lead poisoning, plumbism.

Saturno /sa'turno/ n.pr.m. **1** MITOL. Saturn **2** ASTR. Saturn; ***gli anelli di ~*** Saturn's rings; ***le lune di ~*** the moons of Saturn.

saturo /'saturo/ agg. **1** FIS. CHIM. [*soluzione*] saturate(d); ***grassi -i*** saturate(d) fats **2** *(impregnato)* permeated; ***atmosfera -a di umidità*** saturate(d) air **3** *(colmo)* full, filled, packed; ECON. [*mercato*] saturate(d).

saudita, m.pl. **-i**, f.pl. **-e** /sau'dita/ ◗ **25 I** agg. Saudi; ***Arabia Saudita*** Saudi Arabia **II** m. e f. Saudi (Arabian).

Saul /'saul/ n.pr.m. BIBL. Saul.

sauna /'sauna/ f. sauna; ***fare la ~*** to take a sauna (bath); ***è una ~ qui!*** FIG. it's like a sauna in here!

1.sauro /'sauro/ m. *(rettile)* saurian.

2.sauro /'sauro/ **I** agg. ***un cavallo ~*** a chestnut *o* sorrel horse **II** m. *(cavallo)* chestnut, sorrel.

savana /sa'vana/ f. savanna(h).

Saverio /sa'vɛrjo/ n.pr.m. Xavier.

saviezza /sa'vjettsa/ f. RAR. wisdom, judiciousness, (common) sense.

savio, pl. **-vi, -vie** /'savjo, vi, vje/ **I** agg. **1** *(saggio)* wise, sage **2** *(sano di mente)* sane **II** m. (f. **-a**) **1** *(saggio)* wise person, sage; ***sette -vi*** Seven Sages **2** *(sano di mente)* sane person.

Savoia /sa'vɔja/ ◗ **30** n.pr.f. **1** *(regione)* Savoy **2** STOR. ***casa ~*** the House of Savoy.

savoiardo /savo'jardo/ ◗ **30 I** agg. Savoyard **II** m. (f. **-a**) **1** *(persona)* Savoyard **2** LING. Savoyard **3** GASTR. Savoy biscuit, sponge finger, ladyfinger.

savoir-faire /savwar'fɛr/ m.inv. savoir-faire.

savonarola /savona'rɔla/ f. ARRED. Savonarola chair.

savonese /savo'nese/ ◗ **2 I** agg. from, of Savona **II** m. e f. native, inhabitant of Savona **III** m. LING. dialect of Savona.

sax /saks/ ◗ **34** m.inv. sax*.

saxhorn /'saksorn/ ◗ **34** m.inv. saxhorn.

saxofonista /saksofo'nista/ → **sassofonista.**

saxofono /sak'sɔfono/ → **sassofono.**

saziabile /sat'tsjabile/ agg. satiable.

saziamento /sattsja'mento/ m. satiation.

▷ **saziare** /sat'tsjare/ [1] **I** tr. **1** *(sfamare)* [*pasto*] to satiate, to satisfy [*persona*]; to satisfy, to sate FORM. [*fame*]; ***questo pranzo mi ha veramente saziato*** this meal has really filled me up **2** FIG. *(appagare)* to satisfy [*curiosità*]; ***~ la vista di qcs.*** to feast one's eyes on sth. **3** *(annoiare)* to tire, to weary **II** intr. (aus. *avere*) ***le patate saziano*** potatoes fill you up, potatoes are very filling **III saziarsi** pronom. **1** *(sfamarsi)* to satisfy one's appetite **2** FIG. *(stancarsi)* to get* tired, to grow* tired; ***non -rsi mai di guardare qcn.*** never to get tired of looking at sb.

sazietà /sattsje'ta/ f.inv. **1** *(condizione di chi è sazio)* satiety; ***un senso di ~*** a feeling of satiety; ***mangiare, bere a ~*** to eat, drink one's fill **2** FIG. *(disgusto)* revulsion.

▷ **sazio**, pl. **-zi, -zie** /'sattsjo, tsi, tsje/ agg. **1** *(che ha mangiato a sazietà)* replete mai attrib., sated (**di** with) FORM.; ***~, si addormentò*** replete, he fell asleep; ***sentirsi, essere ~*** to feel bloated, to be full COLLOQ.; ***i commensali -zi*** the well-fed guests; ***l'animale ~ non era più pericoloso*** the animal had eaten its fill and was no longer dangerous; ***non siete mai -zi*** you're never satisfied, you never have enough (anche FIG.) **2** FIG. *(pienamente appagato)* satiated, sated (**di** with) FORM.; *(stanco)* satiated, tired, weary (**di** of).

sbaccellare /zbattʃel'lare/ [1] tr. to shell, to shuck AE [*fagioli, piselli*].

sbaciucchiamento /zbatʃukkja'mento/ m. smooch COLLOQ., snog(ging) COLLOQ.

sbaciucchiare /zbatʃuk'kjare/ [1] **I** tr. to smother [sb.] with kisses **II sbaciucchiarsi** pronom. to smooch COLLOQ., to have* a smooch COLLOQ., to snog COLLOQ.

sbadataggine /zbada'taddʒine/ f. absent-mindedness, carelessness, scattiness BE COLLOQ.; ***per ~*** out of carelessness.

sbadatamente /zbadata'mente/ avv. inadvertently, absent-mindedly.

sbadato /zba'dato/ **I** agg. absent-minded, careless, scatterbrained, scatty BE COLLOQ. **II** m. (f. **-a**) scatterbrain, inadvertent person.

sbadigliamento /zbadiʎʎa'mento/ m. yawning.

▷ **sbadigliare** /zbadiʎ'ʎare/ [1] intr. (aus. *avere*) [*persona, animale*] to yawn, to give* a yawn; ***~ dalla noia*** to yawn from boredom.

▷ **sbadiglio**, pl. **-gli** /zba'diʎʎo, ʎi/ m. yawn; ***fare uno ~*** to give a yawn; ***soffocare uno ~*** to smother *o* stifle *o* suppress a yawn.

sbafare /zba'fare/ [1] **I** tr. COLLOQ. **1** *(mangiare avidamente)* to mop up, to polish off, to gobble up [*cibo*] **2** *(scroccare)* to scrounge [*pasto*] **II sbafarsi** pronom. COLLOQ. to mop up, to polish off, to gobble up [*cibo*]; ***-rsi due torte*** to polish off two cakes.

sbafata /zba'fata/ f. COLLOQ. blowout, feed, nosh-up BE COLLOQ.; ***farsi una bella ~*** to have a good feed.

sbafatore /zbafa'tore/ m. (f. **-trice** /tritʃe/) *(scroccone)* scrounger, sponger.

sbaffo /'zbaffo/ m. smudge, smear; ***farsi uno ~ di rossetto sulla camicia*** to smear lipstick on one's shirt.

sbafo: **a sbafo** /az'bafo/ avv. by scrounging, by sponging; ***vivere a ~*** to scrounge a living.

▶ **sbagliare** /zbaʎ'ʎare/ [1] **I** tr. **1** *(compiere un'azione errata, inesatta)* ***~ la risposta*** to give the wrong answer; ***~ mira*** to miss one's aim; ***~ momento*** to pick the wrong moment; ***~ mestiere*** to choose the wrong job; IRON. to miss one's vocation; ***~ a scrivere una parola*** to misspell a word, to spell a word incorrectly; ***~ i calcoli*** to get one's calculations wrong, to be out in one's calculations BE; FIG. to get it all wrong, to make a big mistake **2** *(fallire)* ***ho sbagliato tutto nella vita*** I've made a mess of my life; ***~ il tiro*** *(nel calcio)* to miskick **3** *(scambiare)* ***~ via, pullman, chiave*** to take the wrong road, bus, key; ***~ ora, data, giorno*** to get the time, date, day wrong; ***~ numero (di telefono)*** to dial *o* get the wrong number; ***~ palazzo*** to get the wrong building; ***~ strada*** to go the wrong way; ***~ porta*** to get the wrong door; FIG. to come to the wrong place **II** intr. (aus. *avere*) to make* a mistake, to be* wrong; ***tutti possono ~*** we all make mistakes, anybody can make a mistake; ***riconoscere di aver sbagliato*** to acknowledge one's mistakes; ***hai sbagliato a dirglielo*** you were wrong to tell him; ***se non sbaglio*** if I'm not mistaken; ***non puoi ~*** you can't go wrong; ***correggimi se sbaglio, ma...*** correct me if I'm wrong, but...; ***potrei ~, ma...*** o ***sbaglierò, ma...*** I may *o* might be wrong, but... **III sbagliarsi** pronom. to be* mistaken, to be* wrong; ***-rsi su qcn., qcs.*** to make a mistake *o* be wrong about sb., sth.; ***-rsi di due euro, di tre ore*** to be two euros, three hours out BE *o* off AE; ***-rsi a leggere*** to misread; ***potrei sbagliarmi, ma...*** I may *o* might be wrong, but...; ***ti sbagli!*** you're wrong! ◆ ***~*** o ***-rsi di grosso*** to be badly mistaken *o* quite wrong; ***non ~ un colpo*** not to miss a trick; ***-rsi su tutta la linea*** to be completely wrong; ***sbagliando s'impara*** PROV. = you learn from your mistakes.

▶ **sbagliato** /zbaʎ'ʎato/ **I** p.pass. → **sbagliare II** agg. **1** *(errato)* [*risultato, numero, interpretazione, idea*] wrong; [*ragionamento*] false; ***è completamente*** o ***totalmente ~*** that's completely wrong; ***è ~ dire, fare*** it's wrong *o* it's a mistake to say, to do; ***seguire una pista -a*** to be on the wrong track **2** *(inopportuno)* [*momento*] wrong; [*mossa*] bad, false; ***scegliere il momento ~ per dimettersi*** to mistime one's resignation; ***fare la scelta -a*** to make the wrong choice ◆ ***partire con il piede ~*** to get off on the wrong foot; ***prendere qcn. per il verso ~*** to rub sb. up the wrong way.

▷ **sbaglio**, pl. **-gli** /'zbaʎʎo, ʎi/ m. **1** *(errore)* mistake, error, slip, blunder; ***commettere uno ~*** to make a mistake *o* slip; ***~ di ortografia*** misspelling; ***uno ~ di persona*** a case of mistaken identity; ***è stato uno ~ pensare che...*** it was wrong to think that...; ***dev'esserci uno ~*** there must be some mistake; ***per ~*** by mistake; ***fare qcs. per ~*** to do sth. by mistake **2** *(colpa)* fault; ***uno ~ di gioventù*** a mistake of one's youth.

sbalestrare /zbales'trare/ [1] tr. **1** *(scagliare lontano)* to fling*, to hurl, to dash [*barca*] **2** *(trasferire)* to transfer, to shift, to pack off [*impiegato*] **3** COLLOQ. *(scombussolare)* [*notizia*] to throw* into confusion, to upset* [*persona*].

sbalestrato /zbales'trato/ **I** p.pass. → **sbalestrare II** agg. *(scombussolato)* confused, upset, unsettled; ***sentirsi ~*** to feel mixed-up; ***condurre un'esistenza -a*** to live a crazy life.

sballare /zbal'lare/ [1] **I** tr. **1** *(togliere l'imballaggio)* to unpack [*merce, cassa*] **2** *(sbagliare)* ***~ i conti*** to get one's calculations wrong **II** intr. (aus. *avere*) **1** GIOC. to go* over, to be* out **2** *(sbagliare un calcolo)* to miscalculate **3** GERG. *(essere sotto l'effetto della droga)* to get* high, to be* high, to get* off.

sballato /zbal'lato/ **I** p.pass. → **sballare II** agg. **1** *(senza imballaggio)* [*merce*] unpacked **2** COLLOQ. *(irragionevole, assurdo)* [*idea*] scatter-brained; [*ragionamento*] absurd **3** GERG. *(sotto l'effetto di droghe)* high, spaced out **III** m. (f. **-a**) *(chi è sotto l'effetto di droghe)* spaced out person, freaked out person.

sballatura /zballa'tura/ f. unpacking.

sballo /'zballo/ m. **1** *(sballatura)* unpacking **2** GERG. *(effetto allucinatorio)* high, buzz; **~ da colla** high from sniffing glue; **da ~** FIG. rip-roaring; ***sarà una serata da ~!*** this evening's going to be a blast! ***che ~!*** what a gas!

sballottamento /zballotta'mento/ m. tossing, jolting.

sballottare /zballot'tare/ [1] tr. [*onde*] to toss, to knock about, to knock around, to rock [*barca*]; [*automobile*] to toss, to jolt, to shake* up [*persona*]; ***~ qcn. avanti e indietro*** to shunt sb. back and forth, to toss sb. to and fro; ***essere sballottato da una parte all'altra*** to be jerked from one place to another.

sbalordimento /zbalordi'mento/ m. amazement, astonishment.

▷ **sbalordire** /zbalor'dire/ [102] **I** tr. [*evento, risposta, notizia*] to amaze, to astonish, to astound, to flabbergast; ***la sua abilità mi sbalordisce*** I am amazed at his ability **II** intr. (aus. *avere*) ***sbalordì nel sentire che*** he was staggered to hear that.

sbalorditivo /zbalordi'tivo/ agg. **1** *(esagerato)* [*prezzo*] staggering **2** *(incredibile)* [*notizia, forza, comportamento, persona*] incredible, stunning.

sbalordito /zbalor'dito/ **I** p.pass. → **sbalordire II** agg. amazed, astonished, astounded, flabbergasted (**per** at; **da** by); [*sguardo, espressione*] blank; ***rimanere*** o ***restare ~*** to be amazed *o* astonished; ***lasciare qcn. ~*** to astonish sb.; ***sono ~ dai tuoi progressi!*** I'm amazed at the progress you've made!

sbalzare /zbal'tsare/ [1] **I** tr. **1** *(scaraventare)* to throw*, to toss, to fling*; ***~ qcn. di sella*** to toss sb., to throw sb. from the saddle; ***essere sbalzato dalla moto, fuori dall'auto*** to be thrown off the motorbike, out of the car; ***fui sbalzato fuori dal mio sedile*** I was jolted out of my seat **2** *(sollevare da un incarico)* ***~ un re dal trono*** to dethrone a king **3** *(lavorare a sbalzo)* to emboss [*rame*] **II** intr. (aus. *essere*) *(variare all'improvviso)* [*prezzo, temperatura*] to shoot*.

sbalzo /'zbaltso/ m. **1** *(scossone)* jolt, jerk; ***l'auto fece uno ~*** the car gave a jolt; ***a -i*** by *o* in fits and starts, jerkily **2** *(cambiamento improvviso)* sudden change, jump; ***~ di temperatura*** sudden change in temperature; ***~ d'umore*** mood swing; ***di ~*** suddenly *o* all at once **3** ART. TECN. embossing, embossment; ***lavorare a ~*** to emboss; ***oro lavorato a ~*** embossed gold; ***lavorazione a ~*** embossing **4** ARCH. overhang; ***trave a ~*** hammer beam.

sbancamento /zbanka'mento/ m. excavation, earth moving.

sbancare /zban'kare/ [1] **I** tr. **1** *(nel gioco d'azzardo)* to clean out; ***~ il banco*** to break the bank **2** *(rovinare)* to ruin, to bankrupt **3** *(scavare)* to excavate [*terreno*] **II sbancarsi** pronom. to go* broke, to go* bankrupt.

1.sbandamento /zbanda'mento/ m. **1** AUT. skid, sideslip; MAR. list; AER. bank; ***controllare uno ~*** to steer out of a skid **2** FIG. disorientation, deviation, confusion.

2.sbandamento /zbanda'mento/ m. **1** MIL. disbanding, disbandment **2** FIG. *(dispersione)* disbanding, disbandment.

▷ **1.sbandare** /zban'dare/ [1] intr. (aus. *avere*) **1** AUT. [*auto*] to skid, to sideslip, to go* out of control; MAR. to list, to have* a list; AER. to bank; ***~ in curva*** to skid while going around a bend; ***~ sul ghiaccio*** to skid on the ice **2** FIG. *(deviare)* [*linea politica*] to lean*, to tend.

2.sbandare /zban'dare/ [1] **I** tr. *(disperdere)* to disband, to break* up [*dimostranti*]; MIL. to disband [*esercito*] **II sbandarsi** pronom. [*truppe, gruppo*] to disband, to disperse.

sbandata /zban'data/ f. **1** AUT. skid, sideslip; MAR. list; ***fare una ~ con la macchina*** to go *o* get into a skid with one's car; ***tracce di ~*** skid marks; ***~ controllata*** controlled skid; ***angolo di ~*** MAR. angle of list **2** FIG. ***prendersi una ~ per qcn.*** to have a crush on sb.

sbandato /zban'dato/ **I** p.pass. → **1.sbandare II** agg. **1** MIL. [*esercito, soldato*] disbanded, dispersed **2** FIG. *(disorientato)* [*ragazzo*] wild, unruly; [*vita*] disorderly **III** m. (f. **-a**) **1** MIL. straggler **2** FIG. drifter, misfit, straggler.

sbandieramento /zbandjera'mento/ m. **1** *(sventolio di bandiere)* waving of flags, flag-flying **2** FIG. display.

sbandierare /zbandje'rare/ [1] tr. **1** *(sventolare le bandiere)* to wave (flags), to fly* (flags) **2** FIG. *(ostentare)* to flaunt [*vita privata, successo, abilità*]; ***~ il proprio coraggio*** to display one's courage; ***non andare a sbandierarlo a tutti!*** COLLOQ. don't shout it from the rooftops! don't tell the world about it!

sbandierata /zbandje'rata/ f. waving of flags, flag-flying.

sbandieratore /zbandjera'tore/ m. (f. **-trice** /tritʃe/) flag flyer.

sbando /'zbando/ m. chaos, disorder; ***allo ~*** [*famiglia, bambino*] adrift, running wild; ***soldati allo ~*** soldiers fleeing in disarray.

sbaraccare /zbarak'kare/ [1] **I** tr. COLLOQ. to take* away, to clear out [*mobili*] **II** intr. (aus. *avere*) COLLOQ. to pack up, to clear out, to clear off; ***è arrivata l'ora di ~*** it's time to pack up.

sbaragliare /zbaraʎ'ʎare/ [1] tr. to defeat, to destroy [*esercito, nemico, concorrente*].

sbaraglio: **allo sbaraglio** /allozba'raʎʎo/ avv. ***mandare qcn. allo ~*** to send sb. to certain defeat; ***buttarsi allo ~*** to risk everything; ***mettere allo ~*** to risk, to jeopardize [*vita*].

sbarazzare /zbarat'tsare/ [1] **I** tr. to clear [*tavolo, scrivania*]; ***~ qcn. da un peso*** to disburden sb. (anche FIG.) **II sbarazzarsi** pronom. **1 *-rsi di*** *(liberarsi)* to get rid of [*oggetto, auto, animale*]; ***non so come sbarazzarmi di quel seccatore*** I don't know how to get rid of that pest; ***mi sono sbarazzato di un peso*** that's a load *o* weight off my mind **2** *(uccidere)* ***-rsi di qcn.*** to get rid of sb.

sbarazzino /zbarat'tsino/ **I** agg. [*aria, carattere, atteggiamento*] jaunty, rakish **II** m. (f. **-a**) rascal, scamp.

sbarbare /zbar'bare/ [1] **I** tr. **1** *(radere)* to shave* **2** *(sradicare)* to root out, to uproot **II sbarbarsi** pronom. to shave*, to have* a shave.

sbarbatello /zbarba'tɛllo/ m. greenhorn, young pup COLLOQ.

sbarbato /zbar'bato/ **I** p.pass. → **sbarbare II** agg. *(rasato)* shaven, shaved; *(imberbe)* beardless, smooth-cheeked.

▷ **sbarcare** /zbar'kare/ [1] **I** tr. **1** *(fare scendere) (da una nave)* to land, to disembark, to put* ashore [*passeggeri, truppe*]; *(da un aereo)* to land, to disembark; *(scaricare)* to land, to unload [*merci, veicoli*] **2** FIG. ***~ l'inverno*** to survive *o* get through the winter; ***sbarcarla*** o ***sbarcarsela*** COLLOQ. *(cavarsela)* to cope, to get by, to manage **3** *(licenziare un membro dell'equipaggio)* to dismiss, to remove **II** intr. (aus. *essere*) **1** *(scendere a terra) (da una nave)* [*passeggeri*] to disembark, to land; *(da un aereo)* to disembark, to deplane AE **2** MIL. to land ◆ ***~ il lunario*** to barely make ends meet, to eke out, to scrape a living.

sbarcatoio, pl. **-oi** /zbarka'tojo, oi/ m. landing place, landing stage.

▷ **sbarco**, pl. **-chi** /'zbarko, ki/ m. **1** *(di merci)* unloading; *(di passeggeri)* disembarkation **2** MIL. landing; ***truppe da ~*** landing troops; ***testa di ~*** beachhead; ***lo ~ in Normandia*** the Normandy landings **3** *(cessazione di appartenenza all'equipaggio)* discharge **4** COLLOQ. ***un elemento da ~*** a rough-and-ready person.

sbardare /zbar'dare/ tr. to untackle [*cavallo*].

sbarellare /zbarel'lare/ [1] intr. (aus. *avere*) COLLOQ. **1** *(barcollare)* to stagger, to stumble, to totter **2** *(dare i numeri)* to lose* one's marbles.

▷ **sbarra** /'zbarra/ f. **1** *(elemento che impedisce il passaggio)* bar; ***colpire qcn. con una ~*** to hit sb. with a bar; ***~ d'appoggio*** safety rail; ***alzare le -e (del passaggio a livello)*** to raise the (level) crossing **2** *(in tribunale)* bar; ***chiamare qcn. alla ~*** to call sb. to the witness box BE, witness stand AE; ***presentarsi alla ~*** to appear before the court **3** SPORT *(nella ginnastica artistica)* (horizontal) bar, high bar; *(nella danza)* barre; ***fare esercizi alla ~*** to practise on the bars, to exercise at the barre **4** MAR. *(barra del timone)* tiller, helm **5** ARALD. bend sinister **6** EL. busbar ◆ ***essere dietro le -e*** to be behind bars; ***mettere qcn. alla ~*** to put sb. in the dock.

sbarramento /zbarra'mento/ m. **1** *(diga)* dam **2** *(barriera)* barrier, block; ***~ antiaereo*** antiaircraft barrage; ***~ militare*** military roadblock; ***superare uno ~*** to break through *o* cross a roadblock; ***uno ~ di auto in fiamme*** a barricade of burning cars; ***fuoco di ~*** barrage (fire); ***pallone di ~*** barrage balloon **3** MIN. brattice, stopping.

▷ **sbarrare** /zbar'rare/ [1] tr. **1** *(ostruire)* to block, to bar [*cammino, accesso*] (**con** with); to dam (up) [*fiume*]; *(sprangare)* to bar, to bolt [*finestra, porta*]; ***~ il passaggio a qcn.*** to stand in sb.'s way (anche FIG.); ***~ la strada*** o ***il cammino a qcn.*** to block *o* bar sb.'s way **2** *(barrare)* to cross out [*parola, paragrafo*]; ***~ un assegno*** ECON. to cross a cheque **3** *(spalancare)* ***~ gli occhi*** to open one's eyes wide.

sbarrato /zbar'rato/ **I** p.pass. → **sbarrare II** agg. **1** *(ostruito)* [*accesso, passaggio, strada*] blocked, barred; *(sprangato)* [*finestra*] barred, bolted **2** *(barrato)* [*assegno, numero*] crossed **3** *(spalancato)* ***occhi -i*** eyes wide open.

sbarretta /zbar'retta/ f. **1** *(barra grafica obliqua)* slash, oblique, stroke; *(verticale)* bar; ***la ~ della t*** the cross on the t **2** MUS. bar (line).

sbassare /zbas'sare/ [1] tr. **1** *(rendere più basso)* to lower [*tavolo, tacco*] **2** *(spostare più in basso)* to lower [*mensola*].

sbastire /zbas'tire/ [102] tr. to unbaste [*abito, orlo*].

sbatacchiamento /zbatakkja'mento/ m. slamming, banging, rattling.

sbatacchiare /zbatak'kjare/ [1] **I** tr. **1** *(sbattere)* to slam, to bang [*porta*]; [*vento*] to rattle [*imposte*]; *~ qcs. contro la parete* to fling sth. against the wall; *essere sbatacchiato di qua e di là* FIG. to be shuffled here and there; *~ le ali (volare)* to flap *o* flutter one's wings **2** *(scuotere con violenza)* to shake* out [*tappeto*] **II** intr. (aus. *avere*) [*porta*] to slam, to bang; [*finestra*] to bang, to rattle.

sbatacchio, pl. **-ii** /zbatak'kio, ii/ m. continuous slamming.

▶ **sbattere** /'zbattere/ [2] **I** tr. **1** *(chiudere)* to slam, to bang; *~ la porta in faccia a qcn.* FIG. to slam the door on sb. *o* in sb.'s face; *andarsene* o *uscire sbattendo la porta* to storm out slamming the door behind one **2** *(scuotere)* to shake* (out) [*tappeto, tovaglia*]; *(agitare)* to shake* [*bottiglia*]; *~ le ali* to flap *o* flutter one's wings; *~ le ciglia* to flutter one's eyelashes; *~ le palpebre* to blink **3** *(gettare)* to slam (**su** on; **contro** against); *sbatté il libro sul tavolo* he slammed the book on the table; *~ giù il telefono* to slam down the phone, to bang down the receiver; *~ a terra qcn.* to knock sb. down; *un'onda ha sbattuto la barca sugli scogli* a wave dashed the boat against the rocks; *~ qcs. in faccia a qcn.* to throw sth. in sb.'s face; *~ qcs. in prima pagina* to splash sth. all over *o* across the front page; *~ via qcs. (buttare, eliminare)* to throw sth. away *o* out; *~ qcn. in prigione* o *~ dentro qcn.* COLLOQ. to throw *o* clap COLLOQ. sb. in jail; *~ qcn. giù dal letto* to throw sb. out of bed; *è già molto se non ci sbatte fuori* we'll be lucky if he doesn't throw us out; *~ qcn. fuori dall'aula* to throw sb. out of the classroom; *~ qcn. (a lavorare) in un paesino* FIG. to shunt sb. to a little village **4** *(urtare)* to bang (**contro** against, into); to bump (**contro** against, on); *~ il ginocchio, la testa contro qcs.* to bang one's knee, head against sth.; *non sapere più dove ~ la testa* FIG. to be at one's wits' end; *~ la testa contro il muro* FIG. = to despair, to lose heart **5** GASTR. to beat*, to whisk [*uova*]; to whip [*panna*] **6** *il giallo mi sbatte* COLLOQ. yellow makes me look pale **7** VOLG. *(possedere sessualmente)* to bang, to screw, to knock off; *farsi ~* to get laid **II** intr. (aus. *avere*) **1** *(fare rumore)* [*porta, persiane, vela*] to bang; *c'è la finestra che sbatte* the window's banging; *la porta sbatté (chiudersi)* the door slammed *o* banged shut **2** *(urtare)* *(andare a) ~ contro qcs.* to bump on *o* against sth., to hit sth.; *è andato a ~ col ginocchio contro il tavolo* he banged his knee against the table; *frena o andremo a ~* brake or we'll crash; *andare a ~ contro un albero* COLLOQ. [*autista, auto*] to crash *o* drive into a tree **III sbattersi** pronom. **1** COLLOQ. *(darsi da fare)* *-rsi per fare qcs.* to scramble *o* bustle (about) *o* go all out to do sth., to break one's balls *o* bust one's ass to do sth. VOLG. **2 sbattersene** VOLG. *sbattersene (le palle) di* not to give a (god)damn *o* fuck about; *me ne sbatto!* I don't give a damn *o* shit *o* fuck! *sbattitene!* fuck it!

sbattimento /zbatti'mento/ m. **1** *(lo sbattere)* *(di porte, finestre)* banging, slamming; *(di uova)* beating; *(di vele, bandiere)* flapping **2** AER. flutter **3** *(attività affannosa)* *è uno ~!* it's such a real scramble!

sbattitore /zbatti'tore/ m. beater, mixer.

sbattitura /zbatti'tura/ f. beating.

sbattiuova /zbatti'wɔva/ m.inv. eggbeater, whisk.

sbattuta /zbat'tuta/ f. *dare una ~ a qcs.* to give sth. a shake-up *o* a good shaking, to shake up sth.; *dare una ~ alle uova* to beat the eggs.

sbattuto /zbat'tuto/ **I** p.pass. → **sbattere II** agg. **1** GASTR. [*uovo*] beaten **2** FIG. [*viso, aspetto*] tired, haggard.

sbavare /zba'vare/ [1] **I** intr. (aus. *avere*) **1** *(fare le bave)* [*persona*] to dribble, to drool; [*animale*] to slobber, to slaver **2** COLLOQ. FIG. *~ per qcs., qcn.* to drool over sth., sb. **3** TIP. *(colare)* [*stilografica*] to leak; [*pennello*] to dribble; [*inchiostro, pittura*] to run*; [*rossetto*] to smear, to smudge **II** tr. **1** *(imbrattare di bava)* to dribble on [*indumento*] **2** METALL. to burr, to trim, to fettle **III sbavarsi** pronom. [*persona*] to dribble, to drool.

sbavatore /zbava'tore/ ♦ *18* m. (f. **-trice** /tritʃe/) *(operaio)* trimmer, cleaner.

sbavatrice /zbava'tritʃe/ f. *(macchina)* burring machine.

sbavatura /zbava'tura/ f. **1** *(macchia di bava)* dribble, slobber **U 2** *(colatura, macchia di colore)* smear, smudge **3** FIG. *(imperfezione, ridondanza)* flaw, blunder; *è un lavoro impeccabile, senza -e* it's a clean job with no botches **4** TIP. smudge, blur **5** METALL. burring, trimming.

sbavone /zba'vone/ m. dribbler, slobberer.

sbeccare /zbek'kare/ [1] **I** tr. to chip [*caraffa, vaso*] **II sbeccarsi** pronom. [*caraffa, vaso*] to chip.

sbeccato /zbek'kato/ **I** p.pass. → **sbeccare II** agg. chipped.

sbeffeggiamento /zbeffeddʒa'mento/ m. *(lo sbeffeggiare)* scoffing, taunting, jeering; *(parola, gesto di scherno)* scoff, taunt, jeer.

sbeffeggiare /zbeffed'dʒare/ [1] tr. to taunt, to jeer.

sbeffeggiatore /zbeffeddʒa'tore/ m. (f. **-trice** /tritʃe/) scoffer, taunter.

sbellicarsi /zbelli'karsi/ [1] pronom. *~ dalle risa* to be laughing fit to burst, to rock *o* shake *o* scream with laughter, to be in stitches AE COLLOQ.

sbendare /zben'dare/ [1] tr. to unbandage.

sberla /'zbɛrla/ f. cuff, slap, box on the ear; *dare* o *tirare una ~ a qcn.* to give sb. a slap; *prendere a -e qcn.* to slap sb.

sberleffo /zber'lɛffo/ m. *(smorfia)* grimace, face; *fare uno ~ a qcn.* to make *o* pull a face at sb.

sbevazzare /zbevat'tsare/ [1] intr. (aus. *avere*) COLLOQ. to swill, to booze.

s.b.f. ⇒ salvo buon fine subject to collection, under usual reserve.

▷ **sbiadire** /zbja'dire/ [102] **I** tr. [*sole, luce, liquido*] to fade [*colore, tessuto*] **II** intr. (aus. *essere*) [*colore, tessuto, foto, disegno*] to fade; *~ al sole* to fade in the sun; *i ricordi sbiadiscono col tempo* FIG. memories fade with time **III sbiadirsi** pronom. [*colore*] to fade, to wash out; [*disegno, scritta*] to fade.

sbiadito /zbja'dito/ **I** p.pass. → **sbiadire II** agg. **1** *(scolorito)* [*colori, tessuto, jeans*] faded, washed-out; [*foto*] faded; *(consumato)* [*abito, tenda*] worn; *rosa ~* pale pink; *un ricordo ~* FIG. a vague memory **2** *(scialbo)* [*stile*] dull, flat, colourless BE, colorless AE.

sbianca /'zbjanka/ f. bleaching.

sbiancante /zbjan'kante/ **I** agg. [*polvere, prodotto, agente*] bleaching, whitening **II** m. bleach, whitener, blancher, whit(en)ing.

sbiancare /zbjan'kare/ [1] **I** tr. **1** *(schiarire)* to bleach [*tessuto, pasta di cellulosa, farina*] **2** *(candeggiare)* to bleach [*bucato*] **II** intr. (aus. *essere*) **1** *(diventare bianco)* [*capelli*] to go* white **2** *(impallidire)* to go* pale, to go* white, to (turn) pale; *~ dalla* o *per la paura* to go white with fear **III sbiancarsi** pronom. *(impallidire)* to go* pale, to go* white, to (turn) pale.

sbiancatore /zbjanka'tore/ ♦ *18* m. (f. **-trice** /tritʃe/) blancher.

sbianchire /zbjan'kire/ [102] **I** tr. **1** GASTR. *(sbollentare)* to blanch, to scald **2** *(sbiancare)* to bleach, to whiten **II** intr. (aus. *essere*) to go* pale, to go* white, to (turn) pale.

sbieco, pl. **-chi, -che** /'zbjɛko, ki, ke/ **I** agg. [*linea*] oblique, sloping, slanting; [*sguardo*] sidelong; *muro ~* slanting wall; *avere un'andatura -a* to walk lopsidedly *o* all crooked **II** m. **1** SART. TESS. bias (binding), cross, bias tape AE **2 di sbieco** aslant, askew, on the skew; *tagliare di ~* SART. to cut on the bias *o* cross; *guardare qcn. di ~* FIG. to cast sidelong glances at sb.

sbigottimento /zbigotti'mento/ m. *(sgomento)* dismay, consternation; *(stupore)* amazement, astonishment.

sbigottire /zbigot'tire/ [102] **I** tr. *(turbare)* [*risposta, notizia*] to dismay, to consternate; *(stupire)* to astonish, to amaze **II** intr. (aus. *essere*), **sbigottirsi** pronom. *(turbarsi)* to be* dismayed, to be* consternated; *(stupirsi)* to be* amazed, to be* astonished.

sbigottito /zbigot'tito/ **I** p.pass. → **sbigottire II** agg. *(turbato)* dismayed, consternated; *(stupito)* amazed, astonished.

sbilanciamento /zbilantʃa'mento/ m. unbalance, imbalance.

sbilanciare /zbilan'tʃare/ [1] **I** tr. **1** *(fare perdere l'equilibrio)* [*peso*] to overbalance, to upset*, to make* unstable [*barca, mobile*] **2** FIG. *(dissestare)* to upset*; *queste spese hanno sbilanciato il nostro budget* these expenses have upset our budget **II sbilanciarsi** pronom. **1** *(perdere l'equilibrio)* to lose* one's balance, to overbalance **2** FIG. to commit oneself, to compromise oneself.

sbilancio, pl. **-ci** /zbi'lantʃo, tʃi/ m. ECON. deficit.

sbilenco, pl. **-chi, -che** /zbi'lɛnko, ki, ke/ agg. **1** *(storto, pendente)* [*sedia, tavolo*] rickety; [*albero, muro*] lopsided **2** *(ingobbito)* [*persona*] crooked, lopsided **3** FIG. [*ragionamento*] incoherent, shaky, disjointed.

sbirciare /zbir'tʃare/ [1] tr. COLLOQ. *(guardare di sfuggita, furtivamente)* to peep at, to peek at [*persona, cosa*]; *(fissare)* to eye [*ragazza*]; *stava sbirciando da dietro le tende* she was peeking from behind the curtains; *~ qcn., qcs. con la coda dell'occhio* to cast sidelong glances at sb., sth.

sbirciata /zbir'tʃata/ f. peep; *dare una ~ a qcs.* to take a peep at sth.

sbirro /'zbirro/ m. COLLOQ. SPREG. cop(per), pig.

sbizzarrirsi /zbiddzar'rirsi/ [102] pronom. to satisfy one's whims, to indulge oneself.

sbloccaggio, pl. **-gi** /zblok'kaddʒo, dʒi/, **sbloccamento** /zblokka'mento/ m. → **sblocco.**

▷ **sbloccare** /zblok'kare/ [1] **I** tr. **1** *(rendere nuovamente funzionante)* to release [*freno*]; to unlock [*volante, ruota*]; to unjam [*meccanismo, cassetto, porta*] **2** FIG. *(liberare da vincoli)* to unfreeze* [*salari, prezzi*]; to decontrol [*affitti*]; to release, to free [*crediti, sovvenzioni*]; *~ una situazione* to break the deadlock **3** *(aprire)* to clear [*strada, accesso*] **4** MIL. *(liberare da assedio)* **~ *una città*** to raise the blockade of a town **5** MED. to adjust, to align [*schiena, collo*]; to loosen [*intestino*] **6** PSIC. **~ *qcn.*** to remove sb.'s block **II sbloccarsi** pronom. **1** *(funzionare nuovamente)* [*meccanismo*] to unjam; [*portiera*] to come* free **2** FIG. ***la situazione si è sbloccata*** the deadlock has been broken **3** MED. ***la mia schiena si è sbloccata finalmente*** my back eventually went back to normal **4** COLLOQ. *(superare un blocco psicologico)* to loosen up.

sblocco, pl. **-chi** /'zblɔkko, ki/ m. **1** TECN. *(di freno)* releasing; *(di ruota)* unlocking; *(di meccanismo)* unjamming **2** FIG. ***uno ~ della situazione*** an end to the deadlock; ***lo ~ degli affitti*** the decontrol of rents; ***lo ~ dei prezzi, dei salari*** the unfreezing of prices, salaries.

sbobba /'zbɔbba/ f. COLLOQ. (pig)swill, slop, chow, glop AE.

sbobinare /zbobi'nare/ [1] tr. to transcribe [*nastro*].

▷ **sboccare** /zbok'kare/ [1] **I** intr. (aus. *essere*) **1** *(gettarsi)* [*corso d'acqua*] to flow* (**in** into); ***il Po sbocca nell'Adriatico*** the Po flows into the Adriatic Sea **2** *(arrivare)* [*persona, veicolo*] to come* out (**da** from; **su** onto; **in** into); **~ *su*** o ***in*** [*strada, passaggio*] to lead* to, to open onto; ***gira a destra e sboccherai in Oxford Street*** turn right and you're in Oxford Street **3** FIG. to end up, to lead* to; ***la discussione sboccò in una lite*** the discussion ended up in a row **II** tr. **~ *una bottiglia*** = to remove the impurities settled at the top of a bottle of wine.

sboccataggine /zbokka'taddʒine/ f. coarseness, vulgarity (of language).

sboccatamente /zbokkata'mente/ avv. coarsely, rudely, vulgarly.

sboccato /zbok'kato/ agg. **1** *(triviale)* [*linguaggio*] coarse, vulgar; [*persona*] foul-mouthed **2** *(sbeccato)* [*bricco*] chipped.

sbocciare /zbot'tʃare/ [1] intr. (aus. *essere*) **1** BOT. [*fiore*] to bloom, to blossom, to open (up) **2** FIG. [*amore*] to flower, to bloom; [*amicizia*] to blossom.

sboccio, pl. **-ci** /'zbɔttʃo, tʃi/ m. blooming, blossoming.

sbocciolare /zbottʃo'lare/ tr. AGR. to disbud.

▷ **sbocco**, pl. **-chi** /'zbokko, ki/ m. **1** *(di strada)* way out, junction; *(di corso d'acqua)* mouth; *(di conduttura)* outlet; *(di fogna)* outfall; ***avere uno ~ sul*** o ***al mare*** to have access to the sea; ***senza ~ sul mare*** landlocked; ***strada senza ~*** dead end, blind alley; ***allo ~ della via*** where the street opens out; ***allo ~ del canale di Suez*** at the mouth of the Suez Canal **2** FIG. *(prospettiva)* opportunity; ***la situazione è senza -chi*** there is no way out of this situation; ***la formazione offre pochi -chi (professionali)*** the training course offers few job opportunities **3** MED. **~ *di sangue*** haemoptysis BE, hemoptysis AE **4** ECON. outlet, opening; ***trovare nuovi -chi all'esportazione*** to find new export outlets.

sbocconcellare /zbokkontʃel'lare/ [1] tr. **1** *(mangiare a piccoli bocconi)* to nibble (at), to pick at [*cibo*]; **~ *un pezzo di pane*** to nibble (at) a piece of bread **2** *(sbeccare)* to chip.

sbollentare /zbollen'tare/ [1] tr. to blanch [*mandorle*]; to scald [*verdura, carne*].

sbollire /zbol'lire/ [109] intr. **1** (aus. *avere*) GASTR. to stop boiling, to go* off the boil BE **2** (aus. *essere*) FIG. ***la sua collera sbollì in fretta*** his anger quickly cooled down.

sbolognare /zboloɲ'ɲare/ [1] tr. COLLOQ. **1** *(rifilare)* to unload, to dump [*regalo*]; **~ *qcs. a qcn.*** to palm off sth. onto sb., to flog sth. to sb. BE; ***mi hanno sbolognato i bambini*** I was landed with the children **2** *(togliersi dai piedi)* to get* rid of [*persona*].

▷ **sbornia** /'zbɔrnja/ f. COLLOQ. booze-up, bender, jag; ***prendere*** o ***prendersi una ~*** to get plastered *o* sloshed *o* smashed, to go on a bender; ***smaltire la ~*** to sober up, to sleep it off; ***che ~!*** what a booze-up! what a bender! ***avere la ~ triste*** to have the crying jag.

sborniarsi /zbor'njarsi/ [1] pronom. COLLOQ. to get* plastered, to get* sloshed, to get* smashed, to go* on a bender.

sborra /'zborra/ f. VOLG. *(sperma)* come, cum, spunk BE.

sborrare /zbor'rare/ [1] intr. (aus. *avere*) VOLG. *(eiaculare)* to come*, to shoot* one's load, to shoot* one's wad AE.

sborsare /zbor'sare/ [1] tr. to pay* out, to cough up COLLOQ., to fork out COLLOQ., to shell out COLLOQ. [*denaro*]; ***senza ~ una lira*** o ***un centesimo*** without paying out a single penny.

sborso /'zborso/ m. disbursement.

sbottare /zbot'tare/ [1] intr. (aus. *essere*) **1** *(sfogarsi)* to burst* out; ***alla fine non riuscii a trattenermi e sbottai*** in the end I couldn't hold back and I spoke up **2** *(erompere)* to burst* out; **~ *a ridere, piangere*** to burst out laughing, crying.

▷ **sbottonare** /zbotto'nare/ [1] **I** tr. to unbutton, to undo* the buttons of [*abito, camicia*] **II sbottonarsi** pronom. **1** *(aprire, slacciare)* [*persona*] to unbutton, to undo* the buttons of [*vestito*]; ***si sbottonò la camicia*** he unbuttoned his shirt **2** *(slacciare i bottoni)* [*persona*] to undo* one's buttons; ***fa caldo qui, sbottonati!*** it's hot in here, undo your buttons! **3** *(aprirsi, slacciarsi)* [*vestito*] to come* undone **4** COLLOQ. FIG. *(confidarsi)* to open up, to talk freely, to open one's heart; ***non si sbottona mai*** he never discloses his feelings.

sbottonato /zbotto'nato/ **I** p.pass. → **sbottonare II** agg. unbuttoned, undone.

sbottonatura /zbottona'tura/ f. unbuttoning.

sbozzare /zbot'tsare/ [1] tr. **1** SCULT. to rough-hew*, to scabble [*marmo*]; *(con lo scalpello)* to boast, to chisel **2** *(abbozzare)* to sketch (out) [*disegno, progetto*]; to draft [*discorso, trama*].

sbozzatore /zbottsa'tore/ ♦ **18** m. (f. **-trice** /tritʃe/) rough-hewer.

sbozzimare /zboddzi'mare/ [1] tr. to desize.

sbozzolare /zbottso'lare/ [1] **I** tr. to gather cocoons **II** intr. (aus. *avere*) to come* out of the cocoon.

sbracare /zbra'kare/ [1] **I** tr. **~ *qcn.*** to take* sb.'s trousers off **II** intr. (aus. *avere*) COLLOQ. *(degenerare, scadere)* to go* to pieces **III sbracarsi** pronom. COLLOQ. **1** *(togliersi i calzoni)* to take* off one's trousers **2** FIG. ***-rsi dalle risa*** to laugh one's socks off.

sbracato /zbra'kato/ **I** p.pass. → **sbracare II** agg. **1** COLLOQ. *(trasandato)* [*persona*] sloppy, slovenly; *(stravaccato)* slouching, sprawling **2** FIG. *(sguaiato)* [*linguaggio*] coarse, vulgar.

sbracciarsi /zbrat'tʃarsi/ [1] pronom. **1** *(scoprirsi le braccia)* to roll up one's sleeves, to bare one's arms; *(indossare vestiti senza maniche)* to wear* sleeveless clothes **2** *(gesticolare)* to wave one's arms; ***mi sono sbracciata, ma non mi ha vista*** I waved my arms but she didn't see me **3** FIG. *(darsi da fare)* **~ *per qcn., qcs.*** to go all out for sb., sth.

sbracciato /zbrat'tʃato/ **I** p.pass. → **sbracciarsi II** agg. **1** *(a braccia scoperte)* bare-armed, with bare arms mai attrib. **2** ABBIGL. *(senza maniche)* sleeveless; *(con maniche corte)* short-sleeved.

sbraciare /zbra'tʃare/ [1] tr. to poke, to stir [*fuoco*].

sbraitare /zbrai'tare/ [1] intr. (aus. *avere*) to bark, to yell, to shout.

sbraitone /zbrai'tone/ m. (f. **-a**) bawler, yeller.

sbramare /zbra'mare/ tr. to hull [*riso*].

sbranamento /zbrana'mento/ m. tearing to pieces.

sbranare /zbra'nare/ [1] **I** tr. **1** *(divorare dilaniando)* [*animale*] to tear* (at), to tear* apart, to tear* to pieces [*preda*] **2** FIG. to tear* apart, to tear* to pieces **II sbranarsi** pronom. *(reciprocamente)* to tear* at each other; FIG. to tear* each other apart.

sbreccare /zbrek'kare/ [1] tr. to chip.

sbreccato /zbrek'kato/ **I** p.pass. → **sbreccare II** agg. [*piatto*] chipped.

sbrecciare /zbret'tʃare/ [1] tr. to chip.

sbriciolamento /zbritʃola'mento/ m. crumbling.

sbriciolare /zbritʃo'lare/ [1] **I** tr. **1** *(ridurre in briciole)* to crumble (up) [*pane, biscotti*]; to grind* [*tabacco*] **2** *(radere al suolo)* to demolish, to level **II sbriciolarsi** pronom. **1** *(ridursi in briciole)* [*pane*] to crumble **2** *(sgretolarsi)* to crumble away.

▶ **sbrigare** /zbri'gare/ [1] **I** tr. **1** *(adempiere)* to get* through, to settle; **~ *un lavoro*** to finish off *o* get through a piece of work; **~ *le faccende di casa*** to do the housework, to get the housework done; **~ *una pratica*** to deal with a case, to settle a matter; ***ordine da ~*** order waiting to be filled; **~ *l'ordinaria amministrazione*** to deal with *o* dispatch daily business; **~ *un processo in un'ora*** to get a trial over within one hour; **~ *la posta*** *(leggere ed evadere)* to deal with *o* answer one's post **2** *(occuparsi di)* to attend; **~ *un cliente*** to attend to a customer **II sbrigarsi** pronom. **1** *(affrettarsi)* to hurry up, to be* quick; ***su, sbrigati!*** come on, hurry up! ***-rsi a fare*** to hurry over doing; ***-rsi a fare i compiti*** to hurry over one's homework **2 sbrigarsela *sbrigarsela con qcn., qcs.*** to see to *o* deal with sb., sth.; ***me la sbrigo in un minuto*** I'll be finished in a minute; ***sbrigarsela da solo*** to sort it *o* things out by oneself, to do it on one's own; ***sapere sbrigarsela da solo*** to know one's way around.

sbrigativamente /zbrigativa'mente/ avv. hastily.

sbrigativo /zbriga'tivo/ agg. **1** *(brusco)* [*persona*] curt, brusque, rough-and-ready, offhand(ed); [*modi*] rough-and-ready, dismissive, hurried **2** *(energico)* [*persona*] efficient, brisk **3** *(superficiale, sommario)* [*giudizio, lavoro*] hasty, hurried; [*metodi, procedimenti*] cursory.

sbrigliare /zbriʎ'ʎare/ [1] **I** tr. **1** *(liberare dalle briglie)* to unbridle [*cavallo*] **2** MED. *(incidere)* to incise, to lance, to puncture [*ascesso, ernia, piaga*] **3** FIG. to give* free rein to [*fantasia*] **II sbrigliarsi** pronom. [*persona*] to let* oneself go; [*bambino, cucciolo*] to romp.

sbrigliato /zbriʎ'ʎato/ **I** p.pass. → **sbrigliare II** agg. [*fantasia*] unleashed, unbridled.

sbrinamento /zbrina'mento/ m. *(azione)* defrosting; *(risultato)* defrost; **~ *automatico*** automatic defrost.

sbrinare /zbri'nare/ [1] **I** tr. **1** *(scongelare)* to defrost [*frigorifero*] **2** AUT. to defrost [*parabrezza*] **II sbrinarsi** pronom. [*frigorifero*] to defrost.

sbrinatore /zbrina'tore/ m. *(di frigoriferi, automobili)* defroster.

sbrinatura /zbrina'tura/ f. → **sbrinamento.**

sbrindellare /zbrindel'lare/ [1] **I** tr. to tear* to pieces, to rip to shreds, to shred **II** intr. (aus. *essere*) to be* in tatters **III sbrindellarsi** pronom. to tatter.

sbrindellato /zbrindel'lato/ **I** p.pass. → **sbrindellare II** agg. **1** ABBIGL. [*indumento, tessuto*] tattered (and torn), ragged in tatters mai attrib., in shreds mai attrib. **2** *(disordinato)* [*persona*] shabby.

sbrodolamento /zbrodola'mento/ m. dribbling, staining.

sbrodolare /zbrodo'lare/ [1] **I** tr. **1** *(macchiare, sporcare con un liquido)* to dribble, to stain; ***~ la tovaglia di minestra*** to dribble soup on the tablecloth; ***sta sbrodolando tutto il bavaglino di minestra*** he's dribbling soup all down his bib **2** FIG. *(tirare in lungo)* to spin* out; ***~ un lungo discorso*** to make a long-winded speech **II sbrodolarsi** pronom. to make* a mess of oneself; ***-rsi il vestito*** to stain one's dress.

sbrodolata /zbrodo'lata/ f. *(discorso prolisso)* waffle **U** BE COLLOQ.

sbrodolatura /zbrodola'tura/ f. → **sbrodolamento.**

sbrodolone /zbrodo'lone/ m. (f. **-a**) messy eater, sloppy eater.

sbrogliamento /zbroʎʎa'mento/ m. disentanglement (anche FIG.).

sbrogliare /zbroʎ'ʎare/ [1] **I** tr. **1** *(districare)* to disentangle, to unravel [*fili, matassa*] **2** *(sgomberare)* to clear [*tavolo*] **3** FIG. to disentangle, to sort out [*affare, situazione*]; to solve [*problema*]; ***sapersela ~*** to know one's way around **II sbrogliarsi** pronom. **1** FIG. [*situazione*] to get* sorted out **2 sbrogliarsela** to cope, to make* do, to manage (**con** with) ◆ ***~ una matassa*** to unravel a mystery, to solve *o* crack a problem.

▷ **sbronza** /'zbrontsa, 'zbrondza/ f. COLLOQ. booze-up, bender, jag; ***prendersi una ~*** to get plastered *o* sloshed *o* smashed, to go on a bender; ***avere una ~*** to be plastered *o* sloshed *o* smashed.

sbronzarsi /zbron'tsarsi, zbron'dzarsi/ [1] pronom. COLLOQ. to get* plastered, sloshed, smashed, to go* on a bender.

▷ **sbronzo** /'zbrontso, 'zbrondzo/ agg. COLLOQ. plastered, sloshed, smashed; ***completamente ~*** dead drunk, blind drunk, far gone.

sbruffare /zbruf'fare/ [1] tr. **1** *(dalla bocca)* to spray, to splutter, to spatter; *(dal naso)* to snort **2** *(fare lo sbruffone)* to boast, to brag, to bluster, to swank.

sbruffo /'zbruffo/ m. **1** *(spruzzo)* spray, splutter, spatter **2** RAR. *(mancia)* bribe.

sbruffonata /zbruffo'nata/ f. brag, boast, bluster.

sbruffone /zbruf'fone/ m. (f. **-a**) braggart, boaster, blusterer, swank BE; ***fare lo ~*** to boast, to brag, to bluster, to swank; ***essere uno ~*** to be full of oneself.

▷ **sbucare** /zbu'kare/ [1] intr. (aus. *essere*) **1** *(uscire)* [*animale*] to come* out, to spring* (out); [*veicolo, persona*] to come* out; ***la volpe sbucò dalla tana*** the fox popped out of its hole; ***il treno sta sbucando dalla galleria*** the train is coming out of the tunnel **2** *(comparire all'improvviso)* [*auto, persona*] to spring*; ***da dove è sbucato (fuori)?*** where did he spring *o* pop up from? **3** *(avere uno sbocco)* [*strada*] to come* out.

sbucciapatate /zbuttʃapa'tate/ m.inv. potato peeler, parer, paring knife.

▷ **sbucciare** /zbut'tʃare/ [1] **I** tr. **1** *(togliere la buccia)* to peel, to pare [*frutta, patate*] **2** COLLOQ. *(sgusciare)* to shell, to shuck AE [*piselli*] **II sbucciarsi** pronom. **1** *(graffiarsi, spellarsi)* to scrape, to graze, to skin, to bark [*braccio, gamba*]; ***mi sono sbucciato un ginocchio*** I skinned my knee **2** *(spogliarsi dell'involucro epidermico)* to slough off, to shed*; ***le serpi si sbucciano*** snakes slough their skins *o* shed skin.

sbucciatore /zbuttʃa'tore/ m. (f. **-trice** /tritʃe/) **1** *(persona)* peeler **2** GASTR. *(utensile)* peeler.

sbucciatura /zbuttʃa'tura/ f. **1** *(il togliere la buccia)* peeling, paring **2** *(lo sgusciare)* shelling **3** *(escoriazione)* graze, scrape.

sbudellamento /zbudella'mento/ m. disembowelment (anche FIG.).

sbudellare /zbudel'lare/ [1] **I** tr. **1** *(togliere le interiora)* to disembowel [*vitello, maiale*]; to gut, to gill [*pesce*] **2** *(ferire gravemente al ventre)* to stab, to knife [*avversario*]; ***se lo prendo lo sbudello!*** if I catch him I'll skin him alive! **II sbudellarsi** pronom. **1** *(sbellicarsi)* ***-rsi dalle risa*** to be laughing fit to burst, to rock *o* shake *o* scream with laughter, to be in stitches AE COLLOQ. **2** *(ferirsi gravemente al ventre)* to stab each other.

▷ **sbuffare** /zbuf'fare/ [1] intr. (aus. *avere*) **1** *(espirare con forza)* *(per la fatica)* [*persona*] to puff (and pant), to pant; *(per insofferenza, collera)* to snort, to fume, to grumble; [*cavallo*] to snort, to give* a snort, to steam; ***non ~ ogni volta che ti chiedo un favore!*** don't grumble every time I ask you a favour! **2** *(emettere fumo, vapore)* [*locomotiva*] to steam, to puff, to chug; [*macchina*] to puff ◆ ***~ come una locomotiva*** to puff and pant, to puff like an engine.

sbuffata /zbuf'fata/ f. snort.

sbuffo /'zbuffo/ m. **1** *(di fumo, vapore, vento)* puff **2** *(soffio) (di persona, cavallo)* snort; *(di treno)* chug **3** ABBIGL. ***a ~*** [*manica*] puffed; [*gonna*] bouffant.

sbugiardare /zbudʒar'dare/ [1] tr. ***~ qcn.*** to give the lie to sb.

sbullettare /zbullet'tare/ tr. to untack.

sbullonamento /zbullona'mento/ m. unbolting.

sbullonare /zbullo'nare/ [1] tr. to unbolt [*ruota*].

sburocratizzare /zburokratid'dzare/ [1] tr. to streamline (bureaucratic) procedures, to cut* down on the red tape.

sburocratizzazione /zburokratiddzat'tsjone/ f. streamlining (bureaucratic procedures).

sbuzzare /zbud'dzare/ [1] tr. REGION. **1** *(sventrare)* to disembowel [*vitello, maiale*]; to gut, to gill [*fish*] **2** *(ferire al ventre)* to stab, to knife [*persona*].

scabbia /'skabbja/ ♦ **7** f. MED. scabies, itch; BOT. VETER. scab; ***avere la ~*** to have scabies *o* the itch; ***acaro della ~*** itch-mite.

scabbiosa /skab'bjosa/ → **scabiosa.**

scabbioso /skab'bjoso/ **I** agg. [*persona*] scabby, with scabies mai attrib.; [*eruzione*] scabby, scabious **II** m. (f. **-a**) scabies sufferer.

scabino /ska'bino/ m. echevin.

scabiosa /ska'bjosa/ f. BOT. scabious.

scabrezza /ska'brettsa/ f. roughness, scabrousness, ruggedness.

scabro /'skabro/ agg. **1** *(rugoso)* [*superficie*] rough, scabrous, ragged; [*terreno*] rough **2** FIG. [*stile*] terse, concise.

scabrosità /skabrosi'ta/ f.inv. **1** *(irregolarità)* roughness, scabrousness, raggedness **2** *(parte ruvida)* rough part **3** FIG. delicacy, ticklishness; ***la ~ di un argomento*** the ticklishness of a subject.

scabroso /ska'broso/ agg. **1** *(scabro)* [*superficie*] rough, scabrous, ragged; [*terreno*] rough **2** *(malagevole)* [*sentiero*] rugged **3** *(difficile, delicato)* [*situazione, affare*] delicate, knotty, tricky, ticklish **4** FIG. *(sconcio)* [*argomento*] scabrous, awkward.

scacchiera /skak'kjɛra/ f. *(per gli scacchi)* chessboard; *(per la dama)* draughtboard BE, checkerboard AE; ***vie a ~*** streets in a grid pattern; ***sciopero a ~*** rolling strike.

scacchiere /skak'kjɛre/ m. **1** *(area militare)* area, zone, theatre BE, theater AE **2** STOR. Exchequer; ***cancelliere dello ~*** Chancellor of the Exchequer **3** ANT. *(scacchiera) (per gli scacchi)* chessboard; *(per la dama)* draughtboard BE, checkerboard AE.

scacchista, m.pl. **-i**, f.pl. **-e** /skak'kista/ m. e f. chessplayer.

scacchistico, pl. **-ci**, **-che** /skak'kistiko, tʃi, ke/ agg. [*torneo*] chess attrib.

scacciacani /skattʃa'kani/ **I** agg.inv. ***pistola ~*** blank pistol, dummy pistol **II** m. e f.inv. blank pistol, dummy pistol.

scacciamosche /skattʃa'moske/ m.inv. fly whisk, fly-flap.

scacciapensieri /skattʃapen'sjɛri/ m.inv. = Jew's harp.

▷ **scacciare** /skat'tʃare/ [1] tr. **1** *(allontanare)* to chase away, to chase off [*animali, scocciatori*]; to drive* away, to beat* off, to whisk away [*mosche*]; to dismiss, to drive* away [*pensieri, preoccupazioni*]; to relieve, to chase off [*noia*]; ***~ qcn. di casa*** to drive *o* turn sb. out of the house **2** MIL. to drive* out [*nemico*] ◆ ***chiodo scaccia chiodo*** PROV. one pain *o* worry drives out another.

scaccino /skat'tʃino/ m. sexton.

scacco, pl. **-chi** /'skakko, ki/ ♦ **10 I** m. **1** *(pezzo degli scacchi)* chessman*, chess piece **2** *(mossa)* check; ***dare ~ al re*** to put the king in check, to check the king; ***~ al re!*** (your king is in) check! ***tenere in ~ qcn.*** FIG. to hold *o* keep sb. in check **3** *(quadretto della scacchiera)* square; *(disegno di forma quadrata)* check; ***a -chi*** checked, check attrib., chequered BE, checkered AE; ***tessuto a -chi*** check(ed) fabric, check **4** *(sconfitta)* loss; ***subire uno ~*** to suffer a loss *o* a setback **II scacchi** m.pl. GIOC. chess sing.; ***giocare a -chi con qcn.*** to play sb. at chess, to play chess with sb.; ***fare una partita a -chi*** to play a game of chess ◆ ***vedere il sole a -chi*** SCHERZ. to be behind bars *o* in jail ◆◆ ***~ matto*** (check)mate (anche FIG.); ***dare ~ matto a*** to (check)mate (anche FIG.).

scaccolarsi /skakko'larsi/ [1] pronom. COLLOQ. to pick one's nose.

scaccomatto /skakko'matto/ m. (check)mate (anche FIG.); ***~!*** checkmate! ***dare ~ a*** to (check)mate (anche FIG.).

scadente /ska'dɛnte/ agg. **1** *(di scarsa qualità)* [*merce*] low-quality, inferior, shoddy, poor quality; [*cibo*] poor; [*stile, testo*] lowbrow; [*attore*] third-rate; [*letteratura*] second-rate; [*qualità*] low, poor **2** *(insufficiente)* [*voto*] low, poor, bad.

▷ **scadenza** /ska'dɛntsa/ f. 1 ECON. COMM. *(di contratto, documento)* termination, expiry; *(di affitto)* due date, deadline; *(di pagamento)* maturity (date), due date, time of payment; ***alla ~ del contratto*** when the contract expires; ***pagare prima della ~*** to pay before the due date; ***pagabile*** o ***esigibile alla ~*** payable when due; ***~ (a) fine del mese corrente*** due at the end of the month; ***in ~*** [*effetto, cambiale*] maturing, falling due; ***~ a tre mesi*** maturity at three months; ***a ~ fissa*** fixed-term; ***~ a vista*** maturity at sight 2 *(ultimo giorno utile)* deadline; ***fissare una ~*** to set a deadline; ***aspetta sempre la ~ per pagare l'affitto*** he never pays his rent until it is due; ***data di ~*** expiry date BE, expiration date AE; *(di alimenti, medicinali)* sell-by date, expiration date AE 3 *(impegno)* commitment; ***la ~ di fine trimestre*** the end of term deadline; ***pagare le -e*** to make one's payments; ***rispettare le -e*** to meet deadlines 4 *(di avvenimento, fatto)* ***~ elettorale*** polling day BE, election day AE 5 **a breve scadenza** *(entro breve)* [*preparare, votare*] in the short, soon; [*progetto, prestito, mutuo*] short-term; [*previsioni*] short-range; ***la legge dovrebbe essere votata a breve ~*** the law should be passed shortly 6 **a lunga scadenza** [*progetto, prestito, mutuo*] long-term; [*previsioni*] long-range.

scadenzare /skaden'tsare/ [1] tr. to fix the expiration of, to fix expiry date of.

scadenzario, pl. **-ri** /skaden'tsarjo, ri/ m. repayment schedule, schedule of due dates.

▷ **scadere** /ska'dere/ [26] I intr. (aus. *essere*) 1 ECON. COMM. [*mutuo, prestito*] to expire; [*cambiale, affitto*] to be* due, to fall* due; POL. [*mandato, carica*] to expire; ***la terza rata scade il 15 dicembre*** the third instalment is due on 15th December 2 *(perdere validità)* to expire; ***il mio passaporto è scaduto*** my passport has expired; ***il nostro contratto scade a fine aprile*** our contract expires at the end of April; ***la polizza d'assicurazione scade tra poco*** the insurance policy expires *o* runs out soon; ***il bollo dell'auto scade a maggio*** the car is taxed till May 3 *(diventare inutilizzabile)* [*alimento*] to expire, to go* past its sell-by date, to go* past its expiration date AE; [*medicinale*] to expire 4 *(volgere al termine)* ***il tempo è scaduto*** time's up 5 *(perdere pregio)* to fall* off, to worsen, to deteriorate; ***non scadiamo nel volgare!*** FIG. keep it *o* the conversation clean! ***~ nel ridicolo*** to lapse into absurdity 6 *(perdere credito)* ***~ nell'opinione pubblica*** to lose credit with public opinion *o* in the public eye; ***~ agli occhi di qcn.*** to sink in sb.'s opinion, to lose points with sb. 7 MAR. to fall* off II m. **allo scadere di** ***allo ~ di questo termine*** when the allotted time expires, when the deadline is reached.

scadimento /skadi'mento/ m. *(di cultura, valori)* degradation; *(di qualità)* decline.

▷ **scaduto** /ska'duto/ I p.pass. → **scadere** II agg. 1 *(oltre il termine di validità)* [*cambiale, rata*] overdue, due AE; [*contratto*] expired; [*assegno*] stale; [*documento, tessera, abbonamento*] expired; [*medicinale*] expired, past its expiry date BE, past its expiration date AE; [*alimento*] expired, past its sell-by date, past its expiration date AE; ***pagare l'affitto a termine ~*** to pay one's rent in arrears 2 *(decaduto)* [*bellezza*] faded.

scafandro /ska'fandro/ m. *(per palombari)* diving suit.

scafare /ska'fare/ [1] I tr. REGION. 1 *(sgranare)* to shell, to shuck AE [*piselli*] 2 FIG. ***quel lavoro l'ha scafato*** that job has taught him a thing or two *o* a few things II **scafarsi** pronom. REGION. to learn* a thing or two, to get* wise.

scafato /ska'fato/ I p.pass. REGION. → **scafare** II agg. REGION. shrewd, smart.

scaffalare /skaffa'lare/ [1] tr. 1 *(munire di scaffali)* to shelve, to fit with shelves [*parete, stanza*] 2 *(disporre negli scaffali)* to shelve.

scaffalato /skaffa'lato/ I p.pass. → **scaffalare** II agg. [*parete*] shelved.

scaffalatura /skaffala'tura/ f. *(insieme degli scaffali)* shelves pl.

▷ **scaffale** /skaf'fale/ m. shelf*; *(per libri)* bookshelf*, bookcase; *(mobile)* shelves pl.; ***mettere un libro sullo ~*** to put a book on the shelf; ***lo ~ più alto, basso*** the top, bottom shelf.

scafista, m.pl. **-i**, f.pl. **-e** /ska'fista/ m. e f. GERG. = someone who brings in illegal immigrants in fast boats, especially in the Adriatic.

▷ **scafo** /'skafo/ m. AER. hull; MAR. hull, body; ***~ in legno, acciaio*** wooden, steel hull.

scafoide /ska'fɔide/ I agg. [*osso*] scaphoid II m. scaphoid.

scagionare /skadʒo'nare/ [1] I tr. [*perizia, testimonianza*] to clear [*imputato*]; ***è stato scagionato da ogni sospetto*** he has been cleared of all suspicion II **scagionarsi** pronom. to clear oneself; ***-rsi da un'accusa*** to vindicate oneself from a charge.

scaglia /'skaʎʎa/ f. 1 ZOOL. scale; MED. squama* 2 *(scheggia)* *(di pietra, diamante)* chip; *(di legno)* chip, sliver; *(di formaggio, cioccolato, sapone)* flake; ***sapone in -e*** soapflakes 3 *(lamina di metallo)* splinter, sliver 4 *(nelle corazze)* scale.

▷ **1.scagliare** /skaʎ'ʎare/ [1] I tr. 1 *(lanciare)* to fling*, to hurl [*oggetto*]; to throw* out [*lava, scintille*]; to throw* [*giavellotto*]; to shoot* [*freccia*] 2 FIG. to fling*, to hurl [*insulti, accuse*]; ***~ una maledizione contro*** to put a curse on; ***~ l'anatema contro qcn.*** to hurl a curse at sb. II **scagliarsi** pronom. 1 *(avventarsi)* ***-rsi su*** o ***contro qcn., qcs.*** to pounce on sb., sth. 2 FIG. ***-rsi contro*** to lash out at, to rebel against [*ingiustizia, malcostume*] ◆ ***~ la prima pietra*** BIBL. to cast the first stone.

2.scagliare /skaʎ'ʎare/ [1] I tr. 1 *(rompere in scaglie)* to flake, to break* into flakes 2 GASTR. to scale [*pesce*] II **scagliarsi** pronom. to flake.

scagliola /skaʎ'ʎɔla/ f. 1 EDIL. scagliola 2 BOT. canary grass.

scaglionamento /skaʎʎona'mento/ m. 1 *(distribuzione nel tempo) (di pagamenti)* spacing (out), spreading (out), staggering; *(di ferie, orari)* staggering 2 MIL. echelonment, deployment.

scaglionare /skaʎʎo'nare/ [1] I tr. 1 *(distribuire nel tempo)* to space out, to spread* (out), to stagger [*pagamenti*]; to stagger [*ferie, aumenti, orari, partenze*]; to spread* (out) [*lavori, rimborsi, riforme*] 2 MIL. to echelon, to deploy in echelons [*truppe*] II **scaglionarsi** pronom. [*ferie, partenze*] to be* staggered.

scaglione /skaʎ'ʎone/ m. 1 MIL. echelon, batch; ***a -i*** in echelon 2 AMM. ECON. bracket, class 3 FIG. ***la chiusura verrà effettuata a -i nell'arco di cinque anni*** the closure will be staggered over five years 4 ARALD. chevron ◆◆ ***~ di età*** age bracket; ***~ d'imposta*** tax bracket; ***~ di reddito*** income bracket.

scaglioso /skaʎ'ʎoso/ agg. [*gesso, vernice*] flaky; [*pesce*] scaly.

scagnozzo /skaɲ'ɲɔttso/ m. SPREG. *(tirapiedi)* henchman*, stooge, lackey, flunkey BE, flunky AE.

▶ **scala** /'skala/ f. 1 *(di edificio)* stairs pl., staircase, stairway; ***~ esterna*** outdoor staircase; ***~ principale*** grand staircase; ***~ di servizio*** backstairs; ***salire le -e*** to climb *o* go up the stairs; ***scendere le -e*** to come *o* go down the stairs; ***cadere giù dalle -e*** to fall *o* tumble down the stairs; ***ci siamo incrociati per le -e*** we met on the stairs; ***tromba delle -e*** stairwell, staircase; ***rampa di -e*** flight (of stairs, of steps) 2 *(attrezzo)* ladder; ***salire su una ~*** to climb a ladder; ***mettere*** o ***appoggiare la ~ contro il muro*** to lean *o* set the ladder against the wall; ***~ allungabile*** extension ladder; ***~ da pompiere*** fireman's ladder 3 *(gradazione, proporzione)* scale; ***terremoto del quinto grado della ~ Richter*** earthquake measuring 5 on the Richter scale; ***~ dei colori*** OTT. scale of colours; ***~ delle durezze*** hardness scale; ***~ dei prezzi*** scale *o* range of prices; ***~ salariale*** wages scale; ***~ di valori*** scale of values; ***su vasta*** o ***larga ~*** on a large scale; ***su ~ nazionale, mondiale*** on a nationwide, worldwide scale 4 *(nella cartografia)* scale; ***pianta in ~*** scale plan; ***carta in ~ 1:10.000*** map on a 1:10,000 scale; ***la cartina è in ~ 1:10.000*** the map has a scale of 1:10,000; ***cartina in grande ~*** large-scale map; ***cartina in ~ ridotta*** small-scale map 5 FIG. *(in un ambiente sociale, in un'impresa)* ladder, scale; ***salire nella ~ sociale*** to rise up the social ladder 6 *(di strumento di misurazione)* scale 7 MUS. scale; ***fare le -e*** to practice one's scales 8 GIOC. straight ◆ ***il mondo è fatto a -e, c'è chi scende e c'è chi sale*** PROV. = life is like snakes and ladders, some people get snakes others ladders ◆◆ ***~ aerea*** turntable ladder, aerial ladder AE, extending ladder BE, extension ladder AE; ***~ antincendio*** fire escape; ***~ ascendente*** MUS. ascending scale; ***~ Beaufort*** Beaufort scale; ***~ a chiocciola*** spiral staircase, winding stairs; ***~ di corda*** rope ladder; ***~ cromatica*** MUS. chromatic scale, semitonic scale; ***~ decimale*** decimal scale; ***~ diatonica*** MUS. diatonic scale; ***~ discendente*** MUS. descending scale; ***~ graduata*** graduated scale; ***~ Kelvin*** Kelvin scale; ***~ a libretto*** stepladder; ***~ logaritmica*** logarithmic scale; ***~ maggiore*** MUS. major scale; ***~ Mercalli*** Mercalli scale; ***~ minore*** MUS. minor scale; ***~ mobile*** escalator; ECON. sliding scale, escalator; ***~ di Mohs*** Mohs scale; ***~ di monta*** fish ladder; ***~ pentafonica*** o ***pentatonica*** pentatonic scale; ***~ a pioli*** ladder; ***~ quaranta*** GIOC. = card game similar to rummy in which a player has to make 40 points before laying; ***~ reale*** GIOC. straight flush; ***~ reale all'asso*** royal flush; ***~ Richter*** Richter scale; ***~ di sicurezza*** → ***~*** **antincendio**; ***~ svedese*** SPORT window ladder; ***~ termometrica*** thermometric scale; ***~ timpanica*** ANAT. scala tympani.

> **La Scala** The *Teatro alla Scala*, the Milan opera house, is one of the most famous opera houses in the world. Built in 1776-78, on the site of the old church of Santa Maria della Scala, it has recently undergone a programme of total restoration and modernization, which was completed in 2004. In addition to opera, the members of the theatre orchestra perform concerts as a major symphony orchestra, the *Filarmonica della Scala*.

scalabile /ska'labile/ agg. [*montagna*] climbable.
scalandrone /skalan'drone/ m. gangplank.
1.scalare /ska'lare/ [1] **I** agg. **1** *(a gradini)* graded **2** BANC. ECON. [*interesse*] scaled; [*imposta*] graduated, progressive **3** MAT. FIS. [*grandezza, prodotto*] scalar **II** m. **1** MAT. FIS. scalar **2** BANC. interest table.
2.scalare /ska'lare/ [1] tr. **1** *(salire)* to climb, to scale [*montagna, muro*] **2** *(disporre in scala)* to layer [*capelli*] **3** *(detrarre)* to deduct, to take* off [*spese*] **4** AUT. to change down BE, to downshift AE; ~ ***in seconda*** to go back into second gear.
▷ **scalata** /ska'lata/ f. **1** SPORT *(attività)* climbing; *(su parete rocciosa)* rock climbing; *(arrampicata)* climb, ascent; ***la prima ~ invernale*** the first winter ascent; ***~ libera, artificiale*** free, artificial climbing; ***muro, torre da ~*** climbing wall, tower **2** *(di muro, recinzione)* ***dare la ~ alle mura*** to scale the walls **3** *(aumento)* escalation; *(dell'inflazione, dei prezzi)* rapid rise; ***~ in borsa*** (share) raid *o* raid on the stock exchange; ***dare la ~ a*** ECON. to mount a raid on; ***dare la ~ al potere*** FIG. to make a bid for power.
scalato /ska'lato/ **I** p.pass. → **2.scalare II** agg. *(sfilato)* [*capelli*] layered.
scalatore /skala'tore/ m. (f. **-trice** /tritʃe/) **1** *(arrampicatore)* climber; *(su pareti rocciose)* rock climber **2** *(nel ciclismo)* climber **3** ECON. raider.
scalcagnato /skalkaɲ'ɲato/ agg. **1** *(rovinato)* [*scarpe*] worn-out, down-at-heel **2** FIG. *(in cattive condizioni)* ***auto -a*** wreck, heap, banger; ***un vecchietto tutto ~*** a shabby old man.
scalcare /skal'kare/ [1] tr. GASTR. to carve (up) [*pollo*].
scalcheria /skalke'ria/ f. *(tecnica)* carving.
scalciare /skal'tʃare/ [1] intr. (aus. *avere*) *(sferrare calci)* [*bambino*] to kick one's legs; [*cavallo*] to kick.
scalcinare /skaltʃi'nare/ [1] **I** tr. to remove plaster from [*muro, superficie*] **II scalcinarsi** pronom. [*muro, facciata*] to crumble.
scalcinato /skaltʃi'nato/ **I** p.pass. → **scalcinare II** agg. **1** *(scrostato)* [*facciata, parete, soffitto*] unplastered **2** FIG. *(malandato)* [*casa*] run-down, shabby(-looking).
scalcinatura /skaltʃina'tura/ f. **1** *(azione)* removal of plaster **2** *(parte scalcinata)* unplastered part.
scalco /'skalko/ m. ***coltello da ~*** carving knife, carver; ***forchetta da ~*** carving fork.
scaldaacqua /skalda'akkwa/ m.inv. water-heater, boiler; ***~ ad accumulo*** storage water-heater; ***~ elettrico*** electric water-heater; ***~ a gas*** gas (water-)heater, geyser BE.
scaldabagno /skalda'baɲɲo/ m. (pl. **-i** o inv.) water-heater, boiler ◆◆ ***~ elettrico*** electric water-heater; ***~ a gas*** gas (water-)heater, geyser BE.
scaldabiberon /skaldabibe'rɔn/ m.inv. bottle warmer.
scaldaletto /skalda'lɛtto/ m. (pl. **-i** o inv.) bedwarmer, warming pan.
scaldamani /skalda'mani/ m.inv. *(oggetto che riscalda le mani)* hand warmer.
scaldamuscoli /skalda'muskoli/ m.inv. leg warmer.
scaldapiatti /skalda'pjatti/ m.inv. dishwarmer, plate-warmer.
scaldapiedi /skalda'pjɛdi/ m.inv. foot-warmer.
▷ **scaldare** /skal'dare/ [1] **I** tr. **1** *(rendere caldo)* to heat (up) [*piatto, locale, metallo, liquido*]; to warm [*letto*]; ***~ qcn.*** *(dare una sensazione di calore)* [*bevanda, corsa*] to warm sb. up; ***stammi vicino, mi scaldi*** stay right here, you're keeping me warm **2** FIG. *(eccitare)* to stir up [*animi*]; to warm up [*pubblico, atmosfera*] **II** intr. (aus. *avere*) **1** *(diventare caldo)* [*motore, macchina*] to warm up; [*forno, ferro da stiro*] to heat up; ***lasciare ~ cinque minuti a fuoco basso*** heat for five minutes on a low setting; ***fare ~*** to heat (up) [*acqua, cibo*]; to warm [*biberon*]; to heat (up) [*ferro da stiro, forno*]; to warm up [*motore, atleta*]; ***fate ~ in forno*** heat up in the oven; ***mettere a ~*** to put [sth.] on to heat [*acqua*]; to heat (up) [*cibo, piatto*]; to warm [*biberon*] **2** *(emanare calore)* [*stufa, forno, lampada*] to give* off heat **III scaldarsi** pronom. **1** *(riscaldarsi)* [*persona*] to get* warm, to warm oneself; SPORT [*atleta*] to warm up; ***-rsi vicino alla stufa*** to warm oneself by the stove; ***-rsi a vicenda*** [*persone, animali*] to keep each other warm; ***-rsi al sole*** [*persona, animale*] to bask in the sun **2** *(diventare caldo)* [*cibo, aria*] to heat up, to warm up; [*stanza*] to warm up **3** FIG. *(eccitarsi)* [*persona*] to get* worked up; [*discussione*] to become* heated; [*animi*] to flare; ***-rsi per un nonnulla*** *(innervosirsi)* to get worked up over nothing **4** *(entusiasmarsi)* [*pubblico*] to warm up ◆ ***~ il banco*** o ***la sedia*** = to attend school without learning anything; ***-rsi una serpe in seno*** to nurse *o* take a viper in one's bosom.
scaldaseggiole /skalda'sɛddʒole/ m. e f.inv. COLLOQ. lazybones*, chairwarmer AE.
scaldata /skal'data/ f. ***darsi una ~ alle mani*** to warm one's hands; ***dare una ~ alla minestra*** to warm up the soup.
scaldavivande /skaldavi'vande/ m.inv. dishwarmer, plate warmer, chafing-dish.
scaldico, pl. **-ci**, **-che** /'skaldiko, tʃi, ke/ agg. [*poesia*] skaldic, scaldic.
scaldino /skal'dino/ → **scaldaletto.**
scaldo /'skaldo/ m. skald, scald.
scalea /ska'lɛa/ f. perron, monumental stairway.
scaleno /ska'lɛno/ agg. ANAT. MAT. scalene.
scaleo /ska'lɛo/ m. **1** *(scala a libretto)* stepladder **2** *(panchetto a gradini)* step stool.
scaletta /ska'letta/ f. **1** *(piccola scala) (di edificio)* small staircase, small stairway; *(a pioli)* small ladder; ***~ pieghevole*** *(scaleo)* step stool; ***~ d'imbarco*** (embarcation) ramp; ***~ di boccaporto*** MAR. companion ladder **2** *(schema) (per testi, discorsi)* outline; *(programma)* schedule; ***stabilire, seguire una ~*** to make out, to keep to a schedule **3** CINEM. TELEV. treatment ◆ ***fare ~ a qcn.*** to give sb. a leg up.
scalfire /skal'fire/ [102] **I** tr. **1** *(incidere)* to scratch [*vetro, vernice*] **2** *(ferire superficialmente)* to scratch, to graze [*spalla, pelle*] **3** FIG. *(intaccare)* to tarnish [*gloria, reputazione*]; to hurt [*persona*]; ***le nostre critiche non lo scalfiscono*** our criticism doesn't affect him **II scalfirsi** pronom. to get* scratched.
scalfittura /skalfit'tura/ f. **1** *(incisione)* scratch **2** *(piccola ferita)* scratch, graze.
scalfo /'skalfo/ m. armhole, sleeve hole.
scaligero /ska'lidʒero/ **I** agg. **1** STOR. ART. *(relativo ai Della Scala)* of the Della Scala family **2** LETT. *(di Verona)* Veronese; ***la città -a*** = Verona **3** *(del teatro alla Scala)* of La Scala **II** m. (f. **-a**) **1** STOR. *(dei Della Scala)* = member of the Della Scala family **2** LETT. *(veronese)* Veronese*.
▷ **scalinata** /skali'nata/ f. *(esterna)* flight of steps, steps pl.; *(interna)* staircase, stairway; ***~ monumentale*** monumental staircase, perron.
▷ **scalino** /ska'lino/ m. **1** *(gradino)* step, stair; *(di scala a pioli)* rung; ***il primo, l'ultimo ~*** the bottom, top stair; ***salire gli -i della terrazza*** to climb the steps leading to the terrace; ***scendere, salire gli -i quattro a quattro*** to go down, up the stairs four at a time; ***attenzione allo ~!*** mind the step! BE watch the step! AE **2** FIG. rung; ***essere al primo ~ della carriera*** to be at the start of one's career; ***essere uno ~ più su di qcn.*** to be a cut above sb.; ***gli -i della scala sociale*** the rungs of the social ladder.
scalmana /skal'mana/ f. **1** COLLOQ. *(raffreddore)* cold; ***prendere una ~*** to catch a cold **2** COLLOQ. *(caldana)* hot flush BE, hot flash AE; ***avere le -e*** to have hot flushes **3** FIG. *(infatuazione)* ***prendersi una ~ per qcn.*** to take a shine *o* fancy to sb., to fall for sb.
scalmanarsi /skalma'narsi/ [1] pronom. **1** *(affaticarsi)* to work up a sweat **2** *(darsi da fare)* to bustle (about), to scramble **3** *(scaldarsi, alterarsi)* to get* worked up (**per** over, about).
scalmanato /skalma'nato/ **I** p.pass. → **scalmanarsi II** agg. **1** *(turbolento)* ***un bambino ~*** a (little) devil, an imp **2** *(trafelato)* in a sweat mai attrib.; ***arrivò tutto ~*** he arrived in a sweat **III** m. (f. **-a**) hothead, rowdy; ***una banda di -i per strada*** a bunch of rowdies in the street.
scalmiera /skal'mjɛra/ f. tholepin, crutch, rowlock BE, oarlock AE; ***~ a forcella*** swivel rowlock.
scalmo /'skalmo/ m. **1** *(del remo)* tholepin, crutch, rowlock BE, oarlock AE **2** *(di nave)* futtock.
▷ **scalo** /'skalo/ m. **1** MAR. AER. *(luogo, sosta)* stopover; ***li ho incontrati allo ~ di Rio*** I met them during the stopover in Rio; ***fare ~ a Rio*** MAR. [*nave*] to call *o* dock at Rio; [*passeggero*] to stop off in Rio; AER. [*aereo, passeggero*] to stop over in Rio; ***fare uno ~ imprevisto a Rio*** [*nave, passeggero*] to make an unscheduled stop in Rio; [*aereo, passeggero*] to have an unscheduled stopover in Rio; ***fare Londra-Rio senza ~*** [*nave*] to sail London-Rio direct; [*aereo*] to fly London-Rio nonstop; ***porto di ~*** MAR. port of call **2** MAR. AER. *(durata)* stopover; ***uno ~ di sei giorni*** a six-day stopover **3** FERR. yard ◆◆ ***~ aereo*** staging post; ***~ di alaggio*** slipway; ***~ di costruzione*** shipway, building slip, slips; ***~ di manovra*** shunting yard; ***~ marittimo*** port of call; ***~ merci*** FERR. freight yard, goods station; ***~ passeggeri*** FERR. passenger station; ***~ tecnico*** AER. refuelling BE *o* refueling AE stop.
scalogna /ska'loɲɲa/ f. COLLOQ. bad luck, rotten luck; ***avere la ~ di fare*** to have the bad luck of doing; ***che ~!*** what rotten luck! what wretched luck!
scalognato /skaloɲ'ɲato/ agg. COLLOQ. unlucky, jinxed.
scalogno /ska'loɲɲo/ m. shallot BE, scallion AE.

scalone /ska'lone/ m. grand staircase.
scaloppa /ska'lɔppa/, **scaloppina** /skalop'pina/ f. escalope; ***-e alla panna*** escalopes with cream.
scalpare /skal'pare/ [1] tr. to scalp.
scalpellare /skalpel'lare/ [1] tr. **1** *(incidere)* to chisel, to chip [*legno, marmo, pietra*]; to chisel out [*statua, blocco*] **2** MED. to scalpel [*cranio*].
scalpellatura /skalpella'tura/ f. **1** *(incisione)* chiselling BE, chiseling AE **2** MED. scalpelling BE, scalpeling AE.
scalpellino /skalpel'lino/ ♦ *18* m. **1** *(marmista)* stonecutter, stone mason **2** SPREG. second-rate sculptor.
▷ **scalpello** /skal'pɛllo/ m. **1** TECN. chisel; ***~ a freddo, a caldo*** cold, hot chisel; ***~ da falegname*** wood(work) chisel; ***~ da muratore*** stone mason's chisel; ***~ da sbozzo*** boaster; ***a colpi di ~*** with a chisel; ***arte dello ~*** (the art of) sculpture; ***opera di ~*** sculpture **2** MED. scalpel **3** FIG. *(scultore)* sculptor, carver.
scalpicciare /skalpit'tʃare/ [1] intr. (aus. *avere*) *(strisciare i piedi)* to shuffle (along), to scuff one's feet.
scalpiccio, pl. **-ii** /skalpit'tʃio, ii/ m. shuffle, patter, pitapat.
scalpitante /skalpi'tante/ agg. [*cavallo*] pawing; FIG. [*persona*] eager, restless.
scalpitare /skalpi'tare/ [1] intr. (aus. *avere*) **1** [*cavallo*] to paw the ground, to stamp **2** FIG. [*persona*] to be* raring, to go* restless, to get* restless; ***~ d'impazienza*** to be champing at the bit.
scalpitio, pl. **-ii** /skalpi'tio, ii/, **scalpito** /'skalpito/ m. pawing, pounding, stamping.
scalpo /'skalpo/ m. scalp; ***cacciatore di -i*** scalp-hunter.
scalpore /skal'pore/ m. noise, commotion; ***fare*** o ***suscitare*** o ***destare ~*** [*film, notizia, decisione*] to cause raised eyebrows *o* an uproar *o* a sensation *o* a stir; ***tanto ~ per nulla*** a lot of fuss over nothing.
scaltramente /skaltra'mente/ avv. slyly, cunningly, wilily.
scaltrezza /skal'trettsa/ f. *(astuzia)* cunning, slyness, wiliness, guile.
scaltrire /skal'trire/ [102] **I** tr. **1** *(smaliziare)* ***~ qcn.*** to sharpen sb.'s wits, to make sb. more worldly-wise **2** *(raffinare)* to refine, to polish [*stile*] **II scaltrirsi** pronom. **1** *(smaliziarsi)* to become* more worldly-wise **2** *(diventare più esperto)* to become* more expert, to become* more skilled.
scaltrito /skal'trito/ **I** p.pass. → **scaltrire II** agg. **1** *(esperto)* skilled, knowing **2** *(smaliziato)* worldly-wise, wily.
scaltro /'skaltro/ agg. [*persona, aspetto*] clever, cunning, sly, wily, shrewd; [*mossa, negoziatore*] slick, sly, astute, clever ◆ ***a ~, ~ e mezzo*** = there's always someone who will outwit you.
scalzacane /skaltsa'kane/, **scalzacani** /skaltsa'kani/ m. e f.inv. COLLOQ. **1** *(persona di umili condizioni)* down-and-out **2** *(incompetente)* incompetent, bungler.
scalzamento /skaltsa'mento/ m. **1** undermining (anche FIG.) **2** MED. *(di denti)* receding of gums.
scalzapelli /skaltsa'pɛlli/ m.inv. orange stick, cuticle pusher.
scalzare /skal'tsare/ [1] **I** tr. **1** ANT. ***~ qcn.*** to remove sb.'s shoes, to take sb.'s shoes off **2** MED. to expose the roots of [*dente*] **3** AGR. to hoe, to bare the roots of [*albero*] **4** TECN. to undermine [*edificio, fondamenta*] **5** FIG. *(mandare via)* to oust [*candidato, rivale*]; ***~ qcn. da*** to edge sb. out of [*impiego, carica*] **6** FIG. *(indebolire)* ***~ l'autorità di qcn.*** to undermine *o* sap sb.'s authority **II scalzarsi** pronom. *(restare scalzo)* to take* off one's shoes and socks.
▷ **scalzo** /'skaltso/ agg. **1** *(a piedi nudi)* barefoot(ed), with bare feet, shoeless; ***essere, correre, camminare ~*** to be, run, walk barefoot **2** RELIG. discalced; ***carmelitani -i*** Discalced *o* Barefooted Carmelites.
scambiabile /skam'bjabile/ agg. exchangeable (**con** for).
▷ **scambiare** /skam'bjare/ [1] **I** tr. **1** *(barattare)* to exchange, to swap COLLOQ.; ***~ due cassette con un CD*** to exchange two cassettes for a CD; ***~ le figurine*** to trade cards *o* stickers **2** *(cambiare con moneta di taglio inferiore)* to change; ***~ una banconota*** to get some change; ***~ dei soldi a qcn.*** to give sb. (some) change; ***è andato a ~ 50 euro*** he went to get change for 50 euros **3** *(confondere)* to mix up, to mistake*, to confuse; ***l'ho scambiato per tuo marito*** I got him mixed up with your husband, I mistook him for your husband **4** *(prendere per sbaglio)* ***~ il sale per lo zucchero*** to take salt instead of sugar; ***~ (per sbaglio) due libri*** to take the wrong book **5** *(comunicare vicendevolmente)* ***~ le proprie impressioni con qcn.*** to compare notes with sb.; ***~ due parole*** o ***quattro chiacchiere con qcn.*** to exchange a few words *o* have a chat with sb. **II scambiarsi** pronom. **1** *(darsi reciprocamente)* to exchange; ***ci siamo scambiati gli indirizzi*** we exchanged addresses; ***lei e sua sorella si scambiano spesso i vestiti*** she often swaps clothes with her sister; ***si sono scambiati dei documenti*** they exchanged some documents; ***-rsi dei baci*** to kiss each other; ***-rsi un bacio sulle guance*** to kiss each other on the cheek; ***-rsi gli auguri di Natale*** to exchange Christmas greetings; ***-rsi di posto con qcn.*** to swap places with sb.; ***-rsi degli sguardi*** to exchange glances; ***-rsi i ruoli*** to reverse roles; ***-rsi gli anelli*** to exchange wedding rings; ***-rsi una stretta di mano*** to shake hands; ***-rsi degli insulti*** to trade insults **2** *(darsi il cambio)* [*autisti*] to change over.
scambiatore /skambja'tore/ m. exchanger ◆◆ ***~ di calore*** heat exchanger.
scambietto /skam'bjetto/ m. *(nella danza)* entrechat.
scambievole /skam'bjevole/ agg. [*aiuto*] reciprocal, mutual.
scambievolmente /skambjevol'mente/ avv. [*aiutarsi*] reciprocally, mutually.
▶ **scambio**, pl. **-bi** /'skambjo, bi/ m. **1** *(cambio)* exchange, swap COLLOQ. (**di** of; **fra** between; **con** for); ***i filatelici fanno spesso degli -bi*** stamp collectors often exchange stamps; ***i due paesi hanno fatto uno ~ di prigionieri*** the two countries have exchanged prisoners; ***~ di idee, vedute*** exchange of ideas, views; ***~ di informazioni*** information exchange, exchange of information; ***~ di cortesie*** exchange of favours; ***vivace*** o ***acceso ~ (di opinioni) su*** heated exchange on; ***~ degli anelli*** exchange of wedding rings; ***~ di coppie*** partner-swapping; ***~ epistolare*** correspondence; ***~ dei ruoli*** role reversal **2** ECON. COMM. trade, exchange; ***-bi commerciali*** trade, trading; ***libero ~*** free trade; ***zona di libero ~*** free trade zone; ***-bi con l'estero*** foreign trade, external trade; ***moneta di ~*** trading currency; ***valore di ~*** market(able) value, exchange value; ***~ di valute*** currency swap; ***-bi vivaci in Borsa*** brisk trading on the Stock Exchange; ***andamento degli -bi*** trade pattern **3** *(equivoco)* mix-up, mistake; ***deve esserci uno ~ di persona*** it must be the wrong person, it must be a case of mistaken identity **4** FERR. points pl. BE, switch AE; ***doppio ~*** two-way frog; ***ago dello ~*** points, switch tongue, switch point; ***leva di ~*** operating lever **5** *(relazioni)* exchange; ***-bi universitari, culturali*** university, cultural exchanges; ***mio figlio farà uno ~ in Spagna*** my son will be on an exchange in Spain **6** SPORT *(nel tennis, nel ping-pong)* rally; *(nel calcio)* pass; ***hanno giocato un lungo ~*** they played a long rally; ***fare degli -bi per riscaldarsi*** to play some warm-up rallies **7** GIOC. *(negli scacchi)* exchange; ***fare uno ~*** to exchange pieces **8** BIOL. FIS. exchange; ***-bi gassosi*** gaseous exchanges; ***~ di calore*** heat transfer, heat exchange; ***~ ionico*** ion exchange.
scambista, m.pl. **-i**, f.pl. **-e** /skam'bista/ ♦ *18* m. e f. **1** FERR. switchman*, pointsman* BE **2** ECON. stockbroker **3** *(di partner)* partner-swapper.
scamiciarsi /skami'tʃarsi/ [1] pronom. to take* one's jacket off.
scamiciato /skami'tʃato/ **I** p.pass. → **scamiciarsi II** agg. in one's shirt-sleeves **III** m. pinafore (dress), jumper AE.
scamorza /ska'mɔrtsa/ f. **1** GASTR. INTRAD. (soft, stringy pear-shaped cheese, sometimes smoked) **2** FIG. SCHERZ. *(incapace)* bungler; *(debole)* weakling, wimp.
scamosciare /skamoʃ'ʃare/ [1] tr. to chamois.
scamosciato /skamoʃ'ʃato/ **I** p.pass. → **scamosciare II** agg. suede attrib., buff; ***pelle -a*** suede, wash leather; ***guanti -i*** o ***in pelle -a*** suede gloves.
scamosciatura /skamoʃʃa'tura/ f. chamoising.
scamozzare /skamot'tsare/ [1] tr. to pollard, to lop.
scampagnata /skampaɲ'ɲata/ f. outing, jaunt; ***fare una ~*** to go for an outing.
scampanare /skampa'nare/ [1] **I** intr. (aus. *avere*) **1** *(suonare a distesa)* [*campane*] to peal (out) **2** SART. [*gonna*] to flare (out) **II** tr. SART. to flare [*gonna*].
scampanata /skampa'nata/ f. peal, chime.
scampanato /skampa'nato/ **I** p.pass. → **scampanare II** agg. [*gonna*] flared.
scampanatura /skampana'tura/ f. SART. flare.
scampanellare /skampanel'lare/ [1] intr. (aus. *avere*) to ring* long and loudly.
scampanellata /skampanel'lata/ f. long ring(ing).
scampanellio, pl. **-ii** /skampanel'lio, ii/ m. long ringing.
scampanio, pl. **-ii** /skampa'nio, ii/ m. peal(ing), chime.
▷ **scampare** /skam'pare/ [1] **I** tr. **1** *(evitare)* to avoid [*prigione*]; to escape (from), to avoid [*pericolo*] **2** *(salvarsi)* ***scamparla*** to survive, to come* out alive; ***scamparla bella*** to have a narrow escape *o* a close shave *o* a narrow squeak BE **II** intr. (aus. *essere*) **1** *(salvarsi da)* ***~ a*** to escape [*morte, malattia, punizione*]; to survive [*disastro, terremoto*] **2** *(trovare scampo)* to take* refuge; ***~ all'estero*** to take refuge abroad ◆ ***Dio ce ne scampi e liberi!*** God *o* heaven forbid!

scampato /skam'pato/ **I** p.pass. → **scampare II** agg. *(evitato)* avoided, escaped; **~ *pericolo*** close shave, lucky escape **III** m. survivor; ***gli -i al terremoto*** the survivors of the earthquake.

▷ **1.scampo** /'skampo/ m. escape, safety; ***non c'è ~*** there's no way out, there's no escape; ***trovare ~ all'estero*** to take refuge abroad; ***cercare ~ nella fuga*** to seek safety in flight; ***senza via di ~*** hopeless, with no way out; ***cercare ~*** to seek safety; ***trovare una via di ~*** to find a way out.

2.scampo /'skampo/ m. **1** ZOOL. Norway lobster, Dublin Bay prawn BE **2** GASTR. scampi + verbo sing. o pl.

scampolo /'skampolo/ m. *(ritaglio di tessuto)* remnant; **~ *di terreno*** FIG. patch of land, plot; **~ *di tempo*** FIG. spare moment, spare time.

scanalare /skana'lare/ [1] tr. **1** *(incidere con tagli longitudinali)* to groove [*bastone, asta*] **2** ARCH. to flute [*colonna*] **3** MECC. to groove, to chase.

scanalato /skana'lato/ **I** p.pass. → **scanalare II** agg. **1** *(con scanalature)* [*albero, bastone*] grooved **2** ARCH. [*colonna, pilastro*] fluted **3** MECC. grooved **4** BOT. ZOOL. sulcate.

scanalatrice /skanala'tritʃe/ f. groover.

scanalatura /skanala'tura/ f. **1** *(incisione)* groove; *(di scorrimento)* groove, track, runner **2** ARCH. flute **3** MECC. groove; *(fenditura)* slot; ***linguetta e ~*** spline and groove; **~ *ad angolo retto*** rabbet; **~ *per guarnizione*** packing groove; **~ *di lubrificazione*** oil groove.

scancellare /skantʃel'lare/ → **cancellare.**

scancellatura /skantʃella'tura/ → **cancellatura.**

scandagliamento /skandaʎʎa'mento/ m. MAR. sounding.

scandagliare /skandaʎ'ʎare/ [1] tr. **1** *(sondare)* to sound, to plumb, to fathom [*fondali*] **2** FIG. to probe, to sound.

scandagliatore /skandaʎʎa'tore/ m. (f. **-trice** /tritʃe/) sounder; *(uomo)* leadsman*.

scandaglio, pl. **-gli** /skan'daʎʎo, ʎi/ m. **1** *(strumento)* sounder; ***gettare*** o ***calare lo ~*** to heave *o* cast the lead; ***navigare con lo ~*** to navigate by sounding **2** *(lo scandagliare)* sounding; ***fare -gli*** to take soundings ◆◆ **~ *acustico*** sonic depth finder, echo sounder; **~ *a pressione*** pressure sounder; **~ *a sagola*** lead line, plumb line; **~ *a ultrasuoni*** ultrasonic depth finder, echo sounder.

scandalismo /skanda'lizmo/ m. muckraking, scandalmongering.

scandalista, m.pl. **-i**, f.pl. **-e** /skanda'lista/ m. e f. muckraker, scandalmonger.

scandalistico, pl. **-ci**, **-che** /skanda'listiko, tʃi, ke/ agg. [*campagna*] muckraking; [*reportage*] sensational; ***stampa -a*** gutter press, tabloid press; ***giornale ~*** scandal sheet, tabloid (newspaper); ***giornalismo ~*** tabloid *o* keyhole journalism.

▷ **scandalizzare** /skandalid'dzare/ [1] **I** tr. [*film, comportamento*] to scandalize, to shock, to outrage [*persona*] **II scandalizzarsi** pronom. to be* scandalized, to be* shocked (**di**, **per** by); ***non si scandalizzano facilmente*** they are not easily shocked.

scandalizzato /skandalid'dzato/ **I** p.pass. → **scandalizzare II** agg. scandalized (**da**, **per** by), shocked (**di**, **per** by); ***non fate quella faccia -a!*** don't look so shocked! ***sono talmente ~ che mi mancano le parole*** I'm so outraged that words fail me.

▷ **scandalo** /'skandalo/ m. scandal; **~ *finanziario, politico*** financial, political scandal; **~ *sessuale*** sex scandal; **~ *in borsa*** scandal on the Stock Exchange; **~ *delle tangenti*** bribery scandal; ***lo ~ della fame nel mondo*** the scandal of hunger in the world; ***fare scoppiare uno ~*** to cause a scandal to break; ***soffocare uno ~*** to hush up a scandal; ***essere coinvolto in uno ~*** to be involved in a scandal; ***fare*** o ***dare ~*** to cause a scandal; ***suscitare*** o ***fare uno ~*** to cause *o* stir up a scandal; ***dare ~ sulla pubblica via*** o ***piazza*** to create a public scandal; ***la pietra dello ~*** = a bad example; ***l'opposizione ha gridato allo ~*** there was a general outcry from the opposition; ***con grande ~ di*** to the great disgust of; ***è uno ~!*** it's scandalous! it's outrageous! it's a disgrace! ***che ~!*** how scandalous! how outrageous!

scandalosamente /skandalosa'mente/ avv. **1** *(vergognosamente)* [*comportarsi*] scandalously, shockingly, outrageously **2** COLLOQ. *(eccessivamente)* [*ricco*] disgustingly.

scandaloso /skanda'loso/ agg. **1** *(vergognoso)* [*comportamento*] scandalous, shocking, outrageous; [*bugia*] brazen; ***è veramente ~!*** it's absolutely scandalous *o* outrageous *o* disgraceful! **2** COLLOQ. *(eccessivo)* [*prezzo*] outrageous.

Scandinavia /skandi'navja/ ♦ **30** n.pr.f. Scandinavia.

scandinavo /skandi'navo, skan'dinavo/ ♦ **30 I** agg. Scandinavian **II** m. (f. **-a**) Scandinavian; ***gli -i*** the Scandinavians; STOR. the Norse.

scandio /'skandjo/ m. scandium.

scandire /skan'dire/ [102] tr. **1** METR. to scan [*verso*] **2** *(pronunciare distintamente)* to pronounce clearly [*slogan, nome*]; **~ *le parole*** to articulate one's words **3** ELETTRON. INFORM. TELEV. to scan **4** MUS. **~ *il tempo*** to beat time **5** FIG. [*azioni, avvenimenti*] to mark [*vita, giornata, lavoro*].

scandola /'skandola/ f. shingle.

scannare /skan'nare/ [1] **I** tr. **1** *(sgozzare)* to stick* [*animale*]; **~ *qcn.*** to cut *o* slit sb.'s throat **2** *(uccidere barbaramente)* to slaughter [*donne, bambini*] **3** FIG. *(fare pagare caro)* to fleece, to soak, to rip off **4** TESS. to unwind* **II scannarsi** pronom. *(combattersi aspramente)* to be* at each other's throat.

scannatoio, pl. **-oi** /skanna'tojo, oi/ m. slaughterhouse, abattoir BE.

scannellare /skannel'lare/ [1] tr. → **scanalare.**

scanner /'skanner/ m.inv. scanner.

scannerizzare /skannerid'dzare/ [1] tr. to scan.

scanning /'skanning/ m.inv. scan(ning).

scanno /'skanno/ m. stall.

scansafatiche /skansafa'tike/ m. e f.inv. lazybones*, idler, loafer, shirker, slacker, skiver BE.

▷ **scansare** /skan'sare/ [1] **I** tr. **1** *(allontanare, rimuovere)* to move (aside), to shift [*armadio, tavolo*] **2** *(schivare)* to dodge [*colpo*] **3** *(evitare)* to dodge, to evade [*responsabilità, difficoltà*]; to avoid, to avert [*pericolo*] **II scansarsi** pronom. [*persona*] to stand* aside, to step aside, to move out of the way; [*veicolo*] to pull over; ***scansati!*** get out of the way! move over!

scansia /skan'sia/ f. whatnot, shelves pl.

scansione /skan'sjone/ f. **1** ELETTRON. INFORM. TELEV. scan(ning) **2** METR. scansion.

scanso: **a scanso di** /a'skansodi/ (in order) to avoid, to prevent; ***a ~ di equivoci*** to avoid any *o* all misunderstandings.

scansorio, pl. **-ri** /skan'sɔrjo, ri/ agg. ORNIT. scansorial.

scantinato /skanti'nato/ m. basement.

scantonare /skanto'nare/ [1] **I** tr. *(smussare)* to round off, to bevel, to cant [*angolo, spigolo*] **II** intr. (aus. *avere*) **1** *(girare l'angolo)* to turn the corner, to go* (a)round the corner **2** *(svignarsela)* to slip away, to slip off **3** FIG. to change the subject.

scanzonato /skantso'nato/ agg. breezy, free and easy.

scapaccione /skapat'tʃone/ m. smack, slap, clout; *(scappellotto)* cuff, clip on the ear; ***dare uno ~ a qcn.*** to give sb. a slap, to smack *o* slap sb.

scapataggine /skapa'taddʒine/ f. *(sconsideratezza)* recklessness; *(sventatezza)* carelessness.

scapato /ska'pato/ **I** agg. *(sconsiderato)* reckless; *(sventato)* scatter-brained, careless **II** m. (f. **-a**) *(sconsiderato)* reckless person; *(sventato)* scatterbrain, careless person.

scapecchiare /skapek'kjare/ [1] tr. to hackle.

scapestrato /skapes'trato/ **I** agg. reckless, madcap attrib.; *(dissoluto)* wild, dissolute **II** m. (f. **-a**) madcap, scapegrace.

scapezzare /skapet'tsare/ [1] tr. to poll(ard), to lop [*albero*].

scapicollarsi /skapikol'larsi/ [1] pronom. **1** *(scendere a precipizio)* to rush down, to race down; **~ *giù dalle scale*** to race *o* rush *o* tear down the stairs **2** *(darsi da fare)* ***mi sono scapicollato per finire in tempo*** I scrambled to finish on time.

scapicollo /skapi'kɔllo/ m. RAR. *(dirupo)* crag ◆ ***a ~*** at breakneck speed, helter-skelter.

scapigliare /skapiʎ'ʎare/ [1] **I** tr. *(scarmigliare)* to dishevel, to ruffle, to tousle [*capelli*] **II scapigliarsi** pronom. [*persona*] to ruffle one's hair.

scapigliato /skapiʎ'ʎato/ **I** p.pass. → **scapigliare II** agg. **1** *(spettinato)* ruffled, tousled, dishevelled BE, disheveled AE **2** *(scapestrato)* [*persona*] reckless, madcap attrib.; [*vita*] wild, dissolute **3** LETTER. of the Scapigliatura **III** m. (f. **-a**) **1** *(scapestrato)* madcap, scapegrace, dissolute person **2** LETTER. member of the Scapigliatura.

scapigliatura /skapiʎʎa'tura/ f. **1** *(stile di vita)* wildness, debauch, loose living **2** LETTER. ART. = literary artistic movement which arose in Lombardy and Piedmont in the second half of the 19th century based on a nonconformist attitude and a refusal of classical and late romantic traditions.

scapitare /skapi'tare/ [1] intr. (aus. *avere*) to lose* (out); ***se lo vendo a questo prezzo ci scapito*** if I sell it for this price I lose out.

▷ **scapito**: **a scapito di** /as'kapitodi/ prep. at the expense of [*salute, sicurezza*]; ***fare economie a ~ dei pazienti*** to save money at the patients' expense; ***insistere sulla quantità a ~ della qualità*** to put stress on quantity at the expense of quality; ***vittoria*** o ***successo a ~ della squadra favorita*** win over the favoured team.

scapitozzare /skapitot'tsare/ [1] tr. → **scapezzare.**

scapo /'skapo/ m. **1** BOT. scape **2** ARCH. *(di colonna)* scape.

scapocchiare /skapok'kjare/ [1] tr. to break* the head off [*chiodo, spillo*].

scapola /'skapola/ f. shoulder blade, scapula*.
1.scapolare /skapo'lare/ agg. ANAT. scapular.
2.scapolare /skapo'lare/ m. RELIG. scapular.
3.scapolare /skapo'lare/ [1] **I** tr. **1** MAR. to double, to steer clear of [*scoglio, secca*] **2** COLLOQ. *(evitare)* to dodge [*responsabilità, difficoltà*]; to escape (from), to avoid [*pericolo*] **3 scapolarla** COLLOQ. ***scapolarla a buon mercato*** to get off lightly; ***scapolarla per miracolo*** to have a narrow escape *o* squeak BE **II** intr. (aus. *avere, essere*) ~ ***da*** to dodge [*difficoltà, impegno*]; to escape (from), to avoid [*pericolo*] **III scapolarsela** pronom. COLLOQ. to decamp, to slip away, to slip off, to slink* off.
▷ **scapolo** /'skapolo/ **I** agg. single, unmarried; ***restare*** ~ to remain a bachelor, to stay single **II** m. bachelor, unmarried man*, single man*; ***uno*** ~ ***impenitente*** a confirmed bachelor; ***vita da*** ~ bachelor life.
scapolone /skapo'lone/ m. confirmed bachelor.
▷ **scappamento** /skappa'mento/ m. **1** MOT. exhaust; ***tubo di*** ~ exhaust (pipe) **2** *(di orologio)* escapement; ***ruota di*** ~ escape wheel.
▶ **scappare** /skap'pare/ [1] intr. (aus. *essere*) **1** *(fuggire)* to escape, to flee*, to run* away, to run* off; ~ ***di*** o ***dalla prigione*** to escape from jail *o* prison; ~ ***in Cina, all'estero, davanti al nemico*** to flee to China, abroad, in the face of the enemy; ~ ***di casa*** to run away from home; ~ ***con la cassa*** to make off with the cash; ***fare*** ~ ***i clienti, gli spettatori, gli investitori*** to scare customers, spectators, investors off; ***vieni qui, non*** ~***!*** come here, don't run away! ***scappa(te)!*** run for it! **2** *(sfuggire)* ~ ***dalle mani di qcn.*** [*oggetto*] to slip out of sb.'s hands; ***la bottiglia ha rischiato di scapparmi (di mano)*** the bottle nearly slipped out of my hands; ***lasciarsi*** ~ ***un segreto*** to let the cat out of the bag; ***lasciarsi*** ~ ***un commento*** to let slip a remark; ***mi è scappato un sospiro, un brontolio*** I let out a sigh, a groan; ***lasciarsi*** ~ ***che*** to let (it) slip that; ***mi è scappato da ridere*** I couldn't help laughing; ***gli è scappato un colpo di pistola*** he inadvertently let off his gun; ***mi sono scappati due errori*** I missed *o* didn't catch two mistakes; ***sono scappati alcuni errori*** a few errors have slipped in; ***mi era scappato di mente (che)*** it had slipped my mind (that); ***mi scappa la pipì!*** I'm dying for a pee! **3** *(perdere)* ***mi è scappata la pazienza*** I lost my temper; ***mi sono fatto*** ~ ***l'occasione*** I let the chance slip; ***non farsene*** ~ ***una*** not *o* never to miss a trick **4** COLLOQ. *(andare via in fretta)* to fly*, to rush; ***è tardi, devo*** ~ it's late, I must dash *o* fly; ***scappo un attimo a comprare il giornale*** I'm just nipping out to get the newspaper ◆ ~ ***come un ladro*** to slip away like a thief in the night; ~ ***come una lepre*** to run off like a startled rabbit; ~ ***a gambe levate*** to run off like a scalded cat, to take to one's heels; ***qui ci scappa il morto*** someone is going to get killed; ***di qui non si scappa*** there's no getting away.
scappata /skap'pata/ f. **1** *(breve visita)* flying visit, quick call; ***fare una*** ~ ***a casa, dai vicini*** to pop home, next door; ***fare una*** ~ ***da qcn.*** to pop in and see sb.; ***fare una*** ~ ***dal panettiere*** to drop in at the baker's; ***fare una*** ~ ***in centro*** to pop into town; ***faccio soltanto una*** ~ it'll only be a flying visit **2** *(uscita, trovata)* slip **3** *(leggerezza)* escapade.
scappatella /skappa'tɛlla/ f. *(leggerezza)* escapade; *(avventura sentimentale)* (love) affair, fling COLLOQ.
scappato /skap'pato/ **I** p.pass. → **scappare II** agg. ***uccellini -i*** GASTR. = dish consisting of skewered meat cooked over an open flame.
scappatoia /skappa'toja/ f. way out; DIR. loophole; ***cercare, trovare una*** ~ to look for, find a way out.
scappellare /skappel'lare/ [1] **I** tr. *(togliere il cappello)* ~ ***un fungo*** to take the top off a mushroom, to uncap a mushroom **II scappellarsi** pronom. [*persona*] to raise one's hat, to take* off one's hat.
scappellata /skappel'lata/ f. ***salutare qcn. con una*** ~ to raise one's hat to sb.
scappellotto /skappel'lɔtto/ m. cuff, clip on the ear; ***dare uno*** ~ ***a qcn.*** to give sb. a cuff *o* a clip on the ear, to cuff sb.
1.scappottare /skappot'tare/ [1] tr. ~ ***una macchina*** to put the top of a car down, to fold back the hood of a car.
2.scappottare /skappot'tare/ [1] intr. (aus. *avere*) GIOC. to avoid a capot.
scappucciare /skapput'tʃare/ [1] tr. to take* off the cap of [*stilografica, penna*].
scarabeide /skara'bɛide/ m. scarabae(o)id.
scarabeo /skara'bɛo/ m. **1** ZOOL. beetle **2** ARCHEOL. *(gemma dura)* scarab **3** (anche **Scarabeo**®) GIOC. Scrabble® ◆◆ ~ ***rinoceronte*** rhinoceros beetle; ~ ***sacro*** (sacred) scarab; ~ ***stercorario*** dor(beetle), dung beetle.
▷ **scarabocchiare** /skarabok'kjare/ [1] tr. to scribble, to scrawl [*nome, indirizzo, appunti*]; ~ ***(su) un foglio*** to scribble *o* doodle on a sheet of paper.
scarabocchiato /skarabok'kjato/ **I** p.pass. → **scarabocchiare II** agg. scrawly.
▷ **scarabocchio**, pl. **-chi** /skara'bɔkkjo, ki/ m. **1** *(sgorbio)* scribble, scrawl, doodle; ***fare -chi su un libro*** to scribble *o* doodle in a book; ***la sua firma era uno*** ~ his signature was just a scribble **2** FIG. *(persona mal fatta)* freak, shrimp.
scaracchiare /skarak'kjare/ [1] intr. (aus. *avere*) POP. to hawk and spit*, to gob BE.
scaracchio, pl. **-chi** /ska'rakkjo, ki/ m. POP. spit, gob BE.
▷ **scarafaggio**, pl. **-gi** /skara'faddʒo, dʒi/ m. cockroach, black beetle, roach AE COLLOQ.
scaramantico, pl. **-ci**, **-che** /skara'mantiko, tʃi, ke/ agg. propitiatory; ***gesto*** ~ gesture to ward off bad luck.
scaramanzia /skaraman'tsia/ f. counter-spell, counter-charm; ***per*** ~ for (good) luck.
scaramuccia, pl. **-ce** /skara'muttʃa, tʃe/ f. **1** MIL. skirmish **2** FIG. *(schermaglia verbale)* skirmish, clash.
Scaramuccia /skara'muttʃa/ n.pr.m. Scaramouch.
scaraventare /skaraven'tare/ [1] **I** tr. **1** *(scagliare)* to fling*, to hurl, to sling* COLLOQ.; ~ ***qcn. contro un muro*** to fling sb. against a wall, to slam sb. into a wall; ~ ***a terra qcn.*** to fling *o* throw sb. to the ground; ~ ***qcs. dalla finestra*** to hurl sth. out of the window **2** FIG. *(trasferire)* to transfer, to shift, to pack off [*impiegato*] **II scaraventarsi** pronom. **1** *(assalire)* to fling* oneself, to hurl oneself; ***-rsi addosso*** o ***contro qcn.*** to hurl oneself at sb., to rush at sb. **2** *(precipitarsi)* ***-rsi fuori dalla macchina*** to dash *o* rush out of the car; ***-rsi giù per le scale*** to race *o* rush *o* tear down the stairs.
scarceramento /skartʃera'mento/ m. → **scarcerazione.**
▷ **scarcerare** /skartʃe'rare/ [1] tr. to release, to set* free [*detenuto*].
scarcerazione /skartʃerat'tsjone/ f. release; ~ ***provvisoria*** provisional release; ~ ***su cauzione*** release on bail.
scardassare /skardas'sare/ [1] tr. TESS. to card, to tease [*lana*].
scardassatura /skardassa'tura/ f. carding.
scardasso /skar'dasso/ m. card, teasel.
scardinare /skardi'nare/ [1] **I** tr. **1** to unhinge, to take* off its hinges [*porta, finestra*] **2** FIG. *(disgregare)* to break* up, to split* up [*famiglia*]; to break* up [*partito, istituzione*] **II scardinarsi** pronom. **1** [*porta, finestra*] to come* off its hinges **2** FIG. *(disgregarsi)* [*partito, istituzione*] to break* up; [*famiglia*] to split* up, to break* up.
scardola /'skardola/ f. rudd.
scarica, pl. **-che** /'skarika, ke/ f. **1** *(d'arma da fuoco)* discharge; ***ha ricevuto una*** ~ ***di fucile da caccia in testa*** he was shot in the head with a hunting rifle; ***una*** ~ ***di mitra*** a round of machine gun fire **2** *(sequela) (di pugni, proiettili, insulti)* hail; ***una*** ~ ***di sassi*** a volley of stones; ~ ***di botte*** leathering **3** FIS. EL. shock, discharge; ***ricevere una*** ~ ***sulle dita*** to get an electric shock on one's fingers; ***una*** ~ ***di adrenalina*** FIG. a rush *o* surge of adrenalin ◆◆ ~ ***a bagliore*** EL. brush discharge; ~ ***diarroica*** diarrhoeal BE *o* diarrheal AE discharge; ~ ***disruptiva*** disruptive discharge; ~ ***elettrica*** electrical discharge.
scaricabarile /skarikaba'rile/, **scaricabarili** /skarikaba'rili/ m.inv. buck-passing ◆ ***fare a*** ~ to pass the buck.
scaricabile /skari'kabile/ agg. INFORM. downloadable.
scaricamento /skarika'mento/ m. **1** *(lo scaricare)* unloading; ***piano di*** ~ unloading platform **2** INFORM. downloading.
▷ **scaricare** /skari'kare/ [1] **I** tr. **1** *(levare il carico, svuotare del contenuto)* [*persona*] to unload [*carico, veicolo, merce, lavatrice*]; [*camion*] to dump, to tip [*immondizia, sabbia*]; [*persona*] to empty, to drain [*cisterna, caldaia*]; [*fabbrica, zona industriale*] to discharge [*fumi, gas, acque di scarico*]; ~ ***cloro, zolfo nell'atmosfera*** to eject chlorine, sulphur into the atmosphere **2** COLLOQ. *(fare scendere)* to drop off [*passeggero*]; ***scaricami alla stazione*** let me off at the station **3** COLLOQ. *(liberarsi)* to get* rid of, to dispose of [*cliente, scocciatore*]; *(piantare, mollare)* to dump, to drop, to ditch [*fidanzata, ragazzo*]; ***essere scaricato*** to get the brush-off **4** *(versare)* ***la Senna scarica le sue acque nella Manica*** the Seine flows *o* drains into the English Channel **5** ARCH. ***la trave scarica il peso sulle colonne*** the beam distributes *o* discharges its weight on the columns **6** INFORM. *(da Internet)* to download [*pagina web, file*]; to download, to check, to fetch [*posta elettronica*] **7** EL. to run* down, to discharge, to flatten BE [*batterie*] **8** MECC. to release [*molla*] **9** ARM. to unload [*arma da fuoco*]; *(sparando)* to fire (off) [*fucile, arma*] **10** FIG. *(addossare)* to shift, to shuffle off [*responsabilità*]; *(sgravare)* to unburden, to unload [*coscienza*]; ~ ***la colpa su qcn.***

to lay *o* put the blame on sb., to off-load the blame onto sb.; *~ un problema sulle spalle di qcn.* to drop *o* dump a problem in sb.'s lap; *~ la rabbia su qcn.* to take one's anger out on sb., to vent one's anger on sb.; *~ addosso a qcn. una raffica di insulti* to hurl a flood of insults at sb.; *~ la tensione* o *i nervi* *(distendersi)* to relieve tension; *~ qcn. di* *(sollevare, sgravare)* to relieve sb. of [*compito, obbligo, responsabilità*] **11** COMM. *(detrarre)* to deduct [*spese, IVA*] **II** intr. (aus. *avere*) *il lavandino non scarica più* the sink is blocked **III scaricarsi** pronom. **1** EL. *(esaurire la carica)* [*batteria*] to run* down, to go* dead, to go* flat BE **2** MECC. [*orologio*] to wind* down, to run* down **3** *(abbattersi)* *il temporale si scaricò nella valle* the storm hit the valley; *il fulmine si è scaricato sull'albero* the lightning struck the tree **4** FIG. *(sfogarsi)* to let* off steam; *(aprirsi)* to relieve one's feelings, to unburden oneself FORM.; *-rsi di un peso* to get sth. of one's chest; *-rsi la coscienza di qcs.* to unburden one's conscience of sth.; *-rsi con qcn.* to pour out one's troubles *o* heart to sb. **5** COLLOQ. EUFEM. *(defecare)* to relieve oneself.

scaricatoio, pl. **-oi** /skarika'tojo, oi/ m. **1** *(luogo di scarico)* unloading area **2** *(canale di scarico)* drain(pipe).

scaricatore /skarika'tore/ ♦ *18* **I** agg. [*canale, fossato*] drainage attrib. **II** m. **1** *(operaio)* unloader **2** *(dispositivo di scarico)* unloader **3** *(canale di scarico)* drain(pipe) **4** EL. discharger, arrester ♦♦ *~ di condensa* steam trap; *~ di porto* docker, dockworker.

▷ **1.scarico**, pl. **-chi, -che** /'skariko, ki, ke/ agg. **1** *(privo di carico)* unloaded, unladen **2** EL. *(privo di carica)* [*batteria*] run-down, dead, flat BE **3** ARM. [*fucile*] unloaded **4** MECC. [*orologio*] run-down ♦ *avere le batterie -che* *(essere esausto)* to be run-down.

▷ **2.scarico**, pl. **-chi** /'skariko, ki/ **I** m. **1** *(di autoveicolo, treno, nave)* unloading; *zona di carico, ~ merci* loading bay, loading dock AE **2** *(lo scaricare)* *(di rifiuti)* dumping, tipping; *(discarica)* dump, rubbish dump BE, tip BE, garbage dump AE; *"divieto di ~"* "no dumping", "dumping prohibited" **3** *(il defluire)* *(di fluidi)* draining; *(condotto)* drain(pipe), waste pipe; *(di lavandino)* drain; *acque di ~* waste water, drain water; *pozzo di ~* soakaway, sink; *~ otturato* blocked drain **4** AUT. exhaust; *gas di ~* exhaust (emissions); *tubo di ~* exhaust (pipe); *valvola di ~* escape valve; *collettore di ~* exhaust manifold; *vapore di ~* steam exhaust **5** COMM. cancellation; *bolletta di ~* discharge receipt; *registro di carico e ~* stock book **6** EL. discharge **7** FIG. *(discolpa)* *a ~ di qcs.* in justification of sth.; *a suo ~* in his defence **II scarichi** m.pl. *(rifiuti)* waste **U**.

scaride /'skaride/ m. scaroid.

scarificare /skarifi'kare/ [1] tr. CHIR. AGR. to scarify.

scarificatore /skarifika'tore/ m. **1** AGR. scarifier **2** CHIR. scarificator.

scarificatura /skarifika'tura/ f. AGR. scarification.

scarificazione /skarifikat'tsjone/ f. MED. scarification.

scarioso /ska'rjoso/ agg. scarious.

scarlattina /skarlat'tina/ ♦ *7* f. scarlet fever; *eritema da ~* scarlet rash.

scarlattinoso /skarlatti'noso/ agg. scarlatinal.

scarlatto /skar'latto/ ♦ *3* **I** agg. scarlet; *rosso ~* scarlet red; *si fece ~ per la rabbia, la vergogna* he turned bright red with rage, shame **II** m. scarlet.

scarmigliare /skarmiʎ'ʎare/ [1] **I** tr. to dishevel, to ruffle, to tousle [*capelli*]; *~ qcn.* to dishevel *o* ruffle *o* tousle sb.'s hair **II scarmigliarsi** pronom. [*capelli*] to get* ruffled, to get* dishevelled BE, to get* disheveled AE; [*persona*] to ruffle one's hair.

scarmigliato /skarmiʎ'ʎato/ **I** p.pass. → **scarmigliare II** agg. [*capelli, persona*] ruffled, tousled, dishevelled BE, disheveled AE.

scarnificare /skarnifi'kare/ [1] tr. to take* the flesh off, to strip the flesh off [*osso*]; *~ un'unghia* = to remove the flesh from the base of a nail.

scarnire /skar'nire/ [102] tr. **1** *(scarnificare)* to take* the flesh off, to strip the flesh off [*osso*] **2** FIG. to pare down, to make* concise [*stile, linguaggio*].

scarno /'skarno/ agg. **1** *(molto magro)* [*viso, braccia*] bony, emaciated, gaunt **2** FIG. [*tema, relazione*] poor, scanty; [*stile, linguaggio*] bare, sober, terse.

scaro /'skaro/ m. scarus*.

scarogna /ska'roɲɲa/ → **scalogna.**

scarognato /skaroɲ'ɲato/ → **scalognato.**

scarola /ska'rɔla/ f. endive.

▶ **scarpa** /'skarpa/ ♦ *35* f. **1** *(calzatura)* shoe; *un paio di -e* a pair of shoes; *-e da uomo, donna, bambino* men's, women's, children's shoes; *-e basse* flat shoes, flatties BE COLLOQ., flats AE COLLOQ.; *-e col tacco alto* (high) heels, high-heeled shoes; *-e col tacco basso* low heels, low-heeled shoes; *~ col tacco a spillo* stiletto *o* spike-heeled shoe, stiletto-heeled shoe; *-e coi tacchetti* SPORT studded boots *o* shoes; *-e estive, invernali* summer, winter shoes; *-e aperte* o *scollate* court shoes, pumps AE; *-e chiuse* o *accollate* closed shoes; *-e a punta* pointed shoes; *-e a punta quadrata* square-toed shoes; *-e a punta lunga* winkle-pickers; *-e con zeppa* platform shoes, wedge heels; *~ coi lacci* o *con le stringhe* lace-up (shoe); *~ in pelle* o *in cuoio* leather shoe; *-e di vernice* patent leather shoes; *-e da sera* evening shoes; *-e sportive* casuals; *mettersi, togliersi le -e* to put on, take off one's shoes; *legarsi le -e* to do *o* tie up one's shoelaces; *senza -e* with one's shoes off, shoeless, barefoot(ed); *numero di -e* shoe size; *che numero di -e porti?* what's your shoe size? what shoes size do you wear? *lucido da -e* shoe cream, shoe polish, boot polish; *negozio di -e* shoe shop, shoe store AE; *spazzola da -e* shoebrush **2** *(piano inclinato)* scarp **3** FERR. buffer ♦ *fare le -e a qcn.* to stab sb. in the back; *non è degno di lustrare le -e a sua sorella* he can't hold a candle to his sister; *morire con le -e ai piedi* to die with one's boots on; *-e grosse, cervello fino* PROV. = he's not as green as his cabbage-looking; *avere* o *tenere il piede in due -e* to have a foot in both camps; *essere una ~ a* to be no good at [*tennis*] ♦♦ *~ da basket* basketball shoe; *~ da ginnastica* training shoe, gym shoe, plimsoll BE, trainer BE, sneaker AE; *~ da golf* golf shoe; *~ da tennis* tennis shoe; *-e ortopediche* orthop(a)edic shoes, surgical boots.

scarpaio, pl. **-ai** /skar'pajo, ai/ m. (f. **-a**) shoe pedlar.

1.scarpata /skar'pata/ f. *(terreno molto inclinato)* escarp(ment), scarp, bank ♦♦ *~ continentale* continental slope.

2.scarpata /skar'pata/ f. *(colpo dato con la scarpa)* blow with a shoe.

scarpetta /skar'petta/ f. *(piccola)* small shoe; *(da bambino)* children's shoe; *(bassa e leggera)* light shoe; *~ da ballo* ballet shoe; *-e chiodate (da corsa)* track shoes, spikes ♦ *fare (la) ~* = to clean one's plate with a piece of bread ♦♦ *~ di Venere* BOT. lady's slipper.

scarpiera /skar'pjɛra/ f. shoe rack; *(armadietto)* shoe cupboard.

scarpinare /skarpi'nare/ [1] intr. (aus. *avere*) COLLOQ. to tramp, to trek, to footslog.

scarpinata /skarpi'nata/ f. COLLOQ. slog, fair walk, trek; *è una bella ~* it's quite a walk *o* trudge.

scarpino /skar'pino/ m. pump.

scarponcino /skarpon'tʃino/ m. bootee.

scarpone /skar'pone/ m. *(scarpa robusta e pesante)* boot ♦♦ *~ chiodato* o *ferrato* hobnail(ed) boot; *~ da montagna* climbing *o* hiking *o* walking boot; *~ da sci* ski boot.

scarrocciare /skarrot'tʃare/ [1] intr. (aus. *avere*) to make* leeway.

scarroccio, pl. **-ci** /skar'rɔttʃo, tʃi/ m. leeway.

scarrozzare /skarrot'tsare/ [1] **I** tr. to drive* around, to chauffeur around [*persona, amico*] **II** intr. (aus. *avere*) to go* for a drive.

scarrozzata /skarrot'tsata/ f. drive.

scarrucolare /skarruko'lare/ [1] **I** tr. *(levare dalla carrucola)* *~ una corda* to take* a rope off the pulley, to disentangle a rope from the pulley **II** intr. (aus. *avere*) **1** *(scorrere in una carrucola)* [*fune*] to run* over the pulley **2** *(uscire dalla carrucola)* [*fune*] to slip off the pulley.

scarsamente /skarsa'mente/ avv. [*ricompensare, pagare*] poorly; [*decorare*] sparsely; [*sviluppato, qualificato*] poorly, insufficiently; [*popolato*] scarcely; *~ dotato* of little talent.

scarseggiare /skarsed'dʒare/ [1] intr. (aus. *avere*) **1** *(non avere a sufficienza)* *~ di qcs.* [*persona, città*] to lack *o* be lacking sth., to be short of sth. **2** *(essere scarso)* [*denaro, prodotto, derrate*] to be* scarce, to be* running out, to be* in short supply; *cominciare a ~* to become scarce, to get short.

scarsezza /skar'settsa/ f., **scarsità** /skarsi'ta/ f.inv. shortage, scarceness, scarcity, insufficiency; *~ di acqua* water shortage; *la ~ di visitatori* the small number of visitors; *~ di mezzi* lack of means.

▶ **scarso** /'skarso/ agg. **1** *(poco, esiguo)* [*attenzione, rispetto*] little, scant; [*possibilità, speranze*] slim; *di ~ valore* o *-a importanza* of little worth *o* importance; *mostrare ~ interesse per qcs.* to show scant regard for sth. **2** *(misero)* [*reddito, risultato*] poor, low; [*raccolto, alimentazione, visibilità*] poor; [*vegetazione*] sparse **3** *(debole, insufficiente)* [*luce, vento, resistenza, difesa*] weak; [*prestazione, preparazione*] poor, lamentable; [*allievo, nuotatore*] mediocre; [*medico*] incompetent; *essere ~ in inglese* to be bad *o* poor at English **4** *(di misura)* *un'ora -a* almost *o* about an hour; *3 chili -i* a bare 3 kilos, just under 3 kilos; *cinque metri -i* a scant five metres; *un pollo in sei è un po' ~* one chicken for six people is stretching it a bit.

scart /skart/ f.inv. *(presa)* *~* Scart *o* SCART (socket).

scartabellare /skartabel'lare/ [1] tr. to leaf through, to flip through, to look through [*dossier, libro, album*].

scartafaccio, pl. **-ci** /skarta'fattʃo, tʃi/ m. notepad, notebook.

scartamento /skarta'mento/ m. **1** FERR. gauge; ***~ normale, ridotto*** standard, narrow gauge; ***binario a ~ normale, ridotto*** standard gauge, narrow-gauge track; ***ferrovia a ~ normale, ridotto*** standard gauge, narrow-gauge railway; ***locomotiva a ~ ridotto*** narrow-gauge engine *o* dolly AE **2** FIG. *(di piccole dimensioni)* ***appartamento a ~ ridotto*** small flat BE *o* apartment AE.

▷ **1.scartare** /skar'tare/ [1] tr. **1** *(svolgere dall'involucro)* to unwrap [*pacco, regalo, caramella*] **2** GIOC. ***~ una carta*** to discard; ***~ cuori, picche*** to discard a heart, spade **3** *(respingere, escludere)* to reject, to rule out, to discard [*idea, soluzione, ipotesi, possibilità*]; to pass over, to reject, to screen out [*candidato*] **4** *(gettare)* to throw* away, to discard [*vestiti vecchi, pezzi difettosi, frutta marcia*]; to discard, to leave* [*ossa, grasso*].

▷ **2.scartare** /skar'tare/ [1] **I** tr. SPORT *(nel calcio)* to dribble past, to dribble round, to sidestep [*avversario*]; *(nel ciclismo)* to jink, to zigzag **II** intr. (aus. *avere*) **1** *(deviare bruscamente)* [*veicolo*] to swerve, to sheer **2** EQUIT. to shy, to swerve.

scartata /skar'tata/ f. **1** *(di veicolo)* swerve **2** EQUIT. swerve, shy.

scartavetrare /skartave'trare/ → **cartavetrare.**

scartina /skar'tina/ f. **1** GIOC. low card **2** FIG. *(persona da poco)* pipsqueak, dead loss.

scartino /skar'tino/ m. slip sheet.

1.scarto /'skarto/ m. **1** GIOC. discard; ***sbagliare lo ~*** to discard the wrong card **2** *(eliminazione)* discard; ***fare lo ~ di qcs.*** to discard sth. **3** *(oggetto scartato)* scrap, discard, reject; *(di carne, pesce)* scraps pl.; ***non restano che gli -i*** there's nothing left but scraps; ***ridurre gli -i di produzione*** to cut down production waste; ***materiali di ~*** waste materials, waste matter, dross; ***uno ~ d'uomo*** FIG. a runt; ***gli -i della società*** FIG. the dregs of society.

2.scarto /'skarto/ m. **1** *(di veicoli)* swerve; EQUIT. shy, swerve; ***fare uno ~ per evitare qcn., qcs.*** to swerve around sb., sth. **2** *(differenza, margine)* gap, margin; ***vincere con due goal di ~*** to win by two goals; ***con un minimo ~*** by a narrow margin; ***uno ~ di due metri*** a two-metre gap, a gap of two metres; ***con uno ~ di 50 voti*** by a majority of 50; ***lo ~ tra la scuola e il mondo del lavoro*** the gap between school and working life; ***ridurre lo ~ tra*** to close the gap between **3** STATIST. deviation, residual.

scartocciare /skartot'tʃare/ [1] tr. **1** to unwrap [*pacchetto*] **2** *(spannocchiare)* to husk, to strip, to shuck AE [*granoturco*].

scartoffia /skar'tɔffja/ f. paper, bumf BE COLLOQ.

▷ **scassare** /skas'sare/ [1] **I** tr. **1** AGR. to dig* up, to loosen, to plough up BE, to plow up AE [*terreno*] **2** COLLOQ. *(rompere)* to bust* [*apparecchio, oggetto*]; to wreck [*motore, veicolo*] **3** COLLOQ. *(sfinire)* [*corsa, passeggiata*] to wear* out [*persona*] **4** COLLOQ. *(stufare)* to piss off; ***mi stai scassando*** you're pissing me off **II scassarsi** pronom. [*meccanismo, macchina, apparecchio, bicicletta*] to conk out, to break* (down).

scassato /skas'sato/ **I** p.pass. → **scassare II** agg. **1** AGR. [*terreno*] loosened, ploughed up BE, plowed up AE **2** COLLOQ. [*apparecchio, oggetto*] bust(ed); [*motore, veicolo*] wrecked, beat-up, clapped-out.

scassinamento /skassina'mento/ m. forcing.

scassinare /skassi'nare/ [1] tr. to pick, to force [*serratura*]; to crack [*cassaforte*]; to rob [*banca*]; ***~ una porta*** to pick the lock on a door.

scassinatore /skassina'tore/ m. (f. **-trice** /tritʃe/) *(di banca)* bank robber; *(di serratura)* picklock; *(di appartamento)* housebreaker, burglar.

scasso /'skasso/ m. **1** DIR. forcing; ***furto con ~*** burglary **2** AGR. ploughing BE, plowing AE.

scatafascio /skata'faʃʃo/ → **catafascio.**

scatarrare /skatar'rare/ [1] intr. (aus. *avere*) to hawk and spit*, to gob BE POP.

scatarrata /skatar'rata/ f. spit, gob BE POP.

scatenamento /skatena'mento/ m. **1** *(il togliere le catene)* unchaining **2** FIG. *(di passioni)* outburst; *(di conflitto, crisi)* outbreak.

scatenante /skate'nante/ agg. ***fattore ~*** motivating factor.

▷ **scatenare** /skate'nare/ [1] **I** tr. **1** *(fare scoppiare)* to trigger (off), to cause [*guerra*]; to provoke, to produce [*reazione*]; ***~ un finimondo*** o ***putiferio*** to kick up a rumpus, to cause (an) uproar **2** *(eccitare)* to rouse, to stir up [*passioni, sentimenti*]; to stir up, to incite [*persone, folla*]; ***l'omicidio ha scatenato (la collera del)l'opinione pubblica*** the murder unleashed a public outcry; ***~ il panico tra la folla*** to panic the crowd **3** RAR. *(liberare dalle catene)* to unchain **II scatenarsi** pronom. **1** *(scoppiare)* [*fenomeni naturali, discussione*] to rage **2** *(agitarsi)* [*persona, folla*] to go* wild, to run* riot; ***si scatenò in una danza folle*** he went wild in a frenzied dance **3** COLLOQ. *(entusiasmarsi)* to get* excited; ***quando parla di calcio si scatena*** when he speaks about football he really gets excited.

scatenato /skate'nato/ **I** p.pass. → **scatenare II** agg. [*bambino, folla, ritmo*] wild; [*passioni, furia*] unbridled, unleashed, uncontrolled; ***pazzo ~*** raving mad.

▶ **scatola** /'skatola/ f. *(contenitore)* box; *(di cartone)* (cardboard) box, carton; *(di metallo)* can, tin BE; *(contenuto)* boxful; ***~ di cioccolatini*** box of chocolates; ***~ di fiammiferi*** matchbox, box of matches; ***~ dei colori*** paintbox; ***una ~ di biscotti*** a tin of biscuits; ***~ per*** o ***dei biscotti*** biscuit tin; ***~ per il tè*** tea caddy; ***~ da scarpe*** shoe box; ***~ di sigari*** box of cigars; ***~ dei fusibili*** fuse box; ***~ da lavoro*** SART. sewing box; ***~ a sorpresa*** GIOC. jack-in-the-box; ***piselli in ~*** canned *o* tinned BE peas; ***mettere la frutta in ~*** to can fruit ◆ ***comprare a ~ chiusa*** to buy a pig in a poke; ***averne le -e piene di*** to be fed up (to the back teeth) with, to be sick (and tired) of, to be brassed off with BE; ***fare girare le -e a qcn.*** to give sb. the pip, to annoy *o* bug sb.; ***levarsi*** o ***togliersi dalle -e*** to get out of sb.'s way; ***togliti dalle -e!*** (get) out of my *o* the way! buzz off! ***rompere le -e*** to be a pain in the neck; ***rompere le -e a qcn.*** to give sb. a pain (in the neck), to nag sb., to brass sb. off BE; ***non rompermi le -e!*** don't be a pain! ***che rottura di -e!*** what a drag! ***tuo fratello mi sta sulle -e*** = I can't stand your brother ◆◆ ***~ armonica*** musical box BE, music box AE; ***~ del cambio*** gearbox; ***~ cranica*** cranium; ***~ di giunzione*** junction box; ***~ nera*** AER. black box, flight recorder; ***-e cinesi*** Chinese puzzle, nesting box.

scatolame /skato'lame/ m. canned food, tinned food BE.

scatoletta /skato'letta/ f. **1** *(piccola scatola)* small box **2** *(per alimenti)* can, tin BE; ***una ~ di fagioli*** a can of beans.

scatolificio, pl. **-ci** /skatoli'fitʃo, tʃi/ m. box factory.

scatolo /ska'tɔlo/ m. CHIM. skatol(e).

scatologia /skatolo'dʒia/ f. scatology.

scatologico, pl. **-ci, -che** /skato'lɔdʒiko, tʃi, ke/ agg. scatologic(al); ***umorismo ~*** lavatory humour BE, bathroom humor AE.

scatolone /skato'lone/ m. (cardboard) box, carton.

scattante /skat'tante/ agg. [*impiegato*] quick; [*tennista, portiere, atleta*] dynamic, energetic, agile; [*auto*] responsive, peppy COLLOQ., zippy COLLOQ.

▶ **scattare** /skat'tare/ [1] **I** tr. ***~ una foto*** to take a photo(graph) **II** intr. (aus. *essere*) **1** (aus. *essere, avere*) *(liberarsi dallo stato di tensione)* [*molla*] to go* off; *(aprirsi di scatto)* to snap open; *(chiudersi di scatto)* to snap shut; [*serratura, chiavistello*] to click, to snap; *(entrare in azione)* [*allarme*] to go* off; ***la trappola non è scattata*** the trap hasn't worked; ***la sirena scatta automaticamente*** the alarm goes off automatically; ***fare ~*** to set off [*meccanismo, suoneria, allarme*]; to trip [*interruttore*]; ***fare ~ il grilletto*** to release the trigger; ***fare ~ la molla*** FIG. to be the trigger **2** *(cambiare)* ***sta per ~ il verde*** the light is about to turn green; ***il semaforo è scattato dal giallo al rosso*** the light changed from yellow to red **3** *(essere promosso)* to be* promoted, to advance FORM.; ***~ di grado*** to go up a level **4** *(avanzare)* to go* up, to rise* **5** *(entrare in vigore)* to become* effective; ***l'aumento scatterà il 20 marzo*** the rise will become effective on 20th March **6** *(iniziare)* to start, to begin*; ***l'operazione della polizia è scattata ieri sera*** the police operation began yesterday evening **7** *(balzare)* to spring*; ***~ in piedi*** to spring *o* jump to one's feet; ***~ sull'attenti*** MIL. to snap *o* spring to attention; ***~ come una molla*** to spring up; ***quando dà ordini, tutti scattano*** COLLOQ. when he gives orders, everybody snaps to it; ***~!*** jump to it! **8** *(per l'ira)* to lose* one's temper, to fly* into a rage; ***è uno che scatta facilmente*** he loses his temper easily **9** SPORT to sprint, to spurt; ***al via i concorrenti scattarono*** at the starting signal the runners sprang forward; ***~ verso il traguardo*** to sprint towards the finishing line; ***è scattato velocemente sulla destra*** he made a quick dodge to the right.

scattista, m.pl. **-i**, f.pl. **-e** /skat'tista/ m. e f. sprinter.

▷ **scatto** /'skatto/ m. **1** *(lo scattare) (di serratura, meccanismo)* click; *(di molla)* release; ***provocare lo ~ dell'allarme*** to set off the alarm **2** *(congegno)* trigger, release; ***~ automatico*** automatic release; ***coltello a ~*** flick knife BE, switchblade AE; ***serratura a ~*** latch *o* spring lock; ***apertura a ~*** flip-top **3** *(rumore)* click, snap; ***sentire lo ~ della serratura*** to hear the click of the lock **4** *(moto brusco)* dart, bolt, jerk; ***fare uno ~ verso la porta*** to make a dart *o* bolt for the door; ***girarsi di ~*** to twirl round, to whirl round; ***alzarsi di ~*** to spring up, to jerk upright; ***aprirsi di ~*** to click *o* snap *o* spring open; ***a -i*** [*parlare*] haltingly, jerkily; [*muoversi*] jerkily **5** *(atto concitato)* outburst, fit; ~ ***di generosità*** generous impulse; ***avere uno ~ d'ira*** to have a fit of anger; ***non sopporto i tuoi -i*** I can't put up with your fits of temper **6** SPORT sprint, spurt; ~ ***finale*** finish; ***effettuare*** o ***fare uno ~*** to put on a sprint *o* spurt; ***atleta dotato di notevole ~*** athlete with an incredible sprint **7** AMM. promotion **8** FOT. ***premere sullo ~*** to press the shutter; ~ ***dell'otturatore*** shutter release **9** TEL. unit; ***una telefonata di 20 -i*** a twenty-unit telephone call ◆◆ ~ ***d'anzianità*** AMM. seniority increment; ~ ***alla risposta*** TEL. connection charge.

scaturire /skatu'rire/ [102] intr. (aus. *essere*) **1** *(uscire)* [*liquido*] to flow, to pour out; [*gas*] to blow* off, to issue; [*lacrime*] to gush (out); [*scintilla*] to shoot* out **2** FIG. *(derivare)* to spring*, to arise, to originate.

scaut → **scout.**

scautismo → **scoutismo.**

scautistico → **scoutistico.**

scavalcamento /skavalka'mento/ m. *(superamento)* overtaking.

▷ **scavalcare** /skaval'kare/ [1] tr. **1** *(passare sopra a)* to clear, to step over, to climb over [*ostacolo, muretto, recinto*] **2** FIG. *(superare)* to get* ahead of [*persona*]; ***ha scavalcato tutti in latino*** he beat everybody in Latin **3** *(non rispettare la gerarchia)* to bypass [*superiore*] **4** EQUIT. to toss, to unsaddle [*cavaliere*].

▷ **scavare** /ska'vare/ [1] **I** tr. **1** [*persona, macchina, insetto*] to dig*, to excavate, to bore, to gouge, to hollow out [*buco, fossato, tunnel*]; to sink*, to dig* [*fondamenta*]; to bore, to dig*, to drill [*pozzo*]; to mine [*pozzo minerario*]; [*mare, acqua, fiume*] to eat* into, to erode [*scogli, rocce, letto*]; [*archeologo*] to dig* [*sito*]; FIG. [*stanchezza*] to furrow, to line [*viso*]; ~ ***un canale*** to cut *o* deepen a channel; ~ ***a una profondità di 10 m*** to dig to a depth of 10 m *o* 10 m deep **2** *(dissotterrare)* to dig* out; ~ ***un tesoro*** to dig up a treasure **3** FIG. *(rivangare)* ~ ***storie ormai passate*** to dig up past stories **4** SART. to widen, to cut* away [*scollatura*] **II** intr. (aus. *avere*) **1** ~ ***nel gesso, nella roccia, nell'argilla*** to dig into the chalk, the rock, the clay; ~ ***alla ricerca di un tesoro*** to dig for a treasure **2** *(indagare)* ~ ***più a fondo in una faccenda*** to dig deeper into an affair; ***a furia di ~ la verità è venuta a galla*** by dint of lots of digging the truth came out; ~ ***nella memoria*** to delve in one's memory; ~ ***nel passato di qcn.*** to dig into sb.'s past **III scavarsi** pronom. ***-rsi un passaggio in qcs.*** [*persona, animale*] to burrow one's way into sth.; ***-rsi la fossa con le proprie mani*** FIG. to dig one's own grave.

scavato /ska'vato/ **I** p.pass. → **scavare II** agg. **1** SART. [*scollatura*] low-cut **2** FIG. [*guance*] sunken, hollow.

scavatore /skava'tore/ **I** agg. **1** ***macchina -trice*** excavator **2** ZOOL. [*animale*] fossorial **II** m. (f. **-trice** /trit∫e/) **1** *(chi dissotterra)* digger; ARCHEOL. excavator **2** *(macchina)* → **escavatore.**

scavatrice /skava'trit∫e/ f. → **escavatore.**

scavatura /skava'tura/ f. **1** *(lo scavare)* excavation **2** SART. ***la ~ è troppo profonda*** *(nello scollo)* it's cut too low at the neck; *(nelle maniche)* it's cut too wide under the arms.

scavezzacollo /skavettsa'kɔllo/ m. e f. *(persona)* daredevil, scapegrace, tearaway ◆ ***correre a ~*** to run at breakneck speed.

scavezzare /skavet'tsare/ [1] **I** tr. **1** *(liberare dalla cavezza)* to unbridle [*cavallo*] **2** *(spezzare)* to break* **II scavezzarsi** pronom. to break*; ***-rsi una gamba, un braccio*** to break one's leg, arm.

▷ **scavo** /'skavo/ m. **1** *(lo scavare)* digging; *(luogo)* excavation; ***fare uno ~*** to make an excavation *o* a dig **2** EDIL. digging; *(di tunnel)* cutting; *(di pozzo)* sinking; ***occorreranno diversi giorni di -i*** it will require several days' digging **3** ARCHEOL. excavation; ***fare degli -i*** to go on a dig *o* digging, to dig; ***-i a cielo aperto*** daylight excavations **4** MIN. ***gli -i*** mining; ***-i a cielo aperto*** opencast mining BE **5** SART. *(incavo)* hole.

scazonte /skad'dzonte/ m. scazon.

scazzarsi /skat'tsarsi/ [1] pronom. VOLG. **1** *(arrabbiarsi)* to get* pissed off (**con** with) **2** *(annoiarsi)* to get* bored stiff.

scazzo /'skattso/ m. VOLG. **1** *(litigio)* row, fight **2** *(problema)* drag **3** *(cosa noiosa)* ***che ~ questo film!*** what a drag this film is!

scazzone /skat'tsone/ m. ZOOL. bullhead, miller's thumb.

scazzottare /skattsot'tare/ [1] **I** tr. to give* [sb.] a beating **II scazzottarsi** pronom. to have* a punch-up, to slog it out.

scazzottata /skattsot'tata/, **scazzottatura** /skattsotta'tura/ f. fist fight, fisticuffs COLLOQ., mill COLLOQ.

▶ **scegliere** /'∫eʎʎere/ [83] **I** tr. **1** to choose*, to decide on [*libro, carriera, persona, opzione, nome, tonalità, luogo, cibo*]; to choose*, to elect [*metodo, sistema*]; ~ ***l'esilio, la fuga*** to choose exile, to flee; ~ ***da che parte stare*** FIG. to choose sides; ~ ***di rimanere*** to choose *o* opt to stay; ~ ***quando, come, se*** to choose when, how, whether; ~ ***per primo*** to get first pick; ***puoi ~ fra tre colori*** you have a choice of *o* you can select *o* pick from three colours; ~ ***a caso tra*** to be indiscriminate in *o* to choose haphazardly from; ***scegli!*** take your pick! ***hanno scelto di non rispondere*** they chose not to answer; ~ ***bene, male*** to make the right, wrong choice; ~ ***una via di mezzo*** to steer *o* take *o* follow a middle course; ~ ***la soluzione più semplice*** to take the soft option; ***(ecco fatto,) ho scelto*** (there you go,) I've made my choice; ~ ***qcn. come*** to choose sb. as; ***Roma o Firenze? sta a te ~*** Rome or Florence? it's your choice; ~ ***il momento giusto per fare, dire*** to choose one's moment to do, say; ~ ***il momento giusto, sbagliato*** to get one's timing right, wrong; ***hai scelto la persona sbagliata*** you picked the wrong person; ***dovrebbe ~ meglio i suoi amici*** she should be more selective about the friends she makes; ***puoi ~ la tazza che vuoi*** you can have any cup you like; ***per prima sceglierei una Rolls Royce*** my first choice would be a Rolls Royce; ***non c'è molto da ~, c'è poco da ~*** there's not much to choose from; *(prescegliere)* ~ ***un candidato*** to adopt *o* decide in favour of *o* to plump for a candidate **2** LETT. to pick; ~ ***per amico*** to choose as a friend **3** *(selezionare)* to select, to single out [*frutta, riso*]; SPORT to draft; ~ ***con cura*** to handpick [*frutta, personale*]; ~ ***un regalo con molta cura*** to put a lot of thought into a gift **II sceglersi** pronom. ***-rsi un regalo*** to choose one's gift.

sceiccato /∫eik'kato/ m. sheikdom.

sceicco, pl. **-chi** /∫e'ikko, ki/ m. sheik.

scelleratàggine /∫ellera'taddʒine/ → **scelleratezza.**

scelleratamente /∫ellerata'mente/ avv. villainously.

scelleratezza /∫ellera'tettsa/ f. villainy, flagitiousness; *(di azioni)* blackness.

scellerato /∫elle'rato/ **I** agg. [*atto, pensiero*] black, flagitious; [*alleanza, patto*] unholy **II** m. (f. **-a**) villain.

scellino /∫el'lino/ ♦ **6** m. *(austriaco)* schilling; *(inglese)* shilling.

▶ **scelta** /'∫elta/ f. **1** *(opzione)* choice, option; ***fare una ~*** to make a choice; ***per ~*** out of *o* from choice; ***è stata una mia ~ fare*** it was my choice to do; ***avere, non avere ~*** to have a, no choice; ***avere la ~ tra*** to have one's pick of; ***avere l'imbarazzo della ~*** to be spoilt for choice; ***non avere altra ~ che fare*** to have no alternative but to do; ***fare la ~ giusta, sbagliata*** to make the right, wrong choice; ***non avevo molta ~*** I had little option *o* choice; ***puoi prendere un libro a ~*** you can take a book of your choice *o* any book you want; ***a ~ formaggio o dessert*** a choice of cheese or dessert; ***test a ~ multipla*** multiple choice test; ***è stato più per caso che per ~*** it was more by accident than design; ***fissare la propria ~ su*** to settle *o* decide on; ***è stata sicuramente la ~ migliore*** it was definitely the smart *o* best choice; ***la ~ di un candidato*** the adoption of a candidate; ***limita le possibilità di ~*** it limits one's options; ***le tue -e musicali, letterarie*** your choice of music, literature **2** *(assortimento)* range; ***c'è molta, non c'è ~*** there's a lot, nothing on offer; ***una ~ limitata*** a narrow choice; ***abbiamo una vasta ~ di...*** we carry a wide range *o* choice of... **3** *(cernita)* sort **4** *(selezione)* selection; TELEV. RAD. miscellany **5** *(qualità)* ***prodotti di prima ~*** first-rate *o* prime *o* selected *o* choice products; ***prodotti di seconda ~*** reject *o* second-class *o* second-rate products; ***la frutta di prima ~*** the pick of the crop.

scelto /'∫elto/ **I** p.pass. → **scegliere II** agg. **1** *(selezionato)* [*opere, candidato, persona*] selected, chosen; ***opere -e di Oscar Wilde*** selected writings of Oscar Wilde; ***brani -i di Rimbaud*** selected passages *o* excerptions *o* selections from Rimbaud; ~ ***con cura*** handpicked; ***un leader ~ tra le fila del partito*** a leader chosen from the ranks of the party **2** *(forbito)* [*espressione, linguaggio, termine*] refined **3** *(di qualità superiore)* [*società, clientela, pubblico*] select; [*merce, prodotto*] choice, first-rate; [*corpo, unità*] élite; ***tiratore ~*** sharpshooter.

scemare /∫e'mare/ [1] **I** tr. to lower [*prezzo*] **II** intr. (aus. *essere*) [*temporale, vento*] to lessen, to decrease; [*entusiasmo, forza, interesse*] to dwindle, to diminish; [*suono, voce*] to die away; [*conversazione*] to languish, to tail off; [*attenzione*] to dwindle, to falter, to diminish; ***la luce stava scemando*** the light was falling.

scemata /∫e'mata/ f. stupidity; ***smettila di dire -e*** stop talking nonsense; ***fare una ~*** to do something stupid.

scemenza /∫e'mɛntsa/ f. **1** *(idiozia)* stupidity, foolishness **2** *(atto, parola)* foolery; ***fare -e*** to do silly things; ***dire delle -e*** to talk rubbish; ***-e!*** utter rubbish!

▶ **scemo** /'∫emo/ **I** agg. **1** *(stupido)* stupid, foolish, silly; ***è meno ~ di quel che pensi*** he's less of a fool than you think; ***non sono mica ~!*** I'm not a stupid, you know! ***che ~ che sono!*** how silly of me! silly me! ***sono stato così ~ da credergli*** I was fool enough to believe him **2** *(tocco)* mad; ***ma sei ~?*** are you mad? **II** m. (f. **-a**) fool, idiot, dope, moron COLLOQ.; ***lo ~ del villaggio*** village idiot; ***sei proprio uno ~!*** you are so stupid! ***bravo ~!*** COLLOQ. (the) more fool you! ***non fare lo ~*** don't be silly; ***fare lo ~*** to act *o* play the fool, to muck around COLLOQ.; ***far passare qcn. per ~*** COLLOQ. to make a monkey out of sb.; ***mi ha fatto sentire un vero ~!*** he made me feel really silly!

scempiaggine /ʃem'pjaddʒine/ f. **1** *(stupidità)* stupidity, foolishness **2** *(atto, parola)* foolery; ***dire -i*** to talk twaddle.

1.scempiare /ʃem'pjare/ [1] tr. *(sdoppiare)* to undouble.

2.scempiare /ʃem'pjare/ [1] tr. *(rovinare)* to damage.

1.scempio, pl. **-pi, -pie** /'ʃempjo, pi, pje/ agg. *(non doppio)* [*filo*] single.

2.scempio, pl. **-pi** /'ʃempjo, pi/ m. **1** *(strage)* massacre, slaughter; *(devastazione)* havoc **2** *(deturpamento)* ruin, destruction; ***che ~!*** how horrible! ***queste costruzioni sono uno ~ per il paesaggio*** these buildings ruin the landscape.

▶ **scena** /'ʃɛna/ f. **1** TEATR. stage; ***"signori, chi è di ~!"*** "beginners please!" ***"in ~!"*** "on stage!" "you are on!" ***entrare in ~*** to come *o* go on (stage), to make an entrance (anche FIG.); ***entrata in ~*** entrance; ***uscire di ~*** to make an exit, to go off; *(scenario)* ***cambiamento*** o ***cambio di ~*** scene change; *(quinte)* ***dietro le -e*** behind the scenes (anche FIG.); ***fuori di ~*** offstage; ***direttore di ~*** floor manager, stage-manager; ***la ~ londinese*** London theatre; ***musica di ~*** music for the theatre; ***trucco, costume di ~*** theatrical make-up, costume; ***fotografo di ~*** still(s) photographer; ***colpo di ~*** twist; FIG. turnup for the books BE; ***oggetto di ~*** stage property; ***arredo di ~*** set piece; ***messa in ~*** → **messinscena**; ***rimessa in ~*** revival; ***comparire in ~*** to appear on stage; ***mettere in ~ "La tempesta"*** [*regista*] to direct *o* present *o* put on "The Tempest"; [*attori*] to perform *o* do "The Tempest"; ***mettere in ~ l'avarizia*** to portray greed; ***l'opera non è mai stata messa in ~*** the play never reached the stage; ***portare sulla ~ un personaggio*** to portray a character; ***sulla ~ come nella vita*** FIG. on stage and off; ***"Macbeth" va in ~ al Gate*** "Macbeth" is playing at the Gate; ***ottenere un applauso a ~ aperta*** to stop the show; *(attività di attore)* ***calcare le -e*** to tread the boards, to go behind the footlights; ***abbandonare la ~*** to give up the stage **2** *(suddivisione dell'opera) (in commedia, film, romanzo)* scene; ***atto I ~ III*** act I, scene 3; ***nella seconda ~*** in scene two; ***provare, girare una ~*** to rehearse, shoot a scene; ***provano quella ~ da settimane*** they've been rehearsing that scene for weeks; ***la ~ del sogno, bacio*** CINEM. the dream, kiss sequence; ***la ~ si sposta in Irlanda*** the scene shifts to Ireland **3** *(fatto, immagine)* scene; ***una ~ campestre, in esterni*** a rural, outdoor scene; ***-e di morte e distruzione*** scenes of death and destruction; ***una ~ carica d'emozione*** an emotionally charged scene; ***ci sono state -e di violenza dopo la partita*** there were scenes of violence after the match; ***una ~ straordinaria mi si presentò alla vista*** an amazing sight greeted me; ***puoi facilmente immaginarti la ~!*** can't you just picture the scene! ***ha assistito a tutta la ~*** he saw the whole thing **4** FIG. *(scenata)* scene; ***fare una (gran) ~ (a qcn.)*** to make a scene *o* to throw a fit *o* to storm (at sb.); ***fare una ~ di gelosia*** to throw a jealous fit; ***che ~!*** what a performance! **5** FIG. *(ambiente)* scene; ***sulla ~ internazionale, politica*** on the international, political scene; ***comparire sulla ~*** to appear *o* arrive on the scene *o* stage; ***irruppero sulla ~ del rock nel 1982*** they burst onto the rock scene in 1982; ***guadagnare il centro della ~*** to take centre-stage; ***dominare la ~*** [*teoria*] to hold the field; ***la ~ del delitto*** the scene of the crime **6** FIG. *(finzione, simulazione)* ***è tutta ~*** it's all an act *o* a pose; ***fa solo ~*** he's putting it on; ***è stata tutta una messa in ~*** the whole thing was staged ◆ ***fare una ~ madre*** to make a grand drama of it ◆◆ ***~ comica*** CINEM. vignette; ***~ d'addio*** farewell scene; ***~ d'amore*** love scene; ***~ d'azione*** action shot; ***~ di guerra*** battle scene; ***~ di massa*** crowd *o* mob scene; ***~ muta*** dumb show; ***fare ~ muta a un esame*** FIG. not to say one word *o* to draw a blank at an exam; ***~ di sesso*** sex scene.

scenario, pl. **-ri** /ʃe'narjo, ri/ m. **1** TEATR. scenery, set, scene; ***~ a trompe-l'oeil*** trompe-l'oeil landscape **2** *(paesaggio)* landscape; ***il maestoso ~ delle Dolomiti*** the majestic landscape of the Dolomites **3** FIG. *(situazione)* scenario*, scene, setting, background; *(ambientazione)* locale; ***lo ~ politico, economico, culturale*** the political, economic, cultural scene *o* setting; ***avvenire in uno ~ di guerra*** to take place against a backdrop *o* background of war; ***uno ~ apocalittico*** a doomsday scenario **4** CINEM. *(sceneggiatura)* scenario* **5** *(nella commedia dell'arte)* scenario*, script.

scenata /ʃe'nata/ f. scene, row, outburst; ***fare una ~ a qcn.*** to storm at sb.; ***fare una ~ di gelosia*** to throw a jealous fit; ***fare delle -e per qcs.*** to kick up a fuss about sth.

▶ **scendere** /'ʃendere/ [10] **I** intr. (aus. *essere*) **1** *(andare giù)* to go* down, to get* down; *(venire giù)* to come* down, to get* down (**da** from, out of); ***resta qui, io scendo in cantina*** stay here, I'm going down to the cellar; ***scendiamo qua*** we get off here; ***scendo subito!*** I'll be right down! ***è sceso (giù) a fumare*** he went downstairs to smoke; ***sono sceso in fondo al pozzo, alla scogliera*** I went down to the bottom of the well, to the foot of the cliff; ***preferisco ~ per le scale*** I prefer to come *o* go down by the stairs; ***quando scendemmo giù dalla collina*** when we got down the hill; ***~ agli Inferi*** RELIG. to descend into Hell; ***~ da*** [*persona, animale*] to come *o* to get off [*marciapiede, scalino, muro*]; ***scendi da lì!*** get down from there! ***dov'è lo scoiattolo? deve essere sceso dall'albero*** where is the squirrel? it must have come down *o* climbed down (from) the tree; ***~ dal letto*** to get out of bed; ***è sceso dal tetto*** [*bambino, gatto*] he's come down from the roof; ***sei sceso a piedi?*** did you walk down? ***~ con l'ascensore, il paracadute*** to come down in the lift, by parachute; ***è sceso dal colle in bicicletta, in macchina*** he cycled, drove down from the pass; ***si è fatta male mentre scendeva*** she got hurt on the way down; ***~ all'indietro*** to back down, to go down backwards; ***l'aria fredda fa ~ i palloni aerostatici, gli alianti*** cold air makes balloons, gliders drop; ***le lacrime le scendevano giù per le guance*** the tears coursed *o* ran down her cheeks; ***~ nei particolari*** to go into details *o* to get down to specifics; ***fateli ~*** get them down *o* off; ***far ~ un secchio nel pozzo*** to let a bucket down into *o* to lower a bucket into the well; ***~ in spiaggia*** to go down to the beach; ***~ in campo*** SPORT to take to the field; MIL. to take the field; FIG. POL. to enter the list; ***~ in pista*** [*ballerini*] to take the floor; ***~ sotto coperta*** MAR. to go below **2** *(da mezzi di locomozione)* to get* off; ***~ da una macchina*** to get out of a car; ***~ a Genova*** *(da aereo, nave, autobus, treno)* to get off at Genoa; ***~ da un treno*** to get off a train, to detrain; ***~ a una fermata*** to get off at a stop; ***fammi ~ davanti alla stazione*** drop me off *o* put me down at the station; ***~ da un aereo, un autobus*** to step off a plane, a bus; ***~ da una nave*** to land; ***~ dalla bicicletta, da cavallo*** to get off *o* dismount from a bicycle, horse **3** *(digradare)* [*terreno, campo, ferrovia*] to dip; ***~ fino a*** [*sentiero, muro, scala*] to go down to; ***~ verso il mare*** [*strada, fiume*] to slope downwards *o* go down to the sea; ***~ a tornanti*** [*strada*] to wind its way down; ***~ con pendenza lieve*** [*terreno, strada*] to slope down gently; ***~ bruscamente per 200 metri*** [*pendio, strada*] to drop sharply for 200 metres **4** *(diminuire)* [*livello, barometro, pressione, prezzo, valore, tasso di cambio*] to fall*, to decrease, to drop, to go* down; [*febbre*] to subside, to decrease; [*qualità, standard*] to fall* off, to drop; ***le auto stanno scendendo di prezzo*** cars are coming down in price; ***~ sotto zero*** to fall below zero; ***la marea sta scendendo*** the tide is going out; ***scese al terzo posto*** she dropped to third place **5** *(ricadere)* [*abito, capelli*] to come* down; ***vestito che scende fino alle caviglie*** dress that comes down to the ankles, an ankle-length dress **6** [*notte, nebbia, calma, pace*] to descend, to settle over; [*sole*] to dip, to go* down **7** LETT. *(discendere)* ***~ da*** to come *o* descent from; ***~ da una lunga stirpe di artisti*** to come from a long line of artists **II** tr. to descend [*pendio, strada, gradini, fiume*]; ***entrò mentre lei stava scendendo le scale*** he came in as she was coming *o* going down the stairs; ***~ precipitosamente le scale*** to tear down the stairs; ***l'ho visto ~ le scale col sedere*** COLLOQ. I saw him slide down the stairs on his bottom; ***~ il fiume pagaiando, a nuoto*** to paddle, swim down the river; ***gli ho fatto ~ la collina correndo*** I made him run down the hill ◆ ***~ in piazza*** to take to the streets; ***~ (molto) in basso*** to go down in the world; ***~ a compromessi*** to stoop to compromises; ***~ in lizza*** to enter the list; ***~ a patti con qcn.*** to come to terms with sb.; ***fare ~ qcn. dal piedistallo*** to knock sb. off their pedestal, to cut sb. down to size; ***scendi dalle nuvole!*** COLLOQ. get real! come down to earth!

scendibagno /ʃendi'baɲɲo/ m.inv. bath mat.

scendiletto /ʃendi'lɛtto/ m.inv. *(tappeto)* bedside rug.

sceneggiare /ʃened'dʒare/ [1] tr. to dramatize; TEATR. to adapt for the stage; TELEV. to adapt for TV; CINEM. to script; ***~ un romanzo*** to dramatize a novel.

sceneggiata /ʃened'dʒata/ f. **1** TEATR. = Neapolitan melodrama **2** *(scenata)* scene, outburst; ***smettila di fare -e!*** cut out the melodramatics!

sceneggiato /ʃened'dʒato/ m. TV serial ◆◆ ***~ a puntate*** dramatized series.

sceneggiatore /ʃeneddʒa'tore/ ♦ ***18*** m. (f. **-trice** /tritʃe/) **1** *(chi scrive il soggetto)* scriptwriter, screenwriter **2** *(chi prepara la sceneggiatura)* scenarist, scenario writer.

sceneggiatura /ʃeneddʒa'tura/ f. **1** *(lo sceneggiare)* dramatization **2** *(copione)* script, scenario*; CINEM. screenplay, shooting script.

scenetta /ʃe'netta/ f. **1** TEATR. TELEV. sketch, playlet, skit, vignette **2** *(scena divertente)* funny incident.

scenico, pl. **-ci, -che** /'ʃɛniko, tʃi, ke/ agg. [*repertorio, rappresentazione, materiale, musica*] stage attrib.; ***dal punto di vista ~*** theatrically speaking; ***arco ~*** proscenium arch; ***allestimento ~*** stage design; ***trucco ~*** theatrical make-up.

scenografia /ʃenogra'fia/ f. **1** ART. ARCH. scenography **2** *(allestimento)* set, scenery; ***allestire la ~*** to set the stage.

scenograficamente /ʃenografika'mente/ avv. scenographically.

scenografico, pl. **-ci**, **-che** /ʃeno'grafiko, tʃi, ke/ agg. **1** [*tecnica*] scenographic **2** *(appariscente)* spectacular, showy SPREG.

scenografo /ʃe'nɔgrafo/ ♦ ***18*** m. (f. **-a**) stage designer, set designer, scene designer, scene painter.

scenotecnica /ʃeno'tɛknika/ f. stagecraft.

scentrato /ʃen'trato, stʃen'trato/ agg. **1** *(fuori dal centro)* out of centre, off centre **2** [*persona*] dotty, eccentric.

scentratura /ʃentra'tura, stʃentra'tura/ f. eccentricity.

scepsi /'ʃɛpsi/ f.inv. scepsis.

1.sceriffo /ʃe'riffo/ ♦ ***18*** m. sheriff.

2.sceriffo /ʃe'riffo/ m. *(nel mondo musulmano)* sherif, shereef.

scervellarsi /ʃervel'larsi, stʃervel'larsi/ [1] pronom. (aus. *essere*) ***~ su qcs.*** to puzzle over sth.; ***~ a trovare la soluzione*** COLLOQ. to beat one's brain out *o* to rack one's brains to find a solution.

scervellato /ʃervel'lato, stʃervel'lato/ **I** p.pass. → **scervellarsi** **II** agg. empty-headed, harebrained, rattle-brained **III** m. (f. **-a**) rattle-brain.

scetticamente /ʃettika'mente/ avv. sceptically BE, skeptically AE.

scetticismo /ʃetti'tʃizmo/ m. **1** FILOS. scepticism BE, skepticism AE **2** *(incredulità)* disbelief, doubtfulness, scepticism; ***nutrire un salutare ~ nei confronti di qcs., qcn.*** to be healthily sceptical of sth., sb.

scettico, pl. **-ci**, **-che** /'ʃɛttiko, tʃi, ke/ **I** agg. disbelieving, unconvinced, sceptical BE, skeptical AE (**su**, **nei confonti di** about, as to); ***è di moda mostrarsi ~ su queste teorie*** it's fashionable to be cynical about these theories **II** m. (f. **-a**) disbeliever, doubter, sceptic BE, skeptic AE (anche FILOS.).

scettro /'ʃɛttro/ m. sceptre BE, scepter AE; ***~ imperiale, regale*** imperial, regal sceptre; *(potere monarchico)* ***deporre lo ~*** to lay down the crown; ***detenere lo ~*** SPORT to hold the title.

sceverare /ʃeve'rare/ [1] tr. LETT. to distinguish; ***~ il bene dal male*** to be able to tell right from wrong.

scevro /'ʃɛvro/ agg. free (**di**, **da** from); ***~ di pregiudizi*** without prejudices; ***~ di ogni colpa*** entirely blameless.

▷ **scheda** /'skɛda/ f. **1** *(di schedario)* index card **2** *(elettorale)* ballot (paper), voting paper **3** *(modulo)* form **4** *(breve testo descrittivo)* file, dossier **5** *(in biblioteca) (per consultazione, prestito)* call slip **6** INFORM. board, card ♦♦ ***~ audio*** INFORM. sound card; ***~ bianca*** blank vote; ***~ di espansione*** INFORM. expansion board *o* card; ***~ grafica*** INFORM. graphics adapter *o* card; ***~ di interfaccia*** INFORM. interface board; ***~ di lettura*** notes; ***~ madre*** INFORM. motherboard, mainboard; ***~ magnetica*** card key; ***~ di memoria*** INFORM. memory card; ***~ nulla*** spoiled ballot paper; ***~ pratica*** card with practical hints; ***~ perforata*** punch card; ***~ di rete*** INFORM. network adapter *o* card; ***~ segnaletica*** police record; ***~ tecnica*** specifications; ***~ telefonica*** phonecard; ***~ di valutazione*** SCOL. progress report; ***~ video*** INFORM. video card.

schedare /ske'dare/ [1] tr. to card-index [*libro*]; to file [*documenti, lettere*]; to keep* a file on [*persona*]; to blacklist [*delinquente*].

schedario, pl. **-ri** /ske'darjo, ri/ m. **1** *(insieme di schede)* card catalogue BE, card catalog AE, card index; *(di avvocato, dottore)* casebook **2** *(contenitore) (classificatore)* file, folder; *(mobile)* filing cabinet ♦♦ ***~ di polizia*** police records.

schedato /ske'dato/ **I** p.pass. → **schedare** **II** agg. *(annotato su schede)* [*libro*] filed, indexed; ***~ dalla polizia*** with a police record; ***le sue impronte digitali sono -e*** his fingerprints are on file **III** m. (f. **-a**) person with a police record.

schedatura /skeda'tura/ f. filing.

schedina /ske'dina/ f. *(del totocalcio)* coupon; ***giocare la ~*** to do the football pools ♦♦ ***~ del lotto*** lottery card.

▷ **scheggia**, pl. **-ge** /'skeddʒa, dʒe/ f. *(di legno)* chip, spall, splinter; *(di roccia, silice)* flake, spall; *(di vetro)* chip, fragment, sliver, splinter; *(di osso)* splinter; ***una ~ gli si conficcò nell'occhio*** a splinter flew into his eye; ***~ di granata*** a piece of shrapnel; ***come una ~*** COLLOQ. FIG. like a bat out of hell.

scheggiare /sked'dʒare/ [1] **I** tr. to chip, to sliver [*bicchiere, tazza, piatto, pietra preziosa, vetro*]; to splinter [*legno*]; ***~ un dente*** to chip (a piece off) a tooth **II scheggiarsi** pronom. [*dente, osso*] to chip; [*vetro*] to sliver, to chip.

scheggiato /sked'dʒato/ **I** p.pass. → **scheggiare** **II** agg. splintered.

scheggiatura /skeddʒa'tura/ f. **1** *(azione)* splintering, chipping **2** *(risultato) (in legno, porcellana, vetro)* chip.

scheggioso /sked'dʒoso/ agg. splintery.

scheletrico, pl. **-ci**, **-che** /ske'lɛtriko, tʃi, ke/ agg. **1** ANAT. [*muscolo*] skeletal **2** *(magrissimo)* [*persona, animale*] skeletal, matchstick, scrawny, wasted; [*gambe*] scrawny, scraggy; ***essere di una magrezza -a*** to be like a skeleton **3** FIG. *(estremamente conciso)* [*relazione, articolo*] sketchy.

scheletrire /skele'trire/ [102] **I** tr. to skeletonize; ***la malattia lo ha scheletrito*** the illness has left him emaciated *o* mere skin and bone **II scheletrirsi** pronom. to be* reduced to a skeleton.

scheletrito /skele'trito/ **I** p.pass. → **scheletrire** **II** agg. **1** *(spoglio)* [*albero*] skeletal, bare **2** FIG. *(conciso)* sketchy.

scheletrizzare /skeletrid'dʒare/ [1] tr. to scheletonize.

▷ **scheletro** /'skɛletro/ m. **1** ANAT. skeleton **2** COLLOQ. FIG. *(persona magra)* skeleton, bag of bones; ***ridursi a uno ~*** to be reduced to a skeleton **3** *(struttura portante)* skeleton, framework **4** *(di opera, articolo)* skeleton, outline ♦ ***avere uno ~ nell'armadio*** to have a skeleton in the cupboard BE *o* closet AE.

▷ **schema** /'skɛma/ m. **1** *(disegno)* diagram, schema* (anche FIG.); ***procedere secondo uno ~ preciso*** to proceed according to a set plan; ***rientrare in uno ~*** to enter into a plan **2** *(abbozzo, progetto)* draft, outline; *(di motore, macchina)* layout; *(di saggio, libro, discorso)* plan; ***fate uno ~ prima di iniziare a scrivere*** make a plan *o* an outline before you start to write **3** *(modello rigido)* pattern, mould, rule; ***essere fuori dagli -i*** [*persona, libro, film*] to be a mould-breaker; ***rompere gli -i*** to break the mould; ***seguire uno ~ fisso*** to follow a set pattern **4** FILOS. schema* ♦♦ ***~ circuitale*** circuit diagram; ***~ di comportamento*** behaviour pattern; ***~ corporeo*** PSIC. body image; ***~ elettrico*** wiring diagram; ***~ di gioco*** SPORT pattern; ***~ mentale*** pattern of thought; ***~ metrico*** rhyme scheme; ***~ di montaggio*** circuit diagram.

schematicamente /skematika'mente/ avv. **1** *(con uno schema)* [*rappresentare, riprodurre*] schematically **2** *(semplificando)* [*esporre, spiegare*] schematically.

schematicità /skematitʃi'ta/ f.inv. sketchiness.

schematico, pl. **-ci**, **-che** /ske'matiko, tʃi, ke/ agg. **1** *(che segue uno schema)* schematic **2** *(rigido, semplificato)* [*visione, ragionamento*] schematic.

schematismo /skema'tizmo/ m. schematism.

schematizzare /skematid'dzare/ [1] tr. to schematize (anche FIG.).

schematizzazione /skematiddzat'tsjone/ f. oversimplification.

scherma /'skerma, 'skɛrma/ ♦ ***10*** f. fencing; ***tirare di ~*** to fence; ***maestro di ~*** fencing teacher; ***maschera da ~*** fencing mask; ***arte della ~*** swordplay.

schermaggio, pl. **-gi** /sker'maddʒo, dʒi/ m. **1** TECN. screening, shielding (anche NUCL.) **2** RAD. TELEV. screening, shielding.

schermaglia /sker'maʎʎa/ f. skirmish; ***la ~ del dibattito*** the cut and thrust of debate; ***-e amorose*** dalliance.

schermare /sker'mare/ [1] tr. **1** *(riparare con uno schermo)* to cover, to screen [*lampada, luce, occhi*] **2** NUCL. ELETTRON. to shield **3** RAD. TELEV. to screen.

schermata /sker'mata/ f. screen.

schermatura /skerma'tura/ f. **1** TECN. shielding (anche NUCL.) **2** RAD. TELEV. screening.

schermidore /skermi'dore/ m. (f. **-a**) → **schermitore.**

schermire /sker'mire/ [102] **I** tr. to protect, to shield [*viso*] **II** intr. (aus. *avere*) to fence **III schermirsi** pronom. **1** *(proteggersi)* to protect oneself, to shield oneself **2** FIG. to fence, to shy away; ***-rsi dalle domande*** to get out *o* evade the questions.

schermistico, pl. **-ci**, **-che** /sker'mistiko, tʃi, ke/ agg. [*torneo*] fencing.

schermitore /skermi'tore/ m. (f. **-trice** /tritʃe/, **-tora** /tora/) fencer.

▷ **schermo** /'skermo, 'skɛrmo/ m. **1** CINEM. screen; ***proiezione video su grande ~*** video shown on the big screen; ***il grande ~*** *(il cinema)* the big screen; ***comparire per la prima volta sullo ~*** to make one's first screen appearance; ***debuttare sullo ~*** to make one's screen debut; ***portare sullo ~ un'opera*** to adapt a work for the cinema; ***rendere qcs. sullo ~*** to capture sth. on film; ***bucare lo ~*** FIG. to have a great screen presence; ***"presto sui vostri -i"*** "coming soon to a cinema near you"; ***il film sarà sugli -i a maggio*** the film will open in May; ***su tutti gli -i*** showing at cinemas nationwide **2** INFORM. TELEV. ELETTRON. display; ***~ televisivo*** television screen; ***il piccolo ~*** *(la televisione)* the small screen; ***una vedette del piccolo ~*** a TV star *o* a star of the small screen; ***adattare per lo ~*** to dramatize (anche CINEM.) **3** *(per schermare)* screen (anche FIG.); ***crema che fa da ~ agli ultravioletti*** cream that screens out ultraviolet rays; ***crema a ~ totale*** sun block **4** *(per proteggere)* screen, shield (anche NUCL.); ***~ di protezione*** o ***protettivo*** guard ♦♦ ***~ ad alta definizione*** TELEV. high-resolution screen; ***~ biologico*** FIS. TECN. biological shield; ***~ blindato*** bulletproof screen; ***~ catodico*** fluorescent screen; ***~ cinematografico*** cinema *o* movie screen; ***~ a cristalli liquidi*** liquid crystal display; ***~ fluorescente*** → **~ catodico**; ***~ gigante***

TELEV. giant screen; ~ ***magnetico*** magnetic screen; ~ ***panoramico*** wide screen; ~ ***piatto*** TELEV. flat screen; ~ ***al plasma*** plasma screen; ~ ***radar*** radarscope; ~ ***sensibile*** touch screen; ~ ***solare*** COSMET. sunscreen; ~ ***tattile*** INFORM. touch screen; ~ ***termico*** ASTR. heat shield.

schermografare /skermogra'fare/ [1] tr. to X-ray.

schermografia /skermogra'fia/ f. X-rays pl.

schernire /sker'nire/ [102] tr. to jeer, to taunt, to mock [*persona*]; to scorn [*ideali*].

schernitore /skerni'tore/ **I** agg. [*persona, sorriso*] mocking, sniggering **II** m. (f. **-trice** /tritʃe/) giber, scoffer, sneerer, taunter.

scherno /'skerno/ m. **1** *(lo schernire)* scorn, mockery, jeer, jibe; ***farsi ~ di qcs.*** to flout sth.; ***essere oggetto di ~ da parte di qcn.*** to be held up to scorning by sb.; ***risata di ~*** sneering; ***"l'amore!" disse in tono di ~*** "love!" she scoffed **2** *(oggetto)* ***diventare lo ~ di qcn.*** to be the laughing stock of sb.

scherzando /sker'tsando/ **I** m.inv. MUS. scherzando* **II** avv. MUS. scherzando.

▶ **scherzare** /sker'tsare/ [1] intr. (aus. *avere*) to joke, to fool, to jest; ***gli piace ~*** he likes joking; ***stai scherzando!*** you must be joking! ~ ***su qcs.*** to joke about sth.; ***scherza volentieri sui suoi problemi*** he's quite ready to make a joke of his troubles; ***non essere in vena di ~*** to be in no humour *o* mood for jokes; ***fare, dire qcs. scherzando*** to say, do sth. as a joke; ***stavo solo scherzando!*** I was only joking! ***non è il momento di ~*** this is no time for jokes; ***con la salute non si scherza*** one shouldn't take chances with one's health; ***non c'è da ~*** it's no joking matter; ~ ***con il pericolo*** to flirt with danger; ~ ***con i sentimenti di qcn.*** to trifle with sb.'s feelings; ***con lei non si scherza!*** she's not someone to be trifled with! ***c'è poco da ~!*** it's no joke! ***non sto scherzando*** I'm not being flippant, I'm not joking, I kid you not; ***ma stai scherzando, vero?*** you've got to *o* must be kidding! ***smettila di ~*** stop kidding around; ***non ~!*** COLLOQ. the devil you did! ◆ ~ ***col fuoco*** to play with fire; ~ ***con la morte*** to dice with death; ***scherza coi fanti ma lascia stare i santi*** PROV. = don't mix the sacred with the profane.

▶ **scherzo** /'skertso/ m. **1** joke, jest, drollery, prank, waggery; ***uno ~ di cattivo gusto*** a bad joke; ***fare uno ~ a qcn.*** to play a joke *o* prank *o* trick on sb.; ***fare qcs. per ~*** to do sth. in fun *o* for a giggle *o* as a joke *o* for a laugh; ***dire qcs. per ~*** to intend sth. as a joke; ***prendere l'intera faccenda come uno ~*** to treat the whole thing as a joke; ***sapere stare allo ~*** to be a good sport; ***guarda, non sono in vena di -i*** look here, I'm in no mood for jokes; ***essere il bersaglio degli -i di qcn.*** to be the butt of sb.'s jokes; ***dev'essere uno ~*** this must be some sort of joke; ***lo ~ è durato abbastanza!*** this has gone on long enough! ***questa storia è tutta uno ~*** this story is one big joke; ***spingersi troppo in là con gli -i*** to take *o* carry the joke too far; ***-i a parte*** joking apart *o* aside; ***non dirlo neanche per ~!*** you should not joke about certain things! ***va ben oltre lo ~*** it goes beyond a joke; ***manco per ~!*** COLLOQ. like fun! ***non sai stare allo ~?*** can't you take a joke? ~ ***da caserma*** barrack room joke; *(oggetto per scherzi di carnevale)* ***negozio di -i*** joke shop GB, novelty store US; ~ ***di carnevale*** joke, trick; ~ ***da preti*** silly pranks **2** *(impresa da nulla)* joke; ***è stato uno ~*** it was a bit of a joke; ***trovare lavoro non è uno ~*** it's no joke trying to find a job **3** *(tiro)* trick; ***giocare un brutto ~ a qcn.*** to play a nasty trick on sb.; ***uno ~ della natura*** a freak of nature; ***un (crudele) ~ del destino*** a (cruel) twist of fate; ***niente -i!*** no messing around! ***la memoria mi gioca brutti -i*** my memory plays tricks on me; ***il computer fa di nuovo degli strani -i*** the computer is up to its tricks again **4** *(componimento teatrale)* farce **5** MUS. scherzo* ◆ ~ ***di mano, ~ da villano*** PROV. it will end in tears; ***a carnevale ogni ~ vale*** when it's carnival time anything *o* every prank goes.

scherzosamente /skertsosa'mente/ avv. jokingly, playfully, skittishly, sportfully, tongue-in-cheek.

scherzoso /sker'tsoso/ agg. [*tono, carattere, gesto*] gamesome, jesting, joking; [*persona, modi*] frolicsome, tongue-in-cheek, tricksy; [*commento, atto*] playful.

schettinaggio /sketti'naddʒo/ ➧ ***10*** m. roller-skating.

schettinare /sketti'nare/ [1] intr. (aus. *avere*) to roller-skate.

schettinatore /skettina'tore/ m. (f. **-trice** /tritʃe/) roller-skater.

schettino /'skɛttino/ m. roller-skate.

schiacciamento /skjattʃa'mento/ m. **1** *(lo schiacciare)* crushing, squeezing; *(risultato)* ~ ***del naso*** pug shape nose **2** ASTR. oblateness **3** MED. ~ ***delle vertebre*** compression of the vertebrae.

schiaccianoci /skjattʃa'notʃi/ m.inv. nutcracker.

schiacciante /skjat'tʃante/ agg. [*vittoria, superiorità, sconfitta, maggioranza*] crushing, overwhelming, massive, resounding; [*testimonianza, prova*] damning, devastating, overwhelming; ***era un indizio ~*** it was a dead giveaway COLLOQ.

schiacciapatate /skjattʃapa'tate/ m.inv. potato masher.

▶ **schiacciare** /skjat'tʃare/ [1] **I** tr. **1** [*macchina, porta, pietra*] to crush [*dito, piede*]; [*persona*] to crush, to squash, to squelch [*mosca, ragno*]; [*persona*] to flatten, to squash [*scatola, cappello*]; to crack, to crunch [*noce*]; to cave in, to crush [*cranio, cassa toracica*]; to squeeze [*bottiglia, borsa, tubetto*]; ~ ***qcs.*** to beat sth. flat; ~ ***qcs. per terra*** to grind sth. into the ground; ~ ***qcs. con i piedi*** to stamp sth. into the ground **2** *(premere)* to press, to push [*pulsante, pedale*]; to punch [*tasto*]; to push, to flick, to flip [*interruttore*]; to stamp, to hit [*freno*]; ~ ***l'acceleratore*** COLLOQ. to put one's foot down **3** *(comprimere)* to press, to squash, to squeeze [*foruncolo*]; to force down [*oggetti*]; ~ ***il naso, viso contro qcs.*** to press one's nose, face against sth.; ***la folla lo schiacciava*** he was being crushed by the crowd **4** *(sopraffare)* to flatten COLLOQ., to whitewash SPORT; *(battere in un gioco)* to whop; ~ ***l'avversario, il nemico*** to overwhelm *o* smash the opponent, enemy **5** *(opprimere)* [*debito, responsabilità*] to cripple [*società, persona*] **6** SPORT to spike [*palla*] **7** COLLOQ. *(investire)* to crush, to run* over, to squash [*pedone, cane, riccio*] **8** GASTR. to mash, to squash [*patate, pomodori*] **II schiacciarsi** pronom. **1** [*cappello*] to get* squashed **2** *(appiattirsi)* to press oneself; ***-rsi contro il muro*** to press oneself *o* to squash oneself up against the wall; ***-rsi gli uni contro gli altri*** to crush together **3** COLLOQ. *(ammaccarsi)* ***si è schiacciata il dito chiudendo il cassetto*** she caught her finger closing the drawer **4** *(premendo)* ***-rsi i brufoli*** to pick *o* squeeze one's spots ◆ ~ ***un pisolino*** to have a doze, to nap, to have a kip, to get some kip *o* shut-eye.

schiacciasassi /skjattʃa'sassi/ m. e f.inv. roadroller.

schiacciata /skjat'tʃata/ f. **1** ***dare una ~ ai pomodori, alle patate*** to give the tomatoes, potatoes a squash **2** SPORT *(nel basket)* dunk shot; *(nel tennis)* smash; *(nella pallavolo)* spike; ***fare una ~*** *(nel basket)* to dunk; *(nel tennis)* to smash the ball; *(nella pallavolo)* to spike the ball **3** GASTR. INTRAD. (flat large cake or bread typical of Tuscany or Umbria).

schiacciato /skjat'tʃato/ **I** p.pass. → **schiacciare II** agg. **1** *(piatto)* [*naso*] flat, flattened **2** *(pestato)* [*dito, piede*] crushed, jammed; [*aglio*] crushed **3** FIG. overwhelmed, squeezed; *(dagli impegni)* pressed; *(dai debiti)* crippled; ***sentirsi ~*** to feel squashed.

schiacciatore /skjattʃa'tore/ m. (f. **-trice** /tritʃe/) smasher.

schiaffare /skjaf'fare/ [1] **I** tr. to throw*, to fling*, to slam; ~ ***la roba nell'armadio*** to throw one's things in the wardrobe; ~ ***qcn. in prigione*** to fling sb. into prison **II schiaffarsi** pronom. to throw* oneself, to fling* oneself; ***-rsi sul divano, letto*** to throw oneself *o* fall into an armchair, onto the bed.

schiaffeggiare /skjaffed'dʒare/ [1] tr. to slap, to smack (anche FIG.).

▷ **schiaffo** /'skjaffo/ m. clout, cuff, potch, slap; ***uno ~*** a slap; ***dare o mollare uno ~ a qcn.*** to give sb. a clout *o* smack, to cuff sb., to potch sb., to slap sb. across the face; ***prendere qcn. a -i*** to slap sb.'s face; ***è stato un vero ~ morale per lui*** FIG. it was a real slap in the face for him; ***mi sarei preso a -i da solo!*** COLLOQ. FIG. I could have kicked myself! ***avere una faccia da -i*** to be cheeky.

schiamazzare /skjamat'tsare/ [1] intr. (aus. *avere*) **1** [*fagiano, pavone*] to screech; [*oca*] to gaggle; [*anatra*] to quack; [*gallina*] to cackle **2** *(strepitare, urlare)* [*bambini, passanti*] to clamour BE, to clamor AE.

schiamazzatore /skjamattsa'tore/ m. (f. **-trice** /tritʃe/) rowdy.

schiamazzo /skja'mattso/ m. **1** *(di volatili)* cackle **2** *(strepito)* clamour BE, to clamor AE, noise ◆◆ ***-i notturni*** DIR. breach of the peace.

▷ **schiantare** /skjan'tare/ [1] **I** tr. **1** *(rompere)* to bring* down [*palo*]; to fell, to uproot [*albero*] **2** *(frantumare)* to break*; ~ ***il cuore di qcn.*** FIG. to break sb.'s heart **3** *(fare scoppiare)* to burst* **II** intr. (aus. *essere*) COLLOQ. **1** *(scoppiare)* to burst*; ~ ***dalle risa*** to burst out laughing **2** *(morire)* to croak, to pop one's clogs **III schiantarsi** pronom. **1** [*aereo, auto*] to crash, to smash (**contro** into); [*corpo*] to splatter; ***-rsi al suolo*** to come crashing to the ground; ***-rsi con l'auto contro un autobus*** to crash a car into a bus **2** *(scoppiare)* to break*, to burst*; ***mi si schianta il cuore*** my heart is breaking.

schianto /'skjanto/ m. **1** *(lo schiantarsi) (di veicoli)* smash; ***cadere a terra con uno ~*** to hit the ground with a crash **2** *(rumore)* crack, snap; ***lo ~ di un'esplosione*** the boom of an explosion **3** *(grande dolore)* blow **4** COLLOQ. stunner; ***è uno ~*** she's a raving beauty; ***uno ~ di bionda*** a blonde bombshell **5 di schianto** suddenly, all of a sudden; ***morire di ~*** to be struck dead by lightning; ***aprirsi di ~*** to burst *o* fly open.

schiappa /'skjappa/ f. COLLOQ. bungler, washout; ***essere una ~ in*** to be a washout at.

schiarente /skja'rente/ m. *(per capelli)* lightener.
schiarimento /skjari'mento/ m. clarification, explanation; ***esigere uno ~*** to demand an explanation.
schiarire /skja'rire/ [1] **I** tr. to lighten [*colore, incarnato*]; to fine [*birra, vino*]; to highlight, to lighten [*capelli*] **II** intr. (aus. *essere*) **1** [*colore*] to lighten **2** *(rasserenarsi)* to brighten up, to light up; *(fare giorno)* ***incomincia già a ~*** it is getting *o* growing light **III schiarirsi** pronom. **1** [*colore, tessuto, tinta, capelli*] to lighten **2** METEOR. [*tempo, cielo*] to clear up, to brighten up; ***l'orizzonte si schiarisce*** the horizon is clearing; FIG. the outlook is getting brighter **3 *-rsi i capelli con la camomilla*** to lighten one's hair with camomile; ***-rsi la voce*** o ***la gola*** to clear one's throat.
schiarita /skja'rita/ f. **1** METEOR. bright spell, sunny period, sunny spell; ***"-e nel pomeriggio"*** "bright intervals *o* periods in the afternoon" **2** FIG. *(di situazione, conflitto)* respite; ***prevedere una ~ nella tensione sociale*** to predict a lull in the social climate.
schiaritura /skjari'tura/ f. **1** *(spiegazione)* explanation, clarification **2** *(lo schiarirsi)* lightening **3** *(chiarificazione)* *(di liquidi)* clarification; *(di capelli)* bleaching.
schiascopia /skiasko'pia/ f. skiascopy.
schiatta /'skjatta/ f. LETT. stock, family; ***di nobile ~*** of noble descent.
schiattare /skjat'tare/ [1] intr. (aus. *essere*) to kick the bucket; ***~ di rabbia*** to be livid with rage; ***~ d'invidia*** to be green with envy.
schiava /'skjava/ f. slave (anche FIG.), bondswoman*.
schiavismo /skja'vizmo/ m. *(dottrina)* pro-slavery doctrine; *(sistema)* slavery.
schiavista, m.pl. **-i**, f.pl. **-e** /skja'vista/ **I** agg. [*politica, stato*] slave attrib. **II** m. e f. **1** *(fautore dello schiavismo)* slave driver **2** FIG. slave driver; ***il capo è un vero ~*** the boss is a real slave driver.
schiavistico, pl. **-ci**, **-che** /skja'vistiko, tʃi, ke/ agg. [*teoria, atteggiamento*] slave attrib.
schiavitù /skjavi'tu/ f.inv. **1** slavery, bondage, enslavement; ***ridurre in ~*** to enslave [*individuo, gruppo*]; ***nato in ~*** slave-born; ***tenere un popolo in ~*** to keep a people in bondage; ***affrancarsi*** o ***liberarsi dalla ~*** to free oneself from slavery; ***abolire la ~*** to abolish slavery; ***è ~ di fatto*** it's virtual slavery **2** FIG. bondage, slavery; ***la ~ della droga*** drug addiction.
schiavizzare /skjavid'dzare/ [1] tr. to enslave.
▷ **schiavo** /'skjavo/ **I** m. slave (anche FIG.), bondsman*; ***mercante di -i*** slaver; ***mercato degli -i*** slave market; ***tratta degli -i*** slave-trading; ***essere venduto come ~*** to be sold into slavery; ***condurre una vita da ~*** to lead a life of slavery; ***rendersi ~ di qcn.*** to become sb.'s slave, to make oneself into sb.'s slave **II** agg. slave; ***essere ~ della droga*** to be hooked on drugs; ***essere ~ dell'ufficio, della cucina*** to be chained to one's desk, the kitchen sink; ***essere ~ della passione*** to be enslaved by passion; ***essere ~ della moda*** to be a slave to fashion *o* a fashion victim; ***da troppo tempo sono ~ della routine*** I've been stuck in a groove for too long ◆ ***lavorare come uno ~*** to work like a slave.
schidione /ski'djone/ m. skewer.
▶ **schiena** /'skjɛna/ ◗ **4** f. **1** back; ***avere la ~ dritta*** to have a straight back; ***mal di ~*** backache, back pain; ***dormire sulla ~*** to sleep on one's back; ***essere disteso sulla ~*** to be flat on one's back; ***girarsi sulla ~*** to roll over on one's back; ***con la ~ rivolta verso la porta*** with his back to the door; ***essere girato di ~*** to face backwards; ***~ contro ~*** back-to-back; ***cadere sulla ~*** to fall *o* land on one's back; ***inarcare la ~*** [*persona, gatto*] to arch one's back; ***far correre un brivido lungo la ~ di qcn.*** to send shivers up and down sb.'s spine; ***pugnalare qcn. alla ~*** to stab sb. in the back, to backstab sb. (anche FIG.) **2** *(groppa)* back, croup **3** ING. ***a ~ d'asino*** [*strada, ponte*] saddle-backed ◆ ***voltare la ~ a qcn.*** to turn one's back on sb.; ***rompersi la ~*** to break one's back, to bust a gut COLLOQ.
schienale /skje'nale/ **I** m. **1** *(di sedia, poltrona)* back, back rest **2** *(di animale)* back **II schienali** m.pl. GASTR. spinal marrow.
schienata /skje'nata/ f. **1 *prendere una ~*** to fall on one's back **2** SPORT *(nella lotta)* fall.
▷ **schiera** /'skjɛra/ f. **1** *(gruppo, moltitudine)* group, host, throng; ***una ~ di angeli*** a flight of angels **2** MIL. *(esercito)* troops pl., formation; *(disposizione)* rank; ***le -e nemiche*** the enemy troops; ***disporre a ~*** to array **3 *villetta a ~*** terraced house BE, row house AE.
▷ **schieramento** /skjera'mento/ m. **1** MIL. *(spiegamento)* array, deployment; *(disposizione)* formation, marshalling BE, marshaling AE; ***~ di missili*** deployment of missiles; ***~ di battaglia*** battle order **2** POL. coalition, alignment; ***~ politico*** political alignment **3** SPORT formation ◆◆ ***~ in linea*** AER. line formation; ***~ in quadrato*** MIL. square formation.
▷ **schierare** /skje'rare/ [1] **I** tr. **1** *(disporre in schiera)* to array, to deploy, to dispose, to marshal, to range [*carri armati, truppe*]; to line up [*giocatori, squadra, formazione*]; ***~ qcn. in difesa*** to put sb. in defence **2** *(allineare)* to line up, to put* in a row [*libri*] **II schierarsi** pronom. **1** MIL. [*carri armati, truppe*] to deploy, to draw* up; ***-rsi in ordine di battaglia*** to draw up in fighting order **2** SPORT ***-rsi in campo*** to line up on the field **3** *(mettersi in fila)* to line up; ***la polizia si schierò lungo la strada*** the police lined up along the road **4** *(prendere partito)* ***-rsi con qcn.*** POL. to align oneself *o* line up with sb.; ***-rsi dalla parte del più debole*** to side with the weakest; ***-rsi contro la pena di morte*** to side against the death penalty.
schiettamente /skjetta'mente/ avv. baldly, bluntly.
schiettezza /skjet'tettsa/ f. *(di affermazione)* baldness, bluffness, unreserve; *(di persona)* bluntness, honesty, outspokenness; ***tutti hanno parlato con ~*** there was plenty of plain speaking.
▷ **schietto** /'skjɛtto, 'skjetto/ **I** agg. **1** *(sincero, leale)* [*persona, modi, affermazione, domanda*] blunt, straightforward, forthright, plain; [*sguardo, opinione*] frank, honest; ***con -a sincerità*** with perfect candidness **2** *(puro)* [*oro, vino*] pure **II** avv. [*parlare*] plainly, frankly, openly.
schifare /ski'fare/ [1] **I** tr. **1** *(detestare)* to loathe; ***schifa la carne*** he loathes meat **2** *(disgustare)* to disgust; ***la sua vista mi schifa*** the sight of him makes me sick **II schifarsi** pronom. to be* disgusted, to feel* disgust.
schifato /ski'fato/ **I** p.pass. → **schifare II** agg. *(disprezzato)* repulsed; *(disgustato)* disgusted.
schifezza /ski'fettsa/ f. **1** *(l'essere schifoso)* hideousness **2** COLLOQ. *(cosa schifosa)* rubbish **U**; ***è una ~!*** it's a dog! ***quel film era proprio una ~!*** that film was rubbish *o* trash! ***è una vera e propria ~*** it's complete and utter rubbish; ***dovresti smetterla di mangiare -e*** you should stop eating such junk.
schifiltosamente /skifiltosa'mente/ avv. overnicely.
schifiltoso /skifil'toso/ **I** agg. fastidious, overnice; ***essere ~ nel mangiare*** to be a fussy eater **II** m. (f. **-a**) fusspot; ***fare lo ~*** to be fussy.
schifio /ski'fio/ m. REGION. SCHERZ. ***finire a ~*** to come to a sticky end.
▶ **1.schifo** /'skifo/ m. disgust; ***provare ~ per qcs.*** to feel disgust for sth.; ***avere a ~ qcs.*** to loathe sth.; ***che ~!*** how horrible! that's disgusting! ***che ~ di tempo!*** what mucky weather! ***essere ricco da fare ~*** to be stinking rich; ***gli fanno ~ i serpenti*** he is squeamish about snakes; ***la nostra squadra ha fatto ~*** our team was dreadful, our team just stunk; ***questo film è uno ~!*** this film is crap *o* rubbish! ***il cibo fa ~*** the food is awful; ***il contratto fa ~!*** the contract stinks! ***spegni quello ~!*** turn that rubbish off! ***mi fai ~!*** you make me sick! ***mi farebbe uno ~ tremendo*** it would really make me sick; ***sentirsi da ~*** to feel grotty *o* icky; ***fare ~ in matematica*** to be lousy at maths.
2.schifo /'skifo/ m. MAR. skiff.
schifosaggine /skifo'saddʒine/ f. POP. = disgusting thing.
schifosamente /skifosa'mente/ avv. **1** *(in modo ripugnante)* loathsomely **2** *(molto)* filthy; ***~ ricco*** filthy rich.
▷ **schifoso** /ski'foso/ **I** agg. [*libro, film, vacanza, vestito, luogo*] icky, lousy, crappy POP., trashy POP.; [*città, auto, casa*] stinking, rotten; [*cibo*] revolting, atrocious, vile; [*odore*] foul, scabby; ***che tempo ~!*** what a vile *o* beastly weather; ***che cosa -a!*** what a beastly thing to do! ***~ maschilista*** male chauvinist pig; ***avere un gusto ~*** to taste nasty **II** m. (f. **-a**) despicable person, bastard.
schiniere /ski'njɛre/ m. greave.
schioccare /skjok'kare/ [1] **I** tr. to crack, to smack [*frusta*]; to smack [*labbra*]; ***~ la lingua*** to chuck *o* cluck *o* click one's tongue; ***fare ~ le dita*** to click *o* snap one's fingers **II** intr. (aus. *avere*) [*frusta*] to crack; [*lingua*] to clack.
schiocco, pl. **-chi** /'skjɔkko, ki/ m. flick; *(con le dita)* click; *(con la lingua)* clack, click; *(con la frusta)* crack; ***dare un bacio con lo ~*** to kiss with a smack, to give a smack.
schiodare /skjo'dare/ [1] **I** tr. to unnail, to take* the nail out [*asse, cassa*] **II schiodarsi** pronom. COLLOQ. FIG. *(andarsene)* to get* going, to be* off; ***non si schiodavano più!*** they just wouldn't get going! ***non -rsi di casa*** *(non volere uscire)* to stick in the house.
schioppettata /skjoppet'tata/ f. gunshot; ***prendere qcn. a -e*** to shoot at sb.
schioppo /'skjɔppo/ m. fusil ◆ ***è a un tiro di ~ da qui*** it's a stone's throw from here.
schistosoma /skisto'sɔma/ m. ZOOL. schistosome, blood fluke.
schistosomiasi /skistoso'miazi/ ◗ **7** f.inv. schistosomiasis*.
schitarrare /skitar'rare/ [1] intr. (aus. *avere*) SPREG. to strum a guitar.

schiudere /'skjudere/ [11] **I** tr. to part, to open slightly [*labbra*]; to open a little [*porta*] **II schiudersi** pronom. **1** [*uovo*] to hatch; [*fiore*] to bloom, to effloresce, to open up; [*seme, baccello*] to dehisce **2** FIG. [*orizzonte, nuovo mondo*] to open.

▷ **schiuma** /'skjuma/ f. **1** foam; *(di mare, fiume)* foam, surf; *(di sapone, detersivo)* lather, suds pl.; *(di birra, latte)* froth; *(di liquido, brodo)* scum; ***hai della ~ sulla barba*** you have got foam in your beard; ***c'è troppa ~ nella mia birra*** my beer is too frothy; ***fare ~*** [*sapone, detergente*] to work up into a lather; ***estintore a ~*** foam extinguisher **2** *(bava)* foam (anche FIG.); ***avere la ~ alla bocca*** to foam at the mouth (anche FIG.); FIG. to be in a real lather **3** *(feccia)* scum ◆◆ ***~ antincendio*** firefighting foam; ***~ da barba*** shaving foam; ***~ per capelli*** styling mousse.

schiumaiola /skjuma'jɔla/ → **schiumarola.**

schiumante /skju'mante/ agg. foaming, yeasty; ***essere ~ di rabbia*** to be foaming with rage.

schiumare /skju'mare/ [1] **I** tr. *(togliere la schiuma)* to skim [*latte, brodo*] **II** intr. (aus. *avere*) **1** *(fare schiuma)* [*acqua, liquido*] to froth; [*sapone, detergente*] to lather **2** *(sbavare)* ***~ di rabbia*** to spit with rage.

schiumarola /skjuma'rɔla/ f. slotted spoon, skimmer.

schiumogeno /skju'mɔdʒeno/ **I** agg. foaming **II** m. foam extinguisher.

schiumosità /skjumosi'ta/ f.inv. foaminess, frothiness.

schiumoso /skju'moso/ agg. [*birra, liquido, mare*] frothy, foamy; ***questo sapone è molto ~*** this soap gives a good lather.

schiusa /'skjusa/ f. eclosion, hatching.

schiuso /'skjuso/ **I** p.pass. → **schiudere II** agg. [*uovo*] hatched; [*fiore*] opened. bloomed; *(socchiuso)* [*porta, finestra*] half open.

schivabile /ski'vabile/ agg. avoidable.

schivare /ski'vare/ [1] tr. to avoid, to dodge, to parry [*responsabilità, difficoltà, domanda, pallottola, colpo*]; to shirk [*problema*]; SPORT [*pugile*] to parry [*diretto*]; [*giocatore di rugby*] to sidestep [*avversario, placcaggio*].

schivata /ski'vata/ f. *(movimento)* dodge, sidestep; SPORT jink, parry, dodge, sidestep.

schivo /'skivo/ agg. [*carattere, persona*] bashful, reticent, retiring.

schizofita /skid'dzɔfita/ f. BOT. schizophyte.

schizofrenia /skiddzofre'nia/ ➧ **7** f. schizophrenia; ***~ paranoide*** paranoid schizophrenia.

schizofrenico, pl. **-ci, -che** /skiddzo'frɛniko, tʃi, ke/ **I** agg. [*comportamento*] schizoid, schizophrenic **II** m. (f. **-a**) schizophrenic.

schizogenesi /skiddzo'dʒɛnezi/ f.inv. schizogenesis.

schizoide /skid'dzɔide/ agg., m. e f. schizoid.

schizomicete /skiddzomi'tʃɛte/ m. schizomycete.

schizotimia /skiddzoti'mia/ ➧ **7** f. schizothymia.

▷ **schizzare** /skit'tsare/ [1] **I** tr. **1** *(sporcare con schizzi)* to splash, to spatter; ***~ qcn. di fango*** to slush sb. **2** *(disegnare)* to draw* in, to sketch, to block in [*paesaggio*] **3** *(descrivere brevemente)* to outline **II** intr. (aus. *essere*) **1** [*acqua, sangue*] to splash, to spurt, to squirt out; [*rubinetto, penna*] to splutter; ***lo champagne mi è schizzato in faccia*** the champagne sprayed in my face **2** *(balzare fuori)* to leap*, to jump; ***~ fuori dal letto*** to leap out of the bed **3** COLLOQ. *(correre via)* to dash off, to scuttle away; ***~ via*** to dart away; ***~ come un razzo*** to squib **III schizzarsi** pronom. to get* dirty, to dirty oneself; ***-rsi d'olio*** to get spattered with oil ◆ ***i suoi occhi schizzavano fuoco*** his eyes flashed fire; ***con gli occhi che gli schizzavano fuori dalle orbite*** with his eyes popping out of his head; ***~ bile*** to be livid.

schizzata /skit'tsata/ f. **1** *(lo schizzare)* squirt, spurt, splash **2** *(schizzo)* spurt.

schizzato /skit'tsato/ **I** p.pass. → **schizzare II** agg. COLLOQ. *(pazzoide)* crazy; ***è completamente ~*** he's out of his head.

schizzetto /skit'tsetto/ m. **1** MED. syringe, irrigator **2** *(giocattolo)* water pistol.

schizzinosamente /skittsinosa'mente/ avv. finically.

schizzinoso /skittsi'noso/ **I** agg. fastidious, finicky; ***essere ~ nel mangiare*** to be a fussy *o* faddy BE eater **II** m. (f. **-a**) fastidious person; ***non fare lo ~!*** don't be so squeamish!

▷ **schizzo** /'skittso/ m. **1** *(lo schizzare)* splatter, sprinkling **2** *(di liquidi)* squirt, spatter, splash, spurt; ***caffè con lo ~*** *(macchiato)* coffee with a dash of milk; *(corretto)* coffee laced with spirits **3** *(balzo improvviso)* leap; ***con uno ~ il gatto saltò sull'albero*** in one leap *o* bound the cat jumped on the tree **4** *(disegno)* sketch, outline; ***fare uno ~ di qcs.*** to draw sth. in outline, to sketch out sth. **5** *(breve descrizione)* outline.

▷ **sci** /ʃi/ ➧ **10** m.inv. **1** *(attrezzo) (per acqua, neve)* ski; ***un paio di ~*** a pair of skis; ***~ corti*** short skis; ***racchetta da ~*** ski stick *o* pole; ***attacco degli ~*** ski binding; ***~ sciancrati*** o ***da carving*** carvers, carving skis; ***mettersi*** o ***agganciare gli ~*** to put on one's skis; ***appendere gli ~ al chiodo*** SCHERZ. to hang up one's skis **2** SPORT skiing; ***fare ~*** to ski, to go skiing; ***maestro di ~*** ski(ing) instructor; ***gara di ~*** ski racing; ***pista da ~*** ski slope; *(da competizione)* ski run; ***scarponi da ~*** ski boots; ***tuta da ~*** ski *o* snow suit ◆◆ ***~ d'acqua*** → ***~ nautico***; ***~ alpinismo*** → **scialpinismo**; ***~ alpino*** alpine *o* downhill skiing; ***~ acrobatico*** hot dogging, freestyle; ***~ artistico*** ballet; ***~ d'erba*** grass skiing; ***~ estremo*** extreme skiing; ***~ di fondo*** cross-country skiing, langlauf; ***~ fuori pista*** off-piste skiing; ***~ nautico*** water-ski(ing); ***~ nordico*** nordic skiing.

▷ **scia** /'ʃia/ f. **1** *(di nave, aereo)* wake (anche FIG.); ***navigare nella ~ di una nave*** to sail in the wake of a ship **2** *(di persona)* wake; *(di profumo)* mist; *(traccia)* trail; ***seguire la ~ di qcn.*** to follow in sb.'s wake; ***sulla ~ di qcn., qcs.*** on the wake of sb., sth.; ***lasciare dietro di sé una ~ di distruzione*** to leave a trail of destruction behind oneself **3** AER. SPORT slipstream; ***~ di un aereo a reazione*** jet trail; ***~ di condensazione*** contrail, vapour trail; ***sfruttare la ~ di*** to slipstream [*auto*] **4** VENAT. scent.

scià /ʃa/ m.inv. Shah.

sciabecco, pl. **-chi** /ʃa'bekko, ki/ m. xebec.

sciabica, pl. **-che** /'ʃabika, ke/ f. **1** *(rete)* trawl-net, sweep-net **2** *(imbarcazione)* trawler **3** ZOOL. moorhen.

sciabile /ʃi'abile/ agg. [*neve*] skiable.

sciabola /'ʃabola/ ➧ **10** f. sabre BE, saber AE; ***battersi con la*** o ***alla ~*** to fight with sabres; ***sguainare la ~*** MIL. to draw one's sabre; ***tirare di ~*** to fence with a sabre ◆◆ ***~ da abbordaggio*** cutlass; ***~ da cavalleria*** riding sabre.

sciabolare /ʃabo'lare/ [1] **I** tr. **1** *(colpire con la sciabola)* to sabre **2** ***~ giudizi*** to pass rash judgements **II** intr. (aus. *avere*) to fence with a sabre.

sciabolata /ʃabo'lata/ f. **1** sabre-cut; ***ricevere una ~*** to be struck by a sabre **2** *(giudizio avventato)* prejudg(e)ment.

sciabolatore /ʃabola'tore/ m. (f. **-trice** /tritʃe/) SPORT MIL. sabre specialist.

sciabordare /ʃabor'dare/ [1] **I** tr. to shake* up [*vino*] **II** intr. (aus. *avere*) [*acqua, onde*] to lap, to slosh about COLLOQ. (**contro** against, at; **su** on).

sciabordio, pl. **-ii** /ʃabor'dio, ii/ m. lapping, slosh, smack, splash.

sciacallaggio, pl. **-gi** /ʃakal'laddʒo, dʒi/ m. *(saccheggio)* looting; *(sfruttamento)* exploitation.

sciacallo /ʃa'kallo/ m. **1** ZOOL. jackal **2** FIG. jackal, vulture.

▷ **sciacquare** /ʃak'kware/ [1] **I** tr. to rinse (out), to wash out [*bottiglia, bucato, piatti*]; ***~ qcs.*** to rinse *o* wash sth. clean, to give sth. a rinse **II sciacquarsi** pronom. ***-rsi le mani, la bocca*** to rinse one's hands, mouth.

sciacquata /ʃak'kwata/ f. rinse; ***dare una ~ a qcs.*** to give sth. a rinse; ***darsi una ~ alle mani*** to rinse one's hands.

sciacquatura /ʃakkwa'tura/ f. **1** *(azione)* rinsing **2** *(acqua)* rinsing water; ***~ di piatti*** dishwater, slops **3** *(brodaglia)* FIG. SPREG. dishwater.

sciacquio, pl. **-ii** /ʃak'kwio, ii/ m. **1** *(di mare, onde)* splashing; *(di acqua)* tinkling **2** *(sciabordio)* slosh.

sciacquo /'ʃakkwo/ m. **1** *(gargarismo)* gargle; ***fare gli -i*** to have a gargle **2** *(liquido)* mouthwash **3** *(risciacquo)* rinse.

sciacquone /ʃak'kwone/ m. flush; ***tirare lo ~*** to flush the toilet ◆◆ ***~ automatico*** automatic flush.

sciadocco, pl. **-chi** /ʃa'dɔkko, ki/ m. shaddock.

sciafilo /'ʃafilo/ agg. sciophilous.

▷ **sciagura** /ʃa'gura/ f. **1** *(disgrazia)* adversity, misfortune **2** *(disastro, calamità)* accident, disaster; ***luogo della ~*** scene of the disaster; ***provocare, evitare una ~*** to cause, to avert a disaster ◆◆ ***~ aerea*** air disaster; ***~ ferroviaria*** rail disaster.

sciaguratamente /ʃagurata'mente/ avv. **1** *(disgraziatamente)* unfortunately, unluckily **2** *(scelleratamente)* [*comportarsi*] wickedly.

▷ **sciagurato** /ʃagu'rato/ **I** agg. **1** *(sventurato)* [*famiglia*] miserable, unlucky **2** *(che comporta sciagure)* [*tempi*] calamitous **3** *(scellerato)* [*padre*] wrecked, reckless **II** m. (f. **-a**) **1** *(sventurato)* wretch; ***~ me!*** poor me! **2** *(malvagio, scellerato)* villain.

scialacquamento /ʃalakkwa'mento/ m. wasting.

scialacquare /ʃalak'kware/ [1] tr. to fritter away, to frivol, to squander [*denaro, patrimonio*].

scialacquatore /ʃalakkwa'tore/ m. (f. **-trice** /tritʃe/) squanderer, spendthrift.

scialagogo, pl. **-ghi, -ghe** /ʃala'gɔgo, gi, ge/ agg. e m. salivant, sialagogue.

scialare /ʃa'lare/ [1] **I** tr. to waste, to squander [*denaro, patrimonio*]; ***~ soldi in vestiti*** to squander money on clothes **II** intr. (aus. *avere*) ***c'è poco da ~!*** we haven't got money to burn!

scialbo /'ʃalbo/ agg. **1** *(pallido)* [*colore*] watery, pale; [*sole*] pale **2** FIG. [*spettacolo, opera, persona, romanzo*] featureless, vapid, anaemic; [*stile*] lacklustre BE, lackluster AE; [*personalità, descrizione, vita, aspetto*] colourless BE, colorless AE, drab, dull; ***viso ~*** plain face.

sciallato /ʃal'lato/ agg. ***collo ~*** shawl collar.

▷ **scialle** /'ʃalle/ m. shawl, wrap; ***si avvolse le spalle nello ~*** she drew *o* slipped her shawl round her shoulders; ***collo a ~*** shawl collar.

scialo /'ʃalo/ m. **1** *(sperpero)* wasting; ***spendere a ~*** to waste; ***fare ~ di denaro*** to throw money about; ***fare ~ di elogi*** FIG. to lavish praise **2** *(sfarzo)* luxe.

scialone /ʃa'lone/ m. (f. **-a**) waster, squanderer.

scialpinismo /ʃialpi'nizmo/ ➧ ***10*** m. ski mountaineering.

scialuppa /ʃa'luppa/ f. longboat, pinnace, shallop ◆◆ ***~ di salvataggio*** lifeboat, ship's boat.

sciamanesimo /ʃama'nezimo/ → **sciamanismo.**

sciamanico, pl. **-ci, -che** /ʃa'maniko, tʃi, ke/ agg. shamanistic.

sciamanismo /ʃama'nizmo/ m. shamanism.

sciamannato /ʃaman'nato/ **I** agg. REGION. slovenly **II** m. (f. **-a**) REGION. slovenly person.

sciamano /ʃa'mano/ m. shaman, medicine man*.

sciamare /ʃa'mare/ [1] intr. (aus. *avere, essere*) **1** [*api*] to swarm **2** FIG. [*popolo*] to swarm; ***la folla sciamò fuori dallo stadio*** the crowd swarmed out of the stadium.

sciamatura /ʃama'tura/ f. *(di api)* hiving off.

▷ **sciame** /'ʃame/ m. **1** *(di api)* swarm, hive **2** *(moltitudine) (di insetti)* cluster, horde; *(di persone, cose)* swarm, cluster, horde; ***arrivare a -i*** to arrive in swarms ◆◆ ***~ meteorico*** ASTR. meteor shower.

sciamito /ʃa'mito/ m. samite.

sciampo → **shampoo.**

sciancato /ʃan'kato/ **I** agg. **1** [*persona*] injured, crippled; [*cavallo*] lame **2** *(traballante)* [*mobile*] rickety **II** m. (f. **-a**) cripple.

sciancrare /ʃan'krare/ [1] tr. to nip in [*abito*].

sciancrato /ʃan'krato/ agg. [*giacca*] tight, waisted; ***sci -i*** SPORT carvers.

sciangai /ʃan'gai/ ➧ ***10*** m.inv. spillikins, jackstraws + verbo sing.

sciantosa /ʃan'tosa/ f. chanteuse.

sciantung → **shantung.**

sciapo /'ʃapo/ agg. REGION. [*cibo, cucina, sapore*] dull, tasteless, bland.

sciarada /ʃa'rada/ f. **1** *(gioco)* charade **2** FIG. *(enigma)* enigma.

▷ **1.sciare** /ʃi'are/ [1] intr. (aus. *avere*) to ski; ***~ fuori pista*** to ski off piste; ***andare a ~*** to go skiing.

2.sciare /ʃi'are/ [1] intr. (aus. *avere*) MAR. to back water.

▷ **sciarpa** /'ʃarpa/ f. **1** scarf*; *(di lana)* comforter **2** *(fascia)* sash.

sciata /ʃi'ata/ f. skiing, ski run; ***fare una ~*** to go skiing, to take a ski.

sciatalgia /ʃatal'dʒia/ ➧ ***7*** f. ischialgia.

sciatica /'ʃatika/ ➧ ***7*** f. sciatica.

sciatico, pl. **-ci, -che** /'ʃatiko, tʃi, ke/ agg. [*nervo*] sciatic.

▷ **sciatore** /ʃia'tore/ ➧ ***18*** m. (f. **-trice** /tritʃe/) skier.

sciatorio, pl. **-ri, -rie** /ʃia'torjo, ri, rje/ agg. → **sciistico.**

sciattamente /ʃatta'mente/ avv. [*vestire*] scruffily.

sciatteria /ʃatte'ria/ f. *(nel vestire)* dowdiness, frowziness, untidiness; *(nel lavoro)* sloppiness, slovenliness.

sciattezza /ʃat'tettsa/ f. scruffiness, sluttishness COLLOQ.

sciatto /'ʃatto/ agg. [*abbigliamento, persona*] frowsy, scruffy, slovenly, untidy; [*donna*] dowdy; [*opera, lavoro, stile*] careless, slipshod.

sciattone /ʃat'tone/ m. (f. **-a**) sloven, slob.

sciavero /'ʃavero/ m. slab.

scibile /'ʃibile/ m. knowledge; ***lo ~ umano*** human knowledge.

sciccheria /ʃikke'ria/ f. COLLOQ. hot stuff; ***questa macchina è una vera ~*** this car is really chic *o* hot.

sciccoso /ʃik'koso/ agg. swanky.

sciente /ʃi'ɛnte, 'ʃɛnte/ agg. LETT. **1** *(che sa)* learned **2** *(cosciente)* aware.

scientemente /ʃ(i)ente'mente/ avv. DIR. scienter.

scientifica, pl. **-che** /ʃen'tifika, ke/ f. *(polizia)* forensics + verbo sing. o pl.

scientificamente /ʃentifika'mente/ avv. scientifically; ***dimostrare qcs. ~*** to prove *o* test sth. using scientific method.

scientificità /ʃentifitʃi'ta/ f.inv. scientific nature; ***privo di ~*** without any scientific base.

▷ **scientifico**, pl. **-ci, -che** /ʃen'tifiko, tʃi, ke/ **I** agg. [*analisi, teoria, ricerca, rivista*] scientific; [*approccio, precisione*] clinical; ***un esperimento ~*** a scientific experiment; ***privo di fondamento ~*** without scientific base; ***applicare metodi -ci*** to apply scientific methods; ***ricercatore ~*** research scientist; ***materie -che*** science subjects; ***il parere ~ è che*** the scientific view is that **II** m. *(scuola superiore)* → **liceo scientifico.**

scientismo /ʃen'tizmo/ m. scientism.

scientista, m.pl. **-i**, f.pl. **-e** /ʃen'tista/ m. e f. follower of scientism.

scientologia /ʃentolo'dʒia/ f. Scientology.

▶ **scienza** /'ʃɛntsa/ f. **1** *(ricerca scientifica)* science; ***stiamo entrando in una nuova era della ~*** we are moving into a new era in science; ***le frontiere della ~*** the frontiers of science; ***il progresso della ~*** scientific progress; ***separare la ~ dalla morale*** to divorce science from morality; ***l'Accademia delle -e*** the Academy of Sciences; ***facoltà di -e*** faculty of Science; ***filosofia della ~*** philosophy of science; ***museo della ~*** science museum; ***il connubio di arte e ~*** the marriage of art and science **2** *(settore del sapere)* science; ***le -e e le lettere*** science and the arts **3** *(conoscenza)* knowledge; ***un uomo di ~*** a man of learning; ***crede di avere la ~ infusa*** he thinks he knows everything **4** SCOL. ***l'ora di -e*** science lesson *o* class ◆ ***essere un pozzo*** o ***un'arca di ~*** to be a prodigy of learning; ***non è un pozzo di ~*** he's not much of a scholar; ***agire secondo ~ e coscienza*** = to act according to what you know and think is right ◆◆ ***~ dell'alimentazione*** food science; ***~ del comportamento*** behavioural science; ***~ cristiana*** Christian Science; ***~ dell'informazione*** information science; ***~ pura*** pure science; ***-e applicate*** applied sciences; ***-e biologiche*** life sciences; ***-e della comunicazione*** communication science; ***-e economiche*** economics; ***-e esatte*** exact sciences; ***-e fisiche*** physical sciences; ***-e della formazione*** education; ***-e matematiche*** mathematical sciences; ***-e naturali*** life *o* natural sciences; ***-e occulte*** black *o* occult arts; ***-e politiche*** politics; ***-e sociali*** social science, social studies; ***-e della Terra*** earth science, geoscience; ***-e umane*** human sciences.

▷ **scienziato** /ʃen'tsjato/ ➧ ***18*** m. (f. **-a**) scientist; ***è più uno ~ che un letterato*** he's better at science than at literature.

scifo /'ʃifo/ m. BOT. scyphus*.

scifozoo /ʃifod'dzɔo/ m. scyphozoan.

sciismo /ʃi'izmo/ m. Shiism.

sciistico, pl. **-ci, -che** /ʃi'istiko, tʃi, ke/ agg. [*gara, comprensorio*] skiing, ski attrib.; ***stazione -a*** ski resort.

sciita, m.pl. **-i**, f.pl. **-e** /ʃi'ita/ **I** agg. Shiite, Shia(h) **II** m. e f. Shiite, Shia(h)*; ***gli -i*** *(gruppo religioso)* Shia(h).

scilinguagnolo /ʃilin'gwaɲɲolo/ m. **1** ANAT. fraenum*, fraenulum* **2** FIG. *(parlantina)* loquacity, talkativeness; ***avere lo ~ sciolto*** to have the gift of the gab, to be soft-spoken *o* silver-tongued.

scilla /'ʃilla/ f. BOT. scilla.

Scilla /'ʃilla/ n.pr.f. Scylla; ***essere tra ~ e Cariddi*** to be between Scylla and Charybdis.

scimitarra /ʃimi'tarra/ f. scimitar.

▷ **scimmia** /'ʃimmja/ f. ape, monkey; ***uomo ~*** apeman ◆ ***avere la ~*** *(essere ubriaco)* to be roaring drunk; *(essere drogato)* to have a monkey on one's back; ***brutto come una ~*** as ugly as sin; ***fare la ~ a qcn.*** to ape sb. ◆◆ ***~ antropomorfa*** anthropoid *o* great ape; ***~ ragno*** spider monkey; ***~ scoiattolo*** squirrel monkey; ***~ urlatrice*** howler (monkey).

scimmiesco, pl. **-schi, -sche** /ʃim'mjesko, ski, ske/ agg. **1** *(della scimmia)* simian **2** FIG. *(da scimmia)* [*faccia*] simian.

scimmietta /ʃim'mjetta/ f. little monkey (anche FIG.).

scimmione /ʃim'mjone/ m. **1** *(primate)* gorilla **2** FIG. *(persona)* gorilla.

scimmiottare /ʃimmjot'tare/ [1] tr. to ape, to mimic [*atteggiamenti, comportamento, modo di parlare*]; to mock [*persona*].

scimmiottatura /ʃimmjotta'tura/ f. aping, imitation.

scimmiotto /ʃim'mjɔtto/ m. **1** *(scimmia giovane)* young monkey; FIG. ***fare lo ~*** to ape **2** *(detto affettuosamente ai bambini)* little monkey.

scimpanzé /ʃimpan'tse/ m.inv. chimpanzee.

scimunitaggine /ʃimuni'taddʒine/ f. silliness, foolishness, stupidity.

scimunito /ʃimu'nito/ **I** agg. [*persona*] foolish, stupid **II** m. (f. **-a**) fool, idiot.

scinco, pl. **-chi** /'ʃinko, ki/ m. skink.

scindere /'ʃindere/ [86] **I** tr. **1** *(dividere)* to split*, to divide, to demerge, to separate [*organizzazione, gruppo*]; to separate [*componenti*]; ***~ in due, più parti*** to split into two, several parts; ***~ l'atomo*** to split the atom **2** *(distinguere)* to break* down, to separate [*problemi*]; to distinguish [*responsabilità*] **II scindersi** pronom. [*organizzazione, partito*] to split (off), to split up; ***-rsi in due, più parti*** to split into two, several parts.

scindibile /ʃin'dibile/ agg. divisible, separable.

scintigrafia /ʃintigra'fia/ f. scintigraphy; ***~ ossea, celebrale*** bone, brain scan.

▷ **scintilla** /ʃin'tilla/ f. **1** *(particella incandescente)* spark; ***mandare*** o ***emettere -e*** [*fuoco, fiamma*] to spark, to throw out sparks; ***una pioggia di -e*** a shower of sparks; ***~ elettrica*** electric spark **2** FIG. spark; ***mandare -e*** [*sguardo*] to glitter; ***una ~ di genio*** a spark of genius ◆ ***ci saranno -e*** that will make sparks fly; ***fare -e*** *(in una conversazione, nell'azione)* to go great guns; ***essere la ~ che ha dato inizio a*** to be the tinder for.

scintillante /ʃintil'lante/ agg. [*stella, sguardo, occhi, diamante*] glittering, glimmering, twinkling, scintillating; [*luce, fiamma*] sparkling, flashing; [*armatura, moneta*] shiny.

scintillare /ʃintil'lare/ [1] intr. (aus. *avere*) [*luce, stella*] to glitter, to twinkle, to gleam; [*mare*] to shimmer; [*armatura, spada*] to shine*; [*occhi, sguardo*] to flash, to glint, to glisten, to twinkle; [*fuochi d'artificio, fiammifero, torcia*] to flare; ***i suoi occhi scintillarono pieni di malizia*** her eyes gleamed with mischief.

scintillazione /ʃintillat'tsjone/ f. **1** FIS. ASTR. scintillation **2** *(di calore)* shimmer.

scintillio, pl. **-ii** /ʃintil'lio, ii/ m. *(di luce, stella)* glimmering, sparkle, twinkle, winking; *(di gioielli, metallo, coltello)* flash, glitter, twinkle; *(di oro, superficie lucida)* gleam.

scintoismo /ʃinto'izmo/ m. Shinto(ism).

scintoista, m.pl. **-i**, f.pl. **-e** /ʃinto'ista/ m. e f. Shintoist.

scintoistico, pl. **-ci**, **-che** /ʃinto'istiko, tʃi, ke/ agg. Shintoistic.

sciò /ʃɔ/ inter. COLLOQ. shoo.

scioccamente /ʃokka'mente/ avv. [*comportarsi*] foolishly; [*ridere*] inanely.

scioccante /ʃok'kante/ agg. [*annuncio, decisione, risultato*] shocking, stunning; ***è stato piuttosto ~ vedere...*** it was somehow shocking to see...; ***la scoperta fu più deprimente che ~*** the discovery wasn't so much shocking as depressing.

scioccare /ʃok'kare/ [1] tr. **1** *(scandalizzare)* to shock [*persona*]; ***ha scioccato le sue lettrici*** he shocked his female readership **2** *(sconvolgere)* [*evento, notizia*] to shock, to upset* [*persona*].

scioccato /ʃok'kato/ **I** p.pass. → **scioccare II** agg. shocked.

▶ **sciocchezza** /ʃok'kettsa/ f. **1** *(stupidità)* foolishness, silliness **2** *(azione, espressione sciocca)* foolery, nonsense **U**, drool; ***fare una ~*** to do something silly; ***scusate, ho detto una ~*** I'm sorry, I said something stupid; ***smetti(la) di dire -e*** stop talking nonsense, don't be silly; ***dire delle -e*** to talk daft *o* drivel *o* garbage *o* rubbish; ***hai mai sentito delle simili -e?*** have you ever heard such rubbish! ***ho fatto una ~ ad accettare*** I was stupid to accept; ***non ammetterà -e*** she won't stand any nonsense; ***riempire la testa di qcn. di -e*** to fill sb.'s head with nonsense **3** *(cosa da nulla)* nonsense, trifle; ***è una ~*** it's a cinch, it's a mere nothing; ***offendersi per una ~*** to get angry over nothing; ***l'ho pagato una ~*** I bought it for a song; ***perdere tempo in -e*** to waste time on trifles; ***-e!*** rubbish! balderdash! bosh! fiddle-faddle! flippery! trumpery!

sciocchezzaio, pl. **-ai** /ʃokket'tsajo, ai/ m. load of nonsense, rubbish.

sciocchezzuola /ʃokket'tswɔla/ f. *(oggetto di poco valore)* trinket.

sciocchino /ʃok'kino/ m. (f. **-a**) silly billy.

▷ **sciocco**, pl. **-chi**, **-che** /'ʃɔkko, ki, ke/ **I** agg. [*persona*] foolish, goosey, silly, spoony, chuckleheaded, addle-headed; [*idea, domanda, azione*] dumb, silly, sapless; [*atteggiamento*] baboonish; [*conversazione*] inane; ***è una cosa -a da fare*** that's a foolish thing to do **II** m. (f. **-a**) fool, chucklehead, driveller; ***sei stato uno ~ a crederci!*** you were a fool to believe it!

scioglibile /ʃoʎ'ʎibile/ agg. soluble.

▶ **sciogliere** /'ʃɔʎʎere/ [28] **I** tr. **1** *(slegare)* to untie, to loosen, to ravel, to undo* [*nodo, laccio, nastro, capelli*]; MAR. to cast* off, to unlash [*cima*] **2** *(disciogliere)* to dissolve [*compressa, zucchero*] (**in** in); [*enzima*] to break* down [*proteina*] **3** *(fondere)* [*sole*] to melt, to thaw [*neve, ghiaccio*]; GASTR. to melt [*burro, cioccolato*] (**in** in) **4** *(rendere meno rigido)* to loosen up [*membra, muscoli*] **5** FIG. *(svincolare, liberare)* ***~ qcn. da*** to release sb. from [*promessa, obbligo, giuramento, voto*]; ***~ qcn. da un incantesimo*** to break the spell on sb. **6** FIG. *(annullare, rompere)* to terminate [*contratto*]; to dissolve [*matrimonio*]; to break* off [*fidanzamento*]; to break* up [*alleanza*]; *(smembrare)* to dissolve [*assemblea, parlamento*]; to disband [*partito, movimento*]; *(sospendere)* to dissolve [*seduta*] **7** FIG. *(rivelare)* to ravel, to riddle [*dubbio, enigma, mistero, segreto*] **II sciogliersi** pronom. **1** *(slegarsi)* [*nodo, laccio, nastro*] to loosen, to unknit, to come* undone; ***-rsi i capelli*** to loosen *o* let down one's hair **2** *(disciogliersi)* [*compressa, zucchero*] to dissolve (**in** in, into) **3** *(fondersi)* [*ghiaccio, neve, burro*] to melt, to thaw; ***carne che si scioglie in bocca*** meat that melts in your mouth **4** CHIM. *(liquefarsi)* to deliquesce **5** COLLOQ. *(intenerirsi)* ***davanti a sua nipote (lui) si scioglie*** his heart melts when he sees his granddaughter **6** *(diventare meno rigido)* [*membra, muscoli*] to loosen up, to become* more supple **7** FIG. *(dividersi)* [*assemblea, organizzazione, partito*] to break* up, to rise*; [*gruppo*] to split* up **8** MAR. [*vele*] to unfurl ◆ ***~ la lingua a qcn.*** to loosen sb.'s tongue; ***~ dalle catene*** to unfetter; ***-rsi in lacrime*** to dissolve into tears, to break down; ***-rsi come neve al sole*** to melt like snow in the sun.

scioglilingua /ʃoʎʎi'lingwa/ m.inv. tongue-twister.

scioglimento /ʃoʎʎi'mento/ m. **1** *(di sostanza)* dissolution **2** *(di ghiaccio, neve)* melt **3** FIG. *(di assemblea, partito, parlamento, governo, matrimonio)* dissolution; *(di seduta, riunione)* breaking up, disruption; *(di contratto)* termination **4** LETTER. *(soluzione, epilogo)* denouement (anche FIG.).

sciolina /ʃio'lina/ f. ski wax.

sciolinare /ʃioli'nare/ [1] tr. to wax [*sci*].

sciolinatura /ʃiolina'tura/ f. *(degli sci)* waxing.

sciolta /'ʃɔlta/ f. COLLOQ. *(diarrea)* ***la ~*** the runs; ***avere la ~*** to have the runs *o* shits.

scioltamente /ʃolta'mente/ avv. [*parlare*] easily, fluently; ***camminare ~*** to walk freely *o* nimbly.

scioltezza /ʃol'tettsa/ f. **1** *(di movimenti, camminata)* fluidity, smoothness **2** *(di stile)* fluidity; *(di dizione)* fluency; ***parla con ~ l'inglese*** her English is fluent **3** *(disinvoltura)* freedom.

▶ **sciolto** /'ʃɔlto/ **I** p.pass. → **sciogliere II** agg. **1** *(slegato)* [*nodo, chignon*] undone; ***avevo i capelli -i*** my hair was loose **2** *(fuso)* [*neve, ghiaccio*] slushy **3** *(snodato)* [*corpo, membra*] limber **4** FIG. *(disinvolto, abile)* [*movimento, camminata*] flowing, fluent, fluid, smooth; [*modi, stile*] fluent; ***devi imparare a parlare in modo più ~*** you must improve your fluency **5** LETTER. ***versi -i*** blank verse **6** COLLOQ. *(sfuso)* [*tè, caffè*] loose; [*vino*] on tap ◆ ***avere la lingua -a*** to have kissed the blarney stone; ***parlare a briglia -a*** to talk wildly; ***essere un cane ~*** POL. to be a maverik.

scioperante /ʃope'rante/ **I** agg. striking **II** m. e f. striker; ***non ~*** nonstriker.

▷ **scioperare** /ʃope'rare/ [1] intr. (aus. *avere*) to strike*, to go* out, to walk out (**per** for; **contro** against); ***gli operai scioperarono per rivendicare le loro richieste*** the workers went on strike in support of their demands.

scioperataggine /ʃopera'taddʒine/ f. laziness, idleness.

scioperato /ʃope'rato/ **I** p.pass. → **scioperare II** agg. idle, lazy, sluggish **III** m. (f. **-a**) idler, good-for-nothing.

▷ **sciopero** /'ʃɔpero/ m. strike; ***essere in ~*** to be on strike, to be out; ***entrare in ~*** to go on strike, to come out, to withdraw one's labour; ***incitare allo ~*** to order [sb.] out; ***fare scendere in ~ i lavoratori*** to bring out workers; ***continua lo ~ dei treni*** the train strike is still on *o* continues; ***un paese paralizzato dagli -i*** a country beset by strikes, a strikebound country; ***indire uno ~*** to call out a strike; ***revocare uno ~*** to call off a strike; ***diritto di ~*** right to strike; ***ondata di -i*** wave of strikes ◆◆ ***~ articolato*** → ***~ a scacchiera***; ***~ di avvertimento*** token strike; ***~ bianco*** work-to-rule; ***~ a braccia incrociate*** sit-down strike; ***~ della fame*** hunger strike; ***~ generale*** general strike; ***~ di massa*** mass strike; ***~ a oltranza*** indefinite strike; ***~ a scacchiera*** rolling strike; ***~ (a gatto) selvaggio*** unofficial strike, wildcat strike; ***~ a singhiozzo*** selective strike; ***~ di solidarietà*** sympathy strike; ***~ a sorpresa*** lightning strike; ***~ del voto*** refusal to vote.

sciorinare /ʃori'nare/ [1] tr. **1** *(stendere)* to hang* out [*panni*] **2** *(esporre, ostentare)* to display [*merce*]; to pour out, to rattle off [*luoghi comuni, sciocchezze*].

sciovia /ʃio'via/ f. ski lift.

sciovinismo /ʃovi'nizmo/ m. chauvinism, jingoism SPREG.

sciovinista, m.pl. **-i**, f.pl. **-e** /ʃovi'nista/ **I** agg. [*persona, atteggiamento, discorso*] chauvinist, jingo, jingoistic SPREG. **II** m. e f. chauvinist, jingo, jingoist SPREG.

sciovinistico, pl. **-ci**, **-che** /ʃovi'nistiko, tʃi, ke/ agg. chauvinistic, jingoistic SPREG.

Scipione /ʃi'pjone/ n.pr.m. Scipio ◆◆ ***~ l'Africano*** Scipio Africanus.

scipitaggine /ʃipi'taddʒine/, **scipitezza** /ʃipi'tettsa/ f. **1** *(di gusto)* tastelessness, blandness **2** *(di stile, conversazione)* dullness, banality.

scipito /ʃi'pito/ agg. [*cibo, cucina*] dull, insipid; FIG. [*chiacchiere*] dull, vapid.

scippare /ʃip'pare/ [1] tr. to snatch [*borsa*]; ***si è fatta ~ la borsa*** she had her bag snatched.

scippatore /ʃippa'tore/ m. (f. **-trice** /tritʃe/) (bag) snatcher.

scippo /'ʃippo/ m. bag snatching.

sciroccata /ʃirok'kata/ f. south-east gale.

scirocco /ʃi'rɔkko/ m. sirocco*.

sciroppare /ʃirop'pare/ [1] **I** tr. ~ ***la frutta*** to syrup fruit **II sciropparsi** pronom. COLLOQ. SCHERZ. to get* stuck with; ***mi sono sciroppato i miei suoceri per tutto il weekend*** I had to put up with my in-laws for the whole weekend.

sciroppato /ʃirop'pato/ **I** p.pass. → **sciroppare II** agg. ***pesche -e*** peaches in syrup.

▷ **sciroppo** /ʃi'rɔppo/ m. **1** GASTR. *(per dessert, bevanda)* syrup; ~ ***di fragole, menta*** strawberry, mint cordiale *o* syrup **2** MED. mixture, syrup; ~ ***per la tosse*** cough mixture *o* syrup, linctus ◆◆ ~ ***d'acero*** maple syrup.

sciropposo /ʃirop'poso/ agg. **1** [*liquore*] syrupy **2** FIG. *(melenso)* [*film*] syrupy.

scirro /'ʃirro/ m. scirrhus.

scisma /'ʃizma/ m. **1** *(separazione)* schism; ***lo ~ anglicano*** the Anglican Schism; ***il grande ~ d'Occidente*** the Great Schism; ***lo ~ d'Oriente*** the Byzantine Schism **2** POL. *(scissione)* schism.

scismatico, pl. **-ci**, **-che** /ʃiz'matiko, tʃi, ke/ **I** agg. [*setta*] schismatic, schismatical **II** m. (f. **-a**) schismatic.

scissile /'ʃissile/ agg. scissile.

scissione /ʃis'sjone/ f. **1** *(secessione) (di movimento, alleanza)* split; *(di gruppo)* splitting; *(di società)* demerger; ***la ~ di un partito*** the split of a party **2** CHIM. scission **3** BIOL. FIS. fission.

scissionismo /ʃissjo'nizmo/ m. secessionism.

scissionista, m.pl. **-i**, f.pl. **-e** /ʃissjo'nista/ **I** agg. [*corrente, politica*] secessionist **II** m. e f. secessionist.

scissionistico, pl. **-ci**, **-che** /ʃissjo'nistiko, tʃi, ke/ agg. POL. [*fazione, gruppo*] breakaway attrib., secessional.

scissura /ʃis'sura/ f. **1** ANAT. fissure **2** FIG. *(dissidio)* disagreement (**in seno a** within).

scisto /'ʃisto/ m. schist ◆◆ ~ ***argilloso*** shale; ~ ***bituminoso*** oil shale.

scistosità /ʃistosi'ta/ f.inv. schistosity.

scistoso /ʃis'toso/ agg. [*roccia*] schistose.

scita, m.pl. **-i**, f.pl. **-e** /'ʃita/ **I** agg. Scythian **II** m. e f. *(persona)* Scythian.

scitico, pl. **-ci**, **-che** /'ʃitiko, tʃi, ke/ agg. Scythian.

sciupafemmine /ʃupa'femmine/ m.inv. REGION. seducer.

▷ **sciupare** /ʃu'pare/ [1] **I** tr. **1** *(rovinare)* to damage [*oggetto*]; to spoil* [*vestito, tessuto*]; to fade [*bellezza, colore*] **2** *(sprecare)* to waste, to squander, to throw* away [*tempo, cibo, vita, talento*]; to bungle, to foul up, to waste [*occasione*]; to fling* around, to fool away, to waste [*denaro*]; ~ ***ogni possibilità*** to blow one's chances **3** FIG. to spoil*, to ruin [*serata*] **II sciuparsi** pronom. **1** *(rovinarsi)* [*oggetto*] to get* damaged; [*vestito, tessuto*] to look worn, to get* ruined; [*bellezza, colore*] to fade; [*volto*] to crumple **2** *(deperire)* [*persona*] to get* run down; *(dimagrire)* to lose* weight **3** *(sprecarsi)* to strain oneself; ***non ti sei certo sciupato!*** you certainly didn't kill yourself!

sciupato /ʃu'pato/ **I** p.pass. → **sciupare II** agg. **1** *(rovinato)* [*mobile, oggetto*] damaged, flyblown; [*vestito, aspetto*] disreputable; *(per essere stato troppo in negozio)* shop-soiled; [*libro, valigia*] damaged, battered; *(deperito)* [*viso*] drawn, worn-out; ***ti trovo ~*** you look a bit run down **2** *(sprecato)* [*tempo, cibo, vita, talento, denaro*] wasted; ***una giovinezza -a*** a misspent youth.

sciupio, pl. **-ii** /ʃu'pio, ii/ m. wastage, spoilage.

sciupone /ʃu'pone/ m. (f. **-a**) waster, wasteful person.

sciuride /'ʃuride/ m. sciurine, ground-squirrel.

scivolamento /ʃivola'mento/ m. trickle.

▶ **scivolare** /ʃivo'lare/ [1] intr. (aus. *essere*) **1** *(perdere stabilità)* [*persona, oggetto*] to slide*, to skid, to slip (**su** on); ~ ***da*** to slide off [*tetto, tavolo, scrivania*]; ~ ***su una buccia di banana*** to slip on a banana skin; ***si scivola!*** it's slippery! **2** *(spostarsi)* [*pattinatore, auto, nave*] to glide; ~ ***sulla ringhiera*** to slide down the banisters; ***il battello scivolava sull'acqua*** the boat slipped through the water **3** *(non aderire)* [*sci, scarpe*] to slide*; ***i miei sci non scivolano (bene)*** my skis are sticking **4** *(sfuggire dalle mani)* ***il bicchiere gli scivolò di mano*** the glass slipped out of his hand; ~ ***tra le mani*** to run through sb.'s hands **5** *(infilare)* ***fare ~ qcs. in*** to slip sth. into [*cassetta delle lettere*]; ***ho fatto ~ la lettera in tasca, sotto la porta*** I slipped the letter into my pocket, under the door; *(infilarsi, insinuarsi)* ~ ***dietro, sotto qcs.*** to creep behind, under sth.; ~ ***attraverso*** to ease oneself through; ~ ***sotto le lenzuola*** to slip between the sheets; ***scivolai fuori dalla stanza*** I edged out of the room; ~ ***al proprio posto*** to slither *o* slip into one's seat **6** FIG. *(passare insensibilmente)* to slide* (**in** into); ~ ***nella noia*** to sink into boredom; ~ ***nel pessimismo*** to sink into gloom; ***il paese sta scivolando verso la recessione*** the country is drifting towards *o* sliding into recession **7** FIG. *(passare sopra)* ~ ***su qcn.*** [*offesa, critica*] to have no effect on; *(non approfondire)* ~ ***su*** to skate over [*argomento, domanda*].

scivolata /ʃivo'lata/ f. **1** *(perdita di equilibrio)* slip **2** SPORT dodge, glissade; ***fare una ~*** to glissade ◆◆ ~ ***d'ala*** AER. sideslip.

scivolo /'ʃivolo/ m. **1** *(di piscina, parco giochi)* chute, slide; *(piano per spostare oggetti)* skid; ***andare sullo ~*** to go on the slide **2** TECN. slide **3** AER. *(per l'evacuazione)* ~ ***di emergenza*** escape chute *o* slide **4** MAR. slipway.

scivolone /ʃivo'lone/ m. slip; FIG. pratfall.

scivolosità /ʃivolosi'ta/ f.inv. slipperiness (**di** of).

scivoloso /ʃivo'loso/ agg. **1** *(sdrucciolevole)* [*superficie, pavimento, strada*] glassy, slippery, slithery **2** FIG. [*personaggio, maniere*] smarmy.

sclarea /skla'rɛa/ f. clary.

sclera /'sklɛra/ f. sclera.

sclerale /skle'rale/ agg. scleral.

sclerare /skle'rare/ [1] intr. (aus. *avere*) GERG. to be* off one's trolley; ***sto sclerando!*** I'm going off my rocker!

sclereide /skle'rɛide/ f. sclereid.

sclerenchima /skle'rɛnkima/ m. BOT. sclerenchyma.

sclerite /skle'rite/ ➧ **7** f. scleritis.

scleroderma /sklero'dɛrma/ m. scleroderma.

sclerodermia /skleroder'mia/ ➧ **7** f. sclerodermia.

scleroma /skle'rɔma/ m. scleroma*.

sclerometro /skle'rɔmetro/ m. sclerometre.

scleroproteina /skleroprote'ina/ f. scleroprotein.

sclerosante /sklero'zante/ agg. MED. [*terapia, sostanza*] sclerosing.

sclerosare /sklero'zare/ [1] tr. MED. to sclerose [*vaso sanguigno*].

sclerosi /skle'rɔzi, 'sklɛrozi/ ➧ **7** f.inv. **1** MED. sclerosis; ~ ***delle arterie*** hardening of the arteries **2** FIG. *(immobilismo)* fossilization ◆◆ ~ ***a placche*** o ***multipla*** multiple sclerosis.

sclerotica /skle'rɔtika/ f. sclera.

sclerotico, pl. **-ci**, **-che** /skle'rɔtiko, tʃi, ke/ agg. [*tessuto, arteria*] sclerotic.

sclerotizzante /sklerotid'dzante/ agg. [*stile di vita, lavoro*] mind-numbing.

sclerotizzare /sklerotid'dzare/ [1] **I** tr. MED. to sclerose [*vaso sanguigno*] **II sclerotizzarsi** pronom. **1** MED. [*tessuto, organo, vena*] to become* hardened, to become* sclerosed **2** FIG. *(cristallizzarsi)* [*persona, istituzione*] to become* fossilized.

sclerotomia /skleroto'mia/ f. sclerotomy.

sclerozio, pl. **-zi** /skle'rɔttsjo, tsi/ m. *(di segala)* sclerotium*.

scocca, pl. **-che** /'skɔkka, ke/ f. *(di automobile)* body shell.

1.scoccare /skok'kare/ [1] **I** tr. **1** *(lanciare)* to fire, to shoot*, to loose* (off), to release [*freccia*] **2** *(battere)* [*orologio, campanile*] to strike* [*ora*] **3** FIG. to smack [*bacio*]; to dart, to shoot* [*occhiataccia*] **II** intr. (aus. *essere*) **1** *(scattare)* [*trappola*] to be* released **2** *(sprigionarsi)* [*scintilla*] to shoot* up **3** *(suonare)* [*ora*] to strike*.

2.scoccare /skok'kare/ m. ***allo ~ della mezzanotte*** at the stroke of midnight.

scocciante /skot'tʃante/ agg. [*persona*] plaguey, bothering, irritating.

▷ **scocciare** /skot'tʃare/ [1] **I** tr. COLLOQ. [*persona*] to annoy, to bother, to grate, to worry; ~ ***qcn. con*** to bother sb. with [*dettagli, problemi, questioni*]; ~ ***qcn. per*** to give sb. grief *o* hassle about; ***mi scoccia che*** it peeves me that; ***piantala di scocciarmi!*** stop bothering me! **II scocciarsi** pronom. **1** *(infastidirsi)* to get* miffed (**per** about, over) **2** *(stufarsi)* to be* fed up; ***mi sono scocciato di aspettare*** I'm fed up with waiting.

scocciato /skot'tʃato/ **I** p.pass. → **scocciare II** agg. [*persona*] peeved, narked; ***sembri ~*** you look fed up *o* teed off.

scocciatore /skottʃa'tore/ m. (f. **-trice** /tritʃe/) nuisance, pest.

scocciatura /skottʃa'tura/ f. nuisance, hassle, peeve, bummer POP.; ***è una terribile ~!*** it's a fearful nuisance! ***una bella ~*** a bit *o* a spot of bother.

▷ **scodella** /sko'dɛlla/ f. bowl; ***una ~ di latte*** a bowl *o* bowlful of milk; ~ ***per il riso*** rice bowl.

scodellare /skodel'lare/ [1] tr. **1** *(versare)* to dish up, to serve up, to ladle out [*latte, minestra*] **2** COLLOQ. *(spiattellare)* to dish up [*bugie, fandonie*]; ~ ***tutto in giro*** to shoot one's mouth off **3** COLLOQ. *(partorire)* to give* birth to [*figlio*].

scodellino /skodel'lino/ m. **1** MECC. cup **2** MIL. pan.

scodinzolamento /skodintsola'mento/ m. tail-wag.

scodinzolante /skodintso'lante/ agg. [*coda*] wagging.

scodinzolare /skodintso'lare/ [1] intr. (aus. *avere*) **1** *(agitare la coda)* [*cane*] to wag one's tail; FIG. [*persona*] to waggle **2** FIG. *(mostrarsi servile)* to suck up, to grovel.

scodinzolio, pl. **-ii** /skodintso'lio, ii/ m. *(di coda di cane)* wagging.
scodinzolo /sko'dintsolo/ m. *(nello sci)* wedeln; ***fare lo ~*** to wedeln.
scoglia /'skɔʎʎa/ f. *(di rettile)* slough.
scogliera /skoʎ'ʎɛra/ f. *(costa rocciosa)* cliff; *(rocce a pelo d'acqua)* bluff, reef; ***la ~ è a strapiombo sul mare*** the cliff drops into the sea. ◆◆ ***~ artificiale*** rip-rap.
▷ **scoglio**, pl. **-gli** /'skɔʎʎo, ʎi/ m. **1** *(roccia)* rock, reef; ***finire contro gli -gli*** to drift onto the rocks **2** FIG. hurdle, pitfall; ***superare uno ~*** to get *o* be over the hump; ***c'è uno ~*** there's one fly in the ointment.
scoglioso /skoʎ'ʎoso/ agg. [*mare*] rocky, cliffy.
▷ **scoiattolo** /sko'jattolo/ m. squirrel ◆◆ ***~ grigio*** grey squirrel; ***~ rosso*** red squirrel; ***~ di terra*** gopher; ***~ volante*** flying squirrel.
scolabottiglie /skolabot'tiʎʎe/ m.inv. **1** bottle drainer **2** FIG. *(ubriacone)* drunkard.
scolapasta /skola'pasta/ m.inv. colander.
▷ **scolara** /sko'lara/ f. pupil, schoolchild*, schoolgirl.
scolapiatti /skola'pjatti/ m.inv. (plate-)rack, drainer.
1.scolare /sko'lare/ [1] **I** tr. to drain, to strain [*riso, pasta, verdure*]; to empty [*bottiglia, bicchiere*] **II** intr. (aus. *avere*) [*riso, piatti, verdura*] to drain; ***lasciare qcs. a ~*** to leave sth. to drain **III scolarsi** pronom. [*persona*] to drain, to get* through, to put* away, to knock back, to buzz COLLOQ. [*bottiglia, bicchiere*]; ***si è scolato il bicchiere in due secondi*** he downed his drink in two seconds flat.
2.scolare /sko'lare/ agg. ***età ~*** school age; ***essere in età ~*** to be of school age.
scolaresca, pl. **-sche** /skola'reska, ske/ f. *(di una classe)* class; *(di una scuola)* pupils, students.
scolaretta /skola'retta/ f. schoolgirl.
scolaretto /skola'retto/ m. schoolboy.
scolarità /skolari'ta/ f.inv. schooling.
scolarizzare /skolarid'dzare/ [1] tr. BUROCR. to educate.
scolarizzazione /skolariddzat'tsjone/ f. schooling, education; ***~ degli adulti*** adult education; ***il tasso di ~*** the percentage of children in school; ***l'incremento della ~ di un gran numero di giovani*** the increased numbers of young people staying on at school.
▷ **scolaro** /sko'laro/ m. pupil, schoolchild*, schoolboy.
scolastica /sko'lastika/ f. scholasticism.
scolasticamente /skolastika'mente/ avv. scolastically.
▷ **scolastico**, pl. **-ci, -che** /sko'lastiko, tʃi, ke/ **I** agg. **1** SCOL. [*programma, rendimento, torneo, gita*] school attrib., scholastic; [*riforma, pubblicazione*] educational; ***iscrizioni -che*** school enrolment; ***tasse -che*** school fees; ***vacanze -che*** school holidays; ***libro ~*** schoolbook; ***l'inizio di un nuovo anno ~*** the start of a new school year; ***istituto ~*** BUROCR. school, schoolhouse; ***le autorità -che*** the school authorities **2** FILOS. scholastic **II** m. STOR. schoolman*.
scolatoio, pl. **-oi** /skola'tojo, oi/ m. draining board.
scolatura /skola'tura/ f. *(di piatti, riso, verdure)* draining.
scolecite /skole'tʃite/ f. scolecite.
scoliaste /sko'ljaste/ m. scholiast.
scolice /'skɔlitʃe/ m. scolex*.
scolimo /'skɔlimo/ m. scolymus.
scolio, pl. **-li** /'skɔljo, li/ m. FILOS. scholium*.
scoliosi /sko'ljɔzi/ ♦ **7** f.inv. scoliosis.
scoliotico, pl. **-ci, -che** /sko'ljɔtiko, tʃi, ke/ agg. scoliotic.
scollacciato /skollat'tʃato/ agg. **1** *(scollato)* [*vestito*] very low-cut; [*persona*] wearing a very low-cut dress **2** FIG. *(licenzioso)* [*barzelletta*] coarse.
scollamento /skolla'mento/ m. **1** *(di manifesto, etichetta)* peeling off **2** MED. *(di retina)* detachment **3** FIG. *(di coalizione)* split (**di** of).
1.scollare /skol'lare/ [1] **I** tr. *(staccare)* to peel away [*etichetta, manifesto*]; to unglue, to unstick* [*francobollo*] ***~ con il vapore*** to steam off [*etichetta, carta*] **II scollarsi** pronom. **1** *(staccarsi)* [*manifesto, etichetta*] to peel off, to come* unglued **2** FIG. to drag (oneself) away; ***non si scolla mai da quel televisore*** he's always glued to the television.
2.scollare /skol'lare/ [1] **I** tr. ABBIGL. ***~ un vestito sul davanti, sulla schiena*** to make a dress low-cut at the front, at the back **II scollarsi** pronom. *(indossare abiti scollati)* [*persona*] to wear* low-necked dresses.
1.scollato /skol'lato/ **I** p.pass. → **1.scollare II** agg. *(staccato)* [*etichetta, manifesto*] unglued, unstuck.
2.scollato /skol'lato/ **I** p.pass. → **2.scollare II** agg. ABBIGL. [*vestito*] low-cut, low-necked, décolleté, revealing; [*camicia*] open-necked; ***un abito ~ sulla schiena*** a backless dress; ***scarpa -a*** court shoe.
1.scollatura /skolla'tura/ f. *(lo scollarsi)* peeling off, detachment.
2.scollatura /skolla'tura/ f. **1** ABBIGL. décolletage, décolleté, neckline; ***avere una ~ profonda*** o ***vertiginosa*** to show a lot of cleavage, to have a plunging neckline; ***~ a barchetta*** boat neck **2** *(parte lasciata scoperta)* cleavage, décolleté.
scollegamento /skollega'mento/ m. disconnection.
scollegare /skolle'gare/ [1] **I** tr. TECN. INFORM. disconnect [*apparecchio, circuito*] **II scollegarsi** pronom. INFORM. to disconnect.
scollegato /skolle'gato/ **I** p.pass. → **scollegare II** agg. [*apparecchio, sistema d'allarme, circuito*] unconnected; [*avvenimenti*] unrelated.
scollo /'skɔllo/ m. → **2.scollatura.**
scolmatore /skolma'tore/ m. drain, floodway.
scolo /'skolo/ ♦ **7** m. **1** *(condotto)* drain; ***canale di ~*** drainage channel, gully; ***fossa, tubo di ~*** drainage hole, pipe; ***acque di ~*** (sewage) sludge, waste water **2** *(deflusso di liquidi)* draining **3** MED. *(fuoriuscita di umore)* discharge; POP. *(blenorragia)* gleet, clap; ***prendersi lo ~*** to get a dose of the clap.
scolopendra /skolo'pɛndra/ f. scolopendra.
scolopendrio, pl. **-dri** /skolo'pɛndrjo, dri/ m. scolopendrium.
scolopio, pl. **-pi** /sko'lɔpjo, pi/ m. Piarist.
scoloramento /skolora'mento/ → **scolorimento**.
scolorare /skolo'rare/ [1] **I** tr. to discolour BE, to discolor AE, to fade [*tessuto*] **II scolorarsi** pronom. **1** *(stingersi)* [*tappeto, tenda, tessuto*] to discolour BE, to discolor AE, to fade **2** FIG. *(per un'emozione)* ***-rsi in viso*** to grow* pale.
scolorimento /skolori'mento/ m. discolouration BE, discoloration AE, bleaching.
scolorina /skolo'rina/ f. ink remover.
scolorire /skolo'rire/ [102] **I** tr. **1** *(far stingere)* [*luce, lavaggio*] to fade, to discolour BE, to discolor AE [*vestito, tenda, stoffa*] **2** FIG. [*tempo*] to dim [*ricordi*] **II** intr. (aus. *essere*) **1** *(perdere colore)* [*vestito, tessuto*] to fade, to lose* colour **2** *(impallidire)* [*persona, viso*] to grow* pale **3** FIG. [*ricordo*] to dim **III scolorirsi** pronom. [*tappeto, tenda*] to fade; ***-rsi con il lavaggio*** [*vestito, tessuto*] to fade in the wash.
scolorito /skolo'rito/ **I** p.pass. → **scolorire II** agg. **1** *(sbiadito)* [*stoffa, vestito*] faded, washed-out; *(pallido)* [*viso*] colourless BE, colorless AE **2** FIG. *(scialbo)* [*prestazione, rappresentazione*] colourless BE, colorless AE.
scolpare /skol'pare/ [1] **I** tr. to exculpate, to vindicate [*persona*] **II scolparsi** pronom. [*persona*] to purge oneself of a charge.
▷ **scolpire** /skol'pire/ [102] tr. **1** *(realizzare)* to carve, to shape, to sculpt, to sculpture [*statua, busto, ornamento, mobile*]; ***~ una figura da un pezzo di legno*** to chisel a figure out of a piece of wood **2** *(lavorare)* to sculpt, to carve [*pietra, marmo, legno*] **3** *(incidere)* to engrave, to carve [*iscrizione*] **4** *(erodere)* [*mare, erosione*] to shape [*roccia, scogliera*] **5** FIG. LETT. to engrave; ***~ qcs. nella memoria di qcn.*** to engrave sth. in the memory of sb.
scolpito /skol'pito/ **I** p.pass. → **scolpire II** agg. **1** *(lavorato)* [*oggetto, materiale*] carved; ***camino di marmo ~*** sculpted marble mantelpiece **2** FIG. [*ricordo, esperienza*] engraved; ***essere ~ nella memoria di qcn.*** to be engraved in sb.'s memory.
scolpitura /skolpi'tura/ f. AUT. tread.
scolta /'skolta/ f. **1** *(sentinella)* sentry **2** *(guardia)* guard; ***essere di ~*** to keep watch.
scombinare /skombi'nare/ [1] tr. **1** *(mettere in disordine)* to mess up, to mix up [*carte, libri*] **2** *(mandare a monte)* to upset* [*piano, progetto*].
scombinato /skombi'nato/ **I** p.pass. → **scombinare II** agg. *(confuso)* [*discorso, progetto*] confused, muddleheaded; [*persona*] clumsy **III** m. (f. **-a**) muddle-head.
scombro /'skombro/ m. mackerel*; ***~ cavallino*** cavalla.
scombussolamento /skombussola'mento/ m. upheaval, shake-up; ***~ di stomaco*** stomach upset.
scombussolare /skombusso'lare/ [1] tr. **1** *(confondere)* [*persona, avvenimento, notizia*] to rock, to shake, to unsettle, to screw up COLLOQ. [*persona*] **2** *(mandare all'aria)* to disrupt, to upset [*piani, progetti, abitudini*] **3** *(mettere sottosopra)* ***gli ha scombussolato lo stomaco*** it upset his insides.
scombussolio, pl. **-ii** /skombusso'lio, ii/ m. muddle, buffle.
▷ **scommessa** /skom'messa/ f. **1** SPORT bet; ***una ~ di due milioni*** a two million bet; ***fare una ~ in una corsa*** to have a bet *o* gamble on a race; ***piazzare una ~ su*** to place *o* put *o* lay a bet on [*cane, cavallo*]; ***accettare -e su*** to keep a book on; ***aprire le -e su*** to open *o* start a book on; ***fare una ~ su un cavallo piazzato*** to place an each way bet on a horse, to make a place-bet; ***vincere alle -e dei cavalli*** to have a win *o* to win a wager on the horses; ***fare qcs. per ~*** to do sth. for a bet; ***~ accettata!*** you're on! ***si accettano -e*** FIG. bets are

now being taken **2** *(attività)* betting; ***le -e sono proibite*** betting is prohibited; ***-e clandestine*** clandestine *o* illegal betting **3** *(sfida)* gamble; ***una ~ sull'avvenire*** a gamble with the future.

scommesso /skom'messo/ **I** p.pass. → **scommettere II** agg. [*somma*] bet, wagered.

▷ **scommettere** /skom'mettere/ [60] tr. **1** *(fare una scommessa)* to bet*; ***scommettiamo? scommetti?*** do you want to bet? ***~ su qcs.*** to have a gamble on sth.; ***qualcosa andrà male, puoi scommetterci!*** something will go wrong, you can bet on it! ***scommetti che riesco a farlo?*** bet you I can do it? ***~ qcs. con qcn.*** to bet sb. sth.; ***ci scommetto un milione, tutto quello che vuoi che non sarà eletto*** I bet you one million, anything that he won't be elected; ***scommetto che non lo farai*** I bet that you won't do it; ***puoi scommetterci la testa (che)*** you can bet your life *o* your boots *o* your bottom dollar (that) **2** SPORT to gamble, to put* on, to stake, to venture, to wager [*denaro*]; ***~ su*** to bet on, to place a bet on, to back [*cavallo, pugile*]; ***~ forte su un cavallo*** to bet heavily on a horse **3** *(essere certo)* to bet*; ***scommetto che sei infuriato*** I bet you're furious; ***ci avrei scommesso!*** I could have bet on it! I knew it! ***scommetti che arriverà tardi?*** what price he'll turn up late? ***scommetto che è sposata*** she's married I'll warrant.

scommettitore /skommetti'tore/ m. (f. **-trice** /tritʃe/) better, backer, wagerer.

scomodamente /skomoda'mente/ avv. inconveniently, uncomfortably.

scomodare /skomo'dare/ [1] **I** tr. **1** *(disturbare)* to disturb, to bother, to inconvenience [*persona*]; ***~ dieci persone per arrivare al proprio posto*** to disturb ten people getting to one's seat; ***lo abbiamo scomodato tre volte questa notte*** we've called him out three times last night; ***~ qcn. per niente*** to bother *o* trouble sb. for nothing **2** FIG. *(chiamare in causa)* ***non c'è bisogno di scomodare Einstein per risolvere questo problema*** you don't need Einstein to solve this problem **II scomodarsi** pronom. **1** *(prendersi il disturbo)* to put* oneself out (**per fare** to do); [*medico*] to come* out; ***non scomodarti per noi*** don't put yourself out for us; ***telefona, non hai bisogno di scomodarti per fare un'ordinazione*** you don't have to go out to place an order, just phone **2** *(alzarsi)* ***non si scomodi!*** don't put yourself out!

scomodità /skomodi'ta/ f.inv. *(di situazione, condizione)* uncomfortableness; *(di dispositivo, sistema)* awkwardness, clumsiness; ***vivere nella ~*** to live without one's creature comforts.

▷ **1.scomodo** /'skɔmodo/ agg. **1** *(non confortevole)* [*sedile, alloggio, luogo*] uncomfortable; [*strumento*] awkward, clumsy, unhandy; [*metodo*] cumbersome; ***essere seduto in una posizione -a*** to be sitting in an awkward position; ***mi sembri ~ su quella sedia*** you look uncomfortable in that chair **2** *(poco pratico)* [*orario*] inconvenient; ***mi è*** o ***mi viene ~ fare*** it's inconvenient for me to do; ***è molto ~ abitare così lontano dalla stazione*** living so far from the station is very inconvenient **3** *(sgradevole)* [*situazione, posizione*] uncomfortable, embarrassing **4** *(difficile, imbarazzante)* [*personaggio, testimone*] troublesome.

2.scomodo /'skɔmodo/ m. *(disturbo)* trouble, inconvenience.

scompaginamento /skompadʒina'mento/ m. upsetting, upset, upheaval.

scompaginare /skompadʒi'nare/ [1] **I** tr. **1** *(dissestare)* to mess, to muddle up [*carte*]; to unsettle, to disrupt, to disarrange [*struttura, sistema*] **2** TIP. ***~ un libro*** to break up a book **II scompaginarsi** pronom. [*struttura, sistema*] to be* disrupted, to be* upset.

scompaginato /skompadʒi'nato/ **I** p.pass. → **scompaginare II** agg. [*libro*] with loose pages; [*struttura, sistema*] upset, disarranged.

scompagnare /skompaɲ'ɲare/ [1] tr. to mismatch, to split* up [*servizio, scarpe*].

scompagnato /skompaɲ'ɲato/ **I** p.pass. → **scompagnare II** agg. [*calzino, guanto*] odd; [*scarpa, sedia*] unmatched.

▶ **scomparire** /skompa'rire/ [47] intr. (aus. *essere*) **1** *(sparire alla vista)* [*persona, oggetto*] to disappear, to vanish; *(dissolversi)* [*profilo, immagine*] to dissolve; [*fumo, nebbia*] to clear, to evanesce; ***~ dalla scena politica*** to disappear *o* fade away from the political scene; ***il sole, la luna scompare all'orizzonte*** the sun, the moon is dipping *o* going in below the horizon; ***~ nel buio*** to disappear into the night; ***~ in lontananza*** to vanish into the distance; ***i problemi non scompariranno certo da soli!*** the problems aren't just going to go away! **2** *(diventare introvabile)* [*oggetto, persona*] to disappear; ***l'aereo è scomparso nel cielo sopra l'Atlantico*** the plane disappeared somewhere over the Atlantic; ***centinaia di persone scompaiono ogni anno*** hundreds of people go missing every year; ***~ senza lasciare traccia*** to disappear without a trace; ***fare ~ le prove*** to flush away *o* remove evidence; ***~ dalla faccia della terra*** to vanish off the face of the earth **3** *(essere soppresso)* [*dolore, sintomo*] to go*, to lift; [*paura, fiducia*] to melt away; ***fare ~*** [*medicina*] to get rid of [*dolore, febbre*] **4** EUFEM. *(morire)* [*persona*] to pass away, to go*; ***~ in mare*** to be lost at sea; ***fare ~ qcn.*** *(togliere di mezzo)* to get rid of sb. **5** *(cadere in disuso)* [*tradizione, usanza, lingua*] to die out, to disappear, to become* extinct **6** *(sfigurare)* [*persona, merito*] to pale, to fade (**di fronte**, **davanti a** in front of).

▷ **scomparsa** /skom'parsa/ f. **1** *(sparizione)* disappearance; ***la sua ~ gli ha causato molte preoccupazioni*** her disappearance caused him a lot of worry; ***la ~ dei costumi tradizionali*** the passing *o* vanishing of traditional customs **2** EUFEM. *(morte)* passing.

scomparso /skom'parso/ **I** p.pass. → **scomparire II** agg. **1** *(rapito, morto presunto)* [*persona*] missing; ***registro delle persone -e*** missing persons' register **2** *(perduto)* [*civiltà, tradizione, popolazione, specie*] extinct, lost **3** EUFEM. *(morto)* [*persona*] gone; ***il nostro amico ~*** our dear friend who is no longer with us **III** m. (f. **-a**) **1** *(persona introvabile)* missing person (anche DIR.) **2** EUFEM. *(morto)* dead person, absent one.

▷ **scompartimento** /skomparti'mento/ m. **1** *(di vagone ferroviario)* section; ***~ fumatori*** smoker **2** *(scomparto)* compartment.

scomparto /skom'parto/ m. *(di mobile, cassetto, scatola)* compartment; *(di borsa, portafoglio)* pocket.

scompensare /skompen'sare/ [1] tr. **1** *(creare squilibrio)* to unbalance **2** MED. to cause decompensation in.

scompensato /skompen'sato/ **I** p.pass. → **scompensare II** agg. **1** *(squilibrato)* unbalanced **2** MED. [*cardiopatia*] decompensated; [*persona*] suffering from decompensation **III** m. (f. **-a**) person suffering from decompensation.

scompenso /skom'pɛnso/ m. **1** *(sbilanciamento)* lack of balance **2** MED. decompensation ◆◆ MED. ***~ cardiaco*** cardiac insufficiency.

scompigliare /skompiʎ'ʎare/ [1] **I** tr. [*persona*] to derange, to disarrange, to discompose [*carte, libri, stanza*]; [*vento, persona*] to ruffle, to muss up COLLOQ. [*capelli*]; FIG. to shake* up [*idee, progetti*] **II scompigliarsi** pronom. [*capelli*] to get* messed up, to become* tanged.

scompigliato /skompiʎ'ʎato/ **I** p.pass. → **scompigliare II** agg. [*carte, libri*] disarranged; [*capelli*] ruffled, rumpled, mussy.

scompiglio, pl. **-gli** /skom'piʎʎo, ʎi/ m. disarrangement, hurly-burly, tumult, upheaval, upset; ***seminare lo ~*** to sow discord; ***gettare lo ~*** to stir up trouble; ***creare ~*** to cause havoc; ***gettare lo ~ negli animi*** to sow confusion in people's minds.

scompisciarsi /skompiʃ'ʃarsi/ [1] pronom. ***~ dalle risate*** to dissolve into giggles *o* laughter.

scomponibile /skompo'nibile/ agg. [*mobile, armadio*] decomposable, modular; ***~ in fattori*** MAT. [*numero*] factorable.

scomporre /skom'porre/ [73] **I** tr. **1** *(dividere in parti)* to break* down, to separate, to resolve; ***~ qcs. nelle sue singole parti*** to resolve sth. into its components **2** *(analizzare)* to break* down [*ragionamento, argomentazione, frase*] (**in** into) **3** CHIM. FIS. to decompose [*composto, luce*]; to break* down [*gas*]; to dissect [*molecola, gene*] **4** MAT. *(in fattori)* to factorize [*prodotto, numero*] **5** *(scompigliare)* [*vento*] to ruffle, to mess up [*capelli*] **6** FERR. to split* up [*vagoni*] **7** GIORN. TIP. to distribute **8** FIG. *(alterare)* [*emozione*] to distort [*lineamenti, viso*] **II scomporsi** pronom. *(alterarsi)* [*viso, lineamenti*] to become* distorted; *(turbarsi)* [*persona*] to become* flustered, to be* touched; ***rispondere senza -rsi*** to answer without getting flustered.

scomposizione /skompozit'tsjone/ f. **1** *(di frase, ragionamento)* breaking down **2** BIOL. CHIM. dissection, breakdown (**in** into) **3** MAT. ***~ in fattori*** factorization **4** FERR. splitting up **5** TIP. distribution.

scompostezza /skompos'tettsa/ f. *(di atteggiamento, modi)* coarseness, unseemliness; *(di abbigliamento)* dishevelment, disorder.

scomposto /skom'posto/ **I** p.pass. → **scomporre II** agg. [*modi, abbigliamento*] coarse, unseemly; [*capelli*] ruffled, rumpled.

scomputare /skompu'tare/ [1] tr. to deduct.

scomputo /'skɔmputo/ m. deduction.

scomunica /sko'munika/ f. excommunication; ***lanciare la ~ contro qcn.*** to excommunicate sb.; ***bolla di ~*** excommunication bull.

scomunicabile /skomuni'kabile/ agg. excommunicable.

scomunicare /skomuni'kare/ [1] tr. to excommunicate.

scomunicato /skomuni'kato/ **I** p.pass. → **scomunicare II** agg. excommunicate **III** m. (f. **-a**) excommunicate.

sconcertante /skontʃer'tante/ agg. [*persona, fatto, atteggiamento, coincidenza, somiglianza, comportamento*] baffling, puzzling, bewildering; [*notizia, rivelazione*] staggering; [*esperienza, occasione*] unnerving; ***essere di una franchezza ~*** to be disconcertingly frank.

sconcertare /skontʃer'tare/ [1] tr. *(disorientare)* to baffle, to bewilder, to confound, to disconcert, to stagger, to puzzle, to perplex; *(scombussolare)* to upset*, to muddle (up), to ruffle; ***non si è lasciata ~ dalla mia osservazione*** she didn't allow my remark to put her off; ***un mistero che ha sconcertato gli esperti*** a mystery which has beaten the experts; ***la notizia mi ha sconcertato*** I was thrown by the news.

sconcertato /skontʃer'tato/ **I** p.pass. → **sconcertare II** agg. [*persona*] baffled, bewildered, ruffled, staggered; [*espressione, sguardo*] puzzled, wondering; ***rimanere ~*** to be taken aback.

sconcerto /skon'tʃɛrto/ m. bafflement, bewilderment, disconcertment; ***provare ~*** to be disconcerted; ***con suo grande ~*** to her bewilderment.

sconcezza /skon'tʃettsa/ f. **1** *(carattere)* smuttiness **2** *(cosa detta)* indecency, obscenity.

sconcio, pl. **-ci**, **-ce** /'skontʃo, tʃi, tʃe/ **I** agg. [*frase, linguaggio*] indecent, rude, scabrous **II** m. indecency.

sconclusionatezza /skonkluzjona'tettsa/ f. incoherence.

sconclusionato /skonkluzjo'nato/ agg. [*discorso*] burbling, rambling; [*programma, relazione, gioco*] scrappy; [*idee, persona*] inconsequent; [*storia*] wild.

scondito /skon'dito/ agg. [*insalata*] undressed; [*riso, pasta*] plain, unseasoned.

sconfessare /skonfes'sare/ [1] tr. to disavow [*dichiarazione, opinione*]; to renounce [*fede*].

sconfessione /skonfes'sjone/ f. disavowal.

sconficcare /skonfik'kare/ [1] tr. to pull out [*chiodi*].

▷ **sconfiggere** /skon'fiddʒere/ [15] tr. **1** *(battere)* to defeat, to beat*, to overcome*, to conquer, to overpower, to rout [*nemico, avversario, esercito*]; to crack [*resistenza, difesa*]; ***~ ai voti*** to vote down [*persona, gruppo*] **2** FIG. to overcome*, to vanquish [*pregiudizi, scetticismo*]; to beat*, to smash, to conquer [*inflazione, disoccupazione*]; to beat*, to stamp out [*malattia, alcolismo*]; ***andiamo a fare una nuotata per ~ il caldo*** we're going swimming to beat the heat; ***~ la fame nel mondo*** to rid the world of famine.

sconfinamento /skonfina'mento/ m. overlap.

sconfinare /skonfi'nare/ [1] intr. (aus. *avere*) **1** *(varcare un confine)* [*contrabbandieri*] to cross the frontier; [*organizzazione, servizio, settore, attività*] to overlap (**in** with); [*persona*] to encroach (**in** upon); ***~ nel territorio di qcn.*** to poach *o* encroach on sb.'s territory (anche FIG.) **2** *(eccedere)* to go* too far **3** FIG. ***~ da*** to wander off [*argomento, tema*].

sconfinatamente /skonfinata'mente/ avv. unboundedly.

sconfinatezza /skonfina'tettsa/ f. unboundedness.

sconfinato /skonfi'nato/ **I** p.pass. → **sconfinare II** agg. **1** *(esteso)* [*pianura, distesa*] boundless, illimitable, limitless, unconfined; [*oceano*] shoreless **2** FIG. [*ammirazione, amore*] unlimited, unbounded; [*gioia*] unconfined; ***sapere ~*** immense learning.

▷ **sconfitta** /skon'fitta/ f. **1** *(di nemico, avversario, partito)* defeat, debacle; *(di esercito)* rout, setback; ***subire una ~*** to suffer a defeat, to meet with a defeat; ***accettare la ~*** to admit *o* accept defeat; ***una ~ personale, schiacciante*** a personal, resounding defeat; ***~ dopo ~*** defeat on defeat; ***il sapore amaro della ~*** the bitter aftertaste of defeat; ***la ~ gli brucia ancora*** they are still smarting over *o* from their defeat **2** FIG. *(di malattia, analfabetismo)* defeat, eradication ◆◆ ***~ elettorale*** election defeat; ***~ interna*** SPORT home defeat.

sconfitto /skon'fitto/ **I** p.pass. → **sconfiggere II** agg. [*squadra, esercito, nemico, partito*] defeated, beaten; [*persona*] defeated, dished; ***parte già ~*** she has given up before she has even started; ***dichiararsi ~*** to admit defeat (**di fronte a qcn.** to sb.; **di fronte a qcs.** faced with sth.) **III** m. (f. **-a**) loser.

sconfortante /skonfor'tante/ agg. [*prospettiva, futuro*] bleak; [*statistica, notizia, pensiero*] unpalatable, disheartening, discouraging; [*fallimento, tentativo*] dismal; ***è ~ sentire, pensare che*** it is saddening to hear, to think that.

sconfortare /skonfor'tare/ [1] **I** tr. to discourage, to dishearten [*persona*] **II sconfortarsi** pronom. to lose* heart, to become* discouraged.

sconfortato /skonfor'tato/ **I** p.pass. → **sconfortare II** agg. [*persona*] disheartened, downhearted, desolate.

▷ **sconforto** /skon'fɔrto/ m. discouragement, despondency; ***cadere nello ~*** to lose heart; ***in un momento di ~*** in a moment of depression.

scongelamento /skondʒela'mento/ m. **1** *(di alimenti)* defreezing, defrosting **2** ECON. *(di crediti, prezzi)* unfreezing.

▷ **scongelare** /skondʒe'lare/ [1] **I** tr. **1** to defreeze*, to defrost, to thaw (out) [*alimento*] **2** MED. to thaw [*embrione, sperma*] **3** ECON. to unfreeze [*crediti*]; to unpeg [*valuta, prezzi*] **II scongelarsi** pronom. [*alimento, piatto*] to thaw (out), to defrost itself.

▷ **scongiurare** /skondʒu'rare/ [1] tr. **1** *(impedire)* to head off, to ward off [*pericolo, discussione*]; ***~ la (cattiva) sorte*** to ward off ill fortune **2** *(supplicare)* to conjure, to implore, to beg [*persona*] (**di fare** to do); ***vi scongiuro*** I beg you.

scongiuro /skon'dʒuro/ m. charm, spell; ***fare gli -i*** to touch wood, to keep one's fingers crossed.

sconnessamente /skonnessa'mente/ avv. [*parlare*] desultorily.

sconnessione /skonnes'sjone/ f. *(di ragionamento)* desultoriness, disconnection, disjointedness.

sconnesso /skon'nɛsso/ **I** p.pass. → **sconnettere II** agg. **1** *(dissestato)* [*assi*] loose; [*strada, marciapiede, sentiero*] full of holes **2** FIG. [*discorso, stile*] abrupt, desultory, disconnected, disjointed, jerky; [*frasi*] broken, jerky; [*idee*] inconsequent, unrelated; [*programma, relazione, saggio*] scrappy.

sconnettere /skon'nɛttere/ [17] **I** tr. *(separare)* to loosen, to separate [*assi*] **II** intr. (aus. *avere*) *(sragionare)* [*persona*] to be* incoherent.

▶ **sconosciuto** /skonoʃ'ʃuto/ **I** agg. [*persona, cause, destinazione, terre*] unknown, strange, unfamiliar; [*scrittore, libro, marca*] obscure, unfamiliar, unheard; [*specie*] unknown, undiscovered; ***è ~ ai servizi di polizia*** he's unknown to the police; ***destinatario ~*** addressee unknown; ***di genitori -i*** of unknown parentage; ***essere in terre -e*** to sail in uncharted waters **II** m. (f. **-a**) **1** *(persona non famosa)* unknown (person); ***è stato uno ~ a ricevere il premio Nobel per la letteratura*** an unknown writer won the Nobel prize; ***è un perfetto ~*** he's a perfect *o* complete *o* total stranger **2** *(estraneo)* stranger; ***non accettare passaggi dagli -i*** don't accept lifts from strangers; ***per me è praticamente uno ~*** he's a comparative stranger to me.

sconquassamento /skonkwassa'mento/ m. → **sconquasso.**

sconquassare /skonkwas'sare/ [1] **I** tr. **1** to break* up, to damage, to shatter [*mobile, meccanismo, porta, finestra*] **2** FIG. *(scombussolare)* to shatter [*persona*]; *(spossare)* [*viaggio, fatica*] to exhaust, to tire out [*persona*] **II sconquassarsi** pronom. [*auto, meccanismo*] to break* up.

sconquassato /skonkwas'sato/ [1] **I** p.pass. → **sconquassare II** agg. **1** *(rovinato)* [*armadio, porta, finestra*] shattered, damaged; [*casa*] damaged **2** FIG. *(scombussolato)* shattered; *(spossato)* exhausted.

sconquasso /skon'kwasso/ m. **1** *(distruzione)* disaster; ***la bufera ha fatto un grande ~*** the storm caused great havoc **2** FIG. commotion, mess, chaos; ***portare lo ~*** to cause chaos.

sconsacrare /skonsa'krare/ [1] tr. to deconsecrate, to disanoint, to unchurch [*chiesa*].

sconsacrato /skonsa'krato/ **I** p.pass. → **sconsacrare II** agg. [*chiesa*] deconsecrated, unchurched.

sconsacrazione /skonsakrat'tsjone/ f. *(di chiesa)* deconsecration (**di** of).

sconsideratamente /skonsiderata'mente/ avv. **1** *(con imprudenza)* [*agire, dire, promettere*] unthinkingly, recklessly, unadvisedly, blithely **2** *(in modo eccessivo)* [*bere, spendere*] wildly.

sconsideratezza /skonsidera'tettsa/ f. foolhardiness, hastiness, recklessness, unadvisedness.

sconsiderato /skonside'rato/ **I** agg. **1** *(avventato)* [*frase, gesto, azione*] hasty, inconsiderate, thoughtless, rash; [*persona*] foolhardy, blithe, reckless, unadvised, unthinking; *(nello spendere)* improvident **2** *(eccessivo)* [*uso, consumo*] ill-considered, careless **II** m. (f. **-a**) scatterbrain.

sconsigliabile /skonsiʎ'ʎabile/ agg. [*piano, azione*] unadvisable; ***è ~ che qcn. faccia*** it is inadvisable for sb. to do.

▷ **sconsigliare** /skonsiʎ'ʎare/ [1] tr. ***~ a qcn. di fare qcs.*** to advise sb. against doing sth., to warn sb. off doing sth.; ***ci ha vivamente sconsigliato di accettare*** he strongly advised us not to accept; ***mi è stato sconsigliato di prendere l'aereo*** I've been advised not to fly.

sconsigliato /skonsiʎ'ʎato/ **I** p.pass. → **sconsigliare II** agg. [*medicina, bevanda, cibo*] not recommended; ***~ ai bambini sotto i dieci mesi*** not recommended for children under 10 months; ***"~ a persone particolarmente sensibili"*** "not suitable for persons of a nervous disposition".

sconsolante /skonso'lante/ agg. [*notizia, situazione*] distressing, hopeless, disheartening; ***è ~ sentire che*** it's sad to hear that.

sconsolatamente /skonsolata'mente/ avv. disconsolately, dispiritedly.

▷ **sconsolato** /skonso'lato/ agg. **1** *(afflitto)* comfortless, disconsolate, uncomforted, unconsoled; ***essere triste e ~*** to be sad and wretched **2** *(triste)* [*tono, espressione*] dispirited.

scontabile /skon'tabile/ agg. [*merce*] discountable; [*cambiale*] bankable.

▷ **scontare** /skon'tare/ [1] tr. **1** ECON. COMM. to discount, to rebate [*cambiale, merce*]; *(dedurre)* to deduct [*somma*] (**da** from) **2** *(espiare)* to atone for [*errore, colpa*]; DIR. to purge, to serve [*pena, condanna*]; to do*, to serve [*periodo di tempo*]; ***finire di ~ una condanna*** to complete a jail sentence.

scontato /skon'tato/ **I** p.pass. → **scontare II** agg. **1** *(ribassato)* [*prezzo*] discounted, reduced; ***a prezzi -i*** [*merce*] at a discount **2** *(espiato)* [*pena, condanna*] purged, served **3** *(prevedibile)* [*vittoria, risultato*] expectable, predictable; *(banale, ovvio)* [*ideologia, stile, musica, battuta*] facile; [*risposta*] stock; ***dare qcs. per ~*** to take sth. for granted; ***la stampa diede per ~ che stesse mentendo*** the press took it as read that he was lying; ***è una conclusione -a*** it is a foregone conclusion **4** ECON. [*cambiale*] paid off.

scontentare /skonten'tare/ [1] tr. to dislease, to dissatisfy, to disaffect.

scontentezza /skonten'tettsa/ f. discontentedness, discontentment, displeasure, unhappiness.

▷ **scontento** /skon'tɛnto/ **I** agg. [*cliente, capo, elettore*] discontented, displeased, disaffected, restless, unhappy (**di** with); [*espressione*] morose; ***essere ~ di qcn., qcs.*** to be dissatisfied with sb., sth. **II** m. discontent, disgruntlement, restlessness (**per** about; **contro** against; **verso** at); ***~ fra*** resentment among [*lavoratori, residenti*]; ***manifestare il proprio ~ a qcn.*** to communicate one's displeasure to sb.

▷ **sconto** /'skonto/ m. **1** *(riduzione di prezzo)* discount, reduction, rebate; ***25% di ~*** 25% off; ***fare uno ~ di 5 euro a qcn.*** to discount 5 euros to sb.; ***vi farò uno ~ di 10 euro*** I'll knock 10 euros off for you; ***praticare a qcn. uno ~ del 10%*** to give sb. a 10% allowance *o* discount; ***avere diritto a uno ~*** to have a concession; ***mi ha fatto uno ~ sulle sedie*** I got a discount on the chairs; ***-i speciali sui viaggi*** travel concessions; ***avere qcs. con uno ~*** to get something at a discount; ***meno il 15% di ~*** less 15% discount **2** *(deduzione)* deduction, discount; ***~ per ogni acquisto in contanti*** discount on all cash purchase; ***a ~ di*** in settlement *o* payment of [*debito*] **3** ECON. BANC. discount; ***tasso di ~*** discount rate; ***tasso minimo di ~*** minimum lending rate; ***lo ~ di una cambiale*** the discount of a bill ◆◆ ***~ bancario*** bank discount; ***~ di cassa*** discount for cash; ***~ commerciale*** trade discount.

scontornare /skontor'nare/ tr. to crop [*fotografia*].

▷ **scontrarsi** /skon'trarsi/ [1] pronom. **1** *(urtarsi)* [*veicoli*] to crash, to collide; [*persone*] to collide; ***~ frontalmente*** [*automobili*] to have a head-on collision; ***~ contro qcs.*** to crash *o* run into sth., to strike against sth.; ***ci siamo scontrati nel corridoio*** we collided (with each other) in the corridor **2** *(entrare in conflitto diretto)* [*eserciti, gruppi, persone*] to clash; [*affermazioni, sentimenti, comportamenti*] to conflict; ***~ con qcn.*** to fall *o* run foul of sb., to lock horns with sb.; ***~ testa a testa*** to come head to head **3** *(imbattersi)* ***~ con*** to come up against [*pregiudizi, timore, problema*]; ***~ con un secco rifiuto*** to meet with a rebuff **4** *(divergere)* [*opinioni*] to collide **5** *(competere)* to jostle (**con** with; **per** for).

scontrino /skon'trino/ m. *(di acquisto)* receipt; *(di lavanderia, deposito bagaglio)* ticket; ***conservate lo ~ nel caso vogliate sostituire la merce acquistata*** keep the receipt in case you have to return your purchase ◆◆ ***~ di cassa*** o ***fiscale*** till receipt.

▷ **scontro** /'skontro/ m. **1** *(collisione) (di veicoli, treni)* crash, smash, collision, bump; *(di persone)* collision; SPORT clash **2** *(combattimento)* crash, smash, conflict; MIL. *(di truppe, eserciti)* fight, encounter; *(di breve durata)* clash, engagement; ***ci sono giunte voci di gravi -i*** we are getting reports of heavy fighting; ***ci sono stati -i tra la polizia e i manifestanti*** there were clashes between the police and the demonstrators; ***-i tra tifosi di calcio*** football riots; ***le strade sono state il teatro di violenti -i*** the streets have been the scene of violent fighting; ***due persone sono rimaste ferite durante lo ~*** two people were injured during the struggle **3** FIG. *(contrasto) (di idee, opinioni)* clash, collision, confrontation; *(in parlamento)* exchange; *(confronto)* brush, showdown; ***lo ~ è il tipo di approccio sbagliato*** confrontation is the wrong approach; ***~ politico*** political struggle ◆◆ ***~ frontale*** head-on collision; ***~ a fuoco*** gunfight; ***ingaggiare uno ~ a fuoco*** to exchange fire; ***~ razziale*** race riot; ***~ verbale*** altercation.

scontrosaggine /skontro'saddʒine/ f. → **scontrosità**.

scontrosamente /skontrosa'mente/ avv. crustily, grumpily, surlily, unamiably.

scontrosità /skontrosi'ta/ f.inv. crustiness, grumpiness, surliness, unamiableness.

scontroso /skon'troso/ **I** agg. [*persona, carattere*] crabby, crusty, farouche, fretful, grumpy, surly **II** m. (f. **-a**) grouch.

sconveniente /skonve'njɛnte/ agg. **1** *(disdicevole)* [*comportamento, contegno, discorso, frase*] improper, incongruous, incorrect, misbecoming, unbeseeming; *(non appropriato)* [*ora, momento, luogo, esempio*] bad, unsuitable, unworthy; *(imbarazzante)* [*fatto, incidente*] inconvenient; ***linguaggio ~*** objectionable language; ***è ~ fare*** it is unbecoming *o* unmeet to do; ***sarebbe ~ se le telefonassi a casa?*** would it be out of order for me to phone her at home? **2** *(che non conviene)* [*prezzo, contratto*] disadvantageous.

sconvenientemente /skonvenjente'mente/ avv. **1** *(in modo disdicevole)* unfitly, unfittingly **2** *(in modo svantaggioso)* disadvantageously.

sconvenienza /skonve'njɛntsa/ f. **1** *(disdicevolezza) (di discorso, contegno)* impropriety, incongruity, unseemliness; ***commettere una ~*** to commit an impropriety **2** *(mancanza di convenienza)* disadvantage.

sconvenire /skonve'nire/ [107] intr. (aus. *essere*) LETT. to be* inconvenient.

sconvolgente /skonvol'dʒɛnte/ agg. [*esperienza, evento, situazione, vista*] harrowing, horrifying, perturbing, shattering, staggering, unsettling; [*dolore, notizia, perdita*] devastating, shattering, shocking, upsetting; ***di una brutalità, franchezza ~*** shockingly brutal, frank.

▷ **sconvolgere** /skon'vɔldʒere/ [101] tr. **1** *(commuovere, affliggere)* to devastate, to move deeply, to shock, to upset* [*persona*]; ***essere sconvolto da*** to be appalled at *o* by, to be very cut up about *o* by; ***è rimasto sconvolto sentendo che*** he was appalled to hear that; ***~ qcn. con*** to deal a blow to sb. with; ***fummo sconvolti dalla notizia*** we were overwhelmed by the news, the news pushed us over the edge; ***il tuo cinismo mi sconvolge*** I'm shocked by your cynicism; ***sa come ~ le persone*** he certainly knows how to upset people **2** *(provocare disordine)* [*persona, evento*] to devastate, to disappoint, to discompose, to disrupt, to unsettle [*piani, progetti*]; [*tumulti*] to convulse, to overset, to overtake [*paese*]; ***i recenti avvenimenti hanno sconvolto il panorama politico*** recent events have changed the face of politics; ***~ l'equilibrio*** to upset the balance; ***~ la vita di qcn.*** to turn sb.'s life upside down **3** *(devastare)* [*evento, guerra*] to disrupt [*paese*]; [*malattia, sofferenza*] to convulse [*lineamenti, viso, corpo*].

sconvolgimento /skonvoldʒi'mento/ m. **1** *(alterazione di un ordine)* devastation; *(di piano, programma)* disruption **2** FIG. *(smarrimento)* upheaval ◆◆ ***~ politico*** political upheaval.

sconvolto /skon'vɔlto/ **I** p.pass. → **sconvolgere II** agg. **1** *(turbato)* [*persona*] appalled, dazed, devastated, distraught, shaken, shattered; [*espressione, sguardo*] wild, disturbed, horrified; ***~ dalla paura*** crazy *o* distracted with fear **2** *(devastato)* [*viso, lineamenti*] convulsed; [*paese, villaggio*] disrupted, ravaged.

scoop /skup/ m.inv. scoop; ***fare uno ~*** to get a scoop.

scoordinato /skoordi'nato/ agg. [*gesto, movimento*] incoordinate (anche MED.); [*atleta*] uncoordinated; FIG. [*azione politica, servizio*] disjointed, uncoordinated.

scoordinazione /skoordinat'tsjone/ f. lack of coordination.

scooter /'skuter/ m.inv. scooter.

▷ **1.scopa** /'skopa/ f. broom, brush; ***manico di ~*** broomstick (anche FIG.) ◆ ***ha mangiato il manico della ~*** SCHERZ. he's so stiff and starchy; ***rigido come un manico di ~*** (as) stiff as a poker; ***~ nuova spazza bene*** PROV. a new broom sweeps clean ◆◆ ***~ elettrica*** carpet sweeper, electric broom.

2.scopa /'skopa/ f. BOT. heath.

3.scopa /'skopa/ ♦ **10** f. GIOC. INTRAD. (Italian card game).

scopare /sko'pare/ [1] **I** tr. **1** *(spazzare)* to sweep* [*stanza, pavimento*]; to sweep* up, to sweep* away [*polvere, foglie, vetro*] **2** VOLG. *(possedere)* to fuck, to hump, to knock off, to lay* [*partner*] **II** intr. (aus. *avere*) **1** *(fare pulizia con la scopa)* to sweep* **2** VOLG. *(fare l'amore)* to fuck, to bang, to frig, to hump, to screw; ***lui, lei scopa bene*** he, she is a good fuck *o* screw.

scopata /sko'pata/ f. **1** *(pulizia con la scopa)* sweep; ***dare una bella ~ in cucina*** to give the kitchen a good sweep **2** VOLG. *(rapporto sessuale)* fuck, lay, poke, pussy; ***fare*** o ***farsi una ~*** to get some nookie *o* nooky, to have a screw.

scopatore /skopa'tore/ m. (f. **-trice** /tritʃe/) **1** *(spazzino)* cleaner **2** VOLG. *(amatore)* lay.

scopatura /skopa'tura/ f. sweeping.

scopazzo /sko'pattso/ m. witches' broom.

scoperchiare /skoper'kjare/ [1] **I** tr. **1** *(togliere il coperchio)* to uncover [*pentola*]; to open [*cassa*] **2** *(togliere la copertura)* [*vento*] to tear* off [*tetto*]; to unroof [*casa*] **II scoperchiarsi** pronom. [*edificio*] to lose* the roof.

scoperchiato /skoper'kjato/ **I** p.pass. → **scoperchiare II** agg. [*pentola*] uncovered; [*casa*] roofless.

▷ **scoperta** /sko'pɛrta/ f. *(di cosa sconosciuta)* discovery; *(ritrovamento)* find; *(di crimine, malattia)* detection; ***fare nuove -e*** to break fresh *o* new ground; ***la ~ dell'America*** the discovery of America; ***la ~ di una nascondiglio di armi*** an arms find; ***la ~ di un giacimento di diamanti*** a diamond strike; ***partire*** o ***andare alla ~ di qcs.*** to go exploring sth.; ***"alla ~ del jazz"*** "discovering jazz"; ***la ~ è avvenuta per caso*** the discovery came about by accident; ***è una vera ~*** *(rivelazione)* she is a real discovery; ***~ di sé*** self-discovery; ***(che) bella ~!*** IRON. so what new!

scopertamente /skoperta'mente/ avv. [*agire*] openly.

▶ **scoperto** /sko'pɛrto/ **I** p.pass. → **scoprire II** agg. **1** *(nudo)* [*spalle, braccia, gambe*] bare, exposed; ***dorme tutto ~*** he sleeps without bedclothes; ***a viso ~*** [*bandito*] unmasked; ***a capo ~*** bareheaded **2** *(sgombro, libero)* [*terreno, luogo*] exposed; [*collo, fronte*] bare **3** *(non chiuso)* [*camion, vagone, auto*] open; *(senza protezione)* [*filo elettrico*] exposed, naked; [*nervo*] raw, exposed; ***lasciare una pentola -a*** to leave a saucepan uncovered **4** *(vacante)* [*posto*] open, empty **5** ECON. [*conto*] uncovered, overdrawn, unbacked; ***essere ~ di 500 euro*** to be 500 euro overdrawn; ***assegno ~*** bad cheque, flyback **III** m. **1** ECON. overdraft; ***ho uno ~ di 600 euro*** I am 600 euro overdrawn; ***interessi su uno ~*** overdraft interest charges **2 allo scoperto** *(in luogo privo di riparo)* into the open; FIG. *(apertamente)* ***agire allo ~*** to act openly; ***uscire allo ~*** to break cover, to emerge from hiding, to come out into the open; MIL. to debouch; ***mettere allo ~*** to smoke out [*traditore*]; ECON. ***essere (allo) ~*** [*cliente, conto*] to be overdrawn, to be in the red; ***credito allo ~*** bank overdraft; ***opzione allo ~*** naked option; ***vendere allo ~*** *(in borsa)* to sell short ◆ ***giocare a carte -e*** to play an open hand ◆◆ ***~ di bilancio*** budget deficit; ***~ di conto*** overdraft.

scopetta /sko'petta/ f. brush.

scopettone /skopet'tone/ m. broom.

scopiazzare /skopjat'tsare/ [1] tr. SCOL. UNIV. to copy, to crib (**da** from).

scopiazzatore /skopjattsa'tore/ m. (f. **-trice** /tritʃe/) copycat.

scopiazzatura /skopjattsa'tura/ f. SCOL. UNIV. crib.

scopino /sko'pino/ m. (short-handled) brush.

▶ **scopo** /'skɔpo/ m. *(obiettivo, intenzione)* aim, goal, purpose, target; ***~ principale*** main aim *o* purpose; ***~ ultimo*** ultimate purpose *o* aim; ***a che ~?*** what for? for what purpose? to what end? ***a che ~ aspettare?*** what's the point of *o* in waiting? ***prefiggersi uno ~*** to set oneself a goal *o* target; ***raggiungere i propri -i*** to achieve one's ends *o* aims, to reach one's goal; ***con lo*** o ***allo ~ di fare*** with the aim *o* for the purpose of doing; ***con il*** o ***al solo ~ di fare*** for the sole purpose of doing; ***lo ~ dell'esercizio*** the object *o* aim of the exercise; ***il mio ~ nella vita è divertirmi*** my purpose in life is to have fun; ***con*** o ***a quale ~ è venuto?*** what was his purpose in coming? ***inadatto allo ~*** not fit for the purpose; ***a questo ~*** for this purpose, to this end; ***a ~ pubblicitario*** for advertising purposes, for publicity; ***fare qcs. con uno ~ disinteressato*** to do sth. with no ulterior motive; ***fare qcs. a ~ di lucro*** to do sth. for financial gain; ***andare dritto allo ~*** to go straight to the point; ***qual è lo ~ della loro visita?*** what's the purpose *o* object of their visit? ***associazione a ~ di lucro*** profit-making organization; ***associazione senza ~ di lucro*** non-profitmaking organization; ***senza ~*** [*passeggiata*] aimless; [*passeggiare*] aimlessly.

scopofilia /skopofi'lia/ f. scopophilia, voyeurism.

scopolamina /skopola'mina/ f. scopolamine.

scopone /sko'pone/ ▸ **10** m. GIOC. INTRAD. (Italian card game).

▶ **1.scoppiare** /skop'pjare/ [1] intr. (aus. *essere*) **1** *(esplodere)* [*pneumatico*] to blow*, to burst*; [*palloncino, bolla, caldaia, tubo, petardo*] to burst*, to explode; [*bomba*] to blow* up, to burst*, to explode; ***fare ~*** [*persona*] to explode, to blow up, to set off, to detonate [*bomba, granata, petardo*]; to burst [*bolla, ascesso*] **2** *(rompersi)* [*canalizzazione*] to burst* **3** *(echeggiare)* [*applausi, risata, raffica*] to break* out; [*sparo*] to ring* out **4** *(essere rivelato)* [*scandalo, questione*] to break*, to explode **5** *(iniziare improvvisamente)* [*guerra, lite, epidemia, incendio*] to break* out, to flare up; [*temporale*] to break* (out); ***fare ~*** to spark off [*guerra*] **6** *(venire espresso)* [*rabbia*] to flare up; ***~ di rabbia*** to explode with rage; ***~ di salute, orgoglio*** to be bursting with health, pride **7** *(prorompere)* to burst*; ***~ a ridere*** to burst into laughter, to burst out laughing, to explode with laughter; ***~ in singhiozzi*** to burst out sobbing; ***~ in lacrime*** to burst into tears, to burst out crying **8** COLLOQ. *(per tensione nervosa, sforzo, emozione)* to break* down, to crack up; ***sto scoppiando!*** I'm cracking up! ***ho la testa che scoppia, mi scoppia la testa*** my head is pounding *o* splitting; ***gli scoppiava il cuore*** his heart was beating wildly **9** COLLOQ. *(crepare)* ***~ dal caldo*** to boil, to stew (to death); ***~ dal ridere*** to laugh fit to burst; ***~ di invidia, di gelosia*** to be eaten up *o* consumed with envy, jealousy; ***sono pieno da ~*** I'm full to bursting point, I'm bursting at the seams; ***rimpinzarsi fino a ~*** to eat till one bursts **10** *(essere stracolmo)* [*stadio, sala, teatro*] to be* packed (**di** with), to be* bursting at the seams; [*armadio*] to be* bursting at the seams, to be* crammed.

2.scoppiare /skop'pjare/ [1] tr. *(spaiare)* to uncouple.

scoppiato /skop'pjato/ **I** p.pass. → **1.scoppiare II** agg. **1** COLLOQ. *(esausto)* [*persona, atleta*] exhausted, spent, worn-out **2** GERG. *(fatto)* stoned.

scoppiettante /skoppjet'tante/ agg. [*fuoco, legno*] crackling, spitting; [*moto, motore, auto*] spluttering, chugging; FIG. [*risata*] rippling.

scoppiettare /skoppjet'tare/ [1] intr. (aus. *avere*) [*fuoco, legno, castagne*] to crackle, to spit, to splutter; [*moto, motore, macchina*] to splutter, to chug.

scoppiettio, pl. **-ii** /skoppjet'tio, ii/ m. **1** *(di fuoco, legno)* crackle, crackling, splutter **2** *(di motore, macchina)* chug, splutter.

▷**scoppio**, pl. **-pi** /'skɔppjo, pi/ m. **1** *(rottura) (di tubo, caldaia)* explosion, bursting; ***provocare lo ~ dei tubi*** to cause the pipes to burst **2** *(esplosione) (di granata, bomba)* burst, explosion; *(di pneumatico)* blowout; *(nei motori)* ***camera di ~*** combustion chamber; ***motore a ~*** internal combustion engine **3** *(rumore)* bang, crack; ***~ di tuono*** crash *o* peal of thunder **4** FIG. *(di risa, pianto)* (out)burst; *(di rabbia)* (out)burst, explosion; *(di sommossa, incidente, conflitto)* outbreak, flare-up; ***allo ~ della guerra*** at the outbreak of war **5 a scoppio ritardato** [*dispositivo*] delayed action attrib.; ***bomba a ~ ritardato*** time bomb; ***reagire a ~ ritardato*** to do a double take; ***capisce sempre a ~ ritardato*** he's slow on the uptake.

scoppola /'skɔppola/ f. **1** *(scappellotto)* cuff, smack; *(botta)* knock, bang, whack COLLOQ. **2** COLLOQ. FIG. *(perdita)* thrashing; ***prendere una (bella) ~*** to take a thrashing.

scopribile /sko'pribile/ agg. discoverable.

scoprimento /skopri'mento/ m. *(di monumento, lapide)* unveiling.

▶ **scoprire** /sko'prire/ [91] **I** tr. **1** *(denudare)* [*persona*] to bare, to expose, to uncover [*parte del corpo*]; ***non ~ il bambino con questo freddo*** keep the baby wrapped up in this cold **2** *(trovare ciò che è sconosciuto)* to discover [*rimedio, fatto, artista, terra*]; to spot [*talento*]; ***Colombo ha scoperto l'America*** Columbus discovered America; ***ho scoperto che si interessava di*** o ***alle scienze*** I've discovered *o* found out that she's interested in science; ***~ per caso*** to come about (by chance) [*paese, articolo*]; ***i nuovi autori, le nuove opere da ~*** new authors, works to be discovered **3** *(trovare ciò che è perso, nascosto)* to find* [*oggetto, assassino*]; to find* out, to discover [*verità*]; to uncover [*complotto, scandalo, tesoro*]; to dig* out, to dig* up [*fatti, informazioni*]; ***~ chi, perché, dove*** to find out who, why, where; ***~ che*** to find out *o* discover that **4** *(riconoscere)* to discover; ***ha scoperto dentro di sé un talento, una passione*** she found *o* discovered she had a talent, a passion **5** *(rivelare)* to reveal, to disclose [*piani, intenzioni*]; ***~ le proprie carte*** o ***il proprio gioco*** to show one's hand (anche FIG.); ***~ il gioco di qcn.*** to call sb.'s bluff (anche FIG.) **6** *(privare di protezione)* to expose, to leave* [sth.] exposed [*linea di difesa, pedina*]; EL. MED. to expose [*nervo, vena, cavo*]; ***~ il fianco*** FIG. to leave oneself open, to stick one's head above the parapet **7** *(scoperchiare)* to take* the lid off [*pentola, piatto di portata*]; *(inaugurare)* to unveil [*statua, lapide*] **II scoprirsi** pronom. **1** *(denudarsi)* to bare oneself, to strip down; *(liberarsi dalle coperte)* to throw* off one's bedclothes; ***~ il capo*** to bare one's head **2** *(esporsi)* [*truppa, pugile*] to leave* oneself exposed, open ◆ ***~ gli altarini*** to stumble on what's been going on; ***~ l'acqua calda*** o ***l'America*** IRON. to reinvent the wheel; ***aprile non ti ~*** PROV. ne'er cast a clout till May be out.

scopritore /skopri'tore/ m. (f. **-trice** /tritʃe/) *(di rimedio, terra, fatto)* discoverer; *(di oggetto smarrito, tesoro)* finder; ***~ di talenti*** talent scout, talent spotter.

scoraggiamento /skoraddʒa'mento/ m. despondency, despondance, discouragement.

scoraggiante /skorad'dʒante/ agg. discouraging, off-putting, daunting.

▷ **scoraggiare** /skorad'dʒare/ [1] **I** tr. **1** *(abbattere)* to discourage, to dishearten, to dispirit; ***(non) farsi*** o ***lasciarsi ~ da qcs.*** (not) to let oneself be discouraged *o* disheartened *o* daunted by sth. **2** *(disincentivare)* to discourage [*iniziativa, violenza, persona*]; ***~ qcn. dal fare*** to discourage sb. from doing, to put sb. off doing **II scoraggiarsi** pronom. to become* discouraged *o* dejected, to lose* heart, to despond; ***-rsi facilmente*** to be easily put off.

scoraggiato /skorad'dʒato/ **I** p.pass. → **scoraggiare** **II** agg. [*persona*] despondent, dejected, downhearted; [*sguardo, aria*] dispirited; ***con aria -a*** despondently, dejectedly, dispiritedly; ***per nulla -a dalle critiche, Silvia...*** undaunted by criticism, Silvia...

scoramento /skora'mento/ m. LETT. dejection, disheartenment, despondency.

scorazzare /skorat'tsare/ → **scorrazzare.**

scorbutico, pl. **-ci**, **-che** /skor'butiko, tʃi, ke/ **I** agg. **1** MED. scorbutic **2** FIG. [*persona, carattere*] surly, crabbed, churlish **II** m. (f. **-a**) **1** MED. person suffering from scurvy **2** FIG. surly person.

scorbuto /skor'buto/ m. scorbutus, scurvy.

scorciamento /skortʃa'mento/ m. shortening (**di** of).

scorciare /skor'tʃare/ [1] **I** tr. **1** *(accorciare, abbreviare)* to shorten, to trim [*vestito, gonna, testo*]; to shorten, to reduce [*percorso, tragitto*]; to shorten [*vita*]; ***~ la strada*** to take a short cut **2** PITT. to foreshorten [*figura*] **II scorciarsi** pronom. to shorten.

scorciato /skor'tʃato/ agg. ARALD. [*pezza onorevole*] couped.

scorciatoia /skortʃa'toja/ f. **1** *(strada)* short cut, cut, cut-off AE; ***prendere una ~*** to take a short cut; FIG. to take short cuts, to cut corners **2** FIG. short cut; ***rispondere senza -e*** to give a straight answer.

scorcio, pl. **-ci** /'skortʃo, tʃi/ m. **1** PITT. foreshortening **2** *(angolo)* glimpse, patch, corner; ***uno ~ di cielo azzurro*** a patch of blue sky; ***uno ~ sulla baia*** a glimpse of the bay **3** *(fine)* ***sullo ~ del secolo XX*** towards the end of the 20th century **4 di scorcio** PITT. [*soggetto*] foreshortened; FIG. *(di sfuggita)* fleetingly.

▷ **1.scordare** /skor'dare/ [1] **I** tr. *(non ricordarsi)* to forget* [*nome, data, fatto, appuntamento*]; *(non prendere)* to forget* [*chiavi, ombrello*]; ***~ di fare qcs.*** to forget* to do sth.; ***sono cose che non si scordano*** these things can't be forgotten **II scordarsi** pronom. to forget*; ***-rsi (di) qcs., di fare qcs.*** to forget* sth., to do sth.; ***te lo puoi ~! scordatelo!*** you can forget it! forget it! ***il premio produzione, te lo puoi ~*** o ***puoi scordartelo!*** forget the productivity bonus! ◆ ***il primo amore non si scorda mai*** you never forget your first love.

2.scordare /skor'dare/ [1] **I** tr. MUS. to put* [sth.] out of tune [*piano, violino*] **II scordarsi** pronom. [*piano, violino*] to go* out of tune.

scordato /skor'dato/ **I** p.pass. → **2.scordare** **II** agg. [*piano, violino*] out-of-tune, untuned.

scordatura /skorda'tura/ f. being out-of-tune; *(alterazione volontaria)* scordatura*.

scoreggia, pl. **-ge** /sko'reddʒa, dʒe/ f. VOLG. fart; ***mollare*** o ***tirare una ~*** to fart, to break wind, to let off.

scoreggiare /skored'dʒare/ [1] intr. (aus. *avere*) VOLG. to fart, to break* wind, to let* off.

scorfano /'skɔrfano/ m. **1** ITTIOL. rockfish*, scorpion fish* **2** FIG. SPREG. ***è uno ~*** *(uomo)* he's as ugly as sin; *(donna)* she's a dog.

▷ **scorgere** /'skɔrdʒere/ [72] tr. **1** *(riuscire a vedere)* to pick out, to spot, to catch* sight of [*persona*]; to sight, to spot, to catch* sight of [*terra, aeroplano*]; ***~ una nave all'orizzonte*** to sight a ship on the horizon; ***~ un segnale nella nebbia*** to spot a signal in the fog; ***farsi ~*** to be spotted, to get oneself noticed; ***si sono introdotti nella casa senza farsi ~*** they entered the house without being spotted **2** FIG. to foresee* [*verità, soluzione*]; to sense [*pericolo*].

scoria /'skɔrja/ f. **1** GEOL. scoria*, clinker **U**, debris **U** **2** METALL. scoria*, slag **U**, dross **U**; ***produrre -e*** to slag **3** FIG. *(residuo di nessun valore)* dross ◆◆ ***~ di altoforno*** blast furnace slag; ***~ basica*** basic slag; ***~ di lava*** clinker; ***-e radioattive*** nuclear waste.

scorificare /skorifi'kare/ [1] tr. to scorify, to slag.

scorificazione /skorifikat'tsjone/ f. scorification.

scornare /skor'nare/ [1] **I** tr. **1** *(privare delle corna)* to dishorn, to dehorn [*animale*] **2** FIG. *(deridere)* to scorn, to mock [*rivale*] **3** *(prendere a cornate)* [*caprone*] to butt **II scornarsi** pronom. **1** *(essere privato delle corna)* [*animale*] to be dishorned *o* dehorned **2** FIG. *(subire uno smacco)* to make* a fool of oneself.

scornato /skor'nato/ **I** p.pass. → **scornare** **II** agg. **1** ZOOL. [*animale*] dishorned, dehorned **2** FIG. *(beffato)* mocked, sneered at; *(deluso)* abashed, crestfallen; ***tornò ~*** he came back crestfallen.

scorniciare /skorni'tʃare/ [1] tr. **1** *(togliere dalla cornice)* to remove* [sth.] from the frame [*quadro*] **2** *(dare forma di cornice)* to make* into a frame.

scorno /'skɔrno/ m. shame, humiliation; ***con mio (grande) ~*** to my (eternal) shame.

scorpacciata /skorpat'tʃata/ f. bellyful, stomachful, feed COLLOQ., blowout COLLOQ.; ***farsi una (bella) ~ di qcs.*** to have a bellyful of sth., to pig out on sth.

scorpena /skor'pɛna, 'skorpena/ f., **scorpenode** /skorpe'nɔde/ m. scorpion fish, rockfish.

scorpioide /skorpi'ɔjde, skor'pjɔjde/ agg. BOT. scorpioid.

▷ **scorpione** /skor'pjone/ m. ZOOL. scorpion ◆◆ ***~ d'acqua*** water-scorpion.

Scorpione /skor'pjone/ ➧ **38** m.inv. ASTR. ASTROL. Scorpio, the Scorpion; ***essere dello ~, essere (uno) ~*** to be (a) Scorpio.

scorporare /skorpo'rare/ [1] tr. **1** ECON. to unbundle, to hive off [*azienda, società*] **2** DIR. to discorporate, to break* up [*proprietà, eredità*].

scorporo /'skɔrporo/ m. **1** ECON. hiving off **2** DIR. break-up ◆◆ ***~ d'impresa*** hiving off.

scorrazzare /skorrat'tsare/ [1] **I** intr. (aus. *avere*) [*bambino*] to scamper (about, around); ***~ per tutta la città*** to run around all over town; ***~ per tutto il mondo*** to roam the whole wide world **II** tr. *(scarrozzare)* to take* around [*persona*].

scorrazzata /skorrat'tsata/ f. run (around); ***fare una ~ in macchina*** to go for a runaround *o* whirl in the car.

scorreggia /skor'reddʒa/ → **scoreggia.**

scorreggiare /skorred'dʒare/ → **scoreggiare.**

▶ **scorrere** /'skorrere/ [32] **I** intr. (aus. *essere*) **1** *(fluire)* [*acqua, ruscello, lacrime, sangue*] to flow, to pour, to stream; ***le scorreva il sangue nelle vene*** the blood was coursing through *o* in her veins; ***le lacrime le scorrevano sul viso*** tears ran *o* poured *o* coursed down her face; ***~ a fiumi*** FIG. [*vino, birra*] to flow freely; ***~ da*** to pour from *o* out of, to flow from [*rubinetto, fontana, serbatoio*]; ***far ~ l'acqua*** to run the water **2** *(scivolare)* [*imbarcazione*] to slide* (**su** on); [*penna*] to run* (**su** over), to flow (**su** across); *(su guide)* [*pistone, porta*] to slide*; [*fune, cassetto*] to slide* *o* to run*; ***fare ~ la corda*** to pay out the rope; ***fare ~ della sabbia tra le dita*** to let some sand run through one's fingers; ***il pianista faceva ~ le mani sulla tastiera*** the pianist's fingers flowed over the keyboard; ***fare ~ una lente su qcs.*** to look over sth. with a magnifying glass; ***fare ~ lo sguardo su*** to run one's eye(s) over [*giornale, folla*] **3** *(succedersi)* [*immagini, paesaggio*] to unfold; ***~ rapidamente*** to flash by *o* past; ***i ricordi scorrevano nella mia memoria*** a stream of memories passed through my mind **4** *(trascorrere)* [*tempo, giorni*] to flow, to slip by; ***vedere ~ la propria vita in pochi secondi*** to see one's life flash before one's eyes; *(svolgersi)* ***fare ~*** to wind on [*film, nastro*]; ***fare ~ i titoli di testa*** to roll the credits **5** *(procedere agevolmente)* [*traffico, frase, verso, parole*] to flow **6** INFORM. *(su video)* [*testo*] to scroll (**verso il basso** down; **verso l'alto** up); ***fare ~ verso l'alto, il basso*** to scroll [sth.] up, down [*testo*] **II** tr. *(esaminare rapidamente)* to go* through, to flick through, to run* through, to scan [*lettera, testo, offerte di lavoro*]; ***~ la lista con un dito*** to run one's finger down the list.

scorreria /skorre'ria/ f. incursion, foray; ***fare una ~*** to make an incursion *o* a foray (**in** into).

scorrettamente /skorretta'mente/ avv. **1** *(in modo errato)* [*scrivere, esprimersi*] incorrectly **2** *(in modo sleale)* [*comportarsi, agire*] unfairly, dishonestly.

scorrettezza /skorret'tettsa/ f. **1** *(imprecisione)* incorrectness **2** *(errore)* mistake, inaccuracy; ***un esercizio pieno di -e*** an exercise filled with inaccuracies **3** *(slealtà)* impropriety, wrong; ***commettere una ~ verso qcn.*** to do badly by sb., to do sb. wrong.

▷ **scorretto** /skor'retto/ agg. **1** *(con errori)* [*termine, lingua, previsioni*] incorrect; [*interpretazione*] flawed, mistaken; [*ragionamento*] faulty **2** *(sconveniente)* [*comportamento, modo di fare*] unfitting, improper **3** *(sleale)* [*persona, giocatore*] underhand; [*azione, intervento*] unfair, underhand; *(irregolare)* [*arbitraggio*] faulty, bad; ***essere ~ con qcn.*** to be unfair to sb.

scorrevole /skor'revole/ agg. **1** *(che scorre su guide)* [*porta, parete*] sliding **2** FIG. [*traffico*] smooth-flowing; [*prosa*] fluent; [*stile*] fluent, easy, flowing.

scorrevolezza /skorrevo'lettsa/ f. *(di stile, dizione)* fluency, flowingness.

scorrevolmente /skorrevol'mente/ avv. fluently; ***parlare ~ una lingua straniera*** to speak a foreign language fluently.

scorribanda /skorri'banda/ f. **1** *(di bande armate)* incursion **2** FIG. *(escursione)* joyride; ***una ~ notturna in moto*** a night motorbike ride.

scorrimento /skorri'mento/ m. **1** *(di liquidi, traffico)* flow; ***strada a ~ veloce*** fast-flowing road **2** MECC. sliding; ***i due pezzi si sovrappongono per ~*** the two parts slide over each other; ***guida di ~*** runner; ***piano di ~*** runway **3** RAD. CINEM. TELEV. *(di nastro, pellicola)* running **4** INFORM. scrolling; ***freccia di ~*** scroll arrow; ***registro di ~*** shift register.

scorsa /'skorsa/ f. look, glance, browse; ***dare una ~ a*** to have a browse through [*libro*]; to have a flip through [*rivista*].

scorso /'skorso/ **I** p.pass. → **scorrere** **II** agg. last; ***l'anno ~, la notte, la settimana -a*** last year, night, week; ***giovedì ~*** last Thursday; ***nel secolo ~*** in the past century; ***Natale scorso, lo ~ Natale*** last Christmas.

scorsoio, pl. **-oi** /skor'sojo, oi/ agg. running; ***nodo ~*** running knot, slipknot.

▷ **scorta** /'skɔrta/ **I** f. **1** *(protezione, sorveglianza)* escort; *(guardia del corpo)* bodyguard; ***sotto ~*** under escort; ***sotto buona ~*** under good guard; ***senza ~*** unescorted; ***gli uomini di*** o ***della ~*** (the men of) the escort; ***~ armata*** armed escort; ***fare la ~ a qcn.*** to escort sb. **2** MIL. MAR. escort, convoy; ***servizio di ~*** escort duty **3** *(provvista)* stock, store, reserve; ***fare ~ di qcs.*** to store (up) sth., to stock up on sth.; ***-e d'acqua, di zucchero*** water, sugar supply; ***accumulare delle -e di qcs.*** to get in *o* lay in a stock of sth.; ***ruota di ~*** AUT. spare (wheel); ***pneumatico di ~*** AUT. spare tyre BE, spare tire AE; ***tenere qcs. di ~*** to keep a stock of sth., to hold sth. in reserve **II scorte** f.pl. COMM. stock(s), stores, supplies, stockpile sing.; ***esaurimento (delle) -e*** stock clearance; ***fino a esaurimento -e*** while stocks last; ***integrare, esaurire le -e*** to replenish, deplete one's stocks ◆◆ ***~ militare*** military escort; ***~ d'onore*** guard of honour; ***-e cuscinetto*** ECON. buffer stock; ***-e morte*** AGR. dead stock; ***-e vive*** AGR. livestock.

scortare /skor'tare/ [1] tr. to escort [*detenuto, personaggio*]; MIL. MAR. to escort, to convoy [*convoglio militare, navi, truppe*].

scortecciamento /skortettʃa'mento/ m. → **scortecciatura.**

scortecciare /skortet'tʃare/ [1] **I** tr. to bark, to strip, to peel [*tronco, albero*]; to strip [*muro, parete*] **II scortecciarsi** pronom. [*albero*] to lose* bark; [*muro, parete*] to peel.

scortecciatore /skortettʃa'tritʃe/ ♦ ***18*** m. (f. **-trice** /tritʃe/) barker.

scortecciatrice /skortettʃa'tritʃe/ f. *(macchina)* barker.

scortecciatura /skortettʃa'tura/ f. barking.

▷ **scortese** /skor'teze/ agg. [*persona, modi, risposta*] unkind, ungracious, rude; ***è, è stato ~ da parte loro fare*** it is, was unkind *o* rude of them to do; ***essere ~ con qcn.*** to be unkind *o* rude to sb.; ***non voglio essere ~*** I don't mean to be rude.

scortesemente /skorteze'mente/ avv. [*rispondere*] unkindly, ungraciously, rudely.

scortesia /skorte'zia/ f. unkindness, ungraciousness, rudeness.

scorticamento /skortika'mento/ m. flaying, skinning.

scorticare /skorti'kare/ [1] **I** tr. **1** *(scuoiare)* to flay, to skin [*animale*] **2** *(escoriare)* to scrape, to graze [*volto, gamba*] **3** FIG. *(esigere un prezzo eccessivo)* to fleece, to rip off, to shave [*cliente*] **II scorticarsi** pronom. [*persona*] to graze oneself; ***-rsi il ginocchio*** to graze *o* bark *o* scrape one's knee.

scorticatoio, pl. **-oi** /skortika'tojo, oi/ m. **1** *(luogo)* skinnery **2** *(coltello)* flaying knife, skinning knife.

scorticatore /skortika'tore/ m. (f. **-trice** /tritʃe/) flayer, skinner.

scorticatura /skortika'tura/ f. **1** *(di animali)* flaying, skinning **2** *(escoriazione)* graze, scrape.

scortichino /skorti'kino/ m. (f. **-a**) **1** *(scorticatore)* flayer, skinner **2** *(coltello)* flaying knife, skinning knife **3** FIG. *(di clienti)* fleecer.

▷ **scorza** /'skɔrtsa, 'skɔrdza/ f. **1** *(di alberi)* bark, rind **2** *(di frutti)* peel; *(di agrumi)* peel, rind; ***~ candita*** candied peel **3** *(di rettili)* skin **4** FIG. *(parvenza)* surface, exterior; ***sotto una ~ ruvida, di cinismo*** beneath a rough, cynical exterior.

scorzonera /skortso'nera, skordzo'nera/ f. scorzonera ◆◆ ***~ dolce*** salsify.

scoscendimento /skoʃʃendi'mento/ m. **1** *(frana)* landslide, rockslide, slip **2** *(dirupo)* cliff, crag, scar.

scosceso /skoʃ'ʃeso/ agg. [*parete rocciosa*] abrupt, steep; [*monte, costa*] craggy, steep; [*sentiero, pendio*] steep.

scosciare /skoʃ'ʃare/ [1] **I** tr. ***~ un pollo*** to remove the legs of a chicken **II scosciarsi** pronom. **1** *(nella danza)* [*ballerina*] to do the splits **2** COLLOQ. *(mostrare le cosce)* to expose one's thighs.

scosciata /skoʃ'ʃata/ f. *(nella danza)* splits pl.

scosciato /skoʃ'ʃato/ **I** p.pass. → **scosciare II** agg. **1** *(sgambato)* [*costume*] high **2** COLLOQ. ***una donna -a*** a woman with bare thighs.

scoscio, pl. **-sci** /'skɔʃʃo, ʃi/ m. **1** *(nella danza)* splits pl. **2** SART. crotch.

▷ **scossa** /'skɔssa/ f. **1** *(movimento brusco)* shake, jerk, jolt; ***una ~ violenta, leggera*** a powerful, light shake *o* jolt; ***a -e*** jerkily *o* joltingly; ***procedere senza -e*** to move forward without jerks *o* smoothly; ***dare una ~ a qcn., qcs.*** to give sb., sth. a shake **2** GEOL. tremor, shock; ***~ sismica*** o ***tellurica*** earth tremor **3** FIG. *(trauma)* shock, blow; ***la sua morte fu una grave ~ per noi*** her death came as a shock to us **4** EL. ***~ (elettrica)*** (electric) shock; ***prendere la ~*** to get *o* receive a shock; ***dare la ~ a qcn.*** [*apparecchio*] to give sb. a shock ◆◆ ***~ di assestamento*** aftershock.

scossalina /skossa'lina/ f. flashing.

scosso /'skɔsso/ **I** p.pass. → **scuotere II** agg. *(turbato)* [*persona*] shaken up, upset; ***essere un po' ~*** to be rather shaken up; ***aveva i nervi -i*** his nerves were shot *o* shattered.

scossone /skos'sone/ m. **1** *(movimento brusco)* shake, jerk, jolt; ***procedere a -i*** to move jerkily *o* joltingly, to jerk *o* jolt forward; *(in macchina, aereo)* ***evitare gli -i*** to avoid the bumps **2** *(spintone)* push, shove **3** FIG. *(di economia)* jolt.

scostamento /skosta'mento/ m. **1** *(allontanamento)* move, shifting **2** *(deviazione)* deviation, shift (**da** from).

scostante /skos'tante/ agg. [*persona, aria*] brusque, off-putting, stand-offish COLLOQ.; ***essere ~ nei confronti di qcn.*** to be brusque with sb.

▷ **scostare** /skos'tare/ [1] **I** tr. **1** *(allontanare, separare)* to brush aside [*foglie, ciocca di capelli*]; to draw* aside, to draw* open [*tenda*]; to draw* away, to move away [*sedia, persona*] (**da** from); ***~ un ramo che intralcia*** to push a branch out of the way **2** MAR. to shove off; ***~ una barca dalla banchina*** to shove a boat away from the bank **II scostarsi** pronom. **1** *(allontanarsi)* to move aside, to draw* away, to stand* aside (**da** from); ***-rsi con un balzo*** to jump aside *o* to one side; ***scostatevi, arriva l'ambulanza*** stand aside *o* back, here's the ambulance; ***scostatevi gli uni dagli altri*** spread out a bit **2** MAR. [*imbarcazione*] to shove off, to push away, to sheer away, off **3** FIG. *(deviare)* ***-rsi da*** to move away *o* to swerve from [*regola, verità*]; ***-rsi dalla retta via*** to stray from the straight and narrow.

scostolare /skosto'lare/ [1] tr. to strip [*foglie*].

scostumatamente /skostumata'mente/ avv. **1** *(in modo licenzioso)* lewdly, bawdily **2** *(in modo maleducato)* impolitely, rudely.

scostumatezza /skostuma'tettsa/ f. **1** *(licenziosità)* lewdness, bawdiness, salaciousness **2** *(maleducazione)* impoliteness, rudeness.

scostumato /skostu'mato/ **I** agg. **1** *(licenzioso)* [*persona, condotta*] lewd, bawdy **2** *(maleducato)* [*persona*] impolite, rude **II** m. (f. **-a**) **1** *(svergognato)* dissolute person; ***è una -a!*** she's a brazen *o* shameless hussy! COLLOQ. **2** *(maleducato)* rude person.

scotano /'skɔtano/ m. wig-tree, Venetian sumac.

scotch /skɔtʃ/ m.inv. **1** *(liquore)* Scotch (whisky) **2** (anche **Scotch**®) *(nastro adesivo)* adhesive tape, Sellotape®, Scotch tape® AE; ***un rotolo di ~*** a roll of adhesive tape; ***attaccare con lo ~*** to tape, to sellotape, to Scotch-tape.

scotennare /skoten'nare/ [1] tr. **1** *(togliere la cotenna)* to skin [*maiale*] **2** *(togliere lo scalpo)* to scalp [*persona*].

scotennatore /skotenna'tore/ m. (f. **-trice** /tritʃe/) **1** *(di maiali)* (pig) skinner **2** *(di uomini)* scalp-hunter.

scotennatura /skotenna'tura/ f. **1** *(di maiale)* skinning **2** *(di persona)* scalping.

scotimento /skoti'mento/ → **scuotimento.**

scotismo /sko'tizmo/ m. Scotism.

scotista, m.pl. **-i**, f.pl. **-e** /sko'tista/ m. e f. Scotist.

scoto /'skɔto/ **I** agg. LETT. Scotic, Scottish **II** m. LETT. (f. **-a**) Scot.

scotola /'skɔtola/ f. swingle.

scotolare /skoto'lare/ [1] tr. to swingle.

scotolatura /skotola'tura/ f. swingling.

scotoma /sko'tɔma/ m. scotoma*.

scotopico, pl. **-ci**, **-che** /sko'tɔpiko, tʃi, ke/ agg. scotopic.

scotta /'skɔtta/ f. MAR. sheet.

scottadito: **a scottadito** /askotta'dito/ agg.inv. [*abbacchio*] = cooked on the grill and eaten very hot, usually with your fingers.

scottante /skot'tante/ agg. *(urgente)* [*questione, tema, problema*] burning, sensitive; ***un argomento di ~ attualità*** burning issue, highly topical issue.

▷ **scottare** /skot'tare/ [1] **I** tr. **1** *(provocare una scottatura)* [*sole*] to burn* [*pelle*] **2** GASTR. to scald, to parboil [*verdura, carne*] **3** FIG. *(scoraggiare)* [*esperienza, insuccesso*] to put* [sb.] off, to disappoint [*persona*] **II** intr. (aus. *avere*) **1** *(provocare una scottatura)* [*sole, oggetto rovente*] to burn*; ***attenzione, scotta!*** careful, it's very hot! **2** *(essere caldo)* [*bevanda, cibo*] to burn* **3** *(per la febbre)* [*persona, fronte*] to be burning hot (with fever); ***fronte che scotta*** fevered brow **4** FIG. *(essere delicato)* ***problema*** o ***questione che scotta*** burning, hot issue; *(essere di provenienza illecita)* ***denaro che scotta*** hot money **III scottarsi** pronom. **1** *(ustionarsi)* [*persona*] to scald oneself, to burn* oneself (**con** with); *(col sole)* to get* (badly) sunburned *o* sunburnt; ***-rsi la mano, la lingua*** to get one's hand, tongue burnt, to burn *o* scald one's hand, tongue **2** FIG. to have one's fingers burnt.

scottata /skot'tata/ f. scald; ***dare una ~ a*** to scald, to parboil [*verdura, carne*].

scottato /skot'tato/ **I** p.pass. → **scottare II** agg. **1** [*pelle*] *(ustionato)* burned, burnt; *(dal sole)* sunburned, sunburnt **2** GASTR. [*ver-*

dura, carne] scalded, parboiled **3** FIG. *(deluso)* [*persona*] disappointed; ***rimanere ~*** to have one's fingers burnt.

scottatura /skotta'tura/ f. **1** MED. *(di fuoco, calore)* burn, scald **2** *(di sole)* sunburn **3** GASTR. *(di verdure, carne)* scald, parboiling **4** FIG. disappointment, turn-off; ***prendersi una (bella) ~*** to have one's fingers burnt.

scottex® /'skɔtteks/ m.inv. kitchen paper BE, kitchen towel BE, paper towel AE; ***rotolo di ~*** kitchen roll.

1.scotto /'skɔtto/ m. **1** FIG. *(prezzo)* penalty; ***lo ~ del peccato*** the wages of sin; ***pagare lo ~*** to pay the penalty (**di** for) **2** STOR. scot.

2.scotto /'skɔtto/ **I** p.pass. → **scuocere II** agg. [*pasta, riso*] overcooked, overdone.

scout /'skaut/ **I** m. e f.inv. scout, Scout; ***da ~*** [*uniforme, equipaggiamento*] scout attrib. **II** agg.inv. [*campeggio, capo*] scout attrib.

scoutismo /skau'tizmo/ m. scouting.

scoutistico, pl. **-ci, -che** /skau'tistiko, tʃi, ke/ agg. scout attrib.

▷ **scovare** /sko'vare/ [1] tr. **1** *(stanare)* to unearth, to start [*selvaggina*] **2** *(scoprire)* to chase up, to track down [*persona*]; to dig out, to hunt out, to track down [*oggetto*]; to discover, to find* [*posto*]; to nose out, to unearth [*fatti, verità, segreto*]; to pick up [*errore*]; ***dove l'hai scovato?*** where did you unearth it?

scovolino /skovo'lino/ m. **1** *(per bottiglie)* bottlebrush **2** *(per pipa)* pipe-cleaner **3** *(per armi da fuoco)* pull-through.

scovolo /'skovolo/ m. pull-through.

scozia /'skɔttsja/ f. ARCH. scotia.

Scozia /'skɔttsja/ ➧ ***33*** n.pr.f. Scotland; ***filo di ~*** lisle.

scozzare /skot'tsare/ [1] tr. to shuffle [*carte*].

scozzese /skot'tsese/ ➧ ***25, 16*** **I** agg. [*carattere, paesaggio*] Scottish; [*lingua*] Scots; [*gonna*] tartan; ***whisky ~*** scotch whisky; ***doccia ~*** = alternating hot and cold shower; FIG. = seesaw of good and bad events **II** m. e f. Scot; *(uomo)* Scotsman*, *(donna)* Scotswoman*; ***gli -i*** the Scots **III** m. **1** LING. Scots **2** *(tessuto)* tartan cloth.

scozzonare /skottso'nare/ [1] tr. **1** EQUIT. to break* [sth.] in [*cavallo*] **2** FIG. to break* [sb.] in [*apprendista, allievo*].

scozzone /skot'tsone/ m. horsebreaker.

scranna /'skranna/ f., **scranno** /'skranno/ m. high-backed chair; ***sedere a ~*** FIG. to pontificate, to be on one's high horse.

screanzato /skrean'tsato/ **I** agg. ill-bred, ill-mannered, bad-mannered, coarse **II** m. (f. **-a**) ill-bred person, ill- *o* bad-mannered person; ***è uno ~*** he has no manners.

screditare /skredi'tare/ [1] **I** tr. to discredit, to diminish [*persona*]; to discredit [*istituzione, teoria*] **II** **screditarsi** pronom. to disgrace oneself.

screening /'skrining/ m.inv. screening (anche MED.).

scremare /skre'mare/ [1] tr. **1** *(togliere la parte grassa)* to skim, to cream [*latte*] **2** FIG. *(vagliare, selezionare)* to cream off [*candidati*].

scremato /skre'mato/ **I** p.pass. → **scremare II** agg. [*latte*] skimmed, low-fat, skim attrib.; ***parzialmente ~*** [*latte*] semi-skimmed.

scrematrice /skrema'tritʃe/ f. creamer, cream separator.

scrematura /skrema'tura/ f. **1** *(di latte)* skimming **2** FIG. creaming off.

screpolare /skrepo'lare/ [1] **I** tr. [*freddo, vento*] to chap, to crack [*pelle, mani, labbra*]; [*tempo, umidità*] to crack [*intonaco*] **II** **screpolarsi** pronom. [*pelle, mani, labbra*] to chap, to crack; [*intonaco*] to crack; [*ceramica*] to craze; ***una crema che impedisce alle mani di -rsi*** a cream which prevents the hands from becoming chapped.

screpolatura /skrepola'tura/ f. *(su labbra, mani)* chap, crack; *(su intonaco)* crack(ing).

screziare /skret'tsjare/ [1] **I** tr. to streak, to dapple, to speckle, to fleck [*superficie, stoffa*]; [*colori*] to dapple, to mottle, to variegate [*manto*]; to speckle [*piumaggio*] **II** **screziarsi** pronom. to dapple, to become* dappled; ***in autunno le foglie si screziano di giallo*** in autumn the leaves become streaked with yellow.

screziato /skret'tsjato/ **I** p.pass. → **screziare II** agg. [*superficie, stoffa*] streaked, dappled, speckled, flecked; [*manto*] mottled, variegated; [*fiore, marmo*] motley, variegated; ***pellame rosso ~ di nero*** red coat mottled with black; ***un foulard blu ~ di rosa*** a blue scarf with pink flecks.

screziatura /skrettsja'tura/ f. *(di stoffa)* fleck, streak, dapple; *(di manto)* dapple, mottle, variegation; *(di marmo)* cloudiness, mottle; *(di piumaggio)* speckle; ***le -e di un vestito*** the multicoloured pattern on a dress.

screzio, pl. **-zi** /'skrɛttsjo, tsi/ m. rift, crack, breach; ***-zi all'interno della squadra*** rifts within the team; ***appianare gli -zi*** to heal the breach *o* rift.

scriba /'skriba/ m. **1** STOR. scribe, scrivener **2** *(nel giudaismo)* scribe.

scribacchiare /skribak'kjare/ [1] tr. SPREG. to scribble (down).

scribacchino /skribak'kino/ m. (f. **-a**) SPREG. **1** *(scrittore mediocre)* scribbler, inkslinger, pen pusher, hack writer **2** *(impiegatuccio)* pen pusher, pencil pusher AE.

scriccatore /skrikka'tore/ ➧ ***18*** m. (f. **-trice** /tritʃe/) chipper.

scricchiolamento /skrikkjola'mento/ → **scricchiolio.**

scricchiolare /skrikkjo'lare/ [1] intr. (aus. *avere*) **1** *(far rumore)* [*pavimento, ossa, porta, cardine*] to creak; [*trave*] to groan; [*mobile, scarpe, penna*] to squeak; [*neve, ghiaia*] to crunch **2** FIG. [*rapporto, relazione*] to creak.

scricchiolio, pl. **-ii** /skrikkjo'lio, ii/ m. *(di pavimento, ossa, porta)* creak; *(di trave)* groan; *(di mobile, scarpe, penna)* squeak; *(di neve, ghiaia)* crunch.

scricciolo /'skrittʃolo/ m. **1** ORNIT. wren **2** FIG. *(donna)* tiny woman, titch COLLOQ.; *(bambino)* (little) mite.

scrigno /'skriɲɲo/ m. case, casket.

scriminatura /skrimina'tura/ f. *(dei capelli)* parting BE, part AE; ***avere la ~ da una parte, in mezzo*** to part one's hair on one side, in the middle.

scristianizzare /skristjanid'dzare/ [1] **I** tr. to de-Christianize, to unchristianize **II** **scristianizzarsi** pronom. to become* unchristian.

scristianizzazione /skristjaniddzat'tsjone/ f. de-Christianization.

scriteriato /skrite'rjato/ **I** agg. [*persona, decisione*] wild, madcap attrib. **II** m. (f. **-a**) madcap, daredevil.

▶ **scritta** /'skritta/ f. **1** *(frase scritta)* writing; *(murales)* graffiti pl.; *(di cartello, insegna, ecc.)* sign, notice; *(iscrizione)* inscription; ***-e razziste sui muri*** racist graffiti on the walls; ***~ su una lapide*** inscription on a plaque *o* gravestone **2** *(patto)* deed.

▷ **scritto** /'skritto/ **I** p.pass. → **scrivere II** agg. written; ***la lingua -a*** the written word; ***prova -a*** written paper, written test; ***regola non -a*** unwritten rule; ***~ a mano*** handwritten; ***~ a macchina*** typed *o* typewritten; ***~ a penna*** written in pen; ***era ~*** FIG. it was destined *o* meant to happen; ***è*** o ***sta ~ che*** it is written that; ***ce l'hai ~ in fronte*** o ***in faccia*** it's written all over your face **III** m. **1** *(opera)* (piece of) writing, work; ***è uno dei suoi ultimi -i*** it's one of his last *o* latest works; ***~ celebrativo*** celebratory piece of writing; ***-i giovanili, minori*** early, minor works **2** *(testo)* (piece of) writing; ***uno ~ illeggibile*** an unreadable writing **3** SCOL. UNIV. *(esame)* written exam, written test, test paper BE, essay test AE ◆ ***in*** o ***per ~*** in writing; ***mettere qcs. per ~*** to put sth. in writing ◆◆ ***~ col sangue*** written in blood.

scrittoio, pl. **-oi** /skrit'tojo, oi/ m. writing desk, writing table, escritoire ◆◆ ***~ a tamburo*** cylinder desk, roll-top desk.

▷ **scrittore** /skrit'tore/ ➧ ***18*** m. writer, author, penman*; ***fa lo ~*** he's a writer; ***uno ~ di successo*** o ***in voga*** a successful *o* fashionable writer; ***uno ~ di romanzi*** a novelist; ***~ da strapazzo*** hack COLLOQ. ◆◆ ***~ fantasma*** ghostwriter.

scrittorio, pl. **-ri, -rie** /skrit'tɔrjo, ri, rje/ agg. writing attrib.; ***materiale ~*** writing materials; ***centro ~*** scriptorium.

▷ **scrittrice** /skrit'tritʃe/ ➧ ***18*** f. (woman) writer, authoress.

▷ **scrittura** /skrit'tura/ f. **1** *(calligrafia)* handwriting, hand, script; ***avere una bella ~*** to have good *o* neat handwriting **2** *(lo scrivere)* writing; ***la scorrevolezza della sua ~*** the fluency of his writing; ***~ creativa*** creative writing **3** AMM. entry; ***registrare una ~*** to make an entry **4** DIR. deed **5** TEATR. CINEM. engagement, booking; ***avere diverse -e*** [*attore*] to have several engagements *o* bookings **6** RELIG. ***Sacre Scritture*** Holy Writ, (Holy) Scripture(s) ◆◆ ***~ alfabetica*** alphabetic(al) writing; ***~ automatica*** automatic writing; ***~ bastarda*** bastard hand; ***~ cancelleresca*** chancery (writing); ***~ cuneiforme*** cuneiform (writing); ***~ fonetica*** phonetic script; ***~ geroglifica*** hieroglyphics; ***~ ideografica*** picture writing; ***~ onciale*** uncial (writing); ***~ privata*** DIR. private deed; ***~ sillabica*** syllabic writing; ***~ speculare*** mirror writing; ***-e contabili*** accounts.

1.scritturale /skrittu'rale/ **I** agg. accounts attrib.; ***moneta ~*** bank money **II** m. scrivener, penman*.

2.scritturale /skrittu'rale/ **I** agg. RELIG. scriptural **II** m. e f. scripturalist.

scritturalismo /skrittura'lizmo/ m. scripturalism.

scritturare /skrittu'rare/ [1] tr. **1** TEATR. CINEM. TELEV. to engage, to book [*orchestra, attore, ballerino*] **2** COMM. to enter, to record [*operazione*].

scritturazione /skritturat'tsione/ f. **1** TEATR. CINEM. TELEV. engagement, booking **2** COMM. entry, record.

scritturista, m.pl. **-i**, f.pl. **-e** /skrittu'rista/ m. e f. scripturalist.

▷ **scrivania** /skriva'nia/ f. desk, writing desk, writing table, escritoire, bureau BE; ***siamo inchiodati alla ~ tutta la settimana*** we are deskbound all week.

scrivano /skri'vano/ m. (f. **-a**) **1** writer, scrivener, copyist, penman*; ***crampo degli -i*** writer's cramp **2** AMM. *(impiegato)* clerk.
scrivente /skri'vɛnte/ **I** agg. writing **II** m. e f. ***lo ~*** the present writer.
▶ **scrivere** /'skrivere/ [87] **I** tr. **1** to write*; ***~ qcs. a mano, a macchina*** to handwrite, to type sth.; ***~ sulla sabbia, sui vetri appannati, sulla carta*** to write in the sand, on steamy windows, on paper; ***~ la musica per un film*** to write the music for a film; ***~ qcs. di proprio pugno*** to write sth. in one's own hand; ***~ due righe*** to drop a line; ***~ con l'inchiostro*** to write in ink; ***~ con la*** o ***a penna, matita*** to write in pen, pencil; ***~ per esteso*** to write in full; ***~ in stampatello*** to print, to write in block letters; ***~ di getto*** to write in one go; ***~ in francese*** to write in French; ***~ bene, male*** to write neatly, badly, to have a neat, bad handwriting; ***cerca di ~ meglio*** try to improve your writing; ***scrivilo*** write it down; ***scrivi(mi) presto*** write soon **2** *(esprimere graficamente)* to spell*, to write*; ***sapere come si scrive una parola*** to know how to spell *o* write a word; ***si scrive come si pronuncia*** it's spelt *o* spelled the way it sounds **3** *(essere scrittore)* to write*; ***che cosa fa nella vita? - scrive*** what does he do for a living? - he writes, he's a writer; ***~ bene, male*** to be a good, bad writer **II scriversi** pronom. **1** *(annotare)* to write* down [*appunto, promemoria*] **2** *(corrispondere)* to write* (to) each other; ***ci scriviamo da tanto tempo*** we've been writing (to) each other for a (very) long time.
scrivibile /skri'vibile/ agg. writable.
scroccare /skrok'kare/ [1] tr. COLLOQ. to scrounge, to bum, to cadge, to sponge [*cena, sigaretta, invito*]; ***~ qcs. a qcn.*** to scrounge *o* cadge *o* sponge sth. off *o* from sb., to hit sb. for sth.; ***~ un passaggio*** to bum *o* cadge a lift BE *o* a ride AE.
scroccatore /skrokka'tore/ → **scroccone.**
scrocchiare /skrok'kjare/ [1] intr. (aus. *avere*) [*articolazioni, ossa*] to crack; *(sotto i denti)* [*mela, biscotto*] to crunch; ***fare ~*** to crack [*nocche, dita*].
scrocchio, pl. **-chi** /'skrɔkkjo, ki/ m. crack.
1.scrocco /'skrɔkko/ m. scrounging, sponging; ***mangiare a ~*** to bum *o* scrounge a meal; ***vivere a ~*** to be on the scrounge, to freeload.
2.scrocco, pl. **-chi** /'skrɔkko, ki/ m. click; ***coltello a ~*** clasp knife; ***serratura a ~*** spring lock.
scroccone /skrok'kone/ m. (f. **-a**) scrounger, cadger, freeloader, hanger-on, sponger.
scrofa /'skrɔfa/ f. **1** ZOOL. sow **2** FIG. *(sgualdrina)* slut, whore.
scrofola /'skrɔfola/ f. scrofula*.
scrofolosi /skrofo'lɔzi/ ♦ **7** f.inv. scrofulosis*.
scrofoloso /skrofo'lozo/ agg. scrofulous.
scrofularia /skrofu'larja/ f. figwort.
scrollamento /skrolla'mento/ m. shaking (**di** of).
scrollare /skrol'lare/ [1] **I** tr. **1** *(scuotere)* to shake* [*bottiglia, ramo, ombrello*]; to shrug [*spalle*]; to shake*, to wag [*testa*] **2** *(fare cadere)* to shake* [*polvere, neve*]; ***~ la neve dal cappotto*** to shake the snow from *o* off one's coat **II scrollarsi** pronom. **1** *(scuotersi)* [*animale*] to shake* oneself; ***-rsi la polvere di dosso*** to dust oneself off **2** FIG. *(riscuotersi)* to rouse oneself, to wake* up, to shake* up.
scrollata /skrol'lata/ f. shake; ***dare una ~ a un albero*** to give a tree a shake; ***dare una ~ a qcn.*** to give sb. a shake, to shake sb. (anche FIG.); ***~ di testa*** shake of the *o* one's head; ***~ di spalle*** shrug of the shoulders; ***mi rispose con una ~ di spalle*** he replied with *o* gave me a shrug of the shoulders.
scrollone /skrol'lone/ m. ***dare uno ~ a qcn.*** to give sb. a shake (anche FIG.).
scrosciante /skroʃ'ʃante/ agg. [*pioggia*] teeming, pouring; [*risa*] pealing; [*applausi*] thunderous.
scrosciare /skroʃ'ʃare/ [1] intr. (aus. *essere, avere*) [*torrente, cascata*] to roar; [*pioggia*] to teem (down), to pour; ***delle risate scrosciarono in sala*** FIG. laughter pealed out in the hall, the hall roared with laughter; ***scrosciarono gli applausi*** FIG. there was a burst of applause.
scroscio, pl. **-sci** /'skrɔʃʃo, ʃi/ m. **1** *(di pioggia)* downpour, drench; *(di torrente, cascata)* roar **2** FIG. *(di applausi)* thunder, roar; *(di risa)* roar, peal.
scrostamento /skrosta'mento/ m. scraping.
scrostare /skros'tare/ [1] **I** tr. **1** *(asportare lo strato superficiale)* to scrape [*superficie*]; to strip [*pittura, vernice*]; ***~ (l'intonaco da)*** to strip the plaster off [*muro*] **2** *(togliere la crosta)* to take* the crust off [*ferita*] **3** *(togliere le incrostazioni da)* to scrape off, out, to scour [*padella*] **II scrostarsi** pronom. [*muro, facciata*] to flake, to crumble; [*vernice, pittura*] to peel (away, off).
scrostatura /skrosta'tura/ f. *(di muro, pittura, vernice)* flaking; *(di padella)* scraping.
scrotale /skro'tale/ agg. [*ernia*] scrotal.
scroto /'skrɔto/ m. scrotum*.
▷ **scrupolo** /'skrupolo/ m. scruple, qualm; ***avere*** o ***farsi degli -i (a fare)*** to have scruples (about doing); ***non avere*** o ***non farsi -i (a fare)*** to have no scruples *o* qualms about doing; ***non farsi -i per qcs.*** to make no bones about sth.; ***essere privo di*** o ***senza -i*** to have no conscience, to be unscrupulous; ***mancanza di -i*** unscrupulousness; ***una persona senza -i*** an unscrupulous person; ***-i di coscienza*** qualms of guilt; ***essere esatto fino allo ~*** to be scrupulously precise; *(preoccupazione)* ***per ~ di giustizia sociale*** out of concern for social justice; *(esitare)* ***non farti ~ di chiedere*** don't scruple to ask.
scrupolosamente /skrupolosa'mente/ avv. [*rispettare, applicare*] scrupulously; [*lavorare*] fastidiously, meticulously; ***svolgere un lavoro ~*** to be meticulous about one's work.
scrupolosità /skrupolosi'ta/ f.inv. scrupulosity, scrupulousness, meticulousness; ***~ professionale*** conscientiousness; ***avere ~ nel lavoro*** to be meticulous about one's work.
scrupoloso /skrupo'loso/ agg. [*impiegato, funzionario*] scrupulous, dedicated; [*lavoro, indagine*] scrupulous, thorough; ***essere molto ~*** to be very meticulous (**in** about).
scrutare /skru'tare/ [1] tr. to rake, to scan [*orizzonte, cielo*]; to peer at, to scan, to scrutinize [*viso, persona*]; FIG. to probe into [*animo, intenzioni*]; ***~ il mare per scorgere qcs.*** to scan *o* scour the sea for sth.; ***~ nella foschia*** to peer into the mist.
scrutatore /skruta'tore/ **I** agg. [*sguardo, aria*] searching; ***con occhio ~*** with a searching look **II** m. (f. **-trice** /tritʃe/) BUROCR. scrutineer, scrutator.
scrutinare /skruti'nare/ [1] tr. **1** BUROCR. to scrutinize, to count [*voti*] **2** SCOL. = to assign marks to students at the end of the term.
scrutinatore /skrutina'tore/ → **scrutatore.**
scrutinio, pl. **-ni** /skru'tinjo, ni/ m. **1** BUROCR. count(ing), poll; ***~ dei voti*** counting of votes; ***fare lo ~ dei voti*** to count the votes **2** SCOL. ***gli -ni*** = end-of-term assessment ◆◆ ***~ di lista*** list voting, list system; ***~ segreto*** secret ballot; ***~ uninominale*** uninominal ballot.
scucire /sku'tʃire/ [102] **I** tr. **1** SART. to unstitch, to unpick [*cucitura, orlo*]; to unsew*, to unstitch [*vestito*] **2** FIG. *(sborsare)* to fork out; ***~ soldi a qcn.*** to get money out of sb., to do sb. out of money; ***scuci la grana!*** get out your money! **II scucirsi** pronom. [*vestito, cucitura*] to come* unstitched; [*orlo*] to come* undone; ***il suo cappotto si sta scucendo*** his coat is coming apart *o* unstitched at the seams.
scucito /sku'tʃito/ **I** p.pass. → **scucire II** agg. **1** SART. [*vestito*] unstitched; [*orlo*] undone, split, unstitched; ***la tua camicia è -a sul collo*** your shirt has come unstitched at the collar **2** *(senza coesione)* [*discorso*] rambling, disconnected.
scucitura /skutʃi'tura/ f. split seam; ***hai una ~ nella gonna*** your skirt has come unstitched.
scuderia /skude'ria/ f. **1** EQUIT. stable, riding stables pl., mews pl.; ***~ da corsa*** racing stable; ***condurre un cavallo alla ~*** to lead a horse to the stable; ***mettere un cavallo nella ~*** to stable a horse; ***colori di ~*** racing colours BE *o* colors AE **2** *(negli sport motoristici)* stable; ***la ~ Ferrari*** the Ferrari stable.
▷ **scudetto** /sku'detto/ m. **1** *(distintivo)* shield, badge **2** SPORT shield; ***vincere lo ~*** to win the championship **3** BOT. scutellum* **4** AGR. scion; ***innesto a ~*** shield-bud.
scudiera: **alla scudiera** /allasku'djɛra/ agg.inv. ***stivale*** o ***stivalone alla ~*** jackboot, top-boot.
scudiero /sku'djɛro/ m. squire, henchman* ANT.
scudisciare /skudiʃ'ʃare/ [1] tr. to whip [*cavallo*].
scudisciata /skudiʃ'ʃata/ f. whipping; ***dare una ~ a qcn.*** to give sb. a whipping.
scudiscio, pl. **-sci** /sku'diʃʃo, ʃi/ m. whip, riding crop.
▷ **scudo** /'skudo/ m. **1** *(arma difensiva)* shield; ***levata di -i*** FIG. outcry, uproar, uplifting; ***provocare una levata di -i*** FIG. to cause an outcry; ***portare qcn. sugli -i*** FIG. to carry sb. shoulder-high **2** FIG. *(protezione)* shield; ***fare ~ a qcn. con il proprio corpo*** to shield sb. with one's body; ***farsi ~ di*** o ***con qcs.*** to use sth. as a shield (anche FIG.) **3** TECN. shield **4** ZOOL. *(di rettili)* scute, scutum* **5** ARALD. (e)scutcheon, shield; ***~ con i simboli della città, della famiglia*** coat of arms of the city, family **6** NUMISM. scute **7** GEOL. shield ◆◆ ***~ crociato*** POL. = the symbol of the old Christian Democrat Party; ***~ termico*** heat shield; ***~ umano*** human shield.
scudocrociato /skudokro'tʃato/ **I** agg. = of the former Christian Democrat Party **II** m. POL. STOR. *(emblema)* = the symbol of the former Christian Democrat Party consisting of a red cross on white field **III** m. (f. **-a**) = member of the former Christian Democrat Party.

scuffia /'skuffja/ f. **1** COLLOQ. *(sbornia)* booze-up, bender, jag **2** COLLOQ. *(innamoramento)* crush, infatuation; ***avere una ~ per qcn.*** to have a crush on sb.; ***prendersi una ~ per qcn.*** to take a shine to sb., to fall for sb. **3** MAR. ***fare ~*** to capsize, to overturn, to keel over.

scuffiare /skuf'fjare/ [1] intr. (aus. *avere*) MAR. to capsize, to overturn, to keel over.

scugnizzo /skuɲ'ɲittso/ m. **1** *(ragazzo di strada)* street urchin, guttersnipe; *(a Napoli)* = Neapolitan street urchin **2** *(ragazzo irrequieto)* rowdy boy, ruffian.

sculacciare /skulat'tʃare/ [1] tr. to spank, to smack.

sculacciata /skulat'tʃata/ f. spank(ing), smacking; ***dare una ~ a qcn.*** to give sb. a spank(ing), to slap sb.'s bottom; ***prendersi una ~*** to get a smacking *o* one's bottom smacked; ***se non fai il bravo, ti do una ~*** if you don't behave you'll get your bottom smacked.

sculaccione /skulat'tʃone/ m. spank, slap.

sculettare /skulet'tare/ [1] intr. (aus. *avere*) COLLOQ. to sway one's hips, to wiggle one's hips.

▷ **scultore** /skul'tore/ ➧ ***18*** m. sculptor; ***~ in legno*** wood carver.

scultoreo /skul'tɔreo/ agg. [*arte, forma*] sculptural; [*bellezza, corpo*] sculptural, statuesque.

scultoresco /skulto'resko/ agg. ANT. sculpturesque.

scultorio, pl. **-ri, -rie** /skul'tɔrjo, ri, rje/ → **scultoreo**.

scultrice /skul'tritʃe/ ➧ ***18*** f. sculptress.

▷ **scultura** /skul'tura/ f. **1** *(arte)* sculpture; ***darsi alla ~*** to take up sculpture; ***~ del legno*** woodcarving **2** *(opera)* sculpture; ***una ~*** a piece of sculpture; ***una ~ in marmo, bronzo*** a marble (sculpture), a bronze (sculpture); ***~ in legno*** woodcarving; ***una ~ di Canova*** a sculpture *o* a piece by Canova.

scuocere /'skwɔtʃere/ [34] **I** tr. to overcook, to overdo* **II** intr. (aus. *essere*) ***questa pasta è scotta*** this pasta is overcooked *o* overdone **III scuocersi** pronom. to become* overcooked *o* overdone; ***questo riso si scuoce facilmente*** this rice is easily overcooked.

scuoiamento /skwoja'mento/ m. flaying, skinnig.

scuoiare /skwo'jare/ [1] tr. to flay, to skin [*animale*].

scuoiatore /skwoja'tore/ ➧ ***18*** m. (f. **-trice** /tritʃe/) flayer, skinner.

> **Scuola** The Italian school system comprises, after the optional *scuola dell'infanzia* or *scuola materna* (infant school), three broad bands: the *scuola primaria* or *scuola elementare* (primary school), which is split into 5 classes, from class 1 to class 5; the *scuola media* or *scuola secondaria di primo grado* (middle school or lower secondary school), which lasts three years, from class 1 to class 3; and the *scuola superiore* (secondary school), which lasts five years, from class 1 to class 5. The first two bands are the same for everybody, while the third can be at various types of liceo (high school), of which the technical ones are called *istituti tecnici*, or *istituti professionali* (professional institutes) which train students for work and are run by the regions. The Italian school system is moving towards extending compulsory education to 18 years old (see also ***Liceo***).

▶ **scuola** /'skwɔla/ f. **1** *(edificio)* school(house); ***essere a ~*** to be at school; ***andare a ~*** to go to school; ***~ maschile, femminile*** boys', girls' school; ***bambini delle -e*** schoolchildren **2** *(insieme di allievi e personale docente)* school; ***c'era tutta la ~*** the whole school was there **3** *(corsi d'insegnamento)* school; ***la ~ è finita*** school is over; ***avere ~*** to have school; ***oggi non c'è ~*** no school today; ***mandare un bambino a ~*** to send a child to school; ***la ~ comincia, finisce, ricomincia*** school starts, finishes, restarts; ***fin dai tempi della ~*** since one's schooldays; ***lasciare la ~ a 16 anni*** to leave school at 16; ***marinare la ~*** to play truant, to skive BE, to play hooky AE; ***la sera dopo la ~*** in the evenings after school **4** *(sistema)* education; ***riformare la ~*** to reform the education system **5** *(fonte di formazione)* school (**di** of), training (**di** for, in); ***la lessicografia è una ~ di pazienza*** lexicography is a school of *o* training in patience; ***~ di vita*** school of hard knocks, university of life, training for life; ***della vecchia ~*** of the old school **6** ART. LETTER. FILOS. *(movimento)* school; ***~ fiamminga*** Dutch School; ***~ di pensiero*** school of thought ◆ ***fare ~*** *(insegnare)* to teach (school); *(avere seguaci)* to gain a following ◆◆ ***~ alberghiera*** hotel-management school; ***~ di amministrazione aziendale*** UNIV. business school; ***~ di applicazione*** school of applied military sciences; ***~ d'arte*** school of performing arts; ***~ di ballo*** dancing school; ***~ per corrispondenza*** correspondence college; ***~ di danza*** ballet school; ***~ domenicale*** RELIG. Sunday school; ***~ elementare*** primary *o* elementary school, grade school AE; ***~ di giornalismo*** school of journalism; ***~ guida*** driving school; ***~ dell'infanzia*** → **~ materna**; ***~ per infermieri*** nursing school; ***~ interpreti*** school of interpreting; ***~ laica*** nondenominational (private) school; ***~ di lingue*** school of languages, language school; ***~ magistrale*** = formerly, high school specializing in education; ***~ materna*** nursery school, kindergarten, preschool AE; ***~ media inferiore*** = three years post elementary course, middle school BE, junior high school AE; ***~ media superiore*** = course of studies following middle school/junior high school and preceding university; ***~ dell'obbligo*** compulsory education; ***~ parificata*** = officially recognized school; ***~ di pilotaggio*** → **~ di volo**; ***~ primaria*** primary school; ***~ privata*** private school; ***~ professionale*** vocational school; ***~ pubblica*** state school, public school AE; ***~ secondaria*** → **~ superiore**; ***~ per segretarie d'azienda*** secretarial college; ***~ serale*** evening school, night school; ***~ speciale*** special school BE; ***~ sperimentale*** experimental school; ***~ di stato*** o ***statale*** state school; ***~ superiore*** secondary school; ***~ di volo*** flying school.

scuolabus /skwɔla'bus/ m.inv. school bus.

scuolaguida, pl. **scuoleguida** /skwɔla'gwida, skwɔle'gwida/ f. driving school; ***Sergio è un istruttore di ~*** Sergio is a driving instructor.

▷ **scuotere** /'skwɔtere/ [67] **I** tr. **1** *(sbattere)* to shake* [*bottiglia, ramo, persona, testa*]; to flap, to shake* out [*tovaglia, lenzuola, tappeto*]; [*vento, onde*] to rock, to toss [*barca*]; ***~ le briciole dalla tovaglia*** to shake the crumbs off the tablecloth **2** *(turbare)* [*guerra, crisi, polemica*] to shake*, to rock [*persona, paese*]; [*morte*] to shake*, to shatter [*persona*]; [*avvenimento, comportamento*] to shake* [*nervi*]; ***~ le fondamenta di qcs.*** to shake *o* rock the foundations of sth.; *(commuovere)* to move, to rouse [*opinione pubblica*] **3** *(scrollare)* to shake* [*persona*]; ***~ qcn. per svegliarlo*** to shake sb. awake; ***~ qcn. dal letargo*** to shake sb. out of their lethargy **4** FIG. *(sollecitare)* ***~ qcn. dal suo stato di indolenza*** to force sb. out of their apathy; ***~ qcn. dal suo torpore*** to rouse sb. from their torpor **II scuotersi** pronom. **1** *(scrollarsi)* [*persona, animale*] to shake* oneself; ***-rsi la polvere di dosso*** to dust oneself off; ***-rsi di dosso*** FIG. to shake oneself free of [*malinconia, dubbio, cattiva abitudine*] **2** FIG. *(riscuotersi)* to shake* up, to rouse oneself, to wake* up **3** *(sobbalzare)* to jump, to start, to jolt **4** *(turbarsi)* to get* upset, to upset* oneself.

scuotimento /skwoti'mento/ m. shaking, shake.

▷ **scure** /'skure/ f. **1** *(arnese)* axe, ax AE; ***la ~ del boscaiolo, del boia*** the woodcutter's, executioner's axe; ***abbattere un albero con la ~*** to fell a tree with an axe; ***dare un colpo di ~ a qcs.*** to give sth. a blow with an axe; ***con un colpo di ~*** with a blow of the axe; ***demolire la porta a colpi di ~*** to break down the door with an axe **2** FIG. ***la ~ del fisco riduce le entrate*** = the burden of taxes heavily cuts into revenues ◆◆ ***~ d'arme*** STOR. battle-axe BE, battleax AE.

scureggia /sku'reddʒa/ → **scoreggia.**

scureggiare /skured'dʒare/ → **scoreggiare.**

scuretto /sku'retto/ m. window-shutter.

scurire /sku'rire/ [102] **I** tr. *(rendere scuro)* to darken [*colore, liquido, pelle, cuoio*]; [*carta da parati, colore*] to make* [sth.] dark [*luogo*] **II** intr. (aus. *essere*) [*colore, tessuto*] to darken, to turn dark; [*metallo*] to tarnish; [*capelli*] to get* darker; ***~ al sole*** [*occhiali*] to go darker in the sun **III scurirsi** pronom. [*capelli, pelle, colore, cielo*] to darken; *(abbronzarsi)* [*persona*] to go* brown.

▷ **scuro** /'skuro/ **I** agg. **1** [*pelle, pelliccia, occhi, occhiali, fotografia*] dark; [*colore*] dark, deep; [*tabacco*] dark, black; ***avere la pelle -a, i capelli -i*** to be dark-skinned, dark-haired, to have dark skin, hair; ***"è richiesto l'abito ~"*** "black tie", "formal dress is required"; ***un boccale di birra -a*** a pint of dark ale *o* stout **2** *(buio)* [*cielo, strada, viuzza, cella*] dark **3** FIG. gloomy, sombre BE, somber AE; ***con un'aria -a*** with a gloomy expression; ***~ in volto*** with a face like thunder, with a face as black as thunder **4** LING. [*vocale*] dark **II** m. **1** *(buio)* darkness, obscurity **2** *(colore)* ***vestire di ~*** to dress in dark colours, to wear dark colours **III** avv. LETT. [*parlare*] obscurely, darkly.

scurrile /skur'rile/ agg. [*linguaggio*] scurrilous, foul; ***esprimersi con un linguaggio ~*** to have a foul tongue.

scurrilità /skurrili'ta/ f.inv. scurrility, foulness; ***dire, scrivere delle ~*** to say, to write scurrilities.

scurrilmente /skurril'mente/ avv. scurrilously, foully.

▶ **scusa** /'skuza/ f. **1** *(giustificazione)* excuse, justification (**per qcs.** for sth.; **per fare** to do; **per aver fatto** for doing); ***una magra, buona ~*** a poor, good excuse; ***non è una ~ per fare*** it's no excuse for doing *o* to do; ***cercare delle -e*** to look for excuses; ***trovare una ~*** to make *o* find an excuse; ***avere sempre una ~ pronta*** to be always ready with one's excuses; ***a mo' di ~, come ~*** as an excuse, by way of an excuse; ***trovi sempre delle -e!*** you're always making excuses! ***non ci sono -e che tengano!*** there can be no possible excuses! that's no excuse! ***senza -e*** inexcusable; ***con una ~*** with an excuse **2** *(espressione di rincrescimento)* excuse, apology; ***fare*** o ***presentare le proprie -e a qcn.*** to make *o* give one's excuses *o* apologies to sb.; ***aspettare, esigere delle -e (da parte di qcn.)*** to expect, demand an apology (from sb.); ***dovere delle -e a qcn.*** to owe sb. an apology; ***pensi che gli costerebbe molto chiedere ~?*** do you think it'd hurt him to say sorry? ***profondersi in -e*** to apologize profusely; ***fare un gesto di ~*** to make an apologetic gesture; ***avere un tono di ~*** to sound apologetic; ***una lettera di -e*** a letter of apology; ***mille*** o ***molte -e*** ever so sorry; ***chiedo ~*** I beg your pardon, excuse me **3** *(pretesto)* excuse, pretext; ***ogni ~ è buona per lui*** any excuse is good for him; ***con la ~ che, di fare*** under *o* on the pretext that, of doing.

scusabile /sku'zabile/ agg. excusable, pardonable.

scusabilità /skuzabili'ta/ f.inv. excusability.

scusabilmente /skuzabil'mente/ avv. excusably, pardonably.

scusante /sku'zante/ f. excuse; ***avere qcs. come ~*** to have sth. as an excuse; ***non avere -i*** to have no excuse; ***senza -i*** inexcusable.

▶ **scusare** /sku'zare/ [1] **I** tr. **1** *(perdonare)* to excuse [*persona, maleducazione, errore, assenza*]; ***~ qcn. per avere fatto*** to excuse *o* pardon sb. for doing; ***scusatelo!*** forgive him! ***scusami, scusatemi, mi scusi*** excuse me, I'm sorry, pardon me; ***voglia scusarmi*** I'm so sorry, I do beg your pardon; ***mi vorrà ~ se*** you will forgive me if; ***la prego di scusarmi*** please forgive me; ***se mi vuoi ~*** if you'll excuse me; ***scusate il ritardo*** sorry I'm late, excuse me for being late; ***scusate il disordine*** I'm sorry about the mess; ***scusi il disturbo*** I'm sorry to be a nuisance; ***scusi l'interruzione*** forgive me for interrupting you; ***scusate il linguaggio*** pardon my French COLLOQ. **2** *(giustificare)* to excuse, to justify [*persona, comportamento*] **II** intr. (aus. *avere*) ***scusa? cos'hai detto?*** sorry? (I beg your) pardon? what did you say? ***scusi, che ora è?*** excuse me, what time is it? ***scusa, dove credi di essere?*** hey, where do you think you are? ***scusa se esisto!*** = sorry for breathing! ***scusi! c'ero prima io!*** excuse me! I was here first! ***si è comprato un orologio d'oro, e scusate se è poco!*** he bought himself a gold watch, if you please! **III scusarsi** pronom. to excuse oneself, to apologize, to say* sorry (**con qcn.** to sb.; **di** o **per qcs.** for sth.; **di** o **per aver fatto** for doing); ***mi scuso per il ritardo*** sorry I'm late; ***mi scuso per il disturbo*** I'm sorry to be a nuisance; ***senza neanche -rsi*** without so much as an apology; ***sono dovuto andare a scusarmi con il direttore*** I had to go and apologize to the manager ◆ ***chi si scusa s'accusa*** PROV. = he who excuses himself, accuses himself.

scutellaria /skutel'larja/ f. skullcap.

scutello /sku'tɛllo/ m. ZOOL. BOT. scutellum*.

scuto /'skuto/ m. ZOOL. scute, scutum*.

sdaziare /zdat'tsjare/ [1] tr. to pay* the customs duties on [*merce*].

▷ **sdebitare** /zdebi'tare/ [1] **I** tr. ***~ qcn.*** to release sb. from debt **II sdebitarsi** pronom. **1** *(pagare un debito)* to get* out of debt, to pay* off one's debts **2** *(disobbligarsi)* to repay*; ***come posso sdebitarmi con te?*** how can I repay you?

sdegnare /zdeɲ'ɲare/ [1] **I** tr. **1** *(disdegnare)* to scorn, to disdain [*ricchezza, gloria*]; ***~ di fare*** to scorn *o* disdain to do **2** *(provocare sdegno)* to make* [sb.] indignant **II sdegnarsi** pronom. to get*, become* indignant (**per** at, about; **con, contro** with).

sdegnato /zdeɲ'ɲato/ **I** p.pass. → **sdegnare II** agg. indignant (**di, per** at, about).

sdegno /'zdeɲɲo/ m. **1** *(disprezzo)* scorn, contempt; ***uno sguardo pieno di ~*** a scornful *o* contemptuous look **2** *(riprovazione)* indignation, outrage; ***parole di ~*** words of disdain.

sdegnosamente /zdeɲɲosa'mente/ avv. **1** *(con disprezzo)* scornfully, contemptuously **2** *(con riprovazione)* indignantly, disdainfully.

sdegnosità /zdeɲɲosi'ta/ f.inv. **1** *(sdegno)* disdain, scorn, contempt **2** *(alterigia)* haughtiness, superciliousness.

sdegnoso /zdeɲ'ɲoso/ agg. **1** *(sprezzante)* [*persona, tono, sorriso, aria*] contemptuous, scornful, snooty COLLOQ.; ***un uomo ~ di ogni compromesso*** a man contemptuous of any compromise **2** *(altezzoso)* haughty, supercilious.

sdentare /zden'tare/ [1] **I** tr. to break* the teeth of [*pettine, sega*] **II sdentarsi** pronom. [*persona, pettine*] to lose* one's teeth.

sdentato /zden'tato/ **I** p.pass. → **sdentare II** agg. [*persona*] toothless **III** m. ZOOL. edentate.

sdilinquimento /zdilinkwi'mento/ m. **1** *(deliquio)* swoon, fainting fit **2** *(svenevolezza)* gush, slush, mawkishness.

sdilinquire /zdilin'kwire/ [102] **I** intr. (aus. *essere*) to faint, to swoon; ***~ per la fame*** to feel faint with hunger **II sdilinquirsi** pronom. **1** *(svenire)* to faint, to swoon **2** FIG. to languish, to melt.

sdipanare /zdipa'nare/ tr. to unwind* [*gomitolo*]; FIG. to unravel [*mistero, imbroglio*].

sdoganamento /zdogana'mento/ m. (customs) clearance, release; ***~ di*** clearance of [sth.] through customs [*beni, merce*]; ***effettuare lo ~*** to clear through customs; ***~ all'uscita*** clearance outwards; ***certificato di ~*** customs clearance certificate.

sdoganare /zdoga'nare/ [1] tr. to clear [*merci, beni*] (anche GERG. POL.); ***merce sdoganata*** cleared *o* duty-paid goods.

sdolcinatamente /zdoltʃinata'mente/ avv. mushily, soppily.

sdolcinatezza /zdoltʃina'tettsa/ f. mush(iness), soppiness.

sdolcinato /zdoltʃi'nato/ agg. [*persona, modi*] mawkish, mushy, soppy, sugary; [*sorriso, parole*] mawkish, sugary; [*aria, tono*] silky, honeyed; [*lettera, stile*] gushing; [*musica*] schmal(t)zy; [*film, storia*] mushy, schmal(t)zy, corny COLLOQ.; ***fare lo ~*** to be all sweetness.

sdolcinatura /zdoltʃina'tura/ f. mush.

sdoppiamento /zdoppja'mento/ m. splitting in two; ***lo ~ della strada*** = making the road into a dual carriageway ◆◆ ***~ della personalità*** MED. PSIC. dual *o* split personality.

sdoppiare /zdop'pjare/ [1] **I** tr. **1** *(dividere)* to split* in two [*gruppo*] **2** SART. to undouble [*filo di lana*] **II sdoppiarsi** pronom. **1** *(dividersi)* [*gruppo*] to split* in two; [*reparto, raggio, immagine*] to split* into two; [*filo*] to undouble **2** MED. PSIC. [*persona*] to have* a dual, split personality.

sdraia /'zdraja/ f. RAR. sunbed, deckchair, beachchair AE.

▷ **sdraiare** /zdra'jare/ [1] **I** tr. to lay* [sb.] down [*malato, bambino*] **II sdraiarsi** pronom. to lie* (down); ***-rsi sul, nel letto*** to lie down on, in one's bed; ***non -rsi sull'erba*** don't lie on the grass.

sdraiato /zdra'jato/ **I** p.pass. → **sdraiare II** agg. ***devo restare ~*** I have to keep (lying) on my back.

sdraio /'zdrajo/ **I** m. ***mettersi a ~*** to lie (down); ***sedia a ~*** sunbed, deckchair, beachchair AE **II** f.inv. sunbed, deckchair, beachchair AE.

sdrammatizzare /zdrammatid'dzare/ [1] tr. to play down, to damp down, to downplay COLLOQ. [*situazione, crisi, avvenimento, gravità*]; ***cerca di ~*** try to play things down!

sdrammatizzazione /zdrammatiddzat'tsjone/ f. playing down.

sdrucciolamento /zdruttʃola'mento/ m. slip.

sdrucciolare /zdruttʃo'lare/ [1] intr. (aus. *essere*) to slip, to slide*; ***~ sul ghiaccio, sulle scale*** to slide on the ice, on the stairs.

sdrucciolevole /zdruttʃo'levole/ agg. [*strada*] slippery.

sdrucciolo /'zdruttʃolo/ agg. **1** METR. ***verso ~*** = line ending with a proparoxytone **2** LING. [*parola*] proparoxytone.

sdrucire /zdru'tʃire/ [109] **I** tr. **1** *(scucire)* to unsew*, to unstitch [*vestito*] **2** *(lacerare)* to rip, to tear* **II sdrucirsi** pronom. **1** *(scucirsi)* to come* unstitched, to split* **2** *(lacerarsi)* to rip, to tear*.

sdrucitura /zdrutʃi'tura/ f. **1** *(scucitura)* unstitched seam; ***hai una ~ nella giacca*** your shirt has come unstitched **2** *(strappo)* tear, rip.

▶ **1.se** /se/ Rinviando alla voce qui sotto per i diversi valori semantici espressi dalla congiunzione *se*, vanno specificati i seguenti punti. - Il *se* condizionale è seguito da *should* per marcare un'ipotesi remota: *se telefonasse qualcuno...* (= *se qualcuno dovesse telefonare...*) = if anybody should phone...; *if* nella frase condizionale può essere sostituito, usando uno stile elevato, dall'inversione tra soggetto e ausiliare: *se avessi saputo che era a Roma...* = had I known he was in Rome... - Quando, dopo verbi come *to ask, to know, to wonder* ecc., *se* introduce un'interrogativa indiretta o una dubitativa, la traduzione è *if* oppure *whether*, quest'ultimo usato specialmente se lo stile è più formale o se viene esplicitata l'alternativa *se... o*: *non so se lo sa* = I don't know if he knows; *mi chiedo se l'abbia fatto o meno* = I wonder whether he did it or not. - Quando *se non* è reso con *unless*, questa congiunzione concentra in sé il contenuto negativo della frase, che pertanto non richiede negazione e ausiliare: *se non me lo dici subito...* = unless you tell me at once... **I** cong. **1** *(con valore condizionale)* if; ***~ telefona, digli che non ci sono*** if he phones, tell him I'm not in; ***ti aiuterò ~ mi pagherai*** I'll help you if you pay me; ***~ vuoi vengo con te*** I'll come with you if you like; ***~ le cose stanno così, me ne vado*** if that's how it is, I'm leaving; ***~ non mi sbaglio*** if I'm not mistaken; ***~ non eri tu, chi era?*** if it wasn't you, who was it? ***era a Parigi? ~ sì con chi? ~ no perché?*** was he in Paris? if he was, who was he with? if he wasn't, why? ***~ fossi in te, ~ fossi al tuo posto*** if I were you; ***sarei contento ~ piovesse*** I would be happy if it rained; ***~ avessi saputo che era a Roma l'avrei invitato*** if I had known he was in Rome I'd have invited him; ***~ avessi avuto i soldi*** if I had had the money; ***~ dovesse cambiare idea, non esiti a contattarmi*** if you should change your mind, don't hesitate to contact me **2** *(con valore causativo)* ***~ lo sapevi perché non me l'hai detto?*** since you knew, why didn't you tell me? ~ ***proprio insisti, vengo*** if you insist, I'll come **3** *(con valore concessivo)* if; ~ ***anche, anche*** ~ even if, even though; ~ ***anche fosse così*** even if it were so; ***è furbo, anche ~ non sembra*** he's sly although he doesn't look it **4** *(in frasi esclamative)* if; ~ ***almeno mi avessi telefonato!*** if only you had phoned me! ~ ***solo*** o ***soltanto*** if only; ~ ***solo potessimo restare*** if only we could stay; ~ ***lo avessi saputo!*** if only I had known! had I known! ~ ***potessi farmi un bel bagno caldo!*** oh for a nice hot bath! ~ ***Dio vuole!*** God willing! ~ ***ho voglia di partire? ah questo sì!*** do I want to leave? but of course I do **5** *(per esprimere suggerimento)* ***e ~ andassimo a mangiare fuori?*** what about going out for dinner? ***e ~ tu passassi il weekend con noi?*** why don't you come and spend the weekend with us? ***e ~ decidesse di non venire?*** what if he decided not to come? ***e ~ portassi il dolce?*** what if I bring the dessert? **6** *(per introdurre una dubitativa o un'interrogativa indiretta)* if, whether; ***mi chiedo ~ verrà*** I wonder if he will come; ***mi chiedo ~ sia vero*** I wonder whether it's true; ***ti ricordi se te l'aveva detto?*** can you remember if he told you? ***è impossibile dire ~ sta scherzando o no*** you can't tell whether she's joking or not; ***non so ~ andare oppure no*** I don't know whether to go or not **7 se non** if not, unless; ***il mio amico non ha preso con sé nulla ~ non un libro*** my friend didn't take anything with him apart from *o* other than a book; ***una delle città più belle, ~ non addirittura la più bella*** one of the most beautiful cities, if not the most beautiful; ~ ***non fosse (stato) per*** but for; ~ ***non fosse stato per me, sarebbe andato*** he would have gone but for me; ~ ***non fosse per la paura di stare male verrei con voi*** if it weren't for *o* were it not for fear of getting ill, I'd go with you; ~ ***non smetti di fumare ti rovinerai la salute*** you'll ruin your health unless you give up smoking; ~ ***non altro*** if nothing else **8 se no** if not, otherwise, or else; ***smettila, se no...*** stop that now, or else...; ***non è per niente pericoloso, ~ no non lo farei*** it's quite safe, otherwise I wouldn't do it **9 se mai** ~ ***mai vedessi*** if you ever see *o* if ever you see; ~ ***mai andrò da qualche parte, sarà in Australia*** I'm going to Australia, if anything *o* if I go anywhere **II** m. **1** *(incertezza)* if; ***ci sono molti ~ e ma*** there are lots of ifs and buts; ~, ***e sottolineo se...*** if, and it's a very big if,... **2** *(condizione)* condition; ***lo accetto, ma c'è un ~*** I accept, on one condition.

▶ **2.se** /se/ v. la nota della voce **io**. pron.pers. ~ ***l'è presa comoda*** he took his time, he took it easy; ~ ***la prende per niente*** he's touchy; ~ ***la sono vista brutta*** they had a narrow escape; ~ ***ne sono andati*** they left, they went away; *(enclitico)* ***andarsene*** to leave, to go away.

SE ⇒ Sua Eccellenza His, Her Excellence (HE).

▶ **1.sé** /se/ v. la nota della voce **io**. pron.pers. (when followed by **stesso** or **medesimo** the accent can be omitted) **1** *(impersonale)* oneself; ***bisogna avere degli amici accanto a ~*** one should have friends around one; ***per una migliore conoscenza di ~*** for a better self-knowledge; ***imparare il controllo di ~*** to learn self-control; ***rimanere padrone di ~*** to keep control of oneself, to be in control of oneself; ***sviluppare la fiducia in se stesso*** to build up one's self-assurance *o* self-confidence; ***prendersi cura di se stesso*** to take care of oneself; ***essere sicuro di ~*** to be sure of oneself; ***essere pieno di ~*** to be full of oneself; ***ritornare in ~*** to recover one's consciousness; FIG. to come to one's senses; ***tenersi qcs. per ~*** to keep sth. to oneself; ***(non) essere se stesso*** o ***in ~*** (not) to be oneself; ***rimanere fedele a se stesso*** to remain true to oneself; ***parlare tra ~ e ~*** to talk to oneself; ***la parte migliore di ~*** one's better self; ***dare il meglio di ~*** to be at one's best, to give it one's best shot; ***il piacere di fare da ~ la marmellata*** the pleasure of making one's own jam **2** *(singolare) (riferito a uomo)* himself, him; *(riferito a donna)* herself, her; *(riferito a cosa o animale)* itself, it; *(plurale)* themselves, them; ***tra ~ e ~, l'impiegato diceva che*** the employee told himself that; ***Alex non aveva abbastanza soldi con ~*** Alex didn't have enough money about *o* on him; ***Silvana pensa solo a se stessa*** Silvana only thinks of herself; ***il mio anello in ~*** o ***se stesso non ha valore*** my ring is of no value in itself; ***il libro costituisce in ~ un'introduzione all'apicoltura*** the book in itself is an introduction to bee-keeping; ***se lo sono tenuto per ~*** they kept it for themselves ◆ ***a ~ stante*** [*questione, problema*] separate; ***da ~*** by oneself *o* all alone; ***ha fatto tutto da ~*** she did it all by herself *o* she did it all alone; ***si è fatto da ~*** he's a self-made man; ***di per ~, in ~ (e per ~)*** in itself; ***un episodio di per ~ banale*** an episode that is in itself commonplace; ***di per ~, la biblioteca è un bell'edificio*** the library is a fine building in itself; ***va da ~ (che)*** it goes without saying (that); ***essere fuori di ~, non stare in ~*** to be beside oneself (**da**, **per** with); ***chi fa da ~ fa per tre*** PROV. = if you want something done right, you've got to do it yourself.

2.sé /se/ m.inv. PSIC. self.

sebaceo /se'batʃeo/ agg. [*ghiandola*] sebaceous.

sebacico /se'batʃiko/ agg. CHIM. ***acido ~*** sebacic acid.

Sebastiano /sebas'tjano/ n.pr.m. Sebastian.

Sebastopoli /seba'stɔpoli/ ♦ **2** n.pr.f. Sebastopol.

▷ **sebbene** /seb'bɛne/ cong. although, (even) though; ~ ***lo sappia*** although he knows; ~ ***sia così ricco, affitta lo stesso la sua casa*** he rents his house even though he is so rich; ***le due opere, ~ molto diverse in apparenza, hanno degli elementi in comune*** although very different in appearance, the two works have common features; ~ ***fosse in ritardo*** although she was late.

sebo /'sɛbo/ m. sebum; ***eccesso di ~*** excessive sebum.

seborrea /sebor'rɛa/ ♦ **7** f. seborrhoea.

seborroico, pl. **-ci, -che** /sebor'rɔiko, tʃi, ke/ agg. seborrhoeic.

sec. 1 ⇒ secondo second (sec) **2** ⇒ secolo century (c, C).

SECAM /'sekam/ m.inv. (⇒ séquentiel couleur à mémoire) SECAM; ***sistema ~*** SECAM standard.

secante /se'kante/ **I** agg. intersecting; ***una retta ~ una curva*** a line secant to a curve; ***retta ~*** transversal **II** f. MAT. secant.

secca, pl. **-che** /'sekka, ke/ f. **1** *(in un bacino d'acqua)* shallows, shoal, riffle; ***incagliarsi in una ~*** [*nave*] to run aground, to be grounded **2** *(scarsità, mancanza d'acqua)* dryness; ***in ~*** [*fiume*] dried-up, dry ◆ ***abbandonare qcn. nelle -che*** to leave sb. stranded.

seccamente /sekka'mente/ avv. [*rispondere*] drily, crisply, curtly; [*rifiutare, negare*] point-blank.

seccante /sek'kante/ agg. **1** *(importuno)* [*persona*] annoying, irritating, irksome, troublesome **2** *(spiacevole)* [*situazione*] annoying, vexatious.

▶ **seccare** /sek'kare/ [1] **I** tr. **1** *(inaridire)* [*sole, calore*] to scorch, to dry out [*terreno, prato*]; [*sole, calore*] to wither, to wizen [*pianta*]; [*sole*] to bake, to dry out [*pelle*]; [*vento*] to dry [*pelle*] **2** *(fare essiccare)* to desiccate, to dry [*fiori, frutta, fieno*]; to cure, to dry [*pesce, carne*] **3** *(prosciugare)* to dry up (anche FIG.) **4** COLLOQ. *(dare fastidio)* to annoy, to bother, to irk; ***smettila di seccarmi!*** stop bothering *o* annoying me! ***quanto mi secca questa situazione!*** this situation is really annoying! ***comincia a seccarmi quello là*** that guy is starting to annoy me *o* to get on my nerves; ***non voglio essere seccato quando lavoro*** I don't want to be bothered when I'm working; ***ti secca se non vado?*** do you mind if I don't go? **II** intr. (aus. *essere*) **1** *(diventare secco)* [*erba, prato, pianta, fiore*] to wither, to wizen; [*fango*] to harden, to bake; [*pelle*] to get* dry; [*torrente, lago*] to dry up; ~ ***all'aria, al sole*** to dry in the (open) air, in the sun; ***fare ~ dei funghi, dei fiori*** to dry mushrooms, flowers **2** FIG. to get* bothered, annoyed; ***mi seccherebbe perdere lo spettacolo*** I wouldn't like to miss the show; ***mi secca dover fare*** it's a nuisance that I have to do **III seccarsi** pronom. **1** *(inaridirsi)* [*erba, prato, fiore*] to wither, to wizen; [*fango*] to harden, to bake; [*ferita*] to dry; [*pelle, labbra*] to get* dry **2** *(prosciugarsi)* to dry up (anche FIG.) **3** FIG. *(innervosirsi)* to get* annoyed.

seccativo /sekka'tivo/ m. siccative.

seccato /sek'kato/ **I** p.pass. → **seccare II** agg. **1** *(inaridito)* dried(-up); ~ ***al sole*** sun-dried **2** FIG. annoyed, peeved, irked; ***uno sguardo ~*** a look of annoyance; ***essere ~ con qcn.*** to be annoyed *o* cross with sb.; ***dire con tono ~*** to snap.

seccatoio, pl. **-oi** /sekka'tojo, oi/ m. MAR. squilgee.

seccatore /sekka'tore/ m. (f. **-trice** /tritʃe/) annoyer, bother, nuisance, bore, pest COLLOQ.

▷ **seccatura** /sekka'tura/ f. nuisance, bother, pain; ***che ~!*** how annoying! what a pain!

secchezza /sek'kettsa/ f. **1** *(di clima, pelle)* dryness **2** *(stringatezza) (di stile, opera)* dryness **3** *(magrezza)* thinness, gauntness.

secchia /'sekkja/ f. **1** *(secchio)* bucket, pail **2** *(contenuto)* bucket(ful), pailful **3** COLLOQ. SCOL. plugger, sap, swot ◆ ***piovere a -e*** to rain buckets, to bucket.

secchiata /sek'kjata/ f. **1** *(contenuto)* bucketful, pailful **2** COLLOQ. SCOL. ***fare una ~*** to plug away, to swot (up).

secchiello /sek'kjɛllo/ m. **1** *(per bambini)* bucket; ***paletta e ~*** bucket and spade **2** *(borsetta)* bucket bag ◆◆ ~ ***da champagne*** wine cooler; ~ ***del ghiaccio*** ice bucket.

▷ **secchio**, pl. **-chi** /'sekkjo, ki/ m. **1** *(recipiente)* bucket, pail; ***svuotare un ~*** to empty a bucket **2** *(contenuto)* bucketful, pailful; ***un ~ d'acqua*** a bucketful of water ◆ ***piovere a -chi*** to rain buckets, to bucket; ***e buonanotte al ~!*** and that's that! that's the end of it! ◆◆ ~ ***per il carbone*** coal box, coal scuttle, hod; ~ ***dell'immondizia*** dustbin, rubbish bin BE, garbage can AE; ~ ***per il latte*** milking pail; ~ ***della spazzatura*** → ~ **dell'immondizia**.

secchione /sek'kjone/ m. (f. **-a**) **1** TECN. ~ ***di colata*** (casting) ladle **2** COLLOQ. SCOL. plugger, sap, swot.

▶ **secco**, pl. **-chi, -che** /'sekko, ki, ke/ **I** agg. **1** *(arido)* [*clima, caldo, aria*] dry; *(prosciugato)* [*pozzo, stagno, torrente*] dry, dried-up; *(riarso)* [*terreno, campo*] dry, droughty; *(seccato)* [*foglie, legna*] dry; [*fieno, vernice*] dry; *(disidratato)* [*frutto, fico, fagiolo*] dried, desiccated; [*fiore*] dried; [*pelle, capelli, gola, bocca*] dry; [*labbra*] dry, parched; ***avere la gola -a*** to have a dry throat, to be parched COLLOQ.; ***ghiaccio ~*** dry ice; *(senza crema)* ***pasticceria secca*** = pastries or biscuits with neither topping nor filling **2** *(non dolce)* [*vino, sidro, champagne, spumante*] dry **3** *(brusco)* [*tono*] curt, abrupt, sharp; [*rifiuto*] blunt, flat, point-blank; [*risposta*] dry, crisp, sharp, smart; *(disadorno)* [*comunicato, stile*] dry, terse **4** *(netto)* [*rumore*] sharp; *(deciso)* [*colpo, botta*] sharp, forceful; ***spezzarsi con un colpo ~*** to snap (off); ***dare un colpo ~ a qcs.*** to give sth. a sharp tap **5** *(molto magro)* [*persona*] thin, stringy, gaunt, scraggy; [*braccia, gambe*] skinny **6** MED. [*tosse*] dry, hacking **II** m. **1** *(carenza di acqua)* ***tirare in ~ una barca*** to haul a boat; ***essere in ~*** [*barca*] to be aground; ***restare*** o ***rimanere in ~*** [*barca*] to run aground **2** *(siccità)* drought **3 a secco** ***a ~*** [*shampoo, rasatura*] dry; ***lavare a ~*** to dry-clean; ***lavaggio a ~*** dry-cleaning; ***pila a ~*** dry cell; ***essere a ~*** FIG. [*persona*] to be broke *o* penniless *o* bust; [*serbatoio, conto in banca*] to be empty; ***restare*** o ***rimanere a ~*** FIG. [*persona*] to be left penniless ◆ ***essere ~ come un chiodo*** to be as thin as a rake *o* a lath; ***fare ~ qcn.*** to blow sb. away, to do sb. in; ***non vale un fico ~*** COLLOQ. it's not worth a bean *o* a damn *o* a straw; ***non me ne importa un fico ~*** COLLOQ. I don't care a fig *o* a straw, I don't give a damn *o* a jot; ***rimanerci*** o ***restarci ~*** *(morire)* to lose one's life, to bite the dust; *(rimanere allibito)* to be flabbergasted, to be gaping in amazement *o* in wonder, to be pole-axed COLLOQ.

seccume /sek'kume/ m. COLLOQ. = withered branches, leaves, flowers.

secentesco /setʃen'tesko/ → **seicentesco.**

secentismo /setʃen'tizmo/ → **seicentismo.**

secentista, m.pl. **-i**, f.pl. **-e** /setʃen'tista/ → **seicentista.**

secernere /se'tʃɛrnere/ [85] tr. **1** BOT. to secrete, to excrete **2** FISIOL. to secrete, to discharge, to secern.

secessione /setʃes'sjone/ f. **1** *(separazione)* secession (**da** from); ***il diritto di*** o ***alla ~*** the right to secede; ***guerra di ~ (americana)*** American Civil War **2** ART. secessionism.

secessionismo /setʃessjo'nizmo/ m. secessionism.

secessionista, m.pl. **-i**, f.pl. **-e** /setʃessjo'nista/ m. e f. secessionist.

secessionistico, pl. **-ci, -che** /setʃessjo'nistiko, tʃi, ke/ agg. secessionist.

seco /'seko/ pron. ANT. LETT. **1** *(con sé)* with one **2** *(con lui)* with him; *(con lei)* with her; *(con loro)* with them.

secolare /seko'lare/ **I** agg. **1** *(vecchio di secoli)* [*tradizione, albero*] centuries-old; *(vecchio di cento anni)* [*albero*] hundred-year-old; *(che ha luogo ogni secolo)* [*cerimonia*] centennial **2** *(laico)* [*potere*] secular **3** RELIG. [*prete, clero*] secular **4** ASTR. secular **II** m. *(prete)* secular.

secolarità /sekolari'ta/ f.inv. RELIG. secularity.

secolarizzare /sekolarid'dzare/ [1] **I** tr. **1** *(rendere secolare)* to secularize [*persona, monastero*] **2** *(laicizzare)* to laicize, to secularize [*persona, funzioni*]; to impropriate, to secularize [*beni, proprietà*] **II secolarizzarsi** pronom. [*cultura*] to become laicized, secularized.

secolarizzazione /sekolariddzat'tsjone/ f. **1** *(di religioso)* *(divenuto secolare, laico)* secularization **2** *(di beni, funzioni)* impropriation, secularization.

secolarmente /sekolar'mente/ avv. secularly.

▶ **secolo** /'sɛkolo/ ◗ **19** m. **1** *(cento anni)* century; ***la loro dinastia ha regnato per più di tre -i*** their dynasty ruled for more than three centuries; ***nel V ~ avanti, dopo Cristo*** in the 5th century Before Christ, Anno Domini; ***i drammaturghi, l'arte del XVII ~*** 17th-century dramatists, art; ***nel ~ scorso*** in the last century; ***da qui alla fine del ~*** from here *o* now till the end of the century; ***attraverso i -i*** through *o* down the ages *o* centuries; ***essere nato con il ~*** to be as old as the century; ***del ~*** COLLOQ. [*affare, idea, progetto*] of the century; ***un ~ di fotografia, di danza moderna*** one hundred years of photography, modern dance; ***vecchio di -i*** centuries-old; ***al volgere del ~*** at the turn of the century; ***essere a cavallo di due -i*** to bridge *o* straddle two centuries **2** FIG. *(eternità)* ***erano -i che non venivo più qui*** COLLOQ. I hadn't been here for ages; ***è un ~ che non vado al mare*** it's ages since I went to the seaside; ***è un ~*** o ***sono -i che non ci vediamo!*** long time no see! ***da -i*** for ages *o* centuries **3** *(epoca)* ***il ~ di Luigi XIV*** the age of Louis XIV; ***i -i futuri*** future ages; ***essere di un altro ~*** to belong to another age; ***il ~ dei lumi*** the Age of the Enlightenment; ***i -i bui*** the Dark Ages; ***essere figlio del proprio ~*** to be a creature *o* product of one's times *o* era; ***il male del ~*** the disease *o* illness of the century; ***quest'opera rispecchia il gusto del ~*** this work reflects the taste of its time **3** RELIG. century; ***fino alla fine dei -i*** BIBL. till the end of time; ***lasciare il ~*** to renounce the world; ***per tutti i -i dei -i*** o ***nei -i dei -i*** world without end, for ever and ever ◆ ***al ~*** in the world; ***padre Giuseppe, al secolo Mario Rossi*** padre Giuseppe, in the world Mario Rossi.

seconda /se'konda/ f. **1** SCOL. second year, second form BE; ***faccio la ~*** I'm in the second year **2** MUS. second; ***intervallo di ~*** interval of a second **3** COREOGR. second position **4** AUT. second (gear); ***ingranare*** o ***mettere la ~*** to change *o* shift AE into second gear **5** *(su treni, ecc.)* ***biglietto di ~ (classe)*** second-class ticket; ***viaggiare in ~*** to travel second(-class) **6** MAT. ***dieci alla ~*** ten squared; ***elevare un numero alla ~*** to square a number **7** SPORT *(nella scherma)* seconde; ***punizione di ~*** *(nel calcio)* indirect free kick **8 a seconda** *(seguendo la corrente)* ***navigare a ~*** to go with the current *o* stream; FIG. to go with the tide; ***tutto va a ~*** FIG. everything is going smoothly **9 a seconda di** depending on [*ora, temperatura, circostanze, tempo*]; ***la temperatura varia a ~ della stagione*** the temperature varies depending on the season; ***a ~ di ciò che dirà*** depending on what he says **10 a seconda che** depending on whether; ***il prezzo delle fragole non è lo stesso a ~ che le si acquisti a giugno o a dicembre*** the price of strawberries varies depending on whether you buy them in June or December **11 in seconda** ***capitano in ~*** MAR. (ship's) mate; ***comandante in ~*** second in command.

secondare /sekon'dare/ [1] tr. *(assecondare)* to second.

secondaria /sekon'darja/ f. subordinate clause.

secondariamente /sekondarja'mente/ avv. secondly, secondarily.

secondarietà /sekondarje'ta/ f.inv. secondariness.

▷ **secondario**, pl. **-ri, -rie** /sekon'darjo, ri, rje/ **I** agg. **1** *(marginale)* [*problema, importanza*] secondary, minor; [*personaggi, ruolo*] secondary, supporting, minor; [*causa, effetto*] secondary, incidental; [*questione, argomento*] subordinate; ***strada -a*** byroad, secondary road, minor road **2** SCOL. [*scuola, insegnamento*] secondary **3** ECON. ***settore ~*** secondary industry **4** MED. [*lesioni, sifilide*] secondary; [*effetti*] side **5** GEOL. [*era*] secondary, Mesozoic **6** TECN. secondary **II** m. **1** ECON. secondary industry **2** GEOL. Mesozoic.

secondino /sekon'dino/ ◗ **18** m. (f. **-a**) prison officer BE, prison guard AE, warder BE.

▶ **1.secondo** /se'kondo/ ◗ **26, 5, 19** **I** agg. **1** *(in una serie, in un gruppo)* second; *(tra due)* latter; ***-a parte, atto, premio*** second part, act, prize; ***per la -a volta*** for the second time; ***abitare al ~ piano*** to live on the second floor; ***nel ~ capitolo*** in chapter two; ***la -a guerra mondiale*** the Second World War; ***il ~ uomo più ricco del mondo*** the second-richest man in the world; ***in -a lettura*** at a second reading; ***-e nozze*** remarriage, digamy DIR.; ***~ tempo*** SPORT *(nel calcio)* second half; ***in un ~ tempo, studieremo...*** subsequently, we will study...; ***un'equazione di ~ grado*** MAT. quadratic equation; ***Mirella è arrivata in -a posizione*** Mirella came *o* finished second; ***di -a classe*** [*vettura, biglietto*] second-class; ***viaggiare in ~ classe*** to travel second (class); ***non essere ~ a nessuno*** to be second to none; ***di second'ordine*** [*attore, merce*] second-rate; ***di -a qualità*** o ***scelta*** defective, of inferior quality, reject; ***merci di -a scelta*** seconds **2** *(altro)* second; ***avere una -a occasione per fare qcs.*** to have a second chance to do sth.; ***la mia -a patria*** my second home(land); ***un ~ figlio*** a second child; ***è una -a Marie Curie*** she's another *o* a second Marie Curie; ***dare una ~ mano di vernice*** to give a second coat of paint **3** *(della seconda metà)* ***il ~ Novecento*** the latter part of the 20th century **4** LING. ***-a persona*** second person; ***alla -a persona singolare, plurale*** in the second person singular, plural **5** *(nelle parentele)* second; ***cugino ~*** second cousin, cousin once removed; ***figli di ~ letto*** children of the second marriage **6** DIR. ***omicidio di ~ grado*** second-degree murder AE **7** TELEV. ***il ~ canale*** channel two **8** LETT. *(favorevole)* favourable; ***venti -i*** fair winds **9 in secondo luogo** second(ly); ***in primo luogo... e in ~ luogo...*** for one thing... and for another... **10 di secondo piano** [*personaggio, ruolo, evento*] minor **11 in secondo piano** in the background (anche FIG.), middle distance; ***quello in ~ piano sono io*** that's me in the background; ***essere, restare in ~ piano*** to be, remain in the background; ***passare in ~ piano*** to fade into the background, to take second place; ***relegare*** o ***far passare qcs. in ~ piano*** to push sth. into the background, to relegate sth. to second place **12 di seconda mano** [*auto, vestiti, informazioni, notizie*] second-hand **II** m. (f. **-a**) **1** *(in una successione)* second; *(tra due)* latter; ***il ~ della lista*** the second in the list; ***per ~*** [*arrivare, partire, parlare*] second; ***il primo è semplice, il ~ è complesso*** the former is simple, the latter is complex **2** *(unità di tempo)* second; ***11 metri al ~*** 11 metres per *o* a second; ***preciso al ~*** to the nearest second;

lancetta dei -i second hand, sweep hand; *(breve lasso di tempo)* second; ***ritorno fra un ~*** I'll be back in a second; ***in una frazione di ~*** in a split second **3** *(seconda portata)* second course **4** TELEV. *(canale)* channel two **5** *(vice, collaboratore)* second **6** *(in un duello)* second **7** SPORT *(nel pugilato)* second **III** avv. second(ly) ◆◆ ***~ avvento*** → ***-a venuta***; ***-a casa*** holiday home *o* retreat; ***-a classe*** second class; ***-a colazione*** lunch; ***~ fine*** by-end, hidden *o* secret agenda; ***senza -i fini*** without any ulterior motive; ***~ Impero*** Second Empire; ***-a lingua*** second language; ***~ lavoro*** second job, sideline; ***fare un ~ lavoro*** to moonlight; ***-a potenza*** second power; ***-a serata*** TELEV. late evening viewing; ***-a venuta*** BIBL. second coming; ***~ violino*** second violin; ***-a visione*** rerun.

▶ **2.secondo** /se'kondo/ **I** prep. **1** *(dal punto di vista di)* according to; ***~ me, te, lui, noi*** according to me, you, him, us, in my, your, his, our opinion; ***~ me sta per piovere*** I think it's going to rain; ***~ il mio modesto parere*** in my humble opinion; ***~ i miei calcoli*** by my calculations *o* reckoning; *(stando a quello che dice)* ***~ le previsioni del tempo farà bello*** according to the weather forecast it's going to be fine; ***~ il governo*** according to the government; ***~ gli esperti*** in the experts' opinion; ***il Vangelo ~*** the Gospel according to; ***la Passione ~ Matteo*** Saint Matthew's Passion **2** *(conformemente a)* according to, in compliance with; ***~ la legge, la regola*** according to *o* in compliance with the law, the regulation; ***~ i termini del contratto*** under the terms of the agreement; ***~ le loro abitudini*** as they usually do; ***~ la formula in uso*** according to the standard formula; ***procedere ~ le istruzioni per l'uso*** to follow the instructions *o* directions for use; ***tutto procede ~ i piani*** everything is proceeding according to plan; ***giocare ~ le regole*** to play by the rules; ***l'idea, la teoria ~ cui*** the idea, the theory that; ***~ una pratica corrente*** following a current practice; ***ragionare ~ schemi fissi*** to follow set patterns **3** *(proporzionalmente a)* according to, in proportion to; ***donate ~ le vostre possibilità*** please give what you can afford; ***vivere ~ i propri mezzi*** to live within one's income *o* means; ***~ la disponibilità*** subject to availability **4** *(in funzione di)* depending on [*temperatura, ora*]; ***~ le circostanze, il caso*** depending on the circumstances, as the case may be; ***deciderà ~ il suo umore*** his decision will depend on his mood **II** cong. ***~ quanto mi ha detto*** from what she said; ***~ come, dove*** it depends how, where; ***~ che*** depending on whether.

secondogenito /sekondo'dʒɛnito/ **I** agg. [*figlio*] second(-born) **II** m. (f. **-a**) second-born.

secondogenitura /sekondodʒeni'tura/ f. secundogeniture.

secrétaire /sekre'tɛr/ m.inv. secretaire.

secretina /sekre'tina/ f. secretin.

secretivo /sekre'tivo/ agg. secretory, secernent.

secreto /se'kreto/ **I** p.pass. → **secernere II** m. secretion.

secretore /sekre'tore/ agg. secretory, secernent; ***organo ~*** secernent.

secretorio, pl. **-ri**, **-rie** /sekre'tɔrjo, ri, rje/ agg. secretory, secernent.

secrezione /sekret'tsjone/ f. secretion, secernment; ***~ di saliva*** secretion of saliva; ***~ di sudore*** secretion of sweat, perspiration.

securitizzazione /sekuritiddzat'tsjone/ f. securitization.

▷ **sedano** /'sɛdano/ m. celery; ***un gambo di ~*** a stick of celery ◆◆ ***~ dei prati*** cow-parsnip; ***~ rapa*** celeriac; ***~ selvatico*** smallage.

sedare /se'dare/ [1] tr. **1** *(placare)* to soothe, to assuage, to alleviate [*dolore*]; to assuage [*fame*]; to quench, to assuage [*sete*]; FIG. to cool [*animi, passioni*] **2** *(reprimere)* to crush, to put* down, to squash [*insurrezione, rivolta*].

sedativo /seda'tivo/ **I** agg. [*proprietà, prodotto*] sedative, calmative; [*effetto*] soothing **II** m. sedative, calmative, tranquillizer BE, tranquilizer AE; ***somministrare -i a*** to sedate [*paziente*]; ***sotto ~*** sedated, under sedation.

sedazione /sedat'tsjone/ f. sedation.

▶ **sede** /'sɛde/ f. **1** *(di azienda, organizzazione, ente)* base; *(di tribunale, manifestazione)* venue; *(di vescovo)* see; *(del governo)* centre BE, center AE; ***avere ~*** to be based, to have one's headquarters (**a** in, at); ***con ~ a Londra*** London-based; ***il capo è fuori ~*** the boss is away on business; ***il capo è in ~*** the boss is in his office; ***il negozio ha cambiato ~*** the shop has changed its address *o* has moved; ***Santa Sede*** Holy See; ***l'anima è la ~ dei sentimenti*** FIG. the soul is the seat of the sentiments **2** COMM. *(filiale)* branch; ***la ~ di Boston*** the Boston office; ***chiedere il trasferimento ad un'altra ~*** to ask to be moved *o* transferred to another office **3** FIG. *(posto)* place; *(momento)* time; ***questa non è la ~ più adatta per...*** this is not the best place for... **4** FON. syllable **5** TECN. housing, seating **6** MED. seat **7** DIR. ***~ legale*** registered office; ***in ~ penale*** in a criminal trial; ***in ~ civile*** in a civil action **8 in sede di** ***in ~ di esame*** UNIV. during the examination **9 in separata sede** DIR. = in a special session; FIG. in private; ***parlare a qcn. in separata ~*** to speak with sb. in private ◆◆ ***~ centrale*** head office, main office, headquarters; ***~ ferroviaria*** permanent way; ***~ stradale*** roadway; ***~ vacante*** RELIG. vacant Papal See; ***~ di valvola*** valve seat.

sedentariamente /sedentarja'mente/ avv. sedentarily.

sedentarietà /sedentarje'ta/ f.inv. sedentariness.

sedentario, pl. **-ri**, **-rie** /seden'tarjo, ri, rje/ **I** agg. **1** [*vita, lavoro, persona*] sedentary; [*impiego*] sedentary, desk(bound) **2** ANTROP. [*popolazione*] sedentary **3** MIL. [*truppe*] sedentary **II** m. (f. **-a**) *(pantofolaio)* stay-at-home, lazybones, homebody.

sedente /se'dɛnte/ agg. ARALD. [*animale*] sej(e)ant.

▶ **1.sedere** /se'dere/ [88] Come mostrano gli esempi più sotto, è importante scegliere bene la preposizione da usare con l'equivalente inglese di *sedere / sedersi*, ossia *to sit (down)*: si usa *at* quando ci si siede davanti a un tavolo, una scrivania, un pianoforte o un computer (anche se qualcuno potrebbe volersi sedere *su* un tavolo = on a table!); si usa *in front of* quando ci si siede davanti alla televisione o a un fuoco (per quest'ultimo anche *vicino* o *attorno a*, ossia *by* e *around*); si usa *on* quando ci si siede su una superficie piatta, come un pavimento, un prato, una sedia, una panca o un letto; si usa *in* quando ci si siede in macchina, in un angolo o in poltrona. - Quando il verbo indica l'azione di sedersi e non lo stato di essere seduto, si preferisce in inglese *to sit down* al semplice *to sit*; per tradurre *prego, si sieda!*, si dice *please, sit down!* o, in un contesto formale, *please be seated!* **I** intr. (aus. *essere*) **1** *(essere seduto)* to sit*, to be* sitting, to be* seated; ***~ alla scrivania, in giardino*** to sit *o* be sitting at one's desk, in the garden; ***~ su una sedia, in poltrona*** to sit *o* be sitting on a chair, in an armchair; ***~ a tavola, per terra*** to sit *o* be sitting at the table, on the floor *o* ground; ***~ sul trono*** to sit on the throne; ***siete tutti seduti?*** is everybody seated? ***dare da ~ a qcn.*** to offer sb. a seat; ***fare ~ qcn.*** to sit sb. (down), to seat sb.; ***fare ~ qcn. sulle ginocchia*** to sit *o* take sb. on one's knee *o* lap; ***mettersi a ~*** *(da in piedi)* to sit down; *(da coricato)* to sit up; ***rimettere a ~ qcn.*** to sit sb. up; ***rimettersi a ~*** *(da in piedi)* to sit down again; *(da coricato)* to sit up again; ***non ho trovato da ~*** I couldn't find a seat; ***posti a ~*** seating; *(in un autobus)* ***"posti a ~: 40, posti in piedi: 10"*** "seating: 40, standing: 10"; ***la stanza ha 30 posti a ~*** the room seats 30 people; ***~ sulla cattedra di S. Pietro*** to occupy St. Peter's throne, to sit on the Papal See **2** *(essere membro)* [*magistrato, deputato*] to sit*; ***~ in senato, in consiglio di amministrazione*** to sit in the senate, on the board of directors **3** *(essere in seduta)* to sit*, to be* in session; ***il comitato siede dalle 14*** the commitee has been sitting since two o'clock **II sedersi** pronom. **1** *(mettersi a sedere)* [*persona*] to sit* (down); ***-rsi su una sedia, su una poltrona, per terra*** to sit on a chair, in an armchair, on the floor *o* ground; *(si accomodi)* ***prego, si sieda!*** please, take a seat! do sit down! please, be seated! FORM.; ***-rsi a gambe incrociate*** to sit (down) cross-legged; ***vuole -rsi?*** would you like to sit down? ***non c'è niente su cui -rsi*** there's nothing to sit on; ***-rsi attorno a un tavolo*** to sit around a table, to sit down at a table; FIG. to sit down at the negotiating table; ***vieni a sederti qui, a tavola*** come and sit here, at the table; ***-rsi sui calcagni*** to squat **2** GASTR. *(sgonfiarsi)* [*soufflé*] to collapse ◆ ***~ in cattedra*** to pontificate, to get on one's high horse; ***~ su due poltrone*** = to have two lucrative posts; ***~ a scranna*** to pontificate; ***~ alla turca*** to sit cross-legged.

▷ **2.sedere** /se'dere/ m. **1** bottom, buttocks pl., backside, bum BE; ***palpare il ~ di*** o ***a qcn.*** to feel sb. up; ***prendere qcn. a calci nel ~*** to give sb. a kick up the backside *o* in the arse BE VOLG. *o* in the ass AE VOLG. **2** *(lo stare seduto)* sitting ◆ ***prendere qcn. per il ~*** to take the piss out of sb., to bull(shit) sb.

▶ **sedia** /'sɛdja/ f. chair; ***~ di vimini*** basket chair; ***prendere una ~*** to take *o* get a chair; ***alzarsi dalla ~*** to get up *o* rise from the chair; ***gioco delle -e*** musical chairs ◆◆ ***~ con i braccioli*** elbow chair; ***~ a dondolo*** rocking chair; ***~ elettrica*** electric chair; ***essere giustiziato sulla ~ elettrica*** to be electrocuted; ***~ gestatoria*** gestatorial chair; ***~ girevole*** swivel chair; ***~ impagliata*** straw-bottomed chair; ***~ impilabile*** stacking chair; ***~ pieghevole*** folding chair, camp chair AE; ***~ a pozzetto*** bucket seat; ***~ da regista*** director's chair; ***~ a rotelle*** wheelchair, Bath chair; ***~ a sdraio*** deckchair, beachchair AE.

sedicenne /sedi'tʃɛnne/ **I** agg. sixteen-year-old **II** m. e f. sixteen-year-old; *(ragazzo)* sixteen-year-old boy; *(ragazza)* sixteen-year-old girl.

sedicente /sedi'tʃɛnte/ agg. [*medico, poliziotto, esperto, artista*] would-be, self-styled, professed.

sedicentemente /seditʃente'mente/ avv. professedly.

sedicesimo /sedi'tʃɛzimo/ ♦ *26, 5* **I** agg. sixteenth **II** m. (f. **-a**) **1** sixteenth **2** *(frazione)* sixteenth **3** TIP. ***in ~*** [*formato*] sextodecimo;

rilegato in ~ bound in sextodecimo **III sedicesimi** m.pl. SPORT ***-i di finale*** = round in competition with thirty-two competitors.

▷ **sedici** /'seditʃi/ ➧ ***26, 5, 8, 13*** **I** agg.inv. sixteen **II** m.inv. **1** *(numero)* sixteen **2** *(giorno del mese)* sixteenth **III** f.pl. *(ore)* four pm; ***sono le*** ~ it's four o'clock (in the afternoon); ***alle*** ~ at four o'clock (in the afternoon), at four pm.

▷ **sedile** /se'dile/ m. **1** *(per sedersi)* seat; ~ ***anteriore, posteriore*** front, back seat; ~ ***di una sedia, di un'altalena*** seat of a chair, swing; ***-i dell'automobile*** car seats; ~ ***del water*** toilet seat **2** *(panchina)* seat, bench ◆◆ ~ ***avvolgente*** bucket seat; ~ ***reclinabile*** o ***ribaltabile*** folding seat, tip-up seat; ~ ***di voga*** thwart.

sedimentare /sedimen'tare/ [1] intr. (aus. *essere, avere*) [*liquido*] to settle.

sedimentario, pl. **-ri, -rie** /sedimen'tarjo, ri, rje/ agg. [*roccia*] sedimentary.

sedimentazione /sedimentat'tsjone/ f. GEOL. CHIM. sedimentation; ***vasca di*** ~ sedimentation tank; ***velocità di*** ~ sedimentation rate.

sedimento /sedi'mento/ m. **1** CHIM. FIS. GEOL. sediment **2** FIG. remnants; ***-i culturali*** cultural remnants.

sedimentologia /sedimentolo'dʒia/ f. sedimentology; ***esperto di*** ~ sedimentologist.

sedimentologico, pl. **-ci, -che** /sedimento'lɔdʒiko, tʃi, ke/ agg. sedimentological.

sediolo /se'djɔlo/ m. sulky.

sedizione /sedit'tsjone/ f. sedition; ***reprimere una*** ~ to put down a sedition.

sediziosamente /sedittsjosa'mente/ avv. seditiously.

sedizioso /sedit'tsjoso/ **I** agg. **1** *(facinoroso)* [*persona, cittadini*] seditious, seditionary, riotous; ***radunata -a*** riotous *o* unlawful assembly **2** *(fazioso)* [*scritto, spirito, parole*] seditious, seditionary **II** m. (f. **-a**) seditionary, seditionist; ***un gruppo di -i*** a group of seditionists.

sedotto /se'dotto/ **I** p.pass. → **sedurre II** agg. seduced; ***-a e abbandonata*** seduced and abandoned.

seducente /sedu'tʃɛnte/ agg. **1** *(che seduce)* [*persona*] seductive, enticing, alluring, glamorous; [*sorriso*] seductive, alluring, inviting, winsome; [*modo di vivere*] appealing; [*sguardo, modi*] enticing, provocative; ***in modo*** ~ [*sorridere, essere vestito*] seductively, fetchingly **2** *(allettante)* [*proposta*] seductive, enticing, inviting; [*offerta*] enticing, tempting.

▷ **sedurre** /se'durre/ [13] tr. **1** *(attirare, affascinare)* [*persona*] to seduce, to allure, to entice, to charm; ***con il suo fisico, riuscirà a*** ~ ***le ragazze*** with his physique, he'll attract the girls; ***un sorriso che seduce*** a seductive *o* inviting smile **2** *(allettare)* to appeal to [*persona*]; ***questa soluzione seduce per la sua semplicità*** this solution is appealing in its simplicity **3** *(convincere)* [*promessa*] to win* over [*persona*]; ***ha sedotto l'elettorato con...*** he won over the electorate with...; ***mi sono lasciato*** ~ ***dalle loro proposte*** I let myself be won over by their offers.

▷ **seduta** /se'duta/ f. **1** *(riunione)* session, meeting, sitting; ***indire, aprire, aggiornare, riprendere, togliere una*** ~ to call, open, adjourn, resume, close a session *o* sitting; ***la*** ~ ***è tolta*** the session adjourns; ***~-fiume*** marathon session; ***essere in*** ~ to be in session; ***tenere una*** ~ to hold a meeting **2** *(incontro professionale)* session; ~ ***terapeutica*** therapy session; ***dieci -e di fisioterapia*** ten physiotherapy sessions **3** ART. sitting; ***il ritratto è stato fatto in cinque -e*** the portrait was completed in five sittings ◆ ~ ***stante*** on the spot, immediately; ***per alzata e*** ~ [*votazione*] by rising or remaining seated ◆◆ ~ ***annuale*** annual session; ~ ***di apertura*** opening session; ~ ***di borsa*** trading session; ~ ***di chiusura*** closing session; ~ ***fotografica*** photo session; ~ ***ordinaria*** ordinary session; ~ ***parlamentare*** parlamentary session; ~ ***plenaria*** plenary session; ~ ***a porte chiuse*** closed *o* private session; ~ ***di posa*** ART. sitting; ~ ***pubblica*** open session, public meeting; ~ ***segreta*** secret meeting; ~ ***spiritica*** seance; ~ ***straordinaria*** emergency *o* extraordinary session.

▶ **seduto** /se'duto/ **I** p.pass. → **1.sedere II** agg. sitting, seated; ***-i in fila*** seated in a row; ***essere*** ~ to be sitting *o* seated *o* in a sitting position; ***l'ho trovata -a per terra*** I found her sitting on the floor *o* ground; ***ritratto di donna -a*** portrait of a sitting woman; ***(re)stare*** ~ to remain seated; ***stare*** ~ ***ore e ore ad aspettare, a non fare nulla*** to sit about waiting for hours, to sit about for hours doing nothing; ***i bambini non riescono a stare -i*** childen can't sit still; ***in questa macchina si sta -i bene, male*** the seats in this car are comfortable, uncomfortable; ***essere*** ~ ***su una polveriera*** FIG. to be sitting on a powder keg; ***-i!*** *(a scuola)* sit down! ***~!*** *(a un cane)* sit!

seduttore /sedut'tore/ **I** agg. seductive, alluring **II** m. seducer, charmer.

seduttrice /sedut'tritʃe/ f. seductress.

seduzione /sedut'tsjone/ f. seduction, beguilement, seducement; ***usare tutte le arti della*** ~ to use all the art of seduction.

S.E. e O. ⇒ salvo errori e omissioni errors and omissions excepted.

sefardita, m.pl. **-i**, f.pl. **-e** /sefar'dita/ **I** agg. Sephardic **II** m. e f. Sephardi*.

seg. ⇒ seguente following (ff.).

▶ **sega**, pl. **-ghe** /'sega, ge/ f. **1** *(attrezzo)* saw; ***dente, lama della*** ~ tooth, blade of the saw; ***a denti di*** ~ saw-toothed **2** VOLG. *(masturbazione maschile)* handjob; ***fare una*** ~ ***a qcn.*** to give sb. a handjob, to jerk sb. off; ***farsi una*** ~ to give oneself a handjob, to jerk off, to wank off BE, to whack off AE **3** VOLG. *(nulla, niente)* ***non capire una*** ~ VOLG. not to understand a fucking thing; ***non capire una*** ~ ***di*** VOLG. to understand fuck-all of [*discorso, argomento*]; ***non valere una*** ~ VOLG. not to be worth a fart; ***non fare una*** ~ VOLG. to fuck about *o* around, not to do a fucking thing, to do fuck-all BE; ***non mi importa una*** ~ VOLG. I don't give a fuck *o* a shit ◆ ***essere una (mezza)*** ~ VOLG. to be a pipsqueak; ***fare*** ~ SCOL. *(marinare la scuola)* to play truant, to skive BE, to play hooky AE ◆◆ ~ ***alternativa*** alternating saw; ~ ***ad arco*** log saw; ~ ***circolare*** circular *o* buzz saw; ~ ***elettrica*** electric *o* power saw; ~ ***a mano*** handsaw; ~ ***meccanica*** trimmer; ~ ***per metalli*** hacksaw; ~ ***musicale*** musical saw; ~ ***a nastro*** band *o* ribbon saw; ~ ***per pietre*** stone saw; ~ ***a svolgere*** scroll saw; ~ ***a telaio*** bucksaw AE.

segaiolo /sega'jɔlo/ m. VOLG. wanker BE, jerk AE.

segala /'segala/, **segale** /'segale/ f. rye; ***di*** ~ [*farina, whisky*] rye attrib.; ***pane di*** ~ rye bread, blackbread ◆◆ ~ ***cornuta*** ergot.

segaligno /sega'liɲɲo/ agg. **1** *(di segale)* [*pane*] rye attrib. **2** FIG. *(magro)* skinny, scraggy.

segalino /sega'lino/ agg. rye attrib.

segaossa /sega'ɔssa/ m.inv. COLLOQ. SCHERZ. *(chirurgo)* sawbones.

segare /se'gare/ [1] tr. **1** *(con la sega)* to saw*; ~ ***da parte a parte*** to saw through **2** *(tagliare)* to cut* [*gola, vene*] **3** *(stringere tagliando)* to cut* into; ***la corda gli segava i polsi*** the rope was cutting into his wrists **4** SCOL. GERG. *(bocciare)* to fail, to flunk AE COLLOQ. [*studente*]; ***farsi*** ~ ***a un esame*** to fail *o* flunk AE COLLOQ. an exam; ~ ***la scuola*** *(marinare)* to play truant, to skive BE, to play hooky AE **5** REGION. *(mietere)* to cut*, to reap.

segatore /sega'tore/ ➧ ***18*** m. **1** *(con una sega)* sawyer **2** REGION. *(mietitore)* reaper.

segatrice /sega'tritʃe/ f. saw.

segatura /sega'tura/ f. **1** *(azione)* sawing **2** *(residuo)* sawdust **3** REGION. *(mietitura)* reaping ◆ ***avere la*** ~ ***nel cervello*** to be thick as a brick *o* as two (short) planks BE.

segg. ⇒ seguenti following (ff.).

seggetta /sed'dʒetta/ f. closestool, commode.

seggio, pl. **-gi** /'sɛddʒo, dʒi/ m. **1** POL. seat, bench BE; ~ ***sicuro*** safe seat; ***vincere un*** ~ to win a seat; ***perdere il*** ~ to lose one's seat; ***privare del*** ~ to unseat; ~ ***parlamentare*** parliamentary seat; ***un margine di venti -gi*** a margin of twenty seats **2** *(scranno)* see, throne; *(trono)* throne; ~ ***vescovile*** o ***episcopale*** bishop's throne, episcopal see; ~ ***papale*** o ***pontificio*** papal throne; ~ ***reale*** royal seat *o* throne **3** (anche ~ **elettorale**) polling station; ***presidente di*** ~ polling station president, returning officer BE.

▷ **seggiola** /'sɛddʒola/ f. chair.

seggiolino /seddʒo'lino/ m. **1** *(per bambini)* baby's chair; *(per auto) (rialzatore)* booster cushion **2** *(sgabello)* stool **3** AER. *(del pilota)* seat ◆◆ ~ ***eiettabile*** AER. ejector *o* ejection AE seat; ~ ***pieghevole*** folding *o* camping BE stool.

seggiolone /seddʒo'lone/ m. *(per bambini)* high chair.

seggiovia /seddʒo'via/ f. chair lift.

▷ **segheria** /sege'ria/ f. sawmill, lumber mill, timber mill.

seghetta /se'getta/ f. *(piccola sega)* small saw; *(per fiale)* file.

seghettare /seget'tare/ [1] tr. to serrate, to tooth.

seghettato /seget'tato/ **I** p.pass. → **seghettare II** agg. **1** *(fornito di dentelli)* [*lama, bordo*] saw-toothed, serrated; ***coltello*** ~ jagged *o* serrate knife **2** BOT. [*foglia*] toothed, serrate(d).

seghettatura /segetta'tura/ f. serration, serrature.

seghetto /se'getto/ m. (small) saw; ~ ***da traforo*** fretsaw, jigsaw.

segmentale /segmen'tale/ agg. LING. ZOOL. BIOL. segmental.

segmentare /segmen'tare/ [1] **I** tr. to segment [*linea, programma, enunciato, mercato*] (**in** into) **II segmentarsi** pronom. to segment (**in** into); BIOL. [*uovo*] to segment.

segmentazione /segmentat'tsjone/ f. segmentation ◆◆ ~ ***del mercato*** ECON. segmentation of the market.

segmento /seg'mento/ m. **1** ANAT. MAT. LING. INFORM. ZOOL. segment; ~ ***di retta*** line segment **2** SOCIOL. *(gruppo)* segment, group;

~ di popolazione segment of population; *~ di mercato* segment of the market **3** AUT. *~ di pistone* piston ring ◆◆ *~ circolare* circular segment; *~ sferico* segment of a sphere.

▷ **segnalare** /seɲɲa'lare/ [1] **I** tr. **1** *(far notare)* to signal (**a qcn.** to sb.); *~ qcs. all'attenzione di qcn.* to bring sth. to sb.'s attention; *~ a qcn. che* to point out to sb. that **2** *(indicare)* to warn of, to indicate [*guasto, lavori, pericolo*]; to advert [*presenza*]; [*radar*] to pick up, to detect [*persona, oggetto, aereo*]; AER. to mark [sth.] out with beacons [*pista*]; *un dispositivo che segnala la presenza di fumo* a smoke detecting device; *il faro segnala la presenza di scogli* the lighthouse warns of the presence of rocks **3** *(rendere noto)* to report [*fatti, avvenimento*]; *niente da ~* nothing to report; *sono stati segnalati nuovi casi di colera* new cases of cholera were reported; *non si segnalano incidenti* no accidents have been reported; *~ qcs. alle autorità competenti* to report sth. to the appropriate authorities **4** *(denunciare)* to report [*persona*]; *~ la cosa alla polizia* to report the matter to the police **5** SPORT [*arbitro, guardalinee*] to call [*fallo, fuorigioco*] **6** *(raccomandare)* to recommend (**a qcn.** to sb.); *~ qcn. per un impiego* to recommend sb. for a job; *~ un nuovo libro al pubblico* to recommend a new book to the public **II segnalarsi** pronom. to distinguish oneself (**per qcs.** by sth.); *si è sempre segnalato per il suo coraggio, la sua intelligenza* his bravery, intelligence has always distinguished him; *-rsi all'attenzione di qcn.* to get oneself noticed by sb., to attract sb.'s attention.

segnalatore /seɲɲala'tore/ **I** agg. *cartello ~* signpost, roadsign; [*strumento*] signalling BE, signaling AE **II** m. **1** *(persona)* signaller; MAR. signalman **2** *(strumento)* signaller ◆◆ *~ acustico* horn; *~ d'incendio* fire alarm; *~ luminoso* warning light.

segnalazione /seɲɲalat'tsjone/ f. **1** *(azione, sistema di segnali)* signalling BE, signaling AE; *razzo di ~* flare, distress rocket; *pistola da ~* rocket gun; *sparo di ~* marking fire; *fumata di ~* smoke signal; *boa di ~* buoy; *bandierina di ~* FERR. (signal) flag; *munire di -i* to signpost [*strada, sentiero*] **2** *(segnale)* signal **3** *(comunicazione)* report, warning; *la ~ del sopraggiungere di un uragano* the warning of an approching hurricane **4** *(alla polizia)* report **5** *(raccomandazione)* recommendation **6** SPORT *(di pista da sci)* marking-out; *(da parte di arbitro)* call ◆◆ *~ luminosa* signal light; *~ stradale* roadsigns.

▷ **segnale** /seɲ'ɲale/ m. **1** signal, warning; *~ convenuto* agreed signal; *~ audio, radio, video* audio, radio, video signal; *al ~ di qcn.* at sb.'s signal; *fare -i* to signal; *dare il ~ di qcs.* to give the signal for sth.; *dare il ~ di partenza* o *di inizio* to give the signal to leave; *dare il ~ di entrata a qcn.* TELEV. CINEM. RAD. to cue sb. in, to give sb. the cue to enter **2** *(cartello)* (road)sign, signpost; *il ~ è all'inizio della curva* the signpost is before the bend **3** *(indizio)* indication, sign; *chiaro ~ di ripresa economica* clear indication *o* sign of economic recovery **4** FERR. RAD. TELEV. ELETTRON. signal **5** INFORM. sentinel; *~ di avanzamento righe* line feed **6** TEL. *~ di libero* ringing tone BE, dial tone AE; *~ di occupato* engaged tone BE, busy signal AE ◆◆ *~ acustico* buzzer; *(della segreteria telefonica)* beep, tone; *~ di allarme* alarm signal; *~ di avvertimento* warning signal; *~ d'emergenza* FERR. emergency cord; *~ di fumo* smoke signal; *~ geodetico* triangulation station; *~ di indicazione* information sign; *~ luminoso* light signal; *~ orario* RAD. time check, time-signal, beep; *~ ottico* optical signal; *~ di pericolo* danger signal; *(in viabilità)* warning sign; *~ di precedenza* give way sign BE, yield sign AE; *~ di prescrizione* prohibition sign; *~ di salvataggio* AER. MAR. distress signal; *~ di stop* stop sign; *~ stradale* road sign; *~ unidirezionale* beam; *~ di uscita* exit sign.

segnaletica, pl. **-che** /seɲɲa'lɛtika, ke/ f. signposting; *dotare di ~* to signpost [*strada, itinerario, canale, ferrovia*] ◆◆ *~ orizzontale* lane *o* road markings; *~ verticale* road *o* traffic signs.

segnaletico, pl. **-ci, -che** /seɲɲa'lɛtiko, tʃi, ke/ agg. *foto -a* mug shot; *scheda -a* fingerprint card; *dati -ci* description.

segnalibro /seɲɲa'libro/ m. bookmark, marker.

segnalinee /seɲɲa'linee/ m.inv. → **guardalinee**.

segnaposto /seɲɲa'posto/ m.inv. place card.

segnaprezzo /seɲɲa'prɛttso/ m.inv. price tag.

segnapunti /seɲɲa'punti/ **I** m.e f.inv. *(persona)* marker **II** m.inv. *(tabellone)* scoreboard; *(cartoncino)* scorecard; *(taccuino)* scorebook.

▶ **segnare** /seɲ'ɲare/ [1] **I** tr. **1** *(segnalare)* to mark out [*area, limite*]; *~ con una croce* to put a cross against [*nome, voce di un elenco*] **2** *(dare il segnale di)* to signal, to mark [*inizio, fine, rottura*]; *~ la ripresa delle ostilità* to mark *o* signal the renewal of hostilities **3** *(lasciare una traccia su)* [*persona, colpo*] to mark [*corpo, oggetto*] **4** *(influenzare)* [*avvenimento, dramma, opera*] to mark, to leave its mark on [*persona, spirito, epoca*]; *è una persona che ha segnato molto la mia vita* he *o* she was a strong influence on me; *~ qcn. a vita* to mark *o* scar sb. for life; *è un avvenimento che mi ha segnato molto* it's an event that took its toll on me *o* that really left its mark on me **5** *(scrivere)* to mark [*prezzo*]; *(annotare)* to make a note of, to record, to write* [sth.] down; *ho dimenticato di ~ la data sulla mia agenda* I forgot to enter *o* put the date in my diary; *lo segni sul mio conto* put it down to my account *o* on my bill; *~ gli (studenti) assenti* to mark students absent; *questa è da ~ sul calendario* here's one for the book(s) **6** *(indicare)* [*orologio*] to tell*, to say* [*ora*]; [*strumenti*] to record, to show [*pressione, temperatura*]; MUS. to mark, to beat [*tempo*]; *il mio orologio segna le tre* by my watch it's three o'clock; *il termometro segna 35°C* the thermometer reads 35 degrees; *la lancetta segnava 60 km orari* the speedometer was at 60 kph **7** SPORT to score [*goal, meta, canestro, punti*]; *non è riuscito a ~* he failed to score **8** GERG. to mark [*carte*] **9** MIL. *~ il passo* to mark time (anche FIG.) **10** *(far risaltare)* to hug, to show* up; *quell'abito ti segna troppo* that dress fits you too tightly **II segnarsi** pronom. RELIG. to cross oneself.

segnatamente /seɲɲata'mente/ avv. notably, particularly, especially.

segnatario, pl. **-ri** /seɲɲa'tarjo, ri/ m. (f. **-a**) signatory, signer.

segnatasse /seɲɲa'tasse/ m.inv. postage due stamp.

segnato /seɲ'ɲato/ **I** p.pass. → **segnare II** agg. **1** *(che presenta tracce di qcs.)* [*volto*] worn (**da** by), lined (**da** with); *~ dalle battaglie* battle-scarred; *avere il corpo ~ dai colpi* to be bruised all over; *un volto ~ dalle rughe* a face seamed with wrinkles **2** *(influenzato)* marked; *è rimasta -a dalla guerra* the war left its mark on her **3** *(costellato)* studded; *un'epoca -a dai conflitti sociali* a period studded by social unrest **4** *(scritto, indicato)* marked; *il prezzo è ~ sotto* the price is marked underneath.

segnatoio, pl. **-oi** /seɲɲa'tojo, oi/ m. scriber.

segnatura /seɲɲa'tura/ f. **1** TIP. signature **2** SPORT score, scoring **3** BIBLIOT. shelf mark, pressmark BE.

segnavento /seɲɲa'vɛnto/ **I** agg.inv. *gallo ~* weathercock **II** m.inv. (weather) vane.

segnavia /seɲɲa'via/ m.inv. blaze, trail sign.

▶ **segno** /'seɲɲo/ m. **1** *(tratto)* mark, sign; *fare un ~ sul muro* to make a mark on the wall; *fare un ~ con il coltello* to make a notch with a knife; *portare i -i di* to bear the marks *o* scars of [*dolore, tempo, passato*]; *si vedono ancora i -i dei colpi* you can still see the bruises; *-i di percosse* marks and bruises of a beating; *-i di stanchezza sul volto* signs of tiredness on the face; *-i di usura, di erosione, di stanchezza* signs of wear, erosion, fatigue; *i -i della ricchezza di un tempo* the signs of past wealth; *lasciare il ~* [*uomo politico, artista, avvenimento*] to leave one's mark, to set one's stamp; *un avvenimento che ha lasciato il ~ nella storia* an event that left its mark in history, a significant historical event; *(quando si legge) perdere, trovare il ~* to lose, find one's place; *mettere un ~ alla pagina* to mark one's page; *leggere tenendo il ~ con il dito* to read with a finger under the line; *tenere il ~* to mark one's place **2** *(contrassegno)* sign, mark; *-i caratteristici, particolari* particulars, distinguishing marks; *fare un ~ di riconoscimento* to give a sign of recognition **3** *(prova, indizio)* sign; *è (un) buon ~* it's a good *o* lucky sign; *è cattivo* o *un brutto ~* it's a bad sign; *~ premonitore* omen, early warning sign, straw in the wind; *è ~ di pioggia* it's a sign of rain; *~ dell'età, del tempo* sign of age; *è ~ che* it's a sign *o* an indication *o* a signal that; *un ~ dei tempi* a sign of the times; *era un ~ del destino* it was fate; *è arrossito, ~ che ti ama* he flushed, it's a sure sign that he loves you; *non c'è ~* o *non ci sono -i di* there are no signs of [*miglioramento, cambiamento, recupero*] **4** *(simbolo grafico)* sign (anche MAT.); *(di scrittura)* mark; *~ più* o *di addizione* plus sign; *~ meno* o *di sottrazione* minus sign; *~ di divisione, moltiplicazione* division sign, multiplication sign; *~ di uguale* equals sign; *fare un ~ su qcs.* to put a mark against sth. **5** ASTROL. sign; *di che ~ sei?* what sign are you? what's your birth sign? *essere nato sotto il ~ dello Scorpione* to be born under (the sign of) Scorpio; *~ di terra, d'aria, d'acqua, di fuoco* earth, air, water, fire sign **6** *(gesto, cenno)* sign; *fare ~ a qcn.* to signal *o* gesture to sb.; *fare ~ a qcn. di fare* to signal *o* gesture to sb. to do, to motion sb. to do; *fare ~ di sì, di no* to indicate *o* nod agreement, disagreement; *fare ~ con la testa* to signal with one's head; *far ~ a un'auto di accostare* to signal to a car to pull over; *lingua dei -i* sign language; *comunicare a -i* to communicate by gestures, to use sign language **7** *(espressione, dimostrazione)* mark, sign; *-i di deferenza, di amicizia* marks of respect, friendship; *(non) dare* o *mostrare -i di* to show (no) signs of [*stanchezza, crescita, stress*]; *dare -i di impazienza* to show signs of impatience; *dare -i di ostilità* to give off hostile signals; *dar -i di irritazione* to show irritation;

considerare qcs. come un ~ di debolezza to consider sth. as a sign of weakness **8** LING. sign; ***l'arbitrarietà del ~*** the arbitrary nature of the sign **9** MED. sign; ***-i di miglioramento*** signs of improvement; ***i primi -i di una malattia*** the first signs of an illness; ***non dava -i di vita*** he showed no sign of life **10** SPORT *(bersaglio)* bull's eye; ***mettere a ~*** to score a bull's eye (anche FIG.); ***tiro a ~*** shooting gallery, shooting range **11 in segno di** as a sign of, as a mark of; ***l'ha fatto in ~ di stima*** he did it as a sign *o* mark of his esteem **12 a tal segno che** to such an extent that, to such a degree that ◆ ***passare il ~*** to go too far, to overshoot *o* overstep the mark; ***andare al, colpire nel ~*** to find its mark *o* target, to score a hit, to strike home; ***per filo e per ~*** [*conoscere*] backwards (and forwards), like the back of one's hand; [*raccontare, descrivere*] in great detail ◆◆ ***~ cabalistico*** cabbalistic sign; ***~ di correzione*** correction; ***~ della croce*** sign of the cross; ***farsi il ~ della croce*** to bless *o* cross oneself, to make the sign of the cross; ***~ diacritico*** diacritical mark, diacritic; ***~ grafico*** graph; ***~ di interpunzione*** o ***di punteggiatura*** punctuation mark; ***~ di richiamo*** TIP. cross-reference mark; ***~ di rinvio*** TIP. reference mark; ***~ stenografico*** stenographic(al) mark; ***~ tipografico*** typographical mark; ***~ zodiacale*** o ***dello zodiaco*** star sign.

sego, pl. **-ghi** /ˈsego, gi/ m. tallow, candle grease; GASTR. suet; ***candela di ~*** tallow candle; ***~ di bue, montone*** beef, mutton suet.

segone /seˈgone/ m. whipsaw, crosscut saw.

segoso /seˈgoso/ agg. **1** *(contenente sego)* tallowy **2** *(simile al sego)* greasy.

segregante /segreˈgante/ agg. segregative, segregating.

segregare /segreˈgare/ [1] **I** tr. to segregate, to isolate, to insulate; ***segrega sua figlia in camera*** he keeps his daughter shut (away) in her bedroom **II segregarsi** pronom. to shut oneself away.

segregazione /segregatˈtsjone/ f. segregation ◆◆ ***~ cellulare*** DIR. solitary confinement; ***~ razziale*** racial segregation.

segregazionismo /segregattsjoˈnizmo/ m. segregationism.

segregazionista, m.pl. **-i**, f.pl. **-e** /segregattsjoˈnista/ **I** agg. segregationist; [*istruzione, parlamento, società*] segregated **II** m. e f. segregationist.

segregazionistico, pl. **-ci**, **-che** /segregattsjoˈnistiko, tʃi, ke/ agg. segregationist.

segreta /seˈgreta/ f. dungeon.

segretamente /segretaˈmente/ avv. secretly, hiddenly, covertly.

▷ **segretaria** /segreˈtarja/ ➧ *18* f. secretary; ***~ personale, privata*** personal assistant, secretary; ***scuola per -e d'azienda*** secretarial college ◆◆ ***~ d'azienda*** secretary; ***~ di direzione*** manager's secretary; ***~ di edizione*** CINEM. TELEV. script girl; ***~ di produzione*** CINEM. TELEV. continuity girl.

segretariale /segretaˈrjale/ agg. secretarial.

segretariato /segretaˈrjato/ m. secretariat, secretaryship.

▷ **segretario**, pl. **-ri** /segreˈtarjo, ri/ ➧ *18* m. **1** *(impiegato)* secretary **2** *(quadro diplomatico)* secretary; *(di partito, sindacato)* leader; ***primo, secondo ~*** first, second secretary; ***vice ~*** assistant secretary **3** *(chi redige verbali)* committee secretary ◆◆ ***~ d'ambasciata*** embassy secretary; ***~ amministrativo*** executive secretary; ***~ comunale*** town clerk; ***~ di direzione*** manager's secretary; ***~ generale*** general secretary; ***~ generale dell'ONU*** UN secretary-general; ***~ particolare*** confidential secretary, personal assistant; ***~ di produzione*** CINEM. TELEV. continuity man; ***~ di stato*** *(in Italia)* minister; *(in USA)* Secretary of State.

▷ **segreteria** /segreteˈria/ f. **1** *(carica)* secretaryship, secretariat; *(ufficio)* secretariat **2** *(di ente)* administration (anche SCOL.); UNIV. registrar's office(s) **3** TEL. (anche **~ telefonica**) (telephone) answering machine, answerphone; ***servizio di ~ telefonica*** answering service; ***registrare*** o ***lasciare un messaggio sulla ~*** to leave a message on the answering machine ◆◆ ***~ comunale*** city *o* town hall (offices).

segretezza /segreˈtettsa/ f. secrecy, secretness; ***promettere l'assoluta ~ su qcs.*** to promise to keep sth. strictly secret; ***la ~ di una riunione*** the secretness of a meeting.

▶ **1.segreto** /seˈgreto/ agg. **1** *(non conosciuto, nascosto)* [*dossier, codice, rito, polizia, società, complotto, incontro*] secret; ***agente ~*** secret agent; ***i servizi -i*** intelligence, secret service; ***lavorare nei servizi -i*** to be in intelligence; ***tenere ~ qcs.*** to keep sth. secret (**a qcn.** from sb.) **2** *(dissimulato)* [*passaggio, meccanismo*] secret; [*porta, scala*] secret, concealed **3** *(intimo)* [*vita, sentimento, ragioni, ammiratore, piacere, amore, dolore, desiderio*] secret; ***nutrire la -a speranza di avere successo*** to entertain the secret hope of succeeding **4** LETT. *(riservato)* [*persona*] secretive ◆ ***essere dentro alle -e cose*** to be in on the secret.

▶ **2.segreto** /seˈgreto/ m. **1** *(ciò che si tiene nascosto)* secret; ***è un, il mio ~*** it's a, my secret; ***mantenere*** o ***custodire un ~*** to keep a secret; ***rivelare*** o ***svelare un ~*** to reveal *o* disclose *o* yield a secret; ***violare il ~*** to violate the secrecy; ***strappare*** o ***carpire un ~*** to drag up *o* extract a secret; ***confidare un ~ a qcn.*** to confide *o* tell a secret to sb.; ***mettere qcn. a parte di un ~*** to let sb. in on a secret; ***le è stato fatto giurare di mantenere il ~*** she's been sworn to secrecy; ***con la promessa di mantenere il ~*** under a promise of secrecy; ***fare, non fare un ~ di qcs.*** to make a secret, no secret of sth.; ***è un ~ tra noi*** it's our secret; ***non avere -i per qcn.*** to have no secrets from sb.; ***non è un ~ chi, quando, come ecc.*** there's no secret about who, when, how etc.; ***non è un ~ per nessuno*** it's no secret (**che** that); ***svelare i propri -i*** [*natura, sostanza, tomba*] to give up *o* yield up one's secrets (**a** to); ***i -i del mestiere*** the tricks of the trade; ***per lui la meccanica non ha -i*** mechanics holds no secrets for him **2** *(riserbo)* secrecy; ***in ~*** in secret, in secrecy; ***nel ~ del loro laboratorio*** in the secrecy of their studio; ***fare qcs. in gran ~*** to do sth. in great *o* strict secrecy, in the utmost *o* greatest secrecy; ***nel ~ del tuo cuore*** *(intimo)* in your heart of hearts **3** *(artificio)* secret; ***il ~ della felicità*** the secret of *o* the key to happiness; ***il ~ del suo successo*** the secret of his success; ***qual è il tuo ~ per restare giovane?*** what's your secret for staying young? ***avere il ~ di qcs.*** to know the secret of sth. **4** *(meccanismo)* secret mechanism; ***una serratura col ~*** a secret combination lock ◆ ***portarsi un ~ nella tomba*** to take a secret to the grave; ***si è portata il ~ nella tomba*** the secret died with her ◆◆ ***~ bancario*** bank confidentiality, banking secrecy; ***~ confessionale*** o ***della confessione*** seal of the confessional; ***~ epistolare*** secrecy of correspondence; ***~ di fabbricazione*** trade secret; ***~ industriale*** industrial secret; ***~ istruttorio*** = secrecy concerning a preliminary investigation; ***~ professionale*** professional confidentiality; ***essere legato al ~ professionale*** to be sworn to professional confidentiality; ***~ di Pulcinella*** open secret; ***~ di stato*** POL. state secret.

seguace /seˈgwatʃe/ m. **1** *(di ideologia politica, religione, scuola di pensiero)* follower, supporter; *(di setta, dottrina)* follower **2** *(discepolo)* disciple, follower; ***un ~ di Platone*** a Platonist.

▶ **seguente** /seˈgwɛnte/ **I** agg. [*giorno, anno, pagina, capitolo, domanda*] following, next; ***nella maniera*** o ***nel modo ~*** in the following manner, as follows; ***ritornò il lunedì ~*** he came back the next *o* following Monday; ***martedì e i giorni -i*** Tuesday and the days that follow *o* the following days; ***i risultati sono i -i*** the results are as follows; ***la situazione è la ~*** the situation is as follows **II** m. e f. the following one, the next one; ***avanti il ~!*** next (customer), please; ***non questo sabato, il ~*** not this (coming) Saturday, the next.

segugio, pl. **-gi** /seˈgudʒo, dʒi/ m. **1** *(cane)* bloodhound, hound **2** COLLOQ. *(detective, poliziotto)* sleuth, bloodhound; ***un abile ~*** a super-sleuth.

▶ **seguire** /seˈgwire/ [3] **I** tr. **1** *(andare dietro a)* to follow [*persona, auto*]; *(accompagnare)* to accompany; *(tallonare)* to go* after, to follow [*persona sospetta*]; ***segua quella macchina!*** follow that car! ***ho l'impressione di essere seguito*** I think I'm being followed; ***far ~ qcn.*** to have sb. followed; ***~ qcn. in esilio, in giardino*** to follow sb. into exile, into the garden; ***~ qcn. da vicino, da lontano*** to follow sb. close behind, from a distance; ***lui è morto in giugno, lei lo ha seguito di lì a poco*** he died in June and she followed not long after; ***mi segue dappertutto*** [*cane*] he follows me everywhere *o* around; ***~ qcn. con lo sguardo*** to follow sb. with one's eyes, to stare after sb.; ***la tua reputazione ti ha seguito fin qui*** your reputation has followed you; ***~ le tracce di un cervo*** to spoor a deer; ***~ le orme di qcn.*** FIG. to follow in sb.'s footsteps *o* wake; ***~ la massa*** FIG. to follow the herd **2** *(venire dopo)* to come* after, to follow [*periodo, incidente, dinastia*]; ***il verbo segue il soggetto*** the verb comes after the subject; ***la repressione che seguì l'insurrezione*** the clampdown that followed the insurrection **3** *(andare in direzione di)* [*persona*] to follow [*freccia, itinerario, rotta, fiume*]; to keep* to, to follow [*strada, sentiero*]; [*polizia, cane*] to follow [*pista*]; [*nave, strada*] to follow, to hug [*costa*]; [*strada*] to run* alongisde [*ferrovia, fiume*]; ***indicare a qcn. la strada da ~*** to give sb. directions; ***~ la stessa strada*** FIG. to follow *o* tread the same path (**di** as); ***una strada difficile da ~*** FIG. a difficult road to follow; ***~ il proprio corso*** FIG. to run *o* follow its course; ***~ la retta via*** FIG. to keep to the straight and narrow **4** *(attenersi a)* to follow [*esempio, regolamento, istinto, cuore, ricetta*]; to act on, to follow (up), to take* [*consiglio*]; to keep* up with, to follow [*moda*]; to go* on [*dieta*]; ***~ le istruzioni alla lettera*** to follow instructions to the letter; ***~ un'intuizione*** to play a hunch; ***~ una cura*** to follow a course of treatment **5** *(osservare)* to follow, to watch [*film, processo, partita*]; *(occuparsi di)* to follow up, to monitor [*allievo, malato*]; *(prestare attenzione a)* to follow [*lezione*]; ***~ uno sceneggiato alla***

televisione to watch a serial on TV; ***~ gli eventi da vicino*** to keep a close eye on events; ***è una faccenda da ~*** it's something worth watching *o* keeping an eye on; ***essere seguito, farsi ~ da uno specialista*** MED. to be treated by a specialist; ***gli studenti non riuscivano a ~ il professore*** the students couldn't keep up with their teacher; ***Emanuele non segue mai in classe*** Emanuele never pays attention in class **6** *(interessarsi di)* to follow [*politica, sport, cinema, teatro*]; to keep* up with [*sviluppi, notizie*]; to watch [*progressi*]; *(tifare per)* to follow [*squadra*] **7** *(frequentare)* to be* on, to attend [*corso*]; ***~ un corso di cucina*** to do a cookery BE *o* cooking AE course; ***~ un corso di formazione*** to be on a training course BE *o* in a training program AE **8** *(comprendere)* to follow [*spiegazione, ragionamento*]; ***la seguo*** o ***la sto seguendo*** I'm with you, I follow; ***non la seguo molto*** I'm not quite with you, I don't quite follow; ***mi segue? mi seguite?*** do you follow me? ***non riesco a ~ quello che dice*** I can't follow what he's saying; ***non ti seguo più*** you've lost me there **II** intr. (aus. *essere*) to follow; ***seguì un lungo silenzio*** there followed a long silence; ***il film che seguì*** the film that followed; ***quello che segue è solo un riassunto*** what follows is just a summary; ***a ~ ci sarà del gelato*** there's ice cream to follow; ***leggi quanto segue*** read on, read the following; ***al dibattito seguì una votazione*** a vote followed the debate; ***l'articolo segue alla pagina successiva*** the article continues overleaf; ***segue a pagina 10, nel prossimo numero*** continued on page 10, in the next issue; ***hanno conosciuto la guerra e tutto ciò che ne segue*** they have lived through war and all that it entails; ***ne segue che*** it follows that; ***come segue*** as follows; ***"risultati degli esami (segue)"*** "examinations results (continued)" ◆ ***~ qcn. come un cagnolino*** to be sb.'s lapdog, to be always at sb.'s heels; ***~ la corrente*** to go with the flow; ***~ (tranquillamente) la propria strada*** to go one's own (sweet) way; ***chi mi ama mi segua*** if you love me, follow me.

seguitare /segwi'tare/ [1] **I** tr. to continue, to carry on [*lavoro, studi*] **II** intr. (aus. *avere*) to keep* on, to continue (**a fare** doing).

▶ **seguito** /'segwito/ m. **1** *(scorta)* train, cortege, retinue, suite; ***essere al ~ di qcn.*** to be in sb.'s train; ***la regina e il suo ~*** the queen and her retinue **2** *(sostenitori) (di dottrina, teoria, partito)* support, following, followers pl.; ***il partito vuole accrescere il suo ~*** the party wants to build up its following; ***il suo ~ è in crescita*** the body of support for her is growing **3** *(continuazione) (di racconto, libro, film, soap opera, spettacolo)* continuation (**di** of), rest (**di** of), sequel (**di** to), follow-up (**di** to); ***ti racconterò il ~ più tardi*** I'll tell you the rest later; ***conosciamo il ~*** we know the rest, we know what happened next; ***per capire, leggi il ~*** read on and then you'll understand; ***attendere il ~*** to wait and see; ***"il ~ alla prossima puntata"*** "to be continued"; ***ho un'idea per un ~ del film*** I have an idea for a sequel to the film; ***una trasmissione che è il ~ di quella di ieri*** a follow-up to yesterday's programme **4** *(conseguenza)* result, consequence; ***l'incidente diplomatico non ha avuto alcun ~*** the diplomatic incident had no repercussions **5** *(successione)* series, train; ***la sua vita è un ~ di disgrazie*** his life is a run of bad luck **6** *(consenso)* success; ***la proposta non ha avuto molto ~*** the proposal was not very successful *o* met with little success **7 di seguito** *(di fila)* consecutively, in a row; TIP. *(senza andare a capo)* run-on; ***tre volte di ~*** three times over *o* in a row; ***ha piovuto (per) cinque giorni di ~*** it rained for five days running; ***la terza settimana di ~*** the third week in a row; ***e via di ~*** and so on, and (all) that; ***(qui) di ~*** hereafter; DIR. hereinafter **8 di seguito a** *(dietro)* behind, after; ***uno di ~ all'altro*** one after the other **9 in seguito** *(poi)* after(wards), next, then, later on; ***che cosa ha fatto in ~?*** what did he do then *o* next? ***in ~ me ne sono pentito*** I regretted it afterwards; ***me l'ha detto solo in ~*** he only told me later (on) **10 in seguito a** *(in conseguenza di, a causa di)* following, as a consequence of; ***in ~ alla sua richiesta di informazioni*** following your request for information; ***in ~ al terremoto le pareti erano crepate*** the walls were all cracked after *o* following the earthquake; ***è morto in ~ all'incidente*** he died as a consequence of the accident ◆ ***fare ~ a*** to follow up [*lettera, visita, minaccia*]; ***facendo ~ alla sua lettera*** COMM. further to *o* with reference to your letter; ***dare ~ a*** to follow up [*lettera, denuncia, richiesta*].

▶ **sei** /sɛi/ ◗ ***26, 5, 8, 13*** **I** agg.inv. six; ***guerra dei Sei giorni*** Six Day War; ***Torneo delle Sei Nazioni*** Six Nations Championship **II** m.inv. **1** *(numero)* six **2** *(giorno del mese)* sixth **3** SCOL. *(voto)* = pass mark **4** GIOC. = biggest winning combination in the Superenalotto **III** f.pl. *(ore) (del mattino)* six am; *(della sera)* six pm; ***sono le ~*** it's six o'clock; ***alle ~*** at six o'clock.

seicentesco, pl. **-schi**, **-sche** /seitʃen'tesko, ski, ske/ agg. [*poesia, pittura*] seventeenth-century attrib.; ART. *(in Italia)* seicento attrib.

seicentesimo /seitʃen'tɛzimo/ **I** agg. six-hundredth **II** m. (f. **-a**) **1** six hundredth **2** *(frazione)* six hundredth.

seicentismo /seitʃen'tizmo/ m. seicentism.

seicentista, m.pl. **-i**, f.pl. **-e** /seitʃen'tista/ m. e f. **1** *(scrittore)* seventeenth-century writer; *(artista)* seventeenth-century artist; *(in Italia)* seicentist **2** *(studioso)* scholar of the art or literature of the seventeenth century.

seicento /sei'tʃɛnto/ ◗ ***26*** **I** agg.inv. six hundred **II** m.inv. six hundred.

Seicento /sei'tʃɛnto/ m. **1** *(epoca)* seventeenth century **2** ART. *(in Italia)* seicento.

seigiorni /sei'dʒorni/ f.inv. six-day (cycle race).

selace /se'latʃe/ m. selachian.

selaginella /seladʒi'nɛlla/ f. selaginella.

selce /'seltʃe/ f. **1** *(roccia, oggetto)* flint, chert, firestone; ***in ~*** flint attrib. **2** *(per pavimentazioni)* paving stone, pavio(u)r, paver.

selciare /sel'tʃare/ [1] tr. to pave.

selciato /sel'tʃato/ **I** p.pass. → **selciare II** agg. paved **III** m. pavement; ***pietra da ~*** paving stone, paving slab, paver.

selciatore /seltʃa'tore/ ◗ ***18*** m. paver, pavio(u)r.

selciatura /seltʃa'tura/ f. paving.

Selene /se'lɛne/ n.pr.f. Selene.

1.selenico, pl. **-ci**, **-che** /se'lɛniko, tʃi, ke/ agg. *(lunare)* selenic, lunar.

2.selenico, pl. **-ci**, **-che** /se'lɛniko, tʃi, ke/ agg. CHIM. selenic; ***acido ~*** selenic acid.

selenio /se'lɛnjo/ m. selenium.

selenita /sele'nita/ m. e f. *(abitante della luna)* lunarian.

1.selenite /sele'nite/ f. MINER. selenite.

2.selenite /sele'nite/ → **selenita.**

1.selenitico, pl. **-ci**, **-che** /sele'nitiko, tʃi, ke/ agg. *(lunare)* selenitic.

2.selenitico, pl. **-ci**, **-che** /sele'nitiko, tʃi, ke/ agg. MINER. selenitic.

selenografia /selenogra'fia/ f. selenography.

selenografico, pl. **-ci**, **-che** /seleno'grafiko, tʃi, ke/ agg. selenographic.

selenografo /sele'nɔgrafo/ ◗ ***18*** m. (f. **-a**) selenographer, lunarian.

selenologia /selenolod'dʒia/ f. selenology.

selenologico, pl. **-ci**, **-che** /seleno'lɔdʒiko, tʃi, ke/ agg. selenological.

selenologo, m.pl. **-gi**, f.pl. **-ghe** /sele'nɔlogo, dʒi, ge/ ◗ ***18*** m. (f. **-a**) selenologist.

selettivamente /selettiva'mente/ avv. selectively.

selettività /selettivi'ta/ f.inv. selectivness.

selettivo /selet'tivo/ agg. [*metodo, esame, allevamento, scuola, memoria*] selective; ***prove -e*** trials.

selettore /selet'tore/ m. selector ◆◆ ***~ dei canali*** channel selector.

Seleucidi /se'leutʃidi/ m.pl. Seleucids, Seleucidae.

selezionabile /selettsjo'nabile/ agg. sortable.

▷ **selezionare** /selettsjo'nare/ [1] tr. **1** *(scegliere)* to select [*materiali, oggetti, clientela, personale*] (**per qcs.** for sth.; **per fare** to do; **fra** from, from among); to sort [*informazioni*]; to select, to shortlist [*candidati*]; SPORT to call up, to pick [*giocatore*]; to select, to decide on, to pick [*squadra*]; ***~ degli allievi per un concorso*** to pick pupils for entry to a competitive examination; ***~ in base ai titoli*** SCOL. UNIV. to select on the basis of one's academic record; ***essere selezionato per la nazionale inglese*** SPORT to be capped for England **2** INFORM. to highlight [*testo, parola*] **3** TEL. to dial [*numero telefonico*] **4** AGR. BIOL. to cull, to grade [*animale, bestiame*]; to sort [*mele, patate*].

selezionato /selettsjo'nato/ **I** p.pass. → **selezionare II** agg. [*candidato, sportivo*] selected.

selezionatore /selettsjona'tore/ **I** agg. [*commissione*] select attrib. **II** ◗ ***18*** m. (f. **-trice** /tritʃe/) **1** *(chi fa una selezione)* sorter, grader, selector **2** SPORT selector.

selezionatrice /selettsjona'tritʃe/ f. *(macchina)* sorting machine, sorter.

▷ **selezione** /selet'tsjone/ f. **1** *(scelta)* selection, screening; ***fare*** o ***operare una ~ fra*** to select *o* make a selection from; ***~ per*** o ***tramite esame*** selection by exam; ***~ all'ingresso*** selective entry; ***operare una severa ~*** to be very selective; ***~ della settimana*** *(di giornale, rivista)* weekly choice; ***una ~ di opere di fantascienza*** a selection of science fiction works **2** SPORT *(scelta)* selection, trial; *(squadra)* squad, team; ***~ nazionale*** national team *o* squad; ***partita, prova di ~*** trial match, trial (**per** for) **3** AGR. BIOL. cull; ***~ genetica*** genetic selection **4** TEL. dialling BE, dialing AE ◆◆ ***~ attitudinale*** selection by aptitude test; ***~ naturale*** natural selection; ***~ professionale*** grading, selective recruitment.

self-service /self'sɛrvis/ **I** agg.inv. [*negozio, ristorante*] self-service **II** m.inv. **1** *(sistema)* self-service **2** *(esercizio pubblico)* self-service.

▷ **sella** /'sɛlla/ f. **1** *(di cavallo)* saddle; ***montare in ~*** to mount; ***mettersi in ~*** to climb into the saddle; ***stare in ~*** to be in the saddle; ***cavalcare senza ~*** to ride bareback; ***cavallo senza ~*** unsaddled *o* barebacked horse; ***cavallo da ~*** saddle horse, hackney, hack; ***in ~!*** mount! ***rimettersi in ~*** to remount a horse; FIG. to get back in the saddle **2** *(di bicicletta, moto)* saddle **3** GASTR. saddle, chump; ***~ di agnello*** saddle of lamb **4** GEOGR. saddle(back) ◆◆ ***~ all'amazzone*** side saddle; ***~ da donna*** lady's saddle.

sellaio, pl. **-ai** /sel'lajo, ai/ ➧ *18* m. (f. **-a**) saddler.

sellare /sel'lare/ [1] tr. to saddle (up) [*cavallo*].

sellatura /sella'tura/ f. saddling (up).

selleria /selle'ria/ ➧ *18* f. **1** *(bottega del sellaio)* saddler's shop, saddlery **2** *(fabbricazione di selle)* saddlery **3** *(ripostiglio dei finimenti)* saddle room, tack room.

sellificio, pl. **-ci** /selli'fitʃo, tʃi/ m. saddlery.

sellino /sel'lino/ m. **1** *(di bicicletta, moto)* saddle **2** ABBIGL. bustle.

seltz → **selz**.

selva /'selva/ f. **1** *(bosco)* wood; *(foresta)* forest **2** FIG. *(moltitudine)* ***una ~ di antenne*** a swarm of aerials; ***una ~ di bandiere*** a stream of flags.

selvaggiamente /selvaddʒa'mente/ avv. wildly, savagely.

▷ **selvaggina** /selvad'dʒina/ f. VENAT. GASTR. game; ***piccola, grossa ~*** small, big game; ***ricco di ~*** [*regione, piana, riserva*] full of game ◆◆ ***~ di pelo*** game animals; ***~ di penna*** game birds, wildfowl.

▷ **selvaggio**, pl. **-gi**, **-ge** /sel'vaddʒo, dʒi, dʒe/ **I** agg. **1** *(selvatico)* [*animale,pianta*] wild; *(non civilizzato)* [*tribù*] primitive, uncivilized; *(maleducato)* [*bambino*] unruly **2** *(crudele)* [*usanze, delitto*] savage; [*lotta*] fierce; [*urlo*] wild; *(violento)* [*tempesta*] wild **3** *(senza regole)* [*urbanizzazione*] sprawling; ***immigrazione ~*** mass *o* unlawful immigration; ***sciopero (a gatto) ~*** wildcat strike **II** m. (f. **-a**) savage; ***buon ~*** noble savage.

selvatichezza /selvati'kettsa/ f. **1** *(condizione, stato)* wildness, savageness **2** *(scontrosità)* churlishness.

▷ **selvatico**, pl. **-ci**, **-che** /sel'vatiko, tʃi, ke/ **I** agg. **1** *(che cresce spontaneamente)* [*pianta, frutti*] wild; *(non addomesticato)* [*animale*] wild, untamed; *(poco docile)* [*animale domestico*] rough **2** FIG. *(poco socievole)* churlish **II** m. **1** *(odore)* gamy smell **2** *(sapore)* gamy taste, gaminess.

selvicoltore /selvikol'tore/ ➧ *18* → **silvicoltore**.

selvicoltura /selvikol'tura/ → **silvicoltura**.

selz /sɛlts/ m.inv. seltzer (water).

sema /'sɛma/ m. LING. seme.

semaforico, pl. **-ci**, **-che** /sema'fɔriko, tʃi, ke/ agg. ***impianto ~*** set of traffic lights; MAR. FERR. semaphore system.

semaforista, m.pl. **-i**, f.pl. **-e** /semafo'rista/ ➧ *18* m. e f. **1** *(sulla strada)* = traffic lights operator **2** MAR. FERR. = signals operator.

▷ **semaforo** /se'maforo/ m. **1** *(stradale)* (traffic) lights pl.; ***~ rosso*** red light, stop light; ***il ~ è rosso, verde, giallo*** the lights are red, green, amber; ***fermarsi al ~*** to stop at the lights; ***bruciare un ~ (rosso)*** COLLOQ. to shoot the lights **2** MAR. semaphore tower; FERR. signal.

semantema /seman'tɛma/ m. semanteme.

semantica /se'mantika/ f. semantics + verbo sing.

semanticamente /semantika'mente/ avv. semantically.

semanticista, m.pl. **-i**, f.pl. **-e** /semanti'tʃista/ m. e f. semanticist.

semantico, pl. **-ci**, **-che** /se'mantiko, tʃi, ke/ agg. [*calco, campo*] semantic.

semantista /seman'tista/ m. e f. → **semanticista**.

semasiologia /semazjolo'dʒia/ f. semasiology.

semasiologico, pl. **-ci**, **-che** /semazjo'lɔdʒiko, tʃi, ke/ agg. semasiological.

semasiologo, m.pl. **-gi**, f.pl. **-ghe** /sema'zjɔlogo, dʒi, ge/ m. (f. **-a**) semasiologist.

sembiante /sem'bjante/ m. LETT. **1** *(fattezze)* features pl., countenance **2** *(apparenza)* semblance; ***far ~ che...*** to pretend that...

sembianza /sem'bjantsa/ **I** f. LETT. *(aspetto)* aspect, appearance; ***avere la ~ di un galantuomo*** to look like a gentleman **II sembianze** f.pl. **1** *(aspetto esteriore)* features; ***assumere le -e di un uomo*** to take *o* assume the form of a man **2** *(apparenza)* semblance; ***sotto le -e dell'amicizia*** under the guise of friendship.

▶ **sembrare** /sem'brare/ [1] **I** intr. (aus. *essere*) **1** *(apparire)* to seem; ***questo esercizio sembra facile*** this exercise seems (to be) easy; ***non vorrei ~ scortese ma...*** I do not wish to seem unkind but...; ***questo affare mi sembra losco*** this business looks *o* seems fishy to me; ***tutto sembra possibile*** it seems anything is possible; ***tutto ciò può ~ ridicolo*** all this may appear *o* seem ridiculous; ***le cose tra loro sembrano andare molto meglio adesso*** things seem to be a lot better between them now; ***le cose non sono sempre come sembrano*** things are not always what they seem; ***la situazione sembra in fase di miglioramento*** the situation appears *o* seems to be improving; ***la casa sembra vuota*** the house seems *o* feels empty; ***non è stupida come sembra*** she's not such an idiot as she seems **2** *(alla vista)* to look; *(all'udito)* to sound; *(al tatto)* to feel* like; *(all'olfatto)* to smell* like; ***sembri stanco*** you look tired; ***non sembra molto contento*** he doesn't look very pleased; ***questo posto sembra deserto*** this place appears deserted; ***sembra Mozart*** it sounds like Mozart; ***da come parla sembra americano*** he sounds like an American; ***la sua borsetta sembra di pelle*** her handbag feels like leather; ***sembra caffè*** it tastes like coffee; ***dall'odore sembra curry*** it smells like curry **3** *(assomigliare a)* to look like; ***sembrava una principessa*** she looked like a princess; ***sembra suo padre*** he looks like his father; ***non sembri assolutamente tu in quella fotografia*** that photograph doesn't look like you *o* looks nothing like you **II** impers. (aus. *essere*) **1** *(risultare)* ***sembra opportuno fare*** it seems appropriate to do; ***sembra che stia per piovere*** it seems as if it's going to rain; ***non sembra che le cose vadano troppo bene*** things aren't looking too good; ***sembra che ci sia un guasto al generatore*** there seems to be a fault in the generator; ***sembra che siano passate ore da quando siamo partiti*** it seems hours since we left; ***sembra solo ieri*** it seems like only yesterday; ***così sembra!*** so it appears! ***per quanto possa ~ strano, mi piace*** curiously enough, I like her **2** *(in base a opinioni)* ***mi sembra di sì, di no*** I think so, I don't think so; ***non mi sembra giusto*** it doesn't look right to me; ***mi sembra importante fare*** I think it is important to do; ***mi sembra che*** it seems to me that; ***mi sembra che ci siano due possibilità*** there seem to me to be two possibilities; ***mi sembra di averla già incontrata*** I think I've met her before; ***mi sembra la strada giusta*** this looks like the right street to me; ***che te ne sembra?*** how does it look to you? ***mi sembrava!*** I thought so! I guessed as much!

▷ **seme** /'seme/ m. **1** *(destinato alla semina, commestibile)* seed; *(di pera, mela, uva, limone)* pip; *(di pesca, albicocca ecc.)* stone, pit AE; ***senza -i*** seedless; ***da ~*** seed attrib.; ***~ di cacao*** cocoa bean; ***~ di lino*** linseed; ***~ di girasole*** sunflower seed **2** *(sperma)* semen, sperm, seed ANT.; ***banca del ~*** sperm bank **3** FIG. *(origine, causa)* seed; ***il ~ dell'odio*** the seeds of hatred; ***gettare il ~ del dubbio*** to sow the seeds of doubt **4** GIOC. suit; ***rispondere con lo stesso ~*** to follow suit ◆◆ ***~ saltellante*** jumping bean.

semeiologia /semejolo'dʒia/ → **semiologia**.

semeiologico, pl. **-ci**, **-che** /semejo'lɔdʒiko, tSi, ke/ → **semiologico**.

semeiotica /seme'jɔtika/ f. MED. semiotics + verbo sing., symptomatology.

semeiotico, pl. **-ci**, **-che** /seme'jɔtiko, tʃi, ke/ agg. MED. semiotic, symptomatological.

sementa /se'menta/ f. **1** RAR. → **semina** **2** LETT. *(semi)* → **semente**.

semente /se'mente/ f. seeds pl.

semenza /se'mɛntsa/ f. **1** *(semente)* seeds pl. **2** FIG. *(origine)* seed **3** LETT. *(discendenza)* offspring.

semenzaio, pl. **-ai** /semen'tsajo, ai/ m. seedbed.

semestrale /semes'trale/ agg. **1** *(relativo a un semestre)* [*risultati, profitti*] half-year attrib., half-time attrib. **2** *(che dura sei mesi)* [*corso, abbonamento*] six-month attrib. **3** *(che ricorre ogni sei mesi)* [*riunione, pagamento*] six-monthly, half-yearly, semestral.

semestralità /semestrali'ta/ f.inv. **1** *(periodicità semestrale)* biannual character **2** *(rata semestrale)* six-monthly instalment, six-monthly payment.

semestralmente /semestral'mente/ avv. half-yearly.

▷ **semestre** /se'mɛstre/ m. **1** *(periodo di sei mesi)* half-year, semester; ***nel primo, secondo ~*** in the first, second half of the year; ***il primo ~ del 2000 è stato difficile*** the first half of 2000 was difficult; ***ogni ~*** every six months *o* half-year; ***una volta a ~*** twice a year **2** UNIV. semester, term **3** *(rata semestrale)* six-monthly instalment, six-monthly payment.

semiacquatico, pl. **-ci**, **-che** /semiak'kwatiko, tʃi, ke/ agg. semiaquatic.

semialbero /semi'albero/ m. axle shaft.

semianalfabeta, m.pl. **-i**, f.pl. **-e** /semianalfa'bɛta/ **I** agg. semiliterate **II** m. e f. semiliterate person.

semiaperto /semia'pɛrto/ agg. **1** [*porta*] half-open **2** FON. open-mid.

semiarido /semi'arido/ agg. semiarid.

semiasse /semi'asse/ m. **1** MECC. axle shaft **2** MAT. semiaxis.

semiautomatico, pl. **-ci**, **-che** /semiauto'matiko, tʃi, ke/ agg. semiautomatic.

semiautonomo /semiau'tɔnomo/ agg. semiautonomous.

semibiscroma /semibis'krɔma/ f. hemidemisemiquaver, sixty-fourth note AE.
semibreve /semi'brɛve/ f. semibreve BE, whole note AE.
semicerchio, pl. **-chi** /semi'tʃerkjo, ki/ m. semicircle, half circle; ***disponetevi a ~*** form a semicircle.
semichiuso /semi'kjuso/ agg. **1** [*porta*] half closed, half shut **2** FON. close-mid.
semicingolato /semitʃingo'lato/ **I** agg. half-tracked **II** m. half-track.
semicircolare /semitʃirko'lare/ agg. semicircular.
semicircolo /semi'tʃirkolo/ m. → **semicerchio.**
semicirconferenza /semitʃirkonfe'rɛntsa/ f. semicircumference, semicircle.
semico, pl. **-ci**, **-che** /'sɛmiko, tʃi, ke/ agg. semic.
semiconduttore /semikondut'tore/ m. semiconductor.
semiconsonante /semikonso'nante/ f. semiconsonant.
semiconvitto /semikon'vitto/ m. day boarding.
semiconvittore /semikonvit'tore/ m. (f. **-trice** /tritʃe/) day-boarder.
semicosciente /semikoʃ'ʃɛnte/ agg. semiconscious, half-conscious.
semicoscienza /semikoʃ'ʃɛntsa/ f. semiconsciousness.
semicroma /semi'krɔma/ f. semiquaver BE, sixteenth note AE.
semicupio, pl. **-pi** /semi'kupjo, pi/ m. hip bath.
semideponente /semidepo'nɛnte/ agg. e m. semi-deponent.
semidesertico, pl. **-ci**, **-che** /semide'zɛrtiko, tʃi, ke/ agg. semidesert.
semideserto /semide'sɛrto/ m. semidesert.
semidiametro /semidi'ametro/ m. semidiameter.
semidio, pl. **-dei** /semi'dio, dɛi/ m. demigod.
semidistrutto /semidis'trutto/ agg. half-destroyed.
semiesonero /semie'zɔnero/ m. partial exemption.
semifinale /semifi'nale/ f. semifinal.
semifinalista, m.pl. **-i**, f.pl. **-e** /semifina'lista/ m. e f. semifinalist.
semifluido /semi'fluido/ agg. semifluid; ***sostanza -a*** semifluid.
semifreddo /semi'freddo/ m. = cake or dessert, very often containing some kind of cream and therefore kept and served chilled.
semigrasso /semi'grasso/ agg. medium fat.
semilavorato /semilavo'rato/ **I** agg. semifinished, semiprocessed, half-processed **II** m. semifinished product, semiprocessed product.
semilibero /semi'libero/ agg. = on day release BE, on work release AE.
semilibertà /semiliber'ta/ f.inv. day release BE, work release AE.
semiliquido /semi'likwido/ agg. [*salsa, sciroppo*] semiliquid.
semilunare /semilu'nare/ agg. semilunar.
semilunio, pl. **-ni** /semi'lunjo, ni/ m. half-moon.
semiminima /semi'minima/ f. crotchet BE, quarter note AE.
semimorto /semi'mɔrto/ agg. half-dead.
▷ **semina** /'semina/ f. *(il seminare)* seeding, sowing; *(periodo)* sowing time; ***fare la ~*** to sow; ***letto di ~*** bed.
seminabile /semi'nabile/ agg. sowable.
seminagione /semina'dʒone/ f. LETT. → **semina.**
seminale /semi'nale/ agg. [*liquido, vescicola*] seminal.
▶ **seminare** /semi'nare/ [1] tr. **1** AGR. to sow* [*semi*]; ***~ a spaglio*** to broadcast; ***~ un campo a grano*** to seed *o* sow *o* plant a field with wheat **2** FIG. *(diffondere)* to sow* [*discordia*]; to spread* [*panico, scompiglio*]; [*armi, uragano*] to bring* [*morte*]; ***~ zizzania*** to stir (up); ***~ il terrore fra la popolazione*** to spread terror among the population **3** *(spargere)* to scatter, to spread*; ***~ i propri giocattoli per tutta la casa*** to scatter one's toys all over the house **4** *(distanziare)* to leave* behind [*concorrenti, inseguitori*]; to shake* off [*pedinatore*]; ***il malvivente ha seminato la polizia*** the felon gave the police the slip ◆ ***chi semina vento raccoglie tempesta*** PROV. he who sows the wind reaps the whirlwind; ***si raccoglie quello che si è seminato*** what goes around comes around, you get out of life what you put into it; ***chi non semina non miete*** he that does not sow, does not mow.
seminariale /semina'rjale/ agg. UNIV. seminar attrib.
seminario, pl. **-ri** /semi'narjo, ri/ m. **1** RELIG. seminary; ***è entrato in ~*** he entered the seminary **2** UNIV. seminar (**su** on) ◆◆ ***~ di lavoro*** workshop.
seminarista /semina'rista/ m. RELIG. seminarian, seminarist, clerical student; UNIV. = student attending a seminar.
seminaristico, pl. **-ci**, **-che** /semina'ristiko, tʃi, ke/ agg. *(di seminario)* seminary; *(di seminarista)* of a seminarian; ***educazione -a*** seminary education.
seminativo /semina'tivo/ **I** agg. sowable, fit for seed **II** m. sowable ground.
seminato /semi'nato/ **I** p.pass. → **seminare II** agg. **1** AGR. ***campo ~ a grano*** field sown with wheat **2** *(disseminato)* sown, scattered; ***cielo ~ di stelle*** sky studded with stars, star-spangled sky; ***compito ~ di errori*** schoolwork riddled with errors **III** m. sown ground ◆ ***uscire dal ~*** = to wander from the subject.
seminatore /semina'tore/ ♦ **18** m. (f. **-trice** /tritʃe/) **1** AGR. seeder, sower **2** FIG. ***~ di zizzania*** stirrer.
seminatrice /semina'tritʃe/ f. *(macchina)* seeding machine, sowing machine.
seminfermità /seminfermi'ta/ f.inv. partial infermity.
seminfermo /semin'fermo/ **I** agg. semi-invalid **II** m. (f. **-a**) semi-invalid.
seminifero /semi'nifero/ agg. seminiferous.
seminoma /semi'nɔma/ m. seminoma*.
seminomade /semi'nɔmade/ agg. semi-nomadic.
seminterrato /seminter'rato/ m. basement; ***garage nel ~*** basement garage.
seminudo /semi'nudo/ agg. half-naked.
semiologia /semjolo'dʒia/ f. semiology.
semiologico, pl. **-ci**, **-che** /semjo'lɔdʒiko, tʃi, ke/ agg. semiological.
semiologo, m.pl. **-gi**, f.pl. **-ghe** /se'mjɔlogo, dʒi, ge/ ♦ **18** m. (f. **-a**) semiologist.
semiopaco, pl. **-chi**, **-che** /semio'pako, ki, ke/ agg. semiopaque.
semioscurità /semioskuri'ta/ f.inv. dusk, half-light LETT.
semiotica /se'mjɔtika/ f. semiotics + verbo sing.
semiotico, pl. **-ci**, **-che** /se'mjɔtiko, tʃi, ke/ agg. semiotic.
semiparassita /semiparas'sita/ **I** agg. semiparasitic, semiparasite **II** m. e f. semiparasite.
semipermanente /semiperma'nɛnte/ agg. semipermanent.
semipermeabile /semiperme'abile/ agg. [*membrana*] semipermeable.
semipiano /semi'pjano/ m. MAT. half-plane.
semipieno /semi'pjɛno/ agg. [*bottiglia*] half full.
semiprezioso /semipret'tsjoso/ agg. [*pietra*] semiprecious.
semiprodotto /semipro'dotto/ m. half-product.
semiprofessionista, m.pl. **-i**, f.pl. **-e** /semiprofessjo'nista/ **I** agg. semiprofessional **II** m. e f. semiprofessional.
semipubblico, pl. **-ci**, **-che** /semi'pubbliko, tʃi, ke/ agg. [*ente, settore*] semi-public.
semiraffinato /semiraffi'nato/ agg. semirefined.
Semiramide /semi'ramide/ n.pr.f. Semiramis.
semiretta /semi'rɛtta/ f. half-line.
semirigido /semi'ridʒido/ **I** agg. semirigid **II** m. TESS. stiffening.
semirimorchio, pl. **-chi** /semiri'mɔrkjo, ki/ m. semitrailer.
semiscoperto /semisko'pɛrto/ agg. half uncovered mai attrib.
semisecco, pl. **-chi**, **-che** /semi'sekko, ki, ke/ agg. [*vino, liquore*] medium-dry.
semiserio, pl. **-ri**, **-rie** /semi'sɛrjo, ri, rje/ agg. half serious mai attrib.
semisfera /semis'fɛra/ f. MAT. half sphere, hemisphere; GEOGR. hemisphere.
semisferico, pl. **-ci**, **-che** /semis'fɛriko, tʃi, ke/ agg. hemispheric.
semisolido /semi'sɔlido/ agg. semisolid.
semita, m.pl. **-i**, f.pl. **-e** /se'mita/ **I** agg. Semitic **II** m. e f. Semite, Semitic.
semitico, pl. **-ci**, **-che** /se'mitiko, tʃi, ke/ **I** agg. [*popolo, lingua*] Semitic **II** m. LING. Semitic.
semitismo /semi'tizmo/ m. Semitism.
semitista, m.pl. **-i**, f.pl. **-e** /semi'tista/ m. e f. Semitist.
semitistica /semi'tistika/ f. Semitics + verbo sing.
semitono /semi'tɔno/ m. semitone, half step AE, halftone AE.
semitrasparente /semitraspa'rɛnte/ agg. semi-transparent.
semitropicale /semitropi'kale/ agg. semitropical.
semiufficiale /semiuffi'tʃale/ agg. semiofficial.
semivocale /semivo'kale/ f. semivowel.
semivocalico, pl. **-ci**, **-che** /semivo'kaliko, tʃi, ke/ agg. semivocalic.
semivuoto /semi'vwɔto/ agg. [*bottiglia*] half-empty.
▷ **semmai** /sem'mai/ **I** cong. if, in case; ***~ ti interessasse, fammelo sapere*** if you happen to be interested, let me know **II** avv. if anything; ***~ vengo a piedi*** if necessary I can come on foot; ***~ ci vado domani*** if anything I'll go there tomorrow.
semola /'semola/ f. **1** *(crusca)* bran **2** *(semolino)* semolina **3** COLLOQ. *(lentiggini)* freckles ◆◆ ***~ di grano duro*** durum wheat semolina.
semolato /semo'lato/ agg. ***zucchero ~*** refined sugar, caster sugar BE.
semolino /semo'lino/ m. semolina.
semoloso /semo'loso/ agg. **1** *(di semola)* [*pane*] branny **2** COLLOQ. *(lentigginoso)* freckled.
semovente /semo'vɛnte/ **I** agg. [*veicolo, nave, cannone*] self-propelled **II** m. MAR. self-propelled barge.

Sempione /sem'pjone/ n.pr.m. Simplon; ***il passo del*** ~ the Simplon Pass.

sempiterno /sempi'tɛrno/ agg. LETT. sempiternal; ***in*** ~ for all eternity.

▶ **semplice** /'semplitʃe/ **I** agg. **1** *(di un solo elemento)* [*filo*] single; [*nodo*] simple; ***frattura*** ~ MED. simple fracture; ***biglietto di corsa*** ~ single ticket BE, one-way ticket AE **2** *(facile)* [*problema, domanda*] simple, easy; [*situazione, idea, soluzione, metodo, modo, spiegazione, calcolo*] simple, straightforward; ***il loro ragionamento è molto*** ~ their reasoning is very simple; ***voglio frasi -i ma corrette*** I want simple but correct sentences; ***la situazione è tutt'altro che*** ~ the situation is far from (being) simple *o* straightforward; ***non è poi così*** ~ it's not so simple; ***non c'è niente di più*** ~ nothing could be simpler; ***ufficio complicazione affari -i*** IRON. = let's do things the hard way? **3** *(essenziale)* [*pasto, cerimonia, matrimonio, vita, gusti*] simple; [*abbigliamento, decorazione, arredamento*] simple, plain; ***aveva una gonna molto*** ~ she was wearing a very simple, plain skirt **4** *(spontaneo, candido)* [*persona, gente*] simple; ***sono delle persone -i*** they are simple people **5** *(solo)* ***per il*** ~ ***motivo che*** for the simple reason that; ***il*** ~ ***fatto di porre la domanda*** the mere fact of asking the question; ***dietro*** ~ ***esibizione del passaporto*** simply on presentation of one's passport; ***sarà solo una*** ~ ***formalità*** it will be a mere formality; ***è un*** ~ ***impiegato*** he's just a clerk; ***puro e*** ~ pure and simple; ***è pigrizia pura e*** ~! it's downright laziness! **6** *(di grado basso)* MIL. ***soldato*** ~ private (soldier) **7** CHIM. NUCL. BOT. simple **8** LING. [*tempi, futuro*] simple **9** COMM. ***partita*** ~ single entry **II** m. e f. simple person.

semplicemente /semplitʃe'mente/ avv. **1** *(con semplicità)* [*vivere, vestirsi*] simply **2** *(soltanto)* simply; ***bisogna*** ~ ***riempire questa pagina*** you simply have to fill in this page; ***l'ha messo KO*** ~ ***con un pugno*** he knocked him out with a single blow **3** *(davvero)* ***il concerto è stato*** ~ ***meraviglioso*** the concert was simply wonderful.

semplicione /sempli'tʃone/ m. (f. **-a**) simpleton, dupe.

semplicioneria /semplitʃone'ria/ f. simple-mindedness.

sempliciotto /sempli'tʃɔtto/ m. (f. **-a**) simpleton, dupe, Simple Simon, ninny.

semplicismo /sempli'tʃizmo/ m. oversimplification.

semplicista, m.pl. **-i**, f.pl. **-e** /sempli'tʃista/ m. e f. simplist.

semplicisticamente /semplitʃistika'mente/ avv. simplistically.

semplicistico, pl. **-ci**, **-che** /sempli'tʃistiko, tʃi, ke/ agg. [*ragionamento*] simplistic.

▷ **semplicità** /semplitʃi'ta/ f.inv. **1** *(facilità)* simplicity, easiness; ***la*** ~ ***di un problema*** the simplicity of a problem **2** *(essenzialità, sobrietà)* simplicity, plainness **3** *(spontaneità)* simpleness, unaffectedness **4** *(chiarezza)* ***la*** ~ ***dello stile, della presentazione*** the simplicity of the style, of the presentation.

semplificare /semplifi'kare/ [1] **I** tr. **1** *(rendere più semplice)* to simplify [*esercizio, transazione, procedura, testo*]; ***per*** ~, ***si può dire che*** to simplify matters, one can say that; ~ ***la vita*** o ***l'esistenza di qcn.*** to make life easier for sb.; ***questo ti semplificherà la vita*** it will make life easier for you **2** MAT. to reduce [*frazione*] **II semplificarsi** pronom. to become* simpler.

semplificativo /semplifika'tivo/ agg. [*metodo, interpretazione*] simplifying.

semplificazione /semplifikat'tsjone/ f. **1** simplification **2** MAT. reduction.

▶ **sempre** /'sɛmpre/ L'equivalente inglese di *sempre* è generalmente *always*, che precede il verbo quando questo è in forma semplice (tranne *to be*) e segue il primo ausiliare quando il verbo è composto: *si dimentica sempre le chiavi* = she always forgets her keys; *è sempre in ritardo* = she is always late; *ci siamo sempre aiutati* = we've always helped each other. - Quando è usato in italiano come rafforzativo davanti al comparativo, *sempre* non si traduce e si usa un doppio comparativo: *sempre più stanco* = more and more tired; *sempre più grasso* = fatter and fatter; *sempre meglio* = better and better. - Va infine notato che, sebbene *always* indichi azione ripetuta e pertanto si usi normalmente con il presente abituale, è impiegato con il presente progressivo quando si vuole dare una connotazione negativa all'azione: *mia moglie è sempre al telefono* = my wife is always speaking on the phone. avv. **1** *(per esprimere continuità, ripetizione)* always; ***si lamenta*** ~ he's always complaining; ***ti amerò*** ~ I'll always love you; ***Sara ha*** ~ ***fame*** Sara is always hungry; ***non è*** ~ ***vero*** that is not always true; ***è*** ~ ***così difficile*** it's always so difficult; ***è*** ~ ***così*** it's always the same; ***non sarà*** ~ ***così*** it will not always be like that; ***è*** ~ ***in ritardo*** he's always late; ***è*** ~ ***esistito e*** ~ ***esisterà*** it has always existed and it always will; ***l'hanno*** ~ ***saputo*** they knew it all along; ***sono*** ~ ***gli stessi*** they are the same as ever; ***lei sarà*** ~ ***il benvenuto*** you're always welcome; ***ora e*** ~ now and forever; ***non*** ~ not all of the time; ***per*** ~ forever; ***vorrei che fosse così per*** ~ I want it to be like this forever; ***durerà per*** ~ it will last forever; ***da*** ~ all along, always; ***si conoscono da*** ~ they have known each other all their lives; ***come*** ~ as always, as ever; ***come*** ~, ***erano pronti a criticare*** they were, as ever, ready to criticize; ***vuole*** ~ ***di più*** he wants more and more; ***è quello di*** ~ he hasn't changed; ~ ***tuo*** *(alla fine di una lettera)* ever yours, yours ever **2** *(come rafforzativo)* ~ ***più*** ever more, more and more; ~ ***più lavoro, tempo*** more and more work, time; ~ ***più spesso*** more and more often; ~ ***più veloce*** o ***in fretta*** faster and faster; ~ ***più interessante*** more and more interesting; ***le occasioni di fare questo genere di cose sono*** ~ ***più rare*** there are fewer and fewer opportunities for doing this kind of thing; ***il partito ha*** ~ ***più sostenitori*** support for the party is increasing; ~ ***meno*** less and less; ~ ***meno gente*** fewer and fewer people; ~ ***meno sovente*** less and less often; ***la vediamo*** ~ ***meno*** we see her less and less; ~ ***meglio*** better and better; ~ ***peggio*** worse and worse **3** *(ancora)* still; ***è*** ~ ***malato?*** is he still ill? ***20 anni dopo era*** ~ ***lo stesso*** 20 years on he was still the same **4** *(comunque)* anyway; ***si può*** ~ ***provare*** we can always try; ***può*** ~ ***servire*** it might come in handy; ***è*** ~ ***meglio di niente*** it's still better than nothing **5 sempre che** providing (that); ~ ***che ci possa andare*** providing he can go there.

sempreverde /sempre'verde/ **I** agg. [*pianta*] evergreen **II** m. e f. evergreen.

semprevivo /sempre'vivo/ m. houseleek, sengreen.

Sempronio /sem'prɔnjo/ n.pr.m. ***Tizio, Caio e*** ~ every Tom, Dick and Harry.

Sen. ⇒ senatore senator (Sen).

sena /'sɛna/ f. BOT. senna.

senapato /sena'pato/ agg. ***cataplasma*** ~ mustard plaster, mustard poultice.

senape /'sɛnape/ ♦ **3** **I** f. BOT. GASTR. mustard; ~ ***forte*** hot mustard; ***salsa di*** ~ mustard sauce; ***granello di*** ~ grain of mustard seed **II** m.inv. *(colore)* mustard **III** agg.inv. [*giallo*] mustard ◆◆ ~ ***bianca*** white mustard; ~ ***nera*** black mustard; ~ ***selvatica*** charlock.

senapiera /sena'pjɛra/ f. mustard pot.

senapismo /sena'pizmo/ m. mustard plaster, mustard poultice, sinapism.

senario, pl. **-ri**, **-rie** /se'narjo, ri, rje/ **I** agg. senary **II** m. senarius.

▷ **senato** /se'nato/ m. **1** *(camera alta)* senate; ***presidente del Senato*** president of the Senate **2** *(carica)* ***essere eletto al*** ~ to be elected to the Senate **3** *(luogo)* senate (house) ◆◆ ~ ***accademico*** senate, governing body.

> **Senato** The upper house of the Italian Parliament. Since the recent reforms, it has been known as the *Senato federale* (federal senate) and the number of senators has been cut from 315 to 252, elected by universal suffrage by citizens over 25 years of age. Senators must be at least 40 years old. The seats are elected on a regional basis, i.e. they are split between the regions in proportion to population. The elected senators are joined by ex-heads of state and life senators nominated by the President of the Republic from people who have given exceptional service to the country in the scientific, social, artistic or literary fields.

senatoconsulto /senatokon'sulto/ m. senatus consultum*.

▷ **senatore** /sena'tore/ ♦ **1** m. (f. **-trice** /tritʃe/) senator ◆◆ ~ ***a vita*** = life member of the Senate, life senator.

senatoriale /senato'rjale/ agg. senatorial; ***la dignità*** ~ the senatorial appointment.

senatorio, pl. **-ri**, **-rie** /sena'tɔrjo, ri, rje/ agg. senatorial.

senega, pl. **-ghe** /'sɛnega, ge/ f. senega.

Senegal /'sɛnegal/ ♦ **33** n.pr.m. Senegal.

senegalese /senega'lese/ ♦ **25** **I** agg. Senegalese **II** m. e f. Senegalese*.

senescente /seneʃ'ʃɛnte/ agg. senescent.

senescenza /seneʃ'ʃɛntsa/ f. senescence.

senese /se'nese, se'neze/ ♦ **2** **I** agg. Sienese **II** m. e f. Sienese*.

senile /se'nile/ agg. [*demenza, decadimento, indebolimento*] senile; [*età*] old.

senilismo /seni'lizmo/ ♦ **7** m. premature senility.

senilità /senili'ta/ f.inv. senility; ~ ***precoce*** premature senility.

senior /'sɛnjor/ agg.inv. [*consulente*] senior; ***il signor Santis*** ~ Mr Santis senior.

seniores /se'njɔres/ **I** agg.inv. SPORT [*categoria, squadra, gara*] senior **II** m. e f.inv. SPORT senior.

senna /'sɛnna/ f. PESC. seine (net).

Senna /'sɛnna/ ➧ **9** n.pr.f. ***la ~*** the (river) Seine.

senno /'senno/ m. sense, judgement, mind; ***perdere il*** o ***uscire di ~*** to lose one's wits, to take leave of one's senses; ***essere privo di ~*** to have no wits; ***essere fuori di ~*** to be out of one's mind; ***ritrovare il*** o ***tornare in ~*** to come to one's senses; ***col ~ di poi*** with (the benefit of) hindsight, with the wisdom of hindsight ◆ PROV. ***del ~ di poi sono piene le fosse*** = it's easy to be wise after the event.

▷ **sennò** /sen'nɔ/ avv. otherwise, or else; ***smettila, ~ mi arrabbio!*** stop or (else) I'll get cross! ***studia, ~ non esci!*** study otherwise you're not going out!

sennonché /sennon'ke/ cong. **1** *(ma, però)* but; ***stavo per uscire ~ è iniziato a piovere*** I was going out but it started to rain **2** *(tranne che)* except.

▷ **seno** /'seno/ ➧ **4** m. **1** *(petto)* breast, bosom; ***stringere qcn. al ~*** to embosom sb., to press sb. to one's breast; ***allattare un bambino al ~*** to breast-feed a baby; ***un bel ~*** a beautiful bosom; ***un ~ generoso*** an ample bosom; ***~ cadente*** sagging breast; ***circonferenza ~*** bust size; ***avere 90 di circonferenza ~*** to have a bust measurement of 90 centimetres; ***farsi rifare il ~*** to have plastic surgery on one's breasts; ***tumore al ~*** breast cancer **2** LETT. *(ventre materno)* womb; ***portare un bambino in ~*** to carry a child in one's womb; ***il frutto del tuo ~*** RELIG. the fruit of thy womb **3** FIG. LETT. *(animo)* bosom, breast; ***allevare una serpe in ~*** to nurse a viper in one's bosom LETT. **4** ANAT. sinus* **5** MAT. sine; ***teorema dei -i*** the sine rule **6** GEOGR. cove **7 in seno a** *(all'interno di)* within; ***in ~ al partito, all'assemblea, alla comunità*** within the party, assembly, community; ***tornare in ~ alla famiglia*** to return to the family fold ◆◆ ***~ frontale*** frontal sinus.

Senocrate /se'nɔkrate/ n.pr.m. Xenocrates.

Senofane /se'nɔfane/ n.pr.m. Xenophanes.

Senofonte /seno'fonte/ n.pr.m. Xenophon.

senoverso /seno'vɛrso/ m. versed sine.

sensale /sen'sale/ m. e f. broker, intermediary ◆◆ ***~ di assicurazione*** insurance broker; ***~ marittimo*** shipbroker; ***~ di matrimoni*** matchmaker.

sensatamente /sensata'mente/ avv. sensibly, wisely.

sensatezza /sensa'tettsa/ f. sensibleness.

sensato /sen'sato/ agg. [*persona*] sensible, reasonable; [*idea, soluzione, osservazione, critica*] sensible; [*giudizio*] sound; ***quello che disse non mi sembrò molto ~*** what he said didn't make much sense to me.

sensazionale /sensattsjo'nale/ agg. [*dichiarazione, notizia*] sensational, astonishing; [*vittoria*] sensational; ***fu un successo ~*** it was a sensational success.

sensazionalismo /sensattsjona'lizmo/ m. sensationalism.

sensazionalista /sensattsjona'lista/ agg. [*scrittore*] sensationalist.

sensazionalistico, pl. **-ci, -che** /sensattsjona'listiko, tʃi, ke/ agg. [*notizia, articolo, storia*] sensationalist, sensationalistic.

▶ **sensazione** /sensat'tsjone/ f. **1** *(percezione sensoria)* feeling, sensation; ***~ gustativa*** gustatorial sensation; ***~ olfattiva*** olfactory sensation; ***~ tattile*** tactile sensation; ***~ di bruciore*** burning sensation; ***una ~ di caldo*** a feeling of warmth, a hot feeling **2** *(percezione psicologica)* feeling, sensation; ***~ di rilassamento*** feeling of relaxation; ***~ di benessere*** sense of well-being; ***~ di libertà, di potenza*** feeling *o* sense of freedom, of power; ***~ spiacevole*** unpleasant sensation; ***amare, ricercare le -i forti*** to like one's, to look for thrills **3** FIG. *(impressione)* sensation, impression; ***ho la ~ di non farcela*** I feel I won't make it; ***aveva la ~ di aver dimenticato qualcosa*** he had the sense that he had forgotten something; ***avere la netta ~ che*** to have a definite *o* strong feeling that; ***una strana ~*** a strange feeling **4 a sensazione** *(che suscita scalpore)* [*film*] sensational ◆ ***fare ~*** to cause *o* create a sensation, to cause *o* make a stir.

sensazionismo /sensattsjo'nizmo/ m. sensationalism.

sensazionista /sensattsjo'nista/ agg. sensationalist.

senseria /sense'ria/ f. **1** *(opera del sensale)* broker's activity **2** *(compenso)* brokerage.

▶ **sensibile** /sen'sibile/ **I** agg. **1** *(che si percepisce)* [*mondo, oggetto*] sensible **2** *(capace di percepire)* [*essere, organo, membrana, apparecchio, strumento*] sensitive; ***gli animali sono esseri -i*** animals are sensitive beings; ***avere l'orecchio ~*** to have keen hearing; ***essere ~ al freddo, al dolore*** to be sensitive to cold, to pain **3** *(ricettivo, suscettibile)* ***essere ~ ai complimenti*** to like compliments; ***essere ~ alle lusinghe*** to be susceptible to flattery; ***essere ~ alle critiche*** to be sensitive to criticism; ***essere ~ a un argomento*** to be swayed by an argument; ***essere ~ al fascino di qcn.*** to be susceptible to sb.'s charms; ***essere ~ alle sofferenze altrui*** to be sensitive to other people's suffering; ***sono ~ al fatto che*** I am sensitive to the fact that; ***mercato ~ alle fluttuazioni economiche*** market sensitive to fluctuations in the economy **4** *(emotivo)* [*persona, animo*] sensitive; ***essere di animo ~*** to be a sensitive soul **5** *(delicato, irritabile)* [*pelle*] sensitive **6** FOT. sensitive; ***~ alla luce*** photosensitive **7** EL. MECC. sensitive; ***bilancia ~ al milligrammo*** scale which is accurate to a milligram **8** *(notevole)* [*regresso, aumento, differenza*] sensible, appreciable; ***un ~ abbassamento della temperatura*** an appreciable fall in temperature; ***ha fatto -i progressi*** he has made marked progress **9** *(riservato)* [*dati, informazioni*] sensitive **II** f. MUS. leading note, subtonic.

▷ **sensibilità** /sensibili'ta/ f.inv. **1** *(capacità di percepire)* sensitivity; ***non avere più ~ nelle dita*** to have lost all feeling in one's fingers; ***la ~ al caldo, al freddo*** the sensitivity to hot, to cold **2** *(ricettività)* sensitivity; ***la loro ~ artistica*** their artistic sensibility; ***non avere ~ linguistica*** to have no feeling for language **3** *(emotività)* sensitivity, tenderheartedness; ***~ d'animo*** delicacy of feeling; ***ha una grande ~*** she is very sensitive **4** FOT. sensitivity **5** EL. MECC. sensitivity ◆◆ ***~ tattile*** tactile sensitivity.

sensibilizzare /sensibilid'dzare/ [1] **I** tr. **1** *(rendere sensibile)* to sensitize [*giovani, imprese*] (**a** of); ***il suo articolo contribuì a ~ il pubblico su questo problema*** her article helped (to) sensitize public awareness of the issue **2** CHIM. MED. FOT. sensitize **II sensibilizzarsi** pronom. to become* aware (**a qcs.** of sth.).

sensibilizzatore /sensibiliddza'tore/ m. FOT. sensitizer.

sensibilizzazione /sensibiliddzat'tsjone/ f. **1** MED. FOT. sensitization **2** FIG. ***campagna di ~*** awareness campaign.

sensibilmente /sensibil'mente/ avv. **1** *(notevolmente)* [*ridurre, differire, modificare, aumentare*] appreciably, noticeably; ***la situazione è ~ migliorata*** the situation has markedly improved **2** *(attraverso i sensi)* [*percepire*] sensibly.

sensismo /sen'sizmo/ m. sensationalism.

sensista, m.pl. **-i**, f.pl. **-e** /sen'sista/ agg., m. e f. sensationalist.

sensistico, pl. **-ci, -che** /sen'sistiko, tʃi, ke/ agg. sensationalistic.

sensitiva /sensi'tiva/ f. BOT. sensitive plant.

sensitività /sensitivi'ta/ f.inv. sensitivity, sensitiveness.

sensitivo /sensi'tivo/ **I** agg. **1** *(che riguarda i sensi)* [*nervo, organo*] sensory **2** *(emotivo)* sensitive **3** BOT. [*pianta*] sensitive **II** m. (f. **-a**) medium.

sensitometria /sensitome'tria/ f. sensitometry.

sensitometro /sensi'tɔmetro/ m. sensitometer.

▶ **senso** /'sɛnso/ **I** m. **1** *(facoltà di sentire)* sense; ***organo di ~*** sense organ; ***i cinque -i*** the five senses; ***~ del gusto*** (sense of) taste; ***~ dell'odorato*** o ***dell'olfatto*** (sense of) smell; ***~ dell'udito*** (sense of) hearing; ***~ del tatto*** (sense of) touch; ***~ della vista*** sight; ***avere il ~ dell'odorato molto sviluppato*** to have a very keen sense of smell; ***percepire qcs. con i -i*** to sense sth.; ***avere un sesto ~*** FIG. to have a sixth sense **2** *(sensazione)* sense, feeling, sensation; ***un ~ di appartenenza*** a sense of belonging; ***un ~ di fastidio*** an uncomfortable sensation; ***un ~ di vertigine*** a dizzy feeling; ***provare un ~ di sollievo, di stanchezza*** to have a feeling of relief, of tiredness **3** *(ribrezzo)* ***il sangue mi fa ~*** I can't stand the sight of blood **4** *(intuizione, inclinazione)* sense; ***~ del ritmo*** sense of rhythm; ***il loro ~ artistico*** their artistic sensibility; ***il ~ della natura, del bello*** a feeling for nature, for beauty; ***il ~ della storia*** a sense of history; ***avere ~ di responsabilità*** to have a sense of responsibility; ***avere ~ pratico*** to be practical; ***avere poco ~ critico*** to be uncritical; ***avere il ~ degli affari*** to have business sense, to be business-minded; ***non avere il ~ della realtà*** to live in a dream world **5** *(significato)* sense, meaning; ***il ~ figurato, letterale, peggiorativo di una parola*** the figurative, literal, pejorative sense of a word; ***utilizzare una parola in ~ proprio, figurato*** to use a word literally, figuratively; ***avere un ~ peggiorativo*** to be pejorative, to have a pejorative sense; ***il ~ originale di qcs.*** the original meaning of sth.; ***in ~ lato, stretto*** in the broad, strict sense of the word; ***nel vero ~ della parola*** in the true sense of the word; ***non riesco ad afferrare il ~ del tuo discorso*** I can't grasp the meaning of what you are saying; ***frase a doppio ~*** sentence with a double meaning; ***in un certo ~*** in a *o* in one *o* in some sense; ***in che ~?*** in what sense? ***che ~ ha aspettarla così a lungo?*** what's the point of waiting for her so long? ***nel ~ che*** in the sense that; ***privo di ~*** senseless; ***dire cose senza ~*** to talk nonsense; ***non ha (nessun) ~!*** it doesn't make (any) sense! ***quello che dice non ha molto ~*** what he says doesn't make much sense; ***non ha ~ fare*** *(è assurdo)* it is senseless to do *o* doing; *(è inutile)* there is no point in doing; ***(la cosa) ha ~ solo se tu rimani*** it makes no sense unless you stay; ***il ~ della vita*** the meaning of life; ***dare un ~ alla vita*** to make life worth living; ***la mia vita non ha più ~*** my life is no longer meaningful; ***rispondere in ~ affermativo*** to reply in the affirmative **6** *(direzione)* direction, way; ***nei due -i, in entrambi i -i*** in both directions; ***a doppio ~*** [*strada*] two-way; ***in ~ contrario, opposto*** [*andare, ripartire*] in the opposite direction; [*venire, arrivare*] from the opposite direction; ***nel ~ della larghezza*** widthways, across; ***nel ~ della lunghezza*** lengthwise, longways, lengthways BE; ***nel ~ di marcia*** facing the engine, forward(s); ***in ~ contrario a quello di marcia*** backwards, with one's back to the engine, facing backward(s); ***in ~ orario*** in a clockwise direction, clockwise; ***in ~ antiorario*** in an counter-clockwise direction, counterclockwise; ***nel ~ della trama*** TESS. with the grain **7 a senso** [*tradurre*] loosely **II sensi** m.pl. **1** *(coscienza)* consciousness; ***perdere i -i*** to lose consciousness, to pass out; ***riprendere i -i*** to regain consciousness; ***privo di -i*** unconscious; ***giacere privo di -i*** to lie unconscious **2** *(sensualità)* ***piacere dei -i*** sensual pleasure, pleasure of the senses; ***essere schiavo dei -i*** to be slave of the flesh **3 ai sensi di** BUROCR. ***ai -i della legge*** under the law; ***ai -i dell'articolo I*** under the clause I ◆ ***buon ~*** → **buonsenso** ◆◆ ***~ civico*** public spirit; ***~ di colpa*** guilty feeling, sense of guilt; ***~ comune*** common sense; ***~ del dovere*** sense of duty *o* obligation; ***per ~ del dovere*** out of a sense of duty, obligation; ***~ estetico*** aestheticism; ***~ della famiglia*** sense of family; ***~ d'inferiorità*** feeling *o* sense of inferiority; ***~ della misura*** sense of proportion; ***~ morale*** morals pl.; ***~ dell'onore*** sense of honour; ***~ dell'orientamento*** sense of direction; ***~ di superiorità*** feeling *o* sense of superiority; ***~ dell'umorismo*** sense of humor; ***~ unico*** one way; *(strada)* one-way street; ***~ vietato*** no entry.

sensore /sen'sore/ m. sensor ◆◆ ***~ di parcheggio*** parking sensor; ***~ di pioggia*** rain sensor; ***~ a raggi infrarossi*** infrared sensor.

sensoriale /senso'rjale/ agg. sensorial; ***impressione ~*** sensory impression; ***deprivazione ~*** sensory deprivation.

sensorio, pl. **-ri, -rie** /sen'sɔrjo, ri, rje/ **I** agg. [*funzione, organo*] sensory; ***apparato ~*** sensorium **II** m. sensorium*.

sensuale /sensu'ale/ agg. sensual, sensuous; ***rendere ~*** to sensualize.

sensualismo /sensua'lizmo/ m. sensualism.

sensualista, m.pl. **-i**, f.pl. **-e** /sensua'lista/ m. e f. sensualist.

sensualistico, pl. **-ci, -che** /sensua'listiko, tʃi, ke/ agg. sensualistic.

sensualità /sensuali'ta/ f.inv. sensuality, sensuousness.

sensualmente /sensual'mente/ avv. sensually, sensuously.

sensuoso /sensu'oso/ agg. LETT. sensuous.

sentenza /sen'tɛntsa/ f. **1** DIR. judgement, ruling, adjudication, verdict; *(condanna)* sentence; ***emettere una ~ su qcs.*** to pass judgement on sth., to adjudicate on sth.; ***pronunciare una ~*** to decide a case, to pronounce sentence; ***appellarsi contro una ~*** to appeal against a decision **2** *(massima)* maxim, saying **3** LETT. *(parere)* opinion ◆ ***sputar -e*** to pontificate ◆◆ ***~ di annullamento*** judgement of annulment; ***~ di appello*** judgement of appeal; ***~ arbitrale*** arbitrator's award; ***~ assolutoria*** acquittal; ***~ di condanna*** verdict of guilty *o* conviction; ***~ in contumacia*** judgement by default; ***~ definitiva*** final judgement; *(di divorzio)* decree absolute; ***~ di prima istanza*** judgement in the court of first instance; ***~ di proscioglimento*** → ***~*** **assolutoria**.

sentenziare /senten'tsjare/ [1] **I** tr. *(emettere una sentenza)* to pass judgement, to rule; ***~ la pena di morte*** to sentence to death; ***il tribunale sentenziò l'assoluzione dell'imputato*** the court ruled the acquittal of the accused **II** intr. (aus. *avere*) *(esprimere un'opinione)* ***sentenzia sempre su tutto*** he's very opinionated about everything.

sentenziosamente /sententsjosa'mente/ avv. sententiously.

sentenziosità /sententsjosi'ta/ f.inv. sententiousness.

sentenzioso /senten'tsjoso/ agg. [*persona, discorso, prosa*] sententious.

▷ **sentiero** /sen'tjɛro/ m. path(way), track; *(viottolo)* lane; ***un ~ di montagna*** a mountain path; ***il ~ porta alla chiesa*** the path brings you to the church; ***aprire un ~ attraverso la giungla*** to clear a path through the jungle; ***fuori dai -i battuti*** off the beaten tracks (anche FIG.); ***essere sul ~ di guerra*** FIG. to be on the warpath.

▷ **sentimentale** /sentimen'tale/ **I** agg. **1** *(relativo ai sentimenti)* [*relazione, campo, sfera*] sentimental; ***vita ~*** love life; ***avventura ~*** love affair **2** *(romantico)* [*persona, atteggiamento, canzone*] sentimental; [*film, commedia, romanzo*] romantic **II** m. e f. sentimental person; ***è un ~*** he's very sentimental; ***fare il ~*** to sentimentalize.

sentimentalismo /sentimenta'lizmo/ m. sentimentalism, sentiment; ***niente -i, siamo realisti!*** let's put feelings aside and be realistic! ***fare del ~ su qcs.*** to sentimentalize sth.

sentimentalista, m.pl. **-i**, f.pl. **-e** /sentimenta'lista/ m. e f. sentimentalist.

sentimentalistico, pl. **-ci, -che** /sentimenta'listiko, tʃi, ke/ agg. [*romanzo*] romantic; [*atteggiamenti*] sentimental.

sentimentalità /sentimentali'ta/ f.inv. sentimentality.

sentimentalmente /sentimental'mente/ avv. sentimentally.

▶ **sentimento** /senti'mento/ m. **1** *(emozione, sensazione)* feeling, emotion; ***un ~ di gioia*** a feeling of joy; ***è incapace di provare dei -i*** he's incapable of feeling *o* emotion; ***nascondere, mostrare i propri -i*** to hide, to show one's feelings; ***ferire i -i di qcn.*** to hurt sb.'s feelings; ***giocare con i -i di qcn.*** to play with sb.'s affections; ***agire spinto più dal ~ che dalla ragione*** to be guided by one's feelings rather than by reason **2** *(slancio, partecipazione)* ***con ~*** [*cantare, recitare*] with feeling, feelingly **3** *(modo di pensare, di sentire)* feeling; ***buoni -i*** fine sentiments; ***retorica dei buoni -i*** feelgood rhetoric; ***una persona di nobili -i*** a person of noble sentiments; ***essere animato da buoni, cattivi -i*** to be motivated by good, bad intentions **4** RAR. *(senso)* feeling; ***il ~ religioso*** the religious feeling ◆ ***toccare la corda del ~ di qcn.*** to appeal to sb.'s better nature.

sentina /sen'tina/ f. **1** MAR. bilge; ***acqua di ~*** bilge water; ***pompa di ~*** bilge pump **2** FIG. *(coacervo)* ***~ di vizi*** den of vice.

▷ **sentinella** /senti'nɛlla/ f. sentry, sentinel; ***essere di ~*** to be on sentry duty; ***stare di ~*** to stand sentinel; ***fare la ~*** to stand guard, to keep watch.

▶ **1.sentire** /sen'tire/ [3] v. la nota della voce **1.vedere** **I** tr. **1** *(avvertire una sensazione fisica)* ***~ freddo, caldo*** to feel *o* to be cold, hot; ***~ fame, sete*** to be *o* to feel hungry, thirsty; ***~ mal di testa*** to have a headache; ***non sento più le dita dei piedi talmente ho freddo*** I'm so cold I can't feel my toes any more; ***ho camminato troppo a lungo, non sento più i piedi*** I've been walking for too long, my feet are numb; ***ho sentito tremare la casa*** I felt the house shake; ***si sente che l'inverno si sta avvicinando*** it feels wintry; ***sentivo che le pastiglie mi stavano facendo bene*** I felt the tablets doing me good; ***ho sentito qualcosa che mi strisciava sul braccio*** I felt something crawl(ing) up my arm; ***sento pungere dappertutto*** I'm itchy all over **2** *(percepire attraverso il tatto)* to feel*; ***ho sentito qualcosa di morbido*** I felt something soft; ***mi ha fatto ~ il suo bernoccolo*** she made me feel her bump; ***~ il polso a qcn.*** to feel sb.'s pulse **3** *(percepire attraverso l'odorato)* to smell* [*odore, profumo*]; ***~ puzza di bruciato*** to smell burning; FIG. to smell a rat; ***si sente un buon profumo di caffè*** there is a lovely smell of coffee; ***si sente che fumi il sigaro*** one can tell that you smoke cigars by the smell; ***i cani hanno sentito l'odore del cinghiale*** the dogs scented the boar **4** *(percepire attraverso il gusto)* to taste; ***non sento più il gusto di niente con questo raffreddore*** I can't taste a thing with this cold; ***si sente che c'è del vino nella salsa*** one can taste the wine in the sauce **5** *(udire)* to hear* [*parola, rumore, colpo*]; ***non abbiamo sentito nulla di quello che è stato detto*** we heard nothing of what was said; ***sentì suo fratello salire le scale*** she heard her brother coming up the stairs; ***se vuoi farti una risata devi sentirlo cantare!*** if you want a laugh you've go to listen to him sing! ***non l'ho mai sentito dire una cosa del genere*** I've never heard him say such a thing; ***abbiamo sentito tirare l'acqua*** we heard the toilet flush; ***~ qcs. con le proprie orecchie*** to hear sth. with one's own ears **6** *(ascoltare)* to listen to [*radio, cassetta, conferenza, concerto*]; [*giudice, polizia*] to hear* [*testimone, testimonianza*]; ***senti che cosa vuole*** go and see what he wants; ***sentiamo di cosa si tratta*** let's see what's it's about; ***stare a ~ quello che qcn. ha da dire*** to hear what sb. has to say; ***non starlo a ~*** don't listen to him; ***che cosa c'è? - sentiamo*** what's the matter? let's have it; ***che mi tocca ~!*** I've never heard such nonsense! ***stammi bene a ~...*** now listen here...; ***a ~ te, va tutto bene*** to listen to you everything is all right; ***ma sentilo!*** (just) listen to him! ***senti chi parla!*** look *o* listen who's talking! you're, she's etc. a fine one to talk! ***ora mi sente!*** I'll give him a piece of my mind! ***senti un po',...*** just a minute,...; ***senti, non essere ridicolo!*** come on, don't be ridiculous! ***senta, ne ho abbastanza*** listen, I've had enough; ***senti Sara, puoi prestarmi 10 euro?*** say Sara, can you lend me 10 euros? ***senti senti!*** well, I never! ***non ~ ragioni*** not to listen to, not to see reason; ***non ne ho mai sentito parlare*** I've never heard of it; ***non voglio più sentirne parlare*** I don't want to hear another word about it; ***sentirete ancora parlare di me!*** *(come minaccia)* you haven't heard the last of it! ***sente solo sua madre*** he only listens to his mother **7** *(consultare)* ***dovresti ~ un medico*** you should go to the doctor('s); ***~ il parere degli esperti*** to seek experts' advice **8** *(avere notizie di)* ***hai più sentito tua sorella?*** have you heard any more from your sister? ***è un anno che non lo sento*** it's a year since I heard from him, I haven't heard from him for a year **9** *(venire a sapere)* to hear* [*notizia, storia*]; ***l'ho sentito ieri per caso*** I overheard it yesterday; ***~ dire che*** to hear (it said) that; ***ho sentito che si***

sposa I heard she's getting married; ***così ho sentito dire*** so I hear *o* I've heard; ***cosa sento? ci lasci?*** what's this I hear? you're leaving (us)? ***a quel che sento...*** from what I hear...; ***a quel che si sente in giro*** from what's being said; ***ne ho sentite delle belle su di lui*** I have been hearing stories about him; ***hai sentito (qualcosa) dell'incidente?*** have you heard (anything) of the accident? **10** *(sapere, capire)* to know*; ***vorrei ~ cosa ne pensi*** I would like to know what you think about it **11** *(intuire, immaginare)* to feel*; ***sento che è sincero*** I feel that he's sincere; ***sento che questo libro ti piacerà*** I have a feeling that you'll like this book; ***sentivo che le cose non andavano troppo bene*** I sensed that things were not quite right **12** *(provare)* to feel* [*affetto, desiderio, pietà*]; ***~ il bisogno di fare*** to feel the need to do; ***~ la nostalgia di qcn.*** to miss sb. **13** *(apprezzare)* ***~ (profondamente) l'arte*** to appreciate art **II** intr. (aus. *avere*) **1** *(avere la facoltà dell'udito)* ***sentirci*** o ***~ male*** to have a bad hearing; ***non ~ da un orecchio*** to be deaf in one ear **2** *(avere sapore)* ***~ di*** to taste [*salato, aspro*]; ***la faccenda sente di truffa*** FIG. the affair stinks **III sentirsi** pronom. **1** *(avvertire una sensazione fisica, psichica)* to feel* [*stanco, triste, nervoso, stupido, tradito*]; ***-rsi male*** to feel ill *o* sick *o* bad; ***-rsi meglio*** to feel better; ***come ti senti?*** how do you feel? ***mi sentii mancare*** my heart *o* spirit sank; ***si è sentita arrossire*** she felt herself blushing; ***si è sentita pungere da una zanzara*** she felt a mosquito biting her; ***-rsi in debito con qcn.*** to feel under obligation to sb.; ***-rsi in dovere di fare*** to feel duty bound to do; ***-rsi abbastanza forte per fare*** to feel strong enough to do; ***-rsi all'altezza di*** to feel up to; ***-rsi libero di fare*** to feel free to do; ***-rsi una star*** to feel like a star; ***-rsi vittima di una macchinazione*** to feel that one is the victim of a scheme *o* plot; ***me lo sentivo!*** I knew it! **2** *(comunicare per telefono)* ***sentiamoci, ci sentiamo*** (I'll) be in touch; ***non fare niente fino a che non ci sentiremo di nuovo*** don't do anything until you hear from me **3 sentirsela** *(avere voglia)* to feel* like (**di fare** doing); *(essere in grado)* to feel* up to (**di fare** doing); ***te la senti?*** do you feel up to it? ***non me la sento di andare a Londra*** I'm not up to going to London ◆ ***farsi ~*** *(cominciare a pesare)* to be felt; *(farsi vivo)* to turn up; *(farsi valere)* to make oneself *o* one's voice heard; ***gli effetti si faranno ~ in tutto il paese*** the effects will be felt throughout the country; ***il freddo comincia a farsi ~*** the cold weather is setting in; ***fatti ~!*** keep in touch! ***non c'è peggior sordo di chi non vuol ~*** PROV. there are none so deaf as those who will not hear.

2.sentire /sen'tire/ m. LETT. feeling, sentiment.

sentitamente /sentita'mente/ avv. [*ringraziare*] heartily, sincerely.

sentito /sen'tito/ **I** p.pass. → **1.sentire II** agg. **1** *(udito)* (over)heard **2** *(sincero)* ***-e condoglianze*** with deepest sympathy; ***le mie più -e scuse*** my sincerest apologies ◆ ***per ~ dire*** by hearsay; ***sapere qcs. per ~ dire*** to hear sth. on the grapewine.

sentore /sen'tore/ m. **1** *(sensazione)* feeling, sensation **2** *(notizia vaga)* inkling; ***avere ~ di qcs.*** to have an inkling of sth.; ***avere ~ che*** to have an inkling that.

▶ **senza** /'sɛntsa, 'sentsa/ Quando *senza* denota l'assenza, la mancanza o la privazione, si traduce solitamente con *without*. È tuttavia opportuno consultare le relative voci quando *senza* viene usato con dei sostantivi in locuzioni idiomatiche che si formano in inglese in modo diverso, come *senza soldi* = penniless, broke, out of money, *senza fine* = endless, *senza fiato* = out of breath, *senza impiego* = unemployed, out of work, jobless, ecc. - *Without*, come l'italiano *senza*, può essere seguito da un sostantivo, ma si noti la presenza dell'articolo *a/an* davanti ai nomi numerabili singolari: *senza (il) biglietto* = without a ticket, *senza zucchero* = without sugar, *senza libri* = without books. - Con una reggenza verbale, *senza* è seguito da un infinito semplice o composto, mentre *without* è di regola seguito da un gerundio, non necessariamente composto: *se ne andò senza salutare* = he left without saying goodbye; *se ne tornò a casa senza averle parlato* = he went back home without speaking (*o* having spoken) to her. Alla struttura inglese con il gerundio si ricorre anche per tradurre la struttura *senza che* + congiuntivo: *lo fece senza che io dicessi una parola* = he did it without my saying a word; *feci il letto senza che me lo dicessero* = I made the bed without being told. **I** prep. **1** *(con assenza di)* without [*persona, consenso, permesso*]; ***un giorno ~ pioggia*** a day without rain, a dry day; ***una casa ~ telefono*** a house without a telephone; ***oggi sono ~ macchina*** I don't have the car today; ***con o ~ zucchero*** with or without sugar; ***bevo il tè ~ zucchero*** I don't take sugar in my tea; ***cioccolato fondente ~ zucchero*** sugar-free plain chocolate; ***un succo d'arancia ~ ghiaccio*** an orange juice without *o* with no ice; ***parlare inglese ~ accento*** to speak English without an accent; ***una coppia ~ figli*** a childless couple; ***una persona ~ scrupoli*** a person who has no scruples, an unscrupulous person; ***essere (una persona) ~ cuore*** to have no heart, to be heartless; ***~ ulteriori indugi*** without (further) delay; ***essere ~ fiato*** to be out of breath *o* breathless; ***rimanere ~ soldi*** to run out of money; ***benzina ~ piombo*** lead-free *o* unleaded petrol; ***~ filo*** [*microfono, telefono*] cordless; ***~ fine*** [*discussione, lotta, guerra*] endless, unending; ***sarei perso ~ di te*** I'd be lost without you **2** *(con esclusione di)* ***saremo in dodici, ~ i bambini*** there'll be twelve of us not counting the children *o* children excluded; ***l'albergo costa 60 euro ~ colazione*** the hotel costs 60 euros excluding breakfast **II** cong. **1** *(seguito da infinito)* without; ***è stato due settimane ~ telefonare*** he didn't call for two weeks; ***parlare ~ riflettere*** to speak without thinking; ***~ dire una parola*** without saying a word; ***~ fare rumore*** without (making) a sound; ***~ aspettare oltre*** without waiting a moment longer; ***va' via ~ farti vedere*** leave without anyone seeing you; ***~ contare luglio*** not including July; ***20, ~ contare mia sorella*** 20, not counting my sister **2 senza che** ***~ che me ne accorga*** without my noticing; ***~ che nessuno lo sappia*** without anybody knowing **III** avv. ***fare ~*** to manage without; ***partì ~*** she left without it; ***ho sempre dietro l'ombrello, non esco mai ~*** I always have my umbrella with me, I never go out without it ◆ ***senz'ombra di dubbio*** without *o* beyond the shadow of a doubt; ***senz'altro*** certainly, absolutely ◆◆ ***~ fissa dimora*** of no fixed address *o* abode.

senzadio /sentsa'dio/ m. e f.inv. godless person.

senzalavoro /sentsala'voro/ m. e f.inv. unemployed person; ***tre milioni di ~*** three million unemployed *o* jobless.

senzapatria /sentsa'patrja/ m. e f.inv. **1** *(privo di patria)* stateless person **2** *(chi ha rinnegato la patria)* unpatriotic person.

senzatetto /sentsa'tetto/ m. e f.inv. homeless person; ***i ~*** the homeless.

senziente /sen'tsjɛnte/ agg. LETT. sentient.

sepalo /'sɛpalo/ m. sepal.

separabile /sepa'rabile/ agg. separable (**da** from); ***essere difficilmente ~ da*** to be difficult to separate from.

separabilità /separabili'ta/ f.inv. separability.

▶ **separare** /sepa'rare/ [1] **I** tr. **1** *(dividere)* to separate [*oggetti, concetti, ruoli, amici, avversari*]; ***~ i passeggeri e i bagagli*** to separate passengers and luggage; ***ha separato i ragazzi dalle ragazze*** he divided the pupils into boys and girls; ***~ le patate buone da quelle cattive*** to sort the good potatoes from the bad; ***~ la panna dal latte*** to separate the cream from the milk; ***è meglio separarli prima che si picchino*** it is better to separate them *o* keep them apart before they start fighting; ***non si può ~ il contenuto dalla forma*** form and content cannot be separated, you can't separate form and content; ***una siepe separa i due giardini, separa il mio giardino dal loro*** a hedge separates the two gardens, my garden from theirs; ***una barriera separava gli spettatori dagli animali*** a fence separated the spectators from the animals; ***solo cinque secondi separavano i due atleti*** only five seconds separated the two athletes; ***ancora due mesi ci separano dalla partenza*** we still have two months to go before we leave; ***adesso più nulla ci separa dal successo*** nothing now stands between us and success **2** *(distinguere)* ***~ il bene dal male*** to distinguish right from wrong; ***è necessario ~ i due casi*** we must distinguish between the two matters *o* cases **3** *(segregare)* to segregate [*malato, prigioniero*] **4** *(allontanare)* ***la differenza di ceto sociale che li separa*** the difference in social background that divides them; ***il divario che separa i ricchi e i poveri si allarga*** the gap between the rich and the poor is widening **5** CHIM. to separate; ***dopo aver separato i componenti della miscela*** after separating (out) the constituents of the mixture **II separarsi** pronom. **1** *(dividersi, allontanarsi)* to part, to separate, to split* up; ***-rsi da*** [*persona*] to leave [*compagno, gruppo, famiglia*]; ***amici miei, è tempo di separarci*** my friends, it's time we broke up; ***ci siamo separati all'incrocio*** we left each other *o* parted at the crossroad; ***non si separa mai dal suo ombrello*** he takes his umbrella everywhere with him; ***non dovete separarvi dai vostri bagagli*** keep your luggage with you at all time **2** *(porre fine a convivenza)* [*coppia*] to part, to separate, to split* up, to break* up; ***-rsi da*** to split up with, to separate from [*marito, moglie*]; ***-rsi consensualmente*** to separate by mutual consent ◆ ***~ il grano dal loglio*** to separate the wheat from the chaff.

separatamente /separata'mente/ avv. **1** *(a parte)* separately; ***conservare qcs. ~*** to keep sth. separately **2** *(uno alla volta)* ***interrogare i testimoni ~*** to interrogate the witnesses one by one.

separatismo /separa'tizmo/ m. separatism.

separatista, m.pl. **-i**, f.pl. **-e** /separa'tista/ agg., m. e f. separatist.

separatistico, pl. **-ci**, **-che** /separa'tistiko, tʃi, ke/ agg. separatistic.

separato /sepa'rato/ **I** p.pass. → **separare II** agg. **1** *(distinto)* [*conti, accordo, pace*] separate; ***dormire in camere -e, letti -i*** to sleep in separate rooms, beds **2** *(che non convive più con coniuge)* separated; ***vive ~ da sua moglie*** he lives apart from his wife **3 in separata sede** DIR. = in a special session; FIG. in private; ***parlare a qcn. in -a sede*** to speak to sb. in private **III** m. (f. **-a**) separated person; ***-i in casa*** = married couple legally separated but still living together.

separatore /separa'tore/ **I** agg. separating **II** m. TECN. separator.

▶ **separazione** /separat'tsjone/ f. **1** *(il separare)* separation (**tra** between; **da** from); ***la ~ dei poteri*** POL. the separation of powers; ***la ~ tra Chiesa e Stato*** the separation of Church and State; ***stanno pensando a una ~ delle loro attività commerciali da quelle di ricerca*** they are thinking of splitting (up) *o* separating their commercial and research activities; ***la ~ del paese in due stati*** the division *o* splitting of the country into two states **2** *(distacco)* parting, separation; ***la ~ dai suoi amici*** the separation from his, her friends; ***una ~ dolorosa*** a sad separation *o* parting **3** DIR. separation; ***dopo due anni di ~*** after two years' separation; ***dopo la ~ da sua moglie*** since he separated from his wife, since his separation from his wife ◆◆ ***~ dei beni*** DIR. separation of property; ***~ consensuale*** DIR. separation by mutual consent; ***~ di fatto*** DIR. de facto separation; ***~ legale*** DIR. legal *o* judicial separation.

séparé /sepa're/ m.inv. *(nei locali pubblici)* private room.

sepiolite /sepjo'lite/ f. sepiolite, meerschaum (pipe).

sepolcrale /sepol'krale/ agg. sepulchral (anche FIG.); ***pietra ~*** sepulchral stone, tombstone, gravestone; ***luce ~*** funeral light; ***voce ~*** sepulchral *o* hollow voice; ***silenzio ~*** deathly silence.

sepolcreto /sepol'kreto/ m. **1** ARCHEOL. necropolis **2** *(cimitero)* cemetery, burial ground.

sepolcro /se'polkro/ m. sepulchre BE, sepulcher AE, grave; ***il Santo Sepolcro*** the Holy Sepulchre ◆ ***~ imbiancato*** white sepulchre.

sepolto /se'polto/ **I** p.pass. → **seppellire II** agg. **1** *(seppellito)* buried; ***essere ~ vivo*** to be buried alive **2** FIG. *(immerso)* buried, immersed; ***~ nel dolore*** overwhelmed by grief **3** FIG. *(dimenticato)* [*oggetto*] buried, hidden (**in** in) **III** m. (f. **-a**) dead person ◆ ***morto e ~*** dead and buried.

sepoltura /sepol'tura/ f. burial; ***~ cristiana*** Christian burial; ***dare una ~ religiosa a qcn.*** to give sb. a religious burial.

seppellimento /seppelli'mento/ m. burial, interment.

▶ **seppellire** /seppel'lire/ [102] **I** tr. **1** *(mettere sotto terra)* to bury, to inter [*defunto*]; FIG. to bury [*ambizione, ricordo*]; ***~ qcn. in mare*** to bury sb. at sea; ***la nonna ci seppellirà tutti*** SCHERZ. granny will outlive us all **2** *(nascondere sotto terra)* to bury [*tesoro*] **3** *(ricoprire)* [*lava, valanga, frana*] to bury [*città*] **II seppellirsi** pronom. to bury oneself; ***-rsi in campagna*** to bury oneself in the countryside; ***-rsi nel lavoro*** to bury oneself in one's work ◆ ***~ l'ascia di guerra*** to bury the hatchet.

▷ **seppia** /'seppja/ ♦ **3 I** f. cuttlefish*, sepia; ***osso di ~*** cuttlebone; ***nero di ~*** sepia **II** m.inv. *(colore)* sepia **III** agg.inv. sepia attrib.; ***inchiostro ~*** sepia ink.

seppiato /sep'pjato/ agg. [*fotografia*] sepia attrib.

seppure /sep'pure/ cong. even if, though; ***lavorano bene, ~ lentamente*** they work well though slowly.

sepsi /'sɛpsi/ ♦ **7** f.inv. sepsis*.

sequela /se'kwɛla/ f. **1** train, series*, sequence; ***una ~ di disgrazie*** a series of misfortunes; ***una ~ di ricordi*** a stream of memories; ***una ~ di insulti*** a stream of abuse **2** MED. sequela*.

sequenza /se'kwɛntsa/ f. **1** *(successione)* sequence, succession, series*; ***in ~ alfabetica*** in alphabetical order; ***~ di numeri*** series of numbers; ***essere in ~*** [*numeri, pagine, carte*] to be in order **2** *(sequela)* train, series*, sequence; ***una ~ di disgrazie*** a series of misfortunes **3** TECN. INFORM. MAT. sequence **4** CINEM. MUS. sequence **5** RELIG. sequence **6** LING. string.

sequenziale /sekwen'tsjale/ **I** agg. **1** INFORM. [*accesso*] sequential **2** RELIG. ***libro ~*** sequence book, sequentiary **II** m. sequence book, sequentiary.

sequenzialmente /sekwentsjal'mente/ avv. sequentially.

sequenziatore /sekwentsja'tore/ m. sequencer.

sequestrabile /sekwes'trabile/ agg. [*beni*] distrainable, seizable, attachable.

sequestrante /sekwes'trante/ **I** m. e f. DIR. sequestrator **II** m. CHIM. sequestrant.

sequestrare /sekwes'trare/ [1] tr. **1** DIR. to distrain upon, to seize, to attach, to sequester [*beni, patrimonio*]; [*polizia, dogana*] to seize [*droga, refurtiva*] **2** *(portare via)* [*insegnante, genitore*] to take* away, to confiscate [*sigarette, giornale*] **3** *(rapire)* to kidnap [*persona*] **4** FIG. *(segregare)* to confine [*persona*].

sequestratario, pl. **-ri** /sekwestra'tarjo, ri/ m. (f. **-a**) sequestrator.

sequestrato /sekwes'trato/ **I** p.pass. → **sequestrare II** agg. **1** *(sottoposto a sequestro)* [*beni*] distrained, seized, sequestered **2** *(rapito)* [*persona*] kidnapped **3** FIG. ***essere ~ in casa*** to be confined to barracks.

sequestratore /sekwestra'tore/ m. (f. **-trice** /tritʃe/) **1** DIR. sequestrator, distrainer, distrainor **2** *(rapitore)* kidnapper.

▷ **sequestro** /se'kwɛstro/ m. **1** DIR. distraint, seizing, sequestration; ***~ di beni*** distress of possessions, seizure of property; ***revoca di ~*** release from seizure; ***mettere sotto ~*** to sequestrate [*beni*]; ***beni (messi) sotto ~*** sequestrated property; ***revocare il ~*** to lift the sequestration order **2** *(rapimento)* kidnapping, kidnap; DIR. false imprisonment; ***~ di persona per estorsione*** kidnapping for ransom ◆◆ ***~ conservativo*** preventive *o* cautionary attachment; ***~ convenzionale*** attachment of goods pending litigation; ***~ giudiziario*** judicial attachment.

sequoia /se'kwɔja/ f. *(genere tassonomico)* sequoia; *(da legname)* redwood ◆◆ ***~ gigante*** giant sequoia.

▶ **sera** /'sera/ f. evening, night; ***la riunione è di ~*** the meeting is in the evening; ***questa ~*** this evening, tonight; ***ieri ~*** yesterday evening, last night; ***domani ~*** tomorrow evening *o* night; ***verso ~*** towards evening, at dusk; ***sul far della ~*** at nightfall; ***ogni ~, tutte le -e*** every evening; ***la ~ dopo*** o ***seguente*** on the following *o* next evening; ***la ~ prima*** o ***precedente*** the previous evening, the evening before; ***lavorare di ~*** to work in the evening *o* evenings; ***la ~ tardi*** late in the evening; ***la ~ del 3, il 3 ~*** on the evening of the 3rd; ***una ~ di maggio*** one May evening; ***in una bella ~ d'estate*** on a fine summer evening; ***scende la*** o ***si fa ~*** it's getting dark; ***partiremo sabato ~*** we're leaving on Saturday evening; ***esce ogni sabato ~*** he goes out every Saturday night; ***alle 6 di ~*** at 6 o'clock in the evening; ***alle 8 di ~*** at 8 o'clock at night; ***vieni da me una di queste -e*** come round and see me some evening; ***buona ~!*** good evening! ***a questa ~!*** see you tonight! ***abito da ~*** evening dress, party dress; *(da donna)* gown; *(da uomo)* dress suit; ***treno della ~*** evening train; ***preghiere della ~*** evening prayers; ***notiziario della ~*** evening news; ***lavorare dal mattino alla ~*** to work from morning to night *o* from dawn to dusk ◆ ***rosso di ~ bel tempo si spera*** PROV. red sky at night, shepherd's delight.

seraccata /serak'kata/ f. = series of seracs.

seracco, pl. **-chi** /se'rakko, ki/ m. serac.

seraficamente /serafika'mente/ avv. seraphically LETT.

serafico, pl. **-ci, -che** /se'rafiko, tʃi, ke/ agg. seraphic(al) (anche FIG.).

serafino /sera'fino/ m. seraph*.

▷ **serale** /se'rale/ agg. [*corso, spettacolo, ore*] evening attrib.; [*visita*] nightly; ***scuola ~*** evening *o* night school.

serapé /sera'pe/ m.inv. serape.

▷ **serata** /se'rata/ f. evening, night; ***è stata una ~ tranquilla*** it was a quiet evening; ***passare una ~ con (degli) amici*** to spend the evening with friends; ***una ~ in onore di qcn.*** an evening in tribute to sb.; ***durante la ~*** during the evening; ***in ~*** in the evening; ***all'inizio, alla fine della ~*** at the beginning, end of the evening; ***in prima ~*** [*programma, spettacolo*] prime-time attrib., peak time attrib. ◆◆ ***~ d'addio*** farewell performance; ***~ di beneficenza*** charity performance; ***~ danzante*** dance ball; ***~ di gala*** gala night; ***~ musicale*** musical evening, musicale.

serbare /ser'bare/ [1] tr. **1** *(mettere da parte)* to put* away [*soldi*]; to store up [*avanzi*] **2** *(conservare, custodire)* to keep* [*segreto*]; to preserve [*silenzio*]; to cherish [*speranza, ricordo*]; ***~ l'anonimato*** to preserve one's anonymity, to remain anonymous; ***~ rancore a qcn.*** to bear sb. a grudge, to bear a grudge against sb.

▷ **serbatoio**, pl. **-oi** /serba'tojo, oi/ m. **1** *(cisterna)* tank, reservoir; *(di penna)* barrel; ***~ per l'acqua*** water tank *o* reservoir; ***~ della benzina*** fuel tank, petrol BE *o* gas AE tank; ***~ della nafta*** oil tank; ***un ~ pieno di benzina*** a full tank of petrol; ***tappo del ~*** AUT. filler *o* petrol cap BE, gas cap AE; ***carro ~*** tanker lorry BE, tank truck AE **2** GEOL. reservoir ◆◆ ***~ ausiliare*** AER. belly tank; ***~ sganciabile*** AER. drop tank.

Serbia /'sɛrbja/ ♦ **33** n.pr.f. Serbia; ***~ e Montenegro*** Serbia and Montenegro.

1.serbo: **in serbo** /in'sɛrbo/ avv. in store; ***mettere in ~ qcs.*** to save sth., to put sth. away, to store up sth.; ***avere in ~ qcs.*** to have sth. in reserve; FIG. to have sth. in store; ***ci sono altre sorprese in ~*** there are more surprises in store.

2.serbo /'sɛrbo/ ♦ **25, 16 I** agg. Serb **II** m. (f. **-a**) **1** *(persona)* Serb **2** *(lingua)* Serb.

serbobosniaco, pl. **-ci, -che** /serboboz'niako, tʃi, ke/ **I** agg. Bosnian Serb **II** m. (f. **-a**) Bosnian Serb.

serbocroato /serbokro'ato/ **I** agg. Serbo-Croat, Serbo-Croatian **II** m. Serbo-Croat, Serbo-Croatian.

serenamente /serena'mente/ avv. **1** *(tranquillamente)* [*vivere*] serenely, peacefully **2** *(con obiettività)* [*giudicare*] fairly, impartially.

▷ **serenata** /sere'nata/ f. **1** *(canto)* serenade; ***fare una ~ a qcn.*** to serenade sb. **2** *(chiassata)* racket **3** MUS. serenade, serenata*.

Serenissima /sere'nissima/ n.pr.f. ***la ~*** the Serenissima.

serenissimo /sere'nissimo/ agg. ***Sua Altezza Serenissima*** His, Her Serene Highness.

▷ **serenità** /sereni'ta/ f.inv. **1** *(limpidezza)* serenity, clearness **2** *(calma, tranquillità)* serenity; ***mostrare assoluta, grande ~*** to display perfect, great composture; ***guardare al futuro con ~*** to view the future with serenity; ***guardare alla morte con ~*** to face death calmly **3** *(obiettività)* impartiality; ***considerare qcs. con ~*** to consider sth. impartially ◆◆ ***~ d'animo*** peace of mind.

▶ **sereno** /se'reno/ **I** agg. **1** *(limpido)* [*tempo*] serene, fair; [*cielo*] serene, clear; ***un fulmine a ciel ~*** FIG. a bolt from *o* out of the blue **2** *(tranquillo)* [*persona, viso*] serene, calm; [*vita*] peaceful, untroubled; ***ha avuto una morte -a*** he died peacefully **II** m. clear sky ◆ ***dopo la pioggia torna il ~*** PROV. = after a storm comes calm.

▷ **sergente** /ser'dʒɛnte/ ➧ **12** m. **1** MIL. sergeant **2** FIG. *(persona dispotica)* sergeant major **3** TECN. carpenter's clamp ◆◆ ***~ maggiore*** staff sergeant, master sergeant AE.

Sergio /'sɛrdʒo/ n.pr.m. Sergius, Serge.

seriale /se'rjale/ agg. serial (anche INFORM. MUS.).

serialismo /serja'lizmo/ m. MUS. serialism.

serialista /serja'lista/ m. e f. MUS. serialist.

seriamente /serja'mente/ avv. **1** *(con impegno)* [*lavorare*] seriously **2** *(senza scherzare)* [*parlare*] seriously; ***ma è vero, stai parlando ~?*** is it really true, are you serious? ***sta pensando ~ di traslocare, di dare le dimissioni*** he's seriously thinking of moving, resigning; ***prendere qcs. ~*** to take sth. seriously **3** *(gravemente)* [*malato*] seriously, gravely; [*danneggiato*] seriously, badly.

seriare /se'rjare/ [1] tr. to seriate.

sericeo /se'ritʃeo/ agg. LETT. silken.

serico, pl. **-ci, -che** /'sɛriko, tʃi, ke/ agg. **1** *(relativo alla seta)* [*industria*] silk attrib. **2** FIG. [*capelli*] silken.

sericolo /se'rikolo/ agg. sericultural.

sericoltore /serikol'tore/ ➧ **18** m. (f. **-trice** /tritʃe/) sericulturist.

sericoltura /serikol'tura/ f. sericulture.

▶ **serie** /'sɛrje/ f.inv. **1** *(sequenza, successione)* series* (**di qcs.** of sth.); ***una ~ di misure, reazioni*** a series of measures, reactions; ***una ~ di catastrofi, omicidi*** a series of catastrophes, murders; ***una ~ di incidenti*** a chapter of accidents; ***una ~ di crimini*** a string of crimes; ***avere tutta una ~ di problemi*** to have one problem after the other; ***~ di attentati*** wave of attacks **2** IND. ***numero di ~*** serial number; ***modello di ~*** production model; ***produrre in ~*** to mass-produce; ***produzione in ~*** mass production; ***macchina fuori ~*** custom-built car; ***articolo di fine ~*** end of range item **3** *(raccolta)* ***una ~ di fumetti*** a set of comics; ***una ~ di francobolli*** a series of stamps; ***la ~ completa dei fascicoli*** the complete set of issues **4** GIORN. RAD. TELEV. series*; ***una ~ in sei puntate*** a six-part series **5** SPORT *(categoria)* division; ***testa di ~*** seed; ***la testa di ~ numero uno*** the top seed; ***~ A*** = in Italy, division of the football league corresponding to the Premier League; ***~ B*** = in Italy, division of the football league corresponding to the First Division; ***~ C*** = in Italy, division of the football league corresponding to the Second Division; ***di ~ B*** FIG. [*cittadino*] second-class; [*artista, università*] minor league attrib.; ***un film di ~ B*** a B movie *o* film **6** CHIM. MAT. MUS. series* **7** EL. series*; ***in ~*** in series; ***circuito in ~*** series circuit ◆◆ ***~ limitata*** limited production; ***~ numerica*** numerical series; ***~ temporale*** STATIST. time series.

seriema /se'rjɛma/ m. seriema.

▷ **serietà** /serje'ta/ f.inv. **1** *(impegno, responsabilità)* seriousness; *(affidabilità)* reliability; ***fare qcs. con ~*** to do sth. conscientiously; ***ha dimostrato molta ~ negli studi*** he's shown himself to be very serious about his studies; ***lavorano con ~ e impegno*** they are serious and conscientious in their work **2** *(assenza di frivolezza)* seriousness; ***parlare con ~*** to speak seriously **3** *(gravità)* seriousness, gravity, graveness; ***la ~ della situazione*** the seriousness of the situation ◆ ***in tutta ~*** in all seriousness.

serigrafare /serigra'fare/ [1] tr. to silk screen.

serigrafia /serigra'fia/ f. screen printing, silk screen.

serigrafico, pl. **-ci, -che** /seri'grafiko, tʃi, ke/ agg. [*procedimento*] silk screen attrib.

serino /se'rino/ m. serin.

▶ **serio**, pl. **-ri, -rie** /'sɛrjo, ri, rje/ **I** agg. **1** *(che dimostra impegno, responsabilità)* [*lavoratore, studente, discorso, intenzione*] serious, earnest; *(affidabile)* [*ditta*] reliable; ***Sara è un'alunna -a e coscienziosa*** Sara is a serious and conscientious student; ***questo ragazzo non è molto ~*** this boy is not very responsible; ***puoi fidarti di lui, è una persona -a*** you can trust him, he's reliable **2** *(non incline allo scherzo, preoccupato)* [*persona, aria, viso*] serious, grave; ***dire qcs. con un'aria molto -a*** to say sth. gravely; ***siamo -i, quest'idea è veramente stupida*** let's be serious, this idea is totally stupid; ***rimanere ~*** to keep a straight face; ***si fece ~ in viso*** his face grew serious **3** *(non frivolo)* [*libro, film, conversazione, argomento*] serious **4** *(importante)* [*affare, motivo*] serious; *(considerevole)* [*sforzo, bisogno*] genuine; ***passare alle cose -e*** to move on to serious matters **5** *(grave)* [*malattia, ferita*] serious, grave; [*conseguenze, problema, crisi*] serious; [*pericolo*] grave; ***soffre di -i problemi di vista*** he has serious problems with his eyesight; ***il governo giudica molto -a la situazione*** the government is treating the situation as very serious; ***è una questione molto -a*** this is a very serious matter **II** m. **1** *(cosa grave, importante)* ***tra il ~ e il faceto*** half-jokingly **2 sul serio** seriously, in earnest; ***prendere qcn., qcs. sul ~*** to take sb., sth. seriously; ***vuole sul ~ andare in America?*** is he serious about going to America? ***fa sul ~!*** she means business! ***fa sul ~ con lei?*** is he serious about her? ***dire sul ~*** to talk seriously *o* in earnest; ***non dirai sul ~!*** you must be joking! ***parlo sul ~*** I mean every word of it; ***sul ~, non è un problema*** honestly, there's no problem; ***"ci sono riuscito" - "sul ~?"*** "I've done it" - "really?".

seriosamente /serjosa'mente/ avv. seriously, gravely.

serioso /se'rjoso/ agg. serious, grave; ***mi ha parlato con un tono molto ~*** he spoke to me very gravely.

seritterio, pl. **-ri** /serit'tɛrjo, ri/ m. serictery.

sermone /ser'mone/ m. **1** RELIG. sermon; ***fare un ~*** to give *o* preach a sermon; ***il ~ della montagna*** BIBL. the Sermon on the Mount **2** *(paternale)* sermon, lecture; ***fare un ~ a qcn.*** to give *o* preach sb. a sermon **3** SPREG. *(discorso lungo e noioso)* boring speech.

sermoneggiare /sermoned'dʒare/ [1] intr. (aus. *avere*) RAR. to sermonize.

sermoneggiatore /sermoneddʒa'tore/ m. (f. **-trice** /tritʃe/) sermonizer.

serotino /se'rɔtino/ **I** agg. **1** *(tardivo)* [*frutto*] serotine **2** LETT. evening attrib. **II** m. *(pipistrello)* serotine.

serotonina /seroto'nina/ f. serotonin.

serpa /'sɛrpa/ f. **1** *(sedile)* coach-box **2** MAR. beak-head.

serpaio, pl. **-ai** /ser'pajo, ai/ m. **1** *(luogo infestato da serpenti)* = snake-infested place **2** *(cacciatore di serpenti)* snake catcher.

serpe /'sɛrpe/ f. snake (anche FIG.) ◆ ***allevare una ~ in seno*** to nurse a viper in one's bosom LETT.

serpeggiamento /serpeddʒa'mento/ m. winding, twisting.

serpeggiante /serped'dʒante/ agg. winding, twisting, serpentine LETT.

serpeggiare /serped'dʒare/ [1] intr. (aus. *avere*) **1** [*fiume, strada*] to wind, to twist (**attraverso** through; **in** in); ***il fiume serpeggia nella valle*** the river winds its way through the valley; ***la strada serpeggiava giù per la montagna*** the road snaked down the mountain; ***la via sale serpeggiando*** the road winds its way up **2** FIG. ***il malcontento serpeggia tra la popolazione*** discontent is spreading among the people.

serpentaria /serpen'tarja/ f. FARM. snakeroot.

serpentario, pl. **-ri** /serpen'tarjo, ri/ m. ORNIT. secretary bird, serpent-eater.

▷ **serpente** /ser'pɛnte/ m. **1** ZOOL. snake (anche FIG.); ***il ~ cambia la pelle*** the snake casts its skin; ***~ velenoso*** venomous snake; ***morso di ~*** snakebite; ***incantatore di -i*** snake charmer **2** *(pelle)* snakeskin; ***borsa di ~*** snakeskin bag **3** MUS. serpent ◆◆ ***~ acquatico*** water snake; ***~ corallo*** coral snake; ***~ frusta*** whipsnake; ***~ giarrettiera*** garter snake; ***~ di mare*** o ***marino*** sea-snake; ***~ monetario*** ECON. snake; ***~ dagli occhiali*** spectacled cobra; ***~ piumato*** MITOL. plumed serpent; ***~ a sonagli*** rattlesnake.

serpentiforme /serpenti'forme/ agg. snake-like, serpentiform RAR.

serpentina /serpen'tina/ f. **1** *(percorso serpeggiante)* winding line, serpentine; ***strada a ~*** winding road **2** *(nello sci)* zigzagging **3** TECN. coil **4** MINER. serpentine rock ◆◆ ***~ di raffreddamento*** refrigerating *o* cooling coil.

serpentino /serpen'tino/ **I** agg. **1** *(proprio di un serpente)* serpentine, snaky **2** MIN. [*marmo*] serpentine **3** FIG. ***lingua -a*** venomous tongue **II** m. **1** TECN. coil **2** MINER. serpentine ◆◆ ***~ di raffreddamento*** refrigerating *o* cooling coil.

serpentone /serpen'tone/ m. **1** *(corteo)* long procession **2** *(nelle arterie stradali)* = demarcation of a bus lane **3** MUS. serpent.

serpigine /ser'pidʒine/ f. serpigo*.

serpiginoso /serpidʒi'noso/ agg. serpiginous.

serpillo /ser'pillo/ m. wild thyme.
serpula /'sɛrpula/ f. ZOOL. serpula*.
serqua /'serkwa, 'sɛrkwa/ f. COLLOQ. **1** *(dozzina)* dozen; ***una ~ di uova*** a dozen eggs **2** *(gran quantità)* dozens pl. (**di** of); ***una ~ di amici*** dozens of friends; ***una ~ d'ingiurie*** a volley of insults.
▷ **serra** /'sɛrra/ f. **1** *(locale)* greenhouse, glasshouse BE; *(per viti)* vinery; ***mettere qcs. in ~*** to put sth. in a greenhouse; ***coltura in ~*** greenhouse cultivation; ***effetto ~*** greenhouse effect; ***pianta di ~*** hothouse plant; ***fiore di ~*** hothouse flower; FIG. hothouse plant; ***gas ~*** greenhouse gas **2** IDR. dike ◆◆ ***~ calda*** hothouse; ***~ fredda*** cool-house.
serrafila /serra'fila/ **I** m.inv. MIL. file-closer **II** f.inv. MAR. rearmost ship.
serrafilo /serra'filo/ m. terminal.
serraggio, pl. **-gi** /ser'raddʒo, dʒi/ m. clamping; *(di viti)* tightening.
1.serraglio, pl. **-gli** /ser'raʎʎo, ʎi/ m. *(di animali feroci)* menagerie (anche FIG.); ***quella classe è un vero ~*** that classroom is a real zoo.
2.serraglio, pl. **-gli** /ser'raʎʎo, ʎi/ m. *(palazzo, harem)* seraglio*.
serramanico: **a serramanico** /aserra'maniko/ agg.inv. ***coltello a ~*** jackknife, clasp knife.
serramenti /serra'menti/ m.pl. = doors and windows.
serranda /ser'randa/ f. **1** *(saracinesca)* (rolling) shutter **2** *(del forno)* oven door **3** TECN. lock gate.
serrare /ser'rare/ [1] **I** tr. **1** *(chiudere)* to lock [*porta, cassetto*] **2** *(stringere)* to tighten [*labbra*]; to clamp, to clench [*denti*]; to clench [*pugni*]; to tighten up [*vite*]; ***~ qcs. in una morsa*** to clamp sth. in a vice; ***ha serrato la bocca*** she clunched her mouth shut **3** *(avvicinare l'uno all'altro)* ***~ le file*** o ***i ranghi*** to close ranks (anche FIG.) **4** MAR. ***~ le vele*** to take in sail, to furl the sails **5** *(sbarrare)* [*monte*] to seal off [*valle*] **6** *(incalzare)* ***~ il nemico*** to press hard upon the enemy **7** *(intensificare)* to speed up [*ritmo, passo*] **II** intr. (aus. *avere*) REGION. to shut*, to close; ***questa finestra non serra bene*** this window doesn't shut firmly **III serrarsi** pronom. [*persone, truppe*] to close in; ***-rsi gli uni agli altri*** to huddle together ◆ ***sentirsi ~ il cuore*** to feel one's heart snap shut.
serra serra /'sɛrra'sɛrra/ m.inv. crush, pushing and shoving.
serrata /ser'rata/ f. lock-out; ***porre fine alla ~*** to end the lock-out.
serrato /ser'rato/ **I** p.pass. → **serrare II** agg. **1** *(chiuso)* [*porta*] locked **2** *(stretto)* [*pugni*] clenched **3** *(fitto)* [*schiere*] dense, serried **4** *(concitato)* ***a ritmo ~*** at a fast pace; ***lavorare a ritmo ~*** to work at a tight schedule **5** FIG. *(incalzante)* [*lotta*] hard; [*discussione, dibattito, negoziato*] heated **6** FIG. *(conciso)* [*stile*] concise.
▷ **serratura** /serra'tura/ f. lock; ***infilare la chiave nella ~*** to put the key in the lock; ***forzare una ~*** to pick a lock; ***buco della ~*** keyhole; ***guardare attraverso il*** o ***dal buco della ~*** to look through the keyhole ◆◆ ***~ a combinazione*** combination lock; ***~ a scatto*** latch; ***~ a scrocco*** spring lock; ***~ di sicurezza*** safety lock; ***~ yale*** Yale (lock).
SERT /sɛrt/ m. (⇒ Servizio Tossicodipendenze) = social service agency for drug addicts.
serto /'sɛrto/ m. wreath, garland.
▷ **serva** /'sɛrva/ f. **1** *(domestica)* servant, servant girl; ***non sono la tua ~!*** I'm not the maid! I'm tired of waiting on you hand and foot! ***essere il figlio della ~*** FIG. to be a nobody **2** SPREG. *(persona meschina)* toad; *(persona pettegola)* gossip; ***pettegolezzi da ~*** backstairs gossip **3** RELIG. ***la ~ del Signore*** the Lord's servant.
servaggio, pl. **-gi** /ser'vaddʒo, dʒi/ m. ANT. serfdom, bondage.
servalo /ser'valo/ m. serval, bush cat.
servente /ser'vɛnte/ **I** agg. **1** ANT. ***cavaliere ~*** (lady's) escort **2** DIR. [*fondo*] servient **II** m. MIL. gunner.
service /'sɛrvis/ m.inv. *(ditta)* service company.
servigio, pl. **-gi** /ser'vidʒo, dʒi/ m. **1** *(atto generoso)* service; ***rendere un ~ a qcn.*** to do sb. a service **2** *(merito)* service; ***ha reso grandi -gi alla città*** he rendered great services to the town **3** ANT. *(rapporto di sudditanza)* bondage, servitude.
servile /ser'vile/ agg. **1** *(di servo)* [*condizione*] servile; [*lavoro*] menial; ***guerre -i*** slave wars **2** *(sottomesso)* [*persona, atteggiamento*] servile, obsequious; [*fedeltà, obbedienza*] slavish **3** *(poco originale)* [*adattamento, imitazione, traduzione*] slavish **4** LING. ***verbo ~*** auxiliary verb.
servilismo /servi'lizmo/ m. = servile disposition.
servilità /servili'ta/ f.inv. servility, obsequiousness.
servilmente /servil'mente/ avv. [*obbedire*] servilely, with cap in hand.
▶ **servire** /ser'vire/ [3] **I** tr. **1** *(essere al servizio di)* to serve [*stato, patria, Dio, causa, ideale*] **2** *(fare la persona di servizio per)* [*maggiordomo, domestica*] to serve [*persona, famiglia*] **3** *(fornire)* [*commerciante, cameriere*] to serve [*cliente*]; ***chi è da ~?*** who's next? ***in che cosa posso servirla?*** how can I help you? ***il macellaio oggi mi ha servito male*** the butcher didn't give me very good meat today; ***nel loro negozio sono sempre servito molto bene*** I'm always very happy with what I buy in their shop; ***io che volevo il cambiamento, eccomi servita!*** IRON. well I wanted a change and I certainly got it! ***ora lo servo io*** COLLOQ. IRON. I'll give him what he's looking for **4** *(distribuire da bere, da mangiare a)* to serve [*invitato*]; *(distribuire)* to serve [*piatto*]; to pour (out), to serve [*bevanda*]; ***~ qcs. a qcn.*** to serve sb. with sth.; ***~ da mangiare, la cena a qcn.*** to serve food, dinner to sb.; ***che cosa le posso ~ (da bere)?*** what would you like to drink? ***mi ha servito una grossa fetta di torta*** he served me a large slice of cake; ***"il pranzo è servito"*** "lunch is served"; ***"~ caldo"*** "serve hot"; ***questo vino va servito freddo*** this wine is best served chilled **5** *(avere come cliente)* to work for; ***il suo studio di consulenza serve le più grandi aziende della città*** his consultancy firm works for the biggest companies of the town **6** *(assicurare un servizio a)* to serve; ***la metropolitana serve tutti i quartieri periferici*** the underground serves all of the suburbs; ***la zona è servita bene dai trasporti*** the area is well served with transport; ***una sola caldaia serve tutto il condominio*** one boiler heats the whole block of flats **7** GIOC. to deal* [*carte*] **8** SPORT *(nel tennis)* to serve [*palla*] **9** *(essere utile a)* ***questa vecchia penna mi ha servito bene*** this old pen has served me well; ***le gambe mi servono ancora bene*** I still have good legs **10** RELIG. to serve [*messa*] **11** MIL. to serve [*esercito*] **II** intr. **1** (aus. *avere*) *(fare la persona di servizio)* ***~ come domestica*** to work as a housemaid; ***serve in quella casa da molti anni*** she's been working in that house for many years **2** (aus. *avere*) *(seguire un cliente)* [*commesso*] to serve; ***~ al banco*** to serve at the counter **3** (aus. *avere*) *(portare da bere, da mangiare)* to serve; ***~ a tavola*** to wait at *o* on table, to wait tables AE; ***chi sta servendo al tavolo 16?*** who's waiting on table 16? ***in questo ristorante sono lenti a ~*** in this restaurant the service is slow **4** (aus. *essere*) *(essere utile)* [*conoscenze, oggetto*] to come* in useful; ***~ per fare*** to be used for making; ***questa casseruola mi serve per fare le marmellate*** I use this pan for making jam; ***gli esercizi mi sono serviti per capire la regola*** the exercises helped me to understand the rule; ***~ alla fabbricazione di qcs.*** to be used for making sth.; ***a questo servono gli amici*** that's what friends are for; ***a cosa serve una ruota senza pneumatico?*** what use is a wheel without a tyre? ***a cosa serve fare...?*** what's the point of doing...? ***a cosa serve piangere?*** what's the use of crying? ***a cosa serve separarli?*** what purpose is served by separating them? ***non ~ a niente*** to serve no useful purpose; ***non serve a niente*** [*oggetto*] it's useless; [*azione*] it's no good; ***li ho minacciati, ma la cosa non è servita a niente*** I threatened them but it didn't do any good; ***non serve a niente fare*** there is no point in doing, it's pointless *o* useless to do *o* doing; ***~ al proprio scopo*** to serve the purpose **5** (aus. *essere*) *(avere la funzione)* ***~ da qcs.*** [*oggetto stanza*] to serve as sth.; ***mi servi da testimone*** I need you as a witness; ***questa stanza ci serve da camera degli ospiti*** this room serves as a spare bedroom; ***il tavolo mi serve da scrivania*** the table serves me as a desk, I use the table as a desk; ***ti servirà da lezione!*** that'll teach you a lesson! ***che ti serva da lezione!*** let that be a lesson to you! ***questo dovrebbe ~ di avvertimento*** this should serve as a warning **6** (aus. *essere*) *(occorrere)* to need; ***ti serve qualcosa?*** do you need something *o* anything? ***la macchina serve a mio padre*** my father needs the car; ***è proprio quello che mi serve*** it's just what I need **7** (aus. *essere*) *(bastare)* to be* enough; ***questa porzione serve appena per una persona*** this portion is hardly enough to feed one person **8** (aus. *avere*) SPORT *(nel tennis)* to serve **9** (aus. *avere*) MIL. ***~ nell'esercito*** to serve in the army **III servirsi** pronom. **1** *(fare uso)* ***-rsi di*** to make* use of, to use; ***-rsi dei mezzi pubblici*** to use public transport **2** *(sfruttare)* ***-rsi di uno stratagemma*** to employ a stratagem; ***-rsi di una situazione*** to make use of a situation; ***-rsi di qcn. per raggiungere i propri scopi*** to use sb. for one's purposes **3** *(prendere)* to help oneself; ***si serva*** help yourself; ***-rsi una fetta di torta*** to help oneself to a slice of cake; ***mi servii dalla fruttiera*** I helped myself from the fruit bowl **4** *(essere cliente)* ***-rsi dal macellaio sotto casa*** to shop at the local butcher's; ***per il formaggio ci serviamo da Bianchi*** we buy cheese at *o* from Bianchi's; ***ci serviamo esclusivamente da fornitori locali*** we only use local suppliers ◆ ***~ qcn. di barba e capelli*** to give sb. a going-over; ***~ due padroni*** to serve two masters; ***per servirla!*** at your service!
servita /ser'vita/ m. Servite.
servito /ser'vito/ **I** p.pass. → **servire II** agg. GIOC. ***sono ~*** I stand pat.
servitore /servi'tore/ m. **1** *(domestico)* servant, manservant* **2** FIG. servant; ***~ fedele*** faithful servant; ***un ~ dello stato*** a servant of the

state **3** *(in formule di cortesia)* servant; ***il vostro devoto ~*** your obedient servant ANT. ◆ ***i buoni padroni fanno i buoni -i*** = one leads by example.

▷ **servitù** /servi'tu/ f.inv. **1** *(condizione di servo)* servitude, bondage, serfdom ANT.; *(schiavitù)* slavery, slavedom; ***ridurre qcn. in ~*** to reduce sb. to bondage **2** *(domestici)* servants pl., establishment; ***alloggi della ~*** servants' quarter **3** DIR. servitude ◆◆ ***~ della gleba*** villeinage; ***~ di pascolo*** grazing rights pl.; ***~ di passaggio*** right of way; ***~ prediale*** predial servitude.

servizievole /servit'tsjevole/ agg. helpful, accommodating; ***poco ~*** unhelpful; ***il personale fu molto ~*** the staff were very helpful.

▶ **servizio**, pl. **-zi** /ser'vittsjo, tsi/ **I** m. **1** *(dedizione incondizionata)* ***essere al ~ del proprio paese*** to be serving one's country; ***sono al tuo ~*** I'm at your service; ***al ~ dell'umanità*** in the service of humanity; ***mettere le proprie energie, il proprio denaro a(l) ~ di una causa*** to devote all one's energy, money to a cause **2** *(attività professionale)* service; ***30 anni di ~*** 30 years of service; ***avere 20 anni di ~ in un'azienda*** to have been with a firm for 20 years; ***una vita al ~ dell'azienda*** a lifetime of service to the firm; ***essere di*** o ***in ~*** to be on duty; ***prendere ~ alle nove*** to come on duty at nine o'clock; ***lasciare il ~*** to retire; ***anzianità di ~*** seniority **3** *(lavoro domestico)* service; ***essere a ~*** to be in service; ***andare a ~ presso qcn.*** to go into service with sb., to start as a domestic for sb.; ***prestare ~ presso qcn.***, ***essere al ~ di qcn.*** to work as a domestic for sb.; ***donna a mezzo ~*** part-time daily service **4** *(in un ristorante, locale)* service; ***qui il ~ è veloce*** the service here is quick; ***30 euro ~ incluso, escluso*** 30 euros service included, not included; ***il ~ è escluso*** service is not included; ***~ 12%*** 12% service charge **5** *(attività in un esercito)* ***~ militare*** o ***di leva*** military service; ***prestare ~ militare***, ***fare il ~ militare*** to be in the army, to serve one's time (in army); ***prestare ~ in aeronautica*** to serve in the air force; ***~ militare in tempo di pace*** peace time service; ***abile al ~ militare*** able-bodied **6** *(favore)* service, favour BE, favor AE; ***rendere un ~ a qcn.*** to do sb. a service *o* a good turn; ***rendere un cattivo ~ a qcn.*** to do a disservice to sb., to do sb. a disservice; ***mi hai fatto davvero un bel ~!*** IRON. that was a great help! **7** *(prestazione di ente pubblico)* service; ***~ di autobus, di pullman, di taxi*** bus, coach, taxi service; ***~ ridotto*** limited service; ***fornire un ~ regolare*** to run a regular service **8** *(ufficio)* department, service; ***~ tecnico*** technical support *o* department **9** *(funzionamento)* ***essere in ~*** [*ascensore*] to be working; [*linea di metrò, di autobus*] to be running; ***essere fuori ~*** [*ascensore*] to be out of order; ***entrare in ~*** [*linea di metrò*] to be opened, to come into service; ***"fuori ~"*** "out of service *o* order"; ***la messa*** o ***l'entrata in ~ della linea dell'autobus*** the start of the new bus service **10** *(insieme di stoviglie)* service; ***~ da tè*** tea service *o* set; ***~ da caffè*** coffee service *o* set; ***~ da dessert*** o ***da dolce*** dessert set; ***~ da tavola*** dinner service; ***~ di porcellana*** set of china **11** GIORN. report, feature; ***~ fotografico*** photocall **12** SPORT service; ***Conti al ~*** Conti to serve; ***linea del ~*** service line; ***fallo nel ~*** fault **13 di servizio** *(secondario)* [*ingresso*] service attrib.; ***scala di ~*** backstairs; ***porta di ~*** back *o* rear door; *(di assistenza)* ***stazione di ~*** service *o* filling station, petrol BE *o* gas AE station; ***area di ~*** service area, services; *(addetto ai lavori domestici)* ***donna di ~*** maid; ***persona di ~*** domestic servant; ***il personale di ~*** the domestic staff; ***stato di ~*** MIL. service record **II servizi** m.pl. **1** *(toilette)* ***-zi (igienici)*** toilet facilities, sanitation; *(in locali pubblici)* toilets BE, cloakroom AE; ***casa con doppi -zi*** house with two bathrooms **2** ECON. ***beni e -zi*** goods and services **3** *(terziario)* service industry ◆◆ ***~ all'americana*** place mats; ***~ ausiliario*** ancillary service; ***~ civile*** community service; ***~ a domicilio*** home delivery; ***~ informazioni*** information service; ***~ meteorologico*** weather report; ***~ notturno*** night duty; ***~ d'ordine*** policing, police; ***~ postale*** postal service *o* facilities; ***~ pubblico*** public service; ***~ sanitario*** health service; ***~ sociale*** social work; ***-zi bancari*** bank services; ***-zi di emergenza*** emergency services; ***-zi sanitari*** health care provision; ***-zi segreti*** intelligence, secret service; ***-zi sociali*** welfare services.

▶ **servo** /'sɛrvo/ **I** m. (f. **-a**) **1** *(servitore)* servant, manservant*; ***~ suo (umilissimo)*** ANT. your humble servant **2** FIG. LETT. slave; ***essere ~ delle proprie passioni*** to be a slave to one's passions **II** agg. LETT. slave ◆ ***il denaro è un buon ~ e un cattivo padrone*** PROV. = money is a good servant and a poor master; ***i buoni padroni fanno i buoni -i*** PROV. = one leads by example ◆◆ ***~ di Dio*** servant of God; ***~ della gleba*** STOR. serf; ***~ di Maria*** → **servita.**

servoamplificatore /servoamplifika'tore/ m. servo amplifier.

servocomando /servoko'mando/ m. servo control.

servofreno /servo'freno/ m. servo(-assisted) brake, power brake.

servomeccanismo /servomekka'nizmo/ m. servomechanism, servo COLLOQ.

servomotore /servomo'tore/ m. servomotor, servo COLLOQ.

servosistema /servosis'tɛma/ m. servo system.

servosterzo /servos'tɛrtso/ m. power(-assisted) steering.

sesamo /'sɛzamo/ m. sesame, til; ***pane al ~*** sesame seed loaf; ***olio di ~*** sesame *o* til oil ◆ ***apriti ~*** open sesame.

sesamoide /seza'mɔide/ **I** agg. ***osso ~*** sesamoid **II** m. sesamoid.

sesquipedale /seskwipe'dale/ agg. sesquipedal(ian).

sessagenario, pl. **-ri**, **-rie** /sessadʒe'narjo, ri, rje/ **I** agg. sexagenarian, sexagenary **II** m. (f. **-a**) sexagenarian, sexagenary.

sessagesima /sessa'dʒɛzima/ f. Sexagesima.

sessagesimale /sessadʒezi'male/ agg. sexagesimal.

sessagesimo /sessa'dʒɛzimo/ agg. LETT. sixtieth.

▷ **sessanta** /ses'santa/ ➧ ***26, 5, 8*** **I** agg.inv. sixty **II** m.inv. sixty **III** m.pl. *(anni di età)* ***aver superato i ~*** to be in one's sixties.

sessantanove /sessanta'nɔve/ ➧ ***26, 8*** **I** agg.inv. sixty-nine **II** m.inv. **1** sixty-nine **2** *(posizione erotica)* sixty nine COLLOQ.

sessantenne /sessan'tɛnne/ **I** agg. sixty-year-old attrib., sexagenarian, sexagenary **II** m. e f. sixty-year-old, sexagenarian, sexagenary; ***un ~*** a man in his sixties.

sessantennio, pl. **-ni** /sessan'tɛnnjo, ni/ m. sixty-year period.

sessantesimo /sessan'tɛzimo/ ➧ ***26*** **I** agg. sixtieth **II** m. (f. **-a**) **1** sixtieth **2** *(frazione)* sixtieth.

sessantina /sessan'tina/ f. **1** *(circa sessanta)* about sixty; ***una ~ di persone*** about sixty people **2** *(età)* ***essere sulla ~*** to be about sixty; ***avere superato la ~*** to be over sixty.

sessantottesco, pl. **-schi**, **-sche** /sessantot'tesko, ski, ske/ agg. = relating to the 1968 student protest movement.

sessantottino /sessantot'tino/ m. (f. **-a**) = activist in the 1968 protest movement; IRON. = supporter of the ideals of 1968 protest movement.

sessantotto /sessan'tɔtto/ ➧ ***26, 8*** **I** agg.inv. sixty-eight **II** m.inv. **1** sixty-eight **2** ***il Sessantotto*** = the 1968 student protest movement.

sessare /ses'sare/ [1] tr. to sex [*pulcino*].

sessile /'sɛssile/ agg. sessile.

sessione /ses'sjone/ f. **1** *(riunione)* session, meeting; ***~ ordinaria, straordinaria*** ordinary, special session; ***~ plenaria*** plenary session **2** UNIV. ***~ d'esami*** examination session; ***la ~ estiva, autunnale*** the summer, autumn session.

sessismo /ses'sizmo/ m. sexism.

sessista, m.pl. **-i**, f.pl. **-e** /ses'sista/ agg., m. e f. sexist.

▷ **sesso** /'sɛsso/ m. **1** *(maschile, femminile)* sex, gender; ***~ maschile, femminile*** male, female gender; ***indipendentemente dal ~, dalla razza, dall'età*** irrespective of gender, race, age; ***persone di entrambi i -i*** people of both sexes; ***cambiare ~*** to have a sex change; ***cambiamento di ~*** sex change, sexual conversion, gender reassignment; ***il bel, gentil ~*** SCHERZ. the fair, gentle sex; ***discutere sul ~ degli angeli*** FIG. = to talk about abstract and insoluble problems **2** *(organi genitali)* genitals pl. **3** *(sessualità, attività sessuale)* sex; ***fare (del) ~ con qcn.*** to have sex with sb. ◆◆ ***~ anale*** anal sex; ***~ debole*** weaker sex; ***~ forte*** stronger sex; ***~ orale*** oral sex; ***~ sicuro*** safe sex; ***~ virtuale*** cybersex.

▷ **sessuale** /sessu'ale/ agg. [*rapporto, maturità*] sexual; [*vita, atto, educazione, igiene, ormone, pulsione*] sex attrib.; [*organo, discriminazione*] sexual, sex attrib.; ***caratteri -i primari, secondari*** primary, secondary sexual characteristics; ***delitto (a sfondo) ~*** sex crime; ***molestie -i*** sexual harassment.

sessualità /sessuali'ta/ f.inv. sexuality; ***avere una ~ disinibita, inibita*** to be sexually uninhibited, inhibited.

sessualmente /sessual'mente/ avv. sexually; ***~ maturo*** sexually mature; ***essere ~ inibito*** to be sexually inhibited; ***malattia ~ trasmissibile*** sexually transmitted disease.

sessuato /sessu'ato/ agg. [*pianta, riproduzione*] sexed.

sessuofobia /sessuofo'bia/ ➧ ***7*** f. sex phobia.

sessuofobico, pl. **-ci**, **-che** /sessuo'fɔbiko, tʃi, ke/ agg. = relating to sex phobia.

sessuofobo /sessu'ɔfobo/ m. (f. **-a**) sufferer from sex phobia.

sessuologia /sessuolo'dʒia/ f. sexology.

sessuologico, pl. **-ci**, **-che** /sessuo'lɔdʒiko, tʃi, ke/ agg. sexological.

sessuologo, m.pl. **-gi**, f.pl. **-ghe** /sessu'ɔlogo, dʒi, ge/ ➧ ***18*** m. (f. **-a**) sexologist.

sesta /'sɛsta/ f. **1** RELIG. sext **2** MUS. sixth; ***accordo di ~*** sixth chord; ***intervallo di ~*** sixth; ***~ aumentata*** augmented sixth **3** COREOGR. sixth position **4** SPORT *(nella scherma)* sixte.

sestante /ses'tante/ m. sextant.

sesterzio, pl. **-zi** /ses'tɛrtsjo, tsi/ m. sesterce.

sestetto /ses'tetto/ m. **1** MUS. sextet(te) **2** *(insieme di sei persone)* sextet(te).

sestiere /ses'tjɛre/ f. STOR. quarter, discrict.
sestina /ses'tina/ f. **1** METR. sixain **2** MUS. sextole.
▷ **1.sesto** /'sɛsto/ ➧ *26, 5* **I** agg. sixth; ***avere un ~ senso*** to have a sixth sense **II** m. (f. **-a**) **1** sixth **2** *(frazione)* sixth.
2.sesto /'sɛsto/ m. **1** ARCH. curve; ***arco a ~ acuto*** lancet *o* pointed arch; ***arco a tutto ~*** round arch **2** *(forma)* ***rimettere in ~ qcn., qcs.*** to put sb., sth. back on their feet; ***prendi questo, ti rimetterà in ~*** have this, it will put you back on your feet; ***rimettersi in ~*** *(essere di nuovo in forma)* to get back on one's feet again; *(riacquistare una buona posizione economica)* to recover financially; *(rendersi presentabile)* to tidy oneself up; ***sentirsi fuori ~*** to feel out of sorts; ***essere fuori ~*** [*trave*] to be out of true.
sestultimo /ses'tultimo/ **I** agg. last but five, sixth from the last, end **II** m. (f. **-a**) last but five, sixth from the last, end.
sestuplicare /sestupli'kare/ [1] **I** tr. to sextuple **II sestuplicarsi** pronom. [*utili, prezzi*] to sextuple.
sestuplice /ses'tuplitʃe/ agg. sixfold.
sestuplo /'sɛstuplo/ **I** agg. sextuple, sixfold; ***una somma -a di un'altra*** an amount six times more than another **II** m. sextuple.
set /sɛt/ m.inv. **1** *(serie)* set; ***un ~ di cacciaviti*** a screwdriver set; ***un ~ di valigie*** a set of matching luggage; ***~ da cucito*** sewing kit **2** SPORT set; ***"~ per Wilson"*** "set to Wilson"; ***due ~ a zero*** two sets to love **3** CINEM. TELEV. set; ***sul ~*** on the set.
▷ **seta** /'seta/ f. silk; ***baco da ~*** silkworm; ***pura ~, ~ pura*** pure silk; ***una ~ leggera*** a light silk; ***di ~*** [*vestito, calza*] silk attrib.; [*capelli*] silken, silky; ***questo lenzuolo è di ~*** this sheet is made of silk; ***industria, produzione della ~*** silk industry, production; ***via della ~*** STOR. silk route ◆ ***liscio come la ~*** as soft *o* smooth as silk ◆◆ ***~ artificiale*** artificial silk; ***~ cruda*** o ***greggia*** raw silk; ***~ vegetale*** botany silk.
setacciare /setat'tʃare/ [1] tr. **1** *(passare al setaccio)* to sieve, to sift [*farina*]; to riddle [*sabbia*] **2** FIG. *(vagliare)* to sift [*candidati*]; *(perlustrare)* to comb, to search [*zona*].
setacciatura /setattʃa'tura/ f. sifting.
setaccio, pl. **-ci** /se'tattʃo, tʃi/ m. sieve; ***passare qcs. al ~*** to put sth. through a sieve, to sieve *o* sift sth.; FIG. to comb through sth.
setaiolo /seta'jɔlo/ ➧ *18* m. (f. **-a**) **1** *(chi fila la seta)* silk spinner; *(chi tesse la seta)* silk weaver **2** *(chi vende la seta)* silk merchant.
setale /se'tale/ m. snell.
▶ **sete** /'sete/ f. **1** *(bisogno di bere)* thirst; ***avere ~*** to be thirsty; ***avere una ~ terribile*** to be terribly thirsty; ***morire di ~*** to die of thirst; FIG. to be dying of thirst; ***placare la ~*** to quench one's thirst; ***patire la ~*** to suffer from thirst; ***fare venire ~ a qcn.*** to make sb. thirsty; ***la terra ha ~*** the soil is thirsty **2** FIG. *(desiderio)* ***~ di*** thirst *o* hunger for [*giustizia, libertà, vendetta*]; hunger, lust for [*ricchezza, potere*]; ***la ~ di sapere*** the thirst for knowledge; ***~ di sangue*** blood lust, bloodthirstiness.
seteria /sete'ria/ **I** f. *(setificio)* silk factory; *(negozio)* = shop selling silks **II seterie** f.pl. *(tessuti in seta)* silks.
seticoltura /setikol'tura/ f. sericulture.
setificio, pl. **-ci** /seti'fitʃo, tʃi/ m. silk factory.
1.setola /'setola/ f. *(pelo)* bristle; ***~ di maiale*** pig bristle; ***~ di cinghiale*** boar bristle; ***pennello di -e*** bristle brush.
2.setola /'setola/ f. **1** MED. chap, split **2** VETER. sand-crack.
setoloso /seto'loso/, **setoluto** /seto'luto/ agg. bristled, brushy, setaceous.
setone /se'tone/ m. rowel; ***applicare un ~ a*** to rowel [*cavallo*].
setosità /setosi'ta/ f.inv. silkiness.
setoso /se'toso/ agg. [*capelli*] silken, silky.
sett. ⇒ settembre September (Sep, Sept).
setta /'sɛtta/ f. **1** RELIG. sect, cult **2** *(società segreta)* secret society.
▷ **settanta** /set'tanta/ ➧ *26, 5, 8* **I** agg.inv. seventy **II** m.inv. seventy **III** m.pl. *(anni di età)* ***aver superato i ~*** to be in one's seventies.
settantenne /settan'tɛnne/ **I** agg. seventy-year-old attrib. **II** m. e f. seventy-year-old; ***un ~*** a man in his seventies.
settantennio, pl. **-ni** /settan'tɛnnjo, ni/ m. seventy-year period.
settantesimo /settan'tɛzimo/ ➧ *26* **I** agg. seventieth **II** m. (f. **-a**) **1** seventieth **2** *(frazione)* seventieth.
settantina /settan'tina/ f. **1** *(circa settanta)* about seventy; ***una ~ di persone*** about seventy people **2** *(età)* ***essere sulla settantina*** to be about seventy; ***aver superato la ~*** to be over seventy.
settantotto /settant'ɔtto/ ➧ *26, 8* **I** agg.inv. seventy-eight; ***un disco ~ giri*** a seventy-eight disc *o* record **II** m.inv. seventy-eight ◆◆ ***~ (giri)*** MUS. seventy-eight.
settare /set'tare/ [1] tr. INFORM. to set*.
settario, pl. **-ri**, **-rie** /set'tarjo, ri, rje/ **I** agg. **1** *(relativo alle sette)* sectarian, sectary **2** *(fazioso)* [*spirito*] sectarian, party attrib. **II** m. (f. **-a**) **1** *(seguace di una setta)* sectarian, sectary **2** *(persona faziosa)* sectarian, factious person.
settarismo /setta'rizmo/ m. sectarianism.
▶ **sette** /'sɛtte/ ➧ *26, 5, 8, 13* **I** agg.inv. seven; ***i ~ peccati capitali*** the seven deadly sins; ***le ~ meraviglie del mondo*** the seven wonders of the world; ***guerra dei Sette anni*** Seven Years' War; ***stivali delle ~ leghe*** seven league boots; ***i ~ nani*** the Seven Dwarfs **II** m.inv. **1** *(numero)* seven **2** *(giorno del mese)* seventh **3** SCOL. *(voto)* = above average pass mark **4** COLLOQ. *(strappo)* seven **III** f.pl. *(ore) (del mattino)* seven am; *(della sera)* seven pm; ***sono le ~*** it's seven o'clock; ***alle ~*** at seven o'clock ◆ ***avere ~ vite come i gatti*** to have nine lives ◆◆ ***~ famiglie*** GIOC. Happy Families; ***~ e mezzo*** GIOC. = card game the object of which is to obtain seven and a half points.
settebello /sette'bɛllo/ m. **1** GIOC. *(nelle carte)* seven of diamonds **2** SPORT = Italian national water polo team.
settecentesco, pl. **-schi**, **-sche** /settetʃen'tesko, ski, ske/ agg. [*poesia, pittura*] eighteenth-century attrib.; ART. *(in Italia)* settecento attrib.
settecentesimo /settetʃen'tɛzimo/ ➧ *26* **I** agg. seven-hundredth **II** m. (f. **-a**) **1** seven hundredth **2** *(frazione)* seven hundredth.
settecentista, m.pl. **-i**, f.pl. **-e** /settetʃen'tista/ m. e f. **1** *(scrittore)* eighteenth-century writer; *(artista)* eighteenth-century artist **2** *(studioso)* scholar of the art or literature of the eighteenth century.
settecento /sette'tʃɛnto/ ➧ *26* agg. e m. inv. seven hundred.
Settecento /sette'tʃɛnto/ m. **1** *(epoca)* eighteenth century **2** ART. *(in Italia)* settecento.
▶ **settembre** /set'tɛmbre/ ➧ *17* m. September; ***in*** o ***a ~*** in September; ***il primo, il due di ~*** the first, the second of September.
settembrino /settem'brino/ agg. [*aria, sole*] September attrib., of September.
settembrizzatore /settembriddza'tore/ m. Septembrist.
settemvirato /settemvi'rato/ m. septemvirate.
settemviro /set'tɛmviro/ m. septemvir*.
settenario, pl. **-ri**, **-rie** /sette'narjo, ri, rje/ **I** agg. [*verso*] seven-syllable attrib., heptasyllabic **II** m. seven-syllable line.
settennale /setten'nale/ agg. **1** *(che dura sette anni)* seven-years attrib., septennial **2** *(che ricorre ogni sette anni)* occurring every seven years, septennial.
settennato /setten'nato/ m. septennate.
settennio, pl. **-ni** /set'tɛnnjo, ni/ m. seven-year period.
▷ **settentrionale** /settentrjo'nale/ ➧ *29* **I** agg. [*zona, costa, frontiera*] northern, north; [*vento*] north, northerly; [*accento*] northern; ***Europa, Italia ~*** northern Europe, northern Italy; ***la parte ~ della città*** the north side of town **II** m. e f. northerner; *(in Italia)* = person from northern Italy.
settentrionalismo /settentrjona'lizmo/ m. **1** STOR. = political-economic orientation in the years following national Italian unification aimed at reinforcing the economic and industrial dominance of the north over that of the south **2** LING. = word, phrase originating in northern Italy in general written and spoken use.
▷ **settentrione** /setten'trjone/ m. **1** north; ***venire dal ~*** to come from the north **2** *(Italia settentrionale)* ***il Settentrione*** the north of Italy.
setter /'sɛtter/ m.inv. setter ◆◆ ***~ inglese*** English setter; ***~ irlandese*** Irish setter.
settetto /set'tetto/ m. heptad.
setticemia /settitʃe'mia/ ➧ *7* f. septicaemia, septicemia AE, blood poisoning.
setticemico, pl. **-ci**, **-che** /setti'tʃɛmiko, tʃi, ke/ agg. septicaemic, septicemic AE.
setticida /setti'tʃida/ agg. septicidal.
settico, pl. **-ci**, **-che** /'sɛttiko, tʃi, ke/ agg. septic.
settile /'sɛttile/ agg. **1** *(tagliabile)* [*minerale*] sectile **2** BOT. ***porro ~*** sectile leek.
settima /'sɛttima/ f. MUS. seventh; ***accordo di ~ dominante*** dominant seventh (chord).
▶ **settimana** /setti'mana/ ➧ *19* f. **1** *(periodo di sette giorni)* week; ***questa ~*** this week; ***la ~ scorsa*** last week; ***la prossima ~*** next week; ***a metà ~*** in midweek, halfway through the week; ***durante la ~*** during the week; ***fine ~*** weekend; ***fra una ~*** in a week's time, this time next week; ***fra due -e*** the week after next, in two weeks' time; ***una ~ fa*** a week ago; ***due -e fa*** the week before last, two weeks ago; ***una ~ ieri*** a week yesterday BE, a week from yesterday AE; ***ogni ~*** every week; ***ogni due -e*** every other week, biweekly; ***quattro volte alla ~*** four times a week; ***un soggiorno di sei -e*** a six-week stay; ***sono tre -e che non la vedo*** I haven't seen her for three weeks; ***prendere tre -e di vacanza*** to take three weeks' vacation **2** *(salario settimanale)* week's wages pl. ◆◆ ***~ bianca*** skiing holiday week; ***~ corta*** AMM. five-day week; ***~ lavorativa*** working week; ***~ santa*** RELIG. Holy Week.

▶ **settimanale** /settima'nale/ **I** agg. [*paga, abbonamento, riunione, chiusura, visita, partenza*] weekly; ***orario di lavoro ~*** weekly working hours; ***quattro ore -i*** four hours weekly *o* a week **II** m. *(rivista)* weekly.

settimanalmente /settimanal'mente/ avv. weekly; ***pagare ~*** to pay by the week.

settimino /setti'mino/ **I** agg. [*neonato*] seven-month attrib. **II** m. (f. **-a**) **1** *(neonato)* seven-month baby **2** MUS. septet.

▷ **settimo** /'sɛttimo/ ➧ *26, 5* **I** agg. seventh **II** m. (f. **-a**) **1** seventh **2** *(frazione)* seventh ◆ ***essere, sentirsi al ~ cielo*** to be in seventh heaven, to be walking *o* treading on air, to be on cloud nine COLLOQ. ◆◆ ***-a arte*** = cinematography.

setto /'sɛtto/ m. **1** ANAT. septum* **2** ZOOL. septum* **3** BOT. dissepiment ◆◆ ***~ nasale*** nasal septum.

▷ **1.settore** /set'tore/ m. **1** *(parte)* sector, part; *(di aula semicircolare)* seats pl.; ***Berlino fu divisa in quattro -i*** Berlin was divided into four sectors **2** *(ambito, ramo)* sector, field; ***~ chimico*** chemicals division; ***~ dolciario*** confectionary business; ***~ dell'istruzione*** education sector; ***i diversi -i economici*** various sectors of the economy; ***lavorare nel ~ alberghiero*** to be in the hotel business; ***lavorare nel ~ dell'arredamento*** to be in the furniture trade; ***lavorare nel ~ edile*** to work in construction; ***lavorare nel ~ della calzatura*** to be in footwear; ***essere il leader nel ~*** to lead the field **3** AMM. *(suddivisione)* area; ***~ comunicazioni*** communication division; ***~ vendite*** sales area **4** MAT. sector **5** MIL. sector ◆◆ ***~ circolare*** sector of a circle; ***~ primario*** primary sector; ***~ privato*** private sector; ***~ pubblico*** public sector; ***~ secondario*** secondary industry; ***~ dei servizi*** service sector; ***~ sferico*** sector of a sphere; ***~ terziario*** service sector *o* industry; ***~ di tiro*** firing area.

2.settore /set'tore/ agg. MED. dissector; ***perito ~*** medical examiner.

settoriale /setto'rjale/ agg. **1** [*analisi*] sectorial; [*interessi*] sectional **2** MAT. sectoral.

settorialismo /settorja'lizmo/ m. sectionalism.

settorializzazione /settorjaliddzat'tsjone/ f. sectorization.

settorialmente /settorjal'mente/ avv. sectorially.

settuagenario, pl. **-ri**, **-rie** /settuadʒe'narjo, ri, rje/ **I** agg. septuagenarian **II** m. (f. **-a**) septuagenarian.

settuagesima /settua'dʒɛzima/ f. septuagesima.

settuplicare /settupli'kare/ [1] tr. to septuple.

settuplo /'sɛttuplo/ **I** agg. septuple, sevenfold; ***una somma -a di un'altra*** an amount seven times more than another **II** m. septuple; ***la loro puntata è fruttata loro il ~*** they got back seven times more than they had bet.

Seul /se'ul/ ➧ *2* n.pr.f. Seoul.

severamente /severa'mente/ avv. [*giudicare, criticare, rimproverare, punire*] harshly, severely; [*regolamentare, vietare*] strictly; [*guardare*] sternly.

severità /severi'ta/ f.inv. **1** *(durezza) (di persona, educazione)* strictness; *(di punizione, critica, rimprovero, decisione)* harshness, severity; ***educare qcn. con ~*** to bring sb. up strictly; ***trattare i figli con troppa ~*** to be too strict with one's children; ***mancare di ~ con*** not to be strict enough with, to be lenient with **2** *(austerità) (di volto, sguardo)* sternness; *(di abbigliamento)* austerity.

▷ **severo** /se'vɛro/ agg. **1** *(duro)* [*persona, educazione, giudizio*] strict; [*punizione*] harsh, severe; [*disciplina, morale, genitore, professione*] strict, stern; [*regolamento*] strict; [*controlli*] rigid, rigorous; [*misure*] harsh, stern, tight; ***essere ~ con qcn.*** to be severe *o* strict with sb.; ***la stampa è sempre più -a nei confronti del governo*** the press is becoming increasingly critical of the government **2** *(austero)* [*espressione, volto*] stern; [*tono, sguardo*] stern, severe; [*abbigliamento, bellezza*] austere **3** *(ingente)* [*sconfitta, perdite*] heavy.

seviziare /sevit'tsjare/ [1] tr. **1** *(torturare)* to torture **2** *(violentare)* to rape.

seviziatore /sevittsja'tore/ m. (f. **-trice** /tritʃe/) **1** *(torturatore)* torturer **2** *(violentatore)* rapist.

sevizie /se'vittsje/ f.pl. physical abuse sing., torture sing.; ***essere vittima di ~ sessuali*** to be victim of sexual abuse.

sexy /'sɛksi/ agg.inv. [*persona, vestito, film*] sexy; ***in modo ~*** sexily.

sezionamento /settsjona'mento/ m. **1** cutting, sectioning **2** MED. dissection **3** EL. isolation.

sezionare /settsjo'nare/ [1] tr. **1** *(dividere)* to cut* (up) **2** MED. to dissect [*cadavere*] **3** BIOL. to section [*tessuto*] **4** EL. to isolate [*linea elettrica*].

▶ **sezione** /set'tsjone/ f. **1** *(parte)* section, part; ***il corso si articola in tre -i*** the course is divided into three parts, the course is made up of three parts **2** *(ripartizione di un ente)* section, division, bureau*, department; *(di sindacato)* branch; ***la ~ contabilità di una ditta*** the accounts department of a firm; ***la ~ locale di un partito*** the local branch of a party **3** SCOL. = division of classes in groups, distinguished by letters, over a whole cycle of studies **4** MIL. section **5** MAT. TECN. section; ***~ conica, longitudinale, obliqua*** conical, longitudinal, oblique section; ***~ trasversale*** cross-section, transverse section; ***~ triangolare*** triangular section; ***visto in ~*** seen in section; ***un tubo di 12 mm di ~*** a 12 mm gauge tube **6** MED. dissection; ANAT. section **7** MUS. section; ***~ dei fiati*** wind section ◆◆ ***~ aurea*** MAT. golden section; ***~ civile*** civil division; ***~ elettorale*** polling station; ***~ penale*** criminal division; ***~ ritmica*** MUS. rhythm section; ***~ d'urto*** FIS. cross-section.

sfaccendare /sfattʃen'dare/ [1] intr. (aus. *avere*) to bustle about.

sfaccendato /sfattʃen'dato/ **I** agg. idle **II** m. (f. **-a**) **1** *(chi non ha nulla da fare)* ***in questi giorni sono ~*** I have nothing to do these days **2** *(fannullone)* idler, layabout COLLOQ.

sfaccettare /sfattʃet'tare/ [1] tr. **1** TECN. to facet [*pietra preziosa*] **2** FIG. to look into [*argomento*].

sfaccettato /sfattʃet'tato/ **I** p.pass. → **sfaccettare II** agg. **1** TECN. [*pietra preziosa*] (multi-)faceted **2** FIG. *(con molti aspetti)* [*questione*] multi-faceted, many-sided.

sfaccettatura /sfattʃetta'tura/ f. **1** *(azione)* faceting **2** *(lato)* facet (anche FIG.).

sfacchinare /sfakki'nare/ [1] intr. (aus. *avere*) to slave (away), to slog; ***ieri ho sfacchinato tutto il giorno*** yesterday I slaved away all day.

sfacchinata /sfakki'nata/ f. grind, slog, drudgery; ***è stata una ~*** it was hard work *o* going.

sfacciataggine /sfattʃa'taddʒine/ f. impudence, brazenness, cheek, cheekiness; ***con ~*** impudently, cheekily; ***avere la ~ di fare*** to have the barefaced nerve to do, to have cheek *o* gall to do; ***che ~!*** what a cheek!

sfacciatamente /sfattʃata'mente/ avv. impudently, cheekily.

▷ **sfacciato** /sfat'tʃato/ **I** agg. **1** *(sfrontato)* [*persona*] impudent, brazen(-faced), cheeky; [*bugiardo*] barefaced; [*menzogna*] impudent, barefaced; [*risposta*] impudent; [*fortuna*] shameless **2** *(sgargiante)* [*colori*] gaudy **II** m. (f. **-a**) impudent person, brazen-faced person; ***è un bello ~!*** he's a cheeky device!

sfacelo /sfa'tʃɛlo/ m. **1** *(disfacimento)* decay; ***andare in ~*** to fall into decay **2** FIG. *(rovina)* breakdown, break-up.

sfagiolare /sfadʒo'lare/ [1] intr. (aus. *essere*) COLLOQ. ***~ a qcn.*** to appeal to sb; ***l'idea non mi sfagiola*** I'm not too keen *o* I'm not over-keen on the idea.

sfagno /'sfaɲɲo/ m. sphagnum*, sphagnum moss, peat moss.

sfaldabile /sfal'dabile/ agg. flaky.

sfaldamento /sfalda'mento/ m. **1** *(lo sfaldare, lo sfaldarsi)* exfoliation, flaking **2** FIG. break-up.

sfaldare /sfal'dare/ [1] **I** tr. to exfoliate **II sfaldarsi** pronom. **1** *(dividersi in falde)* [*roccia*] to (ex)foliate, to flake **2** FIG. [*gruppo*] to break* up.

sfaldatura /sfalda'tura/ f. **1** *(sfaldamento)* exfoliation, flaking **2** MIN. cleavage.

sfalerite /sfale'rite/ f. sphalerite.

sfalsamento /sfalsa'mento/ m. staggering.

sfalsare /sfal'sare/ [1] tr. **1** *(non allineare)* to stagger **2** *(deviare)* to parry.

sfalsato /sfal'sato/ **I** p.pass. → **sfalsare II** agg. staggered.

▷ **sfamare** /sfa'mare/ [1] tr. **1** *(saziare)* ***~ qcn.*** to satisfy sb.'s hunger, to feed sb. **2** *(mantenere)* to feed* [*bambino, famiglia*] ◆ ***avere quattro bocche da ~*** to have four mouths to feed.

sfangare /sfan'gare/ [1] **I** tr. to wash out [*minerale*] **II** intr. (aus. *avere*) to get* out of mud **III sfangarsela** pronom. COLLOQ. ***me la sono sfangata*** I got out of it.

sfare /'sfare/ [8] **I** tr. **1** *(disfare)* to undo* [*cucitura*]; to untie, to unknit* [*nodo*]; to strip (down), to unmake* [*letto*]; to unpack [*bagagli, valigie*] **2** *(liquefare)* to melt [*neve, ghiaccio*] **3** *(distruggere)* to spoil **II sfarsi** pronom. **1** *(sciogliersi)* [*nodo*] to unknit* **2** *(liquefarsi)* [*gelato, neve*] to melt **3** FIG. *(sfiorire)* [*viso*] to fade.

sfarfallamento /sfarfalla'mento/ m. **1** *(uscita dal bozzolo)* emerging from the cocoon **2** *(lo svolazzare)* flitting (about) **3** FIG. *(volubilità)* flightiness **4** CINEM. TELEV. OTT. flicker.

sfarfallare /sfarfal'lare/ [1] intr. (aus. *avere*) **1** *(uscire dal bozzolo)* [*crisalide*] to come* out of the cocoon, to emerge from the cocoon **2** *(svolazzare)* to flit about **3** FIG. *(essere volubile, incostante)* to flit hither and thither **4** CINEM. TELEV. OTT. to flicker **5** *(vibrare)* [*motore*] to wobble.

sfarfallio, pl. **-ii** /sfarfal'lio, ii/ m. CINEM. TELEV. OTT. flicker, flickering.

sfarinare /sfari'nare/ [1] **I** tr. to grind* [*grano*]; to crumble (up) [*intonaco*] **II sfarinarsi** pronom. [*patate*] to become* mushy; [*intonaco*] to crumble.

sfarzo /'sfartso/ m. pomp, luxury, splendour BE, splendor AE, sumptuousness; ***con ~*** [*celebrare, festeggiare*] with (great) pomp; ***vivere nello ~*** to live in luxury.
sfarzosamente /sfartsosa'mente/ avv. luxuriously, sumptuously, splendidly.
sfarzosità /sfartsosi'ta/ f.inv. luxuriousness, sumptuousness, splendidness.
sfarzoso /sfar'tsoso/ agg. [*appartamento*] luxurious; [*festa, costume*] sumptuous; [*abbigliamento*] opulent; ***decorazione eccessivamente -a*** over-elaborate decoration.
sfasamento /sfaza'mento/ m. **1** EL. phase displacement; FIS. phase shift **2** FIG. discrepancy **3** COLLOQ. *(scombussolamento)* bewilderment.
sfasare /sfa'zare/ [1] tr. **1** FIS. to displace the phase of **2** FIG. *(scombussolare)* to bewilder.
sfasato /sfa'zato/ **I** p.pass. → **sfasare II** agg. **1** EL. MOT. out of phase **2** FIG. *(scombussolato)* bewildered; ***sentirsi ~*** to feel out of synch.
sfasatura /sfaza'tura/ f. → **sfasamento.**
sfasciacarrozze /sfaʃʃakar'rɔttse/ ➧ ***18*** m.inv. (car) breaker, (car) wrecker AE.
sfasciamento /sfaʃʃa'mento/ m. breaking up, shattering, smashing.
1.sfasciare /sfaʃ'ʃare/ [1] tr. to unbandage [*ferita*]; to unswaddle [*bambino*].
▷ **2.sfasciare** /sfaʃ'ʃare/ [1] **I** tr. **1** to smash, to shatter, to wreck [*oggetto, apparecchio, meccanismo*]; to smash, to wreck [*auto, veicolo*] **2** FIG. *(mandare in rovina)* to break* up, to ruin, to wreck **II sfasciarsi** pronom. **1** *(distruggersi)* [*apparecchio, meccanismo, oggetto*] to break* up, to come* apart, to fall* to pieces; ***l'auto si è sfasciata contro un albero*** the car crashed *o* smashed into a tree **2** FIG. *(andare in rovina)* to break* up, to collapse **3** *(ingrassare, perdere la forma)* to get* flabby.
sfasciato /sfaʃ'ʃato/ **I** p.pass. → **2.sfasciare II** agg. [*oggetto, apparecchio, meccanismo*] smashed, broken, in pieces mai attrib.
sfasciatura /sfaʃʃa'tura/ f. *(di ferita)* unbandaging; *(di bambino)* unswaddling.
sfascio, pl. **-sci** /'sfaʃʃo, ʃi/ m. **1** *(distruzione)* wreck, ruin **2** FIG. breakdown, ruin, collapse, shambles; ***mandare qcs. allo ~*** to ruin *o* spoil sth.; ***essere allo ~*** to be about to collapse, to be going to the dogs COLLOQ.
sfasciume /sfaʃ'ʃume/ m. **1** *(ammasso di rottami)* wreckage **2** FIG. *(sfacelo)* break-up, ruin **3** GEOL. debris.
sfatare /sfa'tare/ [1] tr. to discredit, to debunk [*mito*].
sfaticato /sfati'kato/ **I** agg. lazy, workshy, idle **II** m. (f. **-a**) idler, lazybones*.
sfatto /'sfatto/ **I** p.pass. → **sfare II** agg. **1** *(disfatto)* [*letto*] unmade **2** FIG. *(sfiorito)* [*volto*] haggard.
sfavillante /sfavil'lante/ agg. **1** *(splendente)* [*diamante*] sparkling; [*luce*] shining; [*fiamma*] shining, blazing **2** FIG. ***un viso ~ di gioia*** a face sparkling *o* beaming with joy.
sfavillare /sfavil'lare/ [1] intr. (aus. *avere*) **1** *(risplendere)* [*sole, luce*] to shine*; [*fiamma*] to shine*, to blaze; [*diamanti*] to sparkle **2** FIG. [*occhi*] to shine*, to sparkle.
sfavillio, pl. **-ii** /sfavil'lio, ii/ m. *(di diamante)* sparkling; *(di luce)* shining.
sfavore /sfa'vore/ m. **1** *(svantaggio)* disadvantage; ***si è sbagliato di 30 euro a mio ~*** he overcharged me 30 euros; ***volgersi a ~ di qcn.*** to go against sb., to turn to sb.'s disadvantage; ***essere*** o ***giocare a ~ di qcn.*** to be *o* work *o* weigh against sb.; ***l'età potrebbe giocare a tuo ~*** your age could be held against you; ***l'inesperienza giocò a suo ~*** her inexperience told against her **2** *(danno)* ***in*** o ***a ~ di qcn.*** [*deporre*] against sb.
sfavorevole /sfavo'revole/ agg. **1** *(non propizio)* [*situazione, momento, circostanza, condizioni, congiuntura, ballottaggio*] unfavourable BE, unfavorable AE; ***il cambio ci è ~*** the exchange rate is not favourable for us **2** *(contrario)* [*vento*] contrary, adverse; ***essere ~ a qcs.*** to be against sth., to be hostile to sth.; ***essere di parere ~*** to be contrary **3** *(negativo)* [*giudizio*] adverse, negative; [*ritratto, descrizione*] unfavourable BE, unfavorable AE.
sfavorevolmente /sfavorevol'mente/ avv. unfavourably BE, unfavorably AE, adversely.
sfavorire /sfavo'rire/ [102] tr. [*imposta, provvedimento sociale*] to be* unfavourable BE to, to be* unfavorable AE to, to work against [*persona, categoria sociale, azienda*]; [*professore, esaminatore*] to treat [sb.] unfairly [*candidato*].
sfebbrare /sfeb'brare/ [1] **I** intr. (aus. *essere*) ***il malato sfebbrerà in poche ore*** the patient's temperature will return to normal in a few hours **II** tr. ***la medicina l'ha sfebbrato molto velocemente*** the medication brought his temperature down very quickly.
sfebbrato /sfeb'brato/ **I** p.pass. → **sfebbrare II** agg. ***essere ~*** to be no longer feverish.
sfegatarsi /sfega'tarsi/ [1] pronom. COLLOQ. ***~ per qcs.*** to kill oneself for sth., to wear oneself out for sth., to sweat blood for sth.
sfegatato /sfega'tato/ **I** p.pass. → **sfegatarsi II** agg. [*tifoso, fan*] fanatic(al); [*odio*] bitter **III** m. fanatic, enthusiast.
sfenoidale /sfenoi'dale/ agg. sphenoid(al).
sfenoide /sfe'nɔide/ **I** agg. sphenoidal, sphenoid **II** m. sphenoid.
▷ **sfera** /'sfɛra/ f. **1** *(oggetto sferico)* sphere, ball **2** MAT. ASTR. sphere; ***la musica delle -e*** the music of the spheres **3** FIG. *(ambito)* sphere, field, area, range, scope; ***~ d'influenza, d'azione, di competenza*** sphere of influence, action, competence; ***le alte -e della finanza, della politica*** in the higher echelons of finance, politics; ***nelle alte -e*** in the upper echelons, in high circles; ***~ affettiva*** o ***intima*** private life **4 a sfera** ***penna a ~*** ballpoint (pen), rollerball; ***valvola a ~*** ball valve **5 a sfere** MECC. ***cuscinetto a -e*** ball bearing ◆◆ ***~ celeste*** sphere; ***~ di cristallo*** crystal ball; ***~ di fuoco*** NUCL. fireball; ***~ terrestre*** globe.
sfericità /sferitʃi'ta/ f.inv. sphericity, roundness.
sferico, pl. **-ci**, **-che** /'sfɛriko, tʃi, ke/ agg. **1** [*superficie, corpo, forma*] spherical, round **2** MAT. [*triangolo, trigonometria*] spherical; ***settore ~*** sector of a sphere.
sferisterio, pl. **-ri** /sferis'tɛrjo, ri/ m. ball court.
sferoidale /sferoi'dale/ agg. spheroid(al), spheroidical.
sferoide /sfe'rɔide/ m. spheroid.
sferometro /sfe'rɔmetro/ m. spherometer.
sferragliamento /sferraʎʎa'mento/ m. clattering, rattling, rattle, clanking.
sferragliare /sferraʎ'ʎare/ [1] intr. (aus. *avere*) to clatter, to rattle, to clank.
sferrare /sfer'rare/ [1] **I** tr. **1** *(togliere i ferri)* to unshoe* [*cavallo*]; *(liberare)* to unfetter, to unshackle [*prigioniero*] **2** FIG. to mount, to launch [*attacco, offensiva*]; to throw*, to land [*pugno*]; ***~ un colpo a qcn.*** to deal sb. a blow **II sferrarsi** pronom. **1** [*cavallo*] to cast* a shoe, to lose* a shoe **2** *(scagliarsi)* ***-rsi su qcn., qcs.*** to throw oneself at sb., sth.
sferruzzare /sferrut'tsare/ [1] intr. (aus. *avere*) to knit (away).
sferza /'sfɛrtsa/ f. **1** *(frusta)* whip, lash, scourge **2** FIG. *(violenza)* bite, scourge, lash(ing).
sferzante /sfer'tsante/ agg. **1** [*vento, pioggia*] lashing, driving **2** FIG. [*giudizio, risposta, dichiarazione*] slashing, cutting, biting; ***usare parole -i*** to lash with one's tongue.
sferzare /sfer'tsare/ [1] tr. **1** to lash, to whip [*cavallo*] **2** LETT. [*pioggia, vento*] to lash (at), to whip (at) [*viso*] **3** FIG. *(biasimare aspramente)* to scourge, to chastise; ***~ qcn.*** to give sb. a tongue-lashing.
sferzata /sfer'tsata/ f. **1** lash **2** FIG. lashing.
sfiammare /sfjam'mare/ [1] **I** tr. ***~ qcs.*** to reduce the inflammation of sth. **II sfiammarsi** pronom. ***l'ascesso si è sfiammato*** the swelling in the abscess has gone down.
sfiancamento /sfjanka'mento/ m. exhaustion, fatigue.
sfiancare /sfjan'kare/ [1] **I** tr. **1** *(affaticare)* to override* [*cavallo*] **2** *(spossare)* [*lavoro, calore*] to wear* out [*persona*] **II sfiancarsi** pronom. to knock oneself out.
sfiancato /sfjan'kato/ **I** p.pass. → **sfiancare II** agg. **1** [*animale*] hollow-flanked **2** [*persona*] exhausted, worn out, knocked out.
sfiatamento /sfjata'mento/ m. *(fuoriuscita)* leakage.
sfiatare /sfja'tare/ [1] **I** intr. (aus. *avere*) [*tubo*] to leak **II sfiatarsi** pronom. **1** MUS. to lose* tone **2** COLLOQ. *(perdere il fiato, sgolarsi)* to become* hoarse, to talk oneself hoarse.
sfiatato /sfja'tato/ **I** p.pass. → **sfiatare II** agg. **1** MUS. [*strumento*] toneless **2** COLLOQ. *(senza fiato)* breathless.
sfiatatoio, pl. **-oi** /sfjata'tojo, oi/ m. **1** TECN. (air) vent, ventiduct **2** ZOOL. spouthole; *(delle balene)* blowhole.
sfiatatura /sfjata'tura/ f. → **sfiatamento.**
sfiato /'sfjato/ m. → **sfiatatoio.**
sfibbiare /sfib'bjare/ [1] tr. to unbuckle, to unfasten [*cintura*].
sfibrante /sfi'brante/ agg. [*lavoro, vita*] exhausting, wearing; [*attesa*] gruelling, grueling AE.
sfibrare /sfi'brare/ [1] **I** tr. **1** *(togliere le fibre)* to extract the fibres from [*legno*] **2** FIG. *(togliere le energie)* [*lavoro, preoccupazione*] to wear* out [*persona*] **II sfibrarsi** pronom. *(sfinirsi)* to wear* oneself out.
sfibrato /sfi'brato/ **I** p.pass. → **sfibrare II** agg. **1** ***legno ~*** defibrated wood **2** FIG. [*persona, organismo*] worn out.
▷ **sfida** /'sfida/ f. challenge; ***lanciare una ~*** to put out *o* issue a challenge; ***raccogliere una ~*** to respond to *o* take up a challenge;

atteggiamento di ~ defiant attitude; ***fare qcs. per*** ~ to do sth. as a challenge; ***avere il gusto della*** ~ to like a challenge; ~ ***elettorale*** election race.

sfidante /sfi'dante/ **I** agg. [*squadra*] challenging **II** m. e f. challenger, defier.

▷ **sfidare** /sfi'dare/ [1] **I** tr. **1** to challenge, to defy [*rivale, avversario, concorrente*]; to defy [*gravità*]; ~ ***qcn. a duello*** to challenge sb. to a duel; ~ ***qcn. a fare*** to challenge *o* defy sb. to do; ***lo sfido a dimostrarmi il contrario*** I defy him to demonstrate the contrary; ***ti sfido a dirglielo*** I dare you to say it to him; ~ ***le convenzioni*** to flout *o* defy convention; ~ ***qcn. a scacchi*** to take sb. on at chess, to play sb. at chess; ~ ***la sorte*** to push one's luck, to tempt fate *o* providence **2** *(affrontare con coraggio)* [*persona*] to defy, to face [*pericolo, opinione pubblica*]; to defy, to brave [*morte, fame*] **II sfidarsi** pronom. [*avversari*] to defy each other ◆ ***sfido io!*** I can well believe it!

▷ **sfiducia** /sfi'dutʃa/ f. **1** distrust, mistrust, lack of confidence **2** POL. ***(mozione di)*** ~ motion of no confidence; ***votare la*** ~, ***votare una mozione di*** ~ to pass a vote of no confidence.

sfiduciare /sfidu'tʃare/ [1] **I** tr. **1** *(avvilire)* to discourage, to dishearten [*persona*] **2** POL. ~ ***il governo*** to pass a vote of no confidence against the governing body **II sfiduciarsi** pronom. to lose* heart, to become* discouraged.

sfiduciatamente /sfidutʃata'mente/ avv. spiritlessly.

sfiduciato /sfidu'tʃato/ **I** p.pass. → **sfiduciare II** agg. *(avvilito)* [*persona*] discouraged, disheartened, spiritless.

sfiga, pl. **-ghe** /'sfiga, ge/ f. COLLOQ. rotten luck, jinx; ***che*** ~! what rotten luck!

sfigato /sfi'gato/ **I** agg. COLLOQ. *(goffo, insignificante)* nerdy, uncool; *(sfortunato)* jinxed, unlucky **II** m. COLLOQ. (f. **-a**) *(persona goffa, insignificante)* nerd; *(persona sfortunata)* unlucky person.

sfigmometro /sfig'mɔmetro/ m. sphygmograph.

sfigmomanometro /sfigmoma'nɔmetro/ m. sphygmomanometer.

sfigurare /sfigu'rare/ [1] **I** tr. **1** *(deturpare)* [*incidente, malattia, cicatrice*] to disfigure, to disfeature [*volto, persona*]; to deface [*statua*] **2** FIG. [*paura*] to disfigure [*persona*] **II** intr. (aus. *avere*) **1** *(fare cattiva impressione)* to cut* a poor figure; ***non farmi*** ~ don't make me look bad; ~ ***al confronto con...*** to make a poor impression compared to... **2** *(stonare)* [*vestito, tappeto*] to look cheap, to look bad.

sfigurato /sfigu'rato/ **I** p.pass. → **sfigurare II** agg. **1** *(deturpato)* [*volto*] disfigured **2** FIG. ~ ***dalla paura*** [*persona*] disfigured by fear; ~ ***dal dolore, dalla rabbia*** twisted with pain, rage.

sfilacciare /sfilat'tʃare/ [1] **I** tr. to fray [*stoffa, tessuto*]; to strand [*corda*] **II sfilacciarsi** pronom. to fray, to unravel.

sfilacciato /sfilat'tʃato/ **I** p.pass. → **sfilacciare II** agg. [*tela, lenzuolo*] frayed; [*colletto*] ragged.

sfilacciatrice /sfilattʃa'tritʃe/ f. rag grinder, rag-grinding machine.

sfilacciatura /sfilattʃa'tura/ f. **1** *(lo sfilacciare)* fraying **2** *(punto sfilacciato)* ravel.

sfilamento /sfila'mento/ m. unthreading.

▷ **1.sfilare** /sfi'lare/ [1] **I** tr. **1** to unthread [*filo*] **2** *(togliere da un filo)* to unstring* [*perle*] **3** *(togliere)* to take* off; ~ ***il cappotto a qcn.*** to take off sb.'s coat, to help sb. to take off his coat; ~ ***la chiave dalla serratura*** to take the key out of a lock **4** *(sottrarre)* ~ ***il portafoglio dalla borsetta di qcn.*** to pinch a wallet from sb.'s bag **II sfilarsi** pronom. **1** [*ago*] to get* unthreaded **2** [*perle, collana*] to come* unstrung **3** *(togliersi)* to take* off, to peel off; ***-rsi la giacca*** to take off one's jacket; ***-rsi l'anello*** to slip one's ring off one's finger **4** *(smagliarsi)* [*calza*] to get* a run, to ladder BE **5** *(sfilacciarsi)* [*stoffa, tela*] to fray, to unravel.

▷ **2.sfilare** /sfi'lare/ [1] intr. (aus. *avere*) **1** [*manifestanti, visitatori*] to parade, to march (**davanti a** in front of) **2** MIL. [*truppe*] to parade, to march on parade **3** [*indossatrice*] to model; ~ ***in passerella*** to walk down the catwalk **4** FIG. ***i ricordi sfilavano nella mia mente*** a stream of memory passed through my mind.

sfilata /sfi'lata/ f. **1** *(fila, sfilza)* line, string **2** *(parata)* parade, procession; ~ ***di carnevale*** carnival parade *o* procession **3** MIL. parade, march-past; ***passare in*** ~ to parade **4** ABBIGL. (fashion) show ◆◆ ~ ***militare*** parade, march-past; ~ ***di moda*** fashion show.

sfilatino /sfila'tino/ m. REGION. GASTR. French loaf*.

sfilato /sfi'lato/ **I** p.pass. → **1.sfilare II** agg. [*filo*] unthreaded; [*collana*] unstrung **III** m. drawn(-thread) work.

sfilatura /sfila'tura/ f. **1** *(lo sfilare) (di filo)* unthreading; *(di collana)* unstringing **2** *(smagliatura)* run, ladder BE.

sfilettare /sfilet'tare/ [1] tr. to fillet.

sfilza /'sfiltsa/ f. string, stream; ***una*** ~ ***di*** a string of [*oggetti, persone*]; ***una*** ~ ***di improperi*** a stream of abuse; ***una*** ~ ***di bestemmie*** a mouthful of curses; ***una*** ~ ***di domande*** a battery of questions; ***una*** ~ ***di negozi, di case*** a row *o* line of shops, houses.

sfinge /'sfindʒe/ f. **1** MITOL. ART. Sphinx; ***l'enigma della*** ~ the riddle of the Sphinx **2** FIG. sphinx*; ***da*** o ***di*** ~ sphinxlike **3** ZOOL. *(farfalla)* sphinx moth ◆◆ ~ ***testa di morto*** death's head moth.

sfingosina /sfingo'zina/ f. sphingosine.

sfinimento /sfini'mento/ m. exhaustion; ***essere in uno stato di*** ~ to be in a state of exhaustion; ***lavorare fino allo*** ~ to work until one drops.

sfinire /sfi'nire/ [102] **I** tr. [*attività, sforzo, preoccupazione*] to exhaust, to wear* out, to tire out [*persona*]; [*febbre, caldo*] to wear* out, to drain [*persona*]; ~ ***qcn. a furia di parole*** to wear sb. out with one's talk; ***la lunga passeggiata lo ha sfinito*** all that walking has knocked him out **II sfinirsi** pronom. to exhaust oneself, to wear* oneself out.

sfinitezza /sfini'tettsa/ f. weariness.

sfinito /sfi'nito/ **I** p.pass. → **sfinire II** agg. exhausted, worn-out, whacked mai attrib. COLLOQ., dead-beat COLLOQ.; ***essere completamente*** ~ to be completely tired out; ~ ***dalla fatica*** worn-out (with fatigue).

sfintere /sfin'tɛre/ m. sphincter ◆◆ ~ ***anale*** anal sphincter.

sfinterico, pl. **-ci**, **-che** /sfin'tɛriko, tʃi, ke/ agg. sphincterial, sphincteric.

sfioccare /sfjok'kare/ [1] **I** tr. to fray, to unravel [*lana*] **II sfioccarsi** pronom. [*lana*] to fray, to unravel.

sfioramento /sfjora'mento/ m. brush.

▷ **sfiorare** /sfjo'rare/ [1] **I** tr. **1** *(toccare appena)* to touch [sth.] lightly, to brush [*guancia, capelli*]; [*persona, mano, ginocchio, pietra*] to brush against, to skim, to graze [*persona, oggetto, muro*]; ~ ***la spalla di qcn.*** to brush sb.'s shoulder; ~ ***l'acqua con le dita*** to trail one's hand in the water; ***l'auto mi ha sfiorato*** the car just missed me; ***non l'ho sfiorata nemmeno con un dito*** I didn't lay a finger on her **2** FIG. ~ ***appena un argomento*** to skim the surface of an issue; ***il libro non sfiora neanche il problema*** the book doesn't even touch upon *o* mention the problem; ***l'idea non mi ha nemmeno sfiorato la mente*** the idea didn't even cross my mind; ***un sorriso le sfiorò le labbra*** a hint of a smile came across her lips **3** *(giungere vicinissimo)* to come* close to [*catastrofe, lite*]; ***l'auto sfiora i 200 all'ora*** the car can reach a speed of nearly 200 km per hour; ~ ***la morte*** to have a brush with death, to come close to death; ~ ***il ridicolo*** to be verging on the ridiculous; ~ ***il successo*** to become close to success **II sfiorarsi** pronom. to brush against each other.

sfioratore /sfjora'tore/ m. spillway.

sfioratura /sfjora'tura/ f. skimming.

sfiorire /sfjo'rire/ [102] intr. (aus. *essere*) [*piante, fiori*] to wither; FIG. [*bellezza*] to fade; [*viso, pelle*] to wither.

sfioritura /sfjori'tura/ f. withering.

sfittare /sfit'tare/ [1] **I** tr. to leave* [sth.] vacant [*appartamento, locale*] **II sfittarsi** pronom. [*casa*] to become* vacant.

sfittire /sfit'tire/ [102] tr. to thin (out) [*piante*].

sfitto /'sfitto/ **I** p.pass. → **sfittare II** agg. [*camera, appartamento*] vacant, unoccupied.

sfizio, pl. **-zi** /'sfittsjo, tsi/ m. whim, fancy; ***l'ho fatto per (togliermi uno)*** ~ I did it on a whim.

sfizioso /sfit'tsjoso/ agg. [*antipasto*] tasty; [*serata*] pleasant.

sfocare /sfo'kare/ [1] **I** tr. to blur, to put* [sth.] out of focus [*fotografia*] **II sfocarsi** pronom. [*immagine*] to go* out of focus.

sfocato /sfo'kato/ **I** p.pass. → **sfocare II** agg. [*foto, immagine*] blurred, fuzzy, out-of-focus attrib.; [*contorno*] blurred; ***un ricordo*** ~ a blurred memory.

sfocatura /sfoka'tura/ f. *(di foto, contorno)* fuzziness.

▷ **sfociare** /sfo'tʃare/ [1] intr. (aus. *essere*) **1** *(sboccare)* [*fiume, corso d'acqua*] to flow*, to debouch (**in** into); ***il fiume sfocia nel mare*** the river flows into the sea **2** FIG. ~ ***in*** to lead to [*compromesso, accordo, risultato, rottura*]; ***è una situazione grave che può*** ~ ***in una guerra*** it's a serious situation that may lead to *o* result in war.

sfoderabile /sfode'rabile/ agg. ***una poltrona*** ~ an armchair with a removable cover.

1.sfoderare /sfode'rare/ [1] tr. **1** *(sguainare)* to unsheathe, to draw* [*spada, arma*] **2** *(mostrare, ostentare)* to display, to show* off, to parade [*cultura, intelligenza*]; ~ ***tutto il proprio fascino*** to show all one's charm **3** *(tirare fuori)* to produce, to come* out with [*argomenti, prove*].

2.sfoderare /sfode'rare/ [1] tr. ~ ***una giacca*** to remove the lining from a jacket; ~ ***un cuscino*** to take the case off a cushion.

sfoderato /sfode'rato/ **I** p.pass. → **2.sfoderare II** agg. [*abito, scarpe*] unlined.

▷ **sfogare** /sfo'gare/ [1] **I** tr. **1** *(far uscire)* to let* out, to vent [*gas, vapore*] **2** FIG. [*persona*] to pour out, to vent, to work off [*collera,* *amarezza, dispiacere, dolore*]; to give* vent to [*istinti*]; **~ la propria rabbia su qcn.** to vent one's anger on sb. **II** intr. (aus. *essere*) **1** COLLOQ. *(manifestarsi)* ***lasciare ~ una malattia*** to let an illness run its course **2** *(uscire)* ***il fumo sfoga dalla finestra*** the smoke escapes via the window **III sfogarsi** pronom. **1** *(prendersela)* to let* off steam; ***-rsi su qcn.*** to take it out on sb. **2** *(aprirsi)* to relieve one's feelings, to get* it out of one's system, to unburden oneself FORM.; ***mi ha raccontato tutto questo per -rsi*** he told me the whole story to take a load off his chest *o* to get it off his chest **3** *(togliersi la voglia)* to kick up one's heels; ***-rsi a mangiare*** o ***mangiando*** to eat as much as one wants *o* to eat one's fill; ***-rsi a gridare*** to yell one's heart out.

sfogatoio, pl. **-oi** /sfoga'tojo, oi/ m. vent, outlet.

sfoggiare /sfod'dʒare/ [1] **I** tr. to display, to parade, to show* off [*ricchezza, vestiti costosi, cultura*]; to wear* [*sorriso*] **II** intr. (aus. *avere*) ***~ in gioielli*** to flaunt one's jewellery.

sfoggio, pl. **-gi** /'sfɔddʒo, dʒi/ m. display, parade, show; ***fare ~ di cultura, ricchezza*** to make a display of one's knowledge, wealth, to show off one's knowledge, wealth; ***con grande ~*** with great ostentation.

▷ **sfoglia** /'sfɔʎʎa/ f. **1** *(lamina)* plate, veneer; ***una ~ d'oro*** a gold leaf **2** GASTR. pastry; ***pasta ~*** puff *o* flaky pastry.

1.sfogliare /sfoʎ'ʎare/ [1] **I** tr. to strip the leaves off [*albero*]; to pluck the petals off [*fiore*] **II sfogliarsi** pronom. [*albero*] to lose* one's leaves; [*fiore*] to shed* one's petals ◆ ***~ la margherita*** to waver, to dillydally.

▷ **2.sfogliare** /sfoʎ'ʎare/ [1] **I** tr. *(voltare le pagine)* to flip through, to leaf through; *(scorrere velocemente)* to look through, to thumb (through) [*libro, rivista*]; ***~ le pagine*** to flip *o* turn over the pages **II sfogliarsi** pronom. *(sfaldarsi)* to flake.

sfogliata /sfoʎ'ʎata/ f. ***dare una ~ a un libro, a un giornale*** to glance through a book, a newspaper, to have a look at a book, a newspaper.

sfogliatella /sfoʎʎa'tɛlla/ f. GASTR. INTRAD. (puff pastry filled with ricotta and candied fruit).

sfogliatina /sfoʎʎa'tina/ f. GASTR. puff.

sfogliatrice /sfoʎʎa'tritʃe/ f. stripper.

sfogliatura /sfoʎʎa'tura/ f. AGR. stripping (of leaves).

▷ **sfogo**, pl. **-ghi** /'sfogo, gi/ m. **1** *(apertura)* vent, outlet; ***~ d'aria*** air vent; ***uno ~ per il fumo*** a smoke hole; ***valvola di ~*** TECN. safety valve (anche FIG.) **2** *(sbocco)* ***senza ~ sul mare*** landlocked **3** FIG. outlet, outpouring, blowoff; ***dare libero ~ a*** to let out, to pour out, to give vent to [*collera, indignazione, gioia, risentimento*]; to give full *o* free rein to [*immaginazione*]; to unleash [*violenza, passione*]; ***dare ~ ai sentimenti*** to relieve one's feelings **4** COLLOQ. *(eruzione cutanea)* rash.

sfolgorante /sfolgo'rante/ agg. [*luce*] bright, shining, glaring, sparkling.

sfolgorare /sfolgo'rare/ [1] intr. (aus. *essere, avere*) to shine*, to glare, to sparkle; ***~ di gioia*** to sparkle with joy.

sfolgorio, pl. **-ii** /sfolgo'rio, ii/ m. shine, glaring; ***lo ~ accecante delle luci*** the glare of the lights.

sfollagente /sfolla'dʒɛnte/ m.inv. baton.

sfollamento /sfolla'mento/ m. **1** evacuation; ***lo ~ di una città*** the evacuation of a town **2** *(riduzione del personale)* reduction (in personnel), cutback, streamlining.

sfollare /sfol'lare/ [1] **I** intr. (aus. *essere*) **1** *(disperdersi)* [*gente*] to disperse **2** *(evacuare)* ***~ da una città*** to evacuate a city **II** tr. **1** *(lasciare)* to empty, to leave* [*stadio*] **2** *(far evacuare)* to evacuate [*città*] **III sfollarsi** pronom. [*sala*] to become* empty.

sfollato /sfol'lato/ **I** p.pass. → **sfollare II** agg. [*popolazione*] evacuated **III** m. (f. **-a**) evacuee.

sfoltimento /sfolti'mento/ m. **1** *(lo sfoltire)* thinning **2** *(riduzione)* cut, reduction.

sfoltire /sfol'tire/ [102] **I** tr. **1** to thin (out) [*foresta, capelli*]; ***~ le sopracciglia*** to pluck one's eyebrows **2** FIG. to cut* back, to streamline [*personale, effettivi*] **II sfoltirsi** pronom. [*capelli*] to thin.

sfoltita /sfol'tita/ f. ***dare una ~ alla siepe*** to thin the hedge; ***farsi dare una ~ ai capelli*** to have one's hair thinned out.

sfondamento /sfonda'mento/ m. **1** breaking; ***lo ~ di una vetrina*** the breaking of a shop window **2** MIL. breakthrough.

▷ **sfondare** /sfon'dare/ [1] **I** tr. **1** *(rompere)* to break* the bottom of, to knock the bottom out of [*scatola, valigia, cofanetto*]; to wear* out [*scarpe*]; to break* the seat of [*sedia, poltrona, divano*]; to stave in [*barca*]; ***~ il cranio a qcn.*** to smash (in) sb.'s skull **2** *(abbattere)* to beat down, to break* down, to knock down [*porta, barricata, parete, muro*]; to smash [*vetrina*] **3** MIL. to break* through [*fronte nemico, sbarramento*] **4** *(oltrepassare)* to go* over [*tetto del debito pubblico*] **5** *(perforare)* to perforate [*timpano*] **II** intr. (aus. *avere*) *(avere successo)* [*attore, scrittore*] to shoot* to fame, to make* it; ***il suo libro sta sfondando*** your book is a big hit; ***questo prodotto ha sfondato sul mercato*** this product took the market by storm **III sfondarsi** pronom. [*scatola*] to break* at the bottom; [*muro*] to collapse; [*tetto*] to cave in ◆ ***~ una porta aperta*** to preach to the converted.

sfondato /sfon'dato/ **I** p.pass. → **sfondare II** agg. **1** *(sfasciato)* [*divano, poltrona*] sagging; [*sedia*] bottomless; *(rotto)* [*vetrina*] smashed, shattered, broken; *(logorato)* ***avere le scarpe -e*** to have holes in one's shoes, to wear worn-out shoes **2** FIG. *(insaziabile)* insatiable **3** POP. FIG. *(fortunato)* ***sei proprio ~!*** POP. you lucky sod! **III** m. trompe l'oeil perspective ◆ ***essere ricco ~*** to be filthy rich, to be loaded, to be rolling in money.

sfondo /'sfondo/ m. **1** background; ***sullo ~*** in the background; ***su ~ rosso*** on a red background; ***su uno ~ di*** against a background of; ***staccarsi nettamente dallo ~*** to stand out against the background; ***perdersi sullo ~*** to melt into the background; ***vedevamo le Alpi sullo ~*** we could see the Alps in the background; ***con un tramonto sullo ~*** with a sunset in the distance; ***rimanere sullo ~*** to remain in the background (anche FIG.) **2** *(ambiente)* background, setting; ***lo ~ di un racconto*** the setting of a novel; ***un romanzo a ~ storico*** a novel with a historical background **3** *(teatrale)* backdrop, backcloth **4** ART. ground, field **5** DIR. ***delitto a ~ passionale*** crime of passion; ***un delitto a ~ sessuale*** a sex-linked crime **6** INFORM. wallpaper.

sfondone /sfon'done/ m. howler, blunder; ***uscirsene con uno ~*** to make a major mistake.

sforacchiare /sforak'kjare/ [1] tr. to riddle [sth.] with holes.

sforamento /sfora'mento/ m. overrunning; ***~ del budget*** cost overrun, overspend(ing).

sforare /sfo'rare/ [1] intr. (aus. *avere*) to overrun*, to run* over; ***il conferenziere ha sforato di un'ora*** the lecturer overran his time by an hour.

sforbiciare /sforbi'tʃare/ [1] **I** tr. to snip, to cut* with scissors **II** intr. (aus. *avere*) SPORT [*calciatore*] to do* a scissors kick.

sforbiciata /sforbi'tʃata/ f. **1** snip(-snap) **2** SPORT scissors jump; *(nel calcio)* scissors kick.

sformare /sfor'mare/ [1] **I** tr. **1** *(deformare)* to pull [sth.] out of shape, to deform [*tasca, scarpe, maglione, vestito*] **2** *(togliere dallo stampo)* to take* [sth.] out of the mould, to turn out [*dolce*] **II sformarsi** pronom. to lose* one's shape.

sformato /sfor'mato/ **I** p.pass. → **sformare II** agg. *(deformato, privo di forma)* [*vestito, maglione*] shapeless, baggy; ***un paio di scarpe -e*** a pair of worn-out shoes; ***essere ~*** [*vestito, maglione*] to be out of shape, to bag up **III** m. GASTR. flan, shape; ***~ al formaggio*** cheese flan; ***~ di riso*** rice mould; ***stampo per -i*** mould.

sfornare /sfor'nare/ [1] tr. **1** to take* [sth.] out of the oven [*pane*] **2** FIG. [*scrittore, regista, cantante*] to churn out [*libro, film, disco*]; SCHERZ. to spawn [*figlio*]; ***sforna romanzi al ritmo di uno al mese*** he grinds out novels at the rate of one a month.

sfornato /sfor'nato/ **I** p.pass. → **sfornare II** agg. ***appena ~*** [*pane*] fresh *o* hot from the oven, freshly baked.

sfornire /sfor'nire/ [102] **I** tr. ***~ un esercito delle armi*** to strip an army of its weapons **II sfornirsi** pronom. ***-rsi di qcs.*** to deprive oneself of sth.

sfornito /sfor'nito/ **I** p.pass. → **sfornire II** agg. **1** ***~ di qcs.*** lacking in sth., not provided with sth.; ***~ di mezzi*** without any means; ***essere ~ di moneta*** not to have any change **2** *(di merci)* [*negozio*] poorly stocked, unstocked.

▷ **sfortuna** /sfor'tuna/ f. bad luck, ill luck; *(sventura)* misfortune; ***una serie di -e*** a series of misfortunes; ***~ volle che*** o ***la ~ ha voluto che ci fosse sciopero quel giorno*** as bad luck would have it, there was a strike that day; ***avere ~*** to be unlucky; ***portare ~*** to bring bad luck; ***il 17 porta ~*** 17 is an unlucky number; ***essere perseguitato dalla ~*** to be dogged by misfortune; ***che ~!*** how unlucky! ***ho avuto la ~ di conoscerlo*** I was unlucky enough to meet him.

sfortunatamente /sfortunata'mente/ avv. unfortunately, unluckily; ***pare, ~, che non sia questo il caso*** unfortunately, it looks like this is not the case; ***~, è proprio così*** sadly enough, that's just the way it is.

▷ **sfortunato** /sfortu'nato/ **I** agg. **1** [*coincidenza, amore*] unhappy; [*giorno, situazione, tentativo, evento*] unlucky, ill-fated, unfortunate; [*numero, persona*] unlucky; ***per un caso ~*** unluckily, by an unlucky chance; ***essere in un periodo ~*** to be on a losing streak; ***essere ~*** [*persona*] to be unlucky; ***più ~ di così*** there's nothing worse than that **2** *(non riuscito)* [*impresa, matrimonio*] unsuccessful **II** m. (f. **-a**) unfortunate ◆ ***~ al gioco, fortunato in amore*** lucky at cards, unlucky in love.

▷ **sforzare** /sfor'tsare/ [1] **I** tr. **1** *(sottoporre a uno sforzo)* to force [*motore, voce*]; to strain [*occhi*]; **~ *i cavalli*** to drive the horses **2** *(forzare)* to force [*serratura, cassetto*] **3** *(costringere)* to force, to compel; **~ *il bambino a mangiare*** to force the child to eat **4** *(sottoporsi a uno sforzo)* ***ha sforzato troppo all'inizio della corsa*** he used up too much energy at the beginning of the race **II sforzarsi** pronom. **1** *(tentare)* to strain, to strive*, to try* (hard); ***-rsi di fare qcs.*** to strive to do sth.; ***-rsi di sentire, vedere*** to strain to hear, to see; ***-rsi di provare, dimostrare*** to struggle to prove, demonstrate; ***-rsi troppo*** to drive oneself too hard, to overstrain oneself; ***non ti stai sforzando abbastanza*** you're not trying hard enough; ***-rsi di rimanere sveglio*** to struggle to keep awake; ***-rsi di mangiare qcs.*** to try to eat sth.; ***-rsi di apparire allegro, di non piangere*** to try to look cheerful, not to cry **2** *(costringersi a)* to force oneself; ***-rsi di fare*** to force oneself to do; ***-rsi di sorridere*** to make an effort to smile; ***si sforzò di aprire gli occhi*** he forced his eyes open; ***si sforzò di dire due parole*** she forced out a few words **3** IRON. ***non ti sforzare*** o ***non sforzarti troppo!*** don't exert yourself! ***10 penny di mancia... si è sforzato!*** a 10p tip... that was overdoing it!

sforzato /sfor'tsato/ **I** p.pass. → **sforzare II** agg. **1** [*porta*] forced **2** FIG. [*sorriso*] forced, strained, artificial **3** *(arbitrario)* [*interpretazione*] far-fetched, forced.

sforzesco, pl. **-schi**, **-sche** /sfor'tsesko, ski, ske/ agg. Sforza attrib., of the Sforzas; ***il castello ~*** the Sforza castle.

▶ **sforzo** /'sfɔrtso/ m. **1** effort, strain; **~ *fisico*** physical effort *o* exertion; **~ *di volontà, di immaginazione, di memoria*** effort of will, imagination, memory; **~ *bellico*** war effort; ***senza ~*** effortlessly; ***con grande ~*** strugglingly; ***uno ~ inutile*** a waste of effort; ***tutti i nostri -i*** all our effort(s); ***raddoppiare gli -i*** to redouble one's effort; ***rappresentare un grosso ~ finanziario*** to represent a substantial outlay; ***dopo molti -i*** after a great deal of effort; ***uno ~ notevole*** a fine effort; ***fare uno ~ di adattamento*** to try to adapt; ***fare tutti gli -i possibili per fare*** to make every effort to do; ***fa' un piccolo ~ d'immaginazione!*** use a bit of imagination! ***con la mia schiena, non posso fare -i*** with this back of mine, I can't do anything strenuous; ***su, ancora un piccolo ~!*** come on, just a little bit more! ***senza ~ non si ottiene niente*** you won't get anywhere if you don't try; ***è crollato per lo ~*** he broke down under the strain; ***bello ~!*** IRON. what a strain! ***"Aurelia ha vinto la borsa di studio" "bello ~, è la figlia del professore!"*** "Aurelia got the grant" "it wasn't too difficult, she's the professor's daughter!" **2** MECC. FIS. strain, stress; ***mettere qcs. sotto ~*** to put sth. under stress; ***sottoporre qcs. a ~*** to put a strain on sth., to impose stress on sth. ◆◆ **~ *muscolare*** muscle strain; **~ *di taglio*** FIS. shearing stress; **~ *di torsione*** FIS. torsional stress; **~ *di trazione*** FIS. tensile stress.

sfottere /'sfottere/ [2] **I** tr. COLLOQ. **~ *qcn.*** to tease *o* rib sb., to pull sb.'s leg, to take the mickey out of sb. BE, to razz sb. AE **II sfottersi** pronom. COLLOQ. to tease one another, to take* the mickey out of each other BE.

sfottimento /sfotti'mento/ m. COLLOQ. teasing, ribbing.

sfottitore /sfotti'tore/ m. (f. **-trice** /tritʃe/) COLLOQ. tease.

sfottitura /sfotti'tura/ f. COLLOQ. teasing, ribbing, piss-take BE POP.

sfottò /sfot'tɔ/ m.inv. COLLOQ. teasing, ribbing, piss-take BE POP.

sfracellare /sfratʃel'lare/ [1] **I** tr. to smash (in) [*cranio*] **II sfracellarsi** pronom. [*persona*] to get* smashed, to get* crushed; [*aereo, elicottero*] to crash.

sfragistica /sfra'dʒistika/ f. sphragistics + verbo sing.

sfrangiare /sfran'dʒare/ [1] **I** tr. to fringe [*tovaglia*] **II sfrangiarsi** pronom. [*vestito, pantaloni, tappeto*] to fray.

sfrangiato /sfran'dʒato/ **I** p.pass. → **sfrangiare II** agg. *(con la frangia)* [*tovaglia*] fringed, fringy; *(sfilacciato)* [*pantaloni*] frayed.

sfrangiatura /sfrandʒa'tura/ f. fraying.

sfratare /sfra'tare/ [1] **I** tr. to unfrock **II sfratarsi** pronom. to leave* a monastic order.

▷ **sfrattare** /sfrat'tare/ [1] **I** tr. to evict, to dishouse [*inquilino*] **II** intr. (aus. *avere*) ***devo ~ di qui*** I've got to move out of here.

sfrattato /sfrat'tato/ **I** p.pass. → **sfrattare II** agg. [*inquilino*] evicted, dispossessed **III** m. (f. **-a**) evictee.

▷ **sfratto** /'sfratto/ m. eviction, dispossession; ***subire*** o ***ricevere lo ~*** to be evicted; ***dare lo ~ a qcn.*** to give sb. notice to quit; ***ingiunzione, ordine di ~*** eviction notice, eviction order; **~ *giudiziario*** forcible eviction.

sfrecciare /sfret'tʃare/ [1] intr. (aus. *essere, avere*) [*veicolo, persona*] to speed*, to spin*, to dart, to zip; **~ *davanti a qcs.*** to rocket *o* rush *o* shoot past sth.; **~ *ai 120 all'ora*** to rush along at 120 km/h.

sfregamento /sfrega'mento/ m. **1** rubbing, friction, chafing **2** MED. rub ◆◆ **~ *pleurico*** pleural fremitus.

sfregare /sfre'gare/ [1] **I** tr. **1** to strike* [*fiammifero*] **2** *(pulire)* to scrub [*tappeto, bucato, pavimento, argenteria*]; to scour, to scrub [*pentola*] **3** *(urtare)* [*macchina, ruota*] to rub [*muro, marciapiede*] **II sfregarsi** pronom. to rub oneself; ***-rsi le mani, gli occhi*** to rub one's hands, eyes.

sfregatura /sfrega'tura/ f. **1** rubbing **2** *(segno)* scratch.

sfregiare /sfre'dʒare/ [1] **I** tr. **1** *(deturpare)* to scar, to slash [*viso*]; to deface, to slash [*opera d'arte*] **2** FIG. *(disonorare)* to dishonour [*persona*] **II sfregiarsi** pronom. to scar oneself.

sfregiato /sfre'dʒato/ **I** p.pass. → **sfregiare II** agg. [*viso*] scarred **III** m. (f. **-a**) scarface.

sfregio, pl. **-gi** /'sfredʒo, 'sfrɛdʒo, dʒi/ m. **1** *(cicatrice)* scar; ***aveva uno ~ sulla guancia*** he had a scar on his cheek **2** *(taglio)* slash, cut; *(graffio)* scratch; *(su un quadro)* defacement, disfigurement **3** FIG. *(offesa)* offence BE, offense AE; ***ricevere uno ~*** to be offended *o* insulted.

sfrenare /sfre'nare/ [1] **I** tr. **1** *(liberare dal freno)* to take* the brake off [*vagone ferroviario*] **2** FIG. to let* [sth.] loose, to give* free rein to, to let* [sth.] run wild [*passioni, fantasia*] **II sfrenarsi** pronom. to let* oneself go, to run* wild.

sfrenatamente /sfrenata'mente/ avv. wildly.

sfrenatezza /sfrena'tettsa/ f. wildness; ***abbandonarsi a ogni tipo di -e*** to become dissolute.

▷ **sfrenato** /sfre'nato/ **I** p.pass. → **sfrenare II** agg. **1** *(incontrollato, esagerato)* [*passione, istinti*] uncontrolled, uncurbed, unbridled; [*immaginazione*] wild; [*ambizione*] blind, unbridled; [*ottimismo*] unbound; ***una concorrenza -a*** a cut-throat competition; ***nel lusso più ~*** in the lap of luxury **2** *(scatenato)* [*ritmo, corsa, musica, danza*] wild.

sfrido /'sfrido/ m. **1** *(calo di una merce)* shrinkage **2** *(residui di lavorazione)* waste **U**, scrap.

sfriggere /'sfriddʒere/ [53], **sfrigolare** /sfrigo'lare/ [1] intr. (aus. *avere*) [*olio, burro*] to sizzle, to crackle, to frizzle, to hiss.

sfrigolio, pl. **-ii** /sfrigo'lio, ii/ m. sizzle, crackle, hiss.

sfrondamento /sfronda'mento/ m. pruning (anche FIG.).

sfrondare /sfron'dare/ [1] **I** tr. **1** to prune, to thin out [*albero, bosco*] **2** FIG. to prune, to trim (down) [*testo, articolo, manoscritto*] **II sfrondarsi** pronom. [*albero*] to lose* one's leaves.

sfrondatura /sfronda'tura/ f. pruning (anche FIG.).

sfrontatamente /sfrontata'mente/ avv. impudently, boldly, cheekily.

sfrontatezza /sfronta'tettsa/ f. impudence, effrontery, boldness, cheek; ***con ~*** [*mentire, prendersi gioco*] shamelessly.

sfrontato /sfron'tato/ **I** agg. [*bambino*] cheeky; [*persona, ragazza*] forward, cheeky; [*lusso, successo, fortuna*] unashamed; [*aria, comportamento, domanda*] shameless, impudent, bold **II** m. (f. **-a**) cheeky person, impudent person.

sfruttabile /sfrut'tabile/ agg. [*miniera, terreno*] exploitable, workable; **~ *da un punto di vista commerciale*** commercially expoitable; ***un sottotetto ~*** an attic that can be converted (into a living space).

▷ **sfruttamento** /sfrutta'mento/ m. **1** exploitation; *(di impianto, miniera)* operation; **~ *dell'energia eolica*** harnessing of wind power; **~ *di una possibilità*** taking advantage of an oppotunity **2** AGR. exploitation; ***praticare uno ~ selvaggio*** to deplete, to overwork **3** *(l'approfittare)* exploitation; **~ *dei lavoratori*** exploitation of workers ◆◆ **~ *delle miniere*** workings; **~ *della prostituzione*** pimping; **~ *del suolo*** soil depletion.

▶ **sfruttare** /sfrut'tare/ [1] tr. **1** to exploit, to tap [*fonte, energia, giacimento petrolifero*] **2** *(trarre vantaggio da)* to take* advantage of [*possibilità*]; to capitalize on [*vantaggio, situazione*]; **~ *al massimo*** to make full use of, to make the most of [*situazione, occasione*]; ***per ~ il mio abbonamento devo andare in piscina due volte alla settimana*** to make my season ticket pay I'll have to go to the swimming pool twice a week **3** *(utilizzare)* to use [*conoscenze, informazioni, talento*]; to play on [*idea*] **4** *(approfittare di)* to exploit [*debolezza, ascendente*]; to follow up [*vittoria, successo*] **5** *(trarre vantaggio dal lavoro altrui)* to exploit [*operai*] **6** MIN. to operate, to work [*miniera*] **7** DIR. **~ *la prostituzione*** to procure.

sfruttato /sfrut'tato/ **I** p.pass. → **sfruttare II** agg. [*scherzo*] old, hackneyed; [*teoria*] hackneyed; [*giacimento, vena*] worked; ***essere, sentirsi*** to be, feel put upon *o* exploited **III** m. (f. **-a**) exploited person.

sfruttatore /sfrutta'tore/ **I** agg. [*padrone*] exploitative **II** m. (f. **-trice** /tritʃe/) exploiter, user AE; *(di prostitute)* pimp.

sfuggente /sfud'dʒɛnte/ agg. **1** *(elusivo)* [*persona*] shifty, slippery; [*aria, espressione*] elusive, evasive; ***avere uno sguardo ~*** to have shifty eyes *o* an evasive look **2** *(poco marcato)* [*fronte*] receding; [*mento*] weak, receding, retreating.

sfuggevole /sfud'dʒevole/ agg. [*ricordo, immagine*] fleeting.

sfuggevolezza /sfuddʒevo'lettsa/ f. elusiveness.

▶ **sfuggire** /sfud'dʒire/ [3] **I** intr. (aus. *essere*) **1** *(sottrarsi alla cattura)* **~ a** to escape, to dodge, to elude [*inseguitore, predatore, cacciatore*] **2** *(evitare)* **~ a** to avoid [*incidente, fallimento*]; to escape [*morte, arresto, castigo, pericolo, persecuzioni*]; to dodge [*giustizia*]; to elude [*controllo, ispezione*]; to get out of, to shun, to shirk [*responsabilità*]; to resist [*tentazione*]; **~ all'obbligo di fare** to get out of having to do; ***aspettano una tua visita, non avrai modo di -rvi*** they're expecting you, you won't be able to get out of it **3** *(scappare, scivolare)* to slip, to escape; **~ di mano** [*oggetto*] to slip out of one's hand; FIG. [*situazione*] to slip through one's fingers; ***la penna gli sfuggì di mano*** the pen slipped from his grasp; ***le cose ci stanno sfuggendo di mano*** FIG. things are getting out of hand; ***un ricciolo le sfuggiva dal cappello*** a curl stuck out from under the hat; ***sentirsi ~ le forze*** to feel one's strength slip away **4** *(essere detto inavvertitamente)* to slip; ***quella cosa mi è proprio sfuggita*** I really didn't mean to say that, it just slipped out; ***lasciarsi ~*** to let out [*segreto, bestemmia, sospiro, parola*] **5** *(non cogliere)* ***lasciarsi*** o ***farsi ~*** to miss out on, to let slip [*opportunità, affare*]; to miss, to overlook [*errore, particolare*]; ***l'occasione era troppo buona per lasciarsela ~*** the chance was too good to miss; ***mi sono sfuggite le ultime parole che hai detto*** I didn't get the final words you said; *(non notare)* ***sono sfuggiti alcuni errori*** a few errors have slipped through; ***non gli sfugge proprio niente, vero?*** he doesn't miss a thing, does he? ***gli è sfuggito che*** it slipped his notice *o* attention that; ***non mi è sfuggito che*** it didn't escape my notice that; **~ all'attenzione** to pass unnoticed; ***non mi è sfuggita l'ironia della tua osservazione*** the irony of your remark didn't escape me; ***a nessuno sfugge la gravità della situazione*** the seriousness of the situation is obvious to everybody **6** *(non ricordare)* ***in questo momento il titolo mi sfugge*** the title escapes me at the moment; ***il suo nome mi sfugge*** her name eludes me; ***mi era sfuggito di mente che*** it had slipped my mind that **7** *(sfidare)* **~ a** to defy, to elude [*logica*] **II** tr. to elude [*domanda, sguardo*]; to shun, to avoid [*persona*].

sfuggita: **di sfuggita** /disfud'dʒita/ avv. in passing, fleetingly; ***vedere qcs. di ~*** to catch a glimpse of sth., to glimpse sth.; ***vedere, incontrare qcn. di ~*** to see, meet sb. briefly.

▷ **sfumare** /sfu'mare/ [1] **I** intr. (aus. *essere*) **1** *(svanire)* to fade away, to vanish; ***la nebbia sta sfumando*** the fog is beginning to thin **2** FIG. *(andare a monte)* [*progetto, affare, vacanze*] to fall* through, to go* up in smoke; [*occasione, speranza*] to vanish **3** *(digradare di tono)* [*suono*] to fade; ***il blu sfuma nel verde*** the blue shades off into green **4** *(perdere la precisione dei contorni)* to become* blurred **II** tr. **1** *(diminuire la tonalità di)* to grade, to blend, to tone down [*colori*]; to shade [*disegno, ombra, fard*]; to soften [*ombra, contorni*] **2** *(diminuire)* to decrease, to lower [*intensità*] **3** *(sfoltire)* to taper [*capelli*].

sfumato /sfu'mato/ **I** p.pass. → **sfumare II** agg. **1** *(svanito, andato a monte)* [*affare, occasione*] fallen through **2** *(attenuato)* [*colore*] shaded, soft; [*suono*] soft **3** *(vago)* [*contorni*] blurred, hazy.

▷ **sfumatura** /sfuma'tura/ f. **1** PITT. *(lo sfumare)* shading **2** *(gradazione, tonalità)* tone, shade, nuance, hue; ***-e di colori*** colour gradations; ***una bella ~ di blu*** an attractive shade of blue; ***con una ~ verde*** with a greenish cast; ***blu con una ~ di viola*** blue with a purple tint **3** MUS. nuance **4** *(taglio dei capelli)* **~ alta** high layering, taper **5** FIG. shade, nuance; ***le -e di un testo*** the nuances of a text; ***il romanzo è ricco di -e*** the novel is full of subtle touches *o* undertones; ***questa parola ha varie -e di significato*** this word has several shades of meaning; ***a parte qualche piccola ~*** apart from the odd slight difference; ***-e stilistiche*** stylistic undertones; ***cogliere le -e*** to see *o* catch the nuances **6** FIG. *(cenno)* hint; ***una ~ di ironia*** a tinge of irony.

sfumino /sfu'mino/ m. stump.

sfuocare /sfwo'kare/ → **sfocare.**

sfuocato /sfwo'kato/ → **sfocato.**

sfuriata /sfu'rjata/ f. **1** *(sgridata)* scolding, bluster; ***fare una ~ a qcn.*** to bluster at sb., to give sb. a scolding, to rant and rave at sb. **2** *(di pioggia, vento)* gust, bluster.

sfuso /'sfuzo/ agg. **1** *(non confezionato)* [*caramelle, tè*] loose; ***vino ~*** wine on tap **2** *(liquefatto)* [*burro*] melted.

sg. 1 ⇒ sergente sergeant (Sgt.) **2** ⇒ seguente following (ff).

SG ⇒ Sua Grazia His Grace, Her Grace (HG).

sgabello /zga'bɛllo/ m. stool, tabouret; ***servire da ~ a qcn.*** FIG. to be exploited by sb. ◆◆ **~ *da bar*** bar stool; **~ *girevole*** swivel stool; **~ *per mungere*** milking stool; **~ *da pianoforte*** music *o* piano stool; **~ *poggiapiedi*** footstool.

sgabuzzino /zgabud'dzino/ m. closet, cubby-hole, box room BE.

sgamare /zga'mare/ tr. COLLOQ. to suss (out); ***ti ho sgamato!*** I rumbled your game!

sgambata /zgam'bata/ f. long walk; ***fare una ~*** to go for a (long) walk.

sgambato /zgam'bato/ agg. [*costume da bagno, mutande*] high-cut.

sgambettare /zgambet'tare/ [1] **I** intr. (aus. *avere*) *(dimenare le gambe)* to kick (one's legs); *(trotterellare)* to patter, to trip along **II** tr. **~ *qcn.*** to trip sb. over *o* up.

sgambetto /zgam'betto/ m. trip; ***fare lo ~ a qcn.*** to trip sb. over *o* up.

sganasciare /zganaʃ'ʃare/ [1] **I** tr. **~ *qcn*** to dislocate sb.'s jaw **II** **sganasciarsi** pronom. to dislocate one's jaw; ***-rsi dalle risate*** to laugh one's head off, to laugh like a drain.

sganascione /zganaʃ'ʃone/ m. slap.

sganciabile /zgan'tʃabile/ agg. **1** releasable, that can be unhooked **2** AER. ***serbatoio ~*** drop tank, (fuel) pod.

sganciamento /zgantʃa'mento/ m. **1** unhooking **2** FERR. *(distacco)* uncoupling **3** *(di bombe)* release **4** MIL. disengagement.

▷ **sganciare** /zgan'tʃare/ [1] **I** tr. **1** to unhook [*bustino, reggiseno*]; to unfasten, to unlock, to release [*cintura di sicurezza*]; to unclasp [*spilla*] **2** FERR. to uncouple [*vagone*] **3** MIL. to drop, to release [*bomba, missile, satellite, navetta*] **4** COLLOQ. to cough up, to shell out, to stump up BE [*soldi*] **II** **sganciarsi** pronom. **1** *(staccarsi)* [*persona*] to get* away (**da qcn., qcs.** from sb., sth.) **2** MIL. to disengage.

sgancio, pl. **-ci** /'zgantʃo, tʃi/ m. release; **~ *automatico*** automatic release.

sgangherare /zgange'rare/ [1] **I** tr. **1** to unhinge [*porta*] **2** FIG. *(sfasciare)* to smash, to break* (up) [*oggetto*] **II** **sgangherarsi** pronom. ***-rsi dalle risa*** to split one's sides (with laughing).

sgangheratamente /zgangerata'mente/ avv. **1** *(smodatamente)* ***ridere ~*** to split one's sides (with laughing) **2** *(sguaiatamente)* coarsely.

sgangherato /zgange'rato/ **I** p.pass. → **sgangherare II** agg. **1** *(mal tenuto)* [*sedia, mobile*] rickety; [*casa*] ramshackle; ***una macchina -a*** a junk heap **2** *(sconnesso)* [*discorso*] incoherent; [*idea*] clapped-out **3** *(scomposto)* ***un riso ~*** a wild laugh **4** *(sguaiato)* coarse, vulgar **5** *(male in arnese)* ***un vecchietto ~*** a decrepit old man.

sgarbataggine /zgarba'taddʒine/ f. → **sgarbatezza.**

sgarbatamente /zgarbata'mente/ avv. [*rispondere, comportarsi*] impolitely, rudely, nastily.

sgarbatezza /zgarba'tettsa/ f. impoliteness, rudeness.

▷ **sgarbato** /zgar'bato/ agg. *(scortese)* [*risposta*] impolite, rude; [*persona*] rude, impolite, bad-mannered; ***essere ~ verso*** o ***nei confronti di qcn.*** to be rude *o* unkind to sb.

sgarberia /zgarbe'ria/ f. impoliteness, rudeness.

▷ **sgarbo** /'zgarbo/ m. *(sgarbatezza)* impoliteness, rudeness; *(atto sgarbato)* slight, insult; ***fare uno ~ a qcn.*** to insult sb., to slight sb.; ***fare a qcn. lo ~ di rifiutare*** to insult sb. by refusing; ***ricevere uno ~ da qcn.*** to suffer a slight from sb.

sgarbugliare /zgarbuʎ'ʎare/ [1] tr. to unravel, to disentangle (anche FIG.).

sgargiante /zgar'dʒante/ agg. **1** *(vivace)* [*colore*] bright, flaring, loud **2** *(appariscente)* [*gioiello*] flashy, gaudy; [*abbigliamento*] showy, loud; [*fantasia, disegno*] brash.

sgarrare /zgar'rare/ [1] intr. (aus. *avere*) **1** *(sbagliare)* to be* at fault, to be* inaccurate; ***l'orologio non sgarra di un minuto*** this watch keeps perfect time **2** *(mancare al proprio dovere)* to fail to do* one's duty; ***non ~ mai*** he never slips up; ***se sgarri sei rovinato!*** one step out of line and you're finished!

sgarrettare /zgarret'tare/ [1] tr. to hock, to hough ANT.

sgarro /'zgarro/ m. **1** *(mancanza)* slip, lapse **2** GERG. = breach of the criminal code.

sgasare /zga'zare/ [1] **I** tr. *(togliere l'anidride carbonica)* to make* [sth.] go flat [*bevanda, liquido*] **II** intr. (aus. *avere*) COLLOQ. to rev up (the engine).

sgattaiolare /zgattajo'lare/ [1] intr. (aus. *essere*) to slip away, to steal away; **~ *fuori dalla camera*** to slip out of a room; **~ *(via) dalla porta di servizio*** to sneak out the back door.

sgelare /zdʒe'lare/ [1] **I** tr. **1** *(fare sciogliere)* [*sole, calore*] to thaw, to melt [*neve, brina*] **2** FIG. [*battuta, scherzo*] to melt, to warm up [*ambiente, atmosfera*] **II** intr. (aus. *essere, avere*) [*terreno, lago*] to thaw **III** impers. (aus. *essere, avere*) to thaw; ***oggi sgela*** today it's thawing **IV** **sgelarsi** pronom. **1** *(sciogliersi)* [*lago*] to thaw **2** FIG. [*atmosfera, situazione*] to warm up, to thaw.

sgelo /ˈzdʒɛlo/ m. thaw.
sghembo /ˈzgembo/ **I** agg. **1** [*muro*] crooked; [*oggetto*] lopsided, crooked **2** MAT. *(obliquo)* [*curva*] skew **II** avv. **1** *(obliquamente)* lopsidedly **2** **a sghembo, di sghembo** crookedly, on the skew; ***camminare di ~*** to walk crookedly.
sgherro /ˈzgɛrro/ m. **1** SPREG. *(sbirro)* pig, cop(per) **2** ANT. bravo*, myrmidon.
sghiacciare /zgjatˈtsare/ [1] tr. to thaw, to de-ice.
sghiacciatore /zgjattsaˈtore/ m. AER. de-icer.
sghignazzamento /zgiɲɲattsaˈmento/ m. guffaw.
sghignazzare /zgiɲɲatˈtsare/ [1] intr. (aus. *avere*) to guffaw.
sghignazzata /zgiɲɲatˈtsata/ f. guffaw; ***farsi una ~*** to guffaw.
sghimbescio, pl. **-sci, -scie** /zgimˈbɛʃʃo, ʃi, ʃe/ agg. **1** *(obliquo)* [*muro*] crooked **2** **a sghimbescio, di sghimbescio** crookedly, on the skew; ***camminare di ~*** to walk crookedly; ***mettere a ~*** to tilt [*cappello*].
sghiribizzo /zgiriˈbiddzo/ m. COLLOQ. whim, fancy whimwhams pl. AE.
sgobbare /zgobˈbare/ [1] intr. (aus. *avere*) **1** *(lavorare molto)* to toil (away), to drudge, to slog, to graft BE (**su** on); ***~ dal mattino alla sera*** to slave away from morning to night; ***per arrivare lì ha dovuto ~*** he had to work hard to get where he is **2** GERG. SCOL. to swot (up), to cram, to mug (up) BE; ***~ per un esame*** to cram for an exam; ***sta sgobbando sui libri di latino*** he's plugging away at his Latin; ***sta sempre a ~ sui libri*** she's always poring over her books.
sgobbata /zgobˈbata/ f. **1** *(lavoro prolungato)* toil, grind, drudgery, hard slog, hard graft BE **2** *(studio prolungato)* swot, cramming; ***fare una ~*** to swot up, to cram.
sgobbone /zgobˈbone/ m. (f. **-a**) **1** *(lavoratore)* hard worker, slogger, grafter BE **2** *(secchione)* hard worker, plugger, grind AE.
sgocciolare /zgottʃoˈlare/ [1] **I** tr. **1** *(lasciar cadere a gocce)* [*candela*] to let* [sth.] drip [*cera*] **2** FIG. *(bere)* to drain, to empty [*bottiglia di vino*] **II** intr. **1** (aus. *avere*) [*pioggia, acqua, biancheria*] to drip (**da** from) **2** (aus. *essere*) [*bottiglia*] to be* drained; ***far ~ i piatti*** to leave the dishes to dry *o* drain.
sgocciolatoio, pl. **-oi** /zgottʃolaˈtojo, oi/ m. drainer, plate-rack.
sgocciolatura /zgottʃolaˈtura/ f. **1** *(della biancheria)* dripping **2** *(gocce cadute)* drips pl., drops pl.
sgocciolio, pl. **-ii** /zgottʃoˈlio, ii/ m. dripping.
sgocciolo /ˈzgottʃolo/ m. ***essere agli -i*** *(essere alla fine)* to be almost over, to be coming to an end; *(stare per morire)* to be at one's last gasp; *(non avere più soldi)* to be running out of money, to be down to one's last penny *o* shilling BE; ***la mia pazienza è agli -i*** my patience is running out.
sgolarsi /zgoˈlarsi/ [1] pronom. to shout oneself hoarse.
sgomberare /zgombeˈrare/ → **sgombrare.**
sgombero /ˈzgombero/ m. **1** *(lo sgombrare)* clearance, clearing (out); ***lo ~ di una stanza*** the emptying of a room; ***lo ~ di una strada*** the clearing of a road **2** *(trasloco)* move; ***fare lo ~*** to move house **3** *(evacuazione)* evacuation; ***lo ~ dei feriti*** the evacuation of the injured **4** *(ripostiglio)* ***(stanza di) ~*** storeroom, box room BE, lumber room BE.
sgombraneve /zgombraˈneve/ **I** agg.inv. ***mezzo ~*** snow plough BE, snow plow AE **II** m.inv. snow plough BE, snow plow AE.
▷ **sgombrare** /zgomˈbrare/ [1] tr. **1** *(liberare)* to clear [*strada, passaggio, luogo*]; to empty, to clear (out), to vacate [*locale, alloggio, magazzino*]; ***~ dalla neve*** to clear the snow away; ***~ le strade dalle macchine*** to rid the streets of cars; ***il vento ha sgombrato il cielo dalle nubi*** the wind cleared the clouds from the sky; ***~ il terreno*** to clear the ground (anche FIG.); ***~ il campo*** MIL. [*carriarmati*] to move out; ***~ la mente dai pensieri*** FIG. to free *o* clear one's mind of worries **2** *(vuotare)* to clear [*scrivania, tavolo*]; to tidy out [*cassetto, armadio*] **3** *(evacuare)* to evacuate [*casa, popolazione, feriti*]; ***il giudice fece ~ l'aula*** the judge cleared the court.
1.sgombro /ˈzgombro/ agg. **1** *(libero)* [*via, accesso, passaggio, sentiero*] clear(ed); *(vuoto)* [*stanza*] empty, clear(ed) **2** FIG. clear, free; ***animo ~ da preoccupazioni*** peace of mind; ***avere la mente -a*** to have a clear mind.
2.sgombro /ˈzgombro/ m. ZOOL. mackerel*.
▷ **sgomentare** /zgomenˈtare/ [1] **I** tr. to dismay, to consternate **II** **sgomentarsi** pronom. to be* dismayed.
▷ **sgomento** /zgoˈmento/ **I** m. consternation, dismay; ***gettare qcn. nello ~*** to fill sb. with dismay; ***farsi prendere dallo ~*** to be dismayed; ***con suo grande ~*** with his great consternation **II** agg. [*volto*] anguished, dismayed.
sgominare /zgomiˈnare/ [1] tr. **1** *(sbaragliare)* to smash, to break* (up) [*banda di malviventi*]; to rout, to put* to rout, to crush, to defeat [*nemico*] **2** FIG. *(avere nettissimo successo)* to defeat, to crush, to smash [*avversari*].
sgomitare /zgomiˈtare/ [1] intr. (aus. *avere*) to elbow (one's way); ***la gente spingeva e sgomitava*** people were pushing and shoving.
sgomitolare /zgomitoˈlare/ [1] **I** tr. to unwind* **II** **sgomitolarsi** pronom. [*gomitolo*] to unwind*.
sgommare /zgomˈmare/ [1] **I** tr. TESS. to degum [*seta*] **II** intr. (aus. *avere*) [*macchina*] to peel out AE; ***partirono sgommando*** they left with a squeal *o* screech of tyres **III** **sgommarsi** pronom. ***il francobollo si è sgommato*** the stamp has lost its stick.
sgommata /zgomˈmata/ f. COLLOQ. ***fare una ~*** to peel out AE.
▷ **sgonfiare** /zgonˈfjare/ [1] **I** tr. **1** *(far uscire l'aria)* to let* the air out of, to deflate [*palloncino, pneumatico, mongolfiera*] **2** FIG. to redimension [*notizia*]; to discredit, to debunk [*mito*] **3** *(far passare il gonfiore)* [*ghiaccio*] to reduce the swelling of [*caviglia*] **4** COLLOQ. *(annoiare)* to bore stiff **II** **sgonfiarsi** pronom. **1** *(svuotarsi)* [*pneumatico, pallone*] to deflate, to go* flat; [*mongolfiera*] to collapse **2** MED. [*caviglia, ascesso*] to be* reduced **3** COLLOQ. *(annoiarsi)* to be* bored stiff **4** FIG. *(perdere la boria)* to be* brought down a peg or two **5** *(non destare più scalpore)* [*caso, storia*] to die down.
sgonfiatura /zgonfjaˈtura/ f. deflation.
sgonfio, pl. **-fi, -fie** /ˈzgonfjo, fi, fje/ agg. [*pallone, pneumatico*] flat, deflated.
sgorbia /ˈzgɔrbja, ˈzgorbja/ f. gouge.
sgorbiare /zgorˈbjare/ [1] tr. **1** *(scarabocchiare)* to scribble (on), to scrawl (on) [*foglio di carta*] **2** *(macchiare)* to stain, to blot.
sgorbio, pl. **-bi** /ˈzgɔrbjo, bi/ m. **1** *(scarabocchio)* scribble, scribbling, scrawl; ***fare -bi*** to scribble; ***la sua firma era uno ~*** his signature was just a scribble **2** *(persona brutta e deforme)* fright.
sgorgare /zgorˈgare/ [1] **I** intr. (aus. *essere*) **1** *(fuoriuscire)* [*liquido*] to pour, to gush, to flow, to spout; ***l'acqua sgorga dalla sorgente*** the water flows from the spring; ***il sangue sgorgava dalla ferita*** there was blood pouring from the wound; ***le lacrime mi sgorgarono dagli occhi*** tears welled up in my eyes **2** FIG. to spring*, to tumble out; ***parole che sgorgano dal cuore*** words that come straight from the heart **II** tr. to clear [*tubo, lavandino*].
sgottamento /zgottaˈmento/ m. bailing.
sgottare /zgotˈtare/ [1] tr. to bail (out).
sgozzamento /zgottsaˈmento/ m. slitting of the throat.
▷ **sgozzare** /zgotˈtsare/ [1] tr. **1** *(uccidere tagliando la gola)* ***~ qcn.*** to slit* sb.'s throat, to cut* sb.'s throat **2** *(macellare)* to slaughter, to stick* [*maiale*].
sgradevole /zgraˈdevole/ agg. [*situazione, gusto*] unpleasant, nasty, disagreeable; [*suono, viso*] ugly, unpleasant; [*odore*] nasty, rank, foul; [*persona, voce*] disagreeable, unpleasant; ***~ a vedersi*** unpleasing to the eye.
sgradevolezza /zgradevoˈlettsa/ f. disagreeableness, unpleasantness.
sgradevolmente /zgradevolˈmente/ avv. disagreeably, unpleasantly.
sgradito /zgraˈdito/ agg. **1** *(spiacevole)* [*notizia, sorpresa*] unpleasant; [*opinione*] unpopular **2** *(indesiderato)* [*ospite*] unwanted, unwelcome.
sgraffiare /zgrafˈfjare/ → **graffiare.**
sgraffignare /zgraffiɲˈɲare/ [1] tr. to pinch, to lift, to nick BE [*portafoglio*].
sgraffio, pl. **-fi** /ˈzgraffjo, fi/ m. scratch.
sgrammaticare /zgrammatiˈkare/ [1] intr. (aus. *avere*) to make* grammar mistakes.
sgrammaticato /zgrammatiˈkato/ **I** p.pass. → **sgrammaticare** **II** agg. [*discorso, testo*] ungrammatical; ***scrivere in modo ~*** to write ungrammatically; ***una persona -a*** a person who makes grammar mistakes.
sgrammaticatura /zgrammatikaˈtura/ f. grammar mistake.
1.sgranare /zgraˈnare/ [1] tr. **1** *(estrarre i semi)* to hull, to shell, to shuck AE [*fagioli, piselli*]; to husk [*mais*]; to gin [*cotone*] **2** FIG. ***~ preghiere*** to say a string of prayers; ***~ il rosario*** to say *o* tell one's beads **3** *(spalancare)* ***~ gli occhi*** to goggle, to open one's eyes wide; ***sgranò gli occhi*** her eyes grew round *o* widened.
2.sgranare /zgraˈnare/ [1] **I** tr. *(disfare)* to crumble [*acciaio*] **II** **sgranarsi** pronom. [*acciaio*] to crumble.
3.sgranare /zgraˈnare/ [1] **I** tr. AUT. to strip, to grind [*marce*] **II** **sgranarsi** pronom. AUT. to disengage.
sgranato /zgraˈnato/ **I** p.pass. → **1.sgranare** **II** agg. ***con gli occhi -i*** wide-eyed; ***aveva gli occhi -i*** his eyes were wide open.
sgranatrice /zgranaˈtritʃe/ f. ***~ di cotone*** cotton gin.
sgranatura /zgranaˈtura/ f. *(di fagioli, piselli)* shelling, shucking AE; *(di mais)* husking; *(di cotone)* ginning.

sgranchire /zgran'kire/ [102] **I** tr. to stretch [*braccia, gambe*] **II sgranchirsi** pronom. ***-rsi le gambe*** to stretch one's legs.
sgranellare /zgranel'lare/ [1] tr. ***~ l'uva*** to pick grapes off a bunch.
sgranellatura /zgranella'tura/ f. = picking the grapes off a bunch.
sgranocchiare /zgranok'kjare/ [1] tr. to crunch, to munch [*biscotti, noccioline*]; ***non hai qcs. da ~?*** have you got anything to nibble?
▷ **sgrassare** /zgras'sare/ [1] tr. **1** TESS. to scour [*lana*] **2** to skim (the fat from) [*brodo*] **3** *(pulire)* to remove the grease from [*superficie, stoviglie*].
sgrassatura /zgrassa'tura/ f. **1** TESS. scouring **2** *(di brodo)* skimming.
sgravare /zgra'vare/ [1] **I** tr. to relieve [*coscienza*]; ***~ qcn. da una responsabilità*** to relieve sb. of a responsibility; ***~ i contribuenti da una tassa*** to relieve the taxpayers of a tax **II sgravarsi** pronom. **1** *(alleggerirsi)* to unburden oneself **2** FIG. ***-rsi la coscienza*** to ease one's conscience **3** COLLOQ. *(partorire)* [*donna*] to deliver; [*animale*] to bring* forth.
sgravio, pl. **-vi** /'zgravjo, vi/ m. **1** reduction, relief; ***per ~ di coscienza*** for conscience's sake; ***a*** o ***per mio, tuo ~*** ANT. in my, your justification **2** ECON. relief, allowance ◆◆ ***~ fiscale*** ECON. tax cut, tax concession, tax allowance.
sgraziatamente /zgrattsjata'mente/ avv. [*muoversi*] clumsily, ungracefully.
sgraziato /zgrat'tsjato/ agg. **1** *(senza garbo)* [*persona*] clumsy, awkward, ungainly, lumbering; [*gesto, fisico*] clumsy, awkward, ungraceful **2** *(sgradevole)* [*voce*] unpleasant, disagreeable.
sgretolamento /zgretola'mento/ m. crumbling, mouldering BE, moldering AE.
sgretolare /zgreto'lare/ [1] **I** tr. **1** *(ridurre in frammenti)* to crumble [*intonaco*] **2** FIG. *(distruggere un po' alla volta)* ***~ gli argomenti dell'avversario*** to break down *o* destroy (little by little) the opponent's arguments **II sgretolarsi** pronom. **1** *(ridursi in frammento)* [*pietra, muro, gesso*] to crumble, to moulder BE, to molder AE **2** FIG. to fall* apart, to crumble.
sgretolio, pl. **-ii** /zgreto'lio, ii/ m. crumbling (away), mouldering BE, moldering AE.
▷ **sgridare** /zgri'dare/ [1] tr. to scold, to tell* off, to dress down; ***è stato sgridato perché è arrivato in ritardo*** he got told off for arriving late.
sgridata /zgri'data/ f. scolding, telling-off, dressing-down; ***dare una ~ a qcn.*** to give sb. a scolding *o* a telling-off; ***prendersi una ~*** to get an earful *o* a scolding, to be scolded.
sgrondare /zgron'dare/ [1] tr. to drip (**su** onto).
sgroppare /zgrop'pare/ [1] intr. to buck.
sgroppata /zgrop'pata/ f. buck; ***dare una ~*** to give a buck.
sgrossare /zgros'sare/ [1] **I** tr. **1** *(sbozzare)* to rough off, to rough-hew [*pietra, blocco di marmo, legno*] **2** *(abbozzare)* to outline, to sketch (out) [*progetto, lavoro*] **3** *(incivilire)* to refine [*persona*] **II sgrossarsi** pronom. [*persona*] to become* refined.
sgrossatura /zgrossa'tura/ f. roughing out, rough-hewing.
sgrovigliare /zgroviʎ'ʎare/ [1] tr. to unravel, to disentangle, to unweave (anche FIG.).
sguaiataggine /zgwaja'taddʒine/ f. coarseness.
sguaiatamente /zgwajata'mente/ avv. [*ridere, urlare*] coarsely, unbecomingly.
sguaiato /zgwa'jato/ **I** agg. [*persona, comportamento, risata*] coarse, vulgar **II** m. (f. **-a**) coarse person.
sguainare /zgwai'nare/ [1] tr. to draw*, to unsheathe [*spada*].
sguainato /zgwai'nato/ **I** p.pass. → **sguainare II** agg. [*spada*] naked, unsheated; ***con la spada -a*** with drawn sword.
sgualcire /zgwal'tʃire/ [102] **I** tr. to crease, to crumple, to wrinkle, to muss (up), to ruck [*vestito, stoffa*] **II sgualcirsi** pronom. [*vestito, stoffa*] to crease, to crumple, to wrinkle, to ruck (up).
sgualcito /zgwal'tʃito/ **I** p.pass. → **sgualcire II** agg. [*stoffa*] creased, crumpled, wrinkled, mussed up.
sgualcitura /zgwaltʃi'tura/ f. crease, crumple, wrinkle.
sgualdrina /zgwal'drina/ f. tart, slut, tramp.
sguanciare /zgwant'ʃare/ [1] tr. to splay.
▶ **sguardo** /'zgwardo/ m. **1** *(atto del guardare)* look, gaze; ***~ fisso*** stare; ***avere lo ~ fisso*** to have a fixed stare; ***dirigere lo ~ verso qcs.*** to look towards sth., to turn one's eyes towards sth.; ***distogliere lo ~ da qcs.*** to avert one's eyes *o* gaze from sth., to take one's eyes off sth., to look away from sth.; ***abbassare lo ~*** to drop one's gaze, to look down; ***cercare qcn., qcs. con lo ~*** to look around for sb., sth.; ***seguire qcn., qcs. con lo ~*** to follow sb., sth. with one's eyes; ***reggere lo ~ di qcn.*** to hold sb.'s gaze; ***avere lo ~ smarrito*** to have a blank *o* vacant look; ***ho incrociato il suo ~*** our eyes met; ***scambio di -i*** eye contact; ***scambiarsi degli -i*** to exchange glances *o* looks; ***lontano*** o ***al riparo da -i indiscreti*** far from prying eyes; ***non mi ha degnato di uno ~*** she didn't even look at me; ***fulminare qcn. con lo ~*** to look scathingly at sb.; ***sottrarsi allo ~ di qcn.*** to escape from sb.'s view; ***mi lanciò uno ~ disperato, di puro odio*** he looked at me helplessly, he gave me a look of sheer hatred **2** *(occhiata)* glimpse, glance, look; ***dare rapido ~ a qcs.*** to give sth. a quick look, to glance at sth.; ***un breve ~ all'attualità*** a quick look at the news **3** *(espressione)* look, expression; ***il suo triste ~*** his sad look; ***uno ~ timido, pieno di rabbia, spento, languido*** a shy, angry, vacant, languid look; ***sotto lo ~ vigile, critico, geloso di qcn.*** under the watchful, critical, jealous eye of sb.; ***lo guardò con ~ furioso*** she looked at him with angry eyes.
sguarnire /zgwar'nire/ [102] tr. **1** *(levare le guarnizioni)* to untrim, to ungarnish [*abito*] **2** MIL. to dismantle [*fortezza, piazzaforte*] **3** MAR. to unrig.
sguarnito /zgwar'nito/ **I** p.pass. → **sguarnire II** agg. **1** ABBIGL. [*abito*] untrimmed, ungarnished **2** *(indifeso)* [*fronte*] dismantled **3** SPORT [*difesa*] uncovered.
sguattera /'zgwattera/ f. *(in cucina)* kitchenmaid, skivvy BE COLLOQ.; STOR. scullery maid; ***fare la ~*** to skivvy.
sguattero /'zgwattero/ m. kitchen porter; STOR. scullion.
sguazzare /zgwat'tsare/ [1] intr. (aus. *avere*) **1** [*anatra, bambino*] to splash (around), to splosh, to paddle; ***~ fra le onde*** to frolic in the waves; ***~ nel fango*** to puddle, to wallow in the mud **2** FIG. ***~ nell'oro*** to be rolling in money, to wallow in luxury **3** *(trovarsi a proprio agio)* ***~ in qcs., sguazzarci*** to be in one's element **4** *(sciabordare)* [*liquido*] to lap, to slosh (about).
sguincio: **di sguincio** /diz'gwintʃo/ avv. askance, askew.
sguinzagliare /zgwintsaʎ'ʎare/ [1] tr. **1** *(sciogliere dal guinzaglio)* to unleash [*cane*]; ***mi ha sguinzagliato i cani contro*** he let the dogs loose on me, he set the dogs on me **2** FIG. to set* [sb.] on [*polizia*].
1.sgusciare /zguʃ'ʃare/ [1] intr. (aus. *essere*) *(sfuggire)* to slip (out), to wriggle (out); ***~ fuori da qcs.*** to wriggle out of sth.; ***~ come un'anguilla*** to be as slippery as an eel.
2.sgusciare /zguʃ'ʃare/ [1] **I** tr. to hull, to shell [*noci*]; to shell, to peel [*gamberetto*]; to hull, to shuck AE [*piselli*] **II** intr. (aus. *essere*) *(di pulcini)* to hatch (out).
sgusciato /zguʃ'ʃato/ **I** p.pass. → **1.sgusciare, 2.sgusciare II** agg. [*noce, gamberetto*] shelled; [*pisello*] hulled, shucked AE.
sgusciatrice /zguʃʃa'tritʃe/ f. huller, hulling machine.
sgusciatura /zguʃʃa'tura/ f. *(di noci)* hulling, shelling; *(di gamberetti)* shelling, peeling.
shaker /'ʃeker/ m.inv. (cocktail) shaker.
shakerare /ʃeke'rare/ [1] tr. to shake* [*cocktail*].
shakespeariano /ʃekspi'rjano/ agg. [*dramma*] Shakespearean.
shampista, m.pl. **-i**, f.pl. **-e** /ʃam'pista/ ♦ ***18*** m. e f. shampooer.
▷ **shampoo** /'ʃampo/ m.inv. shampoo; ***fare uno ~ a qcn.*** to shampoo sb.'s hair; ***farsi uno ~*** to shampoo one's hair; ***farsi fare uno ~*** to have a shampoo, to have one's hair shampooed; ***~ per capelli grassi*** shampoo for greasy hair; ***~ alla camomilla*** camomile shampoo; ***~ per lavaggi frequenti*** frequent shampoo; ***~ antiforfora*** anti-dandruff shampoo; ***~ colorante*** colour BE (shampoo), color AE (shampoo); ***~ secco*** dry shampoo.
shanghai /ʃan'gaj/ ♦ ***10*** → **sciangai.**
Shanghai /ʃan'gaj/ ♦ ***2*** n.pr.f. Shanghai.
shantung /ʃan'tung/ m.inv. shantung.
shetland /'ʃetland/ m.inv. Shetland (wool); ***un maglione di ~*** a Shetland sweater.
shintoismo → **scintoismo.**
shintoista → **scintoista.**
shock /ʃɔk/ m.inv. shock; ***stato di ~*** MED. shock; ***in grave stato di ~*** in deep shock; ***essere sotto ~*** to be shocked; MED. to be in (a state of) shock, to be suffering from shock; ***andare sotto ~*** to go into a state of shock; ***avere uno ~*** to get *o* have a shock; ***è stato uno ~ per loro*** it came as a bit of a shock to them ◆◆ ***~ anafilattico*** anaphylactic shock; ***~ nervoso*** nervous shock.
shocking /'ʃɔkking/ agg.inv. ***rosa ~*** shocking pink.
shockterapia /ʃɔktera'pia/ f. shock therapy.
shogunato /ʃogu'nato/ m. shogunate.
shopper /'ʃɔpper/ m.inv. shopping bag, shopper.
shopping /'ʃɔpping/ m.inv. shopping; ***fare (lo) ~*** to go shopping.
shopville /ʃɔp'vill/ f.inv. shopping complex, shopping centre BE, shopping center AE.
shunt /ʃant/ m.inv. shunt.
shuntare /ʃan'tare/ [1] tr. to shunt.
▶ **1.si** /si/ v. la nota della voce **io.** pron.pers.m. e f. **1** *(con verbi pronominali) (se stesso) (riferito a uomo)* himself; *(riferito a*

1.si

- La traduzione inglese del pronome *si* dipende dal verbo con il quale tale pronome è usato e dalla sua funzione.

Si riflessivo

- *Si* come particella di un verbo pronominale riflessivo si rende in inglese con *oneself* nell'uso impersonale e con *himself, herself, itself* e *themselves* negli usi personali alla terza persona singolare e plurale:

farsi male, ferirsi	= to hurt oneself
mi sono fatto male	= I hurt myself
si è divertito moltissimo al circo	= he enjoyed himself a lot at the circus
si è scottata	= she burnt herself
si sono scottati / scottate	= they burnt themselves
la tigre si sta leccando	= the tiger is licking itself

Va notato che la traduzione di *si* non cambia se, diversamente dall'italiano, il verbo inglese regge una preposizione:

si sta guardando allo specchio	= she's looking at herself in the mirror.

- A fronte di alcuni verbi pronominali riflessivi italiani molto comuni, l'inglese omette o può omettere il pronome (trattando in sostanza il verbo riflessivo come verbo intransitivo):

i vostri figli non si sono ancora lavati	= your children haven't washed yet
si sta radendo, si sta facendo la barba	= he's shaving
si è vestita?	= has she got dressed?

Si noti che è possibile tradurre *lavarsi* con *to wash oneself*, ma ciò suggerisce una certa difficoltà e fatica nel compiere l'azione (ad esempio, da parte di un bambino o di una persona anziana).

- Abbastanza spesso la particella pronominale *si* non esprime realmente un valore riflessivo, il che condiziona la sua traduzione in inglese; si possono elencare i seguenti casi:

a) quando il verbo non esprime realmente un'azione riflessa (ad esempio, *spaventarsi* non significa *spaventare se stesso*), *si* non ha alcun equivalente in inglese:

non si è fermato	= he hasn't stopped
si guardò attorno	= she looked about her
la figura si trova a pag. 123	= the picture is on p. 123
si sono sbrigati per non perdere il treno	= they hurried up so as not to miss their train

b) quando il verbo pronominale riflessivo è accompagnato da un complemento oggetto, il pronome riflessivo non compare come tale in inglese, ma è in qualche modo incluso nell'aggettivo possessivo:

mangiarsi le unghie	= to bite one's nails
si sta lavando le mani	= he's washing his hands
si è tagliato i baffi	= he shaved off his moustache
ha intenzione di tagliarsi i capelli da sola	= she's going to cut her hair herself
il gatto si sta pulendo i baffi	= the cat's cleaning its whiskers
si sono messi le mani davanti agli occhi	= they put their hands before their eyes
si guardò le scarpe	= he looked at his shoes

Va notato che questa struttura implica la presenza di un possessore (persona o animale) e il riferimento a una parte del corpo o a un oggetto personale. Utilizzando una struttura analoga, l'italiano colloquiale aggiunge talvolta al verbo la particella *si* come rafforzativo, un uso che non ha corrispondente in inglese:

quando ti sei comprata questa gonna?	= when did you buy this skirt?
si sono mangiati tutta la torta!	= they ate the whole cake!

c) quando il verbo esprime reciprocità, *si* viene tradotto con *each other* (se la reciprocità è tra due persone) o *one another* (se è tra più di due persone), ma in alcuni casi non è per niente tradotto:

Chris e John si odiano	= Chris and John hate each other
i membri del club si conoscono da molti anni	= the club members have known one another for many years
si strinsero la mano	= they shook hands
guarda! si stanno baciando	= look! they are kissing.

- Va ricordato che il verbo pronominale dell'italiano viene talvolta reso in inglese da *to get* + aggettivo o participio passato:

si sta preparando?	= is he / she getting ready?
si sono stancati moltissimo	= they got very tired
si sposeranno in marzo	= they'll be getting married in March
si è vestita in un attimo	= she got dressed in no time at all.

Si impersonale

- Il *si* impersonale si rende in inglese in vari modi:

a) con il pronome *you*, la forma più comune, usata in generale o con riferimento alla persona a cui si parla:

qui dentro non si fuma	= you can't smoke in here
si beve molta birra in Gran Bretagna, non è vero? (parlando a un inglese)	= you drink a lot of beer in Britain, don't you?

b) con il pronome *they*, quando ci si riferisce a terze persone:

si beve molta birra in Gran Bretagna (interlocutori non inglesi)	= they drink a lot of beer in Britain

c) con il pronome *we*, quando è coinvolto chi parla:

si beve molto vino dalle mie parti	= we drink a lot of wine where I live

d) con il pronome *I* o *we*, quando la forma impersonale si riferisce in effetti a chi parla:

dove si compra il biglietto?	= where can I / we buy the ticket?

e) con il pronome *one*, di uso limitato, per affermazioni molto generali (dal tono spesso sentenzioso):

si deve mangiare per vivere, non vivere per mangiare	= one must eat to live, not live to eat
non si sa mai	= one never knows

f) con la forma passiva o con la parola *people*, che evitano un riferimento preciso a chi compie l'azione:

si vendono meno cappelli al giorno d'oggi	= fewer hats are sold nowadays
si dice che Mr Swift abbia vinto al totocalcio	= Mr Swift is said to have won the pools
si dice che sia stato una spia negli anni Cinquanta	= people say he was a spy in the 1950's.

donna) herself; *(riferito a cosa o animale)* itself; *(plurale)* themselves; *(impersonale)* oneself; **~ è tagliato** he cut himself; **~ sono divertiti molto** they enjoyed themselves very much; **~ guardò allo specchio** she looked at herself in the mirror; **~ veste con eleganza** he dresses elegantly; **lavarsi** to wash (oneself); **~ ricordano di te** they remember you; **~ vergogna** he's ashamed; **la porta ~ è aperta** the door opened; **guardarsi un film** to watch a film; **mangiarsi una mela** to eat an apple; **~ è comprato una macchina nuova** he bought a new car; *(a se stesso)* **~ stanno lavando le mani** they're washing their hands; **~ è tolto le scarpe** he took off his shoes; **~ è messa il cappotto** she put on her coat; *(come pronome di cortesia)* **~ serva!** help yourself! **~ accomodino** do sit down; **non ~ preoccupi** don't worry **2** *(tra due)* each other; *(tra più di due)* one another; **~ sono insultati** they insulted each other; **~ spingono** they're jostling each other; **~ aiutano a vicenda** they help each other, one another; **~ telefonano ogni sera** they phone each other every evening; **~ baciarono** they kissed **3** *(passivante)* **qui ~ vendono i biglietti dell'autobus** bus tickets are sold here; **gli esempi ~ contano sulle dita** the examples can be counted on the fingers of your hand; **ogni giorno ~ vendono alcune centinaia di apparecchi** several hundred appliances are sold every day; ***il farmaco ~ vende senza ricetta*** the medicine is sold over the counter; ***in questo momento ~ sta preparando una nuova edizione*** a new edition is in the works at the moment; ***affittasi, vendesi*** for rent, for sale **4** *(impersonale)* ***~ dice che*** it is said that..., people say that...; ***~ dice che sia molto ricca*** she's said to be very rich; ***non ~ sa mai*** you never know; ***~ apre alle 9*** we open at 9 am; ***qui non ~ fuma*** no smoking here, smoking is forbidden here; ***nel mio ufficio ~ lavora troppo*** in my office we work too much.

2.si /si/ m.inv. MUS. B, si ◆◆ ***~ bemolle*** B flat.

▶ **1.sì** /si/ **I** avv. **1** yes; ***~, grazie*** yes please; ***certo che ~!*** yes, of course! ***"sei pronto?" - "~!"*** "are you ready" - "yes, I am!"; ***"studi medicina?" - "~"*** "do you study medicine?" - "yes, I do"; ***"ti è piaciuto il film?" - "~"*** "did you enjoy the movie?" - "yes, I did"; ***"sono stato in Tibet" - "ah ~?"*** "I've been to Tibet" - "have you?"; ***è d'accordo? se ~, mi dica perché*** do you agree? if so, tell me why; ***dire (di) ~*** to say yes; ***ho detto di ~ immediatamente*** I said yes *o* I agreed immediately; ***dire ~ ad una proposta*** to agree to a proposal; ***fare ~ con la testa, fare cenno di ~*** to nod **2** *(sostituisce una proposizione affermativa)* ***credo, spero di ~*** I think, hope so; ***pare di ~*** it seems so; ***"ce l'ha fatta?" - "credo di ~"*** "did he succeed?" - "I think so"; ***"sono partiti?" - "temo di ~"*** "did they leave?" - "I'm afraid so"; ***tu non lo credi, io ~*** you don't believe it, but I do **3** *(in una alternativa)* ***accetterà ~ o no?*** will he accept or not? ***vieni ~ o no?*** are you coming or not? ***non dire né ~ né no*** not to give a definite answer, to say neither yes nor no; ***uno ~ e uno no*** o ***uno ~ e l'altro no*** every second *o* other person; ***un giorno ~ e un giorno no*** every second *o* other day; ***(è) più ~ che no*** it's very likely **4** *(rafforzativo, enfatico)* ***un cambiamento ~, ma soprattutto un miglioramento*** a change, of course, but above all an improvement; ***prudente lui? un vigliacco, questo ~!*** him, cautious? a coward is more like it! ***eh ~, è proprio così*** oh yes, it's really like that; ***ebbene ~, ho barato, e allora?*** ok, I cheated, so what? ***~, allora, mi stavi dicendo?*** yes, well, what were you saying? ***questa ~ che è bella*** that's a really good one; ***lui ~ che è bello!*** now that's what I call a handsome guy! ***allora ~ che potrò lavorare in pace*** that's when I'll be able to work in peace; ***e ~ che l'avevo avvertito*** and I really did warn him; *(concessivo)* ***~ che mi è piaciuto, ma*** I did like it, but; ***~, ha mentito, però...*** yes, he did lie, but... **5** *(al telefono)* yes, hello **6** **sì e no** about, around; ***ci saranno state ~ e no dieci persone*** there were no more than *o* barely ten people; ***saranno ~ e no due chilometri da qui alla spiaggia*** it's about 2 kilometres from here to the beach **II** m.inv. **1** *(accordo)* yes; ***rispose con un timido ~*** she answered with a timid yes; ***rispondete con un ~ o con un no*** answer yes or no; ***decidere per il ~*** to decide in favour **2** *(assenso)* ***aspetta ancora il ~ del capo*** she's waiting for the ok from her boss; *(consenso al matrimonio)* ***pronunciare il ~*** to say "I do" **3** *(voto favorevole)* yes (vote); ***i ~ e i no*** the yeses and the nos; ***i ~ hanno raccolto il 60% dei voti*** 60% of the people voted yes *o* in favour; ***la schiacciante vittoria dei ~*** the sweeping victory of those in favour; ***hanno vinto i ~*** the yeses *o* ayes have it **III** agg.inv. ***una giornata ~*** a good day ◆ ***~, domani!*** IRON. you must be joking! and pigs will fly!

2.sì /si/ avv. LETT. **1** *(così)* ***era ~ allegra che...*** she was so happy that... **2** *(in modo tale)* ***fare ~ che...*** to see to it that, to make sure that...

▶ **sia** /'sia/ cong. **1** *(con valore correlativo)* ***~ lui che suo fratello sono ingegneri*** both he and his brother are engineers; ***~ d'estate ~ d'inverno*** both in summer and in winter; ***devi parlare ~ con me che con lei*** you must talk both with me and with her; ***~ qui che all'estero*** both here and abroad **2** *(con valore disgiuntivo)* ***~ che accetti, ~ che rifiuti*** whether you accept it or you refuse it; ***~ che venga, ~ che non venga per me è lo stesso*** whether he comes or not, it makes no difference for me **3** *(con valore concessivo)* ***e ~, dato che ci tieni tanto!*** ok *o* very well then, since you insist!

S.I.A.E. /si'ae/ f. (⇒ Società Italiana Autori Editori) = association of Italian authors and publishers.

Siam /'siam/ n.pr.m. Siam.

siamese /sia'mese/ **I** agg. **1** *(del Siam)* Siamese **2** ZOOL. [*gatto*] Siamese **3** MED. ***gemelli -i*** Siamese twins **II** m. e f. Siamese **III** m. **1** LING. Siamese **3** *(gatto)* Siamese (cat).

sibarita, m.pl. **-i**, f.pl. **-e** /siba'rita/ m. e f. sybarite.

sibaritico, pl. **-ci**, **-che** /siba'ritiko, tʃi, ke/ agg. sybaritic.

sibaritismo /sibari'tizmo/ m. sybaritism.

Siberia /si'bɛrja/ ➧ **30** n.pr.f. Siberia.

siberiano /sibe'rjano/ ➧ **30** **I** agg. Siberian; ***freddo ~*** FIG. freezing cold **II** m. (f. **-a**) Siberian.

sibilante /sibi'lante/ **I** agg. **1** [*suono*] hissing, sibilant **2** LING. [*consonante*] sibilant **II** f. LING. sibilant.

sibilare /sibi'lare/ [1] intr. (aus. *avere*) **1** [*serpente*] to hiss; [*vento*] to hiss, to whistle, to howl; [*fuoco d'artificio*] to fizz; [*proiettile*] to whistle, to whizz; [*frusta*] to swish **2** MED. to wheeze.

sibilla /si'billa/ f. Sibyl (anche FIG.); ***la ~ cumana*** the Cumaean Sibyl.

Sibilla /si'billa/ n.pr.f. Sybil, Sybyl.

sibillino /sibil'lino/ agg. **1** [*responso, verso, libri*] Sibylline **2** FIG. [*risposta*] sibylline, cryptic; ***parlare in modo ~*** to talk in mysterious *o* enigmatic riddles.

sibilo /'sibilo/ m. **1** *(fischio)* hiss, whistle; *(del vento)* whistling, howling; *(di proiettile)* whistle; *(di frusta)* swish; *(di motore)* whirr **2** MED. wheeze.

sic /sik/ avv. sic.

sicario, pl. **-ri** /si'karjo, ri/ m. (hired) killer.

SICAV /'sikav/ f.inv. (⇒ Società di Investimento a Capitale Variabile) = open-end investment company.

siccativo /sikka'tivo/ agg. siccative.

▷ **sicché** /sik'ke/ cong. **1** *(così che)* ***non ha scritto niente, ~ non so a che ora arrivi*** he didn't write anything therefore I don't know what time he's arriving; ***era forte ~ nessuno poteva vincerlo*** he was so strong that no-one could beat him **2** *(quindi, dunque)* ***era ammalato, ~ non è potuto venire*** he was sick, so he couldn't come **3** *(allora)* ***~ non c'è speranza?*** there's no hope, then?

siccità /sittʃi'ta/ f.inv. drought; *(aridità)* dryness; ***periodo di ~*** dry spell *o* period; ***un paese colpito dalla ~*** a drought-stricken country.

▶ **siccome** /sik'kome/ **I** cong. since, as; ***~ è malata, non può uscire*** as she is sick, she cannot go out; ***~ pioveva sono rimasto a casa*** since it was raining I stayed at home; ***~ non diceva niente, la gente pensava che fosse timido*** because he said nothing people thought he was shy **II** avv. LETT. *(così come)* as.

Sicilia /si'tʃilja/ ➧ ***30, 14*** n.pr.f. Sicily.

siciliano /sitʃi'ljano/ ➧ ***30*** **I** agg. Sicilian **II** m. (f. **-a**) **1** *(persona)* Sicilian **2** LING. Sicilian.

sicofante /siko'fante/ **I** m. STOR. sycophant **II** m. e f. informer.

sicomoro /siko'mɔro, si'kɔmoro/ m. sycamore.

siconio, pl. **-ni** /si'kɔnjo, ni/ m. syconium*.

sicosi /si'kɔzi/ ➧ ***7*** f.inv. sycosis*.

siculo /'sikulo/ ➧ ***30*** **I** agg. **1** STOR. Siculan **2** *(siciliano)* Sicilian **II** m. (f. **-a**) **1** STOR. Siculan **2** *(siciliano)* Sicilian.

sicumera /siku'mɛra/ f. arrogance.

sicura /si'kura/ f. *(di pistola)* safety catch; *(di fucile)* safety bolt; *(di braccialetto)* safety chain; ***mettere, togliere la ~ alla pistola*** to put on, release the safety catch.

sicuramente /sikura'mente/ v. la voce **certamente**. avv. **1** *(di certo)* surely, certainly; ***succederà ~*** it's certain to happen; ***~ avete visto questo film*** you must have seen this film; ***lo saprà ~*** she's bound to know; ***sarà ~ pronto per domani*** it will be ready for tomorrow, for certain; ***i cambiamenti susciteranno ~ rabbia*** the changes are certain to provoke anger; ***oggi fa ~ più freddo*** today it's definitely colder; ***i problemi saranno ~ risolti*** problems are sure to be solved; ***~ ha perso il treno*** he's sure to have missed the train; ***senza sua moglie non avrebbe ~ potuto fare quello che ha fatto*** without his wife, he definitely wouldn't have been able to do what he did; ***arriverà ~ in ritardo*** he's sure to be late; ***è ~ una questione di soldi*** it's obviously a matter of money; ***~ no*** certainly not, of course not **2** *(con cautela)* [*guidare*] safely.

▶ **sicurezza** /siku'rettsa/ f. **1** *(immunità dai pericoli)* safety, security; ***per la sua ~*** for your own safety; ***garantire la ~ di qcn.*** to ensure the security of sb.; ***in tutta ~*** [*lavorare, viaggiare, fare il bagno*] in (complete) safety; ***la ~ materiale, finanziaria*** material, financial safety; ***~ dell'impiego*** o ***lavorativa*** job security, security of employment; ***carcere di massima ~*** maximum *o* top security prison; ***~ nazionale*** state *o* national security; ***~ pubblica, sociale*** collective, social security; ***~ personale*** personal safety; ***~ stradale*** road safety; ***la Pubblica Sicurezza*** = Italian police; ***agente di pubblica ~*** policeman; ***Consiglio di Sicurezza*** POL. Security Council; ***per maggior ~*** for good measure; ***mettere in ~*** [*struttura, edificio pericolante*] to make safe **2** *(certezza)* certainty, certitude; ***con assoluta ~*** with absolute certainty; ***avere la ~ di vincere*** to be sure *o* certain to win; ***non posso dirlo con ~*** I can't say for certain **3** *(fiducia in sé)* (self-)confidence, (self-)assurance, assertiveness; ***ammiro la tua ~*** I admire your assertiveness; ***parlare con ~*** to speak confidently **4** **di sicurezza** [*norme, codice, limite, controllo, servizio, margine*] safety attrib.; [*dispositivo, sistema*] security attrib.; ***misure di ~*** safety measures, security measures *o* arrangements; ***cintura di ~*** seatbelt, safety belt; ***valvola di ~*** relief *o* safety valve; ***barriera di ~*** crash barrier; ***catenella*** o ***chiusura di ~*** safety chain; ***cassetta di ~*** safe-deposit box; ***lampada di ~*** MIN. safety lamp, Davy lamp; ***vetro***

di ~ safety glass, shatterproof glass; ***uscita di ~*** emergency exit, fire exit; ***distanza di ~*** safety distance; ***a distanza di ~*** at a safe distance.

▶ **sicuro** /si'kuro/ **I** agg. **1** *(senza pericolo)* [*luogo, guida, strada*] safe; ***in un luogo ~*** in a safe place; ***la cosa più -a è fare...*** the safest thing to do is...; ***è più ~*** it's safer; ***poco ~*** unsafe **2** *(certo)* sure, certain, assured; *(stabile, garantito)* [*lavoro*] secure; ***la vittoria è -a*** victory is assured; ***non è affatto ~*** it's not sure at all; ***è tutt'altro che ~*** nothing is less certain; ***non è così ~*** that's far from certain *o* not so certain; ***vieni con noi, sei ~?*** are you definitely coming with us? ***non è ~ che lei possa venire*** it's not certain that she'll be able to come **3** *(convinto)* ***essere ~ di fare*** to be sure to do; ***sono ~ che verrà*** I'm sure he'll come; ***sono ~ di avere ragione*** I'm sure I'm right; ***non ne sono così ~*** I'm not so sure about it; ***sono ~ di quello che dico*** I know what I'm saying; ***è ~ di sé*** he's self-confident; ***non si è mai -i di nulla*** you can never be sure of anything; ***essere ~ delle proprie capacità*** to be confident in one's abilities; ***essere ~ del fatto proprio*** to know what one is doing; ***ne ero ~!*** I knew it! ***sei ~ di aver chiuso il gas?*** are you sure you've turned off the gas? **4** *(affidabile)* [*informazione, persona*] reliable; [*veicolo*] reliable, safe; [*affare, investimento*] sound; ***in mani -e*** in safe hands **5** *(esperto)* [*mano*] steady **6** *(tranquillo)* ***stia ~ che tutto andrà bene*** rest assured, everything will be just fine **II** avv. **1** ***"verrai anche tu?" - "~!"*** "are you coming too?" - "of course! certainly!"; ***"ti sei divertito?" - "~, ma..."*** ""did you enjoy yourself? - "sure, but..." **2 di sicuro** for sure, for certain; ***non verrà di ~*** he definitely won't come; ***questo libro l'hai letto di ~*** you must have read this book; ***pioverà di ~*** it will certainly rain **III** m. **1** ***non sapere niente di ~*** to know nothing for sure **2 al sicuro** ***essere al ~*** to be safe, to be in a safe place; ***mettere i soldi al ~*** to put one's money in a safe place; ***lì, si sentiva al ~*** there, he felt safe; ***il ladro è stato messo al ~*** EUFEM. the thief has been put in prison ◆ ***andare sul ~*** to play it safe; ***andare a colpo ~*** to be dead certain about sth.

sicurtà /sikur'ta/ f.inv. DIR. insurance.

sidecar /'saidekar/ m.inv. sidecar.

siderale /side'rale/ agg. [*rivoluzione, anno, ora, giorno*] sidereal.

sidereo /si'dɛreo/ agg. sidereal.

siderite /side'rite/ f. MINER. siderite.

siderografia /siderogra'fia/ f. siderography.

siderolite /sidero'lite/ f. siderolite.

siderosi /side'rɔzi/ f.inv. siderosis*.

siderurgia /siderur'dʒia/ f. (iron and) steel industry.

siderurgico, pl. **-ci**, **-che** /side'rurdʒiko, tʃi, ke/ **I** agg. ***industria -a*** *(siderurgia)* (iron and) steel industry; *(stabilimento)* steelworks, ironworks; ***operaio ~*** steelworker, ironworker **II** m. steelworker, ironworker.

Sidone /si'done/ n.pr.f. Sidon.

sidro /'sidro/ m. ***~ (di mele)*** cider; ***~ di pere*** perry; ***mela da ~*** cider apple.

siemens /'simens/ m.inv. siemens.

Siena /'sjɛna/ ➧ *2* n.pr.f. Siena; ***terra di ~*** sienna.

sienite /sje'nite/ f. syenite.

sienitico, pl. **-ci**, **-che** /sje'nitiko, tʃi, ke/ agg. syenitic.

▷ **siepe** /'sjepe/ f. **1** hedge, hedgerow; ***~ di biancospino*** thorn hedge; ***~ di bosso*** box hedge; ***potare una ~*** to clip a hedge **2** *(barriera) (di persone, manifestanti)* hedge, fence, wall **3** SPORT hurdle; ***tremila -i*** 3000-metre steeplechase; ***corsa a -i*** EQUIT. steeplechase ◆◆ ***~ artificiale*** o ***morta*** dead hedge; ***~ viva*** quick-set hedge.

siero /'sjɛro/ m. serum* ◆◆ ***~ antirabbico*** anti-rabies serum; ***~ antivipera*** snake-bite serum; ***~ del latte*** whey; ***~ sanguigno*** o ***del sangue*** blood serum; ***~ della verità*** truth drug *o* serum.

sierodiagnosi /sjero'djaɲɲozi/ f.inv. serodiagnosis*.

sierologia /sjerolo'dʒia/ f. serology.

sierologico, pl. **-ci**, **-che** /sjero'lɔdʒiko, tʃi, ke/ agg. [*trattamento*] serologic(al).

sieronegativo /sjeronega'tivo/ **I** agg. seronegative; *(non portatore del virus dell'AIDS)* HIV-negative **II** m. (f. **-a**) HIV-negative person.

sieropositivo /sjeropozi'tivo/ **I** agg. seropositive; *(portatore del virus dell'AIDS)* HIV-infected, HIV-positive **II** m. HIV-infected, HIV-positive person.

sieroprofilassi /sjeroprofi'lassi/ f.inv. seroprophylaxis*.

sierosa /sje'rosa/ f. serous membrane.

sierosità /sjerosi'ta/ f.inv. serosity.

sieroso /sje'roso/ agg. [*membrana*] serous; ***otite -a*** glue ear; ***vescica -a*** water blister.

sieroterapia /sjerotera'pia/ f. serotherapy.

sierra /'sjɛrra/ f. sierra.

siesta /'sjɛsta/ f. siesta, nap; ***fare una ~*** to have a siesta, to have *o* take a nap.

siffatto /sif'fatto/ agg.dimostr. ANT. such; ***un ~ individuo*** such a man, a man like that; ***accuse -e*** such accusations.

sifilide /si'filide/ ➧ *7* f. syphilis; ***malato di ~*** syphilitic.

sifilitico, pl. **-ci**, **-che** /sifi'litiko, tʃi, ke/ **I** agg. syphilitic **II** m. (f. **-a**) syphilitic.

sifone /si'fone/ m. **1** IDR. siphon, syphon, trap **2** *(contenitore del seltz)* siphon bottle, soda siphon **3** ZOOL. siphon, siphuncle **4** BOT. siphon.

sig., **Sig.** ⇒ Signore Mister (Mr).

sigaraia /siga'raja/ ➧ *18* f. **1** *(operaia)* cigar maker **2** *(venditrice)* cigar seller.

sigaraio, pl. **-ai** /siga'rajo/ ➧ *18* m. *(operaio)* cigar maker.

▶ **sigaretta** /siga'retta/ f. cigarette; ***pacchetto di -e*** cigarette packet BE *o* pack AE; ***una stecca di -e*** a carton of cigarettes; ***fumare una ~*** to have *o* smoke a cigarette ◆◆ ***~ con filtro*** filter cigarette, filter tip; ***~ senza filtro*** non-filter cigarette.

sigaretto /siga'retto/ m. cigarillo*.

▷ **sigaro** /'sigaro/ m. cigar ◆◆ ***~ avana*** Havana (cigar).

sigg., **Sigg.** ⇒ Signori Messieurs (Messrs).

sigillante /sidʒil'lante/ **I** agg. sealing **II** m. sealer, sealant.

sigillare /sidʒil'lare/ [1] tr. **1** *(chiudere con sigilli)* to seal [*lettera, documento, atto*]; ***l'appartamento è stato sigillato dalla polizia*** the apartment has been sealed off *o* cordoned off by the police **2** *(chiudere bene)* to seal [*pacchetto, fessura*] **3** FIG. *(suggellare)* to seal [*amicizia, patto*].

sigillaria /sidʒil'larja/ f. sigillaria.

sigillatura /sidʒilla'tura/ f. sealing.

sigillo /si'dʒillo/ m. seal, signet; *(ufficiale)* official seal; ***anello con ~*** seal ring, signet ring; ***mettere*** o ***apporre il proprio ~ su qcs.*** to put *o* affix one's seal on sth.; ***rompere i -i*** to break the seals; ***rimuovere i -i a qcs.*** to unseal sth.; ***sotto il ~ della segretezza*** FIG. in sealed silence ◆ ***ho il ~ alle labbra*** o ***alla bocca*** my lips are sealed; ***mettere qcs. sotto sette -i*** = to keep sth. secret ◆◆ ***~ di Salomone*** BOT. Solomon's seal; ***~ di Stato*** State seal, Great Seal.

sigillografia /sidʒillogra'fia/ f. sphragistics + verbo sing.

▷ **sigla** /'sigla/ f. **1** acronym; *(abbreviazione)* abbreviation; ***GB è la ~ della Gran Bretagna*** GB is the abbreviation for Great Britain **2** *(firma)* initials pl.; ***apporre la propria ~ a qcs.*** to initial sth., to put one's initials on sth. ◆◆ ***~ editoriale*** o ***dell'editore*** imprint; ***~ musicale*** RAD. TELEV. signature tune.

siglare /si'glare/ [1] tr.**1** *(apporre una sigla a)* to initial [*documento, circolare*] **2** *(stipulare)* to sign [*accordo*].

siglatura /sigla'tura/ f. initialing.

sigma /'sigma/ m. e f.inv. sigma; ***a forma di ~*** sigmate.

sigmatismo /sigma'tizmo/ m. sigmatism.

sig.na, **Sig.na** ⇒ Signorina Miss (Miss).

significante /siɲɲifi'kante/ **I** agg. LETT. significative, meaningful **II** m. LING. signifier.

▶ **significare** /siɲɲifi'kare/ [1] tr. **1** *(avere un significato)* to mean*; ***che cosa significa questa parola?*** what does this word mean? what is the meaning of this word? ***non significa niente*** *(non ha significato)* it's meaningless; *(non ha importanza)* it means nothing, it's not important; ***il rosso significa "pericolo"*** red means "danger"; ***questo lavoro significa molto per me*** this job means a great deal to me; ***ecco cosa significa essere povero!*** this is what it feels like to be poor! **2** *(implicare)* to mean*, to imply; ***questo significa che...*** the implication is that..., this means that... **3** *(indicare, rappresentare)* [*nome, marca*] to represent, to stand* for [*qualità, prestigio*] **4** LETT. *(esprimere)* to signify, to show*, to express.

significativamente /siɲɲifikativa'mente/ avv. significatively, significantly, meaningfully.

significatività /siɲɲifikativi'ta/ f.inv. significance, meaningfulness.

▷ **significativo** /siɲɲifika'tivo/ agg. **1** *(ricco di significato)* [*dettaglio, esempio*] revealing, significant; [*gesto, sguardo*] meaningful, expressive; [*pausa*] pregnant; ***è ~ che*** it is significant that **2** *(importante)* [*ruolo, cambiamento, aumento, riduzione, differenza, progresso*] important, significant.

▷ **significato** /siɲɲifi'kato/ m. **1** meaning, sense; ***un ~ oscuro*** a hidden meaning; ***~ proprio, figurato*** proper, figurative meaning; ***nel pieno ~ del termine*** in the fullest sense of the word; ***che ~ ha?*** what's the meaning (of this)? ***attribuire un ~ a qcs.*** to attach meaning to sth.; ***privo di ~*** meaningless; ***perdere di ~*** to lose meaning **2** FIG. *(importanza)* importance, significance; ***avere grande ~*** to be very important, to have great relevance; ***i soldi non hanno ~ per lui*** money means nothing *o* is of no consequence to him **3** LING. signified.

significazione /siɲɲifikat'tsjone/ f. 1 LETT. significance 2 LING. signification.

▶ **signora** /siɲ'ɲora/ Come appellativo, *signora* si traduce solitamente con *madam*; caso particolare è l'espressione *signore e signori* all'inizio di un discorso, che si rende con *ladies and gentlemen*. - Davanti a un nome proprio, *signora* si rende con *Mrs*, che fa intendere che ci si riferisce a una donna sposata, oppure con *Ms* che non dà questa indicazione; *Ms* è d'uso sempre più comune in inglese, e corrisponde alla tendenza dell'italiano di usare *signora* anche in riferimento a donne non sposate. ➧ 1 I f. 1 *(donna)* woman*, lady; *(donna di classe)* lady, gentlewoman*; ***una ~ anziana*** an elderly lady *o* woman; ***si comporta da vera ~*** she behaves like a lady; ***fare la (gran) ~*** to live like a lady of leisure, to live the life of a great lady; ***si può occupare lei della ~?*** *(in un negozio)* could you attend to this lady, please? 2 *(moglie)* ***mi saluti la (sua) ~*** give my regards to your wife 3 *(come appellativo)* madam; ***buonasera ~*** good evening(, madam); ***mi scusi ~, cerco la posta*** excuse me, (madam,) could you tell me where the post office is? ***~, il suo ombrello!*** madam, your umbrella! ***-e e signori, buonasera*** good evening, ladies and gentlemen; *(al ristorante)* ***e per la ~?*** and for you, madam? *(in una lettera)* ***Gentile*** o ***Egregia Signora*** Dear Madam 4 *(davanti a nome proprio)* ***buongiorno ~ Bianchi*** good morning, Mrs Bianchi; *(in una lettera)* ***Gentile*** o ***Cara Signora Bianchi*** Dear Mrs *o* Ms Bianchi; ***il signor e la ~ Bianchi*** Mr and Mrs Bianchi 5 *(padrona)* mistress, lady; ***Roma era la ~ del mondo*** Rome was mistress of the world 6 RELIG. ***Nostra Signora*** Our Lady II agg. COLLOQ. ***questa sì che è una ~ poltrona!*** that's what I call an armchair!

▶ **signore** /siɲ'ɲore/ Come appellativo, *signore* si traduce solitamente con *sir*; caso particolare è l'espressione *signore e signori* all'inizio di un discorso, che si rende con *ladies and gentlemen*. - Davanti a un nome proprio, *signore* si rende con *Mr*, che può fare riferimento sia a un uomo sposato sia a uno scapolo. ➧ 1 I m. 1 *(uomo)* man*, gentleman*; *(uomo raffinato)* gentleman*, lord; ***un distinto ~*** a distinguished (gentle)man; ***un ~ anziano*** an elderly man; ***due -i mi aspettavano*** two men were waiting for me; ***il ~ con la giacca rossa*** the (gentle)man in the red jacket; ***si può occupare lei del ~?*** *(in un negozio)* could you attend to this gentleman, please? ***era un vero ~!*** he was a true gentleman! ***vivere da (gran) ~*** to live like a lord; ***darsi arie da gran ~*** to act the lord 2 *(come appellativo)* sir; ***buongiorno ~*** good morning(, sir); ***mi scusi ~, cerco la posta*** excuse me, (sir,) could you tell me where the post office is? ***signore e -i, buonasera*** good evening, ladies and gentlemen; *(al ristorante)* ***il ~ desidera?*** what would you like, sir? *(ad uno sportello)* ***dica pure ~*** can I help you, sir? *(in una lettera)* ***Egregio Signore*** Dear Sir 3 *(davanti a nome proprio)* ***buongiorno signor Bianchi*** good morning Mr Bianchi; *(in una lettera)* ***Caro Signor Bianchi*** Dear Mr Bianchi; *(davanti a un titolo)* ***Signor Ministro*** Minister; ***grazie, Signor presidente*** thank you, Mr President; ***il Signor barone*** the Baron 4 *(Dio)* ***il Signore*** the Lord; ***Nostro Signore Gesù Cristo*** Our Lord Jesus Christ; ***la casa del Signore*** the house of the Lord; ***(o) Signore!*** (o) Lord! ***il giorno del ~*** the Lord's Day; ***la pace del Signore*** EUFEM. the peace of God; ***nell'anno del Signore 1604*** in the year of our Lord 1604 5 STOR. lord, ruler, prince; ***il ~ di Milano*** the lord *o* prince of Milan; ***essere ~ di un paese*** to rule a village II agg. COLLOQ. ***un signor televisore*** a superb television; ***un signor caffè*** an excellent coffee ◆◆ ***signor tal dei tali*** Mr Somebody(-or-other), Mr So-and-so.

signoreggiare /siɲɲored'dʒare/ [1] I tr. 1 *(avere sotto il proprio potere)* to dominate, to rule (over) [*territorio, popolo*]; FIG. to dominate, to master [*passioni*] 2 *(sovrastare)* [*montagna*] to dominate [*valle*]; [*chiesa, edificio*] to tower over [*città*] II intr. (aus. *avere*) ***~ su qcs.*** to domineer *o* rule over sth.

signoria /siɲɲo'ria/ f. 1 *(dominio)* lordship, dominion; ***esercitare la ~ su qcn., qcs.*** to dominate sb., sth., to exercise one's bond over sb., sth.; ***tenere qcn. sotto la propria ~*** to keep sb. under one's dominion 2 STOR. seigniory; ***la ~ dei Medici a Firenze*** the seigniory of the Medicis in Florence 3 *(titolo)* lordship; ***Vostra, Sua Signoria*** Your, His Lordship.

signorile /siɲɲo'rile/ agg. [*quartiere, appartamento*] exclusive, high-class; [*aspetto, portamento, modi*] *(di uomo)* lordly, gentlemanlike, gentlemanly; *(di donna)* ladylike; ***casa ~*** residence, mansion.

signorilità /siɲɲorili'ta/ f.inv. distinction, elegance, refinement.

signorilmente /siɲɲoril'mente/ avv. [*comportarsi*] in a refined manner.

▷ **signorina** /siɲɲo'rina/ Come appellativo, *signorina* si traduce solitamente con *madam*; talvolta si può trovare *miss*, che è però d'uso antiquato, tranne a scuola dove i bambini si rivolgono con questo appellativo alla maestra (che questa sia sposata o meno). - Davanti a un nome proprio, *signorina* si rende con *Miss*, che fa intendere che ci si riferisce a una donna non sposata, oppure con *Ms* che non dà questa indicazione; *Ms* è d'uso sempre più comune in inglese, e corrisponde alla tendenza dell'italiano di usare *signora* anche in riferimento a donne non sposate. ➧ 1 f. 1 *(giovane donna)* young lady, girl; ***è già una ~*** she's become quite a young lady; ***comportati bene, ~!*** behave yourself, young lady! 2 *(donna nubile)* ***è rimasta ~*** she didn't marry; ***nome da ~*** maiden name 3 *(come appellativo)* miss, madam; ***buonasera ~*** good evening, madam; *(in una lettera)* ***Gentile, Egregia Signorina*** Dear Madam 4 *(davanti a nome proprio)* ***buongiorno, ~ Bianchi*** good morning, Miss Bianchi; ***le -e Bianchi*** the Misses Bianchi; *(in una lettera)* ***Gentile*** o ***Cara Signorina Bianchi*** Dear Miss *o* Ms Bianchi.

signorino /siɲɲo'rino/ m. 1 ANT. master 2 SPREG. IRON. *(giovane viziato)* ***capisci, il ~ ha le sue abitudini!*** his lordship is rather set in his ways, you see!

signornò /siɲɲor'nɔ/ avv. no sir.

signorone /siɲɲo'rone/ m. great gentleman*.

signorotto /siɲɲo'rɔtto/ m. squire, country gentleman*.

signorsì /siɲɲor'si/ avv. yes sir.

sig.ra, Sig.ra ⇒ Signora Madam (Mrs, Ms).

silene /si'lɛne/ f. catchfly, flybane.

Sileno /si'lɛno/ n.pr.m. Silenus.

silente /si'lɛnte/ agg. [*notte*] silent.

silenziatore /silentsja'tore/ m. 1 AUT. silencer, muffler AE 2 ARM. silencer.

▶ **silenzio**, pl. **-zi** /si'lɛntsjo, tsi/ m. 1 *(assenza di rumore)* silence, quiet, quietness; ***~ di tomba*** dead silence; ***il ~ assoluto*** absolute silence; ***il ~ della notte*** the still of the night; ***nella stanza calò il ~*** the room fell silent, silence fell in the room; ***la manifestazione si è svolta in ~*** the demonstration took place in silence; ***il ~ calò sulla folla*** a hush fell over the crowd 2 *(il tacere)* ***~!*** silence! hush! ***fate ~!*** keep *o* be quiet! stop talking! ***"(un po' di) ~, per favore"*** "quiet *o* silence please"; ***in ~*** [*lavorare, camminare, soffrire*] silently; ***chiedere di fare ~*** to call for silence; ***chiudersi nel ~*** to close up; ***rompere il ~*** to break one's silence; ***mantenere il ~*** to keep silent; ***imporre il ~*** to impose silence; ***ridurre qcn. al ~*** to reduce sb. to silence; ***i suoi lunghi -zi*** his long silences; ***dopo sei mesi di ~*** after six months of silence; ***la regola del ~*** code of silence; ***osservare un minuto, due -i di ~*** to observe a minute of silence, a two-minute silence; ***comprare il ~ di qcn.*** to buy sb.'s silence, to pay sb. hush money COLLOQ. 3 MIL. ***il ~*** taps, bugle call, the last post; ***suonare il ~*** to sound taps ◆ ***passare qcs. sotto ~*** to pass sth. over in silence, to leave sth. unsaid; ***il ~ è d'oro*** PROV. silence is golden ◆◆ ***~ radio*** radio silence; ***~ stampa*** news blackout.

silenziosamente /silentsjosa'mente/ avv. [*camminare, chiudere una porta*] silently, quietly, noiselessly.

silenziosità /silentsjosi'ta/ f.inv. stillness, quietness, silence(ness).

▷ **silenzioso** /silen'tsjoso/ agg. 1 *(senza rumore)* [*cena, manifestazione*] silent, noiseless; [*casa, strada*] silent, still, peaceful 2 *(taciturno)* [*persona*] silent, quiet; ***la maggioranza -a*** the silent majority; ***rimanere ~*** to keep *o* remain *o* stay silent 3 *(che non fa rumore)* [*motore, apparecchio*] silent, quiet.

silfide /'silfide/ f. sylph (anche FIG.); ***essere una ~*** FIG. to have a sylphlike figure.

silfo /'silfo/ m. MITOL. sylph.

silhouette /silu'ɛt/ f.inv. 1 ART. silhouette 2 *(profilo)* profile, outline, silhouette; ***~ di cartone*** cardboard cut-out 3 *(linea snella)* figure; ***avere una bella ~*** to have a fine figure.

silicato /sili'kato/ m. silicate (rock).

silice /'silitʃe/ f. silica.

siliceo /si'litʃeo/ agg. siliceous, silicious.

silicico /si'litʃiko/ agg. ***acido ~*** silicic acid.

silicio /si'litʃo/ m. silicon.

silicizzare /silitʃid'dzare/ [1] I tr. to silicify II **silicizzarsi** pronom. to silicify.

silicizzazione /silitʃiddzat'tsjone/ f. silication.

silicone /sili'kone/ m. silicone.

silicosi /sili'kɔzi/ ➧ 7 f.inv. silicosis*.

siliqua /si'likwa/ f. silique, siliqua*.

siliquetta /sili'kwetta/ f. silicle.

siliquiforme /silikwi'forme/ agg. siliquose, siliquous.

▷ **sillaba** /'sillaba/ f. syllable; ***dividere in -e*** to divide into syllables, to syllabify; ***una parola di tre -e*** a three-syllable word; ***non dire una ~*** not to say *o* utter a word; ***non capire una ~*** not to understand one syllable ◆◆ ***~ aperta*** open syllable; ***~ atona*** unstressed *o* atonic syllable; ~ ***chiusa*** closed syllable; ~ ***corta*** short syllable; ~ ***finale*** final syllable; ~ ***lunga*** long syllable; ~ ***tonica*** tonic *o* stressed syllable.

sillabare /silla'bare/ [1] tr. **1** *(dividere in sillabe)* to syllabify, to syllable, to syllabicate **2** *(scandire lettera per lettera)* to spell (out).

sillabario, pl. **-ri** /silla'barjo, ri/ m. spelling-book, primer, speller.

sillabazione /sillabat'tsjone/ f. syllabification, syllabication.

sillabicamente /sillabika'mente/ avv. syllabically.

sillabico, pl. **-ci, -che** /sil'labiko, tʃi, ke/ agg. [*scrittura, divisione, metodo*] syllabic.

sillabo /'sillabo/ m. syllabus.

sillepsi /sil'lɛpsi/, **sillessi** /sil'lɛssi/ f.inv. syllepsis*.

silloge /'sillodʒe/ f. anthology, collection, sylloge RAR.

sillogismo /sillo'dʒizmo/ m. syllogism.

sillogistica /sillo'dʒistika/ f. syllogistics + verbo sing.

sillogistico, pl. **-ci, -che** /sillo'dʒistiko, tʃi, ke/ agg. syllogistic.

sillografia /sillogra'fia/ f. sphragistics + verbo sing.

silo, pl. **-i, silos** /'silo, 'silos/ m. **1** AGR. silo*, bin, elevator AE **2** MIL. silo ◆◆ ~ ***per cereali*** grain silo *o* elevator AE; ~ ***missilistico*** missile silo.

silologia /silolo'dʒia/ f. xylology.

silos /'silos/ m.inv. → **silo.**

siltite /sil'tite/ f. siltstone.

siltoso /sil'toso/ agg. silty.

siluetta /silu'ɛtta/ f. → **silhouette.**

siluramento /silura'mento/ m. **1** *(di nave)* torpedoing **2** FIG. *(il far fallire)* torpedoing, sabotage **3** FIG. *(licenziamento)* firing, sacking.

silurante /silu'rante/ f. torpedo boat.

silurare /silu'rare/ [1] tr. **1** *(colpire con siluri)* to torpedo [*nave*] **2** FIG. *(far fallire)* to torpedo, to sabotage [*progetto*] **3** FIG. *(licenziare)* to fire, to sack, to axe, to ax AE [*dipendente*]; ***farsi*** ~ to get sacked, to be fired.

siluriano /silu'rjano/ agg. Silurian.

silurista /silu'rista/ m. torpedoman*, torpedoist.

▷ **1.siluro** /si'luro/ m. MIL. torpedo* ◆◆ ~ ***aereo*** aerial torpedo.

2.siluro /si'luro/ m. ITTIOL. silurus ◆◆ ~ ***europeo*** sheat-fish.

silvano /sil'vano/ agg. LETT. sylvan, silvan.

Silvano /sil'vano/ n.pr.m. Sylvanus.

silvestre /sil'vɛstre/ agg. sylvan, silvan, woodland attrib.; ***pino*** ~ Scots pine, Scotch pine.

Silvestro /sil'vɛstro/ n.pr.m. Sylvester.

silvia /'silvja/ f. **1** ORNIT. warbler **2** BOT. wood anemone.

Silvia /'silvja/ n.pr.f. Sylvia.

silvicolo /sil'vikolo/ agg. woodland attrib.

silvicoltore /silvikol'tore/ ♦ ***18*** m. (f. **-trice** /tritʃe/) sylviculturist, silviculturist.

silvicoltura /silvikol'tura/ f. sylviculture, silviculture, forest management, forestry.

silvite /sil'vite/ f. sylvite, sylvin(e).

Silvio /'silvjo/ n.pr.m. Sylvius.

sima /'sima/ m. GEOL. sima.

simbionte /simbi'onte/ m. symbiont.

simbiosi /simbi'ɔzi/ f.inv. symbiosis*; ***vivere in*** ~ to live in symbiosis.

simbiotico, pl. **-ci, -che** /simbi'ɔtiko, tʃi, ke/ agg. symbiotic.

simboleggiare /simboled'dʒare/ [1] tr. to symbolize.

simbolica /sim'bɔlika/ f. symbolics + verbo sing.

simbolicamente /simbolika'mente/ avv. [*rappresentare*] symbolically.

simbolicità /simbolitʃi'ta/ f.inv. symbolic nature.

simbolico, pl. **-ci, -che** /sim'bɔliko, tʃi, ke/ agg. [*gesto, valore, linguaggio, rappresentazione, opera*] symbolic(al); [*personaggio, figura*] symbolic(al), emblematic; [*multa, pena, punizione*] symbolic(al), nominal, token attrib.; ***fare un gesto*** ~ to make a token gesture.

simbolismo /simbo'lizmo/ m. symbolism; *(insieme di simboli)* symbology.

simbolista, m.pl. **-i**, f.pl. **-e** /simbo'lista/ **I** agg. symbolist, symbolistic **II** m. e f. symbolist.

simbolistico, pl. **-ci, -che** /simbo'listiko, tʃi, ke/ agg. symbolistic, symbolist.

simbolizzare /simbolid'dzare/ → **simboleggiare.**

simbolizzazione /simboliddzat'tsjone/ f. symbolization.

▷ **simbolo** /'simbolo/ m. **1** symbol, sign, emblem, icon; ***la colomba è il ~ della pace*** the dove is the symbol of peace; ~ ***fallico*** fallic symbol; ***il suo partito è il ~ del fanatismo*** his party is a byword for fanaticism **2** *(segno grafico)* symbol, sign; ~ ***matematico, chimico*** mathematical, chemical symbol; ~ ***del dollaro, della sterlina*** dollar, pound sign **3** **(-)simbolo** ***New York, la città ~ del capitalismo*** New York, the very symbol of capitalism; ***è la donna*** ~ she's the token woman ◆◆ ~ ***apostolico*** Apostles' Creed.

simbologia /simbolo'dʒia/ f. symbology.

Simeone /sime'one/ n.pr.m. Simeon.

similare /simi'lare/ agg. similar; ***vendono vernici e cose -i*** they sell paint and the like.

similarità /similari'ta/ f.inv. similarity (**con** with; **fra** between).

▶ **simile** /'simile/ **I** agg. **1** *(somigliante)* similar, kindred, alike mai attrib.; ***case, oggetti -i*** similar(-looking) houses, objects; ***-i nel colore, nella forma*** similar in colour, shape; ***in modo*** ~ [*vestirsi, pensare*] alike; ***qualcosa di ~ a*** something similar to; ***un risultato molto*** ~ a close result; ***una giornata ~ a tante altre*** a day like any other; ***le due sorelle sono*** ~ the two sisters are similar; ***essere ~ a qcs.*** to look like sth., to resemble sth.; ***è la cosa più ~ a quello che cerchi*** it's the nearest thing to what you're looking for; ***i due televisori hanno un prezzo*** ~ the two televisions compare well for price; ***il suo stile è molto ~ al cubismo*** her style is closely akin to cubism; ***un topo o un animale*** ~ a mouse or some such animal **2** *(tale)* such; ***non ho mai detto una cosa*** ~ I've never said such a thing *o* any such thing; ***non ho mai visto niente di ~!*** I've never seen anything like it *o* the like of it! ***non ho mai sentito niente di*** ~ I've never heard anything of the kind, I've never heard such a thing; ***non sognarti di fare una cosa ~!*** you'll do no such thing! ***un evento ~ deve restare un'eccezione*** there must be no repetition of this; ***in -i circostanze*** in such circumstances; ***chi poteva immaginare una cosa ~!*** who could have thought such a thing! ***una ~ teoria non poteva trovare sostenitori*** such a theory couldn't find anyone to defend it; ***un uomo ~ può essere pericoloso*** a man like that can be dangerous; ***è spesso al pub o in posti -i*** he's often in the pub or somewhere (like that); ***il libro parla solo di musica e cose -i*** the book's all about music and stuff (like that) **3** MAT. [*triangoli, figure*] similar **II** m. **1** *(essere umano, prossimo)* fellow creature; ***amare i propri -i*** to love one's fellow creatures; ***loro e i loro -i*** they and their kind; ***la crudeltà dell'uomo verso i suoi -i*** man's inhumanity to man **2** *(individuo della stessa specie)* ***i felini non attaccano i propri -i*** the felines will not attack their own kind **3** *(cosa simile)* ***...e -i*** ...and such, and suchlike, and the like; ***leoni, tigri e -i*** lions, tigers and suchlike; ***vendono vernici e -i*** they sell paint and the like.

similitudine /simili'tudine/ f. simile, similitude.

similmente /simil'mente/ avv. similarly, likewise.

similoro /simi'lɔro/ m.inv. imitation gold, pinchbeck.

similpelle /simil'pɛlle/ f.inv. imitation leather, leatherette; ***una valigia in*** ~ a leather-style case.

simmetria /simme'tria/ f. symmetry (**rispetto a** in relation to, with respect to); ***asse, piano di*** ~ axis, plan of symmetry ◆◆ ~ ***assiale*** axial symmetry; ~ ***piana*** plane symmetry; ~ ***radiale*** radial symmetry.

simmetricamente /simmetrika'mente/ avv. symmetrically.

simmetrico, pl. **-ci, -che** /sim'mɛtriko, tʃi, ke/ agg. symmetric(al).

simmetrizzare /simmetrid'dzare/ [1] tr. to symmetrize.

simmetrizzazione /simmetriddzat'tsjone/ f. symmetrization.

Simona /si'mona/ n.pr.f. Simone.

Simone /si'mone/ n.pr.m. Simon.

simonia /simo'nia/ f. simony.

simoniacamente /simoniaka'mente/ f. simoniacally.

simoniaco, pl. **-ci, -che** /simo'niako, tʃi, ke/ **I** agg. simoniac, simoniacal **II** m. (f. **-a**) simoniac.

simpatetico, pl. **-ci, -che** /simpa'tɛtiko, tʃi, ke/ agg. sympathetic.

▶ **simpatia** /simpa'tia/ f. **1** *(sentimento)* liking; ***avere*** o ***provare ~ per qcn.*** to like sb., to be fond of sb.; ***mostrare*** o ***manifestare ~ per qcn.*** to be friendly towards sb.; ***ispira*** ~ he's likeable; ***mi ha subito ispirato una grande*** ~ I liked him straight away; ***prendere qcn. in*** ~ to take a liking to sb., to warm up to sb.; ***guadagnarsi*** o ***conquistarsi le -e di qcn.*** to win sb.'s affection, to worm one's way into sb.'s affections; ***non ho molta ~ per la loro causa*** I have little sympathy for their cause **2** *(cosa, persona che piace)* ***-e e antipatie*** likes and dislikes; ***quali sono le tue -e politiche?*** what are your political sympathies? ***Mimmo è la mia*** ~ I have a soft spot for Mimmo **3** MED. sympathy ◆ ***andare a*** ~ o ***a -e*** to have favourites, to act according to one's preferences.

▶ **1.simpatico**, pl. **-ci, -che** /sim'patiko, tʃi, ke/ **I** agg. **1** [*persona*] nice, likeable; [*serata, locale*] pleasant, nice; [*idea*] nice, good; ***trovare qcn.*** ~ to find sb. nice; ***mi è molto*** ~ I like him very much **2** ***inchiostro*** ~ invisible ink **II** m. (f. **-a**) nice person.

2.simpatico, pl. **-ci, -che** /sim'patiko, tʃi, ke/ **I** agg. MED. [*sistema nervoso*] autonomic, sympathetic **II** m. MED. sympathetic nervous system; ***nervo del gran*** ~ sympathetic nerve.

simpaticone /simpati'kone/ m. ***sei proprio un ~!*** you're great fun! you're a real scream!
simpatizzante /simpatid'dzante/ m. e f. sympathizer, supporter.
simpatizzare /simpatid'dzare/ [1] intr. (aus. *avere*) **1** ~ ***con*** to take a liking to [*persona, colleghi*]; ***abbiamo subito simpatizzato*** we just clicked, we took to each other straight away **2** POL. ~ ***per*** to sympathize with, to have sympathies for [*partito*].
simposiarca /simpo'zjarka/ m. symposiarch.
simposio, pl. **-si** /sim'pɔzjo, zi/ m. symposium*, conference (**su** on).
simulacro /simu'lakro/ m. simulacrum* (anche FIG.).
simulare /simu'lare/ [1] tr. **1** *(fingere)* to feign, to fake, to simulate, to pretend [*sentimento, emozione, interesse, malattia*]; to fake [*furto*]; ***simulando terrore, innocenza*** in mock terror, innocence **2** TECN. *(riprodurre)* to simulate [*volo, effetto, condizioni*].
simulato /simu'lato/ **I** p.pass. → **simulare II** agg. **1** [*sentimento, dolore, sorpresa, malattia*] fake, feigned, simulated, pretended; [*sorriso*] fake; [*incidente, battaglia, processo*] mock **2** DIR. [*acquisto, vendita*] fictitious **3** TECN. [*volo*] simulated.
simulatore /simula'tore/ m. (f. **-trice** /tritʃe/) **1** *(chi finge)* pretender, feigner, shammer **2** TECN. simulator ◆◆ ~ ***di guida*** driving *o* road simulator; ~ ***di volo*** flight simulator, trainer.
simulazione /simulat'tsjone/ f. **1** *(finzione)* feigning, pretence BE, pretense AE, sham, simulation; ~ ***di esame*** mock exam **2** DIR. ~ ***di reato*** simulation of a crime; ~ ***di vendita*** fictitious sale **3** TECN. simulation; ~ ***al computer*** computer simulation.
simultanea /simul'tanea/ f. simultaneous translation; ***in*** ~ [*tradurre*] simultaneously.
simultaneamente /simultanea'mente/ avv. simultaneously.
simultaneista, m.pl. **-i**, f.pl. **-e** /simultane'ista/ m. e f. *(traduttore)* simultaneous translator.
simultaneità /simultanei'ta/ f.inv. simultaneity, simultaneousness.
simultaneo /simul'taneo/ agg. [*traduzione, traduttore, interpretazione*] simultaneous; [*azione*] simultaneous, concurrent, coinstantaneous.
simun /si'mun/ m.inv. simoom.
sinagoga, pl. **-ghe** /sina'gɔga, ge/ f. synagogue.
sinagogale /sinago'gale/ f. synagog(ic)al.
Sinai /'sinai/ n.pr.m. Sinai; ***il Monte*** ~ Mount Sinai; ***deserto del*** ~ Sinai Desert.
sinalefe /sina'lɛfe/ f. synaloepha.
sinantropo /si'nantropo/ m. Synanthropus.
sinapsi /si'napsi/ f.inv. synapsis*, synapse.
sinaptico, pl. **-ci**, **-che** /si'naptiko, tʃi, ke/ agg. synaptic.
sinartrosi /sinar'trɔzi/ f.inv. synarthrosis*.
sincarpio, pl. **-pi** /sin'karpjo, pi/ m. syncarp.
sinceramente /sintʃera'mente/ avv. **1** *(francamente)* sincerely, frankly; ~ ***preferirei restare*** frankly, I'd rather stay; ~, ***non lo so*** I honestly don't know; ~, ***non faresti lo stesso?*** be honest, wouldn't you do the same? **2** *(veramente)* [*pensare, credere, essere dispiaciuto*] truly; ***dimmi*** ~ ***cosa ne pensi*** tell me honestly what you think of it, give me your honest opinion of it.
sincerare /sintʃe'rare/ [1] **I** tr. to assure **II sincerarsi** pronom. to make* certain, to make* sure (**di** of).
▷ **sincerità** /sintʃeri'ta/ f.inv. sincerity, frankness, honesty; ***con tutta*** ~ in all sincerity; ***mancare di*** ~ to be insincere.
▶ **sincero** /sin'tʃɛro/ agg. [*confessione, rimpianto, offerta*] sincere; [*amico*] true, sincere; [*emozione, interesse, affetto*] sincere, genuine; [*persona, risposta*] sincere, honest; ***a*** o ***per essere*** ~, ***non mi piace*** to be quite honest, I don't like it.
sinché /sin'ke/ → **finché.**
sincipite /sin'tʃipite/ m. sinciput.
sinclinale /sinkli'nale/ **I** agg. synclinal **II** f. syncline.
sincopale /sinko'pale/ agg. syncopal.
sincopare /sinko'pare/ [1] tr. to syncopate.
sincopato /sinko'pato/ **I** p.pass. → **sincopare II** agg. [*ritmo, musica*] syncopated.
sincope /'sinkope/ f. **1** MED. syncope; ***avere una*** ~ to have a fainting fit, to faint **2** LING. syncope **3** MUS. syncopation.
sincretismo /sinkre'tizmo/ m. syncretism.
sincretistico, pl. **-ci**, **-che** /sinkre'tistiko, tʃi, ke/ agg. syncretistic.
sincretizzare /sinkretid'dzare/ [1] tr. to syncretize.
sincrociclotrone /sinkrotʃiklo'trone/ m. synchrocyclotron.
sincronia /sinkro'nia/ f. synchrony (anche LING.).
sincronicità /sinkronitʃi'ta/ f.inv. → **sincronismo.**
sincronico, pl. **-ci**, **-che** /sin'krɔniko, tʃi, ke/ agg. **1** *(relativo alla sincronia)* synchronous, synchronical **2** LING. [*linguistica*] synchronic.
sincronismo /sinkro'nizmo/ m. synchronism, synchronicity.
sincronistico, pl. **-ci**, **-che** /sinkro'nistiko, tʃi, ke/ agg. synchronistic, synchronous.
sincronizzare /sinkronid'dzare/ [1] **I** tr. to synchronize **II sincronizzarsi** pronom. to synchronize.
sincronizzato /sinkronid'dzato/ **I** p.pass. → **sincronizzare II** agg. synchronized, in sync(h); ***nuoto*** ~ synchronized swimming.
sincronizzatore /sinkroniddza'tore/ m. ELETTRON. synchronizer, sync(h).
sincronizzazione /sinkroniddzat'tsjone/ f. synchronization, sync(h).
sincrono /'sinkrono/ agg. [*movimento*] synchronous, synchronal; [*motore*] synchronous.
sincrotrone /sinkro'trone/ m. synchrotron.
sindacabile /sinda'kabile/ agg. **1** *(controllabile)* controllable, checkable **2** *(criticabile)* questionable, debatable.
▷ **1.sindacale** /sinda'kale/ agg. [*accordo, delegato, movimento, riunione, diritto, tessera, dirigente*] (trade) union attrib.; ***vertenza*** ~ industrial *o* trade dispute; ***contributo*** ~ union dues, check off; ***conflittualità*** ~ industrial *o* labour unrest; ***azione*** ~ trade union action, job action AE; ***rappresentante*** ~ shop steward.
2.sindacale /sinda'kale/ agg. **1** *(del sindaco)* mayoral, mayor's, of the mayor **2** ECON. ***collegio*** ~ board of auditors.
sindacalismo /sindaka'lizmo/ m. (trade) unionism; ~ ***storico*** syndicalism.
sindacalista, m.pl. **-i**, f.pl. **-e** /sindaka'lista/ m. e f. (trade) unionist, union organizer.
sindacalizzare /sindakalid'dzare/ [1] **I** tr. *(organizzare in sindacato)* to unionize, to organize AE [*categoria*] **II sindacalizzarsi** pronom. *(aderire a un sindacato)* to unionize, to organize AE.
sindacalizzazione /sindakaliddzat'tsjone/ f. unionization, organization AE.
sindacare /sinda'kare/ [1] tr. **1** *(controllare)* to control, to inspect, to check **2** *(criticare)* to criticize, to question.
▷ **1.sindacato** /sinda'kato/ m. **1** *(associazione di lavoratori)* trade union, labor union AE; ***sede del*** ~ trade union headquarters; ***iscriversi a un*** ~ to join a union; ***un iscritto al*** ~ a trade union member **2** ECON. *(consorzio)* syndicate ◆◆ ~ ***aziendale*** staff association, company union; ~ ***di categoria*** craft union; ~ ***commerciale*** price ring, cartel; ~ ***del crimine*** crime syndicate; ~ ***finanziario*** financial syndicate; ~ ***degli impiegati*** white-collar union; ~ ***industriale*** industrial union; ~ ***degli insegnanti*** national union of teachers; ~ ***dei lavoratori*** labour union, (trade) union.
2.sindacato /sinda'kato/ m. *(controllo)* check, control.
sindachessa /sinda'kessa/ f. SCHERZ. mayoress, lady mayor, lady mayoress BE.
▶ **sindaco**, pl. **-ci** /'sindako, tʃi/ m. **1** *(di comune)* mayor **2** *(di società)* auditor.

> **Sindaco** The mayor is the head of local government (*comune*) and is in power for four years. He chairs the council and municipal committee and is their representative.

sindesi /'sindezi/ f.inv. syndeton.
sindone /'sindone/ f. ***Sacra Sindone*** Holy Shroud, Turin Shroud.
sindrome /'sindrome/ f. syndrome ◆◆ ~ ***di Down*** Down's syndrome; ~ ***da immunodeficienza acquisita*** acquired immune deficiency syndrome; ~ ***di Munchausen*** Munchausen's syndrome; ~ ***premestruale*** premenstrual syndrome; ~ ***da shock tossico*** toxic shock syndrome.
sinecologia /sinekolo'dʒia/ f. BIOL. synecology.
sinecura /sine'kura/ f. sinecure.
sineddoche /si'nɛddoke/ f. synecdoche.
sine die /sine'die/ avv. [*rimandare, rinviare*] sine die, indefinitely.
sinedrio, pl. **-dri** /si'nɛdrjo, dri/ m. **1** *(presso i greci)* synedrion*, synedrium* **2** *(presso gli ebrei)* Sanhedrim, Sanhedrin.
sineresi /si'nɛrezi/ f.inv. syn(a)eresis*.
sinergia /siner'dʒia/ f. synergy (**tra** between).
sinergico, pl. **-ci**, **-che** /si'nɛrdʒiko, tʃi, ke/ agg. synergetic, synergistic; ***muscolo*** ~ synergist.
sinergismo /siner'dʒizmo/ m. synergism.
sinestesia /sineste'zia/ f. syn(a)esthesia.
sinfisi /'sinfizi/ f.inv. symphysis*.
sinfonia /sinfo'nia/ f. symphony; ***una*** ~ ***di colori*** FIG. a symphony of colours.

sinfonico, pl. **-ci**, **-che** /sin'fɔniko, tʃi, ke/ agg. [*musica, concerto*] symphonic; ***orchestra -a*** symphony orchestra; ***poema ~*** symphonic *o* tone poem.

sinfonista, m.pl. **-i**, f.pl. **-e** /sinfo'nista/ m. e f. symphonist.

sinforicarpo /sinfori'karpo/ m. ***~ bianco*** snow-berry.

singalese /singa'lese/ ➧ ***25*** **I** agg. Ceylonese, Sin(g)halese **II** m. e f. Sin(g)halese*, Ceylonese*; ***i -i*** the Sin(g)halese **III** m. LING. Sin(g)halese.

Singapore /singa'pɔre/ ➧ ***2, 14, 33*** n.pr.f. Singapore.

singaporiano /singapo'rjano/ ➧ ***25, 2*** **I** agg. Singaporean **II** m. (f. **-a**) Singaporean.

singhiozzare /singjot'tsare/ [1] intr. (aus. *avere*) **1** *(avere il singhiozzo)* [*persona*] to hiccup, to have* (the) hiccups **2** *(piangere)* to sob **3** FIG. *(procedere a sbalzi)* [*motore*] to jerk.

▷ **singhiozzo** /sin'gjottso/ m. **1** *(singulto)* hiccup; ***avere il ~*** to have (the) hiccups; ***a ~, a -i*** FIG. in fits and starts, jerkily; ***sciopero a ~*** on-off strike **2** *(nel pianto)* sob; ***dire*** o ***raccontare qcs. tra i -i*** to sob out sth.; ***scoppiare in -i*** to burst out sobbing; ***"perdonami," disse con la voce rotta dai -i*** "forgive me," he said with a sob.

▷ **singolare** /singo'lare/ [1] **I** agg. **1** LING. singular; ***alla terza persona ~*** in the third person singular **2** *(insolito, strano)* [*persona*] peculiar, odd, weird; [*vestito*] unusual **3** *(straordinario, unico)* singular, unique; ***una donna di ~ bellezza*** a woman of rare *o* remarkable beauty **4** ANT. ***singolar tenzone*** single combat **II** m. **1** LING. singular; ***al ~*** in the singular **2** SPORT ***~ femminile, maschile*** women's, men's singles.

singolarità /singolari'ta/ f.inv. **1** *(stranezza)* peculiarity, oddity, weirdness **2** *(particolarità, unicità)* singularity, uniqueness **3** MAT. singularity.

singolarmente /singolar'mente/ avv. **1** *(uno a uno)* singularly, one by one, individually, singly; ***preso ~*** taken individually; ***considerare i fatti ~*** to consider the facts one by one; ***vendiamo le buste ~*** we sell the envelopes loose; ***ha parlato con tutti noi ~*** he spoke to each of us in turn *o* separately **2** *(insolitamente)* [*vestito*] unusually; *(stranamente)* [*agire, pensare, comportarsi*] peculiarly, oddly, weirdly.

▷ **singolo** /'singolo/ **I** agg. **1** *(ciascuno)* single, individual; ***le -e parti di un motore*** each part of the engine; ***ogni -a persona, ogni ~ individuo*** every single person, each individual person; ***rispose a ogni -a domanda*** she answered every single question; ***considerare i -i casi*** to consider the single cases **2** *(unico)* single, sole; ***in copia -a*** in single copy **3** *(per una persona)* [*camera, cabina, letto*] single **II** m. **1** *(persona)* individual; ***i diritti, gli interessi del ~*** the rights, interests of the individual **2** SPORT ***~ femminile, maschile*** women's, men's singles; ***giocare un ~*** to play a singles **3** MUS. single; ***un ~ di successo*** a hit single.

singulto /sin'gulto/ m. **1** *(singhiozzo)* hiccup; ***avere il ~*** to have (the) hiccups **2** *(di pianto)* sob.

siniscalco, pl. **-chi** /sinis'kalko, ki/ m. seneschal.

sinist /si'nist/, **sinistr** /si'nistr/ inter. MIL. ***"attenti a ~!"*** "eyes left!"; ***"fianco ~!"*** "left turn!"; ***"fronte a ~!"*** "left face!".

▶ **sinistra** /si'nistra/ f. **1** *(lato sinistro)* left, left(-hand) side; ***sulla ~*** on the left; ***alla, sulla tua ~*** on your left; ***girare a ~*** to turn left; ***tenere*** o ***mantenere la ~*** to keep (to the) left; ***guida a ~*** left-hand drive; ***curva a ~*** left-hand bend; ***a ~ di*** to the left of; ***di ~*** [*pagina, fila*] left-hand; ***non distingue la ~ dalla destra*** he doesn't know his left from his right **2** *(mano)* left hand; ***scrivere con la ~*** to write with the left hand, to write left-handed **3** POL. left (wing); ***votare per la ~*** to vote for the left; ***di ~*** [*persona, governo, idea, giornalista*] left-wing, leftist; ***essere di ~*** to be left-wing.

sinistramente /sinistra'mente/ avv. sinisterly.

sinistrare /sinis'trare/ [1] tr. [*alluvione, terremoto*] to damage [*regione, città*].

sinistrato /sinis'trato/ **I** p.pass. → **sinistrare II** agg. [*paese, regione*] damaged; ***zona -a*** disaster area **III** m. (f. **-a**) disaster victim.

sinistrese /sinis'trese/ m. POL. SPREG. leftist jargon.

sinistrismo /sinis'trizmo/ m. POL. SPREG. leftism.

▷ **sinistro** /si'nistro/ **I** agg. **1** *(che sta a sinistra)* [*occhio, mano*] left; [*pagina, lato, porta*] left-hand; ***sul lato ~*** on the left-hand side **2** *(infausto)* [*rumore, bagliore, presagio, luogo, paesaggio, persona, sguardo, aspetto*] sinister, grim **II** m. **1** SPORT *(nella boxe)* left(-hand blow); *(nel calcio)* left(-foot shot); ***lo colpì con un ~ alla mascella*** he hit him a left to the jaw; ***attaccare di ~*** to lead with one's left; ***calciare di*** o ***col ~*** to kick with one's left foot **2** BUROCR. *(disastro, incendio, incidente)* accident; ***determinare l'entità del ~*** to assess the extent of the damage; ***in caso di ~*** in case of accident.

sinistrogiro /sinistro'dʒiro/ agg. sinistrogyre, counterclockwise.

sinistroide /sinis'trɔide/ **I** agg. POL. SPREG. leftist, pinkish, pinko* **II** m. e f. POL. SPREG. leftie, leftist, pinko*.

sinistrorso /sinis'trɔrso/ **I** agg. **1** *(che va da destra a sinistra)* [*scrittura*] back-handed; *(che ruota in senso antiorario)* anticlockwise, sinistrorse **2** ZOOL. GEOL. sinistrorse, sinistral **3** POL. SPREG. leftist, pinkish **II** m. (f. **-a**) POL. SPREG. leftie, leftist, pinko*.

sinizesi /sinid'dzɛzi/ f.inv. BIOL. synizesis*.

▷ **sino** /'sino/ → **1.fino.**

sinodale /sino'dale/ agg. synodal.

sinodico, pl. **-ci**, **-che** /si'nɔdiko, tʃi, ke/ agg. **1** ASTR. [*rivoluzione*] synodic(al) **2** RELIG. synodal.

sinodo /'sinodo/ m. synod; ***il Santo Sinodo*** the Holy Synod; ***il Sinodo Generale*** the General Synod.

sinologia /sinolo'dʒia/ f. sinology.

sinologo, m.pl. **-gi**, f.pl. **-ghe** /si'nɔlogo, dʒi, ge/ m. (f. **-a**) sinologist.

sinonimia /sinoni'mia/ f. synonymity.

sinonimico, pl. **-ci**, **-che** /sino'nimiko, tʃi, ke/ agg. synonymic(al).

sinonimo /si'nɔnimo/ **I** agg. synonymous (**di** with); ***parole -e*** synonyms **II** m. synonym (**di** of, for); ***un dizionario dei -i*** a dictionary of synonyms; ***questo marchio è ~ di eleganza*** FIG. this label is a byword for elegance; ***per lui l'America è ~ di libertà*** FIG. for him America means freedom, for him America is synonymous with freedom.

sinopia /si'nɔpja/ f. sinopia*, sinopis.

sinopsi /si'nɔpsi/ → **sinossi.**

sinora /si'nora/ → **finora.**

sinossi /si'nɔssi/ f.inv. synopsis*.

sinottico, pl. **-ci**, **-che** /si'nɔttiko, tʃi, ke/ agg. [*quadro*] synoptic; ***i Vangeli -ci*** the Synoptic Gospels.

sinovia /si'nɔvja/ f. synovia.

sinoviale /sino'vjale/ agg. [*borsa, liquido*] synovial.

sinovite /sino'vite/ ➧ **7** f. synovitis; ***soffrire di ~*** to have water on the knee.

sintagma /sin'tagma/ m. phrase, syntagm, syntagma*; ***~ verbale, nominale*** verb, noun phrase.

sintagmatico, pl. **-ci**, **-che** /sintag'matiko, tʃi, ke/ agg. syntagmatic.

sintantoché /sintanto'ke/ → **fintantoché.**

sintassi /sin'tassi/ f.inv. syntax; ***errore di ~*** syntactic(al) error.

sintattica /sin'tattika/ f. syntactics + verbo sing.

sintatticamente /sintattika'mente/ avv. syntactically.

sintattico, pl. **-ci**, **-che** /sin'tattiko, tʃi, ke/ agg. syntactic(al).

sinterizzare /sinterid'dzare/ [1] tr. to sinter.

sinterizzato /sinterid'dzato/ **I** p.pass. → **sinterizzare II** agg. [*metallo, vetro*] sintered.

sinterizzazione /sinteriddzat'tsjone/ f. sintering.

sintesi /'sintezi/ f.inv. **1** *(operazione mentale)* synthesis*; *(riassunto)* summary; ***fare la ~ di un articolo*** to sum up an article; ***capacità di ~*** ability to synthesize; ***la ~ di una partita*** the highlights of a match; ***in ~*** in short *o* in brief **2** FILOS. synthesis* **3** CHIM. synthesis*; ***per ~*** by synthesis; ***prodotto di ~*** synthetic product; ***~ delle proteine*** protein synthesis ◆◆ ***~ clorofilliana*** CHIM. photosynthesis.

sinteticamente /sintetika'mente/ avv. **1** *(in poche parole)* synthetically, concisely, tersely **2** CHIM. synthetically, by synthesis.

sinteticità /sintetitʃi'ta/ f.inv. conciseness.

sintetico, pl. **-ci**, **-che** /sin'tɛtiko, tʃi, ke/ agg. **1** *(non analitico)* [*approccio, riflessione, visione*] synthetic **2** *(conciso)* concise, terse, economical **3** FILOS. [*giudizio*] synthetic **4** CHIM. TESS. [*fibre, resina, tessuto, materiale*] synthetic, man-made **5** LING. [*lingua*] synthetic.

sintetizzare /sintetid'dzare/ [1] tr. **1** *(riassumere)* to summarize, to sum up **2** CHIM. IND. to synthesize **3** MUS. to synthesize.

sintetizzatore /sintetiddza'tore/ m. MUS. synthesizer, synth ◆◆ ***~ vocale*** o ***di voce*** speech synthesizer.

sintomatico, pl. **-ci**, **-che** /sinto'matiko, tʃi, ke/ agg. **1** MED. [*terapia, febbre*] symptomatic (**di** of) **2** FIG. symptomatic, indicative (**di qcs.** of sth.).

sintomatologia /sintomatolo'dʒia/ f. symptomatology.

▷ **sintomo** /'sintomo/ m. **1** MED. symptom (**di** of); ***presentare i -i di una malattia*** to show the symptoms of a disease **2** FIG. symptom, sign (**di** of); ***il fenomeno è il ~ di una crisi*** the phenomenon is symptomatic of a crisis.

sintonia /sinto'nia/ f. **1** FIS. RAD. syntony **2** FIG. *(armonia)* ***essere in ~ con qcn.*** to be in tune with sb., to be in synch with sb.; ***non essere in ~ con qcn.*** to be out of tune with sb.

sintonizzare /sintonid'dzare/ [1] **I** tr. **1** FIS. RAD. to tune, to syntonize; ***~ la radio su una stazione*** to tune in to a radio station **2** FIG. to harmonize (**con** with) **II sintonizzarsi** pronom. **1** RAD. to tune in (**su** to); ***-rsi su un canale*** to tune in to a channel **2** FIG. ***-rsi con qcn.*** to tune in to sb.

sintonizzato /sintonid'dzato/ **I** p.pass. → **sintonizzare II** agg. tuned (**a** to); ***restate -i*** stay tuned; ***non ~*** untuned.
sintonizzatore /sintoniddza'tore/ m. RAD. tuner.
sintonizzazione /sintoniddzat'tsjone/ f. RAD. tuning.
sinuato /sinu'ato/ agg. sinuate.
sinuosamente /sinuosa'mente/ avv. sinuously.
sinuosità /sinuosi'ta/ f.inv. sinuosity, winding; ***le ~ di un corso d'acqua, di un sentiero*** the twists and turns of a winding river, path.
sinuoso /sinu'oso/ agg. [*strada, corso d'acqua*] sinuous, winding; [*movimento*] snakelike, snaky; [*corpo*] sinuous, supple.
sinusite /sinu'zite/ ➧ ***7*** f. sinusitis.
sinusoidale /sinuzoi'dale/ agg. MAT. FIS. sinusoidal.
sinusoide /sinu'zɔide/ f. sinusoid.
Sion /'sion/ n.pr.f. Zion.
sionismo /sio'nizmo/ m. Zionism.
sionista, m.pl. **-i**, f.pl. **-e** /sio'nista/ agg., m. e f. Zionist.
sionistico, pl. **-ci**, **-che** /sio'nistiko, tʃi, ke/ agg. Zionist(ic).
siparietto /sipa'rjetto/ m. *(numero di varietà)* entr'acte.
sipario, pl. **-ri** /si'parjo, ri/ m. (drop) curtain; ***alzare, calare il ~*** to ring up, down the curtain, to raise, drop the curtain; ***calare il ~ su qcs.*** FIG. to draw the curtain over sth.
Siracusa /sira'kuza/ ➧ ***2*** n.pr.f. Syracuse.
siracusano /siraku'zano/ ➧ ***2*** **I** agg. Syracusan **II** m. (f. **-a**) Syracusan.
sire /'sire/ m. Sire.
▷ **1.sirena** /si'rɛna/ f. *(di nave, polizia, ambulanza)* siren, horn; *(di fabbrica)* siren, hooter BE; ***~ dei pompieri*** fire (engine) siren ◆◆ ***~ da nebbia*** foghorn.
▷ **2.sirena** /si'rɛna/ f. **1** MITOL. mermaid, siren **2** ZOOL. siren ◆ ***ascoltare il canto delle -e*** to listen to the sirens' song.
sirenide /si'rɛnide/ m. sirenian.
sirfide /'sirfide/ m. hoverfly.
Siria /'sirja/ ➧ ***33*** n.pr.f. Syria.
siriaco, pl. **-ci**, **-che** /si'riako, tʃi, ke/ ➧ ***25*** **I** agg. Syriac **II** m. (f. **-a**) Syriac.
siriano /si'rjano/ ➧ ***25, 16*** **I** agg. Syrian **II** m. (f. **-a**) **1** *(persona)* Syrian **2** *(lingua)* Syrian.
sirice /'siritʃe/ f. woodwasp.
▷ **siringa**, pl. **-ghe** /si'ringa, ge/ f. **1** MED. syringe (anche GASTR.) **2** MUS. syrinx*; ***~ di Pan*** panpipes, pipes of Pan **3** BOT. syringa ◆◆ ***~ ipodermica*** hypodermic syringe; ***~ monouso*** disposable syringe.
siringare /sirin'gare/ [1] tr. to syringe; *(iniettare)* to inject.
siringe /si'rindʒe/ f. syrinx*.
siringotomia /siringoto'mia/ f. syringotomy.
Sirio /'sirjo/ f. ASTR. Dog Star, Sirius.
sirtico, pl. **-ci**, **-che** /'sirtiko, tʃi, ke/ agg. syrtic.
sirventese /sirven'tese/ m. sirvente.
sisal /'sizal/ f.inv. **1** BOT. sisal (plant) **2** TESS. sisal (hemp).
sisaro /'sizaro/ m. skirret.
Sisifo /'sizifo/ n.pr.m. Sisyphus; ***una fatica di ~*** FIG. a Sysiphean toil.
sisma /'sizma/ m. seism, earthquake.
sismicità /sizmitʃi'ta/ f.inv. seismicity (**di** of).
sismico, pl. **-ci**, **-che** /'sizmiko, tʃi, ke/ agg. [*fenomeno, scossa, onda*] seismic; ***zona -a*** earthquake belt.
sismografia /sizmogra'fia/ f. seismography.
sismografico, pl. **-ci**, **-che** /sizmo'grafico, tʃi, ke/ agg. seismographic(al).
sismografo /siz'mɔgrafo/ m. seismograph.
sismogramma /sizmo'gramma/ m. seismogram.
sismologia /sizmolo'dʒia/ f. seismology.
sismologico, pl. **-ci**, **-che** /sizmo'lɔdʒiko, tʃi, ke/ agg. seismological.
sismologo, m.pl. **-gi**, f.pl. **-ghe** /siz'mɔlogo, dʒi, ge/ ➧ ***18*** m. (f. **-a**) seismologist.
sismometro /siz'mɔmetro/ m. seismometer.
sismoscopio, pl. **-pi** /sismos'kɔpjo, pi/ m. seismoscope.
sissignora /sissiɲ'ɲora/ avv. yes, Madam.
sissignore /sissiɲ'ɲore/ avv. yes, Sir.
▶ **sistema** /sis'tɛma/ m. **1** *(dispositivo)* system; ***~ frenante*** braking system; ***~ d'illuminazione, di trasmissione*** lighting, transmission system; ***~ di specchi, pulegge*** system of mirrors, of pulleys; ***~ di canali*** canal system *o* network **2** *(metodo)* system, method; *(modo)* way, means sing.; ***un ~ infallibile*** an infallible method; ***dobbiamo trovare un ~*** we need a system; ***trovare il ~ di fare qcs.*** to find the way of doing sth. **3** *(insieme organizzato, dottrina)* system; ***~ legale, penitenziario*** legal, prison system; ***il ~*** POL. the system, the Establishment; ***entrare a far parte del ~*** to join the system; ***sconfiggere il ~*** to beat the system **4** ANAT. MED. system **5** INFORM. system; ***requisiti di ~*** systems requirements; ***disco di ~*** systems disk; ***analisi, progettazione di -i*** systems analysis *o* design; ***~ di gestione dati*** database (management) system **6** ASTR. system; ***~ planetario*** planetary system **7** GIOC. *(nel totocalcio)* system perm BE ◆◆ ***~ d'allarme*** alarm system, burglar alarm; ***~ bancario*** banking system; ***~ bicamerale*** two-chamber system; ***~ bipartitico*** two-party system; ***~ cardiovascolare*** ANAT. cardiovascular system; ***~ dei casi*** LING. case system; ***~ circolatorio*** ANAT. circulatory system; ***~ copernicano*** Copernican system; ***~ decimale*** decimal system; ***~ democratico*** democratic system; ***~ digerente*** ANAT. digestive system; ***~ economico*** economic system; ***~ educativo*** educational system; ***~ elettorale*** voting system; ***~ di equazioni*** simultaneous equations; ***~ esperto*** INFORM. expert system; ***~ feudale*** feudal system; ***~ immunitario*** immune system; ***~ informativo*** information system; ***~ maggioritario*** majority system; ***~ metrico*** metric system; ***Sistema Monetario Europeo*** European Monetary System; ***~ nervoso*** ANAT. nervous system; ***~ nervoso centrale*** central nervous system; ***~ nuvoloso*** METEOR. cloud system; ***~ operativo*** INFORM. operating system; ***~ parlamentare*** parliamentary system; ***~ politico*** political system; ***~ proporzionale*** proportional representation; ***~ solare*** solar system; ***~ tolemaico*** Ptolemaic system; ***~ tributario*** system of taxation; ***~ di valori*** scale of values; ***~ di valutazione*** grading system.
▶ **sistemare** /siste'mare/ [1] **I** tr. **1** *(disporre)* to arrange; *(collocare)* to put*, to place; *(mettere a posto)* to tidy up, to put* [sth.] in order, to fix up; ***~ i libri sullo scaffale*** to arrange the books on the shelf; ***~ qcs. in ordine alfabetico*** to put *o* arrange sth. in alphabetical order; ***~ la scrivania vicino alla finestra*** to put the desk near the window; ***~ una stanza*** to tidy up a room **2** *(alloggiare)* to put* up, to house, to accommodate [*ospiti*]; ***gli studenti saranno sistemati presso famiglie locali*** the students will be put up with local families; ***~ qcn. in albergo*** to put sb. up in a hotel **3** *(risolvere)* to settle, to fix [*questione, faccenda*]; ***~ i propri affari*** to sort out one's affairs; ***gli diedero un mese per ~ le cose*** they gave him a month to set *o* put things right; ***avere una questione da ~ con qcn.*** to have a bone to pick with sb. **4** *(aggiustare)* to repair, to fix [*macchina*] **5** *(far sposare)* to marry off [*figlio, figlia*] **6** *(procurare un lavoro a)* to fix [sb.] up with a job, to find* [sb.] a job **7** COLLOQ. *(dare una lezione a)* to fix; ***lo sistemo io!*** I'll fix him! **II sistemarsi** pronom. **1** *(trovare alloggio)* to settle; ***-rsi da qcn.*** to stay at sb.'s; ***-rsi a Palermo*** to settle in Palermo; ***verrò a trovarti quando ti sarai sistemato*** I'll come and see you when you are settled in **2** *(accomodarsi)* to settle down; ***-rsi in poltrona*** to settle in an armchair **3** *(trovare un lavoro)* to find* a job; ***-rsi in banca*** to find a job in a bank **4** *(sposarsi)* to settle (down), to marry **5** *(risolversi)* to settle; ***le cose si sistemeranno alla fine*** things will sort themselves out in the end **6** *(aggiustarsi)* to fix, to tidy up; ***-rsi i capelli*** to fix one's hair.
sistemata /siste'mata/ f. tidying up; ***dare una ~ a qcs.*** to tidy sth. up; ***darsi una ~*** to make oneself tidy, to tidy oneself up.
sistematica /siste'matika/ f. systematics + verbo sing.
sistematicamente /sistematika'mente/ avv. **1** *(in modo sistematico)* systematically **2** *(regolarmente)* regularly; ***arriva ~ in ritardo*** he's always late.
sistematicità /sistematitʃi'ta/ f.inv. **1** *(carattere sistematico)* systematic nature **2** *(regolarità)* regularity.
sistematico, pl. **-ci**, **-che** /siste'matiko, tʃi, ke/ agg. **1** *(conforme a un sistema)* [*metodo, modo*] systematic; *(che procede con metodo)* [*persona*] methodical; ***in modo ~*** systematically; ***lavorare in modo ~*** to work systematically *o* in a systematic way **2** *(ricorrente, abituale)* [*rifiuto, opposizione*] systematic.
sistematizzare /sistematid'dzare/ [1] tr. to systematize.
sistematizzazione /sistematiddzat'tsjone/ f. systematization.
▷ **sistemazione** /sistemat'tsjone/ f. **1** *(disposizione) (di appartamento, stanza)* layout; *(di mobili)* arrangement; *(ordinamento)* ordering, arrangement; ***cambiare la ~ dei mobili nel salotto*** to rearrange the furniture in the living room; ***la ~ dei dossier nell'archivio*** the systematic ordering of the files in the archive; ***la ~ del garage mi ha impegnato tutta la giornata*** it took me the whole day to tidy up the garage **2** *(alloggio)* accommodation, lodging; ***trovare una ~ in hotel, per la notte*** to find accommodation in a hotel, for the night; ***~ provvisoria*** temporary accommodation **3** *(posto di lavoro)* job, post **4** *(risoluzione)* settlement; *(pagamento)* settlement, payment.
sistemico, pl. **-ci**, **-che** /sis'tɛmiko, tʃi, ke/ agg. **1** *(relativo a un sistema)* systemic **2** MED. systemic; ***infezione -a*** systemic infection **3** LING. systemic; ***grammatica -a*** systemic grammar.

sistemista, m.pl. **-i**, f.pl. **-e** /siste'mista/ **18** m. e f. **1** INFORM. systems analyst **2** *(studioso di scienza dei sistemi)* expert in systems theory **3** *(nei giochi a pronostico)* systems player.

sistemistica /siste'mistika/ f. systems theory.

sistemistico, pl. **-ci**, **-che** /siste'mistiko, tʃi, ke/ agg. systems theory attrib.

sistilo /'sistilo/ agg. e m. systyle.

sistino /sis'tino/ agg. ***la Cappella Sistina*** the Sistine Chapel.

sistole /'sistole/ f. systole.

sistolico, pl. **-ci**, **-che** /sis'tɔliko, tʃi, ke/ agg. systolic.

sistro /'sistro/ m. sistrum*.

sitibondo /siti'bondo/ agg. **1** LETT. thirsty, parched **2** FIG. avid, eager (**di** for).

sit-in /si'tin/ m.inv. sit-in.

sito /'sito/ **I** agg. *(situato)* situated, placed **II** m. **1** *(luogo)* place, spot, site; ***~ archeologico*** archeological area **2** MIL. ***(angolo di) ~*** site angle **3** INFORM. site; ***~ Web*** website.

sitofobia /sitofo'bia/ **7** f. sitophobia.

sitografia /sitogra'fia/ f. webliography.

sitologia /sitolo'dʒia/ f. sitology.

sitologo, m.pl. **-gi**, f.pl. **-ghe** /si'tɔlogo, dʒi, ge/ **18** m. (f. **-a**) dietician.

▷ **situare** /situ'are/ [1] **I** tr. to situate, to place, to put*; ***~ un edificio, una fabbrica*** to situate a building, a factory; ***~ un avvenimento nel tempo*** to situate an event historically **II situarsi** pronom. **1** *(collocarsi)* to place oneself, to put* oneself **2** *(essere inserito in un ambito)* to find* one's place; ***questo autore si situa tra i più importanti della sua epoca*** this author is ranked among the most important of his time.

situato /situ'ato/ **I** p.pass. → **situare II** agg. situated, placed.

situazionale /situattsjo'nale/ agg. situational.

▶ **situazione** /situat'tsjone/ f. situation, position; ***nella ~ economica attuale*** in the present economic situation; ***essere in una ~ delicata, disperata*** to be in a delicate, hopeless situation; ***200 persone sono nella stessa ~*** 200 people are in the same situation *o* position; ***è una ~ penosa*** it's a sad state of affairs; ***ha lasciato peggiorare la ~*** he allowed the situation to get worse; ***la ~ è sotto, fuori controllo*** the situation is under, out of control; ***essere padrone della ~*** to be master of the situation; ***prendere in mano la ~*** to take matters into one's own hands; ***salvare la ~*** to save the situation; ***rovesciare la ~*** to reverse the situation, to turn the tables; ***essere all'altezza della ~*** to rise to the occasion; ***mettere qcn. in una ~ difficile*** to place sb. in a difficult situation; ***mettersi nella ~ di qcn.*** to put oneself in sb.'s shoes; ***facendo il punto della ~, sembrerebbe che*** overall then it would seem that; ***~ di crisi*** state of crisis ◆◆ ***~ di cassa*** ECON. cash statement; ***~ contabile*** ECON. statement of account; ***~ di fatto*** state of affairs; ***~ finanziaria*** financial standing, finances; ***~ lavorativa*** employment status; ***~ del mercato*** market situation; ***~ patrimoniale*** statement of assets of liabilities.

siviera /si'vjɛra/ f. METALL. ladle.

Siviglia /si'viʎʎa/ **2** n.pr.f. Seville.

sizigia, pl. **-gie** /sid'dzidʒa, dʒe/ f. syzygy.

sizigiale /siddzi'dʒale/ agg. [*marea*] syzygial.

skai® /skai/ m.inv. = leatherette, vinyl.

skate-board /'skɛitbord/ **10** m.inv. skateboard; ***fare ~*** to go skateboarding.

sketch /skɛtʃ/ m.inv. sketch.

ski-lift, **skilift** /ski'lift/ m.inv. ski lift.

skin /skin/, **skinhead** /ski'nɛd/ m. e f.inv. skinhead.

ski-pass /ski'pas/ m.inv. ski pass.

skipper /'skipper/ m. e f.inv. skipper.

slabbrare /zlab'brare/ [1] **I** tr. **1** *(scheggiare)* to chip (the edge of) [*piatto, vaso*] **2** *(allargare i bordi)* to stretch the edges of [*maglione*] **II slabbrarsi** pronom. **1** *(scheggiarsi)* [*piatto, vaso*] to chip **2** *(deformarsi)* [*maglione*] to stretch out **3** *(allargarsi)* [*ferita*] to open, to gape.

slabbrato /zlab'brato/ **I** p.pass. → **slabbrare II** agg. **1** *(scheggiato)* [*piatto, vaso*] chipped **2** *(aperto)* [*ferita, taglio*] open, gaping.

slabbratura /zlabbra'tura/ f. **1** *(di piatti, vasi)* chipping (at the edge) **2** *(di ferita)* opening, gaping **3** *(di tessuti)* fraying.

▷ **slacciare** /zlat'tʃare/ [1] **I** tr. **1** *(slegare)* to untie [*lacci, scarpe*] **2** *(sbottonare)* to unhook [*gonna, reggiseno*]; to open, to unbutton [*camicia*]; to undo*, to unstrap [*cintura*]; ***~ le cinture di sicurezza*** to unfasten the safety belts **II slacciarsi** pronom. **1** *(slegarsi)* [*lacci, scarpe*] to come* untied **2** *(sbottonarsi)* [*gonna, reggiseno*] to come* unhooked; [*camicia*] to come* unbuttoned; ***-rsi la cintura*** to undo one's belt.

slacciato /zlat'tʃato/ **I** p.pass. → **slacciare II** agg. **1** *(slegato)* [*lacci, scarpe*] untied **2** *(sbottonato)* [*gonna*] unhooked; [*camicia*] unbuttoned.

slalom /'zlalom/ **10** m.inv. slalom; ***gara di ~*** slalom event; ***fare uno ~ tra le macchine*** FIG. to weave in and out of the traffic ◆◆ ***~ gigante*** giant slalom; ***~ speciale*** (special) slalom.

slalomista, m.pl. **-i**, f.pl. **-e** /zlalo'mista/ m. e f. slalom racer.

slam /zlɛm/ m.inv. **1** *(nel bridge)* slam; ***grande, piccolo ~*** grand, little slam **2** SPORT *(nel tennis)* ***Grande Slam*** Grand Slam.

slanciare /zlan'tʃare/ [1] **I** tr. **1** *(far sembrare più longilineo)* ***questo vestito ti slancia*** this dress makes you look thinner **2** RAR. *(lanciare)* to throw*, to fling* [*braccia*] **II slanciarsi** pronom. **1** *(lanciarsi)* to throw* oneself, to fling* oneself; ***-rsi contro qcn.*** to throw onelself upon sb. **2** FIG. to soar, to reach up; ***la torre si slancia verso il cielo*** the tower soars into the sky.

slanciato /zlan'tʃato/ **I** p.pass. → **slanciare II** agg. [*persona*] slender, sleek, slim; [*edificio, colonna*] slender.

▷ **slancio**, pl. **-ci** /'zlantʃo, tʃi/ m. **1** *(movimento rapido)* rush, dash; *(salto)* leap, jump; ***uno ~ impetuoso*** a headlong rush *o* dash; ***entrare di ~*** to bounce in **2** *(rincorsa)* run, run-up BE; ***prendere lo ~*** to take a run-up; ***fermare un corridore in pieno ~*** to stop a runner in his stride **3** *(impulso spontaneo)* impulse; *(impeto)* impetus*; ***-ci di generosità*** fits of generosity; ***togliere*** o ***smorzare lo ~*** to stop the momentum; ***prendere, perdere lo ~*** to gain, lose impetus; ***proseguire con lo stesso ~*** to continue to forge ahead; ***dare un nuovo ~ a*** to give a fresh impetus to [*partito, azienda, riforma*]; ***ridare ~ all'economia*** to revive the economy **4** *(foga)* élan, bounce, impetus, pizzazz COLLOQ.; ***con grande ~*** with great enthusiasm; ***~ patriottico*** patriotic fervour; ***manca di ~*** he has no go in him.

slang /zlɛng/ m.inv. slang.

slargare /zlar'gare/ [1] **I** tr. *(allargare)* to widen, to broaden [*apertura, strada*]; to stretch out [*manica, maglione*] **II slargarsi** pronom. **1** *(allargarsi)* [*strada*] to widen; ***mi si è slargato il cuore*** FIG. my heart lifted **2** *(slabbrarsi)* [*pullover*] to stretch out.

slargo, pl. **-ghi** /'zlargo, gi/ m. widening, wide stretch.

slattamento /zlatta'mento/ m. weaning.

slattare /zlat'tare/ [1] tr. to wean.

slavato /zla'vato/ agg. **1** [*colore*] faded, washed out; ***biondo ~*** pale blond **2** FIG. [*viso*] pale, colourless BE, colorless AE.

slavatura /zlava'tura/ f. *(parte slavata)* faded patch.

slavina /zla'vina/ f. snowslide.

slavismo /zla'vizmo/ m. Slavism.

slavista, m.pl. **-i**, f.pl. **-e** /zla'vista/ m. e f. Slavonic scholar.

slavistica /zla'vistika/ f. Slavic studies pl.

slavo /'zlavo/ **I** agg. Slavic, Slavonic **II** m. (f. **-a**) **1** *(persona)* Slav **2** *(lingua)* Slavic, Slavonic.

slavofilo /zla'vɔfilo/ **I** agg. Slavophil(e) **II** m. (f. **-a**) Slavophil(e).

sleale /zle'ale/ agg. *(non leale)* disloyal, unfaithful; *(scorretto)* unfair, dishonest, treacherous; *(non sportivo)* unsportsmanlike; ***gioco ~*** foul play; ***concorrenza ~*** unfair competition, predatory competition.

slealmente /zleal'mente/ avv. *(non lealmente)* disloyally, unfaithfully; *(scorrettamente)* unfairly, dishonestly.

slealtà /zleal'ta/ f.inv. **1** *(mancanza di lealtà)* disloyalty, unfaithfulness; *(scorrettezza)* unfairness, foul play **2** *(azione sleale)* treachery, disloyalty.

slegare /zle'gare/ [1] **I** tr. to untie, to unbind* [*nodo, corda, spago, scarpe, lacci, pacco*]; to unleash, to release [*cane*]; ***~ i polsi di qcn.*** to untie sb.'s wrists; ***~ la fantasia*** FIG. to set one's imagination free **II slegarsi** pronom. **1** [*lacci, corda*] to come* undone, to loosen **2** [*prigioniero, animale*] to get* loose.

slegato /zle'gato/ **I** p.pass. → **slegare II** agg. **1** *(sciolto)* [*spago, pacco*] untied; [*cane*] unleashed, released **2** *(incoerente)* [*frasi*] disconnected.

Slesia /'zlɛzja/ **30** n.pr.f. Silesia.

slesiano /zle'zjano/ **30 I** agg. Silesian **II** m. (f. **-a**) Silesian.

slice /zlais/ m.inv. SPORT slice; ***~ di dritto, di rovescio*** forehand, backhand slice.

slip /zlip/ m.inv. **1** *(da uomo)* underpants pl., briefs pl.; *(da donna)* pants pl. BE, panties pl. AE **2** *(costume da bagno)* *(da uomo)* (bathing) trunks pl.; *(da donna)* bikini bottom.

▷ **slitta** /'zlitta/ f. **1** sleigh, sledge, sled; ***~ trainata da cani, da cavalli*** dog sled, horse-drawn sledge; ***andare in ~*** to go sledding, to go sledging; ***cane da ~*** sledge *o* sled dog **2** MECC. slide.

slittamento /zlitta'mento/ m. **1** *(scivolamento)* *(di auto, ruota)* skid(ding) **2** FIG. *(spostamento)* sliding, shifting; *(rinvio)* *(di data, scadenza)* postponement **3** ECON. *(di moneta)* decline (in value).

slittare /zlit'tare/ [1] intr. (aus. *essere*) **1** *(scivolare)* [*auto, moto*] to skid, to get* in a skid; MECC. [*frizione*] to slip; ~ ***sul ghiaccio*** to skid on the ice; ***far ~ la frizione*** to slip the clutch **2** FIG. to drift, to shift; ***il partito slitta verso destra*** the party is shifting to the right **3** *(essere rimandato)* to be* put off, to be* postponed; ***l'appuntamento è slittato a domani*** the meeting has been postponed to tomorrow **4** ECON. [*moneta*] to lose* value, to fall*.

slittino /zlit'tino/ m. **1** sleigh, sledge, sled **2** SPORT luge.

s.l.m. ⇒ sul livello del mare above sea level.

slogamento /zloga'mento/ m. dislocation.

slogan /'zlɔgan/ m.inv. slogan; ~ ***elettorale, pubblicitario*** election, advertising slogan.

▷ **slogare** /zlo'gare/ [1] **I** tr. *(provocare una distorsione)* to sprain; *(lussare)* to dislocate **II slogarsi** pronom. ***-rsi un polso*** *(storcersi)* to twist *o* sprain one's wrist; *(lussarsi)* to dislocate one's wrist.

slogato /zlo'gato/ **I** p.pass. → **slogare II** agg. [*caviglia, polso*] twisted, sprained; [*mascella, spalla*] dislocated, out of joint.

▷ **slogatura** /zloga'tura/ f. *(distorsione)* sprain; *(lussazione)* dislocation.

▷ **sloggiare** /zlod'dʒare/ [1] **I** tr. **1** *(sfrattare)* to evict, to put* out [*inquilino*] (**da** from) **2** *(cacciare)* to dislodge, to drive* out [*nemico*] **II** intr. (aus. *avere*) **1** [*inquilino*] to move out **2** COLLOQ. FIG. *(andarsene)* to clear out, to buzz off; *(spostarsi)* to budge.

slombato /zlom'bato/ agg. exhausted, worn out.

slot-machine /zlɔtmaʃ'ʃin/ f.inv. slot machine.

Slovacchia /zlo'vakkja, zlovak'kia/ ♦ ***33*** n.pr.f. Slovakia.

slovacco, pl. **-chi**, **-che** /zlo'vakko, ki, ke/ ♦ ***25, 16*** **I** agg. Slovak, Slovakian **II** m. (f. **-a**) **1** *(persona)* Slovak **2** *(lingua)* Slovak.

Slovenia /zlo'vɛnja/ ♦ ***33*** n.pr.f. Slovenia.

sloveno /zlo'vɛno/ ♦ ***25, 16*** **I** agg. Slovene, Slovenian **II** m. (f. **-a**) **1** *(persona)* Slovene, Slovenian **2** *(lingua)* Slovene, Slovenian.

slow /zlou/ m.inv. slow dance.

SM ⇒ Sua Maestà His Majesty, Her Majesty (HM).

smaccatamente /zmakkata'mente/ avv. *(esageratamente)* excessively, fulsomely FORM.

smaccato /zmak'kato/ agg. **1** *(esagerato)* [*lodi, complimenti*] effusive, excessive **2** *(plateale)* [*lusso*] flamboyant, ostentatious **3** *(troppo dolce)* [*vino, liquore*] cloying.

▷ **smacchiare** /zmak'kjare/ [1] tr. to remove a stain from [*vestito, cappotto*].

smacchiatore /zmakkja'tore/ m. stain remover, spot remover.

smacchiatura /zmakkja'tura/ f. stain removal.

smacco, pl. **-chi** /'zmakko, ki/ m. blow, humiliation, comedown; ***subire uno ~*** to suffer a comedown; ***fu uno ~ per lui*** it was a smack in the eye for him.

smagliante /zmaʎ'ʎante/ agg. [*bianco, sorriso*] glowing, dazzling; ***fare un sorriso ~ a qcn.*** to flash one's teeth at sb.; ***essere in forma ~*** to be in the pink.

smagliare /zmaʎ'ʎare/ [1] **I** tr. **1** *(disfare le maglie di)* to snag, to ladder BE [*calze, collant*]; to unlink [*catena*] **2** MED. to leave* stretch marks on **II smagliarsi** pronom. **1** [*calze, collant*] to snag, to ladder BE, to run* AE **2** MED. [*pelle*] to develop stretch marks.

smagliato /zmaʎ'ʎato/ **I** p.pass. → **smagliare II** agg. **1** [*calze, collant*] laddered BE; ***la calza era -a per tutta la lunghezza*** there was a ladder running the (whole) length of her stocking **2** MED. [*pelle*] with stretch marks.

smagliatura /zmaʎʎa'tura/ f. **1** *(di calze, collant)* ladder BE, run AE **2** MED. *(della pelle)* stretch mark **3** FIG. *(discontinuità)* gap; *(difetto)* flaw; ***una ~ nell'organizzazione*** a hole in the organization.

smagnetizzare /zmaɲɲetid'dzare/ [1] **I** tr. to demagnetize, to degauss **II smagnetizzarsi** pronom. to become* demagnetized.

smagnetizzazione /zmaɲɲetiddzat'tsjone/ f. demagnetization, degaussing.

smagrire /zma'grire/ [102] **I** tr. [*malattia, dieta*] to make* [sb.] thinner, to make* [sb.] lose weight [*persona*] **II** intr. (aus. *essere*) *(dimagrire)* [*persona*] to lose* weight, to grow* thinner **III smagrirsi** pronom. to get* thin, to lose* weight.

smaliziare /zmalit'tsjare/ [1] **I** tr. to sharpen (the wits of), to wake* up **II smaliziarsi** pronom. *(impratichirsi)* to get* the hang (**in qcs.** of sth.); *(diventare più scaltro)* to become* sharper.

smaliziato /zmalit'tsjato/ **I** p.pass. → **smaliziare II** agg. crafty, shrewd; ***essere ~*** to know a trick or two.

smaltare /zmal'tare/ [1] **I** tr. **1** *(coprire di smalto)* to enamel, to glaze [*vasellame, ceramica*] **2** FOT. to glaze [*foto*] **3** FIG. LETT. to adorn **II smaltarsi** pronom. ***-rsi le unghie*** to varnish one's nails.

smaltato /zmal'tato/ **I** p.pass. → **smaltare II** agg. [*oggetto*] enamelled, enameled AE; [*unghie*] varnished, polished.

smaltatore /zmalta'tore/ ♦ ***18*** m. (f. **-trice** /tritʃe/) enamellist, enamelist AE.

smaltatrice /zmalta'tritʃe/ f. *(per foto)* glazer, glazing machine.

smaltatura /zmalta'tura/ f. **1** enamelling, enameling AE; *(di ceramica)* glazing **2** FOT. glazing.

smalteria /zmalte'ria/ f. enamel factory.

smaltimento /zmalti'mento/ m. **1** *(eliminazione)* disposal; ~ ***dei rifiuti*** waste *o* garbage disposal **2** *(digestione)* digestion **3** *(deflusso)* drainage, draining **4** FIG. *(svendita)* selling off **5** FIG. *(disbrigo)* getting through, finishing off.

smaltina /zmal'tina/ f. smaltite.

smaltino /zmal'tino/ m. smalt.

smaltire /zmal'tire/ [102] tr. **1** *(eliminare)* to dispose of [*rifiuto, residuo*]; to dump [*scorie nucleari*] **2** *(far defluire)* to drain [*acque di scolo*] **3** *(digerire)* to digest **4** *(svendere)* to dispose of, to sell* off [*prodotti, stock*] **5** *(sbrigare)* to dispatch, to get* through [*lavoro*] **6** FIG. *(far passare)* to work off [*rabbia*]; ~ ***la sbornia*** to sober up; *(dormendo)* to sleep it off; ~ ***la stanchezza*** to overcome one's fatigue.

smaltitoio, pl. **-oi** /zmalti'tojo, oi/ m. drain.

▷ **smalto** /'zmalto/ m. **1** *(rivestimento vetroso)* enamel; ***a ~*** enamel attrib.; *(su ceramica)* glazing; ***verniciatura a ~*** enamel painting; ***decorazione a ~*** enamelling, enameling AE **2** *(oggetto smaltato)* enamel **3** COSMET. *(per unghie)* nail polish, nail varnish; ***mettersi lo ~*** to varnish one's nails **4** FIG. *(vitalità)* shine; ***perdere lo ~*** to lose one's edge, to be a spent force **5** ARALD. tincture **6** MED. enamel.

smammare /zmam'mare/ [1] intr. (aus. *avere*) COLLOQ. to scat, to scram; ***smamma!*** hop it! push off! shove off BE!

smanacciare /zmanat'tʃare/ [1] **I** intr. (aus. *avere*) COLLOQ. to wave one's hands about **II** tr. **1** SPORT *(toccare malamente)* to hit* [sth.] badly [*palla*] **2** *(palpeggiare)* to grope.

smanacciata /zmanat'tʃata/ f. **1** *(gesticolazione)* gesticulation **2** *(colpo con la mano)* slap (with the hand).

smanceria /zmantʃe'ria/ f. mawkishness; ***fanno sempre un sacco di -e*** they gush all over you.

smanceroso /zmantʃe'roso/ agg. mawkish, gushing, gushy.

smanettare /zmanet'tare/ [1] intr. (aus. *avere*) COLLOQ. **1** *(azionare l'acceleratore)* [*motociclista*] to rev up **2** SCHERZ. ***è uno che smanetta al computer*** he's a computer buff *o* geek.

smangiare /zman'dʒare/ [1] **I** tr. *(consumare, corrodere)* to corrode, to eat* away **II smangiarsi** pronom. to be* eaten away (anche FIG.).

smangiucchiare /zmandʒuk'kjare/ → **mangiucchiare.**

smania /'zmania/ f. **1** *(agitazione)* agitation, nervousness, jitters pl. COLLOQ. **2** FIG. *(bramosia)* eagerness, itch; ***la ~ del gioco*** gambling addiction; ***avere la ~ di fare qcs.*** to be itching *o* eager to do sth. ♦ ***dare in -e*** to work oneself into a frenzy.

smaniare /zma'njare/ [1] intr. (aus. *avere*) **1** *(agitarsi)* to fret, to fidget, to be* restless **2** FIG. *(bramare)* to yearn, to crave; ~ ***per qcs.*** to yearn for sth., to be dying for sth.

smanigliare /zmaniʎ'ʎare/ [1] tr. MAR. to unshackle.

smaniosamente /zmanjosa'mente/ avv. eagerly.

smanioso /zma'njoso/ agg. **1** *(impaziente)* fidgety, restless **2** FIG. *(bramoso)* eager, yearning; ***essere ~ di qcs.*** to be eager for sth.

smantellamento /zmantella'mento/ m. **1** *(di laboratorio, organizzazione, servizio)* dismantling, dismantlement; *(di edificio)* demolition; MIL. dismantling **2** FIG. *(confutazione)* demolition.

smantellare /zmantel'lare/ [1] tr. **1** to dismantle [*struttura, organizzazione, servizio*]; to break* up, to bust [*organizzazione criminale*]; to cripple [*nave*]; MIL. to dismantle [*fortezza, base militare*] **2** FIG. *(confutare)* to demolish [*tesi, accuse*].

smarcare /zmar'kare/ [1] tr. SPORT to free [sb.] from a marker [*giocatore*].

smarcato /zmar'kato/ **I** p.pass. → **smarcare II** agg. [*giocatore*] unmarked.

smargiassata /zmardʒas'sata/ f. brag(ging), boast(ing), cockalorum, rodomontade.

smargiasso /zmar'dʒasso/ m. (f. **-a**) braggart, boaster; ***fare lo ~*** to show off, to brag.

smarginare /zmardʒi'nare/ [1] tr. to trim the edges of [*pagina*].

smarginatura /zmardʒina'tura/ f. trimming of margins.

smarrimento /zmarri'mento/ m. **1** *(perdita)* loss, losing; ***denunciare lo ~ di qcs.*** to report the loss of sth.; ~ ***di una lettera*** miscarriage of a letter **2** FIG. *(turbamento)* confusion, dismay; ***avere un attimo di ~*** to be at a loss for a moment **3** *(svenimento)* fainting.

▷ **smarrire** /zmar'rire/ [102] **I** tr. to lose*, to misplace, to mislay* [*oggetto*]; ***il biglietto è stato smarrito*** the ticket got lost; ~ ***la strada*** to lose one's way **II smarrirsi** pronom. **1** *(non sapersi orientare)* [*persona, animale*] to lose* one's way, to get* lost, to go* astray; ***-rsi nel bosco*** to get lost in the woods **2** *(perdere la retta via)* to stray **3** *(confondersi)* to be* at a loss, to be* bewildered **4** *(perdersi d'animo)* to lose* heart.

smarrito /zmar'rito/ **I** p.pass. → **smarrire II** agg. **1** *(perduto)* [*oggetto*] lost, misplaced; [*persona*] missing; ***ufficio oggetti -i*** lost and found office; ***pecorella -a*** FIG. lost sheep **2** FIG. *(confuso)* at a loss, bewildered.

smarronare /zmarro'nare/ [1] tr. **1** *(fare uno sproposito)* to make* a blunder **2** VOLG. *(scocciare)* to be* a pain in the arse BE, to be* a pain in the ass AE.

smascellarsi /zmaʃʃel'larsi/ [1] pronom. ~ ***dalle risa*** to dissolve into laughter.

smascheramento /zmaskera'mento/ m. unmasking.

▷ **smascherare** /zmaske'rare/ [1] **I** tr. **1** *(togliere la maschera a)* to unmask **2** *(scoprire)* to find* out, to unmask [*traditore, complotto, vizio*] **II smascherarsi** pronom. **1** *(togliersi la maschera)* to unmask **2** *(rivelarsi)* to give* oneself away.

smaterializzare /zmaterjalid'dzare/ [1] **I** tr. to dematerialize **II smaterializzarsi** pronom. to dematerialize.

smaterializzazione /zmaterjaliddzat'tsjone/ f. dematerialization.

SMAU /'zmau/ m. (⇒ Salone Internazionale Macchine Arredamento Ufficio) = annual show held in Milan demonstrating office equipment and computer systems.

smazzata /zmat'tsata/ f. *(nei giochi di carte)* hand.

SME /zme/ m. (⇒ Sistema Monetario Europeo European Monetary System) EMS.

smembramento /zmembra'mento/ m. **1** *(riduzione in pezzi)* dismemberment; *(squartamento)* dismemberment, quartering **2** FIG. *(suddivisione in parti) (di paese, comunità, provincia)* dismemberment, dismantling; *(di collezione)* dispersion; *(di famiglia)* breaking up.

smembrare /zmem'brare/ [1] tr. **1** *(fare a pezzi)* to dismember [*animale*] **2** FIG. *(dividere in più parti)* to dismember [*impero, paese, proprietà*]; to disperse [*collezione, biblioteca*].

smembrato /zmem'brato/ **I** p.pass. → **smembrare II** agg. **1** *(fatto a pezzi)* [*corpo*] dismembered **2** FIG. [*paese*] dismembered; [*collezione*] dispersed.

smemorataggine /zmemora'taddʒine/ f. forgetfulness.

smemoratezza /zmemora'tettsa/ f. **1** *(l'essere smemorato)* forgetfulness **2** RAR. *(dimenticanza)* lapse of memory.

smemorato /zmemo'rato/ **I** agg. **1** *(che dimentica)* forgetful **2** *(distratto)* absent-minded **II** m. (f. **-a**) **1** *(persona che dimentica)* forgetful person **2** *(distratto)* absent-minded person.

▷ **smentire** /zmen'tire/ [102] **I** tr. **1** *(dimostrare falso)* to prove [sth.] wrong, to controvert [*teorie, scoperta*]; to go* back on [*promesse*]; to contradict [*previsioni*]; ***non ~ la propria fama*** FIG. to live up to one's reputation **2** *(negare)* to deny [*accuse, informazione, legame*]; ***smentisce di averlo detto*** he denies having said that; ***le autorità hanno categoricamente smentito questa voce*** the authorities have categorically denied this rumour **3** *(ritrattare)* [*imputato*] to recant, to retract **II smentirsi** pronom. to contradict oneself; ***non si smentisce mai*** he's always true to type, he's always the same.

smentita /zmen'tita/ f. denial, confutation, disclaimer; ***pubblicare una ~*** to issue a disclaimer.

smeraldino /zmeral'dino/ agg. emerald.

smeraldo /zme'raldo/ ➧ **3 I** m. emerald; ***una collana*** o ***un collier di -i*** an emerald necklace; ~ ***della più bell'acqua*** emerald of the first water **II** m.inv. *(colore)* emerald (green) **III** agg.inv. ***verde ~*** emerald (green).

smerciabile /zmer'tʃabile/ agg. marketable, saleable, salable AE.

smerciabilità /zmertʃabili'ta/ f.inv. marketability, saleability, salability AE.

smerciare /zmer'tʃare/ [1] tr. to sell* (off), to market; ***prodotti che si smerciano bene*** merchantable goods.

smercio, pl. **-ci** /'zmɛrtʃo, tʃi/ m. *(vendita)* sale, market(ing); *(giro d'affari)* turnover; ***quel negozio ha molto ~*** that shop has a large turnover.

smerdare /zmer'dare/ [1] **I** tr. VOLG. **1** *(sporcare con escrementi)* to smear [sth.] with shit; FIG. *(sporcare)* to foul, to dirty **2** FIG. *(svergognare)* to show* up **II smerdarsi** pronom. VOLG. **1** *(sporcarsi con escrementi)* to smear oneself with shit; FIG. *(sporcarsi)* to dirty oneself **2** FIG. to make* a fool of oneself.

smergo, pl. **-ghi** /'zmɛrgo, gi/ m. merganser ◆◆ ~ ***maggiore*** goosander; ~ ***minore*** red-breasted merganser.

smerigliare /zmeriʎ'ʎare/ [1] tr. to polish [sth.] with emery [*marmo, pavimenti*]; to grind*, to frost [*vetro*]; to grind* [*valvole*].

smerigliato /zmeriʎ'ʎato/ **I** p.pass. → **smerigliare II** agg. [*vetro*] frosted, ground; [*valvola*] ground; ***carta -a*** emery paper.

smerigliatore /zmeriʎʎa'tore/ ➧ **18** m. (f. **-trice** /tritʃe/) *(operaio)* grinder.

smerigliatrice /zmeriʎʎa'tritʃe/ f. *(macchina)* grinder; *(levigatrice)* sander.

smerigliatura /zmeriʎʎa'tura/ f. emery rubbing; *(di vetro)* grinding, frosting; *(di legno)* sanding.

1.smeriglio, pl. **-gli** /zme'riʎʎo, ʎi/ m. MINER. emery.

2.smeriglio, pl. **-gli** /zme'riʎʎo, ʎi/ m. ZOOL. merlin.

3.smeriglio, pl. **-gli** /zme'riʎʎo, ʎi/ m. ITTIOL. porbeagle.

smerlare /zmer'lare/ [1] tr. to scallop.

smerlatura /zmerla'tura/ f. *(lo smerlare)* scalloping; *(rifinitura)* scallop border.

smerlettare /zmerlet'tare/ [1] tr. → **smerlare.**

smerlo /'zmɛrlo/ m. scallop; ***punto (a) ~*** buttonhole stitch.

smesso /'zmesso/ **I** p.pass. → **smettere II** agg. [*abito*] cast-off; ***gli abiti -i di mia sorella*** my sister's hand-me-downs.

▶ **smettere** /'zmettere/ [60] Il diverso significato delle espressioni italiane *smettere di fare qualcosa* e *smettere* (di fare quello che si sta facendo) *per fare qualcosa* viene reso in inglese dalla duplice reggenza di *to stop*, seguito dal gerundio nel primo caso e da *to* + infinito nel secondo: *smettila di fumare!* = stop smoking! *dopo due ore di lavoro, smise per fumarsi una sigaretta* = after two hour's work, he stopped to smoke a cigarette. - Si noti anche come l'inglese risolve l'ambiguità semantica di una frase del tipo *smettere di fumare*: se indica una situazione momentanea, si traduce con *to stop smoking*; se indica invece una decisione definitiva, si traduce con *to give up smoking*. **I** tr. **1** *(interrompere momentaneamente)* to stop, to quit*, to cease; *(definitivamente)* to give* up; ~ ***di fare*** to stop doing; ***non smette mai di parlare*** she never stops talking; ~ ***di fumare, di bere*** to give up smoking, drinking; ***aver smesso di drogarsi*** to be off drugs **2** *(rinunciare a)* to give* up [*lavoro, studi*]; ~ ***la scuola*** to leave school **3** *(non indossare più)* to cast* off [*vestiti*]; ~ ***il lutto*** to come out of mourning **4 smetterla smettila!** stop it! ***smettila con le tue moine!*** stop trying to cajole me! ***smettila con questa pagliacciata!*** enough of this buffoonery! ***smettila di lamentarti*** stop complaining; ***smettetela di ridere*** cut out the laughing **II** intr. (aus. *avere*) *(cessare)* [*pioggia*] to stop, to die away, to leave* off BE; ***far ~ qcs., qcn.*** to make sth., sb. stop **III** impers. (aus. *avere*) ***ha smesso di piovere*** it has stopped raining.

smezzare /zmed'dzare/ [1] tr. **1** *(dimezzare)* to halve, to cut* [sth.] in half **2** *(consumare a metà)* to finish half of [*bottiglia di vino*].

smidollare /zmidol'lare/ [1] **I** tr. **1** *(togliere il midollo a)* to remove the marrow from **2** FIG. *(rammollire)* to weaken **II smidollarsi** pronom. to grow* weak, to lose* one's strength.

smidollato /zmidol'lato/ **I** p.pass. → **smidollare II** agg. spineless, gutless **III** m. (f. **-a**) spineless person, namby-pamby.

smielare /zmje'lare/ [1] tr. ~ ***(i favi)*** to extract honey (from the honeycomb).

smielatore /zmjela'tore/ m. honey extractor.

smilitarizzare /zmilitarid'dzare/ [1] tr. to demilitarize.

smilitarizzato /zmilitarid'dzato/ **I** p.pass. → **smilitarizzare II** agg. [*zona*] demilitarized.

smilitarizzazione /zmilitariddzat'tsjone/ f. demilitarization.

smilzo /'zmiltso/ agg. **1** [*corpo, persona, braccio, gamba*] thin, lean, skinny **2** FIG. thin, unsubstantial.

sminamento /zmina'mento/ m. mine clearing.

sminare /zmi'nare/ [1] tr. to remove mines from [*area*].

sminatore /zmina'tore/ ➧ **18** m. mine clearance expert.

sminuire /zminu'ire/ [102] **I** tr. **1** *(ridurre)* to diminish **2** FIG. *(svalutare)* to belittle [*persona*]; to belittle, to detract from [*impresa, merito, valore*] **II sminuirsi** pronom. [*persona*] to lower oneself, to belittle oneself.

sminuito /zminu'ito/ **I** p.pass. → **sminuire II** agg. belittled; ***sentirsi ~*** to feel belittled.

sminuzzamento /zminuttsa'mento/ m. mincing, breaking into small pieces.

sminuzzare /zminut'tsare/ [1] **I** tr. **1** *(rompere in pezzetti)* to crumble, to break* [sth.] into bits [*pane, biscotto*]; *(tritare)* to hash, to shred, to grind* up **2** FIG. *(rendere frammentario)* to fragment; *(analizzare a fondo)* to go* into all the details of **II sminuzzarsi** pronom. to crumble, to break* into bits.

Smirne /'zmirne/ n.pr.f. Smyrna.

smistamento /zmista'mento/ m. **1** *(di posta, merci)* sorting; ***fare lo ~ di*** to sort [*posta*] **2** FERR. marshalling BE, marshaling AE, shunting, switching BE; ***stazione di ~*** marshalling yard BE, switch-yard AE **3** TEL. putting through.

smistare /zmis'tare/ [1] tr. **1** to sort [*posta, merci*] **2** FERR. to marshal, to shunt **3** TEL. to put* through **4** SPORT to pass [*palla*].
smisuratamente /zmizurata'mente/ avv. immeasurably, unboundedly; *(eccessivamente)* excessively.
smisuratezza /zmizura'tettsa/ f. **1** *(carattere smisurato)* immensity, boundlessness **2** *(dismisura)* excessiveness.
▷ **smisurato** /zmizu'rato/ agg. **1** *(immenso)* [*dimensioni, spazio*] immeasurable, boundless, immense **2** *(smodato)* [*appetito*] huge; [*orgoglio, ambizione*] huge, inordinate.
smithsonite /zmitso'nite/ f. smithsonite.
smitizzare /zmitid'dzare/ [1] tr. to deglamorize.
smitizzazione /zmitiddzat'tsjone/ f. deglamorization.
smobilitare /zmobili'tare/ [1] tr. MIL. to disband, to demobilize, to demob COLLOQ. [*truppe*].
smobilitazione /zmobilitat'tsjone/ f. MIL. disbanding, demobilization, demob COLLOQ.
smobilizzare /zmobilid'dzare/ [1] tr. ECON. to disinvest.
smobilizzo /zmobi'liddzo/ m. ECON. disinvestment.
smoccolare /zmokko'lare/ [1] **I** tr. to snuff [*candela*] **II** intr. (aus. *avere*) **1** *(colare)* [*candela*] to drip **2** COLLOQ. *(bestemmiare)* to curse, to swear*.
smoccolatoio, pl. **-oi** /zmokkola'tojo, oi/ m. candle-snuffer, snuffers pl.
smoccolatura /zmokkola'tura/ f. **1** *(lo smoccolare)* snuffing **2** *(cera colata)* snuff.
smodatamente /zmodata'mente/ avv. immoderately, excessively, inordinately.
smodatezza /zmoda'tettsa/ f. immoderation, excess, excessiveness.
smodato /zmo'dato/ agg. [*bisogno, spese*] excessive, immoderate; [*passione, ambizione*] frenzied, unrestrained; [*vita*] inordered, uncontrolled; [*risata*] unrestrained, uncontrolled; ***fare uso ~ di alcol*** to abuse alcohol.
smoderatezza /zmodera'tettsa/ f. immoderation, excess.
smoderato /zmode'rato/ agg. *(eccessivo)* [*lusso, pretese*] excessive, unrestrained; *(privo di moderazione)* ***essere ~ nel bere*** to overindulge in drinking.
smog /zmɔg/ m.inv. smog.
smoking /'zmɔking/ m.inv. dinner jacket, tuxedo* AE.
smollare /zmol'lare/ [1] tr. to loosen.
smonacarsi /zmona'karsi/ [1] pronom. to leave* a monastic order.
smontabile /zmon'tabile/ agg. [*mobile*] dismountable, that can be dismantled.
smontaggio, pl. **-gi** /zmon'taddʒo, dʒi/ m. disassembly, dismantlement; ***lo ~ della tenda è molto semplice*** the tent is very easy to take down.
smontagomme /zmonta'gomme/ m.inv. tyre lever BE tire lever AE.
▷ **smontare** /zmon'tare/ [1] **I** tr. **1** *(scomporre)* to take* down [*tenda, impalcatura*]; to strip down, to disassemble [*motore*]; to dismantle [*meccanismo*]; to take* apart [*ruota, orologio*]; to disassemble, to take* down, to knock down AE [*mobile*] **2** *(rimuovere)* to remove [*ruota*]; to take* off, to take* down [*porta*] **3** COLLOQ. *(scoraggiare)* to dishearten, to deflate, to deal* [sb.] a cutting blow **4** GASTR. to make* [sth.] go runny [*panna, uova*] **5** *(dimostrare infondato)* to demolish [*accusa*] **II** intr. (aus. *essere*) **1** *(scendere)* to get* off; ***~ da una scala*** to get off a ladder **2** *(da mezzo di trasporto)* to get* off; ***~ da una bicicletta*** to get off a bicycle, to dismount from a bicycle; ***~ dal tram*** to get off the tram; ***~ dalla macchina*** to get out of the car **3** *(terminare il turno lavorativo)* to go* off duty, to knock off COLLOQ.; ***~ dal servizio*** to go off duty; ***~ di guardia*** to come off guard **4** GASTR. [*sufflé*] to sink*; [*panna*] to go* runny **III smontarsi** pronom. *(scoraggiarsi)* to lose* heart.
▷ **smorfia** /'zmɔrfja/ f. **1** *(espressione) (di dolore, disgusto)* grimace, face; ***fare delle -e*** to pull *o* make faces; ***fare una ~ di dolore*** to grimace in pain; ***al pensiero fece una ~*** he grimaced at the thought **2** *(espressione affettata)* smirk, simper; ***-e*** *(moine)* coaxing, wheedling.
smorfioso /zmor'fjoso/ **I** agg. *(svenevole)* simpering, mincing; *(schizzinoso)* fussy; *(che si dà arie)* affected **II** m. (f. **-a**) simperer; *(schizzinoso)* fusspot BE, fussbudget AE; ***smetti di fare lo ~*** stop being such a fusspot! ***fare la -a con qcn.*** to flirt with sb.
smorto /'zmɔrto/ agg. **1** *(che non ha più il suo colorito)* [*viso, carnagione*] pale, wan, colourless BE, colorless AE; *(poco vivace)* [*occhio, sguardo*] dull; ***essere ~ per la paura*** to be pale with fright **2** *(sbiadito)* [*paesaggio, luce*] dim, pale; [*colore*] pale, drab, dull **3** FIG. *(scialbo)* [*stile*] colourless BE, colorless AE, dull.
smorzamento /zmortsa'mento/ m. *(di luce, colore)* softening; *(di suono)* lowering, muffling, deadening.
smorzando /smor'tsando/ **I** m.inv. MUS. smorzando* **II** avv. MUS. smorzando.
smorzare /zmor'tsare/ [1] **I** tr. **1** *(attenuare)* to dim, to soften [*luce*]; to dim, to tone down [*colori*]; to deaden, to lower [*suono, rumore*]; to smooth out, to reduce [*impatto*] **2** *(spegnere)* to put* out, to extinguish [*fuoco*]; FIG. to quench [*sete*]; to deaden, to snuff out [*entusiasmo, passione*] **3** SPORT ***~ la palla*** to make a drop shot **II smorzarsi** pronom. **1** *(spegnersi)* [*fuoco*] to go* out, to peter out **2** *(attenuarsi)* [*colore*] to dim, to dull; [*suono*] to die away, to fade away; [*rumore*] to die down; [*risate, eccitazione*] to subside **3** FIG. [*entusiasmo, speranze*] to fade, to die.
smorzata /zmor'tsata/ f. SPORT drop shot.
smorzato /zmor'tsato/ **I** p.pass. → **smorzare II** agg. [*luce*] soft, dimmed; [*suono, rumore*] muffled, deadened; ***palla -a*** SPORT drop shot.
smorzatore /zmortsa'tore/ m. ELETTRON. MECC. MUS. damper.
smosso /'zmɔsso/ **I** p.pass. → **smuovere II** agg. **1** *(spostato)* shifted, displaced **2** [*terreno*] loose.
smottamento /zmotta'mento/ m. mudslide, landslide, landslip.
smottare /zmot'tare/ [1] intr. (aus. *essere*) to slide* down, to slip down.
smozzicare /zmottsi'kare/ [1] tr. **1** *(spezzettare)* to crumble, to break* [sth.] into small pieces [*pane*] **2** *(mordicchiare)* to nibble **3** FIG. to mumble, to swallow [*parole, frasi*].
smozzicato /zmottsi'kato/ **I** p.pass. → **smozzicare II** agg. **1** *(spezzettato)* in pieces **2** *(mordicchiato)* nimbled **3** FIG. [*parole*] mumbled.
SMS /esseemme'ɛsse/ m.inv. *(messaggio)* SMS; ***mandare un ~*** to send an SMS.
smunto /'zmunto/ agg. [*viso*] haggard, wan.
▷ **smuovere** /'zmwɔvere/ [62] **I** tr. **1** *(spostare)* to move, to shift, to budge **2** *(rivoltare)* to turn over [*terra*] **3** FIG. *(dissuadere)* to budge, to dissuade; ***~ qcn. da qcs.*** to budge sb. from sth.; ***quando si mette in testa qualcosa nessuno lo smuove più*** once he has made up his mind, he won't budge an inch **4** FIG. *(scuotere)* to arouse, to stir; ***~ l'opinione pubblica*** to shake public opinion **II smuoversi** pronom. **1** *(spostarsi)* to move, to budge **2** *(recedere)* to change one's mind **3** FIG. *(scuotersi)* to get* a move on ◆ ***~ cielo e terra, ~ mari e monti*** to move heaven and earth.
smurare /zmu'rare/ [1] tr. **1** *(staccare da un muro)* to remove [sth.] from a wall [*mattoni, lapide*] **2** *(abbattere)* to knock down [*muro*].
smussamento /zmussa'mento/ m. → **smussatura.**
smussare /zmus'sare/ [1] **I** tr. **1** *(arrotondare)* to bevel, to cant off, to round off [*angoli, spigoli, bordo*]; to blunt [*lama*] **2** FIG. to tone down, to smooth down [*parole, contrasti*]; to soften [*carattere*] **II smussarsi** pronom. [*lama*] to get* blunt.
smussato /zmus'sato/ **I** p.pass. → **smussare II** agg. **1** [*angolo, spigolo*] bevelled, beveled AE, rounded off; [*coltello, lama*] blunt, dull **2** FIG. *(attenuato)* toned down, softened.
smussatura /zmussa'tura/ f. **1** *(di angoli, spigoli, bordo)* bevelling; *(di coltello, lama)* blunting, dulling **2** *(parte smussata)* bevel; *(di coltello, lama)* blunted part.
snack /znɛk/ m.inv. snack.
snack-bar /znɛk'bar/ m.inv. snack bar.
snaturamento /znatura'mento/ m. denaturalization, perversion.
snaturare /znatu'rare/ [1] tr. **1** *(alterare)* to pervert the nature of **2** *(deturpare)* to devastate, to spoil* [*paesaggio, luogo*] **3** FIG. to pervert [*significato*]; to misrepresent [*pensiero, parole*].
snaturato /znatu'rato/ **I** p.pass. → **snaturare II** agg. **1** *(deturpato)* [*luogo, area*] devastated, spoiled **2** [*figlio, madre, padre*] degenerate.
snazionalizzare /znattsjonalid'dzare/ [1] tr. to denationalize.
snazionalizzazione /znattsjonaliddzat'tsjone/ f. denationalization.
SNC /essennet'tʃi/ f. (⇒ Società in Nome Collettivo) = general partnership.
snebbiare /zneb'bjare/ [1] tr. **1** to dispel the fog from [*pista di aeroporto*] **2** FIG. to clear up; ***~ la mente a qcn.*** to clear sb.'s mind.
snellente /znel'lɛnte/ agg. slimming.
snellezza /znel'lettsa/ f. **1** *(di persona, corpo, vita, gambe)* slimness, slenderness **2** FIG. *(di stile, testo)* elegant simplicity.
snellimento /znelli'mento/ m. **1** *(dimagrimento)* slimming **2** FIG. *(semplificazione) (di procedure, controlli, strutture)* streamlining, expediting, simplification; *(di traffico)* speeding up.
snellire /znel'lire/ [102] **I** tr. **1** *(rendere snello)* to make* [sth.] slim, to slim [*fianchi, vita*] **2** *(far apparire più snello)* [*vestito, co-*

lore] to make* [sb.] look slimmer **3** FIG. *(semplificare)* to streamline, to simplify [*regolamento, sistema, struttura*]; *(accelerare)* to speed* up [*traffico*] **II snellirsi** pronom. **1** *(dimagrire)* [*persona*] to slim (down), to grow* slim **2** FIG. [*regolamento, sistema, struttura*] to be* streamlined; [*traffico*] to speed* up.

▷ **snello** /'znɛllo/ agg. **1** *(slanciato)* [*persona, corpo, vita, gambe*] slim, slender, lean; ***una colonna -a*** a slender column **2** *(agile, svelto)* [*persona*] agile, nimble, supple **3** FIG. *(semplice, elegante)* [*stile*] easy, elegant, clear-cut.

snervamento /znerva'mento/ m. **1** *(estenuazione)* enervation, debilitation **2** TECN. *(di metalli)* yield.

snervante /zner'vante/ agg. [*persona, rumore*] enervating, nerve (w)racking, unnerving; ***attesa ~*** exasperating wait.

snervare /zner'vare/ [1] **I** tr. to enervate, to unnerve, to wear* out, to exhaust **II snervarsi** pronom. to become* enervated, to get* exhausted.

snidare /zni'dare/ [1] tr. **1** *(far uscire dal nido, dalla tana)* to flush out, to put* up [*animale, uccello*] **2** FIG. *(stanare)* to dislodge [*nemico*]; to flush out, to root out [*ladro, agente*].

sniffare /znif'fare/ [1] tr. **1** COLLOQ. *(annusare)* to sniff **2** GERG. to sniff, to snort [*cocaina, colla*].

sniffata /znif'fata/ f. sniff, snort.

sniffatore /zniffa'tore/ m. (f. **-trice** /tritʃe/) sniffer.

snob /znɔb/ **I** agg.inv. [*persona, luogo, ristorante*] snobbish, snobby, posh; ***è molto ~*** he's a real snob **II** m. e f.inv. snob.

snobbare /znob'bare/ [1] tr. to snub, to rebuff.

snobismo /zno'bizmo/ m. snobbery, snobbishness.

snobisticamente /znobistika'mente/ avv. snobbishly.

snobistico, pl. **-ci, -che** /zno'bistiko, tʃi, ke/ agg. snob attrib., snobbish.

snocciolare /znottʃo'lare/ [1] tr. **1** *(togliere il nocciolo a)* to stone, to pit AE **2** FIG. *(dire di seguito)* to rattle off COLLOQ., to reel off; *(spiattellare)* to blurt out **3** COLLOQ. *(sborsare)* to cough up, to shell out COLLOQ.

snocciolatoio, pl. **-oi** /znottʃola'tojo, oi/ m. stoner.

snocciolatura /znottʃola'tura/ f. stoning, pitting AE.

snodabile /zno'dabile/ agg. jointed, articulated.

snodare /zno'dare/ [1] **I** tr. **1** *(disfare il nodo)* to unknot, to untie [*corda*] **2** *(rendere agile)* to loosen up, to limber [*gambe, braccia*]; ***~ la lingua a qcn.*** FIG. to loosen sb.'s tongue **II snodarsi** pronom. **1** *(sciogliersi)* [*nodo*] to come* unknotted, to come* untied **2** [*strada, sentiero*] to stretch, to wind*.

snodato /zno'dato/ **I** p.pass. → **snodare II** agg. **1** *(slegato)* [*nodo*] loose **2** *(agile)* [*persona*] limber, supple **3** *(che ha più snodature)* jointed, articulated.

snodatura /znoda'tura/ f. *(articolazione)* joint.

snodo /'znɔdo/ m. **1** MECC. articulation **2** *(svincolo)* junction; ***~ ferroviario*** railway junction.

snowboard /zno'bɔrd/ ♦ **10** m.inv. **1** *(attrezzo)* snowboard **2** *(disciplina)* snowboarding.

snowboardista, m.pl. **-i**, f.pl. **-e** /znobor'dista/ m. e f. snowboarder.

snudare /znu'dare/ [1] tr. LETT. to unsheathe [*spada*].

soave /so'ave/ agg. [*profumo, musica, sorriso*] sweet; [*sguardo*] gentle, soft; [*voce*] mellifluous.

soavità /soavi'ta/ f.inv. *(di profumo, musica)* sweetness; *(di sguardo)* softness.

sobbalzare /sobbal'tsare/ [1] intr. (aus. *avere*) **1** *(trasalire)* to start, to give* a start; ***~ di sorpresa*** to give a start of surprise; ***~ di paura*** to start in fear; ***far ~ qcn.*** to give sb. a start **2** *(essere sballottato)* [*auto*] to jolt, to jerk, to bump; ***l'auto sobbalzava lungo la pista*** the car bounced along the track.

sobbalzo /sob'baltso/ m. **1** *(trasalimento)* start; ***con un ~*** with a start **2** *(di auto)* jolt, bump; ***fermarsi con un ~*** to jolt to a halt.

sobbarcare /sobbar'kare/ [1] **I** tr. to burden; ***~ qcn. di qcs.*** to burden sb. with sth. **II sobbarcarsi** pronom. to take* [sth.] upon oneself; ***-rsi (a) delle spese*** to incur expenses.

sobbollire /sobbol'lire/ [3] intr. (aus. *avere*) **1** *(bollire a fuoco basso)* [*liquido*] to simmer; ***lasciar ~ per 10 minuti*** simmer for ten minutes **2** *(giungere a bollore)* [*acqua, latte*] to start to boil.

sobborgo, pl. **-ghi** /sob'borgo, gi/ m. *(nella periferia suburbana)* suburb; *(piccolo centro abitato)* village on the outskirts; ***i -ghi di una città*** the outskirts of a city.

sobillamento /sobilla'mento/ m. instigation, incitement, stirring up.

sobillare /sobil'lare/ [1] tr. to instigate, to incite, to stir up; ***~ qcn. alla rivolta*** to stir sb. to rebellion.

sobillatore /sobilla'tore/ m. (f. **-trice** /tritʃe/) instigator, fomenter, rabble-rouser.

sobillazione /sobillat'tsjone/ f. instigation, rabble-rousing.

sobriamente /sobrja'mente/ avv. **1** *(semplicemente)* [*vestirsi*] plainly, soberly, discreetly; [*arredato*] plainly, soberly **2** *(moderatamente)* [*mangiare, bere*] in moderation.

sobrietà /sobrje'ta/ f.inv. **1** *(il non essere ubriaco)* sobriety, temperance **2** *(moderazione) (nel mangiare e nel bere)* moderation **3** *(essenzialità) (di persona, discorso)* sobriety, moderation **4** *(semplicità) (di stile, architettura, decorazione, vestito)* plainness, sobriety; ***vestire con ~*** to dress soberly *o* discreetly.

sobrio, pl. **-bri, -brie** /'sɔbrjo, bri, brje/ agg. **1** *(non ubriaco)* sober; ***devo rimanere ~, perché guido io*** I can't drink much, I'm driving; ***sono ~, posso guidare*** I'm sober, so I can drive **2** *(moderato)* sober, temperate, abstemious **3** *(semplice)* [*stile, architettura, arredamento, decorazione, vestito*] plain, sober.

socchiudere /sok'kjudere/ [11] **I** tr. *(chiudere non completamente)* to close [sth.] a little; *(aprire appena)* to open [sth.] slightly, to open [sth.] a little, to leave* [sth.] ajar; ***socchiuse gli occhi*** her eyes narrowed **II socchiudersi** pronom. *(chiudersi non completamente)* to close a little; *(aprirsi appena)* to open slightly, to open a little.

socchiuso /sok'kjuso/ **I** p.pass. → **socchiudere II** agg. *(semiaperto)* half-open; *(semichiuso)* half-closed; ***essere ~*** [*porta*] to be ajar, to be slightly open *o* half-open; ***lascia la porta -a*** leave the door open a crack *o* ajar; ***con gli occhi -i*** with half-open eyes.

soccida /'sɔttʃida/ f. agistment.

soccombente /sokkom'bɛnte/ **I** agg. DIR. losing **II** m. DIR. losing party.

soccombere /sok'kombere/ [2] intr. (forms not attested: past participle and compound tenses) **1** *(morire)* to succumb, to die **2** *(cedere)* to succumb, to give* way, to yield; ***~ sotto il peso*** to collapse under the weight; ***~ al nemico*** to succumb to the enemy **3** *(lasciarsi andare a)* ***~ a*** to succumb to, to surrender to [*disperazione, fatica*] **4** DIR. ***~ in giudizio*** to lose one's case.

▷ **soccorrere** /sok'korrere/ [32] **I** tr. to help, to rescue, to relieve, to soccour FORM. [*truppe, popolazione, ferito, rifugiato*] **II** intr. (aus. *essere, avere*) LETT. *(venire in mente)* to occur; ***mi soccorse che*** it occurred to me that.

soccorritore /sokkorri'tore/ m. (f. **-trice** /tritʃe/) rescuer, reliever.

▷ **soccorso** /sok'korso/ **I** m. **1** *(aiuto)* help, aid, relief, rescue; ***richiesta di ~*** cry for help, distress call; ***prestare*** o ***portare ~ a qcn.*** to help *o* rescue sb.; ***andare, correre in ~ di qcn.*** to go, rush to sb.'s aid; ***venire in ~ di qcn.*** to come to sb.'s aid; ***di ~*** [*squadra, operazioni*] rescue attrib.; ***fondo di ~*** disaster fund, relief fund; ***mutuo ~*** mutual aid, mutual assistance; ***società di mutuo ~*** friendly society BE, benefit association AE; ***omissione di ~*** failure to (stop and) offer assistance; ***colonnina di ~*** *(in autostrada)* emergency telephone **2** MED. aid, lifesaving; ***pronto ~*** first aid; *(reparto)* emergency ward; ***(posto di) pronto ~*** first-aid station; ***cassetta del pronto ~*** first aid kit, medicine box **II soccorsi** m.pl. **1** *(soccorritori)* rescuers, rescue team sing.; ***attendere i -i*** to wait for rescue **2** *(viveri, medicine)* relief supplies; ***inviare -i alle popolazioni colpite dal terremoto*** to send relief to the victims of the earthquake; ***primi -i*** first aid; ***prestare i primi -i a qcn.*** to give sb. first aid ◆◆ ***~ aereo*** mercy flight, air rescue; ***~ aeronavale*** air-sea rescue; ***~ alpino*** mountain rescue operation; ***~ marittimo*** sea rescue operation; ***~ stradale*** road service, recovery service.

soccoscio, pl. **-sci** /sok'kɔʃʃo, ʃi/ m. *(in macelleria)* flank.

sociabile /so'tʃabile/ agg. sociable.

sociabilità /sotʃabili'ta/ f.inv. sociabilility.

socialdemocratico, pl. **-ci, -che** /sotʃaldemo'kratiko, tʃi, ke/ **I** agg. [*partito*] social democratic **II** m. (f. **-a**) social democrat.

socialdemocrazia /sotʃaldemokrat'tsia/ f. social democracy; *(partito)* Social Democratic Party.

▶ **sociale** /so'tʃale/ **I** agg. **1** [*rapporti, vita, convenzione, clima, politica, riforma, classe, estrazione, mobilità*] social; ***il ceto ~ di qcn.*** sb.'s social background; ***contratto ~*** social contract; ***storia ~*** social history; ***scienze -i*** social science, social studies; ***antropologia ~*** social anthropology; ***disagio ~*** social unrest; ***il tessuto ~*** the fabric of society; ***servizi -i*** social *o* welfare sevices; ***previdenza ~*** social security; ***assistente ~*** social worker, care worker BE; ***centro ~*** community centre; ***Stato ~*** welfare state; ***conflitto ~*** industrial *o* trade dispute; ***rivendicazioni -i*** workers' demands; ***parti -i*** = unions and management **2** *(relativo a un'azienda)* of a company, company attrib., corporate; ***ragione ~*** company *o* corporate name; ***capitale ~*** capital stock **3** *(relativo a un'associazione)* social, club attrib.; ***quota ~*** dues **II** m. ***il ~*** social issues; ***impegnarsi nel ~*** to be involved in social work.

socialismo /sotʃa'lizmo/ m. socialism; ***il ~ democratico, rivoluzionario*** democratic, revolutionary socialism; ***il ~ utopistico, di Stato*** utopian, State socialism.

▶ **socialista**, m.pl. **-i**, f.pl. **-e** /sotʃa'lista/ agg., m. e f. socialist, Socialist.

socialistico, pl. **-ci**, **-che** /sotʃa'listiko, tʃi, ke/ agg. socialistic.

socialità /sotʃali'ta/ f.inv. sociality, social relations pl.

socializzare /sotʃalid'dzare/ [1] **I** tr. **1** SOCIOL. to socialize **2** ECON. POL. to nationalize **II** intr. (aus. *avere*) to socialize; ***ha delle difficoltà a ~*** he doesn't mix easily.

socializzazione /sotʃaliddzat'tsjone/ f. **1** SOCIOL. PSIC. socialization **2** ECON. nationalization.

socialmente /sotʃal'mente/ avv. socially; ***persona ~ pericolosa*** danger to society *o* to the society; ***essere ~ impegnato*** to be involved in social work.

▶ **società** /sotʃe'ta/ f.inv. **1** SOCIOL. society; ***una ~ civilizzata, chiusa, multiculturale*** a civilised, closed, multicultural society; ***le ~ primitive, moderne*** primitive, modern societies; ***vivere in ~*** to live in society; ***la vita in ~*** life in society; ***il posto del bambino nella ~*** the place of children in society; ***nella nostra ~*** in our society; ***gioco di ~*** parlour game, board game **2** *(alto ceto)* (high) society; ***alta, buona ~*** high, polite society; ***in ~*** in society; ***debutto in ~*** debut **3** *(associazione)* association, club, society; SPORT club; ***~ calcistica, sportiva*** football, sports club; ***~ di scrittori, di artisti*** writers', artists' society; ***~ di caccia, pesca, tiro*** hunting, angling, shooting club **4** DIR. ECON. company; ***costituire una ~*** to set up a company; ***imposta sulle ~*** corporate tax, corporation tax BE; ***essere in ~ con qcn.*** to be in partnership with sb.; ***entrare in ~ con qcn.*** to enter into partnership with sb. **5 in società** COLLOQ. ***comprare qcs. in ~ con qcn.*** to go in on sth. with sb.; ***giocare in ~ con qcn.*** to make a joint bet with sb. ◆◆ ***~ in accomandita per azioni*** partnership limited by shares; ***~ in accomandita semplice*** limited partnership; ***~ anonima*** joint-stock company; ***~ di assicurazioni*** insurance company; ***~ per azioni*** public company, limited company BE, corporation AE; ***~ del benessere*** affluent society; ***~ di capitali*** joint-stock company; ***~ civile*** society; ***~ commerciale*** business firm; ***~ di comodo*** dummy company; ***~ dei consumi*** consumer society; ***~ cooperativa*** cooperative society; ***~ di copertura*** → ***~ di comodo***; ***~ ferroviaria*** railway company; ***~ fiduciaria*** trust company; ***~ finanziaria*** finance company, finance house; ***~ del gas*** gas board; ***~ immobiliare*** development *o* property company; ***~ di investimento*** investment company, investment trust; ***~ madre*** parent company; ***~ di mutuo soccorso*** friendly society BE, benefit association AE; ***~ di navigazione*** shipping company; ***Società delle Nazioni*** STOR. League of Nations; ***~ in nome collettivo*** general partnership; ***l'onorata ~*** *(in Sicilia)* = the Mafia; ***~ a partecipazione statale*** government-controlled company; ***~ di produzione*** production company; ***~ a responsabilità limitata*** limited company; ***~ segreta*** secret society; ***~ di servizi*** service company.

societario, pl. **-ri**, **-rie** /sotʃe'tarjo, ri, rje/ agg. company attrib., corporate; ***diritto ~*** company law BE, corporate law AE; ***capitale ~*** corporate capital.

socievole /so'tʃevole/ agg. **1** [*persona, carattere*] sociable, companionable; ***poco ~*** rather unsociable; ***è un tipo molto ~*** he is a good mixer **2** *(che vive in società)* social.

socievolezza /sotʃevo'lettsa/ f. sociability, sociableness.

socievolmente /sotʃevol'mente/ avv. sociably.

socinianesimo /sotʃinja'nezimo/ m. Socinianism.

sociniano /sotʃi'njano/ **I** agg. Socinian **II** m. (f. **-a**) Socinian.

▷ **socio**, m.pl. **-ci** /'sɔtʃo, tʃi/ m. (f. **-a**) **1** *(in affari)* associate, partner; ***è una mia -a in affari*** she's a business associate of mine; ***assemblea dei -ci*** company meeting; ***prendere qcn. come ~*** to take sb. into partnership **2** *(di club, associazioni)* member; ***il numero dei nostri -ci è salito*** our membership has gone up; ***diventare ~ di un club*** to join a club; ***il club conta 400 -ci*** the club has a membership of 400; ***"ingresso riservato ai -ci"*** "members only" **3** *(di accademia, società scientifica)* fellow ◆◆ ***~ accomandante*** sleeping partner BE, silent partner AE; ***~ accomodatario*** general partner; ***~ anziano*** senior partner; ***~ effettivo*** active member; ***~ fondatore*** charter member, company promoter; ***~ gerente*** managing partner; ***~ giovane*** junior partner; ***~ onorario*** honorary member.

sociobiologia /sotʃobiolo'dʒia/ f. sociobiology.

socioculturale /sotʃokultu'rale/ agg. [*centro, rapporti*] socio-cultural.

socioeconomico, pl. **-ci**, **-che** /sotʃoeko'nɔmiko, tʃi, ke/ agg. socioeconomic.

sociogramma /sotʃo'gramma/ m. sociogram.

socioletto /sotʃo'lɛtto/ m. sociolect.

sociolinguistica /sotʃolin'gwistika/ f. sociolinguistics + verbo sing.

sociolinguistico, pl. **-ci**, **-che** /sotʃolin'gwistiko, tʃi, ke/ agg. sociolinguistic.

sociologia /sotʃolo'dʒia/ f. sociology.

sociologicamente /sotʃolodʒika'mente/ avv. sociologically.

sociologico, pl. **-ci**, **-che** /sotʃo'lɔdʒiko, tʃi, ke/ agg. sociological.

sociologo, m.pl. **-gi**, f.pl. **-ghe** /so'tʃɔlogo, dʒi, ge/ ♦ ***18*** m. (f. **-a**) sociologist.

sociometria /sotʃome'tria/ f. sociometry.

sociopatia /sotʃo'patia/ ♦ ***7*** f. sociopathy.

sociopatico, pl. **-ci**, **-che** /sotʃo'patiko, tʃi, ke/ **I** agg. sociopathic **II** m. (f. **-a**) sociopath.

sociopolitico, pl. **-ci**, **-che** /sotʃopo'litiko, tʃi, ke/ agg. sociopolitical.

Socrate /'sɔkrate/ n.pr.m. Socrates.

socratico, pl. **-ci**, **-che** /so'kratiko, tʃi, ke/ **I** agg. Socratic(al) **II** m. Socratic.

soda /'sɔda/ f. **1** CHIM. soda; ***~ da bucato*** washing soda **2** *(per bevande)* soda (water); ***whisky e ~*** whisky and soda ◆ ***~ caustica*** caustic soda.

sodaglia /so'daʎʎa/ f. untilled soil.

sodalite /soda'lite/ f. sodalite.

sodalizio, pl. **-zi** /soda'littsjo, tsi/ m. **1** *(associazione)* society, association **2** FIG. *(amicizia)* brotherood, fellowship.

soddisfacente /soddisfa'tʃɛnte/ agg. satisfactory, satisfying; ***essere ~ per qcn.*** to be satisfactory to sb.; ***risposta poco ~*** unsatisfactory answer; ***la sua condizione fu definita ~*** MED. her condition was said to be satisfactory; ***in modo ~*** satisfactorily.

soddisfacimento /soddisfatʃi'mento/ m. **1** *(appagamento)* satisfaction, gratification **2** ECON. satisfaction, payment.

▶ **soddisfare** /soddis'fare/ [8] **I** tr. **1** *(accontentare)* to satisfy, to please [*persona*]; to please [*elettorato, cliente*]; *(appagare)* to satisfy, to satiate [*appetito*]; ***la tua spiegazione non mi soddisfa*** I'm not satisfied with your explanation **2** *(appagare, venire incontro a)* to satisfy [*domanda, curiosità, criteri, richieste*]; to fulfil BE, to fulfill AE [*desiderio*]; to meet*, to fulfil BE, to fulfill AE [*bisogno, esigenza, condizione*]; to meet* [*aspettative, attese*]; ***~ i bisogni di un bambino*** to meet the needs of a child; ***~ le richieste di qcn.*** to meet sb.'s requirements **3** *(pagare)* to pay* off; ***~ i creditori*** to pay off one's creditors **II** intr. (aus. *avere*) **1** *(adempiere)* ***~ a*** to meet, to satisfy [*norma, condizione, criterio*] **2** *(riparare)* ***~ a*** to atone for [*offesa*].

▶ **soddisfatto** /soddis'fatto/ **I** p.pass. → **soddisfare II** agg. **1** *(appagato)* [*cliente, curiosità, bisogno*] satisfied; [*desiderio, voglia*] fulfilled; *(contento)* happy; ***avere un'aria -a*** to look satisfied; ***essere ~ di se stesso*** to be pleased with oneself; ***è -a della sua vita*** she's content with her life; ***era rimasto ~ del suo lavoro*** he felt he had done the work to his own satisfaction; ***non ne è ~*** he's not happy about it; ***sono ~ di ciò che ho fatto*** I'm satisfied with what I've done; ***l'hai rotto, sei ~ adesso?*** you've broken it, are you happy now? **2** *(pagato)* [*debito*] paid off.

▶ **soddisfazione** /soddisfat'tsjone/ f. **1** *(appagamento)* satisfaction; *(piacere)* pleasure; ***con mia grande ~*** much to my satisfaction, much to my gratification; ***con nostra viva ~*** to our great satisfaction; ***con ~ di tutti*** to everyone's satisfaction; ***per una mia ~ personale*** for my (personal) satisfaction; ***motivo di ~*** reason to feel satisfied; ***avere, ricavare ~ da qcs.*** to get, derive satisfaction from sth.; ***provare ~ nel fare qcs.*** to get *o* derive satisfaction from doing sth.; ***essere motivo di ~ per*** to be a source of satisfaction to; ***dà ~ vedere, sapere che...*** it is satisfying to see, know that...; ***il mio lavoro mi dà grandi -i*** I get real gratification from my work; ***un lavoro che dà -i*** a rewarding job; ***esprimere la propria totale ~*** to express one's complete satisfaction; ***la ~ dei nostri bisogni*** the fulfilment of our needs; ***bella ~!*** IRON. that's no consolation! **2** *(gioia)* satisfaction, joy; ***questo ragazzo dà molte -i ai suoi genitori*** that boy makes his parents pround; ***dammi la ~ di vederti sposato*** give me the satisfaction of seeing you married **3** *(divertimento)* ***non c'è ~*** it's no fun; ***che ~ ci provi a farlo?*** what fun is there in doing it? **4** *(riparazione di un'offesa)* satisfaction, atonement; ***chiedere, dare, ottenere ~*** to demand, give, obtain satisfaction.

sodezza /so'dettsa/ f. firmness, hardness, consistency.

sodico, pl. **-ci**, **-che** /'sɔdiko, tʃi, ke/ agg. sodium attrib.

sodio /'sɔdjo/ m. sodium; ***bicarbonato di ~*** sodium bicarbonate; ***carbonato di ~*** sodium carbonate; ***cloruro di ~*** sodium chloride; ***idrossido di ~*** sodium hydroxide; ***nitrato di ~*** sodium nitrate; ***solfato di ~*** sodium sulphate.

▷ **sodo** /'sɔdo/ **I** agg. [*polpa, terreno, muscolo*] hard; [*frutta, verdura*] firm; [*uovo*] hard-boiled **II** avv. [*lavorare, studiare, picchiare*] hard; [*dormire*] soundly; ***far lavorare ~ qcn.*** to work sb. hard **III** m. firm ground; ***costruire sul ~*** to build on firm ground; ***venire*** o ***passare al ~*** FIG. to get down to brass tacks *o* the nitty-gritty.

Sodoma /'sɔdoma/ n.pr.f. Sodom.

sodomia /sodo'mia/ f. **1** sodomy, buggery BE **2** *(omosessualità maschile)* male homosexuality.

sodomita /sodo'mita/ m. sodomite, bugger BE.

sodomitico, pl. **-ci, -che** /sodo'mitiko, tʃi, ke/ agg. sodomitic(al).

sodomizzare /sodomid'dzare/ [1] tr. to sodomize, to bugger BE.

▷ **sofà** /so'fa/ m.inv. sofa, couch, settee BE.

sofferente /soffe'rɛnte/ **I** agg. **1** *(che soffre)* suffering; ***essere ~ di cuore*** to suffer from heart trouble **2** *(che esprime sofferenza)* pained, painstricken; ***avere un'aria ~*** to have a pained look **II** m. e f. sufferer.

▶ **sofferenza** /soffe'rɛntsa/ f. **1** suffering **U**, pain; ***~ fisica, morale*** physical, moral suffering; ***una vita piena di -e*** a life full of suffering; ***morire tra atroci -e*** to die in terrible pain; ***fu una vera ~ partire*** it was a real wrench leaving; ***porre fine alle -e di un animale*** to put out an animal, to put an animal out of its misery **2** COMM. ***cambiale in ~*** unpaid *o* overdue bill.

soffermare /soffer'mare/ [1] **I** tr. to stop; ***~ lo sguardo su qcn., qcs.*** to stop and look at sb., sth. **II soffermarsi** pronom. **1** *(sostare)* to stop, to pause, to linger; [*occhi, sguardo*] to linger, to gaze **2** FIG. ***-rsi su*** to pause *o* linger over [*contenuto, punto, aspetto, cifre*].

sofferto /sof'fɛrto/ **I** p.pass. → **soffrire II** agg. **1** *(che denota sofferenza)* [*sguardo, viso*] anguished **2** *(travagliato)* [*decisione, scelta*] hard, difficult; [*vittoria*] hard-fought.

soffiaggio, pl. **-gi** /sof'fjaddʒo, dʒi/ m. blow.

▷ **soffiare** /sof'fjare/ [1] **I** intr. (aus. *avere*) **1** [*persona*] to blow*; ***~ delicatamente*** to blow gently; ***~ in una tromba*** to blow a trumpet; ***~ sul tè*** to blow on one's tea; ***spegnere una candela soffiando*** to blow out a candle; ***~ sul fuoco*** to blow on the fire; FIG. to worsen the situation; ***~ sul fuoco della violenza*** to fan the flames of violence; ***smettila di soffiarmi sul collo!*** FIG. stop breathing down my neck **2** *(sbuffare)* to snort, to fume; ***~ per la rabbia*** to fume with rage **3** [*gatto*] to hiss; [*balena*] to blow*, to spout **4** METEOR. [*vento*] to blow*; ***il vento soffia da nord*** the wind's blowing from the north; ***~ a raffiche*** to blow in gusts; ***sta soffiando una bufera*** it's blowing a gale; ***nel paese, in tutto il continente soffia un vento di libertà*** the wind of freedom is sweeping across the country, throughout the continent **II** tr. **1** to blow*; ***~ il fumo in faccia a, negli occhi di qcn.*** to blow smoke in sb.'s face, eyes; ***~ via la polvere da qcs.*** to blow the dust off sth. **2** IND. to blow* [*vetro, bottiglia*]; to blast [*metallo*] **3** *(liberare)* ***~ il naso a un bambino*** to blow a child's nose **4** COLLOQ. *(sottrarre)* to pinch [*lavoro, proprietà*]; to snap up [*opportunità, affare*]; to whip away [*contratto*] (**a** from); ***il mio migliore amico mi ha soffiato il lavoro e la moglie*** my best friend pinched my job and my wife; ***gli ha soffiato il giornale da sotto il naso*** she whipped the newspaper from under his nose; ***~ il pallone all'avversario*** to steal the ball from the opponent **5** COLLOQ. *(spifferare)* to blab (out) [*notizia, informazione*]; ***~ tutto*** to spill the beans **6** GIOC. *(nella dama)* to huff [*pedina*] **III soffiarsi** pronom. ***-rsi il naso*** to blow one's nose.

soffiata /sof'fjata/ f. **1** ***dare una ~ sul fuoco*** to blow on the fire; ***darsi una ~ al naso*** to blow one's nose **2** *(spiata)* tip-off, whistle-blowing; *(notizia riservata)* (hot) tip, tip-off; *(nelle scommesse)* tip; ***fare una ~ alla polizia*** to tip off the police; ***avere una ~ da qcn.*** to receive a tip-off from sb.

soffiato /sof'fjato/ **I** p.pass. → **soffiare II** agg. **1** IND. ***vetro ~*** blown glass **2** GASTR. ***riso ~*** puffed rice.

soffiatore /soffja'tore/ ◆ **18** m. (f. **-trice** /tritʃe/) **1** IND. ***~ (di vetro)*** glass blower **2** *(delatore)* whistle-blower.

soffiatura /soffja'tura/ f. **1** IND. blowing; ***~ del vetro*** glass blowing; ***~ della ghisa*** iron-blowing **2** METALL. *(difetto)* blister, air bubble.

soffice /'sɔffitʃe/ agg. [*letto, cuscino, capelli, neve, tappeto, pane*] soft; [*pelliccia, maglione*] soft, fluffy; [*nuvole*] fluffy; ***~ al tatto*** soft to the touch.

soffieria /soffje'ria/ f. blower.

soffietto /sof'fjetto/ m. **1** *(mantice)* bellows pl. **2** *(di macchina fotografica)* bellows pl. **3** *(di carrozzina)* hood BE **3** FERR. *(di vagone)* bellows pl. **5** GIORN. puff **6 a soffietto porta a ~** accordion *o* folding door.

▷ **soffio**, pl. **-fi** /'soffjo, fi/ m. **1** breath, puff; ***spegnere le candele con un solo ~*** to blow out the candles in one puff; ***~ di vento*** breath of wind; ***non c'era un ~ di vento*** there wasn't a touch of wind **2** MED. *(in cardiologia)* murmur; ***~ al cuore*** heart murmur; ***~ diastolico, sistolico*** diastolic, systolic murmur **3** FIG. *(ispirazione)* inspiration; ***~ del genio*** touch of genius; ***~ creatore*** creative inspiration; ***~ vitale*** breath of life **4 a un soffio *essere a un ~ da qcs., qcn.*** FIG. to be within an ace of sth., sb. *o* within a hair's breadth of sth., sb. **5 d'un soffio, per un soffio** by the skin of one's teeth, by a hair('s breadth); ***vincere per un ~*** to win by a hair's breadth; ***ha più volte mancato il primo premio per un ~*** he had several near misses for first prize **6 in un soffio** in an instant, in less than no time, in the bat of an eye ◆ ***sentire il ~ della morte*** to feel the cold hand of death.

soffione /sof'fjone/ m. **1** GEOL. fumarole **2** BOT. dandelion **3** *(canna per fuoco)* blow pipe.

▷ **soffitta** /sof'fitta/ f. **1** *(locale)* attic, loft; *(abbaino)* garret **2** TEATR. flies pl.

soffittare /soffit'tare/ [1] tr. to provide [sth.] with a ceiling.

soffittatura /soffitta'tura/ f. ceiling.

▷ **soffitto** /sof'fitto/ m. ceiling; ***stanza con un ~ alto, basso*** high-, low-ceilinged room ◆◆ ***~ a cassettoni*** coffered ceiling; ***~ a volta*** arched *o* vaulted ceiling.

soffocamento /soffoka'mento/ m. **1** chocking, suffocation (anche MED.); ***una sensazione di ~*** a choking sensation; ***morire per ~*** to choke to death **2** FIG. *(di rivolta, scandalo)* suppression; *(di attività, economia)* strangulation.

soffocante /soffo'kante/ agg. **1** [*gas*] choking **2** [*stanza, atmosfera*] stuffy, suffocating, stifling; [*caldo, aria*] suffocating, sweltering **3** FIG. *(opprimente)* oppressive, stifling.

▶ **soffocare** /soffo'kare/ [1] **I** tr. **1** *(asfissiare)* [*persona*] to suffocate, to stifle, to choke [*vittima*]; [*cibo, fumo*] to choke [*persona*]; [*calore*] to stifle [*persona*]; [*pianta, erbacce*] to choke, to strangle [*pianta*]; ***i singhiozzi lo soffocavano*** he was choked with tears; ***~ qcn. di carezze, baci*** FIG. to smother sb. with caressess, kisses; ***~ qcn.*** FIG. *(stare addosso)* to cramp sb.'s style **2** *(spegnere)* to smother, to beat* out, to put* out [*fuoco, incendio*] **3** *(reprimere)* to suppress, to break*, to crush [*rivolta, rissa*]; to choke off, to crush [*protesta*]; *(mascherare)* to hush up, to cover up [*scandalo*]; *(impedire lo sviluppo di)* to strangle [*economia*]; ***~ un'idea sul nascere*** to strangle an idea at birth **4** *(trattenere)* to hold* back [*sospiro, grido, starnuto*]; to suppress, to stifle [*sbadiglio*]; to choke back [*lacrime, rabbia*]; to quench [*desiderio, speranza, entusiasmo*] **II** intr. (aus. *essere*) **1** *(asfissiare)* to choke, to suffocate **2** *(avere caldo)* ***si soffoca qui!*** it's stifling here! it's muggy in here! it's suffocating here! ***~ di caldo*** to feel stifled in the heat; ***~ dalla rabbia*** to choke with rage **III soffocarsi** pronom. to choke; ***-rsi mangiando del pane, ingoiando una lisca*** to choke on bread, a fishbone.

soffocato /soffo'kato/ **I** p.pass. → **soffocare II** agg. **1** *(asfissiato)* suffocated; ***morire ~*** to choke to death **2** *(attutito)* [*suono, voce*] muffled (**da** by) **3** *(trattenuto)* [*voce, singhiozzo*] choked; [*riso*] stifled, suppressed; [*grido, sbadiglio*] suppressed; ***si sente ~*** *(ostacolato)* he feels tied down.

soffocazione /soffokat'tsjone/ f. → **soffocamento.**

soffondere /sof'fondere/ [51] **I** tr. to suffuse **II soffondersi** pronom. to become* suffused.

soffriggere /sof'friddʒere/ [53] **I** tr. to brown, to sauté [*cipolla*] **II** intr. (aus. *avere*) [*cipolla*] to brown, to sauté.

▶ **soffrire** /sof'frire/ [91] **I** tr. **1** *(patire)* to suffer [*fame, sete*]; to feel* [*dolore, caldo, freddo*]; ***non dover ~ la fame*** to have *o* enjoy freedom from hunger; ***~ il mal di mare*** to suffer from sea sickness; ***~ il mal d'auto*** to get carsick; ***~ le pene dell'inferno*** FIG. to go through hell **2** *(subire)* to endure, to suffer [*perdita, torto, privazioni*] **3** *(tollerare)* to stand*, to bear*, to tolerate; ***non posso ~ i bugiardi*** I can't stand liars; ***non posso ~ che lo trattino così*** I cannot allow them to treat him like that **II** intr. (aus. *avere*) **1** *(fisicamente)* [*persona, animale*] to suffer; ***~ in silenzio*** to suffer in silence; ***ha sofferto molto*** he has suffered a great deal; ***detesto vedere ~ gli animali*** I hate to see an animal in pain; ***far ~ qcn., un animale*** to cause sb., an animal suffering; ***le famiglie sono quelle che hanno sofferto di più*** the families are the worst sufferers; ***ha finito di ~*** EUFEM. his suffering is over; ***~ di*** to suffer from [*malattia, disturbo, malformazione*]; ***~ di cuore*** to have a heart condition; ***~ di male alla schiena, allo stomaco, al ginocchio*** to suffer from back, stomach, knee problems; ***i bambini che soffrono di malnutrizione*** children suffering from malnutrition; ***~ per amore*** to be lovesick **2** *(moralmente)* [*persona*] to suffer; ***far ~*** [*persona*] to make [sb.] suffer; [*problema, situazione*] to upset; ***~ di nostalgia*** to be homesick; ***mi ha fatto ~ molto*** he's caused me a lot of pain; ***~ a causa della discriminazione, del razzismo*** to be a victim of discrimination, racism; ***soffrono per la lontananza dai loro figli*** they are finding it painful to be separated from their children; ***~ perché si è rifiutati, incompresi*** to suffer the pain of rejection, of being misunderstood; ***soffrono per il fatto di non vedersi, di non poter fare niente*** they find it painful to be separated, to be unable to do anything; ***mi fa soffrire vedere che...*** it pains me to see that... **3** *(essere danneggiato)* ***le piante hanno sofferto per la siccità*** the plants have felt the drought, the drought has harmed the plants; ***il paese soffre di una carenza cronica di...*** the country is chronically short of...

soffritto /sof'fritto/ **I** p.pass. → **soffriggere II** agg. browned **III** m. = onions and herbs browned in oil.

soffusione /soffu'zjone/ f. MED. suffusion.

soffuso /sof'fuzo/ agg. *(sparso)* suffused; *(attenuato)* subdued; ***luce -a*** soft lighting; ***essere ~ di luce*** to be suffused with light; ***essere ~ di rossore*** [*volto*] to be ablush.

1.Sofia /'sɔfja/ ➧ ***2*** n.pr.f. Sofia.

2.Sofia /so'fia/ n.pr.f. Sophia, Sophie, Sophy.

sofisma /so'fizma/ m. **1** FILOS. sophism **2** FIG. *(cavillo)* quibble.

sofista, m.pl. **-i**, f.pl. **-e** /so'fista/ m. e f. **1** FILOS. sophist **2** FIG. *(cavillatore)* sophist, casuist.

sofistica /so'fistika/ f. sophistry.

sofisticare /sofisti'kare/ [1] **I** intr. (aus. *avere*) *(cavillare)* to sophisticate, to quibble **II** tr. *(adulterare)* to adulterate, to tamper with [*cibi*]; to adulterate, to sophisticate [*vino*].

sofisticato /sofisti'kato/ **I** p.pass. → **sofisticare II** agg. **1** *(raffinato)* [*persona, modi*] sophisticated **2** *(avanzato)* [*tecnologia, macchinario*] sophisticated, advanced **3** *(adulterato)* [*cibo*] adulterated; [*vino*] adulterated, sophisticated.

sofisticatore /sofistika'tore/ m. (f. **-trice** /tritʃe/) *(di cibi, vino)* adulterator.

sofisticazione /sofistikat'tsjone/ f. *(adulterazione)* adulteration.

sofisticheria /sofistike'ria/ f. sophistry, quibbling.

sofistico, pl. **-ci**, **-che** /so'fistiko, tʃi, ke/ **I** agg. **1** FILOS. sophistic(al) **2** *(schizzinoso)* fussy, nit-picking **3** *(cavilloso)* captious, quibbling **II** m. (f. **-a**) **1** *(pedante)* pedant **2** *(cavilloso)* quibbler.

Sofocle /'sɔfokle/ n.pr.m. Sophocles.

software /'sɔftwer/ m.inv. software ◆◆ ***~ applicativo*** application software; ***~ di base*** system(s) software.

softwarista, m.pl. **-i**, f.pl. **-e** /softwe'rista/ ➧ ***18*** m. e f. software expert.

soggettista, m.pl. **-i**, f.pl. **-e** /soddʒet'tista/ ➧ ***18*** m. e f. scriptwriter.

soggettivamente /soddʒettiva'mente/ avv. subjectively.

soggettivare /soddʒetti'vare/ [1] tr. **1** *(rendere soggettivo)* to subjectivize, to make* [sth.] subjective **2** *(interpretare in modo soggettivo)* to interpret [sth.] subjectively.

soggettivismo /soddʒetti'vizmo/ m. subjectivism.

soggettivista, m.pl. **-i**, f.pl. **-e** /soddʒetti'vista/ m. e f. subjectivist.

soggettivistico, pl. **-ci**, **-che** /soddʒetti'vistiko, tʃi, ke/ agg. subjectivist(ic).

soggettività /soddʒettivi'ta/ f.inv. subjectivity, subjectiveness.

soggettivo /soddʒet'tivo/ agg. subjective.

1.soggetto /sod'dʒɛtto/ agg. **1** *(predisposto)* ***essere ~ a*** to be prone to [*raffreddori, emicranie*]; ***essere ~ ad alluvioni*** [*zona*] to be subject to flooding, to be flood-prone **2** *(sottomesso, sottoposto)* subject (**a** to); ***essere ~ a*** to be subject to [*legge, regolamento*]; ***~ agli obblighi militari di leva*** liable for military service; ***essere ~ a tassazione*** to be liable for *o* to tax; ***~ a dazio*** customable, dutiable **3** *(dipendente)* dependent (**a** on); ***~ all'approvazione di*** dependent on the approval of; ***l'offerta era -a a numerose condizioni*** the offer had several conditions attached to it; ***~ a interpretazione*** open to interpretation.

▶ **2.soggetto** /sod'dʒɛtto/ m. **1** *(tema)* subject, subject matter, topic; ***il ~ di un libro, quadro*** the subject of a book, painting; ***catalogo per -i*** subject catalogue **2** LING. FILOS. subject **3** MUS. subject **4** TELEV. CINEM. TEATR. story; ***recitare a ~*** to improvise **5** *(individuo)* person, individual; ***è un cattivo ~*** he's a poor specimen **6** MED. subject; ***i -i che si sono sottoposti al test medico*** those who have undergone the medical tests; ***~ a rischio*** MED. subject at risk; ***i -i in età avanzata*** the elderly, elderly people **7** DIR. subject, party; ***~ di diritto*** subject of law.

▷ **soggezione** /soddʒet'tsjone/ f. **1** *(timore)* awe; *(imbarazzo)* uneasiness; ***avere ~ di qcn.*** to stand in awe of sb.; ***essere in ~*** to feel uneasy *o* ***incutere ~ a qcn., mettere qcn. in ~*** to make sb. feel uneasy, uncomfortable **2** *(sottomissione)* subjection; ***tenere qcn. in ~*** to keep sb. in a state of subjection.

sogghignare /soggiɲ'ɲare/ [1] intr. (aus. *avere*) to sneer.

sogghigno /sog'giɲɲo/ m. sneer.

soggiacere /soddʒa'tʃere/ [54] intr. (aus. *essere, avere*) **1** *(sottostare)* to be* subject, to be* subjected; ***~ alla volontà di qcn.*** to be subject to the will of sb. **2** *(cedere)* to yield, to succumb; ***~ al nemico*** to succumb to the enemy.

soggiogamento /soddʒoga'mento/ m. subjugation.

soggiogare /soddʒo'gare/ [1] tr. **1** *(sottomettere)* to subjugate, to subdue [*paese, popolo*] **2** *(domare)* to subjugate, to conquer [*passioni*]; ***furono soggiogati dalla sua eloquenza*** they were captivated by his eloquent words.

soggiogatore /soddʒoga'tore/ m. (f. **-trice** /tritʃe/) subjugator.

soggiornare /soddʒor'nare/ [1] intr. (aus. *avere*) to stay, to sojourn FORM.; ***~ due mesi al mare*** to spend two months at the seaside; ***~ a casa di amici*** to stay with friends.

▷ **soggiorno** /sod'dʒorno/ m. **1** *(periodo)* stay; ***~ di tre settimane*** three-week stay; ***~ al mare*** stay at the seaside; ***~ all'estero, a Parigi*** stay abroad, in Paris; ***~ in albergo*** stay in a hotel; ***permesso di ~*** residence permit; ***tassa di ~*** visitor's tax; ***divieto di ~*** prohibition to reside **2** *(stanza)* living room, family room AE; *(mobili)* living room suite, living room furniture **U 3** LETT. *(dimora)* abode; ***un ~ campestre*** a rural retreat ◆◆ ***~ climatico*** health camp; ***~ obbligato*** DIR. obligatory residence; ***~ di studio*** study holiday.

soggiungere /sod'dʒundʒere/ [55] tr. to add.

soggolo /sog'golo/ m. **1** *(di abito monacale)* wimple **2** *(di berretto)* chinstrap **3** *(di finimenti del cavallo)* throat-strap, throat-band.

▷ **soglia** /'sɔʎʎa/ f. **1** doorstep, threshold (anche FIG.); ***~ (della porta)*** doorstep; ***rimanere sulla ~*** to stand in the doorway; ***varcare la ~*** to cross the threshold (**di** of) **2** *(limite)* threshold (**di** of); ***raggiungere una ~*** to reach a threshold; ***passare*** o ***superare la ~ del 13%*** to go over the 13% mark **3** *(vigilia)* threshold, verge; *(principio)* threshold; ***essere alla ~ dei trent'anni*** to be nearing thirty; ***passare la ~ della cinquantina*** to be over fifty years old, to be in one's fifties; ***alle -e di*** on the threshold of [*scoperta, nuova era*] **4** FISIOL. FIS. threshold; PSIC. threshold, limen* ◆◆ ***~ assoluta*** FISIOL. PSIC. absolute threshold; ***~ della coscienza*** threshold of consciousness; ***~ differenziale*** differential threshold; ***~ del dolore*** FISIOL. pain threshold; ***~ di povertà*** poverty line; ***al di sotto della ~ di povertà*** below the poverty line; ***~ salariale*** wage threshold BE; ***~ di udibilità*** threshold of audibility.

soglio, pl. **-gli** /'sɔʎʎo, ʎi/ m. **1** *(trono)* throne **2** *(dignità)* kingship ◆◆ ***~ pontificio*** papal throne.

▷ **sogliola** /'sɔʎʎola/ f. sole*; ***filetti di ~*** sole fillets, fillets of sole ◆◆ ***~ limanda*** lemon sole.

sognante /soɲ'ɲante/ agg. [*aria, occhi*] dreamy.

▶ **sognare** /soɲ'ɲare/ [1] **I** tr. **1** *(vedere in sogno)* to dream* (**che** that); ***ho sognato qcs., che facevo*** I dreamt *o* had a dream about sth., about doing; ***ti ho sognato*** I dreamt about you; ***ho sognato di essere in vacanza*** I dreamt I was on holiday **2** *(desiderare)* to dream* of, to long for [*successo, vacanza*]; ***sogno di tornare nel mio paese*** I dream of returning to my own country; ***~ l'estate*** to dream of summer **II** intr. (aus. *avere*) **1** to dream*; ***dimmi che non sto sognando*** tell me I'm not imagining things *o* I'm not dreaming; ***sembra di ~!*** you'd think you were dreaming! **2** *(illudersi)* to dream*, to be* kidding oneself; ***tu sogni se pensi che ti terranno*** you're fooling yourself *o* dreaming if you think (that) they will keep you; ***continua pure a ~!*** dream on! **III sognarsi** pronom. **1** ***-rsi qcs.*** to dream about sth.; ***me lo sogno di notte*** I dream about it at night; ***te lo sei sognato!*** you must have dreamed it! ***te lo stai sognando*** you're imagining it! **2** COLLOQ. *(pensare)* to think*; ***non sognarti di fare una cosa simile!*** you'll do no such thing! **3** *(immaginare)* to dream* (of), to imagine; ***non mi sarei mai sognato una cosa del genere*** I wouldn't dream of such a thing; ***non mi sarei mai sognato di fare*** I wouldn't dream of doing; ***chi se lo sarebbe sognato che...*** who could have imagined that...; ***un successo che non mi sognavo nemmeno*** a success beyond my wildest dreams ◆ ***~ a occhi aperti*** to daydream.

sognatore /soɲɲa'tore/ **I** agg. [*persona, spirito*] dreamy **II** m. (f. **-trice** /tritʃe/) **1** *(chi sogna)* dreamer **2** *(chi fantastica)* dreamer, daydreamer, stargazer.

▶ **sogno** /'soɲɲo/ m. **1** dream; ***fare un ~*** to have a dream; ***ho fatto un ~ spaventoso*** I had a horrible dream; ***-i d'oro!*** sweet dreams! ***ho l'impressione di vivere in un ~*** I feel as if I'm dreaming *o* I'm living in a dream; ***è stato come un brutto ~*** it was like bad dream; ***svanire come un ~*** to fade away like a dream; ***in ~*** in a dream; ***apparire in ~*** to appear in a dream; ***interpretazione dei -i*** interpretation of dreams; ***vivere nel mondo dei -i*** to be living in a dream-world **2** *(desiderio)* dream; ***avere un ~ nel cassetto*** to have a secret wish; ***avere -i di grandezza, di vendetta*** to dream of greatness, vengeance; ***la donna dei miei -i*** the woman of my dreams; ***la casa dei miei -i*** my dream house; ***una casa, auto da ~*** a dream house, car; ***una creatura di*** o ***da*** ~ a dreamlike creature; ***è stato come se si realizzasse un*** ~ it was (like) a dream come true; ***realizzare i -i di qcn.*** to make sb.'s dreams come true; ***è sempre stato il suo ~ visitare il Giappone*** it was his lifelong ambition to visit Japan ◆ ***neanche*** o ***nemmeno per ~!*** I wouldn't dream of it! not on your life! ◆◆ ~ ***americano*** American dream; ~ ***di gioventù*** youthful dream; ~ ***ad occhi aperti*** daydream.

soia /'sɔja/ f. soya bean, soy; ***di*** ~ [*farina, latte, olio, salsa*] soy attrib.; ***germoglio di*** ~ beansprout; ***salsa di*** ~ soy (sauce), soya sauce.

soirée /swa're/ f.inv. soiree.

1.sol /sɔl/ m.inv. MUS. G, sol; ***chiave di*** ~ treble clef; ***corda del*** ~ G-string; ~ ***maggiore, minore*** G major, minor; ~ ***bemolle, diesis*** G flat, sharp.

2.sol /sɔl/ m.inv. CHIM. sol.

▷ **solaio**, pl. **-ai** /so'lajo, ai/ m. **1** EDIL. floor **2** *(soffitta)* attic, loft.

▷ **solamente** /sola'mente/ → **solo III, IV.**

solanacea /sola'natʃea/ f. solanaceous plant.

solanina /sola'nina/ f. solanine.

solano /so'lano/ m. solanum.

▷ **1.solare** /so'lare/ agg. **1** [*batteria, energia, raggio, sistema, giorno*] solar; ***macchia*** ~ sunspot; ***vento*** ~ solar wind; ***eclissi*** ~ solar eclipse; ***pannello*** ~ solar panel; ***riscaldamento a energia*** ~ solar heating **2** COSMET. ***olio, crema*** ~ suntan oil, cream **3** ANAT. ***plesso*** ~ solar plexus **4** FIG. [*carattere, persona*] sunny, radiant.

2.solare /so'lare/ → **suolare.**

solarità /solari'ta/ f.inv. LETT. brilliance, radiance.

solarium /so'larjum/ m.inv. solarium*.

solarizzare /solarid'dzare/ [1] tr. to solarize.

solarizzazione /solariddzat'tsjone/ f. solarization.

solatio /sola'tio/ agg. sunny.

solatura /sola'tura/ → **suolatura.**

solcare /sol'kare/ [1] tr. **1** *(scavare)* to plough, to plow AE, to furrow, to rut [*campo, terreno*] **2** *(navigare)* to sail, to ply [*mare*] **3** FIG. [*cicatrice*] to line, to score [*volto*]; ***la cicatrice che gli solca il volto*** the scar across his face; ***le lacrime le solcavano il viso*** tears were running down her face.

solcatura /solka'tura/ f. ploughing, plowing AE, furrowing.

▷ **solco**, pl. **-chi** /'solko, ki/ m. **1** AGR. furrow, drill; ***tracciare dei -chi con l'aratro*** to cut furrows in the ground with a plough **2** *(traccia)* track, rut; ***la strada è piena di -chi*** the track is full of ruts; ***l'acqua aveva scavato dei -chi nella roccia*** the water had scored channels into the rock **3** MECC. *(scanalatura)* groove **4** *(ruga profonda)* furrow, ridge **5** ANAT. ZOOL. sulcus*; ~ ***fra i seni*** cleavage **6** *(di disco)* track, groove **7** GEOGR. GEOL. fissure, crack.

solcometro /sol'kɔmetro/ m. log.

soldanella /solda'nɛlla/ f. soldanella.

soldataglia /solda'taʎʎa/ f. undisciplined troops pl.

soldatesca, pl. **-sche** /solda'teska, ske/ f. **1** ANT. *(reparto di soldati)* troops pl. **2** SPREG. *(soldataglia)* undisciplined troops pl.

soldatesco, pl. **-schi**, **-sche** /solda'tesko, ski, ske/ agg. military, army attrib.

soldatessa /solda'tessa/ f. **1** woman* soldier **2** SCHERZ. *(donna dai modi decisi)* battle-axe, battleax AE.

soldatino /solda'tino/ m. **1** *(recluta)* recruit **2** *(giocattolo)* toy soldier, model soldier; ~ ***di piombo*** tin soldier.

▶ **soldato** /sol'dato/ ◗ **12** m. **1** soldier; ***fare il*** ~ to be in the army, to be a soldier; ***partire*** ~ to join the army; ***giocare ai -i*** to play at soldiers; ***donna*** ~ woman soldier **2** ZOOL. soldier; ***formica*** ~ soldier ant ◆◆ ~ ***di carriera*** regular soldier; ~ ***di cavalleria*** trooper; ~ ***di fanteria*** infantryman; ~ ***del genio*** sapper BE; ~ ***di leva*** conscript; ~ ***mercenario*** STOR. mercenary (soldier); ~ ***scelto*** lance corporal BE, private first class AE; ~ ***semplice*** private (soldier); ~ ***di ventura*** soldier of fortune.

▶ **soldo** /'sɔldo/ **I** m. **1** *(moneta)* coin; *(di scarso valore)* penny, cent AE; ***non voglio pagare un ~ di più*** I don't want to pay a penny more; ***non ho un*** ~ I haven't got two pennies to rub together, I'm broke, I haven't got a dime; ***è arrivato, ripartito senza un*** ~ he arrived, left without a penny; ***non ha sborsato un ~ per l'istruzione di suo figlio*** he didn't spend a penny on his son's education **2** MIL. pay; ***essere al ~ di qcn.*** to be in the pay of sb. (anche FIG.) **3** *(antica moneta)* soldo* **II soldi** m.pl. *(denaro)* money sing., cash sing.; ***-i facili*** easy money; ***i -i non sono tutto*** money isn't everything; ***mettere i -i da parte*** to put money by, to save up; ***trovare i -i per fare*** to find the money to do; ***non so dove vanno a finire tutti i miei -i*** I don't know where all my money goes (to); ***fare (i) -i*** to make money; ***si è fatto i -i con il petrolio*** he got his money in oil; ***avere -i a palate*** o ***un sacco di -i*** to have loads of money; ***fare -i a palate*** to make money hand over fist, to make piles of money; ***sposare qcn. per i -i*** to marry sb. for their money; ***essere a corto di -i*** to be short of cash; ***rimanere senza -i*** to run out of money; ***rientrare dei propri -i*** to get one's money back; ***ha perso tutti i -i al gioco*** he gambled away all his fortune; ***sono -i regalati*** it's money for nothing; ***giocare a -i*** to play for money; ***buttare i -i nel cesso*** to pour one's money down a rathole AE ◆ ***i -i sono -i*** every penny counts; ***i -i non si trovano per strada*** money doesn't grow on trees; ***essere alto un ~ di cacio*** to be knee-high (to a grasshopper); ***li pagano quattro -i*** they're paid peanuts; ***da quattro -i*** dirt cheap, cheap and nasty; ***per quattro -i*** for a penny, for a song COLLOQ.; ***non vale un ~ (bucato)*** it's not worth a brass farthing, it isn't worth a dime; ***un ~ risparmiato è un ~ guadagnato*** a penny saved is a penny gained.

▶ **sole** /'sole/ m. sun; *(luce, calore solare)* sun, sunlight; ***il ~ di agosto, di mezzogiorno*** the August, midday sun; ***c'è il*** ~ it's sunny; ***una giornata di*** ~ a sunny day; ***il ~ splende*** the sun is shining; ***il ~ sorge, tramonta*** the sun rises, sets; ***al calar del*** ~ at sunset; ***al levar*** o ***allo spuntar del*** ~ at sunrise; ***un raggio di*** ~ a ray of sunshine (anche FIG.); ~ ***di mezzanotte*** midnight sun; ***mettersi al*** ~ to sit in the sun; ***prendere il*** ~ to sunbathe; ***avere il ~ negli occhi*** to have the sun in one's eyes; ***contro*** ~ against the light; ***il ~ picchia*** the sun is beating down; ***è l'ora in cui il ~ è più caldo*** the sun is at its hottest at this time; ***crogiolarsi al*** ~ to bask in the sun; ***sotto il*** ~ [*lavorare, camminare, stare seduti*] in the hot sun; ~ ***che spacca le pietre*** blazing sun; ***al ~, in pieno*** ~ [*lasciare, esporre*] in direct sunlight, in full sunlight; ***la stanza era inondata di*** ~ the room was filled with sunlight; ***colpo di*** ~ *(insolazione)* sunstroke, insolation; ***colpi di*** ~ *(nell'acconciatura)* highlights; ***fare un bagno di*** ~ to soak up sun; ***cappello da*** ~ sun hat; ***occhiali da*** ~ sunglasses; ***culto del*** ~ sun worship; ***dio*** ~ sun-god; ***il Re Sole*** the Sun king ◆ ***avere qualche bene al*** ~ to own property, to have a bit of land; ***un posto al*** ~ a place in the sun; ***alla luce del*** ~ openly; ***niente di nuovo sotto il*** ~ there is nothing new under the sun; ***dove non batte il*** ~ POP. where the sun doesn't shine; ***bello come il*** ~ as beautiful as the morning sun; ***chiaro come il*** ~ as plain as day *o* pikestaff; ***vedere il ~ a scacchi*** SCHERZ. to be behind bars; ***sciogliersi come neve al*** ~ to melt away; ***il ~ splende per tutti*** PROV. the sun shines upon all alike.

solecchio /so'lekkjo/ m. ***fare*** ~ to shield one's eyes with one's hand.

solecismo /sole'tʃizmo/ m. solecism.

soleggiare /soled'dʒare/ [1] tr. to expose [sth.] to the sun, to put* [sth.] in the sun.

soleggiato /soled'dʒato/ **I** p.pass. → **soleggiare II** agg. [*stanza*] exposed to the sun, sunny; [*giornata*] sunny; ***il nostro giardino è molto*** ~ our garden gets a lot of sun.

▷ **solenne** /so'lɛnne/ agg. **1** *(ufficiale)* [*cerimonia, festa, occasione, momento, discorso, giuramento, promessa*] solemn; [*luogo*] staid, imposing; ***messa*** ~ High Mass **2** *(grave)* solemn, grave; ***assumere un'aria*** ~ to put on solemn airs; ***dire qcs. in tono*** ~ to say sth. solemnly; ***ora*** ~ solemn moment **3** COLLOQ. *(potente)* [*sgridata*] thorough; ***è un ~ bugiardo*** he's a downright liar; ***essersi preso una sbornia*** ~ to be as high as a kite.

solennemente /solenne'mente/ avv. [*promettere, impegnarsi*] solemnly; [*celebrare, dichiarare, smentire*] formally; ***giurare ~ di fare*** to vow to do; ***capo di Stato ricevuto*** ~ head of state received with solemn ceremonies.

solennità /solenni'ta/ f.inv. **1** *(ufficialità)* solemnity; ~ ***di una cerimonia*** the solemnity *o* solemness of a ceremony; ***con la dovuta*** ~ with due solemnity **2** *(ricorrenza)* solemnity, holiday; ~ ***civili e religiose*** civil and religious holidays.

solennizzare /solennid'dzare/ [1] tr. to solemnize.

solenoidale /solenoi'dale/ agg. solenoidal.

solenoide /sole'nɔide/ m. solenoid.

soleo /'sɔleo/ agg. ***muscolo*** ~ soleus.

solere /so'lere/ [100] Il verbo *solere*, di stile alto e da molti sentito come antiquato, è spesso sostituito da *essere solito* o *abituato*. Usato all'imperfetto per azioni abituali nel passato, è reso in inglese da *used to*, il cui impiego esclude che l'azione indicata avvenga ancora: *solevo andare a teatro quando abitavo a Milano* = I used to go to the theatre when I lived in Milan; con questo valore, *used to* può essere sostituito da *would*: *I would go to the theatre when I lived in Milan. Solere* al presente è reso semplicemente con il presente abituale: *suole ascoltare musica classica la sera* = he listens to classical music in the evenings. intr. (forms not attested: future indicative, present conditional, imperative, present participle and compound tenses) LETT. to be* accustomed to, to be* wont to; ***solevo fare*** I used to do; ***soleva uscire a fare una passeggiata nel pomeriggio*** he used to go out for a walk in the afternoon; ***soleva sedere per ore alla finestra*** she would sit for hours at the window; ***suole pranzare presto*** he usually takes his lunch early; ***si suole terminare il pasto con un bicchiere di brandy*** we usually finish off the meal with a glass of brandy; ***come si suol dire*** as they say.

solerte /so'lɛrte/ agg. *(diligente)* diligent, industrious, hard-working, sedulous FORM.; *(minuzioso)* painstaking; *(zelante)* zealous; ***essere ~ nel fare*** to be zealous to do.

solerzia /so'lɛrtsja/ f. *(diligenza)* diligence, industriousness; *(zelo)* zeal.

soletta /so'letta/ f. **1** *(di calza)* (stocking-)sole **2** *(di scarpa)* insole **3** EDIL. slab; ***~ di calcestruzzo*** concrete foundation.

solettare /solet'tare/ [1] tr. to fit an insole in [*scarpa*].

solettatura /soletta'tura/ f. **1** *(di scarpe)* fitting an insole **2** EDIL. slabbing.

solfa /'sɔlfa/ f. **1** *(discorso monotono)* old story; ***è sempre la solita*** o ***stessa ~*** it's always the same old story *o* song; ***conosco questa ~*** I know the tune **2** MUS. sol-fa; ***battere la ~*** to beat time.

solfanello /solfa'nɛllo/ → **zolfanello.**

solfara /sol'fara/ f. sulphur mine BE, sulfur mine AE.

solfare /sol'fare/ [1] tr. AGR. to sulphur BE, to sulfur AE, to treat [sth.] with sulphur.

solfatara /solfa'tara/ f. **1** *(bacino vulcanico)* solfatara **2** *(miniera)* sulphur mine BE, sulfur mine AE.

solfato /sol'fato/ m. sulphate BE, sulfate AE ◆◆ ***~ ferroso*** ferrous sulphate; ***~ di rame*** copper sulphate; ***~ di sodio*** sodium sulphate; ***~ di zinco*** zinc sulphate.

solfeggiare /solfed'dʒare/ [1] tr. e intr. (aus *avere*) to sol-fa.

solfeggio, pl. **-gi** /sol'feddʒo, dʒi/ m. sol-fa, solfeggio*.

solfidrico, pl. **-ci**, **-che** /sol'fidriko, tʃi, ke/ agg. ***acido ~*** hydrogen sulphide.

solfifero /sol'fifero/ agg. sulphurous BE, sulfurous AE.

solfitare /solfi'tare/ [1] tr. to sulphur BE, to sulfur AE.

solfito /sol'fito/ m. sulphite BE, sulfite AE.

solfo /'solfo/ → **zolfo.**

solfonammide /solfonam'mide/ f. sulphonamide BE, sulfonamide AE.

solfonile /solfo'nile/ m. sulphonyl BE, sulfonyl AE.

solforare /solfo'rare/ [1] tr. **1** CHIM. to sulphur BE, to sulfur AE, to sulphurate BE, to sulfurate AE **2** AGR. to sulphur BE, to sulfur AE, to treat [sth.] with sulphur.

solforato /solfo'rato/ **I** p.pass. → **solforare II** agg. sulphured BE, sulfured AE; ***idrogeno ~*** hydrogen sulphide.

solforatrice /solfora'tritʃe/ f. sulphurator BE, sulfurator AE.

solforatura /solfora'tura/ f. sulphuring BE, sulfuring AE.

solforazione /solforat'tsjone/ f. sulphuration BE, sulfuration AE, sulphurization BE, sulfurization AE.

solforico, pl. **-ci**, **-che** /sol'fɔriko, tʃi, ke/ agg. [*acido, anidride*] sulphuric BE, sulfuric AE.

solforile /solfo'rile/ m. sulphuryl BE, sulfuryl AE.

solforoso /solfo'roso/ agg. sulphurous BE, sulfurous AE; ***anidride -a*** sulphur BE *o* sulfur AE dioxide.

solfuro /sol'furo/ m. sulphide BE, sulfide AE ◆◆ ***~ d'argento*** silver sulphide; ***~ di carbonio*** carbon sulphide; ***~ d'idrogeno*** hydrogen sulphide; ***~ di piombo*** lead sulphide.

solidale /soli'dale/ agg. **1** *(vicino)* united, sympathetic; ***essere ~ con qcn.*** to be behind sb.; ***sentirsi, mostrarsi ~ con qcn.*** to feel, show solidarity with sb. **2** DIR. ***debitore ~*** jointly liable debtor; ***responsabilità ~*** joint liability **3** TECN. [*pezzo*] integral (**con** with).

solidalmente /solidal'mente/ avv. with solidarity; ***impiegati che agiscono ~*** employees acting in common.

solidamente /solida'mente/ avv. solidly, firmly, robustly; ***casa costruita ~*** solidly-built house.

▷ **solidarietà** /solidarje'ta/ f.inv. **1** solidarity, sympathy (**fra, tra** between); ***~ professionale, di classe*** professional, class solidarity; ***fondo di ~*** solidarity fund; ***sciopero di ~*** sympathy strike; ***esprimere la propria ~ a qcn.*** to show one's solidarity with sb.; ***fare qcs. per ~ con qcn.*** to do sth. out of solidarity with sb.; ***gli operai sono entrati in sciopero per ~ con gli studenti*** the workers have come out on strike in sympathy with the students **2** DIR. solidarity, joint liability.

solidarismo /solida'rizmo/ m. solidarity.

solidaristico, pl. **-ci**, **-che** /solida'ristiko, tʃi, ke/ agg. solidarity attrib.

solidarizzare /solidarid'dzare/ [1] intr. (aus. *avere*) to show* one's solidarity, to sympathize; ***~ con qcn., qcs.*** to stand by sb., sth., to make a common cause with sb., sth.

solidificabile /solidifi'kabile/ agg. solidifiable.

solidificare /solidifi'kare/ [1] **I** tr. to solidify, to harden [*sostanza*]; to congeal [*olio, grasso*] **II** intr. (aus. *essere*), **solidificarsi** pronom. [*sostanza*] to solidify, to harden; [*olio, grasso*] to congeal; [*cemento*] to set*.

solidificato /solidifi'kato/ **I** p.pass. → **solidificare II** agg. solidified, hardened.

solidificazione /solidifikat'tsjone/ f. solidification, hardening; *(di olio, grasso)* congealing; ***punto di ~*** freezing point.

solidità /solidi'ta/ f.inv. **1** *(stabilità)* solidity, firmness **2** FIG. *(di amicizia, matrimonio)* solidity, durability, strength; *(di economia)* robustness; *(di dottrina)* soundness, solidity **3** FIG. *(fondatezza) (di argomentazione)* solidity, substance **4** *(di colore)* fastness.

▶ **solido** /'sɔlido/ **I** agg. **1** [*stato, corpo, alimento, combustibile*] solid; ***allo stato ~*** in a solid state; ***mangiare cibi -i*** [*bambino*] to be on solids **2** *(resistente)* [*muri, costruzione*] solid, sound; [*equipaggiamento, veicolo*] strong, rugged; [*scarpe, sacco*] strong, sturdy; [*fondamenta, base*] firm, secure, sound; [*tinta, colore*] fast; FIG. [*amicizia, unione, legame*] solid, strong, durable; [*alleanza*] settled, strong; [*argomento*] solid, sound, strong; [*educazione, conoscenza*] sound; ***una presa -a*** a firm *o* strong grip; ***una -a base grammaticale*** a solid grounding in grammar; ***su -e basi*** on a firm footing; ***le sue finanze sono tutt'altro che -e*** his finances are none too healthy **3** *(affidabile)* [*impresa, industria*] firm, sound, reliable; [*economia*] firm, robust; [*reputazione, prestigio*] sound **4** MAT. [*figura*] solid; ***angolo ~*** solid angle; ***geometria -a*** solid geometry **5 in solido** DIR. jointly and severally; ***creditori in ~*** joint and several creditors; ***debitore in ~*** codebtor; ***obbligarsi in ~*** to bind oneself jointly and severally **II** m. MAT. FIS. solid; ***i -i e i liquidi*** solids and liquids; ***fisica dei -i*** solid-state physics ◆◆ ***~ di rotazione*** rotation solid.

solidungo, pl. **-ghi**, **-ghe** /soli'dungo, gi, ge/, **solidungolo** /soli'dungolo/ agg. LETT. [*animale*] solidungulate.

soliflussione /soliflus'sjone/ f. solifluction, solifluxion.

soliflusso /soli'flusso/ m. → **soliflussione**.

soliloquio, pl. **-qui** /soli'lɔkwjo, kwi/ m. soliloquy; ***fare un ~*** to make a soliloquy, to soliloquize.

Solimano /soli'mano/ n.pr.m. Suleiman.

solingo, pl. **-ghi**, **-ghe** /so'lingo, gi, ge/ agg. LETT. [*luogo*] solitary, lonely.

solino /so'lino/ m. **1** ABBIGL. detachable collar **2** MAR. sailor collar.

solipede /so'lipede/ agg. e m. solidungulate.

solipsismo /solip'sizmo/ m. solipsism.

solipsista, m.pl. **-i**, f.pl. **-e** /solip'sista/ m. e f. solipsist.

solipsistico, pl. **-ci**, **-che** /solip'sistiko, tʃi, ke/ agg. solipsistic.

solista, m.pl. **-i**, f.pl. **-e** /so'lista/ **I** m. e f. soloist **II** agg. [*canto, voce, cantante*] solo; ***tromba ~*** soloist trumpet.

solistico, pl. **-ci**, **-che** /so'listiko, tʃi, ke/ agg. solo.

solitamente /solita'mente/ avv. usually, generally.

solitaria /soli'tarja/ f. **1** ALP. solo climb **2** MAR. solo voyage **3 in solitaria** solo, single-handed; ***volare, navigare in ~*** to fly, sail solo.

▷ **solitario**, pl. **-ri**, **-rie** /soli'tarjo, ri, rje/ **I** agg. **1** *(senza compagnia)* [*persona, vita, passeggiata*] solitary; [*vecchiaia, infanzia*] lonely; ***condurre un'esistenza -a*** to live a solitary existence; ***un lupo ~*** a lone wolf; ***navigatore ~*** SPORT solo yachtsman **2** *(isolato)* [*casa, villaggio*] isolated, secluded; [*luogo*] solitary; [*sentiero*] secluded **3** SPORT [*volo, navigazione*] solo **4** COLLOQ. ***verme ~*** tapeworm **II** m. (f. **-a**) **1** *(persona)* solitary (person), loner **2** *(diamante)* solitaire **3** ♦ **10** GIOC. patience, solitaire AE; ***fare un ~*** to play patience.

▶ **solito** /'sɔlito/ **I** agg. **1** *(abituale)* usual; [*scusa, discussione, lamentele*] familiar; [*dentista, dottore*] regular; ***nel ~ modo*** in the usual way; ***hanno fatto, detto le -e cose*** they did, said all the usual things; ***il libro non era al suo ~ posto*** the book was missing from its usual place; ***è stata la -a risposta stupida di Michele*** that was a typically inept remark from Michele; ***alla -a ora*** at the usual time; ***il ~ trantran*** the daily grind; ***la mia -a fortuna!*** IRON. just my luck! **2** *(stesso)* same (old); ***è sempre la -a storia*** it's always the same old story; ***continua a ripetere sempre le -e barzellette*** she keeps repeating the same old jokes **3** *(abituato)* ***sono ~ fare*** I usually do; ***non sono ~ perdere la pazienza*** I'm not given to losing my temper; ***sono -i alzarsi presto*** they usually get up early; ***erano -i fare*** they used to do **II** m. **1** usual; ***il ~, signore?*** *(al bar)* your usual, sir? ***come al ~*** as usual; ***la scuola è andata come al ~*** it was business as usual at school; ***come al ~, abbiamo dovuto organizzare tutto noi*** typically, it was left to us to organize everything; ***era allegra come al suo ~*** she was her usual cheerful self; ***più, meno del ~*** more, less than usual; ***se ne andarono prima del ~*** they left earlier than was usual for them; ***più silenzioso, prudente del ~*** more than ordinarily quiet, cautious; ***si è preparato meglio del ~*** he is better prepared than usual **2 di solito** usually, generally, as a general rule; ***di ~ arrivo per le 9*** I'm usually in by 9 am ◆ ***sei sempre il ~*** you never change; ***siamo alle -e!*** here we go again!

▶ **solitudine** /soli'tudine/ f. solitude, loneliness; ***vivere in ~*** to live in seclusion, to live a solitary life; ***amare la ~*** to enjoy solitude, to enjoy being on one's own.

sollazzare /sollat'tsare/ [1] **I** tr. LETT. SCHERZ. to amuse, to entertain **II sollazzarsi** pronom. to amuse oneself, to enjoy oneself.

sollazzo /sol'lattso/ m. **1** *(divertimento)* amusement, entertainment; ***dare ~ a qcn.*** to amuse sb. **2** *(zimbello)* figure of fun, laughing stock.

sollecitamente /solletʃita'mente/ avv. **1** *(prontamente)* quickly, promptly **2** *(premurosamente)* solicitously.

▷ **sollecitare** /solletʃi'tare/ [1] tr. **1** *(esortare, fare premura a)* to urge, to press; *(chiedere con insistenza)* to solicit [*attenzione, aiuto, opinione, voto*]; to spur [*reazione, risposta*]; to invite [*commenti, suggerimenti*]; ***ha sollecitato i suoi colleghi ad opporsi*** he called on his colleagues to oppose it; ***bisognerà ~ il governo perché agisca*** the government will have to be prodded into acting; ***~ un favore da qcn.*** to solicit a favour from sb.; ***~ la grazia*** DIR. to seek a pardon **2** COMM. to urge, to demand [*pagamento, consegna*]; to solicit for [*ordini*]; [*creditore*] to dun [*debitore*] **3** *(stimolare)* to stimulate, to incite, to spur [*persona*]; to rouse, to stir [*memoria, fantasia*] **4** MECC. *(caricare)* to stress [*meccanismo, materiale*].

sollecitatore /solletʃita'tore/ m. (f. **-trice** /tritʃe/) DIR. petitioner, pleader.

sollecitazione /solletʃitat'tsjone/ f. **1** *(richiesta)* solicitation, urging; ***cedere alle -i di qcn.*** to give in to sb.'s requests; ***~ di voti*** canvassing for votes **2** FIG. *(stimolo)* spur, stimulus* **3** COMM. request, reminder; ***~ di pagamento*** request for payment **4** MECC. *(impulso)* stress; ***essere sottoposto a ~*** to be in stress **5** EDIL. strain; ***sottoporre a ~*** to put a strain on [*trave, ponte, fune*]; ***essere sottoposto a ~*** to be under strain; ***reggere alle -i*** to take the strain.

1.sollecito /sol'letʃito/ agg. **1** *(diligente)* attentive, helpful, diligent **2** *(rapido)* prompt, ready; ***essere ~ a fare*** to be prompt to do; ***una risposta -a*** a prompt reply; ***pagamento ~*** ready payment **3** LETT. *(premuroso)* attentive, considerate, thoughtful; ***essere ~ verso qcn.*** to be thoughtful of sb.

2.sollecito /sol'letʃito/ m. AMM. ECON. reminder, request; ***mandare un ~ a qcn.*** to send sb. a reminder; ***lettera di ~*** reminder ◆◆ ***~ di pagamento*** reminder for payment.

sollecitudine /solletʃi'tudine/ f. **1** *(diligenza)* diligence, willingness (**nel fare** in doing) **2** *(rapidità)* promptness, dispatch, readiness; ***con ~*** with promptness, promptly; ***con cortese ~*** at your earliest convenience **3** *(premura, riguardo)* attentiveness, concern, consideration, solicitude; ***essere pieno di ~ verso qcn.*** to show great concern for sb. **4** LETT. *(preoccupazione)* worry, care.

solleone /solle'one/ m. **1** dog days pl. **2** *(calura)* summer heat.

solleticamento /solletika'mento/ m. tickling.

solleticare /solleti'kare/ [1] tr. **1** *(fare il solletico)* to tickle **2** FIG. to tickle [*curiosità, palato, vanità*]; to whet [*appetito*].

▷ **solletico** /sol'letiko/ m. **1** tickle, tickling; ***fare il ~ a qcn. (sotto il mento)*** to tickle sb. (under the chin); ***soffrire*** o ***patire il ~*** to be ticklish; ***soffrire il ~ ai piedi*** to have ticklish feet; ***le tue critiche mi fanno il ~*** FIG. your criticism hardly touches me **2** FIG. *(allettamento)* itch.

sollevamento /solleva'mento/ ➧ ***10*** m. **1** *(il sollevare)* lifting, raising; ***impianto di ~*** lifting apparatus; ***potenza, velocità di ~*** lifting power, speed **2** SPORT ***~ pesi*** weight-lifting **3** ANT. *(ribellione)* uprising, rising **4** GEOL. upheaval, uplift.

▷ **sollevare** /solle'vare/ [1] **I** tr. **1** *(alzare)* [*persona*] to lift, to raise [*oggetto, peso, coperchio*]; to put* up, to raise [*braccio, mano*]; to lift up [*testa*]; [*vento, vortice*] to whip up, to stir up [*foglie, carte*]; to raise [*polvere*]; *(issare)* to hoist; *(con un argano)* to winch [sth.] up [*carico*]; ***~ qcs. da terra*** to pick sth. up, to lift sth. from the ground; ***~ il ricevitore*** to pick up the receiver; ***~ qcs. per metterlo sul tavolo*** to lift sth. onto the table; ***~ qcs. con il cric*** to jack sth. up; ***l'onda sollevò il battello*** the wave picked up the boat; ***~ il morale a qcn.*** FIG. to lift *o* raise sb.'s spirits **2** *(alleggerire)* to relieve; *(esonerare)* to relieve, to dismiss; ***~ qcn. da un compito*** to relieve sb. of a task; ***mi sollevi da un gran peso*** you've relieved me of a great burden; ***~ qcn. da un incarico, dal comando*** to relieve sb. of a post, from command **3** *(avanzare, porre)* to raise [*problemi, questioni, obiezioni*]; to begin* [*dibattito*]; ***~ dubbi su qcs.*** to cast *o* throw doubt about sth. **4** *(suscitare)* to arouse [*entusiasmo, collera, scandalo, polemiche*]; ***~ un putiferio*** to hit the roof; ***~ un (gran) polverone*** FIG. to raise a dust, to make waves; ***~ un vespaio*** to stir up a hornet's nest **5** *(spingere alla ribellione)* to stir up [*folla, popolo, opinione pubblica*] **6** *(confortare)* to relieve, to comfort; ***mi ha sollevato sapere che...*** it was a relief to me to hear that...; ***un po' di aria fresca ti solleverà*** a little fresh air will revive you *o* will pick you up **II sollevarsi** pronom. **1** *(alzarsi)* [*persona*] to rise*, to lift oneself; ***~ sulla punta dei piedi*** to stand on tiptoe **2** *(in aria)* [*aereo*] to take* off; [*elicottero*] to rise* up; [*nebbia, vento, polvere*] to rise*; ***-rsi in volo*** to rise up; ***si sollevò una nuvola di polvere*** a cloud of dust rose **3** *(ristabilirsi)* to recover, to get* over; ***-rsi da una crisi*** to recover from a crisis **4** *(ribellarsi)* [*popolo, gruppo*] to rise* up, to revolt (**contro** against).

sollevato /solle'vato/ **I** p.pass. → **sollevare II** agg. *(rianimato)* relieved, cheered up; ***sentirsi ~*** to feel relieved (**per** at); ***essere ~ nell'apprendere che*** to be relieved to hear that.

sollevatore /solleva'tore/ **I** agg. [*dispositivo*] lifting, raising **II** m. (f. **-trice** /tritʃe/) **1** *(persona)* lifter; ***~ di pesi*** weight-lifter **2** TECN. elevator, hoist, lift(er).

sollevazione /sollevat'tsjone/ f. uprising, rising, insurrection.

▷ **sollievo** /sol'ljɛvo/ m. **1** *(fisico, morale)* relief, comfort; ***fu un ~ immenso*** it was an enormous relief; ***con ~ (grande) di qcn.*** to sb.'s (great) relief; ***è stato un ~ per loro che*** it was a relief to them that; ***dare, procurare ~ a qcn.*** to give, bring relief to sb.; ***con grande ~ di tutti*** to everyone's relief; ***tirare un sospiro di ~*** to heave a sigh of relief; ***che ~!*** that's a relief! **2** *(dal dolore)* relief, comfort; ***dare, procurare ~ a*** to give, bring comfort to.

solluc(c)hero /sol'luk(k)ero/ m. ***andare in ~*** to go into raptures; ***mandare qcn. in ~*** to send sb. into raptures.

solmisazione /solmizat'tsjone/, **solmizzazione** /solmiddzat'tsjone/ f. solmization.

▶ **solo** /'solo/ *Solo* si rende con *alone*, se il fatto di essere solo non è visto né come positivo né come negativo: *ieri sono stato solo in casa* = yesterday I stayed at home alone; con lo stesso significato, ma in modo più informale, si usano *on one's own* o *by oneself*, i quali possono suggerire la mancanza di aiuto: *voglio finirlo da solo* = I want to finish it on my own / by myself. Se invece la solitudine è vista negativamente, *solo* si traduce con *lonely* (o *lonesome* in inglese americano): *da quando mia moglie è morta, spesso mi sento solo* = since my wife died, I have often felt lonely. - Per le altre accezioni, si veda la voce qui sotto. **I** agg. **1** *(senza compagnia)* alone, by oneself, on one's own; *(solitario)* lone; ***mi ha lasciato ~*** she left me on my own; ***tutto ~, ~ soletto*** all alone; ***una giovane donna -a*** an unaccompanied young woman; ***una donna -a per la strada*** a woman alone in the street; ***ero ~ con lei, contro tutti*** I was alone with her, against everyone; ***finalmente -i!*** alone at least! ***~ al mondo*** alone in the world; ***sentirsi ~*** to feel lonely; ***non le piace rimanere (da) -a*** she doesn't like being alone; ***vivere (da) ~*** to live alone **2 da solo** *(senza altri)* ***parlare, ridere, cantare da ~*** to talk, laugh, sing to oneself; ***preferisco incontrarla da -a*** I'd rather meet her alone *o* in private; ***da ~ a ~*** in private, tête-à-tête; *(senza aiuto)* by oneself, on one's own; ***essersi fatto da ~*** to be a self-made man; ***da ~ lavora meglio*** he works best on his own; ***imparare a cavarsela da ~*** to learn to cope alone; ***provaci da ~*** try it yourself; ***si è mangiato un pollo da ~*** he ate a whole chicken all by himself; ***posso farlo, andarci da ~*** I can do it, go there by myself *o* on my own; ***l'ha fatto da -a*** she did it all by herself *o* all on her own; ***tutti i premi li ha vinti da -a*** she single-handedly carried off all the prizes; ***farsi giustizia da ~*** to take the law into one's own hands; ***imparare da ~ lo spagnolo*** to teach oneself Spanish; *(da sé)* ***la carta si stacca da -a*** the paper comes off easily; ***il lavoro non si farà da ~!*** the work won't get done all by itself! ***il riscaldamento si accende da ~*** the heating comes on by itself; ***il bollitore si spegne da ~*** the kettle switches itself off; ***il problema si risolse da ~*** the problem sorted itself out **3** *(unico)* only, single; ***il ~ uomo, vantaggio*** the only man, advantage; ***il ~ modo*** the only way; ***in un ~ giorno*** in a single day; ***in un ~ sorso*** in a single draught; ***la -a e unica ragione*** the one and only reason; ***non un ~ cliente, negozio*** not a single customer, shop; ***l'ha steso con un ~ pugno*** he flattened him with a single punch; ***la spia e l'ambasciatore sono una persona -a*** the spy and the ambassador are one and the same person **4** *(soltanto)* only, just, mere; ***per -i uomini*** (for) men only; ***ingresso ai -i soci*** members only; ***dopo due -i lavaggi*** after only two washes; ***a -i due giorni dalle elezioni*** with only two days to go before the election; ***la -a presenza dell'amianto può essere pericolosa*** the mere presence of asbestos can be dangerous; ***al ~ pensiero di fare*** at the very thought of doing; ***un uomo, una donna con un occhio ~*** a one-eyed man, woman **5** MUS. solo **II** m. (f. **-a**) **1** *(persona)* ***il ~, la -a*** the only one; ***i -i, le -e*** the only ones; ***ero il ~ a mangiare*** I was the only one eating; ***i -i a***

capire the only ones who understood; ***sono i -i a credere che*** they're alone in thinking that; ***non sei la -a!*** you're not the only one! ***è l'opera di uno ~*** it's the work of one man; ***uno ~ tra di loro*** only one of them **2** MUS. ***a ~*** solo **III** avv. **1** *(soltanto)* only, just; *(semplicemente)* just, merely; ***è ~ un ragazzo!*** he's just a child! ***~ le donne possono capire*** only women can understand; ***~ lui potrebbe dirvelo*** only he could tell you; ***~ Silvia l'ha vista*** only Silvia saw her; ***apri, sono ~ io*** open up, it's only me; ***~ una tazza di tè*** just a cup of tea; ***~ un miracolo potrebbe salvarlo*** only a miracle could save him; ***~ una volta*** only once; ***l'offerta è valida ~ per i nostri dipendenti*** the offer is open only to our employees; ***si sono presentate ~ venti persone*** only twenty people turned up; ***ci saremo ~ noi tre*** there will be just the three of us; ***stavo ~ scherzando*** I was only joking; ***spero ~ che se ne renda conto*** I only hope she'll realize; ***volevo ~ dire che mi dispiace*** I just wanted to say I'm sorry; ***non ~... ma anche*** not only... but also; ***non ~ è affascinante, è anche intelligente*** she's not only charming but also intelligent, not only is she charming, but she's also intelligent; ***dì ~ la verità*** just tell the truth; ***~ se*** only if; ***ti fa male ~ se ne mangi troppo*** it's only harmful if you eat too much **2** *(nel tempo)* only, just; ***~ ieri*** only yesterday; ***~ due giorni fa*** just two days ago; ***sembra ~ ieri*** it seems like only yesterday; ***mi venne in mente ~ più tardi*** it only occurred to me later; ***ritorna ~ tra qualche giorno*** he won't be back for a few days; ***rientra ~ lunedì*** he's not coming back until Monday; ***"lo riceverà lunedì" - "~ lunedì?"*** "you'll get it on Monday" - "not before Monday?" **IV** cong. **1** but, only, just; ***tieni pure in braccio il bambino, ~ non farlo cadere*** you can hold the baby, only don't drop him; ***verrei, ~ che questa sera lavoro*** I'd come, only I'm working tonight; ***volevamo guardare, ~ (che) non osavamo*** we wanted to watch but we didn't dare **2** *(basta che)* ***ce la farà ~ che lo voglia*** he will make it if only he really wants it ◆ ***essere ~ come un cane*** to be all alone; ***le disgrazie non vengono mai -e*** PROV. it never rains but it pours; ***meglio -i che mal accompagnati*** PROV. = better off alone than in bad company.

solone /so'lone/ m. *(saggio)* solon; *(legislatore)* legislator, Solon AE.

Solone /so'lone/ n.pr.m. Solon.

solstiziale /solstit'tsjale/ agg. [*punto*] solstitial.

solstizio, pl. **-zi** /sols'tittsjo, tsi/ m. solstice ◆◆ ***~ d'estate*** summer solstice; ***~ d'inverno*** winter solstice.

▶ **soltanto** /sol'tanto/ → **solo III, IV.**

solubile /so'lubile/ agg. **1** CHIM. [*compressa*] soluble; ***~ in acqua*** water-soluble, soluble in water; ***caffè ~*** instant coffee **2** FIG. *(risolvibile)* [*problema*] soluble, resolvable.

solubilità /solubili'ta/ f.inv. **1** CHIM. solubility, solvability **2** FIG. solvability.

solubilizzare /solubilid'dzare/ [1] tr. to solubilize.

solubilizzazione /solubiliddzat'tsjone/ f. solubilization.

solutivo /solu'tivo/ agg. solutive.

soluto /so'luto/ m. CHIM. solute.

solutore /solu'tore/ m. (f. **-trice** /tritʃe/) solver.

▶ **soluzione** /solut'tsjone/ f. **1** CHIM. FARM. solution; ***sale in ~*** salt in solution; ***~ concentrata*** concentrated solution **2** *(risoluzione) (di problema)* solution, answer (**di** to); resolution (**di** of); *(di quiz, indovinello)* answer (**di** to); *(di esercizio)* key; ***trovare la ~ di un problema*** to find the solution to a problem, to work out a problem; ***non è (un problema) di facile ~*** there is no easy answer (to the problem); ***non ci sono altre -i*** there is no other way forward; ***una ~ di comodo*** an easy way out **3** MAT. solution; ***la ~ di un'equazione*** the solution to an equation **4** COMM. *(pagamento)* payment, settlement; ***pagare in un'unica ~*** to pay outright; ***pagamento in un'unica ~*** single settlement ◆◆ ***~ alcalina*** CHIM. alkaline solution; ***~ colloidale*** CHIM. colloidal solution; ***~ di continuità*** break, gap, interruption; ***senza ~ di continuità*** without interruption; ***~ finale*** STOR. Final Solution; ***~ fisiologica*** CHIM. MED. physiological solution; ***~ salina*** CHIM. saline (solution); ***~ satura*** CHIM. saturate(d) solution; ***~ tampone*** CHIM. buffer solution.

solvatare /solva'tare/ [1] tr. to solvate.

solvatazione /solvatat'tsjone/ f. solvation.

solvato /sol'vato/ m. solvate.

solvente /sol'vɛnte/ **I** agg. **1** CHIM. [*prodotto*] solvent **2** DIR. [*debitore, cliente*] solvent, reliable **II** m. solvent, dissolvent.

solvenza /sol'vɛntsa/ f. → **solvibilità.**

solvibile /sol'vibile/ agg. DIR. [*debitore, cliente*] solvent, reliable.

solvibilità /solvibili'ta/ f.inv. DIR. solvency, solvability; ***dichiarazione di ~*** declaration of solvency.

solvolisi /solvo'lizi/ f.inv. solvolysis*.

1.soma /'sɔma/ f. **1** *(carico)* burden, load, pack; ***bestia*** o ***animale da ~*** beast of burden, pack animal; ***cavallo da ~*** pack horse; ***essere una bestia da ~*** FIG. to be the household drudge **2** FIG. *(peso, onere)* burden.

2.soma /'sɔma/ m. MED. soma*.

somalo /'sɔmalo/ ♦ **25, 16** **I** agg. Somali **II** m. (f. **-a**) **1** *(persona)* Somali **2** *(lingua)* Somali.

somaro /so'maro/ m. (f. **-a**) **1** *(asino)* donkey, ass, jackass **2** SCHERZ. *(persona ignorante)* ass, donkey, dunce; ***essere un ~ in matematica*** to be a dunce in maths ◆ ***carico come un ~*** loaded down like a mule; ***lavorare come un ~*** to work like a slave.

somatico, pl. **-ci, -che** /so'matiko, tʃi, ke/ agg. somatic; ***cellula -a*** BIOL. soma cell.

somatizzare /somatid'dzare/ [1] tr. to somatize, to have a psychosomatic reaction to [*problema*].

somatizzazione /somatiddzat'tsjone/ f. somatization.

somatologia /somatolo'dʒia/ f. somatology.

somatologico, pl. **-ci, -che** /somato'lɔdʒiko, tʃi, ke/ agg. somatological.

somatostatina /somatosta'tina/ f. somatostatin.

somatotropina /somatotro'pina/ f. somatotropin.

sombrero /som'brɛro/ m. sombrero*.

somiere /so'mjɛre/ m. **1** MUS. *(nell'organo)* wind chest; *(nel pianoforte)* pin block **2** LETT. *(bestia da soma)* beast of burden, pack animal.

somigliante /somiʎ'ʎante/ agg. *(che somiglia)* alike mai attrib.; *(simile)* similar (**a** to); ***essere molto ~*** to be similar, to bear a very good likeness.

▷ **somiglianza** /somiʎ'ʎantsa/ f. likeness, resemblance, similarity; ***la ~ tra di loro è impressionante*** the resemblance between them is remarkable, they bear an incredible resemblance; ***Dio creò l'uomo a sua immagine e ~*** God created Man in his own image.

▷ **somigliare** /somiʎ'ʎare/ [1] **I** intr. (aus. *avere, essere*) ***~ a*** *(fisicamente)* to look like; *(essere simili)* to bear a likeness, a resemblance to, to resemble; ***~ per niente, molto a qcn., qcs.*** to bear no, a close resemblance to sb., sth.; ***gli somiglia nel modo di fare*** she resembles him in manner; ***somiglia tantissimo a suo padre*** she looks just like her father, she's very much like her father; ***non mi somiglia affatto*** she isn't a bit like me **II** **somigliarsi** pronom. *(fisicamente)* to look alike; *(essere simili)* to resemble each other; ***non si somigliano affatto*** they are quite unlike each other; ***-rsi in modo impressionante*** to be startlingly similar; ***tutte le città si somigliano*** all towns are alike ◆ ***-rsi come due gocce d'acqua*** to be as like as two peas in a pod.

▶ **somma** /'somma/ f. **1** MAT. *(operazione)* addition **U**; *(risultato)* sum; ***fare la ~ di due numeri, vettori*** to add two numbers, vectors together; ***fare una ~*** to do a sum **2** *(quantità di denaro)* sum, amount; ***una ~ considerevole, irrisoria*** a considerable, paltry sum; ***una grossa, piccola ~ di denaro*** a large, small sum of money; ***una ~ di 150 euro*** a figure of 150 euros; ***versare una grossa ~ al fisco*** to pay a substantial sum in tax; ***è una bella ~*** it's a pretty sum, it's quite a sum; ***per una ~ non precisata*** for an undisclosed amount; ***la ~ dovuta*** the amount *o* sum owing **3** *(insieme)* sum total; ***la ~ delle mie esperienze*** the sum (total) of my experience; ***la ~ dei nostri sforzi*** the sum of our combined efforts; ***l'intero è più grande della ~ delle parti*** the whole is greater than the sum of its parts **4** FIG. *(sostanza)* essence, gist, main point; ***la ~ di un discorso*** the gist of a speech **5** *(compendio)* compendium*, epitome ◆ ***tirare le -e*** to draw conclusions, to sum up.

sommacco, pl. **-chi** /som'makko, ki/ m. sumac(h).

sommamente /somma'mente/ avv. **1** *(estremamente)* extremely, exceedingly FORM.; *(più di ogni altra cosa)* above all else, above everything **2** LETT. *(principalmente)* above all, principally.

▷ **sommare** /som'mare/ [1] **I** tr. **1** MAT. to add (together), to add up [*cifre, quantità*]; ***~ un numero a un altro*** to add a number to another one; ***sommate le due cifre*** add the two figures (together) **2** FIG. *(aggiungere)* to add up, to reckon; ***se a questo sommi che*** if one adds to that the fact that **II** intr. (aus. *avere, essere*) *(ammontare)* ***~ a*** to amount to, to come to, to add up to; ***il costo totale somma a 500 sterline*** the total cost comes to £500; ***i lavori sommano a parecchi milioni*** the work adds up to several million **III** **sommarsi** pronom. *(aggiungersi)* [*problemi, errori*] to add up; ***alla sua avarizia si somma la disonestà*** his meanness is coupled with dishonesty.

sommariamente /sommarja'mente/ avv. **1** *(sinteticamente)* summarily, briefly, in brief **2** *(sbrigativamente)* perfunctorily **3** DIR. unlawfully.

sommarietà /sommarje'ta/ f.inv. *(l'essere sintetico)* summariness, cursoriness; *(l'essere sbrigativo)* perfunctoriness.

1.sommario, pl. **-ri**, **-rie** /som'marjo, ri, rje/ agg. **1** *(sintetico)* [*esposizione, narrazione*] concise, brief, short **2** *(sbrigativo)* [*inchiesta, lavoro, preparazione*] perfunctory; [*descrizione*] rough, hasty **3** DIR. ***giustizia -a*** summary *o* rough justice.

2.sommario, pl. **-ri** /som'marjo, ri/ m. **1** *(compendio)* compendium*, epitome, digest **2** *(riassunto)* summary, résumé; *(indice)* (table of) contents **3** RAD. TELEV. *(nei notiziari)* headline, highlights pl., news summary.

sommato /som'mato/ **I** p.pass. → **sommare II** agg. ***tutto ~*** all things considered, all in all, at the end of the day; ***tutto ~, la vacanza non è andata poi così male*** all told, the holiday wasn't such a failure.

sommatore /somma'tore/ m. adder.

sommatoria /somma'tɔrja/ f. summation.

sommelier /somme'lje, some'je/ ➧ **18** m. e f.inv. wine waiter.

sommergere /som'mɛrdʒere/ [19] **I** tr. **1** *(inondare)* to submerge, to flood [*terra, scoglio*] **2** FIG. to flood, to overwhelm, to inundate; ***~ qcn. di lavoro, domande*** to swamp sb. with work, questions; ***essere sommerso da*** to be deluged with, to be swamped with *o* by; ***essere sempre più sommerso dai debiti*** to sink deeper and deeper into debt **II sommergersi** pronom. *(immergersi)* [*sottomarino*] to plunge, to dive.

sommergibile /sommer'dʒibile/ **I** m. submersible, submarine; ***~ atomico*** nuclear submarine **II** agg. [*natante, nave*] submersible.

sommergibilista /sommerdʒibi'lista/ m. submariner.

sommersione /sommer'sjone/ f. *(allagamento)* submergence, submersion, flooding.

sommerso /som'mɛrso/ **I** p.pass. → **sommergere II** agg. **1** *(coperto dall'acqua)* [*relitto*] submerged, sunken **2** ECON. ***economia -a*** black *o* grey economy; ***lavoro ~*** = job for which no earnings are declared **III** m. black economy, grey economy.

sommessamente /sommessa'mente/ avv. [*parlare*] softly, low, in a whisper.

sommesso /som'messo/ agg. [*voce*] soft, subdued; ***parlare in tono ~*** to speak in hushed tones *o* in a hushed voice, to speak softly.

sommier /som'mje/ m.inv. ottoman, divan bed, sofa bed.

somministrare /somminis'trare/ [1] tr. **1** MED. to administer, to give* [*medicina*]; ***~ dei medicinali a qcn.*** to put sb. on medication **2** *(distribuire)* to administer [*sacramento*] **3** IRON. administer [*schiaffo*].

somministratore /somministra'tore/ m. (f. **-trice** /tritʃe/) administrator.

somministrazione /somministrat'tsjone/ f. **1** *(il somministrare)* administration **2** *(distribuzione)* distribution, giving out, handing out.

sommità /sommi'ta/ f.inv. **1** *(di montagna)* summit, top, peak; ***la ~ del capo*** the top of one's head **2** FIG. *(apice)* height, pinnacle, apex*; ***giungere alla ~ della perfezione*** to attain the heights of perfection.

sommo /'sommo/ **I** agg. **1** *(altissimo)* [*vette*] highest **2** *(massimo)* [*felicità, importanza*] supreme, utmost, greatest; ***con ~ piacere*** with the greatest pleasure; ***con mio ~ piacere*** much to my gratification; ***è un bugiardo in ~ grado*** he's a first class liar; ***~ sacerdote*** high priest; ***il Sommo Pontefice*** the Supreme Pontiff; ***il Sommo Fattore*** the Maker **3** *(eccelso)* ***un ~ pittore*** a painter of excellence **II** m. **1** *(cima)* summit, top, peak **2** FIG. *(apice)* height, apex*, peak; ***è al ~ del successo*** her success is at its peak, she is at the peak of her success ◆ ***per -i capi*** summarily, briefly.

sommossa /som'mɔssa/ f. (up)rising, rebellion, riot, upturn; ***fare una ~*** to rise up in revolt; ***sfociare in ~*** to turn into a riot.

sommozzatore /sommottsa'tore/ ➧ **18** m. (f. **-trice** /tritʃe/) **1** *(con autorespiratore)* scuba diver; *(senza autorespiratore)* skin diver **2** MIL. *(uomo rana)* frogman*.

sommuovere /som'mwɔvere/ [62] tr. **1** *(agitare violentemente)* to agitate, to shake* **2** FIG. *(eccitare)* to stir (up), to rouse, to excite **3** *(sobillare)* to incite, to stir [*folla*].

son /sɔn/ m.inv. FIS. sone.

sonagliera /sonaʎ'ʎɛra/ f. = collar with bells.

sonaglio, pl. **-gli** /so'naʎʎo, ʎi/ m. **1** *(sferetta sonora)* bell; ***berretto a -gli*** cap and bells **2** ZOOL. rattle; ***serpente a -gli*** rattlesnake **3** *(gioco per bambini)* rattle.

1.sonante /so'nante/ agg. **1** *(sonoro)* resounding, ringing **2** FIG. ***pagare con moneta ~*** to pay in cash; ***denaro ~*** ready cash *o* money.

2.sonante /so'nante/ **I** agg. FON. [*consonante, fonema*] sonant **II** f. FON. sonant.

sonar /'sɔnar/ m.inv. sonar.

sonare /so'nare/ → **suonare**.

sonata /so'nata/ f. MUS. sonata; ***~ per pianoforte*** piano sonata; ***~ per violino*** violin sonata; ***forma ~*** sonata form.

sonatina /sona'tina/ f. sonatina.

sonato /so'nato/ → **suonato**.

sonda /'sonda/ f. **1** MED. probe, sound **2** TECN. drill; ***~ a percussione*** churn drill **3** METEOR. sonde; ***pallone ~*** sounding balloon **4** MAR. sounding lead ◆◆ ***~ gastrica*** MED. stomach tube; ***~ lunare*** moon probe; ***~ spaziale*** space probe; ***~ uretrale*** MED. urethral catheter.

Sonda /'sonda/ ➧ **14** n.pr.f. ***isole della ~*** Sunda Islands.

sondabile /son'dabile/ agg. soundable.

sondaggio, pl. **-gi** /son'daddʒo, dʒi/ m. **1** MIN. drilling; MAR. sounding; ***~ petrolifero*** oil exploration **2** METEOR. sounding **3** MED. probing **4** STATIST. poll (**su** on), survey; ***~ d'opinione*** opinion poll, canvass of opinion; ***fare un ~ d'opinione*** to hold an opinion poll; ***compiere, condurre un ~*** to conduct a poll, to carry out *o* do a survey; ***un ~ tra gli insegnanti*** a poll of teachers; ***secondo i -gi*** according to the pollsters; ***essere in testa nei -gi*** to be ahead in the polls **5** *(indagine)* ***vado a fare un ~ tra i miei colleghi*** I'm going to sound out my colleagues.

sondare /son'dare/ [1] tr. **1** MIN. to make* test drills in [*suolo, vena*]; to probe [*terreno*]; MAR. to sound, to plumb, to fathom [*fondale*] **2** METEOR. to take* soundings in [*atmosfera*] **3** MED. to sound, to probe [*cavità*] **4** FIG. *(indagare)* to probe into, to survey [*intenzioni*]; to sound, to sample [*opinioni*]; to sound out [*persona, gruppo*]; to sample, to investigate [*mercato*]; ***~ l'opinione pubblica*** to sound out public opinion; ***~ l'opinione riguardo a qcs.*** to canvass opinion *o* views on sth.; ***~ il terreno*** FIG. to test the water.

sondatore /sonda'tore/ ➧ **18** m. (f. **-trice** /tritʃe/) MIN. driller.

sondriese /son'drjese, son'drjeze/ ➧ **2 I** agg. from, of Sondrio **II** m. e f. native, inhabitant of Sondrio.

sonettista, m.pl. **-i**, f.pl. **-e** /sonet'tista/ m. e f. sonneteer.

sonetto /so'netto/ m. sonnet; ***~ petrarchesco*** Petrarchan sonnet.

sonico, pl. **-ci**, **-che** /'sɔniko, tʃi, ke/ agg. [*barriera, velocità*] sound attrib.; ***bang ~*** AER. sonic bang BE, sonic boom AE.

sonnacchiare /sonnak'kjare/ → **sonnecchiare.**

sonnacchioso /sonnak'kjoso/ agg. **1** *(pieno di sonno)* [*occhi, persona*] sleepy, drowsy **2** LETT. FIG. *(indolente)* torpid, sluggish.

sonnambulico, pl. **-ci**, **-che** /sonnam'buliko, tʃi, ke/ agg. somnambulistic.

sonnambulismo /sonnambu'lizmo/ ➧ **7** m. sleepwalking, somnambulism FORM., noctambulism.

sonnambulo /son'nambulo/ **I** agg. sleepwalking attrib. **II** m. (f. **-a**) sleepwalker, somnambulist FORM., noctambulist; ***essere ~*** to sleepwalk, to walk in one's sleep.

sonnecchiare /sonnek'kjare/ [1] intr. (aus. *avere*) **1** *(dormicchiare)* to doze, to drowse, to nod, to slumber; ***passare il pomeriggio a ~*** to drowse the afternoon away **2** *(essere poco attivo)* [*città*] to be* sleepy.

sonnellino /sonnel'lino/ m. doze, nap, shut-eye, snooze COLLOQ.; ***fare un ~*** to have *o* take a nap, to have a doze, to snooze COLLOQ.; ***~ pomeridiano*** afternoon nap.

sonnifero /son'nifero/ **I** agg. [*proprietà, sostanza*] soporific **II** m. sleeping drug, soporific; *(compressa)* sleeping pill, sleeping tablet; *(bevanda)* sleeping draught; ***prendere un ~*** to take a sleeping pill.

▶ **sonno** /'sonno/ m. **1** *(riposo)* sleep; ***avere il ~ leggero*** to be a light sleeper, to sleep lightly; ***avere il ~ pesante*** to be a heavy *o* sound sleeper, to sleep heavily; ***dormire tutto un ~*** to sleep the whole night through; ***prendere ~*** to go *o* get to sleep; ***riprendere ~*** to go *o* get back to sleep; ***perdere il ~*** to lose sleep; ***ci sta perdendo il ~*** FIG. she's losing sleep over it; ***non perderò sicuramente il ~ per quello!*** FIG. I'm not going to lose any sleep over that! ***cadere in un ~ profondo*** to sink into a deep sleep; ***svegliarsi da un ~ profondo*** to awake from a deep sleep; ***rubare qualche minuto di ~*** to steal a few minutes sleep; ***ho bisogno di una buona notte di ~*** I need a decent night's sleep; ***muoversi*** o ***agitarsi nel ~*** to stir in one's sleep; ***camminare nel ~*** to sleepwalk, to walk in one's sleep; ***parlare nel ~*** to talk in one's sleep; ***conciliare il ~*** to be conductive to sleep; ***questo film mi concilia il ~*** this film makes me sleepy; ***avere un colpo di ~*** to nod off; ***cura del ~*** sleep therapy; ***malattia del ~*** sleeping sickness; ***morire nel ~*** to die in one's sleep **2** *(senzazione di torpore)* ***avere ~*** to feel *o* be sleepy; ***fare venire ~ a qcn.*** to make sb. sleepy; ***sto morendo dal*** o ***di ~*** I'm dropping with tiredness, I'm asleep on my feet; ***morto di ~*** COLLOQ. sleepyhead **3** FIG. *(inerzia)* sleepiness; ***il paese è immerso nel ~*** the country is in a state of lethargy ◆ ***dormire il ~ del giusto*** to sleep the sleep of the just; ***dormire il ~ dei giusti*** to sleep one's last *o* final sleep; ***dormire -i tranquilli*** to rest easy, to sleep peacefully; ***possiamo dormire -i tranquilli ora che...*** we can sleep soundly in our beds, now that... ◆◆ ***~ crepuscolare*** twilight sleep; ***~ eterno*** EUFEM. big sleep; ***~ invernale*** winter sleep; ***~ REM*** REM sleep.

sonnolento /sonno'lɛnto/ agg. 1 *(assonnato)* sleepy, drowsy, dozy 2 FIG. *(poco vivace)* [*cittadina*] slumberous, sleepy 3 *(che induce sonno)* sleep-inducing, soporific, drowsy LETT.; ***un ~ pomeriggio estivo*** a drowsy summer afternoon.

sonnolenza /sonno'lɛntsa/ f. 1 *(torpore)* sleepiness, drowsiness, somnolence FORM.; ***dopo pranzo mi prende la ~*** I feel very sleepy after lunch; ***questo medicinale può indurre ~*** this medicine may cause drowsiness 2 FIG. *(torpore)* sleepiness, lethargy.

sonometro /so'nɔmetro/ m. sonometer.

sonora /so'nɔra/ f. FON. voiced consonant.

sonoramente /sonora'mente/ avv. 1 *(rumorosamente)* sonorously, loudly 2 *(di santa ragione)* [*sconfiggere*] soundly; ***sconfiggere ~ qcn.*** to give sb. a sound thrashing.

sonorità /sonori'ta/ f.inv. 1 *(musicalità)* sonority, sonorousness; ***le ~ dell'italiano*** the sound of Italian 2 *(risonanza)* resonance, acoustics + verbo pl. 3 *(suono)* sound; ***la musica ha delle ~ africane*** the music has African undertones 4 FON. voicing.

sonorizzare /sonorid'dzare/ [1] tr. 1 CINEM. to add the soundtrack to [*film*] 2 LING. to voice [*consonante, fonema*].

sonorizzazione /sonoriddzat'tsjone/ f. 1 CINEM. ***la ~ di un film*** adding the soundtrack to a film 2 LING. voicing.

sonoro /so'nɔro/ **I** agg. 1 *(che produce un suono)* [*onda, segnale*] sound attrib.; [*interferenza, vibrazione*] sonic 2 *(rumoroso)* [*voce*] resounding, sonorous, resonant FORM.; [*risata*] loud, booming; [*ceffone*] resounding; ***fare una -a risata*** to roar with laughter 3 FIG. *(clamoroso)* [*sconfitta, fiasco*] resounding 4 FIG. *(altisonante)* [*discorso, frase*] high-sounding 5 CINEM. [*effetti*] sound attrib.; ***film ~*** talking film, talkie ANT. COLLOQ.; ***colonna -a*** soundtrack, score; ***presa -a*** sound recording 6 FON. [*consonante, fonema*] voiced **II** m. 1 CINEM. ***il passaggio dal muto al ~*** the transition from the silent screen to the talkies 2 *(colonna sonora)* soundtrack, score.

sontuosamente /sontuosa'mente/ avv. sumptuously, gorgeously, lavishly, richly.

sontuosità /sontuosi'ta/ f.inv. sumptuousness, richness, splendour BE, splendor AE.

sontuoso /sontu'oso/ agg. [*casa*] sumptuous, luxurious, lavish; [*cerimonia*] splendid.

soperchiare /soper'kjare/ → **soverchiare**.

sopire /so'pire/ [102] tr. 1 LETT. *(assopire)* to make* sleepy 2 FIG. to soothe, to appease, to dull [*collera, passioni*].

sopore /so'pore/ m. drowsiness.

soporifero /sopo'rifero/ agg. 1 [*proprietà*] soporific, sleep-inducing, soporiferous 2 FIG. *(noioso)* [*film, libro*] soporific, slumberous.

soppalcare /soppal'kare/ [1] tr. = to build a mezzanine, loft in [*stanza*].

soppalco, pl. **-chi** /sop'palko, ki/ m. mezzanine, intermediate floor; ***letto a ~*** mezzanine bed, loft bed AE.

sopperire /soppe'rire/ [102] intr. (aus. *avere*) 1 *(provvedere)* **~ a** to supply [*bisogni, esigenze*]; to meet [*spese*]; ***~ ai bisogni del paese*** to meet the country's needs; ***~ alle necessità della famiglia*** to provide for one's family 2 *(supplire)* **~ a** to compensate for, to make up for [*lacuna, mancanza*]; ***sopperisce alla scarsa bellezza con l'amabilità*** what she lacks in looks she makes up for in lovableness.

soppesare /soppe'sare/ [1] tr. 1 *(pesare)* to weigh [sth.] in one's hand, to feel the weight of, to heft [*oggetto*] 2 FIG. *(valutare)* to weigh up [*argomento*]; ***~ i pro e i contro*** to weigh the pros and cons; ***~ le parole*** to choose one's words carefully.

soppiantare /soppjan'tare/ [1] tr. to supplant, to displace, to oust [*rivale, avversario*]; to supersede, to supplant [*teoria, credenza*]; ***la televisione ha soppiantato la radio*** television has superseded *o* supplanted the radio.

soppiatto: **di soppiatto** /disop'pjatto/ avv. stealthily, furtively, on the sly; ***andarsene di ~*** to slip away; ***avvicinarsi di ~ a qcn.*** to steal *o* sneak up on sb.; ***entrare di ~*** to creep *o* sneak in; ***uscire di ~*** to creep *o* sneak out; ***entrare di ~ in una stanza*** to steal into a room.

sopportabile /soppor'tabile/ agg. bearable, endurable, tolerable, sufferable; ***una sofferenza difficilmente ~*** an almost unbearable pain.

sopportabilità /sopportabili'ta/ f.inv. bearableness, tolerableness.

▶ **sopportare** /soppor'tare/ [1] **I** tr. 1 *(reggere)* [*struttura, colonna, pilastro*] to support, to bear* (the weight of) [*tetto, edificio*]; [*ponte, strada*] to sustain, to carry [*peso, carico*] 2 *(subire, patire)* to put* up with, to endure, to undergo* [*privazioni, umiliazioni*]; to bear*, to endure [*sofferenza, solitudine*]; to put* up with, to swallow [*sarcasmo, insulti*]; *(sostenere)* to bear* [*spese, perdite*]; ***~ le conseguenze*** to take the consequences; ***sopportarono molte privazioni*** they suffered many hardships; ***non sopporta le critiche*** he can't take being criticized 3 *(tollerare agevolmente)* [*pianta*] to withstand* [*freddo, calore*]; ***sopporta bene il caldo*** she can take *o* stand the heat; ***non sopporta il caldo*** she can't take *o* bear the heat 4 *(tollerare, ammettere)* to bear*, to stand*, to endure, to put* up with [*persona*]; to put* up with, to endure, to wear* COLLOQ. [*comportamento*]; ***non sopporta di fare*** he can't stand to do *o* doing; ***non ~ di dovere fare*** to resent having to do; ***non lo sopporto più*** I can't stand it any longer; ***non sopporto la musica alta*** I can't do with loud music; ***non sopporto che mi faccia la predica*** I can't bear his preaching; ***non sopporto che mi risponda con questo tono*** I won't stand for her taking that tone with me **II sopportarsi** pronom. ***Ian e Rupert non si sopportano*** Ian and Rupert can't stand *o* put up with each other.

▷ **sopportazione** /sopportat'tsjone/ f. 1 *(resistenza)* endurance; *(pazienza)* patience, tolerance; ***dimostrare molta ~*** to show great forbearance; ***essere al limite della ~*** to be at breaking point; ***provocare qcn. oltre ogni limite di ~*** to provoke sb. beyond endurance 2 *(sufficienza, insofferenza)* condescension, impatience; ***trattare qcn. con ~*** to treat sb. condescendingly.

soppressa /sop'prɛssa/, **soppressata** /soppres'sata/ f. GASTR. REGION. = cold meat of pork obtained by pressing parts of the head and skin.

soppressione /soppres'sjone/ f. 1 *(abolizione) (di servizio, attività)* suppression, abolition; *(di treno)* cancellation; *(di tassa)* removal; ***la ~ di una legge*** the abolition of a law; ***la ~ del treno delle 8.50*** the cancellation of the 8.50 train; ***~ di posti di lavoro*** job cuts 2 *(uccisione)* killing, elimination ◆◆ ***~ di stato*** DIR. suppression of state.

soppressivo /soppres'sivo/ agg. [*leggi, provvedimenti*] suppressive.

▷ **sopprimere** /sop'primere/ [29] tr. 1 *(abolire)* to suppress [*partito, gruppo*]; to suppress, to abolish, to discontinue [*servizio, attività*]; to cancel, to take* off [*treno, autobus*] 2 *(eliminare)* to cut*, to delete, to kill [*paragrafo*]; to suppress [*giornale*] 3 *(uccidere)* to kill, to eliminate, to do* away with [*persona*]; to put* down [*animale*]; ***fare ~ un animale*** to put an animal to sleep EUFEM.

soppunto /sop'punto/ m. slip stitch.

▶ **sopra** /'sopra/ **I** prep. 1 *(in posizione superiore) (con contatto)* on, upon; *(con movimento)* on, onto; ***il bicchiere è ~ il*** o ***al tavolo*** the glass is on the table; ***il gelato è caduto ~ la sedia*** the ice cream fell on *o* onto the chair; ***passare le dita ~ qcs.*** to run one's fingers over sth.; ***scrivici ~ l'indirizzo*** write the address on it; ***tirare una linea ~ qcs.*** to put a line through sth.; ***essere uno ~ l'altro*** to be in a pile; ***vivere uno ~ l'altro*** to live on top of each other 2 *(senza contatto o per indicare rivestimento, protezione)* over; ***il cielo ~ Londra*** the sky over London; ***nuvole ~ la valle*** clouds over the valley; ***il quadro ~ il*** o ***al letto*** the picture over the bed; ***la sua foto è appesa ~ il*** o ***al piano*** her photo hangs over the piano; ***ha messo un lenzuolo ~ la poltrona*** she laid a sheet on *o* over the armchair; ***portare un maglione ~ la camicia*** to wear a sweater over one's shirt; ***tirarsi le lenzuola ~ la testa*** to pull the sheets over one's head 3 *(più in alto di, più in su di)* above; *(a nord di)* north of, above; ***~ il ginocchio*** above the knee; ***abitare ~ un negozio*** to live above a shop; ***abita ~ di me*** he lives in the flat above me; ***le colline ~ Monte Carlo*** the hills above Monte Carlo; ***~ le nuvole*** (up) above the clouds; ***proprio ~ le nostre teste*** straight above our heads; ***alzare le mani ~ la testa*** to raise one's hands above one's head; ***cinque gradi ~ lo zero*** five degrees above zero; ***la temperatura era appena ~ i venti gradi*** the temperature was in the low twenties; ***~ il livello del mare*** above sea level; ***~ la media*** above (the) average, above standard; ***una temperatura ~ la norma per maggio*** a temperature above norm for May, a higher than average temperature for May; ***Como è ~ Milano*** Como is north of Milan; ***~ questa latitudine*** above this latitude 4 *(oltre)* above, over; ***due ragazze ~ i quattordici anni*** two girls over fourteen *o* above the age of fourteen; ***essere ~ la cinquantina*** to be on the wrong side of fifty; ***il prezzo è ~ i 1.000 euro*** the price is over *o* above 1,000 euros 5 *(in cima a)* on top of; ***mettilo ~ al mucchio*** put it on top of the pile; ***~ la collina c'è una casa*** there is a house on the top of the hill 6 *(più di, che)* over, above, more than; ***amare qcn. ~ ogni altra cosa*** to love sb. above all else; ***ammirare qcs. ~ ogni altra*** to admire sth. above all 7 *(per indicare superiorità, dominio)* over; ***avere un vantaggio ~ qcn.*** to have an advantage over sb.; ***imporre il proprio dominio ~ qcs.*** to impose one's rule on sth. 8 *(per indicare iterazione)* after, upon; ***fare proposte ~ proposte*** to make one offer after another, to make offer after offer; ***commettere sbagli ~ sbagli*** to make one mistake after another, to make mistake after mistake 9 *(intorno, rispetto a)* on, about; ***tornare sempre ~ qcs.*** to be always coming back to sth.;

piangere ~ qcs. to cry about sth., to weep over sth. **10 al di sopra di** above, beyond, over; ***ben al di ~ degli alberi*** far above the trees; ***tenere qcs. al di ~ della testa*** to hold sth. overhead; ***i bambini al di ~ dei sei anni*** children (of) over six; ***al di ~ della media*** above (the) average, above standard; ***essere ben al di ~ del limite di velocità*** to be well over the speed limit; ***è al di ~ delle mie capacità*** it is beyond my ability; ***essere al di ~ di ogni sospetto*** to be above *o* beyond suspicion; ***è al di ~ di ogni critica*** she's above criticism **II** avv. **1** *(in posizione più elevata)* on, up; *(senza contatto)* above; *(in cima)* on top; ***tre metri ~*** three metres above; ***va sotto o ~?*** does it go under or over? ***appendi il quadro un po' più ~*** hang the picture a bit higher up; ***non prendere questo libro, prendi quello ~*** don't take that book, take the one on top (of it); ***non metterci le dita ~*** don't put your fingers on it; ***in camicia avrai freddo, mettiti ~ una maglia*** you'll be cold in a shirt, put a sweater on; ***da ~*** from above, from higher up; ***visto da ~*** seen from above **2** *(sulla superficie esterna)* on top; ***il coperchio è smaltato ~*** the top of the lid is enamelled; ***un dolce con la cioccolata ~*** a cake with chocolate on top, a chocolate-covered cake **3** *(al piano superiore)* upstairs; ***~ fa più freddo*** upstairs it's colder; ***puoi andare ~ a prendermi la borsa?*** can you go upstairs and bring me my bag? ***abitare un piano ~*** to live on the next floor up *o* on the floor above; ***~ ci sono tre camere*** there are three rooms upstairs; ***il rumore viene da ~*** the noise is coming from upstairs **4** *(con valore rafforzativo)* ***qui*** o ***qua ~*** on *o* up here; ***metti i libri qui ~*** put your books on here; ***lì*** o ***là ~*** on *o* up there; ***sali là ~*** climb up there **5** *(precedentemente)* above; ***vedi ~*** see above; ***come ~*** ditto; ***come detto ~*** as stated above; ***come ~ menzionato*** as mentioned before *o* above; ***~ citato*** → **sopraccitato**; ***i nomi di cui ~*** the above names **6 di sopra** *(sopra a un altro)* above; *(fra due)* upper; *(più in alto di tutti)* top; ***lo scaffale di ~*** the shelf above, the upper *o* top shelf; *(al piano superiore)* ***l'appartamento (del piano) di ~*** the upstairs flat; ***si sentì un rumore al piano di ~*** a noise came from upstairs; ***i ladri sono entrati dal piano di ~*** the thieves got in upstairs; ***andare di ~*** to go upstairs **III** agg.inv. *(superiore)* above; ***la parte ~*** the upper part; ***la riga ~*** the line above; ***canta un'ottava ~*** sing an octave higher **IV** m.inv. *(parte superiore)* top (side); *(di costume da bagno)* top; ***il ~ è di plastica*** the top (side) is made of plastic ◆ ***~ pensiero*** → **soprappensiero**; ***ne ho fin ~ i capelli!*** I've had it to my back teeth! COLLOQ.; ***essere pieno di lavoro fin ~ ai capelli*** to be up to one's ears in work; ***beviamoci ~*** let's have a drink to forget it; ***metterci una pietra ~*** to let bygones be bygones.

▷ **soprabito** /so'prabito/ m. overcoat, topcoat.

sopraccarico, pl. **-chi** /soprak'kariko, ki/ m. supercargo*.

sopraccennato /soprattʃen'nato/ agg. above-mentioned, (a)forementioned.

sopraccigliare /sopratttʃiʎ'ʎare/ → **sopracciliare.**

▷ **sopracciglio**, pl. **-gli**, pl.f. **-a** /soprat'tʃiʎʎo, ʎi, ʎa/ m. eyebrow, brow; ***alzare*** o ***inarcare le -a*** to raise one's *o* an eyebrow; ***aggrottare le -a*** to knit *o* furrow one's brows, to frown; ***-a folte*** thick *o* bushy eyebrows; ***sfoltire le -a*** to pluck one's eyebrows; ***matita per le -a*** eyebrow pencil.

sopracciliare /soprattʃi'ljare/ agg. [*arcata*] superciliary.

sopraccitato /soprattʃi'tato/ agg. (afore)said, above-mentioned.

sopraccoperta /soprakko'pɛrta/ **I** f. **1** *(coperta leggera)* coverlet, bedspread, bedcover **2** *(di libro)* book cover, (dust) jacket, slipcover **II** avv. MAR. on deck.

sopraciliare /sopratʃi'ljare/ → **sopracciliare.**

sopracitato /sopratʃi'tato/ → **sopraccitato.**

sopraddazio, pl. **-zi** /soprad'dattsjo, tsi/ m. additional duty, surcharge.

sopraddetto /soprad'dɛtto/ agg. (afore)said, above-mentioned.

sopraddominante /sopraddomi'nante/ f. superdominant, submediant.

sopraddote /soprad'dɔte/ f. additional dowry.

sopraelencato /sopraelen'kato/ agg. listed above mai attrib.

sopraelevare /sopraele'vare/ [1] **I** tr. **1** EDIL. *(alzare)* to raise (the height of) [*casa*]; ***~ un edificio di tre piani*** to add three storeys to a building **2** *(elevare sopra il livello normale)* to raise the height of, to bank up [*strada*] **II sopraelevarsi** pronom. to rise* (up).

sopraelevata /sopraele'vata/ f. **1** *(strada)* overpass, flyover BE **2** *(ferrovia)* elevated railway, elevated railroad AE.

sopraelevato /sopraele'vato/ **I** p.pass. → **sopraelevare II** agg. [*piattaforma*] raised; [*canale*] elevated; [*ferrovia*] elevated, overhead; ***strada -a*** overpass, flyover BE; ***autostrada -a*** elevated highway AE.

sopraelevazione /sopraelevat'tsjone/ f. *(di casa)* raising; *(di strada)* bank(ing).

sopraesporre /sopraes'porre/ → **sovraesporre.**

sopraesposto /sopraes'posto/ agg. above-mentioned, stated above mai attrib.

sopraffare /sopraf'fare/ [8] tr. **1** *(vincere)* to defeat, to overcome*, to overpower [*nemico*] **2** FIG. [*sentimento*] to overwhelm, to overcome*, to take* hold of [*persona*]; ***fu sopraffatto dal sonno*** sleep got the better of him; ***essere sopraffatto dalla disperazione*** to be overcome by *o* with despair; ***era sopraffatto dal senso di colpa*** he was overwhelmed with guilt.

sopraffazione /sopraffat'tsjone/ f. **1** *(il sopraffare)* overwhelming, overcoming **2** *(sopruso)* bullying, tyranny.

sopraffilare /sopraffi'lare/ [1] tr. to oversew*.

sopraffilo /sopraf'filo/ m. whipstitch.

sopraffinestra /sopraffi'nɛstra/ f. fanlight, transom window.

sopraffino /sopraf'fino/ agg. **1** *(squisito)* [*cibo*] delicious; *(pregiato)* [*qualità*] superfine, superior, first-rate; ***pranzo ~*** first-rate *o* first-class dinner **2** FIG. *(straordinario)* [*intelligenza*] astonishing, exceptional; [*tecnica*] masterly; ***la stanza era stata arredata con gusto ~*** the room had been furnished in *o* with excellent taste.

sopraffondo /sopraf'fondo/ m. *(di quadro)* passe-partout.

soprafusione /soprafu'zjone/ f. → **sottoraffreddamento.**

sopraggittare /sopraddʒit'tare/ [1] tr. to overcast*, to oversew*.

sopraggitto /soprad'dʒitto/ m. oversewing; ***punto a ~*** whipstitch; ***cucire a ~*** to overcast.

▷ **sopraggiungere** /soprad'dʒundʒere/ [55] **I** intr. (aus. *essere*) **1** *(arrivare all'improvviso)* [*persona*] to arrive unexpectedly, to turn up, to show* up; ***sopraggiunse l'inverno*** winter set in *o* came **2** *(accadere)* [*fatto, decesso*] to occur; [*problema, difficoltà*] to arise*, to set* in; ***se sopraggiunge un problema*** should any problem arise **II** tr. *(cogliere di sorpresa)* to overtake*, to come* up on; ***il temporale li sopraggiunse*** the storm caught up with them.

sopraggiunta /soprad'dʒunta/ f. superaddition, further addition; ***per ~*** *(inoltre)* besides, moreover, in addition.

sopraggonna /soprag'gonna/ f. overskirt.

sopraindicato /sopraindi'kato/ agg. (a)forementioned, above-mentioned.

sopraintendente /sopraintenʼdɛnte/ → **sovrintendente.**

sopraintendenza /sopraintenʼdɛntsa/ → **sovrintendenza.**

sopraintendere /soprainʼtɛndere/ → **sovrintendere.**

sopralluogo, pl. **-ghi** /sopral'lwɔgo, gi/ m. *(controllo)* inspection, survey, on-the-spot investigation; ***fare un ~ in*** to make an inspection of, to inspect [*cantiere, fabbrica*].

soprammenzionato /soprammentsjo'nato/ agg. above-mentioned, (a)forementioned.

soprammercato /soprammer'kato/ m. ***per ~*** into the bargain, on top of that; ***aggiunto per ~*** thrown in for good measure.

▷ **soprammobile** /sopram'mɔbile/ m. ornament, knick-knack.

sopranatante /soprana'tante/ agg. e m. supernatant.

sopranazionale /sopranattsjo'nale/ agg. supranational, supernational.

sopranino /sopra'nino/ **I** agg. sopranino **II** m. sopranino*.

sopranista /sopra'nista/ m. = male soprano.

soprannaturale /soprannatu'rale/ **I** agg. **1** *(non naturale)* [*poteri, essere*] supernatural; *(ultraterreno)* [*apparizione*] unearthly **2** *(straordinario)* superhuman, extraordinary; ***ha una memoria ~*** he has amazing powers of recall **II** m. supernatural; ***credere nel ~*** to believe in the supernatural.

soprannaturalismo /soprannatura'lizmo/ m. supernaturalism.

soprannaturalista, m.pl. **-i**, f.pl. **-e** /soprannatura'lista/ m. e f. supernaturalist.

soprannaturalità /soprannaturali'ta/ f.inv. supernaturalness, unearthliness.

soprannaturalmente /soprannatural'mente/ avv. supernaturally.

soprannazionale /soprannattsjo'nale/ → **sopranazionale.**

▷ **soprannome** /sopran'nome/ m. nickname, byname; ***affibbiare un ~ a qcn.*** COLLOQ. to fasten a nickname upon sb.

soprannominare /soprannomi'nare/ [1] tr. to nickname, to dub; ***come l'hanno soprannominato?*** what nickname did they give him?

soprannominato /soprannomi'nato/ **I** p.pass. → **soprannominare II** agg. called, known as; ***Luigi XIV, ~ il Re Sole*** Louis XIV known as *o* called the Sun King.

soprannumerario, pl. **-ri**, **-rie** /soprannume'rarjo, ri, rje/ agg. **1** MED. [*dito*] supernumerary **2** AMM. ***impiegato ~*** supernumerary *o* extra employee.

soprannumero /sopran'numero/ **I** m. ***in ~*** [*oggetti*] surplus attrib.; [*personale*] redundant **II** agg.inv. ***ore ~*** extra hours.

soprano /so'prano/ ♦ ***18*** m. **1** *(voce, cantante)* soprano*, treble; ***voce di ~*** soprano (voice), treble voice; ***parte del ~*** soprano (part), treble part; ***cantare da*** ~ to sing soprano; ***mezzo*** ~ → **mezzosoprano** **2** ***sassofono*** ~ soprano saxophone ◆◆ ~ ***di coloratura*** coloratura; ~ ***leggero*** light soprano.

sopranormale /sopranor'male/ agg. paranormal.

soprappensiero /soprappen'sjɛro/ **I** avv. ***lo ha detto*** ~ he said it absent-mindedly **II** agg.inv. ***essere*** ~ to be lost in thought, to be abstracted.

sopraorbitario, pl. **-ri**, **-rie** /sopraorbi'tarjo, ri, rje/ agg. supraorbital.

soprappiù /soprap'pju/ → **sovrappiù.**

soprapporta /soprap'pɔrta/ f. decorated lintel.

soprapprofitto /soprappro'fitto/ m. vast profit.

soprascarpa /sopras'karpa/ f. overshoe, galosh, golosh BE.

soprascritta /sopras'kritta/ f. superscription.

soprascritto /sopras'kritto/ agg. [*parola, numero*] superscript.

soprasegmentale /soprasegmen'tale/ agg. suprasegmental.

soprasensibile /soprasen'sibile/ agg. supersensual.

soprassalto /sopras'salto/ m. start, jerk; ***di*** ~ with a start, suddenly, all of a sudden; ***svegliarsi di*** ~ to wake up with a start.

soprassaturare /soprassatu'rare/ [1] tr. to supersaturate.

soprassaturazione /soprassaturat'tsjone/ f. supersaturation.

soprassaturo /sopras'saturo/ agg. supersaturated.

soprassedere /soprasse'dere/ [88] intr. (aus. *avere*) ~ ***a*** o ***su*** to postpone, to put off, to defer, to delay [*decisione, giudizio, esecuzione*].

soprassicurazione /soprassikurat'tsjone/ f. overinsurance.

soprastruttura /soprastrut'tura/ → **sovrastruttura.**

sopratonica /sopra'tɔnika/ f. supertonic.

soprattacco /soprat'takko/ m. heel piece.

soprattassa /soprat'tassa/ f. surtax, additional tax; ~ ***postale*** excess postage.

soprattassare /soprattas'sare/ [1] tr. to surcharge.

▶ **soprattutto** /soprat'tutto/ avv. **1** *(più di ogni altra cosa)* above all, most of all; ~, ***non dimenticarti il passaporto*** most of all, don't forget your passport **2** *(specialmente)* especially, in particular; ***questa località di villeggiatura è molto cara, ~ d'estate*** this holiday resort is very expensive, especially in summer **3** *(principalmente)* chiefly, mainly; ***la mia classe è composta ~ da ragazze*** my class is mainly made up of girls.

sopravanzare /sopravan'tsare/ [1] **I** tr. *(superare)* to surpass, to excede **II** intr. (aus. *essere*) *(avanzare)* to be* left; ***non è sopravanzato nulla*** there is nothing left (over).

sopravento /sopra'vɛnto/ **I** avv. windward; ***navigare*** ~ to sail windward *o* with the wind **II** agg.inv. windward **III** m. windage, weather gauge.

Sopravento /sopra'vɛnto/ ➧ ***14*** n.pr.f.pl. ***isole*** ~ Windward Islands.

▷ **sopravvalutare** /sopravvalu'tare/ [1] **I** tr. **1** *(sovrastimare)* to overestimate, to overrate [*capacità, importanza, persona, scrittore*] **2** ECON. to overvalue [*moneta, costo*] **II sopravvalutarsi** pronom. to rate oneself too highly.

sopravvalutazione /sopravvalutat'tsjone/ f. overestimation; ECON. overvaluation.

sopravvenienza /sopravve'njɛntsa/ f. **1** *(di fatto, disgrazia)* sudden occurrence, supervention **2** ECON. contingency.

sopravvenire /sopravve'nire/ [107] intr. (aus. *essere*) *(sopraggiungere)* [*persona*] to arrive unexpectedly, to turn up, to show* up; *(accadere)* [*fatto, decesso*] to occur; [*problema, difficoltà*] to arise*, to set* in; ***sono sopravvenute delle complicazioni*** some complications have cropped up.

1.sopravvento /soprav'vɛnto/ m. *(vantaggio)* advantage, upper hand; ***avere il ~ su*** to have the upper hand over; ***prendere il*** ~ to get the upper hand; ***la pazzia ha avuto il*** ~ madness prevailed.

2.sopravvento /soprav'vɛnto/ → **sopravento.**

sopravveste /soprav'vɛste/ f. **1** STOR. surcoat **2** *(lunga veste)* overall.

sopravvissuto /sopravvis'suto/ **I** p.pass. → **sopravvivere II** agg. *(superstite)* surviving **III** m. (f. **-a**) **1** survivor; ***il paese con il minor numero di -i*** the country where the fewest survived **2** FIG. IRON. old fogey BE, old fogy AE.

sopravvivenza /sopravvi'vɛntsa/ f. *(mantenimento in vita)* survival; ***probabilità di*** ~ chances of survival; ***corso di*** ~ survival course; ***lotta per la*** ~ fight *o* struggle for survival; ***la ~ degli individui più adatti*** the survival of the fittest.

▶ **sopravvivere** /soprav'vivere/ [99] intr. (aus. *essere*) **1** *(continuare a vivere)* to live (on); ***non credo che sopravviverà*** I don't think he'll live; ***queste piante sopravvivono agli inverni più rigidi*** these plants live through the hardest of winters; ***nulla può ~ in questo ambiente*** nothing can live in this environment; ***sopravviverò!*** SCHERZ. I'll live! I'll survive! **2** *(salvarsi da)* ~ ***a*** to survive [*incidente, catastrofe*]; to survive, to come* through [*operazione, guerra*]; ***non è sopravvissuto alle ferite*** he didn't survive his wounds; ***sono sopravvissuti solo tre passeggeri*** only three passengers survived **3** *(restare in vita)* ~ ***a qcn.*** [*persona*] to survive *o* outlive sb.; ***è sopravvissuta a suo marito*** she outlived her husband; ~ ***a qcn. di 10 anni*** to survive sb. by 10 years **4** *(mantenersi)* to survive; ~ ***con 20 sterline alla settimana*** to survive on £20 a week; ***con quello stipendio riescono appena a*** ~ they can do no more than exist on that wage **5** FIG. *(vivere, perdurare)* [*persona*] to live on; [*tradizione, ricordo*] to live on, to linger; ***sopravviverò nei miei figli e nelle mie opere*** I will live on in my children and in my works.

sopreccedenza /soprettʃe'dɛntsa/ f. surplus*, excess, glut.

sopreccedere /sopret'tʃɛdere/ [2] **I** tr. *(superare)* to surpass, to exceed [*limite, spesa*] **II** intr. (aus. *avere*) to be* in excess, to be* excessive.

soprelencato /soprelen'kato/ → **sopraelencato.**

soprelevare /soprele'vare/ → **sopraelevare.**

soprelevata /soprele'vata/ → **sopraelevata.**

soprelevato /soprele'vato/ → **sopraelevato.**

soprelevazione /soprelevat'tsjone/ → **sopraelevazione.**

soprindicato /soprindi'kato/ → **sopraindicato.**

soprintendente /soprinten'dɛnte/ → **sovrintendente.**

soprintendenza /soprinten'dɛntsa/ → **sovrintendenza.**

soprintendere /soprin'tɛndere/ → **sovrintendere.**

▷ **sopruso** /so'pruzo/ m. abuse of power; ***commettere -i*** to perpetrate injustices; ***essere vittima di -i*** to be bullied; ***i -i della polizia*** police brutalities.

soqquadro /sok'kwadro/ m. chaos, havoc, shambles COLLOQ.; ***a*** ~ in a mess; ***mettere a ~ qcs.*** to turn sth. upside down.

sorabo /'sɔrabo/ **I** agg. Sorbian **II** m. (f. **-a**) **1** *(persona)* Sorbian **2** *(lingua)* Sorbian.

sorba /'sɔrba/ f. sorb, service berry; ~ ***selvatica*** rowan.

sorbettiera /sorbet'tjɛra/ f. = machine for making sorbets.

sorbetto /sor'betto/ m. sorbet, water ice BE, sherbet AE; ~ ***al limone*** sorbet lemon; ~ ***al cocco*** coconut ice.

sorbico /'sɔrbiko/ agg. ***acido*** ~ sorbic acid.

sorbire /sor'bire/ [102] **I** tr. **1** to sip [*bevanda*]; ~ ***rumorosamente il tè*** to slurp the tea **2** FIG. to put* up with; ***doversi ~ qcn., qcs.*** to be lumbered with sb., sth. BE COLLOQ. **II sorbirsi** pronom. FIG. ***-rsi qcn.*** to put up with sb.; ***-rsi i problemi di qcn.*** to get an earful of sb.'s problems.

sorbite /sor'bite/ f. sorbite.

sorbitolo /sorbi'tɔlo/ m. sorbitol.

sorbo /'sɔrbo/ m. *(pianta)* sorb, service (tree) ◆◆ ~ ***degli uccellatori*** rowan, mountain ash.

sorbosio /sor'bɔzjo/ m. sorbose.

▷ **sorcio**, pl. **-ci** /'sortʃo, tʃi/ m. mouse* ◆ ***far vedere i -ci verdi a qcn.*** to put sb. through the mill.

sorda /'sorda/ f. FON. unvoiced consonant, voiceless consonant, surd consonant.

sordamente /sorda'mente/ avv. [*risuonare*] dully.

sordastro /sor'dastro/ agg. slightly deaf.

sordidamente /sordida'mente/ avv. **1** *(miseramente)* poorly **2** *(squallidamente)* [*vivere, comportarsi*] sordidly.

sordidezza /sordi'dettsa/ f. **1** *(sporcizia)* dirtiness, filthiness **2** FIG. *(meschinità)* sordidness, meanness, sleaziness.

sordido /'sɔrdido, 'sordido/ agg. **1** *(sporco)* dirty, filthy **2** FIG. *(meschino)* [*situazione, storia*] sordid, squalid; [*scandalo*] seamy **3** FIG. *(tirchio)* mean.

sordina /sor'dina/ f. MUS. mute, so(u)rdine; ***pedale di*** ~ soft-pedal; ***suonare in*** ~ to play softly; ***mettere la ~ a*** to mute, to muffle [*strumento*]; ***tromba in*** ~ muted *o* muffled trumpet; ***in*** ~ FIG. *(di nascosto)* on the quiet, on the sly.

sordità /sordi'ta/ ➧ **7** f.inv. **1** deafness; ~ ***verbale*** word deafness **2** FIG. *(insensibilità)* insensitivity, indifference.

▷ **sordo** /'sordo/ **I** agg. **1** *(non udente)* [*persona*] deaf; ***diventare*** ~ to go deaf; ***essere ~ da un orecchio*** to be deaf in one ear; ***essere ~ dalla nascita*** to be born deaf, to be deaf from birth; ***smettila di urlare, non sono mica ~!*** you don't have to shout, I'm not deaf, you know! ***ehi, sei ~?*** IRON. hey, cloth ears! hey, are you deaf or what? **2** FIG. *(insensibile)* deaf, insensitive, indifferent; ***essere ~ alle suppliche di qcn.*** to be deaf to sb.'s pleas **3** *(cupo)* [*suono*] dull, hollow, muffled; ***rumore*** ~ thud, thump; ***parlare con voce -a*** to talk in a dull voice **4** *(diffuso)* [*dolore*] dull **5** FIG. *(segreto)* [*lotta, rivalità*] secret, hidden, covert **6** FON. [*consonante*] voiceless, unvoiced **II** m. (f. **-a**) deaf person; ***i -i*** the deaf, the hard of hearing ◆ ***dialogo tra -i*** dialogue of the deaf; ***fare il ~*** to turn a deaf ear; ***essere ~ come una campana*** to be as deaf as a post, to be stone-deaf; ***parlare ai -i*** to waste one's breath; ***non c'è peggior ~ di chi non vuol sentire*** PROV. there are none so deaf as those who will not hear. ⚠ Come al posto di *sordo* si usa spesso in italiano l'espressione *non udente*, anche l'equivalente inglese *deaf* può essere sostituito da *hearing-impaired*.

sordomutismo /sordomu'tizmo/ ▶ **7** m. deaf-mutism.

sordomuto /sordo'muto/ **I** agg. deaf-mute, deaf without speech **II** m. (f. **-a**) deaf-mute; ***i -i*** the deaf without speech; ***linguaggio dei -i*** finger-alphabet.

▶ **sorella** /so'rɛlla/ **I** f. **1** sister; ***~ maggiore*** older *o* elder sister; ***~ minore*** younger sister; ***è come una ~ per me*** she's like a sister to me **2** FIG. ***spesso l'ignoranza è ~ della miseria*** ignorance often goes hand in hand with poverty **3** RELIG. *(suora)* sister, Sister; ***~ Anna*** Sister Anne **II** agg.f. *(affine)* [*lingue*] (closely) related ◆◆ ***~ gemella*** twin sister; ***~ di latte*** foster sister.

sorellanza /sorel'lantsa/ f. **1** *(legame)* sisterhood **2** *(nel femminismo)* sisterhood **3** FIG. relationship, affinity.

sorellastra /sorel'lastra/ f. half-sister, stepsister.

sorellina /sorel'lina/ f. baby sister, kid sister COLLOQ.

▷ **sorgente** /sor'dʒɛnte/ **I** f. **1** *(fonte)* spring, rise, well; *(di fiume)* source, river-head, fountainhead; ***acqua di ~*** spring water; ***risalire alla ~ di un fiume*** to follow a river to its source **2** FIG. *(origine)* ***~ di*** source of [*ansietà, soddisfazione*]; ***~ di guadagno*** source of income, revenue **II** agg.inv. INFORM. ***codice, linguaggio ~*** source code, language ◆◆ ***~ sulfurea*** sulphur BE *o* sulfur AE spring; ***~ termale*** hot spring.

sorgentifero /sordʒen'tifero/ agg. [*regione, rami*] spring attrib., of a spring.

▶ **1.sorgere** /'sordʒere/ [72] intr. (aus. *essere*) **1** *(spuntare)* [*sole, luna*] to rise*, to come* out, to come* up; ***il sole sorge alle cinque*** the sun rises at five **2** *(levarsi)* [*voce, suono*] to be* heard, to rise* up; ***un grande urlo sorse dalla folla*** a great roar rose up from the crowd **3** *(ergersi)* [*edificio, montagna*] to rise* (up), to stand*; ***la città sorge sulla riva di un fiume*** the town rises on the bank of a river; ***qui un tempo sorgeva una torre*** a tower stood here once **4** *(scaturire)* [*fiume*] to rise* (**da** in) **5** FIG. *(nascere)* [*problema, difficoltà*] to arise*, to crop up, to spring* up; ***far ~*** to arouse [*sospetti*]; ***è sorta una lite*** a quarrel arose; ***mi è sorto un dubbio*** that puts me in doubt **6** FIG. *(avere inizio)* ***è sorta una nuova era*** a new age has dawned.

2.sorgere /'sordʒere/ m. *(nascita)* ***il ~ del sole*** sunrise; ***il ~ della luna*** moonrise.

sorgiva /sor'dʒiva/ f. *(sorgente)* spring.

sorgivo /sor'dʒivo/ agg. ***acqua -a*** spring water.

sorgo, pl. **-ghi** /'sorgo, gi/ m. sorg(h)o, Indian millet.

soriano /so'rjano/ **I** agg. ***gatto ~*** tabby (cat) **II** m. *(gatto)* tabby (cat).

sorite /so'rite/ m. FILOS. sorites*.

sormontabile /sormon'tabile/ agg. surmountable.

sormontare /sormon'tare/ [1] **I** tr. **1** *(sorpassare)* [*acque*] to overflow; ***il fiume ha sormontato gli argini*** the river overflowed its banks **2** *(superare)* to surmount, to overcome* [*ostacolo, difficoltà*] **3** *(sovrastare)* ***essere sormontato da una statua*** to be surmounted by a statue; ***una moschea sormontata da tre cupole*** a mosque topped with three domes **II** intr. (aus. *avere*) SART. to overlap.

sornione /sor'njone/ **I** agg. [*persona*] sly, sneaky, crafty; ***un sorriso ~*** a sly smile **II** m. (f. **-a**) sly, underhand person.

soro /'sɔro/ m. BOT. sorus*.

▷ **sorpassare** /sorpas'sare/ [1] tr. **1** *(passare oltre, al di sopra)* to surmount, to clear [*ostacolo*]; ***l'acqua ha sorpassato il livello di guardia*** the water has risen above the high-water mark **2** *(lasciare dietro)* to overtake*, to pass [*veicolo*]; ***è pericoloso ~ in curva*** it's dangerous to overtake on bends **3** *(essere superiore)* to surpass, to outdo*, to excel; ***~ qcs. in altezza*** to surpass sth. in height; ***l'allievo ha sorpassato il maestro*** the pupil has excelled his master.

sorpassato /sorpas'sato/ **I** p.pass. → **sorpassare II** agg. [*stile, abito, prodotto*] outdated, out-of-date; [*idee, teoria*] outdated, played-out, out-of-date, stale; [*persona*] old-fashioned.

▷ **sorpasso** /sor'passo/ m. overtaking; ***effettuare un ~*** to overtake, to pass; ***corsia di ~*** fast lane; ***divieto di ~*** no overtaking.

sorprendente /sorpren'dɛnte/ agg. [*risultato, notizia, persona*] surprising, astonishing, amazing; [*somiglianza*] startling; ***la cosa non ha niente di ~*** there's nothing surprising about it, it's hardly surprising; ***è ~ che*** it is amazing that; ***non è ~ che*** it is *o* it comes as no surprise that; ***di una bellezza ~*** surprisingly beautiful; ***è ~ che siano così pochi a saperlo*** surprisingly few people know about it.

sorprendentemente /sorprendente'mente/ avv. surprisingly, astonishingly, amazingly, startingly; ***abbastanza ~*** somewhat surprisingly.

▶ **sorprendere** /sor'prɛndere/ [10] **I** tr. **1** *(meravigliare)* to surprise, to astonish, to amaze; ***non mi sorprende*** I'm not surprised, I can well believe it; ***non finisci mai di sorprendermi!*** you never cease to amaze me! ***non sorprende affatto che non siano venuti*** it's hardly surprising they didn't come; ***ti sorprenderebbe sapere che ha 60 anni?*** would it surprise you to learn that he's 60? **2** *(cogliere di sopresa)* to take* [sb.] by surprise [*nemico*]; [*temporale*] to overtake* [*persona*]; ***fummo sorpresi dalla pioggia*** we got caught in the rain **3** *(cogliere sul fatto)* to catch*, to surprise [*delinquente*]; ***~ qcn. a fare*** to catch *o* find sb. doing; ***~ qcn. sul fatto*** to catch sb. at it *o* in the act; ***~ qcn. a letto con*** to catch sb. in bed with **II sorprendersi** pronom. **1** *(accorgersi di, trovarsi a)* ***-rsi a fare*** to catch oneself doing; ***-rsi a essere d'accordo, a desiderare che*** to find oneself agreeing, wishing that **2** *(stupirsi)* to be* surprised; ***non mi sorprenderei se*** it wouldn't surprise me if, I wouldn't be surprised if; ***non mi sorprendo più di nulla*** nothing surprises me any more.

▶ **sorpresa** /sor'presa/ f. **1** *(evento sorprendente)* surprise; ***fare una ~ a qcn.*** to spring a surprise on sb.; ***ci sono altre -e in serbo, in arrivo*** there are more surprises in store, to come; ***vedrai che ~ per lui!*** is he in for a surprise! ***è un po' una ~*** that's a bit of a surprise; ***non sarebbe una ~ se*** it would come as no surprise if; ***~!*** surprise, surprise! ***che bella ~!*** what a nice surprise! well what do you know! IRON. **2** *(meraviglia)* surprise, astonishment, amazement; ***con ~*** in *o* with astonishment; ***con mia grande ~*** much *o* somewhat to my surprise, to my (great) surprise; ***manifestare (la propria) ~ per qcs.*** to express surprise at sth.; ***sobbalzò per la ~*** he sprang back in surprise, he gave a start of surprise **3 di sopresa** ***cogliere qcn. di ~*** to take sb. by surprise, to catch *o* take sb. unawares, to bring *o* pull sb. up short, to catch sb. off guard; ***la sua vittoria ha colto tutti di ~*** he surprised everyone by winning **4 a sorpresa** ***festa, attacco a ~*** surprise party, attack; ***un esito a ~*** an unexpected outcome.

sorpreso /sor'preso/ **I** p.pass. → **sorprendere II** agg. [*persona, sguardo, espressione*] surprised, astonished, amazed; ***essere piacevolmente ~*** to be pleasantly surprised; ***ero non poco ~*** I was not a little surprised; ***non sono affatto ~*** I'm not at all surprised; ***dichiararsi ~ che*** to express surprise that; ***potresti rimanere ~ se sapessi che*** it might surprise you to know that.

▷ **sorreggere** /sor'rɛddʒere/ [59] **I** tr. **1** *(sostenere)* to support [*ferito, malato, anziano*] **2** *(reggere)* to support [*peso*]; to prop (up) [*muro*]; to hold* up [*scaffale*]; ***le colonne sorreggono il tetto*** columns support the roof, the roof is supported by columns **3** FIG. [*persona*] to support; [*speranza*] to sustain; ***la fede ci sorregge*** we are sustained by faith; ***mi hai sempre sorretto*** you have always supported me **II sorreggersi** pronom. **1** *(appoggiarsi)* to lean* (**a** against) **2** *(sostenersi)* to support each other **3** *(tenersi in piedi)* to stand* up.

sorridente /sorri'dɛnte/ agg. [*viso*] smiling; ***avere il volto ~*** to have a smile on one's face.

▶ **sorridere** /sor'ridere/ [35] intr. (aus. *avere*) **1** *(fare un sorriso)* to smile; ***~ a qcn.*** to smile at sb., to give sb. a smile; ***fare ~ qcn.*** to make sb. smile, to bring a smile to sb.'s face; ***~ al pensiero di qcs.*** to smile to think of sth.; ***~ da orecchio a orecchio*** to grin from ear to ear; ***fare passare la voglia di ~ a qcn.*** to wipe the smile off sb.'s face **2** FIG. *(arridere)* ***~ a qcn.*** [*destino, fortuna*] to smile on sb. **3** FIG. *(allettare)* [*idea, progetto*] to appeal; ***l'idea mi sorride*** I like the idea.

▶ **sorriso** /sor'riso/ m. smile; ***un ampio ~*** a broad smile, a grin; ***fare un ~ a qcn.*** to give sb. a smile; ***con un ~*** with a smile; ***salutare con un ~*** to smile a greeting, to greet with a smile; ***con il ~ sulle labbra*** with a smile on one's lips; ***ricambiare un ~ a qcn.*** to smile back at sb.; ***accennare un ~*** to smile faintly, to give a half *o* faint smile; ***sono riuscito a strappargli un ~*** I managed to draw a smile from him; ***fare un sorriso sforzato*** to force a smile; ***l'ombra di un ~*** the ghost *o* flicker of a smile; ***senza l'ombra di un ~*** without a trace of a smile; ***fece un ~ d'intesa*** she smiled in a knowing way; ***essere tutto -i*** to be all smiles.

sorsata /sor'sata/ f. sip, draught BE, draft AE, swig COLLOQ.; ***bere una ~ d'acqua*** to take a sip of water; ***bere a lunghe -e*** to drink in gulps.

sorseggiare /sorsed'dʒare/ [1] tr. to sip; ***~ una bevanda*** to nurse one's drink.

▷ **sorso** /'sorso/ m. sip, gulp, mouthful, draught BE, draft AE, swig COLLOQ.; ***in un solo ~*** in a single draught, in one gulp; ***bere a piccoli -i*** to sip; ***bere a grandi -i*** to drink deeply; ***bere un ~ di qcs.*** to take *o* have a drink of sth.; ***bere un ~ dalla bottiglia*** to take a pull from the bottle.

sorta /'sɔrta/ f. **1** kind, sort (**di** of); ***di ogni ~, di tutte le -e*** of all sorts, of every kind; ***persone di ogni ~*** all sorts *o* kinds of people; ***è una ~ di computer*** it's some sort of computer; ***una ~ di eroe*** a hero of sorts; ***che ~ di uomo è?*** what manner of man is he? **2 di ~** *(di nessun tipo)* whatever, whatsoever; ***non ho preferenze di ~*** I have no preferences at all *o* no preferences whatever.

▶ **sorte** /'sɔrte/ f. **1** *(destino)* fate, destiny, lot; ***cattiva ~*** hard luck, doom; ***buona ~*** luck, luckiness, fortune; ***per buona ~*** by good hap ANT.; ***affidarsi alla ~*** to trust to luck; ***la ~ era con me*** fate was on my side; ***la ~ gli ha voltato le spalle*** the tide has turned against him; ***la sua ~ è segnata*** his fate is sealed; ***come volle la ~*** as chance would have it; ***in balia della ~*** in the lap of the gods; ***tentare la ~*** to try one's luck, to take a chance, to chance one's luck *o* arm; ***sfidare la ~*** to tempt fate *o* providence; ***condividere la ~ di qcn.*** to throw in one's lot with sb.; ***decidere della ~ di qcn.*** to seal sb.'s fate; ***ironia della ~, non rispose mai*** ironically, she never replied; ***preoccuparsi per le -i del paese*** to worry about the country's future **2** *(sorteggio)* lot; ***estrazione a ~*** draw; ***estrarre*** o ***tirare a ~*** to draw *o* cast lots; ***essere estratto a ~*** to be chosen *o* decided by lot; ***mi è toccato in ~ fare*** the lot fell to me to do, it fell to my lot to do ◆ ***fare buon viso a cattiva ~*** to make the best of a bad bargain, to put a brave face on things.

▷ **sorteggiare** /sorted'dʒare/ [1] tr. to draw* [*numero, biglietto, vincitore*]; ***~ per fare*** to draw *o* cast lots to do; ***essere sorteggiato*** to be chosen *o* decided by lot; ***l'Italia è stata sorteggiata per giocare contro la Spagna*** Italy has been drawn against Spain.

▷ **sorteggio**, pl. **-gi** /sor'teddʒo, dʒi/ m. draw, lot; ***fare il ~ dei premi*** to draw the prizes; ***vincere per ~*** to win by lot; ***il ~ ha messo di fronte Jones e Smith al primo turno*** Jones drew Smith in the first round.

sortilegio, pl. **-gi** /sorti'lɛdʒo, dʒi/ m. sortilege, sorcery, witchcraft; ***essere vittima di un ~*** to be a victim of sorcery.

sortire /sor'tire/ [102] tr. to obtain, to achieve, to get* [*effetto*]; ***~ l'effetto contrario*** to produce the opposite effect.

sortita /sor'tita/ f. **1** MIL. sortie, sally; ***tentare una ~*** to attempt a sortie; ***fare una ~*** to sally **2** TEATR. *(entrata)* entrance **3** FIG. *(battuta)* sally, quip, witty remark.

sorvegliante /sorveʎ'ʎante/ ➧ ***18*** m. e f. *(guardiano)* caretaker, keeper; *(di prigione, banca)* guard; ***~ notturno*** night watchman.

▷ **sorveglianza** /sorveʎ'ʎantsa/ f. surveillance, watch; ***esercitare una stretta, costante ~ su*** to keep a close, constant watch over [*persona, impianto, edificio*]; ***tenere qcn. sotto ~*** to keep sb. under surveillance; ***essere sotto stretta ~*** to be closely guarded; ***mettere qcn. sotto stretta ~*** to put a close watch on sb.; ***mettere qcn., qcs. sotto la ~ della polizia*** to put sb., sth. under police surveillance; ***eludere la ~ di qcn.*** to escape detection by sb.; ***il confine è sotto stretta ~*** the border is heavily guarded; ***~ elettronica*** electronic surveillance; ***società di ~*** security firm.

▷ **sorvegliare** /sorveʎ'ʎare/ [1] tr. **1** *(controllare)* to watch, to keep* watch over, to supervise; *(tenere d'occhio)* to keep* an eye on; *(badare a)* to look after [*bambino*]; to monitor, to watch (over) [*malato*]; ***~ i movimenti*** o ***le mosse di qcn.*** to keep watch on sb.'s movements; ***sorveglia i suoi impiegati*** he keeps a close eye on his employees; ***~ i progressi di un malato*** to monitor a patient's progress **2** *(guardare a vista)* to guard [*prigioniero, luogo*]; to police [*area, frontiera*]; to watch [*edificio*]; ***~ un sospetto*** to keep a suspect under surveillance *o* observation; ***essere sorvegliato 24 ore su 24*** to be under 24 hour supervision, to be under round-the-clock surveillance.

sorvegliato /sorveʎ'ʎato/ **I** p.pass. → **sorvegliare II** agg. watched, supervised, guarded **III** m. ***~ speciale*** = person kept under high security surveillance.

sorvolare /sorvo'lare/ [1] **I** tr. **1** AER. [*aereo, pilota*] to fly* over, to fly* across, to overfly* [*luogo*]; ***l'aereo sorvolò i campi a bassa quota*** the plane swept (down) low over the fields **2** FIG. *(non soffermarsi)* ***~ qcs.*** to pass over, overlook, gloss over sth. **II** intr. (aus. *avere*) ***~ su*** to pass *o* gloss over, to overlook [*questione, errore*]; ***sorvoliamo!*** let's skip it!

sorvolo /sor'volo/ m. sweep, flying over; ***effettuare il ~ di un territorio*** to fly over a territory; ***vietare il ~ della capitale*** to ban flights over the capital.

S.O.S. /ɛsseo'ɛsse/ m.inv. SOS; ***lanciare*** o ***trasmettere un ~*** to send out an SOS.

sosia /'sɔzja/ m. e f.inv. double, look-alike; ***è il tuo ~!*** he's your double! ***un ~ di Einstein*** an Einstein look-alike.

▶ **sospendere** /sos'pɛndere/ [10] tr. **1** *(appendere)* to hang* [*lampada*]; to hang* (down), to sling* [*fune*]; ***~ un lampadario al soffitto*** to hang a chandelier from the ceiling **2** FIG. *(interrompere)* to suspend [*pubblicazione, trattative, ostilità, incontro*]; to end [*sciopero*]; to call off [*ricerche, indagini*]; to suspend, to stop [*processo, pagamento*]; ***~ la seduta*** [*parlamento*] to rise; ***la seduta è sospesa*** the meeting is adjourned; ***~ ogni aiuto economico*** to suspend all economic aid; ***~ momentaneamente un progetto*** to put a project on hold; ***fare ~ una cura a qcn.*** take sb. off medication; ***~ la quotazione di un titolo*** to suspend shares **3** FIG. *(rinviare)* to cancel [*spettacolo*]; ***la partita fu sospesa per la pioggia*** the match was rained off BE; ***~ il giudizio su qcs.*** to keep an open mind about sth.; ***~ una sentenza*** DIR. to defer sentence; ***l'esecuzione della sua sentenza è stata sospesa*** her sentence was suspended **4** FIG. *(allontanare)* to suspend, to ban [*atleta*]; to suspend [*impiegato, funzionario*]; to suspend, to send* [sb.] home [*allievo*]; ***~ un prete*** to defrock a priest; ***essere sospeso dalle proprie funzioni*** to be suspended from duty; ***l'atleta è sospeso da tutte le gare*** the athlete has been suspended from all events **5** *(ritirare)* ***~ la patente a qcn.*** to disqualify sb. from driving; ***gli hanno sospeso la patente per sei mesi*** he's been disqualified for six months **6** CHIM. FIS. to suspend.

▷ **sospensione** /sopen'sjone/ f. **1** *(il sospendere)* suspension; ***cavo, gancio di ~*** suspension cable, hook; ***lampada a ~*** swing lamp AE **2** *(interruzione)* suspension; *(di seduta, dibattito, inchiesta)* adjournment; ***~ delle relazioni diplomatiche*** suspension of diplomatic relations; ***una ~ nella vendita delle armi*** a halt in arms sales; ***chiedere la ~ della seduta*** to ask for the session to be adjourned; ***puntini di ~*** LING. suspension points, dots **3** *(rinvio)* suspension, postponement; ***~ delle trattative*** interruption of negotiations; ***~ dell'esecuzione*** DIR. stay, staying; ***~ condizionale della pena*** DIR. suspension of sentence, probation **4** *(allontanamento) (di impiegato, funzionario, atleta)* suspension (**da** from); *(di alunno)* suspension, exclusion (**da** from); ***~ dalle (proprie) funzioni*** suspension from duty; ***~ a vita*** lifetime suspension; ***rischiare una ~ di tre anni*** to be facing a three-year suspension; ***~ a tempo indeterminato*** SPORT indefinite ban **5** *(ritiro)* ***~ della patente*** disqualification from driving, (driving) disqualification **6** CHIM. suspension; ***in ~*** [*particelle, materie*] in suspension **7** AUT. TECN. suspension; ***~ anteriore*** AUT. front-wheel suspension; ***~ idraulica, indipendente*** hydraulic, independent suspension; ***~ pneumatica*** air suspension; ***le -i sono buone*** the suspension is good ◆◆ ***~ d'armi*** MIL. cease-fire; ***~ cardanica*** MECC. gimbals; ***~ colloidale*** CHIM. colloidal suspension.

sospensiva /sospen'siva/ f. BUROCR. adjournment, delay, postponement.

sospensivo /sospen'sivo/ agg. [*veto*] suspensive; ***punti -i*** LING. suspension points, dots.

sospensore /sospen'sore/ m. hanger.

sospensorio, pl. **-ri, -rie** /sospen'sɔrjo, ri, rje/ **I** agg. [*muscolo, legamento*] suspensorial, suspensory **II** m. **1** SPORT athletic support BE, athletic supporter AE, jockstrap COLLOQ. **2** MED. suspensorial, suspensory bandage.

▶ **sospeso** /sos'peso/ **I** p.pass. → **sospendere II** agg. **1** *(appeso)* suspended; [*lampadario, quadro*] hanging **2** *(sollevato)* ***ponte ~*** suspension bridge; ***cavo ~*** suspension cable; ***essere ~ a mezz'aria*** to be suspended in midair; ***essere ~ a un filo*** FIG. to be hanging by a thread; ***essere ~ tra la vita e la morte*** to be hovering between life and death **3** FIG. *(interrotto, rinviato)* suspended, postponed, deferred, adjourned; ***sentenza -a*** deferred sentence **4** *(punito)* [*atleta*] suspended, banned; [*alunno*] suspended; [*impiegato*] suspended **5 in sospeso** [*questione*] undecided, pending, pendent; [*lavoro, problema, conto*] outstanding; ***per il momento lasciamolo in ~*** let's put it to the side for the moment; ***lasciare una questione in ~*** to leave a question unresolved; ***lasciare la decisione in ~*** to leave the decision open; ***questioni rimaste in ~ dall'incontro precedente*** questions outstanding from the previous meeting; ***tenere qcn. in ~*** to keep sb. in suspense; ***ho ancora un conto in ~ con lui*** I've still got a bone to pick with him **III** m. *(conto da saldare)* outstanding account; *(pratica da definire)* pending matter ◆ ***col fiato ~*** with bated breath; ***il film ci ha tenuto col fiato ~*** the film had us on the edge of our seats.

sospettabile /sospet'tabile/ agg. suspectable.

▶ **sospettare** /sospet'tare/ [1] **I** tr. **1** *(ritenere colpevole)* to suspect [*persona, gruppo, istituzione*] (**di** of); ***essere sospettato*** to come under suspicion; ***era sospettata di aver rubato soldi*** she was suspected of stealing money; ***è stato sospettato di tradimento*** he was suspected of treason **2** *(ipotizzare)* to suspect [*frode, truffa, tradimento*]; **~ *che*** to suspect that, to have a suspicion that; ***c'è motivo di sospettare che...*** there is reason to suspect that...; ***non sospetta nulla*** he suspects nothing, he hasn't (got) a clue; ***non avrei mai sospettato in lui tanta pazienza*** I would never have expected such patience from him; ***lo sospettavo!*** I guessed as much! ***chi lo avrebbe mai sospettato!*** who'd have thought it! **II** intr. (aus. *avere*) *(dubitare)* **~ *di qcn.*** to be suspicious of sb.; **~ *di tutti*** to mistrust everybody.

sospettato /sospet'tato/ **I** p.pass. → **sospettare II** agg. suspected **III** m. (f **-a**) suspect.

▷ **1.sospetto** /sos'pɛtto/ **I** agg. [*auto, individuo*] suspect, suspicious; [*comportamento*] furtive, suspicious; [*rumore*] suspicious; [*origine*] dubious; ***un oggetto di provenienza -a*** a suspect item; ***comportarsi in modo ~*** to behave suspiciously; ***è, trovo ~ che*** it is, I find it suspicious that; ***un individuo dall'aria -a*** a suspicious-looking individual **II** m. *(sospettato)* (f. **-a**) suspect; ***il ~ numero uno*** the prime suspect; ***essere fra i -i*** to be named as a suspect.

▶ **2.sospetto** /sos'pɛtto/ m. **1** *(dubbio, supposizione)* suspicion, misgiving; ***-i fondati*** well-grounded suspicions; ***destare -i*** to arouse suspicion; ***essere al di sopra di ogni ~*** to be above suspicion; ***cadere*** o ***venire in ~*** to fall under suspicion; ***vedere qcn., qcs. con ~*** to view sb., sth. with suspicion; ***nutriamo il forte ~ che...*** we strongly suspect that...; ***fare nascere dei -i su qcn., qcs.*** to throw suspicion on sb., sth; ***gettare dei -i su qcn.*** to point the finger of suspicion at sb.; ***i -i sono caduti su suo marito*** suspicion fell on her husband; ***abbiamo cominciato ad avere qualche ~ quando...*** we became suspicious when... **2** *(idea vaga)* suspicion, feeling, inkling; ***avere il ~ che*** to have a suspicion that; ***ho il vago ~ che*** I have a shrewd idea that; ***non ha il minimo sospetto*** she suspects nothing; ***non avere il minimo ~ che*** to have no inkling that; ***ho il forte ~ che stia mentendo*** I have a strong suspicion that she is lying **3** *(minima quantità)* suspicion, touch, hint.

sospettosamente /sospettosa'mente/ avv. suspiciously.

sospettosità /sospettosi'ta/ f.inv. suspiciousness.

▷ **sospettoso** /sospet'toso/ agg. [*persona*] suspicious, distrustful, mistrustful (**di, nei confronti di** of).

sospingere /sos'pindʒere/ [24] tr. **1** *(spingere)* [*marea, brezza*] to drive* [*barca*]; [*persona*] to push [*carrozzella*]; ***il vento sospingeva le nuvole*** the wind drove the clouds along **2** FIG. *(spronare)* to drive*, to urge, to incite.

sospinto /sos'pinto/ **I** p.pass. → **sospingere II** agg. ***a ogni piè ~*** at every turn.

▷ **sospirare** /sospi'rare/ [1] **I** intr. (aus. *avere*) **1** [*persona*] to sigh (**di** of); ***"che bello!" sospirò*** "how beautiful!" she sighed; **~ *di sollievo*** to sigh with relief **2** FIG. *(struggersi)* **~ *per qcn.*** to languish *o* pine for sb.; **~ *per la lontananza di qcn.*** to pine for sb. **II** tr. *(desiderare)* to long for, to look forward to, to yearn for [*vacanze*]; ***farsi ~*** to keep sb. waiting.

sospirato /sospi'rato/ **I** p.pass. → **sospirare II** agg. longed-for, long-awaited, eagerly awaited; ***il momento (tanto) ~ era arrivato*** the long-awaited moment had come.

▷ **sospiro** /sos'piro/ m. sigh; ***fare*** o ***emettere un ~*** to breathe *o* give *o* heave a sigh; ***tirare un ~ di sollievo*** to sigh with relief; ***profondo ~*** deep sigh; ***con un ~*** with a sigh; ***Ponte dei Sospiri*** Bridge of Sighs ◆ ***esalare*** o ***rendere l'ultimo ~*** to breath one's last, to draw one's last breath.

sospirosamente /sospirosa'mente/ avv. sighingly.

sospiroso /sospi'roso/ agg. **1** sighing **2** *(malinconico)* melancholy, plaintive.

▷ **sosta** /'sɔsta/ f. **1** *(fermata)* stop, halt; ***fare una ~ a Roma*** to stop off in Rome; ***facemmo una ~ a Milano*** we broke our journey in Milan; ***questo treno non fa -e fino a Bologna*** this train goes nonstop to Bologna; ***fare una breve ~*** to stop somewhere for a little while, to make a pit stop **2** *(di autoveicolo)* parking; ***area di ~*** (parking) bay, rest area, stopping place, lay-by BE; **~ *d'emergenza*** emergency stop; ***divieto di ~***, **~ *vietata*** no parking; ***divieto di ~ e fermata*** no waiting; **~ *(consentita) su ambo i lati*** parking on both sides; **~ *(consentita) su un solo lato*** parking on one side only; **~ *limitata*** short-term parking; **~ *a pagamento*** metered parking; ***un camion in ~*** a stationary lorry; **~ *ai box*** SPORT pit box **3** *(pausa, riposo)* break, rest, pause; ***fare una ~*** to have, take a break; ***fare una ~ di un'ora*** to have an hour's break, to break off an hour; ***non dare ~*** to give no rest *o* respite; ***lavorare senza ~*** to work nonstop *o* without a pause; ***parlare senza ~*** to talk nonstop *o* endlessly *o* ceaselessly; ***ho camminato senza ~ per sei ore*** I walked for six hours without a break.

sostantivale /sostanti'vale/ agg. [*uso*] substantival.

sostantivare /sostanti'vare/ [1] tr. to substantivize.

sostantivato /sostanti'vato/ **I** p.pass. → **sostantivare II** agg. [*aggettivo*] substantivized.

sostantivazione /sostantivat'tsjone/ f. substantivization.

sostantivo /sostan'tivo/ **I** m. substantive, noun **II** agg. [*nome*] substantive.

▶ **sostanza** /sos'tantsa/ **I** f. **1** *(essenza)* substance (anche FILOS.), essence **2** *(parte essenziale)* substance, essence, gist; ***la ~ del discorso*** the essence of the speech; ***essere privo di ~*** [*libro*] to lack substance **3** CHIM. substance, material, matter; **~ *chimica*** chemical; **~ *tossica*** toxic substance, toxicant; **~ *inerte*** inert matter; **~ *inorganica, organica*** inorganic, organic matter; **~ *esplosiva*** explosive material; **~ *naturale*** natural material; ***abuso di -e stupefacenti*** substance abuse **4** BIOL. ANAT. matter; **~ *bianca*** ANAT. white matter; **~ *grigia*** ANAT. grey matter **5** *(valore nutritivo)* sustenance, nourishment; ***quei piatti non hanno molta ~*** there isn't much sustenance in those meals **II sostanze** f.pl. *(patrimonio)* property sing., possessions, substance sing. ANT. FORM.; ***ha sperperato tutte le sue -e*** he squandered all his means ◆ ***in ~*** *(fondamentalmente)* in essence, in substance; *(in conclusione)* in conclusion; ***in ~ sono d'accordo con lui*** I agree with him in substance; ***che vuoi, in ~?*** what do you want, in conclusion?

sostanziale /sostan'tsjale/ **I** agg. *(essenziale)* [*diminuzione*] substantial, essential; [*cambiamento*] material, substantive FORM.; [*danni*] substantial **II** m. *(essenziale, necessario)* substance.

sostanzialismo /sostantsja'lizmo/ m. substantialism.

sostanzialista, m.pl. **-i**, f.pl. **-e** /sostantsja'lista/ m. e f. substantialist.

sostanzialità /sostantsjali'ta/ f.inv. substantiality.

sostanzialmente /sostantsjal'mente/ avv. *(essenzialmente)* substantially, basically, materially; ***essere ~ d'accordo su qcs.*** to be in substantial agreement over sth.

sostanziare /sostan'tsjare/ [1] tr. LETT. to substantiate.

sostanzioso /sostan'tsjoso/ agg. **1** *(nutriente)* [*cibo*] nourishing, nutritious, rich **2** *(abbondante)* [*pasto*] substantial, filling; *(considerevole)* [*guadagno*] substantial, considerable **3** FIG. *(ricco di contenuto)* [*storia, argomento*] meaty.

▷ **sostare** /sos'tare/ [1] intr. (aus. *avere*) **1** *(fare una sosta)* to stop, to halt; **~ *a lungo davanti a una vetrina*** to stop *o* linger for a long time in front of a shop window **2** *(fermarsi, parcheggiare)* [*veicolo, automobilista*] to park; **~ *in doppia fila*** to double-park **3** *(fare una pausa)* to have* a break; **~ *dal lavoro*** to take a short break from work.

▷ **sostegno** /sos'teɲɲo/ m. **1** *(supporto)* support, prop; ***elemento di ~*** support member; ***i -i del tetto*** the roof supports; ***muro di ~*** retaining wall; ***fornire un ~ a una pianta*** to prop up a plant; ***usava il bastone come ~*** he used his stick as a support; ***reggersi agli appositi -i*** hold on to the hand supports **2** FIG. *(appoggio)* support, prop, backing; *(aiuto)* support, help; **~ *morale*** moral support; ***tutto il nostro ~*** our entire support; ***avete il mio ~*** my support lies with you; ***dare a qcn., qcs. il proprio ~*** to give sb., sth. (one's) support; ***gli danno tutto il loro ~*** they are solidly behind him; ***ricevere ~ da qcn., qcs.*** to get support from sb., sth.; ***manifestare il proprio ~ a qcs.*** to demonstrate one's support for sth.; ***cercava ~ nei suoi amici*** he looked to his friends for support; ***la religione rappresenta un ~ per lei*** religion is a crutch for her; ***essere il ~ della famiglia*** to be the breadwinner *o* wage earner; ***misure di ~ all'economia*** measures to support the economy; ***prove che vanno a ~ di qcs.*** evidence to support sth.; ***a ~ di questo punto di vista*** in support of this point of view **3** SCOL. ***corso di ~*** remedial lessons; ***insegnante di ~*** learning support teacher.

▶ **sostenere** /soste'nere/ [93] **I** tr. **1** *(reggere)* to support, to sustain, to bear*, to carry [*peso*]; to support, to prop (up) [*muro*]; to prop, to underprop [*tetto*]; to hold* up [*scaffale*]; to support [*ferito, malato*]; ***gli sostenni la testa con un cuscino*** I propped his head on a pillow; ***muro sostenuto da puntelli*** wall supported by props **2** FIG. *(confortare)* [*persona*] to support; [*speranza*] to sustain; ***mi hai sempre sostenuto*** you have always supported me; ***solo la speranza mi sostiene*** hope alone sustains me **3** *(appoggiare)* to back (up), to stand* by, to prop up [*persona*]; to back, to support [*partito, candidato*]; to prop up, to sustain [*economia, regime*]; to support, to back [*causa, campagna, riforma*]; to defend, to uphold* [*idea, opinione, principio, teoria*]; **~ *la maggioranza*** to support the majority; ***ti sosterrò fino in fondo*** I'm with you *o* behind you all the way; **~ *la (causa della) privatizzazione*** to argue the case for privatization **4** ECON. to support [*prezzi*]; to support, to back, to prop up, to peg [*moneta*] **5** FIG. *(mantenere alto)* to keep* [sth.] going [*conversazione*]; to keep* up, to sustain [*ritmo*]; **~ *una nota*** MUS. to hold a note **6** *(affermare)* to claim, to assert, to maintain (**che** that); ***si può ~ che*** it's arguable that; ***si potrebbe ~ che*** it could *o* might be argued that, one might argue that; ***~ il proprio punto di vista*** to argue one's point; ***~ di essere innocente*** to claim to be innocent **7** FIG. *(sopportare, fronteggiare, tollerare)* ***~ forti spese*** to go to great expense, to go to a great deal of expense; ***non riesce a ~ questa tensione*** he can't bear this tension; ***~ l'urto di qcs.*** to bear *o* take the brunt of sth.; ***non riusciva a ~ il suo sguardo*** he couldn't meet her eye; ***~ il confronto con qcn., qcs.*** to stand comparison with sb., sth.; ***~ una battaglia elettorale*** to fight an election; ***~ l'alcol*** to (be able) to hold one's drink *o* liquor **8** *(affrontare)* to take*, to stand*, to sit* (for) BE [*esami, prove*]; ***ogni anno sostengono un esame di matematica*** they are examined in maths every year **9** TEATR. *(recitare)* to play, to act [*parte*] **10** FIG. *(nutrire)* to nourish, to give* strength to **II sostenersi** pronom. **1** *(reggersi in piedi)* to stand* up; ***usava il bastone per -rsi*** he used his stick as a support **2** *(mantenersi in forma)* ***-rsi con cibi nutrienti*** to sustain oneself with nourishing food **3** *(mantenersi economicamente)* to earn one's living, to keep* oneself; ***lavorare per -rsi*** to work for one's keep.

sostenibile /soste'nibile/ agg. **1** *(sopportabile)* [*costi, situazione*] bearable; ECON. [*sviluppo, economia*] sustainable **2** *(difendibile)* [*argomento, ipotesi, affermazione, teoria*] tenable, defensible, assertable.

sostenibilità /sostenibili'ta/ f.inv. *(sopportabilità)* bearableness; *(difendibilità)* tenability, defensibility.

sostenitore /sosteni'tore/ **I** agg. [*socio*] supporting, contributing **II** m. (f. **-trice** /tritʃe/) supporter, backer, upholder, follower; ***essere un ~ di*** to be an advocate of; ***i -i della campagna antifumo*** the anti-smoking brigade; ***il partito ha sempre più -i*** support for the party is increasing.

sostentamento /sostenta'mento/ m. *(mantenimento)* maintenance, sustenance, keep; ***mezzi di ~*** means of support; ***spese di ~*** living expenses; ***provvedere al proprio ~*** to pay for one's keep; ***trarre il proprio ~ da un pezzo di terra*** to eke out a living from a small piece of land.

sostentare /sosten'tare/ [1] **I** tr. **1** *(mantenere)* to support, to maintain [*famiglia*] **2** FIS. to support **II sostentarsi** pronom. *(mantenersi)* [*persona*] to earn one's living, to keep* oneself; ***non ha di che -rsi*** he has nothing to live on.

sostentatore /sostenta'tore/ **I** m. (f. **-trice** /tritʃe/) *(sostenitore)* supporter **II** agg. **1** *(che sostiene)* supporting **2** FIS. lifting.

sostentazione /sostentat'tsjone/ f. FIS. AER. lift.

sostenutezza /sostenu'tettsa/ f. **1** *(riserbo)* reserve, starchiness **2** *(alterigia)* haughtiness, lordliness.

sostenuto /soste'nuto/ **I** p.pass. → **sostenere II** agg. **1** *(riservato)* [*persona*] reserved; *(poco cordiale)* [*persona, tono*] stiff, distant, starchy **2** *(elevato)* [*velocità*] high; ***a ritmo ~*** at a fast tempo; ***a passo ~*** at a cracking *o* spanking COLLOQ. pace; ***l'andatura diventò troppo -a per lui*** the pace got too hot for him **3** *(solenne)* [*scritto, discorso*] elevated, formal, lofty **4** ECON. [*prezzi*] stiff, steady; [*mercato*] firm, strong, bullish **5** MUS. sustained **III** m. (f. **-a**) ***fare il ~*** to be stand-offish.

sostituente /sostitu'ɛnte/ m. CHIM. substituent.

sostituibile /sostitu'ibile/ agg. replaceable; *(intercambiabile)* interchangeable; ***elemento non ~ con un altro*** element which may be not substituted for another; ***prodotti -i*** substitute products.

sostituibilità /sostituibili'ta/ f.inv. replaceability; *(intercambiabilità)* interchangeability.

▷ **sostituire** /sostitu'ire/ [102] **I** tr. **1** *(cambiare)* to replace [*pezzo*] (**con** with); to change, to replace [*pile, lampadina, vetro*]; ***mi hanno sostituito il televisore*** they replaced my TV set **2** *(mettere al posto di)* to replace (**con** with); ***~ A con B*** to replace A with B, to substitute B for A; ***in questa ricetta è possibile ~ il miele allo zucchero*** honey can be substituted for sugar in this recipe **3** *(prendere il posto di)* to replace, to take* over from [*metodo, tecnologia, tradizione*]; to supersede [*modello*]; ***non c'è nulla che possa ~ una buona istruzione*** there is no substitute for a good education; ***il gas è stato sostituito dall'elettricità*** gas went out and electricity came in; ***il compact disc sostituisce a poco a poco il disco di vinile*** the compact disc is gradually taking over from *o* replacing the record **4** *(rimpiazzare)* to replace, to succeed [*persona*]; *(fare le veci di)* to stand* in for, to cover for, to sub for COLLOQ. [*professore, impiegato, dottore*]; to understudy [*attore*]; ***~ qcn. a una riunione*** to stand in for sb. at a meeting; ***puoi sostituirmi?*** can you stand in for me? ***~ un collega durante le sue vacanze*** to stand in *o* cover for a colleague during his vacation; ***essere incaricato di ~ qcn.*** to be appointed as a deputy for sb.; ***il sig. Carli sostituisce la sig.ra Riccio alla direzione*** Mr Carli is replacing *o* succeeds Mrs Riccio as director **II sostituirsi** pronom. ***-rsi a*** [*persona*] to take* the place of [*persona*].

sostitutivo /sostitu'tivo/ agg. *(che sostituisce)* [*prodotto*] substitute attrib.; ***chirurgia -a*** spare part surgery; ***maternità -a*** surrogate motherhood, surrogacy; ***certificato ~*** substitute document.

sostituto /sosti'tuto/ **I** m. (f. **-a**) **1** *(supplente)* substitute, deputy, replacement, stand-in; *(attore)* double, understudy; ***il ~ del direttore*** the director's assistant; ***fare il ~ di qcn.*** TEATR. to double for sb. **2** LING. substitute **3** *(surrogato)* surrogate (**di** for); ***~ della figura materna*** substitute mother **II** agg. ***madre -a*** surrogate mother ◆◆ ***~ d'imposta*** DIR. = (tax) withholding agent; ***~ procuratore*** DIR. public prosecutor's assistant BE, district attoney's assistant AE.

sostituzione /sostitut'tsjone/ f. **1** *(rimpiazzo)* replacement, substitution; ***la ~ di Paolo con Giulio alla direzione*** Giulio's replacement of Paolo as director; ***garantire una ~ d'emergenza*** to provide emergency cover; ***la ~ di un pezzo usato*** the replacement of a worn part; ***costo di ~*** replacement cost; ***ve ne daremo un altro in ~*** we will give you a replacement; ***mi hanno dato una televisione nuova in ~ della vecchia*** they gave me a new television to replace the old one **2** DIR. ***~ testamentaria*** substitution; ***~ di persona*** impersonation **3** CHIM. MAT. LING. substitution.

sostrato /sos'trato/ m. **1** LING. GEOL. substratum* **2** FIG. background, basis*, foundation; ***il ~ di una teoria politica*** the foundation *o* bedrock of a political theory ◆◆ ***~ linguistico*** substrate language.

soteriologia /soterjolo'dʒia/ f. soteriology.

soteriologico, pl. **-ci**, **-che** /soterjo'lɔdʒiko, tʃi, ke/ agg. soteriological.

sottabito /sot'tabito/ m. *(sottoveste)* petticoat, slip.

sottacere /sotta'tʃere/ [54] tr. LETT. to omit, to leave* out.

▷ **sottaceto** /sotta'tʃeto/ **I** agg.inv. (anche **sott'aceto**) ***cetriolini ~*** pickles, (pickled) gherkins **II** avv. (anche **sott'aceto**) ***mettere qcs. ~*** to pickle sth. **III sottaceti** m.pl. pickle **U**, pickles.

sottacqua /sot'takkwa/ avv. underwater; ***restare ~*** to stay under.

sottana /sot'tana/ f. **1** *(sottoveste)* petticoat, slip **2** *(gonna)* skirt **3** *(veste talare)* soutane ◆ ***correre dietro alle -e*** to chase petticoats *o* skirts; ***essere attaccato alle -e di qcn.*** to be tied to sb.'s apron strings; ***stare sempre attaccato alla ~ della mamma*** to cling to one's mother's skirts.

sottarco, pl. **-chi** /sot'tarko, ki/ m. → **intradosso.**

sottecchi /sot'tekki/ avv. ***(di) ~*** furtively, secretly, covertly; ***guardare qcn. (di) ~*** to look at sb. sidelong.

sottendere /sot'tɛndere/ [10] tr. **1** MAT. to subtend [*arco*] **2** FIG. *(presupporre)* to presume, to presuppose.

sotterfugio, pl. **-gi** /sotter'fudʒo, dʒi/ m. subterfuge, deception, expedient, trick; ***ricorrere a*** o ***servirsi di -gi*** to use subterfuge *o* all sorts of ploys; ***con un ~*** on *o* under false pretences.

sotterramento /sotterra'mento/ m. burial, interment.

sotterranea /sotter'ranea/ f. *(metropolitana)* underground BE, subway AE, metro; *(a Londra)* tube.

▷ **sotterraneo** /sotter'raneo/ **I** agg. **1** *(sottoterra)* [*passaggio, rifugio, garage*] underground; [*lago*] subterranean; ***parcheggio ~*** underground car park BE, parking garage AE; ***treno ~*** subway train **2** FIG. *(segreto)* [*manovre, accordi*] secret, undercover **II** m. *(di edificio)* basement; *(di banca, castello ecc.)* vault.

▷ **sotterrare** /sotter'rare/ [1] tr. **1** *(mettere, nascondere sotto terra)* to bury [*tesoro, osso*]; ***~ un cavo*** to lay a cable underground **2** *(seppellire)* to bury [*cadavere*]; ***finirà per sotterrarci tutti*** SCHERZ. he'll see us all to our graves **3** FIG. *(dimenticare)* ***~ una questione*** to forget about a matter ◆ ***~ l'ascia di guerra*** to bury the hatchet.

sotteso /sot'teso/ **I** p.pass. → **sottendere II** agg. **1** MAT. subtended **2** FIG. tinged, imbued (**di** con); ***una canzone -a di malinconia*** a song tinged with melancholy.

sottigliezza /sottiʎ'ʎettsa/ f. **1** *(finezza)* thinness, sharpness **2** FIG. *(acutezza)* subtlety, subtleness, sharpness; ***la ~ di un ragionamento*** the subtlety of an argument; ***analizzare con ~*** to analyse subtly **3** *(cavillo)* quibble, nicety, cavil; ***le -e della grammatica*** the subtleties of grammar; ***le -e del protocollo*** the niceties of protocol.

▶ **sottile** /sot'tile/ agg. **1** *(di spessore ridotto)* [*fetta, strato, ghiaccio, carta*] thin; [*ago, punta*] sharp; [*lama*] keen; [*tessuto*] thin, sheer, fine; [*libro*] slim; [*capelli*] fine; ***spalmate un ~ strato di burro sul pane*** spread the butter thinly on the bread **2** *(snello)* [*persona, figura*] slight; *(esile)* [*vita*] slim, slender, neat, trim; [*caviglia, polso*] slim; [*collo*] slender; [*dito*] slender, slim; [*labbra, naso*] thin; ***dalle labbra -i*** thin-lipped; ***una ragazza dalla vita ~*** a narrow-waisted girl; ***essere ~ come un giunco*** to be as slender as a sylph **3** FIG. *(leggero, penetrante)* [*aria, vento*] keen, brisk **4** FIG. *(debole)* [*voce*] thin; *(acuto)* [*udito*] keen **5** FIG. *(perspicace)* [*persona*] slight, perceptive, percipient FORM.; [*intelligenza*] keen, perceptive; [*allusione, osservazione*] subtle; [*distinzione*] fine, fine-drawn, tenuous, nice FORM. **6** FIG. *(pungente)* [*umorismo, ironia*] subtle ◆ ***non sei andato molto per il ~!*** you weren't very subtle about it!

sottiletta® /sotti'letta/ f. = processed cheese slice.

sottilizzare /sottilid'dzare/ [1] intr. (aus. *avere*) to split* hairs (**su** over), to quibble (**su** about, over), to cavil (**su** about, at).

sottilmente /sottil'mente/ avv. **1** *(finemente)* [*affettare*] finely, thinly **2** *(accuratamente)* [*esaminare, controllare*] minutely, scrupulously, thoroughly **3** *(acutamente)* [*ragionare*] subtly, sharply, in a subtle way.

sottinsù /sottin'su/ avv. ***di ~*** from below, from underneath; ***guardare qcn. di ~*** to look at sb. sidelong.

sottintendere /sottin'tɛndere/ [10] tr. **1** *(far capire)* to imply, to suggest, to signify; ***dissero che c'erano dei candidati più giovani, sottintendendo che era troppo vecchio*** they said there were younger applicants, the implication being that he was too old **2** LING. to leave* out [*soggetto*] **3** *(comportare)* to imply, to involve; ***i diritti sottintendono dei doveri*** rights imply duties.

▷ **sottinteso** /sottin'teso/ **I** p.pass. → **sottintendere II** agg. **1** *(non esplicito)* understood, implied; ***è ~ che...*** it is understood that..., it goes without saying that... **2** LING. [*soggetto*] understood **III** m. *(allusione)* allusion, implication, innuendo*; ***parlare per -i*** to speak allusively; ***un sorriso pieno di -i*** a smile full of innuendo.

▶ **sotto** /'sotto/ **I** prep. **1** *(in posizione inferiore o sottostante)* under, beneath, underneath; ***~ il*** o ***al tavolo*** under *o* beneath the table; ***~ (a) un lenzuolo*** under a sheet; ***da ~ il letto*** from under the bed; ***mi rifugiai ~ una quercia*** I took shelter beneath an oak; ***sott'acqua*** → **sottacqua**; ***~ il mare*** under the sea; ***mettersi un cuscino ~ la testa*** to put a cushion under one's head; ***indossa una camicetta ~ la giacca*** she is wearing a blouse beneath her jacket; ***~ la pioggia*** in the rain; ***essere ~ la doccia*** to be in the shower; ***~ (a)i suoi piedi*** beneath his feet; ***mettere qcn. ~ i piedi*** FIG. to trample sb. underfoot; ***crollare ~ il peso di*** to sink *o* collapse under the weight of; ***~ lo stesso tetto*** under one *o* the same roof; ***dormire ~ le stelle*** to sleep under the open sky; ***buttarsi ~ un treno*** to throw oneself in front of a train; ***ti metteranno ~*** *(in auto)* you'll get run over; ***lo troverai ~ "Problemi"*** you'll find it under "Problems"; ***~ la lettera D*** under the letter D; ***~ coperta*** → **sottocoperta 2** *(più in basso di, più in giù di)* below; *(a sud di)* south of, below; ***~ il*** o ***al ginocchio*** below the knee; ***l'appartamento ~ il*** o ***al mio*** the apartment below mine; ***~ la superficie*** below the surface; ***~ terra*** → **sottoterra**; ***scrivi il tuo nome ~ la data*** write your name below the date; ***~ (lo) zero*** below zero; ***10 ~ zero*** 10 below (freezing) *o* 10 of frost; ***temperature ~ lo zero*** sub-zero temperatures; ***~ il livello del mare*** below sea level; ***~ la media*** below (the) average, below standard; ***il suo nome era ~ il mio nella lista*** his name was below mine on the list; ***Piacenza è ~ Milano*** Piacenza is south of Milan **3** *(non oltre, inferiore a)* under; ***bambini ~ i cinque anni*** children under five, children of five and under; ***gli assegni ~ le 1000 sterline*** cheques for under 1,000 pounds **4** *(in fondo a)* at the bottom of; ***prendi quello ~ la pila*** take the one at the bottom of the stack **5** *(nelle immediate vicinanze)* ***~ casa mia*** on the doorstep, on my doorstep; ***ce l'hai ~ il naso*** it's under your nose, it's staring you in the face; ***~ gli occhi di qcn.*** in full *o* plain view of sb. **6** *(in prossimità di)* near; ***~ le feste natalizie*** at Christmastime; ***~ gli esami*** during examination time **7** *(durante un regno, governo ecc.)* under, during; ***~ il dominio di un tiranno*** under the rule of a tyrant; ***~ l'occupazione nemica*** under enemy occupation; ***~ il regno di Luigi XIV*** under Louis XIV, during the reign of Louis XIV **8** *(per indicare condizione, influsso)* under; ***~ l'impulso della passione*** on a passionate impulse; ***essere ~ (l'effetto dell') anestesia*** to be under anaesthetic; ***restare ~ anestesia per tre minuti*** to stay under for three minutes; ***essere ~ antibiotici*** to be on antibiotics; ***essere ~ l'effetto dell'alcol*** to be under the influence of alcohol; ***conservare qcs. ~ pressione*** to store sth. under pressure; ***essere ~ pressione*** FIG. to be under pressure *o* strain; ***essere ~ processo*** to be on trial; ***~ pseudonimo*** under a pseudonym; ***~ falso nome*** under an assumed name; ***~ giuramento*** under oath, on oath BE; ***andare ~ le armi*** to go into the army; ***essere nato ~ il segno dello Scorpione*** to be born under (the sign of) Scorpio; ***nato ~ una buona stella*** born under a lucky star; ***~ chiave*** → **sottochiave**; ***sott'occhio*** → **sottocchio 9** GASTR. ***sott'olio*** → **sottolio**; ***mettere qcs. sott'aceto*** to pickle sth.; ***~ vuoto*** → **sottovuoto 10** *(in rapporto a)* ***~ questo punto di vista*** from this point of view; ***~ certi aspetti*** in some respects; ***~ ogni aspetto*** from every side, in every way **11 sotto di** *(a un piano inferiore)* ***abitano ~ di noi*** they live in the flat below us; *(alle dipendenze)* ***avere qcn. ~ di sé*** to have sb. under one; ***le persone ~ di lui nel reparto*** the people below him in the department **12 al di sotto di** below, beneath, underneath; ***al di ~ della media*** below (the) average, below standard; ***al di ~ della soglia di povertà*** below the breadline; ***i bambini al di ~ dei 13 anni*** children under 13; ***temperature al di ~ dei 10°C*** temperatures under 10°C; ***essere al di ~ del limite di velocità*** to be inside the speed limit; ***lavori al di ~ delle tue capacità*** you're not working to your full potential, you're not giving your all **II** avv. **1** *(nella parte inferiore, in basso)* below, beneath, underneath; *(in fondo)* at the bottom; ***tre metri ~*** three metres below; ***va ~ o sopra?*** does it go under or over? ***indossa una maglietta con niente ~*** she's wearing a T-shirt with nothing beneath *o* underneath; ***il prezzo è segnato ~*** the price is marked underneath; ***la porta è chiusa a chiave, infila la lettera ~*** the door is locked, slide the letter underneath; ***visto da ~*** seen from below; ***metti una camicia ~*** put a shirt on underneath; ***dammi quello ~*** give me the one at the bottom *o* underneath **2** *(al piano inferiore)* downstairs; ***il mio appartamento è tranquillo, ~ non ci abita nessuno*** my apartment is quiet, there's no-one living on the floor below; ***abita appena ~, un piano ~*** he lives one floor down; ***il rumore viene da ~*** the noise is coming from downstairs **3** *(con valore rafforzativo)* ***qui, qua ~*** under *o* down here; ***lì, là ~*** under *o* down there **4** *(oltre)* below; ***vedi ~*** see below *o* under; ***qui ~*** here below; ***le informazioni ~*** the information below **5 di sotto** *(sotto a un altro)* below; *(fra due)* lower; *(più in basso di tutti)* bottom; ***lo scaffale di ~*** the shelf below, the lower *o* bottom shelf; ***prendere qcs. dal di ~*** to lift sth. up by the bottom *o* from underneath; *(al piano inferiore)* ***l'appartamento (del piano) di ~*** the downstairs flat, the apartment below *o* beneath; ***andare di ~*** to go downstairs **6** *(in svantaggio)* down; ***eravamo ~ di due goal*** we were two goals down **III** agg.inv. *(inferiore)* below; ***il piano ~*** the floor below; ***la riga ~*** the line below **IV** m.inv. *(parte inferiore)* bottom, underneath, bottom part; *(lato inferiore)* underside, bottom side; ***il ~ è di plastica*** the bottom (part) is made of plastic ◆ ***~ ~*** *(nell'intimo)* deep down, underneath; *(di nascosto)* on the quiet; ***~ ~ la ammiro*** I have a sneaking admiration for her; ***~ ~ aveva paura*** deep down she was frightened; ***~ a chi tocca!*** who's next? ***c'è ~ qualcos'altro*** there's more to this than meets the eye; ***mettersi ~*** *(impegnarsi)* to set to; ***farsi ~*** *(proporsi)* to put *o* push oneself forward; ***fatevi ~!*** *(a tavola)* dig in everybody! ***darci ~*** to put one's back into it; ***farsela ~*** to be scared shitless, to shit bricks.

sottoalimentare /sottoalimen'tare/ [1] tr. to underfeed*, to undernourish.

sottoalimentato /sottoalimen'tato/ **I** p.pass. → **sottoalimentare II** agg. underfed, undernourished.

sottoalimentazione /sottoalimentat'tsjone/ f. underfeeding, undernourishment.

sottoascella /sottoaʃ'ʃɛlla/ f. dress shield.

sottoassicurazione /sottoassikurat'tsjone/ f. underinsurance.

sottobanco /sotto'banko/ avv. under the counter; ***vendere qcs. ~*** to sell sth. under the counter; ***concludere un affare ~*** to do a deal under the counter; ***fare qcs. ~*** to do sth. under the table; ***pagamento ~*** under-the-counter payment.

sottobibliotecario, pl. **-ri** /sottobibljote'karjo, ri/ m. (f. **-a**) sublibrarian.

sottobicchiere /sottobik'kjɛre/ m. *(centrino)* drip mat, coaster; *(piattino)* saucer.

sottobordo /sotto'bordo/ avv. alongside; ***franco ~ nave*** free alongside ship.

sottobosco, pl. **-schi** /sotto'bɔsko, ski/ m. **1** *(vegetazione)* brush(wood), undergrowth, underwood **2** FIG. low-life; ***il ~ della politica*** the political underworld.

sottobottiglia /sottobot'tiʎʎa/ m.inv. *(centrino)* coaster; *(piattino)* saucer.

sottobraccio /sotto'brattʃo/ avv. ***camminare ~*** to walk along arms linked; ***prendere qcn. ~*** to take sb.'s arm, to link arms with sb.

sottocapitalizzato /sottokapitalid'dzato/ agg. undercapitalized.

sottocapitalizzazione /sottokapitaliddzat'tsjone/ f. undercapitalization.

sottocapo /sotto'kapo/ ➧ ***12*** m. **1** vice-chief **2** MAR. *(in GB)* leading seaman*; *(negli USA)* petty officer third class.

sottocategoria /sottokatego'ria/ f. subcategory.

sottocaudale /sottokau'dale/ agg. subcaudal.

sottocchio /sot'tɔkkjo/ avv. under one's eyes, before one; ***ho ~ la mappa*** I have the map in front of me; ***tenere ~ qcn., qcs.*** to keep an eye *o* a weather eye on sb., sth.

sottoccupato /sottokku'pato/ **I** agg. [*persona*] underemployed **II** m. (f. **-a**) underemployed person.

sottoccupazione /sottokkupat'tsjone/ f. underemployment.
sottochiave /sotto'kjave/ avv. under lock and key; ***mettere, tenere qcs.*** ~ to lock sth. away *o* up, to keep sth. under lock and key, ***mettere, tenere qcn.*** ~ to turn the key on sb., to shut sb.
sottoclasse /sotto'klasse/ f. subclass.
sottoclassificazione /sottoklassifikat'tsjone/ f. subclassification.
sottocoda /sotto'koda/ m.inv. EQUIT. crupper.
sottocomitato /sottokomi'tato/ m. subcommittee.
sottocommissione /sottokommis'sjone/ f. subcommission.
sottoconsumo /sottokon'sumo/ m. underconsumption.
sottocoperta /sottoko'pɛrta/ avv. MAR. below deck(s); ***scendere*** ~ to go below.
sottocoppa /sotto'kɔppa/ m.inv. *(piattino)* saucer; *(centrino)* coaster.
sottocorrente /sottokor'rɛnte/ f. undercurrent.
sottocosto /sotto'kɔsto/ **I** agg.inv. ***merci*** ~ goods selling below cost **II** avv. below cost; ***vendere qcs.*** ~ to sell sth. under price.
sottocritico, pl. **-ci, -che** /sotto'kritiko, tʃi, ke/ agg. subcritical.
sottocultura /sottokul'tura/ f. SOCIOL. subculture.
sottocutaneo /sottoku'taneo/ agg. [*iniezione*] subcutaneous; [*infezione*] hypodermic.
sottocute /sotto'kute/ avv. subcutaneously.
sottodominante /sottodomi'nante/ f. subdominant.
sottoelencato /sottoelen'kato/ agg. listed below mai attrib.
sottoesporre /sottoes'porre/ [73] tr. to underexpose [*pellicola*].
sottoesposizione /sottoesposit'tsjone/ f. underexposure.
sottoesposto /sottoes'posto/ **I** p.pass. → **sottoesporre II** agg. [*pellicola*] underexposed.
sottofamiglia /sottofa'miʎʎa/ f. subfamily.
sottofascia /sotto'faʃʃa/ **I** m.inv. = printed matter sent in a (mailing) wrapper **II** avv. ***spedire*** ~ to send in a (mailing) wrapper.
sottofondo /sotto'fondo/ m. **1** EDIL. foundation, bed **2** FIG. *(fondo)* background, undercurrent; ***c'era sempre un ~ di risentimento*** ill feeling was always there in the background; ***un ~ di gelosia*** an undertone of jealousy **3** CINEM. TELEV. background; ***musica di*** ~ background music; ***un ~ di risate, di musica*** a background of laughter, music; ***voci in*** ~ voices in the background.
sottogamba /sotto'gamba/ avv. ***prendere qcs.*** ~ to make light of sth., to underestimate sth.
sottogenere /sotto'dʒɛnere/ m. BOT. ZOOL. subgenus*.
sottogola /sotto'gola/ m. e f.inv. **1** ABBIGL. chinstrap **2** EQUIT. throat-band.
sottogonna /sotto'gɔnna, sotto'gonna/ f. petticoat, underskirt.
sottogoverno /sottogo'vɛrno/ m. = illegal activities carried out by public administration aimed at maintaining or increasing its power.
sottogruppo /sotto'gruppo/ m. **1** subgroup **2** MECC. subassembly.
sottoinsieme /sottoin'sjɛme/ m. MAT. subset.
▷ **sottolineare** /sottoline'are/ [1] tr. **1** *(segnare con una linea scritta)* to underline, to underscore [*parola, titolo*]; ***~ le parole con due linee*** to underline the words twice **2** FIG. *(accentuare)* to underline, to stress, to emphasize; ***va sottolineato*** it must be emphasized; ***~ l'importanza di qcs.*** to emphasize *o* stress the importance of sth.; ***se, e sottolineo se, lui fosse d'accordo...*** if, and it's a very big if, he agrees... **3** FIG. *(mettere in risalto)* ***il vestito le sottolinea la vita*** the dress sets off *o* accentuates her waist.
sottolineatura /sottolinea'tura/ f. underlining, underscoring.
sottolinguale /sottolin'gwale/ agg. sublingual.
sottolio /sot'tɔljo/ **I** agg.inv. ***sardine, tonno*** ~ sardines, tunafish in oil **II** avv. ***conservare qcs.*** ~ to preserve sth. in oil.
sottomano /sotto'mano/ **I** avv. **1** *(a portata di mano)* close to hand, near at hand; ***tenere qcs.*** ~ to keep sth. to hand, to keep sth. handy; ***hai una penna ~?*** have you got a pen handy? ***prendere il primo cappotto che capita*** ~ to grab the first coat that comes to hand **2** *(di nascosto)* secrely, on the sly COLLOQ.; ***vendere*** ~ to sell under the counter **II** m. blotter.
sottomarca, pl. **-che** /sotto'marka, ke/ f. sub-brand.
▷ **sottomarino** /sottoma'rino/ **I** agg. [*fauna, flora, cavo, rilevazione*] submarine, underwater; ***grotte -e*** underwater caves; ***corrente -a*** undercurrent, deep-sea current; ***montagna -a*** seamount **II** m. submarine, sub; ***~ a propulsione nucleare*** nuclear submarine; ***~ tascabile*** midget submarine.
sottomascellare /sottomaʃʃel'lare/ agg. submaxillary.
sottomesso /sotto'messo/ **I** p.pass. → **sottomettere II** agg. *(soggiogato)* [*persona, popolo*] subdued, subject; *(remissivo)* [*persona*] submissive, meek.
▷ **sottomettere** /sotto'mettere/ [60] **I** tr. **1** *(assoggettare)* to subdue, to subject LETT. [*popolo*]; *(piegare)* to tame, to render [sb.] submissive [*persona*]; ***~ qcn. con la forza*** to beat sb. into submission **2** *(sottoporre)* to submit, to present [*progetto, caso*] (**a** to); ***~ qcs. all'attenzione di qcn.*** to submit sth. for sb.'s consideration **II sottomettersi** pronom. **1** *(arrendersi)* [*nemico, ribelli, ragione*] to submit **2** *(accettare)* ***-rsi a*** to submit oneself to [*regolamento*]; ***-rsi all'autorità di qcn.*** to abide by sb.'s authority.
sottomissione /sottomis'sjone/ f. **1** *(il sottomettere)* subdual, subjugation, subjection **2** *(sudditanza)* submission; *(remissività)* taming, submissiveness, meekness; ***accettare con*** ~ to accept submissively; ***fare atto di*** ~ to pledge allegiance.
sottomultiplo /sotto'multiplo/ **I** agg. submultiple **II** m. submultiple (**di** of).
sottooccipitale /sottoottʃipi'tale/ agg. suboccipital.
sottopagare /sottopa'gare/ [1] tr. to underpay* [*dipendente*].
sottopancia /sotto'pantʃa/ m.inv. EQUIT. bellyband, (saddle) girth, cinch AE.
sottoparagrafo /sottopa'ragrafo/ m. subparagraph.
▷ **sottopassaggio**, pl. **-gi** /sottopas'saddʒo, dʒi/ m. *(per veicoli)* underpass; *(per pedoni)* underground passage, subway BE.
sottopasso /sotto'passo/ m. → **sottopassaggio.**
sottopentola /sotto'pɛntola/ m.inv. trivet.
sottopeso /sotto'peso/ **I** agg.inv. [*persona*] underweight; ***questo bambino è ~ di quattro chili*** this child is four kilos underweight, this child is underweight by five kilos **II** m.inv. ***essere in*** ~ to be underweight.
sottopiatto /sotto'pjatto/ m. table mat.
sottopiede /sotto'pjɛde/ m. foot-strap.
sottopopolato /sottopopo'lato/ agg. [*paese, regione*] underpopulated.
▷ **sottoporre** /sotto'porre/ [73] **I** tr. **1** *(indurre a subire)* to subject [*persona*] (**a** to); ***~ qcn. a una terapia*** to treat sb.; ***~ a esame diagnostico un paziente*** to screen a patient; ***~ un candidato a un colloquio*** to interview a candidate; ***~ uno sportivo ad un duro allenamento*** to make an athlete do hard training; ***essere sottoposto a tortura*** to be subjected to torture; ***essere sottoposto a test*** to undergo trials; ***~ qcs. a uno sforzo*** to put *o* impose stress on sth.; ***~ qcs. a una prova*** to put *o* run sth. through a test; ***~ un prodotto ad un'elevata temperatura*** to submit a product to high temperature **2** *(porre al vaglio)* to submit, to present [*progetto, caso*] (**a** to); ***~ una legge al voto*** to put a law to the vote; ***~ una proposta a qcn.*** to put forward a proposal to sb.; ***~ qcs. a discussione*** to bring *o* put sth. up for discussion; ***~ una questione al comitato*** to bring a matter before the committee **II sottoporsi** pronom. **1** *(assoggettarsi)* [*persona*] to submit (**a** to); ***-rsi alla volontà di qcn.*** to submit *o* bend to sb.'s will **2** *(sottomettersi)* ***-rsi a*** to submit (oneself) to [*visita medica*]; ***-rsi a un esame*** to have an examination; ***-rsi a un trattamento*** to undergo treatment; ***-rsi a psicoanalisi*** to undergo psychoanalysis.
sottoposto /sotto'posto/ **I** p.pass. → **sottoporre II** agg. **1** *(esposto)* ***~ a test dinamici*** dynamically-tested **2** *(presentato)* ***~ all'approvazione di qcn.*** subject to sb.'s approval **III** m. (f. **-a**) subordinate.
sottoprezzo /sotto'prɛttso/ avv. at a cut price, at a discount; ***vendere*** ~ to undersell.
sottoprodotto /sottopro'dotto/ m. by-product, spin-off.
sottoproduzione /sottoprodut'tsjone/ f. underproduction.
sottoprogramma /sottopro'gramma/ m. INFORM. subroutine.
sottoproletariato /sottoproleta'rjato/ m. underclass, lumpenproletariat.
sottoproletario, pl. **-ri, -rie** /sottoprole'tarjo, ri, rje/ **I** agg. of the underclass **II** m. (f. **-a**) member of the underclass.
sottopunto /sotto'punto/ → **soppunto.**
sottoraffreddamento /sottoraffredda'mento/ m. supercooling, undercooling.
sottordine /sot'tordine/ m. BIOL. suborder ◆ ***in ~*** *(in secondo piano)* in second place; *(in posizione subordinata)* in a subordinate position; ***far passare qcs. in*** ~ to relegate sth. to second place.
sottoregno /sotto'reɲɲo/ m. subkingdom.
sottoscala /sottos'kala/ m.inv. *(spazio)* = space under a staircase; *(ripostiglio)* = cupboard under the stairs.
sottoscritto /sottos'kritto/ **I** p.pass. → **sottoscrivere II** agg. **1** [*persona*] undersigned; *(firmato)* [*documento*] signed **2** ECON. subscribed; ***emissione interamente -a*** fully subscribed issue **III** m. (f. **-a**) undersigned; ***il ~ conferma che*** the undersigned confirms that; ***i -i Mario e Paolo Bianchi dichiarano*** we, the undersigned, Mario and Paolo Bianchi, certify; ***...e chi ha sbagliato? Il ~!*** SCHERZ. ...and who got it all wrong? yours truly!

sottoscrittore /sottoskrit'tore/ m. (f. **-trice** /tritʃe/) *(firmatario)* signer, signatory; *(di azioni, titoli)* subscriber, underwriter; *~ di prestito* = signee of a loan contract.

▷ **sottoscrivere** /sottos'krivere/ [87] tr. **1** *(firmare)* to sign, to subscribe one's name to [*documento*]; to sign [*contratto*]; *(appoggiare)* to put* one's name to [*petizione*]; to underwrite* [*iniziativa, progetto*] **2** ECON. to subscribe [*somma*] (**a** to); to subscribe for, to apply for, to underwrite* [*azioni*]; *~ un mutuo* to take out a loan **3** FIG. *(approvare)* to subscribe to, to underwrite*, to endorse [*decisione, proposta, affermazione*].

sottoscrizione /sottoskrit'tsjone/ f. **1** *(il sottoscrivere)* signing; *(firma)* signature; *~ di un contratto assicurativo* taking out an insurance policy **2** *(raccolta di firme)* subscription; *(raccolta di fondi)* fund-raising **3** ECON. *(di azioni)* application, subscription, underwriting.

sottosegretariato /sottosegreta'rjato/ m. POL. *(di un ministero)* under-secretaryship.

sottosegretario, pl. **-ri** /sottosegre'tarjo, ri/ m. POL. (f. **-a**) under-secretary; *(in alcuni ministeri inglesi)* minister (of state) ◆◆ *~ di stato* under-secretary of state.

sottosella /sotto'sɛlla/ m.inv. saddlecloth.

sottosezione /sottoset'tsjone/ f. subsection, subdivision.

sottosistema /sottosis'tɛma/ m. INFORM. subsystem.

sottosopra /sotto'sopra/ avv. **1** *(alla rovescia)* upside down; *mettere qcs. ~* to turn sth. inside out **2** *(in disordine)* upside down, topsy-turvy; *mettere ~* to mix up [*foto, francobolli, carte*]; *mettere la casa ~* to turn the house upside down; *mettere ~ una stanza* to turn a room inside out; *la cucina è ~* the kitchen is (in) a mess **3** FIG. *(in agitazione)* into confusion, in a flutter BE; *sentirsi ~* to feel unsettled, nohow COLLOQ.; *sono tutto ~* I'm all of a dither, I'm (all) at sixes and sevens.

sottospazio, pl. **-zi** /sottos'pattsjo, tsi/ m. subspace.

sottospecie /sottos'pɛtʃe/ f.inv. ZOOL. BOT. subspecies.

sottostante /sottos'tante/ agg. *le persone -i* the people (down) below; *il fiume ~* the river beneath *o* below.

sottostare /sottos'tare/ [9] intr. (aus. *essere*) **1** *(essere soggetto a)* *~ a* to be subordinate to [*persona*] **2** *(sottomettersi)* *~ a* to submit oneself to, to be subject to [*regolamento*]; to submit to [*decisione*]; *~ all'autorità di qcn.* to abide by sb.'s authority.

sottostazione /sottostat'tsjone/ f. EL. substation.

sottosterzare /sottoster'tsare/ [1] intr. to understeer.

sottostima /sottos'tima/ f. underestimate.

sottostimare /sottosti'mare/ [1] tr. to underestimate, to underrate, to undervalue [*casa, terreno*].

sottostrato /sottos'trato/ m. underlay.

sottostruttura /sottostrut'tura/ f. substructure.

sottosuolo /sotto'swɔlo/ m. subsoil; GEOL. substratum*, subsurface; *le risorse del ~* the mineral resources.

sottosviluppato /sottozvilup'pato/ agg. [*paese, regione, economia*] underdeveloped, undeveloped.

sottosviluppo /sottozvi'luppo/ m. underdevelopment (anche FOT.).

sottotangente /sottotan'dʒɛnte/ f. subtangent.

sottotappeto /sottotap'peto/ m. TESS. underfelt.

sottotenente /sottote'nɛnte/ ♦ **12** m. second lieutenant; AER. *(in GB)* pilot officer; *(negli USA)* second lieutenant ◆◆ *~ di vascello* lieutenant; *(in GB)* sublieutenant; *(negli USA)* lieutenant junior.

sottoterra /sotto'tɛrra/ avv. underground, below (the) ground; *due metri ~* two metres underground ◆ *essere* o *stare ~* to be six feet under; *mettere qcn. ~* to bury sb.; *voleva sprofondare ~* he wanted the ground to swallow him up.

sottotetto /sotto'tetto/ m. attic, loft.

sottotipo /sotto'tipo/ m. subcategory.

sottotitolare /sottotito'lare/ [1] tr. **1** *(aggiungere un titolo secondario)* to subtitle [*libro*] **2** CINEM. TELEV. to subtitle, to caption [*film*].

sottotitolato /sottotito'lato/ **I** p.pass. → **sottotitolare II** agg. *un film ~* a film with subtitles.

sottotitolazione /sottotitolat'tsjone/ f. subtitling.

sottotitolo /sotto'titolo/ m. **1** *(titolo secondario) (di libro)* subtitle; *(di articolo)* cross-head(ing), subheading **2** CINEM. TELEV. subtitle, caption.

sottotono /sotto'tɔno/ avv. *recitare un ruolo ~* to underact *o* underplay a role; *sentirsi ~* to feel below par.

sottoutilizzare /sottoutilid'dzare/ [1] tr. to underuse, to underutilize [*risorse, impianti*].

sottoutilizzazione /sottoutiliddzat'tsjone/ f. underutilization, underemployment.

sottovalutare /sottovalu'tare/ [1] **I** tr. to undervalue [*casa, terreno*]; to underestimate [*problema, difficoltà*]; FIG. to underestimate, to underrate [*persona*] **II sottovalutarsi** pronom. [*persona*] to underestimate oneself, to put* oneself down, to sell* oneself short.

sottovalutazione /sottovalutat'tsjone/ f. underestimation, undervaluation (anche ECON.).

sottovarietà /sottovarje'ta/ f.inv. subvariety.

sottovaso /sotto'vazo/ m. flowerpot holder.

sottovela /sotto'vela/ avv. *essere ~* to be under sail.

sottovento /sotto'vɛnto/ **I** avv. [*navigare*] downwind, leeward, alee **II** agg.inv. [*lato*] lee(ward), alee **III** m. leeward, lee (side).

Sottovento /sotto'vɛnto/ ♦ **14** n.pr.f.pl. *isole ~* Leeward Islands.

sottoveste /sotto'vɛste/ f. petticoat, slip.

sottovia /sotto'via/ m. e f.inv. underpass.

▷ **sottovoce** /sotto'votʃe/ avv. [*parlare*] in a low voice, softly, in a whisper, in an undertone; *dire qcs. ~* to say sth. under one's breath.

sottovuoto /sotto'vwɔto/ **I** agg.inv. vacuum packed; *confezione ~* vacuum pack **II** avv. *confezionare ~* to vacuum pack; *sigillare ~* to vacuum seal.

sottozero /sottod'dzɛro/ **I** agg.inv. [*temperatura*] sub-zero **II** avv. below zero, below (freezing).

sottraendo /sottra'ɛndo/ m. subtrahend.

▷ **sottrarre** /sot'trarre/ [95] **I** tr. **1** MAT. to subtract, to take* (away) (**da** from); ECON. *(detrarre)* to deduct [*somma*]; *~ 5 da 8* to take *o* subtract 5 from 8 **2** *(portare via)* to take* away; *(rubare)* to steal*, to abstract FORM. (**a qcn.** from sb.); *~ qcs. a qcn.* to take sth. (away) from sb.; *frodare qcn. per sottrargli l'eredità* to trick sb. out of their inheritance; *~ l'industria al controllo statale* to remove industry from state control; *~ qcn., qcs. alla vista di qcn.* to remove sb., sth. from sb.'s view, to put sb., sth. out of sb.'s sight **3** FIG. *(salvare, liberare)* to save*, to rescue, to deliver [*persona*] (**a qcs.** from sth.); *~ qcn. alla morte* to save sb. from death **II sottrarsi** pronom. **1** *(sfuggire)* *-rsi a* to avoid [*arresto*]; to escape [*giustizia*]; to escape, to avoid [*pericolo*]; *si sottrae alla giustizia* she is a fugitive from justice; *-rsi alla vista di qcn.* to hide from sb.'s view; *non riesce a -rsi all'influenza di sua madre* he can't get out form his mother's influence **2** *(venire meno)* *-rsi a* to shirk, to dodge [*doveri, impegno*]; to shirk, to evade, to free oneself from, to get out of [*responsabilità*]; to get out of [*appuntamento, incontro*]; *non si è sottratto all'impegno* he didn't shrink from the task; *-rsi alla responsabilità di fare* to cop out of doing COLLOQ.

sottrattivo /sottrat'tivo/ agg. subtractive.

sottrazione /sottrat'tsjone/ f. **1** MAT. subtraction **U**; *segno di ~* subtraction sign; *imparare a fare le -i* to learn to do subtraction; *fare un errore nella ~* to make a mistake in the subtraction **2** *(il sottrarre)* removal, taking away, abstraction FORM.

sottufficiale /sottuffi'tʃale/ ♦ **12** m. noncommissioned officer; MAR. petty officer.

soubrette /su'brɛt/ ♦ **18** f.inv. TEATR. soubrette.

soufflé /suf'fle/ m.inv. soufflé.

soul /sol/ **I** agg.inv. *musica ~* soul music **II** m.inv. soul (music).

souvenir /suve'nir/ m.inv. souvenir; *negozio di ~* souvenir shop; *collezionista di ~* souvenir hunter.

sovente /so'vɛnte/ avv. often, frequently; *abbastanza ~* quite often; *poco ~* not very often; *sempre meno ~* less and less often.

soverchiante /sover'kjante/ agg. overwhelming, overpowering.

soverchiare /sover'kjare/ [1] tr. **1** *(superare)* to surpass, to outdo*, to excel [*persona*] **2** *(sopraffare)* to overwhelm, to overpower, to overcome* [*nemici*] **3** *(superare per intensità)* [*rumore*] to drown (out), to cover [*musica*].

soverchieria /soverkje'ria/ f. **1** *(prepotenza)* oppression, arrogance, bullying **2** *(sopruso)* abuse of power; *commettere -e* to perpetrate injustices.

soverchio, pl. **-chi, -chie** /so'vɛrkjo, ki, kje/ **I** agg. *(eccessivo)* [*spesa*] excessive **II** m. **1** *(superfluo)* excess, surplus* **2** *(sopruso)* abuse of power.

sovescio, pl. **-sci** /so'vɛʃʃo, ʃi/ m. green manure.

soviet /so'vjɛt, 'sɔvjet/ m.inv. STOR. POL. soviet ◆◆ *~ supremo* Supreme Soviet.

sovietico, pl. **-ci, -che** /so'vjɛtiko, tʃi, ke/ ♦ **25 I** agg. [*storia, economia*] Soviet; *Unione Sovietica* Soviet Union **II** m. (f. **-a**) *i -ci* the Soviets.

sovietizzare /sovjetid'dzare/ [1] tr. to sovietize.

sovietologo, m.pl. **-gi**, f.pl. **-ghe** /sovje'tɔlogo, dʒi, ge/ m. (f. **-a**) Sovietologist.

sovra /'sovra/ LETT. → **sopra.**

sovrabbondante /sovrabbon'dante/ agg. [*produzione*] overabundant, superabundant, surplus.
sovrabbondanza /sovrabbon'dantsa/ f. overabundance, superabundance, surplus*, glut; ***una ~ di prodotti sul mercato*** a glut of products on the market; ***la ~ di studenti*** the overflow of students; ***avere una ~ di energie*** to have excess energy; ***avere ~ di scorte*** to be overstocked; ***in ~*** in eccess.
sovrabbondare /sovrabbon'dare/ [1] intr. (aus. *avere*, *essere*) **1** *(essere in grande quantità)* to be* in excess, to abound, to superabound ANT.; ***nel manuale gli errori sovrabbondano*** there are tons of mistakes in the manual **2** *(avere in grande quantità)* ***~ di qcs.*** to have an overabundance of sth.; ***una regione che sovrabbonda di vini pregiati*** a region with an overabundance of good wines.
sovracapitalizzare /sovrakapitalid'dzare/ [1] tr. to overcapitalize.
sovraccaricare /sovrakkari'kare/ [1] tr. **1** *(caricare eccessivamente)* to overload, to weigh down [*veicolo*] **2** FIG. *(oberare)* to overburden (**di** with); ***~ qcn. di lavoro*** to load sb. down with work **3** TECN. EL. to overcharge [*rete elettrica*]; to congest [*linea telefonica*]; to overload, to strain [*sistema*].
▷ **sovraccarico**, pl. **-chi**, **-che** /sovrak'kariko, ki, ke/ **I** agg. **1** *(troppo carico)* [*veicolo*] overloaded; [*persona, animale*] overloaded, overburdened; [*linea telefonica*] congested; ***viaggiatori -chi di bagagli*** passengers weighed down *o* overloaded with luggage **2** FIG. *(oberato)* ***essere ~ di lavoro*** to be overburdened with work, to be overworked **II** m. **1** *(carico eccedente)* overload, excess load; ***un ~ di 500 chili*** an overload of 500 kilos; ***ha 20 chili di bagagli in ~*** she has 20 kilos of excess baggage; ***una nave in ~*** an overloaded ship **2** FIG. *(eccesso)* overload; ***un ~ di lavoro*** an overload of work **3** TECN. EL. overload, overcharge, surcharge.
sovraccoperta /sovrakko'pɛrta/ → **sopraccoperta.**
sovracorrente /sovrakor'rɛnte/ f. power surge.
sovradosaggio, pl. **-gi** /sovrado'zaddʒo, dʒi/ m. excessive dose.
sovraesporre /sovraes'porre/ [73] tr. to overexpose [*pellicola*].
sovraesposizione /sovraesposit'tsjone/ f. FOT. overexposure; IRON. *(di persona)* overexposure.
sovrafatturazione /sovrafatturat'tsjone/ f. overinvoicing.
sovraffaticamento /sovraffatika'mento/ m. overexertion, overwork.
sovraffaticare /sovraffati'kare/ [1] **I** tr. to overexert, to overwork [*persona*]; to overstrain, to overwork [*cuore*] **II sovraffaticarsi** pronom. to overexert oneself, to work oneself too hard.
sovraffollamento /sovraffolla'mento/ m. overcrowding.
sovraffollare /sovraffol'lare/ [1] tr. to overcrowd.
sovraffollato /sovraffol'lato/ agg. [*strada*] overcrowded; [*locale*] overcrowded, packed.
sovralimentare /sovralimen'tare/ [1] tr. **1** *(nutrire eccessivamente)* to overfeed* [*persona, pollame, bestiame*] **2** TECN. AUT. to supercharge [*motore*].
sovralimentato /sovralimen'tato/ **I** p.pass. → **sovralimentare II** agg. **1** [*persona, animale*] overfed **2** TECN. AUT. supercharged.
sovralimentatore /sovralimenta'tore/ m. supercharger.
sovralimentazione /sovralimentat'tsjone/ f. **1** overfeeding **2** TECN. AUT. supercharge, supercharging.
sovralluvionamento /sovralluvjona'mento/ m. GEOL. aggradation.
sovrana /so'vrana/ f. **1** *(regina)* sovereign, ruler, queen **2** *(moneta)* sovereign.
sovranamente /sovrana'mente/ avv. *(da sovrano)* regally, royally; *(supremamente)* supremely, completely.
sovranità /sovrani'ta/ f.inv. **1** sovereignty; ***la ~ dello stato*** the sovereignty of the State; ***~ nazionale*** national sovereignty **2** FIG. *(predominio)* supremacy; ***la ~ della legge*** the supremacy *o* force of the law.
sovrannaturale /sovrannatu'rale/ → **soprannaturale.**
sovrannazionale /sovrannattsjo'nale/ → **sopranazionale.**
▷ **sovrano** /so'vrano/ **I** agg. **1** [*stato, diritto, popolo, potere*] sovereign **2** *(assoluto)* [*disprezzo, indifferenza*] sovereign, supreme **II** m. sovereign, ruler, king; ***il ~ regnante, deposto*** the reigning, deposed monarch; ***i -i*** the king and the queen.
sovraoccupazione /sovraokkupat'tsjone/ f. overemployment.
sovraordinato /sovraordi'nato/ agg. LING. superordinate.
sovrappassaggio, pl. **-gi** /sovrappas'saddʒo, dʒi/ m. *(per veicoli)* overpass, flyover BE; *(per pedoni)* overpass, overbridge BE.
sovrappasso /sovrap'passo/ m. → **sovrappassaggio.**
sovrappensiero /sovrappen'sjɛro/ → **soprappensiero.**
sovrappeso /sovrap'peso/ **I** agg.inv. [*persona*] overweight; ***essere ~ di sette chili*** to be seven kilos overweight, to be overweight by seven kilos **II** m.inv. excess weight; ***essere in ~*** to be overweight.
sovrappiù /sovrap'pju/ m.inv. **1** surplus*, overplus, extra, excess; ***essere in ~*** to be in surplus; ***un ~ di lavoro*** extra work **2** *(supplemento)* extra charge, surcharge; ***pagare un ~*** to pay an additional charge.
sovrapponibile /sovrappo'nibile/ agg. [*disegni*] superimposable, that can be superimposed.
sovrappopolamento /sovrappopola'mento/ m. → **sovrappopolazione.**
sovrappopolato /sovrappopo'lato/ agg. [*paese, regione, città*] overpopulated.
sovrappopolazione /sovrappopolat'tsjone/ f. overpopulation.
▷ **sovrapporre** /sovrap'porre/ [73] **I** tr. **1** *(collocare uno sull'altro)* to superimpose [*disegni, forme*]; *(parzialmente)* to overlap; ***~ due fogli di carta*** to lay two sheets one upon the other **2** FIG. *(anteporre)* to put* [sth.] before, to prefer; ***~ la propria volontà alla scelta altrui*** to force one's will on other people's choices **II sovrapporsi** pronom. **1** *(combaciare)* [*disegni, forme*] to be* superimposed; *(parzialmente)* [*bordi, orli*] to overlap; ***le due immagini si sovrappongono perfettamente*** the two images match perfectly when laid on top of each other **2** FIG. *(presentarsi insieme)* [*problemi*] to overlap **3** *(imporsi)* [*rumore, suono*] to drown (out); ***il rumore si sovrappone alle voci*** the noise drowns out the voices.
sovrapposizione /sovrapposit'tsjone/ f. **1** *(disposizione di elementi l'uno sull'altro)* superimposition, superposition; *(parziale)* overlap, overlapping; ***la ~ di due disegni*** superimposing two drawings **2** FIG. *(interferenza)* overlap, overlapping; ***una ~ tra i due settori*** an overlap between the two sectors.
sovrapposto /sovrap'posto/ **I** p.pass. → **sovrapporre II** agg. [*disegni*] superimposed; ***le tegole sono parzialmente -e*** the tiles overlap (each other).
sovrapprezzo /sovrap'prɛttso/ m. **1** extra charge, overcharge, surcharge; ***se sceglie il salmone c'è un ~ di 6 euro*** there is an additional charge of 6 euros if you choose the salmon **2** ECON. premium.
sovrapproduzione /sovrapprodut'tsjone/ f. overproduction.
sovraprofitto /sovrapro'fitto/ m. extra profit.
sovrascrivere /sovra'skrivere/ [87] tr. INFORM. to overwrite* [*dati*].
sovrasensibile /sovrasen'sibile/ → **soprasensibile.**
sovrastampa /sovras'tampa/ f. overprint.
sovrastampare /sovrastam'pare/ [1] tr. to overprint.
sovrastante /sovras'tante/ agg. **1** *(che sta sopra)* overhanging, superincumbent, superjacent **2** FIG. *(incombente)* [*pericolo*] impending, imminent.
▷ **sovrastare** /sovras'tare/ [1] **I** tr. **1** *(erigersi al di sopra)* [*torre, casa, montagna*] to tower above, to tower over, to soar above; ***il campanile sovrasta tutti gli edifici*** the bell tower overtops all the buildings **2** FIG. *(superare)* to be* superior to, to surpass [*persona*]; ***sovrasta tutti con la sua bravura*** he surpasses all in skill; ***uno sparo sovrastò il grido*** a shot was heard above the shouting **3** FIG. *(incombere)* [*minaccia, pericolo*] to impend, to hang* over, to loom **II** intr. (aus. *essere*) *(erigersi al di sopra)* ***~ su qcs.*** to tower above *o* over sth.
sovrasterzare /sovraster'tsare/ [1] intr. (aus. *avere*) to oversteer.
sovrasterzata /sovraster'tsata/ f. oversteering.
sovrastimare /sovrasti'mare/ [1] tr. to overestimate, to overrate [*capacità, importanza*]; to overvalue [*proprietà, quadro*].
sovrastruttura /sovrastrut'tura/ f. **1** EDIL. MAR. superstructure **2** FIG. *(elemento superfluo)* overtone, complication, trappings pl.
sovrasviluppato /sovrazvilup'pato/ agg. [*paese, regione, economia, persona*] overdeveloped.
sovrasviluppo /sovrazvi'luppo / m. overdevelopment (anche FOT.).
sovratensione /sovraten'sjone/ f. EL. overvoltage, (power) surge.
sovrattassa /sovrat'tassa/ → **soprattassa.**
sovreccedenza /sovrettʃe'dɛntsa/ → **sopreccedenza.**
sovreccedere /sovret'tʃɛdere/ → **sopreccedere.**
sovreccitabile /sovrettʃi'tabile/ agg. overexcitable.
sovreccitabilità /sovrettʃitabili'ta/ f.inv. overexcitability.
sovreccitare /sovrettʃi'tare/ [1] **I** tr. to overexcite [*persona, fantasia*] **II sovreccitarsi** pronom. to get* overexcited.
sovreccitato /sovrettʃi'tato/ **I** p.pass. → **sovreccitare II** agg. [*persona*] overexcited, overwrought.
sovreccitazione /sovrettʃitat'tsjone/ f. overexcitement.
sovreminente /sovremi'nɛnte/ agg. supereminent.
sovreminenza /sovremi'nɛntsa/ f. supereminence.
sovresporre /sovres'porre/ → **sovraesporre.**

sovresposizione /sovresposit'tsjone/ → **sovraesposizione.**

sovrimporre /sovrim'porre/ [73] tr. **1** *(porre sopra)* to superimpose **2** ECON. *(aggiungere)* to impose [*tassa*].

sovrimposta /sovrim'pɔsta, sovrim'posta/ f. *(addizionale)* supertax.

sovrimpressione /sovrimpres'sjone/ f. **1** FOT. double exposure, repiquage; ***immagini in ~*** superimposed images **2** TIP. overprint.

sovrintendente /sovrinten'dɛnte/ ◗ *18* m. e f. **1** AMM. superintendent, supervisor, commissioner; *(in un museo)* curator, keeper; ***~ ai lavori*** clerk of the works BE **2** BUROCR. *(funzionario)* ***~ alle Belle Arti*** = head of Fine Arts regional board **3** *(nella polizia)* sergeant, (police) superintendent.

sovrintendenza /sovrinten'dɛntsa/ f. **1** *(funzione di controllo)* superintendency, supervision **2** BUROCR. = regional board of the ministry of cultural heritage and environmental conservation.

sovrintendere /sovrin'tɛndere/ [10] intr. (aus. *avere*) ***~ a*** to superintend, to supervise, to oversee* [*lavori*].

sovrumano /sovru'mano/ agg. [*facoltà, poteri, sforzo*] superhuman.

sovvenire /sovve'nire/ [107] **I** tr. LETT. to help, to aid **II** intr. **1** (aus. *avere*) LETT. *(venire in aiuto)* ***~ a*** to help, to come to the aid of **2** (aus. *essere*) LETT. *(venire in mente)* to come* to mind, to occur; ***improvvisamente gli sovvenne che*** it came to him in a flash that.

sovvenzionamento /sovventsjona'mento/ m. aid **U**, endowment, subsidization, subsidy, grant.

sovvenzionare /sovventsjo'nare/ [1] tr. to endow, to subsidize [*organizzazione, ospedale, istituto di carità*]; to contribute to [*campagna, costi, spese*].

sovvenzionato /sovventsjo'nato/ **I** p.pass. → **sovvenzionare II** agg. [*organizzazione, ospedale, istituto di carità*] endowed; [*scuola*] grant-aided; ***~ con fondi pubblici*** [*progetto*] publicly-funded; ***~ dallo stato*** state aided, state-funded; ***scuola -a dallo Stato*** grant-maintained school; ***essere fortemente ~*** to be heavily subsidized.

sovvenzionatore /sovventsjona'tore/ m. (f. **-trice** /tritʃe/) financial backer.

sovvenzione /sovven'tsjone/ f. aid **U**, endowment, grant, subsidy, subvention; ***-i per la ricerca*** research grants; ***dare -i a*** to contribute to; ***il teatro ha chiuso per mancanza di -i*** the theatre closed for lack of support.

sovversione /sovver'sjone/ f. subversion.

▷ **sovversivo** /sovver'sivo/ **I** agg. [*idea, teoria*] subversive **II** m. (f. **-a**) subversive.

sovvertimento /sovverti'mento/ m. subversion, upheaval.

sovvertire /sovver'tire/ [3] tr. **1** *(sconvolgere)* to subvert [*governo, ordine*] **2** FIG. to invert [*valori*].

sovvertitore /sovverti'tore/ **I** agg. subversive **II** m. (f. **-trice** /tritʃe/) subverter.

sozzamente /sottsa'mente/ avv. filthily.

sozzo /'sottso/ agg. *(sudicio)* [*persona*] dirty, filthy (anche FIG.); [*condizione, luogo*] foul.

sozzone /sot'tsone/ m. (f. **-a**) **1** *(persona sporca)* dirty person, filthy person **2** *(persona volgare)* pig, lecher, sleaze AE.

sozzume /sot'tsume/ m. dirt, filth.

sozzura /sot'tsura/ f. filthiness, foulness (anche FIG.).

SP **1** ⇒ Santo Padre Holy Father **2** ⇒ Strada Provinciale = road linking major cities within a region.

S.p.A. /ɛsseppi'a/ f. (⇒ Società per Azioni limited liability BE, incorporated AE) Ltd BE, Inc. AE.

spaccalegna /spakka'leɲɲa/ ◗ *18* m.inv. woodcutter, logger, lumberjack, lumberman* AE.

spaccaossa /spakka'ɔssa/ m.inv. cleaver.

spaccapietre /spakka'pjetre/ m.inv. knapper, stone-breaker.

▷ **spaccare** /spak'kare/ [1] **I** tr. **1** *(rompere)* to break*, to smash [*bicchiere, finestra, piatto*]; to chop (up) [*legna*]; to split*, to cleave*, to break* [*pietra*] **2** FIG. to split*, to splinter [*gruppo, partito*]; ***~ in due*** [*argomento, discussione*] to split down the middle [*gruppo, opinioni*]; ***il conflitto ha spaccato in due l'alleanza*** the dispute has split the alliance in two *o* into two factions **II spaccarsi** pronom. **1** *(rompersi)* to break*; [*ghiaccio, muro, specchio*] to crack; [*legno, roccia*] to split*; ***-rsi un labbro*** to split one's lip; ***-rsi la testa*** to split one's head open **2** FIG. [*alleanza, partito*] to split*, to splinter ◆ ***~ il capello in quattro*** to split hairs, to chop logic; ***~ la faccia a qcn.*** to kick sb.'s teeth *o* face in; ***ti spacco la faccia!*** I'll smash your face in! ***ti spacco la testa*** I'll knock your block off; ***~ il minuto*** [*orologio*] to keep perfect time; [*persona*] to be dead on time; ***c'è un sole che spacca le pietre*** it's hot enough to fry an egg; ***o la va o la spacca*** sink or swim.

spaccata /spak'kata/ f. **1** *(riduzione a pezzi)* breaking **2** SPORT splits pl.; ***fare la ~*** to do the splits.

spaccato /spak'kato/ **I** p.pass. → **spaccare II** agg. **1** *(rotto)* broken; [*legna*] split **2** *(screpolato)* [*labbro*] split **3** COLLOQ. *(identico)* ***è ~ suo padre*** he's the spitting image of his father, he's his father to a T **4** *(preciso)* ***sono partito alle sei -e*** I left at six o'clock on the dot, I left (at) dead on six o'clock **III** m. **1** ARCH. TECN. *(sezione verticale)* cutaway **2** FIG. cross-section; ***uno ~ della situazione*** an inside view of the situation.

▷ **spaccatura** /spakka'tura/ f. **1** *(azione)* breaking, splitting **2** *(su asse, piatto, superficie)* crack, cleft; *(in roccia, legno)* split, crack **3** FIG. cleavage, rift, split.

spacchettare /spakket'tare/ [1] tr. to unwrap [*regalo*].

spacciare /spat'tʃare/ [1] **I** tr. **1** *(vendere)* to sell* off **2** *(distribuire illecitamente)* to utter [*banconote false*]; to peddle, to push, to supply [*droga*] **3** *(diffondere)* to spread*; ***~ notizie false*** to spread false information **4** *(far passare)* to pass off; ***~ qcn., qcs. per*** to pass sb., sth. off as **II spacciarsi** pronom. ***-rsi per*** to impersonate, to pose as; ***si spaccia per un'esperta di arte italiana*** she sets herself up as an authority on Italian art.

spacciato /spat'tʃato/ **I** p.pass. → **spacciare II** agg. done for, washed-up; ***dare qcn. per ~*** to give sb. up (for dead); ***essere ~*** to be a goner; ***ormai è ~*** it's all up with him.

spacciatore /spattʃa'tore/ m. (f. **-trice** /tritʃe/) *(di droga)* (drug) dealer, drug pusher, drug peddler, connection AE COLLOQ.; *(di banconote false)* utterer.

▷ **spaccio**, pl. **-ci** /'spattʃo, tʃi/ m. **1** *(vendita)* sale, trading **2** *(traffico illecito)* traffic(king); ***~ di stupefacenti*** drug peddling *o* pushing; ***~ di denaro falso*** circulation of counterfeit money **3** *(emporio)* general store; *(di caserma, prigione)* commissary AE; *(di università)* buttery BE; *(di scuola)* tuck shop BE; ***~ aziendale*** factory outlet.

spacco, pl. **-chi** /'spakko, ki/ m. **1** *(crepa)* crack, fissure **2** *(strappo)* tear, rip, split; ***uno ~ nei pantaloni*** a tear in one's trousers **3** ABBIGL. slit, slash, vent; ***una gonna con lo ~*** a slashed *o* slit skirt; ***fare uno ~ in una gonna*** to slash a skirt.

spacconata /spakko'nata/ f. bluster, brag, bragging, boast.

spaccone /spak'kone/ m. (f. **-a**) blusterer, braggart, showoff COLLOQ.; ***fare lo ~*** to bluster, to boast.

▶ **spada** /'spada/ ◗ *10* **I** f. **1** *(arma)* sword; ***colpo di ~*** sword thrust; ***~ nuda*** naked *o* unsheathed sword; ***con la ~ sguainata*** with drawn sword; ***impugnare una ~*** to draw a sword; ***battersi con la ~*** to sword fight; ***estrarre una ~ dal fodero*** to slide a sword out of its scabbard; ***rimettere la ~ nel fodero ~*** to put up one's sword; ***colpire qcn. con la ~*** o ***con un colpo di ~*** to slash at sb. with a sword; ***danza della ~*** sword dance; ***mangiatore di -e*** sword swallower; ***romanzo di cappa e ~*** cloak-and-dagger novel **2** FIG. *(spadaccino)* swordsman*; ***~ eccellente*** to be an excellent swordsman **II spade** f.pl. GIOC. = one of the four suits in a pack of typical Italian cards ◆ ***la ~ di Damocle*** the Sword of Damocles; ***passare qcn. a fil di ~*** to put sb. to the sword; ***difendere qcn., qcs. a ~ tratta*** to take up the cudgels for *o* on behalf of sb., sth.; ***la penna è più forte della ~*** LETT. the pen is mightier than the sword; ***chi di ~ ferisce di ~ perisce*** he who lives by the sword will die by the sword.

spadaccino /spadat'tʃino/ m. swordsman*.

spadaio, pl. **-ai** /spa'dajo/ ◗ *18* m. (f. **-a**) sword maker.

spadellare /spadel'lare/ [1] intr. (aus. *avere*) = to be busy cooking.

spadice /'spaditʃe/ m. spadix*.

spadino /spa'dino/ m. **1** *(da cerimonia)* dress sword **2** *(da duello)* smallsword.

spadista, m.pl. **-i**, f.pl. **-e** /spa'dista/ m. e f. fencer.

spadone /spa'done/ m. broadsword.

spadroneggiare /spadroned'dʒare/ [1] intr. (aus. *avere*) to boss (around), to domineer (**su** over).

spaesamento /spaeza'mento/ m. disorientation.

spaesato /spae'zato/ agg. lost; ***sentirsi ~*** to be all at sea, to feel lost.

spaghettata /spaget'tata/ f. ***farsi una bella ~*** to have a nosh-up of spaghetti.

▷ **spaghetti** /spa'getti/ m.pl. spaghetti **U**; ***~ al pomodoro*** spaghetti with tomato sauce; ***un piatto di ~*** a dish of spaghetti ◆ ***avere capelli dritti come ~*** = to have straight hair.

spaghetti-western /spagetti'wɛstern/ m.inv. spaghetti western.

spaghetto /spa'getto/ m. COLLOQ. *(spavento)* funk, jitters pl., jimjams pl. BE; ***mi sono preso uno ~!*** I had such a fright *o* scare, I was scared stiff!

spaginare /spadʒi'nare/ [1] tr. to alter the page layout of [*libro*].

spagliare /spaʎ'ʎare/ [1] **I** tr. to remove the straw from [*sedia*] **II spagliarsi** pronom. [*sedia*] to lose* its straw.

spagna /'spaɲɲa/ f. BOT. lucerne BE, alfalfa AE.

Spagna /'spaɲɲa/ ◗ *33* n.pr.f. Spain; ***Grande di ~*** (Spanish) grandee; ***pan di ~*** GASTR. sponge (cake).

spagnoletta /spaɲɲo'letta/ f. **1** *(rocchetto)* spool, reel **2** *(chiusura per imposte)* espagnolette **3** *(arachide)* (Spanish) peanut.
spagnolismo /spaɲɲo'lizmo/ m. *(ispanismo)* Hispanicism.
spagnolo /spaɲ'ɲɔlo/ ➧ *25, 16* **I** agg. Spanish; ***febbre -a*** Spanish flu **II** m. (f. **-a**) **1** *(persona)* Spaniard; ***gli -i*** the Spanish **2** *(lingua)* Spanish.
▷ **1.spago**, pl. **-ghi** /'spago, gi/ m. packthread, string, twine; ***fare un nodo allo ~*** to tie a knot in the string; ***legare un pacco con dello ~*** to tie a parcel up with string ◆ ***dare ~ a qcn.*** to give sb. plenty of rope.
2.spago, pl. **-ghi** /'spago, gi/ m. COLLOQ. *(spavento)* funk, jitters pl., jimjams pl. BE.
spaiare /spa'jare/ [1] tr. *(disappaiare)* to separate (a pair), to mismatch, to split* up (a pair).
spaiato /spa'jato/ **I** p.pass. → **spaiare II** agg. **1** unpaired (anche CHIM. FIS.) **2** *(scompagnato)* [*coltello, forchetta, calze, guanti*] odd, unmatched; ***questi guanti sono -i*** these gloves are not a pair.
▷ **spalancare** /spalan'kare/ [1] **I** tr. to throw* open, to fling* open [*porta, finestra*]; to open wide [*braccia, bocca*]; ***~ gli occhi*** to open one's eyes wide **II spalancarsi** pronom. **1** *(aprirsi)* [*porta*] to burst* open; [*occhi, bocca*] to open wide **2** FIG. *(allo sguardo)* [*abisso*] to gape, to yawn.
spalancato /spalan'kato/ **I** p.pass. → **spalancare II** agg. [*finestra, porta*] wide-open; [*occhi*] wide, wide-open; [*abisso*] gaping, yawning; ***avere gli occhi -i dalla meraviglia*** to be open-eyed *o* pop-eyed in wonder.
▷ **spalare** /spa'lare/ [1] tr. **1** *(togliere)* to shovel (up) [*fango, neve*] **2** MAR. to feather [*remi*].
spalata /spa'lata/ f. quick shovelling, quick shoveling AE.
spalatore /spala'tore/ ➧ *18* m. (f. **-trice** /tritʃe/) shoveller, shoveler AE.
spalatrice /spala'tritʃe/ f. *(macchina)* shovelling machine.
spalatura /spala'tura/ f. shovelling, shoveling AE.
▶ **spalla** /'spalla/ ➧ *4* f. **1** ANAT. shoulder; ***avere le -e strette, curve*** to have narrow, round shoulders; ***avere le -e larghe*** to have broad shoulders; FIG. to have a broad back; ***raddrizzare, tirare su le -e*** to straighten, square one's shoulders; ***appoggiare la testa sulla ~ di qcn.*** to lean one's head on sb.'s shoulder; ***lussarsi la ~*** to dislocate one's shoulder; ***slogarsi una ~*** to put one's shoulder out of joint; ***alzare*** o ***scrollare le -e*** to shrug one's shoulders; ***alzata*** o ***scrollata di -e*** shrug; ***dare una pacca sulle -e a qcn.*** to give sb. a slap on the back, to slap sb. on the back; ***capelli che arrivano all'altezza delle*** o ***arrivano alle -e*** shoulder-length hair; ***un vestito che lascia scoperte le -e*** an off-the-shoulder dress; ***si avvolse le -e nello scialle*** she drew her shawl round her shoulders; ***gli mise un braccio intorno alle -e*** she put her arm around his shoulders; ***stai con le -e indietro*** throw your shoulders back; ***questa giacca è troppo stretta di -e*** this jacket is too tight across the shoulders; ***portare qcs., qcn. a ~*** to shoulder sth., sb.; ***mettersi il fucile in ~*** to shoulder one's gun; ***se hai bisogno di una ~ su cui piangere, sai che io sono qui*** I am always there if you need a shoulder to cry on **2** *(dorso, schiena)* back; ***dare le -e a qcn.*** to have one's back to sb.; ***essere di -e*** to face backwards; ***era in piedi di -e rispetto a me*** he was standing with his back towards me; ***appena giro le -e*** as soon as my back is turned; ***scusate le -e*** I'm sorry I have my back to you; ***sollevare un sacco a, sulle -e*** to hitch a bag up onto one's back; ***voltare le -e a qcn., qcs.*** to turn one's back on sb., sth. (anche FIG.); ***la sorte gli ha voltato le -e*** the tide has turned against him **3** GASTR. shoulder, collar; ***prosciutto di ~*** = cooked ham of lesser quality; ***bistecca di ~*** chuck (steak); ***una ~ di maiale*** a hand of pork **4** ABBIGL. shoulder; ***~ imbottita*** padded shoulder, shoulder pad **5** *(fianco di montagna)* shoulder **6** ARCH. *(di ponte)* abutment **7** TEATR. stooge, straight man*; ***fare da ~ a*** o ***la ~ di*** [*attore*] to stooge for **8 alle spalle** *(dietro, da dietro)* behind; ***con la luce alle -e*** with the light behind her; ***lasciarsi qcs. alle -e*** to leave sth. behind; ***ha tre anni di esperienza alle -e*** he has three years' experience behind him; ***guardarsi alle -e*** to cast a glance over one's shoulder; ***prendere alle -e*** to blind-side; ***attaccare il nemico alle -e*** to attack the enemy in the rear; ***pugnalare qcn. alle -e*** to backstab sb., to stab sb. in the back (anche FIG.); ***pugnalata alle -e*** a stab in the back (anche FIG.); ***guardati alle -e!*** watch your back! (anche FIG.) **9 alle spalle di** *(all'insaputa di)* behind; *(facendosi mantenere)* at sb.'s expense; ***fare qcs. alle -e di qcn.*** to do sth. behind sb.'s back; ***sparlare alle -e di qcn.*** to backbite sb., to talk behind sb.'s back; ***dire qcs. alle -e di qcn.*** to say sth. behind sb.'s back; ***ridere alle -e di qcn.*** to laugh at sb.'s expense; ***vivere alle -e di qcn.*** to live off sb.'s back; ***arricchirsi alle -e di qcn.*** to grow fat at sb.'s expense ◆ ***lavorare ~ a ~*** to work shoulder to shoulder; ***coprire le -e a qcn.*** to cover sb.'s back; ***buttarsi tutto dietro le -e*** to put all that behind one; ***mettersi le gambe in ~*** to run as fast as one's legs will carry; ***essere con le -e al muro*** to have one's back to the wall, to be in a tight corner; ***mettere qcn. con le -e al muro*** to have sb. over a barrel, to corner sb.; ***finire con le -e al muro*** to paint *o* box oneself into a corner; ***avere qcn., qcs. sulle -e*** to have sb., sth. on one's shoulders; ***avere molti anni sulle -e*** = to be very old; ***avere la testa sulle -e*** to have one's head screwed on, to have a good head on one's shoulders.
spallaccio, pl. **-ci** /spal'lattʃo, tʃi/ m. shoulder strap.
spallarm /spal'larm/ inter. *~!* shoulder arms! slope arms!
spallata /spal'lata/ f. **1** *(urto)* push with the shoulders; ***farsi largo a -e tra la folla*** to shoulder one's way through the crowd **2** *(alzata di spalle)* shrug.
spallazione /spallat'tsjone/ f. FIS. spallation.
spalleggiamento /spalleddʒa'mento/ m. backing, support.
spalleggiare /spalled'dʒare/ [1] **I** tr. to back, to support [*persona*] **II spalleggiarsi** pronom. to back each other, to support each other.
spalletta /spal'letta/ f. **1** *(sponda)* parapet **2** *(argine)* embankment.
spalliera /spal'ljɛra/ f. **1** *(schienale)* back **2** *(sponda del letto)* (bed)head **3** AGR. espalier; ***pianta a ~*** espalier; ***coltivare a ~*** to espalier **4** SPORT wallbars pl. BE, stall bar AE.
spallina /spal'lina/ f. **1** MIL. epaulet(te), shoulder loop AE **2** ABBIGL. *(bretella)* strap; *(imbottitura)* shoulder pad, padded shoulder; ***senza -e*** [*abito, reggiseno*] strapless ◆ ***guadagnarsi le -e*** to win one's stripes.
spallone /spal'lone/ m. GERG. = smuggler who carries his goods on his back.
spalluccia, pl. **-ce** /spal'luttʃa, tʃe/ f. ***fare -ce*** to shrug one's shoulders.
spalmabile /spal'mabile/ agg. ***formaggio ~*** cheese spread; ***pasta ~*** spread.
▷ **spalmare** /spal'mare/ [1] **I** tr. **1** *(distendere)* to spread* [*marmellata, pasta, colla*]; to spread*, to smear [*burro*]; ***~ la marmellata sul pane*** to spread some bread with jam; ***~ di burro*** to butter [*pane, tartina*]; ***formaggio da ~*** cheese spread **2** *(applicare)* to smear [*lozione, olio solare*]; ***~ qcs. sulla pelle*** to rub sth. onto one's skin **II spalmarsi** pronom. to rub on; ***-rsi la crema sul viso*** to cover one's face with cream.
spalto /'spalto/ **I** m. MIL. glacis* **II spalti** m.pl. *(di stadio)* terraces BE, bleachers AE.
spampanare /spampa'nare/ [1] **I** tr. to strip [sth.] of its leaves [*vite*] **II spampanarsi** pronom. **1** *(perdere pampini)* [*vite*] to be* stripped of its leaves **2** *(sfiorire)* [*fiore*] to become* overblown, to overblow*.
spampanato /spampa'nato/ **I** p.pass. → **spampanare II** agg. **1** *(privato dei pampini)* [*vite*] stripped of its leaves **2** *(sfiorito)* [*fiore*] overblown.
spanare /spa'nare/ [1] **I** tr. to strip [*dado, vite*] **II spanarsi** pronom. [*dado, vite*] to be* stripped.
spanciare /span'tʃare/ [1] **I** intr. (aus. *avere*) **1** COLLOQ. *(tuffandosi)* to do* a belly flop, to belly-flop **2** *(atterrare senza carrello)* [*aereo*] to belly land **II spanciarsi** pronom. ***-rsi dalle risate*** to split one's sides (laughing).
spanciata /span'tʃata/ f. **1** COLLOQ. *(tuffo maldestro)* belly flop **2** *(atterraggio senza carrello)* belly landing.
▷ **spandere** /'spandere/ [89] **I** tr. **1** *(spargere, stendere)* to spread* [*concime*]; ***~ la cera*** to wax **2** *(versare)* to spill* [*liquido*]; ***~ lacrime*** to weep copiously **3** *(effondere)* to give* off [*fumo*]; ***~ nell'aria un profumo delicato*** to give off a delicate fragrance; ***la luna spande la sua luce*** the moon sheds its light **4** FIG. *(divulgare)* to spread*, to circulate [*notizie*] **II spandersi** pronom. **1** *(propagarsi)* [*macchia, liquido*] to spread* **2** *(effondersi)* [*fumo, luce*] to pour (**in** into) **3** FIG. *(diffondersi)* [*notizia*] to spread* ◆ ***spendere e ~*** COLLOQ. to splash money around, to spend money like water.
spandiconcime /spandikon'tʃime/ m.inv. AGR. spreader.
spandifieno /spandi'fjɛno/ m.inv. AGR. tedder.
spandighiaia /spandi'gjaja/ m.inv. gravel spreader.
spandimento /spandi'mento/ m. scattering, spreading.
spandisabbia /spandi'sabbja/ m. e f.inv. AUT. gritter.
spandisale /spandi'sale/ m. e f.inv. salt spreader.
spaniel /'spanjel/ m.inv. spaniel; ***~ nano*** toy spaniel.
spanna /'spanna/ f. **1** hand, span; ***lungo, largo una ~*** a span in length, width; ***superare qcn. di una ~*** to be a few inches *o* a head taller than sb.; ***non vedevo a una ~ nella nebbia*** I couldn't see an inch in front of me in the fog **2** METROL. ANT. span ◆ ***essere alto una ~*** to be four foot nothing, to be kneehigh to a grasshopper.
spannare /span'nare/ [1] tr. to skim, to cream [*latte*].
spannocchiare /spannok'kjare/ [1] tr. to husk, to shuck [*mais*].
spannocchiatura /spannokkja'tura/ f. cornhusking.

spaparanzarsi /spaparan'tsarsi/ [1] pronom. COLLOQ. to loll, to slouch; *~ **sul divano*** to sprawl out on a sofa.
spaparanzato /spaparan'tsato/ **I** p.pass. → **spaparanzarsi II** agg. sprawled out; ***era ~ sul divano*** he lay sprawled across the sofa.
spappolamento /spappola'mento/ m. pulping, mashing.
spappolare /spappo'lare/ [1] **I** tr. to mash, to beat* [sth.] to a pulp, to crush [*frutta, verdura*]; to crush, to mangle [*gamba, braccio*] **II spappolarsi** pronom. *(ridursi in poltiglia)* [*frutta, verdura*] to become* mushy.
spappolato /spappo'lato/ **I** p.pass. → **spappolare II** agg. *(ridotto in poltiglia)* [*frutta, verdura*] mushy, splattered; *(maciullato)* [*gamba, braccio*] crushed, mangled.
spappolatore /spappola'tore/ m. TECN. pulper.
sparacchiare /sparak'kjare/ [1] tr. [*soldato, cacciatore*] to fire intermittently.
▶ **1.sparare** /spa'rare/ [1] **I** tr. **1** *(far partire)* to fire (off), to shoot* [*colpo*]; ***~ un colpo su** o **contro qcn., qcs.*** to fire *o* take a shot at sb., sth.; ***~ un colpo di fucile, pistola*** to let off a rifle, gun; ***~ una fucilata*** to fire a rifle; ***~ una raffica su*** to loose off at **2** SPORT to shoot*; ***~ la palla in porta*** to shoot the ball into the goal **3** *(sferrare)* to deliver, to land [*pugno, calcio*] **4** FIG. *(raccontare)* ***spararla grossa*** to shoot a line; ***spararle grosse*** to talk big, to be full of big talk; ***~ cazzate*** VOLG. to talk bullshit *o* crap **5** *(richiedere)* ***~ un prezzo esorbitante*** to shoot high **II** intr. (aus. *avere*) **1** *(far partire un colpo)* to fire (**su, contro** at, on); ***~ a*** to shoot [*persona, animale, preda*]; ***~ all'anatra*** to shoot duck; ***~ al bersaglio*** to fire at the target; ***~ con la pistola*** to fire a pistol; ***~ (un colpo) in aria*** to shoot into the air; ***~ per uccidere, per ferire*** to shoot to kill, wound; ***~ a salve*** to fire blanks; ***~ a raffica*** to blast away, to rake; ***~ a bruciapelo*** to shoot point-blank *o* at point-blank range; ***~ a qcn. a distanza ravvicinata*** to shoot sb. at close range; ***~ a qcn. a vista*** to shoot sb. on sight; ***~ alla cieca*** to shoot blindly *o* wildly; ***gli ha sparato alla gamba*** she shot him in the leg; ***gli hanno sparato in testa*** he was shot in the head; ***fermi o sparo!*** freeze *o* stop or I'll shoot! ***mani in alto o sparo!*** hands up, or I'll shoot! **2** TELEV. to dazzle **III spararsi** pronom. **1** to shoot oneself; ***-rsi alla testa, alla gamba*** to shoot oneself in the head, leg **2** COLLOQ. *(drogarsi)* ***-rsi in vena*** to mainline [*eroina*] ◆ ***~ l'ultima cartuccia*** to play one's final trump *o* hand; ***~ nel mucchio*** = to level accusations indiscriminately; ***~ a zero su qcn., qcs.*** to blast sb., sth. out of the water, to hit out at sb., sth.; ***(dai,) spara!*** COLLOQ. (come on,) fire away! (go ahead and) shoot!
2.sparare /spa'rare/ [1] tr. ANT. to split* open [*maiale, vitello*].
sparata /spa'rata/ f. **1** *(spacconata)* bluster, boasting **2** *(scenata)* outburst, scene; ***"non mi interessa che cosa ne pensi" fu la sua ~ finale*** "I don't care what you think" was his final outburst.
1.sparato /spa'rato/ **I** p.pass. → **1.sparare II** agg. COLLOQ. *(velocissimo)* at full speed, like a shot; *(dritto)* [*capelli*] spiked; ***partire ~*** to accelerate away; ***il cane è partito ~ dietro al gatto*** the dog was after the cat like a shot.
2.sparato /spa'rato/ m. ABBIGL. shirtfront, dicky.
sparatoria /spara'tɔrja/ f. gunfire **U**, shooting **U**, shoot-out COLLOQ.
▷ **sparecchiare** /sparek'kjare/ [1] tr. to clear [*tavola*].
spareggio, pl. **-gi** /spa'reddʒo, dʒi/ m. **1** SPORT runoff, play-off, decider; ***disputare lo ~*** to play the decider **2** COMM. *(disavanzo)* deficit.
▷ **spargere** /'spardʒere/ [19] **I** tr. **1** *(spandere)* to scatter [*semi*]; to spread* [*sabbia, terra*]; to strew* [*fiori, paglia*]; ***~ della ghiaia lungo un viale*** to gravel a path, to spread a path with gravel; ***~ il sale su una strada*** to put salt on a road, to salt a road; ***~ le proprie cose per tutta la casa*** to scatter one's things all around the house **2** *(versare)* to shed* [*lacrime*]; ***~ sangue*** to spill blood **3** *(emanare)* to give* off, to emit [*calore*] **4** *(diffondere)* to spread* [*calunnie*]; ***~ la voce*** to spread the news **II spargersi** pronom. **1** *(sparpagliarsi)* [*persone, animali*] to scatter **2** *(diffondersi)* [*notizia*] to get* about, to travel; ***si è sparsa la notizia che*** it got about that ◆ ***~ qcs. ai quattro venti*** to spread sth. far and wide.
spargimento /spardʒi'mento/ m. shedding; ***~ di sangue*** bloodshed; ***senza ~ di sangue*** [*rivoluzione*] bloodless.
spargipepe /spardʒi'pepe/ m.inv. (pepper-)caster, pepper shaker.
spargisale /spardʒi'sale/ m.inv. caster, saltcellar, salt shaker.
spargizucchero /spardʒit'tsukkero/ m.inv. caster, sugar shaker.
sparigliare /spariʎ'ʎare/ [1] tr. to break* up a pair of, to mismatch.
▶ **sparire** /spa'rire/ [102] intr. (aus. *essere*) **1** *(sottrarsi alla vista)* to disappear, to vanish; ***~ senza lasciare traccia*** to disappear without a trace; ***~ fra la folla*** to fade into the crowd; ***~ nel nulla*** to vanish into thin air; ***~ dalla vista*** to disappear from view; ***il sole sparì dietro una nuvola*** the sun disappeared behind a cloud; ***fare ~ qcs.*** [*illusionista*] to conjure sth. away; ***dove è sparito il mio ombrello?*** FIG. where has my umbrella got to? where did my umbrella go? **2** *(dissolversi, passare)* [*dolore, febbre*] to go* away; [*brufoli, sfogo*] to clear (up); ***la macchia non sparisce*** the stain won't come out; ***fare ~*** to bleach out [*macchia*] **3** *(rendersi irreperibile)* [*persona*] to disappear, to bunk off; ***quando si tratta di fare le pulizie spariscono tutti*** when there's housework to be done, everyone disappears **4** *(essere arraffato)* to go*; ***i soldi sono spariti, la torta è sparita*** the money, the cake has all gone; ***ho lasciato la mia bici fuori e adesso è sparita*** I left my bike outside and now it's gone **5** COLLOQ. *(levarsi di torno)* to go*; ***sparisci!*** get lost! shove off BE! take a walk AE! ***fallo ~!*** get it out of the way! ***quella lampada è orribile, deve ~!*** that lamp is hideous, it'll have to go! **6** EUFEM. to pass away; ***fare ~*** to blow away, do in, polish off, rub out AE [*persona*]; to disappear [*dissidente*] **7** *(cessare un'attività)* to leave*; ***~ dalla scena politica*** to leave the political scene; ***è sparita dalla circolazione*** I haven't seen hide nor hair of her ◆ ***~ dalla faccia della terra*** to disappear *o* vanish off the face of the earth.
sparizione /sparit'tsjone/ f. disappearance.
sparlare /spar'lare/ [1] intr. (aus. *avere*) ***~ di qcn.*** to backbite sb., to badmouth sb., to speak ill of sb., to spread *o* tell tales of sb.
▷ **sparo** /'sparo/ m. shot; ***il rumore di -i*** the sound of gunfire *o* gunshots; ***c'erano continui -i*** there was continuous firing *o* shooting; ***polvere da ~*** gunpowder.
sparpagliamento /sparpaʎʎa'mento/ m. scattering.
sparpagliare /sparpaʎ'ʎare/ [1] **I** tr. to leave* about, to leave* around, to scatter, to strew* [*abiti, cuscini, giornali, libri*]; to disperse [*agenti, truppe*]; ***~ i vestiti nella stanza*** to litter clothes around a room **II sparpagliarsi** pronom. [*persone, animali*] to scatter; ***-rsi lungo*** to straggle along [*ferrovia, strada*]; ***sparpagliatevi!*** spread out!
sparpagliato /sparpaʎ'ʎato/ **I** p.pass. → **sparpagliare II** agg. scattered; ***-i sul pavimento*** strewn about the floor, scattered across the floor; ***c'erano vestiti -i per tutta la stanza*** there were clothes scattered around the room.
sparring partner /'sparrin(g)'partner/ m.inv. sparring partner.
sparso /'sparso/ **I** p.pass. → **spargere II** agg. **1** *(sparpagliato)* [*case, fogli, libri, persone*] scattered; ***piogge -e*** METEOR. occasional *o* scattered showers; ***c'erano case, persone -e qua e là*** there were houses, people dotted around; ***in ordine ~*** dispersedly; MIL. in open order; ***avanzare in ordine ~*** to advance in scattered formation **2** *(versato)* [*sangue*] shed, spilled **3** *(sciolto)* [*capelli, fogli*] loose.
Sparta /'sparta/ n.pr.f. Sparta.
spartachismo /sparta'kizmo/ m. Spartacism.
spartachista, m.pl. **-i**, f.pl. **-e** /sparta'kista/ m. e f. Spartacist.
spartanamente /spartana'mente/ avv. Spartanly.
spartano /spar'tano/ **I** agg. **1** *(di Sparta)* Spartan **2** FIG. [*abitudini, regime, vita*] Spartan, spartan; ***ho educato i miei figli in modo ~*** I raised my children strictly **3** *(essenziale)* basic; ***la sistemazione è stata piuttosto -a*** the accommodation was rather basic **II** m. (f. **-a**) Spartan.
sparteina /sparte'ina/ f. sparteine.
spartiacque /sparti'akkwe/ m.inv. **1** GEOGR. divide, watershed **2** FIG. divide.
spartifuoco /sparti'fwɔko/ m.inv. safety curtain.
spartineve /sparti'neve/ m.inv. snow plough BE, snow plow AE.
▷ **spartire** /spar'tire/ [102] **I** tr. **1** *(ripartire)* to divide, to portion out, to split* up (**tra** between); ***si sono spartiti gli utili*** they divided the profits among themselves **2** *(dividere)* to separate, to part [*litiganti*] **3** MUS. to score **II spartirsi** pronom. to share; ***-rsi l'elettorato*** to split the vote ◆ ***non avere nulla da ~ con qcn.*** to have nothing in common with sb.; ***-rsi la torta*** to get a share of the spoils.
spartito /spar'tito/ **I** p.pass. → **spartire II** agg. divided **III** m. score, music **U**; ***-i*** sheet music.
spartitraffico /sparti'traffiko/ **I** agg.inv. ***isola ~*** traffic island, safety island AE; ***colonnina ~*** bollard BE; ***aiuola** o **banchina ~*** centre strip BE, median strip AE **II** m.inv. central reservation, traffic divider.
spartizione /spartit'tsjone/ f. *(ripartizione)* split, division; ***la ~ dei profitti*** profit sharing; ***la ~ dell'eredità*** the division of the inheritance.
sparto /'sparto/ m. esparto (grass); ***~ pungente*** beach-grass.
sparuto /spa'ruto/ agg. **1** *(molto magro)* [*persona*] emaciated, wasted, haggard **2** *(esiguo)* small, scanty, meagre BE, meager AE; ***uno ~ gruppo di dimostranti*** a handful of demonstrators.

sparviere /spar'vjɛre/, **sparviero** /spar'vjɛro/ m. **1** ZOOL. hawk, sparrowhawk **2** EDIL. hod, mortarboard.

spasimante /spazi'mante/ m. e f. suitor, wooer, beau* (anche SCHERZ.).

spasimare /spazi'mare/ [1] intr. (aus. *avere*) **1** *(soffrire intensamente)* to suffer terribly **2** *(desiderare)* to long, to pine; *~ d'amore* to be lovelorn; *~ per qcn.* to languish *o* yearn for sb.

spasimo /'spazimo/ m. **1** pang, twinge **2** FIG. *(di gelosia)* prick, twinge; *-i d'amore* heartache, love pangs.

spasmo /'spazmo/ m. MED. spasm, jerk; *uno ~ alla schiena* a crick in one's back ◆◆ *~ muscolare* twitch; muscular spasm; *avere uno ~ muscolare* to give a twitch; *~ tonico* tonus.

spasmodicamente /spazmodika'mente/ avv. **1** MED. spasmodically **2** FIG. agonizingly.

spasmodico, pl. **-ci**, **-che** /spaz'mɔdiko, tʃi, ke/ agg. **1** MED. [*movimento*] jerky; [*contrazione, tosse*] spasmodic **2** *(lancinante)* [*dolore*] shooting, splitting, stabbing **3** FIG. *(angoscioso)* [*attesa*] agonizing.

spasmofilia /spazmofi'lia/ ♦ **7** f. spasmophilia.

spasmofilo /spaz'mɔfilo/ **I** agg. spasmophilic **II** m. (f. **-a**) spasmophile, spasmophilic person.

spasmolitico, pl. **-ci**, **-che** /spazmo'litiko, tʃi, ke/ **I** agg. spasmolytic, antispasmodic **II** m. spasmolytic, antispasmodic, muscle relaxant.

spassarsi /spas'sarsi/ [1] pronom. **1** *(divertirsi)* to amuse oneself **2 spassarsela** to live it up, to have* a rip-roaring time, to rollick (about).

spassionatamente /spassjonata'mente/ avv. dispassionately, impartially.

spassionatezza /spassjona'tettsa/ f. dispassionateness, impartiality.

spassionato /spassjo'nato/ agg. dispassionate, impartial.

▷ **spasso** /'spasso/ m. **1** *(divertimento)* riot, gas, crack BE, blast AE; *che ~!* what a gas! *è stato uno ~!* it was a gas *o* a riot! *la festa è stata uno ~* the party was a blast **2** *(persona divertente)* hoot, gas, stitch AE; *è uno ~!* he's fun! he's a scream! **3** *(breve passeggiata)* *andare a ~* to (take a) stroll, to walk around; *portare a ~ il cane* to take the dog for a walk, to walk the dog ◆ *mandare a ~ qcn.* *(licenziare)* to let sb. go, to sack sb., to give sb. the sack; *essere a ~* = to be unemployed.

spassoso /spas'soso/ agg. amusing, uproarious; [*persona*] funny.

spasticità /spastitʃi'ta/ f.inv. spasticity.

spastico, pl. **-ci**, **-che** /'spastiko, tʃi, ke/ **I** agg. MED. spastic (anche COLLOQ. SPREG.) **II** m. (f. **-a**) spastic (anche COLLOQ. SPREG.).

spastoiare /spasto'jare/ [1] tr. **1** to unhobble **2** FIG. to unshackle, to unfetter.

spata /'spata/ f. spathe.

spatico, pl. **-ci**, **-che** /'spatiko, tʃi, ke/ agg. [*ferro*] spathic.

spato /'spato/ m. GEOL. MINER. spar; *~ d'Islanda* Iceland spar; *~ pesante* heavy spar.

spatola /'spatola/ f. **1** EDIL. spatula **2** ZOOL. spoonbill; *~ bianca, rosa* common, roseate spoonbill **3** ART. palette knife*; *dipingere a* o *con la ~* to paint with a palette **4** GASTR. *(attrezzo da cucina)* paddle, palette knife*, slice **5** MED. spatula **6** AUT. *(del tergicristallo)* wiper arm.

spatolato /spato'lato/ agg. spatular.

spauracchio, pl. **-chi** /spau'rakkjo, ki/ m. **1** *(spaventapasseri)* scarecrow **2** FIG. bugaboo*, bugbear, hobgoblin; *essere uno ~ per qcn.* to be a bugbear for sb.

spaurire /spau'rire/ [102] **I** tr. to frighten, to scare **II spaurirsi** pronom. to be* frightened, to be* scared, to take* fright.

spaurito /spau'rito/ **I** p.pass. → **spaurire II** agg. *(spaventato)* [*animale, persona*] frightened, scared; *uno sguardo ~* a look of fear, a scared look.

spavaldamente /spavalda'mente/ avv. cheekily, arrogantly.

spavalderia /spavalde'ria/ f. **1** *(sfrontatezza)* cheek, arrogance **2** *(bravata)* bluster, brag, bragging.

spavaldo /spa'valdo/ **I** agg. [*atteggiamento, persona*] cheeky, arrogant; *è un tipo ~* he's a cool customer **II** m. (f. **-a**) cheeky person, show-off.

spavenio, pl. **-ni** /spa'vɛnjo, ni/ m. spavin.

spaventapasseri /spaventa'passeri/ m.inv. scarecrow; *sembrare uno ~* to look like a scarecrow.

▶ **spaventare** /spaven'tare/ [1] **I** tr. to frighten, to scare; *~ a morte qcn.* to frighten the life out of *o* the pants off COLLOQ. sb., to scare sb. stiff *o* stupid COLLOQ.; *non lasciarti ~ dal suo modo di fare* don't be put off by her manner **II spaventarsi** pronom. to be* frightened, to be* scared, to take* fright; *-rsi facilmente* to scare easily.

▶ **spaventato** /spaven'tato/ **I** p.pass. → **spaventare II** agg. frightened, scared; *essere ~ a morte* to be* scared stiff, to be* witless, to be terror-stricken.

spaventevole /spaven'tevole/ agg. frightening.

▷ **spavento** /spa'vɛnto/ m. **1** *(paura)* fear **U**, dread **U**, fright, scare; *essere paralizzato dallo ~* to be paralyzed *o* stricken with fright; *gridare per lo ~* to scream with terror; *fare un salto per lo ~* to jump out of one's skin; *fare prendere uno ~ a qcn.* to give sb. a fright; *prendersi uno ~* to have *o* get a fright *o* scare; *mi ha fatto prendere un tale ~* it gave me such a fright; *che ~!* how frightful, how scary! *sei conciato da fare ~* you look a sight dressed like that **2** COLLOQ. *(persona o cosa molto brutta)* fright; *sono uno ~!* I look a fright!

spaventosamente /spaventosa'mente/ avv. terribly, fearfully, frightfully, frighteningly; *è ~ ricco* he's absurdly wealthy; *è ~ pallido* he's ghastly pale; *il tasso di disoccupazione è ~ alto* unemployment figures are appallingly high.

spaventosità /spaventosi'ta/ f.inv. frightfulness, dreadfulness.

▷ **spaventoso** /spaven'toso/ agg. **1** *(che incute paura)* [*rabbia, rumore, vista*] frightful, ghastly; [*esperienza, mostro, racconto*] frightening, scary **2** *(tremendo)* [*catastrofe, ferita, incidente, malattia*] terrible; [*condizioni, crimine, situazione*] appalling, dreadful, horrendous, hideous; *è ~ che* it's appalling that **3** FIG. *(grandissimo, esagerato)* [*prezzo*] atrocious, horrendous; [*ignoranza, stupidità*] appalling, horrifying; *un problema di una difficoltà -a* an appallingly difficult problem; *fuma tre pacchetti al giorno, è ~!* he smokes three packs of cigarettes a day, it's awful!

spaziale /spat'tsjale/ agg. **1** *(relativo allo spazio)* spatial **2** ASTR. [*capsula, era, programma, sonda, stazione*] space attrib.; [*navicella, ricerca, tecnologia*] space attrib., rocket attrib.; *tuta ~* spacesuit; *passeggiata ~* spacewalk; *navetta ~* (space) shuttle, spaceplane; *veicolo ~* spacecraft, rocket ship; *laboratorio ~* skylab, space lab; *ente* o *agenzia ~* space agency **3** *(pazzesco)* great; *è ~!* it's unreal! that's terrific!

spazialità /spatsjali'ta/ f.inv. spatiality.

spaziare /spat'tsjare/ [1] **I** tr. *(distanziare)* to space out [*oggetti, parole*] (anche TIP.) **II** intr. (aus. *avere*) **1** *(muoversi nello spazio)* to move freely; *~ nel cielo* to sweep through the sky **2** FIG. *(estendersi)* to sweep*; *da qui lo sguardo spazia su tutta la vallata* from here you can get a bird's eye view of the whole valley; *una discussione che spazia in molti argomenti* a wide-ranging discussion; *il suo discorso spaziò in molti argomenti* his speech ranged over a wide variety of subjects.

spaziatore /spattsja'tore/ agg. *barra -trice* INFORM. space-bar, spacer.

spaziatura /spattsja'tura/ f. TIP. *(tra lettere, parole)* space, spacing; *(interlinea)* (line-)spacing.

spazieggiare /spatsjed'dʒare/ [1] tr. TIP. to space.

spazientire /spattsjen'tire/ [102] **I** tr. to exasperate; *~ qcn.* to make* sb. impatient, to try *o* test sb.'s patience **II spazientirsi** pronom. to get* impatient, to lose* one's patience; *-rsi sempre di più* to grow more and more impatient.

spazientito /spattsjen'tito/ **I** p.pass. → **spazientire II** agg. irritated, exasperated.

▶ **spazio**, pl. **-zi** /'spattsjo, tsi/ m. **1** FILOS. space (anche MAT.); *~ e tempo* space and time **2** ASTR. space; *~ profondo* deep space; *nelle profondità dello ~* deep in space; *l'esplorazione dello ~* space exploration **3** *(posto)* room **U**, space **U**; *~ per le gambe* legroom; *limiti di ~* space limitations; *prendere* o *occupare molto ~* to take up a lot of room *o* space; *avere poco ~* to be short of room; *trovare lo ~, fare ~ per* to find, make room for [*oggetto, cibo*]; *lasciare a qcn. ~ sufficiente* to give sb. enough room; *invadere lo ~ vitale di qcn.* to invade sb.'s (personal) space; *c'è ~ più che sufficiente per cinque persone* there's ample room for five people; *se mi fate un po' di ~ ci sto anche io* if you make room I can squeeze in; *hai un mucchio di ~!* you've got yards *o* acres of room! *non ho lo ~ per un congelatore* I can't accommodate a freezer, I haven't got room for a freezer; *non c'è molto ~ in questa cucina, questo ufficio* there isn't much elbowroom in this kitchen, office; *non c'è neppure lo ~ per girarsi* there's hardly enough room to swing a cat **4** *(area)* space; *~ verde* green area; *-zi pubblici* public areas; *-i aperti* open space; *i grandi -zi aperti* the great outdoors **5** FIG. *(possibilità di azione, opportunità)* space, place; *dare ~ a qcn.* to give sb. space; *lascia, non lascia ~ a dubbi* there is room, no room for doubt; *la stampa dedica molto ~ alle star del cinema* film stars get a lot of press exposure **6** *(distanza)* space, gap, clearance; *uno ~ di 10 cm tra il furgone e il muro* a 10 cm clearance *o* space between the van and the wall **7** *(lasso di tempo)* space; *nello ~ di cinque minuti* in *o* within the space of five minutes; ***vuole ritagliare uno ~ (di tempo) per le interviste*** she wants to free (up) some time for interviewing **8** TIP. space; ***~ (in) bianco*** blank (space) **9** SCOL. blank; ***riempire gli -zi vuoti*** to fill in the blanks; ***scrivete la risposta nello ~ apposito*** write your answer in the space provided; ***lascia uno ~ bianco se non sai la risposta*** leave the space blank if you don't know the answer **10** RAD. TELEV. slot; ***~ fisso*** spot; ***trovare uno ~ per*** to slot in [*film, programma*] **11** INFORM. space; ***~ su disco*** disk space; ***~ di lavoro*** workspace; ***~ (vuoto)*** idle character ◆◆ ***~ abitabile*** living space; ***~ aereo*** air space; ***~ atmosferico*** aerospace; ***~ di frenata*** braking distance; ***~ interstellare*** ASTR. outer space; ***~ pubblicitario*** advertising space; ***~ di vendita*** retail space; ***~ vitale*** living space.

spazioporto /spattsjo'pɔrto/ m. spaceport.

spaziosamente /spattsjosa'mente/ avv. spaciously.

spaziosità /spattsjosi'ta/ f.inv. roominess, spaciousness.

▷ **spazioso** /spat'tsjoso/ agg. [*stanza*] good-sized, spacious; [*automobile, casa*] roomy, spacious; ***la casa è più -a di quanto possa sembrare*** the house is deceptively spacious.

spaziotempo /spattsjo'tɛmpo/ m. space-time (continuum).

spaziotemporale /spattsjotempo'rale/ agg. spatiotemporal; ***continuum*** o ***continuo ~*** space-time (continuum); ***buco*** o ***salto ~*** *(nella fantascienza)* time warp.

spazzacamino /spattsaka'mino/ ➧ **18** m. (chimney) sweep.

spazzamine /spattsa'mine/ m.inv. minesweeper.

spazzaneve /spattsa'neve/ m.inv. **1** *(veicolo)* snow plough BE, snow plow AE **2** *(nello sci)* snow plough BE, snow plow AE ; ***fare (lo) ~*** to snowplough; ***curva a ~*** stem turn; ***curvare, frenare a ~*** to stem.

▷ **spazzare** /spat'tsare/ [1] tr. **1** *(scopare)* to sweep* (up) [*pavimento*] **2** *(distruggere)* [*temporale*] to lash [*regione*]; ***~ via*** to sweep *o* wash away [*ponte*] **3** FIG. *(eliminare)* to brush aside [*difese, rivale, squadra*]; ***~ via*** to sweep away [*difficoltà, ostacolo*] **4** COLLOQ. *(spazzolare)* to polish off, to mop up AE [*cibo*].

spazzata /spat'tsata/ f. sweep (up); ***dare una ~ a qcs.*** to give sth. a sweep up.

spazzatrice /spattsa'tritʃe/ f. (road)sweeper.

▷ **spazzatura** /spattsa'tura/ f. **1** *(rifiuti)* litter **U**, rubbish **U**, refuse BE, trash **U** AE; ***portare fuori la ~*** to put the trash out; ***gettare*** o ***buttare qcs. nella ~*** to throw sth. out, to throw sth. in the bin BE *o* garbage AE; ***rovistare nella ~*** to scavenge in *o* through the dustbins; ***secchio della ~*** rubbish bin BE, trash can AE; ***bidone della ~*** litter bin BE, dustbin BE, garbage can AE, trashcan AE; ***mucchio di ~*** rubbish heap **2** FIG. SPREG. *(in un libro, in televisione)* pap **U**, trash **U**.

▷ **spazzino** /spat'tsino/ ➧ **18** m. street cleaner, roadsweeper, refuse collector BE, garbage collector AE.

▷ **spazzola** /'spattsola/ f. **1** *(per spazzolare, lavare, pulire)* brush; ***~ morbida, dura, di metallo*** soft, hard, wire brush; ***~ per capelli*** hairbrush; ***~ da scarpe*** shoebrush; ***~ per cappelli*** hatbrush; ***~ per abiti*** clothes brush; ***~ per le briciole*** crumb-brush **2** *(di tergicristallo)* blade **3** EL. brush; ***~ dello spinterogeno*** rotor arm **4** MUS. brush **5 a spazzola** ***taglio a ~*** crewcut, flattop; ***avere i capelli a ~*** to have a crewcut.

▷ **spazzolare** /spattso'lare/ [1] **I** tr. **1** *(pulire con la spazzola)* to brush [*capelli, denti, scarpe, stoffa, vestiti*]; to groom [*cane, gatto*]; ***~ qcs.*** to scrub sth. with a brush **2** *(consumare completamente)* to polish off, to mop up AE [*cibo*] **II spazzolarsi** pronom. ***-rsi i denti, i capelli*** to brush one's teeth, hair.

spazzolata /spattso'lata/ f. brush; ***darsi una ~ veloce ai denti*** to give one's teeth a quick brush.

spazzolatura /spattsola'tura/ f. brushing.

▷ **spazzolino** /spattso'lino/ m. small brush; ***~ da denti*** toothbrush; ***~ per unghie*** nailbrush; ***~ per stoviglie*** (scrubbing) brush, scrub brush AE.

spazzolone /spattso'lone/ m. scrubbing brush, scrub brush AE.

specchiaio /spek'kjajo/ ➧ **18** m. (f. **-a**) *(chi fabbrica specchi)* mirror maker; *(chi vende specchi)* mirror seller.

▷ **specchiarsi** /spek'kjarsi/ [1] pronom. **1** *(guardarsi allo specchio)* [*persona*] to look at oneself in the mirror **2** *(riflettersi)* to be* reflected, to be* mirrored; ***la luna si specchia nel lago*** there's a reflection of the moon in the lake **3** FIG. *(prendere esempio)* ***~ in qcn.*** to model oneself after sb.

specchiato /spek'kjato/ **I** p.pass. → **specchiarsi II** agg. ***un uomo di -a virtù*** an irreprehensible man, a man of exemplar virtue.

specchiera /spek'kjɛra/ f. **1** *(grande specchio)* large mirror, pier glass **2** *(mobile con specchio)* dresser.

specchietto /spek'kjetto/ m. **1** *(piccolo specchio)* compact mirror **2** AUT. mirror **3** *(breve prospetto)* table ◆ ***~ per le allodole*** stalking horse, lure; ***è solo uno ~ per le allodole*** it's only a snare and a delusion, it's all window dressing ◆◆ ***~ di cortesia*** vanity mirror; ***~ laterale*** wing mirror BE, side mirror AE; ***~ retrovisore*** driving mirror, rear-view mirror.

▶ **specchio**, pl. **-chi** /'spɛkkjo, ki/ m. **1** *(superficie riflettente)* mirror, looking-glass LETT., ***guardarsi allo ~*** to look at oneself in the mirror, to check oneself in the mirror; ***armadio a ~*** mirror wardrobe; ***labirinto di -chi*** hall of mirrors **2** FIG. *(ambiente eccezionalmente pulito)* ***essere uno ~*** [*casa*] to be as neat as a new pin **3** FIG. *(immagine)* mirror; ***essere lo ~ dei tempi*** to be a mirror of the times **4** FIG. *(esempio)* model; ***essere uno ~ di virtù*** to be a model of virtue **5** *(prospetto)* table **6** *(superficie acquea)* sheet; ***oggi il mare è uno ~*** the sea is glassy today **7** SPORT ***~ della porta*** goal mouth ◆ ***arrampicarsi sugli -chi*** to clutch at straws; ***gli occhi sono lo ~ dell'anima*** PROV. the eyes are the windows of the soul ◆◆ ***~ concavo*** concave mirror; ***~ convesso*** convex mirror; ***~ deformante*** distorting mirror; ***~ di faglia*** slickenside; ***~ molato*** bevelled mirror; ***~ segreto*** two-way mirror; ***~ ustorio*** burning glass; ***~ di Venere*** Venus's looking-glass.

▶ **speciale** /spe'tʃale/ **I** agg. **1** *(con particolare funzione)* special; ***inviato ~*** special correspondent; ***agente ~*** special agent; ***missione ~*** special mission; ***leggi -i*** POL. emergency laws; ***squadra ~*** task force **2** *(particolare)* [*motivo, ragione, significato, trattamento*] special; ***niente di ~*** nothing in particular; ***non ho nulla di ~ da riferire*** I've got nothing special to report **3** *(straordinario)* [*annuncio, occasione, ospite*] special; ***per me sei una persona ~*** you're special to me; ***è ~!*** she's something else! COLLOQ.; ***non essere niente di ~*** to be no great shakes, to be nothing to shout about; ***il vino non è niente di ~*** the wine is nothing special; ***cosa ha di così ~ questo computer?*** what is so special about this computer? **4** *(unico)* [*abilità, confezione, offerta*] special; ***offerta ~*** package deal, special COLLOQ.; ***in offerta ~*** [*prodotto*] on special (offer) **5** *(supplementare)* ***treno ~*** special; *(per i tifosi)* football special; ***numero ~*** GIORN. extra; ***servizio ~*** feature article **6** SPORT ***slalom ~*** special slalom **7** CINEM. TELEV. ***effetto ~*** special effect **8** DIR. ***tribunale ~*** special court **II** m. **1** SPORT *(nello sci)* special slalom **2** TELEV. special; ***uno ~ elezioni*** an election special.

specialismo /spetʃa'lizmo/ m. specialism.

▷ **specialista**, m.pl. **-i**, f.pl. **-e** /spetʃa'lista/ **I** agg. ***medico ~*** specialist, consultant BE **II** m. e f. **1** *(esperto)* expert, specialist; ***essere uno ~ di diritto*** to be an expert in law; ***si considera uno ~*** he thinks of himself as an expert; ***consultate uno ~*** get expert advice **2** *(medico)* specialist, consultant BE; ***prendere, avere appuntamento con uno ~*** to make, have an appointment with a specialist; ***indirizzare un paziente da uno ~*** to refer a patient to a specialist.

specialistico, pl. **-ci**, **-che** /spetʃa'listiko, tʃi, ke/ agg. specialistic, specialist attrib.; [*giornale, stampa*] trade attrib.; [*conoscenza*] expert attrib.; ***campo ~*** speciality; ***dizionario ~*** specialized dictionary.

specialità /spetʃali'ta/ f.inv. **1** *(settore di specializzazione)* speciality BE, specialty AE; ***la sua ~ è la chirurgia*** he's a specialist in surgery **2** SPORT sport **3** GASTR. speciality BE, specialty AE; ***una ~ del posto*** a local speciality; ***la ~ dello chef*** the chef's special; ***la pizza è la sua ~*** pizza's his speciality ◆◆ ***~ farmaceutica*** o ***medicinale*** patent medicine, proprietary medicine.

▷ **specializzare** /spetʃalid'dzare/ [1] **I** tr. to specialize **II specializzarsi** pronom. to specialize, to qualify; ***-rsi in*** to specialize in; ***-rsi nella manutenzione, costruzione*** to specialize in maintainance, construction.

specializzato /spetʃalid'dzato/ **I** p.pass. → **specializzare II** agg. [*area, settore*] specialized; [*giornale*] trade attrib.; [*lavoro*] skilled; [*negozio, staff*] specialist attrib.; [*lavoratore*] skilled, trained; ***libreria -a*** specialist bookshop; ***altamente ~*** highly specialized *o* trained; ***operaio non ~*** unskilled worker; ***è -a in genetica*** her subject is genetics.

specializzazione /spetʃaliddzat'tsjone/ f. specialization, concentration; ***~ nel campo delle vendite*** concentration on sales; ***corso di ~ post-laurea*** (post)graduate course; ***materia di ~*** UNIV. major AE.

specialmente /spetʃal'mente/ *Especially*, equivalente inglese di specialmente, non si usa solitamente all'inizio della frase. avv. especially, particularly, in particular.

speciazione /spetʃat'tsjone/ f. speciation.

▶ **specie** /'spɛtʃe/ **I** f.inv. **1** BIOL. species*; *(di batteri, virus)* strain; ***~ indigena*** native; ***~ a rischio*** endangered species; ***~ dominante*** dominant; ***~ subdominante*** subdominant; ***della stessa ~*** conspecific; ***l'evoluzione delle ~*** the evolution of species; ***conservazione della ~*** species preservation; ***~ in via d'estinzione*** vanishing species; ***appartiene a una ~ in via d'estinzione*** FIG. she's one of a dying breed **2** *(tipo)* kind, sort; ***una ~ di*** a kind *o* sort of; ***una ~ di***

borsa, giocattolo a kind *o* sort of handbag, toy; ***una ~ di anarchico, genio*** a kind *o* sort of anarchist, genius; ***la sua lettera fu una ~ di confessione*** her letter was something in the nature of a confession; ***un razzista della peggior ~*** a racist of the worst kind *o* sort; ***è una ~ di Cassandra, Lady Macbeth*** she is something of a Cassandra, Lady Macbeth figure; ***ho sentito una ~ di tintinnio*** I heard a kind of rattling noise; ***frequentano solo gente della loro ~*** they stick with their own kind **3** RELIG. species*; ***l'Eucaristia sotto le ~ del pane e del vino*** the Eucharist under the species of bread and wine **4** *(stupore)* ***mi fa ~ che...*** I find it odd that..., it surprises me that... **II** avv. ***(in) ~*** especially, particularly.

specifica, pl. **-che** /spe'tʃifika, ke/ f. COMM. specification; ***come da ~*** as per specifications.

specificabile /spetʃifi'kabile/ agg. specifiable.

specificamente /spetʃifika'mente/ avv. specifically.

specificare /spetʃifi'kare/ [1] tr. to specify, to state [*ammontare, condizioni, luogo, orario, termini*]; ***~ meglio qcs.*** to be more precise about sth.

specificatamente /spetʃifikata'mente/ avv. *(dettagliatamente)* in detail, exhaustively.

specificativo /spetʃifika'tivo/ agg. specifying.

specificato /spetʃifi'kato/ **I** p.pass. → **specificare II** agg. [*ammontare, data, giorno*] specified; ***come ~ sopra*** as specified above; ***non ~ altrove*** not elsewhere specified; ***l'ora, la somma -a*** the stated time, amount, the time, amount stated.

specificazione /spetʃifikat'tsjone/ f. **1** specification (anche DIR.); ***~ standard*** standard specification; ***essere conforme alle -i*** to comply with specifications **2** LING. ***complemento di ~*** possessive phrase.

specificità /spetʃifitʃi'ta/ f.inv. specificity.

specifico, pl. **-ci**, **-che** /spe'tʃifiko, tʃi, ke/ **I** agg. **1** *(peculiare)* [*caratteristica*] specific; [*procedura*] special; ***~ di qcn., qcs.*** specific to sb., sth.; ***termine ~*** specific term; ***shampoo ~ per capelli grassi*** shampoo for greasy hair **2** *(particolare)* [*caso, esempio*] specific, particular; ***in questo caso ~*** in this particular case; ***in modo non ~*** unspecifically; ***un programma creato appositamente per rispondere a bisogni -ci*** a programme tailored to meet specific needs **3** FIS. [*peso, volume*] specific; ***calore ~*** specific heat; ***peso ~*** specific weight **4** MED. specific; ***farmaco ~*** specific (drug) **II** m. *(carattere distintivo)* ***lo ~ teatrale*** the special characteristics of theatre.

specillare /spetʃil'lare/ [1] tr. to probe.

specillo /spe'tʃillo/ m. MED. TECN. probe.

specimen /'spɛtʃimen/ m.inv. specimen (copy), sample section.

speciosamente /spetʃosa'mente/ avv. FORM. speciously.

speciosità /spetʃosi'ta/ f.inv. FORM. speciousness.

specioso /spe'tʃoso/ agg. FORM. specious.

speck /spɛk/ m.inv. GASTR. INTRAD. (smoked ham typical of Tyrol).

speco, pl. **-chi** /'spɛko, ki/ m. **1** LETT. *(grotta)* cavern, cave **2** ANAT. canal.

specola /'spɛkola/ f. observatory.

specolo /'spɛkolo/ m. → **speculum.**

1.speculare /speku'lare/ [1] **I** intr. (aus. *avere*) **1** FILOS. to speculate (**su** about, on) **2** ECON. to speculate (**su** in, on); ***~ in borsa*** to speculate on the Stock Exchange, to play the market; ***~ al rialzo*** to bull, to speculate for *o* on a rise; ***~ al ribasso*** to bear, to speculate for *o* on a fall **3** FIG. ***~ su*** to play on [*paure, pregiudizi*] **II** tr. FILOS. ***~ qcs.*** to speculate on *o* about sth.

2.speculare /speku'lare/ agg. specular; ***immagine ~*** mirror image; ***scrittura ~*** mirror writing.

specularmente /spekular'mente/ avv. specularly.

speculativamente /spekulativa'mente/ avv. [*chiedere, pensare*] speculatively.

speculatività /spekulativi'ta/ f.inv. speculativeness.

speculativo /spekula'tivo/ agg. speculative.

speculatore /spekula'tore/ **I** agg. [*mente*] speculative **II** m. ECON. (f. **-trice** /tritʃe/) speculator.

speculatorio, pl. **-ri**, **-rie** /spekula'tɔrjo, ri, rje/ agg. ECON. speculative.

▷ **speculazione** /spekulat'tsjone/ f. **1** ECON. speculation **U**, stockjobbing, venture; ***~ al rialzo, al ribasso*** bull, bear speculation; ***fare -i in borsa*** to speculate on the Stock Exchange; ***~ edilizia*** property speculation **2** FILOS. speculation **U** (**su** about).

speculum /'spɛkulum/ m.inv. MED. speculum*.

▷ **spedire** /spe'dire/ [102] tr. **1** *(inviare)* to send*, to get* off, to post BE, to mail AE [*lettera, pacco*]; to consign [*merci*]; ***da ~*** COMM. for consignment; ***~ (avanti) i bagagli*** to send on luggage in advance, to send one's luggage on ahead; ***~ una lettera a qcn.*** to send a letter to sb., to send sb. a letter; ***~ qcs. per posta*** to send sth. by post BE *o* mail AE; ***~ qcs. per posta aerea*** to send sth. by airmail, to airmail sth.; ***~ qcs. per corriere*** to send sth. by courier; ***~ per raccomandata*** to send sth. recorded delivery BE *o* certified mail AE; ***~ qcs. via mare*** to ship sth.; ***~ qcs. per ferrovia*** to send sth. by rail *o* by train **2** *(mandare)* to send* off, to pack off, to shunt [*persona*]; ***~ qcn. a scuola*** to pack sb. off to school; ***~ qcn. a casa di qcn.*** to bundle sb. off to sb.'s house; ***~ qcn. in un altro reparto*** to shunt sb. into another department; ***~ qcn. in prigione*** to send sb. to prison, to railroad sb. AE COLLOQ.; ***gli ha dato una mela e lo ha spedito via*** she sent him on his way with an apple **3** ANT. FARM. ***~ una ricetta*** to make up a prescription **4** DIR. ***~ una causa*** to enter a case for trial ◆ ***~ qcn. all'altro mondo*** to send *o* knock sb. to kingdom come.

speditamente /spedita'mente/ avv. **1** *(rapidamente)* [*lavorare, leggere, camminare*] quickly **2** *(fluentemente)* [*parlare*] fluently.

speditezza /spedi'tettsa/ f. **1** FORM. *(rapidità)* expedition, velocity **2** *(scioltezza)* fluency.

spedito /spe'dito/ **I** p.pass. → **spedire II** agg. **1** *(inviato)* sent, posted BE, mailed AE **2** *(rapido)* [*passo*] quick, lively, buoyant; [*metodo, procedura*] expeditious FORM.; ***a passo ~*** buoyantly, at a cracking pace **3** *(fluente)* [*pronuncia*] fluent **III** avv. quickly; ***camminare ~*** to walk quickly *o* buoyantly.

speditore /spedi'tore/ m. (f. **-trice** /tritʃe/) sender; COMM. consignor, consigner.

▷ **spedizione** /spedit'tsjone/ f. **1** *(invio)* dispatch, forwarding, consignment; *(via mare)* shipping, shipment; ***data di ~*** date of dispatch; ***spese di ~*** postage, forwarding charges; ***incluse le spese di ~*** including postage and packing; ***le spese di ~ sono escluse*** o ***a parte*** postage is extra; ***reparto -i*** mailing house; ***ditta di -i*** parcels service; ***~ per via aerea*** airfreight; ***~ in dogana*** (customs) clearance; ***~ diretta*** drop shipment; ***autorizzazione di ~*** release for shipment; ***ricevuta di ~*** proof of postage; ***avviso di ~*** *(da parte del mittente)* shipping notice, advice note **2** MIL. expedition; ***corpo di ~*** expeditionary force **3** *(esplorazione)* expedition; ***~ alpinistica*** climbing expedition; ***~ al polo*** polar expedition; ***~ archeologica*** archaeological expedition; ***membro di una ~*** expeditionary, expeditionist; ***fare una ~*** to go on an expedition ◆◆ ***~ punitiva*** punitive expedition.

spedizioniere /spedittsjo'njɛre/ ♦ ***18*** m. carrier, forwarder, forwarding agent, shipping clerk.

▶ **spegnere** /'spɛɲɲere, 'speɲɲere/ [90] **I** tr. **1** *(far cessare di ardere)* to blow* out, to put* out, to snuff out [*candela*]; to extinguish, to put* out [*incendio, fuoco, sigaretta*]; ***~ le candele in un soffio solo*** to blow out the candles in one puff **2** *(far cessare di dare luce)* to turn off, to switch off, to kill COLLOQ. [*luce*]; to turn off, to cut* [*fari*]; ***spegni la luce!*** turn off the light! **3** *(rendere inattivo)* to switch, to turn off, shut* off, to kill COLLOQ. [*apparecchio, radio, riscaldamento*]; to switch off, to turn off, to shut* off [*motore*]; ***~ la televisione*** to flick *o* turn the television off **4** FIG. *(calmare)* to quench, to slake [*sete*]; to dull, to extinguish [*entusiasmo*] **5** *(estinguere)* to redeem [*ipoteca*] **6** CHIM. to slake [*calce*] **II spegnersi** pronom. **1** *(cessare di ardere)* [*candela, fuoco*] to blow* out, to burn* out, to die out; [*incendio*] to go* out **2** *(cessare di dare luce)* [*luce*] to go* off, to go* out, to switch off **3** *(disattivarsi)* [*riscaldamento*] to go* off, to switch off; [*motore, automobile*] to turn off, to die COLLOQ.; ***si spegne una spia rossa*** a red light goes off; ***il bollitore si spegne da solo*** the kettle switches itself off **4** *(attenuarsi)* [*amore, odio, risentimento*] to die (down); [*applauso*] to die away; [*entusiasmo, interesse*] to fizzle out; [*speranza*] to wither away; [*musica, voci*] to trail away, to trail off **5** EUFEM. *(morire)* to die off, to fade away, to slip away.

spegnimento /speɲɲi'mento/ m. **1** *(di incendio)* putting out **2** TECN. switching off, cutting.

spegnitoio, pl. **-oi** /speɲɲi'tojo, oi/ m. (candle) snuffer.

spegnitore /speɲɲi'tore/ m. (f. **-trice** /tritʃe/) quencher.

spelacchiare /spelak'kjare/ [1] **I** tr. to pull hair out of, to pull fur out of **II spelacchiarsi** pronom. to lose* hair, to lose* fur; [*pelliccia, tappeto*] to become* worn (out).

spelacchiato /spelak'kjato/ **I** p.pass. → **spelacchiare II** agg. **1** *(con pochi peli)* [*animale*] mangy **2** *(con pochi capelli)* [*persona*] bald **3** *(consumato)* [*cappotto*] worn, threadbare, shabby.

spelare /spe'lare/ [1] **I** tr. *(privare di pelo)* to remove hair from, to remove fur from **II spelarsi** pronom. **1** *(perdere il pelo)* [*tappeto*] to become* worn (out) **2** *(perdere i capelli)* to go* bald.

spelato /spe'lato/ **I** p.pass. → **spelare II** agg. **1** [*persona*] hairless **2** [*vestito, tappeto*] worn.

spelatura /spela'tura/ f. hairless patch, worn patch.

speleo /spe'lɛo/ agg. spel(a)ean.

speleologia /speleolo'dʒia/ f. **1** *(sport)* speleology, caving, potholing BE, spelunking AE; ***praticare la*** o ***fare*** **~** to go caving **2** *(scienza)* speleology.

speleologico, pl. **-ci**, **-che** /speleo'lɔdʒiko, tʃi, ke/ agg. speleological.

speleologo, m.pl. **-gi**, f.pl. **-ghe** /spele'ɔlogo, dʒi, ge/ ◗ ***18*** m. (f. **-a**) **1** *(dilettante)* speleologist, caver, potholer BE, spelunker AE **2** *(scienziato)* speleologist.

spellare /spel'lare/ [1] **I** tr. **1** *(scuoiare)* to skin [*animale*] **2** COLLOQ. FIG. *(chiedere un compenso esagerato)* to soak, to drain [*cliente*] **II spellarsi** pronom. **1** *(perdere la pelle)* [*persona*] to peel; ***ti stai spellando sulla schiena*** your back is peeling **2** COLLOQ. *(graffiarsi)* to scrape, to graze, to skin [*gomito, ginocchio*].

spellato /spel'lato/ **I** p.pass. → **spellare II** agg. *(scuoiato)* [*animale*] skinned.

spellatura /spella'tura/ f. **1** *(scuoiatura)* skinning **2** *(escoriazione)* scrape, abrasion, graze.

spelling /'spɛlling/ m.inv. spelling; ***rifare lo ~ di*** to respell; ***può fare lo ~ per favore?*** will you spell that please?

spelonca, pl. **-che** /spe'lonka, ke/ f. **1** *(caverna)* cave, cavern **2** FIG. den.

spelta /'spɛlta/ f. spelt.

speme /'spɛme/ f. LETT. hope.

spendaccione /spendat'tʃone/ **I** agg. high-spending, spendthrift, wasteful **II** m. (f. **-a**) spendthrift, big spender.

▶ **spendere** /'spɛndere/ [10] tr. **1** *(impiegare denaro)* to spend*, to go* through [*denaro*]; ***~ denaro in vestiti, cibo, per pagare l'affitto*** to spend money on clothes, food, rent; ***~ una fortuna*** to spend a fortune *o* a bomb BE COLLOQ.; ***~ una fortuna in libri*** to spend a fortune on books; ***ha speso un occhio della testa per quella macchina*** he paid through the nose for that car; ***sarebbe meglio ~ il denaro in*** the money would be better spent on; ***~ bene il proprio denaro*** to get one's money's worth, to get a good run for one's money; ***senza ~ una lira*** without spending a penny; ***è accorto nello ~*** he's cautious about spending money; ***~ troppo*** to overspend; ***~ largamente*** to spend extravagantly *o* big money; ***~ fino all'ultimo centesimo*** to spend every last penny; ***quanto spendi per mangiare?*** how much do you spend on food? ***quanto vorrebbe ~?*** what is your price range? **2** *(consumare)* to expend, to spend* [*energie*]; ***~ le proprie energie per*** o ***nel fare*** to use up one's energy doing **3** *(trascorrere)* to spend*; ***~ gli anni migliori*** to spend one's best years ◆ ***~ il nome di qcn.*** to make use of sb.'s name; ***~ una buona parola per qcn.*** to put in a good word for sb.; ***~ due parole su qcs.*** to say a few words about sth.; ***~ e spandere*** COLLOQ. to splash money around, to spend money like water.

spendereccio, pl. **-ci**, **-ce** /spende'rettʃo, tʃi, tʃe/ agg. **1** *(spendaccione)* high-spending, spendthrift, wasteful **2** *(dispendioso)* extravagant, costly, expensive.

spendibile /spen'dibile/ agg. [*somma*] spendable.

spengere /'spɛndʒere/ → **spegnere.**

spennacchiare /spennak'kjare/ [1] tr. **1** *(privare delle penne)* to pluck **2** COLLOQ. *(spennare)* to soak, to drain, to fleece.

spennacchiato /spennak'kjato/ **I** p.pass. → **spennacchiare II** agg. [*persona*] bald.

spennare /spen'nare/ [1] **I** tr. **1** *(privare delle penne)* to deplume, to pluck [*pollo*] **2** FIG. *(fare pagare troppo)* to soak, to drain, to fleece [*cliente*]; ***farsi ~*** to get ripped off **II spennarsi** pronom. *(fare la muta)* to moult BE, to molt AE.

spennellare /spennel'lare/ [1] tr. **1** to paint **2** GASTR. to brush; ***~ qcs. con*** to brush sth. with [*acqua, latte, uovo*] **3** MED. to paint [*ferita, taglio*].

spennellata /spennel'lata/ f. quick painting, brush.

spennellatura /spennella'tura/ f. painting (anche MED.).

spensierataggine /spensjera'taddʒine/ f. carelessness.

spensieratamente /spensjerata'mente/ avv. carelessly.

spensieratezza /spensjera'tettsa/ f. carelessness, light-heartedness; ***vivere la vita con ~*** to breeze through life.

▷ **spensierato** /spensje'rato/ agg. [*persona, vita*] carefree, happy-go-lucky, light-hearted; ***conduce una vita -a*** he leads a carefree life.

▶ **spento** /'spɛnto, 'spento/ **I** p.pass. → **spegnere II** agg. **1** *(che non arde)* [*sigaretta*] extinguished, unlit; [*incendio*] extinguished; [*vulcano*] inactive, extinct; ***l'incendio è ~*** the fire is out **2** *(non acceso)* [*interruttore, televisore, computer*] (turned) off mai attrib., (switched) off mai attrib.; ***il riscaldamento è ~*** the heating is off; ***le luci sono tutte -e?*** are all the lights off *o* out? ***a fari -i*** with one's headlights off **3** *(inespressivo)* [*voce*] lifeless; [*occhio*] dull; [*colore*] dull, flat **4** *(raffreddato)* [*emozione, passione*] chilled, spent **5** TECN. ***calce -a*** slaked lime.

spenzolare /spendzo'lare/ [1] **I** tr. to dangle, to hang* [*gambe*] **II** intr. (aus. *avere*) [*gambe, corda*] to dangle.

sperabile /spe'rabile/ agg. desirable; ***è ~ che*** it's desirable that.

▶ **speranza** /spe'rantsa/ f. **1** hope; ***un barlume di ~*** a glimmer *o* glimmering *o* ray of hope; ***motivi di ~*** grounds for hope; ***al di là di ogni ~*** beyond all hope; ***nella ~ di qcs., di fare*** in the hope of sth., of doing; ***nella vana ~ di fare*** in the forlorn *o* pious hope of doing; ***infondere ~ in qcn.*** to breathe hope into sb., to raise sb.'s hopes; ***coltivare vane -e*** to hope against hope; ***riporre le proprie -e in qcs.*** to build *o* pin *o* set one's hopes on sth.; ***nutre la ~ che sia ancora vivo*** she cherishes *o* fosters *o* nourishes the hope that he is still alive; ***hanno perso quasi ogni ~ di ritrovarlo*** they don't hold out much hope of finding him; ***tenne in vita le nostre -e*** it kept our hopes alive; ***nella ~ di ricevere presto vostre notizie*** *(in una lettera)* I look forward to hearing from you soon **2** *(possibilità, probabilità)* hope, prospect, expectation; ***un caso senza ~*** a hopeless case; ***essere senza ~*** to be without hope; ***avere buone -e di fare*** to have great *o* high hopes of doing; ***avere delle -e di successo*** to have expectations of success; ***c'è qualche ~, ci sono poche -e di miglioramento*** there is some, little prospect of improvement; ***dare nuove -e di vita a qcn.*** [*medicina, operazione*] to give sb. a new lease of life BE *o* on life AE; ***non esserci più ~ per qcn.*** to be all up with sb.; ***con lui ho perso ogni ~*** I've given up on him; ***ci sono poche -e, non c'è nessuna ~ che venga*** there is little, no hope that he will come **3** *(promessa)* hope, promise; *(di una squadra)* prospect; ***le -e della musica italiana*** the young hopefuls of the Italian music world **4** RELIG. Hope ◆ ***di belle -e*** up and coming; ***un giovane attore di belle -e*** a promising young actor; ***finché c'è vita, c'è ~*** while there's life there's hope; ***la ~ è l'ultima a morire*** hope springs eternal (in the human breast) ◆◆ ***~ di vita*** BIOL. life expectancy.

speranzosamente /sperantsosa'mente/ avv. hopefully, expectantly.

speranzoso /speran'tsoso/ agg. [*atteggiamento, persona*] hopeful; ***essere ~ su qcs., di fare*** to be hopeful about sth., of doing; ***è ~ di vincere*** he is hopeful that he will win; ***gli fece un sorriso ~*** she smiled at him hopefully.

▶ **1.sperare** /spe'rare/ [1] **I** tr. to hope; ***~ di fare*** to hope to do, to have hopes of doing; ***~ che*** to hope that; ***c'è da ~ che*** it is to be hoped that; ***spero che venga*** I hope (that) she'll come; ***spero solo che si ricordi*** I only, just hope he remembers; ***spero di sì, di no*** I hope so, not; ***non possiamo ~ di potere competere con grandi aziende*** we cannot hope to compete with big firms; ***niente di grave, spero*** nothing serious, I hope; ***spero di vederti presto*** I hope to see you soon; ***spero che ti vada tutto bene*** I hope all goes *o* is well; ***spe-riamo che lo faccia bene questa volta*** let's hope he gets it right this time; ***speriamo di costruire il ponte in due anni*** we hope to build the bridge in two years; ***speriamo di essere tra i primi*** we are hoping to be among the first; ***speriamo che duri!*** long may it last! let's hope it last! ***spero proprio di sì!*** I should think so! ***"non me ne dimenticherò" - "spero proprio di no!"*** "I won't forget" - "I should hope not!"; ***"ti pagherò" - "lo spero bene!"*** "I'll pay you for it" - "I should hope so!"; ***spero di avere presto tue notizie*** *(in una lettera)* I look forward to hearing from you soon **II** intr. (aus. *avere*) to hope, to trust; ***~ in qcs.*** to hope for sth.; ***~ in Dio*** to trust in God; ***~ per il meglio*** to hope for the best; ***non sperarci troppo*** don't build your hopes up too high; ***non ci rimane altro che ~*** all we can do is hope; ***il massimo che tu possa ~ è*** the most you can expect is; ***ci sono buone ragioni per ~*** there are grounds for hope; ***è lecito ~*** it's fair to hope; ***aspetta e spera!*** don't hold your breath!

2.sperare /spe'rare/ [1] tr. to candle [*uovo*].

sperato /spe'rato/ **I** p.pass. → **1.sperare II** agg. expected, hoped for; ***avere il risultato ~*** to meet one's target.

speratura /spera'tura/ f. *(delle uova)* candling.

sperdersi /'spɛrdersi/ [68] pronom. to get* lost.

▷ **sperduto** /sper'duto/ **I** p.pass. → **sperdersi II** agg. **1** *(smarrito)* [*persona*] lost (anche FIG.); ***sentirsi ~*** to feel lost **2** *(isolato)* [*luogo, paese*] remote; ***un posto ~*** an out-of-the-way spot; ***un villaggio ~ nella campagna*** a village buried deep in the countryside; ***in un angolo ~ della Toscana*** in a remote part of Tuscany.

sperequato /spere'kwato/ agg. disproportionate, unequal.

sperequazione /sperekwat'tsjone/ f. inequality, disproportion; ***~ tributaria*** disproportionate taxation.

spergiurare /sperdʒu'rare/ [1] intr. (aus. *avere*) to commit perjury, to perjure; ***giurare e ~*** = to swear again and again.

spergiuro /sper'dʒuro/ **I** agg. perjurious **II** m. (f. **-a**) **1** *(chi spergiura)* perjurer **2** *(giuramento falso)* perjury.

spergula /'spɛrgula/ f. spurry.
spericolatamente /sperikolata'mente/ avv. [*guidare*] incautiously, recklessly.
spericolatezza /sperikola'tettsa/ f. incautiousness, recklessness.
spericolato /speriko'lato/ **I** agg. [*persona*] daring, daredevil, reckless; ***vita -a*** fast living; ***un automobilista ~*** a reckless driver **II** m. (f. **-a**) daredevil.
sperimentabile /sperimen'tabile/ agg. testable.
sperimentale /sperimen'tale/ agg. **1** *(empirico)* [*metodo, scienza*] experimental, experiential; ***a titolo ~*** on an experimental basis **2** *(d'avanguardia)* [*musica, scrittura, teatro*] experimental; ***teatro ~*** studio theatre, experimental theatre, fringe theatre **3** *(in fase di sperimentazione)* [*piano, schema*] tentative **4** UNIV. ***tesi ~*** research thesis.
sperimentalismo /sperimenta'lizmo/ m. experimentalism.
sperimentalista, m.pl. **-i**, f.pl. **-e** /sperimenta'lista/ **I** agg. [*scrittore*] experimental **II** m. e f. experimentalist.
sperimentalmente /sperimental'mente/ avv. experimentally.
▷ **sperimentare** /sperimen'tare/ [1] **I** tr. **1** *(verificare la validità)* to experiment with, to test, to try out [*metodo*]; to try out, to test [*medicina, teoria, vaccino*]; ***~ una nuova invenzione*** to pioneer an invention; ***~ dei farmaci sugli animali*** to test drugs on animals **2** *(conoscere per esperienza)* to experience; ***~ qcs. di persona*** to experience sth. personally *o* at first hand; ***~ qcs. concretamente*** to actually live through *o* experience sth.; ***ha sperimentato l'umiliazione della sconfitta*** he has experienced the humiliation of defeat; ***l'ho sperimentato a mie spese*** I've learned that lesson the hard way **II sperimentarsi** pronom. ***-rsi in*** to try one's hand at.
sperimentato /sperimen'tato/ **I** p.pass. → **sperimentare II** agg. *(collaudato)* [*metodo*] tested; ***un rimedio ben ~*** a tried and tested remedy.
sperimentatore /sperimenta'tore/ m. (f. **-trice** /tritʃe/) experimenter, tester.
sperimentazione /sperimentat'tsjone/ f. experimentation; *(di cosmetici, medicine)* testing **U**; ***~ sugli animali*** animal testing *o* experimentation; ***centro di ~*** test centre; ***il prodotto è ancora in fase di ~*** the product is still being tested.
sperlano /sper'lano/ m. smelt*.
sperma /'spɛrma/ m. sperm, semen **U**; ***donazione, donatore di ~*** sperm donation, donor.
spermaceti /sperma'tʃeti/ m.inv. spermaceti.
spermatico, pl. **-ci**, **-che** /sper'matiko, tʃi, ke/ agg. spermatic.
spermatocito /spermato'tʃito/ m. spermatocyte.
spermatofita /sperma'tɔfita / f. spermatophyte.
spermatogenesi /spermato'dʒɛnezi/ f.inv. spermatogenesis.
spermatorrea /spermator'rɛa/ f. spermatorrh(o)ea.
spermatozoo /spermatod'dzɔo/ m. spermatozoon*, sperm.
spermicida /spermi'tʃida/ **I** agg. spermatocidal, spermicidal **II** m. spermicide, spermatocide.
spermico, pl. **-ci**, **-che** /'spɛrmiko, tʃi, ke/ agg. → **spermatico.**
spermio, pl. **-mi** /'spɛrmjo, mi/ m. → **spermatozoo.**
spermiogenesi /spermjo'dʒɛnesi/ → **spermatogenesi.**
speronamento /sperona'mento/ m. ramming.
speronare /spero'nare/ [1] tr. **1** *(colpire con la prua)* to ram [*nave*] **2** *(colpire di fianco)* to ram, to bump into [*veicolo*].
▷ **sperone** /spe'rone/ m. **1** *(sprone)* spur; ***avere gli -i agli stivali*** to wear spurs **2** STOR. *(di nave)* rostrum* **3** ZOOL. calcar*, spur **4** GEOGR. spur **5** EDIL. buttress.
speronella /spero'nɛla/ f. **1** BOT. lark-heel, larkspur **2** *(rotella dello sperone)* spur-rowel.
sperperamento /sperpera'mento/ m. squandering, wastefulness.
sperperare /sperpe'rare/ [1] tr. to squander, to fritter away, to waste, to go* through [*denaro*]; to waste [*forze, tempo*]; ***~ i propri soldi al gioco*** to squander one's money on gambling.
sperperatore /sperpera'tore/ m. (f. **-trice** /tritʃe/) squanderer.
sperperio, pl. **-ii** /sperpe'rio, ii/ m. squandering, wastefulness.
sperpero /'spɛrpero/ m. squandering, waste; ***lo ~ dei soldi dei contribuenti*** the profligate use of taxpayers' money.
sperso /'spɛrso/ agg. *(sperduto)* lost.
spersonalizzare /spersonalid'dzare/ [1] **I** tr. to depersonalize **II spersonalizzarsi** pronom. to lose* one's personality.
spersonalizzazione /spersonaliddzat'tsjone/ f. depersonalization.
sperticarsi /sperti'karsi/ [1] pronom. ***~ in elogi*** to bestow effusive praise, to lavish praise.
sperticatamente /spertikata'mente/ avv. [*elogiare*] effusively.
sperticato /sperti'kato/ **I** p.pass. → **sperticarsi II** agg. ***lodi -e*** rave praise.

▶ **spesa** /'spesa/ f. **1** *(costo)* cost, expenditure, expense, outlay, spending **U**; ***-e*** charge; ***-e di consegna*** delivery charge; ***-e per l'elettricità, il telefono*** electricity, telephone charges; ***-e per l'istruzione, la difesa*** expenditure *o* spending on education, defence; ***-e di investimento, di consumo*** capital, consumer expenditure; ***~ extra*** additional charge; ***dividere le -e*** to share the costs; ***coprire le -e di qcn.*** to cover sb.'s expenses; ***sostenere forti -e*** to incur heavy costs; ***fare sostenere delle -e a qcn.*** to put sb. to expense; ***non badare a -e*** to spare no expense; ***non si è badato a -e*** no expense has been spared; ***risparmiarsi la ~ dell'albergo*** to save oneself the expense of a hotel; ***per me la benzina è una forte ~*** petrol is a big expense for me **2** *(acquisto)* shopping **U**, buy; ***ho comprato questo vestito in saldo ma non è stata una buona ~*** I bought this dress in the sales but it wasn't a good buy **3** *(compere)* shopping **U**; ***lista della ~*** shopping list; ***borsa della ~*** shopping bag; ***carrello della ~*** shopping trolley BE *o* cart AE; ***sporta, paniere della ~*** shopping bag, basket; ***fare la ~*** to do some *o* the shopping; ***fare -e*** to go shopping; ***andare a fare la ~*** to go to the shops; ***martedì è il giorno della ~*** Tuesday is my shopping day; ***fare -e folli*** to go on a spending *o* shopping spree; ***fare la cresta sulla ~*** to chisel a bit on the shopping **4** COMM. ECON. ***-e*** costs, expenses; ***-e accessorie*** o ***extra*** incidental expenses; ***-e di trasporto, di manodopera*** transport, labour costs; ***-e deducibili dalle tasse*** tax-deductible expenses; ***eccesso di ~*** overhang; ***riduzione delle -e*** cost-cutting, spending cut; ***tagliare le -e*** to cut costs; ***-e di imballaggio e spedizione incluse*** including postage and packing, shipping and handling included **5 a spese di** *(a carico di)* charged to, chargeable to; ***a -e dello stato*** o ***della comunità*** at public expense; ***vivere a -e di qcn.*** to live off sb.; ***ingrassarsi alle -e di*** to batten on *o* exploit [*famiglia, persona*]; ***la trasferta è a -e della società*** business travel is chargeable to the company **6 a proprie spese** the hard way, at one's own expense, at one's cost; ***imparare qcs. a proprie -e*** to find sth. out *o* learn sth. the hard way; ***ha imparato a sue -e che*** he knows to his cost that ◆◆ ***~ in disavanzo*** deficit spending; ***~ pubblica*** public expenditure, public spending, government spending; ***-e bancarie*** bank charges; ***-e in consumi*** consumer spending; ***-e correnti*** current expenditure, running expenses; ***-e doganali*** customs expenses *o* charges; ***-e fisse*** standing charge; ***-e generali*** COMM. oncosts, overheads; ***-e di impianto*** initial outlay; ***-e processuali*** DIR. costs; ***-e professionali*** business expenses; ***-e di rappresentanza*** entertainment expenses; ***-e sociali*** welfare spending; ***-e di spedizione*** forwarding charges, shipping charges, postage; ***-e straordinarie*** nonrecurring expenses; ***-e di trasferta*** travelling expenses; ***-e di trasporto*** freightage, freight charges, freight costs; ***-e varie*** miscellaneous expenses.
spesare /spe'sare/ [1] tr. ***~ qcn.*** to cover *o* pay sb.'s expenses.
spesato /spe'sato/ **I** p.pass. → **spesare II** agg. paid; ***tutto ~*** all expenses paid.
spessimetro /spes'simetro/ m. (outside) calliper.
▷ **1.spesso** /'spesso/ agg. **1** *(non sottile)* [*abito, labbra, materiale, pezzo, strato*] thick; [*libro*] thick, bulky, fat; [*bastone, ramo*] stout; ***padella a fondo ~*** heavy pan; ***quanto è ~ il muro, questo pezzo di acciaio?*** how thick is the wall, this piece of steel? **2** *(denso)* [*liquido, pasta*] thick **3** *(fitto)* [*foresta, nebbia, vegetazione*] thick **4** *(frequente)* ***-e volte*** many times.
▶ **2.spesso** /'spesso/ avv. often, frequently; ***molto, così, troppo, meno ~*** very, so, too, less often; ***sempre più ~*** more and more often; ***fin troppo ~*** all too often; ***non così ~*** not so often; ***quanto ~ vi incontrate?*** how often do you meet? ***non si vedevano ~*** they didn't see each other much, they didn't see a lot of each other; ***un'osservazione ~ ripetuta*** an often-repeated remark; ***~ e volentieri*** as often as not.
▷ **spessore** /spes'sore/ m. **1** thickness; *(di strato)* depth; *(di corda)* grist; ***un pezzo di legno dello ~ di 6 cm*** a 6-cm thick piece of wood **2** FIG. depth, insight; ***essere privo di ~*** [*personaggio*] to be one-dimensional **3** TECN. gauge, thickness; ***calibro di ~*** feeler gauge, thickness gauge **4** MECC. shim.
spett. ⇒ spettabile; ***Spett. Ditta*** *(nelle lettere)* Dear Sirs BE *o* Gentlemen AE; ***Spett. PBM*** *(negli indirizzi)* PBM.
spettabile /spet'tabile/ agg. **1** *(rispettabile)* esteemed **2** *(nella corrispondenza)* ***Spettabile Ditta*** Dear Sirs BE *o* Gentlemen AE.
spettacolare /spettako'lare/ agg. spectacular, fantastic, extraordinary; ***fare un'entrata ~*** to make a grand entry.
spettacolarità /spettakolari'ta/ f.inv. spectacularity.
spettacolarmente /spettakolar'mente/ avv. spectacularly.
spettacolarizzare /spettakolarid'dzare/ [1] **I** tr. to make* [sth.] spectacular, to turn [sth.] into a show **II spettacolarizzarsi** pronom. to become* spectacular, to turn into a show; ***la politica si va spettacolarizzando*** politics is turning into a show.

spettacolarizzazione /spettakolariddzat'tsjone/ f. ***la ~ della politica*** turning politics into a show.

▶ **spettacolo** /spet'takolo/ **I** m. **1** show, entertainment **U**; *(a teatro)* play; ***~ di marionette*** puppet show; ***~ di cabaret*** cabaret, stand-up (comedy); ***~ pirotecnico*** fireworks display, pyrotechnic(al) display, pyrotechnics; ***~ di varietà*** floor *o* variety show; ***~ continuato*** CINEM. continuous performance; ***~ serale*** CINEM. evening show; ***~ per tutta la famiglia*** family entertainment; ***a ~ concluso*** after the final curtain; ***rubrica degli -i*** listings; ***allestire uno ~*** to put on a performance; ***lo ~ deve continuare*** the show must go on **2** *(singola rappresentazione)* showing CINEM., performance TEATR.; ***ci sono due -i al giorno*** there are two showings daily **3** *(industria)* ***il mondo dello ~*** the world of entertainment, the entertainment world, show business; ***i grandi nomi dello ~*** the big names in show business **4** *(vista)* sight; ***uno ~ familiare, triste*** a familiar, sorry sight; ***uno ~ per gli occhi*** a sight to behold; ***era uno ~ penoso*** it was a sad sight; ***bello ~!*** IRON. it was quite a sight! ***non era un bello ~!*** it was not a pretty sight! ***godersi lo ~*** FIG. to go along for the ride; ***un incredibile ~ si presentò alla sua vista*** an incredible sight met her eye; ***dare ~*** to attract the attention; SPREG. to make an exhibition of oneself, to show off **II** agg.inv. ***politica ~*** showbiz politics; ***calcio ~*** showy football.

spettacoloso /spettako'loso/ agg. spectacular, extraordinary.

spettante /spet'tante/ agg. [*retribuzione*] due mai attrib.

spettanza /spet'tantsa/ f. **1** *(competenza)* scope, province; ***rientare, non rientrare nella ~ di qcn.*** to be within, beyond the scope of sb. **2** *(somma)* due; ***liquidare le -e a qcn.*** to pay sb. his dues.

▷ **spettare** /spet'tare/ [1] intr. (aus. *essere*) **1** *(essere compito di)* ***spetta a te scegliere*** it's up to you to choose; ***spetta a qcn. fare*** it devolves on sb. to do; ***non spetta a me fare*** it's not my place to do; ***non spetta a te giudicare*** it is not up to you to judge **2** *(competere)* to be* due; ***rivendico solo ciò che mi spetta*** I'm only claiming what I'm entitled to; ***dopo la loro morte la casa spetta a me*** the house comes to me when they die; ***dovrebbero pagargli quello che gli spetta*** they should pay him what is due to him; ***mi spettano quattro giorni di ferie*** I'm due four days' holiday.

spettatore /spetta'tore/ m. (f. **-trice** /tritʃe/) **1** *(di teatro, cinema)* spectator, member of the audience; ***-i*** audience, crowd; *(di teatro)* house; ***speriamo che ci siano molti -i al concerto*** we are hoping for a big crowd at the concert **2** *(testimone)* onlooker, looker-on*; ***l'incidente non ebbe -i*** nobody witnessed the accident; ***assistere come (semplice) ~*** to be present as a spectator.

spettegolare /spettego'lare/ [1] intr. (aus. *avere*) to gossip; ***~ su*** to dish the dirt on *o* about AE.

spettinare /spetti'nare/ [1] **I** tr. to tousle, to dishevel, to ruffle, to muss AE COLLOQ.; ***mi spettini, mi stai spettinando!*** you're messing up my hair! **II spettinarsi** pronom. **1** [*capelli*] to get* ruffled, to get* dishevelled, to get* disheveled AE **2** [*persona*] to get* one's hair messed up.

▷ **spettinato** /spetti'nato/ **I** p.pass. → **spettinare II** agg. [*capelli*] uncombed, messy, unkempt; ***ho i capelli tutti -i*** my hair is a mess; ***sei tutto ~!*** your hair is all over the place!

spettrale /spet'trale/ agg. **1** ghostly, spectral, phantasmal; [*luce*] ghastly; [*atmosfera, casa*] spooky COLLOQ.; ***pallore ~*** ghastliness; ***essere di un pallore ~*** to be ghastly pale *o* white **2** FIS. spectral; ***analisi ~*** spectral *o* spectrum analysis.

spettro /'spɛttro/ m. **1** *(fantasma)* ghost, spectre BE, specter AE **2** *(minaccia)* shadow; ***lo ~ della guerra incombe sul paese*** the spectre of war looms over the country; ***si riaffaccia lo ~ del razzismo*** racism rears its ugly face once more **3** FIS. CHIM. spectrum*; ***analizzatore degli -i*** spectrum analyzer **4** FARM. ***antibiotico ad ampio ~*** broad-spectrum antibiotic ◆◆ ***~ di assorbimento*** absorption spectrum; ***~ a bande*** band spectrum*; ***~ cromatico*** chromatic spectrum; ***~ di emissione*** emission spectrum; ***~ solare*** solar spectrum.

spettrobolometro /spettrobo'lɔmetro/ m. spectrobolometer.

spettroeliografo /spettroe'ljɔgrafo/ m. spectroheliograph.

spettroelioscopio, pl. **-pi** /spettroeljos'kɔpjo, pi/ m. spectrohelioscope.

spettrofotometro /spettrofo'tɔmetro/ m. spectrophotometer.

spettrografia /spettrogra'fia/ f. spectrography.

spettrografico, pl. **-ci**, **-che** /spettro'grafiko, tʃi, ke/ agg. spectrographic.

spettrografo /spet'trɔgrafo/ m. spectrograph.

spettrogramma /spettro'gramma/ m. spectrogram.

spettrometria /spettrome'tria/ f. spectrometry.

spettrometrico, pl. **-ci**, **-che** /spettro'mɛtriko, tʃi, ke/ agg. spectrometric.

spettrometro /spet'trɔmetro/ m. spectrometer.

spettroscopia /spettrosko'pia/ f. spectroscopy.

spettroscopico, pl. **-ci**, **-che** /spettros'kɔpiko, tʃi, ke/ agg. spectroscopic(al).

spettroscopio, pl. **-pi** /spettros'kɔpjo, pi/ m. spectroscope.

▷ **spezia** /'spɛttsja/ f. spice; ***erbe e -e*** herbs and spices; ***-e miste*** mixed spices.

speziale /spet'tsjale/ m. e f. ANT. **1** *(droghiere)* drysalter **2** *(farmacista)* apothecary.

speziare /spet'tsjare/ [1] tr. to spice.

spezieria /spettsje'ria/ **I** f. ANT. **1** *(drogheria)* drysaltery **2** *(farmacia)* apothecary's shop **II spezierie** f.pl. spices.

▶ **spezzare** /spet'tsare/ [1] **I** tr. **1** *(dividere, rompere)* to break* [*corda, pane*]; [*tempesta*] to break*, to shear* off [*ramo*]; to break*, to crack [*resistenza, volontà*]; to break*, to shatter [*cuore*]; ***~ una gamba a qcn.*** to smash sb.'s leg; ***~ le catene*** to throw off the shackles, to cast off one's chains (anche FIG.) **2** *(interrompere)* to break* (into) [*giornata, mattinata*]; ***~ il pomeriggio con un tè*** to break up the afternoon with some tea **II spezzarsi** pronom. **1** *(rompersi)* [*corda, ramo*] to break*, to give* way; *(con un colpo secco)* to snap (off); ***l'albero si spezzò in due*** the mast snapped in two **2** *(spaccarsi)* [*persona*] to break*; ***-rsi un dente, un'unghia, un osso*** to break a tooth, a nail, a bone; ***-rsi tutte le ossa*** to break every bone in one's body; ***mi sono quasi spezzato la schiena a spostare il piano*** FIG. I nearly broke my back moving the piano ◆ ***~ il cuore a qcn.*** to break sb.'s heart; ***piangere da ~ il cuore*** to cry fit to break one's heart; ***spezza il cuore vedere*** it is heartbreaking to see, it breaks your heart to see; ***-rsi in due per qcn.*** to bend over backwards for sb.; ***~ una lancia in favore di*** to strike a blow for, to make *o* give AE a pitch for; ***mi spezzo ma non mi piego*** = I'd rather die than give in.

spezzatino /spettsa'tino/ m. GASTR. stew, olio*; ***~ con patate*** hotpot.

spezzato /spet'tsato/ **I** p.pass. → **spezzare II** agg. **1** *(in pezzi)* broken (anche FIG.) **2** *(interrotto)* broken; [*ritmo*] fragmented; [*frase, stile*] jerky; ***linea -a*** MAT. broken line; ***orario ~*** split shift; ***lavorare con orario ~*** to work split shifts **III** m. ABBIGL. = man's suit in which the colour and fabric of the jacket are different from those of the trousers.

spezzatura /spettsa'tura/ f. ECON. broken amount, odd lot.

spezzettamento /spettsetta'mento/ m. breaking into pieces.

spezzettare /spettset'tare/ [1] tr. **1** to break* [sth.] into pieces [*pane, biscotto*]; to divide up [*territorio*] **2** FIG. to fragment [*discorso*].

spezzino /spet'tsino/ ♦ **2 I** agg. from, of La Spezia **II** m. (f. **-a**) native, inhabitant of La Spezia.

spezzone /spet'tsone/ m. **1** TELEV. CINEM. clip **2** MIL. rudimentary bomb, fragmentation bomb; ***~ incendiario*** incendiary bomb, fire bomb.

S.P.G.M. ⇒ Sue Proprie Gentili Mani by hand.

▶ **spia** /'spia/ **I** f. **1** *(agente segreto)* spy; ***una rete di -e*** a spy ring; ***essere una ~ di qcn.*** to work as a spy *o* to spy for sb. **2** *(informatore)* spy, infiltrator, nark BE, rat AE, spook AE; *(a scuola)* tattletale, telltale, snitch; ***fare la ~*** to blab, to stool, to rat COLLOQ., to nark BE; *(a scuola)* to tell on, to sneak BE COLLOQ.; ***fa sempre la ~!*** he's always telling on people! **3** TECN. *(luce)* light; ***~ luminosa*** warning light, pilot (light) **4** FIG. sign, indication **5** *(spioncino)* spyhole **II** agg.inv. spy attrib.; ***satellite ~*** spy satellite; ***aereo ~*** spy plane.

spiaccicare /spjattʃi'kare/ [1] **I** tr. to squash, to crush [*insetto*] **II spiaccicarsi** pronom. to splatter, to squash, to get* squashed (**su, contro** on, against); ***il budino si spiaccicò per terra*** the pudding landed with a splat.

spiacente /spja'tʃɛnte/ agg. sorry; ***sono terribilmente ~*** I'm terribly sorry; ***sono ~ di informarvi che*** I'm sorry *o* I regret to inform you that; ***siamo -i di non poter accettare*** we regret we are unable to accept.

▷ **spiacere** /spja'tʃere/ [54] **I** intr. (aus. *essere*) **1** *(rincrescere)* ***mi spiace, ci spiace*** I am sorry, we are sorry; ***mi spiace, è stato un incidente*** I'm sorry, it was an accident; ***mi spiace disturbarvi*** I'm sorry to disturb you; ***mi spiace per il ritardo*** (I'm) sorry, I'm late; ***mi spiace!*** I'm sorry (about this)! **2** *(essere doloroso)* to be* sad; ***spiace sentire che*** it's sad to hear that; ***spiace dover constatare tanta indifferenza*** it's sad *o* saddening to see so much indifference **3** *(in formule di cortesia)* to mind; ***se non le spiace*** if you don't mind (anche IRON.); ***ti spiace tenermi il posto, aprire la finestra?*** would you mind keeping my seat for me, opening the window? ***le spiace seguirmi in commissariato?*** would you mind accompanying me to the police station? **II spia-cersi** pronom. to be* sorry; ***si***

è molto spiaciuto per la vostra assenza he was very sorry you weren't there.

▷ **spiacevole** /spja'tʃevole/ agg. **1** *(che dà dispiacere)* [*pensiero, notizia*] unpleasant, grim, unwelcome **2** *(sgradevole)* [*reazione*] disagreeable, unpleasant; [*compito, posizione*] uncomfortable; [*odore*] evil, unpleasant; [*verità*] unpalatable, unwelcome; [*persona*] unpleasant, uncongenial **3** *(increscioso)* [*affare, incidente, situazione*] lamentable, sad, unfortunate.

spiacevolezza /spjatʃevo'lettsa/ f. disagreeableness, unpleasantness.

spiacevolmente /spjatʃevol'mente/ avv. uncomfortably, unpleasantly.

▶ **spiaggia**, pl. **-ge** /'spjaddʒa, dʒe/ f. beach, (sea)shore, seaside; **~ *ghiaiosa*** pebbly *o* shingly beach; **~ *sabbiosa, dorata*** sandy, golden beach; **~ *libera*** public beach; **~ *nudista*** nudist beach; ***andare in* ~** to go (down) to the beach; ***borsa, pallone da* ~** beach bag, beach ball; ***in tenuta da* ~** in beach wear; ***tipo da* ~** COLLOQ. beach bum; ***fare vita di*** o ***da* ~** to be a beach bum; ***l'ultima* ~** FIG. the last chance *o* ditch *o* resort.

spianamento /spjana'mento/ m. levelling, leveling AE.

▷ **spianare** /spja'nare/ [1] **I** tr. **1** to flatten (out), to level, to roll out [*strada, superficie*]; to level off [*legno*]; **~ *il terreno*** to press the soil flat **2** *(rendere liscio)* **~ *la fronte*** to smooth one's forehead **3** *(stirare)* to smooth [*cuciture*] **4** *(radere al suolo)* to level [*area, città*] **5** FIG. to smooth out [*difficoltà, processo, transizione*] **6** *(puntare)* to level; **~ *un fucile contro qcn.*** to draw a gun on *o* aim a gun at sb. **7** MECC. to beat* out, to flatten [*metallo*] **8** GASTR. to roll (out) [*impasto*] **II spianarsi** pronom. [*fronte*] to smooth, to relax ◆ **~ *la strada a*** to pave the way for.

spianata /spja'nata/ f. **1** *(lo spianare)* smoothing, levelling, leveling AE **2** *(spiazzo)* clearing, level ground.

spianato /spja'nato/ **I** p.pass. → **spianare II** agg. [*terreno*] level; [*cucitura*] smooth; ***la strada -a verso la presidenza*** an easy ride to the Presidency; ***tenere il fucile* ~** to keep one's gun levelled, to hold one's gun at the ready.

spianatoia /spjana'toja/ f. pastry board.

spianatoio, pl. **-oi** /spjana'tojo, oi/ m. rolling pin.

spianatura /spjana'tura/ f. flattening, smoothing.

spiano /'spjano/ m. **1** clearing, level ground **2 a tutto spiano** [*guidare*] flat out; ***andare a tutto* ~** to go barrelling *o* flat out *o* at top speed; ***faceva errori a tutto* ~** he made one mistake after another; ***lavorare a tutto* ~** [*persona*] to work at full stretch *o* as hard as one can *o* flat out; ***mangiare a tutto* ~** to eat as much as one can, to eat like there's no tomorrow.

spiantare /spjan'tare/ [1] tr. **1** *(sradicare)* to tear* out, to pull out [*albero, palo*] **2** FIG. to ruin [*persona*].

spiantato /spjan'tato/ **I** p.pass. → **spiantare II** agg. *(in miseria)* penniless, badly off, broke mai attrib. **III** m. (f. **-a**) penniless person.

▷ **spiare** /spi'are/ [1] tr. **1** POL. to spy on [*esercito, manovre, nemico*] **2** *(guardare)* to spy on, to peek at, to peep at [*persona*]; **~ *i movimenti di qcn.*** to spy on sb.'s movements; **~ *attraverso il buco della serratura*** to peep through the keyhole; ***mi stava spiando da dietro le tende*** she was peeking out at me from behind the curtains; ***senza ~!*** no peeking *o* peeping! **3** *(studiare)* to try to understand; **~ *le reazioni di qcn.*** to gauge sb.'s reactions **4** *(aspettare)* to watch out for, to wait for [*occasione*].

spiata /spi'ata/ f. *(soffiata)* tip, tip-off, whistle-blowing COLLOQ.

spiattellare /spjattel'lare/ [1] tr. COLLOQ. **1** *(raccontare)* to blab, to blurt out; **~ *tutto*** to reveal all, to spill the beans; **~ *tutto in giro*** to shoot one's mouth off; ***qualcuno ha spiattellato tutto alla polizia!*** someone squealed to the police! **2** *(mostrare)* to thrust*; ***gli ha spiattellato sotto il naso la lettera*** he thrust the letter right under his nose.

spiazzare /spjat'tsare/ [1] tr. **1** SPORT to wrongfoot; **~ *il portiere*** to wrongfoot the goalkeeper **2** FIG. to wrongfoot, to catch* [sb.] unprepared, to catch* [sb.] off guard; **~ *qcn. con una domanda imprevista*** to catch sb. off guard with an unexpected question.

spiazzato /spjat'tsato/ **I** p.pass. → **spiazzare II** agg. ***trovarsi* ~** to be caught off guard.

▷ **spiazzo** /'spjattso/ m. clearing, level ground; ***uno* ~ *erboso*** a patch of grass.

▷ **spiccare** /spik'kare/ [1] **I** tr. **1** *(staccare)* to pick, to pluck [*fiore, frutto*]; to articulate [*parola, sillaba*] **2** *(compiere un movimento)* **~ *un salto*** to jump; **~ *il volo*** to spread one's wings (anche FIG.) **3** ECON. to draw*, to issue [*assegno, cambiale*]; **~ *una tratta su una banca*** to make a draft on a bank **4** DIR. to issue [*mandato di cattura*]; **~ *un ordine*** to give *o* issue an order **II** intr. (aus. *avere*) *(risaltare)* [*colore, oggetto, persona, qualità*] to stand* out, to show* up; **~ *su*** o ***contro*** to stand out against; **~ *nettamente rispetto a*** to stand out in sharp relief against.

spiccatamente /spikkata'mente/ avv. distinctly, clearly; ***questa reazione è* ~ *maschile*** this reaction is most evident in men *o* typically masculine.

spiccato /spik'kato/ **I** p.pass. → **spiccare II** agg. **1** *(che risalta)* [*contorni*] distinct, bold **2** *(notevole, marcato)* [*accento*] strong, marked; [*tendenza*] pronounced; ***avere una -a personalità*** to have a very strong personality; ***parlare con uno* ~ *accento gallese*** to speak in *o* with a broad Welsh accent.

spicchio, pl. **-chi** /'spikkjo, ki/ m. **1** *(di agrumi)* segment, section, slice; *(d'aglio)* clove **2** *(parte)* slice; ***uno* ~ *di torta, di formaggio*** a slice of cake, cheese; ***a -chi*** sliced; ***tagliare una mela a -chi*** to slice an apple; **~ *di luna*** crescent **3** *(di gonna, ombrello, volta)* gore **4** MAT. lune.

spicciare /spit'tʃare/ [1] **I** tr. COLLOQ. **1** *(sbrigare)* to rush through, to polish off [*faccenda*] **2** *(accontentare)* to attend quickly to [*cliente*] **II spicciarsi** pronom. COLLOQ. to hurry up, to step on it; ***spicciati!*** hurry up! get a move on! ***spicciati a tornare!*** hurry back!

spicciativo /spittʃa'tivo/ agg. [*persona, maniere*] curt, brisk; [*atteggiamento*] dismissive.

spiccicare /spittʃi'kare/ [1] **I** tr. **1** *(staccare)* to peel off, to unglue, to unstick* [*francobollo*] **2** *(pronunciare)* to utter; ***non sono riuscito a* ~ *(una sola) parola*** I didn't manage to utter a (single) word; ***non spiccica una parola di russo*** he can't speak a word of Russian **II spiccicarsi** pronom. **1** *(staccarsi)* [*francobollo*] to peel off, to come* unglued, to come* unstuck **2** *(liberarsi)* ***non riesco a spiccicarmelo di torno*** I can't get rid of him.

spiccicato /spittʃi'kato/ **I** p.pass. → **spiccicare II** agg. *(uguale)* identical; ***è* ~ *suo padre, è suo padre* ~** he's the spitting image *o* the spit of his father.

spiccio, pl. **-ci**, **-ce** /'spittʃo, tʃi, tʃe/ **I** agg. **1** [*persona, modi*] rough-and-ready, brisk **2** *(spicciolo)* ***denaro* ~** change **II spicci** m.pl. small change, loose change, pin money; ***non ho -ci*** I've got no small change ◆ ***andare per le -ce*** to get straight to the point, to make it short and sweet.

spicciolata: **alla spicciolata** /'allaspittʃo'lata/ avv. [*arrivare*] in dribs and drabs, in ones and twos, piecemeal; ***arrivare alla* ~** to straggle *o* trickle in; ***uscire alla* ~ *da*** to trickle out of.

▷ **spicciolo** /'spittʃolo/ **I** agg. **1 *moneta -a*** change **2** FIG. [*parole*] plain; ***filosofia -a*** two-bit philosophizing **II spiccioli** m.pl. small change, loose change; ***un po' di -i*** a few odd coins; ***cambiare in -i una banconota*** to change a banknote.

spicco, pl. **-chi** /'spikko, ki/ m. prominence; ***di* ~** leading, prominent; ***una figura di* ~ *nel mondo del teatro*** a leading figure in theatrical circles; ***avere un ruolo di* ~ *in qcs.*** to play a prominent role in sth., to figure prominently in sth.

spicola /'spikola/ f. spicule.

spider /spaider/ m. e f.inv. sports car, convertible.

spidocchiare /spidok'kjare/ [1] **I** tr. to delouse **II spidocchiarsi** pronom. to delouse oneself.

spiedino /spje'dino/ m. **1** *(attrezzo)* skewer **2** *(pietanza)* kebab; **~ *di carne, di pesce*** meat, fish kebab.

▷ **spiedo** /'spjɛdo/ m. **1** spit, skewer, broach; ***arrostire allo* ~** to spitroast; ***cotto allo* ~** cooked on a spit; ***infilzare*** o ***mettere sullo* ~** to spit **2** STOR. spear.

spiegabile /spje'gabile/ agg. explainable, explicable.

spiegamento /spiega'mento/ m. **1** MIL. deployment; **~ *di forze*** deployment of forces **2** *(di persone)* array **3** *(di giornale, cartina)* unfolding, spreading out.

▶ **spiegare** /spje'gare/ [1] **I** tr. **1** *(distendere)* to fold out, to lay* out, to open (out), to unfold [*giornale, cartina*]; to spread*, to stretch, to open [*ali*] **2** *(insegnare)* to explain (**che** that; **a** to); ***puoi ~? puoi spiegarmelo?*** can you explain? can you explain it to me? ***non posso ~, non so spiegarlo*** I can't explain; **~ *a qcn. come fare*** to tell sb. how to do; **~ *qcs. a qcn. passo passo*** to take sb. through sth. step by step **3** *(chiarire)* to explain; ***questo spiega tutto!*** that explains it! **4** *(indicare)* to show* [*strada*] **5** MIL. to array, to deploy [*truppe*] **II spiegarsi** pronom. **1** *(comprendere)* to understand*; ***mi spiego perché ha mentito*** I understand *o* I can see why he lied **2** *(essere comprensibile)* to make* sense; ***ora tutto si spiega*** everything makes sense now; ***la cosa si spiega da sola*** the matter is self-explanatory **3** *(esprimersi)* to explain oneself, to clarify; ***mi spiego*** let me explain; ***probabilmente mi sono spiegato male*** perhaps I did not make myself clear; ***devo spiegarmi meglio?*** do I make myself plain? ***mi sono spiegato?*** have I made myself clear? ***non so se mi spiego*** do you get my point? need I say more? **4** *(risol-*

vere un conflitto) to sort out; ***andate a spiegarvi da un'altra parte*** go and sort it out elsewhere **5** *(distendersi)* [*ali*] to spread* out.

▷ **spiegato** /spje'gato/ **I** p.pass. → **spiegare II** agg. **1** *(disteso)* [*cartina, giornale*] unfolded; [*ali*] outspread, outstretched, unfolded; ***a vele -e*** under full canvas, in full sail; ***a bandiere -e*** MAR. with flags flying **2** *(chiarito)* explained.

▶ **spiegazione** /spjegat'tsjone/ f. explanation; ***per*** o ***come*** ~ by way of *o* in explanation; ***vogliamo una ~ esauriente*** we want a full explanation; ***non ha bisogno di -i*** it needs no explanation; ***non c'è ~*** there is no explanation; ***la tua ~ non mi convince*** I am not satisfied by your explanation; ***dare -i soddisfacenti di qcs.*** to explain sth. away; ***accettare la ~ di qcn. secondo la quale*** to accept sb.'s explanation that; ***avere una ~ con qcn.*** to have it out with sb.

spiegazzamento /spjegattsa'mento/ m. wrinkling.

spiegazzare /spjegat'tsare/ [1] **I** tr. to crumple up, to crinkle, [*carta, foglio*]; to wrinkle, to crease [*abito, tessuto*] **II spiegazzarsi** pronom. [*foglio, carta*] to crumple, to crinkle; [*abito, tessuto*] to wrinkle, to crease.

spiegazzato /spjegat'tsato/ **I** p.pass. → **spiegazzare II** agg. [*carta, foglio*] crumpled, crinkled; [*vestito*] wrinkled, creased.

spiegazzatura /spjegattsa'tura/ f. *(piega)* crease, wrinkle.

spietatamente /spjetata'mente/ avv. mercilessly, pitilessly, ruthlessly.

spietatezza /spjeta'tettsa/ f. mercilessness, pitilessness, ruthlessness.

spietato /spje'tato/ agg. **1** *(senza pietà)* merciless, pitiless, ruthless; [*criminale, killer*] cold-blooded, ruthless **2** *(accanito)* [*mondo*] cut-throat, rough-and-tumble; [*opposizione, rivalità*] bitter, fierce; ***concorrenza -a*** keen *o* cut-throat competition **3** *(serrato)* ***fare una corte -a a qcn.*** to fling oneself at sb.'s head.

spifferare /spiffe'rare/ [1] **I** tr. to blab out, to give* away [*informazioni, segreto*]; ***~ tutto*** to spill the beans COLLOQ.; ***ha spifferato tutto*** he spilt the beans, he blurted everything out; ***qualcuno ha spifferato tutto alla polizia!*** someone squealed to the police! **II** intr. (aus. *avere*) [*vento, aria*] to howl, to whistle.

spiffero /'spiffero/ m. draught BE, draft AE; ***una stanza piena di -i*** a draughty room.

▷ **spiga**, pl. **-ghe** /'spiga, ge/ f. BOT. ear, spike; ***a (forma di) ~*** spicate; ***tessuto a ~*** herringbone; ***pavimentazione a ~*** herringbone (brickwork); ***punto ~*** featherstitch.

spigare /spi'gare/ [1] intr. (aus. *avere, essere*) to ear.

spigato /spi'gato/ **I** p.pass. → **spigare II** agg. ***tessuto ~*** herringbone **III** m. herringbone.

spigatura /spiga'tura/ f. earing.

spighetta /spi'getta/ f. BOT. spikelet.

spigliatamente /spiʎʎata'mente/ avv. with ease, breezily.

spigliatezza /spiʎʎa'tettsa/ f. ease, breeziness, jauntiness.

spigliato /spiʎ'ʎato/ agg. [*persona*] self-confident, breezy; [*maniere*] relaxed.

spignattare /spiɲɲat'tare/ [1] intr. (aus. *avere*) = to be busy cooking.

spignoramento /spiɲɲora'mento/ m. release from seizure.

spignorare /spiɲɲo'rare/ [1] tr. **1** *(liberare dal pignoramento)* to release from seizure **2** *(riscattare)* to get* out of pawn, to redeem.

spigola /'spigola/ f. (sea) bass*.

spigolare /spigo'lare/ [1] tr. to glean (anche FIG.).

spigolatore /spigola'tore/ ♦ *18* m. (f. **-trice** /tritʃe/) gleaner.

spigolatura /spigola'tura/ f. gleanings pl.; ***-e*** FIG. gleanings, snippets of information.

▷ **spigolo** /'spigolo/ m. **1** corner, edge; ***uno ~ vivo*** a sharp edge *o* corner; ***gli -i di un cubo*** the edges of a cube; ***urtare contro lo ~ del tavolo*** to bump into the corner of the table; ***un viso tutto -i*** an angular face **2** ARCH. hip; ***tetto a ~*** hip(ped) roof.

spigolosità /spigolosi'ta/ f.inv. angularity (anche FIG.).

spigoloso /spigo'loso/ agg. [*roccia*] angular; [*lineamenti*] sharp, angular, bony; [*carattere*] touchy, irritable; ***un volto ~*** an angular face; ***dai lineamenti -i*** with sharp features, hard-featured.

▷ **spilla** /'spilla/ f. **1** *(gioiello)* brooch, pin; ***~ di brillanti*** diamond pin **2** REGION. *(spillo)* pin ◆◆ ***~ da balia*** → ***~ di sicurezza***; ***~ da cravatta*** scarf-pin, tie pin, stick pin AE; ***~ di sicurezza*** safety pin.

spillare /spil'lare/ [1] **I** tr. **1** ENOL. to draw*, to tap, to broach, to pull BE COLLOQ. [*birra, vino*]; ***~ una botte*** to set a cask abroach; ***~ una pinta di birra*** to draw a pint of beer **2** FIG. *(carpire)* to tap, to squeeze; ***~ denaro a qcn.*** to extract money from sb., to pump *o* squeeze money out of sb. **3** *(unire)* to staple, to pin [sth.] together [*fogli*] **II** intr. (aus. *essere, avere*) to drip, to leak.

spillatura /spilla'tura/ f. **1** *(di fogli)* stapling, pinning together **2** *(di vino)* tapping.

▷ **spillo** /'spillo/ m. **1** pin; ***capocchia di ~*** pinhead; ***foro di ~*** pinhole; ***puntura di ~*** pinprick; ***cuscinetto per gli -i*** pincushion; ***puntare con degli -i*** to pin; ***si sarebbe potuto sentire cadere uno ~*** you could have heard a pin drop **2 a spillo** ***tacco a ~*** spike heel, stiletto (heel); ***microfono a ~*** lapel microphone; ***valvola a ~*** AUT. needle valve **3** *(per botti)* tap.

spillone /spil'lone/ m. ***~ da cappello*** hatpin.

spilluzzicare /spilluttsi'kare/ [1] tr. to nibble, to peck at, to pick at [*cibo*].

spilorceria /spilortʃe'ria/ f. penny-pinching, stinginess, meanness.

spilorcio, pl. **-ci, -ce** /spi'lɔrtʃo, tʃi, tʃe/ **I** agg. COLLOQ. penny-pinching, stingy, tight-fisted **II** m. (f. **-a**) COLLOQ. penny-pincher, cheapskate, skinflint.

spilungone /spilun'gone/ m. (f. **-a**) beanpole, spindle-shanks.

spiluzzicare /spiluttsi'kare/ → **spilluzzicare.**

▷ **spina** /'spina/ f. **1** *(di fiore, arbusto)* thorn, prickle, spine; ***corona di -e*** crown of thorns **2** *(di porcospino, riccio)* prickle, spine **3** *(lisca)* bone; ***togliere le -e a un pesce*** to bone a fish **4** EL. plug; ***presa a due, tre -e*** two-, three-pin plug; ***inserire la ~ nella presa*** to put the plug in the socket; ***inserire la ~ di qcs.*** to plug sth. in; ***staccare la ~*** to unplug, to pull out the plug; *(rilassarsi)* to unwind; *(staccare il respiratore)* to pull the plug (on sb.) **5** MECC. pin **6** *(fitta)* sting, twinge **7** *(della botte)* tap; ***alla ~*** [*birra*] (on) draught, on tap, keg attrib. **8** MIL. COLLOQ. *(recluta)* sprog, rookie AE, yardbird AE **9 a spina di pesce** in a herringbone pattern; ***tessuto, motivo, disegno a ~ di pesce*** herringbone; ***punto a ~ di pesce*** herringbone stitch; ***passo a ~ di pesce*** *(nello sci)* herringbone; ***parquet a ~ di pesce*** chevron paving ◆ ***essere una ~ nel fianco di qcn.*** to be a thorn in sb.'s flesh *o* side; ***la sua vita è un letto di -e*** her life is a bed of nails; ***stare sulle -e*** to have the fidgets, to be on the rack *o* on tenterhooks; ***tenere qcn. sulle -e*** to keep sb. guessing *o* on tenterhooks *o* in suspense; ***non c'è rosa senza -e*** PROV. there is no rose without a thorn ◆◆ ***~ bifida*** MED. spina bifida, rachischisis; ***~ conica*** MECC. taper pin; ***~ dorsale*** spine, backbone; ***non avere ~ dorsale*** FIG. to have no backbone, to be spineless.

▷ **spinacio**, pl. **-ci** /spi'natʃo, tʃi/ **I** m. *(pianta)* spinach **II spinaci** m.pl. *(verdure)* spinach **U**; ***-ci in foglia*** leaf spinach.

spinale /spi'nale/ agg. [*lesione, muscolo, nervo*] spinal; ***midollo ~*** spinal cord.

spinare /spi'nare/ [1] tr. to bone [*pesce*].

spinarello /spina'rɛllo/ m. stickleback.

spinarolo /spina'rɔlo/ m. spiny dogfish.

spinato /spi'nato/ agg. [*pesce*] boned; ***filo ~*** barbed wire; ***parquet ~*** chevron paving; ***tessuto ~*** herringbone.

spinellato /spinel'lato/ m. (f. **-a**) COLLOQ. pothead.

1.spinello /spi'nɛllo/ m. COLLOQ. *(canna)* joint; ***rollarsi uno ~*** to roll a joint; ***farsi gli -i*** to smoke pot.

2.spinello /spi'nɛllo/ m. MINER. spinel.

spineto /spi'neto/ m. thorn thicket.

spinetta /spi'netta/ f. spinet.

▶ **spingere** /'spindʒere/ [24] **I** tr. **1** *(spostare)* to push [*persona, animale, sedia, porta, automobile*]; to wheel, to push [*bicicletta, carrozzina*]; [*marea, vento*] to drive* [*barca, nubi*]; ***~ qcs. in*** to push sth. in(to); ***~ qcs. fino a*** to push sth. to; ***~ via qcn., qcs.*** to push sb., sth. out of the way; ***~ qcs. su, giù da qcs.*** to push sth. up, down sth.; ***~ in avanti*** to thrust forward; ***~ in fuori*** to thrust out; ***~ indietro*** to push back; ***~ qcs. fuori dalla carreggiata*** to push sth. off the road; ***~ un bambino nella carrozzina*** to wheel a child in a pram; ***~ qcn. a terra, contro qcs.*** to force sb. to the ground, up against sth.; ***~ qcn. fuori dalla porta*** to bundle sb. outside *o* through the door; ***l'ha spinto giù dalle scale*** she pushed him down the stairs; ***il vento spingeva le nuvole*** the wind drove the clouds along; ***la macchina non parte, bisogna spingerla*** the car won't start, we need a push **2** *(premere)* to push [*campanello, pulsante*]; ***~ sull'acceleratore*** to step on the accelerator; ***spingendo un pulsante*** at the push of a button **3** *(portare)* to take*, to carry; ***~ qcs. all'estremo*** to take *o* carry sth. to extremes; ***ha spinto lo scherzo troppo in là*** she took *o* carried the joke too far; ***~ lo sguardo lontano*** to gaze into the distance **4** FIG. *(indurre)* to push, to drive*, to urge, to incite, to press (**a fare** to do, into doing); *(incoraggiare)* to urge on [*bambino, giocatore*]; ***~ qcn. verso*** to draw sb. to [*professione, religione*]; ***~ qcn. troppo oltre*** to push sb. too far; ***~ qcn. alla disperazione*** to drive sb. to despair; ***~ qcn. ad agire*** to push *o* drive sb. into action; ***~ qcn. a sposarsi*** to rush sb. into marriage; ***fu spinto al suicidio, all'alcolismo da*** he was driven to suicide, to drink by; ***la lettera l'ha spinto ad agire*** he was moved to act by the letter; ***cosa ti spinge (ad agire)?*** what drives you? ***ti spinge a chiederti perché*** it makes you wonder why **5** *(dare spinte)* to push, to poke, to shove COLLOQ.

[*corridore, giocatore*]; ~ ***via qcn.*** to shove sb. out of the way; ~ ***qcn. sull'altalena*** to give sb. a swing **II** intr. (aus. *avere*) **1** *(dare spinte)* to push; ***non c'è bisogno di ~!*** there's no need to push! ~ ***contro*** to push against; ***la gente spingeva e sgomitava*** people were pushing and shoving **2** *(per partorire)* to bear* down; ***"spinga!"*** "push!" **III spingersi** pronom. **1** to push, to jostle; ***-rsi in avanti*** to thrust oneself forward **2** *(giungere fino a)* to go*; ***-rsi verso l'interno*** to move further inland; ***-rsi fino a un luogo*** to penetrate as far as a place; ***-rsi fino nel cuore del bosco*** to go deep into the woods; ***-rsi di sotto, più in là*** to venture downstairs, further **3** FIG. *(arrivare)* to go*; ***-rsi a limiti estremi per fare*** to go to extreme *o* exorbitant lengths to do; ***-rsi troppo in là*** to overplay one's hand; ***-rsi (fino) a fare*** to go as far as to do; ***non mi spingerei fino a dire che*** I wouldn't go so far as to say that.

spinnaker /spin'naker/ m.inv. spinnaker.

1.spino /'spino/ agg. ***uva -a*** gooseberry.

2.spino /'spino / m. **1** BOT. thornbush, prickly bush **2** *(spina)* thorn ◆◆ ~ ***bianco*** hawthorn, haw, quickthorn; ~ ***di Giuda*** honey-locust.

spinone /spi'none/ m. = hunting dog similar to the griffon.

spinosità /spinosi'ta/ f.inv. **1** spininess, prickliness **2** FIG. prickliness, spinosity, ticklishness.

spinoso /spi'noso/ agg. **1** [*cespuglio, foglia, rosa*] prickly, spinous, spiny, thorny **2** FIG. [*argomento, situazione*] sensitive, thorny, ticklish; ***è proprio una questione -a*** it's a real hornet's nest.

spinotto /spi'nɔtto/ m. **1** MECC. gudgeon pin, wrist pin; ~ ***di pistone*** piston pin **2** EL. plug.

spinozismo /spinod'dzizmo/ m. Spinozism.

spinozista, m.pl. **-i**, f.pl. **-e** /spinod'dzista/ m. e f. Spinozist.

▷ **spinta** /'spinta/ f. **1** *(spintone)* push, jog, jostle, thrust, shove; ***dare una ~ a qcn., qcs.*** to give sb., sth. a push; ***mi hanno fatto cadere con una ~*** they pushed me over; ***dare una ~ a qcn. per passare*** to push past sb.; ***diedi una forte ~ alla porta*** I gave the door a hard push **2** TECN. MECC. load, thrust (anche ARCH.); ~ ***verso l'alto*** upthrust; ~ ***inversa, contraria*** AER. reverse thrust **3** FIG. *(impulso)* boost, push, uplift; ***dare una ~ a qcs.*** to give sth. a boost *o* push; ***mi ha dato la ~ di cui avevo bisogno*** this gave me the push I needed; ***la sua ~ a raggiungere la perfezione*** her drive for perfection; ***ha bisogno di una piccola ~*** he needs a gentle prod **4** FIG. *(raccomandazione)* leg up, backing **U**, string-pulling **U**; ***dare una ~ a qcn.*** to give sb. a leg up, to pull strings for sb.; ***è andato avanti a -e*** somebody's always been there to pull strings for him ◆◆ ~ ***di Archimede*** buoyancy; ~ ***idrostatica*** → ~ **di Archimede**; ~ ***inflazionistica*** inflationary trend.

spintarella /spinta'rɛlla/ f. **1** *(piccola spinta)* light push **2** FIG. *(raccomandazione)* leg up, backing **U**, string-pulling **U**; ***ottenere un posto grazie a una ~*** to be helped along in landing a job.

spinterogeno /spinte'rɔdʒeno/ m. distributor; ***calotta dello ~*** distributor cap; ***spazzola dello ~*** rotor arm.

spinterometro /spinte'rɔmetro/ m. spark gap.

spinto /'spinto/ **I** p.pass. → **spingere II** agg. **1** *(portato, indotto)* pushed, driven, led; ~ ***dall'odio*** out of *o* driven by hatred **2** *(scabroso)* [*film, scena*] steamy, sizzling, hot; [*barzelletta*] blue, risqué; ***una scena -a*** a bedroom scene **3** *(estremistico)* [*idee*] extremist **4** TECN. [*motore*] supercharged.

spintonare /spinto'nare/ [1] tr. to push, to shove; ***smettila di spintonarmi!*** stop prodding me!

spintone /spin'tone/ m. **1** *(grossa spinta)* push, jog, jostle, thrust shove; ***dare uno ~ a qcn.*** to give sb. a push *o* shove; ***farsi largo a -i tra la folla*** to push oneself *o* press through a crowd **2** FIG. *(raccomandazione)* leg up, backing **U**, string-pulling **U**.

spinula /'spinula/ f. BOT. ZOOL. spinule.

▷ **spionaggio**, pl. **-gi** /spjo'naddʒo, dʒi/ m. espionage, spying; ***film di ~*** spy film, spy thriller, cloak-and-dagger film ◆◆ ~ ***industriale*** industrial espionage.

spioncino /spion'tʃino/ m. peephole, eye hole, spyhole.

spione /spi'one/ m. (f. **-a**) COLLOQ. snitch, tattletale, telltale, sneak BE.

spionistico, pl. **-ci**, **-che** /spio'nistiko, tʃi, ke/ agg. spy attrib.; ***organizzazione -a*** spy ring.

spiovente /spjo'vɛnte/ **I** agg. **1** [*baffi*] drooping, droopy; [*tetto*] pitched, steep, penthouse attrib. **2** SPORT ***tiro ~*** loft, high ball **II** m. **1** ARCH. slope; ***tettoia a uno ~*** penthouse **2** SPORT loft, high ball; ***fare uno ~*** to loft a ball **3** GEOGR. versant, slope.

1.spiovere /'spjɔvere/ [71] impers. (aus. *essere*) to stop raining.

2.spiovere /'spjɔvere/ [71] intr. (aus. *essere*) **1** *(scolare)* to pour down, to flow down **2** FIG. *(ricadere)* [*capelli*] to hang*, to flow; ***i capelli le spiovono sulle spalle*** her hair falls to her shoulders.

spira /'spira/ f. **1** *(di serpente)* coil; ***arrotolarsi in -e*** [*serpente*] to coil up **2** *(di spirale)* coil, spire, spiral, convolution; ***salire a -e*** [*fumo*] to furl *o* wreathe upwards.

spiracolare /spirako'lare/ agg. spiracular.

spiracolo /spi'rakolo/ m. spiracle.

spiraglio, pl. **-gli** /spi'raʎʎo, ʎi/ m. **1** *(di porta, tende)* chink, crack; *(di aria)* draught BE, draft AE; ***uno ~ di luce*** a glimmer *o* pencil of light **2** FIG. glimmer, ray; ***uno ~ di speranza*** a glimmer *o* ray of hope.

▷ **spirale** /spi'rale/ **I** f. **1** MAT. AER. spiral; ~ ***logaritmica*** logarithmic spiral; ***una discesa, salita a ~*** a downward, upward spiral **2** *(forma)* spiral, whirl; *(di conchiglia)* volute; ***-i di fumo*** curls of smoke; ***il fumo saliva a -i*** smoke curled upwards; ***a ~*** in a spiral, spirally; ***scala a ~*** winding *o* spiral staircase; ***bloc-notes a ~*** spiral notebook; ***molla a ~*** (spiral) spring; ***rilegatura a ~*** spiral binding; ***galassia a ~*** spiral galaxy **3** MED. *(dispositivo intrauterino)* coil, loop, IUD, intrauterine device; ***farsi mettere la ~*** to have a coil fitted **4** FIG. spiral; ~ ***inflazionistica*** inflationary spiral; ***la ~ dei prezzi e dei salari*** the wage-price spiral; ***una ~ di violenza*** a spiral of violence **II** agg. spiral attrib.

spiraliforme /spirali'forme/ agg. RAR. spiraliform.

spirante /spi'rante/ **I** agg. [*consonante*] spirant **II** f. spirant.

1.spirare /spi'rare/ [1] **I** intr. (aus. *avere*) **1** *(soffiare)* [*vento*] to blow*; [*brezza*] to blow*, to whiffle; ***il vento spira da nord*** the wind's blowing from the north **2** *(emanare)* to radiate; ***dal suo volto spira dolcezza*** sweetness radiates from her face **3** ANT. *(respirare)* to breathe **II** tr. **1** LETT. *(diffondere)* to emanate [*dolcezza, gioia*] **2** LETT. *(ispirare)* to inspire.

2.spirare /spi'rare/ [1] intr. (aus. *essere*) *(morire)* to pass away.

spirea /spi'rea/ f. spiraea.

spirillo /spi'rillo/ m. spirillum*.

spiritato /spiri'tato/ **I** agg. **1** *(posseduto)* possessed **2** [*occhi*] wild; ***dagli occhi -i*** wild-eyed; ***aveva due occhi -i*** there was a wild look in his eyes **3** *(esuberante)* exuberant, bubbly; [*bambino*] hyperactive **II** m. (f. **-a**) possessed person.

spiritello /spiri'tɛllo/ m. **1** *(folletto)* sprite, pixie, imp **2** *(bambino vivace)* (little) devil, imp.

spiritico, pl. **-ci**, **-che** /spi'ritiko, tʃi, ke/ agg. spiritistic, spiritualist(ic); ***seduta -a*** seance.

spiritismo /spiri'tizmo/ m. spiritism, spiritualism.

spiritista, m.pl. **-i**, f.pl. **-e** /spiri'tista/ m. e f. spiritist, spiritualist.

spiritistico, pl. **-ci**, **-che** /spiri'tistiko, tʃi, ke/ agg. spiritualist(ic).

▶ **1.spirito** /'spirito/ m. **1** *(atteggiamento)* spirit; ~ ***di adattamento*** adaptability; ~ ***di squadra*** team spirit; ~ ***di casta*** caste spirit; ~ ***comunitario*** sense of community, community spirit; ~ ***di corpo*** esprit de corps, solidarity; ~ ***competitivo*** competitiveness; ~ ***di contraddizione*** contrariness, spirit of contradiction; ***per puro ~ di contraddizione*** out of sheer contrariness; ***in uno ~ di amicizia*** in a spirit of friendship; ***essere giovane di ~*** to be young at heart *o* in spirit; ***questo è lo ~ giusto!*** COLLOQ. that's the spirit! **2** *(stato d'animo)* spirit, mood; ***sono nello ~ adatto per festeggiare*** I am in a party spirit *o* in the right mood for a party **3** *(senso dell'umorismo)* wit; ***persona di ~*** wit, witty person; ***battuta*** o ***motto di ~*** witticism, quip; ***avere uno ~ pungente, ironico*** to have a dry wit; ***fare dello ~*** to be witty *o* funny, to crack jokes; ***presenza di ~*** presence of mind; ***conservare la propria presenza di ~*** to have *o* keep (all) one's wits about one; ***Maria ha preso la cosa con ~*** Maria took it with a bit of humour **4** *(persona)* spirit; ***essere uno ~ libero*** to be a free spirit; ***un bello ~*** a wit **5** *(caratteristica essenziale)* spirit; ***non è nello ~ dell'accordo*** it's not in the spirit of the agreement; ***nello ~ dell'epoca*** in the spirit of the times; ***secondo lo ~ della legge*** in accordance with the law; ***entrare nello ~ del gioco*** to enter into the spirit of the game **6** RELIG. spirit; ***lo Spirito Santo*** the Holy Spirit; ***Dio è puro ~*** God is pure spirit; ***rendere*** o ***esalare lo ~*** to give up the ghost; ***beati i poveri di spirito*** BIBL. blessed are the poor in spirit **7** *(essere soprannaturale)* spirit; ~ ***maligno*** evil spirit; ***-i infernali*** infernal spirits, spirits of the underworld; ***evocare gli -i*** to summon up spirits; ***mondo degli -i*** spirit world; ***nel castello ci sono gli -i*** the castle is haunted ◆ ***placare i bollenti -i*** to cool one's ardour, to cool off; ***lo ~ è forte ma la carne è debole*** the spirit is willing but the flesh is weak; ***che ~ di patata!*** what a weak humour!

2.spirito /'spirito/ m. **1** *(alcol denaturato)* alcohol; ***lampada, fornello a ~*** spirit lamp, spirit stove **2** CHIM. FARM. *(alcol etilico)* spirit; ***ciliege sotto ~*** cherries in alcohol; ***sotto ~*** preserved in spirits ◆◆ ~ ***di vino*** spirit of wine ANT.

3.spirito /'spirito/ m. LING. breathing, spiritus; ~ ***dolce, aspro*** smooth, rough breathing.

spiritosaggine /spirito'saddʒine/ f. **1** *(qualità)* wittiness, facetiousness **2** *(battuta)* wisecrack, witticism.

spiritosamente /spiritosa'mente/ avv. wittily.

▷ **spiritoso** /spiri'toso/ **I** agg. **1** [*scherzo, persona, frase, battuta*] witty; [*tono, conversazione*] light-hearted; ***essere ~*** to be witty; ***come sei ~!*** IRON. you're a bundle of fun! **2** *(che contiene alcol)* alcoholic, spirituous **II** m. (f. **-a**) ***stai cercando di fare lo ~?*** are you trying to be funny?

spiritual /'spiritual/ m.inv. (Negro) spiritual.

▷ **spirituale** /spiritu'ale/ agg. [*natura, vita, potere, libertà, valori, padre, famiglia, erede*] spiritual; ***guida ~*** spiritual *o* spirit guide; ***capo ~*** spiritual leader; ***esercizi -i*** spiritual exercises; ***l'eredità ~ del passato*** the spiritual legacy (of the past); ***direttore ~*** spiritual adviser; ***padre ~*** father confessor.

spiritualismo /spiritua'lizmo/ m. spiritualism.

spiritualista, m.pl. **-i**, f.pl. **-e** /spiritua'lista/ m. e f. spiritualist.

spiritualistico, pl. **-ci**, **-che** /spiritua'listiko, tʃi, ke/ agg. spiritualistic.

spiritualità /spirituali'ta/ f.inv. spirituality, otherworldliness.

spiritualizzare /spiritualid'dzare/ [1] tr. **1** *(rendere spirituale)* to spiritualize **2** *(idealizzare)* to idealize.

spiritualizzazione /spiritualiddzat'tsjone/ f. spiritualization.

spiritualmente /spiritual'mente/ avv. spiritually.

spirocheta /spiro'kɛta/ f. spiroch(a)ete.

spirochetosi /spiroke'tɔzi/ ♦ **7** f.inv. spiroch(a)etosis*.

spirogira /spiro'dʒira/ f. spirogyra.

spirografo /spi'rɔgrafo/ m. spirograph.

spiroidale /spiroi'dale/, **spiroide** /spi'rɔide/ agg. spiroid.

spirometria /spirome'tria/ f. spirometry.

spirometro /spi'rɔmetro/ m. spirometer, pneumatometer.

spirto /'spirto/ m. LETT. → **1.spirito**.

spiumare /spju'mare/ [1] **I** tr. **1** *(spennare)* to pluck [*pollo*] **2** FIG. to fleece; ***farsi ~*** to be ripped off *o* fleeced **II** intr. (aus. *avere*) RAR. [*uccello*] to lose* one's feathers.

spizzicare /spittsi'kare/ [1] tr. to pick at, to peck at [*cibo*].

spizzico: **a spizzichi** /as'pittsiki/ avv. bit by bit.

splenalgia /splenal'dʒia/ ♦ **7** f. splenalgia.

splendente /splen'dɛnte/ agg. [*luce, stella, sole, occhi*] bright; [*superficie metallica*] gleaming; ***bianco ~*** sparkling white; ***~ di*** FIG. [*viso*] shining *o* radiant with.

▷ **splendere** /'splɛndere/ [2] intr. (forms not attested: past participle and compound tenses) **1** [*sole, stelle*] to shine*; [*neve*] to sparkle; ***il sole splendeva su di noi*** the sun beamed down on us **2** FIG. ***~ di gioia*** [*occhi*] to shine with joy; ***il suo viso splendeva di gioia*** his face was alight with happiness.

splendidamente /splendida'mente/ avv. **1** *(sfarzosamente)* magnificently **2** *(ottimamente)* wonderfully, superbly.

▶ **splendido** /'splɛndido/ agg. [*paesaggio, vacanza, casa, idea, vittoria*] splendid, wonderful; [*tempo, persona, occhi*] beautiful, gorgeous; ***un gol ~, un'auto -a*** a beauty of a goal, car; ***abbiamo trascorso una giornata -a!*** we had a glorious day! ***ti vedo in -a forma!*** you look wonderful! ***sei -a!*** you look great! ***una -a carriera*** a dazzlingly successful career.

▷ **splendore** /splen'dore/ m. **1** *(brillantezza)* *(di luce, astri)* brightness; *(di neve)* sparkle; *(di superficie metallica)* gleam **2** *(fulgore)* glory; ***in tutto il loro ~*** in all their glory; ***restituire a qcs. il suo ~ originale*** to restore sth. to its former beauty **3** *(magnificenza)* splendour BE, splendor AE; ***lo ~ e il fascino del circo*** the glitter and show of the circus.

splene /'splɛne/ m. ANAT. RAR. spleen.

splenectomia /splenekto'mia/ f. splenectomy.

splenetico, pl. **-ci**, **-che** /sple'nɛtiko, tʃi, ke/ **I** agg. **1** ANAT. MED. splenic **2** FIG. splenetic **II** m. (f. **-a**) **1** MED. = person with a disease of the spleen **2** FIG. splenetic.

splenico, pl. **-ci**, **-che** /'splɛniko, tʃi, ke/ **I** agg. splenic **II** m. (f. **-a**) = person with a disease of the spleen.

splenio, pl. **-ni** /'splɛnjo, ni/ m. splenius*.

splenite /sple'nite/ ♦ **7** f. splenitis.

splenomegalia /splenomega'lia/ f. splenomegaly.

splenotomia /splenoto'mia/ f. splenotomy.

S.P.M. ⇒ Sue Proprie Mani by hand.

spocchia /'spɔkkja/ f. conceit, bumptiousness.

spocchioso /spok'kjoso/ agg. self-important, stand-offish.

spodestare /spodes'tare/ [1] tr. **1** *(privare di potere)* to depose [*re*]; to oust, to remove from office [*persona*] **2** *(privare dei beni)* to dispossess.

spoetizzare /spoetid'dzare/ [1] tr. ***~ qcs.*** to take the poetry *o* magic out of sth.

spoglia /'spɔʎʎa/ **I** f. *(salma)* body; ***le -e mortali*** the mortal remains; ***seppellire le -e di qcn.*** to lie sb.'s bones to rest; ***consegnare le -e di qcn. alle acque*** to commit sb.'s body to the deep **II** **spoglie** f.pl. **1** *(bottino)* spoils pl. **2** FIG. *(veste)* ***sotto le -e di un gentiluomo*** under the guise of a gentleman; ***sotto mentite -e*** in disguise, under false colours; *(sotto falso nome)* under a false name.

▶ **spogliare** /spoʎ'ʎare/ [1] **I** tr. **1** *(svestire)* to undress [*persona*] **2** *(privare)* to strip; ***~ qcn. dei suoi averi, dei suoi diritti*** FIG. to strip sb. of their belongings, rights; ***il vento sta spogliando gli alberi*** the wind is stripping the leaves off the trees; ***~ dei rami*** to disbranch [*albero*] **3** *(derubare)* to rob [*viaggiatore*]; to despoil [*paese, museo*]; SCHERZ. to fleece [*contribuente*] **4** *(esaminare)* to go* through [*corrispondenza, documenti, archivi*] **II spogliarsi** pronom. **1** *(svestirsi)* to strip, to undress oneself; ***-rsi fino alla vita*** to strip to the waist; ***-rsi nudo*** to strip naked **2** *(privarsi)* ***-rsi di*** to divest oneself of [*beni*] **3** *(liberarsi)* ***-rsi di*** to get* rid of [*riservatezza abituale*] **4** *(diventare spoglio)* [*albero*] to shed* one's leaves.

spogliarellista, m.pl. **-i**, f.pl. **-e** /spoʎʎarel'lista/ ♦ **18** m. e f. stripper, striptease artist.

spogliarello /spoʎʎa'rɛllo/ m. strip, striptease; ***fare lo ~*** to do a striptease.

▷ **spogliatoio**, pl. **-oi** /spoʎʎa'tojo, oi/ m. *(di stadio, palestra)* changing room, locker room.

spogliatore /spoʎʎa'tore/ m. (f. **-trice**) *(saccheggiatore)* despoiler, plunderer.

1.spoglio, pl. **-gli**, **-glie** /'spɔʎʎo, ʎi, ʎe/ agg. **1** [*albero*] bare, leafless **2** FIG. *(disadorno)* [*muro*] bare, blank; [*stanza*] bare, stark; [*stile*] stripped-down, unadorned; [*forme*] pared down, spare.

2.spoglio, pl. **-gli** /'spɔʎʎo, ʎi/ m. ***lo ~ della posta, dei documenti*** going through the mail, the documents; ***assistere allo ~ delle schede*** o ***dei voti*** to be present when the votes are counted; ***sbagliare nello ~ delle schede elettorali*** to make a miscount.

spoiler /'spɔiler/ m.inv. spoiler.

spola /'spɔla/ f. TESS. bobbin, spool; ***fare la ~*** FIG. to go *o* travel back and forth, to commute; ***fare la ~ tra Torino e Milano*** FIG. to travel back and forth between Turin and Milan.

spoletta /spo'letta/ f. **1** TESS. SART. spool **2** ARM. fuse ◆◆ ***~ di prossimità*** proximity fuse; ***~ a tempo*** time fuse.

spolettare /spolet'tare/ [1] tr. to fuse.

spoliazione /spoljat'tsjone/ f. divestment.

spoliticizzare /spolititʃid'dzare/ [1] **I** tr. to depoliticize [*conflitto, dibattito, persona, gruppo*] **II spoliticizzarsi** pronom. to become* depoliticized.

spoliticizzazione /spolititʃiddzat'tsjone/ f. depoliticization.

spollonare /spollo'nare/ [1] tr. to sucker.

spollonatura /spollona'tura/ f. suckering.

spolmonarsi /spolmo'narsi/ [1] pronom. to shout oneself hoarse, to shout one's head off.

spolpare /spol'pare/ [1] tr. **1** *(togliere la polpa)* to remove the flesh from [*coniglio, pollo*]; to remove the pulp from [*frutto*]; ***~ un osso*** to pick a bone clean **2** FIG. *(impoverire)* to fleece.

spoltiglio, pl. **-gli** /spol'tiʎʎo, ʎi/ m. emery paste.

▷ **spolverare** /spolve'rare/ [1] tr. **1** *(togliere la polvere)* to dust [*mobili, stanza*] **2** GASTR. to dust, to sprinkle; ***~ la torta di zucchero a velo*** to dust the cake with confectioner's sugar **3** SCHERZ. *(mangiare avidamente)* to polish off.

spolverata /spolve'rata/ f. **1** *(rimozione della polvere)* dusting; ***dare una ~*** to do the dusting; ***dare una ~ a qcs.*** to give sth. a polish; ***ho dato una ~ alla stanza*** I went over the room with a duster; ***dare una ~ al proprio inglese*** FIG. to give one's English a brushup; ***dare una ~ a qcn.*** COLLOQ. *(picchiare)* to dust sb.'s jacket **2** *(il cospargere con una sostanza in polvere)* dusting, sprinkling; ***una leggera ~*** a light sprinkling, dusting.

spolveratura /spolvera'tura/ f. **1** *(lo spolverare)* dusting **2** FIG. *(conoscenza superficiale)* smattering **3** *(il cospargere con una sostanza in polvere)* dusting, sprinkling.

1.spolverino /spolve'rino/ m. ABBIGL. dust coat.

2.spolverino /spolve'rino/ m. **1** *(piumino per spolverare)* duster; *(di piume)* feather duster **2** *(per lo zucchero)* sugar sifter.

spolverizzare /spolverid'dzare/ [1] tr. **1** *(cospargere)* to dust, to sprinkle **2** ART. to pounce.

spolvero /'spolvero/ m. **1** *(lo spolverare)* dusting; ***straccio da ~*** duster, dust rag **2** GASTR. ***dare uno ~ di zucchero*** to dust *o* sprinkle with sugar **3** COLLOQ. *(infarinatura)* smattering **4** ART. pounce; ***fare lo ~*** to pounce.

spompare /spom'pare/ [1] **I** tr. COLLOQ. ***~ qcn.*** *(fisicamente)* to wear sb. out, to run sb. ragged; *(mentalmente)* to drain sb. **II spomparsi** pronom. COLLOQ. to wear* oneself out; [*atleta*] to run* out of steam.

spompato /spom'pato/ **I** p.pass. → **spompare II** agg. knackered, pooped; ***oggi sono ~*** I'm knackered *o* pooped today.

▷ **sponda** /'sponda/ f. **1** *(di fiume, lago)* bank; ***le case lungo la ~ del fiume*** the houses alongside the riverbank **2** *(bordo) (di letto)* edge; *(di ponte)* parapet; *(di camion, carretto)* side rail; ***~ posteriore ribaltabile*** AUT. tailboard, tailgate **3** *(nel biliardo)* cushion; ***giocare di ~*** to play off the cushion ◆ ***essere dell'altra ~*** to be limp-wristed.

spondaico, pl. **-ci**, **-che** /spon'daiko, tʃi, ke/ agg. spondaic.

spondeo /spon'dɛo/ m. spondee.

sponderuola /sponde'rwɔla/ f. rabbet plane.

spondilite /spondi'lite/ ➧ **7** f. spondylitis.

spondilo /'spɔndilo/ m. spondyle.

spondilosi /spondi'lɔzi/ ➧ **7** f.inv. spondylosis*.

sponsali /spon'sali/ m.pl. **1** *(fidanzamento solenne)* engagement to marry sing. **2** *(matrimonio)* wedding sing., marriage sing.

sponsor /'spɔnsor/ m.inv. sponsor, backer.

sponsorizzare /sponsorid'dzare/ [1] tr. to sponsor [*artista, esposizione, manifestazione, serata*]; ***essere sponsorizzato da qcn.*** to be sponsored by sb.

sponsorizzazione /sponsoriddzat'tsjone/ f. sponsorship.

spontaneamente /spontanea'mente/ avv. **1** *(in modo naturale)* [*comportarsi*] spontaneously, naturally **2** *(di propria volontà)* [*ammettere, confessare*] freely; [*agire*] spontaneously, of one's own accord; ***fare qcs. ~*** to do sth. unasked.

spontaneismo /spontane'izmo/ m. POL. = a tendency towards unorganized forms of protest and struggle.

spontaneità /spontanei'ta/ f.inv. spontaneity, naturalness; ***amo la ~ dei bambini*** I like the way children are so natural; ***mancare di ~*** to lack spontaneity; ***la ~ delle loro risposte, dei loro modi*** their unaffected answers, manners.

▷ **spontaneo** /spon'taneo/ agg. **1** *(naturale, istintivo)* [*persona, comportamento*] natural, unaffected; [*gesto*] spontaneous, careless; [*reazione*] impulsive; ***gli viene ~ essere cortese*** politeness comes naturally to him **2** *(volontario)* [*candidatura, decisione*] unsolicited; ***di propria -a volontà*** of one's own free will **3** *(senza intervento esterno)* [*combustione, generazione*] spontaneous.

sponte /'spɔnte/ avv. ***di propria ~*** of one's own volition.

spopolamento /spopola'mento/ m. depopulation.

spopolare /spopo'lare/ [1] **I** tr. **1** GEOGR. SOCIOL. to depopulate **2** *(svuotare)* [*temporale*] to empty [*stadio*]; ***~ le strade*** to empty the streets **II** intr. (aus. *avere*) to be* all the rage, to be* all the fashion **III spopolarsi** pronom. **1** GEOGR. SOCIOL. to become* depopulated **2** *(svuotarsi temporaneamente)* [*città*] to become* deserted.

spopolato /spopo'lato/ **I** p.pass. → **spopolare II** agg. depopulated.

spora /'spɔra/ f. spore.

sporadicamente /sporadika'mente/ avv. sporadically.

sporadicità /sporaditʃi'ta/ f.inv. sporadic nature.

sporadico, pl. **-ci**, **-che** /spo'radiko, tʃi, ke/ agg. [*fatto, visita, incontri*] occasional; [*caso*] isolated; ***piogge -che*** scattered showers.

sporangio, pl. **-gi** /spo'randʒo, dʒi/ m. sporangium*, spore-case.

sporcaccione /sporkat'tʃone/ **I** agg. **1** *(sudicio)* dirty, filthy **2** FIG. dirty, lewd **II** m. (f. **-a**) **1** *(persona sudicia)* dirty person, sloven **2** FIG. *(persona sconcia)* lecher, lewd person.

▷ **sporcare** /spor'kare/ [1] **I** tr. **1** *(rendere sporco)* to dirty [*pavimento, piatto*]; to soil [*lenzuola, letto*]; [*cane*] to foul, to make* dirty [*marciapiede*]; ***il bambino si sporcò il viso con il cibo*** the baby smeared his food over his face **2** FIG. *(macchiare)* to sully; ***~ il proprio nome, onore*** to sully one's name, honour; ***~ la fedina penale*** to have a criminal record **II sporcarsi** pronom. to get* dirty, to dirty oneself; ***-rsi le mani facendo qcs.*** to dirty one's hands doing sth. (anche FIG.); ***-rsi le mani di sangue*** FIG. to have bloody hands; ***rifiuto di sporcarmi le mani accettando denaro da un'organizzazione simile*** FIG. I refuse to sully my hands by accepting money from such an organization.

sporchevole /spor'kevole/ agg. [*colore, tessuto*] which shows the dirt.

▷ **sporcizia** /spor'tʃittsja/ f. **1** *(l'essere sporco)* dirtiness; ***essere di una ~ ripugnante*** to be filthy *o* disgustingly dirty **2** *(materia sporca)* dirt, grime, filth; ***strato di ~*** a layer of filth *o* dirt; ***vivere nella ~*** to live in filth; ***essere coperto di ~*** to be covered with dirt; ***raccogliere la ~ sparsa nel giardino*** to pick up the rubbish in the garden; ***avere della ~ sotto le unghie*** to have dirty fingernails **3** *(cosa turpe, volgare)* obscenity, dirtiness.

▶ **sporco**, pl. **-chi**, **-che** /'spɔrko, ki, ke/ **I** agg. **1** *(non pulito)* [*persona, viso, camera, abito, piatti, biancheria*] dirty **2** *(macchiato)* ***~ di sangue*** bloodstained, blood-splattered; ***~ per l'uso*** stained with use; ***lo straccio è ~ di grasso*** the cloth is spotted with grease; ***avere la fedina penale -a*** FIG. to have a criminal record, to have form BE COLLOQ. **3** *(scorretto, losco)* [*individuo, condotta*] unsavoury BE, unsavory AE; [*traffico, affari*] nasty **4** *(sconcio)* dirty; ***barzelletta -a*** dirty *o* rude joke; ***avere dei pensieri -chi*** to think dirty **5** *(di colore non puro)* ***verde, bianco ~*** dirty green, white **6** FIG. SPREG. ***~ bugiardo!*** dirty *o* cheap liar! **II** m. *(sporcizia)* dirt; ***togliti lo ~ dalla faccia!*** wash the dirt off your face! ***cominciai a grattare via lo ~*** I started to scrub off the dirt ◆ ***avere la coscienza -a*** to have a guilty *o* bad conscience; ***i panni -chi vanno lavati in famiglia*** dirty laundry should not be hung out in public; ***farla -a a qcn.*** to do the dirty on sb.; ***giocare ~*** to play dirty.

sporgente /spor'dʒɛnte/ agg. **1** *(prominente rispetto al corpo)* [*osso, mento*] prominent; [*denti*] projecting, prominent; [*occhi*] bulging, prominent; ***ha le orecchie -i*** her ears stick out **2** *(che sporge in fuori)* [*roccia*] protruding; [*albero, ramo*] overhanging; ***il balcone è ~*** the balcony juts out.

sporgenza /spor'dʒɛntsa/ f. projection.

▷ **sporgere** /'spɔrdʒere/ [72] **I** tr. **1** *(mettere fuori, protendere)* to stick* out; ***non ~ la testa dal finestrino*** don't stick your head out of the window; ***~ il corpo in avanti*** to lean forward(s); ***~ la testa dalla finestra*** to poke one's head out of the window, to put one's head through the window **2** DIR. ***~ denuncia contro qcn.*** to lodge a complaint against sb. **II** intr. (aus. *essere*) *(venire in fuori)* [*mento, denti*] to protrude; [*balcone, trampolino, trave*] to jut (out), to project; ***~ da qcs.*** [*chiodo, vite*] to stick out of sth.; ***la pietra sporge di dieci centimetri*** the stone juts out ten centimetres **III sporgersi** pronom. to lean* out; ***-rsi dalla finestra*** to lean out of the window; ***"vietato -rsi dal finestrino"*** "do not lean out of the window"; ***-rsi in avanti*** to lean forward(s); ***-rsi verso qcn.*** to lean (over) toward(s) sb.; ***non sporgerti - è un bel salto*** don't lean out - it's a big drop; ***i bambini si sporgevano dalla finestra*** the children were hanging out of the window.

sporifero /spo'rifero/ agg. BOT. sporiferous.

sporocarpio, pl. **-pi** /sporo'karpjo, pi/ m. BOT. sporocarp.

sporofillo /sporo'fillo/ m. BOT. sporophyll.

sporogonia /sporogo'nia/ f. ZOOL. sporogony.

sporogonio, pl. **-ni** /sporo'gɔnjo, ni/ m. BOT. sporogonium*.

sporozoo /sporod'dzɔo/ m. sporozoan.

▶ **sport** /spɔrt/ ➧ **10** m.inv. sport; ***amare lo ~*** to like *o* enjoy sport; ***fai dello ~?*** do you do any sport? ***faccio un po' di ~ tutti i giorni*** I do a little sport every day; ***ho fatto molto ~ in gioventù*** I did a lot of sport in my youth; ***essere negato per lo ~*** to be bad at sport; ***palazzetto dello ~*** indoor stadium; ***la pagina dello ~*** sports page ◆ ***fare qcs. per ~*** to do sth. for fun *o* for the fun of it ◆◆ ***~ agonistico*** competitive sport; ***~ amatoriale*** → ***~ dilettantistico***; ***~ automobilistico*** motor sports, car racing; ***~ dilettantistico*** amateur sport; ***~ estremi*** extreme sports; ***~ individuale*** individual sport; ***~ invernale*** winter sport; ***~ professionistico*** professional sport; ***~ di squadra*** team sport.

sporta /'spɔrta/ f. *(borsa)* shopping bag; *(quantità)* bagful, basket(ful); ***una ~ di mele*** a basket(ful) of apples ◆ ***avere un sacco e una ~ di qcs.*** = to have sth. in abundance; ***me ne hanno date un sacco e una ~*** they gave me a good thrashing; ***ne ho prese un sacco e una ~*** I took a good beating.

sportellista, m.pl. **-i**, f.pl. **-e** /sportel'lista/ ➧ ***18*** m. e f. *(di ufficio)* counter clerk; *(di banca)* (bank) teller.

▷ **sportello** /spor'tɛllo/ m. **1** *(di armadietto, auto, treno)* door **2** *(di ufficio)* counter, window **3** *(filiale di banca)* branch **4** *(di trittico)* volet* ◆◆ ***~ automatico*** (automatic) teller machine, cash dispenser.

▷ **sportiva** /spor'tiva/ f. sportsperson, sportswoman*.

sportivamente /sportiva'mente/ avv. **1** *(in modo sportivo)* [*vestire*] informally **2** *(correttamente, serenamente)* sportingly; ***accettare ~ una sconfitta*** to accept a defeat sportingly.

sportività /sportivi'ta/ f.inv. sportsmanship.

▶ **sportivo** /spor'tivo/ **I** agg. **1** [*cronaca, gara, redazione, automobile, disciplina, club, centro*] sports attrib.; ***la stagione -a*** the sporting year; ***impianti -i*** sporting facilities; ***tuta -a*** tracksuit **2** FIG. [*persona, spirito, atteggiamento, portamento*] sporting; ***guida -a*** AUT. speeding **II** m. sportsperson, sportsman*.

sporto /'spɔrto/ m. **1** EDIL. overhang, projection, protrusion **2** *(imposta)* wooden shutter.

sporula /'spɔrula/ f. sporule.

sporulazione /sporulat'tsjone/ f. spore formation, sporulation.

▶ **sposa** /'spɔza/ f. **1** *(donna che si sposa)* bride; ***accompagnare la ~ all'altare*** to give the bride away; ***velo da ~*** bridal veil; ***abito da ~*** bridal gown, wedding dress; ***viva la ~!*** bless the bride! ***brindare alla ~*** to drink to the bride **2** *(moglie)* wife*, bride; ***chiedere in ~ una ragazza*** to propose to a girl; ***prendere in ~*** to marry; ***dare la***

figlia in ~ to give one's daughter away; ***la futura*** o ***promessa ~*** the bride(-to-be); ***la mia legittima ~*** my lawfully wedded wife ◆◆ ***~ di Cristo*** Bride of Christ.

sposalizio, pl. **-zi** /spoza'littsjo, tsi/ m. wedding.

▶ **sposare** /spo'zare/ [1] Per tradurre *sposare* (nel senso di *prendere per moglie o marito*) e *sposarsi*, *to get married* è più comune nell'inglese parlato di *to marry*: *John ha sposato Rose il 19 marzo* = John got married to Rose on March, 19th. Spesso si evita anche l'uso della preposizione *to* riformulando la frase: *John and Rose got married on March, 19th*. In ogni caso, si notino l'ambiguità del seguente uso italiano e le relative traduzioni: *John è sposato con Rose* = John is married to Rose; *Peter è sposato con tre figli* = Peter is married with three children. **I** tr. **1** *(prendere per moglie o marito)* to marry; ***ha sposato la figlia del panettiere*** he married the baker's daughter, he got married to the baker's daughter; ***~ un buon partito*** to make a good match **2** *(unire in matrimonio)* [*sindaco, prete*] to marry [*coppia*]; ***li ha sposati un vescovo*** they were married by a bishop **3** *(dare in matrimonio)* to marry off; ***~ la figlia a qcn.*** to marry off one's daughter to sb. **4** FIG. *(seguire, aderire)* to embrace [*causa, ideale*] **5** FIG. *(unire)* to marry [*colori, profumi, sapori*] **II sposarsi** pronom. **1** *(unirsi in matrimonio)* to get* married; ***-rsi con qcn.*** to get married to sb.; ***si sposarono nel giugno successivo*** they were married the following June; ***-rsi per amore, interesse*** to marry for love, money; ***-rsi giovane*** to marry young; ***-rsi con dispensa*** to be married by special licence **2** *(armonizzarsi)* [*colori, tessuti*] to go* well; ***in lui si sposano fascino e ambizione*** in him are wedded charm and ambition.

▶ **sposato** /spo'zato/ **I** p.pass. → **sposare II** agg. married; ***una donna felicemente -a*** a happily married woman; ***coppia -a*** married couple **III** m. (f. **-a**) ***uno ~*** a married man; ***una -a*** a married woman.

sposina /spo'zina/ f. *(giovane)* young bride; *(appena sposata)* newly married woman*.

sposino /spo'zino/ m. *(giovane)* young bridegroom; *(appena sposato)* newly married man*; ***gli -i*** the newlyweds.

▷ **sposo** /'spɔzo/ m. **1** *(uomo che si sposa)* (bride)groom; ***viva lo ~!*** bless the groom! *(uomo e donna)* ***gli -i*** the bride and (bride)groom; ***"facciamo un brindisi agli -i"*** "join me in a toast to the bride and groom"; ***viva gli -i!*** here's to the bride and groom! ***-i novelli*** the newlyweds **2** *(marito)* husband.

spossamento /spossa'mento/ m. → **spossatezza.**

spossante /spos'sante/ agg. [*attività, bambino*] exhausting; [*adulto*] wearing.

spossare /spos'sare/ [1] **I** tr. [*attività*] to exhaust, to wear* [sb.] out; [*preoccupazione, persona*] to wear* [sb.] out **II spossarsi** pronom. to exhaust oneself; ***-rsi a fare qcs.*** to wear oneself out doing sth.

spossatezza /spossa'tettsa/ f. exhaustion.

spossato /spos'sato/ **I** p.pass. → **spossare II** agg. [*persona, animale*] exhausted, worn-out; ***~ dalla malattia*** weakened by disease; ***sentirsi ~*** to be exhausted.

spossessamento /spossessa'mento/ m. dispossession.

spossessare /sposses'sare/ [1] **I** tr. to dispossess, to divest **II spossessarsi** pronom. to divest oneself.

spostabile /spos'tabile/ agg. movable.

▷ **spostamento** /sposta'mento/ m. **1** *(movimento) (di persona, truppe)* movement; *(di popolazione)* displacement; *(di opinioni)* shift, swing, switch; *(di capitali)* switching; ***lo ~ dei voti verso un altro partito*** the swing of votes to another party; ***uno ~ verso sinistra, destra*** POL. a shift to the left, right; ***gli -i dei sospettati*** the suspects' movements; ***gli -i in pullman, treno sono in aumento*** more people are travelling by bus, train; ***la sua infermità gli impedisce gli -i*** his disability means he is unable to travel **2** *(differimento o anticipazione)* change; ***~ d'orario*** change in the timetable **3** PSIC. FIS. displacement ◆◆ ***~ d'aria*** blast.

▶ **spostare** /spos'tare/ [1] **I** tr. **1** *(nello spazio)* to move [*oggetto, persona, braccio, tegola*]; ***~ qcs. in avanti*** to move sth. forward; ***~ indietro*** to move backward(s), to set back [*sedia, tavolo*]; ***~ l'orologio avanti, indietro di un'ora*** to put one's watch forward, back an hour; ***sposta la testa, non vedo niente!*** move your head, I can't see anything! ***~ qcs. all'ombra*** to move sth. into the shade **2** *(nel tempo)* to move [*riunione, corso*]; to change [*data d'arrivo*]; ***~ le vacanze*** to change the dates of one's holiday; ***la partita è spostata a lunedì prossimo a causa del maltempo*** the match is postponed to next Monday because of bad weather **3** *(trasferire)* to change [*residenza*]; to change round [*impiegato, operaio*]; to move [*truppe*]; ***~ il peso da un piede all'altro*** to shift one's weight from one foot to another **4** FIG. *(volgere a un ambito diverso)* to shift [*dibattito, problema, attenzione*]; to divert [*conversazione*]; ***~ dei voti dal partito X al partito Y*** to swing votes from the X party to the Y party; ***~ l'attenzione da qcs. a qcs.*** to shift the emphasis from sth. to sth. **II spostarsi** pronom. **1** *(cambiare posto, posizione)* to shift, to move; ***il carico si è spostato*** the cargo has shifted; ***la lavatrice si sposta durante la centrifuga*** the washing machine travels *o* moves when it spins; ***la scena si sposta in Irlanda*** CINEM. the scene shifts to Ireland; ***-rsi in avanti*** to move foreward; ***vuoi spostarti, per favore!*** will you please move! ***spostatevi, arriva l'ambulanza*** move out of the way, here's the ambulance; ***dovrai spostarti in un'altra stanza*** you'll have to shift yourself into another room; ***-rsi più indietro*** to move further back; ***-rsi a*** o ***sulla destra, sinistra*** [*veicolo, automobilista*] to bear right, left **2** *(viaggiare)* ***-rsi in macchina, in bicicletta*** to get about by car, by bike; ***si sposta solo di notte*** he only moves around by night; ***non si sposta più tanto facilmente*** he's not as mobile as he was; ***ti sposti spesso per affari?*** do you get about much in your job? **3** FIG. *(recedere)* ***non si sposterà di un millimetro*** she won't give *o* budge an inch **4** FIG. *(indirizzarsi altrove)* ***l'opinione pubblica si è spostata a destra*** public opinion has moved to the right.

spostato /spos'tato/ **I** p.pass. → **spostare II** agg. maladjusted **III** m. (f. **-a**) maladjusted person, misfit.

spot /spɔt/ m.inv. **1** *(comunicato pubblicitario)* ***~ (pubblicitario)*** commercial; ***uno ~ radiofonico, televisivo*** a radio, TV commercial **2** *(per illuminare)* spot(light).

▷ **spranga**, pl. **-ghe** /'spranga, ge/ f. bar, rod; *(di porta, finestra)* sliding bar.

sprangare /spran'gare/ [1] tr. **1** *(sbarrare)* to bar, to bolt [*finestra, porta*] **2** *(percuotere)* ***~ qcn.*** to beat sb. with a bar.

sprangata /spran'gata/ f. blow with a bar.

sprangatura /spranga'tura/ f. barring, bolting.

spratto /'spratto/ m. sprat, brisling.

spray /sprai/ **I** m.inv. **1** *(nebulizzatore)* spray, atomizer, aerosol **2** *(prodotto)* spray **II** agg.inv. spray attrib.; ***bomboletta ~*** spray can; ***bomboletta di vernice ~*** paint spray; ***deodorante ~*** spray deodorant; ***insetticida ~*** insect spray ◆◆ ***~ nasale*** nasal spray.

sprazzo /'sprattso/ m. **1** *(di luce)* flash; *(di sole)* burst, shaft **2** FIG. *(di genio, lucidità)* flash; *(di gioia, allegria)* hint; ***un improvviso ~ d'ispirazione*** a sudden flash of inspiration **3 a sprazzi** [*piovere, dormire*] fitfully.

▷ **sprecare** /spre'kare/ [1] **I** tr. to waste [*cibo, soldi, vita*]; to squander [*forze, risorse*]; to waste, to squander [*tempo, talento*]; ***è un delitto ~ il cibo*** it's a crime to waste food **II sprecarsi** pronom. ***non sprecarti in attività inutili*** don't waste your energies *o* time on useless activities; ***non si è certo sprecato a studiare!*** IRON. he certainly didn't waste time studying! ***si è sprecato con questo regalo!*** IRON. he set himself back with this present! ◆ ***~ il fiato*** to waste one's breath; ***non ~ il fiato!*** don't waste you breath!

sprecato /spre'kato/ **I** p.pass. → **sprecare II** agg. ***sarebbero energie -e*** it would be a waste of energy; ***un'altra opportunità -a*** another wasted opportunity; ***una giovinezza -a*** a misspent youth; ***rimproverarlo non serve a nulla, è solo fiato ~*** there's no point in telling him off, it's like water off a duck's back.

▷ **spreco**, pl. **-chi** /'sprɛko, ki/ m. waste; *(di energia, acqua)* wastage; ***~ di tempo*** waste of time; ***che ~!*** what a waste! ***prendere il taxi è uno ~ di soldi*** taking taxis is a waste of money; ***misure per ridurre lo ~ di acqua*** measures to reduce the wastage of water; ***non c'è ~, ogni parte viene utilizzata*** there is no waste, every part is used.

sprecone /spre'kone/ **I** agg. wasteful, uneconomical, extravagant **II** m. (f. **-a**) waster, squanderer, spendthrift.

spregevole /spre'dʒevole/ agg. [*persona, comportamento*] contemptible, despicable; [*motivo, azione*] despicable, base.

spregiare /spre'dʒare/ [1] tr. LETT. to be* scornful of [*onori, convenzioni*].

spregiativo /spredʒa'tivo/ **I** agg. **1** [*termine, soprannome*] derogatory; [*tono*] scornful **2** LING. pejorative **II** m. pejorative.

spregio, pl. **-gi** /'sprɛdʒo, dʒi/ m. contempt, disdain; ***avere in ~ qcs.*** to despise sth.; ***fare qcs. per ~*** to do sth. out of scorn.

spregiudicatezza /spredʒudika'tettsa/ f. **1** *(libertà da condizionamenti)* open-mindedness, daring **2** *(assenza di scrupoli)* unscrupulousness.

spregiudicato /spredʒudi'kato/ **I** agg. **1** *(privo di condizionamenti)* [*persona*] open-minded, uninhibited; [*progetto*] daring; ***una ragazza -a*** a liberated girl **2** *(privo di scrupoli)* unscrupulous; ***un uomo d'affari ~*** an unscrupulous businessman **II** m. (f. **-a**) unscrupulous person.

▷ **spremere** /'sprɛmere/ [2] **I** tr. to squeeze [*arancia, limone, tubetto*]; to press [*olive*]; **~ *il succo da un limone*** to squeeze juice out of a lemon; **~ *denaro a qcn.*** FIG. to pump money out of sb.; **~ *qcn. come un limone*** FIG. to suck *o* milk *o* bleed sb. dry **II spremersi** pronom. ***-rsi il cervello*** o ***le meningi*** to rack one's brain(s).

spremiaglio /spremi'aʎʎo/ m.inv. garlic press.

spremiagrumi /spremia'grumi/ m.inv. squeezer.

spremifrutta /spremi'frutta/ m.inv. juice extractor BE, juicer AE.

spremilimoni /spremili'moni/ m.inv. lemon squeezer.

spremitura /spremi'tura/ f. *(di olive)* pressing; *(di limoni, arance)* squeezing.

▷ **spremuta** /spre'muta/ f. **1** *(lo spremere)* pressing, squeezing **2** *(succo) (di arancia)* fresh orange juice, orange crush BE; *(di limone)* fresh lemon juice, lemon crush BE.

spremuto /spre'muto/ **I** p.pass. → **spremere II** agg. pressed, squeezed; **~ *a freddo*** [*olio*] cold-pressed.

spretarsi /spre'tarsi/ [1] pronom. to leave* the priesthood.

spretato /spre'tato/ **I** p.pass. → **spretarsi II** agg. [*monaco, prete*] defrocked, unfrocked **III** m. defrocked priest, defrocked monk.

▷ **sprezzante** /spret'tsante/ agg. [*persona*] disdainful, scornful; [*gesto, sorriso, atteggiamento*] contemptuous, scornful; ***essere* ~ *con qcn.*** to treat sb. with contempt; **~ *di*** scornful of [*pericolo, onori*].

sprezzare /spret'tsare/ [1] tr. to scorn [*pericolo*].

sprezzo /'sprettso/ m. defiance; ***il loro* ~ *del pericolo*** their defiance of danger.

sprigionamento /spridʒona'mento/ m. emission, exhalation.

sprigionare /spridʒo'nare/ [1] **I** tr. to emit, to give* off [*odore, gas*]; to release [*energia*] **II sprigionarsi** pronom. [*calore, gas, fumo*] to emanate, to be* given off.

sprimacciare /sprimat'tʃare/ [1] tr. to fluff, to shake* up [*cuscino*].

sprint /sprint/ m.inv. **1** SPORT sprint; ***battere qcn. allo* ~** to beat sb. in the sprint; ***fare uno* ~** to sprint; ***un atleta con un buono* ~ *finale*** an athlete with a good finish **2** AUT. pickup; ***un motore che manca di* ~** a sluggish engine ◆◆ **~ *finale*** final sprint.

sprintare /sprin'tare/ [1] intr. (aus. *avere*) to sprint.

sprinter /'sprinter/ m. e f.inv. sprinter.

sprizzare /sprit'tsare/ [1] **I** tr. **1** *(fare uscire con violenza)* to spout; ***un tubo rotto che sprizza acqua*** a broken pipe spouting out water **2** FIG. to bubble (over) with [*entusiasmo, gioia*]; **~ *gioia da tutti i pori*** to be all smiles; **~ *salute da tutti i pori*** to be blooming with health **II** intr. (aus. *essere*) to spurt, to gush out, to spray; ***il sangue sprizzava dalla ferita*** blood spurted out from the wound.

sprizzo /'sprittso/ m. **1** *(d'acqua, di sangue)* jet **2** FIG. burst; ***uno* ~ *di energia*** a burst of energy.

sprofondamento /sprofonda'mento/ m. collapse; GEOL. subsidence; ***fossa di* ~** graben.

▷ **sprofondare** /sprofon'dare/ [1] **I** intr. (aus. *essere*) **1** *(crollare)* [*tetto, pavimento*] to collapse; [*terreno, strada, edificio*] to subside; ***il tetto sprofondò sotto il peso della neve*** the roof collapsed under the weight of snow **2** *(affondare)* to sink*; **~ *nella sabbia, nel fango, nella neve*** [*persona, veicolo*] to sink in the sand, snow, mud **3** FIG. **~ *in*** to sink into [*disperazione, follia, oblio, alcolismo*]; **~ *nel sonno*** to fall into a deep sleep; ***sarei voluto* ~ *(per la vergogna)*** I wanted the ground to swallow me up **II** tr. **~ *la città nel buio*** to plunge the city into darkness **III sprofondarsi** pronom. **1** *(lasciarsi affondare)* ***-rsi in una poltrona*** to drape oneself over an armchair **2** FIG. ***-rsi nella meditazione*** to be lost in meditation; ***-rsi nella lettura di un romanzo*** to bury oneself in a novel.

sprofondato /sprofon'dato/ **I** p.pass. → **sprofondare II** agg. **1** sunk; **~ *nella poltrona*** sunk in the armchair **2** FIG. *(assorto)* lost, absorbed; ***sembrava completamente -a nel suo libro*** she seemed totally absorbed in her book.

sproloquiare /sprolo'kwjare/ [1] intr. (aus. *avere*) to waffle, to speechify.

sproloquio, pl. **-qui** /spro'lɔkwjo, kwi/ m. waffle, rigmarole.

spronare /spro'nare/ [1] tr. **1** EQUIT. to spur [*cavallo*] **2** FIG. to spur (on) [*persona*]; **~ *qcn. a fare qcs.*** to spur sb. to do sth., to goad sb. into doing sth.; **~ *qcn. all'azione*** to spur sb. into action.

spronata /spro'nata/ f. **1** *(colpo)* touch of the spur **2** FIG. prod; ***dare una* ~ *a qcn.*** to give sb. a prod.

sprone /'sprone/ m. **1** EQUIT. spur; ***dar di* ~ *al cavallo*** to dig in one's spurs **2** FIG. spur, stimulus*; ***sotto lo* ~ *della necessità*** under the spur of necessity; ***essere da* ~ *per qcs.*** to be a spur for *o* of sth. **3** SART. yoke ◆ ***a spron battuto*** hell for leather.

sproporzionatamente /sproportsjonata'mente/ avv. disproportionately.

sproporzionato /sproportsjo'nato/ agg. **1** *(disarmonico)* [*bocca, naso*] disproportionate; ***una testa -a (rispetto al resto del corpo)*** a head out of proportion with one's body; ***essere* ~ *rispetto a qcs.*** to be out of proportion with sth.; ***la sua reazione fu del tutto -a rispetto all'importanza dell'avvenimento*** her reaction was out of all proportion to the event **2** *(eccessivo)* [*costi, aspettative*] disproportionately high.

sproporzione /spropor'tsjone/ f. disproportion.

spropositato /spropozi'tato/ agg. **1** *(pieno di spropositi)* [*discorso*] full of mistakes **2** FIG. *(enorme)* [*naso, sforzo*] enormous **3** *(eccessivo)* [*spesa, costo*] ruinous.

▷ **sproposito** /spro'pɔzito/ m. **1** *(cosa fatta o detta inopportunamente)* ***dire -i*** to talk nonsense; ***mandarla in collegio è stato uno* ~** it was a big mistake to send her to boarding school **2** *(atto sconsiderato)* folly, unwise act **3** *(errore linguistico o concettuale)* blunder, gross mistake **4** COLLOQ. *(quantità eccessiva)* ***mangiare, consumare uno* ~** to eat, consume too much **5** *(somma enorme)* fortune; ***quest'orologio costa uno* ~** this watch costs a fortune; ***abbiamo speso uno* ~ *in scarpe e guanti*** we spent a fortune in shoes and gloves **6 a sproposito** [*agire, intervenire*] at the wrong moment; ***parlare a* ~** *(al momento sbagliato)* to speak out of turn; *(a vanvera)* to talk through one's hat; ***essere*** o ***cadere a* ~** [*commento, osservazione*] to be inopportune.

sprovincializzare /sprovintʃalid'dzare/ [1] **I** tr. to make* less narrow-minded [*persona*]; to make* less provincial, to make* less insular [*cultura, città*] **II sprovincializzarsi** pronom. [*persona*] to become* less narrow-minded; [*cultura, città*] to become* less provincial, to become* less insular.

sprovvedutezza /sprovvedu'tettsa/ f. inexperience, naivety.

sprovveduto /sprovve'duto/ **I** agg. **1** *(privo di doti particolari)* ***non è -a d'immaginazione*** she's not lacking in imagination **2** *(inesperto)* [*persona*] unprepared, inexperienced **3** *(ingenuo)* [*persona*] naive, unwary; ***era totalmente -a al riguardo*** she was completely innocent about such things **II** m. (f. **-a**) inexperienced person, greenhorn, sucker; ***gli -i*** the unwary.

sprovvisto /sprov'visto/ agg. **1** **~ *di*** *(privo)* lacking in, short of; *(non fornito)* unprovided with, unsupplied with **2 alla sprovvista** unawares; ***cogliere*** o ***prendere qcn. alla -a*** to catch sb. off balance *o* off guard *o* unaware; ***la cosa mi ha un po' colto alla -a*** I was somewhat taken aback *o* by surprise.

▷ **spruzzare** /sprut'tsare/ [1] **I** tr. **1** *(schizzare)* to squirt [*acqua, inchiostro*]; **~ *acqua addosso a qcn.*, ~ *qcn. d'acqua*** to squirt water at sb., to squirt sb. with water; **~ *acqua in faccia a qcn.*** to squirt water in sb.'s face **2** *(nebulizzare)* to spray [*insetticida, vernice*]; to sprinkle [*biancheria*]; **~ *vernice su una superficie*** to spray-paint a surface; **~ *lacca sui capelli*** to spray one's hair with hair lotion **3** GASTR. *(spolverare)* to sprinkle, to dust [*torta*] **II spruzzarsi** pronom. **1** *(macchiarsi)* ***mi sono spruzzato di inchiostro*** I squirted myself with ink **2** *(bagnarsi)* to splash oneself; ***si è spruzzato la lozione sui capelli*** he sprayed his hair with hair lotion; ***il vincitore si è spruzzato addosso lo champagne*** the winner sprayed champagne all over himself; ***si è spruzzata un po' di profumo sul polso*** she squirted some perfume onto her wrist; ***-rsi il viso con l'acqua fredda*** to splash cold water on to one's face.

spruzzata /sprut'tsata/ f. **1** ***dare una* ~ *(d'acqua) al giardino*** to give the garden a watering; ***dà una* ~ *ai pantaloni prima di stirarli*** dampen the trousers before ironing **2** GASTR. *(di selz)* splash; *(di limone)* squeeze; *(di cacao, formaggio)* sprinkle **3** FIG. *(breve pioggia)* sprinkling; *(nevicata)* flurry.

spruzzatore /spruttsa'tore/ m. **1** *(nebulizzatore)* atomizer, sprayer **2** AUT. jet.

spruzzatura /spruttsa'tura/ f. spraying.

spruzzetta /sprut'tsetta/ f. wash-bottle.

spruzzo /'spruttso/ m. **1** *(di acqua, fango)* splash; *(di inchiostro)* squirt; *(di sangue)* spatter; ***uno* ~ *di pioggia*** a sprinkle of rain; ***gli -i delle onde*** the spray **U**; ***pistola a* ~** paint spray(er); ***verniciatura a* ~** spray-painting **2** GASTR. dash, splash.

spudoratamente /spudorata'mente/ avv. shamelessly, blatantly; ***mentire* ~** to lie through one's teeth.

spudoratezza /spudora'tettsa/ f. shamelessness, impudence, brazenness.

spudorato /spudo'rato/ **I** agg. [*domanda, persona*] shameless; [*bugia*] brazen, blatant **II** m. (f. **-a**) shameless person.

▷ **spugna** /'spuɲɲa/ f. **1** *(per pulire)* sponge; ***lavare qcs. con una* ~** to give sth. a sponge; ***assorbire l'acqua come una* ~** to soak up water like a sponge **2** *(tessuto)* (terry) towelling BE, terry cloth AE; ***asciugamano di* ~** terry towel, Turkish towel; ***accapatoio di* ~** terry bathrobe **3** ZOOL. sponge **4** COLLOQ. FIG. *(accanito bevitore)* soak, soaker; ***è una vecchia* ~** he is an old soak; ***bere come una* ~** to drink like a fish ◆ ***gettare la* ~** to throw in the towel *o* sponge; ***dare*** *un colpo di ~ a qcs.* = to forget all about sth. ◆◆ *~ di ferro* sponge iron.

spugnatura /spuɲɲa'tura/ f. sponge bath.

spugnetta /spuɲ'ɲetta/ f. *(per francobolli)* damper, dampener AE.

spugnola /spuɲ'ɲɔla/ f. *~ gialla* morel.

spugnosità /spuɲɲosi'ta/ f.inv. sponginess.

spugnoso /spuɲ'ɲoso/ agg. spongy; *gomma -a* sponge rubber.

spulare /spu'lare/ [1] tr. to winnow.

spulatore /spula'tore/ ♦ *18* m. (f. **-trice** /tritʃe/) winnower.

spulatura /spula'tura/ f. winnowing.

spulciare /spul'tʃare/ [1] **I** tr. **1** *(liberare dalle pulci) ~ un animale* to pick fleas off an animal; *~ un cane (pettinandolo)* to comb fleas *o* lice out of a dog **2** FIG. to comb through [*libro, articolo*]; to sift through [*documenti*] **II spulciarsi** pronom. to get* rid of fleas.

spulciatura /spultʃa'tura/ f. FIG. dissection.

▷ **spuma** /'spuma/ f. **1** *(del mare, di un torrente)* foam; *(di birra, champagne)* froth **2** *(bevanda)* soda **3** GASTR. mousse ◆◆ *~ di mare* MINER. meerschaum.

▷ **spumante** /spu'mante/ **I** m. sparkling wine; *~ secco, dolce* dry, sweet sparkling wine **II** agg. [*vino*] sparkling.

spumare /spu'mare/ [1] intr. (aus. *avere*) ENOL. [*vino, spumante*] to foam (up); [*birra*] to froth ◆ *~ di rabbia* to be foaming with rage.

spumeggiante /spumed'dʒante/ agg. **1** [*mare*] foamy **2** ENOL. sparkling **3** *(vaporoso)* [*vestito*] diaphanous **4** *(vivace)* [*persona*] bubbly; [*conversazione*] sparkling.

spumeggiare /spumed'dʒare/ [1] intr. (aus. *avere*) [*mare, lago*] to foam; [*bibita, spumante*] to fizz, to fizzle.

spumone /spu'mone/ m. GASTR. **1** *(dolce)* = light fluffy dessert made with cream, whipped cream and beaten eggs **2** *(gelato)* = soft ice-cream with whipped cream.

spumosità /spumosi'ta/ f.inv. foaminess, frothiness.

spumoso /spu'moso/ agg. **1** *(che produce spuma)* [*lago, onda*] foamy; [*birra*] frothy **2** FIG. *(soffice)* frothy, light.

spunta /'spunta/ f. **1** *(controllo)* ticking off BE, checking off AE **2** *(segno)* tick BE, check AE.

▶ **1.spuntare** /spun'tare/ [1] **I** tr. **1** *(privare della punta)* to blunt [*matita, spillo*]; to clip [*sigaro*] **2** *(accorciare)* to clip, to trim [*siepe, baffi*]; to clip, to trim [*capelli, frangia*]; to trim [*barba*] **3** *(staccare)* to unpin [*orlo, nastro*] **4** *(ottenere) ~ un buon prezzo* to fetch a good price **5** FIG. *(superare)* to overcome* **6 spuntarla** to win* out, to win* through; *spuntarla su qcn.* to beat *o* best sb.; *non sarà facile, ma sono sicuro che alla fine la spunteremo* it's not going to be easy but I'm sure we'll win (through) in the end **II** intr. (aus. *essere*) **1** *(nascere)* [*germoglio*] to come* out; [*pianta*] to sprout (up), to come* up, to come* out; [*fiore*] to spring* up, to come* out; [*dente*] to come* through; [*peli, corna*] to sprout; [*sole*] to break* through; *i ravanelli cominciano a ~* the radishes are coming up *o* are sprouting; *gli sta spuntando un dente* he is cutting a tooth; *spuntò il giorno* dawn broke; *~ come funghi* FIG. to spring *o* pop up like mushrooms **2** *(apparire)* to emerge, to peep out, to poke out; *la gonna spunta dal cappotto* the skirt shows underneath the coat; *le loro teste spuntavano appena dalle poltrone* their heads barely showed above the armchairs; *un sorriso gli spuntò sulle labbra* a smile played across his lips; *gli spuntarono le lacrime agli occhi* tears welled up in his eyes **3** *(sbucare all'improvviso)* [*persona, animale, auto*] to appear suddenly; *~ davanti a qcn.* to jump out in front of sb.; *da dove sono spuntate quelle persone?* where did these people spring from? *i soldati spuntarono all'improvviso da dietro i cespugli* soldiers burst from behind the hedgerows **III spuntarsi** pronom. **1** *(perdere la punta)* [*matita*] to become* blunt, to get* blunt **2** *(attenuarsi)* [*collera*] to die down.

2.spuntare /spun'tare/ m. *allo ~ del sole* at sunrise; *allo ~ del giorno* at daybreak.

3.spuntare /spun'tare/ [1] tr. *(contrassegnare)* to tick off BE, to check off AE [*nomi, parole, cifre, lista*].

1.spuntata /spun'tata/ f. trim; *dare una ~ ai capelli di qcn.* to give sb. ('s hair) a trim; *la siepe ha bisogno di una ~* the hedge needs a trim.

2.spuntata /spun'tata/ f. *(il contrassegnare)* ticking off BE, checking off AE.

spuntato /spun'tato/ **I** p.pass. → **1.spuntare II** agg. *(senza punta)* blunt.

spuntatore /spunta'tore/ m. (f. **-trice** /tritʃe/) tally clerk.

spuntatura /spunta'tura/ f. **1** *(taglio della punta)* clipping, trimming **2** *(taglio di carne)* cut from the ribs **3** *(spunta)* ticking off BE, checking off AE.

spuntino /spun'tino/ m. snack; *fare uno ~* to have a snack.

spunto /'spunto/ m. **1** TEATR. MUS. cue **2** *(idea) ho preso ~ da un libro* I was inspired by a book, I got the idea from a book; *prendere lo ~ da qcn.* to take one's cue from sb.; *offre -i di riflessione* that's food for thought **3** SPORT sprint **4** AUT. *(ripresa)* pickup **5** ENOL. sourness; *avere lo ~* to be a bit sour.

spuntone /spun'tone/ m. **1** *(punta robusta)* spike **2** *(sporgenza di roccia)* projection of rock **3** STOR. *(arma)* spontoon.

spupazzare /spupat'tsare/ [1] **I** tr. COLLOQ. *(coccolare)* to cuddle [*bambino, ragazza*] **II spupazzarsi** pronom. COLLOQ. **1** *(amoreggiare)* to have* a kiss and a cuddle **2** *(accollarsi malvolentieri)* to get* stuck with, to get* lumbered with BE [*ospite, parente*].

spurgare /spur'gare/ [1] **I** tr. **1** *(pulire, liberare)* to dredge [*canale*]; to empty [*pozzo nero*]; to unblock [*grondaia, tombino*]; *~ un tubo di scarico, un canale di scolo con un getto d'acqua* to flush (out) a pipe, drain with water **2** MED. to discharge phlegm from [*naso, bronchi*] **3** TECN. to bleed* [*radiatore*] **4** FIG. RAR. *(espurgare)* to expurgate [*articolo, testo, film*] **II spurgarsi** pronom. to expectorate.

spurgo, pl. **-ghi** /'spurgo, gi/ m. **1** *(di grondaia, tombino)* unblocking; *(di pozzo nero, fossa, canale)* emptying; *valvola di ~* sluice gate **2** *(materia spurgata)* discharge (anche MED.) **3** TECN. *(di radiatore, freni)* bleeding; *rubinetto di ~* bleed valve.

spurio, pl. **-ri, -rie** /'spurjo, ri, rje/ agg. **1** *(non autentico)* [*documento, opera, edizione*] spurious **2** ANAT. false **3** *(illegittimo)* [*figlio*] illegitimate.

sputacchiare /sputak'kjare/ [1] **I** intr. (aus. *avere*) **1** *(sputare)* to spit* **2** *(schizzare saliva)* to splatter **II** tr. RAR. to cover with spit.

sputacchiera /sputak'kjɛra/ f. spittoon, cuspidor AE.

sputacchina /sputak'kina/ f. froghopper, spittle-bug.

sputacchio, pl. **-chi** /spu'takkjo, ki/ m. spittle **U**, spit **U**.

▷ **sputare** /spu'tare/ [1] **I** intr. (aus. *avere*) **1** [*persona*] to spit*; *~ in faccia a qcn.* to spit in sb.'s face **2** FIG. *~ su qcn., qcs.* to despise sb., sth.; *non ci sputerei sopra* COLLOQ. I wouldn't turn up my nose at it **II** tr. **1** *(mandar fuori dalla bocca)* to spit* out [*nocciolo, alimento*]; *~ sangue* to spit blood; FIG. to sweat blood; *sputa(lo)!* spit (it) out! **2** *(dire con tono malevolo) ~ insulti a qcn.* to hurl abuse at sb.; *lei gli sputò in faccia che...* she told him venomously that... **3** *(emettere)* to belch out, to spurt [*fiamme*]; [*vulcano*] to spit* [*lava*]; [*drago*] to breathe (out) [*fuoco*] ◆ *sputa l'osso* o *il rospo!* spit it out! *~ veleno* to speak with great venom; *~ i polmoni* to cough one's lungs up; *~ nel piatto in cui si mangia* to bite the hand that feeds you.

sputasentenze /sputasen'tɛntse/ m. e f.inv. smart alec(k) COLLOQ., smartie COLLOQ.

sputato /spu'tato/ **I** p.pass. → **sputare II** agg. *sei tua madre (nata e) -a* COLLOQ. you are the spitting image of your mother, you are the dead spit of your mother.

▷ **sputo** /'sputo/ m. spit; *coprire di -i qcn., qcs.* FIG. to insult sb., sth.; *quel paraurti è attaccato con lo ~* FIG. *(precariamente)* that fender seems to be held with spit and hope; *essere a un tiro di ~* to be within spitting distance; *non vale uno ~* it's not worth a damn.

sputtanamento /sputtana'mento/ m. VOLG. loss of face.

sputtanare /sputta'nare/ [1] **I** tr. VOLG. *(screditare)* to badmouth, to run* down [*persona, collega*] **II sputtanarsi** pronom. VOLG. **1** *(screditarsi)* to disgrace oneself, to lose* face **2** *(sprecare)* to squander, to piss away; *si sputtanò tutti i soldi al gioco* he squandered all his money on gambling.

squadernare /skwader'nare/ [1] **I** tr. **1** *(sfogliare)* to leaf through [*quaderno, libro*] **2** *(mostrare)* to display [*quaderno, libro*]; to spread* out [*lettera*] **3** *(squinternare)* to take* apart [*libro*] **4** FIG. *(dire apertamente)* to say* openly, to tell* openly **II squadernarsi** pronom. *(squinternarsi)* [*libro*] to be* taken apart.

▶ **1.squadra** /'skwadra/ f. set square; *a ~* at right angles ◆◆ *~ a T* t-square; *~ zoppa* bevel (square).

▶ **2.squadra** /'skwadra/ f. **1** SPORT team; *la ~ italiana, inglese* the Italian, English team; *formare le -e* to draw up the teams; *~ di baseball* baseball team; *~ ospite* visiting team; *compagno di ~* team-mate; *gioco di ~* team game; *sport di ~* team sport; *è stato escluso dalla ~* he's been dropped from the team; *far parte della ~* to be on the team **2** *(gruppo)* team; *~ di soccorso* rescue party; *~ di pronto soccorso* Accident and Emergency Unit; *lavorare a -e* to work as teams; *lavoro di ~* teamwork **3** MIL. squad **4** MAR. AER. squadron ◆◆ *~ del buon costume* vice squad; *~ olimpica* Olympic squad; *~ volante* flying squad.

squadraccia, pl. **-ce** /skwa'drattʃa, tʃe/ f. STOR. = Fascist paramilitary squad.

squadrare /skwa'drare/ [1] tr. **1** *(mettere in squadra)* to square [*legno, pietra, trave*] **2** FIG. *(osservare) ~ qcn. da capo a piedi* to look *o* eye sb. up and down.

squadrato /skwa'drato/ **I** p.pass. → **squadrare II** agg. [*oggetto, edificio*] squared; [*viso, mento, fronte*] square.
squadratore /skwadra'tore/ ▸ **18** m. (f. **-trice** /tritʃe/) squarer.
squadratura /skwadra'tura/ f. squaring (off).
squadriglia /skwa'driʎʎa/ f. MAR. AER. squadron.
squadrismo /skwa'drizmo/ m. STOR. = the organization and activities of the Fascist paramilitary squads.
squadrista, m.pl. **-i**, f.pl. **-e** /skwa'drista/ m. e f. STOR. = a member of the Fascist paramilitary squads.
1.squadro /'skwadro/ m. **1** *(lo squadrare)* squaring (off) **2** TECN. surveyor's cross.
2.squadro /'skwadro/ m. ITTIOL. monkfish*, angel shark.
squadrone /skwa'drone/ m. squadron ◆◆ ~ ***della morte*** death squad.
squagliare /skwaʎ'ʎare/ [1] **I** tr. [*sole, caldo*] to melt [*neve, gelato*] **II squagliarsi** pronom. **1** *(sciogliersi)* [*burro*] to melt; [*neve, ghiaccio*] to melt (away) **2 squagliarsela** to clear off; ***"beh, me la squaglio"*** "right, I'm off".
squalene /skwa'lɛne/ m. squalene.
squalifica, pl. **-che** /skwa'lifika, ke/ f. disqualification (anche SPORT); ***una ~ di quattro anni*** a four-year disqualification.
squalificare /skwalifi'kare/ [1] **I** tr. **1** *(screditare)* to bring* discredit; ***il suo comportamento lo squalifica*** his behaviour brings discredit on him **2** *(interdire)* to disqualify [*atleta, cavallo, squadra*]; ***è stato squalificato per aver assunto stupefacenti*** he was disqualified for taking drugs; ***farsi ~ d'ufficio*** to put oneself out of the running **II squalificarsi** pronom. to discredit oneself.
squalificato /skwalifi'kato/ **I** p.pass. → **squalificare II** agg. **1** *(interdetto)* disqualified (anche SPORT) **2** *(screditato)* discredited.
▷ **squallido** /'skwallido/ agg. **1** *(desolante, negletto)* [*abitazione, bar, quartiere, strada*] squalid; [*paesaggio, paese*] desolate; [*vestito, arredamento*] shabby; ***vivere nella più -a miseria*** to live in utter squalor **2** *(privo d'interesse)* [*vita, esistenza*] bleak, dreary; [*serata*] dull, uneventful **3** *(spregevole)* [*persona, individuo*] wicked; [*azione, dettaglio, vicenda*] sordid.
squallore /skwal'lore/ m. **1** *(degradazione, abbandono)* dreariness, bleakness; ***lo ~ della periferia*** the dreariness of the suburbs **2** *(stato di miseria)* squalor, destitution; ***vivere nello ~*** to live in squalor **3** *(meschinità)* wickedness.
▷ **squalo** /'skwalo/ m. ZOOL. shark (anche FIG.) ◆◆ ~ ***azzurro*** blue shark; ~ ***balena*** whale shark; ~ ***bianco*** white shark; ~ ***elefante, gigante*** basking shark; ~ ***nasuto*** mackerel shark; ~ ***nutrice*** nurse shark; ~ ***pellegrino*** → ~ **elefante**; ~ ***tigre*** tiger shark.
squama /'skwama/ f. **1** *(di pesce, rettile)* scale **2** BOT. scale **3** MED. scale, scurf.
squamare /skwa'mare/ [1] **I** tr. to scale [*pesce*] **II squamarsi** pronom. [*pelle*] to peel off, to flake off.
squamato /skwa'mato/ **I** p.pass. → **squamare II** agg. ZOOL. BOT. squamate.
squamoso /skwa'moso/ agg. [*pelle, pesce*] scaly; [*pelle*] scurfy.
squarciagola: **a squarciagola** /askwartʃa'gola/ avv. [*gridare, cantare*] at the top of one's voice.
squarciare /skwar'tʃare/ [1] **I** tr. **1** *(aprire lacerando)* to tear* up [*lenzuolo, tessuto*]; to rip open [*materasso, sacco*]; to slash [*pneumatico*]; ~ ***la gola a qcn.*** to cut sb.'s throat **2** FIG. *(turbare)* [*rumore*] to shatter, to rend* [*silenzio, notte*]; [*luce*] to pierce [*oscurità*]; [*lampo*] to split* [*cielo*]; ***il sole ha squarciato le nuvole*** the sun burst through the clouds **II squarciarsi** pronom. *(lacerarsi)* [*velo, lenzuolo*] to rip; [*sacco*] to burst* open.
▷ **squarcio**, pl. **-ci** /'skwartʃo, tʃi/ m. **1** *(strappo)* rip, rent; ***c'è un grosso ~ nella mia manica*** there's a big rip in my sleeve **2** *(taglio)* gash; ***un brutto ~ sul braccio*** a nasty gash in *o* on one's arm **3** FIG. *(fra le nuvole)* break, gap, rift; ***uno ~ di cielo blu*** a patch of blue sky **4** *(brano)* passage.
squartamento /skwarta'mento/ m. **1** *(di bestia macellata)* quartering **2** STOR. *(tortura)* quartering; ***condannato allo ~*** condemned to be quartered.
squartare /skwar'tare/ [1] tr. **1** *(dividere in quarti)* to quarter [*bestia macellata*] **2** *(uccidere in modo efferato)* to butcher [*persona*] **3** STOR. *(sottoporre a squartamento)* to quarter [*condannato*].
squartatoio, pl. **-oi** /skwarta'tojo, oi/ m. *(coltello)* cleaver.
squartatore /skwarta'tore/ m. (f. **-trice** /tritʃe/) **1** *(di bestie macellate)* quarterer **2** *(assassino)* ripper; ***Jack lo ~*** Jack the Ripper.
squassare /skwas'sare/ [1] tr. [*terremoto, esplosione*] to shake* violently [*edificio*].
squat /skwɔt/ m.inv. *(appartamento)* squat.
squatter /'skwɔtter/ m. e f.inv. squatter.
squattrinato /skwattri'nato/ **I** agg. [*persona*] penniless **II** m. (f. **-a**) penniless person.
squilibrare /skwili'brare/ [1] tr. **1** *(sbilanciare)* [*peso*] to make* [sth.] unstable [*barca*] **2** FIG. to upset* [*rapporti*] **3** PSIC. to unbalance, to derange [*persona*].
squilibrato /skwili'brato/ **I** p.pass. → **squilibrare II** agg. **1** [*alimentazione*] unbalanced **2** PSIC. [*persona*] (mentally) deranged, unbalanced **III** m. (f. **-a**) lunatic.
squilibrio, pl. **-bri** /skwi'librjo, bri/ m. **1** *(di carico)* imbalance **2** FIG. *(d'ordine economico, sociale, ecologico)* imbalance; ~ ***della bilancia dei pagamenti*** imbalance of payments; ***un grave ~ tra le nostre importazioni e le nostre esportazioni*** a serious imbalance between our import and export trade; ~ ***commerciale*** ECON. trade imbalance; ~ ***ormonale*** MED. hormonal imbalance **3** PSIC. (mental) derangement; ***dare (dei) segni di ~*** to show signs of insanity.
squilla /'skwilla/ f. *(campana)* (little) bell.
squillante /skwil'lante/ agg. **1** *(acuto)* [*voce, suono*] ringing, shrill **2** FIG. *(acceso)* [*colore*] harsh.
squillare /skwil'lare/ [1] intr. (aus. *essere, avere*) [*telefono, campanello*] to ring*; [*tromba*] to blast; [*voce*] to ring out.
▷ **squillo** /'skwillo/ **I** m. **1** *(di telefono, campanello)* ring; *(di tromba)* blast; ***metti giù dopo tre -i*** hang up after three rings **2** COLLOQ. *(breve telefonata)* buzz; ***fare uno ~ a qcn.*** to give sb. a buzz **II** f.inv. call girl **III** agg.inv. ***ragazza ~*** call girl ◆◆ ~ ***di tromba*** clarion call.
squinternare /skwinter'nare/ [1] tr **1** to take* apart [*libro, quaderno*] **2** FIG. *(scombussolare)* to trouble [*persona*].
squinternato /skwinter'nato/ **I** p.pass. → **squinternare II** agg. **1** *(scompaginato)* [*libro*] falling to pieces **2** FIG. [*discorso*] rambling; [*persona*] eccentric, odd **III** m. (f. **-a**) eccentric person, oddball COLLOQ.
squisitamente /skwizita'mente/ avv. **1** *(in modo squisito)* deliciously; FIG. delightfully, exquisitely **2** *(tipicamente)* typically.
squisitezza /skwizi'tettsa/ f. **1** *(prelibatezza di gusto, sapore)* tastiness, deliciousness **2** *(finezza di persona, modi)* suaveness, suavity **3** *(cibo squisito)* delicacy, dainty; ***la gente del posto considera questi granchi una vera ~*** for the locals these crabs are a great delicacy.
▷ **squisito** /skwi'zito/ agg. **1** *(prelibato)* [*piatto, cibo*] dainty, delicious; [*sapore, odore*] delicious **2** FIG. [*persona, modi, gusto*] exquisite; [*ospite*] perfect; ***di una gentilezza -a*** exquisitely polite; ***di -a fattura*** of exquisite craftmanship.
squittio, pl. **-ii** /skwit'tio, ii/ m. **1** *(di topo)* peep, squeak; *(di uccelli)* peep, chirp **2** FIG. SCHERZ. shriek.
squittire /skwit'tire/ [102] intr. (aus. *avere*) **1** *(emettere un verso acuto)* [*topo*] to squeak, to peep; [*uccello*] to peep, to chirp **2** FIG. SCHERZ. [*persona*] to shriek.
sradicabile /zradi'kabile/ agg. eradicable.
sradicamento /zradika'mento/ m. **1** *(di sterpaglia, ceppo, erbacce)* weeding; *(di albero)* uprooting **2** FIG. *(di immigrato)* = loss of connection with one's root **3** FIG. *(di pregiudizio, vizio)* eradication.
sradicare /zradi'kare/ [1] tr. **1** *(strappare alle radici)* to uproot [*albero, pianta*]; to weed [*erbacce*] **2** FIG. to uproot [*persona*] **3** FIG. *(far sparire)* to eradicate [*pregiudizio, abuso*].
sradicato /zradi'kato/ **I** p.pass. → **sradicare II** agg. **1** *(strappato alle radici)* [*albero*] uprooted **2** FIG. [*persona*] rootless **III** m. (f. **-a**) rootless person.
sragionare /zradʒo'nare/ [1] intr. (aus. *avere*) to rave, to talk nonsense.
sregolatamente /zregolata'mente/ avv. [*mangiare, bere*] immoderately; ***vivere ~*** to lead an irregular life.
sregolatezza /zregola'tettsa/ f. lack of moderation, loose living.
sregolato /zrego'lato/ agg. **1** *(dissoluto)* ***condurre una vita -a*** to lead an irregular life; ***quando era giovane faceva una vita -a*** she led a wild life in her youth **2** *(smodato, eccessivo)* ***essere ~ nel bere, nel mangiare*** to drink, eat to excess.
srl, s.r.l. /esserre'ɛlle/ f.inv. (⇒ società a responsabilità limitata Limited Company) Ltd.
srotolamento /zrotola'mento/ m. *(di corda, cavo)* uncoiling, unwinding.
srotolare /zroto'lare/ [1] **I** tr. to roll out, to unroll [*tappeto*]; to unroll [*corda, manoscritto*]; to unreel [*pellicola*]; to unwind*, to uncoil [*filo, cavo*] **II srotolarsi** pronom. [*tappeto*] to be* unrolled; [*nastro, cavo*] to unwind*.
SS /ɛsse'ɛsse/ f.inv. STOR. SS; ***le ~*** the SS.
S.S. 1 ⇒ Sua Santità His Holiness (HH) **2** ⇒ Santa Sede Holy See **3** ⇒ strada statale = A road BE, highway AE.

SSN ⇒ servizio sanitario nazionale = National Health Service.
▷ **sss** /s/, **sst**, **st** /st/ inter. sh, ssh.
stabbiare /stab'bjare/ [1] **I** tr. to fold, to pen [*bestiame*] **II** intr. (aus. *avere*) to be* kept in a fold.
stabbio, pl. **-bi** /'stabbjo, bi/ m. **1** *(terreno recintato)* fold, pen **2** *(letame)* manure.
▷ **stabile** /'stabile/ **I** agg. **1** *(saldo)* [*costruzione, fondamenta*] stable; [*sedia, tavolino, scala*] firm, steady **2** *(durevole)* [*equilibrio, governo, regime, relazione, impiego*] stable; [*pace, amicizia*] lasting; [*domicilio*] permanent; ***in pianta ~*** on a permanent basis; ***essere in condizioni -i*** to be in stable condition **3** METEOR. [*tempo*] settled; ***segnare il bello ~*** [*barometro*] to be set fair **4** ECON. [*prezzo, domanda*] static; [*mercato, valuta*] firm; ***rimanere ~*** [*prezzo delle azioni, tasso d'interesse*] to hold steady; ***l'economia è di nuovo ~*** the economy is back on course; ***beni -i*** DIR. real estate **5** FIS. CHIM. [*atomo, molecola, composto*] stable **6** *(inalterabile)* [*tinta, colore*] fast, permanent **7** *(che risiede stabilmente)* [*orchestra*] resident **II** m. **1** *(edificio)* building; ***nello ~, fuori dallo ~*** on the, off the premises **2** TEATR. (resident) theatre company BE, (resident) theater company AE; ***lo ~ di Torino*** the theatre company of Turin.
▷ **stabilimento** /stabili'mento/ m. **1** *(impianto industriale)* plant; ***il nuovo ~ avrà riperussioni positive sulla regione*** the new plant will have spin-offs for the area; ***direttore di ~*** works manager **2** *(destinato a servizi di pubblica utilità)* establishment **3** *(di relazioni, contatti)* establishment; *(di data, termine)* setting ◆◆ ***~ balneare*** bathing establishment; ***~ chimico*** chemical plant; ***~ industriale*** manufacturing plant; ***~ di montaggio*** assembly plant; ***~ siderurgico*** iron and steel works.
▶ **stabilire** /stabi'lire/ [102] **I** tr. **1** *(fissare)* to set* up [*residenza, sede sociale*]; to set* [*data, condizioni, prezzo, luogo*]; to set*, to put* [*termine*]; ***~ il proprio domicilio a Londra*** to set up home in London; ***"data: da ~"*** "date: to be arranged"; ***~ un itinerario*** to plan a route; ***~ una scaletta*** to draw up *o* make out a schedule **2** *(istituire)* to establish [*gerarchia, regime, contatto*]; to set* [*limite, norma*]; to introduce [*tassa*]; ***~ un parallelo tra*** to draw *o* establish a parallel between; ***~ una regola*** to make a rule **3** *(accertare)* to determine [*ragione, responsabilità*]; ***~ le cause dell'incidente*** to determine what caused the accident; ***~ come, quando*** to determine how, when; ***~ chi è il responsabile*** to sort out who is responsible **4** SPORT ***~ un record*** to set a record **II** **stabilirsi** pronom. *(insediarsi)* [*persona*] to settle, to set* up home (**a**, **in** in); [*organismo*] to set* up.
stabilità /stabili'ta/ f.inv. **1** *(solidità)* solidity; ***la ~ di un edificio*** the solidity of a building **2** *(durevolezza, equilibrio)* steadiness, stability; ***~ politica*** political stability **3** ECON. *(di moneta, valuta)* firmness, stability; *(di prezzi, mercato)* stability **4** FIS. CHIM. stability.
stabilito /stabi'lito/ **I** p.pass. → **stabilire** **II** agg. **1** [*data, ora, luogo, prezzo*] *(fissato)* fixed, appointed; *(convenuto)* agreed, settled; ***a ore -e*** at stated times; ***non c'è ancora nulla di ~*** nothing is fixed *o* settled yet; ***entro il termine ~*** by the requirements **2** *(costituito)* [*ordine, diritto*] established.
stabilizzante /stabilid'dzante/ **I** agg. **1** *(che dà stabilità)* stabilizing **2** CHIM. [*sostanza*] stabilizing **II** m. CHIM. stabilizer.
stabilizzare /stabilid'dzare/ [1] **I** tr. to stabilize [*prezzo, veicolo, gas*]; to peg [*mercato, moneta*] **II** **stabilizzarsi** pronom. [*disoccupazione, prezzo, tasso, veicolo*] to stabilize; ***adesso le sue condizioni si sono stabilizzate*** his, her condition has now stabilized.
stabilizzatore /stabiliddza'tore/ **I** agg. **1** *(che dà stabilità)* [*elemento, agente*] stabilizing **2** CHIM. [*sostanza*] stabilizer **II** m. TECN. stabilizer ◆◆ ***~ giroscopico*** MAR. gyrostabilizer.
stabilizzazione /stabiliddzat'tsjone/ f. stabilization; ECON. pegging, levelling-off; ***~ economica*** economic stabilization.
stabilmente /stabil'mente/ avv. permanently; ***adesso risiede ~ in Canada*** she is now permanently based in Canada.
stabulazione /stabulat'tsjone/ f. stalling.
stacanovismo /stakano'vizmo/ m. Stakhanovism.
stacanovista, m.pl. **-i**, f.pl. **-e** /stakano'vista/ **I** agg. Stakhanovite **II** m. e f. Stakhanovite.
staccabile /stak'kabile/ agg. **1** *(che si può staccare e riattaccare)* [*parte, elemento*] detachable **2** *(che si può strappare)* [*tagliando, foglio di calendario*] tear-off; [*supplemento*] pull-out.
▶ **staccare** /stak'kare/ [1] **I** tr. **1** *(togliere da un supporto)* [*persona*] to tear* out [*francobollo, tagliando, assegno*]; to peel off [*etichetta*]; to take* down [*quadro*]; [*vento*] to tear* off [*manifesto*]; to blow* off [*frutti, foglie*]; ***"parte da ~"*** "tear off here" **2** *(sganciare)* to untie [*cane, cavallo, bue*]; ***~ un vagone da un treno*** to uncouple a carriage *o* car from a train **3** *(distogliere)* ***non ~ gli occhi di dosso a qcn.*** not to take one's eyes off sb. **4** *(far risaltare)* [*oratore*] to articulate [*parole*]; [*musicista*] to play [sth.] in a staccato manner **5** *(separare)* to turn away, to drive* away [*persona*] (**da** from); ***il suo lavoro lo ha staccato dalla famiglia*** his work has drawn him away from his family life; ***~ qcs. con un morso*** to bite sth. off; ***una palla di cannone gli staccò la gamba*** his, her leg was shot off by a cannonball **6** *(allontanare)* ***~ le braccia dal corpo*** to hold one's arms away from one's body; ***~ un tavolo dal muro*** to move a table away from the wall **7** SPORT *(distanziare)* [*corridore, cavallo*] to pull ahead of, to outdistance [*gruppo*] **8** *(disinserire)* to switch off [*elettrodomestico*]; to disconnect [*telefono*]; ***~ la corrente elettrica*** to turn off the electricity; ***~ la spina*** to pull out the plug; ***~ la frizione*** to disengage the clutch, to declutch BE **II** intr. (aus. *avere*) **1** *(smettere di lavorare)* to knock off; ***a che ora stacchi?*** what time do you knock off? ***stacchiamo un momento!*** *(per fare una pausa)* let's take a break! **2** *(risaltare)* [*colore*] to stand* out **3** CINEM. ***la macchina da presa staccò sul presidente*** the camera cut to the president **III** **staccarsi** pronom. **1** *(essere staccabile)* [*tagliando, foglio*] to come* away; *(venir via)* [*bottone, tappezzeria, manifesto*] to come* off; [*etichetta, vernice*] to peel off; [*quadro*] to come* off its hook; MED. [*retina*] to detach **2** *(separarsi)* [*persona*] to detach oneself; [*membro, paese*] to break* away [*organizzazione, unione*]; ***-rsi da qcn., qcs.*** to let go of sb., sth. **3** *(scostarsi)* to move away; ***la barca si stacca dalla costa*** the boat moves away from the cost; *(sollevarsi)* ***-rsi da terra*** [*aereo*] to leave the ground.
staccato /stak'kato/ **I** p.pass. → **staccare** **II** agg. **1** [*pagina*] loose **2** EL. [*apparecchio, elettrodomestico*] switched-off **3** MUS. [*passaggio*] staccato **4** MED. ***retina -a*** detached retina **III** m. MUS. staccato* **IV** avv. [*suonare*] staccato.
staccio, pl. **-ci** /'stattʃo, tʃi/ m. sieve.
staccionata /stattʃo'nata/ f. **1** *(recinto)* fence, palings pl. **2** EQUIT. fence, hurdle.
▷ **stacco**, pl. **-chi** /'stakko, ki/ m. **1** *(distacco)* detachment **2** *(intervallo)* break; ***c'è troppo ~ tra le due scene*** the gap between the two scenes is too long; ***c'è uno ~ tra le parole*** there's a blank space between words **3** *(contrasto)* contrast; ***fare ~*** [*colore*] to stand out **4** SPORT take-off ◆◆ ***~ pubblicitario*** station break.
stadera /sta'dɛra/ f. steelyard, weigh-beam ◆◆ ***~ a ponte*** weighbridge.
stadia /'stadja/ f. levelling rod.
▷ **stadio**, pl. **-di** /'stadjo, di/ m. **1** SPORT stadium*, sports ground; ***andare allo ~*** to go to the stadium; ***uno ~ da 50.000 posti*** a stadium with seating for 50,000 **2** *(tappa)* stage; ***gli -di della produzione*** the stages of production; ***~ iniziale, intermedio*** initial, halfway stage; ***la malattia ha raggiunto uno ~ avanzato*** the disease has reached an advanced stage; ***a questo ~ avanzato*** at this late stage; ***regredire allo ~ infantile*** to regress to childhood **3** AER. ASTR. stage; ***razzo vettore a tre -di*** three-stage rocket **4** STOR. *(unità di misura)* stadium*.
staff /'staf/ m.inv. staff, team; ***uno ~ di venti persone*** a staff of twenty, a team of twenty people.
▷ **staffa** /'staffa/ f. **1** EQUIT. stirrup; ***mettere*** o ***infilare i piedi nelle -e*** to put one's feet in the stirrups; ***alzarsi sulle -e*** to stand up in the strirrups **2** ABBIGL. strap, stirrup **3** *(predellino)* footboard **4** EDIL. TECN. stirrup, clamp **5** ANAT. stirrup, stapes* ◆ ***bere il bicchiere della ~*** to have one for the road; ***perdere le -e*** to lose one's temper; ***tenere il piede in due -e*** to run with the hare and hunt with the hounds.
staffetta /staf'fetta/ ◗ ***10*** **I** f. **1** SPORT relay; ***corsa a ~*** relay race; ***la ~ 4x100*** the 4 by 100 metres relay **2** MIL. *(messo)* dispatch rider **3** FIG. *(avvicendamento)* changeover **II** agg.inv. ***locomotiva ~*** pilot train.
staffettista, m.pl. **-i**, f.pl. **-e** /staffet'tista/ m. e f. relay runner.
staffiere /staf'fjɛre/ m. STOR. (h)ostler.
staffilare /staffi'lare/ [1] tr. **1** *(frustare)* to horsewhip, to lash **2** FIG. *(criticare)* to lash out at [*avversario*].
staffilata /staffi'lata/ f. **1** whipstroke, lash **2** FIG. *(critica)* scathing remark, harsh criticism.
staffile /staf'file/ m. **1** EQUIT. stirrup leather **2** *(frusta)* whip.
stafilococco, pl. **-chi** /stafilo'kɔkko, ki/ m. staphylococcus* ◆◆ ***~ aureo*** staphylococcus aureus.
stafisagria /stafi'zagrja/ f. stavesacre.
stage /staʒ, steidʒ/ m.inv. work experience, internship; ***~ remunerato, non remunerato*** paid, unpaid work experience.
stagflazione /stagflat'tsjone/ f. stagflation.
staggio, pl. **-gi** /'staddʒo, dʒi/ m. **1** *(della sedia)* upright **2** *(di scala)* shaft **3** *(nelle gabbie)* bar.
stagionale /stadʒo'nale/ **I** agg. [*migrazione, aumento, lavoro*] seasonal **II** m. e f. *(lavoratore)* seasonal worker.
stagionalmente /stadʒonal'mente/ avv. seasonally.

stagionamento /stadʒona'mento/ m. → **stagionatura**.
stagionare /stadʒo'nare/ [1] **I** tr. to mature [*formaggio*]; to age [*vino*]; to season [*legno*] **II** intr. (aus. *essere*), **stagionarsi** pronom. [*formaggio*] to mature, to ripen; [*legno*] to become* seasoned.
stagionato /stadʒo'nato/ **I** p.pass. → **stagionare II** agg. **1** [*formaggio*] mature, ripe; [*legno*] seasoned **2** SCHERZ. *(attempato)* [*uomo, donna*] elderly.
stagionatura /stadʒona'tura/ f. *(di formaggio)* maturing; *(di legno)* seasoning.
▶ **stagione** /sta'dʒone/ f. **1** *(divisione dell'anno)* season; ***le quattro -i dell'anno*** the four seasons of the year; ***in questa ~*** at this time of year; ***in ogni ~*** all year round; ***portare abiti adatti alla ~*** to wear the right clothes for the time of year; ***non ci sono più le (mezze) -i!*** there are no real seasons any more! ***la temperatura varia a seconda della ~*** the temperature varies depending on the season; ***quando arriva la bella ~*** when the good weather comes **2** *(periodo di raccolta)* season; *(di crescita)* (growing) season; ***è la ~ dei tulipani*** is the season for tulips; ***frutta di ~*** seasonal fruit; ***le fragole sono fuori ~*** the strawberries are out of season; ***qual è la ~ dei meloni?*** when do melons come into season? ***il prezzo, il menu varia a seconda della ~*** the price, menu varies on a seasonal basis **3** *(periodo di attività)* season; ***la ~ di pesca, di caccia*** the fishing, hunting season; ***la ~ della semina*** sowing time; ***all'inizio della ~ turistica*** early in the tourist season; ***alta ~*** high *o* peak season; ***bassa ~*** low season; ***in alta ~*** in the high season; ***in bassa ~*** in the low season, during the off season; ***la ~ morta*** the dead season; ***prezzi di bassa ~*** off-season prices **4** SPORT TEATR. season; ***la ~ sportiva*** the sporting year; ***la ~ teatrale*** the theatre season ◆◆ ***la ~ degli amori*** mating season; ***~ delle piogge*** rainy season, rains.
stagirita, m.pl. **-i**, f.pl. **-e** /stadʒi'rita/ **I** agg. Stagirite **II** m. e f. Stagirite; ***lo Stagirita*** the Stagirite.
stagista, m.pl. **-i**, f.pl. **-e** /sta'dʒista, ste'dʒista/ m. e f. intern, trainee.
stagliarsi /staʎ'ʎarsi/ [1] pronom. to stand* out (**contro** against), to be* defined (**contro** against), to be* outlined (**contro** against); ***la collina si stagliava all'orizzonte*** the silhouette of a hill stood out on the horizon.
stagnaio, pl. **-ai** /staɲ'ɲajo, ai/ ♦ ***18*** m. (f. **-a**) tinsmith, whitesmith.
stagnamento /staɲɲa'mento/ m. stagnancy.
stagnante /staɲ'ɲante/ agg. [*acqua*] stagnant; FIG. [*economia*] stagnant, sluggish; [*situazione*] deadlocked.
1.stagnare /staɲ'ɲare/ [1] **I** tr. *(tamponare)* to staunch [*sangue*] **II** intr. (aus. *avere*) [*acqua*] to stagnate; FIG. [*economia*] to stagnate, to be* sluggish.
2.stagnare /staɲ'ɲare/ [1] tr. **1** *(ricoprire di stagno)* to tin [*pentola*]; to tin-plate [*metallo*] **2** *(chiudere ermeticamente)* to make* [sth.] watertight [*cisterna*].
stagnato /staɲ'ɲato/ **I** p.pass. → **2.stagnare II** agg. [*latta, pentola*] tin-plated; ***banda -a*** tin plate.
stagnatura /staɲɲa'tura/ f. tinning.
stagnazione /staɲɲat'tsjone/ f. *(di economia)* stagnation; *(di affari, commercio)* slackening.
stagnino /staɲ'ɲino/ ♦ ***18*** REGION. → **stagnaio.**
▷ **1.stagno** /'staɲɲo/ m. pond ◆◆ ***~ artificiale*** fishpond.
▷ **2.stagno** /'staɲɲo/ m. CHIM. tin; ***miniera di ~*** tin mine, tinnery.
3.stagno /'staɲɲo/ agg. watertight; ***a tenuta -a*** [*barile, imbarcazione*] watertight; ***paratia ~*** watertight bulkhead; ***compartimento ~*** watertight compartment (anche FIG.).
stagnola /staɲ'ɲɔla/ f. ***(carta) ~*** (tin) foil; ***avvolto nella ~*** foil-wrapped.
staio, pl. **stai**, pl.f. **staia** /'stajo, 'stai, 'staja/ m. **1** (pl.f. *staia*) *(unità di misura)* = a northern Italian unit of dry measure **2** (pl. *stai*) *(recipiente)* bushel ◆ ***a -a*** in large amounts.
stalagmite /stalag'mite/ f. stalagmite.
stalagmitico, pl. **-ci**, **-che** /stalag'mitiko, tʃi, ke/ agg. stalagmitic(al).
stalattite /stalat'tite/ f. GEOL. ARCH. stalactite.
stalattitico, pl. **-ci**, **-che** /stalat'titiko, tʃi, ke/ agg. stalactitic(al).
stalinismo /stali'nizmo/ m. Stalinism.
stalinista, m.pl. **-i**, f.pl. **-e** /stali'nista/ **I** agg. Stalinist **II** m. e f. Stalinist.
▶ **stalla** /'stalla/ f. **1** *(per buoi)* cattle shed, cowshed; *(per equini)* stable; ***garzone di ~*** stable boy **2** FIG. *(luogo sporco)* pigsty; ***questa stanza è una ~!*** this room is a pigsty! ◆ ***ripulire le -e di Augia*** to clean out the Augean stables; ***dalle stelle alle -e*** from riches to rags; ***chiudere la ~ quando i buoi sono fuggiti*** to close the stable door after the horse has bolted.
stallaggio, pl. **-gi** /stal'laddʒo, dʒi/ m. stabling.
stallatico, pl. **-ci** /stal'latiko, tʃi/ m. dung, manure.
stallia /stal'lia/ f. lay days pl.
stalliera /stal'ljɛra/ ♦ ***18*** f. stable girl; ***~ a capo*** head girl.
stalliere /stal'ljɛre/ ♦ ***18*** m. stable boy, stableman*, groom; ***~ capo*** head lad.
stallo /'stallo/ m. **1** *(di chiesa)* stall; ***~ del coro*** choirstall **2** *(negli scacchi)* stalemate; ***finire in posizione di ~*** to end in (a) stalemate **3** FIG. stalemate, deadlock; ***uscire da una situazione di ~*** to break a stalemate **4** AER. stall; ***incidenza di ~*** stalling angle.
▷ **stallone** /stal'lone/ m. **1** *(cavallo)* stallion; ***portare uno ~ alla monta*** to take a stallion to serve a mare **2** FIG. *(uomo)* stud.
▶ **stamani** /sta'mani/, **stamattina** /stamat'tina/ avv. this morning; ***è stato arrestato ~*** he was arrested this morning; ***il postino è arrivato prima ~*** the postman was early this morning.
stambecco, pl. **-chi** /stam'bekko, ki/ m. ibex, rock goat, steinbock.
stamberga, pl. **-ghe** /stam'bɛrga, ge/ f. hovel.
stambugio, pl. **-gi** /stam'budʒo, dʒi/ m. small dark room, cubbyhole.
stame /'stame/ m. BOT. stamen*.
stamigna /sta'miɲɲa/, **stamina** /sta'mina/ f. muslin.
staminale /stami'nale/ agg. **1** BOT. staminal, staminate **2** BIOL. ***cellula ~*** stem cell.
▶ **stampa** /'stampa/ **I** f. **1** *(arte, tecnica)* printing; ***l'invenzione della ~*** the discovery of printing; ***carattere di ~*** type; ***inchiostro da ~*** printing ink **2** TIP. TECN. *(operazione) (di testi, tessuti, banconote, manifesti)* printing; ***correggere le bozze di ~*** to proofread; ***mandare qcs. in ~*** to pass sth. for press; ***andare in ~*** to go to press, to go into print; ***errore di ~*** missprint, printing error; ***fresco di ~*** [*libro, giornale*] off the press; ***dare qcs. alle -e*** *(pubblicare)* to put *o* get sth. into print **3** FOT. CINEM. *(di negativo, pellicola) (processo)* printing; *(risultato)* print **4** *(giornali, giornalisti)* press; ***articolo di ~*** press article; ***presentare alla, davanti alla ~*** to present to the press; ***il presidente ha accettato di confrontarsi con la ~*** the president has agreed to face the press; ***mettere il bavaglio alla ~*** to put a gag on the press; ***agenzia di ~*** news agency; ***campagna di ~*** press campaign; ***libertà di ~*** freedom of press **5** ART. print; ***~ del Settecento*** eighteen-century print **6** *(nelle spedizioni postali)* ***-e*** printed matter; ***spedire qcs. come -e*** to send sth. as registered printed matter **II** agg.inv. ***addetto ~*** press attaché; ***conferenza ~*** news conference; ***comunicato ~*** press release; ***imporre un silenzio ~*** to impose a news blackout ◆◆ ***~ in bianco e nero*** black and white print; ***~ a colori*** colour printing; ***~ femminile*** women's magazines; ***~ fotografica*** photoprint; ***~ (in) offset*** offset printing; ***~ in quadricromia*** process printing; ***~ in*** o ***a rilievo*** letterpress; ***~ in rotocalco*** rotary printing; ***~ scandalistica*** tabloids, gutter press SPREG.
stampabile /stam'pabile/ agg. printable.
stampaggio, pl. **-gi** /stam'paddʒo, dʒi/ m. *(di metalli)* pressing, forming; *(di materie plastiche, vetro)* moulding BE, molding AE; *(su tessuti)* printing ◆◆ ***~ a iniezione*** injection moulding.
stampante /stam'pante/ f. printer ◆◆ ***~ ad aghi*** dot matrix printer; ***~ a getto d'inchiostro*** inkjet printer; ***~ laser*** laser printer; ***~ a margherita*** daisywheel printer.
▷ **stampare** /stam'pare/ [1] **I** tr. **1** TIP. to print [*testo, giornali, etichette, banconote*]; TESS. to print a design on [*tessuto*]; ***~ su alluminio, carta riciclata*** to print on aluminium, recycled paper **2** *(pubblicare)* [*casa editrice*] to print [*testo, opera*]; ***~ più di mille copie di un libro*** to print over a thousand copies of a book; ***~ qcs. in corsivo*** to print sth. in italics **3** FOT. to print [*copia, fotografia*]; ***~ una fotografia da un negativo*** to make a print from a negative **4** *(imprimere)* to print [*iniziali*]; ***~ la data su un libro*** to stamp a book with the date; ***~ un bacio sulla guancia di qcn.*** to plant a kiss on sb.'s cheek **5** TECN. *(su metalli)* to press; *(su plastica)* to mould BE, to mold AE **II stamparsi** pronom. **1** *(restare impresso)* to stick*; ***-rsi nella mente, nella memoria di qcn.*** [*persona, parole, evento*] to stick in sb.'s mind, memory **2** COLLOQ. *(andare a sbattere)* to crash one's car, to crash one's bike (**contro** into); ***si è stampato con la macchina contro un lampione*** he wrapped the car round a lamppost.
stampata /stam'pata/ f. printout.
▷ **stampatello** /stampa'tɛllo/ **I** agg. ***lettera ~*** block letter **II** m. block capital; ***"scrivere il nome in ~"*** "print your name in block capital".
stampato /stam'pato/ **I** p.pass. → **stampare II** agg. **1** TIP. TESS. [*immagine, testo, tessuto*] printed; ***giornalista della carta -a*** print journalist **2** TECN. [*metallo*] pressed; [*vetro, plastica*] moulded BE, molded AE **3** ELETTRON. [*circuito*] printed **4** FIG. *(impresso)* [*parole, evento*] fixed, imprinted; ***quelle scene terribili erano -e per sempre nella loro memoria*** those terrible scenes were imprinted on

their memory forever **III** m. **1** *(opuscolo, modulo)* ***gli -i*** printed matter **2** *(tessuto)* print; ***uno ~ a fiori, bianco e nero*** a floral, black and white print ◆ ***parlare come un libro ~*** to speak like a book.

stampatore /stampa'tore/ ⧫ *18* m. (f. **-trice** /tritʃe/) **1** TIP. printer **2** TECN. *(addetto allo stampaggio)* printer.

stampatrice /stampa'tritʃe/ f. FOT. TIP. printing machine.

stampatura /stampa'tura/ f. → **stampaggio.**

▷ **stampella** /stam'pɛlla/ f. **1** MED. crutch; ***camminare con le -e*** to walk on crutches **2** *(per abiti)* clotheshanger, coat hanger.

stamperia /stampe'ria/ f. *(per tessuti)* print works + verbo sing.; *(tipografia)* print shop; ***una ~ di etichette*** a label-printing company; ***una ~ clandestina*** an underground printing press.

stampiglia /stam'piʎʎa/ f. stamp.

stampigliare /stampiʎ'ʎare/ [1] tr. to stamp [*documento*].

stampigliatura /stampiʎʎa'tura/ f. *(applicazione di un timbro)* stamping; *(dicitura stampigliata)* stamp.

stampinare /stampi'nare/ [1] tr. to stencil.

stampino /stam'pino/ m. **1** *(per bucare il cuoio)* punch **2** *(mascherina)* stencil **3** *(per biscotti)* cookie cutter; *(per budini)* shape, mould BE, mold AE.

▷ **stampo** /'stampo/ m. **1** ART. IND. mould BE, mold AE, cast, die; ***quei due fratelli sono fatti con lo ~*** FIG. those two brothers are out of the same mould; ***se ne è perso lo ~*** FIG. they don't make 'em like that any more **2** GASTR. *(per dolci)* mould BE, mold AE, shape, tin; *(per pane)* loaf tin; *(per formaggio)* chessel; ***togliere dallo ~*** to turn out [*budino*] **3** FIG. *(tipo)* mould BE, mold AE; ***essere dello stesso ~*** to be cast in the same mould; ***di vecchio ~*** [*persona*] of the old school, old fashioned; ***assassinio di ~ mafioso*** Mafia-style killing **4** FIG. SPREG. *(risma)* kind, sort; ***esce con gente del suo ~*** she goes out with people of her sort.

▷ **stanare** /sta'nare/ [1] tr. **1** VENAT. to start, to dig out [*selvaggina*] **2** FIG. to flush out [*nemico, criminale*].

stanca /'stanka/ f. **1** *(di marea)* slack water; ***nave in ~*** ship making no headway **2** FIG. *(negli affari)* stagnation; ***un momento di ~*** a period of stagnation.

stancamente /stanka'mente/ avv. tiredly, wearily.

stancante /stan'kante/ agg. [*viaggio, lavoro*] tiring, wearing.

▷ **stancare** /stan'kare/ [1] **I** tr. **1** *(fisicamente)* [*viaggio, sforzo*] to make* [sb.] tired [*persona*]; [*esercizio, sforzo*] to make* [sth.] tired [*gamba, braccio*]; to strain [*occhi*] **2** *(intellettualmente)* [*studio, lavoro*] to tire [sb.] out [*persona*] **3** *(annoiare)* to wear* [sb.] out [*persona*]; ***questo tipo di piaceri mi stanca in fretta*** these kind of pleasures soon palls me **4** AGR. to exhaust [*terreno*] **II stancarsi** pronom. **1** *(affaticarsi)* [*persona*] to get* tired; ***si stanca in fretta*** she get tired quickly; ***non stancarti troppo*** don't wear yourself out (anche SCHERZ.); ***-rsi gli occhi*** to strain one's eyes **2** *(annoiarsi)* to grow* tired (**di qcn., qcs.** of sb., sth.; **di fare** of doing); ***mi sono stancato di lei, dei loro modi*** I got tired of her, of their manners; ***non si stanca mai di ripetermi quanto guadagna*** he never tires of telling me how much he earns.

▷ **stanchezza** /stan'kettsa/ f. weariness, tiredness; ***ho accumulato della ~*** I've become overtired; ***la ~ ebbe la meglio su di loro*** tiredness overcame them; ***un'estrema ~ si è impadronita di me*** utter weariness overtook me; ***attribuiva la sua ~ al caldo*** she blamed her tiredness on the heat; ***eccesso di ~*** overtiredness.

▶ **stanco**, pl. **-chi, -che** /'stanko, ki, ke/ agg. **1** *(affaticato)* [*persona, gambe, occhi*] tired; ***essere, sembrare ~*** to be, to look *o* seem tired; ***essere nato ~*** SCHERZ. to be lazy by inclination; ***sono ~ da morire*** I feel done in; ***~ morto*** exhausted, dead tired COLLOQ.; ***~ mentalmente*** mentally exhausted; ***sono -chi perché non hanno dormito*** they are weary from lack of sleep **2** *(che mostra a fatica)* [*viso, gesto, sorriso*] weary; [*voce*] strained, weary; ***avere l'aria -a*** to look weary **3** *(annoiato, infastidito)* tired (**di qcs.** of sth.; **di fare** of doing); ***era -a di lui, di vivere con lui*** she was tired of him, of living with him; ***sono ~ di essere il suo giocattolo*** I'm tired of being her plaything; ***~ della vita*** weary of living; ***~ del mondo*** world-weary **4** FIG. *(poco vivace)* [*mercato*] slack.

stand /stɛnd/ m.inv. **1** *(di esposizione)* stand; *(di fiera)* stall **2** SPORT *(tribuna)* stand **3** SPORT *(per il tiro a volo, a segno)* shooting range.

standard /'standard/ **I** m.inv. **1** *(livello qualitativo)* standard; ***la gente era molto povera a quel tempo se consideriamo lo ~ di vita attuale*** people were very poor then, by today standards **2** *(modello, riferimento)* standard; ***conformare le condizioni di lavoro agli ~ europei*** to bring working conditions into line with European standards **II** agg.inv. [*formato, modello, misura, peso, prezzo, lingua*] standard; ***deviazione ~*** STATIST. standard deviation.

standardizzare /standardid'dzare/ [1] tr. to standardize.

standardizzato /standardid'dzato/ **I** p.pass. → **standardizzare II** agg. standardized.

standardizzazione /standardiddzat'tsjone/ f. standardization.

standista, m.pl. **-i**, f.pl. **-e** /sten'dista/ ⧫ *18* m. e. f. *(titolare)* exhibitor; *(addetto)* stand assistant.

▷ **stanga**, pl. **-ghe** /'stanga, ge/ f. **1** *(spranga)* bar, rod **2** *(di carro)* shaft **3** *(in una stalla)* stall partition **4** COLLOQ. *(persona alta e magra)* beanpole.

stangare /stan'gare/ [1] tr. **1** *(picchiare)* to beat* [sb.] with a bar **2** FIG. *(far pagare troppo)* to fleece, to rip off [*clienti*]; to soak [*contribuente*]; ***in quel ristorante ti stangano*** they really sting you in that restaurant **3** GERG. *(bocciare)* [*insegnante*] to flunk [*studente*]; ***farsi ~ a un esame*** to be failed at an exam.

stangata /stan'gata/ f. **1** *(colpo)* blow with a bar **2** FIG. *(grave danno)* setback **3** SPORT shot.

stanghetta /stan'getta/ f. **1** *(di occhiali)* arm **2** *(nelle serrature)* bolt **3** *(nella scrittura)* dash **4** MUS. bar; ***~ di battuta*** bar (line).

stangone /stan'gone/ m. (f. **-a**) *(persona alta)* beanpole.

▶ **stanotte** /sta'nɔtte/ avv. *(scorsa)* last right; *(a venire)* tonight; ***~ non ho chiuso occhio*** I didn't get any sleep last night; ***~ non ci sarà la luna*** there will be no moon tonight.

stante /'stante/ **I** agg. ***seduta ~*** on the spot; ***a sé ~*** [*sezione, organizzazione, ufficio*] separate; [*caso*] separate **II** prep. ***~ il cattivo tempo...*** owing to *o* because of bad weather...; ***~ che...*** in view of the fact that...

stantio, -tii, -tie /stan'tio, tii, tie/ **I** agg. **1** *(raffermo)* [*pane, formaggio*] stale **2** FIG. [*idee, mentalità*] outdated, old fashioned **II** m. staleness; ***sapere di ~*** to taste stale.

stantuffo /stan'tuffo/ m. TECN. piston; ***motore a ~*** piston engine; ***pompa a ~*** suction pump ◆◆ ***~ di pompa*** bucket, sucker; ***~ tuffante*** plunger piston.

▶ **stanza** /'stantsa/ f. **1** *(vano, locale)* room; ***casa di quattro -e*** four-room(ed) house; ***prenotare una ~ d'albergo per qcn.*** to book sb. into a hotel; ***avete una ~ libera?*** have you got any rooms free? ***una ~ con (la) vista sul mare*** a room with a sea view; ***compagno di ~*** roommate **2** MIL. ***essere di ~ a Roma*** to be based in *o* at Rome **3** METR. stanza; ***una ~ di dieci versi*** a ten-line stanza ◆◆ ***~ da bagno*** bathroom; ***~ dei bambini*** nursery; ***~ dei bottoni*** control room; ***~ di compensazione*** ECON. clearing house; ***~ dei computer*** computer room; ***~ da letto*** bedroom; ***~ degli ospiti*** guest room; ***~ di soggiorno*** living room.

stanziale /stan'tsjale/ agg. **1** *(non migratore)* [*uccello*] sedentary **2** *(non nomade)* [*popolazione*] geographically stable.

stanziamento /stantsja'mento/ m. **1** *(di una somma)* allocation; ***concedere -i per la costruzione di scuole*** to allocate funds for the building of schools; ***~ a favore degli scioperanti, delle popolazioni colpite*** strike, disaster fund **2** *(di popolazione)* settlement ◆◆ ***-i di bilancio*** budget appropriations.

stanziare /stan'tsjare/ [1] **I** tr. to allocate [*fondi*] (**per** for) **II** intr. (aus. *avere*) [*reggimento*] to be* garrisoned; ***un reggimento stanzia in questa città*** a regiment garrisons this town **III stanziarsi** pronom. [*popolazione*] to settle.

stanzino /stan'tsino/ m. **1** *(piccola stanza)* snug room **2** *(ripostiglio)* closet, glory hole.

stappare /stap'pare/ [1] tr. **1** *(con cavatappi)* to uncork [*bottiglia*]; *(con apribottiglie)* to uncap [*bottiglia*] **2** *(sturare)* to unstop, to unblock [*lavandino*]; *(liberare)* to unblock [*orecchie*].

stappatura /stappa'tura/ f. *(di bottiglia)* opening; *(di lavandino)* unblocking.

▶ **stare** /'stare/ [9] **I** intr. (aus. *essere*) **1** *(rimanere)* to stay, to remain; ***non ~ al sole, sotto la pioggia*** don't stay in the sun, out in the rain; ***~ fuori tutta la notte*** to stay out all night; ***~ in casa*** to stay (at) home; ***~ al caldo*** to keep (oneself) warm; ***staranno via a lungo?*** will they be away for long? ***saper ~ al proprio posto*** FIG. to know one's place **2** *(vivere)* to live; *(temporaneamente)* to stay; ***tua sorella sta ancora dai tuoi?*** does your sister still live with your parents? ***stanno in Germania da molti anni*** they have been living in Germany for years; ***stanno sopra un negozio*** they live above a shop; ***questo mese sto a casa di un amico*** this month I'm staying with a friend; ***andare a ~ a Londra*** to move to London **3** *(trovarsi in un luogo)* to be*; ***i libri stanno sul tavolo*** the books are on the table; ***il carbone sta 900 metri più in basso*** the coal lies 900 metres down; ***non ricordo esattamente dove sta*** I forget exactly where it is; ***il campeggio sta in riva al lago*** the campsite is on the shore of the lake **4** *(essere in una particolare posizione, condizione)* to stay, to remain; ***~ fermo*** to keep *o* stand still; ***stai fermo!*** hold still! ***stai comodo su quella sedia?*** are you comfortable in that chair? ***state comodi!*** please don't get up! ***~ in piedi*** [*persona*] to stand up;

[*ragionamento*] to hold up; **~ *sdraiato sul divano*** to be lying on the sofa; **~ *a pancia in giù*** to lie on one's stomach; **~ *in coda*** to stand in a queue; **~ *in guardia*** to be on the watch; **~ *tranquillo*** to rest easy; ***ci sono molti motivi per ~ zitti*** there's a lot to be said for keeping quiet; ***stai attento per favore!*** *(ascolta attentamente)* please pay attention! *(fai attenzione)* please be careful! **~ *in ansia per qcn.*** to worry about sb.; **~ *sulla difensiva*** to be on the defensive (anche FIG.); **~ *sulle spine*** FIG. to be on the rack; *(di salute)* **~ *bene, male*** to be *o* feel well, ill; ***stai bene?*** are you well *o* all right? ***come stai?*** how are you? ***stammi bene!*** COLLOQ. take care! ***bere qcs. ti farà ~ meglio*** a drink will set you right; *(economicamente)* **~ *bene*** to be well off; *(andare bene)* ***se vuoi andarci in autobus mi sta bene*** if you want to go by bus, that suits me; ***se è pericoloso non mi sta bene*** if it's dangerous you can count me out; ***domenica ti sta bene?*** does Sunday suit you? *(convenirsi)* ***non sta bene*** that's bad manners; ***non sta bene mangiarsi le unghie*** it's bad manners to eat one's fingernails; *(addirsi)* ***il quadro starà bene nell'ufficio*** the picture will look good in the office; ***tua sorella sta bene con quel vestito*** your sister looks pretty in that dress; ***mi sta bene?*** does it suit me? ***il giallo sta bene con il blu*** yellow looks pretty against the blue; *(trovarsi bene)* **~ *bene con qcn.*** to be well in with sb. **5** *(spettare)* ***sta a te scegliere*** it's your choice; ***sta a te decidere a che ora cominciare*** you can please yourself what time you start; ***non sta a te dirmi cosa devo fare!*** you can't tell me what to do! ***sta a te, lui fare*** it's up to you, him to do **6** *(attenersi)* **~ *ai fatti*** to keep *o* stick to facts; **~ *ai patti*** to keep one's side of a bargain; ***stando a quel che dice*** if she's to be believed; ***stando alle apparenze*** to all outward appearances; ***stando alle ultime informazioni*** according to the latest information *o* intelligence; ***stando alla sua valutazione*** by his own estimate **7** *(consistere)* ***la difficoltà sta in questo*** o ***sta qui*** the difficulty lies there; ***lo scopo dell'esercizio sta tutto qui*** that's the whole point of the exercise **8** *(essere, presentarsi)* to be*; ***le cose stanno all'incirca così*** that's about the size of it; ***stando così le cose*** such *o* this being the case; ***vedere le cose (così) come stanno*** to see things as they really are **9** *(seguito da un gerundio)* ***sto congelando*** I'm freezing; ***stanno portando avanti il progetto*** they're going ahead with the project; ***che cosa stai facendo?*** what are you doing? **10** *(essere contenuto)* to fit*; ***i miei libri non stanno nella valigia*** my books don't fit in the suitcase; ***il mio articolo sta in tre pagine*** my article takes up only three pages **11** MAT. ***2 sta a 3 come 4 sta a 6*** 2 is to 3 as 4 is to 6 **12 stare a** ***non ~ a pensarci sopra!*** don't dwell on it! ***non ~ a raccontarmi frottole!*** don't give me that line! ***dovrai solo ~ a vedere*** you'll just have to wait and see; ***staremo a vedere!*** we'll see about that! ***sta a vedere che lo faranno!*** I bet they'll do it! **13 stare con** **~ *con qcn.*** *(avere una relazione)* to flirt with sb.; *(coabitare)* to live with sb.; ***stai con me o contro di me?*** FIG. *(essere solidale)* are you with me or against me? **14 stare per** **~ *per fare*** *(essere sul punto di)* to be about to do; ***stavo per telefonarti proprio ora*** I was just this minute going to phone you; ***stavo per cadere ma mi sono fermato in tempo*** I nearly fell but I stopped myself; ***sta per nevicare*** it's going to snow; ***il tempo sta per finire*** time is getting short; ***stavo per rinunciare*** I came close to giving up **15 stare su** COLLOQ. *(farsi coraggio)* **~ *su (con la vita)*** [*persona*] to keep one's chin up; *(rimanere attaccato)* ***la tappezzeria non sta su*** the wallpaper keeps coming down; *(rimanere sveglio)* **~ *su oltre la mezzanotte*** to stay up until after midnight **16 star(e) dietro** ***star(e) dietro a qcn.*** *(seguire)* to follow sb. closely; *(sorvegliare)* to watch sb. closely; *(fare la corte)* to chase after sb.; **~ *dietro a qcs.*** FIG. to be in step with sth. **17 lasciare stare** *(non disturbare)* to leave*; ***lascialo ~*** leave him alone, let him be; *(smettere di toccare)* ***lascia ~ quella bici*** leave that bike alone; ***lascia ~ i libri e vieni a farti un giro*** put your books away and come for a stroll; *(posporre)* ***lascia ~ fino a domani*** leave it till tomorrow; *(lasciare perdere)* ***"c'è qualcosa che non va?" - "no niente, lascia ~, non importa"*** "what's wrong?" - "nothing really, don't worry"; ***lascia ~ pago io*** no it's my treat; ***lascia ~ è un fastidio troppo grosso*** leave it, it's too much trouble **18 starci** *(trovar posto)* [*persone, veicolo, mobili, oggetti*] to fit* (**in** into); ***i giocattoli dovrebero starci in quella scatola*** the toys should fit into that box; ***ci starà il tavolo in quell'angolo?*** will the table fit in that corner? ***non ci sta un litro in quella caraffa*** that jug won't hold a litre; ***se mi stringo un po' puoi starci anche tu*** if I squash up you can fit in; COLLOQ. *(essere d'accordo)* ***d'accordo, ci sto!*** OK, I'm game! ***se state organizzando una gita, ci sto!*** if you're organizing an outing, count me in! COLLOQ. *(concedersi)* ***è una che ci sta*** she's an easy lay; COLLOQ. *(esserci)* ***oggi non ci sto con la testa*** I'm not really with it today; ***tuo nonno non ci sta tanto con la testa*** your grandpa is not all there **II starsene** pronom. ***starsene a letto più del solito*** to have a lie-in; ***starsene al sicuro sotto le coperte*** to be safely tucked up in bed; ***come puoi startene lì con le mani in mano?*** how can you stand by and let that happen? ***faresti bene a startene a casa*** you would be well-advised to stay at home ◆ **~ *sulle proprie*** to keep oneself to oneself; ***star(e) addosso a qcn.*** to breathe down sb.'s neck; ***star fresco*** SCHERZ. to be in trouble, to be in a real mess; *(per disilludere qcn.)* ***stai fresco!*** you can go whistle for it! **~ *sul chi vive*** to be on the qui vive, to keep a sharp look-out; **~ *al gioco*** to play the game; ***non ~ in sé dalla gioia*** to be brimming over with joy; ***ti sta bene! ben ti sta!*** COLLOQ. it serves you right!

starna /'starna/ f. grey partridge BE, gray partridge AE.

starnazzamento /starnattsa'mento/ m. squawk.

starnazzare /starnat'tsare/ [1] intr. (aus. *avere*) **1** [*oca*] to honk, to squawk **2** FIG. *(fare chiasso)* to squawk.

starnutare /starnu'tare/ [1], **starnutire** /starnu'tire/ [102] intr. (aus. *avere*) to sneeze; ***far ~*** [*pepe, polvere*] to make [sb.] sneeze.

starnuto /star'nuto/ m. sneeze; ***fare uno ~*** to sneeze; ***soffocare, reprimere uno ~*** to hold back, stifle a sneeze.

starter /'starter/ m.inv. **1** SPORT starter **2** AUT. choke; ***tirare lo ~*** to pull out the choke.

stasamento /staza'mento/ m. unblocking.

stasare /sta'zare/ [1] tr. to unstop, to unblock [*lavandino*].

▶ **stasera** /sta'sera/ avv. this evening, tonight.

stasi /'stazi/ f.inv. **1** MED. stasis*; **~ *sanguigna*** stagnation of the blood **2** FIG. lull, stagnation.

▷ **statale** /sta'tale/ **I** agg. [*pensione, università, tassa*] state attrib.; [*ferrovie*] national; ***sussidio ~*** state aid; ***impiegato ~*** government employee, civil servant; ***impresa a partecipazione ~*** state-controlled enterprise; ***azienda autonoma ~*** public corporation, state-owned company, government corporation AE **II** ♦ ***18*** m. e f. *(impiegato)* government employee, civil servant **III** f. A road BE, highway AE.

statalismo /stata'lizmo/ m. statism.

statalista, m.pl. **-i**, f.pl. **-e** /stata'lista/ m. e f. statist.

statalistico, pl. **-ci**, **-che** /stata'listiko, tʃi, ke/ agg. statist.

statalizzare /statalid'dzare/ [1] tr. to bring* [sth.] under state control [*impresa*].

statalizzazione /stataliddzat'tsjone/ f. state control; ***si assiste a una ~ dell'economia*** we're seeing the economy being brought under state control.

statica /'statika/ f. FIS. FILOS. statics + verbo sing.

statice /'statitʃe/ f. statice.

staticità /statitʃi'ta/ f.inv. immobility, static nature.

statico, pl. **-ci**, **-che** /'statiko, tʃi, ke/ agg. **1** FIS. [*elettricità, equilibrio*] static **2** ART. [*figura*] static **3** FIG. [*società, rapporto*] static.

statina /sta'tina/ f. statin.

statino /sta'tino/ m. **1** BUROCR. record, statement **2** UNIV. examination form.

station wagon /'steʃʃon'vɛgon/ f.inv. estate car BE, station wagon AE.

statista, m.pl. **-i**, f.pl. **-e** /sta'tista/ m. e f. *(uomo)* statesman*; *(donna)* stateswoman*.

statistica, pl. **-che** /sta'tistika, ke/ f. *(la scienza)* statistics + verbo sing.; *(raccolta di dati)* statistic; ***fare delle -che*** to draw up statistics; ***da queste -che emerge un quadro molto chiaro*** a clear pattern emerges from these statistics.

statisticamente /statistika'mente/ avv. statistically.

statistico, pl. **-ci**, **-che** /sta'tistiko, tʃi, ke/ **I** agg. statistical; ***rilevare dati -ci*** to gather statistical data **II** ♦ ***18*** m. (f. **-a**) statistician.

Stati Uniti (d'America) /'statiu'niti(da'mɛrika)/ ♦ ***33*** n.pr.m.pl. United States (of America); ***negli ~*** in the United States (of America).

stativo /sta'tivo/ **I** agg. LING. stative **II** m. LING. stative verb.

statizzare /statid'dzare/ [1] → **statalizzare**.

statizzazione /statiddzat'tsjone/ → **statalizzazione**.

▶ **1.stato** /'stato/ m. **1** *(condizione fisica, psicologica di persona)* state; ***il loro ~ di salute è eccellente*** their health is excellent; ***essere in ~ interessante*** [*donna*] to be pregnant; ***essere in uno ~ pietoso*** to be in a pitiful state; ***essere in uno ~ d'irritazione estrema*** to be in a state of extreme irritation; ***non ridurti in questo ~!*** don't get into such a state! ***guarda in che ~ sei!*** look at the state of you! ***essere in uno ~ di ebbrezza*** to be under the influence of drink **2** *(condizione fisica di un oggetto)* condition; ***lo ~ di conservazione di un libro*** the condition of a book; ***in buono, cattivo ~*** [*casa, cuore, fegato*] in good, poor condition; ***lo ~ di abbandono di una casa*** the dilapidated state of a house; ***lo ~ di conservazione di una mummia egizia*** the state of preservation of an Egyptian mummy;

mantenere qcs. in buono ~ to keep sth. in working order **3** *(condizione astratta)* state; ***il paese è in uno ~ critico*** the country is in a critical state; ***questo ~ di cose non può più durare*** this state of affairs can't go on; ***allo ~ attuale delle cose*** as things are *o* stand; ***allo ~ attuale della ricerca medica*** in the present state of medical research **4** CHIM. FIS. state; ***gli -i della materia*** the states of matter; ***~ fondamentale*** ground state; ***allo ~ solido, liquido*** in a solid, liquid state; ***un corpo allo ~ liquido, di vapore*** a body in the liquid, vapour state; ***allo ~ puro*** [*sostanza*] in its pure state **5** *(situazione sociale)* ***di basso ~*** [*persona*] of low condition; ***il Terzo Stato*** the Third Estate **6** *(modo di vivere) (di gruppi umani, animali)* ***lo ~ civilizzato*** the civilized state; ***tribù che vivono ancora allo ~ selvaggio*** tribes still living in a primitive state **7** LING. ***verbo di ~*** stative verb ◆◆ ***~ d'allerta*** MIL. state of alert; ***~ d'animo*** frame of mind, mood; ***~ di arresto*** DIR. detainer; ***~ dell'arte*** state of the art; ***~ d'assedio*** state of siege; ***~ civile*** marital status, civil state; ***~ di coscienza*** PSIC. state of consciousness; ***~ di crisi*** POL. SOCIOL. state of crisis; ***~ di emergenza*** state of emergency; ***~ di grazia*** RELIG. state of grace; ***~ di guerra*** state of war; ***~ di natura*** SOCIOL. state of nature; ***allo ~ di natura*** in the state of nature; ***~ di servizio*** service record; ***~ di shock*** MED. PSIC. state of shock; ***~ di veglia*** waking; ***Stato maggiore*** MIL. general staff; ***gli Stati generali*** STOR. *(in Francia)* the Estates General.

▶ **2.stato** /'stato/ m. **1** *(nazione)* state, State; ***~ democratico, totalitario*** democratic, totalitarian state; ***servire lo ~*** to serve the State; ***gli -i baltici*** the Baltic States; ***la sovranità dello ~*** State sovereignty; ***essere*** o ***costituire uno ~ nello ~*** to be a state within a state; ***colpo di ~*** coup (d'État); ***lo Stato Pontificio*** STOR. the Papal States **2** *(governo)* state, government; ***chiedere un aiuto allo ~*** to apply for state aid; ***ridurre le spese dello ~*** to reduce public *o* state spending; ***uomo di ~*** statesman; ***ragion di ~*** reason of State; ***proprietà di ~*** government property; ***affare di ~*** affairs of state; ***cerimonia di ~*** state occasion; ***titolo di ~*** ECON. government bond; ***la macchina dello ~*** FIG. the ship of state ◆◆ ***~ assistenziale*** welfare state; ***~ canaglia*** rogue state ***~ cuscinetto*** buffer state; ***~ di diritto*** POL. legally constituted state.

statore /sta'tore/ m. stator.

statoreattore /statoreat'tore/ m. ramjet (engine).

▶ **statua** /'statua/ f. statue; ***~ di bronzo*** bronze statue, statue cast in bronze; ***~ di cera*** waxwork; ***la ~ della libertà*** the Statue of Liberty ◆◆ ***~ equestre*** equestrian statue; ***~ di sale*** BIBL. pillar of salt.

statuaria /statu'arja/ f. statuary.

statuario, pl. **-ri, -rie** /statu'arjo, ri, rje/ agg. **1** *(relativo alle statue)* [*arte*] sculptural **2** FIG. *(solenne)* [*bellezza, corpo*] statuesque.

statuetta /statu'etta/, **statuina** /statu'ina/ f. statuette.

statuire /statu'ire/ [102] tr. to order, to decree.

▷ **statunitense** /statuni'tense/ ➧ ***25*** **I** agg. United States attrib., US attrib. **II** m. e f. United States citizen.

▷ **statura** /sta'tura/ f. **1** *(altezza)* height; ***essere piccolo, alto di ~*** to be short, tall; ***una donna di media ~*** a woman of medium *o* average height **2** FIG. calibre BE, caliber AE, stature; ***un uomo di elevata ~ morale*** a man of high moral stature; ***l'azienda ha bisogno di più gente della tua ~*** the firm needs more people of your calibre.

status /'status/ m.inv. status; ***~ di rifugiato*** refugee status; ***~ sociale*** social status.

status quo /'status'kwɔ/ m.inv. status quo.

status symbol /'status'simbol/ m.inv. status symbol.

statutario, pl. **-ri, -rie** /statu'tarjo, ri, rje/ agg. [*norma*] statutory; ***riserva -a*** capital reserves.

▷ **statuto** /sta'tuto/ m. *(legge, regolamento)* statute; *(di società)* charter; ***lo ~ dell'associazione*** the association's statutes; ***regioni a ~ speciale*** POL. = Italian regions which have a particular form of autonomy under special statutes.

▶ **stavolta** /sta'vɔlta/ avv. this time; ***~ ha esagerato!*** this time he's gone too far! ***lo faccio solo ~*** I'll do it just this once; ***~ che scusa ha trovato?*** so what's his excuse this time?

stazionamento /stattsjona'mento/ m. *(di veicolo)* parking; ***area di ~*** hard standing; ***freno di ~*** parking brake.

stazionare /stattsjo'nare/ [1] intr. (aus. *avere*) AUT. [*veicolo, automobilista*] to park.

stazionario, pl. **-ri, -rie** /stattsjo'narjo, ri, rje/ agg. **1** *(fisso, stabile)* stationary; ***teoria dello stato ~*** steady state theory **2** ASTR. [*pianeta*] stationary **3** ZOOL. [*uccello*] sedentary **4** FIG. *(immutato)* [*situazione*] unchanged, stable; ***essere in condizioni -rie*** [*malato*] to be stable.

▶ **stazione** /stat'tsjone/ f. **1** *(ferroviaria)* station; ***il treno entrò in ~*** the train came *o* drew into the station; ***accompagnare qcn. alla*** o ***in ~*** to see sb. to the station; ***portare qcn. alla*** *o* ***in ~*** *(in macchina)* to run sb. to the station; ***andare a prendere qcn. alla ~*** to meet sb. at the station **2** RAD. (radio) station **3** *(località)* resort; ***~ climatica*** health resort **4** *(postura)* posture; ***~ eretta*** o ***verticale*** upright posture **5** RELIG. ***le -i della Via Crucis*** the Stations of the Cross ◆◆ ***~ degli autobus*** bus station; ***~ balneare*** bathing *o* seaside resort; ***~ centrale*** central station; ***~ di lavoro*** INFORM. work station; ***~ merci*** good station BE, freight station AE; ***~ meteorologica*** weather station; ***~ di monta*** stud-farm; ***~ orbitante*** → **~ spaziale**; ***~ ornitologica*** ornithological station; ***~ di polizia*** police station, station house AE; ***~ dei pullman*** coach station BE, bus station AE; ***~ radar*** radar station; ***~ ripetitrice*** relay station; ***~ sciistica*** ski station; ***~ di servizio*** service *o* filling station; ***~ di smistamento*** marshalling yard BE, switch-yard AE; ***~ spaziale*** space station; ***~ di taxi*** taxi rank; ***~ termale*** health spa.

stazza /'stattsa/ f. **1** MAR. tonnage; ***tonnellata di ~*** register ton; ***~ lorda*** gross tonnage **2** FIG. *(di persona)* huge frame.

stazzare /stat'tsare/ [1] **I** tr. to gauge the tonnage of [*nave*] **II** intr. (aus. *avere*) [*nave*] to have* a tonnage of.

stazzatura /stattsa'tura/ f. gauging the tonnage.

stazzo /'stattso/ m. pen, fold.

stazzonato /stattso'nato/ agg. COLLOQ. [*abito*] crumpled, rumpled.

stearato /stea'rato/ m. stearate.

stearico, pl. **-ci, -che** /ste'ariko, tʃi, ke/ agg. [*acido*] stearic.

stearina /stea'rina/ f. stearine.

steatite /stea'tite/ f. steatite, soapstone.

▷ **stecca**, pl. **-che** /'stekka, ke/ f. **1** *(di panchina, avvolgibile)* slat; *(di persiana)* louvre BE, louver AE; *(di ombrello)* rib, stretcher; *(di corsetto)* (whale)bone **2** *(confezione)* ***~ di sigarette*** carton of cigarettes; ***~ di cioccolata*** bar of chocolate **3** MED. splint, plate; ***applicare una ~ alla gamba di qcn.*** to put sb.'s leg in a splint **4** *(nel biliardo)* cue; ***essere una buona ~*** FIG. = to be a good billiard player **5** FIG. *(cantando, suonando)* false note, wrong note, clinker AE COLLOQ.; ***prendere*** o ***fare una ~*** *(cantando)* to sing *o* hit a wrong note; *(suonando)* to play *o* hit a wrong note ◆◆ ***~ di balena*** whalebone.

steccare /stek'kare/ [1] **I** tr. **1** *(recingere)* to fence in, to pale [*terreno, giardino*] **2** MED. to splint [*braccio, gamba*] **3** *(cantando)* ***~ una nota*** to sing *o* hit a wrong note; *(suonando)* to play *o* hit a wrong note **4** GASTR. ***~ un cosciotto d'agnello con spicchi d'aglio*** to stud a leg of lamb with garlic **5** *(nel tennis)* ***~ una palla*** to hit a ball off the wood **II** intr. (aus. *avere*) **1** *(nel biliardo)* to miscue **2** *(cantando)* to sing* off-key; *(suonando)* to play the wrong notes.

steccata /stek'kata/ f. **1** *(colpo di stecca)* blow with a stick **2** *(steccato)* fence.

steccato /stek'kato/ m. fence, pale; FIG. barrier.

stecchetto: **a stecchetto** /astek'ketto/ avv. ***tenere qcn. a ~*** *(a corto di cibo)* to keep sb. on short rations; *(a corto di soldi)* to keep sb. on a short allowance.

stecchino /stek'kino/ m. **1** *(stuzzicadenti)* toothpick **2** *(bastoncino) (di ghiacciolo)* stick ◆ ***essere magro come uno ~*** to be as thin as a rake.

stecchire /stek'kire/ [102] tr. ***~ qcn.*** to bump sb. off.

stecchito /stek'kito/ **I** p.pass. → **stecchire II** agg. ***morto ~*** stone-dead, as dead as a doornail; ***cadere ~*** to drop dead, to bite the dust; ***rimanere ~*** FIG. *(stupefatto)* to be pole-axed.

stecco, pl. **-chi** /'stekko, ki/ m. *(rametto)* (dry) twig, stick ◆ ***essere magro come uno ~*** to be as thin as a rake; ***avere gambe magre come -chi*** to have skinny *o* scrawny legs.

stecconata /stekko'nata/ f., **stecconato** /stekko'nato/ m. stockade, paling, fence.

steccone /stek'kone/ m. stake, pale.

stechiometria /stekjome'tria/ f. stoichiometry.

stechiometrico, pl. **-ci, -che** /stekjo'mɛtriko, tʃi, ke/ agg. stoichiometric(al).

Stefania /ste'fanja/ n.pr.f. Stephanie.

Stefano /'stefano/ n.pr.m. Stephen, Steven.

stegosauro /stego'sauro/ m. stegosaur.

stele /'stɛle/ f.inv. **1** ARCHEOL. stele*, stela* **2** BOT. stele* ◆◆ ***Stele di Rosetta*** Rosetta Stone.

▶ **stella** /'stella/ f. **1** ASTR. ASTROL. star; ***cielo senza -e*** starless sky; ***al chiarore delle -e*** by starlight; ***orientarsi con le -e*** [*navigatore*] to navigate by the stars; ***che cosa dicono le -e?*** what do the stars foretell? what's in the Stars? ***è scritto nelle -e*** o ***lo dicono le -e*** it's written in the stars; ***la sua ~ è al tramonto*** FIG. his star is fading *o* waning, his sun is setting **2** *(forma)* star; ***~ a cinque punte*** five-pointed star; ***a (forma di) ~*** [*motivo*] star-shaped; ***cacciavite a ~*** Phillips screwdriver®; ***la bandiera a -e e strisce*** the Stars and Stripes, the Star-spangled banner **3** *(di cavallo)* blaze **4** *(artista)* star; ***-e del cinema*** film *o* movie stars; ***una ~ del teatro*** a star of the stage **5** *(di hotel)* star; ***hotel a quattro -e*** four-star hotel **6** COLLOQ. *(persona cara)* darling; ***povera ~!*** poor darling! ◆ ***essere nato sotto una buona, cattiva ~*** to be born under a lucky, an unlucky star; ***ringrazia la tua buona ~*** thank your lucky stars; ***dormire sotto le -e*** to sleep under the open sky *o* out in the open; ***salire alle -e*** [*prezzi*] to soar, to (sky)rocket, to shoot up; ***portare qcn. alle -e*** to praise sb. to the skies; ***vedere le -e*** to see stars; ***dalle -e alle stalle*** = to hit rock bottom after being in a successful position ◆◆ ***~ alpina*** BOT. edelweiss; ***~ binaria*** binary star; ***~ cadente*** falling *o* shooting star; ***~ cometa*** comet; ***~ di Davide*** RELIG. Star of David; ***~ doppia*** double star; ***~ filante*** *(meteora)* → ***~ cadente***; *(di carnevale)* (paper) streamer; ***~ fissa*** fixed star; ***~ fotometrica binaria*** eclipsing binary, eclipsing variable; ***~ gialla*** STOR. yellow star; ***~ gigante*** giant star; ***~ marina*** ZOOL. starfish; ***~ del mattino*** morning star; ***~ di Natale*** BOT. poinsettia; ***~ polare*** North Star, Polaris, pole star; ***~ dello sperone*** EQUIT. rowel; ***~ variabile*** exploding star.

stellaggio, pl. **-gi** /stel'laddʒo, dʒi/ m. ECON. stellage.

stellare /stel'lare/ agg. *(relativo a stella)* star attrib., stellar; *(a forma di stella)* star-shaped, radial, stellar; ***ammasso ~*** star cluster; ***guerre -i*** star wars; ***motore ~*** radial engine.

stellaria /stel'larja/ f. BOT. stitchwort.

stellato /stel'lato/ agg. **1** *(cosparso di stelle)* [*notte, cielo*] starry; [*bandiera*] starred **2** *(a forma di stella)* star-shaped, stellate(d), stellar.

stelletta /stel'letta/ f. **1** MIL. star, pip BE **2** TIP. asterisk, star.

stellina /stel'lina/ **I** f. *(giovane attrice)* starlet **II stelline** f.pl. GASTR. = small star-shaped pasta for soup.

stellionato /stelljo'nato/ m. DIR. stellionate.

stelloncino /stellon'tʃino/ m. GIORN. brief article.

> **Stellone** Since the *Risorgimento* the star, as a symbol of an illustrious future, has been used to personify Italy (a woman with a star on her forehead or her crown). It was part of the coat of arms of the unified kingdom of Italy and then became the emblem of the Italian republic. The big star, the *stellone d'Italia* (or Italic star) is quickly understood as a metaphor of good luck that helps the country in its most difficult times in history. It is mainly used today to be ironic or challenging, to criticize the ingrained habit some Italians have (a sign of energy but also of superficiality and fatalism), of often putting their faith in good luck in preference to effort and hard work in order to get through moments of crisis for the nation.

stelo /'stɛlo/ m. **1** BOT. stem, stalk **2** *(sostegno)* stem; ***~ di un bicchiere*** stem of a glass; ***lampada a ~*** free-standing lamp, standard lamp BE, floor lamp AE; ***attaccapanni a ~*** hat stand BE, coat tree AE **3** TECN. stem **4** ANAT. shaft.

stemm /stɛmm/ m.inv. stem turn.

stemma /'stɛmma/ m. *(nobiliare)* coat of arms, escutcheon; *(su vestiti)* badge; ***lo ~ della città*** the town's coat of arms.

stemmato /stem'mato/ agg. emblazoned; [*carta*] crested.

stemperare /stempe'rare/ [1] **I** tr. **1** *(diluire)* to dilute [*colore*]; to mix [*farina*] (**in** with, into) **2** TECN. to soften [*acciaio*] **3** FIG. to dull [*sentimento*]; to dampen [*entusiasmo*] **II stemperarsi** pronom. **1** [*cacao*] to melt **2** FIG. [*entusiasmo, passione*] to wane, to weaken.

stempiarsi /stem'pjarsi/ [1] pronom. [*persona*] to go* bald; ***si sta stempiando*** his hairline is receding.

stempiato /stem'pjato/ **I** p.pass. → **stempiarsi II** agg. ***è (un po') ~*** he has a (slightly) receding hairline; ***sta diventando ~*** his hairline is receding.

stemprare /stem'prare/ → **stemperare.**

stencil /'stɛnsil/ m.inv. stencil; ***fare degli ~*** to do (some) stencil(l)ing.

stendardo /sten'dardo/ m. **1** *(vessillo)* banner, standard **2** BOT. vexillum*.

▶ **stendere** /'stɛndere/ [10] **I** tr. **1** *(allungare)* to stretch (out), to spread* (out) [*braccio, gamba*]; ***~ la mano*** to reach out one's hand **2** *(svolgere)* to spread* (out), to lay* (out) [*lenzuolo, telone, tovaglia, cartina*]; ***~ il bucato*** to put the washing on the line, to hang (out) the washing **3** *(mettere sdraiato)* to lay* (down) [*malato, ferito*] **4** COLLOQ. ***~ qcn.*** *(atterrare)* to lay *o* knock sb. flat, to knock sb. down, to floor sb.; *(uccidere)* to bump sb. off; ***~ qcn. con un pugno*** to knock sb. out; ***la notizia mi ha steso*** FIG. the news knocked me out **5** *(spalmare)* to apply [*pomata, fondotinta*]; to spread* [*burro, marmellata, colla, vernice, colore*] **6** GASTR. to roll (out) [*pasta*] **7** *(redigere)* to write* [*articolo*]; to draw* up [*contratto*]; to write* up [*verbale*] **II stendersi** pronom. **1** *(allungarsi)* to stretch out (**su** on) **2** *(sdraiarsi)* to lie* down (**su** on) **3** *(estendersi)* to stretch, to extend (**su** over); ***-rsi a perdita d'occhio*** [*pianura, distesa*] to extend *o* stretch as far as the eye can see ◆ ***~ un velo pietoso su qcs.*** to draw a veil over sth.; ***mandare qcn. a ~*** to tell sb. where to get off, to send sb. about his business.

stendibiancheria /stendibjanke'ria/ m.inv. clothes horse.

stenditoio, pl. **-oi** /stendi'tojo, oi/ m. **1** *(stendibiancheria)* clothes horse **2** *(stanza)* drying room **3** TESS. tenter.

stenico, pl. **-ci**, **-che** /'stɛniko, tʃi, ke/ agg. sthenic.

steno /'stɛno/ f.inv. COLLOQ. (accorc. stenografia) shorthand, steno(graphy) AE.

stenodattilografia /stenodattilogra'fia/ f. shorthand typing.

stenodattilografo /stenodatti'lɔgrafo/ ♦ *18* m. (f. **-a**) shorthand typist, stenographer AE.

stenografare /stenogra'fare/ [1] tr. to take* down in shorthand, to stenograph AE [*discorso*].

stenografia /stenogra'fia/ f. shorthand, stenography AE.

stenograficamente /stenografika'mente/ avv. in shorthand, stenographically.

stenografico, pl. **-ci**, **-che** /steno'grafiko, tʃi, ke/ agg. [*segno, resoconto*] stenographic(al).

stenografo /ste'nɔgrafo/ ♦ *18* m. (f. **-a**) shorthand writer, stenographer AE, steno AE COLLOQ.

stenogramma /steno'gramma/ m. *(segno)* shorthand symbol, grammalogue; *(testo)* shorthand text.

stenoscritto /stenos'kritto/ m. shorthand text.

stenosi /ste'nɔzi/ f.inv. stenosis*.

stenotico, pl. **-ci**, **-che** /ste'nɔtiko, tʃi, ke/ agg. stenosed.

stenotipia /stenoti'pia/ f. stenotypy.

stenotipista, m.pl. **-i**, f.pl. **-e** /stenoti'pista/ ♦ *18* m. e f. stenotypist.

▷ **stentare** /sten'tare/ [1] **I** intr. (aus. *avere*) ***~ a fare*** to find it hard to do, to have difficulty in doing; ***ho stentato molto a trovare lavoro*** I had a lot of trouble finding a job; ***la nostra economia stenta a riprendersi*** our economy is only picking up slowly; ***stento a crederci*** I can hardly believe it, I find it hard to believe it; ***non stento a crederci*** no wonder **II** tr. *(vivere in ristrettezze)* ***~ la vita, il pane*** barely to scrape a living, to lead a dog's life, to live on a shoestring.

stentatamente /stentata'mente/ avv. *(con difficoltà)* with difficulty; *(a malapena)* hardly, scarcely, barely; ***parlare una lingua ~*** to have trouble speaking a language; ***raggiungere ~ la sufficienza*** to pass by the skin of one's teeth; ***tirare avanti*** o ***campare ~*** *(in ristrettezze)* barely to scrape a living, to live on a shoestring.

stentatezza /stenta'tettsa/ f. *(difficoltà, sforzo)* difficulty.

stentato /sten'tato/ **I** p.pass. → **stentare II** agg. **1** *(conseguito a fatica)* [*vittoria*] hard-won; ***in un francese ~*** in broken *o* poor French **2** *(misero)* [*vita, esistenza*] hard, difficult, miserable **3** *(innaturale, forzato)* [*sorriso*] strained, forced; [*stile, prosa*] laboured BE, labored AE **4** *(patito)* [*pianta*] scrubby.

▷ **stento** /'stɛnto/ **I** m. **1** *(fatica)* difficulty, effort **2 a stento** *(a malapena)* hardly, scarcely, barely; *(con difficoltà)* with difficulty; ***si reggeva a ~ sulle gambe*** [*vecchio, ubriaco*] he could hardly stand (up); ***l'ho riconosciuto a ~*** I hardly recognized him; ***trattenere a ~ le lacrime*** barely to hold back one's tears **II stenti** m.pl. hardship **U**, privation **U**; ***crescere tra gli -i*** to grow up in poverty; ***una vita di -i*** a stunted life, a life of privation.

stentoreo /sten'tɔreo/ agg. [*voce*] stentorian.

steppa /'steppa/ f. steppe.

steppico, pl. **-ci**, **-che** /'stɛppiko, tʃi, ke/ agg. [*flora*] steppe attrib.

stepposo /step'poso/ agg. [*regione*] steppe attrib.

steradiante /stera'djante/ m. steradian.

sterco, pl. **-chi** /'stɛrko, ki/ m. dung **U**, droppings pl.; *(di bovini)* cowpat.

stercoraceo /sterko'ratʃeo/ agg. MED. stercoraceous, stercoral.

stercorario, pl. **-ri**, **-rie** /sterko'rarjo, ri, rje/ **I** agg. stercoraceous; ***scarabeo ~*** ZOOL. dor(beetle), dung beetle **II** m. **1** ORNIT. skua **2** ZOOL. *(scarabeo)* dor(beetle), dung beetle, tumblebug ◆◆ ***~ maggiore*** great skua.

stereo /'stɛreo/ **I** agg.inv. [*registrazione*] stereo(phonic); ***impianto ~*** stereo (system), hi-fi (system); ***programma ~*** stereo broadcast **II** m.inv. COLLOQ. stereo*, stereo system, hi-fi (system); ***~ portatile*** personal stereo, ghetto blaster COLLOQ., boombox COLLOQ.

stereochimica /stereo'kimika/ f. stereochemistry.

stereofonia /stereofo'nia/ f. stereophony, stereo*; ***in ~*** [*registrare*] in stereo; [*registrazione*] stereophonic.

stereofonico, pl. **-ci**, **-che** /stereo'fɔniko, tʃi, ke/ agg. [*registrazione, effetto*] stereo(phonic).

stereofotografia /stereofotogra'fia/ f. stereoscopic photography, stereophotography.
stereografia /stereogra'fia/ f. MAT. stereography.
stereografico, pl. **-ci, -che** /stereo'grafiko, tʃi, ke/ agg. MAT. stereographic(al).
stereogramma /stereo'gramma/ m. stereogram, stereograph.
stereoisomero /stereoi'zɔmero/ m. stereoisomer.
stereometria /stereome'tria/ f. stereometry.
stereometrico, pl. **-ci, -che** /stereo'mɛtriko, tʃi, ke/ agg. stereometric.
stereoscopia /stereosko'pia/ f. stereoscopy.
stereoscopico, pl. **-ci, -che** /stereos'kɔpiko, tʃi, ke/ agg. [*effetto, visione*] stereoscopic.
stereoscopio, pl. **-pi** /stereos'kɔpjo, pi/ m. stereoscope.
stereospecifico, pl. **-ci, -che** /stereospe'tʃifiko, tʃi, ke/ agg. stereospecific.
stereotipare /stereoti'pare/ [1] tr. TIP. to stereotype.
stereotipato /stereoti'pato/ **I** p.pass. → **stereotipare II** agg. [*sorriso, espressione*] fixed, wooden; [*idea*] clichéd, stereotyped; [*personaggio*] stock, cardboard.
stereotipia /stereoti'pia/ f. **1** TIP. *(stampa)* stereotype; *(processo)* stereotypy **2** PSIC. stereotypy.
stereotipista, m.pl. **-i**, f.pl. **-e** /stereoti'pista/ ♦ *18* m. e f. sterotyper.
stereotipo /stere'ɔtipo/ **I** agg. stereotype(d) **II** m. **1** *(luogo comune)* stereotype, cliché **2** PSIC. stereotype **3** LING. fixed form, fixed expression.
sterico, pl. **-ci, -che** /'stɛriko, tʃi, ke/ agg. steric.
sterile /'stɛrile/ agg. **1** *(infecondo)* [*persona, animale*] sterile, infertile, barren; [*pianta*] sterile, barren; [*terreno*] barren, infertile, unproductive **2** MED. [*cerotto, ambiente, soluzione*] sterile; [*siringa*] sterilized; ***camera ~*** *(in ospedale)* bubble **3** MIN. [*roccia*] waste **4** FIG. [*immaginazione*] sterile; [*discussione*] fruitless, unfruitful.
sterilità /sterili'ta/ f.inv. **1** *(di persona, animale)* sterility, infertility, barrenness; *(di pianta)* sterility, barrenness; *(di terreno)* barrenness, infertility **2** FIG. *(di discussione)* fruitlessness, unfruitfulness; *(di immaginazione)* sterility **3** MED. *(di ambiente)* sterility.
sterilizzare /sterilid'dzare/ [1] tr. **1** *(rendere sterile)* to sterilize [*persona*]; to sterilize, to neuter [*animale*] **2** *(disinfettare)* to sterilize [*biberon, strumento, cerotto*]; *(con acqua bollente)* to scald [*barattolo*].
sterilizzato /sterilid'dzato/ **I** p.pass. → **sterilizzare II** agg. [*biberon, strumento*] sterilized; [*animale*] sterilized, neutered.
sterilizzatore /steriliddza'tore/ **I** agg. sterilizing **II** m. *(apparecchio)* sterilizer.
sterilizzazione /steriliddzat'tsjone/ f. sterilization.
sterilmente /steril'mente/ avv. sterilely; FIG. *(invano)* unfruitfully, vainly.
sterletto /ster'letto/ m. sterlet.
sterlina /ster'lina/ ♦ *6* **I** agg.inv. ***lira ~*** (pound) sterling **II** f. *(unità monetaria di vari paesi)* pound; *(lira sterlina)* (pound) sterling.
sterlineare /sterline'are/ [1] tr. TIP. to unlead.
sterminare /stermi'nare/ [1] tr. to exterminate, to wipe out [*popolo, armata, animali*].
sterminato /stermi'nato/ **I** p.pass. → **sterminare II** agg. [*distesa, piantagione*] immense, endless.
sterminatore /stermina'tore/ **I** agg. [*potenza*] exterminating; [*guerra*] destructive; ***l'angelo ~*** the angel of death **II** m. (f. **-trice** /tritʃe/) exterminator, destroyer (**di** of).
sterminio, pl. **-ni** /ster'minjo, ni/ m. extermination, destruction, wipe-out (**di** of); ***fino allo ~ del nemico*** until the enemy has been wiped out; ***campo di ~*** death *o* extermination camp.
sterna /'stɛrna/ f. tern.
sternale /ster'nale/ agg. sternal.
sterno /'stɛrno/ m. breast bone, sternum*.
sternutire /sternu'tire/ → **starnutire.**
sternuto /ster'nuto/ → **starnuto.**
stero /'stɛro/ m. stere.
steroide /ste'rɔide/ m. steroid; ***prendere degli -i*** to be on steroids ♦♦ ***~ anabolizzante*** anabolic steroid.
steroideo /steroi'dɛo/ agg. [*ormone*] steroid attrib.
sterolo /ste'rɔlo/ m. sterol.
sterpaglia /ster'paʎʎa/, **sterpaia** /ster'paja/ f. → **sterpaio.**
sterpaio, pl. **-ai** /ster'pajo, ai/ m. brushwood **U**, scrub **U**.
sterparola /sterpa'rɔla/, **sterpazzola** /sterpat'tsɔla/ f. whitethroat.
sterpo /'stɛrpo/ m. **1** *(ramo)* (dry) twig **2** *(arbusto)* shrub, thornbush; ***terreno coperto di -i*** scrubland.
sterposo /ster'poso/ agg. [*terreno*] scrubby.
sterramento /sterra'mento/ → **sterro.**
sterrare /ster'rare/ [1] tr. to dig* up, to excavate [*terreno*].
sterrato /ster'rato/ **I** p.pass. → **sterrare II** agg. ***strada -a*** dirt road **III** m. *(strada)* dirt road; *(terreno)* dirt patch.
sterratore /sterra'tore/ ♦ *18* m. (f. **-trice**) digger, navvy BE COLLOQ.
sterro /'stɛrro/ m. **1** *(rimozione della terra)* earthwork, digging; ***fare lavori di ~*** to carry out earthwork **2** *(materiale asportato)* excavated earth, loose earth, diggings pl.
stertore /ster'tore/ m. stertor.
stertoroso /sterto'roso/ agg. ***respiro ~*** stertorous breathing.
sterzante /ster'tsante/ agg. steering; ***ruote -i*** leading *o* guiding wheels.
▷ **sterzare** /ster'tsare/ [1] intr. (aus. *avere*) [*autista, veicolo*] to steer, to turn; ***~ bruscamente*** to swerve, to wheel; ***~ a destra*** to steer *o* turn to the right.
sterzata /ster'tsata/ f. **1** AUT. swerve, turn; ***una brusca ~*** a sharp turn of the wheel; ***raggio di ~*** (steering) lock; ***~ a 180°, a 90°*** full lock, half lock **2** FIG. *(di partito, governo)* sudden shift, swerve.
▷ **sterzo** /'stɛrtso/ m. **1** *(dispositivo)* steering (gear); ***piantone dello ~*** steering column; ***bloccaggio dello ~*** steering lock **2** *(volante)* steering wheel ♦♦ ***~ a cremagliera*** rack-and-pinion steering.
steso /'steso/ **I** p.pass. → **stendere II** agg. *(allungato)* [*braccio, gamba*] stretched (out); *(disteso)* [*persona*] lying; ***~ per terra*** [*persona*] stretched out on the ground; ***il bucato era ~ alle finestre*** *(appeso)* the washing was hanging from the windows.
▶ **stesso** /'stesso/ v. la nota della voce **questo. I** agg.indef. **1** *(medesimo)* same; ***essere della -a grandezza*** o ***dimensione*** to be the same size; ***è (sempre) la -a cosa*** it's (always) the same; ***dice sempre le -e cose*** she always says the same (old) things; ***è la -a identica cosa*** it's exactly the same thing; ***è sempre la -a storia con te!*** it's always the same with you! ***porta lo ~ abito di ieri, di sua sorella*** she's wearing the same dress as yesterday, as her sister; ***ero nella sua -a classe*** I was in the same class as him; ***avere lo ~ valore (di)*** to be worth the same (as); ***agire nello ~ modo*** to do the same; ***pensarla allo ~ modo riguardo a qcs.*** to think the same way about sth., to feel the same about sth.; ***si pronunciano allo ~ modo*** they're pronounced the same; ***allo ~ modo in Francia, l'esercito...*** similarly in France, the army...; ***al tempo ~, nello ~ tempo*** at the same time; ***un oggetto utile e allo ~ tempo economico*** a useful and at the same time cheap object **2** *(esatto, preciso)* very; ***quella sera -a*** that very night; ***il giorno ~ in cui*** the very same day that; ***nel momento ~ in cui*** at the very moment when **3** *(con valore rafforzativo)* ***oggi ~*** this very day, today; ***le fondamenta -e della società*** the very foundations of society; ***nel tuo ~ interesse*** in your own interest; ***l'ha fatto con le sue -e mani*** he made it by his very own hands; ***Elisa -a*** Elisa herself; ***gli amici -i non lo sopportano più*** not even his friends can stand him any more; ***gli esperti -i riconoscono che...*** even the experts recognize that...; ***il presidente ~ ha assistito alla cerimonia*** *(in persona)* the president himself attended the ceremony; ***è l'intelligenza -a*** *(supremo, personificato)* he is intelligence itself **4** *(accompagnato da pronome personale)* *(soggetto)* ***io ~*** I myself; ***tu ~*** you yourself; ***lui*** o ***egli ~*** he himself; ***lei*** o ***ella -a*** she herself; ***esso ~, essa -a*** it itself; ***noi -i, -e*** we ourselves; ***voi -i, -e*** you yourselves; ***loro -i, -e, essi -i, esse -e*** they themselves; *(oggetto)* ***me ~*** myself; ***te ~*** yourself, thyself ANT.; ***se ~*** *(di persona)* himself; *(di cosa, animale)* itself; *(impersonale)* oneself; ***se -a*** *(di persona)* herself; *(di cosa, animale)* itself; ***noi -i, -e*** ourselves; ***voi -i, -e*** yourselves; ***se -i, -e*** themselves; *(impersonale)* oneself **II lo stesso**, f. **la stessa**, m.pl. **gli stessi**, f.pl. **le stesse** pron.indef. **1** *(persona, cosa)* the same (one); ***sono sempre gli -i a essere puniti*** it's always the same ones who get punished; ***lo ~ che*** o ***di*** the same as; ***il gruppo è lo ~ del 1980*** the group is the same as it was in 1980; ***la legge è la -a che vige in Spagna*** the law is the same as it is in Spain; ***è lo ~ che abbiamo visto ieri?*** is it the same one we saw yesterday? ***il sistema sarà lo ~ del mio vecchio computer*** the system will be the same as the one on my old computer; ***la qualità sarà la -a dell'altro prodotto*** the quality will be the same as that of the other product **2** *(la stessa cosa)* all the same, just the same; ***fa*** o ***è lo ~*** it's just the same; ***per me è lo ~*** it's all the same *o* it makes no difference to me; ***lo ~ vale per lui*** the same goes for him; ***si è rifiutato di venire e sua sorella (ha fatto) lo ~*** he refused to come and so did his sister **3** *(ugualmente)* ***grazie lo ~*** thanks anyway, thanks all the same; ***ti amo lo ~*** I love you just the same; ***gli ho proibito di telefonarmi, ma lui lo ha fatto lo ~*** I forbade him to call me but he did it anyhow; ***anche se non mi vogliono, ci andrò lo ~*** they don't want me, but I'll go all the same **4** *(esso, essa)* *(di cosa già nomi-*

nata) ***il Comune intende bandire un concorso per il posto di vigile urbano; lo ~ si riserva di comunicare al più presto le modalità*** the Council will be holding a competition for the post of traffic warder; further details will follow.

stesura /ste'sura/ f. **1** *(lo stendere) (di colore, vernice)* spreading, laying (**di** of) **2** *(il mettere per iscritto) (di documento, decreto)* drafting; *(di bilancio)* compilation; *(di contratto)* drawing up, drafting; *(di lettera)* phrasing, wording **3** *(redazione) (di opera letteraria)* draft; ***prima ~*** first draft; ***fare tre -e di un racconto*** to do three rewrites of a story.

stetoscopia /stetosko'pia/ f. stethoscopy.

stetoscopio, pl. **-pi** /stetos'kɔpjo, pi/ m. stethoscope.

steward /'stjuard/ ◗ ***18*** m.inv. steward.

stia /'stia/ f. chicken coop, hen coop.

stiaccino /stjat'tʃino/ m. whinchat.

stibina /sti'bina/ f. CHIM. stibine.

stick /stik/ m.inv. stick; ***colla (in) ~*** glue stick; ***deodorante (in) ~*** deodorant stick.

stico, pl. **-chi** /'stiko, ki/ m. LETTER. stich.

sticomitia /stikomi'tia/ f. LETTER. stichomythia.

stiepidire /stjepi'dire/ → **intiepidire.**

Stige /'stidʒe/ n.pr.m. Styx.

stigio, pl. **-gi**, **-gie** /'stidʒo, dʒi, dʒe/ agg. Stygian.

stigliare /stiʎ'ʎare/ [1] tr. to hackle, to scutch.

stigliatura /stiʎʎa'tura/ f. hackling, scutching.

stigma /'stigma/ m. **1** BOT. stigma* **2** ZOOL. stigma*, spiracle **3** FIG. SPREG. *(marchio)* brand, stigma*.

stigmate /'stigmate/ f.pl. **1** MED. RELIG. stigmata **2** STOR. stigmata, mark sing., brand sing.

stigmatico, pl. **-ci**, **-che** /stig'matiko, tʃi, ke/ agg. BOT. OTT. stigmatic.

stigmatismo /stigma'tizmo/ m. OTT. stigmatism.

stigmatizzare /stigmatid'dzare/ [1] tr. to stigmatize (anche FIG.).

stigmatizzazione /stigmatiddzat'tsjone/ f. stigmatization (anche FIG.).

stilare /sti'lare/ [1] tr. to draw* up, to draft [*contratto*]; to write* up [*verbale*].

▷ **stile** /'stile/ m. **1** ART. LETTER. style; ***~ ampolloso, sobrio, ricercato*** bombastic, sober, refined style; ***~ giornalistico*** journalistic style, journalese SPREG.; ***~ telegrafico*** telegraphic style, telegraphese; ***ha un bellissimo ~*** he has a very good style; ***un edificio in ~ neoclassico*** a building in the neoclassical style; ***nello ~ di Van Gogh*** in the style of Van Gogh **2** *(modo di essere)* ***~ di vita*** lifestyle; ***non comprare quel cappello, non è proprio il tuo ~*** don't buy that hat, it's just not your style; ***non è nel mio ~*** COLLOQ. that's not my style; ***è nel tuo ~ arrivare in ritardo*** it's typical of you *o* it's just like you to arrive late; ***una signora vecchio ~*** a woman of the old school, an old-fashioned lady **3** *(distinzione, eleganza)* style; ***avere ~*** to have style, to be stylish; ***non avere ~*** to have no sense of style, to lack style; ***vestire con ~*** to dress stylishly **4** *(di mobilio, oggetti d'arte)* ***mobili in ~*** period furniture; *(imitazione)* reproduction period furniture; ***mobili in ~ Luigi XV*** Louis XV furniture; *(imitazione)* fake Louis XV furniture; ***arredare la casa in ~ rustico*** to give the house a country-style look **5** LING. speech form; ***~ diretto*** direct speech; ***~ indiretto*** indirect *o* reported speech **6 in grande stile** in style; ***sposarsi in grande ~*** to marry in style; ***le piace fare le cose in grande ~*** she likes to do things in style ◆◆ ***~ libero*** *(nel nuoto)* crawl; ***nuotare a ~ libero*** to do *o* swim the crawl.

stilè /sti'lɛ/ agg.inv. *(elegante, impeccabile)* [*maggiordomo, domestico*] smart, impeccably dressed.

stilema /sti'lɛma/ m. stylistic feature.

stilettata /stilet'tata/ f. **1** *(pugnalata)* stab **2** FIG. *(dolore acuto)* stabbing pain, shooting pain; *(forte dispiacere)* stab.

stiletto /sti'letto/ m. stiletto*, stylet, dagger.

stiliforme /stili'forme/ agg. styliform.

stilismo /sti'lizmo/ m. stylism.

stilista, m.pl. **-i**, f.pl. **-e** /sti'lista/ ◗ ***18*** m. e f. **1** *(designer)* designer, stylist; *(di moda)* (dress) designer, fashion designer, stylist **2** *(chi ha grande cura dello stile)* stylist.

stilistica /sti'listika/ f. stylistics + verbo sing.

stilisticamente /stilistika'mente/ avv. stylistically.

stilistico, pl. **-ci**, **-che** /sti'listiko, tʃi, ke/ agg. [*analisi, livello, tendenza, artificio, raffinatezza*] stylistic.

stilita /sti'lita/, **stilite** /sti'lite/ m. stylite.

stilizzare /stilid'dzare/ [1] tr. to stylize.

stilizzato /stilid'dzato/ **I** p.pass. → **stilizzare II** agg. [*forme*] stylized.

stilizzazione /stiliddzat'tsjone/ f. stylization.

stilla /'stilla/ f. LETT. drop, bead, pearl; ***-e di sudore*** beads *o* drops of sweat; ***~ di sangue*** drop of blood; ***qualche ~ di profumo*** a few drops of perfume ◆ ***~ a ~*** drop by drop.

stillare /stil'lare/ [1] **I** tr. LETT. to drip, to ooze; ***~ sudore*** to drip sweat; ***~ linfa*** [*albero, vite*] to bleed; ***~ resina*** to exude resin; ***~ lacrime*** to shed tears **II** intr. (aus. *essere*) LETT. [*acqua*] to drip, to seep (**da** from); [*sangue, linfa*] to ooze, to drip (**da** from).

stillicidio, pl. **-di** /stilli'tʃidjo, di/ m. dripping, trickle; ***uno ~ di notizie*** FIG. a steady trickle of news.

stilnovismo /stilno'vizmo/ m. LETTER. = literary movement inspired by stilnovo.

stilnovista /stilno'vista/ **I** agg. LETTER. of the stilnovo **II** m. LETTER. = poet belonging to the stilnovo movement.

stilnovistico, pl. **-ci**, **-che** /stilno'vistiko, tʃi, ke/ agg. LETTER. of the stilnovo.

stilnovo /stil'nɔvo/ m. LETTER. = Italian literary movement of 13th century dedicated to love poetry.

1.stilo /'stilo/ m. **1** STOR. *(per scrivere)* style, stylus* **2** *(asta della meridiana)* style **3** *(della stadera)* beam **4** BOT. ZOOL. stylus*, style.

2.stilo /'stilo/ f.inv. (accorc. stilografica) fountain pen, cartridge pen.

stilobate /sti'lɔbate/ m. stylobate.

stilografica, pl. **-che** /stilo'grafika, ke/ f. fountain pen, cartridge pen.

stilografico, pl. **-ci**, **-che** /stilo'grafiko, tʃi, ke/ agg. ***penna -a*** fountain *o* cartridge pen; ***inchiostro ~*** fountain-pen ink.

▷ **stima** /'stima/ f. **1** *(valutazione) (di oggetti d'arte, gioielli)* appraisal, valuation; *(di costi, danni)* assessment; ***far fare la ~ di un anello*** to have a ring appraised **2** *(calcolo approssimativo) (di grandezza, distanza)* estimate; ***secondo la ~ del governo*** by the government's estimate **3** *(buona opinione)* respect, esteem; ***avere ~ per*** o ***di qcn.*** to have great respect *o* esteem for sb.; ***tenere*** o ***avere qcn. in grande ~*** to hold sb. in high esteem *o* regard; ***avere scarsa ~ di qcn.*** to hold sb. in low esteem; ***la mia ~ nei suoi confronti è diminuita*** he has gone down in my esteem *o* estimation; ***con il suo coraggio ha conquistato la ~ di tutti*** her courage has earned her everybody's respect **4** MAR. (dead) reckoning; ***a ~*** by dead reckoning.

stimabile /sti'mabile/ agg. **1** *(valutabile)* [*perdite, danni*] assessable; [*fortuna*] appraisable **2** FIG. [*persona*] respectable, worthy, estimable FORM.

▷ **stimare** /sti'mare/ [1] **I** tr. **1** *(valutare)* [*esperto*] to value, to appraise [*quadro, gioiello, proprietà*]; to assess [*danni, perdite*]; ***fare ~ qcs.*** to have [sth.] appraised [*oggetto d'arte, anello*]; ***~ qcs. al di sopra, al di sotto del suo valore*** to overvalue, undervalue sth.; ***~ qcs. 500 euro*** to value sth. at 500 euros; ***~ qcs. secondo il suo valore*** to recognize the real price *o* value of sth. **2** *(calcolare approssimativamente)* to estimate [*distanza, posizione, costo*] **3** *(apprezzare)* to value, to think* highly of, to esteem FORM. [*persona*]; ***è molto stimata per la sua sincerità*** she is greatly admired for her honesty; ***lo stimo molto*** I regard him very highly, I think very highly of him; ***non stimano molto Gabriella*** they don't think much of Gabriella **4** *(ritenere)* to consider, to regard; ***lo stimiamo un imbroglione*** we consider him a swindler **5** MAR. to calculate by dead reckoning [*posizione*] **II stimarsi** pronom. *(ritenersi)* to consider oneself; ***~ molto intelligente*** to consider oneself very intelligent.

stimato /sti'mato/ **I** p.pass. → **stimare II** agg. **1** *(apprezzato)* ***molto ~*** [*persona, professione*] highly regarded, esteemed; ***il nostro stimatissimo collega*** FORM. our highly esteemed colleague; ***~*** o ***stimatissimo signore*** *(nelle lettere)* Dear Sir **2** *(valutato)* [*costo, valore*] estimated, appraised; [*danno, perdita*] assessed.

stimatore /stima'tore/ ◗ ***18*** m. (f. **-trice** /tritʃe/) appraiser, valuator, valuer.

stimma /'stimma/ → **stigma.**

stimmate /'stimmate/ → **stigmate.**

stimolante /stimo'lante/ **I** agg. **1** FARM. ***sostanza ~*** stimulant **2** *(interessante)* [*parole, lettura*] interesting, stimulating; *(che agisce come stimolo)* [*esempio*] stimulating; [*concorrenza*] challenging **II** m. FARM. stimulant.

stimolare /stimo'lare/ [1] tr. **1** FISIOL. to stimulate [*organo, funzione, sensi*]; to whet, to sharpen [*appetito*] **2** FIG. *(eccitare)* to stimulate, to sharpen [*intelligenza*]; to excite [*fantasia, interesse*]; to rouse, to stir up [*curiosità*]; *(incitare)* to spur (**a** to; **a fare** to do).

stimolatore /stimola'tore/ **I** agg. stimulating **II** m. *(macchina)* stimulator; *(sostanza stimolante)* stimulant ◆◆ ***~ cardiaco*** MED. pacemaker.

stimolazione /stimolat'tsjone/ f. stimulation (anche MED.).

▷ **stimolo** /'stimolo/ m. **1** *(incitamento)* stimulus*, spur, incentive; ***uno ~ al lavoro*** a spur to work; ***avere bisogno di uno ~ per andare avanti*** to need a stimulus to go ahead; ***agire sotto lo ~ dell'ira*** *(impulso)* to act out of anger; ***lo ~ della fame*** the pangs of hunger **2** FISIOL. stimulus*.

▷ **stinco**, pl. **-chi** /'stinko, ki/ ➧ **4** m. **1** *(tibia)* shin; ***un calcio negli -chi*** a kick in the shins; ***dare un calcio negli -chi a qcn.*** to kick sb. in the shins, to hack sb.'s shins **2** ZOOL. *(osso)* cannon bone **3** GASTR. ***~ di maiale*** pig's knuckle ◆ ***non essere uno ~ di santo*** to be far from being a saint, to be no angel.

stingere /'stindʒere/ [24] **I** tr. to fade [*stoffa, colore*] **II** intr. (aus. *essere, avere*), **stingersi** pronom. [*stoffa, colore*] to fade; ***~ durante il lavaggio*** to fade in the wash; ***questi sono tessuti che non stingono*** these are colour-fast fabrics.

stinto /'stinto/ **I** p.pass. → **stingere II** agg. [*stoffa, tessuto*] faded.

stipare /sti'pare/ [1] **I** tr. **1** *(ammassare)* to cram, to pack, to jam, to crowd [*persone, oggetti, valige, abiti*] (**in** into) **2** *(gremire)* [*spettatori*] to pack, to crowd, to fill up [*teatro, sala*] **II stiparsi** pronom. *(ammassarsi, accalcarsi)* ***-rsi in*** [*persone*] to cram *o* crowd into [*stanza*]; ***-rsi su*** to cram *o* crowd onto [*pullman*]; ***-rsi in una chiesa*** to pack *o* cram into a church; ***-rsi sulla piazza*** to crowd into the square.

stipato /sti'pato/ **I** p.pass. → **stipare II** agg. **1** *(ammassato)* [*oggetti, abiti, persone*] crammed, packed, jammed, crowded (**in** into) **2** *(gremito)* [*teatro, sala*] crowded, packed; ***i pullman erano -i di gente*** the buses were crowded *o* chock-a-block with people **3** *(accalcato)* [*persone*] packed, crammed; ***la folla era -a sulle gradinate*** the people were tightly packed *o* crammed on the terraces.

▷ **stipendiare** /stipen'djare/ [1] tr. **1** *(retribuire)* to pay* (a salary to) [*dipendente*] **2** *(assumere)* to employ, to take* on [*persona*].

stipendiato /stipen'djato/ **I** p.pass. → **stipendiare II** agg. [*operaio, impiegato*] salaried, on the payroll mai attrib. **III** m. (f. **-a**) salaried person, salary-earner.

▷ **stipendio**, pl. **-di** /sti'pɛndjo, di/ m. pay **U**, wage; *(mensile) (di impiegato)* salary; *(settimanale) (di operaio)* wages pl.; ***~ annuo*** annual salary; ***aumento di ~*** pay rise BE, (wage) rise BE, (pay) raise AE; ***~ netto*** net salary, take-home pay; ***~ lordo*** gross salary; ***quant'è il tuo ~ lordo?*** how much are you paid gross? ***percepire uno ~ molto alto*** to earn a hefty salary ◆◆ ***~ base*** basic salary BE, base pay AE.

stipetto /sti'petto/ m. *(piccolo armadio)* cabinet.

stipite /'stipite/ m. **1** jamb, side post; *(di porta)* door jamb, doorpost; *(di finestra)* window jamb; *(di camino)* chimneybreast **2** BOT. stipe.

stipo /'stipo/ m. *(mobiletto)* cabinet.

stipola /'stipola/ f. BOT. stipule.

stipolare /stipo'lare/ agg. BOT. stipular.

stipolato /stipo'lato/ agg. BOT. stipellate.

stipsi /'stipsi/ ➧ **7** f.inv. constipation, costiveness.

stipula /'stipula/ f. → **stipulazione.**

stipulante /stipu'lante/ **I** agg. stipulating **II** m. e f. stipulator.

stipulare /stipu'lare/ [1] tr. to draw* up, to stipulate [*contratto*] (**con qcn.** with sb.); to enter into, to conclude [*accordo*]; ***~ un'assicurazione contro qcs.*** to take out insurance against sth.

stipulazione /stipulat'tsjone/ f. *(di atto, contratto)* stipulation, drawing up.

stiracalzoni /stirakal'tsoni/ m.inv. trouser press.

stiracchiamento /stirakkja'mento/ m. stretching.

stiracchiare /stirak'kjare/ [1] **I** tr. **1** *(stirare)* to stretch (out) [*gambe, braccia*] **2** FIG. to stretch, to twist, to distort [*significato*] **II stiracchiarsi** pronom. [*persona*] to have* a stretch, to stretch.

stiracchiato /stirak'kjato/ **I** p.pass. → **stiracchiare II** agg. [*paragone, interpretazione*] far-fetched; [*vittoria*] hairline, narrow.

stiramaniche /stira'manike/ m.inv. sleeve board.

stiramento /stira'mento/ m. **1** *(lo stirare le membra)* stretching **2** MED. strain(ing), pulling, stretching; ***procurarsi uno ~ alla schiena*** to strain one's back; ***farsi uno ~ al polpaccio*** to pull a calf muscle ◆◆ ***~ muscolare*** muscle strain.

▷ **stirare** /sti'rare/ [1] **I** tr. **1** *(allungare)* to stretch (out) [*gambe*] **2** *(con il ferro)* to iron, to press [*vestito, biancheria, tessuto*]; ***~ a vapore*** to use a steam iron; ***~ le cuciture con il ferro caldo*** to press the seams with a hot iron; ***"~ con il ferro tiepido"*** "cool iron"; ***un tessuto che non si stira*** a noniron fabric; ***roba, biancheria da ~*** things, linen to be ironed; ***oggi devo ~*** I have to do the ironing today **3** *(lisciare)* to straighten, to relax [*capelli*] **4** TECN. to draw* (out) [*pasta di vetro*] **II stirarsi** pronom. **1** *(sgranchirsi)* [*persona*] to stretch, to have* a stretch; [*animale*] to uncurl **2** MED. to strain, to pull; ***-rsi un muscolo*** to pull *o* strain a muscle.

stirata /sti'rata/ f. quick iron(ing); ***dare una ~ alla camicia*** to give the shirt a quick press.

stirato /sti'rato/ **I** p.pass. → **stirare II** agg. **1** MED. [*muscolo*] strained, pulled **2** *(con il ferro)* [*camicetta*] ironed, pressed.

stiratoio, pl. **-oi** /stira'tojo, oi/ m. **1** TESS. draw(ing) frame **2** *(asse da stiro)* ironing board.

stiratore /stira'tore/ ➧ **18** m. (f. **-trice** /tritʃe/) ironer.

stiratrice /stira'tritʃe/ f. **1** *(macchina)* ironing machine **2** TESS. *(stiratoio)* drawing frame.

stiratura /stira'tura/ f. **1** *(di biancheria, vestiti)* ironing, pressing; *(di capelli)* straightening **2** TECN. drawing.

stirene /sti'rɛne/ m. styrene.

stireria /stire'ria/ f. *(locale)* laundry.

stiriano /sti'rjano/ ➧ **30 I** agg. Styrian **II** m. (f. **-a**) Styrian.

stiro /'stiro/ m. **1** *(lo stirare)* ironing, pressing; ***ferro da ~*** iron; ***asse*** o ***tavolo da ~*** ironing board **2** TECN. drawing.

stirolo /sti'rɔlo/ m. → **stirene.**

stirpe /'stirpe/ f. **1** *(discendenza, progenie)* line, lineage; ***è l'ultimo di una lunga ~*** he's the last of a long line; ***la ~ dei Tudor*** the Tudor line **2** *(origine, famiglia)* stock, birth; ***di un'antica ~*** of an ancient race; ***essere di nobile ~*** to be of noble birth *o* stock *o* descent.

stitichezza /stiti'kettsa/ ➧ **7** f. constipation, costiveness; ***soffrire di ~*** to have constipation, to be constipated.

stitico, pl. **-ci, -che** /'stitiko, tʃi, ke/ agg. **1** *(affetto da stitichezza)* constipated, costive **2** COLLOQ. FIG. *(avaro)* stingy, tight (with money).

stiva /'stiva/ f. hold; ***~ di prua*** MAR. fore hold; ***~ di poppa*** MAR. stern hold, after hold; ***mettere nella ~*** to stow.

stivaggio, pl. **-gi** /sti'vaddʒo, dʒi/ m. stowage; ***spese di ~*** stowage (charges).

stivalaio, pl. **-ai** /stiva'lajo, ai/ ➧ **18** m. bootmaker.

▷ **stivale** /sti'vale/ ➧ **35** m. **1** *(calzatura)* boot; ***un paio di -i*** a pair of boots; ***mettersi, togliersi gli -i*** to put on, take off one's boots; ***~ da caccia*** hunting boot; ***~ di gesso*** MED. walking cast; ***-i da equitazione*** riding boots; ***-i di gomma*** rubber boots, wellington boots BE, wellingtons BE, gumboots BE; ***-i da pesca*** waders **2** *(Italia)* ***lo Stivale*** = Italy ◆ ***lustrare gli -i a qcn.*** to lick sb.'s boots; ***medico, avvocato dei miei -i*** a poor excuse for a doctor, a lawyer; ***il Gatto con gli -i*** Puss in Boots; ***gli -i delle sette leghe*** the seven league boots.

stivaletto /stiva'letto/ m. *(che arriva al collo del piede)* ankle boot; *(che arriva al polpaccio)* half boot.

stivalone /stiva'lone/ m. thighboot, hip-boot; ***~ alla scudiera*** topboot.

stivare /sti'vare/ [1] tr. **1** MAR. AER. to stow (away) **2** *(stipare)* to cram, to pack.

stivatore /stiva'tore/ ➧ **18** m. (f. **-trice** /tritʃe/) stevedore.

stizza /'stittsa/ f. irritation, annoyance, anger; ***gesto di ~*** bad-tempered gesture, gesture of annoyance; ***in un momento di ~*** in a fit of rage; ***provare ~ per*** to be angry about.

stizzire /stit'tsire/ [102] **I** tr. [*persona, comportamento*] to annoy, to irritate, to vex [*persona*] **II stizzirsi** pronom. to get* angry, to get* cross, to flare up.

stizzito /stit'tsito/ **I** p.pass. → **stizzire II** agg. [*persona*] angry, cross, irritated, annoyed (**con qcn.** with sb.).

stizzosamente /stittsosa'mente/ avv. irritably, peevishly, huffily COLLOQ.

stizzoso /stit'tsoso/ m. **1** *(pieno di stizza)* [*risposta, parole*] testy, tetchy, petulant, venomous **2** *(irascibile)* [*persona*] bad-tempered, irascible, peevish, testy, tetchy, cantankerous, irritable.

(')sto /sto/ COLLOQ. → **questo.**

stoa /'stɔa/ f.inv. stoa*.

stocastico, pl. **-ci, -che** /sto'kastiko, tʃi, ke/ agg. stochastic, random.

stoccafisso /stokka'fisso/ m. stockfish*.

stoccaggio, pl. **-gi** /stok'kaddʒo, dʒi/ m. storage, stockpiling.

stoccare /stok'kare/ [1] tr. *(accumulare)* to store, to stock; ***~ eccessivamente*** to overstock.

stoccata /stok'kata/ f. **1** SPORT *(nella scherma)* (rapier) thrust, hit, lunge, pass; *(nel calcio)* shot **2** FIG. *(battuta)* barb, dig COLLOQ.

stocchista, m.pl. **-i**, f.pl. **-e** /stok'kista/ ➧ **18** m. e f. wholesaler.

stocco, pl. **-chi** /'stɔkko, ki/ m. *(arma bianca)* rapier; ***bastone da ~*** swordstick.

Stoccolma /stok'kolma/ ➧ **2** n.pr.f. Stockholm.

stock /stɔk/ m.inv. stock, inventory.

stockista → **stocchista.**

▶ **stoffa** /'stɔffa/ f. **1** *(tessuto)* fabric, cloth, material; ***~ di seta, di lana*** silk, woollen fabric **2** FIG. stuff; ***fagli vedere di che ~ sei fatto!*** show them what you're made of! ***questa è la ~ di cui sono fatti gli***

eroi this is the stuff that heroes are made of; ***non ha la ~ per farcela*** he hasn't got it in him to succeed, he hasn't got what it takes; ***ha la ~ del politico*** he has the makings of a politician.

stoicamente /stoika'mente/ avv. stoically; ***sopportare ~ il dolore*** to stand *o* bear the pain stoically.

stoicismo /stoi'tʃizmo/ m. **1** FILOS. STOR. Stoicism **2** FIG. stoicism.

stoico, pl. **-ci, -che** /'stɔiko, tʃi, ke/ **I** agg. **1** FILOS. STOR. [*filosofia*] Stoic **2** FIG. [*atteggiamento*] stoic(al) **II** m. (f. **-a**) **1** FILOS. STOR. Stoic **2** FIG. stoic.

stoino /sto'ino/ m. → **stuoino.**

stola /'stɔla/ f. **1** *(per le funzioni liturgiche)* stole **2** *(sciarpa di pelliccia)* stole; ***~ di zibellino*** sable stole.

stolidità /stolidi'ta/ f.inv. stupidity, obtuseness, foolishness.

stolido /'stɔlido/ **I** agg. stupid, obtuse, foolish **II** m. (f. **-a**) idiot, stupid person.

stolone /sto'lone/ m. **1** BOT. stolon, runner **2** ZOOL. stolon.

stolonifero /stolo'nifero/ agg. stoloniferous.

stoltamente /stolta'mente/ avv. foolishly, stupidly.

stoltezza /stol'tettsa/ f. foolishness, stupidity.

stolto /'stolto/ **I** agg. foolish, stupid **II** m. (f. **-a**) fool, dolt, stupid person.

stoma /'stɔma/ m. BOT. stoma*.

stomacare /stoma'kare/ [1] **I** tr. to turn one's stomach, to disgust, to sicken (anche FIG.) **II stomacarsi** pronom. to be* disgusted (anche FIG.).

stomachevole /stoma'kevole/ agg. [*odore, cibo*] nauseating, sickening, revolting, disgusting; [*comportamento, scena*] revolting, disgusting.

stomachico, pl. **-ci, -che** /sto'makiko, tʃi, ke/ agg. stomachic.

▶ **stomaco**, pl. **-chi** e **-ci** /'stɔmako, ki, tʃi/ ♦ ***4*** m. stomach, tummy COLLOQ. INFANT.; ***avere mal di ~*** to have (a) stomachache, to have a pain in one's stomach; ***bruciore di ~*** heartburn; ***crampi allo ~*** stomach cramps; ***disturbi di ~*** stomach upset; ***~ dilatato*** distended stomach; ***avere lo ~ delicato*** to have a queasy *o* delicate stomach; ***avere lo ~ in disordine*** to have stomach upset *o* an upset stomach; ***ho un peso sullo ~*** my stomach feels heavy; FIG. I feel a weight on my chest; ***avere lo ~ chiuso*** *(per l'agitazione)* to have butterflies (in one's stomach); ***avere un buco nello ~*** *(per la fame)* to have the munchies, to feel peckish BE; ***avere lo ~ pieno, vuoto*** to have a full, an empty stomach; ***a ~ pieno, vuoto*** on a full, an empty stomach; ***colpire qcn. allo ~*** to hit sb. in the stomach; ***rimanere sullo ~*** [*pasto*] to lie heavy on one's stomach; FIG. [*rifiuto*] to stick in one's craw *o* throat ◆ ***levarsi un peso dallo ~*** FIG. to get something off one's chest; ***avere uno ~ di ferro*** o ***da struzzo*** to have a strong *o* cast-iron stomach; ***avere il pelo sullo ~*** to be ruthless; ***(far) rivoltare lo ~ a qcn.*** to turn sb.'s stomach.

stomatico, pl. **-ci, -che** /sto'matiko, tʃi, ke/ agg. BOT. stomatic.

stomatite /stoma'tite/ ♦ ***7*** f. stomatitis*.

stomatologia /stomatolo'dʒia/ f. stomatology.

stomatologo, m.pl. **-gi**, f.pl. **-ghe** /stoma'tɔlogo, dʒi, ge/ ♦ ***18*** m. (f. **-a**) stomatologist.

▷ **1.stonare** /sto'nare/ [1] **I** tr. ***~ una nota*** *(cantando)* to sing *o* hit a wrong note; *(suonando)* to play *o* hit a wrong note; ***ho stonato il do*** my C was off-pitch *o* flat **II** intr. (aus. *avere*) **1** *(steccare)* [*cantante*] to sing* off-key; [*musicista*] to play the wrong notes **2** *(non essere in armonia)* [*colore, tende*] to clash, to jar (**con** with); [*quadro, mobile*] to be* out of place (**in mezzo a** among); ***parole che stonano sulla bocca di un prete*** words that are most unsuitable coming from a priest.

2.stonare /sto'nare/ [1] tr. *(turbare)* [*notizia, comunicazione*] to upset*, to bewilder [*persona*].

stonata /sto'nata/ f. false note, wrong note, clinker AE COLLOQ.

1.stonato /sto'nato/ **I** p.pass. → **1.stonare II** agg. **1** *(non intonato)* [*nota*] false, wrong, off-pitch, flat; [*strumento*] out of tune, off-key; ***sono ~*** I cannot sing in tune **2** FIG. *(fuori luogo)* out of place, clashing, jarring; ***nota -a*** jarring note; ***un atteggiamento ~ con la circostanza*** a behaviour that is out of keeping with the occasion ◆ ***essere ~ come una campana*** = to sing atrociously.

2.stonato /sto'nato/ **I** p.pass. → **2.stonare II** agg. *(turbato)* upset, bewildered.

stonatura /stona'tura/ f. false note, wrong note, clinker AE COLLOQ.; FIG. false note, jarring note.

▷ **stop** /stɔp/ **I** m.inv. **1** AUT. *(segnale stradale)* stop sign; ***fermarsi allo ~*** to stop at the stop sign; ***non rispettare uno ~*** to ignore a stop sign, not to stop at a stop sign **2** *(fanalino)* brake light **3** *(nei telegrammi)* stop **4** SPORT stop; ***eseguire uno ~ spettacolare*** to trap *o* stop the ball spectacularly **II** inter. stop; ***avanti, avanti... ~!*** forward, forward... stop! ***~, basta così!*** stop it, that's enough!

▷ **stoppa** /'stoppa/ f. tow; MAR. oakum; ***questa carne sembra ~*** this meat is stringy ◆ ***dai capelli di ~*** tow-haired, tow-headed; ***un uomo di ~*** a man of straw, a weak-kneed *o* spineless man; ***gambe di ~*** wobbly legs.

stoppaccioso /stoppat'tʃoso/ agg. → **stopposo.**

1.stoppare /stop'pare/ [1] tr. *(chiudere con la stoppa)* to stop (up) with tow.

2.stoppare /stop'pare/ [1] tr. SPORT to stop, to trap.

stoppata /stop'pata/ f. SPORT stop.

stopper /'stɔpper/ m.inv. stopper.

stoppia /'stoppja/ f. stubble.

stoppino /stop'pino/ m. **1** *(di candela)* (candle)wick **2** *(miccia)* (slow) match **3** TESS. rove.

stopposo /stop'poso/ agg. [*verdura, carne*] stringy; [*capelli*] towy, stringy.

storace /sto'ratʃe/ m. BOT. storax, styrax.

▷ **storcere** /'stɔrtʃere/ [94] **I** tr. *(torcere)* to bend* [*chiodo*]; to twist [*chiave*]; ***~ un braccio a qcn.*** to twist sb.'s arm **II storcersi** pronom. **1** *(incurvarsi)* [*chiodo*] to bend* **2** *(slogarsi)* ***-rsi una caviglia*** to twist *o* sprain one's ankle ◆ ***~ il naso*** o ***la bocca di fronte a qcs.*** to turn up one's nose at sth.

stordimento /stordi'mento/ m. daze, giddiness, dizziness, wooziness, confusion.

stordire /stor'dire/ [102] **I** tr. **1** *(intontire)* [*colpo*] to stun, to daze; [*rumore*] to deafen; [*alcol, droga*] to knock out, to fuddle COLLOQ.; ***mi stordisci con le tue chiacchiere*** your constant chatter is making my head spin; ***un profumo, un odore che stordisce*** a heady perfume, smell; ***il pugno mi ha stordito*** the punch stunned me **2** FIG. *(sbalordire)* [*notizia*] to stun, to astound **II stordirsi** pronom. ***-rsi con l'alcol*** to drink oneself silly *o* stupid; ***provare il bisogno di -rsi*** to feel the need to escape.

storditaggine /stordi'taddʒine/ f. absent-mindedness, carelessness, inadvertence.

storditamente /stordita'mente/ avv. dazedly, giddily, woozily.

stordito /stor'dito/ **I** p.pass. → **stordire II** agg. **1** *(intontito)* stunned, dazed, dizzy, woozy COLLOQ.; ***mi sento ~*** I feel dazed *o* woozy COLLOQ.; ***essere ~ dall'alcol*** to be fuddled **2** *(sbalordito)* stunned **III** m. (f. **-a**) absent-minded person, scatterbrain.

▶ **storia** /'stɔrja/ f. **1** *(vicende umane)* history; ***il corso della ~*** the course of history; ***passare alla ~ (come)*** to go down in history (as); ***lasciare un segno nella ~*** [*avvenimento*] to leave its mark in history; ***un luogo carico di ~*** a place steeped in history; ***fare la ~*** to make history; ***la ~ insegna che...*** history teaches us that... **2** *(disciplina)* history; ***amare, insegnare, studiare la ~*** to love, teach, study history; ***non è bravo in ~*** he is bad at history; ***~ italiana*** o ***dell'Italia (del diciottesimo secolo)*** (18th century) Italian history; ***~ dell'arte, della letteratura*** history of art, of literature; ***~ antica, medievale, moderna, contemporanea*** ancient, medieval, modern, contemporary history; ***~ sacra*** sacred history; ***~ economica*** economic history; ***~ naturale*** natural history **3** *(racconto)* story; ***~ illustrata*** illustrated story; ***raccontare una ~ a qcn.*** to tell sb. a story; ***è la ~ di una grande scoperta*** it's the story of a great discovery **4** *(vicenda personale)* story; ***la ~ della mia vita*** the story of my life; ***è una ~ vera*** it's a true story; ***è una lunga ~*** it's a long story; ***è una vecchia ~*** that's ancient *o* past history, that's old hat **5** *(opera storiografica)* history book **6** *(relazione sentimentale)* affair; ***~ d'amore*** love affair *o* story; ***avere una ~ con qcn.*** to have an affair with sb. **7** *(faccenda, questione)* story; ***è sempre la solita ~*** it's always the same old story; ***è (tutta) un'altra ~*** it's (quite) another story; ***è sicuramente una ~ di soldi*** there must be money involved; ***non vogliamo più saperne di questa ~*** we don't want to hear any more about this **8** *(fandonia)* story, tale, fib COLLOQ.; ***raccontare -e*** to tell tales *o* fibs; ***non raccontarmi -e!*** you're making it up! don't tell tales! ***sono tutte -e!*** that's all fiction! that's all rubbish! ***ha tirato fuori la ~ che il treno era in ritardo*** she made up some story about her train being late **9** *(difficoltà, problema)* fuss; ***quante -e (per così poco)!*** what a fuss (about nothing)! ***fare un sacco di -e per*** to make a fuss about *o* over; ***non c'è motivo di fare tante -e*** there's no need to get worked up about it; ***senza tante -e*** without further ado; ***al lavoro e niente -e!*** get on with your work and no messing about! ◆ ***la ~ è maestra di vita*** PROV. = history is a guide for life; ***una ~ che non sta né in cielo né in terra*** a tall story.

storicamente /storika'mente/ avv. historically.

storicismo /stori'tʃizmo/ m. historicism.

storicista, m.pl. **-i**, f.pl. **-e** /stori'tʃista/ m. e f. historicist.

storicistico, pl. **-ci, -che** /stori'tʃistiko, tʃi, ke/ agg. historicist.

storicità /storitʃi'ta/ f.inv. historicity.

▶ **storico**, pl. **-ci**, **-che** /'stɔriko, tʃi, ke/ **I** agg. **1** *(relativo alla storia)* [*fatto, personaggio*] historical; ***dal punto di vista ~*** from a historical point of view, historically; ***~-culturale*** historicocultural; ***~-letterario*** historicoliterary **2** *(importante)* [*accordo, discorso, giornata*] historic **3** *(risalente al passato)* [*monumento*] historic; ***centro ~*** historic centre, old town **4** LING. [*passato, presente*] historic **5** ECON. ***essere al minimo ~*** to be at an all-time low; ***la borsa ha chiuso al minimo ~*** the stock market closed at a record low **II** ➧ *18* m. (f. **-a**) historian; ***~ dell'arte*** art historian.

storiella /sto'rjɛlla/ f. *(breve racconto)* anecdote, short story; *(barzelletta)* joke, crack COLLOQ.

storiografia /storjogra'fia/ f. historiography.

storiografico, pl. **-ci**, **-che** /storjo'grafiko, tʃi, ke/ agg. historiographic(al).

storiografo /sto'rjɔgrafo/ ➧ *18* m. (f. **-a**) historiographer.

storione /sto'rjone/ m. sturgeon.

stormire /stor'mire/ [102] intr. (aus. *avere*) [*foglie*] to rustle.

stormo /'stormo/ m. **1** *(di uccelli)* flight; ***uno ~ di uccelli*** a flight *o* flock of birds; ***uno ~ di bambini*** FIG. a swarm of children **2** AER. formation, flight **3 a stormo** ***suonare a ~*** [*campane*] to ring the tocsin.

stornare /stor'nare/ [1] tr. **1** *(allontanare)* to avert [*pericolo*] **2** COMM. *(cancellare)* to write* off [*somma, registrazione contabile*]; *(trasferire)* to divert [*fondi*].

stornellata /stornel'lata/ f. singing of stornelli.

stornellatore /stornella'tore/ m. (f. **-trice** /tritʃe/) = singer or composer of stornelli.

1.stornello /stor'nɛllo/ m. ORNIT. → **1.storno.**

2.stornello /stor'nɛllo/ m. *(componimento popolare)* = short popular Italian lyric, usually improvised.

1.storno /'storno/ m. ORNIT. starling.

2.storno /'storno/ m. COMM. *(cancellazione)* writing off; *(trasferimento)* diversion, transfer, virement.

3.storno /'storno/ agg. ***cavallo ~*** dapple-grey horse.

storpiamento /storpja'mento/ m. → **storpiatura.**

storpiare /stor'pjare/ [1] **I** tr. **1** *(rendere storpio)* to cripple [*persona*] **2** FIG. *(pronunciare male)* to mangle, to mispronounce [*nome*]; *(scrivere male)* to misspell* [*parola*]; *(eseguire male)* to murder, to mangle [*canzone*] **II storpiarsi** pronom. to become* crippled.

storpiato /stor'pjato/ **I** p.pass. → **storpiare II** agg. *(pronunciato male)* [*parola*] mangled, mispronounced; *(scritto male)* [*parola*] misspelled, misspelt BE; *(eseguito male)* [*canzone*] murdered, mangled.

storpiatura /storpja'tura/ f. **1** *(di membra)* crippling **2** FIG. *(il pronunciare male)* mangling, mispronouncing; *(lo scrivere male)* misspelling; *(l'eseguire male)* bungling, botching.

storpio, pl. **-pi**, **-pie** /'stɔrpjo, pi, pje/ **I** agg. crippled **II** m. (f. **-a**) cripple.

▷ **storta** /'stɔrta/ f. **1** COLLOQ. *(distorsione)* sprain, strain, wrench; ***prendersi una ~ alla caviglia*** to twist *o* sprain one's ankle **2** CHIM. retort.

▷ **storto** /'stɔrto/ **I** p.pass. → **storcere II** agg. **1** *(non dritto)* [*gambe*] bandy, crooked; [*naso, bocca*] crooked, twisted; [*bastone*] bent, crooked; [*quadro, cravatta*] crooked, not straight mai attrib.; ***avere le gambe -e*** to have bandy legs, to be bandy-legged *o* bowlegged **2** FIG. *(avverso)* ***avere la luna -a*** to be in one of one's moods *o* in a bad mood; ***avere una giornata -a*** to have an off day **III** avv. **1** *(di traverso)* [*camminare*] crookedly **2** *(male)* ***guardare ~ qcn.*** to give sb. a dirty look, to look askance at sb.; ***oggi mi va tutto ~*** everything's going wrong today.

stortura /stor'tura/ f. **1** *(deformità)* deformity, crookedness **2** FIG. *(idea sbagliata)* wrong idea; ***~ mentale*** wrong thinking.

▷ **stoviglie** /sto'viʎʎe/ f.pl. dishes, crockery **U**, kitchenware **U**, tableware **U**.

stozzare /stot'tsare/ [1] tr. METALL. to slot.

stozzatrice /stottsa'tritʃe/ f. METALL. slotter, slotting machine.

strabico, pl. **-ci**, **-che** /'strabiko, tʃi, ke/ **I** agg. ***essere ~*** to be cross-eyed, to (have a) squint **II** m. (f. **-a**) cross-eyed person, squinter.

strabiliante /strabi'ljante/ agg. [*talento*] stunning, astonishing; ***di una bellezza ~*** stunningly beautiful.

strabiliare /strabi'ljare/ [1] **I** tr. to stun, to astound **II strabiliarsi** pronom. to be* astonished, to be* surprised.

strabiliato /strabi'ljato/ **I** p.pass. → **strabiliare II** agg. stunned, astonished, surprised, amazed (**da** by, at); ***rimanere ~ di fronte a tanta intelligenza*** to be amazed at *o* by such genius.

strabismo /stra'bizmo/ ➧ **7** m. squint, strabismus, cross-eye; ***essere affetto da ~*** to (have a) squint ◆◆ ***~ convergente*** convergent strabismus *o* squint; ***~ divergente*** divergent squint, wall-eye; ***~ di Venere*** strabismus of Venus.

strabocchevole /strabok'kevole/ agg. [*ricchezza, folla*] huge, enormous.

strabuzzare /strabud'dzare/ [1] tr. ***~ gli occhi*** to goggle *o* roll one's eyes.

stracarico, pl. **-chi**, **-che** /stra'kariko, ki, ke/ agg. [*autobus*] overcrowded, packed; ***essere ~ di lavoro*** FIG. to be overloaded *o* overburdened with work.

straccare /strak'kare/ [1] **I** tr. REGION. to tire out, to exhaust **II straccarsi** pronom. REGION. to tire oneself out, to exhaust oneself.

stracchino /strak'kino/ m. GASTR. INTRAD. (soft fresh cheese produced in Lombardy).

stracciaiolo /strattʃa'jɔlo/ ➧ *18* m. ragman*, rag-and-bone man* BE ANT. COLLOQ.

stracciare /strat'tʃare/ [1] **I** tr. **1** *(strappare)* to tear* (up), to rip up, to shred [*lettera*]; to tear* to shreds, to tear* to pieces [*stoffa, vestito*] **2** TESS. *(sfilacciare la seta dai bozzoli)* to comb **3** COLLOQ. FIG. *(battere)* to thrash, to demolish, to destroy, to lick [*avversario*] **II stracciarsi** pronom. [*vestito*] to tear*, to rip ◆ ***-rsi le vesti*** to cry shame.

stracciatella /strattʃa'tɛlla/ f. GASTR. INTRAD. **1** *(minestra)* (broth made by adding a mixture of beaten eggs and Parmesan cheese) **2** *(gelato)* (fiordilatte ice cream with chocolate chips).

stracciato /strat'tʃato/ **I** p.pass. → **stracciare II** agg. **1** *(strappato)* [*indumento*] ragged; [*documento*] tattered; *(che indossa abiti strappati)* [*persona*] ragged, tattered, in rags mai attrib., in tatters mai attrib. **2** FIG. *(conveniente)* ***prezzo ~*** giveaway *o* knockdown price.

▷ **1.straccio**, pl. **-ci** /'strattʃo, tʃi/ m. **1** *(cencio)* rag; *(per pulire)* (cleaning) cloth, rag; ***~ per la polvere*** duster, dust cloth AE; ***~ per pavimenti*** floor cloth; ***passare lo ~ su qcs.*** to give sth. a dust *o* wipe; ***passare lo ~ sul pavimento*** to wash the floor; ***passare uno ~ umido*** to wipe with a damp cloth; ***ha sempre lo ~ in mano*** she's always got a duster in her hand **2** *(abito logoro)* ***vestito di -ci*** in rags *o* tatters; ***all'arrivo il mio vestito era ridotto a uno ~*** when I arrived my dress was all crumpled up **3 uno straccio di** ***non avere uno ~ di possibilità*** not to have a prayer; ***non c'era neanche uno ~ di prova*** there wasn't a scrap *o* shred of evidence ◆ ***essere ridotto a uno ~*** to be worn to a frazzle; ***sentirsi uno ~*** to feel like a wet rag, to feel worn out.

2.straccio, pl. **-ci**, **-ce** /'strattʃo, tʃi, tʃe/ agg. ***carta -a*** scrap paper, wastepaper; ***questo accordo è solo carta -a*** this agreement isn't worth the paper it's written on.

▷ **straccione** /strat'tʃone/ m. (f. **-a**) *(persona mal vestita)* ragged person, tatterdemalion; *(mendicante)* tramp, beggar; ***essere vestito come uno ~*** to be dressed like a tramp.

straccivendolo /strattʃi'vendolo/ ➧ *18* m. ragman*, rag-and-bone man* BE ANT. COLLOQ.

stracco, pl. **-chi**, **-che** /'strakko, ki, ke/ agg. REGION. **1** *(improduttivo)* [*terreno*] unfruitful **2** COLLOQ. *(sfinito)* wrecked, worn out, tired out.

stracolmo /stra'kolmo/ agg. [*autobus*] overcrowded, packed; [*borsa*] crammed, packed, bulging.

stracotto /stra'kɔtto/ **I** p.pass. → **stracuocere II** agg. **1** *(troppo cotto)* [*alimento*] overdone, overcooked **2** FIG. *(innamorato)* ***essere ~ di qcn.*** to be head over heels in love with sb., to be madly in love with sb. **III** m. GASTR. = stewed beef cooked in red wine.

stracuocere /stra'kwɔtʃere/ [34] tr. to overcook.

▶ **strada** /'strada/ Per tradurre l'italiano *strada*, due sono i principali equivalenti inglesi: *street* si usa per designare le strade cittadine, affiancate da negozi e altri edifici; *road* designa una strada di città o di campagna, che porta a un'altra città o a un'altra parte di una città. - L'inglese britannico e americano si differenziano nell'uso della preposizione, come mostrano questi esempi: *i negozi in Oxford Street* = the shops in Oxford Street (BE) / the shops on Oxford Street (AE). - Per altri equivalenti ed esempi d'uso, si veda la voce qui sotto. f. **1** *(per veicoli)* road; *(in un centro abitato)* street; ***costruzione, manutenzione delle -e*** road construction, maintenance; ***~ a senso unico*** one-way street; ***~ a doppio senso di marcia*** two-way street; ***~ a due, tre corsie*** two-lane, three-lane road; ***~ con precedenza*** road with right of way; ***~ privata*** private road; ***~ secondaria*** byroad, secondary *o* minor road; ***~ senza uscita*** no through road; ***~ di accesso*** approach road; ***~ carrozzabile, lastricata*** carriageable, paved road; ***~ asfaltata*** made-up *o* tar(red) *o* asphalt road; ***~ sterrata*** dirt track; ***~ di campagna*** country road; ***~ costiera*** coast(al) road; ***~ panoramica*** scenic *o* panoramic road; ***~ maestra*** main *o* high road, highway BE; ~

vicinale country lane; ***~ ferrata*** railway BE, railroad AE; ***~ dei vini*** wine train; ***codice della ~*** Highway code BE, rules of the road AE; ***prova su ~*** *(collaudo)* road test; ***tenere la ~*** [*automobile*] to hold the road; ***la ferrovia e la ~*** the road and the rail **2** *(tragitto, percorso)* way; ***fai la mia stessa ~?*** are you going my way? ***avere (ancora) tanta ~ da fare*** to have a long way to go; ***abbiamo fatto molta ~*** we've come a long way, we've covered a lot of ground; ***indicare, chiedere a qcn. la ~ per la stazione*** to tell, ask sb. the way to the station *o* how to get to the station; ***sbagliare ~*** to take the wrong road, to go the wrong way; ***la ~ è lunga!*** it's a long way! ***ci sono sei ore di ~*** it's a six-hour drive; ***essere a due giorni di ~ da*** to be a two-day drive from; ***abbiamo fatto un pezzo di ~ insieme*** *(a piedi)* we walked along together for a while; ***la ~ che porta in paese*** the road to the village; ***Milano? è sulla mia ~*** Milan? it's on my way; ***è la ~ più breve fra Torino e Aosta*** it's the quickest way from Turin to Aosta; ***per andare fino in cima ci sono parecchie -e*** there are several possible ways of getting to the summit; ***perdere*** o ***smarrire la ~*** to lose one's way (anche FIG.); ***uscire di ~, finire fuori ~*** to go *o* drive off the road; ***tagliare la ~ a qcn.*** to cut across sb.'s path, to cut into sb.; ***sbarrare la ~ a qcn.*** to bar sb.'s way; ***fatti in là, sei sulla mia ~!*** move (over)! you're in my way! ***essere per ~*** to be on one's *o* the way; ***a metà ~*** halfway; ***lungo la ~*** along the road; ***sulla ~ di casa*** on one's way home; ***~ facendo*** along *o* on the way; ***ho cambiato parere ~ facendo*** I changed my mind along the way; ***fermarsi ~ facendo*** o ***per ~*** to stop on the way **3** *(varco)* way; ***farsi ~ fra la folla*** to push *o* clear *o* force one's way through the crowd; ***farsi ~ in mezzo alle difficoltà della vita*** FIG. to make one's way through life's difficulties; ***farsi ~*** FIG. *(riuscire ad affermarsi)* [*persona*] to make one's own way, to work one's way up the ladder; *(emergere)* [*sentimento*] to creep (**in** into) **4** FIG. way; ***aprire la ~ a*** *(agevolare)* to clear the way for; *(dare avvio)* to show the way forward to; ***spianare la ~ a*** to pave the way for; ***essere fuori ~*** o ***sulla ~ sbagliata*** to be on the wrong track, to be way out; ***essere sulla ~ giusta*** to be on the right track; ***le nostre -e si sono incontrate*** our paths crossed; ***ha saputo trovare la ~ del mio cuore*** he's found the way to my heart; ***mettere qcn. sulla buona ~*** to point sb. in the right direction, to put sb. right; ***finire su una cattiva ~*** to go astray; ***portare qcn. sulla cattiva ~*** to lead sb. astray; ***andare avanti, continuare per la propria ~*** to go, continue on one's own way; ***cercare, trovare la propria ~*** to look for, find one's way in life; ***scegliere una ~ pericolosa*** to embark on a dangerous course; ***il destino l'ha messo sulla mia ~*** fate had it that our paths would cross; ***questa donna farà molta ~*** this woman will go a long way; ***essere sulla ~ del fallimento*** to be heading for bankruptcy; ***la ~ della celebrità*** the road to fame; ***la ~ della modernizzazione, della saggezza*** the way to modernization, wisdom; ***la ~ più breve verso la pace*** the shortest path to peace **5** SPORT *(nel ciclismo)* ***gigante*** o ***re della ~*** road-cycling champion; ***prova*** o ***corsa su ~*** road race **6 di strada** ***scene di ~*** street scenes; ***ragazzo di ~*** (street) urchin ◆ ***l'uomo della ~*** the (ordinary) man in the street; ***essere in mezzo a una ~*** to be on the street, to be down-and-out; ***gettare, mettere qcn. in mezzo a una ~*** to throw, put sb. out on the street; ***tutte le -e portano a Roma*** PROV. all roads lead to Rome; ***la ~ dell'inferno è lastricata di buone intenzioni*** PROV. the road to hell is paved with good intentions.

▶ **stradale** /stra'dale/ **I** agg. [*incidente, soccorso, sicurezza, circolazione, carta, educazione, rete, manto*] road attrib.; ***polizia ~*** traffic police; ***cartello ~*** roadsign; ***indicatore ~*** signpost, guide post; ***blocco ~*** roadblock; ***manutenzione ~*** highway *o* road maintenance **II** f. COLLOQ. ***la ~*** = the traffic police.

stradario, pl. **-ri** /stra'darjo, ri/ m. street map, street guide.

stradino /stra'dino/ ♦ ***18*** m. road-mender; *(uomo)* roadman*.

stradista, m.pl. **-i**, f.pl. **-e** /stra'dista/ m. e f. road-racing cyclist.

stradivario, pl. **-ri** /stradi'varjo, ri/ m. Stradivarius.

stradone /stra'done/ m. wide road, main road.

strafalcione /strafal'tʃone/ m. blunder, howler, clanger BE COLLOQ., clinker AE COLLOQ., blooper AE COLLOQ.

strafare /stra'fare/ [8] intr. (aus. *avere*) to overdo*, to do* too much.

strafatto /stra'fatto/ agg. COLLOQ. **1** *(completamente drogato)* zonked (out), stoned, wasted **2** *(troppo maturo)* [*frutta*] overripe **3** *(fatto da molto tempo)* done over and over again, done again and again.

strafico, pl. **-chi**, **-che** /stra'fico, ki, ke/, **strafigo**, pl. **-ghi**, **-ghe** /stra'figo, gi, ge/ **I** agg. VOLG. [*attore, concerto*] fucking gorgeous **II** m. (f. **-a**) VOLG. ***è uno ~!*** he's fucking gorgeous!

strafogarsi /strafo'garsi/ [1] pronom. COLLOQ. to fill one's face, to stuff one's face, to gorge oneself; ***~ di dolci*** to stuff oneself with sweets.

straforo: **di straforo** /distra'foro/ avv. *(furtivamente)* [*entrare*] on the sly, furtively; *(per vie traverse)* [*sapere*] second hand.

strafottente /strafot'tɛnte/ **I** agg. arrogant, insolent, impudent, cheeky **II** m. e f. arrogant person, insolent person, impudent person.

strafottenza /strafot'tɛntsa/ f. arrogance, insolence, impudence.

▷ **strage** /'stradʒe/ f. **1** *(massacro)* *(di persone)* massacre, butchery, mass murder; *(di animali)* slaughter; ***fare una ~*** to carry out a massacre **2** FIG. ***l'esame è stato una ~*** the exam was an absolute disaster; ***trattenetemi o faccio una ~!*** hold me down or I'll go berserk! ***con quella minigonna farai una ~!*** SCHERZ. you'll knock them dead in that mini-skirt! **3** COLLOQ. *(quantità enorme)* ***c'era una ~ di gente*** there were loads of people ◆ ***fare ~ di cuori*** to break many hearts ◆◆ ***~ degli Innocenti*** BIBL. Massacre of the Innocents.

stragismo /stra'dʒizmo/ m. GIORN. = terroristic practice which uses massacres in order to destabilize a country.

stragista, m.pl. **-i**, f.pl. **-e** /stra'dʒista/ m. e f. = somebody in favour of stragismo or who practices it.

straglio, pl. **-gli** /'straʎʎo, ʎi/ m. → **strallo.**

stragrande /stra'grande/ agg. vast, overwhelming; ***la ~ maggioranza (delle persone)*** the vast majority; ***il paese è per la ~ maggioranza protestante*** the country is overwhelmingly Protestant.

stralciare /stral'tʃare/ [1] tr. **1** *(selezionare)* to excerpt, to extract; ***~ un passo da un libro*** to remove *o* extract a passage from a book **2** COMM. *(liquidare)* ***~ una società*** to liquidate a firm.

stralcio, pl. **-ci** /'straltʃo, tʃi/ **I** m. **1** *(soppressione)* removal; ***~ di un debito*** liquidation of a debt **2** *(estratto)* ***~ di un testo*** excerption; ***-ci di conversazione*** fragments *o* snatches of conversation **3** *(liquidazione)* ***vendere a ~*** to sell at bargain prices, to sell off **II** agg.inv. ***legge ~*** transitional law.

strale /'strale/ m. LETT. **1** *(freccia)* dart, arrow **2** FIG. ***gli -i di Cupido*** Cupid's darts ◆ ***lanciare i propri -i contro qcn.*** to level cutting remarks at sb.

strallo /'strallo/ m. MAR. (back)stay; ***~ di trinchetto*** forestay; ***~ di maestra*** mainstay; ***vela di ~*** stay sail; ***paranco di ~*** stay tackle.

stralodare /stralo'dare/ [1] tr. to overpraise, to praise excessively.

stralunare /stralu'nare/ [1] tr. ***~ gli occhi*** to roll one's eyes.

stralunato /stralu'nato/ **I** p.pass. → **stralunare II** agg. **1** [*occhi*] rolling, staring **2** *(sconvolto)* [*espressione*] bewildered.

stramaledetto /stramale'detto/ **I** p.pass. → **stramaledire II** agg. cursed, damned, blasted COLLOQ.

stramaledire /stramale'dire/ [37] tr. to curse.

stramazzare /stramat'tsare/ [1] intr. (aus. *essere*) to collapse, to fall* heavily; ***~ al suolo*** to fall heavily *o* full length to the ground.

stramazzo /stra'mattso/ m. IDR. overfall.

stramberia /strambe'ria/ f. strangeness, oddity, eccentricity.

strambo /'strambo/ agg. [*idea*] odd, strange, eccentric, barmy BE COLLOQ.; [*comportamento*] crazy, unpredictable; ***tipo ~*** loony, weirdo COLLOQ.

strambotto /stram'bɔtto/ m. LETTER. = short love poem or one of a satirical nature that originated in France in the Middle Ages and spread to Italy.

strame /'strame/ m. bedding straw, litter.

stramonio, pl. **-ni** /stra'mɔnjo, ni/ m. jimsonweed, thorn apple, stinkweed, stramonium*.

strampalataggine /strampala'taddʒine/ f. → **strampaleria.**

strampalato /strampa'lato/ **I** agg. [*idea*] odd, strange, cockeyed COLLOQ., barmy BE COLLOQ.; ***persona -a*** loony, oddity, odd person, weirdo COLLOQ. **II** m. (f. **-a**) loony, oddity, odd person, weirdo COLLOQ.

strampaleria /strampale'ria/ f. oddity, strangeness, eccentricity.

stranamente /strana'mente/ avv. oddly, strangely, curiously, outlandishly; ***essere ~ silenzioso*** to be curiously silent; ***~ il ministro non si fa vedere*** curiously enough the minister is nowhere to be seen; ***~ mi hanno lasciato entrare*** curiously enough, I was let in; ***~ ha preferito partire*** strangely enough, he thought it better to go.

▷ **stranezza** /stra'nettsa/ f. oddity, strangeness, funniness, outlandishness; ***fare -e*** to behave oddly, to do strange things; ***dire -e*** to say odd *o* weird things; ***notare alcune -e nel comportamento di qcn.*** to notice something strange in sb.'s behaviour.

strangolamento /strangola'mento/ m. *(lo strangolare)* strangling, choking, throttling; *(risultato)* strangulation; ***morte per ~*** death by strangulation.

strangolapreti /strangola'prɛti/ m.inv. → **strozzapreti.**

▷ **strangolare** /strango'lare/ [1] **I** tr. **1** *(strozzare)* to strangle, to choke, to throttle [*vittima*]; ***ho voglia di strangolarli!*** FIG. I feel like throttling them! **2** *(stringere al collo)* [*colletto, cravatta*] to choke, to throttle **3** FIG. ***essere strangolato dai debiti*** to be crippled by debt **II strangolarsi** pronom. to strangle oneself.

strangolatore /strangola'tore/ m. (f. **-trice** /tritʃe/) strangler.

stranguglione /strangguʎ'ʎone/ m. VETER. strangles + verbo sing. o pl.

stranguria /stran'gurja, strangu'ria/ f. MED. strangury.

straniamento /stranja'mento/ m. **1** *(estraniazione)* estrangement, alienation **2** TEATR. ***effetto di ~*** alienation effect.

straniare /stra'njare/ [1] **I** tr. to estrange, to alienate (**da** from) **II straniarsi** pronom. ***-rsi dal mondo*** *(allontanarsi)* to live estranged from the world; *(chiudersi in se stesso)* to cut *o* shut oneself off.

▶ **straniero** /stra'njɛro/ **I** agg. *(estero)* [*persona, paese, capitale, lingua, valuta*] foreign **II** m. (f. **-a**) **1** *(cittadino di una nazione estera)* foreigner; ***gli -i hanno bisogno di un visto*** foreigners need a visa **2** *(nemico)* ***lo ~*** the enemy.

stranito /stra'nito/ agg. *(intontito)* stunned, dazed, befuddled, dizzy.

▶ **strano** /'strano/ **I** agg. [*persona, comportamento, coincidenza, faccenda, sensazione, idea, andatura*] strange, odd, weird; ***è ~ che*** it is strange that; ***trovare ~ che*** to find it strange that; ***succedono cose -e*** strange things are happening; ***mi è capitata una cosa -a*** something strange happened to me; ***fare una faccia -a*** to make a bit of a face; ***per quanto ~ ciò possa sembrare*** strange as it may seem; ***tanto più ~ per il fatto che*** all the more strange in that; ***la cosa più -a è che*** the strangest thing is that; ***~ a dirsi*** strange to say; ***cosa -a non ha risposto*** strangely *o* curiously enough she didn't answer; ***che ~!*** how strange! how odd! **II** m. strange thing; ***lo ~ è che*** the strange thing is that.

straordinariamente /straordinarja'mente/ avv. amazingly, extraordinarily, exceptionally, impressively.

straordinarietà /straordinarje'ta/ f.inv. extraordinariness, exceptionality.

▶ **straordinario**, pl. **-ri**, **-rie** /straordi'narjo, ri, rje/ **I** agg. **1** *(non ordinario)* [*assemblea, seduta, misure*] extraordinary, emergency attrib.; [*fenomeno*] extraordinary; [*treno*] special, relief attrib., unscheduled; ***edizione -a*** RAD. TELEV. special (edition), extra; ***lavoro ~*** overtime, extra hours **2** *(eccezionale)* [*intelligenza, bellezza, umiltà*] amazing, astonishing, extraordinary; [*successo*] fabulous, tremendous, resounding, howling COLLOQ.; [*persona, film*] remarkable, fantastic; [*forza, notizia*] incredible; [*quantità*] huge, enormous; ***è -a in questo ruolo*** she's marvellous in this role **II** m. (f. **-a**) **1** *(cosa eccezionale)* extraordinary thing; ***lo ~ è che...*** the extraordinary thing is that...; ***non c'è niente di ~ nel fare*** there's nothing unusual about doing **2** *(lavoro oltre l'orario normale)* overtime, extra hours pl.; *(compenso per tale lavoro)* overtime pay, overtime earnings pl.; ***fare lo ~*** to put in *o* do *o* work overtime **3** *(professore)* = title given to a full University professor who after passing a competitive exam must wait three years before obtaining tenure.

straorzare /straor'tsare, straor'dzare/ [1] intr. (aus. *avere*) MAR. to yaw.

straorzata /straor'tsata, straor'dzata/ f. MAR. yaw.

strapagare /strapa'gare/ [1] tr. to overpay* [*prodotto, servizio*].

strapagato /strapa'gato/ **I** p.pass. → **strapagare II** agg. [*prodotto, servizio*] overpaid.

straparlare /strapar'lare/ [1] intr. (aus. *avere*) **1** *(dire sciocchezze)* to talk nonsense **2** *(farneticare)* to rave.

strapazzare /strapat'tsare/ [1] **I** tr. **1** *(maltrattare)* to treat badly, to kick around COLLOQ., to kick about COLLOQ. [*persona*]; to misinterpret [*autore, opera*] **2** *(affaticare)* to overstrain, to overwork [*animale*]; to overwork, to overtire [*persona*] **3** *(eseguire male)* to murder, to mangle [*canzone*] **II strapazzarsi** pronom. to overwork oneself, to overtire oneself.

strapazzata /strapat'tsata/ f. **1** *(sfacchinata)* hard work **U**, drudgery **U**, grind COLLOQ., hard slog COLLOQ.; ***farla in un giorno è una ~*** doing it in one day is too much of a strain **2** *(rimprovero)* scolding, telling-off.

strapazzato /strapat'tsato/ **I** p.pass. → **strapazzare II** agg. **1** *(malconcio)* [*oggetto*] battered **2** *(affaticato)* tired out, worn-out, overworked, overtired **3** *(pieno di strapazzi)* [*vita*] hard **4** GASTR. ***uova -e*** scrambled eggs.

strapazzo /stra'pattso/ m. **1** *(fatica eccessiva)* strain, overwork **U**; ***lo ~ del viaggio*** the strain of the journey **2 da strapazzo** *(di scarso valore)* [*idea, invenzione*] useless; [*progetto*] hopeless; [*filosofo, politico*] lightweight; [*artista, pittore*] crummy COLLOQ.; [*attore*] third-rate; ***giornalista da ~*** penny-a-liner; ***critico da ~*** criticaster; ***vestiti da ~*** *(da usare senza cura)* working clothes.

strapieno /stra'pjɛno/ agg. **1** *(stracolmo)* [*treno, museo*] overcrowded, packed; [*armadio, borsa*] crammed, packed, bulging **2** *(che ha mangiato troppo)* ***essere ~*** to be full up, to be bloated.

strapiombante /strapjom'bante/ agg. overhanging.

strapiombare /strapjom'bare/ [1] intr. (aus. *essere, avere*) **1** *(non essere a piombo)* [*muro*] to be* out of plumb, to be* off plumb **2** *(scendere a picco)* [*costa, roccia*] to overhang*.

strapiombo /stra'pjombo/ m. **1** *(precipizio)* overhang, precipice, steep drop **2** *(lo strapiombare)* overhanging **3 a strapiombo** [*parete, roccia*] overhanging, sheer; ***la scogliera è a ~ sul mare*** the cliff drops *o* falls sheer into the sea.

strapotente /strapo'tɛnte/ agg. very powerful, prepotent.

strapotenza /strapo'tɛntsa/ f. excess of power, excessive power.

strapotere /strapo'tere/ m. excess of power, prepotence.

strappabile /strap'pabile/ agg. tearable.

strappacuore /strappa'kwɔre/ agg.inv. [*scena, film, storia*] heartbreaking.

strappalacrime /strappa'lakrime/ agg.inv. ***un racconto, film ~*** a tear-jerker.

strappamento /strappa'mento/ m. **1** *(lo strappare)* tearing **2** MED. tear, laceration.

▶ **strappare** /strap'pare/ [1] **I** tr. **1** *(sradicare)* to pull out, to pull up [*erbacce*] **2** *(togliere)* to pull out [*peli, capelli*]; ***~ con le pinzette*** COSMET. to tweeze; ***~ via*** to rip out, to tear out [*foglio, pagina*]; ***~ un manifesto dal muro*** to tear a poster off the wall; ***non sono riuscito a strapparle una parola di bocca*** FIG. I couldn't get a (single) word out of her **3** *(stracciare)* to rip, to tear* [*pantaloni, gonna, vestito*]; to snag [*calze*]; to tear* (up), to rip up, to shred [*lettera, documento*] **4** *(sottrarre)* to snatch (**da**, **a** from); ***~ qcs. dalle mani di qcn.*** to snatch sth. out of sb.'s hands; ***~ qcn. alla sua famiglia*** FIG. to tear sb. from the bosom of his family **5** FIG. *(riuscire a ottenere)* to force [*aumento, compromesso*]; to draw* out, to extract, to force out [*segreto, consenso, confessione*]; to get*, to draw*, to force out [*promessa, sorriso*]; to carry off [*coppa, premio, titolo*]; to barely get* [*diploma, sufficienza*]; ***gli hanno strappato la vittoria*** they snatched victory from him **II** intr. (aus. *avere*) [*frizione*] to judder **III strapparsi** pronom. **1** *(rompersi)* [*indumento, carta*] to rip, to tear* **2** MED. to tear*, to strain, to pull [*muscolo, legamento*] ◆ ***~ la maschera a qcn.*** to unmask sb.; ***~ il cuore a qcn.*** to break sb.'s heart; ***~ qcn. al sonno*** FIG. to wake sb. up; ***~ qcn. alla morte*** to snatch sb. from the jaws of death; ***-rsi i capelli per la disperazione*** to tear one's hair out in despair.

strappata /strap'pata/ f. pull, tug.

strappato /strap'pato/ **I** p.pass. → **strappare II** agg. [*jeans, pagina*] torn, ripped.

▷ **strappo** /'strappo/ m. **1** *(tirata)* jerk; ***il cane ha rotto la catena con uno ~*** the dog broke his chain with a jerk **2** *(nella stoffa)* tear, rip, rent; ***fare*** o ***farsi uno ~ nella camicia*** to tear one's shirt; ***avere uno ~ nei pantaloni*** to have a tear in one's trousers **3** FIG. split; ***uno ~ fra i partiti*** a split between the parties **4** MED. strain; ***~ muscolare*** muscle strain, strained *o* pulled muscle; ***farsi uno ~ muscolare*** to strain *o* pull a muscle **5** COLLOQ. *(passaggio in auto)* ***dare, farsi dare uno ~ (in macchina)*** to give, take a lift **6** SPORT *(nel ciclismo)* spurt; *(nel sollevamento pesi)* snatch **7 a strappi** [*avanzare*] by jerks ◆ ***fare uno ~ alla regola*** to make an exception (to the rule), to bend the rules.

strapuntino /strapun'tino/ m. **1** *(seggiolino)* tip-up seat **2** MAR. hammock mattress.

straricco, pl. **-chi**, **-che** /stra'rikko, ki, ke/ agg. fabulously rich, immensely rich, filthy rich COLLOQ.

straripamento /straripa'mento/ m. overflow(ing), flooding.

straripante /strari'pante/ agg. overflowing (**di** with).

straripare /strari'pare/ [1] intr. (aus. *essere, avere*) [*fiume*] to overflow (its banks), to flood.

strasburghese /strazbur'gese/ ♦ ***2*** **I** agg. from, of Strasbourg **II** m. e f. native, inhabitant of Strasbourg.

Strasburgo /straz'burgo/ ♦ ***2*** n.pr.f. Strasbourg.

strascicamento /straʃʃika'mento/ m. trailing, dragging.

strascicare /straʃʃi'kare/ [1] **I** tr. **1** *(trascinare)* to drag, to scrape [*sedia*]; ***~ i piedi*** to drag one's feet *o* heels, to shuffle; ***~ le parole*** FIG. to drawl **2** FIG. *(tirare per le lunghe)* to drag out [*lavoro*] **II** intr. (aus. *avere*) [*cappotto*] to trail **III strascicarsi** pronom. to drag one's feet, to drag one's heels, to shuffle.

strascicato /straʃʃi'kato/ **I** p.pass. → **strascicare II** agg. ***passo ~***, ***andatura -a*** shuffle; ***pronuncia -a*** drawl.

strascichio, pl. **-ii** /straʃʃi'kio, ii/ m. **1** *(lo strascicare)* dragging, trailing **2** *(rumore)* shuffle.

strascico, pl. **-chi** /'straʃʃiko, ki/ m. **1** ABBIGL. train; ***vestito con lo ~*** dress with a train; ***reggere lo ~ a qcn.*** to hold up sb.'s train; FIG. to toady to sb. **2** FIG. ***parlare con lo ~*** to drawl, to speak with a drawl **3** PESC. ***rete a ~*** trawl, dragnet; ***pesca a ~*** trawling; ***peschereccio a ~***

trawler, drag boat; ***pescare (con la rete) a*** ~ to trawl **4** *(sbavatura di lumaca)* trail **5** *(seguito)* swarm; ***uno ~ di fotografi*** a train *o* swarm of photographers **6** FIG. consequence, legacy, aftermath **U**; ***gli -chi della guerra*** the aftermath of war; ***gli -chi della malattia*** the after-effects of illness.

strasciconi /straʃʃi'koni/ avv. ***camminare*** ~ to shuffle along.

strascinare /straʃʃi'nare/ → **trascinare.**

strascinio, pl. **-ii** /straʃʃi'nio, ii/ m. **1** *(lo strascinare)* dragging, trailing **2** *(rumore) (di piedi)* shuffle.

strascino /'straʃʃino/ m. VENAT. dragnet.

strass /stras/ m.inv. paste, strass, rhinestone; ***orecchini di*** ~ paste earrings.

stratagemma /strata'dʒɛmma/ m. stratagem, ploy, manoeuvre BE, maneuver AE, trick, dodge BE COLLOQ.; ***ricorrere a uno*** ~ to resort to a stratagem *o* trick; ***escogitare uno*** ~ to devise a stratagem.

stratega, pl. **-ghi** /stra'tɛga, gi/ m. strategist, manoeuvrer BE, maneuverer AE; ~ ***da tavolino*** o ***da quattro soldi*** armchair strategist.

strategia /strate'dʒia/ f. strategy, strategics + verbo sing.; ***elaborare, adottare una*** ~ to formulate, follow a strategy; ~ ***aziendale*** company strategy; ~ ***finanziaria*** financial strategy; ~ ***di mercato*** marketing strategy.

strategicamente /stratedʒika'mente/ avv. strategically.

strategico, pl. **-ci, -che** /stra'tɛdʒiko, tʃi, ke/ agg. [*punto, obiettivo, posto, armi, ritirata*] strategic(al).

stratego, pl. **-ghi** /stra'tɛgo, gi/ m. STOR. strategus*, strategos*.

stratificare /stratifi'kare/ [1] **I** tr. to stratify **II** **stratificarsi** pronom. to stratify.

stratificato /stratifi'kato/ **I** p.pass. → **stratificare** **II** agg. **1** GEOL. stratified, bedded **2** TECN. [*vetro*] laminated.

stratificazione /stratifikat'tsjone/ f. **1** stratification (anche FIG.); ~ ***sociale*** social stratification **2** GEOL. stratification; ~ ***incrociata*** cross-bedding.

stratiforme /strati'forme/ agg. stratiform.

stratigrafia /stratigra'fia/ f. GEOL. stratigraphy.

stratigraficamente /stratigrafika'mente/ avv. stratigraphically.

stratigrafico, pl. **-ci, -che** /strati'grafiko, tʃi, ke/ agg. stratigraphic(al).

▷ **strato** /'strato/ m. **1** *(di vernice, colore)* coat(ing); *(di polvere, vestiti)* layer; *(di neve)* blanket, layer; *(di ghiaccio)* layer, sheet; ***disporre a -i*** to arrange in layers; ***torta a -i*** layer cake; ***spalmare uno ~ di marmellata sul pane*** to spread some jam on the bread, to spread some bread with jam **2** GEOL. stratum*, layer, bed; ***uno ~ argilloso, calcareo*** a stratum of clay, lime **3** BIOL. stratum* **4** SOCIOL. stratum*, class **5** METEOR. stratus*, layer; ***gli -i atmosferici*** the layers of the atmosphere; ~ ***di ozono*** ozone layer.

stratocumulo /strato'kumulo/ m. stratocumulus*.

stratonembo /strato'nembo/ m. nimbostratus*.

stratopausa /strato'pauza/ f. stratopause.

stratosfera /stratos'fɛra/ f. stratosphere.

stratosferico, pl. **-ci, -che** /stratos'fɛriko, tʃi, ke/ agg. **1** *(della stratosfera)* stratospheric(al) **2** FIG. *(esorbitante)* [*prezzo*] astronomic(al), prohibitive, exorbitant; [*pretese*] absurd.

strattonare /stratto'nare/ [1] tr. **1** *(urtare)* to pull, to yank [*persone*]; ~ ***qcn. per il braccio*** to tug at sb.'s arm **2** SPORT to barge [*avversario*].

strattone /strat'tone/ m. **1** *(strappo, movimento brusco)* jerk, tug, pull, yank; ***liberarsi con uno*** ~ to free oneself with a jerk; ***dare uno ~ a qcs.*** to jerk sth., to tug at sth., to give sth. a tug **2** **a strattoni** by jerks.

stravaccarsi /stravak'karsi/ [1] pronom. COLLOQ. to sprawl (out); ~ ***sul divano*** to sprawl on the sofa; ~ ***sull'erba, sulla sabbia*** to sprawl in the grass, on the sand.

stravaccato /stravak'kato/ **I** p.pass. → **stravaccarsi** **II** agg. sprawling, sprawled (out); ***era -a sul divano*** she lay sprawled across the sofa.

▷ **stravagante** /strava'gante/ **I** agg. *(strano, bizzarro)* [*comportamento, persona*] bizarre, eccentric, peculiar; [*modi*] extravagant, peculiar, strange; [*abbigliamento*] eccentric, bizarre; [*idea*] odd, extravagant, fancy, bizarre; [*tempo*] strange **II** m. e f. eccentric person, odd person, weirdo COLLOQ.

stravaganza /strava'gantsa/ f. extravagance, eccentricity, oddity; ***vestire con*** ~ to dress eccentrically; ***sono stufo delle sue -e*** I'm fed up with her eccentricities, I'm tired of her whims.

stravecchio, pl. **-chi, -chie** /stra'vɛkkjo, ki, kje/ agg. **1** *(molto vecchio)* very old **2** *(stagionato)* [*formaggio*] mature, ripe; [*vino*] aged, mature.

stravedere /strave'dere/ [97] intr. (aus. *avere*) COLLOQ. **1** *(vedere male)* to see* things; ***stravedo, o c'è un cane vicino a lui?*** am I seeing things or is there a dog next to him? **2** FIG. *(ammirare in modo eccessivo)* ~ ***per qcn.*** to be crazy about sb., to dote on sb.

stravincere /stra'vintʃere/ [98] tr. to thrash, to demolish, to destroy, to lick [*avversari*]; ***ha stravinto*** he won hands down.

stravizio, pl. **-zi** /stra'vittsjo, tsi/ m. *(nel mangiare)* overeating, excess in eating; *(nel bere)* excess in drinking, overdrinking; ***darsi agli -zi*** to give oneself over to a life of debauchery.

stravolgere /stra'vɔldʒere/ [101] **I** tr. **1** *(storcere)* ~ ***gli occhi*** to roll one's eyes **2** FIG. *(alterare)* to distort, to twist [*verità, parole*]; to misinterpret, to misread* [*testo*]; *(deformare)* [*dolore*] to distort, to contort [*lineamenti*] **3** FIG. *(turbare)* [*notizia*] to upset* **II** **stravolgersi** pronom. ***-rsi dal dolore*** to writhe in pain.

stravolgimento /stravoldʒi'mento/ m. **1** *(lo stravolgere)* twisting; *(di occhi)* rolling **2** *(travisamento)* distorting, distortion, twisting.

stravolto /stra'vɔlto/ **I** p.pass. → **stravolgere** **II** agg. **1** *(sconvolto)* [*volto*] contorted (**da**, **per** with) **2** FIG. *(turbato)* (badly) upset, shocked (**da**, **per** by) **3** COLLOQ. *(sfinito)* worn-out, exhausted.

straziante /strat'tsjante/ agg. **1** *(angoscioso)* [*urlo, addio*] heartbreaking, heartrending; [*dolore*] agonizing, excruciating; [*scena*] harrowing **2** SCHERZ. [*musica*] grating.

straziare /strat'tsjare/ [1] tr. **1** *(dilaniare)* to mangle, to lacerate, to tear* (apart) [*corpo*] **2** *(addolorare)* [*dolore*] to rend*, to wring* [*cuore*] **3** *(infastidire)* [*musica, voce*] to grate on [*orecchie*] **4** FIG. *(rovinare)* to butcher, to kill, to murder [*brano musicale*].

straziato /strat'tsjato/ **I** p.pass. → **straziare** **II** agg. **1** *(lacerato)* [*corpo*] mangled, lacerated **2** FIG. [*animo, cuore*] racked; ~ ***dalla guerra*** war-torn, war-worn.

▷ **strazio**, pl. **-zi** /'strattsjo, tsi/ m. **1** *(lacerazione)* mangling, laceration, tearing to pieces **2** FIG. torment, torture; ***lo ~ degli addii*** the agony of saying goodbye *o* of parting **3** COLLOQ. *(fastidio)* bore, torment; ***che ~ quel film!*** what a ghastly film!

▷ **strega**, pl. **-ghe** /'strega, ge/ f. **1** *(fattucchiera)* witch, sorceress, enchantress; ***caccia alle -ghe*** witch-hunt(ing); FIG. witch-hunt; ***ridda di -ghe*** witches' rout **2** *(donna cattiva)* hag, bag, witch; ***vecchia*** ~ old hag *o* bat *o* witch **3** *(nel ricamo)* ***punto (a)*** ~ herringbone stitch ◆ ***colpo della*** ~ back strain.

stregare /stre'gare/ [1] tr. to bewitch (anche FIG.), to cast* a spell on (anche FIG.), to put* a spell on (anche FIG.), to enchant (anche FIG.).

stregato /stre'gato/ **I** p.pass. → **stregare** **II** agg. bewitched (anche FIG.), enchanted (anche FIG.); ***casa -a*** haunted house.

▷ **stregone** /stre'gone/ m. **1** *(mago)* wizard, sorcerer, enchanter **2** *(guaritore)* medicine man*, witch doctor.

stregoneria /stregone'ria/ f. **1** *(pratiche magiche)* witchcraft, sorcery, witchery **2** *(incantesimo)* spell, charm.

stregonesco, pl. **-schi, -sche** /strego'nesko, ski, ske/ agg. witchlike, witch attrib.

stregua /'stregwa/ f. standard; ***alla ~ di un ladro*** like a thief; ***alla stessa*** ~ in the same way, by the same standards; ***giudicare tutti alla stessa*** ~ to judge everybody with the same yardstick *o* by the same standards; ***a questa*** ~ at this rate.

strelitzia /stre'littsja/ f. strelitzia, bird-of-paradise flower.

stremare /stre'mare/ [1] tr. to exhaust, to wear* out, to tire out, to fag out COLLOQ.

stremato /stre'mato/ **I** p.pass. → **stremare** **II** agg. exhausted, worn-out, tired out, fagged out COLLOQ.

stremo /'strɛmo/ m. extreme limit; ***ridurre qcn. allo*** ~ to exhaust sb., to wear sb. out; ***essere (ridotto) allo ~ (delle forze)*** to be on one's last legs, to be at the end of one's tether *o* rope AE.

strenna /'strɛnna/ f. **1** *(regalo)* gift, present; *(per il primo giorno dell'anno)* handsel **2** *(libro)* gift-book ◆◆ ~ ***natalizia*** Christmas present *o* gift.

strenuamente /strenua'mente/ avv. bravely, boldly.

strenuità /strenui'ta/ f.inv. LETT. bravery, valour, courage.

strenuo /'strɛnuo/ agg. **1** *(accanito)* [*oppositore, difensore*] strenuous; *(valoroso)* brave, bold, valiant **2** *(instancabile)* [*resistenza*] tireless, untiring.

strepitare /strepi'tare/ [1] intr. (aus. *avere*) **1** *(fare rumore)* to make* noise, to make* a racket COLLOQ. **2** *(gridare)* to roar, to shout, to yell.

strepitio, pl. **-ii** /strepi'tio, ii/ m. *(di onde)* roar; *(di folla)* clamour BE, clamor AE, racket COLLOQ.

strepito /'strɛpito/ m. *(di onde)* roar; *(di folla)* clamour BE, clamor AE, racket COLLOQ.; *(di cani)* (loud) barking; *(di catene)* clanking ◆ ***fare ~*** *(suscitare scalpore)* to cause a sensation *o* an uproar *o* a stir.

strepitosamente /strepitosa'mente/ avv. *(clamorosamente)* [*sconfitto*] surprisingly; *(straordinariamente)* [*interpretare*] extraordinarily, impressively.
strepitoso /strepi'toso/ agg. **1** *(rumoroso, fragoroso)* [*grida*] loud, deafening; [*risata*] loud, uproarious; [*applauso*] loud, thunderous, wild **2** FIG. *(straordinario)* [*successo*] resounding, tremendous, howling COLLOQ.; [*bellezza*] stunning, amazing, extraordinary; [*vittoria*] overwhelming, landslide **3** COLLOQ. *(grandioso)* [*idea*] brilliant, knock-out COLLOQ.; ***è una ragazza -a*** *(bellissima)* she's a stunningly beautiful girl.
streptococcico, pl. **-ci, -che** /strepto'kɔttʃiko, tʃi, ke/ agg. streptococcal, streptococcic.
streptococco, pl. **-chi** /strepto'kɔkko, ki/ m. streptococcus*.
streptolisina /streptoli'zina/ f. streptolysin.
streptomicete /streptomi'tʃɛte/ m. streptomyces*.
streptomicina /streptomi'tʃina/ f. streptomycin.
stress /strɛs/ m.inv. stress, strain; ***segni di ~*** signs of stress *o* strain; ***~ da esame*** exam nerves; ***~ da lavoro*** occupational stress; ***indotto*** o ***provocato dallo ~*** stress-induced, stress-related; ***fattore di ~*** MED. stress factor; ***essere sotto ~*** to be under stress; ***sottoporre qcn. a ~*** to put sb. under stress, to put stress on sb.
stressante /stres'sante/ agg. stressful, high pressure attrib.
stressare /stres'sare/ [1] **I** tr. [*lavoro*] to put* [sb.] under stress, to put* stress on [*persona*] **II stressarsi** pronom. to get* worked up, to get* stressed; ***non è il genere di persona che si stressa facilmente*** he's not the kind of person to get worked up.
stressato /stres'sato/ **I** p.pass. → **stressare II** agg. stressed, strained, under stress mai attrib.; ***essere ~ a causa del lavoro*** to be under stress from work.
stretch /strɛtʃ/ **I** agg.inv. [*velluto*] stretch **II** m.inv. stretch material; ***jeans in ~*** stretch jeans.
stretching /'strɛttʃing/ ♦ *10* m.inv. stretching; ***corso di ~*** stretch class.
▷ **stretta** /'stretta/ f. **1** *(atto di stringere)* grasp, grip, clasp, grab; ***allentare la ~*** to release one's hold, to loosen one's grip; ***dare una ~ alla vite, al nodo*** to tighten the screw, the knot; ***~ alla gola*** stranglehold; ***~ di mano*** handshake; ***scambiarsi una ~ di mano*** to shake hands; ***dare una ~ di mano a qcn.*** to shake sb.'s hand, to shake hands with sb. **2** *(forte abbraccio)* embrace, hug **3** *(calca)* crush, crowd **4** *(fitta)* pang, stab (of pain); ***una ~ allo stomaco*** a stab of pain in one's stomach; ***una ~ al cuore*** FIG. a pang (in one's heart) **5** ECON. squeeze, crunch; ***trovarsi in una ~ finanziaria*** FIG. to feel the pinch **6** GEOGR. *(tra montagne)* gorge, defile **7** MUS. stretta*, stretto* ◆ ***essere alle -e*** to be in a tight corner, to have one's back to the wall; ***mettere qcn. alle -e*** to drive *o* force sb. into a corner, to put sb. on the spot; ***venire alla ~ finale*** to reach the climax ◆◆ ***~ creditizia*** ECON. credit freeze *o* squeeze.
strettamente /stretta'mente/ avv. **1** *(saldamente)* [*legato*] tight(ly) **2** FIG. closely; ***le due questioni sono ~ legate*** the two questions are closely linked *o* related; ***essere ~ imparentato con qcn.*** to be closely related to sb., to be a close relative of sb. **3** *(rigorosamente)* [*sorvegliare*] closely; ***~ confidenziale*** [*documento, informazione*] strictly confidential; ***in via ~ confidenziale*** in strict(est) confidence; ***~ riservato*** strictly personal; ***questioni di carattere ~ personale*** strictly personal matters.
strettezza /stret'tettsa/ f. **1** *(ristrettezza)* narrowness **2** FIG. *(scarsità)* shortage, scarceness, scarcity, insufficiency; ***vivere in -e*** to live in poverty.
▷ **1.stretto** /'stretto/ **I** p.pass. → **stringere II** agg. **1** *(non largo)* [*valle, strada, stanza, scarpe, spalle*] narrow; [*vestito*] tight; ***è troppo ~*** it's too narrow; ***questi pantaloni mi vanno un po' -i*** these trousers feel a bit too tight, these trousers are a tight fit; ***questa giacca è troppo -a di spalle*** this jacket is too tight across *o* in the shoulders; ***vestito ~ in vita*** dress fitted at the waist; ***pettine a denti -i*** fine-tooth(ed) comb **2** *(serrato)* [*nodo, vite*] tight; [*pugni*] clenched; ***curva -a*** sharp bend; ***prendere una curva troppo -a*** to take a bend too sharply *o* too tightly; ***tenere ~ qcs.*** *(molto vicino)* to hold sth. tight, to clutch sth., to get a firm grip on sth.; ***tenere qcs. ~ al cuore*** to hold sth. tight against one's chest; ***tenere qcn. ~ tra le braccia*** to hold sb. in a tight embrace, to hold sb. tight in one's arms; ***tenersi ~ a*** to hang on to, to hold on fast to **3** *(pigiato)* [*libri, persone*] packed, crammed, crowded; ***essere*** o ***stare -i come sardine*** FIG. to be packed *o* squashed (in) like sardines **4** FIG. *(intimo)* [*amicizia, rapporti*] close; [*parente*] close; ***essere in ~ contatto con qcn.*** to be in close contact with sb.; ***lavorare in -a collaborazione con*** to work closely *o* in close collaboration with **5** *(assoluto, rigoroso)* close, strict; [*dieta*] crash; ***sotto -a sorveglianza*** under close *o* strict surveillance; ***mantenere uno ~ riserbo su*** to observe strict silence on, to maintain a strict reserve on; ***in senso ~*** strictly speaking; ***nel senso ~ del termine*** in the narrow *o* strict sense of the word; ***di -a osservanza*** [*vegetariano, cattolico*] strict; ***la -a osservanza della Quaresima*** the strict observance of Lent **6** *(esiguo)* [*maggioranza*] narrow; [*vittoria*] narrow, close, hairline; ***lo ~ necessario*** *(minimo)* the bare necessities, the bare minimum; ***a ~ giro di posta*** by return (of post), by return mail **7** *(puro)* ***parlare un dialetto ~*** to speak in an impenetrable dialect **8** FON. *(chiuso)* close(d) **9** *(nel lavoro a maglia)* ***a maglie -e*** fine-knit; ***lavorare ~*** to knit tightly **10** SPORT ***marcare ~ un avversario*** to mark an opponent closely **11 allo stretto** *(in un appartamento, un'automobile)* cramped, squeezed; ***siamo un po' allo ~ qui*** we're rather cramped here; ***vivere allo ~*** to live in cramped quarters ◆ ***essere di manica -a*** *(avaro)* to be tight-fisted *o* mean; *(severo)* to be strict; ***sorridere a denti -i*** to force a smile; ***accettare qcs. a denti -i*** to grin and bear it; ***vincere di -a misura*** to win by a slender margin *o* by a (short) head.
▷ **2.stretto** /'stretto/ m. **1** GEOGR. strait, straits pl.; ***~ di Bering*** Bering Strait; ***~ del Bosforo*** Bosphorus Straits; ***~ di Gibilterra*** Straits of Gibraltar; ***~ di Magellano*** Magellan Strait; ***~ di Messina*** Straits of Messina **2** MUS. stretto*, stretta*.
strettoia /stret'toja/ f. **1** *(di strada)* bottleneck **2** FIG. ***trovarsi in una ~*** to be in a tight spot *o* in low water.
strettoio, pl. **-oi** /stret'tojo, oi/ m. TECN. clamp.
stria /'stria/ f. **1** *(riga sottile)* stripe, streak **2** ANAT. ARCH. stria*.
striare /stri'are/ [1] tr. **1** *(fare delle strie)* to stripe, to streak **2** *(scanalare)* to make* grooves in **3** GEOL. to striate.
striato /stri'ato/ **I** p.pass. → **striare II** agg. **1** *(con striature)* streaked, striped (**di** with) **2** ANAT. [*muscolo, corpo*] striated **3** GEOL. [*roccia*] scored.
striatura /stria'tura/ f. **1** *(stria)* stripe, streak; *(insieme di strie)* streaking, striation, stripes pl. **2** GEOL. score.
stricnina /strik'nina/ f. strychnine.
stricninismo /strikni'nizmo/ m. strychninism.
stricto sensu /'strikto'sɛnsu/ avv. stricto sensu, sensu stricto, strictly speaking.
stridente /stri'dɛnte/ agg. **1** *(fastidiosamente acuto)* [*rumore, suono, voce*] screeching, piercing, squeaky, shrill; [*musica*] grating **2** *(discordante)* [*contrasto*] striking, sharp; [*colore*] jarring, clashing.
stridere /'stridere/ [2] intr. (aus. *avere*) **1** *(emettere suoni acuti)* [*sega*] to rasp; [*gesso, unghie*] to squeak; [*pneumatico, freni*] to screech, to squeal; [*strumento musicale, voce*] to jar, to screech; [*cicale, grilli*] to chirr, to chirp; [*civetta*] to hoot; [*gazza, ghiandaia*] to chatter **2** FIG. *(stonare)* [*colore*] to clash, to jar.
stridio, pl. **-ii** /stri'dio, ii/ m. *(di gesso, unghie)* squeak; *(di pneumatici, freni)* screech, squeal; *(di violino)* screeching; *(di cicale, grilli)* chirr, chirp; *(di gazza)* chattering.
strido, pl.f. **-a** /'strido/ m. *(di persone)* scream, shriek, screech, squeal.
stridore /stri'dore/ m. *(di freni, pneumatici)* screech, squeal; *(di sega)* rasp; *(di gesso, unghie)* squeak; *(di voce)* shrillness, stridency; *(di denti)* gnashing.
stridulamente /stridula'mente/ avv. [*urlare*] shrilly.
stridulare /stridu'lare/ [1] intr. (aus. *avere*) [*insetti*] to stridulate.
stridulazione /stridulat'tsjone/ f. *(di insetti)* stridulation.
stridulo /'stridulo/ agg. [*voce, suono, rumore*] shrill, strident, squeaky; [*risata*] shrill.
strigile /'stridʒile/ m. strigil.
striglia /'striʎʎa/ f. curry comb.
strigliare /striʎ'ʎare/ [1] **I** tr. **1** *(pulire con la striglia)* to curry, to groom, to rub down [*cavallo*] **2** FIG. *(rimproverare)* to scold, to reprimand, to lecture [*persona*] **II strigliarsi** pronom. SCHERZ. to groom oneself.
strigliata /striʎ'ʎata/ f. **1** *(colpo di striglia)* currying **2** FIG. *(rimprovero)* ***dare una (bella) ~ a qcn.*** to give sb. a (real) roasting, to bawl sb. out; ***prendersi una bella ~*** to get bawled out.
strigliatura /striʎʎa'tura/ f. currying, grooming, rubbing down.
▷ **strillare** /stril'lare/ [1] **I** tr. **1** *(dire a voce alta)* to scream, to screech, to shout, to yell [*insulti, ordini*] **2** COLLOQ. *(sgridare)* to tell* off, to bawl out COLLOQ. **II** intr. (aus. *avere*) [*persona*] to scream, to screech, to shriek, to yell ◆ ***~ come un'aquila*** to scream *o* yell blue murder.
strillata /stril'lata/ f. **1** *(grido, urlo)* scream, screech, shout, yell **2** *(sgridata)* telling off.
strillo /'strillo/ m. scream, screech, shriek, yell.
strillone /stril'lone/ ♦ *18* m. (f. **-a**) **1** COLLOQ. *(chi è solito strillare)* screamer **2** *(venditore di giornali)* = newspaper seller.

strillozzo /stril'lɔttso/ m. corn bunting.
striminzire /strimin'tsire/ [102] **I** tr. *(smagrire)* to make* look thin(ner) [*persona*] **II striminzirsi** pronom. to become* thin(ner), to lose* weight.
striminzito /strimin'tsito/ **I** p.pass. → **striminzire II** agg. **1** *(stretto)* [*vestito*] skimpy **2** *(esile, magro)* [*persona*] thin, lean, skinny; [*pianta*] stunted **3** *(esiguo)* [*stipendio*] low, miserly, paltry, pitiful.
strimpellamento /strimpella'mento/ m. *(di strumenti a corda)* strum(ming); *(di pianoforte)* banging, pounding.
strimpellare /strimpel'lare/ [1] tr. to strum, to thrum [*chitarra*]; to scrape [*violino*]; ***~ il pianoforte*** to tickle the ivories SCHERZ.
strimpellata /strimpel'lata/ f. strum(ming).
strimpellatore /strimpella'tore/ m. (f. **-trice** /tritʃe/) *(di strumenti a corda)* strummer, thrummer.
strimpellio, pl. **-ii** /strimpel'lio, ii/ m. *(di strumenti a corda)* continuous strum(ming); *(di pianoforte)* continuous banging.
strinare /stri'nare/ [1] **I** tr. **1** GASTR. to singe [*pollo*] **2** *(bruciacchiare)* to singe, to scorch [*tessuto*] **II strinarsi** pronom. to scorch.
strinato /stri'nato/ **I** p.pass. → **strinare II** agg. **1** GASTR. [*pollo*] singed **2** *(bruciacchiato)* [*camicia*] singed, scorched.
strinatura /strina'tura/ f. **1** GASTR. singe **2** *(bruciacchiatura)* singe, scorch.
stringa, pl. **-ghe** /'stringa, ge/ f. **1** *(laccio)* lace, tie; *(da scarpe)* (shoe)lace, shoestring AE **2** INFORM. string; ***~ di caratteri*** character string **3** LING. string.
stringare /strin'gare/ [1] tr. **1** *(allacciare strettamente)* to lace (up) tightly **2** FIG. *(rendere conciso)* to condense, to make* [sth.] concise [*racconto*].
stringatezza /stringa'tettsa/ f. conciseness, terseness, succinctness.
stringato /strin'gato/ **I** p.pass. → **stringare II** agg. [*racconto*] concise, condensed; [*stile*] terse, lapidary.
stringendo /strin'dʒɛndo/ **I** m.inv. MUS. stringendo* **II** avv. MUS. stringendo.
stringente /strin'dʒɛnte/ agg. **1** *(impellente)* [*necessità*] urgent, pressing **2** *(convincente)* [*logica, argomentazioni*] convincing, cogent.
▶ **stringere** /'strindʒere/ [36] **I** tr. **1** *(serrare)* to tighten [*vite, bullone, presa, labbra*]; FIG. to tighten up (on) [*disciplina, sorveglianza*]; ***~ i pugni*** to clench one's fists; ***~ un pezzo in una morsa*** to grip a part in a vice **2** *(abbracciare)* to hug [*amico*]; ***~ a sé*** o ***al petto qcn.*** to hug sb. (to one's bosom); ***~ qcn. tra le braccia*** to hold sb. in one's arms; ***~ qcn. al*** o ***sul cuore*** to clasp sb. to one's heart **3** ***~ la mano a qcn.*** *(come saluto)* to shake hands with sb.; *(per incoraggiare, rassicurare)* to clasp sb.'s hand **4** *(tenere vigorosamente)* to grip; ***stringa senza forzare*** do not tighten too much; ***non stringa il volante*** don't grip the steering wheel; ***se stringi bene la corda non corri nessun pericolo*** if you grip the rope tightly you'll be ok; ***~ qcs. nella mano*** to grip sth. in one's hand **5** *(stipulare)* to conclude, to strike* (up) [*accordo*]; to form [*alleanza*]; ***~ amicizia con qcn.*** to make friends with sb., to strike up a friendship with sb. **6** *(rendere più stretto)* [*persona*] to tighten [*nodo, cintura*]; *(restringere)* to take* in [*pantaloni*]; ***hai stretto troppo il nodo alla cravatta*** your tie is too tight; ***~ la cintura di un buco*** to tighten one's belt by one notch **7** *(sintetizzare)* to make* short, to shorten, to condense [*racconto*] **8** *(comprimere)* [*vestito*] to be* tight around [*vita, anche, polsi*]; [*scarpe*] to pinch [*piedi*] **9** *(chiudere)* to box in [*avversario*]; ***~ un ciclista contro il marciapiede*** [*veicolo*] to force a cyclist up against the pavement; ***mi hanno stretto contro il muro*** they pinned me (up) against the wall **10** MAR. ***~ il vento*** to sail close to the wind **II** intr. (aus. *avere*) **1** *(incalzare)* ***il tempo stringe*** time is running out *o* getting short **2** *(comprimere)* ***~ in vita*** [*vestito*] to be tight around the waist **III stringersi** pronom. **1** *(diventare più stretto)* [*strada*] to narrow; [*tessuto*] to shrink*; FIG. [*legame, nodo*] to tighten **2** *(avvolgersi)* ***-rsi in un busto*** to lace oneself into a corset **3** *(accostarsi)* ***-rsi attorno a*** to rally (a)round [*parente, amico*]; ***-rsi intorno al fuoco*** to huddle around *o* cluster round the fire **4** *(farsi più vicini)* to squeeze up; *(abbracciarsi)* [*amici, amanti*] to hug (each other), to embrace (each other); ***-rsi l'uno contro l'altro*** to huddle together; ***stringetevi per fare posto*** squeeze up to make room; ***bisognerà -rsi in macchina*** we'll have to squeeze up *o* squash in the car **5** FIG. ***-rsi in una lega*** to form an alliance; ***-rsi attorno al vincitore*** to surround the winner ◆ ***~ d'assedio una città*** to besiege a town; ***mi si stringe il cuore*** my heart wrings *o* aches; ***sentirsi ~ in gola*** to feel one's throat tighten; ***~ i denti*** to grit one's teeth, to bite (on) the bullet; ***~ i freni*** to tighten the reins; ***~ la cinghia*** to pinch and scrape, to tighten one's belt; ***chi troppo vuole, nulla stringe*** PROV. grasp all, lose all.
stringimento /strindʒi'mento/ m. *(l'avvitare)* screwing, tightening; *(l'impugnare)* clasping, grasping.
stringinaso /strindʒi'naso/ m.inv. **1** *(molletta per tappare le narici)* nose-clip **2** *(occhiali)* pince-nez*.
strip /strip/ m.inv. → **strip-tease.**
strippare /strip'pare/ [1] intr. (aus. *avere*) GERG. *(essere sotto l'effetto della droga)* to get* high, to get* off, to freak out, to be* high.
strip-tease /strip'tiz/ m.inv. striptease, strip.
▷ **striscia**, pl. **-sce** /'striʃʃa, ʃe/ f. **1** *(di tessuto, carta)* strip, band; ***~ di cuoio*** strip of leather, leather strip, thong; ***tagliare qcs. a -sce*** to cut sth. (up) into strips **2** *(di terra)* strip; ***~ di Gaza*** Gaza strip **3** *(riga)* stripe, streak; ***a -sce*** striped, banded; ***la bandiera a stelle e -sce*** the Stars and Stripes, the Star-spangled banner **4** *(di fumetti)* comic strip, funnies pl. AE COLLOQ. ◆◆ ***~ bianca*** *(sulla strada)* white line; ***~ continua*** solid line; ***~ discontinua*** broken line; ***-sce pedonali*** pedestrian crossing, zebra crossing BE, crosswalk AE.
strisciamento /striʃʃa'mento/ m. **1** *(lo strisciare)* creeping, crawling **2** FIG. *(adulazione)* toadying.
strisciante /striʃ'ʃante/ agg. **1** *(che striscia)* [*animale, insetto*] creeping, crawling, repent; ***pianta ~*** creeper, creeping plant **2** FIG. [*ideologia, male*] underlying; [*inflazione*] creeping **3** *(servile)* [*atteggiamento, persona*] fawning, grovelling BE, groveling AE **4** BOT. [*radice*] creeping, repent.
▷ **strisciare** /striʃ'ʃare/ [1] **I** tr. **1** *(trascinare)* to drag, to scrape [*sedia*]; ***~ i piedi*** to drag one's feet *o* heels, to shuffle (along) **2** *(rigare)* to scratch [*mobile, auto*] **3** *(passare in un lettore magnetico)* to swipe [*badge, carta di credito*] **II** intr. (aus. *avere*) **1** *(muoversi sul ventre)* [*insetto*] to crawl, to creep*; [*serpente*] to slither; ***~ davanti a qcn.*** FIG. to grovel *o* crawl to sb. **2** *(sfregare)* ***~ contro qcs.*** [*auto, ramo*] to scrape against sth. **III strisciarsi** pronom. [*gatto*] to rub oneself (**contro** against).
strisciata /striʃ'ʃata/ f. **1** *(lo strisciare)* creeping, crawling **2** *(scalfittura)* scratch, graze **3** FOT. flight strip **4** TIP. galley proof.
strisciatura /striʃʃa'tura/ f. *(scalfittura)* scratch, graze.
striscio, pl. **-sci** /'striʃʃo, ʃi/ m. **1** *(lo strisciare)* creeping, crawling **2** *(graffio)* scratch, graze **3 di striscio *colpire di ~*** to graze, to sideswipe ◆◆ ***~ vaginale*** MED. smear test, Pap smear.
striscione /striʃ'ʃone/ m. banner ◆◆ ***~ d'arrivo*** SPORT finishing line.
stritolamento /stritola'mento/ m. grinding, crushing.
stritolare /strito'lare/ [1] **I** tr. **1** *(frantumare)* to crush [*braccio, piede*] **2** FIG. *(annientare)* to crush [*avversario*] **II stritolarsi** pronom. to crush, to be* crushed.
stritolatore /stritola'tore/ agg. grinder, crusher.
stritolio, pl. **-ii** /strito'lio, ii/ m. *(stritolamento continuo)* continuous grinding, continuous crushing; *(rumore)* grinding noise, crushing noise.
strizza /'strittsa/ f. COLLOQ. jitters pl., jimjams pl.; ***avere ~*** to be in a funk, to have the jitters; ***prendersi una ~*** to get the wind up, to get a fright; ***far prendere una ~ a qcn.*** to put the wind up sb.
strizzacervelli /strittsatʃer'vɛlli/ m. e f.inv. SCHERZ. shrink, headshrinker.
strizzare /strit'tsare/ [1] tr. **1** *(comprimere)* to wring* (out), to squeeze (out) [*panni*]; ***"non ~"*** *(sulle etichette)* "do not wring" **2** *(spremere)* to squeeze [*limone*]; to squeeze (water out of) [*spugna*]; ***~ gli occhi*** to screw up one's eyes, to squint; ***~ l'occhio a qcn.*** *(ammiccare)* to wink one's eye at sb.
strizzata /strit'tsata/ f. wring, squeeze; ***dare una ~ a qcs.*** to give sth. a wring; ***~ d'occhio*** *(ammicco)* wink.
strizzatoio, pl. **-oi** /strittsa'tojo, oi/ m. wringer.
strizzatura /strittsa'tura/ f. wringing, squeezing.
strizzone /strit'tsone/ m. **1** *(forte stretta)* powerful squeeze **2** *(fitta)* sharp pain, stab (of pain).
strobilazione /strobilat'tsjone/ f. strobilation.
strobilo /'strɔbilo/ m. strobile.
stroboscopico, pl. **-ci, -che** /strobos'kɔpiko, tʃi, ke/ agg. **1** *(che concerne lo stroboscopio)* stroboscopic, strobe; ***luce -a*** strobe (light) **2** FIS. [*osservazione*] stroboscopic.
stroboscopio, pl. **-pi** /strobos'kɔpjo, pi/ m. stroboscope.
strofa /'strɔfa/ f. **1** *(di componimento poetico)* stanza, verse; *(di canzone)* verse **2** *(nella lirica greca)* strophe.
strofantina /strofan'tina/ f. strophanthin.
strofanto /'strɔfanto, stro'fanto/ m. strophanthus.
strofe /'strɔfe/ f.inv. strophe.
strofico, pl. **-ci, -che** /'strɔfiko, tʃi, ke/ agg. strophic.

▷ **strofinaccio**, pl. **-ci** /strofi'nattʃo, tʃi/ m. *(per pavimenti)* floor cloth; *(per lavare i piatti)* dishcloth, washing-up cloth BE, dishrag AE; *(per asciugare i piatti)* tea towel BE, tea cloth BE, dishtowel AE; *(per spolverare)* duster.

strofinamento /strofina'mento/ m. rubbing.

▷ **strofinare** /strofi'nare/ [1] **I** tr. *(lucidare)* to rub, to wipe [*mobile*]; *(sfregare)* to scrub [*parquet*]; to scour [*pentola*] **II strofinarsi** pronom. **1** *(strisciarsi)* [*gatto*] to rub oneself (**contro** against) **2** *(sfregarsi)* ***-rsi gli occhi, naso*** to rub one's eyes, one's nose; ***-rsi le mani*** to rub one's hands (anche FIG.) **3** FIG. *(adulare)* ***-rsi a qcn.*** to toady to sb.

strofinata /strofi'nata/ f. rub, wipe; ***dare una ~ a qcs.*** to give sth. a rub *o* wipe.

strofinio, pl. **-ii** /strofi'nio, ii/ m. continuous rubbing.

strolaga /'strɔlaga/ f. diver, loom, loon AE ◆◆ ***~ maggiore*** ember goose, common loon AE.

stroma /'strɔma/ m. ANAT. BIOL. BOT. stroma*.

strombare /strom'bare/ [1] tr. to splay.

strombatura /stromba'tura/ f. splay, embrasure.

strombazzamento /strombattsa'mento/ m. **1** *(di clacson)* honking **2** FIG. *(divulgazione)* trumpeting; *(di tipo pubblicitario)* hornblowing, razzmatazz COLLOQ., ballyhoo COLLOQ., hoopla AE COLLOQ.

strombazzare /strombat'tsare/ [1] **I** tr. *(divulgare)* to trumpet [*notizia*]; to ballyhoo AE COLLOQ. [*prodotto*]; ***~ qcs. ai quattro venti*** to shout sth. from the rooftops **II** intr. (aus. *avere*) *(suonare il clacson)* to beep repeatedly, to honk repeatedly.

strombazzata /strombat'tsata/ f. *(di clacson)* beep, honk.

strombazzatore /strombattsa'tore/ m. (f. **-trice** /tritʃe/) **1** *(chi suona il clacson)* honker **2** FIG. *(divulgatore)* trumpeter.

strombettare /strombet'tare/ [1] intr. (aus. *avere*) **1** *(suonare il clacson)* to beep repeatedly, to honk repeatedly **2** *(suonare male la tromba)* to blow* a trumpet badly, to blare into a trumpet.

strombettata /strombet'tata/ f. **1** *(di clacson)* beep, honk **2** *(di tromba)* blast.

strombettio, pl. **-ii** /strombet'tio, ii/ m. **1** *(di clacson)* beeping, honking **2** *(di tromba)* trumpeting.

1.strombo /'strombo/ m. → **strombatura**.

2.strombo /'strombo/ m. ZOOL. conch.

▷ **stroncare** /stron'kare/ [1] tr. **1** *(troncare)* to break* off, to cut* off [*ramo*] **2** FIG. *(affaticare)* [*salita*] to wear* out, to tire out, to fag out COLLOQ. **3** *(uccidere)* [*malattia*] to strike* down; ***fu stroncato da un infarto*** he was struck down by a heart attack **4** *(reprimere)* to crush [*protesta, rivolta*]; to break* (up) [*sciopero*]; to stop [*tentativo, ascesa*]; to destroy, to wreck [*carriera*]; to stamp out [*epidemia, flagello*]; ***~ al vertice*** to remove the leaders from [*partito, organizzazione*]; ***~ qcs. sul nascere*** to nip sth. in the bud **5** *(demolire con critiche)* to blast, to hammer, to slam COLLOQ., to pan COLLOQ. [*film, autore*].

stroncatore /stronka'tore/ m. (f. **-trice** /tritʃe/) harsh critic.

stroncatorio, pl. **-ri**, **-rie** /stronka'tɔrjo, ri, rje/ agg. [*critica*] harsh, severe.

stroncatura /stronka'tura/ f. **1** *(troncamento)* breaking off, cutting off **2** *(critica violenta)* harsh criticism, panning.

stronzaggine /stron'tsaddʒine/ f. VOLG. shittiness, shit, shitty behaviour.

stronzata /stron'tsata/ f. VOLG. crap, (bull)shit; ***il film era una ~*** the film was bullshit, the film was a load of crap; ***dire*** o ***sparare -e*** to (talk) bullshit, to talk crap; ***fare -e*** to fuck up; ***hai fatto una ~*** you've fucked up; ***che ~!*** what (a bunch of) crap! ***sono tutte -e!*** bullshit!

stronzianite /strontsja'nite/ f. strontianite.

stronzio /'strɔntsjo, 'strontsjo/ m. strontium ◆◆ ***~ 90*** strontium 90.

stronzo /'strontso/ **I** m. (f. **-a**) VOLG. **1** *(escremento)* turd, shit **2** *(persona)* arsehole BE, asshole AE, bastard, sod; ***brutto ~!*** you fuck! **II** agg. VOLG. [*comportamento*] shitty; ***un ragazzo ~*** an arsehole BE, an asshole AE.

stropicciamento /stropittʃa'mento/ m. *(di tessuto, foglio)* crumpling.

stropicciare /stropit'tʃare/ [1] **I** tr. **1** *(spiegazzare)* to crease, to crumple, to wrinkle [*vestito, tessuto*]; to crumple (up), to crinkle [*carta*] **2** *(sfregare)* ***~ i piedi*** to scrape *o* scuff one's feet **II stropicciarsi** pronom. **1** *(spiegazzarsi)* [*tessuto, vestito*] to crease, to wrinkle **2** *(sfregarsi)* ***-rsi gli occhi, le mani*** to rub one's eyes, one's hands.

stropicciata /stropit'tʃata/, **stropicciatura** /stropittʃa'tura/ f. **1** *(lo stropicciare)* crumpling, creasing **2** *(grinza)* crease, wrinkle.

stropiccio, pl. **-ii** /stropit'tʃio, ii/ m. *(di piedi)* scraping, shuffling, scuffing.

stroppiare /strop'pjare/ [1] tr. COLLOQ. **1** *(storpiare)* to cripple [*persona*] **2** FIG. *(pronunciare male)* to mangle, to mispronounce; *(scrivere male)* to misspell* [*parola*]; *(eseguire male)* to kill, to butcher, to murder, to mangle [*canzone*] ◆ ***il troppo stroppia*** PROV. enough is as good as a feast, you can have too much of a good thing.

stroppo /'strɔppo/ m. MAR. becket.

strozza /'strɔttsa/ f. POP. gullet.

strozzamento /strottsa'mento/ m. **1** *(azione)* strangling, throttling; *(risultato)* strangulation **2** *(restringimento)* narrowing; *(di conduttura)* throttling **3** MED. strangulation ◆◆ ***~ erniario*** hernia strangulation.

strozzapreti /strottsa'prɛti/ m.inv. GASTR. = small gnocchi made from flour and potatoes typical of Southern Italy.

▷ **strozzare** /strot'tsare/ [1] **I** tr. **1** *(strangolare)* to strangle, to choke, to throttle [*vittima*]; ***l'avrei strozzato!*** SCHERZ. I could have strangled him! **2** *(occludere)* to block, to throttle [*tubo*]; MED. to strangulate **3** *(stringere al collo)* [*colletto, cravatta*] to choke, to throttle **4** FIG. [*usuraio*] to choke, to fleece **5** *(soffocare)* [*boccone*] to choke **6** FIG. *(impedire)* to obstruct [*iniziativa*]; to be* in the way of, to stand* in the way of, to hinder [*discussione, trattiva*] **II strozzarsi** pronom. **1** *(strangolarsi)* to strangle oneself **2** *(rimanere soffocato)* ***-rsi con qcs.*** to choke *o* gag on sth. **3** *(restringersi)* [*strada*] to narrow.

strozzato /strot'tsato/ **I** p.pass. → **strozzare II** agg. **1** *(ristretto)* [*condotto*] blocked, throttled **2** MED. [*ernia*] strangulated **3** *(soffocato)* [*voce*] choked.

strozzatura /strottsa'tura/ f. **1** *(restringimento) (di condotto)* throttling, narrowing; *(di bottiglia)* bottleneck, narrow neck; *(di strada)* bottleneck **2** FIG. *(ostacolo)* bottleneck, crunch.

strozzinaggio, pl. **-gi** /strottsi'naddʒo, dʒi/ m. loan sharking, usury.

strozzinesco, pl. **-schi**, **-sche** /strottsi'nesko, ski, ske/ agg. loan shark attrib., usurer attrib.

strozzino /strot'tsino/ m. (f. **-a**) loan shark, usurer.

struccante /struk'kante/ **I** agg. [*lozione, latte, gel*] cleansing **II** m. cleanser, make-up remover; ***~ per gli occhi*** eye make-up remover.

struccare /struk'kare/ [1] **I** tr. ***~ qcn.*** to remove sb.'s make-up **II struccarsi** pronom. to remove one's make-up.

struccatura /strukka'tura/ f., **strucco**, pl. **-chi** /'strukko, ki/ m. make-up removal.

strudel /'strudel/ m.inv. strudel ◆◆ ***~ di mele*** apple strudel.

struggente /strud'dʒɛnte/ agg. [*passione, amore*] aching, all-consuming; [*nostalgia*] acute; [*sguardo, parole*] melting.

struggere /'struddʒere/ [41] **I** tr. **1** *(fondere)* to melt [*cera*] **2** FIG. [*sentimento*] to consume, to torment [*persona*] **II struggersi** pronom. **1** *(sciogliersi)* to melt **2** FIG. to pine, to be* consumed; ***-rsi per qcn.*** to languish for sb.; ***-rsi dal desiderio*** to burn with desire; ***-rsi di dolore*** to be consumed with grief.

struggimento /struddʒi'mento/ m. *(tormento)* torment, heartache; *(desiderio intenso)* longing, yearning.

struma /'struma/ f. MED. *(gozzo)* struma*, goitre, goiter AE.

strumentale /strumen'tale/ **I** agg. **1** MUS. LING. instrumental **2** *(dipendente da strumenti)* [*atterraggio, volo, navigazione*] blind, instrument attrib. **3** *(funzionale)* ***fare un uso ~ di qcs.*** to exploit sth., to make instrumental use of sth. **4** ECON. ***beni -i*** capital goods **II** m. LING. instrumental; ***allo ~*** in the instrumental.

strumentalismo /strumenta'lizmo/ m. FILOS. instrumentalism.

strumentalità /strumentali'ta/ f.inv. instrumentality.

strumentalizzare /strumentalid'dzare/ [1] tr. **1** *(sfruttare)* to exploit, to capitalize on, to make* an instrument of **2** MUS. to arrange for musical instruments.

strumentalizzazione /strumentaliddzat'tsjone/ f. **1** *(sfruttamento)* exploitation **2** MUS. instrumentation, orchestration.

strumentalmente /strumental'mente/ avv. *(mediante strumenti)* [*volare, pilotare*] on instruments.

strumentare /strumen'tare/ [1] tr. MUS. to instrument, to orchestrate.

strumentario, pl. **-ri** /strumen'tarjo, ri/ m. set of instruments, instruments pl., tools pl.; ***~ chirurgico*** surgical instruments.

strumentatore /strumenta'tore/ m. (f. **-trice** /tritʃe/) orchestrator.

strumentazione /strumentat'tsjone/ f. MUS. TECN. AER. instrumentation.

strumentista, m.pl. **-i**, f.pl. **-e** /strumen'tista/ ▸ ***18*** m. e f. **1** MUS. instrumentalist **2** CHIR. theatre nurse BE, operating room nurse AE.

▷ **strumento** /stru'mento/ m. **1** instrument, tool, implement; ***-i aratori*** AGR. ploughing BE *o* plowing AE implements; ***-i chirurgici*** surgical instruments; ***~ di precisione*** precision tool; ***~ di navigazione*** navigational instrument; ***-i di tortura*** instruments of torture **2** MUS. instrument; ~ ***antico*** period instrument; ***suonare uno*** ~ to play an instrument **3** *(mezzo)* tool, instrument; ***uno ~ didattico*** a teaching tool; ***-i ideologici, pedagogici, finanziari*** ideological, educational, financial tools; ~ ***di gestione*** management tool; ***essere (lo) ~ di qcn.*** to be sb.'s tool; ***essere lo ~ della vendetta di qcn.*** to be the instrument of sb.'s revenge **4** INFORM. tool; ***barra degli -i*** tool bar ◆◆ ~ ***di bordo*** AER. MAR. instrument, control; ~ ***a corde*** string(ed) instrument; ~ ***a fiato*** wind instrument; ~ ***di misura*** measure, meter; ~ ***musicale*** musical instrument; ~ ***ottico*** optical instrument; ~ ***a percussione*** percussion instrument.

strumoso /stru'moso/ agg. ANT. strumose, strumous.

strusciamento /struʃʃa'mento/ m. **1** *(di piedi)* shuffling, scuffing **2** FIG. *(adulazione)* toadying.

strusciare /struʃ'ʃare/ [1] **I** tr. *(strascicare)* ~ ***i piedi*** to drag one's feet *o* heels, to shuffle (along); *(sfregare)* ~ ***la giacca contro il muro*** to rub one's jacket against the wall **II** intr. (aus. *avere*) ***hai il vestito che struscia sul pavimento*** your dress is trailing on the floor **III strusciarsi** pronom. **1** *(sfregarsi)* [*gatto*] to rub oneself (**contro** against) **2** FIG. *(adulare)* ***-rsi a qcn.*** to toady to sb.

struscio, pl. **-sci** /'struʃʃo, ʃi/ m. REGION. = weekend stroll along the main streets of a village or town.

strutto /'strutto/ m. lard.

▷ **struttura** /strut'tura/ f. **1** *(costituzione, composizione)* structure; ~ ***politica, del potere*** political structure, power structure; ~ ***di una frase*** sentence structure **2** LETTER. *(di poema, racconto, romanzo, opera teatrale)* structure **3** ING. ARCH. *(di ponte, edificio)* structure, frame; ~ ***in cemento armato*** reinforced-concrete structure **4** BIOL. CHIM. structure; ***la ~ del corpo umano*** the structure of the human body; ~ ***ossea*** bone structure; ***la ~ dell'atomo, della cellula*** atom, cell structure; ***formula di ~*** structural formula **5** *(impianto)* facility; ***-e sportive, turistiche, sanitarie*** sporting, tourist, health facilities ◆◆ ~ ***del capitale*** ECON. capital structure; ~ ***cristallina*** crystal structure; ~ ***primaria*** BIOL. CHIM. primary structure; ~ ***profonda*** LING. deep structure; ~ ***sintagmatica*** LING. phrase structure; ~ ***sociale*** ANTROP. SOCIOL. class structure, social structure; ~ ***superficiale*** LING. surface structure.

strutturale /struttu'rale/ agg. [*modifiche, difetto, analisi, linguistica, psicologia, ingegneria*] structural; ***codice ~*** INFORM. skeletal code.

strutturalismo /struttura'lizmo/ m. structuralism.

strutturalista, m.pl. **-i**, f.pl. **-e** /struttura'lista/ agg., m. e f. structuralist.

strutturalistico, pl. **-ci**, **-che** /struttura'listiko, tʃi, ke/ agg. structuralist(ic).

strutturalmente /struttural'mente/ avv. structurally.

strutturare /struttu'rare/ [1] **I** tr. to structure [*paese, partito, edificio, opera letteraria*] **II strutturarsi** pronom. [*partito, azienda*] to be* structured.

strutturato /struttu'rato/ **I** p.pass. → **strutturare II** agg. [*discorso, progetto*] structured, organized.

strutturazione /strutturat'tsjone/ f. structuring, organization.

strutturista, m.pl. **-i**, f.pl. **-e** /struttu'rista/ m. e f. structural engineer.

struzzo /'struttso/ m. ostrich (anche FIG.); ***uovo di ~*** ostrich egg ◆ ***fare lo ~***, ***fare la politica dello ~*** to bury one's head in the sand; ***avere uno stomaco di ~*** to have a strong *o* cast-iron stomach.

1.stuccare /stuk'kare/ [1] tr. **1** *(riempire di stucco)* to plaster over, to fill up [*buco, fessura*]; *(fissare)* to putty [*vetri*] **2** *(decorare)* to stucco, to plaster, to parget [*muro, soffitto*].

2.stuccare /stuk'kare/ [1] tr. **1** *(nauseare)* [*cibo*] to sicken, to make* [sb.] sick, to nauseate [*persona*] **2** FIG. *(annoiare)* to bore.

stuccatore /stukka'tore/ ♦ ***18*** m. (f. **-trice** /tritʃe/) plasterer, stucco decorator.

stuccatura /stukka'tura/ f. *(di vetri)* puttying; *(di fessure)* filling; *(di muri, soffitti)* stucco*.

stucchevole /stuk'kevole/ agg. **1** *(nauseante)* [*cibo*] sickening, nauseating, cloying **2** FIG. *(noioso)* boring, tiresome, dull; *(sdolcinato)* sickeningly sweet, sugary, mawkish.

stucchevolezza /stukkevo'lettsa/ f. **1** *(di cibi)* sickening nature, nauseating nature **2** FIG. *(noiosità)* boredom, tiresomeness, dullness.

▷ **1.stucco**, pl. **-chi** /'stukko, ki/ m. **1** *(per vetri)* putty; *(per legno)* filler, putty; *(per automobili)* filler **2** *(per muri, soffitti)* stucco*, parget; ***decorazioni a ~*** stuccoes ◆ ***restare*** o ***rimanere di ~*** to stand rooted to the spot *o* to the ground, to be left speechless, to be dumbfounded; ***la notizia mi ha lasciato di ~*** the news floored me, the news knocked me for six BE COLLOQ.

2.stucco, pl. **-chi**, **-che** /'stukko, ki, ke/ agg. ***essere ~ di qcs.*** to be sick of *o* fed up with sth.

studentato /studen'tato/ m. **1** *(periodo di studi)* (years of) studentship **2** *(collegio universitario)* hall, residence, dormitory AE, hall of residence AE.

▶ **studente** /stu'dɛnte/ m. *(dell'università)* (university) student; *(di scuola media superiore)* (secondary-school) student, high school student; *(di scuola media inferiore)* schoolboy; ~ ***modello*** model student; ***uno ~ del primo anno*** a first year student; ~ ***di giurisprudenza, lettere*** law student, arts student.

studentesco, pl. **-schi**, **-sche** /studen'tesko, ski, ske/ agg. [*movimento, rivolta, popolazione*] student attrib.; ***vita -a*** school life; ***gergo*** ~ students' slang.

studentessa /studen'tessa/ f. *(dell'università)* (university) student; *(di scuola media superiore)* (secondary-school) student, high school student; *(di scuola media inferiore)* schoolgirl.

studiacchiare /studjak'kjare/ [1] tr. to study fitfully.

▶ **studiare** /stu'djare/ [1] **I** tr. **1** *(apprendere)* to study [*lingua, storia, musica*]; ~ ***russo, canto*** to study Russian, singing; ~ ***il violino*** to study the violin; ~ ***lettere*** to study (the) arts; ~ ***medicina*** to go to medical school, to study to be a doctor; ~ ***legge*** to study law, to go to law school; ***studia storia a Oxford*** she is studying *o* reading BE history at Oxford; ***mettersi a ~ inglese*** to take up English; ~ ***la parte*** TEATR. CINEM. to study one's part; ~ ***qcs. a memoria*** to learn sth. by heart **2** *(analizzare)* to examine [*dossier, situazione, disegno di legge, problema, progetto*]; *(osservare)* to study [*persona, reazione*]; ~ ***il proprio avversario*** to study one's opponent **3** *(fare delle ricerche)* [*persona*] to study; [*scienza*] to deal* with, to study **4** *(preparare)* to work out, to think* up [*piano di fuga*] **5** *(ponderare)* to weigh [*parole*]; to study [*gesto*] **II** intr. (aus. *avere*) **1** *(seguire un corso di studi)* to study; ~ ***alla scuola internazionale, a Varsavia*** to be a student at the international school, in Warsaw; ~ ***all'estero*** to study abroad; ***ha studiato all'università di Torino*** he went to *o* was educated at the university of Turin; ~ ***da avvocato*** to study to be a lawyer; ***sta studiando per diventare medico*** he is training to be a doctor; ***smettere di ~*** to give up studying **2** *(applicarsi)* [*studente*] to study; [*musicista, ballerino*] to work; ~ ***per un esame*** to study for an exam **III studiarsi** pronom. **1** *(osservarsi con attenzione)* ***-rsi allo specchio*** to study oneself in the mirror; *(reciprocamente)* [*persone, nemici*] to study each other **2** *(sforzarsi)* ***-rsi di fare qcs.*** to try to do sth. ◆ ***studiarle tutte*** to try everything.

studiatamente /studjata'mente/ avv. studiedly.

studiato /stu'djato/ **I** p.pass. → **studiare II** agg. **1** *(fatto con cura)* [*discorso*] studied, carefully prepared, laboured BE, labored AE **2** *(ricercato, affettato)* [*sorriso, gesti, andatura*] studied.

▶ **studio**, pl. **-di** /'studjo, di/ **I** m. **1** *(apprendimento)* study, studying; ***lo ~ delle lingue straniere*** the study of foreign languages; ***applicarsi allo ~*** to apply oneself to study; ***destinare due ore allo ~*** to schedule two hours for studying; ***borsa di ~*** grant, award, scholarship; ***titolo di ~*** qualification **2** *(ricerca, indagine)* study, research, survey; ***fare uno ~ su qcs.*** to make a study of sth.; ~ ***della UE*** EU studies *o* survey (**su** of); ~ ***che verte su*** study on; ~ ***sui pesticidi*** study of pesticides; ~ ***comparativo, preliminare*** comparative, preliminary study; ~ ***di fattibilità*** feasibility study; ~ ***condotto da*** study carried out by; ~ ***di P. Bianchi*** study by P. Bianchi **3** *(osservazione)* study (**di** of); ***attento ~ del fenomeno, di quattro casi*** close study of the phenomenon, of four cases **4** *(esame)* investigation; ***la questione allo ~*** the matter under investigation; ***essere allo ~*** to be under consideration **5** ART. study; ~ ***delle mani*** study of hands; ~ ***dal vero*** real life study **6** MUS. study; ***-di di Chopin*** studies by Chopin; ~ ***per piano*** piano study, study for piano **7** *(stanza di un'abitazione)* study **8** *(ufficio)* office, practice; ***aprire uno ~*** to set up in *o* go into practise; ~ ***legale*** law firm; ~ ***medico*** consulting room, doctor's surgery BE, doctor's office AE; ~ ***dentistico*** dental practice, dentist's surgery BE **9** *(laboratorio di artista)* studio*; ~ ***fotografico*** photographic studio **10** CINEM. RAD. TELEV. studio*; ***"ora ripassiamo la linea allo ~"*** "and it's back to the studio now"; ***girato, registrato in ~*** filmed *o* shot, recorded in the studio; ~ ***cinematografico*** film studio; ~ ***televisivo*** television studio; ~ ***di registrazione*** recording studio **II studi** m.pl. SCOL. UNIV. studies; ***-di biblici, teorici, di diritto*** biblical, theorical, law studies; ***continuare gli -di*** to continue one's studies *o* one's education; ***abbandonare gli -di*** to abandon one's studies; ***riprendere gli -di*** to go back to being a student; ***compiere i propri -di a Oxford, a Parigi*** to be educated at Oxford, in Paris; ***a che punto è dei suoi -di?*** what stage has he reached in his education? ***ha mantenuto suo figlio agli -di*** she supported her son through college; ***corso di -di*** course (of study).

studiolo /stu'djɔlo/ m. small study.

▷ **studioso** /stu'djoso/ **I** agg. [*allievo*] studious **II** m. (f. **-a**) scholar; **~ *di Manzoni, di ebraico*** Manzoni, Hebrew scholar; **~ *di storia antica*** ancient historian; **~ *di pragmatica*** pragmatist; ***il parere degli -i*** the experts' opinion.

stuello /stu'ɛllo/ m. MED. tent.

▷ **stufa** /'stufa/ f. stove; ***il calore della ~*** the heat of the stove; ***asciugarsi davanti alla ~*** to dry off in front of the stove ◆◆ **~ *a carbone*** charcoal burner; **~ *elettrica*** heater, electric fire BE; **~ *a gas*** gas heater, gas fire BE; **~ *a legna*** wood stove; **~ *a nafta*** oil stove *o* heater.

stufaiola /stufa'jɔla/ f. casserole.

▷ **stufare** /stu'fare/ [1] **I** tr. **1** GASTR. to stew **2** COLLOQ. to bore, to tire, to cheese off [*persona*]; **~ *qcn. a morte*** to bore sb. silly; ***mi hai stufato*** I'm fed up with you, I've had enough of you; ***mi stai stufando con le tue continue domande*** I'm fed up with your never-ending questions **II stufarsi** pronom. to get* bored, to get* tired; ***-rsi di fare*** to get tired of doing.

stufato /stu'fato/ **I** p.pass. → **stufare II** agg. GASTR. [*carne*] stewed **III** m. stew; **~ *di manzo, d'agnello*** stewed beef, lamb.

▷ **stufo** /'stufo/ agg. COLLOQ. ***essere ~*** to be fed up (**di** about, with, of; **di fare** with doing, of doing); to be sick (**di** of; **di fare** of doing); ***essere ~ marcio di qcs., qcn.*** to be sick and tired of sth., sb.

▷ **stuoia** /'stwɔja/ f. mat, matting; **~ *di paglia*** straw mat.

stuoino /stwo'ino/ m. *(tappeto)* doormat.

stuolo /'stwɔlo/ m. crowd, flock (**di** of); ***uno ~ di turisti*** a crowd of tourists; ***uno ~ di fotografi*** a horde of photographers.

stupefacente /stupefa'tʃɛnte/ **I** agg. **1** *(sorprendente)* [*notizia*] astonishing, astounding, surprising; ***è ~ come ti assomiglia*** it's amazing how he looks like you **2** FARM. *(tossico)* narcotic **II** m. FARM. drug, narcotic; ***consumo di -i*** drug-taking.

stupefare /stupe'fare/ [8] **I** tr. to astonish, to astound, to stupefy [*persona*] **II stupefarsi** pronom. (form not attested: imperative) to be* astonished, to be* amazed, to be* astounded.

stupefatto /stupe'fatto/ **I** p.pass. → **stupefare II** agg. astonished, amazed, astounded; ***rimanere ~*** to be amazed *o* astounded; ***ha lasciato tutti -i*** it left everybody amazed.

stupefazione /stupefat'tsjone/ f. **1** *(lo stupefare, lo stupefarsi)* astonishment, amazement **2** MED. stupor, stupefaction.

stupendamente /stupenda'mente/ avv. splendidly, stupendously.

▶ **stupendo** /stu'pɛndo/ agg. [*panorama*] splendid, stupendous; [*tempo*] wonderful, marvellous BE, marvelous AE; ***è ~!*** COLLOQ. it's wonderful *o* fantastic!

▷ **stupidaggine** /stupi'daddʒine/ f. **1** *(stupidità)* stupidity, foolishness **2** *(azione, espressione stupida)* silliness, fandangle; ***dire -i*** to talk nonsense *o* rubbish; ***fare -i*** to do stupid things; ***fare una grossa ~*** to do a really stupid thing; ***ho fatto una ~*** I've done something stupid; ***ne ho abbastanza di queste -i!*** I've had enough of this silliness! **3** *(cosa da nulla)* nonsense, trifle; ***arrabbiarsi per una ~*** to get angry over nothing.

stupidamente /stupida'mente/ avv. [*comportarsi, ridere*] stupidly, foolishly.

stupidario, pl. **-ri** /stupi'darjo, ri/ m. = collection of silly sentences or articles.

stupidata /stupi'data/ f. → **stupidaggine.**

stupidità /stupidi'ta/ f.inv. stupidity, foolishness; ***è di una ~ incredibile*** he's incredibly stupid.

▶ **stupido** /'stupido/ **I** agg. stupid; *(sciocco)* silly; ***è ~ da parte di qcn. fare*** it is stupid of sb. to do; ***è tutt'altro che ~*** he's far from stupid; ***sei stato proprio ~ ad accettare*** it was really stupid of you to accept, you were an idiot to accept **II** m. stupid (person), fool, idiot; ***sentirsi uno ~*** to feel foolish; ***sono stato uno ~ a credergli*** I was a fool to believe him; ***fare lo ~*** to be a fool; ***non fare lo ~!*** don't be stupid! don't be an idiot!

▷ **stupire** /stu'pire/ [102] **I** tr. to surprise, to amaze, to astonish, to astound; ***mi stupisce con la sua audacia*** her audacity dumbfounds me; ***non finisci mai di stupirmi*** you never cease to amaze me! ***non mi stupisce proprio!*** IRON. that's just typical! ***tu mi stupisci!*** IRON. you astonish me! you (do) surprise me! **II stupirsi** pronom. to be* surprised, to be* amazed, to be* astonished; ***-rsi di qcs.*** to be surprised *o* amazed at sth.; ***-rsi che qcn. faccia*** to be amazed that sb. does; ***non stupirti se arriva in ritardo*** don't be surprised if he's late; ***non c'è da -rsi che sia partito!*** small wonder he left! ***non si stupisce di nulla*** nothing surprises him.

stupito /stu'pito/ **I** p.pass. → **stupire II** agg. surprised, amazed, astonished.

▷ **stupore** /stu'pore/ m. **1** *(sbalordimento)* astonishment, amazement, wonder; ***la notizia ha provocato un certo ~*** there was some surprise at the news; ***con mio grande ~*** to my amazement; ***con grande ~ di tutti*** to everyone's amazement; ***colto da ~*** filled with wonder; ***ammutolire per lo ~*** to be struck dumb with amazement **2** MED. stupor, stupefaction.

stuporoso /stupo'roso/ agg. MED. stuporous, stupefacient; ***essere in stato ~*** to be in a stupor.

stuprare /stu'prare/ [1] tr. to rape.

stupratore /stupra'tore/ m. rapist.

stupro /'stupro/ m. rape; ***subire uno ~*** to be victim of a rape.

stura /'stura/ f. *(di bottiglia)* uncorking; *(di botte)* unbunging ◆ ***dare la ~ a qcs.*** to open the floodgate to *o* for sth.

sturabottiglie /sturabot'tiʎʎe/ m.inv. corkscrew.

sturalavandini /sturalavan'dini/ m.inv. plunger, plumber's helper AE COLLOQ.

sturamento /stura'mento/ m. **1** *(di bottiglia)* uncorking; *(di botte)* unbunging **2** *(di lavandino)* unblocking, plunging, unplugging; *(di scarico)* clearing.

sturare /stu'rare/ [1] **I** tr. **1** *(stappare)* to uncork [*bottiglia*]; to unbung [*botte*] **2** *(disintasare)* to unblock, to plunge, to unplug [*lavandino, vasca da bagno*]; to clear [*scarico*]; to unblock [*tubatura*] **II sturarsi** pronom. [*conduttura*] to come* unblocked; [*orecchio*] to pop; ***mi si sono sturate le orecchie*** my ears popped.

sturnella /stur'nɛlla/ f. meadowlark.

stuzzicadenti /stuttsika'dɛnti/ m.inv. toothpick.

stuzzicamento /stuttsika'mento/ m. **1** *(il toccare ripetutamente)* picking **2** FIG. *(l'infastidire)* teasing, needling **3** FIG. *(l'eccitare) (di appetito)* whetting; *(di palato, vanità)* tickling; *(di curiosità)* arousing, stirring.

stuzzicante /stuttsi'kante/ agg. **1** *(appetitoso)* [*cibo*] appetizing **2** FIG. *(allettante)* [*argomento*] intriguing, stimulating.

stuzzicare /stuttsi'kare/ [1] **I** tr. **1** *(toccare ripetutamente)* to pick (at) [*ferita*] **2** FIG. *(infastidire)* to tease, to needle **3** FIG. *(eccitare)* to whet [*appetito*]; to tickle [*palato, vanità*]; to arouse, to stir [*curiosità*] **II stuzzicarsi** pronom. ***-rsi i denti*** to pick one's teeth.

stuzzichino /stuttsi'kino/ m. **1** COLLOQ. *(persona)* teaser **2** *(spuntino)* appetizer, snack.

▶ **su** /su/ **I** prep. (artcl. **sul**, **sullo**, **sulla**, **sull'**; pl. **sui**, **sugli**, **sulle**) **1** *(sopra) (con contatto)* on, upon; *(con movimento)* on, onto; ***il bicchiere è sul tavolo*** the glass is on the table; ***ha dimenticato l'ombrello sul treno*** he left his umbrella on the train; ***applicate la lozione sui capelli*** apply the lotion to your hair; ***mettere una mano sulla spalla di qcn.*** to put a hand on sb.'s shoulder; ***battere il pugno sul tavolo*** to slam one's fist on the table; ***passare la mano ~ (di) una stoffa*** to run one's hand over a fabric; ***salire sulla scala, ~ un albero*** to climb (up) the ladder, a tree; ***salire sul treno, sull'autobus*** to get on *o* onto the train, the bus **2** *(sopra) (senza contatto o per indicare rivestimento, protezione)* over; ***nuvole sulle montagne, sulla pianura*** clouds over the mountain tops, the plain; ***un ponte sul fiume*** a bridge across *o* over the river; ***l'aereo volava basso sul deserto*** the plane flew low over the desert; ***è calata la notte, il temporale si è abbattuto sulla città*** night fell, the storm broke over the city; ***portare un maglione sulla camicia*** to wear a sweater over one's shirt; ***mettere una coperta sulla poltrona*** to lay a blanket over the armchair; ***indossare del cotone sulla pelle*** to wear cotton next to the skin **3** *(in cima a)* on top of; ***sulla collina c'è una casa*** there is a house on the top of the hill; ***mettilo ~ quel mucchio*** put it on top of that pile; ***salire ~ una montagna*** to climb a mountain **4** *(per indicare superiorità, dominio)* over; ***avere un vantaggio ~ qcn.*** to have an advantage over sb.; ***avere ascendente ~ qcn.*** to have the ascendancy over sb.; ***governare ~ un paese*** to rule (over) a country **5** *(al di sopra di)* above; ***1.000 m sul livello del mare*** 1,000 m above sea level **6** *(verso)* on to; ***la nostra stanza dava sul parco*** our room looked onto *o* towards the park; ***la finestra dà sulla strada*** the window faces (towards) the street; ***la cucina dà sul salone*** the kitchen leads into the living room; ***marciare ~ Roma*** to march on Rome; ***puntare un'arma ~ qcn.*** to aim a gun at sb. **7** *(con nomi di fiumi e laghi)* ***un ponte sul Tamigi*** a bridge over the Thames; ***le città sul Po*** the towns along the Po; ***la crociera sul Nilo*** the cruise on the Nile; ***vacanze sul Lago Maggiore*** holidays by Lake Maggiore **8** *(per indicare un supporto)* on; **~ *CD*** on CD; ***essere disponibile ~ cassetta*** to be available on cassette; ***disegnare sulla sabbia*** to draw in the sand; ***copiare ~ carta*** to copy onto paper; ***incisione ~ rame*** copperplate; ***pittura ~ vetro*** glass-painting; ***sul giornale*** in the newspaper; ***mettere un annuncio sul giornale*** to place an advertisement in the paper; ***sul quarto canale*** TELEV. on channel four **9** *(riguardo a, intorno a)* on, about; ***un libro ~ Dante*** a book on *o* about Dante; ***un programma sull'Africa*** a programme on Africa; ***tutto ciò che occorre sapere sui computer*** everything you need to know about computers **10** *(per* *indicare il modo)* ***(fatto) ~ misura*** [*vestito, abito, camicia, giacca*] made-to-measure, tailor-made, custom-made; ***lavorare ~ commissione*** to work on commission; ***sul modello di*** on the pattern of; ***~ consiglio di qcn.*** on sb.'s advice, at *o* on sb.'s suggestion; ***~ invito di qcn.*** at sb.'s invitation; ***agire ~ ordine di qcn.*** to act on sb.'s order; ***credere a qcn. sulla parola*** to take sb.'s word for it **11** *(per indicare approssimazione)* about, around; ***essere sui vent'anni*** to be about twenty; ***impiegarci sulle tre ore*** to take about three hours; ***costare sui 500 euro*** to cost around 500 euros; ***ieri sul tardi*** late yesterday; ***verrò domani sul presto*** I'll come early tomorrow; ***sul far del giorno*** at the break of day, at daybreak, at dawn; ***sul finire del secolo*** towards the end of the century **12** *(per indicare iterazione)* after, upon; ***ammucchiare pietra ~ pietra*** to pile stone upon stone; ***fare proposte ~ proposte*** to make one offer after another, to make offer after offer; ***commettere sbagli ~ sbagli*** to make one mistake after another, to make mistake after mistake **13** *(con valore distributivo)* out of; ***due persone ~ tre*** two out of every three people; ***una settimana ~ tre*** one week in three; ***ha fatto tre esercizi ~ quattro*** he did three exercises out of four; ***~ 250 impiegati, ci sono solo 28 donne*** out of 250 employees, there are only 28 females; ***come lui ce n'è uno ~ un milione*** he's one in a million **II** avv. **1** *(in alto)* up; ***~ in cima*** up on the top; ***guardare ~*** to look up; ***tirare ~*** to pull up [*pantaloni, visiera*]; ***quel quadro dovrebbe stare un po' più ~*** that picture needs to be a bit further up; ***~ le mani!*** hands up! **2** *(sopra, a un piano superiore)* upstairs; ***~ fa più freddo*** it's colder upstairs; ***puoi andare ~ a prendermi la borsa?*** can you go upstairs and bring *o* get me my bag? ***portare le valigie ~ in soffitta*** to take the suitcases up to the attic **3** *(al nord)* ***a Natale andrà ~ a Torino*** COLLOQ. at Christmas he's going up to Turin **4** *(come rafforzativo)* ***salire ~ ~ nel cielo*** to raise up and up *o* further up into the sky **5 in su** up, upwards; ***più in ~*** further up; ***guardare in ~*** to look up(wards); ***spingere qcs. in ~*** to push sth. upward; ***dalla vita, dal gomito in ~*** from the waist, the elbow up(wards); ***dai 14 anni in ~*** from (the age of) 14 up; ***tutti nella ditta, dalla donna delle pulizie in ~*** everyone in the company from the cleaning lady up; ***giaceva a faccia in ~*** he was lying face up(wards) **6 su per** ***la strada che si inerpica ~ per la montagna*** the road up the mountain; ***l'ho visto andare ~ per quella strada*** I saw him go up that road; ***correre ~ per le scale*** to run up the stairs **7 su e giù** *(in alto e in basso)* up and down; *(avanti e indietro)* up and down, to and fro; ***andare ~ e giù per le scale*** to go up and down the stairs; ***andare ~ e giù per il corridoio*** to pace *o* walk up and down the corridor; ***andare ~ e giù come un leone in gabbia*** to pace up and down like a caged animal **8 su per giù** about, around, approximately, more or less; ***costa ~ per giù 12 euro*** it costs about *o* around 12 euros **III** inter. come on; ***~, sbrigati!*** come on, hurry up! ***~, ~!*** there there! ♦ ***~ col morale!*** cheer up!

suaccennato /suattʃen'nato/ agg. → **sopraccennato.**

suadente /sua'dɛnte/ agg. **1** *(persuasivo)* [*parole*] persuasive **2** *(carezzevole)* [*voce*] soft, mellow; ***avere una voce ~*** to be soft-spoken.

suasione /sua'zjone/ f. LETT. suasion.

suasivo /sua'zivo/ agg. persuasive, suasive LETT.

sub /sub/ m. e f.inv. (scuba) diver.

subacido /su'batʃido/ agg. subacid.

subacqueo /su'bakkweo/ **I** agg. underwater, subaquatic, subaqueous; ***pianta -a*** underwater plant; ***nuotatore ~*** underwater swimmer; ***pesca -a*** underwater fishing; ***fucile ~*** speargun; ***maschera -a*** underwater *o* diving mask; ***orologio ~*** waterproof watch; ***guerra -a*** submarine warfare **II** m. (f. **-a**) (scuba) diver.

subacuto /suba'kuto/ agg. subacute.

subaereo /suba'ɛreo/ agg. subaerial.

subaffittare /subaffit'tare/ [1] tr. to sublet*, to sublease, to underlet* [*appartamento, stanza*].

subaffitto /subaf'fitto/ m. sublet, subtenancy, underlease; ***dare in ~*** to sublet, to sublease [*appartamento, stanza*]; ***prendere in ~*** to sublease [*appartamento, stanza*].

subaffittuario, pl. **-ri** /subaffittu'arjo, ri/ m. (f. **-a**) subtenant, sublessee, underlessee, undertenant.

subaffluente /subafflu'ɛnte/ m. subtributary.

subagente /suba'dʒɛnte/ m. e f. subagent, underagent.

subagenzia /subadʒen'tsia/ f. subagency.

subalpino /subal'pino/ agg. **1** GEOGR. subalpine **2** STOR. *(piemontese)* Piedmontese **3** BOT. alpestrine.

subalternazione /subalternat'tsjone/ f. subalternation.

subalterno /subal'tɛrno/ **I** agg. [*posto*] subordinate; [*ufficiale*] subaltern; [*impiegato*] junior **II** m. (f. **-a**) subordinate; MIL. inferior, subaltern BE.

subantartico, pl. **-ci, -che** /suban'tartiko, tʃi, ke/ agg. subantarctic.

subappaltare /subappal'tare/ [1] tr. *(dare in subappalto)* to subcontract [*affare, lavoro*] (**a** to, out to).

subappaltatore /subappalta'tore/ m. (f. **-trice** /tritʃe/) subcontractor.

subappalto /subap'palto/ m. subcontract; ***lavoro dato in ~*** work put out to contract.

subappenninico, pl. **-ci, -che** /subappen'niniko, tʃi, ke/ agg. *(in prossimità degli Appennini)* near the Apennines; *(degli Appennini)* of the Apennines.

subartico, pl. **-ci, -che** /su'bartiko, tʃi, ke/ agg. subarctic.

subatomico, pl. **-ci, -che** /suba'tɔmiko, tʃi, ke/ agg. [*particella*] subatomic.

subbio, pl. **-bi** /'subbjo, bi/ m. beam.

subbuglio, pl. **-gli** /sub'buʎʎo, ʎi/ m. ***mettere in ~*** [*avvenimento, notizia*] to throw into turmoil [*persona, paese*]; ***aveva l'animo in ~*** his mind was in a ferment; ***avere lo stomaco in ~*** to have an upset stomach.

subconscio, pl. **-sci, -sce** e **-scie** /sub'kɔnʃo, ʃi, ʃe/ agg. e m. subconscious.

subcontinente /subkonti'nɛnte/ m. subcontinent.

subcontraente /subkontra'ɛnte/ m. e f. subcontractor.

subcontratto /subkon'tratto/ m. subcontract.

subcosciente /subkoʃ'ʃɛnte/ **I** agg. subconscious **II** m. subconscious (mind), subconsciousness.

subcoscienza /subkoʃ'ʃɛntsa/ f. subconsciousness.

subcultura /subkul'tura/ f. subculture.

subdesertico, pl. **-ci, -che** /subde'zɛrtiko, tʃi, ke/ agg. semidesert.

subdolamente /subdola'mente/ avv. [*agire*] slyly, underhandedly.

subdolo /'subdolo/ agg. [*persona*] underhand, sly, sneaky; [*comportamento, azione*] underhand, sneaky.

subdurale /subdu'rale/ agg. subdural.

subduzione /subdut'tsjone/ f. subduction.

subentrante /suben'trante/ agg. **1** *(che succede)* incoming, succeding **2** MED. [*colica*] subintrant.

subentrare /suben'trare/ [1] intr. (aus. *essere*) **1** *(succedere)* ***~ a qcn.*** to take over from sb., to succeed sb.; ***~ a qcn. a capo di un'azienda*** to succeed sb. as head of a company; ***~ alla guida di un affare*** to take over a business **2** FIG. *(seguire)* ***~ a qcs.*** to come after *o* follow sth.; ***l'inquietudine subentrò alla speranza*** hope turned to anxiety **3** *(sopraggiungere)* to arise*; ***sono subentrate complicazioni*** complications arose.

subentro /su'bɛntro/ m. replacement, taking over, succession.

subequatoriale /subekwato'rjale/ agg. subequatorial.

suberico, pl. **-ci, -che** /su'bɛriko, tʃi, ke/ agg. ***acido ~*** suberic acid.

suberina /sube'rina/ f. CHIM. suberin.

suberoso /sube'roso/ agg. suberose, suberous.

subinquilino /subinkwi'lino/ m. (f. **-a**) subtenant.

▶ **subire** /su'bire/ [102] tr. **1** *(essere vittima di)* to be* subjected to [*maltrattamenti, violenze, pressioni*]; to come* under [*minacce*]; to suffer [*discriminazione, sopruso*]; ***~ lo stesso destino*** to suffer the same fate **2** *(essere sottoposto a)* to be* subjected to, to undergo* [*interrogatorio*]; to undergo* [*operazione chirurgica*]; ***~ un'operazione al ginocchio*** to have an operation on one's knee; ***~ un processo*** to stand trial; ***~ l'influenza di qcn.*** to be under sb.'s influence **3** *(essere costretto a sopportare)* to put* up with [*persona, prova*]; *(patire)* to suffer, to sustain [*danni*]; ***~ delle perdite*** to suffer losses; ***~ una sconfitta*** to suffer *o* sustain a defeat, to meet with defeat; ***~ le conseguenze di qcs.*** to suffer the consequences of sth.; ***~ gli effetti della concorrenza, della recessione*** to be affected by *o* experience the effects of competition, the recession **4** *(essere oggetto di)* to go* through, to undergo* [*cambiamenti, trasformazioni*]; ***i prezzi possono ~ aumenti*** prices are subject to increases; ***i voli possono ~ ritardi*** flights are subject to delay.

subissare /subis'sare/ [1] tr. **1** *(sprofondare)* to sink* **2** FIG. *(ricoprire)* to overwhelm; ***~ qcn. di domande*** to rain questions on sb.; ***essere subissato di chiamate*** to be flooded with calls.

subisso /su'bisso/ m. COLLOQ. *(mucchio)* ***un ~ di*** a shower of [*regali, lodi*]; a flood of [*insulti*]; a storm of [*applausi*].

subitamente /subita'mente/ avv. LETT. → **subitaneamente.**

subitaneamente /subitanea'mente/ avv. suddenly, abruptly, all of a sudden.

subitaneità /subitanei'ta/ f.inv. suddenness.

subitaneo /subi'taneo/ agg. sudden, abrupt.

▶ **subito** /'subito/ avv. **1** *(immediatamente)* immediately, at once; ***torno ~*** I'll be right back, I'll be back in a minute; ***scendo ~*** I'll be right down; ***gli telefono ~*** I'm going to phone him right now; ***ha risposto ~*** she wrote straight back; ***fallo ~*** do it right now; ***si sono***

piaciuti ~ they liked each other right away; ***ho cambiato ~ argomento*** I quickly changed the subject; ***la medicina fa ~ effetto*** the drug acts immediately; ***sono ~ da lei, signora*** I'll be with you right away, madam; ***da ~*** right from the beginning, immediately; ***il dottore venne quasi ~*** the doctor came almost at once; ***vieni qui ~!*** come here this instant! ***"libero ~"*** *(in un annuncio)* [*persona*] "available now"; [*appartamento*] "available for immediate occupancy" **2** *(in pochissimo tempo)* in no time; ***questa vernice asciuga ~*** this paint is quick-drying *o* dries in no time; ***di questo passo finiremo ~*** at this rate we'll finish in no time **3 subito dopo** straight after, right after, directly after; ***~ dopo il tuo compleanno*** just after your birthday; ***~ dopo Natale*** right after Christmas; ***~ dopo che tu sei partito*** just after you left; ***sono uscito ~ dopo averti telefonato*** I went out straight after phoning; ***non fare il bagno ~ dopo mangiato*** don't go for a swim too soon after eating; ***è arrivato ~ dopo*** he arrived straight *o* immediately afterwards; ***casa mia è ~ dopo la stazione*** my house is just beyond *o* past *o* after the station.

sublimabile /subli'mabile/ agg. sublimable.

sublimare /subli'mare/ [1] **I** tr. **1** CHIM. to sublimate, to sublime **2** PSIC. to sublimate [*istinto*] **3** FIG. *(esaltare)* to exalt, to sublime **II** intr. (aus. *essere*) CHIM. to sublime **III sublimarsi** pronom. **1** PSIC. to sublimate **2** FIG. to be* sublimed, to sublimate.

sublimato /subli'mato/ **I** p.pass. → **sublimare II** agg. [*zolfo*] sublimated **III** m. CHIM. sublimate.

sublimazione /sublimat'tsjone/ f. sublimation.

sublime /su'blime/ **I** agg. [*dipinto, opera, spettacolo*] sublime **II** m. ***il ~*** the sublime ◆◆ ***la Sublime Porta*** STOR. the Sublime Porte.

sublimemente /sublime'mente/ avv. sublimely.

subliminale /sublimi'nale/ agg. subliminal.

sublimità /sublimi'ta/ f.inv. sublimity.

sublinguale /sublin'gwale/ agg. → **sottolinguale.**

sublitorale /sublito'rale/ agg. sublittoral.

sublocare /sublo'kare/ [1] tr. → **subaffittare.**

sublocatario, pl. **-ri** /subloka'tarjo, ri/ m. (f. **-a**) → **subaffittuario.**

sublocatore /subloka'tore/ m. (f. **-trice** /tritʃe/) sublessor, underlessor.

sublocazione /sublokat'tsjone/ f. sublet, subtenancy, underlease.

sublunare /sublu'nare/ agg. sublunar(y).

subminiatura /subminja'tura/ agg.inv. subminiature.

submontano /submon'tano/ agg. submontane.

subnormale /subnor'male/ **I** agg. [*intelligenza*] subnormal **II** m. e f. = a person of subnormal intelligence.

suboceanico, pl. **-ci, -che** /subotʃe'aniko, tʃi, ke/ agg. suboceanic.

subodorare /subodo'rare/ [1] tr. to smell [*imbroglio, trappola, pericolo*].

suborbitale /suborbi'tale/ agg. suborbital.

subordinante /subordi'nante/ agg. [*congiunzione*] subordinating.

subordinare /subordi'nare/ [1] tr. **1** *(sottoporre)* to subordinate; ***~ i propri interessi al bene comune*** to subordinate one's interests to the common good; ***subordina tutto al suo lavoro*** he puts his job above everything **2** LING. to subordinate.

subordinata /subordi'nata/ f. LING. subordinate clause, dependent clause; ***~ circostanziale, relativa*** adverbial, relative clause.

subordinatamente /subordinata'mente/ avv. subordinately.

subordinativo /subordina'tivo/ agg. [*congiunzione*] subordinating.

subordinato /subordi'nato/ **I** p.pass. → **subordinare II** agg. **1** *(subalterno)* [*posizione, impiegato*] subordinate; ***essere ~ a qcn.*** to be subordinate to sb. **2** *(dipendente)* subject, subordinate; ***essere ~ a qcs.*** [*riuscita, realizzazione*] to be subject to sth. **3** LING. [*proposizione*] subordinate **4** BUROCR. ***in via -a*** [*richiedere*] subordinately **III** m. (f. **-a**) subordinate.

subordinazione /subordinat'tsjone/ f. **1** *(dipendenza)* subordination, dependence (**a** to) **2** LING. subordination.

subordine: in subordine /insu'bordine/ avv. **1** ***trovarsi*** o ***essere in ~*** *(in grado subordinato)* to be in a subordinate position **2** DIR. ***in ~*** [*richiedere*] subordinately.

subornare /subor'nare/ [1] tr. to bribe; DIR. to suborn.

subornatore /suborna'tore/ m. (f. **-trice** /tritʃe/) DIR. suborner.

subornazione /subornat'tsjone/ f. DIR. subornation.

subpolare /subpo'lare/ agg. subpolar.

subregione /subre'dʒone/ m. subregion.

subsidente /subsi'dɛnte/ agg. subsident.

subsidenza /subsi'dɛntsa/ f. subsidence.

subsonico, pl. **-ci, -che** /sub'sɔniko, tʃi, ke/ agg. [*velocità*] subsonic.

substrato /sub'strato/ m. **1** GEOL. BIOL. substratum* **2** FILOS. LING. substratum*; ***~ linguistico*** substratum language.

subtilina /subti'lina/ f. subtilin.

subtotale /subto'tale/ **I** agg. CHIR. subtotal **II** m. subtotal.

subtropicale /subtropi'kale/ agg. [*clima, regioni*] subtropical.

subumano /subu'mano/ agg. subhuman.

suburbano /subur'bano/ agg. [*quartiere*] suburban.

suburbio, pl. **-bi** /su'burbjo, bi/ m. suburb.

suburra /su'burra/ f. LETT. slums pl.

succedaneo /suttʃe'daneo/ **I** agg. [*prodotto*] substitutive, succedaneous RAR. **II** m. substitute, succedaneum*; ***~ del caffè*** coffee substitute; ***-i di prodotti alimentari*** substitute foodstuff.

▶ **succedere** /sut'tʃɛdere/ [30, 2] **I** intr. (aus. *essere*) **1** *(subentrare)* ***~ a qcn.*** to take over from sb., to succeed sb.; ***~ a qcn. nella direzione di una società*** to succeed sb. as head of a company; ***~ a qcn. sul trono*** to succeed sb. as king, queen **2** *(seguire)* ***~ a qcs.*** to follow sth.; ***l'inquietudine succedette alla speranza*** hope turned to anxiety **3** *(accadere)* to happen, to occur; ***che cosa (ti) è successo?*** what's happened (to you)? ***è successo tutto molto in fretta*** it all happened very fast; ***non succedeva da parecchio tempo*** it hadn't happened for a long time; ***tutto può ~*** anything can happen; ***non si sa mai cosa può ~*** you never know what may happen; ***sono cose che succedono*** these things happen; ***qualunque cosa succeda*** whatever happens; ***succede soltanto agli altri*** it only happens to other people; ***non c'è un pericolo immediato che questo succeda*** there is no immediate danger of this happening; ***non ci vuole niente perché succeda un incidente*** accidents happen so easily; ***ecco cosa succede quando non si fa attenzione*** that's what happens when you don't pay attention; ***qui non succede mai niente*** nothing ever happens around here; ***mi è successa la stessa cosa un mese fa*** the same thing happened to me a month ago; ***non è successo nulla*** nothing happened; ***gli è successa un cosa strana*** something odd happened to him; ***cos'è successo alla tua macchina?*** what happened to your car? ***quando lo ha scoperto è successo il finimondo*** there was a big fuss when she found out **II succedersi** pronom. [*persone*] to succeed, to follow one another; [*cose*] to follow (one another); ***-rsi di padre in figlio*** to continue *o* to carry on BE from father to son; ***le settimane si sono succedute*** week followed week; ***i temporali si succedono senza interruzione*** there is storm after storm **III** impers. (aus. *essere*) ***a volte succede che...*** sometimes it happens that...; ***non succede tutti i giorni che...*** it's not every day that...; ***mi succede spesso di essere in ritardo*** I'm often late.

successibile /suttʃes'sibile/ agg. entitled to succeed.

▷ **successione** /suttʃes'sjone/ f. **1** *(trasmissione del potere)* succession; ***~ al trono, alla corona*** succession to the throne, to the crown; ***la ~ al vertice del partito*** taking over as head of the party; ***le guerre di Successione*** STOR. the Wars of Succession **2** DIR. *(eredità)* succession, inheritance; ***diritto di ~*** succession; ***imposta di ~*** death duty, estate duty BE *o* tax AE, inheritance tax AE **3** *(serie)* succession, series*; ***la ~ degli avvenimenti*** the sequence of events; ***in rapida ~*** in close *o* quick *o* swift succession **4** MAT. sequence ◆◆ ***~ apostolica*** apostolic succession; ***~ ecologica*** alterne; ***~ ereditaria*** DIR. hereditary succession; ***~ ab intestato*** DIR. intestate estate; ***~ testamentaria*** DIR. testacy.

successivamente /suttʃessiva'mente/ avv. afterwards, subsequently.

▶ **successivo** /suttʃes'sivo/ agg. [*giorno, anno, pagina, capitolo*] following, next; ***la generazione -a*** the successive *o* succeeding generation; ***ritornò il lunedì ~*** he came back the next *o* following Monday; ***martedì e i giorni -i*** Tuesday and the days that follow *o* the following days; ***in un romanzo ~*** in a later novel; ***i modelli -i sono completamente automatici*** later models are fully automatic; ***il testimone ~ dichiarò il contrario*** the next witness said the opposite.

▶ **successo** /sut'tʃɛsso/ m. **1** success; *(vittoria)* victory, success; ***una serie di -i*** a string of successes; ***un nuovo ~ diplomatico per*** another diplomatic success for; ***il vostro ~ elettorale, politico*** your success in the elections, in politics; ***avere ~*** [*persona*] to be successful, to succeed, to meet with success; [*film*] to be successful, to be a success; ***avere ~ negli affari*** to succeed, to be successful in business; ***la loro proposta non ha avuto alcun ~*** their proposal met with no success; ***riscuotere grande ~ di pubblico*** to be a hit with the public; ***avere ~ presso il pubblico*** to have popular appeal; ***avere ~ di critica*** o ***presso i critici*** to be a success with critics; ***avere ~ con le donne*** to have success with women; ***portare qcn., qcs. al ~*** to make sb., sth. successful; ***coronato dal ~*** crowned with success; ***con ~*** successfully; ***passare un esame con ~*** to be successful in an exam; ***senza ~*** without success, unsuccessfully; ***di ~*** [*canzone, disco, opera*] hit attrib.; [*film, libro*] successful; [*scrittore*] successful, best-selling **2** *(opera di successo)* success, hit; ***un ~ editoriale*** a best-seller; ***il ~ del mese*** the month's big success *o* hit; ***i grandi -i degli anni '80*** the greatest hits of the eighties; ***il suo disco è stato un ~*** his record was a hit.

successone /suttʃes'sone/ m. COLLOQ. ***essere*** o ***avere un ~*** [*canzone, film, spettacolo*] to be a big hit *o* a smash; [*festa*] to be a huge success.

successore /suttʃes'sore/ m. successor (**di** of, to); ***essere il ~ di qcn.*** to be sb.'s successor; ***designare come (proprio) ~*** to designate *o* name sb. as one's successor.

successorio, pl. **-ri**, **-rie** /suttʃes'sɔrjo, ri, rje/ agg. succession attrib.; ***diritto ~*** law of succession; ***tassa -a*** death duty, estate duty BE *o* tax AE, inheritance tax AE.

succhiacazzi /sukkja'kattsi/ m. e f. inv. VOLG. cocksucker.

▷ **succhiare** /suk'kjare/ [1] **I** tr. **1** to suck [*latte, polline*]; ***~ il veleno da una ferita*** to suck poison from a wound; ***~ l'odio, la religione col latte della mamma*** FIG. to learn hatred, religion at one's mother knee; ***~ il sangue a qcn.*** FIG. to suck sb. dry **2** *(fare sciogliere in bocca)* to suck [*caramella*] **II succhiarsi** pronom. ***-rsi il pollice*** to suck one's thumb.

succhiata /suk'kjata/ f. suck; ***dare una ~ a qcs.*** to give sth. a suck, to suck sth.

succhiatoio, pl. **-oi** /sukkja'tojo, oi/ m. sucker.

succhiatore /sukkja'tore/ agg. [*insetto*] sucking; ***organo ~*** sucker.

succhiellare /sukkjel'lare/ [1] tr. to gimlet, to wimble.

succhiello /suk'kjɛllo/ m. gimlet, wimble, auger.

succhiotto /suk'kjɔtto/ m. **1** *(ciuccio)* dummy BE, comforter BE, pacifier AE **2** COLLOQ. *(segno sulla pelle)* lovebite BE, hickey AE; ***fare un ~ a qcn.*** to give sb. a lovebite.

succiacapre /suttʃa'kapre/ m.inv. nightjar, nighthawk, goatsucker AE.

succiamele /suttʃa'mɛle/ m.inv. broomrape.

succinato /suttʃi'nato/ m. succinate.

succinico /sut'tʃiniko/ agg. ***acido ~*** succinic acid.

succintamente /suttʃinta'mente/ avv. **1** *(con abiti corti)* [*vestito*] scantily **2** *(in breve)* [*esporre, comunicare*] succinctly.

succinto /sut'tʃinto/ agg. **1** *(corto)* [*gonna, abito*] scanty; *(scollato)* [*camicia*] low-cut, low-necked **2** FIG. *(conciso)* [*scritto, discorso, risposta, persona*] succinct.

succitato /suttʃi'tato/ agg. → **sopraccitato.**

succlavio, pl. **-vi**, **-vie** /suk'klavjo, vi, vje/ agg. subclavian.

▷ **succo**, pl. **-chi** /'sukko, ki/ m. **1** *(di frutta, verdura)* juice; ***~ di limone, di arancia*** lemon, orange juice; ***spremere il ~ da un limone*** to squeeze juice out of a lemon **2** FISIOL. juice **3** FIG. *(parte essenziale)* gist, pith, substance; ***il ~ del discorso è che...*** the long and short of it is that... ◆◆ ***-chi gastrici*** gastric juices.

succosità /sukkosi'ta/ f.inv. **1** *(ricchezza di succo)* juiciness **2** FIG. *(ricchezza di contenuti)* pithiness.

succoso /suk'koso/ agg. **1** *(ricco di succo)* [*frutto*] juicy **2** FIG. *(ricco di contenuto)* pithy.

succube /'sukkube/ agg., m. e f. → **succubo.**

succubo /'sukkubo/ **I** agg. dominated (**di qcn.** by sb.); ***un marito ~*** a hen-pecked husband; ***è ~ della moglie*** he's completely under his wife's thumb **II** m. (f. **-a**) **1** ***essere un ~ di qcn.*** to be entirely dominated by sb. **2** *(spirito maligno)* succubus*.

succulento /sukku'lɛnto/ agg. **1** *(ricco di succo)* juicy, succulent **2** *(gustoso)* [*pasto, frutto, cucina*] tasty, succulent **3** BOT. [*pianta*] succulent.

succulenza /sukku'lɛntsa/ f. **1** *(ricchezza di succo)* juiciness, succulence **2** *(squisitezza)* tastiness, succulence **3** BOT. succulence.

succursale /sukkur'sale/ **I** agg. branch attrib. **II** f. branch; ***le -i di una banca, di una ditta*** the branches of a bank, of a company; ***direttore di ~*** branch manager.

succussione /sukkus'sjone/ f. succussion.

sucido /'sutʃido/ agg. [*lana*] greasy, grease attrib.

▶ **sud** /sud/ ➧ **29 I** m.inv. **1** *(punto cardinale)* south; ***andare a ~*** to go south *o* southward(s); ***Roma è a ~ di Torino*** Rome is south of Turin; ***più a ~*** farther south; ***diretto a ~*** southbound; ***in direzione ~*** in a southerly direction; ***vento da ~*** south(erly) wind, southerly; ***esposto a ~*** [*casa, stanza*] south-facing; ***passare a ~ di qcs.*** to go south of sth. **2** *(regione)* south; ***il ~ dell'Italia*** the south of Italy; ***il ~ dell'Europa, del Giappone*** southern Europe, Japan **3** GEOGR. POL. South; *(Italia meridionale)* the south of Italy, southern Italy; ***del ~*** [*città, accento*] southern; ***il ~ del mondo*** the south part of the world **4** *(nei giochi di carte)* South **II** agg.inv. [*facciata, versante, costa*] south; [*frontiera, zona*] southern; ***Sud America*** South America; ***polo Sud*** south pole; ***nella zona ~ di Londra*** in south London; ***40 gradi di latitudine ~*** 40 degrees latitude south.

Sudafrica /su'dafrika/ ➧ **33** n.pr.m. South Africa.

sudafricano /sudafri'kano/ ➧ **25 I** agg. South African **II** m. (f. **-a**) South African.

Sudamerica /suda'mɛrika/ n.pr.m. South America.

▷ **sudamericano** /sudameri'kano/ **I** agg. South American **II** m. (f. **-a**) South American.

Sudan /'sudan, su'dan/ ➧ **33** n.pr.m. (the) Sudan.

sudanese /suda'nese/ ➧ **25 I** agg. Sudanese **II** m. e f. Sudanese* **III** m. LING. Sudanic.

▷ **sudare** /su'dare/ [1] **I** tr. [*muro*] to ooze [*acqua, umidità*] **II** intr. (aus. *avere*) **1** *(traspirare)* to sweat, to perspire; ***gli sudano le mani*** he's got sweaty hands **2** *(faticare)* to work hard, to toil (**su** at); ***Giorgio ha sudato parecchio su questo progetto*** Giorgio sweated buckets for this project **III sudarsi** pronom. ***-rsi qcs.*** to toil for sth. ◆ ***~ freddo per qcs.*** to be in a cold sweat about sth.; ***~ sangue per qcs.***, ***~ sette camicie per qcs.*** to sweat blood over sth.

sudario, pl. **-ri** /su'darjo, ri/ m. **1** STOR. *(nell'antica Roma)* sudarium* **2** *(lenzuolo funebre)* shroud, (winding) sheet, grave-clothes; ***il Sacro Sudario*** the Holy Shroud, the Turin Shroud.

sudata /su'data/ f. **1** *(sudorazione)* sweat; ***farsi una ~*** to work up a sweat **2** FIG. *(fatica)* hard slog.

sudaticcio, pl. **-ci**, **-ce** /suda'tittʃo, tʃi, tʃe/ agg. [*pelle, mani*] sweaty, moist, slimy.

sudato /su'dato/ **I** p.pass. → **sudare II** agg. **1** *(coperto di sudore)* [*persona*] sweaty; [*mano, palmo*] sweaty, sticky; ***essere tutto ~*** to be in a sweat **2** FIG. [*denaro*] hard-earned; [*vittoria*] hard-won.

sudatorio, pl. **-ri** /suda'tɔrjo, ri/ m. STOR. sudatorium*.

sudcoreano /sudkore'ano/ ➧ **25 I** agg. South Korean **II** m. (f. **-a**) South Korean.

suddetto /sud'detto/ **I** agg. (afore)said, above-mentioned **II** m. (f. **-a**) ***il ~***, ***la -a*** the above person; ***i -i sono tutti testimoni*** the above are all witnesses.

suddiacono /suddi'akono, sud'djakono/ m. subdeacon.

sudditanza /suddi'tantsa/ f. **1** subjection (**a** to) **2** FIG. submission.

suddito /'suddito/ m. (f. **-a**) subject; ***i -i britannici*** British subjects.

suddividere /suddi'videre/ [35] **I** tr. **1** *(dividere)* to (sub)divide; ***~ la classe in tre gruppi*** to divide the class into three groups **2** *(spartire)* to share out (**fra** among) **II suddividersi** pronom. **1** *(dividersi)* to (sub)divide, to be* divided **2** *(spartirsi)* to share, to spread* [*lavoro, compiti*].

suddivisibile /suddivi'zibile/ agg. subdivisible.

suddivisione /suddivi'zjone/ f. **1** *(divisione)* subdivision **2** *(spartizione)* share-out.

sud-est /su'dɛst/ ➧ **29 I** m.inv. southeast; ***vento di ~*** southeasterly wind; ***il Sud-Est asiatico*** South-East Asia **II** agg.inv. [*facciata, versante*] southeast; [*frontiera, zona*] southeastern.

Sudeti /su'dɛti/ ➧ **30** n.pr.m.pl. **1** *(regione)* Sudeten **2** *(monti)* Sudetes.

sudiceria /suditʃe'ria/ f. **1** *(sporcizia)* dirtiness, filthiness **2** FIG. *(atto indecente)* obscenity; *(espressione indecente)* dirt, filth; ***dire -e*** to tell dirty stories, to be foul-mouthed.

sudiciamente /suditʃa'mente/ avv. dirtily, filthily.

▷ **sudicio**, pl. **-ci**, **-ce** e **-cie** /'suditʃo, tʃi, tʃe/ **I** agg. **1** *(sporco)* dirty, filthy, foul, grimy; ***una casa -a*** a filthy house **2** FIG. *(indecente)* dirty, obscene, filthy **II** m. dirt, filth ◆ ***essere ~ come un maiale*** to be filthy dirty.

sudiciona /sudi'tʃona/ f. **1** *(donna molto sporca)* dirty woman*, sloven, slut COLLOQ. **2** FIG. dirty woman*, slut COLLOQ.

sudicione /sudi'tʃone/ **I** agg. dirty (anche FIG.) **II** m. **1** *(uomo molto sporco)* dirty man*, sloven **2** FIG. dirty man*.

sudiciume /sudi'tʃume/ m. dirt, filth (anche FIG.).

sudista, m.pl. **-i**, f.pl. **-e** /su'dista/ **I** agg. Confederate, Southern **II** m. e f. Confederate, Southerner.

sud-occidentale /sudottʃiden'tale/ ➧ **29** agg. [*facciata, versante*] southwest; [*frontiera, zona*] southwestern.

sudorazione /sudorat'tsjone/ f. sweating, perspiration.

▷ **sudore** /su'dore/ m. sweat, perspiration; ***gocce di ~*** beads *o* drops of sweat; ***vestiti fradici di ~*** sweat-soaked clothes; ***essere in un bagno di ~*** to be dripping *o* pouring with sweat; ***aveva il volto grondante di ~*** his face was streaming with sweat; ***aveva la fronte, la schiena bagnata di ~*** he had a sweaty forehead, back; ***si asciugò il ~ che gli colava sugli occhi*** he wiped the sweat from his eyes; ***guadagnarsi il pane con il ~ della fronte*** to earn one's living by the sweat of one's brow ◆ ***~ freddo*** cold sweat (anche FIG.); ***far venire il ~ freddo a qcn.*** to put sb. in a cold sweat, to bring sb. out in a cold sweat; ***mi venivano i -i freddi*** I was in a cold sweat about it.

sud-orientale /sudorjen'tale/ ➧ **29** agg. [*facciata, versante*] southeast; [*frontiera, zona*] southeastern.

sudorifero /sudo'rifero/ **I** agg. sudoriferous, sudorific **II** m. sudorific.
sudoriparo /sudo'riparo/ agg. [*ghiandola, condotto*] sudoriferous.
sud-ovest /su'dɔvest/ ◗ *29* **I** m.inv. southwest; ***vento di*** ~ southwesterly wind **II** agg.inv. [*facciata, versante*] southwest; [*frontiera, zona*] southwestern.
sudtirolese /sudtiro'lese/ agg., m. e f. South Tyrolean.
Sudtirolo /sudti'rɔlo/ n.pr.m. South Tyrol.
sue /'sue/ → **suo.**
▶ **sufficiente** /suffi'tʃɛnte/ **I** agg. **1** *(adeguato)* sufficient, adequate, enough; ***una quantità*** ~ a sufficient quantity; ***essere*** ~ to be sufficient *o* enough; ***essere più che*** ~ to be more than sufficient; ***due ore sono -i per fare questo lavoro*** two hours will be enough for this job; ***non c'è illuminazione*** ~ there is inadequate lighting, there isn't enough light; ***ci mette buona volontà, ma non è*** ~ he's willing but that's not enough; ***condizione necessaria e*** ~ MAT. necessary and sufficient condition **2** *(sussiegoso)* [*tono*] self-important **3** SCOL. ***il suo tema era*** ~ he got a pass with his essay **II** m. enough; ***avere il*** ~ ***per vivere*** to have enough to live (on) **III** m. e f. self-important person; ***fare il*** ~ to be full of oneself.
sufficientemente /suffitʃente'mente/ avv. sufficiently, adequately, enough; ***la tesi non era*** ~ ***lunga*** the thesis wasn't long enough *o* of sufficient length.
sufficienza /suffi'tʃɛntsa/ f. **1** *(quantità adeguata)* sufficiency **2** *(sussiego)* self-importance, smugness; ***con aria di*** ~ smugly; ***si sentiva un tono di*** ~ his voice dripped smugness **3** SCOL. pass (mark) **4 a sufficienza** sufficiently, enough; ***avere qcs. a*** ~ to have sufficient quantity of sth.; ***abbiamo camminato, mangiato a*** ~ we've walked, eaten enough; ***c'è da mangiare a*** ~ ***per tutti*** there is enough for everyone; ***ce n'è più che a*** ~ ***per tutti*** there is more than enough for everybody; ***stanza riscaldata, illuminata a*** ~ room that is warm, light enough.
suffissale /suffis'sale/ agg. [*elemento*] suffixal.
suffissare /suffis'sare/ [1] tr. to suffix.
suffissato /suffis'sato/ **I** p.pass. → **suffissare II** agg. with a suffix.
suffissazione /suffissat'tsjone/ f. suffixation.
suffisso /suf'fisso/ m. suffix; ~ ***diminutivo, accrescitivo*** diminutive, augmentative suffix.
suffissoide /suffis'sɔide/ m. suffixoid.
sufflè /suf'flɛ/ → **soufflé.**
suffraganeo /suffra'ganeo/ agg. ***vescovo*** ~ suffragan (bishop).
suffragare /suffra'gare/ [1] tr. **1** *(appoggiare)* to bear* out [*tesi*] **2** RELIG. to pray for [*defunto*].
suffragetta /suffra'dʒɛtta/ f. suffragette.
suffragio, pl. **-gi** /suf'fradʒo, dʒi/ m. **1** POL. *(voto)* suffrage, franchise, vote; ~ ***femminile*** women's suffrage **2** FIG. *(approvazione)* approval, suffrage **3** RELIG. ***celebrare una messa in*** ~ ***di qcn.*** to celebrate a mass for sb.'s soul ◆◆ ~ ***diretto*** direct suffrage; ~ ***indiretto*** indirect suffrage; ~ ***ristretto*** restricted suffrage; ~ ***universale*** universal suffrage *o* franchise.
suffragista, m.pl. **-i**, f.pl. **-e** /suffra'dʒista/ **I** agg. ***movimento*** ~ suffragette movement **II** m. e f. suffragist.
suffrutice /suf'frutitʃe/ m. suffrutex.
suffumicare /suffumi'kare/ [1] tr. to fumigate.
suffumicazione /suffumikat'tsjone/ f. (suf)fumigation.
suffumigio, pl. **-gi** /suffu'midʒo, dʒi/ m. suffumigation.
sufismo /su'fizmo/ m. Sufism.
suggellare /suddʒel'lare/ [1] tr. **1** *(chiudere con sigillo)* to seal **2** FIG. to set* the seal on, to seal [*amicizia, alleanza, riconciliazione*].
suggello /sud'dʒɛllo/ m. **1** *(sigillo)* seal **2** FIG. seal; ***stringersi la mano a*** ~ ***del patto*** to shake hands on a deal.
suggere /'suddʒere/ [41] tr. (forms not attested: past historic, past participle and compound tenses) LETT. to suck.
▷ **suggerimento** /suddʒeri'mento/ m. suggestion; ***dare un*** ~ to make *o* put a suggestion; ***dare un*** ~ ***a qcn.*** to give sb. a piece of advice; ***seguire il*** ~ ***di qcn.*** to follow sb.'s advice.
▷ **suggerire** /suddʒe'rire/ [102] tr. **1** *(consigliare)* to suggest; *(proporre)* to propose; ***suggerisco di andarcene*** I suggest (that) we go; ***ha suggerito alla commissione di modificare il progetto*** she suggested to the commission that they should modify the project; ***la soluzione che mi hanno suggerito non era giusta*** the solution they suggested (to me) wasn't right **2** *(a scuola)* to prompt; ~ ***la risposta a qcn.*** to tell sb. the answer **3** TEATR. to prompt; ~ ***la battuta all'attore*** to prompt an actor, to give an actor a prompt.
suggeritore /suddʒeri'tore/ ◗ *18* m. (f. **-trice** /tritʃe/) prompter; ***buca del*** ~ prompt box.
suggestionabile /suddʒestjo'nabile/ agg. suggestible, swayable, susceptible.
suggestionabilità /suddʒestjonabili'ta/ f.inv. suggestibility.
suggestionare /suddʒestjo'nare/ [1] **I** tr. to influence [*persona*]; ***mio fratello si lascia*** ~ ***con troppa facilità*** my brother is too easily swayed **II suggestionarsi** pronom. to be* influenced, to be* swayed.
suggestione /suddʒes'tjone/ f. **1** PSIC. suggestion **2** *(fascino, impressione)* beauty, fascination, charm; ***la*** ~ ***di un tramonto*** the beauty of a sunset.
suggestivamente /suddʒestiva'mente/ avv. evocatively, suggestively.
suggestività /suddʒestivi'ta/ f.inv. evocative power, suggestiveness.
suggestivo /suddʒes'tivo/ agg. **1** *(che sollecita emozioni)* [*paesaggio, musica*] evocative, suggestive, sensational **2** *(affascinante)* [*ipotesi*] attractive.
sughera /'sugera/ f. cork oak, cork tree.
sugherello /suge'rɛllo/ m. scad.
sughereto /suge'reto/ m. cork plantation.
sughericoltura /sugerikol'tura/ f. cork growing.
sugherificio, pl. **-ci** /sugeri'fitʃo, tʃi/ m. cork factory.
▷ **sughero** /'sugero/ m. cork; ***di*** o ***in*** ~ [*rivestimento, pannello*] cork attrib.; ***tappo di*** ~ cork.
sugli /'suʎʎi/ → **su.**
sugheroso /suge'roso/ agg. corky.
sugna /'suɲɲa/ f. **1** *(grasso)* pork fat **2** *(strutto)* lard.
▷ **sugo**, pl. **-ghi** /'sugo, gi/ m. **1** *(succo)* juice; ~ ***di arance*** orange juice; ***limoni senza*** ~ juiceless lemons; ~ ***di cottura della carne*** meat juice, gravy **2** *(salsa)* sauce; ~ ***di pomodoro*** tomato sauce; ~ ***alla bolognese*** Bolognese sauce **3** FIG. *(idea fondamentale)* gist, pith, substance; *(senso)* sense; ***è senza*** ~ there's no substance to it.
sugosità /sugosi'ta/ f.inv. **1** *(ricchezza di succo)* juiciness **2** FIG. *(ricchezza di contenuti)* pithiness.
sugoso /su'goso/ agg. **1** *(ricco di succo)* [*frutto*] juicy **2** FIG. *(ricco di contenuto)* pithy.
sui /sui/ → **su.**
suicida, m.pl. **-i**, f.pl. **-e** /sui'tʃida/ **I** agg. suicidal (anche FIG.); ***tendenze -e*** suicidal tendencies; ***missione*** ~ suicide mission **II** m. e f. suicide.
▷ **suicidare** /suitʃi'dare/ [1] **I** tr. GIORN. ***l'hanno suicidato*** they made it look like a suicide **II suicidarsi** pronom. to commit suicide, to kill oneself.
▷ **suicidio**, pl. **-di** /sui'tʃidjo, di/ m. suicide (anche FIG.); ***tentare il*** ~ to attempt suicide; ***spingere qcn. al*** ~ to drive sb. to suicide; ***sarebbe un*** ~***!*** FIG. that would be suicidal!
suindicato /suindi'kato/ agg. (a)forementioned, above-mentioned.
suino /su'ino/ **I** agg. [*peste*] swine attrib.; ***carne -a*** pork (meat) **II** m. swine*, pig, hog; ***allevamento di -i*** pig farm.
S.U.I.S.M. /'suizm/ f. (⇒ Scuola Universitaria Interfacoltà in Scienze Motorie) = university school of motor sciences.
suite /swit/ f.inv. **1** MUS. suite; ~ ***per orchestra*** orchestral suite **2** *(di albergo)* suite; ~ ***nuziale*** bridal suite.
sul /sul/ → **su.**
sula /'sula/ f. gannet, booby.
sulfamidico, pl. **-ci, -che** /sulfa'midiko, tʃi, ke/ **I** agg. sulphonamide attrib. **II** m. sulphonamide, sulpha drug BE, sulfa drug AE.
sulfanilammide /sulfanilam'mide/ f. sulphanilamide BE, sulfanilamide AE.
sulfanilico, pl. **-ci, -che** /sulfa'niliko, tʃi, ke/ agg. sulphanilic BE, sulfanilic AE.
sulfureo /sul'fureo/ agg. [*acqua, vapore*] sulphureous BE, sulfureous AE, sulphury BE, sulfury AE; [*bagno, fonte*] sulphur BE attrib., sulfur AE attrib.
sull', sulla /'sulla/, **sulle** /'sulle/, **sullo** /'sullo/ → **su.**
sultana /sul'tana/ f. **1** *(moglie del sultano)* sultana **2** *(divano)* circular divan.
sultanale /sulta'nale/ agg. sultanic.
sultanato /sulta'nato/ m. sultanate.
sultanina /sulta'nina/ f. sultanas pl., currants pl.
sultano /sul'tano/ m. sultan.
Sumatra /su'matra/ ◗ *14* n.pr.f. Sumatra.
sumerico, pl. **-ci, -che** /su'mɛriko, tʃi, ke/ agg. Sumerian.
sumero /su'mɛro/ **I** agg. Sumerian **II** m. (f. **-a**) **1** *(persona)* Sumerian **2** *(lingua)* Sumerian.
summa /'summa/ f. summa*.
summenzionato /summentsjo'nato/ agg. above-mentioned, (a)forementioned.
summit /'summit, 'sammit/ m.inv. summit; ~ ***franco-tedesco*** Franco-German summit; ***il*** ~ ***europeo di Bruxelles*** the European summit in Bruxelles.
sumo /'sumo/ m.inv. sumo (wrestling); ***lottatore di*** ~ sumo wrestler.

sunna /'sunna/ f. Sunna(h).
sunnismo /sun'nizmo/ m. Sunni.
sunnita, m.pl. **-i**, f.pl. **-e** /sun'nita/ agg., m. e f. Sunni.
sunnominato /sunnomi'nato/ agg. above-named, above-mentioned.
sunteggiare /sunted'dʒare/ [1] tr. to summarize.
sunto /'sunto/ m. summary, précis*; ***fare un ~ di qcs.*** to make a summary of sth., to summarize sth.
suntuario, pl. **-ri**, **-rie** /suntu'arjo, ri, rje/ agg. [*legge, editto*] sumptuary FORM.
▶ **suo**, f. **sua**, m.pl. **suoi**, f.pl. **sue** /'suo, 'sua, su'ɔi, 'sue/ v. la nota della voce **mio**. **I** agg.poss. **1** *(di lui)* his; *(di lei)* her; *(di cosa o animale)* its; ***~ padre*** *(di lui)* his father; *(di lei)* her father; ***sua madre*** *(di lui)* his mother; *(di lei)* her mother; ***il ~ papà*** COLLOQ. *(di lui)* his dad; *(di lei)* her dad; ***la sua mamma*** COLLOQ. *(di lui)* his mum BE, his mom AE; *(di lei)* her mum BE, her mom AE; ***i suoi figli*** *(di lui)* his children; *(di lei)* her children; ***la gatta e i suoi gattini*** the cat and its kittens; ***il computer e i suoi accessori*** the computer and its accessories; ***Giorgio era rimasto soddisfatto del ~ lavoro*** Giorgio felt he had done the work to his own satisfaction; ***la ditta ha un ~ avvocato*** the company has its own lawyer; ***Sua Santità*** His Holiness; ***Sua Maestà*** *(il re)* His Majesty; *(la regina)* Her Majesty; ***un ~ amico*** *(di lui)* a friend of his; *(di lei)* a friend of hers; ***quel ~ compagno di scuola*** *(di lui)* that school friend of his; *(di lei)* that school friend of hers; ***non so proprio cosa ci trovi nel ~ Giuseppe*** COLLOQ. I don't know what she sees in (her) Giuseppe; ***non la smette più di parlare del ~ Marino*** COLLOQ. she keeps talking about her beloved Marino; ***ogni cosa a ~ tempo*** all in good time; ***questo libro è ~*** *(di lui)* this book is his; *(di lei)* this book is hers **2** *(forma di cortesia)* your; ***come sta ~ madre?*** how is your mother? ***abbiamo ricevuto la sua lettera*** we received your letter; ***ho incontrato alcuni suoi nipoti, signora Rossi*** I met some nephews of yours, Mrs Rossi **II il suo,** f. **la sua,** m.pl. **i suoi,** f.pl. **le sue** pron.poss. **1** *(di lui)* his; *(di lei)* hers; *(di cosa o animale)* its; ***non è il mio libro, è il ~*** *(di lui)* it's not my book, it's his; *(di lei)* it's not my book, it's hers; ***la macchina rossa è la sua*** *(di lui)* the red car is his; *(di lei)* the red car is hers; ***Sara prese in prestito la mia penna perché aveva perso la sua*** Sara borrowed my pen because she'd lost her own **2** *(forma di cortesia)* yours; ***mio padre sta benissimo, e il ~?*** my father is very well, and yours? ***questa penna è la sua, signora Bianchi*** this is your pen, Mrs Bianchi **3** *(in espressioni ellittiche)* ***Andrea vuole sempre dire la sua*** Andrea always wants to have his say; ***Maria ha il capo dalla sua*** the boss is on Maria's side; ***mio fratello ne ha fatta un'altra delle sue!*** my brother has been up to one of his tricks again! ***i suoi*** *(genitori) (di lui)* his parents; *(di lei)* her parents; *(parenti) (di lui)* his relatives; *(di lei)* her relatives; *(seguaci) (di lui)* his supporters; *(di lei)* her supporters; ***ho ricevuto la Sua*** I received your letter **4** *(denaro, beni)* ***Luca non vuole spendere del ~*** Luca doesn't want to spend his own money *o* to pay out of his own pocket; ***Anna vive del ~*** Anna lives on her own income.
▷ **suocera** /'swɔtʃera/ f. **1** *(madre del consorte)* mother-in-law* **2** SPREG. SCHERZ. nagger; ***non fare la ~*** don't be a nagger ◆ ***dire a nuora perché ~ intenda*** = to use somebody as a mouthpiece.
▷ **suocero** /'swɔtʃero/ m. *(padre del consorte)* father-in-law*; ***i -i*** *(suocero e suocera)* parents-in-law.
suoi /sw'ɔi/ → **suo.**
▷ **suola** /'swɔla/ f. **1** *(delle scarpe)* sole; ***avere le -e consumate*** to have worn soles; ***doppia ~*** double sole; ***~ interna*** inner sole; ***~ antiscivolo*** o ***antisdrucciolevole*** non-slip sole; ***~ di cuoio*** leather sole; ***scarpe con la ~ di gomma*** rubber soled shoes **2** ZOOL. *(di zoccolo)* sole **3** TECN. *(di rotaia)* flange **4** *(nell'aratro)* sole **5** MAR. sole **6** *(di forno)* sole ◆ ***essere duro come una ~ di scarpa*** to be as tough as old boots.
suolare /swo'lare/ [1] tr. to sole.
suolatura /swola'tura/ f. soling.
▷ **suolo** /'swɔlo/ m. **1** *(superficie della terra)* ground; ***al livello del ~*** at ground level; ***a tre metri dal ~*** three metres off the ground; ***la superficie al ~ di una costruzione*** the floor surface of a building; ***radere al ~ qcs.*** to raze sth. to the ground; ***raso al ~*** [*edificio, quartiere*] flattened **2** *(area, terreno)* soil; ***~ fertile, argilloso*** fertile, clay soil; ***~ lunare*** lunar soil **3** *(territorio)* soil, land; ***il ~ africano, americano*** African, American soil; ***~ natio*** native soil ◆◆ ***~ pubblico*** DIR. public property *o* ground.
▶ **suonare** /swo'nare/ [1] **I** tr. **1** *(far risuonare)* to play [*chitarra, violino, pianoforte, tromba, flauto*]; to ring* [*campane, campanello*]; to put* on, to play [*disco*]; ***~ l'arpa*** to harp; ***~ il clacson*** to sound one's horn; ***~ le campane a morto*** to toll the bells for the dead **2** *(eseguire)* to play [*brano, sinfonia, duetto*]; ***~ il jazz*** to play jazz; ***~ qcs. al pianoforte*** to play sth. on the piano; ***~ un pezzo a qcn.*** to play a piece to *o* for sb.; ***~ Bach alla chitarra*** to play some Bach on the guitar **3** *(annunciare)* [*persona*] to sound, to beat* [*ritirata*]; to ring* out [*vespri, angelus*]; *(indicare)* [*orologio*] to strike* [*ora*]; ***l'orologio suona le ore e le mezzore*** the clock strikes on the hour and on the half hour **4** FIG. *(significare)* to sound like, to mean*; ***le sue parole suonavano riprovazione*** his words expressed reproval **5 suonarle** COLLOQ. ***suonarle a qcn.*** to thrash the living daylights out of sb. **II** intr. (aus. *avere*) **1** *(emettere un suono)* [*campane, campanello, telefono*] to ring*; [*sveglia*] to go* off; [*allarme, sirena*] to sound; [*radio, disco*] to play; ***~ a morto*** [*campane*] to toll; ***il pianoforte non suona più come prima*** the piano doesn't sound like it did; ***mio marito fa ~ la sveglia alle cinque*** my husband sets his alarm for five o'clock **2** *(eseguire musica)* [*musicista, gruppo, orchestra*] to play; ***~ per un vasto pubblico*** to play to large audiences; ***~ a orecchio*** to play music by ear; ***~ a tempo*** to play in time **3** *(essere annunciato da suoni)* ***sono suonate le sei*** six o'clock struck; ***erano appena suonate le due*** it had just struck two; ***tra cinque minuti suona la fine della lezione*** the bell for the end of lesson will ring in five minutes **4** *(azionare una suoneria, un campanello)* ***per chiamare l'infermiera, suoni due volte*** to call the nurse, ring twice; ***~ alla porta*** to ring at the door; ***hanno suonato alla porta, va' ad aprire!*** the bell has just rung, answer the door! ***va' a vedere chi suona (alla porta)*** go and see who's at the door **5** FIG. [*parola, espressione*] to sound; ***~ bene*** to have a nice ring; ***~ vero*** to ring true, to have the ring of truth; ***~ falso*** to ring false *o* hollow; ***~ strano all'orecchio di un inglese*** to sound odd to the English ear.
suonata /swo'nata/ f. **1** *(di campanello)* ring **2** COLLOQ. *(bastonatura)* beating, thrashing; ***dare una ~ a qcn.*** to give sb. a beating.
suonato /swo'nato/ **I** p.pass. → **suonare II** agg. **1** *(già passato)* ***sono le sei -e*** it's past six; ***avere trent'anni -i*** to be (well) into one's thirties **2** COLLOQ. *(toccato)* off one's head, nuts; *(tramortito)* groggy.
suonatore /swona'tore/ m. (f. **-trice** /tritʃe/) player ◆ ***e buonanotte (ai) -i!*** and that's that! that's the end of it!
suoneria /swone'ria/ f. **1** *(suono di orologio, sveglia)* ringing; *(di cellulare)* ringtone **2** *(meccanismo) (di orologio)* striking mechanism; ***ricaricare la ~ di una sveglia*** to wind up the alarm ◆◆ ***~ elettrica*** electric bell.
▶ **suono** /'swɔno/ m. **1** sound; ***un ~ acuto, grave*** a high, deep sound; ***emettere, percepire un ~*** to emit, to discern a sound; ***il timbro e l'altezza di un ~*** the tone and pitch of a sound; ***il ~ della tromba*** the sound of the trumpet; ***sfilare al ~ di una banda*** to march to the beat of a band; ***ballare al ~ di un'orchestra*** to dance to the music of an orchestra; ***fare ginnastica a suon di musica*** to do exercise to music; ***a suon di dollari*** FIG. by forking out dollars **2** RAD. MUS. TELEV. CINEM. sound; ***registrazione del ~*** sound recording; ***tecnico del ~*** audio-engineer, sound engineer **3** FIS. sound; ***barriera, muro del ~*** sonic *o* sound barrier; ***velocità del ~*** speed of sound **4** LING. sound; ***~ consonantico*** consonantal sound.
▷ **suora** /'swɔra/ f. nun; ***suor Clara*** Sister Clara; ***farsi ~*** to become a nun; ***andare a scuola dalle -e*** to go to a convent school ◆◆ ***~ carmelitana*** Carmelite; ***~ di clausura*** cloistered nun; ***~ laica*** lay nun.
super /'super/ **I** agg.inv. **1** *(eccellente)* ***un caffè ~*** an excellent coffee **2** ***benzina ~*** four-star (petrol) BE, super AE **II** f.inv. four-star (petrol) BE, super AE.
superabile /supe'rabile/ agg. superable, surmontable.
superalcolico, pl. **-ci**, **-che** /superal'kɔliko, tʃi, ke/ **I** agg. [*cocktail*] strong, hard **II** m. strong drink, hard drink.
superalimentazione /superalimentat'tsjone/ f. overfeeding, superalimentation.
superallenamento /superallena'mento/ m. overtraining; ***svolgere un ~*** to overtrain.
superamento /supera'mento/ m. **1** *(di indicazioni, valori)* ***~ dei limiti di velocità*** exceeding the speed limit **2** *(l'oltrepassare, il varcare)* crossing, clearing; ***il ~ di un ostacolo*** the clearing of a hurdle (anche FIG.) **3** *(sorpasso)* overtaking **4** *(di esame)* getting through, passing **5** *(l'essere superiore alle aspettative)* ***~ di se stesso*** surpassing oneself; ***avere il gusto dell'avventura e del ~ dei propri limiti*** to have a taste for adventure and challenge.
▶ **superare** /supe'rare/ [1] **I** tr. **1** *(essere maggiore di)* to exceed; ***il loro debito supera il milione di dollari*** their debt exceeds the million dollar mark; ***sua sorella lo supera di cinque centimetri*** his sister is five centimetres taller than him; ***~ qcs. in altezza, larghezza*** to be taller, wider than sth.; ***temporali che per intensità superano le previsioni*** storms which are fiercer than expected; ***certe classi superano i 30 allievi*** some classes have over 30 pupils; ***il colloquio***

non dovrebbe ~ la mezz'ora the interview shouldn't take more than *o* exceed half an hour **2** *(oltrepassare)* to go* past [*luogo*]; *(passare da un parte all'altra)* to cross, to clear [*fossato, fiume, ponte, colle, frontiera, soglia*]; to get* through [*barriera*]; to get* over, to clear [*muro*]; ***~ un ostacolo*** to clear a hurdle (anche FIG.); ***~ il traguardo*** to cross the (finishing) line; ***quando avrete superato il paese, girate a destra*** when you've gone through the village, turn right; ***l'astista ha superato i sei metri*** the pole vaulter cleared six metres; ***avere superato la quarantina*** to be over *o* past forty; ***~ il limite del 10%*** to pass the 10% mark; ***~ i limiti*** to go too far; ***~ i limiti di velocità*** to exceed *o* break the speed limit; ***~ i limiti della decenza*** to cross the bounds of decency; ***~ un periodo difficile*** to get through a difficult period; ***i risultati superano le nostre aspettative*** the results exceed our expectations; ***abbiamo superato le difficoltà principali*** we have got over the basic difficulties; ***~ una crisi*** to overcome a crisis; ***le delusioni, i problemi si superano*** disappointments, problems can be overcome **3** *(sorpassare)* [*automobilista, veicolo*] to pass, to overtake* BE [*veicolo*]; ***ha superato il trattore in una curva*** he passed the tractor on a bend; ***farsi ~*** to let *o* have oneself be passed **4** *(essere superiore rispetto a)* to be* ahead of, to outstrip, to surpass; ***~ qcn. in crudeltà, in stupidità*** to be crueller, more stupid than sb., to surpass sb. in cruelty, stupidity **5** SCOL. UNIV. to get* through, to pass [*esame, test*] **II superarsi** pronom. **1** *(se stesso)* to surpass oneself **2** *(l'un l'altro)* to overtake* each other; ***i concorrenti si superavano a vicenda*** the competitors kept overtaking each other.

superato /supe'rato/ **I** p.pass. → **superare II** agg. [*idea, metodo, procedimento, tecnica*] outdated, out-of-date.

superattico, pl. **-ci** /supe'rattiko, tʃi/ m. penthouse.

superbamente /superba'mente/ avv. **1** *(con superbia)* [*comportarsi, parlare*] proudly, haughtily, arrogantly **2** *(meravigliosamente)* [*cucinare, decorare*] beautifully, superbly; [*lavorato, ricamato, vestito, costruito*] beautifully.

▷ **superbia** /su'pɛrbja/ f. pride, haughtiness ◆ ***la ~ va a cavallo e torna a piedi*** PROV. pride comes before a fall.

▷ **superbo** /su'pɛrbo/ **I** agg. **1** *(altezzoso)* [*persona, modi*] proud, haughty, arrogant **2** *(grandioso)* [*spettacolo, romanzo*] superb; [*panorama*] splendid, magnificent **3** LETT. *(orgoglioso)* ***andare ~ dei propri figli*** to be proud of one's children **II** m. (f. **-a**) proud person.

superbollo /super'bollo/ m. = additional road tax for diesel cars.

supercarburante /superkarbu'rante/ m. premium fuel BE, premium gasoline AE.

supercarcere /super'kartʃere/ m. maximum security prison.

superconduttività /superkonduttivi'ta/ f.inv. superconductivity.

superconduttivo /superkondut'tivo/ agg. superconductive.

superconduttore /superkondut'tore/ **I** agg. superconductive **II** m. superconductor.

supercritico, pl. **-ci, -che** /super'kritiko, tʃi, ke/ agg. supercritical.

superdonna /super'dɔnna/ f. SPREG. ***crede di essere una ~*** she thinks she's a wonderwoman.

superdotata /superdo'tata/ f. *(maggiorata)* well-endowed woman*, buxom woman*.

superdotato /superdo'tato/ **I** agg. **1** *(intellettualmente)* highly gifted **2** SCHERZ. *(sessualmente)* [*uomo*] well-hung **II** m. **1** *(intellettualmente)* highly gifted man* **2** SCHERZ. *(sessualmente)* well-hung man*.

Super-Ego /supe'rɛgo/ m.inv. → **Super-Io.**

Superenalotto /superena'lɔtto/ m. = national lottery based on the drawing of numbers, in which you must guess the first six numbers drawn out of the lottery drums.

supererogatorio, pl. **-ri, -rie** /supereroga'tɔrjo, ri, rje/ agg. supererogatory.

supererogazione /supererogat'tsjone/ f. supererogation.

supereterodina /supereterو'dina/ f. superheterodyne.

superfamiglia /superfa'miʎʎa/ f. superfamily.

superfetazione /superfetat'tsjone/ f. superfetation (anche FIG.).

▷ **superficiale** /superfi'tʃale/ **I** agg. **1** *(della superficie)* [*strato, tensione*] surface attrib. **2** *(poco profondo)* [*ferita*] superficial, surface attrib. **3** FIG. superficial, shallow **II** m. e f. superficial person.

superficialità /superfitʃali'ta/ f.inv. superficiality; FIG. superficiality, shallowness.

superficialmente /superfitʃal'mente/ avv. superficially.

▶ **superficie**, pl. **-ci** /super'fitʃe, tʃi/ f. **1** *(parte esterna e visibile)* surface; ***~ liscia, ruvida*** smooth, rough surface; ***la ~ terrestre*** the earth's surface; ***la ~ dell'acqua*** the surface of the water; ***sulla ~*** on the surface; ***in ~*** on *o* at the surface; ***risalire*** o ***tornare in ~*** to come to the surface **2** MAT. surface, area; ***~ piana*** plane surface; ***~ del cerchio*** area of a circle; ***calcolare la ~ di un triangolo*** to calculate the (surface) area of a triangle; ***con una ~ di*** with a surface area of; ***un prato con una ~ di venti ettari*** a field with an area of twenty hectares, a twenty-hectare field; ***qual è la ~ del Giappone?*** what's the area of Japan? **3** FIG. surface, appearance; ***fermarsi alla ~*** to stay on the surface ◆◆ ***~ alare*** wing area; ***~ d'attrito*** friction area; ***~ calpestabile*** floor area; ***~ espositiva*** exhibition *o* floor space; ***~ portante*** bearing surface; ***~ d'usura*** wearing surface; ***~ velica*** sail (area).

superficie-aria /superfitʃe'arja/ agg.inv. → **terra-aria.**

superficie-superficie /superfitʃesuper'fitʃe/ agg.inv. → **terra-terra.**

superfluidità /superfluidi'ta/ f.inv. superfluidity.

superfluido /super'fluido/ agg. e m. superfluid.

superfluità /superflui'ta/ f.inv. superfluity, superfluousness.

▷ **superfluo** /su'pɛrfluo/ **I** agg. superfluous, unneeded, needless; ***parole -e*** superfluous words; ***spese -e*** unecessary expenses; ***peli -i*** unwanted hair **II** m. surplus*.

superfosfato /superfos'fato/ m. superphosphate.

supergigante /superdʒi'gante/ **I** m. SPORT *(nello sci)* super-G **II** f. ASTR. supergiant.

superinfezione /superinfet'tsjone/ f. superinfection.

Super-Io /super'io/ m.inv. superego.

superiora /supe'rjora/ **I** agg.f. ***madre ~*** Mother Superior **II** f. Mother Superior.

▶ **superiore** /supe'rjore/ **I** agg. **1** *(situato sopra nello spazio)* [*arti, palpebra, labbro, mascella, livello, piano*] upper; [*parte*] top, upper; ***la camera da letto al piano ~*** the upstairs bedroom; ***abitano al piano ~*** they live upstairs; ***la parte ~ di un oggetto*** the upper *o* top part of an object **2** *(in valore)* [*temperatura, velocità, costo*] higher (**a** than); [*dimensioni*] bigger (**a** than); [*durata*] longer (**a** than); ***i miei voti sono -i alla media*** my marks are above average; ***costi di produzione -i alla media*** higher than average production costs; ***il tenore di vita è ~ a quello dei paesi vicini*** the standard of living is much higher than in neighbouring countries; ***temperatura ~ ai 20°C*** temperatures above 20°C; ***temperature dai 4 ai 5 gradi -i alle medie stagionali*** temperatures between 4 and 5 degrees higher than seasonal averages; ***tassi d'interesse -i al 10%*** interest rates higher than *o* above 10%; ***le cifre sono -i del 3% alle previsioni*** the figures are 3% higher than predicted; ***gli assegni -i ai 100 euro*** cheques (for) over 100 euros; ***essere in numero ~*** o ***numericamente ~*** to be greater in number; ***stile di vita ~ ai propri mezzi*** lifestyle beyond one's means **3** *(migliore)* [*qualità*] superior (**a** to); ***la loro aviazione è ~ a quella del nemico*** their air force is superior to that of their enemy; ***il suo avversario gli era ~*** his opponent was better than him; ***un uomo, una mente ~*** a superior man, mind; ***sentirsi ~ a qcn.*** to feel superior to sb. **4** *(in una gerarchia)* [*gradi, classi sociali*] upper; ***istruzione ~*** higher education; ***è stato promosso al rango ~*** he was promoted to the next rank up; ***da un punto di vista gerarchico lei ti è ~*** she's above you in the hierarchy **5** GEOGR. ***il corso ~ di un fiume*** the upper reaches of a river **6** BIOL. BOT. ZOOL. [*animali, piante*] superior **7** GEOL. [*giurassico*] superior **II** m. **1** *(capo)* superior, senior; ***il mio diretto ~*** my immediate superior **2** RELIG. superior **III superiori** f.pl. SCOL. = course of studies following middle school or junior high school and preceeding university.

superiorità /superjori'ta/ f.inv. superiority; ***~ schiacciante, numerica*** overwhelming, numerical superiority; ***vincere per ~ numerica*** to win by weight of numbers; ***tono, aria di ~*** superior tone, manner; ***complesso di ~*** superiority complex; ***avere un senso di ~*** to feel superior.

superiormente /superjor'mente/ avv. superiorly.

superlativamente /superlativa'mente/ avv. superlatively.

superlativo /superla'tivo/ **I** agg. **1** *(eccellente)* superlative, excellent **2** LING. superlative **II** m. superlative; ***al ~*** in the superlative ◆◆ ***~ assoluto*** absolute superlative; ***~ relativo*** relative superlative.

superlavoro /superla'voro/ m. overwork.

superleggero /superled'dʒɛro/ **I** agg. **1** *(molto leggero)* very light **2** SPORT ***pesi -i*** junior welterweight **II** m. SPORT junior welterweight; ***i -i*** *(categoria)* junior welterweight.

supermercato /supermer'kato/ m. supermarket.

superno /su'pɛrno/ agg. LETT. supernal.

supernova /super'nɔva/ f. supernova*.

supernutrizione /supernutrit'tsjone/ f. supernutrition, overfeeding.

superomismo /supero'mizmo/ m. **1** FILOS. theory of the superman **2** *(atteggiamento)* supermanliness.

superordine /super'ordine/ m. superorder.

superotto /supe'rɔtto/ agg. e m.inv. super eight.
superpagato /superpa'gato/ agg. highly paid, excessively paid.
superperito /superpe'rito/ m. = expert called in to supervise a special preliminary investigation or trial.
superperizia /superpe'rittsja/ f. = report carried out by a superperito.
superpetroliera /superpetro'ljɛra/ f. supertanker.
superpiuma /super'pjuma/ **I** agg.inv. ***pesi ~*** junior lightweight **II** m.inv. junior lightweight; ***i ~*** *(categoria)* junior lightweight.
superpotenza /superpo'tɛntsa/ f. superpower; ***summit delle -e*** superpower summit.
superprofitto /superpro'fitto/ m. superprofit, supernormal profit.
supersonico, pl. **-ci, -che** /super'sɔniko, tʃi, ke/ agg. [*aereo, velocità*] supersonic; ***volare a una velocità -a*** to fly at supersonic speed.
superstar /supers'tar/ f.inv. superstar, megastar.
▷ **superstite** /su'pɛrstite/ **I** agg. **1** *(che sopravvive)* [*persona*] surviving; ***coniuge ~*** DIR. surviving spouse **2** SCHERZ. ***la fetta di torta ~*** the slice of cake that got away **II** m. e f. survivor; ***è l'unico ~ della famiglia*** he is the sole survivor *o* surviving member of the family.
▷ **superstizione** /superstit'tsjone/ f. superstition ◆ ***la ~ è figlia dell'ignoranza*** superstition is born of ignorance.
superstiziosamente /superstittsjosa'mente/ avv. superstitiously.
superstiziosità /superstittsjosi'ta/ f.inv. superstitiousness.
superstizioso /superstit'tsjoso/ **I** agg. superstitious **II** m. (f. **-a**) superstitious person.
superstrada /supers'trada/ f. clearway BE, freeway AE, (super)-highway AE.
superstrato /super'strato/ m. superstratum*.
superteste /super'teste/, **supertestimone** /supertesti'mɔne/ m. e f. key witness.
superuomo, pl. **superuomini** /super'wɔmo, super'wɔmini/ m. **1** FILOS. superman* **2** SPREG. ***si crede un ~*** he thinks he's superman.
supervalutare /supervalu'tare/ [1] tr. to overvalue, to overestimate [*usato*].
supervalutazione /supervalutat'tsjone/ f. overvaluation, overestimation; ***~ dell'usato*** overvaluation of second-hand goods.
supervisionare /supervizjo'nare/ [1] tr. to supervise [*lavoro*].
supervisione /supervi'zjone/ f. supervision; ***lavorare sotto la ~ di qcn.*** to work under sb.'s supervision; ***lavoro di ~*** supervisory work.
supervisore /supervi'zore/ m. supervisor, superintendent.
supinamente /supina'mente/ avv. **1** *(col corpo disteso sulla schiena)* on one's back **2** FIG. supinely.
supinazione /supinat'tsjone/ f. supination.
1.supino /su'pino/ agg. **1** *(disteso sulla schiena)* supine; ***stare ~*** to be (flat) on one's back; ***dormire ~*** to sleep lying on one's back **2** FIG. *(servile)* supine, servile.
2.supino /su'pino/ m. LING. supine.
suppellettili /suppel'lɛttili/ f.pl. **1** *(di casa, cucina)* = furnishings and fittings; ***~ sacre*** = church furnishings **2** ARCHEOL. remains.
suppergiù /supper'dʒu/ avv. COLLOQ. about, around, more or less.
supplementare /supplemen'tare/ agg. **1** *(in più)* [*spese, tassa*] additional, extra; [*tariffa*] supplementary; [*treno*] relief attrib. **2** MAT. [*angolo*] supplementary **3** SPORT ***tempo ~*** extra time, overtime AE; ***andare ai tempi -i*** to go into *o* play extra time.
supplemento /supple'mento/ m. **1** *(somma di denaro)* extra charge, surcharge; FERR. supplement, excess fare; ***pagare un ~*** to pay extra *o* an additional charge; ***fare pagare un ~ a qcn.*** to charge sb. an extra; ***c'è da pagare un ~ per il bagaglio in eccedenza*** you have to pay a supplement *o* you have to pay extra for excess baggage **2** *(aggiunta)* addition; ***~ d'informazione*** additional *o* extra information **3** *(di giornale, libro, dizionario)* supplement (**di** to) **4** MAT. supplement ◆◆ ***~ di un angolo*** supplement of an angle; ***~ rapido*** FERR. inter-city fare.
supplente /sup'plɛnte/ **I** agg. **1** *(che sostituisce)* [*medico*] replacement, stand-in; ***giudice ~*** deputy judge **2** SCOL. [*insegnante*] stand-in, temporary, supply BE, substitute AE **II** m. e f. **1** *(chi sostituisce)* substitute **2** SCOL. stand-in teacher, temporary teacher, supply BE, substitute teacher AE, sub AE.
supplenza /sup'plɛntsa/ f. **1** temporary job **2** SCOL. temporary teaching job; ***fare delle -e*** to work as a supply BE *o* substitute AE teacher.
suppletivismo /suppleti'vizmo/ m. suppletion.
suppletivo /supple'tivo/ agg. **1** *(che integra)* [*norme*] supplementary; ***sessione -a di esami*** special examination session; ***elezione -a*** by-election BE **2** LING. suppletive.
suppletorio, pl. **-ri, -rie** /supple'tɔrjo, ri, rje/ agg. suppletory.
supplì /sup'pli/ m.inv. GASTR. INTRAD. (rice croquette with mince meat, mushrooms, peas and tomato sauce filling).
▷ **supplica**, pl. **-che** /'supplika, ke/ f. **1** *(implorazione)* plea, entreaty, supplication; *(scritta)* petition; ***presentare*** o ***rivolgere una ~ a qcn.*** to implore sb.; *(scritta)* to petition sb. **2** RELIG. supplication.
supplicante /suppli'kante/ **I** agg. [*persona, voce, parole*] pleading, entreating; ***uno sguardo ~*** a look of entreaty **II** m. e f. supplicant, suppliant.
▶ **supplicare** /suppli'kare/ [1] tr. to beg, to entreat, to beseech* FORM. (**di fare** to do); ***~ qcn. di concedere più tempo*** to plea with sb. for more time; ***ti supplico, ascoltami*** listen to me, I beg you.
supplicatorio, pl. **-ri, -rie** /supplika'tɔrjo, ri, rje/ agg. supplicatory.
supplice /'supplitʃe/ **I** agg. entreating, pleading, beseeching FORM. **II** m. e f. suppliant.
supplichevole /suppli'kevole/ agg. [*aria, sguardo*] imploring, entreating, beseeching FORM.
supplichevolmente /supplikevol'mente/ avv. imploringly, entreatingly, beseechingly.
supplire /sup'plire/ [102] **I** tr. *(sostituire temporaneamente)* to stand* in for [*insegnante*]; to substitute [*impiegato*] **II** intr. (aus. *avere*) ***~ a qcs.*** to make* up for sth., to compensate for sth.; ***~ alle carenze con la buona volontà*** to make up for one's failings through earnestness.
suppliziare /supplit'tsjare/ [1] tr. to torture.
supplizio, pl. **-zi** /sup'plittsjo, tsi/ m. **1** *(pena corporale)* torture; ***~ della ruota*** breaking on the wheel; ***subire un ~*** to be tortured; ***infliggere un ~ a qcn.*** to torture sb.; ***l'estremo ~, il ~ capitale*** capital punishment, death penalty; ***andare al ~ (estremo)*** to go to (one's) execution; ***condurre qcn. al ~ (estremo)*** to lead sb. to be executed **2** FIG. torture; ***la lunga attesa fu un vero ~!*** the long wait was absolute torture!
supponente /suppo'nɛnte/ agg. haughty, arrogant.
supponenza /suppo'nɛntsa/ f. haughtiness, arrogance.
supponibile /suppo'nibile/ agg. surmisable, supposable.
▷ **supporre** /sup'porre/ [73] tr. **1** *(in un ragionamento)* to suppose, to presume, to assume; ***supponiamo che ce ne siano 20*** let's say there are 20; ***supponendo che ciò sia vero*** assuming that to be true **2** *(considerare probabile)* to suppose, to assume; ***suppongo che lo sappia*** I suppose (that) she knows; ***suppongo sia francese*** I assume him to be French; ***suppongo che goda di buona salute*** I assume she's in good health; ***suppongo che tu verrai*** you'll come, I presume? ***"quanto ci vorrà?" - "un'ora, suppongo"*** "how long will it take?" - "an hour, I should think"; ***il signor Bruni, suppongo*** Mr Bruni, I believe.
supportare /suppor'tare/ [1] tr. **1** *(dotare di supporto)* to support **2** FIG. *(sostenere)* to back, to support, to sustain [*tesi*] **3** INFORM. to support [*programma, opzione*].
supporto /sup'pɔrto/ m. **1** *(sostegno, base)* support, rest, bearing; ***servire da ~ a qcs.*** to serve as a support for sth. **2** *(aiuto)* support, backup; ***col ~ di qcn.*** with the support *o* backing of sb.; ***per capire la storia, il bambino ha bisogno del ~ delle immagini*** to understand the story, the child needs the help of pictures; ***servirsi del ~ di diapositive*** to use slides as backup material.
suppositivo /suppozi'tivo/ agg. RAR. hypothetical.
supposizione /suppozit'tsjone/ f. **1** *(ipotesi)* supposition, assumption, supposal; *(congettura)* surmise, guesswork; ***rafforzare una ~*** to strengthen an assumption; ***questa è una semplice ~*** this is just guesswork **2** DIR. ***~ di parto*** = registration of a suppositious birth at the registry office.
supposta /sup'posta/ f. suppository; ***mettersi una ~*** to insert a suppository.
supposto /sup'posto/ **I** p.pass. → **supporre II** agg. [*numero, costo*] supposed, presumed; [*qualità*] alleged.
suppurare /suppu'rare/ [1] intr. (aus. *essere, avere*) to suppurate, to discharge, to fester.
suppurativo /suppura'tivo/ agg. suppurative.
suppurazione /suppurat'tsjone/ f. suppuration.
supremamente /suprema'mente/ avv. supremely.
suprematismo /suprema'tizmo/ m. Suprematism.
supremazia /supremat'tsia/ f. supremacy (**su** over); ***~ economica*** economic supremacy; ***avere, mantenere la ~ su qcs.*** to have, to maintain supremacy over sth.
suprême /su'prɛm/ m. e f.inv. GASTR. supreme.
▷ **supremo** /su'prɛmo/ agg. **1** *(più elevato)* [*funzione, autorità, capo*] supreme; ***Soviet ~*** Supreme Soviet; ***comandante ~*** Supreme Commander; ***corte -a*** high court, Supreme Court US **2** *(grandissimo)* [*felicità, disprezzo*] greatest; ***ricercare il bene ~*** FILOS. to seek the sovereign good **3** *(ultimo)* [*momento, ora, giorno*] last.
1.sura /'sura/ f. *(capitolo del Corano)* sura.

2.sura /'sura/ f. ANAT. calf.
surclassare /surklas'sare/ [1] tr. to outclass.
surcompressione /surkompres'sjone/ f. super-compression.
surcompresso /surkom'prɛsso/ agg. super-compressed.
surcontrare /surkon'trare/ [1] tr. to redouble.
surf /sɛrf/ ◗ *10* m.inv. **1** SPORT surfing; ***fare*** o ***praticare il ~*** to surf **2** *(tavola)* surfboard.
surfactante /surfak'tante/ agg. surfactant.
surfing /'sɛrfing/ ◗ *10* m.inv. surfing.
surfista, m.pl. **-i**, f.pl. **-e** /ser'fista/ m. e f. *(chi fa surf)* surfer, surfboarder, surfrider; *(chi fa windsurf)* windsurfer.
surgelamento /surdʒela'mento/ m. deep-freezing.
surgelare /surdʒe'lare/ [1] tr. to deep-freeze*.
surgelato /surdʒe'lato/ **I** p.pass. → **surgelare II** agg. [*carne*] (deep-)frozen **III** m. deep-frozen food.
surgelatore /surdʒela'tore/ m. deep-freeze.
surgelazione /surdʒelat'tsjone/ f. → **surgelamento.**
suricata /suri'kata/ f. suricate.
suriettivo /surjet'tivo/ agg. surjective.
suriezione /surjet'tsjone/ f. surjection.
Suriname /suri'name/ ◗ *33* n.pr.m. Surinam.
surmenage /surme'naʒ/ m.inv. overexertion.
surmolotto /surmo'lɔtto/ m. Norway rat, sewer rat.
surplus /sur'plus/ m.inv. surplus* (**di** of); ***vendere il ~ del raccolto*** to sell off one's surplus harvest; ***~ agricoli*** agricultural *o* farm surpluses.
surreale /surre'ale/ agg. surreal.
surrealismo /surrea'lizmo/ m. surrealism, Surrealism.
surrealista, m.pl. **-i**, f.pl. **-e** /surrea'lista/ agg., m. e f. surrealist.
surrealistico, pl. **-ci**, **-che** /surrea'listiko, tʃi, ke/ agg. surrealistic.
surrenale /surre'nale/ agg. [*corteccia, ghiandola*] suprarenal, adrenal.
surrene /sur'rɛne/ m. surrenal gland, adrenal gland.
surrettiziamente /surrettittsja'mente/ avv. DIR. subreptitiously.
surrettizio, pl. **-zi**, **-zie** /surret'tittsjo, tsi, tsje/ agg. [*clausola*] subreptitious.
surrezione /surret'tsjone/ f. DIR. subreption.
surriferito /surrife'rito/ agg. above-mentioned, aforesaid.
surriscaldamento /surriskalda'mento/ m. **1** *(di motore, pneumatico)* overheating **2** FIS. TECN. superheating ◆◆ ***~ della congiuntura*** ECON. overheating.
surriscaldare /surriskal'dare/ [1] **I** tr. **1** *(scaldare eccessivamente)* to overheat [*casa, stanza*] **2** FIS. TECN. to superheat [*liquido*] **3** FIG. *(eccitare)* to get* [sb.] het up [*uditorio*] **II surriscaldarsi** pronom. *(scaldarsi)* to overheat.
surriscaldato /surriskal'dato/ **I** p.pass. → **surriscaldare II** agg. **1** *(scaldato eccessivamento)* [*motore, apparecchio*] overheated **2** FIS. TECN. superheated **3** FIG. *(eccitato)* het up.
surriscaldatore /surriskalda'tore/ m. superheater.
surroga /'surroga/ f. → **surrogazione.**
surrogabile /surro'gabile/ agg. replaceable.
surrogare /surro'gare/ [1] tr. **1** *(sostituire)* to replace (**con** with) **2** DIR. to subrogate.
surrogato /surro'gato/ **I** p.pass. → **surrogare II** agg. BIOL. ***madre -a*** surrogate (mother) **III** m. **1** ersatz, surrogate; ***~ di caffè*** ersatz coffee **2** FIG. ersatz; ***~ di cultura*** culture ersatz.
surrogazione /surrogat'tsjone/ f. DIR. subrogation.
survivalismo /surviva'lizmo, survaiva'lizmo/ m. survivalism.
survivalista, m.pl. **-i**, f.pl. **-e** /surviva'lista, survaiva'lista/ m. e f. survivalist.
survoltore /survol'tore/ m. ELETTRON. booster.
Susanna /su'zanna/ n.pr.f. Susan.
suscettanza /suʃʃet'tantsa/ f. susceptance.
suscettibile /suʃʃet'tibile/ agg. **1** *(permaloso)* touchy, susceptible **2** *(passibile)* ***~ di cambiamento, miglioramento*** susceptible to change, improvement; ***essere ~ di aggiornamento all'ultimo minuto*** to be liable to postponement at short notice; ***frase ~ di più interpretazioni*** open-ended sentence.
suscettibilità /suʃʃettibili'ta/ f.inv. touchiness, susceptibility; ***per non urtare la ~ di nessuno*** so as not to upset anybody, so as not to hurt anybody's feelings.
suscettività /suʃʃettivi'ta/ f.inv. RAR. susceptiveness.
suscettivo /suʃʃet'tivo/ agg. RAR. susceptive.
▶ **suscitare** /suʃʃi'tare/ [1] tr. to cause, to generate, to provoke [*reazione, scandalo, scompiglio*]; to excite [*critiche, curiosità, ammirazione, gioia*]; to generate [*timori, reticenza*]; to kindle, to arouse, to excite [*entusiasmo, desiderio, interesse*]; ***~ disprezzo, collera in qcn.*** to arouse feelings of contempt, ire in sb. ◆ ***~ un vespaio*** to stir up a hornet's nest.
suscitatore /suʃʃita'tore/ **I** agg. provoking **II** m. (f. **-trice** /tritʃe/) provoker, exciter.
▷ **susina** /su'zina, su'sina/ f. plum.
▷ **susino** /su'zino, su'sino/ m. plum (tree) ◆◆ ***~ asiatico*** cherry plum; ***~ selvatico*** damson.
suspense /'saspens, sus'pans/ f.inv. suspense; ***mantenere la ~*** to maintain the suspense; ***carico di ~*** suspenseful.
suspicione /suspi'tʃone/ f. ANT. suspicion; ***legittima ~*** DIR. reasonable suspicion.
susseguente /susse'gwɛnte/ agg. subsequent, following.
susseguentemente /sussegwente'mente/ avv. subsequently.
susseguenza /susse'gwɛntsa/ f. ANT. subsequence.
▷ **susseguire** /susse'gwire/ [3] **I** intr. (aus. *essere*) to follow; ***ne sussegue che...*** it follows that... **II susseguirsi** pronom. to follow one another; ***i temporali si susseguono senza interruzione*** there is storm after storm with no letting up.
sussidiare /sussi'djare/ [1] tr. to subsidize.
sussidiariamente /sussidjarja'mente/ avv. subsidiarily.
sussidiarietà /sussidjarje'ta/ f.inv. subsidiarity; ***principio di ~*** principle of subsidiarity.
sussidiario, pl. **-ri**, **-rie** /sussi'djarjo, ri, rje/ **I** agg. [*mezzi*] subsidiary, ancillary; [*truppe*] reserve attrib. **II** m. = textbook used in primary school.
sussidio, pl. **-di** /sus'sidjo, di/ m. **1** *(ciò che serve a integrare)* aid; ***~ audiovisivo*** audiovisual aid; ***~ visivo*** visual aid; ***~ didattico*** teaching aid **2** *(somma di denaro)* grant, allowance, benefit, welfare (benefit); ***~ statale*** state aid; ***versare un ~ a qcn.*** to pay sb. benefit; ***percepire dei -di*** to get benefit; ***ricevere un ~ di 500 euro*** to get 500 euros in benefit ◆◆ ***~ di disoccupazione*** unemployment benefit BE, unemployment compensation AE; ***~ di maternità*** maternity allowance; ***-di familiari*** family allowance.
sussiego, pl. **-ghi** /sus'sjɛgo, gi/ m. haughtiness, self-importance.
sussiegosamente /sussjegosa'mente/ avv. primly.
sussiegoso /sussje'goso/ agg. prim, haughty, self-important.
sussistente /sussis'tɛnte/ agg. **1** *(che sussiste)* subsisting **2** *(valido)* [*motivi*] valid.
sussistenza /sussis'tɛntsa/ f. **1** *(il sussistere)* existence, persistence **2** *(sostentamento)* subsistence; ***mezzi di ~*** means of support, livelihood; ***economia di ~*** subsistence economy; ***agricoltura di ~*** subsistence farming; ***salario di ~*** subsistence wage; ***contribuire alla ~ della famiglia*** to support one's family **3** MIL. Catering Corps.
sussistere /sus'sistere/ [21] intr. (aus. *essere*) **1** *(durare, esistere)* to subsist, to remain; ***non sussiste ombra di dubbio*** there is no shadow of doubt; ***in quel paesino sussistono ancora vecchie tradizioni*** old traditions still survive in that village **2** *(essere valido)* to be* valid; ***il fatto non sussiste*** the fact is without foundation, there is no substance to the fact.
sussultare /sussul'tare/ [1] intr. (aus. *avere*) **1** *(sobbalzare)* to start, to jump, to flinch; ***~ di gioia*** to quiver with joy; ***~ di spavento*** to start with fright; ***fare ~ qcn.*** to make sb. jump **2** *(tremare)* [*terra*] to shake*.
sussulto /sus'sulto/ m. **1** *(sobbalzo)* start, jump; ***~ di paura*** start (of fear); ***svegliarsi con un ~*** to wake up with a start **2** *(scossa)* shake, shock.
sussultorio, pl. **-ri**, **-rie** /sussul'tɔrjo, ri, rje/ agg. [*scossa*] sussultatory.
sussumere /sus'sumere/ [23] tr. to subsume.
sussunzione /sussun'tsjone/ f. subsumption.
sussurrare /sussur'rare/ [1] **I** tr. **1** *(bisbigliare)* to whisper; ***~ qcs. all'orecchio di qcn.*** to whisper sth. in sb.'s ear **2** *(dire di nascosto)* to whisper, to murmur; ***si sussurra che...*** it is whispered that... **3** *(parlare male)* to gossip **II** intr. (aus. *avere*) [*persona*] to whisper, to murmur; [*foglie, vento*] to whisper; [*ruscello*] to murmur.
sussurrio, pl. **-ii** /sussur'rio, ii/ m. *(di persona)* whispering, murmuring; *(di foglie, vento)* whispering; *(di ruscello)* murmuring.
sussurro /sus'surro/ m. *(di persona)* whisper, murmur; *(di foglie, vento)* whisper; *(di ruscello)* murmur.
sutura /su'tura/ f. **1** MED. suture, seam; ***filo per -e*** catgut, gutstring; ***punto di ~*** stitch; ***le hanno dato 10 punti di ~*** she had 10 stitches **2** ANAT. BOT. ZOOL. suture **3** FIG. link ◆◆ ***~ coronale*** o ***coronaria*** coronal suture; ***~ lambdoidea*** lamboid suture; ***~ sagittale*** sagittal suture.
suturale /sutu'rale/ agg. sutural.
suturare /sutu'rare/ [1] tr. to suture, to stitch.
suvvia /suv'via/ inter. come on, now then.
suzerain /su'zrɛn/ agg.inv. suzerain.
suzeraineté /suzren'te/ f.inv. suzerainty.
suzione /sut'tsjone/ f. suction; ***riflesso della ~*** sucking reflex.

svaccarsi /zvak'karsi/ [1] pronom. COLLOQ. to let* up.

svaccato /zvak'kato/ I p.pass. → **svaccarsi** II agg. slack, sloppy.

svagare /zva'gare/ [1] I tr. 1 *(divertire)* to amuse, to entertain 2 *(distrarre)* to distract II **svagarsi** pronom. 1 *(divertirsi)* to amuse oneself, to enjoy oneself 2 *(distrarsi)* to take* one's mind off; ***hai bisogno di svagarti*** you need to take your mind off things *o* to have some fun; ***giocare a tennis per -rsi*** to play tennis to relax.

svagatezza /zvaga'tettsa/ f. absent-mindedness.

svagato /zva'gato/ I p.pass. → **svagare** II agg. absent-minded, dreamy.

▷ **svago**, pl. **-ghi** /'zvago, gi/ m. 1 *(per divertirsi)* amusement, entertainment; ***prendersi qualche ~*** to have some fun 2 *(per distrarsi)* distraction.

svaligiamento /zvalidʒa'mento/ m. robbing, plundering.

svaligiare /zvali'dʒare/ [1] tr. *(svuotare rubando)* to rob, to plunder [*banca, appartamento*].

svaligiatore /zvalidʒa'tore/ m. (f. **-trice** /tritʃe/) robber, plunderer.

svalorizzare /zvalorid'dzare/ [1] tr. to depreciate [*oggetto*].

svalorizzazione /zvaloriddzat'tsjone/ f. depreciation.

svalutare /zvalu'tare/ [1] I tr. 1 *(ridurre il valore di)* to devalue, to debase [*moneta*]; to mark down [*merce*] 2 FIG. *(sminuire)* to belittle [*meriti*] II **svalutarsi** pronom. 1 *(diminuire di valore)* [*moneta*] to devalue; [*appartamento, terreno*] to depreciate 2 FIG. *(sminuirsi)* to belittle oneself.

svalutazione /zvalutat'tsjone/ f. *(di moneta)* devaluation, debasement; *(di appartamento, terreno)* depreciation; ***~ monetaria*** currency devaluation; ***una ~ del 12%*** a 12% devaluation.

svampito /zvam'pito/ I agg. 1 *(svanito)* light-headed, addle-headed COLLOQ., air-headed COLLOQ. 2 *(frivolo)* flighty II m. (f. **-a**) 1 *(persona svanita)* air-head 2 *(persona frivola)* flighty person.

▷ **svanire** /zva'nire/ [102] intr. (aus. *essere*) 1 *(scomparire, dileguarsi)* to disappear, to vanish; ***il sole svanì all'orizzonte*** the sun disappeared below the horizon; ***la nebbia svanì*** the fog dissolved *o* cleared; ***~ nel nulla*** to disappear *o* vanish into thin air, to vanish into the blue 2 *(svaporare, attenuarsi)* [*profumo, odore*] to fade; [*vino*] to lose* flavour 3 FIG. [*difficoltà, timori*] to disappear, to vanish; [*illusione*] to vanish, to dissolve; [*speranza*] to fade, to dissolve; [*ricordo*] to fade.

svanito /zva'nito/ I p.pass. → **svanire** II agg. 1 *(scomparso)* disappeared, vanished 2 *(svaporato, attenuato)* [*profumo, odore*] faded 3 FIG. [*difficoltà, illusione, timori*] disappeared, vanished 4 *(svampito)* light-headed, addle-headed COLLOQ., air-headed COLLOQ. III m. (f. **-a**) air-head.

svantaggiare /zvantad'dʒare/ [1] tr. 1 *(sfavorire)* [*deformità fisica, difetto*] to put* [sb.] at a disadvantage, to penalize [*persona*] 2 *(mettere in una condizione di inferiorità)* to disadvantage [*persona, azienda*]; ***~ qcn., qcs. facendo*** to put sb., sth. at a disadvantage by doing.

svantaggiato /zvantad'dʒato/ I p.pass. → **svantaggiare** II agg. disadvantaged; *(in uno stato di inferiorità)* underpriviledged; ***essere ~ rispetto a qcn.*** to be at a disadvantage compared to sb.; ***essere il più ~*** to be put at the greatest disadvantage; ***è ~ dalla sua giovane età*** his youth penalizes him III m. (f. **-a**) disadvantaged person.

svantaggio, pl. **-gi** /zvan'taddʒo, dʒi/ m. 1 *(inconveniente)* disadvantage, drawback, inconvenience; ***avere*** o ***presentare degli -gi*** to have disadvantages; ***i vantaggi e gli -gi di qcs.*** the pros and cons of sth.; ***gli -gi di non avere la macchina*** the inconveniences of having no car 2 *(condizione, posizione svantaggiata)* disadvantage; ***a mio, suo ~*** to my, his disadvantage; ***andare, tornare a ~ di qcn.*** to be, to turn to sb.'s disadvantage; ***essere in ~*** to be at a disadvantage; SPORT to be losing; ***avere dieci punti di ~*** SPORT to be ten points behind.

svantaggiosamente /zvantaddʒosa'mente/ avv. disadvantageously, unfavourably.

svantaggioso /zvantad'dʒoso/ agg. [*contratto, affare, scambio, mercato, prezzo*] disadvantageous, unfavourable; ***essere ~ per qcn.*** [*contratto, affare*] to be unfavourable to sb.

svaporare /zvapo'rare/ [1] intr. (aus. *essere*) 1 *(perdere aroma, odore)* [*vino*] to lose* flavour; [*profumo*] to lose* scent, to fade 2 FIG. *(venire meno)* to fade; ***lasciare ~ la collera*** to let one's anger cool off *o* down.

svaporato /zvapo'rato/ I p.pass. → **svaporare** II agg. 1 *(che ha perso odore, aroma)* [*vino*] flat; [*profumo*] faded 2 *(svampito)* light-headed, addle-headed COLLOQ., air-headed COLLOQ.

svariare /sva'rjare/ [1] I tr. 1 *(variare)* to vary [*colori*] 2 FIG. *(svagare)* to amuse, to entertain II **svariarsi** pronom. *(svagarsi)* to distract oneself.

svariato /zva'rjato/ I p.pass. → **svariare** II agg. *(vario)* varied; ***uno spettacolo ~*** a wide-ranging show III **svariati** agg.indef.pl. *(numerosi)* several, many; ***l'ho incontrato -e volte*** I met him several times; ***conosce -e lingue*** he can speak a variety of languages.

svarione /zva'rjone/ m. bad mistake, blunder.

svasamento /zvaza'mento/ m. → **svasatura.**

svasare /zva'zare/ [1] tr. 1 *(togliere dal vaso)* to repot [*pianta*] 2 SART. to flare [*gonna*].

svasato /zva'zato/ I p.pass. → **svasare** II agg. 1 SART. [*gonna, maniche*] flared 2 *(a forma di tronco di cono)* [*tubo*] flared; [*bicchiere*] bell-shaped.

svasatura /zvaza'tura/ f. 1 *(di pianta)* repotting 2 SART. flare 3 ARCH. embrasure.

svasso /'zvasso/ m. grebe ◆◆ ***~ maggiore*** great crested grebe.

svastica, pl. **-che** /'zvastika, ke/ f. swastika, fylfot.

svecchiamento /zvekkja'mento/ m. modernization, renewal.

svecchiare /zvek'kjare/ [1] tr. to update [*libro, guida*]; to renew [*guardaroba*].

svedese /zve'dese/ ➧ ***25, 16*** I agg. Swedish; ***fiammifero ~*** safety match II m. e f. Swede; ***gli -i*** the Swedish III m. *(lingua)* Swedish.

▷ **sveglia** /'zveʎʎa/ I f. 1 *(lo svegliare, svegliarsi)* waking up; ***la ~ è alle cinque*** wake-up time is five 2 *(orologio)* alarm clock; ***caricare la ~*** to wind up the alarm (clock); ***mettere*** o ***puntare la ~ alle sette*** to set the alarm for seven (o'clock) 3 MIL. reveille; ***suonare*** o ***dare la ~*** to sound the reveille II inter. ***~!*** *(per svegliare)* wake up! *(per sollecitare)* get a move on! *(per invitare ad avvedersi)* wake up! ◆◆ ***~ telefonica*** alarm *o* wake-up call; ***~ da viaggio*** carriage *o* travelling clock.

▶ **svegliare** /zveʎ'ʎare/ [1] I tr. 1 *(dal sonno)* to wake* (up), to awake*, to awaken*; ***~ qcn. da un sonno profondo*** to rouse sb. from a deep sleep; ***essere svegliato dal temporale*** to be woken up by the storm; ***a che ora devo svegliarla?*** what time shall I call you in the morning? 2 FIG. *(scuotere dall'apatia)* to wake* up, to liven up; *(rendere avveduto)* to wake* up; ***la vita militare lo ha decisamente svegliato*** military life has opened his eyes 3 FIG. *(stimolare)* to awaken*, to arouse [*curiosità*]; to whet [*appetito*] II **svegliarsi** pronom. 1 *(dal sonno)* to wake* (up), to awake*, to awaken*; ***-rsi di soprassalto, in un bagno di sudore*** to wake up with a start *o* jump, in a sweat; ***-rsi da un sonno profondo, da un sogno*** to wake (up) from a deep sleep, a dream; ***non -rsi in tempo*** to oversleep; ***svegliati!*** wake up! 2 FIG. *(scuotersi dall'apatia)* to wake* up; *(scaltrirsi)* to wake* up, to open one's eyes; ***svegliati!*** wake up! look sharp! BE COLLOQ. ◆ ***non ~ il can che dorme*** PROV. let sleeping dogs lie.

▷ **sveglio**, pl. **-gli**, **-glie** /'zveʎʎo, ʎi, ʎe/ agg. 1 awake mai attrib.; ***essere, restare ~*** to be, to stay awake; ***il rumore mi ha tenuto ~*** the noise kept me awake 2 FIG. *(avveduto, svelto)* alert, quick-witted; *(intelligente)* bright, smart 3 FIG. *(scaltro)* shrewd, astute.

svelare /zve'lare/ [1] I tr. 1 *(rivelare)* to disclose, to reveal, to uncover [*segreto, informazioni, intenzioni, complotto*] 2 LETT. *(togliere il velo a)* to unveil II **svelarsi** pronom. to reveal oneself; ***si è svelato per quello che è veramente*** he showed his true character.

svelenire /zvele'nire/ [102] I tr. 1 *(privare del veleno)* to remove the poison from, to unpoison 2 FIG. to take* the sting from [*situazione*] II **svelenirsi** pronom. to vent one's grudge.

svellere /'zvɛllere/ [92] tr. 1 *(sradicare)* to unroot, to disroot, to eradicate 2 LETT. FIG. to eradicate [*vizio*].

sveltezza /zvel'tettsa/ f. 1 *(velocità)* quickness, speed 2 *(prontezza)* quickness, alertness 3 *(snellezza)* slimness.

sveltimento /zvelti'mento/ m. 1 *(il rendere più rapido)* speeding up, quickening 2 *(semplificazione)* simplification.

sveltina /zvel'tina/ f. VOLG. quickie.

sveltire /zvel'tire/ [102] I tr. 1 *(rendere più rapido)* to speed* up 2 *(semplificare)* to quicken, to simplify [*procedura*] 3 FIG. *(rendere disinvolto)* to wake* up, to shake* up 4 *(rendere snello)* to slim; ***questo abito ti sveltisce*** this dress makes you look slimmer 5 FIG. *(abbreviare)* to shorten [*racconto, romanzo*] II **sveltirsi** pronom. 1 *(diventare più rapido)* to speed* up, to become* quicker 2 FIG. *(diventare disinvolto)* to wake* up, to liven up.

▶ **svelto** /'zvɛlto, 'zvelto/ agg. 1 *(veloce)* [*passo*] quick; [*movimento*] nimble; ***camminare con passo ~*** to walk quickly *o* at a smart pace; ***è ~ nel mangiare*** he is a quick eater; ***essere ~ nel lavoro*** to be quick at work; ***su, -i!*** come on, quick *o* hurry up! 2 FIG. *(sveglio)* alert, quick-witted; *(intelligente)* bright, smart 3 FIG. *(snello)* slim; ***avere una figura -a*** to have a svelte figure 4 **alla svelta** quickly; ***fai alla -a!*** hurry up! ***fare soldi alla -a*** to make a quick buck ◆ ***essere ~ di mano*** *(essere manesco)* to be quick to strike; *(essere incline al furto)* to be light- *o* nimble-fingered, to have sticky *o* itching fingers COLLOQ., to have one's hand in the till.

svenare /zve'nare/ [1] **I** tr. **1** *(tagliare le vene a)* ***~ qcn.*** to cut sb.'s veins **2** FIG. to bleed* [sb.] dry, to bleed* [sb.] white **II svenarsi** pronom. **1** *(tagliarsi le vene)* to cut* one's veins **2** FIG. to bleed* oneself dry, to bleed* oneself white.

svendere /'zvendere/ [2] tr. to sell* out, to undersell*.

svendita /'zvendita/ f. selling-off, sale; ***~ di fine stagione*** end-of-season sale.

svenevole /zve'nevole/ **I** agg. [*persona*] mawkish, very sentimental; [*comportamento*] soppy **II** m. e f. mawkish person.

svenevolezza /zvenevo'lettsa/ f. mawkishness, soppiness.

svenimento /zveni'mento/ m. faint(ing); ***avere uno ~*** to fall into a faint, to faint.

▷ **svenire** /zve'nire/ [107] intr. (aus. *essere*) to faint; ***sentirsi ~*** to feel faint; ***~ dalla fame*** to faint from hunger.

sventagliare /zventaʎ'ʎare/ [1] **I** tr. **1** *(fare aria a)* to fan **2** *(agitare)* to wave, to flourish [*biglietto, documento*] **3** *(aprire a ventaglio)* to fan out [*carte*]; ***il pavone sventagliò la coda*** the peacock spread its tail **II sventagliarsi** pronom. to fan oneself.

sventagliata /zventaʎ'ʎata/ f. **1** *(di ventaglio)* fanning **2** *(di arma automatica)* fanning burst.

sventare /zven'tare/ [1] tr. **1** *(impedire)* to foil, to thwart [*piano, attentato, complotto*] **2** MIL. to disarm [*mina*] **3** MAR. ***~ una vela*** to spill wind from a sail.

sventatamente /zventata'mente/ avv. thoughtlessly, heedlessly.

sventatezza /zventa'tettsa/ f. thoughtlessness, heedlessness.

sventato /zven'tato/ **I** p.pass. → **sventare II** agg. toughtless, heedless, scatter-brained **III** m. (f. **-a**) thoughtless person, scatterbrain.

sventola /'zvɛntola/ f. **1** *(schiaffo)* slap, smack, cuff; ***dare una ~ a qcn.*** to deal sb. a slap **2 a sventola** [*orecchie*] protruding, protrusive; ***con le*** o ***dalle orecchie a ~*** with protruding ears.

sventolamento /zventola'mento/ m. → **sventolio.**

▷ **sventolare** /zvento'lare/ [1] **I** tr. **1** *(agitare)* to wave, to flutter [*fazzoletto*]; to wave, to flourish [*biglietto, documento*]; to fly*, to wave [*bandiera*]; to flutter [*ventaglio*] **2** *(fare aria a)* to fan [*persona*] **3** *(ravvivare)* to fan [*fuoco*] **II** intr. (aus. *avere*) [*bandiera*] to fly*, to wave **III sventolarsi** pronom. [*persona*] to fan oneself.

sventolio, pl. **-ii** /zvento'lio, ii/ m. waving, fluttering.

sventramento /zventra'mento/ m. **1** *(di vitello, maiale)* disembowelment, evisceration; *(di pesci)* gutting; *(di pollame)* drawing **2** *(di persone)* evisceration **3** MED. eventration **4** EDIL. demolition, knocking down.

sventrare /zven'trare/ [1] tr. **1** *(togliere le interiora a)* to disembowel, to eviscerate [*vitello, maiale*]; to gut [*pesci*]; to draw* [*pollame*] **2** *(uccidere)* to disembowel [*persona, animale*] **3** EDIL. to demolish, to knock down.

▷ **sventura** /zven'tura/ f. **1** *(sfortuna)* bad luck, ill luck, misfortune; ***essere perseguitato dalla ~*** to be dogged by misfortune; ***per colmo di ~, ho perso l'aereo*** to crown it all *o* as if that wasn't enough, I missed my plane; ***compagno di ~*** companion in misfortune **2** *(di-sgrazia)* misfortune, mishap; ***le raccontò le sue -e*** he told *o* gave her a hard-luck story; ***ebbe la ~ di incontrarlo*** he was unlucky enough to meet him; ***messaggero di ~*** harbinger of doom.

sventuratamente /zventurata'mente/ avv. unluckily, unfortunately.

sventurato /zventu'rato/ **I** agg. **1** *(colpito da sventura)* [*persona*] unlucky, unfortunate **2** *(che arreca sventura)* [*giorno*] unlucky, ill-fated; [*incontro*] inauspicious **II** m. (f. **-a**) unlucky person, wretch.

svenuto /zve'nuto/ **I** p.pass. → **svenire II** agg. unconscious, senseless; ***cadere a terra ~*** to fall to the floor in a faint.

sverginamento /zverdʒina'mento/ m. defloration.

sverginare /zverdʒi'nare/ [1] tr. **1** *(deflorare)* to deprive [sb.] of virginity, to deflower **2** FIG. SCHERZ. *(usare per la prima volta)* to use [sth.] for the first time.

svergognare /zvergoɲ'ɲare/ [1] tr. **1** *(far vergognare)* to shame, to put* [sb.] to shame **2** *(smascherare in pubblico)* to unmask.

svergognatamente /zvergoɲɲata'mente/ avv. shamelessly.

svergognatezza /zvergoɲɲa'tettsa/ f. shamelessness, impudence.

svergognato /zvergoɲ'ɲato/ **I** p.pass. → **svergognare II** agg. [*persona*] shameless **III** m. (f. **-a**) shameless person.

svergolamento /zvergola'mento/ m. **1** TECN. twist, warp **2** AER. washin.

svergolare /zvergo'lare/ [1] **I** tr. to twist, to warp **II svergolarsi** pronom. to become* twisted.

svernamento /zverna'mento/ m. wintering.

svernare /zver'nare/ [1] intr. (aus. *avere*) to winter, to overwinter.

sverniciante /zverni'tʃante/ m. paint remover, paint stripper.

sverniciare /zverni'tʃare/ [1] tr. to strip [*mobile, pavimento*].

sverniciatore /zvernitʃa'tore/ m. paint remover, paint stripper.

sverniciatura /zvernitʃa'tura/ f. removal of paint, stripping.

sverzino /zver'dzino/ m. whipcord.

▷ **svestire** /zves'tire/ [3] **I** tr. **1** *(togliere i vestiti a)* to undress, to strip, to unclothe **2** *(togliere un rivestimento a)* ***~ un libro della copertina*** to take the cover off a book **II svestirsi** pronom. **1** *(spogliarsi)* to undress (oneself), to strip, to take* off one's clothes **2** *(abbandonare)* ***-rsi di*** to relinquish [*carica, ricchezze*].

Svetonio /zve'tɔnjo/ n.pr.m. Suetonius.

svettante /zvet'tante/ agg. towering.

svettare /zvet'tare/ [1] **I** tr. *(cimare)* to lop the top of, to top [*albero*] **II** intr. (aus. *avere*) [*campanile, torre, albero, antenna*] to stand* over; ***il campanile svettava al di sopra dei tetti*** the steeple jutted above the roofs.

svettatoio, pl. **-oi** /zvetta'tojo, oi/ m. lopping shears pl.

svettatura /zvetta'tura/ f. lopping.

Svevia /'zvɛvja/ n.pr.f. STOR. Swabia.

svevo /'zvevo/ **I** agg. STOR. Swabian **II** m. (f. **-a**) STOR. Swabian.

Svezia /'zvɛttsja/ ➧ ***33*** n.pr.f. Sweden.

svezzamento /zvettsa'mento/ m. weaning; ***~ precoce*** early weaning.

svezzare /zvet'tsare/ [1] **I** tr. **1** *(cambiare l'alimentazione di)* to wean [*bambino, animale*] **2** SCHERZ. to wean (**da** from, off) **II svezzarsi** pronom. *(disabituarsi)* to wean oneself (**da** off).

sviamento /zvia'mento/ m. **1** *(lo sviare)* deviation, misdirection **2** FERR. derailment.

sviare /zvi'are/ [1] **I** tr. **1** *(fare sbagliare strada a)* to lead* [sb.] astray, to misdirect; ***l'indicazione sbagliata mi ha sviato*** I was misdirected **2** FIG. *(deviare)* to divert [*indagini*]; ***~ un discorso*** to sidetrack an issue; ***~ l'attenzione di qcn.*** to distract *o* divert sb.'s attention; ***gravi problemi lo hanno sviato dallo studio*** serious problems distracted him from his studies **3** *(evitare)* to ward off [*colpo*] **4** FIG. *(traviare)* to lead* [sb.] astray [*persona*] **II sviarsi** pronom. **1** *(sbagliare strada)* to go* the wrong way **2** FIG. *(traviarsi)* to go* astray.

svicolare /zviko'lare/ [1] intr. (aus. *essere, avere*) COLLOQ. **1** *(andarsene furtivamente)* to slip away, to sneak off **2** FIG. *(evitare un argomento)* to equivocate; *(evitare una situazione imbarazzante)* ***non puoi ~*** you can't wriggle out of it.

svignarsela /zviɲ'ɲarsela/ [1] pronom. to slip away, to slink* off.

svigorimento /zvigori'mento/ m. weakening, enfeeblement.

svigorire /zvigo'rire/ [102] **I** tr. to weaken, to enfeeble **II svigorirsi** pronom. to weaken, to grow* feeble.

svilimento /zvili'mento/ m. **1** *(il togliere valore)* debasement **2** ECON. devaluation, debasement.

svilire /zvi'lire/ [102] tr. **1** *(togliere valore a)* to debase **2** ECON. to devalue, to debase.

svillaneggiare /zvillaned'dʒare/ [1] tr. to insult, to abuse.

sviluppabile /zvilup'pabile/ agg. developable; ***un argomento ulteriormente ~*** a topic that can be further developed.

▶ **sviluppare** /zvilup'pare/ [1] **I** tr. **1** *(fare crescere)* to develop [*facoltà, personalità, paese, economia, tecnologia, risorse*]; to expand [*progetto, attività*]; to build* up, to develop [*muscolo*] **2** *(ampliare)* to develop, to expand [*soggetto, capitolo, racconto*]; to develop, to elaborate, to enlarge [*idea, teoria*]; MUS. to develop [*tema*] **3** FOT. to develop, to process [*pellicola*] **4** MAT. to develop [*solido, serie*] **5** CHIM. *(sprigionare)* to emit, to give* off [*calore, energia*] **II svilupparsi** pronom. **1** *(crescere)* [*persona, corpo, muscolo, facoltà, personalità*] to develop; [*pianta*] to grow*; [*azienda, città, economia*] to develop, to grow*, to expand; ***l'industria automobilistica si è sviluppata dopo la guerra*** the car industry expanded after the war; ***dal bocciolo si sviluppa la rosa*** the bud develops into a rose **2** *(raggiungere la pubertà)* [*adolescente*] to reach puberty, to develop **3** *(scoppiare, propagarsi)* [*epidemia, incendio*] to break* out **4** *(formarsi)* [*nube tossica*] to form **5** CHIM. [*calore, gas, fumo*] to come* out (**da** of).

sviluppato /zvilup'pato/ **I** p.pass. → **sviluppare II** agg. [*muscolo, corpo, paese, economia*] developed.

sviluppatore /zviluppa'tore/ m. FOT. developer.

▶ **sviluppo** /zvi'luppo/ m. **1** *(di facoltà, scienza, organismo)* development; ***lo ~ dell'embrione, del linguaggio*** the development of the embryo, of language; ***gli -i di un caso*** the developments of a case; ***età dello ~*** puberty, age of development **2** *(di commercio, turismo, tecnologia)* development; *(di azienda, industria, paese,* *regione)* development, expansion; ~ ***economico*** economic development *o* growth; ***rallentare, promuovere lo*** ~ to hinder, to promote the development; ***l'azienda ha avuto un forte ~ negli anni '80*** the firm expanded greatly in the eighties; ***in pieno*** ~ [*paese*] rapidly developing attrib.; [*industria*] fast-growing attrib.; [*città, università*] rapidly expanding attrib.; ***essere in pieno*** ~ to be booming; ***paese in via di*** ~ developing nation *o* country; ***piano di*** ~ development plan; ***area di ~ urbano*** urban development zone **3** *(ampliamento) (di racconto)* development, expansion; *(di idea)* development, elaboration; MUS. development **4** *(di incendio)* breaking out **5** FOT. development, processing; ***bagno di*** ~ developing bath **6** MAT. development **7** CHIM. *(sprigionamento)* emission ◆◆ ~ ***della personalità*** PSIC. personality development; ~ ***sostenibile*** sustainable development.

svinare /zvi'nare/ [1] tr. to draw* [sth.] off from a vat [*vino*].

svinatura /zvina'tura/ f. drawing off (from a vat).

svincolare /zvinko'lare/ [1] **I** tr. **1** *(liberare) (da vincolo)* to release, to free; *(da ipoteca)* to redeem **2** COMM. *(sdoganare)* to clear **II svincolarsi** pronom. to free oneself (**da** from).

svincolo /'zvinkolo/ m. **1** *(liberazione da un vincolo)* release, freeing **2** COMM. *(sdoganamento)* clearance **3** *(raccordo stradale)* junction ◆◆ ~ ***a quadrifoglio*** cloverleaf junction.

sviolinare /zvjoli'nare/ [1] tr. COLLOQ. to flatter, to sweet-talk, to blarney.

sviolinata /zvjoli'nata/ f. COLLOQ. flattery, sweet-talk, blarney.

svirgolare /zvirgo'lare/ [1] tr. SPORT to slice.

svisamento /zviza'mento/ m. distortion, alteration.

svisare /zvi'zare/ [1] tr. to distort, to alter [*fatti*].

sviscerare /zviʃʃe'rare/ [1] tr. **1** RAR. *(privare delle viscere)* to eviscerate **2** FIG. *(esaminare)* to examine, to analyse [sth.] in depth [*problema, questione*].

svisceratamente /zviʃʃerata'mente/ avv. [*amare*] passionately, ardently; [*odiare*] with all one's guts.

sviscerato /zviʃʃe'rato/ **I** p.pass. → **sviscerare II** agg. **1** *(intenso)* [*amore*] passionate, ardent; ***odio*** ~ gut hatred **2** SPREG. *(esagerato)* [*ringraziamenti*] extravagant.

svista /'zvista/ f. oversight, slip.

svitabile /zvi'tabile/ agg. twist-off.

svitamento /zvita'mento/ m. unscrewing.

svitare /zvi'tare/ [1] **I** tr. to unscrew, to screw off [*bullone, tappo, coperchio*] **II svitarsi** pronom. [*bullone*] to unscrew; [*tappo, coperchio*] to unscrew, to screw off.

svitato /zvi'tato/ **I** p.pass. → **svitare II** agg. **1** [*bullone*] unscrewed **2** COLLOQ. FIG. [*persona*] screwy, screwball attrib., nutty; ***essere*** ~ to have a screw loose, to be spaced out **III** m. (f. **-a**) COLLOQ. nut, space cadet, nutter BE.

svitatura /zvita'tura/ f. → **svitamento.**

svizzera /'zvittsera/ f. GASTR. hamburger.

Svizzera /'zvittsera/ ➧ ***33*** n.pr.f. Switzerland; ~ ***italiana, tedesca, francese*** Italian-, German-, French-speaking Switzerland.

svizzero /'zvittsero/ ➧ ***25*** **I** agg. Swiss; ***franco-~*** Swiss French; ***guardie -e*** Swiss Guards **II** m. (f. **-a**) **1** *(abitante)* Swiss **2** *(soldato della guardia svizzera)* Swiss Guard.

svogliataggine /zvoʎʎa'taddʒine/ f. → **svogliatezza.**

svogliatamente /zvoʎʎata'mente/ avv. listlessly, unwillingly.

svogliatezza /zvoʎʎa'tettsa/ f. listlessness, slackness.

svogliato /zvoʎ'ʎato/ **I** agg. **1** *(apatico)* [*persona*] listless, slack, unwilling; [*studente*] slack **2** *(pigro)* lazy **II** m. (f. **-a**) listless person.

svolazzamento /zvolattsa'mento/ m. fluttering.

svolazzante /zvolat'tsante/ agg. [*uccello*] fluttering; [*capelli*] streaming; [*gonna*] swirling.

svolazzare /zvolat'tsare/ [1] intr. (aus. *avere*) **1** *(volare)* [*uccello*] to flutter; [*insetto*] to flit, to flutter **2** *(al vento)* [*capelli*] to stream in the wind; [*gonna*] to swirl; [*carta, tende*] to flutter **3** FIG. ~ ***da un tema all'altro*** to flit from one subject to another.

svolazzo /zvo'lattso/ **I** m. **1** *(lo svolazzare)* fluttering **2** *(ornamento calligrafico)* flourish **II svolazzi** m.pl. embellishments.

► **svolgere** /'zvɔldʒere/ [101] **I** tr. **1** *(srotolare)* to unwind* [*matassa, gomitolo*]; to wind* off, to unwind* [*filo, cavo*]; to unroll [*pellicola*] **2** *(spacchettare)* to unwrap [*pacco*] **3** FIG. *(sviluppare per esteso)* to develop [*argomento*]; ~ ***un tema*** SCOL. to write an essay **4** *(eseguire)* to carry out, to execute [*compito, programma*] **5** *(condurre)* to carry out, to conduct [*inchiesta, indagini*] **6** *(esercitare)* to exercise [*professione*]; to do* [*lavoro*]; to carry out, to perform [*missione, ruolo*]; ***che attività svolge?*** what do you do? ~ ***le proprie mansioni*** to perform *o* carry out one's duties; ***svolge la funzione di consulente tecnico*** he works as a technical adviser **II svolgersi** pronom. **1** *(spiegarsi)* [*filo*] to unwind* **2** *(avere luogo)* to take* place; *(procedere)* to go* on; ***la riunione si è svolta ieri a Damasco come previsto*** the meeting took place yesterday in Damascus as planned; ***la manifestazione si è svolta nella calma*** the demonstration went off without incident; ***una vita che si è svolta senza problemi*** a trouble-free life, a life without incident **3** *(avvenire)* to happen; ***come si sono svolti i fatti?*** what was the turn of events? ***il modo in cui gli avvenimenti si svolgono*** how the situation is unfolding **4** *(essere ambientato)* to be* set; ***la storia si svolge negli anni Trenta*** the story is set in the thirties; ***il romanzo si svolge a Monaco*** the novel is set in Munich.

▷ **svolgimento** /zvoldʒi'mento/ m. **1** *(srotolamento)* unwinding **2** *(sviluppo)* ***lo ~ di un argomento*** the development of a topic **3** *(esecuzione)* execution; ***lo ~ di un lavoro*** the progress of a work **4** *(successione di momenti)* ***tentare di rammentare lo ~ degli avvenimenti*** to try to recall the sequence of events; ***badare al buon ~ di*** to make sure [sth.] goes smoothly [*cerimonia, negoziati*]; ***la gara ha avuto uno ~ regolare*** the contest was conducted regularly; ***durante lo ~ della partita*** during the match, while the match was in progress **5** SCOL. *(di tema)* composition.

▷ **svolta** /'zvɔlta/ f. **1** *(azione di curvare)* turning; ***fare una ~ a destra, sinistra*** to turn to the right, left; ***divieto di ~ a destra, sinistra*** no right, left turn **2** *(curva)* bend, turn; ***dopo la prima*** ~ after the first turn *o* bend; ***prendi la prima ~ a sinistra, destra*** take the first turn on the right, left **3** FIG. *(cambiamento)* turning point; ~ ***decisiva, storica*** crucial, historic turning point; ***segnare una*** ~ to mark a turning point; ***dare*** o ***imprimere una ~ a qcs.*** to give sth. a new twist; ***c'è stata una*** ~ the tide has turned; ***essere a una ~ della propria vita*** to be at a turning point in one's life; ***nel partito c'è stata una ~ sinistra*** there has been a swing to the left in the party.

svoltare /zvol'tare/ [1] intr. (aus. *avere*) to turn; ~ ***a destra, sinistra*** to turn right, left; ~ ***all'angolo*** to turn at the corner.

svolto /'zvɔlto/ **I** p.pass. → **svolgere II** agg. **1** *(srotolato)* unwound **2** *(condotto)* ***un lavoro ben*** ~ a job done well.

svoltolare /zvolto'lare/ [1] tr. to unroll [*tappeto*].

svuotamento /zvwota'mento/ m. emptying.

svuotare /zvwo'tare/ [1] **I** tr. **1** *(vuotare)* to empty [*tasca, scatola, stanza*]; to empty, to drain [*stagno, serbatoio*]; GASTR. to scoop out [*frutta, verdura*]; ~ ***una bottiglia nel lavello*** to empty a bottle into *o* down the sink; ~ ***le casse dello Stato*** to plunder the treasury coffers; ***i ladri hanno svuotato la cassaforte*** the thieves cleaned out the safe **2** *(privare)* to deprive; ~ ***qcs. del suo significato*** to deprive sth. of all meaning **3** COLLOQ. *(affaticare, stancare mentalmente)* to drain [*persona*] **II svuotarsi** pronom. [*sala, città*] to empty; [*vasca, lavandino*] to drain; ***in estate, Milano si svuota (dei suoi abitanti)*** Milan becomes a ghost town in summer.

swahili /swa'ili, zva'ili/ ➧ ***16*** **I** agg.inv. Swahili **II** m.inv. **1** *(lingua)* Swahili **2** *(popolazione)* ***gli Swahili*** the Swahilis.

swing /swing/ m.inv. SPORT MUS. swing.

t

t, T /ti/ m. e f.inv. t, T; ***a (forma di) T*** T-shaped.
t' → **1.ti.**
T ⇒ tabacchi tobacconist's.
▷ **tabaccaio**, pl. **-ai** /tabak'kajo, ai/ ♦ ***18*** m. (f. **-a**) **1** *(persona)* tobacconist **2** *(tabaccheria)* tobacconist's.

> **Tabaccaio** Tobacconists sell cigarettes and tobacco and are also the only shops apart from the post office where you can buy revenue stamps and postage stamps. They also sell bus tickets and other products and nowadays often offer computerized systems for paying taxes to public bodies. Sometimes there is a bar on the premises. Their sign features a white T on a black background.

tabaccheria /tabakke'ria/ ♦ ***18*** f. tobacconist's.
tabacchicoltore /tabakkikol'tore/ ♦ ***18*** m. (f. **-trice** /tritʃe/) tobacco grower.
tabacchicoltura /tabakkikol'tura/ f. tobacco growing.
tabacchiera /tabak'kjɛra/ f. tobacco tin BE, tobacco can AE; *(per tabacco da fiuto)* snuffbox.
tabacchificio, pl. **-ci** /tabakki'fitʃo, tʃi/ m. tobacco factory.
tabacchino /tabak'kino/ ♦ ***18*** m. (f. **-a**) **1** *(operaio)* tobacco worker **2** REGION. tobacconist.
▶ **tabacco**, pl. **-chi** /ta'bakko, ki/ ♦ ***3*** **I** m. **1** *(pianta)* tobacco (plant); ***piantare, coltivare ~*** to plant, to grow tobacco **2** *(prodotto)* tobacco; ***~ biondo*** Virginia tobacco; ***~ scuro*** black tobacco; ***~ da fiuto*** snuff; ***~ da fumo*** smoking tobacco; ***~ da masticare*** chewing tobacco; ***~ da pipa*** pipe tobacco; ***~ da sigaretta*** cigarette tobacco; ***~ trinciato*** cut tobacco, shag; ***~ in foglie*** leaf tobacco; ***masticare, fiutare ~*** to chew, to snuff tobacco; ***foglia di ~*** tobacco leaf; ***una presa di ~*** a pinch of snuff **II** m.inv. *(colore)* tobacco brown **III** agg.inv. tobacco brown.
tabaccone /tabak'kone/ m. (f. **-a**) snuff-taker.
tabagico, pl. **-ci**, **-che** /ta'badʒiko, tʃi, ke/ agg. [*intossicazione*] tobacco attrib.
tabagismo /taba'dʒizmo/ ♦ ***7*** m. tabagism.
tabagista, m.pl. **-i**, f.pl. **-e** /taba'dʒista/ m. e f. person suffering from tabagism.
tabarro /ta'barro/ m. **1** ANT. tabard **2** *(pastrano)* heavy cloak.
tabasco /ta'basko/ m.inv. Tabasco®.
tabe /'tabe/ f. tabes*.
▷ **tabella** /ta'bɛlla/ f. **1** *(presentazione grafica)* table, chart, schedule; ***~ riassuntiva*** summary table; ***~ dei prezzi*** price list; ***"vedi ~"*** "see table"; ***presentare qcs. sotto*** o ***in forma di ~*** to present sth. in table form **2** *(tabellone)* (notice) board ♦♦ ***~ a doppia entrata*** INFORM. two-dimensional array; ***~ di marcia*** SPORT schedule (anche FIG.); ***essere in anticipo, in ritardo sulla ~ di marcia*** to be ahead of, behind schedule.
tabellare /tabel'lare/ agg. [*formato*] tabular.
tabellina /tabel'lina/ f. MAT. table; ***la ~ del sei*** the six-times table; ***imparare le -e*** to learn one's tables.
tabellone /tabel'lone/ m. **1** *(cartellone)* (notice) board; FERR. indicator (board); ***mettere un annuncio sul ~*** to put a notice on the board; ***~ pubblicitario*** billboard, hoarding BE; ***~ elettorale*** election billboard *o* hoarding; ***~ delle partenze, degli arrivi*** arrivals, departures board; ***~ segnapunti*** scoreboard **2** SPORT *(nella pallacanestro)* backboard; *(nell'ippica)* tote board.
tabernacolo /taber'nakolo/ m. **1** RELIG. tabernacle **2** BIBL. tabernacle; ***festa dei -i*** feast of Tabernacles.
tabetico, pl. **-ci**, **-che** /ta'bɛtiko, tʃi, ke/ m. (f. **-a**) tabescent.
tabloid /ta'blɔid/ **I** agg.inv. [*formato*] tabloid **II** m.inv. tabloid.
tabù /ta'bu/ **I** agg.inv. *(proibito)* [*parola, argomento*] taboo; *(che non si può criticare)* [*istituzione, personaggio*] untouchable, sacred; ***parlare di sesso è ~*** there's a taboo on discussing sex **II** m.inv. taboo; ***infrangere*** o ***violare un ~*** to violate a taboo.
tabuizzare /tabuid'dzare/ [1] tr. to taboo.
tabula rasa /'tabula'raza/ f.inv. tabula rasa; ***fare ~*** to wipe the slate clean; ***fare ~ di qcs.*** to make a clean sweep of sth.
1.tabulare /tabu'lare/ agg. tabular.
2.tabulare /tabu'lare/ [1] tr. to tabulate.
tabulato /tabu'lato/ m. *(prospetto)* tabulation; INFORM. printout.
tabulatore /tabula'tore/ m. tabulator, tab.
tabulatrice /tabula'tritʃe/ f. tab, tabulating machine.
tabulazione /tabulat'tsjone/ f. tabulation.
tac /tak/ inter. **1** *(per indicare rumore)* clack **2** *(per indicare rapidità)* ***e ~!*** just like that!
TAC /tak/ f.inv. (⇒ tomografia assiale computerizzata computerized axial tomography) CAT; ***fare una ~*** to have a CAT scan.
▷ **tacca**, pl. **-che** /'takka, ke/ f. **1** *(incisione)* notch, nick, (in)dent; ***fare una ~ in*** o ***su qcs.*** to make a notch in sth. **2** TIP. nick **3** *(difetto morale)* flaw, defect ♦ ***una (persona di) mezza ~*** a small-timer, a pipsqueak; ***un politico di mezza ~*** a lightweight politician ♦♦ ***~ di mira*** backsight.
taccagneria /takkaɲɲe'ria/ f. stinginess, meanness.
taccagno /tak'kaɲɲo/ **I** agg. stingy, mean **II** m. (f. **-a**) miser, skinflint, cheeseparer.
1.taccheggiare /takked'dʒare/ [1] tr. e intr. (aus. *avere*) *(rubare)* to shoplift.
2.taccheggiare /takked'dʒare/ [1] tr. TIP. to interlay*, to underlay*.
taccheggiatore /takkeddʒa'tore/ m. (f. **-trice** /tritʃe/) shoplifter.
1.taccheggio, pl. **-gi** /tak'keddʒo, dʒi/ m. *(furto)* shoplifting.
2.taccheggio, pl. **-gi** /tak'keddʒo, dʒi/ m. TIP. interlaying, underlaying.
tacchettare /takket'tare/ [1] intr. (aus. *avere*) to click.
tacchettio, pl. **-ii** /takket'tio, ii/ m. click, clicking.
tacchetto /tak'ketto/ m. **1** *(tacco sottile)* thin heel **2** *(di scarpe da calcio)* stud, spike **3** MAR. cleat.
tacchina /tak'kina/ f. turkey-hen.
▷ **tacchino** /tak'kino/ m. turkey, gobbler COLLOQ.; *(maschio)* turkey cock; ***arrosto di ~*** roast turkey ♦ ***rosso come un ~*** as red as a beetroot.
tacchinotto /takki'nɔtto/ m. turkey-poult.
taccia /'tattʃa/ f. bad reputation; ***avere la ~ di disonesto*** he has a reputation for being dishonest.

tacciare /tat'tʃare/ [1] tr. ~ ***qcn. di*** to tax sb. with [*lassismo, elitarismo, corruzione*].

▷ **tacco**, pl. **-chi** /'takko, ki/ m. **1** *(di scarpa)* heel; ~ ***alto, basso*** high, low heel; ***scarpe coi -chi alti*** high-heeled shoes, high heels; ***scarpe coi -chi bassi*** low-heeled shoes; ***farsi rifare i -i*** to re-heel a pair of shoes; ***battere i -chi*** to click one's heels; ***girare i -chi*** to turn on one's heels; ***colpo di*** ~ *(nel calcio)* heel; ***colpire di*** ~ [*giocatore*] to heel **2** TIP. underlay, interlay, overlay ◆ ***alzare i -chi*** to show a clear pair of heels, to do a run ◆◆ ~ ***a spillo*** spike heel, stiletto (heel).

1.taccola /'takkola/ f. ORNIT. jackdaw.

2.taccola /'takkola/ f. *(verdura)* mangetout, snow pea, sugar pea.

taccuino /takku'ino/ m. notebook, pad.

▶ **tacere** /ta'tʃere/ [54] **I** tr. *(non dire)* not to tell*, not to reveal, to keep* silent about [*segreto, verità*]; to leave* out, to omit, not to mention [*nome, particolare*]; ***dire ciò che si sarebbe dovuto*** ~ to say what should have remained *o* been left unsaid **II** intr. (aus. *avere*) **1** *(essere silenzioso)* [*persona*] to be* silent; [*natura, bosco*] to be* still; *(stare in silenzio)* [*persona*] to keep* quiet; *(diventare silenzioso)* [*persona*] to shut* up; [*natura, bosco*] to fall* silent; ~ ***su qcs.*** not to say sth.; ***avresti fatto meglio a*** ~ you should have kept quiet *o* your mouth shut; ***taci!*** shut up! hold your tongue! ***fare*** ~ to hush (up), to quieten down, to shush [*persona, allievi*]; to keep quiet [*cane*]; ***fai*** ~ ***i bambini!*** hush the children! keep the children quiet! ***mettere a*** ~ to hush up, to check, to lay, to spike, to suppress [*pettegolezzo, scandalo*]; to choke off, to cry down, to silence, to still [*opposizione, scettici*] **2** *(cessare)* [*rumore, musica*] to stop; ***l'orchestra tacque*** the orchestra stopped playing ◆ ***chi tace acconsente*** PROV. = silence means consent.

tacheometria /takeome'tria/ f. tacheometry, tachymetry.

tacheometro /take'ɔmetro/ m. tacheometer, tachymeter.

tachicardia /takikar'dia/ f. tachycardia.

tachicardico, pl. **-ci**, **-che** /taki'kardiko, tʃi, ke/ **I** agg. tachycardiac **II** m. (f. **-a**) tachycardiac person.

tachigrafia /takigra'fia/ f. tachygraphy.

tachigrafico, pl. **-ci**, **-che** /taki'grafiko, tʃi, ke/ agg. tachygraphical.

tachigrafo /ta'kigrafo/ m. **1** STOR. tachygrapher **2** AUT. tachograph, spy-in-the-cab COLLOQ.

tachilalia /takila'lia/ ➧ **7** f. tachylalia.

tachimetria /takime'tria/ f. tachymetry.

tachimetro /ta'kimetro/ m. speedometer, tachometer.

tachione /ta'kjone/ m. tachyon.

tachipnea /takip'nɛa/ f. tachypn(o)ea.

tacitamente /tatʃita'mente/ avv. **1** *(silenziosamente)* silently **2** *(segretamente)* secretly **3** *(in modo implicito)* tacitly; ***accettare qcs.*** ~ to accept sth. tacitly.

tacitare /tatʃi'tare/ [1] tr. **1** *(mettere a tacere)* to hush up [*scandalo*] **2** COMM. to pay* off, to satisfy [*creditore*].

tacitiano /tatʃi'tjano/ agg. Tacitean.

tacito /'tatʃito/ agg. **1** *(zitto, silenzioso)* silent **2** FIG. *(implicito, non espresso)* tacit, implied; ***per*** ~ ***accordo*** by tacit agreement; ***tra loro c'era una -a intesa*** there was a companionable silence between them.

Tacito /'tatʃito/ n.pr.m. Tacitus.

taciturnità /tatʃiturni'ta/ f.inv. taciturnity.

taciturno /tatʃi'turno/ agg. taciturn, silent.

tackle /'tejkel/ m.inv. SPORT tackle, tackling; ***entrare in*** ~ ***su*** to tackle [*avversario*].

Taddeo /tad'dɛo/ n.pr.m. Thad(d)eus.

tafano /ta'fano/ m. horsefly, gadfly, dun fly.

tafferuglio, pl. **-gli** /taffe'ruʎʎo, ʎi/ m. brawl, scuffle; ***violenti -gli con la polizia*** violent brawls with the police.

taffetà /taffe'ta/, **taffettà** /taffet'ta/ m.inv. taffeta; ***vestito di*** ~ taffeta dress.

tagico, pl. **-chi**, **-che** /ta'dʒiko, ki, ke/, **tagicco**, pl. **-chi**, **-che** /ta'dʒikko, ki, ke/ → **tagiko.**

Tagikistan /ta'dʒikistan/ ➧ **33** n.pr.m. Tadjikistan.

tagiko /ta'dʒiko/ ➧ **25, 16** **I** agg. Tadzhik **II** m. (f. **-a**) **1** *(persona)* Tadzhik **2** LING. Tadzhiki.

▷ **taglia** /'taʎʎa/ ➧ **35** f. **1** *(misura di abito)* size; ~ ***42*** size 42; ***che*** ~ ***porti?*** what size are you *o* do you take? ***non è (del)la mia*** ~ it's not my size; ***essere di*** ~ ***media*** to take *o* wear a medium size; ***"~ unica"*** "one size (fits all)"; ***un vestito*** ~ ***unica*** a one-size dress; ***prova la*** ~ ***più grande, più piccola*** try the next size up, down *o* a size bigger, smaller; ***avere la stessa*** ~ to be of a size; ***essere della*** ~ ***giusta*** [*vestito*] to fit, to be a good fit *o* the right size; ~ ***forte*** outsize; ***-e forti*** *(abbigliamento)* outsize clothing; ***reparto -e forti*** outsize department **2** *(corporatura)* build; ***di grossa, piccola, media*** ~ [*animale*] large-sized, small-sized, moderate-sized; ***cane di piccola*** ~ toy dog **3** *(ricompensa)* reward, price, bounty, head money; ***mettere una*** ~ ***su qcn.*** to put a price on sb.'s head; ***c'è una*** ~ ***di 500 dollari su Billy the Kid*** there's a 500 dollar reward for Billy the Kid; ***cacciatore di -e*** bounty hunter **4** STOR. tribute.

tagliabordi /taʎʎa'bordi/ m.inv. lawn edger.

tagliaborse /taʎʎa'borse/ m. e f.inv. cutpurse.

tagliaboschi /taʎʎa'bɔski/ m.inv. → **taglialegna.**

tagliacarte /taʎʎa'karte/ m.inv. paper knife*, letter opener.

tagliacque /taʎ'ʎakkwe/ m.inv. ING. cutwater.

tagliaerba /taʎʎa'ɛrba/ m.inv. (lawn)mower.

tagliafili /taʎʎa'fili/ f.inv. wire cutters pl.

tagliafuoco /taʎʎa'fwɔko/ **I** agg.inv. ***muro*** ~ fire wall **II** m.inv. firebreak, fire wall; *(in teatro)* safety curtain.

taglialegna /taʎʎa'leɲɲa/ ➧ **18** m.inv. woodcutter, woodman*, lumberjack, lumberer, lumberman*, feller, logger.

tagliamare /taʎʎa'mare/ m.inv. MAR. cutwater.

tagliando /taʎ'ʎando/ m. **1** *(cedola)* coupon, slip, receipt, check AE; ~ ***di risposta*** reply coupon; ~ ***di partecipazione*** entry coupon **2** AUT. ***fare il*** ~ to have one's car serviced.

tagliapasta /taʎʎa'pasta/ m.inv. pastry cutter.

tagliapietre /taʎʎa'pjɛtre/ ➧ **18** m.inv. stone cutter.

▶ **tagliare** /taʎ'ʎare/ [1] **I** tr. **1** *(dividere in pezzi)* to cut* [*carta, tessuto, pane*] (**con** with); to cut*, to chop [*legna, verdura, carne*]; ~ ***qcs. con le forbici*** to scissor *o* snip sth.; ~ ***qcs. a metà, in due*** to cut sth. in half, in two; ~ ***qcs. in tre, quattro*** to cut sth. into three, into quarters; ~ ***(a fette) una torta*** to slice a cake, to cut a cake into slices; ~ ***qcs. a pezzi*** to cut sth. into pieces *o* bits; ~ ***qcs. a cubetti*** to dice *o* cube sth., to chop sth. into cubes **2** *(fare un taglio in)* to cut*, to slit* [*gola*]; to slash [*gomme*]; *(ferire)* [*manette, forbici*] to cut* [*mano, polso*] **3** *(staccare)* to cut* off [*ramo, fiore, testa, dito, arto*]; *(abbattere)* to cut* down, to chop (down) [*albero*]; ~ ***qcs. di netto*** to cut [sth.] off [*corda, nodo*]; ~ ***un filo coi denti*** to cut a thread with one's teeth **4** *(interrompere l'erogazione di)* [*società*] to cut* off [*elettricità, acqua, telefono*]; ~ ***i viveri a qcn.*** to cut off sb.'s lifeline *o* supplies (anche FIG.) **5** *(accorciare)* to cut* [*capelli*]; to cut*, to clip [*unghie*]; *(potare)* to clip, to prune [*cespuglio, siepe*]; *(falciare)* to cut*, to mow*, to trim [*erba, prato*]; ***(farsi)*** ~ ***i capelli*** to have one's hair cut *o* a haircut **6** ~ ***una curva*** to cut a corner **7** SART. to cut* out [*abito*] **8** CINEM. to cut* (out) [*passaggio, immagini, scena*] **9** *(sfaccettare)* to cut* [*diamante, rubino, cristallo*] **10** FIG. *(ridurre)* to cut* (down), to shorten [*discorso, testo*]; to cut*, to reduce [*spese, sovvenzioni, aiuto, organico, budget*] **11** *(intersecare)* [*strada, ferrovia*] to cut*, to intersect [*strada*]; MAT. [*retta, curva*] to intersect [*asse*]; ***il camion mi ha tagliato la strada*** the lorry cut across my path *o* cut me off **12** *(mescolare)* to cut* [*droga, vino*] **13** SPORT *(nel tennis, calcio)* to slice [*palla*]; ~ ***il traguardo*** to reach the finish line **14** GIOC. to cut* [*mazzo di carte*] **15** INFORM. to cut* [*paragrafo, sezione*]; ***taglia e incolla*** INFORM. cut and paste, cutting and pasting **II** intr. (aus. *avere*) **1** *(essere affilato)* to cut*; ***attenzione, taglia!*** be careful, it's sharp! ***questo coltello taglia bene*** this knife cuts well **2** *(fare un percorso più breve)* ~ ***per i campi*** to cut through *o* strike across the fields; ~ ***per una via laterale*** to cut down a side street **III tagliarsi** pronom. **1** *(ferirsi)* to cut* oneself (**con** with); ***si è tagliato il mento, il labbro*** he cut his chin, lip; ***-rsi le vene*** to slash one's wrists; *(amputarsi)* ***-rsi un dito*** to cut off one's finger **2** *(accorciarsi)* ***-rsi i capelli*** to cut one's hair, to have one's hair cut *o* a haircut; ***-rsi le unghie*** to cut *o* clip one's nails; ~ ***la barba*** to shave one's beard off **3** *(strapparsi)* [*cuoio, tessuto*] to split* ◆ ~ ***corto*** to cut short, to make it short and sweet; ~ ***la corda*** to flake off, to clear off BE, to scarper BE; ~ ***i ponti con qcn.*** to drop *o* discard sb.; ~ ***fuori*** to cut off; ~ ***le gambe a qcn.*** *(ostacolare)* to put a spoke in sb.'s wheel; *(sfinire)* to do sb. in, to tire sb.'s legs out; ***quel vino mi ha tagliato le gambe*** that wine made me really drowsy *o* laid me out.

tagliasigari /taʎʎa'sigari/ m.inv. cigar cutter.

tagliata /taʎ'ʎata/ f. **1** *(taglio)* cut(ting); ***dare una*** ~ ***al prato*** to give the lawn a mowing; ***farsi dare una*** ~ ***ai capelli*** to have one's hair cut **2** GASTR. = grilled rib of beef served sliced and seasoned with herbs.

▷ **tagliatelle** /taʎʎa'tɛlle/ f.pl. tagliatelle **U**, noodles.

tagliato /taʎ'ʎato/ **I** p.pass. → **tagliare II** agg. **1** [*pietra preziosa*] cut **2** *(affettato)* [*pane*] cut, sliced **3** *(eliminato)* [*scena, brano*] cut **4** *(alterato)* [*vino, droga*] cut **5** *(adatto)* ***un vestito*** ~ ***apposta per te*** a dress tailor-made for you; ***ha trovato una donna -a per lui*** he has found a woman made to measure for him **6** FIG. *(portato, predisposto)* ***essere*** ~ ***per qcs., per fare*** to be cut out *o* to have a talent for sth., for doing **7** SPORT [*palla*] cut, sliced ◆ ~ ***con l'accetta*** = rough-hewn.

tagliatore /taʎʎa'tore/ ➧ **18** m. (f. **-trice** /tritʃe/) **1** *(addetto al taglio) (di legno)* woodcutter; *(di carbone)* coal cutter, hewer; *(di* *pietre preziose)* gem cutter, lapidary; *(di diamanti)* diamond cutter; *(di carne)* carver **2** SART. cutter.

tagliatrice /taʎʎa'tritʃe/ f. **1** *(macchina)* cutting machine, cutter **2** SART. cutter **3** MIN. (coal) cutter.

tagliaunghie /taʎʎa'ungje/ m.inv. (nail) clippers pl.

tagliauova /taʎʎa'wɔva/ m.inv. egg slicer.

tagliavento /taʎʎa'vɛnto/ m.inv. **1** MAR. storm spanker **2** MIL. nose cap.

tagliavetro /taʎʎa'vetro/ m.inv. glass cutter.

taglieggiare /taʎʎed'dʒare/ [1] tr. ~ ***qcn.*** to extort money from sb.

taglieggiatore /taʎʎeddʒa'tore/ m. (f. **-trice** /tritʃe/) extortionist, extortioner.

tagliente /taʎ'ʎɛnte/ agg. **1** *(affilato)* [*coltello, lama*] sharp (-edged); [*pietra*] sharp; ***dalla parte*** ~ on the cutting edge **2** *(mordace)* [*tono, lingua, osservazione, ironia, critica, stile*] sharp, cutting; ***una persona dalla lingua*** ~ a sharp-tongued person **3** *(pungente)* [*freddo, vento*] biting.

tagliere /taʎ'ʎɛre/ m. cutting board, chopping board; *(per il pane)* breadboard.

taglierina /taʎʎe'rina/ f. **1** TECN. shearer, cutter **2** *(per carta)* (paper) cutter **3** TIP. FOT. trimmer.

taglierini /taʎʎe'rini/ m.pl. = thin noodles.

taglierino /taʎʎe'rino/ m. *(per carta)* (paper) cutter.

taglietto /taʎ'ʎetto/ m. small cut, snick.

▷ **taglio**, pl. **-gli** /'taʎʎo, ʎi/ m. **1** *(azione di tagliare)* cutting; *(di diamante, cristallo)* cutting, shaping; *(di torta, arrosto)* cutting, slicing; *(di alberi)* chopping down, felling; *(di erba)* mowing; ***il ~ di un istmo*** the opening of an isthmus; ***ferita da*** ~ stab wound; ***arma da*** ~ cutting *o* sharp weapon **2** *(ferita)* cut, slash; *(amputazione)* amputation; *(incisione)* cut, incision; ***~ da rasoio*** razor cut; ***avere un ~ al*** o ***sul dito, ginocchio*** to have a cut finger, knee; ***farsi un ~ al dito*** to cut one's finger; ***farsi un ~ con qcs.*** to get a cut from sth., to cut oneself with sth. **3** *(lacerazione, squarcio)* cut, slash; *(tacca)* clip, notch; ***c'è un ~ nel copertone, nel vestito*** there's a slash in the tire, dress; ***fare un ~ in*** to make a cut in, to slit [*stoffa, legno*] **4** FIG. *(rottura)* ***un ~ netto col passato*** a clean break with the past **5** *(pezzo tagliato)* cut; *(di stoffa)* length; ***~ di carne*** cut of meat; ***~ di prima, seconda scelta*** first, second choice cut; ***venduto al*** ~ [*torta, formaggio*] sold by the slice; ***pizza al*** ~ pizza by the slice **6** *(riduzione)* cut; *(di spese)* cut, cutback, retrenchment; ***un ~ del 10% ai*** o ***sui prezzi*** a 10% slash in prices; ***-gli salariali*** wage cuts, cuts in salary; ***-gli occupazionali*** job cuts **7** *(eliminazione, censura)* cut; CINEM. cut, outtake; ***fare dei -gli a*** to make cuts in [*articolo, storia*] **8** *(pettinatura)* haircut, hairstyle; ***~ a scodella*** pudding basin haircut; ***~ a spazzola*** crewcut; ***~ e piega*** cut and blow-dry; ***mi piace il tuo*** ~ I like your hairstyle *o* haircut; ***fare un ~ a qcn.*** to cut sb.'s hair **9** SART. *(foggia)* cut, style; ***mi piace il tessuto ma non il*** ~ I like the fabric but not the style; ***un vestito di ~ classico, moderno*** a dress of classic cut, an up-to-date dress; ***una giacca di buon*** ~ a well-cut jacket; ***corso di ~ e cucito*** dressmaking course **10** *(di libro)* edge; ***un libro con ~ dorato*** a gilt-edged book **11** *(parte tagliente)* edge; ***a doppio*** ~ [*arma*] double-edged, two-edged; ***essere un'arma a doppio*** ~ FIG. to be a double-edged *o* two-edged sword; ***un rasoio che ha perso il*** ~ a rasor which has lost its edge *o* has become blunt **12** *(formato)* size; ***mattonelle dello stesso*** ~ bricks of the same size **13** *(di banconota)* denomination; ***banconota di grosso, piccolo*** ~ high, low denomination banknote **14** *(impostazione, tono)* ***un giornale di ~ conservatore*** a conservative newspaper; ***dare al discorso un ~ polemico*** to give a speech a polemical note *o* tone **15** *(forma data alle pietre preziose)* cut; ***~ a brillante*** brilliant cutting; ***~ a rosetta*** rose cut **16** *(a carte)* cut **17** ENOL. blending **18** SPORT ***colpire di ~ una palla*** to chop *o* snick a ball **19** MUS. ledger line ◆ ***dacci un ~!*** cut it out! stop it! ◆◆ ***~ cesareo*** MED. Caesarean (section), C-section.

tagliola /taʎ'ʎɔla/ f. trap, snare; ***rimanere preso in una*** ~ to fall into a trap.

tagliolini /taʎʎo'lini/ m.pl. = thin noodles.

tagliolo /taʎ'ʎɔlo/ m. MECC. edger.

taglione /taʎ'ʎone/ m. talion; ***legge del*** ~ talion; ***applicare la legge del*** ~ to retaliate.

tagliuzzamento /taʎʎuttsa'mento/ m. *(della carne)* chopping, mincing.

tagliuzzare /taʎʎut'tsare/ [1] tr. to chop, to mince [*carne, verdure*]; to snip [*stoffa, carta*]; *(facendo graffi e incisioni)* to chip (away at) [*tavolo*]; to whittle [*bastone, ramo*].

tagmema /tag'mɛma/ m. tagmeme.

tagmemica /tag'mɛmika/ f. tagmemics + verbo sing.

Tago /'tago/ ♦ **9** n.pr.m. Tagus.

tahina /ta'ina/ f.inv. tahini, tahina.

taiga /'taiga/ f. taiga.

tailandese → **thailandese.**

Tailandia → **Thailandia.**

tailleur /ta'jɛr, ta'jœr/ m.inv. (two-piece) suit ◆◆ ***~ pantalone*** trouser suit BE, pantsuit AE.

tal /tal/ → **tale.**

talaltro /ta'laltro/ pron.indef. **1** *(qualche altro)* ***taluno ci riesce, ~ rinuncia*** some succeed, (some) others give up **2** *(qualche altra volta)* ***talvolta sì, -a no*** sometimes yes, sometimes no.

talamo /'talamo/ m. **1** LETT. *(letto)* nuptial bed; *(camera)* bridal chamber **2** BOT. ANAT. thalamus* ◆ ***condurre al*** ~ to lead to the altar ◆◆ ***~ ottico*** optic thalamus.

talapoino /talapo'ino/ m. talapoin.

talare /ta'lare/ agg. ***abito*** o ***veste*** ~ cassock ◆ ***prendere l'abito*** ~ to take holy orders, to become a priest; ***abbandonare l'abito*** ~ to leave the priesthood.

talassemia /talasse'mia/ ♦ **7** f. thalassemia.

talassemico, pl. **-ci, -che** /talas'sɛmiko, tʃi, ke/ **I** agg. thalassemic **II** m. (f. **-a**) thalassemic.

talassico, pl. **-ci, -che** /ta'lassiko, tʃi, ke/ agg. thalassic.

talassocrazia /talassokrat'tsia/ f. thalassocracy.

talassografia /talassogra'fia/ f. thalassography.

talassografico, pl. **-ci, -che** /talasso'grafiko, tʃi, ke/ agg. thalassographic.

talassoterapia /talassotera'pia/ f. thalassotherapy.

talché /tal'ke/ cong. LETT. thus, so that.

talco, pl. **-chi** /'talko, ki/ m. **1** MIN. talc **2** *(da toilette)* talc, talcum (powder) ◆◆ ***~ mentolato*** mentholated talc *o* powder; ***~ in polvere*** talcum *o* dusting powder.

talcoso /tal'koso/ agg. talcose, talcous.

▶ **tale** /'tale/ **I** agg.dimostr. **1** *(simile)* ***-i persone*** such people, people like that; ***una cosa*** ~ such a thing, a thing like that; ***in -i casi occorre prudenza*** in such cases you must be careful; ***non ho mai visto una ~ maleducazione*** I've never seen such rudeness; ***non lo credevo capace di una ~ azione*** I didn't think he could do such a thing; ***in una ~ circostanza*** in such circumstances; ***una cosa ~ non dovrebbe accadere*** a thing like that should not happen **2** *(in frasi esclamative)* ***c'è una ~ confusione!*** there's such a mess! ***è un ~ idiota!*** he's such an idiot! ***fa un ~ freddo!*** it's so cold! **3** *(questo)* ***dopo -i parole se ne andò*** after saying so, he left; ***in tal caso*** in that case; ***in modo ~, in tal modo*** in this *o* that way; ***di ~ specie*** of that type; ***a ~ scopo*** for this purpose, to this end; ***a ~ proposito vorrei dire che...*** in this regards I would like to say that...; ***ho letto qualcosa a ~ proposito sul "Times"*** I read about it on the "Times" **4** *(uguale, così)* ***la questione è irrisolta e ~ rimarrà*** the question is unsettled and will remain so **5 come tale, in quanto tale** as such; ***non crede nella religione in quanto*** ~ he doesn't believe in religion as such; ***è minorenne e, in quanto ~, non può votare*** he's a minor, and (being) so he can't vote; ***sono tuoi pari e dovrebbero essere trattati come -i*** they are your equals and should be treated as such **6 tale che..., tale da...** ***c'era un ~ caldo*** o ***un caldo ~ che non si riusciva a dormire*** it was so hot we couldn't sleep; ***a tal punto che*** so much that; ***si è arrivati a tal punto da...*** it got to such a point that... **7** *(in correlazione con quale)* ***un'inflazione ~ quale quella che si è verificata l'anno scorso*** inflation such as occurred last year; ***l'ho trovato ~ e quale*** I found him exactly the same, I found he hasn't changed a bit; ***ho un vestito ~ (e) quale a questo*** I have a dress just like this one; ***essere ~ e quale a qcn.*** to be the spitting *o* very image of sb.; ***la situazione è rimasta ~ (e) quale*** the situation is exactly the same; ***riferì il discorso ~ e quale lo aveva sentito*** he reported the speech just as he had heard it **II** agg.indef. **1** *(preceduto da articolo indeterminativo)* ***un ~ signor Bianchi, un ~ Giovanni*** a (certain) Mr Bianchi, a (certain) Giovanni **2** *(preceduto da dimostrativo o articolo determinativo)* ***quel ~ amico di cui ti ho parlato*** that friend I told you about; ***ci incontreremo il giorno ~ all'ora ~*** we'll meet that day that time **III** pron.dimostr. ***lui è il ~ che cerchi*** he's the person *o* man *o* one you're looking for; ***è il ~ che ha telefonato poco fa*** he's the person *o* man *o* one who phoned a while ago **IV** pron.indef. **1** *(preceduto da articolo indeterminativo)* ***ho conosciuto un ~ di Roma*** I met a guy *o* man from Rome; ***ho incontrato un ~ che dice di conoscerti*** I met someone *o* a person who says he knows you; ***c'è un ~ che ti cerca*** there's someone *o* a man looking for you **2** *(preceduto da quello, quella)* ***c'è quel ~ dell'assicurazione*** there's that man from the insurance company ◆ ***il signor Tal dei Tali*** Mr Somebody(-or-other), Mr So-and-so; ***~ (il) padre, ~ (il) figlio*** like father like son.

talea /ta'lɛa/ f. AGR. cutting; ***fare una ~, riprodurre una pianta per ~*** to take a cutting.
talebano /tale'bano/ m. Taliban*.
taled /ta'lɛd/ m.inv. tallith, prayer shawl.
taleggio, pl. **-gi** /ta'leddʒo, dʒi/ m. GASTR. INTRAD. (kind of soft fatty cheese typical of Lombardy).
▷ **talento** /ta'lɛnto/ m. **1** *(abilità)* talent, skill, ability; ***una persona di ~*** a talented *o* gifted person, a person of talent; ***avere ~*** to be talented *o* gifted; ***essere privo di ~*** to be talentless *o* untalented; ***avere ~ musicale, artistico*** to be musical, artistic; ***uno scrittore di grande ~*** a writer of great skill *o* talent **2** *(persona dotata)* talented person; ***cercare nuovi -i*** to scout for talent; ***ci sono molti -i in quella squadra*** there's a lot of talent in that team; ***un progetto per incoraggiare i giovani -i*** a scheme to encourage young talent **3** ANT. *(moneta)* talent.
Talete /'talɛte/ n.pr.m. Thales.
Talia /ta'lia/ n.pr.f. Thalia.
talidomide /talido'mide/ m. thalidomide.
talismanico, pl. **-ci**, **-che** /taliz'maniko, tʃi, ke/ agg. talismanic.
talismano /taliz'mano/ m. talisman.
tallero /'tallero/ m. thaler.
tallico, pl. **-ci**, **-che** /'talliko, tʃi, ke/ agg. thallic.
tallio /'talljo/ m. thallium.
tallo /'tallo/ m. thallus*.
tallofita /tallo'fita/ f. thallophyte.
tallonaggio, pl. **-gi** /tallo'naddʒo, dʒi/ m. *(nel rugby)* hooking, heeling.
tallonamento /tallona'mento/ m. *(il seguire da vicino)* shadowing, tailing.
tallonare /tallo'nare/ [1] tr. **1** *(seguire)* ***~ qcn.*** to be hot on sb.'s heels, to breathe down sb.'s neck **2** *(nel rugby)* [*giocatore*] to heel, to hook [*pallone*].
tallonata /tallo'nata/ f. kick with the heel.
tallonatore /tallona'tore/ m. *(nel rugby)* hooker.
talloncino /tallon'tʃino/ m. **1** *(cedola)* coupon, slip **2** *(pubblicità)* (classified) ad.
1.tallone /tal'lone/ m. **1** ANAT. heel; ***battere i -i*** to click one's heels; ***girare sui -i*** to turn on one's heels **2** *(nelle calze)* heel **3** *(nel gioco delle carte)* talon **4** TECN. heel ◆◆ ***~ d'Achille*** Achilles' heel.
2.tallone /tal'lone/ m. ECON. standard ◆◆ ***~ monetario*** monetary standard.
talloniera /tallo'njɛra/ f. heelpiece.
talloso /tal'loso/ agg. thallous.
▶ **talmente** /tal'mente/ avv. so; ***è ~ gentile, stupido*** he's so kind, stupid; ***un uomo ~ intelligente*** such a clever man; ***va ~ veloce*** it goes so fast; ***l'Australia è ~ lontana*** Australia is so far away; ***sono ~ cresciuti*** they've grown so much; ***c'era ~ tanta gente che mi sono perso*** there were so many people that I got lost; ***faccio fatica a seguire, ~ è complicato*** it's so complicated that I find it hard to follow; ***se ne vedono ~ tante di cose strane*** you can see so many weird things; ***ho ~ tante cose da fare*** I've got so much to do; ***viaggia ~ tanto*** he travels so much *o* such a lot; ***amare qcn. ~ tanto che...*** to love sb. so much that...; ***essere ~ arrabbiato che...*** to be so angry *o* in such a rage that...
talmud /tal'mud/ m.inv. Talmud.
talmudico, pl. **-ci**, **-che** /tal'mudiko, tʃi, ke/ agg. talmudic.
talmudista, m.pl. **-i**, f.pl. **-e** /talmu'dista/ m. e f. talmudist.
talmudistico, pl. **-ci**, **-che** /talmu'distiko, tʃi, ke/ agg. talmudistic.
▷ **talora** /ta'lora/ avv. sometimes.
▷ **talpa** /'talpa/ f. **1** ZOOL. mole; ***pelliccia di ~*** moleskin **2** TECN. *(escavatrice)* excavator, digger **3** FIG. *(infiltrato)* mole, plant, leaker AE ◆ ***essere cieco come una ~*** to be blind as a bat.
taluno /ta'luno/ v. la nota della voce **alcuno**. **I taluni** agg.indef.pl. some; ***-i scienziati non sono d'accordo con questa teoria*** some scientists don't agree with this theory; ***-e leggi sono incomprensibili*** some laws are incomprehensible **II taluni** pron.indef.pl. some; ***-i si lamentano in continuazione*** some people are always complaining; ***-i hanno suggerito che...*** some people have suggested that...; ***-i pensano che..., talaltri...*** some (people) think that..., others... **III** pron.indef. *(qualcuno)* someone, somebody.
▷ **talvolta** /tal'vɔlta/ avv. *(qualche volta)* sometimes; ***~ torna a casa molto tardi*** sometimes he comes home very late; ***~ è molto maleducato*** sometimes he's very rude; ***~ penso che...*** I sometimes think that...; ***~ andiamo al ristorante*** we go to the restaurant, from time to time; ***~ vado al mare, ~ in montagna*** sometimes I go to the seaside, sometimes to the mountain; ***~ è allegro, talaltra è depresso*** sometimes he's happy, sometimes depressed.
tamarindo /tama'rindo/ m. tamarind.
tamarino /tama'rino/ m. tamarin.
tamarisco, pl. **-schi** /tama'risko, ski/ m. tamarisk.
tamarro /ta'marro/ m. (f. **-a**) COLLOQ. SPREG. = chav.
tambucio, pl. **-ci** /tam'butʃo, tʃi/ m. companion hatch.
tambureggiamento /tambureddʒa'mento/ m. **1** *(serie di colpi di tamburo)* drumming **2** *(di arma da fuoco)* drumfire (anche FIG.).
tambureggiante /tambured'dʒante/ agg. [*fuoco*] drumming.
tambureggiare /tambured'dʒare/ [1] intr. (aus. *avere*) **1** *(suonare il tamburo)* to drum **2** [*arma da fuoco*] to drum, to pound.
tamburellare /tamburel'lare/ [1] intr. (aus. *avere*) to drum; ***~ con le dita sul tavolo*** to drum (with) *o* tap *o* tattoo one's fingers on the table; ***la pioggia tamburella sul tetto*** the rain is drumming *o* beating a tatto on the roof.
tamburello /tambu'rɛllo/ ♦ ***34*** m. **1** MUS. tambourine **2** SPORT tamburello **3** *(da ricamo)* tambour, embroidery frame.
tamburino /tambu'rino/ m. **1** *(suonatore)* drummer (boy) **2** STOR. *(piccolo tamburo)* tabo(u)r **3** GIORN. = entertainment page, guide.
▷ **tamburo** /tam'buro/ ♦ ***34*** m. **1** *(strumento)* drum; ***suonare il ~*** to play the drum; ***stava suonando il ~*** he was beating his drum; ***pelle di ~*** drumhead; ***rullo del ~*** drumroll; ***al rullo dei -i*** to the beat of the drum; ***il rullo dei -i si smorzò*** the drumming faded away **2** *(suonatore)* drummer **3** AUT. (brake) drum; ***freno a ~*** drum brake **4** TECN. drum; *(di pistola, orologio)* cylinder; ***scrittoio a ~*** cylinder *o* roll-top desk **5** ARCH. *(di colonna, cupola)* tambour ◆ ***a ~ battente*** immediately ◆◆ ***~ avvolgitore*** winding drum; ***~ ballerino*** TIP. dandy roll; ***~ basco*** tambourine; ***~ maggiore*** drum major; MIL. sergeant drummer.
tamerice /tame'ritʃe/ f. tamarisk.
Tamerlano /tamer'lano/ n.pr.m. Tamerlane.
Tamigi /ta'midʒi/ ♦ ***9*** n.pr.m. ***il ~*** the (river) Thames.
tamia /'tamja/ m.inv. chipmunk.
tamil /'tamil, ta'mil/ ♦ ***16*** **I** agg.inv. Tamil **II** m. e f.inv. Tamil **III** m.inv. LING. Tamil.
tamilico, pl. **-ci**, **-che** /ta'miliko, tʃi, ke/ agg. Tamil.
tampinare /tampi'nare/ [1] tr. REGION. *(seguire)* to dog, to tail, to shadow.
tamponamento /tampona'mento/ m. **1** AUT. bumping, crash **2** MED. tamponade; ***il ~ di una ferita*** the padding of a wound **3** TECN. ***il ~ di una falla*** the plugging of a leak ◆◆ ***~ a catena*** (multiple) pile-up.
▷ **tamponare** /tampo'nare/ [1] **I** tr. **1** *(otturare)* to plug, to stop [*falla*] **2** AUT. to crash into, to bump into [*veicolo*]; ***il bus li ha tamponati*** the bus piled into them **3** MED. to dab (at), to pad, to staunch [*ferita, piaga*] **4** CHIM. to buffer [*soluzione*] **5** FIG. *(rimediare provvisoriamente)* ***~ la situazione finanziaria*** to paper over the cracks in the financial situation **II tamponarsi** pronom. [*veicoli*] to pile up.
tamponatura /tampona'tura/ f. CHIM. tamponade.
tampone /tam'pone/ m. **1** *(batuffolo di cotone, garza)* pad, tampon, dabber, pledget **2** *(assorbente interno)* tampon **3** *(per inchiostro)* desk pad, blotter; *(per timbri)* ink pad **4** MECC. plug, buffer, tampon **5** *(con valore aggettivale)* ***legge, provvedimento ~*** stopgap law, measure; ***soluzione ~*** CHIM. buffer solution; ***zona ~*** buffer area ◆◆ ***~ diagnostico*** swab.
tamtam, **tam-tam** /tam'tam/ m.inv. **1** *(tamburo)* tom tom; *(gong)* tamtam; ***suonare il ~*** to tom tom **2** FIG. grapevine.
▷ **tana** /'tana/ f. **1** *(di belve)* den, lair; *(di animali più piccoli)* hole, nest, haunt; ***~ di coniglio, lepre*** burrow; ***~ di volpe*** foxhole, earth; ***~ di tasso*** set(t) **2** *(nascondiglio)* den, lair **3** *(stamberga)* den, hole **4** *(nei giochi)* home.
tanaceto /tana'tʃeto/ m. tansy, costmary.
tanatofobia /tanatofo'bia/ ♦ **7** f. thanatophobia.
tanatoide /tana'tɔide/ agg. thanatoid.
tanatologia /tanatolo'dʒia/ f. thanatology.
Tancredi /tan'kredi/ n.pr.m. Tancred.
tandem /'tandem/ m.inv. **1** *(bicicletta)* tandem; ***andare in ~*** to ride tandem **2** FIG. ***lavorare in ~*** to work in tandem *o* in harness; ***il ~ Rossi-Bianchi*** the partnerhip Rossi-Bianchi.
tanfo /'tanfo/ m. stink, stench, reek, pong BE; ***c'è un ~ qui!*** it stinks in here! ***che ~!*** what a stench!
tanga /'tanga/ m.inv. tanga, G-string, thong.
Tanganica /tanga'nika/ ♦ ***33, 15*** n.pr.m. STOR. Tanganyika; ***il lago ~*** Lake Tanganyika.
tangelo /'tandʒelo/ m. ugli (fruit).
tangente /tan'dʒɛnte/ **I** agg. [*superficie, retta*] tangent (**a** to) **II** f. **1** MAT. tangent **2** *(bustarella)* bribe, backhander, kickback; ***prendere una ~*** to take *o* accept a bribe **3** *(quota)* share, percentage ◆ ***partire per la ~*** to go off at *o* on a tangent.

tangentopoli /tandʒen'tɔpoli/ f.inv. Kick Back City.

> **Tangentopoli** This term (which means "kick back city") is widely used in the Italian media. It was first coined to describe Milan, where the judiciary had carried out an investigation into a series of episodes involving corruption, and was then extended to mean the whole system of illegal financing by the government parties which was uncovered in a famous inquiry in 1992-93 (see ***Mani pulite***).

tangenza /tan'dʒɛntsa/ f. **1** MAT. tangency; ***punto di ~*** point of tangency **2** AER. ceiling; ***l'aereo raggiunge la quota di ~ a 15.000 metri*** the plane has an absolute ceiling of 15,000 metres.

tangenziale /tandʒen'tsjale/ **I** agg. **1** MAT. FIS. tangential **2** FIG. tangential, marginal **II** f. bypass, beltway, ringroad BE.

tangenzialmente /tandʒentsjal'mente/ avv. tangentially.

tangere /'tandʒere/ [2] tr. (forms not attested: past historic, past participle and compound tenses) LETT. *(riguardare)* to concern; ***la cosa non mi tange*** this thing doesn't concern me.

Tangeri /'tandʒeri/ ➧ *2* n.pr.f. Tangier.

tangerino /tandʒe'rino/ ➧ *2* **I** agg. *(di Tangeri)* Tangerine **II** m. (f. **-a**) *(persona)* Tangerine **III** m. *(mandarino)* tangerine.

tanghero /'tangero/ m. boor, yokel.

tangibile /tan'dʒibile/ agg. tangible, touchable.

tangibilità /tandʒibili'ta/ f.inv. tangibility.

tangibilmente /tandʒibil'mente/ avv. tangibly.

tango, pl. **-ghi** /'tango, gi/ **I** m. tango; ***ballare il ~*** to tango, to dance the tango **II** agg.inv. *(colore)* tangerine.

tangone /tan'gone/ m. MAR. boom.

tanica, pl. **-che** /'tanika, ke/ f. can, jerrican, tank; ***~ di benzina*** petrol can BE, gas can AE; ***~ di olio*** oil can.

tannato /tan'nato/ m. tannate.

tannico, pl. **-ci, -che** /'tanniko, tʃi, ke/ agg. tannic.

tannino /tan'nino/ m. tannin.

tantalio /tan'taljo/ m. CHIM. tantalum.

tantalo /'tantalo/ m. ORNIT. tantalus.

Tantalo /'tantalo/ n.pr.m. Tantalus; ***supplizio di ~*** torments of Tantalus; FIG. tantalization.

tantino /tan'tino/ **I** pron.indef. COLLOQ. ***un ~*** a (little) bit, a touch; ***mangia almeno un ~*** try to eat just a little something; ***conosce solo un ~ di inglese*** he only knows a little English; ***se hai un ~ di tempo vorrei parlarti*** if you have just a moment, I'd like to talk to you **II** avv. COLLOQ. ***mi riposo un ~*** I'll rest for a little while; ***oggi sto un ~ meglio*** today I feel a little better.

▶ **tanto** /'tanto/ *Tanto* può essere principalmente usato come aggettivo, pronome o avverbio. - Come aggettivo e come pronome, si traduce con *much* davanti o al posto di nomi non numerabili (*tanto vino* = much wine; *tanto denaro* = much money; *ne hai bevuto tanto?* = have you drunk much (of it)?) e *many* davanti o al posto di sostantivi plurali (*tanti nemici* = many enemies; *ce ne sono tanti* = there are many (of them)). Si noti che *much* e *many* sono preferibilmente usati in frasi negative e interrogative, mentre in frasi affermative sono spesso sostituiti da *a lot (of), lots (of)* (d'uso colloquiale, davanti a nomi numerabili plurali), *plenty (of), a great deal (of)*: *tante persone* = a lot of people; *guadagno tanto* = I earn a lot. - Come avverbio, *tanto* si usa dopo un verbo, e in tal caso si traduce *very much* o *a lot* in frase affermativa e *much* in frase negativa e interrogativa (*spero tanto che...* = I hope very much that...; *ho studiato tanto* = I studied a lot; *non bevo mai tanto* = I never drink much; *ha bevuto tanto?* = did he drink much?); quando precede un altro avverbio o un aggettivo, si traduce con *so* o *such* (*è tanto veloce che...* = he is so fast that...; *è una studentessa tanto intelligente!* = she's such an intelligent student!), ma se tale avverbio o aggettivo è al comparativo, *tanto* si rende con *much* (*tanto più presto* = much sooner; *tanto più veloce* = much faster). - Per gli altri usi di *tanto* e gli esempi relativi, si veda la voce qui sotto. ➧ *31* **I** agg.indef. **1** *(un gran numero di)* many, a lot of; ***-e persone*** many *o* a lot of people; ***-e volte*** many times; ***-i libri*** a lot of *o* a large number of *o* many books **2** *(una gran quantità di)* ***avere -i soldi*** to have lots *o* plenty of *o* a great deal of money; ***non ho -i soldi*** I don't have much money; ***c'è ancora ~ tempo*** there's still plenty of time; ***dopo ~ tempo*** after a long time; ***~ tempo fa*** a long time ago; ***abbiamo fatto -a strada*** we've gone a long way; ***-i anni fa*** many years ago; ***-i auguri di buon compleanno!*** best wishes on your bithday! ***-e grazie!*** thank you very much! ***-i saluti*** best regards **3** *(molto, intenso)* ***con -a cura, pazienza*** with much *o* great care, patience; ***ho -a sete, fame, paura*** I'm very thirsty, hungry, scared; ***ha -a voglia di partire*** he can't wait to leave; ***la tua visita mi ha fatto ~ piacere*** your visit really pleased me; ***dopo ~ cercare l'ho finalmente trovato*** after much research I've finally found it **4** *(con valore consecutivo)* ***c'era (così) -a gente che mi sono perso*** there were so many people that I got lost; ***c'era (così) ~ traffico che sono arrivato in ritardo*** there was so much traffic (that) I arrived late; ***c'erano (così) -e cose da non sapere quale scegliere*** there were so many things one didn't know which one to choose **5** *(in comparativi di uguaglianza)* ***non ho ~ denaro quanto te*** I haven't got as much money as you (have) **6** *(tot)* ***ogni -i anni*** every so many years; ***ogni -i chilometri*** every so many kilometers **7** *(altrettanto)* ***-e teste, -e opinioni*** there are as many opinions as there are people **II** pron.indef. **1** *(grande quantità, molto)* much, a lot; ***vincere, scrivere ~*** to win, write a lot; ***ho ~ da fare*** I've got a lot of things to do; ***ha ancora ~ da imparare*** he still has a lot to learn; ***non ci vuole ~ a capirlo*** it doesn't take much understanding; ***mi ha insegnato ~!*** he taught me so much *o* so many things! ***non me ne intendo ~ di cinema*** I don't know much about cinema; ***10 milioni sono -i*** 10 million is a lot of money; ***ho poca pazienza, mentre ce ne vorrebbe -a*** I'm not very patient, but I ought to **2** *(gran numero)* ***tra questi dolci, -i mi tentano*** among these sweets, many are tempting; ***-i dei luoghi che abbiamo visitato*** many of the places we visited **3** *(molte persone)* ***-i di loro*** many of them; ***-i sono pensionati*** many (of them) are pensioners; ***siamo in -i*** there are many of us **4** *(quantità specifica)* ***è ~ così più alto di te*** he's this much taller than you **5** *(molto tempo)* ***rimarremo qui (per) ~*** we will be staying here for a long time; ***aspetti da ~?*** have you been waiting long? ***metterci ~*** to be long; ***non ci metterò ~*** I won't be long; ***è da ~ che non ci vediamo*** it's been so long since we last met **6** *(molta distanza)* ***non c'è ~ da qui (fino) alla stazione*** it's not very far from here to the station **7** *(una gran cosa)* ***è già ~ se non ci sbatte fuori*** we'll be lucky if he doesn't throw us out; ***è già ~ che sia venuta*** it's already saying a lot that she came; ***è ~ per la sua età*** it's a lot for his age **8 tanto quanto** ***aggiungi il brodo, ~ quanto basta per coprire la carne*** add enough broth to cover the meat **9 a dir tanto** at the outmost; ***prenderà la sufficienza, a dir ~*** he'll get a pass, if he's lucky; ***a dir ~ ci vorranno ancora due ore*** it will take another two hours at the outmost **III** avv. **1** *(con un verbo)* ***lavora, parla ~*** he works, talks much *o* a lot; ***perché mangi (così) ~?*** why do you eat so much? ***fare ~ per aiutare qcn.*** to do a lot to help sb.; ***l'Austria non mi attira ~*** Austria doesn't really appeal me; ***cos'hai da piangere ~?*** why are you crying so much? ***perché te la prendi ~?*** why do you care so much? ***senza pensarci ~*** without thinking so much about it **2** *(con un avverbio)* ***sto ~ bene qui*** I feel so good in here; ***~ lontano da qui*** so far away from here; ***~ rapidamente*** very quickly; ***così ~*** so much **3** *(con un aggettivo)* ***~ amato, chiacchierato*** much-loved, much-talked about; ***~ atteso*** long awaited, longed-for; ***si crede ~ furbo*** he thinks he's so smart; ***una cosa ~ bella*** such a beautiful thing; ***è davvero ~ importante?*** does it really matter? **4** *(con comparativi)* ***è ~ più alta di lui*** she's much taller than him; ***~ più presto*** much sooner **5** ***ogni tanto, di tanto in tanto*** from time to time, every now and again, every so often, (every) once in a while; ***vedere qcn. di ~ in ~*** to see sb. occasionally *o* on and off **6** *(altrettanto)* as much; ***due, quattro volte ~*** twice, four times as much; ***cento volte ~*** a hundredfold **7 tanto... quanto** *(in proposizione comparativa)* ***è ~ bello quanto interessante*** it's as beautiful as interesting; ***non studia ~ quanto dovrebbe*** he doesn't study so much as he ought to; ***ho pagato ~ quanto lei*** I paid as much as she did; *(sia...sia)* ***l'ho spiegato ~ a lei quanto a lui*** I explained it both to her and to him **8 non tanto... quanto** ***lo dico non ~ per me quanto per te*** I'm not saying it for my benefit but for yours **9 tanto... che, tanto... da** ***sono ~ stanca che vado a dormire*** I'm so tired that I'm going to sleep; ***ha mangiato ~ da sentirsi male*** he ate so much that he felt sick; ***essere ~ fortunato da fare*** to be lucky enough to do **10 quanto più... tanto più** ***quanto più si invecchia, ~ più si diventa saggi*** the older you grow, the wiser you get; ***quanto più si studia, ~ più ci si accorge di non sapere abbastanza*** the more you study, the more you realize you don't know enough **11 tanto più... tanto meno** ***~ più lo conosco, ~ meno lo capisco*** the more I know him, the less I understand him **12 tanto meno** ***era troppo malata per stare in piedi, ~ meno per camminare*** she was too ill to stand, let alone walk; ***non l'ho mai visto, né ~ meno gli ho parlato*** I've never seen him, much less spoken to him; ***nessuno può andarsene, ~ meno lui*** nobody can leave, least of all him **13 tanto per** ***~ per cambiare*** for a change; ***~ per cominciare*** to begin with, for a start; ***~ per parlare*** o ***per dire*** just to say something; ***~ per fare*** just for the sake of doing sth.; ***~ per sapere*** out of curiosity; ***~ per sapere, l'hai fatto***

veramente? just for the record, did you really do it? **14 tant'è** ***ho provato a dirglielo, ma tant'è*** I tried to tell him, but what's the good? ***stanotte non ho dormito bene, tant'è che oggi sono stanco*** tonight I didn't sleep well and so today I feel tired **15 tanto vale** just as well; ***~ valeva che glielo chiedessi*** it would be just as well as you asked him *o* you might as well had asked him; ***~ vale dire che*** you might just as well say that... **IV** m.inv. **1** *(tot)* ***un ~ al mese*** so much a month; ***un ~ percento*** x per cent, a percentage; ***essere pagato un ~ a pagina*** to be paid so much a page; ***un ~ alla*** o ***per volta*** so much at the time; ***sono pronti a pagare un ~ a veicolo*** they're willing to pay so much per vehicle **2** *(seguito dal partitivo)* ***un uomo con ~ di baffi*** a man with a moustache (like this); ***mi guardò con ~ d'occhi*** he stared wide-eyed at me **V** cong. ***prendilo pure, ~ non mi serve*** take it, I don't need it; ***~ è lo stesso*** it makes no difference; ***~, chi vuole lavorare qui?*** who wants to work here, anyway? ***è inutile, ~ non sta a sentire!*** it's no use, he won't listen! ◆ ***~ peggio!*** (so) much the worse! too bad! ***~ meglio (così)*** (so) much the better; ***~ meglio per te*** good for you; ***quanto prima, ~ meglio*** the sooner the better; ***~ di guadagnato*** all the better; ***non lo credevo capace di ~*** I didn't think he would go that far; ***non sono mai arrivato a ~*** I've never done such things; ***~ (mi) basta!*** it's enough (for me)! ***né ~ né poco*** not at all; ***quel ~ che basta per...*** enough to...; ***se ~ mi dà ~...*** if this is the result..., if that's what I get...; ***non farla ~ lunga!*** don't act it out! ***~ più che...*** all the more so because; ***~ ha detto e ~ ha fatto che...*** he insisted *o* pestered so much that...; ***se fai ~ di muoverti...*** if you so much as dare to move...; ***una volta ~*** just for once *o* once and for all; ***prenderne -e*** to be beaten up *o* to get a lot of smacks; ***fare ~ di cappello a qcn.*** to take one's hat off to sb.

tantra /'tantra/ m.inv. Tantra.

tantrico, pl. **-ci**, **-che** /'tantriko, tʃi, ke/ agg. Tantric.

tantrismo /tan'trizmo/ m. Tantrism.

Tanzania /tan'dzanja/ ➧ ***33*** n.pr.f. Tanzania.

tanzaniano /tandza'njano/ ➧ ***25*** **I** agg. Tanzanian **II** m. (f. **-a**) Tanzanian.

tao /'tao/ m.inv. Tao.

taoismo /tao'izmo/ m. Taoism.

taoista, m.pl. **-i**, f.pl. **-e** /tao'ista/ agg., m. e f. Taoist.

taoistico, pl. **-ci**, **-che** /tao'istiko, tʃi, ke/ agg. Taoist.

tapino /ta'pino/ **I** agg. LETT. miserable **II** m. (f. **-a**) LETT. wretch; ***me ~!*** poor me! dear me! woe is me!

tapioca /ta'pjɔka/ f. tapioca.

tapiro /ta'piro/ m. tapir.

tapis roulant /ta'piru'lan/ m.inv. *(per cose)* conveyor belt; *(per persone)* moving walkway, travelator, people mover AE; *(attrezzo ginnico)* treadmill.

▷ **tappa** /'tappa/ f. **1** *(parte di viaggio)* stage, lap, leg; ***a piccole -e*** in easy stages; ***abbiamo percorso una ~ di 300 km*** we travelled a distance of 300 km **2** *(sosta)* stop, stay, halt, layover AE; ***fare (una) ~*** to stop off *o* over; ***fare ~ a Londra*** to stop (off) in London **3** SPORT *(di corsa)* stage; ***corsa a -e*** stage race **4** FIG. *(fase)* stage, step, phase; ***una ~ importante della sua vita*** a milestone in his life; ***possiamo passare alla ~ successiva*** let's move on to the next stage ◆ ***bruciare le -e*** to shoot ahead *o* to the top, to jump a stage ◆◆ ***~ a cronometro*** SPORT timed stage.

tappabuchi /tappa'buki/ m. e f.inv. COLLOQ. fill-in, stopgap; ***fare il*** o ***da ~*** to act as a stopgap.

▷ **tappare** /tap'pare/ [1] **I** tr. **1** *(chiudere)* to cork (up) [*bottiglia*]; ***~ la bocca a qcn.*** FIG. to silence *o* shut sb. up **2** *(otturare)* to plug (up), to stop (up), to seal (up) [*fessura*]; ***~ un buco*** to plug *o* stop a hole; FIG. to step into a breach **3** *(sigillare)* to seal (up) [*finestra*] **II tapparsi** pronom. **1** *(otturarsi)* [*scarico*] to get* blocked (up), to clog (up) **2** *(chiudersi)* [*orecchie*] to pop; ***mi si è tappato il naso*** my nose got stuffed up *o* blocked; ***-rsi in casa*** [*persona*] to shut oneself up (in one's house); ***-rsi il naso*** to hold one's nose; ***-rsi le orecchie*** *(con le mani)* to cover *o* close *o* shut one's ears; *(con cotone ecc.)* to plug one's ears; ***-rsi gli occhi*** to close *o* shut one's eyes; ***tappati la bocca!*** shut your mouth *o* trap! shut up!

tapparella /tappa'rɛlla/ f. (roller) shutter, blind; ***alzare, abbassare le -e*** to pull up, down the blinds.

tapparellista, m.pl. **-i**, f.pl. **-e** /tapparel'lista/ ➧ ***18*** m. e f. (roller) shutter repairer.

tappato /tap'pato/ **I** p.pass. → **tappare II** agg. [*naso*] stuffy, blocked, stuffed up; [*orecchie*] plugged; [*tubo*] clogged, blocked.

tappetino /tappe'tino/ m. mat, rug; *(da bagno)* bath mat; *(dell'auto)* carmat; *(del mouse)* mouse pad, mouse mat, tablet.

▷ **tappeto** /tap'peto/ m. **1** carpet, rug; ***un ~ persiano*** a Persian carpet; ***commerciante di -i*** carpet dealer; ***battere, stendere un ~*** to beat, lay a carpet **2** FIG. ***un ~ di fiori, di muschio*** a carpet of flowers, of musk **3** SPORT canvas; ***il pugile ha mandato l'avversario al ~ al terzo round*** the boxer threw his opponent in the third round; ***essere al ~*** to be on the canvas; ***mandare*** o ***mettere qcn. al ~*** to floor sb., to knock sb. out (anche FIG.); ***andare al ~*** to be knocked down, to go down **4 a tappeto** ***bombardamento a ~*** carpet *o* area *o* saturation bombing, sweep; ***il professore ha fatto un'interrogazione a ~*** the teacher questioned *o* tested the whole class ◆ ***stendere il ~ rosso per qcn.*** to roll out the red carpet for sb. *o* to put out the welcome mat for sb. ◆◆ ***~ elastico*** trampoline; ***~ erboso*** lawn, turf, grassplot; ***~ di preghiera*** prayer mat *o* rug; ***~ verde*** *(rivestimento di tavolo da gioco)* baize; *(tavolo da gioco)* gambling table; *(prato)* → ***~ erboso***; ***~ volante*** magic carpet.

tappezzare /tappet'tsare/ [1] tr. to (wall)paper, to decorate [*stanza*]; to upholster, to cover [*poltrona, sofà*] (**con** with); [*foto*] to plaster, to cover [*muro*]; ***~ una stanza di fotografie*** to cover a room with pictures; ***far ~ la stanza*** to have one's room wallpapered.

tappezzeria /tappettse'ria/ f. **1** *(carta da parati)* wallpaper; *(di stoffa)* wall covering, wall hanging, tapestry **2** *(rivestimento) (di automobile, divano)* upholstery **3** *(arte del tappezziere)* upholstery ◆ ***fare ~*** to be a wallflower.

tappezziere /tappet'tsjɛre/ ➧ ***18*** m. (f. **-a**) *(chi riveste pareti)* decorator, paperhanger; *(chi fodera poltrone)* upholsterer; ***martello da ~*** tack hammer.

▷ **tappo** /'tappo/ m. **1** *(di bottiglia)* (bottle) top; *(di metallo)* cap; *(di sughero)* cork; ***il vino sa leggermente di ~*** this wine is a bit corked **2** *(di lavandino, piscina)* plug; ***togliere il ~*** to pull out the plug **3** *(ostruzione)* plug; ***fare (da) ~*** to plug; ***~ di cerume*** plug of earwax; ***avere i -i nelle orecchie*** to have wax in one's ears **4** FIG. SCHERZ. *(persona bassa)* shorty ◆◆ ***~ a corona*** crown cap; ***~ dosatore*** optic; ***~ del serbatoio*** AUT. petrol cap BE, filler cap BE, gas cap AE; ***~ a vite*** screw cap *o* top; ***-i per le orecchie*** earplugs.

TAR /tar/ m. (⇒ tribunale amministrativo regionale) = regional administrative court of law.

tara /'tara/ f. **1** COMM. tare; ***fare la ~*** to tare **2** MED. taint; ***-e ereditarie*** hereditary taints **3** *(magagna)* defect, blemish, flaw; ***le -e di una società*** the defects of a society ◆ ***bisogna fare la ~ alle cose che dice*** you must take what he says with a grain of salt.

tarabuso /tara'buzo/ m. bittern, butterbump.

tarallo /ta'rallo/ m. GASTR. INTRAD. (salty or sweet ring-shaped biscuit typical of the South of Italy).

taralluccio, pl. **-ci** /taral'luttʃo, tʃi/ m. GASTR. INTRAD. → **tarallo** ◆ ***finire a -ci e vino*** [*lite, contrasto*] = to end up in a friendly way.

tarantella /taran'tɛlla/ f. tarantella.

tarantino /taran'tino/ ➧ ***2*** **I** agg. of, from Taranto **II** m. (f. **-a**) native, inhabitant of Taranto.

tarantismo /taran'tizmo/ m. tarantism.

tarantola /ta'rantola/ f. tarantula.

tarantolato /taranto'lato/ agg. **1** MED. affected with tarantism **2** FIG. SCHERZ. nervous, overexcited.

tarara /ta'rara/ f. winnower.

tarare /ta'rare/ [1] tr. **1** COMM. to tare [*merce*] **2** TECN. to calibrate [*strumento di misura*]; ***~ la propria velocità su quella di qcn.*** to adjust one's speed to sb.'s.

tarassaco, pl. **-chi** /ta'rassako, ki/ m. taraxacum.

tarato /ta'rato/ **I** p.pass. → **tarare II** agg. **1** COMM. [*merce, prodotto*] tared **2** TECN. [*strumento*] calibrated **3** MED. *(affetto da tare ereditarie)* [*persona*] affected by a hereditary taint **4** SPREG. *(anormale, stravagante)* weird, mad.

taratura /tara'tura/ f. **1** COMM. *(di merce, prodotto)* taring **2** TECN. calibration, scaling.

tarchia /'tarkja/ f. ***vela a ~*** spritsail.

tarchiato /tar'kjato/ agg. [*persona*] heavy-set, thickset, stocky, stumpy, square built.

▷ **tardare** /tar'dare/ [1] **I** intr. (aus. *avere*) **1** *(metterci tempo)* to be* late, to be* long; ***ha talmente tardato a ripararlo che*** it took him so much time repairing it that; ***~ a fare qcs.*** to delay doing sth.; ***non ~ a fare qcs.*** to be quick in doing sth.; ***non tarderà a rendersene conto*** he will soon realize it; ***~ a rispondere*** to be late answering, to be slow to answer; ***~ ad arrivare*** [*stagione, reazione*] to be late; ***i bambini non tarderanno ad arrivare*** the children will soon be here; ***ormai non dovrebbe ~*** he won't be long now; ***tarda a rientrare*** he's late **2** *(essere in ritardo)* ***~ ad un appuntamento*** to be late for an appointment **II** tr. to delay [*partenza, consegna della merce*].

tardezza /tar'dettsa/ f. tardiness.

▶ **tardi** /'tardi/ avv. late; ***più ~*** later; ***me ne resi conto solo più ~*** I noticed it only afterwards; ***molto più, un po' più ~*** much, a bit later; ***è (troppo) ~*** it's (too) late; ***presto o ~*** sooner or later; ***si sta facendo***

~ it's getting late, time's getting on; ***al più ~*** at the latest; ***più ~ del solito*** later than the usual; ***qualche giorno più ~*** a few days later; ***più ~ in serata lei...*** later in the evening she...; ***rimandare qcs. à più ~*** to delay *o* postpone sth.; ***alzarsi ~*** to get up late; ***arrivare sempre ~*** to be always late; ***di pomeriggio ~*** late in the afternoon; ***sposarsi ~*** to marry late; ***lavorare fino a ~*** to work late; ***fare*** o ***tirare ~*** to have a late night, to keep late hours; ***pranzare, avere lezione ~*** to have a late lunch, class; ***partire sul ~*** to leave late (in the morning, in the evening); ***non fate ~!*** don't be late! ***non più ~ di ieri, dell'anno scorso*** no later than yesterday, last year; ***abbiamo avuto il nostro ultimo figlio un po' ~*** our last son was an afterthought ◆ ***meglio ~ che mai*** PROV. better late than never; ***chi ~ arriva male alloggia*** first come first served.

tardigrado /tar'digrado/ **I** agg. tardigrade **II** m. tardigrade.

tardivamente /tardiva'mente/ avv. belatedly, tardily; ***scoprire qcs. ~*** to discover sth. when it's too late.

tardivo /tar'divo/ agg. **1** *(che si manifesta tardi)* [*estate*] late; [*provvedimento*] late, belated; [*pentimento, rimpianto*] late, tardy, belated; ***un tipo di mele -e*** BOT. a late variety of apples **2** FIG. *(ritardato)* [*persona*] slow, tardy, backward; ***bambino ~*** late developer, late bloomer.

▷ **tardo** /'tardo/ agg. **1** *(di tempo)* late; ***a -a ora*** at a late hour; ***nel ~ pomeriggio*** late in the afternoon, in the late afternoon; ***a notte -a*** late at night; ***lavorare fino a -a notte*** to work late *o* long *o* deep *o* far into the night; ***a -a età*** late in life; ***vivere fino a -a età*** to live to a ripe old age; ***un'opera -a di Shakespeare*** a late work by Shakespeare **2** *(di epoche storiche)* ***~ latino*** late Latin; ***nel ~ medioevo*** in the late Middle Ages; ***l'arte del ~ rinascimento*** late Renaissance art **3** *(che si manifesta tardivamente)* [*fioritura, autunno, inverno*] late **4** *(tardivo)* [*confessione*] late, tardy, belated **5** *(lento nel comprendere)* [*persona*] slow, tardy, backward; ***essere ~ d'ingegno*** to have a dull wit, to be dull-witted **6** *(lento nel muoversi)* slow.

tardona /tar'dona/ f. COLLOQ. mutton dressed (up) as lamb.

▷ **targa**, pl. **-ghe** /'targa, ge/ f. **1** *(piastra)* plaque; *(di metallo)* plate; *(con nome)* name plate; *(sulla porta)* name plate, door plate; *(commemorativa)* (commemorative) plaque, tablet **2** *(applicata a un veicolo)* (licence) plate, numberplate BE, (license) tag AE; ***-ghe straniere*** foreign plates; ***numero di ~*** registration number; ***prendere il numero di ~*** o ***la ~*** to take a car's number **3** *(premio)* plate, trophy ◆◆ ***-ghe alterne*** = system of limiting traffic by allowing cars with number plates ending in an odd or even number to have access on alternate days.

targare /tar'gare/ [1] tr. to provide with a (licence) plate [*veicolo*].

targato /tar'gato/ **I** p.pass. → **targare II** agg. [*veicolo*] with a (licence) plate; ***il proprietario dell'auto -a CT476AL...*** the owner of the car, registration *o* licence number CT476AL...; ***un'auto -a Torino*** a car with a Turin plate.

targhetta /tar'getta/ f. **1** *(con nome)* name plate; *(sulla porta)* name plate, door plate; ***~ in ottone*** brass plate **2** *(cartellino)* tag; ***~ con il prezzo*** price tag ◆◆ ***~ d'identificazione*** name tag, badge.

▷ **tariffa** /ta'riffa/ f. rate, tariff, fee; *(di mezzi di trasporto)* fare; ***pagare la ~ intera*** to pay full price; ***~ normale, dimezzata, speciale*** FERR. normal, reduced, special fare; ***la ~ in vigore*** the going rate; ***fissare una ~*** to fix a price *o* tariff; ***a ~ ridotta*** cheap rate; ***volo a ~ ridotta*** discount flight; ***chiamata in orario di ~ ridotta*** TEL. off-peak call ◆◆ ***~ doganale*** (customs) tariff; ***~ ferroviaria*** railway fare; ***~ fissa*** flat rate; ***~ giornaliera*** day rate; ***~ intera*** full fare; TEL. peak (rate); ***~ notturna*** night rate; ***~ oraria*** hourly rate; ***~ ridotta*** discount *o* cut fare; TEL. off-peak rate; ***~ sindacale*** union scale; ***-e postali*** postage (rates); ***-e telefoniche*** telephone charges.

tariffale /tarif'fale/ agg. → **tariffario**.

tariffare /tarif'fare/ [1] tr. to put* a tariff on, to fix a rate on [*merci*].

tariffario, pl. **-ri**, **-rie** /tarif'farjo, ri, rje/ **I** agg. [*accordo, aumento, riduzione*] rate attrib., price attrib. **II** m. price list.

tariffazione /tariffat'tsjone/ f. rating, pricing.

tarlare /tar'lare/ [1] **I** tr. [*tarlo*] to eat* **II** intr. (aus. *essere*) [*mobile*] to get* worm-eaten **III tarlarsi** pronom. [*mobile*] to get* worm-eaten.

tarlatana /tarla'tana/ f. tarlatan.

tarlato /tar'lato/ **I** p.pass. → **tarlare II** agg. [*mobile, legno*] worm-eaten, wormy; ***essere ~*** to have woodworm.

tarlatura /tarla'tura/ f. **1** *(foro)* wormhole **2** *(polvere di legno)* dust of worm-eaten wood.

▷ **tarlo** /'tarlo/ m. **1** *(del legno)* woodworm **2** FIG. gnawing; ***il ~ della gelosia*** the pangs of jealousy; ***il ~ del dubbio*** the worm of doubt; ***ho un ~ che mi rode*** I've a niggle in the back of my mind.

tarma /'tarma/ f. (clothes) moth.

tarmare /tar'mare/ [1] **I** tr. [*tarma*] to eat* **II** intr. (aus. *essere*) [*indumenti*] to get* moth-eaten **III tarmarsi** pronom. [*indumenti*] to get* moth-eaten.

tarmato /tar'mato/ **I** p.pass. → **tarmare II** agg. [*indumento*] moth-eaten.

tarmicida /tarmi'tʃida/ **I** agg. [*prodotto*] moth-killer **II** m. moth killer.

taroccare /tarok'kare/ [1] tr. COLLOQ. to fake [*merce*].

taroccato /tarok'kato/ agg. COLLOQ. [*merce*] fake.

1.tarocco, pl. **-chi** /ta'rɔkko, ki/ ♦ ***10*** m. *(gioco)* tarot; ***giocare ai -chi*** to play tarot.

2.tarocco, pl. **-chi** /ta'rɔkko, ki/ m. *(arancia)* = kind of Sicilian orange.

tarozzo /ta'rɔttso/ m. *(di sartie)* batten.

tarpare /tar'pare/ [1] tr. to clip, to pinion [*ali*] ◆ ***~ le ali a qcn.*** to clip sb.'s wings.

tarpeo /tar'pɛo/ agg. Tarpeian; ***rupe -a*** Tarpeian Rock.

tarpone /tar'pone/ m. ***~ atlantico*** tarpon.

Tarquinio /tar'kwinjo/ n.pr.m. Tarquin(ius) ◆◆ ***~ Prisco*** Tarquinius Priscus; ***~ il Superbo*** Tarquinius Superbus, Tarquin the Proud.

tarsale /tar'sale/ agg. [*ossa*] tarsal.

tarsia /tar'sia/ f. marquetry.

tarsio, pl. **-si** /'tarsjo, si/ m. ***~ spettro*** spectre-lemur.

tarso /'tarso/ m. ANAT. ZOOL. tarsus*.

tartagliamento /tartaʎʎa'mento/ m. stammering, stuttering.

tartagliare /tartaʎ'ʎare/ [1] **I** intr. (aus. *avere*) to stammer, to stutter **II** tr. to babble, to splutter (out) [*parole, scuse*].

tartaglione /tartaʎ'ʎone/ m. (f. **-a**) stammerer, strutterer.

1.tartan /'tartan/ m.inv. TESS. tartan.

2.tartan® /'tartan/ m.inv. SPORT TECN. Tartan®; ***una pista in ~*** a Tartan track.

tartana /tar'tana/ f. MAR. tartan(e).

tartareo /tar'tareo/ agg. Tartarean.

tartarico, pl. **-ci**, **-che** /tar'tariko, tʃi, ke/ agg. [*acido*] tartaric.

1.tartaro /'tartaro/ **I** agg. **1** *(della Tartaria)* Ta(r)tar, Tartarian **2** GASTR. ***salsa -a*** tartar sauce; ***carne (alla) -a*** steak tartare **II** m. (f. **-a**) **1** *(persona)* Ta(r)tar **2** LING. Ta(r)tar.

2.tartaro /'tartaro/ m. **1** *(dei denti)* tartar, scale **2** CHIM. tartar; ***cremore di ~*** cream of tartar **3** *(di vino)* tartar, argol.

Tartaro /'tartaro/ n.pr.m. Tartarus.

▷ **tartaruga**, pl. **-ghe** /tarta'ruga, ge/ f. **1** ZOOL. *(di mare)* (sea) turtle; *(di terra)* tortoise **2** *(materiale)* tortoiseshell; ***pettine di ~*** tortoiseshell comb; ***occhiali di ~*** glasses with tortoiseshell frames, horn-rimmed glasses **3** FIG. *(persona lenta)* slowcoach, slowpoke AE; ***essere una ~*** to be as slow as a snail ◆◆ ***~ azzannatrice*** snapping turtle; ***~ embricata*** hawksbill (turtle); ***~ delle Galapagos*** Galapagos tortoise; ***~ liuto*** leather-back; ***~ di mare, ~ marina*** (sea) turtle; ***~ di terra*** tortoise.

tartassamento /tartassa'mento/ m. harrassment.

tartassare /tartas'sare/ [1] tr. **1** *(tormentare)* to harrass, to give* a hard time to [*studente, candidato, testimone*]; to torture [*strumento musicale*]; [*fisco*] to squeeze [*contribuenti*] **2** *(criticare)* to be* hard on [*autore, opera*].

tartina /tar'tina/ f. canapé, open sandwich BE, open-face(d) sandwich AE; ***una ~ di burro, marmellata, miele*** a slice of bread and butter, jam, honey; ***~ al salmone*** open(-faced) salmon sandwich.

tartrato /tar'trato/ m. tartrate.

tartufaia /tartu'faja/ f. truffle ground.

tartufaio, pl. **-ai** /tartu'fajo, ai/ ♦ ***18*** m. (f. **-a**) truffle seller.

tartufare /tartu'fare/ [1] tr. to flavour BE with truffles, to flavor AE with truffles.

tartufato /tartu'fato/ **I** p.pass. → **tartufare II** agg. truffled.

tartuficoltore /tartufikol'tore/ ♦ ***18*** m. (f. **-trice** /tritʃe/) truffle grower.

tartuficoltura /tartufikol'tura/ f. truffle growing.

▷ **1.tartufo** /tar'tufo/ m. **1** BOT. truffle, earth-nut; ***cane da ~*** truffle-dog **2** ZOOL. ***~ (di mare)*** sea truffle **3** COLLOQ. FIG. *(di cane)* nose ◆◆ ***~ bianco*** white truffle; ***~ di cioccolato*** chocolate truffle; ***~ nero*** black truffle.

2.tartufo /tar'tufo/ m. (religious) hypocrite, Tartuffe.

▶ **tasca**, pl. **-sche** /'taska, ske/ f. **1** *(di indumento)* pocket; ***da ~*** [*fazzoletto, coltello, orologio*] pocket attrib.; ***la ~ della giacca, dei pantaloni*** jacket, trouser pocket; ***~ interna, laterale*** inside, side pocket; ***frugare nelle -sche di qcn.*** to go through sb.'s pockets; ***svuotare le -sche a qcn.*** to empty out sb.'s pockets; FIG. to clear sb. out, to pick sb.'s pocket; ***mettersi le mani in ~*** to put *o* place one's hands in one's pocket; ***mettersi qcs. in ~*** to put sth. in one's pocket, to pocket sth.; ***con le mani in ~*** with one's hands in one's pocket; ***aveva venti sterline in ~*** he had twenty pounds on him; ***con il suo diploma in ~ è partito per gli Stati Uniti*** FIG. armed with his diploma, he set off for the States **2** *(scomparto)* pocket, division, compartment **3** ANAT. ZOOL. pouch, sac **4** *(da pasticciere)* piping bag, pastry bag AE ◆ ***conoscere qcs., qcn. come le proprie -sche*** to know sth., sb. like the back of one's hand *o* through and through; ***avere le -sche vuote, non avere un soldo in ~*** to be penniless *o* broke; ***averne le -sche piene di*** to be fed up (to the back teeth) with, to be sick (and tired) of; ***rompere le -sche a qcn.*** to give sb. a pain, to nag sb., to brass sb. off BE; ***non rompermi le -sche!*** don't be such a pain (in the neck)! ***è tornato con il contratto in ~*** he came back with the contract in the bag *o* all sewn up; ***avere la vittoria in ~*** to have the victory in the bag, to be sure to win; ***fare i conti in ~ a qcn.*** = to reckon sb.'s worth; ***avere le lacrime in ~*** to be weepy, to cry easily; ***pagare (qcs.) di ~ propria*** to pay (for sth.) out of one's own pocket; ***starsene con le mani in ~*** to stand with one's hands in one's pockets; ***mettere mano alla ~*** to pay up; ***non mi viene nulla in ~*** I've nothing to gain from it; ***riempirsi le -sche*** to line one's pocket; ***per tutte le -sche*** [*prezzo, articolo*] to suit every pocket *o* affordable for all ◆◆ ***~ applicata*** patch pocket; ***~ guanciale*** ZOOL. cheek pouch; ***~ del nero*** ZOOL. ink sac; ***~ posteriore (dei pantaloni)*** back *o* hip pocket; ***~ tagliata*** slash *o* slit pocket.

tascabile /tas'kabile/ **I** agg. **1** [*formato, dizionario, lampadina, calcolatrice, edizione*] pocket attrib.; ***libro ~*** pocketbook, paperback (book), softback; ***in edizione ~*** in paperback; ***sottomarino ~*** midget submarine; ***corazzata ~*** pocket battleship **2** SCHERZ. midget, pint-size(d) **II** m. pocketbook, paperback (book), softback.

tascapane /taska'pane/ m.inv. haversack.

tascata /tas'kata/ f. pocketful.

taschino /tas'kino/ m. **1** *(piccola tasca)* small pocket **2** *(di giacca)* breast pocket; *(di panciotto, gilet)* vest pocket; ***orologio da ~*** pocket watch; ***fazzoletto da ~*** pocket-handkerchief.

Tasmania /taz'manja/ ➧ ***33, 14*** n.pr.f. Tasmania; ***mar di ~*** Tasman Sea; ***diavolo di ~*** Tasmanian devil.

tasmaniano /tazma'njano/ ➧ ***25*** **I** agg. Tasmanian **II** m. (f. **-a**) Tasmanian.

▶ **tassa** /'tassa/ f. *(imposta)* tax; *(per avere un servizio)* fee; ***una ~ del 5%*** a 5% tax; ***ufficio delle -e*** tax office; ***~ sull'importazione*** import levy *o* duty; ***~ su*** tax on [*tabacco, prodotto, transazione, plusvalore*]; ***al netto delle -e*** net of tax; ***aumento delle -e*** tax increase; ***pagare le -e*** to pay (one's) taxes; ***evadere le -e*** to evade taxes, to avoid taxation; ***ridurre le tasse*** to reduce taxation, to cut taxes ◆◆ ***~ di ammissione*** (entrance) fee; ***~ di circolazione*** road tax; ***~ d'imbarco*** departures tax; ***~ d'iscrizione*** → **~ di ammissione**; ***~ sulla persona*** capitation fee; ***~ postale*** postage; ***~ pro capite*** head fee; ***~ di soggiorno*** tourism tax; ***~ di successione*** DIR. death duty, estate duty BE *o* tax AE, inheritance tax AE; ***-e aeroportuali*** airport taxes; ***-e scolastiche*** school fees; ***-e universitarie*** tuition fees.

tassabile /tas'sabile/ agg. taxable, chargeable, dutiable.

tassametro /tas'sametro/ m. taximeter.

▷ **tassare** /tas'sare/ [1] **I** tr. to tax [*prodotto, contribuente*]; ***~ qcs. del 10%*** to tax sth. at a rate of 10%; ***la legge tassa del 45% gli utili delle società*** the law taxes company profits at 45% **II tassarsi** pronom. to undertake* to pay, to contribute; ***-rsi di 30 euro*** to contribute 30 euros (**per** towards).

tassativamente /tassativa'mente/ avv. peremptorily, absolutely; ***essere ~ vietato*** to be strictly forbidden.

tassativo /tassa'tivo/ agg. [*ordine*] peremptory, imperative; ***un no ~*** an absolute, a definite no.

tassato /tas'sato/ **I** p.pass. → **tassare II** agg. taxed, assessed; ***non ~*** unassessed, untaxed; ***essere ~*** to be assessed for tax, to be taxed.

tassatore /tassa'tore/ **I** agg. ***giudice ~*** taxing master **II** m. (f. **-trice** /tritʃe/) taxer.

tassazione /tassat'tsjone/ f. taxation; ***essere soggetto a ~*** to be liable to *o* for tax, to be taxable ◆◆ ***~ forfettaria*** standard taxation; ***~ patrimoniale*** capital taxation; ***~ progressiva*** progressive taxation.

tassellare /tassel'lare/ [1] tr. **1** *(inserire un tassello in)* to plug [*muro*] **2** *(tagliare un tassello da)* to cut* a wedge from, to plug [*formaggio, cocomero*].

tassello /tas'sɛllo/ m. **1** TECN. plug **2** ABBIGL. *(di collant)* gusset **3** *(assaggio di cocomero, formaggio)* wedge **4** FIG. ***gli ultimi -i*** the last pieces ◆◆ ***~ a espansione*** (expansion) bolt, Rawlplug®; ***~ a muro*** nog.

tassema /tas'sɛma/ m. taxeme.

tassì /tas'si/ → **taxi.**

tassidermia /tassider'mia/ f. taxidermy.

tassidermico, m.pl. **-ci**, f.pl. **-che** /tassi'dɛrmiko, tʃi, ke/ agg. taxidermal, taxidermic.

tassidermista, m.pl. **-i**, f.pl. **-e** /tassider'mista/ ➧ ***18*** m. e f. taxidermist.

tassista /tas'sista/ ➧ ***18*** → **taxista.**

1.tasso /'tasso/ m. **1** ECON. rate; ***~ fisso, forfettario*** fixed, flat rate; ***~ medio, mensile*** average, monthly rate; ***obbligazioni a ~ variabile*** variable-rate bond; ***finanziamento a ~ zero*** 0% finance, free finance, interest-free loan **2** STATIST. rate, figure, percentage; ***~ di disoccupazione, criminalità*** unemployment, crime figures *o* rate; ***~ di sindacalizzazione*** percentage of the workforce belonging to unions **3** MED. level, count; ***~ di colesterolo*** cholesterol level *o* count; ***~ di insulina*** insulin level; ***~ di alcol, di zucchero*** blood alcohol level, blood sugar level ◆◆ ***~ d'ammortamento*** depreciation rate; ***~ base*** basic rate; ***~ di cambio*** exchange rate, conversion rate; ***~ di crescita*** growth rate, rate of expansion; ***~ di dividendo azionario*** dividend yield; ***~ di fecondità*** fertility rate; ***~ d'inflazione*** inflation rate, rate of inflation; ***~ d'interesse*** interest (rate); ***~ (d'interesse) ipotecario*** mortgage rate; ***~ di interesse monetario*** money rate; ***~ massimo*** ceiling rate; ***~ minimo di sconto*** → **~ primario**; ***~ di mortalità*** mortality rate, death rate; ***~ di natalità*** birthrate; ***~ primario*** minimum lending rate BE, prime rate AE; ***~ di sconto*** discount rate, bank rate.

2.tasso /'tasso/ m. **1** ZOOL. badger, brock BE **2** *(pelo)* ***un pennello di ~*** a badger's-hair brush ◆ ***dormire come un ~*** to sleep like a log ◆◆ ***~ malese*** teledu.

3.tasso /'tasso/ m. BOT. **1** *(albero)* yew (tree) **2** *(legno)* yew.

tassobarbasso /tassobar'basso/ m. mullein, Aaron's rod, shepherd's club.

tassonomia /tassono'mia/ f. taxonomy.

tassonomico, pl. **-ci**, **-che** /tasso'nɔmiko, tʃi, ke/ agg. taxonomic(al).

tassonomista, m.pl. **-i**, f.pl. **-e** /tassono'mista/ m. e f. taxonomist.

tastare /tas'tare/ [1] tr. to feel*, to touch [*oggetto, frutta*]; ***~ il polso a qcn.*** to take *o* feel sb.'s pulse ◆ ***~ il terreno*** to find out how the land lies, to spy out the land.

tastata /tas'tata/ f. ***dare una ~ a qcs.*** to feel *o* touch sth.

tastatore /tasta'tore/ m. feeler pin.

tasteggiare /tasted'dʒare/ [1] tr. → **tastare.**

▷ **tastiera** /tas'tjɛra/ ➧ ***34*** f. **1** MUS. keyboard; *(di strumenti a corda)* fingerboard; ***suonare le -e*** to play keyboards **2** *(di macchina da scrivere)* keyboard; *(di computer)* (computer) keyboard **3 a tastiera** ***strumento a ~*** keyboard instrument; ***telefono a ~*** push-button phone, touch-tone phone AE ◆◆ ***~ braille*** tactile keyboard; ***~ elettronica*** electronic keyboard; ***~ muta*** dumb piano.

tastierino /tastje'rino/ m. ***~ numerico*** TEL. INFORM. key-pad.

tastierista, m.pl. **-i**, f.pl. **-e** /tastje'rista/ ➧ ***34, 18*** m. e f. **1** MUS. keyboards player **2** TIP. INFORM. keyboard operator, keyboarder.

▷ **tasto** /'tasto/ m. **1** *(di tastiera, apparecchio)* key; *(pulsante)* button, switch; *(di strumento a corda)* fret; ***il ~ destro del mouse*** the right button of the mouse; ***i -i bianchi e i -i neri del pianoforte*** the white keys and the black keys of the piano; ***battere sui -i*** to tap *o* hit on the keys **2** *(tassello, assaggio)* wedge ◆ ***battere (sempre) sullo stesso ~*** to harp on the same subject; ***è meglio non toccare questo ~*** it's better to keep off that subject; ***toccare un ~ dolente*** to touch on a sore point; ***toccare il ~ giusto*** to strike *o* touch the right chord; ***toccare un ~ falso*** to strike *o* hit a false note ◆◆ ***~ d'arresto*** stop button; ***~ di avanzamento veloce*** fast forward button; ***~ di avvio*** start button; ***~ di cancellazione*** delete key; ***~ fissamaiuscole*** caps lock, shift lock; ***~ funzione*** function key; ***~ d'invio*** enter key; ***~ delle maiuscole*** shift key; ***~ di registrazione*** record button; ***~ di riavvolgimento*** rewind button; ***~ ripetitore*** redial button; ***~ di ritorno*** return key.

tastoni /tas'toni/ avv. ***(a) ~*** gropingly; ***andare*** o ***procedere (a) ~*** to feel one's way (anche FIG.); ***cercare qcs. (a) ~*** to feel around, to grope for sth.; ***uscire a ~ dalla stanza*** to feel one's way out of the room.

tata /'tata/ f. COLLOQ. nanny.

tataro /'tataro/ **I** agg. Ta(r)tar, Tartarian **II** m. (f. **-a**) **1** *(persona)* Ta(r)tar **2** LING. Ta(r)tar.

tattica, pl. **-che** /'tattika, ke/ f. **1** MIL. tactics + verbo sing. **2** FIG. *(comportamento)* approach, tack; *(strategia)* tactic, strategy; ***~ elettorale, politica*** electoral, political strategy; ***cambiare ~*** to change approach; ***non è una buona ~ fare*** it is bad psychology to do; ***la sua ~ di fare*** his tactic(s) of doing ◆◆ ***~ allarmistica*** scare tactic; ***~ diffamatoria*** smear tactics; ***~ dilatoria*** delaying tactic, stalling tactic; ***~ di gioco*** game plan.

tatticamente /tattika'mente/ avv. tacticly.

tatticismo /tatti'tʃizmo/ m. use of tactics, use of strategies.

tattico, pl. **-ci**, **-che** /'tattiko, tʃi, ke/ **I** agg. [*mossa, errore*] tactical **II** m. (f. **-a**) tactician.

tattile /'tattile/ agg. [*sensazione, percezione, sensibilità*] tactile.

tattilità /tattili'ta/ f.inv. tactility.

▷ **tatto** /'tatto/ m. **1** FISIOL. touch; ***senso del ~*** sense of touch; ***essere morbido, viscido al ~*** to be soft, slimy to the touch *o* feel; ***si riconosce al ~ che*** you can tell by the feel that **2** FIG. *(delicatezza)* tact, tactfulness, soft touch, delicacy; ***avere molto ~***, ***essere pieno di ~*** to be very tactful; ***mancanza di ~*** tactlessness, indiscretion; ***essere privo di ~*** to be tactless *o* undiplomatic; ***con ~*** [*parlare, rispondere, rifiutare*] tactfully; ***trattare qcn. con ~*** to be tactful with sb.; ***comunicaglielo con ~*** break it to him gently.

tatuaggio, pl. **-gi** /tatu'addʒo, dʒi/ m. *(disegno)* tattoo; *(pratica)* tattooing, tattoo; ***farsi fare un ~*** to have oneself tattooed, to be tattooed; ***farsi fare un ~ sul braccio*** to have one's arm tattooed.

tatuare /tatu'are/ [1] tr. to tattoo; ***farsi ~ un'aquila sulla schiena*** to have an eagle tattooed on one's back; ***si è fatto ~ il petto*** he had his chest tattooed.

tatuatore /tatua'tore/ ➧ ***18*** m. (f. **-trice** /tritʃe/) tattoo artist, tattooist.

tau /tau/ m. e f.inv. tau; ***croce a ~*** tau cross.

taumaturgia /taumatur'dʒia/ f. thaumaturgy.

taumaturgico, pl. **-ci**, **-che** /tauma'turdʒiko, tʃi, ke/ agg. [*poteri*] thaumaturgic(al).

taumaturgo, m.pl. **-ghi**, f.pl. **-ghe** /tauma'turgo, gi, ge/ m. (f. **-a**) thaumaturge, thaumaturgist, miracle worker, wonder-worker.

taurino /tau'rino/ agg. bull attrib., taurine FORM.; ***collo ~*** bull neck.

tauromachia /tauroma'kia/ f. bullfighting, tauromachy FORM.

tautologia /tautolo'dʒia/ f. tautology.

tautologicamente /tautolodʒika'mente/ avv. tautologically.

tautologico, pl. **-ci**, **-che** /tauto'lɔdʒiko, tʃi, ke/ agg. tautological.

tautologizzare /tautolodʒid'dzare/ [1] intr. to tautologize.

tautomeria /tautome'ria/ f. tautomerism.

tautomero /tau'tɔmero/ m. tautomer.

TAV /tav/ m.inv. (⇒ Treno ad Alta Velocità) = high-speed train.

tavella /ta'vɛlla/ f. = hollow flat tile.

taverna /ta'vɛrna/ f. **1** *(osteria)* tavern, inn; *(bettola)* dive, joint, greasy spoon, honk **2** *(in casa)* = recreation room (usually in the basement).

tavernetta /taver'netta/ f. = recreation room (usually in the basement).

taverniere /taver'njɛre/ m. (f. **-a**) ANT. tavern-keeper, inn-keeper.

▶ **tavola** /'tavola/ f. **1** *(asse)* board, plank, slab; ***una ~ di pino*** a pinewood board; ***~ del pavimento*** floorboard; ***dipinto*** o ***pittura su ~*** painting on wood **2** FIG. ***il mare è una ~*** the sea is as smooth as glass **3** *(tavolo da pranzo)* (dining) table; ***a ~*** at the table; ***a ~!*** lunch *o* dinner (is ready)! time for lunch *o* dinner! ***la torta è in ~*** the cake is on the table; ***portare*** o ***servire in ~*** to put the food on the table, to serve; ***preparare*** o ***apparecchiare la ~*** to set *o* lay the table; ***mettersi*** o ***sedersi a ~*** to sit down at the table, to dinner; ***essere a ~*** to be having lunch *o* dinner; ***alzarsi da ~*** to leave (the) table, to get up from the table, to get down; ***aggiungere un posto a ~*** to set another place; ***comportarsi bene, male a ~*** to have good, bad table manners **4** *(cucina)* ***amare la buona ~*** to enjoy good food; ***i piaceri della ~*** the pleasures of the table *o* of good food; ***fare onore alla ~*** to do justice to a meal **5** *(quadro)* painting (on wood); ***una ~ di Raffaello*** a painting by Raphael **6** MAT. table; ***-e dei logaritmi*** o ***logaritmiche*** log tables **7** EDIT. TIP. *(illustrazione)* illustration, plate; *(tabella)* table; ***~ fuori testo*** plate **8** *(tavoletta)* tablet, table; ***legge delle dodici -e*** law of the twelve Tables **9** *(snowboard)* snowboard **10 da tavola** ***biancheria da ~*** table linen; ***sale da ~*** table salt; ***olio da ~*** salad oil; ***vino da ~*** table wine; ***servizio, coltello, forchetta da ~*** dinner service, knife, fork; ***cucchiaio da ~*** tablespoon ◆ ***calcare le -e del palcoscenico*** to tread the boards; ***mettere le carte in ~*** to lay *o* put one's cards on the table; ***mettiamo le carte in ~*** let's get it all out in the open; ***cambiare le carte in ~*** to change *o* shift one's ground, to turn the tables ◆◆ ***~ armonica*** sounding-board, belly; ***~ calda*** snack bar, coffee bar, diner AE, luncheonette AE; ***~ di conversione*** conversion table; ***~ da disegno*** drawing board; ***~ fredda*** cold table; ***~ glaciale*** GEOGR. glacier table; ***~ delle maree*** tide table; ***~ periodica*** periodic table; ***~ pitagorica*** multiplication table; ***~ reale*** GIOC. trictrac; ***~ rotonda*** FIG. round table, round-table discussion, panel discussion; ***i cavalieri della Tavola Rotonda*** the knights of the Round Table; ***~ da surf*** surfboard; ***~ di tiro*** range table; ***~ a vela*** sailboard; *(attività)* windsurf; ***~ di verità*** truth table; ***le -e della legge*** BIBL. the Tables of the Law.

tavolaccio, pl. **-ci** /tavo'lattʃo, tʃi/ m. plank bed.

tavolame /tavo'lame/ m. planks pl., boards pl.

tavolata /tavo'lata/ f. tableful, table; ***un'allegra ~ di amici*** a merry table of friends; ***una ~ di dolci*** a tableful of cakes.

tavolato /tavo'lato/ m. **1** EDIL. planking; *(pavimento)* wooden floor **2** GEOGR. table, tableland **3** ANAT. ***~ osseo*** table, lamina.

tavoletta /tavo'letta/ f. **1** *(di cioccolato)* bar, tablet, slab; *(di legno)* board, plank; *(per nuotare)* float BE, kickboard AE **2** FARM. tablet **3** ARCHEOL. tablet; ***~ d'argilla*** clay tablet ◆ ***andare a ~*** AUT. to go flat out, to go full speed, to floor it AE ◆◆ ***~ di cera, ~ cerata*** wax tablet; ***~ grafica*** graphics tablet; ***~ pretoriana*** TOPOGR. plane table.

tavoliere /tavo'ljɛre/ m. **1** GEOGR. table, tableland, plateau* **2** *(tavolo da gioco)* card table, gambling table; *(di dama, scacchi)* board.

▷ **tavolino** /tavo'lino/ m. **1** (small) table; ***~ di servizio*** occasional table, side table **2** *(scrittoio)* desk, writing table; ***passare le ore al ~*** to spend the day over one's papers **3 a tavolino** ***risolvere un problema a ~*** to solve a problem in theory *o* theoretically; ***preparato*** o ***studiato a ~*** [*tattica, manovra*] setpiece; ***vincere a ~*** to win by adjudication **4 da tavolino** [*politico, stratega*] armchair attrib.; ***lavoro da ~*** deskwork ◆◆ ***~ da notte*** bedside table; ***~ parlante*** = three legged table used in a séance; ***~ pieghevole*** folding table; ***~ da tè*** tea table.

▶ **tavolo** /'tavolo/ m. **1** *(mobile)* table; ***un ~ di*** o ***in quercia*** an oak table; ***un ~ da pranzo, da cucina, da giardino*** a dining, kitchen, garden table; ***un ~ rotondo*** a round table; ***è un ~ da sei persone*** the table seats six; ***prenotare un ~ al ristorante*** to book a table at a restaurant, to make a reservation at a restaurant; ***servizio al ~*** waiter service **2** *(luogo di discussione)* table; ***~ delle trattative, dei negoziati*** conference, negotiating table **3 da tavolo** ***lampada da ~*** table lamp, desk lamp, reading lamp; ***calendario, calcolatrice da ~*** desk calendar, desk calculator; ***agenda da ~*** datebook; ***gioco da ~*** board game; ***computer da ~*** desktop (computer), desktopper; ***editoria da ~*** desktop publishing; ***tennis da ~*** table tennis, ping-pong ◆◆ ***~ allungabile*** draw-top *o* leaf table; ***~ da biliardo*** billiard table; ***~ da disegno*** drawing board *o* table, drafting table AE; ***~ da gioco*** card *o* gambling table; ***~ da lavoro*** worktable, workdesk; ***~ di montaggio*** CINEM. cutting table; ***~ operatorio*** operating table; ***~ a penisola*** breakfast bar; ***~ a ribalta*** drop-leaf table, tilt-top table; ***~ verde*** card *o* gambling table.

tavolone /tavo'lone/ m. **1** *(grande tavolo)* large table **2** *(grossa asse)* thick board.

tavolozza /tavo'lɔttsa/ f. palette (anche FIG.); ***~ e pennelli*** palette and paintbrushes.

▷ **taxi** /'taksi/ m.inv. taxi, taxicab, cab; ***chiamare, prendere un ~*** to call, take a taxi.

taxista, m.pl. **-i**, f.pl. **-e** /tak'sista/ ➧ ***18*** m. e f. taxi driver; *(uomo)* taxi man.

taylorismo /teilo'rizmo/ m. Taylorism.

tayloristico, pl. **-ci**, **-che** /teilo'ristiko, tʃi, ke/ agg. [*sistema*] Taylor attrib., Taylor's.

tazebao /tattse'bao/ → **dazebao.**

▶ **tazza** /'tattsa/ f. **1** *(recipiente)* cup; *(alta)* mug; *(ciotola)* bowl; ***~ di ceramica, porcellana, plastica*** ceramic, porcelain, plastic cup; ***~ da caffè*** coffee cup; ***~ da tè*** teacup **2** *(contenuto)* cup, cupful; ***bere una ~ di tè, di caffè, di cioccolata calda*** to have a cup of tea, of coffee, of hot chocolate **3** *(di fontana)* basin **4** *(del WC)* bowl, pan.

tazzetta /tat'tsetta/ f. BOT. polyanthus*, garden narcissus.

tazzina /tat'tsina/ f. cup; ***~ da caffè*** coffee cup, demitasse.

tazzona /tat'tsona/ f. mug, cup.

tazzone /tat'tsone/ m. → **tazzona.**

tbc /tibbit'tʃi/ ➧ **7** f.inv. (⇒ tubercolosi tuberculosis) TB.

TDT /tiddi'ti/ f.inv. (⇒ Televisione Digitale Terrestre Digital Terrestrial Television) DTT.

▶ **te** /te/ v. la nota della voce **io**. pron.pers. **1** *(complemento oggetto)* you; ***cercano ~*** they are looking for you; ***chiamavano ~, non me*** they were calling you, not me **2** *(in espressioni comparative)* you; ***lui non è come ~*** he's not like you; ***è più giovane di ~*** he's younger than you; ***tua sorella è carina come ~*** your sister is as pretty as you; ***ne sa più di ~*** he knows more than you *o* than you do about it; ***lavora quanto ~*** he works as much as you (do) **3** *(complemento indiretto)* you; ***l'ho fatto per ~*** I did it for you; ***ha parlato di ~*** he talked about you; ***è venuta con ~*** she came with you; ***qualcosa è cambiato in ~*** something has changed in(side of) you; ***ho dato il libro a ~*** I gave the book to you; ***posso contare su di ~?*** can I count on you? ***eri soddisfatto di ~*** you were pleased with yourself; ***se non capisco, chiedo a ~*** if I don't understand, I'll ask you; ***tocca a ~*** it's your turn; ***~ li ho restituiti*** I gave them back to you; ***~ lo avevo detto*** I had told you that; ***forse ~ ne avevo già parlato*** maybe I had already told you about it; ***cercatelo*** look for it yourself; ***risparmiatelo!*** save it! ***compratelo*** buy it! ***ti prego, non prendertela!*** please, don't get upset! **4** *(in locuzioni)* ***per*** o ***secondo*** ~ in your opinion; ***povero ~!*** poor thing! ***beato ~!*** lucky you! ***(in) quanto a*** ~ as far as you're concerned; ***guai a ~!*** woe betide you! ~ ***stesso*** yourself; ***se fossi in*** ~ if I were you; ***dicevi tra ~ e ~*** you were saying to yourself **5 da te** *(a casa tua) (moto a luogo)* to your house, to your place; *(stato in luogo)* in your house, in your place; ***veniamo da ~ a bere un caffè?*** shall we come round to your place and have a coffee? ***da ~ o da me?*** your place or mine? *(nella tua zona)* there; ***qui sta piovendo, e da ~?*** it's raining (around) here, and there? *(da solo)* (all by) yourself; ***l'hai fatto da*** ~ you did it (all by) yourself; ***fai da*** ~ do it yourself.

▶ **tè** /tɛ/ m.inv. **1** *(foglie, bevanda)* tea; ***foglie, pianta del*** ~ tea leaves, plant; ~ ***verde, nero*** green, black tea; ~ ***al*** o ***col latte, limone*** tea with milk, lemon; ~ ***al gelsomino, alla menta*** jasmine, mint tea; ~ ***al bergamotto*** Earl Grey tea; ~ ***cinese, di Ceylon*** China, Ceylon tea; ~ ***freddo*** cold tea; ***bustina di*** ~ tea bag; ***servizio da*** ~ tea service; ***dolcino da*** ~ tea cake; ***sala da*** ~ tearoom; ***colino da*** ~ tea strainer; ***all'ora del*** ~ at teatime; ***vado a fare il*** ~ I'll make a pot of tea; ***prendere il ~ da qcn.*** to have tea at sb.'s (home); ***essere invitato a prendere il*** ~ to be asked to tea **2** *(ricevimento)* tea party; ~ ***danzante*** tea dance.

tea /'tɛa/ agg. ***rosa*** ~ tea rose.

teak → **teck.**

teandrico, pl. **-ci**, **-che** /te'andriko, tʃi, ke/ agg. theandric, theantropic(al).

teatrabile /tea'trabile/ agg. performable.

▷ **teatrale** /tea'trale/ agg. **1** TEATR. [*attività, evento, linguaggio*] theatrical; [*attore, direttore, costume, carriera*] stage attrib.; [*compagnia, laboratorio, critico, regista, produzione, rappresentazione*] theatre BE attrib., theater AE attrib., theatrical; ***stagione*** ~ theatre season; ***lavoro*** o ***testo*** o ***opera*** ~ drama, play; ***riduzione*** o ***adattamento*** ~ dramatization; ***associazione*** ~ acting association **2** FIG. SPREG. *(esagerato)* [*gesto, tono*] theatrical, (melo)dramatic, flamboyant; ***pose -i*** theatrics.

teatralità /teatrali'ta/ f.inv. theatricalism.

teatralmente /teatral'mente/ avv. theatrically, (melo)dramatically (anche SPREG.).

teatrante /tea'trante/ m. e f. **1** *(attore)* actor; SPREG. second-rate actor **2** FIG. theatrical person.

teatrino /tea'trino/ m. **1** *(piccolo teatro)* small theatre BE, small theater AE **2** *(per bambini)* toy theatre BE, toy theater AE **3** *(di marionette)* puppet theatre BE, puppet theater AE **4** FIG. *(spettacolo ridicolo)* farce.

▶ **teatro** /te'atro/ m. **1** *(luogo)* theatre BE, theater AE, (play)house; ***andare a*** ~ to go to the theatre; ***gli piace moltissimo andare a*** ~ he's a great theatre-goer; ***binocolo da*** ~ opera glasses; ***fare crollare il ~ dagli applausi*** FIG. to bring the house down **2** *(pubblico)* ***tutto il ~ applaudiva*** the whole house clapped **3** *(genere)* theatre BE, theater AE, drama; ***il ~ moderno*** modern drama; ***il ~ antico*** Greek classical drama; ***il ~ dell'assurdo*** the theatre of the absurd; ***il ~ di Goldoni*** Goldoni's plays; ***amare il ~ classico*** to like classical theatre; ***adattare un romanzo per il*** ~ to adapt a novel for the theatre; ***di*** ~ [*autore, attore, scrittore*] theatre attrib.; ***un uomo di*** ~ a man of the theatre; ***fare*** ~ to act, to be an actor; ***scrivere per il*** ~ to write for the stage **4** FIG. *(scenario)* scene, setting; ***queste strade sono state ~ di violenti scontri*** these streets have been the scene of violent fighting; ***il ~ di una rissa*** the setting for a riot; ***Ginevra è diventata il ~ di molte conferenze internazionali*** Geneva has become the stage for many international conferences; ***il ~ delle operazioni*** MIL. the theatre of operations ◆◆ ~ ***amatoriale*** amateur dramatics; ~ ***anatomico*** anatomical stage; ~ ***all'aperto*** open-air theatre; ~ ***lirico*** opera house; ~ ***di marionette*** puppet theatre; ~ ***d'ombre*** shadow play; ~ ***di posa*** studio; ~ ***sperimentale*** studio theatre, experimental theatre; ~ ***di strada*** street theatre; ~ ***tenda*** = big top used for theatrical performances.

Tebaide /te'baide/ n.pr.f. Thebaid.

tebaina /teba'ina/ f. thebaine.

tebano /te'bano/ **I** agg. Theban **II** m. (f. **-a**) Theban.

Tebe /'tɛbe/ n.pr.f. Thebes.

tec /tek/ f.inv. (⇒ tonnellata equivalente di carbone ton coal equivalent) TCE.

teca, pl. **-che** /'tɛka, ke/ f. **1** *(vetrinetta)* case, display cabinet; *(reliquiario)* shrine; ***mettere una reliquia in una*** ~ to enshrine a relic **2** BIOL. theca*; ~ ***cranica*** brain case.

technicolor /tekni'kɔlor/ m.inv. Technicolor®; ***film in*** ~ film in Technicolor; ***in*** ~ SCHERZ. in technicolour BE *o* technicolor AE.

teck /tɛk/ m.inv. *(albero, legno)* teck; ***mobili in*** ~ teck furniture.

tecneto /tek'nɛto/, **tecnezio** /tek'nɛttsjo/ m. technetium.

▷ **tecnica**, pl. **-che** /'tɛknika, ke/ f. **1** *(metodo)* technique, method; *(abilità)* technique, skill, ability; ~ ***di marketing, di stampa*** marketing, printing technique; ***imparare, possedere una*** ~ to learn, have a technique; ***manca di*** ~ he lacks technique; ***ha una ~ straordinaria*** he's a superb technician, he has perfect technique; ***ha una ~ tutta sua per fare*** he has his own technique *o* way of doing; ***una ~ per impietosire*** a trick *o* knack to move to pity **2** ECON. IND. technique, technic, technology; ***lo sviluppo delle -che*** the development of technology; ***utilizzare le -che più moderne*** to use the most advanced technologies; ***una meraviglia della*** ~ a technological wonder; ***una conquista della*** ~ a technological breakthrough ◆◆ ~ ***artigianale*** craft; ~ ***bancaria*** banking; ~ ***microscopica*** microtechnique; ~ ***pugilistica*** ringcraft; ~ ***delle vendite*** salesmanship, selling *o* sales technique.

tecnicamente /teknika'mente/ avv. technically; *(tecnologicamente)* technologically, technically.

tecnicismo /tekni'tʃizmo/ m. technicality; ~ ***legale*** legalism.

tecnicistico, pl. **-ci**, **-che** /tekni'tʃistiko, tʃi, ke/ agg. technical.

tecnicità /teknitʃi'ta/ f.inv. technicality, technical nature.

tecnicizzare /teknitʃid'dzare/ [1] tr. to make* [sth.] technical, to technicalize.

tecnicizzato /teknitʃid'dzato/ **I** p.pass. → **tecnicizzare II** agg. technicalized.

tecnicizzazione /teknitʃiddzat'tsjone/ f. technicalization.

▶ **tecnico**, pl. **-ci**, **-che** /'tɛkniko, tʃi, ke/ **I** agg. [*competenza, dizionario, linguaggio, termine*] technical; ***ufficio*** ~ engineering and design department; ***per motivi -ci*** for technical reasons; ***gap*** ~ technology gap; ***ad alto livello*** ~ technology-intensive; ***educazione -a*** SCOL. handicrafts, arts and crafts; ***gli insegnanti di materie -che*** the teachers of technical subjects; ***disegno*** ~ technical drawing, mechanical drawing AE; ***disegnatore*** ~ draughtsman; ***consulente*** ~ consulting engineer **II** ♦ ***18*** m. (f. **-a**) technician, engineer; ***i -ci*** the technical staff, the technicians ◆◆ ~ ***di laboratorio*** laboratory technician; ~ ***delle luci*** lighting engineer; ~ ***del missaggio*** mixer; ~ ***del montaggio*** editor; ~ ***del suono*** audio-engineer.

tecnigrafo /tek'nigrafo/ m. drafting machine.

tecnocrate /tek'nɔkrate/ m. e f. technocrat.

tecnocratico, pl. **-ci**, **-che** /tekno'kratiko, tʃi, ke/ agg. technocratic.

tecnocrazia /teknokrat'tsia/ f. technocracy.

tecnologia /teknolo'dʒia/ f. technology, technic; ***una nuova*** ~ a new technology; ***alta*** ~ high technology; ***sistema ad alta*** ~ high-tech system; ***le -e avanzate*** advanced technologies ◆◆ ~ ***alternativa*** alternative technology.

tecnologicamente /teknolodʒika'mente/ avv. technologically.

tecnologico, pl. **-ci**, **-che** /tekno'lɔdʒiko, tʃi, ke/ agg. technologic.

tecnologo, m.pl. **-gi**, f.pl. **-ghe** /tek'nɔlogo, dʒi, ge/ ♦ **18** m. (f. **-a**) technologist.

tecnostruttura /teknostrut'tura/ f. technostructure.

teco /'teko/ pron. LETT. with you.

tedesco, pl. **-schi**, **-sche** /te'desko, ski, ske/ ♦ ***25, 16*** **I** agg. German; ***pastore*** ~ German shepherd, German sheepdog, Alsatian; ***Svizzera -a*** German-speaking Switzerland **II** m. (f. **-a**) **1** *(persona)* German; ~ ***dell'Est, dell'Ovest*** STOR. East German, West German **2** *(lingua)* German; ***basso, medio, alto*** ~ Low, Middle, High German.

tedescofilo /tedes'kɔfilo/ **I** agg. Germanophile **II** m. (f. **-a**) Germanophile.

tedescofobo /tedes'kɔfobo/ **I** agg. Germanophobe **II** m. (f. **-a**) Germanophobe.

tediare /te'djare/ [1] **I** tr. to bore, to weary, to tire **II tediarsi** pronom. to get* bored.

tedio, pl. **-di** /'tɛdjo, di/ m. tedium, boredom, ennui.

tediosità /tedjosi'ta/ f.inv. tediousness, dullness, wearisomeness.

tedioso /te'djoso/ agg. [*discorso, libro*] tedious, dull, boring, weary.

tedoforo /te'dɔforo/ m. (f. **-a**) SPORT torchbearer.

teflon® /'tɛflon/ m.inv. Teflon®; ***padella in*** ~ Teflon pan.

tefrite /te'frite/ f. tephrite.

▷ **tegame** /te'game/ m. pan, saucepan.

tegamino /tega'mino/ m. small (frying) pan; ***uova al*** ~ fried eggs.

▷ **teglia** /'teʎʎa/ f. ~ ***(da forno)*** baking pan, baking tin, baking sheet, oven dish, pie dish; ~ ***per dolci*** baking tray.

▷ **tegola** /'tegola/ f. **1** EDIL. tile; ~ ***di terracotta*** clay tile; ***una ~ di ardesia*** a roof slate **2** FIG. *(disgrazia inaspettata)* blow, shock; ***che ~!*** what a blow! ◆◆ ~ ***di colmo*** ridge tile; ~ ***alla fiamminga*** pantile; ~ ***piana*** flat roofing tile.

tegumentale /tegumen'tale/, **tegumentario**, pl. **-ri**, **-rie** /tegumen'tarjo, ri, rje/ agg. tegumental, (in)tegumentary.

tegumento /tegu'mento/ m. (in)tegument.
teicoltore /teikol'tore/ ▸ **18** m. (f. **-trice** /tritʃe/) tea grower.
teicoltura /teikol'tura/ f. tea growing.
teiera /te'jɛra/ f. teapot.
teina /te'ina/ f. theine.
teismo /te'izmo/ m. theism.
teista, m.pl. **-i**, f.pl. **-e** /te'ista/ m. e f. theist.
teistico, pl. **-ci**, **-che** /te'istiko, tʃi, ke/ agg. [*pensiero, pensatore, opera*] theistic(al).
tek → **teck.**
tel. ⇒ telefono telephone (tel).
▷ **tela** /'tela/ f. **1** TESS. canvas, toile, cloth; **~ *da lenzuola*** sheeting; **~ *da materassi*** ticking; **~ *di lino*** linen; **~ *di cotone*** cotton (cloth); ***lenzuola, scarpe di*** **~** canvas sheets, shoes **2** ART. *(supporto)* canvas, toile; *(dipinto)* painting **3** TIP. ***rilegatura in*** **~** cloth binding; ***rilegatura in mezza*** **~** half binding; ***rilegato in*** **~** cloth-bound; ***rilegato in mezza*** **~** half-bound **4** LETT. *(intreccio)* plot ◆ ***far*** **~** to make oneself scarce; ***la*** **~** ***di Penelope*** = a never-ending task ◆◆ **~ *d'amianto*** asbestros cloth; **~ *cerata*** wax-cloth, oilcloth, oilskin, tarpaulin; **~ *di fondo*** TEATR. backcloth, backdrop; **~ *da imballaggio*** packing cloth; **~ *di iuta*** hessian, hopsacking AE; **~ *da lucido*** tracing cloth; **~ *metallica*** wire gauze; **~ *olona*** sailcloth, duck; **~ *di ragno*** spider's web, cobweb; **~ *rigida*** buckram, wigam; **~ *da sacco*** sacking, sackcloth, bagging, burlap; **~ *smerigliata*** emery cloth; **~ *da vele*** canvas, sailcloth.
▷ **telaio**, pl. **-ai** /te'lajo, ai/ m. **1** TESS. frame, loom; **~ *a mano*** hand-loom; **~ *da ricamo*** tambour, embroidery frame **2** *(struttura)* frame; **~ *di finestra*** window frame; **~ *del letto*** bed frame **3** AUT. chassis*, frame **4** *(di bicicletta, motocicletta)* frame **5** ART. *(intelaiatura)* stretcher **6** TIP. chase **7** FOT. mount, frame **8 a telaio *antenna a*** **~** loop antenna; ***sega a*** **~** bucksaw.
telamone /tela'mone/ m. telamon*.
telare /te'lare/ [1] intr. (aus. *essere*) COLLOQ. to make* oneself scarce; ***devo*** **~** I must beat it.
telato /te'lato/ agg. ***carta -a*** linen paper; ***nastro*** **~** gaffer; ***gomma -a*** = rubber reinforced with canvas.
tele /'tɛle/ f.inv. COLLOQ. telly, box, tube AE; ***alla*** **~** on TV; ***spegni la*** **~** turn off the telly.
teleabbonato /teleabbo'nato/ m. (f. **-a**) = television licence holder.
teleangectasia /teleandʒekta'zia/ f. telangiectasia*.
telearma /tele'arma/ f. guided weapon.
teleasta /tele'asta/ f. TV auction.
teleaudioconferenza /teleaudjokonfe'rɛntsa/ f. → **teleconferenza.**
teleborsa /tele'borsa/ f. stock ticker, ticker AE.
telecabina /telaka'bina/ f. telpher, cable car.
▷ **telecamera** /tele'kamera/ f. (tele)camera, television camera, video camera.
telechirurgia /telekirur'dʒia/ f. telesurgery.
telecinesi /teletʃi'nɛzi/ f.inv. telekinesis.
telecinetico, pl. **-ci**, **-che** /teletʃi'nɛtiko, tʃi, ke/ agg. telekinetic.
telecomandare /telekoman'dare/ [1] tr. to operate [sth.] by remote control [*aereo, macchina*].
telecomandato /telekoman'dato/ **I** p.pass. → **telecomandare II** agg. [*macchina*] remote-controlled.
telecomando /teleko'mando/ m. remote (control), telecontrol, zapper COLLOQ. ◆◆ **~ *radioelettrico*** radio control.
telecomunicazione /telekomunikat'tsjone/ **I** f. telecommunication; *(il trasmettere)* broadcasting **II telecomunicazioni** f.pl. telecommunications + verbo sing. o pl.; ***una rete di -i*** a telecommunications network; ***satellite per -i*** (tele)communications *o* domestic satellite, comsat, domsat; ***un magnate delle -i*** a media baron *o* tycoon.
teleconferenza /telekonfe'rɛntsa/ f. teleconference, conference call.
telecontrollo /telekon'trɔllo/ m. → **telecomando.**
telecopia /tele'kɔpja/ f. (tele)fax, faxsimile.
telecopiare /teleko'pjare/ [1] tr. to fax.
telecopiatore /telekopja'tore/ m. → **telecopiatrice.**
telecopiatrice /telekopja'tritʃe/ f. fax (machine), faxsimile machine.
▷ **telecronaca**, pl. **-che** /tele'krɔnaka, ke/ f. television report; **~ *diretta*** running commentary, live television report, play-by-play AE; **~ *differita*** recorded television report.
▷ **telecronista**, m.pl. **-i**, f.pl. **-e** /telekro'nista/ ▸ **18** m. e f. (television) commentator.
telediffusione /telediffu'zjone/ f. broadcasting; ***la*** **~** ***via satellite*** satellite broadcasting.
teledipendente /teledipen'dɛnte/ **I** agg. television addicted **II** m. e f. telly addict, TV addict.
teledramma /tele'dramma/ m. teleplay.
teledrin /tele'drin/ m.inv. *(ricevitore)* beeper.
teleelaborazione /teleelaborat'tsjone/ f. teleprocessing.
telefax /tele'faks/ m.inv. (tele)fax, facsimile; *(apparecchio)* facsimile machine; ***numero di*** **~** fax number.
teleferica, pl. **-che** /tele'fɛrika, ke/ f. cableway, rope-way; ***cabina di*** **~** telpher, cable car; ***trasportare per*** **~** to telpher ◆◆ **~ *a braca*** breeches buoy.
teleferico, pl. **-ci**, **-che** /tele'fɛriko, tʃi, ke/ agg. telpher attrib.
▷ **telefilm** /tele'film/ m.inv. TV series, TV serial.
▶ **telefonare** /telefo'nare/ [1] **I** intr. (aus. *avere*) to (tele)phone, to call (up), to ring* (up); **~ *a qcn., a un numero*** to call (up) sb., a number; **~ *in Italia*** to make a call to Italy, to phone Italy; ***ha telefonato qualcuno?*** did anyone call? ***ha telefonato qualcuno per me?*** did I get any call? ***ti telefonerò domani*** I'll give you a call tomorrow **II** tr. **~ *dei risultati, una notizia a qcn.*** to phone sb. with results, a piece of news; ***ci ha telefonato di venire*** he phoned to ask us to come **III telefonarsi** pronom. ***si telefonano tutti i giorni*** they call *o* phone each other every day.
▷ **telefonata** /telefo'nata/ f. (tele)phone call, call, ring BE; ***fare una*** **~** to make a (phone) call; ***fare una*** **~** ***a qcn.*** to give sb. a call *o* ring; ***ricevere, prendere una*** **~** to receive, take a call; ***passare una*** **~** ***a qcn.*** to put a call through to sb.; **~ *di lavoro*** business call; **~ *personale, privata*** personal, private call ◆◆ **~ *a carico del destinatario*** reverse charge *o* transferred charge *o* collect AE call; **~ *interurbana*** long-distance *o* trunk call; **~ *urbana*** local (area) call.
telefonia /telefo'nia/ f. telephony ◆◆ **~ *mobile*** mobile telephony *o* communications.
telefonicamente /telefonika'mente/ avv. by (tele)phone; ***contattare qcn.*** **~** to reach sb. on the phone; ***li ha contattati*** **~** she's been in telephone communication with them.
▷ **telefonico**, pl. **-ci**, **-che** /tele'fɔniko, tʃi, ke/ agg. [*cabina, linea, rete, segreteria, elenco, intercettazione, numero*] telephone attrib.; [*comunicazione*] telephone attrib., telephonic; ***scheda -a*** phonecard.
▷ **telefonino** /telefo'nino/ m. COLLOQ. mobile (phone), cellphone, cellular (tele)phone.
telefonista, m.pl. **-i**, f.pl. **-e** /telefo'nista/ ▸ **18** m. e f. telephone operator.
▶ **telefono** /te'lɛfono/ m. (tele)phone; ***numero di*** **~** (tele)phone number; ***guida*** o ***elenco del*** **~** telephone book *o* directory; ***bolletta del*** **~** telephone bill; ***avere il*** **~** to have a phone, to be on the (tele)phone BE; ***dare un colpo di*** **~** ***a qcn.*** to give sb. a ring; **~*!*** the (tele)phone is ringing! ***chiamare qcn. al*** **~** to call sb. on the phone; ***ti vogliono al*** **~** you're wanted on the phone; ***ho parlato al*** **~** ***con tua madre*** I talked to your mother on the phone ◆◆ **~ *amico*** = helpline; **~ *azzurro*** = ChildLine; **~ *da campo*** field telephone; **~ *cellulare*** mobile (phone), cellphone, cellular (tele)phone; **~ *senza fili*** cordless telephone; *(passaparola)* bush telephone, Chinese whispers; **~ *fisso*** fixed telephone, land line telephone; **~ *a moneta*** coin operated telephone; **~ *pubblico*** public telephone, pay phone; **~ *rosa*** = women's helpline; **~ *a scheda*** cardphone; **~ *a tasti*** o ***a tastiera*** push-button phone, touch-tone phone AE.
telefoto /tele'fɔto/ f.inv. → **telefotografia.**
telefotografia /telefotogra'fia/ f. telephotograph.
telefotografico, pl. **-ci**, **-che** /telefoto'grafiko, tʃi, ke/ agg. telephotographic.
telegenico, pl. **-ci**, **-che** /tele'dʒɛniko, tʃi, ke/ agg. telegenic; ***è molto -a*** she comes across well on TV.
▷ **telegiornale** /teledʒor'nale/ m. (television) news, news broadcast; ***il*** **~** ***della sera*** the evening news; ***vedere qcs. al*** **~** to see sth. on the news.
telegrafare /telegra'fare/ [1] **I** tr. to telegraph [*messaggio*]; ***ci telegrafò immediatamente la risposta*** he wired us his answer immediately **II** intr. (aus. *avere*) ***telegrafa appena arrivi*** send me a telegram as soon as you arrive; ***vado a telegrafargli*** I'm going to send him a telegram.
telegrafia /telegra'fia/ f. telegraphy.
telegraficamente /telegrafika'mente/ avv. **1** telegrafically, by telegraph **2** FIG. *(concisamente)* telegraphically, concisely.
telegrafico, pl. **-ci**, **-che** /tele'grafiko, tʃi, ke/ agg. **1** [*rete, linea, palo, vaglia*] telegraph attrib.; [*messaggio*] telegraphic; ***indirizzo*** **~** cable-address **2** FIG. *(conciso)* [*stile*] telegraphic, concise.
telegrafista, m.pl. **-i**, f.pl. **-e** /telegra'fista/ ▸ **18** m. e f. telegraphist, telegrapher.
▷ **telegrafo** /te'lɛgrafo/ m. telegraph; ***palo del*** **~** telegraph pole *o* post; ***ufficio del*** **~** telegraph office.
▷ **telegramma** /tele'gramma/ m. telegram, wire AE; ***mandare un*** **~** ***a qcn.*** to send sb. a telegram *o* wire AE, to wire sb.

teleguida /tele'gwida/ f. radio control.
teleguidare /telegwi'dare/ [1] tr. to control [sth.] by radio [*missile*].
teleguidato /telegwi'dato/ **I** p.pass. → **teleguidare II** agg. [*missile, aereo*] guided; ***guerra -a*** push-button warfare.
teleinformatica /teleinfor'matika/ f. telematics + verbo sing.
telelavorare /telelavo'rare/ [1] intr. (aus. *avere*) to telecommute.
telelavoratore /telelavora'tore/ m. (f. **-trice** /tritʃe/) telecommuter, teleworker.
telelavoro /telela'voro/ m. telecommuting.
Telemaco /te'lɛmako/ n.pr.m. Telemachus.
telemarketing /tele'marketing/ m.inv. telemarketing, telesales, teleselling; ***operatore di ~*** telesales operator.
telematica /tele'matika/ f. telematics + verbo sing.
telematico, pl. **-ci**, **-che** /tele'matiko, tʃi, ke/ agg. [*servizio, rete*] telematic.
telemeccanica /telemek'kanika/ f. telemechanics + verbo sing.
telemetria /teleme'tria/ f. telemetry.
telemetrico, pl. **-ci**, **-che** /tele'mɛtriko, tʃi, ke/ agg. telemetric.
telemetro /te'lɛmetro/ m. telemeter, rangefinder.
telencefalo /telen'tʃɛfalo/ m. telencephalon*.
telenovela /teleno'vɛla/ f. soap opera.
teleo(b)biettivo /teleob(b)jet'tivo/ m. teleobjective, telephoto lens, telescopic lens, long lens.
teleologia /teleolo'dʒia/ f. teleology.
teleologicamente /teleolodʒika'mente/ avv. teleologically.
teleologico, pl. **-ci**, **-che** /teleo'lɔdʒiko, tʃi, ke/ agg. teleological.
teleosteo /tele'ɔsteo/ m. teleost.
telepass /tele'pas, 'tɛlepass/ m.inv. = automatic motorway toll payment system.
telepatia /telepa'tia/ f. telepathy.
telepaticamente /telepatika'mente/ avv. telepathically.
telepatico, pl. **-ci**, **-che** /tele'patiko, tʃi, ke/ **I** agg. telepathic **II** m. (f. **-a**) telepath, telepathist.
telepedaggio, pl. **-gi** /telepe'daddʒo, dʒi/ m. → **telepass.**
telepilotare /telepilo'tare/ [1] tr. → **teleguidare.**
telepredicatore /telepredika'tore/ m. (f. **-trice** /tritʃe/) televangelist.
telepredicazione /telepredicat'tsjone/ f. televangelism.
telequiz /tele'kwits, tele'kwidz/ m.inv. TV quiz show, TV quiz programme.
teleregolazione /teleregolat'tsjone/ f. telecontrol.
teleria /tele'ria/ f. *(tessuti)* fabrics pl.; *(negozio)* draper's shop.
telericevente /teleritʃe'vɛnte/ **I** agg. television-receiving **II** f. television-receiving station.
telerilevamento /telerileva'mento/ m. remote sensing.
teleripresa /teleri'presa/ f. television shot.
teleriscaldamento /teleriskalda'mento/ m. district heating.
teleromanzo /telero'mandzo/ m. = TV serial based on a novel.
teleruttore /telerut'tore/ m. contactor, remote control switch.
teleschermo /teles'kermo/ m. **1** *(schermo)* telescreen **2** *(televisione)* television.
telescopia /telesko'pia/ f. telescopy.
telescopicamente /teleskopika'mente/ avv. telescopically.
telescopico, pl. **-ci**, **-che** /teles'kɔpiko, tʃi, ke/ agg. telescopic.
telescopio, pl. **-pi** /teles'kɔpjo, pi/ m. telescope ◆◆ ***~ catottrico*** reflecting telescope; ***~ diottrico*** refracting telescope; ***~ elettronico*** electronic telescope; ***~ spaziale*** space telescope.
telescrivente /teleskri'vɛnte/ f. teleprinter, teletypewriter, telex (machine), Teletype®; ***nastro di ~*** ticker tape.
teleselettivo /teleselet'tivo/ agg. direct dialling; ***prefisso ~*** dialling code, STD (area) code BE.
teleselezione /teleselet'tsjone/ f. direct dialling, subscriber trunk dialling BE, STD BE; ***chiamare in ~*** to dial direct, to call STD; ***chiamata in ~*** STD call BE, toll call AE.
telesina /tele'zina/ f. stud poker.
telesorveglianza /telesorveʎ'ʎantsa/ f. remote surveillance.
telespettatore /telespetta'tore/ m. (f. **-trice** /tritʃe/) (tele)viewer, television watcher; ***i -i*** the viewing public, the audience.
telestesia /teleste'zia/ f. tel(a)esthesia.
teletex /tele'tɛks/ m.inv. Teletex®.
teletext /tele'tɛkst/ m.inv. teletext.
telethon /'tɛleton/ m.inv. telethon.
teletrasmettere /teletraz'mettere/ [60] tr. **1** TECN. to transmit [sth.] over a long distance [*ultrasuoni, impulsi*] **2** TELEV. to broadcast*.
teletrasmissione /teletrazmis'sjone/ f. **1** TECN. long-distance transmission **2** TELEV. broadcasting.
teletrasmittente /teletrazmit'tɛnte/ **I** agg. [*stazione, antenna*] television broadcasting attrib. **II** f. television broadcasting station.
teletta /te'letta/ f. buckram.
teleutente /teleu'tɛnte/ m. e f. television subscriber; *(telespettatore)* (tele)viewer, television watcher.
televendita /tele'vendita/ f. TV sale.
televenditore /televendi'tore/ ➧ **18** m. (f. **-trice** /tritʃe/) TV seller.
televideo /tele'video/ m.inv. teletext.
▷ **televisione** /televi'zjone/ f. **1** *(sistema, servizio, ente)* television; ***in*** o ***alla ~*** on television; ***apparire in ~*** to appear on TV; ***trasmettere in ~*** to broadcast on TV, to televise; ***guardare la ~*** to watch TV; ***che cosa c'è questa sera alla ~?*** what's on (TV) tonight? ***lavorare nel mondo della ~*** to work in television **2** *(televisore)* television ◆◆ ***~ ad alta definizione*** high-definition television, HDTV; ***~ in bianco e nero*** black-and-white television; ***~ a circuito chiuso*** closed-circuit television; ***~ a colori*** colour television; ***~ locale*** local television, neighbourhood television; ***~ privata*** commercial television, private television; ***~ pubblica, di stato*** public television, state(-controlled) television; ***~ via cavo*** cable television, cable TV; ***~ via satellite*** satellite television, satellite TV.

> **Televisioni** *RAI* is the public radio and television company. There are three television channels, *RAI 1, RAI 2,* and *RAI 3,* and three radio stations, *Radio 1, Radio 2,* and *Radio 3,* with various programmes and differing political standpoints, which must ensure a public service that is balanced between information and entertainment. Today *RAI* also has a satellite station with channels that can be received all over the world (*Raisat*). The national commercial stations, such as *Canale 5, Rete 4* and *Italia 1,* are all controlled by the company Mediaset, apart from *la Sette.*

televisivo /televi'zivo/ agg. [*programma, gioco, notiziario, dibattito*] television attrib., TV attrib.; ***apparecchio ~*** television (set); ***trasmissione -a*** telecast, broadcast.
▷ **televisore** /televi'zore/ m. television (set); ***accendere, spegnere il ~*** to switch the TV on, off ◆◆ ***~ in bianco e nero*** black-and-white television; ***~ a colori*** colour television; ***~ portatile*** transportable; ***~ a schermo piatto*** flat screen television.
telex /'tɛleks/ m.inv. **1** *(messaggio)* telex; ***mandare un ~*** to send a telex **2** *(apparecchio)* telex; ***trasmettere via ~*** to telex, to send by telex.
tellina /tel'lina/ f. tellin, cockle.
1.tellurico, pl. **-ci**, **-che** /tel'luriko, tʃi, ke/ agg. GEOGR. [*scossa, correnti*] tellurian, telluric.
2.tellurico /tel'luriko/ agg. CHIM. ***acido ~*** telluric acid.
tellurio /tel'lurjo/ m. tellurium.
tellurite /tellu'rite/ f. telluric ochre.
telluroso /tellu'roso/ agg. tellurous.
telo /'telo/ m. sheet; *(per proteggere dalla polvere)* dust sheet ◆◆ ***~ da bagno*** (bath) towel; ***~ da mare*** beach towel; ***~ di salvataggio*** jumping sheet.
telofase /telo'faze/ f. telophase.
telonato /telo'nato/ **I** agg. covered with a sheet; ***mezzo ~*** tarpaulin covered lorry **II** m. tarpaulin covered lorry.
telone /te'lone/ m. **1** (large) sheet; *(telo impermeabile)* tarpaulin; *(da mettere per terra)* ground sheet **2** TEATR. *(sipario)* (drop) curtain ◆◆ ***~ di salvataggio*** jumping sheet.
▷ **1.tema** /'tɛma/ m. **1** *(argomento) (di dibattito, discorso)* theme, subject (matter), topic; ***un ~ di attualità*** a current event; ***~ di riflessione*** topic for thought; ***~ di discussione*** talking *o* discussion point; ***il dibattito avrà come ~ principale...*** the main topic of discussion will be...; ***restare in ~*** to keep *o* stick to the point; ***andare fuori ~*** to wander off the point *o* subject **2** SCOL. ***~ (d'italiano)*** composition, essay; ***fare*** *o* ***scrivere un ~ su...*** to write a composition *o* an essay on...; ***dare un ~ su Calvino*** to set an essay on Calvino **3** MUS. theme; ***variazioni sul ~*** variations on the theme (anche FIG.) **4** LETTER. theme, motif **5** LING. *(di parola)* stem; *(di proposizione)* theme; ***~ nominale, verbale*** nominal, verbal stem **6 a tema *vacanze a ~*** special interest holiday, speciality holiday BE; ***parco di divertimenti a ~*** theme park ◆◆ ***~ astrale*** ASTROL. birth chart; ***~ musicale*** theme song.
2.tema /'tema/ f. LETT. fear; ***per ~ di qcs., qcn.*** for fear of sth., sb.; ***scrisse l'indirizzo per ~ di dimenticarlo*** he wrote down the address lest he forget.
tematica, pl. **-che** /te'matika, ke/ f. theme, subject.
tematico, pl. **-ci**, **-che** /te'matiko, tʃi, ke/ agg. **1** LETTER. MUS. *(relativo a un tema)* [*opera, collezione, variazione, indice*] thematic **2** LING. [*vocale*] thematic.
temerariamente /temerarja'mente/ avv. *(imprudentemente)* recklessly, rashly, temerariously; *(audacemente)* boldly, daringly.

temerarietà /temerarje'ta/ f.inv. *(imprudenza)* recklessness, rashness, foolhardiness; *(audacia)* boldness, audacity, daring, temerity.

temerario, pl. **-ri, -rie** /teme'rarjo, ri, rje/ **I** agg. *(imprudente)* [*persona, comportamento, giudizio*] reckless, rash, temerarious; *(audace)* [*impresa, progetto*] daring, bold **II** m. (f. **-a**) daredevil, reckless person.

▶ **temere** /te'mere/ [2] **I** tr. **1** *(avere paura di)* to be* afraid of, to fear [*morte, persona, rimprovero*]; to dread [*incontro, esame*]; to fear [*futuro, conseguenza, crisi, ricaduta, avvenimento*]; *(sospettare)* to suspect [*tranello*]; **~ che** to be frightened *o* scared *o* afraid that; **~ il giudizio, l'opinione di qcn.** to be afraid of sb.'s judgement, opinion; **è un uomo da ~** he's a man to be feared; **temevano un attacco nemico** they were apprehensive of an enemy attack; **~ il peggio** to fear the worst; **un prodotto che non teme la concorrenza** a highly-competitive product; **non ~ confronti** to be able to stand comparison, to be beyond compare; **temevo di farmi male** I was afraid I could get hurt; **temeva che ci potesse essere un incidente** she was afraid (that) there would be an accident; **temo che pioverà** I'm afraid it might rain; **temo che lei stia facendo un errore** I'm afraid you are mistaken **2** *(rimpiangere)* **temo di non saperlo** I'm afraid I don't know it; **temo di non poter venire** I'm afraid I can't come; **temo di sì** I'm afraid so; **temo di no** I'm afraid not **3** *(essere sensibile a)* [*pianta*] to suffer from; **quella pianta teme il freddo** that plant can't stand the cold; **questo prodotto teme l'umidità, il calore** this product must be kept in a dry, cold place **II** intr. (aus. *avere*) **non ~!** never fear! don't worry! **non avere nulla da ~ da qcn., qcs.** to have nothing to fear from sb., sth.; **~ per qcn.** to fear for sb., to be fearful for sb.; **~ per** to be afraid for, to fear for [*vita, reputazione, salute*]; **~ per la propria vita** to live *o* go in fear of one's life; **si teme per la sua incolumità** there are fears *o* there is concern for her safety.

temerità /temeri'ta/ → **temerarietà.**

Temi /'tɛmi/ n.pr.f. Themis.

temibile /te'mibile/ agg. [*persona, potenza*] formidable, redoubtable; [*arma, nemico, male*] dreadful, fearful, lethal; **dall'aspetto ~** dreadful-looking; **un avversario ~** an opponent to be feared; **un esame ~** a difficult exam.

temolo /'tɛmolo/ m. grayling*.

tempaccio, pl. **-ci** /tem'pattʃo, tSi/ m. **che ~!** what a foul *o* nasty weather!

tempera /'tɛmpera, 'tempera/ f. *(tecnica, materiale)* tempera, distemper; *(dipinto)* tempera painting, distemper; **dipingere a ~** to distemper.

temperamatite /temperama'tite/ m.inv. pencil sharpener.

▷ **temperamento** /tempera'mento/ m. **1** *(carattere)* temperament, disposition, temper, character; **il ~ artistico** the artistic temperament; **avere un ~ calmo, essere di ~ calmo** to have a calm disposition; **ha un ~ focoso** he has a fiery *o* hot *o* quick temper; **dal ~ collerico** sharp-tempered; **dovrebbe andare a lamentarsi, ma non è nel suo ~** he should go and complain but it's not in his nature; **è nervoso per ~** he's constitutionally nervous, he's nervous by temperament; **essere pieno di ~, avere ~** to have character; **essere privo di ~** to be spineless, to lack character **2** ANT. *(mescolanza dei quattro umori)* constitution; **~ linfatico, sanguigno** lymphatic, sanguine constitution **3** MUS. temperament; **~ equabile** equal temperament.

temperante /tempe'rante/ agg. temperate, sober.

temperanza /tempe'rantsa/ f. temperance, sobriety.

temperare /tempe'rare/ [1] tr. **1** *(mitigare)* to temper [*ardori, rigore*] **2** *(fare la punta)* to sharpen [*matita*] **3** TECN. to toughen, to temper [*acciaio, vetro*] **4** MUS. to temper.

temperatamente /temperata'mente/ avv. temperately, soberly.

temperato /tempe'rato/ **I** p.pass. → **temperare II** agg. **1** GEOGR. [*clima, zona*] temperate **2** *(moderato)* [*ottimismo*] temperate, moderate; [*persona*] temperate, sober **3** TECN. [*acciaio*] tempered, hardened **4** MUS. [*scala*] tempered; **ben ~** well tempered.

▶ **temperatura** /tempera'tura/ ◗ **36** f. **1** MED. FIS. temperature; **~ alta, bassa** high, low temperature; **~ massima, minima** maximum, minimum temperature; **~ interna, esterna** internal, outside temperature; **~ dell'aria** air temperature; **la ~ è in aumento, diminuzione** the temperature is rising, falling; **un brusco sbalzo di ~** a sudden temperature change; **cuocere a ~ media** cook at moderate heat **2** *(febbre)* temperature, fever; **prendere la ~ a un malato** to take a patient's temperature ◆◆ **~ ambiente** room temperature; **~ assoluta** absolute temperature; **~ di congelamento** freezing temperature; **~ di ebollizione** boiling point; **~ di fusione** melting point, firing point.

temperie /tem'pɛrje/ f.inv. **1** *(condizioni climatiche)* climate **2** FIG. climate, atmosphere; **~ politica** political climate.

temperino /tempe'rino/ m. **1** *(coltellino)* pocketknife*, penknife* **2** *(temperamatite)* pencil sharpener.

▷ **tempesta** /tem'pɛsta/ f. **1** storm, tempest; **la ~ infuriava** the storm was raging, there was a raging storm; **vento di ~** storm force wind; **una notte di ~** a stormy night; **mare in ~** stormy sea; **bloccato dalla ~** storm-bound **2** FIG. storm, tempest; **una ~ di passioni** a storm of passions; **una ~ di critiche** a storm of criticism; **avere il cuore in ~** to be in turmoil; **la quiete prima della ~** the calm *o* lull before the storm; **c'è aria di ~** there's trouble brewing; **sentiva aria di ~** he could sense trouble in the air ◆ **chi semina vento raccoglie ~** PROV. sow the wind and reap the wirlwind; **una ~ in un bicchier d'acqua** a storm in a teacup *o* teapot AE ◆◆ **~ di grandine** hailstorm; **~ magnetica** magnetic storm; **~ di neve** snowstorm, blizzard; **~ di polvere** dust storm; **~ di sabbia** sandstorm; **~ di vento** windstorm, gale.

tempestare /tempes'tare/ [1] **I** tr. **1** *(colpire ripetutamente)* to batter, to hammer; **~ una porta di pugni** to hammer on the door with one's fists; **~ qcn. di colpi** to rain blows on sb. **2** FIG. **~ qcn. di domande** to fire *o* shoot questions at sb., to rain questions on sb. **II** intr. (aus. *avere*) [*vento, temporale*] to rage, to storm **III** impers. (aus. *avere*) **tempestò tutta la notte** the storm raged all night.

tempestato /tempes'tato/ **I** p.pass. → **tempestare II** agg. *(decorato con gemme)* **~ di diamanti** studded with diamonds.

tempestivamente /tempestiva'mente/ avv. **1** *(al momento giusto)* [*intervenire, avvertire*] seasonably, at the right time **2** *(presto)* **rinnovare un contratto ~** to promptly renew a contract.

tempestività /tempestivi'ta/ f.inv. timeliness, seasonableness.

tempestivo /tempes'tivo/ agg. **1** [*aiuto*] timely, well-timed, seasonable **2** *(sollecito)* prompt.

tempestosamente /tempestosa'mente/ avv. tempestuously.

tempestosità /tempestosi'ta/ f.inv. tempestuousness.

tempestoso /tempes'toso/ agg. stormy, tempestuous (anche FIG.).

▷ **tempia** /'tɛmpja, 'tempja/ f. ANAT. temple; **avere le -e brizzolate** to be greying at the temples; **puntare una pistola alla ~ di qcn.** to hold a gun *o* pistol to sb.'s head.

tempio, pl. **-pi, -pli** /'tɛmpjo, 'tempjo, pi, pli/ m. **1** *(luogo di culto)* temple **2** *(chiesa)* temple, (large) church **3** FIG. temple, shrine (**di** of).

tempismo /tem'pizmo/ m. timeliness, (sense of) timing; **agire con perfetto ~** to act with perfect *o* split-second timing.

tempista, m.pl. **-i**, f.pl. **-e** /tem'pista/ m. e f. **1** MUS. = musician who keeps time well **2** FIG. **è un vero ~!** he always does the right thing at the right moment! he knows when to act!

tempistica, pl. **-che** /tem'pistika, ke/ f. *(di lavoro, progetto)* timing, scheduling.

templare /tem'plare/ **I** agg. **cavaliere ~** Knight Templar **II** m. Templar.

▶ **tempo** /'tɛmpo/ m. **1** *(categoria)* time; **spazio e ~** space and time; **unità di ~** unit of time; **macchina del ~** time machine; **in ordine di ~** in chronological order; **il passare** o **lo scorrere del ~** the passage *o* march of time; **dimenticare col ~** to forget in *o* with time; **con il passare** o **l'andare del ~** as time goes by, with the passing of time; **col ~ ci si abitua** you get used to it in *o* with time; **il ~ sistemerà le cose** time will take care of everything; **perdere la nozione** o **cognizione del ~** to lose all sense of time, to lose track of (the) time; **non sono padrone del mio ~** my time isn't my own; **una corsa contro il ~** a race against time **2** *(durata)* time; **poco ~ prima, dopo** shortly *o* some time before, after; **molto, poco ~ fa** a long, short time ago; **in poco** o **breve ~** in a short time; **per qualche ~** for some time, for (quite) a while; **dopo poco, molto ~** shortly, long after(wards); **fino a poco ~ fa** until recently *o* lately; **lasso di ~** period, while; **in quel lasso di ~** meanwhile, in the meantime; **(per) la maggior parte del ~** most of the time; **esiste da così tanto ~ che dovresti esserne al corrente** you should have known, it's been around for so long; **i -i d'installazione sono stati più lunghi del previsto** it took longer than expected to install; **ha sorriso giusto il ~ di scattare la foto** he smiled just long enough for the photo to be taken; **il ~ di sistemare le mie cose e arrivo** let me just put my things away and I'll be with you; **in ~** [*partire, fermarsi, finire*] in *o* on time; **arrivare appena in ~** to arrive just in time *o* right on time; **avere, non avere il ~** to have, not to have (the) time (**per** for; **di fare** to do); **non ho più molto ~** I haven't got much time left; **abbiamo tutto il ~ (che vogliamo)** we've got (plenty of) time, we have all the time in the world; **trovare, avere il ~ di fare** to find, have the time to do; **avere del ~ libero** to have some free time; **hai proprio del ~ da perdere!** have you got time to kill? **dedicare del ~ a qcn., qcs.** to spend time on sb. sth., to devote time to sb., sth. BE; **quanto ~ avete per il pranzo?** how long do you get for lunch? **non ho il ~**

materiale di fare, non ho materialmente il ~ di fare there aren't enough hours in the day for me to do; ***ce ne hai messo di ~!*** you certainly took your time! you took a long time! ***se ne è andato da molto ~*** he has been gone for a long time, he left a long time ago; ***mi ci è voluto*** o ***ci ho messo molto ~*** it took me much time; ***prendersi tutto il ~ necessario*** to take all the time one needs; ***scrivere un romanzo richiede ~*** it takes time to write a novel; ***essere nei -i*** to be *o* stay within the agreed time; ***finire qcs. in*** o ***per ~*** to finish sth. in *o* on time; ***da quanto ~ va avanti questa situazione?*** how long has this be going on? ***lo conosco da molto ~*** I've known him for a long time; ***il teatro non esiste più da molto ~*** the theatre is long gone; ***portare via del ~*** to take time; ***fare in ~*** to make it on time; ***fare in ~ a fare qcs.*** to be in time to do sth.; ***guadagnare ~*** to gain time; ***prendere ~*** to stall, to temporize, to play a waiting game; ***perdere ~*** to waste one's time; ***non c'è ~ da perdere*** there's no time for delay; ***a ~ perso, nei ritagli di ~*** in one's spare time; ***al ~ stesso, allo stesso ~*** at the same time, simultaneously, at once; ***battere qcn. sul ~*** to beat sb. to the draw, to steal a march on sb., to steal sb.'s thunder; ***nel più breve ~ possibile*** as quickly as possible; ***abbiamo due ore di ~*** we have two hours; ***perdere efficacia col ~*** to lose effect over time **3** *(momento)* ***c'è un ~ per tacere e un ~ per parlare*** there is a time to keep silent and a time to speak; ***c'è un ~ e un luogo per tutto*** there is a time and a place for everything; ***è ~ di partire*** it's time to leave; ***in ~ utile*** in time, within the time limit; ***fuori ~ limite*** o ***utile*** beyond time limits; ***a ~ debito*** duly, at due time, in due course; ***hai (un attimo di) ~?*** have you got a moment (to spare)? **4** METEOR. weather; ***bel ~*** good *o* fine weather; ***col brutto ~*** in a bad weather, when the weather is bad; ***un ~ piovoso, caldo*** wet, hot weather; ***~ da lupi*** lousy *o* foul *o* filthy weather; ***che ~ fa?*** what's the weather like? ***che bel ~!*** what lovely weather! ***non si può uscire con questo ~!*** you can't go out in this weather! ***se cambia il ~*** if the weather changes *o* breaks; ***dipenderà dal ~, ~ permettendo*** weather permitting; ***previsioni del ~*** weather forecast; ***il barometro segna bel ~*** the barometer is set fair **5** *(epoca)* ***al ~ dei Romani*** in Roman times, in the time of the Romans; ***i -i moderni, preistorici*** modern, prehistoric times; ***al ~ in cui*** in the days when; ***rimpiangere il ~ in cui*** to feel nostalgia for the days when; ***bei -i!*** those were the days! ***in ogni ~*** at all times; ***ai miei, loro -i*** in my, their day *o* time; ***sono lontani i -i in cui*** the days are long gone when; ***a quel ~*** in those days, at that time; ***di questi -i*** these days; ***in questi ultimi -i*** lately, recently; ***in ~ di pace*** in times of peace, in peacetime; ***in ~ di guerra*** in times of war, in wartime; ***vivere al passo con i -i*** to move with the times; ***non essere al passo coi -i*** to be behind the times; ***precorrere*** o ***anticipare i -i*** to be ahead *o* in advance of the times; ***avere fatto il proprio ~*** [*oggetto, macchina*] to have had one's day; ***i -i sono maturi*** time has come; ***i bei -i andati*** the good old days; ***con i -i che corrono*** with things as they are; ***è uno dei più grandi film di tutti i -i*** this film is one of the all-time greats **6** *(fase)* ***in due -i*** in two stages; ***in un secondo ~*** subsequently **7** MECC. ***motore a quattro -i*** four-stroke engine **8** SPORT time; ***un buon ~*** a fast time; ***ha fatto*** o ***realizzato il miglior ~*** he got the best time; ***migliorare il proprio ~ di un secondo*** to knock a second off one's time **9** LING. ***~ verbale*** tense; ***-i semplici, composti*** simple, compound tenses; ***avverbio di ~*** adverb of time **10** MUS. time, tempo*; ***~ di valzer*** waltz time; ***battuta di due, tre, quattro -i*** two-four, three-four, four-four time; ***tenere il ~*** to stay in *o* keep time; ***andare*** o ***essere a ~, fuori ~*** to be in, out of time; ***battere, segnare il ~*** to beat, mark time **11** CINEM. part, half*; SPORT half*; ***"fine primo ~"*** "end of part one"; ***il primo, secondo ~ della partita*** the first, second half of the match; ***-i supplementari*** extra time, overtime AE **12** *(età)* ***quanto ~ ha il bambino?*** how old is the child? **13 un tempo** ***non riesco più a correre veloce come un ~*** I can't run as fast as I used to; ***un ~ era molto famosa*** she was once very famous **14 a tempo** [*bomba, cambiale, interruttore*] time attrib.; ***corsa a ~*** race against the clock; ***a ~ di record*** in record time; ***muoversi a ~ di musica*** to move to the music; ***avere un lavoro*** o ***lavorare a ~ pieno*** to have a full-time job, to work full time; ***contratto a ~ determinato*** fixed term contract; ***contratto a ~ indeterminato*** permanent contract **15 per tempo** ***fammelo sapere per ~*** let me know beforehand; ***alzarsi per ~*** to get up early ◆ ***fare il bello e cattivo ~*** to lay down the law; ***chi ha ~ non aspetti ~*** make hay while the sun shines; ***lascia il ~ che trova*** = it makes no difference; ***una risposta che lascia il ~ che trova*** = a vague answer; ***ammazzare*** o ***ingannare il ~*** to beguile *o* kill the time, to while away the hours; ***il ~ guarisce ogni ferita, il tempo è la miglior medicina*** time heals all wounds; ***col ~ e con la paglia maturano le nespole*** everything comes to him who waits; ***ogni cosa a suo ~*** all in good time; ***dai ~ al ~*** let things take their course; ***a ~ e luogo*** at the proper time and place; ***nella notte dei -i*** in the mists of time; ***stringere i -i*** to quicken the pace; ***il ~ è denaro*** time is money; ***il ~ è galantuomo*** = time will tell; ***il ~ corre*** o ***stringe*** time is running out *o* getting short; ***al ~!*** MIL. wait for it! ◆◆ ***~ d'accelerazione*** acceleration time; ***~ di accesso*** access time; ***~ di cottura*** cooking time; ***~ debole*** MUS. piano; ***~ di esposizione*** → ***~ di posa***; ***~ forte*** MUS. forte; ***~ libero*** free time, spare time, time off, leisure (time); ***~ morto*** slack moment, idle time; ***~ pieno*** full time; ***~ di posa*** FOT. exposure time, shutter speed; ***~ reale*** INFORM. real time; ***in ~ reale*** real time attrib.; ***~ di reazione*** PSIC. reaction time; ***~ siderale*** sidereal time; ***~ solare*** solar time.

tempora /'tɛmpora/ f.pl. Ember Days.

1.temporale /tempo'rale/ **I** agg. **1** *(legato al tempo)* [*successione, indicazione*] temporal; ***sfasamento ~*** time difference, time-lag; ***limite ~*** time limit; ***studiare l'aspetto ~ di un romanzo*** to study the temporal aspect of a novel **2** RELIG. STOR. [*potere*] temporal **3** *(mondano, materiale)* wordly, earthly, secular; ***beni -i*** wordly goods, temporalities **4** LING. [*proposizione*] time attrib.; [*congiunzione*] temporal; ***avverbio ~*** adverb of time **II** f. LING. time clause.

2.temporale /tempo'rale/ agg. ANAT. [*arteria, osso, regione*] temporal.

▷ **3.temporale** /tempo'rale/ m. storm, shower, thunderstorm, rainstorm, electric storm; ***un leggero, violento ~*** a light, heavy shower; ***c'è aria di ~*** it's thundery, there's thunder in the air; FIG. there's trouble brewing.

temporalesco, pl. **-schi**, **-sche** /tempora'lesko, ski, ske/ agg. [*vento, pioggia*] showery; [*cielo*] thundery; ***rovesci -schi, precipitazioni -sche*** showers; ***nuvole -sche*** stormclouds, thunderclouds.

temporalità /temporali'ta/ f.inv. temporality, worldliness.

temporaneamente /temporanea'mente/ avv. temporarily.

temporaneità /temporanei'ta/ f.inv. temporariness, impermanence.

▷ **temporaneo** /tempo'raneo/ agg. [*soluzione, permesso*] temporary; [*misura, situazione*] temporary, transitional; [*speranza*] transitory, momentary; [*contratto*] temporary, casual; ***lavoro ~*** temping (job), temporary job.

temporeggiamento /temporeddʒa'mento/ m. stall, temporization, waiting game.

temporeggiare /tempored'dʒare/ [1] intr. (aus. *avere*) to stall, to temporize, to play a waiting game.

temporeggiatore /temporeddʒa'tore/ m. (f. **-trice** /tritʃe/) temporizer, procrastinator.

temporizzatore /temporiddza'tore/ m. time clock, timer.

temporizzazione /temporiddzat'tsjone/ f. timing.

tempra /'tɛmpra/ f. **1** TECN. *(operazione)* tempering, hardening; *(proprietà)* temper; ***acciaio di buona ~*** well-tempered steel; ***bagno di*** quenching bath **2** FIG. *(carattere)* character, fibre BE, fiber AE, strength; ***~ morale*** moral fibre; ***ci occorre qcn. della sua ~*** we need someone of his calibre; ***avere la ~ del lottatore*** to be made to be a fighter; ***ha una gran ~ di lavoratore*** he has a great cap for hard work **3** *(di suono)* timbre.

temprabilità /temprabili'ta/ f.inv. TECN. hardenability.

temprare /tem'prare/ [1] **I** tr. **1** TECN. to temper, to quench [*acciaio*]; to temper [*vetro*] **2** FIG. to harden, to case-harden, to toughen [*corpo, carattere, persona*] **II temprarsi** pronom. FIG. [*corpo, carattere, persona*] to toughen up.

temprato /tem'prato/ **I** p.pass. → **temprare II** agg. **1** TECN. [*acciaio, vetro*] tempered **2** FIG. ***essere abbastanza ~ per sopportare qcs.*** to be tough enough to stand sth.

tenace /te'natʃe/ agg. **1** *(resistente)* [*collante, filo*] strong, tenacious **2** FIG. *(ostinato, perseverante)* [*persona*] tenacious, tough, dogged, stout, stubborn, strong-willed; [*odio*] undying; [*volontà, memoria*] persistent, tenacious, stubborn; [*rifiuto, opposizione*] tough, stiff, persistent.

tenacemente /tenatʃe'mente/ avv. tenaciously, doggedly, stoutly.

tenacia /te'natʃa/ f. tenacity, tenaciousness, doggedness, stoutness.

tenacità /tenatʃi'ta/ f.inv. **1** TECN. *(di metallo)* tenacity, toughness **2** FIG. LETT. avarice, meanness **3** AGR. *(di terreno)* thickness.

▷ **tenaglia** /te'naʎʎa/ f. **1** TECN. ***(un paio di) -e*** (a pair of) pincers, tongs; ***-e da fabbro*** blacksmith's tongs; ***-e da falegname*** pincers, pliers; ***a ~*** pincer-shaped; ***manovra a ~*** MIL. pincer movement **2** COLLOQ. *(chela)* pincer, nipper, claw ◆ ***tirar fuori le parole a qcn. con le -e*** to drag *o* force the words out of sb.'s mouth.

tenar /'tɛnar/ m.inv. thenar.

▷ **tenda** /'tɛnda/ f. **1** *(per interni)* curtain; ***tirare, aprire, chiudere, scostare le -e*** to draw, open, close, pull back the curtains **2** *(all'esterno)* awning, sunshade, sun blind BE; *(di negozio)* awning **3** *(da campo, campeggio)* tent; ***~ a quattro posti*** four-man tent; ***picchetto da ~*** tent peg; ***dormire in ~*** [*campeggiatori, soldati,* *nomadi*] to sleep in a tent *o* under canvas, to camp out; ***levare*** o ***togliere le -e*** to break *o* strike camp, to decamp; FIG. to (pack up and) leave, to pack off; ***piantare le -e*** to make *o* pitch camp; FIG. to settle down ◆◆ ***~ avvolgibile*** (window) blind, roller blind; ***~ da campo*** field tent; ***~ canadese*** pup *o* ridge tent; ***~ a casetta*** frame tent; ***~ conica*** bell tent; ***~ da doccia*** shower curtain; ***~ a ossigeno*** MED. oxygen tent; ***~ a rullo*** window shade AE; ***~ da sole*** awning, sunshade, sun blind BE; ***~ veneziana*** Venetian blind.

tendaggio, pl. **-gi** /ten'daddʒo, dʒi/ m. curtains, hanging, drape AE, drapery AE.

tendame /ten'dame/ m. curtains pl.

▷ **tendenza** /ten'dɛntsa/ f. **1** *(inclinazione)* tendency, disposition, inclination, leaning, bent, flair; ***avere (la) ~ a essere, a fare*** to tend, to be, to do, to have a tendency *o* disposition to be, to do; ***avere la ~ a ingrassare*** to tend to *o* have a tendency to put on weight; ***~ a fantasticare, a distrarsi, a esagerare*** tendency to daydream, to be absent-minded, to exaggerate; ***una ~ naturale, fastidiosa a fare*** a natural, unfortunate tendency to do; ***avere la ~ a essere severo*** to be inclined to *o* towards severity; ***la gente ha la ~ ad arrivare in ritardo*** there is a tendency for people to arrive late; ***ha la ~ a credere, pensare che*** he tends to believe, think that; ***la sua ~ a criticare*** his fondness for criticising; ***ha la ~ a essere impreciso*** he tends to be inaccurate; ***ho la ~ a dimenticare*** I have an inclination to forget; ***-e omicide*** homicidal tendencies; ***-e sessuali*** sexual orientations *o* proclivities; ***non sapevo che avesse certe -e*** EUFEM. SPREG. I didn't know he was that way inclined **2** *(corrente)* trend; ***le -e artistiche, letterarie attuali*** the current artistic, literary trends; ***la ~ dominante*** the dominant trend; ***le nuove -e della moda*** the new season's fashions, ther new fashion trends **3** POL. *(orientamento)* tendency, bias, hue, leaning; ***una coalizione di ~ centrista*** an allowance with centrist tendencies; ***avere -e socialiste*** to have socialist leanings **4** ECON. *(dinamica)* trend; ***~ al ribasso*** downward trend *o* tendency, downtrend, downturn; ***~ al rialzo*** upward trend *o* tendency, uptrend; ***la ~ resta verso l'espansione*** the trend is still towards growth; ***inversione di ~*** turnaround, reversal of trend; ***il mercato ha avuto un'inversione di ~*** the market has turned round ◆ ***fare ~*** [*locale, stile*] to be trendy; ***di ~*** [*locale, stile*] trendy, hip.

tendenziale /tenden'tsjale/ agg. tendential.

tendenzialmente /tendentsjal'mente/ avv. tendentially, basically.

tendenziosamente /tendentsjosa'mente/ avv. tendentiously.

tendenziosità /tendentsjosi'ta/ f.inv. tendentiousness.

tendenzioso /tenden'tsjoso/ agg. [*intenzione, articolo, interpretazione*] tendentious, biased, loaded, leading, prejudiced; ***domanda -a*** leading question; ***delle notizie false e -e*** false and tendentious news; ***presentare qcs. in modo ~*** to angle *o* slant sth.

▶ **tendere** /'tɛndere/ [10] **I** tr. **1** *(tirare)* to stretch, to strain, to tighten [*corda, filo, cavo*]; to stretch [*elastico, pelle*]; to extend, to stretch [*molla*]; to tense, to tighten [*muscolo*]; ***~ la pelle di un tamburo*** to brace a drum; ***~ un arco*** to draw a bow; ***~ il collo*** to extend *o* crane one's neck **2** *(allungare, stendere)* to straighten, to stretch (out), to extend [*braccio, gamba*]; ***~ le braccia a*** o ***verso qcn.*** to hold out one's arms to sb.; ***~ la mano*** to hold out one's hand; ***~ la mano a qcn.*** FIG. to hold sb.'s hand, to lend *o* give sb. a helping hand **3** *(preparare)* to lay*, to set* [*trappola, rete*]; ***~ un'imboscata*** o ***un agguato a qcn.*** to ambush *o* waylay *o* bushwhack AE sb., to lie in wait for sb., to set up an ambush for sb.; ***~ una trappola*** o ***un tranello a qcn.*** FIG. to lay *o* set a trap for sb., to dig a pit for sb. **II** intr. (aus. *avere*) **1** *(essere orientato)* ***~ a*** to incline to *o* towards, to lean towards [*estremismo, socialismo*]; ***~ al rialzo, al ribasso*** ECON. to trend up, lower; ***~ politicamente a destra, sinistra*** to lean *o* have leanings to the right, to the left; ***il tempo tende al bello*** the weather is getting better **2** *(mirare a)* ***~ a*** to strive for [*obiettivo, ideale*]; ***~ verso*** to aim to [*perfezione, assoluto*]; ***i provvedimenti tendono a ridurre la pressione fiscale*** the measures are intended to reduce the tax burden **3** *(avvicinarsi a)* ***~ a*** to approach [*valore, cifra*]; to tend to [*zero, infinito*]; ***~ al verde, al nero*** to be greenish, blackish; ***un giallo che tende all'arancione*** a yellow verging on orange, an orangy yellow **4** *(avere tendenza a)* ***~ a fare*** to tend to do, to be prone to do *o* doing; ***la differenza tende ad accentuarsi*** the difference tends to broaden; ***tende a ingrassare*** she tends *o* has the tendency to put on weight **III tendersi** pronom. **1** *(diventare teso)* [*cavo, filo, corda*] to tighten; [*muscolo*] to tense up **2** *(diventare conflittuale)* [*relazioni, rapporti*] to become* strained ◆ ***~ l'orecchio*** to cock an ear, to keep an ear cocked, to strain one's ears.

tendina /ten'dina/ f. **1** *(piccola tenda)* curtain **2** FOT. ***(otturatore a) ~*** focal-plane shutter **3** INFORM. ***menu a ~*** drop-down *o* pull-down menu.

tendine /'tɛndine/ m. tendon, sinew; ***~ del ginocchio*** hamstring ◆◆ ***~ d'Achille*** Achille's tendon.

tendineo /ten'dineo/ agg. tendinous, tendon attrib., sinewy.

tendinite /tendi'nite/ ◗ **7** f. tendinitis, tendonitis.

tendinoso /tendi'noso/ agg. tendinous, sinewy.

tendiscarpe /tendis'karpe/ m.inv. bootlast, shoetree.

tenditore /tendi'tore/ m. **1** MECC. turnbuckle **2** TECN. expander, tightener.

tendone /ten'done/ m. **1** *(grande tenda)* (big) tent, marquee BE; ***~ del circo*** big top **2** *(telone)* (large) sheet; *(telone impermeabile)* tarpaulin.

tendopoli /ten'dɔpoli/ f.inv. tent city.

▷ **tenebra** /'tɛnebra/ f. **1** *(oscurità)* ***le -e*** darkness (anche FIG.); ***nelle -e*** in the dark *o* shadows; ***col favore delle -e*** under cover of darkness **2** RELIG. ***il principe delle -e*** the prince of darkness; ***le forze delle -e*** the forces *o* powers of darkness.

tenebrione /tene'brjone/ m. ***~ mugnaio*** mealworm.

tenebrosità /tenebrosi'ta/ f.inv. obscurity (anche FIG.).

tenebroso /tene'broso/ **I** agg. LETT. **1** *(buio)* [*luogo*] dark, gloomy **2** FIG. *(misterioso)* [*questione*] mysterious; [*periodo*] dark **II** m. ***era un bel ~*** he was tall dark and handsome.

▶ **tenente** /te'nɛnte/ ◗ **12** m. lieutenant ◆◆ ***~ colonnello*** lieutenant colonel; ***~ generale*** lieutenant general; ***~ di vascello*** lieutenant.

teneramente /tenera'mente/ avv. [*amare*] tenderly, fondly; [*accarezzare, tenersi per mano*] tenderly, lovingly; ***una coppia che si ama ~*** a tenderly loving couple.

▶ **tenere** /te'nere/ [93] ◗ **20** **I** tr. **1** *(stringere, reggere)* to hold* [*oggetto, persona, animale*]; ***tienimi la mano*** hold my hand; ***~ qcs. in mano*** to hold sth. in one's hand; ***~ qcn. tra le braccia*** to hold sb. in one's arms; ***~ qcn. per mano*** to hold sb.'s hand; ***~ qcn. per*** to hold sb. by [*manica, braccio, gamba*]; ***~ qcs. per*** to hold sth. by [*manico, impugnatura*]; ***~ ben stretto*** to hold [sth.] firmly *o* tightly, to hold on to [*oggetto, portafoglio, cane*]; ***puoi tenermi la borsa?*** can you hold my bag for me? ***tienimi*** hold me; ***tienimi la scala!*** keep *o* hold the ladder steady (for me)! ***~ stretto qcs. sottobraccio*** to hold sth. firmly *o* tightly under one's arm **2** *(mantenere)* to keep* to [*traiettoria*]; to keep* [*segreto, promessa*]; MUS. to hold* [*nota*] (**per** for); MUS. to keep* [*ritmo, tempo*]; ***~ la testa dritta, immobile*** to hold one's head upright, still; ***~ le mani, le braccia in alto*** to hold one's hands, arms up (in the air); ***~ gli occhi aperti, bassi*** to keep one's eyes open, lowered; ***~ i pugni stretti*** o ***chiusi*** to keep one's fists clenched; ***~ chiusa la porta con il piede*** to hold the door shut with one's foot; ***~ su*** to keep up [*pantaloni*]; ***~ qcs. pulito*** to keep sth. clean *o* tidy; ***~ sotto controllo*** to control *o* to keep under control [*alunni, cavallo*]; ***ci tiene sotto controllo*** he's got a hold on us; ***~ qcn. occupato*** to keep sb. busy; ***~ qcn. prigioniero, in ostaggio*** to hold sb. prisoner, hostage; ***~ qcn. in vita*** to keep sb. alive; ***~ qcn. in casa, a letto*** [*malattia*] to keep sb. indoors, in bed; ***~ caldo, fresco qcn.*** to keep sb. warm, cold; ***~ segreto un accordo*** to keep an agreement secret; ***~ la parola data*** to keep one's word; ***~ qcn. in sospeso*** to keep sb. in suspense; ***~ a mente qcs.*** to bear sth. in mind, to remember sth.; ***~ compagnia a qcn.*** to keep sb. company; ***~ il passo con qcn., qcs.*** to keep up with sb., sth. (anche FIG.) **3** *(conservare)* to keep*; ***~ i cibi al fresco*** to keep food in a cool place; ***"~ lontano dalla portata dei bambini"*** "keep out of reach of children"; ***ha tenuto tutte le tue lettere*** he kept all of your letters; ***tengo una chiave di scorta nell'armadio*** I keep a spare key in the cupboard; ***dove tieni il vino?*** where do you keep your wine? ***~ bene, male i libri*** to keep one's books well, badly, to keep one's books in good, bad condition; ***~ un posto per qcn.*** to keep a place *o* a seat for sb., to save sb. a seat; ***mi hai tenuto il giornale di ieri?*** did you keep *o* save yesterday's newspaper for me? **4** *(badare a)* ***mi tieni il gatto mentre sono via?*** can you take care of my cat while I'm away? **5** *(prendere per sé)* to keep*; ***tienilo per ricordo*** keep it as a memento; ***tenga il resto*** (you can) keep the change; ***queste osservazioni tienile per te*** keep these remarks to yourself; ***tieni! è per te*** here (you are)! it's for you **6** COMM. *(trattare, vendere)* to carry [*articolo, prodotto*] **7** *(trattenere)* to hold* back, to control, to restrain [*risa, lacrime, pianto*] **8** *(seguire)* ***~ la sinistra, la destra*** to keep (to the) left, right; ***~ la rotta*** to hold *o* steer the route; ***~ la strada*** AUT. to hold the road **9** *(contenere)* to hold* [*quantità*]; ***la sala tiene 350 persone*** the room holds 350 people; ***quanto tiene il serbatoio?*** what does the tank hold? **10** *(occupare)* [*oggetto*] to take* up [*spazio, posto, volume*]; MIL. to hold* [*territorio, ponte, città*]; ***~ molto spazio*** to take up a lot of space; ***~ il posto di due persone*** to take up as much room as two people **11** *(gestire)* to keep* [*bar, boutique, casa*]; *(avere)* to keep* [*cane, gatto, diario*]; ***~ bene la propria casa*** to keep one's house spick and span;

~ ***la contabilità*** to keep the books *o* accounts **12** *(effettuare)* to hold* [*incontro, corso, lezioni, assemblea*]; to give* [*discorso, conferenza*] **13** *(avere un comportamento)* ~ ***una condotta discutibile*** to behave questionably **14** *(avere alle proprie dipendenze)* to keep* [*baby-sitter, cuoco*] **15** REGION. *(avere)* ***tengo famiglia*** I have a family **II** intr. (aus. *avere*) **1** *(reggere)* [*chiodo, attacco, corda, mensola*] to hold*; [*francobollo, colla, cerotto*] to hold*, to stick*; [*pettinatura, messa in piega*] to last **2** MIL. *(resistere)* [*esercito*] to hold* out **3** *(durare)* [*tempo*] to hold*; [*matrimonio*] to last, to hold* together; ***la neve tiene, non tiene*** the snow is settling, is not settling; ***i fiori non hanno tenuto molto*** the flowers didn't last long; ***il colore non ha tenuto*** the colour has faded **4** *(tifare)* ***per che squadra tieni?*** what's your team? what team do you root for *o* support? ~ ***per il Torino*** to be a supporter of Torino, to support Torino **5** *(dare molta importanza)* ~ ***a*** to care for, about [*persona*]; to be fond of, to treasure [*oggetto*]; to value [*libertà, reputazione, indipendenza, vita*]; ***tengo molto a lui*** I care a lot about him; ***tiene al suo denaro*** he can't bear to be parted from his money **6** ***tenerci*** *(volere fortemente)* ***ci tengo*** I insist; ***ci tengo molto*** I'd really like it, it's really important for me; ***se ci tenete*** if you like; ***ci tiene molto all'eleganza*** he's a stickler for elegance; ***ci tiene a parlarvi*** she insists on speaking to you; ***ci tengo a mantenermi in forma*** I like to keep fit; ***ci teniamo assolutamente ad avervi presto a cena*** you really must come to dinner soon; ***non rimanere se non ci tieni*** don't stay if you don't want to; ***mia moglie vuole andarci, ma io non ci tengo*** my wife wants to go but I'm not keen on it **III** ***tenersi*** pronom. **1** *(reggersi)* [*persona*] to hold* [*testa, pancia, braccio*]; ***-rsi la testa dal dolore*** to hold one's head in pain; ***-rsi la testa con due mani*** to hold one's head in one's hands; ***-rsi per mano*** to hold hands; ***-rsi a braccetto*** [*persone*] to be arm in arm; ***si tenevano per la vita*** they had their arms around each other's waists; ***-rsi in piedi*** to stand (on one's feet) **2** *(aggrapparsi)* to hold* on, to cling* on (**a** to); ***-rsi con una mano a qcs.*** to hold onto sth. with one's hand; ***tieniti, tenetevi (forte)*** hold on (tight), hang on to your hat **3** *(mantenersi)* ***-rsi lontano da*** to keep away from; ***-rsi pronto*** to be prepared *o* ready; ***-rsi aggiornato*** to keep up to date; ***-rsi sulla destra*** to keep (to the) right; ***-rsi sulla difensiva*** to be on the defensive **4** *(prendere per sé)* ***-rsi qcs.*** to keep sth.; ***tientelo per te*** keep it for yourself **5** *(trattenersi)* ***-rsi dal fare*** to hold back from doing, to keep oneself from doing **6** *(avere luogo)* [*manifestazione, esposizione*] to be* held, to take* place; ***la riunione si terrà a New York*** the meeting will take place *o* will be held in New York ◆ ~ ***a bada qcn.*** to hold *o* keep sb. at bay; ~ ***banco*** to hold the stage; ~ ***conto di qcs.*** to take sth. into account; ~ ***conto di qcn.*** to consider sb.; ~ ***dietro a qcn., qcs.*** to keep up with sb., sth.; ~ ***le distanze*** to keep one's distance; ~ ***duro*** *(fisicamente, moralmente)* to hold on, to hold one's own; ~ ***il mare*** MAR. [*nave*] to be seaworthy; ~ ***d'occhio qcn., qcs.*** to keep an eye on sb., sth., to have one's eye on sb., sth.; ~ o ***-rsi qcs. per sé*** to keep sth. to oneself; ~ ***presente qcs., qcn.*** to bear sth., sb. in mind; ***lo terrò presente*** I'll remember it, I'll keep it in mind; ~ ***in pugno qcn., qcs.*** to hold sb., sth. in the hollow of one's hand; ***non c'è scusa che tenga*** there can be no possible excuse; ~ ***in serbo*** to save; ~ ***testa a qcn.*** to be a match for sb.

▶ **tenerezza** /tene'rettsa/ f. **1** *(morbidezza)* *(di carne)* tenderness; *(di legno, metallo)* softness **2** *(affettuosità)* tenderness, affection, fondness; ***parole piene di*** ~ words full of tenderness; ***con*** ~ [*guardare, abbracciare, amare*] tenderly; ***con una grande*** ~ very tenderly; ***avere*** o ***provare*** ~ ***per qcn.*** to have tender feelings for *o* towards sb.; ***avere bisogno di*** ~ to need tender loving care; ***che fa*** ~ [*bambino, persona*] endearing **3** *(gesto tenero)* affectionate gesture; *(parola tenera)* (word of) endearment, tender word; ***scambiarsi -e*** to exchange endearments.

tenerizzatore /teneriddza'tore/ m. tenderizer.

▶ **tenero** /'tɛnero/ **I** agg. **1** *(non duro)* [*carne*] tender; [*legno, verdure, formaggio*] soft **2** *(nato da poco)* [*gemma, erba, germoglio*] tender; *(giovane)* ***la -a età*** (early) infancy, tender age LETT.; ***in -a età*** in (one's) infancy; ***alla -a età di due anni*** at the tender age of two **3** *(pallido)* [*rosa, verde, blu*] soft **4** *(affettuoso)* [*persona, abbraccio*] fond; [*bacio, amore, sorriso, parole*] tender; [*ricordo, racconto, gesto*] fond, affectionate; ***un cuore*** ~ a soft *o* bleeding heart; ***avere il cuore*** ~ to be soft-hearted *o* tenderhearted; ***è un duro dal cuore*** ~ beneath his tough exterior he's got a soft heart; ***essere*** ~ ***con qcn., qcs.*** *(indulgente)* to be soft on sb., sth.; ***non essere*** ~ ***con*** o ***nei confronti di qcn., qcs.*** to be hard on sb., sth.; ***i critici non sono stati -i con lui, il suo romanzo*** critics were not kind to him, to his novel **II** m. **1** *(parte tenera)* ***mangiare il*** ~ to eat the tender part **2** *(sentimento)* ***tra loro c'è del*** ~ they feel something for each other, they're romantically involved.

tenerone /tene'rone/ m. (f. **-a**) soft-hearted person; ***è un*** ~ he's very soft-hearted.

tenerume /tene'rume/ m. **1** *(parte tenera)* tender part **2** GASTR. *(di bue, vitello)* gristle.

tenesmo /te'nɛzmo/ m. tenesmus.

tenia /'tɛnja/ f. t(a)enia*, tapeworm.

▷ **tennis** /'tɛnnis/ ♦ **10** m.inv. tennis; ~ ***maschile, femminile*** men's, women's tennis; ***giocare a*** ~ to play tennis; ***campione di*** ~ tennis champion; ***campo da*** ~ tennis court; ***circolo del*** ~ tennis club; ***da*** ~ [*palla, pallina, racchetta, scarpa*] tennis attrib.; ***un paio di scarpe da*** ~ a pair of tennis shoes; ***completo da*** ~ tennis whites; ***incontro*** o ***partita di*** ~ tennis match; ***torneo di*** ~ tennis tournament; ~ ***su prato*** lawn tennis ◆◆ ~ ***(da) tavolo*** table tennis, ping-pong.

tennista, m.pl. **-i**, f.pl. **-e** /ten'nista/ ♦ **18** m. e f. tennis player; ***gomito del*** ~ MED. tennis elbow.

tennistico, pl. **-ci**, **-che** /ten'nistiko, tʃi, ke/ agg. tennis attrib.

tenone /te'none/ m. tenon; ***incastro a*** ~ ***e mortasa*** mortise and tenon joint.

▷ **tenore** /te'nore/ ♦ **18** m. **1** *(tono)* *(di rapporto, discorso, atto giuridico)* tenor, import **2** *(percentuale)* content; ~ ***di ferro, quarzo*** iron, quartz content; ***dall'alto, dal basso*** ~ ***di quarzo*** with a high, low quartz content; ***bevanda a basso*** ~ ***alcolico*** low alcohol drink, drink with a low alcohol content **3** *(livello)* ~ ***di vita*** standard of living, living standards; ***migliorare il proprio*** ~ ***di vita*** to improve one's standard of living **4** MUS. *(voce, cantante)* tenor; ***parte del*** ~ tenor part; ***cantare da*** ~ to sing tenor; *(strumento)* ***sassofono*** ~ tenor saxophone; ***corno*** ~ tenor horn.

tenorile /teno'rile/ agg. [*voce, registro*] tenor attrib.

tenotomia /tenoto'mia/ f. tenotomy.

tenrec /'tɛnrek/ m.inv. tanrec.

tensile /'tɛnsile/ agg. [*materiale, plastica*] tensile.

tensioattivo /tensjoat'tivo/ **I** agg. surface-active **II** m. surfactant.

tensiometro /ten'sjɔmetro/ m. tensiometer.

▷ **tensione** /ten'sjone/ f. **1** *(di cavo, corda, muscolo)* strain, tension, tautness **2** EL. tension, voltage; ***una*** ~ ***di 3.000 volt*** a tension of 3,000 volts; ***bassa, alta, media*** ~ low, high, medium voltage *o* tension; ***abbassamento di*** ~ voltage drop **3** FIG. strain, tension; ***-i politiche, etniche, razziali*** political, ethnic, racial tensions; ***la*** ~ ***tra i due paesi è tale che*** relations between the two countries are so strained that; ***creare -i in*** to put a strain on [*gruppo, sistema*]; ~ ***nervosa*** nervous strain; ~ ***emotiva, mentale*** emotional, mental stress; ***trovarsi in uno stato di forte*** ~ to be under great strain; ***reggere alla*** ~ to take the strain; ***carico di*** ~ [*silenzio, ore, momento*] tense **4** *(suspense)* tension, suspense; ***un film di grande*** ~ a suspenseful film; ***allentare la*** ~ to break the suspense **5** FIS. tension, stress **6** FON. *(sforzo muscolare)* tension ◆◆ ~ ***superficiale*** surface tension.

tensore /ten'sore/ **I** agg. ANAT. ***muscolo*** ~ tensor muscle **II** m. ANAT. MAT. tensor.

tensostruttura /tensostrut'tura/ f. tensioned structure.

tentabile /ten'tabile/ **I** agg. triable; ***una cura*** ~ a possible cure **II** m. ***tentare tutto il*** ~ to make an all-out attempt, to attempt the impossible.

tentacolare /tentako'lare/ agg. **1** ZOOL. tentacular **2** FIG. [*città, periferia*] sprawling; [*impresa, organizzazione*] tentacular; [*potere*] sweeping.

tentacolo /ten'takolo/ m. tentacle (anche FIG.); ***dotato di -i*** tentacled; ***allungare i propri -i in una regione*** FIG. to extend one's tentacles in(to) a region.

▶ **tentare** /ten'tare/ [1] tr. **1** *(provare)* to attempt, to try; ***ha tentato di scappare*** he tried *o* attempted to escape; ***vorrei*** ~ I'd like to try; ***vale la pena di*** ~ it's worth a try; ~ ***di battere un record*** to make an attempt *o* assault on a record; ~ ***l'evasione*** to attempt escape, to make a break for it COLLOQ.; ~ ***un omicidio contro qcn.*** to attempt a murder against sb.; ~ ***un colpo di stato*** to attempt a coup; ~ ***il suicidio*** to attempt suicide; ***ho tentato di tutto per dissuaderla*** I've tried everything *o* my best to dissuade her; ~ ***il tutto per tutto*** to make an all-out attempt, to risk one's all; ~ ***l'impossibile*** to attempt the impossible; ~ ***la fortuna, la sorte*** to chance *o* try one's luck, to have a go; ~ ***il colpo*** to give it a try **2** *(allettare)* to tempt (anche RELIG.); [*idea, progetto*] to seduce; ~ ***qcn. con qcs.*** to tempt sb. with sth.; ***l'idea non la tenta molto*** the idea doesn't appeal to her very much; ***la torta mi tenta*** the cake is tempting; ***non mi*** ~***!*** don't tempt me! ***mi tenta solo in parte*** I'm only half tempted (by it); ***lasciarsi*** ~ ***da*** to let oneself be tempted by, to be seduced by; ***lasciati*** ~***!*** be a devil! COLLOQ.; ***quest'anno sono tentato dall'Egitto*** this year I feel like going to Egypt ◆ ***tentar non nuoce*** PROV. there's no harm in trying.

▶ **tentativo** /tenta'tivo/ m. attempt, try, effort, go; SPORT attempt, try-out; ***un ~ fallito, andato a vuoto*** a failed, aborted attempt; ***fare un ~ presso*** o ***con qcn. per ottenere qcs.*** to try to obtain sth. from sb.; ***vale la pena di fare un ~*** it's worth a try; ***non ha fatto il minimo ~ di scusarsi*** he made no attempt *o* effort to apologize; ***al primo ~*** on (one's) first attempt; ***nel ~ di fare*** in an attempt *o* effort to do; ***andare*** o ***procedere per -i*** to proceed by trial and error; ***ha passato l'esame di guida al terzo ~*** she passed her driving test third time round *o* at her third attempt; ***fai un altro ~!*** have another go! ***~ di corruzione*** attempted bribery; ***~ di suicidio*** attempt at suicide, suicide attempt; ***due -i di evasione*** two attempts of escape, two escape attempts.

tentato /ten'tato/ **I** p.pass. → **tentare II** agg. **1** *(allettato)* tempted; ***fortemente ~*** sorely tempted; ***essere, sentirsi ~ di fare qcs.*** to be, feel tempted to do sth. **2** ***~ omicidio, -a rapina*** attempted murder, robbery.

tentatore /tenta'tore/ **I** agg. tempting; ***il diavolo ~*** the (tempting) devil **II** m. tempter.

tentatrice /tenta'tritʃe/ f. temptress.

▷ **tentazione** /tentat'tsjone/ f. temptation (**di** to; **di fare** to do); ***cedere, resistere alla ~*** to give in to, to resist temptation; ***cadere in ~*** to fall into temptation; ***la ~ di chiudersi in se stessi è grande*** there is a great temptation to turn in upon oneself; ***è forte la ~ di chiedere di più*** it's very tempting to ask for more; ***indurre qcn. in ~*** to expose sb. to temptation, to put temptation in sb.'s way; ***non ci indurre in ~*** RELIG. lead us not into temptation.

tentenna /ten'tenna/ m. e f.inv. SCHERZ. waverer, shilly-shallyer.

tentennamento /tentenna'mento/ m. vacillation; FIG. vacillation, dillydallying COLLOQ., shillyshallying COLLOQ.

tentennante /tenten'nante/ agg. **1** *(oscillante)* vacillating, wobbly **2** *(esitante)* [*voce*] wavering, wobbly; [*risposta, comportamento, politica*] cautious, wavering.

tentennare /tenten'nare/ [1] **I** intr. (aus. *avere*) **1** *(oscillare)* to niddle-noddle, to vacillate, to wobble **2** FIG. *(esitare)* to vacillate, to balk, to dillydally COLLOQ., to shillyshally COLLOQ. **II** tr. to niddle-noddle [*capo*].

tentoni /ten'toni/ avv. (anche **a ~**) [*camminare, procedere*] blindly, gropingly; ***cercare qcs. a ~*** to grope for sth.; ***procedere ~ verso una soluzione*** FIG. to feel one's way towards a solution.

tentredine /ten'trɛdine/ f. sawfly.

tenue /'tɛnue/ **I** agg. **1** [*colore*] delicate, soft; [*filo, profumo*] delicate; [*suono, luce*] feeble, soft **2** FIG. [*ricordo, speranze, soffio*] frail; [*legame*] loose **3** ANAT. [*intestino*] small **II** m. ANAT. small intestine **III** f. FON. tenuis*.

tenuità /tenui'ta/ f.inv. delicateness, softness.

▷ **tenuta** /te'nuta/ f. **1** *(vestiti)* outfit, attire, clothes pl.; MIL. *(uniforme)* uniform, order; ***in ~ ufficiale*** in formal attire; ***~ invernale, estiva*** winter, summer clothes; ***avere una ~ impeccabile, elegante*** to be impeccably, elegantly dressed; ***avere una ~ trasandata*** to be scruffily dressed **2** *(ermeticità)* hermetic, airtight sealing; ***a ~ stagna*** [*contenitore*] hermetic; ***a ~ d'aria*** [*recipiente, chiusura*] airtight, air-proof; ***a ~ d'acqua*** watertight **3** *(capacità)* capacity **4** *(possedimento terriero)* estate, property; ***~ vinicola*** vineyards **5** *(gestione)* ***~ della contabilità*** o ***dei conti*** bookkeeping **6** *(resistenza)* resistance (anche SPORT) **7** ECON. *(rendimento)* performance; ***buona, cattiva ~ delle azioni, dell'oro*** good, poor performance of the shares, of gold **8** MUS. *(di accordo, nota)* holding **9** STOR. manor ◆◆ ***~ da amazzone*** (riding) habit; ***~ antisommossa*** *(di poliziotto)* riot gear; ***~ da campagna*** MIL. field dress; ***~ da combattimento*** MIL. battledress; ***~ in curva*** AUT. cornering; ***~ da equitazione*** riding outfit *o* kit BE; ***~ di fatica*** MIL. fatigues; ***~ di gala*** array, gala dress, robes of state; ***~ da lavoro*** → ***~ di fatica***; ***~ di mimetica*** MIL. camouflage fatigues; ***~ sportiva*** leisure suit, playsuit; ***~ di strada*** AUT. roadholding.

tenutario, pl. **-ri** /tenu'tarjo, ri/ m. (f. **-a**) *(di casa d'appuntamenti, bisca)* keeper; ***-a di una casa d'appuntamenti*** brothel-keeper, bawd ANT.

tenuto /te'nuto/ **I** p.pass. → **tenere II** agg. **1** *(curato)* ***~ bene*** well-kept, trim, neat; ***~ male*** unkempt, badly kept **2** *(obbligato)* bound, required (**da**, **per** by; **a fare** to do); ***essere ~ a fare un inventario mensile*** to be required to draw up a monthly inventory; ***~ a*** bound by; ***essere ~ al segreto professionale*** to be bound by professional secrecy **3** MUS. [*nota, accordo*] sustained.

tenzone /ten'tsone/ f. **1** LETTER. *(componimento)* tenson **2** STOR. *(duello)* ***singolar ~*** single combat **3** LETT. *(disputa)* dispute.

Teobaldo /teo'baldo/ n.pr.m. Theobald.

teobromina /teobro'mina/ f. theobromine.

teocentrismo /teotʃen'trizmo/ m. theocentrism.

teocraticamente /teokratika'mente/ avv. theocratically.

teocratico, pl. **-ci**, **-che** /teo'kratiko, tʃi, ke/ agg. theocratic(al).

teocrazia /teokrat'tsia/ f. theocracy.

teocriteo /teokri'tɛo/ agg. Theocritean.

Teocrito /te'ɔkrito/ n.pr.m. Theocritus.

teodicea /teodi'tʃɛa/ f. theodicy.

teodolite /teodo'lite/ m. theodolite, altazimuth mounting.

Teodora /teo'dɔra/ n.pr.f. Theodora.

Teodorico /teodo'riko/ n.pr.m. Theodoric.

Teodoro /teo'dɔro/ n.pr.m. Theodore.

Teodosia /teo'dɔzja/ n.pr.f. Theodosia.

Teodosio /teo'dɔzjo/ n.pr.m. Theodosius.

teofagia /teofa'dʒia/ f. theophagy.

teofillina /teofil'lina/ f. theophylline.

Teofrasto /teo'frasto/ n.pr.m. Theophrastus.

teogonia /teogo'nia/ f. theogony.

teologale /teolo'gale/ agg. [*virtù*] theological.

teologia /teolo'dʒia/ f. theology, divinity; ***dottore in ~*** Doctor of Divinity *o* Theology; ***studi di ~*** theological studies; ***istituto di ~*** theological college; ***facoltà di ~*** theology faculty ◆◆ ***~ della liberazione*** liberation theology; ***~ morale*** moral theology; ***~ pastorale*** pastoral theology.

teologicamente /teolodʒika'mente/ avv. theologically.

teologico, pl. **-ci**, **-che** /teo'lɔdʒiko, tʃi, ke/ agg. theological.

teologizzare /teolodʒid'dzare/ [1] intr. (aus. *avere*) to theologize.

teologo, m.pl. **-gi**, f.pl. **-ghe** /te'ɔlogo, dʒi, ge/ m. (f. **-a**) theologian.

teorema /teo'rɛma/ m. theorem; ***~ di Pitagora*** Pythagorean theorem; ***dimostrare un ~*** to prove a theorem.

teorematico, pl. **-ci**, **-che** /teore'matiko, tʃi, ke/ agg. theorematic.

teoresi /teo'rɛzi/ f.inv. theoretical activity, speculation.

teoretica /teo'rɛtika/ f. theoretical philosophy.

teoretico, pl. **-ci**, **-che** /teo'rɛtiko, tʃi, ke/ agg. theoretic(al).

▷ **teoria** /teo'ria/ f. **1** *(conoscenza astratta)* theory (**di** of, about); ***la ~ e la pratica*** theory and practice; ***lezioni di ~*** lessons in theory; ***enunciare, dimostrare una ~*** to state, prove a theory; ***sostenere, respingere una ~*** to support, reject a theory; ***in ~*** in theory, theoretically (speaking) **2** *(concetto, opinione)* theory (**su** about); ***la mia ~ è che*** I have a theory that ◆◆ ***~ delle catastrofi*** catastrophe theory; ***~ corpuscolare*** corpuscolar theory; ***~ economica*** economic theory; ***~ dell'evoluzione*** theory of evolution; ***~ dei giochi*** game(s) theory; ***~ dell'informazione*** information theory; ***~ degli insiemi*** set theory; ***~ letteraria*** literary theory; ***~ dei modelli*** model theory; ***~ della musica*** o ***musicale*** music theory; ***~ quantistica*** o ***dei quanti*** quantum theory; ***~ della relatività*** theory of relativity; ***~ dei sistemi*** systems theory; ***~ dello stato stazionario*** steady state theory.

teoricamente /teorika'mente/ avv. **1** *(in teoria)* theoretically, in theory; ***~ parlando*** theoretically speaking **2** *(in modo teorico)* [*stabilire, provare*] theoretically.

teoricità /teoritʃi'ta/ f.inv. theoretical nature.

teorico, pl. **-ci**, **-che** /te'ɔriko, tʃi, ke/ **I** agg. theoretic(al), abstract; *(ipotetico)* theoretic(al), hypothetical; ***da un punto di vista ~*** theoretically (speaking), from a theoretical point of view; ***conoscenza -a*** theoretical knowledge; ***la sue conoscenze sono puramente -che*** his knowledge is purely bookwork; ***fisica -a*** theoretical physics **II** m. (f. **-a**) theoretician, theorist; ***non è un ~ della musica*** he has no theoretical knowledge of music.

teorizzare /teorid'dzare/ [1] **I** tr. to theorize; ***~ delle osservazioni sperimentali*** to develop a theory based on experimental observations **II** intr. (aus. *avere*) *(formulare teorie)* to theorize (**su** about).

teorizzazione /teoriddzat'tsjone/ f. theorization.

teosofia /teozo'fia/ f. theosophy, theosophism.

teosofico, pl. **-ci**, **-che** /teo'zɔfiko, tʃi, ke/ agg. theosophic(al).

teosofo /te'ɔzofo/ m. (f. **-a**) theosoph(er), theosophist.

tepee /ti'pi/ m.inv. te(e)pee.

tepidario, pl. **-ri** /tepi'darjo, ri/ m. tepidarium*.

tepido /'tɛpido/ → **tiepido.**

tepore /te'pore/ m. warmth; ***i primi -i della primavera*** the first warmth of spring.

teppa /'teppa/, **teppaglia** /tep'paʎʎa/ f. low-life, riffraff, scum.

teppismo /tep'pizmo/ m. hooliganism, vandalism.

teppista, m.pl. **-i**, f.pl. **-e** /tep'pista/ m. e f. hooligan, vandal, thug, lout, rowdy.

teppistico, pl. **-ci**, **-che** /tep'pistiko, tʃi, ke/ agg. rowdy, loutish, vandalic.

tequila /te'kila/ f.inv. tequila ◆◆ ***~ bum bum*** tequila slammer.

ter /tɛr/ agg.inv. *(in un indirizzo)* = a third building with the same street number.

teramano /tera'mano/ ◗ *2* **I** agg. from, of Teramo **II** m. (f. **-a**) native, inhabitant of Teramo.

terapeuta, m.pl **-i**, f.pl. **-e** /tera'pɛuta/ m. e f. therapist.

terapeutica /tera'pɛutika/ f. therapeutics + verbo sing.

terapeutico, pl. **-ci**, **-che** /tera'pɛutiko, tʃi, ke/ agg. [*effetto, virtù, trattamento*] therapeutic(al); ***assistenza -a per la cura di*** the care and treatment of.

terapia /tera'pia/ f. therapy, treatment; ***progresso nella ~*** progress in treatment; ***applicare, sospendere una ~*** to effect, terminate treatment; ***essere in ~*** to be in *o* have therapy; ***essere in ~ intensiva*** to be in intensive care ◆◆ ***~ comportamentale*** behaviour therapy; ***~ genica*** gene therapy; ***~ di gruppo*** group therapy; ***~ del sesso*** sex therapy; ***~ d'urto*** massive-dose therapy; FIG. shock treatment.

terapista, m.pl. **-i**, f.pl. **-e** /tera'pista/ m. e f. therapist.

teratogenesi /terato'dʒɛnezi/ f.inv. teratogenesis.

teratogeno /tera'tɔdʒeno/ agg. teratogenic; ***agente ~*** teratogen.

teratologia /teratolo'dʒia/ f. teratology.

teratologico, pl. **-ci**, **-che** /terato'lɔdʒiko, tʃi, ke/ agg. teratological.

teratoma /tera'tɔma/ m. teratoma*.

terbio /'tɛrbio/ m. terbium.

terebinto /tere'binto/ m. terebinth, turpentine tree; ***di ~*** terebinthine.

teredine /te'rɛdine/ f. teredo*, shipworm.

Terenzio /te'rɛntsjo/ n.pr.m. Terence.

Teresa /te'rɛsa/ n.pr.f. T(h)eresa.

tergere /'tɛrdʒere/ [19] tr. LETT. to wipe.

▷ **tergicristallo** /terdʒikris'tallo/ m. screenwiper, windscreen wiper BE, windshield wiper AE.

tergifari /terdʒi'fari/ m.inv. headlight wiper.

tergilunotto /terdʒilu'nɔtto/ m. rear window wiper.

tergisudore /tɛrdʒisu'dore/ agg.inv. ***fascia ~*** sweatband, wristband.

tergiversare /terdʒiver'sare/ [1] intr. (aus. *avere*) to tergiversate, to prevaricate FORM., to shillyshally COLLOQ.

tergiversatore /terdʒiversa'tore/ m. (f. **-trice** /tritʃe/) tergiversator, prevaricator FORM.

tergiversazione /terdʒiversat'tsjone/ f. tergiversation, prevarication FORM., shillyshallying COLLOQ.; ***dopo molte -i*** after much prevarication.

tergo, pl. **-ghi**, pl.f. **-ga** /'tɛrgo, gi, ga/ m. **1** LETT. (pl.f. *-ga*) *(spalle)* back; ***voltare*** o ***dare le -ga a qcn.*** to have one's back to sb. **2** (pl. *-ghi*) *(facciata posteriore di foglio)* back of a leaf, verso; ***sul ~ del foglio*** overleaf; ***vedi a ~*** see overleaf.

terilene® /teri'lɛne/ m., **terital**® /'tɛrital/ m.inv. Terylene®.

termale /ter'male/ agg. [*sorgente, bagno, acque*] thermal, spa attrib.; ***sorgente ~*** thermal *o* hot spring; ***stazione ~*** health resort, health spa; ***stabilimento ~*** spa, baths; ***cura ~*** thermal treatment; ***fare una cura ~*** to take the waters *o* a cure.

terme /'tɛrme/ f.pl. **1** *(stabilimento termale)* (termal) baths, spa sing. **2** STOR. thermae.

termia /ter'mia/ f. therm.

termico, pl. **-ci**, **-che** /'tɛrmiko, tʃi, ke/ agg. [*dilatazione, dispersione, isolamento*] thermal, thermic; ***trattamento ~*** METALL. heat treatment; ***scudo ~*** ASTR. heat shield.

terminabile /termi'nabile/ agg. terminable.

terminal /'tɛrminal/ m.inv. **1** AER. (air) terminal **2** IND. MAR. FERR. terminal; ***~ petrolifero, marittimo*** oil, ferry terminal.

terminale /termi'nale/ **I** agg. **1** *(finale)* [*fase, malattia*] terminal, final; ***lo stadio ~ di un cancro*** the terminal stage of cancer; ***i malati -i*** the terminally ill; ***stazione ~*** terminus **2** *(di confine)* boundary **II** m. INFORM. terminal, back-end ◆◆ ***~ passivo*** INFORM. dumb terminal; ***~ POS*** INFORM. EPOS terminal, point-of-sale terminal.

terminalista, m.pl. **-i**, f.pl. **-e** /termina'lista/ ◗ *18* m. e f. terminalist.

▶ **terminare** /termi'nare/ [1] **I** tr. *(concludere)* to finish, to end, to complete [*lettera, pasto, racconto, costruzione, lavoro, studi, corsa*]; to complete, to finish [*esercizi, investigazione*]; to finish, to conclude, to end [*capitolo*]; to terminate, to conclude [*discussione*]; ***non hanno terminato la loro formazione*** they haven't finished their training; ***~ in ribasso, in rialzo*** [*indice*] to close down, up; ***~ la propria carriera ad Hong Kong, come consulente*** to end one's career in Hong Kong, as a consultant; ***~ il proprio discorso con un avvertimento, con una nota di ottimismo*** to end one's speech on a cautionary, optimistic note; ***~ il pasto con un liquore, una canzone*** to finish off *o* end the meal with a liqueur, a song **II** intr. (aus. *essere*) **1** *(concludersi)* [*riunione, concerto, spettacolo, stagione*] to finish, to close, to end; [*carriera, giorno, libro, guerra*] to end; [*contratto, impiego*] to terminate; ***~ con*** to end *o* close with [*scena, canzone*]; ***il mio mandato termina a dicembre*** my mandate ends in December; ***~ con una nota positiva, comica*** [*film, avvenimento*] to end on a positive, comic note **2** LING. to end; ***tutte le parole che terminano in "a"*** all the words ending in *o* with an "a" **3** *(finire)* [*sentiero, fiume, fila*] to end; ***un pezzo di legno che termina con un gancio metallico*** a piece of wood with a metal hook at the end.

terminatore /termina'tore/ m. terminator (anche ASTR.).

terminazione /terminat'tsjone/ f. **1** *(conclusione)* conclusion, ending **2** *(parte terminale)* end(ing), termination **3** LING. *(desinenza)* termination ◆◆ ***~ nervosa*** ANAT. nerve ending.

▶ **termine** /'tɛrmine/ **I** m. **1** *(fine, conclusione)* end, conclusion; ***al ~ di*** at the end of; ***al ~ della riunione, dell'estate, del sentiero*** at the end of the meeting, of summer, of the path; ***~ corsa!*** all change! ***volgere al ~*** [*giorno, vita, evento*] to draw to a close *o* an end; ***giungere al ~*** [*processo, esperimento*] to come to an end; ***portare a ~*** to carry out [*progetto, operazione, esperimento, studio*]; to carry through [*riforma, compito*]; to bring off [*impresa*]; to close [*riunione, vendita, investigazione*]; to finish [*opera, romanzo, costruzione*]; to complete [*viaggio, corso*]; ***portare a ~ una gravidanza*** to carry a pregnancy through to full term; ***essere al ~ di una gravidanza*** to have reached (full) term; ***porre ~ a qcs.*** to put a stop to sth., to bring sth. to an end; ***nascere a ~*** to be born at full term; ***un bambino nato a ~*** a baby born at term, a term baby **2** *(limite di tempo fissato)* time-limit, term; *(data limite)* final date, expiry date; ***~ improrogabile, massimo*** deadline; ***~ utile*** due date; ***entro i -i previsti*** o ***stabiliti*** within the agreed time-limit; ***11 giorni è il ~ massimo*** 11 days is the time-limit; ***entro un ~ di 24 ore, 6 mesi*** within 24 hours, 6 months; ***fare qcs. entro il ~ stabilito*** to do sth. within the prescribed time; ***rispettare i -i*** to meet the deadlines; ***i -i sono troppo stretti*** the deadlines are too tight; ***alla scadenza*** o ***allo scadere di questo ~*** when the allotted time expires, when the deadline is reached; ***fissare un ~*** to fix a deadline, to set a time-limit; ***~ ultimo per le iscrizioni, martedì 2 maggio*** deadline, closing date for registration, Tuesday 2 May; ***protrarre un ~*** to extend a deadline ***a breve, medio, lungo ~*** [*prestito, problema, strategia*] short-, medium-, long-term; [*titoli*] short-, medium-, long-dated; ***investimento a lungo ~*** long-dated investment; ***acquisto, vendita a ~*** ECON. forward buying, selling; ***comprare a ~*** ECON. to buy forward; ***contratto a ~*** temporary *o* terminable contract; ***mercato a ~*** futures exchange, futures market **3** *(parola)* term, word; ***~ tecnico, di diritto, di medicina*** technical, legal, medical term; ***nel senso stretto del ~*** in the strict sense of the word; ***il ~ "patogeno" designa...*** the word "pathogenic" designates...; ***in -i elogiativi, offensivi*** in eulogic, offensive terms; ***in altri -i*** in other words; ***per dirla in altri -i*** to put it another way; ***è una contraddizione in -i*** it's a contradiction in terms *o* a self-contradiction; ***mi perdoni il ~*** if you'll excuse the expression; ***misurare*** o ***moderare i -i*** to curb one's tongue, to weigh one's words; ***modera i -i per favore!*** watch your language, please! ***ha descritto i risultati in questi -i*** he described the results in these terms; ***senza mezzi -i*** in the strongest possible terms, in no uncertain terms; ***mi ha accusato di mentire senza mezzi -i*** she actually accused me of lying **4** MAT. term; ***-i di un polinomio, di una frazione*** terms of a polynomial, of a fraction; ***ridurre una frazione ai minimi -i*** to reduce a fraction to the lowest terms; ***ridurre qcs. ai minimi -i*** FIG. to reduce sth. to the lowest common denominator *o* to the lowest terms **5** FILOS. *(in logica)* term; ***-i di un sillogismo, di una proposizione*** terms of a syllogism, of a proposition **6** LING. ***complemento di ~*** indirect object **II termini** m.pl. **1** *(condizioni)* terms; ***secondo i -i del contratto*** under *o* by the terms of the contract; ***un trattato secondo i cui -i i due paesi si impegnano a fare*** a treaty by which both countries agree to do; ***-i di scambio*** terms of trade; ***a(i) -i di legge*** within the meaning of the act, as by law enabled; ***la questione si pone in questi -i*** the question is this **2** *(punto di vista)* ***in -i di*** in terms of; ***in -i di profitto, formazione, produttività*** in terms of profit, training, productivity; ***la questione si pone anche in -i finanziari*** the issue is also a financial one ◆◆ ***~ di consegna*** delivery date; ***~ di grazia*** grace period; ***~ maggiore*** FILOS. major term; ***~ medio*** FILOS. middle term; ***~ minore*** FILOS. minor term; ***~ di paragone*** LING. element of comparison; ***~ di preavviso*** AMM. (period of) notice.

terminismo /termi'nizmo/ m. terminism.

terminologia /terminolo'dʒia/ f. terminology; ***~ tecnica*** technical terminology *o* terms.

terminologicamente /terminolodʒika'mente/ avv. terminologically.

terminologico, pl. **-ci**, **-che** /termino'lɔdʒiko, tʃi, ke/ agg. terminological.

terminologista, m.pl. **-i**, f.pl. **-e** /terminolo'dʒista/ m. e f. terminologist.

termistore /termis'tore/ m. thermistor.
termitaio, pl. **-ai** /termi'tajo, ai/ m. termitarium*.
1.termite /'tɛrmite, ter'mite/ f. ENTOM. termite, white ant.
2.termite® /ter'mite/ f. CHIM. thermite.
termoadesivo /termoade'zivo/ agg. [*tessuto, nastro*] thermoadhesive; [*etichetta, toppa*] iron-on.
termobarometro /termoba'rɔmetro/ m. thermobarometer.
termobilancia /termobi'lantʃa/ f. thermobalance.
termocauterio, pl. **-ri** /termokau'tɛrjo, ri/ m. thermocautery.
termochimica /termo'kimika/ f. thermochemistry.
termochimico, pl. **-ci, -che** /termo'kimiko, tʃi, ke/ agg. thermochemical.
termoconvettore /termokonvet'tore/ m. convector (heater), convection heater.
termocoperta /termoko'pɛrta/ f. electric blanket.
termocoppia /termo'kɔppja/ f. thermocouple.
termodinamica /termodi'namika/ f. thermodynamics + verbo sing.
termodinamico, pl. **-ci, -che** /termodi'namiko, tʃi, ke/ agg. thermodynamic.
termoelettricità /termoelettritʃi'ta/ f.inv. thermoelectricity.
termoelettrico, pl. **-ci, -che** /termoe'lɛttriko, tʃi, ke/ agg. [*effetto, coppia*] thermoelectric(al); ***pila -a*** thermopile.
termofilo /ter'mɔfilo/ agg. ***organismo ~*** thermophile.
termoforo /ter'mɔforo/ m. warming pad.
termogenesi /termo'dʒɛnezi/ f.inv. thermogenesis.
termogeno /ter'mɔdʒeno/ agg. thermogenic.
termografia /termogra'fia/ f. thermography, thermal imaging.
termografo /ter'mɔgrafo/ m. thermograph.
termoindurente /termoindu'rɛnte/ agg. thermosetting.
termoione /termo'jone/ m. thermion.
termoionica /termo'jɔnika/ f. thermionics + verbo sing.
termoionico, pl. **-ci, -che** /termo'jɔniko, tʃi, ke/ agg. thermionic; ***tubo ~*** thermionic valve BE *o* tube AE.
termoisolante /termoizo'lante/ **I** agg. thermal insulating; [*indumenti*] heat-proof **II** m. thermal insulator.
termolisi /termo'lizi/ f.inv. thermolysis.
termologia /termolo'dʒia/ f. thermology.
termoluminescenza /termoluminеʃ'ʃɛntsa/ f. thermoluminescence; ***datazione alla ~*** thermoluminescence dating.
termometria /termome'tria/ f. thermometry.
termometrico, pl. **-ci, -che** /termo'mɛtriko, tʃi, ke/ agg. [*scala*] thermometric(al).
▷ **termometro** /ter'mɔmetro/ m. thermometer; ***~ a mercurio, ad alcol, a gas*** mercury, alcohol, gas thermometer; ***il ~ indica*** o ***segna 20 gradi*** the thermometer reads 20 degrees; ***misurare la febbre a qcn. con il ~*** to take sb.'s temperature with a thermometer; ***il ~ delle tensioni internazionali*** FIG. the barometer of international tensions ◆◆ ***~ clinico*** clinical thermometer; ***~ a massima*** maximum thermometer; ***~ a massima e a minima*** maximum minimum thermometer; ***~ a minima*** minimum thermometer.
termonucleare /termonukle'are/ agg. thermonuclear.
Termopili /ter'mɔpili/ n.pr.f.pl. Thermopylae.
termoplastica, pl. **-che** /termo'plastika, ke/ f. thermoplastic.
termoplastico, pl. **-ci, -che** /termo'plastiko, tʃi, ke/ agg. [*materia*] thermoplastic.
termopompa /termo'pompa/ f. heat pump.
termoreattore /termoreat'tore/ m. thermojet, jet engine.
termoregolatore /termoregola'tore/ **I** agg. thermoregulatory **II** m. thermoregulator.
termoregolazione /termoregolat'tsjone/ f. thermoregulation.
termoresistente /termoresis'tɛnte/ agg. thermoresistant.
termosaldare /termosal'dare/ [1] tr. to heat-seal.
termosaldatura /termosalda'tura/ f. heat seal.
termoscopio, pl. **-pi** /termos'kɔpjo, pi/ m. thermoscope.
termosensibile /termosen'sibile/ agg. heat-sensitive.
termosfera /termos'fɛra/ f. thermosphere.
▷ **termosifone** /termosi'fone/ m. **1** *(impianto di riscaldamento)* central heating **2** *(radiatore)* radiator, thermosiphon.
termostatico, pl. **-ci, -che** /termos'tatiko, tʃi, ke/ agg. thermostatic.
termostato /ter'mɔstato/ m. thermostat; ***regolare il ~*** to set the thermostat; ***~ a 7*** at gas mark 7.
termotecnica /termo'tɛknika/ f. thermotechnics + verbo sing.
termoterapia /termotera'pia/ f. heat treatment, thermotherapy.
termoventilatore /termoventila'tore/ m. fan heater.
terna /'tɛrna/ f. *(insieme di tre elementi, persone)* tern, threesome; *(di candidati)* shortlist of three; ***~ arbitrale*** SPORT officials.
ternano /ter'nano/ ♦ *2* **I** agg. from, of Terni **II** m. (f. **-a**) native, inhabitant of Terni.
ternario, pl. **-ri, -rie** /ter'narjo, ri, rje/ **I** agg. **1** MAT. CHIM. ternary, trinary **2** MUS. [*ritmo*] ternary **II** m. METR. tercet.
ternato /ter'nato/ agg. BOT. ternate.
terno /'tɛrno/ m. GIOC. tern; ***vincere un ~ al lotto*** FIG. to hit the jackpot; ***la vita è un ~ al lotto*** life is a guessing game.
terpene /ter'pɛne/ m. terpene.
terpina /ter'pina/ f. terpin.
terpineolo /terpine'ɔlo/ m. terpineol.
▶ **terra** /'tɛrra/ **I** f. **1** ASTR. ***la Terra*** the Earth; ***la Terra gira intorno al Sole*** the Earth revolves around the Sun; ***sulla Terra*** on Earth **2** *(suolo)* ground; ***il ciclista era a ~*** the cyclist was lying on the ground; ***faccia a ~*** face down; ***pancia a ~*** flat on one's stomach, face down; ***palla a ~*** SPORT drop ball; ***essere gettato a ~*** to be thrown to the ground; ***mettere a ~*** *(buttare giù)* to knock down [*persona*]; FIG. *(privare delle forze)* [*malattia, caldo*] to strike down; ***non colpite mai un avversario a ~*** never hit a man when he's down; ***mettere piede a ~*** EQUIT. to dismount; ***mettere un ginocchio a ~*** to go down on one knee; ***esercizi a ~*** floor exercises; ***toccare ~*** [*aereo*] to touch ground, to land; [*nave*] to reach *o* make land, to land; ***scendere a ~*** [*passeggeri*] to land; ***via ~*** by land; ***di ~*** [*esercito, forze*] ground(-based), land; [*hostess, personale*] ground **3** *(materia)* earth; AGR. soil; ***~ rossa, secca, argillosa*** red, dry, clayey earth *o* soil; ***~ fertile, sterile*** fertile, infertile soil; ***~ grassa*** loam; ***l'acqua, l'aria, la ~ e il fuoco*** water, air, earth and fire **4** *(campagna)* land; ***~ fertile, sterile*** fertile, barren land; ***~ coltivata*** cropland; ***il ritorno alla ~*** the movement back to the land; ***rimanere attaccato alla ~*** to stay close to the land; ***lavorare la ~*** to work the land **5** *(terreno)* land; ***acquistare, vendere una ~*** to buy, sell a plot of land; ***ritirarsi nelle proprie -e*** to go and live on one's estate; ***vivere della rendita delle proprie -e*** to live off the land; ***fuori dalla mia ~!*** get off my land! **6** *(regione, paese)* land; ***-e lontane*** distant lands; ***una ~ sconosciuta*** an undiscovered *o* unknown land; ***in ~ cristiana, musulmana*** on Christian, Muslim land; ***la ~ natale di qcn.*** sb.'s native land; ***la ~ dei nostri avi*** the land of our fathers; ***la ~ d'Africa*** LETT. the African continent; ***siamo in ~ straniera*** we are on foreign land *o* soil **7** *(terraferma)* (dry) land; ***una striscia, lingua di ~*** a strip, tongue of land; ***una brezza di ~*** a land breeze; ***avvistare ~*** to sight land; ***"~ (in vista)!"*** "land ahoy!" "land ho!" **8** *(mondo)* earth; ***essere, vivere sulla ~*** to be, to live on earth; ***abbandonare*** o ***lasciare questa ~*** EUFEM. to depart this world; ***sparire dalla faccia della ~*** FIG. to vanish off the face of the earth; ***i cieli e la ~*** RELIG. heaven and earth; ***madre ~*** earth mother, mother earth; ***scendi*** o ***torna sulla ~!*** FIG. come down to earth! **9** EL. earth BE, ground AE; ***presa di ~*** earth BE, ground AE; ***collegare*** o ***mettere a ~*** to earth BE, to ground AE; ***messa a ~*** earthing BE, grounding AE **10 terra terra** *(concreto)* [*persona*] down-to-earth, practical, matter-of-fact; [*questione*] practical; [*atteggiamento, maniere*] no-nonsense, practical; [*considerazioni*] low, materialistic; *(mediocre)* [*conversazione, persona*] ordinary, pedestrian **11 a terra** ***avere il morale a ~*** to feel very low(-spirited), to be at an all-time low, to be down in the dumps; ***essere, sentirsi a ~*** *(fisicamente)* to be, feel low, poorly, run-down; *(moralmente)* to be, feel down, low(-spirited), flat, depressed; ***essere a ~*** o ***col culo per ~*** VOLG. *(finanziariamente)* to be broke *o* penniless; ***avere una gomma a ~*** to have a flat tyre **12 in terra**, **per terra** *(stato) (sul terreno)* on the ground; *(sul pavimento)* on the floor; *(moto) (sul terreno)* to the ground; *(sul pavimento)* to the floor; ***il telefono è caduto per ~*** the phone fell on the floor **II** agg.inv. *(al livello del suolo)* ***piano ~*** ground floor BE, bottom floor BE, first floor AE ◆ ***avere i piedi per ~*** to be very down-to-earth; ***tenere i piedi per ~, stare coi piedi per ~*** to keep both *o* one's feet on the ground; ***(ri)tornare con i piedi per ~*** to come down to earth; ***muovere cielo e ~*** to move heaven and earth (**per fare** to do); ***non stare né in cielo né in ~*** to have neither rhyme nor reason, to be neither here nor there; ***fare mancare la ~ sotto i piedi a qcn.*** to cut the ground *o* to pull the rug from under sb.'s feet; ***sentirsi mancare la ~ sotto i piedi*** to feel one's legs give way; ***cercare qcs. per mare e per ~*** to hunt high and low for sth.; ***sotto ~*** → **sottoterra** ◆◆ ***~ battuta*** *(nel tennis)* clay; ***campo in ~ battuta*** clay *o* hard court; ***su ~ battuta*** [*tennis*] on a clay court; ***~ bruciata*** MIL. scorched earth; ***tattica della ~ bruciata*** scorched earth policy; ***~ cotta*** RAR. → **terracotta**; ***~ da follone*** fuller's earth; ***~ di nessuno*** MIL. no man's land; ***~ d'ombra*** ART. umber; ***~ d'ombra bruciata*** ART. burnt umber; ***~ promessa*** Promised Land (anche FIG.); ***~ di Siena*** ART. sienna; ***~ di Siena bruciata*** ART. burnt sienna; ***~ vergine*** virgin land; ***-e emerse*** lands above sea level; ***-e rare*** rare earths; ***-e sommerse*** lands below sea level; ***Terra del Fuoco*** Tierra del Fuego; ***Terra Santa*** Holy Land.
terra-aria /terra'arja/ agg.inv. [*missile*] ground-to-air, surface-to-air.

terracotta, pl. **terrecotte** /terra'kɔtta, terre'kɔtte/ **I** f. **1** *(materiale)* earthenware, terracotta; ***di ~*** [*vaso, mattone, piastrella*] earthen, terracotta attrib. **2** *(manufatto)* ***-e toscane*** Tuscan earthenware **II** m.inv. *(colore)* terracotta **III** agg.inv. terracotta attrib.

terracqueo /ter'rakkweo/ agg. terraqueous.

terraferma, pl. **terreferme** /terra'ferma, terre'ferme/ f. terra firma, dry land, mainland; ***sulla ~*** on dry land, ashore.

terraglia /ter'raʎʎa/ f. earthenware.

terramara, pl. **terramare**, **terremare** /terra'mara, terra'mare, terre'mare/ f. terramare*.

terramicina® /terrami'cina/ f. Terramycin®.

terranova /terra'nɔva/ m.inv. ZOOL. Newfoundland (dog).

Terranova /terra'nɔva/ ♦ ***14*** n.pr.f. Newfoundland.

terrapieno /terra'pjɛno/ m. **1** MIL. terreplein, earthwork **2** FERR. bank, embankment.

terrario, pl. **-ri** /ter'rarjo, ri/ m. terrarium*.

terra-terra /terra'tɛrra/ agg.inv. [*missile*] surface-to-surface.

▷ **terrazza** /ter'rattsa/ f. **1** *(di edificio)* terrace, deck, patio*; ***tetto a ~*** terrace *o* flat roof; ***~ sul tetto*** roof-deck; ***~ panoramica*** observation deck **2** AGR. terrace; ***coltivazione a -e*** terrace cultivation; ***risaie a -e*** terrace ricefields; ***coltivare il riso in campi a -e*** to grow rice on terraces.

terrazzamento /terrattsa'mento/ m. GEOL. terracing.

terrazzare /terrat'tsare/ [1] tr. to terrace [*giardino, terreno*].

terrazzato /terrat'tsato/ **I** p.pass. → **terrazzare** **II** agg. [*terreno, giardino, coltivazione*] terraced.

terrazziere /terrat'tsjɛre/ ♦ ***18*** m. (f. **-a**) *(sterratore)* ditcher, ditchdigger AE, navvy BE.

terrazzino /terrat'tsino/ m. SPORT *(in alpinismo)* ledge.

▷ **terrazzo** /ter'rattso/ m. **1** *(balcone)* terrace, sundeck **2** AGR. terrace **3** GEOL. terrace, shelf; ***~ fluviale, roccioso*** river, rock terrace.

terremotato /terremo'tato/ **I** agg. [*zona*] destroyed by an earthquake, ravaged by an earthquake; ***persona -a*** earthquake victim **II** m. (f. **-a**) earthquake victim.

▷ **terremoto** /terre'mɔto/ m. **1** *(fenomeno tellurico)* earthquake; ***un ~ ha colpito la zona*** an earthquake hit the area; ***"San Francisco colpita dal ~"*** GIORN. "earthquake strikes San Francisco"; ***il ~ era del sesto grado della scala Richter*** the earthquake registered six on the Richter scale; ***un ~ di 5,2 gradi della scala Richter*** an earthquake measuring 5.2 on the Richter scale; ***inviare soccorsi alle popolazioni colpite dal ~*** to send help to the people hit by the earthquake; ***epicentro del ~*** epicentre BE *o* epicenter AE of the earthquake; ***vittima del ~*** earthquake victim; ***scossa di ~*** earth tremor **2** FIG. uproar, havoc; ***il suo discorso ha provocato un ~*** his speech provoked an uproar *o* caused havoc; ***~ politico*** political uproar; ***~ borsistico*** upheaval on the stock exchange **3** FIG. *(persona vivace)* live wire; ***quel bambino è un ~*** that child is a pest *o* never stops moving.

▷ **1.terreno** /ter'reno/ agg. **1** *(materiale)* [*vita, cose, beni*] earthly, worldly, terrestrial, unspiritual **2** *(a livello del suolo)* ground attrib.

▶ **2.terreno** /ter'reno/ m. **1** *(suolo)* ground, soil; ***sul ~*** on the ground; ***~ sabbioso, argilloso*** sandy, clayey ground *o* soil; ***~ fertile, sterile*** fertile, infertile soil; ***piantare un palo nel ~*** to set a stake in the ground **2** *(area)* ground, land; ***~ alluvionale, vulcanico*** alluvial, volcanic land; ***~ prativo*** meadowland; ***~ paludoso*** marshland; ***~ coltivabile*** farmland; ***~ edificabile*** building land; ***~ da pascolo*** grazing land; ***~ boscoso*** woodland; ***~ collinoso*** hilly terrain; ***~ accidentato*** uneven *o* rough ground **3** *(appezzamento)* plot of land, piece of land; ***acquistare un ~*** to buy a piece of land; ***un ~ edificabile*** a building plot; ***il prezzo del ~ al m^2*** the price of land per m^2 **4** MIL. *(campo)* terrain; ***perlustrare il ~*** to reconnoitre BE *o* reconnoiter AE the land; ***conoscere il ~*** to know the terrain **5** SPORT ground, field; ***~ pesante*** slow pitch; ***disputare una partita su ~ avversario, sul proprio ~*** to play away, at home; ***sul proprio ~*** on one's home ground (anche FIG.) **6** FIG. *(argomento)* ground, field; ***su questo ~ non vi possiamo seguire*** we can't go along with you there; ***cercare, trovare un ~ d'intesa*** to look for, to find a common ground **7** FIG. *(condizioni)* ***offrire un ~ fertile per*** to provide a fertile breeding ground for [*ideologia*] ◆ ***guadagnare, perdere ~*** to gain, lose ground; ***cedere ~*** to give *o* yield ground; ***preparare, sgombrare il ~*** to prepare, clear the ground (**per** for); ***sondare*** o ***tastare il ~*** to find out how the land lies, to spy out the land; ***trovarsi su un ~ conosciuto*** o ***familiare*** to be on familiar *o* home ground *o* on familiar territory; ***muoversi sul proprio ~*** to be on one's own ground; ***muoversi su un ~ minato*** to be on dangerous ground ◆◆ ***~ di caccia*** hunting ground; ***~ di coltura*** BIOL. culture medium; ***~ erratico*** boulder clay; ***~ di gioco*** field.

terreo /'tɛrreo/ agg. **1** *(di terra)* earthy **2** *(livido)* [*viso*] sallow, doughy.

▷ **terrestre** /ter'rɛstre/ **I** agg. **1** GEOGR. *(del pianeta)* [*diametro, atmosfera, crosta, globo, orbita, superficie*] earth's, terrestrial; ***l'asse del globo ~*** the earth's axis **2** *(della terraferma)* [*animali*] land attrib.; [*assalto, attacco*] ground attrib.; [*battaglia, forze, trasporto*] land attrib. **3** *(terreno)* earthly, worldly, terrestrial; ***paradiso ~*** Eden, heaven on earth **II** m. e f. earthling; *(uomo)* earthman*; *(donna)* earthwoman*.

▶ **terribile** /ter'ribile/ agg. **1** *(tremendo)* [*catastrofe, malattia*] terrible, dreadful; [*delitto, incidente, giorno*] awful, dreadful, horrendous; [*dubbio*] tormenting; [*occhiata, sospetto*] nasty **2** *(molto intenso)* [*vento, temporale, freddo, caldo, rumore*] terrible, tremendous; [*dolore*] terrible, raging, terrific; [*ira*] fearful, thundering **3** COLLOQ. *(brutto)* terrible, awful; ***è ~ essere tirchio fino a questo punto*** it's terrible *o* awful being so mean; ***è ~ dover sistemare tutto dopo di lui*** it's terrible *o* awful having to put everything away after him; ***è ~, non vuole mai ammettere di avere torto*** it's terrible the way he never wants to admit he's wrong **4** *(pestifero)* ***un bambino ~*** a nasty little boy, a holy terror.

terribilmente /terribil'mente/ avv. terribly; ***è ~ noioso*** he's terribly *o* incredibly boring, he's a terrible *o* fearful bore.

terricciato /territ'tʃato/ m. compost.

terriccio, pl. **-ci** /ter'rittʃo, tʃi/ m. mould BE, mold AE; ***~ per piante d'appartamento*** potting compost ◆◆ ***~ di copertura*** leaf mould BE, leaf mold AE.

terricolo /ter'rikolo/ agg. terricolous.

terrier /'tɛrrjer, ter'rje/ m.inv. *(cane)* terrier.

terriero /ter'rjɛro/ agg. [*proprietà*] land attrib.; [*classe*] landed; ***proprietario ~*** landowner, landholder; ***l'aristocrazia -a*** the landed gentry.

terrificante /terrifi'kante/ agg. **1** *(che fa paura)* [*spettacolo*] terrifying, scary; [*violenza*] hideous **2** *(fuori dal comune)* [*stupidità*] appalling.

terrificare /terrifi'kare/ [1] tr. to terrify, to petrify.

terrificato /terrifi'kato/ **I** p.pass. → **terrificare** **II** agg. [*persona, espressione*] terrified, petrified.

terrigeno /ter'ridʒeno/ agg. GEOL. terrigenous.

terrigno /ter'riɲɲo/ agg. **1** *(simile alla terra)* earthy **2** *(livido)* [*viso*] sallow, doughy.

terrina /te'rina/ f. basin, bowl.

territoriale /territo'rjale/ agg. **1** *(di Stato)* [*integrità, concessione, acque, rivendicazione*] territorial **2** AMM. [*amministrazione*] regional, territorial; [*pianificazione*] town-and-country.

territorialismo /territorja'lizmo/ m. territorialism, territorial instinct.

territorialità /territorjali'ta/ f.inv. territoriality.

territorializzare /territorjalid'dzare/ [1] tr. to territorialize.

▷ **territorio**, pl. **-ri** /terri'tɔrjo, ri/ m. **1** GEOGR. region, country, ground; ***~ montuoso, pianeggiante*** mountainous, flat region; ***sviluppo del ~*** regional development **2** AMM. territory; ***il ~ nazionale, tedesco*** national, German territory; ***essere in ~ italiano*** to lie within Italy's borders; ***essere in ~ nemico*** to be on enemy territory (anche FIG.); ***in ~ neutro*** on neutral ground; ***su tutto il ~*** countrywide, throughout the country; ***Territorio Australiano Antartico*** Australian Antarctic Territory **3** ZOOL. territory; ***delimitare*** o ***segnare il proprio ~*** to mark out one's territory (anche FIG.); ***difendere il proprio ~*** to defend one's territory (anche FIG.); ***sconfinare sul ~ di qcn.*** FIG. to poach *o* encroach on sb.'s territory, to muscle in on sb.'s territory ◆◆ ***~ di mandato*** mandate *o* mandated territory; ***-ri occupati*** POL. GEOGR. occupied territories.

terrone /ter'rone/ m. (f. **-a**) SPREG. = person from southern Italy.

> **Terrone** This word is derived from *terra* (land or earth), because it refers to an agricultural worker who used to work on the land on the large estates in the south of Italy. It has become the most common word used by northern Italians to describe a southern Italian in a pejorative and racist way, usually with the additional meaning of "ignorant, dirty, uncivilized" being understood. The term gained currency in the 1960s and 1970s when there was widespread immigration of southern Italians into the industrial towns and cities of the northwest. In Italy today insulting terms of a racist nature concentrate largely on foreign immigrants from outside the European Community, and the term *terrone* is less widely used and often takes on humorous overtones (especially when used by southerners themselves). Its negative sense has, however, been given a boost by the anti-southern polemic of the *Lega Nord*.

▷ **terrore** /ter'rore/ m. **1** *(sentimento)* dread; ***paralizzato dal ~*** frozen by *o* with terror; ***urlare di ~*** to scream with terror; ***un brivido di ~*** a shudder of terror; ***puro ~*** stark terror; ***un ~ irrazionale*** an irrational fear; ***il ~ di ammalarmi*** my fear of falling ill; ***è il mio più grande ~*** it's my greatest fear; ***avere il ~ di qcs.*** to have a terror *o* dread of sth., to dread sth., to be terrified of sth.; ***vivere nel ~*** to live in terror *o* in dread; ***incutere ~ in qcn.*** to strike terror into (the heart of) sb. **2** *(come mezzo politico)* ***strategia del ~*** balance of terror; ***regime di ~*** reign of terror **3** *(persona)* ***è il ~ del quartiere*** he's the terror of the neighbourhood; ***era il mio ~*** I dreaded her.

Terrore /ter'rore/ m. STOR. ***il (Regno del) ~*** the (Reign of) Terror.

▷ **terrorismo** /terro'rizmo/ m. terrorism; ***~ di Stato*** state-sponsored terrorism; ***un atto di ~*** an act of terrorism; ***lotta al ~*** fight against terrorism; ***ondata di ~*** wave of terrorism; ***~ psicologico*** psychological terrorism.

▷ **terrorista**, m.pl. **-i**, f.pl. **-e** /terro'rista/ m. e f. terrorist.

terroristico, pl. **-ci**, **-che** /terro'ristiko, tʃi, ke/ agg. [*gruppo, attentato, ideologia*] terrorist attrib.; ***un'azione -a*** an act of terrorism.

▷ **terrorizzare** /terrorid'dzare/ [1] tr. [*temporale, brutto sogno, persona*] to terrify, to terrorize.

terrorizzato /terrorid'dzato/ **I** p.pass. → **terrorizzare II** agg. terrified, terrorized, terror-stricken; ***essere ~ all'idea che, di fare*** to be terrified that, to do; ***essere ~ da*** to be terrified by, to have a terror of; ***fuggire ~*** to flee in terror.

terroso /ter'roso/ agg. **1** *(che contiene terra)* earthy **2** *(sporco di terra)* [*scarpe, patata, insalata*] earthy, earth-soiled **3** *(simile alla terra)* [*gusto, consistenza*] earthy.

Tersicore /ter'sikore/ n.pr.f. Terpsichore.

tersicoreo /tersiko'rɛo/ agg. Terpsichorean.

terso /'tɛrso/ **I** p.pass. → **tergere II** agg. **1** [*cielo*] clear, bright; [*aria*] clean; [*acqua*] clear, clean, limpid **2** FIG. [*stile*] terse.

terza /'tɛrtsa/ f. **1** SCOL. third year, third form BE; ***faccio la ~*** I'm in the third year **2** MUS. third, tierce; ***intervallo di ~*** interval of a third **3** COREOGR. third position **4** AUT. third (gear); ***ingranare*** o ***mettere la ~*** to change *o* shift AE into third gear **5** STOR. FERR. third class; MAR. steerage; ***biglietto di ~ (classe)*** FERR. third-class ticket; ***viaggiare in ~*** FERR. to travel third-class; MAR. to travel steerage **6** MAT. ***dieci alla ~*** ten to the power (of) three, ten cubed; ***elevare un numero alla ~*** to raise a number to the power of three, to cube a number **7** SPORT *(nella scherma)* tierce.

terzana /ter'tsana/ f. tertian.

terzarolare /tertsaro'lare/ [1] tr. to reef.

terzarolo /tertsa'rɔlo/ m. reef; ***fare ~*** to reef.

terzera /ter'tsɛra/ f. EDIL. purlin.

terzetto /ter'tsetto/ m. **1** MUS. trio **2** SCHERZ. *(gruppo di tre)* threesome, trio.

terziario, pl. **-ri**, **-rie** /ter'tsjario, ri, rje/ **I** agg. **1** ECON. [*settore*] service attrib., tertiary **2** GEOL. [*era, corrugamento*] tertiary **3** MED. [*sifilide*] tertiary **II** m. **1** ECON. tertiary sector, service industry, service sector; ***il lavoro, l'attività del ~*** work, activity in the service sector; ***la città è un polo del ~*** the town is a centre for the service industries **2** GEOL. Tertiary **3** RELIG. tertiary.

terzina /ter'tsina/ f. **1** METR. tercet, triplet **2** MUS. triplet.

terzino /ter'tsino/ m. SPORT (full-)back; ***~ sinistro, destro*** left, right back; ***giocare da ~*** to play (full-)back.

▶ **terzo** /'tɛrtso/ ♦ ***26, 5*** **I** agg. third; ***il ~ giorno della settimana*** the third day of the week; ***una -a persona*** an outsider; DIR. third party **II** m. (f. **-a**) **1** *(in una serie)* third **2** *(terza persona)* third party; ***chiedere il parere di un ~*** to ask an outside opinion **3** *(frazione)* third **III terzi** m.pl. DIR. *(altri)* third party; ***agire per conto di -i*** to act on behalf of a third party; ***con la mediazione di -i*** through an outside agency; ***ricorrere a -i*** to go through a third party; ***assicurazione per i danni contro -i*** third-party insurance **IV** avv. *(in terzo luogo)* thirdly ♦ ***tra i due litiganti il ~ gode*** PROV. two dogs strive for a bone, and a third runs away with it *o* the onlooker gets the best of a fight ♦♦ ***-a età*** third *o* old age; ***università della -a età*** University of the Third Age; ***~ grado*** third degree; ***fare il ~ grado a qcn.*** to give sb. the third degree, to grill sb. COLLOQ. (anche FIG.); ***~ incomodo*** unwanted third party; ***essere, fare il ~ incomodo*** to be a, to play gooseberry, to be like a spare part; ***terzo mondo*** Third World; ***Terzo Reich*** STOR. Third Reich; ***terzo sesso*** third sex; ***~ settore*** third *o* voluntary sector; ***terzo stato*** STOR. Third Estate.

terzogenito /tertso'dʒɛnito/ **I** agg. [*figlio*] third(-born) **II** m. (f. **-a**) third-born.

terzomondismo /tertsomon'dizmo/ m. Third Worldism.

terzomondista, m.pl. **-i**, f.pl. **-e** /tertsomon'dista/ **I** agg. [*coscienza, movimento, discorso, politica*] Third World attrib. **II** m. e f. Third Worlder.

terzultimo /ter'tsultimo/ **I** agg. last but two, third last, antepenultimate **II** m. (f. **-a**) last but two, third last.

terzuolo /ter'tsuɔlo/ m. *(falco)* tercel.

tesa /'tesa/ f. **1** *(di cappelli)* brim, flap; ***cappello a ~ larga*** o ***a larghe -e*** wide-brimmed hat, broad brim; ***cappello senza ~*** brimless hat **2** *(unità di misura)* toise **3** VENAT. ***fare la ~*** to lay the nets.

tesare /te'sare/ [1] tr. **1** *(tendere)* to stretch **2** MAR. to frap.

tesatura /tesa'tura/ f. **1** *(il tendere)* stretching **2** MAR. frapping.

tesaurizzare /tezaurid'dzare/ [1] **I** tr. to hoard [*denaro, risorse, conoscenze*] **II** intr. (aus. *avere*) to hoard money, to hoard riches.

tesaurizzazione /tezauriddzat'tsjone/ f. hoarding; ECON. accumulation of capital.

tesauro /te'zauro/ m. → **thesaurus.**

▷ **teschio**, pl. **-schi** /'tɛskjo, ski/ m. skull; *(simbolo della morte)* death's head, skull and crossbones.

Teseo /te'zɛo/ n.pr.m. Theseus.

▷ **tesi** /'tɛzi/ f.inv. **1** UNIV. *(di laurea)* graduation thesis* (**su** on); *(di dottorato)* doctoral thesis* (**su** on), dissertation AE (**su** on); ***essere sotto ~*** *(di laurea)* to be working on a graduation thesis; *(di dottorato)* to be working on a doctoral thesis, on a dissertation AE (**su** on); ***~ compilativa*** = a thesis which is not based on original research; ***~ sperimentale*** = research thesis; ***discutere la ~*** to defend a thesis; ***discussione della ~*** defence of a thesis; ***qual è l'argomento della tua ~?*** what's your thesis on? ***una ~ ben documentata*** a well researched thesis **2** *(argomentazione)* thesis*, argument; ***a ~*** [*commedia, romanzo*] thesis attrib.; ***film a ~*** film with a message; ***sostenere, confutare una ~*** to support, refute a thesis; ***~ controversa, inconfutabile, insostenibile*** disputed, incontrovertible, indefensible thesis **3** *(supposizione)* theory, thesis*; ***avanzare, scartare la ~ dell'incidente*** to put forward, discount the theory that it was an accident.

tesina /te'zina/ f. UNIV. paper, short thesis.

teso /'teso/ **I** p.pass. → **tendere II** agg. **1** *(tirato)* [*corda, cinghia*] taut, tight, tense, stretched; [*muscoli*] taut, tense, stretched; ***le cinghie non sono abbastanza -e*** the straps are not tight enough; ***ho i nervi -i*** my nerves are on edge **2** *(nervoso)* [*persona*] tense, nervous; *(che rivela tensione)* [*viso*] drawn; [*sorriso, espressione*] strained; [*relazioni, riunione, situazione, atmosfera*] tense, fraught, strained; [*mercato*] nervous; ***avere l'aria -a*** to look strained; ***si sente che è ~*** you can see he's all tensed up; ***in un'atmosfera estremamente -a*** in a highly-charged *o* extremely tense atmosphere; ***la situazione nella capitale è molto -a*** the situation in the capital is very tense **3** *(proteso)* [*mano*] outstretched; *(disteso)* [*braccia, gambe*] outstretched **4** *(rivolto)* aimed (**a**, **verso** at), intended, meant (**a**, **verso** to); ***essere ~ verso qcs., ~ a fare*** to aim at sth., at doing; ***~ alla*** o ***verso la vittoria*** intent on victory; ***questo provvedimento è ~ a impedire il traffico di droga*** this measure aims at preventing *o* is intended to prevent drug dealing **5** MIL. [*tiro*] flat-trajectory **6** MAR. ***brezza -a*** fresh breeze ♦ ***stare con le orecchie -e*** to strain one's ears, to keep one's ears cocked; ***essere ~ come una corda di violino*** to be like a coiled spring.

tesoreggiamento /tezoreddʒa'mento/ m. → **tesaurizzazione.**

tesoreggiare /tezored'dʒare/ → **tesaurizzare.**

tesoreria /tezore'ria/ f. AMM. ECON. *(contabilità, ufficio)* treasury ♦♦ ***~ centrale*** Treasury; ***Tesoreria dello Stato*** (national) Treasury.

tesoriere /tezo'rjɛre/ m. (f. **-a**) treasurer, purse-bearer.

▶ **tesoro** /te'zɔro/ m. **1** *(oggetti preziosi)* treasure; ***trovare un ~ (sepolto)*** to find a (buried) treasure; ***isola del ~*** treasure island; ***sala del ~*** treasure house, treasury; ***caccia al ~*** GIOC. treasure *o* scavenger hunt; ***il ~ di una chiesa*** a church's treasures **2** AMM. ECON. ***il Tesoro*** the Treasury; ***buono del Tesoro*** Treasury bond *o* bill; ***ministero del ~*** *(in GB)* Treasury; *(negli USA)* Treasury Department **3** *(oggetto di valore morale, affettivo)* treasure; ***la palla rossa era uno dei suoi -i*** the red ball was one of his treasures; ***-i artistici, archeologici*** art, archaeological treasures; ***i -i della terra*** the earth's treasure; ***i -i del cinema italiano*** the gems of the Italian cinema; ***i -i del mare*** the riches of the sea **4** *(grossa somma)* ***costare un ~*** to cost a fortune **5** *(persona) (termine affettivo)* darling, honey, sweetheart, precious; ***essere un vero ~*** to be a real sweetheart; ***i bambini sono stati dei -i*** the children have been little darlings; ***sei un ~!*** you're a doll *o* honey! ***~ mio*** my darling **6** *(opera enciclopedica)* treasure ♦ ***chi trova un amico trova un ~*** PROV. a good friend is worth his weight in gold; ***fare ~ di*** to treasure [*parole, idea, amicizia*]; to store [*informazione*] ♦♦ ***~ di guerra*** STOR. war chest.

Tespi /'tɛspi/ n.pr.m. Thespis.

Tessaglia /tes'saʎʎa/ ♦ ***30*** n.pr.f. Thessaly, Thessalia.

tessalico, pl. **-ci**, **-che** /tes'saliko, tʃi, ke/ agg. Thessalian.

tessalo /'tɛssalo/ **I** agg. Thessalian **II** m. (f. **-a**) Thessalian.

Tessalonica /tessa'lɔnika/ n.pr.f. Thessalonica.

tessalonicese /tessaloni'tʃese/ **I** agg. Thessalonian **II** m. e f. Thessalonian; ***Lettere ai Tessalonicesi*** BIBL. Thessalonians.

tessellato /tessel'lato/ agg. [*pavimento*] tessellated.

▷ **tessera** /'tɛssera/ f. **1** *(documento) (di riconoscimento)* card; *(di associazione, partito)* card; *(di mezzi di trasporto)* pass, card; ***foto (formato)*** ~ passport(-size) photo; ***avere la ~ di un partito*** to be a card-carrying member of a party **2** *(pezzo) (di domino)* domino*; *(di mosaico)* tessera* **3** SPORT membership card ◆◆ ~ ***annonaria*** ration book BE, ration card BE, food stamp AE; ~ ***associativa*** membership card; ~ ***dell'autobus*** bus pass; ~ ***della biblioteca*** library card; ~ ***fedeltà*** fidelity card; ~ ***ferroviaria*** train pass BE, travel card BE, commutation ticket AE; ~ ***da giornalista*** press card; ~ ***di iscrizione*** → ~ **associativa**; ~ ***magnetica*** magnetic card; ~ ***musiva*** tessera*; ~ ***di partito*** party card; ~ ***sanitaria*** = National Health Service Card; ~ ***sindacale*** (trade) union card.

tesseramento /tessera'mento/ m. **1** *(iscrizione)* membership, enrolment, enrollment AE; *(a un partito)* membership; ***campagna di ~ (a un partito)*** party membership campaign **2** *(razionamento)* rationing.

tesserare /tesse'rare/ [1] **I** tr. **1** *(iscrivere)* to enrol, to enroll AE, to give* a membership card to **2** *(razionare)* to ration **II tesserarsi** pronom. *(iscriversi)* ***-rsi a un'associazione, un partito*** to become member of *o* to join an association, a party.

tesserato /tesse'rato/ **I** p.pass. → **tesserare II** agg. card-carrying **III** m. (f. **-a**) cardholder, cardmember; SPORT member (of a sports federation).

tessere /'tɛssere/ [2] tr. **1** [*persona, macchina*] to weave*; [*ragno*] to spin, to weave* [*tela*]; ~ ***qcs. su un telaio*** to weave sth. on a loom; ~ ***la seta*** to weave silk into cloth, to weave cloth out of silk; ~ ***in diagonale*** to twill **2** FIG. to weave* [*discorso, intreccio, storia*]; to weave*, to plot [*trame, inganni*]; ~ ***le lodi di qcn.*** to praise sb. highly; ~ ***le proprie lodi*** to blow one's own trumpet.

tesserino /tesse'rino/ m. *(di riconoscimento, per mezzi pubblici)* card ◆◆ ~ ***magnetico*** magnetic card.

▷ **tessile** /'tɛssile/ **I** agg. [*industria, commercio, macchina*] weaving, textile attrib.; [*settore, fibre*] textile attrib.; [*operaio*] textile attrib., mill attrib.; ***materiale ~ vegetale*** plant fibres BE *o* fibers AE **II** m. *(settore industriale)* textile sector; ***gli operai del ~*** textile workers; ***lavorare nel ~*** to work in textiles **III** m. e f. *(lavoratore del settore tessile)* textile worker, mill worker **IV tessili** m.pl. *(prodotti tessili)* textiles, soft goods; ***negozio di -i*** draper's shop.

tessitore /tessi'tore/ ◗ ***18*** m. (f. **-trice** /tritʃe/) **1** weaver; ~ ***di tappeti*** rug weaver **2** FIG. *(orditore)* plotter **3** ORNIT. weaverbird.

tessitura /tessi'tura/ f. **1** *(fabbricazione)* weave, weaving, milling; ~ ***rada*** open *o* loose weave; ~ ***fitta*** close *o* fine weave **2** *(stabilimento)* textile factory, weaving factory **3** *(di romanzo, opera teatrale)* structure, plot **4** MUS. tessitura **5** FIG. *(orditura)* plot.

tessutale /tessu'tale/ agg. tissue attrib.

▷ **tessuto** /tes'suto/ **I** p.pass. → **tessere II** agg. woven; ~ ***a mano*** hand-woven **III** m. **1** *(stoffa)* fabric, material, cloth, textile; ***-i*** textiles, soft goods; ***acquistare del ~*** to buy some material *o* fabric; ***commerciare in -i*** to deal in textiles; ***un grazioso ~ stampato*** a pretty printed material *o* fabric; ***i -i sintetici*** synthetic materials *o* fabrics; ~ ***di lana, cotone, seta*** wool(len), cotton, silk cloth; ~ ***a righe, a quadretti*** striped, checked cloth; ***in ~*** [*copertina, tenda*] cloth attrib.; ***è in ~?*** is it fabric? ***non ~*** disposable fabric; ***negozio di -i*** draper's shop **2** BIOL. tissue; ***un campione di ~*** a tissue sample; ***coltura di -i*** tissue *o* cell culture **3** FIG. *(intreccio)* tissue, weaving, fabric; ***un ~ di menzogne*** a tissue *o* weaving of lies ◆◆ ~ ***adiposo*** BIOL. adipose *o* fatty tissue; ~ ***da arredamento*** furnishing material; ~ ***cellulare*** BIOL. cellular tissue; ~ ***cicatriziale*** BIOL. scar tissue; ~ ***connettivo*** BIOL. connective tissue; ~ ***industriale*** industrial base; ~ ***mortificato*** MED. mortified tissue; ~ ***muscolare*** BIOL. muscular tissue; ~ ***nervoso*** BIOL. nervous tissue; ~ ***organico*** BIOL. organic tissue; ~ ***osseo*** BIOL. bone tissue; ~ ***sociale*** SOCIOL. the fabric of society, social fabric; ~ ***di spugna*** terry (towelling BE *o* cloth AE); ~ ***urbano*** urban fabric.

test /test/ m.inv. *(per valutare)* test (anche PSIC. SCOL.), trial; ~ ***psicologico, di selezione, di gravidanza*** psychological, selection, pregnancy test; ~ ***attitudinale*** aptitude test (anche SCOL.); ~ ***dell'AIDS*** Aids test; ~ ***nucleare*** nuclear (bomb) testing; ~ ***clinici, medici*** clinical, medical trials; ***sottoporre qcn. a dei ~*** to put sb. through tests, to test sb.; ***far fare un test a qcn.*** SCOL. to give sb. a test; ***affrontare, superare un test*** SCOL. to take, pass a test ◆◆ ~ ***di intelligenza*** intelligence test; ~ ***di paternità*** paternity test; ~ ***di personalità*** personality test; ~ ***di Rorschach*** inkblot test.

▶ **testa** /'tɛsta/ ◗ ***4*** f. **1** *(di persona, animale, insetto)* head; ***muovere la ~*** to move one's head; ***scuotere la ~*** to shake one's head; ***disegnare una ~ di donna*** to draw a woman's head; ***in piena ~*** (right) in the head; ***ferita alla ~*** head injury, wound to *o* in the head; ***colpire qcn. alla ~*** to knock sb. on the head; ***fare un cenno con la ~*** to nod one's head; ***dalla ~ ai piedi*** from head to foot *o* toe; ***tagliare la ~ a qcn.*** to cut off *o* chop off sb.'s head; ***mal di ~*** headache; ***a ~ in giù, di ~*** [*cadere, tuffarsi*] headfirst; ***a ~ in giù*** [*essere sospeso, trovarsi*] upside down; ***mettersi il cappello in ~*** to put on one's hat; ***con la ~ alta, a ~ alta*** *(senza vergogna)* with one's head held high; ***tenere la ~ alta*** to keep one's head erect; FIG. to hold one's head up high; ***tenere la ~ bassa*** to keep one's head down; ***a ~ bassa*** [*lanciarsi*] headfirst, headlong; ***con la ~ bassa, a ~ bassa*** *(vergognandosi)* with one's head bowed; ***chinare la ~*** to bow one's head; FIG. to bow the knee; ***sulle nostre -e*** *(per aria)* over our heads; ***senza ~*** [*corpo, cadavere*] headless; ***a due -e*** two-headed; ***un colpo di ~*** SPORT *(nel calcio)* a header; FIG. a rush of blood to the head; ***fare un colpo di ~*** SPORT *(nel calcio)* to head the ball; FIG. to have a rush of blood to the head; ***mi gira la ~*** *(per un malore)* my head is spinning *o* swimming; ~ ***a ~*** [*correre, arrivare*] neck and neck, nip and tuck AE; [*lottare, scontrarsi*] head to head **2** *(parte superiore del cranio, i capelli)* head; ***coprirsi la ~*** to cover one's head; ***grattarsi la ~*** to scratch one's head (anche FIG.); ***avere la ~ rasata*** to have a shaven head; ***una ~ pelata*** a bald pate; ***lavarsi la ~*** to wash one's hair; ***ho la ~ tutta bagnata*** my hair's all wet **3** FIG. *(mente)* ***avere in ~ di fare*** to have it in mind to do; ***avere qcs. in ~*** to have sth. on one's mind; ***ho ben altre cose in ~ per il momento*** I've got a lot of other things on my mind at the moment; ***non avere in ~ altro che il calcio*** COLLOQ. to have football on the brain; ***usare la ~*** to use one's head; ***dove avevo la ~?*** whatever was I thinking of? ***avere la ~ altrove*** to be miles away, to have one's mind elsewhere; ***è una bella ~*** COLLOQ. she's a great mind, a heavyweight; ***non ci sta (tanto) con la ~*** COLLOQ. he's not right in the head, he's not all there; ***non c'è più con la ~*** he's lost his marbles **4** *(individuo)* ***a ~*** each, per *o* a head; ***farà 5 euro a ~*** it will be 5 euros each *o* per head **5** *(estremità) (di treno, convoglio)* front; *(di corteo, fila)* head, front; *(di chiodo, spillo, fiammifero, martello, mazza da golf)* head; ***i vagoni di ~*** the front carriages *o* cars; ***preferisco sedermi in ~*** I prefer to sit at the front of the train; ***i titoli di ~*** credits; ***stazione di ~*** *(di metropolitana, treno)* railhead, rail terminal, terminal station **6** *(nell'ippica)* ***vincere per una ~*** [*cavallo*] to win by a head **7** *(vita)* head; ***mettere una taglia sulla ~ di qcn.*** to put a price on sb.'s head; ***c'è una taglia sulla mia ~*** I have a price on my head; ***volere la ~ di qcn.*** to want sb.'s head; ***cadranno delle -e*** heads will roll **8** *(comando)* ***il gruppo di ~*** the leaders, the leading group; ***essere alla ~ di*** to be at the head of, to head [*movimento, partito*]; ***resterà alla ~ del gruppo*** he will stay on as head of the group; ***è stato nominato alla ~ del gruppo*** he was appointed head of the group; ***prendere la ~ del partito*** to become leader of the party; ***in ~ a*** o ***alla ~ di un corteo, una fila*** at the front *o* head of the procession, of the line; ***essere in ~*** *(in elezioni, sondaggio, gara, corsa, gioco, classifica)* to lead, to be in the lead, to have the lead; ***essere in ~ a*** to head [*lista*]; to lead, to head [*corteo, fila*]; to be at the top of [*classifica*]; ***è in ~ al primo turno*** POL. he's in the lead at the end of the first round; ***essere in ~ nei sondaggi*** to top *o* head the polls, to have a commanding lead in the polls; ***chi è in ~?*** who's in front *o* in the lead? ***la squadra in ~ al campionato*** the leading team in the championship; ***passare in ~*** to go into the lead, to take the lead; ***il governo, con il primo ministro in ~, ha deciso che...*** the government, led by the Prime Minister, has decided that... **9** LING. head **10** AUT. ***battere in ~*** [*motore*] to knock; [*automobile*] to backfire ◆ ***costare un occhio della ~*** to cost an arm and a leg, to cost the earth; ***pagare qcs. un occhio della ~*** to pay through the nose for sth.; ***non sapere dove (s)battere la ~*** not to know which way *o* where to turn, to be at one's wits' end; ***mi ci giocherei la ~, ci scommetterei la ~*** I would stake my life on it, I'd put my head on the block; ***fare una ~ così a qcn., fare la ~ come un pallone a qcn.*** to talk sb.'s head off; ***averne fin sopra la ~*** to be tired *o* sick to death (**di** of), to have it up to there (**di** with); ***avere la ~ tra le*** o ***nelle nuvole*** to have one's head in the clouds; ***avere la ~ sulle spalle*** o ***sul collo*** o ***a posto*** to have one's head screwed on, to have a good head on one's shoulders, to have all one's buttons COLLOQ.; ***nessuno con la ~ a posto farebbe una cosa così*** nobody in their right mind would do such a thing; ***dare alla ~*** o ***far girare la ~ a qcn.*** [*alcol, lodi*] to go to sb.'s head; [*successo*] to go to sb.'s head, to turn sb.'s head; ***montarsi la ~*** to get big-headed, to have a swollen head; ***non montarti la ~*** don't let it go to your head; ***il sangue mi andò alla ~*** the blood rushed to my head; ***dare*** o ***fare una lavata di ~ a qcn.*** to throw the book at sb., to give sb. a dressing-down *o* a going-over, to bawl sb. out COLLOQ.; ***giurare sulla propria ~ (che)*** to swear blind (that) COLLOQ.; ***tenere ~ a qcn.*** to be a match for sb.; ***levare*** o ***togliere qcs. dalla ~ di qcn.*** to get sth. out of sb.'s head; ***levarsi*** o ***togliersi qcs. dalla ~*** to get *o* put sth. out of one's head; ***levatelo dalla ~*** you can put that idea out of your head; ***entrare in ~ a qcn.*** to get into sb.'s head; ***far entrare qcs. in ~ a qcn.*** to drill sth. into sb., to get *o* beat *o* drive sth. into sb.'s head; ***mettere i piedi in ~ a qcn.*** to walk (all) over sb.; ***mettere la ~ a posto*** to get oneself sorted out, to buck up one's ideas COLLOQ.; ***ora ha messo la ~ a posto*** she's a lot more settled now; ***mettere qcs. in ~ a qcn.*** to put sth. into sb.'s head; ***mettersi in ~ di fare*** to take it into one's head to do, to set one's mind on doing; ***mettersi in ~ che*** to get the notion into one's head that; ***mettitelo bene in ~!*** get that into your (thick) skull! get it into your head once and for all! ***passare per la ~ a qcn.*** [*idea*] to cross sb.'s mind; ***mi domando cosa le frulli in ~*** o ***cosa le passi per la ~*** I wonder what's going on in her head; ***perdere la ~*** to go off one's head; ***riempire la ~ a qcn. di*** to fill sb.'s head with [*chiacchiere, stupidaggini*]; ***fare qcs. di ~ propria*** to do sth. on one's own initiative; ***fare (sempre) di ~ propria*** to (always) do it one's own way; ***rompersi la ~*** *(scervellarsi)* to rack one's brains; ***ti spacco la ~*** I'll knock your block off POP.; ***essere fuori di ~*** COLLOQ. to be as nutty as a fruit cake, to be out to lunch; ***andare fuori di ~, uscire di ~*** COLLOQ. to go off one's head, to flip, to go (a)round the bend, to go bananas; ***fare uscire di ~ qcn.*** COLLOQ. to drive sb. (a)round the bend; ***ma sei fuori di ~?*** are you off your head? are you out of your mind? ***in un colpo di ~*** on an impulse; ***tagliare la ~ al toro*** to clinch the question once and for all; ***non fasciarti la ~ prima di essertela rotta*** don't cross your bridges before you come to them; ***chi non ha ~ abbia gambe*** PROV. a forgetful head makes a weary pair of heels ◆◆ ***~ d'aglio*** BOT. GASTR. head of garlic; ***~ d'albero*** MAR. masthead; ***~ d'asino*** mutton head; ***~ di biella*** TECN. stub-end; ***~ calda*** hothead, hotspur; ***essere una ~ calda*** to be hot-headed; ***~ di cavolo*** COLLOQ. cabbagehead, pinhead; ***~ di cazzo*** VOLG. dickhead, prick; ***~ coronata*** crowned head; ***~ a croce*** MECC. cross-heading; ***~ o croce*** heads or tails; ***fare a ~ o croce*** to call heads or tails, to toss up, to flip a coin; ***fare a ~ o croce per decidere se fare qcs.*** to toss up whether to do sth.; ***l'hanno deciso a ~ o croce*** they decided (it) on the toss of a coin, it was a toss-up; ***~ di cuoio*** ORNIT. leather-head; MIL. = member of a special anti-terrorist police team; ***~ dura*** → **~ di legno**; ***avere la ~ dura*** to be strongheaded; ***~ di legno*** woodenhead, thickhead, blockhead; ***~ matta*** madcap; ***~ di minchia*** → **~ di cazzo**; ***~ di moro*** dark chocolate; ***~ di morto*** *(teschio)* death's head; ENTOM. death's head moth; ***~ di papavero*** poppy-head; ***~ di ponte*** MIL. bridgehead; ***~ quadra*** *(persona testarda)* bullhead, blackhead; ***~ quadrata*** *(persona razionale)* squareheaded person; ***~ di rapa*** COLLOQ. → **~ di legno**; ***~ rasata*** skinhead; ***~ rotonda*** STOR. Roundhead; ***~ di sbarco*** MIL. beachhead; ***~ di serie*** SPORT seed; ***~ di serie numero uno*** top seed; ***~ di serie numero cinque*** the fifth *o* number five seed; ***~ di turco*** COLLOQ. FIG. whipping boy, scapegoat; ***essere la ~ di turco di qcn.*** to be sb.'s whipping boy; ***~ d'uovo*** COLLOQ. egghead; ***~ vuota*** dimwit, rattle-brain, airhead AE, bubblehead AE; ***avere la ~ vuota*** to be in a vacuum; ***essere una ~ vuota*** to be a dimwit, to be dead from the neck up COLLOQ.

testabile /tes'tabile/ agg. testable.

testaceo /tes'tatʃeo/ **I** agg. testacean, testaceous, shelled **II** m. shelled animal, testacean.

testa-coda, **testacoda** /testa'koda/ m.inv. ***fare un ~*** [*macchina, automobilista*] to slew (round), to spin round; ***in seguito a un ~*** after slewing round.

testamentario, pl. **-ri**, **-rie** /testamen'tarjo, ri, rje/ agg. [*clausola, erede*] testamentary; ***disposizioni -rie*** last will and testament, testamentary dispositions; ***esecutore ~*** executor; ***curatore ~*** administrator; ***successione -a*** testacy.

▷ **testamento** /testa'mento/ m. **1** DIR. will, testament; ***fare ~*** to make one's will; ***morire senza lasciare ~*** to die intestate; ***questo è il mio ~*** this is my last will and testament; ***impugnare un ~*** to contest a will; ***revocare un ~*** to cancel a will; ***ricordarsi di qcn. nel proprio ~*** to remember sb. in one's will; ***escludere qcn. dal proprio ~*** to cut sb. out of one's will **2** BIBL. RELIG. Testament; ***il Vecchio, il Nuovo Testamento*** the Old, the New Testament ◆◆ ***~ biologico*** living will; ***~ congiuntivo*** joint will; ***~ olografo*** holograph will; ***~ pubblico*** = will drawn up by a lawyer in the presence of witnesses; ***~ sigillato*** = will written and signed by the testator and handed sealed to the lawyer.

testardaggine /testar'daddʒine/ f. stubbornness, mulishness.

testardamente /testarda'mente/ avv. stubbornly, mulishly.

▷ **testardo** /tes'tardo/ **I** agg. [*persona*] stubborn, obstinate, mulish, headstrong, pigheaded SPREG.; [*animale*] stubborn **II** m. (f. **-a**) stubborn person; ***fare il ~*** to be in a stubborn mood ◆ ***essere ~ come un mulo*** to be as stubborn as a mule.

1.testare /tes'tare/ [1] tr. *(verificare)* to test [*campione, prodotto*]; to trial [*metodo, sistema*]; INFORM. to benchmark [*sistema*]; ***~ qcs. in laboratorio*** to test sth. in the laboratory.

2.testare /tes'tare/ [1] intr. (aus. *avere*) *(fare testamento)* to make* one's will; ***incapace di ~*** intestable.

testata /tes'tata/ f. **1** *(colpo)* (head)butt, head; ***dare una ~ a qcn.*** to (head)butt sb.; ***dare una ~ sul tavolo*** to bang *o* strike one's head on the table **2** *(testiera)* (bed)head, headboard **3** *(estremità) (di galleria, molo)* head **4** ARM. *(di missile)* warhead; ***~ chimica, nucleare*** chemical, nuclear warhead; ***missile a ~ multipla*** multi-warhead missile **5** *(di motore)* cylinder head **6** *(giornale)* newspaper; *(titolo di giornale)* masthead **7** GEOGR. *(parte iniziale) (di fiume, valle, ghiacciaio)* head **8** TIP. headpiece.

testatina /testa'tina/ f. catchword, running head.

testato /tes'tato/ **I** p.pass. → **1.testare II** agg. tested; ***~ in laboratorio*** laboratory-tested; ***non ~*** [*prodotto, sistema*] untried, untested; ***non ~ su animali*** [*prodotto*] cruelty-free.

testatore /testa'tore/ m. DIR. testator, testate, bequeather, legator, devisor.

testatrice /testa'tritʃe/ f. DIR. testatrix*, testate, bequeather, legator, devisor.

teste /'tɛste/ m. e f. witness; ***comparire come ~*** to appear as a witness.

testé /tes'te/ avv. ANT. just now.

testicolare /testiko'lare/ agg. testicular.

testicolo /tes'tikolo/ m. testicle, testis*.

testiera /tes'tjɛra/ f. **1** *(del letto)* (bed)head, headboard **2** *(di cavalli)* headstall **3** *(per parrucche)* dummy head.

► **testimone** /testi'mɔne/ m. e f. **1** *(chi assiste a un fatto)* witness; ***~ oculare*** eyewitness; ***~ auricolare*** earwitness; ***essere (il) ~ di qcs.*** to be a witness to sth., to witness sth.; ***essere (il) ~ oculare di qcs.*** to eyewitness sth.; ***non c'erano -i*** there were no witnesses; ***chiamare qcn. a ~*** to call sb. as a witness (**di** to), to call sb. to witness **2** *(in tribunale)* witness; ***~ dell'accusa, della difesa*** prosecution, defence witness; ***essere ~ a carico, a discarico*** to be witness for the prosecution, defence; ***~ involontario, attendibile di qcs.*** unwitting, reliable witness to sth.; ***falso ~*** lying witness, perjurer; ***~ chiave*** key witness; ***banco dei -i*** stand, witness box BE *o* stand AE **3** *(garante di autenticità)* witness (**a** to); *(di nozze)* witness; *(dello sposo)* best man*; *(della sposa)* maid of honour; ***fare da ~ di nozze*** to witness a marriage; ***parlare davanti a -i*** to speak before witnesses; ***bisogna firmare davanti a -i*** you have to have your signature witnessed **4** FIG. *(di un'epoca)* ***essere stato ~ della nascita del terzo Reich*** to have witnessed the birth of the third Reich; ***la cattedrale, ~ dell'epoca in cui...*** the cathedral, bearing witness to an era when... **5** SPORT baton; ***passaggio del ~*** changeover; ***passare il ~*** to hand on the baton **6** ING. core (sample) ◆ ***Dio*** o ***il cielo mi è ~*** (as) God is my witness ◆◆ ***~ a carico*** witness for the prosecution, prosecution witness; ***~ contumace*** missing witness; ***~ a discarico*** witness for the defence, defence witness; ***Testimone di Geova*** RELIG. Jehovah's Witness.

testimonial /testi'mɔnjal/ m. e f.inv. endorser.

testimoniale /testimo'njale/ **I** agg. [*prova*] witness attrib. **II** m. **1** *(testimoni)* witnesses pl. **2** *(testimonianze)* evidence.

▷ **testimonianza** /testimo'njantsa/ f. **1** *(storia personale)* story; *(resoconto)* account; ***la ~ di una ex-drogata*** a former drug addict's story; ***raccogliere le -e dei rifugiati*** to get the refugees' stories; ***le -e raccolte da*** the accounts given by; ***portare la propria ~*** to give one's own account; ***secondo le -e di*** according to (accounts given by); ***un libro eccezionale, ~ di un'epoca*** FIG. an exceptional book, a first-hand account of an era **2** DIR. *(deposizione)* evidence **U**, testimony; ***delle -e contraddittorie, che concordano*** conflicting, corroborating evidence; ***ottenere la ~ di qcn.*** to get evidence from sb., to get sb.'s evidence; ***basarsi sulle -e dei vicini*** to rest on the neighbours' testimony, to rely on evidence from the neighbours; ***secondo la ~ di qcn.*** on the evidence of sb.; ***ascoltare la ~ di qcn.*** to take *o* hear sb.'s evidence; ***rendere ~*** to give evidence *o* testimony; ***portare ~ di qcs.*** to bear witness to sth.; ***falsa ~*** perjury, false evidence *o* witness; ***rendere falsa ~*** to commit perjury, to give false evidence, to bear false witness; ***non dire falsa ~*** BIBL. thou shalt not bear false witness **3** *(prova)* testimony, mark; ***~ d'amicizia*** *(pegno)* token *o* mark of friendship; *(gesto)* expression *o* gesture of friendship; ***a ~ della mia gratitudine*** as a mark *o* token of my gratitude.

▷ **testimoniare** /testimo'njare/ [1] **I** tr. **1** DIR. to testify (**che** that), to bear* witness (**che** to the fact that); ***ha testimoniato di averlo visto***

entrare she testified to having seen him go in *o* that she had seen him go in; ***~ il falso*** to give false testimony, to bear false witness; ***~ sotto giuramento che*** to say in sworn evidence *o* testimony that, to testify under oath that; ***~ in tribunale*** to testify in court **2** *(provare)* to witness, to attest (to), to testify (to), to vouch for; ***~ il coraggio di qcn.*** to vouch for sb.'s courage **II** intr. (aus. *avere*) DIR. to give* evidence, to give* testimony, to testify (**a favore di qcn.** for sb.; **contro qcn.** against sb.); ***essere chiamato a ~*** to be called to give evidence, to be called as a witness.

testimonio, pl. **-ni** /testi'mɔnjo, ni/ m. **1** *(testimone)* witness; *(di nozze)* witness; *(dello sposo)* best man* **2** ANT. *(testimonianza)* evidence.

testina /tes'tina/ f. **1** *(piccola testa)* small head **2** GASTR. head; ***~ di vitello*** calf's head **3** INFORM. ELETTRON. head ◆◆ ***~ di cancellazione*** INFORM. erase head; ***~ di lettura*** INFORM. read(ing) head; ***~ magnetica*** TECN. magnetic head; ***~ di registrazione*** ELETTRON. recording *o* tape head; ***~ di riproduzione*** ELETTRON. playback head; ***~ rotante*** printhead, golf ball; ***~ di scrittura*** INFORM. write head; ***~ sonora*** sound head; ***~ di stampa*** → **~ di scrittura**.

▷ **1.testo** /'tɛsto/ m. **1** *(insieme di parole scritte)* text (**di qcn.** by sb.); ***il ~ di un'opera illustrata, di un discorso, di un problema*** the text of an illustrated book, of a speech, of a problem; ***~ di una canzone*** lyrics, words; ***fare il commento di un ~*** to comment on a text, to do *o* write a commentary (on a text); ***leggere un'opera straniera nel ~ originale*** to read a foreign work in the original; ***"in francese nel ~"*** "in French in the original"; ***"~ integrale"*** "unabridged text"; ***analisi del ~*** textual analysis; ***edizione con ~ a fronte*** parallel text edition **2** *(opera)* work; *(volume)* text, book; ***-i classici*** classical texts; ***-i scolastici*** schoolbooks; ***libro di ~*** textbook, course book **3** CINEM. TEATR. script, material, words pl. **4** AMM. DIR. POL. wording, text; ***il ~ di un contratto*** the wording of a contract **5** INFORM. text **6** TIP. body type ◆ ***fare ~*** to be authoritative, to have influence; ***le tue parole non fanno ~*** your words are not authoritative ◆◆ ***~ di legge*** law; ***adottare un ~ di legge*** to pass a law; ***il ~ di legge entrerà in vigore domani*** the bill will become a law tomorrow; ~ ***unico*** = unified code; ***-i sacri*** RELIG. sacred books; BIBL. (Holy) Scriptures.

2.testo /'tɛsto/ m. **1** *(teglia)* baking tray **2** ANT. *(vaso di terracotta)* cruse, crock.

testone /tes'tone/ m. (f. **-a**) **1** *(testa grossa)* big head **2** COLLOQ. *(testardo)* pigheaded person; *(ottuso)* blockhead, thickhead, bullhead, fathead **3** NUMISM. testo(o)n.

testosterone /testoste'rone/ m. testosterone.

testuale /testu'ale/ agg. **1** *(del testo)* [*analisi, citazione, passaggio*] textual **2** *(letterale)* [*copia, riproduzione, resoconto*] verbatim, literal, word-for-word; ***le sue -i parole*** her very *o* exact words.

testualmente /testual'mente/ avv. [*riferire*] word-for-word, verbatim; ***non cito ~*** I'm not quoting word for word; ***mi ha detto ~ "me ne infischio"*** his exact words were, "I couldn't care less".

testuggine /tes'tuddʒine/ f. **1** ZOOL. tortoise, testudo*; ***~ d'acqua dolce*** freshwater turtle **2** MIL. STOR. testudo*.

teta /'tɛta/ m. e f.inv. theta.

tetania /teta'nia/ f. tetany; ***un attacco di ~*** an attack of tetany.

tetanico, pl. **-ci, -che** /te'taniko, tʃi, ke/ agg. [*contrazione*] tetanic; [*spasmo*] tetanus attrib.

tetano /'tɛtano/ ➧ **7** m. tetanus, lockjaw; ***affetto da ~*** [*paziente*] tetanic, with tetanus; ***il bacillo del ~*** the tetanus bacillus.

Teti /'tɛti/ **I** n.pr.f. MITOL. **1** *(madre di Achille)* Thetis **2** *(figlia di Urano)* Tethys **II** f. LETT. *(acque del mare)* Thetis.

tetrabasico, pl. **-ci, -che** /tetra'baziko, tʃi, ke/ agg. tetrabasic.

tetraciclina® /tetratʃi'klina/ f. tetracycline.

tetracloruro /tetraklo'ruro/ m. tetrachloride.

tetracordo /tetra'kɔrdo/ m. tetrachord.

tetrade /'tɛtrade/ f. tetrad.

tetraedrico, pl. **-ci, -che** /tetra'ɛdriko, tʃi, ke/ agg. tetrahedral.

tetraedrite /tetrae'drite/ f. tetrahedrite.

tetraedro /tetra'ɛdro/ m. tetrahedron.

tetraetilico, pl. **-ci, -che** /tetrae'tiliko, tʃi, ke/ agg. tetraethyl.

tetraggine /te'traddʒine/ f. gloom, gloominess, bleakness, dismalness; *(di umore)* sullenness, gloominess; *(di pensieri, aspetto)* gloominess, blackness.

tetragonale /tetrago'nale/ agg. MAT. MINER. tetragonal.

tetragono /te'tragono/ **I** agg. **1** MAT. tetragon **2** FIG. resolute, steadfast **II** m. *(solido)* tetrahedron; *(figura piana)* tetragon.

tetragramma /tetra'gramma/ m. **1** LING. tetragram **2** RELIG. Tetragrammaton **3** MUS. four-line staff.

tetralogia /tetralo'dʒia/ f. tetralogy; ***la ~ Wagneriana*** Wagner's tetralogy.

tetramente /tetra'mente/ avv. bleakly, dismally.

tetrametro /te'trametro/ m. tetrameter.

tetraone /tetra'one/ m. grouse*.

tetraplegia /tetraple'dʒia/ ➧ **7** f. quadriplegia.

tetraplegico, pl. **-ci, -che** /tetra'plɛdʒiko, tʃi, ke/ **I** agg. quadriplegic **II** m. (f. **-a**) quadriplegic.

tetrapode /te'trapode/ **I** agg. tetrapod **II** m. tetrapod.

tetrapodia /tetrapo'dia/ f. tetrapody.

tetrarca, pl. **-chi** /te'trarka, ki/ m. tetrarch.

tetrarcato /tetrar'kato/ m. tetrarchate.

tetrarchia /tetrar'kia/ f. tetrarchy.

tetrasillabo /tetra'sillabo/ agg. tetrasyllabic.

tetrastico, pl. **-ci, -che** /te'trastiko, tʃi, ke/ agg. **1** METR. ***strofa -a*** tetrastich **2** ARCH. tetrastyle.

tetrastilo /te'trastilo/ agg. ARCH. tetrastyle; ***edificio ~*** tetrastyle.

tetratomico, pl. **-ci, -che** /tetra'tɔmiko, tʃi, ke/ agg. tetratomic.

tetravalente /tetrava'lɛnte/ agg. quadrivalent, tetravalent.

tetravalenza /tetrava'lɛntsa/ f. quadrivalence, quadrivalency.

▷ **tetro** /'tɛtro/ agg. [*persona*] gloomy, sullen; [*aspetto, voce*] gloomy; [*pensieri, umore*] black, gloomy, sullen; [*casa*] bleak, dismal, grim; [*cielo*] sombre BE, somber AE, gloomy, sullen; [*tempo*] dreary, gloomy.

tetrossido /te'trɔssido/ m. tetroxide.

tetta /'tetta/ f. COLLOQ. boob; tit(ty) POP., knocker POP.

tettarella /tetta'rɛlla/ f. *(di biberon)* teat BE, nipple AE.

▶ **tetto** /'tetto/ m. **1** *(di casa, auto)* roof, rooftop; ***da qui si vedono i -i di Parigi*** from here you can see the rooftops of Paris; ***copertura del ~*** roofing; ***~ in lamiera*** metal-sheet roof; ***~ spiovente*** pitched *o* sloping roof; ***rifare il ~ a*** to reroof [*edificio*] **2** FIG. *(casa)* ***vivere sotto lo stesso ~*** to live under one *o* the same roof; ***avere un ~ sopra la testa*** to have a roof over one's head; ***ritrovarsi senza un ~ sopra la testa*** to find oneself without a roof over one's head; ***senza ~*** homeless **3** FIG. *(limite)* ceiling; ***~ massimo*** cut-off, upper limit; ***fissare un ~ del 10% sull'aumento delle retribuzioni*** to set a ceiling of 10% on wage rises; ***superare il ~ dei due milioni di dollari*** to go over *o* to exceed two million dollars ◆◆ ***~ di ardesia*** slate roof; ***~ a bulbo*** (onion) domed roof; ***~ a capanna*** saddle roof, saddleback; ***~ coniugale*** matrimonial home; ***abbandono del ~ coniugale*** desertion; ***ritorno al ~ coniugale*** return to the matrimonial home; ***~ a cupola*** domed roof; ***~ a doppia falda*** → **~ a due spioventi**; ***~ a mansarda*** mansard (roof); ***il ~ del mondo*** ALP. the roof of the world; ***~ a padiglione*** hip(ped) roof; ***~ di paglia*** thatched roof; ***~ a pagoda*** pagoda roof; ***~ piano*** → **~ a terrazza**; ***~ a punta*** pointed roof; ***~ a uno spiovente*** shed roof; ***~ a due spioventi*** gable *o* ridge roof; ***~ a terrazza*** terrace *o* flat roof.

tettogenesi /tetto'dʒɛnesi/ f.inv. tectogenesis.

▷ **tettoia** /tet'toja/ f. shed, shelter; *(a uno spiovente)* penthouse, lean-to shed; *(pensilina di stazione ferroviaria)* canopy.

tettona /tet'tona/ f. COLLOQ. *(donna)* well-stacked woman*, bosomy woman*.

tettonica /tet'tɔnika/ f. tectonics + verbo sing.; ***~ a placche*** plate tectonics.

tettonico, pl. **-ci, -che** /tet'tɔniko, tʃi, ke/ agg. tectonic.

tettorio, pl. **-ri, -rie** /tet'tɔrjo, ri, rje/ agg. tectorial.

tettuccio, pl. **-ci** /tet'tuttʃo, tʃi/ m. **1** *(piccolo tetto)* small roof **2** AUT. roof **3** AER. *(di cabina di pilotaggio)* hood, canopy ◆◆ ***~ apribile*** AUT. sunroof; ***~ rigido*** AUT. hardtop.

teucrio /'tɛukrjo/ m. germander.

teurgia /teur'dʒia/ f. theurgy.

teurgico, pl. **-ci, -che** /te'urdʒiko, tʃi, ke/ agg. theurgic(al).

teurgo, m.pl. **-ghi** /te'urgo, gi/ m. theurgist.

teutone /'tɛutone/ m. e f. STOR. Teuton.

teutonicità /teutonitʃi'ta/ f.inv. Teutonicism.

teutonico, pl. **-ci, -che** /teu'tɔniko, tʃi, ke/ agg. Teutonic.

Tevere /'tevere/ ➧ ***9*** n.pr.m. Tiber.

texano /tek'sano/ ➧ ***30*** **I** agg. Texan **II** m. (f. **-a**) Texan.

tex-mex /teks'mɛks/ agg. e m.inv. Tex Mex.

thai /'tai/ m.inv. LING. Thai.

thailandese /tailan'dese/ ➧ ***25, 16*** **I** agg. Thai **II** m. e f. Thai* **III** m. LING. Thai.

Thailandia /tai'landja/ ➧ ***33*** n.pr.f. Thailand.

thatcherismo /tattʃe'rizmo/ m. POL. Thatcherism.

the, thè → **tè**.

thermos® /'tɛrmos/ m.inv. Thermos®, thermos flask, vacuum flask.

thesaurus /te'zaurus/ m.inv. thesaurus*.

theta → **teta**.

thriller /'triller/ m.inv. CINEM. TELEV. LETTER. thriller; ***~ poliziesco*** crime thriller.

▶ **1.ti** /ti/ v. la nota della voce io. pron.pers. **1** *(complemento oggetto)* you; **~ *odio*** I hate you; ***non ~ sento bene*** I can't hear you (very well); ***~ sta guardando*** she's looking at you; ***~ sto preparando la colazione*** I'm making breakfast for you; ***verrà a prenderti lei*** she'll come and fetch you; ***sono felicissimo di vederti*** am I ever glad to see you **2** *(complemento di termine)* you; ***non ~ ha fatto male*** he didn't hurt you; ***che cosa ~ ha detto?*** what did she tell you? ***ben ~ sta! ~ sta bene!*** it serves you right! **3** *(con verbi pronominali)* yourself; ***~ sei fatto male?*** did you hurt yourself? ***~ sbagli, ~ stai sbagliando*** you're wrong; ***non ~ preoccupare*** don't worry; ***curati*** look after yourself; ***va' a lavarti le mani*** go and wash your hands; ***serviti*** help yourself; ***fatti sentire!*** call me! **4** *(pleona-stico)* ***chi ~ credi di essere?*** who do you think you are? ***~ stai inventando tutto!*** you're making it up!

2.ti /ti/ m. e f.inv. t, T.

tiammina /tiam'mina/ f. thiamine.

tiara /'tjara/ f. tiara.

Tiberiade /tibe'riade/ ◗ ***15*** n.pr.f. Tiberias; ***il lago di ~*** Lake Tiberias.

Tiberio /ti'bɛrjo/ n.pr.m. Tiberius.

Tibet /'tibet/ ◗ ***30*** n.pr.m. Tibet.

tibetano /tibe'tano/ ◗ ***30*** **I** agg. Tibetan **II** m. (f. **-a**) **1** Tibetan **2** LING. Tibetan.

tibia /'tibja/ f. ANAT. tibia*, shinbone; ***frattura della ~*** fracture of the tibia.

tibiale /ti'bjale/ agg. [*nervo, muscolo*] tibial.

Tibullo /ti'bullo/ n.pr.m. Tibulle.

tiburio, pl. **-ri** /ti'burjo, ri/ m. dome cladding.

▷ **tic** /tik/ **I** inter. ***~ tac*** tick; ***fare ~ tac*** to tick **II** m.inv. **1** *(involontario)* tic, twitch; ***gli è venuto un ~*** he has developed a tic; ***avere un ~ all'occhio, alla bocca*** to have a twitch in the corner of one's eye, mouth; ***essere pieno di ~*** to be constantly twitching **2** *(fissazione)* habit ◆◆ ***~ nervoso*** nervous habit; ***~ verbale*** verbal tic.

ticchettare /tikket'tare/ [1] intr. (aus. *avere*) *(emettere un ticchettio)* [*orologio, meccanismo*] to tick; [*macchina*] to click; [*macchina da scrivere, tacchi*] to clack.

▷ **ticchettio**, pl. **-ii** /tikket'tio, ii/ m. *(di orologio, meccanismo)* tick(ing); *(di macchina)* clicking.

1.ticchio, pl. **-chi** /'tikkjo, ki/ m. **1** *(tic nervoso)* tic, twitch **2** *(di cavallo)* vice **3** *(capriccio)* whim, fancy, whimwhams pl. AE COLLOQ.; ***gli è saltato il ~ di fare...*** he's got it into his head to do... ◆◆ ***~ d'appoggio*** VETER. crib-biting.

2.ticchio, pl. **-chi** /'tikkjo, ki/ m. *(macchiolina) (del marmo)* small mark; *(della frutta)* speck(le).

ticchiolato /tikkjo'lato/ agg. [*frutto*] specked.

ticchiolatura /tikkjola'tura/ f. *(degli alberi)* scab.

ticinese /titʃi'nese/ **I** agg. from, of Ticino **II** m. e f. native, inhabitant of Ticino **III** m. dialect of Ticino.

Ticino /ti'tʃino/ n.pr.m. Ticino; ***il Canton ~*** (the canton of) Ticino.

ticket /'tiket/ m.inv. **1** *(sanitario)* prescription charges pl. **2** *(buono pasto)* luncheon voucher, meal ticket.

tictac /tik'tak/ **I** inter. tick **II** m.inv. ticking, ticktock; ***fare ~*** [*orologio*] to tick.

tie-break /tai'brɛk/ m.inv. tie break(er).

tientibene /tjenti'bɛne/ m.inv. MAR. lifeline.

tiepidamente /tjepida'mente/ avv. [*applaudire, accogliere*] tepidly, half-heartedly.

tiepidezza /tjepi'dettsa/ f., **tiepidità** /tjepidi'ta/ f.inv. tepidity (anche FIG.).

▷ **tiepido** /'tjɛpido/ agg. **1** [*caffè, minestra, bagno*] lukewarm, tepid; *(mite)* [*aria, notte*] warm; [*temperatura, stagione*] mild; ***servire ~*** serve slightly warm; ***lavare in acqua -a*** wash in cool water **2** FIG. *(senza entusiasmo)* [*sentimento, applausi, accoglienza*] lukewarm, tepid, half-hearted.

tifare /ti'fare/ [1] intr. (aus. *avere*) **1** SPORT ***~ per*** to support, to follow, to root for COLLOQ. [*sportivo, squadra*] **2** FIG. *(parteggiare)* ***~ per*** to support.

tifico, pl. **-ci, -che** /'tifiko, tʃi, ke/ agg. [*febbre*] typhus attrib.

▷ **tifo** /'tifo/ m. **1** MED. typhus (fever), ship-fever; ***epidemia di ~*** typhus epidemic **2** SPORT ***fare il ~ per*** to be a supporter of, to support, to root for COLLOQ.; FIG. *(parteggiare, ammirare)* to support, to root for COLLOQ.; ***facciamo tutti il ~ per te*** we're all rooting for you ◆◆ ***~ esantematico*** exanthematic typhus; ***~ petecchiale*** petechial typhus.

tifoide /ti'fɔide/ agg. [*febbre*] typhoid(al).

tifoidea /tifoi'dɛa/ f. typhoid (fever).

tifoideo /tifoi'dɛo/ agg. → **tifoide**.

tifone /ti'fone/ m. typhoon.

tifoseria /tifose'ria/ f. *(insieme dei tifosi)* supporters pl., following.

▷ **tifoso** /ti'foso/ **I** agg. **1** SPORT supporting, rooting for COLLOQ. **2** MED. typhous **II** m. (f. **-a**) SPORT supporter, fan, follower; ***un ~ del Torino*** a Torino supporter.

tight /'tait/ m.inv. morning dress; ***giacca da ~*** morning coat.

tiglio, pl. **-gli** /'tiʎʎo, ʎi/ m. *(albero)* lime (tree), linden (tree); *(legno)* lime(wood); ***fiori di ~*** lime-blossoms; ***miele di ~*** lime honey; ***infuso di ~*** lime-blossom tea ◆◆ ***~ americano*** bass(wood).

tiglioso /tiʎ'ʎoso/ agg. [*carne*] stringy, tough.

tigna /'tiɲɲa/ f. tinea, scall, ringworm ◆◆ ***~ del cuoio capelluto*** ringworm (on the scalp).

tignola /tiɲ'ɲɔla/ f. moth ◆◆ ***~ dei farinacei*** meal moth; ***~ del grano*** harvest bug; ***~ dei panni*** clothes moth; ***~ dell'uva*** vine moth.

tignosa /tiɲ'ɲosa/ f. amanita.

tignoso /tiɲ'ɲoso/ agg. **1** MED. suffering from ringworm **2** FIG. POP. *(spilorcio)* mean, stingy **3** FIG. *(puntiglioso, testardo)* stubborn, bullheaded.

tigone /ti'gone/ m. tigon.

tigrato /ti'grato/ agg. [*mantello*] striped, streaked; [*gatto*] tabby.

▷ **tigre** /'tigre/ f. **1** ZOOL. *(maschio)* tiger; *(femmina)* tigress **2** *(persona crudele)* wildcat ◆ ***essere feroce come una ~*** to be as fierce as a tiger; ***cavalcare la ~*** to ride the tiger ◆◆ ***~ del Bengala*** Bengal tiger; ***~ di carta*** paper tiger; ***~ dai denti a sciabola*** sabre-toothed tiger, sabretooth tiger; ***~ della Siberia*** Siberian tiger.

tigresco, pl. **-schi, -sche** /ti'gresko, ski, ske/ agg. tigerish.

Tigri /'tigri/ ◗ ***9*** n.pr.m. Tigris.

tigrotto /ti'grɔtto/ m. tiger cub.

tilacino /tila'tʃino/ m. thylacine.

tilde /'tilde/ m. e f. tilde, swung dash.

tillandsia /til'landsja/ f. Spanish moss.

tilosi /ti'lɔzi/ f.inv. tylosis*.

tilt /'tilt/ m.inv. GIOC. tilt; ***andare in ~*** [*macchina*] to go haywire, to seize up, to jam; FIG. [*persona*] to go into a tailspin; ***essere in ~*** [*persona*] to be in a tailspin.

timallo /ti'mallo/ m. ZOOL. umber.

timballo /tim'ballo/ m. **1** GASTR. timbale **2** MUS. timbal, tymbal.

timbrare /tim'brare/ [1] tr. **1** *(apporre un timbro)* to stamp [*documento, passaporto*]; to postmark [*lettera, cartolina*] **2** *(annullare)* to stamp, to punch [*biglietto*] **3** [*impiegato, operaio*] to punch [*cartellino*]; ***~ (il cartellino)*** to punch the clock; *(all'entrata)* to clock in BE, to check in AE; *(all'uscita)* to clock out BE, to check out AE; ***non siamo obbligati a ~ (il cartellino)*** we don't have to clock in and out BE, to check in and out AE.

timbratore /timbra'tore/ m. ***(orologio) ~*** time clock.

timbratrice /timbra'tritʃe/ f. **1** *(macchina che appone timbri)* stamper **2** *(di cartellini)* time clock.

timbratura /timbra'tura/ f. **1** *(alla posta)* stamping **2** *(di cartellino) (all'entrata)* clocking-in BE, checking-in AE; *(all'uscita)* clocking-out BE, checking-out AE **3** *(timbro)* stamp.

timbrico, pl. **-ci, -che** /'timbriko, tʃi, ke/ agg. timbre attrib.

▷ **1.timbro** /'timbro/ m. *(stampigliatura, strumento)* stamp; ***mettere*** o ***apporre un ~ su*** to stamp [*documento, passaporto*]; to postmark [*lettera, cartolina*]; ***"fa fede il ~ postale"*** "date as postmark"; ***la cartolina aveva il ~ di Bruxelles*** the card was postmarked Brussels ◆◆ ***~ a data*** date stamp; ***~ postale*** postmark.

2.timbro /'timbro/ m. **1** MUS. *(qualità di suono)* timbre; tone colour BE, tone color AE **2** *(tono)* tone, timbre; ***il ~ della sua voce*** his tone of voice; ***voce dal ~ velato*** husky voice, voice of a husky timbre; ***~ caldo*** warm tone.

timer /'taimer/ m.inv. timer, time clock; ***~ automatico*** autotimer.

timico, pl. **-ci, -che** /'timiko, tʃi, ke/ agg. ANAT. thymic.

timidamente /timida'mente/ avv. [*sorridere*] shyly, timidly, bashfully, self-consciously.

▷ **timidezza** /timi'dettsa/ f. shyness, timidity, bashfulness, self-consciousness; ***è di una ~ patologica*** his shyness is pathological, he's pathologically shy; ***dominare, vincere la propria ~*** to overcome, to break down one's shyness.

timidina /timi'dina/ f. thymidine.

▷ **timido** /'timido/ **I** agg. *(introverso)* [*persona*] shy, timid, bashful, self-conscious; *(pauroso)* [*animale*] shy, timid; *(debole)* [*tentativo*] faint(hearted); [*protesta*] faint, mild; [*riforma*] fainthearted, timid; [*sorriso*] tentative, timid; ***è terribilmente ~*** he's terribly *o* painfully shy **II** m. (f. **-a**) shy person; ***gioca a fare il ~*** he's pretending to be shy, he's being coy.

timina /ti'mina/ f. thymine.

1.timo /'timo/ m. BOT. thyme; ***un rametto di ~*** a sprig of thyme; ***~ selvatico*** wild thyme; ***coperto di ~*** [*terreno*] thymy.

2.timo /'timo/ m. ANAT. thymus*, thymus gland.

timocratico, pl. **-ci, -che** /timo'kratiko, tʃi, ke/ agg. timocratic(al).
timocrazia /timokrat'tsia/ f. timocracy.
timolo /ti'mɔlo/ m. thymol.
▷ **timone** /ti'mone/ m. **1** MAR. helm (anche FIG.), rudder; ***barra del ~*** tiller; ***ruota del ~*** wheel; ***reggere il ~*** to hold the helm steady; ***reggere il ~ con mano ferma*** to have a firm hand on the tiller; ***manovrare il ~*** to be at the helm; ***mettersi al ~*** to take the helm *o* wheel; ***senza ~*** rudderless; ***prendere il ~*** to take the helm (anche FIG.); ***essere al ~*** to be at the helm (anche FIG.) **2** *(di aratro)* beam ◆◆ ***~ di direzione*** AER. vertical rudder; ***~ di profondità*** MAR. hydroplane; AER. horizontal rudder; ***~ di quota*** AER. → **~ di profondità**.
Timone /ti'mone/ n.pr.m. Timon.
timoneria /timone'ria/ f. AUT. MAR. AER. steering gear.
timoniera /timo'njɛra/ f. MAR. wheelhouse, pilothouse.
timoniere /timo'njɛre/ m. helmsman*, pilot, steerer, steersman*, tillerman*, wheelman*; *(di scialuppa, barca a remi ecc.)* coxswain; SPORT cox.
timoniero /timo'njɛro/ agg. rudder attrib., helm attrib.; ***penna -a*** ORNIT. tail feather.
timorato /timo'rato/ agg. moderate, temperate; ***~ di Dio*** God-fearing.
▶ **timore** /ti'more/ m. **1** *(paura)* fear (**di** of); ***avere ~*** to be afraid (**di** of; **di fare** to do, of doing); ***per ~ di qcs., di fare*** for fear of sth., of doing; ***nel ~ che lei lo chiami*** lest she should call him, for fear that she might call him; ***nel ~ di dover pagare, non è venuto*** he didn't come for fear of having to pay *o* fearing that he might have to pay; ***con ~*** fearfully; ***senza ~*** without fear; ***-i ingiustificati*** groundless fears; ***non abbia ~*** have no fear; ***incutere ~ a qcn.*** to inspire fear in sb. **2** *(soggezione, rispetto)* fear, awe ◆ ***il ~ è l'inizio della saggezza*** the fear of the Lord is the beginning of wisdom ◆◆ ***timor di Dio*** fear of God; ***timor panico*** panic fear; ***~ reverenziale*** reverential awe.
timorosamente /timorosa'mente/ avv. fearfully, timorously.
timorosità /timorosi'ta/ f.inv. fearfulness, timorousness.
timoroso /timo'roso/ agg. [*persona, comportamento, voce*] fearful, timorous.
Timoteo /ti'mɔteo/ n.pr.m. Timothy.
timpanico, pl. **-ci, -che** /tim'paniko, tʃi, ke/ agg. ANAT. [*cassa, membrana*] tympanic.
timpanismo /timpa'nizmo/ m. tympanism, tympanites.
timpanista, m.pl. **-i**, f.pl. **-e** /timpa'nista/ m. e f. timpanist, tympanist.
timpanite /timpa'nite/ f. tympanitis.
timpano /'timpano/ m. **1** ANAT. tympanum*, eardrum; ***l'esplosione gli ha perforato un ~*** one of his eardrums was perforated in the explosion; ***un rumore da bucarti i -i*** an ear-splitting noise **2** ARCH. tympanum*, gable, spandrel **3** MUS. kettledrum, tympanum*; ***i -i*** *(nell'orchestra)* timpani, tympani ◆ ***rompere i -i a qcn.*** to deafen sb.
tinca, pl. **-che** /'tinka, ke/ f. tench.
tindalizzazione /tindaliddzat'tsjone/ f. tyndallization.
tinea /'tinea/ f. ENTOM. tinea.
tinello /ti'nɛllo/ m. *(stanza)* dinette; *(mobilio)* dinette (set).
▷ **tingere** /'tindʒere/ [24] **I** tr. **1** *(cambiare colore a)* to dye [*tessuto, pelle, scarpe*]; to dye, to colour BE, to color AE [*capelli*]; to paint [*oggetto, pareti*]; to tint [*vetro*]; to paint *o* to stain [*legno*]; ***~ qcs. di verde, nero*** to paint *o* dye sth. green, black; ***la cocciniglia tinge di rosso*** cochineal dyes things red; ***~ la lana*** to dye wool; ***questo prodotto tinge bene*** this product is a good dye; ***~ con l'henné*** to henna **2** *(macchiare)* to stain; ***la camicia blu ha tinto il bucato*** the blue shirt has stained the washing, the blue shirt has made the washing blue **3** FIG. to tinge; ***il sole al tramonto tinge il cielo di rosso*** the sunset paints the sky red **II tingersi** pronom. **1** *(con un prodotto)* ***-rsi i capelli (di rosso)*** to dye one's hair (red); ***-rsi le labbra, le unghie*** to paint one's lips, nails **2** *(macchiarsi)* [*bucato*] to stain **3** LETT. *(cambiare sfumatura)* to become tinged; ***-rsi di rosa*** [*cielo, montagna*] to become tinged with pink; ***-rsi di rosso*** [*bosco, foglie, alberi*] to go red; ***-rsi di nostalgia*** to become tinged with nostalgia.
tinnire /tin'nire/ [102] intr. (aus. *avere*) LETT. to ting, to tinkle.
tino /'tino/ m. vat; *(per uva o vino)* (wine) vat; TESS. kier; ***mettere in un ~*** to vat.
tinozza /ti'nɔttsa/ f. tub; *(per il bucato)* (wash)tub; *(per il bagno)* (bath)tub.
▷ **tinta** /'tinta/ f. **1** *(colore)* colour BE, color AE, tint; ***-e calde, vivaci*** warm, bright colours; ***mezza ~*** halftone; ***(a o in) ~ unita*** [*tessuto*] plain, self-coloured BE, self-colored AE; ***questo modello è disponibile anche in ~ unita*** this model is also available in solid colours; ***~ pastello*** pastel colour; ***in ~ con qcs.*** of the same colour as sth., matching with sth.; ***scarpe in ~ con la borsa*** shoes that match the handbag, shoes with matching handbag, matching handbag and shoes; ***~ su ~*** in matching tones **2** FIG. ***un dramma a -e forti*** a sensational drama; ***vedere tutto a fosche -e*** to look on the dark side (of things); ***dipingere qcs. a -e vivaci*** to paint sth. in glowing colours; ***dipingere qcs. a fosche -e*** o ***a -e cupe*** to paint a gloomy picture of sth. **3** *(prodotto) (per capelli)* (hair) dye, colour BE, color AE, tint; *(per tessuto, pelle, legno)* dye; *(per pareti)* paint; ***una mano di ~*** a hand of paint **4** *(procedimento) (per capelli, tessuto, pelle)* dyeing; *(per legno)* staining; ***farsi la ~*** to dye one's hair; ***farsi fare la ~*** to get *o* have one's hair dyed ◆ ***caricare le -e*** to exaggerate ◆◆ ***~ a calce*** calcimine.
tintarella /tinta'rɛlla/ f. COLLOQ. (sun)tan; ***prendere la ~*** to get a (sun)tan.
tinteggiare /tinted'dʒare/ [1] tr. to paint, to wash [*pareti*]; to paint [*infissi*]; ***~ a calce*** to limewash, to whitewash; ***~ a tempera*** to distemper; ***far ~ la casa*** to have the house painted.
tinteggiatura /tinteddʒa'tura/ f. painting, paintwork; ***~ a tempera*** distemper; ***le tende non s'intonano con il colore della ~*** the curtains don't match the paintwork; ***rifare la ~ di una stanza*** to repaint a room.
tintinnabolo /tintin'nabolo/ m. tintinnabulum*.
tintinnare /tintin'nare/ [1] intr. (aus. *avere*) [*monete, campanelli, vetri, coperchi*] to tinkle, to jangle, to jingle, to chink, to clink; MUS. [*triangolo*] to ring*; ***le monete tintinnano in tasca*** the coins jingle in the pockets; ***far ~*** to tinkle, to jangle, to jingle, to chink, to clink [*campanelli, vetri, monete, coperchi*]; MUS. to strike* [*triangolo*].
tintinnio, pl. **-ii** /tintin'nio, ii/ m. tinkle, tinkling, jangle, jingle, chink, clink.
tinto /'tinto/ **I** p.pass → **tingere II** agg. [*capelli*] dyed, tinted; [*stoffa, pelle*] dyed; [*legno*] stained; ***è ~, ha i capelli -i*** he's got dyed hair.
tintometro /tin'tɔmetro/ m. tintometer.
tintore /tin'tore/ m. (f. **-a**) dyer, stainer.
tintoria /tinto'ria/ f. **1** *(lavanderia)* (dry-)cleaner's (shop); ***portare qcs. in ~*** to take sth. to the (dry-)cleaner's; ***ritirare qcs. dalla ~*** to collect sth. from the (dry-)cleaner's **2** *(negozio o laboratorio di tintura)* dyeworks **3** *(industria della tintura)* dyeing.
tintorio, pl. **-ri, -rie** /tin'tɔrjo, ri, rje/ agg. [*operazione, prodotto, sostanze, piante*] tinctorial.
tintura /tin'tura/ f. **1** *(prodotto) (per capelli)* hair-dye, colouring BE, coloring AE; *(per tessuto, pelle, legno)* dye; FARM. tincture; ***bagno di ~*** dye bath **2** *(procedimento) (per capelli, tessuto, pelle)* dyeing; *(per legno)* staining ◆◆ ***~ di iodio*** tincture of iodine.
tioacido /tio'atʃido/ m. thio-acid.
tiocianato /tiotʃa'nato/ m. thiocyanate.
tiocianico /tio'tʃaniko/ agg. ***acido ~*** thiocyanic acid.
tiofene /tio'fɛne/ m. thiophene.
tiolo /ti'ɔlo/ m.inv. thiol.
tionico /ti'ɔniko/ agg. ***acido ~*** thionic acid.
tiorba /'tjɔrba/ f. theorbo*.
tiosolfato /tiosol'fato/ m. thiosulphate.
tipa /'tipa/ f. woman*, girl; COLLOQ. bird BE, chick AE; ***è una ~ strana*** she's a strange woman; ***una bella ~*** a bit of stuff.
tipaccio, pl. **-ci** /ti'pattʃo, tʃi/ m. mean character, bad lot COLLOQ., ugly customer COLLOQ.
tipicamente /tipika'mente/ avv. typically; ***una famiglia ~ italiana*** a typically Italian family; ***una caratteristica ~ femminile*** a characteristic typical of women.
tipicità /tipitʃi'ta/ f.inv. typicalness.
tipicizzare /tipitʃid'dzare/ → **tipizzare.**
▷ **tipico**, pl. **-ci, -che** /'tipiko, tʃi, ke/ agg. **1** *(caratteristico)* [*esempio, paese, casa, piatto, strumento, oggetto*] typical (**di** of); ***è una -a inglese*** she's typically English; ***è un ~ impiegato statale*** he's a typical civil servant; ***l'atmosfera -a delle sale da concerto*** the typical concert hall atmosphere; ***è un caso ~*** it's a typical case; ***il loro comportamento è ~*** their behaviour is typical; ***essere ~ di*** to be typical of [*periodo, specie*]; ***~ dell'uomo, della donna*** typically manlike, womanlike **2** MED. typical.
tipizzare /tipid'dzare/ [1] tr. **1** [*autore, drammaturgo*] to portray [sb.] as a type [*personaggio*]; [*attore*] to play [sb.] as a type [*personaggio*] **2** TECN. to standardize.
tipizzazione /tipiddzat'tsjone/ f. **1** characterization **2** TECN. standardization.
▶ **tipo** /'tipo/ **I** m. **1** *(genere)* type, kind, sort; ***libri di tutti i -i*** o ***di ogni ~*** books of all kinds *o* sorts, all kinds *o* sorts of books; ***molte proposte di questo ~*** many such proposals; ***i posti di lavoro di questo***

~ sono rari jobs of this kind are rare; ***la banca propone un nuovo ~ di investimento finanziario*** the bank is offering a new type of financial investment; ***non tollererò questo ~ di comportamento!*** I won't have this kind of behaviour! ***è l'unico di questo ~*** this is the only one of its kind; ***che ~ di macchina, cane è?*** what type *o* kind of car, dog is it? ***che ~ è?*** what kind *o* sort of person is she? what's she like (as a person)? ***un clima di ~ tropicale*** a tropical-like climate; ***una giacca di ~ sportivo*** a sports jacket; ***la clientela è di un nuovo ~*** the clientele is of a new kind **2** *(esempio tipico)* (classic) example; ***è il classico ~ della donna in carriera*** she's the classic example of a career woman, she's the typical career woman **3** *(modello)* type, kind; ***un aereo di un nuovo ~*** a new type of plane **4** *(insieme di caratteristiche fisiche)* type; ***~ negroide, mongolo*** Negroid, Mongolian type; ***una donna di ~ mediterraneo*** a woman with Mediterranean looks; ***è un ~ nordico*** he is a Nordic type, he has Nordic looks **5** *(persona)* type; *(uomo)* man*, fellow, guy, customer COLLOQ.; ***c'è un ~ che vuole vederti*** there's a man to see you; ***un ~ è venuto a casa tua*** some man came to your house; ***un ~ tranquillo, ansioso*** a quiet, anxious type; ***conosco i -i come te*** I know your kind *o* sort; ***non essere il ~ da fare qcs.*** not to be the type to do sth.; ***non sono il ~*** I'm not that sort of person; ***è il ~ giusto per questo lavoro?*** is she the right type for this job? ***è uno strano ~*** o ***è un ~ strano*** he's an odd, a strange fellow, customer; ***è un ~ che piace (alle donne)*** he's one for the ladies; ***è un ~ introspettivo*** he's the introspective type; ***è un gran bel ~!*** COLLOQ. he's really something! ***sei un bel ~!*** COLLOQ. you're a one! you're quite something! ***sei il mio ~*** you're my type; ***non è proprio il mio ~*** he's definitely not my type *o* not my cup of tea; ***non è bella, ma è un ~*** she's not beautiful, but she's really something (else) **6** TIP. *(modello di carattere)* **type 7** LING. type **8 (sul) tipo (di)** *(come)* such as, like; ***qualcosa ~...*** something like...; ***fare cose ~ sciare, nuotare*** to do things such as skiing, swimming; *(simile a)* ***una pietra ~ diamante*** a diamond-like stone; ***una chiesa ~ la cattedrale di St Paul*** a church like St Paul's cathedral; *(a imitazione di)* ***pelle ~ camoscio*** imitation chamois leather **II** agg.inv. *(tipico)* typical; *(medio)* average attrib., standard; ***una famiglia ~*** an average family; ***uno studente ~*** a typical student; ***formato ~*** standard size ◆◆ ***~ da spiaggia*** beach bum COLLOQ.

tipografia /tipogra'fia/ f. **1** *(tecnica)* typography, printing **2** *(laboratorio)* press, printing house, printing works pl., print shop; ***in ~*** at the printer's *o* printers.

tipograficamente /tipografika'mente/ avv. typographically.

tipografico, pl. **-ci**, **-che** /tipo'grafiko, tʃi, ke/ agg. [*carattere, dettaglio*] typographic(al); [*industria, macchina*] printing attrib.; ***errore ~*** typographical error *o* printer's error; ***punto ~*** unit value *o* point (size).

tipografo /ti'pɔgrafo/ ➧ ***18*** m. (f. **-a**) typographer, printer; ***apprendista ~*** printer's devil.

tipolitografia /tipolitogra'fia/ f. typolithography.

tipolitografico, pl. **-ci**, **-che** /tipolito'grafiko, tʃi, ke/ agg. typolithographic.

tipologia /tipolo'dʒia/ f. typology; ***classificazione per -e*** typological classification, classification by typology.

tipologico, pl. **-ci**, **-che** /tipo'lɔdʒiko, tʃi, ke/ agg. typological.

tipometro /ti'pɔmetro/ m. typometer.

tip tap /tip'tap/ **I** inter. ***fare ~*** to tap; ***smettila di fare ~*** stop tapping your foot **II** m.inv. tap dance; ***ballare il ~*** to tap dance; ***ballerino di ~*** tap dancer.

tipula /'tipula/ f. crane fly, daddy-long-legs* BE.

tir, TIR /tir/ m.inv. *(autoarticolato)* heavy goods vehicle, articulated lorry BE, juggernaut BE, tractor-trailer AE, rig AE COLLOQ.

tirabaci /tira'batʃi/ m.inv. lovelock, kiss curl.

tirabozze /tira'bɔttse/ m.inv. proof press.

tira e molla /tiraem'mɔlla/ → **tiremmolla.**

tiraggio, pl. **-gi** /ti'raddʒo, dʒi/ m. draught BE, draft AE; ***valvola di ~*** damper.

tiralatte /tira'latte/ m.inv. breast-pump.

tiralinee /tira'linee/ m.inv. drawing pen.

tiramisù /tirami'su/ m.inv. GASTR. = Italian dessert consisting of layers of lady fingers soaked in coffee and liqueur and a cream made up of mascarpone cheese, eggs and sugar, covered with powdered chocolate.

tirammina /tiram'mina/ f. tyramine.

tiramolla /tira'mɔlla/ → **tiremmolla.**

tiranneggiamento /tiranneddʒa'mento/ m. tyrannizing.

tiranneggiare /tiranned'dʒare/ [1] **I** tr. to tyrannize, to hector **II** intr. (aus. *avere*) to tyrannize, to domineer, to hector.

tirannesco, pl. **-schi**, **-sche** /tiran'nesko, ski, ske/ → **tirannico.**

tirannia /tiran'nia/ f. tyranny, tyrannicalness; ***la ~ di un padrone*** the tyranny of a boss; ***subire la ~ di qcn., qcs.*** to be tyrannized by sb., sth.

tirannicamente /tirannika'mente/ avv. tyrannically, tyrannously.

tirannicida, m.pl. **-i**, f.pl. **-e** /tiranni'tʃida/ **I** agg. tyrannicidal **II** m. e f. tyrannicide.

tirannicidio, pl. **-di** /tiranni'tʃidjo, di/ m. tyrannicide.

tirannico, pl. **-ci**, **-che** /ti'ranniko, tʃi, ke/ agg. [*marito, governo*] tyrannic(al), tyrannous, dictatorial; [*persona, comportamento*] tyrannic(al), domineering, dictatorial.

tirannide /ti'rannide/ f. tyranny.

1.tiranno /ti'ranno/ **I** m. (f. **-a**) *(dittatore)* tyrant; ***si comporta da ~*** he behaves like a tyrant; ***~ di casa*** domestic tyrant; ***sotto il dominio di un ~*** under the rule of a tyrant **II** agg. [*marito, governo*] tyrannic(al), dictatorial ◆ ***il tempo è ~*** time is a hard master.

2.tiranno /ti'ranno/ m. ORNIT. tyrant-bird, tyrant-flycatcher, kingbird.

tirannosauro /tiranno'sauro/ m. tyrannosaur(us).

tirante /ti'rante/ m. **1** ANT. *(di stivale)* bootstrap **2** ING. stay rod **3** EDIL. tie beam; ***~ centrale*** kingbolt **4** MAR. shroud **5** *(di tenda)* guyrope **6** ARCH. tie rod **7** MUS. brace.

tirapiedi /tira'pjɛdi/ **I** m.inv. STOR. hangman's assistant **II** m e f.inv. SPREG. stooge, minion, underling; ***essere il ~ di qcn.*** to stooge for sb.

tirapugni /tira'puɲɲi/ m.inv. knuckle-duster, brass knuckles pl. AE.

► **tirare** /ti'rare/ [1] **I** tr. **1** *(esercitare una trazione su)* to pull [*catena, corda, coda, leva*]; to pull, to tug [*capelli*]; *(per chiudere)* to draw*, to pull [*tende, chiavistello*]; ***~ qcn. per il braccio*** to pull sb. by the arm *o* sb.'s arm; ***~ qcn. per la manica*** to pull *o* tug at sb.'s sleeve; ***~ gli orecchi a qcn.*** to pull sb.'s ears; FIG. to slap sb. on the wrist; ***~ il freno a mano*** to pull the handbrake; ***~ il collo a un pollo*** to wring a chicken's neck; ***~ il collo a una bottiglia*** to uncork a bottle; ***il cane tira il guinzaglio*** the dog pulls at the leash; ***~ le reti*** to pull the nets (out); ***~ i remi in barca*** to ship the oars; FIG. to throw in the towel **2** *(lanciare)* to throw*, to toss, to fling* [*pallone*]; to throw*, to cast* [*sasso, dadi*]; to shoot*, to fire [*freccia*]; ***~ qcs. a qcn.*** to throw sth. at sb., to toss sb. sth.; ***~ in aria*** to cast up, to throw [sth.] in(to) the air [*pallone*]; ***~ un piatto contro*** o ***a*** o ***addosso a qcn.*** to throw *o* fling a plate at sb.; ***~ una sberla*** o ***uno schiaffo a qcn.*** to give sb. a slap (in the face), to slap sb. in *o* across the face; ***~ pomodori a qcn.*** to throw (rotten) tomatoes at sb.; ***~ bestemmie*** FIG. to let out swearwords **3** *(sferrare)* ***~ calci*** [*persona, animale*] to kick (out); ***~ calci al pallone*** to kick the ball; ***~ un pugno*** to throw a punch; SPORT *(nel calcio)* **~ un calcio d'angolo, (un calcio di) rigore** to kick a corner, a penalty; ***~ in porta*** to kick a goal **4** *(sparare)* to shoot*, to fire [*proiettile, obice, granata*]; ***~ un colpo*** to fire *o* take a shot; ***~ un colpo basso a qcn.*** FIG. to hit sb. below the belt, to do the dirty on sb. COLLOQ. **5** *(tendere)* to stretch, to tighten [*filo*]; to draw* [*arco*]; to stretch out [*lenzuola, stoffa*]; *(stendere)* GASTR. to roll out [*pasta*] **6** *(spostare)* [*veicolo*] to draw*, to pull [*roulotte, auto, oggetto*]; [*animale*] to draw*, to pull [*oggetto, carro, aratro*]; [*persona*] to draw*, to pull [*oggetto, sedia, carriola, slitta*]; ***~ qcn. da parte*** to draw sb. aside **7** *(tracciare)* to draw* [*linea, tratto*] **8** *(portare con sé)* ***una disgrazia tira l'altra*** it never rains but it pours; ***una parola tira l'altra*** one word leads to another **9** *(trarre, ricavare)* to draw* [*birra, acqua*]; ***~ (su) l'acqua dal pozzo*** to draw water from the well; ***~ le conseguenze da qcs.*** FIG. to deduce the consequences of sth. **10** TIP. to pull [*bozze*]; to print [*libro*]; to run* off [*copia*] **11** SPORT *(nel ciclismo)* ***~ il gruppo*** to set the pace **12 tirare dentro** *(portare dentro)* to bring* in(side); FIG. *(coinvolgere)* to bring* into, to drag into; ***non ~ dentro mia madre*** don't drag my mother into this **13 tirare dietro** to throw* [sth.] behind; ***te li tirano dietro*** FIG. they are two *o* ten a penny, they are a dime a dozen **14 tirare fuori** to take* out, to draw* out, to get* out, to fish out, to pull out [*documenti, ombrello, portafogli*]; to get* out [*auto*]; to bring* out, to get* out, to pull out [*fazzoletto, pistola*]; to come* up with [*idea, risposta*]; to get* out [*piano, prodotto*]; to drag up [*segreto*]; to come* out with [*scusa, verità*]; to poke out, to put* out, to stick* out [*lingua*]; ***~ fuori da qcs.*** to take *o* draw [sth.] out of sth., to produce [sth.] from sth. [*oggetto*]; to pull [sb.] out of sth. [*persona*]; ***è ora di ~ fuori i cappotti*** it's time we took our coats out; ***tirami fuori di qui!*** *(fare uscire)* get me out of this place! ***tira fuori i soldi!*** fork out the money! let's see the colour of your money! *(in una rapina)* hand over the money! ***tira fuori la lingua!*** stick out your tongue! ***~ fuori una vecchia storia*** FIG. to come out with an old story; ***tira sempre fuori un sacco di scuse*** FIG. he's always coming out with a lot of excuses; ***cosa tirerà fuori adesso!*** what (will he come out with) next! ***non riuscivo a ~ fuori le parole*** I couldn't get the words out; ~ ***qcn. fuori dai guai*** to get sb. out of trouble *o* off the hook, to bail sb. out; ~ ***fuori l'asso dalla manica*** to play one's trump card; ~ ***fuori il meglio, il peggio di qcn.*** to bring out the best, the worst in sb.; ~ ***fuori tutto il proprio fascino*** to turn on the charm; ~ ***fuori gli artigli, le unghie*** FIG. to show one's mettle **15 tirare giù** *(abbassare)* to take* down, to pull down [*pantaloni, mutande*]; to draw* down [*tapparella, velo, tenda*]; to let* down [*orlo*]; to pull down [*cappello*]; to fold down [*lenzuolo*]; to turn down, to fold down [*colletto*]; to roll down [*maniche, gamba dei pantaloni*]; to wind* down, to put* down [*finestrino*]; FIG. to bring* down, to knock back [*prezzo*]; *(spostare in basso)* to get* down, to take* down [*libro, barattolo, oggetto*]; *(buttare per terra)* to throw* to the ground; *(abbattere)* to shoot* down [*aereo*]; ***puoi tirarmi giù la valigia?*** can you get the suitcase down for me? ***tirami giù le chiavi della macchina*** *(lanciare di sotto)* throw the car keys down to me; ~ ***giù qcn. dal letto*** to get, drag, haul sb. out of bed **16 tirare indietro** to put* back, to throw* back [*spalle*]; to slide* back [*sedile dell'auto*]; *(pettinare)* to push back [*capelli*]; ~ ***indietro le lancette dell'orologio*** to put the clock back **17 tirare in dentro** to pull in [*stomaco, pancia*] **18 tirare su** *(alzare)* to pull up, to lift, to hitch up [*pantaloni, gonna, calze*]; to raise, to draw* up [*tenda, tapparella*]; to take* up [*orlo*]; to turn up [*colletto*]; to lift [*bavero, velo*]; to roll up [*maniche, gamba dei pantaloni*]; to wind* up, to put* up [*finestrino*]; to raise, to lift, to put* up [*testa, braccia, gambe*]; *(sollevare)* to pick up, to catch* up [*bambino, borsa, gatto*]; to weigh [*ancora*]; *(erigere, costruire)* to build* [*parete, casa*]; *(allevare)* to bring* up [*bambino, figlio*]; FIG. to put* up, to raise, to push up [*prezzo*]; FIG. *(risollevare)* to uplift, to cheer up [*persona*]; to raise, to uplift, to boost [*morale*]; FIG. *(guadagnare)* to make* [*soldi*]; ***tirami su!*** lift me up! ~ ***su qcs. dal pavimento*** to pick sth. off the floor; ~ ***su i capelli*** to pin one's hair up, to put up one's hair; ***la notizia mi ha tirato su*** the news cheered me up; ~ ***su col naso*** to sniff(le), to snuffle; ~ ***su le coperte*** to pull the blankets up, to hitch up the covers; ***non tireremo su molto con questo lavoro*** *(guadagnare)* there'll be slim picking for us on this job **19 tirare via** *(togliere)* to take* off [*vestiti*]; to draw* away [*mano, piede*]; to pull off [*coperchio*]; to untuck, to yank off [*coperte*]; *(strappare)* to pull off [*adesivo, carta*]; to rip out [*foglio, pagina*]; to nip off [*fiore appassito*]; *(fare frettolosamente)* to bungle, to scamp [*lavoro*]; ~ ***via la polvere*** to dust (off); ~ ***via qcn. dal letto*** to prise sb. out of bed **II** intr. (aus. *avere*) **1** *(esercitare una trazione)* to pull; ***tira forte!*** pull hard! ~ ***con tutte le proprie energie*** to pull with all one's strength **2** *(soffiare)* to blow*; *(avere tiraggio)* [*camino, pipa, pompa*] to draw*; ***oggi tira vento*** it's windy *o* the wind is blowing today; ***ieri tirava un vento gelido*** a cold wind was blowing yesterday; ***il camino tira bene, male*** the chimney draws well, doesn't draw well; ***sentire*** o ***vedere che aria tira*** FIG. to see which way the wind blows; ***tira una brutta aria*** you could cut the air with a knife; ***con l'aria che tira...!*** at the rate things are going...! **3** *(colpire con un'arma)* to shoot* (**su, a** at); ~ ***con l'arco*** to shoot with a bow and arrow; ~ ***al bersaglio*** to aim at the target; ~ ***alla selvaggina*** to shoot game; ~ ***di boxe*** SPORT to box; ~ ***di scherma*** SPORT to fence **4** *(stringere, essere teso)* to be* tight; ~ ***in vita, sulle spalle*** to be (too) tight around one's waist, across one's soulders; ***mi tira la pelle*** COLLOQ. my skin feels tight **5** FIG. *(aver successo)* to do* well, to be* thriving; ***la sua ditta tira molto forte*** his firm is doing very well; ***gli affari tirano*** business is going well; ***questo prodotto non tira*** this product doesn't sell *o* isn't selling **6** *(tendere)* ~ ***al giallo, al marrone*** to be yellowish, brownish; ***essere di un blu che tira al verde*** to be greenish-blue, to be blue verging on green; *(deviare)* ~ ***a sinistra, a destra*** [*auto*] to pull to the left, right; *(mirare)* ***ha sempre tirato al successo*** FIG. he has always aimed at success **7** FIG. *(contrattare)* ~ ***sul prezzo*** to haggle over the price, to bargain **8** GERG. *(sniffare)* ~ ***di coca*** to sniff coke **9** VOLG. ***a 70 anni gli tira ancora*** at 70 he still gets it up, at 70 he still has *o* gets a hard-on **10 tirare avanti, tirare innanzi** *(continuare)* to go* on, to carry on, to press on; *(vivacchiare)* [*persona*] to bear* up, to struggle along; *(sopravvivere economicamente)* to cope, to get* along, to scrape by; ***"come va?" - "tiro avanti"*** "how are you?" - "I'm bearing up" *o* "it could be worse"; ***questo mi basta per ~ avanti*** this is enough to keep me going **11 tirare d(i)ritto** *(andare oltre)* to pass on; ***ha tirato dritto senza salutare*** he went straight past without saying hello; ~ ***dritto per la propria strada*** to go one's own way, to continue on one's way **III tirarsi** pronom. **1** *(esercitare una trazione)* ***-rsi i capelli*** to pull at one's hair; *(l'un l'altro)* to pull at each other's hair; ***-rsi i baffi, il labbro*** to tug at one's moustache, lip **2** *(spostarsi)* to move over, to budge; ***-rsi in là*** to budge up *o* over, to shove over; ***tirati da parte*** step *o* move aside **3** *(lanciarsi)* to throw* [sth.] to each other [*pallone, oggetto*]; to throw* [sth.] at each other, to throw* [sth.] against each other [*sassi, colpi*] **4 tirarsi addosso** to bring* (down) [sth.] upon oneself; FIG. *(attirarsi)* to bring* down, to incur [*dispiacere, collera*]; to bring* [sth.] down [*critiche*]; ***si è tirata addosso l'armadio*** she brought the wardrobe down on herself; ***si è tirato addosso delle grane*** he made trouble for himself **5 tirarsi dietro** to bring* along; ***si tira sempre dietro il fidanzato*** she always brings her boyfriend along; ***il problema si tirò dietro tutta una serie di complicazioni*** FIG. the problem brought about a whole series of complications; ***tirati dietro la porta*** *(per chiuderla)* close the door behind you **6 tirarsi fuori da** to wriggle one's way out of, to clamber out of; ***-rsi fuori dai guai*** FIG. to wriggle off the hook **7 tirarsi indietro** *(scansarsi)* to move aside, to step aside; *(ritirarsi)* to back down, to flinch, to hang* back; ***non puoi tirarti indietro adesso*** you can't back down now; *(pettinarsi)* ***-rsi indietro i capelli*** to tie back one's hair **8 tirarsi su** *(alzarsi)* to rise*, to draw* oneself up, to raise oneself up; *(mettersi dritto)* to rise*, to stand* up, to get* up; *(mettersi seduto)* to sit* upright, to raise oneself to a sitting position; FIG. *(risollevarsi moralmente)* to cheer up; *(risollevarsi fisicamente)* to gather oneself, to recover, to bounce back; *(riprendersi economicamente)* to bounce back; *(raccogliere)* to put* up, to pin up [*capelli*]; to pull up, to hitch up [*pantaloni, gonna, calze*] **9 tirarsi via** COLLOQ. to take* away [*cappello, fasciatura*] **10 tirarsela** COLLOQ. to put* on airs, to get* above oneself, to be* a stuffed shirt, to be* too big for one's boots BE ◆ ~ ***un bidone a qcn.*** *(imbrogliare)* to hand sb. a lemon, to take sb. for a ride; *(non presentarsi a un appuntamento)* to stand sb. up; ~ ***in ballo qcn.*** to involve *o* implicate sb.; ~ ***in ballo qcs.*** to drag in [*nome, storia*]; to lug [*argomento*]; ***ha tirato in ballo nuovi elementi*** he has brought new factors into play; ~ ***a campare*** to get by; ~ ***la cinghia*** to tighten one's belt, to pinch and scrape; ~ ***le cuoia*** to kick the bucket, to peg out, to snuff it; ~ ***il fiato*** to breathe; ~ ***la carretta*** o ***la carriola*** to plod along, to slave away; ~ ***a lucido*** to spruce up [*casa*]; ~ ***a sorte*** to draw *o* cast lots, to draw straws, to toss (up); ~ ***a sorte un biglietto*** to draw (for) a ticket; ~ ***a indovinare*** to have *o* take a guess, to guess, to take a leap *o* shot in the dark; ~ ***l'acqua*** to flush the toilet; ~ ***l'acqua al proprio mulino*** to bring grist to one's mill; ~ ***troppo la corda*** to stretch a point; ~ ***le fila*** to pull the strings; ~ ***le somme*** to draw conclusions, to take stock; ~ ***per le lunghe, in lungo*** to spin out [*storia, discussione*]; to drag out [*riunione, discorso*]; ***tirarla per le lunghe*** to drag one's feet *o* heels, to hang fire; ~ ***in secco*** to haul [*barca*]; ~ ***mattina*** o ***l'alba*** to stay up till morning *o* till dawn; ~ ***notte*** to have a late night; ~ ***tardi*** to stay up late, to keep late hours.

tirastivali /tirasti'vali/ m.inv. bootjack.

tirata /ti'rata/ f. **1** *(il tirare)* pull, tug; *(scrollone)* wrench, wrest; ***dare una ~ di capelli a qcn.*** to pull *o* tug sb.'s hair, to give sb.'s hair a pull *o* tug; ***dare una ~ d'orecchi a qcn.*** to pull sb.'s ears; FIG. to slap sb. on the wrist **2** *(di sigaretta)* drag, pull; ***fare una ~ a*** to have a drag on, to drag on, to take a pull at [*sigaretta*]; ***fammi fare una ~*** let me have a drag *o* take a pull **3** *(percorso senza interruzioni)* haul, pull, nonstop journey; ***la lunga ~ da Dublino a Londra*** the long haul from Dublin to London; ***fare tutta una ~ da Torino a Roma*** to drive nonstop from Turin to Rome; ***è stata una bella ~ arrivare in cima*** it was a hard pull to the summit **4** *(lunga invettiva)* tirade, rant; ***fare una ~ contro qcn.*** to deliver a tirade against sb., to rant on against sb. **5** TEATR. tirade, speech **6** MUS. tirade.

tiratardi /tira'tardi/ m. e f.inv. night owl, nighthawk AE COLLOQ.

tirato /ti'rato/ **I** p.pass. → **tirare II** agg. **1** *(teso)* [*corda*] taut, tight, stretched; [*capelli*] drawn back, scraped back; ***avere i capelli -i all'indietro*** to wear one's hair scraped back **2** *(affaticato)* [*tratti, viso*] drawn, haggard, taut; *(sforzato)* [*sorriso*] tense, thin-lipped, strained **3** *(chiuso)* [*tenda*] drawn **4** *(tirchio)* pinching ◆ ~ ***per i capelli*** [*paragone, motivazione*] far-fetched; ~ ***per le lunghe*** [*storia, discorso*] (long-)drawn-out; ***lungo e ~*** full-length; ~ ***a lucido*** [*persona*] (all) spruced up, dressed-up; [*casa*] spruce, spruced up, squeaky-clean; ***lavoro ~ via*** slapdash work.

tiratore /tira'tore/ m. (f. **-trice** /tritʃe/) MIL. SPORT shot, shooter; ***essere un buon, cattivo ~*** to be a good, poor shot; ***un fine*** o ***ottimo ~*** a crack *o* dead shot; ~ ***con l'arco*** archer; ***franco ~*** MIL. sniper; POL. = defector who votes secretly against his own party ◆◆ ~ ***scelto*** sharpshooter, marksman.

tiratura /tira'tura/ f. run, print run, press run; *(di giornali)* circulation, circulation figures pl.; ***quotidiano ad alta ~*** mass-circulation *o* widely circulated daily; ***una ~ di diecimila copie*** a run *o* circulation of ten thousand; ***prima ~*** initial print run; ***edizione a ~ limitata*** limited edition; ~ ***numerata*** numbered edition.

tirchieria /tirkje'ria/ f. stinginess, penny-pinching.

tirchio, pl. **-chi**, **-chie** /'tirkjo, ki, kje/ **I** agg. stingy, (penny-)pinching **II** m. (f. **-a**) miser, skinflint, penny-pincher.

tirella /ti'rɛlla/ f. trace.

tiremmolla /tirem'mɔlla/ m.inv. hesitation, wavering, dithering, fast and loose; ***dopo un lungo ~*** after much hesitation; ***fare a ~*** to play fast and loose (**con** with).

Tiresia /ti'rɛzja/ n.pr.m. Tiresias.

tiretto /ti'rɛtto/ m. REGION. drawer.

tiritera /tiri'tɛra/ f. COLLOQ. **1** *(filastrocca)* nursery rhyme **2** *(discorso lungo e noioso)* rigmarole; ***è la solita ~*** it's the same old story.

tirlindana /tirlin'dana/ f. paternoster line.

▶ **tiro** /'tiro/ m. **1** *(il tirare)* pull; *(il lanciare)* throw, toss; *(lancio di pietra, reti, dadi)* cast **2** *(con armi) (il tirare)* shooting, firing; *(colpo)* shot, fire; ***essere sotto ~*** MIL. to be under fire (anche FIG.); ***finire sotto ~*** MIL. to come under fire (anche FIG.); ***ti tengo sotto ~!*** FIG. I've got you covered! ***essere a ~*** MIL. to be within range *o* gunshot *o* rising distance; FIG. to be within reach *o* striking distance (**di** of); ***essere fuori ~*** to be out of range *o* gunshot; ***alzare il ~*** to raise one's aim; FIG. to raise one's sights; ***~ a terra, in ginocchio*** prone, squat shooting; ***allenarsi nel ~*** to practise one's shooting; ***campo di ~*** MIL. *(di arma da fuoco)* field of fire; *(poligono)* (rifle) range; ***poligono di ~*** MIL. SPORT (rifle) range *o* butts; ***linea di ~*** firing line, line of fire; ***essere sulla linea di ~*** to be in the firing line; ***esercitazioni di ~*** target practice; ***aggiustare il ~*** MIL. to adjust one's aim; FIG. to fix a more precise target **3** *(traino di un veicolo)* team; ***da ~*** [*animale*] draught attrib.; ***un ~ di cavalli, di buoi*** a team of horses, of oxen; ***cavallo da ~*** carthorse, draught horse; ***~ a due*** *(veicolo)* coach and pair; ***~ a quattro*** *(veicolo)* four-in-hand, coach and four **4** SPORT throw, toss; *(nel calcio)* shot, kick; *(nel tennis, golf)* shot, stroke; *(a un bersaglio)* shooting; ***~ in porta, a rete*** shot *o* kick at (the) goal; ***~ dal dischetto*** SPORT penalty kick; ***~ a canestro*** shot at the basket; ***fare un ~ a candela*** to loft a ball; ***un ~ di testa*** a header; ***"bel ~!"*** "good throw!"; ***gara di ~ a segno*** shooting match **5** FIG. *(scherzo, inganno)* trick; ***il ~ gli è riuscito*** his trick has come off; ***giocare un brutto ~ a qcn.*** to pull a fast one on sb., to play a joke *o* a mean trick on sb. **6** COLLOQ. *(boccata)* drag, draw, puff; ***fare un ~ di, dare un ~ a*** to have a drag on, to draw on, at, to take a puff at [*pipa, sigaretta*]; ***fammi fare un ~*** give me a drag **7** GERG. ***fare un ~ di coca*** to have a sniff of coke **8** ALP. ***~ (di corda)*** run-out ◆ ***se mi capita a ~ lo ammazzo di botte*** if I get my hands on him, I'll beat the living daylights out of him; ***a un ~ di schioppo, di pietra*** at a stone's throw; ***essere in ~*** to be all spruced up *o* in full fig COLLOQ. *o* all gussied up COLLOQ. ◆◆ ***~ con l'arco*** SPORT archery; ***~ di avvicinamento*** SPORT *(nel golf)* chip; ***~ al bersaglio*** SPORT target shooting; ***~ birbone*** dirty *o* lousy *o* low-down trick; ***~ alla fune*** tug-of-war; ***~ incrociato*** MIL. crossfire (anche FIG.); ***~ d'infilata*** MIL. enfilade; ***~ libero*** SPORT free throw; ***~ di logoramento*** MIL. harassing fire; ***~ mancino*** dirty *o* lousy *o* low-down trick; ***~ non valido*** no throw; ***~ al piattello*** (clay) pigeon *o* trap shooting; ***~ al piccione*** STOR. pigeon shooting; ***~ di punizione*** SPORT free kick; ***~ radente*** MIL. grazing shot; ***~ rapido*** MIL. quick fire, rapid fire; ***~ di sbarramento*** MIL. barrage; ***~ a segno*** SPORT target shooting (anche GIOC.); *(luogo)* shooting gallery, shooting range; ***~ teso*** MIL. flat-trajectory shot; ***~ a volo*** SPORT wing-shooting.

tirocinante /tirotʃi'nante/ **I** agg. training **II** m. e f. apprentice, trainee; *(medico)* intern.

tirocinio, pl. **-ni** /tiro'tʃinjo, ni/ m. **1** *(praticantato)* training, traineeship; ***(periodo di) ~*** qualifying period; ***fare ~*** to do one's training **2** *(apprendistato)* apprenticeship; *(medico)* internship; ***fare ~*** to serve one's apprenticeship.

tiroglifo /tiro'glifo/ m. cheese mite.

tiroide /ti'rɔide/ **I** f. thyroid (gland); ***ormone della ~*** thyroid hormone **II** agg. ***cartilagine ~*** thyroid cartilage.

tiroidectomia /tiroidekto'mia/ f. thyroidectomy.

tiroideo /tiroi'dɛo/ agg. [*arterie, disfunzione*] thyroid attrib.; ***ghiandola -a*** thyroid gland.

tiroidismo /tiroi'dizmo/ m. thyroidism.

tiroidite /tiroi'dite/ m. thyroiditis.

tirolese /tiro'lese/ **I** agg. Tyrolean, Tyrolese; ***alla ~*** [*cappello*] Tyrolean; ***vestito alla ~*** dirndl; ***gonna alla ~*** dirndl skirt **II** m. e f. Tyrolean, Tirolese **III** f. MUS. Tyrolienne.

Tirolo /ti'rɔlo/ n.pr.m. Tyrol.

tironiano /tiro'njano/ agg. Tironian.

tirosina /tiro'zina/ f. tyrosine.

tirosinasi /tirozi'nazi/ f.inv. tyrosinase.

tirossina /tiros'sina/, **tiroxina** /tirok'sina/ f. thyroxine.

tirotropina /tirotro'pina/ f. thyrotropin.

tirrenico, pl. **-ci**, **-che** /tir'rɛniko, tʃi, ke/ agg. Tyrrhenian.

tirreno /tir'rɛno/ agg. STOR. GEOGR. Tyrrhenian.

Tirreno /tir'rɛno/ n.pr.m. ***il (mar) ~*** the Tyrrhenian Sea.

Tirteo /tir'tɛo/ n.pr.m. Tyrtaeus.

tirso /'tirso/ m. thyrsus*.

tisana /ti'zana/ f. herb(al) tea, tisane; ***fare una ~*** to make a cup of herbal tea; ***~ in bustine*** herbal teabags.

tisaniera /tiza'njɛra/ f. herbal tea pot.

tisi /'tizi/ f.inv. phthisis*, consumption.

tisico, pl. **-ci**, **-che** /'tiziko, tʃi, ke/ **I** agg. **1** MED. phthisic(al), consumptive; ***morire ~*** to die of consumption **2** FIG. *(debole)* sickly **II** m. (f. **-a**) phthisical person, consumptive ANT.

tisiologia /tizjolo'dʒia/ f. phthisiology.

tisiologo, m.pl. **-gi**, f.pl. **-ghe** /ti'zjɔlogo, dʒi, ge/ m. (f. **-a**) phthisiologist.

tissulare /tissu'lare/, **tissutale** /tissu'tale/ → **tessutale.**

titanato /tita'nato/ m. titanate.

Titania /ti'tanja/ n.pr.f. Titania.

titanico, pl. **-ci**, **-che** /ti'taniko, tʃi, ke/ agg. **1** MITOL. titanic **2** FIG. [*fatica*] titanic; ***impresa -a*** Herculean task.

titanifero /tita'nifero/ agg. titaniferous.

titanio /ti'tanjo/ m. titanium; ***di ~*** [*minerale*] titanic.

titanismo /tita'nizmo/ m. LETT. Titanism.

titano /ti'tano/ m. FIG. titan.

Titano /ti'tano/ n.pr.m. MITOL. Titan.

titanoso /tita'noso/ agg. titanous.

titillamento /titilla'mento/ m. titillation.

titillare /titil'lare/ [1] tr. to titillate (anche FIG.).

titillatorio, pl. **-ri**, **-rie** /titilla'tɔrjo, ri, rje/ agg. titillating, titillatory.

Tito /'tito/ n.pr.m. Titus.

titoismo /tito'izmo/ m. Titoism.

1.titolare /tito'lare/ **I** agg. **1** AMM. [*insegnante, professore*] regular; UNIV. [*professore, docente*] tenured; RELIG. [*vescovo*] titular; SPORT [*giocatore*] first-string **2** *(che ha solo il titolo nominale)* titular **II** m. e f. **1** *(membro permanente)* incumbent; SCOL. regular teacher; UNIV. tenured professor; ***essere ~ di una cattedra*** to hold a chair; UNIV. to have tenure; ***essere ~ della cattedra di*** to hold the chair of **2** *(proprietario)* holder, owner, proprietor; ***~ di un brevetto*** patentee; ***~ di un conto*** account holder; ***il ~ di un negozio, una ditta*** the owner of a shop, a firm; ***i -i di una carta di credito*** the credit card holders **3** SPORT first string (player).

2.titolare /tito'lare/ [1] tr. **1** *(fornire di titolo)* to title [*libro, film, spettacolo*]; EDIT. GIORN. to headline; ***il giornale di domenica titolava in grassetto...*** banner headlines in the Sunday paper read... **2** CHIM. TESS. to titrate [*soluzione*] **3** RAR. *(attribuire un titolo nobiliare)* ***~ qcn.*** to title sb.

titolarmente /titolar'mente/ avv. titularly.

titolato /tito'lato/ **I** p.pass. → **2.titolare II** agg. **1** *(nobile)* titled **2** CHIM. TESS. titrated **III** m. (f. **-a**) **1** *(chi è in possesso di un titolo)* person with a title; ***essere un ~*** to have a title **2** *(nobile)* titled person, noble.

titolatrice /titola'tritʃe/ f. titler.

titolatura /titola'tura/ f. *(complesso dei titoli)* titles pl.; *(di giornale)* headlines pl.

titolazione /titolat'tsjone/ f. **1** CHIM. TESS. titration **2** GIORN. headlining.

Tito Livio /'tito'livjo/ n.pr.m. Livy.

▶ **titolo** /'titolo/ m. **1** *(di film, libro, canzone)* title; *(di articolo, capitolo, saggio)* heading; GIORN. RAD. TELEV. headline; DIR. *(paragrafo)* title; ***dare un ~ a*** to (en)title, to give [sth.] a title [*libro, articolo, film*]; ***dal ~ evocatore, appropriato*** [*film, opera*] with an evocative, appropriate title; ***avere come ~*** to be entitled; ***con il ~ (di) "Rebecca"*** with the title *o* entitled "Rebecca"; ***~ a tutta pagina*** banner headline, screamer; ***leggere i -i di un giornale*** to read the headlines (of a newspaper); ***il giornale aveva un ~ su quattro colonne su "l'Attacco aereo"*** "air attack" announced the newspaper on a four-column spread; ***ecco a voi i -i delle principali notizie*** here are the (news) headlines **2** *(di persona) (qualifica, grado)* title; ***aspirare al ~ di...*** to aspire to the title of...; ***il ~ di duca, dottore, campione del mondo*** the title of duke, doctor, world champion; ***~ mondiale*** world title; ***vincere, detenere il ~*** to win, hold the title; ***difendere il ~*** [*sportivo*] to defend one's title; ***dare*** o ***attribuire a qcn. il ~ di*** to address sb. as; ***ha il ~ di dottore in linguistica*** she's got a doctorate in linguistics; ***il ~ d'ingegnere*** the status of qualified engineer; ***-i accademici*** university qualifications; ***promozione (ottenuta) in base ai -i*** promotion on the basis of one's qualifications; ***concorso per -i*** competition based on qualifications **3** *(appellativo)* title, name, epithet; SCHERZ. *(ingiuria)* name, epithet, term of abuse; ***meritarsi il ~ di eroe*** to be worthy of the name of hero; ***gli è valso il ~ di "re del rock"*** it earned him the title "King of Rock" **4** *(requisito)* qualification; ***il ~ di direttore lo autorizza a fare*** his position as manager allows him to do; ***avere i -i per qcs., per fare*** to be qualified *o* to have the qualifications for, for doing *o* to do **5** *(ragione, diritto)* ***a giusto ~*** as is only just, quite rightly; ***a pieno ~*** [*membro, cittadino*] with full rights, legitimate; ***a che ~ me lo chiedi?*** by what right are you asking me? **6 a titolo (di)**; ***a ~ d'esempio, di spiegazione*** by way of example, of explanation, as an example, an explanation; ***a ~ di paragone*** by way of comparison; ***a ~ informativo*** for information, as a point of information; ***a ~ permanente, provvisorio*** on a permanent, temporary basis; ***a ~ personale*** in a private capacity; ***a ~ consultivo*** in a consultative capacity; ***a ~ gratuito*** free (of charge); ***a ~ oneroso*** for a fee; ***a ~ di prestito*** as a loan; ***partecipare a qcs. a ~ ufficiale, personale*** to take part in sth. in an official, a private capacity; ***a ~ indicativo*** as a rough guide; ***questo prezzo è dato solo a ~ indicativo*** this price is meant to be a guide **7** DIR. *(documento)* deed; *(paragrafo)* title **8** ECON. *(azione, obbligazione)* security, stock, share; ***~ negoziato in borsa*** security negotiated on the stock exchange; ***i -i minerari*** mining shares *o* securities; ***i -i sono saliti, scesi*** the securities *o* shares have gone up, down; ***~ in valuta (estera)*** foreign security **9** *(di metallo)* fineness **10** CHIM. TESS. titre ◆◆ ***~ d'apertura*** GIORN. TELEV. headline; ***~ bastardo*** TIP. bastard title; ***~ di capitalizzazione*** capital bond; ***~ corrente*** TIP. running head; ***~ di credito*** instrument of credit; ***~ guida*** blue chip; ***~ nobiliare*** aristocratic title; ***~ nominativo*** nominative *o* registered security *o* share; ***~ obbligazionario*** bond; ***~ onorifico*** honorary title; ***~ dell'oro*** title of gold; ***~ al portatore*** bearer bond, bearer security; ***~ preferenziale*** preferential title; ***~ a premio*** premium bond; ***~ di prim'ordine*** ECON. gilt-edged security *o* stock; ***~ di proprietà*** title deed; ***~ di rendita*** annuity bond; ***~ di stato*** government security *o* stock *o* bond; ***~ di studio*** qualification; ***~ tecnologico*** ECON. technology share; ***~ di viaggio*** ticket; ***-i di coda*** CINEM. TELEV. (closing) credits; ***-i di testa*** CINEM. TELEV. (opening) credits.

titolone /tito'lɔne/ m. catchline.

titubante /titu'bante/ agg. [*persona*] hesitant, tentative, wavering, indecisive; [*voce*] hesitant, faltering, wavering; [*risposta*] hesitant; [*sorriso*] tentative, uncertain; [*carattere*] indecisive; ***con aria ~*** hesitantly.

titubanza /titu'bantsa/ f. hesitancy, hesitation, wavering, indecision.

titubare /titu'bare/ [1] intr. (aus. *avere*) to waver, to hesitate, to be* in two minds.

titubazione /titubat'tsjone/ f. MED. titubation.

tivù /ti'vu, tiv'vu/ f.inv. COLLOQ. TV, box, telly BE, goggle-box BE, (boob) tube AE.

tizia, pl. **-zie** /'tittsja, tsje/ f. woman*, girl, what-d'yer-call-her COLLOQ.; ***una ~ chiede di te*** a woman is looking for you.

tizianesco, pl. **-schi, -sche** /tittsja'nesko, ski, ske/ agg. **1** ART. Titianesque **2** *(di colore)* ***rosso ~*** red-gold, titian LETT.

tiziano /tit'tsjano/ agg.inv. ***rosso ~*** red-gold, titian LETT.

Tiziano /tit'tsjano/ n.pr.m. Titian.

▷ **tizio**, pl. **-zi** /'tittsjo, tsi/ m. (f. **-a**) fellow, type, man*, chap BE, guy AE, what-d'yer-call-him COLLOQ.; ***un ~ chiede di te*** some fellow *o* somebody is looking for you; ***Tizio, Caio e Sempronio*** every Tom, Dick and Harry.

tizzo /'tittso/, **tizzone** /tit'tsone/ m. *(pezzo di legno)* firebrand, brand LETT.; *(pezzo di carbone)* coal, ember ◆ ***nero come un ~*** coal-black, as black as coal *o* soot ◆◆ ***~ d'inferno*** fiend.

TLC /tiellet'tʃi/ f.pl. (⇒ telecomunicazioni) = telecommunications.

tmesi /'tmɛzi/ f.inv. tmesis*.

TNT /tiɛnnet'ti/ m. (⇒ trinitrotoluene trinitrotoluene) TNT.

▷ **to'** /tɔ/ inter. **1** *(tieni)* ***~, prendi!*** here! catch! **2** *(per esprimere stupore)* whew; ***~, abbiamo la stessa cravatta*** snap! we're wearing the same tie; ***~, chi si vede!*** look who's here!

▷ **toast** /tɔst/ m.inv. = toasted ham and cheese sandwich.

Tobia /to'bia/ n.pr.m. Tobiah.

toboga /to'bɔga/ m.inv. **1** *(slitta)* toboggan; *(attività)* tobogganning **2** *(scivolo)* slide, chute.

toc /tɔk/ inter. ***"~, ~!" - "chi è?"*** "knock! knock!" - "who's there?"; ***~~~*** rat-tat-tat.

tocai /to'kai/ m.inv. ENOL. INTRAD. (dry white wine from Friuli and Veneto).

toccante /tok'kante/ agg. [*cerimonia, spettacolo, parole, argomento, storia, musica, scena, discorso*] touching, moving.

▶ **toccare** /tok'kare/ [1] **I** tr. **1** *(appoggiare la mano su)* to touch [*oggetto*]; *(maneggiare)* to handle; *(saggiare)* to feel* [*tessuto, abito*]; ***~ la fronte, la spalla di qcn.*** to touch sb. on the forehead, shoulder; ***"si prega di non ~"*** "please do not touch"; ***non ~!*** don't touch! ***non mi ~!*** don't touch me! ***fammi ~*** let me have a feel, give me a feel; ***non ~ cibo*** to leave the meal untouched *o* untasted; ***non tocca più un goccio d'alcol*** he doesn't touch a drop of alcohol any more; ***~ tutto*** [*bambino*] to be into everything; ***la polizia non mi può ~*** the police can't touch me; ***non l'ho toccata neanche con un dito*** I never laid a finger on her **2** *(urtare)* to hit* [*avversario, auto, marciapiede*]; ***se vai ancora un po' indietro, tocchi il muro*** if you reverse any more, you'll hit the wall **3** *(in acqua)* ***qui non si tocca*** I'm out of my depths here, I can't touch the bottom here **4** *(modificare)* to change; ***non ~ una virgola*** not to change a word **5** FIG. *(affrontare)* to touch, to broach [*faccenda, problema*]; ***lei tocca un argomento delicato*** you're getting on to a delicate subject **6** FIG. *(turbare, commuovere)* to move, to touch [*persona*]; ***la notizia mi ha toccata profondamente*** I was very touched by the news **7** *(offendere)* ***~ l'onore di qcn.*** to offend sb.'s honour; ***guai a toccargli la famiglia!*** COLLOQ. you dare not criticize his family! **8** FIG. *(riguardare)* [*evento, cambiamento, decisione*] to affect, to involve, to touch [*persona, settore, paese*]; ***il problema ti tocca da vicino*** the problem touches *o* concerns you personally; ***~ qcn. negli interessi*** to injure sb.'s interests **9** *(essere adiacente a)* to touch [*soffitto, parete*]; ***~ il fondo*** [*imbarcazione*] to touch bottom *o* ground, to bottom; [*prezzi*] to bottom out; FIG. to hit rock bottom *o* to be in the depths of despair; ***~ terra*** [*animale, nave*] to reach *o* make land; [*palla, aereo*] to land; ***~ un porto*** to call at a port **10** *(raggiungere)* [*cifre, peso*] to hit* [*livello*]; [*inflazione, disoccupazione*] to run* at [*percentuale, tasso*]; ***~ i 60 kg*** to tip the scales at 60 kg; ***~ i 180 all'ora*** to hit 180 km an hour; ***~ la sessantina*** to be in one's late fifties **II** intr. (aus. *essere*) **1** *(in sorte)* ***mi è toccato fare*** the lot fell to me *o* it fell to my lot to do; ***gli è toccata una (bella) fortuna*** he ran into a fortune **2** *(spettare)* ***dopo la loro morte la casa tocca a me*** the house comes to me when they die; ***dovrebbero pagargli quello che gli tocca*** they should pay him what is due to him; ***tocca a lui decidere*** it's up to him *o* it falls to him to decide, that's for him to decide; ***non tocca a me dirlo*** it's not for me to say; ***adesso tocca a noi agire!*** now's our time to act! ***la maggior parte del merito dovrebbe ~ all'autore*** most of the credit should go to the author **3** *(essere di turno)* ***a chi tocca?*** whose go *o* turn is it? ***ancora una persona e poi tocca a te*** you're next but one; ***tocca a te, testa o croce?*** you call, heads or tails? ***tocca a te ora*** it's your turn *o* go now; ***tocca a te dichiarare*** it's your bid; ***tocca a me dare le carte, muovere*** it's my deal, move; ***tocca a te fare il caffè*** it's your turn to make the coffee; ***questo giro tocca a me*** *(pagare)* this round is on me *o* it's my treat **4** *(essere costretto)* ***mi tocca andarci di persona*** I have to go in person; ***ma guarda cosa mi tocca vedere, fare!*** just look at what I have got to see, do! **5** *(strusciare)* ***~ per terra*** [*gonna, tende*] to sweep the ground **III toccarsi** pronom. **1** *(se stesso)* to feel* oneself; ***-rsi la barba*** to finger one's beard **2** *(reciprocamente)* to touch each other; ***le loro mani, labbra si toccarono*** their hands, lips met; ***gli estremi si toccano*** extremes meet **3** POP. *(masturbarsi)* to play with oneself **4** *(essere adiacente)* to be* next to each other ◆ ***~ qcn. sul*** o ***nel vivo*** [*allusione, critica*] to be a bit too close to home, to cut *o* sting sb. to the quick; ***~ il cuore di qcn.*** [*attenzioni, simpatia, spettacolo*] to touch sb.'s heart *o* heartstrings, to strike a chord in *o* with sb.; ***~ un tasto dolente*** to touch a sore point; ***~ il tasto giusto*** to strike *o* touch the right chord; ***~ un tasto falso*** to strike a false note; ***~ una corda sensibile*** to pluck *o* tug (at) sb.'s heartstrings; ***~ qcs. con mano*** to have proof of sth., to experience sth. at first hand; ***~ il cielo con un dito*** to be on cloud nine, to be thrilled to bits; ***~ ferro*** to touch wood BE, to knock on wood AE.

toccasana /tokka'sana/ m.inv. cure-all, panacea.

toccata /tok'kata/ f. **1** *(tocco)* jab, touch; ***dare una ~ a qcs.*** to have a feel of sth. **2** MUS. toccata.

toccato /tok'kato/ **I** p.pass. → **toccare II** agg. **1** *(nella scherma)* touché **2** *(picchiato, pazzo)* touched, cracked **3** FIG. *(ferito nei sentimenti)* bruised, hurt, wounded; *(turbato, commosso)* moved, touched.

▷ **1.tocco**, pl. **-chi** /'tokko, 'tɔkko, ki/ m. **1** *(contatto fisico)* touch, tap; ***un leggero ~ sul braccio*** a brush on the arm; ***al minimo ~*** at the slightest touch; ***dire che cos'è al ~*** to tell what it is by feeling it **2** *(piccola quantità)* touch, dab; *(sfumatura)* tinge, shade, hint; ***un ~ di cipria*** a dab of powder **3** *(stile, impronta personale)* ***ho creduto di riconoscere il tuo ~*** I thought I recognized your hand; ***questa stanza ha bisogno di un ~ femminile*** this room needs a woman's touch; ***un ~ geniale*** a clever touch; ***un ~ di classe*** a touch of class *o* style; ***dare un ~ di realismo a qcs.*** to lend realism to sth. **4** PITT.

(pennellata) stroke; *(modo di dipingere)* brushwork; ***dipingere a piccoli -chi*** to paint in small strokes; ***un ~ di colore*** a dash *o* hint *o* touch of colour; ***si riconosce il ~ di un maestro*** you recognize the touch *o* hand of a master **5** MUS. *(di un pianista)* touch; ***avere un ~ leggero*** to have a light touch **6** *(rintocco) (di orologio, campana)* stroke; REGION. *(l'una dopo mezzogiorno)* ***al ~*** at one o'clock **7** SPORT *(colpo lieve)* tip ◆ ***dare il ~ finale a*** to put the finishing touches on; ***dare il ~ finale a una torta*** GASTR. to crown a cake.

2.tocco, pl. **-chi**, **-che** /'tokko, ki, ke/ agg. *(picchiato, pazzo)* touched, cracked.

3.tocco, pl. **-chi** /'tɔkko, ki/ m. **1** *(pezzo) (di carne, frutta, pane)* bit, chunk, piece **2** COLLOQ. FIG. ***un bel*** o ***gran ~ di ragazza*** a smashing girl, a dish; ***un bel ~ d'uomo*** a hunk.

4.tocco, pl. **-chi** /'tɔkko, ki/ m. *(copricapo)* toque; ***in toga e ~*** in cap and gown.

tocoferolo /tokofe'rɔlo/ m. tocopherol.

tocologia /tokolo'dʒia/ f. tocology.

toeletta /toe'lɛtta/ f. → **toilette.**

toelettatura /toeletta'tura/ f. *(di cane)* grooming.

tofaceo /to'fatʃeo/ agg. MED. tophaceous.

Tofet /'tofet/ n.pr.f. BIBL. Tophet.

tofo /'tɔfo/ m. MED. tophus*.

tofu /'tɔfu/ m.inv. (bean) curd, tofu.

toga, pl. **-ghe** /'tɔga, ge/ f. **1** STOR. toga*; ***nobiltà di ~*** noblesse de robe **2** *(di giudici, magistrati)* gown, robe; ***in ~ e tocco*** in cap and gown **3** *(attività forense)* = the legal profession.

togato /to'gato/ **I** agg. **1** STOR. togaed, togated **2** *(che indossa la toga)* [*giudici, magistrati*] gowned, robed **3** FIG. *(solenne)* solemn, stately **4** *(ampolloso)* bombastic, affected **II** m. stipendiary magistrate.

▶ **togliere** /'tɔʎʎere/ [28] **I** tr. **1** *(spostare)* to take* away, to remove [*mobile, tende, quadro*]; to take* off, to move [*piede, mano*]; to clear (away) [*neve, foglie*]; ***togli la mano, ti bruci*** move your hand away, you'll burn yourself; ***togli la sedia dai piedi*** move the chair out of the way; ***togli quelle porcherie dal tavolo!*** clear that junk off the table! ***non riusciva a togliergli gli occhi di dosso*** she couldn't take her eyes off him; ***toglimi le mani di dosso!*** get your hands off me! ***togli le mani dalle tasche!*** take your hands out of the pockets; ***~ il pollo dal forno*** to take the chicken out of the oven; ***~ un dolce dallo stampo*** to turn a cake out of a tin **2** *(asportare, rimuovere)* to take* out, to remove [*lisca, semi*]; to peel away [*cerotto*]; to remove, to dislodge [*roccia, ostacolo, corpo estraneo*] (**da** from); to take* off, to peel off, to remove [*etichetta, adesivo*]; to get* out, to remove [*macchia*]; to cut* off [*eccesso, crosta*]; to remove [*vernice*]; ***~ qcs. a qcn.*** to pull *o* take sth. away from sb.; ***~ una pallottola da una ferita*** to extract *o* remove a bullet from a wound; ***~ il freno a mano*** to release the handbrake; ***~ il tappo*** to pull out the plug; ***farsi ~ l'appendice*** to have one's appendix removed *o* out; ***~ delicatamente il coperchio*** to ease off the lid; ***toglietegli le manette*** take the handcuffs off him **3** *(estrarre)* to extract, to pull out [*dente, spina, scheggia*] **4** *(sfilare, levare)* to take* off, to strip off [*vestiti, occhiali, cappello, gioiello*]; ***~ il cappotto a qcn.*** to relieve sb. of his coat **5** FIG. *(privare di)* to sap [*coraggio, fiducia*]; ***la cosa mi toglie un peso dallo stomaco*** that's a load off my mind; ***~ a qcn. la voglia di fare*** to put sb. off doing; ***~ a qcn. la voglia di ricominciare*** to kill any desire to start again; ***~ a qcn. la speranza*** to dash sb.'s hopes; ***~ il sonno a qcn.*** to keep sb. awake at night; ***~ le forze*** to take away one's strength; ***~ la vita a qcn.*** to take sb.'s life; ***fumare toglie l'appetito*** smoking kills the appetite; ***ciò non toglie che...*** nonetheless, the fact remains that...; ***questo non toglie niente al suo successo*** that doesn't take anything away from his achievement; ***questo toglie ogni piacere*** it takes the fun *o* pleasure out of it; ***~ il gusto a qcs.*** to take the sheen *o* shine off sth.; ***toglimi una curiosità, sei sposato?*** satisfy my curiosity *o* tell me something, are you married? **6** *(liberare)* ***~ qcn. da una situazione difficile*** to help sb. out of a predicament *o* difficult situation; ***~ qcn. dai guai*** to see sb. right; ***~ d'imbarazzo*** to disembarrass **7** *(abolire)* to lift, to raise [*sanzione, coprifuoco*]; *(sospendere)* to adjourn [*udienza, seduta*]; *(sospendere l'erogazione di)* to disconnect [*telefono*]; to cut* off, to turn off [*gas, elettricità*]; ***~ la censura, l'embargo*** to lift censorship, an embargo; ***~ un divieto su*** to derestrict **8** *(ritirare)* to withdraw* [*permesso, privilegio, diritto, bene*]; ***~ dalla circolazione*** to withdraw, to call in [*banconota, articolo*]; ***~ uno spettacolo dal cartellone*** to close a play; ***~ il passaporto a qcn.*** to impound sb.'s passport; ***~ delle merci dal mercato*** to remove goods from the market **9** *(sottrarre)* to subtract, to take* away; ***~ cinque da nove*** to take five from nine; ***~ tempo al lavoro*** to steal some hours from one's work; ***non ha voluto ~ niente*** *(scontare)* she wouldn't knock anything off **10** *(eliminare)* to remove [*paragrafo, frase, scena*]; ***~ il dolore*** [*anestetico*] to numb the pain; ***~ una preoccupazione a qcn.*** to relieve sb. of a worry **11** *(ricavare)* to take*; ***l'espressione è stata tolta da un testo latino*** the expression was taken from a Latin text **II togliersi** pronom. **1** *(sbarazzarsi di)* to take* off, to pull off, to slip off [*vestiti, scarpe, maglione*]; to pull off, to take* off [*guanti*]; ***-rsi il cappello*** to take off one's hat; ***-rsi il cappotto*** to lift up *o* take off one's coat; ***-rsi gli stivali*** to remove one's boots **2** *(liberarsi)* ***-rsi un peso dal cuore*** to take a load off one's mind; ***-rsi un peso dallo stomaco*** to get sth. out of one's system *o* off one's chest; ***mi sono tolto un peso dalla coscienza*** that's a load *o* weight off my mind; ***-rsi la sete*** to quench one's thirst; ***-rsi il lavoro arretrato*** to clear one's backlog; ***-rsi un anello dal dito*** to work a ring off one's finger **3** *(spostarsi)* ***-rsi dal traffico*** to get clear of traffic; ***togliti di lì!*** come away! move! ***togliti dal prato!*** come *o* get off the lawn! ***togliamoci di qui alla svelta!*** let's get the hell out of here! ***-rsi dai piedi*** COLLOQ. to buzz off, to scram; ***-rsi di mezzo*** to remove oneself, to get out of sb.'s way **4** *(perdere)* ***-rsi un'abitudine, un vizio*** to get out of a habit, vice; ***non riesco a togliermelo dalla mente*** I can't get it out of my mind; ***toglitelo dalla testa!*** you can put that idea out of your head; ***togliti quel sorriso dalle labbra*** take that smile off your face; ***-rsi la vita*** to take one's own life **5** *(venire via)* [*maniglia, pannello, copertura*] to come* off; [*sughero, rivestimento*] to come* out ◆ ***~ qcn. dai pasticci*** to get sb. out of trouble; ***~ il pane di bocca a qcn.*** to take the bread out of sb.'s mouth; ***~ la parola a qcn.*** to interrupt sb.; ***~ le parole di bocca a qcn.*** to take the words right out of sb.'s mouth; ***~ il fiato a qcn.*** to take sb.'s breath away; ***~ il terreno sotto i piedi a qcn.*** to pull the rug out from under sb.'s feet; ***~ il saluto a qcn.*** to cut sb., to stop talking to sb.; ***~ le castagne dal fuoco*** to pull sb.'s chestnuts out of the fire; ***~ di mezzo qcn.*** to do sb. in; ***-rsi qcn. dai piedi*** to get rid of sb.; ***-rsi un capriccio facendo*** to indulge oneself by doing; ***-rsi la voglia*** to kick up one's heels; ***~ qcn. dalla strada*** to pull sb. out of the gutter.

toh → **to'**.

▷ **toilette** /twa'lɛt/ f.inv. **1** *(cura del corpo)* ***fare ~*** to have a wash; ***prodotto, sapone, necessaire da ~*** toilet product, soap, accessory; ***"tutto per la ~ del bebè"*** "baby care products" **2** *(abito elegante)* gown; ***presentarsi in gran ~*** to show up all dressed up **3** ANT. *(mobile)* toilet **4** *(bagno)* toilet, lavatory, cloakroom BE, washroom AE, rest room AE; ***andare alla ~*** to go to the toilet; ***~ delle signore*** women's toilet, ladies' lavatory *o* room; ***~ degli uomini*** men's room, gents' lavatory.

tolda /'tɔlda/ f. deck.

toledano /tole'dano/ ⧫ **2 I** agg. Toledan **II** m. (f. **-a**) Toledan.

Toledo /to'ledo/ ⧫ **2** n.pr.f. Toledo.

tolemaico, pl. **-ci**, **-che** /tole'maiko, tʃi, ke/ agg. [*sistema*] Ptolemaic.

toletta /to'letta, to'lɛtta/ f. → **toilette.**

tollerabile /tolle'rabile/ agg. **1** *(ammissibile)* [*livello, limite, condotta*] permissible, tolerable **2** *(sopportabile)* [*situazione*] bearable, endurable, sufferable; ***è appena ~*** it's only just tolerable **3** [*medicinale*] tolerable.

tollerabilità /tollerabili'ta/ f.inv. tolerability, tolerableness.

tollerante /tolle'rante/ agg. [*persona*] broadminded, tolerant, liberal; [*modi, atteggiamento*] easygoing; [*legge, regolamento*] lax, permissive; ***essere ~ verso qcs.*** to take a permissive view on sth.

tolleranza /tolle'rantsa/ f. **1** *(apertura, indulgenza)* broadmindedness, tolerance (**verso** towards; **per** for) **2** *(ai medicinali, al rumore)* tolerance (**a** of, to); ***~ all'alcol, al freddo*** tolerance to alcohol, cold **3** ***~ religiosa*** religious toleration **4** *(tempo)* ***con una ~ di dieci minuti*** with a ten-minute margin *o* tolerance **5** MAT. STAT. ***margine di ~*** tolerance.

▷ **tollerare** /tolle'rare/ [1] **I** tr. **1** *(sopportare)* [*persona*] to endure, to stand*, to put* up with [*vista, stile di vita, persona, atteggiamento*]; to allow, to suffer [*insulto, comportamento, ingiustizie*]; to bear*, to withstand* [*malattia, avversità, pressioni, odore*]; to overlook [*errore, mancanza*]; ***io non sarei disposto a ~ tutto ciò*** I wouldn't stand for that; ***è più di quanto un essere umano possa ~*** it's more than flesh and blood can bear; ***non lo tollero più!*** I won't have this any more! ***non si tollerano ritardi*** lateness will not be tolerated **2** MED. to tolerate [*medicinale, sostanza*] **II tollerarsi** pronom. to tolerate each other.

Tolomeo /tolo'mɛo/ n.pr.m. Ptolemy.

tolteco, pl. **-chi**, **-che** /tol'tɛko, ki, ke/ **I** agg. Toltecan **II** m. (f. **-a**) Toltec.

tolto /'tɔlto/ **I** p.pass. → **togliere II** agg. **1** *(con valore preposizionale) (escluso)* except for, apart from; ***-i tre giorni, è piovuto***

tutto il mese it has rained all month apart from three days; ***~ te, lo sanno tutti*** everybody knows, other than *o* apart from *o* except you **2** *(sottratto)* ***-e le spese*** excluding expenses **3** *(sospeso)* ***la seduta è -a*** the session adjourns.
toluene /tolu'ɛne/, **toluolo** /tolu'ɔlo/ m. toluene, toluol.
toluico /to'luiko/ agg. ***acido ~*** toluic acid.
toluidina /tolui'dina/ f. toluidine.
1.toma /'tɔma, 'toma/ f. ***capire Roma per ~*** = to understand one word for another.
2.toma /'toma/ f. GASTR. INTRAD. (typical cheese from Piedmont and Valle d'Aosta).
tomaia /to'maja/ f., **tomaio**, pl. **-ai** /to'majo, ai/ m. upper, vamp.
▶ **tomba** /'tomba/ f. **1** *(fossa)* grave; *(monumento)* tomb; ***scavare una ~*** to dig a grave; ***profanare una ~*** to desecrate a shrine; ***~ a volta*** burial vault; ***~ preistorica*** cist; ***andare sulla ~ di qcn.*** to visit sb.'s grave; ***mettere dei fiori su una ~*** to put flowers on a grave; ***ha già un piede nella ~*** he has one foot in the grave, he is pretty far gone; ***~ di famiglia*** family vault; ***silenzio di ~*** dead silence **2** *(persona discreta)* ***non parlerà, è una ~*** he will keep mum ◆ ***dalla culla alla ~*** from the cradle to the grave; ***rivoltarsi nella ~*** to turn in one's grave; ***ballare sulla ~ di qcn.*** to dance on sb.'s grave; ***essere muto come una ~*** to be as silent as the grave; ***si è portato il segreto nella ~*** the secret died with him; ***seguire qcn. nella ~*** to follow sb. to the grave; ***portare*** o ***condurre qcn. alla ~*** to be the death of sb.
tombacco, pl. **-chi** /tom'bakko, ki/ m. tombac.
tombale /tom'bale/ agg. grave attrib., tomb attrib.; ***pietra ~*** gravestone, headstone, tombstone; ***silenzio ~*** dead silence.
tombarello /tomba'rɛllo/ m. tipper.
tombarolo /tomba'rɔlo/ m. (f. **-a**) graverobber.
tombino /tom'bino/ m. manhole; *(chiusino)* manhole cover; ***spurgare i -i*** to unblock the drains; ***far cadere qcs. in un ~*** to drop sth. down a drain.
▷ **1.tombola** /'tombola/ f. **1** *(gioco)* tombola, housey-housey BE; ***fare ~*** = to win at tombola; ***~!*** bingo! **2** *(somma alta)* ***mi è costato una ~*** it cost a mint.
2.tombola /'tombola/ f. COLLOQ. *(caduta)* fall, tumble; ***fare una ~*** to tumble.
1.tombolo /'tombolo/ m. **1** *(cuscino)* bolster **2** *(cuscinetto per ricamare)* pillow; ***merletto*** o ***pizzo al ~*** bobbin *o* pillow lace.
2.tombolo /'tombolo/ m. COLLOQ. *(caduta)* fall, tumble; ***fare un ~*** to tumble.
tombolotto /tombo'lɔtto/ m. *(persona piccola e grassoccia)* podge.
tomento /to'mento/ m. tomentum*.
tomentoso /tomen'toso/ agg. tomentose, tomentous.
tomino /to'mino/ m. GASTR. INTRAD. (fresh cheese made with goat's or cow's milk typical of Piedmont).
tomismo /to'mizmo/ m. Thomism.
tomista, m.pl. **-i**, f.pl. **-e** /to'mista/ agg., m. e f. Thomist.
tomistico, pl. **-ci**, **-che** /to'mistiko, tʃi, ke/ agg. Thomist(ic).
Tommaso /tom'mazo/ n.pr.m. Thomas ◆ ***essere come san ~*** to be a doubting Thomas ◆◆ ***san ~ d'Aquino*** (St Thomas) Aquinas; ***~ Moro*** Thomas More.
1.tomo /'tɔmo/ m. **1** *(volume)* tome, volume; ***opera in due -i*** work in two volumes **2** *(libro)* book.
2.tomo /'tɔmo/ m. *(persona strana)* ***un bel ~*** a queer card.
tomografia /tomogra'fia/ f. tomography.
tomografo /to'mɔgrafo/ m. tomograph.
tomogramma /tomo'gramma/ m. tomogram.
▷ **tonaca**, pl. **-che** /'tɔnaka, ke/ f. **1** *(di frati)* cassock, frock; *(di preti)* soutane; ***vestire la ~*** to take the cloth *o* habit; ***gettare la ~ (alle ortiche)*** to renounce the habit **2** ANAT. tunica.
tonale /to'nale/ agg. **1** MUS. [*sistema*] tonal **2** PITT. tone attrib. **3** LING. ***lingua ~*** tone language.
tonalità /tonali'ta/ f.inv. **1** MUS. tonality, key; ***~ maggiore, minore*** major, minor key; ***in che ~ è la sonata?*** what key is the sonata in? ***suonare in una ~ giusta, sbagliata*** to play in, off key; ***la ~ è troppo alta, bassa*** the pitch is too high, low **2** *(di colore)* tone, shade; ***una ~ di rosso*** a shade of red; ***con una ~ verde*** with a greenish cast **3** ART. ABBIGL. ***~ autunnale*** earth tone.
tonante /to'nante/ agg. **1** CHIM. [*miscela*] explosive **2** *(risonante)* [*risata, voce*] booming, thundering.
tonare /to'nare/ → **tuonare.**
tonca /'tɔnka/ f.inv. ***fava ~*** tonka bean.
tondeggiante /tonded'dʒante/ agg. [*forma*] curved, rounded, round.
tondeggiare /tonded'dʒare/ [1] intr. (aus. *essere*) to be* roundish.
tondello /ton'dɛllo/ m. **1** *(oggetto tondo)* round **2** NUMISM. planchet.
tondino /ton'dino/ m. **1** *(oggetto tondo)* round **2** METALL. *(per cemento armato)* iron rod **3** ARCH. astragal **4** NUMISM. planchet **5** *(sottobicchiere)* coaster.
▷ **tondo** /'tondo/ **I** agg. **1** *(rotondo)* [*oggetto, testa, seni, viso, scrittura*] round; [*guance*] round, chubby; ***parentesi -a*** bracket BE, parenthesis AE **2** *(giusto)* [*numero, cifra*] round; ***sei mesi -i*** six full months; ***costa 50 euro -i -i*** it costs 50 euros exactly; ***in cifre -e*** in round figures; ***fare cifra -a*** *(per eccesso)* to round up (a figure); *(per difetto)* to round down **3** TIP. [*carattere*] Roman **II** m. **1** *(cerchio)* circle; ***girare in ~*** to go round in circles, to go round and round, to chase one's tail (anche FIG.) **2** *(oggetto rotondo)* circle, ring; ***un ~ di vetro*** a circle of glass **3** ART. tondo*; ***scultura a tutto ~*** sculpture in the round **4** TIP. Roman ◆ ***chiaro e ~*** outright, straight out, bluntly; ***mi ha detto chiaro e ~ che*** she told me flat out that; ***parlare chiaro e ~*** to lay it on the line.
toner /'tɔner/ m.inv. toner.
tonfete /'tonfete/ inter. plop, splash.
tonfo /'tonfo/ m. **1** *(caduta)* fall, tumble; ***fare un ~*** to tumble **2** *(rumore)* bump, thump, thud; ***un ~ sordo*** a heavy thud, a muffled thump; ***sedersi con un ~*** to sit down with a flop *o* plop; ***fare un gran ~ nell'acqua*** to make a big splash; ***cadere per terra con un ~*** to fall to the ground with a thud.
tonica, pl. **-che** /'tɔnika, ke/ f. **1** MUS. keynote, tonic **2** LING. tonic **3** *(acqua tonica)* tonic.
tonicità /tonitʃi'ta/ f.inv. tonicity.
tonico, pl. **-ci**, **-che** /'tɔniko, tʃi, ke/ **I** agg. **1** LING. [*sillaba, accento*] tonic **2** MUS. MED. tonic **3** *(stimolante)* [*rimedio*] roborant; [*aria*] bracing, invigorating; ***acqua -a*** tonic water **4** *(in perfetta forma)* [*addominali, glutei*] toned **II** m. **1** MED. tonic, roborant (anche FIG.) **2** COSMET. toning lotion.
tonificante /tonifi'kante/ agg. **1** *(che rinvigorisce)* [*clima, aria, passeggiata, bagno*] bracing, invigorating; *(per i muscoli, la pelle)* [*esercizio*] toning **2** COSMET. ***lozione ~*** toning lotion.
tonificare /tonifi'kare/ [1] tr. **1** *(rinvigorire)* to tone (up) [*muscoli, pelle*] **2** MED. to invigorate.
tonnara /ton'nara/ f. tuna nets pl., tunny-fishing nets pl. BE.
tonnarelli /tonna'rɛlli/ m.pl. REGION. GASTR. INTRAD. (egg pasta typical of Abruzzi).
tonnarotto /tonna'rɔtto/ ➧ ***18*** m. tuna fisherman*, tunny fisherman* BE.
tonnato /ton'nato/ agg. GASTR. ***salsa -a*** = tuna mayonnaise; ***vitello ~*** = poached veal served cold in a tuna mayonnaise.
tonneau /to'no/ m.inv. AUT. tonneau cover.
tonneggiare /tonned'dʒare/ [1] **I** tr. to heave, to kedge, to warp **II** **tonneggiarsi** pronom. to kedge.
tonneggio, pl. **-gi** /ton'neddʒo, dʒi/ m. warp; ***ancora da ~*** kedge (anchor).
tonnellaggio, pl. **-gi** /tonnel'laddʒo, dʒi/ m. tonnage; ***~ lordo, netto*** gross, net tonnage; ***~ di stazza*** register tonnage; ***~ di dislocamento*** displacement tonnage.
▷ **tonnellata** /tonnel'lata/ ➧ ***22*** f. **1** *(peso)* metric ton, tonne; MAR. ton; ***un camion di tre -e*** a three-ton truck; ***un'imbarcazione da una ~*** MAR. a one-tonner; ***pesa una ~!*** FIG. it weighs a ton! **2** FIG. *(grande quantità)* ton; ***una ~ di libri*** a ton of books ◆◆ ***~ equivalente di carbone*** ton coal equivalent; ***~ equivalente di petrolio*** ton oil equivalent; ***~ di nolo*** freight ton; ***~ di peso*** displacement ton; ***~ di stazza*** register ton.
tonnellata-chilometro, pl. **tonnellate-chilometro** /tonnel'lataki'lɔmetro, tonnel'lateki'lɔmetro/ f. ton-kilometre.
▷ **tonno** /'tonno/ m. tuna*, tunny BE; ***~ sott'olio, al naturale*** tuna in olive oil, in brine ◆◆ ***~ alalonga*** albacore, long-fin tuna; ***~ bonita*** skipjack.
▶ **tono** /'tɔno/ m. **1** *(della voce)* tone, pitch; ***in ~ grave*** grimly; ***con un*** o ***in ~ sprezzante*** depreciatingly; ***con un ~ brusco, irritato, risentito*** churlishly, irritably, resentfully; ***con un ~ colloquiale*** in a conversational tone; ***il suo ~ irriverente*** his flippant tone; ***in ~ di protesta*** protestingly; ***un insopportabile ~ di superiorità*** a maddeningly superior tone; ***"l'amore!" disse in ~ di scherno*** "love!" she scoffed; ***avere un ~ melodrammatico*** to sound melodramatic; ***dal ~ flautato*** fluty; ***dire in ~ conciliante, di sfida, d'accusa, di scusa*** to say accommodatingly, defiantly, accusingly, apologetically; ***parlare in ~ derisorio, esitante*** to speak derisively, hesitantly; ***un ~ di minaccia si insinuò nella sua voce*** a threatening tone *o* note crept into his voice; ***si sentiva un ~ di sufficienza nella sua voce*** his voice dripped smugness; ***dal suo ~ si capiva che aveva fretta*** there was a note of urgency in his voice; ***l'ha detto***

con un ~ talmente ostile che he said it in such a hostile way that; ***rispondere a ~*** *(in modo pertinente)* to answer to the point; *(in modo impertinente)* to answer back; ***non usare quel ~ con me!*** don't speak to me like that *o* in that tone! ***alzare, abbassare il ~ (di voce)*** to pitch one's voice higher, lower; ***i -i si fecero accesi*** the discussion became heated **2** LING. tone; ***lingua a -i*** tone language; ***~ ascendente, discendente*** rising, falling tone **3** *(stile)* ***un'opera dai -i brillanti*** a work full of colour; ***una celebrazione in ~ minore*** a muted celebration; ***avere -i Joyciani*** to have overtones of Joyce; ***il resto del discorso era sullo stesso ~*** the rest of the speech was in the same strain; ***abbassare il ~ della conversazione*** to lower the tone of the conversation; ***attenuare il ~ di una lettera*** to tone down *o* water down a letter; ***continuare con un ~ simile*** to continue in a similar vein; ***beh, se la metti su questo ~*** well, if you are going to take it like that **4** MUS. key, pitch, tone; ***quarto di ~*** quarter tone; ***in un ~ maggiore, minore*** in a major, minor key; ***fuori ~*** off-key; ***i -i bassi del sax*** the deep tone of a saxophone; ***alzare il ~*** to raise the tone (anche FIG.) **5** *(gradazione di colore)* shade, tone; ***~ intenso*** deep shade; ***-i caldi, freddi*** warm, cold colours; ***-i sfumati*** soft tones; ***un ~ rosato*** a shade of pink; ***-i pastello*** pastel shades; ***~ su ~*** in matching tones **6** FISIOL. tone; ***~ muscolare*** tonus, muscle tone; ***assenza di ~*** tonelessness ◆ ***e avanti di questo ~*** and so on; ***darsi un ~*** to give oneself airs; ***essere giù di ~*** not to have much energy.

tonometro /to'nɔmetro/ m. tonometer.

▷ **tonsilla** /ton'silla/ f. tonsil; ***farsi togliere le -e*** to have one's tonsils out ◆◆ ***~ faringea*** pharyngeal tonsil.

tonsillare /tonsil'lare/ agg. tonsillar, tonsillary.

tonsillectomia /tonsillekto'mia/ f. tonsillectomy.

tonsillite /tonsil'lite/ ➧ **7** f. tonsillitis*.

tonsore /ton'sore/ m. SCHERZ. barber.

tonsura /ton'sura/ f. tonsure.

tonsurare /tonsu'rare/ [1] tr. to tonsure [*testa*].

tonsurato /tonsu'rato/ **I** p.pass. → **tonsurare** **II** agg. tonsured.

tontina /ton'tina/ f. tontine.

tonto /'tonto/ **I** agg. COLLOQ. [*persona, aria*] boneheaded, dense, thick-headed, dozy BE; ***è un po' ~*** he's rather muddle-headed; ***essere davvero ~*** to be as thick as a brick **II** m. (f. **-a**) COLLOQ. blockhead, bonehead, dope, dummy, dumbo ◆ ***fare il finto ~*** to act dumb.

tontolone /tonto'lone/ m. (f. **-a**) COLLOQ. dolt, dimwit, clot BE.

top /tɔp/ m.inv. **1** ABBIGL. (sun) top; ***un ~ in seta*** a silk top **2** COLLOQ. *(culmine)* ***essere al ~*** to be at the top *o* peak; ***essere il ~*** to be the top; ***essere al ~ della hit-parade*** to be at the top of the charts.

topaia /to'paja/ f. **1** *(tana di topi)* rathole **2** FIG. *(stanza, casa)* rathole, dump, slum; *(albergo)* flophouse AE.

topazio, pl. **-zi** /to'pattsjo, tsi/ ➧ **3** **I** m. *(pietra)* topaz **II** m.inv. *(colore)* topaz **III** agg.inv. [*colore*] topaz.

topaziolite /topattsjo'lite/ f. MIN. topazolite.

topiaria /to'pjarja/ f. *(arte)* topiary.

1.topica /'tɔpika/ f. RET. topic.

2.topica, pl. **-che** /'tɔpika, ke/ f. *(gaffe)* gaffe, blunder, faux pas*; ***fare una ~*** to drop a brick, to put one's foot in it, to make a gaffe.

topicida /topi'tʃida/ **I** agg. rat-killing **II** m. rat-killer, rat-poison.

topico, pl. **-ci, -che** /'tɔpiko, tʃi, ke/ agg. **1** RET. topical **2** FARM. [*medicinale*] local, topical **3** *(decisivo)* [*prova, osservazione, evento*] landmark, decisive.

topinambur /topinam'bur/ m.inv. Jerusalem artichoke.

topino /to'pino/ m. **1** *(piccolo topo)* small mouse* **2** ORNIT. sand martin BE, bank swallow AE.

topless /'tɔples/ m.inv. topless swimsuit; ***"vietato il ~"*** "topless bathing forbidden"; ***ragazza in ~*** topless girl.

top model /top'mɔdel/ ➧ **18** f.inv. supermodel, top model, fashion model.

▷ **topo** /'tɔpo/ ➧ **3** **I** m. mouse*, rat; ***trappola per -i*** mousetrap, rat trap; ***veleno per -i*** rat poison; ***dare la caccia ai -i*** to mouse, to go ratting; ***avere la fobia dei -i*** to have a phobia about rats; ***disinfestare la casa dai -i*** to rid the house of mice **II** m.inv. *(colore)* mouse-colour, mouse grey BE, mouse gray AE **III** agg.inv. [*colore*] mous(e)y; ***grigio ~*** mouse-colour, mouse grey BE, mouse gray AE ◆ ***fare la fine del ~*** to die like a rat in a trap; ***giocare al gatto e al ~*** to play cat and mouse; ***quando il gatto non c'è i -i ballano*** PROV. when the cat's away, the mice will play; ***i -i abbandonano la nave che affonda*** rats leave a sinking ship ◆◆ ***~ d'acqua*** water rat; ***~ d'albergo*** = thief who steals from luxury hotels; ***~ d'appartamento*** burglar; ***~ bianco*** white mouse; ***~ di biblioteca*** bookworm; ***~ campagnolo*** vole; ***~ domestico*** house mouse; ***~ di fogna*** brown *o* sewer rat; ***~ muschiato*** musk-rat, musquash; ***~ delle piramidi*** jerboa; ***~ delle risaie*** harvest mouse; ***~ selvatico*** fieldmouse.

topografia /topogra'fia/ f. topography.

topografico, pl. **-ci, -che** /topo'grafiko, tʃi, ke/ agg. [*carta*] topographic(al); ***fare un rilevamento ~*** to map, to survey.

topografo /to'pɔgrafo/ ➧ **18** m. (f. **-a**) topographer, surveyor.

topolino /topo'lino/ m. little mouse*.

Topolino /topo'lino/ n.pr.m. Mickey Mouse.

topologia /topolo'dʒia/ f. topology.

topologico, pl. **-ci, -che** /topo'lɔdʒiko, tʃi, ke/ agg. topological.

toponimia /toponi'mia/ → **toponomastica.**

toponimico, pl. **-ci, -che** /topo'nimiko, tʃi, ke/ agg. toponymic(al).

toponimo /to'pɔnimo/ m. place-name, toponym.

toponomastica, pl. **-che** /topono'mastika, ke/ f. toponymy.

toponomastico, pl. **-ci, -che** /topono'mastiko, tʃi, ke/ agg. toponymic(al).

toporagno /topo'raɲɲo/ m. shrew.

topos, pl. **-poi** /'tɔpos, poi/ m. **1** RET. topos* **2** FIG. topos*, cliché.

▷ **toppa** /'tɔppa/ f. **1** *(per riparare)* patch*; ***mettere una ~ a qcs.*** to put a patch on sth.; FIG. to remedy *o* patch (up) sth. **2** *(buco della serratura)* keyhole; ***girare la chiave nella ~*** to turn the key in the lock; ***la chiave si è incastrata nella ~*** the key's jammed in the lock.

toppo /'tɔppo/ m. stump, trunk.

toppone /top'pone/ m. reinforcement.

top secret /top'sikret/ agg.inv. top secret.

torà → **torah.**

torace /to'ratʃe/ ➧ **4** m. chest, thorax*; ***ha 90 cm di ~*** he's 90 cm around the chest.

toracentesi /tora'tʃɛntezi, toratʃen'tɛzi/ f.inv. thoracentesis*.

toracico, pl. **-ci, -che** /to'ratʃiko, tʃi, ke/ agg. thoracic; ***cassa, gabbia -a*** rib cage, chest cavity; ***circonferenza -a*** chest measurement.

toracocentesi /torako'tʃɛntezi, torakotʃen'tɛzi/ → **toracentesi.**

toracotomia /torakoto'mia/ f. thoracotomy.

torah /to'ra/ f.inv. Tora(h).

torba /'torba/ f. peat, turf; ***estrarre la ~*** to cut *o* dig the peat; ***un fuoco di ~*** a peat fire.

torbidamente /torbida'mente/ avv. muddily.

torbidezza /torbi'dettsa/ f., **torbidità** /torbidi'ta/ f.inv. *(di liquido)* cloudiness, muddiness, turbidity.

▷ **torbido** /'torbido/ **I** agg. **1** *(poco trasparente)* [*liquido*] cloudy, dreggy, muddy, murky; [*vino*] fickle **2** *(equivoco)* [*sguardo, passioni*] turbid, dark; [*passato*] shady **II** m. disorder, disturbance; ***reprimere dei -i*** to quell unrest ◆ ***pescare nel ~*** to fish in troubled waters.

torbiera /tor'bjɛra/ f. (peat) bog, turbary, peat moss BE.

torboso /tor'boso/ agg. [*terreno, terriccio*] boggy, peaty, turfy.

torcente /tor'tʃɛnte/ agg. FIS. MECC. ***momento ~*** torque.

▷ **torcere** /'tɔrtʃere/ [94] **I** tr. **1** TECN. to twist [*fil di ferro, sbarra*] **2** TESS. to rove, to slub [*filo*] **3** *(storcere)* ***~ il braccio a qcn.*** to twist sb.'s arm; ***~ il naso all'idea di fare qcs.*** to turn one's nose up *o* to twitch one's nose at the idea of doing sth.; ***~ il collo a un pollo*** to wring a chicken's neck **4** *(strizzare)* to wring* (out) [*indumenti*] **II** **torcersi** pronom. **1** *(contorcersi) (dal dolore)* to writhe (**da** in); ***-rsi dalle risa*** to curl up *o* rock *o* shake with laughter **2** *(tormentarsi)* ***-rsi le mani*** to wring one's hands (anche FIG.) ◆ ***gli impedirò di torcerti un solo capello*** I won't let them touch *o* harm a hair on your head; ***dare del filo da ~ a qcn.*** to give sb. a rough ride, to make things hard for sb., to lead sb. a merry dance BE; ***sentirsi ~ le budella*** to have *o* get the collywobbles BE.

torcetto /tor'tʃetto/ m. GASTR. INTRAD. (dry loop-shaped biscuit typical of Piedmont).

torchiare /tor'kjare/ [1] tr. **1** AGR. to press, to squeeze **2** COLLOQ. *(interrogare)* to grill, to give* [sb.] the third degree [*persona*].

torchiatura /torkja'tura/ f. pressing.

torchietto /tor'kjetto/ m. TIP. ***~ da stampa*** printing frame.

torchio, pl. **-chi** /'tɔrkjo, ki/ m. **1** *(pressa)* press **2** *(per uva)* winepress **3** TIP. printing press; ***~ per bozze*** proof press ◆ ***mettere sotto ~ qcn.*** to put sb. through the mill *o* mincer *o* wringer ◆◆ ***~ idraulico*** hydraulic press; ***~ a mano*** TIP. hand press; ***~ a vite*** screw press.

▷ **torcia**, pl. **-ce** /'tɔrtʃa, tʃe/ f. **1** *(fiaccola)* torch; ***diventare una ~ umana*** to become a human torch; ***alla luce delle -ce*** by torchlight **2** *(lampada)* flash light, torch BE ◆◆ ***~ elettrica*** flash light, torch BE; ***~ fluorescente*** compact fluorescent light.

torcibudella /tortʃibu'dɛlla/ m.inv. POP. rotgut.

torcicollo /tortʃi'kɔllo/ ➧ **7** m. stiff neck; ***prendere il ~*** to twist one's neck; ***avere il ~*** COLLOQ. to have a crick in one's neck *o* a stiff neck.

torciera /tor'tʃɛra/ f. torchère.

torciglione /tortʃiʎ'ʎone/ m. headring.

torcinaso /tortʃi'naso/ m. barnacles pl.
torcitoio, pl. **-oi** /tortʃi'tojo, oi/ m. wringer.
torcitore /tortʃi'tore/ ➧ *18* m. (f. **-trice** /tritʃe/) *(di seta)* throwster, silk thrower.
torcitrice /tortʃi'tritʃe/ f. *(macchina)* twister.
torcitura /tortʃi'tura/ f. *(il torcere)* wringing; TESS. twisting.
tordela /tor'dɛlla/ f. storm cock.
tordo /'tordo/ m. **1** ORNIT. thrush, throstle; ***essere grasso come un ~*** to be as fat as a goose **2** FIG. *(persona sciocca)* fool ◆◆ ***~ sassello*** redwing.
toreador /torea'dor/ m.inv. toreador.
toreare /tore'are/ [1] intr. (aus. *avere*) to fight* bulls.
1.torello /to'rɛllo/ m. **1** ZOOL. bull calf*, bullock **2** *(ragazzo robusto)* strong young man*, bull.
2.torello /to'rɛllo/ m. MAR. garboard (strake).
torero /to'rɛro/ ➧ *18* m. bullfighter, torero*.
toreutica, pl. **-che** /to'rɛutika, ke/ f. toreutics + verbo sing.
torinese /tori'nese/ ➧ *2* **I** agg. Turinese **II** m. e f. Turinese*.
torinista, m.pl. **-i**, f.pl. **-e** /tori'nista/ **I** agg. [*tifoso, giocatore, difesa*] of Torino, Torino attrib. **II** m. (f. **-a**) **1** *(giocatore)* Torino player **2** *(tifoso)* Torino supporter.
Torino /to'rino/ ➧ *2* n.pr.f. Turin.
torio /'tɔrjo/ m. thorium; ***~ radioattivo*** radiothorium; ***ossido di ~*** thoria, thorium (di)oxide.
torismo /to'rizmo/ m. POL. Toryism BE.
torite /to'rite/ f. thorite.
torma /'torma/ f. **1** *(folla, gruppo)* crowd, throng, swarm, mob; ***a -e*** in swarms **2** STOR. *(reparto di cavalleria)* company **3** *(branco di animali)* herd.
tormalina /torma'lina/ f. MINER. tourmaline; ***~ nera*** schorl.
tormenta /tor'menta/ f. snowstorm, blizzard.
▶ **tormentare** /tormen'tare/ [1] **I** tr. **1** *(torturare)* [*persona*] to torture, to harass, to trouble [*persona*]; [*dolore*] to excruciate, to rack, to trouble **2** FIG. *(affliggere, inquietare)* [*pensiero, rimorso, coscienza, sentimento*] to haunt, to nag, to rack, to torment, to trouble; [*fame, sete, bisogno*] to gnaw at, to strike* at; [*avversità*] to buffet; *(perseguitare)* [*giornalista, scocciatore*] to badger, to nag, to pester; ***essere tormentato dalle preoccupazioni, dai dubbi*** to be assailed by worries, doubts; ***~ qcn. con domande*** to plague sb. with questions; ***essere tormentato dai sensi di colpa*** to be consumed by guilt, to be racked *o* riddled with guilt; ***~ qcn. perché faccia*** to badger sb. to do; ***continua a tormentarmi perché io compri una nuova auto*** he's been (on) at me to buy a new car **II tormentarsi** pronom. to self-torture, to torment oneself, to worry (**per** about, over).
tormentato /tormen'tato/ **I** p.pass. → **tormentare II** agg. **1** *(inquieto)* [*viso, espressione*] vexed, tormented; *(travagliato)* [*spirito*] anguished, tortured; [*relazione*] stormy; [*persona*] embattled, harrowed; *(difficile)* [*scelta*] difficult; *(contorto)* [*stile*] tortured; ***~ dal rimorso*** remorseful **2** *(agitato)* [*periodo, storia, vita*] turbulent, troubled.
tormentatore /tormenta'tore/ m. tormentor, torturer.
tormentatrice /tormenta'tritʃe/ f. tormentress, torturer.
tormentilla /tormen'tilla/ f. tormentil, septfoil.
▷ **tormento** /tor'mento/ m. **1** *(dolore fisico)* torment; ***il ~ della fame*** the pangs of hunger; ***i -i della morte*** death throes **2** *(fastidio)* harassment **U**, torment, trial; *(situazione difficile)* misery; *(persona fastidiosa)* nuisance; ***dare il ~ a qcn.*** to be a torment for sb.; ***che ~ che sei!*** what a pain you are! you're such a pest! **3** *(assillo)* agony, torment; ***patire i -i della gelosia, del rimorso*** to suffer torments of jealousy, remorse.
tormentone /tormen'tone/ m. *(frase)* catchphrase; *(argomento)* = constantly repeated topic; *(canzone)* = popular catchy tune or song that, for a period, is continuously played on the radio etc.
tormentosamente /tormentosa'mente/ avv. tormentingly.
tormentoso /tormen'toso/ agg. **1** *(assillante)* [*decisione, scelta*] agonizing; [*dubbio, sospetto, pensieri*] haunting, nagging; [*dolore*] excruciating, racking **2** *(straziante)* [*morte*] agonizing.
tornaconto /torna'konto/ m. advantage, profit; ***bada solo al proprio ~*** she thinks only of her own interest; ***trovarci il proprio ~*** to get sth. out of it.
tornado /tor'nado/ m.inv. tornado*.
tornante /tor'nante/ m. hairpin bend.
▶ **tornare** /tor'nare/ [1] intr. (aus. *essere*) **1** *(ritornare)* to return; *(venendo)* to come* back; *(andando)* to go* back; ***stiamo chiudendo, tornate domani*** we're closing, come back tomorrow; ***suo marito è tornato da lei*** her husband came back to her; ***~ in auto, aereo*** to drive, fly back; ***sbrigati a ~!*** hurry back! ***vattene e non ~ più!*** get out and don't come back again! ***quando deve ~?*** when is he due back? ***essere appena tornato da un viaggio*** to be fresh *o* just back from a trip; ***~ dal dentista*** to go back to the dentist's; ***da allora non ci sono mai più tornato*** I've never returned since; ***tornammo in Belgio*** we went back to Belgium; ***~ a vivere in Inghilterra*** to move back to England; ***~ da Tokyo*** to be *o* come back from Tokyo; ***andare e ~ da Londra*** to travel to London and back; ***~ a casa*** to go back home; ***~ al proprio posto*** to return to one's seat; ***~ a letto*** to go back to bed; ***~ da lontano*** to come back from far away; ***tornando dall'ufficio*** coming home *o* on the way home from the office; ***torno subito*** I'll be right back **2** *(a uno stato precedente)* to go* back, to get* back (**a** to); ***è tornato quello di una volta*** he's back to his old self again; ***~ alla normalità*** to get back *o* revert to normal; ***~ al primo amore*** to return to one's first love **3** *(riprendere)* ***è tornato a piovere*** it has started raining again; ***Paul è tornato al volante*** Paul is back at the wheel; ***~ a dormire*** to get back to sleep; ***è tornato al lavoro*** he's back at work; ***sono tornati in affari*** they're back in business; ***~ all'insegnamento*** to go back to teaching; ***per ~ a quello che stavi dicendo*** to come *o* get back *o* return to what you were saying; ***per ~ alla vostra prima domanda*** to revert *o* getting back to your first question **4** *(ricomparire)* ***è tornata la calma*** calm has been restored; ***gli è tornata la febbre*** he has a temperature again; ***mi sta tornando l'appetito*** I'm getting my appetite back; ***fare ~ il colorito a qcn.*** to put colour into sb.'s cheeks; ***è un'occasione che non tornerà più*** it's an opportunity that won't come again; ***la corrente è tornata alle 11*** the power came on again at 11; ***è tornato l'inverno*** winter is back again **5** *(riaffiorare)* [*pensiero, idea*] to recur, to return; ***quando l'ho vista mi è tornato tutto alla memoria*** seeing her brought it all back to me; ***adesso i ricordi tornano alla mente*** the memories are coming back *o* to mind now; ***~ col pensiero a qcs.*** to cast one's mind back over sth. **6** *(riconsiderare)* ***~ su*** to go back on; ***~ sulle proprie decisioni*** to change one's mind; ***non torniamo più sull'argomento*** let's not go over all that again **7** *(riuscire)* ***~ utile*** to come in handy; ***~ utile a qcn.*** to stand sb. in good stead; ***~ a vantaggio di qcn.*** to work to sb.'s advantage; ***ti torna?*** does that seem right to you? ***mi torna nuovo*** it is new to me; ***~ scomodo fare*** to be uncomfortable to do; ***lo farà quando gli tornerà comodo*** he'll do it in his own sweet time **8** *(quadrare)* ***i conti non tornano*** it doesn't add up (anche FIG.); ***la cosa non mi torna*** it doesn't figure **9** *(ridiventare)* ***~ come nuovo*** [*mobile, oggetto*] to be as good as new; ***~ pulito*** to be clean again; ***questa canzone mi fa ~ bambino*** this song takes me back to my childhood **10 tornare indietro** to go* back, to retrogress (anche FIG.); ***mi è tornato indietro l'assegno*** my cheque was returned, my cheque bounced; ***è troppo tardi per ~ indietro*** it's too late to turn back; ***quel che è fatto è fatto, non si può ~ indietro*** what's done is done, you can't turn back the clock; ***vorrebbero ~ indietro di 600 anni*** they want to turn *o* put the clock back 600 years **11 *tornare su*** COLLOQ. ***i cetrioli mi tornano su*** cucumbers repeat on me BE ◆ ***~ in sé*** to come to one's senses; ***~ in vita*** to come back to life; ***~ a galla*** to float back, to resurface; ***~ alla carica*** to try again, to insist, to persist; ***torniamo a noi*** o ***a bomba*** let's get back to the subject *o* point; ***~ alla ribalta*** [*artista, uomo politico*] to make *o* stage a comeback; ***~ all'ovile*** to return to the fold; ***~ alle origini*** to revert to type; ***~ con i piedi per terra*** to come down to earth; ***~ al punto di partenza*** to go back to square one; ***~ sui propri passi*** to retrace one's steps, to turn *o* double back, to backtrack.
tornasole /torna'sole/ m.inv. litmus; ***cartina al*** o ***di ~*** litmus paper; FIG. litmus test.
tornata /tor'nata/ f. **1** *(seduta)* session **2** METR. envoi ◆◆ ***~ elettorale*** round of voting.
tornato /tor'nato/ **I** p.pass. → **tornare II** agg. ***ben ~!*** welcome back!
torneare /torne'are/ [1] intr. (aus. *avere*) STOR. to joust, to tourney.
tornello /tor'nɛllo/ m. turnstile, tourniquet.
▷ **torneo** /tor'nɛo/ m. championship, tournament; STOR. *(giostra)* joust, tilt; ***Torneo delle Cinque Nazioni*** Five Nations Championship; ***Torneo delle Sei Nazioni*** Six Nations Championship; ***un ~ del grande slam*** a grand slam tournament; ***~ all'italiana*** round robin AE; ***~ di whist*** whist drive.
torneria /torne'ria/ f. turnery.
tornio, pl. **-ni** /'tornjo, ni/ m. (turning) lathe; ***~ per legno*** wood-turning lathe; ***oggetti lavorati al ~*** turnery; ***lavorare al ~*** to turn; ***fatto al ~*** turned (on a lathe) ◆◆ ***~ automatico*** automatic lathe; ***~ da banco*** bench lathe; ***~ frontale*** end lathe; ***~ a revolver*** o ***a torretta*** turret *o* capstan lathe; ***~ da vasaio*** ART. potter's wheel.
tornire /tor'nire/ [102] tr. **1** TECN. to turn, to lathe [*legno, pezzo*]; to turn [*vaso*] **2** FIG. to polish, to turn [*frase*].

tornito /tor'nito/ **I** p.pass. → **tornire II** agg. **1** TECN. METALL. turned (on a lathe) **2** [*coscia, braccio*] rounded, shapely; ***essere ben ~*** to be well-rounded.

tornitore /torni'tore/ ◗ *18* m. turner; ***~ in metallo, in legno*** metal, wood turner.

tornitura /torni'tura/ f. **1** TECN. turnery, turning; ***~ del legno*** wood-turning **2** *(trucioli)* turnings pl.

torno /'torno/ m. ~ ~ all around; ***in quel breve ~ di tempo*** in that brief lapse of time; ***togliersi qcn. di ~*** to get rid of sb., to make a short work of sb.; ***togliti di ~!*** go away! scram!

▷ **1.toro** /'tɔro/ m. **1** ZOOL. bull; ***~ da combattimento*** fighting bull; ***~ da monta*** bull for service; ***~ meccanico*** bucking bronco **2** FIG. *(uomo robusto)* bull ◆ ***prendere il ~ per le corna*** to take the bull by the horns, to go *o* jump in at the deep end; ***essere forte come un ~*** to be as strong as an ox; ***tagliare la testa al ~*** to settle sth., to clinch it once and for all.

2.toro /'tɔro/ m. MAT. anchor ring, torus*.

Toro /'tɔro/ ◗ *38* m.inv. ASTROL. Taurus, the Bull; ***essere del ~*** o ***un ~*** to be (a) Bull *o* (a) Taurus *o* a Taurean.

toroidale /toroi'dale/ agg. toroidal.

toroide /to'rɔide/ m. toroid.

torpedine /tor'pɛdine/ f. **1** ITTIOL. electric ray, cramp fish*, numbfish*, torpedo* **2** MIL. torpedo*.

torpediniera /torpedi'njɛra/ f. MIL. torpedo boat.

torpediniere /torpedi'njɛre/ m. *(marinaio)* torpedo gunner.

torpedo /tor'pɛdo/ f.inv. torpedo.

torpedone /torpe'done/ m. charabanc BE.

torpidamente /torpida'mente/ avv. torpidly.

torpidezza /torpi'dettsa/ f. torpor, torpidity.

torpido /'tɔrpido/ agg. **1** *(intorpidito)* [*membra*] numb, torpid **2** FIG. dull, torpid, sluggish.

torpore /tor'pore/ m. *(fisico)* sluggishness, torpidity; *(mentale)* lethargy, torpor; ***scuotere qcn. dal suo ~*** FIG. to rouse sb. out of one's lethargy; ***il ~ del mattino*** that early morning feeling; ***uscire dal ~ del sonno*** to come out of a sleepy haze; ***lasciarsi vincere dal ~*** to be overcome by drowsiness.

▶ **torre** /'torre/ f. **1** ARCH. tower; ***-i gemelle*** twin towers; ***essere saldo come una ~*** to be a tower of strength **2** GIOC. *(di scacchi)* castle, rook **3** STOR. MIL. *(macchina da guerra)* siege-tower ◆◆ ***~ di assorbimento*** CHIM. FIS. absorber; ***~ d'avorio*** FIG. ivory tower; ***~ di Babele*** RELIG. Tower of Babel (anche FIG.); ***~ campanaria*** belfry, bell tower, steeple; ***~ di controllo*** AER. air-traffic control, control tower; ***~ Eiffel*** Eiffel Tower; ***~ di guardia*** MIL. watchtower; ***~ di lancio*** ASTR. gantry *o* launch pad; ***~ di Londra*** Tower of London; ***~ dell'orologio*** clock tower; ***~ panoramica*** observation tower; ***~ di Pisa*** Leaning Tower of Pisa; ***~ radar*** → ***~ di controllo***; ***~ di raffreddamento*** NUCL. cooling tower; ***~ di sondaggio*** MIN. derrick; ***~ di trivellazione*** MIN. drilling derrick, oil rig; ***~ di vigilanza antincendio*** fire tower.

torrefare /torre'fare/ [8] tr. to roast [*caffè, cacao*].

torrefattore /torrefat'tore/ ◗ *18* m. (f. **-trice** /tritʃe/) blender, roaster.

torrefazione /torrefat'tsjone/ f. **1** *(del caffè)* roasting, blending **2** *(negozio)* coffee store, coffee shop BE.

torreggiante /torred'dʒante/ agg. [*grattacielo*] soaring, towering.

torreggiare /torred'dʒare/ [1] intr. (aus. *avere*) to tower (**su** over).

▷ **torrente** /tor'rɛnte/ m. **1** *(corso d'acqua)* stream, torrent; ***un ~ impetuoso*** a rushing stream; ***a -i*** in torrents **2** FIG. ***-i di lacrime*** floods *o* onrushes of tears; ***un ~ di imprecazioni*** a stream *o* torrent of oaths.

torrentismo /torren'tizmo/ m. canyoning.

torrentizio, pl. **-zi**, **-zie** /torren'tittsjo, tsi, tsje/ agg. [*regime*] torrential.

torrenziale /torren'tsjale/ agg. [*pioggia*] torrential; ***cade una pioggia ~*** the rain is falling in torrents.

torretta /tor'retta/ f. **1** ARCH. turret **2** MIL. turret, cupola, gunturret; *(di sottomarino)* conning tower **3** TECN. ***tornio a ~*** capstan lathe.

torricelliano /torritʃel'ljano/ agg. Torricellian; ***vuoto ~*** Torricellian vacuum.

torrido /'tɔrrido/ agg. [*clima, regione*] sweltering; GEOGR. torrid; [*estate, giornata, pomeriggio*] boiling hot, roasting, sweltering, scorching; ***fa un caldo ~*** it's boiling *o* scorching (hot); ***zona -a*** GEOGR. torrid zone.

torrione /tor'rjone/ m. donjon.

torrone /tor'rone/ m. nougat.

torsione /tor'sjone/ f. **1** TESS. *(di filo)* twisting **2** *(in ginnastica)* twist, rotation; ***~ del busto*** chest rotation **3** FIS. ***bilancia di ~*** torsion balance **4** MED. sprain; *(di organi)* torsion.

torso /'torso/ m. **1** ANAT. torso*; ***a ~ nudo*** bare *o* naked to the waist **2** *(torsolo)* core.

torsolo /'torsolo/ m. core; ***~ di mela*** applecore.

▷ **torta** /'torta/ f. **1** *(dolce)* cake; *(ripiena o con frutta)* pie; *(crostata)* tart; ***~ di compleanno*** birthday cake; ***una fetta di ~*** a slice of cake; ***~ di more, di mele*** blackberry, apple pie; ***~ di frutta secca*** fruit cake; ***~ a strati*** layer cake; ***è la ciliegina sulla ~*** FIG. it's the icing on the cake; ***grafico a ~*** STATIST. pie chart **2** *(salata)* pie, flan **3** COLLOQ. FIG. *(bottino)* spoils pl.; ***aggiudicarsi una fetta della ~*** to get one's share of the spoils; ***dividersi*** o ***spartirsi la ~*** to divide up *o* get a share of the spoils ◆◆ ***~ in faccia*** custard pie, pie in the face; ***~ gelato*** ice-cream cake; ***~ marmorizzata*** marble cake; ***~ nuziale*** bridecake, wedding cake.

tortelli /tor'tɛlli/ m.pl. GASTR. INTRAD. (egg pasta stuffed with ricotta cheese and spinach).

tortellini /tortel'lini/ m.pl. tortellini.

torticcio, pl. **-ci** /tor'tittʃo, tʃi/ m. cable-laid rope.

tortiera /tor'tjɛra/ f. baking tin BE, cake tin, baking pan AE.

tortiglione /tortiʎ'ʎone/ **I** m. ARCH. cable moulding BE, cable molding AE; ***una colonna a ~*** a cable column **II tortiglioni** m.pl. GASTR. = pasta in the shape of short twisted ribbed tubes.

tortile /'tɔrtile/ agg. [*colonna*] twisted.

tortilla /tor'tiʎʎa/ f.inv. *(di mais)* tortilla.

tortina /tor'tina/ f. cake, tart.

tortino /tor'tino/ m. *(di carne)* pie, patty BE; ***~ di pesce*** fish cake.

1.torto /'tɔrto/ **I** p.pass. → **torcere II** agg. **1** *(che ha subito torsione)* twisted **2** *(storto)* [*gamba*] crooked.

▶ **2.torto** /'tɔrto/ m. **1** *(mancanza di ragione)* ***avere ~*** to be wrong (**a fare** to do, in doing); ***non ha del tutto ~*** he's not entirely wrong; ***ho ~, ammetto il mio errore*** I stand corrected; ***essere in*** o ***dalla parte del ~*** to be at fault *o* in the wrong; ***certo, non hai tutti i -i, però*** well, you may have a point, but; ***mettersi*** o ***passare dalla parte del ~*** to put oneself in the wrong; ***dare ~ a qcn.*** to say sb. is wrong; *(biasimare)* to blame sb.; *(confutare)* to prove sb. wrong; ***non ti do ~!*** I don't blame you! ***la storia gli ha dato ~*** history proved him wrong; ***avere ~ marcio*** to be dead wrong; ***due -i non fanno una ragione*** two wrongs don't make a right **2** *(colpa)* fault; *(illecito)* tort DIR.; ***i -i sono da ambedue le parti*** there are faults on both sides; ***prendersi tutti i -i*** to take all the blame *o* all responsibility; ***riconoscere i propri -i*** to recognize one's mistakes; ***ho avuto il ~ di credergli*** I made the mistake of believing him; ***avere dei -i verso qcn.*** to have wronged sb.; ***sentenza di divorzio emessa con ~ del marito*** DIR. divorce granted against the husband **3** *(ingiustizia)* wrong; ***fare ~ a*** to wrong; ***fare un ~ terribile a qcn.*** to do sb. a grieve wrong; ***subire un ~*** to be wronged; ***riparare un ~*** to right a wrong **4 a torto** [*accusare*] wrongly, falsely; ***a ~ o a ragione*** rightly or wrongly; ***convincersi a ~ che*** to deceive oneself into believing that; ***a ~ o a ragione, rimangono ottimisti*** whether mistakenly or not, they remain optimistic.

▷ **tortora** /'tortora/ ◗ **3 I** f. turtle dove **II** m.inv. *(colore)* dove-colour BE, dove-color AE **III** agg.inv. ***(color) ~*** dove-coloured; ***grigio ~*** dove-grey BE, dove-gray AE ◆◆ ***~ domestica*** ringdove.

tortrice /tor'tritʃe/ f. tortrix, tortricid.

tortuosamente /tortuosa'mente/ avv. circuitously, tortuously.

tortuosità /tortuosi'ta/ f.inv. **1** *(l'essere pieno di anse, curve)* tortuosity, deviousness **2** *(ansa, curva)* winding, twist **3** FIG. *(l'essere contorto)* tortuosity, deviousness, circuitousness, involution.

▷ **tortuoso** /tortu'oso/ agg. **1** *(pieno di curve)* [*sentiero, percorso, strada*] winding, tortuous, devious, twisting **2** FIG. *(contorto)* [*ragionamento*] tortuous, devious, circuitous, involute; ***il dipanarsi ~ dell'intreccio*** the twists and turns of the plot.

▷ **tortura** /tor'tura/ f. **1** *(fisica)* torture; ***far cessare la ~*** to put a stop to torture; ***strumenti di ~*** instruments of torture; ***camera di ~*** torture chamber; ***sottoporre qcn. alla ~*** to subject sb. to torture; ***sotto ~*** under torture; ***cedere sotto le -e*** to break under torture **2** *(morale)* torture, agony; ***la ~ psicologica*** mental torture; ***ascoltarlo è una ~*** listening to him is a real torture; ***la lunga attesa fu una vera ~!*** the long wait was absolute torture! ◆◆ ***~ cinese*** Chinese torture.

▷ **torturare** /tortu'rare/ [1] **I** tr. **1** *(infliggere la tortura a)* to torture; ***essere torturato dalla fame*** to be starving **2** FIG. [*pensiero, sentimento*] to torture, to torment; [*situazione, dolore*] to excruciate, to rack; ***essere torturato da*** to be tortured by [*gelosia, dubbio, rimorsi*] **II torturarsi** pronom. to self-torture.

torturatore /tortura'tore/ m. (f. **-trice** /tritʃe/) torturer.

torvamente /torva'mente/ avv. [*guardare*] blackly, forbiddingly, balefully LETT.

torvo /'torvo/ agg. [*occhi, occhiata*] baleful, black; [*espressione*] forbidding, scowling; ***lanciare degli sguardi -i a qcn.*** to glower at sb.; ***avere un volto ~*** to be grim-faced.

tory /'tɔri/ agg.inv., m. e f.inv. Tory; ***i ~*** the Tories.

tosa /'toza/ → **tosatura.**

tosacani /toza'kani/ m. e f.inv. **1** *(tosatore di cani)* dog clipper **2** FIG. lousy barber.

tosaerba /toza'ɛrba/ m. e f.inv. lawnmower.

▷ **tosare** /to'zare/ [1] tr. **1** to clip [*cane*]; to shear* [*pecora*] **2** COLLOQ. *(tagliare i capelli a)* **~ *qcn.*** to shear (off) sb., to shave sb.'s head; ***farsi ~*** to have one's hair cut **3** *(in giardino)* to cut*, to mow, to trim [*prato*]; to clip, to trim [*siepe*] **4** FIG. *(lasciare senza soldi)* to fleece **5** NUMISM. to clip.

tosasiepi /toza'sjɛpi/ m.inv. clippers pl., hedge-clippers pl., trimmer.

tosato /to'zato/ **I** p.pass. → **tosare II** agg. **1** *(rasato)* [*pecora*] sheared; [*cane*] clipped **2** *(tagliato)* [*prato*] mown, trimmed.

tosatore /toza'tore/ ♦ *18* m. (f. **-trice** /tritʃe/) clipper; ***~ di pecore*** shearer, sheepshearer.

tosatrice /toza'tritʃe/ f. *(macchina) (per pecore)* sheepshearer; *(per altri animali)* clipper; *(per i capelli)* clippers pl.

tosatura /toza'tura/ f. clipping; *(di pecore)* (sheep-)shearing, sheepshearing.

Toscana /tos'kana/ ♦ *30* n.pr.f. Tuscany.

toscaneggiante /toskaned'dʒante/ agg. using Tuscan Italian.

toscaneggiare /toskaned'dʒare/ [1] intr. (aus. *avere*) = to use Tuscan Italian.

toscanismo /toska'nizmo/ m. Tuscanism.

toscanità /toskani'ta/ f.inv. Tuscan nature.

toscano /tos'kano/ ♦ *30* **I** agg. Tuscan **II** m. (f. **-a**) **1** Tuscan **2** LING. Tuscan **3**® *(sigaro)* = strong cigar.

1.tosco, pl. **-schi**, **-sche** /'tosko, ski, ske/ LETT. **I** agg. Tuscan **II** m. (f. **-a**) Tuscan.

2.tosco /'tɔsko/ m. LETT. *(veleno)* toxin, poison.

tosone /to'zone/ m. fleece ◆◆ ***Toson d'oro*** Golden Fleece.

▷ **tosse** /'tosse/ f. cough; ***avere la ~*** to have a cough; ***~ secca*** dry *o* hacking cough; ***~ grassa*** productive cough; ***un accesso*** o ***attacco di ~*** a bout of coughing, a coughing fit; ***dare un colpo di ~*** to cough; ***sciroppo per la ~*** cough mixture *o* syrup ◆◆ ***~ asinina*** o ***convulsa*** whooping cough; ***~ da fumatore*** smoker's cough.

tossicchiare /tossik'kjare/ [1] intr. (aus. *avere*) to have* a slight cough.

tossicità /tossitʃi'ta/ f.inv. toxicity.

tossico, pl. **-ci**, **-che** /'tɔssiko, tʃi, ke/ **I** agg. [*sostanza, gas, nube*] toxic, poisonous; ***rifiuti -ci*** toxic *o* hazardous waste **II** m. (f. **-a**) **1** LETT. toxicant **2** GERG. *(tossicodipendente)* junkie.

tossicodipendente /tossikodipen'dɛnte/ **I** agg. drug-addicted **II** m. e f. drug addict, drug abuser.

tossicodipendenza /tossikodipen'dɛntsa/ f. drug addiction.

tossicologia /tossikolo'dʒia/ f. toxicology.

tossicologico, pl. **-ci**, **-che** /tossiko'lɔdʒiko, tʃi, ke/ agg. [*esame*] toxicological.

tossicologo, m.pl. **-gi**, f.pl. **-ghe** /tossi'kɔlogo, dʒi, ge/ ♦ *18* m. (f. **-a**) toxicologist.

tossicoloso /tossiko'loso/ agg. = having a persistent cough.

tossicomane /tossi'kɔmane/ **I** agg. drug-addicted **II** m. e f. drug addict, drug abuser.

tossicomania /tossikoma'nia/ f. drug dependency, drug addiction.

tossicosi /tossi'kɔzi/ ♦ *7* f.inv. toxicosis*.

tossiemia /tossie'mia/ f. toxaemia, toxemia AE.

tossina /tos'sina/ f. toxin.

▷ **tossire** /tos'sire/ [102] intr. (aus. *avere*) to cough; ***~ a colpi secchi*** to hack.

tostacaffè /tostakaf'fɛ/ m.inv. coffee roaster.

tostapane /tosta'pane/ m.inv. toaster.

tostare /tos'tare/ [1] tr. to roast [*caffè, mandorle, nocciole*]; to toast [*pane*].

tostato /tos'tato/ **I** p.pass. → **tostare II** agg. [*caffè, mandorle*] roasted; ***pane ~*** toast, toasted bread; ***arachidi -e*** dry roasted peanuts.

tostatura /tosta'tura/ f. *(di caffè)* roasting.

1.tosto /'tɔsto/ avv. LETT. *(subito)* immediately; ***~ che*** as soon as.

2.tosto /'tɔsto/ agg. **1** *(duro)* [*problema, domanda*] hard **2** COLLOQ. ***un tipo ~*** *(donna)* a tough cookie; *(uomo)* a cool dude; ***una compagnia -a*** a great bunch ◆ ***ha una bella faccia -a!*** he is as bold as brass! he has got a cheek! ***che faccia -a!*** of all the nerve! what a nerve! what a cheek! ***avere la faccia -a di fare*** to have the cheek *o* crust to do.

3.tosto /'tɔsto/ m. → **toast.**

tot /tɔt/ **I** agg.indef. ***guadagnare ~ euro all'anno*** to earn so many euros a year **II** pron.indef. so much; ***costa ~*** it costs so much **III** m.inv. ***vogliono un ~ al mese*** they want a certain amount a month; ***ho fatto questa strada un ~ di volte*** I've been down this street a number of times.

▷ **totale** /to'tale/ **I** agg. **1** *(completo)* [*contraddizione, ritiro, caos, libertà, oscurità*] total, complete; [*controllo, rifiuto*] thorough; [*copertura*] comprehensive; [*comprensione, consapevolezza*] full; ***una ~ mancanza di obiettività*** a complete *o* total lack of objectivity; ***avere il ~ controllo delle proprie emozioni*** to have full command of one's emotions; ***anestesia ~*** general anaesthetic; ***invalidità ~*** total disability; ***eclissi di sole ~*** total solar eclipse **2** *(assoluto)* [*silenzio*] total, utter; [*accordo, approvazione, sostegno*] wholehearted; [*stupidità*] rank; [*ignoranza*] total; [*avversione, odio, disperazione, rispetto*] utter, unqualified; [*successo, fallimento*] out-and-out; [*controllo, maggioranza*] outright, absolute; [*piacere, miseria*] unadulterated; ***un fiasco ~*** an utter fiasco; ***una noia ~*** an unrelieved bore; ***il lavoro esige una dedizione ~*** the job demands complete commitment; ***ero in uno stato di confusione ~*** I was in a state of total confusion; ***essere in ~ disaccordo con qcn.*** to be in total disagreement with sb. **3** *(complessivo)* [*importo, costo, numero, profitto*] aggregate, overall, total; [*perdita, capacità*] combined; [*altezza, lunghezza, numero, peso*] total; ***ammontare ~*** total amount; ***prende il 25% della somma ~*** she takes a 25% cut of the total sum **II** m. **1** total, whole; ***calcolare*** o ***fare il ~ di*** to reckon up; ***~ generale*** grand total; ***~ parziale*** subtotal; ***~ aggiornato*** running total; ***debiti per un ~ di 10.000 euro*** debts to the amount of 10,000 euros; ***questo porta il ~ a 100*** that brings the total to 100 **2 in totale** *(in un calcolo)* in all; ***in ~ sono 30.000 euro*** all together that comes to 30,000 euros; ***in ~ siamo in dieci*** in all, there are ten of us.

totalità /totali'ta/ f.inv. **1** *(interezza)* entirety, wholeness; ***preso nella sua ~*** taken as a whole **2** *(insieme di tutte le persone o le cose)* totality; ***la ~ dei presenti*** all those present; ***la ~ delle attività, spese*** all the activities, expenditures; ***il paese nella sua ~*** the whole *o* entire country; ***nella ~ dei casi*** in all cases.

totalitario, pl. **-ri**, **-rie** /totali'tarjo, ri, rje/ agg. [*regime, stato*] totalitarian.

totalitarismo /totalita'rizmo/ m. totalitarianism.

totalitarista, m.pl. **-i**, f.pl. **-e** /totalita'rista/ agg. m. e f. totalitarian.

totalitaristico, pl. **-ci**, **-che** /totalita'ristiko, tʃi, ke/ agg. totalitarian.

totalizzante /totalid'dzante/ agg. all-absorbing.

totalizzare /totalid'dzare/ [1] tr. **1** *(fare il totale di)* to total, to add up [*donazioni, benefici*] **2** *(raggiungere)* to score, to total, to totalize [*punti*]; ***quanto devo ~?*** how many point *o* how much do I need to get?

totalizzatore /totaliddza'tore/ m. **1** *(nell'ippica)* totalizator **2** *(indicatore del totale)* totalizator.

totalizzazione /totaliddzat'tsjone/ f. totalization.

totalmente /total'mente/ avv. totally, completely; ***sei ~ responsabile*** you are solely responsible; ***è ~ privo di buon senso*** he hasn't got any common sense; ***noi condanniamo ~ questa azione*** we utterly condemn this action; ***approvare, sostenere ~*** to wholeheartedly approve, support.

totano /'tɔtano/ m. ITTIOL. squid.

totem /'tɔtem/ m.inv. **1** *(emblema)* totem (anche FIG.) **2** *(palo)* totem pole.

totemico, pl. **-ci**, **-che** /to'tɛmiko, tʃi, ke/ agg. [*animale*] totemic.

totemismo /tote'mizmo/ m. totemism.

TOTIP /to'tip/ m. = in Italy, system of public betting on horse races.

totocalcio /toto'kaltʃo/ m. football pools pl. BE; ***giocare al ~*** to do the pools; ***schedina del ~*** football coupon BE.

totogol /toto'gɔl/ m. = in Italy, gambling game in which betters have to forecast weekly the seven or eight games that will score the most goals.

totonero /toto'nero/ m. = in Italy, illegal football pools.

tottavilla /totta'villa/ f. woodlark.

toupet /tu'pɛ/ m.inv. hairpiece, toupee.

tour /tur/ m.inv. **1** *(giro, tournée)* tour; ***un ~ per l'Europa*** a tour around Europe **2** POL. round.

tour de force /tur de 'fɔrs/ m.inv. tour de force*.

tournée /tur'ne/ f.inv. tour; *(di musica classica)* concert tour; ***essere in ~*** [*orchestra, gruppo*] to be on tour, to tour; ***spettacolo in ~*** roadshow; ***saranno*** o ***andranno in ~ per tutto il paese*** they will play a nationwide tour.

tourniquet /turni'kɛ/ m.inv. **1** *(laccio emostatico)* tourniquet **2** *(tornello)* turnstile, tourniquet **3** *(tornante)* hairpin bend.

tour operator /turope'retor/ m.inv. tour operator.

tout court /tu'kur/ avv. simply, briefly.

▷ **tovaglia** /to'vaʎʎa/ f. tablecloth; ***stendere*** o ***mettere la ~*** to spread a cloth on the table; ***~ di lino, plastica*** linen, plastic tablecloth ◆◆ ***~ d'altare*** altar cloth.

tovagliato /tovaʎ'ʎato/ m. **1** *(biancheria da tavola)* table linen, napery **2** *(tessuto)* table linen fabric.
tovaglietta /tovaʎ'ʎetta/ f. mat, tea cloth BE ◆◆ **~ *all'americana*** place mat.
tovagliolino /tovaʎʎo'lino/ m. napkin, serviette BE; **~ *di carta*** paper serviette.
▷ **tovagliolo** /tovaʎ'ʎɔlo/ m. (table) napkin, serviette BE; **~ *di carta, di lino*** paper, linen napkin.
toxocara /tokso'kara/ f. toxocara.
toxocariasi /toksoka'riazi/ ➧ **7** f.inv. toxocariasis.
toxoplasma /tokso'plazma/ m. toxoplasma*.
toxoplasmosi /toksoplas'mɔzi/ ➧ **7** f.inv. toxoplasmosis*.
1.tozzo /'tɔttso/ agg. [*uomo, corpo*] stocky, squat, thickset, stubby; [*gambe*] stubby, stumpy; [*oggetto, struttura*] squat.
2.tozzo /'tɔttso/ m. ***un ~ di pane*** a piece *o* morsel of bread ◆ ***vendere qcs. per un ~ di pane*** to sell sth. for next to nothing.
▶ **tra** /tra/ I principali traducenti inglesi di *tra* (e *fra*) sono *between* e *among*: il primo introduce un complemento di luogo, di tempo ecc. che riguarda due luoghi, due momenti, due persone (*tra me e lei* = between me and her; *tra quelle (due) colline* = between those (two) hills); *among* introduce un complemento indicante più di due luoghi, momenti, persone ecc. (*lo troverai tra i miei libri* = you'll find it among my books). Si noti però che si usa *between* anche quando *tra* indica una distribuzione o uno sforzo combinato che coinvolge più di due persone: *dividete il profitto tra voi tre* = share the profit between the three of you; *tra noi cinque non mettiamo insieme 10 euro* = we do not have 10 euros between the five of us. - Quando *tra* compare in particolari locuzioni (come *tra parentesi, tra la vita e la morte*, ecc.), è opportuno consultare le voci relative (**parentesi**, **vita**, ecc.). Per altri esempi e usi della preposizione *tra*, si veda la voce qui sotto. prep. **1** *(nello spazio compreso tra due elementi)* between; ***non ci sono fermate ~ questa stazione e Milano*** there are no stops between this station and Milan; ***era seduto ~ Fausto e Marisa*** he was sitting between Fausto and Marisa; ***trovarsi ~ l'incudine e il martello*** to be caught between the devil and the deep blue sea *o* between a rock and a hard place; ***lo strinse ~ le braccia*** she wound her arms around him; ***detto ~ noi*** between you and me, among ourselves; ***questo deve restare ~ (di) noi*** this is strictly between the two of us; ***stare ~ i piedi di qcn.*** FIG. to get in sb.'s hair **2** *(in mezzo a più persone o cose)* among; ***l'ho trovato ~ le sue carte*** I found it among her papers; ***questa malattia è molto comune ~ gli anziani*** this illness is very common among the elderly; ***la vidi ~ la folla*** I saw her among the crowd; ***sparire ~ la folla*** to fade into the crowd; ***essere ~ amici*** to be among friends; ***la disoccupazione ~ i laureati*** unemployment among graduates; ***~ le risate*** amid laughter **3** *(distanza)* ***~ 10 chilometri devi girare a destra*** go another 10 kilometres and then turn right **4** *(nel tempo)* ***~ due settimane*** in two weeks' time; ***~ un mese*** in a month; ***~ 10 giorni*** 10 days from now; ***~ breve*** o ***poco*** shortly, soon, before long **5** *(attraverso)* ***infilare la mano ~ le sbarre*** to slip one's hand between *o* through the bars; ***volare ~ le nuvole*** to fly through the clouds; ***farsi largo ~ la folla*** to push oneself through the crowd; ***il sole filtrava ~ le tende*** the sun was filtering through the curtains **6** *(con valore partitivo)* ***scegliere ~ diverse soluzioni*** to choose between *o* from among several solutions; ***alcuni ~ i ragazzi*** some of the boys; ***il vostro caso non è che uno ~ molti*** your case is only one among many; ***speriamo di essere ~ i primi*** we are hoping to be among the first; ***il (bambino) più intelligente ~ i due*** the more intelligent (child) of the two; ***è il migliore ~ tutti*** he is the best of all; ***è il più vecchio ~ noi*** he is the eldest of us; *(con valore distributivo)* ***dividete il profitto ~ di voi*** share the profit between you; ***distribuire qcs. ~ i propri amici*** to distribute sth. among one's friends **7** *(per indicare un insieme)* ***~ tutti eravamo una ventina*** there were twenty of us in all; ***~ loro hanno raccolto 200 euro*** between them, they collected 200 euros **8** *(per indicare una relazione)* ***il legame ~ il fumo e il cancro*** the link between smoking and cancer; ***~ loro c'è del tenero*** they are romantically involved; ***~ loro non corre buon sangue*** there is bad blood between them **9** **tra... e** *(per indicare approssimazione)* ***costa ~ i 20 e i 30 euro*** it costs between 20 and 30 euros; ***~ le 50 e le 60 persone*** 50 to 60 people; ***dire qcs. con un tono ~ il serio e il faceto*** to say sth. half-jokingly *o* half in jest; ***verrò ~ oggi e domani*** I'll come either today or tomorrow **10** ***~ sé (e sé)*** to oneself; ***"dove andrò adesso?" - pensava ~ sé*** "where should I go now?" - he was thinking to himself **11** *(considerando complessivamente)* ***~ una cosa e l'altra*** what with one thing and another; ***~ le altre cose, ~ l'altro*** among other things; ***~ viaggio e cena ho speso 80 euro*** what with the journey and the dinner I spent 80 euros; ***~ andare e tornare*** there and back.
trabaccolo /tra'bakkolo/ m. lugger.
traballamento /traballa'mento/ m. wobble, wobbling, teeter(ing).
traballante /trabal'lante/ agg. **1** *(instabile)* [*mobile, sedia*] wobbly, wonky BE; [*scala, costruzione, struttura*] rickety, shaky, unsteady; [*persona*] tottering, wobbly **2** FIG. [*memoria, ragione*] failing; [*ragionamento, alibi, politica*] shaky; [*organizzazione, sistema*] ramshackle; [*coalizione, governo*] unsteady, tottering; ***il suo matrimonio è un po' ~*** her marriage is a bit rocky.
▷ **traballare** /trabal'lare/ [1] intr. (aus. *avere*) **1** *(essere instabile)* [*persona*] to stagger, to teeter, to totter, to wobble; [*mobile, sedia*] to wobble; [*scala, costruzione*] to be* rickety **2** [*veicolo*] to jolt **3** FIG. [*ragione, memoria*] to fail; [*regime, organizzazione*] to teeter, to totter; ***la ditta traballa*** the company is tottering *o* is in a shaky situation.
traballio, pl. **-ii** /trabal'lio, ii/ m. continous wobbling.
trabeato /trabe'ato/ agg. ARCH. trabeate(d).
trabeazione /trabeat'tsjone/ f. ARCH. trabeation.
trabecola /tra'bɛkola/ f. trabecula*.
trabiccolo /tra'bikkolo/ m. *(veicolo vecchio)* bone shaker, heap, wreck, jalopy.
traboccamento /trabokka'mento/ m. *(di fiume)* overflow; *(di liquido)* spillover.
traboccante /trabok'kante/ agg. **1** *(colmo)* brimful, overflowing; ***essere ~*** to be full to overflowing **2** FIG. *(di gioia, amore)* overflowing, brimming (**di** with).
▷ **traboccare** /trabok'kare/ [1] intr. **1** (aus. *essere*) *(debordare)* to spill* over, to overflow; *(durante l'ebollizione)* [*latte, acqua*] to boil over **2** (aus. *avere*) *(essere colmo)* [*recipiente*] to overflow, to brim over (**di** with); [*negozio, casa, teatro*] to be* packed (**di** with) **3** (aus. *avere*) FIG. to overflow (**di** with); ***~ di entusiasmo*** to bubble (over) with enthusiasm; ***~ di salute, orgoglio*** to be bursting with health, pride ◆ ***questa è stata la goccia che ha fatto ~ il vaso*** that was the straw that broke the camel's back *o* the last *o* final straw.
▷ **trabocchetto** /trabok'ketto/ m. **1** *(botola)* trapdoor **2** FIG. *(trappola)* trap, pitfall, snare, trick; ***tendere un ~ a qcn.*** to set sb. a trap; ***cadere in un ~*** to fall into a trap; ***domanda ~*** catch *o* trick question.
trabocco, pl. **-chi** /tra'bokko, ki/ m. **1** *(fuoriuscita di liquido)* ***~ di sangue*** blood spitting **2** STOR. trebuchet.
trac /trak/ **I** inter. snap **II** m.inv. stage fright.
tracagnotto /trakaɲ'ɲɔtto/ **I** agg. [*persona*] stocky, squat, stockily built **II** m. (f. **-a**) stocky person.
tracannare /trakan'nare/ [1] tr. to gulp down, to put* away, to swallow down, to swig, to guzzle COLLOQ. [*vino*]; to knock back [*bottiglia*].
traccagnotto /trakkaɲ'ɲɔtto/ → **tracagnotto.**
traccheggiare /trakked'dʒare/ [1] intr. (aus. *avere*) **1** *(prendere tempo)* to temporize, to put* off **2** *(nella scherma)* to feint.
traccheggio, pl. **-gi** /trak'keddʒo, dʒi/ m. feint.
▷ **traccia**, pl. **-ce** /'trattʃa, tʃe/ f. **1** *(pista)* trail, track; VENAT. scent, slot, spoor; ***fare perdere le -ce ai cani, alla polizia*** to throw the dogs, the police off the scent; ***essere sulle -ce di qcn., qcs.*** to be hot on sb.'s, sth.'s trail; ***mettersi sulle -ce di qcn.*** to follow in sb.'s footsteps; ***seguire le -ce di qcn.*** to follow in sb.'s wake; ***mettere qcn. su una falsa ~*** to lead sb. on a wild-goose chase; ***perdere le -ce di qcn.*** to lose all trace of sb. **2** *(impronta)* trace; *(di piedi)* footprint, footstep; *(di pneumatico)* tread, tyre track BE, tire track AE; ***le -ce si allontanavano dal luogo*** footsteps led away from the scene; ***le -ce degli pneumatici conducevano al lago*** the tyre tracks led to the lake; ***un itinerario turistico sulle -ce di Van Gogh*** FIG. a tourist route following in the steps of Van Gogh **3** *(segno)* *(di scottatura, ferita)* mark; *(cicatrice)* scar; *(di sci, veicolo)* track; ***-ce di frenata*** skidmarks; ***eliminare ogni ~ di*** to remove all traces of; ***non vi era alcuna ~ di rimorso sul volto dell'assassino*** any sign of remorse was absent from the killer's face **4** *(indizio)* clue, evidence **U**, trace; ***-ce di effrazione*** signs of a break-in; ***non c'è ~ del conducente*** no trace remains of the driver; ***sparire senza lasciare -ce*** to disappear without a trace; ***gli archeologi hanno trovato numerose -ce di questa civiltà*** archaeologists have found many traces of this civilization; ***a mezzogiorno non c'era ancora ~ di loro*** there was still no sign of them at midday **5** *(quantità minima)* *(di infezione, contaminazione)* taint; *(di sangue, veleno)* trace; *(di emozione, paura, accento)* hint, sign, suggestion, trace, vestige; *(di impressione duratura)* imprint; ***-ce di mercurio*** traces of mercury; ***"lipidi: -ce"*** MED. "lipids: trace"; ***una ~ di*** a breath of [*disappunto, disapprovazione*] **6** *(abbozzo)* outline; *(di disegno, quadro)* sketch, delineation; ***la ~ di un romanzo*** the plan *o* draft of a novel **7** EDIL. chase **8** MUS. *(di CD)* track **9** INFORM. track ◆◆ ***~ luminosa*** luminous trail; ***~ video*** video track.

tracciabilità /trattʃabili'ta/ f.inv. *(di prodotto alimentare)* traceability.
traccialinee /trattʃa'linee/ m.inv. tracer.
tracciamento /trattʃa'mento/ m. **1** *(il tracciare)* tracing, lay-out **2** *(di pista d'atterraggio)* runway lighting.
tracciante /trat'tʃante/ **I** agg. ***proiettile* ~** tracer bullet **II** m. tracer ◆◆ **~ *radioattivo*** label, radioactive tracer.
▷ **tracciare** /trat'tʃare/ [1] tr. **1** *(disegnare)* to draw* [*figura, rettangolo*]; to trace out [*lettere, disegno*]; MAT. STATIST. to plot [*curve, grafici, angolo*]; **~ *uno schizzo*** to draw a sketch; **~ *una linea con il righello*** to draw *o* rule a line; ***tracciò una figura sulla sabbia*** he drew *o* scratched a pattern in the sand; **~ *il contorno di*** to outline [*occhi, immagine*] **2** *(segnare un tracciato)* to mark out [*strada, ponte*]; to map out [*itinerario*]; **~ *un sentiero*** to blaze a trail, to tread a path **3** *(stabilire)* to chart [*rotta*]; to delineate, to demarcate [*area, confine*]; to draw* [*analogia, confronto, distinzione, parallelismo*]; ***il suo avvenire è tracciato*** she's got her future figured out **4** FIG. *(rendere a grandi linee)* to outline [*ragioni, piano, programma, soluzione, situazione*]; to trace [*vita, storia, progressi*]; **~ *un quadro pessimistico di qcs.*** to paint a pessimistic picture of sth.; **~ *il profilo di una persona*** GIORN. to profile a person; *(indicare)* **~ *la via a qcn.*** to show sb. the way.
tracciato /trat'tʃato/ m. **1** EDIL. TECN. layout, plan; **~ *di una strada*** road layout **2** *(piantina)* map, plan; ***il* ~ *dell'impianto elettrico*** the wiring plan **3** *(diagramma)* tracing **4** SPORT *(percorso di gara)* course; **~ *dello slalom*** slalom course **5** MAR. plot.
tracciatore /trattʃa'tore/ ➧ ***18*** m. **1** *(operaio)* tracer **2** SPORT tracer **3** TECN. tracer **4** INFORM. plotter ◆◆ **~ *di grafici*** INFORM. graph plotter; **~ *di rotta*** MAR. course recorder.
tracciatrice /trattʃa'tritʃe/ f. *(macchina)* tracer.
tracciatura /trattʃa'tura/ f. MAR. lofting, laying off; IND. EDIL. laying-out; ***piano di* ~** plotting board ◆◆ **~ *a vapore*** steam tracing.
trachea /tra'kεa/ f. trachea*, windpipe.
tracheale /trake'ale/ agg. tracheal.
tracheite /trake'ite/ ➧ ***7*** f. tracheitis.
tracheobronchiale /trakeobron'kjale/ agg. tracheobronchial.
tracheobronchite /trakeobron'kite/ ➧ ***7*** f. tracheobronchitis.
tracheostoma /trakeos'tɔma/ m. tracheostomy.
tracheotomia /trakeoto'mia/ f. tracheotomy; ***ha subito una* ~** he had a tracheotomy.
trachino /tra'kino/ m. weever.
trachite /tra'kite/ f. trachyte.
Tracia /'tratʃa/ ➧ ***30*** n.pr.f. Thrace.
tracimare /tratʃi'mare/ [1] intr. (aus. *avere*) [*fiume, lago*] to flood out, to overflow.
tracimazione /tratʃimat'tsjone/ f. overflowing, flooding.
tracina /tra'tʃina/ f. REGION. weever.
tracio, pl. **-ci**, **-cie** /'tratʃo, tʃi, tʃe/ ➧ ***30*** **I** agg. Thracian **II** m. (f. **-a**) **1** *(persona)* Thracian **2** *(lingua)* Thracian.
tracolla /tra'kɔlla/ f. **1** *(bretellina)* (shoulder) strap **2 a tracolla** ***mettersi qcs. a* ~** to sling sth. over one's shoulder *o* across one's body; ***borsa a* ~** shoulder bag.
tracollare /trakol'lare/ [1] intr. (aus. *essere*) **1** *(vacillare)* to lose* one's balance **2** FIG. to collapse.
tracollo /tra'kɔllo/ m. collapse, crash; ***il* ~ *dei mercati continua*** the slump in the market is continuing; **~ *finanziario*** financial downfall; ***subire un* ~** to take a dive; **~ *della Borsa*** stock exchange crash.
tracoma /tra'kɔma/ m. trachoma.
tracotante /trako'tante/ **I** agg. impertinent, arrogant **II** m. e f. arrogant person.
tracotanza /trako'tantsa/ f. impertinence, arrogance.
trad. ⇒ traduzione translation (trans.).
tradescanzia /trades'kantsja/ f. BOT. spiderwort, tradescantia.
▷ **tradimento** /tradi'mento/ m. **1** *(slealtà, inganno)* betrayal, treachery, cheating; *(di paese, ideale, persona)* betrayal, sellout COLLOQ.; **~ *della fiducia*** betrayal of trust; ***è capace dei più turpi -i*** he is capable of the worst treachery; ***a* ~** in a treacherous *o* underhand way; ***colpire qcn. a* ~** to take sb. by surprise (anche FIG.); ***colpo a* ~** stab in the back, underhanded trick **2** MIL. POL. treason; ***essere condannato, fucilato per* ~** to be sentenced, shot for treason; ***è* ~** it amounts to treason, it's an act of treason; ***alto* ~** high treason **3** *(in amore)* adultery, infidelity ◆ ***mangiapane a* ~** scrounger; ***mangiare pane a* ~** = to be a leech.
▶ **tradire** /tra'dire/ [102] **I** tr. **1** *(venire meno a un impegno)* to betray [*paese, sentimenti, persona, segreto, fiducia*]; to betray, to double-cross, to rat on COLLOQ. [*amico, complice*]; to sell* [*patria, onore*]; *(mancare a)* to break* [*parola, giuramento, promessa*]; **~ *una causa*** to sell the pass **2** *(essere infedele)* to betray, to deceive, to be* unfaithful, to cheat on [*partner*] **3** *(deludere)* to blight [*speranze*]; **~ *le aspettative di qcn.*** to fail to live up to sb.'s expectations; **~ *la fiducia di qcn.*** to betray sb.'s trust **4** *(rivelare)* [*rossore, voce, parole*] to betray, to give* away, to reveal [*confusione, paura, pensiero, impazienza*]; ***i suoi occhi tradivano la tristezza*** there was sorrow in his eyes; ***l'espressione del suo volto la tradiva*** her expression was a giveaway **5** *(distorcere)* [*traduttore, regista, parole*] to misrepresent **6** *(cedere)* [*gambe, forze*] to fail; ***se la memoria non mi tradisce*** if my memory doesn't fail me, if my memory serves me well **II tradirsi** pronom. *(svelarsi)* to betray oneself, to give* oneself away; ***con quella frase si è tradito*** he betrayed himself with that sentence.
▷ **traditore** /tradi'tore/ **I** agg. *(falso)* [*persona*] treacherous; *(pericoloso)* [*scala, curva*] deceptive, treacherous **II** m. betrayer, traitor (**di** of); **~ *della patria*** traitor to one's country; ***da* ~** in a treacherous way; ***sei solo un* ~*!*** you are totally unreliable!
traditrice /tradi'tritʃe/ f. traitress, betrayer.
▷ **tradizionale** /tradittsjo'nale/ agg. **1** *(conforme alla tradizione)* [*costume, festa, cucina*] traditional; ***essere* ~** to be traditional **2** *(convenzionale)* [*medicina, metodo, agricoltura*] conventional, mainstream; [*piatto, contorno*] usual; [*gusto, abbigliamento, stile*] conservative; ***ruoli -i*** traditional roles; ***un ritorno ai valori -i*** a return to traditional values; ***in modo* ~** conventionally; ***metodi -i di insegnamento*** formal *o* traditional teaching methods.
tradizionalismo /tradittsjona'lizmo/ m. traditionalism.
tradizionalista, m.pl. **-i**, f.pl. **-e** /tradittsjona'lista/ **I** agg. traditionalistic **II** m. e f. traditionalist.
tradizionalistico, pl. **-ci**, **-che** /tradittsjona'listiko, tʃi, ke/ agg. traditionalistic.
tradizionalmente /tradittsjonal'mente/ avv. traditionally.
▷ **tradizione** /tradit'tsjone/ f. **1** *(costume, usanza)* tradition; **~ *orale, scritta*** oral, written tradition; ***-i popolari*** lore; ***rompere con la* ~** to break with tradition; ***un paese di -i liberali*** a country with liberal traditions; ***la* ~ *vuole che*** tradition has it that; ***appartenere alla* ~ *di qcs., qcn.*** to be in the tradition of sth., sb.; ***è* ~ *fare*** it's traditional to do; ***secondo la* ~, *per* ~** by tradition; ***mantenere una* ~** to keep up with a tradition; ***nella* ~ *di*** in the tradition of; ***questa* ~ *risale a un secolo fa*** this tradition goes back a century; ***una* ~ *vecchia di secoli*** a centuries-old tradition; ***provenire da una famiglia con una lunga* ~ *di scienziati*** to come from a long line of scientists; ***appartenere alla* ~ *impressionistica*** to lie within the Impressionist tradition **2** *(leggenda)* legend; ***la* ~ *vuole che la città...*** legend has it that the town... **3** DIR. handing over, transfer.
tradotta /tra'dotta/ f. troop-train.
traducibile /tradu'tʃibile/ agg. **1** *(che può essere tradotto)* [*proverbio, gioco di parole*] translatable **2** FIG. ***un sentimento difficilmente* ~ *in parole*** a feeling that can't be expressed in words.
▷ **tradurre** /tra'durre/ [13] **I** tr. **1** *(in un'altra lingua)* to translate [*testo, autore*] (**in** into; **da** from); **~ *un romanzo dall'italiano in inglese*** to translate a novel from Italian into English; **~ *oralmente*** to translate orally; **~ *alla lettera*** o ***letteralmente*** to translate literally; **~ *liberamente*** o ***a senso*** to translate freely; **~ *all'impronta*** o ***a prima vista*** to translate at sight; **~ *qcs. parola per parola*** to translate sth. verbatim *o* word-for-word; **~ *in vernacolo*** to vernacularize **2** *(esprimere)* **~ *qcs. in cifre*** to put sth. into figures; **~ *in pratica la teoria*** to translate theory into practice; **~ *un sentimento in parole*** to express a feeling in words, to translate a feeling into words **3** *(convertire)* to convert [*misura, temperatura*]; CINEM. TELEV. **~ *in immagini*** to put [sth.] on screen **4** DIR. to transfer [*prigioniero*]; **~ *qcn. in giudizio*** to bring sb. to justice; **~ *qcn. in tribunale*** to bring sb. before the criminal court **5** INFORM. to convert, to translate **II tradursi** pronom. *(avere per risultato)* [*crisi, recessione, instabilità, azione*] to result (**in** in); ***-rsi in un fallimento*** to result in failure.
traduttivo /tradut'tivo/ agg. translational.
traduttore /tradut'tore/ ➧ ***18*** m. (f. **-trice** /tritʃe/) **1** *(persona)* translator; ***fare il* ~** to be a translator; **~ *letterario, tecnico*** literary, technical translator; ***nota del* ~** translator's note; **~ *in inglese*** Englisher **2** SCOL. UNIV. *(libretto per studenti)* crib, trot AE **3** *(apparecchio)* translator; **~ *automatico*** automatic translator.
▷ **traduzione** /tradut'tsjone/ f. **1** translation, rendering LETTER.; ***una* ~ *dall'inglese in italiano*** a translation from English into Italian; ***leggere qcs. in* ~** to read sth. in translation; ***essere in fase di* ~** to be in the process of being translated; ***una* ~ *a prima vista dall'italiano*** an Italian unseen BE; ***errore di* ~** mistranslation; **~ *con testo a fronte*** parallel text translation; ***agenzia di -i*** translation agency; ***diploma di* ~** translation diploma; ***fare (delle) -i*** *(professionalmente)* to do translation work **2** DIR. transfer ◆◆ **~ *asseverata*** certified translation; **~ *assistita dall'elaboratore*** computer-aided *o* computer-

assisted translation, CAT; ~ ***automatica*** machine translation, MT; ~ ***consecutiva*** consecutive translation; ~ ***giurata*** sworn translation; ~ ***letterale*** metaphrase; ~ ***libera*** free translation; ~ ***simultanea*** simultaneous translation.

traente /tra'ɛnte/ **I** agg. [*fune*] drawing, hauling, pulling **II** m. e f. ECON. *(di assegno)* drawer.

trafelato /trafe'lato/ agg. breathless, panting.

traferro /tra'fɛrro/ m. airgap.

trafficante /traffi'kante/ m. e f. trafficker, dealer, smuggler; ~ ***di droga*** drug dealer *o* pusher; ***un ~ d'armi*** an arms dealer, a gunrunner; ***un piccolo ~*** a small-time trafficker.

trafficare /traffi'kare/ [1] intr. (aus. *avere*) **1** *(fare commerci illeciti)* to traffic; ~ ***in qcs.*** to traffic *o* deal in sth.; ~ ***in droga, armi*** to traffic in *o* smuggle drugs, arms **2** COLLOQ. *(armeggiare)* ~ ***con*** to fiddle with, to muck about with [*chiusura, comandi*]; to tinker with [*auto, macchinario*].

trafficato /traffi'kato/ **I** p.pass. → **trafficare II** agg. [*aeroporto, città, strada*] busy.

traffichino /traffi'kino/ m. (f. **-a**) *(imbroglione)* intriguer, schemer, manoeuvrer BE, maneuverer AE.

▷ **traffico**, pl. **-ci** /'traffiko, tʃi/ m. **1** *(di veicoli)* traffic; ~ ***stradale,*** ~ ***automobilistico*** road traffic; ~ ***pedonale*** pedestrian traffic; ~ ***intenso*** heavy traffic; ~ ***urbano*** urban traffic; ~ ***aereo*** air traffic; ~ ***marittimo*** shipping; ~ ***ferroviario*** railway traffic; ~ ***fluviale*** river traffic; ~ ***di merci, passeggeri*** freight, passenger traffic; ***rallentamento del ~*** traffic calming, slowing of traffic; ***dirigere il ~*** [*vigile*] to direct the traffic, to be on traffic duty; ***"chiuso al ~"*** "closed to traffic"; ***la via era intasata dal ~*** the street was choked *o* clogged up with traffic; ***sono rimasto bloccato nel ~*** I got snarled up in the traffic; ***c'è una deviazione del ~*** traffic is being diverted; ***bollettino del ~*** traffic report; ***volume del ~*** traffic volume **2** *(commercio illecito)* traffic (**di** of); ~ ***d'armi*** arms trade *o* deal, gunrunning; ~ ***di droga*** drugs deal, drug smuggling; ~ ***clandestino*** smuggling **3** COLLOQ. *(viavai)* coming and going **4** ELETTRON. INFORM. traffic.

trafficone /traffi'kone/ m. (f. **-a**) *(chi fa commerci illegali)* trafficker.

trafiggere /tra'fiddʒere/ [15] tr. [*spada, freccia, lancia*] to pierce [*corpo*]; [*persona*] to run* through [*avversario*]; ***un dolore lancinante gli trafisse il braccio*** the pain shot down *o* along his arm; ~ ***qcn. con lo sguardo*** FIG. to give sb. a piercing look ◆ ~ ***il cuore a qcn.*** to pierce sb.'s heart.

trafila /tra'fila/ f. **1** *(procedura)* procedure; ***seguire la solita ~*** to go through the usual channels *o* rigmarole **2** TECN. die.

trafilare /trafi'lare/ [1] tr. to draw* (out), to wiredraw* [*metallo*].

trafilato /trafi'lato/ **I** p.pass. → **trafilare II** agg. drawn **III** m. drawn product.

trafilatore /trafila'tore/ ♦ ***18*** m. (f. **-trice** /tritʃe/) *(operaio)* wiredrawer.

trafilatrice /trafila'tritʃe/ f. *(macchina)* drawbench.

trafilatura /trafila'tura/ f. wiredrawing.

trafiletto /trafi'letto/ m. GIORN. paragraph.

trafittura /trafit'tura/ f. **1** *(il trafiggere)* piercing **2** *(ferita)* wound **3** *(dolore acuto)* piercing pain, pang, jab.

traforare /trafo'rare/ [1] tr. **1** *(perforare)* to pierce, to perforate, to drill [*montagna, terreno*] **2** *(lavorare a traforo)* to embroider [sth.] in openwork [*tovaglia*]; ARCH. to make* ornamental apertures in [*campanile, balcone*]; to cut* out [*legno, metallo*].

traforato /trafo'rato/ **I** p.pass. → **traforare II** agg. **1** *(perforato)* pierced **2** *(ricamato a traforo)* [*campanile, balcone*] with ornamental apertures; [*legno*] fretworked; SART. openwork attrib.

traforatrice /trafora'tritʃe/ f. *(di tunnel)* rotary digger shield.

▷ **traforo** /tra'foro/ m. **1** *(perforazione)* piercing **2** *(galleria)* tunnel; ~ ***del Monte Bianco*** Mont Blanc tunnel **3** *(lavoro di ricamo)* openwork **4** ARCH. *(di finestre)* tracery **5** TECN. *(di legno)* fretwork.

trafugamento /trafuga'mento/ m. theft, stealing.

trafugare /trafu'gare/ [1] tr. to steal* [*gioielli*].

▷ **tragedia** /tra'dʒɛdja/ f. **1** LETTER. tragedy; ~ ***greca*** Greek tragedy; ~ ***in cinque atti*** tragedy in five acts **2** FIG. tragedy; ***è una ~!*** it's a tragedy! ***non farne una ~!*** don't make a meal of it! ***sul luogo della ~*** at the scene of the accident.

tragediografo /tradʒe'djɔgrafo/ m. (f. **-a**) *(scrittore)* tragedian.

traghettare /traget'tare/ [1] tr. **1** *(trasportare in barca)* to ferry [*passeggeri, merci*] **2** *(attraversare in barca)* to ferry, to cross [*fiume*].

traghettatore /tragetta'tore/ ♦ ***18*** m. ferry operator, ferryman*.

▷ **traghetto** /tra'getto/ m. ferry, ferryboat, boat; *(con posti auto)* car ferry; ***prendere il ~*** to take *o* catch the ferryboat; ***nave ~*** railroad *o* train ferry.

tragicamente /tradʒika'mente/ avv. tragically.

tragicità /tradʒitʃi'ta/ f.inv. tragicalness.

▷ **tragico**, pl. **-ci, -che** /'tradʒiko, tʃi, ke/ **I** agg. **1** TEATR. [*stile, eroe*] tragic; ***attore ~, scrittore ~*** tragedian; ***attrice -a*** tragedienne **2** *(funesto)* [*avvenimento, notizia*] tragic; ***gli eventi presero una piega -a*** events turned tragic; ~ ***destino*** doom; ***avere un ~ presentimento*** to have a sense of impending doom; ***commettere un ~ errore*** to make a fatal mistake; ***fare una -a fine*** to come to a tragic end **II** m. **1** *(autore)* tragedian; ***un famoso ~ greco*** a famous Greek tragedian **2** *(aspetto tragico)* tragedy; ***il ~ della faccenda*** the tragedy of the situation; ***volgere al ~*** to take a tragic turn; ***prendere qcs. sul ~*** to make a drama out of sth.

tragicomico, pl. **-ci, -che** /tradʒi'kɔmiko, tʃi, ke/ **I** agg. tragicomic **II** m. tragicomedy playwright.

tragicommedia /tradʒikom'mɛdja/ f. tragicomedy (anche FIG.).

tragitto /tra'dʒitto/ m. journey; *(tratto)* ride; ~ ***in metropolitana, in autobus*** metro, bus journey; ***un ~ di cinque minuti, due chilometri*** a five-minute, two-kilometre trip; ***un ~ breve, lungo*** a short, long ride; ***abbiamo percorso il ~ in cinque ore*** we did the trip in five hours.

tragopano /trago'pano/ m. tragopan.

▷ **traguardo** /tra'gwardo/ m. **1** SPORT finishing post, winning post; ***linea del ~*** finishing line; ***tagliare il ~*** to cross the line, to cut the tape; ***tagliare il ~ per primo*** to be the first past the post; ***bruciare*** o ***superare qcn. sul ~*** to overtake sb. at the finishing line; ***essere battuto sul ~*** to be beaten at the post **2** FIG. *(obiettivo)* goal; ***siamo quasi al ~*** our goal is in sight **3** *(dispositivo di armi)* sight.

tragulide /tra'gulide/ m. chevrotain.

traiettoria /trajet'tɔrja/ f. *(di veicolo, proiettile)* path, trajectory; *(di missile, aereo)* flight, path, track; *(di pianeta, satellite)* path; ***descrivere una ~*** to follow a trajectory; ***seguire la ~*** to track; ***deviare dalla ~*** to veer off track ◆◆ ~ ***balistica*** ballistic trajectory; ~ ***di volo*** flight path.

traina /'traina/ f. ***pesca alla ~*** troll.

trainabile /trai'nabile/ agg. [*roulotte*] towable.

trainante /trai'nante/ agg. **1** *(trascinante)* [*forza*] driving **2** FIG. ***un settore ~ dell'economia*** a bouyant *o* driving sector of the economy; ***l'elemento ~*** the motivator, driving force.

▷ **trainare** /trai'nare/ [1] tr. **1** *(trascinare)* [*veicolo*] to tow, to draw*, to pull [*rimorchio, carro*]; ***farsi ~*** to be towed; FIG. to be dragged along **2** FIG. *(stimolare positivamente)* to drive*, to spur on; ***questo settore traina l'economia*** this sector drives the economy; ***il suo entusiasmo trainava tutti*** his enthusiasm spurred everybody on, they were all carried away by his enthusiasm.

trainer /'treiner/ m.inv. trainer, coach.

training /'treining/ m.inv. training ◆◆ ~ ***autogeno*** autogenic training.

traino /'traino/ m. **1** *(il trainare)* towing, drawing, pulling; ***al ~*** on tow; ***cavo di ~*** towline; ***gancio di ~*** tow bar; ***animale da ~*** draught animal **2** *(carico)* load, train; ***un ~ di legname*** a load of timber **3** *(elemento trainante)* motivator, driving force.

trait d'union /trɛdy'njɔn/ m.inv. **1** *(trattino)* hyphen **2** FIG. *(legame, anello di congiunzione)* link.

tralasciabile /tralaʃ'ʃabile/ agg. omissible.

tralasciare /tralaʃ'ʃare/ [1] tr. **1** *(omettere)* to leave* out, to omit, to drop [*episodio, parola, fatto, dettaglio*]; ***potremmo ~ quell'argomento, per favore?*** can we drop that subject, please? ~ ***il fatto che*** to overlook the fact that; ***nessun evento viene tralasciato nel racconto*** no event is left untold in the story; ~ ***di fare qcs.*** to fail *o* omit to do sth. **2** *(sospendere)* to stop, to interrupt, to hang* up.

tralcio, pl. **-ci** /'traltʃo, tʃi/ m. **1** BOT. *(di edera, rampicante)* vine-branch **2** *(di vite)* vine stock.

tralicciatura /tralittʃa'tura/ f. lattice work.

traliccio, pl. **-ci** /tra'littʃo, tʃi/ m. **1** *(struttura di sostegno)* lattice; ***trave a ~*** lattice girder **2** EL. pylon **3** RAD. TEL. mast **4** *(per piante rampicanti)* trellis; ~ ***metallico*** wire grille **5** TESS. drill, cotton drill; ***pantalone di ~*** cotton drill trousers.

tralice: **in tralice** /intra'litʃe/ agg. e avv. sideways, sidelong; ***guardare qcn. in ~*** to look at sb. sideways; ***uno sguardo in ~*** a sidelong glance.

tralignare /traliɲ'ɲare/ [1] intr. (aus. *essere, avere*) to degenerate.

trallallà /trallal'la/ inter. **trallallero (trallallera)** ~ tra-la-la.

tralucere /tra'lutʃere/ [2] intr. **1** *(mandare luce)* to shine* **2** *(lasciare trasparire)* [*alabastro, struttura*] to be* trasparent, to filter in **3** FIG. *(trasparire, trapelare)* to filter (in), to leak (out), to transpire.

▷ **tram** /'tram/ m.inv. tram BE, (street)car AE, trolley car; ***prendere il ~*** to take *o* catch the tram; ***perdere il ~*** to miss the tram; FIG. to miss the boat *o* bus ◆ ***attaccati al ~ (e fischi in curva)!*** you can whistle for it!

▷ **trama** /'trama/ f. **1** TESS. weave, texture, weft, woof; ***filo di ~*** abb; ***tessuto a ~ fitta*** tightly-woven fabric; ***a ~ larga*** loose, loosely-woven; ***a ~ grossa*** rough-textured **2** *(intreccio) (di romanzo, film, dramma)* plot, story (line); ***~ secondaria*** subplot, underplot; ***la ~ era inesistente!*** there was no story! ***senza ~*** plotless **3** *(macchinazione)* plot, scheme, tissue; ***ordire una ~ contro qcn.*** to hatch a scheme against sb.

tramaglio, pl. **-gli** /tra'maʎʎo, ʎi/ m. trammel.

tramandare /traman'dare/ [1] **I** tr. **1** *(trasmettere)* to hand down, to pass on [*tradizioni, racconto, sapere, cultura, segreto*] **2** *(passare in eredità)* to leave*, to pass down, to bequeath [*titolo, opera*] **II tramandarsi** pronom. to be* handed down, to be* passed down; ***-rsi di padre in figlio*** to be handed down from father to son; ***una tradizione che si tramanda nel tempo*** a tradition that has been passed down over the centuries.

tramandato /traman'dato/ **I** p.pass. → **tramandare II** agg. handed down mai attrib., left mai attrib.; ***~ ai posteri*** handed down to posterity.

tramare /tra'mare/ [1] tr. **1** TESS. to weave* [*tessuto*] **2** FIG. to hatch, to engineer [*complotto*]; to plot [*morte, rovina, perdita*]; ***~ contro qcn.*** to plot *o* scheme against sb.

trambusto /tram'busto/ m. commotion, confusion, stir, fuss, upheaval **U**; ***che cos'è tutto questo ~?*** what's all the fuss about? ***che ~*** COLLOQ. what a to-do!

tramestio, pl. **-ii** /trames'tio, ii/ m. bustle; ***il ~ della folla nelle strade*** the crowd shuffling through the streets.

tramezza /tra'mɛddza/ f. *(di scarpa)* welt.

tramezzare /tramed'dzare/ [1] tr. **1** *(interporre)* to interpose, to insert **2** EDIL. to partition off.

tramezzatura /trameddza'tura/ f. EDIL. partitioning.

tramezzino /tramed'dzino/ m. sandwich.

tramezzo /tra'mɛddzo/ m. **1** EDIL. partition (wall), (room) divider **2** ARCH. roodscreen **3** SART. insert **4** MIN. ***~ di ventilazione*** brattice.

tramite /'tramite/ **I** prep. by, through, via; ***trovare qcs. ~ un'agenzia*** to get sth. through an agency; ***ho conosciuto mio marito ~ Enrico*** I met my husband through Enrico; ***l'ho saputo ~ lui*** I heard about it through him; ***spedire qcs. ~ corriere*** to send sth. by courier; ***~ la mediazione di*** through the good offices of **II** m. intermediary, go-between; ***per il ~ di*** through; ***fare da ~ in, fra*** to mediate in, between.

tramoggia, pl. **-ge** /tra'mɔddʒa, dʒe/ f. hopper; ***finestra a ~*** hopper-frame window.

tramontana /tramon'tana/ f. tramontana, north wind; ***vento di ~*** north wind ◆ ***perdere la ~*** to lose one's bearings.

tramontano /tramon'tano/ agg. [*vento*] tramontane, north attrib.

▷ **tramontare** /tramon'tare/ [1] intr. (aus. *essere*) **1** *(declinare)* [*sole, luna*] to set*, to go* down, to sink*; ***il sole tramonta alle 20*** the sun sets at 8 pm; ***la luna sta tramontando*** the moon is on the wane; ***~ dietro l'orizzonte*** to dip below the horizon **2** FIG. to fade; ***la sua stella comincia a ~*** her star is fading.

▶ **tramonto** /tra'monto/ m. **1** *(del sole)* sunset; *(della luna)* moonset; ***prima del, dopo il ~*** before, after sunset; ***al ~*** at sunset; ***dall'alba al ~*** from dawn to *o* till dusk **2** FIG. sunset, decline; ***al ~ della propria vita*** in the evening of one's life, in one's sunset years; ***al ~ della sua carriera*** in the twilight of his career; ***una civiltà al ~*** a waning civilization; ***il ~ dell'Impero*** the decline *o* twilight of the Empire ◆ ***sul viale del ~*** on the decline *o* wane.

tramortire /tramor'tire/ [102] **I** tr. to knock [sb.] senseless; ***~ qcn. con un colpo alla nuca*** to stun sb. with a blow to the back of the head **II** intr. (aus. *essere*) to faint, to swoon; ***tramortì e cadde*** he fainted and fell.

tramortito /tramor'tito/ **I** p.pass. → **tramortire II** agg. **1** *(stordito)* knocked out, stunned; ***~ dallo shock*** numb with shock **2** *(privo di sensi)* senseless, unconscious.

trampoliere /trampo'ljɛre/ m. wader, stilt-bird.

▷ **trampolino** /trampo'lino/ m. **1** SPORT *(nel nuoto)* springboard, diving board; *(nello sci)* ski jump; ***lanciarsi dal ~*** to jump off the springboard; ***tuffo dal ~*** springboard diving; ***salto dal ~*** ski jump **2** FIG. springboard, platform, stepping stone; ***~ di lancio*** *(per attori, artisti)* showcase, vehicle; ***un ~ di lancio per una nuova carriera*** a bridge to a new career ◆◆ ***~ elastico*** trampoline.

trampolo /'trampolo/ m. stilt (anche SCHERZ.); ***camminare sui -i*** to walk on stilts; ***in bilico sui -i*** standing on stilts; ***ha certi -i!*** *(tacchi alti)* what high heels she's got there!

tramutare /tramu'tare/ [1] **I** tr. **1** *(trasferire)* to move, to transfer **2** *(travasare)* to decant [*vino*] **3** *(trasformare)* to transform; ***~ qcn., qcs. in*** to transform sb., sth. into **II tramutarsi** pronom. ***-rsi in*** to mutate into [*persona, animale*]; [*sospetto*] to harden into [*certezza*]; ***-rsi in zucca*** to turn into a pumpkin.

tramvai /tram'vai/ → **tranvai.**

tramvia /'tram'via/ → **tranvia.**

trance /trans/ f.inv. trance; ***essere in ~*** to be in a trance; ***andare*** o ***cadere in ~*** to go into a trance.

tranche /'tranʃ/ f.inv. tranche.

trancia, pl. **-ce** /'trantʃa, tʃe/ f. **1** TECN. shearing machine, shears pl. **2** GASTR. slice.

tranciare /tran'tʃare/ [1] tr. **1** *(tagliare con la trancia)* to mill [*lamiera*]; to chop through [*cavo*]; to slash [*corda*] **2** GASTR. to slice **3** *(portar via)* [*granata, pallottola*] to cut* off, to sever [*orecchio, braccio*].

tranciatore /trantʃa'tore/ ➧ **18** m. (f. **-trice** /tritʃe/) shearer.

tranciatrice /trantʃa'tritʃe/ f. shearing machine.

tranciatura /trantʃa'tura/ f. TECN. shearing, cutting.

trancio, pl. **-ci** /'trantʃo, tʃi/ m. slice; *(di pancetta)* strip; *(di salmone, tonno)* steak; ***pizza al ~*** pizza by the slice.

tranello /tra'nɛllo/ m. **1** *(trappola)* (booby) trap, snare, pit; ***tendere un ~ a qcn.*** to dig a pit for sb., to set a trap for sb.; ***cadere in un ~*** to fall into a trap **2** *(insidia, trabocchetto)* pitfall, catch; ***i -i della traduzione*** the pitfalls of translation; ***dov'è il ~?*** what's the catch? ***domanda a ~*** catch *o* trick question.

trangugiare /trangu'dʒare/ [1] tr. **1** *(inghiottire ingordamente)* to gulp down, to swallow, to scoff BE COLLOQ. [*pietanza, cibo*]; to swallow, to dispatch SCHERZ., to guzzle COLLOQ. [*alcol, acqua*] **2** FIG. ***~ un boccone amaro*** to swallow hard.

▷ **tranne** /'tranne/ prep. **1** *(eccetto, salvo)* except, bar, but, save ANT.; ***aperto tutti i giorni, ~ il lunedì*** open every day, except Monday; ***tutti ~ lui*** anybody but him, all bar him, everyone except him; ***nessuno ~ te lo sa*** nobody knows other than you; ***nessuno, ~ un pazzo*** nobody, barring a madman; ***~ quando*** except when; ***avevano tutto, ~ ciò che volevo*** they had everything except what I wanted; ***avevano tutte le misure ~ la mia*** they had every size but *o* except mine; ***in nessun posto ~ in Scozia*** nowhere but in Scotland; ***questo romanzo è piuttosto buono, ~ per alcuni dettagli*** this novel is quite good, apart from the odd detail **2 tranne che** except that; ***non scrivo a nessuno ~ che a lui*** I don't write to anybody apart from him; ***non si interessa di niente ~ che di musica*** he has no interests except music; ***non so nulla, ~ che è partito*** I don't know anything except that he's gone.

tranquillamente /trankwilla'mente/ avv. **1** *(in modo tranquillo)* [*dormire, riposare*] peacefully, comfortably; ***mi piacerebbe poter lavorare ~*** I wish I could work in peace and quiet; *(serenamente)* ***spiegare, affermare ~ qcs.*** to explain, to say sth. evenly; ***stavamo discutendo ~*** we were chatting away happily **2** *(senza fretta)* [*fumare, leggere, aspettare*] calmly, quietly, tranquilly; ***ha guidato ~*** he drove unhurriedly; ***aspettava ~ dall'altro lato della strada*** he was happily waiting on the other side of the street **3** *(senza pericolo)* safely; ***la carne si può mangiare ~*** the meat is safe for eating; ***puoi farne ~ a meno*** you can safely dispense with that **4** *(senza difficoltà)* easily.

tranquillante /trankwil'lante/ **I** agg. ***farmaco ~*** tranquillizer **II** m. downer, tranquillizer, tranquilizer AE; ***prendere -i*** to be on tranquillizers; ***fare abuso di -i*** to rely too heavily on tranquillizers.

▷ **tranquillità** /trankwilli'ta/ f.inv. **1** *(placidità)* calmness, quietness, restfulness; ***mi ha annunciato la notizia con ~*** he told me the news calmly **2** *(pace)* calm, peace, tranquillity, tranquility AE; *(di un luogo)* calmness, quietness; *(di serata)* stillness; *(di viaggio, volo)* smoothness; ***per la sua ~, chiuda la porta a chiave*** for your own peace of mind, lock the door; ***vivere in ~*** to live in peace; ***se hai bisogno di pace e ~, questo non è davvero il posto giusto!*** if you need peace and quiet, then this is not the place! ***la ~ della campagna*** the quiet of the countryside; ***turbare la ~ di qcs.*** to break the peace of sth. **3** *(serenità)* serenity, peacefulness; ***(ci) tengo alla mia ~*** I value my peace and quiet **4** *(sicurezza)* ***in tutta ~*** [*fare, partire, andare*] safely.

tranquillizzante /trankwillid'dzante/ agg. [*notizia, parole*] reassuring, comforting.

▷ **tranquillizzare** /trankwillid'dzare/ [1] **I** tr. to calm down, to pacify; ***~ qcn.*** to set sb.'s mind at rest; ***tranquillizza sapere che...*** it is reassuring to know that... **II tranquillizzarsi** pronom. to calm down, to stop worrying, to reassure oneself, to put* one's mind at rest.

▶ **tranquillo** /tran'kwillo/ agg. **1** *(pacifico)* [*persona, carattere*] peaceable, tranquil; [*tono, temperamento, disposizione*] even; [*folla, dimostrazione, dibattito*] orderly; ***questo dovrebbe far stare -i i bambini*** that should keep the children quiet; ***a passo ~*** at an amble, at an easy pace; ***~! -i!*** calm down! **2** *(quieto)* [*giornata, ora, periodo*] calm, lazy, peaceful, uneventful; [*gioco, vacanza*] leisurely; [*sonno*] peaceful, undisturbed; ***oggi il mare è ~*** the sea is calm today; ***vienimi a trovare in un momento più ~*** come and see me when it's quieter *o* I've got more time; ***trascorrere una notte -a*** to have a comfortable night **3** *(silenzioso)* [*luogo, angolino*] quiet, private, restful; [*vicini, via*] quiet; [*serata*] still, quiet; ***il mio appartamento è ~, sotto non ci abita nessuno*** my apartment is quiet, there is no-one living on the floor below **4** *(sereno)* [*atmosfera, comportamento*] mellow; [*esistenza, vita*] smooth, sedate, untroubled; [*approccio*] cool; ***non starò ~ fino a quando non arriverà*** I won't relax until she arrives; ***non ero molto ~*** I wasn't exactly confident *o* at ease; ***vivere una vita -a*** to live a peaceful life; ***stai ~, va tutto bene adesso*** don't worry, everything's all right now; ***state -i!*** set your minds at rest! **5** *(in pace)* [*coscienza*] clear; [*animo, spirito, umore*] calm, quiescent; ***sentirsi ~ riguardo a*** to feel easy (in one's mind) about; ***lasciatemi un po' ~!*** lay me off! COLLOQ. ◆ ***dormire sonni -i*** to sleep soundly (without worry).

trans /trans/ m. e f.inv. (accorc. transessuale) transsexual.

transa(h)ariano /transaa'rjano/ agg. [*strada, rally*] trans-Sahara attrib.

transalpino /transal'pino/ agg. *(che attraversa le Alpi)* [*strada, collegamento*] transalpine.

transamazzonico, pl. **-ci**, **che** /transamad'dzɔniko, tʃi, ke/ agg. trans-Amazonian.

transaminasi /transami'nazi/ f.inv. transaminase.

transappenninico, pl. **-ci**, **-che** /transappen'niniko, tʃi, ke/ agg. *(che attraversa gli Appennini)* trans-Appenine attrib.

transatlantico, pl. **-ci**, **-che** /transa'tlantiko, tʃi, ke/ **I** agg. [*volo, commercio, traversata*] transatlantic, ocean-going **II** m. (ocean-going) liner.

transazionale /transattsjo'nale/ agg. **1** DIR. transactional **2** PSIC. [*analisi*] transactional.

transazione /transat'tsjone/ f. **1** DIR. *(compromesso)* settlement; ***pervenire a una ~*** to reach a settlement *o* compromise **2** COMM. transaction; *(in borsa)* trading, dealing; ***~ in contanti, con carta di credito*** cash, credit card transaction; ***il volume delle -i raggiunge*** the trading volume reaches...; ***-i intense in borsa valori*** heavy trading on the stock market **3** INFORM. transaction.

Transcaucasia /transkau'kazia/ ➧ ***30*** n.pr.f. Transcaucasia.

transcaucasico, pl. **-ci**, **-che** /transkau'kaziko, tʃi, ke/ agg. Transcaucasian.

transcodificare /transkodifi'kare/ [1] tr. ELETTRON. INFORM. to transcode.

transcodificazione /transkodifikat'tsjone/ f. ELETTRON. INFORM. transcoding.

transcontainer /transkon'tɛiner/ m.inv. = container used in international transport.

transcontinentale /transkontinen'tale/ agg. transcontinental.

transcutaneo /transku'taneo/ agg. transcutaneous, transcutaneal.

transdermico, pl. **-ci**, **-che** /tranz'dɛrmiko, tʃi, ke/ agg. transdermal; ***cerotto ~*** transdermal patch.

transenna /tran'sɛnna/ f. **1** ARCH. transenna **2** *(per controllare la folla)* crush barrier, crowd control barrier.

transennare /transen'nare/ [1] tr. to cordon off, to block off.

transessuale /transessu'ale/ **I** agg. transsexual **II** m. e f. transsexual.

transessualismo /transessua'lizmo/ m. transsexualism.

transessualità /transessuali'ta/ f.inv. transsexuality.

transetto /tran'sɛtto, tran'setto/ m. transept.

transeunte /transe'unte/ agg. LETT. ephemeral.

transfer /'transfer/ m.inv. *(di turisti, azioni, pezzi lavorati)* transfer.

transferasi /transfe'razi/ f.inv. transferase.

transfert /'transfert/ m.inv. PSIC. transference (**di** of; **su** on).

transfissione /transfis'sjone/ f. MED. transfixion.

transfrontaliero /transfronta'ljɛro/ agg. cross-border.

transfuga, m.pl. **-ghi**, f.pl. **-ghe** /'transfuga, gi, ge/ m. e f. defector.

transgenico, pl. **-ci**, **-che** /tranz'dʒɛniko, tʃi, ke/ agg. [*animale, pianta*] transgenic, genetically modified.

Transgiordania /transdʒor'danja/ ➧ ***30*** n.pr.f. Transjordan.

Transiberiana /transibe'rjana/ f. ***la ~*** the Trans-Siberian Railway.

transiberiano /transibe'rjano/ agg. [*ferrovia*] Trans-Siberian.

transigere /tran'sidʒere/ [46] **I** tr. DIR. to settle **II** intr. (aus. *avere*) to compromise; ***~ con qcn., qcs.*** to compromise with sb., sth.; ***~ su qcs.*** to compromise on sth.; ***non ~ su qcs.*** to have strong feelings about sth., not to accept any compromise on sth.

Transilvania /transil'vanja/ ➧ ***30*** n.pr.f. Transylvania.

transilvano /transil'vano/ agg. Transylvanian.

transistor /tran'sistor/ m.inv. transistor; ***radio a ~*** transistor (radio).

transistorizzare /transistorid'dzare/ [1] tr. to transistorize.

transitabile /transi'tabile/ agg. [*strada*] passable, practicable, negotiable.

transitabilità /transitabili'ta/ f.inv. practicability.

transitare /transi'tare/ [1] intr. (aus. *essere*) to pass; ***~ per*** o ***attraverso*** [*merci, passeggeri*] to pass through; ***i paesi fanno ~ il loro petrolio attraverso...*** countries send their oil via... ; ***il treno transita ogni ora*** the train runs every hour.

transitivamente /transitiva'mente/ avv. transitively.

transitività /transitivi'ta/ f.inv. transitivity.

transitivo /transi'tivo/ **I** agg. **1** LING. [*verbo*] transitive **2** MAT. [*proprietà*] transitive **II** m. transitive verb.

▷ **transito** /'transito/ m. **1** *(passaggio)* transit; ***in ~*** in transit; ***passeggero in ~*** AER. transit *o* transfer passenger; ***stazione di ~*** intermediate station; ***visto di ~*** transit visa; ***uccelli di ~*** birds of passage; ***"divieto di ~"*** "no thoroughfare" **2** COMM. transit; ***commercio di ~*** transit commerce; ***merce in ~*** goods in transit; ***porto, operazioni di ~*** transit port, operations **3** LETT. *(morte)* passing away ◆◆ ***~ intestinale*** MED. bowel movement.

transitoriamente /transitorja'mente/ avv. transiently, transitorily.

transitorietà /transitorje'ta/ f.inv. transience, transitoriness.

transitorio, pl. **-ri**, **-rie** /trasi'tɔrjo, ri, rje/ agg. **1** *(passeggero)* [*fase*] passing; [*stadio, periodo*] transitory, temporary; *(precario)* [*governo, fase, provvedimento*] transitional, temporary **2** DIR. [*disposizione*] provisional.

transizionale /transittsjo'nale/ agg. [*oggetto*] transitional.

transizione /transit'tsjone/ f. transition (**fra**, **tra** between; **verso** to); ***senza ~*** without any transition; ***in un momento di ~*** in a state of transition; ***governo, economia di ~*** transitional government, economy; ***epoca di ~*** transitional period.

translitterare /tranzlitte'rare/ → **traslitterare.**

translitterazione /tranzlitterat'tsjone/ → **traslitterazione.**

translucido /trans'lutʃido/ → **traslucido.**

translunare /tranzlu'nare/ agg. translunary, superlunar, superlunary.

transnazionale /tranznattsjo'nale/ agg. transnational.

transoceanico, pl. **-ci**, **-che** /transotʃe'aniko, tʃi, ke/ agg. transoceanic.

transonico, pl. **-ci**, **-che** /tran'sɔniko, tʃi, ke/ agg. transsonic.

transpadano /transpa'dano/ agg. transpadane.

transpallet /trans'pallet/ m.inv. pallet truck.

transumante /transu'mante/ agg. [*gregge*] transhumant.

transumanza /transu'mantsa/ f. transhumance.

transuranico, pl. **-ci**, **-che** /transu'raniko, tʃi, ke/ agg. [*elemento*] transuranic, transuranian.

transustanziazione /transustantsjat'tsjone/ f. transubstantiation.

trantran, **tran tran** /tran'tran/ m.inv. COLLOQ. daily round, routine; ***il ~ quotidiano*** the daily grind, the daily round of activities.

tranvai /tran'vai/ m.inv. COLLOQ. tram BE, (street)car AE, trolley car.

tranvia /tran'via/ f. tramline, tramway.

tranviario, pl. **-ri**, **-rie** /tran'vjarjo, ri, rje/ agg. [*fermata, linea*] tram attrib., tramway attrib.

tranviere /tran'vjɛre/ ➧ ***18*** m. tram driver.

trapanare /trapa'nare/ [1] tr. **1** *(forare col trapano)* to drill [*parete*] **2** CHIR. to trephine [*scatola cranica*]; to drill [*dente*] **3** FIG. ***questo rumore mi trapana le orecchie*** this noise goes right through my head.

trapanatore /trapana'tore/ ➧ ***18*** m. (f. **-trice** /tritʃe/) driller.

trapanatura /trapana'tura/ f., **trapanazione** /trapanat'tsjone/ f. drilling (anche MED.); ***~ del cranio*** STOR. trepanation.

trapanese /trapa'nese/ ➧ ***2*** **I** agg. from, of Trapani **II** m. e f. native, inhabitant of Trapani.

▷ **trapano** /'trapano/ m. **1** TECN. drill; ***punta da ~*** drill-bit; ***fare un foro nel muro col ~*** to drill a hole in the wall **2** CHIR. *(per il cranio)* trephine; *(di dentista)* drill ◆◆ ***~ ad aria compressa*** air drill; ***~ elettrico*** power drill; ***~ a mano*** hand drill; ***~ a percussione*** hammer drill; ***~ a punta elicoidale*** twist drill.

trapassare /trapas'sare/ [1] **I** tr. **1** *(trafiggere)* [*spada, freccia, lancia*] to penetrate, to pierce [*corpo*]; ***il proiettile gli trapassò la spalla da parte a parte*** the bullet went clean through his shoulder; ***~ qcn. con lo sguardo*** FIG. to give sb. a piercing look **2** LETT. *(oltrepassare)* to cross [*confine*]; to break* [*limiti*] **3** LETT. *(trascorrere)* to spend* [*tempo*] **II** intr. (aus. *essere*) **1** *(passare in eredità)* ***i debiti sono trapassati al figlio*** his son inherited his debts **2** LETT. *(morire)* to die; ***tutto trapassa*** *(cessa)* everything comes to an end.

trapassato /trapas'sato/ **I** p.pass. → **trapassare** **II** agg. ANT. LETT. deceased **III** m. (f. **-a**) *(defunto)* ***i -i*** the deceased, the dead ◆◆ LING. ***~ prossimo*** past perfect, pluperfect.

trapasso /tra'passo/ m. **1** *(passaggio)* passage; *(transizione)* transition; ***epoca di ~*** transitional period; ***fase di ~*** transitional phase **2** DIR. ***~ di diritti*** transfer of rights; ***~ di proprietà*** transfer of property **3** ANT. LETT. *(morte)* death, passing.

trapelare /trape'lare/ [1] intr. (aus. *essere*) **1** *(filtrare)* [*luce, suono*] to filter in, to filter through; [*acqua*] to seep, to leak **2** FIG. *(diffondersi)* [*notizia, dettagli*] to filter out, to get* out; [*informazione*] to leak (out), to trickle out; ***bisogna che questo non trapeli*** no word of this must get out; ***è trapelata la notizia che...*** word got out that...; ***trapelò che...*** it transpired that... **3** *(manifestarsi)* [*inquietudine, irritazione*] to show*; [*sentimento*] to come* out; *(rivelare)* ***lo sguardo lasciava ~ il suo odio*** her eyes betrayed *o* gave away her hatred.

▷ **trapezio**, pl. **-zi** /tra'pɛttsjo, tsi/ m. **1** *(in ginnastica)* trapeze; ***eseguire un numero al ~*** to perform on a trapeze; ***esercizio al ~*** trapeze act **2** MAT. trapezium* BE, trapezoid AE **3** ANAT. *(osso)* trapezium*; *(muscolo)* trapezius* **4** MAR. trapeze ◆◆ ***~ isoscele*** isosceles trapezium; ***~ rettangolo*** rectangular trapezium; ***~ volante*** flying trapeze.

trapezista, m.pl. **-i**, f.pl. **-e** /trapet'tsista/ ♦ ***18*** m. e f. trapezist, trapeze artist, aerialist AE.

trapezoedro /trapettso'ɛdro/ m. trapezohedron*.

trapezoidale /trapettsoi'dale/ agg. trapezoidal.

trapezoide /trapet'tsɔide/ **I** agg. MAT. trapezial, trapezoidal **II** m. ANAT. trapezoid.

trapiantabile /trapjan'tabile/ agg. CHIR. BOT. transplantable.

trapiantare /trapjan'tare/ [1] **I** tr. **1** *(spostare da un terreno a un altro)* to bed out [*germogli*]; to transplant [*pianta, albero*]; *(innestare)* to graft **2** CHIR. to transplant [*cuore, organi*]; to graft [*tessuto*]; ***gli hanno trapiantato un rene*** they gave him a kidney, he had a kidney transplant **3** FIG. *(trasferire)* to decant [*persone*]; *(far attecchire)* to transplant [*moda, idea, uso*] **II trapiantarsi** pronom. to move, to migrate; ***si sono trapiantati in Italia*** they settled in Italy.

trapiantato /trapjan'tato/ **I** p.pass. → **trapiantare II** agg. transplanted **III** m. (f. **-a**) MED. transplant patient; ***~ cardiaco*** heart transplant patient.

trapiantatoio, pl. **-oi** /trapjanta'tojo, oi/ m. trowel.

trapiantista, m.pl. **-i**, f.pl. **-e** /trapjan'tista/ ♦ ***18*** m. e f. *(chirurgo)* transplanter.

▷ **trapianto** /tra'pjanto/ m. **1** MED. *(di organi)* transplant, transplantation; *(di tessuto, cellule)* grafting; ***~ di organi*** organ transplant; ***~ cardiaco*** o ***di cuore*** heart transplant; ***subire un ~ di polmoni*** to have a lung transplant; ***~ di rene*** kidney transplant; ***~ di midollo osseo*** bone-marrow transplant; ***~ di capelli*** hair transplant **2** BOT. *(di alberi, piante)* transplanting, transplantation.

trapiantologia /trapjantolo'dʒia/ f. transplant surgery.

trappa /'trappa/ f. Trappist monastery.

trappista, pl. **-i** /trap'pista/ **I** agg. Trappist; ***monastero ~*** Trappist monastery **II** m. Trappist; ***ordine dei -i*** Trappist order.

trappistina /trappis'tina/ f. Trappistine.

▷ **trappola** /'trappola/ f. **1** *(congegno)* trap; *(per uomini)* mantrap; ***mettere*** o ***tendere una ~*** to set a trap (anche FIG.); ***prendere in ~*** to ensnare, to entrap (anche FIG.); ***cadere in ~*** to fall into a trap (anche FIG.); ***animale in ~*** trapped animal; ***~ esplosiva*** MIL. booby trap **2** *(tranello)* trap, catch, pitfall, snare; ***attirare qcn. in una ~*** to decoy sb., to lure sb. into a trap; ***liberarsi dalla ~*** to slip through the net; ***cadere nella propria ~*** to fall into one's own trap; ***è caduto in pieno nella ~*** he walked into the trap; ***siamo in ~!*** we're caught like rats in a trap! ***~ per turisti*** tourist trap **3** *(trabiccolo)* bone shaker, heap, wreck ◆◆ ***~ per conigli*** rabbit snare; ***~ ionica*** ELETTRON. ion trap; ***~ mortale*** death trap; ***~ per topi*** mousetrap, rat trap; ***~ per uccelli*** gin trap.

trapunta /tra'punta/ f. quilt, eiderdown, continental quilt BE, duvet BE, comforter AE.

trapuntare /trapun'tare/ [1] tr. to quilt [*coperta, vestito*]; to tuft [*cuscino, materasso*].

trapuntato /trapun'tato/ **I** p.pass. → **trapuntare II** agg. [*coperta, vestito*] quilted.

trapuntatura /trapunta'tura/ f. quilting.

trapunto /tra'punto/ **I** agg. **1** *(trapuntato)* [*coperta, vestito*] quilted; [*cuscino, materasso*] tufted **2** FIG. ***cielo ~ di stelle*** sky spangled with stars **II** m. quilting.

▷ **trarre** /'trarre/ [95] **I** tr. **1** *(tirare)* to draw*; ***lo trasse a sé*** she drew him towards her; ***~ qcs. a riva*** to pull *o* drag sth. ashore; ***~ in salvo*** FIG. to rescue; ***~ in inganno*** FIG. to deceive, to trick [*persona*]; ***sono stato tratto in inganno da una domanda a doppio senso*** I let myself be tricked by a double edged question; ***non bisogna lasciarsi ~ in inganno*** don't let yourself be taken in; ***~ qcn. in arresto*** FIG. to place sb. under arrest **2** *(estrarre)* ***~ fuori dalla tasca una pistola*** to pull a gun from one's pocket **3** *(emettere)* ***~ un sospiro di sollievo*** to sigh with relief **4** FIG. *(liberare da una condizione)* ***~ qcn. d'impaccio*** to help sb. out of their predicament **5** *(ottenere, ricavare)* to get*, to gain, to derive [*soddisfazione*]; to get* [*sollievo*]; to draw* [*ispirazione, morale*]; ***~ un'opera teatrale da un romanzo*** to recast a novel as a play; ***~ da qcn.*** to get from sb. [*informazioni, soddisfazione*]; ***~ il massimo dalla situazione*** to make the most of the situation; ***~ beneficio da*** to benefit from, to get some benefit from [*vacanza, cura*]; ***~ profitto da*** to turn [sth.] to (good) account, to take advantage of, to make capital out of [*situazione, avvenimento, lezione, invenzione*]; ***~ utili*** to make a profit; ***~ vantaggio da*** to capitalize on; ***~ piacere da qcs.*** to delight in sth., to take delight in sth.; ***da questo si può ~ un insegnamento*** there is a lesson to be learned from this; ***trasse coraggio dal fatto che*** she took heart from the fact that **6** *(dedurre)* ***~ conclusioni da qcs.*** to draw conclusions *o* inferences from sth., to make deductions from sth.; ***non ~ conclusioni sbagliate*** don't jump to the wrong conclusions; ***da ciò se ne può ~ che*** from that you can deduce that; ***dai tuoi quadri si può ~ un'impressione di serenità*** your paintings convey a sense of tranquillity **7** *(avere)* ***~ origine da qcs.*** to originate from sth. **8** *(indurre)* to bring*; ***~ qcn. a fare qcs.*** to drive sb. to do sth.; ***~ qcn. in errore*** to mislead sb. **9** BANC. ***~ una cambiale*** to draw a draft **II trarsi** pronom. **1** *(mettersi)* ***-rsi da parte*** o ***di lato*** to step *o* stand aside **2** *(tirarsi fuori)* ***-rsi da*** to clamber out of [*situazione, difficoltà*]; ***-rsi d'impaccio*** to get out of a fix.

trasalimento /trasali'mento/ m. wince, start.

trasalire /trasa'lire/ [102] intr. (aus. *avere, essere*) to start, to flinch, to wince (**per** with); ***~ per la paura*** to shake with fear; ***la folla trasalì per lo stupore*** there were gasps of amazement from the crowd; ***mi hai fatto ~*** you made me jump.

trasandatamente /trazandata'mente/ avv. [*vestire*] shabbily, untidily.

trasandatezza /trazanda'tettsa/ f. sloppiness, shabbiness, scruffiness, untidiness.

trasandato /trazan'dato/ agg. [*persona*] shabby, sloppy, unkempt, dishevelled, scruffy; [*donna*] dowdy; [*aspetto, abbigliamento*] shabby, messy, sloppy, unkempt; [*stile*] careless, slipshod; ***ha l'aria così -a!*** she looks so dowdy! ***vestire in modo ~*** to be a sloppy dresser.

trasbordare /trazbor'dare/ [1] **I** tr. to trans(s)hip, to reship [*merci, passeggeri*] **II** intr. (aus. *avere*) to change.

trasbordatore /trazborda'tore/ **I** agg. ***carrello ~*** FERR. traverser **II** m. transporter bridge.

trasbordo /traz'bordo/ m. trans(s)hipment, reshipment.

trascegliere /traʃ'ʃeʎʎere/ [83] tr. to select, to pick out.

trascendentale /traʃʃenden'tale/ agg. **1** FILOS. [*meditazione*] transcendental **2** *(eccezionale)* ***non è niente di ~*** there is nothing special about it; ***non è poi così ~!*** it's dead easy!

trascendentalismo /traʃʃendenta'lizmo/ m. transcendentalism.

trascendentalista, m.pl. **-i**, f.pl. **-e** /traʃʃendeta'lista/ m. e f. transcendentalist.

trascendentalistico, pl. **-ci**, **-che** /traʃʃendenta'listiko, tʃi, ke/ agg. transcendentalist.

trascendente /traʃʃen'dɛnte/ agg. **1** FILOS. transcendent, trascendant **2** MAT. [*numero*] transcendental.

trascendenza /traʃʃen'dɛntsa/ f. transcendence, transcendency.

trascendere /traʃ'ʃendere, traʃ'ʃɛndere/ [10] **I** tr. **1** *(superare)* to transcend [*barriera, ragione*]; ***ciò trascende le mie possibilità*** that goes beyond my capabilities **2** RELIG. FILOS. to transcend [*nozione*] **II** intr. (aus. *avere, essere*) to go* too far; ***mi scusi se ho trasceso*** excuse me for having lost my temper; ***~ nel bere*** to drink too much.

trascinamento /traʃʃina'mento/ m. dragging, drive (anche MECC.); ***rullo di ~*** TECN. capstan.

trascinante /traʃʃi'nante/ agg. **1** *(che trascina)* [*forza*] driving; ***elemento ~*** motivator **2** *(avvincente)* [*ritmo, musica*] exhilarating, swinging.

▶ **trascinare** /traʃʃi'nare/ [1] **I** tr. **1** *(tirare facendo strisciare)* [*persona*] to drag, to haul, to lug, to pull [*valigia, tavolo, persona*] (**fino a** to, up to; **verso** towards); *(portar via)* [*corso d'acqua, corrente*] to sweep* away, to wash away [*tronchi*]; ***~ una sedia verso la finestra*** to drag a chair over to the window; ***~ qcn. giù dal letto*** to drag sb. from bed; ***~ qcs. per terra*** to drag *o* trail sth. along the ground; ***~ qcn. per il braccio, i capelli*** to pull sb. by the arm, hair; ***~ qcs. su, giù per le scale*** to cart sth. up, down the stairs; ***~ la gamba ferita*** to drag one's wounded leg; ***~ i piedi*** to drag one's feet; ***essere trascinato al largo*** to be swept out to sea; ***si trascina dietro un raffreddore da due settimane*** for two weeks now he's had a cold that he can't shake off **2** *(condurre a forza)* to drag [*persona*]; ~ ***qcn. a teatro*** to drag sb. along to the theatre; ~ ***qcn. dal medico*** to drag sb. to the doctor; ~ ***qcn. di forza dal dentista*** to drag sb. kicking and screaming to the dentist; ~ ***qcn. sulla pista da ballo*** to drag sb. onto the dance floor; ~ ***qcn. in tribunale*** to drag sb. through the courts; ~ ***qcn. via da una festa*** to drag sb. away from a party; ***essere trascinato dalla folla*** to be swept along by the crowd **3** *(esaltare)* ***le sue idee innovatrici hanno trascinato le folle*** the masses were carried away by his innovative ideas; ***essere trascinato dall'entusiasmo generale*** to be borne along by *o* carried along with the general enthusiasm; *(avvincere)* ***un ritmo che trascina*** a swinging *o* captivating rhythm; *(travolgere emotivamente)* ***farsi*** ~ ***da*** to be carried away by [*immaginazione*]; to get caught up in [*eccitazione*]; ***lasciarsi*** ~ ***dalle proprie emozioni*** to let one's emotions run away with one, to be swept away by one's own emotions **4** FIG. *(spingere)* ~ ***qcn. a fare qcs.*** [*persona*] to make sb. do sth.; *(coinvolgere)* ***non ho intenzione di farmi*** ~ ***in una discussione con te*** I'm not going to be drawn into an argument with you; ***non trascinatemi dentro, non mi interessa*** don't drag me into this, I'm not interested in it; ~ ***il nome di qcn. nel fango*** to drag sb.'s name through *o* in the mud; ***mi ha trascinato con lui nella rovina*** he dragged *o* pulled me down with him **5** INFORM. to drag [*icona*] **II trascinarsi** pronom. **1** *(strisciare)* ***-rsi fino alla porta*** [*ferito*] to crawl to the door; *(andare con sforzo)* ***-rsi al lavoro*** to drag oneself to work; ***-rsi a letto*** to crawl into bed; ***-rsi stancamente*** o ***a fatica*** to plod on; ***-rsi dietro a una persona*** to lag behind sb.; ***si trascinavano dietro gli altri marciatori*** they were straggling behind the other walkers; *(controvoglia)* ***i bambini si trascinarono in classe*** the children trailed back into the classroom; ***ho passato la giornata a trascinarmi in giro*** I've been traipsing around town all day; ***-rsi di negozio in negozio*** to trudge round the shops **2** FIG. *(protrarsi)* [*processo, malattia*] to drag on **3** *(trascorrere lentamente)* [*ore, giorni*] to drag, to crawl.

trascinato /traʃʃi'nato/ **I** p.pass. → **trascinare II** agg. **1** *(coinvolto)* involved; ~ ***dall'entusiasmo*** borne along by enthusiasm **2** MECC. *(alimentato)* pulled.

trascinatore /traʃʃina'tore/ **I** agg. [*persona*] inspiring **II** m. (f. **-trice** /tritʃe/) driving force, rouser.

trascolorare /traskolo'rare/ [1] intr. (aus. *essere*), **trascolorarsi** pronom. **1** *(cambiare colore)* to change colour **2** *(impallidire)* to turn pale, to pale; ~ ***per l'ira*** to go white with rage.

▶ **1.trascorrere** /tras'korrere/ [32] **I** tr. to spend*, to pass [*tempo, settimana, giorno*]; ~ ***una notte tranquilla*** to have *o* pass a comfortable night; ***hanno trascorso la luna di miele a Parigi*** they spent their honeymoon in Paris; ***abbiamo trascorso una giornata splendida*** we had a glorious day! ***ho trascorso una bella giornata a Roma*** I enjoyed my day in Rome; ***invitare qcn. a*** ~ ***la serata a casa propria*** to have sb. over for the evening; ~ ***la notte presso qcn.*** to stop the night with sb. **II** intr. (aus. *essere*) **1** *(passare)* [*tempo, periodo, vita, giorni*] to pass, to go* by, to elapse; ***negli anni che erano trascorsi ero diventato più alto*** I had grown taller during the intervening years **2** *(trascendere)* (aus. *essere, avere*) to exaggerate, to go* too far.

2.trascorrere /tras'korrere/ m. ***col*** ~ ***della serata*** as the evening wore on; ***il*** ~ ***degli anni*** the passing of the years.

trascorso /tras'korso/ **I** p.pass. → **1.trascorrere II** agg. spent, past **III trascorsi** m.pl. past record (**di** as); ***i suoi -i di gioventù*** his youthful indiscretions.

trascrittore /traskrit'tore/ ➧ ***18*** m. (f. **-trice** /tritʃe/) transcriber.

trascrivere /tras'krivere/ [87] tr. **1** *(ricopiare)* to copy down, to transcribe, to write* out [*parole, lettera, testo*] **2** LING. MUS. BIOL. to transcribe **3** DIR. to transcribe **4** INFORM. to transcribe.

trascrizione /traskrit'tsjone/ f. **1** *(copia)* transcript, transcription; ***errore di*** ~ clerical error **2** LING. MUS. transcription; ~ ***per pianoforte*** transcription *o* arrangement for piano **3** DIR. registration **4** INFORM. transcription ◆◆ ~ ***fonetica*** phonetic transcription.

▷ **trascurabile** /trasku'rabile/ agg. [*differenza, opinione, dettaglio*] minor, nonessential, unimportant; ***non*** ~ [*somma, dettaglio, importanza, perdita, ruolo*] considerable; ***i vantaggi non sono -i*** there are quite *o* very substantial advantages; ***non è un affare*** ~ that's no small task; ***la sua influenza fu*** ~ his influence was small.

trascurabilità /traskurabili'ta/ f.inv. triflingness.

▷ **trascurare** /trasku'rare/ [1] **I** tr. **1** *(non badare a)* to neglect [*raffreddore, affari, casa, lavoro, amici, studi*]; to disregard [*responsabilità, principi*]; ~ ***i propri doveri*** to neglect one's duties; ~ ***i propri figli*** to be neglectful of one's children **2** *(sottovalutare)* to overlook, to slur over [*risultato, necessità, fatto*]; to ignore [*pericolo*]; to disregard [*problema, consiglio, prova*]; to neglect [*artista, opera*]; ***non ha trascurato nulla per farcela*** he tried everything possible to succeed; ***non essere da*** ~ [*cifra*] to be worth taking into account **3** *(omettere)* ~ ***di fare*** to fail to do **II trascurarsi** pronom. to neglect oneself.

trascuratamente /traskurata'mente/ avv. carelessly.

trascuratezza /traskura'tettsa/ f. carelessness, negligence.

trascurato /trasku'rato/ **I** p.pass. → **trascurare II** agg. [*lavoro*] careless, slipshod; [*aspetto, abbigliamento*] dowdy, sloppy, scruffy, shabby, unkempt; [*autore, opera, infezione*] neglected; [*bambino, animale*] neglected, mistreated, uncared-for; [*gestione*] slack; [*casa*] uncared-for, unkempt; ***sentirsi*** ~ to feel neglected.

trasdurre /traz'durre/ [13] tr. to transduce.

trasduttore /trazdut'tore/ m. EL. transducer.

trasduzione /trazdut'tsjone/ f. BIOL. transduction.

trasecolare /traseko'lare/ [1] intr. (aus. *essere, avere*) to be* amazed, to be* astounded; ***a quella vista trasecolò*** he was astonished at that sight.

trasferello /trasfe'rɛllo/ m. transfer BE.

trasferibile /trasfe'ribile/ agg. **1** *(che si può trasferire)* transferable; AMM. relocatable **2** ECON. negotiable, transferable; DIR. *(cedibile)* assignable; ***non*** ~ DIR. unassignable, untransferable; ***assegno*** ~ negotiable cheque; ***assegno non*** ~ nontransferable *o* non-negotiable cheque **3** INFORM. [*software*] portable.

trasferibilità /trasferibili'ta/ f.inv. **1** *(mutabilità)* transferability **2** BANC. negotiability.

trasferimento /trasferi'mento/ m. **1** *(di impiegato)* transfer (**a, in** to); *(di società, sede)* relocation; ***fare domanda di*** ~ to apply to be transferred, to request a transfer; ***impiegati in attesa di*** ~ employees awating transfer; ***indennità di*** ~ relocation allowance; ***è appena arrivato l'ordine del mio*** ~ my posting has just come through **2** *(trasloco)* move, removal BE; ***il nostro*** ~ ***a Torino*** our move to Turin; ***il lavoro richiede un*** ~ the job would necessitate your moving **3** BANC. transfer, virement (**su** to); *(di azioni)* switching, transfer; ~ ***di capitali, titoli*** conveyance *o* grant of capitals, titles **4** DIR. *(cessione)* assignment, devolution, conveyance; *(di potere)* handover, transfer, transference **5** SPORT transfer ◆◆ ~ ***bancario*** bank transfer; ~ ***di chiamata*** TEL. call diversion; ~ ***(di) dati*** INFORM. data transfer; ~ ***fondi*** transfer of funds; ~ ***interno*** BANC. internal transfer; ~ ***di proprietà*** conveyance of property; ~ ***di tecnologie*** technological transfer; ~ ***d'ufficio*** compulsory transfer.

▶ **trasferire** /trasfe'rire/ [102] **I** tr. **1** *(far cambiare sede, spostare)* to move, to transfer [*prigioniero, denaro, sede legale, fabbrica*]; AMM. to relocate [*impiegato, uffici*]; to shift, to transfer [*dipendente*]; INFORM. *(trasmettere)* to transfer [*informazioni, dati*] **2** DIR. to assign, to convey, to transfer [*beni, proprietà, diritto*] (**a** to); to hand over [*potere*] **3** ECON. to transfer, to negotiate [*denaro, somma, salario*]; to switch [*conto corrente*] **4** PSIC. to transfer (**su** on) **5** BIOL. to transduce **II trasferirsi** pronom. to move, to transfer; [*società, impiegato*] to relocate; ***-rsi a Londra*** to make the move to London, to move to London; ***-rsi continuamente*** to be always on the move; ~ ***in una casa più grande*** to move (in)to a bigger house.

▷ **trasferta** /tras'fɛrta/ f. **1** *(trasferimento temporaneo)* ***essere in*** ~ to be away (on business), to be on secondment; ***andare in*** ~ ***all'estero*** to get an overseas posting; ***le spese di*** ~ ***sono a carico della società*** business travel is chargeable to the company; ***richiesta di rimborso delle spese di*** ~ travel claim; ***(indennità di)*** ~ travelling allowance **2** SPORT ***giocare, vincere in*** ~ to play, win away **3** TECN. ***macchina a*** ~ transfer machine.

trasfigurare /trasfigu'rare/ [1] **I** tr. **1** RELIG. to transfigure **2** FIG. *(trasformare)* to transform; ***la gioia le trasfigurò il volto*** her face was tranfigured with joy **II trasfigurarsi** pronom. to become* transfigured.

trasfigurazione /trasfigurat'tsjone/ f. **1** RELIG. Transfiguration **2** FIG. *(mutamento)* transformation.

trasfondere /tras'fondere/ [51] tr. **1** to transfuse (anche MED.) **2** FIG. to infuse, to instil BE, to instill AE (**in** in).

trasfondibile /trasfon'dibile/ agg. transfusible.

trasformabile /trasfor'mabile/ agg. **1** transformable, convertible (**in** into); ***divano*** ~ ***in letto*** sofa bed **2** AUT. convertible.

▶ **trasformare** /trasfor'mare/ [1] **I** tr. **1** *(mutare)* to transform, to change, to turn (**in** into); *(alterare)* to change, to alter; ***l'incendio, l'erosione ha trasformato il paesaggio*** fire, erosion has altered the landscape; ***la prosperità ha trasformato la regione*** prosperity has transformed the region; ~ ***qcn., qcs. in*** to turn *o* change sb., sth. into; ~ ***il latte in formaggio*** to make milk into cheese; ~ ***l'acqua in***

ghiaccio, in vino to turn water into ice, wine; ~ ***un principe in rospo*** to change a prince into a frog; ~ ***un handicap in un punto di forza*** to turn a handicap into an asset; ***il lavoro l'ha trasformata*** work has changed her; ***ha trasformato la camera da letto in uno studio*** he fixed up the bedroom as a study; ***da via tranquilla la strada è stata trasformata in autostrada*** the road has been changed from a quiet street into a motorway; ~ ***un'automobile*** to convert a car; ~ ***un garage in ufficio*** to convert a garage into an office; ~ ***la casa in un cantiere*** IRON. to turn the house into a building site **2** CHIM. to convert [*sostanza*] (**in** into) **3** IND. to process [*materie prime*] **4** SPORT *(nel rugby)* to convert [*meta*]; ~ ***un rigore*** *(nel calcio)* to score a penalty **II trasformarsi** pronom. **1** [*persona*] to change, to transform oneself, to be* transformed; ***-rsi in*** to turn *o* be transformed into; ***-rsi da X a Y*** to change from X into Y; ***-rsi in lupo mannaro*** to be transformed into a werewolf; ***da bambina amichevole si è trasformata in un'adolescente imbronciata*** she changed from a friendly child into a sullen adolescent; ***quando gioca a tennis si trasforma*** when he plays tennis he's a different man **2** BIOL. [*embrione, larva, germoglio*] to turn (**in** into); ***il girino si trasforma in rana*** the tadpole turns into a frog **3** CHIM. to be* converted (**in** into); ***lo zucchero si trasforma in alcol*** sugar is changed into alcohol.

trasformata /trasfor'mata/ f. MAT. transform.

trasformativo /trasforma'tivo/ agg. transformative.

trasformato /trasfor'mato/ **I** p.pass. → **trasformare II** agg. **1** *(trasfigurato)* transformed, changed **2** SPORT *(nel rugby)* [*meta*] converted; *(nel calcio)* ***rigore*** ~ goal scored from a penalty.

trasformatore /trasforma'tore/ **I** agg. transforming **II** m. (f. **-trice** /tritʃe/) **1** *(chi trasforma)* transformer **2** EL. transformer ◆◆ ~ ***di alta frequenza*** high-frequency transformer; ~ ***di bassa frequenza*** low-frequency transformer; ~ ***di corrente*** current transformer; ~ ***in discesa*** step-down transformer; ~ ***di fase*** phasing transformer; ~ ***di potenza*** power transformer; ~ ***in salita*** step-up transformer; ~ ***di tensione*** voltage transformer.

trasformazionale /trasformattsjo'nale/ agg. [*grammatica*] transformational; ***grammatica generativo -*** ~ transformational-generative grammar.

trasformazionalismo /trasformattsjona'lismo/ m. transformationalism.

▷ **trasformazione** /trasformat'tsjone/ f. **1** *(modifica, mutamento)* transformation (**in** into); *(di materia prima, energia)* processing, conversion; ***subire una*** ~ [*paese, società*] to undergo a transformation; [*prodotto agricolo, tessile*] to be processed; ***in piena*** ~ in the process of radical transformation; ***industrie di*** ~ processing industries **2** SPORT *(nel rugby)* conversion; ***calcio di*** ~ conversion **3** FIS. EL. MAT. transformation; ***cabina di*** ~ transformer station **4** LING. transformation.

trasformismo /trasfor'mizmo/ m. **1** POL. = shifting alliances to suit political needs **2** BIOL. transformism.

trasformista, m.pl. **-i**, f.pl. **-e** /trasfor'mista/ ♦ ***18*** m. e f. **1** BIOL. transformist **2** *(artista)* quick-change artist **3** POL. = politician who shifts alliances.

trasformistico, pl. **-ci**, **-che** /trasfor'mistiko, tʃi, ke/ agg. POL. ***atteggiamento*** ~ = attitude of politicians who shift alliances.

trasfusionale /trasfuzjo'nale/ agg. transfusion attrib.; ***centro*** ~ transfusion centre.

▷ **trasfusione** /trasfu'zjone/ f. transfusion; ~ ***di sangue*** blood transfusion; ***praticare*** o ***fare una*** ~ ***a qcn.*** to give sb. a transfusion.

trasfuso /tras'fuzo/ **I** p.pass. → **trasfondere II** agg. [*sangue*] transfused; ***persona -a*** blood recipient **III** m. (f. **-a**) blood recipient.

trasgredire /trazgre'dire/ [102] **I** tr. to break*, to violate, to contravene FORM. [*legge, norma*]; to violate [*patto*] **II** intr. (aus. *avere*) ~ ***a*** to violate, to break, to contravene FORM.; ~ ***a un ordine*** to disobey *o* contravene an order; ~ ***alle norme di sicurezza*** to violate *o* contravene the safety regulations.

trasgressione /trazgres'sjone/ f. **1** *(di ordine, norma, legge)* violation, offence BE, offense AE, contravention FORM.; ***ogni*** ~ ***sarà punita*** trespassers will be prosecuted; ***alcuni giovani amano la*** ~ some young people love to be transgressive *o* to break rules **2** GEOL. transgression.

trasgressività /trazgressivi'ta/ f.inv. transgression, unconventionality.

trasgressivo /trazgres'sivo/ agg. *(disubbidiente)* offending; *(anticonvenzionale)* transgressive, unconventional.

trasgressore /trazgres'sore/ m. (f. **trasgreditrice** /trazgredi'tritʃe/) offender, violator, contravener; ***"i -i verranno puniti a norma di legge"*** "trespassers will be prosecuted".

traslare /traz'lare/ [1] **I** tr. **1** to move, to transfer [*salma*] **2** ECON. to shift [*tassa*] **3** MAT. to translate **II** intr. (aus. *avere*) to move, to travel; ***la Terra trasla intorno al sole*** the earth travels around the sun.

traslato /traz'lato/ **I** p.pass. → **traslare II** agg. figurative, metaphorical; ***in senso*** ~ in a figurative sense **III** m. metaphor; ***parlare per -i*** to speak figuratively *o* in metaphors.

traslatorio, pl. **-ri**, **-rie** /trazla'tɔrjo, ri, rje/ agg. translational; ***moto*** ~ translational motion.

traslazione /trazlat'tsjone/ f. **1** *(trasferimento)* transfer; ***la*** ~ ***di una salma*** the transfer of a body **2** RELIG. *(di reliquie)* translation; ~ ***di un vescovo*** translation of a bishop **3** MAT. ASTR. translation **4** ECON. transfer, shifting; ~ ***di imposta*** tax shifting **5** DIR. *(di proprietà)* transfer, translation **6** GEOL. continental drift.

traslitterare /trazlitte'rare/ [1] tr. to transliterate.

traslitterazione /trazlitterat'tsjone/ f. transliteration.

▷ **traslocare** /trazlo'kare/ [1] **I** tr. **1** *(spostare)* to move [*mobili, libri*] **2** *(trasferire)* to move, to transfer [*impiegato*] **II** intr. (aus. *avere*) to move, to move house BE; ~ ***in un appartamento più grande*** to move into a larger flat; ***un amico mi ha aiutato a*** ~ a friend helped to move me in; ~ ***da*** to move from [*strada*]; to move out of [*edificio*]; ***l'ambasciata trasloca da piazza Garibaldi*** the embassy is moving from piazza Garibaldi.

traslocatore /trazloka'tore/ ♦ ***18*** m. removal man*, remover, mover AE.

▷ **trasloco**, pl. **-chi** /traz'lɔko, ki/ m. move, removal; ***è il mio terzo*** ~ it's my third move; ***il (mio)*** ~ ***è previsto per il 31*** I'm moving house on the 31st; ***fare un*** ~ to move (house); ***indennità di*** ~ relocation package; ***spese di*** ~ removal expenses; ***-chi internazionali*** international removals; ***compagnia*** o ***impresa di -chi*** removals firm BE, moving company AE; ***furgone per -chi*** removal van, moving van AE.

traslucidità /trazlutʃidi'ta/ f.inv. translucence, translucency.

traslucido /traz'lutʃido/ agg. translucent, translucid.

► **trasmettere** /traz'mettere/ [60] **I** tr. **1** *(comunicare)* to communicate, to pass on, to convey [*informazione, messaggio, ordine*] (**a** to); to deliver [*messaggio scritto, messaggio orale*]; to convey [*saluti, ringraziamenti, cordoglio*]; *(spedire)* to send*; *(inoltrare)* to forward; ***trasmetta i miei saluti a suo padre*** please give my regards to your father; ~ ***un dossier a un tribunale*** to pass a file on to the court **2** *(manifestare)* [*artista, interpretazione, opera, parole, stile*] to convey [*idee, sentimento*]; ~ ***il proprio entusiasmo a qcn.*** to pass on one's enthusiasm to sb.; ***ha trasmesso la sua emozione al pubblico*** he transmitted his emotion to the audience; ***la sua angoscia si trasmette agli altri*** his anxiety communicates itself to others; ***quella musica mi trasmette qualcosa di speciale*** that music speaks to me in a special way **3** TECN. to transmit [*chiamata, segnali, dati*] (**attraverso**, **per**, **via** by, via); RAD. TELEV. to broadcast* [*notizia, programma, trasmissione*]; ~ ***delle immagini via satellite*** to transmit images by *o* via satellite; ***questo programma è trasmesso in diretta*** this programme is broadcast live, this is a live broadcast; ***il film è già stato trasmesso due volte quest'anno*** the film has already had two screenings this year; ~ ***via cavo*** to cablecast; ~ ***mediante telescrivente*** to teletype; ~ ***via telex*** to telex; ~ ***un appello via radio*** to transmit a call by radio **4** *(tramandare)* to hand down [*cultura, usanza, sapere, tradizione*] (**a** to) **5** *(trasferire)* to hand over [*potere, responsabilità*]; DIR. to hand on, to convey [*proprietà*] (**a** to) **6** MED. to transmit, to pass on, to spread* [*malattia, virus*] **7** FIS. to transmit [*suono, vibrazione, calore, movimento*] **II trasmettersi** pronom. **1** *(passare per contagio)* [*malattia*] to be* transmitted, to be* passed on, to spread* **2** *(tramandarsi)* [*usanza, tradizione*] to be* handed down **3** *(passarsi l'un l'altro)* to pass [sth.] on to each other [*messaggio, informazione, dati*].

trasmettitore /trazmetti'tore/ **I** agg. [*apparecchio, impianto*] transmitting **II** m. (f. **-trice** /tritʃe/) **1** *(chi trasmette)* sender, transmitter **2** TECN. RAD. TELEV. transmitter, sender ◆◆ ~ ***a onde corte*** short wave transmitter; ~ ***a onde lunghe*** long wave transmitter; ~ ***telegrafico*** telegraph.

trasmigrare /trazmi'grare/ [1] intr. (aus. *essere, avere*) **1** *(emigrare)* [*persone, animali*] to transmigrate **2** RELIG. [*anime*] to transmigrate **3** (aus. *essere*) *(trasmettersi)* [*doti*] to pass on.

trasmigrazione /trazmigrat'tsjone/ f. **1** *(emigrazione)* transmigration **2** RELIG. *(delle anime)* transmigration.

trasmissibile /trazmis'sibile/ agg. **1** transmissible (anche MED.), transmittable; ***malattia sessualmente*** ~ sexually transmitted disease **2** DIR. [*diritto, proprietà*] conveyable, transferable; *(in eredità)* descendible, devisable.

trasmissibilità /trazmissibili'ta/ f.inv. **1** transmissibility **2** DIR. transferability.

▷ **trasmissione** /trazmis'sjone/ **I** f. **1** *(comunicazione)* transmission, passing on (**di** of; **a** to); *(invio)* sending; ***la ~ delle conoscenze*** the communication *o* transmission of knowledge; ***chiedere la ~ di una pratica a qcn.*** to ask sb. for a file **2** MECC. transmission, drive; ***albero di ~*** propeller *o* transmission shaft; ***cinghia di ~*** transmission *o* driving belt; ***rapporto di ~*** gear ratio **3** RAD. TELEV. broadcasting, transmission; *(programma)* broadcast, programme BE, program AE; ***la ~ di un programma in diretta da Mosca*** the broadcasting *o* transmission of a programme live from Moscow; ***la ~ di immagini via satellite*** the transmission of images via satellite; ***essere in ~*** to be on the air; ***cessare le -i*** to go off the air; ***~ televisiva, radiofonica*** TV, radio broadcast *o* programme; ***~ sportiva, in diretta*** sports, live broadcast *o* programme; ***fare una ~ alla radio, sul giardinaggio*** to broadcast on the radio, on gardening; ***~ a carattere educativo, letterario*** educational, book programme **4** DIR. *(di fortuna, bene, titolo, eredità)* transfer, transmission (**a** to) **5** MED. transmission (**a** to); ***la ~ di una malattia attraverso il sangue*** the transmission of a disease through blood; ***~ di caratteri ereditari*** transmission of hereditary features **6** FIS. transmission (**a** to) **II** **trasmissioni** f.pl. MIL. signals; *(reparto)* signals department sing. ◆◆ ***~ automatica*** automatic transmission; ***~ a catena*** chain drive, chain transmission; ***~ a cinghia*** belt drive; ***~ dati*** INFORM. data transmission; ***~ in differita*** TELEV. replay; ***~ idraulica*** hydraulic drive; ***~ a ingranaggi*** gearing; ***~ del pensiero*** thought transference; ***~ dei poteri*** DIR. handover of power.

trasmittanza /trazmit'tantsa/ f. transmittance.

trasmittente /trazmit'tɛnte/ **I** agg. [*apparecchio, stazione*] transmitting **II** f. *(apparecchio)* transmitter; *(stazione)* sending station, transmitting station.

trasmodare /trazmo'dare/ [1] intr. (aus. *avere*) to overindulge; ***~ nel bere, mangiare*** to overindulge in drinking, eating, to drink, eat excessively.

trasmutabile /trazmu'tabile/ agg. transmutable.

trasmutabilità /trazmutabili'ta/ f.inv. transmutability.

trasmutare /trazmu'tare/ [1] tr. to transmute.

trasmutazione /trazmutat'tsjone/ f. transmutation.

trasognatezza /trasoɲɲa'tettsa/ f. dreaminess, absent-mindedness.

trasognato /trasoɲ'ɲato/ agg. [*sguardo*] dreamy; ***avere l'aria -a*** to have a dreamy *o* faraway look.

traspadano /traspa'dano/ → **transpadano.**

▷ **trasparente** /traspa'rɛnte/ **I** agg. **1** *(che lascia passare luce)* [*vetro, diamante*] transparent; *(limpido)* [*acqua*] clear; *(che lascia intravedere)* [*tessuto, vestito*] transparent, see-through; ***vernice ~*** glaze; ***pellicola ~*** film **2** IRON. *(sottilissimo)* [*fetta*] wafer-thin **3** *(diluito)* [*colore*] transparent **4** FIG. *(chiaro)* [*gestione, transazione*] transparent, open; *(sincero)* [*persona, sguardo*] sincere; *(intuibile)* [*allusione, intenzioni*] clear, transparent **II** m. **1** CINEM. back projection **2** TEATR. scrim **3** *(pubblicità)* transparency **4** *(lucido)* transparency ◆ ***(guarda che) non sei ~!*** SCHERZ. I can't see through you!

trasparenza /traspa'rɛntsa/ f. **1** *(di vetro, diamante)* transparency, transparence; *(di acqua)* clearness; ***guardare qcs. in ~*** to look at sth. against the light **2** FIG. *(di persona)* sincerity; *(di allusione, intenzione)* clearness, transparency; *(di gestione, transazione)* transparency, openness; ***reclamare una maggiore ~ nel finanziamento di qcs.*** to demand clarification about the funding of sth.

trasparire /traspa'rire/ [47] intr. (aus. *essere*) [*luce*] to shine* through; [*forma*] to be* visible, to show* through; [*intenzioni, angoscia, imbarazzo*] to show* through (**in** on); ***~ attraverso qcs.*** to show through sth.; ***lasciar*** o ***far ~*** to betray, to let [sth.] show [*emozioni, sentimenti*]; ***non lascia ~ i suoi sentimenti*** she doesn't let her feelings show at all.

traspirabile /traspi'rabile/ agg. transpirable.

traspirare /traspi'rare/ [1] **I** intr. (aus. *essere*) **1** FISIOL. to perspire, to sweat **2** BOT. to transpire **II** tr. **1** BOT. [*pianta*] to transpire [*acqua*] **2** FISIOL. [*pelle*] to exude [*sudore*].

traspiratorio, pl. **-ri, -rie** /traspira'tɔrjo, ri, rje/ agg. perspiratory, of transpiration.

traspirazione /traspirat'tsjone/ f. **1** perspiration, sweating **2** BOT. transpiration.

trasporre /tras'porre/ [73] tr. **1** *(spostare)* to transpose, to shift [*immagine, parola*] (**in** in) **2** MUS. to transpose.

trasportabile /traspor'tabile/ agg. transportable, conveyable.

trasportabilità /trasportabili'ta/ f.inv. transportability.

▷ **trasportare** /traspor'tare/ [1] tr. **1** *(portare da un luogo all'altro)* to transport, to carry [*oggetto*]; to move [*ferito, paziente*]; [*veicolo*] to carry [*persone, merci*]; ***~ qcs. sulla schiena, a braccia*** to carry sth. on one's back, in one's arms; ***~ i bagagli al di là della strada*** to carry the bags across the road; ***~ qcn. all'ospedale*** to take sb. to hospital; ***~ un milione di passeggeri all'anno*** to transport one million passengers a year; ***il taxi che trasporta la signora Bianchi*** the taxi carrying Mrs Bianchi; ***aereo che può ~ 500 passeggeri*** plane which can carry 500 passengers; ***la mia auto può ~ solo due persone*** there's room for only two people in my car; ***l'ascensore può ~ 12 persone*** the lift can hold 12; ***~ in aereo*** to fly; ***~ sul posto truppe, viveri*** *(in aereo)* to fly troops, food out on the scene; ***~ per mare*** to ship **2** *(trascinare)* [*vento, corrente*] to carry, to bear*; ***essere trasportato dal vento*** to be carried on the wind; ***la macchia di petrolio viene trasportata a riva dalle maree*** the oil slick is being washed ashore by the tide **3** *(trasferire)* to move, to transfer; ***~ la ditta a Bergamo*** to relocate the firm to Bergamo **4** *(con l'immaginazione)* to transport; ***essere trasportato al tempo dell'infanzia*** to be transported back to one's childhood **5** FIG. to transport, to carry away; ***farsi ~*** to get carried away; ***lasciarsi ~ dall'entusiasmo*** to let one's enthusiasm run away with one; ***lasciarsi ~ dalla collera*** to let one's anger to get the better of one; ***lasciarsi ~ dall'immaginazione*** to let one's imagination run riot **6** *(copiare, riprodurre)* to transfer [*disegno*] **7** MUS. to transpose **8** MAT. to transfer, to transpose.

trasportato /traspor'tato/ **I** p.pass. → **trasportare II** agg. **1** *(spostato)* [*oggetto, persona*] transported, carried **2** FIG. transported, carried away **III** m. (f. **-a**) passenger.

trasportatore /trasporta'tore/ **I** m. **1** *(impresa)* carrier, freight forwarder, freight operator **2** TECN. conveyor, conveyer **II** agg. transporting; ***nastro ~*** conveyer (belt), conveyor (belt) ◆◆ ***~ a catena*** chain conveyor; ***~ a nastro*** belt conveyor; ***~ a tazze*** bucket conveyor.

▷ **trasporto** /tras'pɔrto/ **I** m. **1** *(di persone, merci)* transport, transportation AE; ***il ~ di passeggeri*** the transport of passengers; ***il prezzo comprende il ~ in pullman*** the price includes the coach trip; ***durante il mio ~ in ospedale*** when I was being taken to hospital; ***danneggiato durante il ~*** damaged in transit; ***rete dei -i*** transport network; ***modalità di ~*** mode *o* method of transport; ***spese di ~*** transport costs, freight costs; ***compagnia di -i*** transport company, freight company; ***mezzi di ~*** (means of) transport; ***attualmente non ho nessun mezzo di ~*** I haven't got any transport at the moment **2** FIG. *(impeto)* fit, surge, transport; *(entusiasmo)* transport, passion; ***un ~ d'ira*** a fit of anger; ***in un ~ di gioia*** in a frenzy of joy, in a surge of delight; ***"mai" - disse con ~*** "never" she said with feeling **3** TIP. transfer **4** MUS. transposition **5** MAT. transposition **II trasporti** m.pl. transport sing., transportation sing. AE; ***ministero dei -i*** *(in GB)* Ministry of Transport; *(negli USA)* Department of Transportation; ***ministro dei -i*** *(in GB)* Secretary of State for Transport; *(negli USA)* Secretary of Transportation ◆◆ ***~ aereo*** air transport, airfreight; ***~ eccezionale*** outsize load; ***~ per ferrovia, ferroviario*** transport by rail, rail freight; ***~ fluviale*** river transport; ***~ su gomma*** → ***~ su strada***; ***~ via mare, marittimo*** transport by sea, sea freight; ***~ su rotaia*** transport by rail, rail freight; ***~ su strada*** road transport, road haulage; ***~ di truppe*** MIL. MAR. troop transport; ***-i combinati*** o ***intermodali*** = shipping of goods by different means of transport; ***-i pubblici*** public transport; ***-i urbani*** local transport.

trasposizione /traspozit'tsjone/ f. transposition (anche MUS.).

trassato /tras'sato/ **I** agg. paying **II** m. payer, drawee.

trasteverino /trasteve'rino/ **I** agg. Trasteverine **II** m. (f. **-a**) Trasteverine.

trastullare /trastul'lare/ [1] **I** tr. to amuse, to entertain **II** **trastullarsi** pronom. **1** *(giocare)* to play **2** *(perdere tempo)* to trifle, to dawdle.

trastullo /tras'tullo/ m. **1** *(svago)* pastime **2** *(giocattolo)* plaything (anche FIG.), toy.

trasudamento /trasuda'mento/ m. *(di sudore)* perspiration, sweating; *(di liquido)* oozing, seepage.

trasudare /trasu'dare/ [1] **I** tr. **1** *(lasciar filtrare)* [*muro, roccia*] to ooze with [*acqua, umidità*] **2** FIG. *(far trasparire)* [*persona*] to exude [*noia, miseria, stupidità*]; ***un libro che trasuda noia*** an incredibly boring book **II** intr. (aus. *essere, avere*) **1** (aus. *avere*) *(mandar fuori)* [*muro, ferita, vaso*] to ooze; [*formaggio*] to sweat **2** (aus. *essere*) *(stillare)* [*acqua*] to seep (**da** through).

trasudazione /trasudat'tsjone/ f. **1** *(trasudamento)* oozing **2** MED. perspiration, transudation.

trasversale /trazver'sale/ **I** agg. **1** [*taglio, linea*] transverse, transversal, cross attrib.; ***sezione ~*** cross-section; ***trave ~*** crossbeam; ***via ~*** side street; ***strada ~*** side road; ***in senso ~*** crosswise, transversely, transversally **2** MAT. ***retta ~*** transversal **3** FIS. [*onda*] transverse **4** FIG. POL. [*alleanza, gruppo*] cross-party; ***vendetta ~*** indirect revenge **II** f. MAT. transversal.

trasversalismo /trazversa'lizmo/ m. POL. = cross-party convergence on policies.

trasversalmente /trazversal'mente/ avv. crosswise, transversely, transversally.

trasverso /traz'verso/ agg. **1** ANAT. [*muscolo*] transverse **2** RAR. *(trasversale)* transverse, transversal.

trasvolare /trazvo'lare/ [1] **I** tr. to fly* across [*oceano, Alpi*] **II** intr. (aus. *essere, avere*) **~ su** to skim *o* pass over [*argomento*].

trasvolata /trazvo'lata/ f. flight (**di** across); **~ dell'Atlantico** flight across the Atlantic, Atlantic flight.

tratta /'tratta/ f. **1** *(traffico illecito)* trade; **la ~ delle bianche** white slavery, white slave trade; **~ degli schiavi** slave trade; **la ~ dei negri** the African trade **2** BANC. COMM. draft; **spiccare una ~ su** to make *o* issue a draft on; **accettare una ~** to accept a draft; **pagare una ~** to pay a draft **3** *(percorso)* distance; *(di mezzo di trasporto)* route, (fare) stage BE; **-e nazionali** domestic routes ◆◆ **~ bancaria** bank draft; **~ documentaria, documentata** acceptance *o* documentary bill; **~ a tempo** time draft.

trattabile /trat'tabile/ agg. **1** *(lavorabile)* [*metallo*] workable, malleable **2** [*argomento*] that can be dealt with **3** *(non fisso)* [*prezzo, salario*] negotiable; **"~"** *(negli annunci economici)* "or near(est) offer, o.n.o."; **70.000 euro -i** offers in the region of 70,000 euros, 70,000 euros o.n.o. BE *o* o.b.o. AE **4** FIG. [*persona*] tractable, reasonable.

▷ **trattamento** /tratta'mento/ m. **1** *(modo di trattare)* treatment, handling; **è il ~ normale riservato ai prigionieri** it's the way prisoners are normally treated; **~ di favore, di riguardo** preferential *o* special treatment; **riservare un ~ di favore a qcn.** to show favour to sb.; **riservare un ~ onesto a qcn.** to give sb. a square deal; **hanno avuto il ~ che si meritavano** they got what they deserved **2** TECN. processing, treatment; **~ dei rifiuti industriali** processing *o* treatment of industrial waste; **~ antiruggine** rustproofing; **~ termico** heat treatment; **centro di ~ delle acque** water-processing plant; **sottoporre qcs. a ~ contro** to treat sth. against **3** MED. treatment, medication; **~ a base di ormoni** hormone treatment; **~ preoperatorio, postoperatorio** preoperative, postoperative medication *o* treatment; **sottoporsi a un ~** to undergo treatment; **il ~ è efficace, non è efficace contro l'infezione** the infection is, isn't responding to treatment **4** *(di dati, documenti)* handling **5** *(servizio)* hospitality, service **6** COSMET. treatment, care; *(di capelli)* conditioning; **~ di bellezza** beauty treatment **7** *(retribuzione)* pay, wages pl., salary; **~ economico** pay; **~ di fine rapporto** severance pay, gratuity BE; **~ pensionistico** pension **8** INFORM. processing; **~ testi** word processing.

trattante /trat'tante/ agg. COSMET. [*shampoo, lozione*] conditioning.

▶ **trattare** /trat'tare/ [1] **I** tr. **1** *(considerare)* to treat, to handle [*persona, animale, oggetto*]; **~ qcn. da malato, come un figlio** to treat sb. like an invalid, like a son; **~ qcn. da amico, come un nemico** to treat sb. as a friend, as an enemy; **~ qcn. come un bambino, uno stupido** to treat sb. like a child, a fool; **~ qcn. alla pari** to treat sb. as an equal; **~ qcn., qcs. male** to treat sb., sth. badly, to mistreat sb., sth.; **essere trattato bene, male** to be well, badly treated; **non si tratta così un bambino!** that's no way to treat a child! **siamo stati trattati come se...** we were treated as if...; **~ qcn. con gentilezza** to treat sb. kindly; **~ qcn. duramente** to be hard on sb.; **non ho intenzione di farmi ~ così** I'm not going to be treated like that; **non ha nessun diritto di trattarti così** she has no right to treat you like that; **se tu trattassi meglio queste piante, questi libri** if you treated these plants, books better; **saper ~** to have a way with [*bambini, donne, anziani*]; to know how to handle [*impiegati, alunni*] **2** *(affrontare)* [*libro, film*] to deal* with, to cover, to treat [*questione, soggetto, argomento*]; *(discutere)* to deal* with, to discuss [*problema, relazione, scandalo*]; **la questione è trattata più estesamente in...** the question gets *o* is given more extended treatment in... **3** COMM. *(proporre, avere)* to deal* in, to carry [*prodotto, marca*]; **~ software** to deal in software; **~ merce rubata** to handle stolen goods **4** *(fare oggetto di trattative)* to deal*, to transact, to negotiate (anche POL.); **~ un affare** to transact business; **~ il prezzo** to negotiate the price; **~ un accordo, la pace** to negotiate a settlement, peace **5** MED. to treat [*malato, malattia, sintomo*]; COSMET. to condition, to treat [*capelli, pelle*] **6** *(lavorare)* to treat, to process [*sostanza chimica, fibra tessile*]; to process [*acque di scarico*]; **~ con gesso** to chalk; **~ con mercurio** to mercurate **II** intr. (aus. *avere*) **1** *(avere a che fare)* to deal*; **~ con qcn. personalmente** to deal with sb. personally **2** *(avere per argomento)* **~ di** to deal with, to be about [*soggetto, tema*]; **l'autore, l'opera tratta di** the author, work deals with; **questo libro tratta di una famiglia di agricoltori** this book is about a family of farmers **3** *(giungere a patti)* to deal*, to negotiate (**con** with); **il governo non vuole ~ con i guerriglieri** the government is unwilling to negotiate with the guerrillas; **~ sul prezzo** to negotiate the price **III trattarsi** pronom. **-rsi bene** to treat oneself well, to spoil oneself **IV** impers. (aus. *essere*) **di cosa si tratta?** what is it about? **ma non si tratta di questo!** but that's not the point! **ma si tratta della tua felicità, della tua salute!** but we're talking about your happiness, health! **si tratta di tuo marito** it has to do with *o* it's about your husband; **ora sappiamo chi ha vinto: si tratta di X e Y** we now know who the winners are: they are X and Y; **si tratta della stessa persona** they're one and the same person; **si trattava di prendere una decisione immediata** it was a case of making a quick decision; **quando si tratta di qcs., di fare** when it comes to sth., to doing sth.; **quando si tratta di fare le pulizie, non c'è mai!** when there's cleaning to be done, he's never there *o* around! **secondo gli esperti, si tratterebbe di un attentato** according to the experts, it would appear to be an act of terrorism ◆ **~ qcn. come un cane** o **da cani** to treat sb. like a dog; **~ qcn. come una pezza da piedi** o **a pesci in faccia** to treat sb. like dirt; **~ qcn. con i guanti** to treat sb. with kid gloves, to give sb. the red carpet.

trattario, pl. **-ri** /trat'tarjo, ri/ **I** agg. paying **II** m. payer, drawee.

trattatista, m.pl. **-i**, f.pl. **-e** /tratta'tista/ m. e f. writer of treatises.

▷ **trattativa** /tratta'tiva/ f. talks pl., dealing, negotiation; **essere in ~ con qcn.** to be negotiating with sb.; **aprire** o **avviare delle -e con qcn.** to enter into negotiation(s) with sb.; **essere in corso di ~** to be under negotiation; **le -e sono fallite** the negotiations have fallen through; **il tavolo delle -e** the negotiating table ◆◆ **~ privata** private treaty; **-e commerciali** trade talks; **-e di pace** peace talks; **-e salariali** pay talks, negotiation.

▷ **1.trattato** /trat'tato/ m. **1** *(saggio)* treatise (**su, di** on); **~ di filosofia** philosophical treatise **2** DIR. treaty; **stipulare, firmare un ~** to draw up, sign a treaty; **il ~ impegna i contraenti a fare** the treaty pledges the signatories to do; **nei termini del ~** within the provisions *o* limitations of the treaty; **il ~ di Roma** the Treaty of Rome; **il ~ di Maastricht** the Maastricht Treaty ◆◆ **~ di amicizia** treaty of friendship; **~ commerciale** trade agreement; **~ di pace** peace treaty.

2.trattato /trat'tato/ **I** p.pass. → **trattare II** agg. [*materiale, alimento*] processed; **non ~** unprocessed.

trattazione /trattat'tsjone/ f. **1** *(svolgimento)* treatment, coverage **2** *(trattato)* treatise.

tratteggiare /tratted'dʒare/ [1] tr. **1** *(segnare con dei tratti)* to trace; *(abbozzare)* to sketch [*paesaggio*]; *(ombreggiare)* to hatch, to shade; **~ una linea** to draw a broken line **2** FIG. *(descrivere)* to outline [*personaggio*].

tratteggiato /tratted'dʒato/ **I** p.pass. → **tratteggiare II** agg. **1** *(segnato con tratti)* broken, dotted; **linea -a** dotted line; **tagliare lungo la linea -a** cut along the dotted line **2** *(disegnato)* sketched; *(ombreggiato)* hatched, shaded **3** FIG. *(descritto)* drawn, described.

tratteggio, pl. **-gi** /trat'teddʒo, dʒi/ m. **1** *(ombreggiatura)* hatch, hatching; **~ incrociato** crosshatching **2** *(linea)* dotted line.

▶ **trattenere** /tratte'nere/ [93] **I** tr. **1** *(non lasciar andare)* to keep* [*persona*]; [*polizia*] to hold*, to keep* [*ladro*]; **mi ha trattenuto più di un'ora con le sue chiacchiere** he kept me chatting for over an hour; **il suo lavoro lo ha trattenuto a Parigi** his job kept him in Paris; **non la tratterrò a lungo** I won't keep you long; **non voglio trattenerla oltre** I won't delay you any further; **non ti trattengo!** IRON. don't let me keep you! **sono stato trattenuto** I was held up; **~ qcn. a cena** to ask sb. to stay for dinner; **non c'è niente che mi trattenga qui** there's nothing to keep me here; **essere trattenuto dalla polizia** to be in police custody; **la polizia lo sta trattenendo per fargli delle domande** the police are keeping him for questioning **2** *(tenere fermo)* to hold*, to keep*, to restrain; **~ qcn. per la manica** to catch hold of sb.'s sleeve; **se non lo avessi trattenuto, sarebbe caduto** if I hadn't stopped him, he would have fallen; **sono stati necessari sei uomini per trattenerlo** it took six men to restrain him; **se non lo avessi trattenuto, avrebbe confessato tutto** if I hadn't held on to him, he would have confessed everything; **la prudenza, la mia timidezza mi ha trattenuto** caution, my shyness held me back; **trattenetemi o faccio una strage!** COLLOQ. hold me down or I'll go berserk! **3** *(contenere, frenare)* to hold* back [*acqua, marea, folla*]; to hold* back, to choke back [*lacrime*]; to hold* [*fiato, respiro*]; to stifle [*grido, risata, sospiro, sbadiglio*]; to contain, to suppress [*collera*]; to contain [*gioia*]; to check [*gesti, esclamazione*]; **non poté ~ uno sbadiglio** she tried in vain to stifle a yawn; **~ la tosse, uno starnuto** to suppress a cough, sneeze **4** *(confiscare)* to withhold*, to retain [*cauzione, bagagli*]; to stop [*salario*]; *(prelevare)* to deduct [*somma, contributi, tasse*] (**su** from); *(tenere per sé)* to keep* [*resto*]; **~ 50 sterline dallo stipendio**

di qcn. to stop £50 out of sb.'s pay **5** *(assorbire)* to retain [*calore, umidità, acqua*]; to absorb [*luce, odore*] **II trattenersi** pronom. **1** *(soggiornare)* to remain, to stay; *(rimanere più a lungo)* to stay behind, to stay on, to stop behind BE; ***si trattiene due giorni a Milano*** he'll remain in Milan for two days; ***-rsi a pranzo, a cena*** to stay for lunch, dinner; ***non posso -rmi a lungo*** I can't stay long **2** *(astenersi)* to stop oneself; ***-rsi dal fare*** to stop *o* keep oneself from doing; ***ha cercato di -rsi dal dirglielo*** he tried to stop himself from telling her; ***-rsi dal piangere, ridere*** to try not to cry, laugh; ***ho cercato di non ridere, ma non sono riuscito a trattenermi*** I tried not to laugh, but I couldn't help myself; ***mi sono trattenuto dal dire loro ciò che pensavo*** I refrained from telling them what I thought **3** *(frenarsi)* to check oneself, to contain oneself; ***ho dovuto trattenermi per non prenderla a schiaffi*** it was all I could do not to slap her.

trattenimento /tratteni'mento/ m. *(intrattenimento)* entertainment **U**; *(festa)* party, reception.

trattenuta /tratte'nuta/ f. deduction (**su** from); ***operare*** o ***effettuare una ~ del 10% sullo stipendio di qcn.*** to deduct 10% from sb.'s salary; ***~ alla fonte*** deduction of tax at source, withholding tax.

trattino /trat'tino/ m. *(tra frasi)* dash; *(tra parti di parola)* hyphen; ***essere scritto con un ~*** [*parola*] to be hyphenated.

▶ **1.tratto** /'tratto/ **I** m. **1** *(segno tracciato, tocco)* stroke; *(linea)* line; ***~ di pennello*** brushstroke; ***cancellare qcs. con un ~ di penna*** to cross sth. out with a pen; ***disegnare qcs. a grandi -i*** to make a rough sketch of sth.; ***avere un ~ preciso*** to draw accurately; ***avere un ~ deciso*** to have a steady hand; ***disegno, incisione al ~*** line drawing, engraving; ***~ per ~*** [*riprodurre*] line by line; ***il ~ e il colore*** ART. line and colour **2** *(caratteristica, particolarità) (di cosa)* feature, characteristic; *(di persona)* trait; ***il ~ saliente di qcs.*** the main feature of sth.; ***~ peculiare*** particular feature; ***~ del carattere, della personalità*** character, personality trait; ***il ~ comune a questo metodo e all'altro*** what the methods have in common; ***non hanno nessun ~ in comune*** they have nothing in common; ***avere dei -i in comune*** to be alike in some respects **3** LING. FON. feature; ***~ distintivo, pertinente*** distinctive, relevant feature; ***~ semantico*** semantic feature **4** *(parte, pezzo) (di strada, percorso, mare, fiume, costa)* stretch; *(di tubatura)* length; ***il ~ di ferrovia, strada tra Moncalieri e Torino*** the stretch of track, road between Moncalieri and Turin; ***l'intero ~ di strada era fiancheggiato da alberi*** the whole length of the street was planted with trees; ***abbiamo fatto un ~ di strada assieme*** we walked along together for a while; ***avere un lungo ~ da percorrere*** to have a long way to go **5** *(periodo)* period (of time); ***per un lungo ~*** for a long while *o* time; ***(tutt')a un ~*** all of sudden, suddenly; ***a -i*** *(qua e là)* in patches; *(a momenti)* in intervals, at times **II tratti** m.pl. *(lineamenti)* features; ***avere dei -i grossolani, fini*** to have coarse, delicate features; ***-i regolari*** regular features; ***dai -i grossolani, fini*** coarse-, fine-featured.

2.tratto /'tratto/ **I** p.pass. → **trarre II** agg. ***~ da*** [*film*] based on, taken from [*romanzo*] ◆ ***difendere qcs., qcn. a spada -a*** to take up the cudgels for *o* on behalf of sth., sb.

▷ **1.trattore** /trat'tore/ m. *(macchina)* tractor ◆◆ ***~ agricolo*** agrimotor; ***~ cingolato*** caterpillar tractor.

2.trattore /trat'tore/ ♦ ***18*** m. (f. **-trice** /tritʃe/) = trattoria owner.

trattoria /tratto'ria/ f. eating house, trattoria.

trattorista, m.pl. **-i**, f.pl. **-e** /tratto'rista/ ♦ ***18*** m. e f. tractor driver.

trattrice /trat'tritʃe/ f. **1** *(mezzo)* traction engine **2** MAT. tractrix*.

tratturo /trat'turo/ m. sheep track.

trauma /'trauma/ m. MED. PSIC. trauma*; ***~ cranico*** head injury; ***la sua morte per noi è stata un ~*** her death was a terrible shock for us.

traumatico, pl. **-ci**, **-che** /trau'matiko, tʃi, ke/ agg. MED. PSIC. traumatic.

traumatismo /trauma'tizmo/ m. traumatism.

traumatizzante /traumatid'dzante/ agg. MED. PSIC. traumatic (anche FIG.).

traumatizzare /traumatid'dzare/ [1] tr. **1** PSIC. to traumatize **2** FIG. to traumatize, to shock.

traumatologia /traumatolo'dʒia/ f. traumatology; ***reparto di ~*** trauma ward.

traumatologico, pl. **-ci**, **-che** /traumato'lɔdʒiko, tʃi, ke/ **I** agg. trauma attrib., traumatology attrib.; ***centro ~*** trauma centre **II** m. *(reparto)* trauma ward; *(centro)* trauma centre BE, trauma center AE.

traumatologo, m.pl. **-gi**, f.pl. **-ghe** /trauma'tɔlogo, dʒi, ge/ ♦ ***18*** m. (f. **-a**) traumatologist.

travagliare /travaʎ'ʎare/ [1] **I** tr. to trouble, to torment **II travagliarsi** pronom. to torment oneself.

travagliato /travaʎ'ʎato/ **I** p.pass. → **travagliare II** agg. **1** *(tormentato)* [*animo, spirito*] troubled, tormented; [*epoca, storia*] turbulent **2** *(difficile)* [*vita*] hard, difficult.

1.travaglio, pl. **-gli** /tra'vaʎʎo, ʎi/ m. **1** *(sofferenza fisica)* trouble, suffering; *(angoscia)* torment, anguish; ***avere ~ di stomaco*** to have stomach upset *o* an upset stomach **2** MED. *(di parto)* labour BE, labor AE; ***~ indotto*** induced labour; ***entrare in ~*** to go into labour; ***essere in ~*** to be in labour; ***sala ~*** labour ward **3** LETT. *(fatica)* travail, labour BE, labor AE.

2.travaglio, pl. **-gli** /tra'vaʎʎo, ʎi/ m. *(per animali)* trave.

travalicamento /travalika'mento/ m. passing over.

travalicare /travali'kare/ [1] tr. **1** *(valicare)* to cross (over) [*monte*] **2** FIG. ***~ i limiti*** to go too far.

travasamento /travaza'mento/ m. *(travaso)* pouring off, decanting.

travasare /trava'zare/ [1] **I** tr. **1** *(versare)* to pour [*liquido*]; to decant, to rack [*vino*] **2** COLLOQ. *(trapiantare)* to transplant [*pianta*] **3** FIG. ***~ la propria conoscenza in un libro*** to draw on one's knowledge in writing a book **II travasarsi** pronom. [*liquido*] to spill*.

travaso /tra'vazo/ m. **1** *(di liquido)* pouring off, decanting **2** MED. *(di sangue)* extravasation ◆◆ ***~ di bile*** bilious attack; FIG. fit (of temper).

travatura /trava'tura/ f. EDIL. beams pl.; *(di tetto)* truss; ***~ reticolare*** truss.

▷ **trave** /'trave/ f. **1** EDIL. beam; *(di acciaio)* girder **2** SPORT beam; ***esercizi alla ~*** exercises on the beam ◆ ***vedere la pagliuzza nell'occhio del prossimo ma non la ~ nel proprio*** to see the mote in one's brother's eye but not the beam in one's ◆◆ ***~ armata*** reinforced beam; ***~ di colmo*** ridge pole; ***~ maestra*** main beam; ***~ a mensola*** cantilever; ***~ metallica*** girder; ***~ a scatola*** box girder; ***~ trasversale*** crossbeam; ***~ a vista*** rafter.

traveggole /tra'veggole/ f.pl. ***avere le ~*** to be seeing things.

traversa /tra'vɛrsa/ f. **1** EDIL. *(trave)* traverse, crosspiece **2** ING. *(di finestra, porta)* transom **3** FERR. tie, sleeper BE **4** *(per il letto)* drawsheet **5** SPORT *(nel calcio)* crossbar **6** *(strada)* side street; ***la prima ~ a destra*** the first street on the right **7** GIOC. *(negli scacchi)* rank.

traversare /traver'sare/ [1] tr. **1** → **attraversare 2** ALP. to traverse.

traversata /traver'sata/ f. **1** crossing, passage; ***fare una ~*** to cross over; ***fare una buona ~*** to have a good crossing; ***fare la ~ del fiume in piroga*** to cross the river in a dugout; ***~ del deserto*** desert crossing **2** ALP. traverse.

traversia /traver'sia/ f. **1** MAR. strong side wind **2** *(avversità)* hardship, ordeal, mishap.

traversina /traver'sina/ f. FERR. tie, sleeper BE.

traversino /traver'sino/ m. MAR. spring (line).

▷ **traverso** /tra'vɛrso/ **I** agg. **1** *(trasversale)* transverse, cross attrib.; ***via -a*** side street; ***arrivare per vie -e*** to come by a roundabout way; ***per vie -e*** FIG. *(indirettamente)* indirectly **2** MUS. ***flauto ~*** transverse flute **II** m. **1** *(larghezza)* width **2 di traverso**, **per traverso** *(in posizione trasversale)* across, crosswise; *(obliquamente)* aslant, slantingly, askew; *(di lato)* sideways; *(in modo storto)* crookedly; ***essere coricato di ~ sul letto*** to be lying across the bed; ***un autobus era messo di*** o ***per ~ sulla strada*** a bus was sideways, blocking the road; ***la macchina si è messa di*** o ***per ~ sulla strada*** the car skidded and ended up sideways, blocking the road; ***parcheggiare di*** o ***per ~*** to park badly; ***si è messo il cappello di ~*** he put his hat on askew; ***camminare di ~*** to walk sideways; ***andare di ~*** [*cibo, bevanda*] to go down the wrong way; ***mi è andato di ~*** it went down the wrong way; ***guardare qcn. di ~*** FIG. to look askance at sb., to give sb. a dirty look; ***avere la luna di ~*** to be in one of one's moods; ***oggi mi va tutto di ~*** everything's going wrong today **3** MAR. *(lato)* beam; ***al ~*** abeam, on the beam; ***al ~ a sinistra*** on the port beam; ***al ~ a dritta*** on the starboard beam; ***vento di ~*** sidewind, crosswind.

traversone /traver'sone/ m. SPORT *(nel calcio)* cross; ***effettuare un ~*** to cross *o* centre the ball.

travertino /traver'tino/ m. travertine, tufa.

travestimento /travesti'mento/ m. **1** *(il travestirsi)* disguise, dressing-up **2** *(maschera)* costume, fancy dress BE.

▷ **travestire** /traves'tire/ [3] **I** tr. **1** *(mascherare)* to disguise, to dress up (**da** as); ***~ un bambino da pirata*** to dress a child up as a pirate **2** FIG. *(trasformare)* to transform **II travestirsi** pronom. **1** to disguise oneself; *(mascherarsi)* to dress up (**da** as); ***-rsi da pirata*** to dress up as a pirate; ***-rsi da uomo*** [*donna*] to cross-dress **2** FIG. *(nascondere la propria natura)* to disguise oneself.

travestitismo /travesti'tizmo/ m. transvestism, cross-dressing.

travestito /traves'tito/ **I** p.pass. → **travestire II** agg. disguised, in disguise mai attrib.; *(in maschera)* dressed up; ***~ da prete*** disguised as a priest; ***un truffatore ~ da poliziotto*** a crook disguised as a policeman **III** m. transvestite.

travet /tra'vɛt/ m.inv. REGION. pen pusher, pencil pusher AE.

travetto /tra'vetto/ m. EDIL. joist, rafter.

traviamento /travia'mento/ m. *(il traviare)* corruption, perversion, straying; *(il traviarsi)* going astray.

traviare /travi'are/ [1] **I** tr. to lead* [sb.] astray, to corrupt, to pervert [*persona*] **II traviarsi** pronom. to go* astray, to stray.

traviato /travi'ato/ **I** p.pass. → **traviare II** agg. [*persona, spirito*] led astray, corrupted.

travicello /travi'tʃɛllo/ m. EDIL. joist, rafter ◆ ***re ~*** King Log.

travisamento /traviza'mento/ m. distortion, twisting, misrepresentation, perversion.

travisare /travi'zare/ [1] tr. to distort, to twist, to misrepresent, to pervert [*affermazione, opinione, fatto, verità*]; ***stai cercando di ~ il senso delle mie parole*** you're trying to twist my meaning.

travolgente /travol'dʒɛnte/ agg. **1** *(che travolge)* [*furia*] overwhelming, devastating **2** FIG. [*bisogno, desiderio, generosità*] overwhelming; [*amore*] passionate; [*bellezza*] overwhelming, breathtaking; [*successo*] roaring, runaway; [*musica, ballo*] lively.

▷ **travolgere** /tra'vɔldʒere/ [101] tr. **1** *(trascinare)* [*fiume, corrente*] to sweep* away, to carry away [*persona, casa, imbarcazione, albero, ponte*]; ***la valanga ha travolto ogni cosa sul suo cammino*** the avalanche swept away everything in its path; ***un'ondata di nazionalismo che travolge tutto ciò che incontra*** a wave of nationalism which sweeps all before it; ***essere travolto dalla rivoluzione*** to be swept up in revolution **2** *(investire)* [*automobilista, veicolo*] to run* down, to run* over [*pedone, ciclista*]; ***è stato travolto da un autobus*** he walked under a bus **3** *(sopraffare)* to overwhelm, to overcome*, to crush [*nemico, resistenza*]; ***farsi ~ dalla passione*** FIG. to be swept away by passion; ***essere travolto dagli eventi*** FIG. to be overcome by events.

trazione /trat'tsjone/ f. **1** *(forza trainante)* traction; ***~ animale, elettrica, meccanica, a vapore*** animal, electric, mechanical, steam traction; ***forza di ~*** force of traction; ***resistenza alla ~*** tensile strength **2** AUT. drive **3** MED. traction, extension; ***in ~*** in traction ◆◆ ***~ anteriore*** front-wheel drive; ***auto a ~ anteriore*** front-wheel drive car; ***~ integrale*** four-wheel drive; ***~ posteriore*** rear-wheel drive; ***~ a quattro ruote*** → ***~ integrale***.

▶ **tre** /tre/ ➧ **26, 5, 8, 13 I** agg.inv. three; ***le ~ Grazie*** the Graces; ***i ~ Moschettieri*** the Three Musketeers **II** m.inv. **1** *(numero)* three **2** *(giorno del mese)* third **3** SCOL. *(voto)* = very low fail **III** f.pl. *(ore) (del mattino)* three am; *(del pomeriggio)* three pm; ***sono le ~*** it's three o'clock; ***alle ~*** at three o'clock ◆ ***non c'è il due senza il ~*** = things always come in three; ***chi fa da sé fa per ~*** PROV. = if you want something done right, you've got to do it yourself.

trealberi /tre'alberi/ m.inv. three-master, three-masted ship.

trebbia /'trebbja/ f. **1** *(trebbiatrice)* threshing machine, thresher **2** *(trebbiatura)* threshing.

trebbiano /treb'bjano/ m. ENOL. INTRAD. (dry white wine made in central and northern Italy).

trebbiare /treb'bjare/ [1] tr. to thresh.

trebbiatore /trebbja'tore/ ➧ **18** m. (f. **-trice** /tritʃe/) thresher.

trebbiatrice /trebbja'tritʃe/ f. threshing machine, thresher.

trebbiatura /trebbja'tura/ f. threshing.

trebisonda /trebi'zonda/ f. SCHERZ. ***perdere la ~*** to lose one's bearings, to lose control.

▷ **treccia**, pl. **-ce** /'trettʃa, tʃe/ f. **1** *(di capelli)* plait, braid AE; ***avere*** o ***portare le -ce*** to wear (one's hair in) plaits; ***farsi le -ce*** to plait one's hair; ***sciogliersi le -ce*** to undo one's plaits **2** *(di filo, tessuto, paglia)* plait, braid AE **3** *(filza)* string; ***~ d'aglio, di cipolle*** string of garlic, onions **4** *(pane)* twist loaf* **5** ABBIGL. cable; ***punto a ~*** cable stitch; ***un maglione a -ce*** a cable stitch sweater.

treccina /tret'tʃina/ f. dreadlock.

trecentesco, pl. **-schi, -sche** /tretʃen'tesko, ski, ske/ agg. [*poesia, pittura*] fourteenth-century attrib.; ART. *(in Italia)* trecento attrib.

trecentesimo /tretʃen'tɛzimo/ ➧ **26 I** agg. three-hundredth **II** m. (f. **-a**) **1** three hundredth **2** *(frazione)* three hundredth.

trecentista, m.pl. **-i**, f.pl. **-e** /tretʃen'tista/ m. e f. **1** *(scrittore)* fourteenth-century writer; *(artista)* fourteenth-century artist; *(in Italia)* trecentist **2** *(studioso)* = scholar of the art or literature of the fourteenth century.

trecento /tre'tʃɛnto/ ➧ **26 I** agg.inv. three hundred **II** m.inv. three hundred.

Trecento /tre'tʃɛnto/ m. **1** *(epoca)* fourteenth century **2** ART. *(in Italia)* trecento.

tredicenne /tredi'tʃɛnne/ **I** agg. thirteen-year-old **II** m. e f. thirteen-year-old; *(ragazzo)* thirteen-year-old boy; *(ragazza)* thirteen-year-old girl.

tredicesima /tredi'tʃɛzima/ f. Christmas bonus.

tredicesimo /tredi'tʃɛzimo/ ➧ **26, 5 I** agg. thirteenth **II** m. (f. **-a**) **1** thirteenth **2** *(frazione)* thirteenth.

▶ **tredici** /'treditʃi/ ➧ **26, 5, 8, 13 I** agg.inv. thirteen **II** m.inv. **1** *(numero)* thirteen **2** *(giorno del mese)* thirteenth **3** GIOC. ***fare ~ (al totocalcio)*** = to win the pools **III** f.pl. *(ore)* one pm; ***sono le ~*** it's one o'clock; ***alle ~*** at one o'clock.

tredicista, m.pl. **-i**, f.pl. **-e** /tredi'tʃista/ m. e f. pools winner.

tregenda /tre'dʒɛnda/ f. **1** *(convegno di streghe)* Sabbath, witches' sabbath; ***notte di ~*** Walpurgis night; FIG. stormy night **2** *(pandemonio)* pandemonium, chaos.

▷ **tregua** /'trɛgwa, 'tregwa/ f. **1** MIL. truce; ***chiedere, firmare una ~*** to call, sign a truce; ***rispettare, violare una ~*** to respect, violate a truce; ***una ~ di tre giorni*** a three-day truce **2** FIG. *(sosta)* respite, rest; ***dopo qualche giorno di ~*** after a few days' respite; ***concedere, concedersi un momento di ~*** to give, take a moment off; ***non avere un attimo di ~*** to be rushed off one's feet; ***senza ~*** unceasingly, without any letup, without a break; ***lavorare senza ~*** to work ceaselessly *o* without respite; ***piove senza ~ da due giorni*** it has been raining continuously for two days; ***spero che la pioggia ci conceda una ~*** I hope the rain holds off; ***non dare ~ a*** [*dolore*] to give [sb.] no respite ◆◆ ***~ di Dio*** STOR. truce of God; ***~ salariale*** wage pause.

trekking /'trɛkking/ ➧ **10** m.inv. trekking, hiking; ***fare ~*** to go trekking.

tremante /tre'mante/ agg. **1** *(tremolante)* [*persona, corpo*] trembling, shaking; [*mano*] trembling, quivering; ***~ di paura, di freddo*** shaking *o* trembling with fear, cold; ***~ di rabbia*** trembling with rage; ***~ per l'emozione*** trembling with emotion; ***era tutto ~*** he was shaking *o* trembling all over **2** *(insicuro, esitante)* [*voce*] quivering, trembling; ***con una voce ~ di collera*** his voice trembling with anger; ***parlare con voce ~*** to speak in a trembling voice.

▶ **tremare** /tre'mare/ [1] intr. (aus. *avere*) **1** *(rabbrividire)* [*persona, mani, gambe*] to tremble, to shake*; [*labbro*] to tremble, to quiver; ***~ in tutto il corpo*** o ***da capo a piedi*** to be trembling all over; ***tremava per il freddo*** he was trembling with cold; ***~ come una foglia*** to shake like a leaf; ***tremo al solo pensiero*** I tremble to think *o* at the thought; ***~ all'idea di fare*** to tremble at the idea of doing; ***tremo all'idea che scopra il mio errore*** I'm terrified he'll notice my mistake; ***far ~ qcn.*** to terrify sb. **2** *(tremolare)* [*voce*] to tremble, to shake*, to quiver (**di**, **da**, **per** with) **3** *(sussultare)* [*edificio, pavimento*] to shake*, to rock; ***la terra ha tremato ancora in California*** there has been another earthquake in California; ***far ~ qcs.*** to shake sth., to make sth. shake; ***far ~ i vetri*** to make the windows shake.

tremarella /trema'rɛlla/ f. shivers pl., shakes pl., heebie-jeebies pl.; ***avere la ~*** to have the shakes.

trematode /trema'tɔde/ m. trematode.

tremebondo /treme'bondo/ agg. **1** *(tremante)* trembling **2** FIG. *(timoroso)* fearful; *(indeciso)* hesitant, dubious.

tremendamente /tremenda'mente/ avv. [*caldo, freddo, difficile, noioso*] awfully, terribly; ***siamo ~ in ritardo*** we're too late; ***è ~ simpatica*** she's awfully nice.

▷ **tremendo** /tre'mɛndo/ agg. **1** *(spaventoso)* [*sciagura, incidente, esplosione*] terrible; [*colpo*] crushing **2** *(difficile)* [*compito, momento*] terrible, awful **3** *(eccessivo)* terrific, awful; *(pessimo)* [*tempo*] beastly, dreadful; ***fa un freddo ~*** it's bitter *o* awfully cold; ***fa un caldo ~*** it's awfully hot; ***avere una paura -a di*** to be terrified of; ***un ~ mal di denti*** a raging toothache; ***sei ~!*** SCHERZ. you're awful! **4** *(vivacissimo)* ***un bambino ~*** a nasty little boy, a pest.

trementina /tremen'tina/ f. turpentine; ***~ grezza*** galipot; ***essenza di ~*** (oil of) turpentine.

tremila /tre'mila/ ➧ **26 I** agg. three thousand **II** m.inv. three thousand **III** m.pl. 3000-metre steeplechase.

tremito /'trɛmito/ m. tremble, quiver; *(tremore)* trembling, tremor.

tremolante /tremo'lante/ agg. **1** *(tremante)* [*mano*] trembling, shaking **2** *(insicuro, esitante)* [*voce*] faltering, trembling; [*disegno, scrittura*] tremulous **3** *(intermittente)* [*immagine, luce, fiamma*] flickering.

tremolare /tremo'lare/ [1] intr. (aus. *avere*) *(tremare)* [*foglie*] to quiver; *(vibrare)* [*luce, fiamma, immagine*] to flicker; [*suono, nota*] to waver; [*voce*] to tremble.

tremolio, pl. **-ii** /tremo'lio, ii/ m. *(di foglie)* quiver, quivering; *(di fiamma)* flickering, wavering; *(di voce)* trembling; *(di immagine)* flickering.

tremolo /'trɛmolo/ **I** agg. **1** → **tremulo 2** BOT. ***pioppo*** ~ aspen **II** m. **1** MUS. tremolo* **2** BOT. *(pioppo)* aspen.

tremore /tre'more/ m. **1** *(di persona, corpo, mani, labbro)* trembling, tremor **2** MED. tremor **3** FIG. *(trepidazione)* trepidation.

tremulo /'trɛmulo/ agg. *(tremolante)* tremulous, trembling; [*foglie*] quivering; [*luce*] flickering.

trench /trentʃ/ m.inv. trench coat.

trenette /tre'nette/ f.pl. GASTR. INTRAD. (long flat pasta typical of Liguria).

trenino /tre'nino/ m. *(modellino)* miniature train; *(giocattolo)* toy train ◆ ***fare il*** ~ to do the conga ◆◆ ~ ***elettrico*** electric train.

▶ **1.treno** /'trɛno/ m. **1** FERR. train; ***sul*** ~ on the train; ***col*** o ***in*** ~ [*viaggiare, trasportare*] by train; ***il ~ da Napoli*** the Naples train; ***il ~ per Londra*** the train to London; ***prendere il*** ~ to take *o* catch the train; ***perdere il*** ~ to miss the train; FIG. to miss the boat; ***salire sul, scendere dal*** ~ to get on, off the train; ***il ~ del mattino, delle 5*** the morning, 5 o'clock train; ***treno che ferma a Reading e Slough*** train calling at Reading and Slough; ***il ~ in partenza dal binario uno*** the train now departing from platform one; ***c'è un ~ ogni ora*** there's a train every hour; ***sono cinque ore di ~ fino a Roma*** it's five hours by train to Rome; ***siamo tornati in*** ~ we took the train back; ***mettere qcn. sul*** ~ to put sb. on the train; ***accompagnare qcn. al*** ~ to see sb. off at the station; ***preferire il ~ all'aereo*** to prefer train travel to flying **2** *(scorta)* train **3** *(di veicolo)* carriage; ~ ***anteriore*** front-axle assembly, forecarriage; ~ ***posteriore*** back axle assembly, rear carriage **4** *(di animale)* quarters pl.; ~ ***anteriore*** forequarters; ~ ***posteriore*** hind quarter(s) **5** *(serie)* set; ~ ***di gomme*** AUT. set of tyres ◆◆ ~ ***ad alta velocità*** high-speed train; ~ ***diretto*** through train; ~ ***espresso*** express; ~ ***eurocity*** Eurocity train; ~ ***d'ingranaggi*** MECC. train of gears; ~ ***intercity*** inter-city (train); ~ ***interregionale*** → ~ **diretto**; ~ ***di laminazione*** TECN. roll trains; ~ ***locale*** → ~ **regionale**; ~ ***merci*** goods train; ~ ***navetta*** shuttle train; ~ ***d'onde*** FIS. wave train; ~ ***ospedale*** hospital train; ~ ***passeggeri*** passenger train; ~ ***pendolari*** commuter train; ~ ***postale*** mail train; ~ ***rapido*** → ~ **intercity**; ~ ***regionale*** local, stopping train, way train AE; ~ ***speciale*** special; *(per tifosi)* football special; ~ ***straordinario*** relief train; ~ ***a vapore*** steam train.

2.treno /'trɛno/ m. → **trenodia.**

trenodia /treno'dia/ f. threnody.

▶ **trenta** /'trenta/ ➧ ***26, 5, 8, 13*** **I** agg.inv. thirty; ***la guerra dei Trent'anni*** the Thirty Years' War **II** m.inv. **1** *(numero)* thirty **2** *(giorno del mese)* thirtieth **3** UNIV. = top university mark **III** m.pl. *(anni di età)* ***aver superato i*** ~ to be in one's thirties.

trentatré /trenta'tre/ ➧ ***26, 8, 13*** **I** agg.inv. thirty-three; ***disco ~ giri*** thirty-three, LP **II** m.inv. thirty-three ◆◆ ~ ***(giri)*** MUS. thirty-three, LP.

trentennale /trenten'nale/ **I** agg. **1** *(che dura trent'anni)* thirty-year attrib. **2** *(che ricorre ogni trent'anni)* occurring every thirty years **II** m. thirtieth anniversary.

trentenne /tren'tɛnne/ **I** agg. [*persona*] thirty-year-old attrib. **II** m. e f. thirty-year-old; *(uomo)* thirty-year-old man*; *(donna)* thirty-year-old woman*.

trentennio, pl. **-ni** /tren'tɛnnjo, ni/ m. thirty-year period.

trentesimo /tren'tɛzimo/ ➧ ***26*** **I** agg. thirtieth **II** m. (f. **-a**) **1** thirtieth **2** *(frazione)* thirtieth.

trentina /tren'tina/ f. **1** *(circa trenta)* about thirty; ***una ~ di persone*** about thirty people **2** *(età)* ***essere sulla*** ~ to be about thirty; ***aver superato la*** ~ to be over thirty.

trentino /tren'tino/ ➧ ***2, 30*** **I** agg. *(di Trento)* from, of Trento; *(del Trentino)*, from, of Trentino **II** m. (f. **-a**) *(di Trento)* native, inhabitant of Trento; *(del Trentino)* native, inhabitant of Trentino.

Trento /'trɛnto/ ➧ ***2*** n.pr.f. Trent; ***il Concilio di*** ~ the Council of Trent.

trepang /'trɛpang/ m.inv. trepang, bêche-de-mer.

trepidante /trepi'dante/ agg. anxious; ~ ***attesa*** anxious wait.

trepidare /trepi'dare/ [1] intr. (aus. *avere*) to be* worried, to be* anxious (**per qcn., qcs.** about sb., sth.).

trepidazione /trepidat'tsjone/ f. worry, trepidation, anxiety.

trepido /'trɛpido/ agg. anxious.

treppiede /trep'pjɛde/ m. → **treppiedi**.

treppiedi /trep'pjɛdi/ m.inv. **1** *(sostegno per pentole)* trivet **2** FOT. tripod.

trequarti /tre(k)'kwarti/ **I** agg.inv. [*maniche, giacca*] three-quarter-length **II** m.inv. **1** ABBIGL. *(giaccone)* three-quarter-length coat **2** MED. trocar **3** SPORT *(giocatore di rugby)* three-quarter (back).

treruote /trɛ'rwɔte/ m.inv. three-wheeler.

tresca, pl. **-sche** /'treska, ske/ f. **1** *(imbroglio)* intrigue, plot; ***ordire una*** ~ to plot **2** *(intrigo amoroso)* (love) affair; ***avere una ~ con qcn.*** to have an affair *o* to carry on with sb.

trescare /tres'kare/ [1] intr. (aus. *avere*) **1** *(ordire tresche)* to intrigue, to plot **2** *(avere una tresca amorosa)* to have* an affair, to carry on.

trespolo /'trɛspolo/ m. **1** *(sostegno)* trestle, stand; *(per uccelli)* perch **2** SCHERZ. *(auto)* wreck, crock, clunker AE.

tressette /tres'sɛtte/ m.inv. GIOC. = Italian card game in which the players have to follow the suit played by the lead.

trevigiano /trevi'dʒano/ ➧ ***2*** **I** agg. from, of Treviso **II** m. (f. **-a**) native, inhabitant of Treviso.

Treviri /'trɛviri/ ➧ ***2*** n.pr.f. Trier.

trevisana /trevi'zana/ f. *(radicchio)* radicchio* (from Treviso).

trevisano /trevi'zano/ ➧ ***2*** → **trevigiano.**

triacanto /tria'kanto/ m. honey locust.

triade /'triade/ f. **1** triad **2** CHIM. MUS. triad **3** *(organizzazione criminale cinese)* triad.

triadico, pl. **-ci, -che** /tri'adiko, tʃi, ke/ agg. triadic.

triage /tri'aʒ/ m.inv. triage.

trial /'trial, 'trajal/ ➧ ***10*** m.inv. SPORT **1** *(specialità)* motorcycle trials pl. **2** *(moto)* trial motorcycle **3** *(nell'atletica)* trials pl.

1.triangolare /triango'lare/ **I** agg. **1** *(a forma di triangolo)* triangular, three-cornered; ***prisma*** ~ triangular prism **2** *(tra tre persone, paesi)* triangular, three-way; ***accordo*** ~ triangular agreement **II** m. SPORT three-way meeting, triangular meeting.

2.triangolare /triango'lare/ [1] **I** tr. TOPOGR. to triangulate **II** intr. (aus. *avere*) SPORT to play a one-two.

triangolarità /triangolari'ta/ f.inv. triangularity.

triangolazione /triangolat'tsjone/ f. **1** TOPOGR. triangulation **2** SPORT *(nel calcio)* one-two.

▷ **triangolo** /tri'angolo/ ➧ ***34*** m. **1** MAT. triangle; ***i lati di un*** ~ the sides of a triangle **2** *(oggetto)* triangle; ***a*** ~ in a triangle; ***tagliare qcs. a -i*** to cut sth. into triangles; ***connessione a*** ~ EL. mesh connection, delta connection **3** MUS. triangle **4** *(relazione amorosa a tre)* (love) triangle; ***l'eterno*** ~ the eternal triangle **5** *(per neonati)* nappy BE, diaper AE **6** TECN. *(lima)* triangular file ◆◆ ~ ***delle Bermude*** GEOGR. Bermuda Triangle; ~ ***di emergenza*** AUT. (red) warning triangle; ~ ***equilatero*** equilateral triangle; ~ ***industriale*** = the industrialized zone formed by the areas between Milan, Turin and Genoa; ~ ***isoscele*** isosceles triangle; ~ ***ottusangolo*** obtuse-angled triangle; ~ ***rettangolo*** right-angled triangle, right triangle AE; ~ ***scaleno*** scalene triangle; ~ ***sferico*** spherical triangle.

> **i** **Triangolo industriale** This name is given to the northwestern part of Italy, a triangle with its points in the cities of Milan, Turin and Genoa, where the development of modern industry began at the end of the 19th century. It was the major Italian production centre and led to mass internal immigration from the south, especially between the 1950s and 1970s. The subsequent decline of large industry, which principally affected Turin and Genoa, has transformed the "Industrial triangle" into a northwest where small and medium-sized industries and the service sector now predominate. Other models for strong development have emerged, particularly in the Veneto (see ***Nordest***).

triarchia /triar'kia/ f. triarchy.

triarco, pl. **-chi, -che** /tri'arko, ki, ke/ agg. triarch.

trias /'trias/ m.inv. Trias.

triassico, pl. **-ci, -che** /tri'assiko, tʃi, ke/ **I** agg. Triassic **II** m. Triassic, Trias.

triat(h)lon /'triatlon/ m.inv. triathlon.

triatomico, pl. **-ci, -che** /tria'tɔmiko, tʃi, ke/ agg. triatomic.

triazina /triad'dzina/ f. triazine.

triazolo /triad'dzɔlo/ m. triazole.

tribale /tri'bale/ agg. tribal.

tribalismo /triba'lizmo/ m. tribalism.

tribasico /tri'baziko/ agg. tribasic; ***acido*** ~ tribasic acid.

triboelettricità /triboelettritʃi'ta/ f.inv. triboelectricity.

tribolare /tribo'lare/ [1] intr. (aus. *avere*) **1** *(soffrire)* to suffer; ***ha tribolato tutta la vita*** he has suffered all his life; ***far ~ qcn.*** to cause sb. pains; ***ha finito di*** ~ his sufferings are over **2** *(faticare)* to have* trouble; ~ ***a fare qcs.*** to have trouble doing sth.; ***far ~ qcn.*** to give sb. trouble, to trouble sb.

tribolato /tribo'lato/ **I** p.pass. → **tribolare II** agg. afflicted, tormented; ***un'esistenza -a*** a life full of troubles **III** m. (f. **-a**) afflicted person, sufferer.

tribolazione /tribolat'tsjone/ f. tribulation, suffering.

tribolo /'tribolo/ m. **1** BOT. caltrop **2** ANT. MIL. caltrop **3** FIG. LETT. *(sofferenza)* tribulation, suffering.

tribologia /tribolo'dʒia/ f. tribology.
triboluminescenza /triboluminef'ʃɛntsa/ f. triboluminescence.
tribordo /tri'bordo/ m. starboard; ***a ~*** *(posizione)* on the starboard side; *(direzione)* to starboard; ***tutta a ~*** hard a-starboard.
▷ **tribù** /tri'bu/ f.inv. **1** ETNOL. STOR. tribe; ***membro di una ~*** *(uomo)* tribesman; *(donna)* tribeswoman **2** ZOOL. BOT. tribe **3** SCHERZ. tribe, crowd.
tribuna /tri'buna/ f. **1** *(di stadio, palestra, autodromo)* stand; ***~ centrale*** grandstand; ***~ presidenziale*** president's stand; ***~ d'onore*** VIP stand; ***le -e del pubblico*** the public stands; ***prenotare un posto in ~*** to reserve a seat in the stand; ***avere un posto in ~*** to have a grandstand view *o* seat **2** *(di sala riunioni, parlamento)* gallery; ***la ~ (della) stampa*** the press gallery **3** *(palco di oratore)* platform, tribune; ***salire sulla ~*** to take the platform; ***parlare dalla ~*** to speak from the platform; ***offrire una ~ a qcn.*** to provide a platform for sb. **4** *(dibattito)* debate **5** ARCH. apse* ◆◆ ***~ elettorale*** → ***~ politica***; ***~ dell'organo*** organ loft; ***~ politica*** party political broadcast.
▷ **tribunale** /tribu'nale/ m. **1** DIR. court; ***comparire in ~*** to appear in court; ***citare qcn. in ~*** to take sb. to court, to summon sb. to appear to court; ***andare in ~*** [*questione, affare*] to be taken before the court; [*persona*] to go to court; ***portare un caso in ~*** to bring *o* take a matter to court; ***trascinare qcn. in ~*** to drag sb. through the courts; ***il ~ ha deciso che*** the court has decided that; ***rientrare nella competenza del ~*** to be within the competence of the court; ***seduta di ~*** court session **2** *(edificio)* courthouse, law courts pl. **3** FIG. tribunal; ***il ~ dell'umanità*** the judgement of humanity; ***~ di Dio*** the judgement seat of God, God's tribunal; ***il ~ dell'opinione pubblica*** the bar of public opinion ◆◆ ***~ amministrativo*** administrative tribunal *o* court; ***~ civile*** civil court; ***~ competente*** competent court; ***~ ecclesiastico*** ecclesiastical court, spiritual court; ***~ fallimentare*** bankruptcy court; ***~ del lavoro*** industrial tribunal; ***~ militare*** military tribunal BE *o* court AE; ***~ dei*** o ***per i minori, ~ per i minorenni*** juvenile court; ***~ penale*** criminal court; ***~ di primo grado*** trial court, court of primary jurisdiction; ***~ rivoluzionario*** revolutionary tribunal; ***~ supremo*** o ***di ultima istanza*** court of last resort *o* of final jurisdiction.
tribunato /tribu'nato/ m. STOR. tribuneship, tribunate.
tribunizio, pl. **-zi**, **-zie** /tribu'nittsjo, tsi, tsje/ agg. **1** STOR. tribunitial, tribunitian **2** SPREG. bombastic, demagogic.
tribuno /tri'buno/ m. **1** STOR. tribune **2** FIG. demagogue ◆◆ ***~ della plebe*** tribune of the people.
tributare /tribu'tare/ [1] tr. to render, to pay*; ***~ onori a qcn.*** to render honours to sb.; ***~ omaggio a qcn.*** to pay a tribute *o* to pay homage to sb.
tributaria /tribu'tarja/ f. = excise and revenue police.
tributario, pl. **-ri**, **-rie** /tribu'tarjo, ri, rje/ agg. **1** GEOGR. tributary **2** STOR. tributary; ***popoli -ri di*** people that paid tribute to *o* that were tributaries of **3** *(relativo ai tributi)* [*riforma, pressione, legge, accertamento, processo*] tax attrib.; ***anagrafe -a*** tax register; ***diritto ~*** taxation law.
tributarista, m.pl. **-i**, f.pl. **-e** /tributa'rista/ ♦ **18** m. e f. *(esperto di diritto tributario)* expert in taxation law; *(esperto di questioni tributarie)* tax expert.
tributo /tri'buto/ m. **1** STOR. tribute **2** FIG. tribute, toll; ***imporre un ~ a qcn.*** to lay sb. under tribute; ***hanno pagato un grosso ~ alla guerra*** war has taken a heavy toll; ***un pesante ~ in vite umane*** a heavy toll in human lives; ***come ~ per*** as a testimonial for; ***un giusto ~ al suo lavoro*** a fitting tribute to her work **3** *(imposta)* tax, duty; ***imporre un ~ a qcn.*** to levy a tax on sb. ◆◆ ***~ di sangue*** bloodshed.
tricche tracche /'trikke'trakke/ → **tric trac.**
tricefalo /tri'tʃɛfalo/ agg. three-headed.
tricentenario, pl. **-ri** /tritʃente'narjo, ri/ m. tercentenary.
tricheco, pl. **-chi** /tri'kɛko, ki/ m. walrus*.
trichiasi /tri'kiasi/ ♦ **7** f.inv. trichiasis.
trichina /tri'kina/ f. trichina*.
trichinosi /triki'nɔzi/ ♦ **7** f.inv. trichinosis*.
triciclo /tri'tʃiklo/ m. tricycle.
tricipite /tri'tʃipite/ **I** agg. triceps attrib.; ***muscolo ~*** triceps **II** m. triceps*.
triclinio, pl. **-ni** /tri'klinjo, ni/ m. triclinium*.
triclino /tri'klino/ agg. triclinic.
tricloroetano /trikloroe'tano/ m. trichloroethane.
tricloroetilene /trikloroeti'lɛne/ m. → **trielina.**
triclorofenolo /triklorofe'nɔlo/ m. trichlorophenol.
tricloruro /triklo'ruro/ m. trichloride.
tricocefalo /triko'tʃɛfalo/ m. whipworm.
tricologia /trikolo'dʒia/ f. trichology.
tricologico, pl. **-ci**, **-che** /triko'lɔdʒiko, tʃi, ke/ agg. trichological.
tricologo, m.pl. **-gi**, f.pl. **-ghe** /tri'kɔlogo, dʒi, ge/ ♦ **18** m. (f. **-a**) trichologist.
tricolore /triko'lore/ **I** agg. **1** *(di tre colori)* tricoloured BE, tricolored AE **2** *(bianco, rosso e verde)* [*sciarpa, coccarda, nastro*] white, red and green; ***la bandiera ~*** the Italian flag, the Italian tricolour **II** m. *(bandiera)* tricolour BE, tricolor AE; ***il ~*** *(bandiera italiana)* the Italian flag, the Italian tricolour; ***il ~ francese*** the (French) tricolour.

> **Tricolore** The Italian national flag: green, white, and red in vertical bands of equal width. It was created as the flag of the Cispadana republic in 1797 (modelled on the French flag), was used by the patriots during the Risorgimento, and from 1861 was the flag of the kingdom of Italy, with the coat of arms of the House of Savoy in the centre of the white band. The coat of arms was removed in 1946 when it became the flag of the Italian republic.

tricoma /tri'kɔma/ m. BOT. trichome.
tricomoniasi /trikomo'niazi/ ♦ **7** f.inv. trichomoniasis*.
tricorno /tri'kɔrno/ m. *(cappello)* cocked hat, three-cornered hat, tricorne.
tricosi /tri'kɔzi/ f.inv. trichosis*.
tricot /tri'ko/ m.inv. tricot.
tricromatico, pl. **-ci**, **-che** /trikro'matiko, tʃi, ke/ agg. trichromatic.
tricromia /trikro'mia/ f. **1** *(procedimento)* three-colour process BE, three-color process AE **2** *(riproduzione)* three-colour printing BE, three-color printing AE.
tric trac /trik'trak/ ♦ **10** m.inv. GIOC. trictrac.
tricuspide /tri'kuspide/ agg. tricuspid; ***valvola ~*** tricuspid valve.
tridacna /tri'dakna/ f. giant clam.
tridattilo /tri'dattilo/ agg. tridactyl(e), tridactylous.
tridentato /triden'tato/ agg. tridental, tridentate.
tridente /tri'dɛnte/ m. **1** MITOL. trident **2** *(strumento agricolo)* hay fork **3** SPORT *(nel calcio)* three forwards pl.
tridentino /triden'tino/ agg. Tridentine; ***il Concilio ~*** the Council of Trent.
tridimensionale /tridimensjo'nale/ agg. tridimensional, three-dimensional.
tridimensionalità /tridimensjonali'ta/ f.inv. tridimensionality.
triduo /'triduo/ m. triduum.
triedrico, pl. **-ci**, **-che** /tri'ɛdriko, tʃi, ke/ agg. trihedral.
triedro /tri'ɛdro/ m. trihedron*.
trielina /trie'lina/ f. trichloroethylene.
triennale /trien'nale/ **I** agg. **1** *(che dura tre anni)* three-year attrib., triennial; ***corso ~*** three-year course **2** *(che ricorre ogni tre anni)* [*esposizione, voto*] triennial, three-yearly; AGR. [*rotazione*] three-yearly **II** f. ***la Triennale di Milano*** the Milan Triennial.
triennio, pl. **-ni** /tri'ɛnnjo, ni/ m. three-year period, triennium*.
trierarca, pl. **-chi** /trie'rarka, ki/ m. STOR. trierarch.
trierarchia /trierar'kia/ f. trierarchy.
triestino /tries'tino/ ♦ **2** **I** agg. Triestine **II** m. (f. **-a**) Triestine.
trifase /tri'faze/ agg.inv. [*corrente, motore*] three-phase.
trifasico, pl. **-ci**, **-che** /tri'faziko, tʃi, ke/ agg. **1** FIS. [*corrente*] three-phase **2** MED. ***pillola -a*** three-phase pill.
trifido /'trifido/ agg. BOT. trifid.
trifogliato /trifoʎ'ʎato/ agg. BOT. trifoliate.
▷ **trifoglio**, pl. **-gli** /tri'fɔʎʎo, ʎi/ m. clover, trifolium, trefoil; *(simbolo dell'Irlanda)* shamrock ◆◆ ***~ d'acqua*** buckbean; ***~ bianco*** white clover; ***~ incarnato*** crimson clover; ***~ pratense*** red clover.
trifolato /trifo'lato/ agg. GASTR. = cooked in oil with parsley and garlic.
trifora /'trifora/ **I** f. = mullioned window with three lights **II** agg. ***finestra ~*** mullioned window with three lights.
triforcuto /trifor'kuto/ agg. trifurcate(d).
triforio, pl. **-ri** /tri'fɔrjo, ri/ m. triforium*.
trigemellare /tridʒemel'lare/ agg. ***parto ~*** triplet birth, birth of triplets.
trigemino /tri'dʒɛmino/ **I** agg. **1** ***parto ~*** triplet birth, birth of triplets **2** ANAT. [*nervo*] trigeminal **II** m. trigeminal, trigeminus; ***nevralgia del ~*** trigeminal neuralgia, Fothergill's neuralgia.
trigesima /tri'dʒɛzima/ f. ***(messa di) ~*** month's mind (mass).
trigesimo /tri'dʒɛzimo/ **I** agg. LETT. thirtieth **II** m. = thirtieth day after somebody's death.
triglia /'triʎʎa/ f. mullet* ◆ ***fare l'occhio di ~ a qcn.*** SCHERZ. to make sheep's eyes at sb., to make goo-goo eyes at sb. AE ◆◆ ***~ di scoglio*** surmullet, red mullet.

trigliceride /trigli'tʃeride/ m. triglyceride.
triglifo /tri'glifo/ m. triglyph.
trigonale /trigo'nale/ m. MINER. trigonal.
trigonella /trigo'nɛlla/ f. fenugreek.
trigono /'trigono/ I agg. trigonal II m. 1 ANAT. trigone 2 ASTROL. MUS. trigon.
trigonometria /trigonome'tria/ f. trigonometry ◆◆ ~ ***piana*** plane trigonometry; ~ ***sferica*** spherical trigonometry.
trigonometrico, pl. **-ci**, **-che** /trigono'mɛtriko, tʃi, ke/ agg. trigonometrical.
trigramma /tri'gramma/ m. trigraph.
trilaterale /trilate'rale/ agg. trilateral.
trilatero /tri'latero/ agg. e m. MAT. trilateral.
trilineare /triline'are/ agg. trilinear.
trilingue /tri'lingwe/ agg. [*testo, persona*] trilingual.
trilinguismo /trilin'gwizmo/ m. trilingualism.
trilione /tri'ljone/ m. 1 *(mille miliardi)* billion BE, trillion AE 2 *(un miliardo di miliardi)* trillion BE, quintilion AE.
trilite /tri'lite/ m. trilith, trilithon.
trillare /tril'lare/ [1] intr. (aus. *avere*) 1 *(emettere trilli)* [*uccello*] to warble; [*telefono, campanello*] to ring* 2 MUS. to trill.
trillo /'trillo/ m. 1 MUS. trill 2 *(di uccello)* warble; *(di telefono, campanello)* ring.
trilobato /trilo'bato/ agg. 1 ARCH. [*arco*] trefoil; ***decorazione -a*** trefoil 2 BOT. trilobate, trilobed.
trilocale /trilo'kale/ m. = three-room flat.
trilogia /trilo'dʒia/ f. trilogy.
trimarano /trima'rano/ m. trimaran.
trimestrale /trimes'trale/ agg. 1 *(che dura tre mesi)* [*incarico*] three-month attrib. 2 *(che ricorre ogni tre mesi)* [*quota, riunione*] quarterly, three-monthly; [*rivista, pubblicazione*] quarterly 3 UNIV. SCOL. [*esame, controllo*] end-of-term.
trimestralizzare /trimestralid'dzare/ [1] tr. to make* [sth.] quarterly.
trimestralmente /trimestral'mente/ avv. quarterly.
trimestre /tri'mɛstre/ m. 1 *(periodo di tre mesi)* quarter, three-month period 2 SCOL. UNIV. term, trimester AE, session AE; ***primo, secondo, terzo*** ~ autumn, spring, summer term 3 COMM. ECON. quarter 4 *(rata)* quarterly instalment BE, quarterly installment AE.
trimetro /'trimetro/ m. trimeter ◆◆ ~ ***giambico*** iambic trimeter.
trimorfismo /trimor'fizmo/ m. MINER. trimorphism.
trimotore /trimo'tore/ I agg. three-engined II m. three-engined aircraft.
trina /'trina/ f. lace.
trinca, pl. **-che** /'trinka, ke/ f. MAR. gammon(ing).
1.trincare /trin'kare/ [1] tr. MAR. to gammon.
2.trincare /trin'kare/ [1] tr. COLLOQ. to guzzle, to knock back, to swill.
trincata /trin'kata/ f. COLLOQ. drinking bout.
▷ **trincea** /trin'tʃɛa/ f. 1 MIL. trench; ***in*** ~ in the trenches; ***guerra di*** ~ trench warfare 2 *(fosso)* ditch, entrenchment 3 FERR. cutting.
trinceramento /trintʃera'mento/ m. entrenchment.
trincerare /trintʃe'rare/ [1] I tr. to entrench [*campo*] II **trincerarsi** pronom. 1 MIL. to dig* (oneself) in 2 FIG. *(nascondersi)* to withdraw*, to hide*; ***-rsi dietro*** to hide behind [*ideologia, decisione, legge*]; ***si trincera dietro l'articolo 14*** he hides behind article 14; ***-rsi dietro il segreto professionale*** to shelter *o* hide behind professional confidentiality.
trincerato /trintʃe'rato/ I p.pass. → **trincerare** II agg. [*campo, posizione*] entrenched.
trincetto /trin'tʃetto/ m. skiver, skiving knife*.
trinchettina /trinket'tina/ f. fore topmast staysail.
trinchetto /trin'ketto/ m. 1 *(albero)* foremast 2 *(pennone)* foreyard 3 *(vela)* foresail.
trinciaforaggi /trintʃafo'raddʒi/ m.inv. fodder cutter.
trinciante /trin'tʃante/ m. carving knife*.
trinciapaglia /trintʃa'paʎʎa/ m.inv. straw-cutter.
trinciapolli /trintʃa'polli/, **trinciapollo** /trintʃa'pollo/ m.inv. poultry shears pl.
trinciare /trin'tʃare/ [1] I tr. 1 *(tagliuzzare)* to cut* [*tabacco*]; to chaff [*paglia*] 2 GASTR. to carve (up) [*carne, arrosto, pollame*] 3 FIG. ~ ***giudizi, sentenze su qcs.*** to make *o* express rash judgements about sth. 4 FIG. *(tagliare)* ~ ***l'aria (con ampi gesti della mano)*** to beat *o* saw the air II **trinciarsi** pronom. to split* ◆ ~ ***i panni addosso a qcn.*** to speak ill of sb., to dish the dirt on sb.
trinciato /trin'tʃato/ I p.pass. → **trinciare** II agg. 1 *(tagliuzzato)* cut (up); [*carne*] carved 2 ARALD. per bend III m. *(tabacco)* shag, straight-cut tobacco*.
trinciatrice /trintʃa'tritʃe/ f. shredder.
trinciatura /trintʃa'tura/ f. 1 *(il trinciare)* cutting up; *(della carne)* carving 2 *(frammenti trinciati)* cuttings pl.
Trinidad /trini'dad/ ♦ ***14, 33*** n.pr.f. Trinidad; ~ ***e Tobago*** Trinidad and Tobago.
trinità /trini'ta/ f.inv. trinity.
Trinità /trini'ta/ f.inv. TEOL. ***la*** ~ the Trinity; ***la Santissima*** ~ the Holy Trinity; ***la festa della Santissima*** ~ Trinity Sunday.
trinitario, pl. **-ri**, **-rie** /trini'tarjo, ri, rje/ I agg. Trinitarian II m. Trinitarian.
trinitarismo /trinita'rizmo/ m. Trinitarianism.
trinitrobenzene /trinitroben'dzɛne/ m. trinitrobenzene.
trinitrofenolo /trinitrofe'nɔlo/ m. trinitrophenol.
trinitroglicerina /trinitroglitʃe'rina/ f. trinitroglycerin.
trinitrotoluene /trinitrotolu'ɛne/, **trinitrotoluolo** /trinitrotolu'ɔlo/ m. trinitrotoluene.
trino /'trino/ agg. trine; TEOL. triune; ***Dio uno e*** ~ the triune God.
trinomiale /trino'mjale/ agg. trinomial.
trinomio, pl. **-mi** /tri'nɔmjo, mi/ m. MAT. trinomial.
trio, pl. **-ii** /'trio, ii/ m. 1 MUS. *(opera, formazione)* trio*; ~ ***per pianoforte, violino e violoncello*** trio for piano, violin and cello; ~ ***jazz*** jazz trio 2 *(terzetto)* trio*.
triodo /'triodo/ m. triode.
trionfale /trion'fale/ agg. [*carro, arco, successo, marcia*] triumphal; [*accoglienza, ritorno*] triumphant.
trionfalismo /trionfa'lizmo/ m. triumphalism.
trionfalista, m.pl. **-i**, f.pl. **-e** /trionfa'lista/ m. e f. triumphalist.
trionfalistico, pl. **-ci**, **-che** /trionfa'listiko, tʃi, ke/ agg. triumphalist attrib.
trionfalmente /trionfal'mente/ avv. triumphantly.
trionfante /trion'fante/ agg. 1 *(vittorioso)* triumphant; ***essere*** ~ ***su*** to triumph over 2 *(pieno di gioia)* [*espressione, sorriso*] triumphant, exulting; ***un'aria*** ~ an air of triumph.
trionfare /trion'fare/ [1] intr. (aus. *avere*) 1 STOR. [*combattente*] to triumph 2 *(vincere)* to triumph, to prevail; FIG. *(prevalere)* [*bugia, verità*] to prevail; ~ ***su qcn., qcs.*** to triumph over sb., sth.; ***la democrazia ha trionfato sul totalitarismo*** democracy has triumphed over totalitarianism 3 *(avere successo)* [*artista, opera, film*] to be* a great success, to be* a great hit.
trionfatore /trionfa'tore/ I agg. triumphing II m. (f. **-trice** /tritʃe/) winner.
▷ **trionfo** /tri'onfo/ m. 1 STOR. triumph; ***arco di*** ~ triumphal arc 2 *(grande vittoria)* triumph, victory (**su** over); ***un*** ~ ***elettorale*** an electoral triumph; ***ottenere un*** ~ to be triumphant; ***lanciare un grido di*** ~ to let out a cry of triumph; ***portare qcn. in*** ~ to carry sb. in triumph, to carry sb. shoulder-high; ***aria di*** ~ air of triumph 3 *(successo strepitoso)* triumph, success; ***lo spettacolo fu un*** ~ the show had tremendous success 4 *(centrotavola)* centre-piece BE, center-piece AE.
trioni /tri'oni/ m.pl. Triones.
triosio /tri'ɔzjo/ m. triose.
triossido /tri'ɔssido/ m. trioxide.
triotto /tri'ɔtto/ m. roach*.
trip /trip/ m.inv. 1 GERG. trip 2 COLLOQ. *(mania)* fad; ***gli è venuto il*** ~ ***della fotografia*** he's hooked on photography.
tripanosoma /tripano'sɔma/ m. trypanosome.
tripanosomiasi /tripanoso'miazi/ f.inv. trypanosomiasis*.
tripartire /tripar'tire/ [102] tr. to divide [sth.] into three parts.
tripartitico, pl. **-ci**, **-che** /tripar'titiko, tʃi, ke/ agg. [*sistema, alleanza, accorda*] tripartite.
tripartitismo /triparti'tizmo/ m. three-party system.
1.tripartito /tripar'tito/ I p.pass. → **tripartire** II agg. 1 tripartite; ***patto*** ~ tripartite agreement 2 BOT. tripartite.
2.tripartito /tripar'tito/ I agg. POL. tripartite II m. POL. three-party government.
tripartizione /tripartit'tsjone/ f. tripartition.
tripetalo /tri'pɛtalo/ agg. tripetalous.
tripide /'tripide/ m. thrips*.
tripla /'tripla/ f. GIOC. = in football pools, a combination which covers the three possible results.
triplano /tri'plano/ m. triplane.
tripletta /tri'pletta/ f. 1 SPORT *(nel calcio)* hat trick 2 *(fucile)* three-barrelled shotgun 3 *(bicicletta)* three-seater bicycle 4 BIOL. codon.
triplicare /tripli'kare/ [1] I tr. *(moltiplicare per tre)* to triple, to treble [*somma, quantità, prezzo, spessore, volume*]; ***la città ha triplicato le proprie dimensioni*** the town has tripled in size; ~ ***gli sforzi*** to triple one's efforts II intr. (aus. *essere*), **triplicarsi** pronom. [*prezzo, popolazione, somma, quantità*] to triple, to treble, to increase threefold; ***-rsi di valore, volume*** to triple in value, volume.

triplicazione /triplikat'tsjone/ f. triplication, threefold increase; ***~ degli effettivi, dei prezzi*** threefold increase in staff, prices.
triplice /'triplitʃe/ agg. **1** *(composto di tre parti)* [*ruolo, scopo*] threefold, triple; ***in ~ copia*** in triplicate **2** *(che avviene fra tre parti)* triple, three-party ◆◆ ***la Triplice Alleanza*** STOR. the Triple Alliance; ***la Triplice Intesa*** STOR. the Triple Entente.
triplista, m.pl. **-i**, f.pl. **-e** /tri'plista/ m. e f. triple jumper.
triplo /'triplo/ **I** agg. triple, treble; ***salto ~*** SPORT triple jump **II** m. triple, three times as much; ***costare il ~*** to cost three times as much; ***bere, fumare il ~ di qcn.*** to drink, smoke three times as much as sb. (does) *o* to drink, smoke triple the amount that sb. does; ***il suo stipendio è il ~ del mio*** he earns three times as much as I do *o* treble what I do; ***è alto il triplo*** it's three times as high; ***crescere del ~*** [*prezzi*] to triple, to treble.
triploide /tri'plɔide/ agg. triploid.
tripode /'tripode/ m. tripod.
tripodia /tripo'dia/ f. tripody.
tripodico, pl. **-ci, -che** /tri'pɔdiko, tʃi, ke/ agg. tripodic.
tripolare /tripo'lare/ agg. **1** EL. three-pole **2** POL. three-way, tripartite.
tripolarismo /tripola'rizmo/ m. POL. three-way system.
tripoli /'tripoli/ m.inv. tripoli.
tripolino /tripo'lino/ ◗ ***2*** **I** agg. Tripoline, Tripoli attrib. **II** m. (f. **-a**) Tripoline.
Tripolitania /tripoli'tanja/ ◗ ***30*** n.pr.f. Tripolitania.
tripolitano /tripoli'tano/ ◗ ***30*** **I** agg. Tripolitanian, Tripolitan **II** m. (f. **-a**) Tripolitanian, Tripolitan.
triposto /tri'posto/ agg.inv. three-seater attrib.
trippa /'trippa/ f. **1** GASTR. tripe **2** SCHERZ. *(pancia)* belly, paunch.
trippaio, pl. **-ai** /trip'pajo, ai/ ◗ ***18*** m. (f. **-a**) tripe-seller.
tripperia /trippe'ria/ f. tripery.
trippone /trip'pone/ m. **1** *(pancione)* pot belly **2** *(ciccione)* fatty, pot belly.
tripsina /trip'sina/ f. trypsin.
triptofano /tripto'fano/ m. tryptophan.
tripudiare /tripu'djare/ [1] intr. (aus. *avere*) to exult, to rejoice.
tripudio, pl. **-di** /tri'pudjo, di/ m. **1** *(manifestazione di gioia)* exultation, jubilation, rejoicing; ***una folla in ~*** a jubilant crowd **2** FIG. *(spettacolo)* blaze, riot; ***un ~ di colori*** a blaze of colour.
trireattore /trireat'tore/ m. tri-jet.
triregno /tri'reɲɲo/ m. (papal) tiara.
trireme /tri'rɛme/ f. trireme.
tris /tris/ ◗ ***10*** m.inv. **1** *(nel gioco delle carte)* three of a kind; ***avere un ~ di 10*** to have three tens **2** GIOC. noughts and crosses + verbo sing. BE, tick-tack-toe AE.
trisaccaride /trisak'karide/ m. trisaccharide.
trisavola /tri'zavola/ f. great-great grandmother.
trisavolo /tri'zavolo/ m. great-great grandfather.
trisecare /trise'kare/ [1] tr. MAT. to trisect.
trisettrice /triset'tritʃe/ f. trisectrix*.
trisezione /triset'tsjone/ f. trisection.
trisillabico, pl. **-ci, -che** /trisil'labiko, tʃi, ke/ agg. trisyllabic.
trisillabo /tri'sillabo/ **I** agg. trisyllabic **II** m. trisyllable.
trisma /'trizma/, **trismo** /'trizmo/ m. trismus.
trisnipote /trizni'pote/ m. e f. great-great grandchild*.
trisnonna /triz'nɔnna/ f. great-great grandmother.
trisnonno /triz'nɔnno/ m. great-great grandfather.
trisolfuro /trisol'furo/ m. ***~ d'arsenico*** arsenic trisulphide.
trisomia /triso'mia/ f. trisomy; ***~ 21*** trisomy 21.
trisomico, pl. **-ci, -che** /tri'sɔmiko, tʃi, ke/ agg. trisomic.
Tristano /tris'tano/ n.pr.m. Tristan.
▶ **triste** /'triste/ agg. **1** *(infelice)* [*persona, volto, esistenza, infanzia*] sad, unhappy; [*storia, libro, serata, avvenimento*] sad, depressing; ***avere un'aria ~*** to look unhappy; ***essere, sentirsi ~*** to be, feel sad; ***ero ~ nel vederlo partire*** I was sad to see him go; ***essere ~ all'idea, al pensiero di qcs., di fare*** to be sad at the idea, thought of sth., of doing; ***essere ~ per qcs.*** to be saddened by sth.; ***è ~ che*** it's sad that; ***~ a dirsi*** sad to say; ***è ~ ma vero*** it's the sad truth; ***~ da morire*** awfully *o* terribly sad **2** *(spiacevole)* [*fine, spettacolo*] sorry; [*occasione*] sorrowful, unhappy; *(desolato)* [*stanza, posto, paesaggio*] gloomy, cheerless; [*città*] dreary, depressing; [*giornata*] gloomy.
tristemente /triste'mente/ avv. **1** *(con tristezza)* [*sorridere, guardare*] sadly **2** *(spiacevolmente)* ***~ famoso*** infamous, notorious.
▷ **tristezza** /tris'tettsa/ f. **1** *(di persona)* sadness, unhappiness; *(di storia, avvenimento)* sadness; *(di giornata, serata)* dreariness; *(di luogo, casa)* dreariness, gloominess; ***un sentimento di ~*** a feeling of sadness; ***una poesia pervasa da ~*** a poem pervaded with sadness; ***dietro il suo sorriso si nasconde una profonda ~*** behind her smile there lies deep sadness; ***provare ~*** to feel sad; ***con ~*** [*sorridere, guardare*] sadly **2** *(fatto triste, afflizione)* sorrow, misery.
tristo /'tristo/ agg. LETT. *(malvagio)* [*personaggio*] evil, wicked; ***un ~ figuro*** a disreputable character.
tritacarne /trita'karne/ m.inv. mincer, mincing machine; ***passare qcs. al ~*** to put sth. through the mincer.
tritaghiaccio /trita'gjattʃo/ m.inv. ice crusher.
▷ **tritare** /tri'tare/ [1] tr. **1** *(sminuzzare)* to chop [*verdura, prezzemolo, cipolla*]; to grind*, to mince [*carne*]; ***~ qcs. finemente*** to chop sth. finely **2** *(triturare)* to crush [*ghiaccio*].
tritarifiuti /tritari'fjuti/ m.inv. waste disposal unit BE, garbage disposal unit AE.
tritato /tri'tato/ **I** p.pass. → **tritare II** agg. [*cipolla, prezzemolo*] chopped; [*carne*] ground, minced; [*ghiaccio*] crushed.
tritatura /trita'tura/ f. mincing, chopping.
tritatutto /trita'tutto/ m.inv. grinder, food processor.
triteismo /trite'izmo/ m. tritheism.
triteista, m.pl. **-i**, f.pl. **-e** /trite'ista/ m. e f. tritheist.
tritello /tri'tɛllo/ m. fine bran.
tritio /'tritjo/ → **trizio.**
trito /'trito/ **I** agg. **1** GASTR. [*cipolla, prezzemolo*] chopped; [*carne*] ground, minced **2** *(logoro)* [*abito*] worn-out **3** FIG. *(abusato)* [*formula, idea, immagine, argomento*] tired, trite, hackneyed; [*scherzo, barzelletta*] cornball, corny, hackneyed; ***~ e ritrito*** hackneyed, threadbare **II** m. chopped ingredients pl.; ***~ di cipolla, prezzemolo*** chopped onion, parsley.
tritolo /tri'tɔlo/ m. trinitrotoluene.
1.tritone /tri'tone/ m. **1** MITOL. Triton **2** ZOOL. *(anfibio)* newt; *(mollusco)* triton, newt ◆◆ ***~ punteggiato*** eft.
2.tritone /tri'tone/ m. FIS. triton.
Tritone /tri'tone/ n.pr.m. Triton.
tritono /'tritono/ m. tritone.
trittico, pl. **-ci** /'trittiko, tʃi/ m. **1** RELIG. ART. triptych **2** LETTER. MUS. triptych, trilogy **3** AMM. *(documento di importazione)* triptyque.
trittongo, pl. **-ghi** /trit'tɔngo, gi/ m. triphthong.
tritume /tri'tume/ m. **1** *(materiale trito)* shreds pl. **2** FIG. *(insieme di cose trite)* hackneyed matters pl.
triturabile /tritu'rabile/ agg. triturable.
triturare /tritu'rare/ [1] tr. to grind*, to triturate, to crush [*pietre, alimenti, sostanze*].
trituratore /tritura'tore/ m. triturator, chopper, grinder.
triturazione /triturat'tsjone/ f. grinding, trituration, chopping.
triumvirale /triumvi'rale/ agg. triumviral.
triumvirato /triumvi'rato/ m. triumvirate.
triumviro /tri'umviro/ m. triumvir*.
triunvirale /triunvi'rale/ → **triumvirale.**
triunvirato /triunvi'rato/ → **triumvirato.**
triunviro /tri'unviro/ → **triumviro.**
trivalente /triva'lɛnte/ agg. trivalent, tervalent.
trivalenza /triva'lɛntsa/ f. trivalence.
trivalve /tri'valve/ agg. trivalve.
trivella /tri'vɛlla/ f. **1** MIN. drill, bore **2** *(succhiello)* auger, gimlet **3** *(nei caseifici)* taster; ***~ per il formaggio*** cheese taster.
trivellare /trivel'lare/ [1] tr. **1** MIN. to drill, to bore (into) [*roccia*]; to drill [*pozzo, tunnel*] **2** FIG. *(assillare)* to nag, to plague.
trivellatore /trivella'tore/ ◗ ***18*** m. (f. **-trice** /tritʃe/) **1** *(operaio)* borer **2** *(trivella)* drill, bore.
trivellazione /trivellat'tsjone/ f. drilling, boring; ***~ petrolifera*** oil drilling; ***torre di ~*** (drilling) derrick, rig.
triviale /tri'vjale/ agg. **1** *(volgare)* [*modi, persona, humour*] coarse, vulgar **2** RAR. *(banale)* [*oggetto*] trivial, banal.
trivialità /trivjali'ta/ f.inv. **1** *(volgarità)* coarseness, vulgarity **2** *(espressione triviale)* vulgarity, coarse expression **3** RAR. *(banalità)* triviality.
trivialmente /trivjal'mente/ avv. [*parlare, comportarsi*] coarsely, vulgarly.
trivio, pl. **-vi** /'trivjo, vi/ m. **1** *(incrocio)* = crossroads where three roads meet **2** STOR. trivium **3 da trivio** [*modi, gesti*] coarse, vulgar.
triziato /trit'tsjato/ agg. tritiated.
trizio /'trittsjo/ m. tritium.
trobadorico, pl. **-ci, -che** /troba'dɔriko, tʃi, ke/ → **trovadorico.**
trocaico, pl. **-ci, -che** /tro'kaiko, tʃi, ke/ agg. trochaic.
trocantere /trokan'tɛre/ m. ANAT. trochanter.
trocheo /tro'kɛo/ m. trochee.
trochilo /'trɔkilo/ m. ARCH. trochilus*, scotia.
troclea /'trɔklea/ f. trochlea*.
trocleare /trokle'are/ agg. trochlear.

trocoide /tro'kɔide/ **I** f. MAT. trochoid **II** agg. ***articolazione*** ~ pivot joint.

▷ **trofeo** /tro'fɛo/ m. trophy ◆◆ ~ ***di caccia*** hunting trophy; ~ ***sportivo*** sports trophy.

trofia /'trɔfja/ f. GASTR. INTRAD. (kind of Ligurian pasta usually served with pesto).

trofico, pl. **-ci, -che** /'trɔfiko, tʃi, ke/ agg. trophic.

trofismo /tro'fizmo/ m. trophism.

trofoblasto /trofo'blasto/ m. trophoblast.

troglodita, m.pl. **-i**, f.pl. **-e** /troglo'dita/ m e f. **1** *(cavernicolo)* cave dweller, troglodyte **2** FIG. *(persona rozza)* troglodyte.

trogloditico, pl. **-ci, -che** /troglo'ditiko, tʃi, ke/ agg. *(di, da troglodita)* troglodytic(al) (anche FIG.).

trogloditismo /troglodi'tizmo/ m. troglodytism.

trogolo /'trɔgolo/ m. **1** *(mangiatoia)* trough **2** GEOGR. ~ ***glaciale*** glacial trough.

troia /'trɔja/ f. **1** *(scrofa)* sow **2** VOLG. *(prostituta)* whore.

Troia /'trɔja/ n.pr.f. Troy; ***il cavallo, la guerra di*** ~ the Trojan horse, War.

troiaio, pl. **-ai** /tro'jajo, ai/ m. **1** *(porcile)* pigsty **2** VOLG. *(locale frequentato da prostitute)* brothel **3** VOLG. *(luogo sudicio)* pigsty, piggery.

troiano /tro'jano/ **I** agg. Trojan **II** m. (f. **-a**) Trojan.

troiata /tro'jata/ f. VOLG. **1** *(azione disonesta)* dirty trick, filthy trick **2** *(cosa fatta male)* muck, shit.

troica, troika → **trojka.**

Troilo /'trɔilo/ n.pr.m. Troilus.

trojka /'trɔika/ f. troika (anche POL.).

trolley /'trɔllei/ m.inv. trolley.

▷ **tromba** /'tromba/ ❥ ***34*** f. **1** MUS. trumpet; MIL. bugle; ***squillo di*** ~ trumpet blast; MIL. clarion call; ***suonare la*** ~ [*musicista*] to play the trumpet; MIL. to sound the bugle; ***dar fiato alle -e*** to sound *o* blow the trumpets; ~ ***in si*** trumpet in B; ~ ***con sordina*** muted trumpet; ***la*** ~ ***del giudizio*** BIBL. the last Trump **2** *(suonatore di tromba)* trumpet (player); MIL. trumpeter **3** *(proboscide)* trunk **4** *(pompa)* pump **5** *(clacson)* horn ◆ ***partire in*** ~ to go hurtling off, to be off like a shot ◆◆ ~ ***ad acqua*** tromp(e); ~ ***d'aria*** METEOR. tornado, whirlwind, twister AE; ~ ***d'Eustachio*** Eustachian tube; ~ ***di Falloppio*** Fallopian tube; ~ ***marina*** METEOR. waterspout; ~ ***a pistoni*** valve trumpet; ~ ***delle scale*** stairwell.

trombare /trom'bare/ [1] tr. **1** COLLOQ. to fail, to flunk AE [*studente*]; to reject [*candidato alle elezioni*] **2** VOLG. to screw, to bonk BE.

trombetta /trom'betta/ f. **1** *(giocattolo)* (toy) trumpet **2** ITTIOL. ***(pesce)*** ~ snipe fish ◆◆ ~ ***di morto*** horn of plenty.

trombettiere /trombet'tjɛre/ m. **1** bugler, trumpeter **2** ORNIT. *(agami)* trumpeter.

trombettista, m.pl. **-i**, f.pl. **-e** /trombet'tista/ ❥ ***34, 18*** m. e f. trumpet player.

trombina /trom'bina/ f. thrombin.

trombo /'trombo/ m. thrombus*.

trombocita /trombo'tʃita/, **trombocito** /trombo'tʃito/ m. thrombocyte.

tromboembolia /tromboembo'lia/ f. thromboembolism.

tromboflebite /tromboflе'bite/ ❥ **7** f. thrombophlebitis.

tromboncino /trombon'tʃino/ m. daffodil, lent lily.

trombone /trom'bone/ ❥ ***34*** m. **1** MUS. trombone; ~ ***a tiro*** slide trombone **2** *(suonatore)* trombonist **3** FIG. windbag, gasbag, braggart **4** *(schioppo)* blunderbuss **5** BOT. daffodil, lent lily ◆ ***russare come un*** ~ to snore like a pig *o* like a logger's saw.

trombonista, m.pl. **-i**, f.pl. **-e** /trombo'nista/ ❥ ***34, 18*** m. e f. trombonist.

tromboplastina /tromboplas'tina/ f. thromboplastin.

trombosi /trom'bɔzi/ ❥ **7** f.inv. thrombosis*; ~ ***coronarica*** coronary thrombosis.

trombotico, pl. **-ci, -che** /trom'bɔtiko, tʃi, ke/ agg. thrombotic.

trompe-l'oeil /tromp'lœj/ m.inv. trompe l'oeil.

troncamento /tronka'mento/ m. **1** *(il troncare)* cutting off **2** LING. clipping, apocopation **3** INFORM. MAT. truncation.

troncare /tron'kare/ [1] tr. **1** *(tagliare)* to hack off, to sever, to cut* off [*ramo*]; *(mozzare)* to cut* off [*testa, membra*] **2** FIG. *(sfinire)* ~ ***le gambe a qcn.*** to do sb. in, to tire sb.'s legs out **3** FIG. *(mettere fine a)* to break* off, to cut* [sth.] short [*discussione*]; to break* off [*relazione, legami, amicizia, fidanzamento*]; to sever [*rapporti, contatto, comunicazioni*]; to truncate [*testo*]; to interrupt [*carriera*]; ***con lui ho troncato tutti i rapporti*** I severed all relations with him, I've broken off with him; ~ ***gli studi*** to interrupt one's studies; ~ ***la parola (in bocca) a qcn.*** to cut sb. short **4** LING. to clip, to apocopate [*parola*] **5** INFORM. to truncate.

troncatura /tronka'tura/ f. → **troncamento.**

tronchese /tron'kese/ m. e f. nippers pl.

tronchesina /tronke'sina/ f. → **tronchesino.**

tronchesino /tronke'sino/ m. *(per unghie)* nail clippers pl.

tronchetto /tron'ketto/ m. BOT. ~ ***della felicità*** dragon plant.

1.tronco, pl. **-chi, -che** /'tronko, ki, ke/ agg. **1** *(reciso, troncato)* [*braccio*] cut off **2** [*cono, piramide*] truncated **3** FIG. *(interrotto)* [*ragionamento*] incomplete **4** LING. ***parola -a*** *(che ha subito un troncamento)* apocopated word; *(con accento sull'ultima sillaba)* word having the accent on the last syllable **5 in tronco** ***licenziare qcn. in*** ~ to dismiss sb. without notice *o* on the spot; ***lasciare un lavoro in*** ~ to leave a job unfinished.

▶ **2.tronco**, pl. **-chi** /'tronko, ki/ m. **1** BOT. trunk; *(di albero abbattuto)* log **2** MAT. *(di cono, piramide)* frustum* **3** ANAT. *(busto)* trunk, torso* **4** *(di strada, ferrovia)* section; ~ ***ferroviario*** railway section **5** ARCH. *(di colonna)* shaft ◆◆ ~ ***di cono*** truncated cone; ~ ***di piramide*** truncated pyramid; ~ ***di prisma*** truncated prism.

troncone /tron'kone/ m. **1** *(di albero)* stump **2** *(di braccio, gamba)* stump **3** *(di tubo, colonna, strada, ferrovia)* section.

troneggiare /troned'dʒare/ [1] intr. (aus. *avere*) **1** *(emergere)* to dominate; ***il professore troneggiava in mezzo ai suoi studenti*** the professor was holding court surrounded by his students **2** *(sovrastare)* to tower (**su** over, above); **3** *(spiccare)* ~ **su** [*vaso, foto*] to have pride of place over [*camino*].

tronfio, pl. **-fi, -fie** /'tronfjo, fi, fje/ agg. **1** *(pieno di sé)* [*persona*] puffed up, pompous; ***essere tutto*** ~ to be puffed up with pride **2** FIG. *(ampolloso)* [*discorso, stile*] overblown, inflated, pompous.

▷ **trono** /'trɔno/ m. **1** *(di re)* throne; ***salire al*** ~ to come to the throne, to ascend the throne; ***abdicare al*** ~ to abdicate the throne; ***erede al*** ~ heir to the throne; ***pretendente al*** ~ pretender to the throne; ***succedere a qcn. sul*** ~ to succeed sb. as king; ***sala del*** ~ throne room **2** SCHERZ. *(tazza del WC)* throne BE, can AE **3** TEOL. ***-i*** thrones ◆◆ ~ ***papale*** o ***pontificio*** papal throne.

tropeolo /tro'pɛolo/ m. tropaeolum.

tropicale /tropi'kale/ agg. [*clima, caldo, fauna, regione*] tropical.

tropicalizzare /tropikalid'dzare/ [1] tr. to tropicalize.

tropico, pl. **-ci** /'trɔpiko, tʃi/ **I** m. GEOGR. tropic; ~ ***del Cancro, del Capricorno*** tropic of Cancer, Capricorn **II tropici** m.pl. *(zone tropicali)* tropics; ***vivere ai -ci*** to live in the tropics.

tropina /tro'pina/ f. tropine.

tropismo /tro'pizmo/ m. tropism.

tropo /'trɔpo/ m. trope.

tropologia /tropolo'dʒia/ f. tropology.

tropologico, pl. **-ci, -che** /tropo'lɔdʒiko, dʒi, ke/ agg. tropologic(al).

tropopausa /tropo'pauza/ f. tropopause.

troposfera /tropos'fɛra/ f. troposphere.

▶ **troppo** /'trɔppo/ *Troppo* è principalmente usato come aggettivo, pronome o avverbio. - Come aggettivo e come pronome, si traduce con *too much* davanti o al posto di nomi non numerabili (*troppo vino* = too much wine; *troppo denaro* = too much money; *ne ho bevuto troppo* = I drank too much (of it)) e *too many* davanti o al posto di sostantivi plurali (*troppi errori* = too many mistakes; *ce ne sono troppi* = there are too many (of them)). - Come avverbio, *troppo* si usa dopo un verbo, e in tal caso si traduce *too much* (*tu parli troppo!* = you speak too much! *ha bevuto troppo?* = did he drink too much?); quando precede un altro avverbio o un aggettivo, si traduce con *too* (*è troppo forte per me* = he is too strong for me; *un libro troppo pesante* = too heavy a book; *parla troppo velocemente per me, non la capisco* = she speaks too fast for me, I can't understand her). - Per gli altri usi di troppo e gli esempi relativi, si veda la voce qui sotto. **I** agg.indef. too much, pl. too many; ~ ***traffico*** too much traffic; ***-a frutta*** too much fruit; ***-e persone, -a gente*** too many people; ***senza -e difficoltà*** without too much trouble; ***senza -a speranza, fatica*** without too much hope, trouble; ***ci sono -i incidenti*** there are too many accidents; ***ha -a paura di cadere, perdersi*** she's too scared of falling, getting lost; ***ci sono -e cose da fare*** there's too much to do; ~ ***tempo*** too long; ***è passato*** ~ ***tempo dall'ultima volta che ci sono andato*** it's been too long since I last went there; ***la prudenza non è mai -a*** you can't be too careful; ***non bisogna farci*** ~ ***affidamento*** don't rely on it too much **II** pron.indef. **1** *(quantità eccessiva)* too much, pl. too many; ***non voglio spendere*** ~ I don't want to spend (too) much; ***prendi del pane, ne ho*** ~ take some bread, I've got too much; ***ho*** ~ ***da fare*** I've got too much to do; ***per me è*** ~ it's too much for me; ***mi chiedi*** ~ you're expecting too much of me; ***ne ho mangiato -i*** I ate too many (of them); ***questo è*** ~***!*** that's it! that's the end! ***quando è*** ~ ***è*** ~ enough is enough **2** *(numero eccessivo di persone)* ***in classe sono -i*** they are too many pupils in the class; ***siamo in -i*** there are too many of us; ***ce n'erano -i*** there were too many of them; ***-i credono che...*** too many people think that... **3** *(in espressioni di tempo)* too long; ***ci hai impiegato ~*** you took too long **III** avv. **1** *(con aggettivi o avverbi)* too; ***~ difficile, corto*** too difficult, short; ***il cappotto è ~ grosso per lui*** the coat is too big for him; ***un compito ~ difficile*** too difficult a task; ***è uno sforzo ~ grande*** it's too much of a strain; ***è ~ presto per partire*** it's too early to leave; ***fa ~ caldo per camminare*** it's too hot a day for walking; ***sarebbe ~ bello*** we'd be so lucky; ***~ bello per essere vero*** too good to be true; ***siamo ~ pochi*** there are too few of us; ***~ pochi si rendono conto che*** too few people realize that; ***10 euro è ~ poco*** 10 euros is too little; ***mi ha fatto pagare ~ poco per il vino*** he undercharged me for the wine; ***~ a lungo*** too long; ***~ spesso*** too often; ***veramente ~ pesante, complicato*** far *o* much too heavy, complicated; ***ho parlato ~ in fretta*** o ***presto*** I spoke too soon **2** *(molto)* too; ***non mi sento ~ bene*** I don't feel too good; *(enfatico)* ***sei ~ gentile!*** you're too *o* so kind; ***è ~ simpatico*** he's so nice; ***~ giusto!*** right! **3** *(con verbi)* too much; ***ho mangiato, bevuto ~*** I ate, drank too much, I've had too much to eat, to drink; ***ho dormito ~*** I've slept too much; ***lavori ~*** you work too hard; ***ama ~ le proprie comodità*** she likes her comfort too much; ***hai già parlato ~*** you've already said too much; ***esagera un po' ~*** he overdoes it a bit; ***"ti piace la carne?" - "non ~"*** "do you like meat?" - "not too much"; ***fare qcs. senza crederci ~*** to do sth. without really believing in it **4 di troppo** too many; ***uno, due di ~*** one, two too many; ***c'è un piatto di ~*** there's one plate too many; ***ho qualche chilo di ~*** I'm a few kilos overweight; ***perda i suoi chili di ~*** lose those extra kilos; ***ci sono 5 euro di ~*** there are 5 extra euros; ***ho bevuto qualche bicchiere di ~*** I've had a few too many; ***una volta di ~*** once too often; ***essere di ~*** to be in the way; ***sentirsi di ~*** to feel one is in the way, to feel unwelcome; ***sono andato via, mi sentivo di ~*** I left, I felt (as if) I was in the way; ***ditemi se sono di ~!*** IRON. do tell me if I'm in the way, won't you? **5 fin troppo**, **anche troppo** all too, only too; ***è fin ~ evidente che*** it's all *o* only too obvious that; ***fin ~ spesso*** all too often; ***lo conosco fin ~ bene*** I know him only too well; ***lo ricordo fin ~ bene*** I remember it only too well; ***la serata era passata fin ~ in fretta*** the evening had passed all too quickly **IV** m. ***il ~ stroppia*** enough is as good as a feast, you can have too much of a good thing ◆ ***chi ~ vuole nulla stringe*** PROV. grasp all, lose all.

troppopieno /troppo'pjɛno/ m.inv. overflow.

▷ **trota** /'trɔta/ f. trout*; ***pesca alla ~*** trout fishing; ***pescare -e*** to trout, to fish for trout ◆◆ ***~ arcobaleno*** → ***~ iridea***; ***~ comune*** bulltrout; ***~ di fiume*** brook trout; ***~ iridea*** rainbow trout; ***~ di lago*** lake trout; ***~ di mare*** brown trout, sea trout; ***~ salmonata*** salmon trout.

trottare /trot'tare/ [1] intr. (aus. *avere*) **1** EQUIT. [*cavallo, cavaliere*] to trot; ***far ~*** to trot [*cavallo*] **2** *(trotterellare)* [*bambino*] to toddle (about) **3** *(camminare velocemente)* to trot; *(lavorare, agire speditamente)* to go* briskly, to rush; ***far ~ qcn.*** to keep sb. on the trot; ***ho trottato tutto il giorno*** I've been on the trot all day.

trottata /trot'tata/ f. **1** EQUIT. trot; ***fare una ~ (a cavallo)*** to go for a trot **2** COLLOQ. *(camminata)* trot, brisk walk.

trottatoio, pl. **-oi** /trotta'tojo, oi/ m. trotting track.

trottatore /trotta'tore/ m. trotter.

trotterellare /trotterel'lare/ [1] intr. (aus. *avere*) **1** [*cavallo, cavaliere*] to jog trot, to trot **2** [*persona*] to trot; [*bambino*] to toddle (about); ***ha solo un anno e già trotterella*** he's only a year old and is already toddling.

trotto /'trɔtto/ ❥ **10** m. **1** trot; ***al ~*** at a trot; ***corsa al ~*** trotting race; ***andare al ~*** to trot along; ***mettersi al ~*** to break into a trot; ***mettere il cavallo al ~*** to trot the horse; ***partire al ~*** to set off at a trot; ***piccolo ~*** dogtrot, jog trot; ***andare*** o ***procedere al piccolo ~*** to jog trot; ***al ~!*** trot on! **2** *(passo svelto)* trot ◆◆ ***~ allungato*** extended trot; ***~ rialzato*** rising trot; ***~ seduto*** sitting trot; ***~ serrato*** steady trot.

▷ **trottola** /'trɔttola/ f. **1** *(giocattolo)* (spinning) top; ***far girare una ~*** to spin a top **2** SPORT spin ◆ ***girare come una ~*** to be on the trot *o* on the move ◆◆ ***~ musicale*** humming top.

trotzkismo /trots'kizmo/ m. Trotskyism.

trotzkista, m.pl. **-i**, f.pl. **-e** /trots'kista/ agg., m. e f. Trotskyist.

troupe /trup/ f.inv. *(attori)* troupe, company; *(tecnici)* crew.

trousse /trus/ f.inv. **1** *(astuccio)* pouch, case; *(per il trucco)* make-up bag; ***~ della manicure*** manicure set **2** *(borsetta da sera)* evening bag.

trovadore /trova'dore/ → **trovatore**.

trovadorico, pl. **-ci**, **-che** /trova'dɔriko, tʃi, ke/ agg. troubadour attrib.

trovabile /tro'vabile/ agg. findable.

▶ **trovare** /tro'vare/ [1] **I** tr. **1** to find* [*ombrello, gatto, persona, guanti, errore, numero di telefono*]; ***dove l'hai trovato?*** where did you find that? ***abbiamo trovato un alberghetto incantevole*** we found a charming little hotel; ***~ qcs. nel cassetto, per strada, sull'autobus*** to find sth. in a drawer, in the street, on the bus; ***~ qcs. per caso*** to come across sth.; ***non trovo le (mie) chiavi*** I can't find my keys; ***~ qcs. su una cartina*** to find sth. on a map; ***ha trovato la casa, la donna dei suoi sogni*** he found the house, woman of his dreams; ***~ l'amore, la pace*** to find love, peace; ***~ marito*** to find a husband; ***~ la strada*** to find the *o* one's way; ***ho trovato qcn. a cui chiedere consiglio*** I've found sb. to go to for advice; ***allora, hai trovato quel libro?*** so, have you found that book yet? ***qui si trova di tutto*** they have everything here; ***ho fatto fatica a ~ la loro casa*** I had trouble finding their house; ***troverai da mangiare in cucina*** you'll find sth. to eat in the kitchen; ***hanno trovato chi ha rubato la macchina*** they found the person who had stolen the car; ***lo troverà nel suo ufficio, a casa*** you'll find him in his office, at home; ***sa dove posso trovarla?*** do you know where I can find her? ***troverete in allegato...*** *(in una lettera)* please find enclosed...; ***ho trovato!*** I've got it! ***troverà pane per i suoi denti*** he's going to be given a hard time; ***~ delle qualità, dei difetti a qcs., qcn.*** to see good qualities, faults in sth., sb.; ***mi trova soltanto dei difetti*** she only sees my faults; ***mi chiedo che cosa trovi in lui!*** I wonder what she sees in him! **2** *(visitare)* ***andare a ~ qcn.*** to visit sb., to pay a visit to sb., to drop in on sb.; ***passa a trovarmi quando voi*** come round and see me any time **3** *(ottenere)* to find* [*impiego, appartamento, socio*]; ***non trova lavoro*** he can't find a job; ***~ il tempo, l'energia, i soldi per*** to find the time, the energy, the money for; ***~ consolazione in*** to find consolation in; ***~ conforto in*** to take comfort in; ***ci resta solo da ~ il finanziamento*** all we have to do now is get financial backing; ***~ qcs. a qcn.*** to find sth. for sb. *o* sb. sth.; ***~ qcs. da fare a qcn.*** to find sth. for sb. to do *o* sb. sth. to do **4** *(ritenere, giudicare)* to find*; *(pensare)* to think*; ***~ qcn. gentile, noioso*** to find sb. polite, a bore; ***ti trovo bene!*** you're looking fit and well! ***come l'hai trovata?*** how did you find her? ***mi ha trovato bene, male*** she thought I looked well, I didn't look well; ***ti trovo troppo silenzioso, che cos'hai?*** you're very quiet, what's the matter? ***come trovi il mio amico?*** what do you think of my friend? how do you like my friend? ***lo trovo strano, divertente, inammissibile*** I think it's strange, funny, intolerable; ***come trovi la mia torta?*** what do you think of my cake? ***~ qcs. facile, difficile da fare*** to find sth. easy, hard to do; ***~ triste fare*** to find it sad to do; ***~ interessante qcs., fare*** to find sth. interesting, to find it interesting to do; ***~ giusto, opportuno fare*** to see *o* think fit to do; ***~ che*** to think that; ***trova che sia un peccato non approfittarne*** he thinks it's a shame not to take advantage of it; ***trovi che abbia torto, ragione?*** do you think I'm wrong, right? ***non trovo che sia cattivo*** I don't think he's so bad; ***trovi?*** do you think so? ***non ci trovo niente di nuovo, di male*** I see nothing new, no harm in it **5** *(imbattersi, incontrare)* to find*, to come* across, to run* into [*persona*]; to encounter, to meet* with [*difficoltà, ostacoli*]; ***è incredibile trovarti qui!*** I'm surprised to find you here! ***ho trovato Daniela al supermercato*** I ran into Daniela at the supermarket; ***entro e chi ti trovo?*** COLLOQ. who should I run into as I was going in? **6** *(per indicare una condizione incontrata)* to find*; ***ho trovato la porta chiusa*** I found the door locked; ***~ qcs. in uno stato pietoso*** to find sth. in an appalling state; ***~ qcs. rotto, strappato, aperto*** to find sth. broken, torn, open; ***~ qcn. in piedi, coricato, seduto*** to find sb. standing, lying down, seated; ***~ qcn. malato, in lacrime, morto*** to find sb. ill, in tears, dead **7** *(sorprendere, cogliere)* to find*, to catch*; ***~ qcn. mentre sta facendo*** to find sb. doing; ***li ho trovati mentre frugavano tra le mie cose*** I found them rummaging through my belongings; ***~ qcn. impreparato*** to catch sb. off balance *o* off guard **8** *(inventare, escogitare)* to find*, to come* up with [*ragione, scuse, mezzo, prodotto, rimedio, soluzione*]; ***~ uno stratagemma*** to come up with a crafty solution; ***hanno trovato un nuovo sistema*** they've come up with a new system; ***~ il modo di divertirsi, tenersi occupato*** to find sth. to entertain oneself with, to do; ***~ qcs. da dire su*** to find sth. to say about; ***~ il modo di fare*** to manage to do; ***non ha trovato di meglio che raccontarglielo!*** IRON. he would have to go and tell them! **II trovarsi** pronom. **1** *(essere situato)* to be*; ***la casa si trova in un'ottima posizione*** the house is in a good position; ***non ricordo esattamente dove si trova*** I forget *o* don't remember exactly where it is; ***al centro del giardino si trova una statua*** a statue stands in the middle of the garden; ***il carbone si trova 900 metri più in basso*** the coal lies 900 metres down; ***il riassunto si trova a pagina 11*** the summary is on page 11; ***questo libro si trova in tutte le librerie*** this book is on sale in all the bookshops **2** *(essere* *in un luogo)* [*persona*] to be*; *(essere per caso)* to happen (to be); ***mi trovavo sola in casa*** I was home alone; ***-rsi a Roma, in aereo*** to be in Rome, on the plane; ***mi trovavo lì per caso*** I just happened to be around **3** *(essere in una condizione, situazione)* ***-rsi nell'impossibilità di fare*** to be unable to do; ***mi trovo davanti alla prospettiva di rimanere disoccupato*** I'm facing the prospect of being unemployed; ***-rsi in pericolo*** to be in danger; ***-rsi in imbarazzo*** to be in a quandary; ***-rsi d'accordo su qcs. con qcn.*** to agree with sb. about sth.; ***non si trova nella situazione di poter giudicare*** he is not well placed to judge **4** *(sentirsi)* to feel*, to be*; ***come ti trovi nel tuo nuovo appartamento?*** what is it like in your new flat? ***-rsi bene da qualche parte*** to feel comfortable somewhere; ***si trovano bene qui*** they are happy here; ***non mi trovo (bene) con lei*** I don't get on well with her; ***-rsi a proprio agio*** to feel at ease **5** *(ottenere)* to find* oneself [*impiego, alloggio*]; ***trovati un'occupazione*** find yourself something to do; ***si è trovata un ragazzo*** she's found herself a boyfriend **6** *(incontrarsi)* to meet*; ***troviamoci dopo cena*** let's meet after dinner; ***puoi venire a prendermi a casa, oppure ci possiamo ~ davanti al cinema*** you can pick me at home or else we can meet outside the cinema; ***si sono proprio trovati*** SCHERZ. they are made for each other ◆ ***~ da (ri)dire su qcs.*** to find fault with sth.; ***chi cerca trova*** PROV. look and you shall find; ***paese che vai, usanza che trovi*** PROV. when in Rome do as the Romans do; ***chi trova un amico, trova un tesoro*** a good friend is worth his weight in gold.

trovarobe /trova'rɔbe/ ➧ **18** m. e f.inv. *(uomo)* props master, property man*, propman*; *(donna)* props mistress.

▷ **trovata** /tro'vata/ f. **1** *(idea originale)* (bright) idea, trick, brainwave; ***che ~ geniale!*** what a great idea! **2** *(battuta)* quip, joke, witty remark ◆◆ ***~ pubblicitaria*** publicity gimmick *o* stunt.

trovatello /trova'tɛllo/ m. (f. **-a**) foundling, waif.

trovatore /trova'tore/ m. troubadour.

troviero /tro'vjɛro/ m. trouvère.

▷ **truccare** /truk'kare/ [1] **I** tr. **1** COSMET. to make* up, to put* make-up on [*persona, viso*] **2** *(travestire)* to dress up [*attore, persona*]; *(per ingannare)* to disguise; ***~ qcn. da clown*** to make sb. up as a clown **3** *(manipolare)* to load [*dadi*]; to mark, to stack [*carte*]; to fix [*concorso, partita*]; to doctor [*conti, statistiche*]; to rig, to fix [*elezioni*]; to modify, to soup up [*motore, macchina*] **II truccarsi** pronom. **1** COSMET. to put* on (one's) make-up; ***si sta truccando*** she's putting on her make-up; ***non si trucca mai*** she never wears make-up; ***-rsi gli occhi, il viso*** to make up one's eyes, face **2** *(travestirsi)* to dress up (**da** as); *(per ingannare)* to disguise oneself (**da** as).

truccato /truk'kato/ **I** p.pass. → **truccare II** agg. **1** COSMET. [*occhi, viso*] made-up; ***pesantemente ~*** heavily made-up; ***essere ~*** to wear make-up, to have make-up on **2** *(travestito)* dressed up, disguised **3** *(manipolato)* [*dadi*] loaded; [*carte*] marked, stacked; [*fotografia, inquadratura*] trick attrib.; [*incontro, partita*] fixed; [*elezioni*] rigged, fixed; [*motore, macchina*] souped-up.

truccatore /trukka'tore/ ➧ **18** m. make-up artist, make-up man*.

truccatrice /trukka'tritʃe/ ➧ **18** f. make-up artist, make-up woman*.

truccatura /trukka'tura/ f. **1** COSMET. making-up **2** *(travestimento)* dressing up, disguising **3** *(materiale per truccarsi)* make-up.

▶ **trucco**, pl. **-chi** /'trukko, ki/ m. **1** *(artificio)* trick; ***i -chi di un prestigiatore*** conjuring tricks, a conjurer's tricks; ***~ con le carte*** card trick; ***il ~ c'è, ma non si vede*** there's a trick in it somewhere but you can't see it; ***deve esserci un ~*** there must be some trick in it; ***è il ~ più vecchio del mondo*** it's the oldest trick in the book **2** *(stratagemma)* trick, gimmick, knack; ***il ~ sta nel fare*** the trick is to do; ***non ci sono -chi particolari*** there's no special trick to it; ***trovare*** o ***escogitare il ~ per fare qcs.*** to find the knack of doing sth.; ***conoscere un ~ per guadagnare del denaro*** to know a good way of making money; ***ci siamo, ho capito il ~*** that's it, I've got it; ***i -chi del mestiere*** the tricks of the trade **3** *(raggiro)* trick, trickery, rig BE; ***indurre qcn. a fare qcs. con un ~*** to trick sb. into doing sth.; ***dov'è il ~?*** where's the catch? **4** COSMET. make-up; ***~ per gli occhi*** eye make-up; ***senza ~*** with one's make-up off *o* without any make-up; ***senza un filo di ~*** without a trace of make-up; ***avere un ~ molto pesante*** to wear heavy make-up; ***togliersi il ~*** to remove one's make-up; ***farsi il ~*** to make oneself up; ***rifarsi il ~*** to redo one's make-up; *(fare dei ritocchi)* to touch up one's make-up; ***trousse da ~*** make-up bag; ***lavorare al ~*** TELEV. TEATR. CINEM. to work in make-up **5** CINEM. TEATR. ***~ cinematografico*** thick shot; ***-chi fotografici*** trick photography.

truce /'trutʃe/ agg. **1** *(minaccioso)* [*sguardo*] glaring, black; [*faccia, aspetto*] grim, threatening; ***lanciare uno sguardo ~ a qcn.*** to glare at sb. **2** *(feroce)* [*omicidio*] vicious, atrocious.

trucidare /trutʃi'dare/ [1] tr. to slaughter, to massacre.

truciolare /trutʃo'lare/ agg. ***pannello ~*** chipboard panel.

truciolato /trutʃo'lato/ m. chipboard.

truciolo /'trutʃolo/ m. shaving, chip; ***-i di legno*** wood shavings.

truculento /truku'lɛnto/ agg. [*storia, stile, persona*] truculent.

truculenza /truku'lɛntsa/ f. truculence, truculency.

▷ **truffa** /'truffa/ f. **1** DIR. fraud; ***tentativo di ~*** attempted fraud; ***~ informatica*** computer fraud; ***perpetrare*** o ***commettere una ~*** to commit fraud **2** *(inganno, imbroglio)* cheating, swindle, con COLLOQ.; ***100 euro per quei pantaloni? è una ~!*** 100 euros for those trousers? what a rip-off! ***è il re della ~*** he's a master swindler ◆◆ ***~ all'americana*** confidence trick, con game.

truffaldino /truffal'dino/ **I** agg. fraudulent, cheating, swindling **II** m. (f. **-a**) cheat, swindler.

▷ **truffare** /truf'fare/ [1] tr. to cheat, to swindle, to con COLLOQ. [*persona*]; ***~ qcs. a qcn.*** to cheat *o* swindle sb. out of sth.; ***è stato truffato di molti milioni*** he was swindled out of millions.

truffatore /truffa'tore/ m. (f. **-trice** /tritʃe/) cheat, cheater, swindler, trickster.

truismo /tru'izmo/ m. truism.

trullo /'trullo/ m. INTRAD. (in Apulia, small round house of stone with a conical roof).

trumeau /tru'mo/ m.inv. **1** ARCH. *(di portale di chiesa)* trumeau*; *(tra due finestre)* pier **2** *(specchiera)* trumeau*, pier glass.

▶ **truppa** /'truppa/ f. **1** MIL. troop; ***-e alleate, nemiche*** allied, enemy troops; ***arruolare delle -e*** to raise troops; ***movimento, dispiegamento di -e*** troop movement, deployment; ***passare in rivista le -e*** to review the troops **2** *(soldati)* men pl., ranks pl., rank and file + verbo sing. o pl.; ***ufficiali e ~*** officers and men; ***uomo*** o ***militare di ~*** private **3** *(gruppo)* troop, band; ***spostarsi in ~*** to go about in a band *o* troop ◆◆ ***-e aerotrasportate*** airborne troops; ***-e d'assalto*** shock *o* assault troops; ***-e irregolari*** irregulars; ***-e mercenarie*** mercenary troops; ***-e da sbarco*** landing troops.

trust /trast/ m.inv. trust; ***~ di cervelli*** brains BE *o* brain AE trust.

tse-tse /tset'tsɛ/ agg.inv. ***mosca ~*** tsetse fly.

T-shirt /tiʃ'ʃɛrt/ ➧ **35** f.inv. T-shirt, tee-shirt.

▶ **tu** /tu/ v. la nota della voce **io**. **I** pron.pers. **1** you *(in inglese va sempre espresso)*; ***hai fatto tutto ~!*** you did all the everything! ***e ~?*** what about you? ***lavora per la stessa ditta per cui lavori ~*** he works for the same company as you; ***~ e i tuoi amici sarete i benvenuti*** you and your friends will be welcome; ***l'abbiamo visto sia io che ~*** both you and I saw him; ***sono contento che ~ sia qui*** I'm glad you're here; ***bisogna che ~ ci vada*** you must go there; ***penso che ~ abbia parlato abbastanza*** I think you've said enough; ***non mi piace che ~ dica bugie*** I don't like it that you tell lies; ***~, che ami tanto il cioccolato*** you, who love chocolate so much; ***sei ~?*** is that you? ***so che non sei stato ~*** I know it wasn't you; ***~ non dire niente*** don't say anything; ***perché non vieni anche ~?*** why don't you come along? ***potresti vincere anche ~!*** you too could be a winner! ***solo ~*** only you; ***da un po' di tempo non sei più ~*** you haven't been yourself lately; ***~ stesso*** o ***medesimo*** you yourself; ***l'hai fatto proprio ~?*** did you do it yourself? ***proprio ~ dovresti sapere che...*** you of all people should know that...; ***sei stato (proprio) ~ a dirmelo*** you told me; ***l'hai detto ~ stesso*** you said so yourself, you yourself said that; ***~ stesso hai detto che...*** you yourself said that...; ***come ~ stesso hai ammesso*** by your own ammission; ***~, sai suonare la chitarra?*** you can play the guitar? **2** *(impersonale)* you, one; ***(~) puoi fare come vuoi*** you can do as you like **II** m. ***l'uso del ~*** the use of the "tu" form; ***dare del ~ a qcn.*** to be on first name terms with sb., to use "tu" with sb.; ***ci diamo del ~*** we are on first name terms ◆ ***parlare a ~ per ~ con qcn.*** to speak to sb. alone; ***trovarsi a ~ per ~ con qcn.*** to come face to face with sb.; ***trovarsi a ~ per ~ con la morte*** to look death in the face.

TU (⇒ Testo Unico) = unified code.

tuareg(h) /tu'areg/ **I** agg.inv. Tuareg **II** m. e f.inv. Tuareg; ***i ~*** the Tuareg(s) **III** m. LING. Tuareg.

tuba /'tuba/ ➧ **34** f. **1** MUS. tuba; STOR. war trumpet **2** *(cappello)* top hat, topper **3** ANAT. tube ◆◆ ***~ di Falloppio*** o ***uterina*** Fallopian tube.

tubaggio, pl. **-gi** /tubad'dʒo, dʒi/ m. MED. intubation.

1.tubare /tu'bare/ [1] intr. (aus. *avere*) **1** [*piccioni*] to coo **2** FIG. [*innamorati*] to coo, to bill and coo.

2.tubare /tu'bare/ [1] tr. MIN. TECN. to tube.

tubarico, pl. **-ci**, **-che** /tu'bariko, tʃi, ke/ agg. tubal; ***gravidanza -a*** tubal pregnancy.

tubatura /tuba'tura/ f. *(tubo)* pipe; *(complesso di tubi)* piping, pipage, pipes pl.; ***~ dell'acqua*** plumbing; ***~ del gas*** gas pipes.

tubazione /tubat'tsjone/ f. *(tubatura)* piping, pipage, pipes pl.; ***trasportare mediante ~*** to pipe ◆◆ ***~ di scarico*** drainage *o* waste pipe.

tubercolare /tuberko'lare/ agg. **1** BOT. *(di tubercolo)* tubercolar; *(caratterizzato da tubercoli)* tuberculate(d) **2** *(della tubercolosi)* [*bacillo, affezione*] tubercular, tuberculous.
tubercolato /tuberko'lato/ agg. tuberculate(d).
tubercolina /tuberko'lina/ f. tuberculin.
tubercolo /tu'bɛrkolo/ m. ANAT. BOT. MED. tubercle.
tubercolosario, pl. **-ri** /tuberkolo'zarjo, ri/ m. sanatorium*.
tubercolosi /tuberko'lɔzi/ ➧ **7** f.inv. tuberculosis*; ***infettare di ~*** to tuberculize ◆◆ ***~ genitale*** genital tuberculosis; ***~ miliare*** miliary tubercolosis; ***~ ossea*** bone tuberculosis; ***~ polmonare*** pulmonary tuberculosis; ***~ renale*** renal tuberculosis.
tubercoloso /tuberko'loso/ **I** agg. **1** MED. [*paziente*] tubercular, consumptive, tuberculosis attrib. **2** BOT. tuberous **II** m. (f. **-a**) tuberculosis sufferer.
tubercolotico, pl. **-ci**, **-che** /tuberko'lɔtiko, tʃi, ke/ **I** agg. MED. tubercular, consumptive, tuberculosis attrib. **II** m. (f. **-a**) tuberculosis sufferer.
tubero /'tubero/ m. tuber.
tuberosa /tube'rosa/ f. tuberose.
tuberosità /tuberosi'ta/ f.inv. ANAT. tuberosity.
tuberoso /tube'roso/ agg. tuberous.
tubetto /tu'betto/ m. *(per dentifricio, colla ecc.)* tube; ***un ~ di dentifricio*** a tube of toothpaste; ***un ~ di bianco*** a tube of white paint.
tubiforme /tubi'forme/ agg. tubiform.
tubino /tu'bino/ m. **1** *(abito)* sheath dress **2** *(gonna)* hobble skirt, pencil skirt.
tubista, m.pl. **-i**, f.pl. **-e** /tu'bista/ ➧ ***18*** m. e f. *(chi fabbrica tubi)* pipe maker.
▷ **tubo** /'tubo/ m. **1** *(conduttura)* pipe, tube; ***~ di gomma*** hose, hosepipe BE; ***~ del gas*** gas pipe; ***~ da stufa*** stovepipe; ***chiave a ~*** socket wrench, box spanner BE **2** ANAT. canal, tract **3** COLLOQ. *(niente)* ***non fare un ~ tutto il giorno*** not to do a stroke of work all day; ***non capire un ~*** to understand damn all; ***non sapere un ~*** to know diddly (squat) AE; ***non ne so un ~*** I know sweet FA *o* Fanny Adams about it, I don't know a bean *o* beans about it; ***non me ne importa un ~*** I don't give *o* care a damn *o* rap *o* darn; ***non vale un ~*** it's not worth a bean *o* damn; ***non si vede un ~*** I can't see a damn thing **4** ABBIGL. ***pantaloni a ~*** drainpipes BE, stovepipes AE; ***gonna a ~*** hobble skirt, pencil skirt ◆◆ ***~ di afflusso*** inflow pipe; ***~ di alimentazione*** feed pipe; ***~ di ammissione*** inlet pipe; ***~ aspirante*** o ***di aspirazione*** suction pipe; ***~ catodico*** cathode-ray tube; ***~ digerente*** alimentary canal, digestive tract; ***~ distanziatore*** FOT. extension tube; ***~ di drenaggio*** MED. drainage tube; ***~ di efflusso*** adjutage; ***~ fluorescente*** fluorescent tube; ***~ lanciasiluri*** torpedo tube; ***~ di lancio*** → ***~*** **lanciasiluri**; ***~ al neon*** neon tube; ***~ di raffreddamento*** coolant pipe; ***~ di scappamento*** AUT. exhaust (pipe), tailpipe AE; ***~ di scarico*** IDR. drainpipe, sink outlet, soil *o* waste pipe; ***~ a vuoto*** vacuum tube.
tubolare /tubo'lare/ **I** agg. tubular; ***campane -i*** tubular bells **II** m. *(di bicicletta)* tubular tyre.
tuboloso /tubo'loso/ agg. tubulose, tubulous.
tubulo /'tubulo/ m. ANAT. tubule.
tucano /tu'kano/ m. toucan.
Tucidide /tu'tʃidide/ n.pr.m. Thucydides.
tue → **tuo.**
tufaceo /tu'fatʃeo/ agg. tuffaceous.
▷ **tuffare** /tuf'fare/ [1] **I** tr. *(immergere)* to dive [*mano*] (**in** into); to dip [*cibo*] (**in** in, into) **II tuffarsi** pronom. **1** [*nuotatore*] to dive, to take* a plunge, to plunge (**da** off, from; **in** into; **fino a** down to); [*cascata*] to plunge; ***-rsi in cerca di perle*** to dive for pearls **2** *(lanciarsi)* to dive; ***-rsi verso l'uscita*** to dive for the exit; ***-rsi nei cespugli, sotto il letto*** to dive into the bushes, under the bed; ***-rsi in un bar, un negozio*** to dive into a bar, shop **3** FIG. ***-rsi nel lavoro*** to throw oneself into one's work; ***-rsi nella mischia*** to enter *o* join the fray **4** *(nel calcio)* [*portiere*] to dive; ***-rsi sul pallone*** to dive for the ball.
tuffata /tuf'fata/ f. dive.
tuffatore /tuffa'tore/ **I** agg. ***uccello ~*** diver, loom **II** m. (f. **-trice** /tritʃe/) **1** SPORT diver; ***~ dalla piattaforma*** high diver **2** GERG. *(aereo)* dive-bomber.
tuffetto /tuf'fetto/ m. ORNIT. dabchick, grebe.
tuffista, m.pl. **-i**, f.pl. **-e** /tuf'fista/ m. e f. diver.
▷ **tuffo** /'tuffo/ ➧ **10** m. **1** *(in acqua)* plunge, dive SPORT; *(breve bagno)* dip; ***-i*** *(disciplina)* diving; ***-i dalla piattaforma*** high diving; ***andare a fare un ~*** to go for a dip; ***fare un ~ di testa*** to take a header COLLOQ. **2** FIG. dive; ***buttarsi a ~ su qcs.*** to make a dive for sth.; ***la canzone fu per me un ~ nel passato*** the song was a blast from the past for me COLLOQ. **3** *(nel calcio)* dive; ***parata in ~*** diving save **4** AER. *(picchiata)* (nose)dive ◆ ***ebbi un ~ al cuore*** my heart missed *o* skipped a beat *o* gave a lurch ◆◆ ***~ ad angelo*** swan dive, swallow dive BE; ***~ carpiato*** jackknife (dive), pike BE; ***~ dal trampolino*** dive from the diving board.
tufo /'tufo/ m. tophus*, tuff.
tuga /'tuga/ f. deckhouse.
tugurio, pl. **-ri** /tu'gurjo, ri/ m. hovel, hellhole, shack.
tuia /'tuja/ f. arbor vitae, thuja, white cedar.
tulio /'tuljo/ m. thulium.
▷ **tulipano** /tuli'pano/ m. tulip; ***bulbo di ~*** tulip bulb.
tulle /'tulle/ m.inv. tulle, net, netting; ***tenda di ~*** net curtain.
tumefare /tume'fare/ [1] **I** tr. to tumefy **II tumefarsi** pronom. (form not attested: imperative) to tumefy, to intumesce.
tumefatto /tume'fatto/ **I** p.pass. → **tumefare II** agg. tumefied, intumescent.
tumefazione /tumefat'tsjone/ f. tumefaction, swelling **U**, intumescence.
tumescente /tumeʃ'ʃɛnte/ agg. tumescent.
tumescenza /tumeʃ'ʃɛntsa/ f. tumescence.
tumidezza /tumi'dettsa/ f. tumidity.
tumido /'tumido/ agg. [*parte del corpo*] tumid; ***avere labbra -e*** to be blobber-lipped *o* blubber-lipped, to have blubbery lips.
tumorale /tumo'rale/ agg. tumoral, tumorous.
▷ **tumore** /tu'more/ ➧ **7** m. tumour BE, tumor AE; ***asportare un ~*** to excise a tumour; ***~ al cervello*** brain tumour, tumour of the brain; ***~ benigno, maligno*** benign, malignant tumour; ***~ metastatico*** secondary tumour.
1.tumulare /tumu'lare/ agg. tumular.
2.tumulare /tumu'lare/ [1] tr. to bury, to entomb.
tumulazione /tumulat'tsjone/ f. burial, entombment.
tumulo /'tumulo/ m. **1** *(prominenza del terreno)* mound **2** ARCHEOL. barrow, tumulus* **3** LETT. *(sepolcro)* burial mound, grave.
▷ **tumulto** /tu'multo/ m. **1** *(caos rumoroso)* tumult, uproar; ***essere in ~*** [*aula, assemblea*] to be in tumult, uproar **2** *(disordine, sommossa)* disturbance, riot, rout, crowd trouble, turmoil; ***~ popolare*** civil disorder; ***la folla è in ~*** the mob is in an ugly mood **3** FIG. *(dell'animo)* tumult, turmoil.
tumultuante /tumultu'ante/ agg. [*folla*] rioting, riotous, tumultuary.
tumultuare /tumultu'are/ [1] intr. (aus. *avere*) to riot.
tumultuosamente /tumultuosa'mente/ avv. tumultuarily, tumultuously.
tumultuosità /tumultuosi'ta/ f.inv. riotousness, tumultuousness.
tumultuoso /tumultu'oso/ agg. tumultuous; [*acqua*] turbulent; [*comportamento*] uproarious, rowdy.
tundra /'tundra/ f. tundra.
tunfete /'tunfete/ → **tonfete**.
tungstato /tungs'tato/ m. tungstate.
tungsteno /tungs'tɛno/ m. tungsten, wolfram.
tunica, pl. **-che** /'tunika, ke/ f. **1** ABBIGL. tunic **2** BOT. tunic **3** ANAT. tunica.
tunicato /tuni'kato/ **I** agg. BOT. ZOOL. tunicate **II** m. ZOOL. tunicate.
tunicella /tuni'tʃɛlla/ f. RELIG. tunicle.
Tunisi /'tunizi/ ➧ ***2*** n.pr.f. Tunis.
Tunisia /tuni'zia/ ➧ ***33*** n.pr.f. Tunisia.
tunisino /tuni'zino/ ➧ ***2, 25*** **I** agg. Tunisian **II** m. (f. **-a**) Tunisian.
▷ **tunnel** /'tunnel/ m.inv. **1** *(traforo)* tunnel; ***scavare un ~*** to tunnel; ***~ della Manica*** Channel Tunnel, Eurotunnel, Chunnel BE COLLOQ. **2** FIG. ***entrare nel ~ della droga*** to get hooked on drugs; ***uscire dal ~ della droga*** to get *o* come off drugs; ***uscire dal ~ della depressione*** to come through depression **3** TECN. tunnel **4** FIS. ***effetto ~*** tunnel effect **5** SPORT *(nel calcio)* ***fare un ~ all'avversario*** to nutmeg an opponent ◆ ***vedere la fine del ~*** to see daylight *o* (the) light at the end of the tunnel ◆◆ ***~ aerodinamico*** TECN. wind tunnel.
▶ **tuo**, f. **tua**, m.pl. **tuoi**, f.pl. **tue** /'tuo, 'tua, tu'ɔi, 'tue/ v. la nota della voce **mio**. **I** agg.poss. **1** your; ***~ padre*** your father; ***tua madre*** your mother; ***i tuoi amici*** your friends; ***il ~ papà*** COLLOQ. your dad; ***le tue scarpe nere*** your black shoes; ***un ~ amico*** a friend of yours; ***alcuni dei tuoi compagni di classe*** some classmates of yours; ***quattro tuoi libri*** four books of yours; ***al ~ arrivo*** when you get here; ***la valigia di ~ fratello*** your brother's suitcase; ***a casa tua*** at your place; ***hai un alloggio (tutto) ~?*** have you got a flat of your own? ***è per il ~ bene*** it's for your own good *o* sake; ***se fossi al ~ posto*** if I were you; ***quell'imbecille di ~ marito*** COLLOQ. that idiot of a husband of yours; ***bada ai fatti tuoi!*** mind your own business; ***non è affar ~*** it's none of your concern, it's of no concern to you; ***sia fatta la Tua volontà*** Thy will be done **2** *(nelle lettere)* Your(s); ***(affettuosi saluti dalla) tua Francesca*** yours affectionately *o* love, Francesca **II il tuo**, f. **la tua**, m.pl. **i tuoi**, f.pl. **le tue** pron.poss. **1**

yours; ***un lavoro come il ~*** a job like yours; ***questo cappello è come il ~*** this hat is like yours; ***mio marito e il ~*** my husband and yours; ***la macchina blu è la tua*** the blue car is yours **2** COLLOQ. *(in espressioni ellittiche)* ***sta dalla tua*** he's on your side; ***anche tu hai detto la tua*** you had your say *o* spoke your mind too; ***hai avuto le tue*** you had your share; ***ne hai di nuovo fatta una delle tue!*** you've been up to your old tricks again! ***non stare così sulle tue!*** don't be so buttoned up! ***ho ricevuto la tua del 23 marzo*** I got your letter of the 23rd March; ***i tuoi*** *(genitori)* your parents, your folks COLLOQ.; *(parenti)* your relatives; *(seguaci)* your supporters; ***alla tua!*** *(in un brindisi)* here's to your health *o* to you! **3** *(denaro, beni)* ***ci hai rimesso del ~?*** did you pay out of your pocket? did you lose on it?

tuonare /two'nare/ [1] **I** intr. (aus. *avere*) [*persona, voce*] to thunder (out), to boom; [*cannone*] to boom; ***~ contro qcn., qcs.*** to thunder at *o* against sb., sth.; ***"silenzio!" tuonò*** "silence", he thundered (out) **II** impers. (aus. *avere, essere*) to thunder; ***tuona*** o ***sta tuonando*** it's thundering; ***ha tuonato tutta la notte*** it thundered all night.

▷ **tuono** /'twɔno/ m. **1** METEOR. thunder **U**; ***un ~*** a clap *o* peal of thunder; ***lo scoppio del ~*** the crash of thunder **2** *(rombo cupo)* thunder **U**, boom; ***il ~ di cannoni*** the rumble of guns ◆ ***fare -i e fulmini*** = to explode (in rage).

tuorlo /'twɔrlo/ m. yolk.

tupè → **toupet.**

turacciolo /tu'rattʃolo/ m. cork, stopper, stopple.

turaco, pl. **-chi** /'turako, ki/ m. touraco*.

turare /tu'rare/ [1] **I** tr. to cork (up), to stopple, to stop [*bottiglia*]; to plug (up), to stop (up) [*buco, fessura*]; ***~ un buco con qcs.*** to plug a gap with sth., to pack sth. into a hole; ***~ una falla*** MAR. to plug *o* stop a leak; ***~ la bocca a qcn.*** FIG. to shut sb. up **II turarsi** pronom. **1** *(otturarsi)* [*lavandino, condotto*] to get* blocked (up), to clog (up) **2** *(tapparsi)* ***-rsi le orecchie*** *(con le mani)* to cover *o* shut *o* stop one's ears; *(con ovatta ecc.)* to plug one's ears; ***-rsi il naso*** to hold one's nose; ***mi si è turato il naso*** my nose got blocked *o* stuffed.

1.turba /'turba/ f. *(folla)* crowd; SPREG. mob; ***una ~ di persone*** a crowd of people.

2.turba /'turba/ f. PSIC. disorder; ***con -e emotive*** emotionally disturbed; ***affetto da -e psichiche*** disturbed.

turbamento /turba'mento/ m. **1** *(smarrimento, inquietudine)* upset, turmoil, ruffle, perturbation; ***~ interiore*** emotional upheaval; ***essere in preda a un profondo ~*** to be deeply upset; ***dominare il proprio ~*** to control one's anxiety **2** DIR. ***~ dell'ordine pubblico*** breach of the peace.

turbante /tur'bante/ m. turban.

▷ **turbare** /tur'bare/ [1] **I** tr. **1** *(disturbare)* to disturb [*silenzio, riunione, cerimonia*]; ***~ la quiete pubblica*** DIR. to disturb the peace, to cause a disturbance of the peace; ***~ la serenità di qcn.*** to disturb sb.'s peace of mind; ***~ la tranquillità di qcs.*** to break the peace of sth. **2** *(mettere in agitazione)* [*notizia, vista*] to agitate, to disturb, to ruffle, to upset*, to worry [*persona*] **II turbarsi** pronom. **1** *(agitarsi)* [*persona*] to upset oneself, to become* upset **2** *(rannuvolarsi)* [*cielo*] to cloud over.

turbativa /turba'tiva/ f. DIR. nuisance ◆◆ ***~ del diritto pubblico*** public nuisance.

turbato /tur'bato/ **I** p.pass. → **turbare II** agg. agitated, ruffled, troubled, worried.

turbina /tur'bina/ f. turbine ◆◆ ***~ a gas*** gas turbine; ***~ idraulica*** hydraulic turbine; ***~ a vapore*** steam turbine.

turbinare /turbi'nare/ [1] intr. (aus. *avere*) **1** [*ballerine, fumo, neve*] to swirl, to whirl **2** FIG. ***immagini, pensieri le turbinavano nella mente*** images, thoughts whirled around her head *o* through her brain.

turbinato /turbi'nato/ **I** agg. BIOL. turbinate **II** m. nasal concha*.

turbine /'turbine/ m. **1** *(di aria, polvere, foglie ecc.)* flurry, whirl, swirl; METEOR. squall; ***~ di polvere*** dust devil; ***~ d'aria*** whirlwind **2** FIG. *(di idee, sentimenti, ricordi)* turmoil, whirl; ***il ~ della passione*** the turmoil of passion **3** FIG. *(di attività)* flurry, whirl.

turbinio, pl. **-nii** /turbi'nio, nii/ m. flurry, swirl, whirl.

turbinoso /turbi'noso/ agg. swirling; [*vento*] stormy.

turbo /'turbo/ **I** agg.inv. [*motore, veicolo*] turbocharged **II** m.inv. *(motore)* turbo **III** m. e f.inv. *(automobile)* turbo.

turbocompressore /turbokompres'sore/ m. turbocharger.

turbodiesel /turbo'dizel/ **I** agg.inv. [*motore, veicolo*] turbo diesel **II** m.inv. *(motore)* turbo diesel engine **III** m. e f.inv. *(automobile)* turbo diesel (car).

turbodinamo /turbo'dinamo/ f.inv. turbodynamo.

turboelettrico, m.pl. **-ci**, f.pl. **-che** /turboe'lɛttriko, tʃi, ke/ agg. turboelectric.

turboelica, pl. **-che** /turbo'ɛlika, ke/ **I** f. turboprop **II** m.inv. *(velivolo)* turboprop (plane).

turbogeneratore /turbodʒenera'tore/ m. turbogenerator.

turbogetto /turbo'dʒɛtto/ m. **1** *(motore)* fanjet, turbojet **2** *(aereo)* fanjet, turbojet plane.

turbolento /turbo'lɛnto/ agg. **1** *(agitato)* [*acqua*] turbulent **2** *(caratterizzato da disordini)* [*situazione, tempi*] turbulent; [*dimostrazione, folla*] disorderly, turbulent; [*assemblea, gioco*] boisterous; [*scuola*] rebellious **3** *(irrequieto)* [*persona*] boisterous, obstreperous, raucous, rowdy; [*passioni*] turbulent **4** FIS. turbulent.

turbolenza /turbo'lɛntsa/ f. **1** *(agitazione)* turbulence **U**, disorderliness, obstreperousness **2** METEOR. turbulence **U**; ***area di -e*** area *o* patch of turbulence.

turbomotore /turbomo'tore/ m. turbine.

turbonave /turbo'nave/ f. turbine ship, turbiner.

turbopompa /turbo'pompa/ f. turbopump.

turbopropulsore /turbopropul'sore/ m. turbine propeller.

turboreattore /turboreat'tore/ → **turbogetto.**

turbotreno /turbo'trɛno/ m. turbotrain.

turboventilatore /turboventila'tore/ m. turbofan.

turca /'turka/ f. **1** *(divano)* ottoman **2** *(toilette)* Turkish toilet.

turcasso /tur'kasso/ m. LETT. quiver.

turchese /tur'kese/ ♦ **3 I** f. MINER. turquoise **II** m. *(colore)* turquoise, blue-green **III** agg. turquoise, blue-green.

Turchia /tur'kia/ ♦ **33** n.pr.f. Turkey.

turchino /tur'kino/ ♦ **3 I** agg. bice; ***la Fata Turchina*** the Blue Fairy **II** m. bice.

turco, pl. **-chi, -che** /'turko, ki, ke/ ♦ **25, 16 I** agg. Turkish; ***bagno ~*** Turkish bath; ***caffè ~*** o ***alla -a*** Turkish coffee; ***tabacco ~*** Turkish tobacco; ***sedere*** o ***stare seduti alla -a*** to sit cross-legged; ***gabinetto alla -a*** Turkish toilet **II** m. (f. **-a**) **1** *(persona)* Turk **2** *(lingua)* Turkish **3** STOR. ***Giovane Turco*** Young Turk **4** BOT. ***turbante di ~*** Turk's cap lily ◆ ***bestemmiare come un ~*** to swear like a trooper *o* truck driver *o* lorry driver, to curse and swear, to eff and blind BE; ***fumare come un ~*** to smoke like a chimney; ***cose -che!*** SCHERZ. nutty things!

turcomanno /turko'manno/ ♦ **25, 16 I** agg. Turkmen **II** m. (f. **-a**) **1** *(persona)* Turkmen **2** *(lingua)* Turkmen.

turgidezza /turdʒi'dettsa/ f. turgescence.

turgido /'turdʒido/ agg. **1** *(gonfio)* [*seno, labbra*] turgescent, turgid **2** FIG. *(ampolloso)* [*linguaggio, stile*] turgid.

turgidità /turdʒidi'ta/ f.inv. turgescence.

turgore /tur'gore/ m. turgor.

turibolo /tu'ribolo/ m. censer, incensory, thurible.

turiferario, pl. **-ri** /turife'rarjo, ri/ m. RELIG. thurifer, censer bearer, incense bearer.

▷ **turismo** /tu'rizmo/ m. tourism, touring; *(industria turistica)* tourist trade; ***viaggiare per*** o ***fare del ~*** to go touring; ***ufficio*** o ***ente del ~*** tourist (information) office; ***(automobile) gran ~*** tourer, touring car ◆◆ ***~ di massa*** mass tourism; ***~ sessuale*** sex tourism.

▷ **turista**, m.pl. **-i**, f.pl. **-e** /tu'rista/ m. e f. tourist, sightseer; ***una comitiva di -i*** a party of tourists.

▷ **turistico**, pl. **-ci, -che** /tu'ristiko, tʃi, ke/ agg. **1** *(relativo al turismo)* tourist attrib., holiday attrib.; ***guida -a, accompagnatore ~*** (travel) courier, tour guide; ***gita -a*** sightseeing expedition; ***stagione -a*** holiday season BE; ***villaggio ~*** holiday camp BE; ***agenzia -a*** travel agency; ***classe -a*** AER. tourist *o* economy class; ***fare un giro ~*** to see the sights, to go sightseeing **2** *(che attira i turisti)* [*città, itinerario, località*] tourist attrib., holiday attrib.

turkmeno /turk'mɛno/ ♦ **25, 16 I** agg. Turkmen **II** m. (f. **-a**) **1** *(persona)* Turkmen **2** *(lingua)* Turkmen.

turlupinare /turlupi'nare/ [1] tr. to cheat, to bamboozle COLLOQ.

turlupinatore /turlupina'tore/ m. (f. **-trice** /tritʃe/) cheat, bamboozler.

turlupinatura /turlupina'tura/ f. cheating, bamboozlement.

turnista, m.pl. **-i**, f.pl. **-e** /tur'nista/ m. e f. **1** *(lavoratore)* shift worker **2** *(strumentista)* session musician.

▷ **turno** /'turno/ m. **1** turn, go BE; ***è il tuo ~*** it's your turn *o* go; ***aspettare il proprio ~*** to wait one's turn; ***essere il ~ di qcn. per fare*** to be sb.'s turn to do; ***giocare quando non è il proprio ~*** to play out of turn; ***verrà il tuo ~*** your turn will come; ***"perdete un ~"*** "miss a turn"; ***a -i*** by turns; ***fare a ~ a fare*** to take turns at doing, to take it in turns to do; ***fate a ~!*** take it in turns! ***a ~*** in turn; ***ha parlato con ognuno di noi a ~*** she spoke to each of us in turn **2** IND. *(periodo di lavoro)* shift, relay; *(gruppo di lavoratori)* shift; ***fare i -i*** to work shifts, to be on shifts *o* on shift work; ***fare -i di otto ore*** to work eight-hour shifts; ***~ di giorno*** day shift; ***~ serale*** evening shift; ***~ di notte*** night shift; ***fare il ~ del mattino*** to be on mornings *o* morning shifts; ***il prossimo ~ attacca alle 10*** the next shift comes on at 10 **3** *(servizio)* ***di ~*** [*infermiera, guardia*] (on) duty; ***farmacia di ~*** duty chemist; ***medico di ~*** doctor on duty; ***un ~ di servizio*** MIL. a tour of duty **4** POL. ballot; ***il primo ~*** the first ballot **5** SPORT GIOC. round; ***~ di qualificazione*** qualifying round.

turpe /'turpe/ agg. [*azione, condotta*] infamous, foul, contemptible; ***delle parole -i*** obscene words.

turpemente /turpe'mente/ avv. infamously.

turpiloquio, pl. **-qui** /turpi'lɔkwjo, kwi/ m. filth language, foul language, obscene language.

turpitudine /turpi'tudine/ f. turpitude, foulness.

turricolato /turrikolato/ agg. turriculate, turriculated.

turrito /tur'rito/ agg. towered, turreted.

TUS /tus/ m. (⇒ tasso ufficiale di sconto) official bank rate.

tuscanico, pl. **-ci, -che** /tus'kaniko, tʃi, ke/ agg. ART. ARCH. Tuscan.

TUT /tut/ f. (⇒ tariffa urbana a tempo) local dialling charges.

▷ **tuta** /'tuta/ f. **1** *(da lavoro)* overalls pl. BE, coveralls pl. AE **2** (anche ~ ***da ginnastica***) tracksuit, sweatsuit, sweats AE **3** *(intera)* jumpsuit ◆◆ ***~ d'amianto*** asbestos suit; ***~ blu*** *(operaio)* blue-collar worker; ***~ mimetica*** camouflage fatigues pl.; ***~ pressurizzata*** pressure suit; ***~ da sci*** ski *o* snow suit; ***~ spaziale*** spacesuit.

Tutankhamen /tutan'kamen/ n.pr.m. STOR. Tutankhamen, Tutankhamun.

tutela /tu'tɛla/ f. **1** DIR. wardship, guardianship; ***un bambino sotto ~*** a child in ward; ***minore sotto ~ legale*** ward in chancery; ***essere sottoposto a ~*** to be made a ward of court; ***legge per la ~ della privacy*** data protection act, privacy laws pl. **2** POL. *(nel diritto internazionale)* trusteeship; ***territorio sotto ~*** trust territory: ***essere sotto la ~ dell'ONU*** to be under the trusteeship of the UN **3** *(protezione)* conservation, protection, safeguard; ***sotto la ~ di*** under the protection of; ***~ ambientale, della natura*** environmental protection, nature conservancy; ***~ della flora e della fauna*** wildlife conservation *o* preservation; ***~ dei consumatori*** consumer protection; ***servizio per la ~ del consumatore*** consumer watchdog.

1.tutelare /tute'lare/ agg. **1** DIR. tutelary; ***giudice ~*** = tutelary judge **2** *(che protegge)* [*divinità, nume*] tutelar, tutelary; ***angelo ~*** guardian angel.

2.tutelare /tute'lare/ [1] **I** tr. to protect, to safeguard [*consumatore, interesse, investimento, privilegio*]; ***~ la propria dignità*** to preserve one's dignity; ***~ la quiete pubblica, l'ordine pubblico*** [*polizia*] to keep the peace, order **II tutelarsi** pronom. to protect oneself (**contro, da** against, from).

tutina /tu'tina/ f. **1** *(per bambino)* Babygro®, creepers AE **2** *(body)* leotard.

tutolo /'tutolo/ m. corncob.

tutor /'tjutor/ ➧ **18** m. e f.inv. UNIV. tutor.

tutoraggio, pl. **-gi** /tuto'raddʒo, dʒi/ m. UNIV. tutorship.

tutore /tu'tore/ m. (f. **-trice** /tritʃe/) **1** DIR. guardian, conservator AE; ***nominare un ~*** to appoint a guardian; ***~ legale*** legal guardian **2** *(difensore)* defender, guardian; ***~ dell'ordine*** = police officer **3** AGR. beanpole, cane **4** MED. (anche ~ **ortopedico**) brace.

tutorio, pl. **-ri, -rie** /tu'tɔrjo, ri, rje/ agg. tutelary.

tuttalpiù, **tutt'al più** /tuttal'pju/ avv. *(al massimo)* at the outside, at (the) most; *(nel peggiore dei casi)* at worst; ***~ posso prestarti 100 euro*** at (the) most I can lend you 100 euros; ***~ pagherò una multa*** at worst I'll pay a fine.

▶ **tuttavia** /tutta'via/ cong. however, nevertheless, but, still, yet; ***~, la recessione non è ancora terminata*** however, the recession is not over yet; ***se, ~, preferite non accettare l'offerta, noi...*** if, however, you prefer not to accept the offer, we...; ***~ continuano a provare*** they go on trying nevertheless; ***è ~ vero che*** it's nevertheless true that; ***era molto caro, ~ ne valeva la pena*** it was very dear, still it was worth it; ***così forte e ~ così gentile*** so strong and yet so gentle.

▶ **tutto** /'tutto/ **I** agg.indef. **1** all; *(intero)* whole; ***~ il denaro*** all the money; ***-a la storia*** the whole story; ***-a la verità*** the whole truth; ***-a l'idea sta nel fare*** the whole idea is to do; ***~ quel rumore*** all that noise; ***con ~ il mio affetto*** *(nelle lettere)* all my love; *(in espressioni temporali o spaziali)* ***~ l'anno*** all year round; ***(per) ~ il giorno, la notte*** all day, night long; ***(per) ~ il tempo*** all the time; ***per -a la sua vita*** all *o* throughout his life, in his whole life; ***durante ~ l'inverno*** throughout the winter; ***lungo ~ il fiume*** all along the river; ***la città più bella di ~ il mondo*** the most beautiful city in the whole world; ***-a Londra ne parla*** the whole of London is talking about it; ***in*** o ***per ~ il paese*** throughout *o* all over the country **2** *(seguito da pronome dimostrativo)* ***è ~ quello che so*** that's all I know; ***fare ~ ciò che è*** o ***~ il possibile*** to do everything possible; ***con ~ ciò*** for all that; ***tutt'altro che*** anything but; ***tutt'altro!*** not at all! **3** *(completo, totale)* ***in -a onestà*** in all honesty; ***in -a franchezza...*** to be absolutely *o* perfectly truthful *o* frank...; ***con ~ il rispetto*** with all due respect; ***per -a risposta si mise a ridere*** her only answer was to laugh **4** *(compreso, incluso)* ***bisogna studiare fino a ~ il secondo capitolo*** you have to study up to and including the second chapter; ***a tutt'oggi non è passato*** up to the present *o* until today he hasn't come by yet **5** *(con uso avverbiale, enfatico) (completamente)* ***~ solo*** all alone *o* on one's own; ***~ vestito di bianco*** dressed all in white; ***essere ~ bagnato*** to be all wet; ***è -a presa dal suo lavoro*** she's completely involved in her job; ***tutt'intorno al giardino*** all around the garden; ***ha un appartamento ~ suo*** he's got a flat of his own; ***è ~ tuo*** it's all yours; ***è ~ sbagliato*** it's completely wrong; ***hai capito ~ il contrario*** you've got it all back to front; ***è -a un'altra faccenda*** that's another matter altogether; ***è -a un'altra cosa!*** it's a different world! ***è ~ sua madre*** he looks just like his mother; *(niente altro che)* ***essere ~ gambe, occhi*** to be all legs, eyes; ***essere ~ sorrisi*** to be all smiles; ***lo stufato era ~ cipolle!*** the stew was all onions! **II** pron. **1** all; *(ogni cosa)* everything; *(qualsiasi cosa)* anything; ***rischiare ~*** to risk all; ***è ~ a posto?*** is everything all right? ***è andato ~ bene*** all was well; ***fin qui ~ bene*** so far so good; ***si è inventata ~*** she made the whole thing up; ***dimentichiamo ~!*** let's forget the whole thing! ***non ~ è perduto*** all *o* everything is not lost; ***~ sta a indicare che*** all the indications are that; ***è ~*** that's all; ***è ~ qui?*** will that be all? ***lo scopo dell'esercizio è*** o ***sta ~ qui*** that's the whole point of the exercise; ***e non è ~*** and that's not all; ***era ~ per lui*** she meant everything to him; ***i soldi non sono ~*** money isn't everything; ***era ~ fuorché intelligente*** he was anything but intelligent; ***mangerebbe di ~*** she'd eat anything; ***è capace di ~*** he is capable of anything; ***~ è possibile*** anything is possible; ***nonostante ~*** in spite of everything; ***più di ~*** most of all; ***prima di ~*** first of all; ***500 in ~*** 500 in all; ***quanto fa in ~?*** how much is that altogether? ***è un gentiluomo in ~ e per ~*** he's every inch a gentleman; ***si assomigliano in ~ e per ~*** they are alike in every way; ***~ o niente*** all or nothing; ***~ sommato*** all in all; ***è ~ dire*** that says it all **2** *(in espressioni ellittiche)* ***una volta per -e*** once and for all; ***provarle -e*** to try everything; ***mettercela -a*** to try hard; ***le pensa -e*** he knows all the tricks **3 del tutto** altogether, perfectly, quite, totally; ***non del ~ vero*** not altogether *o* strictly true; ***è del ~ naturale*** it's quite natural; ***mi è del ~ chiaro*** it's quite clear to me; ***assumere proporzioni del ~ nuove*** to take on a whole new dimension; ***l'operazione non è del ~ riuscita*** the operation is not entirely successful **III** m. whole; ***considerare qcs. come un ~*** to consider sth. as a whole; ***vendere il ~ per 200 euro*** to sell the whole (thing) for 200 euros; ***rischiare il ~ per ~*** to go for broke **IV tutti** agg.indef.pl. **1** all; *(ogni)* every; *(ciascuno)* each; *(qualsiasi)* any; ***-i gli uomini nascono uguali*** all men are born equal; ***invitare -i gli amici*** to invite all one's friends; ***a -e le ore*** at all hours; ***-e le persone che*** all those people who; ***in -i e tre i film*** in all three films; ***-i i pomeriggi*** every afternoon; ***in -i i modi*** in every way; ***ho -e le ragioni per credere che*** I have every reason to believe that; ***hanno -i i diritti di lamentarsi*** they have every right to complain; ***tutte le volte che faccio*** each time I do; ***sono disposto ad aiutare in -i i modi possibili*** I'm ready to help in any way I can; ***a -i i costi*** at all costs, at any cost **2** *(con pronomi personali)* ***-i noi*** o ***noi -i vogliamo*** we all *o* all of us want; ***di' a -i loro quello che è accaduto*** tell them all what happened **V tutti** pron.indef.pl. all; *(ognuno)* everybody, everyone; *(ciascuno)* each (one); ***grazie a -i*** thank you all; ***-i insieme adesso!*** all together now! ***parlavano -i insieme*** they were talking all together *o* all at once; ***non -i sono venuti*** not all of them came; ***-i quanti sbagliamo*** we all make mistakes; ***li rivogliamo -i indietro*** we want all of them back; ***si alzarono -i e due*** they both stood up; ***andremo -i e tre*** all three of us will go; ***-i gli altri sono soddisfatti*** everybody else is satisfied; ***non si può piacere a -i*** you can't please everybody; ***ascoltate(mi) -i!*** listen everybody! ***questo è valido per -i (voi)*** that applies to you all; ***è matto, lo sanno -i*** he's mad, everybody knows that; ***ho ringraziato -i*** I thanked each of them ◆ ***essere ~ zucchero e miele*** IRON. to be all sweetness; ***non*** o ***neanche per ~ l'oro del mondo*** not for all the world; ***non è ~ oro quello che luccica*** PROV. all that glitters is not gold; ***uno per -i, -i per uno*** all for one and one for all; ***~ è bene quel che finisce bene*** all's well that ends well.

tuttofare /tutto'fare/ **I** agg.inv. ***uomo ~*** odd-jobman, handyman; ***domestica ~*** maid of all work; ***impiegato ~*** man Friday; ***impiegata ~*** girl Friday **II** m. e f. inv. handyman*, chief cook and bottle-washer SCHERZ., general factotum SCHERZ.

tuttologo, m.pl. **-gi**, f.pl. **-ghe** /tut'tɔlogo, dʒi, ge/ m. (f. **-a**) IRON. = a know-it-all.

▷ **tuttora** /tut'tora/ avv. still; ***è ~ assente*** he is still absent.

tuttotondo /tutto'tondo/ m.inv. ART. ***a ~*** [*scultura*] in the round.

tutto

Tutto aggettivo

- Quando *tutto*, aggettivo singolare, esprime la totalità, sono possibili diverse traduzioni in inglese, che tuttavia non sono sempre intercambiabili:

 a) di solito, *tutto* si traduce *all* quando si riferisce a un nome non numerabile:

tutto il vino	=	all the wine
tutto il denaro	=	all the money
tutto quel rumore	=	all that noise
tutto il loro talento	=	all their talent
è tutto quello che so	=	that's all I know

 b) di solito, *tutto* si traduce con *whole* quando può essere sostituito da *intero*:

tutta la torta	=	the whole cake
tutto il gruppo	=	the whole group
tutto un libro	=	a whole book

 Si noti tuttavia l'uso dell'espressione *the whole of*:

conoscere tutto Shakespeare / il Giappone	=	to know the whole of Shakespeare / Japan
leggere tutto "David Copperfield"	=	to read the whole of "David Copperfield"
durante tutta la mia permanenza qui	=	during the whole of my stay here

 c) quando *tutto* vuole sottolineare la durata temporale o l'estensione spaziale in riferimento a un nome singolare o plurale, la traduzione migliore è *throughout* (anche se sono possibili delle varianti):

per tutta la partita	=	throughout the match
per tutto il secolo	=	throughout the century
ho fatto in piedi tutto il viaggio	=	I stood throughout the journey I stood for the whole journey
la voce corse per tutta la provincia	=	the rumour spread throughout the province
nevica su tutta l'Inghilterra	=	it's snowing throughout England / it's snowing all over England.

- Al plurale, l'aggettivo *tutti / tutte* si traduce con:

 a) *all*, quando si vuole esprimere la totalità:

ho visto tutti i miei ex compagni	=	I saw all my former classmates
mi piacciono tutti gli animali	=	I like all animals

 b) *each* o *every*, che vogliono concordanza al singolare, quando si intendono sottolineare i singoli componenti di un tutto (ossia, quando *tutto* equivale rispettivamente a *ciascuno* e *ogni*):

ci sono andato tutti i giorni	=	I went there each day / every day
tutte le volte che l'incontravo mi dava sui nervi	=	each time I met her, she got on my nerves
a tutti gli allievi sono stati dati una penna e un quaderno	=	each pupil has been given a pen and an exercise-book

 c) *any*, che può avere concordanza al singolare o al plurale, quando si intende sottolineare l'indefinitezza (ossia, quando *tutto* equivale a *qualsiasi*):

tutti gli studenti che prendono un voto basso dovranno riscrivere il tema	=	any student who gets a low mark shall write the essay again
tutti i passeggeri trovati senza biglietto saranno multati	=	any passengers caught without a ticket will be fined

Altri usi di _tutto_

- Per gli impieghi di *tutto* come pronome e come nome, si vedano le relative sezioni della voce **tutto**.

- Al di là delle diverse sfumature semantiche tra *all*, *both*, *any*, *each* e *every*, e tenendo conto del loro impiego come aggettivi o pronomi, vanno notati i diversi tipi di costruzione grammaticale possibili per queste forme:

 a) *all* precede l'articolo determinativo (*tutti i bambini* = all the children), l'aggettivo dimostrativo (*tutti questi libri* = all these books), l'aggettivo possessivo (*tutte le mie amiche* = all my friends) e il genitivo sassone (*tutte le scarpe di mio fratello* = all my brother's shoes); *all* segue invece il pronome personale (*sono venuti tutti* = they all came), ma non nella forma *all of* (*tutti voi / voi tutti siete licenziati!* = all of you are sacked!);

 b) *both* precede il nome (*tutti e due i giocatori di tennis si stanno allenando* = both tennis players are practising), l'aggettivo dimostrativo (*tutti e due questi libri sono cari* = both these books are expensive) e l'aggettivo possessivo (*tutti e due i miei fratelli sono castani* = both my brothers are brown-haired); *both* segue invece il verbo *to be* (*sono via tutti e due* = they are both away), gli ausiliari (*verranno tutti e due* = they will both come, *ci hanno visti tutti e due* = they have both seen us), e i pronomi personali (*sono arrivati presto tutti e due* = they both arrived early) tranne che nella forma *both of* (*sono arrivati presto tutti e due* = both of them arrived early);

 c) di *any*, *each* e *every* va solo ricordato che: in quanto aggettivi, precedono dei nomi (*tutti gli studenti* = any student/s, each student, every student); *each of* precede i pronomi personali (*tutti loro avevano già finito* = each of them had already finished); le corrispondenti forme pronominali sono *anything* e *everybody / everyone*.

- Quando *tutto* fa parte di una locuzione come *da tutte le parti*, *tutto solo*, *tutto nuovo*, ecc., la traduzione va cercata nel dizionario sotto il termine principale della locuzione stessa.

tutù /tu'tu/ m.inv. tutu, ballet dress.
tuzia /'tuttsja/ f. tutty.
TV /tiv'vu/ f.inv. TV, telly BE; ***alla ~*** on TV ◆◆ ***~ spazzatura*** garbage TV.
tweed /twid/ m.inv. tweed; ***una giacca di ~*** a tweed jacket.
twist /twist/ m.inv. twist; ***ballare il ~*** to twist, to do the twist.
tze-tze → **tse-tse.**
tzigano → **zigano.**

u

u, U /u/ m. e f.inv. u, U; ***inversione a U*** AUT. U-turn.
uadi /'wadi/ m.inv. wadi.
ubbia /ub'bia/ f. groundless fear, prejudice.
▶ **ubbidiente** /ubbi'djɛnte/ → **obbediente.**
▷ **ubbidienza** /ubbi'djɛntsa/ → **obbedienza.**
▶ **ubbidire** /ubbi'dire/ → **obbedire.**
ubertà /uber'ta/ f.inv. LETT. **1** *(fertilità)* fertility **2** *(abbondanza)* abundance.
Uberto /u'bɛrto/ n.pr.m. Hubert.
ubertoso /uber'toso/ agg. LETT. **1** *(fertile)* fertile **2** *(abbondante)* abundant.
ubicare /ubi'kare/ [1] tr. BUROCR. to locate.
ubicazione /ubikat'tsjone/ f. BUROCR. location, siting.
ubiquità /ubikwi'ta/ f.inv. ubiquitousness, ubiquity; ***non ho il dono dell'~!*** SCHERZ. I can't be everywhere at once!
ubriacare /ubria'kare/ [1] **I** tr. **1** to make* drunk, to inebriate, to intoxicate [*persona*]; ***fare ~ qcn.*** to get sb. drunk **2** FIG. *(frastornare)* to knock out, to stun; ***mi ha ubriacato con le sue chiacchiere*** my head was spinning with his chattering **II ubriacarsi** pronom. to get* drunk; ***-rsi di birra*** to get drunk on beer.
ubriacatura /ubriaka'tura/ f. **1** *(sbronza)* ***prendersi un'~*** to get drunk **2** FIG. crush, infatuation; ***prendere un'~ per qcn.*** to be infatuated with sb.
ubriachezza /ubria'kettsa/ f. drunkenness, intoxication; ***essere in stato di ~ molesta*** DIR. to be drunk and disorderly.
▷ **ubriaco**, m.pl. **-chi**, f.pl. **-che** /ubri'ako, ki, ke/ **I** agg. drunk, drunken, intoxicated; ***essere ~ fradicio*** COLLOQ. to be blind *o* dead drunk *o* as high as a kite *o* as drunk as a lord BE *o* a skunk AE; ***~ di stanchezza*** punch-drunk; ***~ di felicità*** deliriously happy **II** m. (f. **-a**) drunk; ***risata, sonno da ~*** drunken laugh, sleep.
ubriacone /ubria'kone/ m. (f. **-a**) drunkard, boozer.
UC ⇒ ufficio di collocamento employment exchange.
uccellagione /uttʃella'dʒone/ f. **1** *(caccia)* bird-catching **2** *(uccelli catturati)* catch.
uccellaio, pl. **-ai** /uttʃel'lajo, ai/ m. (f. **-a**) bird-catcher, fowler.
uccellare /uttʃel'lare/ [1] intr. (aus. *avere*) to bird, to fowl.
uccellatore /uttʃella'tore/ m. bird-catcher, fowler.
uccelliera /uttʃel'ljɛra/ f. aviary.
uccellino /uttʃel'lino/ m. little bird, birdie COLLOQ.; ***mangiare come un ~*** to eat like a bird; ***un ~ mi ha detto che...*** a little bird told me that...
▶ **uccello** /ut'tʃɛllo/ m. **1** ZOOL. bird; ***a volo d'~*** [*ripresa*] bird's eye attrib. **2** VOLG. *(pene)* cock, dick ◆ ***essere uccel di bosco*** to be as free as a bird, to have flown the coop; ***a ogni ~ il suo nido è bello*** PROV. east or west, home is best ◆◆ ***~ acquatico*** water bird, waterfowl; ***~ azzurro*** bluebird; ***~ barbuto*** barbet; ***~ canterino*** songbird; ***~ da gabbia*** cagebird; ***~ gatto*** catbird; ***~ imitatore*** mimic; ***~ lira*** lyrebird; ***~ del malaugurio*** jinx, calamity howler AE POP.; ***~ marino*** sea fowl, seabird; ***~ martello*** umber-bird, hammerhead; ***~ migratore*** migrant (bird), migrator; ***~ mosca*** humming bird; ***~ notturno*** night bird; ***~ del paradiso*** bird of paradise; ***~ parasole*** umbrella bird; ***~ di passo*** bird of passage; ***~ rapace*** bird of prey; ***~ da richiamo*** callbird; ***~ di ripa*** shore bird; ***~ sarto*** tailorbird; ***~ serpente*** snakebird; ***~ delle tempeste*** Mother Carey's chicken, storm petrel; ***~ tuffatore*** diver, loom.
ucci ucci /uttʃi'uttʃi/ inter. ***~ (sento odor di cristianucci)*** fee-faw-fum (I smell the blood of an Englishman).
▶ **uccidere** /ut'tʃidere/ [35] **I** tr. **1** *(far morire)* to kill [*persona, animale, pianta*]; *(con un'arma da fuoco)* to shoot down, to shoot dead [*persona*]; ***~ qcn. in duello*** to kill sb. in a duel; ***~ qcn. come un cane*** to butcher sb. like a dog; ***~ qcn. a botte, a sassate, a bastonate*** to beat, stone, club sb. to death; ***~ qcn. a sangue freddo*** to kill sb. in cold blood; ***~ qcn. per strangolamento, strangolandolo*** to choke sb. to death; ***essere ucciso in combattimento*** to be killed in action; ***il cancro uccide*** cancer kills *o* is a killer; ***la malattia l'ha ucciso*** he was killed by the disease; ***l'alcol lo sta uccidendo lentamente*** drink is slowly killing him; ***l'avrei ucciso!*** I could have killed him! ***non ~*** BIBL. thou shalt not kill **2** FIG. to kill; ***~ qcs. sul nascere*** to kill sth. in the egg; ***questo caldo mi uccide*** this heat is killing me; ***la televisione uccide la fantasia*** television has a deadening effect on the imagination, television numbs the mind **II uccidersi** pronom. **1** *(suicidarsi)* to kill oneself; ***-rsi a forza di bere*** to drink oneself to death **2** *(reciprocamente)* to kill each other, to kill one another **3** *(morire)* to get* killed; ***-rsi in un incidente d'auto*** to be *o* get killed in a car accident; ***si è uccisa cadendo*** she jumped to her death ◆ ***ucciderebbe il padre e la madre per ottenere qcs.*** he'd kill to get sth.; ***~ la gallina dalle uova d'oro*** to kill the golden goose; ***~ il vitello grasso*** to kill the fatted calf.
uccisione /uttʃi'zjone/ f. **1** *(di persona)* killing **2** *(di animale)* kill, killing.
ucciso /ut'tʃizo/ **I** p.pass. → **uccidere II** agg. killed; ***~ sul colpo*** killed outright **III** m. (f. **-a**) ***gli -i*** the victims.
uccisore /uttʃi'zore/ m. (f. **ucciditrice** /uttʃidi'tritʃe/) killer.
Ucraina /u'kraina, ukra'ina/ ♦ ***33*** n.pr.f. Ukraine.
ucraino /u'kraino, ukra'ino/ ♦ ***25, 16*** **I** agg. Ukrainian **II** m. (f. **-a**) **1** *(persona)* Ukrainian **2** *(lingua)* Ukrainian.
UDC /udit'tʃi/ f. (⇒ Unione dei Democratici Cristiani e Democratici di Centro) = Union of Christian and Centre Democrats.
udente /u'dɛnte/ **I** agg. hearing; ***non ~*** hearing-impaired, deaf; ***bambini -i e non -i*** deaf and hearing children **II** m. e f. hearing person; ***non udente*** hearing-impaired person, deaf; ***questo programma è sottotitolato per i non -i*** this programme has subtitles for the hearing-impaired.
UDeuR /ud'ɛur/ f. (⇒ Unione Democratici per l'Europa) = Democratic Union for Europe.
udibile /u'dibile/ agg. audible; [*sussurro*] loud.
udibilità /udibili'ta/ f.inv. audibility.
udienza /u'djɛntsa/ f. **1** FORM. *(ascolto)* audience; ***desidera chiedervi ~*** he wishes an audience with you **2** *(incontro)* audience; ***~ pontificia*** papal hearing; ***~ privata*** private hearing; ***sala delle -e*** presence chamber **3** DIR. hearing; ***~ di un appello*** hearing of an appeal; ***~ preliminare*** pretrial hearing; ***~ riservata*** o ***a porte chiuse*** closed hearing; ***con ~ a porte aperte, in pubblica ~*** in open court.

udinese /udi'nese/ ◗ *2* **I** agg. from, of Udine **II** m. e f. native, inhabitant of Udine.

▶ **udire** /u'dire/ [105] v. la nota della voce **1. vedere.** tr. **1** *(sentire)* to hear* [*rumore, parola, suono*]; ~ ***qcn. ridere*** to hear sb. laughing; ~ ***per caso*** to overhear; ***udite, udite!*** oyes! oyez! hear ye, hear ye! ***ho udito bene?*** did I hear you right? **2** *(venire a sapere)* to hear*; ***ho udito del tuo nuovo lavoro*** I heard about your new job **3** *(esaudire)* to hear*; ***Dio udì le sue preghiere*** God heard his prayers.

uditivo /udi'tivo/ agg. auditive, auditory, aural (anche MED.); ***condotto*** o ***canale*** ~ ear passage *o* canal; ***test*** ~ aural *o* hearing test; ***fonetica -a*** auditory phonetics.

udito /u'dito/ m. hearing; ***problemi di*** ~ impairment of hearing; ***perdita dell'***~ hearing loss; ***avere l'***~ ***fine*** to have a sharp *o* keen hearing.

uditore /udi'tore/ m. (f. **-trice** /tritʃe/) **1** *(ascoltatore)* listener, hearer; ***gli -i*** the audience **2** SCOL. UNIV. = student entitled to attend lectures without sitting exams; auditor AE **3** DIR. auditor.

uditorio, pl. **-ri** /udi'tɔrjo, ri/ m. audience.

Udolfo /u'dɔlfo/ n.pr.m. Udolpho.

udometro /u'dɔmetro/ m. udometer.

UE /u'ɛ/ f. (⇒ Unione Europea European Union) EU.

UEFA /'wɛfa/ f. (⇒ Unione europea delle federazioni calcistiche Union of European Football Associations) UEFA; ***coppa*** ~ UEFA cup.

UEO /u'ɛo/ f. (⇒ Unione dell'Europa Occidentale Western European Union) WEU.

▷ **uffa** /'uffa/ inter. bother, oof; ~***, che noia!*** oof, what a bore! ~ ***che caldo!*** phew, it's so hot!

▶ **1.ufficiale** /uffi'tʃale/ agg. [*banchetto, biografia, candidato, cifra, documento, linguaggio, ragione*] official; ***annuncio*** ~ official *o* formal announcement; ***visita*** ~ official *o* state visit; ***atto*** ~ official record; ***fornitore*** ~ official supplier; ***la Chiesa*** ~ the established church; ***è*** ~***!*** GIORN. it's official!

▶ **2.ufficiale** /uffi'tʃale/ ◗ *12* m. **1** MIL. MAR. officer; ***allievo*** ~ cadet; ~ ***subalterno*** subaltern BE; ***circolo -i*** officer's club; ***essere nominato*** ~ to get one's commission, to be commissioned (as) an officer **2** *(funzionario)* ***pubblico*** ~ official ◆◆ ~ ***d'aviazione*** air officer; ~ ***di carriera*** career officer; ~ ***di collegamento*** liaison officer; ~ ***comandante*** commanding officer; ~ ***di complemento*** reserve officer; ~ ***dell'esercito*** army officer; ~ ***generale*** general officer; ~ ***di giornata*** officer of the day; ~ ***giudiziario*** DIR. bailiff, tipstaff, sheriff-officer BE, marshal AE; ~ ***di guardia*** officer of the watch; ~ ***d'ordinanza*** STOR. orderly officer; ~ ***di picchetto*** orderly officer; ~ ***di reclutamento*** recruiting officer; ~ ***sanitario*** health officer; ~ ***di servizio*** duty officer; ~ ***di stato maggiore*** staff officer; ~ ***superiore*** field officer.

1.ufficialità /uffitʃali'ta/ f.inv. official character; ***l'***~ ***della notizia*** the official character of the news.

2.ufficialità /uffitʃali'ta/ f.inv. MIL. officers pl.

ufficializzare /uffitʃalid'dzare/ [1] tr. to make* official, to officialize.

ufficializzazione /uffitʃaliddzat'tsjone/ f. formalization.

ufficialmente /uffitʃal'mente/ avv. officially; ***riconoscere*** ~ ***qcs.*** to give state recognition to sth.; ***essere*** ~ ***riconosciuto disabile*** to be registered (as) disabled.

ufficiare /uffi'tʃare/ → **officiare.**

▶ **ufficio**, pl. **-ci** /uf'fitʃo, tʃi/ m. **1** *(locale di lavoro)* office, bureau*; *(settore di una compagnia)* department, section; ***-ci*** office premises; ***palazzo di -ci*** office block; ***locali uso*** ~ office accommodation; ***-ci amministrativi*** administration building *o* block; ***lavoro d'***~ clerical work, deskwork (anche SPREG.); ***orario di*** ~ office *o* business hours; ***andare in*** ~ to go to the office; ***lavorare in un*** ~***, essere impiegato d'***~ to work in an office; ***l'***~ ***è aperto al pubblico*** the office is open to the public; ***è impiegata in un*** ~ she has a clerical post **2** *(incarico, carica)* office; ~ ***pubblico*** public office; ~ ***di giudice*** justiceship; ~ ***di procuratore*** attorneyship; ***sospendere qcn. da un*** ~ to suspend sb. from his post **3** *(autorità)* ***d'***~ [*pensionamento, licenziamento*] compulsory; [*parlare*] ex officio; ***nominato d'***~ [*avvocato, perito*] appointed by the court; ***giuramento d'***~ DIR. oath of office; ***abuso d'***~ abuse of authority, misfeasance; ***avvocato d'***~ duty solicitor BE, public defender AE; ***misura*** o ***provvedimento applicato d'***~ measure implemented without consultation; ***sono stato trasferito d'***~ ***alla sezione archivi*** I was transferred to records without being consulted; ***le nostre proposte sono state respinte d'***~ our proposals were dismissed out of hand **4** FORM. *(favore, intervento)* ***buoni -ci*** good offices; ***per mezzo dei loro buoni -ci*** through their good offices **5** RELIG. office, service; ***l'***~ ***funebre*** the office for the dead; ~ ***del mattino, domenicale*** morning, Sunday service ◆◆ ~ ***acquisti*** purchasing department; ~ ***amministrativo*** administration (office); ~ ***dell'anagrafe*** registry office; ~ ***assistenza*** COMM. service department; ~ ***cambi*** exchange bureau; ~ ***del catasto*** land office; ~ ***centrale*** COMM. central office; ~ ***di collocamento*** employment exchange; ~ ***contabile*** accounts office; ~ ***doganale*** customs house, tollhouse; ~ ***informazioni*** information bureau, inquiries; ~ ***oggetti smarriti*** lost and found (office); ~ ***(del) personale*** personnel (department); ~ ***postale*** post office; ~ ***prenotazioni*** booking office BE; ~ ***sinistri*** claims department; ~ ***stampa*** press office, public relations office; ~ ***spedizioni*** mailing house; ~ ***del turismo*** tourist (information) office; ~ ***vendite*** sales (department), sale office.

ufficiosamente /uffitʃosa'mente/ avv. informally, off-the-record, unofficially.

ufficiosità /uffitʃosi'ta/ f.inv. unofficial character.

ufficioso /uffi'tʃoso/ agg. [*annuncio, richiesta*] informal, off-the-record; [*cifre, risultati*] unofficial; ***in via -a*** unofficially.

uffizio, pl. **-zi** /uf'fittsjo, tsi/ m. office; ***il Sant'Uffizio*** STOR. *(l'Inquisizione)* the Holy Office.

1.ufo /'ufo/ m. COLLOQ. ***a*** ~ without paying; ***vivere a*** ~ to freeload, to live off others.

2.ufo /'ufo/ m.inv. (⇒ unidentified flying object oggetto volante non identificato) UFO.

ufologia /ufolo'dʒia/ f. ufology.

ufologo, m.pl. **-gi**, f.pl. **-ghe** /u'fɔlogo, dʒi, ge/ m. (f. **-a**) ufologist.

Uganda /u'ganda/ ◗ *33* n.pr.m. Uganda.

ugandese /ugan'dese/ ◗ *25* **I** agg. Ugandan **II** m. e f. Ugandan.

ugello /u'dʒɛllo/ m. TECN. nozzle, tuyère, twyer; *(di motore)* jet.

uggia, pl. **-ge** /'uddʒa, dʒe/ f. *(noia, tedio)* boredom; ***questo rumore mi dà*** ~ this noise bothers me; ***prendere in*** ~ ***qcn.*** to grow tired of sb., to take dislike to sb.; ***il cattivo tempo mi mette l'***~ bad weather gets me down *o* puts me in a bad mood.

uggiolare /uddʒo'lare/ [1] intr. (aus. *avere*) to yelp, to whine.

uggiolio, pl. **-ii** /uddʒo'lio, ii/ m. yelp, whine.

uggiosità /uddʒosi'ta/ f.inv. dreariness, dullness.

uggioso /ud'dʒoso/ agg. [*cielo, giornata, tempo*] dreary, dull; ***cadeva una pioggia -a*** it was raining bleakly.

Ugo /'ugo/ n.pr.m. Hugh ◆◆ ~ ***Capeto*** Hugh Capet.

ugola /'ugola/ f. **1** ANAT. uvula* **2** *(gola)* throat; ***bagnarsi l'***~ to wet one's whistle **3** *(voce)* voice; ***un'***~ ***d'oro*** a golden voice.

ugonotto /ugo'nɔtto/ **I** agg. Huguenot **II** m. (f. **-a**) Huguenot.

ugrico, pl. **-ci**, **-che** /'ugriko, tʃi, ke/ agg. Ugrian, Ugric.

ugro-finnico, pl. **-ci**, **-che** /ugro'finniko, tʃi, ke/ **I** agg. Finno-Ugric **II** m. (f. **-a**) Finno-Ugric.

uguaglianza /ugwaʎ'ʎantsa/ f. **1** equality; ***garantire l'***~ ***dei diritti*** to guarantee equal rights **2** MAT. equality **3** LING. ***comparativo di*** ~ same degree comparative.

uguagliare /ugwaʎ'ʎare/ [1] **I** tr. **1** *(rendere uguali, livellare)* to equalize, to make* equal [*prezzi, redditi, imposte*]; ***la sofferenza uguaglia tutti gli uomini*** suffering makes all men equal **2** *(essere pari)* to equal, to match [*persona*]; ~ ***i migliori*** to equal the best; ***la sua ignoranza è uguagliata solo dalla sua ostinazione*** his ignorance is rivalled only by his obstinacy; ***la sua arguzia non può essere uguagliata*** his wit cannot be matched **3** SPORT to equal [*record, tempo*] **4** *(paragonare)* to compare; ***nessun poeta può essere uguagliato a Dante*** no poet can be compared to Dante **5** *(pareggiare tagliando)* to trim **II uguagliarsi** pronom. **1** *(equivalersi)* to be* equal; ***le due prestazioni si uguagliano*** the two performances are at the same level **2** *(paragonarsi)* to compare oneself; ***-rsi a qcn.*** to compare oneself to sb.

▶ **uguale** /u'gwale/ **I** agg. **1** equal, same; ***in numero*** ~ in equal numbers; ***di*** ~ ***importanza*** of the same importance; ***a*** ~ ***distanza da*** at an equal distance from, equidistant from; ***una cifra*** ~ ***a un mese di stipendio*** a sum equal to one month's salary; ***dividere in parti -i*** to share and share alike, to divide in equal parts, to divide equally *o* evenly; ***mischiare X e Y in parti -i*** mix X and Y in equal parts *o* proportions; ***essere*** ~ ***a*** to equal; ***essere quasi*** ~ ***a*** to be much the same as; ***tutti gli uomini sono -i*** all men are equal; ***i due corsi sono -i*** the two courses are the same; ***le sue condizioni sono pressapoco -i a ieri*** his condition is much the same as yesterday; ***non ci sono due vestiti -i*** no two dresses are alike; ***a lui sembrano tutti -i*** they all look the same to him; ***voglio una giacca*** ~ ***a quella*** I want a jacket like that one; ***abbiamo la cravatta*** ~***!*** we're wearing the same tie! ***siete tutti -i!*** you're all the same! ***la legge è*** ~ ***per tutti*** all men are equal before the law **2** *(uniforme)* ***sempre*** ~ [*stile*] unvaried; [*routine*] unvarying, monotonous; [*tono, voce*] even, monotonous **3** *(liscio, piatto)* [*superficie, terreno*] level, even **4** *(indifferente)*

per me è ~ anything will do, it's all the same, it makes no difference to me, it doesn't matter to me **5** MAT. equal; ***sei meno tre ~ (a) tre*** six minus three is three; ***meno per meno ~ più*** two minuses make a plus **II** avv. the same; ***pesano ~*** they are the same weight **III** m. **1** MAT. *(segno)* equals sign BE, equal sign AE **2** *(dello stesso livello)* equal; ***non avere -i*** to have no equal, to be unsurpassed; ***il vino italiano non ha -i*** there's no wine like Italian wine.

ugualitario, pl. **-ri**, **-rie** /ugwali'tarjo, ri, rje/ → **egualitario.**

ugualitarismo /ugwalita'rizmo/ → **egualitarismo.**

ugualmente /ugwal'mente/ avv. **1** *(nella stessa maniera)* equally; ***~ difficile, carino*** equally difficult, pretty **2** *(lo stesso, tuttavia)* even then, (all) the same; ***era ~ felice*** she wasn't any the less happy; ***i cappelli non mi piacciono molto, ma lo proverò ~*** I don't really like hats, but I'll try it on anyway.

▷ **uh** /u/ inter. *(di sorpresa)* huh, ooh; ***~, che freddo!*** boy, it's cold here!

uhm /um/ inter. um.

UIL /wil/ f. (⇒ Unione Italiana del Lavoro) = Italian federation of trade unions.

ulano /u'lano/ m. uhlan.

▷ **ulcera** /'ultʃera/ ♦ 7 f. MED. ulcer ◆◆ ***~ duodenale*** duodenal ulcer; ***~ gastrica*** stomach ulcer; ***~ molle*** → ***~ venerea***; ***~ peptica*** peptic ulcer; ***~ perforata*** perforated ulcer; ***~ venerea*** chancre.

ulcerare /ultʃe'rare/ [1] **I** tr. to ulcerate **II** intr. (aus. *essere*), **ulcerarsi** pronom. to ulcerate.

ulcerativo /ultʃera'tivo/ agg. ulcerative.

ulcerato /ultʃe'rato/ **I** p.pass. → **ulcerare II** agg. ulcered.

ulcerazione /ultʃerat'tsjone/ f. ulceration.

ulcerogeno /ultʃe'rɔdzeno/ agg. ulcerogenic.

ulceroso /ultʃe'roso/ agg. ulcerous.

Ulfila /'ulfila/ n.pr.m. Ulfilas.

uliginoso /ulidʒi'nozo/ agg. uliginous.

Ulisse /u'lisse/ n.pr.m. Ulysses.

uliva /u'liva/ → **oliva.**

uliveto /uli'veto/ → **oliveto.**

ulivo /u'livo/ → **olivo.**

Ulivo /u'livo/ n.pr.m. POL. Olive Tree.

ulmaria /ul'marja/ → **olmaria.**

ulna /'ulna/ f. ulna*, cubitus.

ulnare /ul'nare/ agg. ulnar.

Ulrico /ul'riko/ n.pr.m. Ulric.

ulster /'ulster, 'alster/ m.inv. ulster.

ulsteriana /ulste'rjana/ f. Ulsterwoman*.

ulsteriano /ulste'rjano/ m. Ulsterman*.

▷ **ulteriore** /ulte'rjore/ agg. further; ***dopo -i esami*** after further examination; ***per -i informazioni...*** for further *o* additional *o* more information...; ***senza -i ritardi, indugi*** without more *o* further delay, ado; ***fare un ~ passo avanti*** to go one step further.

ulteriormente /ulterjor'mente/ avv. further; ***i prezzi sono aumentati ~*** prices increased (even) further.

ultima /'ultima/ f. *(notizia ecc.)* latest; ***la sai l'~?*** have you heard the latest?

ultimamente /ultima'mente/ avv. of late, lately, recently; ***l'ho vista ~*** I've seen her recently; ***~ lavora a casa*** lately, she's been working at home.

▷ **ultimare** /ulti'mare/ [1] tr. to accomplish, to finish [*lavoro, opera, progetto*].

ultimativo /ultima'tivo/ agg. peremptory.

ultimatum /ulti'matum/ m.inv. ultimatum*; ***~ di cessate il fuoco*** cease-fire ultimatum; ***dare un ~ a*** to deliver *o* issue *o* give an ultimatum to; ***l'~ è scaduto*** the ultimatum has expired.

ultimazione /ultimat'tsjone/ f. completion, finalization.

ultimissima /ulti'missima/ **I** f. *(edizione)* latest edition **II** **ultimissime** f.pl. *(notizie)* stop-press sing.

▶ **ultimo** /'ultimo/ **I** agg. **1** *(finale)* last, final attrib.; ***l'-a persona*** the last person; ***fino all'~ dettaglio*** to the last detail; ***l'-a automobile fabbricata ad Abingdon*** the last car to be made in Abingdon; ***per -a cosa*** last of all; ***per la prima e -a volta*** for the first and last time; ***fu l'-a volta che lo vidi*** that was the last I saw of him; ***è l'-a volta che viene qui!*** that's the last time he ever comes here! ***è l'-a volta che faccio, che fai*** it is the last time that I, you do; ***per l'-a volta, vuoi stare zitto!*** for the last time, will you be quiet! ***l'opera fu rappresentata l'-a volta nel 1925*** the play was last performed in 1925 **2** *(di una serie)* last; ***l'-a casa prima del garage*** the last house before the garage; ***terzo e ~ volume*** third and last volume; ***l'~ cassetto*** *(in basso)* the bottom drawer; ***l'~ scalino, piano*** *(in alto)* the top stair, floor; ***in -a fila*** *(dietro)* in the back row; ***arrivare (per) ~*** to come last; ***classificarsi ~*** to be placed last **3** *(più recente)* [*edizione, libro, moda, modello, notizia*] latest; ***l'-a moda*** the latest *o* new fashion; ***l'~ grido della moda*** the height of fashion; ***notizie dell'-a ora*** GIORN. fudge, stop-press news; ***l'-a edizione della notte*** GIORN. the late final; ***quali sono le -e notizie sulle sue condizioni?*** what's the latest on her condition? ***secondo le -e notizie*** according to the latest intelligence *o* news; ***in questi -i tempi*** lately, recently **4** *(scorso)* past; ***nelle -e 24 ore*** in the past 24 hours; ***negli -i giorni, mesi*** during the past few days, months; ***durante gli -i dieci anni*** in *o* over the last ten years; ***gli -i due anni sono stati difficili*** the past two years have been difficult **5** *(definitivo, estremo)* last, final attrib.; ***-a chance*** last chance; ***come -a risorsa*** as a last resort; ***in -a analisi*** in the final *o* last analysis; ***fare un ~ sforzo*** to go the extra mile; ***l'-a offerta*** ECON. the closing bid; ***è la mia -a offerta*** that's my final *o* best offer; ***cambiamento, decisione dell'~ minuto*** last-minute change, decision; ***all'~ momento*** at the last minute, at the eleventh hour; ***rimandare qcs. all'~ momento*** to put sth. off to the last minute; ***l'~ giorno per fare domanda*** the latest date *o* the last day you can apply; ***il termine ~ per le domande è il 15*** the deadline for applications is the 15th; ***facciamo un ~ tentativo*** let's make one last effort **6** *(meno probabile)* last; ***è l'-a persona (al mondo) a cui chiederei!*** he's the last person I'd ask! ***l'-a cosa che vogliono è proprio la pubblicità!*** the last thing they want is publicity! ***un altro gatto è davvero l'-a cosa di cui abbiamo bisogno*** another cat is the last thing we need **7** FILOS. *(fondamentale)* ultimate; ***causa -a*** final cause; ***il fine ~ della creazione*** the ultimate aim of creation **8** *(peggiore)* [*posto, squadra*] bottom; ***l'-a posizione*** the bottom; ***malattia all'~ stadio*** illness in its last stage *o* final stages **II** m. (f. **-a**) **1** *(in una successione, una classifica)* last; ***gli -i*** the last ones; ***l'~ a svegliarsi*** the last to wake up; ***sei sempre l'~*** you're always the last; ***l'~ rimasto*** the only one left; ***essere l'~ della lista*** to be at the bottom of the list; ***se cerchi il tuo nome nella lista, è l'~*** if you're looking for your name on the list, it's the last one; ***vi licenzio dal primo all'~!*** I'll sack every last one of you! ***le ragazze partirono per -e*** the girls left last; ***quest'~*** this last, the latter; ***ama sia i cani che i gatti, soprattutto questi -i*** he loves dogs and cats, especially the latter; ***tutti loro, fino all'~*** every last one of them; ***essere l'~ di una lunga discendenza di re*** to be the last in a long line of Kings; ***essere l'~ della classe*** to be *o* come bottom of the class; ***è l'~ dei pittori*** he's the worst of painters **2** *(nel tempo)* latest; ***l'~ di una serie di attacchi*** the latest in a series of attacks **3** *(giorno finale)* last; ***l'~ del mese*** the last day of the month; ***l'~ dell'anno*** New Year's Eve **4** *(punto, momento estremo)* ***fino all'~*** to the last; ***da ~*** lastly, finally **5** *(meno importante)* least; ***è l'~ dei miei problemi!*** that's the least of my problems! ***l'~ arrivato*** a mere nobody, a freshman AE ◆ ***spendere fino all'~ centesimo*** to spend every last penny; ***le -e parole famose!*** IRON. famous last words! ***avere l'-a parola*** to have the final word *o* the last say, to win the argument; ***esalare l'~ respiro*** to draw one's last breath, to breath one's last; ***essere l'-a ruota del carro*** to be the fifth wheel, to be at the bottom of the heap; ***ride bene chi ride ~*** PROV. he who laughs last laughs longest ◆◆ ***~ atto*** last act; ***~ nato*** new arrival; ***l'~ nato della famiglia*** the latest addition to the family; ***-e volontà*** last will and testament; ***l'Ultima Cena*** RELIG. the Last Supper.

ultimogenita /ultimo'dzɛnita/ f. youngest daughter.

ultimogenito /ultimo'dʒɛnito/ **I** agg. youngest **II** m. youngest son.

ultra /'ultra/, **ultrà** /ul'tra/ **I** agg.inv. ultra **II** m. e f.inv. **1** POL. GERG. ultra **2** SPORT hooligan.

ultraalto /ultra'alto/ agg. ELETTRON. ultrahigh.

ultracentenario, pl. **-ri**, **-rie** /ultratʃente'narjo, ri, rje/ **I** agg. more than a hundred years old **II** m. (f. **-a**) person over a hundred years old.

ultracentrifuga /ultratʃen'trifuga/ f. ultracentrifuge.

ultraconservatore /ultrakonserva'tore/ **I** agg. ultraconservative **II** m. (f. **-trice** /tritʃe/) ultraconservative person, diehard SPREG.

ultracorto /ultra'korto/ agg. ultrashort.

ultraleggero /ultraled'dʒɛro/ **I** agg. ultralight **II** m. *(aereo)* microlight, ULM.

ultraliberale /ultralibe'rale/ **I** agg. (extreme) libertarian **II** m. e f. (extreme) libertarian.

ultramicroscopico, pl. **-ci**, **-che** /ultramikros'kɔpiko, tʃi, ke/ agg. ultramicroscopic.

ultramicroscopio, pl. **-pi** /ultramikros'kɔpjo, pi/ m. ultramicroscope.

ultramoderno /ultramo'dɛrno/ agg. ultramodern.

ultramontanismo /ultramonta'nizmo/ m. ultramontanism.

ultramontano /ultramon'tano/ **I** agg. RELIG. ultramontane **II** m. RELIG. ultramontane.

ultrapiatto /ultra'pjatto/ agg. ultrathin.

ultrapotente /ultrapo'tɛnte/ agg. [*motore, automobile, amplificatore*] high powered.

ultrarapido /ultra'rapido/ agg. high-speed.

ultrarosso /ultra'rosso/ agg. ultrared, infrared.

ultrasensibile /ultrasen'sibile/ agg. [*apparecchio, pellicola*] hypersensitive.

ultrasonico, pl. **-ci, -che** /ultra'sɔniko, tʃi, ke/ agg. ultrasonic.

ultrasonografia /ultrasonogra'fia/ f. ultrasonography.

ultrasonoro /ultraso'nɔro/ → **ultrasonico.**

ultrastruttura /ultrastrut'tura/ f. ultrastructure.

ultrastrutturale /ultrastruttu'rale/ agg. ultrastructural.

ultrasuono /ultra'swɔno/ m. ultrasound; ***gli hanno fatto gli -i*** MED. he received *o* was given ultrasound.

ultrasuonoterapia /ultraswonotera'pia/ f. ultrasound treatment.

ultraterreno /ultrater'reno/ agg. [*mondo*] superterrestrial; [*bellezza, essere*] unworldly; ***vita -a*** afterlife.

▷ **ultravioletto** /ultravjo'letto/ **I** agg. ultraviolet; ***raggio ~*** sunray, ultraviolet ray; ***lampada a raggi -i*** sunlamp **II** m. ultraviolet.

ululare /ulu'lare/ [1] intr. (aus. *avere*) [*cane, lupo*] to howl; [*vento*] to howl, to wail.

ululato /ulu'lato/ m. *(di animale)* howling; *(di vento)* howling, wailing.

ululone /ulu'lone/ m. ***~ a ventre giallo*** yellow-bellied toad.

umanamente /umana'mente/ avv. **1** *(per l'essere umano)* humanly; ***~ possibile*** humanly possible **2** *(con umanità)* humanely.

umanazione /umanat'tsjone/ f. incarnation.

umanesimo /uma'nezimo/ m. humanism; ***~ liberale, secolare*** liberal, secular humanism.

umanista, m.pl. **-i**, f.pl. **-e** /uma'nista/ **I** agg. humanist **II** m. e f. humanist; *(studioso)* classical scholar.

umanistico, pl. **-ci, -che** /uma'nistiko, tʃi, ke/ agg. humanistic; ***istruzione -a*** liberal education; ***discipline -che*** UNIV. arts, humanities.

▶ **umanità** /umani'ta/ f.inv. **1** *(genere umano)* humanity, mankind; ***la condizione dell'~*** human condition; ***crimine contro l'~*** crime against humanity **2** *(natura umana)* humanity **3** *(benevolenza)* humanity, humaneness; ***atto di ~*** humane act; ***la sua ~ lo ha reso caro a tutto il paese*** his humanity endeared him to the nation.

umanitario, pl. **-ri, -rie** /umani'tarjo, ri, rje/ **I** agg. humanitarian; ***organizzazione -a*** relief agency *o* organization; ***un'azione -a*** a humanitarian gesture **II** m. (f. **-a**) humanitarian.

umanitarismo /umanita'rizmo/ m. humanitarianism.

umanitaristico, pl. **-ci, -che** /umanita'ristiko, tʃi, ke/ agg. humanitarian.

umanizzare /umanid'dzare/ [1] **I** tr. **1** *(dotare di caratteristiche umane)* to humanize **2** *(rendere umano, civile)* to humanize [*condizioni di vita, persona*] **3** *(nell'alimentazione)* to humanize [*latte*] **II umanizzarsi** pronom. to become* civilized.

umanizzazione /umaniddzat'tsjone/ f. **1** humanization **2** RELIG. incarnation.

▶ **umano** /u'mano/ **I** agg. **1** *(dell'uomo)* [*comportamento, corpo, debolezza, errore, fattore, popolazione*] human; ***natura -a*** humanity, human nature; ***genere ~*** humankind, mankind; ***diritti -i*** human rights; ***gestione delle risorse -e*** human engineering; ***salvare delle vite -e*** to save human lives **2** *(benevolo)* [*persona, gesto*] humane, human; ***trattare qcn. in modo ~*** to treat sb. humanely **II** m. **1** *(persona)* human **2** FILOS. ***l'~ e il divino*** the human and the divine ◆ ***errare è ~*** PROV. to err is human.

umanoide /uma'nɔide/ **I** agg. humanoid **II** m. e f. humanoid.

umato /u'mato/ m. humate.

umbellato /umbel'lato/ agg. umbellar, umbellate.

Umberto /um'bɛrto/ n.pr.m. Humbert.

umbone /um'bone/ m. **1** *(sugli scudi)* umbo* **2** BOT. ZOOL. umbo*.

umbratile /um'bratile/ agg. LETT. **1** *(ombroso)* shady **2** FIG. *(schivo, solitario)* self-effacing.

umbretta /um'bretta/ f. umber-bird, hammerhead.

umbro /'umbro/ ➧ **30 I** agg. Umbrian **II** m. (f. **-a**) **1** *(persona)* Umbrian **2** LING. dialect of Umbria.

umettante /umet'tante/ agg. humectant; ***sostanza ~*** humectant; ***agente ~*** wetting agent.

umettare /umet'tare/ [1] **I** tr. to moisten **II umettarsi** pronom. to moisten; ***-rsi le labbra*** to moisten one's lips.

umettazione /umettat'tsjone/ f. moistening.

umico, m.pl. **-ci**, f.pl. **-che** /'umiko, tʃi, ke/ agg. humic.

umicolo /u'mikolo/ agg. humicolous.

umidiccio, pl. **-ci, -ce** /umi'dittʃo, tʃi, tʃe/ agg. [*clima*] dampish; [*mani*] moist, clammy.

umidificare /umidifi'kare/ [1] tr. to humidify.

umidificato /umidifi'kato/ **I** p.pass. → **umidificare II** agg. ***salviettina -a*** baby wipe, towelette AE.

umidificatore /umidifika'tore/ m. humidifier.

umidificazione /umidifikat'tsjone/ f. humidification.

▷ **umidità** /umidi'ta/ f.inv. **1** damp, dampness, moistness, moisture; ***macchia di ~*** damp patch; ***questa pianta tollera l'~*** this plant is tolerant of the wet; ***l'~ deteriora gli affreschi*** damp damages the frescoes; ***l'~ si è estesa su tutto il muro*** the damp has spread over the whole wall; ***mantenere l'~ in una stanza*** to keep a room moist **2** METEOR. *(di aria, clima)* humidity; ***~ relativa*** relative humidity.

▷ **umido** /'umido/ In inglese esistono tre termini per tradurre l'aggettivo italiano *umido*: *damp* si usa per descrivere qualcosa che sarebbe bene non fosse umido (*a damp bed* = un letto umido; *non posso mettermi la camicia blu, è ancora umida* = I can't wear the blue shirt, it's still damp); *moist* non ha questa connotazione negativa, ma descrive oggettivamente una situazione (*il terreno dovrebbe essere sempre umido* = the soil should always be moist); *humid* è il termine tecnico che si usa in riferimento al clima (*quel villaggio sul lago è spesso umido in primavera* = that village on the lake is often humid in spring). **I** agg. **1** *(leggermente bagnato)* [*biancheria, capelli*] damp; [*mani, pelle*] clammy; [*terreno*] damp, moist; [*muro*] damp, slimy; ***avvolgetelo in un panno ~*** wrap it in a damp *o* moist cloth **2** METEOR. [*clima*] humid, clammy, moist, steamy, damp; [*atmosfera*] damp; ***quest'inverno è ~*** this winter is cold and damp; ***fa un caldo ~*** there's a steamy heat, the weather is sticky, it's hot and humid **II** m. **1** dampness **2** GASTR. ***in ~*** [*carne*] stewed; ***(fare) cuocere in ~*** to stew.

▶ **umile** /'umile/ **I** agg. **1** *(non orgoglioso)* [*persona*] humble **2** *(non elevato)* [*condizioni*] humble; [*lavoro*] menial; ***di -i natali*** of low birth, humbly born; ***le sue -i origini*** his humble beginnings **3** *(misero)* humble; ***la mia ~ dimora*** SCHERZ. my humble abode **4** *(rispettoso)* [*tono, maniere*] humble; ***La prego di accettare le mie -i scuse*** FORM. please accept my humble apologies **II** m. e f. ***gli -i*** the humble.

umiliante /umi'ljante/ agg. [*sconfitta*] humiliating, shaming; [*trattamento, punizione*] degrading, lowering; [*appunto, critica*] crushing, scalding.

▶ **umiliare** /umi'ljare/ [1] **I** tr. to crush, to degrade, to humble, to humiliate [*persona*]; to humble, to score off [*avversario*] **II umiliarsi** pronom. to humble oneself (**davanti a** before).

▷ **umiliazione** /umiljat'tsjone/ f. humiliation; ***l'~ della sconfitta*** the humiliation of defeat; ***è stata una vera ~*** it was a real put-down.

umilissimo /umi'lissimo/ agg. SCHERZ. ***vostro servo ~*** your humble servant.

umilmente /umil'mente/ avv. humbly; [*dire*] submissively; ***chiedo ~ scusa*** I apologise humbly.

▷ **umiltà** /umil'ta/ f.inv. **1** *(di scusa)* humbleness, humility; ***con straordinaria ~*** with uncommon humbleness **2** *(di condizione)* humbleness, humility.

umlaut /'umlaut/ m.inv. umlaut.

umorale /umo'rale/ agg. humoral.

▷ **umore** /u'more/ m. **1** ANT. MED. humour BE, humor AE **2** FIG. *(stato d'animo)* mood, spirits pl., temper, humour BE, humor AE; ***essere di buon ~*** to be good-humoured, to be in good humour *o* spirits, to be in a good mood *o* temper; ***essere di cattivo ~*** to be cross, to be out of humour, to be in poor spirits, to be in a (bad) mood *o* temper, to have the sulks; ***è di pessimo ~*** he's in a filthy *o* foul humour; ***è d'~ nero*** she's in one of her dark moods; ***~ incostante*** o ***mutevole*** moodiness; ***avere degli sbalzi d'~*** to be moody; ***essere dell'~ adatto per qcs., per fare*** to be in the right frame of mind for sth., to do; ***non sono dell'~ adatto per discutere*** I'm in no mood for arguing; ***non sono dell'~ adatto per festeggiare*** I am not in a party mood ◆◆ ***umor acqueo*** ANAT. aqueous humour.

▷ **umorismo** /umo'rizmo/ m. humour BE, humor AE; ***~ macabro*** gallows humour; ***~ nero*** black humour; ***avere uno spiccato senso dell'~*** to have a good sense of humour; ***avere, non avere senso dell'~*** to have a, no sense of humour; ***essere privo di*** o ***mancare di senso dell'~*** to be humourless; ***con ~*** humorously; ***prendere le cose con ~*** to see the humorous side of things; ***fare dell'~*** to be humorous.

umorista, m.pl. **-i**, f.pl. **-e** /umo'rista/ ➧ **18** m. e f. humorist.

umoristico, pl. **-ci, -che** /umo'ristiko, tʃi, ke/ agg. [*libro*] humorous; ***vignetta -a, disegno ~*** cartoon.

▶ **un** /un/, **una** /una/ → **uno.**

unanime /u'nanime/ agg. [*consenso, decisione*] unanimous; [*opposizione*] undivided; ***essere -i nel fare*** to be unanimous in doing; ***essere -i nel ritenere che*** to be unanimous that.

unanimemente /unanime'mente/ avv. [*approvare, condannare*] unanimously; ***essere ~ contro, a favore di qcs.*** to be unanimously against, in favour of sth.

unanimità /unanimi'ta/ f.inv. unanimity; ***all'~*** with one accord, as one man; [*votare*] unanimously; ***essere eletto all'~*** to be elected unanimously; ***raggiungere l'~*** to reach unanimity; ***richiedere qcs. all'~*** to demand sth. with one voice.

unario, pl. **-ri, -rie** /u'narjo, ri, rje/ agg. MAT. INFORM. unary.

una tantum /una'tantum/ **I** agg.inv. ***un pagamento ~*** a one-off *o* simple payment **II** avv. *(una volta sola)* only once **III** f.inv. *(pagamento)* one-off payment.

uncinare /untʃi'nare/ [1] tr. to hook.

uncinato /untʃi'nato/ **I** p.pass. → **uncinare II** agg. **1** *(a forma di uncino)* unciform, uncinate; ***croce -a*** hooked cross, swastika, fylfot **2** TIP. ***parentesi -a*** angle bracket.

uncinetto /untʃi'netto/ m. *(attività)* crochet; *(ferro)* crochet hook, crochet needle; ***lavoro all'~*** crochet (work); ***lavorare all'~*** to crochet; ***fare una maglia all'~*** to crochet a sweater.

uncino /un'tʃino/ m. hook; ***a ~*** hooked.

undecimo /un'detʃimo/ → **undicesimo.**

under /'ander/ **I** agg.inv. under; ***la nazionale ~ 21*** the under-21 national team **II** m.inv. ***gli ~ 21*** under-21 players.

underground /ander'graund/ **I** agg.inv. ART. MUS. TEATR. [*artista, arte, film, movimento*] underground **II** m.inv. ART. MUS. TEATR. underground.

undicenne /undi'tʃɛnne/ **I** agg. eleven-year-old **II** m. e f. eleven-year-old; *(ragazzo)* eleven-year-old boy; *(ragazza)* eleven-year-old girl.

undicesimo /undi'tʃɛzimo/ ♦ ***26, 5*** **I** agg. eleventh **II** m. (f. **-a**) **1** eleventh **2** *(frazione)* eleventh.

▶ **undici** /'unditʃi/ ♦ ***26, 5, 8, 13*** **I** agg.inv. eleven **II** m.inv. **1** *(numero)* eleven **2** *(giorno del mese)* eleventh **3** SPORT *(squadra)* ***l'~ azzurro*** = the Italian national football team **III** f.pl. *(ora) (del mattino)* eleven am; *(della sera)* eleven pm; ***sono le ~*** it's eleven o'clock; ***alle ~*** at eleven o'clock.

UNESCO /u'nɛsko/ f. (⇒ United Nations Educational, Scientific and Cultural Organization Organizzazione delle Nazioni Unite per l'istruzione, la scienza e la cultura) UNESCO, Unesco.

ungaro /'ungaro/ **I** agg. STOR. Hungarian **II** m. (f. **-a**) STOR. Hungarian.

▷ **ungere** /'undʒere/ [55] **I** tr. **1** *(di olio)* to oil; *(di grasso)* to grease (**di** with) **2** *(sporcare)* to make* greasy [*tovaglia, camicia*] **3** *(lubrificare)* to oil, to grease [*ingranaggi*] **4** FIG. *(corrompere)* to bribe, to grease POP. **5** RELIG. to anoint **II ungersi** pronom. **1** *(spalmarsi)* to oil oneself; ***-rsi di lozione solare*** to rub on suntan oil **2** *(sporcarsi)* to get* greasy ◆ ***~ le ruote*** to oil the wheels, to soft-soap, to bribe one's way.

ungherese /unge'rese/ ♦ ***25, 16*** **I** agg. Hungarian **II** m. e f. *(persona)* Hungarian **III** m. *(lingua)* Hungarian.

Ungheria /unge'ria/ ♦ ***33*** n.pr.f. Hungary.

▶ **unghia** /'ungja/ ♦ ***4*** f. **1** nail; ***~ della mano*** finger-nail; ***~ dei piedi*** toenail; ***forbicine per -e*** nail scissors; ***limetta per -e*** emery board, nail file; ***spazzolino per -e*** nailbrush; ***smalto per -e*** nail polish *o* varnish *o* enamel AE; ***~ incarnita*** ingrowing *o* ingrown AE nail; ***farsi (la manicure al)le -e*** to manicure one's nails; ***tagliarsi, limarsi, pulirsi le -e*** to cut, file, scrub one's nails; ***mangiarsi le -e*** to bite one's nails **2** *(artiglio)* claw; ***farsi le -e*** [*gatto*] to sharpen its claws, to scratch **3** TECN. *(intaccatura di lama)* groove **4** FIG. *(dimensione minima)* hair's breadth; ***aggiungine un'~*** add a pinch *o* sprinkle of it **5** TIP. *(parte sporgente di copertina)* squares pl.; ***indice a ~*** *(unghiatura)* thumb index **6** BOT. unguis*, claw **7** ARCH. groin ◆◆ ***pagare sull'~*** to pay with cash on the nail; ***tirare fuori le -e*** to put out one's claws; ***combattere con le -e e con i denti*** to fight tooth and nail; ***cadere sotto le -e di qcn.*** to fall into sb.'s clutches.

unghiata /un'gjata/ f. scratch; ***dare un'~ a qcn.*** to scratch sb.

unghiatura /ungja'tura/ f. ***indice a ~*** thumb index.

unghione /un'gjone/ m. *(zoccolo)* hoof*.

unghiuto /un'gjuto/ agg. clawed.

ungueale /ungwe'ale/ agg. ungual; ***lunetta*** o ***lunula ~*** half-moon.

unguento /un'gwɛnto/ m. ointment.

ungula /'ungula/ f. ungula*.

ungulato /ungu'lato/ **I** agg. hoofed, ungulate **II** m. ungulate.

uniate /u'njate/ **I** agg. Uniat, Uniate **II** m. Uniat, Uniate.

unicamente /unika'mente/ avv. solely, uniquely, only; ***~ per fare*** for the sole purpose of doing; ***questo dipende ~ da te*** that's entirely up to you; ***avere successo ~ grazie alla propria determinazione*** to succeed by sheer determination; ***lo faccio ~ per te*** I'm doing it only for you.

unicamerale /unikame'rale/ agg. [*sistema*] unicameral.

unicameralismo /unikamera'lizmo/ m. unicameralism.

UNICEF /'unitʃef/ m. (⇒ United Nations International Children's Emergency Fund Fondo internazionale di emergenza delle Nazioni Unite per l'infanzia) UNICEF.

unicellulare /unitʃellu'lare/ agg. single-celled, unicellular.

unicità /unitʃi'ta/ f.inv. oneness, uniqueness.

▶ **unico**, pl. **-ci, -che** /'uniko, tʃi, ke/ **I** agg. **1** *(il solo)* only, one, sole; ***figlio ~*** only child; ***beneficiario ~*** DIR. sole beneficiary; ***è l'~ modo*** it's the only way; ***il suo ~ vizio*** her one vice; ***la mia sola e -a cravatta*** my one and only tie; ***è l'-a soluzione*** it's the only way forward; ***la sua -a concessione alla moda*** her sole concession to fashion; ***la televisione è la sua -a distrazione*** television is her only entertainment; ***l'-a cosa che vuole per il compleanno è una bici*** the one *o* only thing he wants for his birthday is a bike; ***lo sci è l'~ sport che faccia per me*** skiing is the only sport for me; ***la mia -a preoccupazione è che*** my only worry is that **2** *(uno solo)* single; ***in un ~ giorno*** in a single day; ***la statua era stata scolpita da un ~ blocco di pietra*** the statue had been shaped out of a single block of stone **3** *(senza pari)* [*abilità, persona*] unique; [*lusso, saggezza*] unparalleled; [*occasione*] exclusive; ***essere ~*** to stand alone; ***un'esperienza -a*** the experience of a lifetime, a once-in-a-lifetime experience; ***è un esemplare ~ nel suo genere*** this is one of a kind; ***la sola e -a Anna Magnani*** the one and only Anna Magnani **4** COMM. [*concessionario, rappresentanza, modello*] exclusive; ***"fornitore ~"*** "sole stockist" **5** AUT. ***a senso ~*** [*strada, tunnel, traffico*] one-way; FIG. [*amicizia, conversazione*] one-way, one-sided; ***strada a corsia -a*** single-track road; ***binario ~*** single track **II** m. (f. **-a**) **1** the only one; ***l'~ rimasto*** the only one left; ***essere l'~ a fare*** to be unique in doing; ***siamo gli -ci a saperlo*** we're the only people who know; ***non è l'-a a pensare che...*** she's not alone in thinking that...; ***non puoi sbagliare, è l'~*** you can't go wrong, it's the only one; ***non sei l'-a a pensare che*** you're not the only one to think that **2** *(in espressioni ellittiche)* ***è l'-a!*** it's the only solution! ***l'-a è andarci direttamente*** the only solution *o* thing to do is to go there directly ◆ ***atto ~*** TEATR. one-act play; ***moneta -a*** single currency; ***mercato ~*** single market; ***numero ~*** single issue; ***"taglia -a"*** "one size (fits all)"; ***essere più ~ che raro*** to be in a class of one's own *o* by oneself, to be thin on the ground; ***tua sorella è un caso più ~ che raro!*** SCHERZ. your sister is a real case!

unicorno /uni'kɔrno/ **I** agg. one-horned **II** m. **1** *(narvalo)* narwhal **2** MITOL. unicorn.

unidimensionale /unidimensjo'nale/ agg. one-dimensional.

unidirezionale /unidirettsjo'nale/ agg. **1** EL. TEL. [*cavo, circuito*] one-way **2** *(nella circolazione stradale)* [*strada, traffico*] one-way.

unifamiliare /unifami'ljare/ agg. ***casa ~*** single family house.

unificabile /unifi'kabile/ agg. unifiable.

▷ **unificare** /unifi'kare/ [1] **I** tr. **1** *(fondere)* to unify [*paese*]; to integrate [*compagnie, sistemi*]; to join, to merge, to amalgamate [*partiti, scuole*] **2** *(standardizzare)* to standardize **II unificarsi** pronom. [*paese, gruppi*] to merge (together).

unificativo /unifika'tivo/ agg. unifying.

unificato /unifi'kato/ **I** p.pass. → **unificare II** agg. **1** [*paese*] unified; [*scuola*] amalgamated **2** *(standardizzato)* standardized.

unificatore /unifika'tore/ **I** agg. unifying **II** m. (f. **-trice** /tritʃe/) unifier.

unificazione /unifikat'tsjone/ f. unification.

unifogliato /unifoʎ'ʎato/ agg. unifoliate.

uniformare /unifor'mare/ [1] **I** tr. **1** *(rendere uniforme)* to uniform, to standardize **2** FIG. *(conformare)* to adapt, to conform; ***~ il proprio comportamento alle leggi*** to adapt one's behaviour to the law **II uniformarsi** pronom. *(conformarsi)* [*persona*] to comply (**a** with), to conform (**a** to), to fall* into line (**a** with); ***-rsi alla norma*** to conform to type.

uniformazione /uniformat'tsjone/ f. standardization.

▷ **1.uniforme** /uni'forme/ agg. [*colore*] uniform, unrelieved; [*tono*] level.

▷ **2.uniforme** /uni'forme/ f. **1** MIL. uniform, regimentals pl.; ***in ~*** uniformed; ***alta ~*** full dress; ***~ da campo*** battledress; ***~ da gala*** dress uniform, mess dress; ***portare l'~*** to wear a uniform; ***essere in ~*** to be in uniform; ***indossare l'~*** FIG. = to become a soldier **2** *(di categoria, associazione)* uniform.

uniformemente /uniforme'mente/ avv. evenly, uniformly; ***moto ~ accelerato*** uniformly accelerated motion.

uniformità /uniformi'ta/ f.inv. **1** *(di paesaggio, terreno)* uniformity, evenness **2** *(accordo)* agreement, unanimity.

unigenito /uni'dʒɛnito/ m. ***l'Unigenito Figlio di Dio*** the Only Begotten.

unilabiato /unila'bjato/ agg. unilabiate.

unilaterale /unilate'rale/ agg. **1** *(che riguarda un solo lato)* [*strabismo, paresi*] unilateral **2** DIR. unilateral; ***atto ~*** deed poll **3** FIG. [*decisione*] one-sided; ***uno scambio ~*** one-way traffic **4** BOT. unilateral, secund.

unilateralismo /unilatera'lizmo/ m. unilateralism; ***politica di ~*** unilateralist policy.

unilateralità /unilaterali'ta/ f.inv. one-sidedness, unilaterality.

unilateralmente /unilateral'mente/ avv. unilaterally.

uninominale /uninomi'nale/ agg. uninominal.

▷ **unione** /u'njone/ f. **1** *(l'unire)* union, joining; ***l'~ di due frasi con una congiunzione*** joining two sentences with a conjunction; ***grazie all'~ dei loro sforzi*** thanks to the joining of their efforts; ***~ del corpo e dell'anima*** union of mind and body **2** *(concordia)* harmony, togetherness; ***in famiglia regna un'~ perfetta*** there's perfect harmony in the family **3** *(di stati)* union; ***hanno fatto passi avanti sulla strada dell'~*** they are further down *o* along the road to union **4** *(di compagnie, scuole)* amalgamation, merger **5** *(matrimonio)* union, match; ***da questa ~ sono nati tre figli*** three children have been born from this union **6** *(associazione)* union, association; ***~ studentesca*** student union; ***~ sindacale*** (trade) union **7** MAT. union ◆ ***l'~ fa la forza*** PROV. united we stand, divided we fall ◆◆ ***~ doganale*** ECON. customs union; ***~ di fatto*** life *o* registered partnership; ***Unione Europea*** European Union; ***~ monetaria ed economica*** economic and monetary union; ***Unione Monetaria Europea*** European Monetary Union; ***Unione delle Repubbliche Socialiste Sovietiche*** STOR. Union of Soviet Socialist Republics; ***Unione Sovietica*** STOR. Soviet Union.

unionismo /unjo'nizmo/ m. Unionism.

unionista, m.pl. **-i**, f.pl. **-e** /unjo'nista/ **I** agg. Unionist **II** m. e f. Unionist.

uniparo /u'niparo/ agg. uniparous.

unipolare /unipo'lare/ agg. unipolar.

▶ **unire** /u'nire/ [102] **I** tr. **1** *(attaccare)* to join, to piece together [*bordi, metà, pezzi*]; ***~ due pezzi*** to join two pieces together; ***~ un'estremità all'altra*** to join one end to another *o* to the other; ***unisci le due estremità della corda*** pull the two ends of the rope together **2** *(collegare)* to join, to link [*città, punti*]; ***~ due punti con una linea*** to join two points with a line **3** *(fondere)* to combine; to amalgamate [*partiti, scuole*]; ***~ le forze*** to combine *o* join forces; ***~ l'utile al dilettevole*** to mix business with pleasure; ***~ la propria voce a qcs.*** to add one's voice to sth.; ***~ gli sforzi*** to combine efforts **4** *(legare)* to bind* (together), to tie together [*comunità, famiglia, persona*]; ***~ in matrimonio*** [*sacerdote*] to marry, to wed; ***~ due persone in matrimonio*** to join two people in marriage; ***ci unisce l'amore per la musica*** our love for music draws us together **5** *(possedere contemporaneamente)* to combine; ***~ alla bellezza il senso dell'umorismo*** to combine beauty and sense of humour; ***la nostra automobile unisce la maneggevolezza alla potenza*** our car is both easy to handle and powerful **6** GASTR. to fold (in), to add; ***~ la farina alle uova*** add flour to the eggs **7** *(allegare)* to enclose [*curriculum, lettera, pacco*] **II unirsi** pronom. **1** *(congiungersi, legarsi)* [*persone, paesi, popoli, regioni*] to join together; ***-rsi in matrimonio*** to get married; ***-rsi in associazione*** to join in association, to associate **2** *(fondersi)* [*strade, fiumi*] to join (up), to merge; [*partito, scuola*] to merge (together), to amalgamate; [*colori, stili*] to blend, to merge (together) **3** *(mettersi insieme ad altri)* ***-rsi a*** to go in with, to join; ***-rsi a qcn. nella lotta*** to join sb. in the struggle; ***-rsi alla battaglia*** to join the battle; ***-rsi alle danze*** to join in the dancing; ***l'abbiamo invitato a -rsi a noi*** we asked him along; ***vi piacerebbe unirvi a noi?*** would you like to join us? ***Marvin si unisce a me nell'inviare i suoi migliori auguri*** Marvin joins me in sending his best wishes.

unisessuale /unisessu'ale/ agg. unisexual.

unisessualità /unisessuali'ta/ f.inv. unisexuality.

unisex /uni'sɛks/ agg.inv. unisex.

unisono /u'nisono/ **I** agg. **1** unisonant (anche FIG.) **2** FIG. [*idee, giudizi*] concordant **II** m. ***all'~*** [*cantare, recitare*] in unison; [*gridare, rispondere*] as one, with one voice; ***agire all'~ con*** to act in unison with; ***il soprano e l'orchestra non andavano all'~*** the soprano and the orchestra weren't quite together.

▷ **unità** /uni'ta/ f.inv. **1** *(l'essere uno)* oneness, unity; ***~ di tempo, di luogo, di azione*** TEATR. unity of time, place, action **2** *(coesione)* unity; ***un romanzo privo di ~*** a novel that lacks cohesion *o* unity; ***una dimostrazione di ~*** a show of unity; ***bisogna preservare l'~ nazionale*** we have to protect national unity **3** *(unificazione)* ***l'~ d'Italia*** the unification of Italy **4** MAT. METROL. unit; ***~ di misura*** measure, unit of measurement; ***~ monetaria*** currency unit; ***incrementare un valore di un'~*** to increment a value by one **5** MIL. *(sezione)* unit, command; ***essere assegnato a un'~*** to be posted to a unit **6** MED. IND. *(reparto)* unit; ***~ coronarica*** coronary care unit; ***~ di pronto soccorso, di terapia intensiva*** casualty, intensive care unit; ***~ di produzione*** factory unit ◆◆ ***~ cinofila*** canine corps; ***~ di crisi*** crisis centre; ***~ didattica*** SCOL. unit; ***~ disco*** INFORM. disk drive, drive unit; ***~ di informazione*** INFORM. bit; ***~ di inizializzazione*** INFORM. boot drive; ***~ lessicale*** LING. lexical unit; ***~ di lunghezza*** unit of length; ***~ operativa*** MIL. task force; ***~ periferica*** INFORM. peripheral unit; ***~ di peso*** unit of weight; ***~ sanitaria locale*** = formerly, local health authority; ***~ di superficie*** square measure; ***~ di uscita*** INFORM. output drive; ***~ video*** INFORM. display unit; ***~ di volume*** cubic measure.

unitamente /unita'mente/ avv. **1** *(insieme)* ***~ a*** together with; ***~ alla lettera riceverete il curriculum*** attached please find my curriculum vitae **2** *(in modo solidale)* unanimously, with one accord **3** *(uniformemente)* evenly; ***colore steso ~*** evenly distributed paint.

unitarianismo /unitarja'nizmo/ m. Unitarianism.

unitariano /unita'rjano/ **I** agg. Unitarian **II** m. (f. **-a**) RELIG. Unitarian.

unitarietà /unitarje'ta/ f.inv. unitarity.

unitario, pl. **-ri**, **-rie** /uni'tarjo, ri, rje/ **I** agg. **1** *(omogeneo, armonico)* [*insieme*] uniform, homogeneous; ***un fronte ~*** a united front **2** POL. [*governo, politica*] unitary; [*sindacato*] amalgamated **3** COMM. ***costo, prezzo ~*** unit cost, unit price **4** MAT. unitary **5** RELIG. Unitarian **II** m. (f. **-a**) RELIG. Unitarian.

unitarismo /unita'rizmo/ m. Unitarianism.

▶ **unito** /u'nito/ agg. **1** [*gruppo, nazione, fronte*] united; [*famiglia*] close-knit; ***restare -i*** to hang *o* hold together; ***tenere -i*** to knit *o* hold together; ***uomini -i dalle stesse idee*** men united by the same ideals; ***gli scioperanti sono rimasti -i*** the strike has remained solid **2** POL. ***gli Stati Uniti (d'America)*** the States, the United States (of America); ***le Nazioni Unite*** the United Nations; ***il Regno Unito*** the United Kingdom **3** *(congiunto)* [*forze*] combined **4** *(uniforme)* ***in tinta -a*** [*sfondo, stoffa*] plain, solid-coloured; ***un vestito blu in tinta -a*** a plain blue dress **5** *(allegato)* enclosed.

univalve /uni'valve/ agg. univalve.

▷ **universale** /univer'sale/ **I** agg. **1** [*lingua, messaggio, principio, rimedio, soluzione, suffragio, verità*] universal **2** MED. [*donatore*] universal **3** TECN. [*chiave, pinze*] universal; ***giunto ~*** universal joint; ***anello ~*** FOT. adapter tube **4** BIBL. ***il diluvio ~*** the Deluge, the Flood; ***il giudizio ~*** doomsday, the Last Judgment **5** LING. universal **II** m. FILOS. universal **III universali** m.pl. FILOS. universals.

universalismo /universa'lizmo/ m. universalism.

universalista, m.pl. **-i**, f.pl. **-e** /universa'lista/ m. e f. universalist.

universalistico, pl. **-ci**, **-che** /universa'listiko, tʃi, ke/ agg. universalistic.

universalità /universali'ta/ f.inv. universality.

universalizzare /universalid'dzare/ [1] tr. to universalize.

universalizzazione /universaliddzat'tsjone/ f. universalization.

universalmente /universal'mente/ avv. universally; ***~ riconosciuto*** [*fatto, opinione*] given common currency mai attrib.; ***è ~ noto*** it is common knowledge.

universiade /univer'siade/ f. ***-i*** world university games.

▶ **università** /universi'ta/ f.inv. **1** *(sede)* university; ***l'~ di Torino*** the University of Turin **2** *(insegnamento superiore)* university, college AE; ***ammissione all'~*** university entrance; ***~ statale*** State university; ***andare all'~, fare l'~*** to go to university ◆◆ ***~ popolare*** = cultural institute which gives a university type education through conferences and lectures; ***~ della terza età*** University of the Third Age.

▷ **universitario**, pl. **-ri**, **-rie** /universi'tarjo, ri, rje/ **I** agg. [*ambiente, carriera, vita*] academic, college attrib., university attrib.; ***studente ~*** college *o* university student, undergrad(uate) **II** m. (f. **-a**) college student, university student, undergrad(uate).

▷ **universo** /uni'vɛrso/ m. **1** universe; ***pensa di essere al centro dell'~*** he thinks the whole world revolves around him **2** FIG. *(mondo)* universe, world; ***un ~ chiuso*** a closeted world; ***un ~ tutto suo*** a world of his own ◆◆ ***~ del discorso*** LING. universe of discourse.

univocamente /univoka'mente/ avv. univocally.

univocità /univotʃi'ta/ f.inv. univocality.

univoco, pl. **-ci**, **-che** /u'nivoko, tʃi, ke/ agg. univocal; ***parola -a, termine ~*** univocal.

unnico, pl. **-ci**, **-che** /'unniko, tʃi, ke/ agg. Hunnish.

unno /'unno/ **I** agg. Hunnish **II** m. (f. **-a**) Hun.

▶ **uno** /'uno/ ♦ ***26, 5, 8, 13*** **I** artc.indet. (**un**, **una**, **un'**; in the masculine, *un* is used before a vowel and a consonant; *uno* is used before *s* followed by a consonant, and before *gn*, *pn*, *ps*, *x* and *z*; *una* is used in the feminine, but the form *un'* is used before a vowel) **1** a, an; ***un cane, un albero*** a dog, a tree; ***una mela, un'aquila*** an apple, an eagle **2** *(con uso enfatico)* ***fa un caldo!*** it's so hot! ***ho avuto una paura!*** I was so scared! **II uno**, f. **una**, m.pl. **uni**, f.pl. **une** pron.indef. **1** one; ***l'~ e l'altro*** both; ***l'~ o l'altro*** either, one or the other; ***né l'~ né l'altro*** neither one or the other; ***~ dopo l'altro*** one after the other; ***l'un l'altro*** each other, one another; ***~ di noi*** one of us; ***~ dei tre*** one of the three; ***ne rimane solo~*** there's only one left; ***ce n'è~ a testa*** there's one each; ***ne ho già mangiato~*** I've already eaten one; ***a ~ a ~*** [*raccogliere, lavare*] one by one; ***~ alla volta*** [*arrivare, entrare, partire*] one by one; ***prendere le cose una alla volta*** to take things one *o* a step at a time; ***è una delle più belle ragazze della classe*** she's one of the most beautiful girls in the class; ***dipendiamo gli -i dagli altri*** we depend on each other *o* on one another; ***non*** o ***neanche~ ha detto grazie*** nobody *o* not one person said thank you; ***non sono~ che si dimentica i compleanni*** I'm not the kind of person who forgets birthdays; ***le due città sono diventate una (sola)*** the two cities have merged into one; ***ne ha combinata una delle sue*** he's been up to his tricks again; ***non gliene va bene una*** nothing seems to go right for him; ***per dirne una*** just to mention one thing **2** *(un tale)* someone, somebody; ***ho parlato con~, una che ti ha visto*** I spoke to a man, a woman who saw you; ***c'è~ che ti sta chiamando*** there's someone calling you **3** *(con valore impersonale)* one, you; ***se~ ci pensa*** if you (come to) think of it; ***se~ non capisce*** if one doesn't understand, if you don't understand **4** *(ciascuno)* each; ***tre euro l'~*** three euros each; ***ne abbiamo presi due per~*** we took two (of them) each **III** agg. *(numerale)* one; ***ci sono rimasto un giorno*** I stayed there one day; ***una persona su tre*** one person in *o* out of three; ***qui piove un giorno sì e~ no*** here it rains every other day *o* on alternate days; ***avere un anno*** to be one year old; ***non ha detto una parola*** he didn't utter a (single) word; ***non c'era (neanche) un albero*** there was not a single tree; ***pagina~*** page one; ***numero~*** number one **IV** m.inv. **1** *(numero)* one; ***~, due, tre, via!*** one, two, three, go! ***l'~ per cento*** one per cent; ***vincere tre a~*** to win by three to one; ***fare~*** *(con i dadi)* to throw a one **2** *(giorno del mese)* first **3** SCOL. *(voto)* = very low fail **4** FILOS. ***l'~*** the One; RELIG. the Holy One **V una** f. *(ora)* ***l'una*** *(di notte)* one o'clock am; *(di pomeriggio)* one o'clock pm; ***all'una*** at one o'clock; ***è l'una*** it's one o'clock ◆ ***~ per tutti e tutti per~*** all for one and one for all.

uno-due /uno'due/ m.inv. one-two.

unticcio, pl. **-ci**, **-ce** /un'tittʃo, tʃi, tʃe/ agg. a little greasy, slightly greasy, a little oily.

unto /'unto/ **I** p.pass. → **ungere II** agg. **1** *(oleoso, grasso)* [*salsa*] greasy; [*cibo, capelli, tessuto*] oily; [*piatto*] slimy; ***~ e bisunto*** = very filthy, dirty; ***ha le mani -e*** his hands are oily **2** RELIG. anointed **III** m. **1** *(sporco)* grease; ***macchia di~*** grease *o* oil stain **2** *(condimento)* fat **3** RELIG. ***l'Unto del Signore*** the Lord's Anointed.

untore /un'tore/ m. **1** STOR. plague-spreader **2** LETT. *(ne "I Promessi Sposi")* anointer.

untume /un'tume/ m. greasy dirt, filth.

untuosamente /untuosa'mente/ avv. unctuously.

untuosità /untuosi'ta/ f.inv. **1** *(oleosità)* greasiness, unctuousness **2** SPREG. *(di modi, discorso, persona)* smoothness, suaveness, unctuousness.

untuoso /untu'oso/ agg. **1** *(oleoso)* greasy, unctuous **2** FIG. *(viscido)* [*persona, modi*] smooth, soapy, suave, unctuous.

unzione /un'tsjone/ f. RELIG. anointing, unction; ***estrema~*** extreme unction; ***~ degli infermi*** the anointing of the sick.

unzippare /andzip'pare/ [1] tr. INFORM. GERG. to unzip [*file*].

▶ **uomo**, pl. **uomini** /'wɔmo, 'wɔmini/ Quando *uomo / uomini* viene usato a indicare gli esseri umani in generale, l'inglese preferisce usare *human(s)* o *human being(s)* invece di *man / men*. m. **1** *(genere umano)* ***l'~*** humanity, mankind; ***il futuro dell'~*** the future of humanity *o* mankind; ***a memoria d'~*** within living *o* recent memory **2** *(essere umano)* human being, man*; ***il primo~*** the first man; ***diritti dell'~*** human rights; ***a misura d'~*** [*architettura, città*] on a human scale, man-sized attrib.; ***a passo d'~*** at a walking pace; ***~ in mare!*** man overboard! ***come un sol~*** as one (man) **3** *(adulto di sesso maschile)* man*; ***un ~ fatto*** a grown man; ***~ di mezza età*** middle-aged man; ***~ anziano*** o ***vecchio*** old man: ***~ sposato*** married man; ***un brav'~*** a fine man; ***un grand'~*** a great man; ***~ di talento*** a talented man; ***un ~ di parola*** a man of his word; ***un ~ di carattere*** a forceful man; ***un ~ come si deve*** o ***dabbene*** a decent man; ***da~*** [*lavoro*] masculine; *(virile)* manly; ***abiti da~*** menswear, gents' clothing; ***parrucchiere da~*** gents' hairdresser's; ***per soli uomini*** [*rivista, spettacolo*] men only, girlie COLLOQ.; ***da ~ a ~*** as one man to another, as man to man; ***sii~*** be a man; ***si è comportato da~*** he took it like a man; ***l'uguaglianza tra uomini e donne*** equality between men and women; ***è una cosa da uomini*** it's a man's thing; ***non è il tipo d'~ da fare*** he's not a man to do **4** *(marito, amante)* man*; ***il suo~*** her man; ***è l'~ giusto per lei*** he is the right man for her **5** *(addetto, incaricato)* man; ***l'~ del gas*** the gas man **6** SPORT ***marcatura a~*** man-to-man marking ◆ ***~ avvisato mezzo salvato*** PROV. forewarned is forearmed; ***l'~ propone e Dio dispone*** PROV. Man proposes, God disposes; ***l'occasione fa l'~ ladro*** PROV. opportunity makes the thief ◆◆ ***~ d'affari*** businessman; ***~ d'azione*** man of action; ***~ delle caverne*** caveman; ***~ di chiesa*** man of God; ***~ di fatica*** drudge; ***~ di lettere*** literary man, man of letters; ***~ di mare*** seafaring man; ***~ di mondo*** man-about-town; ***~ di Neandertal*** Neanderthal man; ***~ d'onore*** *(che rispetta la parola data)* man of honour; *(nel linguaggio della mafia)* = member of the Mafia; ***~ di paglia*** man of straw; ***~ partita*** man of the match; ***~ politico*** politician; ***~ di polso*** man of nerve, resolute man; ***~ primitivo*** early *o* primitive Man; ***~ delle pulizie*** cleaner; ***~ qualunque*** ordinary man, Everyman; ***~ radar*** air-traffic controller; ***~ rana*** frogman; ***~ sandwich*** sandwich man; ***~ di scienza*** scientist; ***~ di stato*** statesman; ***l'~ della strada*** the (ordinary) man in the street.

uopo /'wɔpo/ m. **1** LETT. ***essere d'~*** to be necessary **2 all'uopo** FORM. *(all'occorrenza)* to the purpose.

uosa /'wɔza/ f. *(ghetta)* gaiter.

▶ **uovo**, pl.f. **-a** /'wɔvo/ m. **1** GASTR. BIOL. ZOOL. egg; ***rosso*** o ***tuorlo d'~*** (egg) yolk; ***bianco*** o ***chiara d'~*** (egg) white; ***guscio d'~*** eggshell; ***~ di mosca*** flyblow; ***-a di pesce*** spawn, (hard) roe; ***-a di mollusco*** spat; ***-a di rana*** (frog-)spawn; ***deporre le -a*** [*gallina*] to lay; [*pesce, rana*] to spawn; ***pasta all'~*** egg pasta; ***a forma d'~*** egg-shaped; ***~ da bere*** new-laid egg **2** SPORT *(nello sci)* ***posizione a~*** aerodynamic position ◆ ***essere pieno come un~*** to be full to bursting point; ***camminare sulle -a*** to tread on eggs *o* eggshells; ***uccidere la gallina dalle -a d'oro*** to kill the golden goose, to kill the goose that lays the golden eggs; ***non si può fare una frittata senza rompere le -a*** you can't make an omelette without breaking eggs; ***rompere le -a nel paniere a qcn.*** to cook sb's goose, to queer sb.'s pitch; ***cercare il pelo nell'~*** to split hairs; ***meglio un~ oggi che una gallina domani*** PROV. a bird in the hand is worth two in the bush, half a loaf is better than no bread ◆◆ ***~ al bacon*** bacon and egg(s); ***~ bazzotto*** coddled egg; ***~ in camicia*** poached egg; ***~ di cioccolato*** chocolate egg; ***~ di Colombo*** = brilliant but obvious solution to a problem; ***~ alla coque*** soft-boiled egg; ***~ non fecondato*** unfertilized egg; ***~ gallato*** fertilized egg; ***~ (fresco) di giornata*** new-laid egg; ***~ all'occhio di bue*** sunny side up; ***~ di Pasqua*** Easter egg; ***~ da rammendo*** darning egg; ***~ sodo*** hard-boiled; ***~ strapazzato*** scrambled egg; ***~ da tè*** tea ball *o* infuser; ***~ al tegamino*** fried egg.

upas /'upas/ m.inv. upas.

uppercut /'apperkat/ m.inv. uppercut.

UPU /'upu/ f. (⇒ Unione Postale Universale Universal Postal Union) UPU.

upupa /'upupa, u'pupa/ f. hoopoe.

▷ **uragano** /ura'gano/ m. **1** METEOR. hurricane **2** FIG. storm; ***un~ di proteste*** a storm of protest.

Urali /u'rali/ n.pr.m.pl. ***gli~*** the Urals.

uralico, pl. **-ci**, **-che** /u'raliko, tʃi, ke/ **I** agg. Uralic **II** m. Uralic.

Urania /u'ranja/ n.pr.f. Urania.

1.uranico, pl. **-ci**, **-che** /u'raniko, tʃi, ke/ agg. MITOL. uranic.

2.uranico, pl. **-ci**, **-che** /u'raniko, tʃi, ke/ agg. CHIM. [*acido*] uranic.

uranide /u'ranide/ m. uranide.

uranifero /ura'nifero/ agg. uraniferous.

uranile /ura'nile/ m. uranyl.

uranio /u'ranjo/ m. uranium; ***~ arricchito, impoverito*** enriched, depleted uranium.

Urano /u'rano/ n.pr.m. **1** MITOL. Uranus **2** ASTR. Uranus.

uranofane /ura'nɔfane/ m. uranophane.

uranografia /uranogra'fia/ f. uranography.

uranografico, pl. **-ci**, **-che** /urano'grafiko, tʃi, ke/ agg. uranographic(al).

uranografo /ura'nɔgrafo/ m. (f. **-a**) uranographist.

uranoscopo /ura'nɔskopo/ m. uranoscope.

uranoso /ura'noso/ agg. uranous.

URAR-TV /'urartiv'vu/ m. (⇒ Ufficio Registro Abbonamento Radio e Televisione) = in Italy, radio and television licence-holders records office.

urato /u'rato/ m. urate.

urbanista, m.pl. **-i**, f.pl. **-e** /urba'nista/ ➧ ***18*** m. e f. city planner, urban planner, town planner BE, urbanist AE.

urbanistica /urba'nistika/ f. city planning, town planning BE, urbanism AE.

urbanistico, pl. **-ci, -che** /urba'nistiko, tʃi, ke/ agg. [*comitato, politica, regolamentazione*] planning; ***pianificazione -a*** town *o* urban planning.

urbanità /urbani'ta/ f.inv. urbanity.

urbanizzare /urbanid'dzare/ [1] **I** tr. to urbanize [*regione*] **II urbanizzarsi** pronom. [*persona*] to become* urbanized.

urbanizzazione /urbaniddzat'tsjone/ f. urbanization.

▷ **urbano** /ur'bano/ agg. **1** *(della città)* [*area, degrado, paesaggio, trasporti*] urban, city attrib., town attrib.; ***arredo ~*** street furniture; ***agglomerato ~*** built-up area; ***nettezza -a*** = service for refuse collection and street cleaning **2** TEL. ***telefonata -a*** local (area) call **3** *(civile)* [*persona*] civil, polite; ***modi -i*** urbanities.

Urbano /ur'bano/ n.pr.m. Urban.

urbe /'urbe/ f. ***l'Urbe*** = Rome.

urbinate /urbi'nate/ ➧ **2 I** agg. of, from Urbino **II** m. e f. native, inhabitant of Urbino.

urdu /'urdu/ **I** agg.inv. Urdu **II** m.inv. *(lingua)* Urdu.

urea /u'rɛa, 'urea/ f. urea.

ureasi /ure'azi/ f.inv. urease.

ureico, pl. **-ci, -che** /u'rɛiko, tʃi, ke/ agg. ureic.

uremia /ure'mia/ f. uraemia BE, uremia AE.

uremico, pl. **-ci, -che** /u'rɛmiko, tʃi, ke/ **I** agg. uraemic **II** m. (f. **-a**) uraemic person.

ureterale /urete'rale/ agg. ureteral.

uretere /ure'tɛre/ m. ureter.

uretra /u'rɛtra/ f. urethra.

uretrale /ure'trale/ agg. urethral.

uretrite /ure'trite/ ➧ **7** f. urethritis.

uretroscopia /uretrosko'pia/ f. urethroscopy.

uretrotomia /uretroto'mia/ f. urethrotomy.

urg. ⇒ urgente urgent.

▶ **urgente** /ur'dʒɛnte/ agg. urgent, pressing; ***chiamata ~ per...*** urgent call for...; ***ordine ~*** rush order; ***è (una questione) ~*** it's a matter of urgency, it's urgent; ***è ~?*** is there any rush? ***non è ~*** there's no hurry *o* urgency; ***bisogno ~*** crying *o* imperative *o* pressing need; ***avere un bisogno ~ di*** to be in urgent need of; ***c'è ~ bisogno di libri*** books are urgently needed; ***avere un lavoro ~ da fare*** to have a rush job on COLLOQ.; ***ho una cosa da dirti, è ~*** I've got something to tell you, it won't keep.

urgentemente /urdʒente'mente/ avv. urgently, imperatively.

▷ **urgenza** /ur'dʒɛntsa/ f. **1** *(l'essere urgente)* urgency; ***d'~*** [*incontro, misure*] urgent, emergency attrib.; ***con ~*** [*richiedere*] urgently; ***con la massima ~*** with the utmost haste; ***fare qcs. d'~*** to do sth. as a matter of urgency; ***dal suo tono si capiva che aveva ~*** there was a note of urgency in his voice **2** MED. *(caso urgente)* acute patient, emergency (case), medical emergency; ***cure d'~*** acute care; ***chiamata d'~*** emergency call; ***trattamento d'~*** urgent treatment; ***chirurgia d'~*** emergency surgery; ***essere operato d'~*** to undergo emergency surgery; ***essere portato d'~ all'ospedale*** to be rushed to the hospital.

urgere /'urdʒere/ [2] intr. (forms not attested: past historic, past participle and compound tenses) to be* urgent, to be* pressing; ***urge fare*** it is urgent *o* necessary to do; ***urge inviare soccorso*** help must be sent soon; ***urge assolutamente la tua presenza*** your presence is urgently required.

uri /'uri/ f.inv. houri.

uria /'urja/ f. guillemot, loom.

uricasi /uri'kazi/ f.inv. uricase.

uricemia /uritʃe'mia/ f. uricaemia BE, uricemia AE.

urico, pl. **-ci, -che** /'uriko, tʃi, ke/ agg. [*acido*] uric.

uricossidasi /urikossi'dazi/ f.inv. uricase.

uridina /uri'dina/ f. uridine.

urina /u'rina/ f. urine; *(di animale)* stale; ***campione di ~*** urine sample.

urinare /uri'nare/ [1] tr. e intr. (aus. *avere*) to urinate, to make* water; [*animale*] to stale.

urinario, pl. **-ri, -rie** /uri'narjo, ri, rje/ agg. uretic, urinary; ***vie -e*** urinary passage *o* track; ***meato ~*** meatus.

urinoso /uri'noso/ agg. urinous.

urlante /ur'lante/ agg. [*animale, bambino*] howling; [*folla*] yelling.

▶ **urlare** /ur'lare/ [1] **I** tr. **1** *(gridare)* to scream, to shout, to yell [*insulto, slogan*]; to scream, to bark (out), to bellow (out), to roar (out), to snarl [*ordine*]; ***"non ti sento", urlò*** "I can't hear you", he yelled; ***"fermati!" urlò lei*** "stop!" she shouted **2** *(cantare ad alta voce)* to bawl [*canzone*] **II** intr. (aus. *avere*) **1** *(lanciare urla)* [*persona*] to scream, to shout, to shriek, to yell; ***~ di*** to scream *o* shriek with [*dolore, paura, rabbia*]; ***~ di gioia*** to give *o* let out a yell of delight; ***~ come un matto*** to shout hysterically; ***~ dietro a qcn.*** to scream *o* yell at sb.; ***urlò di paura*** she gave a cry of fright **2** *(parlare forte)* [*persona*] to shout, to raise one's voice **3** *(far rumore)* [*sirena*] to wail; [*vento*] to howl ◆ ***~ a perdifiato*** o ***a squarciagola*** to scream at the top of one's lungs, to scream the place down; [*bambino*] to scream blue BE *o* bloody AE murder.

urlata /ur'lata/ f. **1** *(di disapprovazione)* howl, boo **2** *(sgridata)* dressing-down, telling-off, mouthful.

urlatore /urla'tore/ **I** agg. ZOOL. ***scimmia -trice*** howler monkey **II** m. (f. **-trice** /tritʃe/) *(chi urla)* screamer.

▷ **urlo**, pl. **-i**, pl.f. **-a** /'urlo/ m. **1** *(di persona)* scream, shout, cry, roar, squeal, yell; ***-a*** screaming, yelling; ***lanciare*** o ***cacciare un ~*** to give *o* let out a roar *o* squeal; ***un ~ di dolore, di rabbia*** a howl of pain, rage; ***un ~ raccapricciante*** a bloodcurdling scream **2** (pl. **-i**) *(di animale)* howl **3** FIG. *(di sirena)* wail, wailing.

▷ **urna** /'urna/ f. **1** *(vaso)* urn **2** *(per votare)* ***~ (elettorale)*** ballot box **3** FIG. *(voto)* ***le -e*** the ballot box; ***andare alle -e*** to go at the ballot box *o* to the polls, to have a vote; ***c'è stata bassa, grande affluenza alle -e*** polling was light, heavy, there was a high, low turnout for the elections; ***l'affluenza alle -e è stata del 75%*** there was a 75% poll *o* polling *o* turnout at the polls ◆◆ ***~ cineraria*** cinerary urn; ***~ funeraria*** urn.

uro /'uro/ m. aurochs*.

urobilina /urobi'lina/ f. urobilin.

urochinasi /uroki'nazi/ f.inv. urokinase.

urocromo /uro'krɔmo/ m. urochrome.

urodelo /uro'dɛlo/ m. urodele.

urogallo /uro'gallo/ m. capercaillie, capercailzie.

urogenitale /urodʒeni'tale/ agg. urinogenital.

urografia /urogra'fia/ f. urography.

urolito /u'rɔlito, uro'lito/ m. urolithe.

urologia /urolo'dʒia/ f. urology.

urologico, pl. **-ci, -che** /uro'lɔdʒiko, tʃi, ke/ agg. urological.

urologo, m.pl. **-gi**, f.pl. **-ghe** /u'rɔlogo, dʒi, ge/ ➧ **18** m. (f. **-a**) urologist.

urone /u'rone/ **I** agg. Huron **II** m. (f. **-a**) **1** *(persona)* Huron **2** *(lingua)* Huron.

uroscopia /urosko'pia/ f. uroscopy.

urotropina /urotro'pina/ f. urotropin.

urrà /ur'ra/ **I** inter. hurrah, hurray, hooray, whoopee, yippee; ***hip hip ~!*** three cheers! hip hip hurray! **II** m.inv. hurrah, hurray, cheer; ***gridare ~*** to give a cheer.

ursino /ur'sino/ agg. ***uva -a*** bearberry.

ursone /ur'sone/ m. urson.

URSS /urs/ ➧ **33** f. STOR. (⇒ Unione delle Repubbliche Socialiste Sovietiche Union of Soviet Socialist Republics) USSR.

urtante /ur'tante/ **I** agg. irritating, vexatious, annoying **II** m. MAR. = protruding part of a mine which makes it explode when it collides with a ship.

▷ **urtare** /ur'tare/ [1] **I** tr. **1** *(scontrarsi con)* to bang into [*cosa, persona*]; to hit*, to knock [*oggetto*]; [*automobile, nave, persona*] to strike*, to hit* [*scoglio, albero, pedone*]; ***~ qcn. sulla testa, in faccia*** [*oggetto*] to strike sb. on the head, in the face; ***~ una macchina di fianco*** to sideswipe a car **2** *(ferire)* to bruise, to hurt* [*persona, sentimenti*]; ***~ la sensibilità di qcn.*** to hurt sb.'s feelings **3** *(irritare)* to irritate, to vex, to annoy [*persona*] **II** intr. (aus. *avere*) *(sbattere)* ***~ contro qcs.*** [*persona*] to bang into sth., to bump against sth., to knock into *o* against sth.; [*braccio, testa*] to hit sth. **III urtarsi** pronom. **1** *(scontrarsi)* [*veicoli*] to crash; [*persone*] to jostle **2** *(irritarsi)* to take* offence, to get* angry, to get* annoyed **3** FIG. *(entrare in contrasto)* to quarrel, to clash ◆ ***~ i nervi a qcn.*** to be deliberately annoying, to get on sb.'s nerves.

urtata /ur'tata/ f. push, knock.

urticante /urti'kante/ agg. urticant; ***pelo ~*** BOT. sting, stinging hair.

urticaria /urti'karja/ ➧ **7** → **orticaria**.

▷ **urto** /'urto/ m. **1** *(impatto)* bump, impact, knock; ***a prova d'~*** crashproof; ***resistere agli -i*** [*orologio*] to be shockproof; ***l'~ mandò l'auto dritta in una siepe*** the collision sent the car right into a hedge **2** FIG. *(contrasto)* clash, conflict; ***essere in ~ con qcn.*** to be in *o* at odds with sb., to come into conflict with sb. **3** MIL. strike; ***tattica d'~*** shock tactics; ***forza d'~*** strike force **4** MED. ***terapia d'~*** massive-dose therapy; FIG. shock treatment **5** FIS. shock; ***onda d'~*** shock wave.

urubù /uru'bu/ m.inv. urubu, black vulture.

uruguaiano /urugwa'jano/ ➧ **25 I** agg. Uruguayan **II** m. (f. **-a**) Uruguayan.

Uruguay /uru'gwai/ ➧ **33** n.pr.m. Uruguay.

uruguayano → **uruguaiano.**
u.s. ⇒ ultimo scorso last.
usabile /u'zabile/ agg. utilisable, employable.
usa e getta /'uzae'dʒetta/ agg.inv. [*lente, rasoio, posata, pannolino, siringa*] disposable, throwaway.
▷ **usanza** /u'zantsa/ f. **1** *(uso, costume)* custom, habit; ***l'~ richiede che*** custom requires that; ***-e locali*** local traditions; ***un'~ di antica tradizione*** a time-honoured tradition **2** *(abitudine)* custom, practice, way; ***le -e di una volta*** the old ways; ***com'è sua ~*** as is his custom; ***l'~ di fare*** the practice of doing; ***l'~ si è presto generalizzata*** the practice soon became universal **3** *(moda)* fashion ◆ ***paese che vai, ~ che trovi*** PROV. when in Rome, do as the Romans do.
▶ **usare** /u'zare/ [1] **I** tr. **1** *(impiegare)* to use [*espressione, oggetto, potenziale, soldi, stanza*]; ***posso ~ il telefono?*** may I use your phone? ***avere il permesso di ~*** to have the use of [*automobile*]; ***~ solo olio d'oliva*** to use only olive oil; ***~ qcs. frequentemente*** to make frequent use of sth.; ***~ qcs. come arma, pretesto*** to use sth. as a weapon, pretext; ***non c'è più dentifricio, Fabio l'ha usato tutto*** there's no toothpaste left, Fabio has used it up **2** *(fare funzionare)* to use [*metodo, tecnica*]; to run* [*macchina*]; ***sapere ~ bene*** to be skilled in the use of [*attrezzo, computer*]; ***~ in modo sbagliato*** to misuse [*attrezzo, espressione, parola*]; ***~ poco*** to underuse, to use infrequently [*espressione*]; ***facile, difficile da ~*** user-friendly, user-unfriendly **3** *(agire con)* to exercise [*attenzione, cura*]; ***~ discrezione*** to be tactful, to use discretion; ***~ diplomazia*** to be diplomatic, to diplomatize; ***~ dei riguardi nei confronti di qcn.*** to be considerate towards sb., to behave considerately towards sb.; ***~ la cortesia di fare*** to have the courtesy to do, to be kind enough to do; ***~ una particolare attenzione con qcs.*** to take particular care over sth.; ***~ la forza*** to use violence; ***~ violenza a qcn.*** to abuse sb. **4** *(sfruttare)* to use [*influenza, informazione, persona, talento*]; ***~ bene, male il proprio tempo libero*** to make good, bad use of one's spare time; ***si fa degli amici solo per usarli*** he makes friends just to use them **5** *(essere solito)* to be* in the habit of, to be* used to; ***mio padre usava riposare al pomeriggio*** my father used to *o* would have a rest in the afternoon; ***usa alzarsi molto presto*** she usually gets up very early **II** intr. e impers. (aus. *essere*) **1** *(essere in uso)* to be* the custom; ***(si) usa, usava fare*** it is, was the custom to do; ***un tempo si usava credere che...*** in the past it was believed that...; ***non si usa più salutare?*** IRON. not speaking to me any more, are we? **2** *(essere di moda)* to be* fashionable; ***il tweed si usa molto quest'anno*** tweed is very fashionable this year, the fashion is for tweed this year **3** *(utilizzare)* ***~ di qcs.*** to use sth. ◆ ***~ le maniere forti con qcn.*** to get tough with sb.; ***~ due pesi e due misure*** to have double standards; ***~ il cervello*** to use one's brains; ***usa la testa!*** use your head *o* loaf!
usato /u'zato/ **I** p.pass. → **usare II** agg. **1** *(non nuovo)* [*libro, veicolo, moto*] used; [*abito*] second-hand; [*fiammifero*] dead, spent; [*ago, siringa*] dirty **2** *(in uso)* used; ***poco ~*** [*espressione*] underused **3** *(avvezzo)* [*persona*] used, accustomed **III** m. **1** *(solito)* ordinary; ***fuori dall'~*** unusual **2** COMM. *(prodotti di seconda mano)* ***l'~*** second-hand goods; ***il mercato dell'~*** second-hand market; ***ritiro dell'~*** part exchange.
usbeco, pl. **-chi, -che** /uz'bɛko, ki, ke/ ➧ ***25, 16*** **I** agg. Uzbek **II** m. (f. **-a**) **1** *(persona)* Uzbek **2** *(lingua)* Uzbek.
Usbekistan /uz'bɛkistan/ ➧ ***33*** n.pr.m. Uzbekistan.
usbergo, pl. **-ghi** /uz'bɛrgo, gi/ m. habergeon, hauberk.
uscente /uʃ'ʃente/ agg. **1** *(che sta per finire)* closing, expiring; ***l'anno ~*** the closing year **2** *(alla fine del mandato)* [*governo, presidente*] departing, outgoing; ***il campione ~*** the outgoing champion **3** LING. ending; ***i verbi -i in "are"*** verbs ending in "are".
usciere /uʃ'ʃɛre/ ➧ ***18*** m. **1** *(portiere)* usher **2** DIR. STOR. summoner.
▷ **uscio**, pl. **usci** /'uʃʃo, 'uʃʃi/ m. (outside) door; ***infilare l'~*** to slip out the door; ***l'~ dà sul cortile*** the outside door gives onto *o* leads to the courtyard; ***mettere qcn. all'~*** FIG. to fling *o* sling *o* turn sb. out (into the street) ◆ ***essere a ~ e bottega*** = to live very near or right next to where one works.
▶ **uscire** /uʃ'ʃire/ [106] intr. (aus. *essere*) **1** *(andare fuori)* to go* out, get* out; *(venire fuori)* to come* out; ***~ fuori*** o ***all'aperto*** to go outdoors; ***~ in strada*** to go out into the street; ***è uscita dalla stanza*** she went out of *o* left the room; ***~ a passeggiare*** to go out walking; ***uscite di qui!*** get out of here! ***esci dal bagno!*** come *o* get out of the toilet! ***~ con disinvoltura*** to breeze out; ***~ furtivamente da una stanza*** to slip *o* sneak *o* steal out of a room; ***~ strisciando*** to crawl out; ***lasciare ~ qcn.*** to let sb. out; ***non lasciare ~*** to keep in [*persona, animale*]; ***fare ~ qcn. di prigione*** to get sb. out of prison **2** *(lasciare un luogo)* ***~ da*** to leave [*costruzione, stanza*]; ***è uscito di casa presto*** he left home early; ***~ dal porto*** to leave the harbour; ***~ dallo stato*** [*persona, merci*] to leave the state; ***l'automobile è uscita di strada*** the car veered *o* plunged off the road **3** *(passare del tempo fuori)* to go* out; ***~ tutte le sere, con gli amici*** to go out every evening, with one's friends; ***escono spesso*** they go out a lot; ***le piace ~*** she likes going out **4** *(lasciare uno stato, una situazione)* to come* out; ***~ dalla depressione*** to come out of depression; ***~ dall'inverno*** to leave winter behind **5** *(fuoriuscire, scaturire)* [*acqua, aria, scintilla, fumo*] to come* out; ***uno strano odore esce dalla stanza*** a strange smell comes out of the room; ***le parole le uscirono di bocca prima che potesse pensare*** FIG. the words just slipped out before she could even think **6** *(emergere)* to come* away; ***~ deluso dall'incontro*** to come away from the meeting disappointed; ***~ indenne*** to escape unharmed *o* uninjured; ***è uscita indenne dall'incidente*** she walked away from the accident **7** *(avere una relazione)* ***~ con qcn.*** to go out with sb., to date sb.; ***escono insieme da un anno*** they've been going out together for a year **8** *(essere stampato)* [*giornale, libro, numero*] to come* out, go* out, to be* issued, to be* published; ***fare ~*** *(lanciare)* to bring out [*edizione, nuovo modello*]; ***questo giornale esce di martedì*** this magazine comes out on Tuesdays **9** *(provenire)* to come*; ***parole che escono dal cuore*** heartfelt words; ***è uscito da un'ottima scuola*** he went to *o* graduated from an excellent school **10** *(sboccare)* [*strada, tunnel*] to lead* to; ***questa strada esce in piazza Castello*** this street leads to *o* comes out on piazza Castello **11** *(essere estratto)* [*numero, argomento*] to be* drawn; ***è uscito per primo il (numero) 23*** number 23 was drawn first **12** INFORM. *(da applicazioni, programmi)* to quit* **13** TEATR. ***~ di scena*** to make an exit, to go off; FIG. to leave the stage; ***"esce Iago"*** "exit Iago"; ***escono tutti*** exeunt all **14 uscirne** ***uscirne vivo*** to (manage to) escape with one's life, to come out alive; ***uscirne vincitore*** to emerge the victor; ***uscirne senza un graffio*** to escape without a scratch; ***non c'è modo di uscirne*** we can't get out of *o* through it **15** *(dire)* **uscirsene** ***uscirsene con*** to come out with [*stupidaggini*]; to throw out [*commento*]; ***se n'è appena uscito dicendo che voleva...*** he just threw out some comment about wanting... ◆ ***~ di mente*** to slip sb.'s mind; ***~ di senno*** to lose one's wits, to take leave of one's senses; ***~ dai gangheri*** to go over the top (with anger), to do one's nut; ***~ dal seminato*** = to wander from the subject; ***la pasta mi esce dagli occhi*** I'm fed up to the back teeth with pasta; ***~ con i piedi davanti*** *(morire)* to leave feet first.
▷ **uscita** /uʃ'ʃita/ f. **1** *(luogo)* exit, way out; ***"~"*** *(su un cartello)* "exit", "way out"; ***l'~ è a sinistra*** the exit is on the left; ***aspettami all'~ principale*** wait for me at the main exit; ***accalcarsi all'~*** to crowd at the exit; ***precipitarsi verso l'~*** to run for the exit; ***non riuscivo a trovare l'~*** I couldn't find my way out; ***la trovo da solo l'~*** I'll see myself out **2** *(azione)* getting out, going out, outgo; ***"~ automezzi"*** "heavy plant crossing"; ***dopo l'~ dalla città*** after you come out of the town; ***l'~ delle repubbliche dall'unione*** the republics' withdrawal from the union; ***la sua ~ dalla vita politica*** his retirement from political life **3** *(momento)* ***ora di ~*** SCOL. home-time; ***prendere i bambini all'~ da scuola*** to pick the children up after school; ***timbrare il cartellino all'~*** to clock out BE, to to check out AE; ***firmare il registro all'~*** to sign out; ***si prega di chiudere il cancello all'~*** please shut the gate after you **4** *(sbocco)* *(di strada)* turnoff; *(di autostrada)* exit; ***"~ chiusa"*** "no exit"; ***esca alla prossima ~*** turn off at the next exit; ***"strada senza ~"*** *(su un cartello)* "cul-de-sac", "no through road" **5** FIG. *(scappatoia)* ***via d'~*** get-out, way out, loophole; ***non c'è via d'~*** there's no way out **6** *(gita)* trip, outing; ***~ didattica*** SCOL. UNIV. field day, field trip; ***tre -e in barca al giorno*** three sailings a day; ***fare un'~ con i colleghi di lavoro*** to go on an office outing **7** *(pubblicazione)* publication, release; ***al momento dell'~ del film sugli schermi italiani*** when the film was released in Italy **8** COLLOQ. *(affermazione, battuta)* sally, remark; ***fare un'~ infelice*** to make a nasty remark **9** EL. INFORM. output; ***potenza d'~*** output power; ***segnale in*** o ***d'~*** output; ***punto di ~*** exit point **10** TEATR. exit; ***è stato applaudito all'~ di scena*** he was acclaimed as he left the stage **11** AMM. *(spesa)* (cash) outflow, expenditure, outgo* **12** MIL. *(permesso)* ***libera ~*** leave; ***è la sua sera di libera ~*** it's his night out **13** SPORT *(nella ginnastica)* landing; ***~ del portiere*** *(nel calcio)* coming out **14** LING. ending **15 di uscita** exit attrib.; ***foro d'~*** exit wound; ***visto d'~*** exit visa; ***cartello d'~*** exit sign; ***via d'~*** egress **16 in uscita** outbound; ***telefonata in ~*** outbound *o* outgoing call; ***traffico in ~ dalla città*** outbound traffic, traffic out of the town ◆◆ ***~ principale*** main exit; ***~ secondaria*** side exit; ***~ di sicurezza*** emergency *o* fire exit.
▷ **usignolo** /uziɲ'ɲɔlo/ m. nightingale ◆ ***cantare come un ~*** to sing like a bird *o* lark.

usitato /uzi'tato/ agg. LETT. *(solito, abituale)* common, habitual; ***all'ora -a*** at the usual time.

USL /uɛsse'ɛlle, 'uzl/ f. (⇒ unità sanitaria locale) = formerly, local health authority.

▶ **1.uso** /'uzo/ m. **1** *(l'usare)* use **U**; ***in ~*** in use; ***con l'~*** [*restringersi, rovinarsi*] with use; ***~ improprio*** improper use, misuse; ***cattivo ~*** misuse; ***~ sconosciuto*** purpose unknown; ***l'~ della forza*** the use of force; ***imparare l'~ di qcs.*** to learn how to use sth.; ***fare ~ di qcs.*** to use sth., to make use of sth.; ***~ di stupefacenti*** drug-taking; ***fare ~ di droga*** to take *o* use drugs, to be on drugs; ***fare ~ della propria autorità*** to exercise one's authority; ***essere consumato dall'~ eccessivo*** to be worn through *o* from overuse; ***fare un ~ abbondante di qcs.*** to make liberal use of sth.; ***fare buon ~ di qcs.*** to make good use of sth., to put sth. to good use; ***fare cattivo ~ di qcs.*** to misuse sth.; ***"agitare prima dell'~"*** "shake before use" **2** *(possibilità d'utilizzo, modo di usare)* use **U**; ***a ~ di qcn.*** for the use of sb.; ***a ~ esclusivo di*** for the sole use of; ***con ~ di*** with use of [*cucina, bagno*]; ***avere l'~ di*** to have the use of [*casa, giardino, cucina*]; ***per mio ~ e consumo*** for my own use; ***di ~ corrente, limitato*** in common, of limited use; ***"~ riservato al personale"*** "for staff use only"; ***per ~ privato*** for private use; ***per ~ esterno*** FARM. for external use; ***per ~ interno*** FARM. for internal use; ***locali ~ ufficio*** office accommodation; ***qual è l'~ di questa macchina?*** what's this machine used for? ***istruzioni per l'~*** instructions for use; ***perdere l'~ delle gambe*** to lose the use of one's legs; ***perdere l'~ della parola*** to lose the power of speech; ***riacquistare l'~ della vista*** to recover one's eyesight; ***perdere l'~ della ragione*** to lose one's reason; ***fuori ~*** [*macchina*] out of order *o* use, not working; ***mettere qcs. fuori ~*** to put sth. out of action; ***le linee telefoniche sono fuori ~*** the telephone lines are down **3** LING. usage, use **C**; ***in ~*** in usage; ***~ scorretto*** misusage; ***una parola di ~ comune*** a word in common *o* general use; ***entrare nell'~ comune*** to come into use; ***una parola non più in ~*** a word no longer used; ***~ sconsigliato*** controversial usage **4** *(usanza)* usage, custom; ***gli -i e costumi di un popolo*** the costumes and traditions of a country; ***un ~ che comincia a diffondersi*** a custom that is beginning to spread; ***sancire l'~ con delle leggi*** to fix custom by law; ***conoscere gli -i di un paese*** to know the customs *o* ways of a country; ***come vuole l'~*** as is customary; ***conformemente agli -i*** in accordance with tradition.

2.uso /'uzo/ agg. LETT. *(abituato)* ***essere ~*** to be used *o* accustomed (**a qcs.** to sth.; **a fare qcs.** to doing sth.).

ussaro /'ussaro/, **ussero** /'ussero/ m. hussar.

ussita, m.pl. **-i**, f.pl. **-e** /us'sita/ m. e f. Hussite.

USSL /uɛsseɛsse'ɛlle, 'uzl/ f. (⇒ unità socio-sanitaria locale) = formerly, local health authority.

ustionare /ustjo'nare/ [1] **I** tr. [*fiamma*] to burn* [*persona, pelle*]; [*acqua bollente*] to scald [*pelle, corpo*] **II ustionarsi** pronom. to burn* oneself; *(con liquidi)* to scald oneself.

ustionato /ustjo'nato/ **I** p.pass. → **ustionare II** agg. burned, burnt BE; *(con liquidi)* scalded **III** m. (f. **-a**) ***reparto grandi -i*** burns unit.

ustione /us'tjone/ f. burn; *(causata da liquidi)* scald; ***~ di primo, secondo, terzo grado*** first-degree, second-degree, third-degree burn.

ustorio, pl. **-ri**, **-rie** /us'tɔrjo, ri, rje/ agg. ***specchio ~*** burning glass.

usuale /uzu'ale/ agg. **1** *(consueto)* usual, habitual, customary **2** *(comune)* [*fatti*] ordinary; [*parola, espressione*] common.

usualmente /uzual'mente/ avv. usually, habitually, customarily.

usucapione /uzuka'pjone/ f. DIR. usucap(t)ion, squatter's rights pl.

usucapire /uzuka'pire/ [102] tr. DIR. to acquire [sth.] by usucap(t)ion [*bene, terreno*].

usufruibile /uzufru'ibile/ agg. usable, serviceable.

usufruire /uzufru'ire/ [102] intr. (aus. *avere*) **1** DIR. ***~ di*** to enjoy [sth.] in usufruct [*bene*] **2** *(godere)* to take* advantage, to make* use (**di** of), to benefit (**di** from, by); ***~ di un privilegio*** to take advantage of *o* enjoy a privilege; ***~ della cucina*** to use the kitchen; ***~ di una tariffa ridotta*** to get *o* enjoy a reduced rate.

usufrutto /uzu'frutto/ m. DIR. usufruct; ***avere l'~ di qcs., avere qcs. in ~*** to have *o* retain the usufruct of sth.; ***~ a vita*** life tenancy, life interest.

usufruttuario, pl. **-ri**, **-rie** /uzufruttu'arjo, ri, rje/ **I** agg. usufructary **II** m. (f. **-a**) usufructary.

1.usura /u'zura/ f. usury; ***esercitare l'~*** to practise usury; ***prestare a ~*** to lend at excessively high rate; ***ripagare a ~*** FIG. to pay back a hundredfold.

2.usura /u'zura/ f. **1** *(deterioramento) (di tessuto)* wear and tear; *(di pneumatico, disco, macchinario)* wear (**di** on); ***resistere all'~*** to wear well; ***~ del metallo*** metal fatigue **2** FIG. *(logorio)* ***~ del tempo*** wearing effect of time.

usuraio, pl. **-ai** /uzu'rajo, ai/ m. (f. **-a**) usurer, loan shark COLLOQ.

usurare /uzu'rare/ [1] **I** tr. [*attrito, tempo*] to wear* (out) [*oggetto*] **II usurarsi** pronom. to wear* (out).

usurario, pl. **-ri**, **-rie** /uzu'rarjo, ri, rje/ agg. [*interesse, prestito*] usurious.

usurpare /uzur'pare/ [1] tr. to usurp [*trono, titolo*]; to usurp, to encroach on [*diritti*].

usurpativo /uzurpa'tivo/ agg. usurping.

usurpatore /uzurpa'tore/ m. (f. **-trice** /tritʃe/) usurper, encroacher.

usurpazione /uzurpat'tsjone/ f. usurpation; *(di diritti)* encroachment.

1.utensile /u'tɛnsile/ agg. ***macchina ~*** machine tool.

2.utensile /uten'sile/ m. **1** *(arnese di uso comune)* utensil, implement; ***-i da cucina*** cookware, kitchenware **2** TECN. tool; ***-i da falegname*** carpenter's tools.

utensileria /utensile'ria/ f. toolroom.

utensilista, m.pl. **-i**, f.pl. **-e** /utensi'lista/ ♦ ***18*** m. e f. toolmaker.

utente /u'tɛnte/ m. e f. **1** *(di servizio)* user; *(consumatore)* consumer; ***~ della strada*** road user; ***gli -i della biblioteca*** the library users; ***gli -i dei mezzi pubblici*** the travelling public **2** *(di una lingua)* speaker **3** INFORM. *(di programma informatico)* user; ***manuale dell'~*** user's guide ♦♦ ***~ finale*** INFORM. end user.

utenza /u'tɛntsa/ f. **1** *(uso di un servizio)* use, consumption **2** *(insieme degli utenti)* users pl., consumers pl.

uterino /ute'rino/ agg. ANAT. [*prolasso, tromba, contrazione*] uterine; ***morsi -i*** afterpains; ***fratello ~*** DIR. uterin brother.

utero /'utero/ m. uterus*, womb; ***il collo dell'~*** the neck of the womb.

▶ **utile** /'utile/ **I** agg. [*oggetto, strumento*] useful, helpful; [*informazione, consiglio, libro*] handy, helpful, useful; [*discussione, incontro*] useful; ***è ~ fare*** it is useful to do; ***essere ~ a qcn.*** to be of use to sb., to be useful to sb.; ***le informazioni non ci furono molto -i*** the information was of little help to us; ***rendersi ~*** to make oneself useful; ***stavo solo cercando di rendermi ~!*** I was only trying to be helpful! ***posso esserle ~?*** can I help you? ***riuscire ~*** [*oggetto*] to come in useful *o* handy; ***tornare*** o ***dimostrarsi*** o ***venire ~ per qcn., qcs.*** to come in handy for sb., sth.; ***sapere parlare spagnolo potrebbe tornare ~*** an ability to speak Spanish could come in handy; ***termine ~*** due date; ***in tempo ~*** duly, in time **II** m. **1** *(vantaggio, tornaconto)* profit, advantage; ***unire l'~ al dilettevole*** to mix business with pleasure **2** ECON. profit, income, earnings pl.; ***dare ~*** to bring in *o* yield a profit; ***~ lordo*** gross profit; ***~ netto*** net profit; ***un ~ netto di 30.000 sterline*** an income of £30,000 net; ***un buco enorme negli -i*** a big hole in profits; ***-i di esportazione*** export earnings; ***mancati -i*** loss of income *o* earnings; ***previsione degli -i*** profits forecast; ***compartecipazione agli -i*** profit sharing.

▷ **utilità** /utili'ta/ f.inv. usefulness, utility; ***l'~ di un apparecchio*** the usefulness of a device; ***essere di grande ~*** [*libro, apparecchio*] to be very useful; ***non essere di alcuna*** o ***nessuna ~*** [*libro, apparecchio*] to be (of) no use, to serve no useful purpose; ***non vedere l'~ di qcs., di fare*** not to see the point in sth., in doing; ***servizio di pubblica ~*** (public) utility; ***programma di ~*** INFORM. utility programme; ***cane di ~*** working dog.

utilitaria /utili'tarja/ f. *(automobile)* utility car, runabout BE COLLOQ., compact AE.

utilitario, pl. **-ri**, **-rie** /utili'tarjo, ri, rje/ agg. **1** AUT. [*vettura, automobile*] utilitarian **2** *(utilitaristico)* [*morale*] utilitarian.

utilitarismo /utilita'rizmo/ m. utilitarianism.

utilitarista, m.pl. **-i**, f.pl. **-e** /utilita'rista/ m. e f. utilitarian.

utilitaristico, pl. **-ci**, **-che** /utilita'ristiko, tʃi, ke/ agg. [*pensiero, principio*] utilitarian.

utilizzabile /utilid'dzabile/ agg. [*oggetto, macchina*] usable, utilizable; ***il veicolo è ancora ~*** the vehicle is still serviceable.

utilizzabilità /utiliddzabili'ta/ f.inv. usability, usableness.

▷ **utilizzare** /utilid'dzare/ [1] tr. to use, to make* use of, to utilize [*metodo, prodotto, espressione, potenziale, oggetto, materiale, risorse*]; ***~ un bastone come leva*** to use a stick as a lever; ***~ gli avanzi*** to use the left-overs; ***~ qcs. al meglio*** the make the most of sth.

utilizzatore /utiliddza'tore/ m. (f. **-trice** /tritʃe/) user.

▷ **utilizzazione** /utiliddzat'tsjone/ f. *(l'utilizzare)* utilization, use, employment; *(sfruttamento)* exploitation.

utilizzo /uti'liddzo/ m. → **utilizzazione.**

utilmente /util'mente/ avv. usefully, serviceably.

utopia /uto'pia/ f. **1** FILOS. POL. Utopia **2** *(chimera)* wishful thinking, illusion; ***è pura ~!*** it's all pie in the sky!

utopico, pl. **-ci**, **-che** /u'tɔpiko, tʃi, ke/ agg. Utopian.

utopismo /uto'pizmo/ m. Utopianism.

utopista, m.pl. **-i**, f.pl. **-e** /uto'pista/ m. e f. **1** FILOS. Utopian, utopist **2** *(idealista)* dreamer.

utopistico, pl. **-ci**, **-che** /uto'pistiko, tʃi, ke/ agg. [*progetto, idea*] Utopian.

UV /uv'vi/ agg. e m.pl. (⇒ ultravioletti ultraviolet) UV; [*raggi, radiazioni*] UV.

▷ **uva** /'uva/ f. grapes pl.; ~ ***bianca, nera*** white, black grapes; ***mangiare dell'~*** to eat grapes; ***pigiare l'~*** to tread grapes; ***un grappolo d'~*** a bunch of grapes; ***un acino*** o ***chicco d'~*** a grape; ***questa regione produce un'~ zuccherina*** this region produces a sweet grape ◆◆ ~ ***moscata*** muscat (grape); ~ ***passa*** raisins; ~ ***spina*** gooseberry; ~ ***sultanina*** sultanas, currants; ~ ***da tavola*** dessert grapes; ~ ***ursina*** bearberry.

uvanite /uva'nite/ f. uvanite.

uvarovite /uvaro'vite/ f. uvarovite.

uvea /'uvea/ f. uvea.

uveite /uve'ite/ ♦ **7** f. uveitis.

uvetta /u'vetta/ f. *(uva passa)* raisins pl.

uvula /'uvula/ f. → **ugola**.

uvulare /uvu'lare/ agg. uvular.

uxoricida, m.pl. **-i**, f.pl. **-e** /uksori'tʃida/ **I** agg. uxoricidal **II** m. e f. *(uomo)* uxoricide; *(donna)* = a woman who murders her husband.

uxoricidio, pl. **-di** /uksori'tʃidjo, di/ m. *(commesso dal marito)* uxoricide; *(commesso dalla moglie)* = the murder of one's husband.

uzbeco /uz'bɛko/ → **usbeco.**

Uzbekistan /uz'bɛkistan/ ♦ ***33*** n.pr.m. Uzbekistan.

V

v, V /vu, vi/ m. e f.inv. v, V; ***a (forma di) V*** V-shaped; ***scollo a V*** V-neck; ***maglione con scollo a V*** V-necked sweater.
v' → **1.vi.**
v. 1 ⇒ vedi see **2** ⇒ via Street (St).
va' /va/ inter. ***ma ~!*** *(non ci credo)* go on (with you)! oh yes? *(di stupore)* really? you're kidding! ***~, che roba!*** wow, did you see that?
vacante /va'kante/ agg. **1** *(disponibile)* [*carica*] vacant, empty; [*posto*] vacant, unfilled; ***il posto è ancora ~*** the job is still open **2** DIR. [*beni*] unclaimed; ***mantenere una successione ~*** to hold an estate in abeyance.
▶ **vacanza** /va'kantsa/ In inglese esistono due equivalenti dell'italiano *vacanza*: *holiday*, che è la forma dell'inglese britannico, e *vacation*, tipica dell'inglese americano, anche se docenti e studenti universitari inglesi tendono a definire le proprie vacanze *vacation* o *vac* (nel caso delle vacanze estive, *the long vac / vacation*). Si noti che *holiday* si usa al singolare quando si riferisce alle vacanze dei lavoratori, e al plurale per le vacanze scolastiche: così, *vado a Londra per le vacanze* si traduce: I'm going to London for my holiday se chi parla è un adulto, I'm going to London for my holidays se chi parla è uno studente. f. **1** *(periodo di riposo)* holiday BE, vacation AE, vac BE COLLOQ.; ***andare, essere in ~*** to go (away), be (away) on holiday BE *o* vacation AE; ***ho preso un giorno di ~ dal lavoro*** I took a day off; ***durante le -e*** during the holidays BE, during *o* over the vacation AE; ***l'ha incontrata in ~*** he met her while on holiday; ***buone -e!*** have a good holiday BE *o* vacation AE! ***dove sei stato in ~?*** where did you go on holiday? where did you spend your holidays? ***vanno sempre in ~ in Toscana*** they always go on holiday BE to Tuscany, they always take their vacation AE in Tuscany; ***-e scolastiche*** school holidays BE *o* vacation AE; ***quando cominciamo le -e?*** *(a scuola)* when do we break up? ***le -e estive*** the summer holiday BE *o* vacation AE, the long vac(ation) BE; ***foto delle -e*** holiday snaps; ***villaggio -e*** holiday BE *o* vacation AE resort **2** ECON. *(di carica, posto)* vacancy.
vacanziere /vakan'tsjɛre/ m. (f. **-a**) holidaymaker BE, vacationer AE.
vacanziero /vakan'tsjɛro/ agg. [*clima, atmosfera*] holiday attrib.; ***la folla -a*** the holiday crowd.
vacazione /vakat'tsjone/ f. DIR. **1** *(periodo)* = period of professional attendance **2** ***~ della legge*** = waiting period before a law comes into force.
▷ **vacca**, pl. **-che** /'vakka, ke/ f. **1** *(animale)* cow **2** FIG. SPREG. cow; *(prostituta)* whore ◆ ***porca ~!*** VOLG. holy cow! holy shit! ***tempi di -che grasse*** prosperous times; ***essere in tempo di -che magre*** to have a lean time of it ◆◆ ***~ da latte*** milk cow.
vaccaio, pl. **-ai** /vak'kajo, ai/, **vaccaro** /vak'karo/ ♦ ***18*** m. cowhand, cowherd, cowman*.
vaccata /vak'kata/ f. VOLG. **1** *(cosa mal fatta)* botch, botch-up, trash **U 2** *(sproposito)* crap **U**, trash **U**; ***non dire -e!*** don't give me that crap!
vacchetta /vak'ketta/ f. cowhide.
vaccina /vat'tʃina/ f. **1** *(carne di vacca)* beef **2** *(sterco)* cow dung.
vaccinara: **alla vaccinara** /allavattʃi'nara/ agg.inv. GASTR. ***coda alla ~*** = stewed beef tail, a typical Roman dish.
vaccinare /vattʃi'nare/ [1] **I** tr. MED. VETER. to vaccinate (**contro** against); ***farsi ~*** to have a vaccination, to get vaccinated; ***~ qcn. contro qcs.*** to vaccinate sb. against sth.; ***hai fatto ~ il bambino?*** have you had your baby vaccinated? **II vaccinarsi** pronom. to have* a vaccination, to get* vaccinated.
vaccinato /vattʃi'nato/ **I** p.pass. → **vaccinare II** agg. FIG. ***è maggiorenne e ~*** he's a big boy now SCHERZ., he's old enough to make his own decisions.
vaccinatore /vattʃina'tore/ m. (f. **-trice** /tritʃe/) **1** *(persona)* vaccinator **2** *(strumento)* vaccinator.
vaccinazione /vattʃinat'tsjone/ f. vaccination (**contro** against, for); inoculation ◆◆ ***~ antipolio*** polio vaccination; ***~ antivaiolosa*** smallpox vaccination; ***~ di richiamo*** booster.
vaccinico, pl. **-ci, -che** /vat'tʃiniko, tʃi, ke/ agg. vaccinal, vaccine attrib.
▷ **vaccino** /vat'tʃino/ **I** agg. ***latte ~*** cow's milk; ***vaiolo ~*** vaccinia, cowpox **II** m. MED. vaccine (**contro** against, for); ***~ contro l'influenza*** flu vaccine ◆◆ ***~ antipolio*** polio vaccine; ***~ antitetanico*** tetanus vaccine; ***~ polivalente*** polyvalent vaccine.
vacillamento /vatʃilla'mento/ m. **1** *(barcollamento)* staggering, tottering, reeling **2** FIG. vacillation, titubation, wavering, shillyshallying COLLOQ.
vacillante /vatʃil'lante/ agg. **1** [*andatura, passo*] tottering, staggering, unsteady; *(tremolante)* [*fiamma, luce*] flickering, wavering **2** FIG. [*fede*] shaky, wavering; [*regime*] tottering, shaky; [*economia, impero*] crumbling; [*teoria*] wobbly.
vacillare /vatʃil'lare/ [1] intr. (aus. *avere*) **1** *(barcollare)* [*persona*] to totter, to stagger, to waver, to reel; [*pila di libri*] to topple, to totter, to wobble **2** *(oscillare)* [*luce, fiamma*] to flicker, to waver **3** FIG. *(venir meno)* [*memoria*] to fail; [*fede, coraggio*] to waver; ***fare ~*** to shake [*coraggio, fede*] **4** FIG. *(essere in crisi)* [*regime, governo, trono*] to totter; ***fare ~*** to undermine [*regime, autorità*].
vacuità /vakui'ta/ f.inv. **1** *(vuoto)* emptiness, vacuity FORM. **2** FIG. *(inconsistenza)* emptiness, inanity, vacuousness, vacuity FORM.
vacuo /'vakuo/ **I** agg. **1** ANT. empty **2** FIG. *(inespressivo)* [*sguardo, espressione*] vacuous, vacant, blank; *(futile)* [*discorso*] inane **3** *(privo di qualità)* [*persona*] inane **II** m. vacuum.
vacuolare /vakuo'lare/ agg. vacuolar.
vacuolo /va'kuolo/ m. BIOL. vacuole.
vacuometro /vaku'ɔmetro/ m. vacuum gauge.
vademecum /vade'mɛkum/ m.inv. vade mecum.
vadoso /va'doso/ agg. vadose.
va e vieni /'vae'vjɛni/ m.inv. coming and going; ***tutto questo ~*** all this toing and froing, these comings and goings.
vaffanculo /vaffan'kulo/ inter. VOLG. ***(ma) ~!*** fuck you! fuck off!
vagabondaggio, pl. **-gi** /vagabon'daddʒo, dʒi/ m. **1** *(fenomeno)* vagrancy, vagabondage; ***legge contro il ~*** vagrancy law **2** *(il vagabondare)* wanderings pl., roaming; ***i -gi della fantasia*** FIG. the roamings of the mind.
vagabondare /vagabon'dare/ [1] intr. (aus. *avere*) **1** *(vivere da vagabondo)* [*persona*] to live as a vagrant **2** *(viaggiare senza*

meta) to wander, to roam (around), to rove (around); ***~ per il mondo*** to roam the world; ***~ per la strada*** to wander up and down the road.

▷ **vagabondo** /vaga'bondo/ **I** agg. [*persona*] vagabond; *(senza fissa dimora)* [*persona*] vagrant; FIG. [*pensieri*] wandering, roving **II** m. (f. **-a**) **1** *(persona senza fissa dimora)* vagrant, vagabond, tramp, hobo*, bum AE **2** *(giramondo)* wanderer, roamer, rover **3** *(fannullone)* idler, loafer, loiterer.

vagale /va'gale/ agg. vagal.

vagamente /vaga'mente/ avv. [*rispondere*] vaguely; [*ricordare*] vaguely, dimly, indistinctly, sketchily; ***ricordare ~ qcs.*** to be faintly reminiscent of sth.; ***ha un'aria ~ familiare*** it seems vaguely familiar.

vagante /va'gante/ agg. *(errante)* wandering, roving, roaming; ***pallottola ~*** stray (bullet); ***animali -i*** stray animals; ***mina ~*** FIG. *(persona)* loose cannon.

vagare /va'gare/ [1] intr. (aus. *avere*) **1** *(girovagare)* to wander, to roam (around), to rove (around), to stray; ***~ per le strade*** to roam *o* wander the streets; ***~ per la casa*** to wander through the house **2** FIG. [*fantasia, mente, pensieri*] to wander, to stray; ***lasciare ~ i propri pensieri*** to let one's thoughts stray; ***il suo sguardo vagava per la stanza*** his eye roved around the room.

vagheggiamento /vageddʒa'mento/ m. **1** *(contemplazione)* fond gazing, loving contemplation **2** *(desiderio)* longing, yearning (**di** for).

vagheggiare /vaged'dʒare/ [1] tr. **1** *(contemplare)* to contemplate; ***~ la persona amata*** to gaze fondly *o* to look lovingly at one's beloved **2** FIG. *(desiderare ardentemente)* to long for, to yearn for [*successo, fama*].

vagheggiato /vaged'dʒato/ **I** p.pass. → **vagheggiare II** agg. *(ardentemente desiderato)* longed-for, yearned-for.

vagheggino /vaged'dʒino/ m. gallant ANT., beau* ANT.

vaghezza /va'gettsa/ f. **1** *(l'essere vago)* vagueness, dimness **2** LETT. *(leggiadria)* grace, charm.

vagina /va'dʒina/ f. vagina*.

vaginale /vadʒi'nale/ agg. vaginal; ***striscio ~*** Pap smear, smear test.

vaginismo /vadʒi'nizmo/ m. vaginismus.

vaginite /vadʒi'nite/ ♦ **7** f. vaginitis.

vagire /va'dʒire/ [102] intr. (aus. *avere*) [*neonato*] to cry, to wail.

vagito /va'dʒito/ m. **1** *(di neonato)* cry, wail **2** FIG. dawning, stirrings pl.; ***i primi -i di una civiltà*** the dawn of a new civilization.

1.vaglia: **di (gran) vaglia** /di(gran)'vaʎʎa/ agg.inv. [*persona*] of great worth.

2.vaglia /'vaʎʎa/ m.inv. money order; ***incassare un ~*** to cash a money order ♦♦ ***~ cambiario*** promissory note; ***~ internazionale*** international money order; ***~ postale*** postal order BE; ***~ telegrafico*** telegraphic money order.

vagliare /vaʎ'ʎare/ [1] tr. **1** *(setacciare)* to sieve, to screen, to riddle, to sift [*ghiaia, minerale*]; to winnow [*grano*] **2** FIG. *(esaminare accuratamente)* to examine, to look over [*documento*]; to weigh up, to canvass [*idea, proposta*]; to sift [*informazioni*].

vagliatrice /vaʎʎa'tritʃe/ f. sifting machine, fanner.

vagliatura /vaʎʎa'tura/ f. **1** *(il vagliare)* sifting, riddling, sieving **2** FIG. sifting.

vaglio, pl. **-gli** /'vaʎʎo, ʎi/ m. **1** *(per setacciare)* riddle, screen, sieve; ***passare al ~*** to sieve, to sift, to riddle [*minerale*] **2** FIG. *(esame accurato)* scrutiny, sifting; *(scelta)* choice, selection; ***passare al ~*** to sift through [*risultati, cifre*]; ***il caso è al ~ degli esperti*** the case is being examined by the experts; ***fare un ~ delle proposte*** to examine the proposals closely.

▷ **vago**, pl. **-ghi, -ghe** /'vago, gi, ge/ **I** agg. **1** *(impreciso)* [*ricordo*] vague, faint, hazy, sketchy; [*somiglianza*] remote, distant, vague; [*sospetto*] sneaking, faint; [*intenzione, risposta*] indefinite; *(evasivo)* [*persona*] vague, noncommittal; ***avere un ~ ricordo di*** to have a dim memory of; ***ho la -a sensazione di avere fatto un errore*** I have a sneaking suspicion that I've made a mistake; ***un ~ senso di colpa*** a vague sense of guilt; ***non ne ho la più -a idea*** I haven't got the vaguest idea **2** ANAT. ***nervo ~*** vagus (nerve) **3** LETT. *(leggiadro)* graceful, pretty **II** m. **1** *(ciò che è impreciso)* vagueness; ***la direzione è rimasta sul ~ a proposito degli stipendi*** management has remained vague on *o* as to the question of wages **2** ANAT. vagus*, vagus nerve.

vagolare /vago'lare/ [1] intr. (aus. *avere*) LETT. to wander (about).

vagonata /vago'nata/ f. **1** *(carico di un vagone)* wagonload BE, carload **2** FIG. load; ***una ~ di persone*** a (whole) load of people.

vagoncino /vagon'tʃino/ m. **1** MIN. tram **2** *(di teleferica)* cable car.

▷ **vagone** /va'gone/ m. **1** *(carro ferroviario) (per merci)* wagon BE, car AE; *(per passegeri)* carriage BE, coach BE, car AE **2** *(contenuto)* wagonload BE, carload; ***un ~ di carbone*** a wagonload of coal ♦♦ ***~ cisterna*** tank car; ***~ frigorifero*** refrigeration wagon BE, refrigeration car AE; ***~ letto*** sleeping car, sleeper; ***~ postale*** mail coach *o* van, mail car AE; ***~ ristorante*** dining car, diner, restaurant car BE, buffet car BE.

vagotomia /vagoto'mia/ f. vagotomy.

1.vaio, pl. **vai, vaie** /'vajo, 'vai, 'vaje/ agg. *(di colore scuro)* blackish, dark grey.

2.vaio, pl. **vai** /'vajo, 'vai/ m. ARALD. ABBIGL. vair.

vaiolo /va'jɔlo/ ♦ **7** m. MED. smallpox, variola ♦♦ ***~ dei bovini***, ***~ vaccino*** VETER. cowpox, vaccinia.

vaioloide /vajo'lɔide/ f. varioloid.

vaioloso /vajo'loso/ **I** agg. variolous, smallpox attrib. **II** m. (f. **-a**) smallpox sufferer.

val /val/ → **valle.**

Valacchia /va'lakkja/ n.pr.f. STOR. Walachia.

valacco, pl. **-chi, -che** /va'lakko, ki, ke/ **I** agg. STOR. Walach **II** m. (f. **-a**) STOR. Walach.

▷ **valanga**, pl. **-ghe** /va'langa, ge/ f. **1** avalanche **2** FIG. *(grande quantità)* avalanche, flood, shower; ***vincere con una ~ di voti*** to win by a landslide.

valchiria /val'kirja/ f. **1** MITOL. Valkyrie, Walkyrie **2** SCHERZ. = (Nordic) strapping girl.

Valdemaro /valde'maro/ n.pr.m. Waldemar.

valdese /val'dese/ **I** agg. Waldensian **II** m. e f. Waldensian; ***i -i*** the Waldenses.

Valdo /'valdo/ n.pr.m. Waldo.

valdostano /valdos'tano/ ♦ ***30*** **I** agg. from, of Val d'Aosta **II** m. (f. **-a**) **1** native, inhabitant of Val d'Aosta **2** LING. dialect of Val d'Aosta.

valente /va'lɛnte/ agg. [*professionista, artigiano*] skilful BE, skillful AE, capable, clever; [*artista, scrittore*] talented, gifted.

valentia /valen'tia/ f. skill, capability, ability, cleverness.

valentina /valen'tina/ f. valentine (card).

Valentino /valen'tino/ n.pr.m. Valentine; ***(il giorno di) san ~*** St Valentine's Day, Valentine('s) Day.

valentuomo, pl. **valentuomini** /valen'twɔmo, valen'twɔmini/ m. worthy man*.

valenza /va'lɛntsa/ f. **1** CHIM. valence, valency; ***elettrone di ~*** valency electron **2** *(valore)* value, importance, extent; ***un fatto di grande ~ politica*** an event of great political importance **3** LING. valency.

Valenzia /va'lɛntsja/ ♦ ***2*** n.pr.f. Valencia.

valenziano /valen'tʃjano/ ♦ ***2*** **I** agg. Valencian **II** m. (f. **-a**) Valencian.

▶ **valere** /va'lere/ [96] **I** intr. (aus. *essere*) **1** *(in termini monetari)* to be* worth; ***~ una fortuna, molto, ancora di più*** to be worth a fortune, a lot, even more; ***quanto vale?*** how much is it (worth)? what is it worth? ***vale dieci sterline*** it's worth ten pounds *o* it has a value of ten pounds; ***non vale un granché*** it's not worth much; ***quel quadro non vale niente*** that painting is worthless; ***quest'auto vale il suo prezzo*** this car is good value (for money); ***un prodotto che vale il suo prezzo*** a value-for-money product **2** *(qualitativamente)* to be* worth; ***non vale una cicca*** o ***un fico secco*** o ***un accidente*** it's not worth a straw *o* bean COLLOQ. *o* damn COLLOQ.; ***non ~ niente*** [*materiale, prodotto, romanzo*] to be rubbish, to be no good; [*persona*] to be worthless; ***so quanto valgo*** I know my own worth; ***il film non valeva un soldo*** the film was a dead loss; ***quel giornalista non vale niente, vale poco*** that journalist is not any good, is not much good; ***come cuoco non vale niente*** he's a useless cook, he's not much of a cook; ***come giocatore di carte non vale niente*** he's no use at cards COLLOQ.; ***vale più come attrice che come cantante*** she's better at acting than singing; ***il contratto non vale la carta su cui è scritto*** the contract isn't worth the paper's it's written on; ***vale tanto oro quanto pesa*** he is worth his weight in gold **3** *(equivalere a)* ***un metro vale cento centimetri*** a metre is equivalent to one hundred centimetres; ***il tuo lavoro vale tanto quanto il loro*** your work is just as good as theirs; ***un operaio esperto vale (quanto) tre principianti*** an experienced worker is worth three novices; ***uno vale l'altro*** one is as good as the other, they're much of a muchness; ***per lui un vino vale l'altro*** one wine is the same as another to him; ***tanto vale che rinunciamo*** we might *o* may as well give up; ***tanto valeva che tu glielo chiedessi*** it would be just as well if you asked him; ***tanto vale (farlo) adesso*** now is as good a time as any **4** *(meritare)* ***~ la pena*** to be worth (**di fare** doing); ***non (ne) vale la pena*** it isn't worth it; ***il libro vale la pena di essere letto*** the book is worth reading; ***vale la pena di tentare*** it's worth a try; ***valeva la pena di aspettare*** it was worth waiting *o* the wait; ***ne è valsa davvero la pena*** it's been well worthwhile; ***non valeva la pena che mi sbrigassi*** I needn't have hurried; ***vale la pena chiederglielo?*** is it any use asking? **5** *(essere valido)* [*biglietto, tessera, documento*] to be* valid; *(essere applicabile)* [*regole, teorie*] to apply (**per** to); ***il mio passaporto vale fino al 2005*** my passport is valid (up) until 2005; ***la regola vale per tutti i casi*** the rule applies in all cases; ***questo vale soprattutto per il suo ultimo romanzo*** this is particularly true of her last novel; ***questo vale per tutti voi!*** that goes for all of you *o* for the whole lot of you! that applies to you all! ***lo stesso vale per lui!*** the same goes for him! ***non vale!*** it's not fair! **6** *(contare, avere efficacia)* to count; ***questa partita vale per il campionato*** this match counts for the championship; ***il tuo parere non vale niente*** your opinion counts for nothing; ***e questa è la mia opinione, per quel che vale*** and that's my opinion for what it's worth **7** *(giovare)* to be* of use, to be* of avail; ***a nulla sono valsi i miei consigli*** my advice was of no use; ***che vale?*** what use is it? what's the use of it? **8 vale a dire** that is (to say), namely; ***vale a dire che...?*** does that mean that...? **II** tr. *(procurare)* to win*, to earn; ***ciò mi valse un premio*** that earned *o* won me a prize; ***la sua opera gli valse l'etichetta di sovversivo*** his work earned him the tag "subversive" **III valersi** pronom. *(avvalersi)* ***-rsi di*** to avail oneself of sth., to take advantage of [*offerta, opportunità*]; to make use of [*strumento*]; ***-rsi dei consigli di qcn.*** to make use of sb.'s advice ◆ ***fare ~*** to exercise, to assert [*diritti*]; to push forward [*idea, proposta*]; ***farsi ~*** to put oneself across; ***è una che sa farsi ~*** she's very pushy *o* pushful; ***devi imparare a farti ~*** you must learn to assert yourself; ***il gioco non vale la candela*** the game's not worth the candle, it's more trouble than it's worth.

Valeria /va'lɛrja/ n.pr.f. Valerie.

valeriana /vale'rjana/ f. BOT. valerian, setwall; FARM. valerian.

valerianato /valerjana'nato/ m. valerate.

valerianella /valerja'nɛlla/ f. corn salad.

valerianico, pl. **-ci**, **-che** /vale'rjaniko, tʃi, ke/ agg. valerianic.

Valerio /va'lɛrjo/ n.pr.m. Valerius.

valetudinario, pl. **-ri**, **-rie** /valetudi'narjo, ri, rje/ **I** agg. valetudinarian **II** m. (f. **-a**) valetudinarian.

valevole /va'levole/ agg. valid; ***~ sino ad aprile*** valid *o* good until April; ***una partita ~ per le qualificazioni*** a qualifying match.

valgismo /val'dʒizmo/ m. valgus.

valgo, pl. **-ghi**, **-ghe** /'valgo, gi, ge/ agg. valgus; ***ginocchio ~*** baker-leg, knock knee, genu valgum.

valicabile /vali'kabile/ agg. [*colle*] passable, negotiable, that may be passed.

valicare /vali'kare/ [1] tr. to cross [*montagna, colle, fiume*].

▷ **valico**, pl. **-chi** /'valiko, ki/ m. **1** *(il valicare)* crossing **2** *(passo)* pass, col; ***~ di frontiera*** mountain border post.

validamente /valida'mente/ avv. *(in modo valido)* validly; *(con impegno, efficacia)* efficaciously, effectively; ***~ assistito dai suoi colleghi*** ably assisted by his colleagues.

validazione /validat'tsjone/ f. validation.

validità /validi'ta/ f.inv. **1** *(di biglietto, documento)* validity **2** *(fondatezza)* validity, soundness **3** *(valore)* value, worth.

▷ **valido** /'valido/ agg. **1** *(valevole)* [*atto, contratto, biglietto, documento, offerta*] valid; ***non ~*** [*biglietto, documento*] invalid; ***~ fino ad aprile 2005*** valid (up) until April 2005; ***questo biglietto è ~ per due persone*** this ticket admits two (people); ***questo abbonamento è ~ per altri due mesi*** this subscription is good for two more months; ***la mia offerta resta -a*** my offer still holds, my offer is still on the table; ***questa regola è -a per tutti*** this rule applies to everyone **2** *(fondato)* [*motivo, argomento, obiezione*] sound, valid; [*conclusione, scusa*] legitimate; [*consiglio*] sound, solid; ***ci sono -i motivi per rimanere neutrali*** there is a strong argument for neutrality; ***non è una scusa -a*** that's no excuse; ***addurre -i argomenti a favore di qcs.*** to make a good case for sth.; ***non esiste un motivo ~ per allarmarsi*** there's no real cause for alarm; ***ho delle -e ragioni per*** I have solid grounds for **3** *(efficace)* [*rimedio*] valuable, effective, helpful; ***essere di ~ aiuto per qcn.*** to be a great help to sb. **4** *(pregevole, apprezzabile)* [*persona*] good, capable, able; [*opera, progetto*] worthwhile; ***il film è ~ soprattutto per la qualità dei dialoghi*** the principal merit of the film is the quality of the dialogue; ***un ~ collaboratore*** a valued collaborator; ***dei -i candidati*** high-quality candidates **5** *(vigoroso)* [*uomo*] strong, powerful, able-bodied.

valigeria /validʒe'ria/ f. **1** *(negozio)* leather goods shop; *(fabbrica)* leather goods factory **2** *(articoli)* leather goods pl.

valigetta /vali'dʒetta/ f. case, briefcase; ***~ ventiquattrore*** overnight bag.

▶ **valigia**, pl. **-gie**, **-ge** /va'lidʒa, dʒe/ f. suitcase, case, bag; ***una ~*** a piece of luggage; ***fare le -gie*** to do one's packing, to pack one's suitcase, to pack one's bags (anche FIG.); ***disfare le -gie*** to unpack; ***ho fatto le -gie*** I'm packed; ***un set di -gie*** a set of matching luggage ◆◆ ***~ diplomatica*** diplomatic bag BE, diplomatic pouch AE.

valigiaio, pl. **-ai** /vali'dʒajo, ai/ ◗ ***18*** m. (f. **-a**) **1** *(produttore)* leather goods manufacturer **2** *(venditore)* leather goods seller.

valina /va'lina/ f. valine.

valium® /'valjum/ m.inv. Valium®.

▷ **vallata** /val'lata/ f. valley.

▶ **valle** /'valle/ f. valley, dale, vale LETT.; ***la ~ del Tamigi*** the Thames valley; ***a ~*** downriver, down river; ***a ~ di*** downstream of (anche FIG.); ***scendere a ~*** to go downstream; ***è qualche miglia più a ~*** it's a few miles down the river from here ◆ ***~ di lacrime*** vale of tears; ***per monti e per -i*** up hill and down dale BE, over hill and dale AE ◆◆ ***~ fluviale*** river valley; ***~ glaciale*** glaciated valley; ***~ pensile*** o ***sospesa*** hanging valley; ***~ tettonica*** rift valley; ***Val(le) d'Aosta*** Valle d'Aosta.

vallea /val'lɛa/ f. → **vallata.**

1.valletta /val'letta/ f. *(piccola valle)* hollow, dale, dean.

2.valletta /val'letta/ f. TELEV. = television presenters's assistant.

Valletta /val'letta/ ◗ ***2*** n.pr.f. ***la ~*** Valletta.

valletto /val'letto/ m. **1** STOR. varlet, footboy, footman*, page **2** TELEV. = television presenters's assistant.

valligiano /valli'dʒano/ **I** agg. valley-dwelling, valley attrib. **II** m. (f. **-a**) inhabitant of the valley(s), valley dweller.

vallisneria /valliz'nɛrja/ f. tape grass, eelgrass.

vallivo /val'livo/ agg. *(della valle)* [*terreno*] valley attrib.

vallo /'vallo/ m. MIL. *(in Roma antica)* vallum, wall; *(in età moderna)* rampart, wall; ***~ di Adriano*** STOR. Hadrian's Wall ◆◆ ***~ morenico*** GEOL. end moraine.

1.vallone /val'lone/ m. GEOGR. deep valley.

2.vallone /val'lone/ **I** agg. Walloon **II** m. (f. **-a**) *(persona)* Walloon **III** m. LING. Walloon.

vallonea /vallo'nɛa/ f. valonia (oak); ***ghianda della ~*** valonia.

▶ **valore** /va'lore/ m. **1** *(prezzo)* value; ***acquistare, perdere ~*** to go up, down in value; ***per un ~ di*** to the value of; ***acquistare qcs. del ~ di 100 euro*** to buy sth. worth 100 euros; ***qual è il suo ~ in sterline?*** what is its worth in pounds? ***un ~ stimato in 50 sterline*** a valuation of £50; ***di grande ~*** of great value *o* worth; ***di poco*** o ***scarso ~*** of little value *o* worth; ***di nessun ~, senza ~*** of no value *o* worth, valueless, worthless; ***di inestimabile ~*** [*gioiello, mobile*] priceless; ***avere ~*** to be valuable; ***non avere alcun ~, essere senza ~*** to have no value, to be worth nothing; ***vendere qcs. al di sotto del suo ~*** to sell sth. for less than it's worth; ***un anello di grande ~*** a very valuable ring; ***~ dell'usato*** second-hand value; ***~ sul mercato*** street value **2** *(qualità) (di persona, artista)* worth; *(di opera)* value, merit; ***avere un ~ simbolico, sentimentale*** to have symbolic, sentimental value; ***vedere*** o ***capire il ~ di qcs.*** to see the worth of sth.; ***avere un ~ educativo*** to be of *o* have educational value; ***dare un grande ~ a qcs.*** to set great value on sth., to put *o* set a high price on sth.; ***dare a qcs. il giusto ~*** to appreciate sth. at its true value; ***dimostrare il proprio ~*** to prove one's worth; ***il ~ di qcn. come*** the value of sb. as; ***un uomo di ~*** a man of great value, a very estimable man; ***le persone di ~ della comunità*** people of worth in the community; ***la sua opera ha un certo, scarso ~*** there's some, little merit in his work; ***è stato riconosciuto il ~ dello scrittore*** the author's talent has been recognized **3** *(validità)* validity; ***~ legale*** legal validity; ***ciò non ha ~ vincolante*** this does not constitute a commitment **4** *(principio morale)* value; ***scala di -i*** scale of values; ***-i tradizionali, familiari*** traditional, family values; ***non abbiamo gli stessi -i*** we don't share the same values **5** *(oggetti di valore)* ***i -i*** valuables, valuable goods **6** ECON. *(in borsa)* security; ***-i mobiliari*** stocks and shares; ***borsa -i*** stock exchange *o* market **7** MAT. value; ***il ~ assoluto di un numero*** the absolute value of a number **8** MUS. (time) value; LING. value **9** *(coraggio)* valour BE, valor AE, bravery, valience, gallantry; ***medaglia al ~*** bravery award, award for bravery; ***medaglia al valor militare*** campaign medal; ***il soldato è stato decorato al ~*** the soldier was decorated for bravery ◆◆ ***~ aggiunto*** surplus value; ***imposta sul ~ aggiunto*** value-added tax; ***~ attuale*** present value; ***~ commerciale*** commercial value; ***~ contabile*** book value; ***~ intrinseco*** intrinsic value; ***~ locativo*** rental value; ***~ di mercato*** → ***~*** **di scambio**; ***~ monetario*** monetary value; ***~ nominale*** nominal *o* face *o* par value; ***~ numerico*** numerical value; ***~ nutritivo*** food *o* nutritional value; ***~ reale*** real value; ***~ di riscatto*** surrender value; ***~ di scambio*** market value; ***~ d'uso*** value in use; ***~ venale*** → ***~*** **di scambio**; ***~ di verità*** FILOS. truth value.

valorizzare /valorid'dzare/ [1] **I** tr. **1** *(fare acquistare valore a)* to increase the value of [*casa*]; to develop, to improve [*terreno, regione*]; *(sfruttare)* to exploit [*risorse*] **2** *(mettere in risalto)* to enhance [*aspetto, bellezza*]; to bring* out, to set* off [*occhi, abbronzatura*]; to enhance, to show* off [*doti, qualità, talento*]; **~ qcn.** [*colore, trucco*] to suit *o* flatter sb. **II valorizzarsi** pronom. *(acquistare valore)* [*oggetto*] to appreciate, to increase in value; *(migliorare il proprio aspetto)* [*persona*] to make* the most of oneself; ***devi cercare di valorizzarti il più possibile durante il colloquio*** you've got to sell yourself at the interview.

valorizzazione /valoriddzat'tsjone/ f. *(aumento di valore)* increase in value; *(miglioramento)* development, improvement; *(sfruttamento)* exploitation.

valorosamente /valorosa'mente/ avv. bravely, valiantly, gallantly.

▷ **valoroso** /valo'roso/ agg. [*soldato*] brave, gallant, valiant, courageous; [*impresa*] gallant.

valpolicella /valpoli'tʃɛlla/ m.inv. ENOL. INTRAD. (renowned dry red wine from Veneto).

valuta /va'luta/ f. **1** *(moneta di un paese)* currency, money; ***-e europee*** European currencies; **~ *pregiata*** hard currency; **~ *nazionale*** national currency; **~ *estera*** foreign currency *o* exchange; ***comprare* ~ *estera*** to buy foreign currency **2** BANC. ***giorno*** o ***data di* ~** value date.

valutabile /valu'tabile/ agg. [*danno, perdite*] assessable, appraisable, measurable, rateable BE, ratable AE.

▷ **valutare** /valu'tare/ [1] tr. **1** *(stimare approssimativamente)* to estimate, to assess [*grandezza, durata, distanza, rischi, costi, danni, ricchezza*]; **~ *male*** to miscalculate [*rischi*]; ***è difficile* ~ *l'ammontare del debito*** it is difficult to assess the total debt; ***la sua ricchezza è valutata cinquanta milioni di euro*** his fortunes are estimated at fifty million euros **2** *(determinare il valore di)* to value, to put* a price on, to price [*bene, oggetto*]; to appraise [*quadro*]; ***fare* ~ *qcs.*** to have sth. valued *o* appraised, to have a valuation done on sth.; **~ *qcs. 150 sterline*** to value sth. at £150; ***la casa è stata valutata 100.000 euro*** the house was valued at 100,000 euros **3** *(vagliare attentamente)* to assess, to weigh up, to evaluate [*situazione*]; to consider [*alternative, fatti, proposte*]; to assess, to calculate [*conseguenze, effetto*]; to gauge [*reazione*]; **~ *i pro e i contro*** to balance the pros and cons; ***ho valutato male le conseguenze*** I miscalculated the consequences; **~ *cosa sta succedendo*** to gauge what is happening **4** *(stimare, apprezzare)* to value, to esteem, to appreciate [*persona*] **5** *(giudicare)* to assess [*capacità, candidato, studente*]; to mark, to grade AE [*tema, compito*]; to evaluate [*progressi, risultati*].

valutario, pl. **-ri**, **-rie** /valu'tarjo, ri, rje/ agg. monetary, currency attrib., money attrib.; ***regime* ~** currency regime; ***riserve -rie*** monetary reserves; ***restrizioni -rie*** currency restrictions.

valutativo /valuta'tivo/ agg. [*criterio, errore*] estimative.

valutazione /valutat'tsjone/ f. **1** *(di bene, oggetto)* (e)valuation, estimation **U**; ***fare la* ~ *di*** to value [*gioiello, casa*]; ***"offriamo la massima* ~ *per..."*** "we pay top prices for..." **2** *(stima) (di costi, danni, rischi)* estimate, assessment, appraisal; *(calcolo)* calculation, reckoning; ***un errore di* ~** an error of judgment, a misjudg(e)ment; ***stando alla sua* ~** by his own estimate; ***a una* ~ *approssimativa*** at a rough estimate **3** *(giudizio)* assessment, judg(e)ment; ***emettere una* ~ *favorevole*** to give a favourable assessment; ***ha avuto una* ~ *positiva*** she got a good rating; ***utilizzare qcs. come metro di* ~ *per*** to use sth. as a measure of **4** *(di compito)* marking; *(di capacità, candidato, studente)* assessment; ***sistema di* ~** grading system.

valva /'valva/ f. BOT. ZOOL. valve.

valvare /val'vare/ agg. BOT. [*fogliazione*] valvate.

valvassino /valvas'sino/ m. STOR. vavasour's vassal.

valvassore /valvas'sore/ m. STOR. vavasour.

valvato /val'vato/ agg. **1** ZOOL. valved **2** BOT. → **valvare.**

▷ **valvola** /'valvola/ f. **1** MECC. valve **2** EL. fuse; ***sono saltate le -e*** the fuses have blown **3** *(di radio, televisione)* valve BE, electron tube AE **4** ANAT. valve ◆◆ **~ *di ammissione*** MECC. inlet *o* intake valve; **~ *di aspirazione*** MECC. suction valve; **~ *cardiaca*** ANAT. heart valve; **~ *a farfalla*** MECC. butterly valve, throttle (valve); **~ *a fungo*** MECC. poppet; **~ *fusibile*** EL. fusible plug; **~ *mitrale*** ANAT. mitral valve; **~ *a saracinesca*** IDR. gate *o* slide valve; **~ *di scarico*** MECC. escape *o* exhaust *o* outlet valve; FIG. safety valve; **~ *a sfera*** ball valve; **~ *di sfogo*** MECC. snifting valve; FIG. safety valve; **~ *di sicurezza*** MECC. safety *o* relief valve; **~ *tricuspide*** ANAT. tricuspid valve.

valvolare /valvo'lare/ agg. **1** ANAT. valvular **2** ELETTRON. valve attrib.

valzer /'valtser/ m.inv. waltz, valse; ***ballare il* ~** to waltz; ***fare un giro di* ~** to do *o* dance a waltz; ***ballerino di* ~** waltzer.

vamp /vamp/ f.inv. vamp.

vampa /'vampa/ f. **1** *(fiamma)* flame, blaze **2** *(ondata di calore)* fierce heat, heat wave **3** *(arrossamento del viso)* flush, blush **4** FIG. *(ardore)* ardour BE, ardor AE.

vampata /vam'pata/ f. **1** *(di fuoco)* flame, blaze, burst (of flame); *(di calore)* burst (of heat) **2** *(arrossamento del volto)* flush(ing), blush; ***una* ~ *le arrossava le guance*** there was a flush in her cheeks **3** FIG. *(attacco)* outburst, explosion; ***una* ~ *di collera*** a burst of anger.

vampiresco, pl. **-schi**, **-sche** /vampi'resko, ski, ske/ agg. vampiric.

vampirismo /vampi'rizmo/ ♦ **7** m. **1** vampirism **2** PSIC. = a form of necrophilia.

vampiro /vam'piro/ m. **1** *(spettro)* vampire; ***un film di -i*** a vampire film **2** FIG. *(persona avida)* bloodsucker, leech **3** ZOOL. vampire bat, spectre-bat.

vanadato /vana'dato/ m. vanadate.

vanadico, pl. **-ci**, **-che** /va'nadiko, tʃi, ke/ agg. vanadic.

vanadio /va'nadjo/ m. vanadium.

vanadoso /vana'doso/ agg. vanadous.

vanagloria /vana'glɔrja/ f. boastfulness, conceit, vaingloriousness LETT., vainglory LETT.

vanagloriarsi /vanaglo'rjarsi/ [1] pronom. to boast, to brag.

vanaglorioso /vanaglo'rjoso/ **I** agg. boastful, conceited, vainglorious LETT., vaunting LETT. **II** m. (f. **-a**) boaster, braggart.

vanamente /vana'mente/ avv. vainly, in vain, to no avail.

Vanda /'vanda/ n.pr.f. Wanda.

vandalico, pl. **-ci**, **-che** /van'daliko, tʃi, ke/ agg. vandalic; ***atti -ci*** criminal damage, acts of vandalism; ***commettere atti -ci contro un edificio*** to vandalize a building.

vandalismo /vanda'lizmo/ m. vandalism; ***atti di* ~** criminal damage, acts of vandalism.

▷ **vandalo** /'vandalo/ m. (f. **-a**) **1** STOR. Vandal **2** *(distruttore)* vandal.

Vandea /van'dɛa/ ♦ **30** n.pr.f. Vendée.

vaneggiamento /vaneddʒa'mento/ m. *(il vaneggiare)* raving, wanderings pl.

vaneggiare /vaned'dʒare/ [1] intr. (aus. *avere*) **1** *(delirare)* [*folle, malato*] to rave, to wander; ***la febbre lo fa* ~** the fever is making him delirious **2** COLLOQ. *(parlare a sproposito)* to rave; ***tu vaneggi!*** you're talking nonsense! you're raving!

vanesio, pl. **-si**, **-sie** /va'nɛzjo, zi, zje/ **I** agg. vain, foppish, conceited **II** m. (f. **-a**) vain person, fop SPREG.

vanessa /va'nessa/ f. vanessa ◆◆ **~ *del cardo*** painted lady; **~ *io*** peacock butterfly.

Vanessa /va'nessa/ n.pr.f. Vanessa.

▷ **vanga**, pl. **-ghe** /'vanga, ge/ f. spade.

vangare /van'gare/ [1] tr. to spade, to dig* [*campo*].

vangata /van'gata/ f. **1** *(il vangare)* spading, digging **2** *(colpo di vanga)* blow with a spade **3** *(quantità di terra sollevata)* spadeful.

vangatura /vanga'tura/ f. digging.

▷ **vangelo** /van'dʒɛlo/ m. **1** RELIG. Gospel; ***i quattro -i*** the Four Gospels; ***il Vangelo secondo Marco*** the Gospel according to St Mark; ***giuramento sul Vangelo*** gospel oath; ***diffondere il* ~** to spread the gospel **2** FIG. *(verità assoluta)* gospel; ***prendere qcs. per* ~** to take sth. as gospel (truth).

vanificare /vanifi'kare/ [1] tr. to defeat, to frustrate, to thwart [*sforzo, tentativo*]; ***i suoi tentativi di vincere furono vanificati*** he was defeated in his attempts to win; **~ *gli sforzi di qcn. per fare*** to hinder sb. in their efforts to do.

vaniglia /va'niʎʎa/ f. BOT. GASTR. vanilla; ***essenza di* ~** vanilla essence *o* extract; **~ *in polvere*** vanilla powder; ***alla* ~** [*crema*] vanilla-flavoured; ***gelato alla* ~** vanilla ice (cream).

vanigliato /vaniʎ'ʎato/ agg. vanilla-flavoured BE, vanilla-flavored AE; ***zucchero* ~** vanilla sugar.

vaniglina /vaniʎ'ʎina/ → **vanillina.**

vanillico, pl. **-ci**, **-che** /va'nilliko, tʃi, ke/ agg. vanillic.

vanillina /vanil'lina/ f. vanillin.

vaniloquio, pl. **-qui** /vani'lɔkwjo, kwi/ m. raving, nonsense, empty talk.

▷ **vanità** /vani'ta/ f.inv. **1** *(orgoglio)* conceit, conceitedness; ***lusingare la* ~ *di qcn.*** to flatter sb.'s ego **2** *(inutilità, inefficacia)* uselessness, emptiness **3** *(caducità)* vanity.

vanitosamente /vanitosa'mente/ avv. vainly, conceitedly.

▷ **vanitoso** /vani'toso/ **I** agg. [*persona*] conceited, vain **II** m. (f. **-a**) vain person.

▷ **vano** /'vano/ **I** agg. **1** *(inutile)* [*sforzo, tentativo*] vain, useless, fruitless, pointless; [*rimpianto*] futile; ***i miei sforzi sono stati -i*** my efforts were wasted *o* in vain; ***rendere* ~** to defeat, to frustrate, to thwart [*sforzo, tentativo*] **2** *(illusorio)* [*promesse, speranze*] vain, empty, idle, hollow; ***nella -a speranza che*** in the fond *o* forlorn hope that **3** *(frivolo)* [*persona*] flighty, flippant, frivolous **II** m. **1** EDIL. *(spazio)* space, opening; AUT. *(alloggiamento)* compartment; ***~ di una porta*** doorway; ***~ bombe*** AER. bomb bay; ***~ motore*** AUT. engine compartment; ***~ portaoggetti*** AUT. glove box, glove compartment; ***~ posteriore*** AUT. rear compartment **2** *(locale)* room; ***un appartamento con tre -i*** a three-room apartment.

▶ **vantaggio**, pl. **-gi** /van'taddʒo, dʒi/ m. **1** *(lato positivo)* advantage; ***entrambi i metodi hanno i loro -gi*** both methods have their advantages; ***offrire*** o ***presentare grandi -gi*** to offer *o* have great advantages; ***ci sono dei -gi, non c'è alcun ~ nel fare*** there is some, no advantage in doing; ***i -gi e gli svantaggi di qcs.*** the pros and cons of sth.; ***avere il ~ della comodità*** to have the virtue of convenience *o* comfort; ***la posizione dell'hotel è il suo unico ~*** the hotel's location is its only recommendation **2** *(superiorità)* advantage, edge, asset; ***essere in ~ rispetto a*** to have the edge over *o* on [*rivale*]; ***avere un ~ su qcn.*** to have an advantage over sb.; ***avere il ~ dell'età*** to have the advantage of age; ***rispetto a te ha il ~ di parlare inglese*** she has the advantage over you in that she speaks English; ***concedere a qcn. un ~ su*** to give sb. the edge over; ***approfittare del proprio ~ su qcn.*** to get sb. at a disadvantage; ***avere il ~ dell'istruzione*** to have the advantage of an education; ***essere in ~ del 3%*** to be 3% ahead; ***raggiungere un ~ del 20% nei sondaggi*** to increase one's lead in the polls by 20% **3** *(favore, beneficio)* advantage, benefit; ***a mio, suo ~*** to my, his benefit, on my, his account; ***andare a ~ di qcn.*** to work to sb.'s advantage, to be to sb.'s benefit; ***con il ~ dell'esperienza*** with the benefit of experience; ***avere qcs. a proprio ~*** to have sth. in one's favour; ***fare, utilizzare qualcosa a proprio ~*** to do, use sth. to one's (own) advantage; ***volgere la situazione a proprio ~*** to turn the situation to one's advantage **4** *(profitto, guadagno)* advantage; ***trarre ~ da qcs.*** to turn sth. to profit, to profit from sth.; ***trarre ~ politico da qcs.*** to make political capital out of sth.; ***trarre il massimo ~ da una situazione*** to make the most of a situation; ***che ~ ne avrei io?*** what good would it do me? **5** SPORT lead; *(alla partenza)* head start; *(nel tennis)* advantage; ***il ~ di tre punti dell'Italia*** Italy's 3-point advantage; ***"~ Leconte"*** *(nel tennis)* "advantage, Leconte"; ***avere tre punti di ~*** to have a three-point lead, to be three points up *o* ahead, to have three points in front; ***regola del ~*** *(nel calcio)* advantage rule; ***avere tre gol di ~*** to have a three-goal lead; ***erano in ~ di due reti*** they were two goals up; ***è in ~ per 40-15*** *(nel tennis)* she's 40-15 up; ***avere un ~ di 10 metri su qcn.*** to be leading sb. by 10 metres; ***mi ha concesso un ~ di 20 metri*** he spotted me 20 metres; ***aumentare il proprio ~*** to increase one's lead; ***passare rapidamente in ~*** to move into an early lead.

vantaggiosamente /vantaddʒosa'mente/ avv. advantageously, usefully.

▷ **vantaggioso** /vantad'dʒoso/ agg. *(interessante)* [*offerta, investimento*] advantageous, profitable; [*condizioni, posizione*] favourable BE, favorable AE; ***essere ~ per qcn.*** [*situazione*] to be in sb.'s favour; ***è ~ fare*** it is advantageous to do; ***essere ~ per qcn.*** to be advantageous to sb.; ***al prezzo più ~*** at a most attractive rate; ***l'acquisto all'ingrosso è più ~*** it's cheaper to buy wholesale; ***il cambiamento si è rivelato molto vantaggioso per noi*** the change worked out very advantageously for us.

▷ **vantare** /van'tare/ [1] **I** tr. **1** *(elogiare)* to praise [*qualità, talento*]; ***~ i meriti di qcn.*** to speak highly of sb.; ***~ le virtù di qcs.*** to extol the virtues of sth. **2** *(dichiarare di possedere)* to boast about, to brag about [*nobili origini, amicizie importanti*]; ***un sindacato che vanta 30.000 membri*** a union which claims a membership of 30,000; ***la città vanta una bellissima chiesa*** the town boasts a beautiful church **3** *(pretendere)* to claim [*credito*]; *(accampare)* ***~ diritti su qcs.*** to lay claim on sth. **II vantarsi** pronom. *(gloriarsi)* to boast, to brag (**di** about); ***-rsi di qcs.*** to be vain about sth.; ***(non) me ne vanto*** I'm (not) proud of it; ***non c'è niente di cui vantarsi*** there's nothing to boast *o* brag about; ***senza vantarsene*** without boasting; ***mi vanto di sapere un po' d'informatica*** I flatter myself that I know a bit about computers; ***non (faccio) per vantarmi, ma...*** I don't want to brag, but...

vanteria /vante'ria/ f. boasting, bragging, showing-off, vaunt(ing) LETT.

▷ **vanto** /'vanto/ m. **1** *(il vantare, il vantarsi)* brag(ging), boast(ing); ***menare ~ di qcs.*** to boast *o* brag about sth. **2** *(motivo di orgoglio)* pride, merit, glory; ***era un inutile ~*** it was an empty *o* idle boast; ***la cattedrale è il ~ della città*** the cathedral is the glory of the city; ***il suo ~ è quello di non essere mai in ritardo*** it is his boast that he is never late; ***questo era il suo principale motivo di ~*** this was her (chief) claim to fame.

vanvera: **a vanvera** /a'vanvera/ avv. haphazardly; ***parlare a ~*** to speak without thinking, to talk through one's hat.

▷ **vapore** /va'pore/ **I** m. **1** vapour BE, vapor AE; *(acqueo)* water vapour BE, water vapor AE, steam; ***andare a tutto ~*** to go full steam ahead; ***a ~*** [*macchina*] steam-driven; ***locomotiva, motore a ~*** steam locomotive, engine; ***nave a ~*** steamship; ***treni a ~*** trains powered by steam; ***una stanza piena di ~*** a steamy room; ***la cucina a ~*** GASTR. steam cooking; ***verdure (cotte) al ~*** GASTR. vegetables cooked in steam, steamed vegetables; ***bagno di ~*** MED. steam *o* vapour bath **2** *(piroscafo)* steamer, steamship **II vapori** m.pl. *(esalazioni)* fumes; ***i -i dell'alcol*** wine fumes.

vaporetto /vapo'retto/ m. steamer, steamboat.

vaporiera /vapo'rjɛra/ f. steam locomotive, steam engine.

vaporimetro /vapo'rimetro/ m. vaporimeter.

vaporizzabile /vaporid'dzabile/ agg. vaporable.

vaporizzare /vaporid'dzare/ [1] **I** tr. **1** FIS. to vaporize [*liquido*] **2** *(nebulizzare)* to spray (**su** onto); *(cospargere)* to mist [*pianta*]; ***~ i fiori con l'acqua*** to spray water onto the flowers **II** intr. (aus. *essere*), **vaporizzarsi** pronom. *(trasformarsi in vapore)* to evaporate, to vaporize.

vaporizzatore /vaporiddza'tore/ m. vaporizer, spray(er); *(per profumi)* atomizer, pump dispenser.

vaporizzazione /vaporiddzat'tsjone/ f. **1** *(di insetticida, profumo)* spraying **2** FIS. vaporization, evaporation.

vaporosità /vaporosi'ta/ f.inv. vaporosity.

vaporoso /vapo'roso/ agg. **1** *(leggero)* [*vestito, tessuto*] vaporous, flimsy, gauzy; *(gonfio, voluminoso)* [*capelli*] fluffy **2** FIG. *(indeterminato)* [*idea, concetto*] vaporous, vague, hazy.

varano /va'rano/ m. varan, monitor lizard.

varare /va'rare/ [1] tr. **1** MAR. to launch [*nave*] **2** FIG. *(attuare)* to launch [*progetto, impresa*]; *(promulgare)* to pass [*legge, provvedimento*] **3** *(presentare al pubblico)* to present [*opera teatrale, libro*] **4** SPORT to form, to build* [*squadra*].

varcare /var'kare/ [1] tr. **1** *(superare)* to cross, to pass [*soglia, confine*]; *(attraversare)* to cross [*fiume, mare*] **2** FIG. *(superare)* to cross, to exceed [*limite*]; ***la trasmissione varcò i limiti della decenza*** the programme crossed the bounds of decency; ***~ la cinquantina*** to be over fifty.

varco, pl. **-chi** /'varko, ki/ m. *(apertura, passaggio)* passage, opening, way, gap; ***un ~ in una siepe*** an opening in a hedge; ***aprirsi un ~ attraverso la boscaglia*** to slash one's way through the undergrowth; ***aprirsi un ~ tra la folla*** to push *o* force one's way through the crowd ◆ ***aspettare qcn. al ~*** to lie in wait for sb.

varea /va'rɛa/ f. yardarm.

varec → **varech**.

varecchina /varek'kina/ → **varechina**.

varech /va'rɛk/ m.inv. varec.

varechina /vare'kina/ f. bleach.

varesino /vare'sino/ ♦ **2 I** agg. from, of Varese **II** m. (f. **-a**) **1** *(persona)* native, inhabitant of Varese **2** LING. dialect of Varese.

variabile /va'rjabile/ **I** agg. **1** *(che varia, che può variare)* [*durata, efficacia, produzione, tariffa, numero*] variable, changeable; ***obbligazioni a tasso ~*** ECON. bonds at variable rates; ***i loro sketches hanno una durata ~*** their sketches vary in length; ***un sedile ad altezza ~*** a seat with adjustable height; ***stella ~*** ASTR. variable *o* exploding star **2** *(instabile)* [*tempo*] changeable, unsettled, uncertain; [*umore*] unpredictable, inconstant; ***vento ~ da debole a moderato*** wind varying from weak to moderate; ***in proporzioni -i*** in varying proportions **3** MAT. INFORM. [*quantità, numero, dati*] variable **4** LING. ***parte ~ del discorso*** variable part of speech **II** f. **1** MAT. ECON. variable **2** ASTR. variable star, exploding star ◆◆ ***~ aleatoria*** MAT. random variable; ***~ di comodo*** MAT. dummy variable; ***~ dipendente*** MAT. dependent variable; ***~ indipendente*** MAT. independent variable.

variabilità /varjabili'ta/ f.inv. **1** variability, changeability; *(instabilità)* unpredictability, unsteadiness **2** BIOL. MAT. variation.

variamente /varja'mente/ avv. variously.

variante /va'rjante/ f. **1** *(modifica)* variation, change **2** *(versione alternativa)* version, model **3** LING. variant ◆◆ ***~ combinatoria*** combinatory *o* conditioned variant; ***~ libera*** free variant.

varianza /va'rjantsa/ f. variance; ***analisi della ~*** variance analysis.

▷ **variare** /va'rjare/ [1] **I** tr. **1** *(apportare cambiamenti a)* to vary, to alter, to change [*menu, programma*] **2** *(diversificare)* [*persona*] to vary, to diversify [*occupazioni, interessi*] **II** intr. (aus. *essere*) **1** *(cambiare)* [*prezzo, temperatura, rituale, programma, data*] to vary; ***l'inflazione varia dal 4% al 6%*** inflation fluctuates between 4% and 6%; ***~ a seconda della*** o ***con la temperatura*** to vary with the temperature; ***la temperatura varia a seconda della stagione*** the temperature varies depending on the season; ***~ da città a città*** to vary from one town to another **2** ***~ d'opinione*** [*persona*] to change one's mind; ***~ d'aspetto*** [*persona*] to change in appearance.

variato /va'rjato/ **I** p.pass. → **variare II** agg. [*alimentazione*] varied, mixed.

variatore /varja'tore/ m. TECN. ***~ di luce*** dimmer switch; ***~ di velocità*** variable speed drive.

variazionale /varjattsjo'nale/ agg. MAT. FIS. variational.

▷ **variazione** /varjat'tsjone/ f. **1** *(cambiamento)* variation, change (**di** in, of); ***la ~ di programma*** the change in the schedule; ***~ di temperatura*** variation in temperature; ***-i al ribasso, al rialzo*** downward, upward movement; ***-i dello stato di un malato*** changes in a patient's condition; ***subire forti -i*** [*prezzo, temperature*] to fluctuate considerably; ***"soggetto a -i"*** "subject to alteration" **2** MUS. variation; ***-i per piano*** variations for piano; ***riconoscere un tema in una ~*** to pick out the theme in a variation.

varice /va'ritʃe/ f. varix*, varicose vein.

varicella /vari'tʃɛlla/ ♦ **7** f. chickenpox, varicella.

varicocele /variko'tʃɛle/ m. varicocele.

varicoso /vari'koso/ agg. varicose; ***vene -e*** varicose veins.

variegare /varje'gare/ [1] tr. (forms not attested: present indicative and present subjunctive) to variegate.

variegato /varje'gato/ **I** p.pass. → **variegare II** agg. **1** *(screziato)* [*piumaggio, foglia*] variegated; [*marmo*] motley; *(multicolore)* [*tessuto*] multicoloured BE, multicolored AE **2** FIG. *(vario)* [*folla, società*] varied, variegated.

variegatura /varjega'tura/ f. *(l'essere variegato)* variegation.

▷ **1.varietà** /varje'ta/ f.inv. **1** *(l'essere vario)* variety; *(diversità)* diversity (**di** of); ***un'ampia*** o ***grande ~ di*** a wide *o* large variety of; ***paesaggi di una grande ~*** very varied landscapes; ***una gran ~ di opinioni*** a great diversity of opinions **2** *(gamma)* variety, range, assortment; ***una grande ~ di materiali*** a wide range of materials; ***un paese che presenta una ~ di culture*** a culturally diverse country; ***questi vestiti sono disponibili in una grande ~ di taglie*** the dresses come in a variety of sizes **3** *(tipo)* variety, kind; ***una nuova ~*** a new variety; ***una rara ~ di rose*** a rare variety *o* breed of roses.

▷ **2.varietà** /varje'ta/ m.inv. variety **U**, vaudeville **U**; ***spettacolo di ~*** variety show *o* turn; ***teatro di ~*** variety theatre.

▶ **vario**, pl. **-ri**, **-rie** /'varjo, ri, rje/ **I** agg. **1** *(variato)* varied; ***una dieta -a*** a varied diet; ***ho un lavoro ~*** my work is quiter varied **2** *(diverso, svariato)* various, sundry; ***di ~ tipo*** of various *o* different kinds; ***per -ri motivi*** for various *o* for a variety of reasons **II vari** agg.indef.pl. *(numerosi)* several, various; ***in -ri luoghi*** in various *o* several places; ***è venuto -rie volte*** he came several times; ***sono passati -ri anni*** several years have passed **III vari** pron.indef.pl. *(diverse persone)* ***-ri mi hanno detto che*** several people told me that... ◆ ***il mondo è bello perché è ~*** PROV. it takes all sorts (to make a world), there's nowt so queer as folk ◆◆ ***-rie ed eventuali*** *(negli ordini del giorno)* any other business.

variolite /varjo'lite/ f. variolite.

variometro /va'rjɔmetro/ m. variometer.

variopinto /varjo'pinto/ agg. multicoloured BE, multicolored AE, gaily coloured BE, gaily colored AE.

1.varo /'varo/ m. **1** MAR. *(di nave)* launch, launching **2** FIG. *(di progetto)* launching; *(di legge)* passing.

2.varo /'varo/ agg. [*ginocchio, piede*] varus, intoed.

Varolio /va'rɔljo/ n.pr.m. ***ponte di ~*** ANAT. pons Varolii.

Varsavia /var'savja/ ♦ **2** n.pr.f. Warsaw; ***patto di ~*** MIL. STOR. Warsaw Pact.

vasaio, pl. **-ai** /va'zajo, ai/ ♦ **18** m. (f. **-a**) potter.

vasale /va'zale/ agg. vasal.

▷ **vasca**, pl. **-sche** /'vaska, ske/ f. **1** *(recipiente)* basin, tank (anche TECN.); *(di lavello)* sink; ***lavello a due -sche*** double sink **2** *(da bagno)* bath BE, tub AE, bathtub; ***essere nella ~ (da bagno)*** to be in the bath BE, tub AE **3** *(piscina)* swimming pool; *(lunghezza della piscina)* length; ***fare 20 -sche*** to do *o* swim 20 lengths; ***la gara si disputa su 10 -sche*** the race is swum over 10 lengths **4** *(bacino di una fontana)* basin, pond; *(per i pesci)* fishpond, tank ◆ ***fare le -sche*** = to walk up and down the main city street from end to end.

vascello /vaʃ'ʃɛllo/ m. vessel, ship; ***capitano di ~*** naval captain ◆◆ ***~ fantasma*** Flying Dutchman.

vaschetta /vas'ketta/ f. **1** *(bacinella)* bowl, small basin **2** *(contenitore)* tub; ***una ~ di gelato*** a tub of ice cream; ***~ del ghiaccio*** ice-tray.

vascolare /vasko'lare/ agg. **1** ANAT. BOT. vascular; ***sistema ~*** ANAT. vascular system **2** ART. ***pittura ~*** vase painting.

vascolarizzare /vaskolarid'dzare/ [1] tr. to vascularize.

vascolarizzato /vaskolarid'dzato/ agg. vascularized.

vascolarizzazione /vaskolariddzat'tsjone/ f. vascularization.

vascoloso /vasko'loso/ agg. vasculose.

vasectomia /vazekto'mia/ f. vasectomy.

vasectomizzare /vazektomid'dzare/ [1] tr. to vasectomize.

vaselina /vaze'lina/ f. Vaseline®.

vasellaio, pl. **-ai** /vazel'lajo, ai/ ♦ **18** m. (f. **-a**) → **vasaio**.

vasellame /vazel'lame/ m. *(di vetro)* glassware; *(di porcellana)* china; *(di terracotta)* earthenware, crockery; *(d'oro)* gold plate; ***~ smaltato*** enamelware.

vasetto /va'zetto/ m. *(di marmellata)* jar, jamjar; *(di yogurt, crema)* pot.

vasino /va'zino/ m. pot, potty COLLOQ.

vasistas /va'zistas, vazis'tas/ m.inv. = opening windowpane.

▶ **vaso** /'vazo/ m. **1** *(elemento decorativo)* vase; *(per piante)* pot, jar; ***un ~ di cristallo*** a crystal vase; ***un ~ di gerani*** a pot of geraniums; ***~ da fiori*** flowerpot, flower vase; ***pianta in ~*** potted plant; ***modellare un ~*** to throw a pot **2** *(per alimenti)* jar, pot **3** *(in servizi igienici)* bowl **4** ANAT. BOT. vessel ◆ ***un ~ di coccio tra -i di ferro*** = a defenceless person; ***portare -i a Samo*** to carry coals to Newcastle; ***la goccia che fa traboccare il ~*** the last *o* final straw; ***è stata la goccia che ha fatto traboccare il ~*** that was the straw that broke the camel's back ◆◆ ***~ afferente*** ANAT. vas afferens; ***~ capillare*** ANAT. capillary; ***~ di Dewar*** FIS. Dewar flask; ***~ di espansione*** TECN. surge tank; ***~ da notte*** (chamber) pot; ***~ di Pandora*** Pandora's box; ***~ sanguigno*** ANAT. blood vessel; ***-i comunicanti*** FIS. communicating vessels; ***-i sacri*** RELIG. sacred vessels.

vasoattivo /vazoat'tivo/ agg. vasoactive.

vasocostrittore /vazokostrit'tore/ **I** agg. vasoconstrictive **II** m. vasoconstrictor.

vasocostrizione /vazokostrit'tsjone/ f. vasoconstriction.

vasodilatatore /vazodilata'tore/ **I** agg. vasodilatory **II** m. vasodilator.

vasodilatazione /vazodilatat'tsjone/ f. vasodilatation.

vasomotilità /vazomotili'ta/ f.inv. vasomotion.

vasomotore /vazomo'tore/ agg. [*nervo*] vasomotor.

vasopressina /vazopres'sina/ f. vasopressin.

vasopressore /vazopres'sore/ m. vasopressor.

vasoresezione /vasoreset'tsjone/ f. → **vasectomia.**

vasospasmo /vazos'pazmo/ m. vasospasm.

vassallaggio, pl. **-gi** /vassal'laddʒo, dʒi/ m. vassalage.

vassallo /vas'sallo/ **I** agg. ***stato ~*** vassal state **II** m. **1** STOR. vassal **2** FIG. vassal, subject, subordinate; ***si comporta da ~*** he behaves like a slave.

▷ **vassoio**, pl. **-oi** /vas'sojo, oi/ m. **1** tray; ***un ~ di formaggi*** a cheeseboard; ***~ da tè*** tea tray **2** EDIL. mortaboard, hawk, hod ◆ ***servire qcs. su un ~ d'argento*** to serve sth. on a silver plate.

vastità /vasti'ta/ f.inv. **1** *(l'essere vasto)* vastness; *(estensione)* extend, expanse **2** *(spazio immenso)* vastitude, vastity **3** FIG. *(di conoscenze)* extent, depth.

▶ **vasto** /'vasto/ agg. **1** *(ampio, esteso)* [*zona, superficie*] vast, wide, broad, extended, extensive; ***di -a portata*** [*conseguenze, cambiamenti*] far-reaching; ***di -e proporzioni*** [*danni*] extensive; ***su -a scala*** on a large *o* grand scale; ***uno studio su -a scala*** a full-scale study; ***disoccupazione su -a scala*** large-scale unemployment; ***ora questo prodotto è distribuito su -a scala*** this product is now widely available *o* distributed **2** *(grande)* [*pubblico, auditorio*] wide, large; [*scelta, gamma*] wide, broad; ***avere una -a clientela*** [*negozio, ristorante*] to have a large number of customers; ***in una -a gamma di colori*** in a wide range of colours **3** *(ampio, approfondito)* [*cultura, sapere*] vast, extensive, comprehensive; ***una -a esperienza*** a wealth of experience; ***una donna di -e letture*** a woman of wide reading, a widely-read woman.

vate /'vate/ m. LETT. **1** *(profeta)* prophet **2** *(poeta)* poet, bard.

vaticanista, m.pl. **-i**, f.pl. **-e** /vatika'nista/ m. e f. **1** *(esperto)* = expert of Vatican policy **2** *(giornalista)* = Vatican correspondent **3** *(sostenitore)* = supporter of the Vatican policy.

vaticano /vati'kano/ agg. [*politica, biblioteca*] Vatican attrib.

Vaticano /vati'kano/ ♦ **33** n.pr.m. Vatican; ***Città del ~*** Vatican City.

> **Vaticano** Since 1929 the Vatican (also called the Vatican City) has been an independent state within the city of Rome and the seat of the Pope. The Vatican Palace, which surrounds Saint Peter's church, is the Pope's residence and houses artistic treasures such as the Sistine Chapel and Raphael's frescos, as well as museums.

vaticinare /vatitʃi'nare/ [1] tr. e intr. LETT. (aus. *avere*) to vaticinate, to prophesy.

vaticinatore /vatitʃina'tore/ m. (f. **-trice**) RAR. vaticinator.

vaticinio, pl. **-ni** /vati'tʃinjo, ni/ m. vaticination.

vattelappesca /vattelap'peska/ avv. COLLOQ. ~ ***dove si è andato a cacciare*** goodness only knows where it got to; ***il signor*** ~ Mr thingamabob *o* thingumabob *o* Whatsit.

vatusso → **watusso.**

vaudeville /vod'vil/ m.inv. TEATR. vaudeville **U**; *(negli Stati Uniti)* vaudeville **U**, variety theatre.

V.C. (⇒ viceconsole vice consul) VC.

▶ **ve** /ve/ v. la nota della voce **io**. **I** pron.pers. ~ ***li ho restituiti*** I gave them back to you; ~ ***lo avevo detto*** I had told you that; ***forse*** ~ ***ne avevo già parlato*** maybe I had already told you about it; ***cercatevelo*** look for it yourself; ***risparmiatevelo!*** save it! ***non prendetevela!*** don't get angry *o* upset; ~ ***ne pentirete!*** you'll suffer for *o* regret this! **II** avv. ***non*** ~ ***l'ho trovato*** I couldn't find it there; ***non*** ~ ***ne sono altri*** there aren't any others; ~ ***ne sono tre*** there are three (of them).

ve' /ve/ inter. **1** *(per esprimere ammonimento)* careful, watch out, now; ***non farlo più, ~!*** don't do it again, mind you! **2** *(indicando stupore)* wow, oh; ***~, com'è grande!*** wow, that's big! **3** *(davvero)* really; ***è buono, ~, questo gelato?*** this ice cream is good, isn't it?

VE ⇒ Vostra Eccellenza Your Excellency.

▷ **vecchia** /'vɛkkja/ f. *(donna)* old woman*, old lady.

vecchiaia /vek'kjaja/ f. old age; ***durante la tua*** ~ in your old age; ***morire di*** ~ to die of old age ◆ ***essere il bastone della*** ~ ***di qcn.*** to be sb.'s support in their old age; ***se gioventù sapesse e*** ~ ***potesse*** PROV. if the young man did but know, and the old man were but able.

vecchietta /vek'kjetta/ f. little old lady.

vecchietto /vek'kjetto/ m. little old man*.

vecchiezza /vek'kjettsa/ f. old age.

▶ **vecchio**, pl. **-chi, -chie** /'vɛkkjo, ki, kje/ **I** agg. **1** *(anziano)* [*persona, animale*] old; *(non nuovo)* [*oggetto*] old; ***diventare*** ~ to get *o* grow old; ***sembrare*** ~, ***avere l'aria -a*** to look old; ***sentirsi*** ~ to feel one's age; ***essere*** ~ ***prima del tempo*** to be old before one's time; ***una cara -a signora*** a dear old lady; ***la -a generazione*** the older generation; ***sto proprio diventando*** ~ I must be getting ancient SCHERZ. **2** *(in espressioni comparative)* ***più*** ~ older; ***il più*** ~ *(superlativo)* oldest; *(tra due persone)* older; *(tra due consanguinei)* elder; *(tra più consanguinei)* eldest; ***un uomo più*** ~ an older man; ***è (molto) più*** ~ ***di me*** he's (a good deal) older than me; ***sono il più*** ~ I'm the oldest; ***ha un fratello più*** ~ ***di lui*** he has an elder brother; ***il più*** ~ ***dei tre fratelli ha trent'anni*** the eldest of the three brothers is thirty; ***essere 10 anni più*** ~ ***di qcn.*** to be senior to sb., to be sb.'s senior by 10 years; *(negli appellativi)* ***Plinio il Vecchio*** Pliny the Elder **3** *(antico)* old, ancient; *(di un tempo)* [*indirizzo, casa*] old, former; *(superato)* [*sistema, procedimento*] old-fashioned, outdated; ***l'anno*** ~ *(precedente)* the old year; ***la città -a*** the old town; ***ecco la nostra -a casa*** there's our old house; ***ai -chi tempi*** in the old days, in olden times, in the olden days; ***una -a fiamma*** an old flame COLLOQ.; ***riaprire -chie ferite*** to reopen old wounds; ***una tradizione -a di secoli*** a centuries-old tradition; ***-chie glorie del cinema*** former stars of the silver screen; ***un uomo di*** ~ ***stampo*** a man of the old school; ***è una -a storia*** that's ancient *o* past history, that's old hat; ***è roba -a!*** that's ancient history! **4** *(che dura da tempo)* old, ancient; ***una -a conoscenza*** an old acquaintance; ***-chie ostilità*** ancient hatreds; ***è un mio*** ~ ***sogno*** it has always been my dream; ***di -a data*** [*amicizia, rivalità*] long-standing, long-time; ***un*** ~ ***amico***, ***un amico di -a data*** *(che si conosce da molto)* an old friend, a friend of long standing; ***il buon*** ~ ***Richard!*** good old Richard! **5** *(esperto)* ***essere*** ~ ***del mestiere*** to be an old hand *o* to know the ropes; ***un*** ~ ***lupo di mare*** an old sea dog **6** *(stantio)* [*pane*] stale; ***notizie -chie*** FIG. stale news **II** m. (f. **-a**) **1** *(persona anziana)* old person; *(uomo)* old man*; ***i -chi*** old people, the old; ***giovani e -chi*** young and old; ***da*** ~ ***io...*** in my old age, I...; ***mi ha risposto un*** ~ an old man answered me **2** COLLOQ. *(amico)* ~ ***mio*** my good man; ***come va*** ~ ***mio?*** how are you old boy? how are you, you old devil? COLLOQ. **3** COLLOQ. *(il padre)* ***il mio*** ~ my old man; ***i miei -chi*** *(i genitori)* my parents **4** *(ciò che è vecchio)* ***il*** ~ the old; ***sapere di*** ~ to taste stale; ***puzzare di*** ~ to smell musty ◆ ***essere*** ~ ***come il cucco*** to be out of the ark, to be as old as the hills; ***quello scherzo è*** ~ ***come il cucco*** that joke has been done to death; ~ ***come Matusalemme*** as old as Methuselah ◆◆ ~ ***mondo*** Old World; ***Vecchio Testamento*** RELIG. Old Testament; ***-a guardia*** old guard; ***-a volpe*** stager, sly (old) dog; ***è una -a volpe*** he's a cunning old fox, he's a crafty old dog. ⚠ Come in italiano *anziano* è una forma più gentile che spesso sostituisce *vecchio*, così *elderly* è spesso usato al posto di *old*. - Altri sostantivi inglesi più formali o eufemistici possono essere *senior citizen* o *OAP* (abbreviazione di *old age pensioner*).

vecchiotto /vek'kjɔtto/ agg. oldish, rather old.

vecchiume /vek'kjume/ m. **1** *(insieme di cose vecchie)* old things pl., junk **2** FIG. old-fashioned ideas pl.

veccia, pl. **-ce** /'vettʃa, tʃe/ f. vetch, tare.

vece, pl. **-ci** /'vetʃe, tʃi/ f. **1** LETT. *(cambiamento)* change, vicissitude **2** *(funzione, mansione)* ***fare le -ci di qcn.*** to act in sb.'s stand, to take sb.'s place, to stand in for sb. **3 in vece di** *(in luogo di)* ***in*** ~ ***di qcn.*** [*firmare, agire*] instead of sb.; ***in*** ~ ***mia*** in my stead.

Veda /'vɛda/ m.inv. Veda.

vedanta /ve'danta/ m.inv. Vedanta.

vedente /ve'dɛnte/ **I** agg. [*persona*] sighted; ***non*** ~ visually handicapped, sightless, blind **II** m. e f. sighted person; ***i non -i*** the visually handicapped.

▶ **1.vedere** /ve'dere/ [97] **I** tr. **1** *(percepire attraverso la vista)* to see* [*persona, oggetto*]; ***ho visto qualcosa nell'oscurità*** I saw something in the dark; ***non vedevo nulla*** I couldn't see a thing; ***non abbiamo visto niente*** we didn't see anything; ~ ***qcn., qcs. con i propri occhi*** to see sb., sth. with one's own eyes; ***lo vidi arrivare*** I saw him come *o* coming; ***l'hanno vista entrare*** she was seen going in, someone saw her go in; ***non si vede nessuno*** there's nobody to be seen; ***credere a ciò che si vede*** to believe the evidence of one's own eyes; ***bisogna vederlo per crederci*** you have to see it to believe it; ***a vederlo, lo si prenderebbe per un barbone*** from the looks of him, you'd think he was a tramp; ***sullo sfondo si vedono dei monti*** you can see mountains in the background; ***fare*** ~ ***qcs. a qcn.*** to show sb. sth.; ***fagli*** ~ ***il tuo libro*** show him your book; ***fammi*** ~ let me see, let me have a look; ***fammi*** ~ ***come si fa*** show me how to do it **2** *(essere spettatore, testimone di)* to see* [*film, spettacolo, avvenimento*]; *(guardare)* to watch [*televisione*]; ***hai visto il film ieri?*** did you watch *o* see the film yesterday? ***l'ho visto alla televisione*** I saw it on television; ***andare a*** ~ ***una partita*** to go see a match; ***posso*** ~ ***i tuoi quadri?*** may I look at your paintings? ***hai visto le corse?*** did you see the races? ***vediamo aumentare i prezzi*** we see prices rising; ***la città che l'ha vista nascere*** her native town, the town where she was born; ***è un film da*** ~ the film is worth seeing; ***è triste da*** ~ it's sad to see; ***è bello da*** ~ it's beautiful to look at; ***dovevi proprio vederlo!*** you should have seen it! ***vorrei*** ~ ***te al mio posto!*** I'd like to see how you'd get on! ***non ho mai visto una cosa simile*** I've never seen its like *o* the like of it; ***sono cose che si vedono tutti i giorni*** it happens all the time *o* every day; ***e non avete visto ancora niente!*** and you ain't seen nothing yet! COLLOQ.; ***ma guarda che cosa ci tocca ~!*** could you ever have imagined such a thing! ***non c'è niente da*** ~ there's nothing to see **3** *(immaginare)* to see*, to imagine; ***lo vedo*** o ***vedrei bene come insegnante*** I can just see him as a teacher; ***non me la vedo fare questo per tutta la vita*** I can't see her doing it forever; ***non me lo vedo a viaggiare da solo*** I can't imagine him travelling alone **4** *(giudicare)* ***tu come vedi la situazione?*** how do you view the situation? ***per come la vedo io*** as I see it; ***il suo modo di*** ~ ***le cose*** his way of looking at things; ***è il mio modo di*** ~ ***le cose*** that's the way I see things; ***non condivido il tuo modo di*** ~ ***le cose*** I see things differently from you; ~ ***in qcn. un amico*** to see sb. as a friend; ***sta a te*** ~ it's up to you to decide; ~ ***con favore una riforma*** to be favourably disposed toward(s) a reform; ***vedi tu*** see for yourself, do as you think best **5** *(capire)* ***non vedo dove sia il problema*** I can't see the problem; ***non vedo perché*** I don't see why; ***non vedi che sta mentendo?*** can't *o* don't you see that he's lying? ***lo vedo da come si comportano*** I can tell by their attitude; ***da cosa lo vedi?*** how can you tell? ***si vedeva che aveva pianto*** I could see (that) she'd been crying **6** FIG. *(constatare)* ***come vedete*** as you can see; ***come abbiamo già avuto modo di ~,...*** as we have already seen,...; ***vedo che quelle pesche ti piacciono*** I see you like those peaches; ***da quel che vedo*** from what I can see; ***vedi se è asciutto*** see if it's dry; ***vai a*** ~ ***se ci sono ancora dei biglietti*** go (and) see if there are any tickets left **7** *(scoprire)* ~ ***se, quanto, perché*** to find out *o* to see if, how much, why; ***dovrai solo stare a*** ~ you'll just have to wait and see; ***"io non pago!" - "staremo a ~!"*** "I won't pay!" - "we shall see about that!" ***è ancora da*** ~ that remains to be seen; ***vedi se puoi farlo*** see if you can do it; ***vedi se gli va bene*** find out *o* see if it suits them; ***aspetta e vedrai*** (you just) wait and see; ***provaci solo e vedrai!*** you just try it! **8** *(esaminare)* to look over, to look through [*documento, conti*]; ***vediamo un po'*** let me see; ***oggi non ho ancora visto il giornale*** I've not read *o* seen the newspaper yet today; ***dobbiamo*** ~ ***insieme i conti*** we must go over *o* through the accounts together; ***bisogna*** ~ we'll (have to) see; ***vedremo*** well, we'll see; ***vedrò (quello che posso fare)*** I'll see (what I can do); ***dovresti fare*** ~ ***quella ferita*** you should get that wound looked at **9** *(tentare)* to see*, to try; ***vedi di comportarti***

vedere e altri verbi di percezione

- I verbi di percezione sono quei verbi che designano l'azione dei sensi; tra i più comuni in italiano e in inglese si possono ricordare:

vedere	= to see
guardare	= to look at
sentire, udire	= to hear
ascoltare	= to listen to
sentire (una sensazione fisica)	= to feel
sentire (attraverso il tatto)	= to feel
sentire (attraverso il gusto)	= to taste
sentire (attraverso l'odorato)	= to smell

- I verbi di percezione costituiscono una categoria particolare dal punto di vista sintattico perché possono reggere una struttura nominale (*ho visto un gatto*) oppure una struttura verbale (*ho visto un gatto saltare dalla finestra*). Nel secondo caso, l'italiano e l'inglese si comportano in modo diverso, perché in italiano i verbi di percezione sono sistematicamente seguiti dall'infinito, mentre in inglese vanno distinti diversi costrutti che convogliano diverse sfumature di significato.

- Se il verbo di percezione mette in rapporto due esseri animati e se un'azione è percepita nella sua interezza o è un'azione abituale (ad esempio, io vedo qualcuno mentre fa qualcosa ripetutamente), la struttura della frase inglese prevede verbo di percezione + nome/pronome di persona al caso oggetto + infinito senza *to*:

l'ho visto giocare tutta la partita	= I saw him play the whole match
la sento correre su per le scale tutte le sere	= I hear her run up the stairs every evening
ho sentito tremare la casa	= I felt the house shake

Quando in questa struttura il verbo di percezione è usato al passivo, il verbo seguente è all'infinito preceduto da *to*:

furono visti andare via insieme	= they were seen to go away together
venne sentita imprecare ad alta voce	= she was heard to curse loudly.

- Se il verbo di percezione mette in rapporto due esseri animati e se un'azione viene percepita parzialmente o nel suo svolgimento (ad esempio, io vedo qualcuno mentre sta facendo qualcosa), la struttura della frase inglese prevede verbo di percezione + nome/pronome di persona al caso oggetto + gerundio del verbo che designa l'azione:

non ho sentito entrare mia figlia	= I didn't hear my daughter coming in
li vidi giocare in giardino	= I saw them playing in the garden.

- Se il verbo di percezione si riferisce a un essere animato che percepisce qualcosa o qualcuno che subisce un'azione (ad esempio, io vedo qualcosa che viene fatto da qualcun altro), la struttura della frase deve essere di tipo passivo e prevede verbo di percezione + nome/pronome al caso oggetto + participio passato:

Jim vide rimuovere la sua auto (dalla polizia)	= Jim saw his car towed away (by the police)

Si noti che questa struttura con il participio passato può essere l'equivalente di una frase attiva con l'infinito (*Jim vide la polizia rimuovere la sua auto* = Jim saw the police tow away his car); analogamente, a una frase attiva con il gerundio può corrispondere una frase passiva con il participio passato progressivo:

ho sentito la maestra sgridare gli alunni	= I heard the teacher scolding the pupils
ho sentito sgridare gli alunni	= I heard the pupils being scolded.

- Proprio perché queste diverse costruzioni inglesi sono l'equivalente di un'unica struttura italiana con l'infinito, è importante cogliere il giusto significato della forma italiana e renderlo in inglese nel modo più adeguato; si confrontino, ad esempio, le seguenti frasi:

lo sento sempre sbattere la porta quando esce (azione abituale e percepita integralmente)	= I always hear him slam the door when he gets out
l'ho sentito sbattere la porta quando è uscito (azione unica e percepita integralmente)	= I heard him slam the door when he got out
ho sentito sbattere la porta; dev'essere uscito qualcuno (azione passiva e percepita integralmente)	= I heard the door slammed; somebody must have gone out
ho sentito la porta sbattere per il vento (azione unica e percepita integralmente)	= I heard the door slam because of the wind
hai sentito la porta sbattere per il vento? (azione percepita parzialmente o in svolgimento)	= have you heard the door slamming because of the wind?

Si notino anche questi esempi:

lo vidi correre verso il fiume	= I saw him running towards the river
lo vidi cadere nell'acqua	= I saw him fall into the water

Nel caso delle strutture di tipo passivo, bisogna fare attenzione a non confondere il participio passato dopo un verbo di percezione (che fa riferimento a un'azione, anche se subita) da un eventuale participio passato in funzione aggettivale (che indica uno stato):

vidi rompere il vaso (azione)	= I saw the vase broken
vidi il vaso rotto (stato)	= I saw the broken vase
non ha mai visto arare un campo (azione)	= he has never seen a field ploughed
non ha mai visto un campo arato (stato)	= he has never seen a ploughed field

Si ricordi infine che in qualche raro caso la forma di percezione può avere in inglese un semplice equivalente lessicale: si confronti ad esempio *l'ho sentito parlare del suo matrimonio* = I heard him speak about his marriage e *ne ho sentito parlare* = I've heard of it.

bene! see that you behave yourself! ***vedi di essere là con un'ora di anticipo*** be there one hour beforehand; ***vediamo di non fare sbagli*** let's try not to make mistakes; ***devo ~ se riesco a ottenere il permesso*** I'll have to see if I can get permission **10** *(incontrare, trovare)* to see*, to meet* [*persona*]; *(consultare)* to see*, to consult [*esperto*]; ***devo ~ il mio avvocato*** I must consult *o* see my lawyer; ***la vedo raramente*** I see very little of her; ***mi ha fatto piacere vederla*** I was pleased to see her; ***ci piacerebbe vederti più spesso*** we'd like to see more of you; ***non la si vede da nessuna parte*** she's nowhere to be seen; ***che combinazione vederti qui!*** fancy seeing you here! COLLOQ.; ***guarda chi si vede!*** look who's here! **11** *(visitare)* to see*, to visit [*città, monumento*]; ***a Perugia ci sono molte cose da ~*** there are a lot of sights in Perugia; ***non ho mai visto Roma*** I have never been to Rome; ***sua sorella ci ha fatto ~ Oxford*** her sister took us round Oxford **12** *(in un testo)* ***vedi sopra, sotto*** see above, below; ***vedi a pagina 10*** see page 10; ***vedi retro*** please turn over **13** *(nel gioco del poker)* ***vedo!*** I'll see you! **14 farsi vedere** *(mettersi in mostra)* to show off; *(mostrarsi)* ***alla festa non si è fatta ~*** she didn't show *o* turn up at the party; ***non farti più ~!*** don't show your face around here any more! *(farsi visitare)* ***perché non ti fai ~ da un medico?*** why don't you see *o* consult a doctor? **II** intr. (aus. *avere*) *(avere la facoltà della vista)* **~, vederci** to see, to be able to see; ***ci vedo bene*** I've got good sight; ***non ci vedo*** I can't see; ***(ci) vedo poco*** I can hardly see; ***ci vede meglio con gli occhiali*** he can see better with his glasses on; ***un bambino appena nato (ci) vede?*** can a baby see at birth? ~ o ***vederci doppio*** to see double, to have double vision **III vedersi** pronom. **1** *(guardarsi)* to see* oneself; ***-rsi allo specchio*** to see oneself in the mirror **2** *(sentirsi)* ***-rsi costretto a fare qcs.*** to find oneself forced to do **3** *(riconoscersi)* ***non mi vedo come avvocato*** I don't see myself as a lawyer; ***non mi vedo a lavorare con un computer*** I don't see myself working with a computer **4** *(incontrarsi, frequentarsi)* ***non ci vediamo da mesi*** we haven't seen each other for months; ***ci vediamo domani alle 10*** we're meeting tomorrow at 10; ***ci vediamo!*** *(come saluto)* see you! ***si vede con una donna sposata*** he's seeing a married woman **5** *(essere visibile)* ***la cicatrice non si vede*** the scar doesn't show **6** **vedersela** ***vedersela con qcn.*** to sort it out with sb.; ***in questa faccenda vedetevela voi!*** work this matter out for yourselves! ***se disubbidirai, dovrai vedertela con tuo padre*** if you disobey, you'll have your father to deal with; ***me la sono vista brutta*** I had a narrow *o* lucky escape ◆ ***avere a che ~*** to have to do (**con** with); ***non avere nulla a che ~ con*** to have nothing to do with, to bear no relation to; ***dare a ~*** to show; ***non dà a ~ quanto soffre*** he doesn't show his sorrow *o* pain; ***non ~ più in là del proprio naso*** to see no further than the end of one's nose; ***visto? che ti avevo detto?*** there you are! what did I tell you? ***non posso proprio vederlo!*** I can't stand the sight of him! ***te la farò ~*** just you wait, I'll show you; ***ti faccio ~ io!*** I'll show *o* have you! ***si vede proprio che non ha mai lavorato!*** you can tell *o* it's obvious that she's never worked! ***non è venuto, si vede che era stanco*** he didn't come, he must have been tired; ***non vedo l'ora che arrivino le vacanze*** I can't wait for the holidays, I'm looking forward to the holidays; ***non vedo l'ora di conoscerlo*** I can't wait to meet him *o* I'm looking forward to meeting him; ***i suoi genitori non vedono di buon occhio il suo ragazzo*** her parents don't approve of her boyfriend; ***non vederci dalla rabbia*** to be furious, to fly off the handle, to be blind with rage; ***non ci vedo più dalla fame*** I'm so hungry I can't see straight, I'm starving; ***ne vedremo delle belle!*** that'll make the fur *o* feathers fly! ***gliene hai fatte ~ di tutti i colori*** you really put her through it; ***non ti vedo bene*** *(in forma)* you don't look well; ***~ le stelle*** to see stars; ***~ lontano*** to be far-sighted; ***~ rosso*** to see red; ***~ (tutto) nero*** to look on the dark side; ***~ (tutto) rosa*** to see the world through rose-coloured spectacles *o* glasses; ***~*** o ***vederci chiaro in qcs.*** to see daylight *o* clearly; ***mi piacerebbe vederci chiaro in questa faccenda*** I'd like to get to the bottom of this story; ***ho visto giusto*** I guessed right; ***chi s'è visto s'è visto*** that's that; ***chi vivrà vedrà*** PROV. time (alone) will tell; ***quattro occhi vedono meglio di due*** PROV. two heads are better than one.

2.vedere /ve'dere/ m. *(giudizio)* ***a mio ~*** in my opinion.

vedetta /ve'detta/ f. **1** *(postazione)* look-out; *(guardia)* look-out, vedette; ***essere*** o ***stare di ~*** to be on look-out (duty); FIG. to be on the watch **2** *(imbarcazione)* patrol boat, vedette (boat).

vedette /ve'dɛt/ f.inv. vedette, star.

vedico, pl. **-ci**, **-che** /'vɛdiko, tʃi, ke/ agg. Vedic.

▷ **vedova** /'vedova/ f. **1** widow; ***~ di guerra*** war widow **2** ORNIT. whydah **3** TIP. widow ◆◆ ***~ bianca*** = the wife of an emigrant who has been left behind; ***~ nera*** ZOOL. black widow (spider).

vedovanza /vedo'vantsa/ f. widowhood.

vedovile /vedo'vile/ agg. widowed; *(di vedova)* widow's attrib.; *(di vedovo)* widower's attrib.; ***pensione ~*** widow's pension.

▷ **vedovo** /'vedovo/ **I** agg. widowed; ***il signor Bianchi è rimasto ~ due anni fa*** Mr Bianchi was widowed *o* was left a widower two years ago; ***sua madre è -a*** his mother is a widow **II** m. widower.

vedretta /ve'dretta/ f. hanging glacier.

▷ **veduta** /ve'duta/ **I** f. **1** *(vista)* view, sight; ***la finestra vi offre una bella ~ sulla chiesa*** the window gives you a good view of the church **2** PITT. FOT. view; ***una ~ della cattedrale*** a view of the cathedral; ***~ di fronte, di lato*** front, side view; ***dieci -e di Parigi*** ten views of Paris **II vedute** f.pl. FIG. *(opinioni, idee)* views; ***scambio di -e*** exchange of views; ***essere di larghe -e*** to be broadminded *o* large-minded *o* open-minded; ***larghezza di -e*** broadmindedness; ***essere di -e strette*** o ***ristrette*** to be narrow-minded, to have a shortsighted attitude; ***ristrettezza di -e*** narrow-mindedness; ***cambiare le proprie -e sulla vita*** to change one's outlook on life ◆◆ ***~ dall'alto*** bird's eye view; ***~ d'insieme*** overall view.

vedutista, m.pl. **-i**, f.pl. **-e** /vedu'tista/ m. e f. vedutista*, painter of landscapes.

veduto /ve'duto/ **I** p.pass. → **1.vedere II** agg. seen ◆ ***a ragion -a*** after due consideration; *(di proposito)* deliberately, intentionally.

veemente /vee'mɛnte/ agg. **1** [*assalto, attacco*] vehement, violent **2** FIG. [*carattere*] vehement, hot, violent; [*discorso, parole*] vehement, passionate, fierce; [*sentimento*] vehement, violent.

veemenza /vee'mɛntsa/ f. **1** *(di attacco)* vehemence, violence **2** FIG. *(di carattere)* vehemence, hotness; *(di discorso, parole)* vehemence, fierceness; *(di sentimento)* vehemence, violence; ***con ~*** vehemently, hotly, heatedly; ***opporsi con ~*** to be vehemently opposed.

veganiano /vega'njano/ agg. e m. → **vegetaliano.**

▷ **vegetale** /vedʒe'tale/ **I** agg. **1** *(che concerne le piante)* [*specie, vita, cellula, tessuto*] plant attrib.; ***regno ~*** plant *o* vegetable kingdom; ***anatomia ~*** plant anatomy; ***patologia ~*** plant pathology **2** *(ricavato da vegetali)* [*sostanza, olio, estratti, grassi*] vegetable attrib. **II** m. **1** vegetable, plant **2** FIG. ***essere ridotto a un ~*** to become a vegetable.

vegetaliano /vedʒeta'ljano/ **I** agg. vegan **II** m. (f. **-a**) vegan.

vegetalismo /vedʒeta'lizmo/ m. veganism.

vegetare /vedʒe'tare/ [1] intr. (aus. *avere*) **1** *(svilupparsi)* [*pianta*] to vegetate, to grow* **2** FIG. [*persona*] to vegetate.

vegetarianismo /vedʒetarja'nizmo/ m. vegetarianism.

vegetariano /vedʒeta'rjano/ **I** agg. [*ristorante, alimentazione, piatto, dieta, cucina*] vegetarian; ***hamburger ~*** vegeburger **II** m. (f. **-a**) vegetarian, veggie COLLOQ.

vegetarismo /vedʒeta'rizmo/ → **vegetarianismo.**

vegetativo /vedʒeta'tivo/ agg. BOT. [*riproduzione*] vegetative; FISIOL. [*vita*] vegetative, vegetal; ***sistema nervoso ~*** vegetative *o* autonomic nervous system.

▷ **vegetazione** /vedʒetat'tsjone/ f. **1** *(flora)* vegetation; ***~ tropicale*** tropical vegetation; ***una fitta ~ di erbacce*** a thick growth of weeds **2** MED. vegetation; ***~ adenoidea*** adenoids.

vegeto /'vɛdʒeto/ agg. **1** *(rigoglioso)* [*pianta*] thriving, flourishing **2** FIG. *(pieno di salute)* [*persona*] vigorous, healthy; ***essere vivo e ~*** to be alive and kicking.

veggente /ved'dʒɛnte/ m. e f. **1** LETT. *(profeta)* seer, prophet; *(donna)* prophetess **2** *(indovino)* clarvoyant, fortune teller.

veggenza /ved'dʒɛntsa/ f. *(chiaroveggenza)* clairvoyance.

▷ **veglia** /'veʎʎa/ f. **1** *(lo stare sveglio)* waking; ***tra il sonno e la ~*** between sleeping and waking; ***durante le ore di ~*** in *o* during one's waking hours; ***essere in stato di ~*** to be awake **2** *(presso un malato)* vigil, watch; ***una notte di ~*** an all-night vigil; ***fare la ~ a*** to keep a vigil over [*ferito, malato*]; ***~ funebre*** wake, death watch **3** *(manifestazione notturna)* vigil; ***fare una ~ di protesta*** to hold *o* stage a vigil.

vegliarda /veʎ'ʎarda/ f. venerable old woman*.

vegliardo /veʎ'ʎardo/ m. venerable old man*, ancient.

▷ **vegliare** /veʎ'ʎare/ [1] **I** tr. to keep* a vigil over, to watch over, to sit up with [*ferito, malato*]; ***~ una salma*** to hold a wake over a dead body **II** intr. (aus. *avere*) **1** *(essere sveglio)* to be* awake; *(restare sveglio)* to stay awake; ***~ tutta la notte*** to stay awake *o* sit up all night; ***~ al capezzale di un paziente*** to sit up at a sickbed **2** *(vigilare)* ***~ su qcn.*** to keep watch over sb.

veglione /veʎ'ʎone/ m. dance, ball ◆◆ ***~ di Capodanno*** New Year's party.

veh → **ve'.**

1.veicolare /veiko'lare/ agg. **1** *(di veicolo)* [*traffico*] vehicular, vehicle attrib. **2** LING. ***lingua ~*** lingua franca.

2.veicolare /veiko'lare/ [1] tr. **1** *(trasmettere)* to carry, to transmit [*malattie*] **2** FIG. to spread*, to transmit [*idee*].

▷ **veicolo** /ve'ikolo/ m. **1** *(mezzo meccanico)* vehicle; ***"circolazione vietata ai -i"*** "closed to vehicles"; ***un ~ a tre ruote*** a three-wheeled vehicle **2** FIG. vehicle, medium*; ***un ~ di informazioni*** a means of information **3** MED. carrier; CHIM. FARM. vehicle; ***essere ~ di germi*** to carry germs, to be a germ carrier ◆◆ ***~ blindato*** armoured BE, armored AE vehicle; ***~ commerciale*** commercial vehicle; ***~ pubblicitario*** advertising medium; ***~ spaziale*** rocket ship, spacecraft.

▷ **vela** /'vela/ ➧ **10** f. **1** *(tela)* sail; ***issare le -e*** to hoist the sails; ***serrare le -e*** to take in sail; ***fare ~ verso*** to sail toward(s); ***navigare a ~*** to sail; ***spiegare le -e*** to unfur the sails; ***una nave a -e spiegate*** a ship in full sail; ***barca a ~*** sailing boat, sailboat AE; ***nave a ~*** sailing ship, sailer; ***fare il giro del mondo in barca a ~*** to sail around the world **2** *(attività)* sailing; ***fare ~*** to sail, to go sailing; ***fa ~ da due anni*** he's been sailing for two years ◆ ***tutto è andato a gonfie -e*** everything went off splendidly; ***tutto procede a gonfie -e*** everything is proceeding without a hitch, everything is coming up roses ◆◆ ***~ aurica*** fore-and-aft sail; ***~ di fortuna*** storm sail; ***~ di gabbia*** topsail; ***~ latina*** lateen (sail); ***~ maestra*** mainsail; ***~ quadra*** square sail; ***~ di strallo*** stay sail; ***~ a tarchia*** spritsail; ***~ di trinchetto*** foresail.

velaccino /velat'tʃino/ m. fore-topgallant sail.

velaccio, pl. **-ci** /ve'lattʃo, tʃi/ m. topgallant sail.

velaio, pl. **-ai** /ve'lajo, ai/ ➧ **18** m. (f. **-a**) sail maker.

1.velame /ve'lame/ m. LETT. veil.

2.velame /ve'lame/ m. MAR. sails pl.

1.velare /ve'lare/ **I** agg. ANAT. FON. velar **II** f. velar consonant.

2.velare /ve'lare/ [1] **I** tr. **1** *(coprire con un velo)* to veil, to cover with a veil [*volto, statua*] **2** *(offuscare)* [*nubi*] to veil [*paesaggio*]; [*espressione*] to mist [*sguardo*]; ***le lacrime le velavano gli occhi*** her eyes were clouded with tears **3** FIG. *(celare)* to veil, to hide*, to conceal; ***~ il proprio disappunto*** to conceal one's annoyance **II velarsi** pronom. **1** *(coprirsi con un velo)* [*persona*] to veil [*volto*] **2**

(oscurarsi) [*cielo*] to cloud over **3** *(offuscarsi)* [*sguardo*] to become* misty, to cloud over; *(diventare fioco)* [*voce*] to get* husky; ***gli occhi gli si velarono di lacrime*** his eyes misted over with tears.

velario, pl. **-ri** /ve'larjo, ri/ m. **1** *(nell'antica Roma)* velarium*, awning **2** *(sipario)* curtain.

velarizzazione /velariddzat'tsjone/ f. velarization.

velatamente /velata'mente/ avv. in a veiled manner, indirectly; ***accennare ~ a qcs.*** to hint at sth. in a roundabout way.

velato /ve'lato/ **I** p.pass. → **2.velare II** agg. **1** *(coperto con un velo)* [*donna, oggetto*] veiled **2** *(trasparente)* [*calze*] sheer **3** *(offuscato)* [*sole, cielo*] hazy; [*luce*] dim, shaded; [*occhi, sguardo*] misty; [*voce*] husky; ***aveva gli occhi -i di lacrime*** her eyes were clouded with tears; ***aveva la voce leggermente -a per l'emozione*** she had a slight catch in her voice **4** FIG. *(non esplicito)* [*allusione, minaccia*] veiled, covert; [*critica*] muted; ***un'allusione appena -a*** a thinly veiled allusion.

1.velatura /vela'tura/ f. **1** *(il velare)* veiling **2** *(strato sottile) (di zucchero)* sprinkling, dusting **3** PITT. glazing **4** FOT. fog.

2.velatura /vela'tura/ f. **1** MAR. *(tipo di vele)* sail; *(insieme di vele)* sails pl.; ***ridurre la ~*** to shorten sail **2** AER. wing surface; ***~ rotante*** rotary wings.

velcro® /'vɛlkro/ m. Velcro®; ***chiusura con il ~*** Velcro fastening.

veleggiare /veled'dʒare/ [1] intr. (aus. *avere*) **1** MAR. to sail **2** AER. to glide, to soar.

veleggiatore /veleddʒa'tore/ **I** agg. [*imbarcazione*] sailing **II** m. (f. **-trice** /tritʃe/) **1** AER. *(aliante)* glider, sailplane **2** AER. *(pilota)* glider pilot, sailplane pilot **3** MAR. *(veliero)* sailer.

veleggio, pl. **-gi** /ve'leddʒo, dʒi/ m. **1** MAR. sailing **2** AER. sailplaning.

velenifero /vele'nifero/ agg. poison attrib., venomous, poisonous.

▷ **veleno** /ve'leno/ m. **1** *(sostanza tossica)* poison; *(di animali)* venom; ***~ di serpente*** snake venom; ***~ per topi*** rat poison; ***uccidere qcn. con il ~*** to poison sb. to death, to kill sb. with poison; ***il caffè è ~ per me*** coffee is poison for me **2** FIG. *(rancore)* poison, venom, resentment; ***sputare ~*** to speak with great venom; ***parole piene di ~*** venomous *o* poisonous words.

velenosamente /velenosa'mente/ avv. venomously.

velenosità /velenosi'ta/ f.inv. **1** *(l'essere velenoso)* poisonousness, venomousness **2** FIG. spitefulness.

▷ **velenoso** /vele'noso/ agg. **1** *(che contiene veleno)* [*serpente, insetto*] venomous, poisonous; [*fungo, puntura, morso*] poisonous **2** FIG. [*tono, osservazione, critica*] venomous, malignant, biting; [*parole*] spiteful.

veleria /vele'ria/ f. *(cantiere)* sail loft.

veletta /ve'letta/ f. veil; ***un cappello ornato di ~*** a hat with a veil.

velico, pl. **-ci, -che** /'vɛliko, tʃi, ke/ agg. sail attrib., sailing attrib.; ***regata -a*** sailing regatta; ***superficie -a*** sail area.

veliero /ve'ljɛro/ m. sailing ship, sailer.

1.velina /ve'lina/ f. **1** *(carta velina)* tissue (paper) **2** *(copia)* copy **3** GIORN. press release, handout.

2.velina /ve'lina/ agg.f. ***carta ~*** tissue (paper).

velismo /ve'lizmo/ ♦ **10** m. sailing.

velista, m.pl.**-i**, f.pl. **-e** /ve'lista/ m. e f. *(uomo)* yachtsman*; *(donna)* yachtswoman*.

velite /'vɛlite/ m. STOR. velite.

velivolo /ve'livolo/ m. aircraft*, aeroplane BE, airplane AE.

velleità /vellei'ta/ f.inv. vague desire, foolish ambition, velleity; ***avere ~ artistiche*** to have fanciful artistic ambitions; ***avere ~ di indipendenza*** to feel a vain desire to be independent; ***stroncare ogni ~ d'azione*** to suppress any vague desire to act.

velleitario, pl. **-ri, -rie** /vellei'tarjo, ri, rje/ **I** agg. **1** *(che ha delle velleità)* [*persona, temperamento*] (over)ambitious **2** *(irrealizzabile)* [*progetti, tentativi*] unrealistic, impracticable **II** m. (f. **-a**) dreamer, visionary.

velleitarismo /velleita'rizmo/ m. unrealistic ambition, wishful thinking.

vellicamento /vellika'mento/ m. tickling, vellication.

vellicare /velli'kare/ [1] tr. to tickle, to vellicate RAR.

vello /'vɛllo/ m. **1** *(di pecora, capra)* fleece **2** *(di animali da pelliccia)* fur, pelt ♦♦ ***~ d'oro*** Golden Fleece.

vellutare /vellu'tare/ [1] tr. TESS. to give* a velvet finish to [*tessuto*].

vellutata /vellu'tata/ f. GASTR. ***~ di asparagi*** cream of asparagus soup; ***~ di pomodori*** creamy tomato soup.

vellutato /vellu'tato/ **I** p.pass. → **vellutare II** agg. **1** *(simile al velluto)* [*stoffa, tessuto*] velvety **2** *(liscio e morbido)* [*pelle*] velvety, velvet attrib.; [*guancia*] peachy; [*pesca*] velvety, downy; BOT. [*foglia, petalo*] velutinous **3** *(flautato)* [*voce*] velvet attrib., sweet.

vellutino /vellu'tino/ m. **1** *(stoffa)* fine velvet **2** *(nastro)* velvet ribbon.

▷ **velluto** /vel'luto/ m. **1** *(tessuto)* velvet; ***di ~*** [*completo, pantaloni, vestito, fiocco*] velvet attrib.; ***quelle tende sono di ~*** those curtains are made of velvet; ***~ a coste*** corduroy, cord COLLOQ.; ***pantaloni di ~ a coste*** corduroys, cords COLLOQ.; ***~ di seta*** silk velvet; ***~ riccio*** crushed velvet; ***~ di cotone*** velveteen **2** FIG. *(cosa morbida e liscia)* ***avere una pelle di ~*** to have a velvety skin; ***questa salsa è un ~*** this sauce is as smooth as velvet ♦ ***morbido come il ~*** as soft as velvet; ***camminare sul ~*** to meet no obstacles; ***pugno di ferro in guanto di ~*** an iron fist in a velvet glove.

▷ **velo** /'velo/ m. **1** *(drappo)* veil; ***~ da lutto, da sposa*** mourning, bridal veil; ***coprire qcs. con un ~*** to cover sth. with a veil, to veil sth.; ***~ islamico*** yashmak; ***non portare il ~*** to go unveiled; ***prendere il ~*** *(farsi suora)* to take the veil **2** *(tessuto)* voile **3** *(strato sottile)* film, thin layer; ***un ~ di zucchero*** a coating *o* dusting of sugar; ***la nebbia stendeva un ~ sul paesaggio*** there was a veil of fog over the landscape; ***guardare qcn. attraverso un ~ di lacrime*** to look at sb. through a film *o* mist of tears **4** FIG. veil; ***un ~ di mistero*** a veil *o* shroud of secrecy; ***un ~ di malinconia*** a cloud of gloom **5** FOT. fog **6** ANAT. ***~ palatino*** velum*, soft palate **7** BOT. *(di fungo)* veil; ***~ parziale*** partial veil; ***~ totale*** o ***universale*** universal veil ♦ ***senza -i*** *(nudo)* naked, undraped; ***parlare senza -i*** to speak plainly; ***stendiamo un ~ (pietoso) su quell'episodio*** let's draw a veil over that episode.

▶ **veloce** /ve'lotʃe/ **I** agg. **1** *(rapido)* [*movimento, andatura*] quick, fast, rapid; [*treno*] fast, quick; ***un'auto ~*** a fast car; ***essere ~ nel fare*** to be quick *o* swift in doing; ***essere ~ nella corsa*** to be a fast runner; ***il più, meno ~*** the slowest, the fastest; ***"ho già finito" "sei stato ~!"*** I've finished already" "that was quick!"; ***lavoravano a ritmo ~*** they were working at a brisk pace; ***l'andatura diventò troppo ~ per lui*** the pace got too hot for him **2** *(eseguito in breve tempo)* [*pasto*] quick; ***fare una visita ~ a qcn.*** to pay a quick visit to sb.; ***mi do una lavata ~*** I'm going to have a quick wash; ***darsi una spazzolata ~ ai denti*** to give one's teeth a quick brush; ***fare un ~ spuntino*** to have *o* grab a quick bite (to eat) **II** avv. [*andare, camminare, correre, guidare*] fast; ***stai andando troppo ~*** you're going too fast; ***non riesci a camminare (un po') più ~?*** can't you walk any faster? ♦ ***~ come un fulmine*** (as) quick as a flash, as fast *o* quick as lightning.

velocemente /velotʃe'mente/ avv. *(rapidamente)* quickly, fast, rapidly, swiftly; ***cammina ~*** he is a fast walker; ***lavora ~*** she's a quick worker; ***corsi il più ~ possibile*** I ran as fast as I could.

velocimetro /velo'tʃimetro/ m. velocimeter.

velocipede /velo'tʃipede/ m. velocipede.

velocista, m.pl. **-i**, f.pl. **-e** /velo'tʃista/ m. e f. sprinter.

▷ **velocità** /velotʃi'ta/ ♦ **37** f.inv. **1** *(rapidità)* speed, quickness, rapidity, velocity (anche TECN.); ***~ massima*** top *o* maximum speed; ***a bassa ~*** at a low speed; ***a grande ~*** at high speed; ***a tutta ~*** at (a) great *o* full speed; ***l'automobile è passata a tutta ~*** the car flashed past; ***acquistare ~*** to pick up *o* gain *o* gather speed, to gather pace; ***perdere ~*** to lose speed; ***diminuire la ~*** to drop one's speed; ***alla ~ media di*** at an average speed of; ***alla ~ di 100 chilometri all'ora*** at a speed of 100 kilometres per hour; ***limite di ~*** speed limit; ***fu fermato per eccesso di ~*** he was stopped for speeding; ***superare i limiti di ~*** to exceed *o* break the speed limit; ***a che ~ andavi?*** what speed were you doing? how fast were you going? ***alla ~ della luce*** at the speed of light; ***~ del vento*** windspeed; ***venti che raggiungevano la ~ di*** winds reaching speeds of; ***lavora ad una tale ~!*** he works so fast! ***treno ad alta ~*** high-speed train; ***dissuasore di ~*** AUT. road hump; ***la ~ di apprendimento dei bambini*** the rate at which children learn **2** MOT. *(marcia)* gear; ***un'auto a cinque ~*** a car with five gears; ***prima ~*** first (gear), bottom gear BE ♦♦ ***~ angolare*** FIS. angular velocity; ***~ di crociera*** cruising speed; ***andare alla ~ di crociera di 80 km/h*** [*auto*] to cruise at 80 km/h; ***~ di fuga*** FIS. escape velocity; ***~ iniziale*** MECC. initial velocity; *(di proiettile)* muzzle velocity; ***~ di propagazione*** FIS. velocity of propagation; ***~ radiale*** FIS. radial velocity; ***~ di reazione*** CHIM. PSIC. speed of reaction; ***~ di rotazione*** FIS. rotational velocity; ***~ di sedimentazione*** BIOL. MED. sedimentation rate.

velocizzare /velotʃid'dzare/ [1] **I** tr. to speed* up, to quicken, to accelerate **II velocizzarsi** pronom. to speed* up, to become* quicker.

velocizzazione /velotʃiddzat'tsjone/ f. speeding up, acceleration.

velodromo /ve'lɔdromo/ m. velodrome, cycling track.

velopendulo /velo'pɛndulo/ m. soft palate.

velours /ve'lur/ m.inv. velour(s).

veltro /'vɛltro/ m. LETT. = a dog similar to the greyhound.

V.Em. ⇒ Vostra Eminenza Your Eminence.

ven. ⇒ venerdì Friday (Fri).

▷ **vena** /'vena/ f. **1** ANAT. vein; ***tagliarsi le -e*** to slash *o* slit one's wrists; ***non avere sangue nelle -e*** FIG. *(essere insensibile)* to be cold-hearted; *(non avere carattere)* to have no guts; ***mi si gela il sangue nelle -e*** my blood runs cold **2** *(venatura) (di marmo)* vein; *(di legno)* grain **3** *(rigagnolo)* ***~ d'acqua*** spring of water **4** MIN. *(di carbone)* seam; *(di metallo)* vein; ***sfruttare una ~*** to work a vein **5** *(ispirazione)* inspiration; ***~ poetica*** poetic inspiration; ***una gran ~ umoristica*** a rich vein of humour **6** FIG. *(traccia, sfumatura)* vein, strain, streak; ***una ~ di cinismo*** a savour of cynicism; ***una ~ di nostalgia percorre tutta la sua opera*** a vein of nostalgia runs through his work; ***in quell'uomo c'è una ~ di cattiveria*** that man has got a mean streak **7** FIG. *(stato d'animo)* mood, disposition; ***non sono in ~*** I'm not in the mood; ***sono in ~ di feste*** I'm in party mode; ***non essere in ~ di scherzare*** to be in no humour *o* mood for jokes; ***essere in ~ di generosità*** to be in a generous mood ◆◆ ***~ cava*** ANAT. vena cava*; ***~ coronaria*** ANAT. coronary vein; ***~ giugulare*** ANAT. jugular; ***~ porta*** ANAT. portal vein; ***~ varicosa*** ANAT. varicose vein.

venale /ve'nale/ agg. **1** *(vendibile)* [*merce*] saleable **2** *(di vendita)* ***prezzo ~*** sale *o* selling price **3** SPREG. *(corruttibile)* [*persona*] venal, mercenary; *(avido)* [*persona*] greedy.

venalità /venali'ta/ f.inv. SPREG. venality, mercenariness.

venare /ve'nare/ [1] **I** tr. **1** to grain [*legno*] **2** FIG. *(pervadere)* ***la tristezza venava la sua voce*** there was a hint of sorrow in his voice **II venarsi** pronom. **1** [*legno*] to become* veined **2** FIG. ***le sue parole si venarono di tristezza*** his words took on a hint of sadness; ***il cielo si è venato di rosso*** the sky is streaked with red.

venato /ve'nato/ **I** p.pass. → **venare II** agg. **1** *(coperto da venature)* [*legno*] grainy; [*marmo, roccia*] veined **2** FIG. ***una canzone -a di malinconia*** a song tinged with sadness.

venatorio, pl. **-ri, -rie** /vena'tɔrjo, ri, rje/ agg. [*stagione, arte*] hunting attrib., game attrib.

venatura /vena'tura/ f. **1** *(striscia) (di marmo)* vein; *(di legno)* grain; ***legno con -e irregolari*** cross-grained wood; ***marmo con -e rosa*** pink-veined marble; ***mela con -e rosse*** apple streaked with red **2** FIG. trace, streak, hint; ***una ~ di tristezza*** a vein *o* hint of sadness.

Venceslao /ventʃe'zlao/ n.pr.m. Wenceslaus.

▷ **vendemmia** /ven'demmja/ f. **1** *(raccolta dell'uva)* grape picking, grape harvest, vintage; *(raccolto)* (grape) harvest, vintage; ***fare la ~*** to harvest the grapes **2** *(periodo)* ***durante la ~*** during the grape harvest **3** FIG. *(messe)* ***~ di medaglie*** harvest of medals.

▷ **vendemmiare** /vendem'mjare/ [1] **I** tr. to harvest, to pick, to vintage [*uva*] **II** intr. (aus. *avere*) to harvest (the grapes), to pick grapes.

vendemmiatore /vendemmja'tore/ m. (f. **-trice** /tritʃe/) grape-picker, vintager.

vendemmiatrice /vendemmja'tritʃe/ f. *(macchina)* mechanical grape harvester.

▶ **vendere** /'vendere/ [2] **I** tr. **1** to sell*; ***~ qcs. a qcn.*** to sell sth. to sb. *o* to sell sb. sth.; ***le ho venduto la mia auto*** I sold her my car, I sold my car to her; ***~ qcs. per 10 sterline*** to sell sth. for £10; ***~ qcs. a 5 sterline l'uno*** to sell sth. at *o* for £5 each; ***hanno venduto tutto*** they've sold up; ***il romanzo ha venduto milioni di copie*** the novel has sold millions (of copies); ***~ qcs. all'ingrosso*** to wholesale sth., to sell sth. wholesale; ***~ qcs. al dettaglio*** o ***al minuto*** to retail sth.; ***~ qcs. all'asta*** to auction sth.; ***~ qcs. al metro, a dozzine, a peso*** to sell sth. by the metre, by the dozen, by weight; ***~ al pezzo*** o ***all'unità*** to sell sth. singly *o* by the piece; ***~ a buon mercato*** to sell sth. cheap(ly); ***"vendesi"*** "for sale"; ***non venderemo la casa per meno di 100.000 sterline*** we won't let the house go for less than £100,000; ***venderò al migliore offerente*** I'll sell to the highest bidder; ***questo stereo si vende a 399 sterline*** this stereo sells at £399; ***i telefonini si vendono bene*** cellphones are selling well; ***questo prodotto si vende male*** this product is a poor seller **2** SPREG. *(tradire)* to betray, to shop* BE COLLOQ. [*persona, complice*]; *(cedere)* to sell* [*segreti, piani*]; ***~ le proprie grazie*** *(concedersi)* to sell one's charms *o* favours; ***~ il proprio corpo*** *(prostituirsi)* to sell one's body **II** intr. (aus. *avere*) ***questo libro vende bene*** this book is a good seller; ***il nuovo modello non vende (bene)*** the new model isn't selling (well) **III vendersi** pronom. **1** *(farsi corrompere)* to sell* oneself; ***-rsi al nemico*** to sell out to the enemy **2** *(prostituirsi)* to sell* oneself, to sell* one's body **3** *(proporsi, valorizzarsi)* ***è uno che si vende bene*** he knows how to sell himself ◆ ***venderebbe anche sua madre per raggiungere i suoi scopi*** he'd give anything to get what he wants; ***-rsi (anche) la camicia*** to sell the shirt off one's back; ***~ l'anima al diavolo*** to sell one's soul to the devil; ***~ fumo*** to tell stories; ***~ cara la pelle*** to sell one's life dearly; ***sapersi ~*** to know how to sell oneself; ***-rsi come il pane*** to sell like hot cakes; ***questa non me la vendi!*** I'm not buying that! ***avere esperienza da ~*** to be long on experience COLLOQ.; ***ha energie da ~*** she's a powerhouse, she has energy in spades; ***~ la pelle dell'orso prima di averlo ammazzato*** PROV. to count one's chickens (before they are hatched).

▶ **vendetta** /ven'detta/ f. revenge, vengeance; ***per ~*** in revenge; ***spirito di ~*** spirit of revenge; ***brama di ~*** vengeful desire; ***gridare ~*** to cry out for revenge; ***cercare ~*** to seek revenge; ***attuare la propria ~*** to take *o* get one's revenge; ***~ del sangue*** blood feud ◆ ***la ~ è un piatto che va servito freddo*** PROV. revenge is a dish best eaten cold; ***la miglior ~ è il perdono*** PROV. = the noblest vengeance is to forgive.

vendibile /ven'dibile/ agg. saleable, salable AE, marketable, vendible.

vendibilità /vendibili'ta/ f.inv. saleability, salability AE, marketability.

▷ **vendicare** /vendi'kare/ [1] **I** tr. to avenge [*crimine, ingiustizia, persona*]; ***~ l'onore, la morte di qcn.*** to avenge sb.'s honour, death; ***per ~ qcs.*** in revenge for sth. **II vendicarsi** pronom. to revenge oneself, to avenge oneself (**di, su qcn.** on sb.); ***-rsi di qcn. per qcs.*** to avenge oneself on sb. for sth., to take vengeance (up)on sb. for sth.; ***mi vendicherò!*** I shall have *o* get my revenge! ***l'ha fatto per -rsi*** he did it in revenge.

vendicativamente /vendikativa'mente/ avv. vindictively.

vendicatività /vendikativi'ta/ f.inv. revengefulness, vindictiveness.

vendicativo /vendika'tivo/ **I** agg. [*persona*] vindictive, vengeful FORM.; [*natura, carattere*] revengeful **II** m. (f. **-a**) vindictive person.

vendicatore /vendika'tore/ **I** agg. avenging **II** m. (f. **-trice** /tritʃe/) avenger.

vendifumo /vendi'fumo/ m. e f.inv. *(fanfarone)* boaster; *(ciarlatano)* swindler, charlatan.

▷ **vendita** /'vendita/ f. **1** sale; *(il vendere)* selling **U**; ***in ~*** for *o* on BE sale; ***il quadro non è in ~*** this painting is not for sale; ***mettere qcs. in ~*** to put sth. up *o* offer sth. for sale; ***messa in ~*** putting on sale; ***direttore delle -e*** sales manager; ***ufficio -e*** sales office *o* department; ***si occupa delle -e*** he's in sales; ***avere esperienza nel settore delle -e*** to have sales experience; ***prezzo di ~*** sale *o* selling *o* retail price; ***contratto di ~*** sale contract; ***atto di ~*** bill of sale; ***punto ~*** point of sale, sales point, outlet; ***concludere una ~*** to make a sale; ***~ telefonica*** telephone selling; ***~ a porta a porta*** door-to-door selling; ***ordine di ~*** selling order; ***opzione di ~*** put option; ***~ a credito*** credit sale *o* deal **2** *(quantità venduta)* sales pl.; ***le -e sono diminuite*** sales are down; ***calo delle -e*** drop in sales **3** *(negozio)* shop ◆◆ ***~ all'asta*** auction sale; ***~ di beneficenza*** charity sale; ***~ per corrispondenza*** mail order selling; ***~ al dettaglio*** retail; ***~ diretta*** direct sales; ***~ all'ingrosso*** wholesale; ***~ al minuto*** → ***~ al dettaglio***; ***~ allo scoperto*** short sale.

venditore /vendi'tore/ ➧ **18** m. (f. **-trice** /tritʃe/) *(addetto alle vendite)* seller, vendor; *(commesso)* shop assistant, salesperson; *(gestore di un negozio)* shopkeeper, dealer ◆◆ ***~ ambulante*** hawker, pedlar, street peddler; ***~ di fumo*** FIG. → **vendifumo.**

venduto /ven'duto/ **I** p.pass. → **vendere II** agg. **1** *(ceduto)* sold; ***non ~*** unsold; ***l'auto più -a*** the best-selling car **2** *(corrotto)* [*politico, arbitro*] corrupt, dishonest; ***arbitro ~!*** the referee's a traitor! **III** m. (f. **-a**) **1** *(merce venduta)* goods sold pl. **2** *(persona corrotta)* corrupt person.

veneficio, pl. **-ci** /vene'fitʃo, tʃi/ m. LETT. poisoning.

venefico, pl. **-ci, -che** /ve'nɛfiko, tʃi, ke/ agg. **1** *(velenoso)* [*sostanza*] poisonous, toxic **2** *(nocivo)* noxious, harmful **3** FIG. *(moralmente dannoso)* venomous, poisonous.

venerabile /vene'rabile/ **I** agg. **1** *(venerando)* [*persona*] venerable **2** RELIG. *(titolo)* venerable **II** m. e f. RELIG. venerable **III** m. *(capo di loggia massonica)* Worshipful Master.

venerabilità /venerabili'ta/ f.inv. venerability, worshipfulness.

venerando /vene'rando/ agg. [*persona*] venerable; ***per rispetto alla sua -a età*** out of respect for his great age; ***visse in salute fino alla -a età di 90 anni*** she lived to the ripe old age of 90.

venerare /vene'rare/ [1] tr. **1** RELIG. to worship, to adore [*divinità*] **2** *(onorare)* to worship [*persona*]; ***~ la memoria di qcn.*** to venerate sb.'s memory.

venerazione /venerat'tsjone/ f. worship, veneration; ***avere*** o ***nutrire ~ per qcn.*** to worship *o* venerate sb.; ***avere una ~ per qcs.*** to make a fetish of sth.

▷ **venerdì** /vener'di/ ⧫ *11* m.inv. Friday; ***oggi è ~*** today is Friday; ***~ andrò in montagna*** I'm going to the mountains on Friday; ***di*** o ***il ~ vado in montagna*** I go to the mountains on Fridays; ***tutti i ~*** every Friday; ***~ scorso*** last Friday; ***~ prossimo*** next Friday, Friday next; ***~ mattina, pomeriggio, sera*** Friday morning, Friday afternoon, Friday evening; ***sono nato di ~*** I was born on a Friday; ***~ diciassette*** *(giorno sfortunato)* Friday the thirteenth ◆ ***le manca un ~*** she has a screw loose; ***chi ride di ~ piange di domenica*** PROV. there'll be tears before long ◆◆ ***~ santo*** RELIG. Good Friday.

venere /'vɛnere/ f. *(bella donna)* ***non è una ~*** she's no beauty.

Venere /'vɛnere/ n.pr.f. **1** MITOL. Venus; ***la ~ di Milo*** ART. the Venus de Milo **2** ASTR. Venus.

venereo /ve'nɛreo/ agg. ***malattia -a*** venereal disease.

venereologia /venereolo'dʒia/ f. venereology.

venereologo, m.pl. **-gi**, f.pl. **-ghe** /venere'ɔlogo, dʒi, ge/ ⧫ *18* m. (f. **-a**) venereologist.

veneto /'vɛneto/ ⧫ *30* **I** agg. from, of Veneto **II** m. (f. **-a**) **1** *(persona)* native, inhabitant of Veneto **2** LING. dialect of Veneto.

Venezia /ve'nɛttsja/ ⧫ *2* n.pr.f. Venice; ***il carnevale di ~*** the Venice *o* Venetian carnival.

veneziana /venet'tsjana/ f. *(serramento)* Venetian blind.

veneziano /venet'tsjano/ ⧫ *2* **I** agg. Venetian **II** m. (f. **-a**) **1** *(persona)* Venetian **2** LING. dialect of Venice.

Venezuela /venet'tsuɛla/ ⧫ *33* n.pr.m. Venezuela.

venezuelano /venettsue'lano/ ⧫ *25* **I** agg. Venezuelan **II** m. (f. **-a**) Venezuelan.

venia /'vɛnja/ f. LETT. pardon, forgiveness; ***chiedo ~*** I beg your pardon.

veniale /ve'njale/ agg. **1** RELIG. [*peccato*] venial **2** *(scusabile)* [*colpa, dimenticanza*] excusable, pardonable.

venialità /venjali'ta/ f.inv. *(di peccato)* veniality; *(di colpa)* excusability.

▶ **1.venire** /ve'nire/ [107] intr. (aus. *essere*) **1** [*persona*] to come*; ***sono venuto a piedi*** I came on foot, I walked; ***sono venuto in bici*** I came by bike; ***vieni quando vuoi*** come whenever you like; ***non potrò ~*** I won't be able to come; ***sono venuto per scusarmi*** I've come to apologize; ***puoi sempre ~ da me*** you can always come to me; ***viene molta gente il sabato*** lots of people come on Saturdays; ***sta venendo verso di noi*** she's coming our way; ***è venuto qualcuno per te*** someone came to see you; ***dai, vieni!*** come on! ***adesso vengo*** I'm coming, I'll be right there; ***vengo da parte sua*** she sent me to see you; ***fare ~ l'idraulico*** to send for *o* call the plumber, to get the plumber in; ***mi venne a prendere alla stazione*** she came to meet me *o* she picked me up at the station; ***vienimi a prendere a casa alle 8*** come for me at 8 o'clock; ***venne a trovarci*** he came to see us; ***vieni a sciare con noi domani*** come skiing with us tomorrow; ***vieni a vedere*** come and see; ***vieni a sederti accanto a me*** come and sit by me **2** *(arrivare)* to come*, to arrive; ***l'anno che viene*** the coming *o* next year; ***quando la primavera verrà*** when spring comes; ***verrà il giorno in cui lo rimpiangerà*** the day will come when *o* there will come a day when he'll regret it; ***è venuto il momento di partire*** it's time to leave; ***le mode vanno e vengono*** fashions come and go; ***prendere la vita come viene*** to take life as it comes; ***Natale viene di lunedì*** Christmas falls on a Monday; ***adesso viene il bello!*** now comes the best of it! ***la saggezza viene con l'età*** wisdom comes with age; ***la morte viene per tutti*** death comes to us all; ***la famiglia viene prima di tutto il resto*** the family comes before everything else; ***la sua fedeltà all'azienda viene dopo la sua ambizione personale*** his loyalty to the firm comes second to *o* after his personal ambition **3** *(provenire)* to come*; ***da dove viene?*** where is she from? where does she come from? ***~ da lontano*** to come from far away; ***~ da una famiglia protestante*** to come from a Protestant family; ***~ dal greco*** to come from the Greek **4** *(passare)* ***~ a*** to come to [*problema, argomento*]; ***veniamo all'ordine del giorno*** let's get down to the agenda; ***veniamo ad altro*** let's move on **5** *(sorgere, manifestarsi)* ***mi è venuto (il) mal di testa*** I've got a headache; ***mi fa ~ fame*** it makes me hungry; ***mi è venuta sete*** I'm feeling thirsty; ***la cioccolata mi fa ~ i brufoli*** chocolate brings me out in spots; ***mi è venuto caldo*** I'm feeling hot; ***gli vennero le lacrime agli occhi*** tears sprang to his eyes; ***se ci penso, mi viene una rabbia!*** it makes me mad to think of it! ***fare ~ i brividi a qcn.*** to give sb. the shivers; ***gli viene naturale*** it's second nature to him; ***gli viene spontaneo essere cortese*** politeness comes naturally to him; ***le parole non mi venivano*** I couldn't find the right words; ***mi è venuta un'idea*** I've got an idea; ***questo mi fa ~ un'idea*** that gives me an idea; ***mi fai ~ in mente mio cugino*** you remind me of my cousin; ***questo mi fa ~ in mente che...*** this reminds me that...; ***mi venne in mente che*** it occurred to me that; ***non mi è mai venuto in mente*** it never crossed my mind *o* occurred to me; ***mi è venuta voglia di telefonarti*** I got the urge to phone you; ***il nome non mi viene in mente*** the name escapes me; ***questo film mi fa ~ sonno*** this film makes me sleepy; ***che ti venga un accidente!*** COLLOQ. darn you! ***che mi venga un accidente se...*** I'll be hanged if...; ***mi viene male solo a pensarci*** just thinking about it makes me ill **6** *(riuscire)* to come* out, to turn out; [*calcoli*] to work out; ***~ bene, male*** to come out well, badly; ***la torta è venuta male*** the cake hasn't turned out well; ***~ bene in fotografia*** to photograph well; ***com'è venuto il disegno?*** how did your drawing come out? ***come sta venendo il tema?*** how's your essay coming along *o* on? ***l'equazione non viene*** the equation doesn't work out **7** *(risultare, dare come risultato)* ***che risultato ti è venuto?*** what result *o* answer did you get? ***ho fatto la somma e mi viene 60*** I did the sum and got 60 as an answer; ***a me viene 200*** my answer is 200 **8** COLLOQ. *(costare)* to cost*; ***quanto viene?*** how much does it cost? how much is this? ***quanto viene la sciarpa?*** how much is the scarf? ***viene 2 euro al chilo*** it's 2 euros a kilo **9** COLLOQ. *(spettare)* to be* owed; ***ti viene ancora del denaro*** you've still got some money coming to you, some money is still owed to you **10** *(seguito dalla preposizione da)* ***mi viene da piangere*** *(ho voglia)* I feel like crying; *(sto per)* I'm about to cry; ***mi viene da ridere quando lo sento vantarsi!*** it makes me laugh when I hear him boasting! **11** *(con valore di ausiliare)* to be*, to get*; ***viene rispettato da tutti*** he is respected by everybody; ***vennero presi*** they were *o* got caught **12** *(seguito da gerundio)* ***si viene sempre più convincendo che*** he is increasingly convinced that **13** COLLOQ. *(avere un orgasmo)* to come* **14 venire avanti** *(entrare)* to come* in *(avvicinarsi)* to come* forward **15 venire dentro** *(entrare)* to come* in **16 venire dietro** *(seguire)* to follow; ***venne dietro in bicicletta*** she followed on her bike **17 venire fuori** *(uscire)* to come* out; *(essere scoperto)* ***è venuto fuori che*** it came out that; ***la verità finirà per ~ fuori*** the truth is bound to come out; *(essere estratto)* ***è venuto fuori il 42*** the number 42 has come out; *(esternare)* ***~ fuori con una scusa*** to come out with an excuse **18 venire giù** *(scendere)* to come* down; ***vengo giù subito!*** I'll be right down! *(piovere)* ***viene giù come Dio la manda*** it's raining buckets *o* cats and dogs, it's pouring **19 venire meno** *(svenire)* [*persona*] to faint; *(mancare)* [*interesse, speranza*] to fade; ***il coraggio gli è venuto meno*** courage failed him; *(non rispettare)* ***~ meno a una promessa*** to break *o* betray a promise; ***~ meno ai propri doveri*** to fail in *o* neglect one's duties **20 venire su** *(salire)* to come* up; *(svilupparsi)* [*vegetali*] to come* up, to grow* up; *(crescere)* [*persona*] to grow* up; ***i suoi figli vengono su bene*** his children are growing up well; *(tornare su)* ***i cetrioli mi vengono su*** cucumbers repeat on me **21 venire via** *(allontanarsi)* to come* away; *(staccarsi)* [*bottone*] to come* off; [*maniglia*] to come* away, to come* off; *(scomparire)* [*macchia*] to come* out, to come* off **22 a venire** ***nei mesi a ~*** in the months to come; ***nei giorni a ~*** in the next few days; ***le generazioni a ~*** future generations **23 di là da venire** yet to come; ***negli anni di là da ~*** in the years to come; ***è di là da ~*** it's still a long way off **24 venirsene** *(recarsi)* to come*; ***se ne veniva piano piano*** he was coming along very slowly; *(andarsene)* ***se ne venne via senza salutare*** he went away *o* left without saying goodbye ◆ ***~ a capo di un problema*** to thrash out *o* work out a problem; ***~ al punto*** o ***sodo*** to get down to brass tacks, to come straight to the point; ***veniamo al dunque*** let's get down to business; ***~ alla luce*** *(nascere)* to come* into the world; *(essere rivelato)* to come* to light, to be* brought to light; ***~ in odio*** to become* hateful; ***mi è venuto in odio*** o ***antipatia*** I have grown to hate *o* dislike him, I have taken a dislike to him; ***quella canzone mi è venuta a noia*** I'm fed up with that song; ***~ alle mani*** to come to blows; ***~ a parole con qcn.*** to have words with sb.; ***~ a patti con qcn.*** to come to an agreement with sb.; ***~ in possesso di qcs.*** to come into (possession of) sth.; ***~ a sapere qcs.*** to learn *o* to hear sth.; ***ben venga quel giorno!*** may that day come!

2.venire /ve'nire/ m. ***tutto questo andare e ~*** all this toing and froing, these comings and goings.

venoso /ve'noso/ agg. [*circolazione, sistema, sangue*] venous.

▷ **ventaglio**, pl. **-gli** /ven'taʎʎo, ʎi/ m. **1** fan; ***a ~*** fan-shaped; ***disporre qcs. a ~*** to fan out [*carte, foto, riviste*]; ***l'uccello ha aperto le penne a ~*** the bird fanned out its feathers; ***volta a ~*** ARCH. fan vault **2** FIG. *(serie, gamma)* range, spread; ***tutto un ~ di scelte*** o ***di possibilità*** a whole range of possibilities; ***~ dei prezzi*** price range; ***un ~ di opinioni*** a broad spectrum of views.

▷ **ventata** /ven'tata/ f. **1** *(folata)* blast of wind, gust of wind **2** FIG. wave, surge; ***una ~ di allegria*** a wave of joy; ***Tom è una ~ d'aria fresca*** Tom is like a breath of fresh air.

ventennale /venten'nale/ **I** agg. **1** *(di vent'anni)* twenty-year attrib., of twenty years mai attrib. **2** *(che ricorre ogni vent'anni)* occurring every twenty years **II** m. twentieth anniversary.

ventenne /ven'tɛnne/ **I** agg. [*persona*] twenty-year-old attrib. **II** m. e f. twenty-year-old; *(uomo)* twenty-year-old man*; *(donna)* twenty-year-old woman*.

ventennio, pl. **-ni** /ven'tɛnnjo, ni/ m. twenty-year period ◆◆ ***il ~ (fascista)*** = the twenty years of Fascism in Italy.

ventesimo /ven'tɛzimo/ ➧ ***26, 5*** **I** agg. twentieth **II** m. (f. **-a**) **1** twentieth **2** *(frazione)* twentieth.

▶ **venti** /'venti/ ➧ ***26, 5, 8, 13*** **I** agg.inv. twenty **II** m.inv. **1** *(numero)* twenty **2** *(giorno del mese)* twentieth **III** m.pl. *(anni di età)* ***aver superato i ~*** to be in one's twenties **IV** f.pl. *(ore)* eight pm; ***sono le ~*** it's eight (in the evening); ***alle ~*** at eight (pm).

venticello /venti'tʃɛllo/ m. light breeze.

> **25 aprile** (or the *Anniversario della Liberazione*) A public holiday, this is a day of official ceremonies to commemorate the liberation of Italy from Nazi occupation on 25th April 1945 (see also ***Liberazione***).

ventilabro /venti'labro/ m. **1** AGR. winnowing-fan **2** MUS. ventil.

ventilare /venti'lare/ [1] tr. **1** *(aerare)* to air, to ventilate [*stanza*] **2** MED. to ventilate [*paziente*] **3** AGR. to winnow [*grano*] **4** FIG. *(proporre)* to air [*idea*]; ***la possibilità è stata ventilata*** the possibility has been hinted at.

ventilato /venti'lato/ **I** p.pass. → **ventilare II** agg. [*stanza*] ventilated, airy; ***non ~*** [*stanza*] unventilated, unaired, stuffy; ***forno ~*** fan(-assisted) oven.

▷ **ventilatore** /ventila'tore/ m. **1** fan (anche AUT.) **2** EDIL. ventilator **3** AGR. winnower.

ventilazione /ventilat'tsjone/ f. **1** *(aerazione)* ventilation, airing; ***sistema di ~*** ventilation system; ***pozzo di ~*** MIN. ventilation *o* air shaft **2** MED. ventilation; ***~ polmonare*** pulmonary ventilation **3** AGR. winnowing.

ventina /ven'tina/ f. **1** *(circa venti)* about twenty; ***una ~ di persone*** about twenty people **2** *(età)* ***essere sulla ~*** to be about twenty; ***aver superato la ~*** to be over twenty.

ventiquattro /venti'kwattro/ ➧ ***26, 5, 8, 13*** **I** agg.inv. twenty-four; ***~ ore su ~*** twenty-four hours a day, round the clock BE **II** m.inv. **1** *(numero)* twenty-four **2** *(giorno del mese)* twenty-fourth **III** f.pl. *(ore)* twelve pm; ***sono le ~*** it's twelve pm, it's midnight; ***alle ~*** at twelve (pm), at midnight.

ventiquattrore /ventikwat'trore/ f.inv. **1** *(valigetta)* overnight bag; *(portadocumenti)* briefcase **2** SPORT twenty-four-hour race.

ventisette /venti'sɛtte/ ➧ ***26, 5, 8, 13*** **I** agg.inv. twenty-seven **II** m.inv. **1** *(numero)* twenty-seven **2** *(giorno del mese)* twenty-seventh **3** *(giorno di paga)* payday.

ventitré /venti'tre/ ➧ ***26, 5, 8, 13*** **I** agg.inv. twenty-three **II** m.inv. **1** *(numero)* twenty-three **2** *(giorno del mese)* twenty-third **III** f.pl. *(ore)* eleven pm; ***sono le ~*** it's eleven pm; ***alle ~*** at eleven (pm) ◆ ***portare il cappello sulle ~*** to wear one's hat at a jaunty *o* rakish angle.

▶ **vento** /'vɛnto/ m. **1** METEOR. wind, breeze; *(più forte)* gale; ***un forte ~*** a high wind; ***un ~ forza 9*** a force 9 gale; ***~ del nord*** North wind; ***~ di ponente*** west wind; ***~ di levante, dell'est*** east wind, easterly, Levanter; ***~ di terra*** offshore wind; ***~ di mare*** onshore wind; ***tira ~*** it's windy, there's a wind blowing; ***c'è un forte ~ stanotte*** it's blowing hard tonight; ***soffiava un forte ~*** a gale was blowing, it was blowing a gale; ***si sta alzando il ~*** the wind is up; ***un colpo*** o ***una raffica di ~*** a gust *o* blast of wind; ***raffiche di ~ che raggiungono le 60 miglia orarie*** winds gusting up to 60 mph; ***in che direzione soffia il ~?*** which way is the wind blowing? ***avere il ~ alle spalle*** to have the wind at one's back, to have the wind behind one; ***essere trasportato dal ~*** to be carried *o* borne on the wind, to be windborne; ***le ceneri furono portate via dal ~*** the ashes drifted downwind from the fire; ***capelli al ~*** hair flying in the wind *o* windblown hair; ***esposto al ~*** open to the wind; ***una costa spazzata dal ~*** a windswept coast; ***mulino a ~*** windmill; ***rosa dei -i*** windrose; ***il letto del ~*** the eye of the wind; ***farsi ~*** to fan oneself **2** MAR. wind; ***~ favorevole*** favourable *o* fair wind; ***~ sfavorevole*** unfavourable wind; ***~ di poppa*** following wind; ***~ contrario*** headwind; ***~ di traverso*** crosswind, side-wind; ***avere il ~ in poppa*** to sail *o* run before the wind; FIG. to have the wind in one's sails, to sail *o* run before the wind, to have a good head of steam; ***navigare secondo il ~*** to sail with the wind; ***navigare contro ~*** to sail into the wind; ***stringere il ~*** to sail close to the wind **3** EUFEM. *(peto)* wind ◆ ***andare*** o ***correre come il ~*** to go *o* run like the wind; ***qual buon ~ vi porta?*** what brings you here? to what do I owe the pleasure (of your visit)? ***parlare al ~*** to waste one's breath; ***è come parlare al ~*** it's (like) whistling in the wind; ***fiutare il ~***, ***vedere da che parte soffia il ~*** to see which way the wind blows; ***che piova o tiri ~*** in all weathers, whatever the weather; ***ai quattro -i*** to the four winds; ***gridare qcs. ai quattro -i*** to shout sth. from the rooftops, to tell the world about sth.; ***non è il caso di gridarlo ai quattro -i!*** there's no need to broadcast it! ***chi semina ~ raccoglie tempesta*** PROV. he who sows the wind will reap the whirlwind ◆◆ ***~ aliseo*** trade wind; ***~ di sabbia*** desert wind; ***~ solare*** solar wind; ***-i di guerra*** FIG. signs *o* threats of war.

ventola /'vɛntola/ f. **1** *(per il fuoco)* fire fan **2** MECC. impeller.

ventolana /vento'lana/ f. dog's tail.

ventosa /ven'tosa/ f. **1** *(piccola coppa)* suction pad BE, suction cup AE **2** ZOOL. sucker **3** MED. cupping glass.

ventosità /ventosi'ta/ f.inv. **1** *(l'essere ventoso)* windiness, breeziness **2** MED. *(flatulenza)* flatulence.

ventoso /ven'toso/ agg. [*giornata*] windy, breezy, gusty; [*regione, paese*] windy, windswept, breezy.

ventrale /ven'trale/ agg. [*pinna*] ventral; ***salto ~*** straddle (jump).

▷ **ventre** /'vɛntre/ m. **1** *(addome)* abdomen, stomach; *(pancia)* belly; ***danza del ~*** belly dance; ***mettersi ~ a terra*** to lie on one's stomach **2** *(di animale)* venter **3** *(grembo)* womb, belly ANT.; ***nel ~ materno*** in his mother's womb; ***il ~ della terra*** FIG. the bowels of the earth **4** *(parte rigonfia) (di vaso, botte)* belly **5** FIS. *(di onda)* antinode ◆ ***correre ~ a terra*** to run flat out ◆◆ ***~ molle*** FIG. underbelly.

ventresca /ven'trɛska/ f. = white tuna underbelly in oil.

ventricolare /ventriko'lare/ agg. ventricular.

ventricolo /ven'trikolo/ m. **1** *(di cuore, cervello)* ventricle **2** ANT. *(stomaco)* stomach.

ventriera /ven'trjɛra/ f. *(panciera)* body belt.

ventriglio, pl. **-gli** /ven'triʎʎo, ʎi/ m. ORNIT. gizzard.

ventriloquio, pl. **-qui** /ventri'lɔkwjo, kwi/ m. ventriloquism.

ventriloquo /ven'trilokwo/ ➧ ***18*** **I** agg. ventriloquial **II** m. (f. **-a**) ventriloquist.

ventura /ven'tura/ f. LETT. *(sorte)* fate, destiny; *(buona sorte)* fortune, luck, chance; ***andare alla ~*** to trust to luck; ***soldato di ~*** STOR. soldier of fortune.

venturo /ven'turo/ agg. [*settimana, domenica*] next, coming; ***l'anno ~*** next year; ***nei mesi -i*** in the coming years.

venturoso /ventu'roso/ agg. LETT. lucky, fortunate.

venula /'vɛnula/ f. ANAT. veinlet, veinule.

venusiano /venu'zjano/ **I** agg. Venusian **II** m. (f. **-a**) Venusian.

venustà /venus'ta/ f.inv. LETT. beauty, grace.

venusto /ve'nusto/ agg. LETT. beauteous, graceful.

▷ **venuta** /ve'nuta/ f. coming, arrival; ***le ragioni della sua ~ sono oscure*** it's not clear why he came; ***tutto era pronto per la sua ~*** everything was ready for his arrival; ***la ~ del Messia*** the coming of the Messiah.

venuto /ve'nuto/ **I** p.pass. → **1.venire II** agg. ***persone -e dall'interno*** people from the interior **III** m. (f. **-a**) comer; ***i nuovi -i*** the newcomers; ***il primo ~*** the first comer *o* the first to come; ***non è la prima -a*** she's not just anybody.

vera /'vera, 'vɛra/ f. **1** *(anello)* wedding ring **2** *(del pozzo)* well-curb.

verace /ve'ratʃe/ agg. **1** *(vero)* true **2** *(veritiero)* truthful, true, veracious FORM. **3** REGION. *(autentico)* real, true; ***un napoletano ~*** a genuine Neapolitan.

veracità /veratʃi'ta/ f.inv. truthfulness, truth, veracity FORM.

veramente /vera'mente/ avv. **1** *(realmente)* truly, really, actually; ***vi racconterò che cosa è ~ accaduto*** I'll tell you what really happened; ***l'ha fatto ~*** he actually did it; ***i fantasmi non esistono ~*** ghosts don't really exist **2** *(proprio, davvero)* really, indeed; ***il film mi è ~ piaciuto*** I really enjoyed the film; ***è ~ troppo!*** that really is the end! ***faceva ~ caldo*** it was very hot indeed; ***una notizia ~ terribile*** a truly dreadful piece of news **3** *(per esprimere meraviglia)* really; ***"Ian si è fidanzato" "~?"*** "Ian's got engaged" "really?"; ***"ho 45 anni" - "~?"*** "I'm 45" - "are you really?" **4** *(a dire il vero)* actually, to tell the truth, as a matter of fact; ***~ credevo che lo sapessi*** actually, I thought you knew that; ***~ non ne ho voglia*** actually, I don't feel like it.

veranda /ve'randa/ f. veranda(h), porch AE; ***in ~*** on the veranda(h).

veratrina /vera'trina/ f. veratrine.

1.verbale /ver'bale/ agg. **1** *(fatto a voce)* [*promessa, accordo, ordine*] verbal, oral; [*attacco, violenza*] verbal; ***un conflitto ~*** a war of words **2** *(relativo al linguaggio)* ***comunicazione non ~*** nonverbal communication; ***cecità ~*** word blindness; ***sordità ~*** word deafness **3** LING. *(relativo ai verbi)* [*gruppo, locuzione, aggettivo*] verbal; ***sintagma ~*** verb phrase.

▷ **2.verbale** /ver'bale/ m. *(documento)* minutes pl., record, proceedings pl.; ***tenere il ~*** to take the minutes; ***stendere il ~*** to write up the minutes; ***registro dei -i*** minute book; ***mettere a ~*** to minute, to put on record; ***~ di contravvenzione*** ticket.

verbalismo /verba'lizmo/ m. verbalism.

verbalista, m.pl. **-i**, f.pl. **-e** /verba'lista/ m. e f. verbalist.

verbalizzare /verbalid'dzare/ [1] **I** tr. **1** *(mettere a verbale)* to minute, to put* on record **2** *(esprimere a parole)* to verbalize [*sentimenti*] **II** intr. (aus. *avere*) *(redigere un verbale)* to take* minutes.

verbalizzazione /verbaliddzat'tsjone/ f. **1** *(il mettere a verbale)* recording, putting on record **2** *(espressione) (di concetto, pensiero)* verbalization.

verbalmente /verbal'mente/ avv. [*comunicare*] verbally, orally; ***impegnarsi ~*** to make a verbal commitment; ***aggredire qcn. ~*** to be verbally aggressive with sb.

verbanese /verba'nese/ ➧ **2 I** agg. from, of Verbania **II** m. e f. native, inhabitant of Verbania.

verbasco, pl. **-schi** /ver'basko, ski/ m. Aaron's rod.

verbena /ver'bɛna/ f. verbena; ***bere una tazza di ~*** to drink a cup of verbena tea.

▷ **verbo** /'vɛrbo/ m. **1** LING. verb; ***come si coniuga questo ~?*** how does this verb conjugate? ***la flessione di nomi e -i*** the inflection of nouns and verbs **2** RELIG. ***il Verbo*** the Word **3** ANT. *(parola)* word; ***senza proferire ~*** without saying a word ◆◆ ***~ attivo*** active verb; ***~ ausiliare*** auxiliary verb; ***~ causativo*** causative verb; ***~ deponente*** deponent (verb); ***~ difettivo*** defective verb; ***~ impersonale*** impersonal (verb); ***~ intransitivo*** intransitive (verb); ***~ irregolare*** irregular verb; ***~ iterativo*** iterative (verb); ***~ modale*** modal (verb); ***~ passivo*** passive verb; ***~ regolare*** regular verb; ***~ di stato*** stative verb; ***~ transitivo*** transitive verb.

verbosamente /verbosa'mente/ avv. prolixly.

verbosità /verbosi'ta/ f.inv. wordiness, long-windedness.

verboso /ver'boso/ agg. [*persona, oratore, stile*] verbose; [*discorso*] wordy; SPREG. windy.

vercellese /vertʃel'lese, vertʃel'leze/ ➧ **2 I** agg. from, of Vercelli **II** m. e f. native, inhabitant of Vercelli.

verdaccio, pl. **-ci**, **-ce** /ver'dattʃo, tʃi, tʃe/ **I** agg. verditer **II** m. verditer.

verdastro /ver'dastro/ **I** agg. greenish, greeny **II** m. greenish hue.

▶ **verde** /'verde/ ➧ **3 I** agg. **1** green; ***dagli occhi -i*** green-eyed, with green eyes; ***~ scuro, chiaro*** dark, light green; ***essere ~ di invidia*** FIG. to be green with envy; ***tavolo ~*** *(in poker)* board **2** *(verdeggiante)* [*vallata, regione, paesaggio*] green; ***zona ~*** green belt **3** *(ecologico)* [*benzina*] unleaded; ***sono passato alla benzina ~*** I've converted to unleaded (petrol) **4** *(non maturo)* [*frutto*] green, unripe; [*legna*] green **II** m. **1** *(colore)* green; ***un vestito di un ~ orrendo*** a dress of a hideous green (colour); ***il blu e i giallo danno il ~*** blu and yellow give (you) green; ***il ~ indica avanti*** green is for go; ***è scattato il ~*** the light went *o* turned green **2** *(natura)* green; ***una striscia di ~*** a strip of green; ***casa immersa nel ~*** house swathed in greenery; ***il ~ pubblico*** public parks and gardens **III verdi** m.pl. POL. *(ecologisti)* ***i -i*** the environmentalists, the ecologists BE; *(partito politico)* ***i Verdi*** the Greens; ***candidato dei -i*** Green candidate ◆ ***avere il pollice ~*** to have green fingers BE, to have a green thumb AE; ***ridere ~*** to give a forced laugh; ***fare vedere i sorci -i a qcn.*** to put sb. through the mill; ***essere al ~*** to be broke, to be out of funds ◆◆ ***~ acido*** acid green; ***~ bottiglia*** bottle green; ***~ giada*** jade green; ***~ mare*** sea green; ***~ mela*** apple green; ***~ oliva*** olive green; ***~ pisello*** pea green; ***~ pistacchio*** pistachio green; ***~ smeraldo*** emerald green.

verdeazzurro /verdead'dzurro/ ➧ **3 I** agg. ice blue **II** m. ice blue.

verdeggiante /verded'dʒante/ agg. [*regione, vallata*] green; LETT. verdant.

verdeggiare /verded'dʒare/ [1] intr. (aus. *avere*) *(essere verde)* to be* green; *(diventare verde)* to turn green.

verderame /verde'rame/ m.inv. verdigris.

verdesca, pl. **-sche** /ver'deska, ske/ f. blue shark.

verdetto /ver'detto/ m. **1** DIR. verdict; ***emettere un ~*** to return a verdict; ***un ~ d'assoluzione*** a verdict of not guilty; ***~ di colpevolezza*** a verdict of guilty **2** FIG. *(giudizio)* verdict, judgement; ***il ~ della critica, dell'elettorato*** the critics', electorate's verdict; ***un ~ senza appello*** a verdict *o* judgement without appeal.

verdognolo /ver'doɲɲolo/ agg. greenish.

verdolino /verdo'lino/ **I** agg. pale green **II** m. *(colore)* pale green.

verdone /ver'done/ **I** agg. dark green **II** m. **1** *(colore)* dark green **2** ORNIT. greenfinch **3** COLLOQ. *(dollaro)* greenback AE.

▷ **verdura** /ver'dura/ f. *(ortaggio)* vegetable; *(insieme di ortaggi)* vegetables pl., greens pl. BE, veg. BE COLLOQ.; ***~ fresca*** green vegetables; ***passato di -e*** vegetable puree; ***avanzò la ~*** he left *o* didn't eat his vegetables.

verduraio, pl. **-ai** /verdu'rajo, ai/, **verduriere** /verdu'rjɛre/ ➧ **18** m. (f. **-a**) greengrocer.

verecondia /vere'kondja/ f. prudishness.

verecondo /vere'kondo/ agg. prudish.

verga, pl. **-ghe** /'verga, ge/ f. **1** *(ramoscello)* branch **2** *(bacchetta)* rod, staff **3** METALL. bar, rod; ***~ d'oro*** gold bar **4** EUFEM. *(pene)* penis ◆ ***tremare come una ~*** to shake like a leaf ◆◆ ***~ d'oro*** BOT. goldenrod; ***~ pastorale*** bishop's crozier.

vergare /ver'gare/ [1] tr. **1** RAR. *(percuotere)* to beat* with a cane **2** *(scrivere)* to write* by hand **3** *(tracciare righe) (su tessuto)* to stripe; *(su carta)* to rule.

vergatino /verga'tino/ **I** agg. **1** *(con righe)* ***carta -a*** laid paper **2** TESS. striped **II** m. TESS. = striped linen or cotton cloth.

vergato /ver'gato/ **I** p.pass. → **vergare II** agg. **1** *(scritto)* written **2** *(rigato)* [*carta*] ruled; [*tessuto*] striped; ***carta -a*** laid paper.

vergatura /verga'tura/ f. CART. lineation.

vergella /ver'dʒɛlla/ f. wire rod.

verginale /verdʒi'nale/ agg. [*innocenza, pudore, sguardo*] virginal.

▷ **vergine** /'verdʒine/ **I** agg. **1** [*persona*] virgin; ***essere ~*** to be a virgin **2** *(non utilizzato)* [*cassetta, foglio*] blank; [*dischetto, pellicola*] unused, brand new **3** *(non esplorato)* [*foresta, terra*] virgin **4** *(puro)* ***cera ~ d'api*** beeswax; ***pura lana ~*** pure new wool **II** f. virgin.

Vergine /'verdʒine/ **I** f. RELIG. ***la (Santa) ~*** the (Blessed) Virgin; ***la ~ Maria*** the Virgin Mary **II** ➧ **38** f.inv. ASTROL. Virgo, the Virgin; ***essere della ~*** to be (a) Virgo *o* a Virgoan.

Vergini /'verdʒini/ n.pr.f.pl. ***isole ~*** Virgin Islands.

verginella /verdʒi'nɛlla/ f. goody-goody.

vergineo /ver'dʒineo/ → **virgineo**.

verginità /verdʒini'ta/ f.inv. virginity; ***conservare, perdere la ~*** to keep, lose one's virginity ◆ ***rifarsi una ~*** to reestablish one's good reputation.

▶ **vergogna** /ver'goɲɲa/ **I** f. **1** *(mortificazione)* shame; ***arrossire di ~*** to blush with shame; ***provare ~*** to feel ashamed; ***provare ~ per quel che si è fatto, per avere agito male*** to be ashamed of what one has done, of having acted badly; ***non avere ~*** to be without shame; ***prova ~ per il suo passato*** his past is an embarrassment to him; ***morire di ~*** to die of shame *o* a thousand deaths; ***chinammo il viso per la ~*** we hung our heads in shame; ***con mia grande ~*** to my great embarrassment; ***credevo di morire di ~!*** I could have died of embarrassment! *~! (per rimproverare)* shame on you! ***confessare qcs. senza ~*** to admit sth. openly **2** *(onta)* disgrace, shame; ***essere la ~ di qcn.*** to be a disgrace to sb.; ***gettare la ~ su qcn., qcs.*** to bring disgrace upon sb., sth.; ***è una ~ che il governo si comporti in questo modo*** it's disgraceful that the government should behave in this way; ***è una ~ vedere una cosa simile*** it's disgraceful to have to witness things like that; ***suo figlio è una ~ per la scuola*** your son is a disgrace to the school **II vergogne** f.pl. *(genitali)* privates, shameful parts.

▶ **vergognarsi** /vergoɲ'ɲarsi/ [1] pronom. to be* ashamed, to feel* ashamed; ***~ per qcn.*** to blush for sb., to feel embarrassed for sb.; ***dovresti vergognarti di te stesso*** you ought to be ashamed of yourself; ***sua sorella si vergognava di farsi vedere con lui*** his sister was ashamed to be seen with him; ***mi vergogno ad ammetterlo*** I blush to admit it; ***non c'è nulla di cui ~*** it's nothing to be ashamed of; ***vergognandosi della sua ignoranza, lui...*** ashamed of his ignorance, he...

vergognosamente /vergoɲɲosa'mente/ avv. [*trattare, tradire*] shamefully; ***una gonna ~ corta*** an immodestly short skirt.

vergognoso /vergoɲ'ɲoso/ agg. **1** *(disonorevole)* [*comportamento*] disgraceful, shameful; ***è ~ che una città di queste dimensioni non abbia un hotel decente*** it's disgraceful that a town of this size should not have a single decent hotel **2** *(che prova vergogna)* [*persona*] ashamed (**di qcn., qcs.** of sb., sth.) **3** *(timido)* [*bambino*] shy.

veridicità /veriditʃi'ta/ f.inv. truthfulness; ***confermare, negare la ~ di qcs.*** to confirm, deny the truth of sth.

veridico, pl. **-ci**, **-che** /ve'ridiko, tʃi, ke/ agg. [*dettaglio, fatto, storia*] true; [*testimonianza*] truthful.

verifica, pl. **-che** /ve'rifika, ke/ f. **1** *(controllo)* verification, check; ***procedere a*** o ***effettuare delle -che*** to carry out checks (**su** on); ***a ~ fatta*** on checking *o* after checking; ***dopo le dovute -che*** after the warranted checks; ***esperimento di ~*** control experiment *o* testing; ***chiedere una ~ dei voti*** to demand a re-count **2** SCOL. testing, test ◆◆ ***~ dei conti*** audit.

verificabile /verifi'kabile/ agg. [*storia, racconto, fonte, metodo*] verifiable; ***essere facilmente ~*** to be easy to check *o* easily verified.

verificabilità /verifikabili'ta/ f.inv. verifiability.

▷ **verificare** /verifi'kare/ [1] **I** tr. **1** *(controllare)* to check [*apparecchio, strumento, calcoli, conti*]; to control [*qualità*] **2** *(accertare)* to check, to verify [*affermazione, testimonianza*]; to confirm [*ipotesi*]; ***~ l'esattezza di qcs.*** to check sth. for accuracy; ***l'informazione resta da ~*** the information has still to be checked; ***durante il colloquio gli hanno posto delle domande per ~ la sua conoscenza dell'inglese*** during the interview they tested him on his knowledge of English **II verificarsi** pronom. **1** *(succedere)* [*evento, incidente, errore*] to occur; [*cambiamento*] to come* about, to occur; ***ultimamente si sono verificati degli strani avvenimenti*** there have been some strange happenings recently; ***l'esplosione si è verificata subito dopo la mezzanotte*** the explosion occurred just after midnight **2** *(avverarsi)* to come* true.

verificatore /verifika'tore/ m. (f. **-trice** /tritʃe/) checker, verifier ◆◆ ***~ dei conti*** auditor.

verismo /ve'rizmo/ m. **1** LETTER. verism **2** *(realismo)* realism.

verista, m.pl. **-i**, f.pl. **-e** /ve'rista/ **I** agg. veristic **II** m. e f. verist.

veristico, pl. **-ci**, **-che** /ve'ristiko, tʃi, ke/ agg. veristic.

▶ **verità** /veri'ta/ f.inv. **1** truth; ***in nome della ~*** in the name of truth *o* for truth's sake; ***la ~ storica*** historical truth; ***siero della ~*** truth drug; ***macchina della ~*** lie detector; ***la ~ verrà fuori*** o ***a galla*** the truth will out; ***mezza ~*** half-truth; ***la ~ nuda e cruda su qcs.*** the hard facts about sth.; ***è la pura ~*** it's the honest *o* simple truth; ***dire la ~*** to tell the truth; ***giuro di dire la ~, tutta la ~, nient'altro che la ~*** DIR. I swear to tell the truth, the whole truth, nothing but the truth; ***la ~ ci è stata rivelata*** the truth has been borne in upon us *o* the truth was disclosed to us **2** *(affermazione vera)* truth; ***una ~ universale*** a universal truth; ***enunciare*** o ***dire delle ~ essenziali*** to state the obvious ◆ ***a dire la ~, per la*** o ***in ~*** to tell the truth; ***in ~ vi dico*** verily I say unto you; ***la ~ fa male*** PROV. the truth often hurts; ***i fanciulli sono la bocca della ~*** PROV. out of the mouths of babes and sucklings ◆◆ ***~ lapalissiana*** truism.

veritiero /veri'tjɛro/ agg. **1** *(che dice il vero)* [*testimone*] truthful **2** *(conforme a verità)* [*storia, racconto, dettaglio*] true.

▷ **verme** /'vɛrme/ m. **1** ZOOL. worm; *(della frutta)* grub, maggot; ***essere mangiato dai -i*** to be worm-eaten; ***~ da pesca*** angleworm **2** MED. *(parassita)* worm; ***avere i -i*** to have worms **3** FIG. *(essere spregevole)* worm ◆ ***essere nudo come un ~*** to be stark naked; ***sentirsi un ~*** to feel like a worm; ***strisciare come un ~*** to crawl ◆◆ ***~ cilindrico*** round worm; ***~ della farina*** mealworm; ***~ piatto*** flatworm; ***~ solitario*** tapeworm; ***~ di terra*** earthworm.

vermeil /ver'mɛj/ m.inv. silver gilt, vermeil.

vermicelli /vermi'tʃɛlli/ m.pl. GASTR. vermicelli.

vermiforme /vermi'forme/ agg. vermiform.

vermifugo, pl. **-ghi**, **-ghe** /ver'mifugo, gi, ge/ **I** agg. vermifuge, anthelmintic **II** m. vermifuge, anthelmintic.

vermiglio, pl. **-gli**, **-glie** /ver'miʎʎo, ʎi, ʎe/ ♦ **3 I** agg. vermilion **II** m. vermilion.

vermiglione /vermiʎ'ʎone/ m. vermilion.

verminazione /verminat'tsjone/ f. vermination.

verminosi /vermi'nosi/ ♦ **7** f.inv. verminosis*.

verminoso /vermi'noso/ agg. **1** *(brulicante di vermi)* maggoty, wormy **2** MED. VETER. verminous.

vermocane /vɛrmo'kane/ m. staggers pl.

vermout(h), **vermut** /'vɛrmut/ m.inv. vermouth.

vernacolare /vernako'lare/ agg. vernacular.

vernacolo /ver'nakolo/ **I** agg. vernacular **II** m. vernacular.

vernale /ver'nale/ agg. vernal; ***punto ~*** ASTR. vernal equinox.

vernalizzare /vernalid'dzare/ [1] tr. to vernalize.

vernalizzazione /vernaliddzat'tsjone/ f. vernalization.

vernazione /vernat'tsjone/ f. BOT. vernation.

▷ **vernice** /ver'nitʃe/ f. **1** *(soluzione resinosa, pellicola che si forma)* paint; *(trasparente)* varnish; ***uno strato*** o ***una mano di ~*** a coat of paint *o* varnish; ***ricoprire qcs. di ~*** to paint sth. out; ***"~ fresca"*** "wet paint"; ***latta*** o ***barattolo di ~*** paintpot **2** *(pellame)* patent leather; ***scarpe di ~*** patent-leather shoes; ***un'auto con la ~ metallizzata*** a car with a metallic finish **3** FIG. *(apparenza)* veneer, gloss; ***una ~ di cultura, di modernismo*** a veneer of culture, modernism **4** *(inaugurazione)* preview, private view ◆◆ ***~ brillante*** gloss paint; ***~ opaca*** matt paint; ***~ satinata*** paint with a silk finish.

verniciare /verni'tʃare/ [1] tr. **1** TECN. to varnish [*mobile, tavola*]; ***~ a spruzzo*** to spray-paint [*carrozzeria*] **2** *(pitturare)* ***~ qcs.*** to coat sth. with paint *o* varnish; ***~ un muro di bianco*** to paint a wall white.

verniciata /verni'tʃata/ f. coat of paint, coat of varnish.

verniciatore /vernitʃa'tore/ ♦ **18** m. (f. **-trice** /tritʃe/) **1** *(persona)* varnisher **2** *(apparecchio)* ***~ a spruzzo*** paint sprayer.

verniciatura /vernitʃa'tura/ f. **1** *(il verniciare)* varnishing; *(il pitturare)* painting, paintwork **2** *(strato di vernice)* coat of varnish; *(strato di pittura)* coat of painting **3** FIG. *(apparenza)* veneer.

verniero /ver'njɛro/ m. vernier (scale).

vernissage /vernis'saʒ/ m.inv. preview, private view.

▶ **vero** /'vero/ **I** agg. **1** *(conforme alla verità)* true; ***è proprio ~!*** that's absolutely true! ***non è del tutto ~*** it's not altogether true; ***è anche ~ che...*** it's nonetheless true that...; ***non c'è nulla di ~ nelle sue dichiarazioni*** there's no truth in his statements; ***supponendo che ciò sia ~*** assuming that to be true; ***è ~ fino a un certo punto*** it's true to a point *o* as far as it goes **2** *(reale)* [*storia, fatto*] true; [*nome, ragione, responsabile*] real, actual; [*causa, motivo, costo*] true, actual; ***ecco la -a storia di...*** this is the real *o* true story of...; ***com'è ~ che sono qui*** as true as I'm standing here; ***la -a ragione della mia partenza*** the real reason for my leaving; ***strano, ma ~!*** strange but true! ***è troppo bello per essere ~!*** it's too good to be true! ***è ~ o te lo sei inventato?*** is it fact or fancy? **3** *(autentico)* real, genuine; ***un diamante ~*** a real diamond; ***"~ cuoio"*** "genuine *o* real leather"; ***il ~ problema non sta lì*** that's not the real problem; ***~ amore*** true love; ***un uomo ricco non ha dei -i amici*** a rich man doesn't have any real friends; ***lui non mi ha dato un assegno ~ e proprio ma...*** he didn't give me an actual cheque but...; ***un artista nel ~ senso della parola*** an artist in the true sense of the word **4** *(per sottolineare l'intensità di qcs.)* real, veritable; ***è un ~ miracolo*** it's a real *o* veritable miracle; ***è una -a leccornia*** it's a real delight; ***è un ~ incantatore*** he's a real charmer; ***è stato un ~ incubo, inferno!*** it was a living nightmare, hell! **5** *(come intercalare)* ***sei mal messo, ~?*** you're in a bad way, aren't you? ***non potresti arrivare prima, ~?*** you couldn't come earlier, could you? ***tuo fratello vive in Germania, non è ~?*** your brother lives in Germany, doesn't he? ***lo capisci, ~?*** surely you can understand that? **II** m. **1** *(verità)* truth; ***c'è del ~ in quello che dici*** there's some truth in what you say; ***nella loro storia non si distingue più il ~ dal falso*** one can't tell fact from fiction in their story; ***essere nel ~*** to be in the right; ***a dire il ~*** properly speaking *o* to tell the truth; ***a dire il ~ non sono affatto sorpreso*** actually, I'm not at all surprised; ***forse dice il ~*** he may be telling the truth **2** *(realtà)* ***dal ~*** [*dipingere, ritrarre*] from life; ***disegno dal ~*** life drawing.

verone /ve'rone/ m. LETT. balcony.

veronese /vero'nese/ ♦ **2 I** agg. Veronese **II** m. e f. Veronese.

1.veronica /ve'rɔnika/ f. BOT. veronica.

2.veronica /ve'rɔnika/ f.inv. **1** RELIG. Veronica **2** *(del torero)* veronica.

verosimiglianza /verosimiʎ'ʎantsa/ f. *(d'ipotesi)* likelihood; *(di situazione)* plausibility; *(di spiegazione)* verisimilitude.

verosimile /vero'simile/ **I** agg. *(che sembra vero, probabile)* [*storia, scenario*] plausible; [*spiegazione*] plausible, likely; ***poco ~*** [*storia*] unlikely; ***quello che mi sembra poco ~ è...*** what strikes me as very unlikely is... **II** m. ***rimanere nell'ambito del ~*** to keep within the bounds of credibility.

verosimilmente /verosimil'mente/ avv. probably.

verricello /verri'tʃɛllo/ m. winch, windlass.

verro /'vɛrro/ m. boar.

verruca, pl. **-che** /ver'ruka, ke/ f. wart, verruca*.

verrucoso /verru'koso/ agg. warty.

versaccio, pl. **-ci** /ver'sattʃo, tʃi/ m. ***fare -ci*** to blow a raspberry.

versamento /versa'mento/ m. **1** *(fuoriuscita di liquido)* pouring, shedding **2** *(pagamento di una somma)* payment; ***~ in contanti*** cash payment; ***il ~ dell'imposta può essere effettuato in loco*** payment of taxes can be made in person; ***~ dei contributi previdenziali*** payment of contributions **3** *(deposito)* deposit; ***~ in contanti*** cash deposit; ***fare*** o ***effettuare un ~ sul proprio conto*** to pay money into one's account; ***distinta di ~*** deposit slip; ***bollettino ~*** deposit receipt **4** MED. effusion.

1.versante /ver'sante/ m. **1** *(fianco)* slope; ***il ~ meridionale, settentrionale*** the south, north slope; ***il ~ italiano delle Alpi*** the Italian side of the Alps **2** FIG. *(aspetto, ambito)* ***sul ~ politico la situazione è tesa*** the situation is tense on the political horizon.

2.versante /ver'sante/ m. e f. depositor.

▶ **1.versare** /ver'sare/ [1] **I** tr. **1** *(far scendere)* to pour [*bevanda, liquido*] (**in** into); ***~ da bere a qcn.*** to pour sb. a drink; ***versami un po' di vino*** pour me some wine; ***versa un po' di detergente sulla macchia*** pour some detergent on the stain; ***~ un filo d'olio sull'insalata*** GASTR. to pour a trickle of oil on the salad **2** *(rovesciare)* to spill [*liquido*]; to tip [*sabbia, terra*]; ***~ del vino sul tappeto*** to spill wine on the carpet; ***attenzione, lo stai versando fuori*** careful, you're spilling it **3** *(pagare)* to pay* [*somma, caparra, pensione*] (**a**

qcn. to sb.; **su** into); *(depositare)* to pay* in, to bank [*denaro, assegno*]; ***il mio datore di lavoro mi versa lo stipendio sul conto in banca*** my salary is paid directly into my bank account; ***~ il saldo*** to pay the balance; ***~ una rata*** to pay an instalment **4** FIG. to shed [*lacrima, sangue*]; ***~ il (proprio) sangue per la patria*** LETT. to spill *o* shed one's blood for one's country; ***~ lacrime di coccodrillo*** to shed crocodile tears; ***~ lacrime amare*** to cry salt tears **5** *(gettare)* ***il Po versa le sue acque nel Mare Adriatico*** the Po empties (its waters) *o* flows into the Adriatic **II versarsi** pronom. **1** *(rovesciarsi)* [*liquido, contenuto*] to spill out; ***-rsi qcs. addosso*** to spill *o* pour sth. down one's front **2** *(mescersi)* ***-rsi qcs. da bere*** to pour oneself sth. to drink **3** *(gettarsi)* to flow* (**in** into); ***il Reno si versa nel Mare del Nord*** the Rhine flows into the North Sea **4** FIG. *(affluire)* [*folla*] to flood; ***la gente si è versata nella piazza*** people flooded into the square.

2.versare /ver'sare/ [1] intr. (aus. *avere, essere*) to be*; ***~ in fin di vita*** to be close to death; ***~ in pericolo di vita*** to be in danger of death.

versatile /ver'satile/ agg. **1** [*macchinario, apparecchiatura*] versatile **2** FIG. [*persona*] flexible, versatile; [*mente*] versatile; ***essere una persona ~*** to be a good all-rounder.

versatilità /versatili'ta/ f.inv. *(di equipaggiamento)* versatility; *(di mente, persona)* flexibility, versatility.

versato /ver'sato/ **I** p.pass. → **2.versare II** agg. *(dotato)* versed (**in** in), skilled.

verseggiare /versed'dʒare/ [1] **I** tr. to put [sth.] into verse **II** intr. (aus. *avere*) to versify.

verseggiatore /verseddʒa'tore/ m. (f. **-trice** /tritʃe/) versifier.

verseggiatura /verseddʒa'tura/ f. versification.

versetto /ver'setto/ m. **1** *(della Bibbia, del Corano)* verse; *(di canto liturgico)* versicle **2** LETTER. verset.

versificare /versifi'kare/ → **verseggiare**.

versificatore /versifika'tore/ m. (f. **-trice** /tritʃe/) versifier.

versificazione /versifikat'tsjone/ f. versification.

versione /ver'sjone/ f. **1** *(traduzione)* translation; ***una ~ dal latino*** a translation from Latin **2** *(interpretazione)* version; ***ho sentito un'altra ~ dell'incidente*** I heard a different version of the incident; ***ha mantenuto la propria ~ dei fatti*** he stuck to his version of events; ***la ~ ufficiale*** the official version **3** CINEM. LETTER. MUS. version; ***una nuova ~ della canzone*** a new version of the song; ***la ~ del 1948*** the 1948 version; ***nella*** o ***in ~ spagnola*** in the Spanish version; ***la ~ americana di un film francese*** the American version of a French film; ***ho visto il film in ~ originale*** I saw the film in the original (version); ***~ integrale, abbreviata*** full-length, abridged version **4** IND. COMM. *(modello)* model, version; ***la ~ (di) base, di lusso di questa automobile*** the standard, de luxe model of this car.

▷ **1.verso** /'vɛrso/ **I** m. **1** METR. line (of verse); ***un ~ di dodici sillabe*** a line of twelve syllables; ***gran parte dell'opera teatrale è in -i*** most of the play is written in verse **2** *(grido caratteristico) (di animali)* cry; *(di uccelli)* call; ***qual è il ~ del leone, del corvo?*** what noise does the lion, crow make? **3** *(imitazione)* ***(ri)fare il ~ a qcn.*** to take sb. off **4** *(direzione)* way, direction; ***procedere per il ~ giusto, sbagliato*** to go in the right, wrong direction; ***andare per il ~ sbagliato*** FIG. [*piano*] to go awry; ***procedere*** o ***andare per il proprio ~*** FIG. [*cosa*] to take its course; ***andare nello stesso ~*** to go in the same direction **5** *(modo, maniera)* way; ***non c'è ~ di stare tranquilli qui*** there's no peace around here; ***non c'è ~ di evitare il problema*** there is no way around the problem; ***fargli ammettere che ha torto? non c'è ~!*** make him admit he's wrong? no chance! **6** *(lato)* ***per un ~ è giusto, per l'altro...*** on the one hand it's right, on the other hand...; ***mettere la gonna per il ~ sbagliato*** to put one's skirt on the wrong way around **II versi** m.pl. *(componimento)* verse; ***mettere in -i*** to versify *o* put into verse ◆ ***per un ~ o per l'altro*** one way or another; ***prendere qcn., qcs. per il ~ giusto, sbagliato*** to get on the right, wrong side of sb., sth. ◆◆ ***-i eroici*** heroic verse; ***-i liberi*** free verse; ***-i sciolti*** blank verse.

2.verso /'vɛrso/ m.inv. *(rovescio) (di foglio)* back; *(di moneta)* reverse.

3.verso /'vɛrso/ agg. LETT. reversed; ***pollice ~*** thumbs down.

▶ **4.verso** /'vɛrso/ prep. **1** *(in direzione di)* toward(s); ***il ladro venne ~ di me*** the thief came toward(s) me; ***la madre corse ~ il bambino*** the mother ran toward(s) the child; ***non ha neanche voltato la testa ~ di lei*** he didn't even look in her direction; ***spostarsi da sinistra ~ destra*** to move from left to right; ***esportazioni ~ il Giappone*** exports to Japan; ***migrazioni ~ sud*** migration to the south; ***dirigersi ~ casa*** to head for home; ***viaggiare ~ nord*** to travel northward(s) *o* toward(s) the north; ***~ l'alto, il basso*** upward(s), downward(s); ***~ l'interno, l'esterno*** inward(s), outward(s); ***girare qcs. ~ destra, sinistra*** to turn sth. to the right, left; ***il paese si sta muovendo ~ la democrazia*** FIG. the country is moving toward(s) democracy **2** *(nei pressi di)* ***ci fermeremo ~ Mantova per pranzare*** we'll stop for lunch near Mantua; ***le strade sono sempre intasate ~ il centro*** the streets are always congested around the town centre **3** *(di tempo)* ***~ le cinque, il 2000*** about five o'clock, the year 2000; ***~ sera*** toward(s) evening; ***~ mezzogiorno*** about *o* around noon; ***~ la fine del mese di settembre*** toward(s) *o* around the end of September **4** *(nei riguardi di)* toward(s), to; ***attitudine, crudeltà ~ qcn.*** attitude, cruelty toward(s) *o* to sb.

versoio, pl. **-oi** /ver'sojo, oi/ m. mouldboard.

versore /ver'sore/ m. versor.

▷ **vertebra** /'vɛrtebra/ f. vertebra*; ***le -e cervicali, dorsali, lombari*** cervical, dorsal, lumbar vertebrae.

vertebrale /verte'brale/ agg. [*arco, lesione*] vertebral; ***colonna ~*** vertebral *o* spinal column; ***canale ~*** central *o* spinal canal.

vertebrato /verte'brato/ **I** agg. vertebrate **II** m. vertebrate; ***i -i*** Vertebrata.

vertenza /ver'tɛntsa/ f. dispute, controversy ◆◆ ***~ salariale*** pay dispute; ***~ sindacale*** industrial *o* trade dispute.

vertere /'vɛrtere/ [2] intr. (forms not attested: past participle and compound tenses) **1** *(avere per argomento)* [*dibattito, articolo*] to revolve (**su** round), to focus (**su** on) **2** DIR. *(essere pendente, in corso)* to be* pending.

▷ **verticale** /verti'kale/ **I** agg. **1** [*movimento, posizione, decollo*] vertical; [*specchio, pannello*] upright; MAT. [*asse, piano*] vertical; ***mettere qcs. in posizione ~*** to stand sth. on its end **2** *(secondo una gerarchia)* [*organizzazione, struttura*] vertical **3** MUS. [*pianoforte*] upright **II** f. **1** *(linea verticale)* vertical (anche MAT.); ***a un angolo di 40 gradi rispetto alla ~*** at an angle of 40 degrees to the vertical **2** *(in ginnastica) (sulle braccia)* handstand; *(sulla testa)* headstand **III verticali** f.pl. *(in enigmistica)* down.

verticalità /vertikali'ta/ f.inv. verticality.

verticalmente /vertikal'mente/ avv. [*spostarsi, cadere, tuffarsi*] vertically.

vertice /'vɛrtitʃe/ m. **1** *(punto più alto) (di montagna)* peak, summit; FIG. *(di carriera)* summit; ***arrivare, essere al ~ della propria carriera*** to get, be at the top of the tree; ***essere al ~ del successo, della popolarità*** to be at the height of one's success, popularity **2** *(di gerarchia, organizzazione)* top; ***arrivare al ~ del partito*** to become leader of the party; ***questa decisione viene dal ~*** this decision comes from the top **3** *(incontro)* summit; ***~ economico, per la pace*** economic, peace summit; ***riunirsi al ~*** to meet at the summit **4** MAT. *(di triangolo, angolo, cono, piramide)* vertex*, apex*.

verticillato /vertitʃil'lato/ agg. verticillate; [*petali*] whorled.

verticillo /verti'tʃillo/ m. verticil; *(di petali)* whorl.

verticismo /verti'tʃizmo/ m. = concentration of all power at the top of an organization.

verticistico, pl. **-ci, -che** /verti'tʃistiko, tʃi, ke/ agg. ***decisione -a*** decision taken at the top.

vertigine /ver'tidʒine/ **I** f. *(ebbrezza)* dizziness, giddiness; ***~ dell'amore, della gloria, del successo*** intoxicating effect of love, fame, success **II vertigini** f.pl. dizzy spell(s); MED. vertigo*; ***soffrire di -i*** to suffer from vertigo *o* dizzy spell(s); ***avere le -i*** to feel dizzy *o* giddy; ***essere colto da -i*** to become dizzy *o* giddy.

vertiginosamente /vertidʒinosa'mente/ avv. dizzily; ***salire ~*** [*prezzi, profitti, valore*] to rocket; ***scendere ~*** [*costi*] to spiral downwards *o* to plummet.

vertiginoso /vertidʒi'noso/ agg. [*altezza*] dizzy, giddy; [*salita, caduta*] vertiginous; [*velocità*] dizzying; [*somma*] staggering; [*scollatura*] plunging.

verve /vɛrv/ f.inv. spirit, enthusiasm, verve; ***il tuo amico ha ritrovato tutta la sua ~*** your friend has recovered his spirit.

verza /'verdza, 'vɛrdza/ f. savoy cabbage.

verzellino /verdzel'lino/ m. serin.

verziere /ver'dzjɛre/ m. LETT. (vegetable) garden.

verzino /ver'dzino/ m. Brazil(-wood).

verzura /ver'dzura/ f. *(vegetazione)* green.

VES /vɛs/ f. (⇒ velocità di eritrosedimentazione Erythrocyte Sedimentation Rate) ESR.

Vesc. ⇒ Vescovo Bishop (Bp.).

vescia, pl. **-sce** /'veʃʃa, ʃe/ f. BOT. ***~ di lupo*** puffball.

vescica, pl. **-che** /veʃ'ʃika, ke/ f. **1** *(bolla)* blister; ***ho*** o ***mi è venuta una ~ al piede*** I have a blister on my foot **2** ANAT. *(organo)* bladder ◆◆ ***~ natatoria*** air *o* swim bladder.

vescicale /veʃʃi'kale/ agg. vesical.

vescicante /veʃʃi'kante/ **I** agg. vesicant; ***gas ~*** blister gas **II** m. vesicant.

vescicazione /veʃʃikat'tsjone/ f. vesication.
vescichetta /veʃʃi'ketta/ f. bleb.
vescicola /veʃ'ʃikola/ f. **1** ANAT. vesicle **2** MED. blain ◆◆ *~ seminale* ANAT. seminal vesicle.
vescicolare /veʃʃiko'lare/ agg. vesicular.
vescicolazione /veʃʃikolat'tsjone/ f. vesiculation.
vescicone /veʃʃi'kone/ m. VETER. wind-gall.
vescicoso /veʃʃi'koso/ agg. vesiculated, blistered.
vescovado /vesko'vado/, **vescovato** /vesko'vato/ m. **1** *(episcopato)* episcopate **2** *(territorio)* bishopric, (episcopal) see **3** *(palazzo)* bishop's palace.
vescovile /vesko'vile/ agg. [*dignità, sedia, sede*] episcopal; *città ~* cathedral city.
▷ **vescovo** /'veskovo/ m. bishop.
▷ **1.vespa** /'vɛspa/ f. ZOOL. wasp; *puntura di ~* wasp sting; *donna con un vitino di ~* FIG. wasp-waisted woman.
2.vespa® /'vɛspa/ f. *(motorino)* Vespa®.
vespaio, pl. **-ai** /ves'pajo, ai/ m. **1** *(nido di vespe)* wasps' nest; FIG. hornet's nest; *suscitare un ~* FIG. to stir up a hornet's nest **2** ING. *~ aerato* crawl space.
vesparia /ves'parja/ f. BOT. bee orchid.
vespasiano /vespa'zjano/ m. public urinal.
Vespasiano /vespa'zjano/ n.pr.m. Vespasian.
vesperale /vespe'rale/ **I** agg. vesperal **II** m. vesperal.
vespero /'vɛspero/ → **vespro**.
vespertilio, pl. **-li** /vesper'tiljo, li/ m. vespertilio.
vespertino /vesper'tino/ agg. vespertine; *messa -a* RELIG. evening service.
vespro /'vɛspro/ m. **1** *(sera)* evening **2** RELIG. vespers pl.; *i -i siciliani* STOR. the Sicilian Vespers.
vessare /ves'sare/ [1] tr. to bully, to burden; *~ i cittadini con eccessivi tributi* to overtax citizens.
vessatore /vessa'tore/ m. (f. **-trice** /tritʃe/) oppressor.
vessatorio, pl. **-ri**, **-rie** /vessa'tɔrjo, ri, rje/ agg. oppressive; *provvedimenti -ri nei confronti degli immigrati* oppressive regulations on immigrants.
vessazione /vessat'tsjone/ f. harassment, humiliation.
vessillario /vessil'larjo/ m. vexillary.
vessillo /ves'sillo/ m. **1** STOR. banner **2** *(bandiera)* flag; *(stendardo)* standard, banner **3** FIG. flag, banner; *innalzare il ~ della rivolta* to raise the flag of rebellion **4** BOT. ZOOL. vexillum*.
▷ **vestaglia** /ves'taʎʎa/ f. dressing gown.
vestale /ves'tale/ f. vestal virgin.
▷ **veste** /'vɛste/ **I** f. **1** *(vestito)* dress, garment; *(da cerimonia)* robe **2** FIG. *(qualità)* *prendere parte a qcs. in ~ ufficiale, privata* to take part in sth. in an official, private capacity; *ora sono nella mia ~ di giurista* I'm wearing my legal hat now; *è stata impiegata in ~ di consulente* she was employed in an advisory capacity **3** FIG. *(autorità)* authority; *avere la ~ per fare qcs.* to have the authority to do sth. **4** FIG. *(espressione)* form, guise; *dare una ~ legale a un testo* to give a legal form to a text **5** EDIT. TIP. *edizione con una nuova ~ grafica* new look edition **II vesti** f.pl. clothing **U**, clothes; *indossare -i sontuose* to be richly dressed ◆◆ *~ da camera* dressing gown.
vestiario, pl. **-ri** /ves'tjarjo, ri/ m. **1** *(insieme di abiti)* clothing **U**; *un capo di ~* an article *o* item of clothing; *quanto spendi per il ~?* how much do you spend on clothes? **2** TEATR. costumes.
vestiarista, m.pl. **-i**, f.pl. **-e** /vestja'rista/ ➧ *18* m. e f. dresser.
vestibilità /vestibili'ta/ f.inv. wearability.
vestibolare /vestibo'lare/ agg. [*apparato*] vestibular.
vestibolo /ves'tibolo/ m. **1** ARCH. hall(way), lobby; *(di antica casa romana)* vestibule **2** ANAT. vestibule.
vestigio /ves'tidʒo/ **I** m. *(orma)* footprint **II vestigia** f.pl. relics, remains; *le -a di un palazzo, di una città* the remains of a building, of a town; *-a di antiche civiltà* relics of ancient civilizations.
▶ **1.vestire** /ves'tire/ [3] Tra gli equivalenti inglesi di *vestire* e *vestirsi*, vanno notati i diversi usi di *to dress*: con uso intransitivo, *to dress* è un verbo d'uso abbastanza formale, mentre la forma più comune è *to get dressed*; *to dress up* significa *vestirsi con particolare eleganza per un'occasione particolare*, oppure *travestirsi* (*dovremo vestirci bene per la sua festa di compleanno?* = will we have to dress up for her birthday party? *per fare uno scherzo, John si è vestito da donna* = John dressed up as a woman for a laugh); *to dress oneself* con il pronome riflessivo si usa solo per indicare un certo sforzo nel vestirsi (*Jim ha tre anni, non riesce ancora a vestirsi da solo* = Jim is three, he can't dress himself yet); *to dress* e *to be / get dressed* sono seguiti da *in* (*vestirsi di verde* = to be dressed in green). **I** tr. **1** *(mettere dei vestiti a)* to dress [*persona, bambola*]; *~ un bambino da angelo* to dress a child up as an angel; *sua madre la vestì di bianco* her mother dressed her (up) in white **2** *(fornire l'abbigliamento a)* to clothe [*figlio*]; to provide [sb.] with clothing [*recluta, personale*]; *nutrire e ~* to feed and clothe [*famiglia, rifugiati*] **3** *(indossare)* to wear*, to have* on; *tuo padre veste sempre abiti firmati* your father always wears designer clothes; *~ l'abito* FIG. to take the cloth, to take the habit, to enter the religious life **4** *(adattarsi)* *questo cappotto ti veste bene* this coat fits you very well **5** *(rivestire)* to cover [*fiasco, divano*] **6** FIG. LETT. *(ammantare)* *la primavera veste i prati di verde* the spring covers the fields with a green mantle **II** intr. (aus. *avere*) **1** *(abbigliarsi)* to dress; *~ alla moda* to dress fashionably; *tua zia veste in modo vistoso* your aunt is a flashy dresser; *~ di nero* to dress in *o* wear black; **2** *(adattarsi)* *quella giacca veste in maniera perfetta* that jacket is a perfect fit **III vestirsi** pronom. **1** *(mettersi addosso indumenti)* to dress, to get* dressed; *ci mette tanto di quel tempo a -rsi!* he certainly takes his time getting dressed! **2** *(scegliere uno stile)* *-rsi giovanile, da vecchio* to dress young, old; *-rsi all'ultima moda* to dress in the latest fashion; *-rsi in lungo, corto* to wear a full-lengh dress, short skirts; *-rsi in modo formale* to dress formally; *si veste così per fare colpo* she dresses like that for effect **3** *(fornirsi di vestiti)* *-rsi da un grande sarto* to get one's clothes from a couturier **4** *(travestirsi)* to dress up; *-rsi da donna* to dress up as a woman **5** LETT. *(ricoprirsi)* *-rsi di neve* [*campi*] to become covered in snow.
2.vestire /ves'tire/ m. **1** *(vestiario)* clothes pl.; *quanto spendi nel ~?* how much do you spend on clothes? **2** *(modo di vestirsi)* *(non) avere gusto nel ~* to have (no) dress sense.
▶ **1.vestito** /ves'tito/ **I** p.pass. → **1.vestire II** agg. **1** dressed; *~ di bianco, nero* dressed in white, black; *essere ~ a o di nuovo* to be wearing brand new clothes; *mezzo ~* half-dressed; *~ a festa* in one's Sunday best; *essere ~ da inverno* to be wearing winter clothes, to be dressed for winter; *non sembri a tuo agio ~ così* you look uncomfortable in those clothes; *dormire ~* to sleep in one's clothes **2** *(travestito)* dressed up, disguised; *~ da clown* disguised as a clown **3** BOT. *riso ~* paddy; *grano ~* spelt ◆ *essere uno scemo calzato e ~* to be a complete and utter fool; *essere ~ di tutto punto* to be dressed up to the nines.
▶ **2.vestito** /ves'tito/ Il sostantivo *vestito* si può tradurre in inglese in vari modi: un singolo capo d'abbigliamento è *piece / item of clothing* oppure *garment*, parola d'uso formale; *dress* designa il vestito da donna; *suit* può indicare l'abito completo da uomo o il tailleur da donna. Quando il plurale *vestiti* ha significato generico si rende di solito con *clothes* o *clothing* (quest'ultima è parola d'uso formale, equivalente all'italiano *vestiario*). ➧ *35* **I** m. **1** *(indumento)* article of clothing, item of clothing, piece of clothing, garment FORM.; *(da donna)* dress; *(da uomo)* suit, two-piece (suit); *(con gilè)* three-piece (suit); *~ senza maniche* sleeveless dress; *un ~ fatto su misura* a tailor-made suit *o* dress; *quel ~ ti fa sembrare più giovane* that dress makes you look younger; *un ~ di seta, cotone, lana* a silk, cotton, wool dress *o* suit **2** *(costume)* costume; *~ da Arlecchino* Harlequin costume **II vestiti** m.pl. *(abbigliamento)* clothing **U**, dress **U**; *-i pesanti, estivi* heavy, summer clothes; *-i firmati* designer clothes ◆◆ *~ da cerimonia* ceremonial dress; *~ della festa* Sunday best; *~ alla marinara* sailor suit; *~ pre-maman* maternity dress; *~ da sera* evening dress; *~ da sposa* wedding dress.
vestizione /vestit'tsjone/ f. RELIG. clothing.
vesuvianite /vezuvja'nite/ f. vesuvianite.
vesuviano /vezu'vjano/ agg. Vesuvian.
Vesuvio /ve'zuvjo/ n.pr.m. Vesuvius.
veterano /vete'rano/ m. **1** MIL. veteran, old soldier; *un ~ della seconda guerra mondiale* a veteran of the Second World War **2** FIG. veteran, old campaigner; *un ~ del mestiere* an old hand at the job; *un ~ della politica* an old pro in politics **3** SPORT veteran.
veterinaria /veteri'narja/ f. veterinary medicine.
▷ **veterinario**, pl. **-ri**, **-rie** /veteri'narjo, ri, rje/ **I** agg. [*clinica, medicina, cure*] veterinary, vet **II** ➧ *18* m. (f. **-a**) *(dottore)* ~ veterinary (surgeon), vet, veterinarian AE.
vetiver /veti'vɛr/ m.inv. vetiver.
veto /'vɛto/ m. veto*; *mettere* o *opporre il proprio ~ a qcs.* to veto sth.; *esercitare il proprio diritto di ~* to exercise one's right of veto.
vetraio, pl. **-ai** /ve'trajo, ai/ ➧ *18* m. **1** *(chi applica vetri)* glazier; *stucco da ~* glaziers' putty **2** *(chi lavora il vetro)* glassmaker.
vetrario, pl. **-ri**, **-rie** /ve'trarjo, ri, rje/ agg. *industria -a* glass industry; *pittura -a* glass-painting.

vetrata /ve'trata/ f. 1 *(intelaiatura con vetro)* full-length window; *(porta)* glass door 2 *(finestra)* stained glass window; ***le -e di una chiesa*** the stained glass windows of a church.

vetrato /ve'trato/ agg. ***superficie -a*** glass surface; ***porta -a*** glass door; ***carta -a*** glasspaper, sand paper.

vetreria /vetre'ria/ f. 1 *(negozio)* glazier's 2 *(stabilimento industriale)* glassworks, glasshouse AE 3 *(oggetti in vetro)* glassware.

vetriato /vetri'ato/ agg. glazed.

vetrificabile /vetrifi'kabile/ agg. vetrifiable.

vetrificare /vetrifi'kare/ [1] I tr. TECN. vitrify II intr. (aus. *essere*), **vetrificarsi** pronom. to vitrify.

vetrificazione /vetrifikat'tsjone/ f. TECN. vitrification.

▷ **1.vetrina** /ve'trina/ f. 1 *(di negozio)* shop window; ***quanto costa la giacca in ~?*** how much is the jacket in the window? ***esposto in ~*** on display in the window; ***allestire una ~*** to dress a shop window; ***ha passato la giornata ad andare in giro per -e*** she spent the whole day window-shopping 2 *(bacheca)* display case 3 *(mobile)* display cabinet, china cabinet 4 FIG. showcase; ***questa esposizione sarà la ~ dell'informatica europea*** this exhibition will be a showcase for European IT; ***mettersi in ~*** to push oneself forward *o* to show oneself off.

2.vetrina /ve'trina/ f. *(per ceramica)* glaze; ***rivestire di ~*** to glaze.

vetrinare /vetri'nare/ [1] tr. to glaze [*ceramica*].

vetrinatura /vetrina'tura/ f. glazing.

vetrinetta /vetri'netta/ f. cabinet, case.

vetrinista, m.pl. **-i**, f.pl. **-e** /vetri'nista/ ♦ *18* m. e f. window dresser.

vetrinistica /vetri'nistika/ f. window dressing.

vetrino /ve'trino/ m. 1 *(per il microscopio)* ***~ (portaoggetti)*** slide 2 *(dell'orologio)* watch-glass.

vetrioleggiare /vetrioled'dʒare/ [1] tr. to vitriolize.

vetriolo /vetri'ɔlo/ m. vitriol; ***umorismo, discorso al ~*** FIG. caustic humour, speech ◆◆ ***~ azzurro*** copper sulphate, bluejack; ***~ verde*** green vitriol.

▶ **vetro** /'vetro/ m. 1 *(materiale)* glass; ***bottiglia di ~*** glass bottle; ***è di ~?*** is it made of glass?; ***lavorazione del ~*** glasswork; ***frammenti di ~*** broken glass; ***lana di ~*** glass wool; ***mettere qcs. sotto ~*** to glass sth. 2 *(lastra)* pane; *(di finestra)* windowpane; *(di orologio)* crystal; ***mettere i doppi -i*** to put in double glazing; ***lavare i -i*** to wash the windows; ***rompere un ~*** to smash *o* break a windowpane; ***cambiare il ~ di una cornice*** to change the glass in a frame ◆ ***crescere qcn. sotto una campana di ~*** = to smother and mollycoddle sb. ◆◆ ***~ antiproiettile*** bulletproof window; ***~ antiriflesso*** antiglare glass; ***~ armato*** wire glass; ***~ bianco*** white glass; ***~ blindato*** → ***~ antiproiettile***; ***~ cattedrale*** cathedral glass; ***~ infrangibile*** shatterproof glass; ***~ opalino*** milk-glass, opaline; ***~ di quarzo*** quartz glass; ***~ di sicurezza*** safety glass; ***~ smerigliato*** ground glass; ***~ soffiato*** blown glass; ***~ temprato*** annealed glass.

vetrocemento /vetrotʃe'mento/ m. = concrete-framed glass panels.

vetroceramica /vetrotʃe'ramika/ f. pyroceram®.

vetrofania /vetrofa'nia/ f. diaphanie.

vetroresina /vetro'rɛzina/ f. fibreglass BE, fiberglass AE.

vetroso /ve'troso/ agg. [*stato*] vitreous.

▷ **vetta** /'vetta/ f. 1 *(di montagna)* mountain top, summit, peak; ***raggiungere la ~ (del Monte Bianco)*** to reach the summit (of Mont Blanc); ***la ~ più alta dell'Italia, delle Alpi*** the highest peak in Italy, in the Alps 2 FIG. ***la ~ del successo*** the peak of success; ***essere sulla ~*** to be on top; ***essere in ~ a qcs.*** to be at the top of sth.; ***raggiungere nuove -e di...*** to reach new heights of...

vettore /vet'tore/ I m. 1 FIS. vector; ***~ unitario*** unit vector 2 BIOL. *(di malattia)* vector, carrier 3 DIR. carrier 4 ASTR. carrier rocket II agg. 1 *(che trasporta)* ***razzo ~*** carrier rocket 2 MAT. ***raggio ~*** radius vector.

vettoriale /vetto'rjale/ agg. [*calcolo*] vectorial; ***prodotto ~*** vector product; ***analisi ~*** vector analysis; ***campo ~*** vector field.

vettovaglia /vetto'vaʎʎa/ f. ***le -e*** provisions.

vettovagliamento /vettovaʎʎa'mento/ m. provision of fresh supplies; ***ufficio ~*** victualling office.

vettovagliare /vettovaʎ'ʎare/ [1] I tr. to provide with fresh supplies [*esercito, città*] II **vettovagliarsi** pronom. to lay* in supplies.

▷ **vettura** /vet'tura/ f. 1 AUT. *(automobile)* car; ***dare a qcn. una ~ di cortesia*** to give sb. a courtesy car 2 FERR. *(vagone)* railway carriage BE, railroad car AE; ***~ di testa, di coda*** first, last carriage *o* car; ***~ di prima, seconda (classe)*** first, second class carriage *o* car; ***in ~!*** all aboard! 3 *(carrozza)* carriage, coach.

vetturino /vettu'rino/ ♦ *18* m. coach driver, coachman*.

vetustà /vetus'ta/ f.inv. LETT. ancientness.

vetusto /ve'tusto/ agg. LETT. 1 *(antico)* [*tradizione*] ancient 2 *(molto vecchio)* [*persona*] very old; [*cosa*] outdated.

vezzeggiamento /vettseddʒa'mento/ m. pampering, cossetting.

vezzeggiare /vettsed'dʒare/ [1] tr. to pamper [*bambino, cliente*].

vezzeggiativo /vettseddʒa'tivo/ I agg. endearing; ***suffisso ~*** LING. diminutive suffix II m. LING. diminutive, pet name, endearment.

vezzo /'vettso/ m. 1 *(abitudine)* habit, quirk; ***tua cugina ha il brutto ~ di succhiarsi il pollice*** your cousin has the bad habit of sucking her thumb; ***ognuno ha i propri -i*** everyone has their own little quirks 2 *(gesto affettuoso)* ***fare un ~ a un bimbo*** to fondle a baby 3 *(moine)* ***non sopporto i tuoi -i*** I can't stand your simpering 4 *(gioiello)* necklace; ***un ~ di perle*** a string of pearls.

vezzosità /vettsosi'ta/ f.inv. affectation.

vezzoso /vet'tsoso/ I agg. 1 *(leggiadro)* charming 2 *(affettato)* simpering, affected II m. (f. **-a**) simpering person.

VF ⇒ vigili del fuoco fire brigade.

VHF /vuakka'ɛffe/ agg.inv. e f. (⇒ very high frequency) VHF; ***ricevitore ~*** VHF receiver.

VHS /vuakka'ɛsse/ m. (⇒ video home system) VHS.

▶ **1.vi** /vi/ v. la nota della voce **io**. I pron.pers. 1 *(complemento oggetto)* you; ***~ hanno chiamato*** they called you; ***andate avanti, io ~ seguo*** go ahead, I will follow you; ***non ~ sento*** I can't hear you; ***è bello vedervi felici*** it's nice to see you looking happy; ***mi sento in obbligo di avvertirvi*** I feel I should warn you 2 *(complemento di termine)* (to) you; ***non ~ dicono la verità*** they don't tell you the truth; ***sicuramente la polizia ~ vorrà parlare*** no doubt the police will want to speak to you; ***permettetemi di darvi qualche utile consiglio*** let me give you some sound advice 3 *(pronome di cortesia riferito a persona sing.)* ANT. ***~ dispiace se fumo?*** do you mind if I smoke? ***con l'occasione Vi invio i più cordiali saluti*** taking this opportunity to send you my best regards 4 *(con verbi pronominali)* ***~ siete fatti male?*** did you hurt yourselves? ***~ siete già lavati le mani?*** have you washed your hands yet? ***scommetto che ~ state guardando allo specchio*** I bet you're looking at yourselves in the mirror; ***non preoccupatevi per me, sto bene!*** don't worry about me, I'm OK! 5 *(fra due)* each other; *(fra più di due)* one another; ***perché non ~ parlate?*** why don't you speak to each other? ***~ siete riconosciuti?*** did you recognize each other? ***dovreste aiutarvi di più*** you should help one another more 6 *(uso pleonastico)* ***chi ~ credete di essere?*** who do you think you are? II pron.dimostr. LETT. *(a ciò, di ciò...)* ***non ~ feci caso*** I didn't notice (it); ***non ~ capisco niente*** I can't make anything of it III avv. LETT. 1 *(di luogo) (qui)* ***non ~ sono mai venuto*** I never came here; *(là)* ***~ andrò con la mia macchina*** I'll get there in my own car; *(di lì, di là)* ***~ passo tutti i giorni*** I pass by that way every day; ***l'armadio non ~ passa*** the wardrobe doesn't go through here 2 *(con il verbo essere)* ***v'è*** there is; ***~ sono*** there are; ***potrebbe esservi un errore*** there could be a mistake.

2.vi /vi/ → **vu**.

▶ **1.via** /'via/ f. 1 *(strada)* road, highway AE; *(di città)* street; ***le -e di Londra, New York*** the streets of London, New York; ***la ~ era intasata dal traffico*** the street was jammed with traffic; ***la Via Appia*** the Appian Way; ***la ~ degli antiquari*** the street which is full of antique shops; ***~ principale*** high *o* main street; ***~ laterale*** side street; ***~ a senso unico*** one-way street; ***pubblica ~*** DIR. public highway; ***sulla pubblica ~*** on the public highway 2 *(tragitto, percorso)* way; ***abbiamo percorso tutta la ~ del ritorno a piedi*** we walked all the way back; ***mettersi sulla ~ del ritorno*** to start back; ***prendere la ~ più lunga*** to take the long way round; ***andare da Torino a Roma ~ Bologna*** *(passando per)* to go from Turin to Rome via Bologna 3 FIG. *(percorso)* ***la ~ della gloria*** the gateway to fame; ***essere sulla ~ della perdizione*** to be on the road to perdition; ***la ~ del successo*** the gateway to success; ***essere sulla ~ della rovina*** to be on the downward path; ***seguire, allontanarsi dalla retta ~*** to keep to, to stray from the straight and narrow; ***scegliere una ~ di mezzo*** to take *o* follow a middle course; ***deve esserci una ~ di mezzo*** there must be a middle way; ***né rosso né arancione, ma una ~ di mezzo*** neither red nor orange but somewhere (in) between 4 *(mezzo, maniera)* ***non vedo altra ~ che questa*** I can see no other way forward; ***non c'è ~ di scampo*** there's no way out 5 *(fase)* ***in ~ di ultimazione, completamento*** nearing completion; ***essere in ~ di guarigione*** to be on the road to recovery; ***specie in ~ d'estinzione*** endangered species; ***paese in ~ di sviluppo*** developing country; ***essere sulla ~ di un accordo*** to be on the way to an agreement 6 *(modo di procedere)* ***per ~ diplomatica*** through diplomatic channels; ***per ~ referendaria*** by means of a referendum; ***per -e traverse*** by roundabout means; ***per ~ legale*** through a law suit 7 MED. *(mezzo di somministrazione)* ***per ~ parenterale*** by injection; ***per ~ rettale*** rectally;

per ~ endovenosa intravenously; ***per ~ orale*** orally; ***per ~ nasale*** nasally **8** ALP. route; ~ ***ferrata*** = rock-climbing route equipped with fixed ropes, metal ladders, etc. **9** ANAT. duct; ***-e respiratorie*** respiratory tract; ***-e urinarie*** urinary passage **10 per via di** because of, owing to; ***camminava lentamente per ~ della sua gamba*** he walked slowly because of his bad leg; ***l'incontro fu annullato per ~ delle piogge torrenziali*** the game was cancelled owing to torrential rain ◆ ***le -e del Signore sono infinite*** God moves in mysterious ways; ***la ~ di Damasco*** the road to Damascus; ***la ~ dell'inferno è lastricata di buone intenzioni*** the road to hell is paved with good intentions ◆◆ ***"per ~ aerea"*** "by airmail"; ~ ***di comunicazione*** transport link; ***Via Crucis*** RELIG. Way of the Cross; ~ ***fluviale*** waterway; ***la Via Lattea*** ASTR. the Milky Way; ~ ***maestra*** high Street GB, main Street US; ~ ***pedonale*** pedestrian street; ~ ***privata*** AMM. private road; ~ ***della seta*** STOR. Silk Route *o* Road; ~ ***delle spezie*** STOR. spice route; ***-e aeree*** o ***respiratorie*** ANAT. respiratory tract; ***(passare alle) -e di fatto*** DIR. (to resort to) force.

▶ **2.via** /'via/ **I** avv. **1** *(unito a voci verbali)* away, off; ***andare ~*** to go away; *(di luce)* to go off; ***buttare ~ qcs.*** to throw sth. away; ***dare ~ qcs.*** to give sth. away; ***venire ~*** [*etichetta, vernice, bottone*] to come off **2 via via** *(man mano)* ***~ ~ inventava delle spiegazioni*** he was making up explanations as he went along; ***~ ~ che la serata proseguiva...*** as the evening went on...; ***il tuo inglese va ~ ~ migliorando*** your English is improving little by little; *(mentre)* ***~ ~ che il tempo passa*** as time goes by **II** m.inv. **1** *(partenza)* start; *(segnale)* starting signal; ***al ~*** at the start; ***dare il ~*** to give the starting signal **2** FIG. ***dare il ~ a qcs.*** to give sth. the go-ahead **III** inter. **1** *(di incoraggiamento, incitamento)* ***deciditi, ~!*** come on, make up your mind! ***ma ~, non preoccuparti!*** now then, don't worry! *(di allontanamento)* ***~ (di qui)!*** go away! *(di stupore, incredulità)* ***~, non può essere vero*** get away, it can't be true **2** *(comando di partenza)* ***uno, due, tre, ~!*** one, two, three, go! ***ai vostri posti, pronti, ~!*** ready, steady, go! ◆ ***e così ~, e ~ dicendo, e ~ di questo passo, e ~ di seguito*** and so on.

viabilista /viabi'lista/ agg. ***ingegnere ~*** traffic engineer.

viabilità /viabili'ta/ f.inv. **1** *(percorribilità)* road condition **2** *(rete stradale)* road system.

viacard /via'kard/ f.inv. = prepaid motorway toll card.

Via Crucis /via'krutʃis/ f.inv. **1** RELIG. Way of the Cross; ***fare la ~*** to do the Stations of the Cross **2** FIG. living death.

viado /vi'ado/ m. (pl. **~s**) = transvestite or transexual prostitute from Brazil or of South American origin.

viadotto /via'dotto/ m. viaduct.

viaggiante /vjad'dʒante, viad'dʒante/ agg. ***personale ~*** train crew.

▶ **viaggiare** /vjad'dʒare, viad'dʒare/ [1] intr. (aus. *avere*) **1** *(spostarsi)* [*persona, passeggero*] to travel; ~ ***in treno, auto, aereo*** to travel by train, car, plane; ~ ***in prima, seconda classe*** to travel first, second class; ~ ***di notte, giorno*** to travel overnight, by day; ~ ***per affari, piacere*** to travel on business, for pleasure; ~ ***con pochi bagagli*** to travel light; ~ ***nel tempo*** FIG. to travel forward *o* back in time; ~ ***attraverso la storia*** FIG. to take a journey through history; ~ ***con la fantasia*** FIG. to let one's imagination wander **2** *(procedere)* ~ ***a 50 km/h*** to travel at 50 kph; ~ ***a una velocità fissa di 80 km/h*** to drive at a steady 80 kph; ***una pallottola viaggia a una velocità pazzesca*** a bullet travels at a tremendous speed; ***il treno viaggia con un ritardo di venti minuti*** FERR. the train is twenty minutes behind schedule.

▷ **viaggiatore** /vjaddʒa'tore, viaddʒa'tore/ **I** m. (f. **-trice** /tritʃe/) **1** *(passeggero)* passenger; ***i -i in transito*** transit passengers; ***i -i muniti di biglietto*** passengers with tickets **2** *(esploratore)* traveller BE, traveler AE **II** agg. ***commesso ~*** travelling salesman, commercial traveller; ***piccione ~*** carrier pigeon, homing pigeon.

▶ **viaggio**, pl. **-gi** /'vjaddʒo, vi'addʒo, dʒi/ **I** m. **1** journey; *(breve)* trip; *(con diverse tappe)* tour; *(per mare o nello spazio)* voyage; ***il nostro ~ a Londra, in Giappone, all'estero*** our trip to London, to Japan, abroad; ***un ~ di due settimane in Scozia*** a two-week tour of Scotland; ***all'epoca del mio terzo ~*** on my third trip; ***fare un ~*** to go on *o* make a journey *o* a trip; ***mettersi in ~*** to set off (on a journey *o* trip); ***essere in ~*** to be (away) on a trip; ***tornare da un ~*** to come back from a trip; ***la prima tappa del nostro ~*** the first stage of our journey; ***il ~ di ritorno è stato stancante*** the return journey was tiring; ***buon ~!*** have a safe journey! ***avete fatto buon ~?*** did you have a good journey? ***il ~ in treno è andato male*** the train journey was terrible; ***fare un ~ intorno al mondo*** to go on a trip around the world; ~ ***nel tempo*** time travel; ~ ***verso l'ignoto*** journey into the unknown; ***foglio di ~*** MIL. travel warrant **2** *(volta)* trip; ***fare tre -gi per portare qcs.*** to make three trips to carry sth. **3** GERG. *(sensazione allucinatoria)* trip; ***farsi un ~*** to be on a bummer **II viaggi** m.pl. *(il viaggiare)* ***-gi aerei, per mare, nello spazio*** air, sea, space travel; ***-gi all'estero*** overseas *o* foreign travel; ***-gi su strada, in treno, in auto*** travel by road, train, car; ***durante i miei -gi*** on *o* in the course of my travels; ***amare i -gi*** to love travelling; ***agenzia di -gi*** travel agency; ***libro di -gi*** travel book ◆ ***fare l'estremo*** o ***l'ultimo ~*** to cross the great divide ◆◆ ~ ***d'affari*** business trip; ~ ***di nozze*** honeymoon; ~ ***organizzato*** package tour; ~ ***di studio*** study trip.

▷ **viale** /vi'ale/ m. **1** *(strada alberata)* avenue, boulevard, parkway AE; ***un ~ di pioppi*** an avenue of poplars **2** *(in giardini, parchi)* alley, path **3** *(di accesso)* drive ◆ ***essere sul ~ del tramonto*** to be on the decline.

vialetto /via'letto/ m. path, walk.

viandante /vian'dante/ m. e f. wayfarer.

viario, pl. **-ri**, **-rie** /vi'arjo, ri, rje/ agg. ***rete -a*** road network.

viatico, pl. **-ci** /vi'atiko, tʃi/ m. **1** RELIG. STOR. viaticum* **2** FIG. *(conforto, sostegno)* comfort, support.

viavai /via'vai/ m.inv. *(andirivieni)* comings and goings pl.; ***un continuo ~ di visitatori*** a steady stream of callers.

vibonese /vibo'nese, vibon'neze/ ♦ **2 I** agg. from, of Vibo Valentia **II** m. e f. native, inhabitant of Vibo Valentia.

vibrafonista, m.pl. **-i**, f.pl. **-e** /vibrafo'nista/ ♦ ***34, 18*** m. e f. vibraphon player, vibes player.

vibrafono /vi'brafono/ ♦ ***34*** m. vibraphone; COLLOQ. vibes.

vibrante /vi'brante/ **I** agg. **1** *(in vibrazione)* [*lamina*] vibrating **2** FIG. *(fremente)* [*voce, discorso*] vibrant; ~ ***di rabbia*** quivering with anger **3** FON. [*consonante*] vibrant **II** f. FON. vibrant.

▷ **vibrare** /vi'brare/ [1] **I** tr. **1** EDIL. to vibrate [*calcestruzzo*] **2** *(scagliare)* to hurl [*giavellotto*] **3** *(assestare)* to deal*, to strike* [*colpo*] **II** intr. (aus. *avere*) **1** *(essere in vibrazione)* [*corda*] to twang; [*terra*] to shake; FIS. [*lamina, suono*] to vibrate; TECN. [*utensile*] to chatter; ***ogni volta che passa un grosso camion tutta la casa vibra*** the whole house vibrates whenever a heavy truck passes; ***la scossa di terremoto fece ~ i vetri*** the earthquake made the windows shake *o* rattle **2** *(risuonare)* to resound, to ring*; ***il suono delle campane vibrava nella vallata*** the sound of bells resounded through the valley **3** FIG. *(fremere)* to quiver.

vibratile /vi'bratile/ agg. vibratile.

vibratilità /vibratili'ta/ f.inv. vibratility.

vibrato /vi'brato/ **I** p.pass. → **vibrare II** agg. **1** EDIL. [*calcestruzzo*] vibrated **2** FIG. *(concitato)* [*protesta*] clamorous **III** m. MUS. vibrato*.

vibratore /vibra'tore/ m. **1** EDIL. vibrator **2** *(per stimolazioni sessuali)* vibrator.

vibratorio, pl. **-ri**, **-rie** /vibra'tɔrjo, ri, rje/ agg. [*movimento*] vibratory.

vibrazione /vibrat'tsjone/ f. TECN. vibration; MECC. chatter; ***avvertire, causare delle -i*** to feel, cause vibrations.

vibrione /vibri'one/ m. vibrio.

vibrissa /vi'brissa/ f. vibrissa*.

vibromassaggiatore /vibromassaddʒa'tore/ m. vibrator.

vibromassaggio, pl. **-gi** /vibromas'saddʒo, dʒi/ m. vibromassage.

viburno /vi'burno/ m. viburnum.

vicariale /vika'rjale/ agg. vicarial.

vicariato /vika'rjato/ m. vicariate.

vicario, pl. **-ri**, **-rie** /vi'karjo, ri, rje/ **I** agg. vicarious **II** m. substitute; RELIG. vicar ◆◆ ~ ***apostolico*** vicar apostolic; ~ ***di Cristo*** Vicar of Christ; ~ ***generale*** vicar general.

vice /'vitʃe/ m. e f.inv. deputy, assistant; ***essere il ~ di qcn.*** to be sb.'s number two.

viceammiraglio, pl. **-gli** /vitʃeammi'raʎʎo, ʎi/ m. Vice-Admiral.

vicebrigadiere /vitʃebriga'djɛre/ m. = noncommissioned officer of the Carabinieri and Guardia di Finanza.

vicecommissario /vitʃekommis'sarjo/ m. deputy police chief, deputy police superintendent.

viceconsole /vitʃe'kɔnsole/ m. vice-consul.

vicedirettore /vitʃediret'tore/ m. (f. **-trice** /tritʃe/) *(di un'azienda)* assistant manager; *(di teatro)* associate director; *(di scuola, collegio)* vice-principal, deputy head.

vicegerente /vitʃedʒe'rɛnte/ m. e f. vicegerent.

vicegovernatore /vitʃegoverna'tore/ m. lieutenant Governor.

▶ **vicenda** /vi'tʃɛnda/ f. **1** *(evento, fatto)* affair, event; ***il modo in cui la banca ha affrontato la ~*** the bank's handling of the affair; ***una ~ curiosa*** a strange occurrence; ***conoscere i retroscena di una ~*** to know the ins and outs of an affair; ***le -e della guerra*** the fortunes of war **2 a vicenda** *(reciprocamente)* each other, one another; ***si stanno coprendo a ~*** they're covering up for each other; ***aiutarsi a***

~ to assist *o* help one another; *(a turno)* ***fare la guardia a ~*** to keep *o* stand guard in turn(s).

vicendevole /vitʃen'devole/ agg. mutual.

vicendevolmente /vitʃendevol'mente/ avv. mutually; ***opzioni che si escludono ~*** mutually exclusive options.

vicentino /vitʃen'tino/ ➧ **2 I** agg. from, of Vicenza **II** m. (f. **-a**) native, inhabitant of Vicenza.

viceparroco, pl. **-ci** /vitʃe'parroko, tʃi/ m. = curate.

vicepreside /vitʃe'prɛside/ m. e f. vice-principal, deputy head.

vicepresidente /vitʃepresi'dɛnte/ m. vice-president; *(di assemblea)* deputy chairman*, vice-chairman*.

vicepresidentessa /vitʃepresiden'tessa/ f. vice-president; *(di assemblea)* deputy chairwoman*, vice-chairwoman*.

vicepresidenza /vitʃepresi'dɛntsa/ f. vice-presidency.

viceré /vitʃe're/ m.inv. viceroy.

vicereame /vitʃere'ame/ m. viceroyalty.

vicesegretario, pl. **-ri** /vitʃesegre'tarjo, ri/ m. (f. **-a**) assistant secretary, undersecretary.

vicesindaco, pl. **-ci** /vitʃe'sindako, tʃi/ m. e f. deputy mayor.

▷ **viceversa** /vitʃe'vɛrsa/ **I** avv. **1** *(al contrario)* vice versa, the other way round; ***quando lei vuole uscire, lui vuole stare a casa e ~*** when she wants to go out, he wants to stay in, and vice versa **2** *(in tragitti)* ***da Milano a Roma e ~*** from Milan to Rome and back **II** cong. but, instead; ***hai promesso di restituirli presto, ~ non lo hai fatto*** you promised to return them soon, but you never did.

vichinga, pl. **-ghe** /vi'kinga, ge/ f. **1** STOR. Viking **2** SCHERZ. Nordic woman*; *(ragazza bionda)* = tall blond woman*.

vichingo, pl. **-ghi**, **-ghe** /vi'kingo, gi, ge/ **I** agg. Viking; ***nave -a*** Viking ship, longship **II** m. **1** STOR. Viking **2** SCHERZ. Nordic man*; *(ragazzo biondo)* = tall blond man*.

vicinale /vitʃi'nale/ agg. ***strada ~*** country lane; ***ferrovia ~*** light railway.

vicinanza /vitʃi'nantsa/ f. **1** *(prossimità)* proximity, nearness; ***la ~ a un buon centro commerciale è importante*** it's important to have a good shopping centre nearby *o* in the vicinity; ***la ~ della luna alla terra*** the moon's proximity to the earth **2** FIG. *(affinità, comunanza)* ***~ di idee*** o ***opinioni*** similarity of ideas *o* opinions; ***~ alla natura*** closeness to nature **3 nelle vicinanze** in the vicinity, in the neighbourhood BE, in the neighborhood AE; ***c'è un paese nelle -e*** nearby, there's a village; ***essere nelle -e*** to be within easy reach; ***nelle immediate -e dell'esplosione*** in the immediate vicinity of the explosion.

vicinato /vitʃi'nato/ m. **1** *(i vicini)* neighbourhood BE, neighborhood AE; ***mettere in allarme tutto il ~*** to rouse all the neighbours *o* the whole neighbourhood; ***mantenere rapporti di buon ~*** to maintain neighbourly relations **2** *(i dintorni)* ***le case del ~*** the houses in the neighbourhood.

▶ **vicino** /vi'tʃino/ Per scegliere il corretto equivalente inglese dell'italiano *vicino* tra *near, nearby, close, next to, beside, by, around, neighbouring, neighbour* ecc., bisogna prima stabilire se *vicino* è usato come aggettivo, avverbio, nella locuzione prepositiva *vicino a* oppure come sostantivo, e se dal punto di vista semantico si riferisce allo spazio, al tempo o ad altro, e se è inteso in senso proprio o figurato. La struttura della voce qui sotto e gli esempi aiuteranno nella scelta. - Si noti in particolare l'uso di *close* e *near*: quando questi aggettivi si riferiscono a una vicinanza nello spazio compaiono solo nella locuzione preposizionale *vicino a* (*il mio ufficio è vicino alla chiesa* = my office is close to / near the church) o in funzione predicativa (*il mio ufficio è molto vicino* = my office is quite near / close), mentre in funzione attributiva davanti a un nome si deve usare *nearby* (*il vicino ristorante* = the nearby restaurant) o la forma al superlativo *the nearest* (*il ristorante più vicino* = the nearest restaurant). **I** agg. **1** *(nello spazio)* near mai attrib., close mai attrib.; [*foresta, ospedale, lago*] nearby attrib.; *(confinante)* [*casa, strada, città, paese*] neighbouring attrib. BE, neighboring attrib. AE; ***le scrivanie sono molto -e le une alle altre*** the desks are close together; ***in una strada, città -a*** in a neighbouring street, town; ***dov'è l'ospedale più ~?*** where is the nearest hospital? ***sembrano più -i di quanto in effetti non siano*** they look closer than they are; ***il Vicino Oriente*** the Near East; ***la nostra meta è -a*** FIG. our goal is in sight! **2** *(nel tempo)* *(imminente)* [*data, evento*] close, near (at hand); ***la vittoria è -a*** victory is (near) at hand; ***le vacanze sono -e*** holidays are near at hand *o* are getting close; ***l'estate è ormai -a*** summer is drawing near now; ***una donna -a alla pensione*** a woman approaching retirement; ***non si è ancora -i a una soluzione*** there's no solution in sight **3** *(simile)* [*idee, teoria, risultati, valori, sensi*] similar; ***queste parole hanno significati molto -i*** these two words mean much the same **4** *(sul piano affettivo)* [*persona*] close (**a** to) **II** m. (f. **-a**) **1** *(di casa)* neighbour BE, neighbor AE; ***i loro -i più ricchi*** their better-off neighbours; ***il gatto, il giardino dei -i*** next door's cat, garden; ***la mia -a di pianerottolo*** the woman across the landing **2** *(che si trova accanto)* ***il mio ~ di tavolo*** the man *o* person next to me at table; ***"non si copia dal ~"*** *(a scuola)* "you mustn't copy from the person next to you" **III** avv. **1** near, close; ***abitare ~*** to live close(ly); ***vieni più ~*** come closer; ***qui ~*** near here; ***non abbiamo vinto ma ci siamo andati ~*** we didn't win but we came close **2 da vicino** ***seguire da ~*** to follow closely; ***esaminare qcs. da ~*** to have a close look at sth.; ***visto da ~ è brutto*** seen at close quarters, he's ugly **3 vicino a** near, close to; ***abito ~ a Torino*** I live near Turin; ***stava in piedi ~ alla finestra*** he was standing by the window; ***voglio sedere ~ al finestrino*** I want to sit at *o* by the window; ***sedeva ~ a lui*** she was sitting next to *o* beside him; ***una casa ~ al mare*** a house by the sea; ***da qualche parte ~ a Milano*** somewhere around Milan; ***essere più ~ ai quaranta che ai trenta*** to be closer to fourty than thirty; ***essere più ~ alla verità*** to be closer (to) the truth.

vicissitudine /vitʃissi'tudine/ f. ***le -i della vita, della storia*** the ups and downs of life, of history.

vicolo /'vikolo/ m. alleyway, back alley, back lane; ***~ cieco*** blind alley, dead end (anche FIG.); ***portare a un ~ cieco*** to lead up a blind alley; ***finire in un ~ cieco*** to come to a dead end.

victoria /vik'tɔrja/ f. STOR. *(carrozza)* victory.

videata /vide'ata/ f. screen.

▷ **video** /'video/ **I** m.inv. **1** *(procedimento e apparato)* video; *(componente visuale)* video; ***interruzione ~*** TELEV. loss of vision **2** *(videoterminale)* video *o* visual display unit **3** *(videoclip)* music video, video clip **II** agg.inv. video; ***apparecchiatura ~*** video equipment; ***segnale ~*** video signal.

videocamera /video'kamera/ f. video camera.

videocassetta /videokas'setta/ f. video(-cassette), (video)tape; ***in*** o ***su ~*** on video.

videochiamata /videokja'mata/ f. video call.

videocitofono /videotʃi'tɔfono/ m. Entryphone ®.

videoclip /video'klip/ m.inv. music video, video clip.

videoconferenza /videokonfe'rɛntsa/ f. videoconference.

videodipendente /videodipen'dɛnte/ **I** agg. addicted to television, TV-addicted **II** m. e f. vidaholic.

videodisco, pl. **-schi** /video'disko, ski/ m. videodisc.

videofonino® /videofo'nino/ n. COLLOQ. videophone, camera phone.

videofrequenza /videofre'kwɛntsa/ f. video frequency.

videogame /video'geim/ m.inv. → **videogioco.**

videogioco, pl. **-chi** /video'dʒɔko, ki/ m. video game.

videografica /video'grafika/ f. computer graphics + verbo sing.

videoleso /video'leso/ **I** agg. visually-impaired **II** m. (f. **-a**) = visually-impaired person.

videolibro /video'libro/ m. video book.

videonastro /video'nastro/ m. videotape.

videonoleggio, pl. **-gi** /videono'leddʒo, dʒi/ m. video shop BE, video store AE.

videoproiettore /videoprojet'tore/ m. video projector.

videoregistrare /videoredʒis'trare/ [1] tr. to videotape, to video [*film*].

videoregistratore /videoredʒistra'tore/ m. video (cassette *o* tape) recorder, VCR.

videoregistrazione /videoredʒistrat'tsjone/ f. video recording, videotaping.

videoriproduttore /videoriprodut'tore/ m. video player.

videoscrittura /videoskrit'tura/ f. word processing; ***programma di ~*** word processing program.

videosorveglianza /videosorveʎ'ʎantsa/ f. video surveillance.

videoteca, pl. **-che** /video'tɛka, ke/ f. **1** *(negozio)* video shop BE, video store AE **2** *(collezione)* video library.

videotelefono /videote'lɛfono/ m. videophone, viewphone.

videoterminale /videotermi'nale/ m. video display terminal.

videoterminalista /videotermina'lista/ m. e f. VDU operator.

vidiconoscopio, pl. **-pi** /vidikonos'skɔpjo/ m. vidicon.

vidimare /vidi'mare/ [1] tr. *(autenticare)* to certify [*documento, atto*].

vidimazione /vidimat'tsjone/ f. *(autenticazione)* authentication.

Vienna /'vjɛnna/ ➧ **2** n.pr.f. Vienna.

viennese /vjen'nese/ ➧ **2 I** agg. [*valzer*] Viennese **II** m. e f. Viennese*.

vieppiù /viep'pju/ avv. **1** *(ancora di più)* even more **2** *(sempre di più)* more and more.

▶ **vietare** /vje'tare/ [1] tr. to forbid*, to ban, to prohibit [*vendita, commercio, pubblicità*]; ~ ***a qcn. di fare qcs.*** to forbid sb. to do sth.; ~ ***l'ingresso a qcn.*** to refuse sb. admittance; ~ ***a qcn. l'ingresso nella propria casa*** to ban sb. from one's house; ***nulla ci vieta di pensare a un'altra soluzione*** nothing's stopping us from coming up with another solution; ***un trattato per ~ le armi chimiche*** a treaty banning chemical weapons: ***occorrerebbe una legge che lo vieti*** there ought to be a law against it.

vietato /vje'tato/ **I** p.pass. → **vietare II** agg. forbidden, prohibited; ***"~ fumare"*** "no smoking"; ***film ~ ai minori di 18 anni*** 18 certificate film; ~ ***l'ingresso*** *(sulle porte)* "no entry"; ***"~ l'accesso al pubblico"*** "closed to the public"; ***"~ l'ingresso ai cani"*** "dogs not admitted", "no dogs allowed"; ***"~ sporgersi dal finestrino"*** "do not lean out of the window"; ***la circolazione dei veicoli è -a nel centro della città*** traffic is banned from the city centre.

vietcong /vjet'kɔng, 'viɛtkong/ m. e f.inv. Vietcong.

Vietnam /vjet'nam/ ➧ **33** n.pr.m. Vietnam; ~ ***del Nord, del Sud*** STOR. North, South Vietnam.

vietnamita, m.pl. **-i**, f.pl. **-e** /vietna'mita/ ➧ **25, 16 I** agg. Vietnamese **II** m. e f. *(persona)* Vietnamese* **III** m. LING. Vietnamese.

vieto /'vjɛto/ agg. LETT. SPREG. [*idea, consuetudine*] outmoded.

vigente /vi'dʒɛnte/ agg. [*leggi, disposizioni*] in force.

vigere /'vidʒere/ [2] intr. (forms used: 3rd person singular and plural in simple tenses) to be* in force.

vigesimale /vidʒezi'male/ agg. MAT. vigesimal.

vigesimo /vi'dʒɛzimo/ agg. LETT. twentieth.

1.vigilante /vidʒi'lante/ **I** agg. *(vigile)* watchful, vigilant **II** m. FERR. dead man's handle.

2.vigilante /vidʒi'lante/ m. e f. (pl. **~s**) **1** *(guardia privata)* security guard **2** *(privato cittadino)* vigilante.

▷ **vigilanza** /vidʒi'lantsa/ f. **1** *(sorveglianza)* surveillance, watch, vigilance; ***eludere la ~ di qcn.*** to escape detection by sb., to escape sb.'s attention; ***comitato di ~*** vigilance committee; ***commissione di ~*** POL. monitoring commission; ***commissione di ~ sulla borsa*** Securities and Exchange Commission US **2** *(attenzione, cura)* ***condurre un'indagine con la massima ~*** to carry out an investigation thoroughly.

▷ **vigilare** /vidʒi'lare/ [1] **I** tr. to keep* an eye on [*bambini*]; to monitor [*funzionamento*] **II** intr. (aus. *avere*) to keep* watch; ~ ***su qcn., qcs.*** to keep watch on sb., sth.

vigilato /vidʒi'lato/ **I** p.pass. → **vigilare II** agg. DIR. ***libertà -a*** probation; ***mettere qcn. in libertà -a*** to put sb. on probation **III** m. (f. **-a**) person on probation; ~ ***speciale*** = person kept under high security surveillance.

vigilatrice /vidʒila'tritʃe/ f. ~ ***d'infanzia*** childminder.

▷ **vigile** /'vidʒile/ **I** agg. [*sguardo*] watchful, vigilant; ***sotto l'occhio ~ di qcn.*** under the watchful eye of sb.; ***bisogna essere doppiamente -i*** you need to be twice as vigilant **II** ➧ **18** m. *(vigile urbano)* = local policeman in charge of traffic and city regulations ◆◆ ~ ***del fuoco*** fireman, firefighter; ***-i del fuoco*** fire brigade BE, fire department AE; ***-i urbani*** traffic police.

> **Vigile urbano** This policeman is a typically Italian figure. Among his duties is controlling the traffic, and therefore also levying fines, for example for parking in a no parking zone or riding a motorcycle without a helmet. He is also responsible for environmental protection and for ensuring that municipal regulations (such as correct opening hours and the prices charged in public businesses) are observed, and town laws respected. Finally, he also deals with social problems, such as abandoned children and the monitoring of refugees' and travellers' camps. The body of *vigili urbani* has no link with the police: it is organized and run directly by each local authority and comes under the control of the mayor. In some places it is called *polizia municipale* (municipal police) or *polizia locale* (local police).

vigilessa /vidʒi'lessa/ ➧ **18** f. = local policewoman in charge of traffic and city regulations.

▷ **vigilia** /vi'dʒilja/ f. **1** *(giorno prima)* day before, eve; ***alla ~ di*** on the eve of; ***la ~ dell'esame*** the day before the exam; ***la ~ della nostra partenza*** the day before we left; ~ ***di Natale*** Christmas eve **2** *(periodo precedente)* ***alla ~ delle elezioni*** on the eve of the poll ◆ ***fare ~*** to fast.

vigliaccamente /viʎʎakka'mente/ avv. in a cowardly way, like a coward.

vigliaccata /viʎʎak'kata/ f. cowardly act; *(carognata)* dirty trick.

▷ **vigliaccheria** /viʎʎakke'ria/ f. **1** *(codardia)* cowardice **2** *(vigliaccata)* cowardly act, dirty trick.

▶ **vigliacco**, pl. **-chi, -che** /viʎ'ʎakko, ki, ke/ **I** agg. [*azione, comportamento*] cowardly **II** m. (f. **-a**) coward; ***non è altro che un ~*** he's nothing but a coward.

▷ **vigna** /'viɲɲa/ f. **1** *(vigneto)* vineyard **2** COLLOQ. FIG. *(cosa facile)* piece of cake; *(fortuna)* piece of luck.

vignaiolo /viɲɲa'jɔlo/ ➧ **18** m. (f. **-a**) vine-dresser.

vigneto /viɲ'ɲeto/ m. vineyard, vinery.

vignetta /viɲ'ɲetta/ f. **1** *(disegno umoristico)* cartoon **2** *(incisione ornamentale)* vignette **3** *(parte stampata di francobollo)* design.

vignettista, m.pl. **-i**, f.pl. **-e** /viɲɲet'tista/ ➧ **18** m. e f. cartoonist.

vigogna /vi'goɲɲa/ f. **1** ZOOL. vicugna, vicuna **2** *(lana)* vicugna (cloth), vicuna (cloth).

▷ **vigore** /vi'gore/ m. **1** *(energia)* vigour BE, vigor AE; ***pieno di ~*** full of vigour; ***un discorso pieno di ~*** a vigorous speech; ***il tuo articolo, stile manca di ~*** your article, style lacks real punch **2 in vigore** [*legge*] in force; [*regime, condizioni*] current; ***attualmente in ~*** currently in force; ***il divieto non sarà più in ~ da marzo*** the ban ceases to apply from March; ***in ~ dal primo marzo*** in force from March onwards; ***entrare in ~*** to come into effect *o* force; ***le nuove tariffe entreranno in ~ dal 27 agosto*** the new rates will be effective from August 27.

vigoria /vigo'ria/ f. → **vigore.**

vigorosamente /vigorosa'mente/ avv. vigorously.

vigorosità /vigorosi'ta/ f.inv. energy, strength.

vigoroso /vigo'roso/ agg. [*atleta, corpo*] strong, powerful; [*pugno, calcio, colpo*] powerful; [*stile, discorso*] vigorous, emphatic; [*pianta*] thriving; [*vino*] robust.

▷ **vile** /'vile/ **I** agg. **1** *(privo di coraggio)* [*comportamento*] cowardly; ***è stato ~ da parte tua farlo*** it was cowardly of you to do it **2** *(spregevole)* [*persona*] base, base-minded [*azione*] vile, base; [*anima, vendetta*] base; ***il più ~ fra gli uomini*** the basest of men; ***un ~ tradimento*** a vile betrayal; ***essere ~ con qcn.*** to be vile to sb. **3** LETT. *(privo di valore)* ***metalli -i*** base metals; ***comprare qcs. per una ~ cifra*** to buy sth. at a giveaway price **4** LETT. *(umile)* low, humble; ***di -i origini*** of humble *o* low birth **II** m. e f. *(codardo)* coward; ***comportarsi da ~*** to show the white feather.

vilipendere /vili'pɛndere/ [10] tr. to revile.

vilipendio, pl. **-di** /vili'pɛndjo, di/ m. contempt, scorn, insult; DIR. public defamation, public insult.

▶ **villa** /'villa/ f. **1** mansion, residence; *(dei paesi mediterranei)* villa **2** STOR. villa.

villaggio, pl. **-gi** /vil'laddʒo, dʒi/ m. **1** *(piccolo centro abitato)* village; ***la costa è punteggiata di -gi di pescatori*** the coast is dotted with fishing villages; ***lo scemo del ~*** the village idiot; ***l'anziano del ~*** the village elder **2** *(complesso edilizio)* village ◆◆ ~ ***globale*** global village; ~ ***olimpico*** Olympic village; ~ ***turistico*** o ***vacanze*** holiday village *o* camp BE, vacation village AE.

villanamente /villana'mente/ avv. [*comportarsi*] boorishly.

villanata /villa'nata/ f. = boorish act, rude action.

villaneggiare → **svillaneggiare.**

villanella /villa'nɛlla/ f. LETT. MUS. villanelle.

villanesco, pl. **-schi, -sche** /villa'nesko, ski, ske/ agg. **1** *(da contadino)* peasant attrib. **2** SPREG. *(grossolano)* [*comportamento*] oafish, rough.

villania /villa'nia/ f. **1** *(scortesia)* incivility, boorishness, unmannerliness; ***è di un'incredibile ~*** he's incredibly boorish **2** *(azione offensiva)* boorish act; ***fare una ~ a qcn.*** to be rude to sb. **3** *(parole offensive)* ***dire -e a qcn.*** to say rude things to sb.

villano /vil'lano/ **I** agg. SPREG. *(maleducato)* boorish, loutish, rude **II** m. (f. **-a**) **1** LETT. *(contadino)* peasant **2** SPREG. *(persona maleducata)* boor, lout ◆ ***gioco di mano, gioco di ~*** it will end in tears.

villanoviano /villano'vjano/ **I** agg. Villanovan **II** m. *(periodo)* Villanova period.

villeggiante /villed'dʒante/ m. e f. holidaymaker BE, vacationer AE.

villeggiare /villed'dʒare/ [1] intr. (aus. *avere*) to holiday BE, to vacation AE.

▷ **villeggiatura** /villeddʒa'tura/ f. holiday BE, vacation AE; ***andare, essere in ~*** to go, be on holiday *o* vacation; ***luogo di ~*** holiday resort.

villetta /vil'letta/ f. *(in città)* detached house; *(in campagna)* cottage; ~ ***bifamiliare*** semi-detached house BE, duplex AE; ***-e a schiera*** row of terraced houses BE, row houses AE.

villico, pl. **-ci** /'villiko, tʃi/ m. ANT. peasant.

villino /vil'lino/ m. detached house.

villo /'villo/ m. villus* ◆◆ ***-i intestinali*** intestinal villi.

villosità /villosi'ta/ f.inv. **1** *(l'essere peloso)* hairiness **2** ANAT. BOT. villosity.
villoso /vil'loso/ agg. **1** *(coperto di peli)* [*animale, insetto, persona, braccio, petto*] hairy **2** ANAT. BOT. villose.
vilmente /vil'mente/ avv. basely, despicably.
viltà /vil'ta/ f.inv. **1** *(codardia)* cowardice; ***dire qcs. per ~*** to say sth. out of cowardice **2** *(bassezza)* vileness; *(azione vile)* dirty trick; ***commettere una ~*** to do the dirty.
vilucchio, pl. **-chi** /vi'lukkjo, ki/ m. bearbind, (field) bindweed.
viluppo /vi'luppo/ m. **1** *(intreccio disordinato)* tangle, snarl; ***un ~ di fili di lana*** a tangle of wool threads **2** FIG. *(groviglio, confusione)* muddle; ***~ di pensieri*** tangle of thoughts.
Viminale /vimi'nale/ n.pr.m. Viminal; ***il ~*** = the Italian Ministry of the Interior.

Viminale Since 1961 the Italian Ministry of the Interior has had its offices in the Palazzo del Viminale, a huge early-nineteenth century building in Renaissance style on the Viminale hill in Rome. The media use *Viminale* to mean the ministry itself.

vimine /'vimine/ m. osier, wicker; ***di*** o ***in -i*** [*sedia, cesto, mobile*] wicker attrib.; [*stuoia*] rush attrib.
vina /'vina/ f. vina.
vinaccia, pl. **-ce** /vi'nattʃa, tʃe/ f. marc.
vinacciolo /vinat'tʃɔlo/ m. grapestone.
vinaigrette /vine'grɛt/ f.inv. vinaigrette (dressing).
vinaio, pl. **-ai** /vi'najo, ai/ ♦ ***18*** m. (f. **-a**) wine merchant.
vinario, pl. **-ri**, **-rie** /vi'narjo, ri, rje/ agg. [*produzione, industria*] wine attrib.
vinato /vi'nato/ agg. vinaceous.
vin brûlé /vimbru'le/ m.inv. mulled wine.
vincastro /vin'kastro/ m. (sheperd's) crook.
vincente /vin'tʃɛnte/ **I** agg. [*biglietto, numero, squadra, cavallo*] winning; [*guerriero, esercito*] victorious; ***il candidato ~*** the successful candidate; ***dare qcn., qcs. come ~*** to tip sb., sth. to win; ***fare delle mosse -i*** *(agli scacchi)* to make winning moves **II** m. e f. winner; ***essere un ~*** to be a winner; ***puntare sul ~*** to back the winner.
Vincenzo /vin'tʃɛntso/ n.pr.m. Vincent.
▶ **vincere** /'vintʃere/ [98] **I** tr. **1** *(sconfiggere)* to defeat [*avversario, squadra, esercito*]; to beat* [*malattia, inflazione*] **2** *(superare)* to overcome* [*sonno, complesso, scetticismo*]; to conquer [*pregiudizio, paura, gelosia*]; to break* down [*timidezza, diffidenza*]; ***~ le resistenze di qcn.*** to break through sb.'s reserve **3** *(concludere con esito favorevole)* to win* [*gara, processo, guerra*] **4** *(aggiudicarsi)* to win* [*premio, borsa di studio*]; ***~ la medaglia d'oro*** to win a gold medal; ***vincete un rifornimento di benzina per un anno!*** win a year's supply of petrol *o* gasoline! ***colui che vincerà le elezioni dovrà affrontare il problema*** whoever wins the election will have to deal with the problem; ***~ una cattedra*** [*professore*] to obtain a professorship **II** intr. (aus. *avere*) to win*; ***non vincerai a questo gioco*** you won't win at this game; ***va bene, hai vinto, restiamo a casa*** all right, you win, we'll stay at home; ***~ per abbandono*** to win by default; ***~ alle corse, alla roulette*** to win at the races, at roulette; ***a volte si vince, a volte si perde*** win some, lose some; ***ha vinto su questo punto ma...*** he won on this point, but... **III vincersi** pronom. *(controllarsi)* to control oneself ♦ ***che vinca il migliore!*** may the best man win! ***~ un terno al lotto*** to hit the jackpot; ***l'importante non è ~ ma partecipare*** PROV. it's not whether you win or lose, it's how you play the game; ***chi la dura, la vince*** slow and steady wins the race.
vincetossico, pl. **-ci** /vintʃe'tɔssiko, tʃi/ m. swallow wort.
vincheto /vin'keto/ m. osiery.
vincibile /vin'tʃibile/ agg. vincible.
vincita /'vintʃita/ f. **1** *(vittoria)* win **2** *(premio, cosa vinta)* gains pl., winnings pl.; ***le mie -e al gioco*** my gambling gains; ***fare una grossa ~ al lotto*** to have a big win in the lottery.
▷ **vincitore** /vintʃi'tore/ **I** agg. *(di competizione)* [*atleta, squadra*] winning; *(di guerra, battaglia)* [*paese, esercito, generale*] victorious; ***uscire ~*** to emerge victorious **II** m. (f. **-trice** /tritʃe/) **1** *(di competizione)* winner (anche SPORT); *(di battaglia)* victor; ***proclamare qcn. ~*** to declare sb. the winner **2** GIOC. winner; *(di un premio)* prize-winner; ***estrarremo a sorte i nomi dei -i*** we'll draw the winners out of a hat; ***il fortunato ~*** the lucky winner ♦♦ ***saltare*** o ***salire sul carro del ~*** to jump *o* climb on the bandwagon.
vinco, pl. **-chi** /'vinko, ki/ m. osier.
vincolante /vinko'lante/ agg. [*contratto, accordo, norma*] binding; ***questo contratto è giuridicamente ~*** this contract is legally binding; ***essere ~ per qcn.*** to be binding (up)on sb.
vincolare /vinko'lare/ [1] **I** tr. **1** MECC. *(limitare)* to constrain **2** *(obbligare)* [*contratto, accordo*] to bind* [*persona*]; ***~ qcn. a qcs.*** to hold sb. to sth. **II vincolarsi** pronom. to bind* oneself, to tie oneself down.
vincolato /vinko'lato/ **I** p.pass. → **vincolare II** agg. **1** *(obbligato)* bound, tied; ***essere ~ per contratto*** to be bound by contract; ***~ da una promessa*** bound by a promise; ***essere ~ a una compagnia*** to be tied to a company **2** BANC. ***conto ~*** term deposit, time deposit AE **3** COMM. [*merce*] bonded.
vincolistico, pl. **-ci**, **-che** /vinko'listiko, tʃi, ke/ agg. restricting, binding.
vincolo /'vinkolo/ m. bond, obligation, tie; ***unire qcn. nel sacro ~ del matrimonio*** to join together sb. in holy matrimony; ***-i di sangue*** blood ties; ***~ morale*** moral commitment; ***i -i del mercato*** the market constrictions; ***un proprietà libera da -i (ipotecari)*** DIR. an estate free from encumbrance(s).
vinello /vi'nɛllo/ m. light wine; SPREG. thin wine.
vineria /vine'ria/ f. wine bar.
vinicolo /vi'nikolo/ agg. [*attività, settore, società*] wine-producing attrib.; [*regione*] wine growing attrib.; ***produzione -a*** wine production.
vinificare /vinifi'kare/ [1] **I** intr. (aus. *avere*) *(produrre vino)* to produce wine **II** tr. *(trasformare in vino)* to make* into wine.
vinificatore /vinifika'tore/ ♦ ***18*** m. (f. **-trice** /tritʃe/) wine producer.
vinificazione /vinifikat'tsjone/ f. **1** *(procedimento)* wine production; ***metodi di ~*** wine production methods **2** *(fermentazione)* vinification.
vinile /vi'nile/ m. vinyl.
vinilico, pl. **-ci**, **-che** /vi'niliko, tʃi, ke/ agg. ***resina -a*** vinyl resin.
vinilidene /vinili'dɛne/ m. vinylidene.
▶ **vino** /'vino/ m. **1** *(d'uva)* wine; ***~ in bottiglia*** bottled wine; ***~ sfuso*** wine on tap; ***degustazione di ~*** wine tasting; ***adulterare il ~*** to adulterate wine; ***una bottiglia, un bicchiere di ~*** a glass, bottle of wine; ***carta dei -i*** wine list; ***intenditore di ~*** wine expert *o* connoisseur; ***~ bianco, rosso, frizzante*** red, white, sparkling wine; ***~ rosato*** o ***rosé*** rosé (wine); ***~ dolce, secco*** sweet, dry wine; ***mettere il ~ in bottiglie*** o ***imbottigliare il ~*** to bottle wine; ***tagliare il ~*** to blend one's wine **2** *(di altra origine vegetale)* wine; ***~ di riso*** rice wine ♦ ***dire pane al pane e ~ al ~*** to call a spade a spade ♦♦ ***~ da dessert*** dessert wine; ***~ novello*** = wine of the latest vintage; ***~ da tavola*** table wine.
vinoso /vi'noso/ agg. winy.
vinsanto /vin'santo/ m. ENOL. = sweet white dessert wine from Tuscany.
vinto /'vinto/ **I** p.pass. → **vincere II** agg. **1** *(sconfitto)* [*esercito, nazione, squadra*] defeated; ***dichiararsi ~*** to concede *o* admit defeat; ***darsi per ~*** to give in *o* back down **2** FIG. *(sopraffatto)* overcome; ***essere ~ dal sonno*** to be overcome by sleep **III** m. (f. **-a**) loser; ***i -i*** *(in guerra)* the defeated ♦ ***averla -a*** to have *o* get one's way, to win out; ***darla -a a qcn.*** to give in to sb.; ***darle tutte -e a qcn.*** to indulge in sb.'s every whim; ***volerla sempre -a*** always to want to have one's way.
▷ **1.viola** /'vjɔla/ f. BOT. violet; ***~ mammola*** (common *o* sweet) violet; ***~ matronale*** dame's violet; ***~ del pensiero*** pansy, heartsease, love-in-idleness.
▷ **2.viola** /'vjɔla/ ♦ ***3*** **I** agg.inv. **1** violet, purple; ***ho le mani ~ per il*** o ***dal freddo*** my hands are purple with cold **2** SPORT [*tifoso, giocatore, difesa*] = of Fiorentina football club **II** m.inv. **1** *(colore)* violet, purple **2** SPORT *(giocatore)* = Fiorentina player.
3.viola /'vjɔla/ ♦ ***34*** f. MUS. viola ♦♦ ***~ d'amore*** viola d'amore; ***~ da braccio*** viola da braccio; ***~ da gamba*** bass viol.
violabile /vjo'labile/ agg. violable.
viola(c)ciocca, pl. **-che** /vjola(t)'tʃɔkka, ke/ f. stock ♦♦ ***~ gialla*** wallflower.
violaceo /vjo'latʃeo/ agg. purplish blue, violaceous; ***rosso ~*** claret; ***diventare ~*** [*nuvole, cielo*] to turn purple.
▷ **violare** /vjo'lare/ [1] tr. **1** *(trasgredire)* to break*, to infringe, to violate [*legge, contratto, trattato, comandamento*]; to violate [*embargo, tabù, segreto professionale, diritti*] **2** *(profanare)* to desecrate [*tomba*]; to violate [*luogo sacro*]; to break* into [*domicilio*]; to trespass on [*proprietà*]; ***~ l'intimità di qcn.*** FIG. to invade sb.'s privacy **3** *(stuprare)* to rape [*donna*].
violatore /vjola'tore/ m. (f. **-trice** /tritʃe/) violator.
violazione /vjolat'tsjone/ f. *(di legge, trattato)* breaking, violation; *(di segreto industriale, copyright)* breach; *(di diritti, libertà)*

infringement; ~ ***del segreto professionale*** breach of confidentiality; ***condannato per ~ dei diritti dell'uomo*** condemned for human rights abuses ◆◆ ~ ***di domicilio*** DIR. forcible entry, housebreaking, burglary; ~ ***di sepolcro*** DIR. desecration of a grave.

▷ **violentare** /vjolen'tare/ [1] tr. **1** *(stuprare)* to rape [*donna*] **2** FIG. to do* violence to [*coscienza*].

violentatore /vjolenta'tore/ m. rapist, sex attacker.

violentemente /vjolente'mente/ avv. **1** *(con violenza)* [*percuotere*] with violence; [*aprire, chiudere*] violently **2** FIG. [*attaccare*] ferociously; [*reagire, rispondere, obiettare*] violently; [*criticare*] savagely.

▶ **violento** /vjo'lɛnto/ **I** agg. [*persona, protesta, reazione*] violent; [*temporale*] heavy; [*sport*] rough; [*colore*] harsh; FIG. [*odio, passione*] raging; ***morire di morte -a*** to die a violent death; ***siamo sfuggiti alle scosse più -e*** we escaped the worst of the tremors; ***non ~*** [*lotta*] nonviolent; ***accusato di atti di libidine -a*** charged with indecent assault **II** m. (f. **-a**) violent person.

▶ **violenza** /vjo'lɛntsa/ f. **1** *(di persona, avvenimento, sentimento)* violence; ***la ~ della repressione*** the violence of repression; ***la ~ del vento*** the violence of the wind; ***la ~ nelle scuole*** violence in schools; ~ ***negli stadi*** soccer violence; ~ ***armata*** armed violence; ***di inaudita ~*** [*scena, film*] unbearably violent; ***con estrema ~*** [*agire, reagire*] with extreme violence; ***con la ~*** [*imporre, sottomettere*] through violence; ***fare ricorso alla ~*** to resort to violence; ***rispondere alla ~ con la ~*** to answer violence with violence; ***in un clima di ~*** against a background of violence; ***alimentare la ~*** to fan the flames of violence **2** *(atto)* act of violence; ***commettere, subire delle -e*** to commit, suffer acts of violence; ***accusato di -e su minori*** charged with child abuse; ***-e e vie di fatto*** DIR. violent behaviour and common assault; ***il vicino non ha subito alcuna ~*** the neighbour hadn't suffered any assault ◆ ***farsi ~ per fare qcs.*** to force oneself to do sth. ◆◆ ~ ***carnale*** sexual assault *o* abuse; ~ ***fisica*** physical violence; ~ ***morale*** moral abuse; ~ ***verbale*** verbal abuse; ***-e etniche*** ethnic violence.

violetta /vjo'letta/ f. common violet, sweet violet; ***un mazzolino di -e*** a bunch of violets ◆◆ ~ ***africana*** African violet; ~ ***di Parma*** Parma violet.

violetto /vjo'letto/ agg. e m. violet.

violinista, m.pl. **-i**, f.pl. **-e** /vjoli'nista/ ♦ ***34, 18*** m. e f. violinist; *(nella musica popolare)* fiddler COLLOQ.

violinistico, pl. **-ci**, **-che** /vjoli'nistiko, tʃi, ke/ agg. ***concerto ~*** violin concerto.

▷ **violino** /vjo'lino/ ♦ ***34*** m. **1** *(strumento)* violin; *(nella musica popolare)* fiddle COLLOQ.; ***suonare il ~*** to play the violin; ***sonata per ~*** violin sonata **2** *(musicista)* violinist, violin; ***primo, secondo ~*** first, second violin ◆ ***essere teso come una corda di ~*** to be like a coiled spring.

violista, m.pl. **-i**, f.pl. **-e** /vjo'lista/ ♦ ***34, 18*** m. e f. viola player.

violoncellista, m.pl. **-i**, f.pl. **-e** /vjolontʃel'lista/ ♦ ***34, 18*** m. e f. cellist.

violoncello /vjolon'tʃɛllo/ ♦ ***34*** m. cello*; ***suonare il ~*** to play the cello.

viomicina /viomi'tʃina/ f. viomycin.

viottolo /vi'ɔttolo/ m. path, track.

vip /vip/ **I** m. e f.inv. VIP **II** agg.inv. [*locale*] celebrity attrib.

▷ **vipera** /'vipera/ f. **1** ZOOL. viper, adder **2** *(persona cattiva)* viper; ***nido*** o ***covo di -e*** vipers' nest, nest of vipers ◆◆ ~ ***cornuta*** cerastes; ~ ***soffiante*** puff-adder.

viperaio, pl. **-ai** /vipe'rajo, ai/ m. nest of vipers.

viperina /vipe'rina/ f. BOT. viper's bugloss.

viperino /vipe'rino/ agg. **1** ZOOL. viperine **2** FIG. *(perfido)* [*lingua, sguardo*] venomous.

viradore /vira'dore/ m. MAR. messenger.

viraggio, pl. **-gi** /vi'raddʒo, dʒi/ m. FOT. toning; ~ ***seppia*** sepia wash.

virago /vi'rago/ f.inv. SCHERZ. battle-axe BE, battleax AE, virago*.

virale /vi'rale/ agg. [*epatite, infezione*] viral.

virare /vi'rare/ [1] **I** tr. to weigh [*ancora*] **II** intr. (aus. *avere*) **1** AER. to turn; MAR. to veer; ~ ***di bordo*** MAR. to go *o* come about; ~ ***di bordo in poppa*** to wear **2** FOT. to tone **3** *(cambiare colore)* [*soluzione*] to change colour; ~ ***al rosso, al nero*** to turn red, black.

virata /vi'rata/ f. **1** AER. turn; MAR. veer **2** POL. FIG. *(cambiamento)* swing, shift.

virgiliano /virdʒi'ljano/ agg. Virgilian.

Virgilio /vir'dʒiljo/ n.pr.m. Virgil.

1.virginale /virdʒi'nale/ → **verginale**.

2.virginale /virdʒi'nale/ m. MUS. virginal.

virgineo /vir'dʒineo/ agg. LETT. virginal.

virginia /vir'dʒinja/ **I** m.inv. *(tabacco)* Virginia (tobacco); *(sigaro)* Virginia cigar **II** f.inv. *(sigaretta)* Virginia cigarette.

virginiano /virdʒi'njano/ **I** agg. Virginian; ***cervo ~*** white-tailed deer **II** m. (f **-a**) Virginian.

▷ **virgola** /'virgola/ ♦ ***28*** f. **1** comma; ***punto e ~*** semicolon; ***mettere una ~ in una frase*** to put a comma in a sentence; ***fino all'ultima ~*** down to the last comma; ***senza cambiare qcs. nemmeno di una ~*** to change sth. not one jot *o* tittle; ***a forma di ~*** comma-shaped **2** MAT. (decimal) point; ***due ~ venticinque*** two point two five; ***fermarsi due cifre dopo la ~*** to stop at two decimal places ◆◆ ~ ***fissa*** MAT. fixed point system; ~ ***mobile*** INFORM. floating point system.

virgolettare /virgolet'tare/ [1] tr. to put* [sth.] in inverted commas, to put* [sth.] in quotation marks.

virgolette /virgo'lette/ ♦ ***28*** f.pl. inverted commas, quotation marks; ***aperte, chiuse ~*** *(sotto dettatura)* quote, unquote; ***mettere qcs. tra ~*** to put sth. in inverted commas *o* in quotation marks; ***il tuo, tra ~, caro amico*** IRON. your, in inverted commas *o* in quotes, faithful friend.

virgulto /vir'gulto/ m. LETT. **1** BOT. offshoot **2** FIG. *(rampollo)* offspring.

virile /vi'rile/ agg. **1** *(mascolino)* [*uomo, forza*] manly, virile; [*tratti, aspetto*] masculine, virile; ***membro ~*** male member *o* organ **2** FIG. *(deciso)* [*atteggiamento, comportamento*] manly.

virilismo /viri'lizmo/ m. virilism.

virilità /virili'ta/ f.inv. **1** *(caratteristica fisica)* masculinity, virility **2** *(prestanza sessuale)* virility **3** *(indole risoluta)* manliness, manfulness.

virilmente /viril'mente/ avv. manfully.

virione /vi'rjone/ m. virion.

viroide /vi'rɔjde/ m. viroid.

virologia /virolo'dʒia/ f. virology.

virologico, pl. **-ci**, **-che** /viro'lɔdʒiko, tʃi, ke/ agg. virological.

virologo, m.pl. **-gi**, f.pl. **-ghe** /vi'rɔlogo, dʒi, ge/ ♦ ***18*** m. (f. **-a**) virologist.

virosi /vi'rɔzi/ f.inv. virosis*.

▷ **virtù** /vir'tu/ f.inv. **1** *(integrità)* moral virtue; ***di grande ~*** of great moral virtue; ***essere un modello di ~*** to be a paragon of virtue **2** *(castità)* virtue; ***perdere, preservare la propria ~*** to lose, protect one's virtue **3** *(qualità)* ***le ~ umane*** human virtues **4** *(proprietà) (di pianta, rimedio)* property; ~ ***cicatrizzanti, digestive*** healing, digestive properties **5 in virtù di** by virtue of [*articolo, legge, ordine*]; in accordance with [*accordo, sistema*]; ***in ~ dei poteri a noi conferiti*** by reason *o* in exercise of the powers invested in us ◆ ***fare di necessità ~*** to make a virtue of necessity ◆◆ ~ ***cardinale*** RELIG. cardinal virtue; ~ ***teologale*** RELIG. theological virtue.

virtuale /virtu'ale/ agg. **1** *(potenziale)* [*successo, risultato*] potential **2** FILOS. FIS. INFORM. virtual; ***immagine, realtà ~*** virtual image, reality.

virtualità /virtuali'ta/ f.inv. virtuality.

virtualmente /virtual'mente/ avv. potentially.

virtuosamente /virtuosa'mente/ avv. virtuously.

virtuosismo /virtuo'sizmo/ m. MUS. bravura, virtuosity; ***interpretare qcs. con ~*** to give a virtuoso *o* bravura performance of sth.

virtuosistico, pl. **-ci**, **-che** /virtuo'sistiko, tʃi, ke/ agg. virtuosic.

virtuoso /virtu'oso/ **I** agg. *(dotato di virtù)* virtuous **II** m. (f. **-a**) **1** virtuous person **2** MUS. virtuoso*; ***un ~ del piano, violino*** a piano, violin virtuoso.

virulento /viru'lɛnto/ agg. **1** BIOL. MED. [*microbo*] virulent **2** FIG. [*critica*] virulent, strongly-worded.

virulenza /viru'lɛntsa/ f. **1** BIOL. MED. virulence **2** FIG. virulence.

▷ **virus** /'virus/ m.inv. **1** MED. virus; ***il ~ dell'AIDS, dell'influenza*** the Aids, flu virus; ***c'è un ~ in giro*** there's a virus going around **2** INFORM. (computer) virus.

visagista, m.pl. **-i**, f.pl. **-e** /viza'dʒista/ ♦ ***18*** m. e f. = make-up artist.

vis-à-vis /viza'vi/ **I** avv. face to face; ***trovarsi ~ con qcn.*** to be face to face with sb. **II** m.inv. *(amorino)* love seat.

viscaccia /vis'kattʃa/ f. viscacha.

viscerale /viʃʃe'rale/ agg. **1** *(istintivo)* [*odio, sentimento*] visceral **2** ANAT. visceral.

visceralmente /viʃʃeral'mente/ avv. ***suo padre è ~ razzista*** his father is racist to the core.

▷ **viscere** /'viʃʃere/ **I** m. *(organo interno)* internal organ; *(dell'addome di animali)* ***i -i*** innards, entrails **II** f.pl. **1** *(dell'addome umano)* ***le ~*** viscera **2** FIG. ***nelle ~ della terra*** in the bowels of the earth.

vischio, pl. **-schi** /'viskjo, ski/ m. **1** *(pianta)* mistletoe; ***baciare qcn. sotto il ~*** to kiss sb. under the mistletoe **2** *(sostanza)* birdlime; ***prendere degli uccelli col ~*** to lime birds.

vischiosità /viskjosi'ta/ f.inv. stickiness.
vischioso /vis'kjoso/ agg. [*liquido, prodotto, consistenza*] viscous, viscid.
viscidamente /viʃʃida'mente/ avv. unctuously.
viscidità /viʃʃidi'ta/ f.inv. **1** *(scivolosità)* viscidity **2** FIG. sliminess, unctuousness.
viscido /'viʃʃido/ agg. **1** [*superficie*] viscous, viscid; [*mani, pelle*] clammy; ***la pelle -a dei rospi*** the slimy skin of toads **2** FIG. *(subdolo)* [*persona, comportamento*] unctuous, smarmy.
visciola /'viʃʃola/ f. morello cherry.
vis comica /vis'kɔmika/ f. comic force, comic effect.
visconte /vis'konte/ ♦ *1* m. viscount.
viscontessa /viskon'tessa/ ♦ *1* f. viscountess.
viscosa /vis'kosa/ f. viscose.
viscosimetro /visko'simetro/ m. viscometer.
viscosità /viskosi'ta/ f.inv. viscosity.
viscoso /vis'koso/ agg. [*liquido*] viscous.
▷ **visibile** /vi'zibile/ **I** agg. **1** *(percettibile)* visible; ***~ a occhio nudo*** visible to the naked eye; ***appena ~*** dimly visible; ***essere perfettamente ~*** to be in full view **2** *(visitabile)* ***la mostra è ~ solo in certi orari*** the exhibition is open to the public only at certain times **3** FIG. *(manifesto)* [*miglioramento, peggioramento*] noticeable; [*segno*] clear, evident **II** m. ***il ~ e l'invisibile*** the visible and the invisible.
visibilio /vizi'biljo/ m. **1** *(mucchio)* lots, loads; ***un ~ di gente*** crowds of people **2 in visibilio** in ecstasy; ***mandare qcn. in ~*** to throw sb. into ecstasies *o* raptures; ***i critici andarono in ~ per il suo ultimo film*** the critics went into raptures about her last film.
visibilità /vizibili'ta/ f.inv. visibility; ***~ ridotta per (la) nebbia*** reduced visibility due to fog; ***la ~ era buona, scarsa*** visibility was good, poor; ***la ~ era limitata a 50 metri*** visibility was restricted to 50 metres; ***curva senza ~*** blind bend.
visibilmente /vizibil'mente/ avv. *(manifestamente)* visibly, obviously; ***essere ~ felice*** to be obviously happy.
visiera /vi'zjɛra/ f. *(di cappello, berretto)* peak; *(di casco, elmo)* visor; *(senza cappello)* eyeshade.
visigotico, pl. **-ci**, **-che** /vizi'gɔtiko, tʃi, ke/ agg. Visigothic.
visigoto /vizi'gɔto/ **I** agg. Visigothic **II** m. (f. **-a**) Visigoth.
visionare /vizjo'nare/ [1] tr. **1** CINEM. to view [*film*] **2** *(esaminare)* to examine [*merce, candidati*].
visionario, pl. **-ri**, **-rie** /vizjo'narjo, ri, rje/ **I** agg. visionary **II** m. (f. **-a**) visionary.
▷ **visione** /vi'zjone/ f. **1** *(facoltà di vedere)* eyesight, vision; ***~ notturna*** night vision **2** *(concezione)* view; ***bisogna avere una ~ globale del problema*** we need to take a global view of the problem; ***una ~ d'insieme della situazione*** an overall view of the situation; ***la ~ del mondo degli occidentali*** the western view of the world; ***una ~ pessimistica delle cose*** a pessimistic view of things; ***~ del mondo*** worldview; ***una ~ aperta di...*** an open view of... **3** *(spettacolo)* sight; ***la scena dell'incidente era davvero una ~ raccapricciante*** the scene of the accident was a horrible sight **4** *(apparizione)* vision; ***avere le -i*** to have visions; ***comparire a qcn. in una ~*** to appear to sb. in a vision **5** *(esame)* ***prendere ~ di*** to go* through [*corrispondenza, documento*]; to examine [*testamento*]; ***copia in ~*** inspection copy **6** CINEM. ***prima ~ di un film*** first showing of a film; ***seconda ~*** rerun; ***(film in) prima ~*** first release.
visir /vi'zir/ m.inv. vizier; ***il Gran ~*** the Grand Vizier.
visirato /vizi'rato/ m. vizierate.
▶ **visita** /'vizita/ f. **1** *(a una persona)* visit; *(breve)* call; ***~ di cortesia*** social *o* courtesy call; ***ricevere la ~ di qcn.*** to have a visit from sb.; ***fare ~ a qcn.*** to pay sb. a visit *o* call; ***essere in ~ da qcn.*** to be paying sb. a visit; ***passare il tempo andando a fare -e*** to spend one's time calling on *o* visiting people; ***orario di ~*** visiting hours *o* time **2** *(di rappresentanza)* official visit, state visit; ***andare in ~ ufficiale a Tokyo*** to go on a state visit to Tokyo **3** *(escursione turistica)* tour, visit; ***il tuo amico consiglia la ~ al castello*** your friend recommends a visit to the castle; ***~ guidata*** guided tour **4** *(visitatore)* ***aspettare -e*** to expect visitors; ***abbiamo -e*** we have visitors **5** MED. visit, medical examination; ***fare il giro di -e*** [*dottore*] to do one's rounds; ***avrei bisogno di una ~ dal dentista*** I'll have to pay a visit to the dentist; ***~ a domicilio*** home visit *o* call; ***orario di ~*** consulting hours ◆◆ ***~ di controllo*** MED. checkup; ***~ lampo*** flying visit; ***~ medica*** medical examination; *(al lavoro, a scuola)* medical; ***~ pastorale*** pastoral visitation.
▶ **visitare** /vizi'tare/ [1] tr. **1** *(andare a vedere)* [*turista*] to visit, to go* round [*museo*]; to tour, to go* sightseeing in [*città, paese*]; [*cliente*] to view, to see* [*appartamento*]; ***il mio più grande desiderio è ~ Capri*** it is my dearest wish to visit Capri; ***vale la pena ~ il museo*** the museum is well worth a visit **2** MED. *(ricevere i pazienti in studio)* [*medico*] to see*; *(per fare una diagnosi)* to examine [*malato*]; ***~ a domicilio*** to call on [*malato*] **3** *(andare a trovare)* to pay [sb.] a visit, a call [*amico, parenti*] **4** *(fare un sopralluogo)* to inspect [*cantiere, fabbrica*] ◆ ***devi farti ~!*** COLLOQ. you need your head examined!
▷ **visitatore** /vizita'tore/ m. (f. **-trice** /tritʃe/) visitor, caller; *(di località, museo, ecc.)* visitor.
Visitazione /vizitat'tsjone/ f. RELIG. Visitation.
visivamente /viziva'mente/ avv. visually.
visivo /vi'zivo/ agg. [*memoria, immagine*] visual; ***organi ~*** visual organs; ***campo ~*** visual field; ***avere una buona memoria -a*** to have a good visual memory.
▶ **viso** /'vizo/ ♦ *4* m. face; ***~ rotondo*** round face; ***avere il ~ affilato*** to be weasel-faced; ***una serie di -i inespressivi*** a row of blank faces; ***crema per il ~*** face cream; ***~ gonfio di sonno*** face puffy with sleep; ***a ~ aperto*** FIG. openly; ***fare buon ~ a*** to put a brave face on ◆ ***fare buon ~ a cattivo gioco*** to make the best of a bad bargain ◆◆ ***~ pallido*** STOR. paleface.
visone /vi'zone/ m. **1** *(animale)* mink; ***allevamento di -i*** mink farm **2** *(pelliccia)* mink (coat).
visore /vi'zore/ m. **1** FOT. *(per diapositive)* viewer **2** *(dispositivo)* ***~ a raggi infrarossi*** snooperscope.
vispo /'vispo/ agg. [*occhio*] bright; [*bambino*] lively; [*vecchietto*] spry.
vissuto /vis'suto/ **I** p.pass. → **1.vivere II** agg. **1** *(autentico)* [*avvenimento, storia*] real-life attrib.; ***una storia di vita -a*** a human interest story **2** FIG. *(che ha esperienza di vita)* [*donna, uomo*] experienced, worldly-wise **III** m. *(esperienze)* personal experiences.
▶ **vista** /'vista/ f. **1** *(facoltà di vedere)* eyesight; ***avere dei problemi di ~*** to have difficulty with one's eyesight; ***difetto della ~*** sight defect; ***avere una ~ buona, cattiva*** to have good, poor eyesight; ***esame della ~*** eye test; ***perdere, riacquistare la ~*** to lose, recover one's sight; ***avere la ~ corta*** to be short-sighted *o* near-sighted (anche FIG.); ***le si sta indebolendo la ~*** she has failing eyesight; ***rovinarsi la ~*** to ruin one's eyesight **2** *(il vedere)* sight; ***gradevole alla ~*** pleasing to the eye *o* sight; ***conoscere qcn. di ~*** to know sb. by sight; ***a prima ~*** at first glance *o* sight; ***a prima ~ sembra facile*** on the face of it, it sounds easy; ***amore a prima ~*** love at first sight; ***tutti si voltarono alla ~ di...*** heads turned at the sight of...; ***traduzione a prima ~*** unseen translation; ***suonare a prima ~*** MUS. to sight-read **3** *(possibilità di vedere)* view; ***impedire la ~ di qcs.*** to obstruct the view of sth.; ***scomparire dalla ~*** to disappear from view; ***essere nascosto alla ~*** to be hidden from view; ***non perdere di ~ quel bambino*** don't let that child out of your sight; ***perdere di ~ qcn., qcs.*** to lose sight of sb., sth. (anche FIG.); ***punto di ~*** viewpoint, point of view; ***una camera con ~ sul mare*** a room with a view of the sea **4** *(ciò che si vede)* sight, view; ***~ splendida*** magnificent view; ***la ~ dall'alto*** the view from above; ***la ~ sul retro è bellissima*** the view out back is lovely; ***svenire alla ~ del sangue*** to faint at the sight of blood **5 a vista** [*atterrare, pilotare*] whithout instruments; [*bottone, cucitura*] visible; EDIL. [*trave*] exposed; ECON. [*pagabile*] on demand; ***sparare a ~ a qcn.*** to shoot sb. on sight; ***prestito a ~*** call loan **6 in vista** *(in modo visibile)* ***bene in ~*** in full view; ***lascia la chiave bene in ~*** leave the key in a prominent place; FIG. *(in risalto)* ***una persona in ~*** a prominent *o* high-profile person; ***è un personaggio molto in ~ nell'ambiente letterario*** he enjoys a high profile in the literary world; ***mettersi in ~*** to make oneself conspicuous; *(imminenti)* ***sono in ~ dei cambiamenti*** there are changes in sight; ***ci sono guai in ~*** there's trouble on the horizon **7 in vista di** *(in prossimità di)* within sight of; ***in ~ della costa*** within sight of the coast; *(nell'imminenza di)* ***in ~ di qcs., di fare qcs.*** with a view to sth., to doing sth.; ***la squadra si è allenata duramente in ~ dell'incontro*** the team has trained hard in preparation for the match ◆ ***i campi si estendevano a ~ d'occhio*** the fields stretched out as far as the eye could see.
vistare /vis'tare/ [1] tr. to visa [*passaporto*]; to stamp [*documento*].
1.visto /'visto/ **I** p.pass. → **1.vedere II** agg. **1** *(percepito con la vista)* seen; ***~ da sotto*** seen from below; ***essere ben ~*** FIG. [*persona*] to be well thought of (**da** by); ***essere mal ~*** FIG. not to be well thought of (**da** by); ***un successo mai ~*** COLLOQ. an unparalleled success **2** *(considerato)* in view of; ***-a la loro età, importanza*** in view of their age, importance; ***~ il suo rifiuto io...*** in view of his refusal, I...; ***~ in questa luce...*** looking at it in that light... **3 visto che** since, seeing that; ***~ che sei così intelligente, perché non lo fai tu?*** since you're so clever, why don't you do it yourself? ***~ che non abita più qui*** seeing as how he doesn't live here any more.

2.visto /'visto/ m. **1** *(su un passaporto)* visa; ***ha lo stesso tuo diritto di ricevere un ~*** he's as much entitled to a visa as you; ***sarete ammessi soltanto su presentazione di un ~*** you will be admitted subject to producing a visa **2** *(vidimazione)* stamp ◆◆ ***~ della censura*** CINEM. (censor's) certificate; ***~ di entrata*** entry visa; ***~ turistico*** AMM. tourist visa; ***~ di uscita*** AMM. exit visa.

vistosamente /vistosa'mente/ avv. *(in modo appariscente)* [*vestire*] flashily, garishly.

vistosità /vistosi'ta/ f.inv. *(di vestito, colore)* garishness; *(di aspetto)* loudness.

vistoso /vis'toso/ agg. **1** *(appariscente)* [*abito, colore*] garish, loud; [*decorazione, gioiello, mobilio*] garish, eye-catching **2** *(cospicuo)* considerable.

visuale /vizu'ale/ **I** agg. [*angolo*] visual **II** f. **1** *(vista)* view; ***mi impedisci la ~*** you're blocking my view *o* line of vision; ***gli alberi coprono la ~*** the trees cut off *o* block out the view **2** *(panorama)* view; ***una bella ~*** a beautiful view.

visualizzare /vizualid'dzare/ [1] tr. **1** *(rendere visibile)* to make* visible **2** *(rappresentarsi nella mente)* to visualize [*immagine, parola*] **3** INFORM. to display.

visualizzatore /vizualiddza'tore/ m. display.

visualizzazione /vizualiddzat'tsjone/ f. **1** *(rappresentazione)* visualization **2** INFORM. display.

visura /vi'zura/ f. cadastral survey.

▶ **1.vita** /'vita/ Dei due principali equivalenti inglesi della parola *vita, life* e *living*, il primo è il termine più generale che fa riferimento all'esperienza complessiva del vivere (*una questione di vita o di morte* = a matter of life and death, *un amico per la vita* = a friend for life, *lo stile di vita* = the way of life / the lifestyle), mentre il secondo allude soprattutto alle necessità materiali del vivere (*condizioni di vita* = living conditions, *il costo della vita* = the cost of living). Quando si parla della vita in generale, la parola *life* non è preceduta dall'articolo in inglese (*la vita è spesso dura* = life is often hard), a meno che non ci sia una specificazione (*la vita dei contadini nell'Inghilterra medievale era spesso molto dura* = the life of peasants in medieval England was often very hard). f. **1** life*; ***salvare la ~ a qcn.*** to save sb.'s life; ***~ vegetale, animale, umana*** plant, animal, human life; ***rischiare la (propria) ~*** to put one's life at risk; ***attentare alla ~ di qcn.*** to make an attempt on sb.'s life; ***sacrificare*** o ***dare la ~ per qcn.*** to lay down *o* give one's life for sb.; ***dovere la ~ a qcn.*** to owe sb. one's life; ***non c'erano segni di ~*** there was no sign of life; ***togliersi la ~*** to take one own's life; ***salvare delle -e*** to save (human) lives; ***essere tra la ~ e la morte*** [*malato*] to hover between life and death; ***c'è una ~ dopo la morte?*** is there life after death? ***c'è ~ su Marte?*** is there life on Mars? ***forme di ~ diverse*** different life forms; ***è una questione di ~ o di morte*** it's a matter of life and death *o* a life or death matter; ***assicurazione sulla ~*** life assurance **2** *(periodo, durata)* life*; ***per (tutta) la ~*** throughout one's life; ***hai vissuto qui tutta la ~?*** have you lived here all your life? ***un amico per tutta la ~*** a friend for life; ***~ corta, lunga*** short, long life; ***non l'ho mai visto prima in ~ mia*** I've never seen him before in my life; ***per la prima volta in ~ mia*** for the first time in my life; ***nella ~ non c'è solo il lavoro*** there's more to life than work; ***che cosa farai nella ~?*** what are you going to do in life? ***ottenere qcs. nella ~*** to achieve sth. in life; ***passare la propria ~ a fare*** to spend one's life doing; ***a ~*** [*esiliare, segnare*] for life; [*esilio, sospensione*] lifetime; ***opera di (tutta) una ~*** work of a lifetime; ***durare tutta una ~*** to last a lifetime; ***hai tutta la ~ davanti a te*** you've got all your life in front of you; ***rendere la ~ impossibile a qcn.*** to make sb.'s life a misery; ***rendere la ~ difficile a qcn.*** to make life difficult for sb.; ***facilitare*** o ***rendere più facile la ~ a qcn.*** to make life easy for sb.; ***il governo non avrà ~ lunga*** FIG. the government won't last long **3** *(attività)* life*; ***non mi dispiace la ~ di città, di campagna*** I don't dislike city, country life; ***la ~ culturale, professionale*** cultural, professional life; ***la ~ moderna, di oggi*** modern, present day life; ***stile di ~*** lifestyle; ***condizioni di ~*** living conditions; ***condurre una ~ sfarzosa*** to lead a life of luxury; ***avere una ~ molto attiva*** to lead a busy life; ***avere una doppia ~*** to lead a Jekyll and Hyde existence *o* a double life; ***avere una ~ attiva, sedentaria*** to lead an active, a sedentary life **4** *(vitalità)* life*; ***prendere ~*** to come to life; ***riprendere ~*** to come back to life; ***è là che c'è vita*** that's where the action is; ***pieno di ~*** [*persona, luogo*] bursting with life **5** *(biografia)* life; ***scrivere la ~ di qcn.*** to write a life of sb.; ***la ~ di Mozart*** the life of Mozart **6** FIG. *(molto tempo)* ***ci vuole una ~ per farlo bene*** it takes ages *o* an age to get it right; ***non la vedo da una ~*** it's been ages since I last saw her **7 in vita** alive; ***tenere qcn., qcs. in ~*** to keep sb., sth. alive (anche FIG.); ***rimanere in ~*** to stay alive; ***tenne in ~ le nostre speranze*** FIG. it kept our hopes alive ◆ ***questa (sì che) è ~!*** this is the life! ***così va la ~*** that's what life is all about; ***passare a miglior ~*** to pass away; ***avere ~ facile*** to have an easy ride; ***prendere la ~ così com'è*** o ***come viene*** to take life as it comes; ***sapere ~, morte e miracoli di qcn.*** = to know everything there's to know about sb.; ***darsi alla bella ~*** to live it up, to lead the life of Riley; ***la ~ non è tutta rose e fiori*** life is not a bed of roses; ***rendere la ~ un inferno a qcn.*** to make sb.'s life hell; ***una ~ da cani*** a dog's life; ***per la ~ e per la morte!*** till death us do part! ***o la borsa o la ~!*** your money or your life! ***su con la ~!*** cheer up! ***finché c'è ~ c'è speranza*** PROV. while there's life there's hope; ***donna di ~*** hooker; ***fare la ~*** to be on the game BE ◆◆ ***~ eterna*** eternal life; ***~ familiare*** o ***di famiglia*** family life; ***~ interiore*** inner life; ***~ lavorativa*** SOCIOL. working life; ***~ media*** STATIST. expectation of life; ***~ militare*** soldiering, army life; ***~ monacale*** monastic life; ***~ precedente*** previous life; ***~ privata*** private life; ***~ quotidiana*** daily life; ***~ spirituale*** spiritual life.

▷ **2.vita** /'vita/ f. *(parte del corpo, di abito)* waist, waistline; ***~ sottile, larga*** slim, large waist *o* waistline; ***afferrare qcn. per la ~*** to seize sb. around the waist; ***avere un cappotto che fa risaltare la ~*** to wear a coat with a fitted waist; ***vestito a ~ alta, bassa*** high-waisted, low-waisted dress; ***giro ~*** waist measurement.

vitaccia /vi'tattʃa/ f. COLLOQ. dog's life*.

vitalba /vi'talba/ f. BOT. old man's beard, traveller's joy.

▷ **vitale** /vi'tale/ agg. **1** BIOL. FISIOL. [*bisogno, funzione, organo, forza*] vital; ***ciclo ~*** life cycle **2** *(fondamentale)* vital; ***di interesse ~*** [*problema, questione*] of vital importance; ***è di ~ importanza*** it is vital *o* of vital importance *o* vitally important **3** *(indispensabile)* ***spazio ~*** living space **4** MED. *(che può vivere)* [*feto*] viable **5** FIG. *(pieno di vita)* [*persona*] lively, alive, vital; [*azienda*] thriving.

vitalismo /vita'lizmo/ m. **1** BIOL. vitalism **2** ART. LETTER. vital force.

vitalista, m.pl. **-i**, f.pl. **-e** /vita'lista/ m. e f. vitalist.

vitalistico, pl. **-ci**, **-che** /vita'listiko, tʃi, ke/ agg. vitalist(ic).

vitalità /vitali'ta/ f.inv. **1** BIOL. ZOOL. MED. *(di feto, uovo, pianta)* viability **2** *(dinamicità) (di persona)* vitality, energy, life; *(di mercato, economia)* liveliness; ***un settore produttivo di grande ~*** a thriving industrial sector; ***la tua amica sprizza ~ da tutti i pori*** your friend's bursting with energy.

vitalizio, pl. **-zi**, **-zie** /vita'littsjo, tsi, tsje/ **I** agg. DIR. [*interessi, pensione*] life attrib., (lasting) for life; ***rendita -a*** life(time) annuity; ***a titolo ~*** for (the duration of one's) life **II** m. DIR. life(time) annuity; ***acquistare qcs. in ~*** to buy sth. by paying a life annuity; ***vendere qcs. in ~*** to sell sth. for a life annuity.

vitalizzare /vitalid'dzare/ [1] tr. to vitalize.

▷ **vitamina** /vita'mina/ f. vitamin; ***carenza di -e*** vitamin deficiency; ***ricco di -e*** rich *o* high in vitamins; ***povero di -e*** low in vitamins; ***avere un alto, basso contenuto di -e*** to have a high, low vitamin content ◆◆ ***~ A*** vitamin A; ***~ B*** vitamin B; ***~ C*** vitamin C; ***~ idrosolubile*** water-soluble vitamin; ***~ liposolubile*** fat-soluble vitamin.

vitaminico, pl. **-ci**, **-che** /vita'miniko, tʃi, ke/ agg. vitaminic; ***carenza -a*** vitamin deficiency; ***ad alto contenuto ~*** high *o* rich in vitamins; ***integratore ~*** vitamin supplement; ***fabbisogno ~ giornaliero*** daily vitamin requirements.

vitaminizzare /vitaminid'dzare/ [1] tr. to vitaminize.

vitaminizzato /vitaminid'dzato/ **I** p.pass. → **vitaminizzare II** agg. [*latte, biscotto, farmaco*] with added vitamins, vitamin enriched, fortified (with vitamins).

▷ **1.vite** /'vite/ f. BOT. AGR. (grape)vine; ***~ portainnesto*** stock; ***10 ettari di -i*** 10 hectares of vines; ***coltivare la ~*** to be a wine grower; ***qui la coltivazione della ~ non rende molto*** wine growing doesn't bring much profit here ◆ ***piangere come una ~ tagliata*** to cry fit to burst, to cry one's eyes *o* heart out ◆◆ ***~ del Canada*** o ***vergine*** Virginia creeper, woodbine AE, woodbind AE.

▷ **2.vite** /'vite/ f. **1** MECC. screw; ***testa, gambo della ~*** head, stem of screw; ***stringere, allentare una ~*** to tighten, loosen a screw; ***passo della ~*** thread, lead; ***~ autofilettante*** self-tapping screw; ***~ destrorsa*** right-handed screw; ***~ da legno*** woodscrew; ***~ con testa a croce*** Phillips screw®; ***~ a testa piatta*** flat-headed screw; ***~ a testa tonda*** round-headed screw; ***~ di regolaggio*** adjusting screw; ***~ del torchio*** ENOL. press screw **2** AER. spin, screw; ***~ piatta*** AER. flat spin; ***cadere in ~*** to go into a spin ◆ ***giro di ~*** turn of the screw ◆◆ ***~ di Archimede*** Archimedes' screw; ***~ senza fine*** worm, endless screw; ***~ madre*** lead screw; ***~ micrometrica*** micrometre screw; ***~ perpetua*** → ***vite senza fine***; ***~ prigioniera*** stud.

vitella /vi'tɛlla/ f. **1** ZOOL. heifer **2** *(carne)* veal.

vitellina /vitel'lina/ f. BIOL. CHIM. vitellin.

vitellino /vitel'lino/ **I** agg. BIOL. [*membrana, sacco*] vitelline **II** m. young calf*.

▷ **1.vitello** /vi'tɛllo/ m. 1 *(animale)* calf*; **~ da latte** sucking calf 2 *(carne)* veal; **arrosto di ~** roast of veal; **cotolette di ~** veal cutlets; **costata di ~** rib of veal; **fegato di ~** calves' liver; **cervella di ~** calves' brains 3 *(pelle conciata)* calf(skin) ◆ **piangere come un ~** to cry fit to burst, to cry one's eyes *o* heart out; **uccidere il ~ grasso** to kill the fatted calf ◆◆ **~ marino** seal; **~ d'oro** BIBL. golden calf (anche FIG.); **~ tonnato** GASTR. INTRAD. (poached veal served cold in a tuna mayonnaise).

2.vitello /vi'tɛllo/ m. BIOL. vitellus*.

vitellone /vitel'lone/ m. 1 *(animale, carne)* baby beef 2 COLLOQ. *(giovane ozioso)* layabout, loafer, idler.

viterbese /viter'bese/ ♦ *2* I agg. from, of Viterbo II m. e f. native, inhabitant of Viterbo III m. LING. dialect of Viterbo.

viticcio, pl. **-ci** /vi'tittʃo, tʃi/ m. BOT. tendril, cirrus*.

viticolo /vi'tikolo/ agg. [*regione, paese*] viny, wine-producing attrib.

viticoltore /vitikol'tore/ ♦ *18* m. (f. **-trice** /tritʃe/) wine grower, wine producer, viticulturist.

viticoltura /vitikol'tura/ f. wine growing, viticulture, viniculture.

vitigno /vi'tiɲɲo/ m. (species of) vine, grape variety.

vitiligine /viti'lidʒine/ f. vitiligo.

vitino /vi'tino/ m. narrow waist ◆◆ **~ di vespa** wasp waist.

vitivinicolo /vitivi'nikolo/ agg. wine-growing and wine-producing attrib.

vitivinicoltura /vitivinikol'tura/ f. wine growing and wine producing.

vitreo /'vitreo/ agg. 1 *(di vetro)* glass attrib. 2 *(simile al vetro)* glassy; FIG. [*occhio, sguardo*] glassy, glazed 3 ANAT. vitreous.

vitrite /vi'trite/ f. vitrite, vitrain.

vitro /'vitro/ m. **in ~** in vitro; **fecondazione in ~** in vitro fertilization.

vitruviano /vitru'vjano/ agg. ARCH. Vitruvian.

Vitruvio /vi'truvjo/ n.pr.m. Vitruvius.

vitta /'vitta/ f. BOT. STOR. vitta*.

▶ **vittima** /'vittima/ f. 1 victim (**di** of); *(di guerra, incidente)* casualty, victim; **il ciclone ha fatto numerose -e** the cyclone claimed many victims; **-e degli incidenti stradali** road accident victims, road casualties; **bilancio delle -e** death toll; **essere ~ di un infarto** to be the victim of a heart attack; **le -e del cancro** cancer victims; **il giocatore, ~ di una ferita al ginocchio...** the player, suffering from a knee injury...; **~ di un guasto meccanico, ha abbandonato la corsa** hit by mechanical problems, he abandoned the race; **essere ~ di calunnie, delle circostanze, di una ideologia, di un complotto** to be a victim of slander, of circumstances, of an ideology, of a conspiracy; **essere ~ di un equivoco** to labour under a misapprehension; **è rimasto ~ del suo successo, buon cuore, orgoglio** his success, kind-heartedness, pride has been his undoing; **la loro impresa fu una delle -e della crisi petrolifera** their firm was one of the casualties of the oil crisis; **fare la ~** to play the victim, to make a martyr of oneself; **smettila di fare la ~!** don't be such a martyr! 2 DIR. victim 3 *(creatura offerta in sacrificio)* sacrificial victim.

vittimismo /vitti'mizmo/ m. making a martyr of oneself.

vittimista, pl. **-i**, f.pl. **-e** /vitti'mista/ m. e f. = person who consistently behaves as if he or she were a martyr.

vittimistico, pl. **-ci**, **-che** /vitti'mistiko, tʃi, ke/ agg. **ha un atteggiamento ~** he's acting the martyr.

vittimizzare /vittimid'dzare/ [1] tr. to victimize.

vittimizzazione /vittimiddzat'tsjone/ f. victimization.

vitto /'vitto/ m. *(cibo)* food, diet; *(pasti in un albergo)* board; **~ frugale, vegetariano** frugal, vegetarian diet; **~ e alloggio** board and lodging, room and board, bed and board; **spese per il ~** eating expenses.

▶ **vittoria** /vit'tɔrja/ f. victory (**su** over; **contro** against); SPORT win (**su** over; **contro** against); **riportare una ~ su** to win a victory over [*paese*]; SPORT to have a win over [*squadra*]; **~ insperata** unhoped-for victory; **~ netta** o **indiscutibile** clear win; **~ schiacciante** SPORT crushing *o* overwhelming victory, whitewash COLLOQ.; POL. landslide; **~ di stretta misura** narrow *o* close *o* hairline win; **la sua terza ~ consecutiva** her third consecutive *o* straight win; **la palma della ~** the victor's palm; **~ ai punti** SPORT win on points; **~ alle elezioni** victory in the elections; **strappare la ~ a qcn.** to snatch (the) victory from sb.; **avere la ~ in pugno** to be home and dry, to have victory in one's grasp ◆ **cantare ~** to crow over a victory ◆◆ **~ morale** moral victory; **~ di Pirro** Pyrrhic *o* Cadmean victory.

Vittoria /vit'tɔrja/ I n.pr.f. 1 *(persona)* Victoria; **la regina ~** Queen Victoria 2 GEOGR. **cascate ~** Victoria Falls; **il lago ~** Lake Victoria II n.pr.m. *(stato)* Victoria.

vittorianesimo /vittorja'nesimo/ m. Victorianism.

vittoriano /vitto'rjano/ agg. Victorian.

Vittorio /vit'tɔrjo/ n.pr.m. Victor.

vittoriosamente /vittorjosa'mente/ avv. victoriously.

▷ **vittorioso** /vitto'rjoso/ agg. [*paese, esercito*] victorious; [*atleta, squadra*] winning, victorious; **uscire ~ da** to achieve victory in [*gara, lotta*].

vituperare /vitupe'rare/ [1] tr. to vituperate, to revile FORM.

vituperativo /vitupera'tivo/ agg. vituperative, lambasting.

vituperatore /vitupera'tore/ m. (f. **-trice** /tritʃe/) vituperator, detractor.

vituperevole /vitupe'revole/ agg. contemptible, shameful, despicable.

vituperio, pl. **-ri** /vitu'pɛrjo, ri/ m. 1 *(ingiuria)* abuse **U**, vituperation **U**; **coprire qcn. di -ri** to heap abuse on sb. 2 *(vergogna)* shame, disgrace; **essere il ~ della famiglia** to be the shame of one's family.

viuzza /vi'uttsa/ f. alley(way), lane, narrow street.

▷ **viva** /'viva/ inter. **~!** hurrah! hooray! **~ la libertà!** viva freedom! **~ la democrazia, il presidente!** long live democracy, long live the President! **~ i lavoratori!** up the workers! **~ la Juventus!** Juventus forever! **~ le vacanze!** hooray for the holidays! three cheers for the vacation! **~ gli sposi!** hurrah for the bride and groom! ◆ **~ la sincerità!** that's what I call plain speaking!

vivacchiare /vivak'kjare/ [1] intr. (aus. *avere*) *(vivere stentatamente)* to scrape a living; *(tirare avanti)* to get* along.

▷ **vivace** /vi'vatʃe/ agg. 1 *(brillante)* [*colore*] bright, vivid 2 *(vitale, dinamico)* [*persona*] lively, vivacious; *(irrequieto, indisciplinato)* **è un bambino ~** he's a live wire 3 *(aggressivo, animato)* [*dibattito, proteste*] heated; **ha avuto una reazione un po' (troppo) ~** she reacted rather strongly 4 *(pronto)* [*sguardo, occhio*] bright; [*mente, intelligenza*] lively; *(brioso)* [*conversazione, tono*] bright, lively; [*ritmo*] snappy, brisk; [*scambi, vendite, commercio*] lively, brisk 5 MUS. vivace.

vivacemente /vivatʃe'mente/ avv. [*criticare, reagire, contestare, protestare*] strongly; [*conversare*] vivaciously.

vivacità /vivatʃi'ta/ f.inv. *(di persona, intelligenza, serata, musica, discussione, spettacolo)* liveliness; *(di impressione)* vividness; *(di luce, sguardo)* brightness; *(di colore)* brightness, vividness; *(di città)* vitality; **è di una ~ sorprendente per la sua età** he's surprisingly sprightly for his age.

vivacizzare /vivatʃid'dzare/ [1] I tr. to brighten up, to liven up, to cheer up, to jazz up COLLOQ. [*conversazione, serata*] II **vivacizzarsi** pronom. [*conversazione*] to become* lively, to liven up.

vivaddio /vivad'dio/ inter. by God, by Jove.

vivagno /vi'vaɲɲo/ m. TESS. list(ing), selvage, selvedge.

vivaio, pl. **-ai** /vi'vajo, ai/ m. 1 *(di pesci)* fish farm, hatchery; *(di ostriche)* oyster farm; *(di lumache)* snail farm 2 *(di piante)* nursery 3 FIG. nursery, breeding ground; **un ~ di ingegneri** a breeding ground for engineers.

vivaista, m.pl. **-i**, f.pl. **-e** /viva'ista/ ♦ *18* m. e f. 1 *(di pesci)* fish breeder, fish farmer 2 *(di piante)* nurseryman*.

vivamente /viva'mente/ avv. 1 *(fortemente)* [*incoraggiare, raccomandare*] strongly; *(con veemenza)* [*contestare, protestare*] fiercely; **desidera ~ conoscervi** she is most anxious to meet you 2 *(di cuore)* [*ringraziare, congratularsi*] warmly 3 *(vivacemente)* [*descrivere*] vividly.

vivanda /vi'vanda/ f. *(cibo)* food; *(pietanza)* dish; **lista delle -e** bill of fare, menu.

vivandiere /vivan'djɛre/ m. (f. **-a**) sutler.

vivavoce /viva'votʃe/ m.inv. loudspeaker, loud speaking, hands off; *(per auto)* hands-free kit.

vivente /vi'vɛnte/ I agg. 1 *(in vita)* [*persona, organismo*] living; **essere ~** living being 2 *(in carne e ossa)* [*esempio, simbolo*] living; **quadro ~** tableau vivant, living picture; **leggenda ~** living legend; **essere la prova ~ di qcs.** to be living proof of sth.; **essere il ritratto ~ di qcn.** to be the living portrait of sb.; **tua madre è un vocabolario ~!** your mother is a walking dictionary! II m. e f. living being; **i -i** the living.

▶ **1.vivere** /'vivere/ [99] I intr. (aus. *essere, avere*) 1 *(essere in vita)* [*persona, animale, pianta*] to live; **~ a lungo** to live for a long time, to live long; **~ fino a tarda età** to live to a ripe old age *o* to a great age; **~ fino a cent'anni** to live to be a hundred; **cessare di ~** EUFEM. to pass away 2 *(abitare)* [*persona, animale, pianta*] to live; **da quanto tempo vivi qui?** how long have you been living here? **~ in campagna, in città** to live in the country, in town; **~ per conto proprio** to live on one's own; **~ in cinque in una stanza** to live five to a room; **con cui è facile, difficile ~** [*persona*] easy, difficult to live with 3 *(trascorrere l'esistenza)* [*persona*] to live; **~ da eremita** to live like a hermit, to live the life of a recluse; **~ in apprensione, per i figli** to live in fear, for one's children; **~ controcorrente** to go one's own way *o* against the tide; ***modo di ~*** way of life; ***imparare a ~*** to learn to live **4** *(sopravvivere)* [*persona*] to live; ***~ nel lusso, nella miseria*** to live *o* lead a life of luxury, of misery; ***~ da gran signore*** to live in state, to live like a lord; ***~ secondo le, al di sopra delle proprie possibilità*** to live within, beyond one's means; ***~ con poco*** to live on very little; ***guadagnarsi da ~*** to earn a *o* one's living, to make a living (**come** as; **con** out of); ***di che cosa vive?*** what does he live on? ***avere di che ~*** to have enough to live on; ***~ del proprio lavoro, di carità, con poco o niente*** to live on one's work, on charity, on next to nothing; ***~ della propria reputazione*** to live on one's reputation; ***~ alle spese di qcn.*** to live off sb.; ***~ alle spalle di qcn.*** to live off sb.'s back; ***~ di rendita*** to have a private income; ***~ alla giornata*** to take one day at a time, to live (from) hand to mouth; ***lo stretto necessario per ~*** the bare necessities of life; ***~ nella speranza*** to live in hope; ***~ nella speranza di qcs.*** to live in (the) hope of sth.; ***~ di ricordi*** to live on memories; ***avere vissuto*** FIG. *(avere esperienza)* [*persona*] to have seen a great deal of life; ***essere vissuto*** SCHERZ. *(essere consumato)* [*oggetto*] to have had its day **5** *(durare)* ***il loro ricordo vivrà nella nostra memoria*** their memory will live on in our hearts **II** tr. **1** *(conoscere)* to live through [*epoca*]; to go* through [*momenti difficili, inferno*]; to experience [*passione*]; ***~ una brutta esperienza*** to go through *o* have a bad experience; ***~ il matrimonio come un sacrificio*** to view one's marriage as self-sacrifice; ***~ la propria vita*** to lead *o* live one's own life; ***~ una vita tranquilla, agitata*** to lead a quiet, hectic life; ***la vita vale la pena di essere vissuta*** life is worth living **2** *(sentire, sperimentare)* to cope with [*divorzio, fallimento, cambiamento*]; ***come hai vissuto la vostra separazione?*** how did you cope with your separation? ***~ la fede*** to put one's faith into practice ◆ ***~ d'aria*** to live on fresh air; ***chi vivrà vedrà*** time (alone) will tell; ***stare sul chi vive*** to be on the qui vive, to keep a sharp look-out; ***vivi e lascia ~*** live and let live; ***non di solo pane vivrà l'uomo*** man shall not live by bread alone; ***e vissero (tutti) felici e contenti*** they (all) lived happily ever after.

2.vivere /'vivere/ m. life; ***questo non è ~*** this is not life; ***il tuo non è un gran bel ~*** yours is no way to live; ***quieto ~*** quiet life; ***per amore del quieto ~*** for a quiet life.

viveri /'viveri/ m.pl. *(cibarie)* (food) supplies, provisions; ***razionamento dei ~*** food rationing; ***pacco ~*** food parcel; ***tagliare i ~ a qcn.*** to cut off sb.'s supplies; FIG. to cut off sb.'s allowance.

viveur /vi'vœr/ m.inv. viveur, pleasure-seeker.

vivezza /vi'vettsa/ f. **1** *(vivacità)* liveliness **2** *(efficacia espressiva)* lifelike quality, vividness.

Viviana /vi'vjana/ n.pr.f. Vivian, Vivien(ne).

vivibile /vi'vibile/ agg. liv(e)able.

vivibilità /vivibili'ta/ f.inv. liveableness.

vividamente /vivida'mente/ avv. vividly, brightly, brilliantly.

vividezza /vivi'dettsa/ f. **1** *(di colore, luce)* vividness, brightness; *(di ricordo, descrizione)* vividness **2** FIG. *(di ingegno, mente)* liveliness.

vivido /'vivido/ agg. **1** *(nitido, chiaro)* [*colore, luce*] vivid, bright; [*ricordo, descrizione*] vivid; [*stile*] lively **2** FIG. *(pronto, acuto)* [*ingegno, mente*] lively.

vivificante /vivifi'kante/ agg. **1** *(rinvigorente)* [*aria, clima*] invigorating **2** *(stimolante)* [*attività, parole*] stimulating.

vivificare /vivifi'kare/ [1] tr. **1** *(rinvigorire)* [*aria, clima, sole*] to give* life to, to invigorate [*persona, pianta*] **2** *(animare)* to (en)liven [*ambiente*].

vivificatore /vivifika'tore/ agg. vivifying.

vivificazione /vivificat'tsjone/ f. vivification.

vivinatalità /vivinatali'ta/ f.inv. live births pl.

viviparità /vivipari'ta/ f.inv. viviparity.

viviparo /vi'viparo/ **I** agg. viviparous **II** m. (f. **-a**) viviparous mammal.

vivisettore /viviset'tore/ m. (f. **-trice** /tritʃe/) vivisectionist.

vivisettorio, pl. **-ri** /viviset'tɔrjo, ri/ agg. vivisectional.

vivisezionare /vivisettsjo'nare/ [1] tr. to vivisect; FIG. to examine thoroughly, to examine minutely.

vivisezione /viviset'tsjone/ f. vivisection; FIG. minute examination, detailed examination.

▶ **vivo** /'vivo/ **I** agg. **1** *(vivente, che è in vita)* [*persona, animale, cellula*] living, alive; ***è (ancora) ~*** he is (still) alive *o* living; ***da ~*** in his lifetime, while he was alive; ***un animale ~*** a live animal; ***prendere un animale ~*** to catch an animal alive; ***lingua -a*** living language; ***essere sepolto, bruciato ~*** to be buried, burned alive; ***~ o morto*** dead or alive; ***sei ancora ~?*** COLLOQ. long time no see! ***farsi ~*** to turn up; ***con noi non si sono fatti -i*** we've heard nothing from them **2** *(con caratteristiche di ciò che vive)* ***calce -a*** quicklime, burnt lime; ***acqua -a*** running water; ***carne -a*** (living) flesh, quick; ***argento ~*** quicksilver; ***roccia -a*** bare rock **3** *(vivace, brillante)* [*persona, mente, intelligenza*] lively; [*colore, luce, occhio*] bright, lively; [*sguardo*] intelligent; ***giallo ~*** bright yellow; ***rosso ~*** bright red, pillar-box red BE **4** *(forte)* [*interesse, desiderio*] keen; [*preoccupazione*] serious; [*dolore*] acute; ***con mio ~ rammarico*** to my great regret; ***è con -a gioia che*** it is with great pleasure that; ***con i più -i ringraziamenti*** *(sentito)* with grateful *o* sincere thanks **5** *(che rappresenta efficacemente)* [*descrizione, racconto*] vivid **6** *(che dura)* ***essere ancora ~*** [*usanza, ricordo*] to be still alive; ***mantenere -a la tradizione*** to keep the tradition going **7** *(pungente, tagliente)* [*spina, spigolo*] sharp; ***cuocere a fuoco ~*** to cook over a high heat *o* flame **II** m. **1** *(essere vivente)* ***i -i e i morti*** the living and the dead **2** DIR. ***tra -i*** [*donazione, voltura, divisione*] inter vivos **3** *(parte sensibile)* ***tagliare la carne nel ~*** to cut into the (living) flesh; ***toccare, pungere, ferire qcn. sul ~*** FIG. to cut *o* sting sb. to the quick, to get sb. on the raw BE; ***entrare nel ~ della questione*** FIG. to get to the heart of the matter **4 dal vivo** [*ritratto*] life; [*concerto, trasmettere, cantare*] live; ***foto scattata dal ~*** on-the-spot photo ◆ ***a -a voce*** in person; ***non c'è anima -a*** there isn't a living soul; ***avere l'argento ~ addosso*** to be full of the joys of spring; ***mangiare ~ qcn.*** to eat sb. alive; ***~ e vegeto*** alive and well, alive and kicking.

▷ **viziare** /vit'tsjare/ [1] **I** tr. **1** *(educare con permissività)* to pamper, to spoil* [*bambino, animale*]; ***~ troppo qcn.*** COLLOQ. to spoil sb. rotten **2** FIG. *(corrompere)* to ruin, to corrupt [*persona*] **3** DIR. *(invalidare)* to vitiate [*atto, contratto*] **4** *(rendere impuro)* to pollute [*aria*] **II viziarsi** pronom. [*aria*] to become* polluted.

viziato /vit'tsjato/ **I** p.pass. → **viziare II** agg. **1** *(educato con permissività)* [*bambino, animale*] pampered, spoiled **2** FIG. *(corrotto)* ruined, corrupted **3** DIR. [*atto, contratto*] vitiated **4** *(impuro, irrespirabile)* [*aria*] polluted, foul.

▷ **vizio**, pl. **-zi** /'vittsjo, tsi/ m. **1** *(dissolutezza)* vice; ***vivere nel ~*** to lead a dissolute life; ***essere schiavo del ~*** to be a slave to vice **2** *(cattiva abitudine)* bad habit; *(dipendenza)* vice; ***ha il ~ di arrivare sempre in ritardo*** he has a bad habit of always arriving late; ***essere pieno di -zi*** to have every possible vice; ***i sette -zi capitali*** the seven deadly sins; ***prendere il ~ di fumare*** to get into the habit of smoking; ***avere il ~ del bere*** to have a drink problem; ***perdere il ~*** to kick the habit **3** *(difetto)* fault, defect; ***~ di costruzione*** construction fault; ***~ di fabbricazione*** manufacturing defect; ***~ di pronuncia*** speech defect ◆ ***l'ozio è il padre di tutti i -zi*** PROV. the devil makes work for idle hands; ***il lupo perde il pelo ma non il ~*** a leopard cannot change his spots ◆◆ ***~ capitale*** deadly sin; ***~ cardiaco*** heart defect, valvular defect; ***~ di forma*** DIR. vice of form; ***~ occulto*** DIR. → ***~ redibitorio***; ***~ di procedura*** DIR. legal irregularity, procedural mistake; ***~ redibitorio*** DIR. hidden fault, defect fault.

viziosamente /vittsjosa'mente/ avv. ***vivere ~*** to live intemperately.

viziosità /vittsjosi'ta/ f.inv. *(dissolutezza)* dissolution; *(erroneità)* defectiveness, faultiness.

vizioso /vit'tsjoso/ **I** agg. **1** *(pieno di vizi)* [*persona, vita*] intemperate, dissolute **2** FIG. ***circolo ~*** vicious circle, catch-22 situation **II** m. (f. **-a**) dissolute person.

vizzo /'vittso/ agg. *(avvizzito)* [*frutto*] shrivelled BE, shriveled AE, wrinkled; [*pianta, fiore*] wilted, withered; [*guance, pelle*] withered, wrinkled.

v.le ⇒ viale Avenue (Ave), Boulevard (Blvd).

▷ **vocabolario**, pl. **-ri** /vokabo'larjo, ri/ m. **1** *(lessico)* vocabulary; ***~ attivo, passivo, di base*** active, passive, core vocabulary; ***il loro ~ è molto ricco, limitato*** their vocabulary is very rich, limited; ***arricchire*** o ***ampliare il proprio ~*** to extend one's vocabulary; ***quella parola non esiste nel suo ~*** COLLOQ. FIG. he doesn't know the meaning of that word; ***che ~!*** SPREG. what a language! **2** *(dizionario)* dictionary; ***~ inglese-italiano*** English-Italian dictionary; ***cercare qcs. nel ~*** to look sth. up in the dictionary.

vocabolo /vo'kabolo/ m. word, term.

1.vocale /vo'kale/ agg. [*corde, organo, musica, registro, concerto*] vocal; [*riconoscimento, impronta*] voice attrib.; ***potenza ~*** lung-power.

▷ **2.vocale** /vo'kale/ f. LING. vowel; ***~ aperta, chiusa*** open, close vowel; ***~ breve, lunga*** short, long vowel; ***~ in sillaba chiusa, libera*** checked, free vowel; ***~ anteriore*** front vowel; ***~ centrale*** central vowel; ***~ posteriore*** back vowel.

vocalico, pl. **-ci**, **-che** /vo'kaliko, tʃi, ke/ agg. vocalic, vowel attrib.; ***suono ~*** vowel sound; ***mutazione -a*** vowel shift.

vocalismo /voka'lizmo/ m. LING. vocalism.

vocalista, m.pl. **-i**, f.pl. **-e** /voka'lista/ ▸ ***18*** m. e f. vocalist.

vocalizzare /vokalid'dzare/ [1] **I** tr. LING. to vocalize **II** intr. (aus. *avere*) MUS. *(eseguire vocalizzi)* to vocalize **III vocalizzarsi** pronom. LING. to vocalize.

vocalizzazione /vokaliddzat'tsjone/ f. LING. MUS. vocalization.

vocalizzo /voka'liddzo/ m. vocalise, vocalism, vocalization; ***fare dei -i*** to vocalize.

vocalmente /vokal'mente/ avv. vocally.

vocativo /voka'tivo/ **I** agg. vocative **II** m. vocative; ***al ~*** in the vocative.

▷ **vocazione** /vokat'tsjone/ f. RELIG. vocation, call(ing); FIG. vocation; ***~ sacerdotale*** vocation for the priesthood; ***~ per l'arte, per la letteratura*** artistic, literary vocation; ***non seguire la propria ~*** to miss one's vocation; ***avere una ~ per qcs.*** to have a vocation for sth.; ***avere una ~ per fare*** to have a vocation to do *o* for doing; ***insegnare per ~*** to be a teacher by vocation; ***regione a ~ turistica, agricola*** tourist, farming area.

▶ **voce** /'votʃe/ f. **1** *(di esseri umani)* voice; ***avere una ~ acuta, bassa*** to have a high(-pitched), low(-pitched) voice; ***con ~ dolce, potente*** in a gentle, powerful voice; ***dalla ~ rauca, profonda*** [*persona*] hoarse-voiced, deep-voiced; ***~ femminile*** woman's *o* female voice; ***~ maschile*** man's *o* male voice; ***alzare la ~*** to raise one's voice (anche FIG.); ***abbassare la ~*** to lower one's voice; ***schiarirsi la ~*** to clear one's throat; ***contraffare la ~*** to disguise one's voice; ***parlare sotto ~*** to speak in a whisper *o* in an undertone; ***dire qcs. con un filo di ~*** to say sth. in a thready *o* faint voice; ***~ interiore*** inner voice; ***sentire (del)le -i*** to hear voices; ***a ~ alta*** in a loud voice; ***a ~ bassa*** in a low voice; ***gridare con quanta ~ si ha in corpo*** to shout at the top of one's lungs; ***perdere la ~, avere un abbassamento di ~*** to lose one's voice; ***sono senza ~*** I've lost my voice; ***sta cambiando la ~*** [*adolescente*] his voice is breaking; ***a portata di ~*** *(per chi parla)* within shouting *o* hailing distance; *(per chi ascolta)* within earshot *o* hearing; ***~!*** *(al cinema)* louder! *(per invitare a parlare più forte)* speak up! **2** *(verso di animale)* call, cry; *(canto)* song **3** MUS. voice; ***~ di soprano, contralto, baritono*** soprano, contralto, baritone voice; ***~ di falsetto*** falsetto voice; ***~ solista*** soloist; ***(alla) ~...*** vocals by..., on vocals...; ***essere in ~*** to be in fine voice; ***essere giù di ~*** to be hoarse; ***avere ~, una bella ~*** to have a loud, beautiful voice; ***scaldare la ~*** to warm up one's voice; ***impostare la ~*** to pitch one's voice; ***ha la ~ bene, male impostata*** his voice is correctly, incorrectly pitched; ***educare*** o ***esercitare la ~*** to work on one's voice; ***cantata per quattro -i*** cantata for four voices; ***una delle più belle -i del mondo*** one of the finest voices in the world **4** *(opinione)* voice; ***la ~ del popolo, degli oppressi*** the voice of the people, of the oppressed; ***fare sentire la propria ~*** to make oneself heard; ***la sua ~ conta molto*** he has a great say, his opinion matters *o* counts a great deal; ***a gran ~*** loudly, in a loud voice **5** *(diceria)* rumour BE, rumor AE, hearsay **U**, story (**su** on, about); ***mettere in giro*** o ***spargere la ~ che...*** to set it about that...; ***corre ~ che...*** rumour has it that..., there's a rumour around *o* in the air that..., the story goes that...; ***sono solo -i*** they are only rumours; ***è infondata la ~ secondo cui*** there is no basis to the report that **6** *(espressione)* voice; ***la ~ della saggezza, della ragione, del cuore*** the voice of wisdom, of reason, of the heart; ***la ~ della coscienza*** the voice of conscience; ***è la ~ del sangue che parla*** it's in the blood **7** LING. *(forma del verbo)* voice; ***~ attiva, passiva*** active, passive voice; ***"misi", ~ del verbo "mettere"*** "misi", form of the verb "mettere" **8** *(lemma)* entry, headword, lemma* **9** *(in un elenco)* heading; ***sotto la*** o ***alla ~ "stampanti"*** under the heading "printers"; ***cancellare la ~ che non interessa*** delete where inapplicable **10** ECON. COMM. item; ***~ di bilancio*** budget item, balance sheet item; ***~ attiva*** credit item *o* entry; ***~ passiva*** debit item *o* entry ◆ ***a (viva) ~*** in person; ***dare una ~ a qcn.*** COLLOQ. *(chiamare)* to give sb. a shout; ***passare (la) ~*** to pass *o* spread the word; ***dare ~ a qcs., qcn.*** to give voice to sth., sb.; ***fare la ~ grossa*** to raise one's voice; ***avere ~ in capitolo*** to have a voice *o* say in the matter ◆◆ ***~ bianca*** treble voice, white voice; ***~ celeste*** celeste, voix céleste; ***~ fuori campo*** CINEM. voice-over, off-screen voice; ***~ di petto*** chest-voice; ***~ di testa*** head-voice; ***-i di corridoio*** rumours BE, rumors AE, backstairs gossip.

1.vociare /vo'tʃare/ [1] intr. (aus. *avere*) to yell, to shout, to clamour BE, to clamor AE.

2.vociare /vo'tʃare/ m. yelling, shouting, clamour BE, clamor AE.

vociferare /votʃife'rare/ [1] **I** intr. (aus. *avere*) to clamour BE, to clamor AE, to vociferate FORM. **II** tr. to rumour BE, to rumor AE; ***si vocifera che...*** rumour has it that..., there's a rumour around *o* in the air that...

vociferazione /vociferat'tsjone/ f. rumour BE, rumor AE.

vocio, pl. **-ii** /vo'tʃio, ii/ m. yelling, shouting, clamour BE, clamor AE.

vodka /'vɔdka/ f.inv. vodka.

voga, pl. **-ghe** /'voga, ge/ f. **1** *(il vogare)* rowing **2** *(slancio)* enthusiasm **3** *(moda)* fashion, vogue; ***in ~*** [*auto, musica, hobby*] fashionable, in fashion, in vogue.

vogare /vo'gare/ [1] intr. (aus. *avere*) to row; ***~ a bratto*** to scull.

vogata /vo'gata/ f. **1** *(il vogare)* rowing **2** *(colpo di remo)* stroke, pull.

vogatore /voga'tore/ m. **1** *(persona)* rower, oarsman* **2** *(apparecchio)* rowing machine.

vogatrice /voga'tritʃe/ f. rower, oarswoman*.

▶ **voglia** /'vɔʎʎa/ f. **1** *(volontà)* will; *(desiderio)* desire, longing, wish; *(capriccio)* whim; ***avere ~ di qcs.*** to feel like sth.; ***avere ~ di fare qcs.*** to want to do sth., to feel like doing sth.; ***~ matta, improvvisa*** insane, sudden urge; ***togliersi una ~*** to indulge a whim; ***mi è venuta ~ di telefonarti*** I got the urge to phone you; ***e se mi venisse ~ di venire con voi?*** and what if I suddenly decided to come with you? ***avere ~ di dormire, di fare pipì*** to want to go to bed, to pee; ***hai ~ di un gelato?*** (do you) fancy an ice cream? ***~ di vivere*** will to live; ***avere ~ di ridere, piangere, urlare*** to feel like laughing, crying, screaming; ***non ho nessuna ~ di incontrarlo*** I have absolutely no desire to meet him; ***avere ~ di vomitare*** to feel sick, to have a feeling of nausea; ***fare venire a qcn. la ~ di fare*** to make sb. want to do; ***il libro mi ha fatto venire ~ di vedere il film*** the book made me want to see the film; ***morire dalla ~ di qcs., di fare qcs.*** COLLOQ. FIG. to die for sth., to do sth.; ***contro ~, di mala ~*** unwillingly, against one's will; ***domani devo studiare, che ~!*** I have to study tomorrow, what a drag! ***hai ~ di parlare, tanto nessuno ti ascolta!*** talk as much as you want, nobody is listening to you! ***"c'è del caffè?" - "hai ~!"*** "is there any coffee?" - "you bet!"; ***"forse ci aiuta" - "sì, hai ~!"*** IRON. "maybe he will help us" - "dream on!" **2** *(di donna incinta)* craving (**di** for); ***una ~ di cioccolato*** a craving for chocolate **3** *(appetito sessuale)* desire, lust; ***avere ~ di qcn.*** to want sb. **4** *(sulla pelle)* birthmark.

vogliosamente /voʎʎosa'mente/ avv. with pleasure.

voglioso /voʎ'ʎoso/ agg. **1** eager (**di** for) **2** *(che ha molti capricci)* whimsical **3** *(sessualmente)* lustful, lewd.

▶ **voi** /voi/ v. la nota della voce **io**. **I** pron.pers. **1** *(soggetto)* you *(in inglese va sempre espresso)*; ***(~) siete in anticipo*** you're early; ***so che non siete stati ~ a rompere il vetro*** I know it wasn't you that broke the window; ***siete ~ i primi*** you're first; ***siete ~?*** *(alla porta)* is that you? ***noi possiamo farlo, ~ no*** we can do it, you cannot; ***~ italiani amate il sole*** you Italians love the sun; ***~ stessi*** you yourselves; ***l'avete fatto ~ stessi*** you did it yourselves; ***ve ne occuperete ~ stessi*** you'll see to it yourselves; ***~ altri*** you; ***~ due, tre*** the two, three of you; ***tutti ~*** all of you; ***neppure*** o ***neanche ~ siete andati al cinema*** you didn't go to the cinema either; ***anche ~ pensate che abbia ragione*** you also think that he is right **2** *(complemento oggetto)* you; ***ho visto lei, ma non ~*** I saw her, but not you **3** *(preceduto da preposizione)* you; ***attorno a ~, dopo di ~, con ~*** around you, after you, with you; ***un regalo per ~*** a present for you; ***è importante per ~?*** is it important to you? ***non scrive a nessuno tranne che a ~*** she doesn't write to anyone but you; ***pensate a ~ stessi*** think of yourselves; ***senza di ~ non sarei sopravvissuto*** I wouldn't have survived without you; ***a ~ ha raccontato una storia molto diversa*** he told you quite a different story; ***tocca a ~*** your turn; ***tocca a ~ scegliere*** *(è il vostro turno)* it's your turn to choose; *(è vostra responsabilità)* it's up to you to choose; ***lavora più di ~*** she works more than you (do); ***lei è più giovane di ~*** she is younger than you (are) **4** *(impersonale)* you, one; ***se ~ considerate che...*** if you consider that... **5** REGION. *(forma di cortesia in luogo del "Lei")* you; ***~ cosa ne pensate?*** what do you think about it? ***~ siete troppo buono*** you are too kind; ***anche ~ avete l'aria malata*** you don't look very well either, you look sick too **II** m. ***l'uso del ~*** the use of the "voi" form; ***dare del ~*** to use the "voi" form; ***dare del ~ a qcn.*** to address sb. using the "voi" form; ***darsi del ~*** to address one another using the "voi" form.

voialtri /vo'jaltri/ pron.pers. *(rafforzativo di voi)* → **voi.**

voile /vwal/ m.inv. voile.

voivoda /voi'vɔda/ m. voivod(e).

vol. ⇒ volume volume (vol).

volano /vo'lano/ ♦ **10** m. **1** *(gioco)* battledore and shuttlecock, badminton; *(palla)* shuttle(cock); ***fare una partita a*** o ***di ~*** to play badminton **2** *(riserva)* margin, reserve **3** TECN. flywheel ◆◆ ***~ magnete*** magneto; ***~ di cassa*** COMM. financial reserves.

volant /vo'lan/ m.inv. frill, volant.

▷ **1.volante** /vo'lante/ **I** agg. **1** *(che vola)* [*animale, insetto, oggetto*] flying; ***disco ~*** flying saucer; ***tappeto ~*** magic carpet; ***bomba ~*** STOR. MIL. flying bomb, robot bomb, doodlebug BE **2** *(mobile)* ***fili -i*** loose wires; ***foglio ~*** loose sheet of paper **3** ARALD. [*uccello*] volant

II f. *(squadra di polizia)* flying squad; *(automobile della polizia)* patrol car, squad car, prowl car AE.

2.volante /vo'lante/ m. *(di automobile)* (steering) wheel; ***essere al ~*** to be at *o* behind the wheel; ***prendere il ~*** to take the wheel; ***rimettersi al ~*** to be back at the wheel; ***addormentarsi al ~*** to fall asleep at the wheel; ***un asso del ~*** an ace driver.

volantinaggio, pl. **-gi** /volanti'naddʒo, dʒi/ m. = distribution of leaflets; ***fare ~*** to leaflet.

volantinare /volanti'nare/ [1] intr. (aus. *avere*) to leaflet.

▷ **1.volantino** /volan'tino/ m. leaflet, handbill, handout, flyer.

2.volantino /volan'tino/ m. MECC. handwheel.

▶ **volare** /vo'lare/ [1] intr. **1** (aus. *essere, avere*) *(spostarsi nell'aria)* [*insetto, animale, aereo, aquilone*] to fly*; *(viaggiare in aereo)* [*persona*] to fly*; ***~ alto, basso*** to fly high, low; ***~ radente*** to hedgehop; ***~ in elicottero*** to fly in a helicopter; ***~ con la British Airways*** to fly British Airways; ***~ a un'altitudine di 10.000 metri, alla velocità di crociera di 500 km/h*** to cruise at 10,000 metres, at 500 km/h **2** (aus. *essere*) *(volteggiare nell'aria)* [*polvere, piuma, foglie*] to fly*, to blow* around; ***~ al vento*** [*capelli, gonna*] to blow in the wind **3 volare via** (aus. *essere*) [*uccello, insetto*] to fly away *o* off; [*fogli, cappello*] to blow away *o* off **4** (aus. *essere*) *(essere lanciato)* [*pietre, schiaffi, insulti, minacce*] to fly*; ***volavano botte da orbi*** the fur was flying; ***~ in frantumi*** o ***in pezzi*** [*vetro*] to shatter **5** (aus. *essere*) *(cadere)* to fall*; ***~ giù dalle scale*** to tumble *o* fall down the stairs; ***è volato giù dal quarto piano*** he fell from the fourth floor **6** (aus. *essere*) *(correre, precipitarsi)* to rush, to fly*, to zoom COLLOQ.; ***volo in farmacia*** I'll rush to the chemist's; ***~ in aiuto di qcn.*** to rush to sb.'s aid **7** (aus. *essere*) *(trascorrere velocemente)* [*tempo*] to fly*; ***le vacanze sono volate*** the holidays flew past **8** (aus. *essere*) *(riandare con la mente)* ***il mio pensiero volò a lui*** my thoughts flew to him ◆ ***non si sentiva ~ una mosca*** you could hear the grass growing *o* a pin drop.

volata /vo'lata/ f. **1** *(corsa)* rush; ***fare una ~ alla posta*** to fly to *o* make a dash for the post office; ***di ~*** like a shot, in a rush *o* hurry *o* flash; ***andare di ~*** to fly **2** *(volo)* flight **3** SPORT *(nel ciclismo)* (final) sprint, finish; ***vincere in ~*** to win the final sprint, to sprint home to win; ***superare qcn. in ~*** to sprint past sb.; ***mezza ~*** *(nel tennis)* half-volley.

volatile /vo'latile/ **I** agg. **1** [*uccello*] flying **2** CHIM. INFORM. volatile **II** m. *(uccello)* bird.

volatilità /volatili'ta/ f.inv. volatility.

volatilizzabile /volatilid'dzabile/ agg. volatilizable.

volatilizzare /volatilid'dzare/ [1] **I** tr. CHIM. to volatilize **II** **volatilizzarsi** pronom. **1** CHIM. to volatilize **2** SCHERZ. *(scomparire)* to disappear, to vanish into thin air.

volatilizzazione /volatiliddzat'tsjone/ f. volatilization.

volatore /vola'tore/ **I** agg. flying **II** m. flier; ***un ~ veloce, potente*** a swift, powerful flier.

vol-au-vent /volo'vɑ̃/ m.inv. vol-au-vent.

volée /vo'le/ f.inv. volley; ***~ alta*** smash; ***~ bassa*** low volley; ***~ di diritto*** forehand *o* drive volley; ***~ di rovescio*** backhand volley.

volente /vo'lɛnte/ agg. ***~ o nolente*** whether one likes it or not.

volenterosamente /volenterosa'mente/ avv. willingly, with good will.

▷ **volenteroso** /volente'roso/ agg. willing, eager, keen.

▶ **volentieri** /volen'tjɛri/ Come risposta affermativa a una richiesta, *volentieri!* in un contesto d'uso normale può essere reso da *of course! certainly!* o *I'd love to*: *"potresti aiutarmi, per favore?" "volentieri!"* = "could you help me, please?" "Of course / Certainly!"; *"vuoi cenare con noi stasera?" "volentieri!"* = "will you join us for dinner tonight?" "I'd love to". Suonano invece molto formali, se non antiquati, equivalenti come *with pleasure, gladly* o *willingly*. - In una frase, il senso espresso da *volentieri* può essere reso da un verbo, come nei seguenti esempi: *lo faccio volentieri* = I enjoy doing it; *vado sempre volentieri a teatro* = I'm always pleased when I go to the theatre; *le parlerei volentieri* = I'd love to talk with her. avv. ***ti aiuterei ~*** I'd be glad to help you, I would gladly help you; ***andrei ~ a Vienna*** I'd love to go to Vienna; ***berrei ~ qualcosa di caldo*** I'd welcome a hot drink; ***"potresti aiutarmi per favore?" - "~!"*** "could you help me, please?" - "of course!"; ***"me lo presti?" - "ben ~!"*** "will you lend it to me?" - "I'd be delighted to!" *o* "certainly!"; ***"vuoi venire con noi?" - "~!"*** "will you come with us?" - "I'd love to!"; ***"vuoi un biscotto?" - "molto ~"*** "would you like a biscuit?" - "I'd love one"; ***"vuoi del vino?" - "molto ~"*** "would you like some wine?" - "I'd love some"; ***spesso e ~*** COLLOQ. as often as not.

▶ **1.volere** /vo'lere/ [100] **I** mod. **1** *(intendere)* to want; *(desiderare)* would like; *(più forte)* to wish; ***vuole andare a sciare*** she wants to go skiing; ***capisco benissimo che tu non voglia rispondere*** I can quite understand that you may not wish to reply; ***vuole fare l'astronauta*** he wants *o* would like to be an astronaut; ***vorrebbero andare a casa*** they wish *o* would like to go home; ***avremmo anche voluto aggiungere che*** we would also have liked to add that; ***volevo dirvi che*** I wanted to tell you that; ***avrei voluto vedere te!*** COLLOQ. I'd like to have seen you! ***non vorrei disturbarla*** I don't want to put you out; ***vorrei tanto rimanere, aiutarvi, ma*** I would like to stay, to help you, but; ***vorrei avere un milione di dollari*** I wish I had a million dollars; ***avrebbe voluto essere andata con lui*** she would have liked to have gone with him, she wished she had gone with him **2** *(in offerte o richieste cortesi)* ***vuoi bere qualcosa?*** would you like to have a drink? ***vorrebbe aiutarmi, per favore?*** would you please help me? ***vorrei parlarle in privato*** I'd like to speak to you in private; ***vuoi venire con noi?*** will you come with us? **3** *(in frasi interrogative, con valore di imperativo)* ***vuoi stare zitto?*** will you shut up! ***vuoi chiudere quella porta?*** close that door, will you? **4** COLLOQ. *(in frasi negative)* *(riuscire)* ***la legna non vuole bruciare*** the wood won't burn; ***il motore non vuole mettersi in moto*** the engine won't start; ***la mia ferita non vuole guarire*** my wound won't heal **5** **voler dire** *(significare)* to mean*; ***cosa vuoi dire?*** what do you mean? ***che cosa vuol dire questa parola?*** what does this word mean? ***per me non vuol dire nulla*** it means nothing to me; ***vorrebbe dire rifare tutto*** that would mean doing everything all over again; ***non vorrai dire che è medico?*** you don't mean to tell me he's a doctor? **II** tr. **1** *(essere risoluto a ottenere)* to want; ***voglio una nuova segretaria*** I want a new secretary; ***non li voglio, i tuoi soldi!*** I don't want your money! ***vuole la tua felicità*** she wants you to be happy; ***voglio una relazione dettagliata per domani mattina*** I want a detailed report by tomorrow morning; ***vuole che tutto sia finito per le 8*** she wants everything finished by 8 o'clock; ***vuoi proprio che te lo dica? il tuo amico è un imbroglione*** I hate to say it, but your friend is a crook; ***vedi che ci riesci quando vuoi?*** you see you can do it when you really want to; ***che tu lo voglia o no*** whether you like it or not; ***essere in grado di intendere e di ~*** DIR. to be compos mentis *o* of sound mind **2** *(desiderare)* ***vorrei una macchina mia*** I'd like to have a car of my own; ***vorrei che fosse qui*** I wish he were here; ***vorrei che mi telefonasse*** I would like him to phone me; ***basta volerlo*** you've only got to want it **3** *(con complemento predicativo)* ***suo padre lo vuole dottore*** his father wants him to become a doctor; ***ti voglio felice*** I want you to be happy **4** *(in offerte o richieste cortesi)* ***vorrei un chilo di pere*** I'd like a kilo of pears; ***vorrei un bicchier d'acqua*** I'd like a glass of water; ***volevo due panini e una birra*** COLLOQ. I'd like two sandwiches and a beer; ***vuoi qualcosa da bere?*** would you like (to have) a drink? ***vuoi qualcos'altro?*** would you like something else? ***vuoi ancora del vino?*** would you like some more wine? **5** *(preferire)* ***vieni quando vuoi*** come whenever you want *o* like; ***"cosa facciamo questa sera?" - "quello che vuoi tu"*** "what shall we do tonight?" - "whatever you like"; ***vorrei che tu non tornassi a casa da sola*** I'd rather you didn't come home alone; ***le regalarono un gatto, ma avrebbe piuttosto voluto un cucciolo*** she was given a cat but she would have preferred a puppy **6** *(pretendere)* ***come vuoi che ti creda?*** how could I believe you? ***dopo quello che ha fatto, vorresti che mi fidassi di lui?*** do you expect me to trust him after what he's done? ***che cosa volete da me?*** what do you want from me? ***cosa vuoi di più?*** what more could you ask (for)? ***cos'altro vogliono da noi?*** what else *o* more do they want of us? ***come vuole che facciamo a lavorare in queste condizioni?*** how does he expect people to work in these conditions? **7** *(richiedere)* ***vende la macchina, vuole 5.000 euro*** he's selling his car, he wants 5,000 euros for it; ***quanto vuole per la bicicletta?*** how much is she asking for her bicycle? ***quanto ha voluto per riparare la lavastoviglie?*** how much did he charge for repairing the dishwasher? **8** *(cercare)* ***il capo ti vuole nel suo ufficio*** the boss wants you in his office; ***ti vogliono al telefono*** you're wanted on the phone **9** *(permettere)* ***non posso venire, mia madre non vuole*** I can't come, my mother doesn't want me to **10** *(necessitare)* to require, to need; ***queste piante vogliono un clima umido*** these plants require *o* need a humid climate; ***questo verbo vuole il congiuntivo*** *(reggere grammaticalmente)* this verb requires *o* takes the subjunctive **11** *(prescrivere)* ***la leggenda vuole che*** legend has it that; ***come vuole la leggenda, la tradizione*** as legend, tradition has it; ***come vuole la legge, la consuetudine*** as the law, custom demands; ***il regolamento vorrebbe che portassimo la cravatta*** we're normally required to wear a tie **12** *(ritenere)* ***alcuni vogliono che si trattasse di un complotto*** some people believe it was a conspiracy; ***c'è chi lo vuole innocente*** some people think he is inno-

1.volere

- Il modale italiano *volere* e i suoi principali equivalenti inglesi condividono una caratteristica che li distingue dagli altri verbi modali: *volere*, infatti, può funzionare sia da verbo lessicale seguito da un complemento oggetto (*voglio una birra* = I want a beer), sia da verbo modale seguito da un altro verbo (*voglio bere una birra* = I want to drink a beer, *voglio che tu beva una birra* = I want you to drink a beer).
- Gli equivalenti inglesi del verbo italiano *volere* sono *want, will* (in forma contratta *'ll*, al negativo *will not* o *won't*), *would* (in forma contratta *'d*, al negativo *would not* o *wouldn't*), *would like to* (in forma contratta *'d like to*, al negativo *wouldn't like to*) e *to wish to*.

Volere = will

- L'italiano *volere* si traduce con *will* quando, al tempo presente, si vuole indicare:
  a) un'offerta gentile: *vuoi del tè?* = will you have some tea?
  b) una richiesta gentile: *vuoi venire con noi?* = will you come with us? *volete andarci voi al posto di Jane?* = will you go there in Jane's stead?
  c) una richiesta espressa con un imperativo di cui si vuole attenuare la perentorietà: *comprami un giornale, vuoi?* = buy me a newspaper, will you?
  d) in frase interrogativa, un comando brusco: *vuoi chiudere il becco?* = will you shut up!
  e) in frase negativa, un rifiuto: *non voglio parlargli!* = I won't talk to him!
  f) in frase negativa, il significato di *riuscire*: *la macchina non vuole partire* = the car won't start.

  Il primo esempio ci mostra che *will* in inglese non può mai essere seguito da un complemento oggetto, ma deve sempre reggere un verbo: *vuoi del dolce?* = will you have some cake?

Volere = would

- L'italiano *volere* si traduce con *would* quando esprime:
  a) al condizionale, un'offerta gentile (ma in modo più formale di *will*): *vorrebbe qualcosa da bere?* = would you have a drink?
  b) al condizionale, una richiesta (ma in modo più formale di *will*): *vorrebbe aiutarmi, per favore?* = would you please help me?
  c) al passato, una forte volontà od ostinazione: *pioveva a catinelle; eppure volle uscire* = it was raining cats and dogs; yet he would go out, *anche se non posso sopportare Jane, hanno voluto invitarla alla festa* = although I can't stand Jane, they would invite her to the party.

  Il primo esempio ci mostra che *would* in inglese non può mai essere seguito da un complemento oggetto, ma deve sempre reggere un verbo: *vorrebbe del dolce?* = would you have some cake?

Volere = wouldF like to

- L'italiano *volere* si traduce con *would like to* quando, al condizionale, si vuole esprimere un desiderio, ossia una richiesta o un'offerta gentili:
  a) al condizionale semplice: *vorresti andare dal panettiere?* = would you like to go to the baker's? *vorreste venire con noi?* = would you like to join us?
  b) al condizionale composto, per indicare un desiderio irrealizzato: *avremmo voluto venire con voi, ma...* = we would have liked to join you, but...
- Talvolta, per tradurre *volere* al presente indicativo, si usa il presente di *to like* come possibile alternativa a *to want* o *to wish*:

vieni quando vuoi	= come whenever you like / want / wish.

Volere = to want to

- L'italiano *volere* si t aduce con *to want to* quando si vuole esprimere un desiderio o una necessità; questo verbo, che dal punto di vista morfologico è regolare, si usa in tutte le forme verbali tranne il condizionale, in cui figura per lo più al negativo:

vuole comprare un'auto nuova	= he wants to buy a new car
non voleva andare	= he didn't want to go
volete fare delle domande?	= do you want to ask any questions?
volevano portare con sé il bagaglio	= they wanted to take their luggage with them
vorranno parlarne con te	= they'll want to talk it over with you.

Volere = to wish to

- L'italiano *volere* si traduce con *to wish to* quando si vuole esprimere, con una certa forza o in tono formale, un desiderio; questo verbo, che dal punto di vista morfologico è regolare, si può usare in pressoché tutte le forme verbali:

sono pronto a fare qualunque cosa tu voglia	= I'm ready to do whatever you wish
ieri voleva vederti il preside	= the headmaster wished to see you yesterday
non voglio essere scortese, ma...	= I don't wish to be rude, but...
Sheila non voleva essere lasciata sola?	= didn't Sheila wish to be left alone?
se volessero andare a casa, lo direbbero	= if they wished to go home, they'd say so.

- La forma di prima persona singolare e plurale *I / we wish* ha un uso del tutto particolare:
  a) ha funzione di presente indicativo, e indica un desiderio realizzabile, quando è normalmente seguita dall'infinito con *to*:

voglio / vogliamo andare al cinema	= I / we wish to go to the cinema

  b) ha funzione di condizionale presente, e indica un desiderio irrealizzato o irrealizzabile, quando è seguita dai verbi *essere*, *avere* e *potere* nelle seguenti costruzioni:

vorrei / vorremmo essere	= I wish I were, we wish we were
vorrei / vorremmo avere	= I wish I had, we wish we had
vorrei / vorremmo potere	= I wish I could, we wish we could

  Poiché queste locuzioni idiomatiche coinvolgono *essere* e *avere*, che sono al contempo verbi lessicali e ausiliari, l'espansione della frase può consistere in un nome, un aggettivo o un altro verbo:

vorrei essere un calciatore	= I wish I were a footballer
vorrei essere ricco	= I wish I were rich
vorrei essere in crociera	= I wish I were on a cruise
vorrei stare facendo una crociera nel Mediterraneo	= I wish I were cruising in the Mediterranean
vorrei essere aiutato da tutti voi	= I wish I were helped by you all
vorrei avere più amici	= I wish I had more friends
vorrei averla conosciuta dieci anni fa	= I wish I had met her ten years ago
vorrei poterti aiutare	= I wish I could help you
vorremmo saperlo fare	= we wish we could do it

  Su questo modello, la forma *I / we wish* estende il proprio uso anche ad altri verbi:

vorrei saperlo	= I wish I knew.

Volere = to be willing to

- L'italiano *volere* si traduce talvolta con la forma perifrastica *to be willing to*, che letteralmente significa *essere disposto a*:

quanto vogliono (= sono disposti a) *pagare?*	= how much are they willing to pay?

La traduzione di _volere che_ + congiuntivo

- Alla struttura *volere che* + congiuntivo dell'italiano (ad esempio, *voglio che tu vada subito a casa*) corrisponde in inglese una struttura di tipo infinitivo, con piccole variazioni formali in rapporto all'equivalente di *volere* utilizzato, come mostrano i casi qui sotto elencati.

- Quando la struttura *volere che* + congiuntivo dell'italiano è introdotta in inglese da *would*, si esprime un desiderio irrealizzato o irrealizzabile (tempo condizionale composto) mediante la costruzione *would have had* + nome/pronome al caso oggetto + infinito senza *to*:

avrebbe voluto che gli mandassimo almeno una cartolina	= he would have had us send him a postcard at least
avrebbero voluto che Jim vincesse la corsa	= they would have had Jim win the race.

- Quando la struttura *volere che* + congiuntivo dell'italiano è introdotta in inglese da *would like*, si esprime un desiderio realizzabile (condizionale presente) mediante la costruzione *would like* + nome/pronome al caso oggetto + infinito con *to*; la medesima costruzione, se introdotta da *would have liked*, esprime un desiderio irrealizzabile o irrealizzato (condizionale composto):

vorrebbe che rimanessero più a lungo	= she'd like them to stay longer
vorresti che lo facessi io?	= would you like me to do it?
avremmo voluto incontrarla	= we would have liked to meet her
avresti voluto vivere nel Settecento?	= would you have liked to live in the 18th century?

- Quando la struttura *volere che* + congiuntivo dell'italiano è introdotta in inglese da *to want*, si esprime un desiderio realizzabile (tempi vari) mediante una doppia costruzione:
  a) *to want* + nome/pronome (essere animato) al caso oggetto + infinito con *to*, per esprimere la volontà che qualcuno faccia qualcosa:

vuoi che ti aiuti?	= do you want me to help you?
vorranno che tu gli scriva una lettera	= they'll want you to write a letter to him

  b) *to want* + nome/pronome (essere inanimato) al caso oggetto + participio passato, per esprimere la volontà che qualcosa venga fatto da qualcuno:

vuole che l'auto sia riparata per le 7 di sera	= he wants the car mended by 7 pm
volevate che il prato venisse tagliato prima del vostro arrivo?	= did you want the lawn mowed before you came?

- Quando la struttura *volere che* + congiuntivo dell'italiano è introdotta in inglese da *to wish*, si esprime un desiderio realizzabile (tempi vari) mediante una doppia costruzione:
  a) *to wish* + nome/pronome (essere animato) al caso oggetto + infinito con *to*, per esprimere la volontà che qualcuno faccia qualcosa:

vuole che serva la cena, signora?	= do you wish me to serve dinner, madam?
che cosa volevano che facessi?	= what did they wish me to do?

  b) *to wish* + nome/pronome (essere inanimato) al caso oggetto + participio passato, per esprimere la volontà che qualcosa venga fatto da qualcuno:

vuole che venga servita la cena, signora?	= do you wish dinner served, madam?

La costruzione *I / we wish* con valore di condizionale per esprimere un desiderio irrealizzato o irrealizzabile (*vorrei / vorremmo*) può essere estesa anche a tradurre la struttura italiana *volere che* + congiuntivo; tenendo conto che non è modificabile l'elemento iniziale *I / we wish*, sono ammesse variazioni nel nome/pronome e nei tempi verbali retti:

vorrei che lei / Liz fosse qui	= I wish she / Liz were here
vorrei che mio marito fosse avvocato	= I wish my husband were a lawyer
vorremmo che fossero più gentili con noi	= I wish they were kinder to us
vorrei che fossimo lontani da qui	= I wish we were far from here
vorremmo che venisse aiutato dai suoi compagni	= we wish he were helped by his classmates
vorremmo che voi aveste una macchina nuova	= we wish you had a new car
vorrei che l'avessero portata loro	= I wish they had brought it
vorrei che loro potessero aiutarci	= I wish they could help us
vorremmo che lo sapesse fare anche Andrew	= we wish Andrew could do it too
vorremmo che la smettesse di parlare	= we wish she would stop talking
vorrei che ritornasse presto	= I wish he came back soon

La medesima struttura può essere usata anche per tradurre *non vorrei / non vorremmo* se la negazione è spostata sul verbo retto:

non vorrei che tu uscissi ogni sera (= vorrei che tu non uscissi ogni sera)	= I wish you wouldn't go out every night.

Casi particolari

- Posto che il condizionale composto di *volere* si può rendere in inglese con più forme (*avremmo voluto andarci noi* = we would have liked to go there; *avreste voluto che lo facessi io?* = would you have liked me to do it? *avrebbe voluto che me ne andassi subito* = he would have had me leave immediately), è talvolta possibile arrivare a una variante più snella di tali strutture impiegando il condizionale semplice (invece del condizionale composto) seguito dall'infinito composto del verbo retto (invece dell'infinito semplice):

avrei voluto vedere te!	= I would like to have seen you!

Questa trasformazione porta l'inglese a poter tradurre il condizionale composto dell'italiano anche con la forma *I wish*, che rende solitamente il condizionale semplice:

avrei voluto dirglielo	= I wish I had told him

Si noti tuttavia che in italiano le due forme di condizionale sono diverse non solo per struttura ma anche per significato:

avrei voluto dirglielo (volevo farlo, ma non l'ho fatto)	= I would have liked to tell him, I would like to have told him
vorrei averglielo detto (vorrei - adesso - averlo fatto - allora)	= I would like to have told him, I wish I had told him

Va anche ricordato che nell'italiano corrente il condizionale composto è spesso sostituito dall'imperfetto indicativo, una sostituzione che non è possibile in inglese:

volevo dirglielo, ma non me la sono sentita	= I would have liked to tell him, but I didn't feel like it.

- Quando la struttura *volere che* + congiuntivo dell'italiano è introdotta in inglese da *will*, si esprime un'intenzione (tempo presente) mediante la costruzione *will have* + nome/pronome al caso oggetto + infinito senza *to*:

non vuole averci niente a che fare	= she will have nothing to do with it

- Talvolta, mentre in italiano il verbo *volere* è usato come verbo lessicale (cioè regge un nome o pronome), la corrispondente struttura inglese è quella del verbo modale (cioè regge una struttura verbale):

lei vuole la tua felicità	= she wants you to be happy
suo padre lo vuole dottore	= his father wants him to become a doctor.

- Talvolta, *volere* è usato come ausiliare in italiano ma, poiché il contesto gli dà una particolare sfumatura semantica (ad esempio, *volere* = *preferire* o *aspettarsi*), l'equivalente inglese non utilizza uno dei modali sopra elencati:

vorrei farlo io di persona	= I'd rather do it myself
vorrei che tu non tornassi a casa da sola	= I'd rather you didn't come home alone
dopo quello che ha fatto, vorresti che mi fidassi di lui?	= do you expect me to trust him after what he's done?

cent **13 volerci** *(essere necessario)* to take*, to be* needed, to be* required; ***ci vuole pazienza*** it takes *o* you need patience (**con** with); ***ci vorrebbe un uomo come lui*** we need a man like him; ***ci vorrebbe una persona robusta per fare quello*** it would take a strong person to do that; ***ci vuole un po' di pioggia*** some rain is necessary; ***quanto zucchero ci vuole per la torta?*** how much sugar is needed for the cake? ***volerci molto (tempo)*** to take long; ***quanto ci vuole per arrivare a Venezia?*** how long does it take to get to Venice? ***ci vogliono sei ore*** it takes six hours; ***da qui alla banca ci vogliono 10 minuti a piedi*** it's 10 minutes' walk *o* a ten-minute walk from here to the bank; ***ci vogliono 1.000 euro per il viaggio aereo*** you'll need 1,000 euros for the flight; ***con quel vestito ci vorrebbe un foulard rosso*** *(addirsi)* a red scarf would go well with that dress; ***con la carne ci vuole il vino rosso*** red wine should be drunk with meat **14 volerne** *(gradire)* to want; ***non ne voglio più*** I don't want any more; ***ne voglio ancora*** I want some more; ***prendine quanto ne vuoi*** take as much as you please *o* want; ***volerne a qcn.*** *(serbare rancore)* to bear BE *o* hold AE a grudge against sb., to bear sb. ill will **III volersi** pronom. **1** *(reciprocamente)* ***-rsi bene*** to love (each other); ***-rsi male*** to hate each other **2 volersela, volerselo** ***te la sei voluta*** *(cercarsela)* you brought it on yourself, you asked for it ◆ ***come vuoi (tu)*** as you wish *o* like; ***voler bene a qcn.*** to love sb.; ***~ male a qcn.*** *(nutrire rancore)* to bear ill will to sb.; *(nutrire odio)* to hate sb.; ***~ la pelle di qcn.*** o ***~ morto qcn.*** to want sb. dead; ***vuoi... vuoi*** either... or; ***vuoi per un motivo, vuoi per un altro*** for one reason or another; ***vuoi vedere che mi telefona?*** do you want to bet he's going to call me? ***anche volendo non ce l'avrei mai fatta*** even had I wanted to, I would never have made it; ***neanche volendo potrei aiutarti*** even if I wanted I could not help you; ***volendo potremmo vederci domani*** we could meet tomorrow if we wanted; ***puoi gridare quanto vuoi, tanto ci vado ugualmente!*** you can shout until you're blue in the face, I'm going anyway! ***suo marito, se lo rigira come vuole*** she twists her husband around her little finger; ***se Dio vuole, Dio volendo*** God willing; ***senza volerlo*** [*urtare, rivelare*] by accident, unintentionally; ***cosa vuoi (che ti dica), non possiamo farci nulla!*** what can *o* shall I say, we can't help that! ***cosa vuoi, sono bambini!*** what do you expect, they're children! ***qui ti voglio!*** let's see what you can do! *(è questo il problema)* that's just it *o* the trouble! ***non ne voglio più sentire parlare*** I don't want to hear another word about it; ***non voglio più saperne di lui*** I don't want to hear about him any more; ***non ne vuole (più) sapere*** he won't hear of it; ***ce n'è voluto! c'è voluto del bello e del buono!*** it took some doing! (**per fare** to do); ***è proprio quello che ci vuole!*** that's just what the doctor ordered *o* the job *o* the (very) thing! ***ci vuol (ben) altro che...*** it takes more than...; ***ci vuole un bel coraggio!*** it really takes some cheek (**a** to); ***ci voleva anche questa!*** this is just too much! as if we didn't have enough problems! that's all we needed! that's done it! ***non ci vuole molto a capirlo*** SPREG. it doesn't take much understanding; ***che ci vuole?*** it's not all that difficult! ***quando ci vuole, ci vuole*** = sometimes you've just got to; ***~ è potere*** PROV. where there's a will there's a way; ***chi troppo vuole nulla stringe*** PROV. grasp all, lose all.

▷ **2.volere** /vo'lere/ m. will; ***contro il proprio ~*** against one's will; ***piegarsi al ~ di qcn.*** to dance to sb.'s tune.

volframio /vol'framjo/ → **wolframio.**

Volga /'vɔlga/ ➧ *9* n.pr.m. Volga.

▶ **volgare** /vol'gare/ **I** agg. **1** *(del popolo)* popular **2** *(grossolano)* [*persona*] vulgar, crude, loud; [*parola, linguaggio, comportamento*] vulgar, coarse, gross **3** *(comune)* ordinary, common; ***come un ~ delinquente*** like a common delinquent **4** *(corrente)* [*nome*] common, trivial **5** LING. [*latino*] vulgar; ***lingua ~*** vernacular **II** m. **1** *(volgarità)* vulgarity; ***cadere nel ~*** to lapse into vulgarity, to become coarse **2** *(persona volgare)* ***non fare il ~!*** don't be vulgar *o* coarse! **3** LING. vernacular.

volgarismo /volsga'rizmo/ m. vernacularism.

▷ **volgarità** /volgari'ta/ f.inv. **1** vulgarity, coarseness, crudity **2** *(parola volgare)* vulgar word, coarse word; ***dire ~*** to use foul *o* bad *o* strong language; ***dire una ~*** to say sth. vulgar, to utter an obscenity.

volgarizzamento /volgariddza'mento/ m. = translation into the vernacular.

volgarizzare /volgarid'dzare/ [1] tr. **1** *(divulgare)* to popularize [*scienza, tecnologia*]; to bring* [sth.] into general use [*espressione*] **2** *(tradurre)* = to translate into the vernacular.

volgarizzatore /volgariddza'tore/ m. (f. **-trice** /tritʃe/) **1** *(divulgatore)* popularizer **2** *(traduttore)* = translator into the vernacular.

volgarizzazione /volgariddzat'tsjone/ f. vulgarization.

volgarmente /volgar'mente/ avv. **1** *(in modo volgare)* [*esprimersi, comportarsi*] vulgarly, coarsely, grossly **2** *(comunemente)* [*chiamare*] commonly; ***la valeriana, ~ detta erba gatta*** valerian, commonly known as catnip.

▶ **1.volgere** /'vɔldʒere/ [101] **I** tr. **1** *(rivolgere)* to turn, to direct; ***~ lo sguardo verso qcn., qcs.*** to look towards sb., sth.; ***~ l'attenzione a*** to turn *o* direct one's attention to; ***~ la mente, il pensiero a qcn., qcs.*** to turn one's mind, thoughts to sb., sth. **2** FIG. *(trasformare)* ***~ qcs. in burla*** to turn sth. into a joke; ***~ la situazione in favore di qcn.*** to sway the outcome in sb.'s favour **3** *(tradurre)* to translate; ***~ un testo in italiano*** to translate a text into Italian **II** intr. (aus. *avere*) **1** *(cambiare direzione)* ***il sentiero volge a destra*** the path turns to the right **2** FIG. *(evolvere)* ***~ al peggio, al meglio*** [*situazione*] to take a turn for the worse, for the better; ***il tempo sta volgendo al bello*** the weather is changing for the better **III volgersi** pronom. **1** *(girarsi)* to turn; ***-rsi verso qcn.*** to turn to *o* towards sb.; ***-rsi a sinistra*** to turn left; ***-rsi indietro*** to turn back **2** FIG. *(riversarsi)* ***la sua collera si volse contro di noi*** she vented her anger on us **3** FIG. *(dedicarsi)* ***-rsi alla musica*** to turn to music; ***-rsi agli studi classici*** to take up classical studies ◆ ***~ le spalle a qcn.*** to turn one's back to sb.; ***~ in fuga il nemico*** to put the enemy to flight; ***~ al termine*** [*secolo, giorno*] to draw to a close *o* an end.

2.volgere /'vɔldʒere/ m. ***con il ~ degli anni*** with the passing of years; ***al ~ del secolo*** at the turn of the century.

volgo, pl. **-ghi** /'volgo, gi/ m. LETT. populace, common people pl.; SPREG. hoi polloi pl., populace, vulgar herd.

voliera /vo'ljɛra/ f. aviary, volary RAR.

volitivo /voli'tivo/ agg. **1** PSIC. volitional, volitive **2** LING. volitive.

volizione /volit'tsjone/ f. volition.

vollista, m.pl. **-i**, f.pl. **-e** /vol'lista/ ➧ *18* m. e f. volleyball player.

▶ **volo** /'volo/ m. **1** *(di uccello, aereo)* flight; ***prendere*** o ***spiccare il ~*** [*uccello*] to spread one's wings, to take wing *o* flight; FIG. *(sparire)* [*persona*] to cut and run, to take to one's heels; ***alzarsi in ~*** [*uccello*] to rise up, to soar up; [*aereo*] to take off, to rise up; ***a ~ d'uccello*** [*ripresa*] bird's eye attrib.; ***in ~*** [*uccello, aereo*] in flight; ***di ~*** [*istruttore, scuola, condizioni*] flying; [*piano, rotta, registratore, simulatore*] flight; ***rifornimento in ~*** refuelling BE *o* refueling AE in flight, air-to-air refuelling BE *o* refueling AE; ***fare un ~ di ricognizione su*** to make a reconnaissance flight over; ***~ internazionale*** international flight; ***~ interno*** domestic *o* internal flight; ***~ di linea*** scheduled flight; ***~ charter*** charter flight BE; ***~ di andata, di ritorno*** outward flight, return flight; ***~ senza scalo*** nonstop flight; ***~ diretto*** direct flight; ***fare un ~ diretto*** to fly direct; ***prenotare, cancellare un ~*** to book, cancel a flight; ***il ~ per Parigi*** the Paris flight, the flight to Paris; ***ci sono tre ore di ~ tra*** it's a three-hour flight between; ***avere 1.000 ore di ~ al proprio attivo*** to have logged 1,000 flying hours **2** *(stormo)* ***un ~ di*** a flight of [*anatre, cicogne*]; ***d'alto ~*** [*uccello*] high-flying **3** *(caduta)* fall; ***un ~ dal terzo piano*** a fall from the third floor; ***fare un ~ di tre metri*** to have a three-metre fall **4 al volo** ***sparare a un uccello al ~*** to shoot a bird in flight; ***afferrare una palla al ~*** to catch a ball in midair; ***colpire la palla al ~*** to volley the ball; ***è una che capisce al ~*** she's quick on the uptake; ***capì al ~ la situazione*** she understood the situation immediately; ***prendere un treno al ~*** to jump on a train; ***cogliere*** o ***prendere al ~*** to seize, to grab, to jump at [*offerta, opportunità*] ◆ ***fare un ~ pindarico*** = to jump from one subject to another ◆◆ ***~ cieco*** → **~ strumentale**; ***~ di collaudo*** test flight; ***~ librato*** → **~ planato**; ***~ planato*** glide, volplane; ***~ di prova*** → **~ di collaudo**; ***~ simulato*** simulated flight; ***~ strumentale*** blind flight, instrument flight; ***~ a vela*** SPORT (hang-)gliding, sailflying; ***praticare il ~ a vela*** to go gliding; ***~ a vista*** contact flying.

▶ **volontà** /volon'ta/ f.inv. **1** *(il volere)* will; ***la ~ di Dio*** God's will; ***la ~ della nazione*** the will of the nation; ***imporre la propria ~*** to impose one's will (**a qcn.** on sb.); ***piegarsi alla ~ di qcn.*** to bend to sb.'s will; ***lo hanno iscritto contro la sua ~*** he was entered against his will; ***andare contro la ~ di qcn.*** to thwart *o* go against sb.'s wishes; ***~ di potenza*** desire for power; ***sono state espresse due ~ opposte*** two opposing wishes were expressed; ***manifestare la ~ di fare*** to show one's willingness to do; ***per circostanze indipendenti dalla nostra ~*** due to circumstances beyond our control; ***ultime ~*** last will and testament; ***"sia fatta la tua ~"*** RELIG. "Thy will be done"; ***buona ~*** goodwill; ***essere pieno di buona ~*** to be full of goodwill; ***non ci mette buona ~*** her heart's not in it; ***pur con tutta la buona ~*** even with the best will in the world; ***gesto di buona ~*** goodwill gesture, gesture of goodwill; ***uomini di buona ~*** men of goodwill **2** *(qualità del carattere)* willpower, strength of will; ***essere dotato di, avere forza di ~*** to have willpower *o* strength of will; ***avere poca forza di ~*** to be weak-willed; ***sforzo di ~*** effort of will; ***è una questione di (forza di) ~*** it's a question of willpower; ***riuscire a fare qcs. con la sola forza di ~*** to succeed in doing sth.

by sheer willpower; ***avere una ~ di ferro*** to have an iron will **3 a volontà** *(quanto si vuole)* at will, as much as one likes; ***vino, pane a ~*** wine, bread galore, unlimited wine, bread; ***puoi mangiarne a ~*** you can eat as much as you like.

volontariamente /volontarja'mente/ avv. [*privarsi, rinunciare, partire*] voluntarily.

volontariato /volonta'rjato/ m. **1** *(lavoro volontario)* voluntary work; ***fare ~*** to do voluntary work; ***sovvenzioni al ~*** grants to the voluntary sector; ***associazione di ~*** voluntary organization **2** MIL. voluntary service **3** *(per motivi professionali)* unpaid apprenticeship **4** *(insieme di volontari)* voluntary workers, volunteers pl.

volontarietà /volontarje'ta/ f.inv. voluntariness.

▷ **volontario**, pl. **-ri**, **-rie** /volon'tarjo, ri, rje/ **I** agg. **1** *(spontaneo)* [*aiuto, lavoro*] voluntary, volunteer; [*azione*] voluntary, intentional; [*contributo, sacrificio, offerta*] voluntary, willing, spontaneous **2** DIR. ***omicidio ~*** voluntary manslaughter, murder **3** ANAT. [*muscolo*] voluntary **II** m. (f. **-a**) **1** voluntary worker, volunteer; ***offrirsi ~ per fare*** to volunteer to do **2** MIL. volunteer; ***corpo di -ri*** MIL. volunteer division.

volontarismo /volonta'rismo/ m. voluntarism.

volontarista, m.pl.**-i**, f.pl. **-e** /volonta'rista/ m. e f. voluntarist.

volontaristico, pl. **-ci**, **-che** /volonta'ristiko, tʃi, ke/ agg. voluntaristic.

volonterosamente /volonterosa'mente/ → **volenterosamente.**

volonteroso /volonte'roso/ → **volenteroso.**

volovelismo /volove'lizmo/ ♦ *10* m. sailflying.

volovelista, m.pl. **-i**, f.pl. **-e** /volove'lista/ m. e f. sailplane pilot.

volpacchiotto /volpak'kjɔtto/ m. fox cub; ***è un ~*** FIG. he's a cunning old fox.

▷ **volpe** /'volpe/ f. **1** *(animale) (maschio)* fox; *(femmina)* vixen; ***(pelliccia di) ~*** fox (fur); ***caccia alla ~*** *(attività)* fox hunting; *(battuta)* fox hunt; ***coda di ~*** foxtail, brush; BOT. foxtail (grass) **2** FIG. *(persona furba)* fox, crafty devil, old stager BE, slyboots AE COLLOQ.; ***è una vecchia ~*** he's a cunning *o* wily old fox, he's a sly *o* crafty old dog ◆ ***essere furbo come una ~*** to be as wily as a fox; ***è come la ~ con l'uva!*** it's a touch of sour grapes! ◆◆ ***~ argentata*** silver fox; ***~ azzurra*** blue fox; ***~ polare*** arctic *o* white fox; ***~ rossa*** red fox; ***~ volante*** flying fox.

volpino /vol'pino/ **I** agg. **1** *(di volpe)* [*muso*] foxlike, vulpine, vixenish **2** FIG. [*astuzia*] cunning, foxy **II** m. *(razza di cane)* Pomeranian (dog), spitz ◆◆ ***~ della Pomerania*** Pomeranian (dog), spitz.

volpoca, pl. **-che** /vol'pɔka, ke/ f. *(maschio)* sheldrake; *(femmina)* shelduck.

volpone /vol'pone/ m. FIG. ***è un ~*** he's a cunning *o* wily old fox, he's a sly *o* crafty old dog, he's a slick *o* smooth operator.

volt /vɔlt/ m.inv. volt.

▶ **1.volta** /'vɔlta/ f. **1** time; ***la prima, l'ultima ~*** the first, last time; ***quando l'ho vista la prima, l'ultima ~*** when I first, last saw her; ***un'ultima ~*** one last time; ***quella ~ hai esagerato*** you went too far that time *o* on that occasion; ***l'ho incontrato altre -e*** I met him on previous occasions *o* other times; ***è la prima ~ che vengo in questo paese*** it's my first visit to *o* time in this country; ***è la prima ~ che provo*** it's my first attempt; ***è l'ultima ~ che te lo dico!*** I shan't warn you again! ***se qualche ~ ti senti solo*** if sometimes *o* at anytime you feel lonely; ***per l'ennesima ~*** for the umpteenth time; ***le rare -e in cui...*** on those rare occasions when...; ***magari un'altra ~*** some other time perhaps; ***che sia la prima e l'ultima ~ che*** let this be the first and last time (that); ***questa ~, riuscirò*** I'll make it this time; ***quella ~ non ha funzionato*** it didn't work that time; ***ti ricordi quella ~ che...?*** do you remember (the time) when...? ***una ~ o l'altra*** one day or another, some time or other; ***questa è la ~ buona*** this is the right time, this is our chance; ***una ~, due -e*** once, twice; ***tre, dieci, molte -e*** three, ten, many times; ***una sola ~*** just once; ***sono partiti tutti e tre in una sola ~*** the three of them left at once; ***l'unica, la sola ~ che l'ho visto*** the only time I saw him; ***vuol fare sempre tutto in una ~*** he always wants to do everything at the same time *o* at once; ***non rispondete tutti in una ~!*** don't answer all together *o* at once! ***diventa di ~ in ~*** o ***~ per ~ più sicuro*** he's getting more and more self-confident; ***gliel'ho detto più -e*** I've told him again and again *o* over and over again; ***una ~ ancora*** one more time, once more; ***facciamolo un'altra ~*** *(ancora)* let's do it again; *(in un altro momento)* let's do it another time; ***l'altra ~, la ~ scorsa*** last time; ***la prossima ~*** next time; ***il più delle -e*** more often than not, as often as not; ***una ~ di troppo*** once too often; ***poco per ~*** in stages; ***non più di dodici persone per ~*** no more than twelve people at any one time; ***alle -e, certe -e*** sometimes; ***a -e*** now and then, now and again; ***sentirsi a -e felice a -e depresso*** to feel happy and depressed by turns; ***una ~ per tutte, una buona ~, una ~ tanto*** once and for all; ***una ~ ogni tanto*** once in a while, from time to time; ***una ~ di più*** once more; ***ancora una ~ non sono d'accordo*** once again, I don't agree; ***ogni ~ che, tutte le -e che*** each *o* every time that, whenever, whensoever FORM.; ***una ~ o due al giorno*** once or twice a day *o* dayly; ***due -e (al)l'anno*** twice a year; ***quattro, nove -e tanto*** fourfold, ninefold; ***una ~ su due*** half the time, any other time; ***una ~ su tre*** every third time; ***ti ho già detto cento, mille -e di non farlo!*** I've told you a thousand times not to do it! ***nove -e su dieci*** nine times out of ten; ***una ~ ogni tre giorni*** once every three days; ***dieci -e più grande*** ten times bigger; ***due -e più caro*** twice as expensive; ***due -e tanto*** twice as much; ***pensarci due -e prima di fare*** to think twice before doing; ***non ha avuto bisogno di farselo dire due -e*** he needed no second bidding, he didn't need telling *o* to be told twice; ***non ci ha pensato due -e*** he didn't give it a second thought; ***la metà delle -e non ascolta nemmeno*** half the time he isn't listening; ***l'8 nel 24 ci sta tre -e*** MAT. 8 into 24 goes 3 times *o* is 3; ***tre -e due fa sei*** MAT. three times two is six **2 una volta** *(un tempo)* ***una ~ fumava, vero?*** she used to smoke, didn't she? ***una ~ era molto famoso*** he was once very famous; ***una ~ qui c'era un pub*** there used to be a pub here; ***di una ~*** of former days *o* times; ***le usanze di una ~*** the old ways; ***Paolo non è più quello di una ~*** Paolo is no longer the person he used to be; ***è tornato quello di una ~*** he's back to his old self; ***il signor Rossi, che una ~ lavorava per la Grunard*** Mr Rossi, formerly with Grunard's **3 una volta che** once; ***una ~ che ebbe mangiato...*** once he had eaten, he...; ***una ~ che visiterete la Scozia, vorrete tornarci*** when you've been to Scotland, you'll want to go again and again **4 per una volta** for once; ***l'hai fatto arrabbiare, per una ~ che era di buon umore*** for once when he was in a good mood you had to go and make him angry; ***restiamo a casa per una ~*** let's have an evening in for a change; ***per una ~ ha pagato lui*** he paid for a change **5 alla volta un passo alla ~*** one step at a time; ***10 dollari alla ~*** 10 dollars a time *o* at any one time; ***uno alla ~*** one at a time, one by one; ***due, tre alla ~*** two, three at a time *o* at the time; ***portare tre valige alla ~*** to carry three suitcases at the same time; ***un po' alla ~ ti ci abituerai*** little by little you'll get used to it **6 alla volta di** ***partire alla ~ di Venezia*** to leave bound for Venice **7** *(turno)* turn; ***a mia, tua ~*** in my, your turn; ***è la ~ di Giovanna*** it's Giovanna's turn; ***ho invitato Andrew che a sua ~ ha invitato Peter*** I invited Andrew who in turn invited Peter **8** *(nel pattinaggio)* counter, spin **9** EQUIT. circle, counter **10** TIP. verso*, reverse ◆ ***c'era una ~ una regina*** once upon a time there was a queen; ***gli ha dato di ~ al cervello*** he's gone off his head; ***ma ti dà di ~ al cervello?*** are you nuts or what?

2.volta /'vɔlta/ f. **1** ARCH. vault, arch, dome; ***soffitto a ~*** vaulted ceiling; ***chiave di ~*** keystone, capstone, top stone, copestone, archstone AE; FIG. keystone; ***curvare a ~*** to vault **2** ANAT. vault ◆◆ ***~ a botte*** barrel *o* tunnel vault; ***la ~ celeste*** LETT. the vault of heaven; ***~ cranica*** ANAT. dome of the skull; ***~ a crociera*** cross vault; ***~ a cupola*** dome vault; ***~ a ogiva*** o ***(su crociera) ogivale*** ogival vault; ***~ palatina*** o ***del palato*** ANAT. palatal arch, roof of the mouth; ***~ plantare*** ANAT. arch of the foot; ***la ~ stellata*** LETT. the starry vault, the welkin; ***~ a ventaglio*** fan vault.

voltafaccia /volta'fattʃa/ m.inv. (anche FIG.) about-turn, about-face, U-turn, volte-face, tergiversation; ***fare un ~*** to do an about-turn, to perform a volte-face, to tergiversate.

voltafieno /volta'fjɛno/ m.inv. tedder.

voltagabbana /voltagab'bana/ m. e f.inv. turncoat, trimmer.

voltaggio, pl. **-gi** /vol'taddʒo, dʒi/ m. voltage.

1.voltaico, pl. **-ci**, **-che** /vol'taiko, tʃi, ke/ agg. EL. [*arco, pila*] voltaic.

2.voltaico, pl. **-ci**, **-che** /vol'taiko, tʃi, ke/ agg. LING. Voltaic.

voltametro /vol'tametro/ m. voltameter.

voltampere /voltam'pɛr/ m.inv. volt-ampere.

voltamperometro /voltampe'rɔmetro/ m. voltammeter.

voltapietre /volta'pjɛtre/ m.inv. turnstone.

▶ **voltare** /vol'tare/ [1] **I** tr. **1** *(volgere, girare in una direzione)* to turn [*testa*] (**verso** towards); ***~ lo sguardo verso qcn.*** to turn one's eyes at sb.; ***~ le spalle a qcn., qcs.*** (anche FIG.) to turn one's back on sb., sth. **2** *(girare)* to turn over [*frittata, moneta*]; ***~ pagina*** to turn over (the page); FIG. to turn over a new leaf; ***e ora voltiamo pagina e passiamo alle notizie sportive*** and now for sports... **3** *(svoltare)* ***~ a destra, a sinistra*** to turn right, left; ***~ l'angolo*** to turn the corner **II** intr. (aus. *avere*) to turn; ***la strada volta a destra*** the road turns to the right **III voltarsi** pronom. to turn (a)round, to turn about; *(girare la testa)* to turn aside, to face away, to turn away; ***-rsi verso qcn., qcs.*** to turn (one's face) towards *o* to sb., sth., to turn to face sb., sth.; ***si voltò a guardare chi era*** she looked round to see who it was; ***-rsi indietro*** to turn back; ***senza -rsi indietro*** without a backward glance; ***voltati e guardami*** turn round and look at me ◆ ***non sapere più da che parte -rsi*** not to know where *o* which way to turn.

voltastomaco, pl. **-chi** e **-ci** /voltas'tɔmako, ki, tʃi/ m. ***mi dà*** o ***fa venire il*** ~ (anche FIG.) it turns my stomach, it makes me sick; ***avere il*** ~ (anche FIG.) to feel sick.

voltata /vol'tata/ f. **1** *(il voltare)* ***dare una ~ a qcs.*** to turn sth. over **2** *(curva)* bend, turn.

volteggiamento /volteddʒa'mento/ m. circling; *(di foglie)* fluttering; *(di ballerino)* spinning, gyration.

volteggiare /volted'dʒare/ [1] intr. (aus. *avere*) **1** *(girare)* [*aereo, avvoltoio*] to circle (**su** above, over); [*foglie*] to whirl, to twirl **2** *(fare piroette)* [*ballerino*] to spin, to twirl, to gyrate **3** SPORT [*ginnasta*] to vault **4** EQUIT. to vault.

volteggio, pl. **-gi** /vol'tɛddʒo, dʒi/ m. SPORT vaulting (anche EQUIT.).

voltimetro /vol'timetro/, **voltmetro** /'vɔltmetro/ m. voltmeter.

1.volto /'volto/ **I** p.pass. → **1.volgere II** agg. **1** *(orientato)* turned (**a, verso** towards); ***una finestra -a a sud*** a window that looks *o* faces south **2** FIG. ***essere ~ a fare*** to be geared to do; ***un'attività -a alla soluzione del problema*** an activity geared to solve the problem.

▶ **2.volto** /'volto/ m. **1** *(viso)* face; *(espressione)* countenance, expression, look; ~ ***familiare, disfatto*** familiar, drawn face; ***un ~ amico*** a friendly face; ***avere un volto tondo, quadrato*** to be round-faced, square-faced; ***avere un ~ triste*** to look sad, to be sad-faced, to have a sad expression; ***era scuro in ~*** his face was as black as thunder; ***gli si leggeva in ~ l'angoscia*** his distress was visible on his face; ***aveva il ~ sfigurato dalla rabbia*** his features were contorted with rage; ***un ~ nuovo per il cinema*** a new face for the cinema **2** FIG. *(carattere, natura)* ***il vero ~ di qcn., qcs.*** the true face *o* nature of sb., sth.; ***un regime dal ~ umano*** a humane régime **3** FIG. *(aspetto)* face, aspect, facet; ***i due -i di una politica, di una rivoluzione*** the two aspects of a policy, revolution; ***il nuovo ~ della Germania, dell'Europa, dell'industria*** the new face of Germany, Europe, industry.

voltolare /volto'lare/ [1] **I** tr. to roll **II voltolarsi** pronom. to roll about.

voltolino /volto'lino/ m. spotted crake ◆◆ ~ ***americano*** meadow chicken, sora.

voltura /vol'tura/ f. transfer; ~ ***del telefono*** = change of name on telephone subscription.

volturare /voltu'rare/ [1] tr. to register the transfer of [*contratto, terreno*].

volubile /vo'lubile/ agg. **1** [*persona*] fickle, flighty, flyaway, volatile **2** BOT. voluble.

volubilità /volubili'ta/ f.inv. fickleness, flightiness, volatility, volubility.

▷ **volume** /vo'lume/ m. **1** MAT. CHIM. FIS. volume; ***unità di ~*** unity of volume, cubic measure; ***calcolare il ~ di un cubo*** to calculate the volume of a cube; ***acqua ossigenata a dieci -i*** 10-volume hydrogen peroxyde **2** *(massa)* volume, size, bulk; ***raddoppiare di ~*** to double in volume; ***fare ~*** [*pacco, bagagli*] to be bulky, to take up a lot of space; ***dare ~ ai capelli*** to give one's hair body **3** *(quantità)* volume, amount; ***il ~ d'acqua di un fiume*** the volume of a river's flow; ***il ~ di attività, degli scambi, delle transazioni*** ECON. the volume of activity, of trade, of transaction; ~ ***di affari*** ECON. volume of business; ***il ~ delle esportazioni, vendite*** ECON. the volume of exportations, sales **4** *(libro, tomo)* volume; ***un'opera in quattro -i*** a work in four volumes **5** *(intensità di suono)* volume; ***alzare, abbassare, regolare il ~*** to turn up, to turn down, to adjust the volume; ~ ***sonoro, di registrazione*** sound, recording level; ***a tutto ~*** at full volume, at full blast **6** ART. volume **7** AUT. ***automobile a due -i*** two-box car; ***automobile a tre -i*** notchback, hatchback ◆◆ ~ ***specifico*** specific volume.

volumetria /volume'tria/ f. volumetry.

volumetrico, pl. **-ci**, **-che** /volu'mɛtriko, tʃi, ke/ agg. volumetric; ***contatore ~*** TECN. volume counter; ***analisi -a*** CHIM. volumetric analysis.

voluminosità /voluminosi'ta/ f.inv. bulkiness, voluminosity; *(dei capelli)* body.

voluminoso /volumi'noso/ agg. [*dossier, documentazione, bagaglio*] bulky, voluminous; [*mobile*] large, massive.

voluta /vo'luta/ f. **1** ARCH. volute **2** *(spirale)* whirl, spiral; ***-e di fumo*** spirals of smoke **3** ZOOL. volute.

volutamente /voluta'mente/ avv. deliberately, intentionally, purposely; ***è arrivato ~ in ritardo*** he was intentionally late; ***lo ha urtato ~*** she bumped (into) him on purpose; ***rimase ~ in silenzio*** somewhat pointedly, he remained silent.

voluto /vo'luto/ **I** p.pass. → **1.volere II** agg. *(intenzionale)* ***ottenere l'effetto ~*** to obtain the desired effect *o* the effect one wants.

voluttà /volut'ta/ f.inv. voluptuousness, sensuousness, pleasure; ***assaporare qcs. con ~*** to taste sth. with pleasure.

voluttuario, pl. **-ri**, **-rie** /voluttu'ario, ri, rje/ agg. [*spese*] unnecessary.

voluttuosamente /voluttuosa'mente/ avv. voluptuously, luxuriously, sensuously.

voluttuosità /voluttuosi'ta/ f.inv. voluptuousness.

voluttuoso /voluttu'oso/ agg. voluptuary, luxurious, sensuous.

volvolo /'vɔlvolo/ m. volvolus*.

vombato /vom'bato/ m. wombat.

vomere /'vɔmere/ m. **1** AGR. ploughshare BE, plowshare AE, share ANT. **2** ANAT. ZOOL. vomer.

vomico, pl. **-ci**, **-che** /'vɔmiko, tʃi, ke/ agg. vomitory, emetic; ***noce -a*** nux vomica.

▷ **vomitare** /vomi'tare/ [1] tr. **1** *(rigettare)* [*persona*] to vomit, to throw* up [*pranzo, cibo*]; to vomit, to bring* up [*sangue, bile*]; ***sto per ~*** I feel sick; ***(mettersi a) ~*** to be sick, to throw up, to vomit; ***avere voglia di ~*** to feel sick, to feel like throwing up; ***fare (venire voglia di) ~*** (anche FIG.) to make sb. sick *o* puke; ***questo spettacolo, film fa ~*** this show, film is disgusting *o* sickening **2** *(emettere, espellere)* to vomit, to spit*, to spew out, to belch (out) [*rifiuti*]; [*vulcano*] to eject, to belch (out) [*lava*] **3** FIG. to vomit, to spit* out, to spew out [*ingiurie, improperi*].

vomitativo /vomita'tivo/ agg. vomitory, vomitive, emetic.

vomitatorio, pl. **-ri**, **-rie** /vomita'tɔrjo, ri, rje/ agg. vomitory, vomitive, emetic.

vomitevole /vomi'tevole/ agg. ***è ~*** it's disgusting *o* sickening.

vomitivo /vomi'tivo/ agg. vomitive.

▷ **vomito** /'vɔmito/ m. *(il vomitare)* vomiting; *(cosa vomitata)* vomit; ***avere conati di ~*** to retch ◆◆ ~ ***gravidico*** FISIOL. morning sickness.

vomizione /vomit'tsjone/ f. vomiting.

▷ **vongola** /'vongola/ f. clam.

voodoo /vu'du/ m.inv. voodoo.

vorace /vo'ratʃe/ agg. [*persona, animale*] ravenous, voracious, devouring; ***un bambino ~*** a greedy baby; ***un lettore ~*** a voracious reader.

voracemente /voratʃe'mente/ avv. ravenously, voraciously, devouringly.

voracità /voratʃi'ta/ f.inv. voraciousness, voracity (anche FIG.); ***la ~ di uno strozzino*** the greed of a loanshark.

voragine /vo'radʒine/ f. **1** gulf, chasm, abyss, pit; ***si è aperta una ~*** a chasm has formed **2** FIG. ***la ~ del debito pubblico*** the bottomless pit of public debt.

vorticare /vorti'kare/ [1] intr. (aus. *avere*) [*foglie*] to whirl, to swirl.

vortice /'vɔrtitʃe/ m. **1** *(d'aria)* vortex*, whirlwind; *(d'acqua)* vortex*, whirlpool, eddy; *(di polvere, foglie)* whirl **2** FIG. whirl; ***il ~ della vita*** the merry-go-round of life; ***il ~ della passione*** the frenzy *o* whirl of passion; ***nel ~ della danza*** in the whirl of the dance **3** FIS. vortex*.

vorticella /vorti'tʃɛlla/ f. vorticella*.

vorticismo /vortit'ʃizmo/ m. vorticism.

vorticità /vortitʃi'ta/ f.inv. vorticity.

vorticosamente /vortikosa'mente/ avv. vortically, revolvingly, reelingly.

vorticoso /vorti'koso/ agg. **1** [*vento, moto, acqua, flusso*] vortical, vorticose, whirling **2** *(frenetico)* [*danza*] whirling; [*ritmo*] dizzy, giddy, whirling.

Vosgi /'vɔsdʒi/ n.pr.m.pl. ***i ~*** the Vosges.

vossignoria /vossiɲɲo'ria/ f. REGION. *(riferito a uomo)* His Lordship, Your Lordship; *(riferito a donna)* Her Ladyship, Your Ladyship.

▶ **vostro**, f. **vostra**, m.pl. **vostri**, f.pl. **vostre** /'vɔstro, 'vɔstra, 'vɔstri, 'vɔstre/ v. la nota della voce **mio**. **I** agg.poss. **1** your; ~ ***padre*** your father; ***-a madre*** your mother; ***la -a casa*** your house; ***i -i genitori*** your parents; ***le -e scarpe*** your shoes; ***il ~ paese*** your country; ***la macchina di ~ fratello, -a sorella*** your brother's, sister's car; ***un ~ amico*** a friend of yours; ***questa valigia è -a*** this suitcase is yours; ***avete un alloggio (tutto) ~?*** have you got a flat of your own? ***al ~ arrivo*** when you('ll) get here; ***durante la -a assenza*** while you were away; ***a ~ avviso*** in your opinion; ***è colpa -a*** it's your fault; ***in vece -a*** in your stead; ***a casa -a*** at your place; ***ai -i tempi*** in your days; ***di -a volontà*** by your will **2** *(formula di cortesia)* your; ***Vostra Eminenza*** Your Eminence; ***Vostra Grazia*** Your Grace; ***la -a gentile consorte*** your dear wife; ***abbiamo ricevuto la Vostra lettera*** we received your letter **3** *(nelle lettere)* ***affettuosi saluti dal ~***

Vincenzo yours affectionately, Vincenzo; love, Vincenzo **II il vostro**, f. **la vostra**, m.pl. **i vostri**, f.pl. **le vostre** pron.poss. **1** yours; ***i nostri mariti e i -i*** our husbands and yours; ***preferisco la -a*** I prefer yours; ***questo cappello è come il ~*** this hat is like yours; ***hanno delle abitudini molto diverse dalle -e*** their habits are very different from your own **2** *(nelle lettere)* ***amichevolmente ~*** yours sincerely **3** *(in espressioni ellittiche)* ***avete il direttore dalla -a*** the boss is on your side; ***avete detto la -a*** you've had your say; *(in un brindisi)* ***alla -a!*** cheers! here's to your health *o* to you! ***i -i*** *(genitori)* your parents, your folks COLLOQ.; *(parenti)* your relatives; *(seguaci)* your supporters; ***non potrò essere dei -i*** I won't be able to join you; ***la -a del 23 marzo*** COMM. your letter of *o* dated 23rd of March **4** *(beni, averi)* ***ci avete rimesso del ~*** you paid out of your pockets.

votante /vo'tante/ **I** agg. [*assemblea*] voting **II** m. e f. voter, poller; ***una bassa, alta percentuale di -i*** a light, heavy poll.

▶ **votare** /vo'tare/ [1] **I** tr. **1** *(sottoporre a votazione)* [*persona, commissione, amministrazione*] to vote (through) [*bilancio, emendamento*]; *(scegliere col voto)* to vote [*candidato, partito, sì*]; ***~ la soppressione di qcs., l'amnistia*** to vote for the suppression of sth., for an amnesty (on sth.); ***~ scheda bianca*** to cast a blank vote; ***~ laburista*** to vote Labour **2** *(approvare)* to pass [*stanziamento, progetto di legge*]; ***la legge è stata votata*** the law has passed **3** *(dedicare)* to devote, to dedicate [*energie, vita*]; ***~ la vita a Dio*** to consecrate one's life to God **II** intr. (aus. *avere*) *(dare il voto)* to vote, to give* one's vote (**per** for, in favour of; **contro** against); ***sono già andato a ~*** I've already voted; ***~ per i conservatori*** to vote Conservative; ***~ per Zanetti*** to vote for Zanetti; ***~ per conferire pieni poteri a qcn.*** to vote to give sb. full powers; ***~ per procura*** to vote by proxy; ***~ per alzata di mano*** to vote by a show of hands; ***~ a scrutinio segreto*** to vote by secret ballot, to ballot; ***~ contro un progetto di legge*** to vote a bill down **III votarsi** pronom. *(dedicarsi)* to devote oneself; ***-rsi a Dio, alla scienza, a una causa*** to devote oneself to God, to science, to a cause ◆ ***non sapere (più) a che santo -rsi*** not to know where *o* which way to turn.

▷ **votazione** /votat'tsjone/ f. **1** *(procedimento di voto)* poll, vote; ***con*** o ***mediante ~*** by ballot; ***fare una ~ su qcs.*** to put sth. to the vote; ***procedere alla ~*** to proceed to the vote, to vote; ***~ di un bilancio*** voting of a budget; ***~ di una legge*** passing of a bill; ***apertura, chiusura delle -i*** the opening, closing of the polls; ***data, giorno delle -i*** polling date, day **2** *(risultato del voto)* vote; ***~ favorevole, contraria*** favourable, unfavourable vote **3** SCOL. marking, grading; ***avere una buona, cattiva ~*** to have good, bad marks ◆◆ ***~ per appello nominale*** voting by roll call; ***~ palese*** open vote; ***~ a scrutinio segreto*** ballot, vote by secret ballot.

votivo /vo'tivo/ agg. [*messa, offerta, lampada, immagine*] votive.

▶ **voto** /'voto/ m. **1** SCOL. mark, grade; ***prendere un brutto, bel ~*** to get a good, bad mark *o* grade; ***dare un ~ a*** to mark, to grade [*esercizio, compito*]; ***dare un ~ a uno studente*** to give a student a mark, to grade a student; ***abbassare, alzare il ~ di un compito*** to mark a paper down, up; ***a pieni -i*** with full marks, with flying colours; ***ha preso un ~ basso nella prova*** his score in the test was poor *o* low **2** *(votazione)* vote, ballot (**per, in favore di** for, in favour of; **contro** against); *(elezioni)* ***il ~ del 13 maggio*** 13th of May election; *(suffragio)* ***~ alle donne*** female suffrage; ***diritto di ~*** (entitlement *o* right to) vote, franchise; ***concedere il diritto di ~*** to enfranchise; ***ottenere il diritto di ~*** to get the vote; ***essere privato del diritto di ~*** to be debarred from voting; ***~ rurale, popolare*** rural, popular vote; ***procedere al ~*** to proceed to the vote, to vote; ***dare il proprio ~*** to cast one's vote; ***astenersi dal ~*** to abstain from voting, not to vote; ***mettere ai -i qcs.*** to put sth. to the vote; ***i risultati del ~*** the results of the poll **3** *(opinione espressa)* vote; ***dare il proprio ~ a qcn.*** to vote for sb.; ***contare*** o ***fare lo spoglio dei -i*** to count the votes; ***la mozione fu approvata per 20 -i (favorevoli) contro 3 (contrari)*** the motion was approved by 20 (votes) to 3; ***hanno ottenuto il 45% dei -i*** they got 45% of the poll; ***guadagnare, perdere -i*** to gain, lose votes; ***con la maggioranza dei -i*** by a majority vote **4** *(insieme dei votanti)* vote; ***il ~ repubblicano*** the Republican voters *o* vote; ***il ~ dei cattolici, degli Scozzesi*** the Catholic, Scottish vote **5** RELIG. *(promessa)* vow; ***pronunciare*** o ***fare un ~*** to take *o* make a vow; ***fare ~ di fare*** to make a vow to do; ***~ di castità, povertà, obbedienza*** vow of chastity, poverty, obedience; ***prendere*** o ***pronunciare i -i*** to take one's vows; ***sciogliere qcn. da un ~*** to release sb. from a vow; ***ex ~*** ex voto ◆◆ ***~ di censura*** vote of censure; ***~ consultivo*** advisory vote; ***~ per corrispondenza*** absentee ballot, postal ballot BE; ***~ deliberativo*** decisional vote; ***~ di fiducia*** vote of confidence; ***~ nullo*** invalid vote; ***~ per procura*** proxy vote; ***~ di protesta*** protest vote; ***~ segreto*** secret vote; ***~ di sfiducia*** vote of no confidence; ***~ utile*** tactical vote.

voucher /'vautʃer/ m.inv. voucher.

voyeur /vwa'jɛr, vwa'jœr/ m.inv. voyeur, Peeping Tom COLLOQ.

voyeurismo /vwaje'rizmo/ ➧ **7** m. voyeurism.

VPC ⇒ vendita per corrispondenza = mail order selling.

v.r. ⇒ vedi retro please turn over (PTO).

Vs., VS ⇒ vostro = your, yours.

vu /vu/ m. e f.inv. *(lettera)* v, V ◆◆ ***~ doppio*** o ***~ doppia*** double v.

VU ⇒ vigile urbano = local policeman in charge of traffic and city regulations.

vucumprà /vukum'pra/ m. e f.inv. COLLOQ. SPREG. = street vendor of African origin.

vudu /'vudu/, **vudù** /vu'du/ → **voodoo.**

vulcanesimo /vulka'nezimo/ → **vulcanismo.**

vulcanico, pl. **-ci, -che** /vul'kaniko, tʃi, ke/ agg. **1** *(di vulcano)* [*attività, eruzione, regione, roccia*] volcanic, vulcanic, vulcanian **2** FIG. [*temperamento*] volcanic, explosive; [*persona*] dynamic; [*mente*] powerful, creative.

vulcanismo /vulka'nizmo/ m. volcanism, volcanicity.

vulcanizzabile /vulkanid'dzabile/ agg. vulcanizable.

vulcanizzare /vulkanid'dzare/ [1] tr. to vulcanize [*gomma, fibra*].

vulcanizzatore /vulkaniddza'tore/ m. vulcanizer.

vulcanizzazione /vulkaniddzat'tsjone/ f. vulcanization.

▷ **vulcano** /vul'kano/ m. **1** *(rilievo)* volcano*; ***~ spento, attivo*** extint, active volcano; ***~ inattivo*** sleeping *o* dormant volcano **2** FIG. *(persona)* ***essere un ~*** to be a powerhouse *o* a dynamo; ***essere un ~ di idee*** to be a powerhouse of ideas ◆ ***essere seduto su un ~*** to be sitting on (the edge of) a volcano *o* on dynamite.

Vulcano /vul'kano/ n.pr.m. Vulcan.

vulcanologia /vulkanolo'dʒia/ f. volcanology, vulcanology.

vulcanologico, pl. **-ci, -che** /vulkano'lɔdʒiko, tʃi, ke/ agg. volcanological.

vulcanologo, m.pl. **-gi**, f.pl. **-ghe** /vulka'nɔlogo, dʒi, ge/ m. (f. **-a**) volcanologist.

vulgata /vul'gata/ f. vulgate; ***la Vulgata*** *(Bibbia)* the Vulgate.

vulnerabile /vulne'rabile/ agg. vulnerable (**a** to) (anche FIG.); ***essere ~ alle critiche*** to be open *o* vulnerable to criticism; ***punto ~*** *(di argomento)* vulnerable spot; *(di persona)* weak spot.

vulnerabilità /vulnerabili'ta/ f.inv. vulnerability, vulnerableness.

vulneraria /vulne'rarja/ f. woundwort.

vulnerario, pl. **-ri, -rie** /vulne'rarjo, ri, rje/ agg. vulnerary.

vulva /'vulva/ f. vulva*.

vulvare /vul'vare/ agg. vulval, vulvar; ***forchetta ~*** fourchette.

vulvaria /vul'varja/ f. stinking goosefoot.

vulvite /vul'vite/ ➧ **7** f. vulvitis.

vulvovaginite /vulvovadʒi'nite/ ➧ **7** f. vulvovaginitis.

vuotamele /vwota'mele/ m.inv. (apple) corer.

▷ **vuotare** /vwo'tare/ [1] **I** tr. **1** *(svuotare)* to empty [*tasca, scatola, recipiente, piatto, frigorifero, pacco di biscotti*]; to empty, to clear out [*stanza*]; to drain [*cisterna, pozzo*]; *(svaligiare)* to clear out [*appartamento, cassaforte*]; ***~ la bottiglia nel lavello*** to empty the bottle into *o* down the sink; ***~ le tasche a qcn.*** [*ladro*] to clean sb. out; ***~ il bicchiere tutto d'un fiato*** to empty the glass in one go **2** *(buttare)* to empty (out) [*immondizia*] (**in** in) **II vuotarsi** pronom. [*bacinella, sala, città*] to empty (out) ◆ ***~ il sacco*** to spill the beans.

vuotezza /vwo'tettsa/ f. emptiness, voidness; ***~ d'idee*** a void of ideas.

▶ **vuoto** /'vwɔto/ **I** agg. **1** *(senza contenuto)* [*scatola, cassetta, luogo*] empty; [*scaffali*] bare, empty; *(cavo)* [*oggetto, muro, tubo*] hollow; *(bianco)* [*pagina, agenda*] empty, blank; ***un suono ~*** a hollow sound; ***avere lo stomaco ~*** o ***la pancia -a*** to have an empty stomach; ***a stomaco ~*** on an empty stomach; ***a mani -e*** FIG. empty-handed; ***restare a mani -e*** to be left empty-handed; ***l'hai affittato ~ o ammobiliato?*** are you renting it unfurnished or furnished? ***insieme ~*** MAT. empty set **2** *(libero)* [*sala, via*] empty; [*poltrona*] empty, free; [*appartamento*] empty, vacant, unoccupied **3** *(senza interesse, senso, idee)* [*vita, slogan, discorso, ragionamento*] empty, vacuous; [*sguardo*] vacant; ***sentirsi ~*** to feel empty; ***mi sento la testa -a*** my head's a blank; ***~ di significato*** meaningless; ***è un bel ragazzo ma totalmente ~!*** he's good-looking but completely shallow *o* vacuous! **II** m. **1** *(spazio)* space; ***sospeso nel ~*** dangling in space; ***gettarsi*** o ***lanciarsi nel ~*** to jump into space; ***fare un salto nel ~*** FIG. to leap into the unknown; ***cadere nel ~*** to fall through the air; FIG. to fall on dead ears *o* on stony ground, to fall flat; ***affacciarsi sul ~*** to look out onto sheer space; ***guardare nel ~*** to stare into space, to gaze into the distance, to have a vacant look **2** *(assenza, lacuna)* void, vacuum; ***~ politico, intellettuale*** political, intellectual vacuum; ***un senso di ~*** a sense of loss; ***lasciare, creare, colmare un ~*** to leave, create, fill a vacuum; ***la sua morte ha lasciato***

un gran ~ nella mia vita her death left a great void *o* emptiness in my life; ***il ~ dell'esistenza*** the vacuity of life **3** *(contenitore vuoto, bottiglia vuota)* empty; ***restituire i -i*** to return the empties **4** *(buco, spazio vuoto)* blank, gap; ***un ~ di memoria*** lapse of memory; ***un ~ di mercato*** a gap (in the market) **5** FIS. vacuum; ***la natura aborre il ~*** nature abhors a vacuum; ***caffè sotto ~*** vacuum packed coffee; ***produrre*** o ***fare il ~*** to create a vacuum **6 a vuoto** in vain, to no purpose; ***la chiave gira a ~*** the key is not catching; ***un tentativo a ~*** a fruitless *o* vain attempt; ***parlare a ~*** to talk to oneself *o* in vain; ***andare a ~*** [*tentativo*] to fail; ***fare promesse a ~*** FIG. to make empty promises; ***girare a ~*** [*motore*] to idle; ***ha girato a ~ tutto il giorno*** she has been running around in circles *o* like a headless chicken all day; ***il primo tiro è andato a ~*** the first shot was a miss; ***colpo*** o ***tiro a ~*** blank shot; ***pompa a ~*** vacuum pump; ***assegno a ~*** bad cheque ◆ ***essere una testa -a*** to be empty-headed, to be a bubblehead *o* airhead; ***fare il ~ attorno a sé*** to drive everybody away, to isolate oneself; ***ho bisogno di fare il ~ nella mia mente*** I need to forget about everything ◆◆ ***~ d'aria*** air pocket; ***~ assoluto*** absolute vacuum; ***~ legislativo*** gap in the law; ***~ a perdere*** one-way glass; *(bottiglia)* one-way bottle; ***~ di potere*** ECON. POL. power vacuum; ***~ a rendere*** returnable glass; *(bottiglia)* returnable bottle; ***~ spinto*** high vacuum.

w, W /vud'doppjo, vud'doppja/ m. e f.inv. w, W.
wafer /'vafer/ m.inv. **1** *(cialda)* wafer; ***~ al cioccolato*** chocolate wafer **2** ELETTRON. wafer.
wagneriano /vagne'rjano/ **I** agg. Wagnerian **II** m. (f. **-a**) Wagnerian.
wagon-lit /vagon'li/ m.inv. wagon-lit, sleeping car.
wah(h)abismo /vaa'bizmo/ m. Wah(h)abism.
wah(h)abita, m.pl. **-i**, f.pl. **-e** /vaa'bita/ **I** agg. Wah(h)abi **II** m. e f. Wah(h)abi.
Walhalla /va'lalla/ m.inv. Valhalla.
walkie-talkie /wolki'tɔlki/ m.inv. walkie-talkie, walky-talky.
walkman® /'wolkmen/ m.inv. walkman®.
wapiti /'vapiti/ m.inv. wapiti*, elk AE.
war game /wor'geim/ m.inv. war game.
warrant /'warrant/ m.inv. warrant.
water /'vater/ m.inv. ***(tazza del) ~*** toilet bowl.
water closet /vater'klɔzet/ m.inv. water closet, toilet.
waterproof /woter'pruf/ agg.inv. waterproof.
watt /vat/ m.inv. watt; ***lampadina da 100 ~*** 100-watt bulb.
wattaggio, pl. **-gi** /vat'taddʒo, dʒi/ m. wattage.
wattmetro /'vatmetro/ m. wattmeter.
wattora /vat'tora/ m.inv. watt-hour.
wattsecondo /vatse'kondo/ m. watt-second.
watusso /va'tusso/ **I** agg. Watu(t)si, Tutsi **II** m. (f. **-a**) **1** Watu(t)si, Tutsi **2** COLLOQ. SCHERZ. = very tall and slim person.

WC /vit'tʃi, vut'tʃi/ m.inv. (⇒ water closet) WC, water closet, toilet; ***andare al ~*** to go to the toilet.
web /wɛb/ **I** m.inv. web, Web **II** agg.inv. ***sito ~*** website; ***pagina ~*** web page.
weber /'vɛber/ m.inv. weber.
week(-)end /wi'kɛnd/ m.inv. weekend.
welter /'vɛlter/ **I** agg.inv. ***peso ~*** welterweight **II** m.inv. welter, welterweight; ***i ~*** *(categoria)* welterweight.
west /wɛst/ m.inv. west; ***selvaggio West*** Wild West.
western /'wɛstern/ **I** m.inv. western **II** agg.inv. ***film ~*** western ◆◆ ***~ all'italiana*** spaghetti western.
whisky /'wiski/ m.inv. whisky BE, whiskey AE IRLAND.
winchester /win'tʃɛster/ m.inv. *(fucile)* Winchester® (rifle).
windsurf /wind'sɛrf/ ➧ ***10*** m.inv. **1** *(tavola)* (windsurf) board **2** *(disciplina)* windsurfing; ***praticare il*** o ***fare ~*** to windsurf.
windsurfing /wind'sɛrfing/ ➧ ***10*** m.inv. windsurfing.
windsurfista, m.pl. **-i**, f.pl. **-e** /windser'fista/ m. e f. windsurfer.
wolframio /vol'framjo/ m. wolfram.
wolframite /volfra'mite/ f. wolframite.
word processor /wordpro'tʃɛssor/ m.inv. word processor.
workshop /work'ʃɔp/ m.inv. workshop.
workstation /works'tɛʃʃon/ f.inv. work station.
1.wow /wao/ m.inv. FIS. wow.
2.wow /wao/ inter. wow.
würstel /'vurstel, 'vyrstel/ m.inv. wiener(wurst), frankfurter.

x, **X** /iks/ **I** m. e f.inv. *(lettera)* x, X; ***a (forma di) X*** X-shaped; ***gambe a X*** bandy legs; ***per un numero x di persone*** for x (number of) people; ***giorno X*** D-day; ***ora X*** H-hour, zero hour; ***cromosoma X*** BIOL. X chromosome; ***raggi X*** FIS. X-rays; ***il signor*** o ***Mister X*** Mr X **II** f.inv. MAT. x; ***asse delle x*** the x axis; ***risolvere un'equazione rispetto a x*** to solve an equation by finding the value of x.
xantato /ksan'tato/ m. xanthate.
xanteina /ksante'ina/ f. xantheine.
xantelasma /ksante'lazma/ m. xanthelasma.
xantene /ksan'tɛne/ m. xanthene.
xantico /'ksantiko/ agg. ***acido ~*** xanthic acid.
xantina /ksan'tina/ f. xanthine.
xantofilla /ksanto'filla/ f. xanthophyll.
xantogenato /ksantodʒe'nato/ m. xanthogenate.
xantogenico, pl. **-ci**, **-che** /ksanto'dʒɛniko, tʃi, ke/ agg. xanthogenic.
xantoma /ksan'tɔma/ m. xanthoma*.
xantone /ksan'tone/ m. xanthone.
xantopsia /ksantop'sia/ f. xanthopsia.
xenartro /kse'nartro/ m. xenarthran.
xeno /'ksɛno/ m. xenon.
xenodochio, pl. **-chi** /kseno'dɔkjo, ki/ m. xenodochium*.
xenoecologia /ksenoekolo'dʒia/ f. xenoecology.
xenofilia /ksenofi'lia/ f. xenophilia.
xenofilo /kse'nɔfilo/ **I** agg. xenophilous **II** m. (f. **-a**) xenophile.
xenofobia /ksenofo'bia/ f. xenophobia.
xenofobico, pl. **-ci**, **-che** /kseno'fɔbiko, tʃi, ke/ agg. xenophobic.
xenofobo /kse'nɔfobo/ **I** agg. xenophobic **II** m. (f. **-a**) xenophobe.
xenogamia /ksenoga'mia/ f. xenogamy.
xenoglossia /ksenoglos'sia/ f. xenoglossy.
xenolite /kseno'lite/ f. xenolith.
xenopo /kse'nɔpo/ m. xenopus.
xenotrapianto /ksenotra'pjanto/ m. *(tecnica)* xenotransplantation; *(singolo trapianto)* xenotransplant, xenograft.
xenovaluta /ksenova'luta/ f. xenocurrency.
xeres /'ksɛres/ m.inv. sherry.
xerocopia /ksero'kɔpja/ f. xerograph, xerox®.
xerocopiare /kseroko'pjare/ [1] tr. to xerox.
xerocopiatrice /kserokopja'tritʃe/ f. xerographic copier, Xerox®.
xeroderma /ksero'dɛrma/ m. xeroderma.
xerofilo /kse'rɔfilo/ agg. xerophilous.
xerofita /kse'rɔfita/ f. xerophyte.
xeroftalmia /kseroftal'mia/ f. xerophthalmia.
xeroftalmico, pl. **-ci**, **-che** /kserof'talmiko, tʃi, ke/ agg. xerophthalmic.
xeroftalmo /kserof'talmo/ m. → **xeroftalmia.**
xerografia /kserogra'fia/ f. xerography.
xerografico, pl. **-ci**, **-che** /ksero'grafiko, tʃi, ke/ agg. xerographic.
xeroradiografia /kseroradiogra'fia/ f. xeroradiography.
xeroradiografico, pl. **-ci**, **-che** /kseroradio'grafiko, tʃi, ke/ agg. xeroradiographic.
xerosfera /kseros'fɛra/ f. xerosphere.
xerosi /kse'rɔzi/ f.inv. xerosis.
xifoide /ksi'fɔjde/ **I** agg. [*appendice*] xiphoid **II** m. e f. xiphisternum*.
xifoideo /ksifoj'dɛo/ agg. [*appendice*] xiphoid.
xilano /ksi'lano/ m. xylan.
xilema /ksi'lɛma/ m. xylem.
xilene /ksi'lɛne/ m. xylene.
xilofago, pl. **-gi**, **-ghe** /ksi'lɔfago, dʒi, ge/ agg. xylophagan, xilophagous.
xilofonista, m.pl. **-i**, f.pl. **-e** /ksilofo'nista/ ♦ ***34, 18*** m. e f. xylophonist.
xilofono /ksi'lɔfono/ ♦ ***34*** m. xylophone.
xilografia /ksilogra'fia/ f. *(tecnica)* xylography; *(opera)* xylograph.
xilografico, pl. **-ci**, **-che** /ksilo'grafiko, tʃi, ke/ agg. xylographic.
xilografo /ksi'lɔgrafo/ m. (f. **-a**) xylographer.
xilolo /ksi'lɔlo/ m. xylol.
xilosio /ksi'lɔzjo/ m. xylose.

y

y, Y /i'grɛko, i'grɛka, 'ipsilon/ **I** m. e f.inv. *(lettera)* y, Y; ***a (forma di) Y*** Y-shaped; ***cromosoma Y*** BIOL. Y chromosome **II** f.inv. MAT. y; ***asse delle y*** the y axis; ***risolvere un'equazione rispetto a y*** to solve an equation by finding the value of y.

yacht /jɔt/ m.inv. yacht; ***~ a vela*** sailing yacht.

yachting /'jɔtting/ ➧ ***10*** m.inv. yachting; ***fare ~*** to go yachting.

yachtsman /'jɔtsmen/ m.inv. yachtsman*.

yak /jak/ m.inv. yak.

yankee /'jɛnki/ **I** agg.inv. Yankee **II** m. e f.inv. Yankee.

yard /jard/ m.inv. yard.

Yemen /'jɛmen/ ➧ ***33*** n.pr.m. Yemen; ***~ del nord, del sud*** North, South Yemen.

yemenita, m.pl. **-i**, f.pl. **-e** /jeme'nita/ ➧ ***25*** **I** agg. Yemeni **II** m. e f. Yemeni.

yen /jɛn/ ➧ ***6*** m.inv. yen.

yeti /'jɛti/ m.inv. yeti.

yé-yé /je'jɛ/ **I** agg.inv. ***i cantanti ~*** = Italian rockstars of the Sixties **II** m.inv. = Italian version of rock'n'roll in the Sixties.

yiddish /'iddiʃ/ ➧ ***16*** **I** m.inv. Yiddish **II** agg.inv. [*lingua, letteratura*] Yiddish.

ylang-ylang /ilangi'lang/ m.inv. ylang-ylang.

yoga /'jɔga/ ➧ ***10*** m.inv. yoga.

yogi /'jɔgi/, **yogin** /'jɔgin/ m. e f.inv. yogi*.

yogurt /'jɔgurt/ m.inv. yoghurt; ***~ naturale*** o ***bianco*** natural yoghurt.

yogurtiera /jogur'tjɛra/ f. yoghurt-maker.

yo-yo® /jo'jɔ/ m.inv. yo-yo®.

ypsilon /'ipsilon/ m. e f.inv. → **ipsilon.**

yucca, pl. **-che** /'jukka, ke/ f. yucca.

yuppie /'juppi/ m. e f.inv. yuppie, yuppy.

yuppismo /jup'pizmo/ m. yuppieism.

Z

z, Z /ˈdzɛta/ m. e f.inv. z, Z; ***dalla a alla ~*** from A to Z.
zabaglione /dzabaʎˈʎone/, **zabaione** /dzabaˈjone/ m. INTRAD. (mixture of egg yolks, sugar and wine beaten over a gentle heat).
Zabulon /ˈdzabulon/ n.pr.m. Zebulun.
zac /dzak, tsak/ inter. zap, snip.
Zaccaria /tsakkaˈria/ n.pr.m. Zachariah, Zacharias, Zachary, Zechariah.
zacchera /ˈtsakkera/ f. mud splash.
zacchete /ˈdzakkete, ˈtsak-/ inter. zap, snip.
zaffare /tsafˈfare/ [1] tr. MED. to tampon [*ferita*].
zaffata /tsafˈfata, dzaf-/ f. **1** *(ondata di tanfo)* whiff **2** *(getto di liquido)* splash.
zaffera /ˈdzaffera/ f. zaffre BE, zaffer AE.
zafferano /dzaffeˈrano/ ➧ ***3*** **I** m. *(spezia)* saffron; ***risotto allo ~*** saffron rice **II** m.inv. *(colore)* saffron **III** agg.inv. [*giallo*] saffron ◆◆ ***~ bastardo*** meadow saffron.
zaffirino /dzaffiˈrino/ agg. sapphirine.
zaffiro /dzafˈfiro, ˈdzaffiro/ ➧ ***3*** **I** m. *(pietra, gemma)* sapphire **II** m.inv. *(colore)* sapphire **III** agg.inv. sapphire.
zaffo /ˈtsaffo/ m. MED. plug.
Zagabria /dzaˈgabrja/ ➧ ***2*** n.pr.f. Zagreb.
zagaglia /dzaˈgaʎʎa/ f. assegai.
zagara /ˈdzagara/ f. orange blossom.
zainetto /dzajˈnetto/ m. schoolbag.
zaino /ˈdzajno/ m. knapsack, rucksack, backpack AE; *(da militare)* haversac; *(di scuola)* schoolbag.
Zaire /dzaˈire/ ➧ ***33*** n.pr.m. Zaire.
zairese /dzaiˈrese/ ➧ ***25*** **I** agg. Zairean **II** m. e f. Zairean.
Zambesi /dzamˈbezi/ ➧ ***9*** n.pr.m. Zambesi, Zambezi.
Zambia /ˈdzambja/ ➧ ***33*** n.pr.m. Zambia.
zambiano /dzamˈbjano/ ➧ ***25*** **I** agg. Zambian **II** m. (f. **-a**) Zambian.
▷ **zampa** /ˈtsampa/ f. **1** *(di animale) (arto)* leg; *(parte inferiore dell'arto)* paw, foot*; ***~ anteriore*** foreleg, forefoot, forepaw; ***~ posteriore*** hind leg, hind foot; ***dammi la ~!*** (give me your) paw! ***il cane ha alzato la ~*** the dog cocked its leg; ***amico a quattro -e*** four-legged friend; ***pantalone a ~ d'elefante*** bell-bottoms, bell-bottomed trousers, flares **2** COLLOQ. SCHERZ. *(di persona) (mano)* paw; *(piede)* hoof*; ***camminare, mettersi a quattro -e*** [*bambino, adulto, neonato*] to walk, get down on all fours *o* on one's hands and knees; ***giù le -e!*** SCHERZ. get your paws off! keep your hands to yourself! **3** *(piede di mobile)* leg ◆◆ ***-e di gallina*** *(rughe)* crow's feet; *(scrittura illeggibile)* hen tracks.
zampata /tsamˈpata/ f. **1** *(colpo dato con la zampa)* blow with a paw **2** *(impronta)* track, mark; ***la ~ del grande artista*** FIG. the hand *o* touch of a great artist.
zampettare /tsampetˈtare/ [1] intr. (aus. *avere*) [*topo*] to scamper, to patter.
zampettio, pl. **-ii** /tsampetˈtio, ii/ m. scamper.
zampetto /tsamˈpetto/ m. GASTR. ***~ di maiale*** pig's trotter; ***~ di vitello*** calf's foot.
zampillare /tsampilˈlare/ [1] intr. (aus. *essere, avere*) [*acqua, sangue*] to gush, to spout, to spurt (**da** from, out of).
zampillio, pl. **-ii** /tsampilˈlio, ii/ m. gushing, spouting, spurting.
zampillo /tsamˈpillo/ m. jet, gush, spray, spout, spurt; ***~ di sangue*** a spurt of blood; ***fontana a ~*** jet fountain.
zampino /tsamˈpino/ m. little paw ◆ ***qui c'è lo ~ di tua sorella!*** your sister's hand is in it! ***mettere lo ~ in qcs.*** to have one's hand in sth.; ***tanto va la gatta al lardo che ci lascia lo ~*** PROV. curiosity killed the cat.
zampirone /dzampiˈrone, tsam-/ m. **1** *(repellente per zanzare)* mosquito coil **2** SCHERZ. *(sigaretta di tabacco scadente)* cheap cigarette, gasper BE ANT.
zampogna /tsamˈpoɲɲa, dzam-/ ➧ ***34*** f. reed-pipe.
zampognaro /tsampoɲˈɲaro, dzam-/ ➧ ***34, 18*** m. piper.
zampone /tsamˈpone/ m. GASTR. = pig's trotter stuffed with minced pork meat and spices.
zangola /ˈtsangola, ˈdzan-/ f. churn.
zangolatura /tsangolaˈtura, dzan-/ f. churning.
▷ **zanna** /ˈtsanna, ˈdzanna/ f. **1** *(di elefante, cinghiale, tricheco)* tusk; *(di lupo, felino)* fang **2** FIG. SCHERZ. fang, tooth*; ***mostrare le -e*** to show one's teeth.
zanni /ˈdzanni/ m.inv. TEATR. zany.
zannuto /tsanˈnuto/ agg. [*elefante, cinghiale, tricheco*] tusked; [*lupo, felino*] fanged.
▷ **zanzara** /dzanˈdzara/ f. **1** *(insetto)* mosquito, gnat; ***puntura di ~*** mosquito bite **2** FIG. *(persona fastidiosa)* pest, nuisance ◆ ***è noioso come una ~*** he's a pain in the neck ◆◆ ***~ anofele*** anopheles; ***~ della malaria*** malarian mosquito.
zanzariera /dzandzaˈrjɛra/ f. mosquito net.
▷ **zappa** /ˈtsappa/ f. hoe ◆ ***darsi la ~ sui piedi*** to shoot oneself in the foot, to cut one's own throat, to put one's head in a noose.
▷ **zappare** /tsapˈpare/ [1] tr. to hoe, to dig* [*campo*].
zappata /tsapˈpata/ f. **1** *(lo zappare)* ***dare una ~ al giardino*** to give the garden a dig, to do some digging *o* hoeing in the garden **2** *(colpo dato con la zappa)* blow with a hoe.
zappaterra /tsappaˈterra/ m.inv. **1** *(lavorante, contadino)* peasant **2** SPREG. *(persona rozza)* bumpkin, boor, yokel.
zappatura /tsappaˈtura/ f. digging, hoeing.
zappetta /tsapˈpetta/ f. weeding hoe.
zappettare /tsappetˈtare/ [1] tr. to hoe.
zapping /ˈdzapping/ m.inv. zapping; ***fare ~*** to zap (from channel to channel), to flick (through the) channels, to channel-flick.
zar /tsar, dzar/ m.inv. czar, tsar; ***lo ~ Nicola*** Czar Nicholas.
zarevic /tsaˈrɛvitʃ, dza-/ m.inv. czsarevitch, tsarevitch.
zarina /tsaˈrina, dza-/ f. czarina, tsarina.
zarismo /tsaˈrizmo, dza-/ m. czarism, tsarism.
zarista, m.pl. **-i**, f.pl. **-e** /tsaˈrista, dza-/ **I** agg. czarist, tsarist; ***impero ~*** czardom, tsar empire **II** m. e f. czarist, tsarist.
▷ **zattera** /ˈtsattera, ˈdzat-/ f. **1** *(imbarcazione)* raft **2** EDIL. raft, mat ◆◆ ***~ di salvataggio*** life raft.
zatteriere /tsatteˈrjɛre, dzat-/ m. raftsman*, rafter.
zatterone /tsatteˈrone, dzat-/ m. **1** MAR. raft **2** EDIL. raft, mat **3** *(scarpa)* platform (shoe).

zavorra /dza'vɔrra/ f. **1** MAR. AER. ballast; ***in ~*** MAR. in ballast; ***caricare la ~*** to take on ballast; ***scaricare la ~*** o ***gettare ~*** to jettison ballast, to unballast **2** FIG. dead weight, dead wood.
zavorramento /dzavorra'mento/ m. ballasting.
zavorrare /dzavor'rare/ [1] tr. to ballast.
zazzera /'tsattsera, 'dzaddz-/ f. mop (of hair), fuzz, shock.
zazzeruto /tsattse'ruto, dzaddz-/ agg. mopheaded, shockheaded.
zebedei /dzebe'dɛi/ m.pl. POP. nuts, bollocks; ***rompere gli ~ a qcn.*** to piss sb. off.
Zebedeo /dzebe'dɛo/ n.pr.m. Zebedee.
▷ **zebra** /'dzɛbra/ **I** f. ZOOL. zebra **II zebre** f.pl. COLLOQ. *(strisce pedonali)* (pedestrian) crossing, zebra crossing BE, crosswalk AE.
zebrato /dze'brato/ agg. [*tessuto*] zebra-striped.
zebratura /dzebra'tura/ f. *(striatura)* stripes pl. ◆◆ ***~ stradale*** = stripes on a pedestrian crossing.
zebù /dze'bu/ m.inv. zebu.
1.zecca, pl. **-che** /'tsekka, ke/ f. mint ◆ ***nuovo di ~*** brand-new, mint.
2.zecca, pl. **-che** /'tsekka, ke/ f. ZOOL. tick.
zecchino /tsek'kino/ m. **1** *(moneta)* sequin **2** *(con valore aggettivale)* ***oro ~*** pure gold.
zeffiro /'dzɛffiro/ → **zefiro.**
zefir /dze'fir/ m.inv. TESS. zephyr.
zefiro /'dzɛfiro/ m. zephyr.
Zelanda /dze'landa/ ➧ ***14*** n.pr.f. Zealand.
zelandese /dzelan'dese/ **I** agg. of, from Zealand **II** m. e f. Zealander.
zelante /dze'lante/ agg. *(solerte)* zealous, diligent, eager, enthusiastic; *(eccessivamente solerte)* overzealous, overeager, overbusy; ***fare lo ~*** to be overzealous; ***essere ~ nel lavoro*** to work with zeal, to be an enthusiastic worker.
zelantemente /dzelante'mente/ avv. zealously, diligently.
zelatore /dzela'tore/ m. (f. **-trice** /tritʃe/) zealot.
zelo /'dzɛlo/ m. *(entusiasmo)* zeal, zealousness, enthusiasm; *(solerzia)* diligence, goodwill; ***~ patriottico, religioso*** patriotic, religious zeal; ***con ~*** zealously, with enthusiasm; ***lavorare con ~*** to work with enthusiasm, to be an enthusiastic worker; ***eccesso di ~*** excess of zeal; ***mostrare uno ~ eccessivo*** to be overzealous.
zelota /dze'lɔta/ m. Zealot.
zen /dzɛn/ **I** m.inv. Zen **II** agg.inv. [*arte, maestro*] Zen.
zenana /dze'nana/ f.inv. zenana.
zenit /'dzɛnit/ m.inv. zenith (anche FIG.); ***essere allo ~*** [*sole, carriera*] to be at its zenith.
zenitale /dzeni'tale/ agg. [*distanza*] zenithal.
Zenone /dze'none/ n.pr.m. Zeno.
zenzero /'dzɛndzero/ m. ginger.
zeolite /dzeo'lite/ f. zeolite.
zeppa /'tseppa/ f. **1** *(per mobili, porte)* wedge, chock, scotch **2** FIG. *(rimedio)* patch; ***mettere una ~ a qcs.*** to put a patch on sth. **3** GIORN. TELEV. *(riempitivo)* filler **4** *(di calzature)* wedge (heel); ***scarpe con la ~*** wedge *o* wedge-heeled shoes, platform shoes, platforms **5** *(parola inserita)* verbiage.
zeppelin /'tsɛppelin/ m.inv. zeppelin.
zeppo /'tseppo/ agg. COLLOQ. **1** *(pieno)* [*borsa, valigia, cassetto, stanza*] full (**di** of); crammed (**di** with); ***essere (pieno) ~ di*** to be jam-packed *o* chock-full *o* chock-a-block with; ***un libro ~ di informazioni utili*** a book stuffed with useful information **2** *(molto affollato)* [*treno, museo, teatro*] crowded, packed (with people).
zeppola /'tseppola/ f. GASTR. INTRAD. (doughnut traditionally made at Carnival typical of Southern Italy).
zerbino /dzer'bino/ m. doormat.
zerbinotto /dzerbi'nɔtto/ m. fop, dandy.
▷ **zero** /'dzɛro/ ➧ ***26*** **I** m. **1** *(cifra)* zero*, nought, cypher INFORM.; ***falsificare una cifra aggiungendo uno ~*** to falsify a figure by adding a zero *o* nought; ***una cifra con tre -i*** a figure with three zeros; ***doppio ~*** *(nel domino)* double-blank **2** *(in una scala di valori)* zero*; ***a, sopra, sotto ~*** at, above, below zero (point); ***crescita vicina allo ~*** near zero growth rate; ***10 gradi sotto ~*** 10 degrees below zero *o* below freezing (point), 10 of frost, minus 10 degrees; ***temperature sotto lo ~*** sub-zero temperatures; ***crescere da ~ al valore V*** to increase from zero to V value; ***tendere a ~*** to tend toward(s) zero **3** SCOL. ***prendere ~ in latino*** to get a zero *o* a nought in Latin; ***Nicola ha preso ~ in condotta*** Nicola got a black mark for bad behaviour **4** SPORT nil; *(nel tennis)* love; ***~ (a) 15*** 15 love; ***vincere per due set a ~*** to win by two sets to love; ***vincere tre a ~*** to win three nil; ***pareggiare ~ a ~*** to draw nil nil; ***il punteggio è fermo sullo ~ a ~*** there is still no score **5** TEL. ***il mio numero di telefono è 02340500*** my telephone number is o two three four o five double o BE, zero two three four zero five zero zero AE **6** FIG. *(niente)* zero, zot(z), zilch AE COLLOQ., zip AE COLLOQ.; ***non valere uno ~*** to be worth nothing; ***contare meno di ~*** to count for nothing; ***quell'uomo è uno ~*** that man is a nobody *o* a nonentity *o* a cypher **II** agg.inv. *(preposto)* ***sono le ore ~ venti minuti dieci secondi*** it's twenty-four twenty and ten seconds; ***i bambini da ~ a sei anni*** children from nought to six years old; ***ho fatto ~ errori nel dettato*** I didn't make a single mistake in my dictation; *(posposto)* ***crescita ~*** zero population growth; ***ora ~*** zero hour; ***meridiano ~*** prime meridian; ***grado ~*** LING. zero degree; ***punto ~*** FIS. ground zero; ***gravità ~*** zero gravity; ***opzione ~*** zero option; ***tolleranza ~*** zero tolerance; ***prestito a tasso ~*** interest-free loan; ***il numero ~ di un giornale*** the trial issue of a newspaper ◆ ***cominciare*** o ***partire da ~*** to start from scratch; ***ricominciare*** o ***ripartire da ~*** to start afresh, to start again from square one; ***sparare a ~ su*** o ***contro qcn., qcs.*** to blast sb., sth. out of the water, to hit out at sb., sth.; ***avere il morale a ~*** to be down in the dumps; ***raparsi a ~*** to shave one's head ◆◆ ***~ assoluto*** absolute zero.
zeta /'dzɛta/ m. e f.inv. **1** *(lettera)* zed BE, zee AE **2** *(dell'alfabeto greco)* zeta.
zetacismo /dzeta'tʃizmo/ m. = faulty pronunciation of the sound "z".
zeugma /'dzɛugma/ m. zeugma.
Zeus /'dzɛus/ n.pr.m. Zeus.
▶ **zia** /'tsia, 'dzia/ f. aunt; ***~ Maria*** Aunt Maria; ***mia ~ materna, paterna*** my maternal, paternal aunt.
zibaldone /dzibal'done/ m. **1** LETTER. = notebook of thoughts, ideas, notes and news **2** SPREG. patchwork, hotchpotch.
zibellino /dzibel'lino/ m. zibel(l)ine, sable; ***una pelliccia di ~*** zibelline *o* sable (fur).
zibetto /dzi'betto/ m. **1** ZOOL. civet, zibet **2** *(sostanza odorosa)* civet.
zibibbo /dzi'bibbo/ m. ENOL. INTRAD. *(uva)* (kind of muscatel grapes); *(vino)* (type of wine made from muscatel grapes typical of the South of Italy).
zigano /tsi'gano/ **I** agg. [*musica, orchestra*] Tzigane, gipsy **II** m. (f. **-a**) Tzigane.
zigena /dzi'dʒɛna/ f. forester.
ziggurat /'dziggurat/ m.inv. ziggurat, zikkurat.
zigodattilo /dzigo'dattilo/ **I** agg. zygodactil, zygodactilous **II** m. zygodactil.
zigolo /'dzigolo/ m. bunting ◆◆ ***~ giallo*** yellowhammer; ***~ nero*** cirl bunting; ***~ delle nevi*** snow bunting.
zigomatico, pl. **-ci, -che** /dzigo'matiko, tʃi, ke/ agg. [*arcata, osso*] zygomatic.
zigomo /'dzigomo/ m. cheekbone, zygoma*; ***avere gli -i sporgenti*** to have prominent cheekbones.
zigomorfo /dzigo'mɔrfo/ agg. zygomorphous.
zigosi /dzi'gɔzi/ f.inv. zygosis*.
zigospora /dzigos'pɔra/ f. zygospore.
zigote /dzi'gɔte/ m. zygote.
zigrinare /dzigri'nare/ [1] tr. **1** CONC. to shagreen, to grain, to pebble [*pelle*] **2** MECC. to mill [*moneta*]; *(godronare)* to knurl, to mill [*vite, bullone*].
zigrinato /dzigri'nato/ **I** p.pass. → **zigrinare II** agg. [*pelle*] grained, grainy, pebble attrib.; [*carta*] grained, grainy, granulated; [*moneta*] milled.
zigrinatura /dzigrina'tura/ f. **1** CONC. grain **2** MECC. knurl; *(di moneta)* milling.
zigrino /dzi'grino/ m. **1** *(pelle conciata)* shagreen, sharkskin **2** MECC. knurling tool.
zigzag, zig zag /dzig'dzag/ m.inv. zigzag; ***a ~*** zigzaggy; ***andare a ~*** to run in zigzags, to zigzag; ***una strada a ~*** a zigzag *o* winding road; ***il sentiero procedeva a ~*** the path zigzagged.
zigzagare /dzigdza'gare/ [1] intr. (aus. *avere*) to zigzag.
zimarra /dzi'marra/ f. = long shapeless coat.
zimasi /dzi'mazi/ f.inv. zymase.
Zimbabwe /dzim'babwe/ ➧ ***33*** n.pr.m. Zimbabwe.
zimbabwiano /dzimbab'wjano/ ➧ ***25*** **I** agg. Zimbabwean **II** m. (f. **-a**) Zimbabwean.
zimbello /tsim'bɛllo, dzim-/ m. **1** ORNIT. decoy **2** FIG. laughing stock, butt, mockery, joke; ***diventare uno ~*** to become a figure of fun *o* an object of ridicule; ***essere lo ~ di tutti*** to be the laughing stock of everybody, to be a standing joke.
zimogenesi /tsimod'ʒɛnesi/ f.inv. zymogenesis*.
zimogeno /tsi'mɔdʒeno/ agg. zymogen, zymogenous, zymogenic.
zimosterolo /tsimoste'rɔlo/ m. zymosterol.
zimotico, pl. **-ci, -che** /tsi'mɔtiko, tʃi, ke/ agg. zymotic.

zincare /tsin'kare, dzin-/ [1] tr. to zinc, to zincify [*tettoia*].
zincato /tsin'kato, dzin-/ **I** p.pass. → **zincare II** agg. [*lamiera*] zinc-plated, zinced **III** m. zincate.
zincatura /tsinka'tura, dzin-/ f. zincing.
zinco /'tsinko, 'dzinko/ m. zinc, spelter; ***tettoia di ~*** tin roofing; ***bianco di ~*** zinc white; ***cloruro di ~*** zinc chloride; ***solfato di ~*** zinc sulfate; ***limatura di ~*** zinc dust; ***ossido di ~*** zinc oxyde.
zincografia /tsinkogra'fia, dzin-/ f. *(stampa)* zincograph; *(procedimento)* zincography.
zincografico, pl. **-ci**, **-che** /tsinko'grafiko, dzin-, tʃi, ke/ agg. zincographic.
zincografo /tsin'kɔgrafo, dzin-/ m. zincographer.
zincoide /tsin'kɔide, dzin-/ agg. zincoid.
zincotipia /tsinkoti'pia, dzin-/ f. zincotype.
zingaresco, pl. **-schi**, **-sche** /tsinga'resko, dzin-, ski, ske/ agg. [*aspetto*] gipsy.
▷ **zingaro** /'tsingaro, 'dzin-/ **I** m. (f. **-a**) **1** gipsy, Romany; ***accampamento*** o ***campo (di) -i*** gipsy camp; ***lingua degli -i*** Romany; ***sembri proprio uno ~*** FIG. you look like a tramp *o* like something the cat dragged in **2** LING. Romany **II** agg. [*origine*] gypsy.
zinnia /'dzinnja/ f. zinnia.
▶ **zio**, pl. **zii** /'tsio, 'dzio, 'tsii, 'dzii/ m. uncle; ***~ Giovanni*** Uncle Giovanni; ***mio ~ materno, paterno*** my maternal, paternal uncle; ***gli zii*** uncle(s) and aunt(s) ◆◆ ***lo ~ d'America*** = a rich relative; ***~ Paperone*** Uncle Scrooge; ***~ Sam*** Uncle Sam.
zip® /dzip/ m. e f.inv. zip (fastener); ***mi si è inceppata la ~*** my zip is stuck.
zipolo /'tsipolo/ m. bung, peg, spigot, tap.
zippare /dzip'pare/ [1] tr. INFORM. to zip [*file*].
zirconato /dzirko'nato/ m. zirconate.
zircone /dzir'kone/ m. zircon, zirconite.
zirconio /dzir'kɔnjo/ m. zirconium.
zirlare /dzir'lare/ [1] intr. (aus. *avere*) [*tordo*] to whistle.
zirlo /'dzirlo/ m. *(di tordo)* whistle.
▷ **zitella** /tsi'tɛlla, dzi-/ f. spinster, old maid; ***restare ~*** to be left on the shelf, to remain unmarried *o* a spinster; ***è una vecchia ~!*** she's an old maid!
zitellaggio, pl. **-gi** /tsitellad'dʒo, dzi-, dʒi/ m. spinsterhood.
zitellesco /tsitel'lesko, dzi-/ agg. spinsterish.
zitellona /tsitel'lona, dzi-/ f. old maid, spinster.
zitellone /tsitel'lone, dzi-/ m. confirmed old bachelor.
ziti /'tsiti/ m.pl. GASTR. INTRAD. (long, hollow, tube-shaped pasta).
zittire /tsit'tire/ [102] **I** tr. to hush, to shush [*persona, alunni*] **II** intr. (aus. *avere*) **1** *(in segno di disapprovazione)* [*pubblico*] to hiss, to boo **2** *(tacere)* [*persona*] to shut* up **III zittirsi** pronom. to shut* up.
▶ **zitto** /'tsitto/ agg. quiet, silent; ***stare ~*** to be silent *o* quiet, to keep shut, to remain mute; ***(sta') ~!*** shut up! be quiet! ***fare stare ~ qcn.*** to silence *o* hush *o* shush sb., to keep sb. quiet; ***~ ~*** quietly, without a word; ***-i -i, si sono presi i posti migliori*** without making any fuss, they managed to take the best seats; ***~ e mosca!*** keep it under your hat!
zizzania /dzid'dzanja/ f. **1** BOT. darnel, furrow-weed **2** FIG. ***seminare*** o ***mettere ~*** to sow discord, to stir up trouble.
zloty /'zlɔti/ ♦ **6** m.inv. zloty.
zoarce /tso'artʃe/ m. eelpout.
zoccola /'tsɔkkola/ f. **1** VOLG. *(prostituta)* slut, whore **2** REGION. *(topo di fogna)* sewer rat.
zoccolare /tsokko'lare/ [1] intr. (aus. *avere*) = to clatter along with one's clogs on.
zoccolata /tsokko'lata/ f. blow with a clog.
zoccolatura /tsokkola'tura/ f. *(di stanza)* skirting, wainscot(t)ing.
▷ **zoccolo** /'tsɔkkolo/ m. **1** *(calzatura)* clog, sabot **2** ZOOL. hoof* **3** ARCH. *(base) (di statua, colonna)* base, socle; *(di parete)* wainscot, dado*; *(battiscopa)* skirting board, baseboard AE **4** GEOL. clod **5** EL. base, socket ◆◆ ***~ a baionetta*** bayonet cap; ***~ continentale*** GEOL. continental shelf, continental platform; ***~ duro*** FIG. hard core; ***~ fesso*** ZOOL. cloven foot.
zodiacale /dzodja'kale/ agg. [*luce*] zodiacal; ***il mio segno ~*** my star *o* birth sign.
zodiaco, pl. **-ci** /dzo'diako, tʃi/ m. zodiac; ***un segno dello ~*** a sign of the zodiac.
zoiatria /dzoia'tria/ f. zoiatria, zoiatrics + verbo sing.
zoisite /dzoi'zite/ f. zoisite.
zolfanello /tsolfa'nɛllo, dzol-/ m. (sulphur) match, lucifer BE ANT. ◆ ***accendersi come uno ~*** to flare up.
zolfara /tsol'fara, dzol-/ → **solfara.**
zolfatara /tsolfa'tara, dzol-/ → **solfatara.**
zolfo /'tsolfo, 'dzolfo/ m. sulphur BE, sulfur AE, brimstone ANT.; ***colorante, sapone allo ~*** sulphur colorant, soap; ***bagno di ~*** sulphur bath; ***fiore di ~*** flower of sulphur ◆ ***qui c'è odore*** o ***puzza di ~*** the devil has had a hand in it; ***puzzare di ~*** = to have something diabolical about one.
▷ **zolla** /'dzɔlla, 'tsɔlla/ f. **1** *(di terra)* clod, lump; ***~ erbosa*** o ***d'erba*** turf, sod, divot; ***possedere due -e di terra*** FIG. to own a little plot *o* a plot of land **2** GEOL. plate; ***tettonica a -e*** plate tectonics.
zolletta /dzol'letta, tsol-/ f. cube; ***~ di zucchero*** sugar cube, sugar lump; ***zucchero in -e*** sugar in lumps, lump sugar.
zolloso /dzol'lozo, tsol-/ agg. cloddy, cloddish.
zombi, **zombie** /'dzombi/ m. e f.inv. zombie.
zompare /tsom'pare/ [1] intr. (aus. *essere*) REGION. to jump.
▶ **zona** /'dzɔna/ f. **1** *(area)* zone, area; *(regione)* zone, region, district; ***~ agraria*** agricultural area; ***~ collinare*** hill area *o* region; ***~ pianeggiante*** flat area *o* region; ***~ montuosa*** alpine *o* mountain *o* mountainous area; ***~ desertica*** desert region; ***~ paludosa*** marsh, marshy region *o* area; ***~ di alta, bassa pressione*** high, low (pressure zone); ***la ~ centrale*** *(di paese, regione)* heartland; *(di città)* city centre; ***una ~ della città*** a part of the town; ***nella ~ di Oxford*** in the Oxford region; ***nella ~ ovest, sud di Londra*** in west, south London; ***in questa ~ piove molto spesso*** it rains very often here *o* in these parts; ***in una ~ della foresta*** in a section of the forest; ***di ~*** [*consiglio, commissariato, agente*] area; ***direttore di ~*** district *o* area manager; ***essere in ~*** to be in the neighbourhood; ***essere fuori ~*** to be out of the way; ***essere della ~*** to live in the neighbourhood **2** *(parte di superficie)* area, patch; ***una ~ di luce*** an area of light **3** AMM. area, territory, patch; ***un rappresentante che fa la ~ di Napoli*** a rep who does the Naples area **4** SPORT zone; ***difesa a ~*** zone defence **5** MED. zone, area ◆◆ ***~ artigianale*** = small industrial park *o* estate; ***~ blu*** AUT. = in some city centres, restricted access area with pay parking; ***~ calda*** FIG. hot spot, flash point; ***~ di combattimento*** battle *o* combat zone; ***~ commerciale*** shopping precinct; ***~ di confine*** → **~ di frontiera**; ***~ cuscinetto*** MIL. POL. buffer zone; ***~ denuclearizzata*** nuclear-free zone; ***~ depressa*** depressed region; ***~ erogena*** erogenous zone; ***~ franca*** ECON. free trade zone; ***~ di frontiera*** border area, borderland; ***~ (per) fumatori*** smoking area; ***~ giorno*** living area; ***~ glaciale*** glacial zone; ***~ industriale, industrializzata*** *(di città)* industrial park *o* compound *o* estate BE; *(di nazione)* industrial belt; ***~ d'influenza*** POL. sphere *o* area of influence; ***~ di interdizione ai voli*** MIL. no-fly zone; ***~ invalicabile*** MIL. non-go area; ***~ di lancio*** drop zone; ***~ di libero scambio*** → **~ franca**; ***~ militare*** military compound; ***~ militarizzata*** militarized zone; ***~ (per) non fumatori*** no-smoking area; ***~ di non sorvolo*** → **~ di interdizione ai voli**; ***~ notte*** sleeping area; ***~ d'ombra*** *(di radar)* blind area; FIG. grey area; ***~ pedonale*** pedestrian precinct; ***~ pericolosa*** danger area; ***~ periferica*** suburban area; ***~ perturbata*** METEOR. area of turbulence; ***~ di pesca*** piscary, fishing ground; ***~ polare*** polar region; ***~ portuale*** docks, dockland; ***~ pranzo*** dining area; ***~ protetta*** conservation area, nature reserve; ***~ residenziale*** residential area; ***~ sinistrata*** AMM. disaster area; ***~ sismica*** earthquake belt; ***~ smilitarizzata*** demilitarized zone; ***~ torrida*** torrid zone; ***~ di turbolenze*** → **~ pertubata**; ***~ verde*** green belt, green area; ***~ vietata*** exclusion zone, off-limits area.
zonale /dzo'nale/ agg. GEOGR. AMM. zonal, zonary.
zonare /dzo'nare/ [1] tr. to zone.
zonario, pl. **-ri**, **-rie** /dzo'narjo, ri, rje/ agg. zonate.
zonizzazione /dzoniddzat'tsjone/ f. zoning.
zonzo: **a zonzo** /ad'dzondzo/ avv. ***andare a ~*** to (go for a) stroll, to wander.
▷ **zoo** /'dzɔo/ m.inv. zoo.
zooblasto /dzoo'blasto/ m. zooblast.
zoocenosi /dzootʃe'nɔzi/ f.inv. zoocoenosis.
zoocoria /dzooko'ria/ f. zoochory.
zoofago, pl. **-gi**, **-ghe** /dzo'ɔfago, dʒi, ge/ agg. zoophagous.
zoofilia /dzoofi'lia/ f. zoophily.
zoofilo /dzo'ɔfilo/ **I** agg. zoophilous **II** m. (f. **-a**) zoophile.
zoofito /dzo'ɔfito/ m. zoophite.
zoofobia /dzoofo'bia/ ♦ **7** f. zoophobia.
zoogenico, pl. **-ci**, **-che** /dzoo'dʒɛniko, tʃi, ke/, **zoogeno** /dzo'ɔdʒeno/ agg. zoogenic.
zoogeografia /dzoodʒeogra'fia/ f. zoogeography.
zoogeografico, pl. **-ci**, **-che** /dzoodʒeogra'fiko, tʃi, ke/ agg. zoogeographic(al).
zoografia /dzoogra'fia/ f. zoography.
zooide /dzo'ɔide/ m. zooid.
zoolatria /dzoola'tria/ f. zoolatry.
zoolito /dzoo'lito/ m. zoolite.

zoologia /dzoolo'dʒia/ f. zoology.
zoologico, pl. **-ci**, **-che** /dzoo'lɔdʒiko, tʃi, ke/ agg. zoological; ***giardino*** ~ zoological gardens.
zoologo, m.pl. **-gi**, f.pl. **-ghe** /dzo'ɔlogo, dʒi, ge/ ➧ ***18*** m. (f. **-a**) zoologist.
zoom /dzum/ m.inv. zoom.
zoomagnetismo /dzoomaʎʎe'tizmo/ m. zoomagnetism.
zoomare → **zumare.**
zoomata → **zumata.**
zoomorfismo /dzoomor'fizmo/ m. zoomorphism.
zoomorfo /dzoo'mɔrfo/ agg. zoomorphic; ***figura -a*** zoomorph.
zoonosi /dzoo'nɔzi/ f.inv. zoonosis*.
zooplancton /dzoo'plankton/ m.inv. zooplankton.
zooplanctonico, pl. **-ci**, **-che** /dzooplank'toniko, tʃi, ke/ agg. zooplanktonic.
zoosafari /dzoosa'fari/ m.inv. safari park.
zoosfera /dzoo'sfɛra/ f. zoosphere.
zoospermio, pl. **-mi** /dzoos'pɛrmjo, mi/ m. zoosperm.
zoospora /dzoo'spɔra/ f. zoospore.
zoosterolo /dzooste'rɔlo/ m. zoosterol.
zootecnia /dzootek'nia/, **zootecnica** /dzoo'tɛknika/ f. zootechnics + verbo sing., zootechny.
zootecnico, pl. **-ci**, **-che** /dzoo'tɛkniko, tʃi, ke/ **I** agg. zootechnical **II** m. (f. **-a**) zootechnician.
zootomia /dzooto'mia/ f. zootomy.
zootomico, pl. **-ci**, **-che** /dzoo'tɔmiko, tʃi, ke/ agg. zootomic(al).
zoppia /tsop'pia, dzop-/ f. limp, hobble, lameness.
zoppicamento /tsoppika'mento, dzop-/ m. limp, hobble.
zoppicante /tsoppi'kante, dzop-/ agg. **1** *(che zoppica)* [*persona*] lame, limping, hobbling **2** *(traballante)* [*sedia, tavolo*] unsteady, shaky, wobbly; ***andatura*** ~ limping gait, limp **3** FIG. [*verso*] halting, lame; [*argomento, piano*] lame, weak, half-baked; ***si esprime in un inglese*** ~ he speaks in halting English.
▷ **zoppicare** /tsoppi'kare, dzop-/ [1] intr. (aus. *avere*) **1** *(essere zoppo)* to have* a limp, to be* lame; *(camminare zoppo)* to limp, to walk with a limp, to hobble; ***~ dalla gamba sinistra, destra*** to be lame on *o* to have a limp in the left, right leg; ***entrò, se ne andò zoppicando*** he limped *o* hobbled in, away **2** *(traballare)* [*sedia, tavolo*] to be* unsteady, to be* shaky **3** FIG. [*argomento*] to halt, to falter, to be* unsound; [*frase*] to be* garbled; ***il paragone zoppica*** the comparison is weak *o* shaky *o* doesn't stand up; ***zoppica in latino*** he's weak in Latin.
zoppina /tsop'pina, dzop-/ f. VETER. (foot) rot.
▷ **zoppo** /'tsɔppo, 'dzɔppo/ **I** agg. **1** *(claudicante)* lame; ***è ~ dalla gamba sinistra*** he's lame on *o* he has a limp in the left leg; ***camminare*** ~ to walk with a limp **2** *(traballante)* [*sedia, tavolo*] unsteady, shaky, wobbly **3** FIG. [*verso*] lame; [*ragionamento*] shaky, unsound **II** m. (f. **-a**) lame person, cripple ◆ ***chi va con lo ~ impara a zoppicare*** PROV. = bad company brings bad habit.
zorilla /dzo'rilla/ f. zoril, zorilla.
zoroastriano /dzoroastri'ano/ **I** agg. Zoroastrian **II** m. (f. **-a**) Zoroastrian.
zoroastrismo /dzoroas'trizmo/ m. Zoroastrianism.
Zoroastro /dzoro'astro/ n.pr.m. Zoroaster; ***di*** ~ Zoroastrian.
zoster /'dzɔster/ m.inv. ***herpes*** ~ herpes zoster, shingles.
zostera /dzos'tɛra/ f. zostera.
zoticaggine /dzoti'kaddʒine/, **zotichezza** /dzoti'kettsa/ f. boorishness, loutishness, rudeness.
zotico, pl. **-ci**, **-che** /'dzɔtiko, tʃi, ke/ **I** agg. boorish, loutish, oafish, rude **II** m. (f. **-a**) boor, lout, bumpkin, oaf.
zoticone /dzoti'kone/ m. (f. **-a**) boor, lout; ***comportarsi da*** ~ to behave like a lout, to act folksy AE.
zozzo /'tsottso/ → **sozzo.**
zozzone /tsot'tsone/ → **sozzone.**
ZTL /dzɛtatti'ɛlle/ f. (⇒ zona traffico limitato) = limited traffic area.
zuavo /dzu'avo/ m. Zouave; ***calzoni*** o ***pantaloni alla -a*** knickerbockers, plus-fours.
▷ **zucca**, pl. **-che** /'tsukka, ke/ f. **1** BOT. GASTR. *(rotonda)* pumpkin; *(a fiasco)* gourd; *(allungata)* (vegetable) marrow BE, marrow (squash) AE; ***semi di*** ~ pumpkin seeds; ***torta di*** ~ pumpkin pie; ***fiori di*** ~ courgette BE *o* zucchini AE flowers **2** FIG. *(testa)* block, nut, noddle, noodle AE; ***battere la*** ~ to knock *o* bang one's noddle ◆ ***avere la ~ vuota, non avere niente nella ~, non avere sale in ~*** to be a blockhead, not to have very much up top, to be dead from the neck up; ***avere sale in*** ~ to have common sense *o* gumption COLLOQ.
zuccata /tsuk'kata/ f. butt, bump with the head; ***dare una ~ contro qcs.*** to bang *o* knock one's head against sth.
zuccherare /tsukke'rare/ [1] tr. **1** *(dolcificare)* to sugar, to sweeten [*caffè, tè, bevanda*] **2** ENOL. to chaptalize [*vino*].
zuccherato /tsukke'rato/ **I** p.pass. → **zuccherare II** agg. **1** *(con zucchero)* [*acqua, latte, bevanda*] sugared, sweetened; ***non*** ~ unsweetened **2** FIG. *(mellifluo)* sugary.
zuccheriera /tsukke'rjɛra/ f. sugar bowl, sugar basin.
zuccheriere /tsukke'rjɛre/ m. *(produttore)* sugar manufacturer.
zuccheriero /tsukke'rjɛro/ agg. [*industria*] sugar attrib.
zuccherificio, pl. **-ci** /tsukkeri'fitʃo, tʃi/ m. sugar factory, sugar refinery.
zuccherino /tsukke'rino/ **I** agg. **1** *(che contiene lo zucchero)* [*soluzione*] sugary; ***contenuto*** ~ sugar content **2** *(dolce)* [*frutto, gusto*] sweet **II** m. **1** *(zolletta di zucchero)* sugar cube, sugar lump; *(caramella)* sugar candy **2** FIG. *(contentino)* sweetener, sop **3** FIG. *(persona dolce)* ***essere uno*** ~ to be as sweet *o* nice as pie; ***~ mio!*** sugar! sweetie! ***non è uno ~!*** he's not a lamb!
▷ **zucchero** /'tsukkero/ m. *(sostanza)* sugar (anche CHIM.); ***senza*** ~ sugar-free; ***bevo il tè senza*** ~ I don't take sugar in my tea; ***questo ananas è uno*** ~ this grapefruit is delicious *o* very sweet; ***barbabietola da*** ~ sugar beet; ***canna da*** ~ sugar cane; ***piantagione di canna da*** ~ sugar plantation; ***carta da*** ~ *(colore)* dark blue; ***cospargere di*** ~ to sprinkle with sugar [*fragole, dolce*]; ***basso contenuto di -i*** low sugar content; ***pan di*** ~ GASTR. sugar loaf; ***Pan di Zucchero*** GEOGR. Sugar Loaf Mountain ◆ ***essere tutto ~ e miele*** to be all sweetness, to be all sweet and light, to be sweet *o* nice as pie ◆◆ ***~ d'acero*** maple sugar; ***~ di barbabietola*** beet sugar; ***~ bianco*** white sugar; ***~ candito*** candy, rock candy AE; ***~ di canna*** cane sugar, brown sugar; ***~ caramellato*** (sugar) candy, caramel; ***~ cristallizzato*** granulated sugar; ***~ filato*** spun sugar, candy floss BE, cotton candy AE; ***~ grezzo*** unrefined sugar; ***~ invertito*** invert sugar; ***~ d'orzo*** barley sugar; ***~ semolato*** caster sugar BE, superfine sugar AE; ***~ vanigliato*** vanilla sugar; ***~ a velo*** icing sugar BE, powdered sugar AE, confectioner's sugar AE; ***~ in zollette*** sugar in lumps, lump sugar.
zuccheroso /tsukke'roso/ agg. **1** *(molto dolce)* (very) sweet, sugary **2** FIG. *(mellifluo)* sugary.
zucchetto /tsuk'ketto/ m. calotte, skull cap.
zucchina /tsuk'kina, dzuk-/ f. → **zucchino.**
zucchino /tsuk'kino, dzuk-/ m. courgette BE, baby marrow BE, zucchini* AE, marrow squash AE, summer squash AE.
zucconaggine /tsukko'naddʒine/ f. *(ottusità)* dullness, lumpishness; *(testardaggine)* mulishness, stubborness.
zuccone /tsuk'kone/ **I** m. (f. **-a**) *(persona ottusa)* blockhead, pumpkinhead; *(persona testarda)* mulish person, stubborn person **II** agg. *(ottuso)* thick, slow-witted; *(testardo)* mulish, stubborn.
zuccotto /tsuk'kɔtto/ m. GASTR. INTRAD. (chilled dessert made from a dome shaped sponge filled with cream, chocolate and candied fruit).
zuffa /'tsuffa/ f. **1** *(lite, rissa)* fight(ing), brawl, punch up BE **2** *(polemica)* dispute.
zufolare /tsufo'lare, dzu-/ [1] **I** intr. (aus. *avere*) **1** *(suonare lo zufolo)* to play the whistle **2** *(fischiettare)* to whistle **II** tr. to whistle [*aria, canzone*].
zufolo /'tsufolo, 'dzufolo/ m. whistle.
zuingliano → **zwingliano.**
zulu /'dzulu/, **zulù** /dzu'lu/ ➧ ***16*** **I** agg.inv. [*lingua*] Zulu **II** m. e f.inv. **1** *(persona)* Zulu **2** SPREG. lout, boor.
zumare /dzu'mare/ [1] tr. e intr. (aus. *avere*) to zoom; ***~ (su) qcs.*** to zoom in on sth.
zumata /dzu'mata/ f. zoom; ***fare una ~ (in) avanti, indietro*** to zoom in, out.
▷ **zuppa** /'tsuppa/ f. **1** *(minestra)* soup; *(per il cane)* (dog) food; ***~ di cipolle*** onion soup; ***~ di verdure*** vegetable soup; ***~ di pesce*** fish soup **2** FIG. SPREG. *(pasticcio)* mess, muddle **3** COLLOQ. *(cosa noiosa)* drag, bore; ***che ~!*** what a drag *o* yawn! ***è sempre la solita ~!*** it's always the same old drag! ◆ ***se non è ~ è pan bagnato*** PROV. it's six of one and half a dozen of the other ◆◆ ***~ inglese*** GASTR. trifle.
zuppetta /tsup'petta/ f. COLLOQ. ***fare (la)*** ~ = to dip biscuits or bread in milk, tea etc.
zuppiera /tsup'pjɛra/ f. (soup) tureen.
zuppo /'tsuppo/ agg. drenched, soaked (**di** in); ***~ fradicio, ~ fino alle ossa*** drenched *o* soaked to the skin.
Zurigo /tsu'rigo/ ➧ ***2, 15*** n.pr.f. Zurich; ***lago di*** ~ Lake Zurich; ***il cantone di*** ~ the canton of Zurich.
zuzzerellone /dzuddzerel'lone/, **zuzzurellone** /dzuddzurel'lone/ m. REGION. fun-lover, playful person.
zwingliano /dzuin'gljano, tsvin'gljano/ **I** agg. Zwinglian **II** m. (f. **-a**) Zwinglian.
zzz /dz/ inter. zzz.

Note Lessicali

1 - Appellativi di cortesia
2 - Città
3 - Colori
4 - Corpo umano
5 - Data
6 - Denaro e valute
7 - Disturbi e malattie
8 - Età
9 - Fiumi
10 - Giochi e sport
11 - Giorni della settimana
12 - Gradi militari
13 - Indicazione dell'ora
14 - Isole
15 - Laghi
16 - Lingue
17 - Mesi
18 - Mestieri e professioni
19 - Misura del tempo
20 - Misure di capacità
21 - Misure di lunghezza
22 - Misure di peso
23 - Misure di superficie
24 - Misure di volume
25 - Nazionalità
26 - Numeri
27 - Oceani e mari
28 - Ortografia e punteggiatura
29 - Punti cardinali
30 - Regioni
31 - Relazioni di quantità
32 - Stagioni
33 - Stati e continenti
34 - Strumenti musicali
35 - Taglie
36 - Temperatura
37 - Velocità
38 - Segni dello zodiaco

1 - APPELLATIVI DI CORTESIA

- Seguono qui alcune indicazioni generali sul modo di rivolgersi a qualcuno; per i titoli militari, si veda la nota n. 12 e, per gli altri, le voci relative.

Come rivolgersi a qualcuno

- Solitamente, l'inglese non usa gli equivalenti di *signore, signora*, ecc.:

buon giorno, signora	=	good morning
buona sera, signorina	=	good evening
mi scusi, signore	=	excuse me
mi scusi, signore, potrebbe dirmi...	=	excuse me, could you tell me...

  Gli equivalenti inglesi *sir* e *madam* degli appellativi *signore* e *signora* sono usati per lo più da chi offre una prestazione lavorativa a un cliente, come il cameriere al ristorante, il giornalaio ecc.; *sir* e *madam* non possono essere seguiti dal nome proprio o dal cognome:

- In inglese *Mr, Mrs, Miss* e *Ms* devono sempre essere seguiti dal nome o dal cognome della persona:

buon giorno, signora	=	good morning, Mrs Smith
buona sera, signorina	=	good evening, Miss Clara / Miss Smith
arrivederci, signore	=	goodbye, Mr Smith

  L'uso di *Ms* permette di rivolgersi a una donna di cui si conosce il nome, senza specificare se è sposata (*Mrs*) o meno (*Miss*); questa forma non ha un diretto equivalente nella lingua italiana, che tuttavia tende a usare sempre più spesso *signora* anche in riferimento a donne non sposate: *buon giorno, signora / signorina* = good morning, Ms Smith.

- Gli inglesi usano spesso negli appellativi anche il nome comune; così, mentre in italiano si dice semplicemente *buongiorno*, in inglese si precisa spesso *good morning, Paul* o *good morning, Anne*, ecc.

- Come per l'italiano *dottore*, anche l'inglese *doctor* si può usare in riferimento ai laureati di tutte le discipline, ma se non è seguito dal cognome si può riferire solo a un dottore in medicina:

buona sera, dottore	=	good evening, doctor (medico)
buona sera, dottore	=	good evening, doctor Smith (medico o qualunque laureato).

Come parlare di qualcuno

- Mentre in italiano il titolo usato con il nome o cognome è spesso preceduto dall'articolo determinativo, in inglese l'articolo non c'è mai:

è arrivato il signor Rossi	=	Mr Rossi has arrived
ha telefonato la signora Rossi	=	Mrs / Ms Rossi phoned
il rabbino Levi è malato	=	Rabbi Levi is ill
dov'è l'ispettore Carter?	=	where is Inspector Carter?
il principe Carlo e la principessa Diana	=	Prince Charles and Princess Diana
la regina Elisabetta	=	Queen Elizabeth
(il) re Riccardo I	=	King Richard I
(il) papa Giovanni Paolo II	=	Pope John-Paul II

  Tuttavia, se il titolo è seguito dal nome del paese, del popolo, della città, ecc., anche l'inglese usa l'articolo determinativo:

il principe di Galles	=	the Prince of Wales
il re degli Spagnoli	=	the King of the Spanish
il vescovo di Durham	=	the Bishop of Durham.

2 - CITTÀ

I nomi di città

- Tutte le città possono essere indicate mediante l'espressione *the town of...* oppure *the city of...* Il termine *city* designa una città che è sede vescovile o con diritto di autogoverno e, per estensione, una città genericamente grande e importante; *town*, invece, definisce le località di dimensioni inferiori.

La preposizione *a* davanti ai nomi di città

- Con i verbi di movimento (*to go, to travel, to fly*, ecc.), *a* si traduce con *to*:

andare a Londra	=	to go to London
recarsi a York	=	to travel to York.

- Con i verbi di stato (*to be, to live, to stay*, ecc), *a* si traduce con *in*:

vivere a Londra	=	to live in London

  Ma se una città è una tappa in un itinerario di viaggio, *a* si traduce con *at*:

fermarsi a York	=	to stop at York.

I nomi degli abitanti di città

- Rispetto all'italiano sono meno frequenti in inglese i nomi degli abitanti delle città. Per quanto riguarda le città britanniche, sono comuni *Londoner, Dubliner, Liverpudlian* (da Liverpool), *Glaswegian* (da Glasgow) e *Mancunian* (da Manchester); per gli Stati Uniti, c'è ad esempio *New Yorker*; per gli altri paesi, *Roman, Milanese, Parisian, Berliner*, ecc.

- Comunque, per rendere in inglese il nome degli abitanti di una città, è sempre possibile utilizzare *inhabitants* o *people*: ad esempio, per *i torinesi*, si può dire *the Turinese* o, anche, *the inhabitants of Turin* o *the people of Turin*.

***Di* con i nomi di città**

- Le espressioni italiane introdotte da *di* + nome di città si rendono in inglese il più delle volte con il nome della città utilizzato in posizione aggettivale davanti a un altro nome:

l'aeroporto di Torino	=	Turin airport
i caffè di Torino	=	Turin cafés
le squadre di calcio di Torino	=	Turin football teams
gli inverni di Torino	=	Turin winters
i ristoranti di Torino	=	Turin restaurants
la regione di Torino	=	Turin area
le strade di Torino	=	Turin streets

  L'uso è diverso in esempi come:

io sono di Torino	=	I come from Turin
il sindaco di Torino	=	the Mayor of Turin
una cartina di Torino	=	a map of Turin

  Con altre preposizioni, l'uso è altrettanto variabile:

una lettera da Torino	=	a letter from Turin
la strada per Torino	=	the Turin road
il treno di / per / da Torino	=	the Turin train.

Gli aggettivi derivati

- Gli aggettivi derivati dai nomi di città non hanno di solito un equivalente in inglese; si può sempre utilizzare, comunque, il nome della città in posizione aggettivale:

l'aeroporto torinese	=	Turin airport.

- Per sottolineare la provenienza, si userà *from* + nome della città:

la squadra torinese	=	the team from Turin.

- In riferimento all'ambiente cittadino, si opterà per *of* + nome della città:

le case torinesi	=	the houses of Turin.

- Per collocare dal punto di vista spaziale un fatto o una situazione, si userà *in* + nome della città:

il mio soggiorno torinese	=	my stay in Turin.

3 - COLORI

I colori delle cose

Nelle espressioni seguenti, *verde* è preso come esempio; gli altri aggettivi e nomi di colori si utilizzano allo stesso modo.

Gli aggettivi

- *di che colore è?* = what colour is it?
  è verde = it's green
  un vestito verde = a green dress.

I nomi

- In inglese, i nomi di colori non hanno di solito l'articolo determinativo:
  mi piace il verde = I like green
  io preferisco il verde = I prefer green
  il verde mi sta bene = green suits me
  vestire di verde = to wear green / to dress in green
  una gamma di verdi = a range of greens
  lo stesso verde = the same green
  in verde = in green
  mi piaci in verde = I like you in green
  avete lo stesso modello in verde? = have you got the same thing in green?
- Con i verbi *to paint* (*dipingere*) e *to dye* (*tingere*), la preposizione *di* dell'italiano non si traduce:
  dipingere la porta di verde = to paint the door green
  tingere una camicetta di verde = to dye a blouse green.

Le sfumature di colore

- *verde pallido* = pale green
  verde chiaro = light green
  verde pastello = pastel green
  verde vivo / brillante = bright green
  verde scuro = dark green
  verde carico = deep green
  verde intenso = strong green
  un verde più scuro = a darker green
  un bel verde = a pretty green
  un verde orrendo = a dreadful green
  un cappello verde scuro = a dark green hat
  un vestito verde chiaro = a light green dress
  il suo vestito è d'un bel verde = her dress is a pretty green.
- In inglese come in italiano è possibile esprimere una sfumatura di colore utilizzando il nome di una cosa che è di quel particolare colore:
  blu cielo = sky-blue
  un vestito blu cielo = a sky-blue dress
  verde salvia = sage green
  verde mela = apple green
  una giacca verde mela = an apple green jacket

  Analogamente, *midnight blue* (*blu notte*), *bloodred* (*rosso sangue*) ecc.; in caso di dubbio, si consulti il dizionario.

- Aggiungendo a un nome inglese *-coloured* (BE) oppure *-colored* (AE), si ottiene un aggettivo composto che corrisponde all'italiano *color...*:
  un vestito color lampone = a raspberry-coloured dress / a raspberry-colored dress
  collant color carne = flesh-coloured tights
- Gli equivalenti inglesi degli aggettivi di colore italiani in *-astro* si costruiscono con i suffissi *-ish* o *-y*:
  bluastro = bluish
  verdastro = greenish / greeny
  grigiastro = greyish BE / grayish AE
  giallastro = yellowish / yellowy
  rossastro = reddish

Poiché questi aggettivi non esistono per tutti i colori, e poiché le formazioni in *-astro* hanno spesso in italiano una connotazione negativa, è opportuno consultare il dizionario.

Le persone

- Si veda anche la nota n. 4 - CORPO UMANO
- L'inglese non utilizza l'articolo determinativo nelle espressioni seguenti:
  avere i capelli biondi = to have fair hair
  avere gli occhi blu = to have blue eyes.
- Si notino gli aggettivi composti dell'inglese:
  un biondo = a fair-haired man
  una bruna = a dark-haired woman
  un bambino con gli occhi blu = a blue-eyed child

  Ma si può anche dire: *a man with fair hair, a child with blue eyes*, ecc.

Il colore dei capelli

- Gli aggettivi delle due lingue non sono esattamente equivalenti, ma le seguenti corrispondenze si possono utilizzare senza problemi; si noti che *hair* è sempre usato al singolare nel significato di capelli:
  capelli neri = black hair
  capelli scuri = dark hair
  capelli castani = brown hair
  capelli biondi = fair hair
  capelli rossi = red hair
  capelli grigi = grey hair (BE) / gray hair (AE)
  capelli bianchi = white hair.

Il colore degli occhi

- *occhi blu* = blue eyes
  occhi azzurri = light blue eyes
  occhi grigi = grey eyes (BE) / gray eyes (AE)
  occhi verdi = green eyes
  occhi grigioverdi = greyish green eyes (BE) / grayish green eyes (AE) (si possono anche usare grey-green e gray-green)
  occhi marroni / castani = brown eyes
  occhi marrone / castano chiaro = light brown eyes
  occhi nocciola = hazel eyes
  occhi chiari = light-coloured eyes (BE) / light-colored eyes (AE)
  occhi scuri = dark eyes.

4 - CORPO UMANO

- Mentre di solito in italiano si usa l'articolo determinativo davanti alle parti del corpo, l'inglese richiede l'aggettivo possessivo:
  chiudere gli occhi = to close one's eyes
  si è fregato le mani = he rubbed his hands
  alzate le mani! = put your hands up!
  si teneva la testa = she was holding her head
  si è rotto il naso = he broke his nose
  lei gli ha rotto il naso = she broke his nose

  Fanno eccezione a questa regola espressioni idiomatiche come *a occhio nudo* = with the naked eye, e altre elencate più sotto.

Per descrivere le persone

- Le espressioni italiane con *avere* (*ha il naso lungo*) si possono tradurre in inglese con equivalenti espressioni introdotte da *to be* oppure *to have*:
  ha il naso lungo = his nose is long / he has a long nose
  ha le mani sporche = his hands are dirty / he has dirty hands
  ha male ai piedi = his feet are sore / he has sore feet
  ha il naso che cola = his nose is running / he has a runny nose
  ha i capelli lunghi = his hair is long / he has long hair

ha gli occhi blu	= she has blue eyes / her eyes are blue
ha dei bei capelli	= she has beautiful hair / her hair is beautiful.

- Si notino le seguenti espressioni:

l'uomo con una gamba rotta	= the man with a broken leg
l'uomo dalla / con la gamba rotta	= the man with the broken leg
la ragazza con gli / dagli occhi blu	= the girl with blue eyes.

- Si noti infine che la costruzione inglese con aggettivo composto si può usare solo per descrivere delle caratteristiche durevoli:

la ragazza con gli / dagli occhi blu	= the blue-eyed girl
quelli che hanno i capelli lunghi	= long-haired people.

- Per altre espressioni relative alla descrizione del corpo umano, si vedano anche le note n. 3, 7, 22 e 35.

5 - DATA

- I nomi dei mesi dell'anno e dei giorni della settimana sono sempre scritti in inglese con l'iniziale maiuscola; per le loro forme abbreviate, che sono usate frequentemente in inglese, si vedano le note n. 11 e 17.
- Nell'inglese parlato, si usa quasi sempre il numero ordinale (ad es. *fifth* e non *five*) per indicare il giorno del mese; per le abbreviazioni degli ordinali, si veda la nota n. 26.
- In inglese, ci sono ben quattro modi di scrivere una data, e tre modi di esprimerla oralmente; queste opzioni sono tutte indicate per la prima data della tabella seguente. Per scrivere una data, i due primi modi (*May 1st* o *May 1*) sono accettati in tutti i paesi anglofoni; nella tabella si utilizzerà indifferentemente l'una o l'altra di queste due forme. Per esprimerla oralmente, la prima delle due forme presentate (*May the first*) è accettata dappertutto, e pertanto questa è la forma utilizzata nella tabella; le altre due non sono altrettanto diffuse.

	scrivere	*dire*
1 maggio	May 1 *o* May 1st (BE & AE) 1st May *o* 1 May (BE)	May the first (GB & US) *o* the first of May (GB) *o* May first (US)
2 aprile	April 2 (ecc.) *abbreviato* Apr 2	April the second (ecc.)
lunedì 3 maggio	Monday, May 3	Monday, May the third
4 maggio 1927	May 4th 1927	May the fourth, nineteen twenty-seven
15.12.1956	15.12.1956 (BE) *o* 12.15.1956 (AE)*	December the fifteenth nineteen fifty-six
giovedì 5 maggio 1994	Thursday, May 5 1994	Thursday, May the fifth, nineteen ninety-four
1968	1968	nineteen sixty-eight
1900	1900	nineteen hundred
l'anno 2000	the year 2000	the year two thousand
2001	2001	two thousand and one
45 d.C.	45 AD**	forty-five AD
250 a.C.	250 BC***	two hundred and fifty BC
il XVI secolo	the 16th century	the sixteenth century

* L'inglese britannico, come l'italiano, mette la cifra del giorno prima di quella del mese; l'inglese americano fa il contrario

** *AD* significa *anno Domini* (*nell'anno del Signore*)

*** *BC* significa *before Christ* (*prima di Cristo*).

Che giorno?

• *che giorno è / che data è / quanti ne abbiamo oggi?*	= what's the date today?
è il 10 / ne abbiamo 10	= it's the tenth
è lunedì 10	= it's Monday 10th (*dire:* Monday the tenth)
è il 10 maggio / siamo al 10 maggio	= it's May 10 (*dire:* it's the tenth of May).

- Per indicare la data in cui è avvenuto o avverrà qualcosa, l'inglese usa di solito la preposizione *on* davanti al giorno del mese:

arrivederci al 10	= see you on the 10th
è successo il 10	= it happened on the 10th
è nata il 4 settembre	= she was born on 4th September (*dire:* the fourth of September)
il 19 di ogni mese	= on the 19th of every month.

- L'inglese usa *on* anche in inizio di frase ma, come l'italiano, può utilizzare anche altre preposizioni:

lunedì 5 maggio arrivò a Roma	= on Monday May 5, he reached Rome (*dire:* Monday May the fifth)
a partire dal 10	= from the 10th onwards
fino al 10	= till / until the 10th
devo aspettare fino al 10	= I must wait till the 10th
prima del 10 maggio	= before May 10 (*dire:* before May the tenth)
attorno al 10 maggio	= around 10 May (*dire:* around the tenth of May)
dal 10 al 16 maggio	= from 10th to 16th May (GB) (*dire:* from the tenth to the sixteenth of May) from 10th through 16th May (US) (*dire* from the tenth through the sixteenth of May)

- Davanti ai nomi dei mesi e alle cifre degli anni e dei secoli, l'inglese usa solitamente *in*:

a / in maggio	= in May
io sono nato nel dicembre (del) 1956	= I was born in December 1956
nel 1945	= in 1945
è morto nel 1616	= he died in 1616
Shakespeare (1564-1616)	= Shakespeare (1564-1616) (*dire:* Shakespeare fifteen sixty-four to sixteen sixteen) *o* Shakespeare, b.1564-d.1616 (*dire:* Shakespeare born in fifteen sixty-four and died in sixteen sixteen)
nel maggio del '45	= in May '45 (*dire:* in May forty-five)
negli anni '50	= in the fifties *o* in the 1950s (*dire:* in the nineteen fifties)
all'inizio degli anni '50	= in the early fifties
alla fine degli anni '50	= in the late fifties
nel XVII secolo	= in the 17th century (*dire:* in the seventeenth century)
all'inizio del XVII secolo	= in the early 17th century
alla fine del XVII secolo	= in the late 17th century.

Si noti infine che un'espressione come *la rivoluzione del 1789* si può rendere in inglese come *the revolution of 1789* oppure come *the 1789 revolution*.

6 - DENARO E VALUTE

- Per la pronuncia dei numeri in inglese, si veda la nota n. 26; si noti che l'inglese usa la virgola dove l'italiano usa il punto, e viceversa; si ricordi infine che in inglese *thousand* (*mille*) e *million* (*milione*) non si usano mai al plurale nei numeri, come *hundred* e *cento*.

I soldi in Gran Bretagna

scrivere	*dire*
1 p	one p [pi:] *o* one penny *o* a penny
2 p	two p *o* two pence
5 p	five p *o* five pence
20 p	twenty p *o* twenty pence
£ 1	one pound *o* a pound
£ 1.03	one pound three pence *o* one pound three p*

£ 1.20	one pound twenty *o* one pound twenty pence *o* one pound twenty p
£ 1.99	one pound ninety-nine
£ 10	ten pounds
£ 200	two hundred pounds
£ 1,000	one thousand pounds *o* a thousand pounds
£ 1,000,000	one million pounds *o* a million pounds

* Se la cifra dei *pence* è inferiore o uguale a 19, è obbligatorio aggiungere *pence* o *p*: *one pound nineteen pence*; non così per le cifre superiori: *one pound twenty*.

- *ci sono 100 penny in una sterlina* = there are 100 pence in a pound.

I soldi negli Stati Uniti

scrivere	*dire*
1 c	one cent *o* a cent
2 c	two cents
5 c	five cents
10 c	ten cents
25 c	twenty-five cents
$ 1	one dollar *o* a dollar
$ 1.99	one dollar ninety-nine
$ 10	ten dollars
$ 200	two hundred dollars
$ 1,000	one thousand dollars *o* a thousand dollars
$ 1,000,000	one million dollars *o* a million dollars.

- *ci sono 100 centesimi in un dollaro* = there are 100 cents in a dollar.

I soldi in Italia

Come membro dell'Unione Monetaria Europea, dal 1 gennaio 2002 l'Italia utilizza l'euro (€), del quale esistono le seguenti monete e banconote:

scrivere	*dire*
1 c	one cent *o* a cent
5 c	five cents
10 c	ten cents
20 c	twenty cents
50 c	fifty cents
€ 1	one euro *o* a euro
€ 2	two euros
€ 5	five euros
€ 10	ten euros
€ 20	twenty euros
€ 50	fifty euros
€ 100	one hundred euros *o* a hundred euros
€ 200	two hundred euros
€ 500	five hundred euros.

- *ci sono 100 centesimi in un euro* = there are 100 cents in a euro.

Le monete e le banconote

- Va ricordato che, come in italiano *pezzo* si può usare nel senso di *moneta*, così avviene in inglese per *piece* nel senso di *coin*; tuttavia, *piece* si usa solitamente per indicare le frazioni dell'unità monetaria (1 sterlina, 1 dollaro o 1 euro), e *coin* per l'unità o i valori monetari superiori. *Banconota* (o *biglietto* in questo significato), infine, si dice *note* o *banknote* nell'inglese britannico e *bill* nell'inglese americano.
- Si notino, negli esempi che seguono, l'ordine delle parole negli aggettivi composti inglesi, l'uso del trattino, e il fatto che parole come *pound*, *euro* o *dollar* non prendono la terminazione del plurale quando fanno parte dei composti:

una banconota da 10 sterline = a ten-pound note
un biglietto da 5 euro = a five-euro note
una banconota da 50 dollari = a fifty-dollar bill
una moneta da 20 penny = a 20 p piece
una moneta da una sterlina = a pound coin
una moneta da 50 centesimi = a 50-cent piece
una moneta da 1 dollaro = a one-dollar coin
una moneta da 1 euro = a one-euro coin

Si ricordi che negli Stati Uniti alcune monete hanno un proprio nome:

una moneta da 5 centesimi (di dollaro) = a nickel
una moneta da 10 centesimi (di dollaro) = a dime
una moneta da 25 centesimi (di dollaro) = a quarter.

I prezzi

- *quanto costa? / quant'è?* = how much does it cost? / how much is it?

costa 200 sterline = it costs £ 200 / it is £ 200
il prezzo della statua è (di) 200 sterline = the price of the statue is £ 200
circa 200 sterline = about £ 200
quasi 200 sterline = almost £ 200
fino a 20 dollari = up to $ 20
4 euro al metro = 4 euros a metre.

- Si noti il diverso uso delle preposizioni in inglese a fronte dell'italiano *di* che precede la cifra:

più di 200 sterline = over £ 200 *o* more than £ 200
meno di 100 euro = less than € 100
un po' meno di 250 dollari = just under $ 250.

- Anche nel caso dei prezzi va notato l'ordine delle parole negli aggettivi composti inglesi, l'uso del trattino, e il fatto che parole come *pound*, *euro* o *dollar* non prendono la terminazione del plurale quando fanno parte dei composti:

un francobollo da 75 centesimi = a seventy-five-cent stamp
una fattura da 600 dollari = a six-hundred-dollar invoice
una borsa di studio da 2.000 sterline = a £ 2,000 grant (*dire* a two-thousand-pound grant)
un'auto da 50.000 dollari = a $ 50,000 car (*dire* a fifty-thousand-dollar car)

- Talvolta l'inglese considera una somma di denaro come un'unità inscindibile, e pertanto i riferimenti grammaticali (pronomi, concordanza verbale) sono al singolare:

costa 10 sterline di più = it is an extra ten pounds
ancora 10 sterline / altre 10 sterline = another ten pounds
400 euro sono molti soldi = 400 euros is a lot of money
prendi i tuoi 100 dollari, sono sul tavolo = take your hundred dollars, it's on the table.

L'uso del denaro

- *pagare in sterline* = to pay in pounds

200 euro in contanti = € 200 in cash
un assegno da 500 dollari = a $ 500 check
un travellers' cheque in sterline = a sterling travellers' cheque
un travellers' cheque in dollari = a dollar travelers' check
posso pagare con la carta di credito? = may I pay by credit card?
mi spiace, accettiamo solo contanti = I'm sorry, we only take cash
sono a corto di soldi = I'm short of money
dove posso cambiare i soldi? = where can I change money?
cambiare (in moneta) un biglietto da 10 dollari = to change a 10-dollar bill
puoi cambiarmi una banconota da 10 dollari? = can you give me change for a 10-dollar bill?
€ 2,50 di resto = two euros fifty change
tengo la moneta per la macchinetta del caffè = I keep all my small change for the coffee machine
cambiare sterline in euro = to change pounds into euros
la sterlina vale più di un euro / ci vuole più di un euro per fare una sterlina = there is more than one euro to the pound.

7 - DISTURBI E MALATTIE

Dove ti fa male?

- *dove ti / Le fa male? dove hai / ha male?* = where does it hurt?
  ha male alla gamba / gli fa male la gamba = his leg hurts
  ha / sente male alla schiena = his back hurts
  ha / sente male alle orecchie = his ears hurt

  Gli esempi mostrano che, per tradurre *avere male a* o espressioni analoghe, l'inglese impiega il possessivo davanti al nome della parte del corpo al posto dell'articolo determinativo italiano.

- Oltre al verbo *to hurt*, l'inglese usa anche *to ache*, che si usa per designare il male agli arti, alle articolazioni, alla testa, ai denti e anche alle orecchie; si può anche impiegare l'espressione *to have a pain in*:
  gli fa male il braccio = his arm aches
  mi fa male la testa = my head aches
  ha male alla gamba / gli fa male la gamba = he has a pain in his leg.

- Per alcune parti del corpo, l'inglese utilizza il verbo *to have* + composti in *–ache*:
  avere mal di denti = to have (a) toothache
  avere mal di schiena = to have (a) backache
  avere mal d'orecchi = to have (an) earache
  avere mal di pancia = to have (a) stomachache
  avere mal di testa = to have a headache

Gli incidenti

- Laddove l'italiano ha delle forme pronominali (*farsi male a*) con l'articolo determinativo, l'inglese usa dei verbi transitivi con l'aggettivo possessivo davanti al nome:
  si è rotto la gamba = he broke his leg
  si è fatto male al piede = he hurt his foot.

Le malattie croniche

- *avere il cuore debole* = to have something wrong with one's heart / to have heart trouble / to have a weak heart
  avere problemi di / ai reni = to have something wrong with one's kidney / to have kidney trouble
  avere una brutta schiena / una schiena malandata = to have a bad back
  avere i denti guasti = to have bad teeth.

Essere malato

- *Essere malato* in generale si dice *to be ill* se si è affetti da una vera e propria malattia, *not to be well* o *to be unwell* (quest'ultimo d'uso formale) se si prova semplicemente malessere. Questi aggettivi non si usano davanti a un nome: in tal caso si usa *sick*. *To be sick*, invece, significa *rimettere, vomitare*, mentre *to feel sick* significa *avere la nausea*:
  sono malato da parecchi giorni = I've been ill for many days
  oggi non sto bene = I'm not well today
  sono andato a trovare mia zia malata = I went to visit my sick aunt.

- Diversamente dall'italiano, l'inglese non premette l'articolo ai nomi delle malattie:
  avere l'influenza = to have flu
  avere un / il cancro = to have cancer
  avere un' / l'epatite = to have hepatitis
  avere l'asma = to have asthma
  avere gli orecchioni = to have mumps
  essere a letto con l'influenza = to be in bed with flu
  guarire dall'influenza = to recover from flu
  morire di colera = to die of cholera

  Anche i nomi delle malattie seguiti da un complemento non prendono sempre l'articolo: *avere il cancro al fegato* = to have cancer of the liver; ma *avere un'ulcera allo stomaco* = to have a stomach ulcer, e *avere il raffreddore* = to have a cold.

- Se appena è possibile, nell'inglese quotidiano si preferisce usare i nomi delle malattie piuttosto che gli aggettivi da questi derivati:
  essere asmatico = to have asthma *o* to be asthmatic
  essere epilettico = to have epilepsy *o* to be epileptic
  essere rachitico = to have rickets

- Per designare le persone colpite da una malattia, si possono usare le seguenti espressioni:
  un malato di cancro / un canceroso = a cancer patient
  un poliomielitico = a polio patient
  uno che ha la malaria = someone with malaria
  le persone che hanno / con l'Aids = people with Aids.

Ammalarsi

- *Prendere* una malattia si traduce con *to get* o *to catch*; più tecnico è *contrarre*, in inglese *to contract*:
  prendere l'influenza = to get / to catch flu
  prendere una / prendersi la bronchite = to get / to catch bronchitis
  contrarre l'Aids = to contract Aids.

- *To get* si usa anche per le malattie non infettive:
  mi è venuta un'ulcera allo stomaco = I got a stomach ulcer.

- *Avere* si può tradurre con *to develop* se si tratta dell'apparizione progressiva di una malattia:
  avere un cancro = to develop a cancer
  avere un inizio d'ulcera = to develop an ulcer.

- Per indicare una crisi passeggera e che si può ripetere si può usare in inglese *to have an attack / a bout of*:
  avere una crisi asmatica = to have an asthma attack
  avere un accesso di malaria = to have a bout of malaria
  Si noti
  avere una crisi epilettica = to have an epileptic fit.

Le cure

- Mentre in italiano si dice *prendere qualcosa contro* oppure *per* una malattia, l'inglese usa *for* o delle costruzioni appositive:
  prendere qualcosa per la febbre da fieno = to take something for hay fever
  prescrivere una medicina per la tosse = to prescribe something for a cough
  compresse per / contro la malaria = malaria tablets
  essere curato contro la poliomielite = to be treated for polio
  farsi vaccinare contro l'influenza = to have a flu injection
  vaccinare qualcuno contro il tetano = to give somebody a tetanus injection
  farsi vaccinare contro il colera = to have a cholera vaccination
  un vaccino contro l'influenza = a flu vaccine
  un vaccino antinfluenzale = a flu vaccine.

- Si noti la diversa costruzione e reggenza dell'italiano *operare* e dell'inglese *to operate*:
  farsi operare di (un) cancro = to be operated on for cancer
  il chirurgo l'ha operato di cancro = the surgeon operated on him for cancer.

Interazione medico - paziente

- *come si sente oggi?* = how are you feeling today?
  non molto bene, purtroppo = not very well, unfortunately
  che cos'ha? = what's the matter with you?
  ho (il) mal di testa e (il) mal di gola = I've got a headache and a sore throat
  temo che Lei abbia preso l'influenza = I'm afraid you've got flu

mi faranno delle analisi in ospedale?	= are they going to give me some tests in hospital?
soffro di mal di fegato e sono peggiorata negli ultimi tempi	= I suffer from liver trouble and I've been getting worse lately
da quanto tempo soffre di questi disturbi?	= how long have you had this trouble?
da quando sono stata operata di appendicite	= since I was operated on for appendicitis
non si preoccupi, non è nulla di grave	= don't worry, it's nothing serious
prenda queste pillole tre volte al giorno, prima dei pasti	= take these pills three times a day, before meals.

8 - ETÀ

Quanti anni hai?

- Diversamente dall'italiano, l'età non si esprime con il verbo *avere* ma con *to be*:

quanti anni hai?	= how old are you?
quanti anni ha?	= how old is she? / what age is she?

- Nelle frasi dichiarative riguardanti l'età, le parole *years old* possono essere omesse se si riferiscono alle persone, ma vanno sempre esplicitate in riferimento alle cose:

ha trent'anni	= she is thirty years old / she is thirty
ha ottant'anni	= he's eighty years old / he's eighty
la casa ha cent'anni	= the house is a hundred years old
arrivare ai sessant'anni / sessanta	= to reach sixty
Nick è più vecchio di Sheila	= Nick is older than Sheila
Sheila è più giovane di Nick	= Sheila is younger than Nick
Nick ha due anni più di Sheila	= Nick is two years older than Sheila
Sheila ha due anni meno di Nick	= Sheila is two years younger than Nick
Jim ha la stessa età di Mary	= Jim is the same age as Mary
Jim e Mary hanno la stessa età	= Jim and Mary are the same age
sembra che tu abbia sedici anni / hai l'aspetto di un sedicenne	= you look sixteen
gli daresti dieci anni di meno	= he looks ten years younger
mi sembra d'avere sedici anni	= I feel sixteen.

Età

• *ha quarant'anni*	= he is forty (years of age)
un uomo di sessant'anni	= a man of sixty / a sixty-year-old man
un bambino di otto anni e mezzo	= a child of eight and a half
una donna di quarant'anni	= a woman aged forty
il signor Smith, di quarant'anni	= Mr Smith, aged forty
all'età di cinquant'anni	= at fifty *o* at the age of fifty (BE) / at age fifty (AE)
è morto a ventisette anni	= he died at twenty-seven / at the age of twenty-seven.

- Quando si parla di esseri umani o animali, l'espressione che indica l'età può essere usata come sostantivo che sostituisce l'indicazione della persona o dell'animale:

un bambino di cinque anni	= a five-year-old
una corsa per i (cavalli di) tre anni	= a race for three-year-olds

Ma questa struttura non è possibile se ci si riferisce a cose:

un vino di trent'anni	= a thirty-year-old wine.

Età approssimativa

• *è sui trent'anni*	= she's about / around thirty
ha una cinquantina d'anni	= he is about / around fifty
non ha ancora diciott'anni	= she's not yet eighteen
ha appena passato i quaranta (anni)	= he's just over forty / he's just turned forty *(colloquiale)* / he's on the wrong side of forty *(colloquiale)*
ha quasi / poco meno di cinquant'anni	= he's just under fifty
ha fra i trenta e quarant'anni	= she's in her thirties
è sui quarantacinque anni	= she's in her mid-forties
va verso i settant'anni	= she's in her late sixties / she's nearly seventy
non è lontana dai vent'anni	= she's in her late teens / she's almost twenty
avrà sì e no dodici anni	= he's barely twelve.

Persone di una data età

• *gli ultra ottantenni*	= the over eighties
i minorenni / quelli che hanno meno di 18 anni	= the under eighteens
è ottuagenaria	= she's an octogenarian
sono dei settuagenari	= they're septuagenarians.

9 - FIUMI

- *River*, equivalente inglese di *fiume*, può avere o meno la lettera maiuscola.

I nomi dei fiumi

- L'inglese usa sempre l'articolo *the* davanti ai nomi di fiumi:

il Nilo	= the Nile
il Po	= the Po
il Tamigi	= the Thames.

- Il nome proprio dei fiumi può essere accompagnato dalla parola *river* (con l'iniziale maiuscola o minuscola), ma tale impiego non è obbligatorio; in inglese britannico, *river* precede il nome proprio, in inglese americano lo segue:

il Po	= the River Po (BE) / the Po river (AE)
il Tamigi	= the river Thames (BE)
il Potomac	= the Potomac River (AE).

Di con i nomi di fiumi

- Le espressioni italiane introdotte da *di* sono rese il più delle volte mediante l'uso aggettivale del nome del fiume:

un affluente del Tamigi	= a Thames tributary
l'estuario del Tamigi	= the Thames estuary
le industrie del Tamigi	= Thames industries
le chiatte del Po	= Po barges
l'acqua del Po	= Po water

Casi diversi sono:

le sorgenti del Tamigi	= the source of the Thames
la foce del Po	= the mouth of the Po.

10 - GIOCHI E SPORT

I nomi dei giochi e degli sport

- In inglese, tutti i nomi degli sport e dei giochi sono singolari, e non vogliono l'articolo determinativo:

il calcio	= football
mi piace il calcio	= I like football
gli scacchi	= chess
mi piacciono gli scacchi	= I like chess
le regole degli scacchi	= the rules of chess
giocare a / agli scacchi	= to play chess
sai giocare a scacchi?	= can you play chess?
fare una partita a scacchi	= to play a game of chess
fare un bridge	= to have a game of bridge

Certi nomi di giochi e sport hanno una forma plurale, ma si comportano grammaticalmente come nomi singolari: *billiards* (*biliardo*), *bowls* (*bocce*), *checkers* (*dama*, BE), *darts* (*freccette*), *dominoes* (*domino*), *draughts* (*dama*, AE) ecc.:

il domino è un gioco facile	= dominoes is easy
il gioco delle bocce è praticato sia dagli uomini sia dalle donne	= bowls is played by both men and women.

I nomi dei giocatori

- Alcuni nomi di sportivi in inglese si formano aggiungendo *-er* al nome dello sport:

un calciatore	= a footballer
un golfista	= a golfer
un podista	= a runner
un ostacolista	= a hurdler

Questa costruzione non è sempre possibile e, in caso di dubbio, va controllata sul dizionario. Al contrario, per tutti gli sport di squadra si può utilizzare la parola *player* preceduta dal nome dello sport:

un giocatore di calcio	= a football player
un giocatore di rugby	= a rugby player

La medesima costruzione con *player* si può usare per indicare chi pratica un gioco:

un giocatore di scacchi	= a chess player.

- Negli esempi che seguono la parola *chess* (*scacchi*) può essere sostituita da pressoché tutti i nomi di sport e giochi; in caso di dubbio, consultare il dizionario:

gioca molto bene a scacchi	= /he's very good at chess / he's a very good chess player
un campione di scacchi	= a chess champion
il campione del mondo di scacchi	= the world chess champion
io non gioco a scacchi	= I am not a chess player / I don't play chess.

Gli avvenimenti sportivi

• *una partita a scacchi*	= a game of chess
giocare a scacchi con qualcuno	= to play chess with somebody
giocare a scacchi contro qualcuno	= to play chess against somebody
vincere una partita a scacchi	= to win a game of chess
battere qualcuno a scacchi	= to beat somebody at chess
perdere una partita a scacchi	= to lose a game of chess
giocare nella nazionale italiana	= to play for Italy
vincere il campionato della Gran Bretagna	= to win the British Championship
spero che vinca l'Italia	= I hope Italy wins
il Chelsea ha perso 2 a zero	= Chelsea lost 2 nil
Italia 2 – Francia 1	= Italy 2 – France 1 (*dire:* Italy two, France one)
è arrivato quarto	= he came fourth.

- *Di* con nomi di giochi e sport compare in esempi come:

un campionato di scacchi	= a chess championship
un club di scacchi	= a chess club
la squadra inglese di calcio	= the English football team
un appassionato di scacchi	= a chess enthusiast
un tifoso di calcio	= a football fan / supporter

L'inglese utilizza la medesima costruzione nominale anche quando l'italiano ha una parola specifica: *una scacchiera* = a chess board. La costruzione nominale, tuttavia, non funziona in esempi come:

le regole degli scacchi	= the rules of chess
una partita a scacchi	= a game of chess (possibile, ma meno comune: a chess game).

Le attività sportive

• *praticare il tennis*	= to play tennis
giocare a rugby	= to play rugby
praticare il judo / la boxe	= to do judo / boxing
fare ginnastica	= to do gymnastics
praticare l'equitazione / andare a cavallo	= to go riding
fare canottaggio / jogging	= to go rowing / jogging.

I giochi di carte

- Negli esempi seguenti, *clubs* (*fiori*) può essere sostituito da *hearts* (*cuori*), *spades* (*picche*) o *diamonds* (*quadri*):

l'otto di fiori	= the eight of clubs
l'asso di fiori	= the ace of clubs
giocare l'otto di fiori	= to play the eight of clubs
la briscola è fiori	= clubs are trumps
chiamare i fiori	= to call clubs
hai dei fiori?	= do you have clubs?

11 - GIORNI DELLA SETTIMANA

I nomi dei giorni

- La lingua inglese usa la lettera maiuscola per i nomi dei giorni; le abbreviazioni sono comuni nella lingua scritta familiare, ad esempio in una lettera a un amico: *ci vediamo lunedì 17 settembre* = I'll see you on Mon. 17 Sept.

domenica	Sunday	Sun
lunedì	Monday	Mon
martedì	Tuesday	Tue *o* Tues
mercoledì	Wednesday	Wed
giovedì	Thursday	Thur *o* Thurs
venerdì	Friday	Fri
sabato	Saturday	Sat

Si noti che nei paesi anglofoni la settimana comincia convenzionalmente con la domenica.

- Nelle espressioni che seguono, *Monday* (*lunedì*) è preso come modello; gli altri nomi dei giorni si utilizzano allo stesso modo:

che giorno è ?	= what day is it?
è lunedì	= it's Monday
oggi è lunedì	= today is Monday.

- Per esprimere una data, si veda la nota n. 5.

Lunedì: un giorno preciso, nel passato o nel futuro

- L'inglese usa normalmente *on* davanti ai nomi dei giorni, tranne quando c'è un'altra preposizione, o una parola come *this, that, next, last*, ecc.:

è successo lunedì	= it happened on Monday
lunedì mattina	= on Monday morning
lunedì pomeriggio	= on Monday afternoon
lunedì mattina presto	= early on Monday morning
lunedì sera tardi	= late on Monday evening
lunedì andiamo allo zoo	= on Monday we're going to the zoo
lunedì scorso	= last Monday
lunedì scorso di sera	= last Monday evening
lunedì prossimo	= next Monday
fra due lunedì	= the Monday after next *o* on Monday week
un mese da lunedì	= a month from Monday
un mese a partire da lunedì scorso	= in a month from last Monday

a partire da lunedì	= from Monday onwards
è successo il lunedì	= it happened on the Monday
il lunedì mattina	= on the Monday morning
il lunedì pomeriggio	= on the Monday afternoon
il lunedì sera tardi	= late on the Monday evening
il lunedì mattina presto	= early on the Monday morning
è partita il lunedì pomeriggio	= she left on the Monday afternoon
questo lunedì	= this Monday
quel lunedì	= that Monday
quello stesso lunedì	= that very Monday.

***Di lunedì*: lo stesso giorno tutte le settimane**

- *Di lunedì* (o anche *il lunedì*) indica che un'azione viene compiuta o un fatto si verifica tutti i lunedì; in inglese, la ripetitività viene indicata dall'uso del giorno al plurale e/o da una parola come *every*, *each*, *most*, ecc.:

quando capita?	= when does it happen?
di lunedì / tutti i lunedì	= it happens on Mondays
di / il lunedì andiamo in palestra	= on Mondays we go to the gym
non lavora mai di lunedì	= she never works on Mondays
il lunedì pomeriggio va in piscina	= she goes swimming on Monday afternoons
tutti i lunedì	= every Monday
ogni lunedì	= each Monday
un lunedì sì e uno no	= every other Monday *o* every second Monday
un lunedì ogni tre	= every third Monday
quasi tutti i lunedì	= most Mondays
certi lunedì	= some Mondays
un lunedì di tanto in tanto	= on the occasional Monday
il secondo lunedì del mese	= on the second Monday in the month.

***Un lunedì*: un giorno indeterminato**

• *è successo un lunedì*	= it happened on a Monday *o* it happened one Monday
un lunedì mattina	= on a Monday morning *o* one Monday morning
un lunedì pomeriggio	= on a Monday afternoon *o* one Monday afternoon.

***Del* con i nomi dei giorni**

- Le espressioni italiane con *del* (*della* davanti a *domenica*) si rendono normalmente in inglese con la costruzione nominale:

le lezioni del lunedì	= Monday classes
la chiusura del lunedì	= Monday closing
i programmi televisivi del lunedì	= Monday TV programmes
i treni del lunedì	= Monday trains
il volo del lunedì	= the Monday flight

Si noti il significato diverso e la relativa traduzione di *il giornale del lunedì* (= il giornale che esce il lunedì) = the Monday paper e *il giornale di lunedì* (= il giornale uscito questo lunedì) = Monday's paper; allo stesso modo si distinguono *Monday classes* e *Monday's classes*, ecc.

12 - GRADI MILITARI

- Gli elenchi che seguono raggruppano i gradi militari delle tre forze armate – l'Esercito, la Marina e l'Aviazione – della Gran Bretagna e degli Stati Uniti d'America. Per la loro traduzione, si vedano le relative voci nel dizionario. Le abbreviazioni dei gradi sono utilizzate solo per la lingua scritta e con i nomi propri: ad esempio, *Capt. Jones*. Si controlli nel dizionario la pronuncia di *lieutenant*, che è diversa nella variante britannica e in quella americana. Quanto alle sigle delle varie forze armate, *RN* e *USN* si usano solo per iscritto, *RAF* si pronuncia lettera per lettera, mentre *USAF* si legge *US Air Force*

Gran Bretagna	**Stati Uniti**
L'Esercito	
the British Army	the United States Army
Field Marshal (FM)	General of the Army (GEN)
General (Gen)	General (GEN)
Lieutenant-General (Lt-Gen)	Lieutenant General (LTG)
Major-General (Maj-Gen)	Major General (MG)
Brigadier (Brig)	Brigadier General (BG)
Colonel (Col)	Colonel (COL)
Lieutenant-Colonel (Lt-Col)	Lieutenant Colonel (LTC)
Major (Maj)	Major (MAJ)
Captain (Capt)	Captain (CAPT)
Lieutenant (Lieut)	First Lieutenant (1LT)
Second Lieutenant (2nd Lt)	Second Lieutenant (2LT)
—	Chief Warrant Officer (CWO)
—	Warrant Officer (WO)
Regimental Sergeant Major (RSM)	Command Sergeant Major (CSM)
Company Sergeant Major (CSM)	Staff Sergeant Major (SSM)
—	1st Sergeant (1SG)
—	Master Sergeant (MSG)
—	Sergeant 1st Class (SFC)
Staff Sergeant (S/Sgt) *o* Colour Sergeant (C/Sgt)	Staff Sergeant (SSG)
Sergeant (Sgt)	Sergeant (SGT)
Corporal (Cpl)	Corporal (CPL)
Lance Corporal (L/Cpl)	Private First Class (P1C)
Private (Pte) *o* Rifleman (Rfm) *o* Guardsman (Gdm)*	Private (PVT)

* il nome varia a seconda dei reggimenti

La Marina	
the Royal Navy (RN)	the United States Navy (USN)
Admiral of the Fleet	Fleet Admiral
Admiral (Adm)	Admiral (ADM)
Vice-Admiral (V-Adm)	Vice Admiral (VADM)
Rear-Admiral (Rear-Adm)	Rear Admiral (RADM)
Commodore (Cdre)	Commodore (CDRE)
Captain (Capt)	Captain (CAPT)
Commander (Cdr)	Commander (CDR)
Lieutenant-Commander (Lt-Cdr)	Lieutenant Commander (LCDR)
Lieutenant (Lt)	Lieutenant (LT)
Sub-Lieutenant (Sub-Lt)	Lieutenant Junior Grade (LTJG)
Acting Sub-Lieutenant (Act Sub-Lt)	Ensign (ENS)
—	Chief Warrant Officer (CWO)
Midshipman	Midshipman
Fleet Chief Petty Officer (FCPO)	—
—	Master Chief Petty Officer (MCPO)
—	Senior Chief Petty Officer (SCPO)
Chief Petty Officer (CPO)	Chief Petty Officer (CPO)
—	Petty Officer 1st Class (PO1)
—	Petty Officer 2nd Class (PO2)
Petty Officer (PO)	Petty Officer 3rd Class (PO3)
Leading Seaman (LS)	Seaman (SN)
Able Seaman (AB)	—
Ordinary Seaman (OD)	—
Junior Seaman (JS)	Seaman Apprentice (SA)
—	Seaman Recruit (SR)

L'Aviazione	
the Royal Air Force (RAF)	the United States Air Force (USAF)
Marshal of the Royal Air Force	General of the Air Force
Air Chief Marshal (ACM)	General (GEN)
Air Marshal (AM)	Lieutenant General (LTG)
Air Vice-Marshal (AVM)	Major General (MG)
Air Commodore (Air Cdre)	Brigadier General (BG)
Group Captain (Gp Capt)	Colonel (COL)
Wing Commander (Wing Cdr)	Lieutenant Colonel (LTC)
Squadron Leader (Sqn Ldr)	Major (MAJ)
Flight Lieutenant (Flt Lt)	Captain (CAPT)

Flying Officer (FO)	First Lieutenant (1LT)
Pilot Officer (PO)	Second Lieutenant (2LT)
Warrant Officer (WO)	—
Flight Sergeant (FS)	Chief Master Sergeant (CMSGT)
—	Senior Master Sergeant (SMSGT)
—	Master Sergeant (MSGT)
Chief Technician (Chf Tech)	Technical Sergeant (TSGT)
Sergeant (Sgt)	Staff Sergeant (SSGT)
Corporal (Cpl)	Sergeant (SGT)
Junior Technician (Jnr Tech)	—
Senior Aircraftman (SAC) *o* Senior Aircraftwoman	—
Leading Aircraftman (LAC) *o* Leading Aircraftwoman	Airman First Class (A1C) *o* Airwoman First Class
Aircraftman *o* Aircraftwoman	Airman Basic (AB)

Come si parla dei militari

- Diversamente dall'italiano, l'inglese fa precedere ai nomi dei gradi militari l'articolo indeterminativo usato con verbi quali *to be* (*essere*), *to become* (*diventare*), *to make* (*fare*, *nominare*) ecc. Nelle espressioni che seguono, *colonel* (*colonnello*) è preso come esempio che vale anche per gli altri nomi di gradi:

è colonnello	= he is a colonel
è colonnello dell'esercito	= he is a colonel in the army
diventare colonnello	= to become a colonel
è stato nominato colonnello	= he was made a colonel.

- Con il verbo *to promote* (*promuovere*) o nell'espressione *the rank of* (*il grado di*), l'inglese non usa l'articolo:

essere promosso colonnello	= to be promoted colonel *o* to be promoted to colonel
ha il grado di colonnello	= he has the rank of colonel

- Diversamente dall'italiano, l'inglese non usa l'articolo determinativo quando il nome di grado è seguito dal nome proprio:

è arrivato il Colonnello Jones	= Colonel Jones has arrived
è arrivato il colonnello	= the colonel has arrived

Gli esempi mostrano anche che una parola come *colonel* prende l'iniziale maiuscola in inglese quando è usata davanti a un nome proprio, ma raramente negli altri casi.

Come ci si rivolge ai militari

- Da un militare a un suo superiore: *sì, colonnello* = yes, sir *o* yes, madam.
- Da un militare a un suo inferiore di grado: *sì, sergente* = yes, sergeant.

13 - INDICAZIONE DELL'ORA

Che ore sono?

- In inglese si indica l'ora utilizzando le preposizioni *past* e *to* (*after* e *of* nell'inglese americano): ad esempio, *4.05* si dice *five past four* (BE) oppure *five after four* (AE), e *4.50* si dice *ten to five* (BE) oppure *ten of five* (AE). Se si deve usare uno stile più burocratico e ufficiale, si giustappongono semplicemente le cifre delle ore a quelle dei minuti: ad esempio, *4.10* si dice *four ten*. Mentre nell'uso comune l'indicazione dell'ora viene data sulle dodici ore utilizzando le sigle *am* (*ante meridiem* = *in the morning*, di mattina) e *pm* (*post meridiem* = *in the afternoon*, di pomeriggio), negli orari dei treni, ecc. si fa riferimento alle ventiquattro ore: così, *16.25* si dice *sixteen twenty-five*.
- La tabella che segue esemplifica l'uso britannico; per adattarla a quello americano, basta sostituire *past* e *to* con, rispettivamente, *after* e *of*:

sono le...	it is...	*dire*
4	4 o'clock	four o'clock *o* four
4 del mattino	4 am	four o'clock *o* four [eI em] *o* four o'clock in the morning
4 del pomeriggio	4 pm	four o'clock *o* four [pi: em] *o* four o'clock in the afternoon
4.02	4.02	two minutes past four *o* four oh two
4.05	4.05	five past four *o* four oh five
4.10	4.10	ten past four *o* four ten
quattro e un quarto	4.15	a quarter past four
4.15	4.15	four fifteen
4.20	4.20	twenty past four *o* four twenty
4.23	4.23	twenty-three minutes past four *o* four twenty-three
4.25	4.25	twenty-five past four *o* four twenty-five
quattro e mezzo	4.30	half past four
4.30	4.30	four thirty
4.37	4.37	four thirty-seven
cinque meno venti	4.40	twenty to five
4.40	4.40	four forty
cinque meno un quarto	4.45	a quarter to five
4.45	4.45	four forty-five
cinque meno dieci	4.50	ten to five
4.50	4.50	four fifty
cinque meno cinque	4.55	five to five
4.55	4.55	four fifty-five
17.00	5 pm	five o'clock in the afternoon
cinque e un quarto	5.15 pm	a quarter past five
17.15	5.15 pm	five fifteen
17.23	5.23 pm	twenty-three minutes past five *o* five twenty-three
18.00	6 pm	six o'clock *o* six [pi: em]
12	12.00	twelve o'clock
è mezzogiorno	12.00	noon *o* twelve noon
è mezzanotte	12.00	midnight *o* twelve midnight

Come mostrano gli esempi, in inglese la parola *minutes* può essere omessa quando si ha a che fare con i multipli di 5; nell'uso quotidiano, l'espressione *o'clock* viene spesso tralasciata. Si ricordi che, quando si tratta di orari di treni, aerei ecc., si può scrivere ad esempio *0400*, che va pronunciato *oh four hundred hours*; analogamente, *1600* sarà *sixteen hundred hours*, *2400* sarà *twenty-four hundred hours* ecc.

• *che ore sono? / che ora è?*	= what time is it?
il mio orologio fa le quattro	= my watch says four o'clock
il mio orologio va avanti; che ore sono di preciso?	= my watch is fast; what's the right time?
il mio orologio va avanti / indietro di dieci minuti	= my watch is ten minutes fast / slow
può dirmi l'ora, per favore?	= could you tell me the time, please?
sono le quattro in punto	= it's exactly four o'clock
sono circa le quattro	= it's about four o'clock *o* it's about four
sono quasi le quattro	= it's nearly four o'clock
sono appena passate le quattro	= it's just after four o'clock
sono le quattro passate	= it's gone four.

Quando?

• *a che ora è successo?*	= what time did it happen (at)?
a che ora viene?	= what time will he come (at)?
a che ora è la riunione?	= what time is the meeting?
è successo alle quattro	= it happened at four o'clock
viene alle quattro	= he's coming at four o'clock
alle quattro e dieci	= at ten past four
alle quattro e mezzo	= at half past four (BE) / at half after four (AE)
alle quattro precise	= at four o'clock exactly
si trovi là alle quattro in punto	= be there at four o'clock on the dot / at four sharp
circa alle quattro/verso le quattro	= at about four o'clock
alle quattro al più tardi	= at four o'clock at the latest

un po' dopo le quattro	= shortly after four o'clock
deve essere pronto per le quattro	= it must be ready by four
ci sarò fino alle quattro	= I'll be there until four
non ci sarò fino alle quattro	= I won't be there until four
dalle 7 alle 9	= from seven till nine
aperto dalle nove alle cinque	= open from nine to five
chiuso dalle tredici alle quattordici	= closed from 1 to 2 pm
allo scoccare di ogni ora	= every hour on the hour
ai dieci minuti di ogni ora	= at ten past every hour.

- *il treno parte alle 9.45* = the train leaves at nine forty-five
  prendo il treno delle 9.45 = I'm taking the nine-forty-five train
  l'aereo delle 9.45 ha trenta minuti di ritardo = the nine-forty-five plane is thirty minutes late
  l'aereo delle 9.45 è in ritardo per la nebbia = the nine-forty-five plane has been delayed by fog.

14 - ISOLE

Con o senza l'articolo

- In inglese, i nomi delle isole si comportano come i nomi degli stati, cioè solamente i nomi plurali prendono l'articolo:

Cipro	= Cyprus
mi piace Creta	= I like Crete
la Sardegna	= Sardinia
mi piace la Sicilia	= I like Sicily
le Baleari	= the Balearics
mi piacciono molto le Baleari	= I like the Balearics very much

Si noti che certi nomi di isole sono plurali in italiano ma non in inglese, e pertanto non prendono l'articolo:

le isole Figi	= Fiji
le Samoa Occidentali	= Western Samoa.

Le preposizioni

- Le diverse preposizioni di moto che si possono trovare in italiano si traducono sempre in inglese con *to*:

andare a Cipro	= to go to Cyprus
andare a Sant'Elena	= to go to St Helena
andare in Sardegna	= to go to Sardinia
andare alle Baleari	= to go to the Balearics.

- Con i verbi che indicano stato (*essere*, *abitare* etc.) e le relative preposizioni, in inglese si usa di solito la preposizione *in*; talvolta, soprattutto davanti a nomi di piccole isole, si trova *on*:

vivere in Sardegna	= to live in Sardinia
abitare a Cipro	= to live in Cyprus
vivere nelle Baleari	= to live in the Balearics
essere a Nasso	= to be on Naxos.

Con o senza il nome *isola*

- Come l'italiano *isola*, anche l'inglese *island* può essere sottinteso:

l'isola di Guernsey	= the island of Guernsey
le isole Baleari	= the Balearic Islands
le Baleari	= the Balearics
Malta	= Malta.

- In inglese, il termine *isle* non è più utilizzato come nome comune, ma compare solo nel nome ufficiale di alcune isole:

l'Isola di Man	= the Isle of Man
l'Isola di Wight	= the Isle of Wight
le Isole Scilly	= the Isles of Scilly.

15 - LAGHI

I nomi dei laghi

- Diversamente dall'italiano, l'inglese non utilizza l'articolo determinativo davanti ai nomi dei laghi; la parola *lake* prende la maiuscola quando è utilizzata con il nome proprio dei laghi:

il lago Superiore	= Lake Superior
il lago Victoria	= Lake Victoria

Si utilizzano allo stesso modo in inglese anche gli equivalenti celtici di *lake*, ovvero *loch* e *lough*; va notato che queste parole fanno parte, per l'italiano, del nome proprio del lago:

il Loch Ness	= Loch Ness
il Lough Eme	= Lough Eme.

- La preposizione *di*, utilizzata in italiano per quei laghi che portano il nome di una città, non si traduce in inglese:

il lago di Como	= Lake Como
il lago di Costanza	= Lake Constance.

- Come l'italiano *lago*, la parola *lake* può essere sottintesa in inglese, tranne quando il lago porta il nome di una città:

il (lago) Balaton	= (Lake) Balaton
il (lago) Titicaca	= (Lake) Titicaca
il (lago) Trasimeno	= (Lake) Trasimeno
il lago di Como	= Lake Como.

16 - LE LINGUE

- Oltre a denominare una lingua, gli aggettivi come *inglese* possono qualificare delle persone o delle cose: *un turista inglese* (vedi nota n. 25), *la cucina inglese* (vedi nota n. 33). Nelle espressioni che seguono, si prende come esempio *English*, ma gli altri nomi di lingue vengono usati allo stesso modo.

I nomi delle lingue

- L'inglese non usa l'articolo determinativo davanti ai nomi delle lingue. Si noti l'uso della lettera maiuscola, che in inglese è obbligatorio:

imparare l'inglese	= to learn English
studiare (l')inglese	= to study English
l'inglese è facile	= English is easy
l'inglese mi piace	= I like English
parlare (l')inglese	= to speak English
parlare l'inglese correntemente	= to speak good English / to speak English fluently
non parlo molto bene l'inglese	= I don't speak very good English / my English isn't very good.

In con i nomi delle lingue

- Dopo un verbo, *in inglese* si traduce *in English*:

dillo in inglese	= say it in English.

- Dopo un nome, *in inglese* si traduce *in English* o con l'aggettivo *English*; l'uso della lettera maiuscola è obbligatorio anche quando *English* è usato come aggettivo:

una trasmissione in inglese	= an English-language broadcast
un libro in inglese	= a book in English *oppure* an English book*

Ma attenzione all'espressione *tradurre in inglese*, che si rende con *to translate into English*.

* *an English book* è un'espressione ambigua, come del resto *un libro italiano*, che può significare *un libro scritto in italiano* oppure *un libro pubblicato in Italia*.

***Di* con i nomi delle lingue**

- Le espressioni italiane con *di* + nomi di lingue si traducono solitamente utilizzando il corrispondente aggettivo:

un corso d'inglese	= an English class
un dizionario d'inglese	= an English dictionary
una lezione d'inglese	= an English lesson
un manuale d'inglese	= an English textbook
un professore d'inglese	= an English teacher**

** *an English teacher* può anche significare *un professore inglese*; per evitare l'ambiguità si può dire *a teacher of English*.

La traduzione dell'aggettivo italiano

un accento inglese	= an English accent
un'espressione inglese	= an English expression
la lingua inglese	= the English language
una parola inglese	= an English word
un proverbio inglese	= an English proverb.

- Anche se esiste *anglophone* (*anglofono*), l'inglese non ha gli equivalenti diretti degli aggettivi e dei nomi italiani di lingue in *-fono* e deve ricorrere a una perifrasi:

un italofono	= an Italian speaker
è francofono	= he is a French speaker
il Canada anglofono e francofono	= English-speaking and French-speaking Canada.

17 - MESI

I nomi dei mesi

- La lingua inglese usa la lettera maiuscola per i nomi dei mesi. Le abbreviazioni di questi nomi sono comuni nella lingua scritta corrente, ad esempio in una lettera a un amico: *ci vediamo lunedì 17 settembre* = I'll see you on Mon. 17th Sept.

		abbreviazione inglese
gennaio	= January	Jan
febbraio	= February	Feb
marzo	= March	Mar
aprile	= April	Apr
maggio	= May	May
giugno	= June	Jun
luglio	= July	Jul
agosto	= August	Aug
settembre	= September	Sept
ottobre	= October	Oct
novembre	= November	Nov
dicembre	= December	Dec

Nelle espressioni che seguono, *maggio* è preso come modello; tutti gli altri nomi dei mesi funzionano allo stesso modo. Si noti inoltre che l'inglese utilizza di solito il semplice nome dei mesi laddove l'italiano ricorre all'espressione *il mese di ...*:

mi piace il mese di maggio	= I like May
il più caldo mese di maggio	= the warmest May
abbiamo avuto un bel mese di maggio	= we had a lovely May.

Quando?

• *in che mese siamo?*	= what month is it?
Siamo a / in maggio	= it is May
in maggio	= in May *o* LETT. in the month of May
sono nato a maggio	= I was born in May
ci vediamo in maggio	= I'll see you in May
l'anno prossimo in maggio	= in May next year
quell'anno a maggio	= that May
il prossimo maggio	= next May
l'anno scorso a maggio	= last May
tra due anni a maggio	= the May after next
due anni fa a maggio	= the May before last
tutti gli anni a maggio	= every May
un maggio sì e uno no	= every other May
quasi tutti gli anni a maggio	= most Mays.

- Si confrontino i seguenti esempi:

un mattino in maggio	= one morning in May
un mattino a maggio	= one May morning / on a May morning
nei primi giorni di maggio	= in early May
all'inizio di maggio	= at the beginning of May
negli ultimi giorni di maggio	= in late May
alla fine di maggio	= at the end of May
alla metà di maggio	= in mid-May
da maggio	= since May
per tutto (il mese di) maggio	= for the whole of May / for the whole month of May
durante tutto maggio	= all through May / throughout May.

- Per altre informazioni ed esempi sulle date in inglese, si veda la nota n. 5.

***Di* con i nomi dei mesi**

- Le espressioni italiane introdotte da *di* si traducono in inglese utilizzando in funzione aggettivale il nome del mese:

i fiori di maggio	= May flowers
la pioggia di maggio	= the May rain
il sole di maggio	= the May sunshine
il tempo del mese di maggio	= May weather
i saldi di maggio	= the May sales.

18 - MESTIERI E PROFESSIONI

Le persone

- *che cosa fa nella vita? / che cosa fa di mestiere?* = what does he do? / what's his job?
- Al singolare l'inglese usa l'articolo indeterminativo davanti ai nomi di mestieri e professioni dopo verbi come *to be* e *to become*, o con *as*:

è meccanico / fa il meccanico	= he is a mechanic
lei è dentista	= she is a dentist
è professoressa di storia	= she is a history teacher
è un bravo macellaio	= he is a good butcher
lavora come macellaio / fa il macellaio	= he works as a butcher
vuole fare l'architetto	= she wants to be an architect
sono macellai / fanno i macellai	= they are butchers
sono dei bravi macellai	= they are good butchers.

I luoghi

- Se in inglese c'è un nome per designare la persona che fa un determinato lavoro (*the butcher*, *the baker*, *the chemist* etc.), si può utilizzare questo nome per designare il luogo in cui tale persona lavora:

andare dal macellaio	= to go to the butcher's *oppure* to go to the butcher's shop
lavorare in una macelleria	= to work at a butcher's *oppure* to work at a butcher's shop
acquistare qualcosa dal macellaio	= to buy something at the butcher's *oppure* to buy something at the butcher's shop

Si ricordi che, al posto di *to the butcher's*, si può anche dire *to the butcher*, ma è comunque preferibile la forma con *'s*; va pure ricordato che in inglese americano si usa *store* al posto di *shop*.

- Nel caso in cui il luogo non è definibile con *shop* o *store*, è sempre possibile usare la forma con *'s*:
  andare dal parrucchiere = to go to the hairdresser's.
- Si possono anche usare *surgery* per le professioni mediche e *office* per gli architetti, gli avvocati, i contabili etc.:
  andare dal medico = to go to the doctor's surgery (GB) *oppure* office (US)
  andare dall'avvocato = to go to the lawyer's office.
- Se esiste un nome di luogo specifico (come *bakery* o *grocery*), si può usare tale nome:
  andare in panetteria (o dal panettiere) = to go to the bakery.

19 - MISURA DEL TEMPO

Periodi di tempo

- *un secondo* = a second
  un minuto = a minute
  un'ora = an hour
  un giorno = a day
  una settimana = a week
  un mese = a month
  un anno = a year
  un secolo = a century.
- Per le espressioni relative all'ora e per quelle che utilizzano i nomi dei giorni della settimana e dei mesi dell'anno, si vedano le note n. 13, 11 e 17.

La durata nel tempo

- Si noti in particolare la traduzione e l'uso dei verbi nelle seguenti espressioni:
  quanto (tempo) ci vuole? = how long does it take?
  ci vogliono tre ore = it takes three hours
  ci vorrà un anno = it'll take a year
  ci è voluto un quarto d'ora = it took a quarter of an hour
  mi ci è voluta / ci ho messo mezz'ora = it took me half an hour
  mi ci sono volute / ci ho messo tre ore per farlo = it took me three hours to do it
  la lettera ci ha messo un mese ad / per arrivare = the letter took a month to arrive

  Passare (in senso temporale) e *trascorrere* si traducono normalmente con *to spend*, ma se la frase specifica come si è trascorso il tempo si utilizzerà *to have*:
  passare / trascorrere un anno a Londra = to spend a year in London
  passare / trascorrere una bella serata = to have a good evening.
- Si noti in particolare la traduzione e l'uso delle preposizioni nelle seguenti espressioni:
  in due minuti / sei mesi / un anno = in two minutes / six months / a year
  tra due minuti / sei mesi / un anno = in two minutes / six months / a year
  entro alcuni minuti = within minutes
  entro sei mesi = within six months
  per ore e ore = for hours and hours
  per una settimana / due anni = for a week / two years
  sono qui per due mesi = I'm here for two months
  da una settimana / due anni = for a week / two years
  sono qui da due mesi = I've been here for two months *
  da quasi dieci anni = for going on ten years

  * Si veda il paragrafo *Da e la forma di durata* nella nota della voce **da**.
- Le espressioni di tempo italiane introdotte dalla preposizione *di* vanno tradotte in inglese secondo le seguenti modalità:
  a) con i nomi numerabili, l'espressione di tempo viene resa mediante un aggettivo composto (si noti l'uso del trattino e l'assenza della terminazione *–s* di plurale):
  un'attesa di sei settimane = a six-week wait
  un ritardo di cinquanta minuti = a fifty-minute delay
  una giornata di otto ore = an eight-hour day

  b) con i nomi non numerabili, l'espressione di tempo viene resa mediante la forma di genitivo sassone oppure con una frase preposizionale introdotta da *of*:
  quattro giorni di permesso = four days' leave / four days of leave
  quattro settimane di paga = four weeks' pay / four weeks of pay
  venticinque anni di felicità = twenty-five years' happiness / twenty-five years of happiness.

Un punto nel tempo

- Si notino le seguenti espressioni che fanno riferimento a un punto nel tempo passato:
  quando è successo? = when did it happen?
  la settimana scorsa = last week
  il mese scorso = last month
  l'anno scorso = last year
  negli / nel corso ultimi mesi = over the last few months
  due anni fa = two years ago
  anni fa = years ago
  dal 1983, dal 19 marzo 1983 = since 1983, since March 19th, 1983 *
  lavorava qui dal 2 maggio = he had worked here since May 2nd
  sono anni che è morto = it's years since he died
  sarà un mese martedì = it'll be a month ago on Tuesday
  una settimana ieri, otto giorni ieri = a week ago yesterday, a week past yesterday
  un mese prima = a month before / a month earlier
  l'anno prima = the year before
  l'anno dopo = the year after
  alcuni anni dopo = a few years later
  dopo quattro giorni = after four days

  * Si veda il paragrafo *Da e la forma di durata* nella nota della voce **da**.
- Si notino le seguenti espressioni che fanno riferimento a un punto nel tempo futuro:
  quando lo vedrai? = when will you see him?
  la settimana prossima = next week
  il mese prossimo = next month
  l'anno prossimo = next year
  tra dieci giorni = in ten days, in ten days' time
  tra qualche giorno = in a few days
  tra un mese da domani = a month tomorrow
  (nel corso del) la prossima settimana = this coming week
  nel corso dei mesi a venire = over the coming months.
- Si notino le seguenti espressioni che fanno riferimento alla frequenza con la quale avviene un'azione:
  quanto spesso succede? = how often does it happen?
  tutti i giovedì = every Thursday
  tutte le settimane = every week
  un giorno sì e uno no = every other day / every second day
  un mese sì e due no = every third month
  l'ultimo giovedì del mese = the last Thursday of the month
  giorno dopo giorno = day after day
  una volta ogni tre mesi = once every three months
  due volte all'anno = twice a year
  tre volte al giorno = three times a day.

- *A* + articolo determinativo + indicazione di tempo compare in frasi come:

100 miglia all'ora	= 100 miles an hour
essere pagato all'ora	= to be paid by the hour
quanto guadagni all'ora?	= how much do you get an hour?
guadagno 20 euro all'ora	= I get 20 euros an hour
essere pagato 1.500 euro al mese	= to be paid 1,500 euros a month
22.000 euro all'anno	= 22,000 euros a year.

20 - MISURE DI CAPACITÀ

- Per misurare i liquidi, in Gran Bretagna e negli Stati Uniti si utilizzano tradizionalmente le pinte (*pints*), i quarti (*quarts*, misura ormai rara) e i galloni (*gallons*). I liquidi come il vino o la benzina sono sempre più comunemente venduti al litro, ma ciò non ha modificato le abitudini dei consumatori: ad esempio, gli automobilisti britannici e americani acquistano e pagano la benzina al litro, ma continuano a calcolarne il consumo in galloni.
- Per le misure in cm^3, dm^3 e m^3, si veda la nota n. 24; per la pronuncia dei numeri, si veda la nota n. 26.

Le misure britanniche di capacità: equivalenze

• 1 pint		= 0,57 l
1 quart	= 2 pints	= 1,13 l
1 gallon	= 8 pints	= 4,54 l
		dire
• 1 litre	= 1.76 pt	pints
	= 0.88 qt	quarts
	= 0.22 galls	gallons

Le misure americane di capacità: equivalenze

• 1 pint		= 0,47 l
1 quart	= 2 pints	= 0,94 l
1 gallon	= 8 pints	= 3,78 l
		dire
• 1 liter	= 2.12 pts	pints
	= 1.06 qt	quarts
	= 0.26 galls	gallons

- Si noti che:
  a) *litro* si scrive *litre* in inglese britannico e *liter* in inglese americano
  b) l'abbreviazione *l* è comune all'italiano e all'inglese
  c) sono poco utilizzati gli equivalenti italiani di *millilitro* (millilitre), *centilitro* (centilitre), *decilitro* (decilitre), *decalitro* (decalitre) ed *ettolitro* (hectolitre)
  d) nei numeri l'inglese usa il punto laddove l'italiano usa la virgola, e viceversa.

Esempi d'uso

• *in un litro ci sono 1.000 centimetri cubi*	= there are 1,000 cubic centimetres in a litre
1.000 centimetri cubi fanno un litro	= 1,000 cubic centimetres make one litre
in un gallone ci sono otto pinte	= there are eight pints in a gallon
da quanto è la bottiglia?	= what's the size of the bottle?
qual è la capacità della bottiglia?	= what is the capacity of the bottle?
quanto (con)tiene?	= what does it hold?
(con)tiene due litri	= it holds two litres
ha una capacità di due litri	= the capacity is two litres
la capacità della bottiglia è (di) due litri	= the capacity of the bottle is two litres
A è più capace / ha una capacità maggiore di B	= A has a greater capacity than B
B è meno capace / ha una capacità minore di B	= B has a smaller capacity than A
A e B hanno la stessa capacità	= A and B have the same capacity.

- Si noti, negli esempi che seguono, l'ordine delle parole negli aggettivi composti inglesi, l'uso del trattino, e il fatto che *litre*, usato come aggettivo, non prende la terminazione del plurale:

una bottiglia da due litri	= a two-litre bottle
un serbatoio da 200 litri (ma si può anche dire a tank 200 litres in capacity).	= a two-hundred-litre tank

• *due litri di vino*	= two litres of wine
venduto al litro	= sold by the litre
consumano 20.000 litri al giorno	= they use 20,000 litres a day
la mia auto fa 10 chilometri con un litro	= my car does 10 kilometres to the litre (28 miles to the gallon)

Si noti che nei paesi anglosassoni il consumo di una vettura si calcola misurando la distanza in miglia percorsa con un gallone. Per trasformare le miglia per gallone in litri per 100 km e viceversa si deve dividere 280 per la cifra nota.

21 - MISURE DI LUNGHEZZA

Le unità di misura e le loro equivalenze

- Il sistema metrico decimale è sempre più usato in Gran Bretagna e negli Stati Uniti per le misure di lunghezza; le misure antiche, tuttavia, hanno ancora corso, e vengono talvolta preferite soprattutto per le distanze, espresse in miglia e non in chilometri. I commercianti usano di solito entrambi i sistemi.

• 1 inch		= 2,54 cm
1 foot	= 12 inches	= 30,48 cm
1 yard	= 3 feet	= 91,44 cm
1 furlong	= 220 yards	= 201,17 m
1 mile	= 1760 yards	= 1,61 km

		dire		
un millimetro	= one millimetre	1 mm	= 0.04 in	inches
un centimetro	= one centimetre	1 cm	= 0.39 in	
un metro	= one metre	1 m	= 39.37 ins	
			3.28 ft	feet
			1.09 yds	yards
un chilometro	= one kilometre	1 km	= 1094 yds	
			0.62 ml	miles

in un metro ci sono 100 centimetri	= there are 100 centimetres in one metre
in un piede ci sono 12 pollici	= there are twelve inches in one foot
in una iarda ci sono tre piedi	= there are three feet in one yard.

- Si noti che:
  a) il simbolo di *inch* è ": 4 inches = 4"
  b) il simbolo di *foot* e *feet* è ': 5 feet 4 inches = 5'4"
  c) la parola *kilometre* ha due possibili pronunce: /kɪˈlɒmɪtə(r)/ *o* /ˈkɪləmiːtə(r)/
  d) in inglese sono poco utilizzati gli equivalenti italiani di *decimetro* (decimetre), *decametro* (decemetre) ed *ettometro* (hectometre)
  e) per la pronuncia dei numeri, si veda la nota n. 26
  f) si scrive *metre* in inglese britannico e *meter* in inglese americano
  g) per il sistema metrico decimale, italiano e inglese usano le medesime abbreviazioni
  h) nei numeri l'inglese usa il punto laddove l'inglese usa la virgola, e viceversa.

Misurare la distanza

• *che distanza c'è tra A e B?*	= what's the distance from A to B? / how far is it from A to B?
a che distanza dalla chiesa si trova la scuola?	= how far is the school from the church?
(ci sono) due chilometri	= it's 2 kilometres

ci sono circa due chilometri = it's about 2 kilometres
la distanza è (di) due chilometri = the distance is 2 kilometres
ci sono due chilometri tra A e B = it is 2 kilometres from A to B
A è a due chilometri da B = A is 2 kilometres from B
quasi 3 chilometri = almost three kilometres
più di due chilometri = more than two kilometres / over two kilometres
meno di tre chilometri = less than three kilometres / under three kilometres
A è più lontano da B che C da D = it is further from A to B than from C to D / A is further away from B than C is from D
C è più vicino a B di A = C is nearer to B than A is
A è più vicino a B che a C = A is nearer to B than to C
A è lontano come B = A is as far away as B
A e B sono alla stessa distanza / A e B sono lontani uguale = A and B are the same distance away.

- Si noti, negli esempi che seguono, l'ordine delle parole negli aggettivi composti inglesi, l'uso del trattino, e il fatto che *kilometre*, *mile*, ecc., usati come aggettivi, non prendono la terminazione del plurale:
  una passeggiata di 2 miglia = a two-mile walk
  un viaggio in auto di 300 chilometri = a 300-kilometre drive.

Misurare la lunghezza

- *quanto è lunga la fune? / quanto misura la fune?* = how long is the rope?
  è lunga / misura 10 metri = it is 10 metres long
  è 10 metri di lunghezza = it is 10 metres in length
  una fune di circa 10 metri (di lunghezza) = a rope about 10 metres long / 10 metres in length
  circa 10 metri = about 10 metres
  quasi 11 metri = almost 11 metres
  più di 10 metri = more than 10 metres
  meno di 11 metri = less than 11 metres
  A è più lungo di B = A is longer than B
  B è più corto di A = B is shorter than A
  A è lungo come B = A is as long as B
  A e B hanno la stessa / sono della stessa lunghezza = A and B are the same length
  10 metri di fune = 10 metres of rope
  6 metri di seta = 6 metres of silk
  venduto al metro = sold by the metre.
- Si noti, negli esempi che seguono, l'ordine delle parole negli aggettivi composti inglesi, l'uso del trattino, e il fatto che *metre*, *foot*, ecc., usati come aggettivi, non prendono la terminazione del plurale:
  una corda di 10 metri = a ten-metre rope
  un pitone di sei piedi (di lunghezza) = a six-foot-long python (ma si può anche dire a python six feet long).

Misurare l'altezza

- L'indicazione dell'altezza delle persone compare nelle seguenti espressioni:
  quanto è alto? (se si vuole conoscere la misura precisa) = how tall is he? what is his height?
  è alto 1,80 m = he is 6 feet (tall), he is 1.80 m
  è alto 1,75 m = he is 5 feet 10 (inches), he is 1.75 m (nell'inglese colloquiale, si usa anche *foot*: he is 5 foot 10 inches)
  circa 1,80 m = about 6 feet
  quasi 1,80 m = almost 6 feet
  più di 1,75 m = more than 5 ft 10 ins
  meno di 1,85 m = less than 6 ft 3 ins
  Peter è più alto di Paul = Peter is taller than Paul
  Paul è più basso di Peter = Paul is smaller / shorter than Peter
  Peter è alto come Paul = Peter is as tall as Paul
  Peter ha la stessa / è della stessa altezza di Paul = Peter is the same height as Paul
  Peter e Paul sono della stessa altezza / sono alti uguale = Peter and Paul are the same height.
- Si noti, nell'esempio che segue, l'ordine delle parole nell'aggettivo composto inglese, l'uso del trattino, e il fatto che *foot*, usato come aggettivo, non prende la terminazione del plurale:
  un atleta di un metro e ottanta = a six-foot athlete (ma si può anche dire: an athlete six feet tall / an athlete six feet in height).
- L'indicazione dell'altezza delle cose compare nelle seguenti espressioni:
  quanto è alta la torre? = what is the height of the tower?
  qual è l'altezza della torre? / quanto misura la torre? = what is the height of the tower?
  è alta 23 metri = it is 23 metres high
  misura 23 metri d'altezza = it is 23 metres high / it is 23 metres in height
  ha un'altezza di 23 metri = its height is 23 metres
  una torre di circa 25 metri (d'altezza) = a tower about 25 metres high / 25 metres in height
  a un'altezza di 20 metri = at a height of 20 metres
  A è più alto di B = A is higher than B
  B è meno alto di A = B is lower than A
  A è alto come B = A is as high as B
  A e B sono della stessa altezza / hanno la stessa altezza = A and B are the same height
  A è della stessa / ha la stessa altezza di B = A is the same height as B.
- Si noti, nell'esempio che segue, l'ordine delle parole nell'aggettivo composto inglese, l'uso del trattino, e il fatto che *metre*, usato come aggettivo, non prende la terminazione del plurale:
  una torre di / alta 23 metri = a 23-metre-high tower (ma si può anche dire: a tower 23 metres high / a tower 23 metres in height).
- *a che altezza / altitudine è l'aereo?* = how high is the plane?
  a che altezza / altitudine sta volando l'areo? = what height is the plane flying at?
  l'aereo sta volando all'altitudine / all'altezza di 5.000 metri = the plane is flying at 5,000 metres
  la sua altitudine è (di) 5.000 metri = its altitude is 5,000 metres
  a un'altitudine di 5.000 metri = at an altitude of 5,000 metres.

Misurare la larghezza

- La lingua inglese ha due parole per indicare la larghezza di qualcosa:
  a) l'aggettivo *wide* (sostantivo corrispondente: *width*) indica la distanza tra due limiti spaziali: *una valle ampia / larga* = a wide valley
  b) l'aggettivo *broad* (sostantivo corrispondente: *breadth*) descrive ciò che riempie uno spazio di una cerca larghezza: *un ampio / largo viale* = a broad avenue.
- Gli esempi che seguono utilizzano *wide* e *width*, ma *broad* e *breadth* vengono impiegati allo stesso modo:
  quanto è largo il fiume? = how wide is the river?
  qual è la larghezza del fiume? = what width is the river?
  è largo sette metri = it is seven metres wide
  è 7 metri (di larghezza) = it is 7 metres (in width) / it is 7 metres across
  A è più largo di B = A is wider than B
  B è più stretto di A = B is narrower than A
  A è largo come B = A is as wide as B
  A e B sono della stessa larghezza / hanno la stessa larghezza = A and B are the same width
  A è della stessa larghezza / ha la stessa larghezza di B = A is the same width as B.
- Si noti, nell'esempio che segue, l'ordine delle parole nell'aggettivo composto inglese, l'uso del trattino, e il fatto che *metre*, usato come aggettivo, non prende la terminazione del plurale:
  un fiume di 7 metri (di larghezza) = a seven-metre-wide river (ma si può anche dire: a river seven metres wide / a river seven metres in width).

Misurare la profondità

• *quanto è profondo il lago?*	= how deep is the lake?
qual è la profondità del lago?	= what depth is the lake? / what is the depth of the lake?
è (di) quattro metri	= it is 4 metres deep
è quattro metri di profondità	= it is 4 metres in depth
un lago profondo 4 metri	= a lake 4 metres deep
un lago di 4 metri di profondità	= a lake 4 metres in depth
a una / alla profondità di dieci metri	= at a depth of ten metres
A è più profondo di B	= A is deeper than B
B è meno profondo di A	= B is shallower than A
A è profondo come B	= A is as deep as B
A e B hanno la stessa / sono della stessa profondità	= A and B are the same depth
A ha la stessa profondità di B	= A is the same depth as B
un pozzo di sette metri (di profondità)	= a well seven metres deep.

22 - MISURE DI PESO

• 1 oz	= 28,35 g		
1 lb	= 16 ozs	= 453,60 g	
1 st	= 14 lbs	= 6,35 kg	
1 cwt	= 8 st (GB)	= 112 lbs (GB)	= 50,73 kg
		= 100 lbs (US)	= 45,36 kg
1 ton	= 20 cwt (GB)	= 1014,6 kg	
	= 20 cwt (US)	= 907,2 kg	

				dire
un grammo	= one gram	1 g	= 0.35 oz	ounces
un etto	= one hundred grams	100 g	= 0.22 lbs	pounds
			3.52 oz	ounces
un chilogrammo	= one kilogram	1 kg	= 2.20 lbs	pounds
			= 35.26 oz	ounces
un quintale	= one hundred kilograms	100 kg	= 220 lbs	pounds
			= 15.76 st	stones
			= 1.96 cwt	hundred-weight
una tonnellata	= one (metric) ton	1000 kg	= 0.98 ton	tons (GB)
			1.10 tons	tons (US)

• Si noti che:

a) la libbra inglese (*pound*) vale 454 grammi

b) *stone* come unità di misura di peso non viene utilizzata negli Stati Uniti

c) la tonnellata (*ton*) inglese e quella americana non designano lo stesso peso; inoltre gli anglofoni possono utilizzare la medesima parola *ton* per indicare la tonnellata di 1000 kg: per evitare questa ambiguità, si può dire *metric ton*

d) in inglese sono poco utilizzati gli equivalenti italiani di *centigrammo* (centigram), *decigrammo* (decigram), *decagrammo* (decagram), *ettogrammo* (hectogram) e *quintale* (quintal)

e) per la pronuncia dei numeri, si veda la nota n. 26

f) per il sistema metrico decimale, italiano e inglese usano le medesime abbreviazioni (*ton* non ha abbreviazioni)

g) nei numeri l'inglese usa il punto laddove l'inglese usa la virgola, e viceversa.

Misurare il peso

• L'indicazione del peso degli oggetti compare nelle seguenti espressioni:

quanto pesa il pacco?	= what does the parcel weigh?, how much does the parcel weigh?
quanto pesa? / qual è il suo peso?	= how much does it weigh? / what's its weight? / how heavy is it?
pesa 5 chili	= it weighs 5 kilos / it is 5 kilos in weight
il pacco pesa 5 chili	= the parcel weighs 5 kilos
pesa / sono circa 5 chili	= it is about 5 kilos
quasi 6 chili	= almost 6 kilos
più di 5 chili	= more than 5 kilos
meno di 6 chili	= less than 6 kilos
A è più pesante di B	= A is heavier than B
A pesa più di B	= A weighs more than B
B è più leggero di A / B è meno pesante di A	= B is lighter than A
A è pesante come B	= A is as heavy as B
A ha lo stesso peso di B / A pesa quanto B	= A is the same weigh as B
A e B hanno lo stesso peso / A e B pesano lo stesso	= A and B are the same weight
pesa due chili di troppo	= it is two kilos overweight
sei chili di zucchero	= six kilos of sugar
venduto al chilo	= sold by the kilo.

• Si noti, negli esempi che seguono, l'ordine delle parole negli aggettivi composti inglesi, l'uso del trattino, e il fatto che *pound* e *kilo*, usati come aggettivi, non prendono la terminazione del plurale:

una patata di / da tre libbre (di peso)	= a 3-lb potato (a three-pound potato)
un pacco di cinque chili	= a 5-kilo parcel (a five-kilo parcel) (ma si può anche dire: a parcel 5 kilos in weight).

• L'indicazione del peso delle persone compare nelle seguenti espressioni:

quanto pesi?	= how much do you weigh?, what is your weight?
peso 63 kg 500	= I weigh 10 st (ten stone) (GB) I weigh 140 lbs (a hundred forty pounds) (US) I weigh 63 kg 500
pesa 71 kg	= he weighs 10 st 3 (ten stone three) (GB) he weighs 160 lb (a hundred sixty pounds) (US) he weighs 71 kg
pesa 82 kg	= he weighs 13 st (thirteen stone) (GB) he weighs 180 lb (a hundred eighty pounds) (US) he weighs 82 kg
ha 3 chili di troppo / è in sovrappeso di 3 chili	= he is three kilos overweight.

• Si noti, nell'esempio che segue, l'ordine delle parole nell'aggettivo composto inglese, l'uso del trattino, e il fatto che *stone*, usato come aggettivo, non prende la terminazione del plurale:

un atleta di 125 chili	= a 20-stone athlete, a 125-kg athlete.

23 - MISURE DI SUPERFICIE

• 1 sq in	= 6,45 cm^2
1 sq ft	= 929,03 cm^2
1 sq yd	= 0,84 m^2
1 acre	= 40,47 are, 0,47 ha
1 sq ml	= 2,59 km^2

				dire
un centimetro quadrato	= one square centimetre	1 cm^2	= 0.15 sq in	square inches
un metro quadrato	= one square metre	1 m^2	= 10.76 sq ft	square feet
			1.19 sq yds	square yards

un chilometro quadrato	= one square kilometre	1 km^2	= 0.38 sq ml	square miles
un'ara	= one are	1 are	= 119.6 sq yds	square yards
un ettaro	= one hectare	1 hectare	= 2.47 acres	acres

- Si noti che:
  a) si può scrivere *sq in* oppure *in^2*, *sq ft* oppure *ft^2*, ecc.
  b) in inglese britannico si scrive *–metre* e in inglese americano *–meter*
  c) per la pronuncia dei numeri, si veda la nota n. 26
  d) per il sistema metrico decimale, italiano e inglese usano le medesime abbreviazioni
  e) nei numeri l'inglese usa il punto laddove l'inglese usa la virgola, e viceversa.

- *in un metro quadrato ci sono 10.000 centimetri quadrati* = there are 10,000 square centimetres in a square metre
  10.000 centimetri quadrati fanno un metro quadrato = 10,000 square centimetres make one square metre
  qual è la superficie del giardino? = what is the area of the garden?
  quanto è grande il giardino? = how big is the garden?
  quanto misura il giardino? = what size is the garden? / what does the garden measure?
  è grande / misura 12 m^2 = it is 12 square metres
  la sua superficie è (di) 12 m^2 = its area is 12 square metres
  ha una superficie di 12 m^2 = it is 12 square metres / it is 12 square metres in area
  è / misura 20 m per 10 = it is 20 metres by 10 metres
  è circa 200 metri quadrati = it is about 200 square metres
  quasi 200 m^2 = almost 200 square metres
  più di 200 m^2 = more than 200 square metres
  meno di 200 m^2 = less than 200 square metres
  la superficie di A è uguale a quella di B = A is the same area as B
  A e B hanno la stessa superficie = A and B are the same area
  6 metri quadrati di seta = six square metres of silk
  venduto al metro quadrato = sold by the square metre.

- Si noti, nell'esempio che segue, l'ordine delle parole nell'aggettivo composto inglese, l'uso del trattino, e il fatto che *metre*, usato come aggettivo, non prende la terminazione del plurale:
  un giardino di 200 m^2 = a 200-square-metre garden.

24 - MISURE DI VOLUME

- 1 cu in = 16,38 cm^3
  1 cu ft = 1728 cu in = 0,03 m^3
  1 cu yd = 27 cu ft = 0,76 m^3

				dire
un centimetro cubo	= one cubic centimetre	1 cm^3	= 0.061 cu in	cubic inches
un decimetro cubo	= one cubic decimetre	1 dm^3	= 0.035 cu ft	cubic feet
un metro cubo	= one cubic metre	1 m^3	= 35.315 cu ft 1.308 cu yd	cubic yard

- Si noti che:
  a) si può scrivere *cu in* oppure *in^3*, *cu ft* oppure *ft^3*, ecc.
  b) in inglese britannico si scrive *-metre* e in inglese americano *-meter*
  c) per la pronuncia dei numeri, si veda la nota n. 26, e per le misure in litri, decilitri, ettolitri, ecc., si veda la nota n. 20
  d) per il sistema metrico decimale, italiano e inglese usano le medesime abbreviazioni
  e) nei numeri l'inglese usa il punto laddove l'inglese usa la virgola, e viceversa.

- *in un metro cubo ci sono un milione di centimetri cubi* = there are a million cubic centimetres in a cubic metre
  un milione di centimetri cubi fanno un metro cubo = a million cubic cen timetres make one cubic metre
  qual è il volume della cassa?/ che volume ha la cassa? = what's the volume of the box?
  è (di) 2 m^3 = it is 2 cubic metres
  ha un volume di 2 m^3 = the volume is 2 cubic metres
  circa 3 m^3 = about 3 cubic metres
  quasi 3 m^3 = almost 3 cubic metres
  più di 2 m^3 = more than 2 cubic metres
  meno di 2 m^3 = less than 2 cubic metres
  il volume di A è maggiore di quello di B = A has a greater volume than B
  A e B hanno lo stesso volume = A and B have the same volume
  il volume di A è uguale a quello di B = A has the same volume as B
  5 m^3 di terra = five cubic metres of soil
  venduto al metro cubo = sold by the cubic metre.

- Si noti, nell'esempio che segue, l'ordine delle parole nell'aggettivo composto inglese, l'uso del trattino, e il fatto che *metre*, usato come aggettivo, non prende la terminazione del plurale:
  un serbatoio da 200 m^3 = a 200-cubic-metre tank
  (ma si può anche dire a tank 200 cubic metres in volume).

25 - NAZIONALITÀ

- Oltre a denominare una persona, gli aggettivi come *inglese* possono qualificare delle lingue o delle cose: *una parola inglese* (v. la nota n. 16), *la cucina inglese* (v. la nota n. 33).
- In inglese, i nomi e gli aggettivi etnici – che in inglese hanno sempre la lettera maiuscola – si formano in diversi modi, suddivisibili nei seguenti cinque gruppi:

1° gruppo

- Il nome e l'aggettivo hanno la stessa forma; il nome fa il plurale in *-s*:
  un italiano = an Italian *oppure, se è necessario distinguere,* an Italian man
  un'italiana = an Italian *oppure* an Italian woman
  gli italiani (in generale) = the Italians *oppure* Italians *oppure* Italian people
  è un italiano = he's Italian *oppure* he's an Italian
  è italiano = he's Italian.
- Fanno parte di questo gruppo: *American, Angolan, Belgian, Brazilian, Chilean, Cypriot, Czech, Egyptian, German, Greek, Indian, Iranian, Jamaican, Mexican, Moroccan, Norwegian, Pakistani, Russian, Thai,* ecc.

2° gruppo

- Il nome può corrispondere all'aggettivo o essere ottenuto aggiungendo all'aggettivo la parola *man* o *woman*:
  un giapponese = a Japanese (man)
  una giapponese = a Japanese (woman)
  i giapponesi (in generale) = the Japanese* *oppure* Japanese people
  è un giapponese = he's Japanese
  è giapponese = he's Japanese.

**Japanese* è un aggettivo impiegato come sostantivo: è sempre preceduto dall'articolo determinativo e non prende mai la *-s* del plurale.

- Fanno parte di questo gruppo: *Burmese, Chinese, Congolese, Lebanese, Portuguese, Sudanese, Vietnamese,* ecc.

3° gruppo

- Il nome si ottiene aggiungendo all'aggettivo il formativo *-man* o *-woman*:

un inglese	= an Englishman
un'inglese	= an Englishwoman
gli inglesi (in generale)	= the English* *oppure* English people
è un inglese	= he's English *oppure* he's an Englishman
è inglese	= he's English.

**English* è un aggettivo impiegato come sostantivo: è sempre preceduto dall'articolo determinativo e non prende mai la *-s* del plurale.

- Fanno parte di questo gruppo: *French, Dutch, Irish, Welsh*, ecc.

4° gruppo

- Il nome e l'aggettivo sono parole diverse; il nome fa il plurale in *-s*:

un danese	= a Dane *oppure* a Danish man
una danese	= a Dane *oppure* a Danish woman
i danesi (in generale)	= Danes *oppure* the Danes *oppure* Danish people
è un danese	= he's Danish *oppure* he's a Dane
è danese	= he's Danish.

- Fanno parte di questo gruppo i seguenti nomi e corrispondenti aggettivi: *Briton* e *British, Finn* e *Finnish, Icelander* e *Icelandic, Pole* e *Polish, Scot* e *Scottish, Spaniard* e *Spanish, Swede* e *Swedish, Turk* e *Turkish*, ecc.

Casi particolari

- Talvolta, il nome di nazionalità non ha un corrispondente aggettivo:

un neozelandese	= a New Zealander
una neozelandese	= a New Zealander
i neozelandesi (in generale)	= New Zealanders
è un neozelandese	= he's a New Zealander
è neozelandese	= he's a New Zealander.

- Talvolta, a un unico aggettivo di nazionalità italiano corrispondono forme differenziate in inglese: è il caso di *Arabic*, che si usa con particolare riferimento alla lingua (*l'alfabeto arabo* = the Arabic alphabet), e *Arab*, che ha un impiego più generale (*paesi arabi* = Arab countries); *Grecian* richiama la Grecia classica (*l'ode di Keat "Su un'urna greca"* = Keat's ode "On a Grecian Urn") mentre di solito si usa *Greek* (*un traghetto greco* = a Greek ferry); infine, per tradurre *scozzese*, si deve usare *Scotch* se si fa riferimento a prodotti scozzesi (*whisky scozzese* = Scotch whisky), mentre per le persone o altro si preferisce *Scottish* o *Scots* (*un accento scozzese* = a Scottish accent)*

- Si possono infine ricordare alcune espressioni usate per parlare della nazionalità di qualcuno:

è nato in Inghilterra	= he was born in England
viene dall'Inghilterra	= he comes from England
è inglese d'origine	= he's of English extraction
è un cittadino britannico	= he's a British citizen.

26 - NUMERI

I numeri cardinali in inglese

-

0	= nought (BE), zero (AE)
1	= one
2	= two
3	= three
4	= four
5	= five
6	= six
7	= seven
8	= eight
9	= nine
10	= ten
11	= eleven
12	= twelve
13	= thirteen
14	= fourteen
15	= fifteen
16	= sixteen
17	= seventeen
18	= eighteen
19	= nineteen
20	= twenty
21	= twenty-one
22	= twenty-two
23	= twenty-three
24	= twenty-four
25	= twenty-five
26	= twenty-six
27	= twenty-seven
28	= twenty-eight
29	= twenty-nine
30	= thirty
31	= thirty-one
32	= thirty-two
40	= forty
50	= fifty
60	= sixty
70	= seventy
80	= eighty
90	= ninety
100	= a hundred / one hundred
101	= a hundred and one (BE) / a hundred one (AE)
102	= a hundred and two (BE) / a hundred two (AE)
110	= a hundred and ten (BE) / a hundred ten (AE)
111	= a hundred and eleven (BE) / a hundred eleven (AE)
187	= a hundred and eighty-seven (BE) / a hundred eighty-seven (AE)
200	= two hundred
250	= two hundred and fifty (BE) / two hundred fifty (AE)
300	= three hundred
1,000	= a thousand
1,001	= a thousand and one (BE) / a thousand one (AE)
1,002	= a thousand and two (BE) / a thousand two (AE)
1,020	= a thousand and twenty (BE) / a thousand twenty (AE)
1,200	= a thousand two hundred
2,000	= two thousand
10,000	= ten thousand
10,200	= ten thousand two hundred
100,000	= a hundred thousand
102,000	= a hundred and two thousand (BE) / a hundred two thousand (AE)
1,000,000	= one million
1,200,000	= one million two hundred thousand
1,264,932	= one million two hundred and sixty-four thousand nine hundred and thirty-two (BE) / one million two hundred sixty-four thousand nine hundred thirty-two (AE)
2,000,000	= two million
3,000,000,000	= three thousand million (BE) / three billion (AE)
4,000,000,000,000	= four billion (BE) / four thousand billion (AE)

- Si noti che:
  a) in inglese, quando si pronunciano una a una le cifre che compongono un numero, *zero* viene pronunciato *oh*:

il mio numero di interno telefonico è 403	= my extension number is 403 (*dire:* four oh three)

  b) oltre a questo, e alla differenza tra l'inglese britannico *nought* e l'americano *zero*, va ricordato che si usa *zero* quando si indicano i gradi di temperatura (*ci sono zero gradi / abbiamo zero gradi* = it's zero), mentre per i punteggi nei giochi e negli sport si usano *nil* (BE) e *zero* (AE) tranne che nel tennis dove *zero* si dice *love*

c) *forty* non ha lo stesso grafema vocalico di *four* e *fourteen*
d) per tradurre *cento* in inglese, si usa *one hundred* quando si vuole insistere sulla precisione della cifra, mentre negli altri casi si preferisce *a hundred*
e) nell'inglese britannico si usa la congiunzione *and* tra *hundred* oppure *thousand* e la cifra delle decine e delle unità (ma non fra *thousand* e la cifra delle centinaia); *and* non è mai usato nell'inglese americano, così come la congiunzione *e* non si usa nei numeri in italiano
f) diversamente dall'italiano *milione*, nei numeri *million* è invariabile in inglese
g) un *billion* americano vale *1 miliardo* (*1000 milioni*), mentre un *billion* inglese vale *1000 miliardi*; l'uso americano della parola *billion* si sta estendendo sempre più in Gran Bretagna
h) nei numeri, l'inglese usa la virgola laddove l'italiano usa il punto, e viceversa.

I numeri negli indirizzi, al telefono e nelle date

- Negli indirizzi, il numero della via precede sempre l'indicazione della via stessa, con le consuete differenze tra inglese britannico e americano:
  29 Park Road (twenty-nine Park Road)
  110 Park Road (a hundred and ten Park Road) (BE)
  (one ten Park Road) (AE)
  1021 Park Road (one oh two one Park Road) (BE)
  (ten twenty-one Park Road) (BE).
- Nei numeri telefonici, si noti la scansione e i diversi possibili modi di pronunciare tali numeri:
  071 392 1011 (oh seven one, three nine two, one oh one one)
  (oh seven one, three nine two, one oh double one)
  1-415-243 7620 (one, four one five, two four three, seven six two oh)
  78 02 75 27 (seven eight, oh two, seven five, two seven).
- Per l'uso dei numeri nelle date, si veda la nota n. 5.

Quanto? / Quanti?

- *quanti bambini ci sono?* = how many children are there?
  ci sono ventitré bambini = there are twenty-three children
  quanti ce ne sono? = how many are there?
  ce ne sono ventitré = there are twenty-three
  ne ho cento = I've got a hundred
  verremo in 6 = there'll be 6 of us coming
  sono in otto = there are eight of them
  all'inizio erano (in) dieci = there were 10 of them at the beginning

  Da alcuni di questi esempi si può notare che l'inglese non ha equivalente della particella italiana *ne*.
- Si noti che, mentre in italiano le parole *milione* e *miliardo* funzionano come nomi (sono declinati al plurale e sono seguiti dalla preposizione *di*), gli equivalenti inglesi funzionano come aggettivi davanti a nomi se indicano un numero preciso:
  1.000.000 di abitanti = 1,000,000 inhabitants (a/one million inhabitants)
  6.000.000.000 di persone = 6,000,000,000 people (six thousand million people) (BE) (six billion people) (AE).
- Come per l'italiano *centinaia*, *migliaia* e *milioni*, anche l'inglese può usare *hundreds*, *thousands* e *millions* al plurale come sostantivi (e non come aggettivi davanti a un nome) se indicano un numero approssimativo:
  ne ho centinaia = I've got hundreds
  migliaia di libri = thousands of books
  le migliaia di libri che ho letto = the thousands of books I have read
  centinaia e centinaia = hundreds and hundreds
  migliaia e migliaia = thousands and thousands
  milioni di persone hanno visto Star Wars = millions of people saw Star Wars.
- Per rendere i numerali italiani in *–ina*, che indicano una cifra approssimativa, l'inglese usa la cifra preceduta dalla preposizione *about* o *around*:
  una decina di domande = about ten questions
  una quindicina di persone = about fifteen people
  una ventina = about twenty.
- Altre espressioni in cui compaiono i numeri cardinali sono le seguenti:
  un centinaio = about a hundred
  quasi dieci = almost ten / nearly ten
  circa dieci = about ten
  circa 400 pagine = about four hundred pages
  più di dieci = more than ten
  meno di dieci = less than ten
  tutti e dieci (loro) = all ten (of them)
  gli altri due = the other two
  le prossime cinque settimane = the next five weeks
  i miei ultimi dieci dollari = my last ten dollars
  i numeri fino a dieci = numbers up to ten
  contare fino a dieci = to count up to ten.

Che numero?

- *il volume numero 8 della serie* = volume 8 of the series / the 8th volume of the series
  il cavallo numero 11 = horse number 11
  puntare sul 15 = to bet on number 15
  il numero 7 porta fortuna = 7 is a lucky number
  la linea 3 della metropolitana = line number 3 of the underground (BE) / subway (AE)
  la (camera numero) 236 è libera = room 236 is free
  il 3 di picche = the 3 of spades.

Le operazioni in inglese

	dire
10 + 3 = 13	= ten and three are thirteen / ten plus three make thirteen
10 – 3 = 7	= ten minus three is seven / three from ten leaves seven
10 x 3 = 30	= ten times three is thirty / ten threes are thirty
30 ÷ 3 = 10	= thirty divided by three is ten / three into thirty is ten
5^2	= five squared
5^3	= five cubed / five to the power of three
5^4	= five to the fourth / five to the power of four
5^{100}	= five to the hundredth / five to the power of a hundred
5^n	= five to the nth ([enθ]) / five to the power of n
B > A	= B is greater than A
A < B	= A is less than B
$\sqrt{12}$	= the square root of twelve
$\sqrt{25} = 5$	= the square root of twenty-five is five

Si noti che il segno di divisione è diverso nelle due lingue, poiché all'italiano : corrisponde ÷ in inglese.

I numeri decimali in inglese

	dire
0.25	= nought point two five / point two five
0.05	= nought point nought five / point oh five
0.75	= nought point seven five / point seven five
3.45	= three point four five
8.195	= eight point one nine five
9.1567	= nine point one five six seven

Si noti che l'inglese usa il punto (the decimal point) laddove l'italiano usa la virgola; si ricordi inoltre che *zero* si dice *nought* in inglese britannico e *zero* in inglese americano.

Le percentuali in inglese

	dire
25%	= twenty-five per cent
50%	= fifty per cent
75%	= seventy-five per cent
100%	= a / one hundred per cent
365%	= three hundred and sixty-five per cent (BE) / three hundred sixty-five per cent (AE)
4.25%	= four point two five per cent
4.025%	= four point oh two five per cent.

Le frazioni in inglese

	dire
1/2	= a half / one half
1/3	= a third / one third
1/4	= a quarter / one quarter

1/5	=	a fifth
1/6	=	a sixth
1/7	=	a seventh
1/8	=	an eighth
1/9	=	a ninth
1/10	=	a tenth
1/11	=	one eleventh
1/12	=	one twelfth
2/3	=	two thirds
2/5	=	two fifths
2/10	=	two tenths
3/4	=	three quarters
3/5	=	three fifths
3/10	=	three tenths
1 1/2	=	one and a half
1 1/3	=	one and a third
1 1/4	=	one and a quarter
1 1/5	=	one and a fifth
5 2/3	=	five and two thirds
5 3/4	=	five and three quarters
5 4/5	=	five and four fifths
45/100	=	forty-five hundredths

- Si noti che:
  a) per le frazioni fino a 1/10, si usa normalmente in inglese l'articolo *a*; si utilizza invece *one* (*one third*) in matematica e per i calcoli precisi
  b) come mostrano i seguenti esempi, in alcuni casi ci sono differenze tra italiano e inglese nell'uso degli articoli con le frazioni:

uno e mezzo	=	one and a half
i due terzi di loro	=	two thirds of them
quarantacinque centesimi di secondo	=	forty-five hundredths of a second
dieci su cento	=	ten out of a hundred.

I numeri ordinali in inglese

1°	*o*	I	=	1st	first
2°	*o*	II	=	2nd	second
3°	*o*	III	=	3rd	third
4°	*o*	IV	=	4th	fourth
5°	*o*	V	=	5th	fifth
6°	*o*	VI	=	6th	sixth
7°	*o*	VII	=	7th	seventh
8°	*o*	VIII	=	8th	eighth
9°	*o*	IX	=	9th	ninth
10°	*o*	X	=	10th	tenth
11°	*o*	XI	=	11th	eleventh
12°	*o*	XII	=	12th	twelfth
13°	*o*	XIII	=	13th	thirteenth
14°	*o*	XIV	=	14th	fourteenth
15°	*o*	XV	=	15th	fifteenth
16°	*o*	XVI	=	16th	sixteenth
17°	*o*	XVII	=	17th	seventeenth
18°	*o*	XVIII	=	18th	eighteenth
19°	*o*	XIX	=	19th	nineteenth
20°	*o*	XX	=	20th	twentieth
21°	*o*	XXI	=	21st	twenty-first
22°	*o*	XXII	=	22nd	twenty-second
23°	*o*	XXIII	=	23rd	twenty-third
24°	*o*	XXIV	=	24th	twenty-fourth
25°	*o*	XXV	=	25th	twenty-fifth
26°	*o*	XXVI	=	26th	twenty-sixth
27°	*o*	XXVII	=	27th	twenty-seventh
28°	*o*	XXVIII	=	28th	twenty-eighth
29°	*o*	XXIX	=	29th	twenty-ninth
30°	*o*	XXX	=	30th	thirtieth
31°	*o*	XXXI	=	31st	thirty-first
32°	*o*	XXXII	=	32nd	thirty-second
40°	*o*	XL	=	40th	fortieth
50°	*o*	L	=	50th	fiftieth
60°	*o*	LX	=	60th	sixtieth
70°	*o*	LXX	=	70th	seventieth
80°	*o*	LXXX	=	80th	eightieth
90°	*o*	XC	=	90th	ninetieth
100°	*o*	C	=	100th	hundredth
101°	*o*	CI	=	101st	hundred and first
102°	*o*	CII	=	102nd	hundred and second (BE) / hundred second (AE)
112°	*o*	CXII	=	112th	hundred and twelfth (BE) / hundred twelfth (AE)
187°	*o*	CLXXXVII	=	187th	hundred and eighty-seventh (BE) / hundred eighty-seventh (AE)
200°	*o*	CC	=	200th	two hundredth
250°	*o*	CCL	=	250th	two hundred and fiftieth (BE) / two hundred fiftieth (AE)
300°	*o*	CCC	=	300th	three hundredth
1.000°	*o*	M	=	1,000th	thousandth
2.000°	*o*	MM	=	2,000th	two thousandth
1.000.000°			=	1,000,000th	millionth

- In italiano, l'aggettivo numerale ordinale viene impiegato come sostantivo quando gli viene premesso l'articolo determinativo e non segue alcun altro nome; la medesima struttura è possibile in inglese, dove però talvolta il numerale è seguito dalla forma pronominale *one* (che fa le veci di un nome):

il primo	=	the first / the first one
il quarantaduesimo	=	the forty-second / the forty-second one
ce n'è un secondo	=	there's a second one
i primi tre, le prime tre	=	the first three
gli ultimi quattro	=	the last four
il terzo paese più ricco del mondo	=	the third richest country in the world.

- Quando un numerale ordinale viene usato nei nomi di papi, re, regine e membri della nobiltà, esso è sempre preceduto in inglese dall'articolo *the*, che si può evitare di scrivere ma si deve sempre pronunciare:

Papa Giovanni Paolo II	=	Pope John Paul II (the Second)
Pietro I di Russia	=	Peter the First of Russia
la regina Elisabetta II	=	Queen Elizabeth II (the Second).
George Savile, primo Marchese di Halifax	=	George Savile, the First Marquis of Halifax.

Simboli matematici in inglese

$=$	is equal to / equals	d*x*	differential of *x*
$\neq$	does not equal / is different from	d*y*/d*x*	derivative of *y* with respect to *x*
$\approx$	is approximately equal to	$\int$	indefinite integral
$\pm$	plus or minus	$\int_a^b$	definite integral from *a* to *b*
N	natural numbers	$\in$	is an element of
Z	integers	$\notin$	is not an element of
Q	rational numbers	$\exists$	there exists
R	real numbers	$\forall$	for all / for any / for each
$\|x\|$	absolute value of *x*	$\Rightarrow$	if... then...
∞	infinity	$\Leftrightarrow$	if and only if
π	pi	$\varnothing$	empty set
Σ	summation	$\cup$	union
$n!$	factorial *n*	$\cap$	intersection

27 - OCEANI E MARI

- In inglese le parole *Ocean* e *Sea* hanno la lettera maiuscola quando accompagnano un nome proprio:

l'Oceano Atlantico	=	the Atlantic Ocean
il Mar Baltico	=	the Baltic Sea.

- Come spesso avviene in italiano con *oceano* e *mare*, le parole *Ocean* e *Sea* possono essere omesse; in caso di dubbio, consultare la voce appropriata nel dizionario:

l'Atlantico	=	the Atlantic
il Baltico	=	the Baltic.

- Le espressioni italiane relative ai mari e agli oceani introdotte da *di* + articolo sono solitamente rese in inglese mediante l'uso aggettivale dei nomi dei mari e degli oceani:

il clima dell'Atlantico	=	the Atlantic climate
il clima del Mare del Nord	=	the North Sea climate
una traversata dell'Atlantico	=	an Atlantic crossing
una traversata del Mare del Nord	=	a North Sea crossing
i pesci del Pacifico	=	Pacific fish

Lo stesso avviene quando sono coinvolte altre preposizioni italiane:

una crociera sull'Atlantico	=	an Atlantic cruise
una crociera nel Mediterraneo	=	a Mediterranean cruise.

28 - ORTOGRAFIA E PUNTEGGIATURA

L'alfabeto inglese

- La lista seguente indica come pronunciare le lettere dell'alfabeto inglese, accostando a ciascuna lettera la formula usata solitamente al telefono per indicarla con chiarezza:

A	[eɪ]	A for Alfred
B	[bi:]	B for beautiful
C	[si:]	C for cat
D	[di:]	D for dog
E	[i:]	E for elephant
F	[ef]	F for father
G	[dʒi:]	G for George
H	[eɪtʃ]	H for Harry
I	[aɪ]	I for Ireland
J	[dʒeɪ]	J for John
K	[keɪ]	K for kangaroo
L	[el]	L for London
M	[em]	M for mother
N	[en]	N for nothing
O	[əʊ]	O for Oliver
P	[pi:]	P for Peter
Q	[kju:]	Q for quite
R	[ɑ:(r)]	R for Robert
S	[es]	S for sugar
T	[ti:]	T for Tommy
U	[ju:]	U for uncle
V	[vi:]	V for victory
W	['dʌblju:]	W for Walter
X	[eks]	X for X-ray
Y	[waɪ]	Y for yellow
Z	[zed] (BE) [zi:] (AE)	Z for zoo

Per scrivere una parola

• *A maiuscola*	=	capital A
a minuscola	=	small a
si scrive con la A maiuscola	=	it has got a capital A
in maiuscolo / in lettere maiuscole	=	in capitals, in capital letters
in minuscolo / in lettere minuscole	=	in small letters
doppia m	=	double m
doppia t	=	double t
è (e accento grave)	=	e grave [eɪ 'grɑ:v]
é (e accento acuto)	=	e acute [eɪ ə'kju:t]
l' (elle apostrofo)	=	l apostrophe [el ə'pɒstrəfɪ]
d' (di apostrofo)	=	d apostrophe [di: ə'pɒstrəfɪ]
- (trattino d'unione)	=	hyphen
"cover-girl" e "anglo-americano" si scrivono con un trattino	=	"cover-girl" and "anglo-americano" have a hyphen.
la parola "città" ha l'accento sulla "a"	=	the word "città" has an accent on the "a"

Per dettare la punteggiatura

.	*punto*	=	full stop (BE) / period (AE)
,	*virgola*	=	comma
:	*due punti*	=	colon
;	*punto e virgola*	=	semi-colon
!	*punto esclamativo*	=	exclamation mark (BE) / exclamation point (AE)
?	*punto interrogativo*	=	question mark
	a capo	=	new paragraph
(	*aperta parentesi*	=	open brackets
)	*chiusa parentesi*	=	close brackets
( )	*tra parentesi*	=	in brackets
[ ]	*tra parentesi quadre*	=	in square brackets
-	*trattino*	=	dash
–	*trattino medio*	=	en dash
—	*trattino lungo* o *lineato*	=	em dash
/	*barra obliqua*	=	slash, solidus, virgule
*	*asterisco*	=	asterisk
%	*percento*	=	percent
&	*e commerciale*	=	ampersand
...	*puntini di sospensione*	=	three dots (BE) / suspension points (AE)
'	*apostrofo*	=	apostrophe
« »	*virgolette (caporali)*	=	inverted commas / quotation marks / quotes
"	*aperte le virgolette*	=	open inverted commas (BE) / open quotations marks (AE)
"	*chiuse le virgolette*	=	close inverted commas (BE) / close quotation marks (AE)
" "	*tra virgolette*	=	in inverted commas (BE) / in quotation marks (AE) / in quotes
´	*accento acuto*	=	acute accent
`	*accento grave*	=	grave accent
^	*accento circonflesso*	=	circumflex
¨	*dieresi*	=	diaeresis
~	*tilde*	=	tilde
¸	*cediglia*	=	cedilla

- Si noti che:
  a) la virgola si usa, in inglese, per separare le proposizioni subordinate dalla principale e tra loro, per separare i due o più aggettivi che precedono un nome, per marcare un inciso, e dopo gli avverbi *furthermore*, *moreover*, *however* e *still* quando si trovano all'inizio di frase; bisogna invece fare attenzione a non separare con una virgola il soggetto di una frase, anche se costituito da più parole, dal verbo
  b) il trattino (*dash*) è usato in inglese per indicare qualcosa che viene aggiunto nella frase quasi fosse un ripensamento; spesso compare anche in coppia al posto delle parentesi
  c) oltre alle cosiddette *caporali* («»), esistono in italiano, e sono solitamente usate in inglese, le virgolette doppie " " e le virgolette semplici ' ' che sono impiegate sia per segnalare il discorso diretto sia per evidenziare alcune parole in una frase.

29 - PUNTI CARDINALI

- I punti cardinali vengono di solito indicati mediante le seguenti abbreviazioni:

nord	*N*	=	north	N
sud	*S*	=	south	S
est	*E*	=	east	E
ovest	*O*	=	west	W
nord-est	*NE*	=	northeast	NE
nord-ovest	*NO*	=	northwest	NW
nord-nord-est	*NNE*	=	north northeast	NNE
est-nord-est	*ENE*	=	east northeast	ENE

Dove?

- Né in italiano né in inglese i punti cardinali sono solitamente scritti con la lettera maiuscola, tranne quando designano una specifica regione o territorio senza il concorso di altre specificazioni, come mostrano i primi esempi qui sotto:

vivere al Nord = to live in the North
a me piace il Nord = I like the North
nel nord della Scozia = in the north of Scotland
a nord del villaggio = north of the village, to the north of the village
7 chilometri a nord = 7 kilometres north / 7 kilometres to the north
diretto a nord = due north
la costa nord = the north coast
la parete nord (di una montagna) = the north face
il muro a nord = the north wall
la porta a nord = the north door
andare a nord di Oxford = to go north of Oxford

In tutte queste espressioni le parole *nord* e *north* possono essere sostituite dai nomi degli altri punti cardinali. I nomi inglesi dei punti cardinali traducono anche i nomi italiani *settentrione*, *meridione*, *oriente* e *occidente*: *il Meridione d'Italia* = the south of Italy.

- A partire dai nomi dei punti cardinali, l'inglese crea degli aggettivi con il suffisso *-ern* e dei sostantivi con il suffisso *-erner*; tali parole sono più comuni dei corrispondenti termini italiani *settentrionale*, *meridionale*, *orientale* e *occidentale*, che funzionano sia da aggettivi sia da nomi:

una città del Nord = a northern town
accento del Nord / settentrionale = northern accent
il dialetto del Nord = the northern dialect
l'avamposto più a nord = the most northerly outpost / the northernmost outpost
un settentrionale = a northerner
i settentrionali = northerners

Gli aggettivi in *-ern* sono normalmente usati per designare delle regioni all'interno di una nazione o di un continente:

il nord dell'Europa = northern Europe
l'Europa dell'Est / orientale = eastern Europe
la Germania occidentale = western Germany
l'est della Francia = eastern France
il sud della Romania = southern Romania
il nord d'Israele = northern Israel

Per i nomi di nazioni e continenti che includono i punti cardinali (*Corea del Nord*, *Yemen del Sud*, *America del Sud*), si vedano le relative voci nel dizionario.

In quale direzione?

- Negli esempi che seguono si notino in particolare gli avverbi in *-ward* o *-wards* (BE), e gli aggettivi in *-ward*, costruiti sui nomi dei punti cardinali per indicare una direzione:

andare verso (il) nord = to go north / to go northward / to go in a northerly direction
navigare verso (il) nord = to sail north / to sail northward
venire dal nord = to come from the north
un movimento verso (il) nord = a northward movement.

- Per indicare la direzione del movimento di un mezzo di trasporto, si possono utilizzare i nomi dei punti cardinali con il suffisso *-bound*:

una nave diretta a nord = a northbound ship
il traffico verso nord = northbound traffic.

- Si notino anche le seguenti espressioni:

il traffico proveniente dal nord = traffic coming from the north
finestre che danno a nord = north-facing windows / windows facing north
un pendio orientato a nord = a north-facing slope
nord quarta nord-est = north by northeast.

- Per indicare la direzione del vento si usano espressioni quali:

il vento del nord = the north wind
un vento da nord = a northerly wind
venti dominanti da nord = prevailing north winds
il vento viene dal nord = the wind is blowing from the north.

30 - REGIONI

- Le indicazioni che seguono valgono per i nomi delle regioni italiane, delle regioni e contee inglesi, degli stati americani, delle regioni amministrative di altri paesi, e anche per i nomi di regioni geografiche che non sono entità politiche.

I nomi delle regioni

- In genere, l'inglese non utilizza l'articolo determinativo davanti ai nomi di regioni:

visitare la Toscana = to visit Tuscany
amare la Scozia = to love Scotland
attraversare il Dorset in auto = to drive through Dorset
sognare la California = to dream California

Talvolta, in particolare quando il nome della regione è plurale, diventa obbligatorio usare l'articolo determinativo: *visitare le Marche* = to visit the Marches, *vivere nelle Montagne Rocciose* = to live in the Rockies.

Preposizioni di stato e moto con i nomi delle regioni

- Le preposizioni italiane di stato in luogo, moto a luogo e moto da luogo con i nomi delle regioni si rendono, rispettivamente e regolarmente, con *in*, *to* e *from*:

vivere in Lombardia / nel Sussex / in California = to live in Lombardy / Sussex / California
andare in Toscana / in Cornovaglia / in Texas = to go to Tuscany / Cornwall / Texas
venire dalla Sardegna / dallo Yorkshire / dal Montana = to come from Sardinia / Yorkshire / Montana.

***Di* con i nomi delle regioni**

- Alcuni nomi di regione hanno dato vita in inglese a degli aggettivi, ma sono molto più rari che in italiano; in caso di dubbio, si consulti il dizionario:

gli abitanti della California = Californian people
i vini della California = Californian wines

Questi aggettivi possono sempre essere usati come nomi: così, *abitanti della California* si può anche dire *Californians*, o *abitanti del Lancashire* si dice *Lancastrians*.

- Quando non esiste in inglese un aggettivo derivato da nome di regione, si può sempre usare tale nome in funzione aggettivale oppure, in caso di dubbio, impiegare l'espressione con *of*:

l'olio di Liguria / ligure = Liguria oil
le chiese dello Yorkshire = Yorkshire churches
le strade del New Mexico = New-Mexico roads
il paesaggio della Puglia = the Puglia countryside
gli abitanti del Cumberland = the inhabitants of Cumberland
i fiumi del Dorset = the rivers of Dorset
la frontiera del Texas = the border of Texas.

Gli aggettivi derivati dai nomi delle regioni

- Visto che gli aggettivi derivati dai nomi di regioni non hanno sempre un equivalente in inglese, è necessario ricorre a diverse soluzioni:
  a) se possibile, si usa l'aggettivo derivato: *il formaggio sardo* = Sardinian cheese, *i Vespri Siciliani* = Sicilian Vespers, *il paesaggio gallese* = Welsh countryside, *il vino californiano* = Californian wine
  b) in generale, si può usare il nome della regione in funzione aggettivale: *la regione veneta* = the Veneto region, *la campagna dello Yorkshire* = the Yorkshire countryside, *le case del New England* = New England houses
  c) per sottolineare la provenienza, si userà *from*: *il vino pugliese* = wine from Puglia, *i miei amici emiliani* = my friends from Emilia, *la squadra texana* = the team from Texas
  d) per indicare un riferimento spaziale, si userà *in*: *la mia vacanza umbra* = my holiday in Umbria, *paesini calabresi* = small villages in Calabria, *le strade irlandesi* = roads in Ireland
  e) per parlare di una caratteristica, si userà *of*: *l'economia marchigiana* = the economy of the Marches, *le consuetudini scozzesi* = the customs of Scotland.

31 - RELAZIONI DI QUANTITA'

Nomi numerabili o non numerabili?

- L'inglese, come l'italiano, distingue due categorie di nomi: quelli che designano delle realtà che si possono numerare per unità, quali le mele, i libri, ecc., e quelli che designano delle realtà che non si possono numerare per unità ma solo come massa indivisibile, quali il latte o la sabbia. Queste due categorie di nomi si definiscono rispettivamente come numerabili e non numerabili.
- Per distinguere i nomi numerabili dai non numerabili basta verificare il loro comportamento davanti a determinanti di quantità come *molto, poco, più,* o *meno*: i nomi numerabili hanno una forma plurale (*molte mele, pochi libri*), quelli non numerabili solo una forma singolare (*molto latte, poca sabbia*). I determinanti sopra elencati vanno spesso tradotti in inglese in modo diverso, a seconda che essi specifichino un nome numerabile o non numerabile:

	nomi non numerabili	nomi numerabili
molto (latte) / molti (libri)	= a lot of (milk) lots of much	a lot of (books) lots of many
poco (latte) / pochi (libri)	= little (milk) not much	few (books) not many
più (latte) / (libri)	= more (milk)	more (books)
meno (latte) / (libri)	= less (milk)	fewer (books), less (books)
abbastanza (latte) / (libri)	= enough (milk)	enough (books)

Va notato che: *not much* e *not many* si usano correntemente, mentre *much* e *many* si usano raramente in frase affermativa; *meno* davanti ai nomi numerabili plurali si rende solitamente con *fewer*, anche se *less* è talvolta impiegato nella lingua colloquiale.

I nomi numerabili

- *quante mele ci sono?* = how many apples are there?
  ci sono molte mele = there are lots of apples
  A ha più mele di B = A has got more apples than B.
- Si noti che la particella *ne* non ha equivalente in inglese:
  quanti ce ne sono? = how many are there?
  ce ne sono molti = there are a lot
  non ce ne sono molti = there aren't many
  ce ne sono due chili = there are two kilos / there's two kilos (nell'inglese colloquiale)
  ce ne sono venti = there are twenty
  ne ho venti = I've got twenty.
- Si noti il diverso uso dei determinanti e dell'ordine delle parole in italiano e in inglese:
  qualche mela in più / qualche altra mela = a few more apples
  qualche persona in più / qualche altra persona / alcune altre persone = a few more people
  A ha meno mele di B = A doesn't have as many apples as B
  molte mele di meno = far fewer apples / not nearly as many apples.

I nomi non numerabili

- *quanto latte c'è?* = how much milk is there?
  c'è molto latte = there's a lot of milk
  A ha più latte di B = A has got more milk than B
  molto più latte = much more milk
  un po' più di latte / un po' di latte in più = a little more milk
  A ha meno latte di B = A has got less milk than B
  molto meno latte = much less milk / far less milk
  un po' meno (di) latte = a little less milk.
- Si noti che la particella *ne* non ha equivalente in inglese:
  quanto ce n'è? = how much is there?
  ce n'è molto = there is a lot
  non ce n'è molto = there isn't much / there is only a little

Quantità relative

- *quanti ce ne sono al chilo / in un chilo?* = how many are there to the kilo?
  ce ne sono dieci al chilo / in un chilo = there are ten to the kilo
  te ne danno sette per 3 euro = you get seven for 3 euros
  quanti bicchieri vengono per bottiglia? = how many glasses are there to the bottle?
  vengono sei bicchieri per bottiglia = there are six glasses to the bottle
  la mia auto fa 10 chilometri con 1 litro = my car does 10 kilometres to the litre (28 miles to the gallon)*

  * In inglese, il consumo di una vettura si calcola misurando, non il numero di chilometri per litro di carburante, ma la distanza percorsa (in miglia) con un gallone (4,54 litri) di carburante. Per convertire il consumo espresso in litri per 100 km in miglia per gallone (*mpg = miles per gallon*) e viceversa, basta dividere 280 per la cifra nota.
- Davanti a tutte le espressioni utilizzate per indicare un prezzo per unità di misura (lunghezza, peso, ecc.), l'inglese ha l'articolo indeterminativo laddove l'italiano usa quello determinativo:
  quanto costa al litro? = how much does it cost a litre?
  € 1,20 al litro = € 1.20 a litre
  quanto costa un chilo di mele? = how much do apples cost a kilo? / how much does a kilo of apples cost?
  una sterlina al chilo = one pound a kilo
  quanto costa al metro? = how much does it cost a metre?
  12 sterline al metro = £ 12 a metre.

32 - STAGIONI

- I nomi delle stagioni vengono talvolta scritti in inglese con la lettera iniziale maiuscola, anche se è preferibile la minuscola (come è di regola in italiano):
  primavera = spring
  estate = summer
  autunno = autumn (BE) o fall (AE)
  inverno = winter.
- Diversamente dall'italiano, che normalmente premette l'articolo determinativo ai nomi delle stagioni, in inglese l'articolo può anche non esserci; negli esempi che seguono, al posto di *estate* e *summer* si potrebbero usare allo stesso modo gli altri nomi delle stagioni:
  a me piace l'estate = I like (the) summer
  l'estate è stata piovosa = (the) summer was wet
  un'estate piovosa = a rainy summer
  l'estate più calda = the warmest summer.

Quando?

- L'inglese usa spesso la preposizione *in* davanti ai nomi delle stagioni:
  in estate = in (the) summer
  all'inizio dell'estate = in (the) early summer
  alla fine dell'estate = in (the) late summer
  a metà estate = in mid-summer.
- Ma *in* può essere sostituito da un'altra preposizione, o da determinanti quali *this, that, next, last*, ecc.:
  durante l'estate = during the summer
  durante tutta l'estate = throughout the summer
  per tutta l'estate = for the whole summer / all through the summer
  prima dell'estate = before the summer
  fino all'estate = until the summer
  quest'estate = this summer
  quell'estate = that summer

la prossima estate = next summer
l'estate scorsa = last summer
tra due estati = the summer after next
due estati fa = the summer before last
tutte le estati = every summer
un'estate sì e una no, un'estate su due = every other summer, every second summer
quasi tutte le estati = most summers.

Di + nomi delle stagioni e aggettivi derivati

- Le espressioni italiane con *di* + nomi delle stagioni e gli aggettivi derivati da tali nomi si rendono in inglese usando in funzione aggettivale i nomi delle stagioni:

  la collezione estiva = the summer collection
  una giornata d'estate / estiva = a summer day
  una pioggia d'estate / estiva = a summer rain
  una sera d'estate / estiva = a summer evening
  il sole d'estate / estivo = summer sunshine
  i saldi estivi = the summer sales
  il vestiario estivo = summer clothes
  il tempo estivo = summer weather

  Si noti che l'inglese non distingue la sfumatura semantica marcata in italiano dalla differenza tra *una sera d'estate* (= una sera in estate) e *una sera estiva* (= una sera dal clima caldo, non necessariamente in estate).
- Si confrontino, infine, i seguenti esempi:

  un mattino d'estate = one summer morning
  in un mattino d'estate = on a summer morning
  un mattino in estate = one morning in summer.

33 - STATI E CONTINENTI

- Gli aggettivi di nazionalità come *inglese* possono designare delle persone (ad esempio, *un turista inglese*: si veda la nota n. 25) o delle lingue (ad esempio, *una parola inglese*: si veda la nota n. 16).

I nomi degli stati e dei continenti

- In genere, la lingua inglese non utilizza l'articolo determinativo davanti ai nomi degli stati e dei continenti, tranne per i nomi che hanno una forma plurale (*the United States*, *the Netherlands*, *the Philippines*, ecc.) e alcune rare eccezioni (*the Congo*, *the Gambia*); in caso di dubbio, si consulti la voce appropriata nel dizionario:

  l'Italia = Italy
  il Brasile = Brazil
  la Polonia = Poland
  Cuba = Cuba
  Israele = Israel
  l'Africa = Africa
  amare l'Inghilterra = to like England
  visitare l'Asia = to visit Asia.

  Si noti che se il nome di uno stato o di un continente include il riferimento a uno dei punti cardinali non va usato in inglese l'articolo determinativo:

  la Corea del Sud = South Corea
  l'America del Nord = North America.
- Diversamente dall'italiano, in inglese i nomi di stati che hanno una forma plurale si comportano generalmente come dei nomi singolari (tranne per la presenza di *the*):

  gli Stati Uniti sono una nazione ricca = the United States is a rich country
  le Filippine sono un paese molto bello = the Philippines is a lovely country.

Preposizioni di stato e moto con i nomi degli stati e dei continenti

- Le preposizioni italiane di stato in luogo, moto a luogo e moto da luogo con i nomi degli stati e dei continenti si rendono, rispettivamente e regolarmente, con *in*, *to* e *from*:

  vivere in Brasile / in Cina / in Africa = to live in Brazil / China / Africa
  andare in Portogallo / in Francia / in Sud America = to go to Portugal / France / South America
  venire dalla Spagna / dall'Egitto / dall'Australia = to come from Spain / Egypt / Australia.

Di con i nomi degli stati e dei continenti

- Le espressioni italiane con *di* + nomi di stati o continenti si traducono normalmente in inglese mediante il corrispondente aggettivo che designa uno stato o un continente, da scrivere sempre con la lettera maiuscola:

  l'ambasciata d'Italia = the Italian embassy
  il clima della Francia = the French climate
  la squadra della Gran Bretagna = the British team
  i fiumi dell'Asia = Asian rivers
  la storia del Portogallo = Portoguese history

  Ma si notino esempi quali:

  l'ambasciatore d'Italia = the Italian ambassador / the ambassador of Italy
  la capitale dell'Egitto = the capital of Egypt
  i popoli dell'Africa = the peoples of Africa
  una cartina della Francia = a map of France.

Gli aggettivi derivati dai nomi degli stati e dei continenti

- A fronte dell'aggettivo italiano che designa uno stato o un continente, l'inglese usa nella maggior parte dei casi un corrispondente aggettivo; nelle frasi che seguono, *italiano* e *Italian* esemplificano l'uso di questo tipo di aggettivi:

  l'aviazione italiana = the Italian air force
  una città italiana = an Italian town
  la cucina italiana = Italian cooking
  la dogana italiana = the Italian Customs
  l'Esercito italiano = the Italian Army
  il governo italiano = the Italian government
  la letteratura italiana = Italian literature
  la lingua italiana = the Italian language
  la nazione italiana = the Italian nation
  la politica italiana = Italian politics
  i soldi italiani = Italian money
  le tradizioni italiane = Italian traditions.
- Solo raramente viene usato in funzione aggettivale il nome inglese dello stato o del continente, un tipo di formazione che non è opportuno imitare:

  la squadra inglese / d'Inghilterra = the England team
  la questione africana / dell'Africa = the Africa question.

34 - STRUMENTI MUSICALI

Gli strumenti musicali

- Come in italiano, anche in inglese l'articolo determinativo viene usato davanti ai nomi degli strumenti musicali:

  imparare il piano = to learn the piano
  studiare il violino = to study the violin
  suonare il clarinetto = to play the clarinet.

La musica

- *un arrangiamento per pianoforte* = an arrangement for piano / a piano arrangement

  una sonata per violino = a violin sonata
  un concerto per piano e orchestra = a concerto for piano and orchestra
  la parte del pianoforte = the piano part.

I musicisti

- Il suffisso inglese *-ist* corrisponde al suffisso italiano *-ista*:

un / una violinista	= a violinist
un / una pianista	= a pianist
il / la pianista	= the pianist.

- In altri casi, l'espressione *un suonatore / una suonatrice di X* ha come corrispondente inglese *a X player*:

un suonatore / una suonatrice di ottavino	= a piccolo player
un suonatore / una suonatrice di corno	= a horn player.

- In inglese come in italiano, il nome dello strumento è talvolta usato per riferirsi a chi lo suona:

lei è (un) primo violino	= she's a first violin
i tromboni	= the trombones.

Di con i nomi degli strumenti musicali

- Le espressioni italiane con *di* si traducono normalmente in inglese mediante l'uso in posizione e funzione aggettivale del sostantivo:

un corso di violino	= a violin class
una lezione di piano	= a piano lesson
la mia insegnante di piano	= my piano teacher
un assolo di violino	= a violin solo

Si noti che la medesima struttura viene impiegata in inglese per tradurre *una custodia per violino* = a violin case.

35 - TAGLIE

- Per problemi di equivalenza, nelle seguenti tabelle le misure sono state talvolta arrotondate alla taglia immediatamente successiva (poiché è sempre meglio portare un indumento un po' largo piuttosto che un po' stretto); va anche tenuto presente che le equivalenze di taglie possono in certa misura variare tra un produttore e un altro.
- Si noti che l'inglese *size* traduce sia l'italiano *numero*, usato per le scarpe e le calze (ad esempio, *un paio di scarpe numero 41* = a pair of shoes size 71/2), sia l'italiano *taglia* o *misura* (ad esempio, *una camicia taglia 40* = a size 16 shirt).

Calzature maschili

in Italia	in GB & USA
39	6
40	7
41	7½
42	8
43	9
44	10
45	11
46	12

Calzature femminili

in Italia	in GB	negli USA
35	3	6
36	3½	6½
37	4	7
38	5	7½
39	6	8
40	7	8½
41	8	9

Vestiario maschile

in Italia	in GB & USA
40	28
42	30
44	32
46	34
48	36
50	38
52	40
54	42
56	44
58	46

Vestiario femminile

in Italia	in GB	negli USA
36	8	4
38	10	6
40	12	8
42	12	8
44	14	10
46	16	12
48	16	12
50	18	14
52	20	16

Camicie da uomo: misure del collo

in Italia	in GB & USA
36	14
37	14½
38	15
39	15½
40	16
41	16½
42	17
43	17½
44	18

Biancheria maschile

- Oggigiorno, sia in italiano sia in inglese le misure della biancheria maschile sono S (Small), M (Medium), L (Large), XL (Extra Large) e talvolta XXL (Extra Extra Large); nel passato, in italiano si usano anche i numeri ordinali, cosicché ad esempio una M equivale a una IV misura.

Calze da uomo

in Italia & GB	in GB & USA
38	9½
39	10
40	10
41	10½
42	11
43	11
44	11½

Biancheria femminile

- Oggigiorno, sia in italiano sia in inglese le misure della biancheria femminile sono S (Small), M (Medium), L (Large), XL (Extra Large) e talvolta XXL (Extra Extra Large); in italiano si usano ancora, anche per la biancheria, le misure del vestiario femminile, cosicché ad esempio una M equivale a una misura 42 o 44.

Calze da donna

in Italia & GB	in GB & USA
0	8
1	8½
2	9
3	9½
4	10
5	10½

Reggiseni

in Italia	in GB & USA	internazionale
1	32	65
2	34	70
3	36	75
4	38	80
5	40	85

Le coppe dei reggiseni vengono contrassegnate dalla misura A, B, C, D, E o F in Italia e all'estero.

Fraseologia

• *che misura / taglia sei? che misura / taglia porti?*	= what size are you?
porto la taglia 40	= I take size 40
che numero di scarpe hai / porti?	= what size are you?
porto il 40 di scarpe, calzo il 40	= I take a size 7
avere 85 di seno	= to have a 34-inch bust
avere 61 di vita	= to have a 24-inch waist / to measure 24 inches round the waist
avere 90 di fianchi	= to measure 36 inches round the hips
porto il 38 di collo	= my collar size is 15
sto cercando una 40	= I'm looking for collar size 16 / for a shirt with a size 16 collar
una camicia taglia 41	= a shirt size 41 / a size 41 shirt
porta il 39 (di scarpe) / calza il 39	= his shoe size is 39
un paio di scarpe numero 39 / un paio di scarpe del 39	= a pair of shoes size 39
ha lo stesso modello (in) taglia 40?	= have you got the same thing in a 16?
ce l'ha in una taglia più piccola?	= have you got this in a smaller size?
ce l'ha in una taglia più grande?	= have you got this in a larger size?
non hanno la mia taglia / la mia misura / il mio numero	= they haven't got my size.

36 - TEMPERATURA

- Nei paesi anglofoni, la temperatura si misura tradizionalmente in gradi Fahrenheit, ma i gradi Celsius vengono usati sempre più spesso, soprattutto in Gran Bretagna: i bollettini meteorologici alla televisione inglese utilizzano solo i gradi Celsius. Per le temperature in inglese, si veda la tabella qui sotto: quando la sigla *C* (per *Celsius* o *centigrado*) o *F* (per *Fahrenheit*) viene omessa, le temperature vengono scritte *20°*, *98,4°* ecc.; si ricordi che nei numeri l'inglese ha un punto dove l'italiano ha una virgola.

Celsius o centigrade (C)	Fahrenheit (F)	
100 °C	212 °F	*temperatura di ebollizione dell'acqua* (boiling point)
90 °C	194 °F	
80 °C	176 °F	
70 °C	158 °F	
60 °C	140 °F	
50 °C	122 °F	
40 °C	104 °F	
37 °C	98,4°F	
30 °C	86 °F	
20 °C	68 °F	
10 °C	50 °F	
0 °C	32 °F	*temperatura di congelamento dell'acqua* (freezing point)
–10 °C	14 °F	
–17.8 °C	0 °F	
–273.15 °C	–459.67 °F	*zero assoluto* (absolute zero)

- *sessantacinque gradi Fahrenheit* = sixty-five degrees Fahrenheit
  meno quindici gradi Celsius = minus fifteen degrees Celsius
  il termometro indica 40 gradi = the thermometer says 40°
  più di 30 gradi Celsius = above 30 °C
  oltre 30 gradi Celsius = over 30 °C
  sotto i trenta gradi = below 30°.

La temperatura corporea

- *la temperatura corporea è di circa 37 °C* = body temperature is about 37 °C
  quanto ha di temperatura? = what's his temperature?
  ha trentotto (gradi) di temperatura / di febbre = his temperature is 38°
  il termometro indica 102 °F = the thermometer shows / says 102 °F
  ha 39,5° = his temperature is 39.5°.

La temperatura delle cose

- *quant'è caldo il latte?* = how hot is the milk?
  (a) che temperatura è il latte? = what temperature is the milk?
  a che temperatura è? = what temperature is it?
  è (a) 40 gradi = it's 40 °C
  a che temperatura bolle l'acqua? = what temperature does the water boil at?
  bolle a 100 °C = it boils at 100 °C
  alla temperatura di 200 °C = at a temperature of 200°C
  A è più caldo di B = A is hotter than B
  B è meno caldo di A = B is cooler than A
  B è più freddo di A = B is colder than A
  A è alla stessa temperatura di B = A is the same temperature as B
  A e B sono alla stessa temperatura = A and B are the same temperature.

Il tempo atmosferico

- *che temperatura c'è oggi? / quanti gradi ci sono oggi?* = what's the temperature today?
  ci sono 19 gradi = it's 19 degrees
  ci sono –15° = it's –15° (*dire:* minus fifteen degrees *o* minus fifteen)
  25° sotto zero = 25° below zero
  a Napoli fa più caldo che a Londra = Naples is warmer (*o* hotter) than London
  c'è la stessa temperatura a Parigi e a Londra = it's the same temperature in Paris as in London.

37 - VELOCITA'

La velocità dei veicoli

- In inglese, si misura solitamente la velocità dei treni, degli aerei e delle automobili in miglia all'ora, sebbene gli strumenti indichino anche i chilometri: 30 miglia all'ora (mph) equivalgono a circa 50 km/h, 50 mph a circa 80 km/h, 80 mph a circa 130 km/h, e 100 mph a circa 160 km/h; si ricordi che si scrive *-metre* in inglese britannico e *-meter* in inglese americano:
  50 chilometri all'ora = 50 kilometres an hour / 50 kilometres per hour
  100 km/h = 100 kph (*dire:* kilometres an hour)
  100 miglia all'ora = 100 mph (*dire:* miles an hour), 160 km/h
  a che velocità stava andando la macchina? = what speed was the car going at? / how fast was the car going?
  andava a ottanta all'ora = it was going at 50 (*miglia all'ora*), it was going at 80 kph
  quanto faceva la macchina? = what was the car doing?
  faceva i 160 (km/h) = it was doing a hundred (mph), it was doing 160 kph
  fare i 160 all'ora = to do a hundred (mph), to do 160 kph
  alla velocità di 80 km/h = at a speed of 50 mph / 80 kph
  la velocità della vettura era di 160 km/h = the speed of the car was 100 mph / 160 kph
  circa 80 km/h = about 50 mph / 80 kph
  quasi 80 km/h = almost 50 mph / 80 kph
  più di 70 km/h = more than 45 mph / 70 kph
  meno di 85 km/h = less than 55 mph / 85 kph
  A è / va più veloce di B = A is faster than B
  A è veloce come B = A is as fast as B
  A andava alla stessa velocità di B = A was going at the same speed as B
  A e B vanno alla stessa velocità = A and B go at the same speed.

La velocità della luce e del suono

- *il suono viaggia a 330 m/s (metri al secondo)* = sound travels at 330 metres per second (*dire:* three hundred and thirty metres per second)
  la velocità della luce è (di) 300.000 km/s = the speed of light is 186,300 miles per second.

38 - SEGNI DELLO ZODIACO

segni			date
• *Ariete*	= Aries (the Ram)	['eəri:z]	Mar 21 - Apr 20
Toro	= Taurus (the Bull)	['tɔ:rəs]	Apr 21 - May 20
Gemelli	= Gemini (the Twins)	['dʒemɪnaɪ, -nɪ]	May 21 - Jun 21
Cancro	= Cancer (the Crab)	['kænsə(r)]	Jun 22 - July 22
Leone	= Leo (the Lion)	['lɪ:əʊ]	July 23 - Aug 22
Vergine	= Virgo (the Virgin)	['vɜ:gəʊ]	Aug 23 - Sept 22
Bilancia	= Libra (the Balance)	['li:brə]	Sept 23 - Oct 23
Scorpion	= Scorpio (the Scorpion)	['skɔ:prɪəʊ]	Oct 24 - Nov 21
Sagittario	= Sagittarius (the Archer)	[ˌsædʒ'teərɪəs]	Nov 22 - Dec 21
Capricorno	= Capricorn (the Goat)	['kæprɪkɔ:n]	Dec 22 – Jan 19
Acquario	= Aquarius (the Water Bearer)	[a'kweərɪəs]	Jan 20 – Feb 18
Pesci	= Pisces (the Fishes)	['paɪsi:z]	Feb 19 – Mar 20

• *io sono del Leone*	= I'm (a) Leo
io sono (dei) Gemelli	= I'm a Gemini
John è (del) Sagittario	= John is Sagittarius
nato sotto il segno del Sagittario	= born under the sign of Sagittarius / born in Sagittarius
il sole è nei Pesci	= the sun is in Pisces
i Leoni / quelli del Leone sono molto generosi	= Leos are very generous
che cosa dice l'oroscopo per i Leoni?	= what's the horoscope for Leo?

Italian Verbs

1 amare

INDICATIVO

Presente	
io	am**o**
tu	am**i**
egli	am**a**
noi	am**iamo**
voi	am**ate**
essi	am**ano**

Imperfetto	
io	am**avo**
tu	am**avi**
egli	am**ava**
noi	am**avamo**
voi	am**avate**
essi	am**avano**

Passato remoto	
io	am**ai**
tu	am**asti**
egli	am**ò**
noi	am**ammo**
voi	am**aste**
essi	am**arono**

Futuro	
io	am**erò**
tu	am**erai**
egli	am**erà**
noi	am**eremo**
voi	am**erete**
essi	am**eranno**

Passato prossimo		
io	ho	amato
tu	hai	amato
egli	ha	amato
noi	abbiamo	amato
voi	avete	amato
essi	hanno	amato

Trapassato prossimo		
io	avevo	amato
tu	avevi	amato
egli	aveva	amato
noi	avevamo	amato
voi	avevate	amato
essi	avevano	amato

Trapassato remoto		
io	ebbi	amato
tu	avesti	amato
egli	ebbe	amato
noi	avemmo	amato
voi	aveste	amato
essi	ebbero	amato

Futuro anteriore		
io	avrò	amato
tu	avrai	amato
egli	avrà	amato
noi	avremo	amato
voi	avrete	amato
essi	avranno	amato

IMPERATIVO

am**a**
am**ate**

CONGIUNTIVO

Presente		
che	io	am**i**
che	tu	am**i**
che	egli	am**i**
che	noi	am**iamo**
che	voi	am**iate**
che	essi	am**ino**

Imperfetto		
che	io	am**assi**
che	tu	am**assi**
che	egli	am**asse**
che	noi	am**assimo**
che	voi	am**aste**
che	essi	am**assero**

Passato			
che	io	abbia	amato
che	tu	abbia	amato
che	egli	abbia	amato
che	noi	abbiamo	amato
che	voi	abbiate	amato
che	essi	abbiano	amato

Trapassato			
che	io	avessi	amato
che	tu	avessi	amato
che	egli	avesse	amato
che	noi	avessimo	amato
che	voi	aveste	amato
che	essi	avessero	amato

CONDIZIONALE

Presente	
io	am**erei**
tu	am**eresti**
egli	am**erebbe**
noi	am**eremmo**
voi	am**ereste**
essi	am**erebbero**

Passato		
io	avrei	amato
tu	avresti	amato
egli	avrebbe	amato
noi	avremmo	amato
voi	avreste	amato
essi	avrebbero	amato

GERUNDIO

Presente	am**ando**
Passato	avendo amato

PARTICIPIO

Presente	am**ante**
Passato	am**ato**

INFINITO

Presente	amare
Passato	avere amato

2 battere

INDICATIVO

Presente	
io	batt**o**
tu	batt**i**
egli	batt**e**
noi	batt**iamo**
voi	batt**ete**
essi	batt**ono**

Imperfetto	
io	batt**evo**
tu	batt**evi**
egli	batt**eva**
noi	batt**evamo**
voi	batt**evate**
essi	batt**evano**

Passato remoto	
io	batt**ei**
tu	batt**esti**
egli	batt**è**
noi	batt**emmo**
voi	batt**este**
essi	batt**erono**

Futuro	
io	batt**erò**
tu	batt**erai**
egli	batt**erà**
noi	batt**eremo**
voi	batt**erete**
essi	batt**eranno**

Passato prossimo		
io	ho	battuto
tu	hai	battuto
egli	ha	battuto
noi	abbiamo	battuto
voi	avete	battuto
essi	hanno	battuto

Trapassato prossimo		
io	avevo	battuto
tu	avevi	battuto
egli	aveva	battuto
noi	avevamo	battuto
voi	avevate	battuto
essi	avevano	battuto

Trapassato remoto		
io	ebbi	battuto
tu	avesti	battuto
egli	ebbe	battuto
noi	avemmo	battuto
voi	aveste	battuto
essi	ebbero	battuto

Futuro anteriore		
io	avrò	battuto
tu	avrai	battuto
egli	avrà	battuto
noi	avremo	battuto
voi	avrete	battuto
essi	avranno	battuto

IMPERATIVO

batt**i**
batt**ete**

CONGIUNTIVO

Presente		
che	io	batt**a**
che	tu	batt**a**
che	egli	batt**a**
che	noi	batt**iamo**
che	voi	batt**iate**
che	essi	batt**ano**

Imperfetto		
che	io	batt**essi**
che	tu	batt**essi**
che	egli	batt**esse**
che	noi	batt**essimo**
che	voi	batt**este**
che	essi	batt**essero**

Passato			
che	io	abbia	battuto
che	tu	abbia	battuto
che	egli	abbia	battuto
che	noi	abbiamo	battuto
che	voi	abbiate	battuto
che	essi	abbiano	battuto

Trapassato			
che	io	avessi	battuto
che	tu	avessi	battuto
che	egli	avesse	battuto
che	noi	avessimo	battuto
che	voi	aveste	battuto
che	essi	avessero	battuto

CONDIZIONALE

Presente	
io	batt**erei**
tu	batt**eresti**
egli	batt**erebbe**
noi	batt**eremmo**
voi	batt**ereste**
essi	batt**erebbero**

Passato		
io	avrei	battuto
tu	avresti	battuto
egli	avrebbe	battuto
noi	avremmo	battuto
voi	avreste	battuto
essi	avrebbero	battuto

GERUNDIO

Presente	batt**endo**
Passato	avendo battuto

PARTICIPIO

Presente	batt**ente**
Passato	battuto

INFINITO

Presente	battere
Passato	avere battuto

3 vestire

INDICATIVO

Presente
io vest**o**
tu vest**i**
egli vest**e**
noi vest**iamo**
voi vest**ite**
essi vest**ono**

Imperfetto
io vest**ivo**
tu vest**ivi**
egli vest**iva**
noi vest**ivamo**
voi vest**ivate**
essi vest**ivano**

Passato remoto
io vest**ii**
tu vest**isti**
egli vest**ì**
noi vest**immo**
voi vest**iste**
essi vest**irono**

Futuro
io vest**irò**
tu vest**irai**
egli vest**irà**
noi vest**iremo**
voi vest**irete**
essi vest**iranno**

Passato prossimo
io ho vestito
tu hai vestito
egli ha vestito
noi abbiamo vestito
voi avete vestito
essi hanno vestito

Trapassato prossimo
io avevo vestito
tu avevi vestito
egli aveva vestito
noi avevamo vestito
voi avevate vestito
essi avevano vestito

Trapassato remoto
io ebbi vestito
tu avesti vestito
egli ebbe vestito
noi avemmo vestito
voi aveste vestito
essi ebbero vestito

Futuro anteriore
io avrò vestito
tu avrai vestito
egli avrà vestito
noi avremo vestito
voi avrete vestito
essi avranno vestito

IMPERATIVO

vest**i**
vest**ite**

CONGIUNTIVO

Presente
che io vest**a**
che tu vest**a**
che egli vest**a**
che noi vest**iamo**
che voi vest**iate**
che essi vest**ano**

Imperfetto
che io vest**issi**
che tu vest**issi**
che egli vest**isse**
che noi vest**issimo**
che voi vest**iste**
che essi vest**issero**

Passato
che io abbia vestito
che tu abbia vestito
che egli abbia vestito
che noi abbiamo vestito
che voi abbiate vestito
che essi abbiano vestito

Trapassato
che io avessi vestito
che tu avessi vestito
che egli avesse vestito
che noi avessimo vestito
che voi aveste vestito
che essi avessero vestito

CONDIZIONALE

Presente
io vest**irei**
tu vest**iresti**
egli vest**irebbe**
noi vest**iremmo**
voi vest**ireste**
essi vest**irebbero**

Passato
io avrei vestito
tu avresti vestito
egli avrebbe vestito
noi avremmo vestito
voi avreste vestito
essi avrebbero vestito

GERUNDIO

Presente vest**endo**

Passato avendo vestito

PARTICIPIO

Presente vest**ente**

Passato vest**ito**

INFINITO

Presente vestire

Passato avere vestito

4 essere

INDICATIVO

Presente
io sono
tu sei
egli è
noi siamo
voi siete
essi sono

Imperfetto
io ero
tu eri
egli era
noi eravamo
voi eravate
essi erano

Passato remoto
io fui
tu fosti
egli fu
noi fummo
voi foste
essi furono

Futuro
io sarò
tu sarai
egli sarà
noi saremo
voi sarete
essi saranno

Passato prossimo
io sono stato
tu sei stato
egli è stato
noi siamo stati
voi siete stati
essi sono stati

Trapassato prossimo
io ero stato
tu eri stato
egli era stato
noi eravamo stati
voi eravate stati
essi erano stati

Trapassato remoto
io fui stato
tu fosti stato
egli fu stato
noi fummo stati
voi foste stati
essi furono stati

Futuro anteriore
io sarò stato
tu sarai stato
egli sarà stato
noi saremo stati
voi sarete stati
essi saranno stati

IMPERATIVO

sii
siate

CONGIUNTIVO

Presente
che io sia
che tu sia
che egli sia
che noi siamo
che voi siate
che essi siano

Imperfetto
che io fossi
che tu fossi
che egli fosse
che noi fossimo
che voi foste
che essi fossero

Passato
che io sia stato
che tu sia stato
che egli sia stato
che noi siamo stati
che voi siate stati
che essi siano stati

Trapassato
che io fossi stato
che tu fossi stato
che egli fosse stato
che noi fossimo stati
che voi foste stati
che essi fossero stati

CONDIZIONALE

Presente
io sarei
tu saresti
egli sarebbe
noi saremmo
voi sareste
essi sarebbero

Passato
io sarei stato
tu saresti stato
egli sarebbe stato
noi saremmo stati
voi sareste stati
essi sarebbero stati

GERUNDIO

Presente essendo

Passato essendo stato

PARTICIPIO

Presente essente

Passato stato

INFINITO

Presente essere

Passato essere stato

5 avere

INDICATIVO

Presente

io	ho
tu	hai
egli	ha
noi	abbiamo
voi	avete
essi	hanno

Imperfetto

io	avevo
tu	avevi
egli	aveva
noi	avevamo
voi	avevate
essi	avevano

Passato remoto

io	ebbi
tu	avesti
egli	ebbe
noi	avemmo
voi	aveste
essi	ebbero

Futuro

io	avrò
tu	avrai
egli	avrà
noi	avremo
voi	avrete
essi	avranno

Passato prossimo

io	ho	avuto
tu	hai	avuto
egli	ha	avuto
noi	abbiamo	avuto
voi	avete	avuto
essi	hanno	avuto

Trapassato prossimo

io	avevo	avuto
tu	avevi	avuto
egli	aveva	avuto
noi	avevamo	avuto
voi	avevate	avuto
essi	avevano	avuto

Trapassato remoto

io	ebbi	avuto
tu	avesti	avuto
egli	ebbe	avuto
noi	avemmo	avuto
voi	aveste	avuto
essi	ebbero	avuto

Futuro anteriore

io	avrò	avuto
tu	avrai	avuto
egli	avrà	avuto
noi	avremo	avuto
voi	avrete	avuto
essi	avranno	avuto

IMPERATIVO

abbi
abbiate

CONGIUNTIVO

Presente

che	io	abbia
che	tu	abbia
che	egli	abbia
che	noi	abbiamo
che	voi	abbiate
che	essi	abbiano

Imperfetto

che	io	avessi
che	tu	avessi
che	egli	avesse
che	noi	avessimo
che	voi	aveste
che	essi	avessero

Passato

che	io	abbia	avuto
che	tu	abbia	avuto
che	egli	abbia	avuto
che	noi	abbiamo	avuto
che	voi	abbiate	avuto
che	essi	abbiano	avuto

Trapassato

che	io	avessi	avuto
che	tu	avessi	avuto
che	egli	avesse	avuto
che	noi	avessimo	avuto
che	voi	aveste	avuto
che	essi	avessero	avuto

CONDIZIONALE

Presente

io	avrei
tu	avresti
egli	avrebbe
noi	avremmo
voi	avreste
essi	avrebbero

Passato

io	avrei	avuto
tu	avresti	avuto
egli	avrebbe	avuto
noi	avremmo	avuto
voi	avreste	avuto
essi	avrebbero	avuto

GERUNDIO

Presente avendo

Passato avendo avuto

PARTICIPIO

Presente avente

Passato avuto

INFINITO

Presente avere

Passato avere avuto

INFINITO	INDICATIVO			
	Presente	**Imperfetto**	**Passato remoto**	**Futuro**
6 andare	io vado tu vai egli va noi andiamo voi andate essi vanno	io andavo	io andai	io andrò tu andrai egli andrà noi andremo voi andrete essi andranno
7 dare	io do tu dai egli dà noi diamo voi date essi danno	io davo	io diedi, detti tu desti egli diede, dette noi demmo voi deste essi diedero, dettero	io darò tu darai egli darà noi daremo voi darete essi daranno
8 fare	io faccio tu fai egli fa noi facciamo voi fate essi fanno	io facevo tu facevi egli faceva noi facevamo voi facevate essi facevano	io feci tu facesti egli fece noi facemmo voi faceste essi fecero	io farò tu farai egli farà noi faremo voi farete essi faranno

I composti *disfare* e *soddisfare* presentano come alternative, molto diffuse nell'uso, il presente indicativo, il futuro, il presente congiuntivo, il presente condizionale e l'imperativo con le desinenze dei verbi della prima coniugazione (amare): io disfo e io disfaccio, io disferò e io disfarò, che io disfi e che io disfaccia, io disferei e io disfarei, disfa e disfa'.

INFINITO	Presente	Imperfetto	Passato remoto	Futuro
9 stare	io sto	io stavo	io stetti tu stesti egli stette noi stemmo voi steste essi stettero	io starò tu starai egli starà noi staremo voi starete essi staranno
10 accendere	io accendo	io accendevo	io accesi tu accendesti egli accese noi accendemmo voi accendeste essi accesero	io accenderò
11 chiudere	io chiudo	io chiudevo	io chiusi tu chiudesti egli chiuse noi chiudemmo voi chiudeste essi chiusero	io chiuderò
12 accingersi	io mi accingo	io mi accingevo	io mi accinsi tu ti accingesti egli si accinse noi ci accingemmo voi vi accingeste essi si accinsero	io mi accingerò
13 condurre	io conduco tu conduci egli conduce noi conduciamo voi conducete essi conducono	io conducevo	io condussi tu conducesti egli condusse noi conducemmo voi conduceste essi condussero	io condurrò tu condurrai egli condurrà noi condurremo voi condurrete essi condurranno
14 affiggere	io affiggo	io affiggevo	io affissi tu affiggesti egli affisse noi affiggemmo voi affiggeste essi affissero	io affiggerò

CONGIUNTIVO		CONDIZIONALE	IMPERATIVO	PARTICIPIO PASSATO
Presente	**Imperfetto**	**Presente**		
che io vada	che io andassi	io andrei		andato
che tu vada		tu andresti	va'	
che egli vada		egli andrebbe		
che noi andiamo		noi andremmo		
che voi andiate		voi andreste	andate	
che essi vadano		essi andrebbero		
che io dia	che io dessi	io darei		dato
che tu dia	che tu dessi	tu daresti	da'	
che egli dia	che egli desse	egli darebbe		
che noi diamo	che noi dessimo	noi daremmo		
che voi diate	che voi deste	voi dareste	date	
che essi diano	che essi dessero	essi darebbero		
che io faccia	che io facessi	io farei		fatto
che tu faccia	che tu facessi	tu faresti	fa'	
che egli faccia	che egli facesse	egli farebbe		**GERUNDIO**
che noi facciamo	che noi facessimo	noi faremmo		**PRESENTE**
che voi facciate	che voi faceste	voi fareste	fate	
che essi facciano	che essi facessero	essi farebbero		facendo
che io stia	che io stessi	io starei		stato
che tu stia	che tu stessi	tu staresti	sta'	
che egli stia	che egli stesse	egli starebbe		
che noi stiamo	che noi stessimo	noi staremmo		
che voi stiate	che voi steste	voi stareste	state	
che essi stiano	che essi stessero	essi starebbero		
che io accenda	che io accendessi	io accenderei		acceso
			accendi	
			accendete	
che io chiuda	che io chiudessi	io chiuderei		chiuso
			chiudi	
			chiudete	
che io mi accinga	che io mi accingessi	io mi accingerei		accinto
			accingiti	
			accingetevi	
che io conduca	che io conducessi	io condurrei		condotto
che tu conduca	che tu conducessi	tu condurresti	conduci	
che egli conduca	che egli conducesse	egli condurrebbe		**PARTICIPIO**
che noi conduciamo	che noi conducessimo	noi condurremmo		**PRESENTE**
che voi conduciate	che voi conduceste	voi condurreste	conducete	
che essi conducano	che essi conducessero	essi condurrebbero		conducente
che io affigga	che io affiggessi	io affiggerei		affisso
			affiggi	
			affiggete	

INFINITO	INDICATIVO			
	Presente	Imperfetto	Passato remoto	Futuro
15 affliggere	io affliggo	io affliggevo	io afflissi tu affliggesti egli afflisse noi affliggemmo voi affliggeste essi afflissero	io affliggerò
16 mescere	io mesco	io mescevo	io mescei, mescetti	io mescerò
17 connettere	io connetto	io connettevo	io connettei, RAR. connessi tu connettesti egli connetté, RAR. connesse noi connettemmo voi connetteste essi connetterono, RAR. connessero	io connetterò
18 ardere	io ardo	io ardevo	io arsi tu ardesti egli arse noi ardemmo voi ardeste essi arsero	io arderò
19 spargere	io spargo	io spargevo	io sparsi tu spargesti egli sparse noi spargemmo voi spargeste essi sparsero	io spargerò
20 adempiere	io adempio tu adempi egli adempie noi adempiamo voi adempiete essi adempiono	io adempivo	io adempiei tu adempiesti egli adempié noi adempiemmo voi adempieste essi adempierono	io adempirò
21 assistere	io assisto	io assistevo	io assistetti tu assistesti egli assistette noi assistemmo voi assisteste essi assistettero	io assisterò
22 assolvere	io assolvo	io assolvevo	io assolsi, assolvei, assolvetti tu assolvesti egli assolse, assolvé, assolvette noi assolvemmo voi assolveste essi assolsero, assolverono, assolvettero	io assolverò
23 assumere	io assumo	io assumevo	io assunsi tu assumesti egli assunse noi assumemmo voi assumeste essi assunsero	io assumerò

CONGIUNTIVO		CONDIZIONALE	IMPERATIVO	PARTICIPIO PASSATO
Presente	**Imperfetto**	**Presente**		
che io affligga	che io affliggessi	io affliggerei	affliggi affliggete	afflitto
che io mesca	che io mescessi	io mescerei	mesci	mesciuto
che io connetta	che io connettessi	io connetterei	connetti connettete	connesso
che io arda	che io ardessi	io arderei	ardi ardete	arso
che io sparga	che io spargessi	io spargerei	spargi spargete	sparso
che io adempia	che io adempissi	io adempirei	adempi adempiete	adempiuto
che io assista	che io assistessi	io assisterei	assisti assistete	assistito
che io assolva	che io assolvessi	io assolverei	assolvi assolvete	assolto
che io assuma	che io assumessi	io assumerei	assumi assumete	assunto

INFINITO	INDICATIVO			
	Presente	**Imperfetto**	**Passato remoto**	**Futuro**
24 tingere	io tingo	io tingevo	io tinsi tu tingesti egli tinse noi tingemmo voi tingeste essi tinsero	io tingerò
25 bere	io bevo tu bevi egli beve noi beviamo voi bevete essi bevono	io bevevo	io bevvi, bevetti tu bevesti egli bevve, bevette noi bevemmo voi beveste essi bevvero, bevettero	io berrò tu berrai egli berrà noi berremo voi berrete essi berranno
26 cadere	io cado	io cadevo	io caddi tu cadesti egli cadde noi cademmo voi cadeste essi caddero	io cadrò tu cadrai egli cadrà noi cadremo voi cadrete essi cadranno
27 chiedere	io chiedo	io chiedevo	io chiesi tu chiedesti egli chiese noi chiedemmo voi chiedeste essi chiesero	io chiederò
28 cogliere	io colgo tu cogli egli coglie noi cogliamo voi cogliete essi colgono	io coglievo	io colsi tu cogliesti egli colse noi cogliemmo voi coglieste essi colsero	io coglierò
29 comprimere	io comprimo	io comprimevo	io compressi tu comprimesti egli compresse noi comprimemmo voi comprimeste essi compressero	io comprimerò
30 concedere	io concedo	io concedevo	io concessi, concedei, concedetti tu concedesti egli concesse, concedé, concedette noi concedemmo voi concedeste essi concessero, concederono, concedettero	io concederò
31 conoscere	io conosco	io conoscevo	io conobbi tu conoscesti egli conobbe noi conoscemmo voi conosceste essi conobbero	io conoscerò

CONGIUNTIVO Presente	CONGIUNTIVO Imperfetto	CONDIZIONALE Presente	IMPERATIVO	PARTICIPIO PASSATO
che io tinga	che io tingessi	io tingerei	tingi tingete	tinto
che io beva	che io bevessi	io berrei tu berresti egli berrebbe noi berremmo voi berreste essi berrebbero	bevi bevete	bevuto
che io cada	che io cadessi	io cadrei tu cadresti egli cadrebbe noi cadremmo voi cadreste essi cadrebbero	cadi cadete	caduto
che io chieda	che io chiedessi	io chiederei	chiedi chiedete	chiesto
che io colga che tu colga che egli colga che noi cogliamo che voi cogliate che essi colgano	che io cogliessi	io coglierei	cogli cogliete	colto
che io comprima	che io comprimessi	io comprimerei	comprimi comprimete	compresso
che io conceda	che io concedessi	io concederei	concedi concedete	concesso
che io conosca	che io conoscessi	io conoscerei	conosci conoscete	conosciuto

INFINITO	INDICATIVO			
	Presente	Imperfetto	Passato remoto	Futuro
32 correre	io corro	io correvo	io corsi tu corresti egli corse noi corremmo voi correste essi corsero	io correrò
33 crescere	io cresco	io crescevo	io crebbi tu crescesti egli crebbe noi crescemmo voi cresceste essi crebbero	io crescerò
34 cuocere	io cuocio tu cuoci egli cuoce noi cuociamo, cociamo voi cuocete, cocete essi cuociono	io cuocevo	io cossi tu cuocesti, cocesti egli cosse noi cuocemmo, cocemmo voi cuoceste, coceste essi cossero	io cuocerò
35 ridere	io rido	io ridevo	io risi tu ridesti egli rise noi ridemmo voi rideste essi risero	io riderò
36 stringere	io stringo	io stringevo	io strinsi tu stringesti egli strinse noi stringemmo voi stringeste essi strinsero	io stringerò
Il composto *restringere* ha participio passato *ristretto*.				
37 dire	io dico tu dici egli dice noi diciamo voi dite essi dicono	io dicevo	io dissi tu dicesti egli disse noi dicemmo voi diceste essi dissero	io dirò
38 dirigere	io dirigo	io dirigevo	io diressi tu dirigesti egli diresse noi dirigemmo voi dirigeste essi diressero	io dirigerò
39 discutere	io discuto	io discutevo	io discussi tu discutesti egli discusse noi discutemmo voi discuteste essi discussero	io discuterò
40 distinguere	io distinguo	io distinguevo	io distinsi tu distinguesti egli distinse noi distinguemmo voi distingueste essi distinsero	io distinguerò

CONGIUNTIVO		CONDIZIONALE	IMPERATIVO	PARTICIPIO PASSATO
Presente	Imperfetto	Presente		
che io corra	che io corressi	io correrei	corri correte	corso
che io cresca	che io crescessi	io crescerei	cresci crescete	cresciuto
che io cuocia	che io cuocessi	io cuocerei	cuoci cuocete	cotto
che io rida	che io ridessi	io riderei	ridi ridete	riso
che io stringa	che io stringessi	io stringerei	stringi stringete	stretto
che io dica	che io dicessi	io direi	di' dite	detto **GERUNDIO PRESENTE** dicendo
che io diriga	che io dirigessi	io dirigerei	dirigi dirigete	diretto
che io discuta	che io discutessi	io discuterei	discuti discutete	discusso
che io distingua	che io distinguessi	io distinguerei	distingui distinguete	distinto

INFINITO	INDICATIVO			
	Presente	**Imperfetto**	**Passato remoto**	**Futuro**
41 distruggere	io distruggo	io distruggevo	io distrussi tu distruggesti egli distrusse noi distruggemmo voi distruggeste essi distrussero	io distruggerò
42 dolersi	io mi dolgo tu ti duoli egli si duole noi ci dogliamo, doliamo voi vi dolete essi si dolgono	io mi dolevo	io mi dolsi tu ti dolesti egli si dolse noi ci dolemmo voi vi doleste essi si dolsero	io mi dorrò tu ti dorrai egli si dorrà noi ci dorremo voi vi dorrete essi si dorranno
43 dovere	io devo, debbo tu devi egli deve noi dobbiamo voi dovete essi devono, debbono	io dovevo	io dovetti, dovei tu dovesti egli dovette, dové noi dovemmo voi doveste essi dovettero, doverono	io dovrò tu dovrai egli dovrà noi dovremo voi dovrete essi dovranno
44 eccellere	io eccello	io eccellevo	io eccelsi tu eccellesti egli eccelse noi eccellemmo voi eccelleste essi eccelsero	io eccellerò
45 compiere	io compio tu compi egli compie noi compiamo voi compite essi compiono	io compivo tu compivi egli compiva noi compivamo voi compivate essi compivano	io compii, compiei tu compisti egli compì noi compimmo, compiemmo voi compiste, compieste essi compirono	io compirò
46 esigere	io esigo	io esigevo	io esigei, esigetti	io esigerò
47 comparire	io compaio tu compari, egli compare noi compariamo voi comparite essi compaiono	io comparivo	io comparvi, comparsi tu comparisti egli comparve, comparì noi comparimmo voi compariste essi comparvero, comparirono comparsero	io comparirò
48 espellere	io espello	io espellevo	io espulsi tu espellesti egli espulse noi espellemmo voi espelleste essi espulsero	io espellerò
49 esplodere	io esplodo	io esplodevo	io esplosi tu esplodesti egli esplose noi esplodemmo voi esplodeste essi esplosero	io esploderò

CONGIUNTIVO		CONDIZIONALE	IMPERATIVO	PARTICIPIO PASSATO
Presente	**Imperfetto**	**Presente**		
che io distrugga	che io distruggessi	io distruggerei	distruggi distruggete	distrutto
che io mi dolga	che io mi dolessi	io mi dorrei tu ti dorresti egli si dorrebbe noi ci dorremmo voi vi dorreste essi si dorrebbero	duoliti doletevi	doluto
che io debba, deva che tu debba, deva che egli debba, deva che noi dobbiamo che voi dobbiate che essi debbano, devano	che io dovessi	io dovrei tu dovresti egli dovrebbe noi dovremmo voi dovreste essi dovrebbero		dovuto
che io eccella	che io eccellessi	io eccellerei	eccelli eccellete	eccelso
che io compia	che io compissi che tu compissi che egli compisse che noi compissimo che voi compiste che essi compissero	io compierei	compi compite	compiuto
che io esiga	che io esigessi	io esigerei	esigi	esatto
che io compaia	che io comparissi	io comparirei	compari comparite	comparso
che io espella	che io espellessi	io espellerei	espelli espellete	espulso
che io esploda	che io esplodessi	io esploderei	esplodi esplodete	esploso

INFINITO	INDICATIVO			
	Presente	Imperfetto	Passato remoto	Futuro
50 flettere	io fletto	io flettevo	io flessi, flettei tu flettesti egli flesse, flettè noi flettemmo voi fletteste essi flessero, fletterono	io fletterò
51 fondere	io fondo	io fondevo	io fusi tu fondesti egli fuse noi fondemmo voi fondeste essi fusero	io fonderò
52 frangere	io frango	io frangevo	io fransi tu frangesti egli franse noi frangemmo voi frangeste essi fransero	io frangerò
53 friggere	io friggo	io friggevo	io frissi tu friggesti egli frisse noi friggemmo voi friggeste essi frissero	io friggerò
54 giacere	io giaccio tu giaci egli giace noi giacciamo voi giacete essi giacciono	io giacevo	io giacqui tu giacesti egli giacque noi giacemmo voi giaceste essi giacquero	io giacerò
55 aggiungere	io aggiungo	io aggiungevo	io aggiunsi tu aggiungesti egli aggiunse noi aggiungemmo voi aggiungeste essi aggiunsero	io aggiungerò
56 godere	io godo	io godevo	io godei, godetti	io godrò tu godrai egli godrà noi godremo voi godrete essi godranno
57 indulgere	io indulgo	io indulgevo	io indulsi tu indulgesti egli indulse noi indulgemmo voi indulgeste essi indulsero	io indulgerò
58 invadere	io invado	io invadevo	io invasi tu invadesti egli invase noi invademmo voi invadeste essi invasero	io invaderò

CONGIUNTIVO Presente	CONGIUNTIVO Imperfetto	CONDIZIONALE Presente	IMPERATIVO	PARTICIPIO PASSATO
che io fletta	che io flettessi	io fletterei	fletti flettete	flesso
che io fonda	che io fondessi	io fonderei	fondi fondete	fuso
che io franga	che io frangessi	io frangerei	frangi frangete	franto
che io frigga	che io friggessi	io friggerei	friggi friggete	fritto
che io giaccia che tu giaccia che egli giaccia che noi giacciamo che voi giacciate che essi giacciano	che io giacessi	io giacerei	giaci giacete	giaciuto
che io aggiunga	che io aggiungessi	io aggiungerei	aggiungi aggiungete	aggiunto
che io goda	che io godessi	io godrei tu godresti egli godrebbe noi godremmo voi godreste essi godrebbero	godi godete	goduto
che io indulga	che io indulgessi	io indulgerei	indulgi indulgete	indulto
che io invada	che io invadessi	io invaderei	invadi invadete	invaso

INFINITO	INDICATIVO			
	Presente	Imperfetto	Passato remoto	Futuro
59 leggere	io leggo	io leggevo	io lessi tu leggesti egli lesse noi leggemmo voi leggeste essi lessero	io leggerò
60 mettere	io metto	io mettevo	io misi tu mettesti egli mise noi mettemmo voi metteste essi misero	io metterò
61 mordere	io mordo	io mordevo	io morsi tu mordesti egli morse noi mordemmo voi mordeste essi morsero	io morderò
62 muovere	io muovo	io muovevo	io mossi tu muovesti egli mosse noi muovemmo voi muoveste essi mossero	io muoverò
63 nascere	io nasco	io nascevo	io nacqui tu nascesti egli nacque noi nascemmo voi nasceste essi nacquero	io nascerò
64 nascondere	io nascondo	io nascondevo	io nascosi tu nascondesti egli nascose noi nascondemmo voi nascondeste essi nascosero	io nasconderò
65 nuocere	io nuoccio, noccio tu nuoci egli nuoce noi nuociamo, nociamo voi nuocete, nocete essi nuocciono, nocciono	io nuocevo	io nocqui tu nuocesti, nocesti egli nocque noi nuocemmo, nocemmo voi nuoceste, noceste essi nocquero	io nuocerò
66 parere	io paio tu pari egli pare noi paiamo, pariamo voi parete essi paiono	io parevo	io parvi tu paresti egli parve noi paremmo voi pareste essi parvero	io parrò tu parrai egli parrà noi parremo voi parrete essi parranno
67 scuotere	io scuoto	io scuotevo	io scossi tu scotesti egli scosse noi scotemmo voi scoteste essi scossero	io scuoterò

CONGIUNTIVO		CONDIZIONALE	IMPERATIVO	PARTICIPIO PASSATO
Presente	**Imperfetto**	**Presente**		
che io legga	che io leggessi	io leggerei	leggi leggete	letto
che io metta	che io mettessi	io metterei	metti mettete	messo
che io morda	che io mordessi	io morderei	mordi mordete	morso
che io muova	che io muovessi	io muoverei	muovi muovete	mosso
che io nasca	che io nascessi	io nascerei	nasci nascete	nato
che io nasconda	che io nascondessi	io nasconderei	nascondi nascondete	nascosto
che io nuoccia	che io nuocessi	io nuocerei	nuoci nuocete	nuociuto, nociuto
che io paia	che io paressi	io parrei tu parresti egli parrebbe noi parremmo voi parreste essi parrebbero	pari parete	parso
che io scuota	che io scuotessi	io scuoterei	scuoti scuotete	scosso

INFINITO	INDICATIVO			
	Presente	Imperfetto	Passato remoto	Futuro
68 perdere	io perdo	io perdevo	io persi, perdetti tu perdesti egli perse, perdette noi perdemmo voi perdeste essi persero, perdettero	io perderò
69 persuadere	io persuado	io persuadevo	io persuasi tu persuadesti egli persuase noi persuademmo voi persuadeste essi persuasero	io persuaderò
70 piangere	io piango	io piangevo	io piansi tu piangesti egli pianse noi piangemmo voi piangeste essi piansero	io piangerò
71 piovere	piove	pioveva	piovve	pioverà
72 porgere	io porgo	io porgevo	io porsi tu porgesti egli porse noi porgemmo voi porgeste essi porsero	io porgerò
73 porre	io pongo tu poni egli pone noi poniamo voi ponete essi pongono	io ponevo	io posi tu ponesti egli pose noi ponemmo voi poneste essi posero	io porrò tu porrai egli porrà noi porremo voi porrete essi porranno
74 potere	io posso tu puoi egli può noi possiamo voi potete essi possono	io potevo	io potei	io potrò tu potrai egli potrà noi potremo voi potrete essi potranno
75 prediligere	io prediligo	io prediligevo	io predilessi tu prediligesti egli predilesse noi prediligemmo voi prediligeste essi predilessero	io prediligerò
76 redigere	io redigo	io redigevo	io redassi tu redigesti egli redasse noi redigemmo voi redigeste essi redassero	io redigerò
77 redimere	io redimo	io redimevo	io redensi tu redimesti egli redense noi redimemmo voi redimeste essi redensero	io redimerò

CONGIUNTIVO		CONDIZIONALE	IMPERATIVO	PARTICIPIO PASSATO
Presente	**Imperfetto**	**Presente**		
che io perda	che io perdessi	io perderei	perdi perdete	perso, perduto
che io persuada	che io persuadessi	io persuaderei	persuadi persuadete	persuaso
che io pianga	che io piangessi	io piangerei	piangi piangete	pianto
che piova	che piovesse	pioverebbe		piovuto
che io porga	che io porgessi	io porgerei	porgi porgete	porto
che io ponga che tu ponga che egli ponga che noi poniamo che voi poniate che essi pongano	che io ponessi che tu ponessi che egli ponesse che noi ponessimo che voi poneste che essi ponessero	io porrei	poni ponete	posto
che io possa che tu possa che egli possa che noi possiamo che voi possiate che essi possano	che io potessi	io potrei tu potresti egli potrebbe noi potremmo voi potreste essi potrebbero	puoi potete	potuto
che io prediliga	che io prediligessi	io prediligerei	prediligi prediligete	prediletto
che io rediga	che io redigessi	io redigerei	redigi redigete	redatto
che io redima	che io redimessi	io redimerei	redimi redimete	redento

INFINITO	INDICATIVO			
	Presente	Imperfetto	Passato remoto	Futuro
78 rifulgere	io rifulgo	io rifulgevo	io rifulsi tu rifulgesti egli rifulse noi rifulgemmo voi rifulgeste essi rifulsero	io rifulgerò
79 rimanere	io rimango tu rimani egli rimane noi rimaniamo voi rimanete essi rimangono	io rimanevo	io rimasi tu rimanesti egli rimase noi rimanemmo voi rimaneste essi rimasero	io rimarrò tu rimarrai egli rimarrà noi rimarremo voi rimarrete essi rimarranno
80 rodere	io rodo	io rodevo	io rosi tu rodesti egli rose noi rodemmo voi rodeste essi rosero	io roderò
81 rompere	io rompo	io rompevo	io ruppi tu rompesti egli ruppe noi rompemmo voi rompeste essi ruppero	io romperò
82 sapere	io so tu sai egli sa noi sappiamo voi sapete essi sanno	io sapevo	io seppi tu sapesti egli seppe noi sapemmo voi sapeste essi seppero	io saprò tu saprai egli saprà noi sapremo voi saprete essi sapranno
83 scegliere	io scelgo tu scegli egli sceglie noi scegliamo voi scegliete essi scelgono	io sceglievo	io scelsi tu scegliesti egli scelse noi scegliemmo voi sceglieste essi scelsero	io sceglierò
84 riflettere	io rifletto	io riflettevo	io riflessi, riflettei tu riflettesti egli riflesse noi riflettemmo voi rifletteste essi riflessero, rifletterono	io rifletterò
85 secernere	io secerno	io secernevo	io secernei, secernetti tu secernesti egli secerné, secernette noi secernemmo voi secerneste essi secernerono, secernettero	io secernerò
86 scindere	io scindo	io scindevo	io scissi tu scindesti egli scisse noi scindemmo voi scindeste essi scissero	io scinderò

CONGIUNTIVO Presente	CONGIUNTIVO Imperfetto	CONDIZIONALE Presente	IMPERATIVO	PARTICIPIO PASSATO
che io rifulga	che io rifulgessi	io rifulgerei	rifulgi rifulgete	rifulso
che io rimanga che tu rimanga che egli rimanga che noi rimaniamo che voi rimaniate che essi rimangano	che io rimanessi	io rimarrei tu rimarresti egli rimarrebbe noi rimarremmo voi rimarreste essi rimarrebbero	rimani rimanete	rimasto
che io roda	che io rodessi	io roderei	rodi rodete	roso
che io rompa	che io rompessi	io romperei	rompi rompete	rotto
che io sappia che tu sappia che egli sappia che noi sappiamo che voi sappiate che essi sappiano	che io sapessi	io saprei tu sapresti egli saprebbe noi sapremmo voi sapreste essi saprebbero	sappi sappiate	saputo
che io scelga	che io scegliessi	io sceglierei	scegli scegliete	scelto
che io rifletta	che io riflettessi	io rifletterei	rifletti riflettete	riflesso, riflettuto
che io secerna	che io secernessi	io secernerei		secreto
che io scinda	che io scindessi	io scinderei	scindi scindete	scisso

INFINITO	INDICATIVO			
	Presente	Imperfetto	Passato remoto	Futuro
87 scrivere	io scrivo	io scrivevo	io scrissi tu scrivesti egli scrisse noi scrivemmo voi scriveste essi scrissero	io scriverò
88 sedere	io siedo, seggo tu siedi egli siede noi sediamo voi sedete essi siedono, seggono	io sedevo	io sedei, sedetti	io siederò tu siederai egli siederà noi siederemo voi siederete essi siederanno
89 spandere	io spando	io spandevo	io spansi	io spanderò
90 spegnere	io spengo tu spegni egli spegne noi spegniamo voi spegnete essi spengono	io spegnevo	io spensi tu spegnesti egli spense noi spegnemmo voi spegneste essi spensero	io spegnerò

La variante *spengere* si coniuga secondo il quadro 46, tranne che nei tempi composti, nei quali utilizza il participio *spento*.

INFINITO	Presente	Imperfetto	Passato remoto	Futuro
91 scoprire	io scopro	io scoprivo	io scopersi, scoprii tu scopristi egli scoperse, scoprì noi scoprimmo voi scopriste essi scoprirono	io scoprirò
92 svellere	io svello	io svellevo	io svelsi tu svellesti egli svelse noi svellemmo voi svelleste essi svelsero	io svellerò
93 tenere	io tengo tu tieni egli tiene noi teniamo voi tenete essi tengono	io tenevo	io tenni tu tenesti egli tenne noi tenemmo voi teneste essi tennero	io terrò tu terrai egli terrà noi terremo voi terrete essi terranno
94 torcere	io torco	io torcevo	io torsi tu torcesti egli torse noi torcemmo voi torceste essi torsero	io torcerò
95 trarre	io traggo tu trai egli trae noi traiamo voi traete essi traggono	io traevo	io trassi tu traesti egli trasse noi traemmo voi traeste essi trassero	io trarrò

CONGIUNTIVO		CONDIZIONALE	IMPERATIVO	PARTICIPIO PASSATO
Presente	**Imperfetto**	**Presente**		
che io scriva	che io scrivessi	io scriverei		scritto
			scrivi	
			scrivete	
che io sieda, segga	che io sedessi	io siederei		seduto
che tu sieda, segga		tu siederesti	siedi	
che egli sieda, segga		egli siederebbe		
che noi siediamo		noi siederemmo		
che voi siediate		voi siedereste	sedete	
che essi siedano, seggano		essi siederebbero		
che io spanda	che io spandessi	io spanderei	spandi	spanto
che io spenga	che io spegnessi	io spegnerei		spento
che tu spenga			spegni	
che egli spenga				
che noi spegniamo				
che voi spegniate			spegnete	
che essi spengano				
che io scopra	che io scoprissi	io scoprirei		scoperto
			scopri	
			scoprite	
che io svelga	che io svellessi	io svellerei		svelto
che tu svelga			svelli	
che egli svelga				
che noi svelliamo				
che voi svelliate			svellete	
che essi svelgano				
che io tenga	che io tenessi	io terrei		tenuto
che tu tenga		tu terresti	tieni	
che egli tenga		egli terrebbe		
che noi teniamo		noi terremmo		
che voi teniate		voi terreste	tenete	
che essi tengano		essi terrebbero		
che io torca	che io torcessi	io torcerei		torto
			torci	
			torcete	
che io tragga	che io traessi	io trarrei		tratto
che tu tragga	che tu traessi		trai	
che egli tragga	che egli traesse			
che noi traiamo	che noi traessimo			
che voi traiate	che voi traeste		traete	
che essi traggano	che essi traessero			

INFINITO	INDICATIVO			
	Presente	**Imperfetto**	**Passato remoto**	**Futuro**
96 valere	io valgo tu vali egli vale noi valiamo voi valete essi valgono	io valevo	io valsi tu valesti egli valse noi valemmo voi valeste essi valsero	io varrò tu varrai egli varrà noi varremo voi varrete essi varranno
97 vedere	io vedo	io vedevo	io vidi tu vedesti egli vide noi vedemmo voi vedeste essi videro	io vedrò tu vedrai egli vedrà noi vedremo voi vedrete essi vedranno

Il composto *provvedere* non segue la coniugazione di *vedere* nell'indicativo futuro e nel condizionale presente, flessi secondo il paradigma dei verbi della seconda coniugazione: io provvederò, ecc.; io provvederei, ecc.

INFINITO	Presente	Imperfetto	Passato remoto	Futuro
98 vincere	io vinco	io vincevo	io vinsi tu vincesti egli vinse noi vincemmo voi vinceste essi vinsero	io vincerò
99 vivere	io vivo	io vivevo	io vissi tu vivesti egli visse noi vivemmo voi viveste essi vissero	io vivrò tu vivrai egli vivrà noi vivremo voi vivrete essi vivranno
100 volere	io voglio tu vuoi egli vuole noi vogliamo voi volete essi vogliono	io volevo	io volli tu volesti egli volle noi volemmo voi voleste essi vollero	io vorrò tu vorrai egli vorrà noi vorremo voi vorrete essi vorranno

Il difettivo *solere* ha il passato remoto come *battere*.

INFINITO	Presente	Imperfetto	Passato remoto	Futuro
101 svolgere	io svolgo	io svolgevo	io svolsi tu svolgesti egli svolse noi svolgemmo voi svolgeste essi svolsero	io svolgerò
102 costruire	io costruisco tu costruisci egli costruisce noi costruiamo voi costruite essi costruiscono	io costruivo	io costruii tu costruisti egli costruì noi costruimmo voi costruiste essi costruirono	io costruirò
103 morire	io muoio tu muori egli muore noi moriamo voi morite essi muoiono	io morivo	io morii	io morirò, morrò tu morirai, morrai egli morirà, morrà noi moriremo, morremo voi morirete, morrete essi moriranno, morranno

CONGIUNTIVO Presente	CONGIUNTIVO Imperfetto	CONDIZIONALE Presente	IMPERATIVO	PARTICIPIO PASSATO
che io valga che tu valga che egli valga che noi valiamo che voi valiate che essi valgano	che io valessi	io varrei tu varresti egli varrebbe noi varremmo voi varreste essi varrebbero	vali valete	valso
che io veda	che io vedessi	io vedrei tu vedresti egli vedrebbe noi vedremmo voi vedreste essi vedrebbero	vedi vedete	visto, veduto
che io vinca	che io vincessi	io vincerei	vinci vincete	vinto
che io viva	che io vivessi	io vivrei tu vivresti egli vivrebbe noi vivremmo voi vivreste essi vivrebbero	vivi vivete	vissuto
che io voglia che tu voglia che egli voglia che noi vogliamo che voi vogliate che essi vogliano	che io volessi	io vorrei tu vorresti egli vorrebbe noi vorremmo voi vorreste essi vorrebbero	voglia vogliate	voluto
che io svolga	che io svolgessi	io svolgerei	svolgi svolgete	svolto
che io costruisca	che io costruissi	io costruirei	costruisci costruite	costruito
che io muoia che tu muoia che egli muoia che noi moriamo che voi moriate che essi muoiano	che io morissi	io morirei, morrei tu moriresti, morresti egli morirebbe, morrebbe noi moriremmo, morremmo voi morireste, morreste essi morirebbero, morrebbero	muori morite	morto

INFINITO	INDICATIVO			
	Presente	Imperfetto	Passato remoto	Futuro
104 salire	io salgo tu sali egli sale noi saliamo voi salite essi salgono	io salivo	io salii	io salirò
105 udire	io odo tu odi egli ode noi udiamo voi udite essi odono	io udivo	io udii	io udrò tu udrai egli udrà noi udremo voi udrete essi udranno
106 uscire	io esco tu esci egli esce noi usciamo voi uscite essi escono	io uscivo	io uscii	io uscirò
107 venire	io vengo tu vieni egli viene noi veniamo voi venite essi vengono	io venivo tu venivi egli veniva noi venivamo voi venivate essi venivano	io venni tu venisti egli venne noi venimmo voi veniste essi vennero	io verrò tu verrai egli verrà noi verremo voi verrete essi verranno
108 cucire	io cucio tu cuci egli cuce noi cuciamo voi cucite essi cuciono	io cucivo	io cucii	io cucirò
109 applaudire	io applaudo, applaudisco tu applaudi, applaudisci egli applaude, applaudisce noi applaudiamo voi applaudite essi applaudono, applaudiscono	io applaudivo	io applaudii	io applaudirò
110 inferire	io inferisco tu inferisci egli inferisce noi inferiamo voi inferite essi inferiscono	io inferivo	io infersi, inferii tu inferisti egli inferse, inferì noi inferimmo voi inferiste essi infersero, inferirono	io inferirò
111 riempire	io riempio tu riempi egli riempie noi riempiamo voi riempite essi riempiono	io riempivo	io riempii	io riempirò

CONGIUNTIVO		CONDIZIONALE	IMPERATIVO	PARTICIPIO PASSATO
Presente	**Imperfetto**	**Presente**		
che io salga che tu salga che egli salga che noi saliamo che voi saliate che essi salgano	che io salissi	io salirei	sali salite	salito
che io oda che tu oda che egli oda che noi udiamo che voi udiate che essi odano	che io udissi	io udrei tu udresti egli udrebbe noi udremmo voi udreste essi udrebbero	odi udite	udito
che io esca che tu esca che egli esca che noi usciamo che voi usciate che essi escano	che io uscissi	io uscirei	esci uscite	uscito
che io venga che tu venga che egli venga che noi veniamo che voi veniate che essi vengano	che io venissi	io verrei tu verresti egli verrebbe noi verremmo voi verreste essi verrebbero	vieni venite	venuto
che io cucia che tu cucia che egli cucia che noi cuciamo che voi cuciate che essi cuciano	che io cucissi	io cucirei	cuci cucite	cucito
che io applauda	che io applaudissi	io applaudirei	applaudi applaudite	applaudito
che io inferisca che tu inferisca che egli inferisca che noi inferiamo che voi inferiate che essi inferiscano	che io inferissi	io inferirei	inferisci inferite	inferto
che io riempia che tu riempia che egli riempia che noi riempiamo che voi riempiate che essi riempiano	che io riempissi	io riempirei	riempi riempite	riempito

NOTE DI CIVILTÀ

CULTURAL NOTES

SOMMARIO

CONTENTS

EXPLANATORY CHART

▶ **1.white** /waɪt, AE hwaɪt/ ➧ **5** **I** agg. **1** [*paint, tooth, flower, hair*] bianco; ***bright, cool*** ~ bianco lucente, bianco ghiaccio; ***to go*** o ***turn*** ~ diventare bianco, sbiancare; ***to turn sth.*** ~ far diventare bianco qcs.; ***to paint, colour sth.*** ~ pitturare, colorare qcs. di bianco **2** *(Caucasian)* [*race, child, skin*] bianco; [*area*] abitato da bianchi; [*culture, prejudice, fears*] dei bianchi; ***a*** ~ ***man, woman*** un (uomo) bianco, una (donna) bianca; ***an all-*** ~ ***jury*** una giuria composta esclusivamente da bianchi **3** *(pale)* [*face, person, cheek*] bianco, pallido (**with** per); ***to go*** o ***turn*** ~ sbiancare, impallidire (**with** per) **II** n. **1** *(colour)* bianco m.; ***I like*** ~ mi piace il bianco; ***in*** ~ [*dressed, available*] in bianco; ***a shade of*** ~ una tonalità di bianco **2** *(part of egg)* bianco m., chiara f.; *(part of eye)* bianco m.; ***the*** ~***s of sb.'s eyes*** il bianco degli occhi di qcn. **3** (anche **White**) *(Caucasian)* bianco m. (-a) **4** *(white ball)* (palla) bianca f. **5** *(wine)* (vino) bianco m. **6** *(in chess, draughts)* bianco m., bianchi m.pl.; ***I'll be*** ~ prendo i bianchi; ~ ***wins*** il bianco vince **7** (anche **White**) POL. *(reactionary)* bianco m. (-a), reazionario m. (-a) **III whites** n.pl. **1** *(clothes)* ***cricket, tennis, chef's*** ~***s*** tenuta da cricket, completo bianco da tennis, tenuta da cuoco **2** MED. *(leucorrhoea)* perdite f. bianche ◆ ***he would swear black was*** ~ sarebbe pronto a negare l'evidenza; ***the men in*** ~ ***coats*** SCHERZ. = gli infermieri dell'ospedale psichiatrico; ***two blacks don't make a*** ~ = rispondere a un torto con un altro torto non serve a risolvere una situazione; ***whiter than*** ~ [*reputation, person*] immacolato.

whitewasher /'waɪtwɒʃə(r), AE 'hwaɪtwɔ:ʃər/ ➧ **27** n. imbianchino m. (-a).

white water /ˌwaɪt'wɔ:tə(r), AE ˌhwaɪt-/ **I** n. acque f.pl. bianche **II white-water** modif. [*canoeing, rafting*] in acque bianche.

white wedding /ˌwaɪt'wedɪŋ, AE ˌhwaɪt-/ n. = matrimonio tradizionale con la sposa in bianco.

white whale /ˌwaɪt'weɪl, AE ˌhwaɪt'hweɪl/ n. delfinattero m. bianco, beluga m.; LETTER. *(Moby Dick)* balena f. bianca.

white wine /ˌwaɪt'waɪn, AE ˌhwaɪt-/ n. vino m. bianco.

white witch /ˌwaɪt'wɪtʃ, AE ˌhwaɪt-/ n. = maga che pratica la magia bianca.

whitewood /'waɪtwʊd, AE 'hwaɪt-/ n. liriodendro m.

whitey /'waɪtɪ, AE 'hwaɪtɪ/ **I** n. COLLOQ. SPREG. *(person)* bianco m. (-a) **II** agg. COLLOQ. [*blue, green*] slavato.

whither /'wɪðə(r), AE 'hwɪðər/ avv. ANT. LETT. dove, in che luogo; ~ ***goest thou?*** dove vai? ~ ***modern architecture?*** GIORN. in che direzione va l'architettura moderna?

whithersoever /wɪðəsəʊ'evə(r), AE hwɪð-/ avv. LETT. in qualsiasi luogo, ovunque.

whitherward /'wɪðəwəd, AE 'hwɪð-/ avv. LETT. dove, in che direzione.

1.whiting /'waɪtɪŋ, AE 'hwaɪt-/ n. (pl. ~) ZOOL. merlango m.

2.whiting /'waɪtɪŋ, AE 'hwaɪt-/ n. **1** *(whitener)* sbiancante m. **2** calce f. per imbiancare.

whiting-pout /'waɪtɪŋˌpaʊt, AE 'hwaɪt-/ n. → **3.bib**.

whitish /'waɪtɪʃ, AE 'hwaɪt-/ agg. biancastro, bianchiccio.

whitlow /'wɪtləʊ, AE 'hwɪt-/ n. patereccio m.

Whit Monday /ˌwɪt'mʌndeɪ, -dɪ, AE ˌhwɪt-/ n. lunedì m. di Pentecoste.

Whitney /'wɪtnɪ, 'hwɪtnɪ/ n.pr. Whitney (nome di donna).

Whitsun /'wɪtsn, AE 'hwɪ-/ n. (anche **Whitsuntide**) Pentecoste f.; ***at*** ~ la domenica di Pentecoste.

Whit Sunday /ˌwɪt'sʌndeɪ, -dɪ, AE ˌhwɪt-/ n. domenica f. di Pentecoste.

Whitsuntide /'wɪtsntaɪd, AE 'hwɪt-/ n. *(period)* Pentecoste f.

whittle /'wɪtl, AE 'hwɪtl/ tr. tagliuzzare.

▪ **whittle away:** ~ ***away [sth.]*** FIG. ridurre, limitare [*advantage, lead*]; ~ ***away at [sth.]*** tagliuzzare [*stick*]; FIG. ridurre [*advantage, lead, profits*].

▪ **whittle down:** ~ ***down [sth.],*** ~ ***[sth.] down*** ridurre [*number*] (**to** a); ***we've*** ~***d the number of applicants down to three*** abbiamo ridotto a tre il numero dei candidati.

whiz → **whizz**.

1.whizz /wɪz, AE hwɪz/ n. **1** COLLOQ. *(expert)* mago m., genio m. (**at** di); ***computer*** ~ mago del computer **2** *(whirr)* ronzio m., sibilo m. **3** COLLOQ. *(quick trip)* giretto m., giro m. veloce (**around** per) **4** GASTR. COLLOQ. ***give the mixture a*** ~ ***in the blender*** passare velocemente l'impasto al frullatore.

Collocates (words that frequently appear together with the headword to form typical combinations): they identify the most suitable translation in specific contexts

Sense indicators: they define specific meanings in the entry

Idioms introduced by ◆

The symbol = indicates that when an adequate translation for an expression cannot be found, an explanation of its meaning is given instead

Cross-reference to lexical notes at the end of each section of the dictionary

Field labels for specialist terms, register or geographical restrictions

Grammatical categories

Gender of translation

Phrasal verb

Phrasal verb patterns